I0886645

El Tesoro de David

La Revelación Escritural a la luz de los Salmos

C.H. Spurgeon

Texto completo y ampliado con notas por Eliseo Vila

42

Salmos Complementarios y Salmo 119

Tomo - II

EDITORIAL CLIE
C/ Ferrocarril, 8
08232 VILADECAVALLS
(Barcelona) ESPAÑA
E-mail: clie@clie.es
http://www.clie.es

Título original: *"The Treasury of David"* por C. H. Spurgeon.

© 2020 por Eliseo Vila Vila, para la presente versión española ampliada.

«Cualquier forma de reproducción, distribución, comunicación pública o transformación de esta obra solo puede ser realizada con la autorización de sus titulares, salvo excepción prevista por la ley. Diríjase a CEDRO (Centro Español de Derechos Reprográficos, si necesita fotocopiar o escanear algún fragmento de esta obra (www.conlicencia.com; 91 702 19 70 / 93 272 04 47).

© 2020 por Editorial CLIE.

EL TESORO DE DAVID Tomo II
ISBN: 978-84-17131-74-6
ISBN obra completa: 978-84-8267-981-5
Depósito Legal: B 12429-2020
Comentarios Bíblicos
Antiguo Testamento
Referencia: 225090

Impreso en Estados Unidos de América / *Printed in the United States of America*

ÍNDICE GENERAL

PRÓLOGO DE LA COEDITORA

"Anna, ¿me quieres ayudar con el Tesoro de David?" mi padre me preguntó mientras terminaba el último curso que estudié en la Universidad de Granada. Yo no me daba cuenta entonces de lo ventajosos y precisos que resultarían mis estudios en Filología Clásica, en Humanidades, pero sobretodo en Literaturas Comparadas a la hora de afrontar y lidiar con una obra de características tan únicas. Tampoco me daba cuenta de que el proyecto en el que me estaba embarcando ocuparía gran parte de los siguientes siete años de mi vida, y lo que aún queda por recorrer, pues este es solamente el segundo volumen de los tres que completarán la presente edición de Editorial CLIE en español.

No era consciente de las horas, de la inmensidad del trabajo, de las complicaciones y las reescrituras que habría que revisar una y otra vez en pro de la fidelidad al texto original. Pero tampoco era consciente del inmenso aprendizaje y las extraordinarias experiencias vitales que trabajar en este proyecto me traería, ni de lo mucho que llegaría a definir mi carrera profesional, mi carácter y hasta mi vida familiar. En casa de mis padres, el Tesoro de David está presente en el desayuno, en las horas de trabajo, en la hora del almuerzo y en la cena. En la conversación casual, en cualquier tema: el Tesoro abarca tantos que pocos quedan fuera. En las trivialidades y en las conversaciones vitales, siempre hay sabiduría y citas a las que acudir. Lo cierto es que conocerlo a fondo es un privilegio del que mi familia se beneficia día tras día, y es una riqueza mayúscula que no podemos encerrar entre cuatro paredes en un solo hogar. Es por eso que, cuando no estoy sentada frente a una pantalla revisando texto y notas a pie de página, muchas veces estoy viajando para dar a conocer a los lectores de habla hispana esta obra única, extraordinaria, monumental.

Aunque muchos saben quién era Charles Haddon Spurgeon, el "Príncipe de los Predicadores", y han leído alguna o varias obras suyas, no tantos conocen su mayor obra, aquella en la que invirtió más horas, días, meses y años de su vida. El Tesoro de David empezó siendo un proyecto relativamente sencillo y fundamentalmente asequible: se publicaba en una revista mensual que contenía varios versículos de un Salmo y, tras cada versículo un comentario o predicación de Spurgeon, a nivel devocional. Lo extraordinario de esas publicaciones, sin embargo, es que Spurgeon además de escribir su propia nota también transcribía aquellas predicaciones y comentarios que él había leído para preparar su sermón sobre aquél versículo en particular, y que consideraba necesario dar a conocer a sus lectores. Spurgeon era generoso con ellos porque él mismo era un lector empedernido y no podía conocer tal riqueza sin compartirla con los demás. Como buen autodidacta, era un hombre disciplinado que entendía que su deber era leer todo aquello que cayera en sus manos. A día de hoy se estima que leía una media de 6 libros a la semana, y sin duda esa fue la base que le permitió convertirse y mantenerse en vida como uno de los mejores predicadores de la Historia. Leía libros con los que estaba de acuerdo y libros con los que no, libros de teología y tratados científicos, y con cada libro que leía su fe y su amor por Cristo se afianzaban más y más, porque entre todos los libros que leyó la Biblia fue siempre su cabecera. Sin embargo leer libros con los que uno no está de acuerdo, libros que cuestionen nuestros convencimientos y nos hagan reflexionar sobre ellos es algo absolutamente necesario para todo cristiano, y especialmente indispensable cuando ocupamos una plataforma pública, como la ocupaba Spurgeon. Son precisamente esos libros los que nos ayudan a entender el punto de vista de los demás, y por tanto, los que nos dan las herramientas para rebatirlos o abren nuestra mente y nuestro corazón para aprender de ellos. Son esos libros que nos hacen cuestionarnos quiénes somos los que nos incitan a buscar argumentos y herramientas eficientes para defender nuestra postura.

Mi abuelo, Samuel Vila, como buen discípulo en segundo grado que era de Spurgeon, tenía muy claro esto mismo y por ello acuñó una frase que ha quedado para siempre viva en mi familia: «Quien lee, aprende. Para bien o para mal, pero quien lee, aprende». También mi abuelo fue un lector excepcional, como su maestro y el maestro de su maestro, y como tal leyó y estudió cuantiosos libros que lo ayudaron y acompañaron durante toda su vida. Tradujo muchos de ellos al español, y publicó muchos más aún cuando fundó la Editorial CLIE para que los pastores de habla hispana de todo el mundo no tuvieran que dejar atrás su casa, su familia y su lengua para poder aprender y completar su formación, que es exactamente lo que tuvo que hacer él. Siempre fue un apasionado de Cristo, un enamorado de sus enseñanzas, y todo lo que hizo en su vida lo remetía a Él. Con fervor predicaba su Palabra, leía, traducía y escribía libros de sana doctrina, y se enfrentaba al Nacionalcatolicismo que en tiempos del dictador Francisco Franco imperaba y dominaba España, Católica Apostólica y Romana por decreto ley. Con valentía fundó iglesias protestantes por todo el territorio español, y nos dejó un precioso legado en el amor por las letras, por Cristo y su Palabra: la Editorial CLIE. Pero una vida terrenal solo consta de unas pocas décadas, y aunque Dios le concedió muchos años de vida y él los aprovechó intensamente, no fueron suficientes para completar todos los proyectos que hubiese querido ver realizados. Quizá el mayor de ellos a nivel editorial fuera ver en vida publicada en español una edición completa de uno de sus libros de referencia: El Tesoro de David.

Y es que el Tesoro de David es una obra única en su especie que fascinó a mi abuelo y a toda una generación de predicadores de habla inglesa antes que él, y varias después. Quizá porque empezó editada en una revista, y por tanto usaba un lenguaje sencillo que llegaba directo al corazón de los lectores. Quizá porque incluía extractos de los mejores predicadores de la historia del cristianismo, desde el siglo II hasta los días del propio Spurgeon, sin importar su idioma original, su inclinación doctrinal o su lugar de origen, haciéndolos asequibles a todo cristiano que supiera leer y revelando así su propia "escuela pastoral" al el mundo para que otros pudieran formarse como él, leyendo a los grandes. O quizá porque su foco era uno de los libros de la Biblia, por no decir el libro de la Biblia, al que todo cristiano acude en momentos de zozobra emocional buscando consuelo y amparo, pero también alabanzas y cantos: el libro de los Salmos.

El libro de los Salmos es un libro muy especial por varias razones. En primer lugar, es un libro que está escrito en poesía, y la poesía es un género singular. Así como la narrativa suele contarnos de manera lineal la vida o los acontecimientos de una persona o un lugar concretos, la poesía por su formato y condición, nos habla de forma distinta: nos habla al alma. No hace falta haber cometido el mismo pecado que cometió David para identificarnos con sus palabras de arrepentimiento, ni vivir en su lugar y su época, o hablar su mismo idioma, para cantar las mismas alabanzas. La poesía trasciende épocas y situaciones particulares porque nos habla de la experiencia humana, y la poesía de los Salmos nos habla a cada uno de nosotros de nuestra relación particular con Dios. Pero, en segundo lugar, el libro de los Salmos es excepcional porque está conectado con el resto de la Revelación Escritural manifestada a través de los sesenta y cinco libros restantes que conforman la Biblia, desde el Génesis hasta el Apocalipsis. Hay Salmos que nos hablan de la creación, del éxodo del pueblo judío y sus largos años en el desierto (no en vano hay Salmos de Moisés), los hay repetidos en Samuel, Reyes y Crónicas, y todos son en algún modo proféticos, especialmente aquellos que llamamos "salmos mesiánicos" porque nos hablan de Cristo mucho antes de que Cristo naciera en Belén. Pero también los encontramos en el Nuevo Testamento, en boca de los apóstoles y en boca del propio Jesús. Hablar de los Salmos es hablar del mensaje de toda la Biblia, y por ello no creo que sea casual que el libro de los Salmos se sitúe justo en el centro, en la mitad de nuestras Biblias.

Es por estas características tan únicas y especiales que el libro de los Salmos es un referente en la vida de todo cristiano, y Spurgeon no fue una excepción. Su fascinación por ellos, su constancia en estudiarlos y su perseverancia en escribir sobre ellos no solamente lo llevó a escribir el comentario más completo sobre el libro de los Salmos que existe, sino que redactó, compiló y editó el mejor comentario a toda la Biblia a la luz de los Salmos de la historia. Para comprobar hasta qué punto es esto cierto, solo hay que ojear lo que en esta edición llamamos los "Mapas del Tesoro", una serie de índices al final de cada volumen que hacen que esta obra cobre vida para resultar útil desde todos los ángulos posibles: a los predicadores que quieren hablar sobre un versículo bíblico concreto, a quienes quieren estudiar por autor, tendencia histórica o doctrinal los comentarios que se recogen en la obra, o a los que quieran investigar cómo un tema se ha tratado a lo largo de la historia del cristianismo desde todos los puntos de vista doctrinales posibles. La versatilidad de esta obra es quizá su clave más importante. En mis conferencias hago hincapié en que esta es una obra clave para la educación cristiana, porque en ella encontramos Historia de la Iglesia y aprendemos cómo hombres y mujeres a lo largo de nuestra historia se han dejado la piel, muchas veces de forma literal, para traer hasta nuestros días la sana doctrina que predicamos hoy desde nuestros púlpitos. Creer que nuestra fe es un invento reciente es una falta conocimientos tremenda, pero sobre todo es una falta de respeto a quienes nos han legado sus vidas y sus escritos. También es esencial para los ministros de alabanza y aquellas personas que se dedican a ella en el culto pues, ¿qué mejor que conocer a fondo el Salterio para preparar, no solo sus canciones, sino también las reflexiones adecuadas en los interludios? Si nos dedicamos a la alabanza debemos conocer su historia y entender su parte dentro del culto como un conjunto en el que todos debemos dar lo mejor de nosotros mismos para alabar al Señor. Y aunque su publicación empezó con el propósito de ayudar a todo cristiano en su vida devocional, el Tesoro de David ha trascendido esta meta, que sigue cumpliendo magistralmente, y es por su condición una escuela indispensable para la consejería y la pastoral, porque su foco es el libro de los Salmos y ¿quién pone en cuestionamiento el poder terapéutico de la Palabra de Dios, pero sobretodo, del Libro de los Salmos? Sin embargo, yo creo que su mayor valor, su mayor beneficio, es como escuela de predicadores. Spurgeon fue un hombre autodidacta, disciplinado y ávido lector, pero nunca pisó un seminario y por ello entendía que su deber era no dejar nunca de formarse. Así pasó a la historia con el título "el príncipe de los predicadores", y tuvo a bien legarnos su método, su escuela: una obra conformada con las mejores predicaciones de los mejores predicadores de la Historia, además de las suyas propias. De ahí los predicadores pueden aprender no solo homilética y oratoria, sino también hermenéutica a través de los tiempos y una buena cantidad de material expositivo, exegético y complementario.

Sin embargo, esta edición incluye mucho material que actualiza su contenido además de traducirlo: Spurgeon falleció a finales del siglo XIX y hoy estamos ya en el año 2020. Publicar el Tesoro de David dejando su contenido estancado en el momento histórico en que murió su autor habría sido una falta de respeto a la obra y al propio Spurgeon. Él dedicó 20 años de su vida en acercar a sus lectores grandes predicadores de todo origen y condición, y si hubiese vivido hoy no se habría detenido en el siglo XIX. Y menos aún con todos los descubrimientos que el siglo XX trajo consigo, como los manuscritos del Mar Muerto o los descubiertos en Egipto, que revolucionaron la interpretación Bíblica y hasta proporcionaron varias traducciones nuevas que tenían en cuenta el nuevo material encontrado. Por eso la labor principal de esta edición ha sido, no solamente anotar a pie de página todo aquello que hemos considerado interesante o dificultoso para acercar su contenido al lector del siglo XXI, sino también añadir ahí comentarios de personas contemporáneas y notas lingüísticas que nos ayuden a entender las diferencias entre las distintas versiones bíblicas que acompañan el texto. Pero mi foco principal, aquello en lo que mis estudios resultaron más provechosos y útiles, y en lo que más horas he dedicado yo personalmente tratando con los manuscritos y las traducciones ha sido en mantener lo que llamamos "el fuego de la palabra": en hacer que el texto sea legible hoy, en español, tal como lo era para los lectores londinenses en época de Spurgeon. Todos los comentarios reunidos en esta obra se redactaron para que la gente los entendiera, ¡muchos de ellos son predicaciones! Y nadie predica esperando que su audiencia tenga a mano diccionarios, atlas e interlineales abiertos en sus piernas para entender lo que el predicador dice. No, el predicador trata de que lo que dice su congregación lo entienda sin necesidad de ayuda externa. Por eso es él quien tiene que prepararse lo mejor posible, y hacer un esfuerzo activo para hablar el lenguaje de su comunidad. Pero en el Tesoro de David encontramos gente que, en su origen, hablaba muchos idiomas distintos, que usaban expresiones muy diversas, y más allá de la interpretación bíblica particular de cada uno, su forma de comunicación, sus referencias y su estilo eran muy distintos a los que hoy podemos usar, alejando sus escritos del lector común. Sin embargo, esta obra nació como un devocional para todo cristiano, y consideramos nuestro deber mantenerla como tal. Por eso en esta edición mi trabajo fundamental ha sido, y sigue siendo de cara al siguiente volumen, que usted, lector, pueda disfrutar de su lectura y le sea de bendición inmediata sin necesidad de recurrir a otras fuentes que distraigan o dificulten su lectura. Espero haberlo conseguido.

Por último, solo me queda aconsejar que el volumen físico, el peso, las dimensiones de esta obra no le abrumen. No se deje intimidar porque, si lo abre al azar, empieza a leerlo y lo disfruta, no tenga duda que disfrutará del resto y le será de inmensa bendición. Y porque hay que leer para poder aprender, para saber de dónde venimos y así poder trazar una línea de hacia dónde vamos, para entender nuestra fe por encima de circunstancias históricas y sociales. Hay que leer, porque «quien lee, aprende» y hay que aprender porque, como también decía y enseñaba mi abuelo, solo quien lee puede razonar su fe, y «una fe razonada hace una fe firme». Seamos pues firmes en nuestra fe.

Anna Romero García
Coeditora de la presente edición de El Tesoro de David
Ciudad de México
Junio de 2020

SALMO 5

Salmo de la mañana

Título: «*Al músico principal; sobre Nehilot. Salmo de David*». La palabra hebrea הַנְּחִילוֹת *hannəḥîlōwṯ* proviene de נְחִילוֹת *nechilah* y de la raíz חָלִיל *chalil* que significa *"perforar"* o *"abrirse paso a través de"* dando a entender "un tubo perforado" o flauta; lo que nos lleva a concluir que este salmo fue ideado probablemente para ser cantado con acompañamiento de instrumentos de viento tales como el cuerno, la trompeta, corneta o flauta. Sin embargo, es conveniente señalar que carecemos de toda certeza con respecto a la correcta interpretación de estos antiquísimos títulos de los salmos, y que la Septuaginta[1] lo traduce como: *"para aquel que obtiene la heredad"*,[2] y Aben Ezra[3] estima que

---

[1] Se refiere a la Biblia de los Setenta (lxx), también conocida como Septuaginta o Versión Alejandrina. El nombre de Septuaginta se debe a que solía redondearse a 70 el número total de sus 72 traductores, según cuenta la tradición. Es la principal versión en idioma griego por su antigüedad y autoridad. Su redacción se inició en el siglo III a.C. (c. 250 a.C.) y se concluyó a finales del siglo II a.C. (c. 150 a.C.). Se cree que fue hecha para los judíos que hablaban griego, pues en esa época eran bastante numerosos en Alejandría, aunque la orden provino del rey Ptolomeo II Philadelfo [284-246 a.C.], monarca griego de Egipto, con destino a la biblioteca de Alejandría. El Pentateuco fue traducido en esa época y el trabajo duró dos o tres siglos. Una escuela de traductores se ocupó de los Salmos, en Alejandría, hacia 185 a.C; después tradujeron Ezequiel, los doce profetas menores y Jeremías. Trataron posteriormente los libros históricos (Josué, Jueces, Reyes), y finalmente de Isaías.

[2] En griego: εἰς τὸ τέλος ὑπὲρ τῆς κληρονομούσης ψαλμὸς τῷ Δαυιδ. La Vulgata traduce: *"In finen pro ed, quae hereditatem consequitur, Psalmus David"*, "Para el fin, por aquella que obtiene la herencia, Salmo de David". Sobre el encabezamiento de este Salmo, y los títulos de los Salmos en general, dicen los Padres de la Iglesia:

– Jerónimo de Estridón [347-420]: «Hay quienes consideran que los títulos de los salmos son superfluos y no son texto inspirados. Pero se trata de una opinión sin fundamento. Podrían tener razón si estos títulos no figuraran en el texto hebreo, el griego y latino; pero siendo que ya formaban parte del texto hebreo, me sorprende que se atrevan a decir que en las Escrituras pueda haber algo que no tenga sentido o razón de ser (…) ¿Quién es esta que obtiene la herencia en *"el fin"*? En mi opinión se refiere a la Iglesia. David no hace más que anticipar en su cántico desde un principio lo que la Iglesia obtendrá al final».

– Agustín de Hipona [354-430] sigue la misma línea de interpretación: «Se trata de una alusión a la Iglesia, quien por medio de nuestro Señor Jesucristo recibe como herencia la vida eterna (…) en este salmo es la voz de la Iglesia la que se expresa, como heredad de Dios, pidiendo protección (…) sintiéndose llamada, clama al Señor implorando su ayuda para sobrellevar la maldad de este siglo y llegar finalmente hasta él».

– Dídimo el Ciego [313-398] en su *"Fragmenta in Psalmos"* adopta una interpretación de carácter más amplio, viendo como receptores de esta *"herencia"* no solo la Iglesia como colectivo sino también a cada creyente de un modo personal: «Un cántico inspirado por la gracia divina a favor de cada creyente en particular, y de la Iglesia en general, como receptores de la herencia divina, no una herencia de carácter material, sino espiritual».

[3] Se refiere al erudito judío español, el rabino Abraham Ben Meir ibn Ezra [1092-1167] más conocido por el nombre de Aben Ezra, uno de los intelectuales más ilustres de la Edad Media, apodado "El Sabio", "El Grande" y "Doctor Admirable". Nació en Tudela (Navarra, España) en la época de dominio musulmán y salió de la península Ibérica en el 1140 escapando de la persecución desencadenada por los almohades. Mantuvo desde entonces una vida errante que lo llevó al Norte de África, Israel, Francia e Inglaterra. Se desconoce el lugar de su muerte, algunos piensan que en Calahorra y otros afirman que en Roma o Tierra Santa. Sus trabajos intelectuales y literarios abarcan muchos campos del saber: filosofía, astronomía,

se trata de una referencia a alguna vieja y conocida melodía con la que este salmo debía cantarse.[4] Sin embargo, los mejores exégetas y eruditos reconocen que la interpretación estricta del título de este salmo sigue siendo oscura. Lo cual no es de lamentar, ya que nos proporciona evidencia interna de la notable antigüedad del Salterio. A lo largo de los cuatro primeros salmos hemos podido comprobar que el tema es un tenaz contraste entre la posición, carácter y perspectivas de los justos y de los impíos. Y el Salmo 5 sigue la misma línea.[5] El salmista lleva a cabo una comparación entre él mismo, hecho justo por la gracia de Dios, y los malvados que se le oponen.[6] Y la mente piadosa ve en ello una hermosa representación del Señor Jesús, de quien se dice en los días de su carne ofreció *"ruegos y súplicas con gran clamor y lágrimas al que le podía librar de la muerte"*.[7]

C. H. SPURGEON

Estructura: Este Salmo debe dividirse en dos partes: del versículo uno al séptimo (5:1-7), y del ocho al doce (5:8-12). En la primera parte David implora con vehemencia al Señor que preste oído a su oración; y en la segunda vuelve sobre lo mismo.[8]

C. H. SPURGEON

---

medicina, poesía, lingüística y de manera especial la exégesis bíblica. Su método de exégesis, basado en la aproximación al sentido del texto partiendo de principios gramaticales, marcó un hito en la exégesis bíblica, por lo que sus comentarios al texto bíblico son especialmente conocidos y apreciados.

[4] Lo mismo sucede tradicionalmente con los himnos en el mundo anglosajón. Un repertorio de melodías básicas y bien conocidas encajaban con la métrica de distintos himnos y solía elegirse una en particular para cantarlo con ella adjudicando a esta melodía un nombre en particular, de modo que junto al título de cada himno suele venir el nombre de la melodía (o melodías) con la que es habitual cantarlo. Algunas melodías han quedado definitivamente asociadas a un himno en particular, por ejemplo, el himno "El Señor es mi Pastor" (Salmo 23) suele cantarse siempre en inglés con una vieja melodía conocida como *Crimond*, en honor de su autora JESSIE SEYMOUR IRVINE [1836-1887] hija del pastor de este pequeño pueblo en el noroeste de Escocia que lleva este nombre. Y el himno "Santo, Santo, Santo" con la conocida como *Nicaea* (Nicea) en recuerdo y honor del Concilio de Nicea en el año 325 donde los Padres de la Iglesia formularon la doctrina de la Trinidad en oposición a la herejía de Arrio.

[5] ATANASIO DE ALEJANDRÍA [296-373] en su carta a su discípulo Marcelino sobre la naturaleza y valor de los salmos le dice refiriéndose a este salmo: «Si intuimos que los inicuos disponen lazos y trampas en nuestro camino, levantémonos temprano por la mañana y entonemos el Salmo 5, para que nuestra oración llegue pronto a oídos del Eterno». El Tomo I de "El Tesoro de David" incluye una traducción completa de la Carta de Atanasio a Marcelino. [Tomo I - pp. 49].

[6] Un tema que expone claramente desde el Salmo 1: *"Bienaventurado el varón que no anduvo en consejo de malos, ni estuvo en camino de pecadores (...) Será como árbol plantado junto a corrientes de aguas (...) No así los malos, que son como el tamo que arrebata el viento (...)"*

[7] Hebreos 5:7.

[8] AGUSTÍN DE HIPONA [354-430] lo resume del siguiente modo: «Este salmo tiene cinco partes. **Primera:** Una oración pidiendo ser escuchado que incluye los versículos uno y dos (5:1-2). **Segunda:** Una relación de todo aquello que podría empañar u obstaculizar la percepción de que la súplica ha sido escuchada por Dios, versículos del tres al seis (5:3-6). **Tercera:** la esperanza de estar en la casa de Dios y su paulatino acercamiento a ella con santo temor (5:7). **Cuarta:** en su avance le preocupa el obstáculo que implican sus enemigos y pide la guía y dirección necesarias para manejarlo correctamente porque teme verse arrastrado por sus lisonjas (5:8-9). **Quinta**. Una profecía sobre el final que aguarda a los impíos y el castigo que se infligirán a sí mismos; y otra sobre el premio reservado a los justos que habiendo sido llamados y rodeados del escudo divino han resistido con valentía todas las tribulaciones (5:10-12)».

Versión poética:

VERBA MEA AURIBUS PERCIPE DOMINE

¡O Señor justo, escucha mis palabras
escucha el ruego que hacia ti dirijo;
oye mis encendidas oraciones,
pues eres Rey del mundo, y el Dios mío.

A ti, Señor, acudiré confiado
en todos mis temores y peligros,
y tú también escucharás temprano,
el triste son de mis humildes gritos.

Y vosotros, oh míseros mortales,
que tenéis corazón empedernido,
¡hasta cuándo dejáis a las pasiones
la fuerza de su bárbaro dominio!

Todos los días luego que amanezca,
postrado ante tus pies, y sometido
invocaré con ruegos fervorosos
de tu misericordia los auxilios.

Te invocaré con labios inocentes,
porque aunque eres un Dios dulce y benigno
también eres Dios santo, y aborreces
a toda iniquidad, todo delito.

Tú no puedes sufrir que los malvados
estén nunca a tu lado, ni contigo,
ni consientes que puedan presentarse
ante tus ojos, porque no son dignos.

Sí, mi Dios, tú aborreces a los malos,
tú miras con horror a los inicuos,
y los falsos e injustos calumniantes
no podrán escapar de tus castigos.

Tú abominas al hombre artificioso,
y al que vierte la sangre vengativo;
pero yo que te adoro confiado
de tu misericordia en los auxilios,

entraré de tu casa en lo sagrado,
y de amor y respeto revestido
te adoraré en tu templo soberano,
y gozaré de tu favor propicio.

Guía, Señor, mis pasos porque siempre
siga de tu justicia los caminos,
y que viendo mi culto reverente
se llenen de rubor mis enemigos.

Porque en sus labios la verdad no habita,
y con sus corazones pervertidos
solo piensan en gustos depravados,
y en maquinar odiosos artificios.

Sus bocas son como sepulcro abierto,
cuyo interior hediondo y corrompido
solo exhala vapores pestilentes,
que inficionan a todos los sentidos.

Sus lenguas como espadas afiladas,
atroces despedazan con sus filos,
júzgalos pues Señor, que ya es el tiempo,
juzga presto a esos pérfidos malignos.

Haz que se desvanezcan sus intentos,
que se malogren todos sus designios,
y pues tan insolentes te irritaron,
haz que paguen tan bárbaro delito.

Y haz que se alegren todos los felices,
que de ti confiados te han servido,
pues tú Dios justo habitarás con ellos,
y ellos habitarán siempre contigo.

Ellos se gloriarán de haberte amado
de haber fiado en tu poder divino,
pues saben que derramas bendiciones
en los que en ti confían sometidos.

Señor, tu alta bondad es el escudo
con que nos libras de los enemigos,
pues en ella se rompen, o se embotan
de su malignidad todos los tiros.

DEL "SALTERIO POÉTICO ESPAÑOL", SIGLO XVIII

Vers. 1. ***Escucha, oh Jehová, mis palabras; considera mi gemir.*** *[Escucha, oh Jehová, mis palabras; considera mi lamento.* RVR*] [Escucha mis palabras, oh Señor; considera mi lamento.* LBLA*] [Escucha, oh YHVH, mis palabras, considera mi susurro.* BTX*] [Atiende, Señor, a mis palabras; toma en cuenta mis gemidos.* NVI*] [Señor, escucha mis palabras, atiende mi queja.* BLP*] [Oh Señor, óyeme cuando oro; presta atención a mi gemido.* NTV*]*

Escucha, oh Jehová, mis palabras; toma en cuenta mis gemidos. Hay dos tipos de oraciones: las que expresamos con palabras, y las que albergamos en nuestro interior en forma de meditaciones silenciosas no expresadas. Las palabras no son lo esencial, sino tan solo la cobertura, la vestimenta de la oración.[9] Moisés clamó a Dios frente al Mar Rojo pese a no pronunciar una sola palabra.[10] Aunque, sin duda, el uso del lenguaje evita que la mente se distraiga, da soporte al potencial del alma, y anima a la devoción. En este versículo vemos que David echa mano de ambas modalidades de oración: la una pide a Dios que lo *"escuche"*, y la otra que lo *"considere"*.

Considera mi meditación,[11] ¡qué frase tan expresiva! Si he pedido lo justo y correcto: concédemelo; y si he fallado omitiendo pedir aquello que más necesitaba y me convenía, llena tú ese vacío en mi oración: *considera mi meditación.* ¡Que tu santidad perfecta considere mi súplica como presentada a través de los méritos gloriosos de mi Mediador, digno de toda alabanza; que tu sabiduría infinita la sospese después en la balanza de su equidad perfecta, juzgue mi sinceridad valorando el estado de necesidad en que me encuentro; y me responda a su debido tiempo en el amor tu misericordia! Aún cuando no haya palabras puede haber intercesión prevalente; y ¡ay! puede haber también en la multitud de palabras una ausencia de súplica veraz.[12] Cultivemos el espíritu de oración, que está por encima y es mejor aún que el hábito de la oración. Ya que puede darse el caso de mucha oración pero carente de sinceridad y con poca devoción.[13] Debemos comenzar a orar antes de arrodillarnos, y no cesar después de levantarnos.

C.H. SPURGEON

[9] Dice al respecto AGUSTÍN DE HIPONA [354-430]: «*"Atiende mi gemido"*. Un gemido salido de lo más íntimo del corazón, sin estridencias, pero de tal intensidad que llega hasta la morada secreta de Dios. El gemido silencioso del alma es siempre más intenso que la voz física, porque la voz física tiene que introducirse por los oídos; mientras que el gemido, la voz espiritual del alma, penetra directamente en los sentimientos».

[10] Éxodo 14:11-22. Así se expresa también JUAN CRISÓSTOMO [347-407]: «Este "gemido" nada tiene que ver con el volumen de la voz sino con la intencionalidad del alma. Dios le pregunta a Moisés: *"¿por qué clamas?"*. No le dice "por qué pides", porque no había pedido nada, solo se había dado en su interior un suspiro, un sentimiento vehemente, pero Dios lo había detectado. Con ello aprendemos que no depende del grito que la oración sea escuchada, sino de la disposición del corazón y la intencionalidad de la mente».

[11] Así traduce la versión inglesa KJV el término hebreo הֲגִיגִי *hăḡîḡî* de הָגִיג *hagig*: *"consider my meditation"*, aunque prácticamente todas las versiones españolas traducen *"gemido"* o *"lamento"*. SCHÖKEL lo traduce por *"susurro"*: *"percibe mi susurro;* y KRAUS por *"suspiro"*: *"presta atención a mi suspiro"*. De hecho el término הָגִיג *hagig* como sustantivo solo aparece aquí y en el Salmo 39:3, en cuyo caso sí parece estar más claro, como señala SCHÖKEL, que se trata de meditación o de «una actividad interior realizada en silencio o en murmullo», por lo que tanto la Reina-Valera como otras versiones españolas lo traducen como *"meditación"*: *"En mi meditación se encendió fuego"* (RVR); o *"mientras meditaba, se encendió el fuego"* (LBLA); *"Al meditar en esto, el fuego se inflamó"* (NVI).

[12] Mateo 6:7.

[13] Lucas 18:9-14.

Escucha, oh Jehová, mis palabras; considera mi meditación.[14] Buena parte de los seres humanos no hacen sino balbucear oraciones vanas, lánguidas e ineficaces, indignas de los oídos del Dios bendito; por lo que nada tiene de extraño que las pronuncien con desgana, sin la menor esperanza en el éxito de las mismas, y sin prestarles la debida atención ni la diligencia que merecen, más allá de simples palabras lanzadas al viento, que es en realidad lo que son. Nada más lejos del proceder del hombre sabio y piadoso, que jamás actúa imprudentemente ni procede con frialdad o nadería en un tema tan serio como el de la oración.[15] Sus plegarias tienen siempre un propósito concreto, en el que se concentra con deseos asiduos y repetidos. Y no tan solo ora pidiendo la gracia de poder orar con sinceridad para obtener respuesta, sino que cree firmemente que la obtendrá, lo que le lleva a doblar su entusiasmo y a poner mayor firmeza y constancia en sus peticiones, a fin de engañarse a sí mismo con una esperanza hueca.

ROBERT LEIGHTON [1611-1684]
Arzobispo de Glasgow
"Meditations Critical and Practical on Psalm IV Psalm XXXII and Psalm CXXX", 1825

"Mi meditación". La idea de *"meditación"* es la correcta, ya que prepara debidamente el alma para la súplica; la llena con el licor del espíritu, haciendo que la oración fluya en la mente y a continuación se desborde en palabras. David reflexiona en primer lugar, y después pone la lengua en movimiento: *"Ardía mi corazón dentro de mí; mientras meditaba, se encendió el fuego; entonces dije con mi lengua: Señor, hazme saber mi fin, y cuál es la medida de mis días"*.[16] Y para dejarnos claro que había sido la meditación la madre legítima que había dado a luz y criado su oración, nos proporciona el nombre y los apellidos completos de la criatura: *"Escucha, oh Jehová, mis palabras; considera mi meditación"*. La meditación es como llenar un recipiente, y la oración es vaciarlo. *"Y por la tarde Isaac salió a meditar al campo; y alzó los ojos"*.[17] La Septuaginta,[18] la Biblia de Ginebra,[19]

[14] MATTHEW HENRY [1662-1714] dice al respecto: «El salmista invoca a Jehová como un Dios que escucha las oraciones, así lo ha hecho desde el momento en que los hombres comenzaron a invocar el nombre de Jehová (Génesis 4:26), y así continúa tan dispuesto a escuchar oraciones como siempre lo estuvo. David lo invoca aquí bajo ese nombre en los versículos 1, 3, 8, 12, como el Ser Supremo, Eterno, Salvífico, al que debemos la más rendida oración y el más absoluto amor; y en el versículo 2, como *"Rey mío y Dios mío"*, al que había jurado homenaje de pleitesía y bajo cuya regia protección se había puesto. Creemos que el Dios a quien oramos es no solo Dios, sino también Rey, y lo hemos de tener en cuenta en nuestras plegarias.

[15] Esta misma idea de que antes de dirigirnos al Señor en oración deberíamos sospesar cada una de las palabras que vamos a decir porque Dios las escrutará una a una, se refleja claramente en algunos de los comentaristas de la antigüedad. JUAN CRISÓSTOMO [347-407] dice al respecto: «Cuando acudas a Dios en oración adopta la actitud humilde de un mero suplicante que implora misericordia inmerecida, evitando afianzar tu petición en méritos propios; o peor a aún, justificarla en las actitudes y proceder de otros. Pues si lo haces ya no acudes en calidad de suplicante sino como exigente; y peor aún, como acusador». Deberíamos tener muy en cuenta la oración del Salmista en el versículo ocho (5:8): *"Señor, guíame en tu justicia"*. No es a nosotros a quienes corresponde acusar y juzgar, quien juzga es Dios. (Recomendamos sobre este tema la lectura del comentario de Agustín de Hipona al versículo ocho).

[16] Salmo 39:3-4.

[17] Génesis 24:63.

[18] Ver nota 2 de este mismo Salmo 5.

[19] Se refiere a la versión de la Biblia al inglés con notas y ayudas para el estudio conocida como GENEVA BIBLE O BIBLIA DE GINEBRA, llevada a cabo por diversos eruditos ingleses refugiados en Ginebra, en época de Calvino y Beza, huyendo de la persecución contra los protestantes desatada en Inglaterra por María I conocida por ello en Inglaterra como "La Sanguinaria", y bajo la supervisión de WILLIAM WHITTINGHAM

y Tremelio,[20] en sus notas marginales indican *"salió a orar"* en tanto que palabra hebrea לָשׂוּחַ *lāśûaḥ* de שׂוּחַ *suach,* puede entenderse indistintamente como "orar" y "meditar"; lo que nos indica que en la terminología bíblica son palabras muy afines, parte de un mismo concepto, cual gemelos salidos de un mismo embrión. La meditación es el mejor comienzo para la oración, y la oración es la mejor conclusión de la meditación. Cuando el cristiano, como Daniel,[21] abre primero de par en par las ventanas de su alma a la contemplación, consideración y reflexión, es cuando puede arrodillarse y proceder a la oración.

George Swinnock [1627-1673]
"The Christian Man's Calling", 1665

Vers. 1-2. *Escucha, Señor, mis palabras; considera mi gemir (...) porque a ti elevo mi oración.* Es importante observar aquí el orden y la fuerza de las expresiones del salmista. Por un lado tenemos: *"mis palabras", "mis gemidos"* y *"mi oración";* por el otro: *"escucha", "considera"* y *"atiende".*[22] Todas estas expresiones evidencian la urgencia y la energía de los sentimientos y peticiones de David. En primer lugar, tenemos el *"escucha",* es decir, óyeme. Pero de poco sirve ser escuchado si nuestras palabras, nuestro *"gemido"* (o *rugido* como dice más literalmente el hebreo), y nuestra *"oración",* no son *"tomados en consideración".* En pocas palabras, el salmista viene a decir: me dirijo a ti con profunda ansiedad y preocupación, pero no soy capaz de expresarme como quisiera y, en consecuencia, no estoy seguro de hacerme entender como desearía. Por tanto, trata tú de captar en mis sentimientos aquello que no soy capaz de expresarte con palabras. Y por ello agrego a mis *"palabras"* mi *"gemido",* a fin de que puedas extraer de él todo aquello que no soy capaz de decirte con vocablos, esperando así que mi *"llanto"* facilite tu comprensión y consideración. Y una vez lo hayas considerado, oh Señor, *"atiende mi oración",* no dejes de dar respuesta a lo que de mí has escuchado y considerado. No hay razón alguna para concluir de la manera de expresarse del salmista, que en el caso de Dios las acciones de escuchar, entender y atender sean funciones distintas, como es el caso en nosotros los seres humanos; pero sí que nuestros sentimientos hacia Dios han de presentar esta diferenciación

---

[1524-1579]; fue la primera Biblia impresa en inglés para difusión entre el pueblo. La edición del Nuevo Testamento apareció en Ginebra en 1557, y la Biblia completa en 1560, aunque no fue impresa en Inglaterra hasta el 1575. Precedió por tanto en casi 50 años a la KJV y fue la Biblia usada por William Shakespeare, John Milton, John Knox y John Bunyan. Fue la versión de la Biblia más usada por los puritanos de la época, llevada a Estados Unidos por los peregrinos del *Mayflower.*

[20] Se refiere a Giovanni Emmanuele Tremellio o Immanuel Tremelius [1510-1580], judío nacido en Ferrara, Italia, y posteriormente convertido al cristianismo, erudito hebraísta conocido por su traducción de la Biblia del hebreo y siríaco al latín junto con Franciscus Junius, apodado "El Viejo" [1545-1602], un erudito teólogo hugonote.

[21] Daniel 6:10.

[22] Los términos hebreos en este caso son por un lado: אֲמָרַי *'ămāray* de אֵמֶר *emer,* "palabras"; הֲגִיגִי *hăḡîḡî* de הָגִיג *hagig,* "rugido, gemido, lamento"; שַׁוְעִי šaw'î de שֶׁוַע *sheva,* "llanto, clamor, petición de ayuda"; y אֶתְפַּלָּל *'eṯpallāl* de פָּלַל *palal,* "oración, plegaria"; por el otro: הַאֲזִינָה *ha'ăzînāh* de הָאֱזִין *azan,* "aguzar la oreja o el oído"; בִּינָה *bînāh* de בִּין *bin,* "considerar, comprender"; הַקְשִׁיבָה *haqšîḇāh* de קָשַׁב *qashab,* "atender, prestar atención". También hemos utilizado en este caso una versión libre del texto bíblico para facilitar la comprensión del comentario de Lutero. Como podrá comprobar el lector, las distintas versiones españolas difieren considerablemente entre sí. Debe tenerse en cuenta además que Lutero escribió originalmente este comentario en latín, que luego se tradujo al alemán y que Spurgeon utilizó una traducción del alemán al inglés. Por nuestra parte, en esta edición tratamos de transmitir el sentido correcto en español. Esperamos haberlo conseguido y que los lectores hispanos puedan captar todo el sentido de esta hermosa y magistral exposición del gran reformador al Salmo 5.

progresiva. Es decir, en primer lugar el deseo de ser escuchados; a continuación y una vez nuestras oraciones han sido escuchadas, que sean consideradas; y finalmente, una vez consideradas, que no sean desechadas, sino atendidas.

Martín Lutero [1536-1546]

Vers. 2. ***Está atento a la voz de mi clamor, Rey mío y Dios mío, porque a ti oraré*** *[Está atento a la voz de mi clamor, Rey mío y Dios mío, porque a ti oraré.* RVR*] [Est*á atento a la voz de mi clamor, Rey mío y Dios mío, *porque es a ti a quien oro.* LBLA*] [Atiende a la voz de mi clamor, Rey mío y Elohim* mío, *porque a Ti oraré.* BTX*] [Escucha mis súplicas, rey mío y Dios mío, porque a ti elevo mi plegaria.* NVI*] [Rey mío, Dios mío, oye mi grito de socorro, que a ti dirijo mi ruego.* BLP*] [Escucha mi grito de auxilio, mi Rey y mi Dios, porque solo a ti dirijo mi oración.* NTV*]*

La voz de mi clamor. En otro salmo encontramos la expresión: *"La voz de mi llanto"*.[23] El *llanto* tiene voz propia: un quejido lastimero en tono estridente, capaz de perforar los oídos y llegar hasta el corazón de Dios; y el *clamor* tiene también su voz: una elocuencia inaudible que, brotando de lo más hondo *de nuestro corazón,* es capaz de partir el alma y alcanzar *al corazón de Dios.* ¡Ay, hermanos y hermanas! A menudo se nos hace inviable expresar nuestras oraciones con palabras, y no somos capaces de exhalar más que un clamor, un suspiro: pero el Señor escucha ese suspiro y entiende toda la profundidad de su significado. Para un Padre amoroso el clamor de sus hijos suena a música, y ejerce en su corazón una influencia prodigiosa irresistible.

Rey mío y Dios mío. Prestemos a estos dos pronombres personales: *"Rey **mío** y Dios **mío**"* la debida atención que merecen, puesto que son la médula espinal de su plegaria, la esencia ósea de su petición.[24] Constituyen el argumento fundamental del por qué Dios debe responder a nuestras oraciones: porque es *nuestro* Rey y *nuestro* Dios. No le somos pueblo extraño: es Rey en nuestra patria, y es habitual que los reyes escuchen y atiendas las apelaciones de su pueblo. No le somos ajenos, somos sus adoradores y él es nuestro Dios: nuestro por Pacto, por promesa, por juramento, y por sangre.

Porque a ti oraré. David expresa aquí su firme compromiso de buscar a Dios y únicamente a Dios. Dios ha de ser la meta prioritaria de nuestros anhelos, el único objetivo de nuestro culto, el recurso exclusivo de nuestra alma en tiempos de necesidad. Dejemos a un lado las cisternas rotas de los impíos,[25] y bebamos únicamente de la fuente divina de agua de vida.[26]

A ti oraré. El salmista toma una resolución firme: mientras le quede un aliento de vida no cesará de orar a Dios. Jamás dejará de suplicar, aunque no haya respuesta.

C.H. Spurgeon

Vers. 3. ***Oh Jehová, de mañana oirás mi voz; de mañana me presentaré delante de ti, y esperaré.*** *[Oh Jehová, de mañana oirás mi voz; de mañana me presentaré delante de ti, y esperaré.* RVR*]*

---

[23] Salmo 6:8.

[24] Schökel dice al respecto: «Da al Señor un doble título "Dios mío y Rey mío". El primero expresa una relación personal, a la vez que implica una profesión de fe: 'eres mi Dios, no tengo otros dioses, contigo mantengo relaciones personales'. El título de rey incluye el poder judicial, porque en el antiguo Israel no estaban separados el poder ejecutivo y el judicial, antes bien una de las tareas principales de gobernar era juzgar. El rey tenía en su palacio un tribunal ordinario, supremo para el reino (2 Samuel 15:1-6; 1 Reyes 3:16-28)».

[25] Jeremías 2:13.

[26] Juan 4:13-14; 7:37-39.

[Oh Señor, de mañana oirás mi voz; de mañana presentaré mi oración a ti, y con ansias esperaré. LBLA*] [Oh YHVH, oirás mi voz de mañana, de mañana la presentaré ante Ti, y ansiosamente esperaré.* BTX*] [Por la mañana, Señor, escuchas mi clamor; por la mañana te presento mis ruegos, y quedo a la espera de tu respuesta.* NVI*] [Señor, por la mañana escuchas mi súplica; de madrugada ante ti la presento y me quedo esperando.* BLP*] [Señor, escucha mi voz por la mañana; cada mañana llevo a ti mis peticiones y quedo a la espera.* NTV*]*

Oirás mi voz. Fijémonos en que esto no es tanto una oración como una resolución. No voy a quedar mudo, no voy permanecer silente, no voy a contener mi discurso: voy a clamar a ti, porque el fuego que hay en mi interior me empuja a orar. Antes morir que vivir sin oración. Ningún hijo de Dios está poseído por un demonio mudo.[27]

De mañana.[28] Es la hora más adecuada para intimar con Dios. Una hora en la mañana vale por dos del atardecer. Dejemos que la gracia descienda sobre el alma cuando el rocío está todavía fresco sobre la hierba. Consagremos a Dios el amanecer de nuestros días y la mañana de nuestras vidas. La oración ha de ser la llave que abra cada uno de nuestros días y cierre nuestros párpados cada noche.[29] La devoción debe ser a la vez lucero del alba y astro del atardecer.[30]

Dirigiré mi oración a ti.[31] Si nos limitamos a lo que dice nuestra versión inglesa, la mejor explicación a esta frase la hallamos en la figura de un arquero: Pondré mi oración sobre el arco, apuntaré al cielo, y una vez la haya disparado cual flecha me concentraré en mirar arriba para ver hacia dónde ha ido. Pero en el hebreo אֶֽעֱרָךְ־לְךָ֗ *'e'ĕrāḵ-ləḵā,* de עָרַךְ *arak,* "desplegar, presentar", tiene un significado todavía más profundo: *"presentaré mi oración"*. Se trata la misma palabra hebrea que se utiliza para definir la disposición sobre el altar de la leña para el fuego y las piezas de la víctima para el sacrificio;[32] y se utiliza también para la disposición de los panes de la proposición sobre la mesa.[33] Significa simplemente esto: *"Presento ante ti mi ruego"*. Es decir, lo depositaré sobre el altar por la mañana, al igual que el sacerdote deposita el sacrificio de la mañana.[34] *Dispondré* mi oración; o, como el viejo maestro John Trapp[35] lo expresa: «Pondré en orden mis oraciones». Esto es, voy a organizarlas, a de-

---

[27] Lucas 11:14.

[28] SCHÖKEL observa que era habitual comenzar a administrar justicia por la mañana, como se desprende del texto de Jeremías 21:12: *"Casa de David, así dijo Jehová: Haced de mañana juicio"*. Por lo que en este sentido resulta apropiado que diga: *"de mañana oirás mi voz; de mañana me presentaré delante de ti"*

[29] Dice JUAN CRISÓSTOMO [347-407]: «*"es preciso levantarse antes del amanecer a darte gracias y orar antes de que salga el sol"* (Sabiduría 16:28). ¿Verdad que no permitirías que alguien de menor rango que tú se te adelante y se postre ante tu soberano antes de que tú lo hagas? ¿Y vas a quedarte durmiendo en tu cama mientras el sol sale y adora al Creador? ¿Vas a ceder la preferencia a una creación que es inferior a ti, que fue hecha para ti (Salmo 8:5-6)? Purifica tu alma de buena mañana acercándote en oración a tu Señor antes de lavarte las manos y la cara. ¿No sabes que así como el cuerpo se limpia con agua el alma se limpia con oración? ¡Lava tu alma antes de lavar tu cuerpo!».

[30] Se refiere al planeta Venus, que aparece brillante tanto en los amaneceres como cuando se pone el Sol.

[31] La versión inglesa KJV traduce: *"I will direct my prayer unto thee"*.

[32] Levítico 1:12

[33] Éxodo 25:30; Levítico 24:6.

[34] Éxodo 29:39; Ezequiel 46:13-15.

[35] Se refiere a JOHN TRAPP [1601-1669], escritor y comentarista puritano famoso por su comentario a toda la Biblia en cinco volúmenes: *"Commentary on the Old and New Testaments"* publicado en Londres en 1654, y que se ha seguido publicado ininterrumpidamente hasta el día de hoy, por lo que ha sido y sigue siendo utilizado y apreciado por miles de pastores. Se ha dicho que juntamente con el "Comentario de Matthew Henry", el de Trapp constituye una de las mejores exposiciones a toda la Biblia que se han escrito. Se trata

sarrollar todo su potencial y situar cada una en su marco adecuado, a fin de que pueda orar con todas mis fuerzas y de manera aceptable.

Y miraré hacia arriba.[36] O como mejor corresponde traducir el texto hebreo *"Quedaré a la espera"*. Aguardaré la respuesta. Después de haber orado, esperaré a que llegue la bendición. El salmista utiliza aquí un verbo hebreo: וַאֲצַפֶּה *wa'ăṣappeh* de צָפָה *tsaphah* que utiliza también en otro pasaje donde nos habla de los que aguardan la mañana.[37] Así dice que estará expectante y vigilante de la respuesta, ¡Sí, Señor, desplegaré mi oración cual víctima sobre el altar, alzaré la mirada hacia arriba, y aguardaré la respuesta: fuego del cielo que consuma el sacrificio! La última parte de este versículo da pie a dos preguntas. ¿No será que nos perdemos buena parte de la dulzura y eficacia de la oración, debido a la ausencia de una cuidadosa meditación previa, y de una posterior expectativa esperanzadora? Con frecuencia nos apresuramos en exceso a la hora de acudir a la presencia de Dios, de forma poco premeditada y carentes de humildad. Nos comportamos como aquellos súbditos que se presentan ante su rey sin haber elaborado previamente su petición. ¿Y nos extrañamos de que tan a menudo nos quedemos sin respuesta? Deberíamos tener mucho más cuidado en mantener el flujo de la meditación manando constantemente, ya que es el agua que impulsa y hace girar el molino de la oración. Es de necios levantar las compuertas de un arroyo seco y esperar que los engranajes comiencen a moverse. Orar sin el debido fervor es pretender cazar con un perro muerto; orar sin la debida preparación es practicar la cetrería con un halcón ciego. La oración es obra del Espíritu Santo, pero la lleva a cabo con medios concretos. Dios creó al hombre, pero utilizó como material para formarlo el polvo de la tierra; el Espíritu Santo es el autor de toda oración, pero utiliza los pensamientos del alma ferviente a modo de oro con el que revestir y adornar su recipiente. No permitamos que nuestras oraciones y alabanzas sean simples destellos puntuales de emoción ardiente y precipitada, sino la llama constante de un fuego bien encendido y bien abastecido.

Pero además, ¿no será también que fallamos a la hora de esperar el resultado de nuestras peticiones? Hacemos como el avestruz, que pone sus huevos y los abandona, olvidándose de sus crías. Sembramos la semilla y luego somos demasiado indolentes como para recoger la cosecha. ¿Cómo podemos esperar que el Señor abra las ventanas de su gracia y derrame sobre nosotros su bendición, si no somos capaces de abrir las ventanas de nuestra expectativa y mirar hacia arriba en busca del favor prometido? Dejemos que la meditación santa y piadosa junte sus manos con una expectativa ilusionada y paciente, y comprobaremos como la respuesta a nuestras oraciones aumenta sustancialmente.

C.H. SPURGEON

De mañana oirás mi voz.

Justo cuando abras tus ojos a la luz del día,
dale a tu alma licencia para hacer lo mismo;
pues el cuerpo no hace más que preceder al alma,
y es también deber del espíritu abrir el corazón ante su Dios.
Despliégate ante tu Creador cual hacen las flores ante la luz del sol,
dedícale a él tus primeros pensamientos; y después,

---

de un autor citado por la mayoría de autores cristianos desde el siglo XVII, especialmente por Spurgeon, que lo hace con mucha frecuencia.

[36] Así traduce la versión inglesa KJV: *"And will look up"*.

[37] Parece dar a entender que se refiere al Salmo 130:6, pero no es así puesto que en el Salmo 130:6 el salmista utiliza otro verbo שָׁמַר *shamar.* Quien sí utiliza este mismo verbo es el profeta Habacuc cuando dice: *"Estaré en mi puesto de guardia, y sobre la fortaleza me pondré; y velaré para ver lo que él me dirá"* (Habacuc 2:1).

mantente aferrado a él durante el día, hasta el anochecer,
cuando vuelvas a cerrar de nuevo los parpados y tu alma repose.

Cuídate de no dormir más allá de la salida del sol;
pues la oración debe amanecer junto con el día.
El alba es la hora propicia para entablar comunión con cielo;
el maná se malograba después de la aurora,[38] y el calor marchita las flores.
Levántate temprano, adelantándote al sol; y acuéstate pronto para evitar pecados;
ya que las puertas del cielo se abren cuando las de este mundo se cierran.

Observa las cosas creadas, escucha su silencio, percibe sus murmullos;
y verás que no hay manantial de agua, ni hoja verde,
que no entone su propio *himno matutino*.
Cada matorral y cada roble reconocen a su Creador, y le cantan.
¿Y tú no puedes cantar? ¡Oh, deja un lado tus preocupaciones y locuras!
Sigue su ejemplo y verás cómo el día se te hace más agradable y más próspero.

HENRY VAUGHN, [1621-1695]
"Silex Scintallians: sacred poems and pious ejaculations", 1847

De mañana oirás mi voz. "Mi oración llega ante ti por la mañana" exclama Hemán ezraíta en otro salmo.[39] La mañana el momento más propicio para la devoción, cuando nuestro estado de ánimo está más fresco y libre de las distracciones. ¿Qué mejor oportunidad, y más apropiada, para nuestros deberes sagrados a la que tan justamente merece el calificativo de *"las alas del alba"*?[40]

EDWARD REYNER [1600-1668]
"Rules for the Government of the Tongue", 1656

De mañana. «Antiguamente, *"en los días de nuestros padres"*[41] –dice al respecto el Obispo Burnet–,[42] cuando alguien llamaba temprano a la puerta de su vecino solicitando hablar con el dueño de la casa, era costumbre habitual que los sirvientes contestaran: 'El señor está orando' con la misma libertad y franqueza con que hoy en día contestan: 'El señor todavía no se ha levantado'».

C.H. SPURGEON

[38] Éxodo 16:17-22.

[39] Se refiere al Salmo 88, y más concretamente al versículo 13: *"Mas yo a ti he clamado, oh Jehová, y de mañana mi oración se presenta delante de ti"*. El Salmo 88 es considerado como el más triste, desesperanzador y oscuro de todos. Es el único en la Biblia atribuido directamente a Hemán el ezraíta. ¿Quién era este Hemán el ezraita? Spurgeon lo atribuye en principio al Hemán mencionado en 1 Reyes 4:31; 1 Crónicas 2:6; visto como un hombre sabio y talentoso en la música, a pesar de que en el Salmo 88 revela el intenso sufrimiento que atravesó hasta el punto de sentirse como un *"abandonado entre los muertos"* (Salmo 88:5). Pero tampoco lo da por seguro puesto que tenemos a otro Hemán, hijo de Joel nieto del profeta Samuel y descendiente de Coat, mencionado en 1 Crónicas 6:33; y contemporáneo de David, (estaba entre los que trajeron el arca a Jerusalén) según 1 Crónicas 15:19; 16:41-42; y Spurgeon admite que podría tratarse de cualquiera de los dos.

[40] Salmo 139:9

[41] Esdras 9:7; Mateo 23:30.

[42] Se refiere al filósofo e historiador escocés GILBERT BURNET [1643-1715], Obispo de Salisbury.

Oh Jehová, de mañana oirás mi voz; de mañana me presentaré delante de ti, y esperaré. O, dicho de otro modo: *"pondré en orden mis palabras y monitorizaré mi oración"*, esto es: me mantendré a la espera, aguardando vigilante, reiterando mi petición una y otra vez, añadiendo súplica tras súplica, hasta convertirme como Jacob en un príncipe de Dios,[43] y haber ganado la batalla antes de que raye el alba. Pues aquí la metáfora se aplica por igual tanto a contender físicamente como a suplicar a Dios en oración. Más aún, en este caso el texto bíblico nos da pie a tomar el significado literalmente y sin necesidad de figuras retóricas: *"Ordena tus palabras, ponte en pie"* se le dice a Job.[44] Ser metódico y ordenado siempre es bueno en todo, bien sea que apliquemos un método explícito o implícito. A veces lo mejor es el método implícito y hemos de cultivar ese arte hasta perfeccionarlo y dominarlo. Pues al expresarnos, de manera especial en el discurso y la predicación, el método es esencial. Ya que a pesar de que alguien ha dicho muy acertadamente (refiriéndose a ciertos oradores más preocupados por el método que por la materia) que "la homilética nunca ha convertido a nadie",[45] cuando nos dirigimos a los demás, el método y el orden en las ideas y las palabras es fundamental. Nuestros discursos no pueden ser un torrente desordenado de palabras buenas, sino un flujo progresivo de ideas y expresiones coordinadas; no un torbellino de vocablos bien sonantes, sino una brisa suave de conceptos bien dispuestos y cohesionados entre sí, o, por decirlo de otro modo, en su debido orden y concierto.

JOSEPH CARYL [1602-1673]

Me presentaré delante de ti, y esperaré. En estas palabras observamos dos cosas: (1) la postura de David con respecto a la oración; y (2) la actitud después de la oración. En primer lugar, su postura respecto a la oración: *"Me presentaré delante de ti"* En segundo lugar, su postura después de la oración, *"y esperaré"*. Cabe destacar que el salmista/profeta, hace aquí uso de dos palabras de trasfondo militar. Ante todo, no piensa limitarse solo a orar, sino que decide poner orden sus oraciones, esto es, colocarlas en formación de batalla; pues este es el sentido del verbo hebreo אֶעֱרָךְ־לְךָ *'e'ĕrāḵ-ləḵā* de עָרַךְ *arak*.[46] En segundo lugar, y una vez hecho esto, tenía intención de proceder como un centinela en su torre de vigilancia, para comprobar constantemente si su estrategia había tenido éxito o no, si por fin despuntaba el día o no; pues este es el sentido del verbo hebreo וַאֲצַפֶּה *wa'ăṣappeh* de צָפָה *tsaphah*.[47] Una vez presentadas sus oraciones debidamente ordenadas, en formación de combate, decide otear el horizonte, mirar por todos lados hasta descubrir cuál sería la puerta que Dios le abriría, de qué punto cardinal procedería la respuesta a su oración. El que ora y ora pero no permanece vigilante oteando el horizonte para ver de dónde procederá la respuesta a sus oraciones; el que dispara hacia el cielo las flechas de sus plegarias pero jamás se preocupa de ver qué curso siguen y donde caerán; es un necio o un loco, o peor aún, muy débil en la fe o simplemente muy perverso.

THOMAS BROOKS [1608-1680]

Me presentaré delante de ti, y esperaré. David dirige su oración a Dios y aguarda mirando hacia arriba;[48] no hacia abajo, al mundo y su corrupción, sino hacia arriba, a Dios, buscando lo que él tuviera

---

[43] Génesis 32:24-28.

[44] Job 33:5. O como mejor traduce la NVI: *"prepárate y hazme frente"*.

[45] En el original *"Method never converted any man"*. Suponemos que se trata de una paráfrasis de Caryl.

[46] Ver al respecto Jueces 20:22; 1 Samuel 17:8; 2 Samuel 10:8; 1 Crónicas 19:9; 12:37.

[47] Ver al respecto Salmo 130:6.

[48] Así traduce la versión inglesa KJV: *"I will direct my prayer unto thee and will look up"*. Este es el sentido literal de hebreo *"miraré hacia arriba"*. FRANCISCO LACUEVA [1911-2005] dice al respecto en el "Comentario de Matthew Henry": «como quien espera que se le responda de lo alto (Salmo 85:8; Habacuc 2:1);

a bien decirle: *"Escucharé lo que dirá Dios el Señor".*[49] Que esta resolución del profeta/salmista sea también la tuya: *"Mas yo pondré mis ojos en el Señor, esperaré en el Dios de mi salvación; mi Dios me oirá".*[50]

WILLIAM GREENHILL [1591-1677]
"An Exposition of the Five First Chapters of the Prophet Ezekiel with Useful ObservationsThereupon.Delivered in Several Lectures in London", 1649

Presentaré mi oración a ti, y con ansias esperaré. Es decir, voy a negociar, voy a poner en juego mis activos espirituales, y a esperar las ganancias; presentaré mis oraciones, y no voy a darlas por perdidas, sino que seguiré mirando hacia arriba aguardando la respuesta. Dios tiene por costumbre conducir a los seres humanos de vuelta al hogar por un sendero muy distinto al camino por el cual ellos deambulaban. El hombre cayó del favor Dios por desconfianza al poner al Creador bajo sospecha;[51] Dios lo trae de vuelta a base de confianza,[52] mediante pensamientos positivos sobre él. Oh, ¡cuán ricamente cargado regresará el navío que tan lejos zarpara haciendo su entrada majestuosa en puerto hogareño! ¿Acaso no esperas y anhelas su retorno?

GEORGE SWINNOCK [1627-1673]
"The Christian Man's Calling", 1665

Presentaré mi oración a ti, y con ansias esperaré. Tras la oración, la fe lleva a cabo una acción de soporte; proporciona al alma el apoyo necesario para aguardar la respuesta. Dice el salmista: *"Levantaré mis ojos hacia arriba y esperaré";* ¿esperaré qué?, evidentemente, la contestación. Un corazón incrédulo dispara sus oraciones al azar, no se preocupa de hacia dónde se dirige su flecha o del resultado de su plegaria; la fe, en cambio, llena el alma de expectativas. El mercader que embarca una porción de su patrimonio en un navío que zarpa hacia ultramar, cuenta tan firmemente con su regreso con las correspondientes ganancias, que habla de ello con la misma seguridad que habla de la otra parte que retuvo y realmente tiene mano; así también la fe, confía tan firmemente en la respuesta positiva a las peticiones que ha mandado en oración al cielo, que habla de ellas con la misma certeza que de las misericordias recibidas anteriormente y que de hecho tiene ya a su disposición. Esta expectativa que la fe provoca en el alma inmediatamente después de la oración tiene la función de tranquilizarla durante intervalo entre el envío y el regreso. Dicho en otras palabras: la suerte del navío de la oración y su regreso a puerto con su rica carga dependen de la fortaleza de la fe. Con frecuencia la fe se levanta de la oración gritando de inmediato: *Victoria.* Porque produce en el alma del creyente un sentimiento tan fuerte de la realidad existencial de aquello por lo cual ha orado, que sobrepasa todo razonamiento; suficiente para que el cristiano pueda acallar con esa expectativa de la respuesta todas sus dudas presentes y pensamientos negativos. Y ello hace que prorrumpa en alabanzas por las mercedes recibidas mucho antes de haberlas recibido (…) Es debido a la falta de fe, a la carencia de levantar los ojos hacia el cielo, que tantas oraciones fracasan y se pierden. Si dudas, ¿por qué oras? Y si crees, ¿por qué no esperas? Al orar, aparentemente depositas tu confianza en Dios; al no esperar, se la estas arrebatando de nuevo. ¿Acaso no es esto tomar su nombre en vano?[53] ¡Cristiano, afírmate

con gratitud, si se le concede su petición; con paciencia, si se le difiere, y orar siempre, en todo caso, sin desfallecer, como mandó el Señor.

[49] Salmo 85:8, LBLA.

[50] Miqueas 7:7.

[51] Génesis 3:4-7

[52] Números 21:8-9; Juan 3:14; Romanos 10:13.

[53] Éxodo 20:7; Deuteronomio 5:11.

en tus oraciones mediante una expectativa santa, basada en la promesa, de que recibirás aquello por lo cual has rogado! (…) Mardoqueo, sin lugar a dudas, había elevado numerosas oraciones por Ester; ¿y qué hizo? esperó sentado ante la puerta del rey[54] aguardando lo que Dios, en su divina providencia, tuviera a bien responderle. Hagamos nosotros lo mismo.

WILLIAM GURNALL [1617-1679]
"Christian in complete armour, or, a treatise of the saints war against the Devil", 1655

Vers. 4. *Porque tú no eres un Dios que se complace en la maldad; el malo no habitará junto a ti.* *[Porque tú no eres un Dios que se complace en la maldad; el malo no habitará junto a ti.* RVR*] [Porque tú no eres un Dios que se complace en la maldad; el mal no mora contigo.* LBLA*] [Porque Tú no eres un DIOS que se complace en la impiedad, la maldad no habita contigo.* BTX*] [Tú no eres un Dios que se complazca en lo malo; a tu lado no tienen cabida los malvados.* NVI*] [No eres un Dios que desee la maldad, en ti no encuentra refugio el malvado.* BLP*] [Oh Dios, la maldad no te agrada; no puedes tolerar los pecados de los malvados.* NTV*]*[55]

Porque tú no eres un Dios que se complace en la maldad; el malo no habitará junto a ti. Habiendo expresado pues de ese modo su resolución a orar, el salmista despliega su oración. Y lo primero que hace es abogar en contra de sus enemigos, crueles y despiadados, utilizando el argumento que estima como el más poderoso: Pide a Dios que los aleje en base a que también a Dios le son desagradables. «Cuando oro en contra de los que me tientan, –dice David–, estoy orando en contra de aquello que Dios mismo aborrece». ¡Señor, el mal no te complace, así que te ruego me libres de él!

De ello aprendemos una verdad solemne: el odio que un Dios justo debe sentir hacia el pecado: *No se complace en la maldad.* Por muy grandilocuente, pomposa, y presuntuosa que aparente ser, todo su brillo carece de encanto para Dios. Los seres humanos fácilmente se inclinan ante la villanía deslumbrados por el éxito, y se olvidan del fragor y la perversidad de la batalla ante la ostentación triunfo; pero el Señor de toda santidad no es semejante a nosotros.

El malo no habitará junto a ti. Es decir, no le darás cobijo ni compartirás con él morada, ni en la tierra, ni en el cielo. Los malos no pisarán la mansión de Dios. ¡Oh, qué insensatos somos tratando de agasajar a la vez a dos huéspedes hostiles el uno al otro, como son Cristo Jesús y el diablo! Tengamos por seguro que Cristo no habitará jamás en el salón principal de nuestro corazón, mientras sigamos con nuestros pensamientos agasajando al diablo en el sótano.

C.H. SPURGEON

Porque tú no eres un Dios que se complace en la maldad. Así como la persona que corta con un cuchillo sin filo es el ejecutor del corte, pero no el responsable de que este salga defectuoso y el cuchillo mellado, pues el causante de esto es el propio cuchillo; el músico que pulsa un instrumento desafinado es quien provoca el sonido pero no la discordancia, pues la responsable de esta es una cuerda desafinada; o, el jinete que monta sobre un caballo cojo y se tambalea es quien perpetra el tambaleo, pero no el movimiento que lo ocasiona, ya que el origen de este está en el caballo; así también Dios es autor de todas las cosas, pero no del mal que estas puedan eventualmente ocasionar. Quien diseña y construye instrumentos y herramientas de metal o de madera no es quien origina el óxido y la

[54] Ester 2:19.

[55] SHÖEKEL en su versión lo traduce de la siguiente manera: *"Pues tú no eres un Dios que quiera el mal ni el malvado es tu huésped"*.

carcoma que eventualmente los corroe, estos vienen por otras causas. Y los males del hombre no son obra del perito celestial; el Dios todopoderoso no es el autor del pecado y la iniquidad; y no puede ser justamente culpado de que sus criaturas decidan revolcarse en el barro y mancillarse a sí mismas con la impureza del pecado, pues él las diseñó y las creo perfectas.[56]

John Spencer [1559-1614]
"Things Old and New", 1658

Vers. 4-6. La alienación y separación del Señor de los malvados se describe en estos versículos progresivamente en seis etapas. En primer lugar, *"no se complace en ellos"*; en segundo lugar, *"no habita junto a ellos"*; en tercer lugar los arroja de su presencia: *"los insensatos no estarán delante de tus ojos"*; en cuarto lugar su corazón se vuelve contra ellos: *"aborreces a todos los que hacen iniquidad"*; en quinto lugar su mano se vuelve contra ellos: *"destruirás a los que hablan mentira"*; y en sexto lugar su espíritu se enerva contra ellos y se aleja de ellos: *"al hombre sanguinario y engañador le abominará Jehová"*. Este distanciamiento es de hecho un castigo peculiar (más no por ello menos cierto) a todos *"los que hacen iniquidad"*. Y esta expresión, *"los que hacen iniquidad"* se puede entender dos maneras. En primer lugar, aplicada los pecadores intencionales, es decir, no a los pecadores de todos los niveles ni a todos los niveles de pecadores, sino a pecadores en su más alto grado: pecadores extremos, pecadores contumaces decididos a pecar, que hacen del pecado su forma de vida. Por decirlo de otra manera, pecadores refinados, que pecan con habilidad y diligencia para ganarse un nombre en los ambientes del pecado; que se esfuerzan lograr dentro de la industria del pecado el calificativo de *"obreros aprobados"* sin tener de qué avergonzarse.[57] pese a ejecutar constantemente acciones de las cuales un ser humano cabal lo único que puede sentir es vergüenza. Estos son, en el sentido estricto de la Escritura, *"los que hacen iniquidad"*. Pecadores notorios, que "hacen del pecado su modo de vida y su negocio". Pues a pesar de que todo pecado debe ser considerado obra de iniquidad, tan solo algunos pecadores en particular merecen el calificativo de *"hacedores iniquidad"*: solo los que hacen del pecado su vocación. En el libro de Apocalipsis se nos habla particularmente de aquellos que: *"aman y practican la mentira!*[58] Pues que una persona concurra eventualmente en una mentira no quiere decir que ame y practique la mentira. Pero se da la circunstancia de mentirosos compulsivos, que son realmente amantes y practicantes de la mentira. A tales artífices del arte de pecar se les describe en otro salmo con las siguientes palabras: *"de corazón maquinan iniquidades; hacen pesar la violencia de sus manos en la tierra"*.[59] Fijémonos que el salmista no dice que tengan la iniquidad en su corazón, sino que la maquinan; su corazón es como un taller clandestino, una fábrica subterránea en la que funden y fraguan sus propósitos inicuos hasta convertirlos en acciones perversas.

Joseph Caryl [1602-1673]

Vers. 5. *Los insensatos no estarán delante de tus ojos; aborreces a todos los que hacen iniquidad.* *[Los insensatos no estarán delante de tus ojos; aborreces a todos los que hacen iniquidad.* RVR*] [Los que se ensalzan no estarán delante de tus ojos; aborreces a todos los que hacen iniquidad.* LBLA*] [Los arrogantes no se presentarán ante tu vista, aborreces a todos los que hacen iniquidad.* BTX*] [No hay lugar en tu presencia para los altivos, pues aborreces a los malhechores.* NVI*] [No*

[56] Ver con respecto a este tema en la nota 83 los comentarios de Agustín de Hipona [354-430] y Dídimo el Ciego [313-398] sobre el versículo ocho (5:8) de este mismo Salmo.

[57] Como fácilmente entenderá el lector se trata de una aplicación irónica de las palabras de Pablo en 2 Timoteo 2:15.

[58] Apocalipsis 22:15.

[59] Salmo 58:2.

resisten tu mirada los necios, odias a los malhechores. BLP*] [Por lo tanto, los orgullosos no pueden estar en tu presencia, porque aborreces a todo el que hace lo malo.* NTV*]*[60]

Los insensatos no estarán delante[61] *de tus ojos.* Pecadores y necios vetados. Un pecado leve es una necedad grave, y la mayor de las necedades es un grave pecado. Razón por la cual semejantes fantoches han de ser excluidos de la corte celestial. Los reyes de la tierra solían rodearse de necios y bufones en sus séquitos, pero el Dios único y sabio no alberga necios ni tolera bufonadas en su palacio arriba en los cielos.

Aborreces a todos los que hacen iniquidad. Lo que Dios siente hacia los que obran iniquidad no es una leve aversión, sino un odio profundo y arraigado. Y ser blanco del odio divino es algo terrible. ¡Seamos pues fieles y honestos a la hora de advertir y amonestar debidamente a los malvados que nos rodean, ya que caer en las manos de un Dios airado es algo ciertamente horrendo![62]

C.H. SPURGEON

Aborreces a todos los que hacen iniquidad. ¡Cuán asombroso es el pecado, capaz de transformar al Dios de amor y Padre de todas las misericordias en enemigo de sus propias criaturas, hasta el punto de que solo pueda ser expiado por la sangre bendita del Hijo de Dios! Aunque esta es una realidad que debería ser ampliamente sabida por todos aquellos que conocen y creen la Biblia, lo cierto es que la extraordinaria gravedad del pecado únicamente la perciben y asimilan quienes conocen más profundamente las escrituras, y por ello nunca alcanzará a ser reconocida plenamente en este mundo.[63]

THOMAS ADAM [1701-1784]
"Private Thoughts on Religion", 1824

Aborreces a todos los que hacen iniquidad. Para comprender mejor lo que Dios piensa del pecado basta con leer algunos de los numerosos pasajes en la Escritura que expresan claramente su aversión y odio al mismo: *"Seis cosas aborrece Jehová, y aun siete abomina su alma"*.[64] De ahí surgen todas las plagas y juicios horrendos pronunciados contra él con voz de trueno por su boca llameante

---

60 SCHÖKEL lo traduce de la siguiente manera: *"ni se mantendrán los arrogantes ante ti. Detestas a los malhechores"*.

61 En hebreo יִתְיַצְּבוּ *yiṯyaṣṣəḇū* de יָצַב *yatsab*: "no estarán de pie", o "no se erguirán".

62 Hebreos 10:31.

63 Sobre este versículo comenta JERÓNIMO DE ESTRIDÓN [347-420]: «*Aborreces a todos los que hacen iniquidad"* Si Dios aborrece a los que hacen iniquidad, y todos los seres humanos somos pecadores, deberíamos concluir que nos aborrece a todos. Entonces, si nos aborrecía, ¿por qué tuvo a bien salvarnos por medio de su gracia (Romanos 3:23-24; Efesios 5:2-8)? Fijémonos bien en las palabras del salmista, pues no dice *"los que hicieron iniquidad"* sino *"los que hacen iniquidad"*. A quienes el Señor aborrece no es a los que habiendo estado un día en pecado fueron salvos por su gracia y se han apartado de él: a estos los ama; a quienes aborrece es a los que perseveran en el pecado y siguen practicando iniquidad: a estos aborrece: *"¿Qué, pues, diremos? ¿Permanezcamos en el pecado para que la gracia abunde? ¡En ninguna manera! Los que hemos muerto al pecado, ¿cómo viviremos aún en él?»* (Romanos 6:1-2. Ver también: Romanos 6:15-16; Gálatas 5:13; Hebreos 10:26-27; 1 Pedro 2:16).

64 Proverbios 6:16. Ver también: Deuteronomio 7:22; Apocalipsis 2:6, 15.

al enunciar su ley más sagrada.[65] Y no solo aborrece la iniquidad en sí misma, sino que también los *"obradores de iniquidad"* se convierten en objetivo de ese odio.

WILLIAM GURNALL [1617-1679]
"Christian in complete armour, or, a treatise of the saints war against the Devil", 1655

Aborreces a todos los que hacen iniquidad. Si el odio de Dios se vuelve en contra de los que hacen iniquidad, ¡cuán intenso y profundo será contra la iniquidad en sí misma! Si sentimos aversión a un bicho venenoso, mayor será nuestra aversión al veneno. Toda la intensidad del odio divino se vuelca contra el pecado, y así deberíamos odiarlo también nosotros, intensamente; puesto que, si es abominación a Dios, ha de serlo también para nosotros. *"Seis cosas aborrece Jehová, y aun siete abomina su alma: Los ojos altivos, la lengua mentirosa, las manos derramadoras de sangre inocente, el corazón que maquina pensamientos inicuos, los pies presurosos para correr al mal, el testigo falso que habla mentiras, y el que siembra discordia entre hermanos"*.[66]

WILLIAM GREENHILL [1591-1677]
"An Exposition of the Five First Chapters of the Prophet Ezekiel with Useful Observations Thereupon. Delivered in Several Lectures in London", 1649

Aborreces a todos los que hacen iniquidad. Aquellos a quienes el Señor aborrece perecerán irremisiblemente. Pero él odia únicamente a los pecadores impenitentes: *"Aborreces a todos los que hacen iniquidad"* Ahora bien, ¿quiénes son propiamente estos *"hacedores de iniquidad"*, tan ansiosos de llevarla a cabo, y tan apegados y amantes de su labor, que no se muestran mínimamente dispuestos a abandonarla siquiera ante el riesgo de perecer a causa de ella? Cristo mismo nos lo deja muy claro: *"apartaos de mí todos vosotros, hacedores de iniquidad"*.[67] Aquellos contra quienes el Señor testificará en su ira perecerán, pues Dios despedaza a quien odia.[68] ¿Y acaso el odio no es lo más apropiado para tales pecadores impenitentes? ¿Acaso no se ganan a pulso una ira que justamente merecen por su obstinación y corazón empedernido?[69] ¿Va el Señor a cobijar en el seno de su amor a quienes aborrece su alma? No; su porción es destrucción.[70] Si todas las maldiciones de la ley, todas las amenazas del Evangelio, todos los juicios ya sea en la tierra y o en el infierno, están contra ellos porque no han querido enmendarse, decididamente, perecerán. Si el brazo del Señor les hiere en la cabeza con toda su fuerza, morirán irremisiblemente.[71] (…) Evitemos todo aquello que Cristo aborrece. Pues si aprobamos y nos recreamos en cosas inicuas que Cristo aborrece, ¿cómo podemos esperar que nos ame? ¿Y qué es lo que Cristo aborrece? El salmista nos lo aclara en otro salmo: *"Has amado la justicia y aborrecido la iniquidad"*;[72] es decir, uno de los atributos de Cristo es odiar la iniquidad (…) Y si Cristo aborrece la iniquidad, aborrece también a los que *"hacen iniquidad"*. En consecuencia, no podemos amarlos, intimar con ellos, deleitarnos en su compañía, porque son personas malignas que se burlan abiertamente de la piedad y obstruyen su eficacia.[73] Quien se empeñe en relacionarse e intimar

[65] Éxodo 20:18-26; Deuteronomio 5:22-33.
[66] Proverbios 6:16-19.
[67] Lucas 13:27
[68] Job 16:8-9.
[69] Romanos 2:5, NVI.
[70] Proverbios 21:15.
[71] Salmo 68:21.
[72] Salmo 45:7.
[73] 2 Corintios 6:14-18.

con los inicuos ha de saber que Cristo no tendrá parte ni suerte con él.[74] Si deseas mantener una dulce comunión con Cristo y con sus acciones fructíferas de amor, no puedes mantener comunión con las obras estériles de las tinieblas, ni con los que de ellas participan.

DAVID CLARKSON [1621-1686]

Vers. 6. ***Destruirás a los que hablan mentira; al hombre sanguinario y engañador abominará Jehová.*** *[Destruirás a los que hablan mentira; al hombre sanguinario y engañador le abominará Jehová.* RVR*] [Destruyes a los que hablan falsedad; el Señor abomina al hombre sanguinario y engañador.* LBLA*] [Destruyes a los que hablan falsedad, YHVH abomina al hombre sanguinario y engañador.* BTX*] [Tú destruyes a los mentirosos y aborreces a los tramposos y asesinos.* NVI*] [Aniquilas a los mentirosos; al cruel y al traidor, el Señor lo aborrece.* BLP*] [Destruirás a los que dicen mentiras; el Señor detesta a los asesinos y a los engañadores.* NTV*]*

Destruirás a los que hablan mentira. Los que viven en la falsedad y los que obran maldad han de ser debidamente castigados. Todos los mentirosos tendrán su parte en el lago que arde con fuego y azufre. Podrán mentir impunemente burlando las leyes humanas, pero no escaparán de la ley divina. Los mentirosos tienen las alas muy cortas, su vuelo terminará súbitamente y caerán sin remedio en las turbulencias del fuego de destrucción.

El Señor abomina al hombre sanguinario y engañador. A los sanguinarios embriagará con su propia sangre, y los que comenzaron engañando a sus semejantes acabarán engañándose a sí mismos.[75] Un viejo refrán popular dice así: «Sanguinarios y engañadores cavan su propia fosa».[76] Y en este caso concreto cabe decir que la voz del pueblo es voz de Dios. ¡Que fuerte y rotundo suena ese *"abomina"*! ¿Acaso no es suficiente para demostrarnos con claridad lo profundo y arraigado del odio de Jehová hacia los que obran iniquidad?

C.H. SPURGEON

Destruirás a los que hablan mentira. Bien sea que la mentira vaya en broma o serio. Aquellos que mienten de broma (sin arrepentirse) irán al infierno en serio.

JOHN TRAPP [1601-1669]

"A commentary or exposition upon the books of Ezra, Nehemiah, Esther, Job and Psalms", 1657

Destruirás a los que hablan mentira. En el mismo bosque de Efraín donde Absalón entabló batalla contra David su padre, crecía la encina de la que quedaría colgado y sería causa de su muerte;[77] y el mulo en que cabalgaba con la esperanza de escapar fue su verdugo, pues el mulo lo llevó a la encina; y el cabello del que tanto se jactaba fue la cuerda de la cual quedaría ahorcado.[78] Poco se imaginan los

[74] Hechos 8:20-25.

[75] Dice al respecto JERÓNIMO DE ESTRIDÓN [347-420]: «Todo hereje es sanguinario y engañador: es sanguinario porque con sus mentiras destruye las almas de cuantos se dejan embaucar por sus afirmaciones y falsas doctrinas; es engañador porque recurre a sutiles ardides y añagazas para simular que es palabra de Dios lo que no va más allá de ser sus propios razonamientos y conclusiones».

[76] En el original *"Bloody and deceitful men dig their own graves"*.

[77] 2 Samuel 18:6, 9.

[78] 2 Samuel 14:25-26.

malvados que todo aquello que ahora poseen y de lo que tanto se ufanan se convertirá para ellos en trampa mortal, cuando Dios comience a castigarlos.

WILLIAM COWPER [1566-1619]
"Three Treatises concerning Christ", 1612

Vers. 7. *Mas yo por la abundancia de tu misericordia entraré en tu casa; adoraré hacia tu santo templo en tu temor.* *[Mas yo por la abundancia de tu misericordia entraré en tu casa; en tu santo templo me postraré, lleno de tu temor.* RVR*] [Mas yo, por la abundancia de tu misericordia entraré en tu casa; me postraré en tu santo templo con reverencia.* LBLA*] [Pero yo entraré en tu Casa en la abundancia de tu misericordia, y en tu temor me postraré hacia el templo de tu santidad.* BTX*] [Pero yo, por tu gran amor puedo entrar en tu casa; puedo postrarme reverente hacia tu santo templo.* NVI*] [Pero yo, por tu inmenso amor, acudiré a tu morada y me postraré venerándote en tu santuario.* BLP*] [Gracias a tu amor inagotable, puedo entrar en tu casa; adoraré en tu templo con la más profunda reverencia.* NTV*]*

En este versículo finaliza la primera parte del Salmo. El poeta ha doblado su rodilla en oración; ha planteado ante Dios como argumento a favor de su liberación, el carácter perverso y destino funesto de los malos; y ahora, lo contrasta con la condición de los justos.

Mas yo por la abundancia de tu misericordia entraré en tu casa. No voy a quedarme a una distancia prudencial, penetraré en tu santuario con la misma libertad y confianza que entra un niño en la casa de su padre. Mas no en base a mis propios méritos, no, pues acarreo a mis espaldas multitud de pecados; por tanto, entraré en la abundancia de tu misericordia.[79] Me acercaré a ti con plena confianza a través de tu gracia inconmensurable. Los juicios de Dios están todos contados y enumerados, pero sus misericordias son infinitas; mide su ira a peso, pero otorga su misericordia a raudales.

En tu santo templo me postraré, lleno de tu temor. Esto es, el templo de tu santidad. Cuando el salmista escribió estas palabras, el templo material en la tierra no había sido construido aún, no había más que un simple tabernáculo. Pero David tenía la costumbre de elevar sus ojos espiritualmente hacia el templo de la santidad de Dios, donde Jehová mora en luz inefable entre las alas de los querubines.[80] Daniel abrió sus ventanas hacia Jerusalén,[81] pero nosotros abrimos nuestro corazón al cielo.[82]

C.H. SPURGEON

[79] En su *"Fragmenta, Homiliae y Selecta in Psalmos"* ORÍGENES [185-254] dice con respecto a estas palabras: «Puesto que *"los insensatos no pueden estar delante de tus ojos; y aborreces a todos los que hacen iniquidad* (5:5)*"* para entrar en tu santo templo no tengo otra opción que la de acogerme a la *"la abundancia de tu misericordia"*. Y puesto que no entraré en tu casa por ninguna otra razón o mérito fuera de la abundancia tu misericordia, me postraré con toda la humildad y reverencia que se conoce como *"temor de Dios"*, De ese modo te adoraré en espíritu y en verdad». (Salmo 15:17; Isaías 57:15; Juan 4:24).

[80] Salmo 18:10; 80:1; 99:1;

[81] Daniel 6:10.

[82] A mediados de 1270 el devoto rey de Francia LUIS IX [1214-1270], más conocido como SAN LUIS DE FRANCIA, emprendió la Octava Cruzada con el propósito de recuperar los lugares santos de Jerusalén (a pesar de que la Séptima Cruzada organizada por él mismo entre 1248 y 1254 había acabado en rotundo fracaso). Sitió la ciudad de Túnez pero su ejército fue presa de una epidemia de disentería de la cual él cayó víctima. El 25 de Agosto de 1270, tendido sobre un lecho de ceniza, tras admitir su fracaso entregó su espíritu mascullando estas palabras de David: *"Mas yo por la abundancia de tu misericordia entraré en tu casa; en tu santo templo me postraré, lleno de tu temor"*.

En tu santo templo me postraré, lleno de tu temor. Así como un temor instintivo hace que los espíritus piadosos huyan de las tentaciones externa refugiándose en el corazón, así también un santo temor a errar en el cumplimiento de un deber tan importante como es la adoración a Dios, olviden en el culto de las cosas mundanas yuedrte merecen? eenla mentira hace que nuestros pensamientos se olviden durante el culto de las cosas mundanas y se concentren en el deber sagrado que están llevando a cabo.[83] Según sea la calidad del grabado y relieve en el sello, así será el resultado impreso sobre el lacre o cera; si el temor de Dios está profundamente grabado en nuestro corazón, no hay duda que la impresión en el cumplimiento de nuestros deberes santos referentes al culto cristiano será la adecuada.

WILLIAM GURNALL [1617-1679]
"Christian in complete armour, or, a treatise of the saints war against the Devil", 1655

En tu santo templo me postraré, lleno de tu temor. El templo era sombra y prefigura del cuerpo de nuestro Señor Jesucristo, el Mediador, únicamente a través del cual son aceptas ante el Padre nuestra adoración y nuestras oraciones. Solomon mantenía ya esa idea en lo tocante al templo que había edificado.[84]

THOMAS MANTON [1620-1677]
"The Preference of Duities"

Mas yo por la abundancia de tu misericordia entraré en tu casa; en tu santo templo me postraré, lleno de tu temor. ¡Benditas palabras! ¡Bendito versículo! En él las expresiones y el sentido presentan un marcado contraste. Porque si dos virtudes hay que hacen básicamente que las cosas funcionen, son: la ESPERANZA y el TEMOR. Son, por así decirlo, como aquellas dos fuentes que Caleb otorgó a Otoniel, *"una de arriba y la otra de abajo"*.[85] El *temor* viene de arriba, de contemplar las amenazas y temibles juicios de Dios; de un Dios ante cuya mirada nadie está limpio, y para el cual todos somos pecadores y merecedores de condenación. Pero la *esperanza* surge desde abajo, al contemplar sus promesas y dulces misericordias, como está escrito: *"Acuérdate, oh Jehová, de tus piedades y de tus misericordias, que existen desde el principio y son eternas"*.[86] Entre estos dos pilares: *temor y esperanza,* hemos de mantenernos siempre cual dos hitos que nos marcan el territorio, sin apartarnos jamás ni a la derecha ni a la izquierda. Pues hacerlo es muy propio de los hipócritas, que en lugar de cultivar el *temor* y la *esperanza* practican todo lo contrario: la autosuficiencia y presunción.

MARTÍN LUTERO [1536-1546]

Vers. 8. *Guíame, Jehová, en tu justicia, a causa de mis enemigos; endereza delante de mí tu camino.* *[Guíame, Jehová, en tu justicia, a causa de mis enemigos; allana tu camino delante de mí.* RVR*] [Señor, guíame en tu justicia por causa de mis enemigos; allana delante de mí tu camino.*

---

[83] Esta misma idea la comparte JUAN CRISÓSTOMO [347-407] cuando dice: «*"En tu santo templo lleno de tu temor"*. No bostezando y con desgana, como hacen la mayoría, sino con reverencia y santo temor. Porque quien ora en el santo temor de Dios aparta de sí todos los demás pensamientos impíos, y con ello predispone la misericordia divina a concederle su petición»

[84] 1 Reyes 8:27-49.

[85] Josué 1:15.

[86] Salmo 25:6.

LBLA*] [Guíame, oh YHVH, en tu justicia, a causa de los que se oponen contra mí, haz llano tu camino delante de mí.* BTX*] [Señor, por causa de mis enemigos, dirígeme en tu justicia; empareja delante de mí tu senda.* NVI*] [Señor, guíame con tu justicia porque tengo enemigos, allana ante mí tu camino.* BLP*] [Guíame por el camino correcto, oh Señor, o mis enemigos me conquistarán; allana tu camino para que yo lo siga.* NTV*]*[87]

Y entramos en la segunda parte, en la que el salmista repite sus argumentos, andando de nuevo el mismo camino.

Señor, guíame. Cual niño aferrado a la mano de su padre, cual ciego dirigido por el brazo de su amigo. Cuando Dios va en cabeza, caminar detrás suyo siempre es seguro y agradable.

"En tu justicia". No en mi justicia, porque la mía es imperfecta, sino en la tuya; porque tú eres la justicia misma.[88]

Allana delante de mí tu camino.[89] No que allanes *"mi camino"* sino *"tu camino"*. Hermanos, cuando aprendemos a renunciar a nuestro propio camino, a nuestra manera particular de hacer las cosas, y comenzamos a transitar por el camino de Dios, es señal clara y feliz de que la gracia está en nosotros; y no es misericordia pequeña ni desdeñable poder contemplar con visión clara delante de

---

[87] SCHÖKEL lo traduce de la siguiente manera: *"Por tu justicia guíame, Señor, en respuesta a mis detractores; allana ante mí tu camino"*

[88] Sobre este versículo comentan los Padres de la Iglesia:

– AGUSTÍN DE HIPONA [354-430]: «Guíame a tratar con mis enemigos según tu justicia. No con la justicia propia de criterios humanos, sino *"tu justicia"*. Porque desde la perspectiva de los hombre el devolver mal por mal tiene se entiende como justicia; pero no en el criterio de Aquel que *"hace salir su sol sobre malos y buenos, y que hace llover sobre justos e injustos"* (Mateo 20:45). En este sentido, cuando Dios castiga a los pecadores no les infiere un mal directo procedente de sí mismo, le basta con retirarles su protección dejándoles abandonados a su propia maldad, y por su propia maldad acaban infligiéndose ellos mismos su castigo: *"He aquí, el impío concibió maldad, gestó iniquidad, y dio a luz fraude. Pozo ha cavado, y ha ahondado; y en el hoyo que hizo caerá. Su iniquidad se volverá sobre su cabeza"* (Salmo 7:14-15). Dios no engendra el mal, el mal lo engendra el propio hombre; Dios imparte justicia en calidad de juez, pero cuando ejecuta la sentencia y castiga a los transgresores de la ley, no les infiere él un mal, deja que se castiguen a sí mismos con sus propias miserias. Cuando el hombre devuelve mal por mal, siente satisfacción al aplicar aquello que considera un justo castigo; pero Dios, a diferencia del hombre, no se complace en la acción de aplicar el castigo, por ello, cuando quiere castigar a un malvado, hace que se castigue a sí mismo, como leemos en este mismo salmo un poco más adelante: *"Castígalos, oh Dios; caigan por sus mismos planes"* (Salmo 5:11)».

– DÍDIMO EL CIEGO [313-398] incide en la misma idea comentando el versículo cuatro de este mismo salmo (5:4): «*"Porque tú no eres un Dios que se complace en la maldad; el malo no habitará junto a ti"* Es evidente que ningún mal procede de Dios, como algunos creen erróneamente partiendo de la falsa idea que tanto el bien como el mal eran parte de su divina sustancia [se refiere a las ideas herejes de VALENTÍN EL GNÓSTICO en el siglo II]. Dios es el bien infinito, y ciertamente de la boca y voluntad del Altísimo tan solo puede salir el bien, porque el bien y el mal no son compatibles y no pueden habitar juntos».

[89] RICARDO ARCONADA en *"Salmos"* hace la siguiente paráfrasis: «Que tu actuar providencial, Señor, siempre conforme a justicia, que premia al bueno y castiga al malo, luzca ante mí con experiencia vivencial»

nosotros el camino de Dios. Pues los errores en el cumplimiento de nuestro deber, pueden fácilmente sumergirnos en un mar de pecados antes de que nos demos cuenta y sepamos siquiera por qué.[90]

C.H. Spurgeon

Vers. 9. ***Porque en la boca de ellos no hay sinceridad; sus entrañas son maldad, sepulcro abierto es su garganta, con su lengua hablan lisonjas.*** *[Porque en la boca de ellos no hay sinceridad; sus entrañas son maldad, sepulcro abierto es su garganta, con su lengua hablan lisonjas.* RVR*] [Porque no hay sinceridad en lo que dicen; destrucción son sus entrañas, sepulcro abierto es su garganta; con su lengua hablan lisonjas.* LBLA*] [Porque no hay sinceridad en la boca de ellos, todas sus entrañas son insidias, sepulcro abierto es su garganta, con su lengua hablan lisonjas.* BTX*] [En sus palabras no hay sinceridad; en su interior solo hay corrupción. Su garganta es un sepulcro abierto; con su lengua profieren engaños.* NVI*] [No es su boca sincera, su interior es perverso, una tumba abierta es su garganta, aduladora es su lengua.* BLP*] [Mis enemigos no pueden decir la verdad; su deseo más profundo es destruir a los demás. Lo que hablan es repugnante, como el mal olor de una tumba abierta; su lengua está llena de adulaciones.* NTV*]*

Porque en la boca de ellos no hay sinceridad; sus entrañas son maldad, sepulcro abierto es su garganta, con su lengua hablan lisonjas. Esta descripción tan gráfica del hombre depravado la hace suya (sumándole algunas otras referencias bíblicas) el apóstol Pablo en el capítulo dos de su carta a los Romanos, entendiéndola no solo como descripción de los enemigos de David, sino de toda la raza y naturaleza humana en general. Tengamos en cuenta la energía de la figura que utiliza: *"sepulcro abierto es su garganta"*, esto es una fosa putrefacta y repugnante, llena de miasmas y apestando a la muerte.[91] Más no bastándole con la idea de putrefacción ligada al término sepulcro, lo refuerza con el calificativo *"abierto"*, esto es, con todos sus gases malignos escapando por la abertura y esparciendo su contaminación letal y destructiva por doquier.[92] Así es la garganta de los malvados, y lograr que

---

[90] Los Padres de la Iglesia comentan:

– Orígenes [185-254]: «Quien decide obrar en rectitud y seguir el camino del bien cuenta con numerosos adversarios, enemigos tanto materiales como espirituales, que se sienten agredidos y atormentados por su recto proceder (Mateo 8:29; Efesios 6:12). Consciente de esto, el profeta no se atribuye a sí mismo la capacidad para enfrentarse a ellos, invoca a Dios diciendo: *"Allana delante de mí tu camino"*.

– Jerónimo de Estridón [347-420] lo interpreta del siguiente modo: «¿Y cuál es ese "camino" que pide el salmista a Dios que le allane? La lectura e interpretación de las Sagradas Escrituras: *"allana delante de mí tu camino"*, abre mi mente para que pueda entenderlas correctamente (2 Timoteo 2:15). Porque todo aquel que interpreta de modo incorrecto las Escrituras yerra y sucumbe en el camino de Dios».

– Juan Crisóstomo [347-407]: «Házmelo comprensible y evidente, para que me sea cómodo y fácil de seguir».

[91] Dice al respecto Teodoreto de Ciro [393-458] en su *"Interpretatio in Psalmos"*: «Los sepulcros cerrados mantienen la putrefacción en su interior, pero al abrirlos, el olor fétido que desprenden se hace insoportable. Así es también con las personas hipócritas, falsas y aduladoras: mientras callan mantienen en su interior la putrefacción de sus engaños y blasfemias, pero cuando abren la boca y exhalan sus lisonjas, el hedor que desprenden es tan insoportable que a la persona justa y recta se le hace inviable permanecer a su lado».

[92] Juan Crisóstomo [347-407] añade: «No se limita a decir *"sepulcro"*, que ya sería una descripción lo suficientemente horrenda, sino que añade *"abierto"*, para para incrementar el sentido de repugnancia (…)

la mantuvieran siempre cerrada, sería una acción de misericordia y enorme beneficio para la humanidad. Si pudiéramos sellar herméticamente la boca de los malos cual hacemos con los sepulcros, obligándoles a permanecer en continuo silencio, evitaríamos muchísimo daño. Pero no, *"sepulcro abierto es su garganta"*, y en consecuencia, toda la maldad que exhala su corazón se esparce libremente. ¡Cuánto peligro implica un sepulcro abierto para los caminantes! Pues fácil resulta tropezar en él y encontrarse de repente rodeado de cadáveres.[93] ¡Ah! Cuidaos bien de las personas malvadas y perversas, pues no hay nada que no estén dispuestas a decir o hacer con tal se arruinaros la vida; tratarán por todos los medios de aniquilar vuestra personalidad y enterrar vuestra reputación en la horrible fosa de su propia garganta malvada. Pero no queremos dejar de añadir al respecto un pensamiento agradable: En el día de la resurrección habrá resurrección no solo de los cuerpos, sino también del carácter y personalidad de cada uno. Y esto es de enorme consuelo para todo aquel que en este mundo ha sido objeto de difamaciones y calumnias, pues: *"Entonces los justos resplandecerán como el sol"*.[94] El mundo puede proceder con vileza y enterrar nuestra reputación en lodo putrefacto; pero si tenemos la conciencia tranquila, sabiendo que en todo momento hemos procedido con rectitud, el día en que las tumbas entreguen a sus muertos,[95] este sepulcro abierto que es la garganta del pecador, será obligado también a rectificar sus calumnias y admitir nuestro carácter celestial, entonces seremos honrados ante los ojos de todos los hombres.

Con su lengua hablan lisonjas. Que también cabe traducir como: *"Tienen lengua aceitosa"* o *"lengua seductora"*.[96] Una lengua seductora es un peligro enorme, y muchos han sido los hechizados por ella. Hay personas que cual osos hormigueros, atraen y atrapan a los incautos con sus dilatadas lenguas, empapadas con el aceite de palabras seductoras, para devorarlos. Cuando el lobo lame al cordero es porque se está preparando para mojar los dientes en su sangre.

C.H. SPURGEON

Porque en la boca de ellos no hay sinceridad; sus entrañas son maldad, sepulcro abierto es su garganta, con su lengua hablan lisonjas. Si el alma entera del ser humano está contagiada con una enfermedad tan infecciosa, si cada partícula de la misma se halla tomada por un virus tan letal, ¡qué tarea tan difícil y compleja es la de restaurar a los hombres la vida y el vigor espiritual! ¡Que tarea tan inmensa es la que lleva a cabo el Espíritu Santo de Dios sanando este ser contaminado hasta transformarlo en un alma purificada y aceptable a él! Curar unos pulmones o un hígado dañado se considera una gran proeza, pese a no tratarse más que una parte del cuerpo; ¡pero sanar algo que de pies a cabeza es todo podredumbre! "*En su boca no hay sinceridad; sus entrañas son maldad; su garganta sepulcro abierto, su lengua habla falsedad"* ¡Qué tarea tan gigantesca es la de sanar semejante despojo! Algo que únicamente la habilidad y el poder de Dios puede llevar a cabo.

THOMAS GOODWIN [1600-1679]
"Christ Our Mediator"

---

si enterramos los cadáveres lejos de las ciudades para evitar putrefacción, con más ahínco deberíamos expulsar lejos de nosotros las palabras hediondas de la lisonja y a todos cuantos las profieren».

[93] La figura no tiene mucho sentido en nuestra época. Pero en épocas pasadas era habitual cavar fosas en cualquier lugar para enterrar a los muertos, principalmente junto a los caminos. Y la posibilidad de tropezar con el hueco abierto de una tumba e incluso caer en su interior, de manera especial cuando se caminaba a campo abierto, era muy real.

[94] Mateo 13:43.

[95] Apocalipsis 20:13.

[96] Proverbios 6:24.

Sepulcro abierto es su garganta. Una figura que describe de manera muy gráfica la conducta nefanda de los inicuos.[97] Nada hay más repulsivo y abominable de los sentidos que un sepulcro abierto, cuando un cuerpo muerto comienza a descomponerse exhalando vapores contaminados. Lo que sale de su la boca está infectado y absolutamente putrefacto; así como los gases fétidos que brotan de un sepulcro demuestra la corrupción que bulle en su interior, así es también las conversaciones corruptas de los pecadores.

Robert Haldane [1764-1842]
"Expositions of the Epistle to the Romans", 1835

Sepulcro abierto es su garganta. Esto nos amonesta y advierte de que: (1) Los discursos y palabrerías del hombre natural no regenerado son poco recomendables, en tanto que están contaminados y hacen siempre más daño que bien a los que los escuchan; pues así como los sepulcros putrefactos exhalan olores fétidos, los hombres inicuos no pronuncian otra cosa que palabras soeces y corrompidas. (2) Así como los sepulcros consumen los cuerpos depositados en su interior, los inicuos destruyen a sus semejantes con sus palabras crueles; son cual acantilado que devora a todos los navíos que se le aproximan haciéndolos pedazos. (3) Así como los sepulcros, pese a haber devorado infinidad de cadáveres están siempre ávidos y listos para tragar más, y nunca se muestran satisfechos; así también los inicuos, a pesar de haber hundido a muchos con sus palabras, nunca cesan en su furia, siempre andan buscando alguien más a quien devorar.

Thomas Wilson [1601-1653]
"A Complete Christian Dictionary", 1661

Sus entrañas son maldad. Sus corazones son almacenes para el diablo.

John Trapp [1601-1669]
"A commentary or exposition upon the books of Ezra, Nehemiah, Esther, Job and Psalms", 1657

Vers. 10. *Castígalos, oh Dios; caigan por sus mismos consejos; por la multitud de sus transgresiones échalos fuera, porque se rebelaron contra ti.* *[Castígalos, oh Dios; caigan por sus mismos planes; por la multitud de sus transgresiones échalos fuera, porque se rebelaron contra ti.* RVR*] [Tenlos por culpables, oh Dios;* ¡que *caigan por sus mismas intrigas! Échalos fuera por la multitud de sus transgresiones, porque se rebelan contra ti.* LBLA*]* [¡Oh *Elohim, castígalos!* ¡Caigan por sus propios consejos! ¡Extravíense en la multitud de sus transgresiones, *porque se han rebelado contra Ti!* BTX*]* [¡Condénalos, *oh Dios!¡Que caigan por sus propias intrigas!¡Recházalos por la multitud de sus crímenes, porque se han rebelado contra ti!.* NVI*] [Castígalos, Señor, que fracasen sus planes; expúlsalos por sus muchos crímenes, porque se han rebelado contra ti.* BLP*] [Oh Dios, decláralos culpables y haz que caigan en sus propias trampas; expúlsalos a causa de sus muchos pecados, porque se rebelaron contra ti.* NTV*]*

---

[97] Agustín de Hipona [354-430] hace esta peculiar interpretación: «*"Sepulcro abierto"*. Atraen a los incautos mediante engaños y lisonjas y los inducen a pecar de la manera más sutil: asimilándolos paulatinamente a sus propias costumbres, hábitos y pautas de comportamiento, es decir: los "tragan". Por ello el salmista les aplica con propiedad el nombre de sepulcros abiertos; pues sus víctimas, al quedar atrapadas en el pecado y alejadas de la vida verdadera, son muertos espirituales; y los mismos sepulcros dan acogida a los cadáveres de quienes primero han dado muerte induciéndoles al pecado con sus lisonjas, tragándoselos luego hasta asimilarlos con su propia putrefacción».

Contra ti. No contra *mí,* sino contra *ti.* Si se tratara de *mis enemigos* los perdonaría, pero a *tus enemigos* no puedo perdonarlos. Debemos perdonar a nuestros enemigos, pero perdonar a los enemigos de Dios no está en nuestra mano. Semejantes expresiones del salmista han sido tachadas por algunos de impropias; las consideran vengativas, impregnadas de un espíritu de revancha, y les chirrían en los oídos. Deberían recordar que más allá de cómo deseos podrían traducirse como profecías; pero no vamos a valernos de ello como evasiva. Pues nunca hemos sabido de un solo lector de la Biblia que, como resultado de leer estos pasajes, se haya sentido inflamado por un espíritu de venganza, y lo más propio es probar la naturaleza de un escrito por sus efectos sobre el lector. Cuando escuchamos a un juez condenar a un asesino, por muy severa que sea la sentencia, no nos sentimos por ella justificados para condenar unilateralmente a otros por daños particulares que nos hayan causado. El salmista habla aquí como juez *ex officio*; habla como boca de Dios, y por tanto, sus palabras no pueden servirnos a nosotros de excusa, en modo alguno, para recriminar y maldecir a quienes nos hayan ofendido personalmente. Y en este sentido más vergonzosa de maldecir a otro es a través de una bendición fingida y aparente. No podemos por menos que esbozar una sonrisa divertida ante la malicia inofensiva del viejo clérigo de Roma que maldijo al emperador de Francia al otorgarle aparentemente su bendición.[98] Le bendijo de forma pero le maldijo en el fondo. Y consideremos, en contraste, la honesta y saludable advertencia de David que hallamos en este pasaje, en apariencia imprecatoria, pero destinada a ser una bendición para el pecador al avisarle de su maldición inminente. ¡Atiende bien, oh impenitente, y sepas desde ahora que todos tus amigos piadosos darán su asentimiento solemne a la sentencia terrible que el Señor pronunciará sobre ti en el día de la destrucción! Nuestro veredicto será aplaudir las condenas de maldición que el Juez de toda la tierra tronará sobre los impíos.

C.H. SPURGEON

Castígalos, oh Dios;[99] *caigan por sus mismos planes; por la multitud de sus transgresiones échalos fuera, porque se rebelaron contra ti.* Siempre que en las Escrituras encontremos frases que aparentemente respiran venganza, nunca debemos entenderlas o interpretarlas de otra manera que como la conformidad y asentimiento exhalado por almas justas ante la justicia de su Dios, que clama justa venganza contra el pecado. En este sentido hay que entender también las palabras de Cristo contra la higuera estéril,[100] que no son otra cosa que un eco del punto y final de su aquiescencia intercesora. Es como si exclamara: «Ya no voy a interceder más, su condena es justa, cortadla de raíz, es decir: *destrúyelos, Señor; arrójalos fuera en* (o, por) *la multitud de sus transgresiones, porque se rebelaron contra ti*». Y cabe entender que invita a todos sus santos a simpatizar en su decisión; como leemos en Apocalipsis: *"Alégrate sobre ella, cielo, y vosotros, santos, apóstoles y profetas; porque Dios ha pronunciado juicio a vuestro favor contra ella".*[101] Por la misma razón, cuando uno de los miembros

[98] Hemos traducido el texto según figura en el original inglés aunque no hemos logrado encontrar referencias históricas de este hecho citado por Spurgeon. Suponemos que se refiere a NAPOLEÓN BONAPARTE [1769-1821], y el PAPA PIO VII [1742-1823], que mantuvieron una relación muy conflictiva y turbulenta llegando al punto de tenerle preso por más de dos años en el Palacio de Fontainebleau.

[99] La versión griega de los LXX o Septuaginta dice: κρίνω αὐτός, que la Vulgata traduce al latín como: *"judica illos Deus"*, "júzgalos Dios". JUAN CRISÓSTOMO [347-407] comenta al respecto: «No dice *"castígalos"* sino "júzgalos" y pon fin a sus maldades. Lo cual, en cierto sentido, más que una condena o deseo de venganza, no deja de ser una manera de ayudarles y de pedir por ellos: Señor desbarata sus planes para que no puedan seguir acumulando maldad y haciéndose daño a ellos mismos». Así ha de ser toda oración de un cristiano, en humildad y mansedumbre. Decir *"castígalos"* es dictar nosotros la sentencia; decir *"júzgalos"* es exponer el problema dejando la decisión en las manos de Dios.

[100] Mateo 21:18-19; Marcos 11:12-14, 20.

[101] Apocalipsis 18:20.

del cuerpo de Cristo, en total consonancia con su Cabeza, contempla la higuera estéril desde esta su misma perspectiva, y ve la gloria de Dios dispuesta a infligirle el golpe fatal, puede también exclamar justamente: *Que descargue el hacha su golpe.*[102] Si Abraham hubiera permanecido junto al ángel que destruyó Sodoma, y hubiera visto cómo la justicia divina demandaba, en defensa del nombre de Jehová, la destrucción y ruina de estos rebeldes impenitentes, habría gritado: «Que descienda la lluvia de fuego; que el azufre y el granizo ardiente los consuman» Y no por espíritu de venganza; ni por falta de amor y ternura hacia sus almas, sino movido por su fervor y preocupación en salvaguarda y defensa de la gloria de su Dios. Bajo nuestro punto de vista, esta es la clave que aclara los pasajes difíciles que en este sentido encontramos en el libro de los Salmos, donde nos damos de bruces con múltiples imprecaciones y maldiciones invocadas sobre la cabeza de los impíos. No son más que el asentimiento a la ejecución de las maldiciones pronunciadas en el monte Ebal, respecto a las cuales leemos en el libro del Deuteronomio,[103] que se exigía: *"Y dirá todo el pueblo: Amén"*; una simple incursión encaminada a describir la profunda y santa abominación que el Señor experimenta hacia el pecado, y el *"Aleluya"* y *"Amén"* de asentimiento expresados en el texto de Apocalipsis 19:3 hacia sus acciones de justicia.

ANDREW ALEXANDER BONAR [1810-1892]
"Christ and His Church in the Book of Psalms", 1859

Castígalos, oh Dios; caigan por sus mismos planes; por la multitud de sus transgresiones échalos fuera, porque se rebelaron contra ti. (Comentario aplicable a todos pasajes imprecatorios en general que encontramos en el libro de los Salmos.) Señor, cuando en mis devociones diarias leo los Salmos de David, dame la sabiduría necesaria para ajustar los impulsos de mi alma de acuerdo con su contenido. En aquellos Salmos en los que confiesa sus pecados, implora tu perdón, te alaba por misericordias recibidas anteriormente, o bien ora solicitando futuros favores; en todos estos casos, concédeme la facultad de elevar el tono de mi alma hasta lograr afinarla a su mismo tono, el más alto que me sea posible. Pero cuando llegue a estos salmos que los que maldice a sus enemigos, oh, Señor, permíteme bajar de tono y afinarla en clave algo más baja. Porque tales palabras fueron inspiradas para ser pronunciadas únicamente en boca de David. Y yo, aunque comparto con él físicamente la misma respiración y aliento, no tengo el mismo espíritu de tu ungido como para poder pronunciarlas. En modo alguno permitas que me engañe a mi mismo afirmando que me es lícito unirme a David en maldecir a tus enemigos, no vaya a ser que mi corazón engañoso mezcle y confunda mis propios enemigos con los tuyos, y así, lo que para David era un acto de piedad, en mi caso se convierta en una acción maliciosa, en la que oculte mis deseos de venganza bajo la capa de una piedad falsa.

THOMAS FULLER [1608-1661]
"The Cause and Cure of a Wounded Conscience", 1647

Vers. 11. *Pero alégrense todos los que en ti confían; den voces de júbilo para siempre, porque tú los defiendes; en ti se regocijen los que aman tu nombre.* *[Pero alégrense todos los que en ti confían; den voces de júbilo para siempre, porque tú los defiendes; en ti se regocijen los que aman tu nombre.* RVR*] [Pero alégrense todos los que en ti se refugian; para siempre canten con júbilo, porque tú los proteges; regocíjense en ti los que aman tu nombre.* LBLA*] [Pero,* ¡alégrense todos los que en Ti confían! ¡Den voces de júbilo para siempre porque Tú los defiendes! ¡Regocíjense en Ti los que aman tu Nombre! BTX*] [Pero que se alegren todos los que en ti buscan refugio;* ¡que canten siempre jubilosos! *Extiende tu protección, y que en ti se regocijen todos los que aman tu nombre.* NVI*]* [¡Que se alegren los que en ti confían, *que por siempre se regocijen! Protege a los que te aman, para que se*

[102] Mateo 3:10; Lucas 3:9.
[103] Deuteronomio 27:15-26.

gocen en ti. BLP*] [Pero que se alegren todos los que en ti se refugian; que canten alegres alabanzas por siempre. Cúbrelos con tu protección, para que todos los que aman tu nombre estén llenos de alegría.* NTV*]*

Pero alégrense todos los que en ti confían; den voces de júbilo para siempre, porque tú los defiendes; en ti se regocijen los que aman tu nombre Al comparar este versículo con el precedente, encontramos de nuevo ese marcado contraste entre el castigo de los impíos y el gozo de los justos que ya hemos observado en los salmos anteriores y mencionado en la introducción.[104] La alegría es el gran privilegio de los creyentes. Y cuando los pecadores sean destruidos esta alegría será completa. Ahora ellos ríen tan solo para llorar después; nosotros lloramos, pero nos regocijaremos eternamente. Cuando ellos aúllen nosotros cantaremos, y mientras ellos giman nosotros daremos *"voces de júbilo para siempre"*. Y nuestra alegría santa cuenta con una base sólida, pues, Señor, nos *"regocijamos en ti"*. El manantial de nuestra alegría es el Dios eterno. Amamos a Dios, y por tanto, nos deleitamos en él. Nuestro corazón se siente relajado en nuestro Dios. Para el creyente todos los días son espléndidos, porque nos alimentamos de él. Tenemos música en casa, música en el corazón, y música en el cielo, *porque el Señor Jehová es nuestra fortaleza y nuestra canción; y ha venido a ser nuestra salvación.*[105]

C.H. Spurgeon

Vers. 12. *Porque tú, oh Jehová, bendecirás al justo; como con un escudo lo rodearás de tu favor.* *[Porque tú, oh Jehová, bendecirás al justo; como con un escudo lo rodearás de tu favor.* RVR*] [Porque tú, oh Señor, bendices al justo, como con un escudo lo rodeas de tu favor.* LBLA*] [Porque Tú, oh YHVH, bendices al justo, y como un escudo lo rodeas de tu favor.* BTX*] [Porque tú, Señor, bendices a los justos; cual escudo los rodeas con tu buena voluntad.* NVI*] [Porque tú, Señor, bendices al justo y tu bondad lo rodea como escudo.* BLP*] [Pues tú bendices a los justos, oh Señor; los rodeas con tu escudo de amor.* NTV*]*

Porque tú, oh Jehová, bendecirás al justo; como con un escudo lo rodearás de tu favor. Jehová ha constituido a los que forman su pueblo en herederos de la bendición, y nadie puede arrebatarles su herencia. Les bendecirá con toda la plenitud de su poder, y todos sus atributos se combinarán en saciarles con la alegría divina. Y no solo aquí y ahora o temporalmente, pues la bendición alcanza a un futuro prolongado y desconocido.[106]

[104] Salmo 1:1-3 y Salmo 1:4-6. Salmo 2:1:3 y Salmo 2:4-12. Salmo 3:3-6 y Salmo 3:7-8. Salmo 4:2-3 y Salmo 4:2 y Salmo 4:3.

[105] Éxodo 15:2; Salmo 118:14; Isaías 12:2.

[106] Casiodoro [485-583] en su *"Expositio Psalmorum"* hace esta admirable reflexión: «No podía el salmista encontrar una forma más bella y delicada de concluir este precioso salmo que con estas palabras: *"lo rodeas de tu favor"*. Son de tanta enjundia que por más libros que se escribieran sobre ellas no bastarían para explicar la profundidad de su significado. *"De tu favor"* dice, sí, porque el "llamamiento" de Dios antecede a cualquier mérito por nuestra parte; no llama a los merecedores o dignos, sino que es Él quien los hace merecedores y dignos. Es por eso que nuestra salvación se considera una acción de la gracia, de lo contrario sería un acto de justicia. Es *"su favor"* el que nos rodea cual escudo y nos atrae hacia él. Por nosotros mismos no podemos hacer nada provechoso, ni pensarlo siquiera, si antes no lo recibimos del Autor de todo bien, como nos dice el apóstol: *"no que seamos competentes por nosotros mismos para pensar algo como de nosotros mismos, sino que nuestra competencia proviene de Dios"* (2 Corintios 3:5)».

Porque tú, oh Jehová, bendecirás al justo. Se trata de una promesa de alcance infinito, con una amplitud ilimitada, y de un valor inapreciable e indecible.[107] En cuanto a la defensa que el creyente precisa en este mundo de constantes batallas, está aquí prometida y garantizada en la mejor manera posible. En tiempos antiguos se utilizaban escudos enormes que cubrían todo el cuerpo por entero, rodeando al guerrero completamente. Por ello David exclama, *"como con un escudo lo rodearás de tu favor"*. Según afirma Ainsworth[108] la frase implica también la idea de ser coronado, en el sentido de vestir un yelmo o casco real, que es al mismo tiempo nuestra gloria y nuestra defensa.[109] ¡Oh Señor, concédenos en tu benevolencia esta doble coronación gloriosa!

C.H. SPURGEON

Como con un escudo lo rodearás de tu favor. Aunque venga contra nosotros un adversario fuerte y armado hasta los dientes, y nos arroje sus dardos encendidos, si Dios nos tiene *"rodeados con el escudo de su favor"*, ¿qué daño podrá causarnos?[110] Él puede desarmar fácilmente al tentador, neutralizar su malicia, y pisotearlo bajo nuestros pies. Pero si Dios no está con nosotros, si no nos concede la

---

[107] AGUSTÍN DE HIPONA [354-430] le da la siguiente interpretación: «*"Bendecirás al justo":* Esta bendición otorgada a los justos consiste en ser justificados y glorificados. Pero no pueden ser justificados sin una llamada previa, que no es atribuible a la voluntad personal, sino exclusivamente a la gracia de Dios. Por cuanto: *"Todos pecaron, y están destituidos de la gloria de Dios"* (Romanos 3:23); pero: *"a los que predestinó, a éstos también llamó; y a los que llamó, a éstos también justificó; y a los que justificó, a éstos también glorificó"* (Romanos 8:30). Por tanto, la llamada no es imputable a nuestros méritos, sino únicamente a la buena voluntad y misericordia divina. Es por ello que el salmista añade: *"como con un escudo lo rodearás de tu favor"*. Es decir: la buena voluntad y la misericordia de Dios van por delante de nosotros para llamarnos al arrepentimiento. Por eso exclama el apóstol: *"¿Quién acusará a los escogidos de Dios? Dios es el que justifica* (…) *Y si Dios está por nosotros, ¿quién contra nosotros? El que no eximió ni a su propio Hijo, sino que lo entregó por todos nosotros, ¿cómo no nos dará también con él todas las cosas?"* (Romanos 8:31-33) *"Porque si siendo enemigos, fuimos reconciliados con Dios por la muerte de su Hijo, mucho más, habiendo sido reconciliados, seremos salvos por su vida"* (Romanos 8:10). Este es el escudo más impenetrable que existe y ante cuya visión el enemigo retrocede, por mucho que trate, zarandeándonos con tentaciones y tribulaciones, de hundirnos en la desesperanza y llevarnos a dudar de nuestra propia salvación».

[108] Se refiere a HENRY AINSWORTH [1571-1622], teólogo inglés no conformista, nacido en Swanton Morley, Norfolk, educado en el *Caius College* de Cambridge y posteriormente exilado y afincado en Ámsterdam. Erudito y reconocido especialista en hebreo bíblico, fue autor de numerosas obras, entre las que destacan sus traducciones anotadas o comentarios a *Génesis* (1616); Éxodo (1617); *Levítico* (1618); *Números* (1619); *Deuteronomio* (1619) *Salmos* (incluyendo una versión métrica, 1612); y el *Cantar de los Cantares de Salomón* (1623). Su obra *Psalms, The Book of Psalms: Englished both in Prose and Metre with Annotations* [Ámsterdam, 1612], que incluye en una separata treinta y nueve melodías monofónicas de salmos, es conocida como el *Ainsworth Psalter,* "El Salterio de Ainsworth", único libro de música que los peregrinos puritanos llevaron a Nueva Inglaterra en 1620, posteriormente revisado y convertido en el *Bay Psalm Book,* y que tuvo una influencia fundamental en la primitiva salmodia norteamericana

[109] Esta idea parte de la versión griega de los LXX o Septuaginta que usa aquí la palabra στεφανόω y dice: ὅπλον εὐδοκία στεφανόω ἐγώ que la Vulgata traduce al latín como *"Domine ut scuto bonae voluntatis coronasti nos"*, "Nos has coronado, Señor, con tu buena voluntad como con un escudo". JERÓNIMO DE ESTRIDÓN [347-420] lo interpreta de este modo: «¿Tiene sentido –os preguntaréis– coronar a alguien con un escudo? Se corona con laurel, con flores, con oro y piedras preciosas. Pero, ¿cómo se puede coronar con un escudo? Sí, porque el escudo del Señor es una *"corona de favores y misericordias"* (Salmo 103:4). Dios mismo es nuestro escudo y es a la vez nuestra corona; nos protege con el escudo de su favor, y nos corona por su justicia con la victoria».

[110] Romanos 8:31.

gracia suficiente, va a ser muy difícil que podamos enfrentarnos con éxito a un enemigo tan poderoso, tan sutil y tan astuto. ¡Cuando pretendemos lidiar con él contando solo con nuestras propias fuerzas, fracasamos irremisiblemente y nos llevamos la peor parte! ¡Cuántas caídas, heridas y contusiones nos ha acarreado confiar demasiado en nuestras propias habilidades! ¡Cuántas veces, en cambio, hemos podido contar con la ayuda poderosa de Dios con solo pedirla humildemente! ¡Y cuán seguros estamos de la victoria, si Cristo ruega por nosotros para que nuestra fe no falte![111] ¿Dónde hallaremos mejor refugio que en Dios nuestro Creador? Cuando ese león feroz y altivo comienza a rugir,[112] tan solo podrá inquietarnos y aterrorizarnos por un tiempo,[113] hasta que Aquel que se lo permite[114] decida tirar de nuevo de la cadena con que lo tiene atado![115]

TIMOTHY ROGERS [1660-1729]
"A Discourse on Trouble of Mind, and the Disease of Melancholy", 1691

Con un escudo lo rodearás. Cuando Martin Lutero viajaba hacia Augsburgo para entrevistarse con el poderoso cardenal Cayetano, que lo había citado para que respondiera de sus graves afirmaciones heréticas,[116] uno de los ayudantes del cardenal le preguntó dónde pensaba refugiarse en caso de que su protector, el Elector de Sajonia, que se encontraba en un momento político difícil, le abandonara. A lo que el gran reformador contestó sin dudarlo: «Bajo el escudo de los cielos». Ante semejante respuesta, el insidioso clérigo enmudeció, y dando media vuelta, se fue por donde había venido.

C.H. SPURGEON

Con un escudo lo rodearás. El escudo no es para la defensa de ninguna parte del cuerpo en particular, como es el caso de las demás partes de una armadura: el yelmo para para la cabeza; la coraza para el pecho, etc. cada una especialmente diseñada y acoplada a una parte concreta del cuerpo; pero el escudo es un elemento destinado a la defensa del cuerpo entero. Para lograrlo, era de grandes dimensiones; por su amplitud adoptaba distintos nombres, como *scutum, clípeo* o *pavés,* porque solía cubrir todo el cuerpo del combatiente. Y en el caso de que el escudo no fuera lo suficientemente grande como para cubrir de una sola vez todo el cuerpo, solía ser un elemento móvil que un soldado hábil sabía mover fácilmente para parar cualquier golpe o dardo encendido, viniera de donde viniera. Es un ejemplo perfecto para describir lo que la fe representa en la vida del cristiano: una defensa total y completa, de todas y cada una cada parte de las partes del creyente al que protege. El escudo es una doble protección: no solo protege el cuerpo del soldado, sino que protege también a la propia armadura; es decir, protege su cabeza manteniendo la fecha alejada del casco, protege el pecho manteniendo la espada o lanza alejada de la coraza. Así, es también la fe, es armadura sobre la armadura, una gracia que protege a todas las otras gracias.

WILLIAM GURNALL [1617-1679]
"Christian in complete armour, or, a treatise of the saints war against the Devil", 1655

---

[111] Lucas 22:31-32.

[112] 1 Pedro 5:8-9; 2 Timoteo 4:17.

[113] Apocalipsis 12:12

[114] Job 1:12;.

[115] Apocalipsis 20:1-2. La interpretación amilenial de estos versículos considera que Satanás está ya atado durante la edad presente, y por tanto, hay que entender el comentario del autor en este sentido.

[116] Se refiere al viaje de Lutero a Augsburgo en Octubre de 1518 para entrevistarse con el legado papal CARDENAL TOMÁS CAYETANO [1469-1534], a petición de su protector FEDERICO III EL SABIO, Elector de Sajonia [1463-1525], bajo promesa firme recibida de parte del Cardenal de que trataría a Lutero «con paternal mansedumbre», y se lo devolvería sano y salvo aunque se negara a retractarse.

SALMO 6

Salmo del enfermo

Título: «*Al músico principal; en Neginot, sobre Seminit. Salmo de David.*» Este salmo se conoce comúnmente como el primero de los Salmos Penitenciales, (los otros seis son el 32, 38, 51, 102, 130 y 143), y ciertamente su lenguaje encaja a la perfección en labios de un penitente, pues expresa a la vez el dolor (versículos 3, 6, 7), la humillación (versículos 2 y 4), y el odio al pecado (versículo 8), que son señales inequívocas del espíritu contrito cuando se vuelve de nuevo hacia a Dios.[1] ¡Engendra en nosotros, oh Espíritu Santo, el verdadero arrepentimiento que no necesita arrepentirse!

El título de este salmo es *"Al músico principal; en Neginot, sobre Seminit.*[2] *Salmo de David"*, es decir, al músico principal; con instrumentos de cuerda, en la octava. Algunos afirman que se refiere al tono de barítono o tenor, que sin duda se adapta muy bien a esta oda fúnebre. Pero nosotros preferimos admitir que desconocemos por completo el significado de estos términos musicales arcaicos del hebreo bíblico, y que incluso el término *"Selah"* sigue transliterándose por falta de una traducción absolutamente fiable. Lo cual no debería plantearnos, sin embargo, dificultad alguna en nuestra labor

---

[1] Cuando en 1174 Enrique de Plantagenet, más conocido por Enrique II de Inglaterra [1133-1189], temeroso ante la revuelta de sus hijos apoyados por una invasión francesa, buscó recuperar el favor divino negociando que le levantaran la excomunión decretada contra él por haber incitado al asesinato sacrílego del arzobispo Thomas Becket [1116-1170] en el atrio de la catedral de Canterbury el 29 de diciembre de 1170, se le impuso la penitencia de peregrinar vestido de saco hasta a la tumba de su antiguo adversario y posteriormente, desnudo, ser azotado públicamente por los monjes. El rey entró en Canterbury, besó la piedra donde Becket había caído en un charco de sangre, y a continuación, a modo de clamor penitencial, recitó el Salmo 6. Cuentan los historiadores que la humillación del rey fue tan profunda y la escena tan impresionante que los cronistas de la época no sabía cómo describirla y recurrieron al texto de otro salmos (Salmo 104:32; 144:5) para transmitir la sensación que les había causado: «Todo Canterbury tembló ante la presencia de Aquel que toca los montes y humean». *"The Church Historians of England"*. Vol. IV - Part II: *"Chap. XXXV - Of the memorable penance of the King of England, and of its consequences"*, 1856.

[2] 1 Crónicas 15:21; Salmo 12:1. En hebreo עַל־הַשְּׁמִינִית *'al-haššəmînîṯ*. El título en la Vulgata latina es: *"In finem in carminibus, Psalmus David, pro octava"* "Para el fin entre los cánticos, Salmo de David, para la Octava". Las opiniones sobre el significado de *"Seminit"* son muy diversas. La mayoría de los rabinos lo entienden como un instrumento de ocho cuerdas, y así lo traduce Kraus: *"sobre una lira de ocho cuerdas"*. Pero otros opinan que tiene que ver con el tono de la voz, un canto o contra canto en octava; y hay quienes lo identifican concretamente con alguno de los doce coros o conjuntos de instrumentos que había en el Templo. Algunos comentaristas cristianos de los primeros siglos lo espiritualizaron, haciendo su típica interpretación cristológica, viendo en este *"para la Octava"* el "Octavo Día" de la creación, afirmando que será el de la resurrección y el Juicio Final, es decir, el día de la eternidad. En este sentido Agustín de Hipona [354-430] hace la siguiente reflexión: «La expresión *"para la Octava"* es bastante confusa. Hay quienes la han entendido como una alusión al Día del Juicio, es decir, de la Segunda Venida de nuestro Señor para juzgar a los vivos y a los muertos. Y algunos pretenden que este acontecimiento tendrá lugar en el plazo de siete mil años a contar desde Adán, que equivaldría a siete días de mil años tras los cuales llegaríamos al "Octavo día". Pero el Señor nos advirtió que: *"de aquel día y hora nadie sabe, ni siquiera los ángeles del cielo, ni el Hijo, sino solo el Padre"* (Mateo 24:36). Y en otro pasaje el apóstol deja suficientemente claro: *"que el día del Señor vendrá del mismo modo que un ladrón en la noche"* (1 Tesalonicenses 5:2), y nadie puede arrogarse el conocimiento de esa fecha en base a cálculos matemáticos y cómputos terrenales (…) Por tanto, si se nos dice que incluso el Hijo desconoce este día –no porque en realidad lo desconozca, sino porque lo desconoce para aquellos a quienes no les incumbe conocerlo–, es decir, no se lo revela, ¿qué pretenden con tales conjeturas, que no sé ni de qué manera calificar, reivindicando poder predecir el día del Señor a base de cálculos matemáticos?».

expositiva. Pues lo que nos perdemos a causa de esta limitada ignorancia es con toda probabilidad muy poco y, además, sirve para confirmar nuestra fe, ya que prueba la antigüedad remota de estos Salmos que contienen palabras tan ancestrales cuyo significado ignoran incluso los mejores estudiosos de la lengua hebrea. Sin duda, son una demostración incidental (accidental me atrevería a decir, de no ser porque creo firmemente que son diseñados e inspirados por Dios), de su naturaleza, de la autenticidad de lo que profesan ser: composiciones del rey David en los tiempos más antiguos.[3]

C. H. SPURGEON

Estructura: Observamos que el Salmo 6 es fácilmente divisible en dos partes. La primera nos expone los motivos del salmista para su acuciante angustia, del versículo uno hasta el final del siete. A partir del versículo ocho hasta el final, el tema es completamente distinto. El salmista cambia de clave musical y eleva el matiz de su melodía; deja el tono menor para introducir acordes más sublimes. En clara demostración de la más absoluta confianza, afina su arpa en tono mayor, elevándola una octava para declarar abiertamente que Dios ha escuchado su oración librándole de todas sus angustias.[4]

C. H. SPURGEON

Versión poética:

DOMINE NE IN FURORE TUO ARGUAS ME

¡O Dios, me acojo a tu amoroso pecho,
¡O Padre! Imploro tu favor divino
no me arguyas, Señor, de mis errores
ni con ira corrijas mis delirios.

Usa conmigo de misericordia:
sabes que soy enfermo y quebradizo
que conturbado estoy hasta los huesos:
sáname pues, ¡oh médico divino!

También está turbada esta alma triste,
que con tanta piedad has redimido,
pero tú, Dios dulcísimo, ¿hasta cuándo
la has de dejar en tan feroz martirio?

[3] El título no aclara nada sobre la ocasión para la que fue escrito. Algunos comentaristas de la antigüedad opinaban que David compuso este salmo (Salmo 104:32) en medio de una grave enfermedad después de su adulterio con Betsabé. Con la salud enflaquecida, el peso de su pecado, y las desgracias que en consecuencia le habían sobrevenido, pide socorro a Dios, y confiado plenamente en su misericordia, advierte a sus enemigos que en vano esperan su ruina.

[4] ATANASIO DE ALEJANDRÍA [296-373] en su carta a su discípulo Marcelino sobre la naturaleza y valor de los salmos le dice refiriéndose a este salmo: «Si lo que nos amenaza e inquieta es la negra nube del castigo divino, recitaremos el Salmo 6». El Tomo I de "El Tesoro de David" incluye una traducción completa de la Carta de Atanasio a Marcelino. [Tomo I - pp. 49].

¡Ay Dios mío! convierte presuroso;
libra mi infeliz alma del peligro;
y sálvala, Señor, que es obra tuya,
de quien tu misma sangre precio ha sido.

Mira que de la muerte en los horrores
no hay quien se acuerde de tus beneficios,
ni ¿quién confesará tu santo nombre
del infierno en los lúgubres abismos?

Yo he gemido hasta aquí, lavar pretendo
todas las noches con el llanto mío
el lecho en que me acuesto, y con él quiero
de mi estrado regar todo el recinto.

Mis ojos se han turbado, contemplando
que el furor de mis locos desvaríos,
necio, ha lisonjeado a mis contrarios
y entre ellos ignorante he envejecido.

Apartaos de mí todos los malos,
que me enseñáis a ser, y sois inicuos:
que ya el Señor piadoso me ha mirado,
y la voz de mis lágrimas ha oído.

Oyó el Señor por fin los tiernos ecos
de mi deprecación, y ya benigno
de su clemencia en el inmenso seno,
mi rendida oración ha recibido.

Avergüéncese, pues, y se conturben
con vehemencia mis crueles enemigos:
retírense los viles velozmente,
y para siempre queden confundidos.

DEL "SALTERIO POÉTICO ESPAÑOL", SIGLO XVIII

Salmo completo. David se vio sometido con frecuencia a la enfermedad y al acoso de sus enemigos, pero en todos los salmos que hacen referencia a estas aflicciones, observamos que tales situaciones extremas le llevaron siempre a reflexionar sobre su propia iniquidad y la ira de Dios. Rara vez cayó enfermo o fue perseguido sin que ello le motivara a un examen de conciencia y a hacer memoria de su pecado. Algo evidente en este Salmo que compuso acuciado por una grave enfermedad, como se desprende de los versículos del 1 al 8, donde expresa claramente el desfallecimiento de su alma bajo el temor a la ira de Dios (6:1). Todas sus otras dolencias no hacen más que alimentar con su caudal esta corriente principal impetuosa y turbulenta, cual pequeños arroyuelos que vierten sus aguas en un gran río, cambiando al hacerlo de nombre y naturaleza. La preocupación provocada por los síntomas de su enfermedad, por graves y dolorosos que estos fueran, palidece y se evapora ante una preocupación mucho mayor: el temor a la ira de Dios por la condición cuestionable y peligrosa de su alma. Una situación que se repite en el Salmo 38, y en muchos otros pasajes.

Richard Gilpin [1625-1699]
"Daemonologia Sacra: Or, A Treatise of Satan's Temptations", 1677

Vers. 1. ***Jehová, no me reprendas en tu enojo, ni me castigues con tu ira.*** *[Jehová, no me reprendas en tu enojo, ni me castigues con tu ira.* RVR*] [Señor, no me reprendas en tu ira, ni me castigues en tu furor.* LBLA*] [Oh YHVH, no me reprendas en tu ira, ni me castigues en tu ardiente indignación.* BTX*] [No me reprendas, Señor, en tu ira; no me castigues en tu furor.* NVI*] [Señor, no me reprendas airado, no me castigues con furia.* BLP*] [Oh Señor, no me reprendas en tu enojo ni me disciplines en tu ira.* NTV*]*

Señor, no me reprendas en tu ira. Consciente de que merece ser reprendido, el salmista anticipa que el reproche le caerá encima de una forma u otra, si bien no para condena, sí para convicción y santificación. «El trigo se limpia aventándolo, y el alma con castigos».[5] Sería una locura orar contra la mano dorada que nos enriquece por sus golpes. No pide, pues, que el reproche sea descartado, ya que con ello iría el riesgo perderse la bendición implícita; pero sí que el reproche no venga acompañado *"Señor, no me reprendas* ***en tu ira****"*. Que me eches en cara mi pecado es beneficioso; pero, oh Señor, no lo hagas en el cenit de tu irritación, no sea que el corazón de tu siervo desfallezca y acabe hundiéndose en la desesperación. Así clama también Jeremías: «*Castígame, oh Jehová, mas con medida; no con tu furor, para que no me reduzcas a poca cosa*».[6] Sé que debo ser castigado, y aunque me encojo para evitar el golpe de la vara, soy consciente que redundará en mi beneficio; pero, oh, Dios mío, *"no me reprendas airado"*, no sea que la vara se convierta en espada, y al golpearme con fuerza me des muerte. Oremos para que los castigos de nuestro Dios de gracia, si bien no hay forma de evitarlos por completo, vengan cuanto menos suavizados por el conocimiento de que no caen sobre nosotros *"en su ira"*, sino arropados en su dulce pacto de amor.

C.H. Spurgeon

Jehová, no me reprendas en tu enojo. Dios tiene dos medios distintos para llevar a sus hijos a la obediencia: su Palabra, por medio de la cual les habla; y su vara, con la que los castiga. La Palabra precede a la vara, con ella les amonesta por boca de sus siervos que ha enviado a lo largo de todas las edades invitando a los pecadores al arrepentimiento, y respecto a los cuales el propio David exclama en otro salmo: *"Que el justo me reprenda"*.[7] Así como un padre lo primero que hace con un hijo desencaminado es reprenderlo, así hace el Señor con nosotros. Pero cuando hacemos caso omiso a las advertencias de su Palabra, entonces cual corresponde hacer a todo buen padre, toma la vara y nos sacude. Nuestro Salvador trató de despertar por tres veces en el huerto de Getsemaní a los tres discípulos que dormitaban, pero al comprobar que no hacían caso alguno, les notificó que Judas y su

[5] La frase es del poeta y clérigo inglés George Herbert [1593-1633] en *"Jacula Prudentum"* (1651), una recopilación de proverbios y sentencias. El texto original dice: *"Corn is cleaned with wind, and the soul with chastenings"*.
[6] Jeremías 10:14.
[7] Salmo 141:5.

infame pandilla habían llegado para despertarlos con palos y espadas, dado que su dulce voz no lo había conseguido.

Archibald Symson [1564-1628]
"A Sacred Septenarie or A godly and fruitful exposition on the seven Psalmes of repentance", 1623

Jehová, no me reprendas en tu ira.[8] El salmista no rechaza por completo el castigo, porque es consciente de que sería poco razonable, y en caso de hacerlo, el juicio le resultaría más desfavorable que beneficioso. Pero siente miedo a la ira de Dios que amenaza a los pecadores con su ruina y perdición, y por ello, trata de evitarla. Ante la más que probable indignación y enojo divino, David plantea tácitamente la alternativa del castigo paternal, suave y compasivo, algo que sí estaba dispuesto a soportar.

Juan Calvino [1509-1564]

Jehová, no me reprendas en tu ira.

¿La ira del Señor? ¡Oh, pavoroso pensamiento!
¿Cómo puede una frágil criatura humana afrontar
la galerna de su enojo? ¡Ay! ¿A donde huir
para escapar del castigo que tan justamente merece?
¡Que escape hacia la cruz! Pues solo *allí la gran expiación*
protege al pecador, cuando acude suplicante, implorando
perdón con arrepentimiento sincero y fe incuestionable.
Entonces desaparece de la faz de Dios
el ceño fruncido, que cual nube tempestuosa,
extiende su negrura ocultando el resplandor del sol.

Anónimo

Jehová, no me reprendas en tu ira. Esto es, no descargues aún sobre mí aquello con lo que has amenazado en tu ley, donde la ira no aparece como decreto ni ejecución, sino como simple advertencia

[8] El pensamiento de Juan Crisóstomo [1569-1626] respecto a este texto es que, cuando leemos palabras como "ira", "furor", "cólera" o "enojo" aplicadas a Dios, en modo alguno podemos entenderlas en el sentido que les damos desde nuestra perspectiva humana. Porque aplicados a Dios, incluso tales términos son exponentes de su infinita misericordia y condescendencia. El Espíritu Santo los utiliza solo para hacer compresibles a nuestras mentes limitadas cualidades de la naturaleza divina que de otra forma jamás alcanzaríamos a entender «Cuando nos dirigimos a un niño ¿no tratamos de imitar su lenguaje y balbuceamos como él? Así también el Espíritu Santo emplea estos términos para hacernos asequible su mensaje. La ira, el enojo, el furor, son pasiones humanas que responden a impulsos ligados a nuestras limitaciones humanas. Y el Dios omnipotente está muy lejos de todo esto: *"¿Me provocarán ellos a ira?, dice Jehová. ¿No se exasperan más bien a sí mismos, para su propia vergüenza?* (Jeremías 7:19)». Las Escrituras dejan muy claro que Dios nada tiene que ver con nuestras limitaciones, que son el origen de nuestras pasiones: *"¿A quién, pues, me haréis semejante o me compararéis?, dice el Santo"* (Isaías 40:25). «Por tanto, cuando leas: *"no me reprendas en tu enojo"* no te forjes la idea de un Dios movido por las mismas pasiones que el hombre, que se encoleriza cuando las cosas no salen como él deseaba y arremete apasionadamente contra los culpables. Entiende mejor lo que el salmista quiere decir: "Señor, en tu infinita misericordia, no apliques a la multitud de mis delitos y pecados todo el rigor implacable de tu justicia infinita, santa y perfecta"».

del juicio. Así leemos en Oseas: *"No ejecutaré el ardor de mi ira"*[9] es decir, no voy a consumar aquello que he declarado. Eventualmente Dios ejecuta el castigo sobre los malvados; no se limita a advertirlo: lo ejecuta, por tanto, la ira se asocia con la ejecución del castigo.

RICHARD STOCK [1569-1626]

"A stock of divine knowledge, being a lively description of the divine nature, or, The divine essence, attributes, and Trinity particularly explained", 1641

Ni me castigues en tu furor.

¡Guárdame la vida y la paz interior,
cuando deba sentir la vara de castigo!
No me mates, pero aniquila mi pecado,
para que tenga certeza de que eres mi Dios.
¡Concede a mi alma un anticipo dulce
de aquello que en breve podré contemplar!
Que la fe y el amor clamen por vez postrera
"Ven, Señor, me entrego plenamente a ti!"[10]

RICHARD BAXTER [1615-1691]

Vers. 2. ***Ten misericordia de mí, oh Jehová, porque estoy enfermo;*** sáname, oh Jehová, porque mis huesos se estremecen. *[Ten misericordia de mí, oh Jehová, porque desfallezco; sáname, oh Jehová, porque mis huesos se estremecen.* RVR*] [Ten piedad de mí, Señor, pues languidezco; sáname, Señor, porque mis huesos se estremecen.* LBLA*] [¡Ten misericordia de mí, oh YHVH, porque desfallezco! Sáname, oh YHVH, porque mis huesos se estremecen.* BTX*] [Tenme compasión, Señor, porque desfallezco; sáname, Señor, que un frío de muerte recorre mis huesos.* NVI*] [Señor, apiádate de mí que estoy débil; fortaléceme, pues me siento sin fuerzas.* BLP*] [Ten compasión de mí, Señor, porque soy débil; sáname, Señor, porque mis huesos agonizan.* NTV*]*

Ten misericordia de mí, oh Jehová, porque desfallezco. A pesar de que merezco la destrucción, deja que tu misericordia se apiade mi fragilidad. Este es el camino correcto para tratar con Dios si queremos prevalecer: no alegar nuestra propia bondad o grandeza, sino reconocer el pecado invocando nuestra pequeñez. Simplemente clamar: *"desfallezco"* Señor, por tanto, dame fuerzas y no me aplastes. No desates contra mí, bajel tal frágil, la furia de tu tempestad. Tempera el viento que sopla sobre este cordero recién esquilado.[11] Sé tierno y compasivo con esta pobre flor marchita, y no le quiebres el tallo. Es la típica frase de un enfermo para instar piedad de un compañero enfrentado a él: Trátame con benignidad, porque estoy débil y "desfallezco". El sentido y convicción de su pecado habían

[9] Oseas 11:9; Mateo 3:10-12.

[10] En el original inglés: *«O keep up life and peace within, / If I must feel thy chastening rod! / Yet kill not me, but kill my sin, / And let me know thou art my God. / O give my soul some sweet foretaste / Of that which I shall shortly see! / Let faith and love cry to the last, / "Come, Lord, I trust myself with thee!"».*

[11] En el original: *"Temper the wind to the shorn lamb"*. Se trata de un viejo proverbio inglés que hace referencia al pastoreo. Las condiciones ambientales adversas debido al efecto combinado de bajas temperaturas, humedad y vientos en el momento de la esquila son una de las principales causas anuales de mortalidad de corderos y otros animales recién esquilados.

aniquilado el orgullo del salmista de tal modo, hasta tal punto le había arrebatado esa fortaleza de la que tanto se jactaba, que sentía debilidad incluso para obedecer la ley; la tristeza que se había apoderado de su ser le minaba de tal forma que se sentía débil incluso para aferrarse a la promesa: *"Desfallezco"*. El original hebreo es aún más explícito:[12] *"me hundo"*, *"caigo en picado"*; o también: *"me siento seco como una planta marchita"*. ¡Ay! amados, bien sabemos nosotros lo que esto significa; pues también hemos visto nuestra fama mancillada y nuestro esplendor cual flor marchita.

Sáname, oh Jehová, porque mis huesos se estremecen. El salmista ora pidiendo sanidad; pero no una simple mitigación de los dolores que le aquejaban y tenía que soportar, sino una curación completa de su enfermedad y de todos los males y heridas derivadas de la misma. Sus huesos se *"estremecían"*, o se *"aterrorizaban"*, como reza más literalmente el hebreo.[13] Su terror había llegado a tal extremo que le temblaban todos los huesos; no solo su carne se agitaba, sino que también su esqueleto, los sólidos pilares soporte de su hombría, comenzaron a tambalearse: *"Mis huesos se estremecen"*. Ah, cuando un alma logra sentir el pecado basta para que los huesos se estremezcan; basta para que el cabello de cualquiera se encrespe al contemplar las llamas del infierno debajo de sus pies, a un Dios airado sobre su cabeza, y al peligro y la duda rodeándole. Bien podía exclamar el salmista: *"Mis huesos se estremecen"*.

C.H. Spurgeon

Ten misericordia de mí, oh Jehová, David no vislumbra vía de escape en la tierra ni en el cielo que le permita evadir la ira divina, y por tanto, se entrega en manos del propio Dios, intuyendo que Aquel que le ha herido es el único que puede sanarle. No se esconde con Adán bajo un arbusto,[14] no se refugia con Saúl en la cueva de la pitonisa,[15] ni huye con Jonás a Tarsis;[16] simplemente apela frente a un Dios airado al Dios de la misericordia, interpone ante Dios al propio Dios. La mujer que fue condenada por el rey Felipe apeló la sentencia de un Felipe borracho ante el Felipe sobrio.[17] David apela contra una virtud de Dios: su justicia, con otra virtud: su misericordia. La sentencia de un tribunal humano es apelable ante el trono de la justicia divina; pero una vez condenado por el trono de la justicia divina, ¿a quién cabe acudir sino al propiciatorio, al trono de la misericordia que es la última instancia y recurso al que cabe apelar? "¿A quién tengo yo en los cielos, sino a ti? *Y fuera de ti, ¿qué tengo en la tierra"*.[18] Bajo el término *"misericordia"*, David incluye todo lo demás, como dijo Jacob a su hermano Esaú: *"Dios me ha hecho merced, y me lo ha concedido todo"*.[19] ¿Deseas algo que esté en la mano de Dios conceder? Clama implorando *misericordia,* de cuya fuente brotará todo lo bueno que precisas.

Archibald Symson [1564-1628]

"A Sacred Septenarie or A godly and fruitful exposition on the seven Psalmes of repentance", 1623

---

[12] En hebreo אֻמְלַ֫ל *'umlal* de אֻמְלַל *umlal.*

[13] En hebreo נִבְהֲלוּ *nibhălū* de בָּהַל *bahal,* "desmayado, turbado, aterrorizado", como se desprende de su uso en otros pasajes (Génesis 45:3; Jueces 20:41; 1 Samuel 28:21). Kraus traduce: *"mis huesos se deshacen"* aunque considera que lo correcto sería traducir "están asustados".

[14] Génesis 3:8.

[15] 1 Samuel 28:7-8.

[16] Jonás 1:3.

[17] Se refiere a Felipe II de Macedonia [389-336 a.C.] padre de Alejandro Magno [356-323 a.C.]. Cuenta el historiador Valerius Maximus en su *"Facta et Dicta Memorabilia"* (15 d.C.) Libro 6, Capítulo 2, que cierta mujer que había sido duramente condenada por el monarca estando este en estado de embriaguez, al retirarse de su presencia musitó: "Apelaría ante Felipe, si estuviera sobrio". El coraje de la mujer y sus palabras fueron de boca en boca, hasta que finalmente llegaron a oídos del propio Felipe, que avergonzado, revisó el caso y le otorgó una sentencia justa.

[18] Salmo 73:25.

[19] Génesis 33:11.

Porque desfallezco. La retórica que emplea David para inducir a Dios a que le sane, no deja de ser sorprendente: *"desfallezco"*. Un argumento sacado de su propia debilidad, y que de ser usado ante cualquier persona hubiera sido contraproducente; pero que ante Dios es un argumento contundente con grandes posibilidades de prevalecer. Si un enfermo acudiera a un médico contándole solo quejas y lamentos sobre lo gravoso de la enfermedad, este le diría, "que Dios le ampare"; si un explotado fuera a pedir consejo a un abogado mostrándole su estado y sus acciones, le estaría mostrando el *quid* de la cuestión;[20] o si alguien acudiera a un comerciante buscando vestimentas, tendría que tener dinero en mano o aportar un fiador; o para obtener el favor cortesano. Pero, ante Dios, es completamente distinto; el argumento con mayor fuerza es la necesidad, la pobreza, la miseria, la debilidad, las lágrimas, la ausencia de méritos, y la confesión; no hay mejor vía para hacerse con todo aquello que ha prometido (…) Las lágrimas de nuestra desgracia son flechas certeras que perforan el corazón de nuestro Padre celestial, despertando su piedad e inclinando a nuestro favor el plato de la balanza. Los mendigos muestran abiertamente sus llagas y mutilaciones ante los ojos de los transeúntes, con la clara intención de moverles a que se apiaden de ellos. De igual modo, despleguemos ante Dios nuestras miserias, para que él, bondadoso Samaritano, a la vista de nuestras heridas, se apiade de nosotros y nos ayude a su debido tiempo.

Archibald Symson [1564-1628]
"A Sacred Septenarie or A godly and fruitful exposition on the seven Psalmes of repentance", 1623

Sáname, oh Jehová. David no acude al médico de vicio, como haría un hipocóndrico, sino porque su enfermedad es real y muy grave, sus síntomas son intensos; tan intensos y violentos que le habían perforado los huesos y el alma:[21] *"Mis huesos se estremecen (...) mi alma también está muy turbada"*, por tanto *"sáname"*. Este es el motivo que le lleva a plantear su segunda petición: *"sáname, oh Jehová, porque mis huesos se estremecen"*.[22]

John Donne [1573-1631]
"Sermons preached uponthe Petitential Psalms"

"Mis huesos se estremecen" El Señor puede hacer que aún la parte más protegida, más dura y menos sensible del cuerpo humano, sienta el furor de su ira cuando así le place; como vemos aquí en el caso de David: *"Mis huesos se estremecen"*.

David Dickson [1583-1663]
"Explanation of the First Fifty Psalms", 1653

El término hebreo עֲצָמָי ‘ăṣāmay de עֶ֫צֶם *etsem,* "huesos", aparece con frecuencia en los Salmos; y si lo analizamos veremos que es utilizado en tres sentidos diferentes:

---

20 En inglés *"a Golden question"*.

21 En latín en el original: *"ad ossa et ad animam"*.

22 Éxodo 15:26. En el libro del Eclesiástico encontramos esta interesante recomendación: «Hijo mío, cuando estés enfermo no seas impaciente; pídele a Dios, y él te dará la salud. Huye del mal y de la injusticia, y purifica tu corazón de todo pecado. Ofrece a Dios sacrificios agradables y ofrendas generosas de acuerdo con tus recursos. Pero llama también al médico; no lo rechaces, pues también a él lo necesitas. Hay momentos en que el éxito depende de él, y él también se encomienda a Dios para poder acertar en el diagnóstico y aplicar los remedios eficaces. Así que un hombre peca contra su Creador, cuando se niega a que el médico lo trate» (Eclesiástico 38:9-15 DHH).

1. Aplicado algunas veces al cuerpo físico de nuestro bendito Salvador, como leemos: *"Horadaron mis manos y mis pies, contar puedo todos mis huesos"*,[23] en referencia al cuerpo de Cristo colgando de la Cruz.

2. Otras veces también en referencia a su cuerpo místico que es la Iglesia. En este sentido denota todos los miembros del cuerpo de Cristo que se mantienen firmes en la fe, y que no serán alterados por persecuciones o tentaciones por severas que estas sean: *"Todos mis huesos dirán: Jehová, ¿quién como tú, que libras al afligido del más fuerte que él, y al pobre y menesteroso del que le despoja?"*.[24]

3. Y en algunos pasajes determinados el término *"huesos"* se aplica no al cuerpo sino al alma; es decir, al hombre interior de cada cristiano en particular. En este caso implica la potencia y fortaleza del alma, el coraje y determinación que la fe en Dios proporciona a los justos. Este es el sentido con que se utiliza en este segundo versículo del Salmo 6: *"Sáname, oh Jehová, porque mis huesos se estremecen"*.[25] Y así lo entienden Agustín, Ambrosio y Juan Crisóstomo.

FRANCIS HENRY DUNWELL [1819-1880]
"Parochial Lectures on the Psalms", 1855

Vers. 3. *Mi alma también está muy turbada; y tú, Jehová, ¿hasta cuándo?* *[Mi alma también está muy turbada; y tú, Jehová, ¿hasta cuándo?* RVR*] [Mi alma también está muy angustiada; y tú, oh Señor, ¿hasta cuándo?* LBLA*] [Y mi alma está turbada en gran manera, Y Tú, oh YHVH... ¿hasta cuándo?* BTX*] [Angustiada está mi alma; ¿hasta cuándo, Señor, hasta cuándo?* NVI*] [Y estoy profundamente abatido. Señor, ¿hasta cuándo?* BLP*] [Mi corazón está angustiado;* ¿cuánto falta, oh Señor, para que me restaures? NTV*]*

Mi alma también está muy turbada. La enfermedad del alma es la madre de todas las enfermedades. No importa que los huesos tiemblen si el alma permanece firme, pero cuando el alma se siente también *"muy turbada"* el resultado es pura agonía.

Y tú, oh Señor, ¿hasta cuándo? Una frase que termina abruptamente, porque las palabras le fallaron, el dolor acalló la poca vitalidad que le quedaba. Con todo, el salmista seguía conservando cierta esperanza, pero exclusivamente en su Dios. Por ello clama: *"Señor, ¿hasta cuándo?"*. La gran esperanza del alma penitente es la venida de Cristo revestido con los ropajes sacerdotales de la gracia; y, de una u otra forma, la aparición de Cristo es y ha sido siempre la esperanza de los santos. La frase favorita de Calvino era: *"Domine usquequo"* - "Señor, ¿hasta cuándo?", sin que ninguna de sus duras penalidades a lo largo de una situación de angustia lograra arrancar de él otra palabra que: *"Señor, ¿hasta cuándo?"*.[26] Es también el clamor de las almas bajo el altar, "¿Hasta cuándo, Señor?".[27] Y debe ser el grito de todos los santos que aguardan las glorias del milenio: *"¿Por qué tarda su carro en venir?* ¿Por qué las ruedas de sus carros se detienen?"[28] *"Señor, ¿hasta cuándo?"* Aquellos que hemos experimentado la convicción de pecado, sabemos bien lo que implica que los minutos se te

[23] Salmo 22:16-17. En hebreo עַצְמוֹתָי *aṣmōwṯāy* de עֶצֶם *etsem.*

[24] Salmo 35:10. En hebreo עַצְמוֹתַי *aṣmōwṯāy* de עֶצֶם *etsem.*

[25] Es decir, *"mi alma desfallece"*.

[26] Se refiere en especial a los últimos años de vida de Calvino en los que se vio aquejado de una enfermedad dolorosa durante la cual no pronunció una sola palabra de queja impropia de un cristiano, sino que limitándose a levantar los ojos al cielo exclamaba *"Usquequo Domine"*: "Señor, ¿hasta cuándo?" Pero incluso cuando estaba en salud, estas palabras eran para él una especia de *motto* o consigna en referencia a todos los problemas. [TEODORO DE BEZA, *Johannis Calvin Opera Omnia. Vita,* Tomo I. Ginebra, 1575].

[27] Apocalipsis 6:9-10.

[28] Jueces 5:28.

transformen en horas, y las horas en años, mientras aguardas que la misericordia haga acto de presencia. Aguardábamos ansiosos el despuntar de la gracia, más que los centinelas la mañana;[29] y nuestros espíritus inquietos preguntaban fervorosos: *"Señor, ¿hasta cuándo?"*.

C.H. SPURGEON

Mi alma. Quienes comparten un mismo yugo en el pecado comparten un mismo yugo en el dolor: el alma es castigada por instigadora, el cuerpo por ejecutor; y tanto el que incita como el que comete, el causante y el instrumento, tanto el incitante como el ejecutor serán castigados.

JOHN DONNE [1573-1631]
"Sermons preached upon the Penitential Psalms"

¿Hasta cuándo? De esto sacamos tres conclusiones:

En primer lugar, que hay un tiempo medido y señalado por Dios en el que sus hijos deben soportar sus respectivas cruces, antes de cuyo cumplimiento no serán librados, y lo deben soportar con paciencia, sin tratar de acelerar su liberación hurtando tiempo a Dios, ni alterar los ritmos del Santo de Israel. Los israelitas permanecieron en Egipto un total de cuatrocientos treinta años. José estuvo más de tres años en la cárcel hasta que llegó el tiempo señalado de su liberación. Los judíos se quedaron en Babilonia setenta años. Igual que el médico prescribe a sus pacientes tanto períodos concretos en los que deben ayunar y hacer dieta, como otros en los que pueden recrearse comiendo, así conoce Dios el período conveniente tanto de nuestra humillación como de nuestra exaltación.

En segundo lugar, vemos la impaciencia de nuestra naturaleza humana sumida en sus miserias; nuestra carne sigue rebelándose contra el Espíritu, hasta tal punto que en ocasiones llega a entablar una discusión con Dios, tratando de razonar con él y cuestionar sus designios, como leemos en los casos de Job, Jonás, y según parece también aquí con David.

En tercer lugar, que a pesar de que el Señor retrase su venida para aliviar la situación de sus santos, si reflexionamos, veremos que tiene razones sobradas para ello; pues cuando estábamos en el hervor de nuestros delitos y pecados, repetidamente nos advirtió y amonestó a voz en grito por boca de sus siervos los profetas: *"¿Hasta cuándo, oh simples, amaréis la simpleza, y los burladores se deleitarán en hacer burla, y los necios aborrecerán el conocimiento?"*.[30] Y nosotros no los escuchamos ni les prestamos atención; y por tanto, ahora que estamos en el hervor de nuestros sufrimientos, meditándolo bien no debe extrañarnos si Dios hace oídos sordos cada día del año hasta que seamos librados; entendamos más bien que es el justo trato que merecemos: él clamó y nosotros no escuchamos, ahora nosotros clamamos y él no nos escucha.

ARCHIBALD SYMSON [1564-1628]
"A Sacred Septenarie or A godly and fruitful exposition on the seven Psalmes of repentance", 1623

¿Hasta cuándo? Así como los santos en el cielo tienen su propio *usque quo*: *"¿Hasta cuándo, Señor, santo y verdadero, no juzgas y vengas nuestra sangre de manos de los que moran en la tierra?"*;[31] también los santos en la tierra tienen su *usque quo:* ¿Hasta cuándo, Señor, no levantarás la ejecución de este juicio sobre nosotros? Pues nuestras oraciones apelativas no son de obligado cumplimiento para Dios, ni son siquiera orientativas, no le dicen qué camino debe seguir, ni alteran sus tiempos; sino que, como sucede con nuestras oraciones peticionarias, están sometidas a la voluntad de Dios y

[29] Salmo 130:6.
[30] Proverbios 1:22.
[31] Apocalipsis 6:10.

han de tener en ellas ese ingrediente indispensable, esa hierba de la gracia, que Cristo incluyó en su propia oración, el *veruntamen, "pero no se haga mi voluntad, sino la tuya"*;[32] y han de tener ese otro ingrediente que Cristo añade a nuestra oración modelo: *fiat voluntas, "Hágase tu voluntad, como en el cielo, así también en la tierra"*.[33] En el cielo no hay resistencia alguna a la voluntad divina; en cambio, lo que sí hay es una solicitud, un apremio, un ansia de aceleración de la ejecución del juicio y la gloria de la resurrección. Por tanto, a pesar de que no nos es dado evitar aquí en la tierra sus reprensiones y correcciones, sí podemos humildemente presentar ante Dios nuestros sentimientos relativos a su descontento con nosotros, ya que es precisamente este sentido de aprehensión de sus reprensiones una de las razones principales por las que nos las envía. Nos corrige para que desarrollemos un sentido de sensibilidad ante sus reprensiones; para que cuando seamos humillados bajo su mano, digamos con el profeta: *"Habré de soportar la ira de Jehová, porque pequé contra él, hasta que juzgue mi causa y me haga justicia"*;[34] y entonces es posible que diga a su ángel reprensor, como dijo a su ángel destructor, *"Basta ahora; detén tu mano"*;[35] y puede que quiebre la vara, igual que en aquella ocasión envainó la espada.[36]

JOHN DONNE [1573-1631]
"Sermons preached upon the Penitential Psalms"

Vers. 4. *Vuélvete, oh Jehová, libra mi alma; sálvame por tu misericordia.* *[Vuélvete, oh Jehová, libra mi alma; sálvame por tu misericordia.* RVR*] [Vuélvete, Señor, rescata mi alma; sálvame por tu misericordia.* LBLA*] [Vuélvete YHVH, y rescata mi alma, sálvame por tu misericordia.* BTX*] [Vuélvete, Señor, y sálvame la vida; por tu gran amor, ¡ponme a salvo!* NVI*] Mírame, Señor, y ponme a salvo; que tu amor me libre de la muerte.* BLP*] [Vuelve, oh Señor, y rescátame; por tu amor inagotable, sálvame.* NTV*]*

Vuélvete, oh Jehová, libra mi alma.[37] En tanto que la causa principal de sus miserias y agonías era la ausencia de Dios, entiende que únicamente su retorno sería suficiente para resolver su problema.[38]

---

[32] Lucas 22:42. Texto en latín de la Vulgata: *"veruntamen non ficut ego volo, fed ficut tu"*.
[33] Mateo 6:10.
[34] Miqueas 7:9.
[35] 2 Samuel 24:16.
[36] 1 Crónicas 21:27.
[37] AGUSTÍN DE HIPONA [354-430] ve en este *"Vuélvete"* un doble retorno: «Una vez adoptada la actitud de retorno a Dios, el alma ruega que también Dios se vuelva hacia ella, de acuerdo con su promesa: *"Volveos a mí, dice Jehová de los ejércitos, y yo me volveré a vosotros"* (Zacarías 1:3) ¿O hemos de entender ese *"vuélvete"* en el sentido de: *"ayúdame a volver"*? Súplica que tendría su lógica si consideramos el esfuerzo y penalidades que tal regreso entraña. El Señor esta siempre dispuesto, como dice el profeta: *"Cierto como la aurora, él vendrá a nosotros como la lluvia, como la lluvia de primavera que riega la tierra"* (Oseas 6:3). Él no se aleja de nosotros, somos nosotros quienes le damos la espalda quienes nos alejamos de él (…) y una vez sumidos en las tinieblas, el retorno desde la noche de las miserias de este mundo a la serenidad de la luz divina se nos hace fatigoso; por eso dice: *"Vuélvete, Señor"*, es decir: "ayúdame a regresar". (…) por lo cual, después de haber dicho: *"Vuélvete"*, añade: *"libra mi alma"*, ayúdala a salir del barro de este mundo y superar sus dudas y titubeos, atráela hacia ti».
[38] MAINE DE BIRAN [1766-1824] filósofo y metafísico francés, uno de los grandes promotores de lo que se conoce como *Espiritualismo,* afirmaba que sin la ayuda de Dios el hombre sería incapaz de subsistir, por lo que consideraba este versículo dos del Salmo 6 como su favorito: *"Vuélvete, Señor, rescata mi alma; sálvame por tu misericordia"*.

Sálvame por tu misericordia. Sabía muy bien dónde buscar ayuda y cual era el brazo del que debía asirse. No se agarra de la mano izquierda de Dios, la de la justicia; sino a la derecha de misericordia. Conocía su maldad demasiado bien como para pensar en méritos propios, o apelar a cualquier otra cosa fuera de la gracia de Dios, y exclama: *"por tu misericordia"*. ¡Que alegato tan extraordinario! ¡Y cuan certero para prevalecer ante Dios! Pues si apelamos a su justicia, ¿qué podremos alegar? Pero nos aferramos a su misericordia siempre, a pesar de la inmensidad de nuestra culpa, nos queda el recurso de clamar: *"Sálvame por tu misericordia"*.

Observemos la frecuencia con que David apela aquí al nombre de Jehová: cinco veces en cuatro versículos. ¿Acaso no es una demostración de que ese nombre glorioso emana consuelo para el santo cuando es tentado? Eterno, infinito, inmutable, que existe por sí mismo, todos son atributos vinculados al nombre de Jehová, y todos rebosan consuelo para el creyente.

C.H. SPURGEON

Vuélvete, oh Jehová, libra mi alma. En este, digamos, asedio que hace el salmista a Dios para lograr su propósito, vemos que va estrechando el cerco. Comienza el salmo con una oración apelativa: no pide, tan solo ruega que Dios no haga nada: *"no me reprendas... ni me castigues"*. Al rey le cuesta menos otorgar perdón que conceder una pensión; menos dar una reprimenda que otorgar perdón; y menos aún hacer la vista gorda no sacando el tema a relucir; esto último es lo más fácil y menos costoso. Como el matemático que afirmó que podría mover el mundo con una palanca si conseguía un punto de apoyo;[39] así es también con la oración: cuando una petición encuentra su punto de apoyo en Dios, prevalece con Dios, mueve a Dios y con ello todas las demás cosas. Así pues, David, habiendo logrado su punto de apoyo estrecha más el cerco pasando de la oración apelativa a la oración postulante: ya no se conforma con que Dios no proceda en su contra, que no le reprenda con ira o le castigue con furor; da un paso más, ahora pide abiertamente que proceda en su favor: *"libra mi alma"*. Dios le había consentido contemplar los "secretos del imperio",[40] los secretos de cómo gobierna el universo:[41] lo gobierna en base a precedentes. Pero ¿qué precedentes? No los precedentes de sus predecesores, pues no tiene predecesores;[42] no los precedentes de otros dioses, porque no hay otros dioses fuera de él;[43] y no obstante, se guía por precedentes. ¿Qué precedentes? Los suyos propios, se guía por cómo ha procedido anteriormente:[44] *habenti dat*,[45] al que ya ha recibido le da aún más. Y está siempre dispuesto a ceder y conceder, cuando la palanca de la oración lo presiona apoyada en cómo él ha procedido anteriormente. Pues aunque en él, obrar el bien no tiene otro propósito que aprender a obrarlo cada

[39] Se refiere a ARQUÍMEDES DE SIRACUSA [287-212 a.C.] matemático, físico, ingeniero, inventor y astrónomo griego, considerado uno de los científicos más importantes de la antigüedad clásica. Se le atribuye la conocida frase: "Dadme una palanca y un punto de apoyo y moveré el mundo".

[40] En latín en el texto original, *"Arcana imperii"*. Frase latina que se acuñó para designar los Secretos de Estado o de Gobierno imprescindibles para el buen funcionamiento del Imperio, pero conocidos tan solo por unos pocos y ocultos a todos los demás. En general suele aplicarse en todas las ciencias, artes y oficios a ciertos conocimientos particulares conocidos tan solo por los experimentados y que suelen transmitirse solo por un largo aprendizaje o vía iniciática.

[41] Romanos 16:25; 1 Corintios 2:7.

[42] Génesis 1:1; Juan 1:1-3; Colosenses 1:17.

[43] Deuteronomio 4:35,39; 32:39; 2 Samuel 7:22; 1 Reyes 8:60; Salmo 86:10; Isaías 43:10; 45:5.

[44] Jeremías 7:14-15.

[45] Se refiere al texto latino de Mateo 25:29: *"omni enim habenti dabitur et abundabit ei autem qui non habet et quod videtur habere auferetur ab eo"*; en la Reina-Valera: *"Porque al que tiene, le será dado, y tendrá más; y al que no tiene, aun lo que tiene le será quitado"*. Ver también al respecto Mateo 13:12; Marcos 4:25; Lucas 8:18.

vez más y mejor, sigue obrándolo bajo su propio patrón, y no deja pasar un solo día sin trazar una línea,[46] sin crear algo nuevo a nuestro favor partiendo de lo creado anteriormente. Pero en su caso, a diferencia de otros grandes creadores humanos, sus copias superan con creces los originales; y sus postreras misericordias son mayores que las precedentes. Aquí es donde encaja la estrategia de David, introduciendo en segundo lugar su oración postulante, que está por encima de la oración apelativa: *"Vuélvete, oh Jehová, libra mi alma; sálvame por tu misericordia"*.

JOHN DONNE [1573-1631]
"Sermons preached upon the Penitential Psalms"

Vers. 5. *Porque en la muerte no hay memoria de ti; en el Seol, ¿quién te alabará?.* *[Porque en la muerte no queda recuerdo de ti; en el Seol, ¿quién te alabará?* RVR*] [Porque no hay en la muerte memoria de ti; en el Seol, ¿quién te dará gracias?* LBLA*] [Porque no habrá memoria de Ti en la Muerte, y en el Seol ¿quién te alabará?* BTX*] [En la muerte nadie te recuerda; en el sepulcro, ¿quién te alabará?* NVI*] [Pues si uno muere pierde tu recuerdo; pues ¿quién puede alabarte en el reino de los muertos?* BLP*] [Pues los muertos no se acuerdan de ti;* ¿quién puede alabarte desde la tumba? NTV*]*

Porque en la muerte no queda recuerdo de ti; en el Seol, ¿quién te alabará?[47] David estaba inmerso en una crisis de temor a la muerte: a la muerte física y tal vez también la muerte eterna. Así se desprende de sus palabras tremendistas: *"Porque en la muerte no queda recuerdo de ti; en el Seol, ¿quién te alabará?"* Los cementerios son espacios silenciosos; las bóvedas de las tumbas no resuenan con canciones; y las bocas que cubren la tierra húmeda son mudas. «¡Señor! –exclama el salmista– si me concedes la vida seguiré alabándote; si muero, mi alabanza, al menos mi alabanza mortal, quedará interrumpida; y si perezco en el infierno, ya nunca más llegará a ti mi acción de gracias, pues de la fosa ardiente del infierno no emanan cantos de gratitud. Ciertamente, tú seguirás siendo glorificado a pesar de mi condena eterna, pero Señor, ya no podré glorificarte voluntariamente, y habrá un corazón menos que te bendiga entre los hijos de los hombres». ¡Ah! pecadores temblorosos, que el Señor os ayude a utilizar con eficacia este argumento! Ya que acrecienta la gloria de Dios que el pecador sea preservado. Cuando imploramos el perdón, no estamos pidiendo a Dios nada indebido que mancille su pabellón, o ponga en entredicho la pureza de su escudo de armas. Porque el Señor se deleita en la misericordia. Es su atributo peculiar más valorado. Su piedad le honra. ¿Acaso no afirmamos nosotros

[46] En latín en el texto original, *"nulla dies sine línea"*, "Ni un solo día sin trazar una línea". Se trata de la versión latina de un antiguo proverbio griego que se atribuye al pintor griego APELES DE COLOFÓN [352-308 a.C.] y que ERASMO DE ROTTERDAM [1466-1566 a.C.] recoge con diversas variantes en su *Adagia.* En términos generales viene a decir "no dejes pasar un solo día sin hacer algo creativo o provechoso". Apeles era muy dado a este tipo de frases. Según cuenta el historiador romano Plinio el Viejo, en cierta ocasión un zapatero criticó la forma y el diseño de unas sandalias que Apeles había pintado en uno de sus cuadros, y el pintor humildemente le dio las gracias y lo corrigió de inmediato. Ello envaneció al zapatero y lo llevó a criticar también el trazado de las piernas, a lo que Apeles replico: «Ne supra *crepidam sutor judicaret*», "El zapatero no debe juzgar más arriba de las sandalias". Se cuenta que esta frase es el origen del viejo refrán español: «Zapatero, a tus zapatos».

[47] Una idea muy clara no solo en los Salmos sino también otros pasajes: Dios es el que nos libra de la muerte para que podamos alabarle: Salmos 6:5; 30:9, 115:17; 88:10-12; Isaías 38:18.

que la misericordia "bendice al que la recibe y al que la otorga"?[48] Y en cierto sentido divino, esto es verdad en Dios que cuando concede misericordia se glorifica a sí mismo.

C.H. SPURGEON

Porque en la muerte no queda recuerdo de ti; en el Seol, ¿quién te alabará? Señor, cálmate y reconcíliate conmigo (…) pues si decides quitarme la vida imponiéndome el horrible castigo de tener que morir antes de haberte alabado, me pregunto, ¿redundará esto en incremento de tu honor y tu gloria? ¿No será infinitamente más glorioso para ti perdonarme la vida, hasta que con verdadera contrición logre recuperar tu favor, y desde entonces viva para alabarte y engrandecer tu misericordia y tu gracia? ¿No te será más valioso que difunda por doquier la grandeza de tu misericordia al haberme perdonado, a mí tan grande pecador, y en adelante de testimonio de ti confesándote mediante acciones vitales de santa obediencia? Eso demostraría el poder de tu gracia al obrar en mí una transformación tan maravillosa. Pero nada de ello sucederá si me destruyes, tan solo la evidencia de tus justos juicios manifestados en tu venganza hacia los pecadores.

HENRY HAMMOND [1605-1660]
"Paraphrase and Annotations on Book of Psalms", 1659

Vers. 6. *Me he consumido a fuerza de gemir; todas las noches inundo de llanto mi lecho, riego mi cama con mis lágrimas.* *[Me he consumido a fuerza de gemir; todas las noches inundo de llanto mi lecho, riego mi cama con mis lágrimas.* RVR*] [Cansado estoy de mis gemidos; todas las noches inundo de llanto mi lecho, con mis lágrimas riego mi cama.* LBLA*] [Estoy agotado de tanto gemir, todas las noches inundo mi lecho; con mis lágrimas empapo mi cama.* BTX*] [Cansado estoy de sollozar; toda la noche inundo de lágrimas mi cama, ¡mi lecho empapo con mi llanto!* NVI*] [Estoy cansado de llorar, cada noche baño en lágrimas mi cama, con mi llanto inundo mi lecho.* BLP*] [Estoy agotado de tanto llorar; toda la noche inundo mi cama con llanto, la empapo con mis lágrimas.* NTV*]*

El salmista ofrece aquí una descripción espeluznante de su prolongada agonía: *"Me he consumido a fuerza de gemir"*. Gimió hasta quedarle ronca la garganta; imploró hasta que la oración se convirtió en desgarro. El pueblo de Dios puede gemir, pero jamás refunfuñar. Sí, puede y debe gemir primero agobiado, para poder gritar de alegría después en el día de la liberación.

Todas las noches inundo de llanto mi lecho, riego mi cama con mis lágrimas. Pensamos que esta traducción queda lejos de poder considerarse acertada. Debería ser: *"Haré que mi lecho nade en lágrimas cada noche"*[49] (cuando la naturaleza necesita descanso y quedo a solas con mi Dios). El sentido es este: mi dolor es tan acuciante incluso ahora mismo, que si Dios no le pone remedio pronto librándome de él no podré soportarlo, y mis lágrimas irán en aumento, hasta que mi cama flote arrastrada por ellas y quede a la deriva. Se trata, por tanto, no de una descripción de la realidad presente, sino de lo que anticipaba le podía suceder si Dios no lo remediaba. Pues, al implorar misericordias

[48] La frase es de WILLIAM SHAKESPEARE [1564-1616] en la obra "El Mercader de Venecia", Acto IV, Escena I, en boca de Portia: *"Mercy is a double blessing. It blesses the one who gives it and the one who receives it"*. Aunque la raíz del concepto ya la encontramos en boca de Pablo al despedirse de los cristianos de Mileto: *"y recordar las palabras del Señor Jesús, que dijo: 'Más bienaventurado es dar que recibir'*. (Hechos 20:35).
[49] En hebreo אַשְׂחֶה *'aśḥeh* de שָׂחָה *sachah,* "nadar".

presentes, ¿no podrían convertirse en argumentos a favor de nuestra fe aquellos presentimientos que tengamos sobre el futuro?

C.H. SPURGEON

Me he consumido a fuerza de gemir. Tuvo que ser muy duro para David, un hombre fuerte y de mente tan preclara, verse de tal modo desalentado y abatido. ¿Acaso no había prevalecido contra Goliat,[50] contra el león y el oso,[51] haciendo gala de su astucia, coraje y fortaleza? ¡Y ahora le vemos acurrucado sollozando, gimiendo y lloriqueando como un niño! La razón es simple y tiene que ver con la naturaleza de sus oponentes. Mientras sus adversarios fueron hombres y bestias salvajes, por poderosos que fueran, salió más que vencedor; pero cuando tuvo que enfrentarse con Dios, contra quien había pecado, se dio cuenta de que era menos que nada.

Todas las noches inundo de llanto mi lecho. Las lluvias son más abundantes y mejores que el rocío; con todo, una simple escarcha es más que suficiente cuando Dios empapa con ella nuestros corazones infundiéndonos un espíritu penitente.[52] Si no tenemos como David ríos de llanto que inunden nuestro lecho; si no alcanzamos como María Magdalena a regar con lágrimas sus pies,[53] si no podemos aspirar, como nos aconseja Jeremías,[54] a que nuestra cabeza sea un estanque y nuestros ojos dos manantiales de los que broten lágrimas de arrepentimiento día y noche; o somos incapaces de llorar amargamente como Pedro;[55] si nuestro lamento es por falta de lamento y nuestro gemido surge de nuestra ineptitud para gemir; no importa: nuestro más imperceptible sollozo de dolor y tenues lágrimas de contrición, si son verdaderas y no de hipocresía, nos harán aceptables ante a Dios.[56] La mujer con flujo de sangre que tocó a escondidas el borde del manto de Cristo[57] no fue menos aceptada y ponderada por el Redentor que Tomás, que puso sus dedos en la herida de los clavos y la lanza.[58] No, Dios no busca cantidad sino calidad, no se fija en el volumen sino en la sinceridad de nuestro arrepentimiento.

Riego mi cama con mis lágrimas. El escenario de su pecado se convierte en lugar de su arrepentimiento. Y así debe ser, sí, cuando contemplamos el lugar donde hemos perpetrado nuestra ofensa, una espada ha de traspasarnos el corazón, y allí mismo caer de rodillas implorando el perdón divino. Adán

---

[50] 1 Samuel 17:50-51.

[51] 1 Samuel 17:34-36.

[52] El poeta inglés del siglo XIV WILLIAM LANGLAND [1332-1400] famoso por su poema alegórico *"Piers Plowman"* en el que critica la explotación de la que eran objeto en su época de los campesinos por parte de los nobles y de la Iglesia traducido a numerosos idiomas incluido en español como "Pedro el labrador". En la Sección XV de su poema cita este versículo del Salmo 6 diciendo: «Dios purifica a los hombres de su orgullo, frotándolos en un lavadero de lágrimas y gemidos: *"Me he consumido a fuerza de gemir; todas las noches inundo de llanto mi lecho, riego mi cama con mis lágrimas"*.

[53] Lucas 7:38. Aunque los evangelios sinópticos no mencionan el nombre de esta mujer, simplemente se dice que era una mujer pecadora, la tradición de la Iglesia la ha identificado siempre con María de Magdala, de la cual habían salido siete demonios, mencionada en Lucas 8:1-3 y que estuvo presente en la crucifixión de Jesús según leemos en Mateo 27:61 y Marcos 15:47.

[54] En este caso no se refiere al profeta bíblico Jeremías sino a JEREMY TAYLOR [1613-1667] que se expresa con estas palabras en *"The Psalter of David -The Great Penitential Litanies - 18"*.

[55] Lucas 22:62.

[56] Dice JUAN CRISÓSTOMO [1569-1626]: Lo que nos salva es la misericordia, pero debemos hacernos dignos de esa misericordia mediante un arrepentimiento genuino y un comportamiento acorde con ella: *"¿Perseveraremos en el pecado para que la gracia abunde?* (Romanos 6:1). Es por ello que el profeta exclama: *"inundo de llanto mi lecho, riego mi cama con mis lágrimas"*.

[57] Mateo 9:20-22; Marcos 5:25-29; Lucas 8:43-48.

[58] Juan 20:24-29.

pecó en el huerto del Edén,[59] y Cristo bañó con sudor de sangre y lágrimas el huerto de Getsemaní.[60] *"Meditad en vuestro corazón estando en vuestra cama, y convertíos al Señor"*.[61] Siendo que en el pasado os habéis tendido sobre vuestra cama para idear cosas malas, arrepentíos ahora haciendo de ella un santuario para Dios; santificad con vuestras lágrimas todo lugar que hayáis contaminado por el pecado. Y busquemos a Jesucristo en nuestra propia cama, como la esposa del Cantar de los Cantares cuando exclama: *"Por las noches busqué en mi lecho al que ama mi alma"*.[62]

ARCHIBALD SYMSON [1564-1628]

"A Sacred Septenarie or A godly and fruitful exposition on the seven Psalmes of repentance", 1623

¡Mi lecho empapo con mis lágrimas! No solo mojo sino *inundo;* no solo lavo sino *empapo.* Las ovejas fieles del gran Pastor *"suben del lavadero, y ninguna entre ellas estéril"*.[63] Las ovejas de Jacob, después de haber concebido en los abrevaderos de agua, parían corderos fuertes y listados.[64] Y asimismo David, que había errado y se había desviado cual oveja perdida,[65] hace de su cama un lavadero, por lo que no es tampoco estéril en obediencia, ni menos fructífero en arrepentimiento. En el templo de Salomón se colocaron las fuentes de bronce[66] para lavar la carne de los animales que iban a ser sacrificados en el altar.[67] Y aquí vemos que el padre de Salomón hace también un lavadero con sus lágrimas, una pila de su cama, un altar de su corazón, y un sacrificio, no de carne muerta de animales, sino que ofrece su propio cuerpo vivo como su culto racional a Dios.[68] El verbo hebreo que utiliza aquí el salmista: אַשְׂחֶה *'aśḥeh* de שָׂחָה *sachah* significa propiamente "nadar", va mucho más allá de "lavar". Por ello la versión de Ginebra[69] traduce: *"hago que mi lecho nade en mis lágrimas cada noche"*. Así como los sacerdotes solían bañarse en el estanque de metal fundido[70] para limpiarse y purificarse antes de llevar a cabo los ritos sagrados en el templo, así el profeta principesco lavaba su lecho, nadaba en su lecho, o mejor aún, hacía que su cama nadara en sus lágrimas cual en un mar de dolor y tristeza penitente por su pecado.

THOMAS PLAYFERE [1561-1609]

"The sick-mans couch: A sermon preached before the most noble Prince Henrie at Greenewich, March 12", 1604

---

59 Génesis 3:1-7.

60 Lucas 22:44.

61 Salmo 4:4

62 Cantares 3:1.

63 Cantares 4:2.

64 Génesis 30:37-43.

65 Salmo 119:176

66 En hebreo כִּיּוֹרִים *kîyōwrîm* de כִּיּוֹר *kiyyor;* "fuente, pila o lavadero" (2 Crónicas 4:6).

67 2 Crónicas 4:6.

68 Romanos 12:1.

69 Se refiere a la versión de la Biblia al inglés con notas y ayudas para el estudio conocida como GENEVA BIBLE o BIBLIA DE GINEBRA, llevada a cabo por diversos eruditos ingleses refugiados en Ginebra, en época de Calvino y Beza, huyendo de la persecución contra los protestantes desatada en Inglaterra por María I conocida por ello en Inglaterra como "La Sanguinaria", y bajo la supervisión de WILLIAM WHITTINGHAM [1524-1579]; fue la primera Biblia impresa en inglés para difusión entre el pueblo. La edición del Nuevo Testamento apareció en Ginebra 1557, y la Biblia completa en 1560, aunque no fue impresa en Inglaterra hasta 1575. Precedió por tanto en casi 50 años a la KJV y fue la Biblia usada por William Shakespeare, John Milton, John Knox y John Bunyan. Fue la versión de la Biblia más usada por los puritanos de la época, llevada a Estados Unidos por los peregrinos del *Mayflower.* El versículo seis del Salmo 6 lo traduce del siguiente modo: *"I fainted in my mourning: I cause my bed every night to swim, and water my couch with my tears"*.

70 2 Crónicas 4:2.

¡Mi lecho empapo con mis lágrimas! Empapemos nuestra cama todas las noches con nuestras lágrimas. No nos limitemos a mojarla levemente con chorros intermitentes, porque como el fuego, resurgirá y las llamas irán a más. El pecado es como una vela maloliente recién apagada: no tarda en encenderse de nuevo. Puede sufrir un golpe o una herida, pero se lame y echa a andar de nuevo como hacen los perros; un poco de tolerancia y se multiplica como las cabezas de Hidra.[71] Por lo tanto, cualquiera que sea la calumnia con la que el pecado nos ha contaminado durante el día, lavémosla íntegramente con las lágrimas que vertamos en la noche.

THOMAS ADAMS [1583-1653]

"Mystical bedlam, or the world of mad-men", 1615

Vers. 6, 7. Los problemas del alma conllevan por regla general profundos dolores del cuerpo, y el que los padece se siente herido y angustiado por todos lados. *"Nada hay sano en mi cuerpo a causa de tu ira"* exclama David en otro salmo.[72] Y Job lo reitera con estas palabras: *"las saetas del Todopoderoso están clavadas en mí, cuyo veneno bebe mi espíritu"*.[73] El dolor en el corazón atenaza el cuerpo físico debilitando sus facultades y haciendo sus movimientos más lentos; y la persona afectada acaba por desfallecer y consumirse poco a poco. Por ello exclama otro salmista, Hemán ezraíta,[74] *"mi alma está saturada de males, y mi vida está al borde del Seol"*.[75] Esta angustia interior hace que nuestras fuerzas decaigan y nuestra resistencia se derrita cual cera ante el fuego; la tristeza ofusca el espíritu, oscurece el juicio, ciega la memoria, nubla la parte lúcida de la mente, convierte lo agradable en desagradable y hace que la lámpara de la vida se extinga progresivamente. En semejante condición la persona palidece, se torna lánguida, sombría y abatida como presa de gran temor y consternación; y sus movimientos se ralentizan, como si todo ánimo y energía le hubieran abandonado Un corazón alegre beneficia al cuerpo cual medicina; pero un espíritu triste carcome los huesos. De ahí que en la Escritura encontremos con tanta frecuencia frases como: *"Se volvió mi verdor en sequedades de*

[71] Se refiere a la HIDRA DE LERNA, según la mitología griega un monstruo acuático con forma de serpiente de muchas cabezas y aliento venenoso a la que dio muerte Heracles (Hércules en la mitología romana) en uno de sus famosos doce trabajos. Al llegar a la ciénaga cercana al lago Lerna donde la Hidra habitaba, Hércules se cubrió la boca y la nariz con una tela para protegerse de su aliento venenoso y disparó flechas en llamas a su refugio para obligarla a salir, enfrentándose a ella con una hoz. Pero descubrió con sorpresa que era imposible darle muerte, pues por cada cabeza que le cortaba le crecían dos nuevas; entonces pidió ayuda a su sobrino Yolao, quien tuvo la idea de usar una tea ardiendo para quemar el muñón del cuello de cada cabeza que le cortaba. Hércules cortó todas las cabezas y Yolao quemó los cuellos abiertos, y así, entre ambos dieron muerte a la Hidra, algo que se consideraba imposible.

[72] Salmo 38:3.

[73] Job 6:4.

[74] El Salmo 88 es considerado como el más triste, desesperanzador y oscuro de todos. Es el único en la Biblia atribuido directamente a Hemán el ezraíta. ¿Quién era este Hemán el ezraíta? Spurgeon lo atribuye en principio al Hemán mencionado en 1 Reyes 4:31; 1 Crónicas 2:6; visto como un hombre sabio y talentoso en la música, a pesar de que en el Salmo 88 revela el intenso sufrimiento que atravesó hasta el punto de sentirse como un "abandonado entre los muertos" (Salmo 88:5). Pero tampoco lo da por seguro puesto que tenemos a otro Hemán, hijo de Joel nieto del profeta Samuel y descendiente de Coat, mencionado en 1 Crónicas 6:33; y contemporáneo de David, (estaba entre los que trajeron el arca a Jerusalén) según 1 Crónicas 15:19; 16:41-42; y Spurgeon admite que podría tratarse de cualquiera de los dos.

[75] Salmo 88:3.

estío";[76] *"estoy como un odre ahumado";*[77] *"abatida hasta el polvo está mi alma";*[78] *"mi rostro está inflamado con el llanto, y mis párpados ensombrecidos";*[79] *"de noche taladra mis huesos el tormento, y los dolores que me roen no reposan. Con gran fuerza me agarra de la ropa; me ciñe como el cuello de mi túnica. Él me derribó en el lodo, soy semejante al polvo y a la ceniza".*[80] A veces, los problemas del alma comienzan a partir de la debilidad o enfermedad del cuerpo. Una larga y penosa dolencia, sin ninguna perspectiva de solución, hace que en el transcurso del tiempo hasta el alma más esforzada se angustie y desfallezca. David estaba acostumbrado a lidiar con la enfermedad y la ira de sus enemigos; pero cuando le vemos afrontar situaciones de esta índole en los Salmos, vemos que siempre lo relacionó con su pecado y, a causa de este, a una aprehensión de la ira de Dios. Un ejemplo claro lo tenemos en el presente salmo: basta con comparar los versículos 1 y 2 con el 5 y 6 para entender los motivos sus las consecuencias. Todas las angustias del salmista corren en una misma dirección y desembocan en un mismo pensamiento: que Dios se había convertido en su enemigo. Con frecuencia, cuando nuestro dolor es largo e intenso, ineludible y sin solución aparente, comenzamos a cuestionar la sinceridad de nuestra actitud hacia Dios, muy a pesar de que al principio sintamos aversión o rechazo a ello. Pero la debilidad prolongada del cuerpo hace que el alma se vuelva más susceptible a la irritación y al rechazo.

Timothy Rogers [1660-1729]
"A Discourse on Trouble of Mind, and the Disease of Melancholy", 1691

Vers. 7. ***Mis ojos están gastados de sufrir; se han envejecido a causa de todos mis angustiadores.*** *[Mis ojos están gastados de sufrir; se han envejecido a causa de todos mis angustiadores.* RVR*] [Se consumen de sufrir mis ojos; han envejecido a causa de todos mis adversarios.* LBLA*] [Mis ojos están enturbiados de tanto sufrir, se han envejecido a causa de todos mis adversarios* BTX*] [Desfallecen mis ojos por causa del dolor; desfallecen por culpa de mis enemigos.* NVI*] [Mis ojos se consumen de dolor, envejecen de tanta tristeza.* BLP*] [El dolor me nubla la vista; tengo los ojos gastados a causa de todos mis enemigos.* NTV*]*

Mis ojos están gastados de sufrir; se han envejecido a causa de todos mis angustiadores. Así como la visión de un anciano se oscurece con el transcurso los años, David afirma que sus ojos están enrojecidos y se han vuelto débiles a causa del llanto.[81] A menudo la condena moral ejerce tales efectos secundarios sobre el cuerpo físico, que incluso los órganos externos presentan deterioro.[82] ¿Puede

[76] Salmo 32:4.
[77] Salmo 119:3.
[78] Salmo 119:25.
[79] Jon 16:16.
[80] Job 30:17-19.
[81] Salmo 31:9; Lamentaciones 3:48-51. En Eclesiástico 31:13 leemos: "¿qué ha sido creado peor que el ojo? por eso, por cualquier cosa llora", (Eclesiástico 31:13 BJ).
[82] Juan Crisóstomo [1569-1626] lo interpreta en este sentido: «Cuando dice aquí *"mis ojos se consumen de dolor"* se refiere a los ojos del alma, a la facultad de rememorar sus pecados y razonar sobre la iniquidad de los mismos. El arrepentimiento mantiene los delitos cometidos delante de sus ojos llevándole a reflexionar sobre la justa ira de Dios y la misericordia inmerecidamente recibida, lo cual prolonga la agonía de su arrepentimiento preservándole en un santo temor al pecado: *"El temor y el temblor vinieron sobre mí, y el espanto me ha cubierto"* (Salmo 55:5). Pero ese temor fruto del arrepentimiento, no es perjudicial, sino beneficioso, mantiene el alma en constante estado de alerta proporcionando un ancla de seguridad y

esto explicar las convulsiones y ataques de histeria que algunos han experimentado durante los avivamientos en Irlanda al sentir una profunda convicción de pecado?[83] ¿Tanto ha de sorprendernos que algunas almas impactadas caigan de pronto al suelo dando gritos y comiencen a llorar desaforadamente, cuando vemos que el propio David nadaba en lágrimas, y envejeció súbitamente bajo el peso de mano de Dios? ¡Ay hermanos! ¡Verse de pronto uno mismo como un pecador condenado por el tribunal de Dios no es algo que pueda tomarse a la ligera! El lenguaje y expresiones que encontramos en este Salmo no son ni forzadas ni desmedidas, antes bien perfectamente naturales en alguien que se ve a sí mismo inmerso en tan deplorable situación.

C.H. SPURGEON

Mis ojos se consumen de dolor. Muchos utilizan estos ojos maravillosos que Dios les ha dado a modo de velas encendidas para iluminar su camino al infierno. Y Dios les corresponde en calibrada justicia: al ver sus mentes cegadas por la concupiscencia de su ojos, los deseos de su carne, y la soberbia de su vida, les envía una enfermedad que debilita su visión, antaño tan aguda al servicio del diablo. En el fondo es su propia lascivia la causa de que se debilite en ellos algo tan esencial como es la vista.

A causa de todos mis angustiadores. Cuando los piratas avistan un bajel vacío, pasan de largo; pero si va cargado con mercancías preciosas, se lanzan al abordaje. De igual modo, si un hombre no posee la gracia en su interior, Satanás pasa de largo considerándolo una presa inútil; pero si comprueba que va cargado de virtudes espirituales preciosas, como el amor, la gracia y el temor de Dios, tratará inexorablemente de arrebatárselas por todos los medios posibles.[84]

ARCHIBALD SYMSON [1564-1628]

"A Sacred Septenarie or A godly and fruitful exposition on the seven Psalmes of repentance", 1623

firmeza: quien vive temeroso del mal se alejará de él. Pues así como un navío sin ancla queda a merced de los vientos y acaba hundiéndose, así también el alma que no vive temerosa del mal acaba siendo arrastrada por él, como advierte el apóstol: *"habiendo llegado a ser insensibles, se entregaron a la sensualidad para cometer con avidez toda clase de impurezas"* (Efesios 4:19 LBLA) ».

[83] Se refiere al avivamiento que tuvo lugar en Irlanda en 1859, que vino acompañado de aparentes manifestaciones del Espíritu que causaban en los recién convertidos reacciones físicas evidentes en forma de gritos, convulsiones corporales y otros síntomas similares a los de un ataque de histeria. A tal extremo llegó la situación que incluso se organizaron excursiones turísticas a Irlanda para contemplar el fenómeno de primera mano. El suceso dio lugar a un análisis y debate por parte de teólogos y neurólogos de la época, y los periódicos más importantes publicaron extensos reportajes y artículos de opinión sobre su origen. Tal fue el caso del londinense *"The Times"* en su edición del 17 de Setiembre de 1859, con un extenso y elaborado artículo que fue reproducido por numerosos medios informativos de la época a lo largo y ancho de todo el imperio británico, como el *"The Hobart Town Dayli Mercury"* en Tasmania, Australia.

[84] Dice JUAN CRISÓSTOMO [1569-1626]: «La vida cristiana es una lucha constante contra una multitud de enemigos que se hacen cada vez más poderosos cuanto más cedemos nosotros a sus tentaciones. El apóstol Pablo nos advierte en este sentido al decirnos que: *"no tenemos lucha contra sangre y carne, sino contra principados, contra potestades, contra los dominadores de este mundo de tinieblas, contra huestes espirituales de maldad en las regiones celestes"* (Efesios 6:12). Por tanto, revestidos de toda la armadura de Dios (Efesios 6:11) debemos rechazar vigorosamente sus ataques, y en modo alguno pactar ni reconciliarnos jamás con ellos».

Mis ojos se consumen de dolor. Esos mismos ojos que miraron y codiciaron con lascivia la mujer de su prójimo, se ven ahora debilitados y oscurecidos por el dolor y la ignominia. Lloró hasta quedar prácticamente ciego.

John Trapp [1601-1669]
"A commentary or exposition upon the books of Ezra, Nehemiah, Esther, Job and Psalms", 1657

Vers. 8. *Apartaos de mí, todos los hacedores de iniquidad; porque Jehová ha oído la voz de mi lloro.* *[Apartaos de mí, todos los hacedores de iniquidad; porque Jehová ha oído la voz de mi llanto.* RVR*] [Apartaos de mí, todos los que hacéis iniquidad, porque el Señor ha oído la voz de mi llanto.* LBLA*] [¡Apartaos de mí, hacedores de maldad! Porque YHVH ha oído la voz de mi llanto.* BTX*]* *[*¡Apártense de mí, todos los malhechores, que el Señor ha escuchado mi llanto! NVI*] [*¡Alejaos de mí, malvados, porque el Señor ha escuchado mi llanto! BLP*] [Váyanse todos los que hacen el mal, porque el Señor ha oído mi llanto.* NTV*]*

Apartaos de mí, todos los hacedores de iniquidad; porque Jehová ha oído la voz de mi llanto. Hasta aquí todo ha sido tristeza y desconsuelo, en adelante:

¡Descolgad vuestras arpas de los sauces[85]
vosotros, santos que andáis temblorosos![86]

Es preciso que haya momentos de llanto, pero han de ser cortos. ¡Salid, salid ya de vuestras mazmorras y levantaos de los estercoleros![87] ¡Dejad a un lado el saco y la ceniza![88] Porque el llanto puede durar toda la noche, pero pronto vendrá la alegría de la mañana.

Arrodillado ante Dios, David encontró la paz, y tan pronto se levanta comienza a barrer a los malvados de su casa: *"Apartaos de mí, todos los hacedores de iniquidad"*. El mejor remedio que tenemos contra los malvados es separarnos de ellos cuanto más mejor. «Largaos, no puedo mantener comunión con vosotros». El arrepentimiento exige de la praxis. No basta con lamentar la profanación del templo de nuestro corazón, es preciso expulsar a los vendedores y compradores azotándoles con cuerdas y volcar las mesas de los cambistas.[89] El pecador perdonado odia los pecados que costaron la sangre de su Salvador. La gracia y el pecado son vecinos irreconciliables, y bien la una o el otro deben ir fuera.

Porque Jehová ha oído la voz de mi llanto.[90] ¡Qué alarde poético en hebreo y qué expresivo y hermoso suena también en nuestro idioma: *"la voz de mi llanto"*! ¿Acaso el llanto tiene voz? ¿Hablamos llorando? Y si es así, ¿en qué idioma pronuncia en llanto sus palabras? En ese idioma universal entendido no solo en toda la tierra sino incluso arriba en el cielo. Cuando una persona llora, ya sea

[85] Salmo 137:2.

[86] Cita las dos primeras líneas de la primera estrofa de un popular himno de Augustus Toplady [1740-1778] más conocido por ser el autor de otro famoso himno: "Roca de la Eternidad". La estrofa completa dice así en inglés: *"Your harps, ye trembling saints, / Down from the willows take; / Loud to the praise of love Divine / Bid every string awake"*.

[87] Job 2:8.

[88] Génesis 37:34; Josué 7:6; 2 Samuel 1:11; Ester 4:1; Jonás 3:6; Mateo 11:21.

[89] Mateo 21:12-13; Marcos 11.15-16; Lucas 19.45-46; Juan 2.13-17.

[90] En hebreo: כִּי־שָׁמַע יְהוָה קוֹל בִּכְיִי *kî-šāma' Yahweh qōwl biḵyî.*

judía o gentil, bárbaro o escita, esclavo o libre,[91] lo que expresa tiene un mismo significado. El llanto es la elocuencia de la tristeza. Un orador axiomático y comprensible no necesita intérpretes: todo el mundo lo entiende. ¿Acaso no es dulce y consolador saber que nuestras lágrimas hablan por sí mismas incluso cuando nos faltan las palabras? Aprendamos a ver las lágrimas como oraciones líquidas, y el llanto como un goteo constante de intercesión tenaz, capaz de abrirse paso hasta el mismísimo corazón de la misericordia, a pesar de las muchas dificultades pétreas que se le interpongan en el camino. ¡Dios mío, cuando no me vea capaz de *"alegar"* voy a *"llorar"*, porque sé que tú *oirás la voz de mi llanto*!

C.H. SPURGEON

Apartaos de mí, todos los hacedores de iniquidad.[92] Largaos con viento fresco y las alforjas vacías, porque el fin que buscabais, esto es, mi muerte, por ahora no lo vais a conseguir; *porque el Señor ha oído la voz de mi llanto*, es decir, me ha concedido la gracia por la que le rogué lágrimas.

THOMAS WILCOCKS [1549-1608]
"A Right Godly and Learned Exposition upon the whole Booke of Psalmes", 1586

Apartaos de mí, todos los hacedores de iniquidad. ¿Acaso no es responsabilidad de los miembros de la iglesia evitar un exceso de familiaridad con personas mundanas? Soy consciente de que el ser humano es una criatura social, pero esto no disculpa la falta de cuidado de algunos a la hora de elegir sus amistades. Las aves del cielo y las bestias del campo también gozan de agruparse en compañía, pero eluden la heterogénea: «Las aves del mismo plumaje siempre vuelan juntas».[93] Me causa preocupación ver cómo muchas personas que pasan por prominentes, de un elevado prestigio en la gracia y santidad, no distinguen muy bien la diferencia entre lo natural y lo regenerado, el pecado y la gracia, el viejo y el nuevo hombre,[94] y valoran todas las amistades al mismo nivel.

LEWIS STUCKLEY [1621-1687]
"The Gospel Glass", 1667

Apartaos de mí, todos los hacedores de iniquidad; porque Jehová ha oído la voz de mi llanto. ¡Qué cambio tan repentino en el ánimo del salmista! Razón tenía Lutero en afirmar: «La oración hace al alma lo que la sanguijuelas al cuerpo: chupa el veneno y baja la hinchazón».[95] «La oración, –afirma

[91] Gálatas 3:28; Colosenses 3:11.

[92] Algunos comentaristas ven en Mateo 7:13 y Lucas 13:27 una cita de estas palabras en boca de Jesús.

[93] En el original inglés: *"Birds of a feather flock together"*. Antiguo proverbio inglés que data del siglo XVI. El primero en utilizarlo, según los registros escritos, fue el escritor puritano WILLIAM TURNER [1509-1568] en su sátira polémica: *"The Huntyng and Fynding Out of the Romish Fox"* (1543) en la que habla de "dar caza" a los obispos anglicanos de tendencia católica romana que mantenían en oculto su fidelidad al Papa durante el reinado de Enrique VIII. En español tenemos diversos dichos que reflejan la misma idea: «Son harina del mismo costal», «Dios los cría y ellos se juntan» o «Dime con quién andas y te diré de quién eres».

[94] 1 Corintios 2:14; Judas 19.

[95] Hemos traducido literalmente. Aunque la cita original al parecer procede de una carta de MARTÍN LUTERO [1483-546] a FELIPE MELANCHTHON [1602-1673] fechada a 27 de Junio de 1503, pero no exactamente en este sentido sino a la inversa. Melanchthon tenía un carácter mucho más débil y andaba siempre preocupado por todo, y Lutero le escribe diciéndole: «Ciertamente, oro con diligencia por ti; pero me duele que estés constantemente chupando ansiedad y preocupaciones como las sanguijuelas chupan sangre, ya que con ello neutralizas la eficacia de mis oraciones». Probablemente la frase fue de boca en boca y derivó en todo tipo de versiones, como la versión que aquí transcribe Trapp.

otro autor–, actúa de exorcista, conjurando el pecado y la miseria» Y Bernardo[96] exclama al respecto: «¡Cuántas veces habré comenzado a orar casi desesperado, para concluir triunfante, con la garantía del perdón!». Eso mismo es lo que hace aquí David, *"Apartaos de mí, todos los hacedores de iniquidad; porque Jehová ha oído la voz de mi llanto"*. ¡Qué mensaje tan rotundo a sus enemigos! ¡Fuera! ¡Largaos! ¡Esfumaos! Un vocabulario habitual para demonios y perros, pero apropiado también para personajes de la calaña de Doeg[97] y Semeí.[98] Y eso mismo dirá el Hijo de David a sus enemigos cuando llegue el día del Juicio.[99]

JOHN TRAPP [1601-1669]
"A commentary or exposition upon the books of Ezra, Nehemiah, Esther, Job and Psalms", 1657

Jehová ha oído la voz de mi llanto. El llanto tiene voz propia, y así como la música se escucha de más lejos y suena más armoniosa sobre el agua que sobre tierra firme,[100] también las oraciones empapadas en lágrimas claman con mayor intensidad en los oídos de Dios, y emiten una música más dulce que cuando están ausentes de llanto. Después de que Antípatro[101] escribiera a Alejandro Magno,[102] una extensa carta contra su madre Olimpia de Epiro,[103] el insigne conquistador griego le respondió: «Una sola lágrima de mi madre es suficiente para lavar todos sus errores». Así es también con Dios. Una

[96] Se refiere a BERNARDO DE CLARAVAL [1091-1153], doctor de la Iglesia, abad del monasterio de Claraval y reformador monástico francés, impulsor del estilo que pronto se extendería a toda la *Orden del Císter:* disciplina, austeridad, oración y simplicidad. Tales ideales lo enfrentaron con PEDRO EL VENERABLE [1092-1156], abad de Cluny, pues suponían un ataque directo contra la riqueza de los monasterios, la pompa de la liturgia y el lujo de las iglesias cluniacienses. Luchó contra las incipientes tendencias laicistas de su tiempo, haciendo condenar el racionalismo de Pedro Abelardo, quien mantenía que se debían buscar los fundamentos de la fe con similitudes basadas en la razón humana. Creía en la revelación verbal del texto bíblico, y se declaró fiel discípulo de san Ambrosio y de san Agustín, a quienes llamó "las dos columnas de la Iglesia". Rebatió también las propuestas de Arnaldo de Brescia y dejó tras su muerte numerosos escritos.

[97] 1 Samuel 22:9.

[98] 2 Samuel 16:5-10.

[99] Mateo 27:23.

[100] Hemos traducido literalmente el original inglés: *"music upon the water sounds farther and more harmoniously than upon the land"*. No hay certeza científica alguna de que esto sea así. Una explicación podría ser que las ondas sonoras se propagan en el agua con mayor rapidez y menor pérdida de energía que en el aire, puesto que en el agua se transmiten a una velocidad de 1400 a 1600 metros por segundo, cuando en la atmósfera terrestre lo hacen a 340. Si introdujéramos la cabeza en el agua del mar comprobaríamos que el ruido de los motores de las embarcaciones se escucha de muy lejos.

[101] Se refiere a ANTÍPATRO DE MACEDONIA [397-319 a.C.] último general superviviente de entre los nombrados por FILIPO II DE MACEDONIA [382-336 a.C.], padre de ALEJANDRO MAGNO [356-323a. C.] y que nombrado por este general en jefe en Europa y gobernador en Grecia durante sus campañas en Asia y mientras gobernaba en Babilonia.

[102] Se refiere a ALEJANDRO III DE MACEDONIA, más conocido como ALEJANDRO MAGNO [356-323 a.C.], considerado como uno de los más hábiles generales y grandes conquistadores de la Historia por su conquista del Imperio Persa.

[103] Se refiere a OLIMPIA DE EPIRO [375-315 a. C.], madre de ALEJANDRO MAGNO [356-323a. C.]. Desde la partida de Alejandro mantuvo unas relaciones fatales con ANTÍPATRO DE MACEDONIA [397-319 a. C.], hasta el punto de mandar misivas a su hijo denunciando la deslealtad del General, que este contestó con otras tantas. Antípatro la obligó a exilarse al Épiro en el 331 a. C., y Alejandro, que no dudaba de la lealtad del General pero amaba a su madre, se vio envuelto en mitad del conflicto. Trató de resolverlo mediando de la mejor manera posible, hasta que finalmente decidió destituir a Antípatro, pero la muerte le sorprendió antes, en junio del 323 a. C.

sola lágrima penitente es un embajador incuestionable, y nunca regresa del trono de la gracia con las manos vacías.

JOHN SPENCER [1559-1614]
"Things Old and New", 1658

Apartaos de mí, todos los hacedores de iniquidad. El salmista llama a los malos *"hacedores de iniquidad"*, porque siempre están dispuestos a pecar; aprovechan cualquier marea[104] y su espíritu les arrastra constantemente a obrar el mal. Y no superficialmente sino a fondo; no se limitan a morder el anzuelo con aprehensión y solo un poco (como hacen a menudo las personas buenas), sino que se lo tragan entero con avidez, de la punta a la paleta y si pueden hasta el flotador. Se sumergen en el pecado y lo practican a conciencia, hacen de pecar su oficio y su modo de vida, por lo que son *"hacedores de iniquidad"*.

JOSEPH CARYL [1602-1673]

Jehová ha oído la voz de mi llanto. Puede que alguno diga «mi constitución me impide llorar, antes conseguiría exprimir una roca que arrancar de mis ojos una lágrima». Bien, pero si no eres capaz de llorar por tu pecado, ¿tampoco puedes experimentar aflicción? Lo que vale realmente es el sentimiento, la actitud, el duelo interior. Puede haber dolor intenso donde no hay lágrimas; el recipiente del arrepentimiento puede estar lleno a rebosar aunque carezca de respiradero. El Señor no valora tanto los ojos que lloran sino el corazón quebrantado;[105] aunque yo personalmente jamás interrumpiría una sola lágrima de nadie que vea llorar de contrición. Dios contempló las lágrimas de Ezequías: *"y he visto tus lágrimas"*.[106] Y las lágrimas de David sonaron a música en los oídos de Altísimo: *"el Señor ha oído la voz de mi llanto"*. Lágrimas resbalando cual perlas de los ojos de un penitente son un espectáculo sublime, digno de ser contemplado por ángeles.

THOMAS WATSON [1620-1686]
"Saint's Spiritual Delight", 1660

Jehová ha oído la voz de mi llanto. Con frecuencia Dios escucha la voz de nuestras miradas suplicantes, y la voz de nuestras lágrimas, mucho mejor que la de nuestras palabras; pues en ellas es el propio Espíritu el que intercede por nosotros.[107] Esos gemidos y lágrimas[108] que dicen aquello que no

[104] Uno de los principios básicos de navegación en la antigüedad era el aprovechamiento de las mareas, en especial cuando muchos puertos estaban tierra adentro y las embarcaciones tenían que ser remontadas para entrar y salir de puerto, como era el caso de Londres. Pero incluso en puertos costeros hay zonas en las que las mareas son tan fuertes que la navegación está condicionada a al ritmo de las mismas, hasta tal punto que los barcos solo pueden entrar cuando sube la marea y salir cuando baja. Desde antiguo existían tablas y cartas marinas explicado las mareas a lo largo del año, y aún hoy en día los pescadores y embarcaciones pequeñas de recreo las tienen muy en cuenta.

[105] Salmo 34:18; 51:17; 147:3, Isaías 61:1.

[106] Isaías 38:5.

[107] Romanos 8:26.

[108] En el texto original aparece en latín *"Gemitibus inenarrabilibus"*, cita del texto en latín de la Vulgata de Romanos 8:26: *"sed ipse Spiritus postulat pro nobis gemitibus inenarrabilibus"*.

alcanzamos a pronunciar; inexpresables,[109] como lee Tertuliano[110] en ese texto. Lágrimas simples y devotas, portadoras de una piedad profunda y contrición intensa, imposibles de hacer llegar con palabras a oídos de Dios; lágrimas tan hondas que a veces ni siquiera somos capaces de verter, no ya con palabras, sino como propias lágrimas. Pero así como Dios ve el agua del manantial en las entrañas de la tierra mucho antes de que salga burbujeando a la superficie, ve también las lágrimas en el corazón del ser humano mucho antes de que resbalen por sus mejillas; y escucha el llanto interior de esa alma afligida, traspasada de tal modo por el dolor que ni siquiera se siente capaz de derramar lágrimas. Esa maravillosa capacidad expresiva de los ojos, que les permite transmitir sin vocablos el dolor que alberga el corazón, es una ventana al interior a través de la cual Dios contempla un corazón húmedo en unos ojos secos. El Señor escucha voluntad de arrepentimiento en simples suspiros, en balbuceos que no llegan a palabras, pero en los que tanto se deleitan los padres cuando sus hijos aún no alcanzan a hablar. El pecador penitente utiliza paradójicamente un lenguaje ininteligible para forjar una oración más expresiva. Y es precisamente ese tipo oraciones de David, oraciones con voz pero sin palabras, a las que Dios había prestado oído, y que lo llevan a exclamar agradecido y henchido de santa confianza: *"El Señor ha oído... el Señor oirá"*.[111]

John Donne [1573-1631]
"Sermons preached uponthe Petitential Psalms"

Vers. 9. *Jehová ha oído mi ruego; ha recibido Jehová mi oración.* *[Jehová ha escuchado mi ruego; ha acogido Jehová mi oración.* RVR*] [El Señor ha escuchado mi súplica; el Señor recibe mi oración.* LBLA*] [YHVH ha escuchado mi súplica, YHVH ha recibido mi oración.* BTX*] [El Señor ha escuchado mis ruegos; el Señor ha tomado en cuenta mi oración.* NVI*] [El Señor ha escuchado mi ruego, el Señor ha acogido mi súplica.* BLP*] [El Señor ha escuchado mi ruego; el Señor responderá a mi oración.* NTV*]*

Jehová ha escuchado mi súplica. El Espíritu Santo había fraguado en la mente del salmista la certeza de que su oración había sido escuchada. Algo que con frecuencia es privilegio de los santos: cuando oran a Dios la oración de fe,[112] a menudo experimentan la certeza inequívoca de que su oración ha prevalecido. Leemos de Lutero que habiendo batallado duro con Dios en oración, salió repentinamente de su habitación saltando y llorando a la vez que gritaba: *"Vicimus, vicimus"*,[113] es decir, hemos vencido, hemos prevalecido ante Dios.[114] La certeza absoluta de una respuesta positiva a nuestras

[109] En latín en el texto original: *"ineloquacibus"*, "inexpresables, indecibles".

[110] Se refiere a Quinto Septimio Florente Tertuliano, más comúnmente conocido como Tertuliano [160-220], escritor y apologista cristiano cuya obra, escrita en latín, destaca por su vigor, suave sarcasmo, expresión epigramática y espíritu aguerrido. Escribió numerosas obras de apologética (la mayoría publicadas por CLIE) y son suyas diversas frases famosas como la conocida: *"Sanguis martyrum semen christianorum est"*, "La sangre de los mártires es semilla de cristianos".

[111] Hace referencia al contraste entre los verbos uno en pasado y el otro en futuro que plantea en este versículo la versión inglesa KJV. Ver al respecto las notas 115 y 116.

[112] Santiago 5:15

[113] La cita procede del historiador luxemburgués y analista de la reforma Johannes Sleidanus [1506-1556] en su obra *"Commentariorum de statu religionis et reipublicae"* (1555). El motivo de las oraciones de Lutero eran falta de interés de la gente en el mensaje de la Reforma y las numerosas deserciones a causa de las fuertes presiones políticas. Poco tiempo después de que Lutero gritara *"Vicimus, vicimus"*, tuvo lugar una proclama del Emperador Carlos V estableciendo que nadie fuera molestado por sus ideas religiosas.

[114] Génesis 32:28.

oraciones no es una quimera, cuando el Espíritu Santo la infunde en nuestro corazón sabemos que es realidad indiscutible, y no dudaríamos de ella aún cuando todos los que hay a nuestro alrededor se burlasen de nuestra pretensión y osadía.[115]

El Señor acogerá mi oración Utiliza la experiencia presente como base de estímulo y aliento en situaciones futuras: *"Ha escuchado – acogerá",*[116] pasado y futuro. Alma creyente, toma buena nota de este razonamiento del salmista y trata de imitarlo.

C.H. SPURGEON

Jehová ha escuchado mi súplica. El salmista repite por tres veces su confianza en que sus oraciones han sido escuchadas y acogidas *[Ha oído* (6:8)… *Ha escuchado* (6:9)… *Ha acogido* (6:9)...].[117] Lo cual es posible guarde una relación con que rogara asimismo por tres veces pidiendo ayuda *[No me reprendas* (6:1)… *Ten misericordia* (6:2)… *Vuélvete* (6:4)...]; como hizo también el apóstol Pablo,[118] y Cristo mismo del cual David era el anti-tipo.[119] Pero también porque de ese modo expresa su absoluta certeza de ello, la fortaleza de su fe en ello, y la exuberancia de su alegría a causa de ello.

JOHN GILL [1697-1771]
"Exposition of the Old Testament", 1748

Vers. 10. *Se avergonzarán y se turbarán mucho todos mis enemigos; se volverán y serán avergonzados de repente.* *[Se avergonzarán y se turbarán mucho todos mis enemigos; retrocederán y serán avergonzados de repente.* RVR*] [Todos mis enemigos serán avergonzados y se turbarán en gran manera; se volverán, y de repente serán avergonzados.* LBLA*] [Todos mis enemigos serán aver-*

[115] KRAUS hace esta interesante reflexión al respecto: «Pero ¿cómo habrá que imaginarse el cambio repentino que se ha producido entre los v. 8 y 9? En los versículos 9 y 10 nos enteramos por el clamor שָׁמַע יְהוָה šāma' *Yahweh "¡Yahvé ha oído!"* que el cantor que se lamentaba ha sido escuchado. Esto quiere decir: Yahvé ha apartado de él su ira y ha sanado al enfermo. Evidentemente, en el lugar santo se ha pronunciado la palabra que aguardan los orantes del Salmo 130:5: *"Espero yo en Jehová, espera mi alma; pendiente estoy de su palabra*". En el Salmo 107:20 se dice: יִשְׁלַח דְּבָרוֹ וְיִרְפָּאֵם *yišlaḥ dəḇārōw wəyirpā'êm ("envió su palabra y los sanó")*. Este mismo acontecimiento debe presuponerse también antes de los v. 9-11, pues el envío del דָּבָר *dabar* (de la *"palabra"*) trasmite la seguridad de que שָׁמַע יְהוָה šāma' *Yahweh "Yahvé ha escuchado"*. Por consiguiente, no debemos pensar en un oráculo o en el presagio obtenido mediante un sacrificio, al estilo de las prácticas de culto corrientes en Mesopotamia. El cambio en la suerte, producido por el דָּבָר *dabar* (trasmitido por los sacerdotes), se expresa en muchos salmos mediante la fórmula שָׁמַע šāma': Salmo 22:24; 28:6; 34:6; 66:18 (d. también los Samos 10:17; 31:22; 40:1). El orante ha escuchado el "¡No temas!". Ha recibido la seguridad de que Yahvé no va a abandonarle. Yahvé estará con él; lo ayudará y lo curará. Tal promesa trasmite la certidumbre de ser oído. Da motivo para la confianza y la esperanza. La oración ha sido aceptada por Yahvé (v. 10)». [*"Los Salmos, V. I"* Hans-Joachim Kraus; Ediciones Sígueme, Salamanca 1993]

[116] Este contraste entre pasado y futuro se pierde en las versiones españolas donde ambos verbos están en pasado. Pero la versión inglesa KJV traduce: *"The Lord hath heard my supplication; the Lord will receive my prayer"*, y Spurgeon se agarra en su comentario al contraste de la KJV entre pasado y futuro: *"He hath – he will"*. En hebreo שָׁמַע יְהוָה תְּחִנָּתִי šāma' *Yahweh təḥinnāṯî; –* יְהוָה תְּפִלָּתִי יִקָּח *Yahweh təp̄illāṯî yiqqāḥ.* KRAUS traduce: *"Ha escuchado Yahvé mi súplica; Yahvé acepta mi oración"* SCHÖKEL: *"el Señor ha escuchado mi súplica, el Señor ha acogido mi petición"*.

[117] En hebreo שָׁמַע יְהוָה šāma' *Yahweh* (6:8); שָׁמַע יְהוָה šāma' *Yahweh* (6:9); יְהוָה תְּפִלָּתִי יִקָּח *Yahweh təp̄illāṯî yiqqāḥ* (6:9).

[118] 2 Corintios 12: 8

[119] Mateo 26:39, 42, 44.

gonzados y muy confundidos; serán vueltos atrás, y repentinamente avergonzados. BTX*] [Todos mis enemigos quedarán avergonzados y confundidos; ¡su repentina vergüenza los hará retroceder!* NVI*] Mis enemigos, confusos y aterrados, huirán, quedarán de repente humillados.* BLP*] [Que todos mis enemigos sean deshonrados y aterrorizados; que retrocedan de golpe, avergonzados.* NTV*]*

Se avergonzarán y se turbarán mucho todos mis enemigos; retrocederán y serán avergonzados de repente.[120] Más que ante una imprecación estamos de hecho ante una profecía; este versículo es preciso leerlo en clave de futuro: «Todos mis enemigos serán avergonzados y quedarán confundidos, retrocederán aterrorizados porque su condenación caerá sobre ellos de repente». El día de la muerte será día de Juicio, ambas cosas son seguras y pueden ser repentinas. Los antiguos romanos solían decir: «Los pies de las deidades vengadoras calzan sandalias de lana».[121] La venganza divina se acerca a su víctima con pasos silenciosos y descarga su golpe destructor de manera repentina y abrumadora. Y aún visto como una imprecación, no debemos olvidar que el lenguaje de la antigua dispensación no es el de la nueva. Los seguidores de Cristo oramos *a favor* de nuestros enemigos, no *contra* ellos.[122] ¡Dios tenga piedad de ellos y los conduzca al camino recto! Pero este Salmo, al igual que los precedentes, lo que hace es mostrar los distintos estados de los justos y de los injustos. ¡Oh Señor, que seamos contados *con* los justos, con los que son tu pueblo, desde ahora y para siempre!

C.H. SPURGEON

Se avergonzarán. Aún admitiendo que se tratara de una imprecación, de una maldición, aún así sería medicinal y tendría en su propia naturaleza *rationem boni*,[123] un componente caritativo, pues no les desea ningún daño físico, tan solo que sean avergonzados.[124] Pero se trata más bien de *prædictorium,* un arrebato de manifestación profética, advirtiéndoles que si se empeñan en seguir ignorando que el Señor escucha las súplicas de sus siervos y les pone bajo su protección; que si no toman buena nota de que Dios le había escuchado y rescatado, como rescata siempre a sus hijos, y seguían empeñados en masacrarle, caerían irremisiblemente sobre ellos los juicios más implacables; cuyo resultado sería incierto, puesto que cuando Dios actúa sobre sus enemigos tan solo hay dos desenlaces posibles: o rectifican su proceder y se avergüenzan, o se obstinan en su maldad y son destruidos.

Se turbarán. El segundo verbo que utiliza: וְיִבָּהֲלוּ *wəyibbāhălū* de בָּהַל *bahal "se turbarán"*, nos indica que aquello que desea para sus enemigos no es peor de lo que el mismo había experimentado, ya que se trata del mismo verbo hebreo: בָּהַל *bahal,* que utiliza en los versículos dos y tres (6:2-3),

[120] La versión inglesa KJV lo traduce como un imperativo: *"Let all mine enemies be ashamed"*, que se pierde en las versiones españolas. De ahí la mención, tanto de Spurgeon como de otros comentaristas, respecto a si se trata de una imprecación o de una profecía. Todas las versiones españolas traducen directamente el verbo en futuro, asumiendo que se trata de una profecía.

[121] Este proverbio latino que encontramos en *"El Satiricón"* atribuido al escritor y político romano PETRONIO [14-65], tiene distintas versiones: *"Di lanatos pedes habent", "Di irati laneos pedes habent"*, y *"Deus habet laneos pedes, plumbeas manus"*. Aunque al parecer su origen está en otro proverbio griego más antiguo, y así lo mencionan *Jamieson, Fausset & Brown* en su comentario citando a su vez a RICHARD CHENEVIX TRENCH [1807-1886], en su interesante obra *"Proverbs and Their Lessons"*. Sea cual sea el caso la idea es la misma: los castigos divinos llegan de repente, sin avisar y sin hacer ruido alguno que pueda alertar a su destinatario.

[122] Mateo 5:44; Lucas 6:27-35.

[123] Concepto muy utilizado por los teólogos escolásticos, de manera especial por TOMÁS DE AQUINO [1224-1274].

[124] Ver al respecto las notas 115 y 116.

aplicado a si mismo: *Ossa turbata: Mis huesos se estremecen;* y *Anima turbata: Mi alma está muy turbada.*[125] Y teniendo en cuenta que David había hallado en su *"turbación"* una vía de reencuentro, de aproximación a Dios, no cabe calificar de imprecación maliciosa el desear lo mismo para sus enemigos, que a decir verdad, estaban todavía más enfermos del alma que él. Como sucede con las tempestades en alta mar: cuando llega la calma cabría pensar que el peligro ha pasado, y sin embargo, las corrientes del mar de fondo o de leva continúan siendo muy peligrosas; tanto peligro hay, pues, en la tempestad como en la calma, si interpretamos erróneamente los motivos de la disciplina y corrección de Dios sumiéndonos en la perplejidad y persistiendo en nuestra obstinación. Pero cuando entendemos que la aflicción que padecemos tiene un componente santo, y descubrimos que nuestro estremecimiento y turbación van correlacionados con la indignación divina, la ira de Dios cesa de soplar, la tormenta amaina definitivamente; esa alma atribulada entra en vías de ser restaurada y recobrar la calma, disfrutando de la seguridad y tranquilidad de conciencia que sigue a tan santa aflicción.

JOHN DONNE [1573-1631]
"Sermons preached uponthe Petitential Psalms"

Se avergonzarán y se turbarán mucho todos mis enemigos; retrocederán y serán avergonzados de repente. Muchos de los Salmos penitenciales terminan de ese modo: instruyendo al creyente en su deber de mirar siempre hacia adelante y consolarse en la futura contemplación de ese día glorioso cuando su batalla habrá terminado; cuando el pecado y la tristeza no serán más;[126] Cuando la confusión eterna cubrirá de repente a los enemigos de la justicia; cuando el saco y cilicio del penitente será sustituido por una túnica de gloria, y cada una de sus lágrimas se convertirá en una joya resplandeciente en su corona; cuándo los suspiros y gemidos dejarán paso a los cánticos celestes afinados armoniosamente al conjunto de arpas de los ángeles; y la fe será sustituida por la visión plena del Omnipotente.

GEORGE HORNE [1730-1792]
"A Commentary on the Psalms in which Their Literal Or Historical Sense, as They Relate to King David, is Illustrated", 1825

[125] En hebreo עֲצָמָי *niḇhălū* de בָּהַל *bahal;* y נִבְהֲלָה *niḇhălāh* de בָּהַל *bahal;* el verbo que utiliza el salmista para referirse a cómo siente sus huesos y el estado en que se encuentra su alma es exactamente el mismo.
[126] Apocalipsis 21:4; 22:3-5.

SALMO 7

SALMO DEL CREYENTE DIFAMADO

Título: *"Sigaión de David, que cantó al Señor acerca de Cus, el Benjamita"*. Por lo que se desprende de las observaciones de los eruditos, y de comparar este Salmo con el único otro *Sigaión* que encontramos en la Palabra de Dios,[1] el título de este salmo significa probablemente *"cánticos variables"*,[2] y se asocia a la idea de contraste entre tristeza y alegría. Ciertamente, el salmo de nuestras vidas se compone también de estrofas variables: unas saltan alegres aupadas por la métrica sublime de triunfo, en tanto que otras cojean arrastradas por el ritmo sombrío del lamento. Aunque en la música de los santos aquí en la tierra predomina el bajo, sin lugar a dudas. Nuestras experiencias son tan inestables como el tiempo en Inglaterra.

Del título podemos deducir la ocasión para la cual fue compuesto. Parece ser que Cus, de la tribu de Benjamín, había acusado a David ante Saúl de traición, de conspirar contra la autoridad real.[3] Y que el rey, movido tanto por sus propios celos de David, como por la amistad que probablemente mantenía con el tal Cus el Benjaminita, no dudó un instante en darle crédito.[4] Quien se mueve cerca del trono está en posición de hacer mucho más daño al calumniar a otro que cualquier difamador vulgar y corriente.[5]

Vamos pues a llamar este salmo CÁNTICO DEL CREYENTE DIFAMADO. Pues demuestra que aún el más amargo y doloroso de los males, como la calumnia, puede darnos motivos para componer un Salmo. ¡Qué bendición tan grande sería si fuéramos capaces de convertir incluso los acontecimientos más adversos y desastrosos en tema de una canción, devolviéndole así la pelota a nuestro gran enemigo! Aprendamos esta lección de Lutero, que dijo en cierta ocasión: «David compuso Salmos; vamos a componerlos también nosotros, y a cantarlos lo mejor que sepamos para honrar a nuestro Señor, y para abuchear y mofarnos del diablo».[6]

C. H. SPURGEON

---

[1] Habacuc 3:1.

[2] Ver nota 7 de este mismo Salmo 7.

[3] ATANASIO DE ALEJANDRÍA [296-373] en su carta a su discípulo Marcelino sobre la naturaleza y valor de los salmos le dice refiriéndose a este salmo: «Si nos llegan noticias de que algunos se han juntado para conspirar contra nosotros, como hizo Ahitofel contra David, cantemos el Salmo 7 y confiemos ciegamente en el Señor, sabiendo que él nos defenderá». El Tomo I de "El Tesoro de David" incluye una traducción completa de la Carta de Atanasio a Marcelino. [Tomo I - pp. 49].

[4] La mayoría de comentaristas se inclinan por que el tal *"Cus"* era probablemente uno de los oficiales o escuderos de Saúl enviados para matar a David (1 Samuel 19:1, 11, 21). Alguno lo ha identificado con Semeí de 2 Samuel 16:4-13 que era benjamita (2 Samuel 16:11) pero esta teoría carece de fundamento filológico. Debido a que la Vulgata traduce como *"Chusai"* –que la mayoría de versiones españolas traducen como Husai– el nombre del amigo de David que pasó al bando de Absalón (2 Reyes 16:16-18; 17:5-15) la mayoría de los Padres de la Iglesia (Eusebio de Cesarea, Atanasio, Gregorio de Nisa, Juan Crisóstomo, Agustín, Teodoreto de Ciro) se inclinan por tal interpretación y dedican a la misma exhaustivos comentarios (Agustín hace incluso un análisis del significado espiritual de cada uno de los nombres de los implicados). Pero incluso el propio traductor de la Vulgata, JERÓNIMO DE ESTRIDÓN [347-420], rechaza por completo esta interpretación.

[5] Un razonamiento que sin duda es aplicable a todas las esferas del poder y a todos los niveles donde exista una escala de autoridad, ya sean organizaciones, empresas, etc. ¿Tendría Spurgeon en mente algún nombre en particular de alguien que le había afectado personalmente? Quizá pensara en el político inglés y Primer Ministro BENJAMÍN DISRAELI [1804-1881] con el cual mantuvo un agrio contencioso, pero no podemos afirmarlo con seguridad.

[6] La cita procede de la obra de MARTIN LUTERO [1483-1546] titulada *Tischreden*, "Discursos Divinos", que recoge conversaciones informales que el gran reformador mantuvo con sus compañeros y alumnos entre

Sigaión.[7] Aunque algunos han intentado ver en este término una referencia a las realidades y contrastes morales en este mundo según se describen en el propio salmo, lo más probable es que se trate de una expresión referente *a la propia naturaleza de la composición poética*. Transmite la idea de algo errático (en hebreo שִׁגָּיוֹן, "extraviarse, divagar") en su estilo. Tiene algo inquietante que lo diferencia de los demás salmos. Ewald[8] sugiere, por tanto, que podría traducirse como «una oda confusa», un ditirambo.[9] Esta característica de emocionalidad cambiante en el estilo, y una cierta forma errática en el sentido, encajan perfectamente con el único otro pasaje en la Escritura donde encontramos ese mismo término, el capítulo tres del libro Habacuc.[10]

ANDREW ALEXANDER BONAR [1810-1892]
"Christ and His Church in the Book of Psalms", 1859

Estructura: En los dos primeros versículos el salmista expone la gravedad del peligro planteando su oración (7:1-2); y acto seguido (7:3-5), defiende solemnemente su inocencia invocando al Señor para que se levante en juicio (7:6-7). Sentado en su trono, el Señor escucha de nuevo la apelación del suplicante calumniado (7:8-9); absuelve a su siervo; y amenaza a los malvados (7:10-13). Sigue con la visión del calumniador atrayendo maldición sobre su propia cabeza (7:14-16); mientras David se retira del juicio cantando un himno de alabanza a su Dios justo (7:17). Tenemos aquí el material para un hermoso sermón sobre un texto paralelo: *"Ningún arma forjada contra ti prosperará, y condenarás*

1531 y 1544 en su casa y otros lugares, de las cuales sus alumnos tomaron apuntes. Fue compilada por Mathesius, Aurifaber, Dietrich, Kroker, y publicada en Eisleben en 1566, siendo posteriormente traducida al inglés con el título de *"Martin Luther's Table Talk"*. Aunque en principio se daba por perdida, en 1626 se encontró un ejemplar bajo los cimientos de una casa en Alemania. Son frases diversas agrupadas por temas, y que van desde cuestiones doctrinales a la piedad personal, pasando por el gobierno, la iglesia, y por asuntos políticos y académicos. El texto aporta una visión amplia y muy directa del pensamiento de Lutero hablando en confianza y sin tapujos a sus allegados, diciendo abiertamente lo que pensaba y sentía, por lo que algunas afirmaciones han dado lugar a profundos debates. La frase completa de Lutero citada por Spurgeon, recogida en esta obra en el apartado de *"of temptation and tribulation"*, "sobre la tentación y la tribulación", es: «David, sin lugar a dudas, tuvo que enfrentarse a peores diablos que nosotros, pues de no haber padecido tan grandes tribulaciones no hubiera disfrutado de tan gloriosas revelaciones. Y David compuso los Salmos; pues vamos a componer salmos también nosotros, y a cantarlos lo mejor que sepamos, para honrar a nuestro Señor y para abuchear y mofarnos del diablo».

[7] En hebreo שִׁגָּיוֹן šiggāyōwn de שִׁגָּיוֹן un vocablo de origen desconocido. Algunos especialistas consideran que es posible que proceda del verbo שָׁגָה *shagah,* "errar, extraviarse", en cuyo caso apoyaría la identificación de *"cántico variable"* en el sentido de que se trata de un salmo que "divaga" o va de un extremo a otro, de la tristeza a la alegría, del desánimo a la victoria.

[8] Se refiere a GEORG HEINRICH AUGUST EWALD [1803-1875] teólogo y hebraísta alemán nacido en Göttingen. Junto con Gesenius, Delitzsch y otros, forma parte del grupo de grandes hebraístas del siglo XIX. Su gramática hebrea *Hebrew Grammar* inauguró una nueva era en la filología bíblica. Escribió numerosas obras de teología e interpretación bíblica, entre ellas la conocida como *Essay on Hebrew Poetry* que posteriormente formó parte de su Comentario a los Salmos y fue editada en inglés en 1848.

[9] El DITIRAMBO (en griego: διθύραμβος) es una forma de composición lírica griega dedicada al dios DIONISO, cuyo equivalente romano era BACO, dios de la vendimia y el vino, inspirador de la locura ritual y el éxtasis. El origen de la palabra *ditirambo* es desconocido, aunque se entiende que procede de las raíces griegas: δις, "dos", θύρα, "puerta", y ἐμβαίνω "entrar, descender", y que en su conjunto sería *descender de dos puertas*. El dios DIONISO era conocido por su oscuro origen mitológico como "hijo de dos puertas" o "nacido por dos veces". Y todo ello encaja con la idea de "errático, variable".

[10] Habacuc 3:1.

toda lengua que se levante contra ti en juicio. Esta es la herencia de los siervos de Jehová, y la recompensa que obtendrán de mí, dice Jehová".[11]

C. H. SPURGEON

Versión poética:

DOMINE DEUS MEUS IN TE SPERAVI

¡O mi Dios y Señor! en ti he esperado
librame, pues, de todos los peligros,
sácame del poder de los tiramos,
que me persiguen con furor activo.

Como leones quisieran destrozarme,
y rabiosos esperan conseguirlo,
cuando no haya ninguno que me salve,
ni pueda librarme de sus tiros.

¡O mi Señor y Dios! si estoy culpado,
si es verdad que haya hecho algún delito,
si hay alguna injusticia en mis acciones,
o en mis obligaciones un descuido:

Si he vuelto mal por mal, o si engañado
en algún grave caso he delinquido;
entonces es razón que me atropellen,
y voluntario a tu furor me rindo.

Que pongan acechanzas a mi vida,
que caiga entre sus manos sin arbitrio,
que huellen el terreno en que yo caiga,
y que en mi propia sangre esté teñido.

Que me den al desprecio y al oprobio,
y que en fin logren sepultar conmigo
toda mi gloria reducida a polvo,
si es que gloria en mi vida he merecido.

Pero mi Dios, si me hallas inocente,
si en mí no ves ni culpa ni delito,
levántate, Señor, y con tu enojo
disipa esos injustos enemigos.

[11] Isaías 54:17.

Levántate Dios santo y poderoso,
y ejecuta el precepto, que tú mismo
a todos nos has dado, cuando mandas
al justo defender contra el inicuo.

Y entonces todo el pueblo rodeando,
tu augusto tabernáculo divino,
alabará tu nombre soberano,
y la santa equidad de tus juicios.

Sube a tu tribunal, toma tu asiento,
empieza a examinar este litigio,
que solo toca a ti juzgar la tierra,
y cuantos pueblos habitan sus recintos.

Júzgame en él, mi Dios, pues yo no dudo,
que tú me juzgarás según tu estilo,
según la integridad de mi conducta,
y según la inocencia que en mí has visto.

Allí nada aprovecha la malicia,
porque como tus ojos infinitos
registran los humanos corazones,
de nada servir puede el artificio.

Ya es tiempo que el Señor me favorezca,
pues que de su majestad es lo más digno
proteger a los buenos corazones,
los corazones puros y sencillos.

¡Pero qué juez tan justo y poderoso,
tan lleno de virtud!, ¡será remiso!
¡y tantas veces, pero siempre en vano,
se irritará contra esos atrevidos!

¡Ah tristes pecadores! Si fiados
en verle tan callado y tan sufrido,
no imploráis convertidos sus piedades,
¡cuál será vuestro mísero destino!

Muy presto le veréis blandir su espada,
esa espada que tiene tanto filo,
muy resto le veréis tomar el arco,
tenderlo, y preparar todos sus tiros.

Y veréis las saetas voladoras,
que ya empapadas en veneno activo,
vibran entre sus puntas, a la muerte
vuelan, y alcanzan todos los inicuos.

Mi enemigo celoso de los muchos dones,
que el Señor liberal me ha repartido,
concibió en su dolor despecho tanto,
que al fin parió sus pérfidos designios.

Mucho se fatigó por prepararme
un secreto y profundo precipicio,
lo hizo muy grande, para que en él me hundiera,
y el infeliz fue solo él el que se ha hundido.

Solo sobre él cayó todo el estrago,
que contra mí tenía prevenido,
y de su iniquidad el triste esfuerzo
solo ha sido funesto para él mismo.

Yo siempre alabaré la incorruptible
justicia del Señor, y este motivo
me hará cantar su nombre soberano
con cánticos de amor agradecido.

DEL "SALTERIO POÉTICO ESPAÑOL", SIGLO XVIII

Salmo completo: Cualquiera que sea el motivo por el cual se escribió este Salmo, el verdadero objetivo parece ser la apelación del Mesías a Dios contra las falsas acusaciones de sus enemigos;[12] y las profecías que contiene sobre conversión final del mundo entero,[13] y el juicio venidero,[14] son claras y explícitas.

SAMUEL HORSLEY [1733-1806]
"The book of Psalms: translated from the Hebrew, with notes, explanatory and critical", 1816

Vers. 1. *Jehová Dios mío, en ti he confiado; sálvame de todos los que me persiguen, y líbrame.* *[Jehová Dios mío, en ti he confiado; sálvame de todos los que me persiguen, y líbrame.* RVR*] [Oh Señor, Dios mío, en ti me refugio; sálvame de todos los que me persiguen, y líbrame.* LBLA*] [*¡Oh YHVH, Elohim mío, en Ti me he refugiado! ¡Sálvame y líbrame de todos los que me persiguen! BTX*] [*¡Sálvame, Señor mi Dios, porque en ti busco refugio! ¡Líbrame de todos mis perseguidores! NVI*] [Señor, Dios mío, en ti me refugio, líbrame de los que me acosan, protégeme.* BLP*] [A ti acudo en busca de protección, oh Señor mi Dios.* ¡Sálvame de los que me persiguen! ¡Rescátame! NTV*]*

[12] Salmo 2:2; Jeremías 22:10; Mateo 26:60-61; Marcos 3:2; 22.
[13] Génesis 12:3; 22:18; Salmo 22:27,30; 86:9; Isaías 25:7-8; 49:6; 53:10; 54:3; 61:9; Daniel 7:14.
[14] Salmo 9:8; 96:13; 98:9; Juan 5:22; Hechos 10:42.

Jehová Dios mío, en ti he confiado; sálvame de todos los que me persiguen, y líbrame. David se presenta ante Dios para implorar de él justicia contra el calumniador que lo había acusado de traición y sedición. Y abre su caso con una declaración de confianza en Dios. Cualquiera que sea nuestro caso y por urgente que sea la emergencia que nos apremia, nunca está por demás en nuestra súplica una declaración de confianza en nuestro Dios.[15]

"Jehová, Dios mío". Sí, mío por un pacto muy especial, sellado con la sangre de Jesús, y ratificado en mi propia alma por un sentido de comunión contigo.

"En ti". Sí, en ti y en ti solo *"he confiado"*, incluso en estos momentos cruciales de dolor y angustia. Yo me tambaleo, pero mi Roca es inamovible.[16] Nunca es acertado desconfiar de Dios, y nunca resulta en vano confiar en él. Apoyado en esta comunión divina y confianza santa que le fortalecen, David expresa su anhelo:

"Sálvame de todos los que me persiguen". Sus perseguidores eran muy numerosos, y cualquiera de ellos lo bastante cruel como para devorarle; en consecuencia, suplica a Dios que le salve de *todos*. Nunca deberíamos considerar nuestras oraciones completas hasta suplicar ser preservados de *todo* pecado, y todos los enemigos.

"Y líbrame". Rescátame de sus trampas, absuélveme de sus acusaciones, concédeme en este litigio sobre mi personalidad injuriada una liberación justa y verdadera. Fijémonos bien en la claridad y concisión con la que el salmista expone su caso; y hagamos de ello ejemplo de cómo proceder cuando nos acerquemos al trono de la misericordia. Seamos sensatos, detengámonos y reflexionemos antes de orar, para no *"ofrecer el sacrificio de los necios"*.[17] Tengamos una idea clara de cuáles son nuestras necesidades, pues ello nos capacitará para orar fervientemente con mayor fluidez.

C. H. SPURGEON

Jehová Dios mío, en ti he confiado. Es el primer caso en el Libro los Salmos donde David se dirige al Todopoderoso utilizando juntos los términos *"Jehová"* y *"Dios mío"*.[18] Y no hay palabras más adecuadas para colocar al inicio de cualquier acto de oración o alabanza, pues demuestran los fundamentos de la confianza expresada a continuación. Denotan una reverencia sobresaliente a la vez que una confianza entrañable. Expresan por parte del salmista un reconocimiento de las perfecciones infinitas de Dios, y sus relaciones peculiares con él en razón del Pacto y de la gracia.

WILLIAM SWAN PLUMER [1802-1880]
"Studies on the Book of Psalms", 1867

Vers. 2. ***No sea que desgarren mi alma cual león, y me destrocen sin que haya quien me libre.*** *[No sea que desgarren mi alma cual león, y me destrocen sin que haya quien me libre.* RVR*] [No sea que alguno desgarre mi alma cual león, y me despedace sin que haya quien me libre.* LBLA*] [No sea que desgarre mi alma cual león, que despedace, y no haya quien libre.* BTX*] [De lo contrario, me devorarán como leones; me despedazarán, y no habrá quien me libre.* NVI*] [Que no me devoren como un león que despedaza sin salvación alguna.* BLP*] [Si no lo haces, me atacarán como leones, me despedazarán y no habrá quien que me rescate.* NTV*]*

---

[15] JUAN CRISÓSTOMO [347-407] nos hace observar la manera positiva en la que comienza el Salmo, «no arremetiendo contra el enemigo, denunciando sus falsedades y pidiendo a Dios que le castigue y destruya de inmediato, sino expresando su confianza en Dios y pidiendo tan solo que lo salve a él».

[16] Salmo 18:2; 28:1; 31;3; 61:2; 71:3.

[17] Eclesiastés 5:1.

[18] En hebreo יְהוָה אֱלֹהַי *Yahweh 'ĕlōhāy.*

No sea que desgarren mi alma cual león. Vemos aquí la apelación incitada por el miedo colaborando mano a mano con la impulsada por la fe. Entre los enemigos de David, había uno más poderoso que el resto, que contaba con preeminencia, fuerza y ferocidad, era, por tanto, *"cual león"*. De este enemigo en particular buscaba liberación con urgencia. En su caso era probablemente Saúl, su enemigo con dignidad real; pero en el nuestro hay uno que anda cual león rugiente buscando a quién devorar,[19] y respecto al cual deberíamos clamar constantemente: *"líbranos del Malo"*.[20] Fijémonos en el realismo y vigor de la descripción:

"Y me destrocen sin que haya quien me libre".[21] Una imagen sacada de la experiencia de David como pastor de ovejas. Cuando el feroz león se abalanzaba sobre el cordero indefenso convirtiéndolo en su presa lo desgarraba en pedazos, quebrantando todos sus huesos y devorándolo por entero sin piedad si el pastor no estaba cerca y no podía acudir a protegerlo, arrebatándolo de las fauces voraces de la bestia. Es un conmovedor retrato de los santos abandonados a la voluntad de Satanás;[22] y que hará que las entrañas de Jehová se enternezcan. Ningún padre puede permanecer parado y en silencio viendo a su hijo en semejante peligro. No tolerará ni el pensamiento de ver a su amado entre las fauces del león: se levantará y lo librará de toda persecución y acoso. Así mismo, nuestro Dios es muy misericordioso, y rescatará con absoluta seguridad a los suyos de una destrucción tan cierta como desesperada.

Haremos bien en recordar que lo que se nos describe es el peligro al que el salmista se exponía por las falsas acusaciones de lenguas calumniosas. Y no es una imagen exagerada, pues las heridas de espada se curan, pero las heridas infligidas por la lengua cortan algo más profundo que la carne, y no son fáciles de curar.[23] La calumnia deja cicatrices, incluso cuando ha sido totalmente refutada. La difamación, incluso en aquellos casos en los que procede de un mentiroso notorio y conocido, no deja de tener muchos oyentes y captar numerosos adeptos. Y una vez la insinuación envenenada comienza a pasar de boca en boca, es muy difícil ponerle coto. Los italianos suelen decir que la buena reputación es como el ciprés: una vez cortado jamás vuelve a brotar con ramas y hojas verdes; y aunque no sea exactamente así, cuando la mano de un extraño corta nuestra reputación no es fácil que esta recupere su antiguo verdor. Oh, ¡no hay bajeza ni mezquindad más detestable que la de apuñalar a un hombre honrado en su reputación, pero el odio diabólico no tiene ningún reparo en practicar ese modo indigno de guerra! Por tanto, debemos estar preparados para esta lid, ya que tarde o temprano caerá

---

[19] 1 Pedro 5:8-9. Esa misma interpretación se refleja en los comentaristas de los primeros siglos que identifican directamente este *"león"* con Satanás. A la misma contribuye la traducción al latín de la Vulgata, que basándose en el texto de la Septuaginta: μήποτε ἁρπάζω ὡς λέων ὁ ψυχή traduce *"Nequando rapiat ut leo animam meam"*, "No sea que como león *arrebate mi alma*" más simbólico que el *"despedace"* o *"destroce"* que surge del יִטְרֹף *yiṭrōp̄*, "hacer pedazos", del Texto Masorético.

[20] Mateo 6:13.

[21] La versión griega de los LXX o Septuaginta dice: μή εἰμί λυτρόω μηδέ σώζω, que la Vulgata traduce al latín como: *"dum non est qui redimat, neque qui salvun faciat"*, "cuando no haya quien redima, ni quien salve". JUAN CRISÓSTOMO [347-407] comenta: «Quien no tiene el beneplácito de Arriba no encuentra amparo en toda la inmensidad de la creación; pero quien cuenta con la ayuda de Dios jamás se siente solo: *"El rey no se salva por la multitud del ejército, ni escapa el valiente por la mucha fuerza (...) nuestra alma espera en Jehová; nuestra ayuda y nuestro escudo es él"* (Salmo 33:16-21)» Y DÍDIMO EL CIEGO [313-398]: «¿Y quién es este que "redime" y "salva" sino Aquel fuera del cual no hay salvación: *"porque no hay otro nombre bajo el cielo, dado a los hombres, en que podamos ser salvos"* (Hechos 4:12); Aquel que *"vino a buscar y a salvar lo que se había perdido"* (Lucas 19:10); y *"a dar su vida en rescate por muchos"* (Mateo 20:28)?».

[22] Job 1:6-12; 2:1-6; Lucas 22:31; 1 Corintios 5:5.

[23] Salmo 57:4; Proverbios 12:18.

inevitablemente sobre nosotros. Si hasta Dios mismo fue calumniado en el Edén,[24] qué duda cabe que nosotros seremos difamados en esta tierra de pecadores. Así que, ceñid vuestros lomos,[25] hijos de la resurrección, porque esta prueba de fuego os aguarda ineludiblemente.

C. H. SPURGEON

No sea que desgarren mi alma cual león. Se dice que los tigres se enfurecen al oler especias fragantes, igual que los hombres impíos ante el bendito olor de la santidad.[26] He leído sobre pueblos bárbaros que, cuando el sol calienta en exceso, le disparan flechas; así hacen también los inicuos sobre la luz y el calor de la piedad. Entre los espíritus de los hombres piadosos y el de los impíos hay una enemistad natural: *"Y pondré enemistad entre tú y la mujer, y entre tu simiente y su simiente"*.[27]

JEREMIAH BURROUGHS [1599-1646]
"The Saint's Inheritance and the Worldling's Portion", 1657

Vers. 3. *Jehová Dios mío, si yo he hecho esto, si hay en mis manos iniquidad.* *[Jehová Dios mío, si yo he hecho esto, si hay en mis manos iniquidad.* RVR*] [Oh Señor, Dios mío, si yo he hecho esto, si hay en mis manos injusticia.* LBLA*] [Oh, YHVH Elohim mío, si he hecho esto: Si hubo iniquidad en mis manos.* BTX*] [Señor mi Dios, ¿qué es lo que he hecho? ¿qué mal he cometido?* NVI*] [Señor, Dios mío, si algo de esto hice, si hay maldad en mis manos.* BLP*] [Oh Señor, Dios mío, si he hecho mal o soy culpable de injusticia.* NTV*]*

Jehová Dios mío, si yo he hecho esto,[28] *si hay en mis manos iniquidad.* En la antigüedad el pueblo de Dios fue perseguido, calumniado y sometido a los mayores reproches. Tertuliano[29] nos cuenta las extrañas acusaciones que soportaban los cristianos primitivos de celebrar reuniones al estilo de Tiestes, que invitó a su hermano a cenar y le sirvió un pedazo de su propia carne.[30] Se los acusó de perversión, alegando que se reunían de noche porque en sus encuentros consumaban actos tan obscenos que no se atrevían a llevarlos a cabo durante el día, pero que, protegiéndose en la oscuridad de la

[24] Génesis 3:1-5.

[25] Efesios 6:14; 1 Pedro 1:13 LBLA.

[26] Ezequiel 20:41; 36:23; Romanos 12:1; 2 Corintios 2:15; Efesios 5:2; Filipenses 4:18; 1 Pedro 2:5.

[27] Génesis 3:15.

[28] Una referencia clara a la acusación o hechos que se le imputaban, aunque no los describa. Probablemente haber maquinado contra Saúl con la intención de arrebatarle la corona. Ver 1 Samuel 24:9-12.

[29] Se refiere a QUINTO SEPTIMIO FLORENTE TERTULIANO, más comúnmente conocido como TERTULIANO [160-220], escritor y apologista cristiano cuya obra, escrita en latín, destaca por su vigor, suave sarcasmo, expresión epigramática y espíritu aguerrido. Escribió numerosas obras de apologética (la mayoría publicadas por CLIE) y son suyas diversas frases famosas como la conocida: *"La sangre de los mártires es semilla de cristianos"*.

[30] Tertuliano cuenta en su *Apología* cómo los paganos, debido a su incapacidad para entender el misterio de la Eucaristía o Santa Cena y textos como Juan 6:55-57 o Mateo 26:26; 1 Corintios 11:23-26, acusaban a los cristianos de caníbales y antropófagos, de beber sangre y comer carne humana. Les atribuían "consentir el crimen de Edipo y renovar la escena de Tiestes" (*"Apologeticus pro Christianis"* Cap. 8 y 9). A esto es a lo que se refiere Spurgeon, aunque tal como menciona el mito de Tiestes: "le dio a comer un pedazo de su propia carne" da lugar a entenderlo de manera errónea. El mito griego de Tiestes cuenta que fue el hermano gemelo de Tiestes, Atreo, quien para vengarse invitó a Tiestes a cenar y le dio a comer la carne cocinada de sus propios hijos, es decir "un pedazo de su propia carne".

noche, apagaban sus velas y realizaban cosas abominables. Se los acusó de ignorantes, afirmando que eran todos unos incultos; y por esta razón en tiempos de Tertuliano los paganos solían dibujar al Dios de los cristianos con la cabeza de un asno y un libro en la mano, indicando con ello que pese a simular estudio, eran todos gente simple, analfabeta, iletrada, inculta y grosera.[31]

El obispo Jewel[32] en un sermón sobre Lucas 11:5, cita a Tertuliano aplicando sus descripciones a su propia época, y dice: «¿Acaso nuestros adversarios no hacen exactamente lo mismo hoy en día contra todos aquellos que profesan el Evangelio de Cristo? Los que siguen tales doctrinas –afirman– no son más que un puñado de vulgares zapateros, sastres, tejedores, gente indocta, que jamás pisaron una universidad». Y más adelante en el mismo sermón, citando de nuevo a Tertuliano cuando explica cómo los primeros cristianos fueron considerados enemigos de la sociedad y del Estado, afirma que esto mismo sucedía también en su época. Josefo[33] nos dice que Apolinario[34] consideraba que los judíos y cristianos más tontos y estúpidos que cualquier bárbaro. Paulus Fagius[35] hace referencia a un historiador egipcio que describe las reuniones de los primeros cristianos como: «encuentros de gentes de lo más sucio, libidinoso y lascivo que quepa imaginar, –y añade en relación a su observancia del *Sabbath*– afectados por una rara enfermedad que casi les paraliza durante el séptimo día de cada semana, por lo que dejan de trabajar totalmente». Agustín se expresa de la siguiente manera: «Cualquiera que empieza a progresar en la piedad, debe prepararse para soportar todo tipo de oprobios de las lenguas de sus adversarios». Y en este sentido la forma más habitual de reproche es la acusación de soberbia: «¿Qué pretendes ser? ¿Un Elías? ¿Un Jeremías?» Gregorio,[36] en uno de sus discursos describe el reproche como: «Una práctica común y habitual, que tengo asumida y de la que no aspiro liberarme». Al pobre Atanasio[37] solían llamarle *Satanasius,* por su lucha contra los arrianos. Y

---

[31] Algo confirmado arqueológicamente por lo se conoce como grafito de Alexámenos, conocido también como grafito del Palatino por haber sido descubierto en un muro en el monte Palatino, en Roma. Se lo considera la primera representación pictórica conocida de la crucifixión de Jesús. Representa a un hombre crucificado con cabeza de burro, y la izquierda otro hombre que levanta una mano; bajo la cruz hay una leyenda escrita en griego que dice: «Alexámenos adora a (su) dios». Fue descubierto en 1857, al ser desenterrado en el monte Palatino el edificio denominado *domus Gelotiana.* Actualmente se conserva en el Museo Antiquarium Forense o Antiquarium Palatino de Roma.

[32] Se refiere a JOHN JEWEL [1522-1571], Obispo de Salisbury.

[33] Se refiere FLAVIO JOSEFO [37-101], judío fariseo descendiente de sacerdotes y uno de los caudillos de la rebelión de los judíos contra Roma, que hecho prisionero y convertido en historiador, escribió las obras más valiosas y conocidas sobre la historia del pueblo judío: *"Antigüedades de los Judíos"* y *"Guerras de los Judíos",* ambas publicadas por CLIE.

[34] Se refiere probablemente a LUCIO DOMICIO APOLINÁRIO [siglo I], senador romano, escritor y amigo del historiador romano PLINIO EL JÓVEN [61-114] del que fue una suerte de informador o corresponsal.

[35] Se refiere a PAULUS FAGIUS [1504-1549]. Erudito profesor de hebreo bíblico en las universidades de Isny im Allgäu, Estrasburgo y Hailderberg. Después de la derrota de la Liga de Smacalda en 1547 ante las tropas de Carlos V, temiendo por su vida, escapó junto a su amigo MARTÍN BUCERO a Inglaterra, donde fue nombrado profesor de hebreo en la Universidad de Cambridge.

[36] Se refiere a GREGORIO DE NISA [330-390], forma parte del grupo de los llamados Padres Capadocios y uno de los cuatro grandes Doctores de la Iglesia Griega llamado "el Demóstenes cristiano" por el encanto de su elocuencia y "el teólogo" por la profundidad de su doctrina.

[37] Se refiere a ATANASIO DE ALEJANDRÍA [296-373] que mantuvo durante toda su vida sus posiciones teológicas y su lucha contra las ideas arrianas, lo que le llevó a importantes enfrentamientos políticos y teológicos con los emperadores CONSTANTINO EL GRANDE [272-337] y CONSTANCIO II [317-361] y le valió el apodo de «Columna de la Iglesia» y «Atanasio contra el mundo».

a Cipriano[38] lo llamaron *Copriano,* recolector de estiércol, como si las muchas cosas excelentes que hizo a lo largo de su vida no fueran más que basura.

JEREMIAH BURROUGHS [1599-1646]
"The Saint's Inheritance and the Worldling's Portion", 1657

Si yo he hecho esto, si hay en mis manos iniquidad. Admito que soy sensible, y vosotros debéis serlo también, a las calumnias, difamaciones y daño moral que puedan hacer a mi buen nombre, pues *"el buen nombre es más precioso que ungüento purificado"*.[39] Tener mala fama es un perjuicio enorme; y por tanto no podemos, ni debemos, mantenernos insensibles al daño moral que otros puedan infligir a nuestro buen nombre, limitándonos ante la difamación a encogernos de hombros y exclamar: "No me importa lo que los hombres digan de mí, en tanto que yo tenga la certeza de que soy inocente". Porque a pesar de que la certeza interior de nuestra inocencia nos sea motivo de consuelo, nuestra obligación como cristianos es probar nuestra inocencia y buen testimonio, no solo ante Dios, sino también delante de los hombres. Por ello, debemos ser muy cuidadosos con nuestro buen nombre y defenderlo abiertamente ante la calumnia; evitando siempre, no obstante, toda reacción encolerizada ante las críticas de las que podamos ser objeto.

THOMAS GOUGE [1605-1681]
"Christian Directions, Shewing how to Walk with God All the Day Long", 1690

Si yo he hecho esto, si hay en mis manos iniquidad. Que un mundo pecador y perverso arremeta contra nosotros no deja de ser una señal positiva. «Quid mali feci?» exclamó Sócrates, ¿qué de malo habré hecho para que este hombre malo me dedique tantos elogios? Por regla general, el aplauso de los malvados denota presencia de malicia, y su censura es reflejo de bondad.

THOMAS MANTON [1620-1677]
"Sermons on Hebrews xi"

Si hay en mis manos iniquidad. La iniquidad se adscribe a las *manos,* no por causa inherente, sino porque por regla general se comete con las manos. Es con sus manos que los hombres arrebatan a otros lo que les pertenece, y es con las manos que les someten y privan de sus derechos. Por ello David se expresa de ese modo: *"Si habéis venido a mí para paz y para ayudarme, mi corazón irá a una con vosotros; mas si es para entregarme a mis enemigos, sin haber iniquidad en mis manos, véalo el Dios de nuestros padres, y lo demande"*.[40] *"Sin haber iniquidad en mis manos"* equivale a decir: «sin que haya hecho nada malo».

JOSEPH CARYL [1602-1673]

Vers. 3-4. Una buena conciencia es un verdadero manantial de seguridad y entereza. *"Porque nuestra gloria es esta: el testimonio de nuestra conciencia, que con sencillez y sinceridad de Dios, no con sabiduría humana, sino con la gracia de Dios, nos hemos conducido en el mundo, y mucho más*

[38] Se refiere a CIPRIANO DE CARTAGO [principios s.II-258 d.C.], más conocido como San Cipriano, obispo de Cartago en el Norte de África y uno de los primeros Padres de la Iglesia. Murió mártir.
[39] Cantares 1:3; Eclesiastés 7:1.
[40] 1 Crónicas 12:17.

con vosotros".[41] *"Amados, si nuestro corazón no nos reprende, confianza tenemos en Dios".*[42] Una buena conciencia nos da seguridad y confianza firme.[43] El que la tiene, como fue el caso de Noé,[44] tiene capacidad para permanecer sereno en medio de burlas, críticas y reproches, y seguir adelante por encima de todos ellos con entereza y audacia. Lo que dijo un escriba a nuestro Salvador: *"Maestro, te seguiré donde quiera que fueres",*[45] es lo que una buena conciencia le dice al alma creyente: "Estaré a tu lado; te fortaleceré; te sustentaré en todo momento; seré para ti consuelo en la vida, y una amiga fiel en la hora de la muerte", *"Aunque todos te abandonen, yo nunca te abandonaré".*[46]

THOMAS BROOKS [1608-1680]
"Heaven on Earth", 1654

Vers. 3-6. La segunda parte de este *cántico variable* contiene un alegato de inocencia, y una invocación de la ira divina sobre la cabeza del propio suplicante si este no está limpio de la maldad que se le imputa. Lejos de haber ocultado posibles intenciones de traición, o de haber retribuido con ingratitud las buenas intenciones de un amigo, llegó incluso a dejar escapar a su enemigo cuando lo tenía por completo en su poder. Dos veces le perdonó la vida: una en la cueva de Adulam,[47] y de nuevo cuando lo encontró dormido en mitad de su campamento.[48] Por tanto, podía hacer su apelación al cielo con la conciencia bien tranquila. Aquel cuya alma está completamente libre de culpa, no tiene que temer la maldición. Con todo, una imprecación es algo de lo más solemne, y en este caso solo se justifica por la situación extrema y por el carácter peculiar de la dispensación en la que vivía el salmista.[49] Nuestro Señor Jesús nos mandó que nuestro sí sea *sí*, y nuestro no, *no*: *"pues lo que se añade*

---

[41] 2 Corintios 1:12.

[42] 1 Juan 3:21.

[43] Comentando este versículo JUAN CRISÓSTOMO [347-407] nos recuerda que el mero hecho de orar no es garantía de que seamos escuchados si no va respaldado por la integridad de corazón:. «Así oraban los israelitas y no fueron escuchados (Isaías 1:15); así oró el fariseo y no le sirvió de nada (Lucas:18:14) […] para que Dios escuche nuestra oración: [1] en primer lugar hemos de ser dignos de recibir: *"Si yo he hecho esto, si hay en mis manos iniquidad";* [2] en segundo lugar hemos de orar conforme a la voluntad de Dios: *"si pedimos alguna cosa conforme a su voluntad, él nos oye"* (1 Juan 4:14); [3] en tercer lugar asiduamente: *"Orad sin cesar"* (1 Tesalonicenses 5:18); [4] en cuarto lugar no para satisfacer caprichos o intereses mundanos *"Pedís, y no recibís, porque pedís mal, para gastar en vuestros deleites"* (Santiago 4:3); [5] en quinto lugar ofrecer todo cuanto tenemos: *"esta echó todo lo que poseía"* (Marcos 12:44; Lucas 21:4). Pues muchos son los que fueron oídos por sus actitudes: Cornelio por su conducta (Hechos 10:4); la mujer cananea por su persistencia (Mateo 15:28); Salomón por su prudencia (2 Crónicas 1:11); el publicano por su humildad (Lucas 18:14). En cambio hay ocasiones en las que los justos por sus actitudes no son escuchados: Pablo rogó al Señor tres veces, y la respuesta fue negativa *"bástate mi gracia"* (2 Corintios 12:8-9); y Moisés tuvo que escuchar *"Basta, no me hables más de este asunto"* (Deuteronomio 3:29) […] La oración, al igual que las medicinas, debidamente utilizada y correctamente aplicada, tiene la capacidad de sanar heridas y aliviar todos los males del alma y del cuerpo; pero si ignoramos sus características y pasamos por alto las instrucciones sobre cómo aplicarla adecuadamente, no tan solo resultará ineficaz, sino que puede traernos más prejuicios de los que pretendíamos aliviar».

[44] Génesis 6-7.

[45] Mateo 8:19.

[46] Mateo 26:33.

[47] 1 Samuel 24:1-13.

[48] 1 Samuel 26:1-20.

[49] Sobre los salmos imprecatorios ver notas al versículo 4 del Salmo 35.

de más, procede del maligno".[50] Quien no esté dispuesto a creer en nuestra palabra, tampoco confiará en nuestro juramento; para el verdadero cristiano, su simple palabra es tan firme y vinculante como pueda ser el juramento de cualquier otro. ¡Tened, pues, mucho cuidado, vosotros, los no creyentes, a la hora de trivializar imprecaciones solemnes y utilizarlas a la ligera! Recordad a aquella mujer de Devizes que dijo estar dispuesta a morir allí mismo si no era verdad que había pagado su parte en una compra conjunta y cayó fulminada al instante con el dinero en la mano.[51]

Selah. David realza la solemnidad de esta apelación ante el temible tribunal de Dios con el uso de la habitual pausa.

De estos versículos aprendemos que nuestra inocencia es insuficiente para protegernos de las calumnias de los inicuos. David había sido escrupulosamente cauto, evitando cualquier apariencia de rebelión contra Saúl, a quien calificaba siempre como: *"el ungido de Jehová";*[52] pero nada de esto logró protegerlo de la lengua mentirosa. Como la sombra persigue al cuerpo, así asedia la envidia a la bondad. Los hombres solo tiran piedras al árbol cargado de frutos. Si queremos vivir sin ser calumniados, deberemos esperar a llegar al cielo. Y seamos cautos, no demos crédito a los rumores incesantes que están siempre acosando a cristianos respetables. Pues si no hay creyentes participando en la mentira, habrá muy poco mercado para su difusión, se extinguirá por sí misma y la integridad de las personas buenas quedará a salvo. La maldad nunca habla bien de nadie. Los pecadores tienen una animadversión inherente hacia los santos, y por tanto, podemos estar seguros que jamás hablarán bien de ellos.

C. H. SPURGEON

Vers. 4. ***Si he dado mal pago al que estaba en paz conmigo (Antes he libertado al que sin causa era mi enemigo).*** *[Si he dado mal pago al que estaba en paz conmigo (Antes he libertado al que sin causa era mi enemigo).* RVR*] [Si he pagado con el mal al que estaba en paz conmigo, o he despojado al que sin causa era mi adversario.* LBLA*] [Si pagué con mal al que estaba en paz conmigo, (Antes, liberté al que sin causa era mi adversario).* BTX*] [Si le he hecho daño a mi amigo, si he despojado sin razón al que me oprime.* NVI*] [Si dañé al que estaba en paz conmigo, si protegí sin motivo a mi adversario.* BLP*] [Si he traicionado a un amigo o he saqueado a mi adversario sin razón.* NTV*]*[53]

---

[50] Mateo 5:37 RVR.

[51] Se refiere a la historia de RUTH PIERCE, que el 25 de enero de 1753 acordó con otras tres mujeres comprar en el mercado de Devizes en Inglaterra un saco de trigo pagando cada una la parte que le correspondía del mismo. Al recontar la suma total encontraron que faltaba dinero, y una de las mujeres alegó que Ruth Pierce no había pagado todavía su parte, por lo que le exigieron que aportara lo que faltaba para cubrir el total. Ruth protestó insistiendo en que había pagado puntualmente su cuota, y dijo: «Así me caiga muerta ahora mismo si no es cierto que he pagado». Y al repetirlo por segunda vez, ante el estupor y consternación de la multitud que la rodeaba, cayó al suelo y expiró de inmediato, aún con el dinero oculto en su mano. La historia, recogida por el historiador JAMES WAYLEN [1810-1894] en *"A history, military and municipal, of the ancient borough of The Devizes"* como *"Sudden Death of Ruth Pierce"*, quedó como leyenda repetida y conocida por toda Inglaterra y aún a día de hoy, sigue escrita en un tablero en la plaza del mercado de la ciudad.

[52] 1 Samuel 24:6.

[53] En hebreo אִם־גָּמַלְתִּי שׁוֹלְמִי רָע וָאֲחַלְּצָה צוֹרְרִי רֵיקָם *'im-gāmaltî šōwlmî rā' wā'ăḥalləṣāh ṣōwrrî rêqām.* SCHÖKEL lo traduce como: *"si he perjudicado a mi amigo o despojado al que me ataca sin razón"*. KRAUS: *"si he hecho a mi amigo cosas malas y he despojado a quien me acosa sin motivo"*.

Si he dado mal pago al que estaba en paz conmigo. Pagar con un mal el bien, es lo propio de la corrupción humana; retribuir el bien con el bien, es lo habitual en la legislación civil; pero devolver bien por mal, es la perfección cristiana. Y aunque no sea una gracia propia de la naturaleza, así es la naturaleza de la gracia.

WILLIAM SECKER [¿?-1681]
"The Nonsuch Professor", 1660

Antes he libertado al que sin causa era mi enemigo. Se refiere a Saúl, cuya vida perdonó en dos ocasiones, una vez en Engadí,[54] y de nuevo cuando dormía en la llanura.[55]

JOHN GILL [1697-1771]
"Exposition of the Old Testament", 1748

Antes he libertado al que sin causa era mi enemigo. Así es como la gracia sale victoriosa, y así adquiere el hombre un espíritu noble y valiente, no cuando es vencido por el mal (porque ello es signo de debilidad), sino cuando es capaz de vencer el mal con el bien. Es el camino de Dios para avergonzar al que nos hizo el mal y vencerle; la mejor manera de lograr la victoria sobre nuestros enemigos. Cuando David tenía en la cueva a Saúl en sus manos, se limitó a cortarle el borde de su manto, absteniéndose de cualquier acto de venganza; y eso, a Saúl lo quebrantó por entero, obligándole a exclamar: *"Más justo eres tú que yo"*.[56] A pesar de la aversión y el odio que sentía contra David, a pesar de que lo había perseguido por todas partes, cuando David se abstuvo de vengarse estando en su mano hacerlo, Saúl se sintió vencido, y rompió a llorar como un niño.[57]

THOMAS MANTON [1620-1677]
"Sermons on Hebrews xi"

Si he dado mal pago al que estaba en paz conmigo. Mal por bien es la lógica del diablo; *mal por mal* es el proceder de las bestias salvajes; *bien por bien* es lo habitual en los seres humanos; *bien por el mal* es la lógica de Dios.[58]

ANÓNIMO

Vers. 5. *Persiga el enemigo mi alma, y alcáncela; huelle en tierra mi vida, y mi honra ponga en el polvo. Selah.* *[Persiga el enemigo mi alma, y alcáncela; huelle en tierra mi vida, y mi honra ponga en el polvo. Selah.* RVR*] [Que persiga el enemigo mi alma y la alcance; que pisotee en tierra mi vida, y eche en el polvo mi gloria. Selah.* LBLA*] [Que mi enemigo me persiga y me dé alcance, que pisotee por tierra mi vida, y ponga mi honra en el polvo. Selah.* BTX*] [Entonces que mi enemigo me persiga y me alcance; que me haga morder el polvo y arrastre mi honra por los suelos.* NVI*] [Que el enemigo me persiga y me dé alcance, que tire por tierra mi vida y hunda mi honor en el polvo. Pausa.*

---

[54] 1 Samuel 24:1-13.
[55] 1 Samuel 26:1-20.
[56] 1 Samuel 24:17.
[57] 2 Samuel 24:16.
[58] En lo que tiene que ver con nuestra actitud hacia los enemigos la enseñanza de la Biblia es clara y diáfana de principio a fin: Éxodo 23:4-5; Job 31:29-30; Proverbios 24:17-18; 25:21-22; Mateo 5:43-48; Lucas 6:27-31; Romanos 12:14-20; 1 Pedro 3:8-9; 1 Juan 4:7-12.

BLP*]* *[Entonces que mis enemigos me capturen. Deja que me pisoteen y arrastren mi honor por el suelo. Interludio.* NTV*]*

Pisotee en tierra mi vida, y mi honra ponga en el polvo. Cuando Aquiles arrastró sobre el polvo el cuerpo sin vida de Héctor alrededor de las murallas de Troya,[59] no hizo sino seguir las costumbres habituales de aquellas épocas bárbaras. David, consciente de su inocencia, se atreve a arriesgar para sí mismo un destino igual de ignominioso si la acusación del retorcido benjaminita[60] hubiera resultado cierta. Es menester un carácter extraordinario para atreverse a semejante desafío.

C. H. SPURGEON

Pisotee en tierra mi vida, y mi honra ponga en el polvo. Una alusión a cómo se trataba antiguamente a los vencidos después de las batallas con la idea de humillarlos: hollados por los caballos o pisoteados en el polvo. La idea de David es que, en caso de ser culpable, estaría dispuesto a que su enemigo disfrutara de su triunfo, a someterse a él y ser tratado por él con la mayor indignidad y desprecio.

ALBERT BARNES [1798-1870]
"Notes, critical, explanatory, and practical, on the book of Psalms", 1868

Vers. 6. *Levántate, oh Jehová, en tu ira; álzate en contra de la furia de mis angustiadores, y despierta en favor mío el juicio que mandaste.* *[Levántate, oh Jehová, en tu ira; álzate en contra de la furia de mis angustiadores, Y apréstate a defenderme en el juicio que has convocado.* RVR*]* *[Levántate, oh Señor, en tu ira; álzate contra la furia de mis adversarios, y despiértate en favor mío; tú has establecido juicio.* LBLA*]* *[*¡Levántate, oh YHVH, en tu ira! ¡Álzate contra la furia de mis adversarios, *y despierta a favor mío en el juicio que convocaste!* BTX*]* *[*¡Levántate, Señor, en tu ira; enfréntate al furor de mis enemigos! ¡Despierta, oh Dios, e imparte justicia! NVI*]* *[Señor, decídete a actuar lleno de ira, álzate contra la furia de mis rivales, vela por mí, tú que estableces la justicia.* BLP*]* *[*¡Levántate, oh Señor, con enojo! ¡Hazle frente a la furia de mis enemigos! ¡Despierta, Dios mío, y trae *justicia!* NTV*]*[61]

Escuchamos ahora una oración renovada, basada en la declaración solemne que acaba de formular. No es posible orar con excesiva frecuencia; cuando nuestro corazón es sincero, nuestro espíritu se vuelve hacia Dios en oración con la misma naturalidad que la aguja imantada de una brújula se gira hacia el polo.

---

[59] Se refiere a un episodio de la guerra de Troya glosada en la epopeya del poeta griego Homero la *Iliada.*

[60] Ver notas 4 y 5 de este mismo Salmo 7. (Un razonamiento que sin duda es aplicable a todas las esferas del poder)

[61] La versión griega de los LXX o Septuaginta dice: ἀναΐστημι κύριος ἐν ὀργῇ σύ ὑψόω ἐν ὁ πέρας ὁ ἐχθρός ἐγώ ἐκέγείρω κύριος ὁ θεός ἐγώ ἐν πρόσταγμα ὅς ἐντέλλομαι; que la Vulgata traduce al latín como: *"exsurge Domine in ira tua exaltare in finibus inimicorum meorum et exsurge Domine Deus meus in praecepto quod mandasti"* "Levántate, Señor, en tu ira; y muestra tu grandeza en medio de mis enemigos. Y levántate, Señor Dios mío, según el precepto, que tú ordenaste". Lo que dio pie a diversos comentaristas antiguos, como es el caso de GREGORIO DE NISA [330-394] en sus *"In insciptiones Psalmorum"* o FRANCISCUS VATABLUS [c.1493-1547] en su *"Liber Psalmorum Davidis"*, para ver en este *"según el precepto que tú ordenaste"* una clara alusión a la resurrección y glorificación Cristo.

Levántate, oh Jehová, en tu ira.[62] Su dolor hizo que viera al Señor como un juez que había abandonado el estrado retirándose en su reposo. La fe impulsa al Señor a vengar la afrenta contra sus santos.

Álzate contra la furia de mis adversarios. Recurre a una imagen todavía más explícita para proferir su ansiedad con el propósito de que el Señor asuma su autoridad y se siente en su trono. Álzate, ponte de pie, oh Dios, elévate por encima de todos ellos, y deja que tu torreón de justicia sobresalga por encima de sus villanías.

Y despierta en favor mío el juicio que mandaste. Una expresión más audaz todavía, pues implica sueño e inactividad, que solo se pueden aplicar a Dios en un sentido muy limitado. Dios nunca dormita, sin embargo, a menudo da la sensación de hacerlo; pues los malvados prevalecen y los santos son pisoteados hasta el polvo. El silencio de Dios es escuela de paciencia y forja tolerancia, y si bien resulta fatigoso para los santos, deberían soportarlo con alegría, en la esperanza que de ese modo los pecadores puedan ser aún conducidos al arrepentimiento.

C. H. SPURGEON

Y despierta en favor mío el juicio que mandaste. Al final del versículo el salmista deja claro que no está pidiendo nada fuera de aquello que esté en consonancia con los designios de Dios. Y esta misma regla debemos aplicar nosotros en nuestras oraciones: hemos de conformar todas nuestras peticiones a la voluntad divina, como nos indica el apóstol Juan: *"Y esta es la confianza que tenemos en él, que si pedimos alguna cosa conforme a su voluntad, él nos oye"*.[63] Y de hecho, nunca alcanzaremos a orar con fe a menos que prestemos atención, ante todo, a lo que Dios ordena, evitando que nuestras mentes, de manera precipitada y fortuita, se aboquen a desear y pedir en exceso de aquello por lo que se nos permite desear y orar. Por ello David, buscando orar adecuadamente, se apoya en la palabra y la promesa de Dios; y la implicación de su mensaje es la siguiente: Señor, no me guía la ambición, la pasión obstinada y absurda, ni el deseo depravado e irreflexivo de pedir de ti todo lo que sea agradable a mi carne; sino que es la clara luz de tu palabra la que me dirige, de ella dependo y en ella afirmo mi certeza.

JUAN CALVINO [1509-1564]

Vers. 7. *Te rodeará congregación de pueblos, y sobre ella vuélvete a sentar en alto.* *[Te rodeará la congregación de las naciones, y sobre ella vuélvete a sentar en lo alto.* RVR*] [Que te rodee la asamblea de los pueblos, y tú en lo alto regresa sobre ella.* LBLA*] [*¡Que te rodee la asamblea de naciones, *y presídela Tú desde las alturas!* BTX*] [Que en torno tuyo se reúnan los pueblos; reina sobre ellos desde lo alto.* NVI*] [La asamblea de las naciones te rodea, ¡vuélvete hacia ella desde el cielo!* BLP*] [Reúne a las naciones delante de ti; gobiérnalas desde lo alto.* NTV*]*

Te rodeará la congregación de pueblos.[64] Tus santos se agolparán alrededor de tu tribunal con sus quejas, o bien te circundarán con su solemne homenaje: *"regresa por el bien de ellos desde lo*

---

[62] En hebreo קוּמָה יְהוָֹה בְּאַפֶּךָ *qūmāh Yahweh bə'appekā*. SCHÖKEL traduce: *"Levántate, Señor, indignado"*. KRAUS: *"¡Levántate, Yahvé, en tu ira!"*.

[63] 1 Juan 5:14.

[64] Los comentaristas de los primeros siglos en su interpretación cristológica ven claramente en este versículo una clara alusión al Salmo 22:22: *"Anunciaré tu nombre a mis hermanos; en medio de la congregación te alabaré"*. Como es el caso de EUSEBIO DE CESAREA [267-338] en su *"Commentaria in Psalmos"*: «Lo que David profetiza con estas palabras, guiado por el Espíritu Santo, es que cuando el Señor aniquile por

alto".[65] Cuando un juez se desplaza a provincias para impartir justicia todos acuden a su tribunal, cada uno con su caso, para ser oídos: así los justos se reunirán alrededor de su Señor. El salmista se reafirma en su súplica alegando que, si el Señor establece su trono de juicio, no solo él, sino multitud de los santos serán asimismo bendecidos. Si yo soy demasiado poco como para ser recordado, entonces, levántate y regresa *"por el bien de ellos"*; por el amor que has depositado en tu pueblo escogido, sal de tu pabellón secreto,[66] y siéntate en la puerta impartiendo justicia.[67] Cuando nuestra petición incluye la defensa común de todos los justos, sin lugar a dudas prosperará, y se acelerará la respuesta, pues: *"¿Acaso Dios no hará justicia a sus escogidos?"*.[68]

C. H. SPURGEON

Te rodeará la congregación de pueblos. La congregación de pueblos, puede entenderse de dos maneras:

1. Un grupo numeroso y diverso de personas que contemplarán tu justicia, tu santidad y tu bondad al dictar sentencia sobre mi causa justa en contra de mi opresor implacable. O más bien:
2. Toda la congregación de Israel, a la que comúnmente se aplican estas dos palabras hebreas en numerosos pasajes de la Escritura.[69]

"Te rodeará", es decir: ellos; y yo como su rey y gobernante cuidaré en tu nombre de que vengan de todas partes y se reúnan para adorarte; cosa que durante la época de Saúl han descuidado y se les ha consentido que descuidaran; y que te ofrezcan sacrificios y alabanzas en agradecimiento por el favor que me has concedido, y por los numerosos beneficios de los que gozarán a través de mí y bajo mi gobierno.

Por el bien de ellos, o *por su causa,*[70] es decir, por el bien de tu congregación, que ahora mismo se encuentra lamentablemente corrompida y tiranizada, que ha perdido todo sentido de la administración de la justicia, y del ejercicio de sus deberes religiosos.

Regresa en lo alto, o bien, *regresa a tu lugar alto,* es decir, a tu tribunal, para sentarte allí y juzgar mi causa. Una alusión a los tribunales terrenales, que generalmente colocaban en un estrado o lugar alto, por encima de las personas: *"Seis gradas tenía el trono, y la parte alta era redonda por el respaldo; y a uno y otro lado tenía brazos cerca del asiento, junto a los cuales estaban colocados dos leones"*.[71]

MATHEW POOLE [1624-1679]
"English Annotations on the Holy Bible", 1683

---

completo a sus enemigos y acabe con el engaño de los demonios, convocará cual en un coro la asamblea de los elegidos y entonarán un cántico nuevo».

[65] Así traduce la versión inglesa KJV la segunda parte del versículo: *"for their sakes therefore return thou on high"*. En hebreo וַעֲדַת לְאֻמִּים תְּסוֹבְבֶךָּ וְעָלֶיהָ לַמָּרוֹם שׁוּבָה *wa'ădat* lə'ummîm *təsōwḇḇekā wə'ālehā lammārōwm šūḇāh*. SHÖKEL traduce: *"Que te rodee una asamblea de naciones, presídela desde la altura"*. KRAUS: *"¡Que te rodee la multitud de los pueblos, 'siéntate en el trono' sobre ellos en la altura!"*.

[66] Salmo 27:5.

[67] Deuteronomio 16:18-20; Rut 4:1-4, 11; Proverbios 31:23

[68] Lucas 18:7.

[69] En hebreo וַעֲדַת לְאֻמִּים *wa'ădat lə'ummîm* de עֵדָה *edah,* "congregación, asamblea, compañía"; y לְאֹם *leom,* "pueblos, naciones, gentes". Ver al respecto 1 Reyes 8:5; 2 Crónicas 5:6.

[70] Así traduce la versión inglesa KJV la segunda parte del versículo: *"for their sakes therefore return thou on high"*.

[71] 1 Reyes 10:19.

Vers. 8. ***Jehová juzgará a los pueblos; júzgame, oh Jehová, conforme a mi justicia, y conforme a mi integridad.*** *[Jehová juzgará a los pueblos; júzgame, oh Jehová, conforme a mi justicia, y conforme a mi integridad.* RVR*] [El Señor juzga a los pueblos, júzgame oh Señor, conforme a mi justicia y a la integridad que hay en mí.* LBLA*] [Oh YHVH, Tú que impartes justicia a los pueblos:* ¡Júzgame YHVH, conforme a mi rectitud, *conforme a la integridad que hay en mí!* BTX*] [*¡El Señor juzgará a los pueblos! Júzgame, Señor, conforme a mi justicia; págame conforme a mi inocencia. NVI*] [Señor, haz justicia a los pueblos; júzgame, Señor, como mi rectitud merece, como corresponde a mi honradez.* BLP*] [El Señor juzga a las naciones. Declárame justo, oh Señor,* ¡porque soy inocente, oh Altísimo! NTV*]*

El Señor juzga a los pueblos. Si no ando equivocado, David vislumbra aquí con los ojos de su mente al Señor ascendiendo al trono de justicia, y viéndolo allí sentado con sus vestiduras reales, se aproxima a él para instar de nuevo su caso. En los dos últimos versículos rogó a Jehová que se levantara, y ahora, una vez se ha levantado, se dispone a unirse *"en congregación del pueblo"*[72] que le rodea. Los heraldos reales anuncian la apertura de la vista con estas solemnes palabras: *"Jehová juzgará a los pueblos"* Y nuestro peticionario se levanta inmediatamente, y clama fervorosamente con humildad: *"júzgame, oh Jehová, conforme a mi justicia, y conforme a mi integridad"*. Tiene su mano puesta sobre un corazón honesto, y su petición es a un juez justo.[73]

C. H. SPURGEON

[72] Salmo 107:32.

[73] Las palabras finales de este versículo *"júzgame oh Señor, conforme a mi justicia y a la integridad que hay en mí"* son muy difíciles de interpretar. Hasta el propio Spurgeon evita su exposición y el único comentario que transcribe nada tiene que ver con ellas. KRAUS nos explica un tanto el problema: «El orante del salmo alega su "propia justicia", y esta alegación se ha convertido desde los tiempos de la Reforma en problema de agudas diferencias teológicas. Calvino afirma refiriéndose a este problema: "La solución es fácil, porque no se trata aquí de la cuestión de cómo deba responder (el orante), si Dios le pide que dé cuenta de toda su vida. Ahora bien, comparándose a sí mismo con sus enemigos, (el orante) afirma –no sin razón– que él es justo en comparación con ellos". Lutero, en sus *Operationes in Psalmos,* (1519-1521), va más al fondo del problema teológico. Escribe así a propósito del Salmo 7:8: "En las sagradas Escrituras, mi propia justicia y la justicia de Dios son dos cosas diferentes, porque la primera es la justicia propia de cada uno, por la cual una persona no merece reproche alguno ante otras personas y ante su propia conciencia, aunque eso no sea suficiente ante el juicio de Dios; pero la segunda es la gracia y la misericordia de Dios que nos justifica ante él". En nuestros días Karl Barth se ocupó detenidamente de la "voz de extraordinaria confianza" con que los orantes del antiguo testamento "se jactan de su propia Justicia ante Dios y ante los hombres" (*Kirchliche Dogmatik* IV/l1 [1953] 636-639). (…) La afirmación de justicia e inocencia que hacen los orantes, en los salmos de Israel, no es una auto-calificación moral o lo que solemos llamar "justicia propia" No, sino que se trata de la institución del juicio de Dios, y de la calificación de "culpable" o "inocente" que en ese juicio hay que emitir como veredicto, a base de las acusaciones concretas que formulan los acusadores y perseguidores. En 1 Reyes 8:31-32 se caracteriza claramente esta situación. Todo se decide por el juicio de Dios, por el cual Yahvé mismo declara "culpable" o "inocente". Esta declaración tiene una sola alternativa. Por eso, si el orante declara su inocencia, si se considera a sí mismo "justo", entonces esas declaraciones son formulaciones que preceden al juicio declarativo de Yahvé y quieren anticiparlo No se trata aquí de la *iustificato impu* sino de la *iustifificato iusti.* Para decirlo con otras palabras se trata de que Dios haga patente la justicia del justo, frente a todos los que la ponen en duda o la impugnan. La analogía adecuada en el Nuevo Testamento, la tenemos en Romanos 8:31-34». [*"Los Salmos, V. I"* Hans-Joachim Kraus; Ediciones Sígueme, Salamanca 1993]

Jehová juzgará a los pueblos; júzgame, oh Jehová, conforme a mi justicia, y conforme a mi integridad.[74] ¡Creyentes! No permitáis que el terror de ese día pavoroso os desaliente cuando meditáis en él. Dejad que todos aquellos que han minimizado al Juez, y siguen siendo enemigos suyos y de su camino de la santidad, inclinen sus cabezas y caigan atemorizados cuando piensan en su venida; pero vosotros alzad vuestras cabezas con alegría, porque el día final será vuestro mejor día. Pues el juez es Cabeza y Esposo,[75] vuestro Redentor, y vuestro Defensor. Es inevitable que todos nos presentemos ante el trono de juicio,[76] pero no para condenación. Su venida no es algo adverso para nosotros, sino favorable. Pero no para los incrédulos, pues un Salvador descuidado[77] será un Juez severo.[78]

THOMAS BOSTON [1676-1732]

"The Distinguishing Characters of the True Believers", 1791

Vers. 9. ***Fenezca ahora la maldad de los inicuos, mas establece tú al justo; porque el Dios justo prueba la mente y el corazón.*** *[Que cese ya la maldad de los inicuos; afianza, en cambio, tú al justo; porque el Dios justo prueba la mente y el corazón.* RVR*] [Acabe la maldad de los impíos, mas establece tú al justo, pues el Dios justo prueba los corazones y las mentes.* LBLA*] [*¡Acábese ahora la maldad de los malvados, *y sea el recto firmemente establecido! Porque el Elohim justo examina el corazón y los riñones.* BTX*] [Dios justo, que examinas mente y corazón, acaba con la maldad de los malvados y mantén firme al que es justo.* NVI*] [*¡Que acabe la maldad de los malvados! *Fortalece a la persona recta, tú que sondeas el corazón y las entrañas, tú que eres un Dios justo.* BLP*] [Acaba con la maldad de los perversos, y defiende al justo. Pues tú miras lo profundo de la mente y del corazón, oh Dios justo.* NTV*]*

Observando en la faz del rey una sonrisa de complacencia, en nombre de toda la congregación allí reunida clama en voz alta: *"Que cese ya la maldad de los inicuos, mas establece tú al justo"*. ¿No es este el anhelo universal de toda la congregación de los elegidos? ¿Cuándo vamos a ser liberados de la conducta nefanda de estos hombres de Sodoma?[79] ¿Cuándo escaparemos de la inmundicia de Mesec y la negrura de las tiendas de Cedar?[80]

Porque el Dios justo prueba la mente y el corazón. ¡Qué verdad tan solemne y tan importante encierra esta última frase del versículo nueve! ¡Cuán profundo es el conocimiento divino! «Él prueba» ¡Y con qué rigor, con cuánta precisión, y cuán íntimamente los prueba! «*Prueba los corazones*», esto

[74] Sobre estas palabras comenta TEODORETO DE CIRO [393-458] en su *"Interpretatio in Psalmos"*: «En modo alguno podemos pensar que David está alegando aquí su propia justicia de un modo general o absoluto. No tendría sentido cuando repetidamente le hemos escuchado decir *"Porque yo reconozco mis delitos, y mi pecado está siempre delante de mí"* (Salmo 51:3); o: *"Mi pecado te declaré, y no encubrí mi iniquidad. Dije: Confesaré mis transgresiones al Señor"* (Salmo 32:5). Lo que está alegando es su inocencia en el caso concreto que expone (…) Y lo que pide es ser juzgado conforme a su inocencia o *"justicia"* en el caso expuesto con independencia sus otras transgresiones cometidas (*Señor, Dios mío, si yo he hecho esto, si hay en mis manos iniquidad"* vers: 3-5)».

[75] Efesios 5:23-28; Colosenses 1:18; Apocalipsis 21:2; 22:17.

[76] 2 Corintios 5:10.

[77] Hebreos 2:3.

[78] Lucas 19:22.

[79] 2 Pedro 2:7.

[80] Salmo 120:5. Ver al respecto nota 55 y 56 en el Salmo 55:6; y nota 112 en el Salmo 120:5. [Los salmos 55 y 120 están incluidos en el Tomo I de "El Tesoro de David"]

es, los pensamientos secretos; «y los riñones»,[81] esto es, los afectos hacia el interior: «*no hay cosa creada que esté oculta de su vista; antes bien todas las cosas están desnudas y descubiertas a los ojos de aquel a quien tenemos que dar cuenta*».[82]

C. H. SPURGEON

Porque el Dios justo prueba el corazón y los riñones. Como demuestra el sentido común, el funcionamiento de la mente, en particular las pasiones, los impulsos de alegría, tristeza, o miedo, ejercen un efecto comprobado y destacable sobre los riñones.[83] Dada su situación en el cuerpo, bien protegida y un tanto escondida, se utilizan en la Escritura con frecuencia para indicar el funcionamiento de los más recónditos secretos y afectos del alma. Por tanto *"probar los riñones"* o *"examinar los riñones"* equivale a escrutar los pensamientos y deseos más secretos del alma.

JOHN PARKHURST [1728-1797]
"A Hebrew and English lexicon without points: in which the Hebrew and Chaldee words of the Old Testament are explained in their leading and derived senses", 1762

Porque el Dios justo prueba el corazón y los riñones.

Tan solo yo, el Infinito, puedo escrutar
lo recóndito donde tu corazón suele mentir;
donde la sonda de los marineros no puede llegar,
ni tu propia conciencia es capaz de sentir.

FRANCIS QUARLES [1592-1644]
"Cordes Scrutinium"[84]

Porque el Dios justo prueba el corazón y los riñones. "El corazón" significa probablemente el conocimiento; *"los riñones"*, los afectos.

HENRY AINSWORTH [1571-1622]
"Psalms, The Book of Psalmes: Englished both in Prose and Metre with Annotations", 1612

[81] Spurgeon sigue aquí la traducción literal de la versión inglesa KJV: *"for the righteous God trieth the hearts and reins"*. La RVA traduce: *"Pues el Dios justo prueba los corazones y los riñones"*. KRAUS traduce también: "¡Tú que examinas los corazones y los riñones, oh Dios justo!". SCHÖKEL: *"tú que sondeas corazón y entrañas, Dios justo"*

[82] Hebreos 4:13.

[83] Proverbios 23:16; Salmo 73:21. Recordamos al lector que esta fue la creencia general hasta prácticamente bien entrado el siglo XIX. La versión inglesa KJV así como la Reina-Valera Antigua RVA, traducen literalmente וּכְלָיוֹת ūḵəlāyōwṯ de כְּלָיוֹת *kilyah* como "riñones". El lector debe tener en cuenta los conocimientos científicos propios del siglo XVII en el terreno de la anatomía y medicina y entender el comentario de Parkhurst en el marco de los mismos. Ver Salmo 16:7 dentro ese mismo contexto. [El salmo 16 está incluido en el Tomo I de "El Tesoro de David"]

[84] *"Cordes Scrutinium"* o "Escrutinio del Corazón", es una de las 47 odas de *"Scola Cordis"* o *"The School of The Heart"* (1647), y basada en los textos de Jeremías 17:9,10. Forma parte de la obra alegórica del poeta inglés FRANCIS QUARLES [1592-1644] titulada: *"Emblems, divine and moral: The school of the heart; and Hieroglyphics of the life of man"*. Aunque los especialistas consideran que *"Scola Cordis"* no es original de Quarles sino de otro autor contemporáneo: BENEDICTUS VON HAEFTEN [1588-1648] de la cual Quarles hizo una adaptación.

Vers. 10. ***Mi escudo está en Dios, que salva a los rectos de corazón.*** *[Mi escudo está en Dios, que salva a los rectos de corazón.* RVR*] [Mi escudo está en Dios, que salva a los rectos de corazón.* LBLA*] [Mi escudo está en Elohim, que salva a los rectos de corazón.* BTX*] [Mi escudo está en Dios, que salva a los de corazón recto.* NVI*] [Dios es mi defensor, él salva a los de corazón íntegro.* BLP*] [Dios es mi escudo, quien salva a los de corazón recto y sincero.* NTV*]*[85]

El juez ha escuchado el caso, ha absuelto a los inocentes, y emitido sentencia contra los acosadores. Acerquémonos, y aprendamos los resultados de tan extraordinario juicio. Por un lado vemos al calumniado, con su arpa en la mano, cantando himnos a la justicia de su Señor, y expresando en voz alta su alegría por su propia liberación. *"Mi escudo está en Dios, que salva a los rectos de corazón"*. ¡Oh, cuántos beneficios proporciona disponer de un corazón *recto* y veraz! Los pecadores, tortuosos y deshonestos, a pesar de toda su astucia acaban con sus planes frustrados por los rectos de corazón. Porque Dios defiende al que es recto. La inmundicia de las calumnias no mancha por mucho tiempo las vestiduras blancas y puras de los santos,[86] pues la divina providencia la cepilla y la frota enseguida, para humillación y vejación de todos aquellos cuyas manos la han arrojado. Cuando Dios juzgue nuestra causa, nuestro sol habrá despuntado,[87] y el sol de los impíos se habrá puesto para siempre. La verdad, como el aceite, queda siempre por encima, sin que ningún poder de nuestros enemigos puede hundirla. En aquel día cuando suene la trompeta y despierte a los muertos,[88] refutaremos una a una las calumnias de nuestros enemigos, resplandeceremos en honor,[89] y los labios mentirosos enmudecerán.[90] Creyente, no sientas temor a nada que tus enemigos pueden hacer o decir contra de ti, porque al árbol que Dios ha plantado no hay vientos que lo puedan dañar.

C. H. SPURGEON

Vers. 11. ***Dios es juez justo, y Dios está airado contra el impío todos los días.*** *[Dios es juez justo, y Dios está airado contra el impío todos los días.* RVR*] [Dios es juez justo, y un Dios que se indigna cada día contra el impío.* LBLA*] [Elohim es Juez justo, es un DIOS que sentencia cada día.* BTX*] [Dios es un juez justo, un Dios que en todo tiempo manifiesta su enojo.* NVI*] [Dios es un juez justo, Dios descarga su ira en todo tiempo.* BLP*] [Dios es un juez honrado; todos los días se enoja con los malvados.* NTV*]*[91]

---

[85] En hebreo מָגִנִּי עַל־אֱלֹהִים מוֹשִׁיעַ יִשְׁרֵי־לֵב *māğinnî 'al-'ĕlōhîm mōwōšîa' yišrê-lêḇ.* La versión griega de los LXX o Septuaginta lee: δίκαιος ὁ βοήθεια ἐγώ παρά ὁ θεός ὁ σώζω ὁ εὐθύς ὁ καρδία; que la Vulgata traduce al latín como: *"iustum adiutorium meum a Deo qui salvos facit rectos corde"*, "Justo es mi auxilio, que viene del Señor, el cual salva a los rectos de corazón".

[86] Apocalipsis 3:5; 19:8.

[87] Salmo 37:6; Isaías 58:8.

[88] Mateo 24:31; 1 Corintios 15:52.

[89] Daniel 12:3; Mateo 13:43.

[90] Salmo 31:18.

[91] En hebreo אֱלֹהִים שׁוֹפֵט צַדִּיק וְאֵל זֹעֵם בְּכָל־יוֹם *'ĕlōhîm šōwpêṭ ṣaddîq wə'êl zō'êm bəkāl yōwm.* La versión griega de los LXX o Septuaginta difiere aquí sensiblemente del Texto Masorético hasta el punto de decir prácticamente lo opuesto: ὁ θεός κριτής δίκαιος καί ἰσχυρός καί μακρόθυμος μή ὀργή ἐπιάγω κατά ἕκαστος ἡμέρα que la Vulgata traduce al latín como: *"Deus iudex iustus et fortis et patiens numquid irascitur per singulos dies"*, "Dios Juez justo, fuerte, y paciente, ¿acaso se enoja cada día?". En el Texto Masorético no figura el término griego μακρόθυμος (que la Vulgata traduce por "*patiens*", "paciente" o "sufrido") con lo cual aquí la lectura es completamente distinta. La Peshitta lee: *"Dios es Juez justo, y no se indigna cada día"*. Tanto

Dios es juez justo. Y no permitirá que seas condenado por los labios mentirosos de tus acusadores. Tus enemigos no pueden sentarse ante su trono,[92] ni borrar tu nombre de su libro.[93] Así que, olvídate de ellos, porque Dios hallará el momento de ejecutar su venganza.

Y Dios está airado contra el impío todos los días. No solo aborrece el pecado, sino que permanece airado contra todos aquellos que siguen recreándose en él. No tratamos con un Dios insensible e impasible; puede irritarse fácilmente, y de hecho, está airado todos los días contra los impíos y pecadores impenitentes. Para un pecador, el mejor de sus días amanece con una maldición sobre su cabeza. Los impíos pueden disfrutar de muchos días festivos, pero no de días seguros. Pues desde que empieza el año hasta que acaba, no hay una sola hora en la que el horno de Dios no esté ardiendo en llamas, dispuesto para acoger a los malvados, que serán como rastrojo.[94]

C. H. SPURGEON

Dios juzga a los justos,[95] *y Dios está airado contra el impío todos los días.* La interpretación de este versículo ha dado pie a numerosas discrepancias y debates entre los eruditos; y, es preciso reconocer que su verdadero significado no es fácil de determinar. Si prescindimos de palabras escritas en cursiva,[96] y que no están en el texto hebreo original, se leerá así: *"Dios juzga a los justos, y Dios está airado todos los días"*. Pero la cuestión sigue siendo, ¿es esto una buena traducción? Y a esta pregunta cabe responder que hay muchas evidencias de que no.

AINSWORTH lo traduce de la siguiente forma: *"Dios es un juez justo, y Dios amenaza airado todos los días"*. Con esto corresponde con la lectura que COVERDALE hace en su Biblia: *"Dios es un juez recto, y Dios siempre está amenazando"*. Y en la Biblia del rey Eduardo, de 1549, la lectura es la misma. Pero otros eruditos mantienen sobre el significado texto no solo un punto de vista muy distinto, sino casi opuesto, y según yo lo veo aportando argumentos de bastante más peso.

HORSLEY lo traduce del siguiente modo: *"Dios es un juez justo, a pesar de que no está airado todos los días"*. Esta misma visión es la que parecen haber seguido la mayoría de las versiones antiguas. La VULGATA traduce *"Dios es un juez, justo, fuerte y paciente; ¿acaso va a airarse todos los días?"* La SEPTUAGINTA dice: *"Dios es un juez, justo, fuerte y paciente, no descarga su ira todos los días"*. Y la VERSIÓN SIRÍACA: *"Dios es el juez de la justicia; no se enoja todos los días"*. En ello coincide el Dr. Adam Clarke, el cual estima que el texto se corrompió por primera vez en la VERSIÓN CALDEA. Este ilustre erudito propone reconstruir el texto de la siguiente manera: «En hebreo אֵל *el,* con el punto de vocal *tseri,* representa a "Dios"; pero אַל *al* o לָא *la,* las mismas letras, con el punto *pathach,* significa "no"». En base a ello, entiende que no hay en el versículo una repetición del nombre de Dios, y por tanto el mensaje del texto reconstruido de ese modo queda: *"Dios es un juez justo, y no está airado todos los días"*. Y a ello coadyuvan todas las versiones antiguas: la SEPTUAGINTA, la VULGATA, la PESHITTA y algunas otras que incluyen en el sentido una clara referencia a la longanimidad de Dios, cuyo odio del pecado es inmutable, pero cuya ira contra los transgresores está marcada por su paciencia infinita, y por tanto, no estalla en venganza todos los días.

JOHN MORISON [1791-1859]
"An Exposition of the Book of Psalms", 1829

SCHÖKEL como KRAUS se mantienen fieles al Texto Masorético; SHÖKEL lo traduce como: *"Dios es un juez justo, Dios condena cada día"*; y KRAUS: *"Yahvé es abogado del justo y un Dios que castiga a diario"*.

[92] Salmo 1:5.

[93] Éxodo 32:33; Salmo 69:28; Apocalipsis 3:5.

[94] Isaías 47:14; Malaquías 4:1.

[95] Traducción de la versión inglesa KJV: *"God judgeth the righteous"*.

[96] Las palabras *"contra el impío"* que figuran en la versión inglesa KJV, en las Reina-Valera y en LBLA, se añadieron para esclarecer el sentido, pero no forman parte del Texto Hebreo Masorético.

Dios está airado. El término hebreo es muy fuerte,[97] su sentido es de enojo e indignación extremos, al punto de sacar espuma por la boca.

Richard Mant [1776-1849]

"The Book of psalms in an English metrical version, with notes", 1842

Vers. 11,12. Dios ha levantado su estandarte real en desafío a todos los hijos e hijas del apóstata Adán; y con su misma boca los ha decretado rebeldes y traidores a su corona y dignidad; y en consecuencia, ha adoptado contra medidas con fuego y espada,[98] con el propósito de vengarse de ellos. Y ha dado al mundo testimonio suficiente de su indignación y su ira, mediante juicios ejecutados desde el cielo todos los días sobre los pecadores, aunque concediéndoles de un lapso de tiempo, en el que demuestren su naturaleza y voluntad pecaminosa, antes de ser aplastados hasta la muerte por el pie justo de Dios, junto con la víbora venenosa de la que proceden. En cada puerta donde el pecado pone su pie, la ira de Dios hace de inmediato acto de presencia. Cada una de las facultades del alma, y todos los elementos del cuerpo, son empleados como arma de injusticia contra Dios; por lo que todos merecen y todos recibirán su parte cuando descargue su justicia, incluida la punta de la lengua. Y en la medida en que el hombre es pecador en todas sus partes, es también maldito en todas partes: por dentro y por fuera. Alma y cuerpo, son destinatarios de los males y maldiciones que están escritas, tantas y con tal intensidad, que ya no cabe una sola línea mas que se pueda escribir a lo que Dios ha escrito ya en este sentido.

William Gurnall [1617-1679]

"Christian in complete armour, or, a treatise of the saints war against the Devil", 1655

Vers. 11-13. La idea de justicia de Dios y la retribución tuvo que ser muy clara y marcadamente intensa en la mente del salmista para hacer posible una descripción de las características, del tipo y naturaleza que hallamos en estos versículos. Respecto a los fundamentos de la misma tenemos algunos excelentes comentarios y observaciones de Lutero, muy a pesar de que, bajo nuestro punto de vista, pasa por alto dos cuestiones importantes: que el salmista plantea esta visión de un Dios airado y vengador, mayormente, con el propósito de reforzar con ella su propia esperanza; y presta poca atención al hecho de que el salmista relaciona indirectamente su descripción como parte de su propia experiencia interior: «El profeta –nos dice– hace una descripción muy cruda, en términos muy humanos, con el propósito de inspirar terror a los impíos. Se dirigía a una gente obstinada y endurecida, incapaz de asimilar la realidad de un juicio divino en los términos en los que se lo había descrito anteriormente; y estima que se les hará más fácil de asimilarlo, y lo tomarán mucho más en serio, si se lo describe en términos más humanos, más ásperos y adaptados a su mentalidad. Y así, a la idea de la espada, añade la del arco; y no habiendo quedado aún plenamente convencido de que lo entenderían, detalla todo el proceso de cargar el arco, tensarlo y apuntarlo, añadiendo incluso los pormenores sobre el tipo de flechas a utilizar. Considera que los impíos son tan duros de cerviz, obstinados y desvergonzados, que por muchas y muy severas que sean las amenazas contra ellos, van a seguir imperturbables en su indiferencia. Pero hace un postrer esfuerzo, intentando describirles la intensidad con la que la ira de Dios descargará sobre ellos, pese a que duda que alcancen a entenderlo hasta que no lo experimenten como una realidad palpable. Es de destacar que en ningún otro salmo anterior a este nos hemos topado con una descripción tan vívida de la ira de Dios; ni con amenazas tan tajantes y espantosas contra los impíos; en ninguno de los salmos anteriores el Espíritu de Dios les vapulea con palabras tan duras. En los versículos siguientes, hace referencia a sus planes y propósitos, y muestra cómo no serán en

[97] En hebreo זֹעֵם *zō'êm* de זַעַם *zaam,* "abominable, maldito".

[98] Génesis 3:24.

vano, pero no según ellos imaginaban, sino que sus planes se volverán contra ellos y caerán sobre sus propias cabezas. La idea es de que quede claro y manifiesto, a modo de consuelo para todos los que sufren males y afrentas, que Dios aborrece a los calumniadores y difamadores por encima de todos los demás seres humanos».

ERNS WILHELM HENGSTENBERG [1802-1869]
"Commentary on the Psalms", 1860

Vers. 12. *Si no se arrepiente, él afilará su espada; armado tiene ya su arco, y lo ha preparado.* *[Si no se arrepiente, él afilará su espada; armado tiene ya su arco, y lo ha preparado.* RVR*] [Y si el impío no se arrepiente, Él afilará su espada; tensado y preparado está su arco.* LBLA*] [Si no se convierten, afilará su espada, tensará su arco y apuntará.* BTX*] [Si el malvado no se arrepiente, Dios afilará la espada y tensará el arco.* NVI*] [Si no se arrepiente, afila su espada, tensa su arco y apunta.* BLP*] [Si una persona no se arrepiente, Dios afilará su espada, tensará su arco y le pondrá la cuerda.* NTV*]*

¡Qué golpes tan duros asestará ese brazo justiciero por tanto tiempo levantado! La espada de Dios ha estado afilándose sobre la muela giratoria de nuestra maldad cotidiana, y si no nos arrepentimos, no tardará en despedazarnos. Las dos únicas alternativas del pecador son o convertirse o arder: *"armado tiene ya su arco, y lo ha preparado"*.

C. H. SPURGEON

Si no se arrepiente, él afilará su espada;[99] *armado tiene ya su arco, y lo ha preparado.* ¡Cuán pocos son los creyentes que realmente creen que Dios mantiene una batalla constante y sin cuartel contra los impíos! ¡Y no tan solo contra los disolutos, sino también contra los hipócritas y los calumniadores! Si de veras lo creyéramos, nos temblarían las piernas a la hora de permanecer entre ellos, tanto como tiemblan las de cualquiera que se encuentra en una casa que ve que se esta derrumbando; y nos esforzaríamos mucho mas en *"ser salvos de esta generación perversa"*.[100] El apóstol Pedro no hubiera dicho *"ser salvos"*, amonestándonos con tanta severidad, no nos hubiera rogado con tanta vehemencia como se desprende de sus palabras en este texto, de no haber sido consciente y estar plenamente convencido del peligro que implica permanecer en compañía de impíos. *"Dios está airado contra el impío todos los días"*, su arco está tensado, las saetas están contra la cuerda; y los instrumentos para su ruina todos preparados y dispuestos. ¿Y consideramos seguro permanecer allí donde las flechas de Dios están listos para volar y caernos detrás de la oreja? ¿Acaso el apóstol Juan no sintió

[99] En hebreo אִם־לֹ֣א יָ֭שׁוּב חַרְבּ֣וֹ יִלְט֑וֹשׁ *'imlō yāšūḇ ḥarbōw yilṭōwōš*. SCHÖKEL traduce: *"Si no se convierten, afilará la espada"*. KRAUS: *"Sí, él afila de nuevo su espada"*. La versión griega de los LXX o Septuaginta utiliza aquí el plural: ἐάν μή ἐπιστρέφω ὁ ῥομφαία αὐτός στιλβόω que la Vulgata traduce al latín como: *"nisi conversi fueritis gladium suum vibrabit"*, "Si vosotros no es convirtiereis, vibrará su espada". AGUSTÍN DE HIPONA [354-430] ve en este versículo una alusión a la Segunda Venida de Cristo: «En su primera venida mantuvo la espada enfundada, por decirlo de algún modo, en la vaina de su humildad; pero en su segunda venida, cuando baje de nuevo a juzgar a los vivos y a los muertos en el esplendor de su gloria y majestad, la empuñará y hará vibrar, siendo destello de su luz para alegría de los justos y relámpago destructor para terror de los impíos. (Filipenses 2:6-11).

[100] Hechos 2:40; Mateo 17:17.

miedo de estar en un mismo baño con Cerinto?[101] *"Apartaos* –dice Dios por medio de Moisés–, *de en derredor de la tienda de Coré, Datán y Abiram... para que no perezcáis en todos sus pecados"*.[102] ¡Cuánto sufrieron los cestos de higos buenos al estar en contacto con los de higos malos![103] ¿Acaso no es perjudicial para el oro mezclarse con la escoria? Lot hubiera acabado destruido juntamente con sus vecinos de Sodoma de no haber sido porque Dios le sacó de allí mediante una liberación maravillosa.[104] ¿Vamos a tentar a Dios obligándole a que obre milagros para salvarnos a causa de nuestra relación con los impíos? Es muy arriesgado caminar junto a ladrones, con la voz de Dios clamando venganza a sus espaldas: *"el que se junta con necios será quebrantado"*.[105] Hasta los animales nos dan lecciones de cómo deberíamos cuidar mejor nuestra seguridad: los ciervos sienten miedo de un ciervo herido y perseguido, y en consecuencia, por mero instinto de conservación, lo apartan de la manada.

LEWIS STUCKLEY [1621-1687]
"The Gospel Glass", 1667

Si no se arrepiente, él afilará su espada. La acción de afilar la espada no tiene otro objetivo que lograr un borde más agudo para que el corte sea más profundo. Dios guarda silencio, siempre y cuando el pecador se lo permita con su actitud; pero cuando afila la espada es para cortar; y cuando tensa el arco es para matar. Y ¡ay de aquel que está en el punto de mira!

WILLIAM SECKER [¿?-1681]
"The Nonsuch Professor", 1660

Vers. 13. ***Asimismo ha preparado armas de muerte, y ha labrado saetas ardientes.*** *[Asimismo ha preparado armas de muerte, y ha templado al fuego sus saetas.* RVR*] [Ha preparado también sus armas de muerte; hace de sus flechas saetas ardientes.* LBLA*] [Preparará sus armas mortales, y dispondrá sus flechas abrasadoras.* BTX*] [Ya ha preparado sus mortíferas armas; ya tiene listas sus llameantes saetas.* NVI*] [Armas mortales dispone contra el malvado, flechas de fuego tiene preparadas.* BLP*] [Preparará sus armas mortales y disparará sus flechas encendidas.* NTV*]*

Tiempo ha que la flecha andaba sedienta de mojarse en la sangre del acosador. El arco está tenso, el objetivo fijado, la flecha montada sobre la cuerda. ¡Y qué sería de ti, oh pecador, si fuera disparada ahora mismo y comenzara a volar! Recuerda, las flechas de Dios nunca yerran el blanco, jamás se desvían de su curso, y cada uno de ellas son: *"armas de muerte"*. El juicio se puede demorar, pero

---

[101] Se refiere a CERINTO, líder de un grupo herético contemporáneo del apóstol Juan, aunque se desconocen las fechas de su nacimiento y muerte. Sus creencias eran similares a las de los Ebionitas (de los cuales se cree que era una ramificación) en lo que respecta a su cristología y a los Gnósticos en lo referente a cosmogonía. IRENEO [126-190] en su *"Adversus Haereses"* ("Contra las Herejías" publicado por CLIE en español), afirma que el apóstol Juan escribió su evangelio donde tan claramente establece la divinidad de Cristo (Juan 1:1-5) teniendo a Cerinto en mente y con el propósito de refutar sus herejías. POLICARPO DE ESMIRNA [70-155] relata que San Juan se encontró en cierta ocasión con Cerinto en los baños de Éfeso, y al verlo abandonó el recinto inmediatamente diciendo a los que le acompañaban: «Salgamos, no vaya a ser que estando dentro Cerinto, el peor enemigo de la verdad, se hunda el edificio».

[102] Números 16:24-26.

[103] Jeremías 24:1-10.

[104] Génesis 19:1-29.

[105] Proverbios 13:20.

jamás llegará demasiado tarde. Dice un antiguo proverbio griego, «El molino de Dios muele tarde, pero muele al polvo».[106]

C. H. SPURGEON

Asimismo ha preparado armas de muerte, y ha labrado saetas contra los perseguidores.[107] Dice el salmista literalmente que Dios ha labrado saetas: לֳדֹלְקִים *lədōləqîm* de דָּלַק *dalaq;* que significa contra aquellos que arden en ira y malicia contra los santos. Y el verbo יִפְעָל *yip̄'al* de פָּעַל *paal "ha preparado"* significa que las ha forjado y dispuesto expresamente con una intención concreta y determinada: contra los impíos. Dios no dispara al azar, sabe muy bien contra quién lo hace y utiliza siempre el arma más adecuada. Illirico[108] cuenta una historia que nos puede venir muy bien para ilustrar este texto: Dice que un tal Felix, Conde de Wartenberg,[109] y uno de los altos oficiales del emperador Carlos V, juró durante una cena en presencia de otros nobles y altos dignatarios, que antes de morir cabalgaría con la sangre de los luteranos llegándole hasta las espuelas. En otras palabras: era uno de estos impíos de quienes habla el salmista, pues literalmente «ardía en ira» contra los santos. Por lo que Dios «labró sus saetas» contra él: aquella misma noche fue brutalmente asesinado y se ahogó en su propia sangre. No cabalgo con sangre hasta las espuelas, pero sí se bañó en sangre hasta el cuello; y no en la sangre de los luteranos sino en su propia sangre durante su agonía.

JEREMIAH BURROUGHS [1599-1646]
"The Saint's Inheritance and the Worldling's Portion", 1657

Y ha ordenado sus saetas.[110] Esto podría traducirse más exactamente por: *"hace arder sus flechas"* o *"ha labrado saetas ardientes"*. Una imagen que surge del uso en la antigüedad de flechas de fuego o flechas ardientes.

JOHN KITTO [1804-1854]
"The Illustrated Commentary of the Old and New Testaments", 1840

---

[106] En griego: Ὀψὲ θεῶν ἀλέουσι μύλοι, ἀλέουσι δὲ λεπτά "Los molinos de los dioses muelen despacio, pero muelen fino". Su verdadero autor es un poeta griego desconocido citado por el filósofo escéptico SEXTUS EMPIRICUS [160-210] en su obra *Adversus Grammaticos.* Hay versiones posteriores en uno de los tratados perdidos de CELSO y refutado por ORÍGENES [160-210], atribuyéndolo a uno de los sacerdotes de Apolo o Zeus; y también figura en los "Oráculos Sibilinos". Fue muy utilizado durante la Reforma por los reformadores que lo consideraban especialmente apropiado a las circunstancias, y solían citarlo en la versión latina de ERASMO DE ROTTERDAMM [1436-1566] en su *Adagia* (1500): *"Sero molunt deorum molae due"*.

[107] Traducción literal del texto de la versión inglesa KJV: *"he ordaineth his arrows against the persecutors"*. Las traducciones al español, más modernas y ajustadas al texto hebreo, son distintas, por lo que parte del sentido del comentario se pierde. Pero respetamos el original, que se basa en la traducción de la KJV, añadiendo los términos hebreos para mejor comprensión.

[108] Se refiere al reformador luterano nacido en Croacia MATTHIAS FLACIUS ILLYRICUS [1520-1575] más conocido en español como FLACIO ILLIRICO, uno de los primeros historiadores de la Reforma y pionero del grupo de historiadores conocido como Centuriadores de Magdeburgo. Su obra clave en este sentido es *"Ecclesiastica historia, integram Ecclesiae Christi ideam ... et statum imperii politicum attinet, secundum singulas centurias ... complectens"* (1559-1574).

[109] Población situada en Bavaria, Alemania.

[110] Traducción literal del texto de la versión inglesa KJV: *"he ordaineth his arrows"*.

Vers. 14. ***He aquí, el impío concibió maldad, se preñó de iniquidad, y dio a luz engaño.*** *[He aquí, el impío concibió maldad, gestó iniquidad, y dio a luz fraude.* RVR*] [He aquí, con la maldad sufre dolores, y concibe la iniquidad y da a luz el engaño.* LBLA*] [He aquí el inicuo se preñó de iniquidad, concibió perversidad y dio a luz la falsedad.* BTX*] [Miren al preñado de maldad: concibió iniquidad y parirá mentira.* NVI*] [Contra el que concibe el mal, contra el que engendra injusticia y hace que nazca la mentira.* BLP*] [Los malvados conciben el mal; están preñados de dificultades y dan a luz mentiras.* NTV*]*

El salmista describe a continuación la historia de los calumniadores mediante tres figuras gráficas. La primera figura es la de una mujer que está en cinta:

"He aquí, el impío concibió maldad" Está henchido de ella, y sufre dolores hasta que logre darla a luz, anhela llevar a cabo su plan, y padece hasta que sus intenciones malévolas no se ejecuten.

Se preñó de iniquidad. En ello está el origen de todo su proceder. Mantuvo relaciones con el diablo, y fecundado con el virus del mal. Y he aquí la progenie de esta concepción malévola: La criatura es digna de su padre, cuyo nombre desde antiguo es: *"padre de mentira"*[111] "el engaño" y lo dado a luz no desmiente la naturaleza del padre, porque: *Dio a luz engaño.* Una figura que encaja pues a la perfección.

La segunda figura la toma el salmista de las estratagemas del cazador.

C. H. SPURGEON

He aquí, el impío concibió maldad, gestó iniquidad, y dio a luz fraude. Los términos que utiliza aquí el salmista expresan la idea progresiva de *concebir* y *dar a luz,* o bien de *embarazo* y *aborto;* en otras palabras, y en sentido figurado, de todo un proceso de complot contra David; en el que cabe considerar:

(1) *Lo que hicieron sus enemigos;* (2) l*a intervención divina,* y (3) la lección que nosotros debemos aprender de ello; o puesto de otro modo: (1) *La intencionalidad de sus enemigos,* (2) *como Dios interviene y la desbarata,* y (3) *nuestro deber al respecto.* Veamos:

1. La intencionalidad de sus enemigos*: el impío concibió maldad y gestó iniquidad.*
2. Pero Dios desbarata esta concepción haciendo que: *dio a luz mentira;* y
3. Y nuestra obligación es observarlo y aprender de ello: *He aquí,*
4. Fijémonos en los agravantes del pecado: *concibió*. Es decir, no fue algo casual u ocasional, sino premeditado, voluntario e intencionado. Cuanta mayor libertad tenemos para pecar o no pecar, más grave es nuestro pecado. Concebir es hacer algo intencionadamente, a sangre fría. Por el contrario, cuanto menor sea la intencionalidad y la participación de la voluntad, menos grave será el pecado.

RICHARD SIBBES [1577-1635]
"The Bruised Reed", 1630

He aquí, el impío gestó maldad, concibió iniquidad.[112] Todo el mundo sabe que la concepción siempre es algo previo a la gestación; pero aquí la gestación y los dolores del parto se anteponen y

[111] Juan 8:44.

[112] La versión inglesa KJV traduce literalmente: *"He travaileth with iniquity, and hath conceived mischief"*, es decir, invierte los términos. Y de nuevo nos encontramos en uno de estos casos en los que el autor basa su comentario literalmente sobre esta versión, por lo que traducimos literalmente.

figura en primer lugar. ¿Por qué? Porqué los impíos sienten tal pasión por mal que tienen intención de ejecutar, que actúan acaloradamente y comienzan a gestarlo y darlo a luz incluso antes de acabar de concebirlo totalmente. Y el resultado es funesto: engendran y dan a luz un fraude, una mentira que se vuelve contra ellos mismos: se prometieron a si mismos un éxito estrepitoso en su empresa, y se encuentran dando a luz es un fracaso total. Ese apresuramiento de los impíos por perpetrar su vileza se desprende de la palabra hebrea con la que los describe el versículo trece, y que nuestra versión traduce por *"perseguidores"*,[113] y que significa en realidad: *en llamas, encendido, ardiente;* es decir, con un deseo urgente de hacer el mal, que no admite demora.[114] Una urgencia que aplica tanto al deseo de los malos de consumar su fechoría contra los justos; como a su necesidad de arrepentirse en tanto que se enfrentan a un Dios que ha preparado ya contra ellos armas poderosas que en modo alguno podrán resistir. En cualquiera de los casos, en resultado de la concepción y gestación por parte de los malos, es siempre un fraude y una mentira, esto es, un aborto.

John Mayer [1583-1664]
"A Commentary upon the whole Old Testament", 1653

Y dio a luz fraude. Todo pecado, sin excepción, es un fraude, una mentira.

Agustín de Hipona [354-430]
"La Ciudad de Dios, 14.4.1"

Y dio a luz fraude.

Las diversiones del mundo, son como las de Jaél:
con la mano izquierda me dan leche, con la derecha una estaca.[115]

Thomas Fuller [1608-1661]
"The Cause and Cure of a Wounded Conscience", 1647

Vers. 14, 15.

No cabe imaginar o promulgar ley mas justa y equitativa
que la de que los engañadores caigan en su propio engaño.[116]

La escala retributiva del infierno se rige por este mismo principio; aunque en este caso otorgue una porción mayor, aunque eso sí, siempre equitativa, de tormento. Sus desgraciados huéspedes, en vida estaban demasiado ocupados recreándose con las aguas del pecado; aquí están en el fondo de un

---

[113] En hebreo לְדֹלְקִים *ləḏōləqîm* de דָּלַק *dalaq,* como en Proverbios 26:23: דֹּלְקִים *dōləqîm*: *"así son los labios ardientes"*.

[114] El autor entiende en este caso la idea del fuego como algo que no admite demora, pues o se apaga o quema al que lo tiene en las manos. De la misma manera puede entenderse la idea de "saetas ardientes", que deben alcanzar su objetivo antes de apagarse. En cualquier caso hay un sentido de *"urgencia"* ligado a la idea del fuego.

[115] Jueces 4:17-22.

[116] La frase es del poeta romano Ovidio [43 a.C-17 d.C.] en *"Ars Amatoria – Liber Primus 655"* en latín: *"Nec enim ley aequior ulla est, Quam necis artífices, arte perire sua"*.

abismo donde no hay una sola gota de agua.[117] Dives,[118] el ríco necio de la parábola, que en vida desperdiciaba tantos toneles de vino, aquí no puede acceder a una sola jarra, ni un sorbo, ni una gota con la que refrescar su lengua. *"Desideravit guttam, qui no Dedit micam".*[119] ¡Una justa recompensa! No dio una migaja; no tendrá una gota. El pan no tiene fragmento más pequeño que una migaja, la fracción mínima de agua es una gota. Así como Epulón en vida negó a Lázaro todo consuelo, así Lázaro se lo niega en la tierra de los muertos. De modo que el tormento por el pecado responde al placer del pecado (...) Los pecados más condenables tendrán los castigos más detestables; y, lo que Agustín dice con respecto a la lengua del rico Epulón, es aplicable a cualquier extremidad o parte del cuerpo (...) Quien no está dispuesto a servir a Dios de buen grado, tendrá que servirle atormentado.

THOMAS ADAMS [1583-1653]
"Mystical bedlam, or the world of mad-men", 1615

Vers. 15. ***Pozo ha cavado, y lo ha ahondado; y en el hoyo que hizo caerá.*** *[Pozo ha cavado, y ha ahondado; y en el hoyo que hizo caerá.* RVR*] [Ha cavado una fosa y la ha ahondado, y ha caído en el hoyo que hizo.* LBLA*] [Hizo un hoyo y lo ha ahondado, ¡pero él mismo ha caído en el foso preparado!* BTX*] [Cavó una fosa y la ahondó, y en esa misma fosa caerá.* NVI*] [Ese que cava una fosa, ahonda en ella y acaba cayendo en su propia trampa.* BLP*] [Cavan una fosa profunda para atrapar a otros, luego caen en su propia trampa.* NTV*]*

Cavó una fosa y la ahondó. Astuto elaborando su plan, y laborioso a la hora de ejecutarlo. No ha tenido reparo en asumir personalmente el trabajo duro y penoso de cavar. No le ha importado llenarse las manos de tierra, ni sudar *cavando* una fosa y *ahondarla,* con tal de que otras personas caigan en ella. ¡Qué cosa no harán los impíos para infligir daño y vengarse de los piadosos! Dan caza a las personas buenas como si fueran bestias salvajes; y más aún, ni tan siquiera les conceden el privilegio de una huida y justa persecución cual se hace a las liebres o los zorros, sino que los atrapan con engaño, porque saben que de perseguirlos limpiamente, jamás conseguirían atraparlos ni derribarlos. Nuestros enemigos jamás nos enfrentarán de cara, porque en el fondo nos temen tanto o más que nos desprecian. Pero contemplemos el final de la escena. El versículo dice:

Y ha caído en el hoyo que hizo. ¡Ajá! ¡Ahí lo tenemos, vamos pues a reírnos de su desengaño! Se ha convertido en su propia presa, ha estado cazando a su propia alma, y su persecución le ha proporcionado una víctima importante: el mismo. Ajá, ajá, así debería ser siempre. Venid y festejemos la captura de este cazador cazado, de este mordedor que ha acabado mordiéndose a si mismo. No le tengáis compasión, porque en un ser tan despreciable es desperdiciarla. Pagarle con su misma moneda es la mejor y más justa recompensa que merece. Vomito veneno por su boca, y ha caído en su propio

---

[117] Lucas 16:24.

[118] El nombre DIVES viene del latín *"dives"*, "rico"; y su equivalente español, Epulón, que deriva del adjetivo "opulento". No existen en el texto bíblico como nombre propio, pero la tradición en la Edad Media (siglo XIV) aplicó esos nombres al hombre rico mencionado en la Parábola de "El Rico y Lázaro" de Lucas 16:19-31. En las afueras de Jerusalén existe todavía una casa que se conoce como "La Casa de Dives" o "Casa de Epulón", aunque no hay base histórica ni arqueológica alguna para pensar que pueda tratarse de la casa original: suponiendo que hubiera existido realmente, pues se trata de una parábola, es más que probable que no hoy no siguiera en pie.

[119] «No tendrá una sola gota, quien no fue capaz de dar una migaja». AGUSTÍN DE HIPONA [354-430] *Homilías CLXXVIII.*

charco. Ha terminado incendiando su propia casa con la antorcha que encendió para pegar fuego a la de su vecino. Soltó a un pájaro apestoso y acabó regresando a su propio nido.[120]

C. H. SPURGEON

Ha cavado una fosa y la ha ahondado. La práctica de cavar fosas a modo de trampa viene de muy antiguo; y no solo para atrapar animales salvajes, sino también como estratagema militar en tiempo de guerra. Por lo tanto, la idea del salmista es la de alguien que habiendo cavado y ahondado una fosa de este tipo, ya sea para atrapar hombres o animales, la cubre adecuadamente con ramas y tierra para disfrazar el peligro, pero después, inadvertidamente, pisa sobre ella y cae en su propia trampa, es decir, en la fosa que tan laboriosamente había cavado y preparado para atrapar a otro.

JOHN KITTO [1804-1854]
"The Pictorial Bible", 1836

Vers. 16. ***Su iniquidad volverá sobre su cabeza, su agravio caerá sobre su propia coronilla.*** *[Su iniquidad se volverá sobre su cabeza, y su agravio caerá sobre su propia coronilla.* RVR*] [Su iniquidad volverá sobre su cabeza, y su violencia descenderá sobre su coronilla.* LBLA*] [Su perversidad se revierte sobre su cabeza, su violencia desciende sobre su coronilla.* BTX*] [Su iniquidad se volverá contra él; su violencia recaerá sobre su cabeza.* NVI*] [Su maldad se vuelve contra él, su violencia caerá sobre él.* BLP*] [Los problemas que provocan a otros se vuelven en su contra; la violencia que maquinan les cae sobre su propia cabeza.* NTV*]*

Su iniquidad se volverá sobre su cabeza, y su agravio caerá sobre su propia coronilla. La vara levantó en alto ha descargado sobre su propia espalda. Disparó una flecha hacia arriba y ha vuelto *"sobre su cabeza"*. Arrojó una piedra a otro y ha caído sobre *"su propia coronilla"*. Las maldiciones son como las gallinas, siempre regresan al gallinero.[121] Las cenizas siempre acaban ensuciando la cara del que las arrojó.[122] *"Amó la maldición; recaiga sobre él; y no quiso la bendición; retírese, pues, de él"*[123] ¡Cuán asiduamente vemos esta realidad cumplida a rajatabla tanto en la historia antigua como

---

[120] En el original *"He sent forth a foul bird, and it has come back to its nest"*. Suponemos que se trata de una alusión indirecta a un viejo proverbio latino cuyo equivalente en inglés es: *"It is a foul bird that fills his own nest"*; en alemán *"Nestbeschmutzer"*; y en español: «Pájaro mal nacido el que ensucia su propio nido» o también la variante «El ruin pajarillo presto descubre su nidillo». Probablemente la idea es que lanzó al aire sus calumnias con la intención de ensuciar el nido de los demás, pero acabaron regresando a su punto de origen y ensuciando su propio nido.

[121] En el original *"Curses are like young chickens, they always come home to roost"*. Se trata de un antiguo y conocido proverbio inglés que al parecer se remonta a la época de GEOFFREY CHAUCER [1343-1400] en su obra *"The Parson's Tale"* (1390), aunque Chaucer no habla de gallinas sino simplemente de que las maldiciones son un pájaro que siempre regresa a su propio nido. Del mismo se fueron creando distintas versiones hasta llegar a la que cita Spurgeon, muy común en la Inglaterra del el siglo XIX. En este caso la idea, que parte de ROBERT SOUTHEY [1774-1843] en su obra *"The Curse of Kehama"* (1810), es que las gallinas en las granjas pululan libres por el campo durante el día, pero cuando llega la noche siempre regresan al gallinero.

[122] En el original *"Ashes always fly back in the face of him that throws them"*. Otro refrán en este caso de origen africano y procedente de los Yorubas en Nigeria que cita RICHARD CHENEVIX TRENCH [1807-1886], en su interesante obra *"Proverbs and Their Lessons"*. En este mismo sentido cabe entender Proverbios 26:2,27.

[123] Salmo 109:17.

moderna! ¡A cuantos no hemos visto quemarse sus propios dedos mientras trataban de marcar con un hierro candente a su vecino! Y si esto no se cumple de inmediato, se cumplirá indefectiblemente, más tarde o más temprano. El Señor hizo que los perros acabaran lamiendo la sangre de Acab en mitad de la viña de Nabot.[124] Tarde o temprano las malas acciones de los acosadores siempre concluyen saltando de nuevo a sus brazos.[125] Así será en aquel gran día final, cuando todos los dardos encendidos de Satanás terminen alojándose en su propio corazón, y todos sus seguidores acaben segando la cosecha que ellos mismos sembraron.[126]

C. H. SPURGEON

Su iniquidad se volverá sobre su cabeza. El más agudo de los comentaristas, el maestro Trapp,[127] cuenta para ilustrar este versículo la siguiente anécdota: «Un claro ejemplo de esto es el caso del Dr. Story,[128] que, escapando de la cárcel en los días de la reina Elizabeth, huyó a Amberes, creyendo que de ese modo quedaría fuera del alcance de la vara de Dios; y se puso a las órdenes del duque de Alba para buscar libros prohibidos en inglés en los navíos que llegaban de Inglaterra. Pero un comerciante inglés de Amberes, de apellido Parker, le tendió una justa trampa –eso es lo que dice nuestro cronista– para atrapar a ese pájaro apestoso, haciéndole llegar un aviso de que en un barco había ocultos gran cantidad de libros heréticos, junto con otros datos facilitados por los agentes de la inteligencia británica para hacer que mordiera el anzuelo. El Canonista[129] llegó a la conclusión de que todo era cierto y

---

124 1 Reyes 21:19; 22:38.

125 Cabe citar muchísimos textos bíblicos que comparten esta la misma idea de la justa retribución, como Proverbios 22:8; Oseas 8:7; y refranes en todos los idiomas que propugnan la misma lección, como los españoles: «El que la hace, la paga» o «El que siembra espinas, que no espere cosechar flores».

126 Gálatas 6:7.

127 En el original *"Old Master Trapp",* una expresión favorita de Spurgeon para referirse al teólogo, predicador y escritor puritano JOHN TRAPP [1601-1669], escritor y comentarista puritano famoso por su comentario a toda la Biblia en cinco volúmenes: *"Commentary on the Old and New Testaments"* publicado en Londres en 1654, y que se ha seguido publicado ininterrumpidamente hasta el día de hoy, por lo que ha sido y sigue siendo utilizado y apreciado por miles de pastores. Se ha dicho que juntamente con el "Comentario de Matthew Henry", el de Trapp constituye una de las mejores exposiciones a toda la Biblia que se han escrito. Spurgeon solía utilizar esta expresión cariñosa: *"Old Master Trapp"*, "El viejo maestro Trapp" para referirse a él no solo en "El Tesoro de David" sino en muchos de sus sermones y otros escritos.

128 Se refiere a JOHN STORY [1504-1571] erudito católico inglés, educado en Oxford, presidente de *Broadgates Hall,* (actualmente *Pembroke Collegey*) y miembro del Parlamento. Encarcelado por oponerse a *The Act of Uniformity* de 1548 proclamado por EDUARDO VI [1537-1553], y exilado a Lovaina, tras el ascenso al trono de MARÍA I [1516-1558] regresó a Inglaterra ocupando importantes cargos, lo que le llevó a participar directamente en la sanguinaria represión contra los protestantes anglicanos. Tras la muerte de María fue encarcelado por la reina ELISABETH I [1533-1603], pero consiguió escapar a Amberes donde renunció a su nacionalidad británica y adquirió la nacionalidad española. Pero fue secuestrado y llevado de regreso a Londres, donde acusado de alta traición fue torturado y ejecutado el 1 de Junio de 1571. La Iglesia Católica lo incluye en su relación de mártires. El lector debe analizar estos comentarios con las correspondientes reservas, considerando que tales sucesos tuvieron lugar en una época muy turbulenta y de barbarie en Europa, en la que en nombre de Dios y de la fe para enmascarar razones políticas, se cometieron por ambos bandos, católico y protestante, las peores atrocidades que quepa imaginar, con numerosos mártires por ambos lados. Ello hace más que cuestionable en estos casos dirimir hasta dónde llega la justa retribución a la que hace referencia el autor, y dónde comienzan las tristes y lamentables venganzas humanas.

129 El Diccionario de la RAE define el término "canonista" simplemente como "persona que profesa el derecho canónico o es versada en él", es decir, un especialista en las leyes eclesiásticas de la Iglesia Católica

muy seguro, y se apresuró hacia la nave, donde, ante el estupor de los pobres marineros, revisó los camarotes uno a uno, y revolvió cada rincón posible donde creyó que los libros heréticos pudieran estar ocultos; y efectivamente encontró parte de lo que buscaba, que había sido colocado adrede para animarle a proseguir. Y efectivamente, alentado por los hallazgos dio orden de que abrieran las escotillas de la bodega, cosa que los marineros hicieron de muy mala gana y con simuladas muecas de miedo en sus caras. Tales muecas de miedo alentaron al doctor a descender a la bodega, donde cual incauto ratón le esperaba el cebo que no podría roer; pues los marineros cerraron las escotillas e izaron las velas con un afortunado viento favorable que les llevó rápidamente a Inglaterra, donde al cabo de poco fue procesado, condenado por alta traición, y, ejecutado en Tyburn, como tan justamente merecía».

Y su agravio caerá sobre su propia coronilla. La historia del toro de Falaris,[130] diseñado y construido para el tormento de otros, pero que finalmente sirvió para atormentar a su creador, es notoria y bien conocida en la historia universal (…) Y lo mismo cabe decir del arzobispo Cranmer,[131] que se infligió juicio sobre a sí mismo cuando estando en la hoguera puso, como había prometido, su mano derecha con la que había firmado su retractación de la fe Reformada y su adhesión al Papa, sobre el fuego tan pronto este comenzó a arder, a la vez que gritaba: «¡Oh, que mi indigna mano derecha sea la primera en arder!». Pero ¿quién puede negar que la mano del Todopoderoso también estaba involucrada?

WILLIAM TURNER [1653-1701]
"Divine Judgments by way of Retaliation", 1697

Romana. Pero en este caso, y dado el contexto de la época, no cabe duda de que el autor lo utiliza de forma despectiva para identificarlo a John Story como parte de los clérigos abogados y legisladores católicos considerados como "la tropa canonista". Tal es el uso que se desprende del término en el poema posterior de tinte irónico-burlón atribuido a un tal Lewis Pickering, escrito por los puritanos con motivo del funeral del Arzobispo de Canterbury JOHN WHITGIFT [1530-1604] que comienza diciendo: *"The prelats Pope, the Canonists trope, the Courtyers oracle, virginities spectacle"*.

[130] Se refiere al caso del escultor griego PERILLO DE ATENAS, quien construyó para FALARIS [¿?-544 a.C.], el tirano de Sicilia, un toro de bronce con el interior hueco, para ser utilizado como instrumento de tortura. Las víctimas eran introducidas en el interior por una portezuela que había en uno de los laterales, y a continuación se encendía debajo una hoguera. Cuando el bronce comenzaba a calentarse, los aullidos de dolor de los desdichados salían por la boca del toro, simulando un mugido. Se cuenta que Perillo lo entregó muy orgulloso, esperando grandes honores y recompensas, pero en lugar de ello lo colocaran dentro del toro para probar la eficacia de su siniestra invención. Y curiosamente, cuando Falaris fue depuesto tras una rebelión, fue también torturado y ejecutado en su toro que desde entonces fue conocido como *"El Toro de Falaris"*.

[131] Se refiere THOMAS CRANMER [1489-1556] arzobispo de Canterbury que colaboró en el intento de anulación del matrimonio de ENRIQUE VIII [1491-1547] con CATALINA DE ARAGÓN [1485-1536] y fue primer arzobispo la nueva Iglesia de Inglaterra después de la ruptura con Roma. Durante el reinado de EDUARDO VI [1537-1553] escribió y compiló la primera edición del famoso *"Book of Common Prayer"* o Libro de Oración Común. Al subir al trono MARÍA I [1516-1558] y volver Inglaterra a la religión católica romana fue encarcelado y juzgado por traición. Sometido a aislamiento y bajo duras presiones firmó varias retractaciones jurando obediencia al Papa, que le perdonó concediéndole la absolución sacramental. Pero María I no estaba igual de dispuesta a perdonar tan fácilmente a su enemigo y acogiéndose a la sentencia política de traición, decretó que fuera ejecutado. Los clérigos le dieron una última oportunidad de una retractación, esta vez en público, predicando en *University Church,* para lo cual tuvo que enviar su sermón escrito con antelación. Pero Cranmer cambió el sermón mientras predicaba, alegando que se había retractado bajo presiones forzadas, declarando al Papa como el Anticristo, y prometiendo que cuando lo quemaran como hereje, la mano con la que había firmado su retractación debía ser la primera en arder.

Vers. 17. ***Alabaré a Jehová conforme a su justicia, y cantaré al nombre de Jehová el Altísimo.*** *[Alabaré a Jehová conforme a su justicia, y cantaré al nombre de Jehová el Altísimo.* RVR*] [Daré gracias al Señor conforme a su justicia, y cantaré alabanzas al nombre del Señor, el Altísimo.* LBLA*] [*¡Alabaré a YHVH conforme a su justicia, *y cantaré salmos al nombre de YHVH Elyon!* BTX*] [*¡Alabaré al Señor por su justicia! ¡Al nombre del Señor altísimo cantaré salmos! NVI*] [Alabaré al Señor porque es justo, cantaré al Dios Altísimo.* BLP*] [Daré gracias al Señor porque él es justo; cantaré alabanzas al nombre del Señor Altísimo.* NTV*]*

Alabaré a Jehová conforme a su justicia, y cantaré al nombre de Jehová el Altísimo. El Salmo concluye con el contraste alegre y gozoso. Y en esto coinciden todos los salmos: exponiendo la bienaventuranza final de los justos, que contrastan en su brillo con las miserias de los malos. Una joya resplandeciente brilla con mayor fulgor colocada sobre un paño oscuro.

Alabaré. Alabar es la tarea de los santos, su ocupación eterna, y su deleite en el presente.

Cantaré. El canto es la forma apropiada de materializar la alabanza y, por tanto, es bueno que los santos entonen melodías al Altísimo.[132] El calumniado se ha transformado ahora en cantor: su arpa permaneció descordada por un corto período de tiempo, pero de nuevo la vemos impregnando los aires con sus acordes armoniosos, y su música elevarse volando al tercer cielo en alabanza y adoración.

C. H. SPURGEON

Alabaré a Jehová conforme a su justicia, y cantaré al nombre de Jehová el Altísimo. Bendecir a Dios por las misericordias que de él recibimos, es la mejor manera de incrementarlas; bendecirle por los problemas que padecemos, es la mejor forma de eliminarlos: no hay bien que perdure tanto como el que se potencia a diario con nuestra acción de gracias; ni mal que desaparezca tan pronto como aquel que soportamos con paciencia y gratitud.

WILLIAM DYER [1632-1696]
"Christ's Famous Titles", 1665

132 Salmo 92:1.

SALMO 9[1]

SALMO DEL VENCEDOR

Título: *"Al músico principal sobre Mut-labén. Salmo de David"*.[2] El significado de este título es muy dudoso. En opinión de Wilcocks[3] y otros eruditos expositores עַלְמוּת לַבֵּן *almuṯ labbên,* puede ser una referencia tanto al tono como a la melodía con que el salmo debía ser cantado;[4] puede que guarde relación con algún instrumento musical común en aquella época, pero actualmente desconocido; o puede que se refiera a *"Ben"*[5] o *"Benaía"*, uno los cantores levíticos mencionado en Crónicas.[6] Suponiendo que alguna de estas conjeturas fuera la correcta, la conclusión sería que la expresión *Mut-labén* no contiene para nosotros ninguna enseñanza en particular, salvo la de mostrarnos lo meticuloso que era David en todo lo referente al culto a Dios: todas las cosas debían hacerse de acuerdo con un orden determinado.

No obstante, y sin ánimo de recurrir a fantasías en lo tocante a su interpretación, después de analizar la opinión de muchos otros eruditos, hemos llegado a la conclusión de que el título de este salmo encierra un significado mucho más profundo e instructivo: *Salmo concerniente a la muerte del Hijo.* La antigua versión Caldea lo traduce como: *"Concerniente a la muerte del Campeón que se puso entre los dos campamentos"*, refiriéndose con toda probabilidad a Goliat de Gat[7] o algún otro Filisteo prominente, en recuerdo de cuya derrota y muerte David compuso años después este salmo. De miles de conjeturas, esta es tan consistente con el sentido del Salmo como cualquier otra, y la preferimos

---

[1] Los Salmos 9 y 10 se rigen por una estructura acróstica o alfabética y comparten un mismo estilo; el Salmo 9 termina con un סֶלָה *selāh,* que siempre se emplea (salvo en este caso concreto) como una pausa o enlace dentro del texto de un mismo Salmo, no de final; a su vez el Salmo 10 carece de título en el Texto Masorético. Estos hechos argumentan que, en realidad, ambos constituyen un único Salmo. La versión griega de los LXX o Septuaginta los fusiona en un mismo Salmo, a pesar de que en el Texto Masorético sean dos salmos distintos. Ello hace que la numeración de los Salmos sea distinta en las versiones que utilizan como base la Septuaginta (como es el caso de las Biblias católicas) a partir del Salmo 10 hasta el Salmo 146. Aunque el número total de Salmos el mismo en todas las versiones, en la Septuaginta (y en la Vulgata latina) del Salmo 10 al 146 están atrasados en un número con relación al Texto Masorético y a las versiones que lo siguen (como es en caso de las versiones protestantes). La Septuaginta combina los Salmos 9 y 10 en uno, así como los Salmos 114 y 115. Pero por otra parte, divide en dos tanto el Salmo 116 como el 147. Ver al respecto las correspondientes notas en el Tomo I: «Introducción a la versión española de "El Tesoro de David"» (Nota 1); «Carta de Atanasio de Alejandría» (Nota 3). Obviamente Spurgeon sigue la versión inglesa KJV, y los comenta como dos Salmos distintos.

[2] El título en la versión griega de los LXX o Septuaginta es: ἐκόμολογέω σύ κύριος ἐν ὅλος καρδία ἐγώ διαήγέομαι πᾶς ὁ θαυμάσιος σύ que la Vulgata traduce al latín como: *"In finem, pro ocultis filii, Psalmus David"*, "Para el fin, por los arcanos del Hijo, Salmo de David". Un título perfecto para la interpretación cristológica que hacen los Padres de la Iglesia y demás comentaristas de la antigüedad, que ven en sus estrofas una exposición de los arcanos y misterios de Cristo y la Iglesia: su primera venida, su pasión y muerte, su resurrección, las persecuciones y sufrimientos de la Iglesia, y su segunda venida.

[3] Se refiere al escritor puritano THOMAS WILCOCKS [1549-1608] en *"A Right Godly and Learned Exposition upon the whole Booke of Psalmes"*, 1586

[4] Ver al respecto la nota 23 en el comentario de Martín Lutero al versículo 1 de este mismo Salmo 9.

[5] En hebreo בֵּן *bên* y וּבְנָיָהוּ *ūḇənāyāhū* de בְּנָיָה *Benayahu* "el Señor ha edificado".

[6] 1 Crónicas 15:18.

[7] 1 Samuel 17:1-58.

porque nos permite aplicarla, de forma mística, a la victoria del Hijo de Dios sobre el campeón del mal, el enemigo de las almas,[8] según intuimos del versículo seis (9:6).[9]

Se trata pues de un salmo que nos brinda un maravilloso himno de triunfo; sirva para fortalecer la fe de todo creyente que milita y estimular el coraje de los tímidos,[10] pues aquí vemos al VENCEDOR, cuyo nombre está escrito en sus vestiduras y en su muslo: Rey de reyes y Señor de señores.[11]

C. H. Spurgeon

Posición en el Salterio: Bonar[12] señala al respecto: «La posición de este salmo en el Salterio, y su relación con los salmos que le anteceden y los que le siguen, es muy peculiar y merece, por tanto, nuestra especial consideración. No faltan quienes se preguntan si el orden actual en que los Salmos han llegado hasta nosotros es realmente el orden original que tenían en el antiguo Israel en tiempos de David; o si fue algún compilador en épocas posteriores, posiblemente Esdras, quien estableció bajo inspiración divina el orden de los salmos y otras cuestiones referentes al canon. Sin pretensiones de pontificar en el tema, opino que contamos con evidencias suficientes como para demostrar que el orden actual de los salmos tiene, como mínimo, la misma antigüedad que el Canon de la Escritura, y siendo así, es obvio que fue el Espíritu Santo quien determinó que el libro de los Salmos llegara a nosotros en el orden actual en que lo tenemos. Digo esto a propósito y con la atención expresa de recalcar que en la misma manera como el primer versículo del Salmo 8 da continuidad a la última frase del Salmo 7, así también el Salmo 9 abre con una referencia al final Salmo 8: el *"Nombre"* de Dios.

Te alabaré, oh Jehová, con todo mi corazón;
contaré todas tus maravillas.
Me alegraré y me regocijaré en ti;[13]
cantaré a tu nombre, *oh Altísimo.*

La fragancia exhalada por ese *"Nombre"* a lo largo del Salmo 8, sigue flotando en el aire y perfumando el ambiente en el Salmo 9. Ese *"Nombre"*, tan excelsamente ponderado en el salmo anterior (8:1,9) sigue resonando en los oídos del dulce cantor de Israel (9:1), llegando a su clímax en el versículo diez (9:10) donde expresa la seguridad y confianza de que disfrutan todos aquellos que *"conocen"* este *"Nombre"*».

C. H. Spurgeon

---

[8] Salmo 143:3; Colosenses 2:13-15; Hebreos 2:14-15; 1 Pedro 5:8; 1 Juan 3:8.

[9] Aunque la versión Reina-Valera traduce הָאוֹיֵב *hā'ōwyêḇ* de אוֹיֵב *oyeb* en plural: *"los enemigos"*, está claro que se trata de un singular: *"el enemigo"*, y de hecho así lo traducen tanto la versión inglesa KJV *"O thou enemy"*, como también todas las versiones españolas modernas. Con ello, la referencia a Satanás como "Campeón del mal" que hace Spurgeon queda mucho más clara.

[10] Atanasio de Alejandría [296-373] en su carta a su discípulo Marcelino sobre la naturaleza y valor de los salmos le dice refiriéndose a este salmo: «Nunca te otorgues la gloria a ti mismo, ni por la victoria sobre tus enemigos ni por el uso y disfrute de las cosas creadas, recuerda que todos estos hechos magníficos son obra del Hijo de Dios, dale pues a él toda la honra entonando el Salmo 9.». El Tomo I de "El Tesoro de David" incluye una traducción completa de la Carta de Atanasio a Marcelino. [Tomo I - pp. 49].

[11] Apocalipsis 19:16.

[12] Se refiere a Andrew Alexander Bonar [1810-1892], pastor de la *Free Church of Scotland* y hermano menor del también pastor Horatius Bonar [1808-1889] en su obra *"Christ and His Church in the Book of Psalms"*, 1859.

[13] Comparar con Cantares 1:4; Apocalipsis 19:7.

Estructura: La cadencia estructural del Salmo 9 varía de tal forma que se hace difícil establecer un bosquejo ordenado: haremos al respecto lo mejor que podamos.

Los versículos del uno al seis (9:1-6) son un canto de júbilo y acción de gracias; entre el siete y el doce (9:7-12) encontramos una declaración de fe con vistas al futuro; y lo que podríamos llamar la primera parte del salmo, se cierra con una oración en los versículos trece y catorce (9:13.14).

La segunda parte de esta oda triunfal es paralela en su estructura a la primera, aunque más corta: casi una repetición de la misma. En los versículos quince y dieciséis (9:15,16) un cántico por los acontecimientos y juicios del pasado; una similar declaración de confianza en la futura justicia ocupa el diecisiete y dieciocho (9:17,18); y la oración de cierre en el diecinueve y veinte (9:19,20). Celebremos pues las victorias del Redentor, tal como las leemos en este salmo; tarea que, con la guía del Espíritu Santo, asumiendo que habita y permanece en nosotros, será un verdadero deleite.

C. H. SPURGEON

Versión poética:

CONFITEBOR TIBI DOMINE IN TOTO CORDE MEO

Con todo el corazón, con toda el alma
exaltará tu gloria el labio mío,
y cantará las altas maravillas
que hiciste a mi favor, ¡Oh Dios benigno!

Transportado de júbilo y de gozo
cantaré dulces Salmos, tiernos himnos
en honor de tu nombre soberano,
que de gloria y honor es siempre digno.

Porque, Señor, cuando tu enojo ponga
en fuga a mis feroces enemigos,
ellos se abatirán, y el miedo solo
los hará perecer en el camino.

Tú, cuyos juicios solo regulados
por la razón son siempre esclarecidos,
tú te pusiste sobre tu alto trono,
y por fin pronunciaste en mi litigio.

Tú condenaste a las naciones locas,
que te han desconocido, al exterminio,
y hasta quisiste que de su memoria
no quedase en la tierra ni un vestigio.

Tú quitaste la espada y demás armas
a nuestros más feroces enemigos,
y ni siquiera pueden congregarse,
pues sus ciudades todas has destruido.

Pereció su memoria con estruendo,
porque sus armas solo hicieron ruido;
pero tú Señor subiste eternamente
más allá de los siglos de los siglos.

Preparado se tiene el Señor un trono excelso,
y severo tal vez, tal vez benigno
juzga toda la tierra y sus naciones,
según que cada cual ha merecido.

Pero es refugio de los miserables,
de todo desdichado es el asilo,
y los socorre en sus necesidades,
y los consuela en todos sus conflictos.

Que esperen pues en ti, Dios adorado,
los que conocen tu inmortal cariño;
los que saben que nunca desamparas
a los que solo buscan tu servicio.

Cantad todos al Dios, que en Sión mora,
a ese Dios tan amable y compasivo,
y explicad el cuidado con que atiende
a los que le confían sus alivios.

Publicad que se acuerda, y vengar quiere
la sangre de su pueblo preferido,
y que tampoco olvida los clamores
de los que pobres son y desvalidos.

Ve, Señor, el estado miserable
en que me tienen ya mis enemigos,
y apiádate de mí, que ya no puedo
tolerar sufrimientos tan indignos.

Pues de las mismas puertas de la muerte
mil veces me sacó tu brazo invicto,
haz que a Jerusalén pueda volverme,
para contar en ella tus prodigios.

Confesaré, Señor, con alegría,
que te debo el favor de estar tranquilo,
pues las naciones han de aniquilarse
por lo mismo que intentan destruirnos.

En las astutas redes que nos tienden,
quedarán presos nuestros enemigos,
y en los ocultos lazos que nos arman,
se verán enredados ellos mismos.

Y cuando vean que los pecadores
se arruinan con sus propios artificios,
conocerán que un Dios hay en el cielo,
y que confunde y ciega a los inicuos.

Los pueblos que al Señor no reconocen
serán aniquilados y perdidos,
y los malvados muertos: de este modo
ambos caerán en el fatal abismo.

Porque en fin nunca Dios olvidar puede
cuanto sufren los pobres desvalidos,
ni dejará sin premio su paciencia,
ni dejará a los malos sin castigo.

Levántate, Señor, y no permitas
que crezca la insolencia del maligno,
y juzga las naciones que nos tienen
en continuados sustos y peligros.

Pues tan bárbaras son, envía presto
algún Legislador esclarecido,
que los pueda enseñar el que son hombres,
y que no deben ser tan atrevidos.

DEL "SALTERIO POÉTICO ESPAÑOL", SIGLO XVIII

Salmo completo: Según yo lo concibo, este cántico de alabanza tipifica el lenguaje de nuestro gran Abogado y Mediador: *dando gracias a Dios en medio de la Iglesia*,[14] y enseñándonos a anticipar, a través de la fe, su gran victoria final sobre todos los adversarios que amenazan nuestra paz temporal y espiritual; con una especial mención a la afirmación de su dignidad real en Sión (9:11), su Monte Santo. La victoria sobre el enemigo se adscribe a las decisiones de la justicia divina, a la recompensa de un juez justo que de un tiempo ha retomó sus funciones sentado en su tribunal (9:4, 7-8). De lo cual se desprende que la demanda ante el trono del Todopoderoso, tema predilecto, no puede proceder de otros labios que de los de nuestro Melquisedec.[15]

JOHN FRY [1792-1822]
"A Translation and Exposition of the Psalms on the principles adopted in the posthumous work of Bishop Horsley", 1842

[14] Salmo 22:22,26; 35:18; Hebreos 2:12.
[15] Hebreos 6:20; 7:1-28.

Vers. 1. ***Te alabaré, oh Jehová, con todo mi corazón; contaré todas tus maravillas.*** *[Te alabaré, oh Jehová, con todo mi corazón; contaré todas tus maravillas.* RVR*] [Alabaré al Señor con todo mi corazón. Todas tus maravillas contaré.* LBLA*] [Oh YHVH, te alabaré con todo mi corazón, contaré todas tus maravillas.* BTX*] [Quiero alabarte, Señor, con todo el corazón, y contar todas tus maravillas.* NVI*] [Te doy gracias, Señor, con todo mi corazón, yo proclamaré todas tus maravillas.* BLP*]*

Te alabaré, oh Jehová. El dulce cantor da comienzo a su himno con una resolución firme: *"Alabaré al Señor con todo mi corazón"* A veces para hacer frente a los dientes de nuestro enemigo precisamos de toda nuestra determinación: debemos afirmarnos en la idea de que aun cuando los demás callen, nosotros bendeciremos su nombre. En este salmo, la derrota del enemigo es completa, por lo que el cántico fluye en la santa plenitud del deleite. Alabar al Señor es nuestro deber; hagamos de ello un privilegio.[16] Fijémonos en cómo David dirige su alabanza exclusivamente al Señor. Tenemos que ofrecer nuestra alabanza únicamente a Dios; podemos reconocer y estar agradecidos al agente intermediario, pero nuestra acción de gracias debe tener alas largas y remontar el vuelo hasta alcanzar el cielo.

Con todo mi corazón. La mitad del corazón no es corazón.

Contaré. Contar a otros con un corazón agradecido aquello que nuestro Padre celestial ha hecho por nosotros, constituye para todos aquellos que nos sentimos agradecidos a Dios un acto de verdadera alabanza. Este es, entre otros, un tema sobre el que los creyentes deberíamos hablar más entre nosotros. Y tampoco sería echar perlas a los puercos[17] si los no cristianos nos escucharan hablar del amor y la bondad de nuestro Señor.

Tus maravillas. Mostrar nuestra gratitud personal por las misericordias que nos han sido otorgadas, sirve para refrescar la memoria de otros a millares. Un simple eslabón de plata en la cadena basta para provocar en ella toda una sucesión de recuerdos enternecedores. Y con ello llevamos a cabo una labor eterna, pues la constante divulgación de las obras del amor divino no puede tener fin. Si tomáramos más en cuenta nuestra propia pecaminosidad y lo poco que somos, descubriríamos que cada una de las cosas que el Señor ha hecho en nosotros o por nosotros: perdón, conversión, liberación, santificación, protección, etc., es una obra maravillosa. Y aún en el cielo, el amor y la bondad divina, seguirán siendo un tema tan prodigioso como embelesador.

C. H. SPURGEON

[16] Comentando este versículo: *"Alabaré al Señor con todo mi corazón"*, JUAN CRISÓSTOMO [347-407] nos habla de dos formas distintas de alabanza: (1) dar gracias a Dios por las bendiciones y bienes recibidos y, (2) dar gracias a Dios por las aflicciones y correctivos aplicados. «Debemos dar gracias al Señor no solo por los días felices, sino también por los días adversos; y ambas cosas, como el salmista: *"con todo nuestro corazón"*, es decir, con todo nuestro empeño, con toda la voluntad del alma. Porque el agradecer al Señor no solo los bienes, sino también los males rindiéndole gloria por encima de todo, es la alabanza más sublime, la que a Dios más complace y la que se hace acreedora de una mayor recompensa. (…) Nadie da gracias a Dios por las cosas que padece, porque nuestra limitada visión humana nos hace muy difícil entender que aún las propias aflicciones son en sí mismas recompensa: forjan nuestro carácter, eliminan la molicie, y nos apartan del mal. Cuando Dios te priva de algo y tú reaccionas dándole gracias por ello, te invade la esperanza y te llenas de alegría; lo cual te acoraza contra el arma más poderosa del diablo: la tristeza y el desaliento, lo que constituye su mayor derrota».

[17] Mateo 7:6.

Te alabaré, oh Jehová, con todo mi corazón. Así como un vaso revela el licor que contiene por el olor que desprende, así deberían nuestras bocas: exhalar continuamente el perfume de misericordia que ha impregnado y refrescado nuestros corazones, pues somos vasos de misericordia.[18]

WILLIAM COWPER [1568-1619]
"Three Treatises concerning Christ", 1612

Te alabaré, oh Jehová, con todo mi corazón, contaré todas tus maravillas. La frase *"con todo mi corazón"* sirve para mostrarnos la grandeza de la liberación de la que el salmista se había beneficiado; para distinguirle de los hipócritas zafios, que alaban la bondad de Dios tan solo de boca, únicamente con sus labios; o de los más refinados, que le alaban solo con la mitad de su corazón, mientras en su fuero interno se atribuyen la liberación a sí mismos más que a Dios.

"Todas tus maravillas", es decir, todas las demostraciones asombrosas de tu gracia. Con estas palabras, el salmista hace evidente que las reconoce y valora en toda su grandeza.[19] Y dondequiera que sucede esto, dondequiera que se reconoce y valora la grandeza de Dios, el Señor es alabado también con todo el corazón. Las medias tintas van de la mano con el desánimo y el desprecio de la gracia divina. El לֵב *leb* es el לֵבָב *lebab, instrum*. El corazón es el verdadero instrumento, el manantial, la causa de la alabanza; la boca no es más que el medio, el órgano físico a través del cual alabamos.

ERNS WILHELM HENGSTENBERG [1802-1869]
"Commentary on the Psalms", 1860

Contaré todas tus maravillas. Cuando hemos recibido del Señor algún bien en especial, bueno es que en concordancia a las oportunidades que tengamos, lo contemos a otros. Cuando la mujer que había perdido una de sus diez monedas de plata la halló, reunió a sus vecinas y amigas y les dijo: *"Gozaos conmigo, porque he encontrado la dracma que había perdido"*.[20] ¿Qué nos impide de hacer lo mismo? Podemos contar a nuestros amigos y vecinos que hemos recibido tal o cual bendición y que nos consta que procede directamente de las manos de Dios. ¿Por qué razón no lo hemos hecho aún? ¿Porque hay en nuestro interior un sentimiento oculto que nos hace dudar de si realmente vino de Dios? ¿Porque nos avergonzamos de testificar de ello ante personas que por regla general se ríen de las cosas santas?

¿Quién hay que conozca más acerca de las obras maravillosas de Dios y pueda testificar de ellas que su propio pueblo? Si su pueblo calla, ¿cabe esperar que el mundo vea y reconozca lo que él ha hecho? Jamás nos avergoncemos de glorificar a Dios contando a otros lo que conocemos y sabemos

[18] Romanos 9:20-24.

[19] Dice AGUSTÍN DE HIPONA [354-430]: «*"Contaré todas tus maravillas"*. Quien duda de las maravillas de Dios y cuestiona la realidad de su providencia no lo alaba con todo su corazón, pero sí quien vislumbra los secretos de la sabiduría divina escondidos en todas las cosas, aunque sea en los detalles más insignificantes (…) Proclamar con propiedad las maravillas de Dios es reconocerlas no solo en las cosas físicas a la vista de todos; sino también en las cosas espirituales que permanecen ocultas. Porque ahí se esconden las mayores maravillas, que no percibimos con los ojos corporales, pero que vemos innegables y grandiosas con los ojos de la fe (Hebreos 11:1). Los ojos materiales están más atraídos y fascinados por la resurrección de Lázaro enterrado en un sepulcro que por la de Pablo perseguidor de la Iglesia. No obstante, el milagro físico visible es solo un medio de atraer el alma hacia la luz mientras que el milagro espiritual invisible fortalece al alma que ha sido iluminada; por ello tan solo puede decir con propiedad *"contaré todas tus maravillas"* el que creyendo por la realidad de maravillas físicas y visibles, avanza hacia la comprensión de las maravillas espirituales e invisibles».

[20] Lucas 15:9.

que él ha hecho; busquemos todas las oportunidades para exponer claramente sus maravillas; deleitémonos en hallar ocasiones en las que contar, partiendo de nuestra propia experiencia, todo aquello que sabemos ha de redundar en su alabanza. Pues a todos aquellos que honran a Dios de esa manera, Dios, a su vez, también los honrará; si estamos dispuestos a *contar todas sus maravillas,* él nos concederá en abundancia más y más maravillas para que tengamos de qué hablar.

PHILIP BENNET POWER [1822-1899]
"'I wills' of the Psalms", 1862

Te alabaré, oh Jehová, con todo mi corazón; contaré todas tus maravillas. Como arrebatado por una avalancha de los más dulces afectos, el salmista exclama en pleno éxtasis: *¡"Te alabaré"; "contaré"; "me alegraré"; "me regocijaré", y "cantaré"!* Y no se limita a decir: *"Te alabaré",* sino que añade: *"con el corazón",* y más aún: *"con* ***todo*** *mi corazón".* Tampoco se limita a mencionar las obras de Dios, sino que habla de *"maravillas",* y no de algunas maravillas sino de *"todas tus maravillas".* No hay la menor duda que su espíritu (como el de Juan el Bautista en el vientre de Elisabet),[21] se alegra y regocija en Dios su Salvador, que ha hecho por él grandes cosas acompañadas de extraordinarias maravillas.[22] Las palabras que abren este salmo establecen su disposición a cantar las obras maravillosas de Dios. Y son ciertamente maravillosas, porque transforman, mediante aquellos que no tienen nada, a quienes lo tienen todo; y el *Almuth*[23] de aquellos que viven en la fe oculta, muertos para el mundo, trae humildad a quienes florecen en la gloria de este mundo y están bien vistos en la tierra. Y estos hechos portentosos se logran sin usar la fuerza bruta, sin armas, sin esfuerzo humano, sino por medio de la cruz y la sangre. Pero, ¿es posible encajar esta afirmación, "contar *'todas'* tus maravillas", con otras afirmaciones que encontramos en la Escritura, como la de Job cuando nos dice que: *"Él hace cosas grandes e incomprensibles, y maravillosas, sin número"*?[24] Pues ¿quién podría

[21] Lucas 1:44.
[22] Lucas 1:47.
[23] El término hebreo עַלְמוּת *almūṯ,* es de muy difícil traducción. Algunos lo han interpretado como "joven" o "juventud", tal es la aplicación que le da ADAM CLARK [1760-1832] comentando 2 Samuel 16:5 בַּחוּרִים *baḥūrîm,* "ciudad del joven", ligándolo con el עֲנָתוֹת *'ănāṯōwṯ* de Josué 21:18, y el עָלֶמֶת *'ālemeṯ* de 1 Crónicas 6:60. Hay quienes lo interpretan como un instrumento musical, dado que en algunos textos antiguos, como es el caso de la Biblia inglesa de Thomas Matthew –seudónimo– publicada en 1537, el título del Salmo 9 en lugar de *"Al músico principal sobre Mut-labén"* como figura en nuestras versiones españolas, lee: *"Al músico principal; sobre Almuth-laben".* Hay quienes basándose en la raíz hebrea: עַל *al* opinan que significa "secretos", y otros lo entienden como "doncella" o "virgen" relacionando esa virgen con algo secreto. Mucho se ha especulado sobre este término, valga como ejemplo la obra de JAMES STEVENSON BLACKWOOD, *"Almuth the Messianic Enigma of the XLIX Psalm",* (1880). Pero el significado más probable parece ser el que se desprende del propio texto bíblico en el Salmo 48:14: *"Porque este Dios es Dios nuestro eternamente y para siempre; él nos guiará aún más allá de la muerte",* en hebreo יְנַהֲגֵנוּ עַל-מוּת *yənahăḡênū al-mūṯ.* La Septuaginta o versión griega de los LXX lo traduce como: εἰς ὁ αἰών; y AQUILA DE SINOPE traduce עַלְמוּת *almūṯ* como: ἀθανασία, *atanasia,* "inmortalidad". Se trata pues de un término rabínico para expresar la manera en que Dios dirige a su pueblo en este mundo y en el mundo venidero, es decir, aún más allá de la muerte. Lutero identifica este *"almūṯ",* con lo que él define como la *"ecclesia abscondita",* esa iglesia visible tan solo para los ojos de la fe; escondida a los ojos del mundo a pesar de tratarse de una realidad material, que subsiste oculta en la tierra en medio de *"muchos falsos cristianos, hipócritas y pecadores manifiestos que están mezclados entre los fieles"* (como leemos en el Artículo VIII de la "Confesión de Fe de Augsburgo" de 1530), pero a fin de cuentas la Iglesia verdadera, que Dios conoce y a la que protege y guía no solo en este mundo sino aún más allá de la muerte.
[24] Job 9:10.

mostrar todas las maravillas hechas por Dios? La afirmación que hace aquí salmista surge del mismo exceso de sensibilidad que le llevó a exclamar en otro salmo: *"Todas las noches inundo de llanto mi lecho, riego mi cama con mis lágrimas"*.[25] Es decir, había en él un deseo tan ardiente de contar las maravillas de Dios, que hubiese querido contarlas *"todas"*, aunque no le fuera posible hacerlo. Pero el amor no tiene ni límites, ya que no conoce principio ni fin, y como afirma el apóstol Pablo: *"El amor (...) todo lo cree, todo lo espera, todo lo soporta"*,[26] por tanto, el amor hace posible lo imposible, pues Dios ve el deseo que anida en nuestro corazón y nuestro espíritu.

MARTÍN LUTERO [1483-1546]

Vers. 2. *Me alegraré y me regocijaré en ti; cantaré a tu nombre, oh Altísimo.* *[Me alegraré y me regocijaré en ti; cantaré a tu nombre, oh Altísimo.* RVR*] [En ti me alegraré y me regocijaré; cantaré alabanzas a tu nombre, oh Altísimo.* LBLA*] [Me alegraré y me regocijaré en Ti; entonaré salmos a tu Nombre, oh Elyon.* BTX*] [Quiero alegrarme y regocijarme en ti, y cantar salmos a tu nombre, oh Altísimo* NVI*] [En ti me alegraré y me regocijaré; alabaré, Altísimo, tu nombre.* BLP*] [Gracias a ti, estaré lleno de alegría; cantaré alabanzas a tu nombre, oh Altísimo.* NTV*]*

Me alegraré y me regocijaré en ti. El gozo y la alegría son el espíritu apropiado para alabar la bondad del Señor.[27] Las aves exaltan el Creador con sus trinos alegres; el ganado expresa su alabanza en grupo con mugidos gozosos; y los peces enuncian su culto saltando deleitosos. Moloch[28] podrá ser adorado con aullidos de dolor, y Juggernaut[29] honrado con gemidos agónicos y gritos inhumanos, pero Aquel cuyo nombre es Amor[30] se siente mucho más satisfecho de recibir la santa alegría y regocijo

---

[25] Salmo 6:6.

[26] 1 Corintios 13:7.

[27] Dice JUAN CRISÓSTOMO [347-407]: «Quien ha experimentado el deleite de alegrarse en el Señor como corresponde se olvida de cualquier otro deleite; porque todos los demás placeres de la vida se le hacen insulsos. Deleitarse en el Señor es el único deleite verdadero; habrá otras cosas que ostentan el nombre de placeres, pero resultan vacías de contenido. Ese deleite enaltece al hombre, desliga el alma del cuerpo otorgándole alas para subir al cielo y sobrevolar las cosas terrenales».

[28] Se refiere al dios MOLOCH, de origen cananeo, adorado por los fenicios, cartagineses y sirios. Era símbolo del fuego purificante. Se le representaba con figura humana y cabeza de carnero o becerro, sentado en un trono y con distintivos de realeza, la boca abierta y los brazos extendidos. La estatua estaba vacía y dentro se encendía un gran fuego. El holocausto consistía en arrojar niños de corta edad por la boca como sacrificio, y el autor hace referencia a los gritos de los inocentes sacrificados y de sus desdichadas madres.

[29] Vocablo que deriva de la transliteración o adaptación al inglés del término sánscrito YÁGANAT O YAGANATHA, uno de los nombres por los que se conoce en el hinduismo al dios KRISNA O KRISHNA. La idea del "carro de Juggernaut", viene literalmente de un inmenso carromato con enormes ruedas en el que, según narra la obra *"The Travels of Sir John Mandeville"*, "Los viajes de Juan de Mandeville", transportaban en procesión la imagen del dios, bajo el cual se arrojaban en sacrificio sus adoradores quedando completamente triturados. "Los viajes de Juan de Mandeville" es una obra del siglo XIV de autoría discutida que relata hechos fantásticos, imposibles y mitológicos en clave historicista, recopilados en su mayoría de traducciones de manuscritos más antiguos con anotaciones extravagantes añadidas cuando el traductor no entendía lo que leía. Aunque sabemos que muchos de los relatos son fantásticos y falsos, algunas de las historias recopiladas han pasado a formar parte del imaginario colectivo como arquetipos, como esta historia del "carro de Juggernaut".

[30] 1 Juan 4:8.

santificado de su pueblo.[31] El gozo diario es adorno propio del carácter cristiano, y la vestimenta apropiada para los que forman parte del coro celestial. Dios *ama al dador alegre,*[32] tanto si lo que deposita sobre el altar es el oro de su bolsa como el oro de su sonrisa.

Cantaré a tu nombre, oh Altísimo. Los cánticos son la expresión más adecuada del agradecimiento interior, y haríamos bien en procurar honrar a nuestro Señor con muchos más. Comenta B. P. Power[33] acertadamente que: «Los marineros lanzan un grito de alegría cuando levan el ancla; el labrador silba gozoso por la mañana mientras sigue el surco de su yunta; la lechera canta una canción popular cuando se dispone a empezar su tarea; y cuando los soldados parten en formación dejando atrás a sus seres queridos, no avanzan al son fúnebre de "Saúl",[34] sino con los compases vigorosos de alguna marcha jubilosa. Un espíritu de alabanza nos dará lo que estos cánticos les dan a ellos; y si nos mantuviéramos en ese espíritu de alabanza, solventaríamos muchas dificultades que con el espíritu abatido no somos capaces de superar, y doblaríamos el trabajo que hacemos con un espíritu lánguido, abrumados por un alma aplastada. Así como en tiempos antiguos el espíritu malo en Saúl cedía y se apartaba de él ante la influencia positiva del arpa del hijo de Isaí,[35] también el espíritu de melancolía huirá de nosotros en cuanto entonemos el himno de alabanza».

C. H. SPURGEON

Vers. 3. ***Mis enemigos volvieron atrás; cayeron y perecieron delante de ti.*** *[Mis enemigos retrocedieron; cayeron y perecieron delante de ti.* RVR*] [Cuando mis enemigos retroceden, tropiezan y perecen delante de ti.* LBLA*] [Cuando mis enemigos se volvieron atrás, tropezaron contigo y perecieron.* BTX*] [Mis enemigos retroceden; tropiezan y perecen ante ti.* NVI*] [Mis enemigos retroceden, se debilitan, sucumben ante ti.* BLP*] [Mis enemigos retrocedieron, tambalearon y murieron cuando apareciste.* NTV*]*[36]

Mis enemigos retrocedieron; cayeron y perecieron delante de ti. La presencia de Dios es suficiente para provocar la derrota de nuestros enemigos más feroces, y cuando la mano del Señor arremete contra ellos su descalabro es tan completo que ni huyendo a toda prisa logran salvarse, pues cuando él los persigue caen para no levantarse de nuevo. Debemos cuidar, como David, en darle toda la gloria a Aquel cuya sola presencia decide la victoria. Y así hallamos aquí en boca de David alabanzas a nuestro Capitán como vencedor, hagamos de los triunfos de nuestro Redentor los triunfos de los redimidos, y regocijémonos con él en la derrota total de todos sus enemigos.

C. H. SPURGEON

---

[31] Filipenses 4:4.

[32] 2 Corintios 9:7.

[33] Se refiere a PHILIP BENNET POWER [1822-1899], clérigo y escritor inglés autor de numerosos libros.

[34] Se refiere al oratorio en tres actos "Saúl" (HWV 53) de GEORGE FREDERICK HANDEL [1685-1759], que se estrenó en el *King's Theatre* de Londres el 16 de enero de 1739, y cuya composición más conocida es su famoso himno funerario por Saúl y su hijo Jonatán.

[35] 1 Samuel 16:14-23.

[36] El Texto Masorético utiliza la el verbo hebreo יִכָּשְׁלוּ *yikkāšəlū* de כָּשַׁל *kashal,* "tropezar, caer derribado". La versión griega de los LXX o Septuaginta utiliza la palabra griega ἀσθενέω, "debilitados". De ahí que algunas versiones españolas, como es el caso de la NVI traduzcan *"se debilitan"*.

Mis enemigos retroceden; caerán y perecerán en tu presencia. Es decir, fueron rechazados y puestos en fuga. Traducirlo en tiempo presente, como hicieron nuestros traductores,[37] es totalmente impropio; destruye la coherencia y deja el texto confuso. Ainsworth[38] se dio cuenta de esto y lo tradujo en pasado: *"Mis enemigos retrocedieron"*.

En tu presencia. Es decir, a causa de tu ira. Porque, así como la presencia o rostro de Dios denota su favor con aquellos que le temen y le sirven, denota también su ira contra los malos: *"El rostro del Señor está contra los que hacen mal"*.[39]

BENJAMIN BOOTHROYD [1768-1836]

"Biblia Hebraica", 1813

Caerán y perecerán. La idea es que desfallecen durante una larga marcha o son heridos en batalla, y de manera especial que en su huida se topan con situaciones tan adversas que quedan incapacitados para seguir adelante y caen, quedando a merced de sus perseguidores, y por tanto, como en este caso, son vencidos y destruidos.

HENRY HAMMOND [1605-1660]

"Paraphrase and Annotations on Book of Psalms", 1659

Vers. 4. *Porque has mantenido mi derecho y mi causa; te has sentado en el trono juzgando con justicia.* *[Porque has mantenido mi derecho y mi causa; te has sentado en el trono juzgando con justicia.* RVR*] [Porque tú has mantenido mi derecho y mi causa; te sientas en el trono juzgando con justicia.* LBLA*] [Porque Tú has mantenido mi causa y mi derecho, te has sentado en el trono como Juez justo que eres.* BTX*] [Porque tú me has hecho justicia, me has vindicado; tú, juez justo, ocupas tu trono.* NVI*] [Porque tú me has hecho justicia sentado, juez justo, en tu trono.* BLP*] [Pues has juzgado a mi favor; desde tu trono juzgaste con imparcialidad.* NTV*]*

---

[37] Se refiere a los traductores de la versión inglesa KJV que traduce: *"When mine enemies are turned back, they shall fall and perish at thy presence"*, "en tiempo presente". En el caso de las versiones españolas la Reina-Valera (1960/1977) traduce en pasado, mientras que la NVI, BLP y LBLA traducen en presente como la KJV. La BTX traduce en pasado pero su traducción es peculiar: *"Cuando mis enemigos se volvieron atrás, tropezaron contigo y perecieron"*.

[38] Se refiere a HENRY AINSWORTH [1571-1622], teólogo inglés no conformista nacido en Swanton Morley, Norfolk, educado en el *Caius College* de Cambridge y posteriormente exilado y afincado en Ámsterdam. Erudito y reconocido especialista en el hebreo bíblico, fue autor de numerosas obras, entre las que destacan sus traducciones anotadas o comentarios a Génesis (1616); Éxodo (1617); Levítco (1618); Números (1619); Deuteronomio (1619) Salmos (incluyendo una versión métrica, 1612); y el Cantar de los Cantares de Salomón (1623). Su obra *"Psalms, The Book of Psalmes: Englished both in Prose and Metre with Annotations"* (Ámsterdam, 1612), que incluye en una separata con treinta y nueve melodías monofónicas de salmos, es conocido como el *"Ainsworth Psalter"*, "El Salterio de Ainsworth", único libro de música que los peregrinos puritanos llevaron a Nueva Inglaterra en 1620, posteriormente revisado y convertido en el *"Bay Psalm Book"*, y que tuvo una influencia fundamental en la primitiva salmodia norteamericana.

[39] Salmo 34:16 LBL/NVI. En hebreo פְּנֵי *pənê* de פָּנִים *panim*, "rostro". Ver también Levítico 17:10; Jeremías 44:11.

Porque has mantenido mi derecho y mi causa. Una familia noble europea tiene como lema en su escudo: «Lo mantendré».[40] Pero el cristiano tiene otro lema mejor y más humilde: *"Tú has mantenido"*. "Dios" y "mi causa" van unidos indisolublemente por mi fe; y mientras Dios permanezca a mi diestra[41] jamás me será arrebatada.

Te has sentado en el trono juzgando con justicia.[42] Si procuramos mantener y honrar la causa y el honor de nuestro Señor, podemos sufrir reproches y calumnias, pero es un enorme consuelo recordar que Aquel que está sentado en el trono juzga nuestros corazones y no nos dejará a merced de la ignorancia del juicio del hombre falible

C. H. SPURGEON

Vers. 5. *Reprendiste a las naciones, destruiste al malo, borraste el nombre de ellos eternamente y para siempre.* *[Reprendiste a las naciones, destruiste al malo, borraste el nombre de ellos eternamente y para siempre.* RVR*] [Has reprendido a las naciones, has destruido al impío, has borrado su nombre para siempre jamás.* LBLA*] [Reprendiste a las naciones, hiciste perecer al malvado, has borrado su nombre para siempre.* BTX*] [Reprendiste a los paganos, destruiste a los malvados; ¡para siempre borraste su memoria!* NVI*] [Tú castigas al pagano, destruyes al malvado borrando su nombre para siempre.* BLP*] [Reprendiste a las naciones y destruiste a los malvados; borraste sus nombres para siempre.* NTV*]*

Reprendiste a las naciones, destruiste al malo, borraste el nombre de ellos eternamente y para siempre. Dios antes de destruir, reprende. Pero una vez estalla contra los impíos, no cesa hasta que los ha reducido a pedazos tan pequeños que incluso su nombre cae en el olvido, y su recuerdo es extinguido y eliminado, cual un olor apestoso, por los siglos de los siglos. ¡Con qué asiduidad aparece en este versículo y el anterior el pronombre personal "tú"![43] Es para mostrarnos que el aroma de nuestro agradecimiento asciende verticalmente, directo hacia el Señor, como el humo del altar cuando no sopla viento. Mi alma dirige toda su alabanza a todos *tus* poderes, directamente *a ti*, porque *tú has sido* y *tú eres* su garantía de liberación.

C. H. SPURGEON

---

[40] Se refiere al Escudo de Armas de los Países Bajos que es blasón personal del rey o reina de Holanda: en francés *"Je maintiendrai"*. Fue el lema de GUILLERMO DE ORANGE [1533-1584], y de la casa de los NASSAU, expresando el compromiso adquirido por el conde RENÉ DE NASSAU-BREDA o RENÉ DE CHÂLONS [1519-1544], de mantener el nombre de Châlons. Sigue siendo el lema de los reyes de Holanda a día de hoy. El lema fue adoptado también por los protestantes irlandeses en un sentido distinto: aplicándolo a las ideas del protestantismo en su enfrentamiento con la Iglesia Católica Romana: "Mantendremos la fe protestante y los derechos de Inglaterra".

[41] Isaías 41:10,13.

[42] JUAN CRISÓSTOMO [347-407] nos amonesta una vez más (como hace en el Salmo 6:1), a no inferir de estas palabras concepciones antropoteístas imaginando un Dios en forma humana o sujeto a limitaciones y pasiones humanas, un Dios que literalmente se sienta o se levanta: «La idea de *"sentarse"* la utiliza el salmista para expresar su naturaleza estable y permanente: *"el Señor permanece para siempre; ha establecido su trono para juicio"* (5:7) ».

[43] Evidentemente esto se da únicamente en las versiones en inglés. La KJV traduce: *"For **thou** hast maintained my right and my cause; **thou** satest in the throne judging right. **thou** hast rebuked the heathen, **thou** hast destroyed the wicked, **thou** hast put out their name for ever and eve"*. Pero en las versiones españolas se sobreentiende y para los efectos es lo mismo.

Has reprendido a las naciones. Agustín aplica esto de forma simbólica y mística, relacionándolo con la expresión del versículo uno: *"contaré todas tus maravillas"*. ¿Pues qué cosa hay más maravillosa que el retroceder del enemigo espiritual cuando es reprendido, como tuvo que retroceder el diablo al ser reprendido con las palabras: *"¡Quítate de delante de mí, Satanás!"*;[44] o como tiene que retroceder nuestro ego, el viejo hombre, cuando es sustituido por el hombre nuevo?[45]

JOHN MAYER [1583-1664]

"A Commentary upon the whole Old Testament", 1653

Vers. 6. *Los enemigos han perecido; han quedado desolados para siempre; y las ciudades que derribaste, su memoria pereció con ellas.* *[Los enemigos han perecido; han quedado desolados para siempre; derribaste sus ciudades, y su recuerdo pereció con ellas.* RVR*] [El enemigo ha llegado a su fin en desolación eterna, y tú has destruido sus ciudades; su recuerdo ha perecido con ellas.* LBLA*] [El enemigo ha sucumbido en desolación eterna, destruiste sus ciudades, y con ellas pereció su recuerdo* BTX*] [Desgracia sin fin cayó sobre el enemigo; arrancaste de raíz sus ciudades, y hasta su recuerdo se ha desvanecido.* NVI*] [El enemigo se ha derrumbado sin remedio, has demolido sus ciudades, anulado su recuerdo.* BLP*] [El enemigo está acabado, quedó en ruinas eternas; las ciudades que arrancaste de raíz ya pasaron al olvido.* NTV*]*[46]

Los enemigos han perecido; han quedado desolados para siempre; derribaste sus ciudades, y su recuerdo pereció con ellas. El salmista se regocija aquí por el enemigo caído. Se inclina, por así decirlo, sobre su cuerpo ahora postrado, vilipendiando su fuerza otrora elogiada. Arranca de la boca del presumido su canción de jactancia, para entornarla él con son de burla. Así hizo también nuestro glorioso Redentor tras su victoria, preguntándole a la muerte: *¿Dónde está, oh muerte, tu aguijón? ¿Dónde, oh sepulcro, tu victoria?"*.[47] El malogrador ha terminado malogrado, y el que esclavizaba ha sido esclavizado.[48] ¡Que salgan pues las hijas de Jerusalén a recibir a su Rey, y lo alaben con tambores y cítaras![49]

A la luz del pasado, el futuro no plantea nada dudoso. Siendo el propio Dios Todopoderoso quien ocupa el trono del poder, podemos gloriarnos en todo lo que tenemos por delante con absoluta confianza.

C. H. SPURGEON

Vers. 7. *Pero Jehová permanecerá para siempre; ha dispuesto su trono para juicio.* *[Pero Jehová permanecerá para siempre; ha dispuesto su trono para juicio.* RVR*] [Pero el Señor permanece para siempre; ha establecido su trono para juicio.* LBLA*] [Pero YHVH permanece para siempre,*

[44] Mateo 16:13.

[45] Efesios 4:24; Colosenses 3:10.

[46] En este versículo el Texto Masorético y la versión griega de los LXX o Septuaginta presenta diferencias notables. La primera frase en el texto hebreo es: הָאוֹיֵב תַּמּוּ חֳרָבוֹת לָנֶצַח *hā'ōwyêḇ tammū ḥorāḇōwṯ lāneṣaḥ;* en la Septuaginta: ὁ ἐχθρός ἐκλείπω ὁ ῥομφαία εἰς τέλος que la Vulgata traduce como: *"Inimici defecerunt frameae in finem"*, "Las espadas del enemigo se embotaron para siempre". La frase final en el TM es: אָבַד זִכְרָם הֵמָּה *'āḇaḏ ziḵrām hêmmāh;* mientras que la Septuaginta lee: ὁ μνημόσυνον αὐτός μετά ἦχος que la Vulgata traduce: *"Periit memoria eorum cum sonitu"*, "Pereció la memoria de ellos con el sonido".

[47] 1 Corintios 15:55.

[48] Apocalipsis 13:10.

[49] 1 Samuel 18:6; Salmo 68:25; 149:3; 150:3-4.

Él ha establecido su trono para el juicio. BTX*] [Pero el Señor reina por siempre; para emitir juicio ha establecido su trono.* NVI*] [Pero el Señor permanecerá por siempre; él prepara su trono para el juicio.* BLP*] [Pero el Señor reina para siempre, desde su trono lleva a cabo el juicio.* NTV*]*

Pero Jehová permanecerá para siempre. La existencia eterna y dominio inmutable de nuestro Jehová son los firmes cimientos de nuestra alegría. El enemigo y sus obras destructoras alcanzarán un final definitivo, pero Dios y su trono permanecerán para siempre. La eternidad de la soberanía divina nos aporta un consuelo confiable.

Ha dispuesto su trono para juicio. En ese trono *dispuesto para juicio,* hemos de ver la rapidez de la justicia divina. En los tribunales del cielo los demandantes no han de aguardar períodos interminables En la audiencia del Rey Celestial,[50] los juicios son constantes y continuados, no hay períodos vacacionales; ante en trono del Juez de toda la tierra pueden acudir miles a la vez, y nadie, ni demandante ni demandado, tendrán motivo alguno para quejarse de que no se les haya atendido a tiempo y otorgado de inmediato un juicio justo.

C. H. SPURGEON

Vers. 8. *El juzgará al mundo con justicia, y a los pueblos con rectitud.* *[Él juzgará al mundo con justicia, y a los pueblos con rectitud.* RVR*] [Y juzgará al mundo con justicia; con equidad ejecutará juicio sobre los pueblos.* LBLA*] [Y juzgará al mundo con justicia, ejecutará con equidad juicio a las naciones.* BTX*] [Juzgará al mundo con justicia; gobernará a los pueblos con equidad.* NVI*] [Para juzgar al mundo con justicia, para juzgar con rectitud a las naciones.* BLP*] [Juzgará al mundo con justicia y gobernará a las naciones con imparcialidad.* NTV*]*

Él juzgará al mundo con justicia,[51] *y a los pueblos con rectitud.* Hagan lo que hagan los tribunales terrenales, el trono de Dios en el cielo administra justicia en rectitud. La parcialidad y la acepción de personas[52] son prácticas desconocidas en los tratos con el Santo de Israel.[53] ¡Cómo debería frenarnos ante la tentación de pecar, la idea de tener que presentarnos ante el tribunal del gran Rey, y cuánto debe confortamos cuando nos calumnian y cuando estamos angustiados!

C. H. SPURGEON

Él juzgará al mundo con justicia, y a los pueblos con rectitud. En este juicio las lágrimas serán inútiles, las oraciones no serán escuchadas, las promesas rechazadas, el arrepentimiento llegará demasiado tarde; y en cuanto a las riquezas, títulos honoríficos, cetros y diademas, no servirán de nada. El escrutinio será tan hondo y diligente que tan siquiera un leve pensamiento, ni una palabra ociosa (de

---

[50] En el original inglés: *"King's Bench above"*. KINGS BENCH era el nombre que se daba al tribunal superior de justicia o Tribunal Supremo de Inglaterra; en tiempos antiguos era el rey en persona quien solía sentarse a presidirlo, en la modalidad de impartir justicia conocida históricamente en jurisprudencia como *"coram ipso rege"*, "delante del propio rey".

[51] La versión griega de los LXX o Septuaginta lee: καί αὐτός κρίνω ὁ οἰκέω ἐν δικαιοσύνῃ que la Vulgata traduce como: *"Et ipse judicabit orbem terrae in aequitate"*, "Él mismo juzgará la redondez de la tierra en equidad": una traducción singular que merecería un análisis filológico profundo. El Texto Masorético utiliza el término hebreo תֵּבֵל *têḇêl.*

[52] Hechos 10:34; Romanos 2:11; Gálatas 2:6; Efesios 6:9.

[53] Isaías 12:6; 43:3; 45:11.

la que no nos hayamos arrepentido en vida), caerá en olvido. Porque la Verdad misma ha dicho, y no jocosamente sino muy en serio: *"que de toda palabra ociosa que hablen los hombres, darán cuenta en el día del juicio"*.[54] Oh, cuántos que ahora pecan con deleite, sí, con verdadero afán y avidez (como si sirvieran a un dios de madera o de piedra, que nada ve, o nada puede hacer), quedarán en ese día asombrados, avergonzados y mudos. Allí terminarán sus días de jolgorio al verse abrumados por la oscuridad eterna; y en lugar de sus habituales placeres, gustarán el tormento eterno.

THOMAS TYMME [¿1578?-1620]
"Silver Watch Bell", 16341

Él juzgará al mundo con justicia, y a los pueblos con rectitud. Ni aún Pablo, mil años después, en su magistral discurso a los atenienses en la colina de Marte,[55] pudo hallar mejores términos para transmitir a sus oyentes la doctrina del día del juicio que la traducción al griego que hace la Septuaginta de esta cláusula del Salmo 9: *"por cuanto ha establecido un día en el cual va a juzgar al mundo con justicia"*.[56]

WILLIAM SWAN PLUMER [1802-1880]
"Studies on the Book of Psalms", 1867

Él juzgará al mundo con justicia, y a los pueblos con rectitud. La conciencia culpable no puede soportar que le hablen de ese juicio. Cuando la oveja es llevada al matadero no bala en protesta, se deja llevar y permite mansamente que hagan con ella cuanto quieran; pero el cerdo, cuando lo agarran se revuelve, gruñe, churrita y chilla desesperado, porque siempre cree que lo llevan al matadero. Así también las conciencias culpables no soportan oír hablar de ese día de juicio, porque saben que será su condenación. Pienso que, si se organizara una colecta mundial para evitar que hubiese día de juicio, el planeta entero quedaría en bancarrota convirtiéndose en un páramo desolado, pues Dios se haría con todos los bienes humanos. Entonces el juez codicioso entregaría sus sobornos, el abogado astuto aportaría su bolsa y el usurero se desprendería de sus ganancias, e incluso todos darían el doble de lo que recibieron.[57] Pero ni todo el dinero del mundo bastaría para justificar nuestro pecado, de modo que el juez tendrá que responder de sus sobornos y el que tiene dinero tendrá que aclarar cómo lo consiguió, ya que el destino de sus almas será la justa condenación, donde el pecador estará siempre muriendo y nunca muerto, como la salamandra,[58] que está siempre en el fuego pero nunca llega a consumirse.

HENRY SMITH [1560-1591]
en *"The Trumpet of the Soul Sounding to Judgment"*, 1591

---

[54] Mateo 12:36.

[55] También conocida como «Colina de Ares» o «Colina del Areópago», un monte situado al oeste de la Acrópolis de Atenas y que era la sede del Consejo o Tribunal que se reunió en ella desde el año 480 a.C. hasta el 425 d.C. Todavía visible, aunque en ruinas, en la Atenas actual y con una placa conmemorativa de bronce que contiene el discurso del apóstol Pablo.

[56] Hechos 17:31. La Septuaginta o versión griega de los LXX traduce: καί αὐτός κρίνω ὁ οἰκέω ἐν δικαιοσύνῃ; Pablo dice a los atenienses: καθοτι εστησεν ημεραν εν η μελλει κρινειν την οικουμενην εν δικαιοσυνη.

[57] Lucas 19:8.

[58] Se refiere a la salamandra mitológica, animal legendario en cuya existencia se creyó hasta la época de la ilustración, y representado con aspecto muy similar al de la salamandra común, animal anfibio urodelo muy común en el continente europeo. ARISTÓTELES [384-322 a.C.] y PLINIO EL VIEJO [23-79] en su "Historia Natural", asociaban a la salamandra con el fuego, asegurando que siempre estaba cerca del fuego porque era incombustible y que este se apagaba cuando la salamandra pasaba por encima, razón por la que ha sido adoptada como símbolo por muchos cuerpos de bomberos modernos. ISIDORO DE SEVILLA [560-636]

Vers. 9. ***Jehová será refugio del pobre, refugio para el tiempo de angustia.*** *[Jehová será ciudadela para el oprimido, lugar fuerte para el tiempo de angustia.* RVR*] [Será también el Señor baluarte para el oprimido, baluarte en tiempos de angustia.* LBLA*] [¡Sea YHVH un alto refugio para el oprimido, un baluarte en tiempos de angustia!* BTX*] [El Señor es refugio de los oprimidos; es su baluarte en momentos de angustia.* NVI*] [Sea el Señor refugio del oprimido, refugio en tiempo de angustia.* BLP*] [El Señor es un refugio para los oprimidos, un lugar seguro en tiempos difíciles.* NTV*]*[59]

Jehová será ciudadela para el oprimido,[60] *lugar fuerte para el tiempo de angustia.* El mismo que no da cuartel a los malos en el día del juicio, es defensa y refugio de sus santos en el día de la angustia. La angustia, sea causada por el hombre o por Satanás, tiene muchas facetas, pero en el Señor Jehová encontramos refugio a todas ellas. Bajo la antigua ley había ciudades de refugio;[61] bajo el evangelio, nuestra ciudad de refugio es Dios. Así como los barcos azotados por una tempestad ponen proa a puerto, los angustiados y perseguidos se apresuran a refugiarse bajo las alas de un Dios justo y misericordioso.[62] Es una torre fuerte,[63] inexpugnable, que las huestes del infierno no pueden tomar, y desde las alturas imperturbables de sus almenas la fe mira hacia abajo, a sus enemigos, con desprecio.

C. H. SPURGEON

Jehová será ciudadela para el oprimido, baluarte para el tiempo de angustia. Se dice que los antiguos egipcios vivían en regiones pantanosas donde los mosquitos les molestaban constantemente, y aprovechando que estos insectos no pueden volar muy arriba, dormían en unas altas torres para evitar sus picaduras.[64] Así debe ser también con nosotros cuando nos asedian con sus picaduras el temor y la angustia: hemos de elevarnos, ascender más alto, refugiarnos en el baluarte divino y confiar en su ayuda para obtener de descanso.

JOHN TRAPP [1601-1669]
"A commentary or exposition upon the books of Ezra, Nehemiah, Esther, Job and Psalms", 1657

---

afirmaba que una sola salamandra era capaz «de emponzoñar y secar un árbol frutal, y envenenar los pozos de agua potable». Más recientemente, ha sido utilizada en la literatura fantástica, juegos de rol, videojuegos y dibujos animados, asociándola casi siempre al fuego.

[59] La Vulgata traduce la última frase como: *"adjutor in opportunitabus, in tribulatione",* "ayudador en el tiempo oportuno, en los tiempos de tribulación" una frase que los comentaristas de los primeros siglos aprovecharon para identificar como una alusión a las tribulaciones de la Iglesia (Daniel 12:1; Mateo 24:21-22; Marcos 13:19; 1 Timoteo 3:1).

[60] JUAN CRISÓSTOMO [347-407] nos hace observar que no dice: "El Señor envió protección al pobre" o "el Señor ordeno defender al pobre", sino: *"El Señor será refugio del pobre".* Es decir, él mismo se hizo pobre y con ello refugio del pobre; el refugio más seguro e inexpugnable que pueda haber, inmutable y eterno, por tanto motivo de felicidad inagotable.

[61] Josué 20:2-9: Números 35:10-28; Deuteronomio 19:1-13.

[62] Deuteronomio 32:11; Salmo 17:8; 57:1; 61:4; 63:7; 91:4.

[63] Salmo 61:3; Proverbios 18:10.

[64] Se refiere al historiador y geógrafo griego HERÓDOTO [484-420 a.C.], que en el apartado número noventa y cinco de su tratado de historia, *"Euterpe",* habla de los mosquitos de Egipto y de cómo evitar sus picaduras: «Contra los mosquitos, que son abundantes, han ideado lo que sigue: los que viven cerca de los pantanos se guarecen en elevadas torres a las que se encaraman para dormir, aprovechando que los mosquitos, vencidos por los vientos, no logran volar tan alto».

Vers. 10. ***En ti confiarán los que conocen tu nombre, por cuanto tú, oh Jehová, no desamparaste a los que te buscaron.*** *[En ti confiarán los que conocen tu nombre, por cuanto tú, oh Jehová, no desamparas a los que te buscan.* RVR*] [En ti pondrán su confianza los que conocen tu nombre, porque tú, oh Señor, no abandonas a los que te buscan.* LBLA*] [En Ti confiarán los que conocen tu Nombre, por cuanto Tú, oh YHVH, no abandonas a los que te buscan.* BTX*] [En ti confían los que conocen tu nombre, porque tú, Señor, jamás abandonas a los que te buscan.* NVI*] [En ti confían los que conocen tu nombre pues tú, Señor, no abandonas a quien te busca.* BLP*] [Los que conocen tu nombre confían en ti, porque tú, oh Señor, no abandonas a los que te buscan.* NTV*]*

En ti confiarán los que conocen tu nombre, por cuanto tú, oh Jehová, no desamparas a los que te buscan. La peor de las ignorancias es la que ignora a Dios, y el mejor de los conocimientos es el que nos permite conocer el nombre de Dios. Y este conocimiento más excelente nos conduce a la más excelente de las gracias: la de la fe, a saber más de los atributos y el carácter de Dios.[65] La incredulidad es ave ululante y nocturna que no puede vivir en la luz del conocimiento divino, vuela a esconderse antes de que salga el sol poderoso y benefactor del nombre de Dios. Si tomamos este versículo literalmente, descubrimos que en los nombres de Dios hallamos una plenitud gloriosa y garante:[66]

– אֵל *el,* DIOS. La raíz semítica para el concepto de Dios, utilizada por todos los pueblos para referirse a sus deidades. Su sentido en el hebreo es de fortaleza: "el fuerte, el poderoso". Con frecuencia se utiliza en nombres propios compuestos tanto de personas como de lugares como: בֵּית־אֵל *Beth-el,* יִשְׂרָאֵל *yiśrā'êl.*[67]
– אֱלֹהִים *elohim,* EL CREADOR, el todopoderoso. Es el plural de אֵל *el,* primera referencia a Dios que aparece el en texto bíblico (Génesis 1:1). Es "el creador de todas las cosas, el que lo sustenta todo y el que está en todas partes en todo momento".[68]
– עֶלְיוֹן *elyown,* EL DIOS ALTÍSIMO. Es el Dios que está por encima de todas las cosas y tiene autoridad y supremacía de todos los dioses falsos.[69]
– אֵל שַׁדַּי *'êl shadday,* EL TODOPODEROSO, el todo suficiente, el Dios de los montes, el inagotable. Es el que todo lo puede: no hay dificultad que no pueda resolver ni problema que no puede manejar.[70]
– אֵל גִּבּוֹר *'êl gibbōwr,* EL DIOS FUERTE. Su sentido es profético y aplicado al Mesías como Dios poderoso que triunfará sobre sus enemigos.[71]
– אֵל עוֹלָם *'êl 'ōwlām,* EL DIOS ETERNO, que ha existido siempre, que no tiene principio ni tiene fin.[72]

[65] Dice al respecto DÍDIMO EL CIEGO [313-398]: «Aquellos que *"conocen"* el Nombre de Dios no ponen su confianza en otra cosa. Todo cuanto hacen lo hacen a través de él, jamás confiando en sus propias fuerzas. Y por tal razón, jamás lo abandonan y jamás se sienten abandonados»

[66] Sobre los nombres de Dios, Spurgeon remite al lector a unas pequeñas referencias muy breves incluidas en la sección de *"Hints for Preachers"*. Hemos estimado conveniente ampliarlas, por lo que advertimos al lector que todo lo que sigue referente a los nombres de Dios es texto añadido que no figura en el original.

[67] Éxodo 15:2; Números 23:22; Deuteronomio 7:9.

[68] Génesis 1:1-3; Deuteronomio 32:7-9; Job 12:10; Hechos 17:28; Colosenses 1:17.

[69] Génesis 14:17-22; Salmo 78:35; Daniel 4:34.

[70] Génesis 17:1-3; 48:3; 49:25, 35:11, Salmo 90:2.

[71] Isaías 9:6.

[72] Génesis 21:33; Salmo 90:1-2; Isaías 40:28.

– אֵל רֳאִי *'êl ro'î,* EL DIOS QUE ME VE, el omnipresente, el omnisciente. Nada escapa a su mirada, conoce los pensamientos, está en todos los lugares y cuida de su creación y de sus criaturas con un cuidado paternal.[73]

– אֵל אֱלֹהֵי יִשְׂרָאֵל *'êl 'ělōhê yiśrā'êl,* EL DIOS DE ISRAEL. El Dios único y distinto a todos los demás dioses falsos, no hay otro como él.[74]

– עִמָּנוּ אֵל *'immānū 'êl,* DIOS CON NOSOTROS. Su sentido es profético y aplicado al Mesías que había de venir, es decir, a Jesús.[75]

– אֲדֹנָי *Adonay* EL GRAN SEÑOR, forma enfática de אָדוֹן *adon,* "Señor". Su sentido es de majestuosidad y autoridad: El Señor majestuoso dueño de todas las cosas.[76] Aparece en el Texto Masorético 448 veces. A veces aparece combinado con יְהוָה *Yhvh* para decir "Jehová el Señor".[77] Los judíos lo utilizan como sinónimo de יְהוָה *Yhvh,* considerado como demasiado sagrado para pronunciarlo.

– יְהוָה *Yhvh,* EL YO SOY. Conocido como el tetragrámaton, y traducido en algunas versiones castellanas de la Biblia como Yahveh y en otras como Jehová, este último al parecer una forma híbrida derivada de la combinación de las consonantes latinas יְהוָה *Yhvh,* JHVH con las vocales de אֲדֹנָי *Adonay*, EOA. Es el que existe por sí mismo y nunca cambia.[78]

– יָהּ *Yah,* EL YO SOY. Forma abreviada de יְהוָה *Yhvh.* Aparece en ese modo 48 veces en el texto hebreo: 2 en el Éxodo, 4 en Isaías, y el resto en los Salmos, combinado en mayoría con expresiones de alabanza.[79]

– יְהוָה יִרְאֶה *Yahweh yêrā'eh,* EL SEÑOR PROVEERÁ. Su sentido es que Dios suple nuestras necesidades como proveyó el carnero a Abraham en sustitución de Isaac. Su sentido profético es que Jesús es nuestro sustituto.[80]

– יְהוָה מְקַדִּשְׁכֶם *Yahweh məqaddiškem,* EL SEÑOR SANTIFICA. Dios, santo en sí mismo, aparta a un pueblo y lo santifica para él.[81]

– יְהוָה נִסִּי *Yahweh nissî,* EL SEÑOR MI BANDERA. El Señor es nuestro estandarte y con él ganamos las batallas.[82]

– יְהוָה רֹפְאֶךָ *Yahweh rōpə'ekā,* EL SEÑOR SANA. El Señor sana las enfermedades y dolencias de su pueblo.[83]

– יְהוָה רֹעִי *Yahweh rō'î,* EL SEÑOR MI PASTOR. El Señor guía y dirige a su pueblo, lo alimenta protege y cuida de él en todos los aspectos.[84]

– יְהוָה צְבָאוֹת *Yahweh ṣəbā'ōwt,* EL SEÑOR DE LOS EJÉRCITOS. El Señor cuenta con huestes ilimitadas para ganar batallas y cumplir sus propósitos.[85]

---

[73] Génesis 16:13-14; Salmo 139:7-12.
[74] Génesis 33:20; Éxodo 5:1, Salmo 68:8; Salmo 106:4.
[75] Isaías 7:14; 8:8-10; Mateo 1:23; Hebreos 1:3.
[76] Génesis 15:2; Salmo 8; Isaías 40:3-5, Ezequiel 16:8; Habacuc 3:19.
[77] Isaías 50:4.
[78] Éxodo 3:14; 6:2-4, 34:5-7; Salmo 102.
[79] Éxodo 15:2; 17:26; Salmo 68:4,18; 118:14,17-19; 122:4; 140:1,9; 150:1,6; Isaías 12:2; 26:4; 38:11.
[80] Génesis 22:14.
[81] Éxodo 31:13.
[82] Éxodo 17:15-16; Deuteronomio 20:3-4; Isaías 11:10-12.
[83] Éxodo 15:25-27; Salmo 103:3; 147:3.
[84] Salmo 23:1-3, Isaías 53:6.
[85] 1 Samuel 1:3; 17:45; Salmo 46:7; Malaquías 1:10-14.

– יְהוָה שָׁלוֹם *Yahweh šālōwm*, EL SEÑOR ES PAZ. Dios es un Dios de paz y el Mesías será conocido como "Príncipe de Paz".[86]
– יְהוָה שָׁמָּה *Yahweh šāmmāh,* EL SEÑOR ESTÁ PRESENTE. Su sentido es de omnipresencia, la presencia del Señor no está circunscrita o limitada a un lugar determinado, está en todas partes.[87]
– יְהוָה צִדְקֵנוּ *Yahweh ṣidqênū,* EL SEÑOR NUESTRA JUSTICIA. Dios, juez justo, juzga a las naciones con justicia y defenderá la causa de su pueblo.[88]

Conocer los nombres de Dios implica un conocimiento experimental de sus atributos, y cada uno es un ancla donde amarrar el alma en los momentos de zozobra evitando su deriva. El Señor puede ocultar su rostro de su pueblo por un tiempo,[89] pero nunca abandonará y *desamparará* real, completa, definitivamente y con enojo *a los que le buscan.* Que aquellos que le buscan hallen en esto el consuelo que precisan; y que todo aquellos que ya le han encontrado se regocijen aún más profusamente al pensar cómo habrá de ser la fidelidad del Señor con aquellos que le encuentran, si tan benevolente se muestra con aquellos que buscan.

¡Cuán dulce el nombre de Jesús
es para el hombre fiel!
Consuelo, paz, vigor, salud
encuentro siempre en él.

Al pecho herido fuerzas da,
y calma al corazón;
al alma hambrienta es cual maná
y alivia su aflicción.

Tan dulce nombre es para mí
de dones plenitud,
raudal que nunca exhausto vi
de gracia y de salud.

Jesús, mi amigo y mi sostén,
mi Rey y Salvador,
mi vida y luz, mi eterno bien,
acepta mi loor.

Es pobre ahora mi cantar,
mas cuando en gloria esté
y allí te pueda contemplar,
mejor te alabaré.

[86] Números 6:22-27; Jueces 6:22-24; Isaías 9:6.
[87] Ezequiel 48:35; Salmo 46.
[88] Jeremías 23:5-6; 33:16; Ezequiel 36:26.27.
[89] Deuteronomio 31:17-18; Isaías 1:15; 8:17; 45:15; 54:8.

En tanto dame que tu amor
proclame sin cesar,
y torne en gozo mi dolor
tu nombre, al expirar.[90]

C. H. Spurgeon

En ti confiarán los que conocen tu nombre, por cuanto tú, oh Jehová, no desamparas a los que te buscan. La fe es una gracia inteligente; aunque puede haber conocimiento sin fe, no puede haber fe sin conocimiento. A eso lo llamo yo fe perspicaz, el conocimiento debe preceder a la fe iluminando el camino con su antorcha, como exclama el apóstol: *"porque yo sé en quién he creído"*.[91] En la conversión de Pablo cerca de Damasco leemos que: *"repentinamente le rodeó un resplandor de luz del cielo",* lo cual nos indica que antes de que la fe haga acto de aparición, Dios ilumina con su luz el entendimiento. Una fe ciega es tan nociva como una fe muerta: tan poco útil es un ojo carente de visión como buena la fe sin conocimiento. La ignorancia devota condena y es condenable, como condenable es la iglesia de Roma que trata de defender sus doctrinas manteniendo el pueblo en la ignorancia, levantando con ello un altar al Dios desconocido. Dicen que la ignorancia es la madre de la devoción; pero cuando se pone el sol sobre el entendimiento, también en la tierra de los afectos anochece. Pues tan necesario es el conocimiento para la existencia de la fe que a menudo las Escrituras identifican una cosa con la otra, bautizan a la fe con el nombre de conocimiento. Como leemos en Isaías: *"por su conocimiento justificará mi siervo justo a muchos"*.[92] Está claro en este caso que habla de conocimiento donde correspondería hablar de fe.[93]

Thomas Watson [1620-1686]
"Sermons and Discourses on Importan and Interesting Subjects", 1692

En ti confiarán los que conocen tu nombre, por cuanto tú, oh Jehová, no desamparas a los que te buscan. La madre de toda incredulidad es la ignorancia de Dios, de su fidelidad, misericordia y poder. "*En ti pondrán su confianza los que conocen tu nombre*". Esto mismo confirmaron por la fe Abel, Enoc, Noé, Abraham, Sara, y toda una larga lista de personajes.[94] "Yo sé a quién he creído, y

[90] Spurgeon incluye aquí la tercera y cuarta estrofas de la versión inglesa del poema atribuido a Bernardo de Claraval [1091-1153]: *"Jesus, the Very Thought of Thee"* conocido en español como "Tan solo con pensar en ti". El texto original es: «*O Hope of every contrite heart, / O Joy of all the meek / To those who fall, how kind Thou art! /How good to those who seek! But what to those who find? / Ah, this Nor tongue nor pen can show; / The love of Jesus, what it is / None but His loved ones know*»; y la versión española: «Al de sumiso corazón, / en ti perdón tendrá, / al pecador que vuelve a Ti, / la redención darás. / Se nuestro gozo, oh Jesús; / del malo ten piedad; / danos tu gloria celestial / por la eternidad». La traducción al español se aparta por completo del sentido del original inglés, que literalmente debería ser: «¡Cuán benevolente eres con los que caen / cuán bueno con los que te buscan; / pero ¿y con los que te han encontrado? / ¡ah, con estos no hay lengua ni pluma que lo puedan expresar!». Hemos decidido, por tanto, sustituirlo por el himno de John Newton [1725-1807]: *"How Sweet the Name of Jesus Sounds"* en su traducción al español, cantada con la misma tonada, de Juan Bautista Cabrera [1837-1916], pues nos ha parecido más adecuado.
[91] 2 Timoteo 1:12.
[92] Isaías 53:11.
[93] Este versículo nos plantea la tríada perfecta: Fe: *"en ti confiarán";* Conocimiento: *"los que conocen tu nombre";* Experiencia: *"no desamparaste a los que te buscaron".*
[94] Hebreos 11:1-39.

estoy seguro de que es poderoso para guardar mi depósito para aquel día", exclama Pablo.[95] *"Fiel es el que prometió"*,[96] y *"poderoso para hacer lo que había prometido"*.[97] Las promesas benevolentes del Señor son todas ellas ciertas y seguras,[98] sus mandamientos justos y buenos,[99] y el premio o recompensa inestimable y valorado por encima de millares de piezas de oro y plata.[100] Confía, por tanto, en el Señor, oh alma mía, y síguele con ahínco. Cuentas con su promesa benevolente, sabes que nunca ha fallado, te ha prometido mucho más de lo que hubieras llegado a pedir o a imaginar, ha hecho por ti más de lo que prometió, es bueno y generoso incluso con los malos y los impíos;[101] lleva a cabo su obra, puede sustentarte y te sustenta. Por encima de la arrogancia de los méritos propios te espera una corona de gloria; agárrate fuerte a su palabra, y no dejes que nada te aparte de él.[102] Apóyate en sus promesas aun cuando te parezca que va a acabar contigo; aférrate a sus estatutos por encima de los deseos de la carne y las seducciones del mundo, de las tentaciones del diablo, y todos sus halagos o amenazas.

JOHN BALL [1585-1640]
"Treatise of Faith", 1632

En ti confiarán los que conocen tu nombre. Aquellos que a través de la salvación conocen los dulces atributos de Dios y sus nobles actos en favor de su pueblo, no pueden hacer otra cosa. Nunca confiamos en un ser humano hasta conocerlo bien, y a los malos es mejor conocerlos que confiar en ellos. Pero con el Señor no es así; porque allí donde su nombre es ungüento purificado y derramado, le aman las doncellas, le temen, se regocijan en él y reposan en él.[103]

JOHN TRAPP [1601-1669]
"A commentary or exposition upon the books of Ezra, Nehemiah, Esther, Job and Psalms", 1657

Vers. 11. *Cantad a Jehová, que habita en Sion; publicad entre los pueblos sus obras.* *[Cantad a Jehová, que habita en Sión; publicad entre los pueblos sus hazañas.* RVR*] [Cantad alabanzas al Señor, que mora en Sion; proclamad entre los pueblos sus proezas.* LBLA*] [¡Cantad salmos a YHVH, que habita en Sión! ¡Anunciad entre los pueblos sus proezas!* BTX*] [Canten salmos al Señor, el rey de Sión; proclamen sus proezas entre las naciones.* NVI*] [¡Ensalzad al Señor que mora en Sión, cantad a los pueblos sus proezas!* BLP*] [Canten alabanzas al Señor, que reina en Jerusalén. Cuéntenle al mundo acerca de sus inolvidables hechos.* NTV*]*

Cantad a Jehová, que habita en Sión; publicad entre los pueblos sus hazañas.[104] Rebosando gratitud el salmista, divinamente inspirado, ansía animar a otros a que se unan al coro y alaben a Dios

[95] 2 Timoteo 1:12.
[96] Hebreos 10:23; 11:11.
[97] Romanos 4:21.
[98] 2 Corintios 1:20.
[99] Salmo 19:8; Romanos 7:12.
[100] Salmo 119:72.
[101] Mateo 5:45.
[102] Romanos 8:35.
[103] Cantares 1:3.
[104] Dice TEODORETO DE CIRO [393-458]: «¿Y cuáles son estas hazañas? Que aquellos que antes eran extraños y enemigos ahora han sido reconciliados (Colosenses 1:21); los que eran siervos ahora son hijos (Gálatas 4:7); los que vivían en la ignorancia tienen ahora revelación (1 Pedro 1:14); los que eran tinieblas son luz

en la misma manera en que él se compromete a hacerlo en los dos primeros versículos. El espíritu celestial de la alabanza es gloriosamente contagioso, y quien lo posee no se siente satisfecho si no logra incitar a todos aquellos que le rodean a que se unan a él en tan agradable labor. El canto y la predicación van unidos entre sí como como medio de glorificar a Dios, y no deja de ser extraordinario que con todos los avivamientos de predicación del evangelio estalle siempre un repentino del espíritu del canto. En época de Lutero todos cantaban sus salmos e himnos, y en los avivamientos más recientes, en tiempos de Wesley y Whitefield, los himnos de Charles Wesley,[105] Cennick,[106] Berridge,[107] Toplady,[108] Hart,[109] Newton[110] y muchos otros, surgieron como resultado del crecimiento de la piedad recuperada. El canto de las aves de la alabanza arropa adecuadamente el retorno de la primavera de la gracia y de la visitación divina a través de la proclamación de la verdad. ¡Hermanos, cantad y predicad cuanto podáis! Porque ambas cosas son señal de que el Señor todavía habita en Sión.[111] Y cuando subamos a Sión, bueno será que recordemos que el Señor habita en medio de sus santos,[112] y que nos corresponde tener en peculiar reverencia a todos los que están alrededor de él.

C. H. SPURGEON

Vers. 12. ***Porque el que demanda la sangre se acordó de ellos; no se olvidó del clamor de los afligidos.*** *[Porque el que pide cuentas de la sangre se acordó de los afligidos; no se olvidó del clamor de ellos.* RVR*] [Porque el que pide cuentas de la sangre derramada, se acuerda de ellos; no olvida el clamor de los afligidos.* LBLA*] [Porque Aquél que demanda la sangre se acordó de ellos, no ha olvidado el clamor de los humildes.* BTX*] [El vengador de los inocentes se acuerda de ellos; no pasa por alto el clamor de los afligidos.* NVI*] [El vengador se acuerda de ellos, no olvida el grito de los*

del Señor (Efesios 5:8); los muertos aguardan la vida eterna (1 Corintios 15:20-22); y los pobres heredan el reino de los cielos (Mateo 5:3) […] la inmortalidad obtenida por medio de la mortalidad (2 Timoteo 1:10); la vida eterna a través de la muerte (Romanos 6:23); el exaltación a través de la humillación (Filipenses 2:5-11); la bendición por medio de la maldición (Gálatas 3:13); y la vida eterna por medio de la Cruz (Juan 3:16; Gálatas 6:14). Estas son las hazañas de nuestro Dios».

[105] Se refiere a CHARLES WESLEY [1707-1788], hermano de JOHN WESLEY [1703-1791] y líder del Movimiento Metodista, aunque Charles, que además de ministro ordenado era también poeta, es más conocido por los numerosos himnos que escribió (más de seis mil), de los cuales muchos se siguen cantado en nuestras iglesias, traducidos al español. La versión española corresponde a la traducción hecha en el "Himnario de las Iglesias Evangélicas de España", publicado por SAMUEL VILA [1902-1992] y otros pastores en España alrededor de 1950.

[106] Se refiere a JOHN CENNICK [1718-1755], autor de numerosos himnos y colaborador de los hermanos John y Charles Wesley, aunque posteriormente se unió al movimiento de los Hermanos Moravos.

[107] Se refiere a JOHN BERRIDGE [1716-1793], famoso escritor de himnos y compilador de himnarios.

[108] Se refiere al clérigo anglicano y escritor de himnos AUGUSTUS MONTAGUE TOPLADY [1740-1778].

[109] Se refiere a JOSEPH HART [1712-1768], pastor presbiteriano en Londres y conocido autor de himnos, que publicó un conocido himnario titulado *"Hart's Hymns"*.

[110] Se refiere a JOHN NEWTON [1725-1807] quien antes de ser presbítero anglicano fue capitán de un barco de esclavos. Durante una tormenta, y pensando que el barco se hundiría sin remedio, oró fervorosamente a Dios por salvar su vida. Esta y otra experiencia similar en la que estando a bordo de un barco de esclavos con destino a las Indias Occidentales enfermó con una fiebre violenta, motivaron su conversión y produjeron una inflexión total en su vida. Fue al recordarlas que escribió como parte de su testimonio el extraordinario himno: *"Amazing Grace"*, "Sublime gracia del Señor".

[111] Zacarías 2:10; 8:3.

[112] Éxodo 25:8; 29:45; Levítico 26:12; Números 5:3; 2 Corintios 6:16; Apocalipsis 21:3.

humildes. BLP*] [Pues el vengador de los que son asesinados cuida de los indefensos; no pasa por alto el clamor de los que sufren.* NTV*]*

Porque el que pide cuentas de la sangre se acordó de los afligidos; no se olvidó del clamor de ellos. Cuando se lleve a cabo la investigación concerniente a la sangre de los afligidos, los santos mártires tendrán prioridad: Dios vengará a sus elegidos. Y los santos que vivan también serán escuchados; exonerados de culpa y librados de la destrucción. Cuando el Señor lleve a término su acción más terrible, el varón vestido de lino con el tintero de escribano en la cintura,[113] marcará por seguridad a todos los escogidos, antes de permitir que los verdugos arremetan contra los enemigos del Señor. El clamor leve de los santos más humildes nunca será silenciado por la voz atronadora de la justicia, ni por los aullidos de los condenados.

C. H. SPURGEON

Porque el que pide cuentas de la sangre se acordó de los afligidos. Llegará un momento en que Dios pedirá cuentas de la sangre inocente. La palabra hebrea דֹּרֵשׁ *dōrêš* de דָּרַשׁ *darash* que nuestras versiones traducen por "pedir cuentas", no significa simplemente "inquirir, buscar", sino "indagar, investigar" algo con la mayor diligencia y cuidado imaginables. Sí: llegará el momento en que el Señor investigará con suma diligencia toda la sangre inocente de su pueblo afligido y perseguido, que sus perseguidores y tiranos han derramado como agua. ¡Ay de los perseguidores cuando Dios indague de maneras estricta, crítica y cuidadosa acerca de la sangre de su pueblo que ha derramado Inquisición en España, donde las investigaciones y juicios sumarísimos son llevados a cabo con la mayor sutileza, secreto y crueldad! ¡Ay de los perseguidores cuando Dios abra una investigación rigurosa acerca de la sangre de Hooper, Bradford, Latimer, Taylor, Ridley[114], y tantos otros! Se acerca el tiempo en que Dios va a inquirir quién cerró la boca de muchos de sus ministros, y quién encarceló, confinó y desterró a otros muchos que eran en un tiempo antorchas ardientes y resplandecientes, dispuestas a consumirse con tal de que los pecadores pudieran ser salvos y Cristo glorificado. Se acerca un tiempo en que el Señor hará una averiguación exacta de todas las acciones, prácticas y sentencias de los tribunales eclesiásticos, altas comisiones, comités, sesiones jurídicas y tratará a los perseguidores como ellos trataron a su pueblo.

THOMAS BROOKS [1608-1680]
"The Necessity, Excellency, Rarity, and Beauty of Holiness", 1662

Porque el que pide cuentas de la sangre derramada. Hay una voz llamada *vox sanguinis*,[115] voz de la sangre que clama, y *"el que hizo el oído, ¿no la oirá?"*.[116] Cuando la tierra estaba repleta de crueldad y violencia Dios inundó el mundo antiguo de agua; la *vox sanguinis* clamaba desde la tierra, los cielos la oyeron y abrieron sus ventanas dejando caer sobre ella su juicio y venganza.[117]

EDWARD MARBURY [1581-1655]
"A brief commentarie or exposition upon the prophecy of Obadiah", 1649

---

[113] Ezequiel 9:1-11.

[114] Se refiere a JOHN KOPER [1495-1555]; John BRADFORD [1510-1555]; HUGH LATIMER [1485-1555]; ROWLAND TAYLOR [1510-1555]; y NICHOLAS RIDLEY [c.1500-1555] todos ellos mártires ejecutados en Inglaterra en el año 1555 por MARÍA TUDOR [1516-1558] conocida también como María La Sanguinaria. Para más información, ver "El libro de los mártires" de John Foxe, publicado por CLIE.

[115] Génesis 4:10. La expresión latina *"vox sanguinis"* fue aplicada a los mártires por los Padres de la Iglesia.

[116] Salmo 94:9.

[117] Génesis 6:11-13; 7:11-12, 17-24.

Porque el que pide cuentas de la sangre derramada. Aunque parezca que Dios cierra los ojos ante la crueldad de los hombres violentos, los llamará a cuentas y hará una investigación rigurosa de la sangre inocente que han derramado, y de su trato injusto y sus abusos sobre los mansos y humildes, cuyo clamor nunca le pasa desapercibido y jamás olvida (aunque parezca no responder en el momento), pero tiene un tiempo establecido para vengarles de todos sus opresores.

SYMON PATRICK [1626-1707]
"Commentary on the Historical and Poetical Books of the Old Testament", 1810

Porque el que pide cuentas de la sangre derramada. Dios se siente de tal manera indignado ante tan horrendo pecado escarlata, que se levantará en su ira, buscará a los autores, colaboradores y todos los implicados en él, y vengará la sangre.

WILLIAM GREENHILL [1591-1677]
"An Exposition of the Five First Chapters of the Prophet Ezekiel with Useful Observations Thereupon. Delivered in Several Lectures in London", 1649

No se olvidó del clamor de los afligidos. La oración es un puerto seguro para el náufrago, un áncora para los que se están hundiendo en las olas, un cayado para las extremidades del que se tambalea, una mina de joyas para el pobre, un médico para las enfermedades y un guardián de la salud. La oración nos asegura a la vez la continuidad de nuestras bendiciones y disipa las nubes de nuestras calamidades. ¡Oh bienaventurada y dulce oración! Eres el conquistador denodado de todos los males terrenales, el fundamento firme de la felicidad humana, la fuente de gozo perdurable, la madre de la filosofía. La persona capaz de orar con sinceridad, aunque languidezca en la indigencia más extrema, es más rico que todos los que le rodean; en tanto que el desgraciado que nunca ha doblado su rodilla, aunque se sienta orgulloso como monarca de todas las naciones, es el más destituido de los hombres.[118]

JUAN CRISÓSTOMO [347-407]
"Homiliae in Psalmos"

[118] Esta hermosa reflexión de JUAN CRISÓSTOMO [347-407] transcrita por Spurgeon nos recuerda inevitablemente el hermoso y bien conocido himno de WILLIAM W. WALDORF [1772-1850], vertido al español también por JUAN BAUTISTA CABRERA [1837-1916], y que tanto se cantaba en nuestras iglesias a lo largo del siglo xx:

¡Dulce oración, dulce oración,
Que del cuidado terrenal
Sabes llevar mi corazón
Hasta el buen Padre celestial!
¡Oh cuántas veces tuve en ti
Auxilio en ruda tentación,
Y cuantos bienes recibí
Por tu valor, dulce oración.

Dulce oración, dulce oración,
Al trono excelso de bondad
Elevarás mi petición
Hecha con labios de verdad.
Será mi ruego oído allí,
Y la divina bendición
En abundancia sobre mí
Descenderá, dulce oración.

Vers. 13. ***Ten misericordia de mí, Jehová; mira mi aflicción que padezco a causa de los que me aborrecen, tú que me levantas de las puertas de la muerte.*** *[Ten misericordia de mí, Jehová; mira mi aflicción que padezco a causa de los que me aborrecen, levántame de las puertas de la muerte.* RVR*] [Oh Señor, ten piedad de mí; mira mi aflicción por causa de los que me aborrecen, tú que me levantas de las puertas de la muerte.* LBLA*] [Oh YHVH, ten misericordia de mí, mira mi aflicción a causa de quienes me aborrecen; Tú, que me levantaste de las puertas de la Muerte.* BTX*] [Ten compasión de mí, Señor; mira cómo me afligen los que me odian. Sácame de las puertas de la muerte* NVI*] [¡Ten piedad, Señor, de mí; mira cómo mis enemigos me afligen! Tú que me alejas de las puertas de la muerte.* BLP*] [Señor, ten misericordia de mí. Mira cómo me atormentan mis enemigos; arrebátame de las garras de la muerte.* NTV*]*

Ten misericordia de mí, Jehová; mira mi aflicción que padezco a causa de los que me aborrecen, tú que me levantas de las puertas de la muerte. Los recuerdos del pasado y las visiones sobre el futuro conducen al varón de Dios hasta el propiciatorio para abogar por las necesidades del presente. Ha dividido todo su tiempo entre la alabanza y la oración. ¿Y acaso podía haberlo empleado en algo más rentable? Su primera oración es adecuada para cualquier persona y situación, respira un espíritu humilde, indica el profundo conocimiento de sí mismo, invoca los atributos precisos, y va dirigida la persona adecuada: *"Ten misericordia de mí, Jehová"*. Así como Lutero[119] calificaba algunos textos bíblicos como "Biblias en miniatura", podemos llamar a esta cláusula "libro de oración en miniatura", porque encierra en sí misma toda el alma y el tuétano de la oración. Es *"multum in parvo",*[120] dice mucho en pocas palabras, pues como la espada angélica se mueve en todas direcciones.[121] Una escalera que podrá parecer corta, pero alcanza de la tierra al cielo.[122]

Tú que me levantas de las puertas de la muerte. ¡Qué descripción tan bella! ¡Qué título tan noble aplica aquí al Altísimo!: *"¡Tú que me levantas de las puertas de la muerte!"* ¡Qué ascenso tan glorioso! La enfermedad, el pecado, la desesperación, la tentación nos hunden en las profundidades, y nos da la sensación de que el dintel sombrío se abrirá de un momento a otro para tragarnos y encarcelarnos definitivamente; pero, por debajo de nosotros están los brazos eternos,[123] y, por tanto, somos levantados hasta las mismísimas puertas del cielo.[124] Trapp[125] dice al respecto en lenguaje pintoresco:

Dulce oración, dulce oración,
Que aliento y gozo al alma das;
En esta tierra de aflicción
Consuelo siempre me serás,
Hasta el momento en que veré
Francas las puertas de Sión.
Volando entonces te diré:
¡Adiós, adiós, dulce oración!

[119] MARTIN LUTERO [1483-1546] solía calificar de «Biblia en pequeño» o «Biblia en miniatura» aquellos textos que transmiten por sí solos toda la esencia del evangelio, como es en caso de Juan 3:16.

[120] Locución latina que significa "mucho dentro de muy poco" o "mucho en poco espacio".

[121] Génesis 3:24.

[122] Génesis 28:12.

[123] Deuteronomio 33:27.

[124] La segunda parte de este versículo ligada a la primera del versículo siguiente: *"para que proclame yo todas tus alabanzas"* expresa una idea muy clara tanto en los Salmos como otros pasajes: Dios es el que nos libra de la muerte para que podamos alabarle: Salmos 6:5; 30:9; 115:17; 88:10-12; Isaías 38:18.

[125] Se refiere a JOHN TRAPP [1601-1669], teólogo, escritor y comentarista puritano famoso por su comentario a toda la Biblia en cinco volúmenes: *"Commentary on the Old and New Testaments"* publicado en Londres

«A Dios le complace levantar con sus manos peso muerto,[126] y rescata incluso a los abocados al hoyo del sepulcro».

C. H. SPURGEON

Vers. 14. ***Para que cuente yo todas tus alabanzas en las puertas de la hija de Sion, y me goce en tu salvación.*** *[Para que proclame yo todas tus alabanzas en las puertas de la hija de Sión, gozoso por tu salvación.* RVR*] [Para que yo cuente todas tus alabanzas, para que en las puertas de la hija de Sion me regocije en tu salvación.* LBLA*] [Para que pueda alabarte delante de todos en las puertas de la hija de Sión, y pueda regocijarme en tu salvación.* BTX*] [Para que en las puertas de Jerusalén proclame tus alabanzas y me regocije en tu salvación.* NVI*] [Para que pueda proclamar tus alabanzas y alegrarme en tu salvación a las puertas de Sión.* BLP*] [Sálvame, para que te alabe públicamente en las puertas de Jerusalén, para que me alegre porque me has rescatado.* NTV*]*

Para que proclame yo todas tus alabanzas en las puertas de la hija de Sión, gozoso por tu salvación. No debemos pasar por alto que el objetivo de David al implorar misericordia es la gloria de Dios. Los santos no son tan egoístas como para procurar únicamente para sí mismos; desean el diamante de la misericordia para que los demás puedan ver cómo reluce, y con ello, admiren a Aquel que otorga a sus amados gemas tan preciosas.[127]

El contraste entre las puertas de la muerte que mencionaba en el versículo anterior, y las puertas de la Nueva Jerusalén de las que habla aquí,[128] resulta especialmente llamativo: ¡Que nuestros cánticos eleven su entusiasmo y alcancen su matiz más eufórico ante la doble consideración de hasta dónde hemos sido levantados, y desde dónde hemos partido! Y que nuestras oraciones por la misericordia recibida se vuelvan más enérgicas y angustiosas por el sentido de la gracia que semejante salvación implica. Cuando David afirma que proclamará *todas* las alabanzas de Dios, quiere decir que, en su

en 1654, y que se ha seguido publicado ininterrumpidamente hasta el día de hoy, por lo que ha sido y sigue siendo utilizado y apreciado por miles de pastores. Se ha dicho que juntamente con el "Comentario de Matthew Henry", el de Trapp constituye una de las mejores exposiciones a toda la Biblia que se han escrito. Se trata de un autor citado por la mayoría de autores cristianos desde el siglo XVII, especialmente por Spurgeon, que lo hace con mucha frecuencia.

[126] Levantar "peso muerto" es un ejercicio con pesas consistente en levantar la barra con las pesas rápidamente y de un golpe desde el suelo hasta la cintura. En el levantamiento olímpico de pesas se lo conoce como «despegue», y permite levantar grandes cargas: el record mundial está en 460 Kg. La idea parece ser la de que Dios se reserva hasta que nuestra carga nos parece aplastante, y entonces, nos levanta de un tirón en un solo golpe.

[127] Dice al respecto JUAN CRISÓSTOMO [347-407]: «Aunque ya rescatado de las garras de sus enemigos y libre de sus temores, vemos que sigue orando fervientemente. ¿Por qué? Para salir airoso de un combate más sutil y mucho más peligroso: el de la arrogancia y la indolencia. Tan pronto nos sentimos seguros somos presa fácil porque bajamos la guardia, y el diablo aprovecha para arremeter de nuevo (…) Una vez David se vio asentado en el trono, libre de la persecución de Saúl, y victorioso sobre muchos otros enemigos, sucumbió ante el pecado sutil de la lujuria, y fue el que mayor castigo le acarreó (…) Las situaciones de prosperidad y éxito vienen a ser mucho más peligrosas que las tribulaciones y la angustia; sortear sus importantes riesgos solo se consigue con el auxilio de Dios y mediante la escuela de la experiencia; por ello David exclama en otro pasaje: *"Ha sido un bien para mí el haber sido humillado, para que aprendiera tus estatutos"* (119:71)».

[128] Es el único pasaje en los Salmos donde encontramos una personificación de Sión en estos términos, aunque sí se da en los libros proféticos: Isaías 1:8; Miqueas 1:13 y Zacarías 2:14.

liberación la gracia divina se ha visto magnificada en todas sus dimensiones, en la anchura, la longitud, la altura y la profundidad.[129] Como bien lo expresa el himno que cantamos:

Oh la anchura y largura del amor
Jesús, Salvador, ¿cómo puede ser así?
De la altura de tu misericordia, prueba soy,
y su profundidad es vista en mí.[130]

Aquí termina la primera parte de este Salmo tan instructivo y edificante; y aprovechando la breve pausa, nos vemos obligados a reconocer que nuestra exposición tan solo ha escarbado en la superficie, quedando muy lejos de hurgar en las profundidades. Sus versículos vienen repletos de enseñanza de manera muy peculiar, y si el Espíritu Santo tiene a bien bendecirlo, el lector descubrirá que puede leerlo repetidamente, una y otra vez; y tal como ha sido la experiencia de este escritor, que lo ha leído decenas de veces, cada vez que lo haga descubrirá nuevas perlas, a cuál más refrescante y más hermosa.

C. H. SPURGEON

Para que proclame yo todas tus alabanzas en las puertas de la hija de Sión, gozoso por tu salvación. Proclamar todas las alabanzas de Dios es entrar de lleno a su servicio. Un mero «Señor, te doy gracias» ocasional, no es respuesta suficiente ni adecuada al flujo de beneficios que recibimos.

WILLIAM SWAN PLUMER [1802-1880]
"Studies on the Book of Psalms", 1867

Vers. 15. *Se hundieron las naciones en el hoyo que hicieron; en la red que escondieron fue tomado su pie.* *[Se hundieron las naciones en el hoyo que hicieron; en la red que escondieron quedó prendido su pie.* RVR*] [Las naciones se han hundido en el foso que hicieron; en la red que escondieron, quedó prendido su pie.* LBLA*] [Las naciones se hundieron en la fosa que cavaron, sus pies quedaron atrapados en la red que ellos mismos escondieron.* BTX*] [Han caído los paganos en la fosa que han cavado; sus pies quedaron atrapados en la red que ellos mismos escondieron.* NVI*] [Los paganos se hundieron en la fosa que excavaron, su pie quedó aprisionado en la trampa que tendieron.* BLP*] [Las naciones han caído en el hoyo que cavaron para otros; sus propios pies quedaron atrapados en la trampa que tendieron.* NTV*]*

Se hundieron las naciones en el hoyo que hicieron; en la red que escondieron quedó prendido su pie. Ante este escenario terrible de juicios abrumadores del Señor sobre sus enemigos, las dos palabras hebreas sin traducir que se añaden al final del versículo 16 nos invitan a reflexionar y a meditar en ellos muy seriamente: *Higgaion, Selah* - Meditación y pausa; pondera, y afina tu instrumento. Se nos invita a sospesarlo bien y ajustar nuestros corazones a la solemnidad del tema. Aproximémonos,

[129] Efesios 3:18.

[130] Cita las cuatro primeras líneas de la tercera estrofa de un conocido himno de CHARLES WESLEY [1707-1788] titulado: *"Lord, and am I yet alive"*, y que dice en inglés: *"O the length and breadth of love! / Jesus, Saviour, can it be! / All thy mercy's height I prove, / All the depth is seen in me"*.

pues, a estos versículos con espíritu humilde, y reparemos, en primer lugar, en cómo el carácter de Dios exige el castigo del pecado: *se ha dado a conocer en el juicio que ejecutó.*

C. H. SPURGEON

Se hundieron las naciones en el hoyo que hicieron. Mientras cavan fosas para otros, se está cavando la tumba para ellos. Tienen una medida que colmar y un tesoro que acumular que al final quedará incompleto, lo cual, bajo mi parecer, debería servir para alertarles del peligro de la autocomplacencia en sus conspiraciones y planes malévolos. ¡Ay de ellos! Solo forjan su propia ruina, edificando una Babel que se les caerá encima. Si en conspirar hubiera algún provecho, entonces el gran conspirador de los conspiradores, Satanás, iría por delante de todos nosotros, y se llevaría, seguro, todos los honores. Pero no envidiemos a Satanás ni tampoco la efímera gloria de los que lo siguen. Sentían necesidad de algo que les reconfortara, ¡que se reconforten con sus conspiraciones! Pues se acerca el día en el que la hija de Sión se reirá de ellos con desprecio; el momento en que se escuchará decir al que gobierna sobre todas las naciones: *"Levántate y trilla, hija de Sión, porque haré tu cuerno como de hierro, y tus pezuñas de bronce"*.[131] Por regla general la liberación de los hijos de Dios va ligada a la destrucción de sus enemigos: la muerte de Saúl con el triunfo de David;[132] la liberación de los israelitas con el ahogamiento de los egipcios en el mar.[133] La Iglesia y sus opositores son como los platos de una balanza: cuando uno sube, el otro baja.

RICHARD SIBBES [1577-1635]
"The Saint's Safety in Evil Times"

Ver. 15-17. Las pasiones de los condenados incrementan considerablemente sus tormentos, tan intensos y violentos como su comprensión y sus afectos. Si su desgracia no fuera tan enorme ni la percibieran tan virulenta, si lograran desactivar su memoria, sus pasiones cesarían, pues la ausencia de recuerdo haría su situación más soportable. Pero, así como no pueden disponer de su propia vida y existencia, pues en tal caso pedirían su aniquilación considerándola una misericordia, tampoco pueden disponer de ningún elemento de su ser. El entendimiento, la conciencia, los afectos, la memoria: todos ellos seguirán activos, atormentándolos en lugar de traerles felicidad. Estas facultades, que debieran alimentarse del amor de Dios para alcanzar los goces perpetuos de su presencia, captan ahora la ira de Dios y les traen los sufrimientos de su ausencia. Por tanto, cuando digo que la dureza de su corazón, su ceguera, indiferencia, descuido e ingratitud desaparecerán, no vayáis a pensar que por ello serán más santos o felices de lo que eran antes; al contrario, serán moralmente aún más viles y por tanto mucho más miserables. Cuántas veces les ha advertido Dios a través de sus mensajeros diciéndoles: «Pecadores, considerad lo que hacéis y a dónde os dirigís; deteneos un momento y meditad dónde terminará vuestro camino, pues la gloria que se os ofrece y rechazáis sin cuidado: ¿no se convertirá en amargura al final?». Y, no obstante, nunca se avinieron a considerar nada de eso. Pero en los días finales, dice el Señor, tendrán que considerarlo forzosamente, cuando se vean *"atrapados en la obra de sus propias manos"* (9:16) después de que Dios los capture,[134] los someta a juicio, y todo el peso de su venganza caiga sobre ellos; entonces no tendrán más remedio que considerarlo, lo quieran o no. Ahora no dedican tiempo libre ni espacio en sus memorias a las cosas de la otra vida. Pero ¡ah! entonces les sobrará el tiempo pues allí donde estarán no tendrán otra cosa que considerar; y sus recuerdos indelebles grabados sobre las losas de sus corazones incrementarán su desespero.

[131] Miqueas 4:13.
[132] 1 Samuel 31:1-10; 2 Samuel 2:4-7.
[133] Éxodo 14:1-31.
[134] Salmo 139:7-10.

Dios deseaba que hubieran escrito la doctrina de su estado eterno en los dinteles de sus puertas, en las paredes de sus casas, en las palmas de sus manos y en su corazón; hubiera querido que las recordaran y repitieran al levantarse y al acostarse, y andando por el camino aún en tierras extrañas, pues les hubiera ido bien al final de sus días.[135] Pero rechazaron este consejo del Señor, y este rechazo quedó escrito en sus corazones en su lugar, y permanecerá escrito ante ellos para siempre jamás en el lugar de su sumisión, de tal forma que dondequiera que miren puedan siempre contemplarlo.

RICHARD BAXTER [1615-1691]
"The Saints' Everlasting Rest", 1650

Vers. 16. *Jehová se ha hecho conocer en el juicio que ejecutó; en la obra de sus manos fue enlazado el malo. Higaion. Selah.* *[Jehová se ha dado a conocer en el juicio que ejecutó; en la obra de sus manos fue enredado el malo. Higaión. Selah.* RVR*] [El Señor se ha dado a conocer; ha ejecutado juicio. El impío es atrapado en la obra de sus manos. (Higaion). (Selah).* LBLA*] [YHVH se ha dado a conocer, ha impartido justicia. el malvado fue atrapado en la obra de sus propias manos. Higaión. Selah.* BTX*] [Al Señor se le conoce porque imparte justicia; el malvado cae en la trampa que él mismo tendió.* NVI*] [El Señor se ha revelado, ha hecho justicia, el malvado está atrapado en sus propias obras. [Pausa]* BLP*] [Al Señor lo conocen por su justicia; los malvados son presos de sus propias acciones. Interludio de silencio.* NTV*]*

Jehová se ha dado a conocer en el juicio que ejecutó; en la obra de sus manos fue enredado el malo. Higaión. Selah. Muestra su aborrecimiento del pecado y su santidad. A un gobernante que pasara por alto el mal, sus súbditos pronto lo identificarían como malo en sí mismo; en cambio, el que es severo, pero justo en su juicio, revela su propia naturaleza justa. Mientras Dios sea Dios, no puede perdonar ni perdonará a los culpables; excepto a través de la única vía gloriosa en la que, sin dejar de ser justo, justifica al que cree en Cristo Jesús. En segundo lugar, es conveniente observar que la forma de su juicio es singularmente sabia, e indiscutiblemente justa. Hace que los malvados se conviertan en sus propios verdugos: *"Se hundieron las naciones en el hoyo que hicieron; en la red que escondieron quedó prendido su pie"*. Como astutos cazadores, cavaron una trampa a los piadosos, pero cayeron en ella ellos solos: los pies de la víctima lograron deshacerse de sus cepos, y lo que planearon para otros se cerró sobre ellos. El cruel cepo, elaborado con esmero, se cerró eficaz atrapando a quien lo hizo. A menudo los perseguidores y angustiadores caen víctimas de sus propios proyectos maliciosos. «Los borrachos se suicidan; los pródigos terminan mendigando; los contenciosos y pleiteadores se arruinan; los viciosos son devorados por enfermedades horribles; los envidiosos corroen sus propios corazones; y los blasfemos maldicen sus propias almas».[136] Por tanto, en su castigo pueden los hombres leer su propio pecado. Sembraron semilla de iniquidad, y el resultado natural es el fruto maduro de la condenación.

C. H. SPURGEON

Jehová se ha dado a conocer en el juicio que ejecutó. Ahora bien, si el Señor se da a conocer en el juicio que ejecuta, entonces, ese juicio ha de ser conocido: ha de ser un juicio abierto; y así son los numerosos juicios de Dios, públicos y abiertos, como si tuvieran lugar sobre un escenario. Y permitidme que mencione tres motivos por los cuales el Señor hace a veces justicia abiertamente, donde sus juicios puedan ser sean vistos.

---

135 Deuteronomio 11:18-21.

136 La cita es de MATTHEW HENRY [1707-1788].

En primer lugar, para que haya suficientes testigos de lo que él ha hecho, y por tanto memoria y registro público de ello, al menos en las mentes y recuerdos de las personas fieles en generaciones venideras.

En segundo lugar, para que su justicia y procedimientos de la misma causen un efecto perdurable en aquellos que la contemplan sin estar por el momento bajo ella. Este fue el motivo por el cual el Señor amenazó con castigar a Jerusalén ante los ojos de las naciones.[137] Dios iba a ejecutar su juicio contra Jerusalén, en medio de otras naciones vecinas, que habían presenciado y tomado buena nota de los extraordinarios favores, beneficios, liberaciones, y salvaciones que Dios había obrado en favor de la ciudad anteriormente; y tomarían también buena nota de sus juicios y amargo descontento contra ella. Jerusalén no estaba asentada en un rincón perdido del planeta, sino en medio de las naciones más importantes de la época, de modo que tanto su bondad como su severidad hacia ella serían bien visibles para todos (…). A veces Dios permite que algunos pecadores sufran, o los castiga públicamente, porque desea que los demás tomen nota de que aquello que han hecho le desagrada, y para que otros no caigan en el mismo error y tengan que sufrir las mismas consecuencias. Aprender en cabeza ajena, en los golpes que reciben los demás, es un enorme favor que Dios nos concede (…).

En tercer lugar, Dios golpea abiertamente a personas impías y malvadas, ante los ojos de todos, para consuelo de su propio pueblo, para infundirle aliento: *"Se alegrará el justo cuando viere la venganza"*.[138] No es que se alegre de la venganza, regocijándose ante el dolor y sufrimiento ajeno, sino que se alegrará el justo de contemplar la justicia divina en acción, de presenciar el cumplimiento de las amenazas de Dios contra el pecado del hombre, que no dejan de ser una evidencia de su propia santidad (…) Cuando Dios ahogó a los egipcios en el Mar Rojo, los israelitas vieron a los egipcios muertos a la orilla del mar: Dios no dejó los cuerpos muertos de los egipcios sepultados en el fondo de la mar, hizo que flotaran hasta llenar la orilla, a fin de que los hijos de Israel pudieran verlos;[139] y cuando Israel contempló la terrible mortandad ejecutada por el Señor sobre los egipcios, se dice que: *"el pueblo temió a Jehová, y creyeron a Jehová y a Moisés su siervo"*.[140] De ese modo fueron confirmados en su fe por los juicios de Dios sobre los egipcios, que fueron golpeados abiertamente ante ellos como espectadores, es decir, públicamente para que el juicio divino fuera observado y visto por otros.

Joseph Caryl [1602-1673]

Jehová se ha dado a conocer en el juicio que ejecutó. Cuando Dios descarga su mano sobre los pecadores, los santos tiemblan considerando su poder, majestad, y la naturaleza de sus juicios; y en consecuencia se juzgan a sí mismos tratando de eliminar todo aquello que pueda provocarlo (…). Así como el fuego engendra alrededor de su núcleo una aureola de luz y esplendor, también los juicios de Dios exponen ante el mundo su gloria, justicia, y santidad.

William Greenhill [1591-1671]
"Exposition of the prophet Ezekiel, with useful observations thereupon", 1846

En la obra de sus manos fue enredado el malo. La recompensa que el pecador busca con su pecado es una combinación temporal de vida fácil, placeres y provecho; pero el precio que paga por ello es

[137] Ezequiel 5:5-15.
[138] Salmo 58:10-11.
[139] Éxodo 14:30.
[140] Éxodo 14:31.

muerte, tormento y destrucción. Quien quiera entender lo falso y engañoso del pecado debe comparar a la vez sus recompensas y lo que acarrean.

ROBERT SOUTH [1634-1716]
"Sermons", 1715

En la obra de sus manos fue enredado el malo. No solo lo leemos en la Palabra de Dios, sino que toda la historia y la experiencia humana constatan la justicia de Dios al enredar al malvado en la obra de sus propias manos. Quizá el ejemplo más notable, aparte del de Amán colgado en su propia horca,[141] se diera durante los horrores de la Revolución Francesa, en cuyos anales se nos cuenta que: «al cabo de nueve meses de la muerte de la reina María Antonieta[142] segadas por la misma hoja rodaron también, una a una, las cabezas de todos los implicados en su trágico final: acusadores, jueces, jurado, fiscales, testigos, en fin, todos aquellos cuyo destino es conocido, sin excepción, perecieron en el mismo instrumento que su víctima». En la red que tendieron para ella se enredaron sus propios pies,[143] en el hoyo que cavaron para ella cayeron ellos mismos.[144]

BARTON BOUCHIER [1794–1865]
"Manna in the heart or daily comments on the book of Psalms", 1855

Higaion. Selah. Ainsworth[145] afirma que el significado de esta combinación de palabras hebreas es: *"Meditación. Pausa"*, lo que significaría que el salmista hace él mismo una pausa para invitar a sus oyentes o lectores a detenerse y meditar profundamente sobre todo lo expuesto con anterioridad. Aunque la palabra hebrea הִגָּיוֹן *higgāyōwn* aparece de nuevo en el Salmo 92 entre los nombres de varios instrumentos musicales, lo que nos hace pensar que se trata de un instrumento o de un sonido "solemne", ya que el texto hebreo dice: "con el decacordio, con el salterio, *higaión* y con la lira".[146]

JOHN MAYER [1583-1664]
"A Commentary upon the whole Old Testament", 1653

Vers. 17. *Los malos serán trasladados al Seol, todas las gentes que se olvidan de Dios.* *[Los malos serán trasladados al Seol, todas las gentes que se olvidan de Dios.* RVR*] [Los impíos volverán al Seol, o sea, todas las naciones que se olvidan de Dios.* LBLA*] [¡Retornen los malvados al Seol, como todas las naciones que se olvidaron de Elohim!* BTX*] [Bajan al sepulcro los malvados, todos los paganos que de Dios se olvidan.* NVI*] [¡Que vuelvan al reino de los muertos los malvados, todos*

[141] Ester 7:10.

[142] Se refiere a MARÍA ANTONIA JOSEFA JUANA DE HABSBURGO-LORENA [1755-1793], más conocida como María Antonieta de Austria, princesa real de Hungría y de Bohemia, archiduquesa de Austria, esposa de Luis XVI de Francia, juzgada por un tribunal revolucionario al estallar la Revolución Francesa, condenada a muerte y ejecutada en París, en la guillotina, el 17 de octubre de 1793. Su principal acusador, ANTOINE QUENTIN FOUQUIER DE TINVILLE [1746-1795], culpado de haber acusado y condenado a cientos de inocentes, sufrió la misma muerte el 7 de mayo de 1795, tan solo dos años después, junto con otros dieciséis condenados.

[143] Salmo 57:6.

[144] Salmo 7:15; Proverbios 26:27.

[145] Se refiere a HENRY AINSWORTH [1571-1622]. Ver más información en la nota 38.

[146] En hebreo עֲלֵי־עָשׂוֹר וַעֲלֵי־נָבֶל עֲלֵי הִגָּיוֹן בְּכִנּוֹר *ălê-'āśōwr wa-'ălê-nāḇel; 'ălê higgāyōwn bəḵinnōwr.*

los paganos que se olvidan de Dios! BLP*] [Los malvados descenderán a la tumba; este es el destino de las naciones que se olvidan de Dios.* NTV*]*[147]

Los malos serán trasladados al Seol, todas las gentes que se olvidan de Dios. La justicia que en el pasado ha castigado a los malos, y preservado los justos, permanece intacta, y por tanto en los días venideros tendrá lugar la justa retribución. ¡Cuán solemne es este versículo diecisiete, especialmente en su advertencia a los que se olvidan de Dios! Los moralistas, pero no piadosos; los honrados, pero que no oran; los benévolos, pero que no creen; los amables, pero inconversos: lamentablemente todos tendrán su parcela, en compañía de malvados declarados, en el infierno preparado para el diablo y su ángeles.[148] Hay naciones enteras en semejante situación; los que se olvidan de Dios son mucho más numerosos que los viciosos y libertinos, y según la expresión hebrea,[149] que es de lo más contundente, el lugar donde todos ellos sean arrojados será lo más profundo de los infiernos. El olvido aparenta ser un pecado insignificante, pero acarrea la ira eterna sobre todo aquel que vive y muere en él.

C. H. SPURGEON

Los malos serán trasladados al Seol. Cuando mueren, los impíos tienen que afrontar la ira y la indignación de Dios. He leído sobre una piedra en Etiopía que tiene dos caras: la una atrae el hierro hacia sí, en tanto que la otra otro lo aleja con fuerza.[150] De igual modo Dios tiene dos manos: la de misericordia y la de justicia; con una atrae a los piadosos al cielo, con la otra lanza al infierno a los pecadores; y, ¡qué lugar tan terrible es este! Para expresar los abundantes tormentos del infierno la Escritura utiliza el nombre de *"lago de fuego"*[151]; un *lago*, porque es vasto y abundante en tormentos; pero *de fuego*, por su ferocidad: el fuego es el elemento más torturador. Estrabón[152] en su Geografía menciona la existencia en Galilea de un pequeño lago tan pestífero que escaldaba la piel de todo lo que se arrojara en él. ¡Pero ay! Este lago resulta refrescante comparado con el lago de fuego al que son lanzados los condenados por la justicia divina. Y para demostrar lo insufrible que resulta la Escritura cita dos características:

1. Es sulfuroso, el fuego se mezcla con azufre;[153] es decir que además de quemar es asfixiante.

2. Es inextinguible, nunca se apaga; a pesar de que los malvados se achicharran y asfixian en sus llamas, jamás se consume: *"Y el diablo que los engañaba fue lanzado en el lago de fuego y azufre,*

---

[147] La versión griega de los LXX o Septuaginta lee: ἀποστρέφω ὁ ἁμαρτωλός εἰς ὁ ᾅδης πᾶς ὁ ἔθνος ὁ ἐπιλανθάνω ὁ θεός que la Vulgata traduce como: *"Conventartur peccatores in infernum, in operibus manuum suatum comprehensus est peccator",* "Sean derribados los pecadores en el infierno, todas las gentes que se olvidan de Dios".

[148] Mateo 25:41.

[149] En hebreo יָשׁוּבוּ *yāšūḇū* de שׁוּב *shub.*

[150] Con toda probabilidad Watson se a la refiere a la MAGNETITA o imán natural, que en algunos casos muestra polaridad o inversión de los campos magnéticos atrayendo metales por un lado y repeliéndolos por el otro. Aunque también podría referirse a una supuesta piedra mitad magnetita y mitad TEAMEDES. La teamedes es una piedra de origen mitológico que rechazaría el hierro arrojándolo lejos, mencionada por el historiador romano PLINIO [23-79]. Pero no existe ninguna evidencia científica de su existencia. Este mito fue pasando de boca en boca (pues lo menciona también ALBERTO MAGNO [1193-1206]) y con toda probabilidad surgiera de la polarización de las magnetitas que repelen metales.

[151] Apocalipsis 20:15.

[152] Se refiere al geógrafo e historiador griego conocido como ESTRABÓN [c.63-24] y a su "Geografía" una extensa obra en 17 volúmenes que reúne todos los conocimientos geográficos del siglo I.

[153] Apocalipsis 21:8.

donde estaban la bestia y el falso profeta; y serán atormentados día y noche por los siglos de los siglos".[154] Esta será la deplorable situación de todos los impíos en la vida venidera: tendrán una vida en la que siempre morirán y una muerte de la que siempre revivirán. ¿Bastará esto para aterrorizar a los pecadores, que huyan de sus pecados y se conviertan en piadosos? A menos que estén empeñados en experimentar hasta qué punto calienta el fuego del infierno, sí.

THOMAS WATSON [1620-1686]
"The Godly Man's Picture", 1666

Los malos serán trasladados al Seol, todas las gentes que se olvidan de Dios. Por *"los malos"* hay que entender en este caso las personas que no han sido regeneradas, sean quienes sean, que se encuentren todavía en estado de no regeneración[155] (...). Se las describe aquí como personas que *"se olvidan de Dios",* es decir, que no se acuerdan de él frecuentemente y con afecto, con temor y deleite, que no piensan seriamente en él (...) Olvidarse de Dios y comportarse de forma malvada son una misma cosa. Así se confirma la afirmación del salmista: "olvidarse de Dios" excluye por un lado todos los elementos primarios y esenciales de la fe; y por otro incluye los factores más atroces de la maldad, potenciándose ambas cosas entre sí hasta que dominan al sujeto, convirtiéndolo en mala persona (...) Olvidarse de Dios excluye los elementos primarios y esenciales de la religión. Excluir a Dios de nuestros pensamientos es dejar de apreciar la omnipotencia y santidad divina, como su amor, su bondad y el cuidado que tiene de sus criaturas; hace que el hombre viva sin ningún temor de Dios y pase por alto todas sus leyes y mandatos; y que prescinda de buscar la gloria de Dios como fin de su existencia; convirtiéndole con ello en una persona esencialmente mala (...) Excluir a Dios de nuestros pensamientos y negarle un lugar en nuestra mente, es la mayor maldad que se pueda cometer. Por tanto, aunque no sea abiertamente un borracho, un blasfemo, un estafador o un tirano; el hombre que se olvida de Dios y vive toda su vida sin importarle la existencia de su Creador ni pensar en él, ha cometido sobrado delito como para hacerse acreedor de su ira, y ser arrojado irremisiblemente al infierno.

JOHN HOWE [1630-1705]
"Thirteen Sermons on Various Subjects", 1744

Los malos serán trasladados al Seol. Serán abocados, lanzados, arrojados de cabeza, hundidos en las profundidades del infierno. El texto hebreo es muy enfático en este sentido יָשׁוּבוּ רְשָׁעִים לִשְׁאוֹלָה *yāšūḇū rəšā'îm liš'ōwlāh.*

ADAM CLARKE [1760-1832]
"Commentary on the Whole Bible", 1831

Los malos serán trasladados al Seol, todas las gentes que se olvidan de Dios. La maldad surgió originalmente del maligno salido del infierno; y allí será enviado de nuevo juntamente con todos aquellos que están de su parte y que le acompañarán en su regreso a ese lugar de tormento donde quedarán confinados para siempre. El estado de "naciones", y de los individuos que las forman, ha de

[154] Apocalipsis 20:10.

[155] La palabra *"regeneración",* παλιγγενεσία, solo se encuentra en dos pasajes en el texto bíblico: Mateo 19:28 y Tito 3:5 y es un sinónimo de *"nacer de nuevo"* (Juan 3:3-8). Describe el cambio espiritual que tiene lugar en el corazón del hombre por obra del Espíritu Santo y en el que su naturaleza inherentemente pecaminosa es transformada a fin de que tenga capacidad de responder a Dios por medio de la fe y vivir de acuerdo con su voluntad.

ser valorado a partir de una única circunstancia: si en su obrar se acuerdan de Dios o se olvidan de él. Recordar a Dios es el manantial de la virtud; olvidarle, la fuente del vicio.

GEORGE HORNE [1730-1792]
"A Commentary on the Psalms in which Their Literal Or Historical Sense, as They Relate to King David, is Illustrated", 1825

Los malos serán trasladados al Seol, todas las gentes que se olvidan de Dios.

Al infierno, su justa morada, fraguada en fuego
que nunca se apaga, la casa de la aflicción y el dolor.

JOHN MILTON [1608-1674]
"El Paraíso Perdido", Libro VI

Los malos serán trasladados al Seol, todas las gentes que se olvidan de Dios.

Voluntad carente de poder: elemento clave del infierno,
que abortará todas las iniciativas haciendo que los deseos
estallen revolviéndose contra sí mismos... ¡Oh angustia terrible!
¡Justa recompensa para el orgullo humano!
El malicioso seguirá frunciendo el ceño contra su acérrimo enemigo,
a quien su labio despectivo desearía ensartar y aniquilar;
pero no lograrán verse el uno al otro, ni escucharse,
pues tan densa será la oscuridad de sus mazmorras
que no alcanzarán a distinguir los barrotes que les aprisionan.
La lujuria anhelará la muerte y el dolor beberá sus propias lágrimas,
ambas sumidas cada una en su propia soledad.
El odio peleará contra sí mismo, y se alimentará de su cadena
cuyas argollas de hierro lacerarán con cada movimiento su propia alma.
Una terrible soledad hará que las mentes enloquezcan,
cada uno en su propio lugar de confinamiento, solo en su prisión,
sin ninguna simpatía que le ayude a mitigar su dolor.

JOHN ABRAHAM HERAUD [1799-1887]
"The Descend into Hell", 1830

Vers. 18. *Porque no para siempre será olvidado el menesteroso, ni la esperanza de los pobres perecerá perpetuamente.* *[Porque no estará perpetuamente olvidado el menesteroso, ni la esperanza de los pobres perecerá para siempre.* RVR*] [Pues el necesitado no será olvidado para siempre, ni la esperanza de los afligidos perecerá eternamente.* LBLA*] [Porque no para siempre será olvidado el pobre, ni la esperanza de los afligidos perecerá para siempre.* BTX*] [Pero no se olvidará para siempre al necesitado, ni para siempre se perderá la esperanza del pobre.* NVI*] [El pobre no caerá para siempre en el olvido, ni se desvanecerá eternamente la esperanza del humilde.* BLP*] [Pero aquellos que pasen necesidad no quedarán olvidados para siempre; las esperanzas del pobre no siempre serán aplastadas.* NTV*]*

Porque no estará perpetuamente olvidado el menesteroso, ni la esperanza de los pobres perecerá para siempre. La misericordia y la justicia siempre están dispuestas a ser ejercidas. Las almas necesitadas temen haber caído en el olvido; aún si así fuera, ¡alégrense! pues no será así siempre. Satanás dice a los temblorosos que su esperanza está acabada; pero aquí encontramos la certeza divina de que sus expectativas no perecerán perpetuamente. «El pueblo de Dios es un pueblo humillado, afligido, vaciado, sujeto a necesidad, llevado a una dependencia constante de su Señor, mendigando de él día tras día y viviendo en la esperanza de lo que él ha prometido»[156] puede que deba esperar, pero descubrirá que no ha esperado en vano.

C. H. SPURGEON

Porque no estará perpetuamente olvidado el menesteroso, ni la esperanza de los pobres perecerá para siempre. ¡Qué promesa tan dulce es esta para cualquier ocasión! Y cuando la presentamos ante el trono en nombre de Aquel que encierra en sí mismo todas promesa, y que es en sí mismo la gran promesa de la Biblia, resulta doblemente preciosa y efectiva.

ROBERT HAWKER [1753-1827]
"Poor Man's Commentary", 1816

Porque no estará perpetuamente olvidado el menesteroso, ni la esperanza de los pobres perecerá para siempre. Al acoger en su regazo a un pájaro asustado por un halcón un pagano diría: «No voy a traicionarte ni voy a entregarte a las garras de tu enemigo, puesto que has buscado asilo en mí.» Cuánto menos entregará Dios en manos de su enemigo al alma que habiendo buscado refugio en su nombre, exclama: «Señor, me veo acosado por tal o cual tentación; atormentado por tal o cual lujuria; de modo que o tú me perdonas o estoy perdido; o tú me ayudas a vencerla o me veré esclavo de ella para siempre. Acógeme por el amor de Cristo en el seno de tu amor; rodéame con los brazos de tu protección eterna. No confío en mí mismo ni en ningún otro; solo en tus manos está el librarme o entregarme a mi enemigo, así pues, te entrego mi causa, y confío en Ti». Semejante dependencia de un alma despertará, indudablemente, el poder todopoderoso de Dios en su defensa. Dios ha jurado el mayor juramento que pueda salir de sus labios, esto es, por sí mismo, que aquellos que buscan refugio en él recibirán gran consolación.[157] Lo cual infunde en el creyente una confianza sin límites a la hora apelar a él, con la audacia propia de la fe, en busca de protección en las situaciones más difíciles, pues no podemos esperar que venga a librarnos si antes no nos encomendamos a él. Pero habiendo establecido su nombre y sus promesas como *"torre fuerte"*[158] Dios llama ahora a su pueblo a buscar refugio en sus estancias, y espera que así lo haga.

WILLIAM GURNALL [1617-1679]
"Christian in complete armour, or, a treatise of the saints war against the Devil", 1655

Porque no estará perpetuamente olvidado el menesteroso, ni la esperanza de los pobres perecerá para siempre. Así como acertadamente se dice que a menudo Dios como mejor nos escucha es no escuchándonos, así también puede decirse que a veces la mejor manera de no negarnos lo que le pedimos es demorándose en contestarnos. Sucede (así lo ilustra el Crisóstomo)[159] como con el dinero

[156] La cita es de DAVID DICKSON [1583-1663] en *"Explanation of the First Fifty Psalms"*, 1653.

[157] Hebreos 6:17-18.

[158] Proverbios 18:10.

[159] Se refiere a JUAN DE ANTIOQUÍA [347-404] más conocido como San Juan Crisóstomo, patriarca de Constantinopla. Es considerado por la Iglesia católico-romana uno de los cuatro originales Doctores de la Iglesia

que dejamos reposar tranquilo en el banco por largo tiempo, que cuando por fin regresa a casa, regresa con un pan en la boca,[160] con los intereses acumulados; y cuanto más tiempo esté fuera, mayor será el retorno. Deberíamos, por tanto, preguntarnos: ¿confiamos en los hombres, entregándoles nuestro dinero por largo tiempo esperando obtener a cambio importantes ganancias, y no estamos dispuestos a hacer lo mismo con el Señor? Al demorar Él su respuesta oramos más, al orar más, más tiempo permanecemos en su presencia, más consuelo sentimos, y más seguros estamos de que finalmente obtendremos la respuesta que anhelamos. Es muy importante que sepamos distinguir entre *negar* y *demorar* (…) En Dios, nuestro Padre, se dan todas las dimensiones del amor, en grado infinito y de forma infinitamente infinita: ¿y tanto nos preocupa que demore sus respuestas? ¿No hacemos nosotros lo mismo con nuestros hijos? Ardemos en deseos de concederles lo que nos piden, sin embargo, con frecuencia les hacemos esperar para poder darles cosas mejores, en el mejor momento y de mejor manera. Si una madre no olvida las peticiones de un hijo, Dios que posee memoria infinita cómo se olvidará de nosotros. Las expectativas de todo aquel que *espera* en él, no se verán defraudadas *"para siempre"*, es decir, *jamás*.

Richard Capel [1586-1656]

"Apology in Defence of Some Exceptions against some Particulars in the Book of Tentations", 1659

Vers. 19. *Levántate, oh Jehová; no se fortalezca el hombre; sean juzgadas las naciones delante de ti.* *[Levántate, oh Jehová; no triunfe el hombre; sean juzgadas las naciones delante de ti.* RVR*] [Levántate, oh Señor; no prevalezca el hombre; sean juzgadas las naciones delante de ti.* LBLA*] [¡Levántate, oh YHVH, y no prevalezca el mortal! ¡Sean juzgadas las naciones delante de tu presencia!* BTX*] [¡Levántate, Señor! No dejes que el hombre prevalezca; ¡haz que las naciones comparezcan ante ti!* NVI*] [Ponte, Señor, en acción; que no cante victoria el ser humano, que los paganos sean juzgados ante ti.* BLP*] [¡Levántate, oh Señor! ¡No permitas que simples mortales te desafíen! ¡Juzga a las naciones!* NTV*]*

Levántate, oh Jehová; no triunfe el hombre; sean juzgadas las naciones delante de ti. Las oraciones son las armas de los creyentes. Cuando la batalla es demasiado dura para nosotros, llamamos a nuestro gran aliado, que, por así decirlo, se mantiene al acecho, emboscado hasta que la fe le proporciona, a través de nuestro clamor,[161] la señal convenida para intervenir: *"Levántate, oh Jehová"*. Entonces, si el Todopoderoso decide intervenir, a pesar de que nuestra causa se dé casi por perdida, pronto cambian las tornas. Porque no permitirá que el hombre prevalezca por encima de Dios, antes bien confundirá su jactancia con juicios rápidos y contundentes. Castigará a los malos en su misma presencia, y el que ahora es todo ternura, no tendrá compasión ni entrañas que se apiaden de ellos; siendo que ellos tampoco tuvieron lágrimas de arrepentimiento cuando en el día de su gracia él los soportó.

C. H. Spurgeon

del Oriente, y por su propia Iglesia, la Iglesia Ortodoxa Griega, como uno de los más grandes teólogos y uno de los tres Pilares de la Iglesia, juntamente con Basilio y Gregorio. Fue un excelso predicador cuyos discursos públicos, denunciando los abusos de las autoridades imperiales y de la vida licenciosa del clero, le ganaron el sobrenombre de *"Crisóstomo"* que proviene del griego chrysóstomos (χρυσόστομος) y significa 'boca de oro' (*"chrysós"*, "oro"; *"stomos"*, "boca").

[160] En el original inglés *"with a duck in its mouth"*, expresión anglosajona sacada del mundo de la caza, y que quiere decir que un buen perro, cuando lo sueltan, regresa siempre con un pato en la boca.

[161] Romanos 8:26.

Levántate, oh Jehová; no triunfe el hombre; sean juzgadas las naciones delante de Ti. ¿Qué significa este *"Levántate, oh Jehová"*? ¿Hemos de entender que el salmista está orando a Dios y pidiendo la destrucción de sus enemigos? ¿Como una suerte de conjuro o maldición contra ellos? De ninguna manera; no son palabras de alguien que desee desgracias a sus enemigos; son palabras de un profeta, de alguien que está prediciendo, en lenguaje escritural, el mal que va a sobrevenirles a causa de sus propios pecados.

AGUSTÍN DE HIPONA [354-430]

Vers. 20. *Pon, oh Jehová, temor en ellos; conozcan las naciones que no son sino hombres. Selah.* *[Oh Jehová, infúndeles temor; y aprendan las naciones que no son sino hombres. Selah.* RVR*] [Pon temor en ellas, oh Señor; aprendan las naciones que no son sino hombres. (Selah).* LBLA*] [¡Infúndeles tu terror, oh YHVH, y conozcan los gentiles que no son sino mortales!* BTX*] [Infúndeles terror, Señor; ¡que los pueblos sepan que son simples mortales!* NVI*] [Señor, infúndeles temor, haz saber a los paganos que son mortales.* BLP*] [Haz que tiemblen de miedo, oh Señor; que las naciones sepan que no son más que seres humanos. Interludio.* NTV*]*[162]

Oh Jehová, infúndeles temor; y aprendan las naciones que no son sino hombres. Cuesta imaginar que los hombres lleguen a ser tan vanidosos como para negar que son solo hombres y, sin embargo, esta parece ser una lección que solo el maestro divino es capaz de enseñar a los espíritus orgullosos. Quien se ciñe una corona no deja por ello de ser humano; los títulos universitarios, por muy eminentes que sean no hacen que quienes los ostentan sean más que hombres; el valor, arrojo y las grandes conquistas no elevan a nadie por encima del nivel de ser humano; y la riqueza de Creso,[163] la sabiduría de Solón,[164] el poder de Alejandro,[165] la elocuencia de Demóstenes,[166] sumadas todas ellas no alcanzarían a lograr que su poseedor siguiera siendo más que un vulgar ser humano. Tengamos esta realidad muy

[162] La versión griega de los LXX o Septuaginta lee: καταΐστημι κύριος νομοθέτης ἐπί αὐτός que la Vulgata traduce como: *"Constitute, Domine, legislatorem super eos"*, "Establece, Señor, sobre ellos un legislador".

[163] Se refiere a CRESO, último rey de Lidia [560-546 a. C.], de la dinastía Mermnada, cuya historia nos cuenta HERÓDOTO. Logró amasar una inmensa fortuna en una serie de expediciones militares exitosas contra las ciudades griegas jónicas e insulares. De este modo, a base de pillajes, apropiación de tesoros, tributos, impuestos y venta de ciudadanos como esclavos fue incrementando su fortuna. La capital de su reino, Sardes, se convirtió en una ciudad prestigiosa. Ordenó construir palacios suntuosos y distribuyó subsidios y prebendas para atraer a gran cantidad de artistas, filósofos y poetas. En materia financiera las riquezas lidias parecían inagotables, hasta tal punto que para identificar a una persona que tiene abundantes riquezas se acuñó la frase "Tan rico como Creso el lidio", frase que ha llegado hasta nuestros días. Pero con todo, Creso no tuvo un buen final.

[164] Se refiere a SOLÓN DE ATENAS [638-558 a.C.] famoso legislador y filósofo griego, considerado uno de los precursores de la democracia en Atenas. La tradición griega le incluye como uno de los Siete Sabios de Grecia.

[165] Se refiere a ALEJANDRO III DE MACEDONIA, más conocido como ALEJANDRO EL GRANDE O ALEJANDRO MAGNO. Es considerado uno de los líderes militares más importantes de la historia, por su conquista del Imperio Aqueménida o Persa. En sus treinta y tres años consiguió hacerse con el mayor Imperio alcanzado hasta sus días, llegando a las tierras bañadas por el Indo y dominando la mayor parte del continente asiático. Sus hazañas lo convirtieron en un mito.

[166] Se refiere a DEMÓSTENES [384-322 a.C.] político griego de Atenas. Considerado el más grande orador que el mundo ha conocido. La tradición antigua nos ha transmitido bastantes detalles de su vida, algunos de los cuales rayan en leyenda, como su tartamudeo, que aparentemente habría corregido ejercitándose en hablar

presente en todo momento, para evitar que como los desdichados que menciona el texto, tengan que recordárnoslo a base de infundirnos temor.

Antes de abandonar el estudio de este Salmo, será muy provechoso que el estudiante lo examine de nuevo viéndolo como el himno de triunfo del Redentor, contemplando cómo piadosamente va trayendo la gloria de sus victorias y depositándola a los pies de su Padre.[167] Regocijémonos en su gozo, y nuestro gozo será cumplido.[168]

C. H. SPURGEON

Oh Jehová, infúndeles temor; y aprendan las naciones que no son sino hombres. De lo contrario nos consideraríamos dioses a nosotros mismos. Nuestra inclinación al pecado es tal que necesitamos frenos constantes para evitarlo, y nuestro orgullo natural está tan hinchado contra Dios, que precisamos de espinas en la carne para dar salida a toda la materia corrupta.[169] La corrección de la vara que se cierne constantemente sobre nosotros haciéndonos morder el polvo, es lo único que hace que admitamos nuestra debilidad y reconozcamos estar plenamente a merced del Señor. Pues, aunque nos ha perdonado, no debemos olvidar que Dios, con el propósito de potenciar nuestra humildad, nos pondrá la soga alrededor del cuello cuantas veces sea necesario.

STEPHEN CHARNOCK [1628-1680]
"Confort in Time of Trevail"

Aprendan las naciones que no son sino hombres. El término hebreo utilizado en el texto original: אֱנ֣וֹשׁ *'ĕnōwōš* de אֱנוֹשׁ *enosh* confirma la idea de que se trata más bien de una oración a favor de las naciones, para que tomen conciencia de la precariedad de su estado: formadas por hombres; seres míseros, frágiles y mortales. El vocablo está en singular, pero se utiliza en un sentido colectivo.

JUAN CALVINO [1509-1564]

---

con un pequeño guijarro introducido en la boca. Sea esto realidad o leyenda, lo cierto es que Demóstenes, con fuerza de voluntad, logró superar los defectos físicos que lo afligían.

167 1 Corintios 15:23-28.

168 Juan 15:11; 16:24.

169 2 Corintios 12:1-10.

SALMO 10

El grito del oprimido

Título: Este Salmo no lleva título, y algunos eruditos concluyen que se trata en realidad de un fragmento o segunda parte del Salmo 9. Sin embargo, como la estructura del salmo es completa por sí misma, nos inclinamos por considerarlo como un salmo aparte, aunque sin duda, complementario al salmo anterior, el Salmo 9. Hemos visto ya otros casos de salmos que parecen escritos con el propósito de formar pareja: los salmos 1 y 2; los salmos 3 y 4; y de igual modo el Salmo 9 y el Salmo 10 que se complementan. El tema predominante es la opresión y persecución ejercida por los malos, de modo que lo titulamos para nuestra propia guía: El grito del oprimido.[1]

C. H. Spurgeon

Estructura: El primer versículo (10:1) es una exclamación de sorpresa que resume en propósito del salmo: invocar la interposición de Dios para que libre a su pueblo, pobre y perseguido. Los versículos del dos al once (10:2-11) describen, con rudeza, el carácter y comportamiento de los opresores. En el versículo doce (10:12) resuena de nuevo, aunque con más fuerza y claridad, el mismo grito de angustia del versículo primero (10:1). A continuación, en los versículos del trece al quince (10:13-15), describe con claridad el ojo de Dios observando todas las acciones y crueldades de los malos; y basándose en esta omnisciencia divina, anticipa con gozo, en los versículos dieciséis al dieciocho (10:16-18), el juicio final, donde los oprimidos serán liberados. Tanto para la Iglesia de Dios en tiempos de persecución, como para todos los creyentes que individualmente gimen bajo la mano de un opresor soberbio, este salmo aporta palabras de consuelo adecuadas, tanto para la meditación como para la alabanza.

C. H. Spurgeon

Versión poética:

ut quid Domine recessisti longe

¿Por qué, Señor te alejas de nosotros?
¿por qué cuando nos miras afligidos,
nos desamparas tanto? Pues entonces
necesitamos más de tus auxilios.

Se indigna el pobre, cuando ve que el malo,
en su orgullo es feliz; dispón, Dios mío,
que solo sirvan a su propia ruina
de su feroz soberbia los delirios.

[1] Atanasio de Alejandría [296-373] en su carta a su discípulo Marcelino sobre la naturaleza y valor de los salmos le dice refiriéndose a este salmo: «En los Salmos aprendemos lo que nos puede suceder, y cómo debemos reaccionar en cada caso. Cualquiera que sea nuestra situación o la necesidad que nos apremia, en los salmos encontraremos las palabras justas que encajan a nuestro mal, cómo tratarlo, y cómo curarlo, como en el Salmo 10». El Tomo I de "El Tesoro de David" incluye una traducción completa de la Carta de Atanasio a Marcelino. [Tomo I - pp. 45-46].

También los pecadores se insolentan,
cuando ven que prosperan sus designios,
aunque sean culpables, perniciosos,
y que se acerquen mucho a ser delitos.

Así la indignación de Dios provocan,
y habiendo esta llegado a lo infinito,
¿cómo el Señor no toma alta venganza?
¿cómo vivir los deja tan tranquilos?

Jamás piensa en su Dios el que es malvado,
y siempre multiplica sus delirios;
como al Señor no teme, nada omite
para oprimir mejor a su enemigo.

Porque dice entre sí: no, nadie puede
bajarme de esta altura en que me miro,
nadie puede quitarme mi fortuna,
y la dulce abundancia con que vivo.

Su boca llena está de maldiciones,
de amarguras, de engaños y artificios,
y sus labios no se abren sino solo
para hacer mal a otros, y afligirlos.

Acecha al inocente con astucia,
para más a su salvo comprimirlo,
y para que le ayuden a lograrlo,
suele también juntarse con el rico.

Tiene los ojos fijos sobre el pobre,
buscando la ocasión de destruirlo,
como el león que a la boca de su cueva
con impaciencia aguarda al corderillo.

No hay arte, no hay insidia que no emplee
para que se le acerque el desvalido,
mas no tiene otro fin que despojarlo,
y apropiarse de sus bienes, aunque chicos.

Lo hará caer en sus astutas redes,
y cuando ya lo tenga bien asido
se arrojará sobre él para domarlo,
y asegurar por fuerza su dominio.

Dijo en su corazón el insolente:
ya se ha olvidado Dios, o no ha querido
ver lo que hacemos: pues que vuelve el rostro
para no ver del mundo los delitos.

Levántate, Señor, y muestra el brazo
con que al mundo gobiernas escondido,
no dejes tanto tiempo en abandono
a los pobres que sufren tan sumisos.

¿Por qué el malvado a hacer el mal se atreve?
porque piensa que Dios el mal no ha visto;
más se engaña, Señor, porque tú siempre
tienes tus ojos sobre el justo fijos,

Para pesar sus penas y dolores,
para probar su esfuerzo y su cariño,
y descargar después tu fuerte mano
sobre sus enconados enemigos.

El pobre, por el mundo maltratado,
será por tus bondades socorrido,
y hallará en ti el amparo, que los hombres
le niegan sin rubor para su alivio.

Mas tú castigarás tanta dureza,
y harás desaparecer a los malignos,
de modo que no dejen en la tierra
de ellos ni de sus maldades un vestigio.

El Señor es quien reina eternamente
más allá de los siglos de los siglos;
mas vosotras, naciones extranjeras
que sois nuestros feroces enemigos;

pues que rebeldes a sus santas leyes,
no os sujetáis a su feliz dominio,
seréis exterminadas, y esta tierra
no dará habitación a vuestros hijos.

Porque el Señor escuchará piadoso
el ruego de sus justos afligidos;
los ardientes deseos de sus almas
te obligarán, mi Dios, a oír sus gritos.

Oirás a los humildes que te imploran,
serás para los pobres compasivo,
y no permitirás que con arrojo
puedan glorificarse los altivos.

DEL "SALTERIO POÉTICO ESPAÑOL", SIGLO XVIII

Salmo completo: No hay, a mi juicio, otro Salmo que describa con mayor propiedad, extensión y claridad, las costumbres, acciones, palabras, mentalidad, sentimientos y destino final de los impíos que este Salmo 10. Por si no se hubiera dicho lo suficiente sobre los inicuos en los salmos precedentes, o algo pudiera quedar en el tintero en los salmos que siguen, el Salmo 10 aporta una descripción perfecta de su iniquidad. Por tanto, este salmo es un tipo, en forma y descripción, de este personaje inicuo que a pesar de que él mismo se vea, y tantos otros le vean, como el más excelente de los hombres, más que el propio Pedro, es detestable a los ojos de Dios. Esto es lo que impulsó a Agustín[2] y a los que siguieron a entender este Salmo 10 con referencia al Anticristo. Y no resulta ilógico juntar este salmo con los precedentes en esta idea, puesto que David, en los salmos precedentes habla de los paganos convertidos y ora por los paganos que debían convertirse; mientras que en este Salmo 10 habla de los paganos que lo siguen siendo, que siguen prevaleciendo en poder sobre el débil ALMUTH[3], y para los cuales no ve esperanza, o alberga muchas dudas sobre si llegarán a convertirse o no.

MARTIN LUTERO [1483-1546]

Vers. 1. *¿Por qué estás lejos, oh Jehová, y te escondes en el tiempo de la tribulación?* *[¿Por estás lejos, oh Jehová, y te escondes en el tiempo de la tribulación?* RVR*] [¿Por qué, oh Señor, te mantienes alejado, y te escondes en tiempos de tribulación?* LBLA*] [¿Por qué estás lejos, oh YHVH, y te escondes en tiempos de angustia?* BTX*] [¿Por qué, Señor, te mantienes distante? ¿Por qué te escondes en momentos de angustia?* NVI*] [Señor, ¿por qué permaneces lejos y te ocultas en tiempo de angustia?* BLP*] [Oh Señor, ¿por qué permaneces tan distante? ¿Por qué te escondes cuando estoy en apuros?* NTV*]*

¿Por qué estás lejos, oh Jehová? Ante los ojos llorosos del salmista, el Señor parecía haberse quedado quieto en mitad de su sufrimiento, como si contemplara los acontecimientos sin sentir la menor simpatía por su siervo afligido. Y más que esto, parecía mantenerse alejado, como si ya no fuera su *"pronto auxilio en las tribulaciones"*[4] sino una montaña inaccesible que ningún hombre pudiera

[2] Se refiere a AURELIUS AUGUSTINUS [354-430], más conocido como San Agustín o Agustín de Hipona uno de los cuatro más importantes Padres de la Iglesia latina y uno de sus más eminentes doctores. Gran apologista cristiano, sus escritos suponen la primera gran síntesis entre el cristianismo y la filosofía platónica.

[3] Lutero, como se desprende de su comentario al salmo anterior (Salmo 9) identifica este עַלְמוּת *almūṯ*, con lo que él define como la *"ecclesia abscondita"*, esa iglesia visible solo para los ojos de la fe, escondida a los ojos del mundo a pesar de tratarse de una realidad material, que subsiste oculta en la tierra en medio de "muchos falsos cristianos, hipócritas y pecadores manifiestos que están mezclados entre los fieles". En este caso, podemos entender de las palabras de Lutero que los inicuos, en cuanto tienen poder temporal en este mundo *"siguen prevaleciendo sobre el débil Almuth"*, esto es, la verdadera Iglesia de Cristo, que permanece escondida y solo visible a los ojos de la fe. (Ver nota 23 del Salmo 9 sobre el término hebreo עַלְמוּת *almūṯ*).

[4] Salmo 46:1.

escalar. La presencia de Dios es el gozo de su pueblo,[5] pero la sospecha de su ausencia es su dolor desmedido.[6] Por tanto, recordemos que el Señor está cerca de nosotros.[7] El orfebre, cuando tiene el oro en el fuego, no está nunca lejos de la boca del horno; y cuando los santos son arrojados a las llamas, el Hijo de Dios está andando en medio de ellas.[8] Al Señor, que conoce bien la fragilidad humana, no le sorprende que cuando somos probados con dureza, nos sea difícil soportar esa aparente negligencia suya al demorar nuestra liberación.[9]

¿Y te escondes en el tiempo de la tribulación? Lo que nos hiere en lo más hondo no es la tribulación, sino que nuestro Padre esconda de nosotros su faz.[10] Cuando la prueba se junta con la deserción divina, nos encontramos en tanto peligro como Pablo cuando el navío en el que viajaba chocó contra un escollo en un lugar donde se encuentran dos corrientes.[11] Y no debe sorprendernos que nos pase como a su navío, que la proa hincada quede inmóvil, y la popa se abra a la violencia del mar. Cuando nuestro Sol se eclipsa, todo se hace verdaderamente oscuro.[12] Si necesitamos respuesta a la pregunta: *"¿Por qué te escondes?"* la hallaremos en el hecho de que: *"si es necesario"*,[13] y no solo para la prueba, sino para el peso y la carga que siente nuestro corazón bajo la prueba. Pero, ¿cómo puede ser de ese modo cuando en realidad, en el momento en que nos están afligiendo, es cuando el Señor debería brillar más que nunca, con mayor intensidad sobre nosotros? Si un padre consuela a su hijo mientras le está corrigiendo, ¿de qué serviría la disciplina? La vara y un rostro sonriente no son compañeros apropiados, la corrección exige un rostro grave y severo. Para que sintamos más el golpe, Dios desnuda nuestra espalda alejándose temporalmente de nosotros; pues solo aquella aflicción que experimentamos en lo más hondo es la que se transforma en aflicción bendita. Si Dios nos llevara en brazos cada vez que tenemos que atravesar una corriente de aguas turbulentas, la prueba quedaría minimizada, ¿y cómo obtendríamos la experiencia que la tribulación tiene por objeto enseñarnos?

C. H. SPURGEON

¿Por qué estás lejos, oh Jehová, y te escondes en el tiempo de la tribulación? La respuesta a esta pregunta no parece difícil, pues está implícita en sí misma: Si el Señor no se escondiera, no sería tiempo de tribulación. Tanto sería preguntar por qué el sol no brilla de noche, pues si brillara no habría noche. Para que nuestro castigo sea eficaz es preciso que el Padre esconda de nosotros su sonrisa. Debemos ser sometidos a múltiples tentaciones, y que superarlas se nos haga a la vez duro, tedioso y difícil. El propósito de la vara es el de enseñarnos a ser mejores. Si no hubiera dolor, no sacaríamos

---

[5] Éxodo 33:12-17; Salmo 16:11.

[6] Salmo 22:11; 71:12.

[7] Salmo 34:18; 145:18.

[8] Daniel 3:25.

[9] Dice AGUSTÍN DE HIPONA [354-430] con respecto a esto: «La tardanza aparente de Dios siempre es beneficiosa, porque la fuente de vida se hace más deseable y atractiva a los más sedientos» Un pensamiento que CASIODORO [485-583] en su *"Expositio Psalmorum"* corrobora con estas palabras: «*"Por qué estás lejos"*, en modo alguno debemos pensar que el salmista con estas palabras de a entender que Dios se desplace de un lugar a otro, dado que está presente por igual en todo de manera constante; se trata solo de una manera gráfica de expresar su descontento por la demora en prestarle su ayuda, sin comprender que ejercitando en él con su tardanza los dones y beneficios de la paciencia le estaba prestando una ayuda muchísimo más valiosa y duradera».

[10] Salmo 27:9: 69:17; 102:2; 143:7.

[11] Hechos 27:41.

[12] Malaquías 4:2.

[13] 1 Pedro 1:6.

provecho. Si Dios no se escondiera no habría amargura y, en consecuencia, no habría en el castigo efectos purificantes.

BOSQUEJO. De hecho, la respuesta a esta pregunta proporciona tema para un hermoso sermón basado en la experiencia. Aunque permitidme sugerir que la respuesta no sea la misma para todos los casos, pues las razones que conducen al Padre a ocultar su rostro pueden ser diversas: pecados ocultos en el pasado, pruebas para mostrar el poder de su gracia, fortalecimiento de la fe, llevarnos a descubrir nuestra depravación, instruirnos, etc.

C. H. SPURGEON

¿Por qué te escondes en el tiempo de la tribulación? Las épocas de tribulación deberían ser en realidad de confianza; tiempo para mantener nuestro corazón fijo en Dios, y con ello, disipar nuestros temores. *"No tendrá temor de malas noticias; su corazón está firme, confiado en Jehová. Seguro está su corazón; no temerá".*[14] Sin esta firmeza oscilaríamos como una veleta: movidos de un lado a otro por cada ráfaga de malas noticias; nuestras esperanzas se hundirían o flotarían según las nuevas que escucháramos. A menos que la fe y la oración la despierten, la Providencia parece estar siempre dormida. Los discípulos tenían una fe limitada en la capacidad de su Maestro para actuar sobre los elementos y, sin embargo, esa poca fe bastó para despertarle en medio de la tormenta, y hacer que les librara de la tempestad.[15] Nuestra falta de fe impide que Dios nos muestre su poder, desalentándole a la hora de tomar partido en nuestro favor.

STEPHEN CHARNOCK [1628-1680]
"Discourses upon the Existence and Attributes of God. The Divine Providence", 1682

Vers. 2. ***Con arrogancia el malo persigue al pobre; será atrapado en los artificios que ha ideado.*** *[Con arrogancia el malo persigue al pobre; queda atrapado en la trama que le ha urdido.* RVR*] [Con arrogancia el impío acosa al afligido; ¡que sea atrapado en las trampas que ha urdido!* LBLA*] [Bajo la soberbia del impío el pobre es consumido. ¡Queden presos en las tramas que ellos mismos urdieron!* BTX*] [Con arrogancia persigue el malvado al indefenso, pero se enredará en sus propias artimañas.* NVI*] [Con su arrogancia el malvado acosa al débil; ¡ojalá quede atrapado en la trama que ha urdido!* BLP*] [Con arrogancia los malvados persiguen a los pobres; ¡que sean atrapados en el mal que traman para otros!* NTV*]*

Con arrogancia el malo persigue al pobre. El segundo versículo plantea la acusación formal contra los malos: *"Con arrogancia el impío acosa al afligido"*. La imputación plantea dos elementos distintos: arrogancia y tiranía; la una es la raíz de la otra.

¡Que sea atrapado en las trampas que ha urdido! La petición es razonable, justa y natural. Incluso cuando nuestros enemigos son los jueces, es justo que los hombres sean tratados como ellos desean tratar a otros. Te pesamos en tu propia balanza, y medimos tu trigo con tu propia medida.[16] ¡Terrible será tu final, oh Babilonia perseguidora, cuando se te dé a beber doble ración de la copa del vino del ardor de tu fornicación, que llenaste hasta el borde con la sangre de los santos, embriagándote con ella![17]

[14] Salmo 112:7-8.
[15] Mateo 8:23-27.
[16] Lucas 6:38.
[17] Apocalipsis 18:6.

Nadie va a disputar la justicia de Dios, cuando ahorque a cada Amán en su propia horca,[18] y eche a cada uno de los enemigos de sus Danieles en sus propios fosos de leones.[19]

C. H. SPURGEON

Con arrogancia el malo persigue al pobre. El opresor, en su arrogancia, se atreve a perseguir al pobre. Y esta es su ALEGACIÓN: «Tan solo busco lo que por ley me corresponde. Cuando firmó el contrato, lo firmó libremente y de su propia voluntad, y ahora tiene que devolverme mi dinero con intereses, o de lo contrario quedo dueño de sus bienes y su cuerpo. ¿Entonces? ¿Por qué debería sentirme yo culpable de que sus hijos agonicen mendigando, o de que la orgullosa de su mujer se muera de hambre? Es culpa suya, no mía; así pues ¿a mí qué más me da? Tengo derecho a recuperar hasta mi último centavo, o me quedaré con sus huesos. La ley es justa y buena; y yo me rijo por ella, ¿cómo puede mi proceder ser injusto? ¿Acaso un treinta por ciento de ganancia no es habitual en transacciones comerciales? En el mundo de los negocios no estamos para perder el tiempo, ¡no voy a renunciar a mi sustento, a mi vida, por un rostro compungido y unas cuantas lágrimas! Y doy gracias a Dios porque a mí, sus lágrimas, no me afectan más que los aullidos de un perro a medianoche. No cederé un día ni aunque su fianza fuera el mismo cielo. Quiero que se me devuelva mi dinero, o sus huesos (…) ¿Aceptar una quita? ¿Condonar parte de la deuda? ¡De ningún modo! ¡Antes me cuelgo yo del techo![20] Y no me habléis de buena conciencia: la buena conciencia no forma parte de mi código comercial; es la responsable de la quiebra de más negocios que viudas[21] hay en Londres.[22] Mi conciencia no es tonta: y me dice que lo mío es mío, y que una bolsa bien repleta y apretada es un amigo que no defrauda, sino que permanecerá pegada a mí cuando todos mis amigos me abandonen. Si construir un buen patrimonio de la nada y recuperar una deuda desesperada son los frutos y signos de una mala conciencia, que Dios se apiade de los buenos. Y no me habléis de tiranía y opresión. La vida es dura, y el que quiere prosperar debe apretar las tuercas a los demás. Lo que doy, lo doy y por dado quede; pero lo que presto, lo recupero. Si el camino al cielo consiste en ir de mendigo por la tierra, que anden por él quienes les venga en gana. No entiendo bien por qué me acusan de opresor, cuando la ley me ampara; pero es más provechoso ser opresor que oprimido. Si los deudores fueran más honestos y responsables, no habría oprimidos, nuestras manos estarían atadas; pero cuando su negligencia toca mi bolsa, han tocado la niña de mis ojos, y mi deber es enseñarles la lección».

FRANCIS QUARLES [1592-1664]

"Judgement and Mercy for Afflicted Souls, or Meditations, Soliloquies, and Prayers", 1646

---

[18] Ester 7:9-10.

[19] Daniel 6:24.

[20] El texto original dice literalmente: *"Fifteen shillings in the pound composition!"*, "¡Quince chelines en la composición de una libra!" Antiguamente la libra se dividía en 20 chelines (*shillings*), y el chelín en 12 peniques (*"penny"*, plural *"pence"*), haciendo un total de 240 peniques en una libra. *"Fifteen shillings in the pound composition"*, "quince peniques por libra de deuda", probablemente pagados en varios plazos, era una propuesta habitual de los jueces en aquella época para lograr un común acuerdo entre el deudor y los acreedores y evitar así la ejecución del contrato. Algo parecido a lo que hoy en día en España llamamos "concurso de acreedores" y en Estados Unidos *"Chapter 11"*.

[21] En el original *"loose wives"*.

[22] El texto original inglés de dice literalmente: *"more bankrupts than all the loose wives in the universal city"*. Se trata de una figura literaria de lenguaje, concretamente una hipérbole, una exageración para remarcar lo grave o la imposibilidad del hecho comparado. Pablo también las utilizaba a menudo en sus escritos: *"Mas si aun nosotros, o un ángel del cielo, os anunciare otro evangelio diferente del que os hemos anunciado, sea anatema"* (Gálatas 1:8). La idea es que la buena conciencia induce al comerciante a perdonar deudas de gente que no las puede pagar, y eso a la larga conduce el negocio a la quiebra.

Con arrogancia el malo persigue al pobre. Uno de los más famosos perseguidores de la Iglesia, Domiciano,[23] al igual que otros emperadores romanos, asumió para sí honores divinos, y como Nabucodonosor, ordenó calentar el horno siete veces más contra los cristianos, porque se negaron a adorar su imagen.[24] Así hacen también los romanos pontífices, ciñéndose coronas decoradas que simbolizan títulos blasfemos, como *Señores del Mundo*; declarándose *Padres Universales;*[25] y soltando contra los verdaderos fieles a sus sabuesos sedientos de sangre. El orgullo es el embrión de la persecución.

C. H. SPURGEON

Con arrogancia el malo. El *orgullo* es un vicio terrible: se adhiere de forma tan indisoluble al corazón del ser humano, que si de algún modo pudiéramos ir arrancando, una a una, nuestras faltas y defectos, hallaríamos que el orgullo es el más persistente y el más difícil de erradicar.

RICHARD HOOKER [1554-1600]

Vers. 3. *Porque el malo se jacta del deseo de su alma, bendice al codicioso, y desprecia a Jehová.* *[Porque el malo se jacta de los antojos de su alma, el codicioso maldice, y desprecia a Jehová.* RVR*] [Porque del deseo de su corazón se jacta el impío, y el codicioso maldice y desprecia al Señor.* LBLA*] [Porque el malo se jacta de lo que su alma ansía, y el avaro maldice, y aborrece a YHVH.* BTX*] [El malvado hace alarde de su propia codicia; alaba al ambicioso y menosprecia al Señor.* NVI*] [El malvado se enorgullece de su ambición, el codicioso blasfema e injuria al Señor.* BLP*] [Pues hacen alarde de sus malos deseos; elogian al codicioso y maldicen al Señor.* NTV*]*[26]

[23] Se refiere al emperador romano TITO FLAVIO DOMICIANO (51-96), el último emperador de la dinastía Flavia. Persiguió con dureza a los cristianos produciendo numerosos mártires. La mayoría de historiadores cristianos defienden que el apóstol Juan escribió el Apocalipsis durante su mandato como reacción a la persecución ejercida por Domiciano, que se hacía llamar "señor y dios Domiciano", a lo que Juan responde en Apocalipsis afirmando que hay un solo y único Señor: *"Yo soy el Alfa y la Omega, principio y fin, dice el Señor, el que es y que era y que ha de venir, el Todopoderoso"* (Apocalipsis 1:8). Murió asesinado el 18 de septiembre del año 96 a los 45 años, a instancias de su mujer Domicia y del prefecto del pretorio.

[24] Daniel 3:1-6,19.

[25] Hemos respetado el texto original de Spurgeon, aunque no hemos encontrado pruebas de que los pontífices romanos se hayan aplicado nunca el título concreto de *"Masters of the World"* y *"Universal Fathers"*. En todo caso, los títulos del Papa actualmente son: "Su Santidad, Vicario de Jesucristo, Sucesor del Príncipe de los apóstoles, Sumo Pontífice de la Iglesia Universal, Patriarca de Occidente, Arzobispo y Metropolitano de la provincia de Roma, Soberano de la Ciudad del Vaticano".

[26] Un texto de muy difícil traducción en el que, como verá el lector, las diferentes versiones difieren de manera importante. En hebreo כִּֽי־הִלֵּ֣ל רָ֭שָׁע עַל־תַּאֲוַ֣ת נַפְשׁ֑וֹ וּבֹצֵ֥עַ בֵּ֝רֵ֗ךְ נִ֘אֵ֥ץ ׀ יְהוָֽה *kî-hillêl rāšā‘ ‘al-ta’ăwaṯ napšōw ūḇōṣêa‘ bêrêḵ ni’êṣ Yahweh* La versión griega de los LXX o Septuaginta lee: ὅτι ἐπιαἰνέω ὁ ἁμαρτωλός ἐν ὁ ἐπιθυμία ὁ ψυχή αὐτός καί ὁ ἀδικέω ἐνεὐλογέω que la Vulgata traduce al latín como: *"Quoniam laudator peccatorin desideriis animae suae et inuquus benedicitur"*, "Por cuanto el pecador es alabado en los deseos de su alma y el inicuo es bendecido". La versión inglesa KJV lo traduce: *"For the wicked boasteth of his heart's desire, and blesseth the covetous, whom the Lord abhorreth"*, "Porque el malo se jacta del deseo de su alma, bendice al codicioso al cual Jehová aborrece". SCHÖKEL traduce: *"¿Por qué se gloría el malvado de su ambición y el codicioso se felicita con insolencia? Desprecia al Señor el malvado"*. KRAUS: *"Porque él exalta la maldad, la codicia de su garganta, elogia la ganancia, desprecia a Yahvé"*.

Leída la acusación y presentada la petición, se procede ahora a escuchar la evidencia en primera instancia.[27] La cual resulta concluyente con respecto a la cuestión del *orgullo,* ya que ningún juez vacilaría en pronunciar al reo culpable. Sin embargo, prestemos atención a los testigos uno a uno. El primero testifica que el acusado es un jactancioso:

"Porque del deseo de su corazón se jacta el impío". Es un jactancioso necio, puesto que presume de su *"deseo";* un jactancioso descarado, porque tal deseo es pura villanía; y un pecador empedernido que se jacta de lo que debería ser su vergüenza. Los pecadores jactanciosos son los más despreciables, los peores, en especial cuando sus deseos inmundos –demasiado inmundos para ser realizados y por tanto circunscritos al reino de los deseos– pasan a ser objeto y tema de sus jactancias. Cuando el señor *Odio-a-lo-bueno* se asocia con el señor *Temeridad*[28] en una misma empresa, el resultado es un próspero y floreciente comercio de mercancías diabólicas. Este primer testimonio es suficiente para condenar al acusado en el banquillo. ¡Llévatelo ya, carcelero! Pero, resta un segundo testigo que pide ser escuchado tras prestar juramento. Y sus palabras hacen que la imprudencia del orgulloso rebelde resulte todavía más evidente:

"Bendice al codicioso a quien el Señor aborrece".[29] Pura insolencia, orgullo desenmascarado. Su arrogancia es tal que llega a disentir de los criterios del Juez de toda la tierra, y bendecir a los hombres que Dios ha maldecido. Así hizo también la generación pecaminosa en tiempos de Malaquías, llamando dichosos a los soberbios, y prósperos a los que hacen impiedad.[30] ¿Será posible que tengan la osadía de disputar con su Hacedor? ¡Por supuesto! Pretenden nada menos que:

Arrebatar de su mano el equilibrio y el cetro,
juzgar de nuevo su justicia, ser el dios de Dios.[31]

¡Cuántas veces hemos escuchado a los impíos hablar elogiosamente del codicioso, del que abusa del pobre, del comerciante agudo! No en vano reza un viejo proverbio inglés:

Menea la cola el can,
no por ti, sino por el pan.[32]

El orgullo se topa con la codicia, y le faltan palabras para halagarla, calificándola de prudente, ahorradora y sabia. Y hemos de reconocer, con tristeza, que no faltan líderes religiosos que adulen a los ricos y proclamen sus virtudes, pese a conocer con certeza que se han cebado con el hígado y la sangre de los pobres. Los únicos pecadores que son bien recibidos en las iglesias y considerados respetables son los codiciosos. Si un hombre fornica, o es un borracho, se le echa inmediatamente de

---

[27] Se dice del primero de los diversos grados jurisdiccionales que la ley tiene establecidos para ventilar y sentenciar, en jurisdicción expedita, tanto sobre el hecho como sobre el derecho.

[28] Se refiere a dos de los personajes de la obra alegórica de John Bunyan *"El Progreso del Peregrino".* Cuando "Cristiano" y "Fiel" son apresados en la "Feria de Vanidad", (Capítulo XII) el nombre del juez que los juzga es "Odio-a-lo-bueno", y el de uno de los miembros del Jurado, "Temeridad".

[29] Hemos optado por seguir la versión inglesa KJV: *"blesseth the covetous, whom the Lord abhorreth"* para no apartarnos del comentario de Spurgeon.

[30] Malaquías 3:15.

[31] La cita es del poeta inglés ALEXANDER POPE [1688-1744] en *"Essay on Man", Epistle I,* líneas 121-122: *"Snatch from his hand the balance and the rod, / Rejudge his justice, be the god of God".*

[32] El proverbio anglo-holandés que cita Spurgeon en el original es: *"I wot well how the world wags; He is most loved that hath most bags",* "Sé bien lo que el mundo halaga, quien mayor aprecio recibe es quien más bolsas lleva". Lo hemos sustituido por su equivalente en español.

la iglesia; pero, ¿quién ha oído hablar de una iglesia que se enfrente abiertamente y discipline a ese miserable idólatra, el codicioso? Más nos vale temblar para que no seamos hallados partícipes de este pecado de orgullo tan atroz: *"bendice al codicioso, a quien el Señor aborrece"*.

C. H. Spurgeon

Porque el malo se jacta. Se jacta de su estilo de vida perverso, del cual hace pública profesión; presume de su habilidad para culminar sus malvados designios; y se gloría de haberlo conseguido. También puede entenderse que alaba a quienes comparten su manera de pensar y están de acuerdo con los deseos de su alma; es decir, que únicamente honra y respeta a los que son como él.[33]

Giovanni Diodati [1576-1649]
"Pious and Learned Annotations upon the Holy Bible", 1648

Bendice al codicioso, y desprecia a Jehová. «Cada cual con su igual», dice un antiguo refrán. Y así, juntos, se olvidan por completo de los mandamientos del Señor; no solo cometiendo pecados groseros, sino elogiando a los que pecan como ellos. Porque en lo más profundo de su alma les aman, sienten afecto hacia ellos, les adulan y exaltan con sus palabras y comparten con ellos sus mismas acciones.[34]

Peter Muffet
"A commentary on the whole book of Proverbs", 1594

Bendice al codicioso, al cual Jehová aborrece. La codicia es el deseo de poseer aquello que no tenemos, y alcanzar grandes riquezas y posesiones materiales. Y aunque puede que no sea este el espíritu generalizado que impera en el mundo del comercio y tráfico de mercancías, nadie puede negar que lo afecta de manera importante; cabría decir que está por todas partes, y me consta por referencias de hombres de negocios con los que mantengo una relación directa.

En comparación con la vida ordenada y tranquila que vivían nuestros padres, que se contentaban con rendimientos pequeños pero seguros, hoy en día se ha extendido por doquier la especulación salvaje, que solo persigue grandes ganancias: han irrumpido las aventuras financieras y precipitadas de alto riesgo; los mercados, lejos de cumplir con su función, ser un instrumento justo de financiación, se han transformado en un casino; se ha puesto de moda la figura del gestor de capitales, sin otro propósito que el de especular; y todo ello pone de manifiesto el espíritu de codicia que se ha apoderado de

[33] Salmo 36:4; 49:18; Romanos 1:32.

[34] Los Padres de la Iglesia comentan:

– Juan Crisóstomo [347-407]: «Lo que indigna al profeta sobremanera es que no solo ante la aparente impasividad de Dios el mal prevalezca y el impío se jacte de ello, sino que cuenta además con todo un corro de aduladores que lo alabe. Que sea admirado y ensalzado por aquellas acciones que debían haberle llevado a esconderse, o cuanto menos a ruborizarse».

– Agustín de Hipona [354-430] enlaza este versículo con el anterior *"Será atrapado en los artificios que ha ideado"* (10:2) y dice: «Sí, caerá preso de sus propias cadenas. ¿Y por qué? Porque las lenguas de los aduladores se convierten en cadenas que atrapando su alma la sujetan a sus propios pecados. ¿Y cómo? Con la falsa seguridad que les proporciona la adulación: que no solo elimina el temor a la censura sino que recrea sus oídos con palabras de encomio. Ello les reafirma en sus pecados y les alienta a permanecer en ellos, arrastrándole a hundirse cada vez más en el abismo: a pagar adulación con adulación, a bendecir al codicioso y finalmente a un grado tal de altivez como para despreciar al Señor (10:4)».

nuestra sociedad a lo largo de los últimos treinta o cuarenta años. Y todo nos lo ha concedido la divina providencia mediante maravillosas e inesperadas revoluciones industriales, mediante innumerables invenciones que permiten la manufactura de productos y el trabajar la tierra fácilmente y en condiciones que nuestros padres no llegaron a soñar siquiera. Pero tristemente contribuyen a la tentación de la codicia, impregnando el trabajo y el comercio con un tinte de mundanalidad desconocido para nuestros padres.

Nuestros jóvenes ya no se introducen en el mundo del trabajo con el deseo de ser útiles a la sociedad, de mejorar el nivel de vida, de defender su crédito y su honradez, de proporcionar a su familia una educación mejor de la que ellos han tenido, y de llevar a cabo una justa competencia, si el Señor tiene a bien prosperarles. Ahora, el único objetivo es la ambición desmesurada, hacer fortuna, ganar dinero pronto, cuanto más mejor y por la vía que sea, para poder retirarse lo antes posible disfrutando de todos los lujos de la vida presente. Nuestra sociedad está infectada con el pecado de la codicia, contra el cual, hermanos muy amados, os digo con lágrimas en los ojos y con la mayor insistencia: hemos de librar la buena batalla. Porque ha hecho de este lugar su sede, ha convertido esta metrópolis en su fortaleza, haciendo de la Gran Bretaña, tradicionalmente cristiana, su reducto favorito.

Mas vosotros, hermanos que habéis sido llamados por la gracia de Dios a manteneros fuera de los dominios de Mammon,[35] habéis sido también elegidos expresamente para testificar en contra de todas las apostasías de la iglesia en nuestro país; pero de manera especial contra esta, que en mi opinión, es una de las más evidentes y la más común entre todas. ¿Pues quién no ha sido en uno u otro modo víctima de la trampa de la codicia?

EDWARD IRVING [1792-1834]
"Babylon and Infidelity foredoomed - A Discourse on the Prophecies of Daniel and the Acopalypse which relate to these latter times, and until the Second Advent", 1826

Bendice al codicioso, al cual Jehová aborrece. Cristo sabía bien lo que decía cuando exclamó: *"Nadie puede servir a dos señores"*,[36] es decir, a Dios y al mundo, porque ambos pretenden dominarlo por entero. Como el ángel y el diablo luchaban por la posesión del cuerpo de Moisés,[37] no por una parte, no para dividírselo, sino para poseerlo entero cada uno, de igual modo siguen batallando por la posesión de nuestras almas. Por ello exclama el apóstol: *"¡Oh almas adúlteras! ¿No sabéis que la amistad del mundo es enemistad contra Dios? Cualquiera, pues, que quiera ser amigo del mundo, se constituye enemigo de Dios"*.[38] Esta disputa entre ambos significa que Dios no puede soportar que el mundo se quede con una parte, y el mundo no puede soportar que Dios se quede con ella. Por lo tanto, el amor al mundo es forzosamente enemistad con Dios y, en consecuencia, los que aman al mundo son necesariamente enemigos de Dios: el codicioso sirve al mundo, y no puede, por tanto, servir a Dios, porque es su enemigo. Por ello a la codicia se la identifica con idolatría,[39] porque es el pecado más contrario a Dios, pues así como la traición contra el Estado consiste en colocar otro rey en lugar del rey, la idolatría establece a otro dios en el lugar de Dios.

HENRY SMITH [1560-1591]
en uno de sus sermones predicado en 1578

[35] Mateo 6:24; Lucas 16:9-16.
[36] Mateo 6:24.
[37] Judas 9.
[38] Santiago 4:4.
[39] Efesios 5:5.

Vers. 4. *El malo, por la altivez de su rostro, no busca a Dios; no hay Dios en ninguno de sus pensamientos.* *[El malo, por la altivez de su rostro, no busca a Dios; no hay Dios en ninguno de sus pensamientos.* RVR*] [El impío, en la altivez de su rostro, no busca a Dios. Todo su pensamiento es: No hay Dios.* LBLA*] [Por la altivez de su rostro el malvado no inquiere, Elohim no está en sus pensamientos. en todo tiempo sus caminos son torcidos.* BTX*] [El malvado levanta insolente la nariz, y no da lugar a Dios en sus pensamientos.* NVI*] [El malvado, en su soberbia, de nada se preocupa: "No hay Dios"; esto es todo lo que piensa.* BLP*] [Los malvados son demasiado orgullosos para buscar a Dios; parece que piensan que Dios está muerto.* NTV*]*

El malo, por la altivez de su rostro, no busca a Dios. La jactancia petulante y los halagos indecentes del impío han sido aceptados como evidencia contra él; y ahora, su propio rostro confirma la acusación, y su negligencia clama a gritos contra él: *"por la altivez de su rostro, no busca a Dios"*. Los corazones orgullosos engendran miradas orgullosas y rodillas rígidas. Es un hecho tan conocido como admirable que el rostro es el reflejo del alma, al igual que el movimiento de los engranajes se refleja en su esfera. Una cara dura como el bronce y un corazón quebrantado nunca van de la mano, no se llevan bien. No estamos tan seguros de que los atenienses fueran tan sabios como se dice cuando ordenaron que los reos fueran sentenciados en la oscuridad para evitar que los jueces pudieran sospesar y valorar la expresión de sus rostros;[40] ya que se puede saber y deducir mucho más de las expresiones de una cara que de las palabras salidas de los labios. La sinceridad brilla en el rostro, y a algunos la vileza les asoma por los ojos.

No hay Dios en ninguno de sus pensamientos. Ved los efectos del orgullo: arrastra al hombre a cesar en su búsqueda del Creador. Resulta difícil orar con el cuello tieso y las rodillas rígidas. *"No hay Dios en ninguno de sus pensamientos"*: lo que no implica que no piense, pues piensa mucho, pero no piensa en Dios. Sus pensamientos son montones de paja sin un solo grano de trigo. Pese a estar en todas partes, hay un único lugar donde Dios no está: en las mentes y los planes de los malvados. Y esta es, decididamente, una acusación condenatoria; pues allí donde no está el Dios del cielo, reina y ruge el Señor del infierno; y por tanto, si Dios no está en nuestros pensamientos, tales pensamientos nos conducirán a la perdición.

C. H. Spurgeon

El malo, por la altivez de su rostro, no busca a Dios; no hay Dios en ninguno de sus pensamientos. Su orgullo llega a tal extremo que, aun siendo juzgado y condenado, se niega a rebajarse y aceptar un perdón. Mejor dicho, y me corrijo a mí mismo: estaría dispuesto a ser justificado, pero no gratuitamente, solo si pudiera comprar el favor de Dios. Miles son los que morirán y serán condenados por negarse a aceptar el perdón gratuito, por cuenta de los méritos de Cristo y su obediencia. ¿Cuándo aceptarán los hombres de buen grado el método que Dios ha dispuesto para salvarlos a través de la sangre del pacto eterno? ¿No te basta con ser el artífice de tu propia destrucción? ¿Pretendes ser también tu propio salvador? ¿Morir antes que aceptar la libre gracia? ¿Eres tan orgulloso que te niegas a buscar a un Dios infinitamente sabio y a aceptar su benevolencia? Dios está dispuesto a salvarte: *"De tal manera amó Dios al mundo, que ha dado a su Hijo unigénito"*.[41] ¿Tan orgulloso eres que te niegas a estar en deuda con Dios? En tal caso, no mereces recibir nada. ¿Qué puedo decir? Eres

[40] Esta norma fue dictada por Solón [638-538 a.C.], uno de los siete sabios de Grecia, en su "Constitución" del 594 a.C. para toda la región de Ática, proclamada para frenar los abusos de los eupátridas o nobles terratenientes sobre los campesinos y el pueblo llano.

[41] Juan 3:16.

pobre, y encima orgulloso; no tienes más que escoria y miseria, pero estás hablando de hacer una gran compra. ¿Te das cuenta de que esto es una provocación? *"Dios resiste a los soberbios"*,[42] y en especial los soberbios espirituales, los que albergan orgullo en su corazón. Pues el que está orgulloso de sus vestidos, o de su linaje, no es tan despreciable a los ojos de Dios como el que está orgulloso de sus méritos, y por ello se niega a someterse a los métodos divinos para su salvación exclusivamente a través de Cristo y de su justicia.

LEWIS STUCKLEY [1621-1687]
"The Gospel Glass -, Chapter v", 1667

El malo, por la altivez de su rostro, no busca a Dios; no hay Dios en ninguno de sus pensamientos. El orgullo de los malvados es la razón principal por la que no buscan el conocimiento de Dios. Y, de hecho, la ausencia de este conocimiento les dificulta la búsqueda. En primer lugar, para los malos, Dios y su conocimiento se convierten en algo indeseable. El orgullo consiste en tener una opinión exaltada de uno mismo. Por tanto, el orgulloso se siente intranquilo ante un rival, aborrece a un superior, y no puede tolerar un maestro, y menos a un señor. Y cuanto más prevalece en el corazón, más nos hace desear no ver nada por encima de nosotros, no reconocer ninguna ley sino nuestra propia voluntad, no seguir ninguna regla sino nuestras propias inclinaciones. Así fue como Satanás llevó a nuestros primeros padres a rebelarse contra su Creador, y desear ser como dioses.[43]

Siendo estos los efectos del orgullo, es evidente que nada hay tan doloroso para un corazón orgulloso que plantearse la existencia de un ser como Dios; de alguien infinitamente poderoso, justo y santo; que no pueden ser resistido, engañado, ni burlado;[44] que dispone de todas las criaturas y eventos de acuerdo con su propia voluntad soberana; y que aborrece el orgullo de manera especial y está decidido a humillarlo y castigarlo.[45] El orgullo solo puede contemplar a tal ser con temor, aversión y aborrecimiento. Lo ve como su enemigo natural, su gran enemigo, a quien ha de temer. Y el conocimiento de Dios tiende a poner ante los ojos del orgulloso la realidad de este enemigo irreconciliable, irresistible y de poder infinito. Le enseña que por encima de él hay alguien superior, un Señor y dueño de cuya autoridad no puede escapar, cuyo poder no puede resistir, y cuya voluntad debe obedecer o ser aplastado ante él y permanecer en desdicha eterna. Le muestra aquello que odia y no quiere ver: que, a pesar de su oposición, el consejo de Dios será establecido,[46] que hará todo conforme a su deseo, y que Dios está por encima de todas aquellas cosas que los hombres creen suyas y de las que se sienten orgullosos. Estas verdades torturan los corazones de los soberbios, de los arrogantes, de los inicuos, y por ello odian el conocimiento de Dios que les enseña estas verdades, y se niegan a buscarlo. Todo lo contrario, prefieren ignorar la existencia de semejante ser, y desterrar de sus mentes todo pensamiento sobre él. Y con este propósito descuidan, pervierten o tergiversan todos los pasajes de la revelación que describen el verdadero carácter de Dios, y se esfuerzan por creer que no es más que un ser limitado, como ellos mismos.

¡Qué necio, qué absurdo, qué ruinoso, qué ciego y destructivo es el orgullo en sus mismos propósitos! Intentando elevarse, solo consigue hundirse a sí mismo en el fango, y al tiempo que trata de erigir por sí mismo un trono, socava el suelo que pisa excavando su propia tumba.[47] El orgullo hundió

[42] Santiago 4:6.
[43] Génesis 3:15.
[44] Job 13:9, Gálatas 6:7.
[45] Salmo 147:6.
[46] Isaías 46:10.
[47] Dice JUAN CRISÓSTOMO [347-407]: ¿«Y cuál es esta fuerza irresistible capaz de arrastrar al hombre a tal nivel de arrogancia, insensatez, degradación y miseria, como para cerrar sus ojos a la luz meridiana de

a Satanás desde el cielo al infierno; desterró a nuestros primeros padres del paraíso; y, de modo similar, será la perdición de todos los que lo sientan y practiquen. El orgullo nos mantiene en la ignorancia de Dios; nos cierra su favor; nos impide que nos asemejemos a él; nos priva en este mundo del honor y la felicidad que nos aporta la comunión con él, y en el mundo venidero, a menos de que nos arrepintamos a tiempo y renunciemos a él, el orgullo cerrará ante nosotros las puertas del cielo y atrancará detrás las del infierno ¡Cuidado con el orgullo! Vigilad para que no caigáis en sus garras imperceptiblemente, porque es quizá, de todos los pecados, el más secreto, sutil y solapado.

Edward Payson [1783-1827]
sermón titulado *"The Wiked, from Pride, Refuse to Seek God", Sermon VII*

El malvado hace alarde de su propia codicia; alaba al ambicioso y menosprecia al Señor. David habla en el Salmo 10 de los políticos, importantes y poderosos opresores, que no ven en la tierra a nadie por encima de ellos mismos, a otro mayor que ellos, y por tanto piensan que quedarán impunes al abusar de quienes están por debajo de ellos, como hacen las bestias; este versículo cuatro analiza la raíz y causa de este comportamiento: *"Por la altivez de su rostro, no busca a Dios; no hay Dios en ninguno de sus pensamientos"* (NVI). Las traducciones pueden variar: *"levanta insolente la nariz, y no da lugar a Dios en sus pensamientos"*; *"de nada se preocupa: "No hay Dios"; esto es todo lo que piensa"* (BLP) pero el significado es el mismo. El sentido no es solo que en el enjambre y multitud de pensamientos que llenan su mente, la idea de Dios raramente entra en juego y pocas veces aparece, algo suficientemente grave de por sí; sino que además, en todos sus proyectos y planes, en todas las elucubraciones de su corazón (que es donde se fragua todo), cuando traza sus planes y les da la forma, cuando proyecta todas sus acciones, nunca tiene en cuenta a Dios ni su voluntad para obrar conforme a sus designios, sino que procede como si no hubiera Dios al que consultar. No lo mueve pensar en él ni en su voluntad. Cuando un colectivo expulsa a un miembro se le advierte de que ya no forma parte de su consejo, que no está en sus proyectos. Tampoco Dios forma parte de sus planes ni piden su consejo, todo lo hacen sin él. Pero esta manera de actuar va más lejos, porque en el fondo piensan que no hay un Dios. Ahí está la base, el sustrato y razón de todas sus iniquidades y proyectos ladinos, de todos sus engaños y maquinaciones: convencidos de que no hay Dios u otro poder por encima de ellos que pueda tomar nota de sus acciones, dan rienda suelta a su comportamiento perverso.

Thomas Goodwin [1600-1679]
"A discourse of an unregenerate mans guiltiness before God in respect of sin and punishment", 1692

El malo, por la altivez de su rostro, no busca a Dios. Lleva el orgullo incrustado en la cara, es parte esencial de su aspecto y lo evidencia en todas sus actitudes y gestos. *"No busca"*, es decir, desprecia todas las leyes divinas y humanas, no teme a nada ni a nadie, no valora los juicios divinos; no se preocupa por nada, todo lo deja de lado con tal de satisfacer sus deseos. Ni busca, ni se perturba, ni indaga: todo le es indiferente.

Giovanni Diodati [1576-1649]
"Pious and Learned Annotations upon the Holy Bible", 1648

---

la realidad de Dios? ¿Qué es capaz de llevar a un simple mortal, sujeto a limitaciones, a extirpar de sus pensamientos a su Hacedor? La adulación: el atractivo irresistible que ejercen sobre su mente las palabras de aquellos que lo alaban y lisonjean para su ruina, muy por encima de las de aquellos que lo recriminan y corrigen para su bien. Cuando un humano se sienta sobre el poder de las riquezas, libre de enemigos y rodeado de un corro de aduladores, cae en la necedad de la arrogancia, transformándose en lo más miserable que cabe imaginar».

No hay Dios en ninguno de sus pensamientos. Algunos lo traducen del siguiente modo: *"Todos sus pensamientos coinciden en que: no hay Dios"*.[48] Séneca afirma que no hay ateos,[49] si alguno afirma que no existe Dios, miente: lo dice durante el día, pero en la noche, cuando se queda a solas, admiten que sí lo hay; y aunque muchos traten de endurecerse desesperadamente, cuando Dios se revela terrible ante ellos, no dudan en confesar su existencia. Numerosos paganos y otros que han negado la existencia de Dios, en momentos de peligro han caído de rodillas implorándole ayuda, como Diágoras,[50] ese gran ateo, que cuando se vio afectado de estranguria[51] no dudó en acogerse a una deidad cuya existencia había negado reiteradamente. Este tipo de ateos los encomiendo a la merced y benevolencia divina, aunque dudo que para ellos pueda haberla.

RICHARD STOCK [1569-1626]
"A stock of divine knowledge, being a lively description of the divine nature, or, The divine essence, attributes, and Trinity particularly explained", 1641

No hay Dios en ninguno de sus pensamientos. Este es el verdadero agujero negro[52] del impío o ateo, que Dios no está en ninguno de sus pensamientos. ¿Qué consuelo cabe esperar del Ser divino si no pensamos en él con reverencia y deleite? Un Dios olvidado no es mejor que un Dios inexistente.

STEPHEN CHARNOCK [1628-1680]

No hay Dios en ninguno de sus pensamientos. Las trivialidades se apoderan con facilidad de nuestra mente, pero *"Dios no está en todos nuestros pensamientos"*, y raramente es el único objeto de ellos. Dedicamos nuestros pensamientos permanentes a las cosas transitorias, y solo pensamientos transitorios a las cosas permanentes. El pacto de gracia compromete al corazón por entero en su dedicación a Dios y prohíbe cualquier otra cosa que lo absorba. ¡Pero Dios y el alma de la mayoría de los hombres son extraños! Lo conocen a través la creación,[53] pero para la mayoría sigue siendo un Dios desconocido en su relación con ellos, porque es un Dios no deseado. Según yo lo veo, el problema está en que, como no andamos por sus caminos de sabiduría, no lo concebimos en sus vastas perfecciones, ni estamos impresionados por su bondad. Tenemos muchos menos poemas sagrados que de cualquier otro tipo. El ingenio humano pliega las alas cuando ha de glosar sus pensamientos y figuraciones sobre Dios. Se nos conceden dones y medios para servirle, como maíz y vino a los hijos de Israel, pero

---

[48] Tal es el caso de la *American Standard Version* (ASV): *"All his thoughts are, There is no God."*.

[49] *«Mentiuntur qui dicunt se non sentire Deum esse: nam etsi tibi affirmant interdi— noctu tamen dubitant»,* SÉNECA, Ensayos Morales, *De Ira.*

[50] Se refiere a DIÁGORAS DE MELOS [465-410a.C.] sofista y poeta griego, obstinado en negar la existencia de Dios por lo que es conocido como «Diágoras el Ateo».

[51] Enfermedad de las vías urinarias que dificulta la orina y produce fuertes dolores y escozores al hacerlo, parecido a lo que conocemos hoy como "cistitis" o infección de orina.

[52] En el original inglés *"the black work of an ungodly man"*. Lo hemos traducido por "agujero negro" por considerar que es el concepto que mejor expresa en el mundo moderno el sentido de lo que el autor quiere decir, a pesar de que literalmente sus palabras no guarden relación con el concento científico de "agujero negro", que es casi 300 años posterior a la época del autor, ya que parte de la teoría de la relatividad general de ALBERT ENSTEIN [1879-1955] y no fue acuñado hasta 1969 por el físico teórico JOHN ARCHIBALD WHEELER [1911-2008].

[53] Salmo 19:1.

nosotros preferimos consagrarlos a cualquier maldito Baal;[54] como la Venus del poema,[55] abandonamos el Olimpo para correr detrás de algún Adonis.

STEPHEN CHARNOCK [1628-1680]

Vers. 4, 5. La humanidad vive bajo una fascinación espiritual o brujería que ha logrado, allí donde ha prevalecido, que los hombres se olviden de Dios embriagándolos con placeres y sumiéndolos en una locura de vanidad. Y algunos, cual niños malcriados, arman en este mundo un extraordinario revuelo por trivialidades: se consideran a sí mismos grandes, honorables, excelentes, y lo proclaman a los cuatro vientos con gran alboroto, sin darse cuenta de que toda la gloria con la que ellos creen que el mundo les ha exaltado no ha añadido a su estatura ni un codo.[56] Otros, transformados en criaturas salvajes por la magia de esta Circe[57] llamada orgullo, se comportan con sus semejantes como tigres y leones, o se revuelcan cual cerdos en la impureza. Otros, deshumanizados, pierden sus afectos y arrollan cuanto se les ponga por delante para satisfacer sus ansias de dominio y poder. Otros son presa de un frenesí ridículo, de modo que cualquier persona sensata detecta que están fuera de sus cabales. Cualquiera se admiraría al leer sobre las excentricidades de hombres como Cayo Calígula,[58] Xerxes,[59] Alejandro[60] y muchos otros, a quienes el poder que ejercían sobre los demás les llevó a creerse seres superiores, por encima de toda naturaleza humana. Olvidaron que habían nacido y debían morir, e hicieron cosas que, de no haber sido por el temor que causaba su poder, hubieran provocado el desprecio y la burla hasta de los niños. Y no cabe pensar que eran excepciones o rarezas, casos aislados de intoxicación mundana, pues la Escritura lo describe como un virus generalizado que infecta a todos los que se postran a adorar a este ídolo llamado soberbia. Dice el apóstol que viven *"sin Dios en el mundo"*,[61] es decir, que se comportan como si no hubiera un Dios que contemplando sus locuras tome

[54] Oseas 2.

[55] Se refiere al poema de WILLIAM SHAKESPEARE [1564-1616] *"Venus and Adonis"*, basado en pasajes de "Las metamorfosis" de OVIDIO [47 a.C-17 d. C], obra maestra de la literatura latina que, combinando mitología y realidad, narra la historia del mundo desde su creación hasta la deificación de JULIO CÉSAR [100-44 a.C.]. El mensaje es que abandonamos fácilmente las cosas eternas del cielo (el Olimpo) para correr detrás de las pasajeras y temporales de la tierra (Adonis).

[56] Mateo 10:27; Lucas 12:15.

[57] Se refiere a la diosa hechicera que según la mitología griega habitaba en la isla de Eea, hija del titán Helios y la *oceánide* o ninfa Perseis. Según cuenta Homero [47 a.C-17 d.C.] en "La Odisea", por medio de pociones mágicas transformaba a sus enemigos, a los que la ofendían o se negaban a sus deseos, en cerdos, leones, tigres y lobos que rondaban alrededor de su casa.

[58] Se refiere al emperador romano GAIUS JULIUS CAESAR AUGUSTUS GERMANICUS [12-44] hijo de Germánico [24 a.C-19 d.C.], e hijo adoptivo del emperador TIBERIO [42 a.C-37 d.C.]. Más conocido como Cayo César o Cayo Calígula por el sobrenombre de Calígula ("pequeña sandalia") derivado de *caligas,* las sandalias que calzaban los legionarios romanos. Fue un tirano demente que destacó por su crueldad y sus locuras, desde proclamarse a sí mismo dios, convertir el palacio en un burdel y mantener relaciones incestuosas con sus hermanas, hasta nombrar a su caballo, Incitato, cónsul y sacerdote, y edificarle una tumba monumental.

[59] Se refiere al rey persa XERXES O JERJES I [519-465 a.C.], que en la primavera del año 480 a.C. desencadenó la Segunda Guerra Médica contra la alianza griega de Atenas y Esparta. Fue con toda probabilidad el gobernante más poderoso de su época. Según el historiador griego HERÓDOTO [484-425.C.], Jerjes en su megalomanía mandó encadenar y azotar al mar por haberse rebelado contra él hundiendo las naves de su flota.

[60] Se refiere a ALEJANDRO III DE MACEDONIA, más conocido como ALEJANDRO MAGNO [356-323 a.C.], considerado como uno de los más hábiles generales y grandes conquistadores de la Historia por su conquista del Imperio Persa. Se dice que, después, lloró porque no le quedaban más imperios que conquistar.

[61] Efesios 2:12.

buena nota de ellas para ajustar cuentas. Dice el salmista en el versículo cuatro que *"No hay Dios en ninguno de sus pensamientos"* (10:4), y en el cinco añade que mantienen los juicios divinos *"lejos de su vista"* (10:5), por lo cual concluyen en su corazón: *"no seré inquietado jamás; nunca me alcanzará el infortunio"* (10:6). El salmo entero describe a los mundanos como alguien que ha perdido el juicio, y que actúa en medio de un caos frenético. ¿Puede haber mejor oportunidad para que el diablo los encandile con los placeres de este mundo?

RICHARD GILPIN [1625-1699]

"Daemonologia Sacra: Or, A Treatise of Satan's Temptations", 1677

Vers. 5. *Sus caminos son torcidos en todo tiempo; tus juicios los tiene muy lejos de su vista; a todos sus adversarios desprecia.* *[Sus caminos son torcidos en todo tiempo; Tus juicios los tiene muy lejos de su vista; a todos sus adversarios desprecia.* RVR*] [Sus caminos prosperan en todo tiempo; tus juicios, oh Dios, están en lo alto, lejos de su vista; a todos sus adversarios los desprecia.* LBLA*] [En todo tiempo sus caminos son torcidos, tiene tus juicios lejos de su vista; a todos sus adversarios les sopla.* BTX*] [Todas sus empresas son siempre exitosas; tan altos y alejados de él están tus juicios que se burla de todos sus enemigos.* NVI*] [Sus caminos siempre prosperan, tus mandatos están lejos de él, a todos sus enemigos desprecia.* BLP*] [Sin embargo, prosperan en todo lo que hacen. no ven que les espera tu castigo; miran con desdén a todos sus enemigos.* NTV*]*

Sus caminos son torcidos en todo tiempo.[62] Y gravosos, no le resultan fáciles; al infierno se va por un camino escabroso. Dios ha vallado y sembrado de espinas el camino del pecado:[63] ¡Y qué locura tratar de saltar el seto y caer entre las espinas! Este camino además causa mucho dolor y aflicción a

[62] Un texto de traducción compleja. En hebreo יָ֘חִ֤ילוּ [דְרָכוֹ כ] (דְרָכָ֨יו ׀ ק) בְּכָל־עֵ֗ת מָר֣וֹם *yāḥîlū* [*ḏārəkw ḵ*] (*ḏərāḵāw q*) *bəḵāl-'êṯ mārōwm*. El verbo חוּל *chuwl*, que en sentido primario significa "torcer" o "retorcerse", y que es de donde parte el sintagma יָ֘חִ֤ילוּ *yāḥîlū*, que unas versiones traducen por "torcidos" y otras por "prósperos" o "exitosos" tiene múltiples acepciones; lo mismo se utiliza para explicar el dolor de un parto (Isaías 26:17), como para describir la alegría con que danzaban las muchachas (Jueces 21:19-23); sin olvidar su asociación con la idea de "bienestar" o "prosperidad" (Job 20:21). La versión griega de los LXX o Septuaginta lee: βεβηλοῦνται αἱ ὁδοὶ αὐτοῦ que la Vulgata traduce al latín como: *"inquinatae sunt viae illius in omni tempore"*, "sus caminos son iniquidad en todo tiempo". SCHÖKEL enlaza la idea de "retorcer" con el מְזִמּוֹתָ֑יו *məzimmōwṯāw* que cierra el versículo anterior (10:4) y traduce: *"Sus maquinaciones retuercen siempre su camino"*. KRAUS se acoge al sentido de tiempo, de prolongación que encontramos en Job 20:21 y traduce: *"son de duración siempre sus caminos"*. FELIPE SCIO DE SAN MIGUEL [1738-1776] en su versión española de la Vulgata trata de aclararlo con la siguiente nota: «En el hebreo: *"sus caminos son profanos en todo tiempo"* o *"sus caminos causan tormento y dolor a los justos"*, porque no tienen otra mira o pensamiento en todas sus acciones que ver cómo les pueden dañar. También se puede entender como *"están con dolores de parto"*, porque viven en un estado constante de angustia a causa de los amargos remordimientos que padecen, aunque estos no les son impedimento para seguir adelante en sus malos designios. La versión caldea traduce *"son prosperados"*, siguiendo la idea del parto pero en el sentido de que no encuentran estorbo para ejecutar todo el mal que se proponen». La Peshitta lee: *"Sus senderos son siempre profanos"*; y la versión sefardí de Ferrara: *"Adolorian fus carreras en toda hora"*. Como los comentarios de Spuregon se basan en la versión inglesa KJV, que traduce *"His ways are always grievous"*, "sus caminos son siempre gravosos", hemos optado por seguir la traducción de la Reina-Valera.

[63] Proverbios 15:19.

otros; pero a él ¿qué más le da? Va impasible, aposentado cual ídolo sobre su carromato monstruoso, sin importarle la multitud que resulte aplastada a su paso.[64]

Tus juicios los tiene muy lejos de su vista. Mira hacia arriba, pero no lo suficientemente alto. Ha olvidado a Dios, y también sus juicios. No es capaz de comprender las cosas de Dios; un cerdo contemplará las estrellas por un telescopio antes de que este impío estudie la Palabra para comprender en ella la justicia del Señor.

A todos sus adversarios desprecia. A todos desafía y tiraniza; y cuando alguien opone resistencia a su comportamiento abusivo, se burla él y amenaza con aniquilarlo de un soplo.[65] Podríamos decir que les bufa a sus enemigos.[66] ¡Pero ah! Hay un enemigo al que no podrá bufar: la muerte. Porque la muerte le soplará a él, apagando la llama de su vida, y muy pronto el impío petulante tendrá que lanzar sus bufidos tras la losa fría y sombría de la tumba.

C. H. SPURGEON

Sus caminos son torcidos en todo tiempo. Torcidos o malévolos; es decir, todas sus acciones y esfuerzos no apuntan a otra cosa que a perjudicar a los demás.

Tus juicios, oh Dios, están en lo alto, lejos de su vista. Muy por encima de sus capacidades, pues es del todo carnal, y no tiene ninguna disposición ni correspondencia con la justicia expresada en la ley de Dios, que es del todo espiritual;[67] por tanto, es incapaz de hacer una valoración de sí mismo basada en los juicios divinos, ni discernir la cuestión de los malos de acuerdo con ella.[68]

---

[64] La imagen está sacada de la India en la época colonial, donde la literatura colona relata que en las procesiones en honor al dios KRISNA o KRISHNA, en las que miles de personas se apretujaban alrededor del carro gigantesco de la divinidad, morían decenas aplastadas bajo sus ruedas. La idea del "carro de Juggernaut" (término derivado de la transliteración al inglés del término sánscrito YÁGANAT o YAGANATHA, uno de los nombres por los que se conoce en el hinduismo al dios KRISNA), viene literalmente de un inmenso carromato con enormes ruedas en el que, según narra la obra *"The Travels of Sir John Mandeville"*, "Los viajes de Juan de Mandeville", transportaban en procesión la imagen del dios, bajo el cual se arrojaban en sacrificio sus adoradores quedando completamente triturados. "Los viajes de Juan de Mandeville" es una obra del siglo XIV de autoría discutida que relata hechos fantásticos, imposibles y mitológicos en clave historicista, recopilados en su mayoría de traducciones de manuscritos más antiguos con anotaciones extravagantes añadidas cuando el traductor no entendía lo que leía. Aunque sabemos que muchos de los relatos son fantásticos y falsos, algunas de las historias recopiladas han pasado a formar parte del imaginario colectivo como arquetipos, como esta historia del "carro de Juggernaut".

[65] La versión inglesa KJV traduce la frase final de este versículo como: *"he puffeth at them"*, "les sopla". Y por ahí va obviamente el comentario de Spurgeon. El hebreo dice literalmente: יָפִיחַ בָּהֶם *yāpîaḥ bāhem* de פּוּחַ *puach*, "exhalar", y algunas versiones inglesas, como la *New American Standard Version* traducen *"snorts at them"*, "les da un bufido". La RVA 1909 traduce: *"Echa bocanadas en orden á todos sus enemigos"*.

[66] En el original, el autor lo ejemplifica así: *«in English we should express the idea by saying, "He cries, Pooh! Pooh! at his enemies"»*. En la mayoría de idiomas hay una palabra inspirada en la acción de bufar o soplar con los labios, y que conlleva un sentido o connotación de desprecio. En español hemos adoptado una onomatopeya similar, "buf" o "buah", que expresa descontento o desagrado. En algunos lugares también se usa la interjección "tururú", que expresa negación o rechazo con burla, y que suele ir acompañada del gesto de poner los dedos en círculo y aproximarlos a la boca dando un soplo.

[67] Romanos 7:14.

[68] 1 Corintios 2:14.

A todos sus adversarios desprecia. En el colmo de su arrogancia, confía con que puede derribarlos con un soplo.[69]

GIOVANNI DIODATI [1576-1649]
"Pious and Learned Annotations upon the Holy Bible", 1648

Tus juicios los tiene muy lejos de su vista. Puesto que Dios no retribuye de inmediato cada pecado con su castigo correspondiente, los impíos pierden la visión de que en su momento juzgará toda la tierra.[70] Los tribunales humanos deben actuar con rapidez y demostrar su eficacia; pero los métodos que el Señor utiliza para juzgar y retribuir el pecado son distintos, más sublimes y en apariencia, más lentos. Por eso los ojos de murciélago[71] de los impíos no pueden verlos, y su ingenio no puede comprenderlos.[72] Si Dios impartiera justicia sentándose a la puerta de cada pueblo e instalando allí su tribunal,[73] hasta los más necios alcanzarían a discernirla; pero los hombres son incapaces de percibir que cuando una cuestión debe resolverse en las instancias de un tribunal tan elevado, instalado en el mismo cielo, es porque se trata de algo especialmente solemne. Tengan pues mucho cuidado también los creyentes de no caer en el mismo error y criticar las acciones del Juez supremo, olvidando que son demasiado elevadas para que la razón humana alcance comprenderlas.

C. H. SPURGEON

Tus juicios los tiene muy lejos de su vista. Fuera del alcance de su mirada, como el águila cuando vuela tan alto que sus víctimas no ven sus garras ni temen su ataque. Así los seres humanos presumen de su pecado, hasta que caen repentinamente en el desespero. Comienzan afirmando: «Bah, ¿acaso Dios lo ve?» para acabar preguntándose: «¡Ay! ¿acaso Dios me perdonará?». Cuanto más trata el

[69] En la versión inglesa KJC: *"he puffeth at them"*, les sopla. Ver al respecto las notas 64 y 65.

[70] Un claro ejemplo de este proceder lo encontramos en las obras relacionadas de TIRSO DE MOLINA [1579-1648]: "El Burlador de Sevilla", y de JOSÉ ZORRILLA Y MORAL [1817-1893]: "Don Juan Tenorio", donde "largo me lo fiáis" es la frase clave que Don Juan repite una y otra vez para despreciar todo aquello que no es tangible e inmediato, negando de ese modo implícitamente la existencia de otra vida y de una justicia divina: «el galardón en la muerte: ¡qué largo me lo fiáis!». Cuando Don Juan expía sus pecados, se produce el siguiente diálogo: «Adviertan los que de Dios juzgan los castigos grandes, que no hay plazo que no llegue ni deuda que no se pague (...) ¿Mientras en mundo viva, no es justo que diga nadie: ¡Cuán largo me lo fiáis!, siendo tan breve el cobrarse?» ("El Burlador de Sevilla", Jornada III).

[71] En el original: *"the bat's eyes of godless men"*, Spurgeon usa esta comparación familiar para describir la falta de visión espiritual de los impíos. Tradicionalmente se había creído que los murciélagos son ciegos, pues a pesar de que tienen ojos, los tienen atrofiados de permanecer en la oscuridad y sus ojos carecen de visión tal y como nosotros la conocemos. Pero esta teoría, incuestionable en la época de Spurgeon, ha sido superada por recientes investigaciones científicas, que han llegado a la conclusión de que la visión de los murciélagos no es tan deficiente como pensábamos: aunque no ven como nosotros o los demás animales, sí son capaces de 'ver' la luz polarizada del sol. En realidad usan varios sentidos para volar: sus ojos (porque ven, aunque distinto de los humanos), su sónar de ultrasonidos para entornos familiares conocidos y una brújula interna que combinan con la luz que perciben con los ojos y les sirve para orientarse en largas distancias.

[72] En el original *"the grovelling wits of men"*.

[73] 2 Samuel 15:2; Job 29:7. Ver comentarios al Salmo 122:5: *"Porque allá están las sillas del juicio, los tronos de la casa de David"*.

hombre de ignorar sus pecados, más evidentes se le hacen: los ojos que ofusca la presunción, los esclarece la desesperación.

Thomas Adams [1583-1653]
"Meditations upon some part of the Creed", 1633

A todos sus adversarios desprecia. David describe al orgulloso resoplando a sus enemigos: inflado de orgullo, sobrevalorándose, como si estuviera hecho de una mejor materia que el resto, y se sopla a los demás como si pudiera hacerles algo, olvidando de que él mismo no es en este mundo más que un soplo, una ráfaga de viento que se pasa y no regresa.[74]

Joseph Caryl [1602-1673]

A todos sus adversarios desprecia. Literalmente: יָפִיחַ בָּהֶם *yāpîah bāhem* de פּוּחַ *puach*, "les sopla".[75] Se ha entregado en cuerpo y alma al reino sombrío de la indiferencia, los demás ya no le importan, como tampoco se preocupa ya de sí mismo. A pesar de que el desprecio y la burla son sus únicas armas, pues ha olvidado cómo utilizar otras de carácter más sagrado, le tiene sin cuidado quién pueda enfrentársele como enemigo. Sus hábitos mentales van marcados por la burla; y ello le conduce a tratar con desprecio los juicios, opiniones y prácticas de todos los demás hombres, por muy sabios que sean.

John Morison [1791-1859]
"An Exposition of the Book of Psalms", 1829

Vers. 6. *Dice en su corazón: No seré movido jamás; nunca me alcanzará el infortunio.* *[Dice en su corazón: No seré inquietado jamás; nunca me alcanzará el infortunio.* RVR*] [Dice en su corazón: No hay quien me mueva; por todas las generaciones no sufriré adversidad.* LBLA*] [Y dice en su corazón: No seré conmovido jamás, el infortunio no me alcanzará.* BTX*] [Y se dice a sí mismo: «Nada me hará caer. Siempre seré feliz. Nunca tendré problemas.* NVI*] [Él piensa: "Nadie me hará caer; seré feliz, no me alcanzará la desgracia".* BLP*] [Piensan: «¡Jamás nos sucederá algo malo! ¡Estaremos para siempre sin problemas!* NTV*]*

Dice en su corazón: No hay quien me mueva; por todas las generaciones no sufriré adversidad. El testimonio del versículo sexto concluye la evidencia contra el reo tras las pruebas presentadas de orgullo, y ciertamente resulta concluyente en el más alto grado. Ya que el testigo ha penetrado en las cámaras más secretas de su corazón, y se dispone ahora a decirnos lo que ha escuchado:

"Dice en su corazón: No seré inquietado jamás; nunca me alcanzará el infortunio". ¡Su impertinencia se ha arraigado! Se considera inmutable y omnipotente, o no se creería inmune a la adversidad. Se tiene a sí mismo por un privilegiado. Se sienta solo, y afirma que jamás gustará aflicción. Su ficción le hace creer que anida en las estrellas, y no sueña siquiera que una mano poderosa pueda bajarlo de ahí. Recordemos, sin embargo, que su casa está construida sobre la arena,[76] sobre un fundamento tan inestable como las olas del mar. Quien se cree demasiado seguro, nunca está realmente seguro. Pues las jactancias no son contrafuertes, y la confianza en uno mismo es baluarte fácilmente quebradizo. En esto consiste la perdición de los necios, en que cuando tienen éxito se ufanan, se engrandecen a sí

[74] Job 7:7,16; Salmo 78:39; Salmo 103:16; Santiago 4:14.
[75] Es decir, los desprecia con arrogancia convencido de que con un simple soplo puede derribarlos.
[76] Mateo 7:26-27.

mismos y se hinchan de orgullo, como si su verano fuera a durar para siempre, y sus efímeras flores a florecer eternamente. ¡Sé humilde, oh necio más que necio, porque eres mortal, y tu suerte es mutable!

El segundo delito queda ahora a la vista. El hecho de que sea orgulloso y arrogante deja la puerta abierta para demostrar que es vengativo y cruel. Fue el orgullo de Amán el que engendró el proyecto cruel de acabar con todos los judíos.[77] Fue el orgullo de Nabucodonosor el que le hizo construir una estatua de oro, mandar que todos se inclinaran ante ella, y ordenar cruelmente calentar el horno siete veces para acabar con todo aquel que no se rindiera a ante su voluntad.[78] Cada pensamiento de orgullo tiene un hermano gemelo de crueldad. Todo aquel que se enaltece a sí mismo desprecia a los demás, y queda a un paso de convertirse en un tirano.

C. H. SPURGEON

Dice en su corazón: No seré inquietado jamás; nunca me alcanzará el infortunio. La soberbia provoca un falso concepto de invulnerabilidad carnal que abre la puerta del alma a todo tipo de impiedades. Cuentan de Pompeyo[79] que habiendo fracasado en su asedio a una ciudad y no habiendo podido tomarla por la fuerza, se ingenió una estratagema: les propuso abandonar el sitio y firmar un tratado de paz, a condición de que dejaran entrar en la ciudad a un puñado de soldados heridos y enfermos para ser atendidos. Los defensores de la ciudad, creyéndose seguros, los dejaron entrar; y vez dentro, estos soldados abrieron la puerta al ejército invasor. Una falsa seguridad basada en falsos principios carnales acaba siempre abriendo la puerta del alma a un ejército de engaños y lujurias.

THOMAS BROOKS [1608-1680]

Dice en su corazón: No seré inquietado jamás; nunca me alcanzará el infortunio. Practicar la fe por la vía fácil; felicitarnos a nosotros mismos por haber alcanzado la meta antes de habernos esforzado en correr la carrera;[80] alargar las manos para recibir la corona de justicia antes de habernos empleado a fondo en librar la batalla;[81] contentarnos con una paz falsa, y no esforzarnos en alcanzar las gracias ligadas al verdadero consuelo: es una calma siniestra, similar a la que describen los navegantes, y que señala la inminencia de una tempestad terrible.[82] De repente, en plena tempestad en medio del océano, las olas cesan, las nubes desaparecen el viento deja de soplar y el mar queda en calma, con la superficie del agua lisa y trasparente como un cristal: el pasajero inexperto se tranquiliza y respira feliz, pero los viejos marineros tiemblan. Pronto el viento vuelve a rugir, chorros de espuma barren la cubierta, los cielos se encienden y cada ola es una amenaza de muerte. ¡Muchos se creen seguros y a salvo cuando en realidad están en el ojo de la tormenta!

JACQUES SAURIN [1677-1730]
"Sermons choisis sur divers textes de l'Ecriture sainte: Romains VII 38-39"

---

[77] Ester 3:1-15.

[78] Daniel 3:1-30.

[79] Se refiere a CNEO POMPEYO MAGNO [106-48 a.C.] político y general romano que en el año 74 a.C. tomó la ciudad de *Cacua* (Coca, actual Segovia en España), utilizando la estratagema de introducir en ella soldados disfrazados de enfermos que solicitaban atención médica.

[80] 1 Corintios 9:24-26.

[81] 2 Timoteo 2:5; 4:7-8.

[82] Los meteorólogos suelen llamar OJO DE LA TORMENTA al espacio de calma que se forma en el centro de las grandes tempestades tropicales. Suele tener un diámetro circular de entre 30 y 65 kilómetros prácticamente sin viento y cielos despejados, pero rodeado por un anillo de lo más severo de la tormenta, con lluvias torrenciales, vientos huracanados y olas gigantescas.

Vers. 7. *Llena está su boca de maldición, y de engaños y fraude; debajo de su lengua hay vejación y maldad.* *[Llena está su boca de maldición, y de engaños y fraude; debajo de su lengua hay vejación y maldad.* RVR*] [Llena está su boca de blasfemia, engaño y opresión; bajo su lengua hay malicia e iniquidad.* LBLA*] [Su boca desborda de insultos, de engaños y de opresión, debajo de su lengua hay agravios y maldades.* BTX*] [Llena está su boca de maldiciones, de mentiras y amenazas; bajo su lengua esconde maldad y violencia.* NVI*] [Su boca está llena de maldición, mentira y engaño; bajo su lengua hay injusticia y maldad.* BLP*] [Su boca está llena de maldiciones, mentiras y amenazas; tienen maldad y violencia en la punta de la lengua.* NTV*]*

Llena está su boca de maldición, y de engaños y fraude; debajo de su lengua hay vejación y maldad. Vamos a escuchar ahora el testimonio de sus palabras. Dejemos que el desdichado hable por sí mismo, porque su propia boca lo va a condenar, pues: *"Llena está su boca de maldiciones, de engaños y amenazas"*. Y no de un poco de engaño, sino que tiene la boca colmada de él. Una serpiente de tres cabezas se ha enroscado dentro de su boca renegrida soltando veneno. Escupe *maldición* tanto contra Dios como los hombres, *engaños* con los que atrapa a los incautos, y *fraude* que utiliza para esquilmar a sus vecinos incluso en los tratos del día a día. Hay que tener mucho cuidado con una persona así: solo el ganso más tonto acudirá al discurso del zorro,[83] y solo un necio redomado se asociará con bribones. Pero sigamos adelante y examinemos que hay debajo de su lengua. ¿Y qué encontramos? *"Bajo su lengua hay vejación y maldad"*.[84] En lo más profundo de su garganta habitan los embriones de palabras, aún por nacer, que pronto verán la luz en forma de malicia e iniquidad.

C. H. SPURGEON

Llena está su boca de maldición, y de engaños y fraude; debajo de su lengua hay vejación y maldad. Una alusión impactante a cierto tipo de reptiles venenosos, de los que se dice llevan bolsas de veneno debajo de sus colmillos para poder infligir sutilmente mordeduras letales a cualquiera que se ponen a su alcance. ¡Qué descripción tan gráfica de los estragos que las mentes contaminadas de

---

[83] La idea parte de un viejo refrán inglés que reza: *"It is a silly goose that comes to a fox's sermon"*. De hecho, también en español el vocablo "ganso" tiene sus acepciones despectivas como sinónimo de torpe, tonto, o necio, y se aplica a la persona que hace o dice tonterías.

[84] AGUSTÍN DE HIPONA [354-430] aplica en su exposición estas palabras al Anticristo, que *"a todos sus adversarios desprecia"* (10:5): «porque impondrá un solo reino apoderándose de todos los reinos de la tierra venciendo a todos sus gobernantes y como nos advierte el apóstol, *"oponiéndose y exaltándose contra todo lo que se llama Dios o es objeto de culto; sentándose en el santuario de Dios como Dios, haciéndose pasar por Dios"* (2 Tesalonicenses 2:4) […] Por ello dice el salmista: *"debajo de su lengua"* y no "en su lengua", porque una cosa será lo que diga y otra lo que piense. *"Debajo de su lengua"*, en sus adentros, tan solo habrá *"engaños y fraude"*, pero ante el mundo tratará de mantener una imagen de hombre justo y bueno diciendo todo lo contrario […] Y añade también que está *"al acecho en oculto, cual león en su guarida"* (10:9), porque esta expresión se ajusta al que aplica violencia y engaño para conseguir sus propósitos. Cuando los cristianos fueron perseguidos y obligados a sacrificar a los dioses bajo intimidación de destierro, tormentos y muerte, los paganos utilizaron solo la violencia. Ahora padecemos otra persecución mucho más sutil, la del engaño: con todo tipo de herejías y cristianos fraudulentos. Pero ha de venir una tercera, la del Anticristo, más terrible y peligrosa porque juntará ambas cosas: la violencia y el engaño. Violencia porque ejercerá su gobierno de manera despótica y singular; y engaño por las señales y prodigios que llevará a cabo, sobre las que ya nos advirtió el Señor diciéndonos que llegará al punto *"de engañar, si fuera posible, aun a los escogidos"* (Mateo 24:24). El término *"león"* tiene que ver con su violencia; *"al acecho en su guarida"* con sus engaños».

infidelidad infligen a la comunidad cristiana! Tanto por la tergiversación que hacen de la verdad, como por sus sentimientos y prácticas inmorales, resultan tanto o más perjudiciales a la mente que el veneno más letal puede serlo al cuerpo.

JOHN MORISON [1791-1859]
"An Exposition of the Book of Psalms", 1829

Llena está su boca de maldición. Quienes maldicen están malditos.

JOHN TRAPP [1601-1669]
"A commentary or exposition upon the books of Ezra, Nehemiah, Esther, Job and Psalms", 1657

Vers. 7-9. La crónica del interrogatorio de Anne Askew,[85] llevado a cabo por el obispo Bonner,[86] es un ejemplo evidente de la maldad y cruel oficio de los perseguidores: «A la mañana siguiente dispuso mi señor el Obispo de Londres que compareciera ente él, y mandó que me trajeran a la una de la tarde, cuando la hora oficial asignada para el interrogatorio era a las tres. Cuando estuve ante su presencia me dijo que lamentaba mucho mis aflicciones, y que deseaba saber mi opinión de las acusaciones que pesaban contra mí. Solicitó con osadía que le abriera los secretos de mi corazón, ordenándome que no temiera, porque nada de lo que pudiera decir ante él sería utilizado en mi contra. Le respondí: "Siendo que su señoría había dispuesto el interrogatorio a las tres de la tarde, y mis amigos no llegarán hasta esa hora, deseo que se me exima de responder a ninguna pregunta en tanto ellos no lleguen"».[87] Sobre este hecho comenta Bale:[88] «En la alteración de la hora del interrogatorio los perspicaces perciben la codicia de este obispo babilónico, este lobo sediento de la sangre de su presa. *"Raudos y veloces van sus pies a derramar sangre inocente"*,[89] y como exclama el salmista: *"llena está su boca de maldición, y de engaños y fraude; debajo de su lengua hay vejación y maldad"* (10:7). David se asombra de que haya quienes, habiendo asumido el gobierno espiritual del pueblo, sean capaces de olvidarse de su responsabilidad y crean que les es lícito oprimir y devorar a los fieles

---

[85] Se refiere a ANNE ASKEW [1521-1546] poetisa protestante inglesa, nacida en Lincolnshire. Tuvo el triste honor de ser la única mujer interrogada y torturada con el tormento del potro en la Torre de Londres por Sir Anthony Kingston, el Lord Canciller Thomas Wriothesley y Richard Rich, con el objetivo de arrancarle los nombres de otras sospechosas de herejía, entre ellas la propia reina Catherine Parr (sexta esposa de ENRIQUE VIII), su hermana Ann Parr y otros nobles, pero los verdugos no tuvieron éxito. Condenada finalmente por herejía, fue quemada en la hoguera junto con otros tres mártires protestantes: John Lassells, John Hemley y John Hadlam. JON FOXE [1516-1587] incluye en su famosa obra "El Libro de los Mártires" un amplio y detallado relato de su interrogatorio y martirio. La balada que cita Spurgeon, conocida como *"Anne Askew's Newgate Ballard"*, la escribió ella misma poco después de ser arrestada, mientras estaba encarcelada en Newgate desde donde fue trasladada posteriormente a la Torre de Londres.

[86] Se refiere a EDMUND BONNER [1500-1569] obispo de Londres que actuó de pantalla durante el cisma con Roma en época de Enrique VIII. Volvió a la Iglesia Católica Romana durante el reinado de María la Sanguinaria y se ganó en sobrenombre de *"Blody Bonner"*, "Bonner el Sanguinario" por la persecución encarnizada que llevó a cabo contra los herejes protestantes. Murió en prisión durante el reinado de Elisabeth I.

[87] La intención del astuto y cruel obispo, al cambiar la hora del interrogatorio, era evitar la presencia de sus abogados y amigos para engañar a la acusada con buenas palabras y lograr, no solo una declaración inculpatoria, sino también importante información acerca de otras personas a las que inculpar.

[88] Se refiere al historiador y obispo de Ossory JOHN BALE [1495-1563] y a su obra *"The Examinations of Lord Cobham, William Thorpe and Anne Askewe, & The Image of Both Churches", Parker Society's Publications,* 1849

[89] Proverbios 1:16; Isaías 59:7; Romanos 3:15.

sin compasión, como quien devora con avidez un pedazo de pan.[90] Si es que han leído algo acerca de Dios, es evidente que poco les importa su deber. No en vano exclama Jeremías: *"Ligeros fueron nuestros perseguidores más que las águilas del cielo; sobre los montes nos persiguieron, en el desierto nos pusieron emboscadas"*.[91] Quien quiera conocer la astucia de estos halcones mal llamados obispos al capturar a sus presas, aquí tiene un ejemplo evidente. Pienso que Judas no tenía siquiera una décima parte de la perfidia de tan siniestros personajes.

C. H. SPURGEON CITANDO a JOHN BALE [1495-1563]
"Examination of Anne Askew", Parker Society's Publications, 1849

Vers. 8. *Se sienta en acecho cerca de las aldeas; en escondrijos mata al inocente. Sus ojos están acechando al desvalido.* *[Se sienta en acecho cerca de las aldeas; para matar a escondidas al inocente. sus ojos están acechando al desvalido.* RVR*] [Se sienta al acecho en las aldeas, en los escondrijos mata al inocente; sus ojos espían al desvalido.* LBLA*] [Se sienta al acecho, cerca de las aldeas, en escondrijos asesina al inocente.* BTX*] [Se pone al acecho en las aldeas, se esconde en espera de sus víctimas, y asesina a mansalva al inocente.* NVI*] [Se aposta al acecho junto a los poblados, a escondidas mata al inocente, sus ojos espían al desvalido.* BLP*] [Se esconden en emboscada en las aldeas, a la espera para matar a gente inocente; siempre buscan víctimas indefensas.* NTV*]*

A pesar de su jactancia, este personaje miserable parece ser tan cobarde como cruel, pues: *"Se sienta al acecho en las aldeas, en los escondrijos mata al inocente; sus ojos espían al desvalido"*. Actúa como el bandolero, que cae por sorpresa sobre el viajero desprevenido en un tramo desolado del camino. Siempre hay al acecho malas personas que espían a los santos. Esta es tierra de ladrones y bandoleros, viajemos bien armados,[92] pues detrás de cada arbusto puede estar oculto un enemigo. Por todas partes hay trampas puestas para que caigamos en ellas, y adversarios sedientos de nuestra sangre. Los hay que se sientan en nuestra mesa, y los hay al otro lado del mar.[93] Nunca estamos a salvo, excepto cuando estamos con el Señor.

C. H. SPURGEON

Se sienta en acecho cerca de las aldeas. Los bandidos del desierto acechan escondidos entre las dunas de arena, cual lobos hambrientos, saltan súbitamente sobre el caminante solitario, le roban todas sus posesiones y desaparecen de nuevo entre las dunas, donde no se les puede perseguir. Nuestros amigos son precavidos y no nos permiten alejarnos del campamento, aunque nos parezca absurdo que nos puedan tender una emboscada, pues donde nos hallamos, entre Haifa[94] y Acre,[95] solo hay viajeros

---

[90] Salmo 53:4.

[91] Lamentaciones 4:19.

[92] Efesios 6:10-18.

[93] Llama la atención esta comparativa: "en nuestra mesa (…) y al otro lado del mar". En el original: *"at our table as well as across the sea"*. Es probable que Spurgeon tuviera en mente casos personales. No le faltaron envidiosos y enemigos tanto sentados a su mesa como al otro lado del mar. Sus duras palabras contra la esclavitud fueron censuradas en los Estados Unidos, y en algunos estados del sur se llegaron a organizar quemas públicas de sus libros. No le faltaban razones para expresarse así.

[94] Se refiere a HAIFA O KAIFA ciudad situada al Norte de Israel que data de tiempos bíblicos, actualmente la tercera más importante del país y su principal puerto marítimo. Dista de Acre unos 23 kilómetros.

[95] Se refiere a ACRE O ACO, ciudad costera de Israel cercana a la bahía de Haifa, y que durante la Tercera cruzada fue conocida como SAN JUAN DE ACRE. Una de las ciudades más antiguas del mundo, ubicada en el extremo

y estamos todos a la vista. Sin embargo aquí, donde nos encontramos, ocurren asaltos constantemente. ¡Extraño país! Siempre lo ha sido. Hay centenares de alusiones a ello en la historia, en los Salmos y en los libros de los profetas de Israel. En ello se basa un tipo de imaginario.[96] Por ejemplo en el Salmo 10:8-10: *"Se sienta en acecho cerca de las aldeas; para matar a escondidas al inocente. Sus ojos están acechando al desvalido; acecha en oculto, como el león desde su cueva; acecha para arrebatar al pobre; atrapa al desdichado atrayéndolo a su red. Se encoge, se agacha, y caen en sus fuertes garras muchos infelices"*. (10:8-10). Y aún hoy mil bribones dan fe de esta imagen, escondidos y al acecho por todo el país para atrapar a los pobres viajeros indefensos. La mayoría de los viajeros que conocemos o con los que nos cruzamos van armados; nadie se atrevería a ir de Acre a Haifa sin su fusil, aunque los cañones de los castillos parecen vigilar cada palmo del camino. ¡Extraña tierra, muy extraña! Pero concuerda maravillosamente con la historia antigua y con las palabras que leemos en las páginas de la Escritura.

WILLIAM MCCLURE THOMSON [1806-1894]
"The Land of the Book", 1859

Se sienta en acecho cerca de las aldeas; para matar a escondidas al inocente. sus ojos están acechando al desvalido. Mis compañeros de viaje me preguntaron si era consciente del peligro del que había escapado. "No", les respondí; "¿qué peligro?". Me contaron que justo después de haber iniciado el trayecto detectaron a un árabe salvaje vigilándome, agazapado en el suelo y con un fusil en la mano; y tan pronto como le pareció que me tenía a tiro levantó su arma; pero cuando miró frenético a su alrededor, como hace quien está a punto de perpetrar un acto desesperado, los vio a ellos y desapareció. Jeremías conocía bien las costumbres de estos árabes cuando escribió: *"Junto a los caminos te sentabas para ellos como árabe en el desierto"*,[97] y la misma figura se utiliza en el Salmo 10:8-10, pues los árabes acechan y esperan a sus presas con el mayor afán y perseverancia.

JOHN GADSBY [1809-1893]
"My Wanderings", 1860

Se sienta en acecho cerca de las aldeas; para matar a escondidas al inocente. sus ojos están acechando al desvalido. Esta metáfora e imaginario resalta la asiduidad, astucia y artimañas a las que recurren a menudo los enemigos de la verdad y la justicia para alcanzar sus proyectos corruptos y perversos. Su objetivo final es extinguir la fe verdadera; y no hay nada que no estén dispuestos a hacer con tal de conseguirlo. Los grandes poderes que han oprimido a la iglesia de Cristo en diferentes épocas responden a esta descripción: tanto las autoridades paganas como las huestes papistas han condescendido en la misma infamia. Prepararon, por así decirlo, emboscadas a los pobres que formaban el rebaño de Cristo; adoptaron todas las estratagemas que la habilidad infernal es capaz de inventar; se juntaron con príncipes en sus palacios o con mendigos en sus estercoleros; han ido a las aldeas y han entrado en las grandes ciudades; todo con el vano propósito de intentar borrar de la faz de la tierra un: *"nombre que será para siempre y que se perpetuará y engrandecerá mientras dure el sol"*.[98]

JOHN MORISON [1791-1859]
"An Exposition of the Book of Psalms", 1829

septentrional de la bahía de Acre, nombre por el cual se la conocía ya en los tiempos bíblicos (Jueces 1:31). Se cree que fue fundada hacia el año 1500 a. C. En el año 700 a.C. cayó en poder de los asirios.

[96] Una figura de la vida real utilizada con mucha frecuencia por los escritores sagrados: Salmo 17:10-17: 1 Pedro 5:8.

[97] Jeremías 3:2.

[98] Salmo 72:17.

Vers. 9. ***Acecha en oculto, como el león desde su cueva; acecha para arrebatar al pobre; arrebata al pobre trayéndolo a su red.*** *[Acecha en oculto, como el león desde su cueva; acecha para arrebatar al pobre; atrapa al desdichado atrayéndolo a su red.* RVR*] [Acecha en el escondrijo como león en su guarida; acecha para atrapar al afligido, y atrapa al afligido arrastrándolo a su red.* LBLA*] [Acecha en lo encubierto, como el león desde su guarida, acecha para arrebatar al pobre, arrebata al pobre, atrayéndolo a su red.* BTX*] [Cual león en su guarida se agazapa, listo para atrapar al indefenso; le cae encima y lo arrastra en su red.* NVI*] [Se esconde al acecho como león en su guarida, acecha para apresar al humilde, lo apresa atrayéndolo a su trampa.* BLP*] [Como leones agazapados en sus escondites, esperan para lanzarse sobre los débiles. Como cazadores capturan a los indefensos y los arrastran envueltos en redes.* NTV*]*

Acecha en oculto, como el león desde su cueva; acecha para arrebatar al pobre; atrapa al desdichado atrayéndolo a su red. El escenario se oscurece, pues entra en juego la astucia del león y el cazador, sumada al sigilo del ladrón. Y sin duda, hay personas que encajan con esta descripción al pie de la letra. Personas que acechando, fingiendo, engañando, calumniando, difamando y dando falso testimonio, destrozan la buena fama de los justos, y asesinan a los inocentes; o que con argucias legales, contratos, hipotecas, bonos, mandatos y similares, atrapan a los pobres en una red. Crisóstomo,[99] fue peculiarmente severo comentando esta última fase de crueldad, pero no más de lo que era meritorio. Tened mucho cuidado, hermanos, porque las trampas son numerosas. Los leones hambrientos se agazapan en las madrigueras, y los cazadores de aves extienden sus redes en todos los campos.

Quarles[100] describe bien los peligros que corremos en las siguientes líneas memorables:

Los que furtivamente quieren atraparte en falso,
¡siempre andan ocupados! Husmeando en tus cosas,
y tendiéndote trampas por todos lados.
Trampas sobre tus bienes, trampas sobre tus necesidades,
trampas sobre tu crédito, trampas sobre tu desgracia,
trampas cuando alcanzas éxito, trampas cuando fracasas,
trampas escondidas en tu lecho, trampas en lo que comes y bebes,
trampas sobre tus pensamientos, trampas sobre tus palabras.

Trampas en tu hora quieta, trampas en tu actividad,
trampas en tu ayuno, trampas en tu devoción,
trampas en tus decisiones, trampas en tus dudas,
trampas ocultas en tu corazón, y trampas fuera de él,

[99] Se refiere a Juan de Antioquía [347-404] más conocido como San Juan Crisóstomo, patriarca de Constantinopla. Es considerado por la Iglesia católico-romana uno de los cuatro originales Doctores de la Iglesia del Oriente, y por su propia Iglesia, la Iglesia Ortodoxa Griega como uno de los más grandes teólogos y uno de los tres Pilares de la Iglesia, juntamente con Basilio y Gregorio. Fue un excelso predicador cuyos discursos públicos, denunciando los abusos de las autoridades imperiales y de la vida licenciosa del clero, le ganaron el sobrenombre de "Crisóstomo" que proviene del griego χρυσόστομος, *chrysóstomos* y significa "boca de oro" (*chrysós*, "oro"; *stomos*, "boca").

[100] Se refiere al poeta inglés Francis Quarles [1592-1644] y a su más famosa obra: *"Emblems, Divine and Moral: together with Hieroglyphics of the Life of Man"*, 1634, *Book III: Psalm XVIII. 5.*

trampas encima de tu cabeza, y trampas bajo tus pies,
trampas en tu enfermedad, y trampas a la hora de tu muerte.

Oh, Señor, ¡guarda a tus siervos, y defiéndenos de todos nuestros enemigos!

C. H. SPURGEON

Acecha en oculto, como el león desde su cueva. La opresión hace de los príncipes leones rugientes, y convierte a los jueces en lobos rapaces. Un pecado totalmente contra natura, porque tergiversa la luz del derecho natural. Pues ninguna criatura oprime y devora a los de su propia especie. Contemplad las aves de presa, como las águilas, los buitres, los milanos, y no veréis que ataquen jamás a los de su propia especie. Mirad los animales de la selva, como el león, el tigre, el lobo y el oso, y hallaréis que siempre favorecen a sus congéneres. El hombre, sin embargo, contra toda ley natural, es predador en su misma especia, persigue y devora a otros hombres; como sucede con los peces del mar, donde el más grande siempre se traga al pequeño.

THOMAS BROOKS [1608-1680]
"London's lamentations: or, A serious discourse concerning that late fiery Dispensation", 1670

Acecha para arrebatar al pobre. El pobre es su presa favorita: tiene que madrugar y acostarse tarde, comer pan de fatigas,[101] pasar hambre en muchas comidas, soportar el llanto de sus hijos por falta de alimentos; mientras que todo el fruto de sus sudores se acumula en la mesa de Nimrod.[102] Podremos quejarnos, pero como afirma el orador refiriéndose a Verres:[103] *"pecuniosus nescit damnari"*,[104] "los ricos nunca se sienten condenados". Ciertamente, el hombre de dinero puede ser condenado, pero difícilmente quedará perjudicado. Pero abusar del pobre es un pecado que clama al cielo, y los oídos

---

[101] Salmo 127:2.

[102] Génesis 10:8-18. Aunque la Biblia no lo menciona, la tradición presenta a Nimrod como un hombre opuesto a Dios, interpretando la frase *"poderoso u osado cazador delante del Señor"*, como un indicativo de rebelión, y afirma que fue Nimrod (o Nebrodes) el constructor de la Torre de Babel. FLAVIO JOSEFO [37-93] en sus "Antigüedades" dice al respecto: «Fue Nimrod quien los incitó a tal afrenta y menosprecio hacia Dios. Él era un nieto de Cam, el hijo de Noé, un hombre atrevido y de gran fortaleza de manos. Los persuadió de que no le atribuyeran a Dios el haber obtenido felicidad, sino a creer que fue su propio esfuerzo lo que les alcanzó esa felicidad. Fue cambiando gradualmente su gobierno en una tiranía, al no hallar otra manera de apartar la gente del temor de Dios que induciéndolo a una tonta dependencia de su poder» (Antigüedades, Capítulo iv.2). En todo caso, fue el primer constructor de ciudades y fundador del primer reino después del diluvio, por lo que se le considera como símbolo de lo que hoy en día llamaríamos el *"establishement"* o capitalismo. La idea del autor, puesto en lenguaje actual, es que los sudores del pobre van a engrosar las posesiones del rico y poderoso.

[103] Se refiere a la obra de MARCO TULIO CICERÓN [106- 43 a.C.] *"In Verres"*, "Contra Verres" una serie de discursos escritos durante la farsa corrupta que fue el juicio de GAIUS LICINIUS VERRES [120-43 a.C.], magistrado y gobernador de Sicilia, que ejerció un gobierno tiránico y corrupto lleno de extorsiones y sobornos, llevando al pueblo a la miseria y desolación. Verres trató de comprar a los jueces y demorar el juicio hasta que el presidente del tribunal pudiera ser un amigo suyo. Pero Cicerón no se dejó intimidar por las amenazas ni los sobornos de Verres y abrió el juicio con una argumentación tan elocuente y contundente que obligó a Verres a huir y exilarse voluntariamente antes de que concluyera el juicio.

[104] La frase latina transcrita no es original de Cicerón sino una adaptación o resumen del propio Thomas Adams, puesto que el texto original de Cicerón en *"Verres II.3"*, es mucho más extenso, aunque el sentido sea este mismo.

atentos del Señor lo escucharán, y su mano justiciera actuará ante semejante provocación. Pues *"si tacuerint pauperes loquentur lapides"*, esto es, si a los pobres no les quedan ya fuerzas para clamar, las piedras clamarán.[105] Las sanciones injustas, los impuestos abusivos, las opresiones y vejaciones; sumados al llanto y desespero de los vejados y oprimidos, clamarán a Dios por venganza: *"Porque la piedra clamará desde el muro, y la tabla del enmaderado le responderá"*.[106] Ved qué cazan las bestias: ni zorros, ni lobos, ni jabalíes, toros o tigres. Porque ninguna bestia caza individuos de su propia especie para devorarlos. Pero si cazaran lobos, zorros o tigres, estarían cazando a los de su propia especie; pues son como ellos o aún peor que ellos, ya que: *"lupus homo homini"*, "el hombre es un lobo para el hombre".[107] Pero aunque quienes cazan son hombres, y cazan otros que por naturaleza también son seres humanos, no son de su misma clase sino corderos. Presas fáciles en las que hay carne para devorar y lana que aprovechar; y van tras ellas hasta henchirse; porque sus defensas y su armadura son muy débiles, y les resultan fáciles de dominar. Voy a decirlo claramente y con valentía:[108] no hay en esta tierra ningún poderoso Nimrod que se atreva a dar caza a su igual; pero persigue a sus inferiores como hizo Nerón.[109] Dejadle que haga reverencia a los encumbrados, mientras niega el saludo a los que tiene por debajo.[110] Con aquellos a quienes domina es una arpía; con solo fruncir el ceño desencadena un terremoto. Si pudiera sería César y doblegaría a todos con impuestos.[111] ¡Mucho pedir es ya si

---

[105] Lucas 19:40.
[106] Habacuc 2:11.
[107] La frase es de TITO MARCIO PLAUTO [254-184 a.C.] en su comedia *Asinaria: Lupus est homo homini, non homo, quom qualis sit non novit,* "el hombre, más que hombre, es un lobo para el hombre cuando le desconoce"; y el filósofo THOMAS HOBBES [1588-1679], lo resumió en el siglo XVII con su famosa frase: *homo homini lupus,* "el hombre es un lobo para el hombre", afirmando que en el "estado de naturaleza" el hombre vive en guerra contra todos.
[108] THOMAS ADAMS [1583-1653] nació y creció en una época convulsa previa a la guerra civil en Inglaterra, y conoció la pobreza de primera mano. Por tanto, su apelación a la Escritura en defensa de los pobres y oprimidos es una constante a lo largo de todos sus sermones. *"Politic Hunting"*, y *"Generation of Serpents"*, dos sermones predicados en 1629 son probablemente los más claros ejemplos de su estilo, junto con *"A Forest of Thorns"*, de 1616. Utilizaba con habilidad magistral tanto citas a personajes históricos como de la mitología griega con un enfoque satírico para llamar la atención sobre las injusticias y desmanes políticos de su tiempo. Su honestidad y pragmatismo en este tema lo dejaron atrapado en medio de dos fuerzas opuestas: por un lado los conservadores leales a la corona y por otro los puritanos radicales. Ninguna de las dos partes lo apoyó: demasiado revolucionario para los unos y excesivamente conservador para los otros. Sin embargo, se ganó el favor del pueblo y pasó a la historia como "el Shakespeare de los puritanos".
[109] Se refiere a LUCIO DOMITIO CLAUDIO NERÓN [37-68 d.C.] emperador romano, último de la dinastía Julio-Claudia, considerado un ser ruin y despreciable, tristemente famoso en la historia por sus locuras, desmanes y crueldades, como cuando, según la tradición, acusó a los cristianos del incendio de Roma que él mismo había provocado por su propio capricho, desencadenando con ello la primera gran persecución contra los seguidores de Cristo.
[110] En el original: *"be saluted under twelve score off"*. La frase *"twelve score off"* remonta a William Shakespeare en *"King Henry IV"*, (Enrique IV – Acto II) y su significado ha sido muy debatido por los propios críticos en inglés. Pero en el caso que nos ocupa entendemos que su significado es este.
[111] Se refiere a JULIO CESAR [100 - 44 a.C.], que al proclamarse dictador en Roma, entre las numerosas medidas que instituyó para restablecer la paz y el orden, destaca la de fortalecer el *Aerarium* o tesoro público (de ahí el término español "erario público") estableciendo impuestos sobre las mercancías. Mandaba a los mercados guardias que secuestraran los artículos prohibidos y los llevaran a su casa, yendo algunas veces lictores y soldados por sorpresa a distintos lugares para confiscar lo que había escapado a la vigilancia de los guardias.

demuestra no ser un caníbal! Macrón[112] saluda a Sejano[113] tan solo mientras Sejano cuenta con el favor de Tiberio;[114] pero esperad a que caiga de su pedestal, y veréis qué pronto está el perro a devorarle.

THOMAS ADAMS [1583-1653]

En un sermón basado en Génesis 25:27, titulado: *"Politic Hunting"*

Atrapa al desdichado atrayéndolo a su red. O como lo expresa el profeta Miqueas: *"cada cual arma red a su hermano".*[115] Los impíos cuentan con sus elixires políticos con los que embriagar y atrapar fácilmente a las gentes: mercancías llamativas expuestas en tiendas suntuosas, pero oscuras, (¿cómo podrían amar la luz quienes viven en completas tinieblas?) cautivando y atrayendo los clientes hacia su interior, donde las sanguijuelas detectan cómo chuparles la sangre: potenciar el deseo creando necesidad ficticia, para lograr que compren y paguen cuanto ellos quieran. Y aunque se defiendan alegando que los clientes compran por voluntad propia, "no se admiten reclamaciones",[116] la realidad es que, con frases seductoras y sugerencias sutiles, les envuelven con una neblina encantadora que les ciega, impidiéndoles vislumbrar la verdad que hay detrás hasta hacerles caer en el lazo. Así es como algunos de nosotros hemos emplumado sus nidos, no recurriendo a la violencia abierta, pero sí empleando la trama y corrupción política. Han buscado el vellocino de oro, no por los méritos de Jasón,[117] sino con las suti-

[112] Se refiere a NEVIO SUTORIO MACRÓN [21 a.C.-38 d.C.], nombrado Prefecto de la Guardia Pretoriana en sustitución de LUCIO ELIO SEJANO [20 a.C.–18 d.C.], su adversario, por decisión directa y repentina del emperador TIBERIO [42 a.C.–37 d.C.].

[113] Se refiere a LUCIUS AELIUS SEIANUS [20 a.C.–18 d.C.], conocido comúnmente como Sejano; militar romano, Prefecto de la Guardia Pretoriana, durante un tiempo amigo y confidente del emperador Tiberio. Cuando Tiberio se retiró en el año 26 a la Isla de Capri, Sejano quedó a cargo de toda la administración y actuaba como emperador *de facto.* Pero a finales del año 31 Tiberio le retiró su apoyo eligiendo a su adversario NEVIO SUTORIO MACRÓN [21 a.C.-38 d.C.], para sustituirle. Sejano fue acusado de conspiración contra el emperador, detenido, juzgado, condenado y ejecutado de forma muy sutil: Tiberio le mandó una carta comunicándole sus deseos de investirlo con poderes tribunicios, y a tales efectos le convocó al Senado. Sejano acudió al Senado donde todos los senadores lo felicitaron por su nuevo cargo, pero entre tanto, Macrón asumía la prefectura de la Guardia Pretoriana y mandaba a un grupo de leales a rodear el edificio del Senado. Los senadores, en lugar de investir a Sejano, lo acusaron de traición y ordenaron su detención. Los soldados de Macrón irrumpieron en la sala y se llevaron a Sejano preso.

[114] Se refiere al emperador romano TIBERIO [42 a.C.-37 d.C.], sucesor de AUGUSTO [27 a.C.-19 d.C.], que gobernó el imperio durante la vida pública y muerte de Cristo.

[115] Miqueas 7:2. En hebreo אֶת־אָחִיהוּ יָצוּדוּ חֵרֶם *'et-'āḥîhū yāṣūḏū ḥērem,* "a su hermano cazan con red". La NVI lo traduce como: *"y unos a otros se tienden redes";* BLP: *"se tienden trampas unos a otros";* y LBLA: *"unos a otros se echan la red".*

[116] En el original, *caveat emptor.* Esta frase latina se utiliza en derecho para advertir a los compradores que la responsabilidad de una compra recae en el comprador, quien debe previamente, antes de comprar, tomar las medidas oportunas para asegurarse de la calidad y estado de lo adquirido, descartando posteriores reclamaciones al vendedor. En español sería: "compre bajo su propio riesgo" o "no se admiten reclamaciones".

[117] Se refiere a JASÓN, héroe mitológico griego hijo de Alcímeda y de Esón. Esón era el rey de Yolcos, y fue destronado por su hermano Pelias. A su vez, Pelias fue advertido por el Oráculo de Delfos de que tuviera cuidado con un hombre calzado con una sola sandalia porque pondría en peligro su trono. Jasón fue educado por el centauro Quirón hasta que al cumplir los veinte años se dirigió a Yolcos. Algunas versiones del mito afirman que Jasón no tenía idea de que era el heredero legítimo al trono de Yoclos, otras que iba dispuesto a recuperar su trono. En el camino, tuvo que cruzar un río donde perdió una de sus sandalias. Al llegar a la ciudad, fue llamado por su tío Pelias y este, al darse cuenta de que aquél podía ser el hombre que anunciaba el oráculo, decidió alejarlo de su tierra prometiéndole el trono si regresaba de una difícil misión: viajar hasta la Cólquida (al pie del Cáucaso), y traer de allí el vellocino de oro, que había sido la piel de

lezas de la hechicera Medea. Si tuviera que poner al descubierto los engaños de estos cazadores, y desenmascararlos como corresponde, me tomaría mucho más tiempo del que vosotros estaríais dispuestos a concederme. Así que me limito a responder a todas sus artimañas con palabras de Agustín:[118] «Puede que sus tretas y añagazas funcionen y se sostengan "en derecho humano", pero no "en derecho celeste",[119] en los juzgados y tribunales de la tierra, pero no ante el trono de justicia del gran Rey en el cielo».

THOMAS ADAMS [1583-1653]
En un sermón basado en Génesis 25:27, titulado: *"Politic Hunting"*

Vers. 10. ***Se encoge, se agacha, y caen en sus fuertes garras muchos desdichados.*** *[Se encoge, se agacha, y caen en sus fuertes garras muchos infelices.* RVR*] [Se agazapa, se encoge, y los desdichados caen en sus garras.* LBLA*] [Se encoge, se agazapa, y los menesterosos caen en sus fuertes garras.* BTX*] [Bajo el peso de su poder, sus víctimas caen por tierra.* NVI*] [Se agazapa, se encorva y caen en sus garras los desvalidos.* BLP*] [Sus pobres víctimas quedan aplastadas; caen bajo la fuerza de los malvados.* NTV*]*

Se agacha, y se humilla, para que el pobre caiga en sus fuertes garras.[120] Aparentando humildad, se hace a menudo escudero de malicia. El león se agacha para poder saltar a mayor distancia y clavar con más fuerza sus fuertes garras sobre la presa. Los antiguos advertían del lobo viejo que había probado la sangre humana gritando: «¡Hombre lobo!»[121] y en el caso que nos ocupa, nosotros no deberíamos dejar de gritar: «¡Hombre zorro!» Los que se agachan en aparente humildad hasta tocar nuestros pies, están buscando hacernos caer. Seamos muy cuidadosos con los aduladores, pues la amistad verdadera y la adulación son enemigos mortales.

C.H. SPURGEON

Se encoge, se agacha. Con tal de asumir sus viles propósitos, no hay nada demasiado servil o humillante. Tal es el caso del Romano Pontífice, cuando se agacha para lavar los pies de los peregrinos, una estratagema necesaria para engatusar la mente de las multitudes; y después, sentado en un trono de púrpura, amenazar y atemorizar a los reyes de la tierra.

JOHN MORISON [1791-1859]
"An Exposition of the Book of Psalms", 1829

---

un carnero fabuloso. Jasón lo consiguió al frente de una expedición de héroes griegos conocidos como los Argonautas y con la complicidad y ayuda de la hechicera Medea, cosa que paradójicamente le quitó el trono a Pelias: el mismo Pelias le dio las herramientas y la promesa del trono a Jasón al querer alejarlo de Yolcos, y así consiguió Jasón derrotar a Pelias.

[118] Se refiere a AURELIUS AUGUSTINUS [354-430], más conocido como SAN AGUSTÍN O AGUSTÍN DE HIPONA, uno de los cuatro más importantes Padres de la Iglesia latina y uno de sus más eminentes doctores. Gran apologista cristiano, sus escritos suponen la primera gran síntesis entre el cristianismo y la filosofía platónica.

[119] Fórmula jurídica que propone San Agustín: *"jure fori, non jure poli"* y que emplea en referencia a un hombre que en principio había donado sus bienes a la Iglesia y luego se desdijo. Resultan curiosas las expresiones *"jure fori"* "derecho de foro o derecho humano; y *"jure poli"*, "derecho del cosmos" para definir la idea de una ley o estancia superior, y que evidentemente Agustín entiende como "derecho del cielo" y aplica en este caso a la ley que está vigente en el cielo.

[120] Traducción literal de la versión inglesa KJV: *"He croucheth, and humbleth himself, that the poor may fall by his strong ones"* sobre la que se basa el comentario de Spurgeon.

[121] En el original *"ware, wolf!"*.

Se encoge, se agacha, y caen en sus fuertes garras muchos infelices. Si descubrís un lobo con piel de oveja: ¡colgadlo! Es lo peor de su generación.

THOMAS ADAMS [1583-1653]
En un sermón basado en Génesis 25:27, titulado: *"Politic Hunting"*

Vers. 11. ***Dice en su corazón: Dios ha olvidado; ha encubierto su rostro; nunca lo verá.*** *[Dice en su corazón: Dios se ha olvidado; tiene tapado su rostro; nunca lo verá.* RVR*] [Dice en su corazón: Dios se ha olvidado; ha escondido su rostro; nunca verá nada.* LBLA*] [Dice en su corazón: Elohim ha olvidado, ha escondido su rostro, no lo verá jamás.* BTX*] [Se dice a sí mismo: «Dios se ha olvidado. Se cubre el rostro. Nunca ve nada».* NVI*] [Piensa: "Dios lo ha olvidado, ha ocultado su rostro, nunca vio nada".* BLP*] [Los malvados piensan: «¡Dios no nos mira! ¡Ha cerrado los ojos y ni siquiera ve lo que hacemos!».* NTV*]*

Dice en su corazón: Dios se ha olvidado; tiene tapado su rostro; nunca lo verá. Como en el versículo anterior, de nuevo aparece un testigo que ha escuchado por el ojo de la cerradura de su corazón. Habla, amigo, escuchemos tu historia: *"Dice en su corazón: Dios se ha olvidado; ha escondido su rostro; nunca verá nada".* Este personaje cruel se consuela pensando que Dios es ciego, o, al menos, olvidadizo: una fantasía engañosa, ciertamente. Cuando persiguen a los santos, los impíos ponen en duda la omnisciencia de Dios. Pues si tuvieran conciencia y sentido de la presencia de Dios, se les haría imposible maltratar a sus hijos. De hecho, difícilmente puede hallarse un elemento más eficaz para preservarnos del pecado que el pensamiento constante de: *"Tú eres Dios que ve".*[122]

Y así procede el juicio. El caso ha sido expuesto plenamente; y ahora, no es de extrañar que el oprimido peticionario levante su voz pidiendo justicia, como leemos en el versículo siguiente.

C. H. SPURGEON

Dice en su corazón: Dios se ha olvidado. ¿No es absurdo olvidarse de los pecados cometidos en el pasado? Los pecados antiguos, olvidados por los hombres, pasan a formar parte de una memoria infinita. El tiempo no puede borrar algo que es conocido y ha sido registrado desde el principio. ¿Por qué habrían de borrarse si había constancia de ellos desde la eternidad, antes que se cometieran, antes de que el transgresor naciera? Amalec tuvo que pagar en época de Saúl su actitud contra Israel cuando subía de Egipto, a pesar de que en época de Saúl la generación que cometió tal error ya eran todos ceniza en sus tumbas.[123] Los pecados antiguos permanecen registrados en un libro que se encuentra siempre delante de Dios; y no tan solo nuestros pecados, sino también los pecados de nuestros padres, que serán retribuidos a su posteridad: *"He aquí que escrito está delante de mí; no callaré, sino que recompensaré, y daré el pago en su seno por vuestras iniquidades, dice Jehová, y por las iniquidades de vuestros padres".*[124] Por tanto, ¡qué insensatez tan grande es pasar por alto los pecados de la generación que nos ha precedido! Aunque no tengamos constancia completa de todos ellos, ¿creemos que Dios los ha olvidado? Los pecados permanecen vigentes para Dios hasta su total resolución, como hacen los hombres con las obligaciones de deuda: *"Cerrada en saco está la maldad de Efraín; su pecado está guardado en lugar seguro".*[125] Así como Dios conoce todas las cosas antes de que sucedan,

[122] Génesis 16:13.
[123] 1 Samuel 15:1-8.
[124] Isaías 65:6-7.
[125] Oseas 13:12, RVR 1977.

así también recuerda indefinidamente todos los actos que se han cometido. Afirmar que Dios olvida nuestros pecados cometidos en el pasado es como afirmar que Dios no conoce qué ha de suceder en el universo hasta su final y que ha olvidado todo lo que ha sucedido desde su comienzo.

STEPHEN CHARNOCK [1628-1680]
"The Existence and Attributes of God", 1682

Tiene tapado su rostro; nunca lo verá. ¡Cuántos hay que con la lengua confiesan que Dios ve todas las cosas, mientras en su corazón piensan «Dios no lo ve»! El corazón tiene lengua propia, como la cabeza, pero rara vez hablan ambas el mismo idioma; la lengua de la cabeza confiesa que: *"No hay cosa creada que esté oculta de su vista; antes bien todas las cosas están desnudas y descubiertas a los ojos de aquel a quien tenemos que dar cuenta"*,[126] mientras la lengua del corazón la contradice: *"tiene tapado su rostro y nunca lo verá"*. Y así, los impíos, como dice el profeta: *"cavan muy hondo para esconder sus planes al Señor, y realizan sus obras en tinieblas"*,[127] con la esperanza de ocultarlas de la mirada divina. Pero todas sus excavaciones son inútiles, pues: *"¿Acaso ha de reputarse la arcilla como el que la moldea? ¿Acaso dirá la obra de su hacedor: no me hizo? ¿Dirá la vasija de aquel que la ha formado: no entiende el oficio?"*.[128]

JOSEPH CARYL [1602-1673]

Dice en su corazón: Dios se ha olvidado; tiene tapado su rostro; nunca lo verá. Este pensamiento se identifica como la raíz pecado en muchos lugares de la Escritura, "le ha vuelto la espalda al mundo". Los impíos justifican así la persecución de los pobres descrita en los versículos 9 y 10 de este salmo. Pues no hay pecado que no parta y se nutra de esta amarga raíz. Si desechamos idea de la omnisciencia divina en una sola noche crecen la ambición, la codicia, la desconfianza, la impaciencia, el abandono de la fe, y todas las demás calabaceras amargas.[129] A partir de este razonamiento, la iniquidad fabrica argumentos con los que alentarse. Por tanto, nada mejor para expulsar la iniquidad del corazón y desalentar la corrupción rampante, que una firme creencia en el hecho demostrado que Dios se ocupa de los asuntos humanos.

STEPHEN CHARNOCK [1628-1680]
"Discourses upon the Existence and Attributes of God. The Divine Providence", 1682

Dice en su corazón: Dios se ha olvidado; tiene tapado su rostro; nunca lo verá. Como afirma el sabio predicador: *"Por cuanto no se ejecuta luego sentencia contra las malas acciones, el corazón de los hijos de los hombres está en ellos dispuesto para hacer el mal"*.[130] Al demorar Dios el castigo, los hombres demoran su arrepentimiento; no les golpea la espalda con la vara de corrección, y ellos no se golpean el muslo en humillación.[131] El pecador concluye: "Dios me ha tolerado todo este tiempo, ha mostrado paciencia infinita, así que lo más probable es que nunca me va a castigar". *"Dice en su corazón: Dios se ha olvidado"*. Ciertamente, en razón de su paciencia infinita, de su naturaleza

[126] Hebreos 4:13.
[127] Isaías 29:15.
[128] Isaías 29:16.
[129] Jonás 4:1-11.
[130] Eclesiastés 8:11.
[131] Jeremías 31:18-19: *"Porque después que me aparté, me arrepentí, y después que comprendí, me di golpes en el muslo; me avergoncé y también me humillé, porque llevaba el oprobio de mi juventud"*. (LBLA-RVA) Así traduce también la BLP. La NVI dice: *"al comprenderlo me di golpes de pecho"*.

benevolente y perdonadora, Dios aplaza sus juicios y demora por largo tiempo la ejecución de las sentencias;[132] pero ello no implica en absoluto que no esté dispuesto a castigar. La abeja, por naturaleza, da miel; pero cuando se enoja clava el aguijón. El Señor desea que todos los hombres hagan las paces con él; pero pisotea a los que abusan y se burlan de él.[133] Dios no actúa como el acreedor apresurado, que requiere de inmediato la ejecución de la deuda, sino que concede plazo para el pago; no tan solo es piadoso, sino que *"espera para tener piedad"*;[134] con su paciencia trata de sobornar a los pecadores y traerlos al arrepentimiento; ¡pero ay! ¡cuánto abusan los hombres de esa paciencia! Cuanto más alarga Dios el canal de su ira,[135] más alargan los pecadores el conducto de sus lágrimas; hasta que finalmente la ira de Dios estalla.

Thomas Watson [1620-1686]
"The Beatitudes", 1660

Dice en su corazón: Dios se ha olvidado; tiene tapado su rostro; nunca lo verá. Como Dios tolera sus pecados, ellos continúan provocándolo. Él alarga sus vidas para que puedan arrepentirse, y ellos aumentan sus lujurias. Actúan como un necio dispuesto a quebrarse todos los huesos del cuerpo solo porque hay un cirujano capaz de recomponerlos (…) La justicia divina parece parpadear, y ellos la suponen ciega; como el castigo se demora, imaginan que no lo habrá; porque no les reprende los pecados de inmediato, suponen que los aprueba. Pero sabed que la flecha silenciosa puede ser tan mortal como el cañón que ruge con estruendo. Y aunque la paciencia de Dios es *dilatada,* no es *eterna.*

William Secker [¿?-1681]
"The Nonsuch Professor", 1660

Vers. 11, 12, 13. El ateo niega que Dios intervenga en los asuntos terrenales: *"Hasta dicen: «¿Cómo puede Dios saberlo? ¿Acaso el Altísimo tiene entendimiento?»"*,[136] y así lo mutila: sin el ojo de su providencia o el brazo de su poder, limita su acción, con mucho, a cuestiones por encima de las nubes. Más todo el que se atreve a confinar al Rey de los cielos, al cabo de poco busca deponerlo, y acaba finalmente negando su existencia.

Thomas Fuller [1608-1661]
"The Cause and Cure of a Wounded Conscience", 1647

Vers. 12. ***Levántate, oh Jehová Dios, alza tu mano; no te olvides de los pobres.*** *[Levántate, oh Jehová Dios, alza tu mano; no te olvides de los pobres.* RVR*] [Levántate, oh Señor; alza, oh Dios, tu mano. No te olvides de los pobres.* LBLA*] [¡Levántate, oh YHVH! ¡Oh Elohim, alza tu mano, y no te*

[132] 2 Pedro 3:9.

[133] Isaías 27:4-5.

[134] Isaías 30:18.

[135] Ver Salmo 103:8. Para los orientales la ira era algo gráfico, representada por un fuego interior que se canalizaba por la nariz en forma de resoplidos. Por tanto, ser "largo de nariz" o "de nariz prolongada" como leemos literalmente en el hebreo en el Salmo 103:8, implicaba de forma metafórica que el fuego de la ira surgida en el interior aminoraba y se extinguía en su camino hacia el exterior, cuyo resultado era la aparición de humo en las fosas nasales en lugar de fuego. Es decir, ser "largo de nariz" significaba ser pacífico, porque la ira generada en el interior se calmaba antes de salir al exterior. Este es un concepto utilizado repetidamente en la Biblia: el Salmo 18:8 describe la ira de Dios diciendo que "humo subió de su nariz", y lo mismo encontramos en pasajes como 2 Samuel 22:9, entre otros.

[136] Salmo 73:11.

olvides del humilde! BTX*] [¡Levántate, Señor! ¡Levanta, oh Dios, tu brazo! ¡No te olvides de los indefensos!* NVI*] ¡Ponte, Señor, en acción! ¡Muestra, oh Dios, tu poder! No olvides a los humildes.* BLP*] [¡Levántate, oh Señor! ¡Castiga a los malvados, oh Dios! ¡No te olvides de los indefensos!* NTV*]*

Levántate, oh Jehová Dios, alza tu mano;[137] *no te olvides de los humildes.* ¡Qué osada la fe al dirigirse a Dios! Y a pesar de ello, cuánta incredulidad se mezcla con nuestra confianza más sólida. Por un lado, desata al Señor sin temor para que se alce y levante su mano; pero a la vez implora con timidez que no se olvide de los humildes. ¡Como si Jehová pudiera olvidarse jamás de sus santos! Este versículo es el grito incesante de la Iglesia, y no cesará de repetirlo hasta que su Señor venga de nuevo en gloria a vengarla de todos sus adversarios.

C. H. Spurgeon

Vers. 13. ***¿Por qué desprecia el malo a Dios? En su corazón ha dicho: Tú no lo inquirirás.*** *[¿Por qué desprecia el malo a Dios? En su corazón ha dicho: Tú no lo inquirirás.* RVR*] [¿Por qué ha despreciado el impío a Dios? Ha dicho en su corazón: Tú no lo requerirás.* LBLA*] [¿Por qué el malvado menosprecia a Elohim? Porque en su corazón piensa que no le pedirás cuenta.* BTX*] [¿Por qué te ha de menospreciar el malvado? ¿Por qué ha de pensar que no lo llamarás a cuentas?* NVI*] [¿Por qué el malvado injuria al Señor pensando: "de nada me hace responsable"?* BLP*] [¿Por qué los malvados desprecian a Dios y quedan impunes? Piensan: «Dios nunca nos pedirá cuentas».* NTV*]*

¿Por qué desprecia el malo a Dios? En su corazón ha dicho: Tú no lo inquirirás. Los siguientes versículos condensan una descripción de carácter de los malvados aclarando la fuente de su malicia, a saber, sus conceptos ateos sobre el gobierno del mundo. Algo que, como fácilmente se percibe, plantea una nueva petición urgente para que el Señor muestre su poder y haga patente su justicia. Pues cuando vemos que los impíos cuestionan justicia de Dios, tenemos derecho a pedirle que les muestre cuán terrible es. Este versículo descubre la esperanza del infiel y los deseos de su corazón: desprecia al Señor porque no cree que el pecado vaya a recibir un justo castigo: *"En su corazón ha dicho: Tú no lo inquirirás"*. Aun cuando no hubiera infierno para otros pecadores, debería haberlo para aquellos que cuestionan su justicia.

C. H. Spurgeon

¿Por qué desprecia el malo a Dios? En su corazón ha dicho: Tú no lo inquirirás. Dudas razonables sobre la futura retribución:

1. ¿Quién las consiente? *"El malo"*.
2. ¿Dónde las alberga?: *"En su corazón"*.
3. ¿Por qué motivo? Para aquietar su conciencia.
4. ¿Con qué consecuencias prácticas? *"Menosprecia a Dios"*. Quién no cree en el infierno, desconfía del cielo.

Anónimo

[137] Sobre este *"alza tu mano"* dice Eusebio de Cesarea [267-338]: «Con estas palabras *"alza tu mano"* el salmista se refiere al juicio de Dios contra los impíos. Por ahora la mano de Dios parece reposar y permanece quieta, lo cual induce al impío a creer erróneamente que jamás le inquietará (10:6); pero llegará el momento en que se "alce" ejerciendo todo su poder y dando a cada uno según se merece».

Ha dicho en su corazón: Tú no lo requerirás. Como cuando el capitán advirtió al pirata, que estaba saqueando, diciéndole que a pesar de que ninguna ley podía tocarlo por el momento, tendría que responder por todo en el día del juicio, y respondió: «Si tan largo me lo fiais, aprovecharé para quedarme también con el barco y con vuestra misma persona». Una arrogancia con la que usurpadores y opresores se adulan en sus corazones, aunque no se atrevan a pronunciarla con sus labios.

THOMAS ADAMS [1583-1653]

Vers. 13, 14. ¡Cómo! ¿Crees que Dios no recuerda aquellos pecados que nosotros no consideramos? Te equivocas, pues cuando pecamos los va añadiendo en la cuenta, el Juez supremo lo anota todo en la tabla de sus recuerdos, y el tamaño del pergamino alcanza el cielo. Una nota por haber prestado con usura; otra por alquileres abusivos; otra por beneficios desproporcionados; otra por insultos y amenazas; una más por dejar morir de hambre a los pobres; otra por jugarse a los dados el fruto de sus pillajes y rapiñas; otra nota por dormirse en la iglesia; otra por profanar el Sabbath; otra por presumir; Dios anota todos los pecados y los revisará uno por uno. Y cada cual tendrá que responder de sus acciones: el fornicador de su placer sucio; el clérigo deshonesto de engatusar a miles de almas; el propietario de expoliar a sus inquilinos pobres con rentas abusivas; y así podríamos seguir hasta el infinito. Cuando la trompeta suene y cielos y tierra sean llamados a testificar en el juicio contra ellos,[138] allí estarán todos conducidos cual rebaños de ovejas;[139] cuando los cielos se desvanezcan como un pergamino y la tierra se consuma en fuego,[140] cuando todas las criaturas creadas se alineen contra ellos, cuando las rocas se abran, las montañas crujan y los cimientos de la tierra tiemblen,[141]entonces dirán a los montes: "caed sobre nosotros y escondednos de la presencia, la ira y el enojo de Aquel a quien no tuvimos reparo en ofender".[142] Pero no tendrán manera de cubrirse ni dónde esconderse, antes bien retrocederán[143] por un camino plagado de reptiles y serpientes, hacia un lugar lóbrego donde demonios los atormentarán perpetuamente.

HENRY SMITH [1560-1591]
en un sermón titulado *"The Trumpet of the Soul founding to Judgement"* 1578

Vers. 14. ***Tú lo has visto; porque miras el trabajo y la vejación, para dar la recompensa con tu mano; a ti se acoge el desvalido; tú eres el amparo del huérfano.*** *[Tú lo has visto; porque miras los trabajos y la vejación, para dar la recompensa con tu mano; a ti se acoge el desvalido; tú eres el amparo del huérfano.* RVR*] [Tú lo has visto, porque has contemplado la malicia y la vejación, para hacer justicia con tu mano. A ti se acoge el desvalido; tú has sido amparo del huérfano.* LBLA*] [Sin embargo, Tú lo ves, porque observas el agravio y la vejación, para retribuirlo con tu mano. ¡A Ti se encomienda el desvalido!¡Tú eres el defensor del huérfano!* BTX*] [Pero tú ves la opresión y la violencia, las tomas en cuenta y te harás cargo de ellas. Las víctimas confían en ti; tú eres la ayuda de los huérfanos.* NVI*] [Pero tú lo has visto, tú miras la miseria y el dolor para acogerlos en tus manos. En ti se abandona el desvalido, tú eres quien protege al huérfano.* BLP*] [Pero tú ves los problemas y el dolor que causan; lo tomas en cuenta y los castigas. Los indefensos depositan su confianza en ti; tú defiendes a los huérfanos».* NTV*]*

[138] Mateo 24:31.
[139] Salmo 49:14.
[140] 2 Pedro 3:10.
[141] Salmo 18:7; Isaías 13:13.
[142] Oseas 10:8; Lucas 23:30; Apocalipsis 6:15-16.
[143] Salmo 56:9.

La vil insinuación del versículo 13: *"Tú no lo requerirás"*, recibe su respuesta en el versículo 14: *"Tú lo has visto; porque miras los trabajos y la vejación, para dar la recompensa con tu mano"*. Dios es todo ojos a la hora de ver las cosas, y todo manos para castigar a sus enemigos. No hay escondite de la supervisión divina, ni fuga de su justicia. Los excesos de todo tipo tendrán su merecido en desdicha, y los que albergan rencor heredarán tristeza y aflicción. Porque hay, en verdad, un Dios que juzga en la tierra. Mas no se limita castigar a los opresores, sino que se hace amigo de los oprimidos: *"a ti se acoge el desvalido"*. Los pobres, los menesterosos, los afligidos, se entregan por entero en manos del Señor; encomendando su causa y juicio a su divino entendimiento, sometiendo su voluntad a su soberanía, y confían que con ello las cosas les irán mejor. Dios nunca defrauda esa esperanza: les preserva en tiempos de necesidad, y hace que se regocijen en su bondad.

"Tú eres el amparo del huérfano" Dios es padre de todos los huérfanos. Cuando el padre terrenal duerme bajo la tierra, hay un Padre celestial que sonríe desde arriba. De un modo o de otro, los niños huérfanos reciben su alimento, y bien pueden, contando con un Padre semejante.[144]

C. H. SPURGEON

Tú lo has visto; porque miras los trabajos y la vejación, para dar la recompensa con tu mano. Debería aterrorizar a los malvados pensar que todo lo que hacen, lo hacen a la vista de Aquel que les ha de juzgar, y que los llamará a cuentas por cada pensamiento que hayan concebido en contra de su majestad. Debería causarles un miedo pavoroso saber que cuando arden de lujuria y maquinan con odio, cuando desprecian a los justos y hacen daño a los inocentes, no solo lo hacen *"conspectu Dei"*, "dentro de la mirada de Dios", sino también *"sinu divinitatis"*, en el mismísimo seno de la deidad, la cual, a pesar de haberlos soportado durante un tiempo y dejarles correr cual: *"asna montés acostumbrada al desierto, que en su ardor olfatea el viento"*,[145] con todo, finalmente los encontrará, los segará y los destruirá. Y eso que es motivo de terror para los impíos ha de ser consuelo para los piadosos, que Aquel que ha de escuchar sus oraciones y mandarles ayuda esté tan cerca de ellos; y debe motivarles a confiar más y más en él, porque sabemos que su presencia está siempre allí donde nos encontremos.

G. WILLIAMS
1636

A ti se acoge el desvalido. Buena parte del sufrimiento que atenaza nuestros corazones tiene su origen en la falta de confianza. Un alma incrédula anda sobre las promesas divinas como un caminante sobre una placa de hielo: al principio siente miedo y teme incontrolablemente que en cualquier momento pueda agrietarse. Pero el creyente que mantiene una comunión diaria con el Señor se familiariza con su poder, fidelidad, y demás atributos, y gana día a día en seguridad y confianza. Cuando atravesamos dificultades brotan dudas en nuestro corazón por la ausencia de comunión y la falta de familiaridad con Dios. Una comunión constante con Dios nos aporta experiencias reales tanto de sus atributos como de sus promesas; que no deberían precisar del testimonio de nuestros sentidos para que las tuviéramos por reales y creíbles; sin embargo, somos tan dados a los sentidos, y nuestra fe es tan débil y pueril, que las experiencias son de gran ayuda para nuestros corazones a la hora de fortalecer nuestra seguridad y confianza en Dios cara al futuro. Encomienda, por tanto, tus caminos a las manos

[144] Tanto el propio Spurgeon, que fundó en Londres dos orfanatos para más de 500 niños que de otra manera hubieran vagado por las calles desamparados alimentándose del pillaje, en una época muy difícil para los huérfanos; como su entrañable amigo y asesor GEORGE MULLER [1805-1898], apodado "de Bristol", que abrió y mantuvo orfanatos para más de 2000 niños en esta ciudad confiando únicamente en la fe, se tomaron muy en serio las palabras de este texto.

[145] Jeremías 2:24.

Dios cada mañana,[146] como leemos también en el versículo catorce de este salmo: *"A ti se acoge el desvalido"*. Y por la noche, analiza cómo Dios ha respondido a esa confianza, y no te duermas hasta haber constatado su fidelidad en tu corazón, encomendando luego tu descanso nocturno nuevamente en sus manos con una confianza renovada y absoluta.[147] Y cuando se produzca alguna pérdida aparente, y te veas privado de algún goce que creías tener asegurado por la fe en tu Dios, observa cómo Dios compensa esa pérdida llenando el vacío; y no cejes hasta haber recuperado tu confianza y vindicado el buen nombre de Dios en tu corazón. Asegúrate de que no queda en ti un resquicio de insatisfacción; cerciórate de que tu espíritu redime plenamente su relación con su Señor; y reprende a tu alma por su desconfianza, como hizo David en el Salmo 42.[148] De ese modo, contando con la bendición divina, darás nuevo aliento a tu fe, capacitándola, si fuera necesario, para afrontar pruebas más duras.

WILLIAM GURNALL [1617-1679]

"Christian in complete armour, or, a treatise of the saints war against the Devil", 1655

Tú eres el amparo del huérfano. Dios ejerce una providencia especial sobre quienes están en circunstancias más desfavorecidas; y entre sus muchas facetas destaca la de ser *"amparo del huérfano"*. Este es el argumento que se utiliza para describir el amparo divino en el retorno de Israel, la Iglesia, a Dios: *"porque en ti el huérfano alcanzará misericordia"*.[149] ¿Qué consuelo puede haber mayor que este? El Ser que gobierna este mundo es tan sabio que no puede errar; tan fiel que no puede defraudar; tan compasivo que no puede descuidar a su pueblo; y tan poderoso, que si lo desea puede convertir las piedras en pan (…) Dios no gobierna el mundo a su antojo, como un rey absolutista; sino con sabiduría y bondad, como un padre tierno. Su mayor deleite no está en demostrar su poder soberano, o su sabiduría inconcebible, sino su inmensa bondad, a la que subordina todos sus demás atributos.

STEPHEN CHARNOCK [1628-1680]

"Discourses upon the Existence and Attributes of God. The Divine Providence", 1682

Tú lo has visto; porque miras los trabajos y la vejación, para dar la recompensa con tu mano. Si Dios no viera nuestras acciones ni vigilara nuestros caminos, podríamos pecar y salir impunes; pero las ve, con ojos demasiado puros como para contemplar la iniquidad y pasarla por alto, y está obligado, por su justicia y su honor, a castigar cuanta iniquidad vea. David hace de esto el principio fundamental de la superintendencia de Dios sobre los caminos de los hombres: *"Tú lo has visto; porque miras los trabajos y la vejación, para dar la recompensa con tu mano; a ti se acoge el desvalido; Tú eres el amparo del huérfano"*. Describe al Señor como si hubiera examinado todos los caminos de los hombres: *"Tú lo has visto"*. ¿Y qué ha visto? Pues toda la maldad y opresión sobre los pobres descritas en la primera parte del Salmo, así como el desprecio y la blasfemia de los impíos en su contra del versículo 13: "¿Por qué desprecia el malo a Dios? *En su corazón ha dicho: Tú no lo inquirirás"*. ¿Y qué dice acerca de Dios ante el desafío de este hombre necio y confiado? *"Has contemplado la malicia y la vejación"*. Pero ¿con qué fin?: *"para hacer justicia con tu mano"*. Como has visto el daño que ha cometido con malicia, has retribuirle con rectitud. El Señor no es un mero espectador de las cosas que suceden en su universo, a la vez retribuye y venga. Por tanto, partiendo de esta verdad irrebatible: que el Señor ve todos nuestros caminos y cuenta todos nuestros pasos,[150] el profeta concluye

[146] Salmo 37:5.
[147] Salmo 4:8.
[148] Salmo 42:5.
[149] Oseas 14:3.
[150] Job 31:4.

que: *"a los justos que les irá bien, porque el fruto de sus obras comerán"*,[151] y añade: *"¡Ay del impío! Mal le irá, porque según las obras de sus manos le será pagado"*.[152] Pues solo los ídolos que tienen ojos que no ven, tienen manos que no golpean.[153]

JOSEPH CARYL [1602-1673]

Tú lo has visto; porque miras los trabajos y la vejación, para dar la recompensa con tu mano; a ti se acoge el desvalido; tú eres el amparo del huérfano. Haced saber a los pobres que su Dios cuida de ellos; y que castigará con vara los pecados de aquellos que les oprimen y expolian, por haber olvidado que somos miembros de un mismo cuerpo, los unos de los otros,[154] y haberse apoderado de los bienes de sus hermanos. Dios los volverá contra sí mismos y los golpeará con sus propias varas; bien sea haciendo que sus planes fracasen y consuman su hacienda; o que sus descendientes malgastadores pongan alas a las riquezas que ellos han acumulado disipándolas en poco tiempo; o bien arrebatándoles su bendición e impidiendo que disfruten de sus riquezas, que serán traspasadas a otros que se muestren más misericordiosos con los pobres. Sigan, por tanto, los pobres el consejo del sabio: *"ni en lo secreto de tu cámara digas mal del rico"*,[155] que no den cabida a un sentimiento de amargura anticristiana como fruto de una causa justa; que les sea consuelo suficiente saber que Dios es a la vez su apoyo y su se vengador. ¿No es suficiente para disipar las tormentas del descontento contra sus opresores saber que Dios ve su aflicción, y descenderá para liberarles y vengarles?

EDWARD MARBURY [1581-1655]
"A Commentary or Exposition Upon the Prophecy of Habakkuk", 1650

Tú lo has visto; porque miras las obras y la vejación, para dar la recompensa con tu mano; a ti se acoge el desvalido; tú eres el amparo del huérfano. Dios ve y considera todas nuestras obras, ¿vas tú a dejar de lado las obras de Dios? Si de una cosa puedes estar completamente seguro es que, si tomas en consideración las obras de Dios manifiestas en sus palabras y acciones, también Dios tomará en consideración las tuyas; obras que por sí mismas no valdría la pena considerar, pues son obras de pecado, tan viles que hasta tú mismo al contemplarlas sentirías vergüenza; y a pesar de que las aborrece con solo mirarlas, Dios las contempla y considera. El Señor, cuyos ojos son tan limpios y puros que rehúsan mirar la maldad más insignificante, y ni digamos ya aprobarla o tolerarla, se digna a contemplar tus iniquidades monstruosas, y a considerar tus obras impuras. *"Tú* –exclama David– *lo has visto; porque miras las obras y la vejación, para dar la recompensa"*. Dios, ha contemplado las obras más sucias e inmundas de los hombres, obras de opresión e injusticia, obras de intemperancia y lascivia, obras de ira y malicia, las ha considerado, las ha detestado y las retribuirá en consecuencia. Y si Dios contempla y considera todas las obras de los hombres, incluso las sucias y corruptas, ¿no deberán los hombres contemplar y considerar las obras de Dios, que son santas, justas y rectas?

JOSEPH CARYL [1602-1673]

Vers. 14-18. Dios se deleita en ayudar a los pobres, pues para él los mejores son los más débiles. A diferencia de los hombres, que cuando surge una disputa adoptan una actitud neutral hasta tener claro, no qué parte tiene la razón y cuál es más justo apoyar, sino qué parte es la más fuerte y tiene más

[151] Isaías 3:10, LBLA.
[152] Isaías 3:11, RVR.
[153] Salmo 115:5; 135:16.
[154] Romanos 12:5; 1 Corintios 12:27; Efesios 4:25.
[155] Eclesiastés 10:20.

probabilidades de ganar. Ahora bien, si algo hay en particular (además de la causa) que atrae e involucra a Dios es la debilidad de uno de los bandos. Se une a los muchos porque son débiles, no a los pocos porque son fuertes; por ello el salmista lo describe como *ayudador de los desvalidos, y padre de los huérfanos*, pues en él hallan los huérfanos misericordia. Y en este caso, por *huérfano* no hemos de entender únicamente aquel cuyos padres han fallecido, sino cualquiera que se encuentre en peligro, como Cristo prometió a sus discípulos: *"No os dejaré huérfanos",*[156] es decir, desvalidos, o (como algunos traducen) desconsolados; aunque sois como niños sin padre, yo seré vuestro Padre. A menudo los hombres son como esas nubes ligeras que se desvanecen en el mar: mandan regalos a los ricos y ayudan a los fuertes; pero Dios envía su lluvia sobre la tierra seca y presta su fuerza a los débiles (…) El profeta, partiendo de su propia experiencia, hace la siguiente descripción sobre el carácter de Dios: *" fuiste fortaleza para el pobre, fortaleza para el necesitado en su aflicción, refugio contra la tormenta, sombra contra el calor".*[157]

JOSEPH CARYL [1602-1673]

Vers. 15. *Quebranta tú el brazo del inicuo, y persigue la maldad del malo hasta que no halles ninguna.* *[Quebranta tú el brazo del inicuo, y persigue la maldad del malo hasta que desaparezca.* RVR*] [Quiebra tú el brazo del impío y del malvado; persigue su maldad hasta que desaparezca.* LBLA*] [¡Quebranta el brazo del malvado y del perverso! ¡Persigue su impiedad hasta que no quede ninguna!* BTX*] [¡Rómpeles el brazo al malvado y al impío! ¡Pídeles cuentas de su maldad, y haz que desaparezcan por completo!* NVI*] [Destruye el poder del malvado y del injusto, hazle responder de su maldad hasta que desaparezca por completo.* BLP*] [¡Quiébrale los brazos a esta gente malvada y perversa! Persíguelos hasta destruir al último de ellos.* NTV*]*

Quebranta tú el brazo del inicuo, y persigue la maldad del malo hasta que desaparezca. En este versículo escuchamos de nuevo el peso de la petición del salmista: *"Quebranta el brazo del inicuo"*. Haz que el pecador pierda su capacidad para seguir pecando; paraliza al tirano, detén al opresor, debilita los lomos de los poderosos, y quebranta en pedazos al despiadado. Ya que niegan tu justicia, házsela sentir en su grado máximo. Y la sentirán, porque Dios dará caza al pecador sin tregua; mientras haya en él un grano de pecado, será perseguido y castigado. Es digno de mención que muy pocos de los grandes perseguidores han muerto pacíficamente en sus camas: la maldición derivada de sus acciones los ha acosado de forma manifiesta, y sus terribles sufrimientos les han dejado constancia de *esa justicia* divina que un día desafiaron. Dios permite que los tiranos broten como los zarzales para proteger su iglesia de intrusos hipócritas, y a su vez, enseñar una lección a sus hijos rebeldes y reincidentes, como hizo Gedeón con los ancianos de la ciudad de Sucot con espinos y abrojos del desierto.[158] Pero no tarda mucho en arrancar esos zarzales y cortar de un tajo a estos Herodes, como se cortan las matas de abrojos y espinas, arrojándolos al fuego. A Tales de Mileto[159] uno de los siete sabios de Grecia, le preguntaron qué cosa consideraba la más rara y extraña en el mundo, y respondió: «Ver a un tirano vivir hasta llegar a viejo». ¡Ved cómo el Señor rompe, no solo el brazo, sino el cuello de estos opresores orgullosos! Para aquellos que no han obrado con justicia ni misericordia con los santos, habrá justicia sin un gramo de piedad.

C. H. SPURGEON

[156] Juan 14:18.
[157] Isaías 25:4.
[158] Jueces 8:16.
[159] Se refiere a TALES DE MILETO [625-547 a.C.], filósofo, matemático y legislador griego, fundador de la llamada "Escuela de Mileto" y considerado como el iniciador de la especulación científica.

Vers. 16. ***Jehová es Rey eternamente y para siempre; de su tierra han perecido las naciones.*** *[Jehová es Rey eternamente para siempre; de su tierra han sido barridos los gentiles.* RVR*] [El Señor es Rey eternamente y para siempre; las naciones han perecido de su tierra.* LBLA*] [YHVH es Rey por siempre jamás, las naciones que ocupaban su tierra han perecido.* BTX*] [El Señor es rey eterno; los paganos serán borrados de su tierra.* NVI*] [El Señor es el rey eterno, los paganos desaparecerán de su tierra.* BLP*] [¡El Señor es rey por siempre y para siempre! Las naciones paganas desaparecerán de la tierra.* NTV*]*

Jehová es Rey eternamente para siempre;[160] *de su tierra han sido barridos los gentiles.* Semejante fe y confianza debían resultar ante los ojos del mundo extrañas e inexplicables. Es como lo que sus conciudadanos debían pensar (si la historia es cierta) de ese hombre cuya visión era tan extraordinaria que desde en Lilibea podía distinguir perfectamente la flota de los cartagineses entrando en el puerto de Cartago.[161] ¡Un hombre que pudiera ver a través del mar a semejante distancia, podría deleitarse contemplando todo lo que los demás son incapaces de ver![162] Lo mismo sucede con la fe: a pesar de encontrarnos por el momento estacionados en la Lilibea terrenal de este mundo, la fe nos permite distinguir desde aquí a la zarandeada flota entrando sana y salva en el puerto anhelado del cielo; la fe tiene capacidad de ver y gozar de las bendiciones todavía distantes, como si ya las hubiéramos alcanzado.

ANDREW ALEXANDER BONAR [1810-1892]
"Christ and His Church in the Book of Psalms", 1859

Vers. 16-18. El salmo termina con un canto de acción de gracias al Rey, grande y eterno, porque ha concedido el deseo de su pueblo humilde y oprimido, ha defendido al huérfano, y castigado los paganos que pisotearon a sus hijos cuando estaban afligidos. Aprendamos de ello que con toda seguridad, vamos en buena dirección, llevando nuestra queja ante el Rey de reyes. Porque ante su trono, los derechos son revindicados y se reparan todos los entuertos. Su gobierno jamás descuida los intereses de los más necesitados, ni tolera la opresión de los poderosos. ¡Dios inmenso y eterno, nos confiamos en tu mano! Te encomendamos de nuevo el destino de tu Iglesia. Levántate, oh Dios, y que el hombre mortal,[163] –esa criatura que es flor de un día– se quebrante ante la majestad de tu poder. Ven, Señor Jesús, y glorifica tu pueblo. Amén y Amén.[164]

C. H. SPURGEON

[160] Dice al respecto GREGORIO DE NISA [330-394]: «*"Rey eternamente para siempre"* exclama el salmista, razón por la cual nosotros afirmamos que Dios antecede a todo principio y se proyecta más allá de todo fin».

[161] Ciudad portuaria en el extremo oeste de Sicilia, frente a cuyas costas se libró en el año 368 a.C. una batalla naval decisiva entre Cartago y Siracusa, en la que fue derrotado y resultó muerto el tirano Dionisio, firmando poco después su hijo la paz con Cartago. Actualmente tiene el nombre de Marsala.

[162] Entre Lilibea y Cartago hay una distancia de unos 150 km., unas 80 millas náuticas. En base a la curvatura del globo terráqueo y aplicando el teorema de Pitágoras entre la distancia desde el centro de la Tierra hasta la línea de visión del observador, la distancia máxima que se puede observar en condiciones climáticas favorables a nivel del mar es aproximadamente 5 km., o 3.1 millas. Esta distancia aumenta en función de la altura del puesto de observación, pero es imposible que alcanzara las 80 millas.

[163] Salmo 9:19.

[164] Spurgeon cierra el salmo con este comentario, que aplica en común a los versículos 16, 17 y 18.

Vers. 17. ***El deseo de los humildes oíste, oh Jehová; tú dispones su corazón, y haces atento tu oído.*** *[El deseo de los humildes escuchas, oh Jehová; tú confortas su corazón, y tienes atento tu oído.* RVR*] [Oh Señor, tú has oído el deseo de los humildes; tú fortalecerás su corazón e inclinarás tu oído.* LBLA*] [Oh YHVH, Tú has oído el anhelo de los humildes, sosiegas su corazón, tienes atento tu oído.* BTX*] [Tú, Señor, escuchas la petición de los indefensos, les infundes aliento y atiendes a su clamor.* NVI*] [Tú atiendes, Señor, el deseo de los humildes, fortaleces su corazón, les prestas oído.* BLP*] [Señor, tú conoces las esperanzas de los indefensos; ciertamente escucharás sus clamores y los consolarás.* NTV*]*

El deseo de los humildes escuchas, oh Jehová; tú confortas su corazón, y tienes atento tu oído. La oración lleva implícito un acto de humildad en la fe. Algunos acentúan la humildad; permitidme que yo acentúe la fe. La fe transporta el alma ante la presencia del Dios todopoderoso, y contemplándolo hace que tomemos conciencia de nuestra propia vileza y pecaminosidad, hasta el punto de aborrecemos a nosotros mismos y declararnos indignos de las misericordias que pretendíamos implorar. Esta visión de Dios es la que llevó al profeta Isaías a exclamar: *"¡Ay de mí!, que estoy muerto; porque siendo hombre inmundo de labios, y habitando en medio de un pueblo de labios inmundos, han visto mis ojos al Rey, Jehová de los ejércitos"*;[165] y al santo Job: *"ahora mis ojos te ven. Por tanto, retracto mis palabras, y me arrepiento en polvo y ceniza"*.[166] La fe es requisito indispensable para la oración, pues el apóstol Santiago advierte que sin ella nada recibiremos de las manos de Dios.[167] Dios se deleita en llenar recipientes vacíos, por ello busca siempre corazones quebrantados. En los Salmos se nos dice repetidamente que Dios escucha las oraciones de los humildes; y tales oraciones siempre llevan implícita la fe: *"no olvida el clamor de los afligidos"*;[168] *"tú has oído el deseo de los humildes; tú fortalecerás su corazón e inclinarás tu oído"* (10:17). Ser genuinamente humilde implica tener el corazón dispuesto y preparado para que Dios escuche nuestra oración; y esto es precisamente lo que lleva al salmista a presentar su petición "con carácter de pobre",[169] repitiendo a menudo: *"Soy pobre y necesitado"*.[170] Y a la vez impide que nuestro ego se rebele si Dios no nos concede concretamente aquello que le habíamos solicitado. Aún Cristo mismo, en sus peores momentos de angustia, se dirigió a Dios exclamando: *"Dios mío, de día clamo y no respondes, y de noche, pero no hay para mí reposo (...) en ti confiaron nuestros padres; confiaron, y tú los libraste (...) pero yo soy gusano, y no hombre; oprobio de los hombres, y despreciado del pueblo"*; y fue *"oído"* a causa de *"su temor reverente"*.[171] Al pedir aquello que necesitamos, esta humillación profunda se suma a nuestras súplicas vehementes frente a la misericordia divina, y es contada como oración de fe, tanto por Dios como por Cristo.[172]

THOMAS GOODWIN [1600-1679]
"Object and Acts of Justifying Faith", 1642

---

[165] Isaías 6:5.
[166] Job 42:5-6.
[167] Santiago 1:7.
[168] Salmo 9:12.
[169] En el original, *in forma pauperis*. Frase latina que se utiliza en lenguaje jurídico y que significa "con carácter de pobre" o "por razones de pobreza", y que la ley concede a los tribunales para eximir del pago de derechos judiciales a las personas indigentes que lo soliciten porque no cuentan con los recursos necesarios para sufragar los costos ordinarios de iniciar una acción civil o de presentar su defensa cuando son demandadas. En lenguaje vulgar suele decirse: "pleitear de pobre".
[170] Salmo 40:17; 70:5; 86:1; 109:22.
[171] Hebreos 5:7.
[172] Mateo 8:1-3; 5:10.

El deseo de los humildes escuchas, oh Jehová; tú confortas su corazón, y tienes atento tu oído. Una oración espiritual es siempre una oración humilde. La oración es pedir una limosna, y exige, por tanto, humildad: *"Mas el publicano, estando lejos, no quería ni aun alzar los ojos al cielo, sino que se golpeaba el pecho, diciendo: Dios, sé propicio a mí, pecador"*.[173] La gloria incomprensible de Dios siempre nos abruma cuando nos aproximamos a ella, provocando en nosotros una santa consternación: *"Dios mío, confuso y avergonzado estoy para levantar, oh Dios mío, mi rostro a ti"*.[174] Nada más apropiado y hermoso que ver a una miserable criatura, que no es nada en sí misma, postrada a los pies de su Hacedor: *"He aquí ahora que he comenzado a hablar a mi Señor, aunque soy polvo y ceniza"*.[175] Cuanto más bajo desciende el corazón, más alto asciende la oración.

THOMAS WATSON [1620-1686]
"The Godly Man's Picture", 1666

El deseo de los humildes escuchas, oh Jehová; tú confortas su corazón, y tienes atento tu oído. Qué reconfortante resulta que estos privilegios y beneficios de tan inmenso valor, tanto en sí mismos como por lo que representan de la benignidad divina de donde proceden, lleguen a nuestras manos etiquetados, por así decirlo, con esta maravillosa inscripción: *¡la de haber sido conseguidos a través de la oración!*

ROBERT LEIGHTON [1611-1684]
"Meditations Critical and Practical on Psalm IV Psalm XXXII and Psalm CXXX", 1825

El deseo de los humildes escuchas. La oración es la ofrenda de nuestros deseos a Dios en el nombre de Cristo, en aquellas cosas que están de acuerdo con su voluntad. Un ofrecimiento de nuestros *deseos.* Los deseos son el alma y aliento de la oración, las palabras no son más que el cuerpo; así como el cuerpo sin alma está muerto, así están también nuestras oraciones a menos que sean vivificadas y alentadas con nuestros deseos: *"Señor, el deseo de los humildes escuchas"*. Dios no escucha palabras, escucha *deseos.*

THOMAS WATSON [1620-1686]
"The Godly Man's Picture", 1666

El deseo de los humildes escuchas. Las relaciones preferidas de Dios son con los humildes.

ROBERT LEIGHTON [1611-1684]
"Meditations Critical and Practical on Psalm IV Psalm XXXII and Psalm CXXX", 1825

El deseo de los humildes escuchas. Quien más cercano se sienta del polvo, más próximo está del cielo.

ANDREW GRAY [1633-1656]
"Directions and Instigations to the Duty of Prayer", 1715

El deseo de los humildes escuchas, oh Jehová; tú confortas su corazón, y tienes atento tu oído. Hay en la oración una forma de omnipotencia que prevalece, porque cuenta con la omnipotencia de

[173] Lucas 18:13.
[174] Esdras 9:6.
[175] Génesis 18:27.

Dios: Rompió cadenas de hierro;[176] apartó pesadas rejas;[177] abrió las ventanas de los cielos;[178] desmenuzó las ataduras de la muerte.[179] Según las Escrituras Satanás tiene tres personalidades distintas que muestran su malignidad contra la iglesia de Dios: dragón,[180] para denotar su malicia; serpiente,[181] para denotar su astucia; león,[182] para denotar su fuerza. Pero ninguna de ellas puede hacer frente a la oración. La perfidia descomunal de Amán se hundió ante la oración de Ester;[183] el consejo astuto de Ahitófel se marchito ante la oración de David;[184] el gran ejército de los etíopes huyó como un enjambre de cobardes ante la oración de Asá.[185]

EDWARD REYNOLDS [1599-1676]
"Israel's prayer in time of trouble: with God's gracious answer", 1649

Vers. 18. ***Para juzgar al huérfano y al oprimido, a fin de que no vuelva más a hacer violencia el hombre de la tierra.*** *[Para hacer justicia al huérfano y al oprimido, a fin de que no vuelva más a infundir terror el hombre hecho de arcilla.* RVR*] [Para vindicar al huérfano y al afligido; para que no vuelva a causar terror el hombre de la tierra.* LBLA*] [Para vindicar a los huérfanos y a los oprimidos, para que el hombre de la tierra no vuelva a causar opresión.* BTX*] [Tú defiendes al huérfano y al oprimido, para que el hombre, hecho de tierra, no siga ya sembrando el terror.* NVI*] [Haces justicia al huérfano y al oprimido, ¡que el simple mortal no vuelva a sembrar el miedo!* BLP*] [Harás justicia a los huérfanos y a los oprimidos, para que ya no los aterre un simple mortal.* NTV*]*

Para hacer justicia al huérfano y al oprimido. Las lágrimas de los pobres resbalan por sus mejillas, *"et ascendunt ad coelum"*, "y ascienden al cielo" clamando venganza ante Dios, el juez de las viudas y padre de los huérfanos.[186] Incluso la ley oprime a los pobres. ¡Ay de aquellos que legislan contra los pobres, obstruyendo la equidad y la justicia! ¿Qué alegarán en el día de la venganza, cuando Dios los visite y los llame a cuentas?[187] Pues ha dicho claramente que escuchará el llanto de las viudas;[188] y actuando en su defensa herirá jueces por muy encumbrados que sean; derrocará reinos sustituyéndolos por otros, y arrancará si es preciso la piel de sus gobernantes. Hace mucho que leí esta historia: Cambises[189] era un gran emperador, y como el rey nuestro señor[190] tenía bajo su autoridad gran número de lugartenientes, delegados, lores y diputados. En uno dominios había un juez corrupto, siempre dispuesto a favorecer a los ricos a cambio de dones y obsequios; que acumulaba más regalos

---

[176] Hechos 16:25-26.
[177] Hechos 12:5-10.
[178] 1 Reyes 18:41.
[179] Juan 11:40-34.
[180] Apocalipsis 12:9; 20:2.
[181] Génesis 3:1; 2 Corintios 11:3; Apocalipsis 12:9.
[182] 2 Timoteo 4:17; 1 Pedro 5:8.
[183] Ester 4:16.
[184] 2 Samuel 17:1;18:8.
[185] 2 Crónicas 14:11-13.
[186] Deuteronomio 10:18; Salmo 68:5; 146:9; Santiago 1:27.
[187] Isaías 13:11.
[188] Eclesiástico 35:15.
[189] Se refiere a CAMBISES II [590-521 a.C.], hijo y heredero de CIRO II EL GRANDE fundador del Imperio persa aqueménida. Hay una teoría que lo identifica también con el DARIO DE MEDIA mencionado en Daniel 5:31.
[190] Habla del rey de Inglaterra contemporáneo al autor, EDUARDO VI [1457-1509], a quien Latimer predicaba en este sermón.

que pasteles comía; se empeñó en que su hijo figurara entre los grandes, como dice el refrán: «Dichoso el niño cuyo padre se une al diablo».[191] Pero finalmente el llanto de una pobre viuda llegó a oídos del emperador, que lo mandó ejecutar y colgar su piel en el estrado donde llevaba a cabo sus injustos juicios, para que sirviera de ejemplo y advertencia a todos los demás jueces y funcionarios. Sin duda, un ejemplo contundente. Ruego a Dios que algún día podamos ver en Inglaterra esa misma señal de advertencia: la piel de algún que otro juez advirtiendo a los demás. Diréis, por ventura, que mis palabras suenan a crueldad, que hablo sin el mínimo sentido de amor y caridad cristiana. No, no; no os confundáis, hablo movido por el profundo amor que siento hacía mi país. Dios ha dicho: *"os visitaré"*.[192] Y tiene dos maneras de visitar: la primera es revelando su palabra a través de predicadores, y si esta es aceptada la segunda visita no se produce; pero si su Palabra es despreciada y rechazada, hay una segunda visitación, y esta es para arrancar la piel de los jueces injustos, para ejecutar venganza.

Hugh Latimer [1490-1555]
en un famoso sermón predicado ante el rey Eduardo vi
publicado como *"Seven Sermons before Edward VI"*, 1949

A fin de que no vuelva más a infundir terror el hombre hecho de arcilla. En el Salmo 8 (que es un salmo circular pues termina igual que empieza: "¡Oh Jehová, Señor nuestro, *cuán glorioso es tu nombre en toda la tierra!"*,[193] y en el cual, dondequiera que miremos, nos vemos deslumbrados por la gloria divina), el profeta minimiza la naturaleza humana mediante una pregunta irónica y despectiva: ¿Qué es el hombre, para que tengas de él memoria, *y el hijo del hombre, para que lo visites?"*.[194] En el Salmo 9 suplica: *"Levántate, oh Jehová; no se fortalezca el hombre; sean juzgadas las naciones delante de ti. Pon, oh Jehová, temor en ellos; conozcan las naciones que no son sino hombres"*.[195] Y en el Salmo 10 añade: *"Para vindicar al huérfano y al afligido; para que no vuelva a causar terror el hombre hecho de arcilla"*. Según avanzan en su orden, (al menos así lo veo yo), estos salmos van progresando en su vigor expresivo: van aumentando su rotundidad respecto al anterior en lo referente a la nimiedad del ser humano y la necesidad de demoler su presunción:

1. Afirma que no somos sino: *"hombre (...) hijo de hombre"* (Salmo 8:8), con lo cual demuestra nuestra naturaleza, forma de reproducción y descendencia
2. Que somos conscientes de esta naturaleza: *"conozcan las naciones que no son sino hombres"* (Salmo 9:19) y por tanto conocedores de nuestra fragilidad y limitaciones.
3. Y finalmente añade: *"el hombre hecho de arcilla"*, para dejar constancia de lo vulgar de la materia original de la cual estamos hechos.

En el Salmo 22 añade más vergüenza: bien sea por el desprecio y persecución que sufría el propio salmista; o aplicado a la persona de Cristo del cual era tipo, para indicar que habiendo adoptado la

---

[191] En el original inglés: *"Happy is the child whose father goeth to the devil"*. La primera referencia escrita que se tiene de este proverbio inglés procede del propio Latimer en este sermón. Posteriormente hay citas del mismo en otros autores, incluido Shakespeare que lo menciona en *Henry VI, (Part. III Act. II)*. Viene a decir que los hijos de padres corruptos y bribones, que por su conducta indigna van al infierno, disfrutan cuanto menos de las rapiñas de sus progenitores. Así lo entiende y expresa Shakespeare por boca del propio rey Enrique VI: *"happy always was it for his son, whose father for his boarding went to hell"* y Latimer cuando dice: *"to make his son a great man"*.

[192] Salmo 89:32; Isaías 13:11.

[193] Salmo 8:1,9.

[194] Salmo 8:8.

[195] Salmo 9:19-20.

naturaleza humana, descendido a un estado inferior: *at ego sum vermis et non vir;*[196] "mas yo soy un gusano, y no hombre". La corrupción es la madre de toda carne, su origen y destino; sus hermanos y hermanas son gusanos, como bien lo describe un antiguo verso:

> *«Primero hombre, luego gusanos, y finalmente hedor y pestilencia;*
> *los cambios no alteran su sustancia ni mejoran su naturaleza»*

Abraham, padre de todos los creyentes,[197] se disolvió en polvo; por lo que no duda en describirse a sí mismo como nada más que los toscos elementos de los cuales procedía: *"He aquí, ahora me he atrevido a hablar al Señor, yo que soy polvo y ceniza"*.[198] Y si alguno de los hijos de Abraham, descendientes en la fe, o alguno de los hijos de Adán, descendientes en la carne, piensa lo contrario, más le vale saber que hay un cordón de tres dobleces trenzado por el dedo de Dios[199] que lo ata a su antepasado, aunque batalle hasta partirse el corazón. *"¡Tierra, tierra, tierra!, oye palabra de Jehová"*;[200] es decir, tierra por creación, tierra por continuidad, y tierra por resolución.[201] Procedes de la tierra, sigues siendo tierra, y a la tierra has de volver.

JOHN KING [1559-1621]
"Lectures upon Jonah", 1594

El hombre de la tierra. El hombre que habita en la tierra, y está hecho de tierra.

THOMAS WILCOCKS [1549-1608]
"A Right Godly and Learned Exposition upon the whole Booke of Psalmes", 1586

---

[196] Cita del Salmo 21 (22) versículo 7 (6) en una antigua versión de la Vulgata Latina.
[197] Génesis 15:6; Romanos 4:16; Gálatas 3:7.
[198] Génesis 18:27.
[199] Eclesiastés 4:12.
[200] Jeremías 22:29.
[201] El hombre fue formado del polvo de la tierra, continúa siendo tierra a lo largo de toda su existencia, y finalmente regresará a la tierra disolviéndose en polvo (Génesis 3:19; Job 30:19).

SALMO 11

Cántico a la firmeza y perseverancia

Título y tema: *Al músico principal. Salmo de David.* Charles Simeon[1] hace un excelente sumario de este salmo en las siguientes frases: «Los Salmos son un rico depósito conocimiento experimental.[2] En las distintas etapas de su vida, David estuvo en casi todas las situaciones en las que pueda verse un creyente, rico o pobre. Y en sus salmos, composiciones celestiales, traza las reacciones del corazón ante ellas; junto con los sentimientos y el comportamiento de otras personas que lo acompañaron en sus dificultades y alegrías. Con ello nos proporciona un compendio de todas las reacciones del corazón humano. Cuando escribió este salmo, era perseguido por Saúl, que acosaba su vida, y trataba de darle caza *"como se persigue una perdiz por los montes"*.[3] Sus amigos, acobardados y temiendo por su seguridad, le aconsejaron que huyera a los montes lejanos y buscara allí un lugar donde esconderse hasta que la ira de Saúl se apaciguara. Pero David, fuerte como era en la fe, rechazó cualquier plan que denotara cobardía, y puso toda su confianza en Dios».[4] Para ayudarnos a recordar el contenido de este salmo, tan breve como dulce en su contenido, lo titularemos: Cántico a la firmeza y perseverancia.[5]

C. H. Spurgeon

---

[1] Se refiere a Charles Simeon [1759-1836] pastor anglicano y líder en su época de la denominada *low church* (de tendencia más evangélica). Cursó sus estudios en *King's Collage,* en Cambridge y fue un renombrado predicador y expositor bíblico. Entre las diversas obras que escribió, su obra magna es *Horae Homiletica,* un completo comentario bíblico en veintiún volúmenes, confeccionado a partir de sus sermones sobre los sesenta y seis libros de la Biblia, y que sigue publicándose en inglés hasta el día de hoy. Uno de sus mejores legados fue la fundación del *University and College Christian Fellowship,* que derivó años después en la creación del movimiento *InterVarsity Christian Fellowship.*

[2] En el prefacio introductorio de su Comentario a los Salmos Juan Calvino [1509-1564] define el Libro de los Salmos como: «Una anatomía de todas las partes del alma, porque no hay un sentimiento del que un ser humano pueda ser consciente que no esté aquí representado como en un espejo. Diríase que el Espíritu Santo ha juntado en sus estrofas todas las penas, tristezas, miedos, dudas, esperanzas y perplejidades, es decir, todas las preocupaciones que habitualmente agitan las mentes de los hombres. Las demás partes de las Escrituras contienen los mandamientos y enseñanzas que Dios ordenó a sus siervos que nos anunciaran. Pero aquí, en los Salmos, son los mismos profetas quienes dialogando con Dios dejan al descubierto todos sus pensamientos y afectos más íntimos, instándonos, o más bien atrayéndonos a que hagamos lo mismo y sometamos a examen los nuestros, para que ninguna de las numerosas enfermedades a las que estamos expuestos y vicios a los que nos vemos sometidos permanezcan encubiertos. Pues no hay, ciertamente, mayor beneficio que ahondar en los recovecos del alma donde tales corrupciones permanecen ocultas y al acecho, purificando el corazón de la más funesta de sus infecciones: la hipocresía. Y puesto que invocar al Señor es uno de los principales medios para garantizar nuestra seguridad, los Salmos constituyen la mejor y más infalible regla para guiarnos en este ejercicio. Por tanto, en la medida en que un cristiano adquiera capacidad para entender los Salmos, incrementará su conocimiento de la parte más importante de la doctrina celestial».

[3] 1 Samuel 26:20.

[4] Este salmo fue entonado por María I de Escocia [1542-1587], conocida también como María Estuardo, declarada culpable de traición contra su prima Isabel I de Inglaterra [1533-1603], y decapitada en el castillo de Fotheringhay el 8 de febrero de 1587. Cuando su verdugo le imploró que lo perdonara, ella contestó: «Os perdono a todos», y después de que le vendaran los ojos con un pañuelo, apoyó su cabeza con gallardía sobre el cojín que había sido dispuesto y sin temor alguno a la muerte comenzó a entonar este precioso salmo.

[5] Atanasio de Alejandría [296-373] en su carta a su discípulo Marcelino nos dice: «si alguien trata de confundirte o asustarte, refúgiate en el Salmo 11». Y en su *"Expositio in Psalmos"* afirma que este Salmo 11, entonado por David tras haber prevalecido sobre la tentación de la cobardía, «es una clara exhortación al

Estructura: Los versículos uno al tres (11:1-3) describen la naturaleza de la tentación por la que David se ve acosado; del cuatro al siete (11:4-7) exponen los argumentos que le sustentaron y le hicieron recuperar el coraje.[6]

C. H. SPURGEON

Versión poética:

IN DOMINE CONFIDO: QUOMODO DICITIS ANIMAE MEAE

Yo fío en el Señor: ¿por qué motivo
venís pues a decirme tan cobardes,
líbrate presto de tus enemigos,
volando a las montañas como un ave?

Ya están los pecadores con sus arcos,
y ya todos los tienden arrogantes,
ya los dardos aguzan de sus fechas,
y van llenando de ellas sus carcajes.

Su intención es matar ocultamente
a los que por bondad no son capaces
de descubrir sus viles asechanzas,
ni tampoco quisieran imitarles.

No piensan, Dios eterno, sino solo
en frustrar los designios inmortales
que tienes sobre mí; más ¿qué les hizo
un inocente para tanto ultraje?

---

heroísmo cristiano: alienta a los santos a poner toda su confianza en el Señor, cuyo poder les basta para detener los dardos de los pecadores y los ataques de los poderes malignos». El insigne biblista y comentarista español JAIME PÉREZ DE VALENCIA [1408-1490], autor de un "Comentario a los Salmos" bastante polémico en su época, identifica este Salmo 11 con la Iglesia perseguida que bajo el acoso de tiranos se vio en el dilema de escapar y huir cual ave a los montes: «Sin embargo, aunque Dios permitiera durante un tiempo que fuera afligida, castigó después con dureza a sus perseguidores. En primer lugar a los que crucificaron a Cristo (en el año 70 con la destrucción de Jerusalén y la diáspora), y mas tarde a los déspotas que hostigaron a su rebaño, como Nerón [37-68], Domiciano [51-96], Diocleciano [244-311] y tantos otros. Por ello este Salmo se lee de manera especial en la fiesta de los mártires que, confiando en el Señor, perseveraron hasta el fin entregando sus vidas en el martirio».

[6] El Comentario de MATTHEW HENRY [1662-1714], nos ofrece este bosquejo alternativo: «En este salmo, David se ve acechado por una tentación de desconfiar de Dios (probablemente, en el contexto de 1 Samuel 18:11 y 19:10), y sale triunfador. I. Cómo presenta la tentación (vv. 1-2). II. Cómo la resiste, al considerar el dominio y la providencia de Dios (v. 4), su favor hacia los justos, y la ira para la que son reservados los impíos (vv. 57). Cuando los hijos de Dios se hallen bajo la amenaza de los enemigos de Dios y de su Iglesia, les será de gran provecho meditar en este salmo».

Pero el alto Señor, que está en el cielo
rodeado de sus luces celestiales,
y también en el templo donde admite
nuestros tiernos y humildes homenajes.

Desde allí a los humildes y oprimidos
Contempla con mirada favotable,
y analiza a los hijos de los hombres,
viendo en cada uno lo que piensa y hace.

Examina al virtuoso y al injusto;
¡pero ay! el que es tan vil, tan miserable,
que ama la iniquidad, se odia a sí mismo,
y aventura sufrir eternos males.

Un día llegará, y no está lejos,
que sobre él lluevan las calamidades,
y que le caigan encima de repente
fuego y azufre en horridos volcanes.

Todo será para él duros tormentos,
todo dolores, todo tempestades;
esta será su suerte pavorosa,
y el fruto de placeres muy fugaces.

Porque el Señor es santo y justiciero,
de la virtud y la bondad amante,
y castiga tan severo a los inicuos,
como fiel recompensa a los leales.

Del "Salterio Poético Español", Siglo xviii

Salmo completo: La explicación más plausible sobre cuándo David compuso este salmo es la que aporta Amyraldus,[7] quien afirma que fue compuesto mientras habitaba todavía en la corte de Saúl y el rey comenzaba a mostrar hostilidad hacia él;[8] justo antes de que esa hostilidad se convirtiera en persecución abierta.[9] Los amigos de David, o aquellos que afirmaban serlo, le aconsejaron huir a los

[7] Se refiere a Moïse Amyraut [1596-1564], o Moisés Amyraldus, pastor y teólogo reformado francés que se opuso a Calvino en algunos de sus puntos de vista teológicos, especialmente sobre la naturaleza de la expiación de Cristo, adoptando una postura que se conoce como *amiraldismo,* o "universalismo hipotético", afirmando que Dios decretó de principio la expiación de Cristo aplicada por igual a todos los que creyeran; y posteriormente decidió elegir a los que conduciría a la fe en Cristo al ver que ninguno creería por propia cuenta y voluntad. Fue profesor de teología en la Academia de Saumur y autor de importantes obras de teología. Escribió más de treinta y dos libros, y algunas de sus principales obras son *"Traité des religions"*, "Tratado de las religiones" (1631), y *"Traité de la predestination"*, "Tratado de la predestinación", 1634.
[8] 1 Samuel 18:6-38; 19:1-10.
[9] 1 Samuel 20:27-41.

montes de su tierra natal por un tiempo, hasta que la ira del rey se calmara y se mostrara más conciliador. De entrada, David no aceptó el consejo, aunque sí lo siguió algún tiempo después.[10] Es un salmo que aplica a la Iglesia y a la postura de firmeza que debe adoptar frente a las calumnias del mundo y los consejos cuestionables dados por hombres, invitándola, por el contrario, a depositar toda su confianza en Dios como Juez Supremo de todas las cosas.

WILLIAM WILSON [1783-1873]
"The Book of Psalms: With an Exposition, Evangelical, Typical, and Prophetical, of the Christian Dispensation", 1860

Salmo completo: Si se me permite hacer una modesta conjetura, diré que es probable que este salmo fuera compuesto con motivo de la triste matanza de sacerdotes llevada a cabo por Saúl;[11] cuando después del asesinato de Ahimelec sumo sacerdote y por mandato de Saúl, Doeg el Edomita dio muerte a *"ochenta y cinco varones que vestían el efod de lino"*.[12] No voy a caer en el error carnal de pretender encajar y fundamentar la comunidad espiritual de los judíos sobre las paredes materiales de la ciudad sacerdotal en Nob (cuyos sacerdotes Doeg pasó por el filo de su espada), pero no deja de ser cierto que *"donde no hay visión, el pueblo se desenfrena"*;[13] y el profeta Malaquías nos recuerda que *"los labios del sacerdote han de guardar la sabiduría, y de su boca el pueblo buscará la ley; porque él es el mensajero de Jehová de los ejércitos"*.[14] Y siendo así, *"si los fundamentos son destruidos; ¿qué puede hacer el justo?"* (11:3). No resulta difícil de imaginar el terremoto que esta masacre de sacerdotes debió provocar en los cimientos de la religiosidad de la época.

THOMAS FULLER [1608-1661]
"Confort in Calamitie", 1654

Salmo completo: Este Salmo guarda una relación peculiar y notable con la liberación de Lot de Sodoma: el versículo uno, con la exhortación del ángel a Lot: *"escapa al monte, no sea que perezcas"*, y la respuesta de Lot: *"no podré escapar al monte, no sea que me alcance el mal, y muera"*.[15] También los versículos cuatro y seis del salmo: *"Jehová tiene en el cielo su trono (...) sobre los malos hará llover calamidades; fuego, azufre y viento abrasador será la porción del cáliz de ellos"*, con el pasaje paralelo de Génesis: *"Entonces Jehová hizo llover sobre Sodoma y sobre Gomorra azufre y fuego de parte de Jehová desde los cielos"*.[16] Y el versículo siete: *"Los rectos contemplarán su rostro"*, con las palabras del apóstol Pedro: *"y libró al justo Lot, abrumado por la conducta licenciosa de aquellos libertinos (porque este justo, que residía entre ellos, afligía cada día su alma justa, viendo y oyendo los hechos inicuos de ellos)"*.[17]

CASIODORO [490-583][18]
citado por JOHN MASON NEALE [1818-1866] y RICHARD FREDERICK LITTLEDALE [1833-1890]
en *"Commentary on the Psalms from Primitive and Mediæval Writers"*, 1869

---

[10] 1 Samuel 21:19; 22:1-5.
[11] 1 Samuel 22:19.
[12] 1 Samuel 22:16-18.
[13] Proverbios 29:18.
[14] Malaquías 2:7.
[15] Génesis 19:17-19.
[16] Génesis 19:24.
[17] 2 Pedro 2:7,8.
[18] Se refiere al político y escritor FLAVIUS MAGNUS AURELIUS CASSIODORUS SENATOR [485-583], más conocido como CASIODORO. Fue cuestor, senador, cónsul, prefecto del pretorio y secretario particular de Teodorico;

Salmo completo: Se dice de los combatientes en el lago Trasimeno,[19] que estaban tan absortos en el combate que ni uno ni otro bando se dieron cuenta de las convulsiones de la naturaleza en el terreno que pisaban. En palabras del poeta:

Un terremoto transcurrió pasándoles inadvertido,
ninguno percibió la naturaleza bailando bajo sus pies.[20]

Lo mismo les ocurre, aunque por una causa más noble, a los soldados del Cordero.[21] Se agarran tan firmemente a la fe y esperanza que les ha sido dada[22] que permanecen impasibles; es más, son tantas sus ansias del pronto advenimiento del Señor que apenas perciben las convulsiones terrenales que hay a su alrededor y que tanto inquietan a los demás hombres.

ANDREW ALEXANDER BONAR [1810-1892]
"Christ and His Church in the Book of Psalms", 1859

Vers. 1. *En Jehová he confiado; ¿Cómo decís a mi alma, que escape al monte cual ave?* *[En Jehová he confiado; ¿Cómo decís a mi alma, que escape al monte cual ave?* RVR*] [En el Señor me refugio; ¿cómo decís a mi alma: Huye cual ave al monte?* LBLA*] [En YHVH me he refugiado, ¿cómo decís a mi alma, que escape al monte cual ave??* BTX*] [En el Señor hallo refugio. ¿Cómo, pues, se atreven a decirme: «Huye al monte, como las aves»?* NVI*] [En el Señor confío, ¿cómo podéis decirme: "Vuela a los montes como un pájaro".* BLP*] [Yo confío en la protección del Señor. Así que, ¿por qué me dicen: «¡Vuela como un ave a las montañas para ponerte a salvo!* NTV*]*

---

después de su conversión abandonó su carrera política y la vida pública y se retiró al monasterio de Vivarium que él mismo había fundado, aunque se desconoce si llegó a ser monje. Escribió numerosas obras de política y religión, entre las cuales se considera como principal su *"Exposition psalmorum"*, un comentario gramatical, literario, ascético y teológico del libro de los Salmos que parte de las *"Enarrationes"* de AGUSTÍN DE HIPONA [354-430] y otros autores anteriores. Comenzó a escribirlo en Rávena en 538, y es la obra que cita aquí John Mason Neale.

[19] Se refiere a la famosa BATALLA DEL LAGO TRASIMENO, situado en la región de Umbria, en el centro de Italia; tuvo lugar el 24 de junio del 217 a.C. entre las tropas de Aníbal y las legiones del cónsul romano Cayo Flaminio Nepote, y acabó con la victoria de los cartagineses y una estrepitosa derrota de los romanos. El historiador romano Tito Livio, en su "Historia de Roma desde su fundación" (Libro XXII), cuenta la batalla, y hace la curiosa observación de que ambos bandos estaban tan enfrascados en el combate, que les pasó desapercibido un importante terremoto que tuvo lugar ese mismo día destruyendo parte de numerosas ciudades de Italia, desvió de su curso impetuosas corrientes, empujó el mar hacia los ríos y destruyó montañas con enormes desprendimientos.

[20] La cita es de LORD BYRON [1788-1824] en su poema *"The Lake Thrasimene"*, Segunda estrofa, líneas 5-6: *"An earthquake reeled unheedingly away, / None felt stern nature rocking at his feet"*.

[21] Apocalipsis 17:14.

[22] Judas 1:3; Salmo 42:11.

En Jehová he confiado;[23] *¿Cómo*[24] *decís a mi alma, que escape al monte cual ave?* Los tres primeros versículos de este salmo contienen un relato de la tentación de desconfiar de Dios, en cierta ocasión que no especifica, pero que había provocado en David un gran desasosiego. En los días en los que habitaba en la corte de Saúl, es probable que por su seguridad le aconsejaran que escapara; pero en unas circunstancias en las que su huida podía haber sido considerada una falta de lealtad y un incumplimiento de sus obligaciones con el rey; o bien, una demostración de cobardía personal. Su caso era como el de Nehemías cuando sus enemigos, bajo el pretexto de amistad, esperaban entramparle con sus consejos al sugerirle que huyera para salvar su vida.[25] Si lo hubiera hecho, habrían encontrado base para acusarle. Pero Nehemías replicó con valentía: *"¿Un hombre como yo ha de huir?"*; y David, haciendo gala de un espíritu similar, rechaza también escapar exclamando: *"En Jehová he confiado; ¡cómo decís a mi alma que escape al monte cual ave?"* ¡Cuando Satanás no puede derribarnos por presunción, usa todas sus habilidades para destruirnos por desconfianza! Usará incluso a nuestros amigos más entrañables para que traten de minar nuestra confianza en Dios. Y empleará una lógica tan plausible que, a menos que afirmemos de una vez por todas nuestra confianza inamovible en Jehová, conseguirá que imitemos al pájaro cobarde, que huye a las montañas ante el menor peligro.

C. H. SPURGEON

En Jehová he confiado; ¿Cómo decís a mi alma, que escape al monte cual ave? (algunos traducen *"que escape al monte, oh ave"*) Saúl y sus allegados se habían burlado de David abucheándole con tales escarnios,[26] que no concebían que tuviera otra salida que huir: buscar refugio adentrándose en las montañas y deambular saltando de un lugar a otro como un pájaro tonto; pero en su astuto ardid para acorralarle y atraparle, no tuvieron en cuenta a Dios, que era su consuelo, descanso y refugio.

THEODORE HAAK [1605-1690]
"Translation of the Dutch Annotations, as ordered by the Synod of Dort", 1618

En Jehová he buscado refugio; ¿Cómo decís a mi alma, vuela gorrión a tu monte? Sí, a *"tu monte"*, del cual tan seguro estás que viene tu socorro.[27] Esta mueca burlona es porque ese monte te dará el amparo que da a un gorrión: cobijo de las tormentas y otras inclemencias del tiempo, pero jamás un verdadero refugio que te ponga a salvo de nuestro poder.

SAMUEL HORSLEY [1733-1806]
"The book of Psalms : translated from the Hebrew, with notes, explanatory and critical", 1816.

---

[23] Aunque la Reina-Valera traduce חָסִ֫יתִי *ḥāsîṯî* por *"confiado"* KRAUS nos recuerda que el verbo hebreo חָסָה *chasah* es característico del libro de los Salmos y significa buscar refugio en el Señor (Salmo 2:12; 5:11; 16:1; 7:1; 17:7; 18:2,30; 25:20; 31:1,19; 34:8,22; 36:7; 37:40; 57:1; 61:4; 64:10; 71:1). Fuera del libro de los Salmos solo se utiliza en cinco ocasiones: Deuteronomio 32:37; Jueces 9:15; Rut 2:12; 2 Samuel 22:3,31, y en todas ellas prácticamente en este mismo sentido. Por otra parte la expresión verbal תֹּאמְר֣וּ *tōmərū* de אָמַר *amar* más que *"decir"* tiene en este caso un sentido claro de *"aconsejar"*. La traducción que hace SCHÖKEL de los versículos uno y dos como un bloque es particularmente clara y expresiva: *"Al Señor me acojo, ¿porqué me aconsejáis que me escape al monte como un pájaro, que los malvados ya tensan el arco y ajustan la flecha a la cuerda para disparar en la sombra contra los hombres rectos?"*.

[24] En este caso el adverbio interrogativo אֵ֗יךְ *'êḵ* adquiere un sentido de reproche, como en Génesis 26:9: *"He aquí ella es de cierto tu mujer. ¿Cómo, pues, dijiste: Es mi hermana?"*.

[25] Nehemías 6:10,11.

[26] 1 Samuel 18:6-25.

[27] Salmo 212:1.

En Jehová he confiado; ¿Cómo decís a mi alma, que escape al monte cual ave? La confianza incomparable de los santos queda reflejada en este poema que Anne Askew,[28] torturada y quemada en la hoguera en Smithfield (1546), compuso y cantó mientras estaba en Newgate:

Cual caballero armado,
dispuesto para la batalla,
pelearé con este mundo,
y Cristo será mi escudo.

La fe es el arma invencible,
que jamás falla en la necesidad:
y con ella me abriré paso,
en medio de mis enemigos.

Con la fuerza irresistible
y el poder que Cristo me dé,
prevaleceré hasta el fin,
por encima de todos los demonios

La fe de nuestros padres,
contada por justicia,
me lleva a ser audaz,
y a no temer nada en el mundo.

Me gozo ahora en el corazón,
y confío en seguir haciéndolo;
porque Cristo está de mi parte,
y hará llevadera mi aflicción.

Tú has dicho, Señor, que asistirás
a quienes fieles te imploran:
abre, por tanto, la cerradura
y envía tu poder irresistible.

Más enemigos tengo ahora
que cabellos sobre mi cabeza:
no consientas que me perviertan,
lucha tú en mi lugar.

---

[28] Se refiere a ANNE ASKEW [1521-1546] poetisa protestante inglesa, nacida en Lincolnshire. Tuvo el triste honor de ser la única mujer interrogada y torturada con el tormento del potro en la Torre de Londres por Sir Anthony Kingston, el Lord Canciller Thomas Wriothesley y Richard Rich, con el objetivo de arrancarle los nombres de otras sospechosas de herejía, entre ellas la propia reina Catherine Parr (sexta esposa de ENRIQUE VIII), su hermana Ann Parr y otros nobles, pero los verdugos no tuvieron éxito. Condenada finalmente por herejía, fue quemada en la hoguera junto con otros tres mártires protestantes: John Lassells, John Hemley y John Hadlam. JON FOXE [1516-1587] incluye en su famosa obra "El Libro de los Mártires" un amplio y detallado relato de su interrogatorio y martirio. La balada que cita Spurgeon, conocida como *"Anne Askew's Newgate Ballard"*, la escribió ella misma poco después de ser arrestada, mientras estaba encarcelada en Newgate desde donde fue trasladada posteriormente a la Torre de Londres.

A ti confío mi protección,
de todas sus intenciones crueles:
no me amedrantarán con sus urgencias;
porque tú eres mi deleite.

No estoy dispuesta a consentir
que mi ancla se deslice,
mi embarcación resistirá,
todos los embates de las olas.

Casi no me atrevo a escribirlo
en prosa, ni tampoco en rima;
más quiero mostraros de una visión
que recientemente he tenido.

Contemplé un trono real,
donde debía haberse sentado la justicia,
pero en su lugar estaba uno
de ceño fruncido, y mente cruel.

La justicia había sido absorbida,
por un torrente de rabia:
Satanás, en sus excesos,
ha chupado la sangre del inocente.

Entonces pensé, Señor Jesús,
cuando tú nos juzgues a todos,
difícil resulta imaginar
lo que va a caer sobre estos hombres.

Y no obstante, Señor, es mi deseo,
sea cuanto sea que me hagan,
que no tengan que gustar la paga
de su propia iniquidad.

C. H. SPURGEON

¿Cómo decís a mi alma, que escape al monte cual ave? Es interesante observar cómo David se complacía con frecuencia comparándose con aves de distintas clases; primero con el águila: *"De modo que te rejuvenezcas como el águila"*;[29] a veces con un búho: *"Soy como búho entre ruinas"*;[30] otras a un pelícano: *"Soy semejante al pelícano del desierto"*;[31] otras a un gorrión: *"Como el gorrión*

[29] Salmo 103:5.
[30] Salmo 102:6.
[31] Salmo 102:6.

solitario sobre el tejado";[32] y algunas veces a una perdiz: *"así como quien persigue una perdiz por los montes"*.[33] No me atrevo a decir que se compare con una paloma, pero la utiliza para expresar sus deseos: *"¡Quién me diese alas como de paloma! Volaría yo, y descansaría"*.[34]

Algunos dirán: ¿Cómo es posible que el carácter de David pueda representarse mediante aves de tan distinto plumaje? A ello respondo que no hay dos seres humanos que puedan diferir tanto entre sí, como el hombre conforme al corazón de Dios difería en ocasiones de sí mismo. David en la prosperidad, cuando mandaba, era como *un águila*; en la adversidad, cuando era despreciado, como *un búho;* en la devoción, en su retiro espiritual, como *un pelícano*;[35] y en soledad, perseguido (por Saúl), como *una perdiz*. Esta metáfora de compararse a un ave, y que David utiliza con frecuencia sobre sí mismo, también la utilizaron sus adversarios para convencerle de que huyera; aunque sin particularizar el tipo de ave: *"Huye cual ave a tu monte"* es decir, aléjate rápidamente y encomiéndate tu Dios en quien esperas socorro y ayuda.

Siendo que el consejo era bueno, y aparentemente acertado dadas las circunstancias, ¿por qué se muestra David tan molesto y descontento? Sus palabras: "*¿Cómo decís a mi alma, que escape al monte cual ave?"* denotan una emocionalidad negativa, un desagrado ante la propuesta. Se arguye que David no estaba ofendido por el consejo, sino por la manera en que le fue propuesto. Lo hicieron sus enemigos a modo de burla, irónicamente, como insinuando que huir volando cual ave no tuviera

[32] Salmo 102:7.

[33] 1 Samuel 26:20.

[34] Salmo 55:6.

[35] El pelícano ha sido objeto de una profunda simbología espiritual hasta el punto de que en muchos de los antiguos cálices utilizados para celebrar la eucaristía tienen grabada la imagen de un pelícano que en este caso simboliza el sacrificio de Cristo. El pelícano tiene bajo el pico una amplia bolsa llamada *saco gular* donde coloca los peces que consigue pescar dependiendo de su tamaño. Cuando regresa a su nido sacude el pico contra su propio pecho para extraer los peces, a veces con tanta energía que ocasionalmente puede incluso llegar a sangrar. Este extraño proceder fue observado por los antiguos y dio lugar a toda clase de mitos que se remontan a culturas tan antiguas como la egipcia o la india, recogidos en obras como la *Naturalis Historia* de Plinio en el siglo I y el *Physiologus,* El Fisiólogo, escrito en Alejandría alrededor del siglo II. Algunos de estos mitos afirmaban que el pelícano, cuando no encontraba peces, se arrancaba con el pico su propia carne para dar de comer a sus crías; otros, que daba muerte a sus crías para resucitarlas posteriormente con su sangre. Este mito llegó a sintetizar el concepto de un altruismo absoluto: entregar su propia vida, carne y sangre para dar de comer a sus crías, y como tal fue recogido por los Padres de la Iglesia e incorporado a la simbología cristiana para ilustrar el sacrificio de Cristo. EUSEBIO DE CESAREA [267-338] en su *"Commentaria in Psalmos",* al exponer el versículo siete del Salmo 102: *"Soy semejante al pelícano del desierto"*(102:7) se expresa en estos términos: «así como la serpiente da muerte a sus propias crías, el pelicano hiere su propio pecho hasta sangrar, vertiendo su sangre sobre sus crías muertas para que vuelvan a la vida». Este simbolismo tomó auge a partir del siglo XII. TOMÁS DE AQUINO [1224-1274] en uno e los cinco himnos litúrgicos que compuso: *"Adoro te devote"* dedica al mismo una estrofa *"Pie pellicane, Iesu Domine, / Me immundum munda tuo sanguine / Cuius una stilla salvum facere / Totum mundum quit ab omni scelere*", "Pelícano santo, Jesús Señor mío / limpia con tu sangre toda mi inmundicia / pues de ella una sola gota redimir puede / todos los crímenes cometidos por el mundo entero". ISABEL I DE INGLATERRA [1533-1603] adoptó el Símbolo del Pelícano como emblema y así figura en una famosa miniatura sobre tabla del orfebre NICHOLAS HILLIARD [1547-1619] conocido como *"Retrato del Pelícano",* donde la reina lleva ese símbolo sobre su pecho. En la primera edición de la Biblia *"King James Version"* o *"Authorized Version"* de 1611 (equivalente a nuestra Reina-Valera) en la parte inferior de la portada aparece un pelícano alimentando a sus polluelos; (de la misma forma que en la de Casiodoro de Reina de 1569 aparece un oso intentando alcanzar un panal de miel), razón por la que fuera conocida por algunos como "Biblia del Pelícano" de la misma forma que identificamos la de Casiodoro de Reina como "Biblia del Oso".

ningún sentido ni fuera probable que hallara la seguridad que anhelaba. Sin embargo, ante la ironía del consejo David no pierde los estribos y comienza su salmo con una firme resolución de confianza: *"En Jehová he confiado, ¿cómo decís a mi alma..."*. Aprendamos de esto que cuando los hombres nos dan un consejo bueno, aunque irónico y burlón, debemos seguirlo y dejar que la burla les acarree a ellos su castigo. Los tónicos y remedios materiales pueden resultar tóxicos si sus envoltorios están envenenados; pero ese no es el caso con los consejos espirituales, pues la parte buena no se contamina por la manera errónea en que se entregan. Así, cuando los principales sacerdotes se burlaban de Jesús diciéndole: *"Ha puesto su confianza en Dios; líbrele ahora si le quiere"*,[36] la confianza de Cristo en el Padre no se resintió un ápice por la ironía y las mofas con las que la afirmación, santa y verdadera *"ha puesto su confianza en Dios"*, venía envuelta. De otro modo, si las burlas de los hombres nos hicieran menospreciar el buen consejo, en esta época tan proclive en burlas, estas acabarían por apartarnos de nuestro Dios, de Cristo, de las Escrituras, y del cielo; ya el apóstol Judas, en el versículo dieciocho de su carta[37] predice que en los últimos tiempos habrá burladores, que andarán conforme a sus propias concupiscencias.

THOMAS FULLER [1608-1661]
"The Holy and Profane States", 1642

En Jehová he confiado; ¿Cómo decís a mi alma, que escape al monte cual ave?[38] Tan grave ofensa es fabricarse un nuevo Dios como negar el verdadero. *"En Jehová he confiado; ¿cómo pues* (vosotros, seductores de almas) *decís a mi alma que debe escapar al monte cual ave"*, en busca de ayudas externas innecesarias, como si el Señor solo no fuera suficiente? *"Jehová, fortaleza mía, roca mía y*

[36] Mateo 77:43.
[37] Judas 18.
[38] JUAN CRISÓSTOMO [347-407] hace de este precioso versículo que abre el Salmo 11 una extraordinaria y emotiva exposición: «Grandioso es el poder que brota de la confianza en el Señor: plaza irreductible, fortaleza inexpugnable, torre inaccesible, arma invencible, pacto inquebrantable, puerto seguro, fuerza invencible que vislumbra posibilidades de salida incluso ante lo imposible. Aferrados a ella los débiles se hicieron fuertes (Jueces 7:1-25), las mujeres derrotaron a los hombres (Jueces 4:1-23), y los niños superaron a los adiestrados guerreros (1 Samuel 17:33-58). ¿Y qué tiene de extraño que derrotaran tan fácilmente a sus enemigos teniendo puesta su confianza en el Dios todopoderoso ante el que se somete cuanto hay en la naturaleza? A su mandato el fuego del horno deja de ser fuego (Daniel 3:20-17) y los leones dejan de ser fieras (Daniel 6:16-23); porque la confianza en Dios alcanza a invertir el orden de las cosas: los leones rugiendo, sus dientes afilados, las garras dispuestas, el foso estrecho, y la ferocidad azuzada por el hambre: todo hacía pensar que el profeta estaba perdido irremisiblemente; pero el poder de la confianza en el Señor cerró sus bocas y los hizo retroceder. Por ello el salmista se encara airado con aquellos que le aconsejan: *"En Jehová he confiado; ¿Cómo decís a mi alma, que escape al monte cual ave?"* Tengo como aliado al Creador del universo ante el cual se inclina todo cuanto existe, ¿y me proponéis que huya y me esconda en un desierto? Cuento con la guía y auxilio del que todo lo puede, ¿y pretendéis que me ampare detrás de la soledad y el anonimato? (...) Quienes confían en las cosas de este mundo se sienten tan inseguros como un gorrión, que sabiendo cuán fácilmente puede ser atrapado por cuantos le rodean, prefiere la soledad de los desiertos y escapa a las alturas de los montes; los ricos y poderosos buscan la protección del anonimato. Pero quien tiene puesta su confianza en el Señor no huye, ante las amenazas de sus enemigos no desenvaina la espada ni saca una sola flecha del carcaj. Porque sabe que cuenta con el amparo del Omnipotente que para enfrentarse a ellos no precisa de nada: ni armas ni riquezas; cuando lo considera oportuno hace llover sobre ellos calamidades y los barre de un soplo. (...) Pues así como es *"maldito quien confía en el hombre"* (Jeremías 17:5) quien confía en el Señor Todopoderoso *"es bienaventurado"* (Salmo 83:12); haz, por tanto, oídos sordos a los consejos de los hombres y busca tu refugio y amparo exclusivamente en el Señor».

castillo mío y mi libertador, mi escudo y la fuerza de mi salvación, mi alto refugio. Invocaré al Señor, quién es digno de ser alabado, y seré salvo de mis enemigos";[39] *"El Señor es mi roca y mi fortaleza, y mi libertador"*;[40] y siendo así, qué más me pueden añadir o qué me pueden solucionar los miles de ángeles y todos los santos, Miguel o Gabriel, Moisés o Samuel, Pedro o Pablo, *"¿a quién tengo yo en los cielos sino a ti? Fuera de ti, a nada puedo acogerme ni nada me deleita ya en la tierra"*.[41]

JOHN KING [1559-1621]
"A sermon preached at White-Hall the 5. day of November. ann. 1608", 1608

En Jehová he confiado; ¿Cómo decís a mi alma, que escape al monte cual ave? Cuando nos asedian las tentaciones, las tribulaciones y los problemas, no es conveniente debatirlo con Satanás. En el Salmo 42 David parece reprenderse a sí mismo por ese error: su alma estaba abatida dentro de él, y para contrarrestar la tentación había preparado argumentos para la disputa; sin embargo, dándose cuenta de que iba por camino equivocado, saca a su alma del lodo del desasosiego y la conduce a una aceptación plena y aplicación inmediata de las promesas de Dios: *"Espera en Dios; porque aún he de alabarle, salvación mía y Dios mío"*.[42] Pero aquí David se adelanta a las circunstancias, pues a pesar de que sus enemigos iban dirigidos por Satán, él se adelanta y vence la tentación antes de que pueda adueñarse de sus pensamientos y sentimientos, rechazándola como algo a lo que no debe prestar oído: *"En Jehová he confiado; ¿cómo decís a mi alma, que escape al monte cual ave?"*. Sobran razones de peso que deberían disuadirnos de entrar en liza con Satán y debatir con él, especialmente en las tentaciones de crisis interna.

RICHARD GILPIN [1625-1699]
"Daemonologia Sacra: Or, A Treatise of Satan's Temptations", 1677

En Jehová he confiado; ¿Cómo decís a mi alma, que escape al monte cual ave? La sombra solo refresca cuando la aprovechamos, cuando estamos en ella. ¿De qué nos sirve la sombra de una peña alta si nos sentamos al sol? ¿O tener a disposición el brazo del omnipotente, si nos apartamos de él en busca de soluciones terrenales a las mismas fauces de la tentación? Los santos, siempre que han tratado de abandonar su trinchera y fortaleza, han caído; igual que *"los conejos, pueblo nada esforzado, pero que construyen su casa en la roca"*;[43] la fortaleza de los santos se halla en la Roca del todopoderoso, que es su morada.

WILLIAM GURNALL [1617-1679]
"Christian in complete armour, or, a treatise of the saints war against the Devil", 1655

En Jehová he confiado; ¿Cómo decís a mi alma, que escape al monte cual ave? Los santos de la antigüedad nunca aceptaban una liberación pactada; se negaban a huir volando, para regocijo de sus enemigos, a menos de que pudieran hacerlo con alas de paloma,[44] cubiertos con las plumas inmaculadas de la inocencia. Tan dispuestos estaban los mártires a morir como a cenar, les daba lo mismo.

---

[39] Salmo 18:2-3.
[40] 2 Samuel 22:2.
[41] Salmo 73:25.
[42] Salmo 42:5.
[43] Proverbios 30:26. En hebreo שְׁפַנִּים *pannîm* de שָׁפָן *shaphan,* que la mayoría de versiones modernas traducen como "tejones" o "damanes".
[44] Salmo 55:6.

Los verdugos de la mártir Blandina se cansaron de atormentarla.[45] Y uno de los esbirros de Juliano exclamó: «Estamos aturdidos y avergonzados, oh Emperador, los cristianos se ríen de nuestra crueldad, y ante el tormento parece como si cobraran todavía mayor fuerza».[46] Los paganos juzgaban esta conducta como obstinación, porque no conocían el poder del Espíritu, ni la armadura de la verdad con coraza a toda prueba[47] que los cristianos visten alrededor de su corazón.

JOHN TRAPP [1601-1669]
"A commentary or exposition upon all the books of the New Testament: Hebrews 11:23", 1656

Vers. 2. *Porque he aquí, los malos tienden el arco, disponen sus saetas sobre la cuerda, para asaetear en oculto a los rectos de corazón.* *[Porque he aquí, los malos tensan el arco, disponen sus saetas sobre la cuerda, para asaetear desde la sombra a los rectos de corazón.* RVR*] [Porque, he aquí, los impíos tensan el arco, preparan su saeta sobre la cuerda para flechar en lo oscuro a los rectos de corazón.* LBLA*] [Pues he aquí los malvados tensan el arco, preparan su saeta en la cuerda, para asaetear en la oscuridad a los de corazón recto.* BTX*] [Vean cómo tensan sus arcos los malvados: preparan las flechas sobre la cuerda para disparar desde las sombras contra los rectos de corazón.* NVI*] [Si los malvados ya han tensado su arco y tienen ya la flecha en la cuerda para disparar en la penumbra a los honrados?* BLP*] [Los malvados ponen las cuerdas a sus arcos y acomodan sus flechas sobre las cuerdas. Disparan desde las sombras contra los de corazón recto.* NTV*]*

Porque he aquí,[48] los malos tensan el arco, disponen sus saetas sobre la cuerda, para asaetear desde la sombra a los rectos de corazón. ¡Qué contundente manera de exponer la situación! El arco ha sido tensado, y la flecha colocada en la cuerda: «Huye, huye, pájaro indefenso; tu seguridad está en la huida; huye, porque tus enemigos van a enviar sus dardos a tu corazón; ¡apresúrate, porque pronto

[45] Se refiere a BLANDINA [¿?-177], una joven esclava entre los llamados MÁRTIRES DE LYON. Se hizo cristiana en Lyon en época de JUSTINO MÁRTIR [100-162]. EUSEBIO DE CESAREA [263-339] cuenta en su Historia Eclesiástica que fue apresada en el año 177 en época del emperador MARCO AURELIO [161-180]. Soportó estoicamente todos los suplicios afirmando reiteradamente su fe ante sus verdugos. Después de haberla hecho padecer todo género de tormentos, no sabiendo ya qué más hacerle, se declararon vencidos, quedando muy sorprendidos de que su cuerpo tan maltrecho todavía respirase, cuando uno solo de los suplicios que le habían aplicado –decían– bastaba para hacerla expirar, y era insólito que hubiera soportado tantos y tan terribles. Pero cuanto más la atormentaban, más fuerzas adquiría la santa mártir para confesar su fe.

[46] Estas mismas palabras cita JOHN FLAVEL [1627-1691] en su obra *"A Practical Treatise of Fear"*, 1682 poniéndolas en boca de un noble romano en época del emperador JULIANO EL APÓSTATA [331-363] después de presenciar el martirio de MARCUS OBISPO DE ARETHUSA [300-362].

[47] Efesios 6:10-18.

[48] Es importante no pasar por alto este *"he aquí"* que algunas versiones omiten, en hebreo הִנֵּה *hinnêh*, una llamada o toque de atención al oyente o lector muy característica del libro de los Salmos, un *"¡Mirad!, ¡Contemplad! ¡Prestad atención!"* que el salmista utilizaba cuando quería recabar la atención de los oyentes sobre algún hecho extraordinario, utilizada de manera especial en los Cánticos Graduales: Salmo 121:4; 123:2; 127:3; 128:4; 132:6; 133:1; 134:1. Ver las correspondientes notas sobre el הִנֵּה *hinnêh* o "He aquí" de los salmos en los comentarios a los salmos 40:7; 51:5-6; 73:12; 90:6 121:4; 123:2; 127:3-4; y de manera especial el 133:1. Aquí lo emplea el salmista para llamar la atención del oyente sobre lo mortífero del ataque planeado en secreto por sus adversarios, y que describe en términos militares o de caza, algo bastante común en los salmos (Salmo 7:12-15; 10:8-10; 37:14-15; 64:3-5).

van a destruirte!»[49] David había experimentado la fuerza del consejo, le había llegado *al alma*: *"Como decís a mi alma"*. Sin duda, los peligros que le rodeaban eran graves e inminentes; era cierto que sus enemigos estaban listos para *disparar contra él desde la sombra*. Pero, no está dispuesto ceder; prefiere arrostrar el peligro antes que mostrar desconfianza en el Señor su Dios.

C. H. SPURGEON

Porque he aquí, los malos tensan el arco, disponen sus saetas sobre la cuerda, para asaetear desde la sombra a los rectos de corazón. Este versículo describe un combate desigual entre el "poder armado" por un lado, auxiliado por la política; y "la inocencia desnuda" en el otro. Primero, en el poder armado *"tensan el arco, disponen sus saetas sobre la cuerda"*; y a continuación actúa la astucia de la política *"para asaetar desde la sombra"*, y sorprenderlos mediante una emboscada fingiendo amistad y buenos deseos. Mientras que "la inocencia va desnuda"; porque desnuda cuenta con la mejor armadura: *la rectitud de su corazón.*

THOMAS FULLER [1608-1661]
"Confort in Calamitie", 1654

Porque he aquí, los malos tensan el arco, disponen sus saetas sobre la cuerda, para asaetear desde la sombra. Los principales sacerdotes y fariseos conspiraron con astucia para tender una trampa a Jesús y matarlo; tensaron su arco cuando compraron a Judas Iscariote para que traicionara a su Maestro; colocaron sus flechas en la cuerda cuando buscaron: *"falso testimonio contra Jesús, para entregarle a la muerte"*.[50]

A los rectos de corazón. Y no solo al Señor, el único verdaderamente justo, sino también sus apóstoles y una larga lista de todos aquellos que se unirían a él con absoluta fidelidad desde aquel tiempo hasta el día hoy. Y como hicieron con el Maestro, harán con los sirvientes:[51] pues testigos falsos y calumniadores los ha habido desde que el justo José fuera acusado falazmente por su dueña[52] hasta el día de hoy; han sido siempre la porción y azote del pueblo de Dios.

MICHAEL AYGUAN [1340-1416]
citado por JOHN MASON NEALE [1818-1866] y RICHARD FREDERICK LITTLEDALE [1833-1890]
en *"Commentary on the Psalms from Primitive and Mediæval Writers"*, 1869

Porque he aquí, los malos tensan el arco, disponen sus saetas sobre la cuerda, para asaetear desde la sombra. No tensan sus arcos y colocan sus flechas con la intención de divertirse disparando a espantapájaros en un melonar: buscan herir a seres humanos; sus flechas son *jacula mortifera*,[53] dardos mortales, con absoluta crueldad. Y para no errar el blanco recurren a la "sutileza", disparan "desde la sombra", aprovechándose de la intimidad y el secreto ¡Un verdadero pacto del averno! Pues ¿qué poder en la Tierra es capaz de neutralizar una labor planeada y ejecutada con *sutileza y crueldad*, como Simeón y Leví, hermanos en maldad, unidos para llevarla a cabo?[54] La sutileza aporta su ingenio, la insidia crea la trama, la astucia da su consejo, y la crueldad asesta el golpe. La sutileza elige el

[49] Entre comillas en el original. No hemos logrado encontrar referencias sobre esta estrofa; es probable que se trate de una composición poética del propio Spurgeon.

[50] Mateo 26:59.

[51] Lucas 23:31.

[52] Génesis 39:7-18.

[53] Salmo 7:14 (13) -Vulgata Latina.

[54] Génesis 49:5-7; se refiere a la profecía de Jacob sobre sus hijos.

momento, el lugar, los medios, aporta los recursos, acomoda las circunstancias; la crueldad emprende la acción. La sutileza esconde el cuchillo, la crueldad lo clava en la garganta; la sutileza con astucia planea la emboscada, urde el complot; la crueldad maneja con destreza aparejos atroces para clavarlos con saña de los tobillos al cuello, hasta crear un mar rojo de sangre humana, sí, la sangre de todo un país. ¡Cuán temerosa es la situación de quienes se ven asaltados de semejante manera!

JOHN KING [1559-1621]

Vers. 3. *Si fueren destruidos los fundamentos, ¿Qué ha de hacer el justo?* *[Si se socavan los fundamentos, ¿Qué podrá hacer el justo?* RVR*] [Si los fundamentos son destruidos; ¿qué puede hacer el justo?* LBLA*] [Si fueran destruidos los fundamentos, ¿Qué ha de hacer el justo?* BTX*] [Cuando los fundamentos son destruidos, ¿qué le queda al justo?* NVI*] [Cuando son arrasados los cimientos, ¿qué puede hacer el justo"?* BLP*] [Cuando los fundamentos de la ley y del orden se desmoronan, ¿qué pueden hacer los justos?»?* NTV*]*

Si se socavan los fundamentos, ¿Qué podrá hacer el justo? Tampoco hay duda que bajo el gobierno injusto y corrupto de Saúl, los fundamentos mismos de la ley y la justicia habían sido destruidos: pero, ¿qué importaba esto al hombre cuya confianza estaba firme en Dios? Podía enfrentarse a peligros, escapar de enemigos, y desafiar la injusticia que lo rodeaba. Su respuesta a la pregunta: *"¿Qué puede hacer el justo?"* sería más bien la contra-pregunta: ¿Qué no puede hacer el justo? Cuando la oración mueve a Dios y lo pone de nuestro lado, y cuando la fe garantiza el cumplimiento de la promesa, ¿qué motivos puede haber para levantar el vuelo, qué razones justifican la huida, por muy crueles y poderosos que sean nuestros enemigos? Con una honda y una piedra, David había derrotado a un gigante ante el cual temblaban los ejércitos de Israel;[55] y el Señor, que lo libró de la las garras filisteas, ¿no podría librarlo de Saúl y sus esbirros? En el lenguaje de la fe no existe la palabra «imposible»; la gracia combativa sabe pelear y conquistar, pero no sabe huir.

C. H. SPURGEON

Si se socavan los fundamentos,[56] *¿Qué podrá hacer el justo?* Este versículo nos sitúa frente a una objeción gigantesca, que cual formidable Goliat en medio de nuestro camino debemos vencer y eliminar, u obstaculizaría nuestro avance. ¿Es posible que los fundamentos de la fe puedan ser destruidos? ¿Puede Dios permanecer impasible, aparentemente letárgico por tan largo tiempo, que los cimientos de nuestras creencias amenacen ruina? Si lo ve todo y no repara en que los fundamentos están siendo socavados y destruidos, ¿dónde queda su omnisciencia? Si lo ve y no puede evitarlo, ¿qué decir de su omnipotencia? Y si lo ve, puede evitarlo y no lo hace, ¿dónde están su bondad y misericordia? Marta dijo a Jesús: *"Señor, si hubieses estado aquí, mi hermano no habría muerto"*.[57] Muchos dirán: si Dios estuviera efectivamente presente en el mundo y tuviera estos atributos, los

---

[55] 1 Samuel 17:11.

[56] En hebreo כִּי הַשָּׁתוֹת יֵהָרֵסוּן צַדִּיק מַה־פָּעָל *kî haššāṯōwṯ yêhārêsūn ṣaddîq mah-pā'āl.* KRAUS nos dice que la primera parte de la frase כִּי הַשָּׁתוֹת יֵהָרֵסוּן, incluido el término hebreo שָׁתָה *shathah,* fundamentos, que solo aparece aquí en este Salmo y en Isaías 19:10 (otro versículo de muy compleja traducción), y que traducimos por *"fundamentos"* pero cuyo verdadero significado no está nada claro, es muy difícil de explicar. Puede entenderse como "el social orden establecido", lo que en inglés se define como *"establishment"*. Pero lo mejor es entenderla en el sentido de un caos de injusticia social, como en el Salmo 82:5: *"Tiemblan todos los cimientos de la tierra"*, aunque es este caso el término hebreo empleado es distinto: מוֹסְדֵי *mosad.*

[57] Juan 11:21.

fundamentos no hubieran sido destruidos. A ello respondo que es imposible que los fundamentos de la fe puedan ser destruidos de forma definitiva, ya sea en relación con la Iglesia en general o con referencia a cada uno de sus miembros vivos y verdaderos en particular. Pues con respecto a la Iglesia contamos con una promesa explícita de Cristo: *"Las puertas del infierno no prevalecerán contra ella"*.[58] *«Fundamenta tamen stant inconcussa Sionis»*.[59] Y en cuanto a los cristianos en particular tenemos las palabras del apóstol: *"Pero el fundamento de Dios está firme, teniendo este sello: Conoce el Señor a los que son suyos"*.[60] No obstante, y aunque por las razones antes mencionadas en las objeciones (los atributos divinos de omnipotencia, omnisciencia, y bondad), los fundamentos no pueden ser nunca total y definitivamente destruidos, sí pueden ser socavados parcialmente, *quoad gradum,* en cuatro maneras, y de la siguiente forma:

En primer lugar, en los deseos y los grandes esfuerzos que los malvados ponen en ello:

1. *Hoc velle* (Su deseo),
2. *Hoc agere* (Su acción),
3. *Totum posse* (Todo su empeño).

Si no logran *destruir* por completo los fundamentos no es por falta de voluntad, puesto que el mundo entero es testigo de que hacen todo lo posible (es decir: "lo más y peor"), empleando a fondo todas sus fuerzas y malicia para conseguirlo.

En segundo lugar, *se vanaglorian de ello en su imaginación:* no tan solo se jactan vanamente de haber socavado los cimientos, sino que además se lo creen. Un ejemplo claro es la diatriba del Emperador Romano: *"Por aquellos días, salió un edicto de parte de César Augusto, para que se hiciera un censo de toda la tierra habitada"*[61] ¡De toda la tierra habitada! Aunque dominaba una buena parte, ni tan siquiera regía sobre todos los pueblos de Europa, muy poco en Asia, menos aún en África, y nada en América, que lejos de ser una posible conquista, no era ni tan siquiera conocida por los romanos. Por lo que aquí la hipérbole no es una simple *figura de lenguaje,* sino una expresión habitual de orgullo; puesto que Augusto se deleitaba en proclamarse a sí mismo como Señor del mundo (…)

En tercer lugar, *los fundamentos pueden llegar ser destruidos* en apariencia. Sometida a persecución, la Iglesia es como un barco en una tempestad: abate toda la jarcia,[62] sí, y a veces incluso se ve obligada a cortar buena parte de ella; no queda un pedazo de trapo expuesto a los vientos, ni rastro de velamen visible; está todo plegado y amarrado en la quilla con fuertes nudos para que la tempestad ejerza menos poder sobre ella; pero tan pronto ha pasado la tormenta, vuelve a izar en alto sus velas y a desplegar todo su lienzo aún con mayor amplitud. Igual la iglesia en épocas de persecución se *repliega* y *teme,* pero de manera especial *siente.* Abandona todo ornamento, toda galanura que atraiga ojos de espectadores y se fortalece en la clandestinidad. En otras palabras, en los días *"de trabajo"*, de aflicción, viste sus peores ropas, mientras guarda en el armario sus prendas festivas en la esperanza, cierta y segura, de que Dios le concederá días santos y felices, cuando rebosante de alegría pueda lucir sus mejores galas.

---

[58] Mateo 16:18.

[59] La cita en latín procede de uno de los numerosos poemas escritos por académicos de la Universidad de Cambridge con motivo de la muerte y funeral de la reina Elisabeth I en 1603, en este caso el firmado por Richardus Hord y que comienza con estas palabras: *"Fundamenta tamen stant inconcussa Sionis / Omnia nec secum ventus en vnda rapit"*. El significado viene a ser: "Los fundamentos de Sión permanecen, sin embargo, inamovibles / Las olas sumadas al viento no podrán arrasarlos del todo". (*John Nichol's The Progresses and Public Processions of Queen Elizabeth I,* Vol. IV, 1596-1603).

[60] 2 Timoteo 2:19.

[61] Lucas 2:1.

[62] Nombre que en lenguaje marinero se da en general al conjunto de aparejos, cabos o cuerdas, y cables empleados una embarcación a vela.

Y finalmente, los fundamentos también pueden resultar socavados por *exceso de celo* hasta en los mejores y más santos siervos de Dios, especialmente en sus ataques de melancolia. Como ejemplo, el caso no de algún mediocre, sino de una estrella de primera magnitud y máxima eminencia: el mismísimo profeta Elías; autoexiliándose en una cueva y quejándose dolido: *"He sentido un vivo celo por Jehová Dios de los ejércitos; porque los hijos de Israel han dejado tu pacto, han derribado tus altares, y han matado a espada a tus profetas; y solo yo he quedado, y me buscan para quitarme la vida"*.[63]

THOMAS FULLER [1608-1661]
"Confort in Calamitie", 1654

Si se socavan los fundamentos. "Si" es la única palabra de consuelo en la frase, porque induce a pensar que lo que se dice no es objetivo sino hipotético. Y, no obstante, esta chispa de consuelo, a la que gustosamente nos agarraríamos para alentar nuestras esperanzas, se apaga rápidamente en una doble consideración. En primer lugar, las suposiciones imposibles producen consecuencias imposibles: *"Cual la madre, tal la hija"*.[64] El Espíritu Santo de Dios jamás plantea un imposible, sino aquello que es factible: aquello que pasó, pasa o podría llegar a pasar. En segundo lugar, la conjunción hebrea כִּי *kî,* si, no es un *si* condicional, el *im, si, si forte,* sino el *sí* afirmativo, el *chi, quia, quoniam,* puesto que, (y muy a pesar de que en este caso un "si" condicional nos sería favorable), el contexto nos lleva a pensar que la triste situación descrita ya se había producido en los días de David. Por tanto, mucho me temo que este "si", que sería nuestra única esperanza en este versículo, no es más que un triste consuelo, como los amigos para Job. Es bueno prepararnos para el peor escenario posible; y, por tanto, mejor que contemplemos este versículo no como una hipótesis, sino como un hecho; no como algo posible, sino como real; no como temido, sino como sucedido; no como sospechado sino como ocurrido en realidad.

THOMAS FULLER [1608-1661]
"Confort in Calamitie", 1654

Si fueren destruidos los fundamentos, ¿qué puede hacer el justo? Estas palabras son la respuesta a una objeción tácita que algunos se plantean, a saber: que los justos son responsables de su mala situación, porque se traicionan a sí mismos, se abandonan, y su pasividad (por no hacer todo aquello que podrían y deberían), hace que se encuentren en tal situación. David sale al paso a esta objeción, mostrando que si Dios, en su sabia y santa voluntad, por razones tan solo por él conocidas, ve necesario que la fe sufra y se vea socavada hasta situaciones extremas, no está en el juicio, poder ni decisión de hombre alguno el cuestionar ni tratar de corregir tal situación: *"Si fueren destruidos los fundamentos, ¿qué puede hacer el justo?"* Se trata pues de un texto que cuelga cual ornamento fúnebre y que contiene, en primer lugar, una triste suposición: *"Si fueren destruidos los fundamentos"*; en segundo lugar, una triste pregunta: *"¿Qué podrá hacer el justo?"*; y en tercer lugar, una triste respuesta obvia: para restablecer el fundamento destruido, no puede hacer nada.

THOMAS FULLER [1608-1661]
"Confort in Calamitie", 1654

Si fueren destruidos los fundamentos, ¿qué puede hacer el justo? El fundamento civil de una nación o un pueblo son sus leyes y su constitución. El orden y el equilibrio de poderes que garantizan

[63] 1 Reyes 19:10.
[64] Ezequiel 16:44.

son las bases de ese pueblo; y si estas bases son minadas, *"¿Qué puede hacer el justo?"*.[65] ¿Sí, qué puede hacer el hombre más íntegro y sabio? ¿Qué salida nos queda como creyentes cuando vemos que los valores fundamentales, las bases de gobierno y convivencia entre los ciudadanos son socavados y destruidos? No hay otra respuesta que la del versículo siguiente: *"Jehová está en su santo templo; Jehová tiene en el cielo su trono; sus ojos ven, sus párpados escudriñan a los hijos de los hombres"* (11:4), como si hubiera dicho que, en medio de estas confusiones, cuando *"son sacudidos todos los cimientos de la tierra"*,[66] y todo a nuestro alrededor se hunde y desmorona: Dios no se inmuta, mantiene el curso de las cosas,[67] sigue estando donde estaba y siendo lo mismo que era: *"sin cambio, ni sombra de variación"*.[68]

JOSEPH CARYL [1602-1673]

¿Qué puede hacer el justo? El "justo" en sentido universal, no un justo en concreto: todos los justos; no solo los justos en algo determinado, sino los justos en todo; no solo los justos en lo personal, sino los justos en lo público. Si todos los justos de la tierra se juntaran en un solo cuerpo, si todos los justos vivieran en la misma época en la que *los fundamentos son destruidos,* y fueran convocados y organizados en corporación, todos sus esfuerzos conjuntos resultarían ineficaces para restablecer los fundamentos socavados y caídos, ya que no es labor de seres humanos, sino una obra que depende solo de Dios.

THOMAS FULLER [1608-1661]
"Confort in Calamitie", 1654

Los fundamentos. Es decir, las posturas, las posiciones previamente fijadas, establecidas y puestas en su lugar. No dice: "si el tejado estuviera en ruinas", o "si los muros laterales se derrumbaran", sino *"Si fueren destruidos los fundamentos"*.

ANÓNIMO

"Si fueren destruidos los fundamentos". "Fundamentos", en plural. No quiero implicar que sé mucho de arquitectura, pero creo que esto es un hecho incuestionable: si un edificio ha sido construido

[65] MATTHEW HENRY [1662-1714] plantea la misma pregunta: «Si se socavan los fundamentos de la sociedad, ¿qué podrá hacer el justo? Los asuntos del Estado se hallaban en situación caótica, debido a la inquina de Saúl contra David y a la consiguiente mala administración de su gobierno. En esta situación piensan los consejeros de David –¿qué puede hacer David? Dicen que cuando se sacude un árbol, este arraiga más profunda y rápidamente. El consejo de los amigos de David, que implicaba desconfianza en Dios, le hace adherirse con tanta mayor fuerza a sus principios fundamentales. Lo que sacude la fe de muchos es ver la prosperidad de los malvados a pesar de sus impiedades, y las aflicciones que con frecuencia sufren los piadosos. De ahí puede surgir el mal pensamiento: 'De nada sirve buscar a Dios'. Pero David neutraliza ese pensamiento con cuatro consideraciones: 1. Que hay un Dios en el Cielo que gobierna en universo y escudriña todo lo que hay en él (11:4); 2. Que si eventualmente permite que los justos sean afligidos es tan solo para ponerlos a prueba (11:5); 3. Que por mucho que los impíos prosperen en apariencia están bajo el control de Dios y recibirán su justo castigo a su tiempo (11:6); 4. Que a pesar de que los rectos se vean sometidos temporalmente a adversidades, Dios ama la justicia y les recompensará debidamente porque disfrutan de su favor (11:7)».

[66] Salmo 82:5.

[67] Isaías 6:1.

[68] Santiago 1:17.

sobre múltiples bases (como pilares) cercanos el uno al otro, y uno de ellos cae, lo más probable es que la estructura siga en pie, que quede colgando, al menos por un tiempo, en virtud de la complejidad de las fuerzas de apoyo que la sostienen, pues el resto de pilares todavía se mantienen firmes y seguros. Pero si se destruyen todos los fundamentos, no cabe imaginar que la estructura pueda seguir manteniéndose en pie.

Thomas Fuller [1608-1661]
"Confort in Calamitie", 1654

¿Qué puede hacer el justo? El *"puede"* del justo es un «puede» limitado, confinado a la regla de la propia Palabra de Dios: el justo no puede hacer nada que no sea legal hacer: *"Porque nada podemos hacer contra la verdad, sino solo a favor de la verdad"*.[69] El impío puede hacerlo todo; su conciencia, que es tan ancha que ni es conciencia, le permite hacer cualquier cosa, por ilegítimo que sea: matar, envenenar: lo que sea, por todos los medios, en todo tiempo, en cualquier lugar, a todo aquel que se interpone entre él y la consecución de sus deseos.

Pero no el justo; los justos tienen una regla establecida por la cual han de proceder, y que ni pueden, ni deben, ni se atreven a quebrantar. Por tanto, si un justo tuviera la seguridad de que quebrantando uno de los mandamientos de Dios podría restaurar la fe decaída y volver las cosas a su *statu quo prius,* a su estado previo, aún en tal caso extremo, sus manos, su cabeza y su corazón estarían maniatados; no podría hacer nada, porque caería sobre él la condenación justa que el apóstol afirma que merecen los que dicen: *"Hagamos el mal para que venga el bien"*.[70]

Thomas Fuller [1608-1661]
"Confort in Calamitie", 1654

¿Qué puede hacer el justo? No dice: *¿qué puede pensar?* Es una gran bendición que Dios permita a las personas que sufren, que atraviesan momentos difíciles, que son perseguidas y oprimidas, dejar volar libremente sus pensamientos.

Thomas Fuller [1608-1661]
"Confort in Calamitie", 1654

¿Qué puede hacer el justo? Las épocas en las que impera el pecado han sido siempre, para los santos, tiempos de mucha oración: esto fue lo que movió a Esdras a confesar el pecado de su pueblo y llorar delante de Jehová por las abominaciones cometidas.[71] Y Jeremías dice a los impenitentes de su época: *"Mas si no oís esto, en secreto llorará mi alma a causa de vuestra soberbia; y llorando amargamente se desharán mis ojos en lágrimas, porque el rebaño de Jehová fue hecho cautivo"*.[72] De hecho, a veces el pecado alcanza tales niveles que en realidad esto es todo lo que los justos pueden hacer: irse a una esquina y llorar por las abominaciones y contaminaciones de su época. *"Si fueren destruidos los fundamentos, ¿qué puede hacer el justo?"* Tristemente, nuestros ojos han contemplado días semejantes de confusión nacional, en los que han sido destruidos todos los fundamentos de gobierno y nos hemos visto abocados a una conflagración militar.[73] Cuando es así con un pueblo: *"¿Qué*

[69] 2 Corintios 13:8, LBLA.
[70] Romanos 3:8.
[71] Esdras 9:1-15.
[72] Jeremías 13:17.
[73] Suponemos que se refiere a algún momento en el período revolucionario que se conoce como *English Civil Wars* y que abarca desde 1642 a 1689 desde el fin del reinado de Carlos I de Inglaterra, pasando por la República parlamentaria de Oliver Cromwell hasta la restauración de los Estuardo.

puede hacer el justo?". Sí, esto es lo que pueden hacer: *"ayunar y orar"*. Cuando la liberación de un pueblo se halla más allá de lo que puedan lograr las disposiciones y el poder humano, queda un Dios en los cielos a quien acudir, como sugiere el versículo siguiente: *"Jehová está en su santo templo; Jehová tiene en el cielo su trono; sus ojos ven, sus párpados escudriñan a los hijos de los hombres"*. Según yo lo concibo, para infundir ánimo en una situación desesperada de caos terrenal e incentivar a elevar oraciones suplicando ayuda, el salmista presenta a Dios sentado en el cielo, y al cielo como un templo. Y, ciertamente, este ha sido, por encima de cualquier otra cosa, el motor instrumental que ha permitido a esta pobre nación restaurar los fundamentos de su gobierno legítimo del que tan peligrosamente se había apartado

WILLIAM GURNALL [1617-1679]
"Christian in complete armour, or, a treatise of the saints war against the Devil", 1655

Vers. 4. ***Jehová está en su santo templo; Jehová tiene en el cielo su trono; sus ojos ven, sus párpados examinan a los hijos de los hombres.*** *[Jehová está en su santo templo; Jehová tiene en el cielo su trono; sus ojos ven, sus párpados escudriñan a los hijos de los hombres.* RVR*] [El Señor está en su santo templo, el trono del Señor está en los cielos; sus ojos contemplan, sus párpados examinan a los hijos de los hombres* LBLA*] [YHVH está en su santo templo, YHVH tiene en los cielos su trono. Sus ojos observan, sus párpados examinan a los hijos del hombre.* BTX*] [El Señor está en su santo templo, en los cielos tiene el Señor su trono, y atentamente observa al ser humano; con sus propios ojos lo examina.* NVI*] [El Señor está en su santo Templo, el Señor tiene su trono en el cielo. Sus ojos están observando, su mirada sondea a los humanos.* BLP*] [Pero el Señor está en su santo templo; el Señor aún gobierna desde el cielo. Observa de cerca a cada uno y examina a cada persona sobre la tierra.* NTV*]*

Jehová está en su santo templo; Jehová tiene en el cielo su trono;[74] *sus ojos ven, sus párpados escudriñan a los hijos de los hombres.* Así declara David la fuente majestuosa de su valor inquebrantable. Toma prestada su luz directamente del cielo, del gran orbe central de la deidad. El Dios del creyente nunca se aleja de él; no es Dios fuerte únicamente en el refugio de las montañas, lo es también en los valles y en las llanuras peligrosas de la batalla.

Jehová está en su santo templo. Los cielos permanecen encima de nuestras cabezas en todas las regiones de la tierra, igual que el Señor siempre está cerca de nosotros en todo estado y condición: razón muy poderosa para que no prestemos oído a las viles sugerencias de desconfianza. En el templo de arriba, hay Uno que aporta su preciosa sangre y la alega en favor nuestro, y sentado en el trono hay Uno que nunca está sordo a la intercesión de su Hijo. ¿Por qué, pues, hemos de temer? ¿Qué tramas puede idear el hombre que Jesús no pueda descubrir? Satanás, sin lugar a dudas, nos reclama y quiere hacerse con nosotros para zarandearnos como el trigo,[75] pero Jesús está en el templo orando por nosotros, ¿cómo puede, entonces, fallarnos fe? ¿Qué podrán tramar los malvados que Jehová no

---

[74] En hebreo יְהוָ֤ה בְּֽהֵיכַ֬ל קָדְשׁ֗וֹ יְהוָה֮ בַּשָּׁמַ֪יִם כִּ֫סְא֥וֹ *Yahweh bəhêḵal qāḏəšōw Yahweh baššāmayim kis'ōw.* SCHÖKEL comenta a propósito de este versículo: «El v. 4 pone en paralelo el «templo sagrado» y el trono del cielo. ¿Son uno o dos? ¿Se refieren los dos al templo celeste o se dividen para componer y completar la presencia de Dios en el cielo y en la tierra? Me inclino a lo segundo, pero remitiendo a una comparación de Miqueas 1:2 y Habacuc 2:20 con Jonás 2:4,7; Salmo 79:1 y 138:2. En todo caso, lo que da seguridad es la actividad judicial del Señor» *Salmos, Tomo I, 1-72,* Ediorial Verbo Divino, Estella, Navarra, 1992.

[75] Lucas 22:31.

contemple? Y siendo que está en su santo templo deleitándose con el sacrificio de su Hijo, ¿no desbaratará toda artimaña contra nosotros y nos enviará una liberación segura?

Jehová tiene en el cielo su trono. Y desde allí reina de forma universal con absoluta supremacía. Nada se puede hacer en el cielo, ni en la tierra, o en el infierno, que no esté ordenado y supervisado por él. Es el gran Emperador del mundo. ¿Por qué, entonces, deberíamos huir? Confiar en este Rey de reyes, ¿no nos basta? ¿No puede él librarnos sin que tengamos que recurrir a una cobarde retirada? Sí, bendito sea nuestro Señor y Dios, al que podemos saludar como *Jehová-nissi*[76]; en su nombre enarbolamos nuestras banderas, y, en vez de huir, lanzamos de nuevo nuestro grito de guerra.

Sus ojos ven. El Vigía eterno nunca duerme, sus párpados no saben lo que es el sueño.

Sus párpados escudriñan a los hijos de los hombres. Inspecciona de cerca sus acciones, palabras y pensamientos. Cuando los hombres examinan un objeto detalladamente cierran casi los párpados para excluir de su campo de visión a todos los demás objetos; así también el Señor examina a todos los hombres concienzudamente mirándolos de la cabeza a los pies; y contempla a cada uno en particular, como si no hubiera otra criatura en todo el universo. Nos ve siempre, nunca aparta la mirada de nosotros; nos ve íntegramente, revisa los recovecos del alma en un abrir y cerrar de ojos. ¿No es esto base suficiente de confianza, y respuesta sobrada a cualquier ataque de desaliento? Mi problema no es quedar ocultó a él; me tiene bien medido, conoce mis límites, y estoy seguro que mientras siga confiando en él no permitirá que perezca. ¿Por qué motivo, entonces, debo batir las alas cual ave tímida, y huir de los peligros que me acosan?

C. H. SPURGEON

Sus ojos ven, sus párpados escudriñan a los hijos de los hombres. El entendimiento infinito de Dios conoce exactamente los pecados de los hombres; los considera y los tiene en cuenta. No se limita a mirarlos, los analiza a fondo, los prueba: *"sus ojos ven, sus párpados escudriñan a los hijos de los hombres"*;[77] una metáfora descriptiva, tomada del comportamiento humano, pues solemos contraer los párpados cuando examinamos una algo al detalle: la mirada de Dios no es una mirada superficial, es una mirada a fondo, intensa y escudriñadora.

STEPHEN CHARNOCK [1628-1680]
"The Existence and Attributes of God", 1682

Sus ojos ven, sus párpados escudriñan a los hijos de los hombres. Dios no escudriña como lo hace el hombre, indagando en lo que antes se le ocultaba; su búsqueda es una mera contemplación, le basta con mirar; pues su mirada penetra hasta lo más hondo del corazón, examina los riñones;[78] toda mirada de Dios es escudriñadora: *"no hay cosa creada que esté oculta de su vista; antes bien todas las cosas están desnudas y descubiertas a los ojos de aquel a quien tenemos que dar cuenta"*;[79] su

---

[76] En hebreo יְהוָה נִסִּי *Yahweh nissî* de נֵס *nes,* "estandarte", y que significa por tanto *"Jehová nuestra bandera o estandarte"*. Éxodo17:8-15: *"Y Moisés edificó un altar, y llamó su nombre Jehová-nissi"*.

[77] En hebreo עֵינָיו יֶחֱזוּ עַפְעַפָּיו יִבְחֲנוּ בְּנֵי אָדָם *'ênāw yeḥĕzū 'ap̄'appāw yiḇḥănū bənê 'āḏām,* de עַפְעַף *aphaph,* "párpados" (Salmo 132:4; Proverbios 30:13; Jeremías 9:18); y בָּחַן *bachan,* "probar" (Proverbios 17:3; Jeremías 9:7) como se descompone un metal para determinar la calidad de su composición. KRAUS traduce: *"sus ojos contemplan, sus párpados examinan"*. SCHÖKEL: *"sus ojos están observando, sus pupilas examinan"*. En cualquier caso se trata de lo que en lenguaje moderno solemos llamar un examen o prueba por comprobación: sus párpados *prueban* a los hijos de los hombres. Algunas versiones modernas como es el caso de la NVI y BLP se apartan bastante en este caso del sentido del texto original.

[78] Ver al respecto los comentarios y notas correspondientes al Salmo 16:7.

[79] Hebreos 4:13.

mirada es αποσυντίθενται,[80] es decir, descompone, disecciona y anatomiza todo cuanto contempla. De inmediato tiene una visión exacta de las cosas, incluso de las más ocultas, de todos entresijos del alma, como si hubieran sido expuestos y diseccionados desde un principio delante de él.

RICHARD ALLEINE [1611-1681]
"Godly-Fear, or, The Nature and Necessity of Fear, and its Usefulness", 1674

Sus ojos ven, sus párpados escudriñan a los hijos de los hombres. Tengamos en cuenta que Dios no solo ve cuanto hacemos, sino que lo ve exhaustivamente, lo examinar y escudriña. No se limita a observarnos con mirada indiferente, sino que nos inspecciona con mirada escrutadora; sus ojos permanecen constantemente atentos y vigilantes analizando las razones, motivos, y extremos de todas nuestras acciones. *"El trono del Señor está en los cielos; sus ojos contemplan, sus párpados examinan a los hijos de los hombres"*. En la descripción de Cristo que nos hace el Apocalipsis,[81] se dice que sus ojos son como llama de fuego; y sabemos que una de las propiedades del fuego es escudriñar y poner a prueba las cosas que a él son sometidas, separando la escoria del metal puro; así, también, los ojos de Dios son como fuego, para probar y examinar las acciones de los hombres: saben y disciernen cuánto hay de puro en nuestros actos y cuánto de mera formalidad, de hipocresía, despreocupación y falta de interés; ve claramente a través de todas nuestras excusas y pretextos falsos, que lanzamos cual neblina ante los ojos de los hombres para ocultar la realidad aparentando una profunda devoción, cuando en realidad no somos más que malabaristas de la fe. Todos esos trucos con los que aparentamos ser un cristianismo ejemplar; todas esas prestidigitaciones que empleamos para deslumbrar y engañar a los hombres, no ejercen en él efecto alguno: es un Dios que puede ver a través de las hojas de higuera[82] de nuestras palabras, con las que profesamos nuestra fe, y discernir en ellas la desnudez de nuestra sinceridad en el cumplimiento nuestros deberes.

EZEKIEL HOPKINS [1633-1690]
sermón titulado *"A Discourse Upon Providence"*, 1692

Sus ojos ven, sus párpados escudriñan a los hijos de los hombres. Toma a Dios en tu consejo. En cielo está por encima del infierno. Dios puede decirte en todo momento qué planes está incubando el averno contra ti.

WILLIAM GURNALL [1617-1679]
"Christian in complete armour, or, a treatise of the saints war against the Devil", 1655

Sus ojos ven, sus párpados escudriñan a los hijos de los hombres. Cuando un delincuente o acusado de un delito es llevado ante un juez, y se sienta en el banquillo para ser instruido de sus cargos, el juez lo mira fijamente, y a la vez, ordena al acusado que levante la mirada y fije también los ojos en su cara: «Míreme –le dice el juez– y exprese cuanto tenga que alegar». Pero por regla general, el acusado ciñe el entrecejo e inclina la cabeza; ¡el peso de la culpa presiona la cabeza hacia abajo! Quien sabe que no ha obrado bien tiene la mirada turbia, y no se atreve a mirar cara a cara; trata de evitar que el juez le mire. Algo parecido sucede con el Señor, gran Juez del cielo y de la tierra: *"Sus párpados escudriñan a los hijos de los hombres*". Dios escudriña a cada uno como un juez somete a prueba a un reo, mirándole a los ojos, y lee los rasgos de maldad impresos en su rostro. No en vano decimos en lenguaje coloquial que alguien "tiene una mirada culpable", o "lleva el delito impreso

---

[80] Del griego σπάσει, "descomponer, diseccionar".
[81] Apocalipsis 1:14.
[82] Génesis 3:7.

en los ojos". En el gran pánico general descrito en Apocalipsis,[83] los que huyen despavoridos piden esconderse de la mirada de Aquel que está sentado en el trono. No pueden mirar a Cristo ni soportar que Cristo les mire, porque: *los párpados de Cristo escudriñan a los hijos de los hombres*. Por ello los obradores de maldad: *"ocultan sus planes, y sus obras están en tinieblas, y dicen: ¿Quién nos ve, y quién nos conoce?"*.[84] La maldad no resiste la mirada, no soporta la observación de ojo alguno, y menos aún del ojo de la justicia. Ocultar en el rostro la culpabilidad del corazón es muy difícil, tan difícil como dejar de verla.

JOSEPH CARYL [1602-1673]

Vers. 5. ***Jehová prueba al justo; pero al malo y al que ama la violencia, su alma los aborrece.*** *[Jehová prueba al justo y al impío; su alma aborrece al que ama la violencia.* RVR*] [El Señor prueba al justo y al impío, y su alma aborrece al que ama la violencia.* LBLA*] [YHVH prueba al justo, pero su alma aborrece al malvado, y al que ama la violencia.* BTX*] [El Señor examina a justos y a malvados, y aborrece a los que aman la violencia.* NVI*] [El Señor sondea al justo y al malvado, él detesta al que ama la violencia.* BLP*] [El Señor examina tanto a los justos como a los malvados y aborrece a los que aman la violencia.* NTV*]*

Jehová prueba al justo. No dice que los aborrece, tan solo que los prueba. Le son preciosos y, por tanto, los refina con aflicciones. Ni uno solo de los hijos del Señor puede aspirar a librarse de la prueba, y ciertamente, nadie con una mente cuerda aspira a ello, porque la prueba es el canal de numerosas bendiciones.

Mi felicidad en este mundo[85]
no es vivir sin cargar la cruz
sino percibir el poder del Salvador
santificando cada pérdida.

Las pruebas endulzan la promesa
dan nuevo vigor a la oración
me conducen directo a sus pies
me hacen humilde, y me mantienen así.

Si en el mundo no enfrentara pruebas
ni fuera corregido con castigos
¿Acaso no tendría motivos
para pensar que he sido reprobado?[86]

[83] Apocalipsis 6:16.
[84] Isaías 29:15.
[85] Spurgeon incluye aquí este hermoso poema de WILLIAM COWPER [1818-1866] bien conocido como himno cristiano en lengua inglesa: *"Tis my happiness below / Not to live without the cross"*. No tenemos constancia de que exista una traducción al español.
[86] 1 Corintios 9:27.

Los bastardos escapan de la vara
hundiéndose en los deleites terrenales
pero los verdaderos hijos de Dios
no deben tan siquiera intentarlo.

¿Puede haber razón más convincente por la cual no deberíamos mostrar desconfianza y esforzarnos en tratar de eludir la prueba? Pues en realidad, lo que estamos tratando de eludir es una bendición.

Pero al malo y al que ama la violencia, su alma los aborrece. Y si Dios los aborrece, ¿cuál es la razón por la que deba yo levantar el vuelo y escapar de ellos? Si Dios los aborrece, no les tengo temor. ¡Amán era poderoso en palacio mientras contó con el favor real pero, cuando el rey lo aborreció, hasta los sirvientes de menor rango tardaron poco en pedir la horca para el hombre ante el cual tan a menudo habían temblado![87] Fijémonos en la marca negra en los rostros de nuestros perseguidores, y no tendremos necesidad de huir de ellos. Si Dios entra en liza y toma parte en la disputa, sería absurdo cuestionar el resultado, o evitar el conflicto.

C. H. SPURGEON

Jehová prueba al justo. Con la excepción de nuestros pecados, nada hay tan abundante en este mundo como las tribulaciones que resultan de ellos, que son como los mensajeros de Job, que llegaban uno tras otro.[88] Puesto que no habitamos en el paraíso, sino en el desierto, hemos de esperar una tribulación tras otra; como a David se le acumulaban los adversarios: un oso después de un león,[89] un gigante[90] después del oso, un rey después del gigante,[91] y tras el rey, los filisteos;[92] así también los creyentes: tan pronto acaban de combatir la pobreza, tienen que luchar contra la difamación; y tan pronto acaban de luchar contra la difamación, tienen que hacerlo contra la enfermedad; son cual obrero que nunca cesa en su trabajo.

HENRY SMITH [1560-1591]
en un sermón titulado *"The Trial of the Righteous"*, 1578

Jehová prueba al justo. Las épocas de aflicción y persecución sirven para separar lo precioso de lo vil, desenmascaran al falso creyente apartándolo del verdadero. La persecución es la piedra de toque de un cristiano, un *lapis lydius*[93] que revela de qué metal están hechos los hombres: de plata o de estaño, de oro o de escoria, de trigo o cizaña, sombra o sustancia, carnales o espirituales, sinceros o hipócritas. Nada habla sobre la santidad con mayor propiedad y solidez que una persecución. Cuanto

---

87 Ester 7:9.
88 Job 1:13-19.
89 1 Samuel 17:34-36.
90 1 Samuel 17.
91 1 Samuel 19:9-11.
92 1 Samuel 27:7; 2 Samuel 5:17-25.
93 Se refiere al esquisto silíceo (lidita o *Lapis Lydius*) conocido como "piedra de toque", generalmente de color negro, y utilizado por los ensayadores para comprobar la composición o *ley* del oro y la plata. El ensaye se lleva a cabo comparando el efecto que produce el ácido nítrico en dos rayas o marcas trazadas sobre la piedra, una con el metal a probar y la otra con la aguja de toque, cuya composición o ley es previamente conocida.

más perseguidos están los santos en este mundo, más destacan y relucen: el mantenerse firmes en duras pruebas dice mucho de su integridad interior.

Thomas Brooks [1608-1680]
"The Crown and Glory of Christianity or Holiness, the Only Way to Happiness", 1662

Jehová prueba al justo; pero al malo y al que ama la violencia, su alma los aborrece. Notemos el singular contraste entre estas dos frases. Dios odia a los malos, y por tanto, en contraste, ama a los justos; pero aquí se dice que los prueba; en consecuencia, hemos de concluir que para Dios, amar y probar, es la misma cosa.

C. H. Spurgeon

Vers. 6. ***Sobre los malos hará llover calamidades; fuego, azufre y viento abrasador será la porción del cáliz de ellos.*** *[Sobre los malos hará llover calamidades; fuego, azufre y viento abrasador será la porción del cáliz de ellos.* RVR*] [Sobre los impíos hará llover carbones encendidos; fuego, azufre y viento abrasador será la porción de su copa.* LBLA*] [Hará llover ascuas sobre los malvados, fuego y azufre y viento abrasador, tal será la porción de la copa de ellos.* BTX*] [Hará llover sobre los malvados ardientes brasas y candente azufre; ¡un viento abrasador será su suerte!* NVI*] [Hará llover sobre los malos brasas y azufre, un viento ardiente será la porción de su copa.* BLP*] [Hará llover carbones encendidos y azufre ardiente sobre los malvados, y los castigará con vientos abrasadores.* NTV*]*

Sobre los malos hará llover calamidades; fuego, azufre y viento abrasador será la porción del cáliz de ellos. Sodoma y Gomorra perecieron bajo una lluvia de fuego, y un torrente de azufre caído del cielo;[94] y así sucederá con todos los impíos. Aunque se junten como Gog y Magog para presentar batalla, el Señor hará llover sobre ellos: *"impetuosa lluvia, y piedras de granizo, fuego y azufre"*.[95] Algunos expositores identifican el término hebreo וְר֣וּחַ זִ֭לְעָפוֹת *wərūaḥ zil'āpōwṯ*[96] como una alusión al viento sofocante y abrasador que sopla en los desiertos de Arabia, conocido como Simún.[97] "Una tormenta ardiente", lo llama Lowth;[98] y otro gran comentarista lo traduce como: *"viento de la*

---

[94] Génesis 19:24-25

[95] Ezequiel 38:22.

[96] De ר֫וּחַ *ruach*, "viento, soplo"; y זַלְעָפָה *zalaphah*, "ardiente, quemando, abrasador".

[97] El Simún, palabra de origen árabe que significa "viento venenoso", es un temporal de viento y arena, que sopla en el desierto del Sáhara y en las regiones de Palestina, Jordania, Siria y los desiertos de Arabia. Su temperatura puede sobrepasar los 54°C, con una humedad por debajo del 10%. Se desencadena súbitamente y se mueve de forma circular (como un ciclón), transportando nubes de polvo y arena que producen en personas y animales síntomas de asfixia. Produce silbidos agudos y violentos, y la nube de arena en suspensión que se desplaza a gran velocidad tiñe el cielo de un color anaranjado, matando a cualquier ser vivo que alcancen sus ráfagas. Las tormentas de arena que acompañan casi siempre al Simún pueden viajar muchos kilómetros, incluso atravesar mares. Surgen cuando una masa de aire frío entra en contacto con otra cálida, que es desplazada hacia capas más elevadas y arrastra consigo partículas de arena. Se forma entonces una masa turbulenta y opaca, ocasionalmente de hasta 150 kilómetros de largo, que avanza por el territorio bastante rápido, a unos 40-50 km/h. Suelen durar entre una y tres horas y pueden llegar a ocultar el Sol y a dejar sepultado en la arena todo lo que encuentran a su paso.

[98] Se refiere al erudito obispo anglicano y doctor en divinidades por la Universidad de Oxford Robert Lowth [1719-1787], famoso por su traducción de la Biblia al inglés, que incluye una de las mejores traducciones a ese idioma del Libro del Profeta Isaías. Fue uno de los primeros eruditos en observar y estudiar la

ira".[99] En cualquier versión, el lenguaje es terrorífico. ¡Qué terrorífica tempestad la que arrase a todos los que desprecian a Dios! ¡Oh, qué pavorosa lluvia se derramará eternamente sobre las cabezas indefensas de los pecadores impenitentes en el infierno! ¡Arrepentíos, rebeldes, o muy pronto este diluvio de fuego os rodeará por todas partes! Los horrores del infierno serán vuestra herencia, vuestro mayorazgo,[100] *"la porción de vuestro cáliz"*. Tendréis que escurrir las heces de esa copa y beberlas para siempre. Una gota del infierno ya es terrible, pero ¿qué será una copa llena de tormento? Pensad en ello: un cáliz de miseria a rebosar, sin una sola gota de misericordia. ¡Oh pueblo de Dios, qué necio es temer a unos hombres que serán pronto haces ardientes en el fuego del infierno! Pensad en su trágico final, su destino temible, y todo el miedo que ahora les tenéis se cambiará en desprecio a sus amenazas, y compasión por su actual situación y su destino funesto.

C. H. SPURGEON

Sobre los malos hará llover calamidades;[101] *fuego, azufre y viento abrasador será la porción del cáliz de ellos.* Les tiende trampas para atraparles; después, si no se arrepienten, les llueve fuego y azufre, y no pueden escapar.[102] Tal es la suerte del pecador si no se arrepiente; si Dios no lo perdona, primero cae en las tentaciones de Satanás, y después en la venganza divina. Los malos tienden trampas a los justos, pero Dios, que está siempre vigilante, o bien las rompe liberando sus almas o bien revierte la situación y hace que caigan en ellas quienes las habían tendido: *"Se rompió el lazo y escapamos*

---

estructura poética de Salmos y la literatura profética del Antiguo Testamento y en establecer las formas y categorías de los paralelismos: sinónimo, antitético y sintético.

[99] En el original *"wrathwind"*.

[100] En el original *"entailed estate"*. También conocido como *"fee tail"* una antigua ley creada por el *Statute of Westminster* de 1285 y abolida en 1925, que otorgaba al hijo mayor o heredero la mayor parte de la herencia para evitar que el patrimonio, y consecuentemente el apellido de la familia, no se debilitara y acabara diseminado. En España se conocía como "mayorazgo" estuvo vigente hasta la "Ley Desvinculadora" de 1820. La idea del autor es que a los rebeldes corresponderá la parte principal del castigo sin merma alguna, con toda su intensidad.

[101] El texto hebreo dice literalmente יַמְטֵר עַל־רְשָׁעִים פַּחִים *yamṭêr 'al-rəšā'îm paḥîm* de פַּח *pach,* "lazo, trampa". La versión griega de los LXX o Septuaginta lee ἐπιβρέχω ἐπί ἁμαρτωλός παγίς que la Vulgata traduce al latín como: *"Plues super peccatores laqueos"*, "Lloverá sobre los pecadores lazos". Y la versión inglesa KJV traduce el Texto Masorético hebreo literalmente: *"Upon the wicked he shall rain snares"*, "Sobre los malvados hará llover lazos". KRAUS alega que la traducción del texto hebreo literalmente, tal y como viene en el TM, es absurda, y por tanto traduce: *"Hace llover sobre los malvados carbones encendidos"*. SCHÖKEL traduce: *"Hará llover sobre los malvados ascuas"*.

[102] Los Padres de la Iglesia comentaron:

– AGUSTÍN DE HIPONA [354-430] ve en este salmo a los herejes de su época incitando las almas a dejar la verdadera Iglesia para refugiarse en "los montes" de sus falsas doctrinas, interpreta este versículo de la siguiente manera: «El castigo final de todos aquellos que provocan que el nombre de Dios sea blasfemado comienza con el fuego de sus pasiones que devasta sus mentes y sus cuerpos; sigue con el rechazo y expulsión de la congregación de los justos por lo nauseabundo de sus acciones; y culmina con ellos siendo arrojados y sumergidos en sufrimientos y penas indecibles. Esta es *"la porción del cáliz de ellos"*, mientras que la porción del cáliz de los justos es excelsa porque: *"serán embriagados de la abundancia de tu casa y les darás de beber del torrente de tus delicias"* (Salmo 36:8-9, Vulgata). Pienso que el motivo por el cual menciona al hablar de sus castigos una *"copa"* o *"cáliz"* es para que jamás imaginemos que Dios lleva a cabo las cosas fuera de su justa medida, ni aún en lo que concierne al castigo de los pecadores, y lo aclara añadiendo: *"porque el Señor es justo, y ama la justicia"* (11:7)».

nosotros".[103] No hay lazo que nos atrape tan fácilmente como el de nuestros propios pecados; cae sobre nuestras cabezas y nos encorva, impidiéndonos levantarla para mirar arriba; por ello, hemos de permanecer siempre alerta, pues para aquel que no tiene la conciencia cauterizada, hay poco descanso.

SAMUEL PAGE [1574-1630]

"David's Broken Heart; or, an Exposition upon the whole Fifty-one Psalm", 1646

Sobre los malos hará caer lazo.[104] Al cazar con el lazo, el cazador lo arroja sobre su presa desde arriba para atrapar su cabeza o sus patas; así también, mediante hábiles movimientos cargados de terror, el Señor rodeará, atrapará, y tomará cautivos a los enemigos de su ley.

C. H. SPURGEON

Sobre los malos hará llover calamidades; fuego, azufre y viento abrasador será la porción del cáliz de ellos. Caerán sobre ellos súbitamente, cual suele descargar un chubasco repentino en un día claro y despejado, cuando menos imaginen, incluso en mitad de sus fiestas y jolgorios. O, hará llover venganza cuando lo estime oportuno, no constantemente. Aunque a veces el castigo se demora, no hay la menor duda de que finalmente cae.

WILLIAM NICHOLSON [1591-1672]

"David's harp strung and tuned, or, An easie analysis of the whole book of Psalms", 1662

Sobre los malos hará llover lazos; fuego, azufre y viento abrasador será la porción del cáliz de ellos. La extraña disposición de los acontecimientos en este mundo, es un argumento que demuestra fehacientemente que llegará un día en el que toda la *involucra,*[105] todo lo misterioso y oculto de la Providencia será claramente desvelado. Entonces se resolverá el enigma de por qué Dios concede a veces a seres tan indignos y ruines tanta riqueza y tanto poder para obrar mal: ¿no será acaso para "poder destruirlos para siempre"? En aquel día serán llamados a rendir cuentas de toda la abundancia y prosperidad por la que ahora son envidiados, y cuanto más hayan abusado de ella, más terrible será su condena. Entonces se revelará que Dios no se la concedió como misericordia, sino como *"lazo"*, que en realidad no era un privilegio, sino una calamidad. Dice el salmista que sobre ellos Dios: *"hará llover lazos; fuego, azufre y viento abrasador"*; cuando derrama sobre ellos lo más deseado y envidiable de este mundo: riquezas, honores, placeres, etc., en realidad está haciendo llover sobre ellos *"lazos"*. Y cuando les llame a rendir cuentas de tales cosas, y el balance sea negativo entonces hará llover sobre ellos el *"fuego, azufre y viento abrasador"* de su ira y su furia. En la tierra, Dives,[106] nadaba en la abundancia; sin embargo, en el infierno no lograba conseguir una gota de agua para refrescar su lengua

– CASIODORO [485-583] en su *"Expositio Psalmorum"* hace esta peculiar interpretación: «Cuando dice *"sobre ellos hará llover"* se refiere a las palabras de los predicadores, que descienden del cielo y son lluvia bendita que ablanda los corazones de aquellos que las escuchan y se arrepienten, haciendo que den fruto abundante (Juan 15:5); pero a los oídos de los impenitentes son cual *"fuego, azufre y viento abrasador"*, pues a pesar de que rehúsan escucharlas y las tratan con desdén, no pueden evitar que abrasen su conciencia».

[103] Salmo 124:7.

[104] Ver nota 101.

[105] Término latino que significa "cubierto, tapado, envuelto, oculto".

[106] El nombre DIVES viene del latín *"dives"*, "rico"; y su equivalente español, Epulón, que deriva del adjetivo "opulento". No existen en el texto bíblico como nombre propio, pero la tradición en la Edad Media (siglo XIV) aplicó esos nombres al hombre rico mencionado en la Parábola de "El Rico y Lázaro" de Lucas 16:19-31. En las afueras de Jerusalén existe todavía una casa que se conoce como "La Casa de Dives" o "Casa de Epulón", aunque no hay base histórica ni arqueológica alguna para pensar que pueda tratarse

abrasada por las llamas: de no haber sido tan desmesurados sus excesos e intemperancia en vida; después de la muerte el tormento de su sed abrasadora no habría sido tan horrible; y no hubiera tenido que escuchar de boca de Abraham las horrendas palabras: *"Hijo, acuérdate que recibiste tus bienes en tu vida, y Lázaro, del mismo modo, males; pero ahora este es consolado aquí, y tú atormentado".*[107] Considerar los goces y bagatelas de este mundo como su paga, y echárselo en cara en la otra vida, no deja de ser un sarcasmo tan duro y amargo como justamente merecido. En la tierra recibiste todo tipo de bienes y disfrutaste de ellos, por eso eres atormenta aquí y ahora. ¡Oh, nunca llamemos a la púrpura y a los manjares de Dives, "cosas buenas" sabiendo que han de acabar en tormentos! ¿Acaso le fue ventajoso vestir de púrpura y lino fino para acabar luego envuelto en llamas? ¿Le mereció la pena degustar exquisitos manjares de fiesta en fiesta cuando solo lo estaban engordando para el día de su matanza?

Ezekiel Hopkins [1633-1690]
"The Excellency of Heavenly Treasures"

Sobre los malos hará llover lazos; fuego, azufre y viento abrasador será la porción del cáliz de ellos. Tras la sentencia viene la condena: tipificada, como sabemos, por la destrucción de Sodoma y Gomorra.[108] *"Lazos",* en tanto que las tentaciones de Satanás en esta vida serán sus peores castigos en la vida venidera: el fuego de la ira, el azufre de la impureza, el viento abrasador del orgullo, los deseos de la carne, la lascivia de los ojos, y las vanidades de la vida. Compárese este *"Será la porción del cáliz de ellos",* con las palabras del propio salmista en otro pasaje: *"Jehová es la porción de mi herencia y de mi copa; tú garantizas mi suerte".*[109]

Casiodoro [490-583]
citado por John Mason Neale [1818-1866] y Richard Frederick Littledale [1833-1890]
en *"Commentary on the Psalms from Primitive and Mediæval Writers",* 1869

La porción del cáliz de ellos.[110] En hebreo מְנָת כּוֹסָם *mənāṯ kōwsām,* de מְנָת *menath,* "porción, asignación, lote": la parte que les corresponde. Hace referencia a la costumbre de distribuir proporcionalmente entre los huéspedes los pedazos de carne que hubiera en el potaje.[111]

William French [1786-1849] y George Skinner [1784-1871]
"The Book of Psalms from the Original Hebrew: Translation with Explanatory Notes", 1842

---

de la casa original: suponiendo que hubiera existido realmente, pues se trata de una parábola, es más que probable que no hoy no siguiera en pie.

[107] Lucas 16:25.

[108] Génesis 19:24.

[109] Salmo 16:5.

[110] Dídimo el Ciego [313-398] en su *"Fragmenta in Psalmos"* compara el *"cáliz de los impíos"* con el *"la copa de los justos".* Las Sagradas Escrituras utilizan el simbolismo de la "copa" o "cáliz" para expresar tanto maldiciones como bendiciones. Y así vemos como Isaías exclama: *"Despierta, despierta, levántate, oh Jerusalén, que bebiste de la mano de Jehová el cáliz de su ira; porque el cáliz del aturdimiento bebiste hasta las heces"* (Isaías 51:17); y Jeremías: *"Porque así me dice Jehová, Dios de Israel: Toma de mi mano la copa del vino del furor, y da a beber de él a todas las naciones a las cuales yo te envío"* (Jeremías 25:15). Y resulta evidente que este "cáliz" o "copa" simboliza el castigo que será derramado cuando esa copa alcance su plenitud: como sucedió con Sodoma y Gomorra (Génesis 19:24): fuego, azufre y viento impetuoso. […] Pero hay otra copa, la "copa de bendición", la copa de los justos de la que nos habla el profeta en el Salmo 23 cuando dice: *"mi copa está rebosando"* (23:5), una copa que es la *porción de nuestra herencia* y sustenta nuestra suerte en lugares deleitosos (Salmo 16:5); una copa que beberemos un día hasta embriagarnos cuando veamos al Señor cara a cara: *"Porque el Señor es justo, ama la justicia; y los rectos contemplarán su rostro"* (11:7).

[111] En algunos banquetes era también costumbre repartir primero el vino disponible entre los comensales escanciado de entrada en la copa o cáliz de cada invitado la porción que le correspondía beber, y que

Vers. 7. ***Porque Jehová es justo, y ama la justicia; el hombre recto mirará su rostro.*** *[Porque Jehová es justo, y ama la justicia; los rectos contemplarán su rostro.* RVR*] [Pues el Señor es justo; El ama la justicia; los rectos contemplarán su rostro.* LBLA*] [Porque YHVH es justo y ama la justicia. Los rectos contemplarán su rostro.* BTX*] [Justo es el Señor, y ama la justicia; por eso los íntegros contemplarán su rostro.* NVI*] [Porque el Señor es justo y ama la justicia; quien es recto podrá contemplar su rostro.* BLP*] [Pues el Señor es justo y ama la justicia; los íntegros verán su rostro.* NTV*]*

Porque Jehová es justo, y ama la justicia; los rectos contemplarán su rostro.[112] El contraste delicioso de este último versículo es muy digno de tener en cuenta, ya que nos proporciona una razón adicional abrumadora para perseverar sin dejarnos llevar por el miedo, ni recurrir a subterfugios carnales para tratar de eludir las pruebas.

Porque Jehová es justo, y ama la justicia. No solo es su ocupación el defenderla, sino que su naturaleza es amarla. Si no defendiera al justo se negaría a sí mismo. Ser justo es la esencia misma del Ser divino, por tanto, no temas al desenlace de las pruebas a que pueda someterte, antes bien: *"Se justo, y no temas"*.[113] Si Dios aprueba una cosa: ¿qué importa que los hombres se opongan a ella?

---

era denominada "la parte de su cáliz"; de la misma manera que la porción asignada a cada heredero de una herencia se llamaba "la parte de su heredad". Así, cuando alguien quería referirse metafóricamente a los éxitos o males que alguien disfrutaba o padecía, solía decir "es la parte de su cáliz". En el Salmo dieciséis se utilizan simultáneamente ambas figuras: *"El Señor es la porción de mi herencia y de mi copa; tú sustentas mi suerte"* (Salmo 16:5). Un ejemplo de esta costumbre la tenemos en Génesis 43:34 *"Y José tomó viandas de delante de sí para ellos; mas la porción de Benjamín era cinco veces mayor que cualquiera de las de ellos. Y bebieron, y se alegraron con él"*. Sin embargo algunos comentaristas, como es el caso de KRAUS ven en la expresión מְנָת כּוֹסָם *mənāṯ kōwsām, "porción del cáliz"* un sentido más sagrado y cultual ligado al de la *"copa de salvación"* del Salmo 116:13 o el *"cáliz de la ira"* de Isaías 51:17,22.

[112] ¿Hasta dónde llegaba dentro del contexto histórico del Antiguo Testamento esta esperanza del salmista de "ver el rostro de Dios" que tan clara tenemos nosotros en las páginas den Nuevo Testamento (Mateo 5:8; 1 Corintios 3:18; 13:2; Hebreos 12:14; 1 Juan 3:2-3; Apocalipsis 22:4)?. SHÖKEL dice al respecto: «Hay que colocar esta frase en la línea que arranca de Jacob: *"Vi a Dios cara a cara, y fue librada mi alma"* (Génesis 32:30), sigue en la petición de Moisés: *"Te ruego que me muestres tu gloria"* (Éxodo 33:18-21), suena en este salmo y en el final del Salmo 17: *"En cuanto a mí, veré tu rostro en justicia; al despertar, me saciaré de tu semblante"* (Salmo 17:15), y alcanza una expresión única y misteriosa leyendo Job 19:25-27: *"Yo sé que mi Redentor vive, y al fin se levantará sobre el polvo; y después de deshecha esta mi piel, en mi carne he de ver de nuevo a Dios; al cual veré por mí mismo, y mis ojos lo verán, y no los de otro, aunque mi corazón desfallece dentro de mí"*». Fuera del marco de la inspiración divina de la Escritura resulta absolutamente incomprensible.

[113] La cita procede de la obra de WILLIAM SHAKESPEARE [1564-1616] en *"Henry VIII"*, "Enrique VIII", Acto I, Escena II, en boca del Cardenal Wolsey dirigiéndose a Cromwell: *"To silence envious tongues.* ***Be just, and fear not:*** *Let all the ends thou aim'st at, be thy country's, Thy God's, and truth's; then if thou fall'st, O Cromwell, Thou fall'st a blessed martyr!"*. Aunque también cabe la posibilidad de que al citarla Spurgeon tuviera en mente el poema de su contemporáneo HENRY ALFORD [1810-1871] que lleva ese título: *"Be Just And Fear Not"* y versa sobre el tema. La frase figura como lema en diversos escudos de armas.

Al recto mirará su rostro.[114] Nunca estaremos abandonados, porque el rostro de Dios está siempre vuelto hacia nosotros.[115] Observa, aprueba, se deleita en los justos. Ve el reflejo de su propia imagen, una imagen a su hechura, y por tanto los mira con complacencia.[116] ¿Y nos atreveremos a ensuciar nuestras manos con la iniquidad con tal de escapar de la aflicción? Olvidémonos de atajos y soluciones fáciles, y sigamos firmes por el camino recto, a lo largo del cual la sonrisa de Jehová nos iluminará en cada intersección. ¿Nos vemos tentados a poner nuestra luz debajo de un almud,[117] ocultando nuestra profesión de fe a nuestros vecinos? ¿Se nos sugiere que hay maneras de evitar la cruz y eludir a la vez el reproche de Cristo? No prestemos oído a la voz del encantador, al contrario, busquemos la forma de aumentar y fortalecer nuestra fe[118] para que podamos luchar contra principados y potestades, y seguir al Señor plenamente *"fuera del campamento, llevando su vituperio"*.[119] Mammon,[120] la carne, el diablo, todos nos susurran al oído al oído *"huye cual ave a tu monte";* pero en lugar de huir en retirada, demos un paso al frente y desafiémoslos. *"Resistid al diablo, y huirá de vosotros"*.[121] No hay lugar ni motivo para la retirada. ¡Adelante! ¡Que la vanguardia avance! ¡Al frente! ¡Empujemos con todo el ardor y pasión de nuestra alma!! ¡Avanzad! ¡Avanzad! ¡En nombre de Dios ¡avanzad! Porque *"Jehová de los ejércitos está con nosotros; nuestro refugio es el Dios de Jacob"*.[122]

C. H. SPURGEON

Porque Jehová es justo, y ama la justicia; su rostro contempla al hombre recto. Que Dios pueda conceder gracia sin gloria es comprensible; pero admitir que un hombre pueda tener comunión con Dios en gloria sin gracia, es inconcebible. No encaja con la santidad divina permitir que nadie habite el cielo, y pueda conversar libremente con él en una relación personal de amor, sin las calificaciones otorgadas por la gracia: "*Porque Jehová es justo, y ama la justicia; su rostro contempla rostro al hombre recto*". Dios se complace en el justo, y le contempla con mirada sonriente; en consecuencia, no puede mirar favorablemente al injusto. Y esto no es algo que surja únicamente del mandato divino por ser renovados,[123] sino que parte de la propia naturaleza divina, porque Dios, al ser santo, no puede conversar con una criatura impura. O bien Dios tendría que cambiar su naturaleza o bien tiene que cambiar la naturaleza del pecador. No puede haber comunión amistosa entre dos naturalezas distintas

[114] Hemos utilizado aquí la traducción de la RVA (Reina Valera Antigua) porque es la que más se ajusta a la de la KJV que traduce: *"his countenance doth behold the uprigh"*, "su rostro contempla al hombre recto", y sobre la cual Spurgeon basa su comentario. Probablemente tiene su origen en la versión griega de los LXX o Septuaginta que lee: ὅτι δίκαιος κύριος καί δικαιοσύνη ἀγαπάω εὐθύτης ὁράω ὁ πρόσωπον αὐτός, que la Vulgata traduce al latín como: *"quoniam iustus Dominus, et iustitias dilexit aequitatem vidit vultus eius"*, "Porque justo es el Señor y ha amado la justicia: su rostro ha mirado la equidad". Pero el texto hebreo es suficientemente explícito: יָשָׁר יֶחֱזוּ פָנֵימוֹ *yāšār yeḥĕzū pānêmōw*, y prácticamente ninguna de las traducciones actuales entiende que sea Dios quien contemple el rostro de los rectos, sino a la inversa: los rectos contemplarán el rostro de Dios.

[115] Spurgeon hace aquí un juego de palabras con el término *"countenance"*, "rostro, semblante" prácticamente imposible de traducir al español: *"We need never be out of countenance, for God countenances us"*. Hemos hecho una traducción del sentido.

[116] Salmo 15:2; 24:3-4; 51:6; 73:1; Proverbios 22:11; 2 Corintios 7:1; Hebreos 10:22; 12:14; Santiago 4:8

[117] Mateo 5:15.

[118] Lucas 17:5.

[119] Hebreos 13:13.

[120] Mateo 6:24; Lucas 16:13.

[121] Santiago 4:7.

[122] Salmo 46:7.

[123] Romanos 12:2; Efesios 4:22-24.

sin operar el cambio de una de ellas en la semejanza de la otra. Lobos y ovejas, tinieblas y luz, no pueden estar de acuerdo ni habitar en el mismo espacio. Dios no puede amar a un pecador como pecador, porque aborrece la impureza tanto por decisión de su voluntad como por requisito de su propia naturaleza. Tan imposible es que Dios ame la impureza, como que deje de ser santo.

STEPHEN CHARNOCK [1628-1680]
"A Discourse of the Nature of Regeneration"

SALMO 12

Pensamientos buenos en tiempos malos

Título y tema: Este Salmo lleva por título: *"Al músico principal; sobre Seminit.* [1] *Salmo de David"*, un título idéntico al del Salmo 6, con la excepción de que aquí se omite el término *"Neginot"*. Por tanto, no tenemos mucho que añadir, salvo referir al lector a lo que ya hemos comentado respecto al título del Salmo 6. Puesto que *"Seminit"* significa «el ocho», la versión arábiga concluye que este salmo tiene que ver con fin del mundo, que tendrá lugar en el octavo día y que, por tanto, tiene que ver con la venida del Mesías.[2] Sin dar por válida una interpretación tan extravagante, es cierto que podemos leer este cántico de fe y lamento a la luz de la segunda venida de Aquel que quebrantará al opresor. Pienso, por tanto, que el tema de este salmo se esclarecerá a los ojos de la mente si lo titulamos: Pensamientos buenos en tiempos malos.[3] Se cree que David lo escribió mientras él y sus partidarios eran perseguidos por Saúl.

C. H. Spurgeon

Estructura: En los versículos uno y dos (12:1-2), David se lamenta delante del Señor por la deslealtad reinante en su época; en los versículos tres y cuatro (12:3-4), anuncia el juicio divino sobre los traidores soberbios; en el versículo cinco (12:5), es Jehová mismo quien hace tronar su ira contra los opresores. Y al escuchar esto, el Músico Principal canta dulcemente en los versículos seis y siete (12:6-7), la fidelidad de Dios y el cuidado que Él tiene de su pueblo; concluyendo el cántico en el lamento de nuevo en el versículo ocho (12:8), al contemplar la abundante maldad que le rodea.[4]

---

[1] Sobre el termino *"Seminit"*, en hebreo הַשְּׁמִינִית *haššəmînîṯ,* "en la octava" o *"para la octava"* ver los comentarios al título del Salmo 6 en este mismo tomo. En la versión griega de los LXX o Septuaginta el título es: σώζω ἐγώ κύριος ὅτι ἐκλείπω ὅσιος ὅτι ὀλιγόω ὁ que la Vulgata traduce al latín como: *"in finen, pro octava, Psalmus David"*, "Para el fin, para la octava, Salmo de David".

[2] Los Padres de la Iglesia comentaron:

– Agustín de Hipona [354-430]: «Ya indicamos al exponer el Salmo 6 que el *"octavo día"* se aplica al día del juicio, y por tanto *"para el octavo"*, como leemos en la cabecera de este Salmo, tiene que ver con la eternidad, puesto que transcurrido el actual período de tiempo, el *"día octavo"* será entregado como herencia a los santos».

– Casiodoro [485-583]: «Como ya hemos explicado al comentar el Salmo 6, el número *"ocho"* se refiere a nuestro reposo eterno, puesto que en este mundo no existe un octavo día; después del séptimo volvemos al primero (…) y es en este sentido: el de nuestro descanso eterno, que es preciso entender estas palabras: el salmista suplica que la maldad sea erradicada en este mundo para que alcancemos finalmente la herencia futura que tenemos prometida».

[3] En este sentido algunos comentaristas consideran que el Salmo 12 guarda un paralelismo con los primeros versículos del capítulo 1 del libro de Habacuc: *"Destrucción y violencia hay delante de mí, y se levantan pleitos y contiendas. Por lo cual la ley es debilitada, y el juicio no sale según la verdad; por cuanto el impío asedia al justo, por eso sale torcida la justicia"* (Habacuc 1:3-4). Uno de los himnos más famosos escritos por Martín Lutero [1483-1501] escrito en 1523 se basa en las palabras de este Salmo: *"Ach Gott, vom Himmel sieh darein"*. Fue traducido al inglés en 1863 por Catherine Winkworth [1827-1878]: *"O God, from heaven look down and see / A sight which well may move Thee: / Of godly men how few there be, / Forsaken we who love Thee!"*. "Señor, mira desde el cielo y contemplarás una escena que te sobrecogerá. Porque ya no quedan piadosos, no olvides pues a los que te amamos".

[4] Atanasio de Alejandría [296-373] en su carta a su discípulo Marcelino sobre la naturaleza y valor de los salmos le dice refiriéndose a este salmo: «Si ves que la soberbia de los hombres va en aumento, la maldad

Aquellas almas santas que moran en Mesec y acampan en las tiendas de Cedar,[5] podrán leer y entonar estas estrofas sagradas con sus corazones en completa armonía con su melodía dual que combina el lúgubre lamento con la sublime confianza.[6]

C. H. SPURGEON

progresa y las cosas en este mundo van de mal en peor, hasta el punto que ya no quedan personas piadosas entre los hombres ni en el mundo acciones santas, no te amilanes, ten confianza en el Señor y entona el Salmo 12». El Tomo I de "El Tesoro de David" incluye una traducción completa de la Carta de Atanasio a Marcelino. [Tomo I - pp. 49-50].

[5] Salmo 120:5.

[6] FRANCISCO LACUEVA [1911-2005] hace en su versión del "Comentario de Matthew Henry" este interesante resumen del Salmo 12: «El salmo nos provee de buenos pensamientos para malos tiempos.

I. ¿Qué son "tiempos malos"? La escasez de dinero, el fracaso del negocio, las desolaciones de la guerra, etc., hacen que los tiempos sean malos. Pero la Escritura achaca la maldad de los tiempos a causas de otra naturaleza (2 Timoteo 3:1): *"...en los últimos días vendrán tiempos difíciles"*. ¿Por escasez de dinero, quiebra del negocio o desolación de una guerra? ¡No! El Apóstol lo atribuye a la maldad de los hombres en un grado no conocido anteriormente. De esta maldad se queja David y afirma que los tiempos son malos cuando: [Versículo 1] Cuando hay una general decadencia de la piedad y de la honestidad entre los hombres *"...se acabaron los compasivos; ...han desaparecido los leales de entre los hijos de los hombres"*. Obsérvese cómo se colocan juntas estas dos cualidades: *la compasión* (hebreo חָסִיד *ḥāsîḏ*, el piadoso para con Dios y los hombres) y *la lealtad* (hebreo אֱמוּנִים *'ĕmūnîm*, los fieles). Donde no hay piedad sincera, no se puede esperar lealtad. Se dice aquí de estas personas que han cesado y que han caído, es decir: *Los verdaderamente buenos han sido quitados de en medio, y los que solo lo parecían han degenerado hasta dejar de ser lo que parecían*. [Versículos 2 y 3] Cuando los hombres son tan desvergonzados como para planear contra sus prójimos los peores males y, no obstante, son tan viles como para cubrir sus designios con plausibles profesiones de amistad. Pueden llegar a besar para matar (Lucas 22:48). Es la imagen perfecta del diablo, mentiroso y homicida (Juan. 8:44) ¡Ciertamente son pésimos los tiempos cuando ha desaparecido del todo la sinceridad! [Versículo 4] Cuando los pecadores arrogantes han llegado a tal nivel de impiedad como para decir: *"Por nuestra lengua prevaleceremos contra toda causa virtuosa; nuestros labios por nosotros* (literal: *son nuestros*) *y podemos decir lo que nos venga en gana; ¿quién va a ser amo nuestro*?" Injustas y jactanciosas pretensiones, porque ¿quién nos hizo la boca, en cuya mano está nuestro aliento y el aire que respiramos? ¿Y quién sino Él es el que tiene plena autoridad, señorío y dominio sobre nosotros, para mandarnos y para juzgarnos? (Comparar con Éxodo. 5:2). [Versículo 5] Cuando los pobres y necesitados se hallan bajo opresión y abuso. Esta maldad se insinúa en el v. 5, donde Dios mismo toma nota de la opresión de los pobres y del suspiro de los menesterosos. [Versículo 8] Cuando abunda la maldad hasta tal punto que cunde descaradamente bajo la protección o la vista gorda de los que están en autoridad *"Porque la vileza es exaltada entre los hijos de los hombres"*.

II. En tiempos malos, sirve de consuelo pensar: [Versículo 1] Que tenemos un Dios a quien acudir para pedirle que salga a favor nuestro y nos compense de los males que nos afligen. Con esto comienza David el Salmo *"Salva oh Jehová..."*. [Versículo 3] Que Dios pedirá cuentas de seguro a los orgullosos y desleales; que castigará y refrenará su insolencia. Los hombres no pueden descubrir a menudo la falsedad de los aduladores, ni humillar la altivez de los que hablan con arrogancia; pero el Dios justo *"arrancará los labios lisonjeros y las lenguas que hablan jactanciosamente"*. Así lo pide el salmista y así lo espera con toda confianza. [Versículos 4 y 5] Que Dios llevará a cabo, a su debido tiempo, la liberación de sus hijos oprimidos y les resguardará de los malignos designios de quienes les persiguen: *"Ahora me levantaré, dice Jehová"*. Cuando los opresores se hallen en el pináculo de su orgullo e insolencia, cuando digan: *"¿quién va a ser amo nuestro?"*, entonces es la hora de Dios para hacerles saber, a costa de ellos, que está por encima de ellos. Y cuando los oprimidos están en el fondo de su aflicción y desespero entonces es también la hora de Dios para salir a favor de ellos, como salió a favor de Israel cuando los israelitas se sentían más abatidos,

Versión poética:

SALVUM ME FAC DOMINE, QUONIAM DEFECIT SANCTUS

Sálvame ya, Señor, porque en la tierra
de santidad no queda el menor rastro,
y hasta la buena fe de las palabras,
se ha desterrado del comercio humano.

Trabajan con ardor para engañarse
unos a otros con discursos falsos,
su boca como sierpe venenosa
a su prójimo muerde sin reparo.

Otras veces los dardos de sus puntas
salen por labios dulces y enmielados,
y por fin con sus dobles corazones
meditan negro cuando dicen blanco.

Que el Señor los confunda y extermine,
que disipe y destruya a estos falsarios,
que orgullosos están, porque en el arte
de la impostura se imaginan sabios.

Se dicen a sí mismos: la elocuencia
nos acarrea honor, produce aplauso,
nuestra lengua combate por nosotros,
¿y quién podrá contra ella dominarnos?

Pero dice el Señor: seré yo mismo
quien la dominará; ya me levanto,
porque no sean el pobre ni el humilde
víctimas tristes de su infiel engaño.

---

y el faraón se sentía más exaltado. *"Ahora me levantaré, dice Jehová"*. Y añade literal: אָשִׁית בְּיֵשַׁע יָפִיחַ לוֹ *'āšîṯ bəyêša' yāpîaḥ lōw* "(le) pondré a seguro" es decir, le protegeré, le salvaré, le restauraré de forma que no pierda nada por lo que haya sufrido, le cumpliré lo que él anhela. [Versículo 6] Que, aun cuando los hombres sean desleales, Dios es fiel: *"Las palabras de Jehová son palabras sinceras"* טְהֹרוֹת *ṭəhōrōwṯ* de טָהוֹר *tahor* "limpias, puras", como plata refinada, es decir, acrisolada siete veces, esto es, perfectamente. [Versículo 7] Que Dios se reservará de seguro un remanente suyo, por malos que sean los tiempos *"Tú, Jehová, nos guardarás; de esta generación nos preservarás para siempre"*. En tiempos de general apostasía, el Señor conoce a los que son suyos y les concederá gracia para que preserven su integridad.

Yo los libertaré de sus perfidias,
no obstante su saber los pondré a salvo
de su lengua infernal, yo lo aseguro,
pues nadie a mi poder puede estorbarlo.

Las palabras de Dios son verdaderas,
sus discursos más puros y más santos
que la plata que pasa siete veces
por el crisol, y se ha purificado.

Así espero, Señor, que nos defiendas
de sus agudos y punzantes labios,
y ojalá que nos libres para siempre
de esta pérfida raza de malvados.

Pero ¡ay de mí! que veo en todas partes
que estos inicuos nos están rodeando:
adoro tus secretos, pues permites,
que en este mundo se multipliquen tanto.

DEL "SALTERIO POÉTICO ESPAÑOL", SIGLO XVIII

Vers. 1. ***Salva, oh Jehová, porque se acabaron los piadosos; porque han desaparecido los fieles de entre los hijos de los hombres.*** *[Salva, oh Jehová, porque se acabaron los compasivos; porque han desaparecido los leales de entre los hijos de los hombres.* RVR*] [Salva, Señor, porque el piadoso deja de ser; porque los fieles desaparecen de entre los hijos de los hombres.* LBLA*] [¡Salva, oh YHVH, porque se han acabado los piadosos! Porque han desaparecido los leales entre los hijos del hombre.* BTX*] [Sálvanos, Señor, que ya no hay gente fiel; ya no queda gente sincera en este mundo.* NVI*] [Sálvanos, Señor, que ha desaparecido el fiel, no queda lealtad entre los seres humanos.* BLP*] [¡Auxilio, oh Señor, porque los justos desaparecen con rapidez! ¡Los fieles se han esfumado de la tierra!* NTV*]*

Salva, oh Jehová.[7] Una oración corta pero dulce, sugerente, adecuada y eficaz; válida para todas las ocasiones y tan útil en las contiendas como la espada de un ángel. Ainsworth[8] nos dice que la

[7] El nombre del Señor: יְהוָה *Yahweh,* aparece cinco veces en el Salmo ligado a cinco acciones concretas: En el versículo 1 para pedir ayuda: הוֹשִׁיעָה יְהוָה *hōwōšî'āh Yahweh;* en el versículo 3 para pedirle que acabe con los labios lisonjeros: יַכְרֵת יְהוָה כָּל־שִׂפְתֵי *yakrêṯ Yahweh kāl-śip̄ṯê;* en el versículo 5 para anunciar que se levantará: עַתָּה אָקוּם יֹאמַר יְהוָה *'attāh 'āqūm yōmar Yahweh;* en el versículo 6 para afirmar que sus palabras son puras: אִמֲרוֹת יְהוָה אֲמָרוֹת טְהֹרוֹת *'imărōwṯ Yahweh 'ămārōwṯ ṭəhōrōwṯ;* y en el versículo 7 para asegurar que nos protegerá de los impíos: אַתָּה־יְהוָה תִּשְׁמְרֵם תִּצְּרֶנּוּ *'attāh-Yahweh tišmərêm tiṣṣərennū.*

[8] Se refiere a HENRY AINSWORTH [1571-1622], teólogo inglés no conformista, nacido en Swanton Morley, Norfolk, educado en el *Caius College* de Cambridge y posteriormente exilado y afincado en Ámsterdam. Erudito y reconocido especialista en hebreo bíblico, fue autor de numerosas obras, entre las que destacan sus traducciones anotadas o comentarios a Génesis (1616); Éxodo (1617); Levitíco (1618); Números

expresión *"Salva"*[9] tiene un sentido muy amplio en el hebreo y significa también "ayúdame, líbrame, presérvame", etc. Es por tanto una oración muy completa e instructiva. El salmista ve el peligro extremo en que se encuentra, porque más le vale a un hombre estar rodeado de leones que de mentirosos; se da cuenta de su propia incapacidad para tratar con semejantes hijos de Belial,[10] porque *"el que quiera tocarlos debe armarse de hierro y de hasta de lanza"*;[11] y, por tanto, se vuelve hacia el Ayudador todopoderoso, el Señor, que nunca niega la ayuda a sus siervos, y cuyo auxilio suple todas las necesidades. *"Salva, oh Jehová"*, es un recurso muy útil, una bengala de socorro que podemos lanzar al cielo en todas las situaciones de emergencia, bien sea en el trabajo, en el estudio, ante el dolor y el sufrimiento, en la lucha cotidiana, en la vida o en la muerte. Así como los navíos pequeños pueden navegar en puertos vedados a barcos más grandes que tienen un mayor calado; así también nuestras oraciones breves y peticiones cortas pueden navegar mejor cuando nuestra alma, amarrada por los vientos de la vida y los negocios cotidianos no puede ofrecer devociones más largas, y el arroyo de la gracia parece demasiado bajo en su cauce como para que flote en él una súplica más elaborada.

Porque se acabaron los compasivos.[12] La muerte, la partida o la mengua de personas piadosas debería ser en la Iglesia un clarín de aviso que llame a más oración. Dicen que lo primero que hiede del pescado es la cabeza; de igual forma, cuando los fieles piadosos decaen, la comunidad entera se corrompe con rapidez. Aunque debemos ser cautos y no hacer juicios precipitados, pues Elías se equivocó al suponer que él era el único siervo de Dios que quedaba con vida, cuando Dios tenía miles en reserva.[13] Los tiempos que vivimos siempre nos parecen los peores y más peligrosos, porque su proximidad nos permite ver fácilmente la maldad en todo su alcance, mientras que los problemas de siglos pasados, al estar más lejos, nos pasan desapercibidos. Y sabemos que en los últimos días *"por haberse multiplicado la maldad, el amor de muchos se enfriará"*;[14] por tanto debemos, cada vez más,

---

(1619); Deuteronomio (1619) Salmos (incluyendo una versión métrica, 1612); y el Cantar de los Cantares de Salomón (1623). Su obra *Psalms, The Book of Psalms: Englished both in Prose and Metre with Annotations* [Ámsterdam, 1612], que incluye en una separata treinta y nueve melodías monofónicas de salmos, es conocida como el *Ainsworth Psalter*, "El Salterio de Ainsworth", único libro de música que los peregrinos puritanos llevaron a Nueva Inglaterra en 1620, posteriormente revisado y convertido en el *Bay Psalm Book*, y que tuvo una influencia fundamental en la primitiva salmodia norteamericana

[9] En hebreo הוֹשִׁיעָה *hōwōšî'āh* de יָשַׁע *yasha,* "ayuda, libra, ejecuta venganza". Una expresión utilizada para pedir justicia o ayuda tanto al rey como a Dios (2 Samuel 14:4; 2 Reyes 6:26; Salmo 12:1; 20;9; 28:9; 60:5; 98:1; 108:6; 118:25).

[10] En hebreo בְּלִיַּעַל *bəlîya'al,* sinónimo de perversidad o apelativo de Satanás (1 Samuel 25:17,25; Nahúm 1:11; 2 Corintios 6:15, RVR). En el AT se utiliza mayoritariamente para identificar a personas impías o perversas (Jueces 19:22; 20:13; 1 Samuel 1:16; 2:12; 10:27; 1 Reyes 21:10; 2 Crónicas 13:7) o bien la idea de *"destructor"* (Nahúm 2:1). En el NT y los manuscritos del Mar Muerto se usa el término como nombre propio de Satanás príncipe de demonios y las tinieblas (2 Corintios 6:15, RVR).

[11] 2 Samuel 23:7.

[12] La versión griega de los LXX o Septuaginta lee: ὁ ἄνθρωπος que la Vulgata traduce como *"defecit sanctus"*, "falto santo". En hebreo חָסִיד *ḥāsîḏ* de חָסִיד *chasid.* SCHÖKEL indica que en este caso no tiene el sentido religioso o espiritual que adquiere en otros contextos, como: *"Jehová ha escogido al piadoso para sí"* (Salmo 4:3); sino más bien un sentido general de integridad o veracidad: *"se acabaron los veraces"*; que va en paralelo con אֱמוּנִים *'ĕmūnîm*, "fidelidad, lealtad". Por ello traduce el versículo como: *"¡Sálvanos, Señor!, que se acaba la lealtad, que desaparece la sinceridad entre los hombres"*. «Se trata de actitudes profundas, actitudes habituales, de las cuales proceden los actos. Si no domina el sentido de lealtad, no valdrán leyes, triunfarán engaño y arrogancia» (Ver: Salmo 116:11; Proverbios 20:6; Jeremías 7:28; 9:3-4; Miqueas 7:2).

[13] 1 Reyes 19:14-18; Romanos 11:2-5.

[14] Mateo 24:12.

olvidarnos de los hombres y dirigirnos al Señor de la Iglesia, por cuya promesa y con cuya ayuda las puertas del infierno no prevalecerán contra nosotros.[15]

Porque han desaparecido los fieles de entre los hijos de los hombres.[16] Cuando la piedad desaparece, la fidelidad no tarda en seguir el mismo camino; sin el temor de Dios, los hombres no aman la verdad. La honestidad común deja de ser común cuando el agnosticismo y el ateísmo conducen a la impiedad. Cuando David escribía este versículo, tenía los ojos puestos en Doeg,[17] y en los hombres de Zif y Keila;[18] quizás recordaba el asesinato de sacerdotes en Nob;[19] y los proscritos que se juntaron con él en la cueva de Adulam;[20] y se preguntaba hacia dónde iba Israel, qué sería del pueblo sin el ancla de sus hombres piadosos y fieles.[21] Pero aún en medio del desgobierno David no se avino a complots ni toleró conspiraciones sediciosas, sino que presentó súplicas solemnes; no se sumó a la multitud de los que hacían lo malo,[22] sino que empuñó las armas de la oración para mantenerse firme y repeler los ataques impíos contra la virtud.

C. H. SPURGEON

Salva, oh Jehová. ¡Ya era hora de pedir ayuda al cielo! Saúl había ordenado a su guardia: *"Volveos y matad a los sacerdotes de Jehová"*,[23] pecando así contra el Espíritu Santo[24] (en la opinión de grandes teólogos). David, después de sentir una profunda tristeza por la matanza y sus causas: la información maliciosa de Doeg el edomita,[25] junto con la pasividad de sus escasos amigos y la multitud de sus enemigos en la corte, todos conjurados contra él; se dirige a Dios pidiendo ayuda y abre abruptamente su oración con esas palabras: *"Salva, oh Jehová"*. La versión Arábiga[26] traduce: *"Líbrame con el grueso de tus fuerzas"*, es decir, con todas tus tropas y tus mejores armas de guerra, porque: *"El Señor es fuerte guerrero"*.[27]

JOHN TRAPP [1601-1669]
"A commentary or exposition upon the books of Ezra, Nehemiah, Esther, Job and Psalms", 1657

---

[15] Mateo 16:18.

[16] La versión griega de los LXX o Septuaginta lee: μάταιος λαλέω ἕκαστος πρός ὁ πλησίον y la Vulgata traduce: *"quoniam diminutae sunt veritates a filis hominum"*, "han venido a menos las verdades entre los hijos de los hombres". Sobre esta traducción AGUSTÍN DE HIPONA [354-430] hace este peculiar comentario: «La verdad que ilumina a las almas es una sola; pero las almas iluminadas son muchas. Por lo que cabe afirmar con propiedad que las verdades reflejadas por ellas son también muchas, de la misma forma que la imagen de un mismo rostro puede verse reflejada simultáneamente por multitud de espejos».

[17] 1 Samuel 22:9-22.

[18] 1 Samuel 23:1-29.

[19] 1 Samuel 22:17-19.

[20] 1 Samuel 22:1-2.

[21] Sobre esto dice EVAGRIO DEL PONTO [345-399] en sus *"Scholia in Psalmos"*: «Si la verdad comienza a flaquear entre los santos, disminuye la integridad en general. Pues la actitud de los santos lleva a que otras personas íntegras y honestas se cuestionen su proceder. Cuando los santos aflojan la verdad flaquea; y probablemente esta sea la razón de que hayan surgido y prosperado tantas herejías».

[22] Éxodo 23:2.

[23] 1 Samuel 22:17.

[24] Mateo 12:32; Marcos 3:29; Lucas 12:10.

[25] 1 Samuel 22:9-10.

[26] Existen varias versiones arábigas de porciones del Antiguo Testamento. Una de las más conocidas es la del obispo Juan de Sevilla, hecha en el 724 para los árabes cristianos, otras datan del siglo x.

[27] Éxodo 15:3, LBLA.

Salva, oh Jehová. De igual manera que una madre cuidadosa, al cruzar una calle por la que circulan carruajes a toda velocidad, agarra a su hijo de la mano o lo toma en sus brazos cobijándolo en su seno; o que la gallina, viendo al azor voraz sobre su cabeza, cloquea y junta a todos sus polluelos bajo sus alas; así también Dios, cuando tiene intención de azotar con calamidades una tierra, tiene por costumbre llamar antes a su presencia a sus amados, sacándolos del lugar de peligro. El Señor aparta del mal que está por venir a sus siervos escogidos. Así fue con Agustín, que fue llamado a la presencia de su Señor poco antes de que la ciudad de Hipona cayera en poder de los Vándalos[28]; así fue con Pareus[29] llamado a su Patria celestial antes de que Heidelburg[30] fuera saqueada; y así fue con Lutero, llamado a la casa del Padre antes de que Alemania se viera devastada por una sangrienta guerra.[31]

Edward Dunsterville
en un sermón predicado el 31 de Marzo de 1642 en el funeral de Sir Simon Harcourt [1603-1642]

Porque han desaparecido los fieles de entre los hijos de los hombres.[32] Un hombre fiel, como un padre, íntegro, consejero, "sin ardid": *"¿quién lo hallará?"*.[33] Miremos de cerca. Mirémonos a nosotros mismos a la luz de estas palabras. ¿Creen nuestros amigos o prójimos que somos fieles? ¿Qué testimonio da nuestro trato diario? Por hacernos simpáticos y agradables, ¿no ocultamos a menudo lo que pensamos, no hablamos a expensas de la verdad? Muchos de nuestros halagos y parabienes a los demás ¿no son opuestos a nuestros verdaderos sentimientos? En la vida real se penalizan los delitos graves, pero se pasan por alto miles de ofensas menores,[34] que rompen la pared entre el pecado

[28] Durante los últimos años de su vida, San Agustín [354-430] vivió el cataclismo de la invasión vándala del norte de África. A finales del mes de mayo del año 430 los vándalos liderados por Genserico se presentaron delante de Hipona, la ciudad más fortificada de la región, y establecieron un sitio que duró 14 meses. Durante el sitio, Agustín cayó enfermo de fiebres y supo que aquella enfermedad sería fatal, aunque su mente se mantuvo lúcida hasta su muerte y el 28 de agosto del año 430, a la edad de 76 años. Pocos meses después Hipona cayó en poder de los Vándalos y quedó totalmente arrasada.

[29] Se refiere a David Pareus [1584-1622], teólogo reformado alemán nacido en la ciudad de Frankenstein (actualmente conocida como Ząbkowice Śląskie, en Polonia); cursó sus estudios en el *Collegium Sapientiae* en Heidelberg, bajo la tutoría de Zacharias Ursinusque. Fue pastor en Niederschlettenbach, cerca de Bergzabern, pero después de largas disputas con la población católica de la ciudad regresó a Heidelberg como profesor. Tras ejercer de pastor en diversas poblaciones fue investido Doctor en Teología en 1593 y posteriormente fue Profesor de Antiguo Testamento (1596) y Nuevo Testamento (1602). Su principal aportación fue la primera versión reformada de la Biblia en alemán, llamada *Neustädter Bible.*

[30] Se refiere a la ciudad alemana de Heidelburg, actualmente conocida como Heidelberg, situada en el valle del río Neckar en el noroeste de Baden-Wurtemberg. En plena la Guerra de los Treinta años, en 1622, y tras un asedio de dos meses, fue devastada por los ejércitos de la Liga Católica, comandada por el Conde de Tilly, que tomaron la ciudad y el castillo, entregando al Papa como regalo la *Bibliotheca Palatina* que había en la Iglesia del Espíritu Santo.

[31] Se refiere a lo que se conoce como Guerra de Esmalcalda entre 1546 y 1547, que enfrentó al ejército del emperador Carlos v, comandado por Fernando Álvarez de Toledo, Duque de Alba, contra el ejército de la Liga de Esmalcalda, formada por los Estados luteranos y dirigida por Juan Federico i de Sajonia y Felipe i de Hesse. Lutero murió el 18 de febrero de 1546; la guerra comenzó el 9 de Julio de ese mismo año 1546.

[32] *"Entre los hijos de los hombres",* literal: "los hijos de Adán". Una expresión peculiar. En hebreo מִבְּנֵי אָדָם *mibbənê ʾāḏām.* Schökel hace notar que esta expresión confiere al salmo un carácter universal que trasciende los límites de Israel, el pueblo escogido, para abarcar a toda la humanidad.

[33] Proverbios 20:6.

[34] La tradición Católica Apostólica Romana tiene un dicho para definir esta suerte de faltas: *"Peccata minuta"*, "pecados pequeños" y que acabó convirtiéndose en una locución latina de uso cotidiano utilizada

y el deber, y que, juzgados desde la perspectiva divina, son en realidad pasos culpables en un terreno prohibido.[35]

Charles Bridges [1794-1869]
"A Commentary on Proverbs", 1850

Porque han desaparecido los fieles de entre los hijos de los hombres. Para que pueda ser considerado *"fiel"*, un hombre debe ser ante todo fiel a sí mismo; fiel a Dios y fiel a los demás, particularmente a la Iglesia de Dios. Y esto es de suma importancia en los ministros del evangelio.

Joseph Irons [1786-1852]
"The Song of Solomon, in Blank Verse", 1840

Salva, oh Jehová, porque se acabaron los compasivos; porque han desaparecido los leales de entre los hijos de los hombres.

Reflexiona, pesimista, deja de odiar la vida,
y de querer marcharte a una playa desierta;
las rocas cercanas te ocultan la perspectiva general.
Pues en el Israel caído, hay corazones y ojos,
que día tras día piensan y oran lo mismo que tú;
no les conoces, pero su Creador sí les conoce.
Regresa, pues, al mundo, y no sientas miedo
de echar tu pan sobre las aguas[36] en la certeza
de que finalmente, con gozo lo recogerás.[37]

John Keble [1792-1866]
"The Christian year", 1827

---

para identificar lo que se considera un error o falta leve o relativizar la gravedad de algunos hechos por comparación a otros.

[35] El filósofo, poeta, economista y reformador social inglés John Ruskin [1819-1900] considerado como uno de los padres del socialismo cristiano, en su famoso libro para jóvenes *"Our Fathers Have Told Us: sketches on the History of Christiendom"*, publicado en 1880, incluye en Salmo 12, junto con los Salmos 1, 8, 13, 14, 15, 19, 23, 24, 48, 72 y 75 como salmos clave para la guía personal y el desarrollo social.

[36] Eclesiastés 11:1.

[37] Sobre este mismo tema incluimos el hermoso poema en catalán de Benjamín Vila Campderrós [1918-1994]:

És aviat per recollir-te encara
tot i que veig que ja t'estàs glatint
per deixar el món i llançar-te a la volada
que per fi et porti al recer de mon niu.

Ja creus a ser a la fi de la jornada
perquè, per un moment, cansat et sents?
El sol és alt, torna a agafar l'arada
abans no es pongui et resta molt que fer.

No veus un desvalgut per ajudar-lo?
Llàgrimes no n'hi ha per eixugar?

Vers. 1, 2 y 4. Echad un vistazo a nuestros mercados, nuestras ferias, nuestros negocios, nuestros tratos y contratos comerciales; nuestras bodegas, nuestras medidas, nuestras promesas, nuestras protestas; los trucos de la política y sus engaños maquiavélicos; las subidas de precios en todas las materias primas. Y decidme, luego, si el Salmo 12 no encaja al detalle con la situación político-social que se da en nuestros días, igual que encajaba en la época del hombre de Dios que lo escribió. Nuestra sociedad desborda el mismo fingimiento, las mismas artimañas, mentiras, engaños, astucias y sutilezas que llevaron al salmista a tener que gritar hastiado: *"Salva, oh Jehová, porque se acabaron los piadosos; porque han desaparecido los fieles de entre los hijos de los hombres. Habla mentira cada uno con su prójimo; hablan con labios lisonjeros, y con doblez de corazón; hablan jactanciosamente y han dicho: Nuestros labios son nuestros; ¿quién es señor de nosotros?"* [38]

Robert Wolcombe[39]
"A Glass for the Godly; containing many confortable Treatises to persuade Men from the love of this World, to the Love of the World to come", 1612

Vers. 2. *Habla mentira cada uno con su prójimo; hablan con labios lisonjeros, y con doblez de corazón.* *[Habla mentira cada uno con su prójimo; hablan con labios lisonjeros, y con doblez de corazón.* RVR*] [Falsedad habla cada uno a su prójimo; hablan con labios lisonjeros y con doblez de corazón.* LBLA*] [Hablan falsedades, cada uno a su prójimo, hablan con labios lisonjeros y doblez de corazón.* BTX*] [No hacen sino mentirse unos a otros; sus labios lisonjeros hablan con doblez.* NVI*] [Se mienten unos a otros, conversan con lengua aduladora y corazón doble.* BLP*] [Los vecinos se mienten unos a otros: se halagan con la lengua y se engañan con el corazón.* NTV*]*

Hablan vanidad cada uno con su prójimo.[40] Por su necedad, frivolidad y ausencia de valía, dicen cosas que no merece la pena *escuchar;* que en las que no se puede *creer,* porque son falsas y mienten; tampoco *confiar,* porque son aduladoras y partidistas; ni siquiera *considerar,* porque encandilan

---

No veus un peregrí per orientar-lo?
Ni un cor orfe d'amor per estimar?

Si no per a tu, no vols pels altres viure?
Ja sé que és ple d'espines ton camí;
paga cada punxada amb un somriure
posa-ho al compte que has de saldar amb mi.

En español, la traducción viene a ser: «Es aún temprano para recogerte / aunque veo que ya estás anhelando / dejar el mundo y lanzarte al vuelo / que por fin te lleve al cobijo de mi nido. // ¿Crees estar ya al fin de la jornada / porque, por un momento, te sientes cansado? / El sol está alto, vuelve a recoger el arado / antes que se ponga te queda mucho por hacer. // ¿No ves un desvalido para ayudarlo? / ¿No hay lágrimas por enjugar? / ¿No ves un peregrino para orientarlo? / ¿Ni un corazón huérfano de amor para amar? // ¿Si no por ti, no quieres vivir por los demás? / Ya sé que tu camino está lleno de espinas; / paga cada punzada con una sonrisa / ponla en la cuenta que conmigo has de saldar».

[38] Wolcombe escribió este párrafo en el año 1612, a principios del siglo xvii. Y, sin embargo, podría pensarse que está sacado de un periódico publicado en cualquier país del mundo en pleno siglo xxi.

[39] También conocido como Robert Wollocombe.

[40] En hebreo שָׁ֤וְא ׀ יְֽדַבְּרוּ֮ אִ֤ישׁ אֶת־רֵ֫עֵ֥הוּ *šāw yədabbərū 'îš 'eṯ-rê'êhū.* El término hebreo שָׁוְא *šāw* que nuestras versiones traducen por "mentira" o "falsedad" lo encontramos en Éxodo 23:1 y Deuteronomio 5:20: *"No dirás falso testimonio contra tu prójimo"*, por lo cual el sentido es claro. La KJV traduce: *"They speak*

la vanidad del oyente hinchándolo de orgullo de sí mismo. Es triste cuando la adulación se pone de moda. «Habla bien de mí y hablaré bien de ti»[41] reza un viejo proverbio escocés; ponme por las nubes, y te pondré por las nubes. A las personas honestas los cumplidos y halagos les resultan odiosos, porque saben que si los aceptan tendrán que devolverlos, y desdeñan tanto una cosa como la otra. Pero aquellos cuyo carácter está en bancarrota, semejantes transacciones les fascinan. Malos tiempos corren cuando todo el mundo siente la necesidad de adular y embaucar a su vecino.

Hablan con labios lisonjeros,[42] *y con doblez de corazón.*[43] Quien se afana en hinchar el corazón de otros, es porque en el suyo no alberga más que viento. Cuando alguien se esfuerza halagarme cara a cara, tan solo me está mostrando una parte de su corazón; la otra está renegrida en desprecio por mí, o ensuciada por el deseo de engañarme. La adulación es comportamiento habitual de una taberna donde la doblez es la anfitriona. Los chinos consideran que la persona con doblez de corazón es una persona abyecta y despreciable; y para ir seguros, mejor haríamos valorando así todas las adulaciones.

C. H. SPURGEON

Habla mentira cada uno con su prójimo; hablan con labios lisonjeros, y con doblez de corazón. El celo fingido es igual que el barquero que fija la mirada en una orilla y rema hacia la otra: *pretende* que hace una cosa y *tiene intención* de hacer otra. Como el pretendido celo de Jehú por la gloria de Dios, cuando su verdadero objetivo era hacerse con el reino de su señor; y su celo al servicio de Dios no buscaba otra cosa que apoderarse del cetro.[44] Así también el orfebre Demetrio alegaba profesar una gran devoción por la diosa Diana, pero su verdadero objetivo era garantizar sus ingresos y defender el gremio de su profesión.[45] Tenemos en las filas cristianas muchos, demasiados, que alardean de santidad cuando en realidad sus corazones apuntan a otros fines;[46] mas pueden estar seguros de que a pesar que logren engañar al mundo, y se destruyan a sí mismos, a Dios no le pueden engañar, porque Dios conoce los secretos de cada corazón.[47]

GRIFFITH WILLIAMS [1587-1673]
"Right Way to the Best Religion", 1636

---

vanity every one with his neighbour", "Hablan vanidad cada uno con su prójimo", pero no parece que sea este el sentido. Schökel traduce: *"No hacen más que mentirse unos a otros"*.

41 En el original: *"Ca'me, and I'll ca'thee"*, "Llámame y te llamaré" [*"Scottish Proverbs" Collected and Arranged by Andrew Henderson, With Explanatory Notes and Glossary by James Donald,* 1876»]. Tiene el sentido de "adular": Adúlame y te adularé.

42 En hebreo כָּל־שִׂפְתֵי חֲלָקוֹת *kāl-śip̱ṯê ḥălāqōwṯ*. El tema de la lisonja y la calumnia es muy habitual en los libros poéticos: Salmo 5:9; 109:2; 120:2; Proverbios 6:17,19; 12:5,17; 14:5; 19:5; 26:23,28; 29:5.

43 En hebreo בְּלֵב וָלֵב *bəlêḇ wālêḇ*, una expresión que en literalmente es: *"con corazón y corazón"*, es decir que tienen dos corazones. El rabino DAVID KIMCHI [1157-1236], uno de los más prestigiosos eruditos en hebreo bíblico de la Edad media lo explica como: «un corazón para el bien y otro para el mal».

44 2 Reyes 9:1-37; 10:18-27.

45 Hechos 19:23-41.

46 JUAN CRISÓSTOMO [347-407] señala que el salmista describe aquí la mentira en su peor vertiente, la de la hipocresía: *"labios lisonjeros y doblez de corazón"*. No es de extrañar que amoneste a los Colosenses diciéndoles: *"no os mintáis los unos a los otros"* (Colosenses 3:9); y que hable a los Gálatas en términos tan duros: *"toda la ley en esta sola palabra se cumple: Amarás a tu prójimo como a ti mismo. Pero si os mordéis y os devoráis unos a otros, mirad no sea que os destruyáis unos a otros"* (Gálatas 5:14,15).

47 Salmo 44:21; Jeremías 17:10; Romanos 8:27.

Habla mentira cada uno con su prójimo; hablan con labios lisonjeros, y con doblez de corazón.

¡Sin fe anda la Tierra, y sin fe los cielos
la justicia ha volado, y la verdad no existe!

VIRGILIO [70-19 a.C.]
"Eneida, Liber IV"[48]

Habla mentira cada uno con su prójimo; hablan con labios lisonjeros, y con doblez de corazón. El hombre, pues, no es más que simulación, mentira e hipocresía, tanto respecto a sí mismo como respecto de los demás. No quiere que se le diga la verdad; evita decirla a los demás, y estas disposiciones suyas, tan lejanas de la justicia y de la razón, tienen una raíz natural en su corazón.

BLAISE PASCAL [1623-1662]
"Pensées sur la religion et autres sujets", 1669

Habla mentira cada uno con su prójimo; hablan con labios lisonjeros, y con doblez de corazón. Nada como la religión y la fe para fabricarse un manto que siempre esté de moda, que sea provechoso: la librea[49] perfecta con la cual el astuto puede servir a dos señores, a Dios y al mundo, y salir ganando. Le permite afirmar: «Sirvo a los dos, y de paso, a mí mismo prevaricando con ambos. Ante los ojos de los hombres, sirvo a Dios con mayor devoción que cualquier otro; lo cual me permite estar entre los mejores para perseguir y alcanzar mis objetivos, y con ello, me sirvo a mí mismo. Y en privado, sirvo al mundo; no con una devoción tan estricta, pero sí con mayor deleite; y satisfaciendo los deseos de sus siervos, busco también mis propios objetivos, y con ello, me sirvo también a mí mismo. ¿Quién frecuenta la casa de oración más que yo? ¿Quién cumple con los deberes cristianos antes que yo? Ayuno con los que ayunan, como con los que comen, y me entristezco con los que están de luto. No hay mano más generosa y abierta a la causa que la mía; y en las asambleas, nadie ora más largamente ni con más energía que yo. Así doy imagen de vida santa, se habla de mí como ejemplo y se proclama mi integridad; y así, atraigo parroquianos a mi negocio: mi mercancía está a buen precio, mis palabras merecen todo el crédito pues soy persona de fiar y mis recomendaciones se tienen en cuenta. Si soy avaro, se interpreta como austeridad; si soy mezquino, como prudencia; si me invade la melancolía, como piedad y devoción; si amo la diversión y el jolgorio, se entiende como regocijo y alegría espiritual; si soy rico, es por las bendiciones fruto de una vida piadosa; si pobre, se supone que por mi fidelidad y conciencia íntegra en los negocios; si hablan bien de mí, lo merezco por mi conducta santa; si mal, es fruto de la malicia de envidiosos. De modo que navego con todos los vientos, y consigo mis fines en todas las condiciones. El manto de la religión me mantiene fresco en verano, caliente en invierno, y esconde el zurrón de todos mis secretos y deseos carnales. Cubierto con él camino en público rodeado de aplausos; y en privado, puedo pecar sin temor a ofensa; procedo astutamente sin que nadie me descubra. Recorro mar y tierra para hacer un prosélito;[50] y una vez lo hago, este me emula.

[48] Hemos adaptado al español la traducción poética de La Eneida al inglés hecha por JOHN DRYDEN [1631-1700], que se aparta un tanto del texto original latino, pero que es la que utiliza Spurgeon. La traducción del texto latino original viene a ser: «¡Si ya ni la gran Juno / ni el padre Saturnio contemplan esto con ojos justos! / No hay lugar seguro para la lealtad».

[49] Traje que los príncipes, señores y algunas otras personas o entidades dan a sus criados para llevar a cabo sus tareas; por lo común, un uniforme con distintivos.

[50] Mateo 23:15.

En el ayuno defiendo a Ginebra, en las fiestas, a Roma[51]. Si soy pobre, finjo que tengo abundancia para salvaguardar mi crédito; si soy rico, aparento pobreza para evitar peticiones y evadir impuestos. Las ideas cismáticas son para mí las más provechosas, pues de ellas aprendo a divulgar nuevas doctrinas; y así me invitan a cenar tres veces por semana. Recurro a la mentira como estratagema para defender el evangelio; y justifico la opresión identificándola con los juicios de Dios ejecutados sobre los malos. Tengo la caridad por un deber extraordinario; por tanto, no la ejercito con frecuencia. Aquello que repruebo ante el público, para propio provecho, lo hago secretamente en casa para mi propio placer. Y, sin embargo, veo un escrito en mi corazón que hace desfallecer mi alma. Estas tristes palabras: *"¡Ay de vosotros, hipócritas!"*[52]».

FRANCIS QUARLES [1592-1664]
"Hypocrite's Soliloquy" en *"Judgement and Mercy for Afflicted Souls, or Meditations, Soliloquies, and Prayers"*, 1646

Habla mentira cada uno con su prójimo; hablan con labios lisonjeros, y con doblez de corazón. El mundo sostiene que la sociedad sería inviable si hubiera entre los seres humanos una sinceridad y franqueza perfectas; y que la convivencia se haría imposible si cada uno dijera abiertamente lo que bien le pareciera, como sucedió por un tiempo en Israel.[53] El mundo es sin duda el mejor juez de su propia condición y forma de gobierno, por tanto, no debatiré la injuria de semejante afirmación. Pero, ¡qué imagen tan lamentable presenta nuestro edificio social, con sus paredes cubiertas únicamente por la argamasa de la adulación y la falsedad!

BARTON BOUCHIER [1794–1865]
"Manna in the heart or daily comments on the book of Psalms", 1855

Habla mentira cada uno con su prójimo; hablan con labios lisonjeros, y con doblez de corazón. Cuando preguntaron al filósofo Bion,[54] qué animal consideraba el más dañino, respondió: «De todas las criaturas salvajes: el hombre tirano; y entre las domesticadas: el hombre halagador». Un amigo adulador es el enemigo más peligroso que podamos tener. Raleigh,[55] que se había criado como cortesano, y era por tanto iniciado en el arte de la adulación, descubrió en carne propia el peligro y el poder de esta sutil forma de engaño, y afirmó: «Se dice que el adulador es en único animal que muerde mientras sonríe. ¡Pero distinguirlo entre los amigos es difícil, pues todos se muestran tan corteses y obsequiosos! Así como un perro se parece a un lobo, así se parecen un adulador y un amigo».

"The Book of Symbols", 1844

---

[51] Se trata de una frase irónica. Ginebra se identifica en este caso con la severidad y austeridad del calvinismo, mientras que Roma con el lujo, la pompa y mayor permisividad del catolicismo del siglo XVI. El sentido de la frase es reforzar la ironía que impregna todo el texto diciendo: "Estoy con quien más me conviene y donde más me conviene, cuando más me conviene"

[52] Mateo 23:13.

[53] Jueces 21:25.

[54] Se refiere a BIÓN DE BORÍSTENES, [325-246 a.C.] filósofo griego nacido en la colonia griega de Olbia en Escitia, cuya línea de pensamiento se aproximaba a la de los cínicos. Pasó la mayor parte de su vida yendo de una ciudad a otra, dando conferencias y enseñando por dinero. Popularizó lo que se conoce como "diatriba griega", una forma de discurso cuyo objeto es censurar, criticar, ridiculizar, y a veces incluso injuriar a otros; muy común entre los políticos y a ocasionalmente entre los académicos. Influenció la sátira latina de Lucilio y Horacio. Se conservan bastantes fragmentos de sus obras.

[55] Se refiere en este caso a WALTER RALEIGH [1552-1618], marinero, escritor, cortesano y político inglés aliado de la reina Isabel I.

Hablan con labios lisonjeros, y con doblez de corazón. El original hebreo dice literalmente: *"con un corazón y un corazón"*,[56] es decir, con dos corazones: uno para la iglesia y otro para lo demás; uno para los domingos y otro para los días de entre semana; uno para el Rey y otro para el Papa. Un hombre que pudiera seguir viviendo sin el corazón sería una maravilla de la naturaleza, pero un hombre con dos corazones es un monstruo. Se dice de Judas que era un perfecto doble cara: «Un hombre con muchos corazones»;[57] y leemos, en cambio, de los santos que habían creído que: *"eran de un solo corazón"*.[58] *Dabo illis cor unum.*[59] ¡Una bendición muy especial!

THOMAS ADAMS [1583-1653]
"The Holy Choice", 1625

Habla mentira cada uno con su prójimo; hablan con labios lisonjeros, y con doblez de corazón. Cuando los hombres cesan de ser fieles a su Dios, decepcionado quedará quien espere que permanezcan fieles los unos a los otros. La sinceridad primigenia acompaña siempre a la piedad primigenia en su huida de la tierra; y entonces, lo que regula la conducta humana son los intereses personales de cada uno, hasta el punto que un hombre no puede confiar en otro más allá de lo que alcancen sus intereses mutuos. Y, dicho sea de paso, a pesar de que muchos hombres no creen, pocos eligen administradores, sirvientes y tutores no creyentes; pues juzgan, y con razón, que los verdaderos cristianos son las únicas personas fiables a las que puedan confiar el cuidado e instrucción de aquello que más estiman: sus familias y sus bienes.

GEORGE HORNE [1730-1792]
"A Commentary on the Psalms in which Their Literal Or Historical Sense, as They Relate to King David, is Illustrated", 1825

Vers. 3. *Jehová destruirá todos los labios lisonjeros, y la lengua que habla jactanciosamente.* *[Arranque Jehová todos los labios lisonjeros, y la lengua que habla jactanciosamente* RVR*] [Corte el Señor todo labio lisonjero, la lengua que habla con exageración.* LBLA*] [¡Corte YHVH todo labio lisonjero, y la lengua que habla altanerías!* BTX*] [El Señor cortará todo labio lisonjero y toda lengua jactanciosa.* NVI*] [Que el Señor extirpe la palabra aduladora, la lengua que habla con arrogancia.* BLP*] [Que el Señor les corte esos labios aduladores y silencie sus lenguas jactanciosas.* NTV*]*

Jehová destruirá todos los labios lisonjeros, y la lengua que habla jactanciosamente.[60] ¿No será este versículo una alusión a los terribles castigos que los monarcas orientales solían infligir a los delincuentes? A los condenados por mentir o por traición les cortaban los labios o les arrancaban la lengua. Igual e infinitamente más terribles son los castigos del pecado.

C. H. SPURGEON

---

[56] En hebreo בְּלֵב וָלֵב *bəlêḇ wā-lêḇ* de לֵב *leb,* "corazón".

[57] Lucas 22:1-6; Juan 13:21-30.

[58] Hechos 4:32.

[59] Versión latina de la Vulgata del texto de Ezequiel 11:19: *"et dabo eis cor unum"*, "y les daré un solo corazón". Así traducen este texto de Ezequiel LBLA y la RVR1977.

[60] JUAN CRISÓSTOMO [347-407] considera que el salmista no pide aquí para ellos un castigo físico sino más bien un beneficio moral y espiritual, no una mutilación de su cuerpo sino la extirpación del vicio. No clama a Dios para que literalmente arranque o desgaje su lengua, sino que ampute su soberbia, que doblegue su arrogancia, que corte de un tajo su orgullo desde las mismas raíces ridiculizando todas sus pretensiones, para que haya pública constancia de su necedad.

Jehová destruirá todos los labios lisonjeros, y la lengua que habla jactanciosamente. Cuando el Sol de la verdad descubra y disipe con el resplandor de su aurora toda sombra de hipocresía, aquellos que se deleitan engañando a los demás, serán finalmente defraudados.

GEORGE HORNE [1730-1792]
"A Commentary on the Psalms in which Their Literal Or Historical Sense, as They Relate to King David, is Illustrated", 1825

Vers. 3, 4. Los orgullosos y aduladores serán finalmente destruidos por completo, pero entre tanto, ¡cómo se enojan! Bien los llamó el apóstol *"olas furiosas del mar, que arrojan como espuma su propia vergüenza"*.[61] Los libre-pensadores suelen ser libre-charlatanes, y nunca se sienten más cómodos que criticando el Reino de Dios, otorgándose a sí mismos licencias ilimitadas. Es extraño ver cómo el yugo fácil del Señor[62] hiere tan gravosamente los hombros de los soberbios, mientras se atan gustosamente las cadenas Satanás cual si fueran cadenas de honor. Gritan a Dios con jactancia: *"¿Quién es señor de nosotros?"*; mientras pasan por alto el aullido del maligno que desde el lago infernal les vocifera: «Soy tu señor y dueño, y me servirás fielmente». ¡Ay, pobres necios, su orgullo y gloria serán cortados cual flor marchita![63] Quiera Dios que nuestra alma no se junte con ellos.

También merece la pena observar que el salmista juzga conjuntamente los labios lisonjeros y las lenguas jactanciosas. La razón es clara, comparten un mismo vicio: mientras unos halagan a los demás, la otra se adula a sí misma; pero su mano derecha, en ambos casos, es la mentira. Por regla general cabría pensar que los aduladores son parásitos, tan serviles y mezquinos, que no pueden sentirse orgullosos; pero el sabio te dirá que, si bien todo orgullo es ciertamente mezquindad, en lo más mezquino se da el orgullo más altivo. El caballo del César está más ufano de llevar a César, que el César de montar en él. El felpudo en el que el emperador restriega sus zapatos, se vanagloria diciendo: «Yo limpiaba los zapatos imperiales». Nadie tan déspota con los demás que los segundones, criaturas miserables que se encaraman a cargos de importancia relativa, aferrados a la levita de los grandes. Ciertamente vivimos tiempos malos en los que estos seres nefastos son numerosos como una plaga. No es de extrañar que la justicia de Dios cortando de raíz a seres tan ominosos sea tema de un salmo; pues tanto la tierra como el cielo están hastiados de semejantes provocadores, cuya existencia es un azote para todos los que están a su alrededor. Los hombres no consiguen dominar las lenguas de estos aduladores arrogantes, pero el remedio aplicado por el Señor es tan afilado como seguro, la respuesta incontestable a sus palabras henchidas de vanidad.

C. H. SPURGEON

Vers. 3, 4. El Señor es dueño de nuestros cuerpos, es tanto lo que le pertenece que en realidad son más suyos que nuestros. El apóstol nos dice: *"Glorificad, pues, a Dios en vuestro cuerpo y en vuestro espíritu, los cuales son de Dios"*.[64] Nuestros cuerpos y cada uno de sus miembros: pues si todo el ser le pertenece, ninguna parte queda exenta. Por tanto, los que hablaron jactanciosamente y dijeron con presunción: *"nuestros labios son nuestros"* (12:4) usurparon lo que pertenecía a Dios; hablaron como sus labios fueran de su propiedad, en lugar de pertenecer al Señor y dueño de todas las cosas,

[61] Judas 1:3.
[62] Mateo 11:30.
[63] Salmo 90:6; 103:15; Job 14:2.
[64] 1 Corintios 6:20.

actuaron como si fueran ellos los dueños y pudieran utilizarlos a su antojo.[65] Esta actitud provocó a Dios, quién para mostrar el derecho que tenía a disponer de sus labios y lenguas, decidió cortarles los unos y arrancarles las otras.

DAVID CLARKSON [1621-1686]

Vers. 4. ***A los que han dicho: Por nuestra lengua prevaleceremos; nuestros labios son nuestros; ¿quién es señor de nosotros?*** *[A los que han dicho: Por nuestra lengua prevaleceremos; nuestros labios por nosotros; ¿quién va a ser amo nuestro?* RVR*] [A los que han dicho: Con nuestra lengua prevaleceremos, nuestros labios nos defienden; ¿quién es señor sobre nosotros?* LBLA*] [A los que dicen: Haremos poderosa a nuestra lengua, nuestros labios están con nosotros, ¿quién es señor sobre nosotros?* BTX*] [Que dice: «Venceremos con la lengua; en nuestros labios confiamos. ¿Quién puede dominarnos a nosotros?»* NVI*] [Que aniquile a quienes dicen: "Con nuestra lengua nos hacemos fuertes, en nuestras palabras confiamos, ¿quién podrá dominarnos?".* BLP*] [«Mintamos todo lo que queramos —dicen—. Son nuestros los labios; ¿quién puede detenernos?».* NTV*]*[66]

A los que han dicho: Por nuestra lengua prevaleceremos; nuestros labios son nuestros; ¿quién es señor de nosotros?[67] Así fue: A un lado, doce hombres toscos e ignorantes; en el otro, toda la

[65] En este mismo sentido dice JUAN CRISÓSTOMO [347-407]: «Tus labios no te pertenecen, no son tuyos sino del Dios soberano que los diseñó y los creó. (…) por tanto, los tienes en régimen de alquiler; no para que den espinas y abrojos de mentira y arrogancia, sino para que germinen en ellos semillas de humildad que se transformen en frutos provechosos de alabanza, bendición y amor».

[66] SCHÖKEL considera este versículo como clave puesto que el tema específico del Salmo es la palabra: (1) la de los malvados (2) la de los pobres; y (3) la de Dios. La palabra de los malvados es engaño y lisonja (12:2); la de los pobres son gemidos y oraciones (12:5); la palabra de Dios es pura y perfecta como la plata refinada (12:6). «El Salmo comienza con el uso que hacen de la palabra los malvados, especialmente como instrumento de poder. El engaño שָׁוְא *šāw* es cosa habitual y conocida, como también la lisonja malintencionada y la doblez (12:2). Todo ello se ordena y culmina en el grito desafiante: *"Nuestra lengua es nuestra fuerza, ¿quién será dueño nuestro?"* (12:4). El poder de la palabra entre los hombres es terrible. (…) El orante dirige su súplica a Dios con una frase que aquí recobra todo su realismo, *"que les corte los labios"*, es decir, que los deje sin palabra (…) Pienso en el uso y poder que confiere la palabra en la publicidad, en la política interna e internacional. Quien controla la palabra, los medios de comunicación, detenta un poder inmenso. ¿Cuánto de la propaganda y la política está basado en el engaño, en el halago abierto o la seducción subliminar, en el gritar grandezas? El poder de la palabra se consolida en "grupos" que intentan "hacerse los amos" y en parte lo consiguen. Los hombres pueden sentirse envueltos por ese pulular de palabras, aplastados por el poder de la falsedad e injusticia. El salmo suena terriblemente actual». *Salmos, Tomo I, 1-72,* Editorial Verbo Divino, Estella, Navarra, 1992.

[67] Es decir, en la lengua tenemos nuestro poder, con las palabras podemos dominarlo todo, la mentira y la lisonja nos bastan para dominar a nuestros semejantes sin necesidad de recurrir a la violencia, de modo que contra nosotros no hay quien pueda; y nuestra fuerza es nuestro dios (Habacuc 1:11). O como lo expresa el salmista en otro pasaje: *"Ponen su boca contra el cielo, y su lengua recorre la tierra"* (Salmo 73:9). ORÍGENES [185-254] en su exposición de este versículo echa en cara a los paganos de pretender dominarlo todo con la retórica, hasta el punto que: «Sus filósofos, poetas e historiadores no se preocupan de otra cosa que del lenguaje».

elocuencia de Grecia y Roma. Desde la época de Tertuliano[68] a la de Juliano el Apóstata[69] se utilizaron contra la Iglesia de Dios toda clase de argumentos, todo tipo de oratoria, conocimientos e ingenio. Y el resultado, ha sido el mismo que el de la conocida disputa entre el campesino cristiano y el filósofo pagano: El filósofo, que había desafiado a los grandes teólogos reunidos en un sínodo, a que rebatieran sus argumentos y le callaran, fue finalmente avergonzado por la fe sencilla de un campesino, que le dijo: «En el nombre de nuestro Señor Jesucristo, te ordeno que te calles», y al instante quedó mudo.[70] *"¿Quién es señor de nosotros?". "¿Quién es Jehová, para que yo oiga su voz y deje ir a Israel?"* exclamó Faraón.[71]." *¿Quién es el Todopoderoso, para que le sirvamos?.*[72] *"¿Y qué dios será aquel que os libre de mis manos?".*[73]

Michael Ayguan [1340-1416]
citado por John Mason Neale [1818-1866] y Richard Frederick Littledale [1833-1890]
en *"Commentary on the Psalms from Primitive and Mediæval Writers"*, 1869

Nuestros labios son nuestros; ¿quién es señor de nosotros? Si queremos mantener una relación con Dios, debemos dejar de afirmar que nos pertenecemos a nosotros mismos[74] y considerar a Dios como nuestro Señor y dueño. Pero el orgullo y la autosuficiencia están arraigados en el corazón de todos los seres humanos, que afirman "somos nuestros", y cuando Dios les reclama su derecho de propiedad responden: *"Nuestros labios son nuestros"*. De hecho, los impíos, lo mismo pueden afirmar de todo su ser: su cuerpo, sus energías, su tiempo, etc., pueden decir, todo ello es nuestro, nos pertenece: *"¿Quién es señor de nosotros?".*

John Howe [1630-1705]
"The Living Temple or, A designed improvement of that notion, that a good man is the temple of God", 1702

[68] Se refiere a Quinto Septimio Florente Tertuliano, más comúnmente conocido como Tertuliano [160-220], escritor y apologista cristiano cuya obra, escrita en latín, destaca por su vigor, suave sarcasmo, expresión epigramática y espíritu aguerrido. Escribió numerosas obras de apologética (la mayoría publicadas por CLIE) y son suyas diversas frases famosas como la conocida: *"La sangre de los mártires es semilla de cristianos"*.

[69] Se refiere al emperador romano Flavio Claudio Juliano [332-363 d.C.], emperador romano conocido como *Juliano el Apóstata,* por renegar del cristianismo y convertirse al paganismo. Fue hijo de Julio Constantino, hermanastro del emperador Constantino I, y su segunda esposa Basilina. Siendo niño, fue testigo del asesinato de su familia en un motín militar promovido por su primo y emperador Constancio II, hecho que, como él mismo afirmó, dio pie a su desconfianza hacia el cristianismo. Nada más conocer la muerte de Constancio y ser proclamado emperador, Juliano hizo pública ostentación de sus creencias paganas rindiendo culto a los dioses. Las convicciones religiosas de Juliano y su restauración del culto a los dioses paganos son motivo de considerables disputas entre los historiadores.

[70] Una leyenda no verificada históricamente y de la que circulan distintas versiones. La tradición ortodoxa y católica romana la atribuyen no a un campesino sino a Alejandro, Patriarca de Costantinopla del 314-337, en el marco del Concilio Ecuménico de Nicea en el año 325, en el cual Alejandro contendió con arrianos y paganos; estas tradiciones consideran que el filósofo pagano quedó mudo como un milagro obrado por Alejandro. Añaden que cuando el filósofo aceptó el evangelio y creyó, junto con muchos otros filósofos paganos que le acompañaban, recuperó el habla.

[71] Éxodo 5:2.

[72] Job 21:15.

[73] Daniel 3:15.

[74] Salmo 100:3.

Nuestros labios son nuestros; ¿quién es señor de nosotros? De la conducta de los malos debemos aprender tres lecciones, a saber:

1. Que nada de lo que poseemos es realmente nuestro.
2. Que todo lo que Dios nos ha dado debemos emplearlo en su servicio.
3. Que de todo lo que hagamos o digamos tendremos un día que rendir cuentas ante Dios, cuando él nos llame a su presencia.

DAVID DICKSON [1583-1663]
"Explanation of the First Fifty Psalms", 1653

Vers. 5. ***Por la opresión de los pobres, por el gemido de los menesterosos, ahora me levantaré, dice Jehová; pondré en salvo al que por ello suspira.*** *[Por la opresión de los humildes; por el gemido de los menesterosos, ahora me levantaré, dice Jehová; traigo auxilio a quien por él suspira.* RVR*] [Por la desolación del afligido, por los gemidos del menesteroso, me levantaré ahora, dice el Señor; lo pondré en la seguridad que anhela.* LBLA*] [Por la opresión de los pobres, por el gemido del menesteroso, ahora me levantaré, dice YHVH. Pondré en seguridad a los que son escarnecidos.* BTX*] [Dice el Señor: «Voy ahora a levantarme, y pondré a salvo a los oprimidos, pues al pobre se le oprime, y el necesitado se queja.»* NVI*] [Por la opresión de los humildes, por los gritos de los desvalidos estoy decidido a actuar —dice el Señor— y daré la salvación a quien suspira por ella.* BLP*] [El Señor responde: «He visto violencia contra los indefensos y he oído el gemir de los pobres. Ahora me levantaré para rescatarlos como ellos anhelaron que hiciera».* NTV*]*

Por la opresión de los humildes;[75] *por el gemido de los menesterosos, ahora me levantaré, dice Jehová;*[76] *traigo auxilio a quien por él suspira.*[77] A su debido tiempo, el Señor escuchará a sus escogidos que claman a él día y noche,[78] y aunque haya sido paciente con sus opresores, los vengara presto. Observemos que la mera opresión de santos, aunque la soporten en silencio, es por sí misma un grito ante Dios: Moisés fue oído en el Mar Rojo, aunque no dijera palabra;[79] y la aflicción de Agar

[75] En hebreo מִשֹּׁד עֲנִיִּים *miššōḏ ʿănîyîm* de שֹׁד *shod,* "devastación, destrucción". Sin necesidad de recurrir a la violencia física, la lengua puede ser mucho más destructora aún: *"Así también la lengua es un miembro pequeño, pero se jacta de grandes cosas. ¡Mirad qué gran bosque se incendia con un pequeño fuego!"* (Santiago 3:1-12).

[76] En hebreo אָקוּם *'āqūm* una expresión típica para expresar la acción divina de actuar impartiendo justicia, como en Isaías 33:10. Ver Salmo 76:9; 102:13.

[77] En hebreo אָשִׁית בְּיֵשַׁע יָפִיחַ לוֹ *'āšîṯ bəyêša' yāpîaḥ lōw* un texto difícil de entender que lleva de cabeza a los traductores. La versión griega de los LXX o Septuaginta lee τίθημι ἐν σωτηρία.παρρησιάζομαι ἐν αὐτός que la Vulgata traduce al latín como: *"Ponam in salutari fiducialiter agam in eo"*, "Pondrélos en salvo, en esto yo obraré confiadamente". El sentido del término hebreo יָפִיחַ *yāpîaḥ* es "soplar" o dar bufidos. KRAUS aunque traduce *"pondré en salvación a aquel a quien oprimen duramente"* hace la siguiente aclaración: «Desde hace mucho tiempo se discute intensamente cuál pueda ser la traducción de יָפִיחַ לוֹ. De ordinario se traduce: *"por la que él anhela"*. Sería preferible: *"contra quien resoplan"* (*"a quien oprimen duramente"*); el Salmo 10:5: *"A todos sus adversarios desprecia"*, y Habacuc 2:3: *"se apresura* [וְיָפֵחַ] *hacia el fin y no defraudará"* ayudan comprender el significado del verbo y su construcción con לְ (…) debe entenderse del feroz y peligroso soplido de los perseguidores, que causan duras vejaciones al oprimido. Por eso traducimos *"aquel a quien oprimen duramente"*».

[78] Lucas 18:7.

[79] Génesis 14:9-15.

fue escuchada, a pesar de su silencio.[80] Jesús siente con su pueblo, sus pensamientos le son oradores poderosos. Y cuando, poco a poco, los santos empiezan a suspirar y expresar su aflicción, el auxilio viene raudo. Nada mueve más a un padre que el llanto de sus hijos; y cuando esto sucede, el Señor se levanta, despierta su furor, derrota al enemigo, y sitúa sus amados en lugar seguro. Un simple *soplo* basta para derribar al niño, y el enemigo es tan soberbio y poderoso, que se ríe de él con desprecio; pero cuando viene el Padre, y descarga sobre el torturador toda su ira, entonces es el niño quién ríe. ¡Qué virtud tan maravillosa hay en los suspiros de pobre, que son capaces de hacer levantar al Dios Altísimo de su trono! Los necesitados no se atrevían a pronunciar palabra, tan solo a suspirar en secreto; pero el Señor escuchó esos suspiros, y no pudo seguir reposando, ciñó su espada y se dispuso para la batalla. Día feliz aquel en que nuestra alma consiga involucrar a Dios en la pelea, porque en cuanto vea su santo brazo desnudo,[81] Filistea, lo lamentará. En la noche de la Iglesia, las horas más oscuras son aquellas que preceden el romper del día. Los límites del hombre son la oportunidad de Dios para intervenir. Jesús vendrá para liberar a los justos cuando escuche sus suspiros de necesidad apremiante, cuando crean que para ellos se ha desvanecido definitivamente toda esperanza. Oh Señor, declara de una vez tu *ahora*, y levántate raudo en nuestra ayuda. Todo lector afligido que sea capaz de asirse con fuerza a la promesa de este versículo, sacará de él plenitud de consuelo. Dice al respecto Gurnall:[82] «De igual modo que con un simple grifo se puede extraer todo el vino de un tonel, así también puede un alma angustiada hacer suyo todo el consuelo que emana del Pacto, a través de una simple promesa, si es capaz de hacerla suya». El que ha prometido ponernos a salvo, implica en su promesa protección y preservación en la tierra, a la vez que salvación eterna en el cielo.

C. H. SPURGEON

Por la opresión de los humildes; por el gemido de los menesterosos, ahora me levantaré, dice Jehová. Cuando opresores y perseguidores se alían contra el pueblo de Dios, lo desprecian y desafían, creyendo poder derribarlo con un simple soplo; entonces, Dios *se levantará para ejecutar juicio,* como lo expresa la versión caldea. En ese instante, cuando todo parece estar perdido, cuando a los pobres, oprimidos y afligidos, no les queda ya más que suspirar y llorar, entonces, el Señor se levantará para aliviarlos de sus opresiones, bridándoles una extraordinaria oportunidad para proclamar su gloria y bondad a favor de su pueblo: *"Y otros, echando mano a los siervos, los maltrataron y los*

[80] Génesis 21:14-17.

[81] Isaías 52:10.

[82] Se refiere a WILLIAM GURNALL [1616-1679] Nacido en Walpole, Norfolk fue educado en Cambridge en filosofía y letras, ordenado presbítero de la Iglesia Anglicana. Eminente teólogo y afamado escritor mantuvo criterios próximos a los puritanos aunque finalmente firmó la declaración exigida por el Acta de Uniformidad de 1662 conocida como *"Clarendon Code"*, por lo que fue duramente criticado. Pero su fama y su prestigio han perdurado hasta el día de hoy. Su obra más conocida es *"Christian in Complete Armor"*, publicada en tres volúmenes en 1655, 1658 y 1662 respectivamente, y sobre la que Spurgeon escribió: «Una obra extraordinaria y de valor incalculable, cada línea viene abarrotada de sabiduría, cada frase es sugestiva. Sobre el mismo se han predicado probablemente más sermones que sobre ningún otro volumen no inspirado. A menudo hemos recurrido a él cuando nuestro propio fuego ardía tenue, y pocas veces hemos dejado de encontrar en el brasero de Gurnall algún carbón encendido. A nuestro juicio, es la mejor cantera ideológica en toda nuestra biblioteca». Editorial Peregrino de Ciudad Real (España) ha traducido y publicado en español la edición resumida y abreviada hecha en 1988 por *The Banner of Truth Trust* con el título de "El Cristiano en toda la armadura de Dios".

mataron. Al oírlo el rey, se enojó; y enviando sus ejércitos, destruyó a aquellos homicidas, y quemó su ciudad".[83]

THOMAS BROOKS [1608-1680]

"London's lamentations: or, A serious discourse concerning that late fiery dispensation that turned our once renown City into a ruinous Heap", 1670

Por la opresión de los humildes; por el gemido de los menesterosos, ahora me levantaré, dice Jehová. Dios se deleita en tomar nota de todo *acto de obediencia* y toda inclinación hacia la gracia, incluso de las más pequeñas. *Temer su nombre,* no es gran cosa y, sin embargo, cuenta ya con una promesa: *"a los que teméis mi nombre, nacerá el Sol de justicia"*.[84] *Pensar en su nombre,* es aún menos, y no obstante se escribe en *"un libro de memoria"*.[85] El Señor registra cuantos pensamientos de bien salgan de un alma pura. Igual que tiene en cuenta los pensamientos perversos de los impíos, que son frutos naturales del corazón malvado;[86] anota los pensamientos puros de los santos, pues son lo que mejor revela la bondad de un corazón regenerado.[87] Un deseo es cosa pequeña, en especial el de un pobre, sin embargo Dios valora tanto el deseo de los pobres que lo califica como gran virtud: *"lo que es deseable en un hombre es su bondad"*.[88] Una lágrima no hace ruido, pero tiene voz *"El Señor ha escuchado la voz de mi llanto"*;[89] no es un líquido precioso, pero el Señor las recoge, embotella y atesora.[90] Un gemido es algo pobre, y sin embargo a veces es la esencia de la oración: *"pues qué hemos de pedir como conviene, no lo sabemos, pero el Espíritu mismo intercede por nosotros con gemidos indecibles"*.[91] Un suspiro es menos que un gemido, pero suficiente para que el Señor se levante y traiga auxilio: *"Traigo auxilio a quien por él suspira"*.[92] Una mirada menos aún, pero eficaz como último recurso: *"sin embargo volveré a mirar hacia tu santo templo"*.[93] Respirar es menos que todo lo anterior, y sin embargo, Dios lo tiene controlado y lo toma en cuenta: *"no escondas tu oído a mi*

---

[83] Mateo 22:6-7.
[84] Malaquías 4:2.
[85] Malaquías 3:16.
[86] Mateo 15:19.
[87] Filipenses 4:8.
[88] Proverbios 19:22 LBLA. La KJV traduce *"The desire of a man is his kindness: and a poor man is better than a liar"*. El sentido de la comparación que hace el autor se pierde bastante en las traducciones españolas.
[89] Salmo 6:9 KJV. Ver comentarios al Salmo 6:9.
[90] Salmo 56:8. Sin duda se trata de una alusión a los conocidos *lacrimatorios* (del latín *lacrima,* 'lágrima') o pequeñas vasijas de terracota, alabastro o cristal encontrados en tumbas romanas y griegas tardías, en las que por muchos años se creía erróneamente que los deudos del difunto derramaban sus lágrimas. Esa interpretación incorrecta aparece recogida en diversos escritos y obras literarias como "Antonio y Cleopatra" de WILLIAM SHAKESPEARE [1564-1616]. Actualmente los arqueólogos han demostrado mediante pruebas de laboratorio de que el contenido de estos supuestos *lacrimatorios* no eran lágrimas, sino que se trataba de frascos para contener perfumes. La costumbre de los *lacrimatorios* floreció de nuevo durante la época victoriana en el siglo XIX, cuando quienes lloraban la pérdida de un ser querido guardaban sus lágrimas en pequeños recipientes con tapones especiales para evitar que se evaporaran fácilmente. Cuando finalmente las lágrimas se evaporaban, terminaba el periodo de luto. Pero Spurgeon no comparte esta opinión por lo que merece la pena que el lector vea las extensas exposiciones y comentarios sobre este tema al Salmo 56:8 en este mismo Tomo II.
[91] Romanos 8:26.
[92] Salmo 12:5.
[93] Jonás 2:4.

respiro".[94] Y un jadeo es menos que respirar, jadeamos cuando nos quedamos sin aliento, y no obstante, es una de las cosas de las que más y mejor nos podemos jactar: *"Como el ciervo busca jadeante las corrientes de las aguas, así te anhela a ti, oh Dios, el alma mía"*.[95] En el retrato del cristiano, lo más destacado son sus debilidades: Bienaventurados los *pobres,* los *mansos,* los que *lloran,* los que tienen *hambre* y *sed.*[96] Cuando Ana oró con mayor eficacia, fue cuando llorando con desespero: *"solamente se movían sus labios, y su voz no se oía"*.[97] Lo mismo cabe decir del publicano, que no hacía más que golpearse el pecho y clamar por sus adentros: *"Dios, sé propicio a mí, pecador"*.[98] Y María Magdalena, cuando fue en busca de Jesús, se sentó y lloró, guardando silencio.[99] ¡Qué dulce suena la música sobre las aguas![100] ¡Que fructíferos son los valles profundos! Los corazones dolientes son los más inspirados, pues lo profundo es más fecundo. El Buen Pastor tiene siempre mayor cuidado de sus ovejas más frágiles. Un buen padre se vuelca siempre en los vástagos que más le necesitan; y una madre se deshace por el hijo enfermo. Qué dulces y reconfortantes suenan las palabras de nuestro Salvador: *"no es la voluntad de vuestro Padre que está en los cielos, que se pierda uno de estos pequeños"*;[101] y su afirmación de que en el cielo no entrará nadie que no se vuelva y se haga como un niño.[102]

JOHN SHEFFIELD [1654-1726]
"The rising sun, or, The sun of righteousnesse shining upon the sons of unrighteousnesse", 1654

Por la opresión de los humildes; por el gemido de los menesterosos, ahora me levantaré, dice Jehová. La opresión insolente y cruel de los pobres es un pecado que acarrea desolación y destrucción sobre todo aquel que la practica. Dios envió diez plagas justicieras, una detrás de otra, contra Faraón, su pueblo y su tierra, para vengar la opresión cruel que ejercía sobre los israelitas.[103] *"No robes al*

---

[94] Lamentaciones 3:56, RVA. En hebreo לְרַוְחָתִ֖י *lərawḥāṯî* de רְוָחָה *revachah,* "pausa, respiro".
[95] Salmo 42:1.
[96] Mateo 5:3-12.
[97] 1 Samuel 1:13.
[98] Mateo 18:13.
[99] Juan 20:11.
[100] En el original inglés: *"How sweet is music upon the waters"*. Resulta difícil esclarecer qué tenía el autor en mente con esta frase. Por el contexto debemos entender simplemente que el dolor y las lágrimas hacen que la música nos suene más dulce. Pero merece la pena tener en cuenta que en su época (siglo XVII/XVIII) comenzaron a realizarse los primeros experimentos con la velocidad el sonido y encontraron que viaja con mayor velocidad en el agua que en el aire (unos 1500 m/s en agua salada contra 343 m/s en el aire) de modo que un buzo en el mar escucharía un sonido producido en la orilla cuatro veces más rápido que una persona que se encontrara en la misma distancia tierra adentro. Y que fue en esta época que GEORGE FRIEDRICH HÄNDEL [11685-1759] estrenó (17 de julio de 1717) su famosa composición: *"Water Music"*, escrita para ser interpretada sobre el río Támesis por cincuenta músicos en una barcaza que navegaba cerca de la barcaza del rey JORGE I [1660-1727], que al parecer quedó tan impresionado que pidió que se interpretara tres veces. ¿Le habrían llegado a Sheffield noticias sobre éxito del concierto real? ¿Escribió estas palabras convencido de que realmente la música suena mejor sobre el agua que sobre la tierra? No lo sabemos. Pero NOEL THOMAS CARRINGTON [1777-1830] en su poema *"On Seeing a Fine Frigate at Anchor in a Day of Mount Edgcumbe"*, publicado en la sección dedicada al agua del *"Young Gentleman's Book: Containing a Series of Choice Readings in Popular Science an Natural History"* (1832) una frase similar al iniciar la sexta y séptima estrofas: *"Music upon waters! Far more suit!"*. Y SAREPTA MYRENDA HENRY [1839-1900] emplea la misma frase en *"Victoria: With Other Poems"* (1865).
[101] Mateo 18:14.
[102] Mateo 18:3.
[103] Éxodo 7:14 - 11:10.

pobre, porque es pobre, ni quebrantes en la puerta al afligido; porque Jehová defenderá la causa de ellos, y despojará el alma de aquellos que los despojaren".[104] Robar y oprimir a los ricos es un pecado; robar a los pobres, un pecado mucho mayor; pero robar a los pobres que carecen de dinero para comprar la justicia, es la cima de la inhumanidad y la impiedad. Oprimir a cualquiera es pecado; pero oprimir al oprimido es el colmo del pecado. La pobreza, la necesidad y la miseria deberían ser motivos para la compasión; pero los opresores hacen de ellas las piedras afiladoras de su crueldad y fiereza; por tanto, el Señor defenderá la causa de su pueblo oprimido contra sus opresores, sin medida y sin cobrar honorarios; la defenderá descargando contra los opresores pestilencia, sangre y fuego. Gog era un gran opresor de los pobres,[105] y Dios cayó sobre él con pestilencia, sangre y fuego, hizo llover sobre él y sus tropas, y sobre los pueblos que estaban con él, impetuosa lluvia, y piedras de granizo, fuego y azufre: *"Y yo litigaré contra él con peste y con sangre; y haré llover sobre él, sobre sus tropas y sobre los muchos pueblos que están con él, impetuosa lluvia, y piedras de granizo, fuego y azufre. Así manifestaré mi grandeza y mi santidad, y me daré a conocer ante los ojos de muchas naciones; y sabrán que yo soy Jehová".*[106]

THOMAS BROOKS [1608-1680]
"London's lamentations: or, A serious discourse concerning that late fiery dispensation that turned our once renown City into a ruinous Heap", 1670

Pondré a salvo al que suspira. Temblad todos aquellos que hacéis daño a los pobres, quien quiera que seáis; pues quizás tengáis poder y riquezas, y contéis con el favor de los jueces; pero los pobres tienen las armas más poderosas de todas: suspiros y gemidos, que llegan hasta el cielo clamando ayuda en su favor. Y estas armas derrocan dinastías, socavan fundamentos y derriban naciones enteras.[107]

JUAN CRISÓSTOMO [347-407]

Vers. 6. *Las palabras de Jehová son palabras limpias, como plata refinada en horno de tierra, purificada siete veces.* *[Las palabras de Jehová son palabras sinceras, como plata refinada en horno de tierra, purificada siete veces.* RVR*] [Las palabras del Señor son palabras puras, plata probada en*

[104] Proverbios 22:22-23.
[105] Ezequiel 38:11-14.
[106] Ezequiel 38:22-23.
[107] Dice al respecto JUAN CRISÓSTOMO [347-407]: « *"Por la opresión de los humildes; por el gemido de los menesterosos, ahora me levantaré, dice el Señor"*. Aprendamos de estas palabras hasta dónde alcanza el gemido de los menesterosos y lo gigantesco del poder de la humildad. No dice que sean las virtudes y méritos personales lo que impulsa a Dios a levantarse sino: *"el gemido de los menesterosos"*; no dice que sean los ruegos y sacrificios lo que lo incentiva a proceder de inmediato sino: *"la opresión de los humildes"*. Soportad por tanto el ultraje y la injusticia con paciencia y mansedumbre, puesto que tal proceder es el que con mayor celeridad pondrá a Dios de vuestro lado, convirtiendo vuestra pesadumbre en dicha. La fuerza del gemido de los menesterosos y del sufrimiento de los humildes es ilimitada, pues provoca una reacción inmediata de Dios. Temblad, pues, quienes actuáis injustamente con los pobres; porque vosotros contáis con poder terrenal, riquezas, y el favor de los jueces, pero ellos cuentan con el arma más poderosa que existe: sus gemidos, sus lamentos, el clamor de vuestras injurias hacia ellos, que despiertan las iras del cielo y atraen su ayuda. Y este arma invencible, el gemido de los humildes, abre rejas, socava cimientos, arrasa ciudades hundiendo linajes y dinastías, sepultándolas para siempre en la fosa del olvido. Cuando los pobres son oprimidos, y lo soportan con humildad y mansedumbre sin proferir palabra, tan solo gimen levantando la mirada al cielo, la respuesta del cielo jamás se hace esperar, y siempre es devastadora para los opresores».

un crisol en la tierra, siete veces refinada. LBLA*] [Las palabras de YHVH son palabras puras, como plata refinada en un crisol en la tierra, purificada siete veces.* BTX*] [Las palabras del Señor son puras, son como la plata refinada, siete veces purificada en el crisol.* NVI*] [Las palabras del Señor son palabras puras, plata aquilatada en un crisol de barro, que ha sido refinada siete veces.* BLP*] [Las promesas del Señor son puras como la plata refinada en el horno, purificada siete veces.* NTV*]*

Las palabras del Señor son palabras puras, plata probada en un crisol en la tierra, siete veces refinada. Qué gran contraste entre las palabras vanas de los hombres, y las palabras puras del Señor. Las palabras de los hombres son sí y no, las promesas del Señor son sí y amén. En el original hay una alusión directa al proceso purificador de metales más estricto conocido por los antiguos, por el que la plata adquiría la mayor pureza posible: la escoria era consumida totalmente, y solo quedaba el metal precioso. Así de limpio y libre de toda aleación de error o infidelidad es el Libro de las palabras del Señor. La Biblia ha pasado por el horno de la persecución, de la crítica literaria, de la duda filosófica, de los descubrimientos científicos; y no ha perdido en el proceso nada, salvo las interpretaciones humanas que a veces se adhieren a ella como la escoria al mineral precioso. La experiencia de los santos ha probado su fidelidad en todas las maneras imaginables a lo largo de los siglos, pero ni una sola doctrina o promesa de la Palabra ha sido consumida ni en el calor más excesivo. Y así, tal como son las palabras del Señor, han de ser también las palabras de sus hijos. Si queremos ser semejantes a Dios en nuestra conversación, debemos cuidar nuestro lenguaje, y mantener la más estricta pureza de integridad y santidad en todas nuestras comunicaciones.

C. H. SPURGEON

Las palabras del Señor son palabras puras, plata probada en un crisol en la tierra, siete veces refinada. ¡Qué hermoso suena este versículo, en contraste con todo lo dicho antes sobre los aduladores, jactanciosos y embusteros! ¿Hablan los pecadores de vanidad y lisonjas? ¡Que hablen los santos de Jesús y su Evangelio! ¿Hablan palabras impuras? Que utilicen los fieles las palabras puras de Dios, que son como la plata: cuanto más usadas, más fundidas en el fuego, más preciosas serán. Ciertamente, los impíos despreciaran tanto a Dios como su Palabra, considerándola como algo insignificante; más oh, las promesas que contiene, la relación del pacto con Jesús y las cosas divinas, son un tesoro desconocido. *"Deseables son más que el oro, y más que mucho oro afinado; y dulces más que miel, y que la que destila del panal"*.[108]

ROBERT HAWKER [1753-1827]
"Poor Man's Commentary on the Old and New Testaments", 1831

Las palabras del Señor son palabras puras, plata probada en un crisol en la tierra, siete veces refinada. Antiguamente para purificar la plata, la introducían en el fuego una y otra vez, hasta que quedaba totalmente probada. Así es también con la verdad divina; poco hay de verdad en aquello que no se ha purificado una y otra vez, y si algo de escoria permanece mezclada con ella, entonces, Dios mismo la purifica otra vez. Toda afirmación doctrinal del pasado cuya veracidad no haya sido debidamente probada con las Escrituras, sometedla al fuego otra vez, para que toda la escoria que pueda haber en ella sea consumida; pues el Espíritu Santo es tan pulcro, tan delicado, tan exacto, que no soporta que la falsedad se mezcle con las verdades del Evangelio. Por ello Dios, época tras época, cuestiona las afirmaciones del pasado, porque aún hay algo de escoria mezclada en ellas; bien en las mismas opiniones, o en la interpretación de los textos de la Escritura que se han utilizado para defenderlas: no han pasado

[108] Salmo 19:10-12.

su filtro y, por tanto, no cejará hasta que las haya purificado. La doctrina de la gracia gratuita de Dios ha sido puesta a prueba una y otra vez, y otra más. Pelagio[109] comenzó a mezclar con ella su propia escoria, afirmando que la gracia no es nada más que la naturaleza del hombre. Pues bien, su doctrina fue purificada y gran parte de la escoria de sus afirmaciones, purgada. Luego vinieron los semi-pelagianos,[110] que reconocen que la naturaleza no puede hacer nada sin la gracia, pero dicen que la naturaleza concurre con la gracia, e influencia lo mismo que la gracia; y esta escoria también fue quemada. Los papistas[111] abordaron la misma cuestión, y no son ni pelagianos ni semipelagianos, pero mezclan todavía escoria con la gracia. Y después los arminianos,[112] que refinan las doctrinas del papismo; y con ello, siguen mezclando escoria. Dios hará que su verdad sea probada en el fuego siete veces, hasta que pueda presentarse pura, como debe ser. Y digo esto porque esta verdad, ciertamente es preciosa.

Thomas Goodwin [1600-1679]

Las palabras del Señor son palabras puras, plata probada en un crisol en la tierra, siete veces refinada. La Escritura es el sol; la iglesia el reloj. Sabemos que el sol es fiable, y constante en sus movimientos; el reloj puede caerse, adelantarse o atrasarse. Por ello trataríamos de necio al que confiara más en el horario del reloj que en el sol; y por similitud, criticamos la credulidad de quienes prefieren confiar más en la tradición de la Iglesia que en la Escritura.

Joseph Hall [1574-1656]
"Select Thoughts or Choice Help for a Pious Spirits", 1617

---

[109] Se refiere a Pelagio [¿354-420?], un monje de origen británico que vivió entre los siglos iv y v d.C. afincado primero en Roma, aunque lo que sabemos sobre su vida es muy poco, fuera de alusiones en escritos de sus opositores. Como sucedería años después con Martín Lutero, en Roma Pelagio se encontró con una moral cristiana absolutamente degradada, y llegó a la conclusión de que la causa de tal degradación estaba en la teología (difundida mayormente por Agustín de Hipona) sobre la gracia santificante como don gratuito concedido por Dios a los seres humanos alegando que dejaba al hombre en el papel de un mero autómata y sin posibilidades ni incentivos para hacer nada a favor de su regeneración. Negó el pecado original heredado de Adán, afirmando que el hombre nace con la capacidad de no pecar y libre albedrío para decidir hacer el bien o el mal. Viajo al Norte de África junto con su amigo Celestio y entró en una dura polémica con Agustín. Fue sometido a varios Sínodos y finalmente declarado hereje.

[110] El semi-pelagianismo defiende una depravación parcial en lugar de la depravación total establecida en el punto 1 de los 5 puntos del calvinismo. Admite que el hombre nace contaminado por el pecado, pero no al grado no poder cooperar con la gracia de Dios en su salvación.

[111] En Inglaterra del siglo xvii, por su obediencia al Papa de Roma del que la Iglesia Anglicana se había separado, solían llamar "papistas" a los Católicos Romanos.

[112] Reciben el nombre de arminianos los seguidores de los 5 postulados del profesor holandés Jacobo Arminio [1560-1609] opuestos a los 5 principios básicos del Calvinismo conocidos en inglés por el acróstico "TULIP" (Ver notas 9 en Salmo 36:1, y 52 en Salmo 44:3). Los 5 postulados del Arminianismo son: (1) *El libre albedrío.* Aunque afectado por la caída de Adán, el ser humano tiene capacidad espiritual elegir entre el bien y el mal y ejercitar la fe en Dios [Opuesto al punto 1 del Calvinismo *"Depravación Total"*]. (2) *Elección condicional.* Dios eligió a los que sabía que tomarían la decisión de ser salvos. [Opuesto al punto 2 del Calvinismo *"Elección Incondicional"*] (3) *Redención universal o expiación general.* Cristo murió para salvar a todos los hombres a condición únicamente de que crean. [Opuesto al punto 3 del Calvinismo *"Redención Limitada o Particular"*] (4) *Regeneración limitada.* La regeneración está limitada por la voluntad humana, el Espíritu Santo puede ser resistido y sus propósitos resultar frustrados. [Opuesto al punto 4 del Calvinismo *"Llamamiento Eficaz o Irresistible"*] (5) *Caída de la gracia.* A pesar de haber sido salvo el ser humano puede circunstancialmente perder la salvación de manera temporal o definitiva dependiendo de sus actitudes y decisiones. [Opuesto al punto 5 del Calvinismo *"Perseverancia de los Santos"*].

Las palabras del Señor son palabras puras, plata probada en un crisol en la tierra, siete veces refinada. Podemos rebuscar en pasajes sueltos de la Biblia y quedarnos con aquello que, a primera vista, apoye nuestros criterios. Pero leámosla entera y completa; analicemos el carácter de las diferentes personas a las que cada parte, en principio, va dirigida; la época y el contexto histórico en que se escribieron; investiguemos el propósito de cada pasaje, incluidos aquellos que a las mentes incrédulas les resultan más cuestionables; y nos convenceremos que en lugar de haberse fraguado en la mente de un impostor, deben su origen a hombres que escribieron: *"siendo inspirados por el Espíritu Santo"*.[113] Escrutemos la Palabra con tanta severidad como queramos, para que este escrutinio esté documentado, sabiamente dirigido por una mente justa y abierta, y os aseguro que no hemos de temer nada. Hay porciones de la misma a las que la ignorancia y la necedad hacen decir, a veces, cosas que no dice, forzadas y poco naturales, y que mentes impuras ven y juzgan bajo la sombra de su propia impureza. Montesquieu[114] dijo de Voltaire: *"Lorsque Voltaire lit un livre, il le fait, puis il ècrit contre ce qu'il a fait"* «Cuando Voltaire[115] lee un libro, saca de él lo que quiere, y luego, escribe contra él todo lo que se ha imaginado». No es difícil mancillar la Escritura y luego imputar a su Autor inmaculado los borrones que han causado en sus páginas hombres con mentes corruptas y faltos de entendimiento. Pero si contemplamos la Biblia con honestidad, tal y como es, descubriremos que es inmaculada y sin mancha, lo mismo que su Autor.

Gardiner Spring [1785-1873]

"The Bible not of man : or, The argument for the divine origin of the Sacred Scriptures, drawn from the Scriptures themselves", 1847

Las palabras del Señor son palabras puras, plata probada en un crisol en la tierra, siete veces refinada. La frase puede implicar dos cosas: en primer lugar, la veracidad infalible de la Palabra; y, en segundo lugar, su incomparable pureza.[116]

En primer lugar, la certeza infalible de la Palabra, que es como oro refinado en el fuego cuando se consume la escoria. En tiempos de angustia, las vanas arrogancias de este mundo no nos aportan consuelo: pero cuanto más sometemos la Palabra de Dios a prueba, más demostrada queda su excelencia;

---

[113] 2 Pedro 1:21.

[114] Se refiere a Charles Louis de Secondat, señor de la Brède y barón de Montesquieu [1689-1755] filósofo, jurista y escritor francés considerado como de los más relevantes dentro de lo que se conoce como la Ilustración. Uno de los pensadores más influyentes en la historia de las doctrinas políticas, siendo su principal aportación lo que se conoce como el "principio de separación de poderes", introducido primero en la Constitución de los Estados Unidos y actualmente en la mayor parte de constituciones de las democracias occidentales.

[115] Se refiere a François Marie Arouet, [1694-1778] más conocido como Voltaire. Fue un escritor y filósofo francés que figura como uno de los principales representantes de la Ilustración, un período que enfatizó el poder de la razón humana y de la ciencia. En 1746 Voltaire fue elegido miembro de la Academia francesa.

[116] Dice al respecto Eusebio de Cesarea [267-338]: «De igual manera que la plata es pura cuando ha sido sometida a la llama, no dos ni tres veces, sino purificada en el crisol una y otra vez hasta que ha sido extraída y separada de ella toda sustancia extraña; así es también con las palabras del Señor habladas en verdad, son verdad plena y absoluta, libres de falsedad alguna». Agustín de Hipona [354-430] entiende el ἁγνός de la Septuaginta que la mayoría de versiones traducen como *"puras"* por *"sinceras"* y comenta: «*"Las palabras del Señor son sinceras"*. Aquí se refiere el profeta a las palabras del Señor expresadas a través suyo como medio, y afirma que son *"sinceras"*, libres de toda falsedad y simulación. Porque muchos hay que predican la verdad adulterada, no de forma sincera, porque la utilizan en provecho propio vendiéndola al precio de las comodidades de este mundo; a estos se refiere el apóstol cuando dice que *"anuncian a Cristo por rivalidad, no sinceramente"* (Filipenses 1:17)».

cuanto más honda es la aflicción, mayor es la prueba a la que sometemos la promesa, y más se demuestra su pureza. *"Probada es toda palabra de Dios; él es escudo para los que en Él se refugian"*.[117] Así como el oro no sufre pérdida alguna al ser sometido al fuego, tampoco las promesas de la Palabra cuando son puestas a prueba, al contrario, en medio de nuestras mayores tribulaciones es cuando más relucen.

Y, en segundo lugar, expresa su perfección y pureza: en la plata o el oro que han sido probados y refinados numerosas veces no queda ni sombra de escoria; y así es también con la Palabra de Dios, no hay en ella defecto.

THOMAS MANTON [1620-1677]
"God's Word in Our Hearts", 1681

Las palabras del Señor son palabras puras, plata probada en un crisol en la tierra, siete veces refinada. Aunque la expresión verbal מְזֻקָּק *məzuqqāq* de זָקַק *zaqaq* se aplica a veces para hablar de la pureza de la plata, es más estrictamente un epíteto del oro, del método peculiar utilizado para separarlo de la tierra mediante repetidos lavados y decantaciones. Partiendo de esta idea, una posible traducción alternativa sería esta:

Las palabras de Jehová son palabras puras:
plata refinada en el crisol
oro, siete veces lavado de la tierra.[118]

JOHN FRY [1792-1822]
"A Translation and Exposition of the Psalms on the principles adopted in the posthumous work of Bishop Horsley", 1842

Siete veces refinada. No quiero pasar por alto la posibilidad de que la expresión *"siete veces"* encierre un significado místico:[119] una alusión a los siete períodos en la historia de la Iglesia;[120] o,

[117] Proverbios 30:5.

[118] En hebreo כֶּסֶף צָרוּף בַּעֲלִיל לָאָרֶץ מְזֻקָּק שִׁבְעָתָיִם *kesep̄ ṣārūp̄ ba'ălîl lā'āreṣ məzuqqāq šib̲'āṯāyim*. La versión griega de los LXX o Septuaginta lee: ἀργύριον πυρόω δοκίμιον ὁ γῆ καθαρίζω ἑπταπλασίως que la Vulgata traduce al latín como: *"argentum igne examinatum, probatum terrae, purgatum septuplum,* "plata ensayada al fuego, purificada en la tierra, y refinada siete veces". KRAUS observa al respecto: «La expresión בַּעֲלִיל לָאָרֶץ "en un horno en la tierra" (añadida quizá como explicación) plantea grandes dificultades. El griego dice δοκίμιον ὁ γῆ. Según el TM habría que leer "en el crisol" o "en el taller". ¿Se incorporaron aquí al texto algunas lecciones marginales completamente ininteligibles? (Gunkel). Podría ser que בַּעֲלִיל לָאָרֶץ significara uno de los momentos del proceso de fundición: quizás la "inmersión" (Job 16:15 עָלַל *"hundido en el polvo"*) de la masa derretida en el molde de arcilla». Ver Salmo 18:30; 119:140; así como Salmo 66:10; Proverbios 17:3; 15:4; 30:5; Isaías 1:25; Malaquías 3:3; Zacarías 13:9.

[119] AGUSTÍN DE HIPONA [354-430] hace también una interpretación espiritual es estas palabras: «Refinada siete veces mediante: *"espíritu de sabiduría, de inteligencia, de consejo, de poder, de conocimiento, de santidad (...) y de temor del Señor"* (Isaías 11:2-3, Vulgata). Y siete son, ciertamente, los niveles de bienaventuranza a los que el Señor hace referencia en su sermón del Monte que hallamos en Mateo 5: la de los pobres en el espíritu (5:3), los que lloran (5:4) los mansos (5:5), los que tienen hambre y sed de justicia (5:6), los misericordiosos (5:7), los limpios de corazón (5:8), y los pacificadores (5:9). Porque la octava: bienaventurados los que padecen persecución por causa de la justicia (5:10), simboliza el fuego donde la plata es refinada siete veces».

[120] La teoría de las siete etapas o períodos en la historia de la Iglesia comenzó a desarrollarse a finales del siglo XVIII y parte de la interpretación de los capítulos 2 y 3 del Apocalipsis. Uno de sus principales

simplemente al simbolismo de perfección ligada al número siete, y que encontramos de manera especial en el libro de la Revelación de Jesucristo: el Apocalipsis. Algo que, obviamente, resultará mucho más fácil de aceptar por parte de aquellos que admiten la interpretación profética de las siete iglesias de Apocalipsis.[121]

William Wilson [1783-1873]
"The Book of Psalms: With an Exposition, Evangelical, Typical, and Prophetical, of the Christian Dispensation", 1860

Vers. 7. *Tú, Jehová, los guardarás; de esta generación los preservarás para siempre.* *[Tú, Jehová, nos guardarás; de esta generación nos preservarás para siempre.* RVR*] [Tú, Señor, los guardarás; de esta generación los preservarás para siempre.* LBLA*] [Tú los guardarás, oh YHVH, nos preservarás de esta generación para siempre.* BTX*] [Tú, Señor, nos protegerás; tú siempre nos defenderás de esta gente,* NVI*] [Tú, Señor, nos protegerás, nos librarás de esta generación por siempre.* BLP*] [Por lo tanto, Señor, sabemos que protegerás a los oprimidos; los guardarás para siempre de esta generación mentirosa.* NTV*]*

Tú, Jehová, nos guardarás; de esta generación nos preservarás para siempre.[122] Caer en manos de una generación malvada, hasta el punto de ser atormentado por su crueldad o contaminado por su influencia, es un mal digno de ser temido por encima de todas las cosas; y, sin embargo, es un mal previsible y anticipado en este versículo. Ha habido en el mundo santos que vivieron cien años avanzados a su propio tiempo, como si hubieran proyectado su alma hacia un futuro más brillante, escapando de la ofuscación y las brumas devastadoras de su época: pero se fueron a la tumba incomprendidos. Sin embargo, con el ir venir de las generaciones, son desenterrados en calidad de héroes y reviven en la admiración y el aprecio de los más excelentes de la tierra; preservados para siempre de la generación que les estigmatizó como sembradores de sedición, o que los quemó en calidad de herejes. Nuestra oración diaria debe ser que Dios nos conceda el privilegio de elevarnos por encima de nuestra propia época como los picos de las montañas se elevan por encima de las nubes, permaneciendo firmes y erguidos cual pináculos que señalan al cielo, por encima de las nieblas de la ignorancia y el pecado

---

promotores e impulsores fue C. I. Scofield [1843-1921]. Se distribuyen más o menos del siguiente modo:

– Éfeso, años 30-100: la Iglesia Apostólica primitiva.

– Esmirna, años 100-312: las grandes persecuciones bajo el Imperio Romano;

– Pérgamo, años 312-606: la Iglesia contaminada con elementos mundanos después de la conversión de Constantino.

– Tiatira, años 606-1520: auge del Papado.

– Sardis, años 1520-1750: la Reforma protestante.

– Filadelfia, años 1750-1900: la reforma se va purificando y evoluciona hacia un testimonio más claro del evangelio.

– Laodicea, años 1900 –: la Iglesia actual que se siente libre y rica y no tiene necesidad de nada.

[121] Apocalipsis, de 2:1 a 3:22.

[122] Dice al respecto Teodoreto de Ciro [393-458]: «Preservados por la gracia no solo logramos escapar de los ardides y peligros de esta generación perversa sino que alcanzaremos la salvación eterna». Y Casiodoro [485-583]: «La gracia nos consuela en las pruebas y tribulaciones mientras estamos aquí en la tierra y nos preserva para que finalmente alcancemos el reposo eterno»

que giran a nuestro alrededor. ¡O Espíritu Eterno, haz que se cumplan en nosotros las palabras fieles de este versículo! Nuestra fe cree firmemente en ellas, y nos garantizan que *nos guardarás* y *nos preservarás;* por lo cual clamamos convencidos: Has dicho que lo harías, y *"lo harás"*.[123]

C. H. SPURGEON

Vers. 8. *Cercando andan los malos, cuando la vileza es exaltada entre los hijos de los hombres.* *[De los malvados que nos cercan, porque la vileza es exaltada entre los hijos de los hombres.* RVR*]* *[En torno se pasean los impíos, cuando la vileza es exaltada entre los hijos de los hombres.* LBLA*]* *[Por todos lados deambulan los malvados, cuando la vileza es exaltada entre los hijos del hombre.* BTX*]* *[Aun cuando los malvados sigan merodeando, y la maldad sea exaltada en este mundo.* NVI*]* *[Los malvados vagan errantes por todas partes, la vileza humana llega al colmo.* BLP*]* *[Aunque los malvados anden pavoneándose y se alabe el mal por toda la tierra.* NTV*]*[124]

Los impíos andan por todas partes, cuando los hombres más viles son exaltados.[125] El salmista regresa aquí a la fuente de su amargura, la que de entrada le hizo comenzar el salmo acudiendo a los pozos de salvación y exclamando: *"Sálvanos, Señor"*. ¿Y cuál es? *"Los impíos andan por todas partes"*. Básicamente, la continuidad y predominio de la maldad en el mundo. Y ¿por qué? Porque *"los hombres más viles son exaltados"*. Cuando aquellos que están en el poder son viles, sus subordinados no serán mejores; pues así como un sol caluroso trae moscas nocivas, así también un pecador, puesto en lugares de honra, estimula la maldad y el vicio, esparciéndolo por todas partes. Nuestro césped patrio no estaría tan plagado de abominables si aquellos tenidos por honorables fueran menos proclives a la corrupción. Quiera Dios que la gloria y el triunfo de nuestro Señor Jesús nos anime a andar en rectitud y trabajar en este sentido en todos los frentes; puesto que si bien un pecador exaltado y puesto en lugar de honra, alienta a muchos hacia el pecado; mucho más nuestro Redentor, exaltado sobre todas las cosas,[126] tiene que alentar, incitar y estimular a sus santos. Por tanto, fortalecidos por la visión

---

[123] La versión inglesa KJV traduce este versículo de la siguiente forma: *"Thou shalt keep them, O Lord, thou shalt preserve them from this generation for ever"*, y Spurgeon juega con los verbos para concluir su exposición: «Our faith believes those two assuring words, and cries, "Thou shalt", "thou shalt."». Hemos ampliado y adaptado la traducción para hacerla más comprensible al lector hispano.

[124] Un versículo complejo. En hebreo סָבִיב רְשָׁעִים יִתְהַלָּכוּן כֻּרֻם זֻלּוּת לִבְנֵי אָדָם *sāḇîḇ rəšā'îm yiṯhallāḵūn kərum zullūṯ liḇnê 'āḏām.* En la versión griega de los LXX o Septuaginta: κύκλος ὁ ἀσεβής περιπατέω κατά ὁ ὕψος σύ πολυωρέω ὁ υἱός ὁ ἄνθρωπος. La Vulgata: *"in circuitu impii ambulant secundum altitudinem tuam multiplicasti filios hominum"*, "los impíos deambulan en círculos; según tu altitud has multiplicaste los hijos de los hombres". AGUSTÍN DE HIPONA [354-430] ve en estos que *"deambulan en círculos"* a los herejes, que giran constantemente dando vueltas de error en error, y se multiplican en gran manera, pero que jamás logran llegar al centro porque rehúyen el camino de la verdad, por lo cual «no tienen acceso al reposo eterno, al día octavo, que da título de este Salmo (…) por ello, como recomienda Salomón: *"El rey sabio avienta como trigo a los malvados, y los desmenuza con rueda de molino"* (Proverbios 20:26 NVI)». Y CASIODORO [485-583] repite la misma idea: «Jamás alcanzarán el reposo eterno del día octavo, porque no van hacia ninguna parte, pues giran sobre sí mismos como las ruedas».

[125] La versión inglesa KJV hace de este versículo la siguiente traducción: *"The wicked walk on every side, when the vilest men are exalted"*, "Los impíos andan por todas partes, cuando los hombres más viles son exaltados". Hemos utilizado una traducción literal para encajarla con las exposiciones.

[126] Efesios 1:19-23; Filipenses 2:9-11.

de su reino de poder, afrontaremos los males de nuestro tiempo con santa determinación, confortados por la oración más esperanzadora: *"Sálvanos, Señor"*.

C. H. SPURGEON

Los impíos andan por todas partes, cuando los hombres más viles son exaltados. El término utilizado en el texto hebreo es זֻלּוּת *zullūṯ*, que significa *"fœces, fœculences"*, "posos" o "sedimentos"; y כֻּרֻם *kərum* es un adverbio que, más que *"exaltado"*, significa "hacia arriba", o "en la superficie". Por tanto, sugiero la siguiente traducción: *"Avanzarán los impíos en todos los frentes? ¿Subirán a la superficie los posos de la tierra?"*

JOHN MASON GOOD, [1764-1827]
"An Historical Outline of the Book of Psalms", 1837

Cuando los hombres más viles son exaltados. "Los más viles", en hebreo זֻלּוּת *zullūṯ*, un término que solo aparece en este pasaje; algo despreciable, οὐτίδανοι, entendiendo lo abstracto por lo concreto, la cáscara o *quisquiliæ*. Los recipientes vacíos son los primeros en salir a flote; los postes carcomidos suelen recubrirse de oro adulterado; y las malas hierbas que brotan con mayor fuerza las son las peores. La cascará queda siempre por encima, mientras el buen trigo cae hacia abajo y va a parar a los pies del aventador. La razón por la cual los impíos se "pavonean" por todas partes, muestran tanta energía, van siempre tan atareados (¡y quién sino ellos!) la expresa claramente aquí el salmista: los viles, los necios y alborotadores, siempre son exaltados: *"Cuando los justos se alegran, grande es la gloria; mas cuando se levantan los impíos, tienen que esconderse los hombres"*;[127] *"El que camina en integridad será salvo; mas el de perversos caminos caerá en alguno de ellos"*;[128] *"Cuando los justos dominan, el pueblo se alegra; mas cuando domina el impío, el pueblo gime"*.[129] Como los resfriados y catarros que bajan de la cabeza a los pulmones por la garganta y acaban causando malestar a todo el organismo, así sucede también con el organismo que forma la sociedad. Como el pescado comienza a pudrirse por la cabeza, luego el cuerpo, así es también en este caso. Algunos traducen este versículo de la siguiente manera: *"Cuando ellos* (los viles o malvados) *son exaltados, acarrean vergüenza a los hijos de los hombres"*, es decir, se convierten en un oprobio para otras personas honradas, que no tan solo se sienten defraudadas, sino que son literalmente esquilmadas por las ambiciones de estos viles corruptos, que, como los monos, cuanto más alto suben, más evidencian su vileza y deformidad.

JOHN TRAPP [1601-1669]
"A commentary or exposition upon the books of Ezra, Nehemiah, Esther, Job and Psalms", 1657

[127] Proverbios 28:12.
[128] Proverbios 28:18.
[129] Proverbios 29:2.

SALMO 25

Salmo del solitario y afligido

Título y tema: *"Salmo de David"*. Este salmo retrata a David como en una miniatura realista: su santa confianza, la multitud de sus conflictos, su gran transgresión, su amargo arrepentimiento, su profunda aflicción; todo para que podamos ver el corazón del hombre *"conforme al corazón de Dios"*.[1] Por la mención a los pecados de su juventud, y las penosas referencias a la astucia y crueldad de sus muchos enemigos, se trata sin duda de una composición tardía, escrita en sus postreros días; y no sería aventurado enmarcarlo dentro del período en que Absalón capitaneó contra él una gran rebelión.[2] Ha sido calificado como el segundo de los siete *Salmos Penitenciales.* Es una característica distintiva de los santos verdaderos que sus aflicciones les recuerden sus pecados, y que su pena por el pecado los acerque más a su Dios.[3]

C. H. Spurgeon

Estructura: Los veintidós versículos de este salmo, en el texto original hebreo, comienzan cada uno con una de las veintidós letras del alfabeto siguiendo su orden. Es el primer ejemplo que encontramos en el salterio de un cántico inspirado en formato acróstico o alfabético.[4] Es probable que el autor lo utilizara para facilitar su memorización; y el Espíritu Santo para mostrarnos que es absolutamente correcto utilizar en el canto cristiano todas las virtudes del estilo y el arte de la poesía. ¿Por qué no debería el ingenio humano ser santificado, utilizado en el más noble fin, y depositado sobre el altar de Dios? Dada la singularidad de la estructura del Salmo, no es fácil encontrar en él divisiones marcadas: hay importantes cambios de pensamiento, pero sin variar el tema. El estado de ánimo del autor presenta una doble vertiente: de la oración a la meditación; y siguiendo esta alternancia, podemos dividir los versículos de la siguiente manera: Versículos del 1-7: *oración;* versículos del 8-10: *meditación;* versículo 11: *oración*; versículos del 12-15: *meditación;* versículos del 16-22: *oración.*[5]

C. H. Spurgeon

---

[1] 1 Samuel 13:14; Hechos 13:22.

[2] 2 Samuel 15:1-37. Sobre este salmo dice Atanasio de Alejandría [296-373] en su carta a su discípulo Marcelino sobre la naturaleza y valor de los salmos: «¿Estás rodeado de enemigos? Eleva tu corazón a Dios cantando el Salmo 25, y verás a los inicuos huir en desbandada». El Tomo I de "El Tesoro de David" incluye una traducción completa de la Carta de Atanasio a Marcelino. [Tomo I - pp. 50].

[3] En este sentido Kraus nos hace notar que el salmo no contiene propiamente lamentaciones, es un cántico de oración caracterizado por peticiones y expresiones de confianza.

[4] Los Salmos alfabéticos o acrósticos se llaman así porque sus versículos, series sucesivas de versículos, o líneas comienzan con las letras del alefato (alfabeto hebreo) siguiendo el orden de las mismas. Los llamados "regulares" incluyen todas las letras, mientras que los "irregulares" o "defectivos" omiten o añaden alguna letra. Son considerados salmos alfabéticos o acrósticos el 9, 10, 25, 34, 37, 111, 112, 119, y el 145. Los salmos 9 y 10 son acrósticos incompletos ya que una parte del alefato hebreo esta en el Salmo 9 y la otra parte en el Salmo 10. En la Septuaginta figura como un solo Salmo (Ver sobre esto la nota 1 del Salmo 9). Es por ello que Spurgeon considera el Salmo 25 como el primer salmo acróstico, aunque se trata de un acróstico irregular, pues hay dos letras repetidas y dos omitidas. Algunos comentaristas han llegado a imaginar que esta irregularidad fue dispuesta intencionadamente por David para reflejar la situación compleja y turbulenta en que fue escrito, pero se trata de mera especulación.

[5] El "Comentario de Matthew Henry" plantea la estructura siguiente: «El salmo está lleno de afectos devotos hacia Dios. Podemos aprender en Él: I. Qué es orar (vv. 1,15). II. Por qué cosas hemos de orar: perdón de los pecados (vv. 6, 7,18), dirección en el camino del deber (vv. 4,5), el favor de Dios (v. 16), liberación

Versión poética:

AD TE DOMINE LEVAVI ANIMAM MEAM

A ti, mi Dios, se eleva el alma mía,
a ti con ansia el corazón levanto,
porque en tu amor y tu bondad espero,
no permitas que quede avergonzado.

No se burlen de mí mis enemigos,
ni me puedan decir que espero en vano,
pues los que en ti confían sometidos
nunca pueden quedar abandonados.

Que queden confundidos los rebeldes,
que queden sin recurso los malvados,
que cometan inútiles delitos,
es justo; pero no los que te amaron.

Muéstrame tus caminos siempre rectos,
enséñame tus reglas y mandatos,
instrúyeme en tu ley, y que ella sola
mueva mi voluntad, rija mis pasos.

Tú eres el solo, que salvarme puede
de los riesgos continuos en que ando,
y tú me salvarás, porque tú eres
el Salvador, de quien mi bien aguardo.

Acuérdate, Señor, de las antiguas
misericordias de tu dulce mano,
de esas misericordias infinitas,
que en todos tiempos has ejercitado.

Olvida los errores, los delitos
de mi joven edad y pocos años,
y no te acuerdes de las ignorancias,
con que mis ojos se han tupido tanto.

---

de nuestras aflicciones (vv. 17,18), preservación de nuestros enemigos (vv. 20, 21) y la salvación del pueblo de Dios (v. 12). III. A qué hemos de apelar en nuestras oraciones: a nuestra confianza en Dios (vv. 2,3,5,20,21), al aprieto en que nos vemos y a la maldad de nuestros enemigos (vv. 17,19), a nuestra sinceridad (v. 21). IV. Qué preciosas promesas tenemos para animarnos en nuestras oraciones: de dirección e instrucción (vv. 8,9,12), de los beneficios del pacto (v. 10) y del gozo en la comunión con Dios (vv. 13,14)».

Recuerda solo tus misericordias,
y tu carácter compasivo y santo,
perdóname Señor, porque eres bueno,
perdóname mi Dios, porque eres blando.

El Señor sabe unir con sus justicias
a sus misericordias, enseñando
al inicuo los medios, con que pueda
evitar sus castigos, y aplacarlo.

Dichosa el alma dócil, que obediente
a los preceptos que le dan sus labios,
también oye su voz en los impulsos
que le da porque vuelva a su rebaño.

Las vías del Señor, para el que quiere
observar con ardor su estrecho pacto,
son la verdad y la misericordia,
estos son los caminos de ser santos.

Tú, Señor, por la gloria de tu nombre
perdonarás piadoso mis pecados,
que por ser tan enormes son idóneos,
para que puedas tu bondad mostrarnos.

¿Quién es el hombre justo y temeroso,
que la ley del Señor está estudiando,
para observarla fiel, y exacto cumple
con las obligaciones de su estado?

¡Alma feliz! Pues gozará tranquila
de dulce calma, de reposo blando,
y después a heredar vendrán sus hijos
los muchos bienes que el Señor le ha dado.

El Señor es el polo o es la estrella
que guía a los que temen disgustarlo,
y el fundamento de sus esperanzas
consiste en las promesas de su pacto.

Y por eso mis ojos cuidadosos
siempre estarán en el Señor clavados,
él sabrá libertarme de las redes,
que me tienden mis pérfidos contrarios.

Vuélveme pues los tuyos compasivos,
vuelve hacia mí tus ojos adorados,
y con lástima mira a este infelice,
que es un pobre, y está desamparado.

Las angustias que el pecho me acongojan,
me oprimen y atormentan sin descanso,
y cada día más se multiplican;
sácame ya de tan cruel quebranto.

Mira mi abatimiento y mis dolores,
mira el mal que me han hecho mis pecados,
perdónalos, Señor, en tu misericordia
y no vuelvas jamás a recordarlos.

Mira esa muchedumbre de enemigos,
que con odio feroz y encarnizado,
tenaces me persiguen, sin que aflojen
un ligero momento, un breve rato.

Defiéndeme, Señor, guarda mi vida,
líbrame de estos pérfidos tiranos.
¡Ah mi Dios! no confundas al que pudo
en tu sola bondad esperar tanto.

Los inocentes justos corazones,
viendo que mi esperanza me ha salvado,
afirmarán la suya, y todos juntos
cantaremos tu nombre soberano.

Líbrame, pues, Señor, y también libra
a tu pueblo infeliz, aunque es ingrato,
de las calamidades que le afligen,
que al fin es pueblo tuyo, y pueblo amado.

DEL "SALTERIO POÉTICO ESPAÑOL", SIGLO XVIII

Salmo completo: Es el primero de los siete salmos acrósticos o alfabéticos, los otros son el 34, 37, 111, 112, 119, y el 145.[6] Todos ellos son hermosas muestras de poesía acróstica, estilo que al parecer fue popular entre los antiguos judíos, y al que se sumaban otras las formas de composición originales, como atestiguan numerosos ejemplos en diversas obras. Contamos con muchos ejemplos de poemas en los que las letras iniciales de cada estrofa forman un nombre propio, o algún sentimiento

[6] Los salmos 9 y 10 se consideran acrósticos "irregulares" o "defectivos" y por ello el autor considera que el salmo 25 es el primero de siete, los llamados "regulares", que incluyen las veintidós letras del alfabeto hebreo por orden (Ver nota 4).

en particular. Y en la *"Bibliotheca Rabbinica"* de Bartolocci,[7] Vol. 2, pag. 260, tenemos diversos ejemplos de ello.

GEORGE PHILLIPS [1804-1892]
"The Psalms in Hebrew with a Critical, Exegetical and Philological Commentary", 1846

Salmo completo: Este es el primer salmo de estructura totalmente *alfabética* (…) La única lección que el uso de la forma alfabética de composición puede enseñarnos es la siguiente: que el Espíritu Santo está dispuesto a volcar sus palabras en los moldes de la mente y el discurso humano sin limitaciones; cualquier ingenio que el ser humano pueda exhibir en sus esfuerzos intelectuales, debe consagrarlo a su Señor, convirtiéndole en el *"Alfa y Omega"* de todas sus búsquedas.[8]

ANDREW ALEXANDER BONAR [1810-1892]
"Christ and His Church in the Book of Psalms", 1859

Salmo completo: La gracia salvadora es un secreto que nadie conoce fuera de los elegidos; y aún los elegidos no alcanzan a conocerlo sin una iluminación especial. Necesitan:

1. *Contemplación especial: "Muéstrame, oh Jehová"*, implora el salmista (25:4a).
2. *Enseñanza especial:* Solo contemplar no es suficiente, es preciso aprender: *"Enséñame"* (25:4b).
3. *Inculcación especial.* La enseñanza debe ser inculcada, grabada en la mente en todas sus peculiaridades: *"Enséñame tus sendas"* (25:4).
4. *Dirección especial.* Y debe ir acompañada de una especial tutela: *"Guíame en tu verdad"* (25:5).
5. *Inducción especial.* Esa guía tiene que ser inductiva: *"Encamíname en tu verdad"* (25:6).
6. *Elección especial.* Y finalmente, ha de ser escogida, tiene que haber un determinante de la voluntad: *"Él le instruirá en el camino que debe escoger"* (25:12).

¿Y qué camino secreto es este? No el de la gracia común, pues esta no es el secreto de los elegidos, sino el de la gracia especial y peculiar:

1. La gracia especial de la oración: *"A ti, oh Señor, elevo mi alma"* (25:1).
2. La gracia especial de la fe: *"Dios mío, en ti confío"* (25:2).
3. La gracia especial del arrepentimiento: *"No te acuerdes de los pecados de mi juventud"* (25:7).
4. La gracia especial de la esperanza: *"Porque en ti he esperado"* (25:21).
5. La gracia especial de vivir con la mirada puesta en el Señor y con total dependencia de él: *"Mis ojos están siempre vueltos hacia Jehová"* (25:15). Que es la raíz de todo favor especial y misericordia eterna por parte de Dios: *"Acuérdate, oh Jehová, de tus piedades y de tus misericordias, que son perpetuas"* (25:6); incluida la misericordia especial otorgada al

[7] Se refiere a GIULIO BARTOLOCCI [1613-1687] monje italiano de la orden del Cister, eminente erudito bíblico que escribió y publico la famosa *"Bibliotheca Magna Rabbinica"* en 4 volúmenes, publicada en 1693, el primer intento a gran escala de proporcionar al mundo un verdadero compendio de todo conocimiento y literatura del pueblo judío.

[8] En este sentido creemos interesante mencionar que JUAN SEBASTIÁN BACH [1685-1750] creaba su música para Dios. La mayoría de sus obras son explícitamente sobre pasajes bíblicos, lo que llevó al insigne médico, teólogo y misionero ALBERT SCHWEITZER [1875-1965] virtuoso organista y experto en Bach, a identificarlo como "el quinto evangelista". Es sabido que solía comenzar muchas de sus partituras con un "J.J" significando: *"Juva Jesu"* (Ayúdame Jesús); y concluirlas con un "S.D.G", *"Soli Deo Gloria"*.

propio salmista: *"Por amor de tu nombre, oh Jehová, perdonarás también mi pecado, que es grande"* (25:11).

WILLIAM FENNER [1600-1640]
"Hidden Manna", 1626

Salmo completo: En los cuatro salmos correlativos que van del Salmo 22 al Salmo 25, encontramos el reflejo del alma de David presentada en sus cuatro distintas posturas: *tendido, de pie, sentado* y *de rodillas.*

En el Salmo 22 le vemos *tendido,* postrado sobre su rostro y gimiendo en el suelo, casi en estado de desesperación; describiendo a través de su propia experiencia la historia de Cristo envuelta en misterio: *"Dios mío, ¿por qué me has desamparado?"*.[9]

En el Salmo 23 le encontramos *de pie,* disfrutando del pleno favor de Dios a pesar del antagonismo de sus enemigos; erguido y triunfante sobre toda oposición: *"El Señor es mi pastor, nada me faltará"*.[10]

En el Salmo 24 está *sentado*, como un doctor en su cátedra o profesor en su estrado, impartiendo una conferencia sobre la divinidad y describiendo el carácter del hombre *"que ascenderá el monte santo"*,[11] sobre cómo realizar ese ascenso y participar después en su felicidad.

Y en este Salmo 25 le hallamos *de rodillas,* elevando su voz y clamando al Dios todopoderoso apoyado en los dos goznes fundamentales sobre los que gira todo el contenido del salmo: un lamento humilde exponiendo su desgracia, y una súplica ferviente implorando misericordia: *"Las angustias de mi corazón se han aumentado (...) sácame de mis congojas"* (25:17).[12]

THOMAS FULLER [1608-1661]
"A collection of sermons, together with Notes upon Jonah", 1656

Vers. 1. ***A ti, oh Jehová, levantaré mi alma.*** *[A ti, oh Jehová, levantaré mi alma.* RVR*] [A ti, oh Señor, elevo mi alma.* LBLA*] [A Ti, oh YHVH, elevo mi alma.* BTX*] [A ti, Señor, elevo mi alma.* NVI*] [A ti me dirijo, Señor.* BLP*] [Oh Señor, te entrego mi vida.* NTV*]*

A Ti, oh Jehová. Ved cómo el alma santa vuela a su Dios como una paloma a su cobijo. Cuando se desatan vientos de tempestad, los creyentes, cual navíos del Señor, se dirigen al puerto de refugio. ¡Qué misericordia la del Señor al condescender a escuchar nuestro clamor en tiempo de tribulación, a pesar de habernos casi olvidado de él en nuestras horas de supuesta prosperidad!

Levantaré mi alma.[13] Si no levantamos el alma en santa devoción, levantar las manos y los ojos es una burla. La verdadera oración puede describirse como el alma que se eleva de la tierra para

---

[9] Salmo 22:1.

[10] Salmo 23:1.

[11] Salmo 24:3.

[12] En realidad en el Salmo 25 encontramos paralelos con muchos otros salmos. El versículo diecinueve (25:19) suena casi como un duplicado del versículo primero del Salmo 3: *"¡cómo se han multiplicado mis adversarios!"* (3:1). Y algunas de sus expresiones: *"enséñame tus sendas"*, *"muéstrame tus caminos"*. *"encamíname en tu verdad"* (25:4-5), encajarían perfectamente en el marco del Salmo 119.

[13] En hebreo נַפְשִׁי אֶשָּׂא *napšî 'eśśā* de נָשָׂא *nasa,* "elevar"; y נֶפֶשׁ *nephesh,* "alma". Ver al respecto de esta expresión Salmo 24:3-44; 86:4; 143:8. SHÖKEL dice al respecto: «En su sentido material sería levantar el cuello, como alguien que debe dirigirse a una persona situada en un puesto más alto, como mirando hacia arriba. Del gesto corporal pasamos al símbolo espiritual: yo tomo mi vida consciente, mi ser íntimo, y lo

entablar comunión con el cielo; ascendiendo por la escalera de Jacob,[14] dejando al pie todos sus temores y preocupaciones, para reunirse en la cima con el Dios del pacto. Sin embargo, a menudo el alma es incapaz de levantarse; ha perdido sus alas, se siente pesada, atada a la tierra; más semejante a un topo que hurga que a un águila que levanta el vuelo. Es en tales situaciones opacas cuando menos hemos de renunciar a la oración, al contrario, debemos poner en práctica con la ayuda de Dios todas nuestras habilidades para elevar nuestros corazones. Pues si dejamos que la fe haga de palanca y la gracia actúe de punto de apoyo, el peso muerto de la duda se moverá. [15] ¡Y qué alivio tan grande sentimos entonces! Ya que por nosotros mismos, y a pesar de nuestros mayores esfuerzos, no logramos desplazarlo un solo milímetro y nos declaramos derrotados; hasta que finalmente la piedra celestial imanada del amor divino despliega su atracción omnipotente, y entonces, nuestros corazones remontan libremente hacia nuestro Amado cual las llamas se elevan en medio el fuego.

C. H. SPURGEON

A ti, oh Jehová, levantaré mi alma. Levantar el corazón presupone un abatimiento previo del alma. El alma se ve oprimida por el pecado y las cuitas de este mundo, que, como los plomos a la red, hacen que se hunda; y no puede volver a la superficie hasta que Dios le proporciona oraciones espirituales, como corchos a la red. Oraciones que proceden de la fe, como la llama procede del fuego, que nos libran de las cuitas terrenales y de lo que nos aplasta, y que evidencian por qué los mundanos son incapaces de orar, como el topo no puede volar. Pero los cristianos son como águilas: se remontan hacia el cielo. Viendo, pues, que el corazón del hombre está por naturaleza apegado a la tierra, cual piedra al suelo, y que por sí mismo es incapaz de levantarse de ella hasta que Dios la levanta con su poder, su Palabra, y sus obreros;[16] nuestra petición principal al Señor ha de ser que se complazca en atraernos, y que podamos levantarnos hacia él; que se digne a exaltarnos y elevar nuestros corazones al cielo, para que no sigamos tendidos chapoteando en el charco de esta tierra.[17]

ARCHIBALD SYMSON [1564-1628]

"A Sacred Septenarie or A godly and fruitful exposition on the seven Psalmes of repentance. A Godly and Fruitful Exposition on the Twenty-fifth Psalme, the second of the Penitentials", 1623

---

elevo hacia Dios. El desdoblamiento delata un esfuerzo de introspección y enuncia el acto libre y plenario de poseerse y enderezar la persona hacia Dios, que en este momento es *"tú"*. Como comienzo de oración, inmejorable» "Salmos, Tomo I, 1-72" Edioríal Verbo Divino, Estella, Navarra, 1992.

[14] Génesis 28:10-19.

[15] Paráfrasis de la frase legendaria de ARQUÍMEDES DE SIRACUSA [287-212 a.C.] cuando estableció los principios sobre la palanca: «Dadme un punto de apoyo y moveré el mundo», para indicar que la palanca es capaz de multiplicar la fuerza: puede levantar cualquier peso, por muy grande que este sea, siempre y cuando se encuentre un punto de apoyo adecuado. Desde el punto de vista técnico, la palanca es una barra rígida que oscila sobre un punto de apoyo debido a la acción de dos fuerzas contrapuestas: potencia (la fuerza que tenemos que aplicar) y resistencia (la fuerza que tenemos que vencer).

[16] Mateo 9:35-38.

[17] Los Padres de la Iglesia comentaron:

– EUSEBIO DE CESAREA [267-338]: «Apartando el alma de las cosas terrenales, el salmista busca levantarla por encima de sí mismo hasta las alturas y situarla próxima al mismo Dios: *"En ti confío"* y es en base a esta confianza depositada en ti, no en mí, que me atrevo a desechar las cosas tangibles para elevarme por encima de ellas hacia ti. No permitas, pues, que sea avergonzado, que desde esas alturas que pretendo alcanzar me precipite de nuevo sobre la tierra».

– ARNOBIO EL JOVEN [siglo V]: «Señor, por encima de todas las recompensas terrenales y cuantas cosas este mundo me pueda ofrecer, por buenas que parezcan, levanto mi espíritu y me acerco a ti. No

A ti, oh Jehová, levantaré mi alma. La persona piadosa ora igual que un albañil edifica. Primero excava los fundamentos, y como no puede terminarlos regresa al día siguiente y encuentra que el trabajo realizado el día anterior está firme; por lo que añade un día más de trabajo excavando y rellenando; y al tercer día, encontrando firme el trabajo de los dos primeros días; sigue adelante y levanta las paredes, y así sucesivamente hasta que todo el edificio está terminado.[18] De modo similar, la oración es la edificación del alma, que debe irse levantando hasta llegar al cielo; por tanto, un corazón piadoso ora y sigue orando, elevándose cada vez más en la oración, hasta que finalmente sus oraciones llegan a Dios.

WILLIAM FENNER [1600-1640]
"A discourse of the nature of Prevalent Prayer", 1649

A ti, oh Jehová, levantaré mi alma. A ti, y solo *a ti;* apoyándome en la plenitud de tus méritos, en las riquezas de tu gracia; en los abrazos de amor y el consuelo de tu Espíritu; *a ti:* para que tus espinas puedan ser mi corona, tu sangre mi bálsamo, tu maldición mi bendición, tu muerte mi vida, tu cruz mi triunfo. Pues estando mi *"vida escondida con Cristo en Dios"*[19] ¿dónde debe estar mi alma, sino donde está mi vida? Y, por tanto: *"A ti, oh Señor, levantaré mi alma"* (...) Oh Señor, haz que tu buen nombre sea en mí; reprende a Satanás y restringe en mí todos los apetitos carnales y terrenos; que el Maligno no se atreva de nuevo a susurrarme tentaciones ni a distraer mis pensamientos, mientras permanezca en comunión contigo en oración según tu santa ordenanza. Gobiérname como Señor soberano por medio de tu gracia, dirígeme a través de tu Espíritu, defiéndeme con tu fortaleza, y coróname con tu salvación. Porque tú eres, Señor, el protector de cielos y tierra, *"abres tu mano, y colmas de bendición a todo ser viviente"*.[20] Abre pues ahora tu mano, tu seno, tu generosidad, tu amor, y satisface los deseos de mi alma menesterosa, que *"a ti, oh Jehová, levanto"*.

ROBERT MOSSOM [1617-1679]
"The Preacher's Tripartie, in Three Books. The First, to raise Devotion in Divine Meditations upon Psalm XXV.", 1657

A ti, oh Jehová, levantaré mi alma. Cipriano[21] afirma que en la iglesia primitiva los ministros preparaban las mentes de los creyentes antes de la oración pidiéndoles que levantaran sus corazones.[22]

---

confiando en el dinero, en las propiedades, en lòs negocios, o el poderío militar; ni tampoco en mis propios méritos o habilidades; sino única y exclusivamente en ti, para que cuando tenga que abandonar este cuerpo material no sea avergonzado».

[18] 1 Corintios 3:10-14

[19] Colosenses 3:3.

[20] Salmo 145:16.

[21] Se refiere a CIPRIANO DE CARTAGO [principios del siglo II-258 d.C.], más conocido como SAN CIPRIANO, obispo de Cartago en el Norte de África y uno de los primeros Padres de la Iglesia. Murió mártir. Sus obras han sido publicadas por Editorial CLIE en la colección Obras Escogidas de Patrística.

[22] La expresión en latín es *"sursum corda"*: "arriba los corazones" o "levantemos nuestros corazones". Actualmente forma parte de la liturgia de la Eucaristía, concretamente en el llamado "Prefacio" de la anáfora, conocido como "Oración Eucarística" que concluye el Ofertorio y da paso al rito de la Consagración; tanto en la Iglesia Latina o Romana, las Iglesias Orientales, la Iglesia Anglicana (Libro de Oración Común) y el rito mozárabe utilizado por la Iglesia Española Reformada Episcopal IERE. Sabemos que formaba ya parte de la liturgia eucarística de la iglesia primitiva desde el siglo III, puesto que la mencionan HIPÓLITO DE ROMA [170-235]; y CIPRIANO DE CARTAGO en su tratado sobre "El Padre Nuestro" (que es la cita de John Trapp): «Debemos apartar de nuestra mente todo pensamiento carnal y mundano y concentrarnos exclusivamente

Sursum corda, "levantad vuestros corazones". Los antiguos judíos solían escribir en las paredes de las sinagogas las siguientes palabras: *"Tephillah belo cavannah ceguph belo neshamah"*, "Una oración sin la intencionalidad del afecto es como un cuerpo sin alma"; y con todo, su piedad seguía siendo algo frío y externo, como dijo alguien: «una cabeza sin cerebro, y un cuerpo sin alma», lo que llevó al profeta a exclamar: *"este pueblo se acerca a mí con su boca, y con sus labios me honra, pero su corazón está lejos de mí"*.[23] El hombre carnal es incapaz de levantar su corazón en oración, lo mismo que un topo no puede volar. Por ello David encuentra la tarea tan difícil, pues aún el mejor de los corazones es pesado, y tira hacia abajo, como el contrapeso de un reloj o el plomo de una red. Por tanto, *"despojémonos de todo peso y del pecado que nos asedia"*[24] y oremos al Señor para que nos levante y nos atraiga hacia él, como el imán al hierro.

JOHN TRAPP [1601-1669]
"A commentary or exposition upon the books of Ezra, Nehemiah, Esther, Job and Psalms", 1657

A ti, oh Jehová, levantaré mi alma. Tras la apelación sublime del salmo anterior a las puertas del cielo a levantar sus cabezas para recibir a Cristo, el Señor de los ejércitos y Rey de la gloria, ascendiendo al cielo en poder y majestad,[25] esta oración es una consecuencia natural. Como bien lo expresa la liturgia de *Colecta*[26] para el día de la Ascensión: «Concédenos, oh Señor, al expresar nuestra fe afirmando que tu Hijo unigénito, nuestro Señor Jesucristo, ascendió a los cielos, que *nuestros corazones y mentes asciendan* también a tu presencia»;[27] y para el domingo después de la Ascensión: «Oh Dios, que has exaltado a tu Hijo unigénito con gran triunfo a tu reino en los cielos, envía tu Santo Espíritu para consolarnos, y *levántanos* hacia ese mismo lugar donde nuestro Salvador Jesucristo ha sido exaltado».

CRISTOPHER WORDSWORTH [1807-1885]
"Commentary on the Whole Bible", 1856

---

en la oración. Por ello el ministro, antes de ofrecer su propia oración, prepara las mentes de los hermanos pronunciando un prefacio que dice: *"Sursum corda* – Levantad vuestros corazones", para que cuando el pueblo responda: "Los tenemos levantamos al Señor", sean amonestados a no pensar en otra cosa que en el Señor»; CIRILO DE JERUSALÉN [315-386] la describe con mayor amplitud en una de sus veintitrés "Lecturas Catequéticas", concretamente la 22, donde habla de la celebración de la eucaristía o mesa del Señor; y también la usa AGUSTÍN DE HIPONA [354-430]. Los Reformadores reconocieron y aceptaron la sabiduría de esta antigua costumbre en la celebración de la Santa Cena y JUAN CALVINO [1509-1564] en su "Institución de la Religión Cristiana" Libro IV Capítulo 17.38 donde habla de la Santa Cena y lo que nos aporta, dice al respecto: «A fin de que las almas piadosas puedan asimilar debidamente a Cristo en la Cena, es preciso elevar sus mentes al cielo (…) Antiguamente se estableció que antes de la consagración se debía pedir al pueblo en voz alta que elevaran sus corazones al Señor (*"sursum corda"*). Y la Escritura misma aunque nos narra meticulosamente la ascensión de Cristo, con la cual retiró de nuestra vista y compañía la presencia de su cuerpo humano con el propósito de apartar de nosotros todo pensamiento carnal sobre él, nos ordena también que cada vez que lo recordemos elevemos nuestras mentes y le busquemos en el cielo, sentado a la diestra del Padre (Colosenses 3:1-2)»

23 Isaías 29:13.
24 Hebreos 12:1.
25 Salmo 24:7-10.
26 En las liturgias de culto católica-romana y anglicana, se da el nombre de COLECTA a la oración especial de súplica relacionada con la festividad del día, y que suele hacer, por regla general, el oficiante en nombre de toda la congregación.
27 *"The Ancient Liturgy of the Church of England: According to the Uses of Sarum Bangor York & Hereford"*, 1844.

Levantaré mi alma. Aludiendo con ello a los sacrificios que para que ascendieran solían ser *levantados.*[28] Por eso de las oraciones no contestadas, no aceptadas, se dice que *no ascienden.*[29] Siempre que en el Antiguo Testamento nos encontramos con expresiones semejantes sobre la oración, debemos entenderlas como alusiones a los sacrificios, puesto que los sacrificios eran *levantados* y ascendían.[30]

JOSEPH CARYL [1602-1673]
"An Exposition with Practical Observations upon Chapters 1-3 of the Book of Job", 1651

Mi alma. Pero ¿cómo puedo llamarla mía, si te pertenece a ti? Es tuya porque la compraste por precio;[31] tuya porque la adquiriste con tu sangre.[32] ¿No es tu esposa, a la que te juntaste por el Espíritu a través de la fe?[33] ¿No es este el santo sacramento del banquete de bodas?[34] En tal caso, no hay duda, Jesús mío, que antes me hallaba completamente perdido en mí mismo, hasta que finalmente tú me encontraste, y yo me encontré a mí mismo en ti. Por tanto, es ahora, y no hasta ahora, cuando mi alma es verdaderamente mía, mía en tanto que completamente tuya; y por ello puedo exclamar con confianza: *"Levanto mi alma a ti".*

ROBERT MOSSOM [1617-1679]
"The Preacher's Tripartie, in Three Books. The First, to raise Devotion in Divine Meditations upon Psalm XXV.", 1657

Vers. 2. *Dios mío, en ti confío; no sea yo avergonzado, no se alegren de mí mis enemigos.* *[Dios mío, en ti confío; no sea yo avergonzado, no se alegren de mí mis enemigos.* RVR*] [Dios mío, en ti confío; no sea yo avergonzado, que no se regocijen sobre mí mis enemigos.* LBLA*] [¡Oh Elohim, en Ti confío! No sea yo avergonzado, no se alegren de mí mis enemigos.* BTX*] [Mi Dios, en ti confío; no permitas que sea yo humillado, no dejes que mis enemigos se burlen de mí.* NVI*] [Dios mío, en ti confío, no me defraudes, que mis enemigos no se burlen de mí.* BLP*] [¡Confío en ti, mi Dios! No permitas que me avergüencen, ni dejes que mis enemigos se regodeen en mi derrota.* NTV*]*

Dios mío. Un apelativo más directo y entrañable que el nombre de Jehová utilizado en la primera frase. Ya el dulce cantor de Israel ha subido la escalera aproximándose a su Ayudador celestial, y extiende la mano con audacia para agarrarlo como algo suyo, llamándole: *"Dios mío"*. ¡Oh la música más que celestial de esta expresión: *"Dios mío"*! Es preciso señalar como el salmista expresa los sentimientos de gracia con los que Dios lo había favorecido; no cae en una falsa y odiosa modestia, todo lo contrario: su alma arde en deseos de buscar al Señor, y le da vía libre; considerando que tiene un interés legítimo en Jehová, lo declara; y consciente de que tiene una confianza absoluta en su Dios, la profesa:

Dios mío, en ti confío. La fe es el cable que amarra nuestro bote a la orilla, y al tirar de él nos acerca a la tierra; la fe nos une a Dios y nos aproxima a él. Si el ancla de la fe se mantiene firme, no

[28] Levítico 9:16, 22.
[29] Lamentaciones 3:44.
[30] 2 Samuel 6:18; Hechos 10:4; Apocalipsis 8;4. YLT (Young's Literal Translation) traduce el texto de 2 Samuel 6:18: *"And David finisheth from* ***causing to ascend*** *the burnt-offering, and the peace-offerings"*.
[31] 1 Corintios 6:20; 7:23.
[32] Efesios 1:7-8.
[33] Efesios 5:26-17; Gálatas 5:5.
[34] Apocalipsis 19:6-9.

hay motivos de temor aún en la peor tempestad; y si falla, no nos queda esperanza.[35] Procuremos que nuestra fe se mantenga sana y fuerte, pues de otro modo la oración no prevalece ante Dios. ¡Ay del guerrero que arroja su escudo! ¿Qué defensa le queda al que no encuentra defensa en su Dios?[36]

No sea yo avergonzado. Que mis esperanzas frustradas no me lleven a sentir vergüenza de mis anteriores testimonios sobre tu fidelidad. Y había muchos aguardando que esto sucediera. Aun el mejor de los hombres tiene enemigos, y debe orar pidiendo protección para que no logren sus perversos designios.

No se alegren de mí mis enemigos.[37] Que no tenga que soportar a bocas perversas regocijándose de mis congojas blasfemando con la pregunta: *"¿Dónde está tu Dios?"*.[38] Los creyentes sienten un celo especial por el honor de Dios, y no puedan soportar que los incrédulos se burlen de ellos debido al fracaso de sus expectativas en el Dios de su salvación. Todas las demás confianzas terminarán en decepción y vergüenza eterna, pero nuestra confianza en Dios jamás resultará frustrada.

C. H. SPURGEON

Vers. 2-3. Después de haber orado diciendo: *"Dios mío, en ti confío; no sea yo avergonzado"*, como si hubiera reflexionado y tomado conciencia de que su plegaria era restrictiva, limitada y mezquina, en el versículo siguiente, ensancha sus límites construyendo un marco más amplio: *"Ciertamente ninguno de cuantos esperan en ti será confundido"*. Del *"yo"* personal al *"cuantos esperan"*. En el ejercicio de la piedad, en nuestras oraciones, el amor cristiano debe tener *rehoboth,*[39] espacio suficiente para expandirse y abrirse a otros. Nuestras peticiones no deben estar confinadas a nuestro beneficio privado, han de abarcar el beneficio de todos los siervos de Dios en general, cualesquiera que sean.

THOMAS FULLER [1608-1661]
"The Cause and Cure of a Wounded Conscience", 1647

Vers. 3. *Ciertamente ninguno de cuantos esperan en ti será confundido; serán avergonzados los que se rebelan sin causa.* *[Ciertamente ninguno de cuantos esperan en ti será confundido; serán avergonzados los que se rebelan sin causa.* RVR*] [Ciertamente ninguno de los que esperan en ti será avergonzado; sean avergonzados los que sin causa se rebelan.* LBLA*] [Ciertamente ninguno de los que confían en Ti será defraudado. Serán avergonzados los que se rebelan sin causa.* BTX*] [Quien en ti pone su esperanza jamás será avergonzado; pero quedarán en vergüenza los que traicionan sin razón.* NVI*] [Quien en ti espera no quedará defraudado; pero sí quedará confundido el que es infiel sin motivo.* BLP*] [Nadie que confíe en ti será jamás avergonzado, pero la deshonra les llega a los que tratan de engañar a otros.* NTV*]*

---

[35] Dice al respecto CASIODORO [485-583]: «Confiar en Dios implica seguir esperando en él mientras nos vemos acosados por todo tipo de adversidades y tribulaciones (Job 13:15), para que cuando tengamos que presentarnos ante el para juicio pueda otorgarnos aquello por lo cuan hemos esperado (2 Timoteo 2:12; 1 Pedro 4:13-16)»

[36] Salmo 28:7.

[37] En hebreo אַל־יַעַלְצוּ אֹיְבַי לִי *'al-ya'alṣū 'ōyəḇay lî*. En el salmo 30:1 encontramos una expresión similar: *"Y no permitiste que mis enemigos se alegraran a costa mía"*.

[38] Salmo 43:3; 115:2.

[39] Génesis 26:22. En hebreo רְחֹבוֹת *rəḥōḇōwṯ,* "amplitud, lugar amplio y espacioso".

Ciertamente ninguno de cuantos esperan en ti será avergonzado.[40] El sufrimiento ensancha el corazón, al crear capacidad y poder para simpatizar. Si oramos por nosotros mismos con ansiedad, no podremos dejar por mucho tiempo en el olvido a nuestros compañeros de sufrimiento. Nadie puede compadecerse mejor de un pobre como aquel que ha sido pobre o sigue siéndolo; nadie trata con mayor ternura al enfermo que quien tiene la salud delicada. Si las penas ocasionales nos preservan de la dureza crónica del corazón, hemos de sentirnos agradecidos por ellas; pues de todas las aflicciones, la peor es un corazón cruel: es una plaga para el que lo tiene y un tormento para los que le rodean. La oración, cuando es dirigida por el Espíritu Santo, nunca es egoísta; el creyente no demanda privilegios para sí mismo, antes bien está siempre dispuesto a compartir con otros las misericordias divinas. La oración puede ser vista como una promesa, pues nuestro Padre Celestial jamás se mostrará cruel o falso para con sus hijos que confían en él: *Para siempre se acordará de su pacto.*[41]

Sean avergonzados los que se rebelan sin causa.[42] David no había provocado a sus enemigos; su odio era totalmente inmerecido. Los pecadores no tienen razón justificable o excusa válida para transgredir; con sus pecados no benefician a nadie, ni tan siquiera a ellos mismos; la ley contra la cual faltan no es dura ni injusta; Dios no es un gobernante tiránico, la providencia no es esclavitud: los hombres pecan porque quieren pecar, no porque sea provechoso o razonable hacerlo. Por tanto, la vergüenza es su recompensa adecuada. Y más les vale sonrojarse ahora con vergüenza penitencial, pues de otro modo, no podrán escapar al desprecio perdurable y la vergüenza amarga que es la porción de los necios en el mundo venidero.

C. H. SPURGEON

Ciertamente ninguno de cuantos esperan en ti será avergonzado. A saber, ni en razón de sus propios fracasos, ni por causa del mío. Pues si David fracasaba en sus esperanzas, era consciente de que sería causa de gran desaliento en los demás.

ARTHUR JACKSON [1593-1666]
"Annotations upon the five books immediately following the historical part of the Old Testament (commonly called the five doctrinal or poetical books) Iob, the Psalms, the Proverbs, Ecclesiastes, and the Song of Solomon", 1658

Sean avergonzados los que se rebelan sin causa. Todos los que transgreden lo hacen, en cierto sentido, sin causa, ya que no pueden excusar ni justificar su conducta. Dios es tan benévolo y excelente en todos los aspectos de su gran nombre,[43] que merece nuestro respeto y amor constantes. Su ley es tan santa, justa y buena; y todos sus preceptos sobre todas las cosas tan justamente calculados para buscar nuestro bien, que la boca del rebelde debe enmudecer. De ahí que todos quedaríamos cubiertos de vergüenza si se nos tratara como merecemos, pues todos hemos pecado.[44] Pero Dios ha prometido

---

[40] Ver al respecto el pasaje de Romanos 5:3-5: *"la esperanza no avergüenza"*.

[41] Salmo 105:8; 111:5.

[42] En hebreo יֵבֹשׁוּ הַבּוֹגְדִים רֵיקָם *yêḇōšū habbōwḡḏîm rêqām* de בָּגַד *bagad.* KRAUS sostiene que el verbo בָּגַד *bagad* tiene en este caso el sentido de renegar o apostatar: «la defección traidora de quien no tiene fe» y lee רֵיקָם *reqam* por "vacío" (como en 2 Samuel 1:22; Isaías 55:11; Jeremías 50:9) en lugar de *"sin razón"* o *"sin causa";* planteando una traducción distinta: *"pero los renegados tienen que salir vacíos"*. SCHÖKEL traduce: *"quedan defraudados los desleales sin razón"*, entendiendo por *deslealtad sin razón* traición porque *"han transgredido el pacto"* (Oseas 6:7); o bien *"no guardan tus palabras"* (Salmo 119:158).

[43] Josué 7:9; 1 Samuel 12:22; Jeremías 14:21.

[44] Romanos 3:23.

ser misericordioso con los que se arrepienten de veras y creen sinceramente su santo Evangelio,[45] la vergüenza será porción de aquellos que voluntariamente persisten en su maldad, y se niegan a volver a Dios por medio de Jesucristo. Estas son, pues, las personas a las que el salmista describe como rebeldes sin causa, y, con razón, pues no tienen excusa para su pecado.

WILLIAM RICHARDSON
1825

Sean avergonzados los que se rebelan sin causa. Que la vergüenza caiga implacable sobre los que la merecen, incluidos los que obran con deslealtad, sin provocación por mi parte. Y así fue; porque Ahitófel se ahorcó él mismo;[46] Absalón quedó colgado por la mano de Dios y Joab le dio muerte;[47] y todos los que conspiraron contra David perecieron, en parte por la espada, y en parte huyeron, avergonzados de su empresa. ¡Oh el poder de la oración! ¿Qué hay que no consigan los santos si lo piden?

JOHN TRAPP [1601-1669]
"A commentary or exposition upon the books of Ezra, Nehemiah, Esther, Job and Psalms", 1657

Vers. 4. *Muéstrame, oh Jehová, tus caminos; enséñame tus sendas.* *[Muéstrame, oh Jehová, tus caminos; enséñame tus sendas.* RVR*] [Señor, muéstrame tus caminos, y enséñame tus sendas.* LBLA*] [Muéstrame, oh YHVH, tus caminos, enséñame tus sendas.* BTX*] [Señor, hazme conocer tus caminos; muéstrame tus sendas.* NVI*] [Señor, muéstrame tus caminos, enséñame tus sendas.* BLP*] [Muéstrame la senda correcta, oh Señor; señálame el camino que debo seguir.* NTV*]*

Muéstrame, oh Jehová, tus caminos.[48] La naturaleza no santificada demanda seguir su propio camino, pero el espíritu lleno de gracia clama: *"no se haga mi voluntad, sino la tuya"*.[49] No siempre podemos discernir el camino del deber, y en tales circunstancias es de sabios apelar al Señor para que nos lo muestre. Con frecuencia, el trato que nos da Dios es misterioso; entonces podemos pedirle que haga él mismo de intérprete, y con el tiempo nos esclarecerá todas las cosas. Los formatos de dirección divina, ya sean por vía moral, providencial o mentales, son dones preciosos de un Dios clemente a un pueblo deseoso de aprender.

La segunda petición, *"enséñame tus sendas"*, parece ir más allá de la primera. Puede ilustrarse con el ejemplo de un niño pequeño que dice a su padre: «Padre, primero dime cuál es el camino; y luego enseña a mis pequeños y temblorosos pies la manera de caminar por él». ¡Qué criaturas tan débiles y dependientes somos! ¡Con cuánta frecuencia deberíamos clamar al Fuerte[50] para implorarle fuerza!

C. H. SPURGEON

---

[45] Juan 3:16.

[46] 2 Samuel 17:1-23.

[47] 2 Samuel 18:9-15.

[48] En hebreo דְּרָכֶיךָ יְהוָה הוֹדִיעֵנִי *dərāḵeḵā Yahweh hōwḏî'ênî* de דֶּרֶךְ *derek,* camino: *"tus caminos"*, una expresión muy habitual para referirse a la voluntad de Dios o instrucciones divinas (Job 12:14; 21:14; Salmo 27:11; 51:13) En el salmo 119 aparece diecinueve veces, cinco de ellas en una misma octava *Dalet* (119:25-32). Aquí en el Salmo 25 además de en este versículo דֶּרֶךְ *derek* aparece tres veces más; en el versículo el 8: בַּדָּרֶךְ *baddāreḵ, "el camino"*; en el 9: דַּרְכּוֹ *darkōw, "su camino"*; y en el 12: בְּדֶרֶךְ *bəḏereḵ, "en el camino"*.

[49] Lucas 22:42.

[50] Génesis 49:24.

Muéstrame, oh Jehová, tus caminos; enséñame tus sendas. Hay caminos de los hombres, y *"caminos"* de Dios; sendas de pecado, y *"sendas"* de justicia; *"sus caminos"*, y mis caminos. Los suyos son caminos de verdad, los míos de error; los suyos son buenos ante sus ojos, los míos buenos ante mis ojos; los suyos llevan al cielo, los míos al infierno. Por tanto, oh Señor: *"Muéstrame tus caminos, enséñame tus sendas"*, para que no confunda mis caminos con los tuyos; sí, guíame en la verdad, y enséñame, para que no me desvíe de tus caminos y entre en los míos; *"muéstrame tus caminos"* mediante el ministerio de tu Palabra; *"enséñame tus sendas"* con la guía de tu Espíritu; *"encamíname en tu verdad"* mediante la ayuda de tu gracia.

ROBERT MOSSOM [1617-1679]
"The Preacher's Tripartie, in Three Books. The First, to raise Devotion in Divine Meditations upon Psalm XXV.", 1657

Vers. 4, 5, 9. Haz lo que sepas hacer, y Dios te enseñará lo que has de hacer. Haz lo que sepas es tu deber *presente,* y Dios te dará a conocer tu deber *futuro* cuando decida convertirlo en *presente.* Ocúpate en evitar las omisiones conocidas, y Dios te guardará de las comisiones temidas. Esta norma es de gran importancia, y por tanto la ilustraré usando la Escritura, una oración de David: *"Muéstrame, oh Jehová, tus caminos*", aquellos caminos en los que no pueda errar. *"Enséñame tus sendas"*, la senda estrecha, con frecuencia poco conocida. *"Encamíname en tu verdad, y enséñame"*, para que no pueda ser engañado; no solo a conocer tu voluntad, sino a cumplirla. Esta fue su oración, pero ¿qué fundamentos tenía para esperar que fuera escuchada? *"Porque tú eres el Dios de mi salvación"*, tú, Señor, me salvas, y por tanto no rehusarás enseñarme y guiarme. *"En ti he esperado todo el día"*, es decir, todo el día, cada día. Los versículos siguientes formulan otros argumentos, pero ¿cuál es la respuesta? La encontramos en el versículo nueve (25:9): *"Encaminará a los humildes por el juicio, y enseñará a los mansos su carrera"*, es decir, aquellos que estén dispuestos a poner el cuello bajo su yugo,[51] que no son jactanciosos, y creyendo que no tienen posibilidad de errar en asuntos importantes y decisivos, pretenden guiarse a sí mismos.

SAMUEL ANNESLEY [1620-1696]
"Morning Exercises at Cripplegate"[52]

Vers. 5. *Encamíname en tu verdad, y enséñame, porque tú eres el Dios de mi salvación; en ti he esperado todo el día.* *[Encamíname en tu verdad, y enséñame, porque tú eres el Dios de mi salvación; en ti he esperado todo el día.* RVR*] [Guíame en tu verdad y enséñame, porque tú eres el Dios de mi salvación; en ti espero todo el día.* LBLA*] [Encamíname en tu verdad, y enséñame, porque tú eres el Elohim de mi salvación. En Ti he esperado todo el día* BTX*] [Encamíname en tu verdad, ¡enséñame! Tú eres mi Dios y Salvador; ¡en ti pongo mi esperanza todo el día!* NVI*] [Instrúyeme en tu verdad; enséñame, porque tú eres el Dios que me salva, en ti pongo mi esperanza cada día.* BLP*]*

---

[51] Mateo 11:29-30.

[52] Los *"Morning Exercices"*, fueron iniciados por THOMAS CASE [1598-1682] como devocionales para los soldados puritanos durante la Guerra Civil de Inglaterra (1642-1651) a las 7 de la mañana para orar y escuchar la palabra de Dios. Se convirtieron en costumbre en la mayoría de iglesias de Londres y del resto de Inglaterra con asistencia del pueblo. En ellas hacían sus exposiciones los más famosos predicadores puritanos de la época. Después de la Guerra Civil, esta costumbre continuó y fue conocida como *"Morning Exercises at Cripplegate"* y los sermones fueron recopilados y publicados por SAMUEL ANNESLEY [1620-1696], lo que ha permitido que hayan llegado hasta nosotros algunas de las mejores exposiciones de los predicadores puritanos.

[Guíame con tu verdad y enséñame, porque tú eres el Dios que me salva. Todo el día pongo en ti mi esperanza. NTV*]*

Encamíname en tu verdad, y enséñame.[53] La misma petición que en el versículo anterior. El niño que empezó a caminar pide que la mano firme de su padre lo guíe hacia delante y lo instruya en el alfabeto de la verdad. La esencia de esta oración es la enseñanza empírica: Guíame de acuerdo con tu verdad, y demuéstrame que eres fiel; guíame a la verdad para que vea su valor inapreciable, guíame por el camino de la verdad para que pueda manifestar su espíritu. David sabía mucho, pero se daba cuenta de su ignorancia y deseaba seguir en la escuela del Señor; en estos dos versículos, solicita cuatro veces una beca en la escuela de la gracia. Sería bueno que muchos maestros, en lugar de seguir sus propios métodos y trazar por sí mismos nuevos cauces de pensamiento, inquirieran sobre los antiguos y buenos caminos de la verdad de Dios, y solicitaran al Espíritu Santo que les infundiera un entendimiento más santificado y un espíritu deseoso de aprender.

Porque tú eres el Dios de mi salvación. El Dios Uno y Trino: Jehová, es el autor y perfeccionador de la salvación de su pueblo.[54] Lector, ¿es él el Dios de tu salvación? ¿Hallas en la elección del Padre, en la expiación del Hijo y en el avivamiento del Espíritu, todas las bases de tus esperanzas eternas? Si es así, puedes usar esto como argumento para obtener nuevas bendiciones; pues si el Señor ha ordenado que seas salvo, no te negará instrucción en sus caminos. Es una dicha que podamos dirigimos al Señor con la confianza que David manifiesta aquí; nos proporciona mucho poder en la oración, y nos aporta consuelo en la prueba.[55]

En ti espero todo el día. La paciencia es la fiel sirvienta de la virtud e hija de la fe; cuando tenemos plena seguridad de que no vamos a esperar en vano, esperamos con alegría. Esperar en el Señor con actitud de servicio, en adoración, con expectación, en absoluta confianza todos los días de nuestra vida, es nuestro deber y privilegio. Nuestra fe será probada, y si es auténtica soportará la prueba sin menguar. No nos cansaremos de esperar en Dios, si consideramos cuánto y con cuánta benevolencia tuvo él que esperar una vez por nosotros.

C. H. SPURGEON

Encamíname en tu verdad, y enséñame. El alma que se muestra insaciable en la oración avanza, se aproxima a Dios y levanta su corazón. Cuando un niño ve a su madre con una manzana en la mano, y la quiere, tira de la mano de su madre, que suelta primero un dedo, pero la sigue agarrando; el niño tira nuevamente y la madre suelta otro dedo, aunque sigue con la manzana en la mano; pero el niño sigue tirando y no deja de tirar y llorar hasta que consigue la manzana. Así también el creyente, hijo de Dios, viendo las múltiples gracias que hay en él, se acerca al trono de la gracia pidiéndolas, y mediante oraciones fieles y sinceras, va abriendo las manos de Dios dedo a dedo. Dios trata a sus hijos como los

[53] Dice AGUSTÍN DE HIPONA [354-430]: «Sí, Señor, *"encamíname y enséñame"*, pues por mí mismo no soy capaz de aprender más que la mentira. Pero *"tú eres el Dios de mi salvación; en ti he esperado todo el día"*; sal pues a mi encuentro, ya que después que me expulsaras del paraíso (Génesis 3:23) me marché lejos a una provincia extranjera (Lucas 15:13), y ahora, pródigo y extraviado, si no sales a mi encuentro me veo incapaz de regresar por mis propios medios».

[54] Hebreos 12:2.

[55] Dice CASIODORO [485-583] comentando este versículo: «El salmista establece aquí las dos características claves que identifican a todo cristiano verdadero: la primera creer en Dios como su Salvador (Juan 3:16); y la segunda esperar con paciencia la recompensa que nos tiene prometida (2 Timoteo 4:8)»

padres terrenales a los suyos: retiene lo deseado por un tiempo, no porque no esté dispuesto a dárselo, sino para incentivar su anhelo; para aproximarles más a él.

WILLIAM FENNER [1600-1640]
"Hidden Manna", 1626

En ti he esperado todo el día. Debemos esperar *"todo el día"*:

1. *Esperar, aunque el día sea largo.* A pesar de que la espera se haga tediosa; de que se prolongue más allá de nuestros cálculos; aunque después de haber esperado por largo tiempo, tengamos que esperar aún más, y se nos ordene, como el criado del profeta,[56] observar el horizonte otras siete veces antes de percibir el menor signo de que la misericordia está en camino.

2. *Esperar, aunque el día sea oscuro.* A pesar de que, mientras aguardamos lo que Dios va a hacer por nosotros, nos tenga en completa oscuridad respecto a lo que está haciendo y lo que considera mejor hacer. Aunque no veamos signos positivos; y nadie nos diga cuánto tiempo tendremos que seguir esperando. A pesar de ello, sigamos esperando contentos, el tiempo que haga falta, pues sabemos que aunque Dios nos mantenga ahora en la ignorancia, lo sabremos todo más adelante, cuando *"el misterio de Dios se habrá consumado"*.[57]

3. *Esperar, aunque el día sea tormentoso.* A pesar de que estemos no tan solo en calma chicha[58] y no avancemos, sino incluso con vientos contrarios que nos hagan retroceder; a pesar de que el mar esté embravecido y el navío de la Iglesia, azotado por olas gigantescas nos dé la impresión de estar a punto de zozobrar; aún entonces debemos esperar siempre lo mejor, campeando el temporal con paciencia. Pues nos queda el consuelo de que Cristo está en el barco; la causa de la Iglesia es suya, es su esposa y le pertenece; él navega juntamente con su pueblo; entonces, ¿por qué temer? (…)

Y esperar *"en Dios"* implica:

1. *Vivir una vida en anhelo de Dios.* Sentir sed de él;[59] esperar como el mendigo espera a su benefactor, con el deseo sincero de recibir de sus manos la ayuda tan ansiada; esperar como los enfermos aguardaban en el estanque de Betesda, pacientemente bajo los porches, a que fueran agitadas las aguas.[60]

2. *Vivir una vida de deleite en Dios.* Esperar *"en Dios"* es esperar como el amante espera a su amada. El anhelo es amor en acción, como un pájaro batiendo sus alas; el deleite es amor en reposo, como un pájaro en el nido. Debemos mantener nuestro *anhelo* de Dios, deseando cada vez más de él,

---

[56] 1 Reyes 18:43.
[57] Apocalipsis 10:7.
[58] Expresión del argot náutico o marinero para referirse a una situación de completa quietud del aire sobre el mar, impidiendo totalmente el avance de una embarcación con sistemas de navegación a vela. En realidad en de origen griego: κάρμα *karma,* adoptada posteriormente por el latín: *cauma,* y su significado original es el de "calor sofocante". Y fue con este sentido que llegó originalmente al castellano, aunque el argot marinero la incorporó para describir la imposibilidad de navegar por falta de viento, una situación que en los meses de verano y de manera especial en los trópicos provocaba altas temperaturas sofocando a los tripulantes. Pero resulta difícil saber cómo y cuándo se le añadió el "chicha": el lexicógrafo español GONZALO CORREAS ÍÑIGO [1571-1631] no la recoge en al referirse a expresiones marítimas en su "Vocabulario de refranes y frases proverbiales" de 1627, mientras que JOAN COROMINES [1905-1997] la da como documentada desde 1831, por lo que se calcula que debió aparecer en algún momento del siglo XVIII. Se especula con la posibilidad de que algún marinero de origen francés, ante la negativa del viento a soplar exclamara alguna vez: *"C'est calme chiche!"*, "Es una clama tacaña", del francés *"chiche"* "tacaño"; se dice que la frase gustó a los marineros españoles y la adoptaron.
[59] Salmo 42:1.
[60] Juan 5:2-4.

y debemos tener también en él nuestro *deleite,* hasta el punto que nuestro anhelo debe contentarse con él, desechando cualquier otra cosa.

3. *Vivir una vida dependiendo de Dios.* Esperar *"en Dios"* es esperar como el niño que vive dependiente de su padre, en quien tiene depositada toda su confianza, y sobre el que proyecta toda su atención. Esperar que todo lo bueno nos viene de él, sabiendo que él es quien obra por nosotros y en nosotros, el que nos da todo bien y nos protege de todo mal; como lo expresa el propio David en otro pasaje: *"Alma mía, reposa solamente en Dios",* y seguir haciéndolo ininterrumpidamente, puesto que: *"de él procede mi esperanza".*[61]

4. *Es vivir una vida de devoción a Dios.* Esperar *"en Dios"* es esperar con los ojos puestos en él, como los siervos miran a la mano de sus señores,[62] observando atentamente para captar su voluntad y llevar a cabo su obra, defendiendo en todo su honor y sus intereses. Esperar en Dios es atenerse completamente a sus instrucciones, disposiciones y consejos, sabios y santos, acatarlos como un privilegio y cumplirlos todos con la mayor fidelidad. El sirviente que espera las ordenes de su amo, no las escoge a su antojo y las cumple a su manera, sino que las sigue todas paso a paso. Debemos, por tanto, esperar en Dios prescindiendo de nuestra propia voluntad, resueltos a someternos completamente a la suya, buscando la forma de acomodarnos a ella.

MATTHEW HENRY [1662-1714]
"Daily Communion with God", 1712

En ti he esperado todo el día. En ti, cuya mano generosa, cuyo seno amoroso, sí, cuyas entrañas misericordiosas, no tan solo están abiertas sino extendidas a todos los penitentes humildes. *"En ti he esperado".* Esperado para escuchar la voz secreta de tu Espíritu infundiendo paz en mi conciencia; para sentir el vigor renovador de tu gracia avivando mi obediencia; para contemplar el poder subyugador de tu Espíritu Santo sofocando la rebeldía de mi pecado; para sentir la virtud alentadora de tus consuelos celestiales refrescando mi alma que desmaya; por todas estas bendiciones, *oh Dios de mi salvación, en ti he esperado todo el día.* ¡Todo el día! Nunca he estado más satisfecho de tu bondad ni he deseado tan ávidamente tu plenitud celestial. Así, pues, reanima ahora mis desalientos; no trunques mis deseos, al contrario, permite que cuanto más me des, más ambicione yo; cuánto más dulce sea tu misericordia, más profundos sean mis anhelos. Para que mi vida por entero aquí en la tierra no sea más que un continuo jadeo anhelando esta fraternidad y comunión contigo en los cielos; por ello, déjame esperar, aunque tenga que esperar toda mi vida: déjame esperar *todo el día.*

ROBERT MOSSOM [1617-1679]
"The Preacher's Tripartie, in Three Books. The First, to raise Devotion in Divine Meditations upon Psalm XXV.", 1657

Vers. 6. *Acuérdate, oh Jehová, de tus piedades y de tus misericordias, que son perpetuas.* *[Acuérdate, oh Jehová, de tus piedades y de tus misericordias, que son perpetuas.* RVR*] [Acuérdate, oh Señor, de tu compasión y de tus misericordias, que son eternas.* LBLA*] [Acuérdate, oh YHVH, de tus compasiones y de tus misericordias, que son perpetuas.* BTX*] [Acuérdate, Señor, de tu ternura y gran amor, que siempre me has mostrado.* NVI*] [Recuerda, Señor, tu misericordia y tu amor que desde siempre existen.* BLP*] [Recuerda, oh Señor, tu compasión y tu amor inagotable, que has mostrado desde hace siglos.* NTV*]*

[61] Salmo 62:5.
[62] Salmo 23:2.

Acuérdate, oh Jehová, de tus piedades y de tus misericordias.[63] En épocas de aflicción, a menudo nos vemos tentados por el temor de que Dios se ha olvidado de nosotros o de su benevolencia habitual hacia nosotros; el alma recuerda al Señor y le suplica rememorar las dádivas amorosas que antaño le había otorgado. Es una peculiar osadía santa que se atreve a tratar así con el Altísimo: cultivémosla. Pero hay también una incredulidad profana que es la fuente de nuestros temores: no dudemos en combatirla con todas nuestras fuerzas. ¡Qué gemas tan preciosas son estas dos expresiones: *"tus piedades y tus misericordias"*! Son como la miel natural del lenguaje: en dulzura no hay palabra que las supere; y sin embargo faltan vocablos para describir los favores de misericordia que implican.

Dios mío, cuando pienso en las mercedes
que tu bondad sin par me prodigó;
mi espíritu se enciende en alabanzas,
en gratitud y amor.[64]

Si tan solo el Señor hiciera con nosotros en el futuro como ha hecho en el pasado, estaríamos más que satisfechos; no buscamos cambio alguno en la acción divina, tan solo anhelamos que el río de la gracia no deje de fluir.

Que son perpetuas. David era un fiel creyente en la doctrina del amor eterno de Dios. Las bondades del Señor no son novedades; por tanto, cuando le rogamos que nos las conceda, podemos apelar a usos y costumbres muy antiguos. En los tribunales los juristas hacen mucho hincapié en las sentencias precedentes,[65] en especial si son de tribunales superiores; y nosotros podemos hacer lo mismo ante el trono de la gracia. «La fe -afirma Dickson-,[66] partiendo del registro de una memoria santificada, tiene que usar experiencias precedentes y repetirlas ante Dios, a modo de recordatorio que él jamás puede olvidar».[67] Con un Dios inmutable, recordarle sus anteriores misericordias y su amor eterno, es un argumento especialmente eficaz. Rastrear todo aquello que es de nuestro agrado hasta el manantial de la fuente del amor eterno, alegrará y alentará en gran medida nuestros corazones; y quienes tratan de disuadirnos que meditemos sobre la elección y sus tópicos relacionados nos hacen un flaco favor.

C. H. Spurgeon

---

[63] Dice al respecto Casiodoro [485-583]: «En estas palabras del salmista resplandece la verdad más evidente y luminosa de nuestra fe: nadie alcanza la gracia en base a sus propios méritos. Al decir: *"de tus compasiones y de tus misericordias, que son perpetuas"*, nos está diciendo que la Iglesia ve al Señor y lo alaba como el dador absoluto de toda misericordia, que no demanda ni acepta del hombre, como paso previo, obras o méritos propios, sino que es él quien otorga primeramente sus dones».

[64] Spurgeon incluye aquí la primera estrofa del himno de Joseph Addison [1672-1719] escrito en 1712 y que dice: *"When all thy mercies, O my God, / my rising soul surveys, / transported with the view, I'm lost / In wonder, love and praise"*. La versión española que incluimos es de Juan Bautista Cabrera [1837-1916].

[65] Es decir, la jurisprudencia: el conjunto de decisiones de los tribunales sobre una materia determinada, de las cuales se puede extraer la interpretación dada por los jueces a una situación concreta. Tiene un valor fundamental como fuente de conocimiento del derecho positivo, con el cual se procura evitar que una misma situación jurídica sea interpretada en forma distinta por los tribunales, y se conoce como el principio unificador de la justicia.

[66] Se refiere a David Dickson [1583-1663], pastor, predicador, escritor y poeta escocés; escribió numerosas obras, varios comentarios y poemas; entre ellos un comentario a los *Salmos*; al *Evangelio de Mateo*; uno a las *Epístolas* (en latín e inglés); una *Terapéutica Sacra: cuestiones de conciencia resueltas* (en latín); y un *"Treatise of the Promises"*, "Tratado de las Promesas".

[67] David Dickson [1583-1663] comentando el Salmo 25 en *"Explanation of the First Fifty Psalms"*, 1653.

Acuérdate, oh Señor, de tus piedades y de tus misericordias. ¡Oh en qué forma un abismo llama a otro abismo![68] ¡La profundidad de mis numerosas miserias llama, llama a voz en grito, a la profundidad de tus muchas misericordias! Incluida *esa misericordia especial* con la que perdonas mi pecado y sanas mis enfermedades;[69] *esa misericordia* por con la cual me santificas a través tu gracia, y me consuelas por medio de tu Espíritu; *esa misericordia* con la cual me libras del infierno y me otorgas posesión en los cielos. *Acuérdate, oh Señor,* de todas esas misericordias, *tus misericordias,* que desde el principio, *desde la eternidad,* otorgaste a tus santos.

ROBERT MOSSOM [1617-1679]
"The Preacher's Tripartie, in Three Books. The First, to raise Devotion in Divine Meditations upon Psalm XXV.", 1657

Acuérdate, oh Jehová, de tus piedades y de tus misericordias, que son perpetuas.[70] Que lo ancestral del amor divino atraiga nuestros corazones a valorarlo mucho más dignamente y entrañable. ¡Qué valiosas son las antigüedades para los expertos, aún cuando su utilidad presente y valor material sea limitado! Los documentos antiguos, son guardados con esmero; aún cuando no contengan más que derechos y privilegios temporales propios de su época. ¡Cuánto más deberíamos guardar en memoria perpetua ese gran documento otorgado en el cielo, mucho más antiguo que el mundo! Deberíamos valorar los pensamientos que contiene más que cualquier otra cosa; cuando nos acostamos, cuando nos levantamos, y doquiera que vayamos a lo largo del día.[71] (…) Lo que es desde siempre, será para siempre; si la raíz es eterna, eternas son las ramas (…) El amor divino es un manantial perpetuo que no se agota mientras haya un recipiente vacío o a medio llenar; y está abierto a todos los que quieran acercarse a él. Por tanto: *Id y saciaos en él sin dinero y sin precio;*[72] y si no tenéis suficiente: *pedid vasijas prestadas de todos vuestros vecinos, vasijas vacías, no pocas… pagad vuestra deuda… y vivid con lo que os quede,*[73] por toda la eternidad.

ELISHA COLES [1608-1688]
"God's Sovereignty", 1673

Vers. 7. *De los pecados de mi juventud, y de mis rebeliones, no te acuerdes; conforme a tu misericordia acuérdate de mí, por tu bondad, oh Jehová.* *[De los pecados de mi juventud, y de mis transgresiones, no te acuerdes; conforme a tu misericordia acuérdate de mi, por tu bondad, oh Jehová.* RVR*] [No te acuerdes de los pecados de mi juventud ni de mis transgresiones; acuérdate de mí conforme a tu misericordia, por tu bondad, oh Señor.* LBLA*] [De los pecados de mi juventud y de mis rebeliones, no te acuerdes. Conforme a tu misericordia acuérdate de mí, por tu bondad, oh YHVH.* BTX*] [Olvida los pecados y transgresiones que cometí en mi juventud. Acuérdate de mí según tu gran amor, porque tú, Señor, eres bueno.* NVI*] [Olvida mis faltas de juventud y mis pecados, recuérdame*

[68] Salmo 42:7.
[69] Salmo 103:3; Isaías 53:4.
[70] Dice AGUSTÍN DE HIPONA [354-430]: «Acuérdate, Señor de tus misericordias, ya que los hombres creen que te has olvidado de ellas. Pero tus misericordias son perpetuas y existen desde siempre: ya estaban presentes cuando llevaste a cabo la creación. Pues aunque el hombre pecara arrastrado por su vanidad no lo privaste de la esperanza (Génesis 3:15), ni lo despojaste de los tantos consuelos de los que es objeto constantemente día tras día. (…) Mírame, por tanto, Señor, sin tener en cuenta la ira de la que soy merecedor, sino conforme a tu misericordia; no en base a mis méritos sino *"por tu bondad"*».
[71] Deuteronomio 11:19.
[72] Isaías 55:1.
[73] 2 Reyes 2:3,7.

en tu amor, por tu bondad, Señor. BLP*] [No te acuerdes de los pecados de rebeldía durante mi juventud. Acuérdate de mí a la luz de tu amor inagotable, porque tú eres misericordioso, oh Señor.* NTV*]*

De los pecados de mi juventud, y de mis transgresiones, no te acuerdes.[74] El pecado es la piedra de tropiezo, y es preciso eliminarlo por completo. ¡Señor, emite un decreto olvidando todos mis pecados, en especial las locuras sin sentido cometidas en mis años jóvenes de sangre caliente! Estas ofensas, que recordamos con arrepentimiento, Dios las olvida; pero nosotros no debemos olvidarlas, si no queremos la justicia las saque a relucir para castigarlas. El mundo hace la vista gorda ante los pecados de los jóvenes, aunque a menudo no sean tan pequeños; pero los huesos de nuestros festines en la mesa de Satanás durante los años de nuestra juventud, se nos clavan dolorosamente en la garganta en la senectud. El que presume en su juventud está envenenando su vejez. ¡Cuántas lágrimas puede que mojen esta página al ver cada lector reflejado en ella nuestro pasado!

Y de mis transgresiones.[75] Otra palabra para los mismos males. Los penitentes sinceros son incapaces de llevar las confesiones al galope; están constreñidos a lamentarse profusamente, porque sus muchos pecados les abruman con innumerables aflicciones. Un sentimiento de dolor por cualquier pecado en particular, provoca en el creyente un arrepentimiento global por la masa entera de sus iniquidades. Una conciencia despertada no se satisface con nada, salvo con un perdón absoluto, claro y exhaustivo. David no se contenta con que sus pecados sean perdonados, quiere que sean olvidados.

Conforme a tu misericordia acuérdate de mí, por tu bondad, oh Jehová. David exhala la misma oración que el ladrón moribundo que colgaba de la cruz,[76] ambas sustentadas en la misma súplica, a saber, la gracia gratuita y la bondad de Jehová, inmerecida por nuestra parte. No nos atrevemos a pedir que las balanzas de la justicia midan la porción que nos corresponde, pero rezamos para que se nos trate con la mano de la misericordia.

C. H. SPURGEON

No te acuerdes de los pecados de mi juventud. En primer lugar, considerando que los pecados en su vida no eran algo reciente, al contrario, había acumulado pecado sobre pecado; se dobla, por así decirlo, encorvándose bajo el peso acumulado. Y en segundo lugar, da a entender que si Dios hubiera de tratarle de acuerdo con el rigor de la ley, entrarían en juicio contra él no solo los pecados del día anterior, o de unos pocos días atrás, sino de todas las ocasiones en las cuales había cometido ofensa desde su infancia, y que todos ellos implicarían una acusación justa y punible. Por tanto, cuando Dios despierta nuestra conciencia aterrándonos con sus juicios y justos castigos de su ira, acordémonos, no tan solo de los pecados que hemos cometido últimamente, sino también de todas las transgresiones a

[74] DIODORO DE TARSO [¿?-392] en su *"Commentarius in Psalmos i-l"* identifica estos *"pecados de mi juventud"* con los cometidos por el pueblo de Israel en Egipto y en el desierto donde cayeron en la idolatría: «No te acuerdes de aquellas transgresiones sino míranos a través de tu amor, en razón del cual incluso entonces te mostraste benévolo con ellos en su ignorancia y sentiste misericordia por ellos aún cuando no te lo pidieran. Muestra ahora ese mismo amor y benevolencia por ti mismo».

[75] En hebreo וּפְשָׁעַי *ūpəšā'ay* de פֶּשַׁע *pesha.* La version griega de los LXX o Septuaginta lee: καί ἄγνοια ἐγώ que la Vulgata traduce al latín como: *"et ignorantias meas"*, "ni de mis ignorancias". Algunos comentaristas lo asocian con las palabras del apóstol Pablo: *"mas fui recibido a misericordia porque lo hice por ignorancia"* (1 Timoteo 1:13).

[76] Lucas 23:39-43.

lo largo de nuestra vida pasada, estableciendo así en nuestra mente las bases para una mayor vergüenza y renovado lamento.

JUAN CALVINO [1509-1564]

No te acuerdes de los pecados de mi juventud. Esta súplica de David puede parecer superflua, pues es lógico suponer que David habría pedido ya perdón por los pecados de su juventud anteriormente, que ante sus súplicas Dios se lo había concedido, y que lo que Dios concede jamás lo revoca. ¿Qué necesidad tenía David de pedir en este salmo perdón por unos pecados, tiempo ha cometidos, y tiempo ha perdonados por Dios? A esta objeción divido mi respuesta en cuatro partes.

1. En primer lugar, aunque David, sin duda, hacía tiempo que se había arrepentido con profundo dolor de sus pecados de juventud, era consciente, sin embargo, de que si Dios extremaba su severidad en lo que había hecho mal, a pesar de haberse arrepentido, probablemente hallaría pecado incluso en su propio arrepentimiento.

2. En segundo lugar, aunque Dios había perdonado los pecados de David en lo referente a su condenación eterna, no le había eximido sin embargo de aflicciones temporales, que ahora se agolpaban en su situación presente, y en este Salmo pide su eliminación o cuanto menos que sean mitigadas. Por ahí va el sentido de sus palabras *"No te acuerdes de los pecados de mi juventud"* es decir, Señor, aligera y disminuye las aflicciones que tan justamente me están acorralando ahora en mi vejez, a causa de los pecados cometidos en mi juventud.

3. En tercer lugar, el perdón de Dios por los pecados pasados, siempre es concedido bajo esta condición: cuando el indultado se compromete a un comportamiento correcto en el futuro, y a que, si lo quebranta, merece en estricta justicia perder todos los beneficios de su perdón. Y David era culpable después de la enorme transgresión cometida en el caso de Betsabé y Urías,[77] lo cual podía haberle acarreado, aplicando la justicia en extremo, que todos los pecados de su juventud le fueran nuevamente imputados y castigados.

4. Por último, asumamos que David contara con la certeza del perdón de sus pecados de juventud, sin embargo, los siervos de Dios pueden orar por aquellas bendiciones que tienen ya en su posesión, no para obtener de nuevo aquello que ya han recibido, –lo cual es innecesario–, sino para mantenerlo, lo cual sí es necesario. Sí, Dios se agrada con tales oraciones de sus santos, y las toma como alabanzas a él. Por tanto, las palabras: *"No te acuerdes de los pecados de mi juventud"*, hay que entenderlas del siguiente modo: *Bendito seas por tu gracia y tu bondad, porque has perdonado los pecados de mi juventud.*

THOMAS FULLER [1608-1661]
"The Cause and Cure of a Wounded Conscience", 1647

No te acuerdes de los pecados de mi juventud. David clama, sacudido por el poder de la Palabra, que instiga y despierta su conciencia: *"No te acuerdes de los pecados de mi juventud"*. Oh, amados, los pecados de vuestra juventud, por muy arrepentidos que estéis de ellos, como Job,[78] os acarrearán enorme tristeza y conmoción cuando llegue vuestra madurez. Las lujurias de la juventud, las vanidades de la juventud, y los placeres sensuales de vuestros días de juventud, sentarán las bases de todo vuestro dolor cuando peinéis canas y os acerquéis a la tumba. Así se lo advierte Zofar a Job.[79]

CHRISTOPHER LOVE [1618-1651]
"The Sum or Substance of prelatical Divinity, or the Grounds of Religion in a catechistical Way", 1654

[77] 2 Samuel 11:1-27.
[78] Job 42:6.
[79] Job 20:11.

No te acuerdes de los pecados de mi juventud[80]. Que no te impulsen a castigarme o ejecutar sobre mi tu venganza a causa ellos; como hacen los hombres, que cuando recuerdan las heridas, buscan vengarse de la persona que las ha infligido.

WILLIAM GREENHILL [1591-1671]
"Exposition of the prophet Ezekiel, with useful observations thereupon", 1846

No te acuerdes de los pecados de mi juventud. No es aconsejable ni seguro estar en números rojos con el *"Anciano de Días"*.[81]

JOHN TRAPP [1601-1669]
"A commentary or exposition upon the books of Ezra, Nehemiah, Esther, Job and Psalms", 1657

No te acuerdes de los pecados de mi juventud. Antes de llegar al punto principal en este texto, es preciso solventar una objeción: Considerando su historia y las circunstancias de su juventud, ¿es posible (opinan algunos) que David tuviera pecados de esa época?

(a) En primer lugar, su crianza fue en un ambiente de pobreza. De su padre Isaí, se nos dice simplemente que: *"era anciano, muy entrado en años"*,[82] no un hombre rico o importante; es probable que lo más valioso que tuvo fueran sus ocho hijos, nada más.

(b) Tuvo una infancia y juventud muy duras. A pesar de ser el más joven, no era el mimado de la familia, sino todo lo contrario, trabajaba de firme. Fue comisionado por su padre para apacentar las ovejas que amamantaban,[83] y por lo que parece, fue cuidando esas ovejas donde aprendió de su inocencia y simplicidad.

(c) Era piadoso, practicante y cumplidor de sus deberes; y había depositado en Dios una fe ciega *"Porque Tú eres mi esperanza, oh Dios; Tú eres mi confianza desde mi juventud"*.[84] Y tan solo unos pocos versículos más adelante de este mismo Salmo 71: *"Oh Dios, tú me has enseñado desde mi juventud"*.[85] David empezó pronto a ser bueno y recto, un santo a pesar de ser joven. Y lo que es más, siempre probado en el horno de la aflicción: *"Aun desde mi juventud estoy afligido y enfermizo; me han abrumado tus terrores, y estoy amedrentado"*.[86]

¿Cómo podía ser corrupta un agua clarificada a diario? ¿Cómo podía oxidarse un pedazo de metal bruñido con regularidad? ¿Cómo podía el alma de David en su juventud estar sucia por el pecado, si era rascada constantemente por el sufrimiento?

---

[80] GIOVANNI PICO DELLA MIRANDOLA [1463-1494] filósofo nacido el Florencia y uno de los más brillantes pensadores cristianos del renacimiento, gran amigo de JERÓNIMO SAVONAROLA [1452-1498], dejó escritas en su diario estas palabras: «Si quieres considerarte verdaderamente sabio, no dejes que transcurra un solo día de tu vida sin que postrado ante Dios salgan, no de tus labios sino de lo más profundo de tu corazón, estas palabras del salmista: *"De los pecados de mi juventud, y de mis transgresiones, no te acuerdes; conforme a tu misericordia acuérdate de mí, por tu bondad, oh Jehová"*».

[81] Daniel 7:9, 22.

[82] 1 Samuel 17:12.

[83] Salmo 78:70-71.

[84] Salmo 71:5.

[85] Salmo 71:17.

[86] Salmo 88:15.

La respuesta es simple: a pesar de que David era, a grandes rasgos, un hombre conforme corazón de Dios[87] (la mejor transcripción de la mejor copia), con todo tuvo, especialmente en su juventud, sus faltas y debilidades; sí, sus pecados y transgresiones.

Aunque la Escritura no hace mención a ningún pecado importante en su juventud, su comportamiento con Betsabé,[88] ya en edad avanzada, da mucho que pensar respecto a lo que pudo ser su juventud. No concluiré que David era de carácter licencioso porque tenía una tez rubicunda.[89] Es injurioso concluir que todas las personas de buen parecer son moralmente cuestionables, como lo sería decir que todos los honestos son deformes. Más bien me inclino por pensar que su pecado de juventud fue el libertinaje por haber tenido tantas esposas y concubinas. Pero mejor no adentrarnos en este análisis. De lo que no hay duda es de que tenía pecados. Pero ¿cómo puedo yo a pretender averiguarlos cuando ni él mismo era capaz de hacerlo: *"¿Quién podrá descubrir sus propios errores? Absuélveme de los que me son ocultos"*.[90] Lo que sí podemos y debemos hacer, es sacar de ello una lección moral de carácter personal: si los años jóvenes de David, aun habiendo vivido en la pobreza, trabajando duramente, y practicando la piedad, son cuestionables en cuanto a pecados, ¿qué diremos de aquellos cuya educación ha sido en la abundancia, libres de preocupaciones y dados a dejarnos llevar por los instintos? Afirmo que lo único que podemos hacer es leer las palabras de este versículo cabizbajos, con oprobio, dolor, y guardando silencio en la conciencia.

THOMAS FULLER [1608-1661]
"The Cause and Cure of a Wounded Conscience", 1647

Los pecados de mi juventud. Dos creyentes ancianos, uno de ellos de ochenta y siete años ya, se encontraron un día y el más joven preguntó al mayor: «¿Cuánto tiempo llevas en la fe?», a lo que el anciano respondió con lágrimas en los ojos: «Cincuenta años». «¿Y por qué lloras? – preguntó el otro– ¿acaso te arrepientes de haberte convertido tan joven?» A lo que replicó: «¡No, todo lo contrario! Lloro cuando pienso en los pecados cometidos en mi juventud; esto es lo que me hace llorar ahora».

KAZLITT ARVINE [1819-1851]
"Cyclopaedia of Moral and Religious Anécdotes", 1848

Conforme a tu misericordia. No la mía, la tuya. Porque yo he abandonado esa misericordia que tú me mostraste e *hiciste mía:*[91] aferrándome a mi pecado, desconfiando de tu promesa, y obstinándome en mi arrogancia. Oh sí, Señor, que sea por amor a tu bondad, no a la mía; porque en mí, es decir, en mi carne, no habita nada bueno. Que sea, pues, tu bondad el motor de tu misericordia, la norma de toda gracia, la fuente de todas las bendiciones que te dignas otorgar a mi alma.

ROBERT MOSSOM [1617-1679]
"The Preacher's Tripartie, in Three Books. The First, to raise Devotion in Divine Meditations upon Psalm XXV.", 1657

Conforme a tu misericordia. Moisés es el primero en acuñar tan feliz expresión,[92] es decir, de acuerdo con la infinita misericordia que anida en tu corazón y tu propia naturaleza. David fue el

[87] 1 Samuel 13:14; Hechos 7:46; 13:22
[88] 2 Samuel 11:1-27.
[89] 1 Samuel 16:12.
[90] Salmo 19:12.
[91] Jonás 2:8; Salmo 59:10-17.
[92] Números 14:19.

siguiente, primero en el Salmo 25, y después en el caso de su pecado de adulterio: *"conforme a tu misericordia; conforme a la multitud de tus piedades"*.[93] El caso era extremadamente grave y para resolverlo necesitaba de todas las misericordias de Dios; de modo que también confesó el pecado de su naturaleza y recurrió a las misericordias en la naturaleza de Dios. Pero el Salmo 25 va más allá; no se contenta con decir *"conforme a tu misericordia"*, sino que añade otra frase: *"por tu bondad, oh Jehová"* (25:7). Por la coherencia que ello presenta con la frase siguiente en el versículo siguiente (25:8): *"Bueno y recto es Jehová"*, Muis[94] considera que el salmista centra el argumento de su súplica en la naturaleza misma de Dios. La idea es: "Señor, por un lado tienes una naturaleza misericordiosa, y por el otro eres justo y recto; de modo que, conforme a tu naturaleza misericordiosa, y siendo que eres justo y recto, trátame con bondad". El fundamento de su fe y su oración, parten de su reflexión sobre la naturaleza y atributos divinos.[95] Así vemos como en el versículo once (25:11) cuando exclama: *"Perdonarás también mi pecado, que es grande"* hace referencia directamente a la experiencia de Moisés proclamando el nombre de Jehová: *"fuerte, misericordioso y piadoso; tardo para la ira, y grande en misericordia y verdad"*.[96] Pero el lector dirá, ¿Qué certeza tenemos que expresiones *"por amor de tu nombre"*, *"por tu bondad"*, y *"conforme tu misericordia"*, implican lo mismo que decir: *"por amor a ti mismo"*, o *"por tu propio bien"*, cuando estamos hablando de la divinidad? ¿cómo se involucra la Divinidad? Veamos lo que dice al respecto el profeta Isaías: *"Yo, yo soy el que borro tus rebeliones por amor de mí mismo"*,[97] es decir, por mi propio bien, como leemos más adelante: *"Por mí, por mi propio bien, lo haré, para que no sea amancillado mi nombre"*.[98] Dos veces encontramos esta expresión en un mismo versículo; y lo que en uno dice: *"por amor de tu bondad"* equivale en el otro a: *"por amor de mi mismo"*.

THOMAS GOODWIN [1600-1679]

[93] Salmo 51:1.

[94] Se refiere a SIMEON MAROTTE DE MUIS [1587-1644] nacido en Orleans. Reconocido erudito de la lengua hebrea y profesor en la Real Academia de París, autor numerosas obras sobre los Salmos, aunque la más conocida es su comentario: *Commentarius Literalis et Historicus in Omnes Psalmos Davidis, et Selecta Veteris Testamenti Cantica,* publicado en 1630 y considerado como una de las mejores obras filológicas escritas sobre el Libro de los Salmos.

[95] Sobre esto comenta DIODORO DE TARSO [¿?-392]: «Si Dios es *"bueno"* por su propia naturaleza, misericordioso y clemente, ¿cómo permite que algunos queden sujetos a castigo? David añade aquí que Dios es *"recto"* para dejarnos claro que la justicia es también uno de sus atributos, y que en él, la bondad y la justicia va siempre de la mano. Y prosigue diciendo que: *"enseña la ley a los que pecan en el camino"*, es decir, corrige a los pecadores *"en el camino"*, en este mundo, evidenciando con ello el justo equilibrio entre bondad y rectitud». Y CASIODORO [485-583] añade: «El Señor es particularmente bueno porque aunque su misericordia excede desde el principio todo lo imaginable, sigue esperando la conversión de los pecadores, y *"hace salir su sol sobre malos y buenos, y hace llover sobre justos e injustos"* (Mateo 5:45), concediendo el don de la vida a quienes merecerían ser aniquilados (...) Y es particularmente recto porque después de amonestar a los impíos y advertir a los soberbios en numerosas ocasiones, y de esperar sobradamente, cuando se enfrenta a ellos lo hace para que finalmente vengan a ser sabios y se arrepientan de haber pecado. Su bondad y su rectitud quedan probadas por el hecho mismo de haber establecido una ley, pues al desear que los hombres no pecaran irremisiblemente en la ignorancia, decidió corregirlos mediante una ley. Y para que nadie pudiera decir que esa ley emanaba de su severidad para aplicar el castigo, decidió también instruir en ella a los hombres en bondad y rectitud, enseñando a los que pecan *"en el camino"* (Vulgata), es decir, aquí en este mundo, que es donde la ley ha sido promulgada para que vivamos por ella rectamente».

[96] Éxodo 34:6-7.

[97] Isaías 43:25.

[98] Isaías 48:11. Utilizamos traducción directa de la versión inglesa KJV para poder mantener el sentido de las comparaciones que hace el autor.

Vers. 8. ***Bueno y recto es Jehová; por tanto, él enseñará a los pecadores el camino.*** *[Bueno y recto es Jehová; por tanto, él enseñará a los pecadores el camino.* RVR*] [Bueno y recto es el Señor; por tanto, Él muestra a los pecadores el camino.* LBLA*] [Bueno y justo es YHVH; por tanto Él mostrará a los pecadores el camino.* BTX*] [Bueno y justo es el Señor; por eso les muestra a los pecadores el camino.* NVI*] [El Señor es bueno y recto, él muestra el camino a los pecadores.* BLP*] [El Señor es bueno y hace lo correcto; les muestra el buen camino a los que andan descarriados.* NTV*]*

Bueno y recto es Jehová; por tanto, él enseñará a los pecadores el camino. La bondad y la rectitud del carácter divino se presentan aquí en una unión amistosa; pero quien quiera contemplarlos de esa manera, unidos en un lazo de cordialidad perfecta, debe acudir al pie de la cruz y verlos entrelazados en el sacrificio de Cristo. Pues es tan cierto como maravilloso que, en la expiación, la justicia divina se declara a favor de la salvación de los pecadores por los que Jesús murió con tanta intensidad como su gracia. Además, de la misma manera que una persona buena se esfuerza, de modo natural, en lograr que otros sean también buenos, así también el Señor nuestro Dios, en su compasión, busca conducir a los pecadores por el camino de la santidad y conformarlos a su misma imagen; por tanto, la bondad de nuestro Dios nos lleva a esperar la restauración del hombre pecador. Ello no nos da pie para concluir que la bondad de Dios va a salvar a los pecadores obstinados que siguen vagando a su antojo por sus propios caminos, pero sí podemos estar seguros de que va a renovar los corazones de los transgresores y a guiarlos hacia el camino de la santidad. Sirva esto para consolar y reconfortar a todos aquellos que desean ser liberados del pecado. Dios mismo se digna en su bondad y condescendencia a ser el maestro de pecadores. ¡Qué escuela tan precaria para que Dios se digne a enseñar en ella! Pero allí la enseñanza divina es absolutamente práctica; enseña a los pecadores no solo la doctrina, sino *"el camino"*.

C. H. SPURGEON

Bueno y recto es Jehová; por tanto, él enseñará a los pecadores el camino. Así como la elección es el efecto de la soberanía de Dios, nuestro perdón es el fruto de su misericordia, nuestro conocimiento un soplo de su sabiduría, nuestra fuerza un impacto de su poder; y nuestra pureza un rayo de su santidad. En la misma medida que en la primera creación la rectitud de la criatura fue el efecto de la santidad divina; en la nueva creación, la pureza de la criatura, es también un esbozo de la misma perfección. Razón por la que en Isaías, el profeta evangélico que nos habla de la restauración de Sión y de Dios escogiendo un pueblo para sí, se menciona a Dios como: *"El Santo de Israel"* más veces que en el resto de la Escritura.

STEPHEN CHARNOCK [1628-1680]
"The Existence and Attributes of God", 1682

Bueno y recto es Jehová; por tanto, él enseñará a los pecadores en el camino. ¿No será el Señor, que es bueno, tan misericordioso con sus enemigos como nos exige que lo seamos los nuestros?[99] Así es su ley: *"Si encuentras el buey de tu enemigo o su asno extraviado, vuelve a llevárselo"*.[100] Dios nos encuentra en condición de pecadores, y en tanto que todos los pecadores son sus enemigos, nos encuentra extraviados cual bestias sin entendimiento.[101] ¿Y qué hace? Pues

[99] Mateo 5:38-48; 22:37-40.
[100] Éxodo 23:4.
[101] Salmo 49:12, 20; 73:22.

conducirnos de nuevo al legítimo propietario, él mismo, por derecho de creación, y por el todavía más firme derecho de redención.

Robert Mossom [1617-1679]
"The Preacher's Tripartie, in Three Books. The First, to raise Devotion in Divine Meditations upon Psalm XXV.", 1657

Vers. 8-10. Estos tres versículos son una meditación sobre los atributos y las acciones del Señor. Quien labora intensamente en el campo de cosecha de la oración, debe de cuando en cuando hacer una pausa y refrescarse con una comida de meditación.

C. H. Spurgeon

Vers. 9. *Encaminará a los humildes por el juicio, y enseñará a los mansos su carrera.* *[Encaminará a los humildes por el juicio, y enseñará a los mansos su camino.* RVR*] [Dirige a los humildes en la justicia, y enseña a los humildes su camino.* LBLA*] [Hará andar a los humildes en justicia, y enseñará a los mansos su senda.* BTX*] [Él dirige en la justicia a los humildes, y les enseña su camino.* NVI*] [Instruye en la justicia a los humildes, enseña a los humildes su camino.* BLP*] [Guía a los humildes para que hagan lo correcto; les enseña su camino.* NTV*]*

Encaminará a los humildes por el juicio, y enseñará a los mansos su camino.[102] Los espíritus humildes cuentan con todo el beneplácito del Padre de Jesús, que era manso y humilde,[103] porque ve reflejada en ellos la imagen de su Hijo unigénito. Son conscientes de su necesidad de dirección y guía, y están dispuestos a someter su propio entendimiento a la voluntad divina, por tanto, el Señor mismo se digna a ser su guía. Este versículo dota a los espíritus humildes con una rica herencia; que tengan pues buen ánimo.[104] La aflicción somete a los espíritus apocados a situaciones extremas, los pone contra las cuerdas y los presiona para que actúen imprudentemente, pero la gracia viene al rescate, iluminando sus mentes para hacer lo que es justo, y los ayuda a discernir la forma en que el Señor quiere que procedan. Los necios, ufanos de su propia sabiduría, jamás aprenden, y por ello extravían su camino al cielo; pero los corazones humildes se sientan a los pies de Jesús,[105] y encuentran la puerta de la gloria, porque *"enseña a los humildes su camino"*. ¡Bendito Maestro! ¡Privilegiado Profesor! ¡Divina lección! Alma mía, familiarízate con todo ello.

C. H. Spurgeon

[102] Dice Casiodoro [485-583] en su exposición a este versículo: «Entre los humildes y los mansos hay una diferencia. Humilde es aquel que no se deja arrastrar por ningún arrebato de ira, antes bien, sean cuales sean las circunstancias, mantiene siempre un temperamento apacible y conciliador. Mientras que el manso, (del latín *"mansuetus"* de *'man'*, "mano", y *'suetus'*, "acostumbrado": "acostumbrado a la mano") recibe ese nombre por su capacidad a soportar las afrentas sin devolver mal por mal (Romanos 12:17)».

[103] Mateo 11:29.

[104] Daniel 10:19; Juan 16:33; Hechos 27:25.

[105] Lucas 10:38-42.

Encaminará a los humildes por el juicio, y enseñará a los mansos su camino.[106] O dicho de otro modo o *los pobres en el espíritu.*[107] A ellos hará prevalecer en juicio, levantar la cabeza, andar con prudencia, actuar con sabiduría. Como hizo con David hasta el punto que hasta el propio Saúl estaba asombrado y le temía.[108] El hombre natural no puede hacer otra cosa que admirarse e inclinarse ante la imagen de Dios que brilla en los corazones y vidas de aquellos que son verdaderamente espirituales.

JOHN TRAPP [1601-1669]
"A commentary or exposition upon the books of Ezra, Nehemiah, Esther, Job and Psalms", 1657

Encaminará a los humildes por el juicio, y enseñará a los mansos su camino. Han sido hechos humildes, es decir, deseosos de ser enseñados, y oran fervientemente pidiendo que se les enseñe. Pero a la vez, son conscientes de su falta de méritos, y sienten temor a que Dios rehúse enseñarles. No tienen por qué temer, pues que esto puede sucederles a otros pecadores, pero no a ellos. Por tanto, se les aclara en este versículo quiénes pueden aspirar a recibir enseñanza: aquellos que desean ser enseñados y oran pidiendo serlo.

JOHN BERRIDGE [1716-1793]
"The Farewell Sermon preached at The Tabernacle, near Moorfields, on April 1st", 1792

Encaminará a los humildes por el juicio, y enseñará a los mansos su camino. Semejante docilidad es inconcebible en el ser humano, que por ley natural es arrogante y está repleto de orgullo; no hasta que su corazón haya sido subyugado por la gracia, sometido y humillado. La palabra hebrea que utiliza el salmista: עֲנָוִים *'ănāwîm* de עָנָו *anav* denota pobreza y aflicción, y se utiliza en un sentido metafórico aplicada a las personas humildes y pacientes. Es probable que David, al utilizar este término, tuviera en mente las aflicciones que sirven para contener y someter la rebeldía de la carne; así como la gracia de la humildad en sí misma. Viene a decir lo siguiente: Habiéndolos primeramente humillado, Dios les tiende ahora su mano amigablemente para guiarlos y conducirlos a lo largo del curso de sus vidas.

JUAN CALVINO [1509-1564]

Los humildes. El orgullo y la ira no tienen cabida en la escuela de Cristo. Si el propio Maestro es *"manso y humilde de corazón"*,[109] cuanto más habrán de serlo los alumnos. Quien no tiene consciencia de su propia ignorancia no desea saber más, y en consecuencia está incapacitado para adquirir conocimientos, ya sean divinos o humanos.

GEORGE HORNE [1730-1792]
"A Commentary on the Psalms in which Their Literal Or Historical Sense, as They Relate to King David, is Illustrated", 1825

[106] Dice AGUSTÍN DE HIPONA [354-430]: «Mostrará sus sendas a los humildes, no a los que creyéndose perfectos pretenden ser guías de sí mismos y ocupar siempre los primeros puestos; ni a los con el cuello erguido van dando coces cada vez que se les propone aceptar un yugo fácil y carga ligera (Hechos 26:14; Mateo 11:30)».

[107] Mateo 5:3.

[108] 1 Samuel 24:1-22.

[109] Mateo 11:29.

Los humildes. El Señor revelará y enseñará sus secretos, no a los doctos y orgullosos profesores, sino a los humildes.

Thomas Goodwin [1600-1679]

Y enseñará a los mansos su camino. A los que se sientan a sus pies diciendo: *"Habla, porque tu siervo oye",*[110] aquellos cuyos corazones son dúctiles y moldeables, dóciles y enseñables, de tal modo que un niño los pueda conducir.[111] Agustín era un uno de ellos, porque escribe: «Aunque soy anciano y llevo tantos años de obispo, estoy muy dispuesto a aprender de un joven que lleva apenas un año en el episcopado»[112].

John Trapp [1601-1669]
"A commentary or exposition upon the books of Ezra, Nehemiah, Esther, Job and Psalms", 1657

Vers. 10. *Todas las sendas de Jehová son misericordia y verdad, para los que guardan su pacto y sus testimonios.* *[Todas las sendas de Jehová son misericordia y verdad, para los que guardan su pacto y sus testimonios.* RVR*] [Todas las sendas del Señor son misericordia y verdad para aquellos que guardan su pacto y sus testimonios.* LBLA*] [Todas las sendas de YHVH son misericordia y verdad, para los que observan su pacto y sus preceptos.* BTX*] [Todas las sendas del Señor son amor y verdad para quienes cumplen los preceptos de su pacto.* NVI*] [Las sendas del Señor son amor y verdad para quienes respetan su alianza y sus mandatos.* BLP*] [El Señor guía con fidelidad y amor inagotable a todos los que obedecen su pacto y cumplen sus exigencias.* NTV*]*

Todas las sendas de Jehová son misericordia y verdad, para los que guardan su pacto y sus testimonios.[113] Una regla sin excepción: Dios es bueno con los que son buenos. La misericordia y la verdad abundan en aquellos que son hechos fieles por medio de la misericordia. Cualesquiera que sean las circunstancias externas que nos amenacen, debemos mantener la calma en nuestras mentes, en la certeza de que mientras la gracia siga capacitándonos para obedecer la voluntad del Señor, no tenemos razón para temer que la Providencia nos cause ningún daño real. Tendremos *misericordia* en cada bocado desagradable, *y verdad* en cada sorbo amargo; no consintamos pues que nuestros corazones sean presa de la angustia, al contrario: descansemos por medio de la fe en el convenio inmutable de Jehová, que es seguro y ordenado en todas las cosas. Sin embargo, esta no es una verdad generalizada que pueda ser pisoteada por los cerdos, sino una perla escogida para lucir en el cuello de un niño.[114] Las almas llenas de gracia, que descansan por medio de la fe sobre la obra redentora completada del Señor Jesús, que *guardan el pacto* del Señor, y que santificadas por el Espíritu Santo *andan en sus testimonios,*

[110] 1 Samuel 3:9.

[111] Isaías 6:11.

[112] Se refiere a Agustín de Hipona [354-430]. *Epistolae lxxv, ad Auxilio,* Carta 250 a Auxilio: *"En adsum senex a iuvene coepiscopo, episcopus tot annorum, a collega necdum anniculo paratus sum discere".*

[113] Dice al respecto Teodoreto de Ciro [393-458]: «Quienes se alimentan constantemente de *"los Testimonios"* del Señor leyendo las Escrituras, aprenden a través de ellas con claridad que todas las disposiciones de Dios nuestro Salvador mantienen un justo equilibrio entre *"misericordia y verdad"*. A unos, los que se arrepienten de sus pecados, les extiende su misericordia y perdón; a los que perseveran en la fe y la virtud los proclama vencedores y los corona con la verdad y la justicia (2 Timoteo 4:8); y a los que no se arrepienten y persisten en sus delitos y pecados los juzgará con su verdad (Salmo 96:13; 98:9) y les aplicara en su justicia el castigo que merecen».

[114] Mateo 18:3.

encuentran que todas las cosas trabajan juntas para su bien;[115] una promesa con la que los pecadores no cuentan. Los que guardan el pacto serán guardados por el pacto; los que siguen los testimonios y mandamientos del Señor, encontrarán que el bien y la misericordia del Señor les siguen.[116]

C. H. SPURGEON

Todas las sendas de Jehová son misericordia y verdad. La palabra hebrea אָרְחוֹת *'ārəhōwt* de אֹרח *orach,* significa las regueras o surcos hechos por las ruedas de los carruajes que transitan a menudo por el mismo terreno. La misericordia y la verdad son caminos por los que Dios camina constantemente en su relación con los hijos de los hombres; y es tanta la frecuencia con que les muestra su misericordia, y tantas las veces en las que cumple con su verdad, que dejan marcado un surco y, por tanto, sus caminos son fáciles de distinguir. ¡Cuán frecuentes, cuán marcados, y cuán numerosos son esos surcos en cada familia y cada individuo! No importa dónde vayamos, por los surcos profundos que hallaremos marcados podremos comprobar que la misericordia y la verdad de Dios han pasado por allí antes. Pero con los que guardan su pacto y sus testimonios, esto es, aquellos que son conformados no solo a la letra, sino al espíritu de la fe verdadera, es todavía mucho más dadivoso y misericordioso.

ADAM CLARKE [1760-1832]
"Commentary on the Whole Bible", 1831

Todas las sendas de Jehová son misericordia y verdad. Puesto que la naturaleza y esencia divinas son *el amor* y *la justicia,* así también todos sus caminos son *misericordia* y *verdad.* Son *"misericordia"* en tanto que su objetivo es siempre el bien, y son *"verdad"* en tanto que su propósito es el fiel cumplimiento de sus promesas en favor nuestro; por tanto, sea lo que sea que nos pueda acontecer, aunque se trate de algo totalmente contrario a lo que esperábamos, hemos de interpretarlo siempre en clave de amor. La mayoría de acciones humanas, son de tal naturaleza, que se hace inviable interpretarlas en clave positiva, ya que no hay manera de extraer de ellas nada bueno; por esta razón a menudo evitamos relacionarlas con las acciones teóricas propias del verdadero amor, el que: *"todo lo excusa, todo lo cree, todo lo espera, todo lo soporta"*,[117] pues de hacerlo, el amor no superaría la prueba de los hechos y no sería *credibilia,*[118] es decir, no sería creíble, pues el amor en su realidad práctica pulverizaría al amor en su expresión teórica. Pero los caminos de Dios no son así, pues en ellos, el amor y la fidelidad son una realidad constante y palpable. *"A bono Deo nil nisi bonum"*, de un Dios bueno no puede proceder nada que no sea bueno; por ello Job no duda en afirmar: *"aunque él me mate, en él esperaré"*.[119] De modo que, en todas las acciones presentes que Dios lleva a cabo y nos afectan, esforcémonos en desentrañar todo lo bueno y a nuestro favor que hay en ellas, y aun asumiendo que no somos capaces de encontrar nada, lancémonos en brazos de la fe.

THOMAS GOODWIN [1600-1679]

Vers. 11. ***Por amor de tu nombre, oh Jehová, perdonarás también mi pecado, que es grande.*** *[Por amor de tu nombre, oh Jehová, perdonarás también mi pecado, que es grande.* RVR*] [Oh Señor, por amor de tu nombre, perdona mi iniquidad, porque es grande.* LBLA*] [Por amor de tu Nombre, oh YHVH, perdonarás mi iniquidad, que es grande.* BTX*] [Por amor a tu nombre Señor, perdona mi*

[115] Romanos 8:28.
[116] Salmo 23:6.
[117] 1 Corintios 13:7.
[118] Dícese del conjunto de verdades o dogmas que es necesario y merece la pena creer.
[119] Job 13:15.

gran iniquidad. NVI*] [Señor, haciendo honor a tu nombre, perdona mi grave pecado.* BLP*] [Por el honor de tu nombre, oh Señor, perdona mis pecados, que son muchos.* NTV*]*

Por amor de tu nombre, oh Jehová perdonarás también mi pecado, que es grande. Esta oración suplicante podría parecer incluso fuera de lugar, de no ser porque la oración nunca está fuera de lugar, ya sea a tiempo o fuera de tiempo.[120] Habiéndose refrescado a través de la meditación, el salmista se reincorpora al trabajo duro, y lucha con Dios[121] para obtener el perdón de su pecado.

Por amor de tu nombre, oh Jehová. Un ruego bendito que no falla nunca: No por nuestros propios méritos, sino para glorificar tu misericordia y para mostrar la gloria de tus atributos divinos.[122]

Perdona mi pecado. Lo he confesado, lo aborrezco, y aún sigue consumiendo mi corazón de pena. Perdónalo, Señor, pronuncia con tus labios la absolución.

Que es grande. Me resulta extremadamente pesado, y te ruego que lo elimines. Su tamaño no es una dificultad para ti, porque eres un Dios grande; pero la horrenda miseria con que me oprime es argumento en el que me apoyo para pedirte un perdón rápido. Señor, el paciente está muy enfermo: ¡sánalo ya! Perdonar a un gran pecador te traerá una gloria igualmente grande; por tanto, por amor a tu nombre, perdóname. Fijémonos en qué manera este versículo ilustra la lógica de la fe, que es totalmente opuesta al espíritu legalista: la fe no mira los méritos en la criatura, sino que considera la bondad del Creador; y en vez de dejarle aplastado por los deméritos del pecado, mira a la sangre preciosa, y dada la urgencia del caso, suplica todavía con más vigor.

C. H. Spurgeon

Por amor de tu nombre, oh Jehová, perdonarás también mi pecado, que es grande. Con respecto a este versículo, lo mejor que podemos aportar es este hermoso comentario del gran Vieira,[123] que le valió ser calificado como el más grande predicador de su época, en un sermón predicado durante un ayuno de súplica y expiación celebrado en el marco de las invasiones holandesas de Brasil (1624):

«Lo confieso, Dios mío, pues no tiene vuelta de hoja; todos somos pecadores en el más alto grado. Y sin embargo, tan lejos estoy de considerarlo como un motivo por el que deba cesar en mi súplica, que incluso vislumbro en ello un nuevo y convincente argumento para influenciar tu misericordia. Pues todo lo expuesto anteriormente no se basa en otro fundamento que la gloria y honor de tu santísimo nombre: *"Propter nomen tuum"*.[124] ¿O qué motivo más glorioso puedo proponer en honor

[120] 2 Timoteo 4:2.

[121] Génesis 32:28.

[122] Un antiguo himno basado en el texto latino de la Vulgata del Salmo 113:9 (Salmo 115:1 en nuestras versiones) y tradicionalmente relacionado con los Caballeros Templarios en las Cruzadas, repetidamente armonizado en forma de canon continuo por algunos de los más grandes músicos, incluyendo a Mozart y Beethoven a lo largo de la historia, expresa magistralmente este sentir: *"Non nobis, non nobis, Domine; sed nomini tuo da gloriam"*. Más recientemente el compositor escocés Patrick Doyle [1953-] hizo del mismo un magistral arreglo de armonización coral orquestada para la banda sonora de la película "Enrique v" (1989).

[123] Se refiere al jesuita portugués Antonio Vieira [1608-1697], filósofo y escritor, hombre de ideas muy abiertas, reformador y crítico con la Inquisición, fue misionero en tierras de Brasil donde se distinguió como infatigable defensor de los derechos de los pueblos indígenas, que le dieron el apodo de *"Paiaçu"* o "el padre grande". Extraordinario y brillante orador, fue considerado como "el príncipe de los predicadores" en el catolicismo de su época, hasta el punto que por muchos años, en los colegios y universidades portuguesas, la lectura de sus sermones era tarea obligada como ejercicio de literatura.

[124] Salmo 143:11, Vulgata.

de tu nombre, que el hecho de que nuestros pecados sean muchos y muy grandes? *"Por amor de tu nombre, oh Señor, ten misericordia de mi pecado, que es grande"*. No te imploro, –dice David–, el perdón de mis pecados leves y cotidianos, sino de pecados numerosos y muy grandes: *"multum est enim"*.[125] ¡Tal razonamiento solo es digno del seno de la divinidad! ¡Semejante petición únicamente adquiere valor y fuerza cuando se apoya en la bondad suprema! ¿O puede haber acaso mayor paradoja? ¡Con tal de obtener la remisión de sus pecados, el pecador alega ante Dios que son muchos y muy grandes! Ciertamente, no por amor al pecador ni por amor al pecado, sino por amor a la honra y gloria de Dios; pues cuantos más pecados perdona, y cuanto más numerosos y mayores son, más se ennoblece y exalta a sí mismo. El propio David distingue en la misericordia de Dios entre su grandeza y su multiplicidad. *Su grandeza: "secundum magnam misericordiam tuam"*;[126] y *su multiplicidad: "et secundum multitudinem miserationum tuarum"*.[127] Y en la medida en que la grandeza de la misericordia divina es ilimitada, y la multitud de sus piedades infinita; y dado que lo inmenso no puede ser medido, ni lo infinito puede ser contado, con el fin de que una cosa y otra tengan en cierto modo el mismo peso proporcional de gloria, es necesario para tal grandeza de misericordia que los pecados perdonados sean grandes, y es necesario para tal multitud de piedades que sean muchos. *"Multum est enim"*. Razón tengo, por tanto, oh Señor, para no sentirme intimidado porque nuestros pecados sean muchos y tan grandes. Y razón al preguntarte la razón por la cual no debas apresurarte a perdonárnoslos.

ANTONIO VIEIRA [1608-1697]
citado por JOHN MASON NEALE [1818-1866] y RICHARD FREDERICK LITTLEDALE [1833-1890]
en *"Commentary on the Psalms from Primitive and Mediæval Writers"*, 1869

Por amor de tu nombre, oh Jehová, perdonarás también mi pecado, que es grande. Identificar el *"nombre"* con la idea de honor es algo común y habitual. Cuando Dios dice a David: *"te he dado un nombre grande, como el nombre de los grandes que hay en la tierra"*;[128] y cuando Esdras dice a Dios hablando por el pueblo: *"y te hiciste nombre grande hasta el día de hoy"*;[129] resulta claro y manifiesto que por *"nombre"* debemos entender gloria. En hebreo a los hombres famosos se les denomina: הַשֵּׁם *haššêm* de שֵׁם *shem,* que en latín traducimos como *viri nominum:* "varones de renombre",[130] y que el poeta adorna con los epítetos: *"Magnum et memorabile nomen"*, "de nombre grande y memorable". Por tanto, cuando Dios perdona el pecado, lo hace por amor de su nombre, es decir, en beneficio de su propio honor y gloria. De hecho, su gloria es el fin último de todas sus acciones divinas; pues siendo que es el primero y el último, el origen y la causa final de todas las cosas;[131] no hay nada hecho por él, que no sea para él y deba redundar en su gloria. El propósito de nuestras vidas y acciones, como criaturas creadas, ha de ser la gloria de Dios, porque a él pertenecen como Creador nuestra existencia y nuestras obras; pero en lo que hace a Dios mismo, el propósito de sus acciones no puede ser otro que su propia gloria, porque su existencia y su obrar proceden de sí mismo, y por tanto, le pertenecen a él. Y entre las obras divinas, ninguna que establezca mejor su gloria, que la remisión de pecados. El pecado conlleva cuando es cometido mucha deshonra a Dios, y en contrapartida, al perdonarlo le

[125] Salmo 25:11, Vulgata.

[126] Salmo 51:1, Vulgata: *"Ten misericordia de mí, oh Señor, conforme a **tu grande** misericordia"*. La mayoría de nuestras versiones españolas suprimen aquí el calificativo "grande", pero la versión latina lo tiene muy claro: *"magnam misericordiam"*.

[127] Salmo 51:1, Vulgata: *"Conforme a la **multitud de** tus piedades borra mis delitos"*.

[128] 2 Samuel 7:9.

[129] Nehemías 9:10.

[130] Génesis 6:4.

[131] Apocalipsis 22:13.

acarrea un gran honor. *"Honra es del hombre* –y por tanto mucho más de Dios– *dejar la contienda"*,[132] y ello hace que sus acciones de gracia excedan en honor y gloria a sus actos de poder. En nada brillan con tanto fulgor los atributos divinos de la gracia: misericordia, bondad, clemencia, como en el perdón de los pecados. Pablo nos habla de las *"riquezas de su benignidad"*[133] y de *"las sobreabundantes riquezas de su gracia en su bondad para con nosotros"*;[134] ¡cuánto más sobreabundantes no habrán de ser estas riquezas cuando hablamos de su perdón! Dios ha trazado el camino del perdón de tal forma, que no solo su misericordia, sino que en él, también su justicia y sabiduría se ven honradas y engrandecidas. *Nomen quasi notamen, quia notificat,* el nombre es lo que engrandece a una persona dando a conocer su fama; y Dios, mediante la remisión de pecados por amor de su nombre, da a conocer su elección y sus atributos gloriosos. Este es precisamente el motivo por el cual perdona el pecado y se muestra condescendiente con los pecadores; lo cual nos aporta, ciertamente, mucho consuelo. Pues siendo que Dios perdona nuestros pecados *por amor de su nombre,* para su propia gloria, sin duda estará dispuesto a perdonar muchos y muy grandes; pues en realidad, cuanto mayores y más numerosos sean los pecados, mayor es el perdón; y, como consecuencia, mayor la gloria de Dios. Por ello David, apoyándose en esta consideración: que la remisión de los pecados enaltece el nombre de Dios y engrandece su gloria, hace de la grandeza de su iniquidad un argumento para implorar el perdón. Incurrir voluntariamente en pecados graves con la presunción de que Dios pueda glorificarse más al perdonarlos, sería una monstruosidad aborrecible y condenable; pero esperar que si sentimos verdadero arrepentimiento por los pecados graves que tristemente hemos cometido, serán perdonados por Dios, *por amor de su nombre,* es una expectativa legítima, sólida y bien fundada, y como tal, válida para proporcionar consuelo y soporte a nuestros espíritus ante la tentación del abatimiento y el desespero.

NATHANAEL HARDY [1618-1670]

Por amor de tu nombre, oh Jehová, perdonarás también mi pecado, que es grande. Llama la atención que David no trata de encubrir su pecado minimizándolo, todo lo contrario, alega su grandeza, no su pequeñez; refuerza el peso de su oración con esta consideración peculiar: que sus pecados son muchos y muy graves. Pero ¿es posible que se atreva a hacer de esto un alegato para el perdón? Respondo, sí: ya que cuanto mayor era su maldad, mayor era su *necesidad* de perdón. Como si hubiera dicho: Perdona, Señor, mi maldad, porque es tan grande que no podría soportar el castigo que conlleva; mi pecado es tan enorme que a lo único a lo que puedo aspirar es al perdón; a menos que tu procedas con misericordia, mi causa esta perdida. Utiliza la enormidad de su pecado para apuntalar su solicitud de perdón, igual que los seres humanos suelen utilizar la grandeza de la calamidad que les azota para conseguir de sus gobernantes beneficios y trato privilegiado. Cuando un mendigo pide limosna en la calle, busca la manera de exhibir y resaltar lo extremo de su pobreza y necesidad. Cuando una persona afligida clama por misericordia, ¿qué hará sino alegar la extremosidad de su caso? Dios permite esta forma de ruego porque lo que verdaderamente le mueve a clemencia, no es lo que nosotros podamos aportar, sino todo lo contrario, la desesperado de nuestra situación, no se apiada de los pecadores por sus méritos, sino porque necesitan en extremo de su piedad y misericordia… En esto consiste precisamente *"la gloria de su gracia"*[135] por la redención en Cristo, en su suficiencia para el perdón de los más grandes pecadores. Todo el entramado del camino de la salvación va encaminado a este fin, al objeto de engrandecer y glorificar la libre gracia de Dios. Desde toda la eternidad Dios tenía en su corazón la voluntad de glorificar este atributo; y fue en su realización que fue concebido todo el plan

[132] Proverbios 20:3.
[133] Romanos 2:4.
[134] Efesios 2:7.
[135] Efesios 1:6.

para salvar a los pecadores por los méritos de Cristo. La grandeza de la gracia divina se manifiesta precisamente en esto: en que Dios salva, por medio de Cristo, a lo más grandes infractores de la ley. Cuanto mayor sea la culpa de cualquier pecador, tanto más gloriosa y maravillosa es la gracia que se manifiesta en su perdón: *"Pero la ley se introdujo para que el pecado abundase; mas donde el pecado abundó, sobreabundó la gracia".*[136] El apóstol, al contarnos lo muy pecador que él personalmente había sido, resalta lo abundante de la gracia al perdonarlo, en lo cual, la gravedad de su culpa juega un papel primordial: *"habiendo yo sido antes blasfemo, perseguidor e injuriador; mas fui recibido a misericordia porque lo hice por ignorancia, en incredulidad; y la gracia de nuestro Señor fue más abundante con la fe y el amor que es en Cristo Jesús".*[137] El Redentor es glorificado en el hecho de que la redención por él consumada es suficiente para rescatar aún a los pecadores más empedernidos y su sangre suficiente para lavar la más negra de las culpas; en que puede salvar a los hombres hasta los límites y redimirlos desde las situaciones más extremas. Es en honor de Cristo salvar a los mayores pecadores que acuden a él, como el honor de un médico es curar los casos más desesperados de enfermedades y heridas purulentas. Por tanto, no dudemos un solo instante que Cristo está dispuesto a salvar a los mayores pecadores que acudan a él; porque está deseoso de glorificarse a sí mismo y exaltar el valor y virtud de su propia sangre. Siendo que se humilló a si mismo y entregó hasta lo sumo para redimir a los pecadores,[138] no dudará en mostrar que puede redimirlos hasta lo sumo.

JONATHAN EDWARDS [1703-1758]

En un sermón sobre el Salmo 25:11 titulado: *"Pardon for the Greatest Sinners"*, 1735

Por amor de tu nombre, oh Jehová, perdonarás también mi pecado, que es grande. ¿Se siente alguno abrumado por la carga de su pecado? Que no le quepa la menor duda de que si se humilla y arrepiente, viéndose a sí mismo indigno de cualquier piedad, alcanzará misericordia. Cuando más desventurado y miserable se siente un pecador, cuanto más pesada se le hace la carga de su pecado, mayor esperanza tiene de misericordia: la misericordia del Señor se derrama sobre todas sus obras,[139] y él figura entre las preferidas. Si un pecador es consciente de sus miserias y de su falta de méritos, puede utilizar lo grande de su pecado y la multitud de sus delitos como argumento a su favor, tal como hizo David: *"Perdona mi pecado, porque es grande"*. Y cuanto mayor sea su pecado bajo su propio punto de vista, mejor encaja para ser objeto de la misericordia de Dios. Así fue con el publicano,[140] y así fue con el hijo pródigo;[141] por tanto, no tiene motivos para dudar que por muy grandes que sean sus iniquidades, nunca serán tan grandes como para agotar el mar de la misericordia en Dios. Bernardo[142] distingue muy acertadamente la diferencia entre justicia y misericordia: la justicia exige que haya

---

[136] Romanos 5:20.

[137] 1 Timoteo 1:13-14.

[138] Filipenses 2:8-9.

[139] Salmo 145:8-9.

[140] Lucas 18:9-14.

[141] Lucas 15:11-32.

[142] Se refiere a BERNARDO DE CLARAVAL [1091-1153], doctor de la Iglesia, abad del monasterio de Claraval y reformador monástico francés, impuso el estilo que pronto se extendería a toda la *Orden del Císter:* disciplina, austeridad, oración y simplicidad. Tales ideales lo enfrentaron con PEDRO EL VENERABLE [1092-1156], abad de Cluny, pues suponían un ataque directo contra la riqueza de los monasterios, la pompa de la liturgia y el lujo de las iglesias cluniacienses. Luchó contra las incipientes tendencias laicistas de su tiempo, haciendo condenar el racionalismo de Pedro Abelardo, quien mantenía que se debían buscar los fundamentos de la fe con similitudes basadas en la razón humana. Creía en la revelación verbal del texto bíblico, y se declaró el discípulo de san Ambrosio y de san Agustín, a quienes llamó "las dos columnas de la Iglesia". Rebatió también las propuestas de Arnaldo de Brescia y dejó tras su muerte numerosos escritos.

abandono, pero la misericordia contempla la situación desesperada del pecador y busca perdonar a toda costa.

RICHARD STOCK [1569-1626]
"A stock of divine knowledge, being a lively description of the divine nature, or, The divine essence, attributes, and Trinity particularly explained", 1641

Por amor de tu nombre, oh Jehová, perdonarás también mi pecado, que es grande. Quienes acuden a Dios para implorar el perdón de sus pecados, los ven enormes. *"Perdona mi pecado, que es grande"*, exclama el salmista. La expresión hebrea רַב־הוּא *raḇ-hū* de רָב *rab* significa muchos y grandes: *"Mis pecados son muchos y muy grandes"*. Por tanto, voy a tratar de analizar porque los que acuden a Dios en busca de perdón ven sus pecados como muchos y muy grandes:

1. Porque frente a un gran Dios -grande en poder, en justicia, en santidad- yo soy un gusano, y además peco con atrevimiento contra un Dios tan grande y todopoderoso. ¡Que un gusano ose a enfrentarse a un Dios grande e infinito, hace que cada pecado sea grande, y reclama la venganza máxima de parte de un Dios tan grande!
2. Porque he pecado contra una paciencia infinita, despreciando la bondad y longanimidad de Dios, y con ello: *"atesorando para ti mismo ira para el día de la ira y de la revelación del justo juicio de Dios"*.[143]
3. Porque han sido pecados en desprecio de grandes misericordias. ¡Oh, contra qué misericordias tan grandes y bondades tan infinitas pecan los pecadores, haciendo pecado de tales misericordias!
4. Porque han sido pecados cometidos a plena luz -la luz de la conciencia- y esto aumenta su tamaño en alto grado, especialmente para aquellos que pecan con pleno conocimiento del evangelio; lo que aplica al pecado de todos en esta nación. Nada hay que degrada más a un alma y engrandezca más el pecado que esto: pecar a plena conciencia con conocimiento de causa; y nada hace más difícil de creer que puede ser perdonado.
5. Porque ha habido continuidad y permanencia en el pecado, lo que hace que se agrande sobremanera, y a la vez agrava la dureza del castigo, si no hay un pronto arrepentimiento: *"Dios herirá la cabeza de sus enemigos, la testa cabelluda del que camina en sus pecados"*.[144] «He añadido pecado sobre pecado, –exclama el alma arrepentida–; he pasado la época de mi juventud que podía haber pasado honrando a Dios y aprendiendo del Señor Jesucristo, pecando. Esto es lo que apenaba a David, como se desprende de sus palabras: *"De los pecados de mi juventud y de mis rebeliones, no te acuerdes"* (25:7). Y no obstante, no vemos que la juventud de David fuera notoriamente pecaminosa, pero en tanto que no paso por completo su juventud aprendiendo de la Ley y sirviendo al Señor a todas horas, ya le era una carga y motivo de arrepentimiento delante del Señor; cuánto más penoso y abominable a sus almas ha de ser para aquellos cuya juventud ha transcurrido solo en la vanidad, las palabras vanas, en mentir, jurar y blasfemar, profanar el día del Señor con diversiones y excesos de todas clases… cuando la conciencia les acusa y reflexionan, su sentido de pecado ha de ser enorme.
6. Porque los pecados se acumulan, y una multitud de pecados hace que parezca grande. Esto es lo que llevó a David clamar por la *"multitud de tus misericordias"*.[145]

[143] Romanos 2:4-5.
[144] Salmo 68:21.
[145] Salmo 40:11-12; 51:1-19.

7. Porque se trata de pecados reincidentes, cometidos rompiendo resoluciones de no volver a pecar, adoptadas a veces en oración e incluso con votos solemnes.
8. Porque se había apoderado completamente del alma y *"reinaba en ella para muerte"*.[146] ¡Oh! –exclama el pobre pecador– no solo había cometido el pecado, pero sino que me había convertido en su esclavo y sirviente.
9. Porque se había instalado en la fuente de todo, el corazón; y como suele decirse, siempre hay más agua en el manantial que en los estanques que llena o los arroyos que brotan de él. El pecado instalado en el corazón hace que el hombre exterior peque constantemente.
10. Porque el pecador toma conciencia de que ha sido hecho cautivo por el diablo que le domina a su voluntad.
11. Porque grande es la ira de Dios contra el pecado.[147] El camino que conduce a cualquier pecador a la liberación de la ira que el pecado acarrea, muestra que el pecado debía ser enorme, dado el enorme precio pagado en el rescate, la sangre del Hijo eterno de Dios.
12. Por último, porque el pecador sabe que ha incitado y arrastrado a otros a pecar con él, lo cual, sin lugar a dudas, aumenta sensiblemente el tamaño y gravedad de su pecado.

ANTHONY PALMER (¿?-1678)
"The Gospel new-creature wherein the work of the Spirit is awakening the soul to get pardon of sin, and an interest in Jesus Christ is plainly opened", 1658

Por amor de tu nombre, oh Jehová, perdonarás también mi pecado, que es grande. No te imploro, Señor, alegando mis méritos, que quedan a todas luces por debajo de la más pequeña de tus misericordias; y siendo que yo no miro a mi mérito, tampoco mires tú mi demérito; ya que no apelo a mi dignidad, tampoco tengas en cuenta mi indignidad; antes bien, siendo que eres llamado *el Dios de la misericordia,* haz honor a tu nombre y se para mí lo que eres llamado; enaltece la gloria de tu nombre siendo misericordioso para con mi pecado, del cual no puedo decir como Lot de Zoar, "¿No es ella pequeña?".[148] No, porque no es pequeño, *es grande,* porque es contra ti, un Dios tan grande y tan bueno conmigo; *y grande,* porque mi puesto, mi vocación, mi dignidad real es grande. El sol cuanto más alto está, más pequeño parece; pero mis pecados, cuanto más elevada es mi posición, no solo a tus ojos, sino también a los ojos de otros.

ROBERT MOSSOM [1617-1679]
"The Preacher's Tripartie, in Three Books. The First, to raise Devotion in Divine Meditations upon Psalm XXV.", 1657

Por amor de tu nombre, oh Jehová, perdonarás también mi pecado, que es grande. La magnitud de nuestros pecados, no nos aleja de la piedad, todo lo contrario, hace que prevalezca: *"Perdonarás mi pecado"* ¿por qué? *"porque es grande"*. En otro pasaje leemos: *"Sana mi alma, porque contra ti he pecado"*;[149] y el profeta Jeremías no duda en exclamar: *"Aunque nuestras iniquidades testifican contra nosotros, oh Jehová, actúa por amor de tu nombre; porque nuestras apostasías se han multiplicado, contra ti hemos pecado"*.[150] Un argumento contundente cuando es alegado con sinceridad por un espíritu humilde y contrito, pues glorifica a Dios como grande en misericordia, rico en bondad, en

[146] Romanos 5:20.
[147] Romanos 1:18; 2:5.
[148] Génesis 19:20.
[149] Salmo 41:4.
[150] Jeremías 14:7.

el cual hay perdón y abundante redención;[151] y honra a Cristo como infinito en misericordia. De ahí que el Señor mismo, cuando se siente movido ejercitar su misericordia sobre su pueblo que sufre justamente, agrava primero su pecado hasta los límites, para después derramar sobre él abundantemente su gracia. Así lo expresa el profeta Isaías cuando dice: *"Con todo, no me invocaste a mí, oh Jacob, ni te has fatigado por mí, oh Israel… no me honraste con tus sacrificios, sino que pusiste sobre mí la carga de tus pecados, me fatigaste con tus maldades. Yo, yo soy el que borro tus rebeliones por amor de mí mismo, y no me acordaré de tus pecados"*.[152]

Thomas Cobbet [1608-1686]
"Gospel Incense Or a Practical Treatise on Prayer", 1656

Por amor de tu nombre, oh Jehová, perdonarás también mi pecado, que es grande. «¡Oh!» -exclama Faraón exasperado-. «¡quitad de mi vista estas ranas asquerosas,[153] que cese este horrible trueno!».[154] Pero, ¿qué dice David? «Señor, ¡perdona la iniquidad de tu siervo!» El uno quería verse libre del castigo, de los efectos y consecuencias del pecado; el otro de la causa, del pecado mismo. Al cristiano verdadero le perturba mucho más el pecado que las ranas o el trueno; pues ve más inmundicia en el pecado que en las ranas y sapos, y más horror en la culpa que en el trueno y los relámpagos.

Jeremiah Dyke [1584-1639]
"Worthy Communicant", 1645

Por amor de tu nombre, oh Jehová, perdonarás también mi pecado, que es grande Faraón se quejaba más de los golpes que recibía que no se lamentaba por la dureza del corazón que albergaba en su interior.[155] Esaú no lloraba por haber vendido su derecho de primogenitura, que era su pecado; sino de haber perdido la bendición, lo cual era su castigo.[156] Esto es lo mismo que llorar por haber aproximado al ojo una cebolla: las lágrimas brotan porque duele. Es actuar como el marinero que arroja los fardos de carga excesiva durante la tempestad, con la esperanza de recogerlos de nuevo cuando los vientos hayan amainado. Muchos son los que se quejan más de las aflicciones que les han acarreado sus pecados, que de los propios pecados que las han provocado; tiemblan más ante la venganza por el pecado que ante el veneno del pecado mismo; el veneno los deleita, el castigo los aterra.

William Secker [¿?-1681]
"The Nonsuch Professor", 1660

Vers. 12. *¿Quién es el hombre que teme a Jehová? El le enseñará el camino que ha de escoger.* *[¿Quién es el hombre que teme a Jehová? Él le enseñará el camino que ha de escoger.* RVR*] [¿Quién es el hombre que teme al Señor? Él le instruirá en el camino que debe escoger.* LBLA*] [¿Quién es el hombre que teme a YHVH? Él lo instruirá en el camino que debe escoger.* BTX*] [¿Quién es el hombre que teme al Señor? Será instruido en el mejor de los caminos.* NVI*] [A quien venere al Señor, él le enseñará qué camino elegir.* BLP*] [¿Quiénes son los que temen al Señor? Él les mostrará el sendero que deben elegi,,r.* NTV*]*

[151] Éxodo 34:6; Salmo 85:15; 86:5; 130:7; 145:8; Efesios 2:4.
[152] Isaías 43:22-25.
[153] Éxodo 8:8-11.
[154] Éxodo 9:27-34.
[155] Éxodo 7:13.
[156] Génesis 27:34-40.

¿Quién es el hombre que teme a Jehová? Dejemos que la pregunta nos lleve a un examen de conciencia. Los privilegios que derivan del Evangelio no son para cualquiera. ¿Somos parte del linaje escogido, de la simiente real o no?[157]

Él le enseñará el camino que ha de escoger. Aquellos cuyo corazón es recto no errarán por falta de dirección divina; cuando Dios santifica el corazón, ilumina la mente. Todos deseamos escoger nuestro propio camino; pero, ¡qué misericordia tan grande cuando el Señor dirige esta elección y hace que la libre elección sea la buena elección! Si asumimos la voluntad de Dios haciéndola nuestra, Dios nos permitirá tener nuestra propia voluntad. El Señor no fuerza nuestra voluntad, deja mucho a nuestra elección; sin embargo, instruye nuestra voluntad, y por ello escogemos lo que es agradable a su vista. La voluntad debería estar sometida a la ley; y hay un camino que debemos escoger, pero somos tan ignorantes que necesitamos ser instruidos, y tan díscolos y voluntariosos, que solo Dios puede instruirnos con eficacia.

C.H. SPURGEON

El hombre que teme a Jehová. Será bendito con:

1. El conocimiento santo de la voluntad de Cristo: *"Él le enseñará el camino que ha de escoger"* (25:12).
2. Paz y tranquilidad de conciencia: *"En prosperidad habitará su alma"* (25:13).
3. La esperanza de una descendencia creyente y próspera: *"su descendencia poseerá la tierra"* (25:13).

ROBERT MOSSOM [1617-1679]
"The Preacher's Tripartie, in Three Books. The First, to raise Devotion in Divine Meditations upon Psalm XXV.", 1657

¿Quién es el hombre que teme a Jehová? Nada más eficaz para obtener gracia y retenerla, que desechar cualquier atisbo de nuestra propia sabiduría y engreimiento, presentándonos ante Dios con verdadero *temor de él.* Bienaventurado eres si tu corazón rebosa con estos tres temores: temor por la gracia recibida, un mayor temor a perderla, y un temor extremo al recobrarla.

BERNARDO DE CLARAVAL [1091-1153]

¿Quién es el hombre que teme a Jehová? El temor presente engendra seguridad eterna: teme a Dios, que está sobre todas las cosas, y no tendrás necesidad de temer en nada y para nada a los hombres.

AGUSTÍN DE HIPONA [354-430]

Él le enseñará el camino que ha de escoger. Dios le dirigirá en todas sus decisiones para que elija correctamente y culmine con éxito. Y esto no es algo que esté en la mano del propio hombre poder hacer: *"Conozco, oh Jehová, que el hombre no es señor de su camino, ni del hombre que camina es el ordenar sus pasos"*.[158]

JOHN TRAPP [1601-1669]
"A commentary or exposition upon the books of Ezra, Nehemiah, Esther, Job and Psalms", 1657

Vers. 13. *Gozará él de bienestar, y su descendencia heredará la tierra.* *[Gozará él de bienestar, y su descendencia heredará la tierra.* RVR*]] [En prosperidad habitará su alma, y su descendencia*

[157] 1 Pedro 2:9.
[158] Jeremías 10:23.

poseerá la tierra. LBLA*] [Su alma reposará en la prosperidad, y su descendencia heredará la tierra.* BTX*] [Tendrá una vida placentera, y sus descendientes heredarán la tierra.* NVI*] [Vivirá con prosperidad y su descendencia heredará la tierra.* BLP*] [Vivirán en prosperidad, y sus hijos heredarán la tierra.* NTV*]*

Quien teme a Dios no tiene necesidad de temer a nada más.

Su alma morará en reposo.[159] Ocupará la confortable y suntuosa estancia del contentamiento. Igual de confortables podemos dormir en un camastro arrinconado que en la cama más enorme, suntuosa y mullida,[160] pues no es la abundancia y suntuosidad lo que nos proporciona verdadera tranquilidad y consuelo, sino el contentamiento.[161] Aún aquí en la tierra, habiendo aprendido por medio de la gracia tanto a tener abundancia como necesidad,[162] el creyente habita tranquilo y confiado; ¡pero cuán profunda no será la tranquilidad de su alma cuando habite para siempre en su hogar eterno! Allí podrá disfrutar el *otium cum dignitate;*[163] pues la tranquilidad y la gloria irán de la mano. Cual guerrero cuyas batallas han cesado, o labrador cuyos graneros están llenos, su alma disfrutará de su merecido reposo, y será feliz para siempre.

---

[159] Utilizamos la traducción directa de la versión inglesa KJV *"His soul shall dwell at ease"* para mantener una relación más directa con el comentario de Spurgeon. Una posible traducción alternativa sería *"su alma morará a gusto"*.

[160] En el original: *"Great Bed of Ware",* una enorme cama de roble del siglo xvi, con dosel tallado de marquetería, que actualmente se exhibe en el *Victoria and Albert Museum* de Londres. Fue construida en 1580 por el maestro carpintero Jonas Fosbrooke para el *White Hart Inn* en Ware, Inglaterra, que la ofrecía a los huéspedes ilustres. Mide 3,38 m. de largo y 3,26 m. de ancho, y según se dice, en la misma podrían acomodarse tranquilamente más de ocho personas. En el siglo xix era ya una leyenda de suntuosidad, y muchos de los que tuvieron el privilegio de acostarse en ella dejaron sus nombres tallados en la madera.

[161] Una leyenda del llamado Siglo de Oro en España cuenta que los ilustres e ingeniosos dramaturgos Félix Lope de Vega i Carpio [1562-1635] y Francesc Vicent Garcia i Ferrandis [1578-1623], paseaban juntos por el campo conversando animadamente sobre sus obras, cuando de pronto observaron a un pastorcillo que dormía plácidamente con la cabeza apoyada sobre una roca. Sorprendidos, exclamó Francesc Vicent: «O el muchacho es de bronce, o la piedra es de lana», a lo que de inmediato replicó Lope de Vega en rima poética haciendo gala de su ingenio: «No hay mejor bronce que no tener años once, ni mejor lana que no pensar en mañana». Esta última frase ha quedado adscrita dentro del refranero popular español para expresar la misma idea que expone aquí Spurgeon: *"no es la abundancia y suntuosidad lo que nos proporciona verdadera tranquilidad y consuelo, sino el contentamiento"*.

[162] Filipenses 4:12.

[163] Frase de filósofo y político latino Marco Tulio Cicerón [105-43 a.C.] en *Pro Sestio,* xlv, 98, que significa vivir el «ocio con dignidad». Curiosamente, el concepto de "ocio" de Cicerón dista mucho de lo que hoy en día nuestra sociedad entiende por "ocio": un tiempo libre obligaciones y trabajo. Cicerón entendía por *"otium"* ocupar el tiempo en actividades que uno disfruta realmente haciendo pero que no puede hacer en el día a día. En realidad, se aplica la frase a sí mismo: cuando fue expulsado por César tuvo que vivir un período de inactividad política, y utilizó el tiempo libre para escribir sus *Tusculanae Disputationes,* un conjunto de libros sobre la filosofía estoica, entendiendo que su ocio forzado, su tiempo libre, era el tiempo ideal para dedicarse a la escritura. Cicerón consideraba el *"otium"* como el disfrute de la paz interior, y lo asociaba con la tranquilidad. Al parecer la idea de Spurgeon concuerda con la del gran filósofo latino, en el sentido de que la vida en el cielo no va a ser una vida regalada de inactividad, como algunos creen, sino de *otium cum dignitate*, de tranquilidad y paz interior que nos permita ocupar el tiempo en nuestras actividades preferidas.

Y su descendencia heredará la tierra. Dios recuerda a Isaac por amor de Abraham,[164] y a Jacob por amor a Isaac. En principio, los hijos de creyentes, de personas piadosas y buenas, parten con un bagaje favorable para iniciar su curso en la tierra, ¡pero ay! por desgracia, muchos de ellos revierten pronto esta bendición recibida de sus padres convirtiéndola en una maldición. Lo cual no significa en modo alguno que la promesa resulte fallida o se haya quebrantado, tan solo que en algunos casos aquellos a quienes corresponde se niegan deliberadamente a recibirla. Sin embargo, donde mejor aplican estas palabras es en su sentido espiritual: nuestra simiente espiritual heredara todo aquello que se entiende por la expresión *"la tierra"*, o Canaán, en tanto que recibe la bendición del nuevo pacto. Que el Señor nos convierta en padres felices de muchos hijos espirituales, y no tengamos temor ni preocupación acerca de su sustento, porque el Señor hará que cada uno de ellos príncipes en toda la tierra.

C. H. SPURGEON

Su alma morará en reposo. El santo temor de Dios disipa todos los temores terrenales y pecaminosos de los hombres, tal como la serpiente de Moisés devoró las serpientes de los encantadores egipcios.[165] El temor de Dios tiene un efecto positivo y neutralizante que hace que las demás cosas no sean ya de temer; con lo cual el alma de aquel que teme al Señor respira tranquila: tanto en *santo reposo,* como en bondad; tanto *en paz,* como en paciencia; hasta el momento feliz en el tiempo cuando sea absorbida en la plenitud de la eternidad y cambie su morada terrenal por una mansión celestial, y su paz espiritual presente para una bienaventuranza eterna.

ROBERT MOSSOM [1617-1679]
"The Preacher's Tripartie, in Three Books. The First, to raise Devotion in Divine Meditations upon Psalm XXV.", 1657

En prosperidad habitará su alma. La Vulgata[166] traduce *"Vivirá permanentemente rodeada de cosas buenas"*.[167] A diferencia del alma de Adán, que habiendo sido puesta en el paraíso rodeada de deleites, tan solo permaneció en él unos pocos días u horas.

GERHOCH VON REICHERSBERG [1092-1169][168]
"Commentarius aureus in Psalmos", 1100
citado por JOHN MASON NEALE [1818-1866] y RICHARD FREDERICK LITTLEDALE [1833-1890]
en *"Commentary on the Psalms from Primitive and Mediæval Writers"*, 1869

Su alma morará en reposo. El salmista se expresa aquí con el mayor deleite y dulzura espiritual cuando exclama: *"Su alma vivirá permanentemente rodeada de cosas buenas"*. Porque todo disfrutar de la carne produce, sin duda, un deleite en el momento en que se disfruta, pero tal deleite no perdura por mucho tiempo; y a pesar de que con su sabor despierta el apetito, por su brevedad engaña y frustra el deseo. Pero las delicias espirituales, ni se desvanecen en cuanto las has catado, ni disminuyen tan

---

[164] Génesis 26:24.
[165] Éxodo 7:11-13.
[166] Traducción de la Biblia al latín vulgar realizada a principios del siglo quinto por JERÓNIMO DE ESTRIDÓN [c.342-420] por encargo del papa Dámaso I en 382. La versión toma su nombre de la frase *"vulgata editio"*, "edición para el pueblo", y se escribió en un latín corriente. San Jerónimo tradujo por primera vez directamente del hebreo al latín todo el Antiguo Testamento. En cuanto al libro de los Salmos, revisó la *Vetus latina* ajustándola a la Septuaginta en lo que se conoce como *Psalterium Romanun.*
[167] *"Anima ejus in bonis demorabitur"*.
[168] También conocido en latín como GERHOHUS REICHERSPERGENSIS.

intensamente como deleitan, ni empalagan antes de que alcancen a saciar; permanecen con aquellos que las disfrutan para siempre.

HUGO VICTORINUS [1130]
citado por JOHN MASON NEALE [1818-1866] y RICHARD FREDERICK LITTLEDALE [1833-1890]
en *"Commentary on the Psalms from Primitive and Mediæval Writers"*, 1869

Su alma morará en reposo. Es decir, que cuando reciben los dones de Dios, no los devoran de golpe, sino que experimentar antes la sensación de su dulzura, los disfrutan de manera real y efectiva. Y ello hace que pese a tenerlos en menor abundancia que los impíos, les satisfagan con mayor eficacia y más plenamente. De este modo, en tanto que cada uno se siente contento y satisfecho con lo que tiene, y adopta con alegría un espíritu paciente y de tranquilidad, dice que *su alma mora en reposo.*

JUAN CALVINO [1509-1564]

Y su descendencia heredará la tierra.[169] A saber, la tierra de Canaan; que fue prometida y entregada a los israelitas como anticipo del pacto de gracia con todas sus promesas, y por tanto, en lenguaje sinecdótico,[170] de todas ellas. El sentido es: su descendencia será bendita.

MATTHEW POOLE [1624-1679]
"English Annotations on the Holy Bible", 1683

Vers. 14. ***La comunión íntima de Jehová es con los que le temen, y a ellos hará conocer su pacto.*** *[El secreto de Jehová es para los que le temen, y a ellos hará conocer su pacto.* RVR*] [Los secretos del Señor son para los que le temen, y Él les dará a conocer su pacto.* LBLA*] [YHVH es la fuerza de los que le temen, y el nombre de YHVH es de los que le temen; a ellos hará conocer su pacto.* BTX*] [El Señor brinda su amistad a quienes le honran, y les da a conocer su pacto.* NVI*] [El Señor se confía a sus fieles anunciándoles su alianza.* BLP*] [El Señor es amigo de los que le temen; a ellos les enseña su pacto.* NTV*]*[171]

El secreto de Jehová es para los que le temen. Algunos en lugar de: *"secreto"* traducen: *"amistad"*; en el sentido de una relación familiar íntima, de confidencialidad, de comunión intensa y preferente. ¿Y acaso no es esto un gran secreto? Las mentes carnales no alcanzan a concebir lo que ello significa, y aun los creyentes no pueden explicarlo con palabras, porque no se puede explicar, es

---

[169] El inglés establece una clara diferencia entre *"Earth"*, "la Tierra" o globo terráqueo y *"land"* "tierra, terreno", con la que juega aquí el autor en el original y que no resulta posible de trasladar plenamente al español: *"The earth, or the land, to wit Canaan"*.

[170] La SINÉCDOQUE es un tropo o figura retórica de lenguaje. Es la relación de la "parte" por el "todo", el singular por el plural, la especie por el género, el material de un objeto por el objeto, etc. Funciona también a la inversa (el todo por una parte).

[171] En hebreo סֹ֣וד יְ֭הוָה לִירֵאָ֑יו וּ֝בְרִית֗וֹ לְהֹודִיעָֽם *sōwḏ Yahweh lîrê'āw ūḇərîṯōw əhōwḏî'ām.* La versión griega de los LXX o Septuaginta lee: κραταίωμα κύριος ὁ φοβέω αὐτός καί ὁ ὄνομα κύριος ὁ φοβέω αὐτός καί ὁ διαθήκη αὐτός ὁ δηλόω αὐτός que la Vulgata traduce al latín como: *"firmamentum est Dominus timentibus eum, et testamentum ipsius ut manifestetur illis"*, "Apoyo firme es el Señor para los que le temen, y el testamento de él es para que les sea manifestado a ellos". Sobre este *"apoyo firme a los que le temen"* dice CASIODORO [485-583]: «El temor a los hombres da pie a la desconfianza, mientras que el temor de Dios nos proporciona el apoyo firme de la esperanza».

necesario sentirlo para entenderlo. La vida espiritual en el plano superior, es, por antonomasia, una senda que el ojo del águila no vislumbra ni el cachorro del león puede seguir el rastro; la sabiduría terrenal y la fuerza física no pueden forzar la puerta de esta cámara interior. Los santos son quienes poseen la clave de los jeroglíficos del cielo; solo ellos pueden descifrar los enigmas celestiales. Han sido iniciados en la comunión de los cielos; y han escuchado palabras que no les es posible repetir a sus compañeros.

Y a ellos hará conocer su pacto. Su antigüedad, garantías, justicia, plenitud, gracia y excelencia, serán revelados a sus corazones y entendimiento, y por encima de todo, la parte que a ellos corresponde, será sellada en sus almas por el testimonio del Espíritu Santo. Los designios de amor que el Señor tiene establecidos para su pueblo en el pacto de la gracia, ha sido de su agradado mostrarlos a los creyentes en el Libro de la Inspiración, y a través de su Espíritu nos conduce al misterio, el misterio oculto de la redención. Quien no conoce y entiende el significado de este versículo en lo profundo de su alma, jamás lo aprenderá de un comentario; simplemente que mire a la cruz, puesto que el secreto está en ella.

C. H. SPURGEON

Los secretos del Señor son para los que le temen, y él les dará a conocer su pacto. Dios es amigo del justo, se siente unido a él con una familiaridad amorosa, y es al justo a quien Dios revela sus secretos, haciéndole partícipe del infortunio y los tormentos que ha reservado para aquellos que ahora medran en este mundo amparándose en la maldad. Pues ciertamente no siente mayor odio a los malvados que amor para con los justos: y tan lejos se mantiene de los primeros, porque le son abominación,[172] como cerca está de los segundos, como están los hombres de su amigo más entrañable. Compartir con otro los secretos es concederle el más alto honor; aquel con quien el rey comparte sus secretos ostenta la mayor dignidad. ¡Cuál no será pues el honor de aquel con quién Dios comparte sus secretos! Pues allí donde estén los secretos de Dios, allí está también su corazón. Este era el caso del apóstol Juan,[173] respecto el cual afirma San Bernardo[174] basándose en el prólogo de su Evangelio: «Da la sensación de sumergirse en las mismísimas entrañas del Verbo divino para desentrañar los misterios de su seno, extrayendo de ellos el meollo de sus secretos más ocultos» Lo mismo cabe decir de Pablo cuando escribe: *"hablamos sabiduría de Dios en misterio, la sabiduría oculta, la cual Dios predestinó antes de los siglos para nuestra gloria, la que ninguno de los príncipes de este mundo conoció"*.[175] San Gregorio[176] siguiendo el latín de la Vulgata, lee en este texto: *"sermocinatio Dei"*, la comunicación de Dios

[172] Proverbios 6:16; 15:8.

[173] Juan 20:2; 21:17; 21:20.

[174] Se refiere a BERNARDO DE CLARAVAL [1091-1153], doctor de la Iglesia, abad del monasterio de Claraval y reformador monástico francés, impuso el estilo que pronto se extendería a toda la Orden del Císter: disciplina, austeridad, oración y simplicidad. Tales ideales lo enfrentaron con PEDRO EL VENERABLE [1092-1156], abad de Cluny, pues suponían un ataque directo contra la riqueza de los monasterios, la pompa de la liturgia y el lujo de las iglesias cluniacienses. Luchó contra las incipientes tendencias laicistas de su tiempo, haciendo condenar el racionalismo de Pedro Abelardo, quien mantenía que se debían buscar los fundamentos de la fe con similitudes basadas en la razón humana. Creía en la revelación verbal del texto bíblico, y se declaró el discípulo de san Ambrosio y de san Agustín, a quienes llamó "las dos columnas de la Iglesia". Rebatió también las propuestas de Arnaldo de Brescia y dejó tras su muerte numerosos escritos.

[175] 1 Corintios 2:7-8.

[176] Se refiere a GREGORIO NACIANCENO [330-390], uno de los cuatro grandes Doctores de la Iglesia Griega llamado el Demóstenes cristiano por el encanto de su elocuencia y "el teólogo" por la profundidad de su doctrina. Es uno de los Padres Capadocios, y cooperó con San Basilio y San Gregorio de Nicea para derrotar la herejía arriana.

es con los justos; pero luego añade: *"Dei sermocinari est per illustrationem suae praesentiae humanis mentibus arcana revelare";* la comunicación de Dios, mediante la iluminación de su presencia, tiene como objetivo revelar secretos a la mente humana. Pero veámoslo con un enfoque algo más general. No hay en la santidad mayor secreto del que pueda haber en la práctica de cualquier profesión u oficio. Muchos hay que practican un arte o un oficio, pero no lo dominan y no prosperan, porque ignoran sus secretos y misterios; y muchos hay que profesan santidad y no son personas mejores, porque no poseen su verdadero secreto. El secreto de la verdadera santidad únicamente lo posee aquel que es justo en secreto, que comparte con Dios donde nadie lo ve, en su corazón; y con aquel que es justo en secreto, el Señor comparte sus secretos.

MICHAEL JERMIN [1591-1659]
"The fathers institution of his childe. Directing the conversation of his whole life, in respect of God. And of other people. And of himself", 1658

Los secretos del Señor son para los que le temen, y él les dará a conocer su pacto. Hay un sentido vital que el hombre natural no posee, pues "*el hombre natural no percibe las cosas que son del Espíritu de Dios, porque para él son locura, y no las puede entender, porque se han de discernir espiritualmente".*[177] Por tanto, todas las realidades de la experiencia cristiana quedan por completo fuera de sus percepciones. Hablarle de la comunión con Dios, del sentimiento de perdón, de la esperanza viva y real del cielo, del testimonio del Espíritu Santo, de las luchas de la vida espiritual, es como tratar de razonar con un ciego sobre los matices de los colores o debatir con un sordo sobre armonía musical.

JOHN MORISON [1791-1859]
"An Exposition of the Book of Psalms", 1829

Los secretos del Señor son para los que le temen, y él les dará a conocer su pacto. Aunque el pacto del Señor con la iglesia visible es público y explícito en todos sus detalles, abierto a todos los hombres, sin embargo, conocer la dulce comunión interior que un alma pueda tener con Dios en virtud de ese pacto, es un misterio limitado al hombre temeroso de Dios, y del cual permanecen ignorantes aquellos que no son firmantes del pacto. Pues la promesa divina es únicamente *para los que le temen,* ya que tan solo a ellos el Señor *les dará a conocer su pacto.*

DAVID DICKSON [1583-1663]
"Explanation of the First Fifty Psalms", 1653

Los secretos del Señor son para los que le temen. A pesar de que el Evangelio es público y abierto a todo el mundo, sin embargo, se le describe como un misterio, y un misterio oculto, que nadie conoce excepto los santos, que son alumnos de la escuela divina y enseñados por Dios mismo: *"Escrito está en los profetas: Y serán todos enseñados por Dios".*[178] De ello se desprende que hay una enseñanza secreta y un aprendizaje secreto. Ahora bien, Dios únicamente enseña a los santos, porque todos los que son enseñados por Dios van a Cristo: *"Así que, todo aquel que oyó al Padre, y aprendió de él, viene a mí".*[179] ¡Ah!, puede que digas: ¿Acaso muchos hombres carnales no conocen el evangelio y debaten acerca del mismo con la fuerza de su intelecto? Respondo a esto con las palabras del apóstol a los Colosenses: *"el misterio que había estado oculto desde los siglos y edades, pero que ahora ha sido manifestado a sus santos, a quienes Dios quiso dar a conocer las riquezas de la*

[177] 1 Corintios 2:14.
[178] Juan 6:45a.
[179] Juan 6:45b.

gloria de este misterio entre los gentiles; que es Cristo en vosotros, la esperanza de gloria";[180] aunque puedan conocer las cosas que revela el evangelio, no conocen las riquezas de la gloria del mismo; ese conocimiento rico del que habla el apóstol ellos no lo tienen, y por tanto no lo conocen; contemplan el evangelio como el niño de un joyero mira a una perla a lado a su padre, los dos la identifican y llaman por el mismo nombre; la diferencia está en que el niño ignora su valor como joya, algo que el joyero conoce bien, por tanto no se puede decir que ambos la conozcan del mismo modo. Leemos en el evangelio de Mateo que un cristiano se asemeja a un mercader que habiendo hallado una perla preciosa de gran valor, fue y vendió todo lo que tenía, y la compró, porque conocía bien el valor de la misma.[181] Puede que objetes: ¿Acaso los hombres carnales no conocen también el valor del Evangelio, y suelen discurrir sobre la gracia de Cristo y su valor? Respondo, sí, como quien memoriza el inventario completo de una subasta con sus respectivos precios de salida, pero sin pararse en constatar el valor individual de cada pieza, de la riqueza colgada en el armario de la gracia, de la justicia de Cristo, sin contemplar la gloria de cada cosa; porque esto es necesario "discernirlo espiritualmente", como bien lo expresa el apóstol: *"el hombre natural no percibe las cosas que son del Espíritu de Dios, porque para él son locura"*.[182]

THOMAS GOODWIN [1600-1679]

Los secretos del Señor son para los que le temen. La veracidad y apertura de Dios para con su pueblo se pone de manifiesto en la facilidad y sencillez con la que le abre su corazón. Un amigo cercano pero reservado, resulta sospechoso y se hace merecedor de ser relegado a un rincón marginal en los pensamientos de sus amigos; pero el que lleva en su seno, por así decirlo, una ventana de cristal trasparente, a través de la cual sus amigos pueden leer todos los pensamientos que hay en el interior en su corazón, queda libre de toda sospecha de infidelidad. Esto último es lo que hace Dios con sus santos: *"Los secretos del Señor son para los que le temen"*. Nos da sus claves, que nos permiten penetrar en su corazón y conocer cuáles eran sus pensamientos respecto a nosotros antes la fundación del mundo;[183] y lo hace por medio de su Espíritu que: *"todo lo escudriña, aun lo profundo de Dios"*,[184] y que estaba presente en la mesa del Consejo en el cielo donde todo fue decidido. Su Espíritu fue a quien utilizó para revelar y publicar en las Escrituras, por el inspiradas, la sustancia de estos consejos de amor adoptados por las tres Personas de la Trinidad para nuestra salvación. Y para que nada faltara en nuestra satisfacción, asignó al mismo Espíritu Santo la misión de habitar y permanecer en cada uno de nosotros, para que en la misma manera como Cristo presenta en el cielo nuestras peticiones al Padre, así también el Espíritu interprete y nos haga inteligible a nosotros su Palabra; Palabra que refleja fielmente el corazón de Dios, como la cara se refleja en un espejo.

WILLIAM GURNALL [1617-1679]

"Christian in complete armour, or, a treatise of the saints war against the Devil", 1655

Los secretos del Señor son para los que le temen. Estos *"secretos"* del Señor son secretos invisibles para muchos en tres maneras:

[180] Colosenses 1:26-27.

[181] Mateo 13:45-46.

[182] 1 Corintios 2:14.

[183] Efesios 1:4; 1 Pedro 1:20.

[184] 1 Corintios 2:10-11.

1. Al ojo natural.[185] La gracia de Cristo es un secreto invisible para incrédulos, que son ciegos, incapaces de ver nada más allá de sus ojos físicos. No para los creyentes a quienes es dado penetrar en ellos.
2. Al ojo que no ha sido debidamente enseñado por el Padre.[186] La gracia de Cristo es un secreto invisible para los cristianos legalistas y carnales, que se apoltronan en sus tradiciones creyendo saberlo todo cuando en realidad no saben nada.
3. Al ojo ilustrado y soberbio.[187] La gracia de Cristo es un secreto invisible para todos los eruditos y profesores no santificados, por mucho que la conozcan y la hayan estudiado profundamente, pero siguen ignorando su médula. Pues muchos de estos grandes doctores simplemente son inconversos. Conocen las doctrinas y verdades de la gracia, pueden debatir y disputar sobre ellas, pero muy a pesar de su profundidad intelectual e iluminación dogmática, lo cierto es que la grandeza de la gracia, para ellos, sigue siendo un secreto.

William Fenner [1600-1640]
"The Riches of Grace", 1641

Les mostrará su pacto.[188] O también *"se lo dará a conocer"*, pues el infinitivo verbal está pensado aquí para ser entendido en futuro indicativo, como en Eclesiastés 3:14-15, 18; Oseas 9:13; 12:3. Les hará comprender claramente las condiciones, tanto sus derechos como sus deberes, sus bendiciones y sus privilegios; ninguno de los cuales el hombre impío puede entender ni razonar. O también, hará que lo conozcan y entiendan de manera práctica, a través de la experiencia, mediante su bondad para con para ellos; en la misma manera en que advierte y amenaza también los transgresores con *darles a conocer* su castigo: *"llevaréis vuestras iniquidades cuarenta años, un año por cada día; y conoceréis mi castigo"*.[189]

Matthew Poole [1624-1679]
"English Annotations on the Holy Bible", 1683

Los secretos del Señor son para los que le temen, y él les dará a conocer su pacto. No es el mucho estudio ni el esfuerzo académico lo que nos permitirá percibir los secretos de Dios. Los secretos de estado,[190] los *"misterios del reino de los cielos"*[191] *"la mente del Señor"*,[192] no afloran a través del discurso de la razón, vienen por revelación, y por tanto, han de conseguirse por medio de la oración. Aquellos que buscan a Dios con diligencia formarán parte de su Consejo de Ministros, conocerán los secretos de su alma, y disfrutarán de una relación de familiaridad y comunión con él. *"Ya no os*

[185] Juan 14:17; 1 Corintios 1:18; 2:14.
[186] Juan 5:45; Colosenses 1:26-27.
[187] Salmo 8:2; Mateo 11:25; 1 Corintios 1:26-31.
[188] Hemos utilizado una traducción literal de la versión inglesa KJV: *"and he will shew them his covenan"*, para que el comentario del autor encaje, aunque resulta innecesario en el caso de las versiones españolas puesto que prácticamente todas traducen ya de ese modo.
[189] Números 14:34.
[190] En el original, *"arcana imperii"*, locución latina que significa "secretos de Estado" o "secretos del poder". Se encuentra en las obras del historiador y político romano Publio Cornelio Tacito [55-120], concretamente en sus obras mayores *Historiae* (I, 4) y en los *Annales* (II, 36).
[191] Mateo 13:11.
[192] 1 Corintios 2:16.

llamaré siervos, porque el siervo no sabe lo que hace su señor; pero os he llamado amigos, porque todas las cosas que oí de mi Padre, os las he dado a conocer".[193]

JOHN TRAPP [1601-1669]
"A commentary or exposition upon the books of Ezra, Nehemiah, Esther, Job and Psalms", 1657

Los secretos del Señor son para los que le temen, y él les dará a conocer su pacto. Caminar con Dios es la mejor manera de conocer la mente divina; es andando juntos como los amigos intercambian sus secretos. *"El secreto de Jehová es para los que le temen".* Noé anduvo con Dios[194] y el Señor le reveló un gran secreto: que destruiría al viejo mundo, y le preservaría a él en un arca. Abraham anduvo con Dios,[195] y Dios le dejó entrar en su consejo privado: *"¿Ocultaré a Abraham lo que voy a hacer?"*.[196] A veces Dios susurra dulcemente los secretos de su seno a nuestro oído en la oración; otras, en la Santa Cena, como Cristo se dio a conocer a los discípulos de Emaús en el partimiento del pan: *"Entonces ellos contaban las cosas que les habían acontecido en el camino, y cómo le habían reconocido al partir el pan"*.[197]

THOMAS WATSON [1620-1686]
"Saint's Spiritual Delight", 1660

Vers. 15. *Mis ojos están siempre hacia Jehová, porque él sacará mis pies de la red.* *[Mis ojos están siempre vueltos hacia Jehová, porque él sacará mis pies de la red.* RVR*] [De continuo están mis ojos hacia el Señor, porque El sacará mis pies de la red.* LBLA*] [Mis ojos están siempre hacia YHVH, porque Él sacará mis pies de la red.* BTX*] [Mis ojos están puestos siempre en el Señor, pues solo él puede sacarme de la trampa.* NVI*] [Mis ojos tengo siempre en el Señor, él libera mis pies de la trampa.* BLP*] [Mis ojos están siempre puestos en el Señor, porque él me rescata de las trampas de mis enemigos.* NTV*]*

Mis ojos están siempre vueltos hacia Jehová.[198] El salmista declara estar anclado en sus garantías y constante en sus expectativas; mira con confianza y aguarda con esperanza. A esta mirada de fe y de esperanza, podemos añadir: la mirada obediente de servicio, la mirada humilde de la reverencia, la mirada perpleja de la admiración, la mirada diligente de la meditación, y la mirada tierna de afecto.

---

193 Juan 15:15.
194 Génesis 6:9.
195 Génesis 17:1; 24:40.
196 Génesis 18:17.
197 Lucas 24:35.
198 Los Padres de la Iglesia comentaron:

– EVAGRIO DEL PONTO [345-399]: «El creyente deseoso de conocer a Dios y de hacer cuanto él ordena mantiene sus ojos fijos constantemente en él».

– CASIODORO [485-583]: «Por ley natural sabemos que quien no mantiene los ojos fijos donde camina y mira bien donde pone los pies, es probable que tropiece en cualquier escollo o se precipite a un foso. Pero sorprendentemente, el salmista nos propone aquí todo lo contrario: para vernos libre de los lazos y trampas que nos acechan, elevemos nuestra mirada fijando los ojos en el Señor, pues él es quien nos librará con seguridad de todo tropiezo».

¡Felices aquellos cuyos ojos no se apartan nunca de su Dios! Salomón nos dice que: *"el ojo nunca se sacia de ver";*[199] no obstante, esta mirada espiritual es la que más satisface en el mundo.

Porque él sacará mis pies de la red. Observemos la condición delicada y conflictiva en la que puede verse envuelta un alma llena de gracia: sus ojos están en el cielo, y, con todo, sus pies atrapados a menudo en la red; su naturaleza más noble no cesa de contemplar las glorias de Dios, en tanto que su parte humana sigue sufriendo las miserias del mundo. La red es la típica metáfora para representar la tentación. En la mayoría de los casos el Señor guarda a su pueblo de caer en ella, y si alguno de sus hijos ha caído lo libra. El verbo hebreo יוֹצִיא *yōwṣî* de יָצָא *yatsa,* que nuestras versiones traducen por *"sacará",* es un término áspero que significa arrancar o tirar con fuerza; los santos que han caído en el pecado descubren a menudo que el proceso de su restauración no siempre es fácil y agradable para la carne: el Señor nos arranca de la red tirando con fuerza, para hacernos sentir que el pecado es una cosa en extremo amarga y desagradable. ¡Pero qué misericordia tan grande hay detrás de ello! De modo que creyente, si este es tu caso, siéntete muy agradecido. El Señor nos librará de los astucias y artimañas de nuestro cruel enemigo; e incluso si por flaqueza hemos caído en el pecado, no permitirá que seamos destruidos por completo, sino que nos arrebatará de nuestra situación peligrosa; aunque nuestros pies estén amarrados en la red, si nuestros ojos miran hacia Dios, sin duda la misericordia se interpondrá y nos librará.

C. H. Spurgeon

Mis ojos están siempre vueltos hacia Jehová. Aunque debido a la distancia y oscuridad de nuestra situación actual no podamos verle con claridad, con todo, hemos de mirar hacia él, hacia el lugar donde reside su honor, deseosos de conocer lo más acerca de él y de su voluntad; y todos nuestros esfuerzos en su honor, como meta que perseguimos, han de llevarnos a trabajar con ahínco y anhelo para: *"ausentes o presentes, serle agradables".*[200]

Matthew Henry [1662-1714]
"Daily Communion with God", 1712

Mis ojos están siempre vueltos hacia Jehová. Es decir: *mis afectos.* Puesto que el sentido de la vista es extraordinariamente rápido, y ejerce una marcada influencia sobre todo el entramado del pensamiento, no es infrecuente que se utilice el término *"ojos"* para indicar el conjunto de los afectos.

Juan Calvino [1509-1564]

Porque él sacará mis pies de la red. Una desdichada paloma con sus patas atrapadas en el lazo del cazador, es un emblema perfecto del alma: entrampada en las cuitas y placeres del mundo, y deseosa del poder de la gracia para poder escapar, volar libre hacia el reposo eterno junto a su Redentor glorificado.

George Horne [1730-1792]
"A Commentary on the Psalms in which Their Literal Or Historical Sense, as They Relate to King David, is Illustrated", 1825

Vers. 16. *Mírame, y ten misericordia de mí, porque estoy solo y afligido.* *[Mírame, y ten misericordia de mí, porque estoy solo y afligido.* RVR*] [Vuélvete a mí y tenme piedad, porque estoy solitario*

[199] Eclesiastés 1:8.
[200] 2 Corintios 5:9.

y afligido. LBLA*]] [Vuélvete hacia mí y tenme compasión, porque estoy solo y afligido.* BTX*] [Vuelve a mí tu rostro y tenme compasión, pues me encuentro solo y afligido.* NVI*] [Atiéndeme, apiádate de mí que estoy solo y desvalido.* BLP*] [Vuélvete a mí y ten misericordia de mí, porque estoy solo y profundamente angustiado.* NTV*]*

Vuelve a mí tu rostro. Sus ojos estaban fijos en Dios, pero temía que el Señor, airado, hubiera apartado su rostro de él. A veces la incredulidad nos sugiere que Dios dirige su mirada hacia otro lugar, apartándola de nosotros. Pero si nosotros estamos vueltos hacia Dios, no tenemos razón para temer que él se vuelva de nosotros, antes bien podemos exclamar con osadía: *"Vuélvete a mí"*. El origen y motivo de la querella está siempre en nosotros, y cuando esta desaparece, no hay nada que nos impida disfrutar de plena comunión con Dios.

Y tenme piedad. Los creyentes deben permanecer siempre en el banquillo de la misericordia; por muy experimentados que sean, que pueden ir más allá de la oración del publicano: *"Dios, ten piedad de mí, pecador"*.[201]

Porque estoy solo[202] *y afligido*. Estaba solo y encorvado, vuelto hacia la tierra. Jesús, en los días de su carne se hallaba en esta misma condición; nadie podía penetrar en las profundidades secretas de sus aflicciones, pisó el lagar en solitario,[203] y por tanto es capaz de socorrer en el sentido más amplio a los que pisan por la senda solitaria.

Cristo jamás me conduce a estancias más oscuras
que aquellas que él en su momento visitó;
y todo aquel que acude al reino de Dios,
debe entrar por esa misma puerta.[204]

C. H. SPURGEON

Vers. 17. ***Las angustias de mi corazón se han aumentado; sácame de mis congojas.*** *[Las angustias de mi corazón se han aumentado; sácame de mis congojas.* RVR*] [Las angustias de mi corazón han aumentado; sácame de mis congojas.* LBLA*] [Las angustias de mi corazón se han aumentado. ¡Oh sácame de mis congojas!* BTX*] [Crecen las angustias de mi corazón; líbrame de mis tribulaciones.* NVI*] [Mis angustias se multiplican, líbrame tú de mis pesares.* BLP*] [Mis problemas van de mal en peor, ¡oh, líbrame de todos ellos!* NTV*]*

Las angustias de mi corazón han aumentado.[205] Cuando la tribulación penetra en el corazón y se apodera de él, es verdadera tribulación. En el caso del salmista su corazón estaba ya desbordado de

---

[201] Lucas 18:13.
[202] En hebreo יָחִיד *yāḥîḏ,* "solitario, desamparado, desolado, sin parientes".
[203] Isaías 63:3.
[204] Spurgeon cita aquí un himno del teólogo y poeta inglés RICHARD BAXTER [1615-1691]: *"Christ leads me through no darker rooms / Than He went through before; / And he that in God's kingdom comes / Must enter by this door"*.
[205] En hebreo הִרְחִ֑יבוּ *hirḥîḇū* de רָחַב *rachab;* "agrandar, extender, ampliar, ensanchar". La idea en este caso es de algo que se dilata y se abre paso por sí mismo ocupando más y más espacio a la vez que comprime o aplasta cuanto encuentra.

pena, como un pantano repleto a rebosar a causa de grandes riadas; y lo utiliza como argumento a su favor para demandar liberación, y sin duda es un argumento potente. Cuando llega la hora más oscura de la noche, significa que la aurora esta al despuntar; cuando el mar alcanza su punto más bajo, sabemos que la marea está a punto de cambiar; y cuando nuestras tribulaciones han aumentado a tal extremo que se nos hacen insoportables, podemos orar confiados: *¡Oh Señor, sácame de mis congojas!*

C. H. SPURGEON

Las angustias de mi corazón se han aumentado. Que ningún creyente se sorprenda de ver que sus angustias aumentan desmesuradamente; la aflicción del salmista era tan grande que se le hacía incomprensible incluso a él mismo. Siempre ha sido así para el pueblo de Dios. El camino hacia el cielo está húmedo de las lágrimas y la sangre de los santos.

WILLIAM SWAN PLUMER [1802-1880]
"Studies on the Book of Psalms", 1867

Sácame de mis congojas. No podemos quejamos de Dios, pero sí podemos quejamos a Dios. Y podemos pedir con espíritu sincero, y sumisión a su santa voluntad, ayuda y liberación.

WILLIAM SWAN PLUMER [1802-1880]
"Studies on the Book of Psalms", 1867

Sácame de mis congojas. Situaciones puntuales de aflicción proveen la ocasión propicia para orar pidiendo intervenciones especiales de liberación.

ANÓNIMO

Vers. 18. ***Mira mi aflicción y mi trabajo, y perdona todos mis pecados.*** *[Mira mi aflicción y mis trabajos, y perdona todos mis pecados.* RVR*] [Mira mi aflicción y mis trabajos, y perdona todos mis pecados.* LBLA*] [Mira mi aflicción y mi fatiga, ¡y carga con todos mis pecados!* BTX*] [Fíjate en mi aflicción y en mis penurias, y borra todos mis pecados.* NVI*] [Mira mis aflicciones y penas, perdóname mis pecados.* BLP*] [Siente mi dolor, considera mis dificultades y perdona todos mis pecados.* NTV*]*

Mira mi aflicción y mis trabajos. Fijémonos en las numerosas pruebas que atraviesan los santos; en tres versículos encontramos no menos de seis expresiones relacionadas: *"Solitario y afligido* (25:16)"; *"las angustias de mi corazón han aumentado"* (25:17); *"mis congojas"* (25:17); *"mi aflicción"* (25:18); y *"pena"* (25:18). Pero fijémonos también en el espíritu sumiso y creyente del verdadero santo, todo lo que pide es: *"Señor, mira mi aflicción y mis trabajos"* (25:18). No pronuncia ni aun expresa una sola queja; una mirada por parte de Dios basta para contentarle, y habiendo sido concedida, no pide más. Aún más notable es la forma en que sometido a la aflicción, descubre la verdadera causa por la que sufre y pone el hacha sobre la raíz de la misma:

"Perdona todos mis pecados" (25:18) es el clamor típico de un alma que está más acongojada por el pecado que por el propio dolor, y anhela antes ser perdonada que curada. ¡Bienaventurado el hombre para quien el pecado es más insoportable que la propia enfermedad; pues no pasará mucho tiempo sin que el Señor le haya perdonado la iniquidad y curado la enfermedad! Los seres humanos son parcos y lentos en darse cuenta y admitir la conexión íntima entre el pecado y la aflicción; tan solo un corazón educado por la gracia toma conciencia de ello.

C. H. SPURGEON

Mira mi aflicción y mis trabajos, y perdona todos mis pecados.[206] De las palabras del salmista en este versículo, aprendemos que el pecado es causa de enfermedad y debilidad del cuerpo. *"Hay muchos enfermos y debilitados entre vosotros"*,[207] por esta causa. Es algo que no preciso extenderme para demostrarlo, pues contamos con sobrada base escritural: *"Jehová te herirá con la úlcera de Egipto, con tumores, con sarna, y con comezón de los que no podrás ser curado; con locura, ceguera y turbación de espíritu..."*;[208] salmos enteros, como el Salmo 107; y muchos otros pasajes. Es por causa de la enfermedad del alma que Dios nos visita con la enfermedad del cuerpo. Su objetivo es curar el alma al afligir el cuerpo. Y, siendo así, cuando Dios nos visita con la enfermedad del cuerpo, deberíamos pensar que el principal problema a resolver lo tenemos más bien en el cielo con Dios, que entre los médicos terrenales. Empecemos por sanar la enfermedad del alma y nos será mucho más fácil sanar el cuerpo. Esta fue la experiencia de David según leemos en el Salmo 32: *"Mientras callé, se consumieron mis huesos en mi gemir de todo el día"*.[209] Hasta que no resolvió su contencioso con Dios, declarando su pecado sin encubrir su iniquidad,[210] gimió y rugió como un animal herido, perdió sus energías y su verdor se volvió en sequedades de estío.[211] Pero tan pronto decidió dirigirse directamente a Dios y confesar su culpa, Dios perdonó sus pecados y además sanó su cuerpo. Así que cuando Dios nos visita con enfermedad, el mejor método es ver cómo resolvemos el contencioso con él. Comencemos por averiguar cuál es la situación del alma, puesto que siempre que el Señor toca el cuerpo es por el bien del alma: *"hay muchos enfermos y debilitados entre vosotros"*.

RICHARD SIBBES [1577-1635]

Mira mi aflicción y mis trabajos. En caso de enfermedad del cuerpo, pongamos nuestra confianza en Jesús, que sigue siendo tan poderoso y tan dispuesto a ayudarnos ahora, como lo era en los días de su carne: *"para el que cree todo es posible"*.[212]. Una sola palabra suya basta para calmar tempestades y cesar tormentas.[213] No hagamos como Asa, confiando solo en los médicos u otros recursos terrenales,[214] pues sabemos que sin el Médico celestial, los médicos terrenales tienen poco que hacer. Por lo tanto, sin despreciar los médicos terrenales, acudid a Cristo, para que él obre a través de ellos, sabiendo que de él procede toda la virtud y la fuerza para bendecir o maldecir, toda sabiduría para guiar a todo tipo de medios terrenales.

RICHARD SIBBES [1577-1635]

Vers. 19. *Mira mis enemigos, cómo se han multiplicado, y con odio violento me aborrecen.* *[Mira mis enemigos, cómo se han multiplicado, y con odio violento me aborrecen.* RVR*] [Mira mis enemigos, que son muchos, y con odio violento me detestan.* LBLA*] [¡Considera cuántos son mis enemigos, y el aborrecimiento cruel con el que me aborrecen!* BTX*] [¡Mira cómo se han multiplicado mis enemigos, y cuán violento es el odio que me tienen!* NVI*] [Mira cuántos son mis enemigos y*

[206] Dice AGUSTÍN DE HIPONA [354-430]: «Sí, *"todos mis pecados"*, no solo los cometidos en mi juventud antes de conocer la fe cuando vivía en la ignorancia; sino también los que sigo cometiendo ahora viviendo ya en la fe por causa de mi propia debilidad y las presiones de la vida».

[207] 1 Corintios 11:30.

[208] Deuteronomio 28:27-28.

[209] Salmo 32:3.

[210] Salmo 32:5.

[211] Salmo 32:4.

[212] Marcos 9:23.

[213] Lucas 8:24-25.

[214] 2 Crónicas 16:12.

el rencor con que me odian. BLP*] [Mira cuántos enemigos tengo, ¡y de qué manera despiadada me odian!* NTV*]*

Mira mis enemigos. Contémplalos, vigílalos, sospésalos, pruébalos, derrótalos.

Cómo se han multiplicado.[215] Harían falta los ojos de Argos[216] para abarcarlos, y los brazos de Hércules[217] para enfrentarse a ellos, pero el Señor es más que suficiente para derrotarlos. Cuando el Señor desnuda su santo brazo,[218] los demonios del infierno y los males de la tierra están derrotados y vencidos de inmediato.

Y con odio violento me aborrecen. Odiar es el aliento natural de la simiente de la serpiente;[219] su progenitora era puro odio, y sus descendientes no pueden por menos que imitarla. Y ningún odio hay tan cruel como aquel que es irrazonable e injusto. Una persona puede perdonar a quién le haya causado daño injustamente, y a pesar de ello, el que se lo ha causado sigue odiándole de manera implacable. *"Mirad, yo os envío como ovejas en medio de lobos"*[220] dijo el Señor a sus discípulos, y la advertencia del Maestro sigue en vigor, válida para todos y cada uno de nosotros.

C. H. SPURGEON

Mira mis enemigos, cómo se han multiplicado, y con odio violento me aborrecen. Sí, míralos; pero con otra clase distinta de mirada; con aquella con la que miraste a través de la columna de fuego el campamento de los egipcios y se trastornaron;[221] con una mirada de ira y de venganza. El argumento que utiliza hace referencia tanto a la cantidad como a la calidad de sus enemigos, su número y su naturaleza: *"se han multiplicado"* y *"con odio violento me aborrecen". Se han multiplicado:* los

---

[215] En hebreo רָֽבּוּ *rābbū* de רָבַב *rabab;* "muchos, numerosos, abundantes".

[216] Se refiere al personaje de la mitología griega conocido como ARGOS PANOPTES, (Argos 'de todos los ojos') un gigante con cien ojos fiel sirviente de Hera y guardián particularmente efectivo, pues cuando algunos de sus ojos dormían, mantenía los demás despiertos. Hera le encargó guardar a una ternera blanca que era en realidad Ío, una de las muchas ninfas con las que Zeus mantenía relaciones sexuales. Pero Zeus logró liberarla enviando a Hermes disfrazado de pastor. Hermes consiguió que Argos cerrara todos sus ojos durmiéndole con el sonido de su flauta y le dio muerte. Hera, para recordar y compensar a su fiel guardián, hizo que los cien ojos de Argos fuesen preservados para siempre en las colas de los pavos reales.

[217] Se refiere al mítico héroe griego Heracles (Hércules en la mitología romana) hijo del dios Zeus y la humana Alcmena, dotado de una fuerza extraordinaria. Puesto a las órdenes del rey Euristeo por indicación del Oráculo de Delfos, este le encargó doce trabajos o proezas, cada una más difícil que la anterior, y que se conocen como "Los Doce Trabajos de Hércules". Mientras lleva a cabo el décimo, la captura de los toros de Gerión, se encontró con dos enormes peñascos, Calpe y Abyla, que le obstruían el paso hacia la isla de Eritrea. Hércules extendió los brazos entre uno y otro y empujando con su enorme fuerza fue separándolos hasta abrir un paso al mar en mitad de las dos, separando Europa de África y creando el estrecho de Gibraltar. En la parte norte en Calpe o Peñón de Gibraltar colocó una columna, y en el sur en el monte Abyla, lo que hoy se conoce como el monte Musa en el reino de Marruecos, en África, colocó la otra. Debido a esta leyenda, estos dos peñascos son conocidos como las "Columnas de Hércules". El pintor español FRANCISCO DE ZURBARÁN [1598-1664] inmortalizó esta leyenda en 1634 con un famoso cuadro al óleo conocido como "Hércules separa los montes Calpe y Abyla"; y tanto tuvo que extender sus brazos para llevarla a cabo que aún hoy en día, en lenguaje coloquial, suele llamarse a cierto tipo de grúas "brazo de Hércules".

[218] Isaías 52:10.

[219] Génesis 3:15.

[220] Mateo 10:16.

[221] Éxodo 14:24.

corazones del grueso de los hijos de Israel se habían inclinado por Absalón y corrido tras él;[222] y así también los enemigos espirituales del pueblo del Señor son muchos: Satanás, sus principados y potestades,[223] y todos los hombres impíos de este mundo. *Y con odio violento me aborrecen:* su odio y furor es terrible, como el de Simeón y Levi;[224] estalló de una manera cruel y derivo en actos de violencia y crueldad; y más cruel aún en tanto que era irreflexivo y sin causa; así es también el odio de Satanás y sus emisarios contra los seguidores de Cristo; todos ellos respiran crueldad, sed de su sangre, y con su odio se emborrachan; incluso sus misericordias son crueles, porque están marcadas por el odio.

John Gill [1697-1771]
"Exposition of the Old Testament", 1748

Mira mis enemigos, cómo se han multiplicado, y con odio violento me aborrecen. Dios no necesita recurrir a muchas criaturas para disciplinar al hombre; lo hace por su cuenta. No hay ninguna criatura tan perjudicial para el hombre como su Creador airado. Por regla general, los animales salvajes atacan a otras especies pero no a los individuos de la suya propia; pero la raza humana es capaz de destruirse a sí misma sin compasión. El hombre como depredador del hombre, es más astuto que una zorra, más cruel que un tigre, más fiero que un león; en una palabra, el hombre persiguiendo a otro hombre, es mucho peor que un lobo, es un diablo.

William Struther [1578-1633]
"Christian Observations", 1629

Vers. 19-20. *Mira mis enemigos (...) Guarda mi alma, y líbrame.* A la concupiscencia original, fortalecida y aumentada por múltiples transgresiones habituales, cabe darle el nombre de: *"legión, porque somos muchos"*.[225] Al estilo de Hidra,[226] es un cuerpo con muchas cabezas; y cuando cortamos una de sus cabezas, esto es, una impiedad enorme, brota de inmediato otra igual o peor, más monstruosa todavía, igual de venenosa. Desde el vientre materno nos acompaña el pecado original y la inclinación al pecado; y cual del vientre del caballo de Troya,[227] surge todo un ejército de deseos

[222] 2 Samuel 15:12-13.
[223] Efesios 6:12.
[224] Génesis 49:5-7.
[225] Marcos 5:9.
[226] Se refiere a la Hidra de Lerna, según la mitología griega un monstruo acuático con forma de serpiente de muchas cabezas y aliento venenoso a la que dio muerte Heracles (Hércules en la mitología romana) en uno de sus famosos doce trabajos. Al llegar a la ciénaga cercana al lago Lerna donde la Hidra habitaba, Hércules se cubrió la boca y la nariz con una tela para protegerse de su aliento venenoso y disparó flechas en llamas a su refugio para obligarla a salir, enfrentándose a ella con una hoz. Pero descubrió con sorpresa que era imposible darle muerte, pues por cada cabeza que le cortaba le crecían dos nuevas; pidió ayuda a su sobrino Yolao, quien tuvo la idea de usar una tea ardiendo para quemar el muñón del cuello de cada cabeza que le cortaba. Hércules cortó todas las cabezas y Yolao quemó los cuellos abiertos, y así, entre ambos dieron muerte a la Hidra, algo que se consideraba totalmente imposible.
[227] Se refiere al famoso Caballo de Troya sobre el cual nos habla Homero en la Odisea, y posteriormente Virgilio en la Eneida. Era una enorme estatua hueca construida con madera en forma de un enorme caballo utilizado por los griegos como estrategia para entrar subrepticiamente en la ciudad fortificada de Troya. Dejaron el caballo a las puertas de la ciudad y simularon partir con sus naves. Los troyanos lo tomaron como un signo de su victoria, y arrastraron el caballo hasta el interior de los muros, sin saber que en su interior se ocultaban un grupo de aguerridos soldados griegos que durante la noche salieron del caballo,

impuros que rodean nuestra alma en todas sus facultades, apoderándose de nuestro cuerpo y de cada uno de sus miembros.

ROBERT MOSSOM [1617-1679]
"The Preacher's Tripartie, in Three Books. The First, to raise Devotion in Divine Meditations upon Psalm XXV.", 1657

Vers. 20. ***Guarda mi alma, y líbrame; no sea yo avergonzado, porque en ti confié.*** *[Guarda mi alma, y líbrame; no sea yo avergonzado, porque en ti confié.* RVR*] [Guarda mi alma y líbrame; no sea yo avergonzado, porque en ti me refugio.* LBLA*] [¡Guarda mi alma y líbrame! No sea yo avergonzado, porque en Ti me refugio.* BTX*] [Protege mi vida, rescátame; no permitas que sea avergonzado, porque en ti busco refugio.* NVI*] [Protégeme, sálvame, no me defraudes, pues en ti confío.* BLP*] [¡Protégeme! ¡Rescata mi vida de sus manos! No permitas que me avergüencen, pues yo en ti me refugio.* NTV*]*

Guarda mi alma y líbrame. Es decir *Guarda mi alma* del mal *y líbrame* cuando caiga en él. Una versión alternativa de la oración modelo: *"No nos dejes caer en la tentación, mas líbranos del mal"*.[228]

No sea yo avergonzado. Este era el temor que cual espectro fantasmagórico perseguía la mente del salmista. Tiembla para que en el punto álgido de su aflicción y debido a lo extremo de la misma, su fe no sea objeto de burla y ridículo. Los corazones nobles lo soportan todo menos la vergüenza. David tenía ese espíritu caballeresco, capaz de resistir cualquier tormento, antes que el de la deshonra.

Porque en ti confié.[229] Si sus siervos se ven abandonados, el buen nombre de Dios queda en entredicho, y esto es algo que los corazones creyentes no pueden tolerar en modo alguno.

C. H. SPURGEON

Guarda mi alma, y líbrame; no sea yo avergonzado, porque en ti confié.[230] Cuando David llega el versículo 20 de este salmo, nos recuerda a Coriolano[231] encaminándose vestido de extranjero al

---

mataron a los centinelas y abrieron las puertas de la ciudad para permitir la entrada del ejército griego que había regresado a la orilla, provocando con ello la caída de Troya.

228 Mateo 6:13.

229 La Vulgata traduce *"no quede yo avergonzado porque he esperado en ti"*, sobre lo cual comenta EVAGRIO DEL PONTO [345-399]: «La esperanza jamás avergüenza –como bien nos recuerda el apóstol– porque es hija de la prueba, la prueba es fruto de la paciencia, y la paciencia nace de la tribulación causada por el enfrentamiento de nuestras virtudes con las tentaciones del enemigo, y que esculpe en nuestro carácter la imagen y verdadero conocimiento de Dios (Romanos 5:3-5)».

230 MARGARET WILSON [1667-1685] una joven escocesa de dieciocho años perteneciente al movimiento de los *"Covenanters"* o "Luchadores del Pacto" (Ver al respecto Salmo 34:10 – Nota 96) fue condenada a morir ahogada por negarse a reconocer bajo juramento al rey JACOBO II [1633-1701] como cabeza de la Iglesia de Anglicana. Fue encadenada junto con otra mártir, Margaret McLachlan, a ser atada a un poste situado estratégicamente en el mar durante la marea baja para que cuando subiera, las cubriera por completo. Mientras el agua iba subiendo le ofrecieron la posibilidad de orar por el Rey, cosa que hizo, pero siguió negándose a reconocerle. Cuando ya el agua comenzaba a entrarle en la boca por el movimiento de las olas comenzó a recitar el Salmo 25 hasta llegar a las palabras de este versículo. Fue enterrada en la iglesia de Wigtown.

231 Se refiere al Acto IV Escena IV de la obra trágica en cinco actos de WILLAM SHAKESPEARE [1564-1612] *"Coriolanus"* escrita entre 1605 y 1608, conocida en español como "Coroliano". Basada en las "Vidas

palacio de su enemigo Tulo Aufidio, y sentarse impotente implorando la clemencia y hospitalidad del rey, pese a ser consciente de que merecía morir en sus manos. El salmista se arroja de manera similar en brazos de la compasión de un Dios injuriado: *"En ti confié"*.

Andrew Alexander Bonar [1810-1892]
"Christ and His Church in the Book of Psalms", 1859

Vers. 21. *Integridad y rectitud me guarden, porque en ti he esperado.* *[Integridad y rectitud me guarden, porque en ti he esperado.* RVR*] [La integridad y la rectitud me preserven, porque en ti espero.* LBLA*] [Integridad y rectitud me preserven, porque en Ti espero.* BTX*] [Sean mi protección la integridad y la rectitud, porque en ti he puesto mi esperanza.* NVI*] [La integridad y la rectitud me protejan porque en ti tengo puesta mi esperanza.* BLP*] [Que la integridad y la honestidad me protejan, porque en ti pongo mi esperanza.* NTV*]*[232]

Integridad y rectitud me guarden, porque en ti he esperado. ¿Qué mejores garantías y protecciones puede una persona exigir? Si con tales salvaguardas no somos capaces de prosperar, más nos vale padecer adversidad. Pues incluso los impíos admiten abiertamente que: «la honestidad y honradez son siempre la mejor política». Los herederos del cielo dan fe de esa verdad por partida doble, y reaseguran su protección, pues además de proceder con rectitud en público, se encomiendan en privado al cuidado del guardián de los cielos mediante oración secreta: *"porque en ti he esperado"*. La pretensión de esperar en Dios sin vivir una vida de santidad, es mera hipocresía religiosa; y confiar únicamente en la propia integridad sin invocar a Dios, es ateísmo presuntuoso. Tal vez la integridad y rectitud a que hace referencia el salmista sean los atributos perfectos de Dios, en los que apoya su fe como una garantía de que el Señor cumplirá su palabra.

C. H. Spurgeon

Porque en ti confié. O también: *"en ti he esperado"*. Así como la protección y preservación divina es una acción creadora permanente; *esperar* es una confianza permanente: aquello que creemos por fe, *lo esperamos* con esperanza; y por tanto, confiar, es un compuesto de ambas: fe y esperanza.

Robert Mossom [1617-1679]
"The Preacher's Tripartie, in Three Books. The First, to raise Devotion in Divine Meditations upon Psalm XXV.", 1657

Vers. 22. *Redime, oh Dios, a Israel de todas sus angustias.* *[Redime, oh Dios, a Israel de todas sus angustias.* RVR*] [Oh Dios, redime a Israel de todas sus angustias.* LBLA*] [¡Oh Elohim, redime a Israel de todas sus angustias!* BTX*] [¡Libra, oh Dios, a Israel de todas sus angustias!* NVI*] [¡Se-*

Paralelas" de Plutarco [45-57], narra la historia de Cayo Marcio Coriolano [siglo v a.C.], un brillante general romano que habiendo sido desterrado de Roma planea un brillante asalto a la ciudad. Tan solo las rogativas desesperadas de su madre evitan que arrase Roma, aunque finalmente, el haber seguido tal consejo de su progenitora le acarrea su propia destrucción.

[232] En hebreo תֹּם־וָיֹשֶׁר יִצְּרוּנִי כִּי קִוִּיתִֽיךָ *tōm-wāyōšer yiṣṣərūnî kî qiwwîṯîḵā*. La versión griega de los LXX o Septuaginta lee: ἄκακος καί εὐθύς κολλάω ἐγώ ὅτι ὑπομένω σύ κύριος que la Vulgata traduce al latín como: *"innocentes et recti adheserunt mihi quia sustinui te"*, "Los inocentes y los justos se han unido conmigo, porque te he aguardado a ti".

ñor, libera a Israel de todas sus angustias! BLP*] [Oh Dios, rescata a Israel de todos sus problemas.* NTV*]*[233]

Redime, oh Dios, a Israel de todas sus angustias.[234] Una oración tan completa como exhaustiva, que abarca a todos los fieles y a todas sus pruebas. El dolor le había enseñado al salmista a simpatizar con otros, llevándole a entablar comunión con quienes Dios somete a duras pruebas; y en consecuencia, recuerda en su oración a *Israel,* el probado, el luchador, el héroe conquistador,[235] en representación de todos los santos creyentes. Israel en Egipto, en el desierto, en sus guerras con los cananeos, en la cautividad, es tipo de la Iglesia militante en la tierra. Jesús es el Redentor de las aflicciones como lo es del pecado, es un Redentor completo, y rescatará a cada creyente de todos y cada uno de sus males. La redención por la sangre está consumada y acabada: Oh Dios, envíenos ahora la redención por el poder. Amén y Amén.

C. H. SPURGEON

Redime, oh Dios, a Israel de todas sus angustias. El *rabbí* David[236] añade en una nota: *"vita vel post mortem meam",* es decir, tanto en vida mía como después de mi muerte. Esta es la oración y el anhelo compartido de todas las personas justas y buenas: ninguna de ellas dejará de orar por la Iglesia; pero nadie puede orar por la Iglesia si él mismo no está primero en paz con Dios.

JOHN TRAPP [1601-1669]
"A commentary or exposition upon the books of Ezra, Nehemiah, Esther, Job and Psalms", 1657

Redime, oh Dios, a Israel de todas sus angustias. Este hermosísimo ejemplar de los *"salmos, himnos y cánticos espirituales",*[237] se cierra con una dulcísima petición, de tal calibre, que todo componente del verdadero Israel de Dios desearía partir de este mundo con ella en sus labios: *"Redime, oh*

[233] FRANCISCO LACUEVA [1911–12055] en el "Comentario de Matthew Henry" nos hace observar que «este último versículo cae ya fuera del orden alfabético del salmo, pues se inicia con la letra פ *pei,* mientras que la última letra del alfabeto hebreo es ת la *taf* o *tau* que encabeza el versículo 21. Se trata por tanto de un apéndice. Y RICARDO ARCONADA cree que "se trata de una adición litúrgica posterior, como en otros casos (Salmo 34:23; 51:20-21)". Sea como sea, ello no quitaría nada a la inspiración divina de tal versículo». Sin embargo KRAUS considera que es imposible saber con certeza si se trata o no de una adición. FELIPE SCIO DE SAN MIGUEL [1738-1776] en su traducción de la Vulgata al español y en una nota a este versículo final, ve en el mismo una posible alusión a la salvación de todo Israel: «Después de haber rogado por sí, ruega por todo Israel, según las leyes del amor fraternal. Con este versículo, que es el último de los veintidós que comprende el alfabeto hebreo, se cierra el Salmo; y por el mismo pide el profeta la redención de Israel, y por consiguiente la venida del Mesías, único y verdadero Redentor y libertador, a fin de que *"todo Israel sea salvo"* (Romanos 11:25-29)».

[234] Dice AGUSTÍN DE HIPONA [354-430]: «Redime, Señor, a tu pueblo, ese pueblo que has elegido y dispuesto para que contemple tu rostro, de todas sus tribulaciones; no solo las que tiene que enfrentar desde afuera sino también las que surgen desde dentro».

[235] Génesis 32:22-31.

[236] Se refiere al rabino DAVID O DOVID KIMCHI [1157-1236], también conocido por el nombre de David Kimhi o el acrónimo hebreo RaDak. Nacido en Narbona, Francia, hijo de un famoso rabino y filólogo judío Yosef Kimchi, David Kimchi fue uno de los más prestigiosos eruditos en el hebreo bíblico de la Edad Media y autor de uno de los más prestigiosos comentarios al texto del A.T.

[237] Efesios 5:19.

Dios, a Israel de todas sus angustias". Exhala la misma aspiración santa que las palabras del anciano Simeón: *"Ahora, Soberano Señor, puedes dejar que tu siervo se vaya, conforme a tu palabra, en paz; porque han visto mis ojos tu salvación"*.[238]

BARTON BOUCHIER [1794–1865]
"Manna in the heart or daily comments on the book of Psalms", 1855

[238] Lucas 2:29-30.

SALMO 26

Salmo del inocente

Título: *Salmo de David.* En este Salmo el Dulce Cantor de Israel se planta ante nosotros como alguien que ha sido acusado y objeto de reproche injustamente; en esto es tipo del gran Hijo de David, y ejemplo que nos alienta a llevar la carga de las calumnias ante el trono de la gracia.[1] Algunos especulan que esta apelación al cielo fue escrita por David cuando Is-boset fue vilmente asesinado a traición por Baaná y Recab,[2] con la intención de probar su inocencia en un hecho tan execrable; pero en nuestra opinión, la teoría tiene más de ingeniosa que de realidad demostrable. Ciertamente, el contenido y tenor del Salmo concuerdan con la ocasión, pero los datos son tan endebles que no es posible ir más allá de la simple conjetura.

C. H. Spurgeon

Estructura: La unidad del tema central es tan férrea que resulta difícil establecer divisiones fundamentales.[3] David Dickson[4] lo resume de forma admirable con las siguientes palabras: «Amparándose en su buena conciencia, el salmista apela a Dios y le pone por testigo:

1. De sus esfuerzos como creyente para andar rectamente (26:1-3).
2. De mantenerse celosamente alejado del consejo de los malos, de empresas pecaminosas, y de seguir el ejemplo de los inicuos (26:4-5).
3. De su determinación a seguir comportándose de manera santa y justa, para poder seguir siendo partícipe de los privilegios del pueblo del Señor en la práctica del culto público en la congregación (26:6-8).

---

[1] Atanasio de Alejandría [296-373] en su carta a su discípulo Marcelino sobre la naturaleza y valor de los salmos le dice refiriéndose a este salmo: «Si tus adversarios persisten en sus propósitos sanguinarios de confundirte y acabar contigo, olvídate de recurrir a la justicia de los hombres y dirígete directamente a Dios, el único Juez justo, el único que juzga con justicia; utiliza para ello el Salmo 26». El Tomo I de "El Tesoro de David" incluye una traducción completa de la Carta de Atanasio a Marcelino. [Tomo I - pp. 50].

[2] 2 Samuel 4:1-12. Felipe Scio de San Miguel [1738-1776] en su traducción de la Vulgata al español propone en una nota la posibilidad de que David lo escribiera durante la época en la que, huyendo de Saúl, tuvo que refugiarse entre los idólatras (1 Samuel 27:1-12) en un deseo de probar su inocencia. Con este propósito toma a Dios como testigo de no haber tomado parte en sus iniquidades y de su deseo de poder contemplar de nuevo, lo antes posible, el lugar donde reposaba el arca del Señor. Así lo ve Teodoreto de Ciro [393-458] quien considera que «al verse forzado a convivir con un pueblo pagano y constatar su impiedad, su ceguera y obcecación, sus magias y supersticiones, su inmoralidad y desenfreno, se abstuvo de asistir a sus asambleas culticas y participar de sus banquetes en honor de los demonios: *"Aborrecí la reunión de los malignos, y con los impíos nunca me senté* (26:4-5)».

[3] El "Comentario de Matthew Henry" propone este bosquejo: «En este salmo, David se pone a sí mismo a prueba ante Dios y ante su propia conciencia, y da en ambos tribunales testimonio de su integridad (vv. 1, 2), y alega para ello: I. Su constante atención a Dios y a su gracia (v. 3). II. Su arraigada antipatía contra el pecado y contra los pecadores (vv. 4,5). III. Su sincero afecto a las ordenanzas divinas (vv. 6-8). IV. Una vez probada su integridad, David, 1. Predice el funesto final de los malvados (vv. 9, 10); 2. Y se encomienda a la misericordia y a la gracia de Dios, con una resolución de mantenerse en su integridad y en su esperanza en Dios (vv. 11, 12)».

[4] Se refiere a David Dickson [1583-1662], pastor, predicador, escritor y poeta escocés; escribió varios comentarios numerosas obras y poemas; entre ellas un comentario a los Salmos; al Evangelio de Mateo; uno a las Epístolas (en latín y en inglés); una "Terapéutica Sacra: cuestiones de conciencia resueltas" (en latín); y un *"Treatise of the Promises"*, "Tratado de las Promesas").

4. Sigue con una plegaria para que Dios le exima del juicio venidero sobre los malvados (26:9-10), en tanto que él se ha propuesto evitar sus delitos y pecados (26:9-11).
5. Y concluye el salmo con la certeza y consuelo de que ha sido escuchado (26:12)».

C. H. SPURGEON

Versión poética:

JUDICA ME DOMINE, QUONIAN EGO IN INNOCENTIA MEA INGRESSUS SUM

Júzgame tú, Señor, pues que no ignoras,
que siempre he caminado en la inocencia,
también sabes que en ti he confiado,
y no permitirás que yo perezca.

Sondéame, Señor, prueba, examina
mis gustos, mis deseos, mis ideas,
penetra los secretos sentimientos,
que mi fiel corazón albergar pueda.

Me acuerdo de tu gran misericordia,
tampoco olvido tu verdad eterna,
y tu fidelidad en las palabras
es el objeto de mis complacencias.

Jamás favorecí a los pecadores,
por detestar sus vanidades necias,
y nunca buscaré de los inicuos
la funesta y fatal correspondencia.

Aborrezco el comercio de los malos,
su sociedad mi corazón detesta,
y jamás me verán tomar asiento
en sus abominables asambleas.

Antes bien buscaré la compañía
de los justos que te aman y respetan,
con ellos solo lavaré mis manos,
antes de presentarme a tu presencia.

Antes de entrar en tu lugar sagrado,
en que tu tabernáculo se sienta,
y rodearé el altar en que te adoran
con gozo, con amor y reverencia.

Para oír con consuelo y alegría
de tu alabanza las canciones tiernas,
y allí yo mismo cantaré en tu gloria
las admirables obras de tu diestra.

Enamorado estoy de la hermosura
de tu casa magnífica y excelsa,
de ese templo en que habitas majestuoso,
y en que toda tu gloria manifiestas.

Pero ¡ay Dios mío! tú que eres testigo
de que no he delinquido, no consientas,
que yo fallezca como los inicuos,
y que con ellos confundido sea.

Ni con los hombres duros, sanguinarios,
que religión no tienen ni conciencia,
y cuya mano al interés vendida
a toda iniquidad está dispuesta.

Tu sabes que yo siempre he caminado
por el camino real de la inocencia,
ten pues de mi piedad, y no permitas
que yo pase por suerte tan adversa.

También sabes que nunca me he alejado
de tu ley santa, y tu segura senda,
tenme pues compasión, y agradecido
cantare tu alabanza en tus Iglesias.

Del "Salterio Poético Español", Siglo xviii

Salmo completo. Este salmo se asocia y acopla con el anterior tanto en sus pensamientos como términos. El Salmo 25 concluye con una oración pidiendo integridad: *"Integridad y rectitud me guarden"*;[5] este comienza alardeando de ella: *"porque yo en mi integridad he andado"* (26:1).[6] A menos que lo veamos como una continuación del anterior, esta manera de comenzar sería de una vanagloria inadmisible; pero combinado con la admisión y reconocimiento penitencial del pecado, con fervientes súplicas implorando perdón y gracia, y la sólida convicción por fe de que Dios ha escuchado su oración, que contiene el salmo anterior; resulta evidente que las aseveraciones de integridad que hace

[5] Salmo 25:21.

[6] Como en el caso del Salmo anterior Kraus observa que: «no hay vestigio alguno de lamentación (ver Salmo 25, nota 3) […] Más bien, habrá que clasificar el Salmo 26 dentro del amplio marco de los cánticos de oración […] o apelación de una persona que es perseguida y acusada, a pesar de ser inocente […] Perseguido por los acusadores, el orante corre a refugiarse en el santuario, encuentra asilo en él, encarece su inocencia e invoca como juez justo a Yahvé».

aquí el salmista, no apelan en absoluto al mérito humano, sino que son un claro reconocimiento de la misericordia divina. Como dice San Agustín: *«Non merita mea, sed misericordia tua, qua me ad talem vitam perduxisti, ante oculos meos est»,* esto es: "no son mis propios méritos sino tu misericordia la que me ha conducido a esta vida; por tanto, es ella la que mantengo delante de mis ojos".[7]

CRISTOPHER WORDSWORTH [1807-1885]
"Commentary on the Whole Bible", 1856

Vers. 1. ***Júzgame, oh Jehová, porque yo en mi integridad he andado; he confiado asimismo en Jehová sin titubear.*** *[Júzgame, oh Jehová, porque yo en mi integridad he andado; he confiado asimismo en Jehová sin titubear.* RVR*] [Hazme justicia, oh Señor, porque yo en mi integridad he andado, y en el Señor he confiado sin titubear.* LBLA*] [Hazme justicia, oh YHVH, porque en mi integridad he andado, y en YHVH confié sin titubear.* BTX*] [Justicia Señor, pues he llevado una vida intachable; ¡en el Señor confío sin titubear!* NVI*] [Hazme justicia, Señor, pues camino con rectitud. En el Señor confío, jamás dudaré.* BLP*] [Declárame inocente, oh Señor, porque he actuado con integridad; he confiado en el Señor sin vacilar.* NTV*]*

Júzgame, oh Jehová.[8] Una apelación solemne ante el justo tribunal del Dios que escudriña los corazones,[9] justificada por las circunstancias peculiares del escritor en base a los delitos de los que considera se le acusa erróneamente. Hastiado de la injusticia de los hombres, el espíritu inocente rompe el cerco de sus calumniadores para volar hacia trono de la Justicia Eterna. Muy seguro había de estar de su razón y clara debía tener su causa como para atreverse a llevarla ante la Corte Suprema del cielo.[10] Un recurso de tal magnitud nunca debe hacerse precipitadamente o a la ligera; y jamás en relación a la totalidad de nuestras acciones y palabras, a menos que sea amparándonos en la justificación que tenemos en Cristo Jesús; para una criatura mortal y pecadora, resulta mucho más apropiada la petición: *"No entres en juicio con tu siervo".*[11]

---

[7] *"Enarrationes in Psalmos"* 3. Comentando versículos 2-3.

[8] En hebreo שָׁפְטֵנִי יְהוָה *šāpəṭênî Yahweh,* de שָׁפַט *shaphat,* "impartir justicia". Era la fórmula habitual de apelación con la que una persona acusada falsamente y perseguida invocaba a Dios implorando justicia. En los Salmos 7:8; 35:22-24 y 43:1 tenemos otros ejemplos evidentes. SCHÖKEL considera que uno de los ejemplos más claros de esta apelación de un inocente a Dios ante una falsa acusación lo tenemos en el Salmo 17: *"Oye, oh Jehová, una causa justa".*

[9] Salmo 139:23; Jeremías 17:10; Romanos 8:27.

[10] En el original *"to carry his suit into the King's Bench of heaven".* El tribunal del *"King's Bench",* (también llamado *"Queen's Bench"* en caso de que la regente fuera una mujer), fue creado a finales del siglo XII, y funcionaba como un tribunal de apelaciones para revisar juicios emitidos por tribunales inferiores, básicamente las emitidas por el *"Court of Common Pleas".* Su equivalente en España sería el Tribunal Supremo.

[11] Salmo 143:2. Dice TEODORO DE MOPSUESTIA [350-428]: «No debemos entender este *"Júzgame",* como hacen algunos comentaristas, en un sentido amplio y absoluto (conducta y méritos), porque en tal caso decir *"júzgame"* equivale a decir *"condéname".* [...] Lo que está diciendo es: vistas las actitudes y comportamiento de cuantos me rodean, "emite un veredicto favorable" o "falla a mi favor" [...] porque yo, aunque transgresor he actuado con inocencia: no he alterado mis intenciones de proceder rectamente ni he dudado un instante de la esperanza que tengo puesta en tu misericordia». Y AGUSTÍN DE HIPONA [354-430]: «¿Por qué razón pide algo tan arriesgado y peligroso como *"júzgame, oh, Señor"*? ¿Qué subyace tras esta solicitud de ser juzgado? Su deseo de no ser contado entre los malos. Algo que expresa aún más claramente en otro Salmo: *"Júzgame, oh Dios, y discierne mi causa de una gente no santa* (Salmo 42:1 Vulgata / 43:1). Aunque habite en medio de ellos: ¡distíngueme, Señor de ellos! Pues aunque transgresor como ellos,

Porque yo en mi integridad he andado.[12] David tenía la integridad como principio y andaba en ella como práctica, era su lema y la había practicado de manera cabal. No había empleado métodos solapados, traicioneros o injustos para hacerse con la corona ni para mantenerla; en su relación con Saúl y familia era consciente de haberse dejado guiar en todo momento por los principios más nobles del honor. ¡Que enorme consuelo proporciona contar con la aprobación de la propia conciencia! Si tenemos paz dentro del alma, las tormentas estrepitosas de la calumnia, que aúllan a nuestro alrededor, poco nos afectarán. Cuando el pajarillo que anida en mi seno entona alegre su canción, poco me importa que fuera ululen a mi alrededor un millar de lechuzas.

He confiado asimismo en Jehová. La fe es la raíz y la savia de la integridad; quién se apoya en el Señor está seguro de caminar en justicia. David sabía que Dios le había otorgado mediante pacto la corona, y por tanto, no estimó preciso recurrir a medios indirectos o ilegales para obtenerla; renunció a matar a su enemigo en la cueva,[13] y no consintió que sus hombres acabasen con él cuando dormía sin vigilancia en la llanura.[14] La fe obra poderosamente para el Señor, y en los caminos del Señor, pero a la hora de lograr sus objetivos se niega rotundamente a mover un solo dedo mediante planes y dispositivos cuestionables, propios de la astucia humana. Rebeca recurrió a la astucia y falsedad humanas con el fin, aparentemente bueno, de facilitar los planes del Señor en favor de Jacob: y le fue contado como incredulidad;[15] pero Abraham dejó paciente que el Señor ejecutara sus propios planes, y no dudo en empuñar el cuchillo para sacrificar incluso a su hijo: y le fue contado como fe.[16] La fe

---

yo he procedido de buena fe *"en mi integridad he andado y he confiado en ti sin titubear"*, y eso me hace distinto a ellos».

[12] Una afirmación tan contundente respecto a su propia conducta, al lado de unos términos tan duros y tajantes al enjuiciar la maldad y vileza de sus adversarios, podrían entenderse como un acto de vanagloria.

– CASIODORO [485-583] en sus *"Expositio Psalmorum"* rechaza esta posibilidad: «No hay aquí en la alegación de sus propias virtudes vanagloria ni arrogancia alguna, como tampoco pretensión de eludir la responsabilidad de sus propias transgresiones, ciertamente abominables; tan solo la justa petición de un siervo fiel de ser considerado aparte de otros comparativamente en una situación de impiedad extrema y separado de ellos para no compartir su misma suerte (26:9-10). No presume de andar en integridad por sus propias fuerzas, ni pide a Dios que lo juzgue porque se siente ufano de su conducta y seguro en base a sus propios méritos, sino porque confía en la misericordia de Dios para redimirle (26:11), como hace también el apóstol: *"Por lo demás, me está guardada la corona de justicia, la cual me dará el Señor, el juez justo, en aquel día; y no solo a mí, sino también a todos los que aman su venida"* (2 Timoteo 4:8). Es exclusivamente en este sentido que alega *"integridad"*, de su confianza en la misericordia del Señor para redimirle y que no le sean imputados sus pecados».

– SCHÖKEL comenta al respecto: «Creo que el conjunto del salmo templa esa primera impresión (de arrogancia o vanagloria). El orante confiesa su *"confianza"* en el Señor (26:1), cuenta con su *"lealtad y fidelidad"* (26:3), y pide *"redención y compasión"* (26:11). Es decir, su integridad no es prestación puramente humana. Por tanto, no es un acto de auto-glorificación, sino la necesidad de que su conciencia de honradez sea refrendada por la instancia suprema. Recordemos las palabras de Pablo, testigo de excepción en esta materia: *"Yo en muy poco tengo el ser enjuiciado por vosotros, o por tribunal humano; y ni aun yo me juzgo a mí mismo. Porque aunque de nada tengo mala conciencia, no por eso quedo absuelto; pues el que me enjuicia es el Señor"* (1 Corintios 4:3-4) […] el orante parece referirse a una honradez sustancial, libre de delitos graves, no afirma la total impecabilidad». [*Salmos, Tomo I, 1-72,* Ediorial Verbo Divino, Estella, Navarra, 1992].

[13] 1 Samuel 24:1-22.

[14] 1 Samuel 26:1-12.

[15] Génesis 27:1-29.

[16] Génesis 22:1-18.

confía siempre en Dios para llevar a cabo los propios designios divinos. ¿Por qué motivo he de robar cuando Dios ha prometido suplir mis necesidades? ¿Por qué razón debería buscar la manera de vengarme cuando sé que el Señor apoya y defiende mi causa? La confianza absoluta en Dios es el antídoto más eficaz contra el pecado.

Sin titubear. El camino es en extremo resbaladizo, tengo que andar por él como quien camina sobre el hielo, y sin embargo, la fe impide que mis pies se deslicen, y seguirá haciéndolo. Los atajos fáciles, pero turbios y dudosos de la política terrenal, acaban tarde o temprano haciendo rodar por el suelo a quienes los transitan; pero los caminos de la honestidad, aunque suelen ser mucho más empinados y agrestes, son siempre más seguros. No podemos confiar en Dios si andamos por caminos torcidos, o sea, usando medios turbios; pero los caminos rectos y la fe sencilla llevan al peregrino al término feliz de su jornada.

C. H. SPURGEON

Júzgame, oh Jehová, porque yo en mi integridad he andado. Una buena causa, una buena conciencia, y una buena conducta, son buenos motivos para recurrir en apelación a Dios.

INGRAM COBBIN [1777-1851]
"Condensed Commentary and Family Exposition of the Holy Bible", 1837

Júzgame, oh Señor. Nada hay más satisfactorio para la persona justa y recta que el saber que Dios tiene conocimiento de que es así. A los íntegros y sinceros poco les importa ser condenados por los hombres; saben que no va con ellos el condenar o aprobar nada, pues como dice el apóstol: *"no es aprobado el que se alaba a sí mismo, sino aquel a quien Dios alaba"*.[17] El testimonio de aprobación de los hombres o una carta de recomendación firmada por todos los habitantes del planeta, de poco nos va a servir a menos que Dios nos dé también su aprobado.

JOSEPH CARYL [1602-1673]

Júzgame, oh Señor. Como ejemplo de apelación al cielo podemos citar el del gran predicador de la Palabra George Whitefield: «Aunque algunos me consideren un charlatán o un exaltado, alguien interesado tan solo en trastornar sistemáticamente la mente de los demás, me tiene sin cuidado. Pueden cubrirme de improperios y lanzarme toda clase de invectivas, pues Cristo lo sabe todo, lo observa todo, y por tanto, en sus manos dejo mi causa para que sea él quien la defienda, porque es un Señor misericordioso; así lo ha sido para mí hasta ahora, y estoy seguro que seguirá siéndolo. La venganza es suya, él les pagará como corresponde».[18]

GEORGE WHITEFIELD [1714-1770]
En un sermón sobre Mateo 11:28, titulado:
"Christ the Only Rest for the Weary and Heavy-Laden".

Porque yo en mi integridad he andado. El término hebreo que utiliza aquí el salmista: בְּתֻמִּי *bəṯummî* de תֹּם *tom* o תָּמִים *tamim,* que traducimos como integridad, quiere decir sin mancha o sin

[17] 2 Corintios 10:18.
[18] Deuteronomio 32:35; Romanos 12:19.

defecto, la misma palabra que se utiliza para describir a los animales apropiados para el sacrificio: *"Si su ofrenda fuere holocausto vacuno, macho sin defecto lo ofrecerá"*.[19]

George Phillips [1804-1892]
"The Psalms in Hebrew with a Critical, Exegetical and Philological Commentary", 1846

Porque yo en mi integridad he andado. En el pronombre posesivo *"mi"* hay una fuerza especial a la debemos prestar la debida atención. El salmista da a entender que por encima de todas las artimañas de sus enemigos ha procedido siempre con rectitud, siguiendo en todo momento un curso previamente trazado, firme y uniforme.

William Wilson [1783-1873]
"The Book of Psalms: With an Exposition, Evangelical, Typical, and Prophetical, of the Christian Dispensation", 1860

Y en el Señor he confiado. La confianza en Dios es el secreto de la *"integridad"*, su fuente natural. Quien pone su esperanza en Dios no tiene necesidad de impulsar ni defender sus intereses mundanos faltando a sus deberes para con el prójimo: en todo tipo de situaciones adopta la firme determinación de no perder el favor de su Padre celestial violando sus mandamientos, y espera a que todo suceda impulsado *desde arriba*.

Erns Wilhelm Hengstenberg [1802-1869]
"Commentary on the Psalms", 1860

Sin titubear.[20] Una expresión sorprendente, absolutamente expresiva de la firme resolución del salmista y coherente con su lenguaje de seguridad en la protección divina y la mano de Dios sosteniéndole constantemente en su andar en integridad. No es, como leemos en la versión del *Libro de Oración Común: "Y no caeré"*, sino más bien: *"Y no vacilaré"*,[21] es decir, ni un solo paso en falso, ni un simple tropiezo, ni un tambaleo.[22]

Barton Bouchier [1794-1865]
"Manna in the heart or daily comments on the book of Psalms", 1855

Vers. 2. *Escudríñame, oh Jehová, y pruébame; examina mis íntimos pensamientos y mi corazón.* *[Escudríñame, oh Jehová, y pruébame; examina mis íntimos pensamientos y mi corazón.* RVR*] [Examíname, oh Señor, y pruébame; escudriña mi mente y mi corazón.* LBLA*] [Examíname, oh YHVH, y pruébame; escudriña mis riñones y mi corazón.* BTX*] [Examíname, Señor; ¡ponme a prue-*

[19] Levítico 1:3; 3:1.

[20] La versión griega de los LXX o Septuaginta lee la última parte del versículo como: καί ἐπί ὁ κύριος ἐλπίζω οὐ μή ἀσθενέω que la Vulgata traduce al latín como: *"et in Domino sperans non infirmabor"*, "y esperando en el Señor no seré debilitado".

[21] El comentario tiene que ver más bien con las diferencias de traducción entre el *"Book of Common Prayer"* de la Iglesia Anglicana, y la versión inglesa KJV: *"I shall not fall"*, dice el primero, y *"I shall not even slide"* traduce la KJV. Aunque la mayoría de nuestras versiones españolas traducen correctamente *"sin titubear"*, ayuda a entender el sentido.

[22] Dice al respecto Agustín de Hipona [354-430]: «Si hubiera puesto mi esperanza en algún hombre cabría la posibilidad de que este cayera arrastrado por el diablo. Toda esperanza cifrada en un ser humano está sujeta a los altos y bajos que este pueda tener: cuando él vacile vacilará mi esperanza, y si él cae caerá mi esperanza. Pero dado que tengo puesta mi esperanza en el Señor: *"no titubearé"*».

ba! purifica mis entrañas y mi corazón NVI*] [Señor, examíname, ponme a prueba, sondea mi conciencia y mis pensamientos.* BLP*] [Ponme a prueba, Señor, e interrógame; examina mis intenciones y mi corazón.* NTV*]*[23]

Escudríñame, oh Jehová, y pruébame;[24] *examina mis íntimos pensamientos y mi corazón.* Esta petición entraña tres vías distintas de examen o prueba, que en base al texto original podríamos describir como la prueba del tacto, la prueba del olfato, y la prueba del fuego.[25] El salmista se considera inocente de las acusaciones que pesan contra él, hasta tal punto, que se somete voluntariamente y de manera incondicional a cualquier tipo de examen que el Señor estime oportuno utilizar.[26]

Examíname, oh Señor. Mírame exhaustivamente; hazme un examen detallado; interrógame, sondea mis evidencias y constata la información.

Y pruébame. Sométeme a juicio, y confirma si acaso son ciertas las acusaciones de intencionalidad maligna y perversa que mis enemigos me imputan.

Examina mis riñones[27] *y mi corazón.* Evalúame en la misma manera que los metales preciosos son probados en el horno; examina todos los secretos ocultos en mi interior, allí donde los afectos tienen instalada su corte; y ve, o Dios mío, si es cierto o no que soy dado al homicidio, que amo la traición y el engaño. Una apelación extremadamente audaz, que hecha por un hombre como David, que temía a Jehová en gran manera, demuestra una convicción solemne de la más absoluta inocencia. La peculiaridad de las expresiones utilizadas en este pasaje debe enseñarnos la minuciosidad del juicio divino, y la necesidad de ser completamente sinceros en todo, no sea que finalmente seamos hallados en falta.[28] Nuestros enemigos son severos con nosotros con la severidad propia del odio y el rencor, y esta cualquier hombre valiente la afronta sin miedo; pero la severidad de Dios es la que dimana del derecho inmutable. ¿Y quién puede someterse a un examen de ese nivel? El dulce cantor de Israel se pregunta en otro pasaje: *"¿Quién puede resistir ante su frío?,*[29] y nosotros bien podemos preguntarnos: «¿Quién puede resistir ante el calor de su justicia?».

C. H. SPURGEON

---

[23] La versión griega de los LXX o Septuaginta lee la última parte del versículo como: πυρόω ὁ νεφρός ἐγώ καί ὁ καρδία ἐγώ que la Vulgata traduce como: *"ure renes meos et cor meo"*, "quema mis riñones y mi corazón".

[24] En hebreo בְּחָנֵנִי יְהוָה וְנַסֵּנִי *bəḥānênî Yahweh wənassênî.* SCHÖKEL indica que tan solo encontramos otro pasaje donde coincidan ambos verbos: בְּחָנֵנִי *bəḥānênî* de בָּחַן *bachan* y וְנַסֵּנִי *wənassênî* de נָסָה *nasah;* y es en el Salmo 95:9: אֲשֶׁר נִסּוּנִי אֲבוֹתֵיכֶם בְּחָנוּנִי *'ăšer nissūnî 'ăḇōwṯêḵem b-ḥānūnî; "cuando vuestros padres me tentaron, me probaron"*. El verbo נָסָה *nasah* significa "tentar, poner a prueba" (Deuteronomio 8:2).

[25] Parece ser que Spurgeon llega a esta deducción a partir de los tres verbos hebreos distintos que utiliza el salmista: בְּחָנֵנִי *bəḥānênî* de בָּחַן *bachan* con un sentido prioritario de prueba por tacto; וְנַסֵּנִי *wənassênî* de נָסָה *nasah,* que asume el sentido de prueba de olfato*;* y צָרְפָה *ṣārəpāh* de צָרַף *tsaraph* como prueba por fuego (Jeremías 6:29). Ver al respecto el comentario de Albert Barnes.

[26] Salmo 11:4-5; 17:3; 66:10; 139:23.

[27] Hemos traducido literalmente del original *"my reins"*, de acuerdo con el texto original hebreo כִלְיוֹתָי *ḵilyōwṯay,* "mis riñones", como hacen la KJV y la RVA. Ver al respecto los comentarios y notas a los Salmos 16:7; 73:21 y 139:13.

[28] Job 31:6; Daniel 5:27; 1 Corintios 9:27.

[29] Salmo 137:17.

Examíname, oh Señor, y pruébame; escudriña mi mente y mi corazón.[30] El Salmista usa aquí tres verbos distintos, aunque conexos entre sí: *"examiname", "escudriñame", y "pruebame".*[31] El propósito es abarcar todos los métodos posibles en que puede ser puesta a prueba la realidad de algo; y al incluirlos en su conjunto, demuestra su voluntad y deseo de se hiciera de su proceder la más concienzuda investigación, sin eludir ningún tipo de prueba.

ALBERT BARNES [1798–1870]
"Notes, critical, explanatory, and practical, on the book of Psalms", 1868

Examíname, escudríñame, pruébame. Así como el oro es purificado de la escoria por el fuego y brilla con mayor fulgor, así también la sinceridad del corazón y la simplicidad del verdadero cristiano se ven mejor y se hacen más evidentes en medio de las tribulaciones y la aflicción. En la prosperidad cualquiera puede pasar por piadoso, pero las aflicciones hacen salir del corazón lo que hay dentro verdaderamente, ya sea bueno o malo.[32]

ROBERT CAWDRAY [1538-1604]
"Treasury of Storehouse of Smiles", 1609

---

[30] Los comentaristas de los primeros siglos no ven en este *"Examíname, escudríñame y pruébame"* la más leve sombra de vanagloria, sino una petición humilde de ser escrutado exhaustivamente por Dios y corregido en todo cuanto sea preciso.

– CASIODORO [485-583]: «No dice *"escudríñame y pruébame"* con presunción sino con un sano anhelo de mejora; porque cuando Dios nos *"escudriña y prueba"* nos redarguye de pecado (Juan 16:8), nos hace recapacitar y nos ayuda a potenciar los beneficios del arrepentimiento».

– AGUSTÍN DE HIPONA [354-430]: «Escudríñame a fondo, oh Señor, para que ninguno de mis pecados secretos permanezca oculto; no a ti, para quien nada hay oculto, sino a mí mismo y a los que me rodean».

[31] En hebreo בְּחָנֵנִי *bəḥānênî* de בָּחַן *bachan*; וְנַסֵּנִי *wənassênî* de נָסָה *nasah;* y צָרְפָה *ṣārəpāh* de צָרַף *tsaraph.* Ver al respecto la nota 25.

[32] PEDRO ABELARDO [1079-1142], uno de los más insignes filósofos, teólogos y poetas de la Edad Media, en una de sus cartas a ELOÍSA [1092-1164], también filósofa y escritora, joven alumna, amante, y esposa de Abelardo, pero recluida en un convento, la consuela, fortalece e invita a la resignación citándole las palabras de este versículo *"Examíname, oh Señor, y pruébame"*: «Es como si el salmista dijera 'Señor, examina los límites de nuestra fortaleza, y ajusta a ella la carga a soportar' Oh Señor, tú que has sido causa de división y separación en este mundo (Mateo 10:34-36), haz que allá en el cielo seamos de nuevo una sola cosa en ti. Amén» ABELARDO y ELOÍSA encarnan probablemente la historia de un amor imposible más famosa de todos los tiempos sobre la que se han escrito numerosos libros, pintado cuadros y compuesto obras teatrales. Abelardo era un joven y talentoso discípulo de ANSELMO [1033-1109] que vivía en casa de Fulberto, canónigo de París; Eloísa una bella joven también de talento excepcional, sobrina de Fulberto, el cual accedió a que Abelardo se ocupara de su educación retórica y filosófica. Pero surgió el amor, se desencadenó la pasión y Eloísa quedó embarazada. Abelardo decidió raptarla y llevarla a casa de su hermana en Bretaña, donde dio a luz un niño y se casó en secreto con ella; pero cuando regresó a París, Fulberto lo esperaba para ejecutar su venganza y mandó que lo castraran. Eloísa desesperada ingresó en un convento y no volvieron a verse físicamente desde entonces. Abelardo, aunque rechazado para la vida monástica, se recluyó en vida austera, hizo construir un hermoso monasterio para Eloísa y sus monjas, y dedicó el resto de sus días al estudio. Ambos siguieron escribiéndose, manteniendo así su amor imposible hasta la muerte de Abelardo. Al morir también Eloísa fueron enterrados juntos con el siguiente epitafio: «*Aquí bajo la misma losa, descansan el fundador de este Monasterio: Pedro Abelardo y su primera Abadesa, Eloísa, unidos otro tiempo por el estudio, el talento, el amor, un himeneo* (casamiento) *desgraciado, y la penitencia. Confiamos que ahora estén juntos en felicidad eterna*».

Pruébame. La función de la conciencia en nuestro interior es la de *probarnos*. Dios ha puesto una luz dentro de nosotros y cuando esta luz es inflamada por la Palabra, ilumina nuestro pecho haciendo que irradie luz por doquier. La persona fiel y piadosa se deleita en que este proceso iluminador de la Palabra de Dios sea tierno y activo, que indique claramente cada servicio, y advierta en contra de todo pecado. Fijémonos en la eficacia y celeridad con la que funcionaba ese mecanismo en David, cuando se dice que: *"Su corazón le golpeaba"*,[33] y el apóstol Juan nos advierte diciendo: *"si nuestro corazón nos reprocha algo, mayor que nuestro corazón es Dios, y él conoce todas las cosas"*.[34] ¡Ay! Si en tu interior tú mismo te reprochas a ti mismo tu conducta pecaminosa en esto o aquello, piensa en cuanto más no lo ha de hacer Dios. Pon a prueba tu integridad: ¿estás dispuesto a tener una conciencia sensible y bien informada? ¿Te complace escuchar lo que la Palabra de Dios tiene que decirte sobre tu conducta? ¿Y te sientes cómodo tanto si lo aprueba como si lo desaprueba? Si experimentas rebeldía contra la luz de tu conciencia, si de buena gana arrancarías ese aguijón con el que te avisa y te alegrarías de no sentir su punzada en el interior de tu pecho, entonces, comienza a sospechar de ti mismo. Por desgracia, muchos que se entregan a los deseos y placeres de la carne, es porque esparcen una neblina brumosa entre su yo y su conciencia. Otros se hunden voluntariamente en la mundanalidad, esforzándose con denuedo para eclipsar esa luz interior interponiendo a ella los intereses terrenales, y así permanecer insensibles a sus destellos. Otros corren detrás de herejías destructoras, negando las Escrituras, Dios, el cielo, o el infierno; abogando por una salvación universal de todos los seres humanos. ¿Qué son todas estas cosas sino subterfugios de una mala conciencia? Es preciso que distingamos muy bien entre lo que procede de nuestra conciencia y lo que no son más que concupiscencias de nuestra carne; entre lo que procede de nuestra conciencia y lo que no son más que engaños y entelequias; entre una conciencia errónea y confundida, y una conciencia escrupulosa, bien informada y bien fundamentada. Y cuando hayamos llevado a cabo la distinción, seguir fielmente los dictados de nuestra conciencia, en tanto que ella siga a la Palabra.

Anthony Burgess [1600-1663]
"Spiritual refining: or A treatise of grace and assurance", 1644

Examina mis riñones y mi corazón. Los *"riñones"*, como centro neurálgico de las pasiones animales inferiores; el *"corazón"*, como receptáculo no solo de los afectos más elevados, sino también de la voluntad y la conciencia. El salmista está deseoso de que nada quede excluido, quiere someterse extensivamente a la llama purificadora del Gran Refinador para ser limpiado por entero de toda la escoria de auto-engaño.[35]

John James Stewart Perowne [1823-1904]
"Commentary on the Book of Psalms", 1864

Vers. 3. *Porque tu misericordia está delante de mis ojos, y ando en tu verdad.* *[Porque tu misericordia está delante de mis ojos, y ando en tu verdad.* RVR*] [Porque delante de mis ojos está tu misericordia y en tu verdad he andado.* LBLA*] [Porque tu misericordia está delante de mis ojos, y*

---

[33] 1 Samuel 24:5, RVR1970. LBLA traduce: *"la conciencia de David le remordía»*.

[34] 1 Juan 3.

[35] Agustín de Hipona [354-430] dice al respecto: «*"Quema mis riñones y mi corazón"* Aplica a mis pensamientos y placeres una purificación correctiva como por fuego. Para que deje de pensar en lo malo y de encontrar en ello deleite alguno. Purifica mis pensamientos (riñones) con el fuego de tu palabra; y mis placeres (corazón) con el fuego de tu espíritu: ese fuego del que *"nadie se libra de su calor"* (Salmo 19:6) y sobre el cual dice el propio Señor: *"Fuego vine a echar en la tierra; y ¡cómo deseo que se haya encendido ya!"* (Lucas 12:49)».

ando en tu verdad. BTX*] [Tu gran amor lo tengo presente, y siempre ando en tu verdad.* NVI*] [Ante mí tengo presente tu amor y con tu verdad recorro mi camino.* BLP*] [Pues siempre estoy consciente de tu amor inagotable, y he vivido de acuerdo con tu verdad.* NTV*]*

Porque tu misericordia está delante de mis ojos.[36] Una realidad a tener muy presente que la vez constituye una base de esperanza. La consciencia y buen sentido de las misericordias recibidas contagia positivismo en la mente de los fieles aún dentro del entorno más pesimista, aportando una visión más clara de las misericordias que están todavía por venir, no imaginarias, sino reales y efectivas. Amado lector, edifica tu morada sobre el fundamento firme de esta expresión que sabe a cielo: *tú misericordia.* ¿Acaso hay otra que la iguale, que la supere o que se pueda comparar? La bondad que el Señor muestra para con nosotros debe ser un condicionante en todas nuestras acciones; no estamos bajo la esclavitud de la ley, sino bajo las dulces limitaciones que nos impone la gracia, y que en realidad son más severas pero mucho más agradables. Los hombres pecan aún con la ley delante de sus ojos; pero el amor divino, cuando lo contemplamos con claridad, santifica nuestra conversación. Si no fuéramos tan olvidadizos respecto al camino de misericordia por el cual Dios camina hacia nosotros, seríamos más cuidadosos a la hora de andar nosotros hacia él por los caminos de la obediencia.

Y en tu verdad he andado. El salmista fue preservado del pecado por su certeza en la veracidad de la promesa de Dios, una verdad que se esforzó en creer y en imitar. De este versículo aprendemos que la experiencia práctica del amor divino es consecuencia del seguimiento práctico de la verdad divina; aquellos que descuidan la parte doctrinal o los aspectos prácticos de esa verdad no deben extrañarse si pierden el disfrute experimental de la misma. Hay quienes *hablan* mucho de la verdad, pero más que *hablar de ella* lo importante es *andar en ella.* Y muchos hacen promesas y votos de obrar bien en el futuro, pero sus resoluciones quedan en nada; pues tan solo la persona regenerada puede exclamar propiamente: *"en tu verdad he andado".*

C. H. SPURGEON

Porque tu misericordia está delante de mis ojos, y ando en tu verdad. Este versículo nos demuestra las consecuencias prácticas de la bondad divina. Siendo que lo primordial que recibimos de Dios es su divina naturaleza, al estar hechos a su imagen y semejanza,[37] las promesas de Dios albergadas en el

[36] En hebreo כִּֽי־חַסְדְּךָ לְנֶגֶד עֵינָי וְהִתְהַלַּכְתִּי בַּאֲמִתֶּךָ *kî-ḥasdəkā ləneḡeḏ 'ênāy wəhiṯhallaḵtî ba'ămitteḵā* de חֶסֶד *checed,* "misericordia o bondad del pacto"; y אֱמֶת *emeth,* "fidelidad, verdad". Sobre este versículo KRAUS formula una interesante reflexión: «Ahora bien, ¿cómo puede Yahvé ser חֶסֶד (bondad del pacto) *"delante de los ojos"* de alguien? ¿Qué idea subyace a todo esto? Podríamos aducir como pasaje paralelo un versículo del Salmo 16: *"A Jehová he puesto siempre delante de mí; porque está a mi diestra, no seré zarandeado"* (Salmo 16:8). La חֶסֶד *checed* "fidelidad clemente y bondadosa" de Yahvé al pacto ¿se manifiesta mediante una teofanía? ¿se refiere el orante a una manifestación del חֶסֶד *checed,* de Yahvé, que hubiera tenido lugar durante el culto? Pero caminar en la אֱמֶת *emeth,* "verdad" de Yahvé significa aquí ciertamente: vivir recibiendo las muestras constantes y fiables de la bondadosa fidelidad de Dios al pacto. El חֶסֶד *checed*, la "bondad" del pacto se experimenta en el acto de recibir la atención de Yahvé. La אֱמֶת *emeth*, "verdad", se muestra en la constancia y permanencia de la actitud clemente y bondadosa de Yahvé […] El salmo está impregnado de la viva certeza de que nada puede separarme de la bondad de Dios, que se muestra activa en el lugar de su presencia (Romanos 8:33-39). La comunidad del nuevo testamento recogerá y entenderá el salmo con la mira puesta en Jesucristo pero lo hará de tal manera que, en esta lucha por la justicia, no se suprima nada de la realidad concreta de esta vida». [*"Los Salmos, V. I"* Hans-Joachim Kraus; Ediciones Sígueme, Salamanca 1993].

[37] Génesis 1:26-27; 9:6; Efesios 4:24; Colosenses 3:10; Santiago 3:9.

alma son las vías de comunicación con él. Son la leche y miel de la Escritura, que no miman el viejo hombre, sino que actúan en apoyo de la nueva criatura;[38] no son almohadas para la pereza pecaminosa, antes bien nos impulsan a una santa diligencia. Las promesas de la gracia animan el alma al cumplimiento del deber, en tanto que contemplar la bondad del Señor, alienta nuestra sujeción a su gobierno.

TIMOTHY CRUSO [1657-1697]

"Twenty Four Sermons Preached at the Merchants Lecture at Pinners Hall", 1696

Vers. 3-4. Procurad por todos los medios que las personas con las cuales os relacionéis sean personas temerosas de Dios. El endemoniado gadareno del cual se nos habla en el evangelio,[39] se dice que no vivía en una casa, sino que moraba entre los sepulcros y conversaba con los cadáveres. Dios no tenderá jamás la mano al inicuo, como leemos en el libro de Job según la Vulgata,[40] ni tampoco debe hacerlo el hombre piadoso. David demuestra la sinceridad de su curso por el cuidado y diligencia con que evita estas compañías. Dios no alarga su mano a los malvados, como traduce la Vulgata el texto de Job 8:20, y tampoco debe hacerlo el creyente como hijo de Dios. David demuestra la sinceridad de su comportamiento, por su extremada precaución en evitar el contacto con los perversos: *"siempre ando en tu verdad; no me he sentado con los falsos, ni me junto con los hipócritas"* (26:3-4).

La *"verdad"*, en este caso, tiene una doble aplicación:

1. *La verdad doctrinal. "Tu ley es verdad"*,[41] libre de toda escoria de corrupción y mentira de error.
2. *La verdad afectiva*, o *"la verdad en lo más íntimo"*.[42] Esta puede ser llamada propiamente *"tu verdad"*, o la verdad de Dios, aunque el hombre sea el sujeto o depositario de la misma; en parte porque procede de Dios, y en parte porque le es agradable, razón por la cual un espíritu quebrantado es llamado *"sacrificio para Dios"*.[43] Es como si el salmista dijera: Jamás hubiera podido andar en el poder de la fe y en integridad, si hubiera tomado parte en empresas viles, falsas y frívolas; jamás hubiera podido andar en tus preceptos si me hubiera *"sentado con hombres falsos e hipócritas"*.

Prestemos especial atención a esta frase: *"No tomo asiento con los falsos"*.

1. *Sentarse es una postura de elección.* Entra en la libertad del hombre el permanecer de pie observando algo, o sentarse y tomar parte en ello.
2. *Sentarse es una postura de deleite.* Nos sentamos por comodidad y lo hacemos con placer. Por ello se dice de los que son glorificados que Dios *"nos hizo sentar en los lugares celestiales con Cristo Jesús"*.[44]

[38] 2 Corintios 5:17; Efesios 4:22-24; Colosenses 3:9-10; Gálatas 5:16-18;

[39] Lucas 8:26.39.

[40] Job 8:20. En la Vulgata: *"nec porriget manun malignis"*, "ni alargará la mano a los malvados". La BLP traduce: *"ni tiende la mano al malvado"*.

[41] Salmo 119:142.

[42] Salmo 51:6.

[43] Salmo 51:17.

[44] Efesios 2:6.

3. *Sentarse es una postura de participación y permanencia.*[45] Estar de pie es una postura de tránsito, pero sentarse de quedarse. De los benditos que estarán para siempre con el Señor y sus elegidos, se dice que *"se sentarán con Abraham e Isaac y Jacob en el reino de los cielos"*.[46]

En ninguno de estos sentidos estaba David dispuesto a *sentarse con los falsos*. Puede que, en ocasiones le fuera necesario relacionarse con ellos, pero jamás se atrevió a asociarse con ellos ni participar en sus proyectos. Al no ser objeto de su afecto no podían ser objeto de su elección. *"Aborrezco la compañía de los malvados"*, exclama (6:5). En la medida en que sentarse es una postura de deleite y complacencia, no se sentó con los frívolos ni los falsos. Ocasionalmente, tenía que estar entre ellos, pero no para su solaz sino para su tristeza. Para él, eran más bien como a los cananeos para los hijos de Israel, *"aguijones en vuestros ojos y por espinas en vuestros costados"*[47] y exclamaba: *!Ay de mí, que moro en Mesec, y habito entre las tiendas de Cedar!"*.[48] Permanecer entre profanos le causaba ninguna alegría, le era motivo de dolor.

GEORGE SWINNOCK [1627-1673]
"The Christian Man's Calling", 1665

Vers. 4. ***No me he sentado con hombres hipócritas, ni entré con los que andan simuladamente.*** *[No me he sentado con hombres hipócritas, ni entré con los que andan simuladamente.* RVR*] [Con los falsos no me he sentado, ni con los hipócritas iré.* LBLA*] [No me he sentado con hombres falsos, ni ando con hipócritas.* BTX*] [Yo no convivo con los mentirosos, ni me junto con los hipócritas.* NVI*] [No tomo asiento con los falsos ni me alío con los hipócritas.* BLP*] [No paso tiempo con mentirosos ni ando con hipócritas.* NTV*]*[49]

[45] 2 Reyes 3:6; 7:3; Salmo 110:1; Miqueas 4:4; Zacarías 6:13.
[46] Mateo 8:11.
[47] Números 33:55.
[48] Salmo 120:5.
[49] La versión griega de los LXX o Septuaginta lee: οὐ καταΐζω μετά συνέδριον ματαιότης que la Vulgata traduce al latín como: *"Non sedi cum concilio vanitatis"*, "no me senté en asamblea de vanidad". Sobre esto comentaron los Padres de la Iglesia:

– AGUSTÍN DE HIPONA [354-430]: «¿Qué quiere decir con esto de *"no me he sentado en asamblea de vanidad*"? Que no puso su corazón en ella. Porque es posible sentarse en una asamblea sin estar presente. Digamos a modo de ejemplo, que renuncias a ocupar un asiento en el circo porque sabes que habrá escenas impropias de un cristiano; pero luego piensas en esas escenas y te recreas en ellas; en tal caso, aunque no estés presente físicamente tu corazón está sentado allí. Y puede suceder también a la inversa, que movido por el amor cristiano un creyente decida rescatar a un gladiador y acuda al circo con este propósito; que ocupe una localidad y espere a que todo termine para llevar a cabo su objetivo; la tal persona habrá ocupado físicamente un asiento en la "asamblea de vanidad", pero su corazón jamás ha estado sentado allí».

– CASIODORO [485-583]: «*"No me senté en asamblea de vanidad"*, es decir, no tomé parte en ella, no participé en las deliberaciones de los inicuos ni refrendé sus planes. Porque puede darse el caso de que una persona santa se vea en la obligación de asistir a una asamblea de inicuos en la cual se hagan propuestas impropias o vanas; pero eso no implica que tome parte en las conspiraciones, las apruebe, y menos aún que se deleite en ellas, al contrario, puede que se oponga a ellas rechazando toda actividad perversa. Por ello, después de haber dejado claro que no se *"ha sentado"* con los inicuos, añade *"y no me entremetí con los que tratan cosas injustas"*. Evitó en primer lugar cualquier trato con ellos, y si por alguna razón tuvo que tenerlo, se negó a tomar parte en sus acciones perversas. Esto es lo que significa *"no me entremetí"*, pues entremeterse en algo significa participar deliberadamente en esa actividad, en este caso, ajena a los principios morales de una persona santa».

Con los falsos no me he sentado, ni con los hipócritas iré.[50] Lejos de ser él mismo un ofensor directo de las leyes de Dios y haberlas quebrantado, el salmista ni aún se había relacionado con los proclives al mal; se había mantenido completamente al margen de los hijos de Belial.[51] «Dime con quién andas y te diré quién eres»,[52] por tanto, si podemos afirmar que nos hemos mantenido al margen de los malvados, siempre será una evidencia a nuestro favor en caso de que nuestro carácter e integridad se vean cuestionados. El que puede demostrar que jamás ha pisado el granero es poco probable que sea quién robó el trigo. Y quién nunca se hizo a la mar no puede ser el responsable de que el navío se hundiera.

Con los falsos no me he sentado. Los ciudadanos honrados no tratan con traidores. David no tenía sillón asignado en el parlamento de los falsos y desleales; no eran sus animados compañeros de cenas y francachelas, no formaban parte de su Consejo privado, es más, ni tan siquiera entablaba con ellos conversación. Vivimos en un mundo frívolo y nos vemos en la necesidad de hablar y tratar con quienes lo habitan, pero en modo alguno debemos integrarnos en su sociedad, participar de ella y recrearnos en ella. No solo los falsos e hipócritas, sino incluso al hombre de palabra soez debemos evitar. Cuantos tengan como única prioridad las cosas materiales de esta vida, son personas frívolas, superficiales, vacías de contenido moral y espiritual, por tanto, indignas de la amistad de un cristiano. Siendo que la falsedad y la mentira van siempre de la mano, nos conviene evitar a cuantos la practican, no vaya a darse el caso de que viéndonos arrastrados a tolerarla vayamos de mal en peor y acabemos incluso admirando a los impíos.

Ni con los hipócritas iré.[53] El salmista redacta esta cláusula en tiempo futuro para indicar que no sentía el menor deseo de trabar amistad con los personajes que había descrito y cuya relación había evitado hasta este momento. Consciente de que la piedad hipócrita es iniquidad por partida doble, decide interrumpir todo contacto con los farsantes y los impostores. Y si por alguna razón se ve en la necesidad de andar con ellos por la misma calle, evitará entrar por la misma puerta y pasar tiempo en su compañía. La congregación de los hipócritas no es grupo cuya comunión nos interese cultivar: su tertulia póstuma tendrá lugar en el pozo más profundo del infierno, así que, ¡apartémonos de ella cuanto antes mejor! Pues cuelgan sus logros nefastos cual perlas alrededor de sus cuellos y llevan el diablo en sus corazones. Debemos mantener nuestro camino apartado de ellos, y con más ahínco y

---

[50] En hebreo מְתֵי־שָׁוְא *matê-šāw,* "persona falsa, engañador" (Job 11:11); y נַעֲלָמִים *na'ălāmîm* de עָלַם *alam,* "oculto, escondido". Kraus lo traduce como: *"No me senté junto a los engañadores y no me asocié con los alevosos"*, y con respecto a esta última palabra comenta «podríamos pensar en hechiceros en tenebrosas manipulaciones como las que se condenan en Deuteronomio18:9-13». Por su parte Schökel ve también la posibilidad de una interpretación inversa: el intento por parte del hombre de ocultarse de Dios (Isaías 29:15). Sobre las diferencias en los tiempos verbales entre la primera y segunda cláusulas ver nota 53.

[51] En hebreo בְּנֵי־בְלִיַּעַל *bənê-ḇəlîya'al* utilizada en Deuteronomio 13:13; Jueces 19:22; 20:13; 1 Samuel 1:16; 2:12; 10:27; 30:22; 2 Samuel 16:7; 20:1; 1 Reyes 20:10,13; 2 Crónicas 13:7; y que la KJV traduce como: *"sons of Belial"* o *"children of Belial"* según el caso. Nuestras versiones españolas suelen traducirlo como: *"hombres impíos"; "hombres perversos"*, etc. según el caso. Ver también 2 Corintios 6:15.

[52] El original dice literalmente: *"A man is known by his company"*, que hemos sustituido por el antiguo refrán castellano por considerarlo en este sentido más expresivo.

[53] En hebreo אָבוֹא *'āḇōw* de בּוֹא *bo,* "ir, entrar, juntarse con, compartir." Hemos traducido el verbo en futuro, como hacen la KJV: *"Neither will I go in with dissemblers"*, y LBLA: *"ni con los hipócritas iré"*. La Reina-Valera y otras versiones lo traducen en pasado. Sobre las diferencias en los tiempos verbales en los versículos cuatro y cinco (26:4-5) Kraus hace esta interesante observación: «Es curioso el empleo de los tiempos en los v. 4.5. En el primer hemistiquio hay siempre un tiempo perfecto, y en el segundo hemistiquio, un tiempo imperfecto. Estos cambios de tiempo verbal ponen de relieve el hecho de que las afirmaciones son válidas para todos los tiempos». [*"Los Salmos, V. I"* Hans-Joachim Kraus; Ediciones Sígueme, Salamanca 1993]

circunspección en la medida en que vemos que el gran día de la redención se acerca.[54] Los que hemos sido transfigurados con Jesús,[55] no debemos desfigurarnos por la conformidad con el mundo.[56] La resolución firme del salmista sugiere que en el tema de la hipocresía debemos distinguir incluso entre los mismos seguidores profesos de la verdad, pues no solo hay falsos y traidores fuera de la iglesia, los hipócritas abundan también dentro de ella, y de ambos debemos protegernos, evitándolos escrupulosamente y con decisión.

C. H. SPURGEON

Con los falsos no me he sentado. Mantener relaciones con el mundo por motivos comerciales, comprar y vender, es algo natural y necesario; de lo contrario, como dice el apóstol: *"tendríais que salir del mundo"*.[57] A lo que nos amonesta es a no elegir deliberadamente la compañía de impíos: *"os escribí que no anduvierais en compañía de ninguno que, llamándose hermano, es una persona inmoral, o avaro, o idólatra, o difamador, o borracho, o estafador"*;[58] a no trabar amistad con ellos. ¿Qué hacen las palomas de Cristo entre las aves de presa? ¿Qué tienen que ver las vírgenes con las rameras?[59] La compañía de los malos contamina; es como pasearse entre los infectados por la peste. *"Se mezclaron con los gentiles y aprendieron sus costumbres"*.[60] Si colocas una armadura limpia y reluciente tocando otra oxidada, la bruñida no hará brillante a la herrumbrosa, sino que la corroída echará a perder a la brillante. El Faraón enseñó a José a blasfemar,[61] pero José no enseñó a orar al Faraón.

THOMAS WATSON [1620-1686]

"A Body of Practical Divinity in a Series of Sermons on the Shorter Catechism", 1859

Ni entré con los que andan simuladamente. La versión caldea traduce: *"No iré con aquellos que se ocultan para obrar el mal"*. La maldad no es sincera y ama la ocultación, mientras que la verdad y la justicia están siempre abiertas y buscan escrutinio. *Porque todo aquel que obra el mal, aborrece la luz y no viene a la luz, para que sus obras no sean redargüidas. Pero el que practica la verdad viene a la luz, para que sean manifiestas sus obras, que han sido hechas según Dios"*.[62] *"Está aguardando la noche diciendo: No me verá nadie; y esconde su rostro con un velo. En las tinieblas minan las casas que de día para sí señalaron; no conocen la luz, porque la mañana es para todos ellos como sombra de muerte; ya que están acostumbrados a la oscuridad"*.[63] Nadie puede negar que la persona sincera tiene muchos menos problemas en su relación con los demás que la engañosa y tortuosa. El justo

---

[54] Efesios 4:30.

[55] 2 Corintios 3:18. El verbo griego que utiliza el apóstol en este versículo es μεταμορφόω *metamorphóō,* el mismo empleado por Mateo para decir que Jesús και μετεμορφωθη εμπροσθεν αυτων *"se transfiguró delante de ellos"* (Mateo 17:2).

[56] Romanos 12:2-4.

[57] 1 Corintios 5:10.

[58] 1 Corintios 5:11.

[59] 1 Corintios 6:15-17.

[60] Salmo 106:35.

[61] Entendemos que no se puede aplicar este *"El Faraón enseñó a José a blasfemar"* directamente al patriarca José a título personal, puesto que el texto bíblico no corrobora que fuera así en absoluto. Hay que entenderlo como figura de lenguaje, una sinécdoque, en sentido genérico y simbólico aplicado a sus descendientes, a los israelitas, que como expresa el citado Salmo 106:35 sí se contaminaron después de su muerte de las costumbres paganas de los egipcios.

[62] Juan 3:20-21.

[63] Job 24: 13-17.

rehúye la compañía de los malos tanto por el *pecado* como por lo miserable de sus procedimientos y acciones.

WILLIAM SWAN PLUMER [1802-1880]
"Studies on the Book of Psalms", 1867

Los que andan simuladamente. El hipócrita tiene mucho de ángel por fuera, pero más aún de diablo por dentro. Es ardiente en palabras, pero frío en obras; habla por los codos, pero hace el bien a migajas. Es un estercolero hediondo recubierto de nieve; un molino que gira sin parar pero no muele nada; una gallina que mucho cacarea, pero no pone huevos.

THOMAS ADAMS [1583-1653]
En un sermón titulado *"The Soul's Sickness: A Discourse, Divine, Moral, and Physical"*, 1615

Vers. 4-5. De igual modo que las manzanas podridas corrompen a las sanas que están en contacto con ellas, así también las perversiones y malas costumbres de los impíos infectan a quienes frecuentan su compañía.

ROBERT CAWDRAY [1538-1604]
"Treasury of Storehouse of Smiles", 1609

Vers. 4, 5. «Es muy difícil, prácticamente un milagro, el guardar los mandamientos de Dios y a la vez frecuentar malas compañías».[64] ¡Con qué rapidez tan asombrosa pierde el alma la comunión, ese calor y fervor espiritual que mantenía en privado, y se enfría súbitamente tan pronto entra en contacto con el aire frío y corrupto del mundo! Cuando un cristiano que se ha embelesado privadamente con el amor de Dios y el gozo del cielo, entra a continuación en contacto con otras personas que ni quieren ni pueden hablar una sola palabra del tema, se frustra, y su fervor se apaga. En un ambiente así el Espíritu de Dios se asfixia en su interior y finalmente se extingue. ¿O acaso no es cierto lo que alguien afirmó tan acertadamente de que: «el pueblo de Dios se ve más negativamente afectado, y pierde, por lo general, mucho más por su relación con personas de conducta intachable ante los ojos del mundo, de conversación impecable desde un punto de vista profano, pero vacía de todo sentido espiritual; que de lo que suele verse afectado por su contacto con personas netamente impías y perversas»?

LEWIS STUCKLEY [1621-1687]
"'The Gospel Glass - Part v, Chapter xxxi", 1667

Vers. 4-5, 9. Quien no quiera vivir rodeado de pecadores en el mundo venidero, debe tomar buena cura de no frecuentar su compañía en este. Pues a quienes la patrulla de guardia encuentre deambulando en compañía de vagabundos, es probable que sean enviados junto con ellos a un centro de corrección penitenciaria. «Señor, –exclamó una buena mujer en su lecho de muerte expresando sus dudas acerca de su salvación– no me mandes al infierno entre hombres malvados, pues tú sabes que a lo largo de toda mi vida jamás amé su compañía». David menosprecia su destino futuro sobre las mismas bases, y lo utiliza de argumento como muestra de su sinceridad: *"Con los falsos no me he sentado, ni con los hipócritas iré. Aborrezco la reunión de los malhechores, y no me sentaré con*

[64] La frase es de GEORGE SWINNOCK [1627-1673] y viene citada de nuevo en "El Tesoro de David" en el comentario del propio Swinnock al Salmo 119:115: *"Apartaos de mí, malignos, pues yo guardaré los mandamientos de mi Dios"*. Ver Josué 24:15; Mateo 4:10.

los impíos... No juntes mi alma con pecadores, ni mi vida con hombres sanguinarios" (26:4-5, 9). Señor, ¿he aborrecido a los malvados hasta el punto de rehusar sentarme con ellos ni aún por un rato, y voy a morar con ellos para siempre? ¿He evitado su compañía corrupta es esta tierra para no contaminarme, y vas a juntar mi alma con la de contagiosos en el fuego inextinguible del infierno? Señor, tú sabes que más que complacerme he detestado siempre la asamblea de los malvados. *¿No odio a los que te aborrecen, Señor? ... Los aborrezco con el más profundo odio.*[65] ¿Y tratarás a tus amigos por el mismo rasero que a tus enemigos? Apelo a tu Majestad como testigo de que mi mayor consuelo en este mundo es estar entre tus elegidos. Y siendo que mi único regocijo es permanecer aquí en la tierra entre tus hijos, ¿vas a excluirme de su compañía en el mundo venidero? *¡Oh, no juntes mi alma con pecadores* en el lagar de tu ira eterna![66] Marción,[67] el hereje, viendo a Policarpo,[68] se asombró de que este no lo reconociera y le saludara cariñosamente y exclamó: «¿No me reconoces, Policarpo?» Sí, respondió Policarpo: *"Scio te esse primogenitum diaboli"*[69] (Te reconozco, pero como el primogénito del diablo), y así le mostró su desprecio.

George Swinnock [1627-1673]
"The Christian Man's Calling", 1665

Vers. 5. ***Aborrecí la reunión de los malignos, y con los impíos nunca me senté.*** *[Aborrecí la reunión de los malignos, y con los impíos nunca me senté.* RVR*] [Aborrezco la reunión de los malhechores, y no me sentaré con los impíos.* LBLA*] [Aborrezco la congregación de los malignos, y no me sentaré con los inicuos.* BTX*] [Aborrezco la compañía de los malvados; no cultivo la amistad de los perversos.* NVI*] [Detesto la asamblea de los malvados y no me siento con los perversos.* BLP*]*

---

[65] Salmo 139:21-22.

[66] Isaías 63:3-4.

[67] Se refiere a Marción de Sinope [85-160], rico naviero y filósofo griego convertido al cristianismo. Influido por las ideas de los gnósticos, forjó una nueva manera de entender el cristianismo que se conoce como herejía marcionita, que consistente en una dualidad de dioses: un Dios bueno, el que se nos revela en el Nuevo Testamento y un Dios justo, que se nos revela en el Antiguo Testamento. El Dios justo del A.T. (de categoría inferior al Dios bueno del N.T.) es el creador y dueño del mundo, un Dios sangriento y vengativo, responsable de los males y las guerras que no guarda relación con el Dios bueno del N.T., el "Padre celestial" revelado por Cristo. Por tanto, rechazó por completo todo lo que tenía que ver con el A.T., afirmando que al Antiguo Testamento se le contrapone la venida de Jesucristo, que ha sustituido la ley del Dios justo por el amor del Dios bueno liberando las almas de los hombres de sus garras. Aún del Nuevo Testamento suprimió todo lo que consideraba judaizante quedándose tan solo con el Evangelio de Lucas y las Cartas de Pablo. Sus ideas fueron una de las herejías más peligrosas y poderosas a las que se enfrentó el cristianismo primitivo por lo que las ideas de Marción (que fue excomulgado) fueron rebatidas con contundencia por todos los Padres y escritores cristianos de los primeros siglos. Ireneo de Lyon [126-190] afirma tajante: «Marción ha difundido la más atrevida blasfemia contra Aquel que la ley y los profetas proclaman como Dios, acusándole de ser el autor de todos los males, que se deleita en guerras, que sus propósitos son cuestionables y que se contradice a sí mismo..." (Ver las obras de Ireneo de Lyon publicadas por CLIE: "Contra las herejías", 1:27,2.

[68] Se refiere a Policarpo de Esmirna [c.70-155] obispo de Esmirna y uno de los Padres de la Iglesia. Mantuvo contacto con el Apóstol Juan de cuyas manos dice la tradición recibió directamente el ministerio episcopal. Se sabe poco de su vida fuera de las menciones que hacen de él Ireneo de Lyon [126-190] (que fue discípulo suyo) e Ignacio de Antioquía [siglo ii] en sus escritos. Escribió una carta a los Filipenses. Murió mártir en la hoguera.

[69] "Epístola de la Iglesia de Esmirna a la de Filomelium" (manuscrito de Moscú) "Los Padres Apostólicos", por J. B. Lightfoot. Editorial CLIE.

[No tomo asiento con los falsos ni me alío con los hipócritas. BLP*] [Detesto las reuniones de los que hacen el mal y me niego a juntarme con los perversos.* NTV*]*[70]

Aborrezco la reunión de los malhechores, y no me sentaré con los impíos. Una afirmación grave, pero no en exceso. Quién no odia el mal con todas sus fuerzas, no ama el bien de todo corazón. Debemos amar a todos los seres humanos como a tales, porque son nuestros semejantes, y por tanto, debemos amarles como a nosotros mismos;[71] pero los malignos son traidores a la gran rey, y ningún súbdito leal puede amar a los traidores. Aquello que Dios aborrece hemos de aborrecerlo nosotros. La expresión: *asamblea o reunión de los malignos,*[72] significa alianza de hombres violentos y cónclave por el derrocamiento de los inocentes; tales sinagogas de Satanás[73] hemos de aborrecerlas. Que reflexión tan triste que deba haber una asamblea de los malignos, así como hay una congregación de los justos;[74] una iglesia de Satanás, junto con la Iglesia de Dios; una simiente de la serpiente, al lado de la simiente de la mujer;[75] una trasnochada Babilonia,[76] con la nueva Jerusalén;[77] una gran ramera que se sienta sobre muchas aguas para ser juzgada con cólera,[78] junto con la esposa casta del Cordero para ser coronada en su venida.[79]

Y no me sentaré con los impíos. Los santos tienen su asiento asignado en otra mesa, y jamás abandonaran los manjares del Rey[80] por las cáscaras de algarroba que engullen los cerdos en la pocilga.[81] Mejor es sentarse con los cojos y los ciegos en la mesa del banquete de la misericordia,[82] que con los malvados en sus fiestas espléndidas de impiedad,[83] sí, mejor sentarse en el estercolero con Job[84] que con Faraón en su trono. Que cada lector elija cuidadosamente sus compañías, porque las amistades que tengas en este mundo, es probable que las mantengas en el mundo venidero.

C. H. Spurgeon

Aborrecí la reunión de los malignos. El odio del salmista hacia los enemigos de Dios, en tanto que enemigos de Dios, es intenso según leemos en otro salmo: *"los aborrezco con el más profundo odio"*,[85] y marcadamente opuesto a la permisividad e indiferencia que prolifera en nuestros días. Siempre fue una característica de los siervos del Señor en tiempos antiguos. Recordemos el caso de Fineés que: *"le fue contado por justicia de generación en generación para siempre"*;[86] el de Samuel

---

[70] La versión griega de los LXX o Septuaginta lee: μισέω ἐκκλησία πονηρεύομαι que la Vulgata traduce al latín como: *"Odivi Ecclesiam malignantium"*, "aborrezco la congregación de los malignos".
[71] Levítico 19:18; Mateo 22:39: Lucas 10:27.
[72] En hebreo קְהַל מְרֵעִים *qəhal mərê'îm* de קָהָל *qahal,* "asamblea", y רָעַע *ra'a'*, "obrar maldad".
[73] Apocalipsis 2:9; 3:9.
[74] Salmo 1:5; 111:1.
[75] Génesis 3:15.
[76] Apocalipsis 17:5; 18:1-24.
[77] Apocalipsis 21:2.
[78] Apocalipsis 17:1.
[79] Apocalipsis 19:7-9; 21:9-11.
[80] Génesis 49:20.
[81] Lucas 15:16.
[82] Lucas 14:21-24.
[83] Lucas 16:19.
[84] Job 2:8.
[85] Salmo 139:22.
[86] Números 25:1-13; Salmo 106:31.

con Agag;[87] o de Elías con los profetas de Baal.[88] Y fijémonos en el elogio del ángel a la iglesia de Éfeso: *"y que no puedes soportar a los malos"*.[89]

JOHN MASON NEALE [1818-1866]
"Commentary on the Psalms from Primitive and Mediæval Writers", 1869

Aborrecí la reunión de los malignos. Les consideramos enemigos de Dios, y en este sentido es que los odiamos; no a ellos como personas, sino sus vicios; pues este tipo de odio, tal y como Agustín lo define es: *"odium perfectum"*, un odio perfecto.[90] Y de hecho es el odio que Dios siente hacia sus enemigos: *"porque la ira de Dios se revela desde el cielo contra toda impiedad e injusticia de los hombres que detienen con injusticia la verdad"*;[91] no contra sus personas, que son hechura suya y llevan en este sentido su imagen, aunque muy desfigurada; pero sí contra sus acciones de injusticia y de impiedad, que les hacen detestables y aborrecibles ante Dios. En esto consiste precisamente el triunfo de los santos de Dios sobre los malvados; como el de Israel sobre Faraón[92] y de los Galaaditas de Jefté sobre los hijos de Amón;[93] no regocijándose en la destrucción de las criaturas de Dios, sino de los enemigos de Dios; y deseando con Deborah y Barak: *"Así perezcan todos tus enemigos, oh Jehová"*.[94] Esto no es más que aplaudir el juicio de Dios, y celebrar de su justicia.

EDWARD MARBURY [1581-1655]
"A brief commentarie or exposition upon the prophecy of Obadiah", 1649

Aborrecí la reunión de los malignos. Considerando que no puede haber una verdadera amistad entre un santo y un impío; nos corresponde ser muy cautelosos en la elección de nuestras amistades. Quién en la disensión tuvo buen ojo para desenmascarar al traidor, en la amistad lo tendrá para la virtud. Dijo un sabio filósofo que: «La amistad es una sola alma habitando en dos cuerpos».[95] Pero, ¿cómo pueden dos cuerpos compartir una misma alma cuando a veces son tan diferentes como el aire y la tierra, o tan opuestos como el fuego y el agua? Todo amor verdadero es: *"motus animi ad fruendum Deo propter ipsum; se et proximo propter Deum"* (un movimiento del alma hacia el disfrute de Dios por lo que él es, y hacia su prójimo por amor a lo que Dios es); de modo que el hombre que no ama verdaderamente a su Hacedor jamás puede amar propiamente a su prójimo. Dios es la única base sólida sobre la cual podemos construir una amistad verdadera; por tanto, aquellos que viven sin él, no pueden amarnos en él. Un edificio mal cimentado, sin fundamentos, no permanece en pie por mucho tiempo. El impío podrá decirnos que lo que siente es amor, pero incluso los paganos reconocen que la única mano capaz de trenzar las cuerdas de un verdadero amor es la virtud; todo lo demás es hipocresía.

GEORGE SWINNOCK [1627-1673]
"The Christian Man's Calling", 1665

---

[87] 1 Samuel 15:32-33.

[88] 1 Reyes 20:20-40.

[89] Apocalipsis 2:2.

[90] AGUSTÍN DE HIPONA [354-430] llama *"odium perfectum"* a "amar la naturaleza y aborrecer la culpa", como hacia David: *"Iniquitates odit, non naturam; hoc est perfectum odium". De Civitate Dei Liber XIV.*

[91] Romanos 1:18.

[92] Éxodo 14:27-31.

[93] Jueces 11:32-33.

[94] Jueces 5:31.

[95] Frase de autor desconocido: «La amistad es un alma que habita en dos cuerpos; un corazón que habita en dos almas, una obra maestra a dúo». Se atribuye mayoritariamente a ARISTÓTELES [384-322 a.C.], aunque algunos la citan como de DIÓGENES DE SÍNOPE [212-323 a.C.] y también hay quién la pone en boca de TITO MARCO PLAUTO [254-184 a.C.].

Aborrecí la reunión de los malignos. Dondequiera que encontremos gentes que adoran a Dios en espíritu y en verdad, fieles a su Palabra, podemos estar seguros que allí está la Iglesia de Cristo, a la que debemos asociarnos con el mismo deseo, que tenía el profeta David, de alabar a Dios en medio de su iglesia.[96] Pero cuando contemplamos como por la maldad acumulada a lo largo de los tiempos, se han ido forjando iglesias con una fe falsificada, cuyas enseñanzas se apartan de la Palabra de Dios, entonces, cuando se nos obliga a participar en ellas, no nos queda otra salida que exclamar nuevamente con David:*" Aborrecí la reunión de los malignos, y con los impíos nunca me senté"*. En el libro de Apocalipsis leemos que la iglesia de Éfeso es particularmente elogiada por haber *"probado a los que dicen ser apóstoles, y no lo son"*[97] y haberse negado, en consecuencia, a seguir sus mandatos y permanecer en su compañía. Y Dios ordenó a su pueblo, por boca del profeta Amós: *"no busquéis a Betel, ni entréis en Gilgal"*,[98] porque allí imperaba la idolatría.

JOHN PHILPOT [1516-1555][99]

Aborrecí la reunión de los malignos. ¡Muy pocos se dan cuenta de que su relación y tolerancia para con los inicuos les envalentona, mientras que el apartarse de ellos podría servir para que se sintieran avergonzados! Mientras contemporizamos, interactuamos y nos divertimos con ellos, les hacemos creer que su condición no es tan deplorable, que el peligro en que se encuentran no es tan enorme e inminente. Por el contrario, si en tanto que siguen siendo enemigos del Señor, les evitamos, cual evitamos estar al lado de una pared que se desploma, puede que nuestra actitud les haga bien, les cause sobresalto y quizá despierten del engaño y la falsa seguridad en que ahora se viven.

LEWIS STUCKLEY [1621-1687]
"The Gospel Glass - Part v, Chapter xxxi", 1667

Vers. 6. *Lavaré en inocencia mis manos, y así andaré alrededor de tu altar, oh Jehová.* *[Lavaré en inocencia mis manos, y así andaré alrededor de tu altar, oh Jehová.* RVR*] [Lavaré en inocencia mis manos, y andaré en torno a tu altar, oh Señor.* LBLA*] [Lavaré en inocencia mis manos, y así andaré en torno a tu altar, oh YHVH.* BTX*] [Con manos limpias e inocentes camino, Señor, en torno a tu altar.* NVI*] [Lavo mis manos en señal de inocencia y me acerco a tu altar, Señor.* BLP *[Me lavo las manos para declarar mi inocencia. Vengo ante tu altar, oh Señor.* NTV*]*

Lavaré en inocencia mis manos.[100] Estaba resuelto a proclamar públicamente que se hallaba limpio de todas las acusaciones que pesaban sobre él, y si alguna falta cabía alegar contra él propiamente en algún otro asunto, se comprometía a corregirla y evitarla en el futuro. El lavado de manos es una

[96] Salmo 22:22, 25; 35:18; 40:9.
[97] Apocalipsis 2:2.
[98] Amós 5:5.
[99] JOHN PHILPOT (¿?-1555) Archidiácono de Winchester, hombre muy docto que en época de la reina María Estuardo proclamó abiertamente sus ideas protestantes y se enfrentó al obispo Gardiner, quien después de someterlo a vejaciones y torturas para que se retractara de sus convicciones (entre ellas tenerle meses encerrado en la carbonera del obispado cargado de cadenas) fue juzgado y condenado a morir en la hoguera, martirio que padeció el 18 de Diciembre de 1555 mientras recitaba los salmos 106, 107 y 108.
[100] En hebreo אֶרְחַץ בְּנִקָּיוֹן כַּפָּי *'erḥaṣ bəniqqāyōwn kappāy.* A propósito del rito del lavamiento ver Deuteronomio 21:6; Salmo 73:13; Isaías 1:16; Mateo 27:24. SCHÖKEL ve en el salmo dos purificaciones que se corresponden sin ser duplicación: «la purificación por el fuego (26:2) y con agua (26:6): la primera es acción soberana de Dios, la segunda es rito humano que puede presuponer la primera».

acción pública significativa para demostrar nuestra desconexión con un hecho en particular, y solemos decir: «Me lavo las manos de este asunto». David no pretende ni reclama una total y perfecta inocencia, tan solo se declara inocente de los delitos de los cuales se le acusaba de manera calumniosa; hay, sin embargo, un medio por el cual podemos ser lavados en inocencia absoluta: la sangre expiatoria que nos hace limpios de todo pecado.[101] Jamás debemos sentirnos satisfechos ni dar reposo a nuestra alma hasta estar plenamente persuadidos de nuestra limpieza absoluta por la preciosa sangre de Jesús.

Y andaré en torno a tu altar, oh Señor.[102] Como sacerdotes que somos para Dios[103] debemos tener sumo cuidado de estar personalmente limpios; la fuente de bronce[104] era tan necesaria como el altar de oro;[105] el culto de Dios nos obliga a ser santos en la vida. El que es injusto para con los hombres no puede ser acepto a Dios. No podemos traer nuestras ofrendas de acción de gracias con las manos contaminadas de culpabilidad. Amar la justicia y la pureza es mucho más aceptable a Dios que el sebo de diez miles animales engordados.[106] De este versículo aprendemos que las mentes santas se deleitan en el culto de adoración al Señor, que encuentran en su altar el consuelo más dulce; y que su más profunda preocupación es no involucrarse jamás en cualquier tipo de acción que pudiera hacerles no aptos para la sagrada comunión con Dios. Nuestros ojos deben estar sobre el altar que santifica tanto al don como al dador, sin embargo, nunca debemos utilizar el sacrificio expiatorio como una excusa para el pecado,[107] antes por el contrario encontrar en él un argumento más convincente para la santidad.

C. H. SPURGEON

Lavaré en inocencia mis manos, y así andaré alrededor de tu altar, oh Jehová. Hay en el Evangelio dos lavamientos notables; el primero es el lavamiento en Cristo, un baño caliente, *lavacrum sanguinis,* el lavamiento en la sangre de Cristo; el segundo es nuestro lavamiento, un lavamiento frío, *lavacrum lachrimarum,* en lavamiento en lágrimas de arrepentimiento. La combinación de ambos resulta en una composición soberana que brotó por primera vez de Cristo mismo cuando sudó agua y sangre.[108]

El primero es como el estanque de Betesda, en el que todo el que se sumergía con fe quedaba sano;[109] la sangre de Cristo es el verdadero lavamiento de la regeneración, un manantial abierto para Judá y Jerusalén donde lavarse: *"La sangre de Jesucristo su Hijo nos limpia de todo pecado".*[110] Sabiendo del amor manifiesto en las madres de alimentar a sus hijos con su propia leche: ¡cual no ha de ser el amor de Cristo, que nos lava y nos alimenta con su propia sangre! Tan pronto como nacemos en Cristo, al igual que en nuestra madre, la sangre de Cristo se convierte para nosotros en leche, alimentándonos para salvación eterna. ¿De que nos van a servir el *calamus benjamini,*[111] o el estoraque,[112] o

---

[101] 1 Juan 1:7.

[102] En hebreo וַאֲסֹבְבָה אֶת־מִזְבַּחֲךָ יְהוָה *wa'ăsōḇəḇāh 'eṯ-mizbaḥăḵā Yahweh.* En opinión de KRAUS se trataba de una ceremonia asociada probablemente con las peticiones de ser escuchado y que por lo que cabe deducir de 1 Reyes 18:26 era practicada también por los cultos paganos.

[103] Éxodo 19:6; Isaías 61:6; 1 Pedro 2:5,9; Apocalipsis 1:6; 5:10.

[104] Éxodo 38:8.

[105] Éxodo 40:5.

[106] Isaías 1:11-18.

[107] Romanos 6:1-2,15.

[108] Lucas 22:44; Hebreos 5:7.

[109] Juan 5:2-4.

[110] 1 Juan 1:7.

[111] Se refiere a la planta conocida como *Acorus calamus,* el cálamo aromático, originario del sudeste asiático pero abundante en la zona templada de todo el hemisferio norte. Era empleado, entre otras muchas cosas, para la limpieza y curación del aparato digestivo.

[112] Conocido también como *Liquidambar orientalis,* aceite extraído de las semillas de un gran árbol muy ramificado y con una gruesa corteza de color gris púrpura que crece en los bosques de Turquía y que lleva

mil arroyos de aceite aromático, a la hora de limpiarnos, a menos que el Señor nos purgue y nos lave exhaustivamente? No; es únicamente su sangre *"que habla mejor que la de Abel"*.[113] *"Al que nos amó, y nos lavó de nuestros pecados con su sangre, y nos hizo reyes y sacerdotes para Dios, su Padre; a él sea gloria e imperio por los siglos de los siglos. Amén"*.[114]

Sin embargo, es el segundo lavamiento, el de arrepentimiento, que es preciso aplicar para hacer el primero operativo. Este lavamiento que vemos reflejado en el arrepentimiento de María Magdalena,[115] es una especie de re-bautismo, que potencia el efecto del primer lavamiento. Y lleva implícitas tres acciones: en primer lugar herir el ego, restregar nuestros corazones a través de la *contrición*; en segundo lugar, cubrir y cicatrizar nuestras heridas abiertas por medio de la *confesión a Dios;* y en tercer lugar, *lavar nuestras manos en inocencia,* mediante la *restitución* a los demás[116] ... Hemos de lavarnos ya, ahora mismo, y lavarnos completamente; puesto que desde la coronilla de la cabeza hasta la planta del pie no hay en nosotros más que heridas y llagas putrefactas; sin embargo, hay algo en lo que David hace un énfasis particular y lava de manera especial sus manos: *"la inocencia"*. De hecho, poco valor tiene que tengamos los ojos húmedos si llevamos las manos sucias y contaminadas. La *contrición* y la *confesión a Dios* no constituyen el arrepentimiento completo si no hay *restitución.* Dice Agustín: *"Non remittitur peccatum nisi restituatur ablatum*";[117] o como lo expresa Latimer:[118] «O hay restitución, ya sea pública o secreta, o hay infierno» Quien no repara el mal que ha cometido, se goza en el pecado.[119] Donde no hay restitución, dice San Agustín: *"Non agitur sed fingitur paenitentia"*;[120] y los que no restituyen todo, no se lavan las manos enteramente, introducen tan solo las puntas de los dedos. La extorsión, la rapiña, el soborno, son pecados cometidos con las manos (pecados muy frecuentes en los judíos, por eso son tan insistentes y diligentes en los lavamientos de manos); pero en lo que hace a nosotros, los cristianos, a menos que sacudamos totalmente de nuestras manos tales víboras, por más que cubramos con lágrimas el altar de Jehová, inundándolo de llanto y de clamor, si persistimos en tales contaminaciones, no esperemos que Dios preste atención a nuestra ofrenda, ni la recibirá de nuestras manos con complacencia: *"Por tanto, si estás presentando tu ofrenda sobre el altar, y allí te acuerdas de que tu hermano tiene algo contra ti, deja allí tu ofrenda delante del altar, y anda, reconcíliate primero con tu hermano, y entonces ven y presenta tu ofrenda..."*.[121]

Isaac Bargrave [1586-1674]

En un sermón ante la *"House of Commons"*, 1623

Lavaré en inocencia mis manos. En referencia a estas palabras, cabe decir que en el ofrecimiento ordinario de los sacrificios, David hace una distinción, entre él mismo, y todos los demás, que

---

ese nombre. Se utilizaba para tratar enfermedades relacionadas con la ansiedad, asma, tos, ahogo, erupciones, etc.

113 Hebreos 12:24.

114 Apocalipsis 1:5-7.

115 Lucas 7:44; Juan 12:3.

116 Lucas 19:8-10.

117 «No hay perdón del pecado, si no hay restitución de lo robado». Agustín de Hipona [354-430], Epístolas 54 y 113 a Macedonio 20-26.

118 Se refiere a Hugh Latimer [1487-1555], obispo de Worcester antes de que la Iglesia de Inglaterra se separa de la Iglesia de Roma, y posteriormente capellán del rey Eduardo VI [1537-1553]. Murió quemado en la hoguera durante el reinado de María I [1516-1558] al restaurar el catolicismo como religión oficial. Fue amigo de Thomas Bilney [1542-1631] durante su época de estudiante.

119 Proverbios 2:14.

120 «La penitencia no es genuina, sino fingida». Agustín de Hipona [354-430], Epístola 54 (153) a Macedonio 20-26.

121 Mateo 5:23-26.

practicando el mismo culto divino se abocaban en los servicios del santuario como si a ellos correspondiera el derecho exclusivo de llevarlos a cabo. Frente a semejante avalancha de hipócritas, que entraban como un torbellino en el santuario y rodeaban en grupo el altar sagrado, David se distingue, mostrando que él era un verdadero adorador, y declarando que no tan solo había practicado diligentemente los ritos externos, sino que había adorado a Dios con devoción no fingida.[122] Es obvio que alude aquí al rito solemne del lavamiento que se practicaba bajo la ley.[123] Y en este sentido, reprueba la práctica supersticiosa de muchos hipócritas, que, buscando únicamente la purificación exterior por el agua, descuidaban la verdadera purificación interior; pese a que el verdadero propósito de Dios al instituir el signo externo del lavamiento, no había sido otro que ilustrar en las mentes de los adoradores la realidad de su contaminación interior, y con ello, alentarles al arrepentimiento.[124] A estos hipócritas, el simple lavamiento exterior, en lugar de aproximarles a Dios, les alejaba todavía más de él. Por tanto, cuando el salmista dice: *"Lavaré en inocencia mis manos"* da a entender de forma implícita que los hipócritas, lo único que lograban con sus lavamientos era aumentar todavía más su suciedad y contaminación. El término hebreo בְּנִקָּיוֹן *bəniqqāyōwn* de נִקָּיוֹן *niqqayon* significa la limpieza de cualquier cosa,[125] y se utiliza en sentido figurado para la inocencia.[126] Vemos, pues, que de los lavamientos materiales practicados por los hipócritas no deriva ninguna pureza moral, y David se burla irónicamente de sus muchos afanes y esfuerzos con los que se atormentan en la práctica de tales ritos.[127]

JUAN CALVINO [1509-1564]

Y así andaré alrededor de tu altar, oh Señor. Si pensamos que la *grandeza* otorga el privilegio de la impunidad, David era un rey; o que *la gracia de su alma* podía haberle liberado del fango del pecado, era *"un hombre conforme al corazón de Dios"*.[128] Que no confíen los grandes personajes excesivamente en su grandeza, porque cuanto más largo es el manto, más se arrastra por el suelo y mayor suciedad acarrea: un exceso de poder se transforma con facilidad en causa de gran condenación. Y en cuanto a la pureza, estamos ante una generación que afirma estar libre de pecado, pero no hay verdad en ellos, se engañan a sí mismos. Digan lo que quieran los teólogos de Roma sobre el poder de la naturaleza y la libre voluntad, a nosotros, miserables pecadores, se nos enseña a darnos mejor cuenta de nuestra propia enfermedad. Pues incluso un apóstol de Cristo, el fuerte y osado Tomás, falló en su fe ante la evidencia de su resurrección;[129] y Pedro (cuya cátedra ahora se nos dice que es la sede de infalibilidad) negó a su Maestro.[130] David, *"un hombre conforme al corazón de Dios"*,[131] tuvo necesi-

---

[122] Dice al respecto MATTHEW HENRY [1662-1714]: «En nuestra preparación para acudir a los cultos, no solo hemos de estar libres del pecado de hipocresía, de lo que es testimonio simbólico el lavarse las manos (Deuteronomio 21:6), sino que también hemos de esmerarnos en arrepentirnos de todo otro pecado (Éxodo 30:19; Salmo 24:4; 73:13)».

[123] Éxodo 19:10; 30:17-21; Levítico 8:6.

[124] Dice al respecto AGUSTÍN DE HIPONA [354-430]: «No con agua física sino en inocencia, porque el verdadero lavamiento de manos no se lleva a cabo en una jofaina sino cuando reflexionas sobre tus pensamientos y acciones ante la mirada escrutadora de Dios. (…) porque alrededor del altar celestial solo andan aquellos que han lavado sus manos en inocencia, no de ellos, sino de Aquel que se ofreció por nosotros».

[125] Ver como ejemplo Amós 4:6: *"Yo también os he dado dientes limpios…"*

[126] Salmo 24:4.

[127] En este sentido es como si les dijera: «Lavaos vosotros con agua cuantas veces queráis, yo, *"lavaré mis manos en inocencia"*.

[128] 1 Samuel 13:14; Hechos 13:22.

[129] Juan 20:24-29.

[130] Mateo 26:69-75; Marcos 14:66-72; Lucas 22:54-62; Juan 18:25-27.

[131] 1 Samuel 13:14; Hechos 13:22.

dad de ser purificado; y ¿quién puede decir: *Señor, "soy limpio delante de tus ojos"*[132]? Ciertamente, oh Señor, ninguna carne es justa ante tu mirada.[133]

No, el mejor fundamento para el gozo cristiano, es reconocer como David nuestros propios pecados;[134] golpearnos el pecho como el publicano de la parábola, en lugar de escudarnos como el fariseo en los defectos de los demás.[135] ¿Por qué nos pasamos el día, como hacen los sastres, tomando medidas a los demás en lugar de medirnos a nosotros mismos, sabiendo como sabemos que aún en lo mejor de nosotros abunda la imperfección y el pecado? Fijémonos en cómo David se analiza antes que nada a si mismo haciendo cuenta de sus propios pecados: *"Porque yo reconozco mis rebeliones, y mi pecado está siempre delante de mí"*.[136] Oh, cuán poderosos son los efectos de la piedad cristiana cuando por la acción reflexiva de la comprensión, la ciencia se transforma en consciencia, y nuestros conocimientos en el espejo de nuestra imperfección, un espejo en el cual la visión de nuestros pecados nos manda directamente a Dios, como vemos que sucedió con David en este caso, cuando hace de sus imperfecciones un diálogo exclusivo entre Dios y su propia alma: *"oh Señor"*. Inicia su ascenso desde el suelo raso de la humildad a la vista de sus propios pecados, y se eleva paulatinamente por las alas de la fe hasta al trono de la misericordia de Dios exclamando: *"oh Señor"*. Se ve a si mismo con sus propios ojos, no los de la iglesia, no a través de lupa inquisitiva del sacerdote en confesión; él mismo es su propio confesor y penitencia; aquí no hay intercesión de los santos, no hay misas de intenciones, no hay méritos, indulgencias, treintenas, novenas o responsos: todo queda entre él y Dios: *"Oh Señor"*. Con *los ojos de la humildad* se ve a sí mismo en su propia miseria; y ello le capacita para contemplar a continuación con *los ojos de la fe* a Dios y su misericordia, y de estas dos visiones brota una tercera virtud, la del *arrepentimiento,* y que se refleja en su acción preparatoria, lavar el fango de su pecado en un baño de lágrimas de tristeza: *"Lavaré en inocencia mis manos, y así andaré alrededor de tu altar, oh Jehová"*.

ISAAC BARGRAVE [1586-1674]
En un sermón ante la *"House of Commons"*, 1623

Lavaré en inocencia mis manos. David, deseoso de expresar su disposición para orar a Dios con un corazón puro, lo hace buscando el paralelismo con el rito de lavamiento de los sacerdotes:[137] así como el sacerdote primero *lava sus manos,* y después ofrece la *oblación,* David se compromete a mantener siempre su *pureza* a la par con su devoción.

HENRY HAMMOND [1605-1660]
"Paraphrase and Annotations on Book of Psalms", 1659

En inocencia. La verdadera ἀκμή [138] y corona de toda nuestra preparación para la adoración a Dios, el agua más pura en la que podamos lavarnos, es *la inocencia;* y la inocencia es una virtud del corazón, además de las manos: *"Pecadores, limpiad las manos; y vosotros los de doble ánimo, purificad vuestros corazones"*.[139] ¡Ojalá nuestro lavamiento fuera como el bautismo defendido por

[132] Job 11:4.
[133] Salmo 143:2; Romanos 3:20; Gálatas 2:16.
[134] Salmo 51:3-4.
[135] Lucas 18:19-14.
[136] Salmo 51:3.
[137] Éxodo 30:19-21.
[138] En la "Concordancia de Strong", ἀκμήν (188); en el "Léxico Griego de Thayer", ἀκμή. El significado es "punto álgido, clímax, el más alto grado de una cosa"; y también una "situación o punto determinado en el tiempo". En el NT solo aparece en este último sentido en Mateo 15:16: ακμην και υμεις ασυνετοι εστε *"¿estáis aún sin comprender?"*.
[139] Santiago 4: 8.

Cipriano,[140] *ad tincturam*, hasta quedar impregnados, teñidos en arrepentimiento y en la sangre de Cristo. Procurad que vuestro arrepentimiento sea equivalente en medida a la suma de vuestros pecados. Ofreced primeramente vuestra *inocencia,* y tan solo después vuestro sacrificio. No basta con que vengáis al altar habiendo cumplido con las ordenanzas, debéis traer ante todo vuestra *inocencia.* Dios exige el cumplimiento de la segunda tabla de la ley, tanto como el de la primera; y aborrece los actos externos de piedad en los que no halla ningún sentido ni práctica de *inocencia.*

ISAAC BARGRAVE [1586-1674]
En un sermón ante la *"House of Commons"*, 1623

Lavaré en inocencia mis manos. Una mañana, mientras llenaba de agua el recipiente para lavarse, Gotthold[141] se acordó de las palabras de la Escritura: *"Lavaré en inocencia mis manos"* un texto que demuestra cuán diligentemente el salmista, profeta regio, se había esforzado en llevar una vida intachable, y caminar habitualmente en el temor de Dios. Reflexionando sobre ellas, se dijo: Dios mío, de ahora en adelante, cada vez que vierta agua para lavarme, recordaré que mi obligación como cristiano es limpiar ante todo mis manos de malas acciones, mi boca de palabras ociosas,[142] y mi corazón de deseos impuros y maliciosos, a fin de sentirme habilitado para levantar ante ti en adoración manos santas,[143] y alabarte, en lo mejor de mis capacidades, con labios puros y un corazón sin mancha.[144] ¿Pues de que me aprovechará cuanto me esfuerce en la limpieza externa de mi cuerpo, si mi corazón sigue contaminado y es abominable delante de ti? ¿Acaso la comida que haya ganado con manos contaminadas, o conseguido por métodos tortuosos, de violencia e injusticia, va a servir para nutrirme propiamente? ¿Me aprovechará aquello que coma con insensibilidad o ingratitud? ¡Ah! no, mi Dios; lejos quede de mí comer de semejante modo. Mi preocupación primordial será la de andar delante de ti sin mancha; y la segunda, en caso de que involuntariamente me haya contaminado, será lavar esa mancha, y apartar toda maldad de delante de tus ojos: *"Purifícame con hisopo, y seré limpio; lávame, y quedaré más blanco que la nieve"*.[145]

CHRISTIAN SCRIVER [1629-1693]
También conocido por su pseudónimo, Gotthold
"Gotthold's Emblems: Or Invisible Things Understood By Things That Are Made", 1671

---

[140] Se refiere a CIPRIANO DE CARTAGO [principios del siglo II-258 d.C.], más conocido como San Cipriano, obispo de Cartago en el Norte de África y uno de los primeros Padres de la Iglesia. Mantuvo una enconada polémica con el Papa ESTEBAN I [200-257] sobre el tema del bautismo. Esteban consideraba que para admitir en la comunión de la Iglesia a personas bautizadas por herejes bastaba con una simple imposición de manos, mientras que Cipriano exigía que debían ser bautizados totalmente de nuevo *"ad tincturam"*, hasta quedar impregnados. Sin lugar a dudas Cipriano hubiera acabado excomulgado por Esteban I de no haber sido porque murió antes de que esto sucediera. Ver al respecto las "Cartas" de Cipriano cuyas obras han sido publicadas por Editorial CLIE en la colección *Obras Selectas*.

[141] Se refiere a CHRISTIAN SCRIVER [1629-1693], que utilizaba el seudónimo de GOTTHOLD para identificarse a sí mismo. Archidiácono en Stendal, pastor en Magdeburg y posteriormente capellán Quedlinburg, amigo personal de PHILIPP JAKOB SPENER [1635-705], fundador del movimiento pietista, Scriver fue uno de los teólogos luteranos de finales del siglo XVII que se opusieron al formalismo eclesial. Su obra escrita es extensa, y en muchos de sus libros utilizaba el seudónimo Gotthold, como en *"Gottholds vierhundert zufällige Andachten"*, 1667, una colección de cuatrocientas anécdotas traducidas al inglés como *"Gotthold's Emblems: or, Invisible Things understood by Things that are made"*, 1671.

[142] Mateo 12:36.

[143] Salmo 63:4; 1 Timoteo 2:8, LBLA.

[144] Isaías 29:13; Mateo 15:8.

[145] Salmo 51:7.

Y así andaré alrededor de tu altar, oh Señor. El día siguiente al de la fiesta (Fiesta de los Tabernáculos[146]), el pueblo, con ramas de palmera en sus manos, rodeaba el altar siete veces, en recuerdo de la destrucción de Jericó ... Y no tan solo las ramas,[147] sino que también los días mismos de la *Fiesta de los Tabernáculos* eran llamados הוֹשִׁיעָה *hōwōšî'āh,*[148] u *Hosanná* que era la aclamación habitual de las personas mientras blandían las palmas en sus manos.

Thomas Godwyn [1587-1643]

"Moses and Aaron: Civil and Ecclesiastical Rites, Used by the Ancient Hebrews", 1678

Alrededor de tu altar, oh Señor. Con la frase *"alrededor de tu altar"*, o bien alude a alguna costumbre levítica de caminar alrededor del altar, como solían hacer los sacerdotes en la oblación o presentación de sus ofrendas, y también el pueblo, en especial los más celosos y devotos, que probablemente se trasladaban de un lugar a otro, aunque dentro del propio atrio, para poder contemplar mejor lo que sucedía en los diversos ángulos del altar, y así experimentar mayor devoción; o puede, más bien, que se refiera a que tenía intención a ofrecer diversos sacrificios a la vez, lo que requeriría la participación de varios sacerdotes alrededor del altar.

Mathew Poole [1624-1679]

"How May Detraction Be Best Prevented or Cured?", 1674

Vers. 7. ***Para exclamar con voz de acción de gracias, y para contar todas tus maravillas.*** *[Haciendo resonar mi voz de acción de gracias, y proclamando todas tus maravillas.* RVR*] [Proclamando con voz de acción de gracias y contando todas tus maravillas.* LBLA*] [Haciendo oír mi voz de gratitud, y contando todas tus maravillas.* BTX*] [Proclamando en voz alta tu alabanza y contando todas tus maravillas.* NVI*] [Para hacer resonar un clamor de gratitud y proclamar todas tus maravillas.* BLP*] [Entonando un cántico de gratitud, y contando de todas tus maravillas.* NTV*]*

Haciendo resonar mi voz de acción de gracias.[149] David había ido tan lejos en su instrucción espiritual que no menciona para nada la típica ofrenda levítica, sino que discierne la ofrenda espiritual: no mugidos de becerros, sino cánticos de acción de gracias, que son la ofrenda del que adora a Dios en espíritu.[150] Hacer que las alabanzas dignas del Dios de toda gracia[151] resuenen por todos los confines de la tierra, ha de ser una prioridad cotidiana para todo pecador perdonado. Dejad que los hombres

---

[146] En hebreo הַסֻּכֹּת *hassukkōṯ* de סֻכָּה *sukkah* Levítico 23:33-36; 39-43. Números 29-12-38; Deuteronomio 16:13-15.

[147] En hebreo עָנָף *anaph*, "rama, enramada", Levítico 23:40.

[148] Salmo 118:25. El término es complejo y su uso como grito de júbilo, especialmente en los evangelios ha dado lugar a muchos debates entre los exégetas.

[149] En hebreo לַשְׁמִעַ בְּקוֹל תּוֹדָה וּלְסַפֵּר כָּל־נִפְלְאוֹתֶיךָ *lašmia' bəqōwl tōwdāh ūləsappêr kāl-niplə'ōwṯeḵā.* La versión griega de los LXX o Septuaginta utiliza aquí ἀκούω, "oír, escuchar" en lugar del hebreo לַשְׁמִעַ "contar, proclamar" con lo que el sentido se invierte por completo: ὁ ἀκούω φωνή αἴνεσις καί διαηγέομαι πᾶς ὁ θαυμάσιος σύ que la Vulgata traduce al latín como: *"Ut audiam vocem laudis, et enarrem universa mirabilia tua"*, "Para oír la voz de tu alabanza, y contar todas tus maravillas". Sobre esta traducción de la Vulgata dice Agustín de Hipona [354-430]: «¿Y qué es *"oír la voz de tu alabanza?* Es asumir que cuanto hay de maldad en nosotros brota de nosotros mismos, mientras que todo cuanto hay de bueno y de acciones justas es obra de Dios. Por tanto, no te vanaglories de tus propias acciones cuando son buenas, porque jactarte de ellas porque son buenas las hace malas. Ni aún te vanaglories de tu alabanza a Dios, porque vanagloriarte la hace inaceptable ante él. *"tal como está escrito: el que se gloría, gloríese en el Señor"* (1 Corintios 1:30-31)».

[150] Juan 4:23-24.

[151] 1 Pedro 5:10.

nos calumnien cuanto quieran, pero no defraudemos al Señor escatimándole sus alabanzas; dejad que los perros ladren, mientras nos deleitamos en la luna llena que brilla.[152]

Y para contar todas tus maravillas. El pueblo de Dios jamás debe tener la lengua trabada. Las maravillas de la gracia divina son suficientes como para desatar la lengua de un mudo y hacerle cantar. Y las obras de amor de Dios resultan particularmente maravillosas cuando consideramos la indignidad y falta de méritos de sus receptores, lo costoso del método, y lo glorioso de su resultado. Si los hombres encuentran especial deleite en disertar sobre cosas notables y sorprendentes, así también los santos deben regocijarse contando las grandes cosas que el Señor ha hecho por ellos.

C. H. SPURGEON

Vers. 8. *Jehová, la habitación de tu casa he amado, y el lugar de la morada de tu gloria.* *[Jehová, la habitación de tu casa he amado, y el lugar de la morada de tu gloria.* RVR*] [Oh Señor, yo amo la habitación de tu casa, y el lugar donde habita tu gloria.* LBLA*] [Oh YHVH, yo amo la Casa donde habitas, y el lugar donde reside tu gloria.* BTX*] [Señor, yo amo la casa donde vives, el lugar donde reside tu gloria.* NVI*] [Señor, yo amo la casa en que habitas, el lugar que es morada de tu gloria.* BLP*] [Amo tu santuario, Señor, el lugar donde habita tu gloriosa presencia* NTV*]*

Oh Señor, la habitación de tu casa he amado.[153] Estaba resuelto a no pisar las moradas de pecado, pero la casa de Dios la había amado en gran manera, y la seguía amando.[154] Seríamos hijos desnaturalizados si no amaramos la morada de nuestro Padre. A pesar de que no tengamos edificios de culto consagrados, la iglesia del Dios vivo es casa de Dios,[155] y los verdaderos cristianos se deleitan en sus ordenanzas, servicios y actividades. ¡Ojalá todos los días fueran *Sabbaths!*[156]

Y el lugar de la morada de tu gloria. Es en su iglesia donde Dios recibe honor en todo momento, donde se revela a sí mismo en la gloria de su gracia, y es proclamado por su pueblo como el Señor

---

[152] Spurgeon alude aquí al comportamiento de algunos perros que ladran a la luna cuando está llena. La tradición dice que o bien la perciben como una amenaza, o bien que es una costumbre que deriva de sus antepasados los lobos, que aullarían a la luna llena. El refrán o modismo: «Aullar a la luna» implica expresar ira contra algo o alguien que por está en una posición elevada, fuera de nuestro alcance y a la que no podemos ofender ni causar daño alguno, o también amenazar inútilmente. Esta es la idea del comentario de Spurgeon.

[153] La coincidencia de estos dos términos hebreos מְעוֹן בֵּיתֶךָ *mə'ōwn bêṯeḵā* que traducimos como *"la habitación de tu casa"* o *"la casa donde habitas"* únicamente se da en este versículo. Encontramos expresiones similares referentes a la santa morada de Dios en Deuteronomio 26:15; 2 Crónicas 30:27; Salmo 65:8; Jeremías 25:30; Zacarías 2:13. La versión griega de los LXX o Septuaginta lee εὐπρέπεια οἶκος que la Vulgata traduce al latín como: *"decorem domus tuae"*, "la hermosura de tu casa". Sobre ello comentan:

– CASIODORO [485-583]: «*"La hermosura de tu casa"* no se refiere aquí al esplendor de las paredes ni la suntuosidad del mobiliario, sino a la naturaleza bendita de las acciones que en ella se realizan y en las cuales se regocijan todos los que en ella se congregan: el canto de los salmos, la sinceridad de las oraciones y la piedad humilde de los creyentes. Porque ellos son *"la morada de tu gloria"*, como lo expresa Pablo: *"el santuario de Dios, el cual sois vosotros, es sagrado"* (1 Corintios 3:17). Cuando dice *"tu casa"* se refiere al santuario del corazón; y luego añade esta expresión maravillosa *"la morada de tu gloria"*, todo lugar donde él habita es glorioso pues su presencia llena de gloria dondequiera que él decide morar (1 Corintios 6:19-20)».

– HUGO DE CLUNY [1024-1109] constructor en 1080 de la III Abadía de Cluny en la Borgoña, Francia, el mayor edificio religioso de Occidente durante más de tres siglos hasta la construcción de la Basílica de San Pedro en Roma en 1506, declara que se inspiró para ello en las palabras de este versículo: *"Señor, he amado la hermosura de tu casa, y el lugar de la morada de tu gloria"* (26:8 Vulgata).

[154] Salmo 27;4; 84:2.

[155] Génesis 28:17.

[156] Día de reposo.

de todos. No nos juntamos en las iglesias como pueblo del Señor para adular al predicador, sino para dar gloria a Dios; y hacerlo es la ocupación más agradable para los santos del Dios Altísimo. Toda reunión de creyentes en la que Dios no sea honrado, es una ofensa para sus ojos puros y santos, y una lamentable piedra de tropiezo para el pueblo de Dios. Escuchar con frecuencia sermones en los que el honor a Dios está tan lejos de ser el objetivo fundamental del predicador, que resulta fácil concluir que lo que en ellos se ensalza y adora es la dignidad del hombre más que la majestad Infinita del Creador, nos hace saltar lágrimas que nos escaldan las mejillas.

C. H. SPURGEON

Jehová, la habitación de tu casa he amado, y el lugar de la morada de tu gloria. «En mi congregación -dijo un venerable ministro del evangelio- tengo una señora anciana que durante muchos años ha sido sorda como una tapia, pero siempre ha sido de las primeras en sentarse a la hora del culto. Al preguntarle la razón de su constante asiduidad para escucharme, a pesar de que no pudiera oír una palabra del sermón, respondió: 'Aunque no puedo oírle, acudo a la casa de Dios porque siento deseos de hacerlo, y quiero que el Señor me halle en sus caminos; leo el pasaje bíblico en el que esta basada la predicación, cuando alguien me lo indica, y Dios me da sobre el mismo pensamientos dulces. Otra razón por la que vengo es porque aquí estoy en la mejor compañía que puedo estar, en la presencia más inmediata de Dios, y entre sus santos, todos *"los ilustres de la tierra"*.[157] No me quedo satisfecha adorando a Dios en privado; mi deber y privilegio es honrarle regularmente en público'» ¡Qué reprensión tan fuerte encierran estas palabras para tantos, con oídos sanos y perfectos, pero que en el mejor de los casos llegan tarde su lugar de adoración, y a menudo ni tan siquiera acuden!

KAZLITT ARVINE [1819-1851]
"Cyclopaedia of Moral and Religious Anécdotes", 1848

Vers. 9. ***No arrebates con los pecadores mi alma, ni mi vida con hombres sanguinarios.*** *[No juntes con los pecadores mi alma, ni mi vida con hombres sanguinarios.* RVR*] [No juntes mi alma con pecadores, ni mi vida con hombres sanguinarios.* LBLA*] [No arrebates mi alma con los pecadores, ni mi vida con hombres sanguinarios.* BTX *[En la muerte, no me incluyas entre pecadores y asesinos.* NVI*] [No me reúnas con pecadores, ni con gente sanguinaria.* BLP*] [No permitas que sufra el destino de los pecadores ni me condenes junto con los asesinos.* NTV*]*

No juntes con los pecadores mi alma. Señor, cuando me toque ser recogido, cual fruta madura, no me no me pongas en el mismo cesto con lo mejor de los pecadores, y menos aún con lo peor de ellos. Para nosotros la compañía de los pecadores es tan desagradable, que no podemos soportar la idea de ser atados con ellos para toda la eternidad en el mismo haz. Nuestro consuelo es, que el Gran Labrador discierne la cizaña del trigo, y encontrará un lugar separado para cada cual.[158] En los primeros versículos vemos como el salmista se esforzó en mantenerse alejado de los frívolos y los impíos, y esto ha de entenderse como una razón por la cual tampoco compartirá con ellos al final de sus días. Meditemos por unos instantes en la condenación y castigo final de los malos, y la oración expresada en este texto aumentará su fuerza en nuestros labios; y a su vez, contemplando la norma de juicio por la cual se les aplica la sentencia, nos convenceremos de que aquellos que hemos pasado de muerte a vida nada tenemos que temer.

---

[157] Isaías 23:9.
[158] Mateo 13:24-30; 36-43.

Ni mi vida con hombres sanguinarios. Nuestra alma enferma con solo escucharles conversar; sus alegatos crueles, en los que hablan de disparar sobre seres humanos cuál si se tratara de un deporte novedoso, nos resultan horribles y se nos hacen insoportables. ¡Señor, no nos recluyas con ellos en la misma celda; pues al lado de los tales, aún el paraíso mismo sería un infierno, si continuarán siendo como son ahora!

C. H. SPURGEON

No juntes con los pecadores mi alma. Ahora es el tiempo aceptable[159] cuando los hombres deberían prestar atención y preocuparse de que en el mundo venidero sus almas no se junten con las de los pecadores. En el estudio y análisis de esta doctrina debemos:

1. Considerar lo que la misma significa.
2. Definir quién son los pecadores, y demostrar que sentimos el mayor horror a que nuestras almas se reúnan con ellos en el mundo venidero.
3. Mostrar lo que implica para un alma ir a parar con los pecadores en la otra vida.
4. Meditar en esta preocupación, o mostrar lo que está implícito en esta petición sincera del salmista *"No juntes con los pecadores mi alma"*.
5. Aportar las razones por las que debemos estar preocupados y vigilantes de que esto no suceda.
6. Presentar nuestra petición.

La muerte es tiempo de cosecha para Dios, el momento en que el Señor recoge las almas que le pertenecen y el diablo recoge las suyas, y esto es lo que el salmista tiene en mente.. Por un tiempo han permanecido juntas, pero a la hora de la muerte toca separarlas; y los santos son llevados a la congregación de los justos,[160] y los pecadores a la congregación de los impíos.[161] Y lo que a nosotros nos conviene decir es: *"No juntes con los pecadores mi alma"*. Pues según sean nuestras relaciones aquí, ya sea que estemos con el pueblo de Dios o con el del diablo, la muerte nos enviará a juntarnos con unos u otros. Y será algo horrible verse junto con los pecadores en el otro mundo. El mero hecho de pensar que nuestras almas puedan juntarse con las suyas, basta para erizarle a uno los cabellos.

Muchos son los que aquí y ahora eligen de buena gana juntarse con los pecadores; es el deleite de sus corazones; su estilo de vida se les hace más divertido, más osado. Juntarse con los santos, ocuparse de las cosas del Señor los domingos, es un fastidio Pero olvidan que ir a parar con ellos en el otro mundo es algo terrible.

A) Es lo que los santos más temen, como se demuestra en este texto. David nunca temió tanto a sus perseguidores como la compañía de los pecadores. Se sentía deseoso y satisfecho de reunirse con los santos de cualquier condición; pero, *"Señor* -dice-, *no juntes con los pecadores mi alma"*.

B) Los propios pecadores sienten horror ante esta perspectiva. *"Muera yo la muerte de los justos* -dice el inicuo Balaam-, *y sea mi fin como el suyo"*.[162] Aunque están contentos de vivir junto a los impíos en esta vida, sus conciencias les dan testimonio de lo que les espera, y se sienten horrorizados ante la idea de compartir con ellos en la muerte. Quieren vivir con los pecadores, pero morir con los santos. Una idea irrazonable, que se refuta y condena a sí misma.

THOMAS BOSTON [1676-1732]
"The Distinguishing Characters of the True Believers", 1791

[159] Isaías 49:8; 2 Corintios 6:2.
[160] Salmo 1:5; 89:5-7.
[161] Eclesiástico 16:1-7; 21:10.
[162] Números 23:10 LBLA.

No juntes con los pecadores mi alma. No me ates con ellos en el mismo manojo como cizaña para el fuego.[163] Este versículo presenta un marcado contraste con el versículo diez del salmo siguiente (Salmo 27): *"Aunque mi padre y mi madre me abandonasen, con todo, Jehová me recogerá"*,[164] literalmente, me acogerá en su redil.[165]

CRISTOPHER WORDSWORTH [1807-1885]
"Commentary on the Whole Bible", 1856

No juntes con los pecadores mi alma. El Señor tiene un tiempo asignado para cosechar y también para espigar, tiempo para segar y juntar en manojos, en comunión para juicio, a los enemigos que han seguido un mismo curso de persistir en el pecado. En este versículo se nos da a entender que Dios *"junta sus almas"*, y por tanto, no tienen escapatoria posible.

DAVID DICKSON [1583-1663]
"Explanation of the First Fifty Psalms", 1653

No juntes con los pecadores mi alma. Se podrá objetar que esta preocupación por el futuro de su alma parece ser común tanto en los santos y como en pecadores. Pues incluso un impío como Balaam exclamó: *"Muera yo la muerte de los justos y sea mi fin como el suyo"*.[166] Pero hay algunas diferencias que conviene analizar:

1. Es el estar separados de Cristo lo que hace que los santos sientan verdadero terror ante la posibilidad de ir a parar con los pecadores en el más allá. La separación de Cristo es el elemento fundamental del horror del creyente; no así con los pecadores, si en la vida venidera las perspectivas fueran mejores, la separación de Cristo les tendría sin cuidado.

2. El creyente siente horror de ir a parar con los pecadores a causa su inmundicia; al pecador, lo único que le preocupa es el castigo. Sin duda, el principio de auto-conservación hace que la idea de castigo resulte terrible para ambos; pero más allá de esto, la preocupación de los santos por no ser incluidos con los pecadores, tiene que ver con su falta de santidad y suciedad que los impregna: *"que el impuro siga siendo impuro"*[167] es suficiente para hacer aborrecer a un santo la compañía y suerte de los pecadores.

3. La preocupación de los santos ejerce en ellos una poderosa influencia, les lleva a cambiar de vida y practicar la santidad en este mundo; pero los pecadores a pesar de su preocupación, siguen viviendo de manera frívola. *"Y todo el que tiene esta esperanza puesta en El, se purifica, así como El es puro"*[168] ¿Y qué esperanza es esta? La esperanza de ver a Cristo como él es, de ser perfectamente como él es,[169] y de estar separados de los pecadores.

4. Por último, la preocupación de los santos es tal, que ya en este mundo, brota de su corazón el propósito de salir de en medio de los pecadores y apartarse de ellos cada vez más; los pecadores no sienten ninguna preocupación para apartarse en esta tierra de otros pecadores. Balaam deseaba morir la muerte de los justos; pero sentía ninguna preocupación ni tenía la menor intención de vivir vida de los justos, y estar separado de los pecadores en este mundo.

JAMES SCOT, 1773

[163] Mateo 13:30.

[164] Salmo 27:10.

[165] En hebreo יַאַסְפֵנִי *ya'aspênî,* de אָסַף *asaph,* "juntar, reunir", como en Génesis 29:3: *"Y juntaban allí todos los rebaños"*.

[166] Números 23:10 LBLA.

[167] Apocalipsis 22:11.

[168] 1 Juan 3:3.

[169] 1 Juan 3:2.

Vers. 9-12. David ora fervientemente para que Dios no: *"junte su alma con los pecadores* (26:9), *... cuya diestra está llena de sobornos"* (26:10), es decir, con gentes dispuestas a pecar fácilmente a cambio de un cohecho, y a cuya compañía y tertulias evitaba y estaba opuesto rotundamente.[170] Por el contrario, afirma: *"he andado en mi integridad"* (26:11), y nos explica qué ha sido lo que le impidió de caer en corrupción y admitir sobornos, como era habitual en los demás: su *integridad,* basada en el temor y la integridad de Dios. El alma que camina en integridad, porque sabe que Dios es íntegro, jamás aceptará sobornos ni de hombres, ni del pecado mismo: y por ello exclama: *"Sobre tierra firme está mi pie"* o como otros traducen: "*Mi pie ha estado en rectitud"* (26:12).

WILLIAM GURNALL [1617-1679]
"Christian in complete armour, or, a treatise of the saints war against the Devil", 1655

Vers. 10. ***En cuyas manos está el mal, y su diestra está llena de sobornos.*** *[En cuyas manos está el mal, y su diestra está llena de sobornos.* RVR*] [En cuyas manos hay ardides inicuos, y cuya diestra está llena de sobornos.* LBLA*] [En cuyas manos hay ardides inicuos, y cuya diestra está llena de sobornos.* BTX*] [Entre gente que tiene las manos llenas de artimañas y sobornos.* NVI*] [Que el mal está en sus manos y el soborno colma su diestra.* BLP*] [Tienen las manos sucias de maquinaciones malignas y constantemente aceptan sobornos.* NTV*]*[171]

En cuyas manos está el mal, y su diestra está llena de sobornos. Tienen las dos manos repletas de él, de trazarlo y de llevarlo a cabo. Y su mano derecha, con la que son más hábiles, llena de sobornos; cual ladrones que roban con impunidad, tienen siempre dispuesto un hueso para acallar a los

---

[170] Los versículos nueve y diez son de difícil interpretación dentro del contexto hasta el punto que algunos los ven incluso como un tanto ajenos a él. Sin embargo expresan una preocupación muy real en el antiguo Israel y que remonta al propio Abraham: la posibilidad de que los justos se vean afectados por la suerte nefasta de los impíos: *"¿En verdad destruirás al justo junto con el impío? (…) Lejos de ti el hacer tal, que hagas morir al justo con el impío, y que sea el justo tratado como el impío; nunca tal hagas. El Juez de toda la tierra, ¿no ha de hacer lo que es justo?"* (Génesis 18:23-25). En realidad reflejan el tenor de todo el Salmo que parte de las palabras mismas con las cuales comienza. Y en este sentido se expresan los Padres de la Iglesia:

– AGUSTÍN DE HIPONA [354-430] se plantea ya esta cuestión al comentar el versículo uno (26:1), por lo cual lo repetimos aquí: «¿Por qué razón pide algo tan arriesgado y peligroso como *"júzgame, oh, Señor"*? ¿Qué subyace tras esta solicitud de ser juzgado? Su deseo de no ser contado entre los malos (26:9). Algo que expresa aún más claramente en otro Salmo: *"Júzgame, oh Dios, y discierne mi causa de una gente no santa* (Salmo 42:1; en la Vulgata, Salmo 43:1). Aunque habite en medio de ellos: ¡distíngueme, Señor de ellos! Pues aunque transgresor como ellos, yo he procedido de buena fe *"en mi integridad he andado y he confiado en ti sin titubear"* Y eso me hace distinto a ellos».

– Ver también el comentario de CASIODORO en nota 11 así como los las notas y comentarios al Salmo 28:3 con el cual guardan un paralelo: la preocupación de ser contado entre los impíos: *"No me arrebates juntamente con los malos, y con los que hacen iniquidad"* (28:3).

[171] La versión griega de los LXX o Septuaginta lee la segunda parte de este versículo como: ὁ δεξιός αὐτός πίμπλημι δῶρον que la Vulgata traduce al latín como: *"dextera eorum repleta est muneribus"* "la diestra de ellos esta colmada de regalos". Sobre esta traducción, el poeta inglés del siglo XIV WILLIAM LANGLAND [1332-1400] famoso por su poema alegórico *"Piers Plowman"* (traducido al español como "Pedro el labrador") en el que critica la explotación de la que eran objeto en su época de los campesinos por parte de los nobles y de la Iglesia comenta: «Dios hace que su justicia y favor sean otorgados incluso a hombres en cuyas manos está el mal, con tal que *"su diestra esté colmada de regalos"*».

perros de la justicia. Quien da sobornos es en todos los aspectos tan culpable, como el que los acepta; y en el tema puntual de nuestras elecciones parlamentarias, el rico y villano que da el soborno es de lejos mucho peor. El soborno, en cualquier de sus modalidades y formas, debe ser para un cristiano lo más detestable, como carroña a una paloma o la basura a un cordero. Que recuerden todos aquellos aficionados al cohecho, cuyas manos sucias están repletas de sobornos, que ni la muerte ni el diablo pueden ser sobornados a la hora librarse de un destino funesto que se habrán ganado merecidamente.

C. H. SPURGEON

Y su diestra está llena de sobornos. Si en Turquía se comerciara con la religión de Mahoma, comprando y vendiendo beneficios de todos tipos, puestos de predicador, o incluso la salvación misma cuando se tercia, como está sucediendo aquí en Inglaterra, lo considerarían intolerable, y el Turco no consentiría tal cosa en modo alguno dentro de su territorio. Los cargos eclesiales han de ser elegidos u otorgados para cumplir con su misión eclesial a favor de las almas, no para sacar de ellos pingues beneficios y lucro personal. Un buen amigo y hermano acudió a un alto cargo eclesiástico aquí en Inglaterra con el propósito de que le consiguiera un puesto importante, entregando a uno de sus asistentes treinta manzanas en un plato para que las hiciera llegar a su amo; y al criado, por supuesto, una más para compensarle por su trabajo, de modo en el plato puso treinta y una. El criado entregó a su amo el plato de manzanas, diciéndole: «Señor, un clérigo os ha enviado este plato de fruta, y desea que le arregléis tal y tal asunto». «Vaya, vaya –replicó el alto funcionario–, pero este no es un asunto que pueda arreglarse tan fácilmente con manzanas. No estoy dispuesto a aceptar una sola de sus manzanas, pues tengo manzanas mucho mejores (cualquiera las tiene) en mi propio huerto». El criado volvió al clérigo con el mensaje de su amo; y entonces este le dijo: «Pues dile a tu amo que por condescendencia hacia mi, tenga la amabilidad de probar una de las manzanas, y verá como las encuentra mucho mejores de lo que él cree». Ante tal solicitud, el alto funcionario cortó una de las manzanas, encontrando en su interior diez monedas de oro. «Vaya, –exclamó– esta sí que es una buena manzana». Entonces, el clérigo peticionario, que observaba desde no muy lejos, viendo la reacción favorable, no dudó en gritar: «Señor, os aseguro que todas las manzanas son iguales, todas han crecidos en el mismo árbol y tienen el mismo sabor». A lo que el funcionario replicó con una sonrisa: «Sin duda sois una excelente persona, y no veo razón para no concederos lo que pedís. Tan solo traedme un injerto de este mismo árbol, y os garantizo uno de los mejores puestos en la Catedral de San Pablo».

HUGH LATIMER [1490-1555]
en un famoso sermón predicado ante el rey Eduardo VI en 1549

Y su diestra está llena de sobornos. Aún aquellos que más profundizan en la ley, y con mayor claridad disciernen la causa de la justicia, cuando alguien arroja sobre sus ojos el polvo del soborno, la córnea se les humedece, parpadean, y acaban finalmente cegados en connivencia. Horrible cosa es que la justicia viaje en un carruaje tirado por el dinero, rodeado de jinetes adornados con espuelas de oro, cuyo destino final sea y la injuria y la iniquidad. Mantengamos nuestras almas alejadas de semejante maldad, y que el oído que debe estar siempre abierto a las súplicas jamás se vea obstruido por la cera de la parcialidad. ¡Ay! ¡mal anda la verdad, cuando para ser escuchada necesita presentarse con un arete de oro colgando de la oreja![172]

THOMAS ADAMS [1583-1653]
En un sermón titulado *"The Soul's Sickness: A Discourse, Divine, Moral, and Physical"*, 1615

[172] En el original: *"a golden ear pick, or she cannot be heard"*. En nuestra sociedad actual cabría decir con toda propiedad: "con un 'piercing' de oro en la lengua", y expresaría incluso mejor la misma idea.

Y su diestra está llena de sobornos.

¿Con qué pueden hacerse todas las doctrinas
claras, honestas y aceptables? Muy sencillo.
Basta con doscientas libras anuales.
¿Y si es necesario demostrar
que lo recto es torcido, o viceversa?
¡Fácil! ¡Doscientas libras más!

SAMUEL BUTLER [1613-1680]
Hudibras, Part. III, Canto I[173]

Vers. 11. ***Mas yo andaré en mi integridad; redímeme, y ten misericordia de mí.*** *[Mas yo andaré en mi integridad; redímeme, y ten misericordia de mí.* RVR*] [Mas yo en mi integridad andaré; redímeme, y ten piedad de mí.* LBLA*] [Pero yo andaré en mi integridad. ¡Redímeme y ten misericordia de mí!* BTX*] [Yo, en cambio, llevo una vida intachable; líbrame y compadécete de mí.* NVI*] [Pero yo camino con rectitud, sálvame y apiádate de mí.* BLP*] [Pero yo no soy así; llevo una vida intachable; por eso, rescátame y muéstrame tu misericordia.* NTV*]*

Mas yo andaré en mi integridad; redímeme, y ten misericordia de mí.[174] Vemos aquí a un hombre amante de la santidad y la justicia expresar su protesta contra el aumento en el número de injustos. Es un no-conformista,[175] y está dispuesto a seguir adelante en solitario en su inconformidad, como el pez que nada contra la corriente. Confiando plenamente en Dios, el salmista resuelve que su elección será el camino de la integridad y la justicia; dejando que los demás elijan, si esa es su preferencia, los caminos tortuosos de la violencia y el engaño. Lo cual no implica que sea por ello un presuntuoso o que alardee de sus propias virtudes, en tanto que llora al propio tiempo implorando redención y aboga por la misericordia. Nuestra integridad no es absoluta ni tampoco inherente, es obra de la gracia en nosotros, y adolece por tanto de nuestra debilidad humana; debemos, pues, recurrir a la sangre redentora y al trono de la misericordia, confesando que aunque somos santos entre los hombres, seguimos en la necesidad perentoria de inclinarnos como pecadores ante Dios.

C. H. SPURGEON

---

[173] Estos versos de SAMUEL BUTLER [1613-1680] coinciden plenamente con los de su antecesor el poeta español JUAN RUÍZ [1284-1351], más conocido por el seudónimo de ARCIPRESTE DE HITA, en su conocida obra "El libro del buen amor", donde refiriéndose al poder del dinero escribe irónicamente: *"Si tuvieres dinero tendrás consolación, / placeres, alegrías y del Papa ración, / comprarás Paraíso, ganarás salvación: / donde hay mucho dinero hay mucha bendición"*. Ver al respecto la nota 119 del Salmo 49 en el Tomo I.

[174] Dice al respecto AGUSTÍN DE HIPONA [354-430]: «Baste un precio tan incalculable como es el de la sangre de mi Señor para obrar mi completa redención; y que tu misericordia no me abandone ante ninguno de los peligros de esta vida» Y CASIODORO [485-583]: «*"Redímeme"*, es decir, hazme libre por medio de la sangre preciosa de tu venida a través de la cual el mundo fue liberado cuando se hallaba sujeto al pecado (Efesios 2:1-7)».

[175] Spurgeon juega aquí con la palabra *Nonconformist,* término aplicado de entrada a los dos mil clérigos puritanos que en 1662, tras la *Restoration* o restauración de la monarquía en 1660, en 1662 dejaron la *Iglesia Anglicana* antes que someterse a la *Act of Uniformity*, Acta de Uniformidad que demandaba conformidad con el Libro de Oración Común. Más tarde se aplicó a los disidentes protestantes y en general a los que en cualquier periodo de la historia inglesa, desde el establecimiento del protestantismo, hubieran rechazado conformarse a las doctrinas y prácticas de la Iglesia establecida.

Vers. 12. ***Mi pie ha estado en rectitud; en las congregaciones bendeciré a Jehová.*** *[Mi pie se ha mantenido en rectitud; en las congregaciones bendeciré a Jehová.* RVR*] [Sobre tierra firme está mi pie; en las congregaciones bendeciré al Señor.* LBLA*] [Mis pies están en suelo firme, en las congregaciones bendeciré a YHVH.* BTX*] [Tengo los pies en terreno firme, y en la gran asamblea bendeciré al Señor.* NVI*] [Mis pies están firmes en el camino recto. en medio de la asamblea bendeciré al Señor.* BLP*] [Ahora piso tierra firme, y en público alabaré al Señor.* NTV*]*

Sobre tierra firme está mi pie; en las congregaciones bendeciré al Señor. El cántico, que empezó en tono menor, alcanza aquí el tono mayor.[176] Es frecuente que el canto de los santos progrese paulatinamente hasta alcanzar un clímax de felicidad. Esa *"tierra firme"*,[177] el lugar plano sobre el cual se apoya nuestro pie es nuestra seguridad, la fidelidad al pacto, la promesa eterna y juramento inmutable del Señor de los ejércitos; no hay temor alguno de que podamos caer de esta base sólida, o de que sea retirada de debajo de nosotros. Estamos firmemente establecidos en Cristo Jesús[178] y permanecemos unidos a él de forma vital, de modo que no tenemos nada que altere nuestros pensamientos fuera de las virtudes de nuestro Dios. No olvidemos, por tanto *"congregarnos"* con los demás santos,[179] y cuando lo hagamos, no seamos parcos en contribuir con nuestra porción de alabanza y acción de gracias. Cada creyente en particular es un testimonio vivo de la fidelidad divina, y debe estar listo para testificar de ello. En cuanto a los calumniadores, dejadlos que aúllen de puertas afuera, mientras los hijos cantan dentro.

C. H. SPURGEON

[176] Se refiere a la tonalidad de un fragmento u obra musical, es decir, la tónica, junto con los acordes y las escalas asociados, en torno a la cual giran las frases y progresiones musicales. Las escalas musicales en modo mayor son las que tienen una distancia de tercera mayor entre el primer y el tercer grado, y una tercera menor entre el tercer y el quinto grado. Las escalas musicales en modo menor tienen como característica más destacada que la distancia entre su primer y tercer grados es de tercera menor (un tono y medio). Los griegos adjudicaban una personalidad propia a cada uno de los modos: jónico, dórico, frigio. Para un oído entrenado, cada modo es distinto y se puede reconocer por sus diferentes intervalos y sonoridad generada. A partir del sistema tonal, se establecen el modo mayor y el modo menor con una clara diferenciación sonora, e incluso en la música popular se reconocen sus personalidades como alegre y triste respectivamente. Por ejemplo: una composición en "*Do* mayor" se considera de carácter alegre, festivo, puro, inocente y simple; mientras que una composición en "*Do* menor" se considera oscura y triste, de anhelos y suspiros. Y así hasta completar toda una tabla que va desde el *Do* mayor/menor siguiendo cada una de las notas hasta el "*Si* mayor": duro, doliente, deslumbrante, fuertemente coloreado, anunciando pasiones salvajes, enfado, odios y resentimientos; y el "*Si* menor": solitario, melancólico, ermitaño, paciente, sumiso. Aunque sin duda se dan las inevitables excepciones, como es el caso de *"Liebesträume"* de FRANZ LISZT [1811-1886], mejor conocida como *"Sueño de Amor"*, una composición dulce y romántica escrita en "La bemol menor", que según la tabla significa gravedad, muerte y putrefacción.

[177] En hebreo בְּמִישׁ֑וֹר *bəmîšōwr* de מִישׁוֹר *mishor,* "llano o plano", y que en esta forma solo se utiliza en este salmo. La versión inglesa KJV lo traduce como *even place,* "lugar nivelado". KRAUS traduce *"Mi pie descansa sobre suelo llano"*. SCHÖKEL: *"mi pie se mantiene en el camino recto"*.

[178] Efesios 3:17-19; Colosenses 2:6-7.

[179] Hechos 2:41-42; Hebreos 10:25.

Sobre tierra firme está mi pie.[180] El salmista afirma que el pie del justo se apoya en terreno llano; no camina vacilante y dando bandazos, como los que andando por terreno desigual se tambalean de un lado a otro; o los que tienen una pierna más corta que la otra, como dice Salomón: *"Las piernas del cojo son desiguales"*[181] lo que les impide caminar de manera equilibrada porque una pierna es larga y la otra corta. Los pies de la persona justa y sincera están nivelados, y sus piernas son de la misma longitud; lo que dicho en sentido moral y espiritual, se traduce en que prestan la misma atención por igual a todos dictados de la voluntad de Dios y los siguen meticulosamente. En cambio el hipócrita tiene, como el tejón, un pie más corto que otro;[182] o como el caballo renco[183] no se sostiene estable en sus cuatro patas, algo fácil de percibir porque evita apoyar una de ellas.

WILLIAM GURNALL [1617-1679]
"Christian in complete armour, or, a treatise of the saints war against the Devil", 1655

Sobre tierra firme está mi pie. Así como la persona cuyos pies están firmemente asentados sobre terreno llano es improbable que caiga, así también los creyentes piadosos, que adoran al Señor y esperan en él, no sienten temor alguno de que finalmente sus adversarios puedan acabar triunfando sobre de ellos.[184]

WILLIAM WALFORD [1773-1850]
"The Book of Psalms. A New Translation, with Notes", 1837

---

[180] La versión inglesa KJV traduce: *"My foot standeth in an even place"*, "mi pie se apoya sobre un lugar nivelado". En hebreo רַגְלִי עָמְדָה בְמִישׁוֹר *raḡlî 'āmədāh ḇəmîšōwr,* de מִישׁוֹר *mishor,* "plano, llano, nivelado, recto", como en Jueces 13:9: *"los llanos de Medeba";* o Salmo 143:10; *"Tu buen espíritu me guíe por terreno llano"* (RVR1977).

[181] Proverbios 26:7. Traducción literal de la versión inglesa KJV: *"The legs of the lame are not equal"*. El hebreo dice דַּלְיוּ *dalyū* de דָּלַל *dalal,* "corto, bajo, hundido, colgado".

[182] Que el tejón (o *"badger"* en inglés) tenía las patas del lado izquierdo más cortas que las del derecho era una antigua tradición, no confirmada por la ciencia, y que ya SIR THOMAS BROWNE [1605-1682] pone en duda en el siglo XVII en su obra *"Pseudodoxia Epidemica"* publicada en 1646 al hablar del tejón. Pero así lo describe la *"Historie of Foure-footes Beasts",* de EDWARD TOPSELL [1572-1625], publicada en 1607. Y esa tradición fue utilizada por muchos escritores puritanos como ejemplo moral para describir a los hipócritas, que ponen un énfasis especial en ciertas obligaciones morales y espirituales saltándose otras. Así hace THOMAS WATSON [1620-1686] en *"A body of practical divinity"*, 1692, y en este caso WILLIAM GURNALL [1617-1679].

[183] En el original *"foundered horse"* la traducción literal sería: que cojea porque está afectado de *infosura,* una inflamación en el casco de las caballerías.

[184] Tras la revocación en 1685 de todos los privilegios concedidos a los protestantes hugonotes por el Edicto de Nantes, LUIS XIV DE FRANCIA [1638-1715], mandó quemar todas las Biblias que to fueran en latín, destruir los locales de culto, cerrar las escuelas, confiscar los bienes de todos los nobles protestantes, y desterrar a todos los pastores y ministros de lo que se conocía en Francia como *"La Religion Pretendiie Reformer"*, "La Pretendida Religión Reformada". Pero a su vez, para no debilitar su frágil economía, impidió a los fieles emigrar. A pesar de la prohibición alrededor de unos 250.000 protestantes, con gran esfuerzo y sufrimiento, lograron salir del país exilándose a Suiza, Holanda e Inglaterra. JACQUES PINETON DE CHAMBRUN [1635-1689], perteneciente a una familia de la nobleza de Francia y pastor en Nimes cuenta en su autobiografía *Les Larmes de Jacques Pineton de Chambrun,* "Las lágrimas de Jacques Pineton de Chambrun" que cuando finalmente lograron alcanzar una tierra que les acogía garantizándoles la libertad que su patria les había negado y avistaron finalmente la ciudad de Ginebra cantaron en Salmo 26 con los ojos inundados de lágrimas, con un especial énfasis en el versículo doce al decir: *"Sobre tierra firme está mi pie; en las congregaciones bendeciré al Señor"*.

SALMO 28

SALMO DEL AGRADECIDO

Título: De nuevo el título *"Salmo de David"*, es demasiado general para darnos alguna pista sobre la ocasión en que fue escrito. Su posición, a continuación del Salmo 27, parece intencional, es una secuela perfecta que le va como anillo al dedo. Es otro de esos *"cánticos vespertinos"*[1] en los que la que la pluma de David era tan prolífica. Decían los antiguos naturalistas que la espina en el pecho del ruiseñor le hace cantar;[2] las aflicciones de David le daban elocuencia a su santo Salterio. La súplica principal de este Salmo es que el orante no sea confundido con los que obran iniquidad, para los cuales expresa su mayor desprecio; y es aplicable a cualquier creyente calumniado, que mal comprendido por los hombres y tratado por ellos como persona indigna, está ansioso de presentarse rectamente ante el tribunal de Dios.[3] Aplica también al Señor Jesús intercediendo en nombre de su pueblo.[4]

C. H. SPURGEON

Estructura: Los dos primeros versículos (28:1-2) son una solicitud de audiencia ante el Señor en situación de emergencia extrema. Del dos al cinco (28:2-5) describen la porción de los malos como algo despreciable. Los versículos del seis al ocho (28:6-8) elogian la misericordia

---

[1] Ver salmos 4 y 121.

[2] La vinculación poética y mitológica entre el canto del ruiseñor y las espinas viene de muy lejos. Uno de los ejemplos mas conocidos y antiguos se encuentra en "Las metamorfosis" de OVIDIO [43 a.C-18 d.C], Libro vi, donde narra la triste historia de la princesa ateniense Filomena, transformada en ruiseñor tras haber sido violada por su cuñado Tereo, quien para que no pudiera contar su fechoría le cortó la lengua con la mayor crueldad; un mito plasmado en las obras de numerosos poetas, músicos y pintores de todas las épocas. Plinio el Viejo [23-79], en su "Historia Natural" hace una amplia descripción de las características del ruiseñor y de su canto, pero no menciona en absoluto el tema de la espina.

[3] ATANASIO DE ALEJANDRÍA [296-373] en su carta a su discípulo Marcelino sobre la naturaleza y valor de los salmos le dice refiriéndose a este: «No hagas caso de las amenazas de tus adversarios ni prestes atención alguna a su desfachatez; pero es probable que insistan, y la naturaleza humana es débil, en tal caso, pide ayuda al Señor cantando el Salmo 28». El Tomo I de "El Tesoro de David" incluye una traducción completa de la Carta de Atanasio a Marcelino. [Tomo I - pp. 50].

[4] Basándose en el texto de la Septuaginta y la Vulgata muchos de los comentaristas antiguos vieron en este Salmo a Cristo en su pasión y resurrección:

– EUSEBIO DE CESAREA [267-338] afirma tajantemente: «El Salmo 28 se refiere a Cristo porque comienza con la oración que hizo durante su pasión: *"¿por qué permaneces silencioso?"* (28:1)»

– AGUSTÍN DE HIPONA [354-430] dice: «Quien habla en este Salmo es el Mediador en persona batallando con poder en el conflicto de su pasión, perdonando a sus enemigos y no deseándoles el mal, sino profetizando aquel del cual ellos mismos se harían acreedores con su proceder».

– En el siglo XX, SCHÖKEL hace esta hermosa transposición cristiana: «El grito de Cristo en la cruz *"¿por qué me has abandonado?"* parece resonar dentro del silencio de Dios (28:1), por el cual Cristo inocente se asemeja a la suerte de los pecadores que bajan a la fosa (28:1). Se diría que el Padre los confunde (28:3), pero no es así. El *"corazón"* de Cristo *"confía"* en el Padre (28:7) y este *"salva a su Ungido"* más allá de la muerte (28:8). Gracias a esa salvación fundacional, podemos pedir con éxito que Dios *"salve a su pueblo, a su heredad"* (28:9). Cristo glorificado *"guiará"* a su rebaño por siempre (28:9)». [*Salmos, Tomo I, 1-72,* Ediorial Verbo Divino, Estella, Navarra, 1992].

del Señor al haber escuchado su súplica. Y concluye con una petición general a favor de todos los creyentes militantes.

C. H. SPURGEON

Versión poética:

AT TE DOMINE CLAMABO

Clamaré a ti, Señor, de noche y día,
respóndeme, Dios mío, que si callas,
creeré que ya estoy muerto, como aquellos
que ya sin vida al lago oscuro bajan.

Cuando las manos alzo hacia tu templo,
cuando mi corazón a ti se alza,
escúchame, Señor, no te hagas sordo
al suplicante son de mis palabras.

No esperes a destruir mis enemigos,
cuando ya su furor rendido me haya,
que esto fuera igualar nuestro destino,
y el bueno y el malvado no se igualan.

Ellos son unos pérfidos traidores,
que ocultan su maldad, y con la capa
de amigos, esconder saben aleves
malos designios, intenciones malas.

Trátalos pues, Señor, como merecen,
no menos que sus obras sus palabras
y según corresponde a las inicuas
maquinaciones, que alevosos traman.

Castígalos, Señor, que así lo exigen
sus acciones injustas y malvadas,
y haz que todo el mal que me desean,
sobre ellos mismos redoblado caiga.

No quieren entender estos inicuos
que es tu mano, Señor, tu mano santa
la que obra en mi favor, y que ella misma
es la que sus intentos desbarata.

No temen que tu brazo omnipotente,
que con tanto vigor a mí me salva,
no se pueda volver también contra ellos,
y que el que me protege los abata.

Pero ya siento que el Señor me escucha,
y que ve mi humildad con vista grata;
bendito sea su divino nombre,
bendita sea su piedad tan blanda.

El Señor es mi auxilio, mi refugio,
porque en él puse siempre mi esperanza,
en todos los temores a él recurro,
y en todos su socorro no me falta.

Mi carne ya agotada, ya marchita
reflorece de nuevo con su gracia,
y por eso con todos sus afectos
publicará mi labio su alabanza.

El Señor es la fuerza de su pueblo,
y de sus riesgos próvido le saca,
como en tantos peligros diferentes
ha salvado a su Cristo, porque le ama.

Bendice, oh Dios, tu pueblo preferido,
que quisiste hacer tu herencia santa,
y condúcelo en fin, hasta que llegue
a otra herencia más digna y soberana.

Del "Salterio Poético Español", Siglo xviii

Vers. 1. *A ti clamaré, oh Jehová. Roca mía, no te desentiendas de mí, para que no sea yo, dejándome tú, semejante a los que descienden al sepulcro.* *[A ti clamaré, oh Jehová. Roca mía, no te desentiendas de mí, para que no sea yo, dejándome tú, semejante a los que descienden al sepulcro.* RVR*] [A ti clamo, oh Señor; roca mía, no seas sordo para conmigo, no sea que si guardas silencio hacia mí, venga a ser semejante a los que descienden a la fosa.* LBLA*] [A Ti clamo, oh YHVH, Roca mía. No guardes silencio para conmigo, no sea que te desentiendas de mí, y llegue a ser semejante a los que bajan al sepulcro.* BTX*] [A ti clamo, Señor, roca mía; no te desentiendas de mí, porque si guardas silencio, ya puedo contarme entre los muertos.* NVI*] [Señor, a ti te llamo; no me ignores, fortaleza mía, que si tú no me hablas seré como los muertos.* BLP*] [A ti elevo mi oración, oh Señor, roca mía; no cierres tus oídos a mi voz. Pues si guardas silencio, mejor sería darme por vencido y morir.* NVI*]*[5]

[5] La versión griega de los LXX o Septuaginta lee σύ κύριος κράζω ὁ θεός ἐγώ μή παρασιωπάω ἀπό ἐγώ, literalmente: "A ti, Señor, he gritado. Dios mío, no quedes silencioso separándote de mí". Algunos Padres

A ti clamo, Señor. El clamor y el llanto son expresiones naturales de la aflicción, y adecuadas cuando nos fallan todos los demás recursos de apelación. Pero ese clamor ha de ser dirigido únicamente al Señor, pues clamar al hombre es desperdiciar nuestras súplicas en el aire. Si tenemos en cuenta la capacidad del Señor para escuchar, y su disposición para ayudar, veremos que hay buenas razones para dirigir de inmediato todas nuestras apelaciones al Dios de nuestra salvación utilizando el lenguaje resoluto que hallamos en este versículo: *"A ti clamo"*.

Roca mía.[6] Nuestra *Roca* es inmutable,[7] fundamento inamovible de todas nuestras esperanzas, nuestro amparo en tiempos de angustia y nuestro auxilio en la tribulación;[8] ante cualquier peligro estamos determinados a refugiarnos en él. En vano será clamar a las rocas en el día del juicio,[9] pero nuestra Roca escucha siempre nuestros clamores.

No seas sordo para conmigo. No permanezcas silente, no me ignores, no te desentiendas de mí. A los formalistas les da igual si sus peticiones se quedan sin respuesta, presentan sus oraciones y consideran que ya han cumplido con su deber; pero los suplicantes genuinos no se conforman tan fácilmente, no les basta con la acción reflexiva de la propia oración tranquilizando la mente y doblegando la voluntad, van más allá: exigen respuestas del cielo reales, si puede ser de inmediato, y no descansan hasta obtenerlas; a lo que más temen es al silencio de Dios.[10] A menudo la voz de Dios es algo tan terrible que hace temblar el desierto;[11] pero su silencio es igual de terrorífico, y llena de pavor al suplicante ansioso. Cuando nos dé la sensación de que Dios cierra su oído, jamás cerremos nosotros la boca, al contrario: clamemos más fervientemente; pues en cuanto nuestro clamor aumente en agonía y fervor, no tardará en respondernos. ¡Si el Señor permaneciera silencioso ante nuestras oraciones de modo permanente estaríamos definitivamente perdidos! Este pensamiento cruzó de manera fugaz la mente de David, y le llevó a redoblar sus súplicas, mostrándonos con ello que en nuestras oraciones es preciso que argumentemos y razonemos con Dios.

No sea que si guardas silencio hacia mí, venga a ser semejante a los que descienden a la fosa.[12] Privados del Dios que responde a nuestras oraciones, estaríamos en peor situación que los muertos en sus tumbas, y pronto nos hundiríamos al mismo nivel de los que se ven arrastrados al infierno. Nos

---

de la Iglesia ven en este ἀπό, "separándote", una referencia directa a la κένωσις o misterio de las dos naturalezas de Cristo: divina y humana.

– Agustín de Hipona [354-430]: «no separes el Verbo de la humanidad, tu Palabra de aquello por lo cual soy hombre, *"para que no sea yo, dejándome tú, semejante a los que descienden al sepulcro"*. Pero mientras tu Palabra, que es eterna, mantenga su unión conmigo, no soy hombre como los demás hombres, confinados a las miserias de este mundo donde tú permaneces silencioso».

– Arnobio el Joven [siglo v]: «Confesamos que el Hijo es Dios y hombre verdadero, perfecto Dios y perfecto hombre, por tanto estamos convencidos de que quien habla en este Salmo es su naturaleza humana, suplicando al Padre que, puesto que no ha cometido pecado (1 Pedro 2:22), no sea contado entre los pecadores».

[6] En hebreo צוּרִי *ṣūrî.* La misma expresión encontramos en 2 Samuel: 22:3,47; Salmo 18:2;46:19:14; 62:2,6; 92:15; 144:1. El concepto de Dios como Roca de salvación de su pueblo surge ya en el cántico de Moisés: *"Él es la Roca, cuya obra es perfecta, porque todos sus caminos son rectitud; Dios de verdad, y sin ninguna iniquidad en él; es justo y recto"* (Deuteronomio 32:4).

[7] Salmo 18:2; 92:15.

[8] Salmo 46:1.

[9] Isaías 2:17-21; Oseas 10:8; Lucas 23:30; Apocalipsis 6:16.

[10] Salmo 35:22; 83:1.

[11] Salmo 29:8.

[12] En hebreo בּוֹר *bōwr,* que en este caso designa el inframundo o la región de los muertos. Ver Salmo 30:3; 88:4-5; 143:7; Proverbios 1:12; Isaías 14:12,19; Ezequiel 26:20; 31:14,16; 32:18,23-25,29-30.

es *imprescindible* obtener respuesta a la oración: nuestro caso es de necesidad extrema, de urgencia desesperada; y por tanto, no hay duda de que el Señor responderá infundiendo en nuestras mentes agitadas sentimientos de paz, porque su corazón no tolera que sus escogidos perezcan.[13]

C. H. Spurgeon

A ti clamo, Señor. Es de suma importancia que tengamos un objetivo concreto en que fijar nuestros pensamientos. El ser humano, en el mejor de los casos, tiene poca capacidad para las abstracciones; y menos todavía en momentos de aflicción, en los que se ve indefenso y necesitado de todas las ayudas posibles; si en tal estado su mente comienza a divagar en abstracciones, se agotará pronto, y exhausto, no tardará en hundirse. Dios ha dispuesto en su gracia que tal cosa no tiene por qué suceder. Y por ello se ha manifestado al hombre a través de su palabra, para que cuando se sienta afligido pueda fijar su mente en él como objetivo definido de su fe, su esperanza, y su oración. *"Clama a mí, y yo te responderé, y te enseñaré cosas grandes y ocultas que tú no conoces"*.[14] Esto fue exactamente lo que hizo el salmista; y en sus palabras, la precisión de Dios como objetivo concreto de su confianza en la oración, está muy claramente definido. ¡Qué privilegio tan grande el de los cristianos! Pueden fijar sus ojos en Jesús y, sin forzar la imaginación, contemplar al Santo que los mira y escucha desde arriba, listo para responder a sus súplicas. Querido lector, en tiempo de tribulación no desvaríes, que tus suspiros no se pierdan en el vacío, que tus pensamientos no vayan de un lado a otro buscando un punto en que fijarse; alguien a quien puedas contar tus cuitas, las necesidades y el desconsuelo de tu corazón. Fija tu mirada en Dios, como hizo el salmista y di: *"A ti clamo, Señor"*. Feliz el hombre que siente y sabe que cuando llegue el golpe de la tribulación no va a quedar perplejo y confuso. Aunque no pueda evitar el dolor, sabe que cuenta con un recurso maravilloso, y echará mano de él. Lo que expresa el salmista con estas palabras no es vana teoría o simpatía hacia un Dios abstracto: es plena seguridad, el conocimiento certero de un Dios personal, un sentimiento interno irrefutable que le lleva gritar: *"A ti clamo, Señor"*, y todo creyente verdadero hará suyo tal clamor en la misma manera.

Philip Bennet Power [1822-1899]
"'I wills' of the Psalms", 1862

Roca mía. Una amiga del reverendo William Evans,[15] un piadoso ministro del evangelio en Inglaterra, le preguntó poco antes de su muerte cómo se sentía. «Por lo que respecta a mí soy la

[13] Dice al respecto Francisco Lacueva [1911-2005] en el "Comentario de Matthew Henry": «El salmista ruega a Dios que le escuche y le responda en el aprieto en que se encuentra (versículos 1-2): *"A ti clamaré"*: אֶקְרָא *'eqrā,* es decir, "estoy clamando"; *"oh Jehová roca mía"*: צוּרִי *ṣūrî,* denotando con esta expresión su fe en el poder protector de Dios, como quien se halla en grave aprieto, presto a hundirse, a menos que tú acudas enseguida con el oportuno socorro– *"no te desentiendas de mí"*: תֶּחֱשֶׁה *teḥĕšeh* no te apartes de mi en silencio– *"como los que descienden a la fosa"*: בּוֹר *bōwr;* pues si tú me dejas, estoy tan perdido como los que van al sepulcro. *"Estoy alzando mis manos hacia tu santo templo"*: אֶל־דְּבִיר קָדְשֶׁךָ *'el-dəḇîr qāḏšeḵā,* el oráculo de tu santidad, para recibir de allí una respuesta de paz. Vemos aquí que el Lugar Santísimo es llamado: דְּבִיר *dəḇîr* oráculo porque allí estaba el propiciatorio, y Jehová que mora entre los querubines, se dirigía desde allí a su pueblo (Números 7:89). Esto era tipo de Cristo, y a él es a quien hemos de levantar nuestros ojos, nuestras manos y nuestro corazón, puesto que mediante él nos vienen de parte de Dios todos los bienes de que disfrutamos».

[14] Jeremías 33:3.

[15] Se refiere a William Evans [¿?-1720], teólogo y pastor presbiteriano en Gales, fundador de la *Welsh Academy,* institución teológica para la formación de pastores, que inició en su propia casa. Su principal obra escrita es *"The Principles of the Christian Religion"*, publicada en 1707.

debilidad personificada –respondió–, pero estoy sobre la Roca. Por tanto, no experimento esas crisis que muchos atraviesan al final de sus días, pues mi dependencia está firme en la misericordia de Dios en Cristo. En ello se fundamenta mi fe, y así debe seguir hasta el final».

ANÓNIMO

Roca mía. El reverendo John Rees,[16] de Crownstreet, Soho, Londres, recibió en su lecho de muerte la visita del reverendo John Leifchild,[17] quien le pregunto si se sentía capaz describir su estado mental ante la muerte. Esta apelación al honor de su fe reavivó de tal modo su llama moribunda que, incorporándose en su cama, miró a su amigo a los ojos y le respondió con aplomo, dignidad y energía: «La persona de Cristo, el amor del corazón de Cristo, y el poder del brazo de Cristo, son la roca sobre la cual me apoyo; y ahora – prosiguió reclinando suavemente la cabeza sobre la almohada– ¡muerte, golpea cuando quieras!»

KAZLITT ARVINE [1819-1851]
"Cyclopaedia of Moral and Religious Anécdotes", 1848

No seas sordo para conmigo.[18] El corazón humano espera de Dios que le hable:[19] *"No seas sordo para conmigo, no sea que si guardas silencio hacia mí..."* Cuando oramos queremos que Dios nos responda de inmediato, que se manifieste por nosotros y se muestre como nuestro Padre. ¿Y qué deseamos que nos diga? Que nos confirme que ha escuchado nuestra petición y que actúe en nuestro favor porque es nuestro Padre. Pero no tan solo a través de la fe, sino también del sentimiento, queremos oír su voz en nuestro interior de modo claro y directo, tal y como nosotros le hablamos a él. Cuando nos sentimos seguros de que Dios nos ha escuchado, estamos más predispuestos a dejar en sus manos, con mayor confianza, el tema por el que hemos estado orando. Puede que la respuesta se demore largo tiempo; puede que las cosas empeoren y nos dé la impresión de que las circunstancias juegan en contra nuestra; puede incluso que no haya ninguna acción directa de Dios en el escenario; no importa: nuestra certeza de que Dios ha escuchado nuestro clamor hará que nuestra fe siga intacta, firme y fuerte, y experimentaremos consuelo en nuestro corazón. Nos diremos a nosotros mismos: «Dios conoce mi situación, me lo ha dicho explícitamente, y por tanto, me siento en paz». Y esto debe ser suficiente. No cometamos la imprudencia de tratar de inducir a Dios a hablar mucho cuando es su voluntad hablar poco: la mejor respuesta que podemos tener en ciertos momentos es la de saber que nos ha escuchado, saber que él nos oye, ya estimula y ejercita nuestra fe. Hablando de la tardanza

---

[16] Se refiere a JOHN REES [1779-1883], pastor de Crown Street Chapel en el Soho de Londres. La obra *"Remains of the Rev. John Rees, late of Crown Street Chapel"* contiene sus sermones recopilados por su esposa.

[17] Se refiere a JOHN LEIFCHILD [1780-1862], escritor y elocuente predicador, pastor de *Craven Chapel*, Bayswater (Londres) de 1831 a 1854, y posteriormente de *Queen's Square Chapel,* en Brighton.

[18] En hebreo אַל־תֶּחֱרַשׁ מִמֶּנִּי *'al-teḥĕraš mimmennî.* KRAUS traduce: *"No te apartes en silencio de mí"*; SCHÖKEL traduce: *"No te me hagas el sordo"*.

[19] Sobre el silencio de Dios SCHÖKEL hace esta interesante reflexión: «El hombre puede despreocuparse; pero también puede sentir opresivamente el silencio de Dios. Sentirlo como carencia, como vacío, es ya relacionarse con Dios o sea, tenerlo dentro; psicológicamente, escuchar el silencio puede ser una experiencia profunda. Así sucede que la "llamada y grito" del orante rompen y atraviesan ese silencio insoportable. También los cantos del versículo 7 brotarán inmediatamente de este silencio» [*Salmos, Tomo I, 1-72,* Ediorial Verbo Divino, Estella, Navarra, 1992].

del Salvador en contestar la petición de la mujer cananea,[20] Rutherford[21] dice lo siguiente: «El texto del evangelio nos dice que *"No le respondió palabra"*,[22] pero no dice en absoluto que: "no escuchara palabra". Cristo siempre escucha, aunque ocasionalmente no responda. Pues en muchos casos, no responder ya es una respuesta, equivale a decirnos: "Sigue orando, sigue clamando", pues por el momento el Señor ha decidido mantener esta puerta cerrada; mas no para dejarte fuera, sino para que sigas llamando: *"llamad y se os abrirá"*».[23]

PHILIP BENNET POWER [1822-1899]
"'I wills' of the Psalms", 1862

No sea que si guardas silencio hacia mí, venga a ser semejante a los que descienden a la fosa. Mira, oh gran Dios, mi triste situación. Nada en este mundo deseo ni me complace más que servirte, y no obstante, la desgracia de mi destino y los deberes de mi entorno me obligan a relacionarme con personas que consideran toda piedad como algo censurable y ridículo. Con horror escucho todos los días, en silencio, cómo blasfeman de los dones inefables de tu gracia, y ridiculizan la fe y el fervor de los fieles, como si se tratara de imbecilidad mental. Expuesto a tamaña impiedad, oh Dios mío, mi único consuelo es hacer que mis gritos de angustia asciendan hasta el pie de tu trono. Pues, aunque por el momento estas blasfemias sacrílegas no despiertan en mis emociones más que horror y compasión, temo que a la larga me puedan debilitar y seducirme, llevándome a un curso equivocado, indigno de tú gloria y de la gratitud que te debo. Temo que inconscientemente me convierta en un cobarde que se ruborice de pronunciar tu nombre; un pecador capaz de resistir los impulsos de tu gracia; un traidor incapaz de plantarles cara con mi testimonio; un impostor capaz de disfrazar bajo el nombre de prudencia lo que no es más que timidez culpable. Siento cómo ese veneno se insinúa en mi corazón, pues aunque no quisiera que mi conducta se asemejara en nada a la suya, el temor me invade cuando estoy a su lado y me impide confrontarles, por miedo a ofenderles. No me atrevo a imitarlos, pero temo aún más irritarlos. Sé que es imposible agradar a la vez al mundo corrupto y al Dios santo, y, con todo, estoy perdiendo de vista esta verdad, pues en lugar de servir para sustentar mi decisión, me hundo cada vez más en una vacilación inexcusable. ¡Qué otra cosa puedo hacer sino implorar tu ayuda! Fortaléceme, oh Señor, contra estas vacilaciones, estos baches tan perjudiciales para tu gloria, tan fatales para la fidelidad que se te debe. Déjame escuchar tu voz que me vivifique y me infunda ánimo, reanima mi débil fe, pues presiento que estoy a un paso del desespero y la prevaricación. Me encuentro al borde del precipicio, listo para caer en una complicidad delictiva con aquellos que sé me arrastrarán finalmente hasta la fosa.

JEAN BAPTISTE MASSILLON [1663-1742][24]
"A spiritual paraphrase of some of the Psalms, in the form of devout meditations and prayers", 1805.

Vers. 2. *Oye la voz de mis ruegos cuando clamo a ti, cuando alzo mis manos hacia tu santo templo.* *[Oye la voz de mis ruegos cuando clamo a ti, cuando alzo mis manos hacia tu santo templo.* RVR*] [Escucha la voz de mis súplicas cuando a ti pido auxilio; cuando levanto mis manos hacia el*

[20] Mateo 15:21-28.

[21] Se refiere a SAMUEL RUTHERFORD [1600-1661], teólogo, predicador y pastor escocés, que tomó parte en la *Westminster Assembly.* Reconocido escritor y autor de numerosas e importantes obras, todas ellas muy apreciadas y citadas por Spurgeon.

[22] Mateo 15:23.

[23] Mateo 7:7; Lucas 11:9.

[24] El original inglés nos advierte que este párrafo es una "traducción libre" del propio Spurgeon del texto original francés.

lugar santísimo de tu santuario. LBLA*] [Oye la voz de mis súplicas cuando clamo a Ti, cuando alzo mis manos hacia el lugar santísimo de tu santuario.* BTX*] [Oye mi voz suplicante cuando a ti acudo en busca de ayuda, cuando tiendo los brazos hacia tu lugar santísimo.* NVI*] [Escucha mi grito de súplica cuando te invoco, cuando alzo mis manos hacia tu santuario.* BLP*] [Escucha mi oración que pide misericordia, cuando clamo a ti por ayuda, cuando levanto mis manos hacia tu santo templo.* NTV*]*

Oye la voz de mis ruegos[25] *cuando clamo a ti.* El segundo versículo va en la misma línea que el primero: ¡Escúchame! ¡Escúchame! *"Escucha la voz de mis súplicas".* Cuando en profundo espíritu de oración nos esforzamos hasta ser inoportunos y agonizamos en nuestras súplicas hasta conseguir audiencia, no podemos encontrarnos con una negativa. La palabra hebrea תַּחֲנוּנַי *taḥănūnay* de תַּחֲנוּן *tachanun, "súplicas"*, viene en plural para mostrarnos el número, la continuidad, y la variedad de las oraciones; mientras que la expresión *"oye la voz"*[26] parece indicar que hay una voz interior, la voz del corazón, y de la cual los verdaderos hombres se preocupan más que de sus expresiones externas y audibles. Una oración silenciosa puede hablar con voz más alta que los gritos de los sacerdotes que vociferaban para despertar a Baal.[27]

Cuando levanto mis manos[28] *hacia el lugar santísimo de tu santuario.*[29] El lugar santísimo era un tipo de Cristo, y si nosotros queremos ser aceptados, debemos recurrir siempre a la sangre derramada en el propiciatorio de su expiación. Levantar las manos siempre ha sido un gesto de devoción, y su significado es demostrar que dirigimos nuestra atención hacia arriba, hacia Dios, con el fervor y la disposición a recibir las bendiciones que imploramos. Extendemos nuestras manos vacías, porque somos mendigos; las levantamos, porque buscamos provisiones de arriba, provisiones celestiales; y las dirigimos hacia el lugar santísimo, el propiciatorio, el trono de misericordia de Cristo Jesús, porque es allí donde está nuestra esperanza. ¡Siempre que utilicemos gestos devotos, hagámoslo con corazones quebrantados, pues ello apresurará la acción divina!

C. H. SPURGEON

---

[25] En hebreo שְׁמַע קוֹל תַּחֲנוּנַי *šəma' qōwl taḥănūnay.*

[26] En hebreo שְׁמַע קוֹל *šəma' qōwl, "la voz de mis súplicas"*, ver Salmo 86:6; 116:1; 130:2; 140:6.

[27] 1 Reyes 18:25-29.

[28] En hebreo בְּנָשְׂאִי יָדַי *bənāśə'î yāḏay.* Ver Sal 63:4; 134:2; 141:2; Lamentaciones 2:19; 3:41; Nehemías 8:6; 1 Timoteo 2:8. Los Padres de la Iglesia comentaron:

– AGUSTÍN DE HIPONA [354-430] ve en ese "levanto mis manos" los brazos de Cristo extendidos sobre la Cruz: «siendo crucificado para la salvación de aquellos que vendrán a ser tu santo templo (1 Corintios 3:16)».

– ORÍGENES [185-254] dice al respecto: «Nuestras manos son nuestras buenas obras con las cuales nos hacemos "tesoros en el cielo" (Mateo 6:19,29), de modo que cuando hacemos tesoros en el cielo levantamos nuestras manos y vencemos al enemigo; como cuando Moisés levantaba sus manos Israel avanzaba victorioso, pero cuando las bajaba prevalecía Amalec (Éxodo 17:11). Porque cuando levanto mis manos a Dios, al levantar las manos levanto también mi espíritu hacia él y venzo a Amalec. Necesitamos, por tanto, levantar nuestras manos a Dios, hacia su templo santo que es su gloria».

[29] TEODORETO DE CIRO [393-458] dice sobre esto: «A pesar de que el templo no había sido aún construido, da el nombre de "templo" al tabernáculo, que es el lugar donde él oraba, y probablemente cuando estaba lejos del tabernáculo mantenía su mente puesta en él. Así hacía también el bendito Daniel cuando en Babilonia oraba con las ventanas abiertas de cara a Jerusalén (Daniel 6:10), no porque creyera que Dios estuviera limitado a un lugar en concreto sino porque sabía que las manifestaciones de la presencia divinas tenían lugar allí».

Cuando levanto mis manos hacia el lugar santísimo de tu santuario. En hebreo דְּבִיר *dəḇîr,* "santuario, oráculo",[30] porque era el lugar donde Dios hablaba y daba sus respuestas. Hacia este lugar (sin duda un tipo de Cristo, quién es verdaderamente la Palabra)[31] David levantaba sus manos, como una escalera para que su oración ascendiera al cielo.

John Trapp [1601-1669]
"A commentary or exposition upon the books of Ezra, Nehemiah, Esther, Job and Psalms", 1657

Vers. 3. ***No me arrebates juntamente con los malos, y con los que hacen iniquidad, los cuales hablan paz con sus prójimos, pero la maldad está en su corazón.*** *[No me arrebates juntamente con los malos, y con los que hacen iniquidad, los cuales hablan paz con sus prójimos, pero la maldad está en su corazón.* RVR*] [No me arrastres con los impíos ni con los que obran iniquidad, que hablan de paz con su prójimo, mientras hay maldad en su corazón.* LBLA*] [No me arrastres junto con los impíos, con los que hacen iniquidad, los cuales hablan de paz con su prójimo, mientras albergan el mal en sus corazones.* BTX*] [No me arrastres con los malvados, con los que hacen iniquidad, con los que hablan de paz con su prójimo pero en su corazón albergan maldad.* NVI*] [No me arrojes con los malvados ni con los que hacen el mal: hablan de paz con sus amigos, pero en su corazón hay violencia.* BLP*] [No me arrastres junto con los perversos —con los que hacen lo malo—, los que hablan con sus vecinos amablemente mientras traman maldades en su corazón.* NTV*]*

No me arrebates juntamente con los malos.[32] Porque serán arrastrados al infierno como antiguamente los criminales eran arrastrados en pandilla a las sogas de Tyburn,[33] como leños echados al fuego, como haces en una hoguera. David teme ser atado en un mismo haz con los malvados y arrastrado a su perdición, un temor muy propio de todo hombre de Dios. El mejor entre los malos es compañía peligrosa aquí en el tiempo, y desastrosa para la eternidad; es preciso evitarlos en sus placeres, si no queremos acabar confundidos con ellos en sus miserias.

Y con los que hacen iniquidad. Quienes son pecadores declarados, cuyo juicio es inminente y seguro: *"Señor, no nos hagas beber de su copa"*.[34] Los obradores de iniquidad jamás descansan en su actividad: *"hacen"* constantemente, incluso cuando los obreros del Señor reposan. ¡Oh! que seamos hallados *"obreros activos"* para el Señor, y hallados entre los que *"hacen su voluntad"*.

[30] El término hebreo דְּבִיר *debir,* aparte de en este Salmo, solo aparece en 1 Reyes 6:5,16,19-23,31; 7:49; 8:6,8; y 2 Crónicas 3:16; 4:20; 5:7,9.

[31] Juan 1:1-5.

[32] Este versículo guarda un paralelo con el Salmo 26:9, por lo que recomendamos la lectura de las notas y comentarios al mismo, en especial la nota 170.

[33] Tyburn fue una pequeña aldea situada en el condado de Middlesex, en Inglaterra, cuyo nombre proviene de un riachuelo, el Tyburn o Ty Bourne, afluente del río Támesis. En la literatura, el nombre de Tyburn fue universalmente utilizado para referirse a la ubicación principal de las célebres horcas que tenían un diseño particular, y que fueron empleadas a través de los siglos para ejecutar a los criminales de Londres. La primera ejecución en Tyburn, la de William Fitz Osbern, se llevó a cabo junto al riachuelo en el año de 1196. En 1571 se erigió el llamado Árbol de Tyburn o Árbol triple, un nuevo diseño de horca formado por un triángulo horizontal de madera sostenido por tres patas. En este nuevo tipo de horca se podía ejecutar a varios criminales a la vez; el 23 de junio de 1649 fueron ejecutados simultáneamente veinticuatro prisioneros mediante el uso de ocho carretas. El Árbol de Tyburn, situado en el medio de la carretera, servía como un punto de referencia y era un símbolo de la ley, una advertencia a los viajeros.

[34] Salmo 75:8; Abdías 16.

Los cuales hablan paz con sus prójimos, pero la maldad está en su corazón.[35] Se han familiarizado con los hábitos propios del lugar al que van destinados: el destino de los mentirosos será la condenación eterna,[36] y la mentira es su conversación en el camino. Las palabras suaves y untuosas, impregnadas de amor fingido, son las mallas engañosas de la red infernal con la que Satanás atrapa vidas preciosas; y muchos de sus hijos aprenden de sus artes abominables y cazan con las mismas redes que su padre casi con tanta astucia como él mismo lo haría. Cuando la lengua y el corazón no se expresan al unísono en el mismo tono, es señal indiscutible de bajeza moral. Las personas engañosas son más temibles que una estampida de animales salvajes; mejor sería estar encerrado en un pozo con serpientes que obligado a vivir entre mentirosos. Quien habla de *"paz"* con excesiva vehemencia, es porque está dispuesto a venderla al primer postor que le pague por ella lo que pida. «Al buen vino le sobra el reclamo»,[37] y por tanto, si fuera realmente persona amante de la paz, no le haría falta alardear de ello; si tanto se esfuerza es porque sus palabras encierran malicia, podéis estar bien seguros.

C. H. Spurgeon

No me arrebates juntamente con los malos, y con los que hacen iniquidad, los cuales hablan paz con sus prójimos, pero la maldad está en su corazón. El hombre de Dios aborrece la hipocresía, la doble cara y el disimulo en el trato con sus semejantes; su corazón va siempre de la mano con su lengua, es incapaz de halagar y odiar, de alabar y censurar a la vez. "El amor sea sin fingimiento".[38] El amor fingido es peor que el odio; la amistad falsificada es peor que una mentira, implica la pretensión de algo que no es.[39] Muchos son los que actúan como Joab: *"Entonces Joab dijo a Amasá: ¿Te va bien, hermano mío? Y tomó Joab con la diestra la barba de Amasá, para besarlo. Y Amasá no se cuidó de la daga que estaba en la mano de Joab; y este le hirió con ella en la quinta costilla, y derramó sus entrañas por tierra, y cayó muerto sin darle un segundo golpe"*.[40] Hay un río en España, donde los peces parecen ser de un color dorado, pero al sacarlos del agua son como los demás peces.[41] No todo lo que brilla es oro; hay quienes nos apabullan con una amabilidad extraordinaria, pero son como grandes venas con poca sangre; y si te apoyas en ellos son como una pierna dislocada. Yo me cuestiono la autenticidad y sinceridad para con Dios de todos aquellos capaces de halagar y mentir a la vez a un amigo: *"El que encubre el odio es de labios mentirosos; y el que propaga calumnia es necio"*.[42]

Thomas Watson [1620-1686]
"Discourses on Important and Interesting Subjects: The Upright Man's Character", 1666

---

[35] Un claro paralelismo con el Salmo 12:2, 26:4; 144:8. Ver también al respecto Proverbios 26:23-26; Santiago 1:8.

[36] Apocalipsis 21:8.

[37] La frase es de William Shakespeare [1564-1616]. En su comedia *As you like*, "Como gustéis" aparece al final de la obra en boca de Rosalina, hija del Duque desterrado, a modo de epílogo: «Si es verdad que al buen vino le sobra el reclamo, también es verdad que a una buena comedia le sobra el epílogo».

[38] Romanos 12:9.

[39] Salmo 78:36.

[40] 2 Samuel 20:9-10.

[41] Aunque varias especies marinas practican el mimetismo y tienden a cambiar de color, no nos ha sido posible identificar de qué río en particular está hablando ni a qué especie de pez se refiere. Es posible que se trate de una leyenda ilustrativa que circulaba por la Inglaterra del siglo xvii.

[42] Proverbios 10:18.

No me arrastres con los impíos. En mi criterio, se trata de una alusión a la manera en que los pastores seleccionan partes de sus rebaños: *"No me arrebates"*.[43]

SAMUEL LEE [1783-1852]
"Psalterium Syriacae", 1822

No me arrebates con los impíos. En hebreo תִּמְשְׁכֵנִי *timšəḵênî* de מָשַׁךְ *mashak,* que significa tanto arrebatar como agarrar, capturar. La traducción más correcta sería pues *no me agarres* como se agarra a los condenados para *arrastrarlos* al patíbulo.

HENRY HAMMOND [1605-1660]
"Paraphrase and Annotations on Book of Psalms", 1659

Vers. 4. ***Dales conforme a su obra, y conforme a la perversidad de sus hechos; dales su merecido conforme a la obra de sus manos.*** *[Dales conforme a sus obras, y conforme a la perversidad de sus hechos; dales su merecido conforme a la obra de sus manos.* RVR*] [Dales conforme a su obra y según la maldad de sus hechos; dales conforme a la obra de sus manos; págales su merecido.* LBLA*] [Dales conforme a su obra y según la maldad de sus hechos. Retribúyeles de acuerdo con la obra de sus manos. ¡Dales su recompensa!* BTX*] [Págales conforme a sus obras, conforme a sus malas acciones. Págales conforme a las obras de sus manos; ¡dales su merecido!* NVI*] [Trátalos según sus acciones y la maldad de sus actos; trátalos de acuerdo a sus obras, ¡dales tú su merecido!* BLP*] [¡Dales el castigo que tanto merecen! Mídelo en proporción a su maldad. ¡Págales conforme a todas sus malas acciones! Hazles probar en carne propia lo que ellos les han hecho a otros.* NTV*]*

Dales conforme a su obra y según la maldad de sus hechos; dales conforme a la obra de sus manos; págales su merecido. Cuando contemplamos a los malvados por lo que son, y no como nuestros semejantes, nuestra indignación contra el pecado nos lleva a coincidir con las acciones de la justicia divina que castigan el mal; y a desear que emplee todo su poder para reprimir todo aquello que es injusto y cruel. Pero los deseos del salmista expresados en este versículo, según nuestra versión lo traduce,[44] no están en consonancia con el espíritu de la dispensación cristiana, que busca más bien la reforma que el castigo del pecador. Si entendemos estas palabras como proféticas, es decir, de futuro

[43] En hebreo תִּמְשְׁכֵנִי *timšəḵênî* de מָשַׁךְ *mashak,* "arrastrar, arrebatar" como se demuestra en el caso de Éxodo 12:21: *"Sacad del rebaño corderos para vosotros según vuestras familias, y sacrificad la pascua"*.

[44] En hebreo תֶּן־לָהֶם כְּפָעֳלָם וּכְרֹעַ מַעַלְלֵיהֶם *ten-lāhem kəpā'olām ūkərōa' ma'allêhem.* La versión griega de los LXX o Septuaginta lee δίδωμι αὐτός κατά ὁ ἔργον αὐτός que la Vulgata traduce como: *"Da illis secundum opera eorum"*, "Dales a ellos según la obra de sus manos".

– FRANCISCO LACUEVA [1911-2005] en el "Comentario de Matthew Henry" dice: «No se trata de un lenguaje de pasión o venganza, sino más bien de profecía y de aborrecimiento del pecado; no una imprecación, sino un anuncio de lo que va a suceder. Con todo, tales expresiones se alejan espíritu del Nuevo Testamento en Mateo 5:44-48; Romanos 12:19-21; 1 Pedro 3:9».

– TEODORETO DE CIRO [393-458]: «Que nadie piense que, con estas palabras, el varón justo maldice a sus enemigos pues no son una imprecación, sino un justo veredicto de lo que va a sucederles: *"Dales conforme a sus obras, y conforme a la perversidad de sus hechos (...) conforme a la obra de sus manos"*, con lo cual no esta diciendo sino que "caigan en sus propia redes" (Salmo 141:10), en las trampas que construyeron los unos para los otros; y que viene a ser lo mismo que dice en el Salmo 7: *"Su iniquidad volverá sobre su cabeza, y su agravio caerá sobre su propia coronilla"* (Salmo 7:17)».

cumplimiento, estaremos probablemente mucho más cerca de su verdadero significado que lo dado a entender por nuestra versión. Lector infiel, ¿cuál será tu destino cuando el Señor te juzgue como mereces? ¿Cuando descargue sobre ti su ira, no solo en la proporción de lo que has hecho, sino en base a lo que habrías hecho si hubieras podido? Dios juzga nuestras *"intenciones"* como si fueran *"hechos"*,[45] y los recompensa o castiga como tales. No en esta vida, pero ciertamente, sí en la vida venidera, Dios dará a sus enemigos lo que se merecen en su mismísima cara, y les pagará el salario de sus pecados.[46] El Señor ejecutará venganza sobre aquellos que no le conocen, no en base a sus palabras aduladoras, sino en la medida de sus maldades.

C. H. SPURGEON

Dales conforme a sus obras, y conforme a la perversidad de sus hechos; dales su merecido conforme a la obra de sus manos. De nuevo enfrentamos aquí el delicado tema de la oración pidiendo venganza, que, sin embargo, voy a solventar con unas breves reflexiones.

En primer lugar, es incuestionable que, si nuestra carne nos impulsa a buscar venganza, tal deseo es malo ante los ojos de Dios. Pues no tan solo nos prohíbe las imprecaciones de mal sobre nuestros enemigos en venganza por ofensas personales,[47] sino que todos los sentimientos y deseos que brotan del odio han de ser descartados. No podemos alegar las palabras de David para justificar nuestros impulsos personales desmedidos en busca de venganza. Pues el santo profeta no reacciona aquí invocando la destrucción de sus enemigos inflamado por su aflicción y deseos personales de venganza; antes bien, dejando a un lado los deseos de su carne, juzga los hechos en sí mismos. Antes de que un hombre pueda clamar a Dios pidiendo venganza contra los malvados, tiene que deshacerse en su propia mente de todo sentimiento impropio; en segundo lugar, debemos ejercer la prudencia, que la atrocidad de los males que nos ofenden no nos lleven a un celo desmedido, algo de lo que adolecían incluso los mismos discípulos de Cristo, cuando deseaban que bajara fuego del cielo para destruir a los que se negaron a recibir a su Maestro.[48] Pretendían, es cierto, actuar siguiendo el ejemplo de Elías,[49] pero Jesús los reprendió severamente, diciéndoles: *"no sabéis de qué espíritu sois"*.[50] Debemos observar, en particular, la regla general de desear sinceramente el bienestar de toda la raza humana y trabajar por ello; lo que nos lleva no tan solo a congratularnos de la misericordia divina, sino también a desear la conversión de aquellos que parecen precipitarse a su propia destrucción. Resumiendo: David, habiéndose liberado de todo tipo de pasiones personales impropias, ruega aquí, no invocando su propia causa, sino en favor de la causa de Dios. Su oración es un recordatorio a sí mismo y a todos los fieles, de que a pesar de que los malvados puedan dar rienda suelta a toda clase de vicios impunemente, al fin deben comparecer ante el tribunal de Dios.

JUAN CALVINO [1509-1564]

Dales conforme a sus obras, y conforme a la perversidad de sus hechos; dales su merecido conforme a la obra de sus manos. Sí, gran Dios, puesto que desde el principio has estado ocupándote tan solo en salvar a los hombres, golpearás con una maldición eterna a estos hijos de iniquidad que parecen haber nacido para su propia perdición, y para destruir a los demás. Tu misma benevolencia hacia la humanidad demanda tus truenos contra estos corruptores de la sociedad. Lo mucho que has

---

[45] Mateo 5:27-30.
[46] Romanos 6:23.
[47] Deuteronomio 32:35; Romanos 12:19-21.
[48] Lucas 9:54-56.
[49] 2 Reyes 1:9-16.
[50] Lucas 9:55.

hecho por nuestra raza, mayor severidad exige de tu justicia contra unos miserables cuya única obsesión ha sido la de oponerse a ti y contrarrestar tu bondad hacia los seres humanos. Dios mío, laboran sin cesar buscando la manera de alejar a los hombres de ti, y en justo pago, tú les apartarás de ti para siempre. Consideran un gran privilegio convertir a sus congéneres en tus enemigos, y tendrán ellos mismos la desoladora experiencia de permanecer como enemigos tuyos por toda la eternidad. Qué castigo más adecuado para los infelices que desean hacer que todos los corazones se rebelen contra tu adorable Majestad, que mantener la bajeza de su naturaleza, bajo la eterna y espantosa necesidad de odiarte para siempre.

JEAN BAPTISTE MASSILLON [1663-1742][51]
"A spiritual paraphrase of some of the Psalms, in the form of devout meditations and prayers", 1805
(Adaptado por C. H. Spurgeon)

Dales conforme a sus obras, y conforme a la perversidad de sus hechos; dales su merecido conforme a la obra de sus manos. Los egipcios dieron muerte a todos los hijos varones de los hebreos,[52] y Dios hirió a los primogénitos de Egipto.[53] Sísara pensaba destruir a Israel con sus carros de hierro, y murió con una estaca de hierro clavada en las sienes.[54] Adoni-bezec, henchido de orgullo,[55] quiso pelear contra Israel y acabó recogiendo migajas debajo de una mesa. Abimelec mató a sus hermanos, y Dios le pagó haciendo que muriera como un cobarde en manos de una mujer.[56] Sansón se dejó arrastrar por la *"lujuria de los ojos"*, y los filisteos antes de darle muerte le sacaron los ojos.[57] Agag causó mucho dolor a las madres de Israel y acabó cortado en pedazos.[58] Saúl mató a los gabaonitas, y siete de sus hijos murieron ahorcados.[59] Acab, recibió su pago por haber codiciado la viña de Nabot.[60] Jeroboam levantó la mano contra el varón de Dios en el altar y esa misma mano se le secó.[61] Joab, por haber matado a Abner, Amasa, y Absalón, fue condenado a muerte por Salomón.[62] Los que acusaban a Daniel fueron arrojados al mismo foso de los leones que le habían destinado a él.[63] Amán terminó colgado en la misma horca que había preparado para Mardoqueo.[64] Judas se ahorco en el campo comprado luego con su dinero.[65] Y si vamos a la historia más reciente, Bayaceto[66] tenía la intención de

[51] El original inglés nos advierte que este párrafo es una "traducción libre" del propio Spurgeon del texto francés.

[52] Éxodo 1:15-16.

[53] Éxodo 12:29-30.

[54] Jueces 4:13-23.

[55] Jueces 1:5-7.

[56] Jueces 9:1-5; 52-54.

[57] Jueces 16:4-31.

[58] 1 Samuel 15:32-33

[59] 2 Samuel 21:1-9.

[60] 1 Reyes 21:19; 2 Reyes 9:24-26.

[61] 1 Reyes 13:1-5.

[62] 1 Reyes 2:31-34.

[63] Daniel 6:1-24.

[64] Ester 7:10.

[65] Mateo 27:3-10.

[66] Se refiere BAYECID I [1360-1403], conocido también como BAYACETO, sultán de Turquía, famoso guerrero y conquistador que extendió los dominios turcos por buena parte de la Europa del este. Parecía invencible, pero entró en conflicto con TAMERLÁN [1336-1405] kan de los Mongoles, que lo derrotó y humilló paseándolo en una jaula. Esta historia la recoge el historiador RICHARD KNOLLES [1545-1610] en su *"History of the Turkes"* 1638, (pp. 220-221). Sobre este hecho el compositor GEORG FRIEDRICH HÄNDEL [1165-1759]

encerrar a Tamerlán[67] en una jaula de hierro, pero acabó él metido en la jaula. Majencio[68] construyó un puente para derrotar a Constantino,[69] pero cayó al mismo río y se ahogó. El Papa Alejandro VI70 murió envenenado por el vino que había preparado para envenenar a otro.[71] Carlos IX72 regó las calles de París de la sangre de los hugonotes, y poco después las hemorragias y sudor de sangre fluían imparables por todas las partes de su cuerpo. El cardenal Beaton[73] condenó a muerte a George Wishart[74] y él mismo tuvo una muerte violenta, asesinado en su cama y su cuerpo colgado de la misma ventana de la que había contemplado la ejecución de Wishart.

GEORGE SEATON BOWES
"Illustrative Gatherings for Preachers and Teachers", 1864

Dales su merecido conforme a la obra de sus manos. Medita en la justicia de Dios, que no es solo su voluntad, sino también su naturaleza castigar el pecado. Sin Cristo, estarías condenado irremisiblemente; y no se trata de una mera posibilidad: sin Cristo no tendrías escapatoria. Dios no puede menos que aborrecer el pecado, porque es santo; y no puede no castigarlo, porque es justo. Y no puede renunciar a su propia naturaleza para satisfacer nuestros caprichos.

CHRISTOPHER FOWLER [1610-1678]
"Morning Exercises"

Dales su merecido conforme a la obra de sus manos. David no ora aquí contra sus enemigos impulsado por el deseo personal de venganza, sino guiado por el Espíritu infalible de la profecía, es

---

compuso una famosa opera titulada *"Tamerlan"*, adaptada del libreto de Jacques Pradon *"Tamerlan ou La Mort de Bajazet"*, y lo mismo hizo ANTONIO VIVALDI [1678-1741] que en este caso la tituló *"Bajazet"*.

[67] Se refiere a TAMERLÁN [1336-1405], el último de los grandes kanes mongoles y líderes nómadas, de origen turco-mongol, que entre 1382 y 1405 conquistó ocho millones de kilómetros cuadrados de Eurasia, cruzando todo el continente euroasiático desde Nueva Delhi hasta Moscú.

[68] Se refiere al emperador romano MARCO AURELIO VALERIO MAJENCIO [278-312], emperador romano que se enfrentó a CONSTANTINO I [272-337] que luchaba bajo el signo de la Cruz en una batalla cerca del puente Milvio provocando un punto de inflexión en la historia del cristianismo, como narra con detalle el historiador cristiano EUSEBIO DE CESAREA [263-339] en su *"Historia Eclesiástica"* (publicada por CLIE en español).

[69] Se refiere al emperador romano FLAVIO VALERIO AURELIO CONSTANTINO [272-337], más conocido como CONSTANTINO I, el emperador que se convirtió al cristianismo y legalizó la religión cristiana en el Imperio Romano por el Edicto de Milán en el año 313.

[70] Se refiere al Papa ALEJANDRO VI [1431-1503] de nombre Rodrigo de Borja, y conocido como el Papa Borja. Ha pasado a la Historia por su nepotismo y sus intrigas políticas.

[71] Este hecho es constatado por varios historiadores de la época entre los que cuentan FRANCESCO GUICCIARDINI [1483-1540] y PAOLO GIOVIO [1483-1552] y JUAN DE MARIANA [1536-1624], aunque otros lo desmienten.

[72] Se refiere al rey CARLOS IX DE FRANCIA [1550-1574], hijo de CATALINA DE MÉDICIS [1519-1589], y bajo cuyo consejo ordenó la Matanza de San Bartolomé el 24 de agosto de 1572 una masacre de protestantes franceses, conocidos como hugonotes, en todas las ciudades de Francia. Murió con 24 años de unas extrañas hemorragias a las que no encontraron explicación médica, aunque oficialmente se dijo que había muerto de pleuresía.

[73] Se refiere al cardenal DAVID BEATON [1494-1546], arzobispo de St. Andrews y el último cardenal escocés anterior a la Reforma en Escocia.

[74] Se refiere a GEORGE WISHART [1413-15446], reformador y predicador escocés, traductor al inglés de la "Confesión Helvética" de 1536. Fue ahorcado y su cuerpo quemado en la hoguera.

decir, viendo en aquellos en contra de quienes clama a los enemigos de Cristo y de su pueblo en el curso de todas las edades.

David Dickson [1583-1663]
"Explanation of the First Fifty Psalms", 1653

Vers. 4-5. En estos dos versículos, al igual que en la mayoría de pasajes imprecatorios, se mezclan el imperativo y el futuro de manera promiscua: *"dales, hazles, destrúyelos"*, creando confusiones interpretativas. Si todos los verbos se tradujeran en futuro, se vería con más claridad cuál es realmente su sentido: profecías de juicios divinos contra los judíos, que ya han sido ejecutadas; y profecías contra los enemigos de Señor y de su Cristo a lo largo de todas las edades, y para quienes las "obras" de la creación y la "obra" de redención, no han bastado para llevarlos al arrepentimiento; algunos de ellos ejecutados y otros todavía sin ejecutar. De este modo desaparecerían tantas críticas y objeciones contra los pasajes imprecatorios.

George Horne [1730-1792]
"A Commentary on the Psalms in which Their Literal Or Historical Sense, as They Relate to King David, is Illustrated", 1825

Vers. 5. ***Por cuanto no atendieron a los hechos de Jehová, ni a la obra de sus manos, él los derribará, y no los edificará.*** *[Por cuanto no consideran las acciones de Jehová, ni la obra de sus manos, él los derribará, y no los edificará.* RVR*] [Porque no tienen en cuenta los hechos del Señor ni la obra de sus manos, El los derribará y no los edificará.* LBLA*] [Por cuanto no atendieron a los hechos de YHVH, mi a la obra de sus manos, Él los derribará y no los edificará.* BTX*] [Ya que no toman en cuenta las obras del Señor, y lo que él ha hecho con sus manos, él los derribará y nunca más volverá a levantarlos.* NVI*] [Pues no reconocen las acciones del Señor ni tampoco la obra de sus manos, ¡que él los derribe y no vuelva a levantarlos!* BLP*] [No les importa nada lo que el Señor hizo ni lo que sus manos crearon. Por lo tanto, él los derrumbará y, ¡jamás serán reconstruidos!* NTV*]*

Por cuanto no consideran las acciones de Jehová, ni la obra de sus manos.[75] Dios obra en la creación, la naturaleza está llena de pruebas de su sabiduría y bondad; y sin embargo, los ateos miopes se niegan a verlo. Obra en la providencia, otorgando y revocando, y su mano es manifiesta en la Historia de la humanidad, pero el infiel no lo verá. Obra a través de su gracia, con conversiones notables, y pese a ello los impíos se niegan a ver las acciones del Señor. Aquello de lo cual los ángeles se maravillan, los hombres mundanos lo desprecian. Dios condesciende a enseñar, y el hombre se niega a aprender.

Él los derribará. No hay duda de que lo hará. Hará que *"observen, se asombren y perezcan"*.[76] Si no fueron capaces de ver la mano del juicio divino sobre otros, hará que la sientan sobre ellos mismos. Su cuerpo y su alma serán hostigados con destrucción perenne por siempre jamás.

[75] Algunos comentaristas consideran las palabras de este versículo como una profecía de la futura destrucción de Jerusalén, tanto la primera por Nabucodonosor como la segunda por los romanos en el año 70, viendo en ellas una anticipación de las palabras de Jesús: *"y te derribarán a tierra, y a tus hijos dentro de ti, y no dejarán en ti piedra sobre piedra, por cuanto no conociste el tiempo de tu visitación"* (Lucas 19:44).
[76] Habacuc 1:5; Hechos 13:41.

Y no los edificará. La medicina de Dios es positiva y negativa, su espada tiene dos filos y corta a derecha e izquierda. Su herencia de maldad impedirá a los impíos acceder a ningún bien; su *efá*[77] estará excesivamente lleno de ira como para contener un solo grano de esperanza. Se han convertido en casas de madera viejas y carcomidas, deterioradas, amenazando ruina, inútiles a su propietario, cubil de toda clase de alimañas y, en consecuencia, el Gran Constructor los demolerá definitivamente. Los ofensores incorregibles, a lo único que pueden aspirar es una destrucción rápida: quienes no se enmienden, serán desechados como algo carente de valor. Prestemos mucha atención a las lecciones de la Palabra y de las obras de Dios, no nos vaya a suceder que siendo hallados desobedientes a la voluntad divina, tengamos que soportar la ira divina.

C. H. Spurgeon

Vers. 6. *Bendito sea Jehová, que oyó la voz de mis ruegos.* *[Bendito sea Jehová, que oyó la voz de mis ruegos.* RVR*] [Bendito sea el Señor, porque ha oído la voz de mis súplicas.* LBLA*] [¡Bendito sea YHVH, que oyó la voz de mis súplicas!* BTX*] [Bendito sea el Señor, que ha oído mi voz suplicante.* NVI*] [Bendito sea el Señor que escucha mi grito de súplica.* BLP*] [¡Alaben al Señor! Pues él oyó que clamaba por misericordia.* NTV*]*

Bendito sea el Señor, que oyó la voz de mis ruegos. Los santos están llenos de bendiciones; son a la vez un pueblo bendito, y un pueblo que bendice; pero sus mejores bendiciones, la grosura de sus sacrificios,[78] la dan a su glorioso Señor. A partir de este versículo, el salmo, que hasta este punto ha sido una oración, se transforma en alabanza. Quienes oran propiamente, pronto aprenden a alabar propiamente: la oración y la alabanza son los dos labios del alma; dos campanas tañendo una misma música dulce y aceptable a los oídos de Dios; dos ángeles para subir la escalera de Jacob;[79] dos altares humeando con incienso;[80] dos de los lirios de Salomón que destilan mirra fragante;[81] dos crías gemelas de gacela alimentándose sobre los montes de mirra y los collados de incienso.[82]

Que oyó la voz de mis ruegos. La verdadera alabanza se fundamenta en buenas y suficientes razones; no es mera emocionalidad irracional, sino que cual manantial puro, brota de las profundidades de la experiencia. Las oraciones contestadas han de ser reconocidas y agradecidas. Y este es un deber en el que fallamos a menudo. ¿Acaso no animaríamos poderosamente a otros, y nos fortaleceríamos nosotros mismos, si rememoráramos con mayor fidelidad la bondad divina, y priorizáramos el convertirla en motivo de alabanza con nuestra lengua? La misericordia de Dios no es una cosa tan insignificante como para que podemos aventurarnos a recibirla sin agradecerla. Debemos huir de la ingratitud, y vivir cada día más en una atmósfera celestial de amor agradecido.

C. H. Spurgeon

[77] Zacarías 5:5-11. El *efá,* en hebreo אֵיפָה *ephah,* aparece 40 veces en el texto del A.T. para referirse a una unidad de medida probablemente de origen egipcio adoptada por los hebreos para los granos (Jueces 6:19; Ezequiel 45:11). El *efá* tenía la misma capacidad del *bato,* utilizado preferentemente para líquidos, es decir, unos 22 litros. El término אֵיפָה *ephah* se utiliza para designar tanto el instrumento de medir como la propia medida (Ezequiel 5:6-10).

[78] Deuteronomio 32:38.

[79] Génesis 28:12.

[80] Apocalipsis 8:4.

[81] Cantares 5:13.

[82] Cantares 4:5.

Que oyó la voz de mis ruegos. La oración es el mejor remedio frente a la calamidad. Es ciertamente el verdadero *catholicon*,[83] medicina universal para todas las enfermedades. No como el *catholicon* de los empíricos, que funcionaba ocasionalmente pero que la mayoría de las veces fracasaba, sino uno que basado en la evidencia demostrada y la experiencia constante, tiene garantizado su *probatum est*;[84] pues quien lo receta y prescribe es el Médico más sabio, erudito, experto y honesto que jamás haya habido o pueda haber.[85]

WILLIAM GOUGE [1575-1653]
"A Guide to Goe to God: Or, an Explanation of the Perfect Patterne of Prayer", 1626

Vers. 7. *Jehová es mi fortaleza y mi escudo; en él confió mi corazón, y fui ayudado, por lo que se gozó mi corazón, y con mi cántico le alabaré.* *[Jehová es mi fortaleza y mi escudo; en él confió mi corazón, y fui socorrido, por lo que exulta de gozo mi corazón y con mi cántico te alabaré.* RVR*] [El Señor es mi fuerza y mi escudo; en El confía mi corazón, y soy socorrido; por tanto, mi corazón se regocija, y le daré gracias con mi cántico.* LBLA*] [YHVH es mi fortaleza y mi escudo, en Él confió mi corazón, y fui ayudado, por lo que mi corazón se regocija, y lo alabo con mi cántico.* BTX*] [El Señor es mi fuerza y mi escudo; mi corazón en él confía; de él recibo ayuda. Mi corazón salta de alegría, y con cánticos le daré gracias.* NVI*] [El Señor es mi fortaleza y mi escudo, en él mi corazón confía. Me ha socorrido y estoy alegre, con mis cantos le doy gracias.* BLP*] [El Señor es mi fortaleza y mi escudo; confío en él con todo mi corazón. Me da su ayuda y mi corazón se llena de alegría; prorrumpo en canciones de acción de gracias.* NTV*]*[86]

---

[83] En la medicina pre-moderna la palabra CATHOLICON O CATOLICÓN (de *"católico"*, "universal") era sinónimo de *panacea* o *electuario*, y se usaba para identificar una medicina purgante supuestamente universal en sus propiedades y capacidades profilácticas y curativas, es decir, capaz de curar prácticamente todas las enfermedades. El concepto y consecuentemente el término cayeron en desuso en el siglo XIX.

[84] Locución latina que significa "absolutamente demostrado y sin contestación posible".

[85] Mateo 6:9-13; Mateo 26:41.

[86] La versión griega de los LXX o Septuaginta lee en la segunda parte del versículo: καί ἀναθάλλω ὁ σάρξ ἐγώ καί ἐκ θέλημα ἐγώ ἐκόμολογέω αὐτός que la Vulgata traduce al latín como: *"et refloruit caro mea, et ex voluntate mea confitebor ei"*, "y refloreció mi carne y de mi voluntad le confesaré". Esta versión, sumada al versículo uno, da pie a los Padres de la Iglesia y comentaristas de los primeros siglos a su interpretación cristológica viendo en estas palabras la resurrección de Cristo:

– AGUSTÍN DE HIPONA [354-430]: «*"El Señor es mi ayudador y mi protector"*, me fortalece en tan horrendos sufrimientos y me protegerá con la inmortalidad en la resurrección. *"En él esperó mi corazón y fui ayudado"*, en las angustias del Calvario. *"Y refloreció mi carne"*, es decir, floreció de nuevo al resucitar de entre los muertos. *"Y de mi voluntad le confesaré"*, sí, una vez haya vencido a la muerte y acabado con el terror que impone (1 Corintios 15:55-57), al desaparecer el temor de la sujeción a la ley sustituido por una libre voluntad ante la ley, todos aquellos que crean en mí le confesarán, y yo le confesaré en ellos porque habitaré en ellos (Romanos 8:10; 2 Corintios 13:5; Efesios 3:17)».

– ARNOBIO EL JOVEN [siglo V]: «Todo cuanto Cristo padeció lo padeció *"de su propia voluntad"*, pues dijo: *"yo pongo mi vida, para volverla a tomar. Nadie me la quita, sino que yo de mí mismo la pongo. Tengo poder para ponerla, y tengo poder para volverla a tomar"* (Juan 19:17-18). Por eso dice también: *"y de mi voluntad le confesaré"* (26:8 Vulgata). Dijo que iba a padecer y padeció; dijo que iba a morir y murió; dijo que iba a resucitar y resucitó de entre los muertos, derrotando el temor a la muerte e impartiendo la fortaleza de una voluntad entusiasta. Porque él mismo es: *"el protector que salva a su propio Ungido"* (26;8) porque es: *"Dios en Cristo reconciliando el mundo consigo mismo"* (Colosenses 1:20), salvando a su pueblo trayéndoles liberación para su espíritu y su cuerpo, y bendiciendo a todas las naciones, las cuales

Jehová es mi fortaleza y mi escudo; en él confió mi corazón, y fui socorrido. Tenemos aquí la confesión de fe de David, junto con el testimonio de su experiencia.

"El Señor es mi fortaleza". Dios emplea su poder en nuestro favor, y además, nos infunde fuerza en nuestra debilidad. El salmista, en un acto de fe, se apropia de la omnipotencia del Señor como si fuera suya. La dependencia del Dios invisible nos proporciona una gran independencia de espíritu, inspirándonos una confianza que va más allá de lo humano.

Y mi escudo. Consecuentemente, David encuentra en su Dios tanto la espada como el escudo. El Señor preserva a su pueblo de males sin número; y el guerrero cristiano, amparado tras su Dios, se siente mucho más seguro que el héroe cuando se cubre con su escudo de bronce o de triple acero.

En él confió mi corazón, y fui socorrido La obra del corazón es una obra segura; la confianza del corazón nunca se ve decepcionada. Antes de que llegue la ayuda es preciso que exista la fe, pero la ayuda nunca se va a demorar. Este: *"y fui socorrido"* es una expresión que cada creyente podría repetir a diario, porque el auxilio divino nos es concedido a cada momento, de lo contrario, volveríamos a caer en la perdición; cuando precisamos ayuda de forma manifiesta, no tenemos más que poner la fe en acción, y nos será concedida.

Por lo que exulta de gozo mi corazón (en gran medida) y con mi cántico te alabaré. Menciona el corazón dos veces, para mostrar la veracidad de su fe y de su regocijo. Y no debe pasarnos desapercibido el adverbio *"en gran medida"*:[87] nunca hemos de sentir miedo a estar demasiado llenos de regocijo ante el recuerdo de una gracia recibida. Servimos a un Dios grande, alegrémonos en él en gran medida. Una canción es el método más adecuado que tiene el alma para dar rienda suelta a su felicidad, bueno sería que tuviéramos más predisposición a cantar como las alondras, y menos a graznar como los cuervos. Si el corazón está radiante, los labios no deben permanecer en silencio. Cuando Dios nos bendice, debemos alabarle con todo nuestro corazón.

C. H. SPURGEON

Jehová es mi fortaleza. ¡Oh, dulce consuelo! Si un hombre soporta una carga, pero cuenta con una fuerza suplementaria; y se le duplica la carga, pero la fuerza suplementaria se triplica, no percibirá que la carga sea más pesada, al contrario, le resultará más liviana. Si nuestras aflicciones se nos hacen inaguantables hasta el punto de exclamar: ¡Ya no puedo más!, y vemos que no vamos a poder seguir soportándolas con nuestras propias fuerzas, ¿por qué no tratamos de soportarlas con la fuerza de Jesucristo? ¿Pensamos que Cristo no podrá soportarlas? Y si concluimos que Cristo sí podría soportarlas, ¿por qué no hemos de soportarlas nosotros con la ayuda de Cristo? Puede que alguien diga: ¿acaso tenemos nosotros la fuerza de Cristo? Pues sí; ese mismo poder que tenía él nos es accesible por medio de la fe. Y esta es la razón por la que la Escritura repite con frecuencia: *"El Señor es mi fortaleza"* (28:7); *"Dios de mi fortaleza"*;[88] *"Jehová es mi fortaleza"*;[89] *"mi fortaleza es el Señor Dios"*;[90] *"El Señor Dios es mi fortaleza"*,[91] y *"todo lo puedo en Cristo que me fortalece"*.[92] Por tanto, si nuestra

---

son su heredad, liberándolas de la sujeción a los demonios, para que el Hijo de Dios, juntamente con el Padre y el Espíritu Santo, puedan *"gobernarlas y ensalzarlas eternamente"* (26:9 Vulgata)».

[87] En hebreo וַיַּעֲלֹז לִבִּי *wayya'ă-lōz libbî*. La versión inglesa KJV traduce: *"therefore my heart greatly rejoiceth"*. La mayoría de otras versiones, incluidas todas las españolas, lo omiten porque no está claro que forme parte del sentido del texto hebreo.

[88] Salmo 43:2.

[89] Salmo 118:14.

[90] Isaías 12:2.

[91] Habacuc 3:19.

[92] Filipenses 4:13.

fortaleza es Cristo, estamos en condiciones de soportar cualquier carga, sea esta la que sea, porque somos *"fortalecidos con todo poder según la potencia de su gloria, para obtener toda perseverancia y paciencia, con gozo"*.[93]

ISAAC AMBROSE [1592-1674]
"Looking unto Jesus: A View of the Everlasting Gospel, or, The Soul's Eyeing of Jesus", 1763

Jehová es mi fuerza y mi escudo. Mi fortaleza interior y mi escudo exterior. La fe encuentra en Jehová ambas cosas, nunca la una sin la otra, pues ¿de qué sirve un escudo sin fuerza, o la fuerza sin escudo? *"En él confió mi corazón, y fui socorrido"*. Es la ilustración práctica de lo expuesto en la frase anterior: la confianza interior fue premiada con ayuda exterior.

WILLIAM WILSON [1783-1873]
"The Book of Psalms: With an Exposition, Evangelical, Typical, and Prophetical, of the Christian Dispensation", 1860

En él confió mi corazón, y fui socorrido. "La fe es la firme seguridad de las realidades que se esperan"[94] Da forma y sustancia a lo que no que aún no podemos ver; o como alguien ha dicho, altera el tiempo verbal convirtiendo el futuro en presente.

JOHN TRAPP [1601-1669]
"A commentary or exposition upon the books of Ezra, Nehemiah, Esther, Job and Psalms", 1657

Vers. 8. *Jehová es la fortaleza de su pueblo, y el refugio salvador de su ungido.* *[Jehová es la fortaleza de su pueblo, y el refugio salvador de su ungido.* RVR*] [El Señor es la fuerza de su pueblo, y El es defensa salvadora de su ungido.* LBLA*] [YHVH es la fuerza de su pueblo, y el refugio salvador para su ungido.* BTX*] [El Señor es la fortaleza de su pueblo, y un baluarte de salvación para su ungido.* NVI*] [El Señor es el baluarte de su pueblo, la fortaleza que salva a su ungido.* BLP*] [El Señor le da fuerza a su pueblo; es una fortaleza segura para su rey ungido.* NTV*]*[95]

Jehová es la fortaleza de su pueblo, y el refugio salvador de su ungido. La experiencia celestial de un creyente es patrón de vida para todos los demás. Para todos los que forman la Iglesia militante, sin excepción, Jehová es el mismo ahora que quien era para su siervo David: *"el débil entre ellos aquel día será como David"*.[96] Precisan de la misma ayuda y la tendrán, Dios los ama con el mismo amor, ha escrito sus nombres en el mismo libro de la vida,[97] y son uno en la misma Cabeza que es su ungido.

---

[93] Colosenses 1:11.

[94] Hebreos 11:1.

[95] FELIPE SCIO DE SAN MIGUEL [1738-1776] en su traducción de la Vulgata al español añade en este versículo una nota en los siguientes términos: «Este versículo y el siguiente son el cántico de alabanzas del Señor. Todo lo que aquí se dice se aplica literalmente a Jesucristo, que es la fortaleza y la gloria del nuevo pueblo de Israel, pidiendo a su Eterno Padre que, habiendo salvado y glorificado a su Ungido, salve también a su nuevo pueblo, que es su nueva heredad: le de su bendición para que crezca y se multiplique, y le sirva de guía y de maestro, dándole fortaleza para que triunfe de todos sus enemigos y llegue a la segura posesión de la felicidad eterna».

[96] Zacarías 12:8.

[97] Salmo 69:27-28; Lucas 10:20; Filipenses 4:3; Apocalipsis 13:8.

Y el refugio salvador de su ungido. Aquí contemplamos al rey David como tipo de nuestro Señor Jesús, Cabeza de nuestro pacto, nuestro Príncipe ungido, a través del cual vienen a nosotros todas las bendiciones. Él es quien obtuvo para nosotros plena salvación, y deseamos recibir de él fuerza salvadora, pues en tanto participemos de la unción que tan abundantemente ha sido derramada sobre él, confiamos en participar de su salvación. Gloria sea dada al Dios y Padre de nuestro Señor Jesucristo, que ha magnificado el poder de su gracia en su unigénito Hijo, al cual ha consagrado para ser Príncipe y Salvador de su pueblo.

C. H. SPURGEON

Jehová es la fortaleza de su pueblo. Es decir, no la mía solamente, sino la de cada creyente en particular; pues tenemos plena seguridad de que en él hay fortaleza bastante para todos y cada uno. Los creyentes se regocijan en la fortaleza de los demás, tanto como en la suya propia. No dejamos de beneficiarnos de la luz del sol, ni de la luz del rostro de Dios, por mucho que otros la compartan; porque en ella hay suficiente para todos, y suficiente para cada uno. Esta es nuestra verdadera comunión con los santos, que compartimos con ellos la fortaleza de Dios, que es su fortaleza y la vez la nuestra; Cristo es *"Señor de ellos y nuestro"* porque somos *"llamados a ser santos con todos los que en cualquier lugar invocan el nombre"*.[98]

El Señor es la fuerza de su pueblo, es decir, la fuerza de todo Israel. ¿Y por qué? Porque él *"es defensa salvadora de su ungido"*, es decir:

1. De David como tipo de Cristo: Fortaleciendo al que era su rey y peleaba sus batallas, Dios fortalecía a todo el reino. David se llama a sí mismo ungido de Dios, porque era la unción que había recibido lo que provocó la envidia de sus enemigos, y por lo tanto, le daba derecho a la protección divina.
2. De Cristo, su Ungido, su Mesías, como anti-tipo. Dios era su *fuerza salvadora,* que le capacitaba para llevar a término su misión, y que le fortaleció hasta el final.

MATTHEW HENRY [1662-1714]
"Commentary on the Whole Bible", 1811

Vers. 9. *Salva a tu pueblo, y bendice a tu heredad; y pastoréales y susténtales para siempre.* *[Salva a tu pueblo, y bendice a tu heredad; y pastoréalos y condúcelos para siempre.* RVR*] [Salva a tu pueblo y bendice a tu heredad, pastoréalos y llévalos para siempre.* LBLA*] [¡Salva a tu pueblo, y bendice a tu heredad! ¡Pastoréalos, y carga con ellos para siempre!* BTX*] [Salva a tu pueblo, bendice a tu heredad, y cual pastor guíalos por siempre.* NVI*] [Salva a tu pueblo, bendice a tu heredad, sé su pastor y guíalos por siempre.* BLP*] [¡Salva a tu pueblo! Bendice a Israel, tu posesión más preciada. Guíalos como un pastor y llévalos en tus brazos por siempre.* NTV*]*[99]

[98] 1 Corintios 1:2.

[99] La versión griega de los LXX o Septuaginta lee la segunda parte del versículo: σύ καί ποιμαίνω αὐτός καί ἐπαίρω αὐτός ἕως ὁ αἰών que la Vulgata traduce al latín: *"et rege eos, et extole illos usque in aeternum"*, "y gobernarlos, y ensalzarlos eternamente".

– ATANASIO DE ALEJANDRÍA [296-373] dice al respecto: «Él es quien ayuda y salva a su pueblo que fue ungido como su heredad y reino de sacerdotes (Éxodo 19:6; 1Pedro 2:5,9; Apocalipsis 1:6), y los *"guía y ensalza eternamente"*, mostrándonos de ese modo en qué manera seremos exaltados y glorificados por los siglos de los siglos».

Salva a tu pueblo, y bendice a tu heredad; y pastoréalos y condúcelos para siempre.[100] Una oración por la iglesia militante, breve, pero llena de profundo significado. Debemos orar siempre por toda la iglesia, no tan solo para nosotros mismos.

Salva a tu pueblo. Líbralo de sus enemigos, presérvalo de sus pecados, socórrelo en sus dificultades, rescátalo de sus tentaciones, y aparta de ellos todo mal. La expresión *"tu pueblo"*[101] esconde una petición encubierta, ya que podemos concluir con total seguridad que el interés de Dios en su iglesia, como su porción, le inducirá a protegerla de la destrucción.[102]

Bendice a tu heredad. Concédele bendiciones positivas: paz, abundancia, prosperidad, felicidad; haz que toda tu amada y preciosa heredad sea consolada por tu Espíritu. Aviva, revitaliza, engrandece y santifica tu iglesia.

Pastoréalos. Sé pastor de tu rebaño, alimenta abundantemente tanto su cuerpo como sus necesidades espirituales en tu plenitud. Por medio tu palabra y ordenanzas: dirige, conduce, sustenta y satisface a todos aquellos que son las ovejas de tu mano.[103]

Y llévalos para siempre. Llévalos en tus brazos aquí en la tierra, y levántalos después hasta tu seno en el cielo. Eleva sus mentes y pensamientos, espiritualiza sus afectos, hazlos celestiales, más como Cristo, y llenos de Dios. Oh, Señor, atiende esta nuestra petición, en el nombre de Jesús.

C. H. SPURGEON

Y llévalos para siempre.[104] El verbo hebreo que utiliza aquí el salmista: וְנַשְּׂאֵם *wənaśśə'êm* de נָשָׂא *nasah*, "levantar", puede significar también "sostener", o "brindar apoyo"; pero más propiamente significa "levantar" y "acarrear". La mejor forma de explicarlo es haciendo referencia a la manera en que el pastor carga en sus brazos con las ovejas débiles, jóvenes y enfermas, o cómo las ayuda a levantarse cuando son incapaces de levantarse por sí mismas.

ALBERT BARNES [1798-1870]
"Notes, critical, explanatory, and practical, on the book of Psalms", 1868

---

[100] AGUSTÍN DE HIPONA [354-430]: «Puesto que dijiste: *"Pídeme, y te daré por herencia las naciones, y como posesión tuya los confines de la tierra"* (Salmo 2:8); ahora que mi carne ha reflorecido en la resurrección, intercedo por aquellos que me diste: *"Salva a tu pueblo, y bendice a tu heredad"*, porque *"todo lo mío es tuyo, y lo tuyo mío; y he sido glorificado en ellos"* (Juan 17:10). *"guíalos y susténtalos para siempre"*: guíalos en esta vida temporal y susténtalos hasta la vida eterna».

[101] En hebreo עַמֶּךָ *'ammeḵā* de עַם *am.*

[102] Salmo 125:1-2; Mateo 16:18.

[103] Salmo 95:7.

[104] La versión inglesa KJV traduce: *"Lift them up"*.

SALMO 29

SALMO DE LA TEMPESTAD

Título: *"Salmo de David",*[1] El título no aporta ninguna información relevante más allá de certificar que David es el autor de este cántico sublime.[2]

C. H. SPURGEON

---

[1] La versión griega de los LXX o Septuaginta añade al título ἐξόδιον σκηνῆς que la Vulgata traduce al latín como: *"In consumatione tabernaculi"*, "En la conclusión o instalación del Tabernáculo" aunque el sentido del griego da más bien la idea de "traslado", lo cual sería más correcto. Pero este aditamento no forma parte del texto hebreo masorético.

– FRANZ DELITZSCH [1813-1890] dice al respecto: «La ocasión de este Salmo es, sin lugar a dudas, una tormenta de truenos. Pero no se limita al fenómeno natural externo, sino que percibe a lo largo de sus estrofas una auto-manifestación o atestación del Dios de la historia redentora. Así como en la segunda mitad de Salmo 19 se menciona a Dios siete veces con el nombre יְהוָה *Yahweh* (19:7, 8, 9, 14), el Dios revelado en la redención, para distinguirlo de אֵל *el* (19:1), el Dios revelado en la naturaleza; en el Salmo 29 la expresión קוֹל יְהוָה *qōwl Yahweh, "voz de Yahvé"* se repite siete veces (29:3, 4, 5, 7, 8, 9), a fin de que pueda aplicársele el nombre de επτα βρονται, Salmo de *"los siete truenos"* (Apocalipsis 10:3). En época del segundo templo, como indica el añadido al título en la Septuaginta ἐξόδιον σκηνῆς, se cantaba en *Schemini Azereth*, en asamblea el último día de la Fiesta de los Tabernáculos ἐξόδιόν (Levítico 23:36); y así lo establece una nota marginal de la versión griega de los LXX en el Códice del Manuscrito Ambrosiano de la Hexapla de Orígenes; y que referente al día dice: *"esto es, en el octavo día de la Fiesta de los Tabernáculos"*. Entre dos cuartetos o estrofas de cuatro líneas, en cada una de las cuales menciona a יְהוָה *Yahweh* cuatro veces (29:1-2,10), coloca el salmista tres quintetos (29:3-9), que con mención séptuple de קוֹל יְהוָה *qōwl Yahweh, "voz de Yahvé"*, representan a los truenos retumbando en rápida sucesión a medida que progresa la tormenta».

[2] Desde la época de Spurgeon el Salmo 29 ha sido uno de los más denostados y zarandeados por la crítica bíblica, que ha visto en sus estrofas una clara teofanía atávica de la divinidad en las fuerzas de la naturaleza desatadas en la tormenta, muy propia de los pueblos primitivos. Y algunos, como es el caso de FRANK CHARLES FENSHAM [1925-1989], THEODOR GASTER [1906-1992], FRANK MOORE CROSS [1921-2012], HANS STRAUSS [1932-] o WERNER H. SCHMID [1935-] llegaron a la conclusión de que el Salmo 29 surge de un antiguo cántico cananeo de teofanía encontrado entre los textos de Ugarit, y que los transcriptores hebreos no hicieron más que sustituir el nombre de Baal por el de Yahvé (ver al respecto *"Zur Auslegung von Ps 29 auf dem Hintergrund seiner kanaanäischen Bezüge"* STRAUß, 1970; *"Königtum Gottes in Ugarit und Israel",* SCHMID, 1966). No vamos a entrar en este debate por considerarlo estéril y fuera de lugar en el contexto y propósito de la presente obra. Spurgeon era un creyente conservador absolutamente convencido de la divina inspiración de la Sagradas Escrituras, hasta el punto que cuando ocasionalmente se refiere a los críticos de su época, ni tan siquiera se molesta a mencionarlos por su nombre (ver al respecto en el Tomo I la nota 2 al Salmo 110). Suscribimos por tanto sus palabras y nos limitamos a reforzarlas con las del doctor:

– FRANCISCO LACUEVA [1911-2005] en su versión española del "Comentario de Matthew Henry": «Es probable que David compusiera este Salmo con ocasión de una tempestad de truenos, relámpagos y lluvia, así como el Salmo 8 era una meditación a la luz de la luna, y el Salmo 19 otra meditación en una mañana soleada. I. Convoca primero a los grandes del mundo a dar gloria a Dios (vv. 1, 2). II. Para convencerles de la bondad del Dios a quien debían adorar, hace notar su poder en los truenos, los relámpagos y la lluvia de una tempestad (vv. 3-9), su dominio soberano sobre el Universo (v. 10), y las bendiciones especiales que otorga a su pueblo (v. 11)».

Tema: En opinión general de los exégetas modernos, este salmo tiene por objeto expresar la gloria de Dios según la oímos en el trueno ensordecedor, y la contemplamos en huracanes y tornados. Así como el Salmo 8 es para ser leído a la luz de la luna bajo el brillo de las estrellas; y el Salmo 19 precisa de los rayos del sol naciente para descollar todo su esplendor; el Salmo 29 encuentra su máxima belleza bajo las alas tenebrosas de la tempestad, con la luz fugaz de los relámpagos recortándose sobre la negrura del cielo y los elementos desatados mostrando su poderío en guerra abierta unos contra otros. Los versículos marchan al son de los truenos. Dios se hace visible en todas partes, y la tierra enmudece ante la majestuosidad de su presencia.[3] La tempestad que aquí se describe simboliza la majestuosidad de la palabra de Dios en la ley y el evangelio; pues los verdaderos ministros del Señor son hijos del trueno,[4] y la voz de Dios en Cristo Jesús está llena de majestad y gloria.[5] Este salmo

---

– SCHÖKEL concluye en esta misma línea su estudio global del Salmo 29: «No pocos piensan que el hombre moderno, liberado por la técnica y la tecnología, es ya incapaz de repetir semejante experiencia, atávica y primitiva. Una tormenta se explica hoy sencillamente como un proceso de carga y descarga eléctrica, tan riguroso y comprensible como el agua que hierve en la cazuela para cocer un par de huevos. Pienso que la experiencia técnica de dominio, y la contemplativa de pasmo y sobrecogimiento, pueden y deben coexistir en el hombre bien integrado. El estudiante en vacaciones no se chapuza y sumerge en H2O con C1Na en disolución, sino que goza inmediatamente del agua marina, de su frescor, su luz cambiante, su docilidad o inquietud levantisca. El mecánico que conoce al dedillo el mecanismo de su automóvil, es capaz de sentir la embriaguez con la velocidad y su señorío sobre la máquina. La experiencia "numinosa" o sacra no es una reliquia atávica reflorecida en el romanticismo y llamada a desaparecer con el progreso; es una dote egregia del hombre, siempre capaz de trascendencia. La palabra poética de este salmo será para unos expresión feliz de experiencias semejantes, y puede ser para otros instrumento de educación y recobro de lo mejor del hombre. En este sentido, el salmo es moderno, y sus dependencias literarias inmediatas cuentan menos». [*Salmos, Tomo I, 1-72,* Edioríal Verbo Divino, Estella, Navarra, 1992].

[3] En su interesante obra *"The Psalms in History and Biography"*, JOHN KER [1819-1866] nos dice que en algunas versiones antiguas del Salterio publicadas en el siglo XVII, hay una sección en la que se disponen diversos salmos apropiados para cada uno de los meses del año, formando lo que vendría a ser como una especie de calendario de alabanza ajustado a las estaciones y la disposición climática de la naturaleza en cada mes en el hemisferio norte. Al Salmo 29 le corresponde julio, la temporada de fuertes tormentas eléctricas de verano, séptimo mes del año, porque en este Salmo la voz de Dios truena siete veces (versículos 3, 4, 5, 7, 8 y 9). Al mes de abril se le asigna la última parte del Salmo 65 donde habla de las lluvias finas de primavera que llenan de verdor los campos (65:9-13). Y al mes de mayo el Salmo 104:13-14. El Salmo 90, que habla del paso del tiempo, se ajusta para diciembre, último mes del año. Y los versículos 16-17 del Salmo 147, son los elegidos para la nieve y los fríos del mes de enero.

[4] Marcos 3:17.

[5] SCHÖKEL nos recuerda que algunos comentaristas antiguos y medievales como Teodoreto y Basilio relacionan el Salmo 29, por la teofanía en general y por las llamas de fuego del versículo siete en particular, con la venida del Espíritu Santo. Otros comenzaron a desmenuzar el Salmo aplicándolo a los siete dones del Espíritu Santo según la doctrina de la Iglesia Católica Romana: *sabiduría* (Mateo 10:19-20); *entendimiento* (Jeremías 24:7); *consejo* (Isaías 11:3-4); *ciencia* (1 Corintios 2:11); *piedad* (1 Corintios 12:1-3); *fortaleza* (Apocalipsis 2:10); *temor de Dios* (Isaías 11:2). Dice TEODORETO DE CIRO [393-458] en *"Interpretatio in omnes Davidis psalmos"*: «El salmista profetiza aquí el poder que sería impartido a los apóstoles respecto al cual leemos en el Evangelio de Lucas y en el libro de los Hechos de los Apóstoles, cuando se nos dice que el Señor poco antes de su ascensión dirigió a sus discípulos estas palabras: *"quedaos vosotros en la ciudad de Jerusalén, hasta que seáis investidos de poder desde lo alto"* (Lucas 24:49). Y al cabo unos días *"cuando llegó Pentecostés, estando todos unánimes juntos* [Salmo 29:1-2] *de repente vino del cielo un estruendo como de un viento recio que soplaba el cual llenó toda la casa donde estaban sentados"* [Salmo 29:3-6]; *"y se les aparecieron lenguas como de fuego, que se dividieron asentándose sobre cada uno de ellos. Y todos fueron llenos del Espíritu Santo, y comenzaron a hablar en*

nos muestra la unión indisoluble entre las obras de Dios y su Palabra: que ningún hombre trate de separarlas alegando un falso concepto de que la teología y la ciencia son incompatibles y no pueden caminar de la mano una con la otra.[6] Y aventurándonos a una mirada profética, probablemente podamos atisbar en este salmo las tempestades terribles que tendrán lugar en los días finales, y la seguridad de los elegidos en medio de ellas.

C. H. SPURGEON

Estructura: Los dos primeros versículos son un llamado a la adoración.[7] Del tres al diez (29:3-10) describen el furor de la tempestad, y con ello, los atributos de la palabra de Dios, magnificando en toda su grandeza lo terrible del poder del Señor. El versículo once (29:11) cierra la escena mostrando con dulzura la seguridad que en mitad de todo ello el omnipotente Jehová dará a su pueblo proporcionándole paz y fortaleza. Aunque cielos y tierra pasen y se desvanezcan, ciertamente el Señor sigue bendiciendo a su pueblo.[8]

C. H. SPURGEON

otras lenguas, según el Espíritu les daba que se expresasen" [Salmo 29:7] (Hechos 2:1-4). El salmista describe como *"voz del Señor"* ese poder de lo alto que capacitó a los apóstoles para anunciar el evangelio llenándoles de sabiduría y ardor, y transformo su debilidad en fortaleza, que hizo *"temblar el desierto (...) que desgaja las encinas, y desnuda los bosques"* hasta que *"en su templo todos proclaman su gloria"* [Salmo 29:8-9]».

[6] En la época de Spurgeon el debate sobre la aparente incompatibilidad entre ciencia y Biblia estaba en pleno auge. No olvidemos que CHARLES DARWIN [1809-1882] era contemporáneo suyo y publicó su famosa obra "El origen de las especies" en 1859 dando pie a la teoría de la evolución y sentenciando la balanza a favor de los postulados de la Ilustración a favor de entronizar a la diosa Razón y apartar a Dios de la escena. La defensa cristiana de la existencia de Dios corrió a cargo de WILLIAM PALEY [1743-1805] y su obra "Teología Natural" en la que sistematiza el argumento del diseño inteligente, ilustrándolo con lo que se conoce como la teoría de "el reloj y el Relojero", cuya tesis argumenta que si encontráramos un reloj abandonado, la compleja configuración de la distintas piezas nos llevaría a concluir que todas ellas han sido diseñadas por la misma persona para un mismo propósito y dispuestas para un uso concreto. Análogamente Paley concluye que el universo, que funciona con la complejidad y precisión de un reloj, también tuvo que ser diseñado con un propósito por una inteligencia superior: Dios. De los argumentos de Paley bebieron el propio Spurgeon y demás apologistas cristianos de su época y los de la primera mitad del siglo XX, entre ellos en España el famoso jesuita JESÚS SIMÓN [1891-1971] autor del libro "A Dios por la ciencia", y su colega evangélico SAMUEL VILA [1902-1892], autor de libros como "Pruebas tangibles de la existencia de Dios", "Fe y razón", "Pensar y creer" y "A Dios por el átomo" que dieron pie a la fundación de la Editorial CLIE. Aunque en el siglo XXI el debate sigue abierto, los avances científicos le han dado un nuevo giro a favor del diálogo y la compatibilidad entre ciencia y Biblia como demuestran obras como "El Caso del Creador" de LEE STROBEL [1952-] o "La ciencia ¿encuentra a Dios? o "A Dios por el ADN" de ANTONIO CRUZ [1952-]. Editorial CLIE es actualmente pionera en temas de apologética cristiana en español.

[7] ATANASIO DE ALEJANDRÍA [296-373] en su carta a su discípulo Marcelino sobre la naturaleza y valor de los salmos le dice refiriéndose a este salmo: «Si quieres aprender cómo presentar ante el Señor sacrificios de alabanza y gratitud, lee con entendimiento espiritual el Salmo 29, y entónalo con gozo ». El Tomo I de "El Tesoro de David" incluye una traducción completa de la Carta de Atanasio a Marcelino. [Tomo I - pp. 50].

[8] Isaías 24:19; 34:4; Miqueas 1:4; Mateo 24:35; Apocalipsis 21:1; 2 Pedro 3:10.

Versión poética:

AFFERTE DOMINO FILII DEI

Pueblo feliz, de Dios hijo querido,
ven y trae al Señor presentes bellos,
traedle todos víctimas preciosas;
hijos de Dios, traedle los corderos.

Dadle gloria y honor, y reverentes
dad alabanzas a su nombre excelso,
adoradlo rendidos, y postraos
ante su tabernáculo que es nuevo.

Si poderosa voz se oye en las aguas,
sus órganos fieles son los vientos,
y por las espantosas tempestades
a todas partes llega con sus ecos.

El Dios de majestad resonar hace
su poder, y su cólera con truenos,
y su sonido formidable corre
de la tierra y los mares el imperio.

Esta voz del Señor es poderosa,
está llena de fuerza, da respeto,
y nos hace entender la prodigiosa
sobrehumana grandeza de su dueño.

Con un aliento solo veloz troncha
los más erguidos y lozanos cedros,
aunque sean del Líbano en un punto
ponerlos hace en átomos pequeños.

Y saltan sus volátiles astillas,
como brincan los rápidos becerros,
o como los hijuelos de unicornios,
que tan famosos son por lo ligeros.

Esta voz es tan fuerte que divide
hasta la llama que salió del fuego;
de Cades el desierto temblar hace,
y todos los más bárbaros desiertos.

Esta voz por las breñas intrincadas
abre nuevos caminos a los ciervos,
y circulando la maleza toda
penetra activa hasta lo más espeso.

Y por fin de esta voz con el sonido,
las naciones enteras y los pueblos,
para alabar al Dios que la pronuncia,
entrarán respetuosos en su templo.

Allí vendrá un diluvio de naciones
de caracteres varios y diversos,
que darán homenaje sometidos
al majestuoso Dios del universo.

Este será sin duda el mundo todo,
pero entonces será su propio pueblo,
y le dará con paz larga y amable
mayores bienes, pues serán eternos.

DEL "SALTERIO POÉTICO ESPAÑOL", SIGLO XVIII

Salmo completo: En este Salmo se celebra la fortaleza de Jehová; y para ejemplificarla recurre de forma evidente a una tempestad en el Líbano. Desde las montañas, la tormenta se extiende sobre el llano. A tenor de alguna de sus expresiones: בְּנֵי אֵלִים *bənê êlîm*[9] (29:1) parece como si el salmo fuera dirigido a los ángeles, y en este sentido encaja con el Salmo 89: *"Dios es temible en la gran*

[9] En hebreo בְּנֵי אֵלִים *bənê 'êlîm* un plural doble de בֵּן *ben,* "hijo"; y אֵל *el,* "Dios". La crítica moderna no ha dudado a la hora de ensañarse con esta expresión que hallamos también en otros pasajes como Génesis 6:1-4; Job 1:6; 2:1; 38:7; 89:6, considerándola como atávica. Y enlazándola con otros textos como el Salmo 82:1; 97:7, no duda en concluir un paralelismo evidente con la estructura del panteón de dioses babilónicos, donde los dioses subordinados tributaban honores al dios principal Marduk, y declarar en consecuencia que el Salmo 29 es un salmo post-exílico totalmente influenciado por la cultura babilónica. (Ver nota 2). Consideramos más simple y lógico entenderla meramente como una mención bíblica a otros "seres celestiales" de creación divina.

– FRANZ DELITZSCH [1813-1890] es tajante en este aspecto: «A los ángeles, que en casi todos los demás pasajes se los menciona como בְּנֵי הָאֱלֹהִים *bənê hā'ĕlōhîm* (Job 2:1) aquí se les da el nombre de בְּנֵי אֵלִים *bənê 'êlîm,* como en el Salmo 89:6 (otro texto difícil). Y puesto que אֵלִים *'êlîm* nunca se utiliza para referirse a Dios, como es el caso de הָאֱלֹהִים *ĕlōhîm*, sino a los dioses (Éxodo 15:11; Daniel 11:36), בְּנֵי אֵלִים *bənê 'êlîm* debe entenderse como un doble plural y jamás traducirlo como *"hijos de los dioses"* sino como *"hijos de Dios"*».

– FRANCISCO LACUEVA [1911-2005] en su versión española del "Comentario de Matthew Henry" comenta: «Aunque la expresión *"hijos de Dios"* apunta con la mayor probabilidad a los ángeles; no carece, sin embargo, de probabilidad la opinión de que podría aplicarse (a la vista del versículo 2b) a los sacerdotes en la celebración de sus servicios en el templo y englobar quizás a toda la congregación de Israel».

congregación de los santos, y formidable sobre todos cuantos están alrededor de él".[10] Por esto empieza diciendo:

Tributad al Señor, oh hijos de los poderosos,
tributad al Señor gloria y poder.
Tributad al Señor la gloria debida a su nombre;
adorad al Señor en la majestad de la santidad.

Acto seguido comienza la descripción de la tormenta, en la que no resulta difícil identificar sus distintas facetas. Las primeras línea hablan del ruido del trueno, y la descripción va aumentando en intensidad en la medida en la que aumenta el estruendo:

Voz del Señor sobre las aguas;
el Dios de gloria truena,
el Señor está sobre las muchas aguas.
La voz del Señor es poderosa,
la voz del Señor es majestuosa.

Pero ahora los efectos se vuelven visibles; la tormenta ha descendido sobre las montañas y los bosques:

La voz del Señor rompe los cedros;
sí, el Señor hace pedazos los cedros del Líbano;
y como becerro hace saltar al Líbano;
y al Sirión como cría de búfalo.
La voz del Señor levanta llamas de fuego.

Dejando las montañas, la tempestad descarga y se ensaña con las planicies, aunque por lo que parece aquí sus efectos no son tan temibles y devastadores como en las montañas:

La voz del Señor hace temblar el desierto;
el Señor hace temblar el desierto de Cades.
La voz de Jehová desgaja las encinas,
y desnuda los bosques,
y en su templo todo dice: ¡Gloria!

La imagen del Señor entronizado sobre las aguas, cierra la descripción:

Jehová preside en el diluvio,
y se sienta Jehová como rey para siempre.

[10] Salmo 89:7.

Y el salmo concluye con la aplicación moral de todo ello:

Jehová dará fuerza a su pueblo;
Jehová bendecirá a su pueblo con paz.

ROBERT MURRAY M'CHEYNE [1813-1843]
"Memoir and remains of the Rev. Robert Murray M'Cheyne, Minister of St. Peter's Church, Dundee by Andrew A. Bonar", 1878

Salmo completo: No hay en la naturaleza otro fenómeno tan horrible como una tormenta eléctrica, y casi la todos los poetas desde Homero[11] y Virgilio[12] a Dante[13] y Milton,[14] incluso hasta Grahame[15] y Pollok[16] las han descrito. En la Biblia tenemos la descripción de una tempestad de ese tipo en el Salmo 29: una tempestad que, forjada sobre el Mediterráneo, cruza el Líbano, y se adentra a través de las montañas hasta alcanzar Jerusalén, enviando al pueblo a buscar refugio en los pórticos del templo. Además de esos toques de terror con que se describe el progreso geográfico del tornado, sus estrofas denotan una vitalidad y poder sagrados de la presencia de Jehová en cada versículo de manera progresiva.

JAMES HAMILTON [1814-1867]
"The Literary Attractions of the Bible", 1849

Salmo completo: Un glorioso salmo de alabanza cantado durante una tempestad cuya majestad sacude de tal modo los cimientos de la naturaleza, que los cielos y la tierra sienten por igual la grandeza del poder del Señor. Y este Dios omnipotente es el Señor de su pueblo, que los bendice con fuerza y paz.

Para poder apreciar con propiedad los sentimientos del poeta, deberíamos conocer bien lo que es una tempestad en Oriente, de manera especial en las regiones montañosas de Palestina. Amplificados

[11] Se refiere a HOMERO, nombre dado al más conocido de los poetas griegos antiguos, a quien se atribuyen las dos obras más famosas de la épica griega en la antigüedad, "La Ilíada", y "La Odisea". Entre los investigadores hay considerable debate sobre si Homero fue una persona real o bien el nombre dado a uno o más poetas orales que cantaban obras épicas tradicionales.

[12] Se refiere a PUBLIO VIRGILIO MARÓN [70-19 a.C.] poeta romano, autor de las Bucólicas, las Geórgicas y la Eneida, obra escrita por encargo del emperador Augusto con el fin de glorificar el Imperio Romano atribuyéndole un origen mítico, por lo que Virgilio, tomando como punto de partida la guerra de Troya y su destrucción, hace de la fundación de Roma un acontecimiento similar y conexo a los legendarios mitos griegos. El escritor italiano DANTE ALIGHIERI [1265-1321], en su obra La Divina Comedia lo sitúa como su guía a través del infierno y del purgatorio.

[13] Se refiere al famoso poeta y escritor italiano DANTE ALIGHIERI [1265-1321] autor de La Divina Comedia, una de las obras fundamentales de la transición del pensamiento medieval al renacentista, obra maestra de la literatura italiana y una de las grandes obras de la literatura universal.

[14] Se refiere al famoso político, filósofo poeta y escritor inglés JOHN MILTON [1608-1674], autor de numerosas obras y conocido especialmente por sus poemas épicos *"Paradise Lost"*, "El paraíso perdido", y *"Paradise Regained"*, "El paraíso recobrado". Es una de las figuras más importantes de la literatura inglesa, considerado por muchos al mismo nivel que Shakespeare.

[15] Se refiere al clérigo anglicano y poeta escocés JAMES GRAHAME [1765-1811] en su obra sobre las cuatro estaciones *"Sabbath Walks"* y *"Jesus calms the Tempest"*.

[16] Se refiere al poeta escocés ROBERT POLLOK [1798-1827] en *"The Course of Time"*, 1827.

por los ecos terribles de las montañas, y los torrentes que alimentados por la lluvia bajan como trombas marinas destruyendo todo lo que encuentran a su paso, ya sean campos o ciudades, tales fenómenos meteorológicos infunden terror en hombres y bestias. Wilson,[17] el viajero incansable, describe una tempestad de este tipo en un barrio de Baalbek:[18] «Fui alcanzado por una tormenta, y era como si las compuertas del cielo hubieran reventado; llegó repentinamente y rugía con tal fuerza que parecía el fin del mundo. En pocos minutos una oscuridad aterradora cubrió la tierra: la lluvia caía a raudales, y la ladera de la montaña se convirtió en una inmensa catarata. Poco a poco fue cediendo, pero se transformó en una niebla espesa que no dejaba ver a un palmo, y que era casi tanto o más aterradora». Compárese esto la parábola de nuestro Señor sobre los dos cimientos,[19] tomada sin lugar a dudas de la vida real.

AUGUST FRIEDRICH THOLUCK [1799-1877]
"A Translation and Commentary of the Book of Psalms for the Use of the Ministry and Laity of the Christian Church", 1856

Vers. 1. *Tributad a Jehová, oh hijos de los poderosos, dad a Jehová la gloria y el poder.* *[Tributad alabanzas a Jehová, oh hijos de Dios, dad a Jehová la gloria y el poder.* RVR*] [Tributad al Señor, oh hijos de los poderosos, tributad al Señor gloria y poder.* LBLA*] [¡Tributad a YHVH, oh hijos de Elohim, tributad a YHVH la gloria y la fortaleza!* BTX*] [Tributen al Señor, seres celestiales, tributen al Señor la gloria y el poder.* NVI*] [¡Hijos de Dios, aclamad al Señor, aclamad su gloria y su poder!* BLP*] [Honren al Señor, oh seres celestiales; honren al Señor por su gloria y fortaleza.* NTV*]*[20]

Tributad. Ni los hombres ni los ángeles pueden aportar nada a Jehová, sino que deben reconocer su gloria y su poder, y tenerle presente en sus cánticos y en sus corazones.

Al Señor.[21] A él y únicamente a él debemos dar honor y gloria. Las causas naturales, como las llaman los hombres, son Dios en acción, y no debemos adscribirles poder a ellas, sino al Infinito invisible que es la causa verdadera y final de todo lo que sucede en el universo creado.

---

[17] Se refiere a JOHN WILSON [1804-1875], misionero escocés afincado en Bombay, quien hizo importantes contribuciones al estudio de las lenguas y la literatura hindú. Nacido en Lauder, el mayor de siete hermanos, fue educado en la escuela de la parroquia y en la Universidad de Edimburgo. Fue ordenado ministro de la Iglesia de Escocia en 1828, se casó ese mismo año y zarpó de New Haven con su esposa con destino la India como representante de la *Scottish Missionary Society*. Absorbió la cultura hindú, predicó el evangelio por toda la India, y fundó el *Oriental Christian Spectator* en 1830. En 1843, aprovechando uno de sus viajes a Europa, visitó y recorrió exhaustivamente Egipto, Siria, y Palestina, anotando cuidadosamente todas sus observaciones, que luego recopiló y publicó en el libro titulado *"The Lands of the Bible visited and described"*, publicado en 1847.

[18] Se refiere a BAALBEK, una ciudad en el Valle de Beqa'a, al noreste de Beirut. En tiempos antiguos fue una ciudad grande e importante y centro de culto de Baal, por lo que fue llamada Heliópolis, por los griegos. En Baalbek se hallan algunas de las ruinas romanas más impresionantes del mundo y fue declarada patrimonio de la humanidad por la Unesco en 1943.

[19] Mateo 7:27.

[20] En hebreo הָבוּ לַיהוָה בְּנֵי אֵלִים הָבוּ לַיהוָה כָּבוֹד וָעֹז *hāḇū Yahweh bənê 'êlîm hāḇū Yahweh kāḇōwḏ wā'ōz.* KRAUS traduce: *"¡Tributad a Yahvé, oh seres divinos, tributad a Yahvé gloria y poder!"*. SCHÖKEL: *"Hijos de Dios, aclamad al Señor, aclamad la gloria y el poder del Señor"*.

[21] En hebreo לַיהוָה *Yahweh.* Es interesante observar que en este Salmo el término hebreo יְהוָה *Yhvh* se repite 18 veces en tan solo 11 versículos.

Hijos de los poderosos. Es decir, los grandes en el cielo y en la tierra, reyes y ángeles, se unen en rendir culto al bienaventurado y único Soberano. Que recuerden esto los señores entre los hombres, pues a menudo fallan en aquello en lo que los más humildes son más fervorosos; que corrijan su conducta, inclinen unánimes sus cabezas con lealtad, y rindan homenaje al Rey de reyes. A menudo los magnates y potentados se olvidan del temor del Señor; pero cuando son conducidos a él, y educados en ensalzar a Jehová, su piedad se convierte en la mejor joya de su corona.

Dad al Señor gloria y fortaleza.[22] Dos cosas que los hombres son muy propensos a pedir y reclamar para sí mismos, a pesar de que son prerrogativas exclusivas del Dios que existe por sí mismo. ¡Que coronas y espadas reconozcan su dependencia de Dios! ¡Oh reyes, no deis la gloria a vuestro brazo![23] Ni busquéis la fuerza en el poder de vuestros ejércitos,[24] porque toda vuestra pompa es como flor que se marchita,[25] y vuestro poder como una sombra que se va.[26] ¿Cuándo llegará el día en que los reyes y príncipes consideren su deleite glorificar a su Dios? El lema principal grabado en todo escudo de armas debería ser este: «Sea toda reverencia únicamente a Dios».[27]

C. H. SPURGEON

Tributad al Señor. Tributad, tributad y tributad; dad, dad y dad. La insistencia del salmista nos muestra cuán poco dispuestos estamos a dar a Dios lo que le pertenece, y más aún, siquiera a tolerar la más leve palabra de exhortación en este sentido.[28]

JOHN TRAPP [1601-1669]
"A commentary or exposition upon the books of Ezra, Nehemiah, Esther, Job and Psalms", 1657

[22] Así traduce la KJV: *"give unto the Lord glory and strength"*. Dice al respecto FRANCISCO LACUEVA [1911-2005] en su versión española del "Comentario de Matthew Henry": «No quiere decir que debamos dar a Dios algo de lo que carece, sino el debido reconocimiento por algo que le pertenece, como expresa explícitamente la primera parte del versículo siguiente: *"Rendid a Jehová la gloria debida a su nombre"* (29:2) y en Apocalipsis. 4:11; 5:13. Como si dijese: Dadle vuestras coronas; arrojadlas a sus pies (Apocalipsis 4:10); ponedlo todo en manos de él, a fin de que, al usarlo vosotros, lo hagáis para alabanza de su nombre. Pues es la suma y el compendio del evangelio eterno (Apocalipsis 14:6,7). El verdadero culto a Dios consiste en rendirle la gloria debida a su nombre».

[23] 2 Crónicas 32:8; Salmo 146:3; Jeremías 17:5.

[24] Oseas 1:7; Zacarías 4:6.

[25] Job 14:2; Salmo 103:15.

[26] Salmo 102:11.

[27] En el original: *"All worship be to God only"*. Se trata del lema en el escudo del Gremio de Pescaderos de Londres, fundado en 1272: *"Worshipful Company of Fishmongers"*, que comparte con la *"Gresham's School"* fundada en 1555.

[28] Dice al respecto BASILIO DE CESAREA [329-379]: «Todo aquel que reconoce adecuadamente y con propiedad al Padre, la divinidad de su Hijo Unigénito, y la obra del Espíritu Santo, está tributándole a Dios honor y gloria. Pero quien la proclama a otros recordándoles que por él todo ha sido creado, todo se sostiene, y todo será sometido a juicio; la acrecienta. Quien haciendo uso del don de razonar que Dios le ha otorgado, después de haber contemplado por sí mismo cada una de las obras creadas y reflexionado sobre ellas, se ocupa de argumentar ante otros lo concerniente a la bondad de Dios y lo justo de sus juicios, y lleva una vida en consonancia con ellos, este es el que *tributa al Señor gloria y fortaleza y rinde la debida gloria a su nombre* (29:1-2). Porque la luz que Dios le ha concedido brilla y resplandece delante de los demás hombres (Mateo 5:16), en tanto que sus palabras y acciones glorifican al Padre que está en los cielos».

Oh hijos de los poderosos. La versión griega[29] traduce aquí: *"Oh hijos de los carneros"*.[30] Pare evitar que algunos carneros dieran cabezazos y cornadas en el aire, o que caminaran con la frente erguida por encima los demás, el pastor les colocaba un pesado cencerro, más pesado que en el resto del rebaño.

John Trapp [1601-1669]
"A commentary or exposition upon the books of Ezra, Nehemiah, Esther, Job and Psalms", 1657

Vers. 1-2. En estos dos versículos encontramos tres veces el verbo hebreo הָבוּ *hāḇū*, "dar, tributar": *"**Tributad** al Señor, oh hijos de los poderosos, **tributad** al Señor gloria y poder"*, y *"**tributad** al Señor la gloria debida a su nombre"*. La gloria es un derecho de Dios que demanda de nosotros; esto es algo que todo cristiano sincero sabe muy bien, y en consecuencia tributa a su nombre el honor y la gloria que le es debida. ¡Pero no me entandáis mal! No digo que todos los creyentes realmente sinceros busquen constantemente la gloria de Cristo en todas sus acciones que llevan a cabo. ¡Oh, no! Sería lo deseable, pero imposible aquí en la tierra: no alcanzaremos esta meta hasta llegar al cielo. Pues otros propósitos, más terrenales y prosaicos, se interponen hasta en los corazones de los mejores. Se lamentan por ellos, y claman a Dios implorando justicia, y luchan fervientemente, día tras día, tratando der deshacerse de ellos; por ello, estos deseos no les serán imputados, ni les privarán de las bendiciones divinas. Tomemos a un cristiano sincero y veremos que, en su proceder habitual, el fin prioritario en cualquiera de sus acciones es el de glorificar a Dios, exaltar a Dios, y ensalzar el nombre de Dios en el mundo. Y aún en el caso del hipócrita, asumiendo que busque de buena fe la

---

[29] Se refiere a Biblia de los Setenta, lxx, también conocida como Septuaginta, o Versión Alejandrina. El nombre de Septuaginta se debe a que solía redondearse a 70 el número total de sus 72 traductores, según cuenta la tradición. Es la principal versión en idioma griego por su antigüedad y autoridad. Su redacción se inició en el siglo iii a.C. (c.250 a.C.) y se concluyó a finales del siglo ii a.C. (c.150 a.C.). Se cree que fue hecha para los judíos que hablaban griego, pues en esa época eran bastante numerosos en Alejandría, aunque la orden provino del rey Ptolomeo ii Philadelfo [284-246 a.C.], monarca griego de Egipto, con destino a la biblioteca de Alejandría. El Pentateuco fue traducido en esa época y el trabajo duró dos o tres siglos. Una escuela de traductores se ocupó de los Salmos, en Alejandría, hacia 185 a.C.; después tradujeron Ezequiel, los doce profetas menores y Jeremías. Trataron posteriormente los libros históricos (Josué, Jueces, Reyes), y finalmente de Isaías

[30] En griego ψαλμός ὁ Δαυίδ ἐξόδιον σκηνῆς φέρω ὁ κύριος υἱός θεός φέρω ὁ κύριος υἱός κριός φέρω ὁ κύριος δόξα καί τιμή. La traducción es compleja, puesto que en hebreo la palabra אֵלִים *êlîm*, aunque aplicada por regla general a Dios, tiene múltiples significados y puede aplicarse también a los carneros. El griego se puede entender de distintas formas: "carneros, arietes", pero el sentido es de "fuerza, poder", y parece incluir "embestir", en cuyo caso podría traducirse también como: *"Oh hijos de los que embisten"*. Asumiendo esta idea, Trapp le busca el simbolismo con el cencerro de los carneros, que tanto por su peso como por su sonido, evitaba que embistieran con la cabeza. La Vulgata traduce este versículo como: *"Afferte Domino, filii Dei, afferte Domino filios arietum"*, "Traed al Señor, oh hijos de Dios, traed al Señor de los corderos". Y sobre esta traducción de la Vulgata:

– Teodoreto de Ciro [393-458] forja el siguiente comentario: «Aquellos que habéis venido a ser hijos de Dios por la fe en Cristo Jesús (Romanos 8:14; Gálatas 3:26; Efesios 1:5; 1 Juan 3:1-2) llevad este mensaje de salvación a todas partes, hasta lo último de la tierra (Hechos 1:8). Y traed como primicia a los pies del Señor a todos cuantos habían vivido hasta ahora en la irracionalidad, devolviéndoles a la cordura; traedlos a los atrios divinos y ofreced con ellos culto de adoración y alabanza al Autor y consumador de la fe (Hebreos 12:2). Las palabras del salmista no distan mucho de las pronunciadas por el Salvador: *"Por tanto, id, y haced discípulos en todas las naciones, bautizándolos en el nombre del Padre, y del Hijo, y del Espíritu Santo; enseñándoles a guardar todas las cosas que os he mandado"* (Mateo 28:19-20)».

gloria de Dios en su corazón, la gloria de Dios acabará por engullir todos los demás objetivos carnales y profanos, como la vara de Aarón se tragó las de los magos egipcios.[31] Así como el sol eclipsa la luz de cualquier linterna, la gloria de Dios, cuando se la busca con sinceridad y es enfocada adecuadamente, eclipsa todo lo secundario e incompatible con ella. Esta es una ley incuestionable: el objetivo primordial que tengamos, acabará por subyugar todos los demás. Quien sitúa la gloria de Dios cómo su objetivo principal, pronto comprobará cómo lo principal anula lo secundario. Mirad cómo las vacas flacas y de mal aspecto del sueño de Faraón devoraron a las gordas;[32] pues de igual modo la gloria de Dios se comerá todos los objetivos mundanos que se agolpan en nuestra alma debilitando nuestra fe. Donde la gloria de Dios se establece y se mantiene como fin primordial, todos los demás fines y objetivos terrenales quedarán por debajo de ella.

THOMAS BROOKS [1608-1680]

"Precious Remedies Against Satan's Devices", 1652

Vers. 2. *Dad a Jehová la gloria debida a su nombre; adorad a Jehová en la hermosura de la santidad.* *[Rendid a Jehová la gloria debida a su nombre; adorad a Jehová en la hermosura de su santuario.* RVR*] [Tributad al Señor la gloria debida a su nombre; adorad al Señor en la majestad de la santidad.* LBLA*] [¡Tributad a YHVH la gloria debida a su Nombre! ¡Postraos ante YHVH en el esplendor de la santidad!* BTX*] [Tributen al Señor la gloria que merece su nombre; póstrense ante el Señor en su santuario majestuoso.* NVI*] [¡Aclamad el nombre glorioso del Señor! ¡Adorad al Señor en el esplendor del Templo!* BLP*] [Honren al Señor por la gloria de su nombre; adoren al Señor en la magnificencia de su santidad.* NTV*]*

Tributad al Señor la gloria debida a su nombre. La amonestación a dar a Dios la gloria que merece se repite por tercera vez,[33] pues los hombres son parcos en glorificar a Dios, y de manera especial los personajes encumbrados, que a menudo van tan henchidos de su propia gloria que les falta tiempo para dar a Dios la alabanza que le corresponde, aunque no se les pida más de lo que es justo y recto. Es lamentable que haga falta tanta insistencia para que los hombres den a Dios lo que se le debe, sobre todo cuando el pago es tan agradable. La incredulidad y la desconfianza, la queja y la murmuración, privan a Dios del honor que le corresponde; y cabe decir que incluso los creyentes fallan a la hora de rendir a su Rey la gloria que le corresponde.

Adorad a Jehová. Inclinémonos ante él en piadoso homenaje y reverencia sagrada, conforme a su voluntad y preceptos. En la antigüedad, el culto se celebraba de acuerdo con un ceremonial, y los adoradores se juntaban en un edificio dedicado, cuya pompa solemne era emblemática de la belleza de la santidad;[34] pero ahora nuestra adoración es espiritual,[35] por lo cual la arquitectura del lugar y las prendas de vestir de los fieles son temas secundarios; pues la belleza espiritual interior expresada en pureza, y la santidad exterior, son mucho más preciosas a los ojos de nuestro Dios tres veces Santo. ¡Concédanos el Altísimo la gracia de adorarle siempre con motivaciones santas y de manera santa, como es propio de sus santos! El llamado a la adoración de las campanas tañendo en las iglesias se

[31] Éxodo 7:10-12.

[32] Génesis 41:4.

[33] Aunque las versiones españolas varían, la versión inglesa KJV repite tres veces la expresión *"Give unto"* al traducir literalmente el verbo hebreo הָבוּ *hāḇū* de יָהַב *yahab,* que se repite tres veces entre los versículos uno y dos.

[34] 1 Crónicas 16:29; 20:21; Salmo 96:9; 110:3.

[35] Juan 4:24; Filipenses 3:3.

mezcla en estos versículos con el retumbar del trueno, la campana gigantesca de esa iglesia descomunal que es el universo, invitando con su repicar a reyes, ángeles, y a todos los habitantes de la tierra a postrarse en santa devoción.

C. H. Spurgeon

Tributad al Señor la gloria debida a su nombre. Lo cual es imposible, pues el nombre del Señor está por encima de cielos y tierra[36] y de toda alabanza que el hombre pueda rendirle; pero es un objetivo que debemos perseguir. Los rabinos señalan que el santo nombre de Dios se menciona en este salmo dieciocho veces en varias formas;[37] para que los hombres, de manera especial los grandes y poderosos, den gloria a su nombre; para que permanezcan en el temor de Dios y eviten el pecado; para que traigan presentes a Aquel que debe ser temido, y que tales presentes sean lo mejor de lo mejor, porque él es un gran rey, y es celoso de su primacía.[38]

John Trapp [1601-1669]
"A commentary or exposition upon the books of Ezra, Nehemiah, Esther, Job and Psalms", 1657

Adorad a Jehová en la hermosura de la santidad.[39] Si alguien se pregunta: ¿por qué ha de ser adorado? ¿Por qué hemos de concederle tan alto honor incluso de parte de los que en este mundo son grandes y poderosos? ¿Qué hace él en el mundo que justifique tal adoración? David responde a ello tanto desde una perspectiva material, basándose en la propia naturaleza, como desde un punto de vista teológico: *"Voz del Señor sobre las aguas. El Dios de gloria truena, el Señor está sobre las muchas aguas. La voz del Señor es poderosa, la voz del Señor es majestuosa"* (29:3-4). Es como si dijera: "A pesar de que el Señor Jesucristo no va a establecer en este mundo un reino terrenal de

[36] Salmo 148:13.

[37] El tetragrámaton o tetragrama sagrado con el nombre divino, el vocablo hebreo יְהוָה *Yhvh,* aparece en los versículos 1 (2), 2 (2), 3 (2). 4 (2), 5 (2), 7 (1), 8 (2), 9 (1), 10 (2). y 11 (2); total 18 veces. Siete de ellas ligado al término קוֹל *qōwl,* "voz" o "la voz", versículos: 3 (1), 4 (2), 5 (1), 7 (1), 8 (1), y 9 (1); total 7 veces.

[38] Malaquías 1:14.

[39] Los Padres de la Iglesia comentaron:

– Agustín de Hipona [354-430]: «Adorad al Señor en el santuario de vuestro corazón, santificado y purificado, por lo tanto, hermoso. Pues vosotros sois su morada santa y regia (Juan 4:23-24; 1 Corintios 3:16; 6:19)».

– Basilio de Cesarea [329-379] ve en estas palabras un llamado del salmista contra la hipocresía: «Muchos son los que en apariencia participan activamente en el culto a Dios en actitud de oración, pero su corazón no está allí, pues su mente divaga en otras cosas arrastrada por la presión de las vanidades terrenales (…) tales adoradores no adoran a Dios *"en la hermosura de la santidad"*».

– En el siglo xx, Francisco Lacueva [1911-2005] en su versión española del "Comentario de Matthew Henry" ve en estas palabras una alusión a la hermosura del santuario: «*"En la hermosura majestuosa de su santidad"* (compárese con 1 Crónicas 16:29) es una expresión de la belleza del santuario y de los servicios celebrados en él con todo el ceremonial y los bellos ropajes con que los sacerdotes se vestían. Cuando las reuniones que celebramos los creyentes congregados en la presencia del Señor se contemplan con los ojos de la fe, se palpa la belleza que hay en la santidad».

naturaleza política, lleno de pompa y circunstancia, como fueron los imperios de Ciro[40] o de Alejandro;[41] sí va a erigir un reino espiritual a través del ministerio del evangelio, reuniendo para sí de entre todas las naciones de la tierra una Iglesia que permanezca para siempre; porque el evangelio será llevado y predicado no tan solo al pueblo de Israel, a los judíos, sino también a los gentiles a lo largo y ancho del mundo, a fin de que las mentes de los hombres sean iluminadas, despertadas e impactadas por esta doctrina de salvación en Cristo, que había permanecido oculta en otras épocas y generaciones".

Joseph Caryl [1602-1673]

Vers. 3. ***Voz de Jehová sobre las aguas; truena el Dios de gloria, Jehová sobre las muchas aguas.*** *[Voz de Jehová sobre las aguas; truena el Dios de gloria, Jehová sobre las muchas aguas.* RVR*] [Voz del Señor sobre las aguas. El Dios de gloria truena, el Señor está sobre las muchas aguas.* LBLA*] [Voz de YHVH sobre las aguas: ¡El DIOS de gloria ha tronado! ¡Es YHVH sobre las grandes aguas!* BTX*] [La voz del Señor está sobre las aguas; resuena el trueno del Dios de la gloria; el Señor está sobre las aguas impetuosas.* NVI*] [La voz del Señor domina las aguas, el Dios de la gloria ha tronado, el Señor domina las aguas caudalosas.* BLP*] [La voz del Señor resuena sobre la superficie del mar; el Dios de gloria truena; el Señor truena sobre el poderoso mar.* NTV*]*

La voz del Señor está sobre las aguas.[42] El trueno no solo es *"la voz de Dios"* en lenguaje poético, sino también didáctico: repica de lo alto, supera todos los demás sonidos, inspira temor, es completamente independiente de las acciones del hombre, y en diversas ocasiones ha servido de acompañamiento aterrador a la voz de Dios dirigiéndose a los hijos de Adán.[43] Una tempestad infunde siempre un terror peculiar, cuando un abismo llama a otro abismo, y la furia de las olas se hace eco de un firmamento encolerizado.[44] No hay escena más alarmante que el destello del rayo alrededor del mástil de un navío; y no hay sonido que inspire un temor más reverente que el rugido de la tormenta.[45]

---

[40] Se refiere a Ciro II el Grande [600-530 a.C.], rey de Persia y fundador del Imperio persa aqueménida. Conquistó Media, Lidia y Babilonia, creando el mayor imperio conocido hasta entonces y que se mantuvo por más de doscientos años, hasta su conquista por Alejandro Magno (332 a.C.). La Biblia lo menciona específicamente en 2 Crónicas 36:23; Isaías 44:28; 45:1-7; Esdras 1:2.

[41] Se refiere a Alejandro III de Macedonia, más conocido como Alejandro Magno [356-323 a.C.], considerado como uno de los más hábiles generales y grandes conquistadores de la Historia por su conquista del Imperio persa.

[42] Arnobio el Joven [siglo v] no duda en vincular estas palabras del salmista al bautismo de Jesús por Juan en Bautista según lo hallamos descrito en los evangelios: «Cuando Jesús fue bautizado los cielos fueron abiertos, el Espíritu santo descendió en forma de paloma, y resonó sobre las aguas con poder la voz del Padre diciendo: *"Tú eres mi Hijo amado; en ti he puesto mi complacencia"* (Lucas 3:21-22).

[43] Éxodo 20:18; 19:16-18; Salmo 18:13; 77:18; 104:7. Se escuchó la *"voz del Señor sobre las aguas"*, la voz del Señor tronó majestuosamente con poder y gloria *"sobre las muchas aguas"*, esto es, sobre las naciones, proclamando la grandeza de Cristo Jesús y anunciando que todo aquel que creyera en él será salvo (Juan 3:36)».

[44] Salmo 42:7.

[45] El lector debe encuadrar estas palabras en el marco de la navegación marítima hasta finales del siglo xix. El primer barco comercial movido a vapor, el *Clermont,* data de 1807, y la navegación comercial a vapor no comenzó a imponerse hasta la segunda mitad del siglo xix. Los navíos a vela conocidos como *clíperes* se mantuvieron cruzando el atlántico hasta 1922 (el último de ellos fue el *Cutty Sark*), puesto que eran más rápidos que los de vapor, y su desplazamiento escasamente superaba las 2000 toneladas. Y el *SS Great*

Los hijos del cielo han contemplado habitualmente este espectáculo aterrador con la alegría humilde propia de los santos; pero incluso aquellos que no conocen ni temen a Dios han experimentado una involuntaria reverencia mientras la tormenta rugía con toda su furia.

Resuena el trueno del Dios de la gloria. En realidad, el trueno no es más que un mero fenómeno eléctrico, pero su origen está en la intervención divina. Los paganos de la antigüedad lo identificaban con Júpiter Tonante o Júpiter el Tronador;[46] pero nuestros sabios modernos nos hablan de leyes y fuerzas que actúan por sí mismas, con la intención de quitar a Dios en medio. La electricidad no es nada por sí misma, debe ser llamada y enviada a su recado; y hasta que el Señor Todopoderoso la comisionó, su descarga de fuego era inerte e impotente. Antes las rocas de granito volarían solas por los aires que un relámpago cruzara los cielos, de no haber sido por la Causa Primera.[47]

El Señor está sobre las muchas aguas. Y sin embargo los oídos del salmista no escuchan otra cosa que la voz de Jehová resonando en mitad de las trombas oscuras que caen cual torbellino sobre el océano desde arriba, y cuyo eco repiten incansables las olas impetuosas de la tormenta que rugen desde abajo. Las aguas que están arriba y las que están debajo[48] se sorprenden y enmudecen ante la voz del Eterno. Y así también cuando el Espíritu Santo hace que, por encima del estruendo de las muchas aguas de nuestras aflicciones, escuchemos en lo profundo de nuestra alma la voz de las promesas divinas, la gloria de Dios es magnificada en el mundo espiritual de la misma manera como lo es en el universo material. Por encima y por debajo de nosotros, es la paz de Dios la que nos da quietud y sosiego.

C. H. SPURGEON

La voz del Señor está sobre las aguas; resuena el trueno del Dios de la gloria; el Señor está sobre las aguas impetuosas. Sí, gran Dios, esta tormenta que azota mi interior, este torrente de lágrimas que fluye de mis ojos, revelan tu presencia divina en mi alma. Este corazón hasta ahora tan seco, tan duro, tan árido; esta roca que has golpeado por segunda vez,[49] no seguirá resistiéndote por más tiempo, porque de él brotan aguas saludables en abundancia.[50] La misma voz de Dios que parte las peñas y derriba las montañas, que truena, ilumina y divide el cielo sobre el pecador, ordena ahora a las nubes que derramen lluvias de bendición sobre desierto estéril de su alma, transformándolo en un campo que produce a ciento por uno.[51] Esta voz es la que escucho.

JEAN BAPTISTE MASSILLON [1663-1742]
"A spiritual paraphrase of some of the Psalms, in the form of devout meditations and prayers", 1805

La voz del Señor está sobre las aguas; resuena el trueno del Dios de la gloria; el Señor está sobre las aguas impetuosas. Todas las cosas que comúnmente atribuimos a las leyes de la naturaleza,

Western, primer navío de vapor en ruta transatlántica, botado en 1837, desplazaba 2300 toneladas. En ese contexto, cabe imaginar qué suponía en época de Spurgeon una tempestad en el mar.

[46] Se refiere a la imagen de Júpiter venerada en el Templo de *Iuppiter Tonante*, construido por el emperador por AUGUSTO [63 a.C.-14 d.C.] en la Colina Capitolina en Roma el año 22 a.C.

[47] En el original *"First Cause"*. El concepto de la CAUSA PIMERA o Creador primario parte del llamado "Argumento Cosmológico" sobre la existencia de Dios de TOMÁS DE AQUINO [1220-1274] que sostenía que todo lo que existe tiene una causa que, a su vez, tiene otra causa, y así sucesivamente remontándose hasta llegar a la causa primera o primigenia, o sea, Dios. Ver en este mismo sentido la nota 63.

[48] Génesis 1:7; Salmo 148:4.

[49] Números 20:11; 1 Corintios 10:1-4.

[50] Juan 7:37-39.

[51] Génesis 26:12; Mateo 13:23.

las transformaciones de la materia y leyes del movimiento, son (si hemos de hablar en propiedad) resultado de la acción de Dios sobre la materia de forma constante y continuada, bien sea de manera directa o por la intervención de algún otro ser inteligente por él creado. En consecuencia, no existe tal cosa como las llamadas causas naturales o poder independiente de la naturaleza.

SAMUEL CLARKE [1675-1729][52]
"Sermons", 1742

Vers. 3-10.

La voz del Señor es conocida en los océanos,
el Dios de la eternidad, truena allende los mares;
la voz del Señor que brota de lo más profundo de su trono
en terror y poder, asombra y sobrecoge a la naturaleza.
La voz del Señor penetra en la espesura de los bosques
despertando sus ecos, su luz se introduce en las profundas cuevas.
El Señor está sentado como Rey sobre las aguas impetuosas,
los vientos son sus criados, y las olas sus doncellas.

JAMES MONTGOMERY [1771-1854]

Vers. 3-11.

De la voz poderosa
el eco ya resuena
del Señor en la nube tenebrosa:
El Dios de majestad es el que truena.
Oídlo en el estruendo de las aguas:
Voz es de fortaleza
voz es de majestad y de grandeza.

Voz del Señor del cielo
que los cedros quebranta,
del Líbano los cedros por el suelo:
y cual con leve planta
brinca el rinoceronte y el cabrito
saltando en los ribazos,
así van por el monte hechos pedazos.

Voz que da el estallido
apagando la llama; y sacudido
el desierto con trueno resonante,

[52] SAMUEL CLARKE [1675-1729], conocido teólogo, filósofo y físico inglés, era amigo personal de ISAAC NEWTON [1643-1727].

el desierto de Cades se conmueve,
y a la voz espantosa
del Señor se estremece y no reposa.

Voz que el Señor envía
del remoto horizonte,
y el resonar entre la selva umbría,
abre el cerrado monte,
y de su hojoso toldo lo desnuda,
y el ciervo temeroso
busca en vano su asilo y su reposo.

Mas el pueblo felice
junto en el templo santo
la gloria del Señor publica; y dice
libre, alegre, seguro y sin espanto:
«El Señor reina en medio del diluvio,
y reina eternamente
sobre la nube y sobre el rayo ardiente».

Y el Señor a su pueblo religioso
feliz hace en la guerra y victorioso,
y en paz sobre la tierra asegurado;
y libre de recelo
sus bendiciones le envía desde el cielo.

Tomás González Carvajal [1753-1834][53]

Vers. 4. ***Voz de Jehová con potencia; voz de Jehová con gloria.*** *[La voz del Señor resuena potente; la voz del Señor resuena majestuosa.* RVR*] [La voz del Señor es poderosa, la voz del Señor es majestuosa.* LBLA*] [La voz de YHVH es poderosa, la voz de YHVH es majestuosa.* BTX*] [La voz del Señor resuena potente; la voz del Señor resuena majestuosa.* NVI*] [La voz del Señor es poderosa, la voz del Señor es espléndida.* BLP*] [La voz del Señor es potente; la voz del Señor es majestuosa.* NTV*]*

[53] Spurgeon incluye aquí una paráfrasis poética de los versículos del 3 al 11 del Salmo 29 hecha por el poeta escocés Alexander Barclay [1476-1552]. Hemos estimado conveniente sustituirla por la del también poeta, hebraísta y político español Tomás González Carvajal [1753-1834] en su obra *"Los Salmos traducidos nuevamente al castellano en verso y prosa conforme al sentido literal"*, 1819. Schökel cita en este mismo sentido en poema del español José Zorrilla y Moral [1817-1893] titulado "La Tempestad" (también conocido como "Las Nubes"): *«¿Qué quieren esas nubes que con furor se agrupan / del aire transparente por la región azul? / ¿Qué quieren cuando el paso de su vacío ocupan / del cénit suspendiendo su tenebroso tul?».* Y en el que encontramos estrofas tan apegadas al Salmo 29 como estas: *«¡Señor, yo te conozco! la noche azul serena / Me dice desde lejos: "Tu Dios se esconde allí", / Pero la noche oscura, la de nublados llena, / Me dice mas pujante "Tu Dios se acerca a ti". (...) Conozco de tus pasos las invisibles huellas / del repentino trueno en el crujiente son, / las chispas de tu carro conozco en las centellas / tu aliento en el rugido del rápido Aquilon».*

La voz del Señor es poderosa. El poder del relámpago, del cual el trueno nos da parte, es un poder irresistible. En un instante, según el Señor lo ha dispuesto, la electricidad libera fuerzas gigantescas. Un escritor las describe como "una luz de tal intensidad que deja atrás la del sol en su cenit; una temperatura capaz de fundir los metales más duros y compactos; un impacto capaz de paralizar en un instante los músculos de los animales más fuertes; y una fuente de energía en suspensión capaz de alterar la gravedad así como descomponer y recomponer las combinaciones de la materia".[54] Así Thompson[55] nos habla del «rayo invencible», por ser entre las fuerzas físicas el principal instrumento de Dios, y nadie puede medir su poder. La voz de Dios es tan poderosa en la naturaleza, como la gracia lo es en el mundo espiritual; y el lector hará bien en trazar un paralelo, puesto que hay mucho en el Evangelio que puede ser ilustrado por el relámpago y el trueno del Señor en la tempestad. La voz del Señor, ya sea en la naturaleza o la revelación, sacude cielos y tierra, y hemos de permanecer atentos a ella, pues como dice el autor de Hebreos: *"Mirad que no desechéis al que habla"*.[56] Y si su voz es así de poderosa, ¡cuál será el poder de su mano!, cuidémonos bien de no provocar su golpe.

La voz del Señor es poderosa, la voz del Señor es majestuosa. El Rey de reyes habla como corresponde a un rey. Cuando el león ruge todas las bestias de la selva se acurrucan en silencio, y cuando Jehová truena en su majestad la tierra se queda muda y silente.

«Todo en horror y espanto formidable yace
preso de miedo audible y silencio sombrío»[57]

En cuanto a la palabra escrita de Dios, su majestad es evidente tanto en su estilo, en su naturaleza, como por su poder sobre la mente humana; ¡bendito sea Dios!, es la majestad de la misericordia empuñando un cetro de plata; y de esta majestad, la palabra de nuestra salvación está llena a rebosar.

C. H. SPURGEON

La voz del Señor. Estas repeticiones vehementes nos recuerdan el eco de los truenos retumbando; parece como si estuviéramos escuchando la artillería pavorosa del cielo disparando una andanada tras otra, mientras el eco repiquetea su sonido devolviéndolo una y otra vez.

C. H. SPURGEON

La voz del Señor es poderosa. Quisiera rendir a Dios toda la gloria debida a su nombre, por el cambio admirable que obrado en mi corazón. Pues no había en él nada aprovechable, fuera de desorden, aridez impía y dureza arraigada. De este estado desahuciado me transformó en un hombre nuevo en el que resplandece la gloria de su nombre y el poder de su gracia. ¡Solo Dios puede obrar tales

---

[54] BENJAMÍN FRANKLIN [1706-1790] descubrió que los rayos eran descargas eléctricas en 1792. El experimento derivó en investigaciones fascinantes iniciadas y continuadas a comienzos del siglo XIX y principios del siglo XX por ANDRÉ-MARIE AMPÈRE [1775-1836], MICHAEL FARADAY [1789-1854] y GEORG OHM [1706-1790] sobre las cargas positivas y negativas, y posteriormente en el descubrimiento de los protones, neutrones y electrones. A mediados del siglo XIX la investigación sobre la electricidad y los fenómenos eléctricos estaba en plena efervescencia, y las especulaciones eran infinitas. Es en este contexto que hay que entender las palabras de Spurgeon que, seguramente, estaba fascinado por lo que fue el gran descubrimiento y a la vez el gran misterio de su siglo.

[55] Se refiere al poeta y dramaturgo inglés JAMES THOMSON [1700-1748], poeta de la naturaleza especialmente conocido por su obra *"The Seasons"*, "Las Estaciones".

[56] Hebreos 12:25.

[57] Cita de JAMES THOMSON [1700-1748], *"The Seasons: Summer"*, línea 1128.

prodigios! Aún los incrédulos que se niegan a reconocer la mano divina en la creación, seguramente tendrán que admitir en mi caso que: *"este es el dedo de Dios"*.[58] Sí, Dios grande y poderoso, el caos no puede resistirte: oye tu voz con obediencia; pero el corazón humano endurecido te rechaza; y tu voz poderosa llama repetidamente pero en vano a su puerta,[59] olvidando que cuando ordenas al corazón rebelde que se levante de su abismo de pecado y siga por los caminos de tus mandamientos, tu poder y grandeza es mucho mayor que cuando creaste los mundos de la nada. Dispersando con la majestad de tu palabra un caos de delito y de ignorancia; haciendo que tu luz fuera, y brillara sobre la más negra oscuridad; y restaurando por medio del Espíritu Santo un orden armónico donde no había más que confusión, tu omnipotencia se hace patente con mayor medida ahora que cuando en mitad del caos inicial estableciste las leyes celestes y fijaste los astros en sus órbitas.

Jean Baptiste Massillon [1663-1742]
"A spiritual paraphrase of some of the Psalms, in the form of devout meditations and prayers", 1805

La voz del Señor es poderosa. Donde esté la palabra del rey, hay poder, pero ¿qué voz imperial puede ser comparada a la majestuosidad del trueno Señor?

C. H. Spurgeon

La voz del Señor resuena potente. Oh, si todos los *"Boanerges"*[60] evangélicos hicieran que el glorioso sonido de las Buenas Nuevas fuera oído por doquier debajo del cielo, y el mundo se mostrara de nuevo receptivo al mismo, antes de que la voz del Hijo del Hombre, que tantas veces ha llamado a los pecadores al arrepentimiento, los llame a juicio.[61]

George Horne [1730-1792]
"A Commentary on the Psalms in which Their Literal Or Historical Sense, as They Relate to King David, is Illustrated", 1825

Vers. 5. *Voz de Jehová que quebranta los cedros; quebrantó Jehová los cedros del Líbano.* *[Voz de Jehová que quebranta los cedros; Jehová desgaja los cedros del Líbano.* RVR*] [La voz del Señor rompe los cedros; sí, el Señor hace pedazos los cedros del Líbano.* LBLA*] [La voz de YHVH quebranta los cedros, sí, YHVH tritura los cedros del Líbano.* BTX*] [La voz del Señor desgaja los cedros, desgaja el Señor los cedros del Líbano.* NVI*] [La voz del Señor quiebra los cedros, quiebra el Señor los cedros del Líbano.* BLP*] [La voz del Señor parte los enormes cedros; el Señor hace pedazos los cedros del Líbano.* NTV*]*

Voz de Jehová que quebranta los cedros; Jehová desgaja los cedros del Líbano.

«A su furor se queda el alto pino,
abierto y carbón hecho de repente
en un tronco horroroso y denegrido»[62]

[58] Éxodo 8:19.
[59] Apocalipsis 3:20.
[60] Marcos 3:17: *"hijos del trueno"*.
[61] Apocalipsis 12:10.
[62] Cita de James Thomson [1700-1748], *"The Seasons: Summer"*, líneas 1150/1151: *"Black from the stroke above, the smouldering pine / Stands a sad shattered trunk"*.

Bajo el hachazo del rayo misterioso caen postrados los árboles más nobles, mientras otros testifican erguidos la eficacia de su poder inmenso. Ni tan siquiera el Líbano está a salvo, por muy altos que sean sus milenarios y venerables bosques: *Jehová desgaja los cedros del Líbano.* Ni el más encumbrado y venerable de los árboles o de los hombres, puede sentirse seguro cuando el Señor desencadena su ira. Así también, el Evangelio de Jesús tiene un dominio absoluto aún sobre el más cerrado e inaccesible de los mortales; y cuando el Señor envía su palabra, desgaja corazones mucho más robustos y duros que los cedros.

C. H. SPURGEON

Voz del Señor. Los filósofos no consideran haber razonado sobre las causas segundas[63] con la habilidad suficiente hasta que no logran alejar a Dios de sus obras. La ciencia que centra nuestras contemplaciones en las obras de la naturaleza apartándolas de Dios es diabólica. Si alguien que quiera conocer bien a un hombre aparta la mirada de su rostro y se fija en sus uñas, diremos que es un necio y digno de burla. Pues mucho mayor es la necedad de aquellos filósofos que obsesionados en reflexionar y explicar leyes y causas intermedias, urden toda clase de artimañas con tal de no admitir que la mano de Dios es manifiesta en todas sus obras.

JUAN CALVINO [1509-1564]

Voz de Jehová que quebranta los cedros; Jehová desgaja los cedros del Líbano. Al igual que las grandes tempestades, cuando se levantan, en un instante arrasan las cumbres y derrumban los árboles más altos, así es como el Señor quiebra el orgullo de los soberbios, y derriba a los altivos, arrogantes e insolentes que se levantan contra él: mientras riega con sus bendiciones a los humildes y los rectos.

ROBERT CAWDRAY [1538-1604]
"Treasury of Storehouse of Smiles", 1609

Voz de Jehová que quebranta los cedros; Jehová desgaja los cedros del Líbano. Los comentaristas de la antigüedad nos recuerdan que el quebrantamiento de los cedros por el viento, es una figura de la decadencia de las cosas altas y orgullosas de este mundo por el poderoso viento del Espíritu Santo que sopló en Pentecostés: "Así como derriba los cedros, así humilla Dios a los soberbios",[64] dicen Jerónimo[65] y Basilio.[66]

CHRISTOPHER WORDSWORTH [1774-1846]
"Commentary on the Whole Bible", 1856

[63] Los filósofos y teólogos llaman "causas segundas" a las leyes naturales y otros medios que Dios *"Causa primera"*, utiliza para regir el universo. Ver al respecto la nota 47.

[64] En latín: *"Confringit cedros Deus, hoc est humiliat superbo"*.

[65] Se refiere a EUSEBIO HIHERÓNIMO DE ESTRIDÓN [342-420], nacido en Dalmacia y más conocido como San Jerónimo, uno de los cuatro grandes Padres Latinos. Tradujo la Biblia del griego y el hebreo al latín, traducción conocida como la Vulgata (de *"vulgo"*, "pueblo"; *"vulgata editio"*, "edición para el pueblo")

[66] Se refiere a BASILIO DE CESAREA [329-379] también conocido como SAN BASILIO MAGNO, obispo de Cesarea de Capadocia y uno de los más importantes y reconocidos Padres de la Iglesia Griega. Brillante orador y eminente teólogo, combatió el arrianismo. Entre su importante obra escrita, destacan, además de sus numerosas cartas (se conservan unas 365) y textos litúrgicos, su Hexámeron (sobre Dios Creador), su Tratado sobre el Espíritu Santo y sus libros apologéticos contra el arriano Eunomio.

Jehová desgaja los cedros del Líbano. ¡Qué triste que nuestros corazones no se quebranten, no cedan, a pesar de que el trueno les golpee con la terrible amenaza de la boca de Dios!

John Trapp [1601-1669]
"A commentary or exposition upon the books of Ezra, Nehemiah, Esther, Job and Psalms", 1657

Jehová desgaja los cedros del Líbano.

«Los pinos más enormes
son zarandeados por los vientos con mayor fuerza;
las torres más altas
caen con más estrepitosa caída;
y los rayos descargan con mayor violencia
sobre las cumbres más elevadas».

Horacio [65-8 a.C.][67]

Los cedros del Líbano. Estos árboles creados por Dios tan poderosos, que durante siglos han resistido la fuerza de la tempestad, son los primeros en ser objeto de la furia de los rayos, que, como se sabe bien, descargan primero sobre los objetos más altos.

Robert Murray M'Cheyne [1813-1843]
"Memoir and remains of the Rev. Robert Murray M'Cheyne, Minister of St. Peter's Church, Dundee by Andrew A. Bonar", 1878

Vers. 6. *Los hizo saltar como becerros; al Líbano y al Sirión como hijos de búfalos.* *[Los hace saltar como becerros; al Líbano y al Sirión como crías de búfalos.* RVR*] [Y como becerro hace saltar al Líbano; y al Sirión como cría de búfalo.* LBLA*] [Reduce al Líbano como a un becerro, y al Sirión como a crías de toros salvajes.* BTX*] [Hace que el Líbano salte como becerro, y que el Hermón salte cual toro salvaje.* NVI*] [Hace brincar al Líbano como un ternero y al Sarión cual cría de búfalo.* BLP*] [Hace brincar como terneras a las montañas del Líbano; hace saltar el monte Hermón como a un buey joven y salvaje.* NTV*]*[68]

---

[67] *Oda X,* a Licinio Murena.

[68] En hebreo וַיַּרְקִידֵם כְּמוֹ־עֵגֶל לְבָנוֹן וְשִׂרְיֹן כְּמוֹ בֶן־רְאֵמִים *wayyarqîḏêm kəmōw-'êḡel ləḇānōwn wəśiryōn kəmōw ḇen-rə'êmîm.* La KJV traduce: *"He maketh them also to skip like a calf; Lebanon and Sirion like a young unicorn"*, "los hace saltar como un becerro; al Líbano y a Sirión como un joven unicornio".Kraus traduce: *"hace saltar al Líbano como novillo, y al Sarión como cría de búfalo"*. Schökel: *"hace brincar el Líbano como un novillo, el Sarión como cría de búfalo"*. La versión griega de los LXX o Septuaginta lee: καί λεπτύνω αὐτός ὡς ὁ μόσχος ὁ Λίβανος καί ὁ ἀγαπάω ὡς υἱός μονόκερως que la Vulgata traduce al latín como: *"et comminuet eas, tamquam vitulum Libani, et dilectus quemadmodum filius unicornium"*, "los desmenuzará como a un becerro; y el amado como hijo de unicornio", una traducción un tanto extraña que llevó a los Padres de la Iglesia a identificar este "amado" con Israel, y obviamente con Cristo. Schökel sugiere la posibilidad de una confusión de lectura entre los términos hebreos וְשִׂרְיֹן *wəśiryōn,* y יְשֻׁרוּן *yəšurūn* (Deuteronomio 32:15; 33:5,26; Isaías 44:2) en tanto que *Jesurún* es un diminutivo familiar y cariñoso de Israel. En lo que respecta al término "unicornio", algunos exégetas como Franz Delitzsch [1813-1890], sugieren la posibilidad de que podría referirse al antílope o incluso al rinoceronte, según lo traducen las versiones etíopes. Hoy en día parece bastante claro que la identificación del término hebreo

Y como becerro hace saltar al Líbano; y al Sirión[69] *como cría de búfalo.* No tan solo los árboles, sino que también las montañas saltan y bailan cual novillos de toro o de antílope. Igual que nuestros poetas mencionan colinas y valles que les son familiares,[70] el salmista escucha el rugido de la tempestad y los truenos en los montes del Líbano, y describe la escena en términos gráficos. Como hace uno de nuestros compatriotas:[71]

"El espanto y fúnebre rugido
es incesante dentro las montañas
de Carnarvon,[72] *y luego de improviso*
abierta en trozos su erizada cima,
a resbalar comienza tronado con su ruido
en la mar inflamada y espumosa
que forman los torrentes desprendidos.
de allá las altas rocas de Pennamaur[73]
causando espumeantes remolinos.

La punta de Snowdon[74] *es derretida*
perdiendo de repente aquel cariño
que contrajera con sus eternas nieves:
Lo alto de Cheviot,[75] *que de arbustillos*
siempre lleno se vio, se mira ahora
desde lejos en llamas confundido;
y hasta por los desiertos pavorosos

רְאֵמִים *rəʼêmîm* con el vocablo griego de origen mitológico μονόκερως, "unicornio", no es sino una arbitrariedad de traducción de la Septuaginta, de la cual pasó a la Vulgata y de ahí a otras versiones antiguas incluidas la KJV y la RVA. Pero que no era este el sentido del hebreo. Hoy sabemos que no existen los unicornios y que la palabra hebrea רְאֵם *reem,* se refiere al búfalo o toro salvaje, lo cual parece bastante claro por su uso en los demás lugares donde aparece en el texto hebreo masorético: Números 23:22; 24:8; Deuteronomio 33:17; Job 39:9-10; Salmo 22:21; 29:6; 92:10; Isaías 34:7. Por ejemplo en Números 23:22; 24:8; y Deuteronomio 33:17, se habla de כְּתוֹעֲפֹת רְאֵם *kəṯōwʻăpōṯ rəʼêm,* "los cuernos" (en plural) del *"rəʼêm",* cuando es sabido que al unicornio mitológico se le describe, según su propio nombre lo expresa, con animal de un solo cuerno.

[69] Nombre sidonio del monte Hermón (Deuteronomio 3:9).

[70] Esto es exactamente lo que hace JAMES THOMSON [1700-1748], en su conocido poema *"The Seasons",* citar las montañas de Gales y de Escocia, como podrá comprobar el lector en las estrofas que Spurgeon transcribe a continuación.

[71] Se refiere al poeta y dramaturgo escocés JAMES THOMSON [1700-1748].

[72] En el original: *"Carnarvon's mountains".* Nombre de unas montañas situadas en la región de Caernarfonshire, cerca del valle de Conwy, en Gales, Reino Unido.

[73] En el original *"Penmaen Mawr",* también conocido como *"Penmaenmawr",* una montaña en la parte septentrional del Principado de Gales, Reino Unido, famosa por un inmenso peñasco que sobresale hacia el mar.

[74] En el original *"Snowdon's peak",* el pico más alto en las montañas de Gales a 1085 metros por encima del nivel del mar, cubierto casi siempre de nieves perpetuas.

[75] En el original *"he heights of heathy Cheviot",* una sierra de colinas redondeadas en la frontera anglo-escocesa entre Northumberland y los Scottish Borders.

de la gran Tule,[76] *suena el retintido*
de los tremendos fulminantes ecos,
que con espanto lanza el trueno altivo"[77]

El evangelio glorioso del Dios bendito tiene más poder aún para quebrantar el peñasco rocoso de la obstinación y orgullo del hombre. La voz de nuestro Señor al expirar, partió las rocas y abrió los sepulcros:[78] y habiendo resucitado, su voz sigue obrando maravillas aún mayores. Gloria sea a su nombre, porque cuando la voz de su intercesión se escucha los peñascos de nuestros pecados se hacen añicos, y quedan sepultados en el mar rojo de su sangre.

C. H. Spurgeon

Y como becerro hace saltar al Líbano; y al Sirión como cría de búfalo. Es decir, ha hecho que las astillas de los árboles golpeados por un rayo, sacudidos por el viento, por tempestades y terremotos, saltaran y volaran por los aires.

John Diodati [1576-1649]
"Pious and Learned Annotations upon the Holy Bible", 1648

Y como becerro hace saltar al Líbano; y al Sirión como cría de búfalo. Una traducción más literal del hebreo sería:

"Les hace saltar como un becerro,
Líbano y Sirión como una cría de búfalo"[79]

Da la impresión de estar hablando de los cedros mencionados en el versículo anterior, y que los términos Líbano y Sirión no son más que una metonimia[80] para referirse a los árboles que crecían en estas montañas. Sin embargo:

1. No hay constancia alguna de que en el monte Sirión (o Shenir o Hermón, pues se le dan todos estos nombres); crezcan cedros. Y:

2. En el Salmo 114 hay un pasaje similar a este que no apoya en absoluto esta lectura, puesto que, refiriéndose a Israel después de pasar el Mar Rojo, dice: *"Los montes saltaron como carneros, los collados como corderitos"*.[81] Y el verbo hebreo es el mismo en ambos casos: רָקַד *raqad,* que significa "saltar, bailar". Un verbo peculiar utilizado en diversos pasajes proféticos: En los libros de Nahúm y de Joel para describir el *"galopar de caballos, y saltar de carros"*,[82] *"Como estrépito de carros saltan*

[76] En el original *"Thule bellows"*, una isla mítica mencionada por primera vez por el geógrafo y explorador griego Piteas de Massalia [siglo iv a.C.] y situada al parecer al norte de Inglaterra en tierras del sol de medianoche. En la geografía romana y medieval, así como en lenguaje poético, se utilizaba para identificar cualquier lugar distante hacia el norte, más allá de las fronteras del mundo conocido.

[77] Cita de James Thomson [1700-1748], *"The Seasons: Summer"*, líneas 1159/1170. Traducción al español de Benito Gómez Romero, 1801. Tomo I "Primavera y Estío".

[78] Mateo 27:50-54.

[79] Ver nota 68 en este mismo Salmo 29 sobre el término hebreo רְאֵמִים *rəʼêmîm.*

[80] La metonimia es una figura de lenguaje por el cual se designa una cosa o idea con el nombre de otra, basándose en alguna relación semántica o figurativa entre ambas.

[81] Salmo 114:4,6.

[82] Nahúm 3:2.

sobre las cumbres de los montes".[83] En ambos casos tiene un sentido de movimiento acompañado de trepidación, ruido y estruendo.[84]

Que por los efectos de una tormenta *"los montes saltan como becerros y búfalos"*, puede parecer exagerado; pero es interesante lo que explica Volney[85] sobre ciertos fenómenos naturales frecuentes en los montes del Líbano, y que puede darnos una idea más coherente e inteligible de a qué se refería el salmista con este *"saltar"* de las montañas:

«Cuando el viajero se adentra por primera vez en estas montañas, la escabrosidad de los senderos, la pendiente de las laderas, y la profundidad de los precipicios le provoca un ataque de pánico. Pero muy pronto, la destreza de las mulas que le transportan hace que recobre la confianza, haciendo que se atreva a mirar hacia abajo y contemplar los impresionantes paisajes y pintorescas escenas, que se suceden de forma casi desconcertante. Igual que ocurre en los Alpes, toma días enteros llegar a un a un punto concreto, que al partir estaba la vista y parecía al alcance de la mano. Pero a medida que vas ascendiendo con vueltas y más vueltas, bajando súbitamente y a continuación subiendo de nuevo, ese punto al que te diriges se va alejando, cambiando de posición una y otra vez, como si un poder mágico estuviera cambiando el escenario a cada paso que das. Te encuentras con pueblos enteros literalmente colgados en la ladera, construidos de tal forma que los techos de las casas inferiores sirven de calle a las que están encima, y tienes la sensación de que van a desprenderse y deslizarse hacia el abismo de un momento a otro. De cuando en cuando aparece un convento aislado de todo, colgado de un peñasco sin que puedas saber cómo han podido construirlo en ese lugar. Encuentras rocas perforadas por la erosión formando impresionantes cascadas, como en Nahr el Leban.[86] A menudo las cornisas de piedra, desgastadas por las aguas, se asemejan a las ruinas de castillos fantasmagóricos. En algunos lugares, las corrientes han minado la tierra formando profundas cavernas, como en Nahr el Kelb,[87] cerca Aintoura,[88] algunas convertidas en canales subterráneos a través de los cuales fluyen pequeños riachuelos durante buena parte del año. A veces estas circunstancias se tornan trágicas, cuando las rocas aflojadas por el deshielo o por un terremoto, pierden su equilibrio y se precipitan sobre los pueblos de las laderas, aplastando numerosas viviendas con todos sus habitantes. Hace alrededor de veinte años, un accidente de este tipo sepultó un pueblo entero cerca de Mar Djordos,[89] sin dejar rastro de su existencia. Más recientemente, y cerca del mismo lugar, el suelo de una colina llena de vides y moreras se desprendió por entero a causa de un deshielo repentino, deslizándose sobre la superficie de

---

[83] Joel 2:5.

[84] Las otras en que aparece son 1 Crónicas 15:29, para referirse a cómo el rey David saltaba delante del arca; Job 21:11: *"y sus niños andan saltando"*; Eclesiastés 3:4, para decir que hay: *"tiempo de lamentarse, y tiempo de bailar*; y en Isaías 13:21, para decir que en la Babilonia desolada y abandonada *"allí brincarán las cabras peludas"*.

[85] Se refiere a CONSTANTIN FRANÇOIS DE CHASSEBOEUF, conde de Volney [1757-1820], viajero, escritor, filósofo, orientalista y político francés, autor entre otras muchas obras de *"Voyage en Syrie et en Égypte"*, 1787, que es la citada por M'Cheyne, pp. 187-189.

[86] Se refiere a *"Faraya Nahr El Leban"* en lo que en el Líbano actual se conoce como *"The Dog River"*.

[87] Se refiera al estuario y grutas de *"Nahr el-Kalb"* en Líbano, junto al río que lleva este mismo nombre. Famoso porque fue ruta de paso de distintos conquistadores de la antigüedad y hay grabadas en las rocas de piedra estelas de su paso, desde el Faraón Ramsés II, pasando por Nabucodonosor hasta Napoleón.

[88] Municipio situado a 18 Km. al Norte de Beirut, en el actual Líbano. Su nombre significa "manantial de agua en las montañas". Está lleno de grutas habitadas desde la Edad de Piedra.

[89] No nos ha sido posible hallar constancia histórica de estos hechos ni del lugar en concreto, fuera del testimonio del propio autor.

la roca que antes había cubierto, y cayó al precipicio para terminar asentándose sobre la planicie, cual un cubo que cae rodando por una escalera hasta el rellano».

Robert Murray M'Cheyne [1813-1843]
"Memoir and remains of the Rev. Robert Murray M'Cheyne, Minister of St. Peter's Church, Dundee by Andrew A. Bonar", 1878

Vers. 6-11 *Y como becerro hace saltar al Líbano; y al Sirión como cría de búfalo.* Es decir, con su voz poderosa y atronadora, el Señor hace primero que salten sobrecogidos por el miedo; y después, los conforta hasta que brinquen de alegría. Y más aún, leemos en el versículo siguiente que: *"La voz del Señor levanta llamas de fuego"* (29:7), es decir, envía y reparte a cada uno el Espíritu como él quiere,[90] pues el Espíritu Santo se compara con el fuego y la llama,[91] y que vino en forma de tormenta, como un viento recio que soplaba y lenguas como de fuego, asentándose sobre cada de cada uno de los apóstoles.[92]

Y esta voz atronadora, acompañada con llamas de fuego sobre cada uno, no se escuchó únicamente en Jerusalén; pues como se deduce del versículo nueve, *"Voz de Jehová que hace temblar el desierto; hace temblar Jehová el desierto de Cades"* (29:8), es decir, el Señor por medio de la voz del Evangelio se anuncia con poder a los gentiles, que son como un desierto: estériles de bondad y no fertilizados en lo espiritual, aunque habiten en ciudades bien gobernadas y bien amuebladas en lo moral. Se anuncia también a los gentiles que son como la tierra salvaje, donde no ha llegado la civilización, y no conocen otra ley que la de su conciencia. A estos desiertos ha llegado la voz atronadora del Señor en el evangelio, sigue llegando en nuestros días y lo seguirá haciendo en el futuro, hasta que entre la plenitud de los gentiles.[93]

Mediante la voz del evangelio, el Señor ha transformado muchos de estos desiertos en campos fructíferos, en tierras fértiles. Porque en ellos, sigue diciendo el versículo nueve *"La voz del Señor hace parir a las ciervas"*[94] (29:9), es decir, ha hecho que muchos que eran tan ignorantes y salvajes como un ciervo, o cualquier otro animal en salvaje, al escuchar la voz del evangelio, se hayan arrepentido, humillado y nacido de nuevo.

Por ello el salmista va más allá: *"y desnuda los bosques"*, es decir, abre el corazón de los hombres, que son como tupidos bosques donde crecen libremente la vanidad, el orgullo, la hipocresía, el amor propio, y la autosuficiencia, el desenfreno y la sensualidad; y donde los árboles y la maleza impiden todo avance, hasta que no se abre en ellos un sendero, quemando la maleza con fuego y las ramas a golpes de machete. Ese sendero es el que abre el Señor en la selva impenetrable de los corazones humanos, con la espada y el fuego, es decir, mediante la Palabra y el Espíritu. Y entonces el bosque se convierte en templo, como leemos al final del versículo: *"y en su templo todo dice: ¡Gloria!"*.

Y si se levantan torrentes de perversidad contra aquellos que han llegado a Cristo por medio de los truenos y relámpagos del evangelio, y amenazan con socavar los fundamentos de ese templo santo que es su cuerpo,[95] el salmista nos asegura que no deben preocuparse, pues: *"el Señor tiene su trono sobre las aguas impetuosas"* es decir, están bajo su poder, las controla y las anula cuando estima conveniente pues; *"se sienta Jehová como rey para siempre; dará fuerza a su pueblo, y lo bendecirá con paz"* (29:11).

[90] 1 Corintios 12:11.
[91] Mateo 3:11.
[92] Hechos 2:2-3.
[93] Romanos 11:25.
[94] Traducción de la KJV y LBLA. Ver al respecto la nota 113 en el versículo 9 de este mismo Salmo 29.
[95] 1 Corintios 3:16; 6:19.

Así pues *"Truena Dios maravillosamente con su voz"*,[96] y las maravillas gloriosas que truena es la conversión de los pecadores. Por tanto, aunque no soy partidario de alegorizar las Escrituras, con todo, he de admitir que se puede hacer un uso provechoso de este salmo y muchos otros pasajes de las Escrituras a través de la alegoría, cuando se fundamente, como en este caso, en una verdad incuestionable y digna de remarcar: que el Señor utiliza, por así decirlo, el poder del trueno y del relámpago en la predicación de su Palabra.

JOSEPH CARYL [1602-1673]

Vers. 7. *Voz de Jehová que derrama llamas de fuego.* *[Voz de Jehová que lanza llamas de fuego.* RVR*] [La voz del Señor levanta llamas de fuego.* LBLA*] [La voz de YHVH arranca llamas de fuego.* BTX*] [La voz del Señor lanza ráfagas de fuego.* NVI*] [La voz del Señor produce llamas ardientes.* BLP*] [La voz del Señor resuena con relámpagos.* NTV*]*[97]

La voz del Señor levanta llamas de fuego. Como cuando las chispas vuelan desde el yunque por los golpes de un pesado martillo, así los relámpagos corroboran los golpes atronadores de Jehová:

Cuando ya de repente pavorosos
del pálido relámpago los brillos
reflejan hacia el Sur, y el mudo pasmo
en los semblantes notase esculpido,
con lentitud el gran trueno le sigue,
retumbando sus roncos resoplidos
en lo interior de las tremendas nubes
que componen su bárbaro dominio.

Brama la tempestad, y allá en los cielos
resuenan sus funestos alaridos;
mas cuando se declara y aproxima,
que su disforme peso rueda activo
sobre los recios silbadores vientos,
los relámpagos forman esparcidos

[96] Job 37:5.

[97] En hebreo קוֹל־יְהוָה חֹצֵב לַהֲבוֹת אֵשׁ *qōwl-Yahweh ḥōṣêḇ lahăḇōwṯ 'êš.* La versión griega de los LXX o Septuaginta lee φωνή κύριος διακόπτω φλόξ πύρ que la Vulgata traduce al latín como: *"Vox domine intercidentis flamman ignis"*, "voz del Señor que corta llama de fuego". La KJV traduce: *"The voice of the Lord divideth the flames of fire"*. Sobre este versículo dicen:

– FRANCISCO LACUEVA [1911-2005] en su versión española del "Comentario de Matthew Henry" dice: «No faltan eruditos que opinan que se ha perdido una primera parte del texto del versículo 7, al constar solo de un estico. *"Voz de Jehová que corta* – חֹצֵב *hoṣêḇ,* participio–, *llamas de fuego"* refiriéndose gráficamente al zigzaguear de los relámpagos».

– SCHÖKEL dice al respecto: «Muy escogido es el verbo חֹצֵב *hoṣêḇ*, "hender", dicho también de "extraer", "desprender de una cantera" (Isaías 51:1). Creo que la imagen es la de sacar chispas y luego llamaradas golpeando o frotando el pedernal».

surcos enormes con afán tremendo:
reduplícanse más los estampidos,
y todo el orbe de pavor retiembla.

Un cárdeno volcán de azufre ardido
se derrama con ímpetu y deslumbra:
La gran masa de nubes al proviso
sin cesar se abre y cierra con violencia,
y más horribles azufrados brillos:
Dilátase veloz, y todo envuelve
en un mar agitado y acrecido
de pavoroso fulminante fuego.[98]

El trueno parece separar un destello de otro, interponiendo su rugido profundo entre el relámpago que le precede y el siguiente. Que los relámpagos son verdaderamente llamas de fuego se evidencia cuando caen sobre casas, almacenes e iglesias, envolviéndolos en una llamarada en pocos instantes.[99] ¡Con cuánta facilidad podría el Señor destruir a sus criaturas rebeldes con fuego del cielo! ¡Y cuán bondadosa es la mano que perdona a tan empedernidos ofensores con lo fácil que le sería aniquilarlos! También en el evangelio las llamas de fuego concurren en apoyo a la voz de Dios que ilumina y derrite los corazones de los hombres: por medio de ellas consume nuestros impulsos lujuriosos y aviva en nosotros una llama sagrada que aspira constantemente al amor y la santidad. Los hechos acaecidos en Pentecostés son lectura más que apropiada en el comentario a este versículo.[100]

C. H. SPURGEON

La voz del Señor levanta llamas de fuego.[101] Por el poder de Dios, las *"llamas de fuego"* son *"divididas"* en la forma terrible de relámpagos, esa espada afilada y reluciente del Todopoderoso, que ninguna sustancia material es capaz de soportar, y enviadas al exterior de las nubes sobre la tierra. El mismo poder divino hay en su Palabra: *"viva y eficaz, y más cortante que toda espada de dos filos; y*

[98] Cita de JAMES THOMSON [1700-1748], *"The Seasons: Summer"*, líneas 1130/1140. Traducción al español de Benito Gómez Romero, 1801. Tomo I "Primavera y Estío".

[99] En la Inglaterra del siglo XIX los pararrayos eran escasos y la mayoría más decorativos que efectivos en su función protectora. Con la mayoría de edificios construidos con madera, los incendios provocados por caída de rayos seguían siendo devastadores.

[100] Hechos 2:1-4.

[101] La versión inglesa KJV traduce: *"The voice of the Lord divideth the flames of fire"*, "La voz del Señor divide las llamas de fuego" y como podrá comprobar el lector son varios los comentaristas de la época que se agarran a este "*divideth*" "divide" tratando de encontrarle un simbolismo con las llamas de fuego del Espíritu Santo en Hechos 3:2. El hebreo dice literalmente חֹצֵב *ḥōṣêḇ* de חָצַב *chatsab* y tiene más bien el sentido de "tallar, esculpir, forjar, grabar", como en 1 Reyes 5:15 y 2 Crónicas 2:2, donde nos dice que Salomón tenía: *"y ochenta mil canteros en las montañas"* para labrar la piedra. En 2 Crónicas 18:10 se nos habla de *"Sedequías hijo de Quenaaná se había forjado unos cuernos de hierro"*. La traducción más literal y próxima al original sería: *"La voz del Señor labra con llamas de fuego"*. Dice el profeta Jeremías *"¿No es mi palabra como fuego, dice Jehová, y como martillo que hace pedazos la roca?"* (Jeremías 23:29).

penetra hasta la división del alma y del espíritu, de las coyunturas y de los tuétanos, y discierne los pensamientos y las intenciones del corazón".[102]

GEORGE HORNE [1730-1792]
"A Commentary on the Psalms in which Their Literal Or Historical Sense, as They Relate to King David, is Illustrated", 1825

La voz del Señor levanta llamas de fuego. Dice aquí que la voz del Señor *"divide las llamas de fuego"*; literalmente el texto hebreo dice *"esculpe las llamas"* חֹצֵב לַהֲבוֹת אֵשׁ *ḥōṣêḇ lahăḇōwṯ 'êš.* La Septuaginta lo traduce como διακόπτω φλόξ πύρ. En palabras de Gesenius:[103] *"La voz de Jehová corta las llamas de fuego"*, es decir: *"envía llamas de fuego partidas, separadas e individualizadas"*. Se trata (como observa Teodoreto)[104] de una descripción muy gráfica de la acción divina en Pentecostés, enviando llamas partidas cual *"tela trisulca"*[105] en forma de lenguas de fuego que, divididas ya en su origen, es decir, desde su fuente celestial, se posaron sobre las cabezas de los apóstoles y los llenaron con el fuego de un celo y amor santos.[106]

CHRISTOPHER WORDSWORTH [1774-1846]
"Commentary on the Whole Bible", 1856

La voz del Señor levanta llamas de fuego. La nota marginal dice: "cortadas o esculpidas".[107] El verbo hebreo חֹצֵב *ḥōṣêḇ* de חָצַב *chatsab* tiene el sentido de "cortar, tallar, esculpir", por ejemplo, piedras. Aquí la alusión es, sin duda, a los relámpagos; y la imagen gráfica es o bien que los propios relámpagos parecen como cortados en lenguas o rayas de fuego; o, más probablemente, que parecen esculpir las nubes, pues se abren claros en ellas. Nuestros ojos se mantienen fijos, evidentemente, en

---

[102] Hebreos 4:12. Compárese con las llamas de fuego del Espíritu en Hechos 2:3.

[103] Se refiere a HEINRICH FRIEDRICH WILHELM GESENIUS [1786-1842], famoso erudito alemán de las lenguas orientales, profesor de teología en la Universidad de Halle. Escribió numerosas obras sobre los textos bíblicos, siendo especialmente apreciada y quizás su obra más conocida el *"Thesaurus philologico-criticus linguae Hebraicae et Chaldaicae V. T."*

[104] Se refiere a TEODORETO DE CIRO [393-458]. Nacido en Antioquía, fue obispo de Ciro, donde desarrolló una amplia actividad. Mantuvo una enconada controversia con San Cirilo. Enérgico adversario de la herejía eutiquiana, fue depuesto de su sede episcopal hacia el 449. El 451 fue admitido entre los «doctores ortodoxos» por el Concilio de Calcedonia -que condenó a Nestorio y Eutiques- tras haberle exigido una explícita declaración contra Nestorio y su doctrina. Tras Calcedonia, Teodoreto continuó su labor pastoral y literaria. Fue autor de numerosas obras, entre ellas comentarios a diversos libros de la Biblia, incluidos los Salmos.

[105] Expresión latina utilizada por Ovidio para referirse al zigzag de los rayos en *Amorum, Liber II: "qualia possent excutere irato tela trisulca Iovi"* "tales que podrían arrancar el mortífero rayo a las manos de Jove". Como lo explican CARL FRIEDRICH KEIL [1807-1888], y FRANZ DELITZSH [1813-1890] en su *"Biblical Commentary on the Old Testament"* (traducido por CLIE al español) al comentar este mismo versículo: «La brevedad y triple división del texto en el versículo siete (29:7) simboliza el incesante movimiento tembloroso del rayo en forma de zigzag, (como vemos en Ovidio: *tela trisulca, ignes trisulci)*».

[106] Hechos 2:3.

[107] Se refiere a las abundantes notas marginales de las primeras ediciones de la versión inglesa *King James Version* (KJV). La versión original de la versión inglesa autorizada, conocida como *King James Version,* contaba con numerosas notas marginales, aclaraciones y traducciones alternativas, que en su edición de 1611, según las contó el erudito FREDERICK HENRY AMBROSE SCRIVENER [1813-1891], sumaban 6.637 en el Antiguo Testamento, 1.018 en los libros Deuterocanónicos (que iban incluidos), y 767 en el Nuevo Testamento, esto es 8.422 en total. Es a estas notas a las que hace referencia el autor.

las nubes, y el repentino destello de un rayo parece escindir las nubes abriéndose paso. La idea del salmista es que la *"voz del Señor"*, el trueno, parece abrirse paso a través nubes mediante las llamas de fuego en medio de la tempestad.

ALBERT BARNES [1798–1870]
"Notes, critical, explanatory, and practical, on the book of Psalms", 1868

Vers. 8. ***Voz de Jehová que hace temblar el desierto; hace temblar Jehová el desierto de Cades.*** *[Voz de Jehová que hace temblar el desierto; hace temblar Jehová el desierto de Cadés.* RVR*] [La voz del Señor hace temblar el desierto; el Señor hace temblar el desierto de Cades.* LBLA*] [La voz de YHVH estremece el desierto. YHVH sacude al desierto de Cades.* BTX*] [La voz del Señor sacude al desierto; el Señor sacude al desierto de Cades.* NVI*] [La voz del Señor hace temblar el desierto, el Señor hace temblar el desierto de Cadés.* BLP*] [La voz del Señor hace temblar al lugar desolado; el Señor sacude el desierto de Cades.* NTV*]*

Voz de Jehová que hace temblar el desierto; hace temblar Jehová el desierto de Cades. A medida la tormenta avanzaba, estalló sobre el desierto: *"La voz del Señor hace temblar el desierto; hace temblar el Señor el desierto de Cades"*. Dios no busca el aplauso de los hombres: sus obras de mayor envergadura se llevan a cabo en lugares donde la mirada del hombre no ha penetrado jamás. Allí donde no se escucha ningún sonido humano, la voz de Dios suena terriblemente distinta. Las vastas y silenciosas planicies tiemblan de espanto. El silencio rinde homenaje a la voz del Todopoderoso. Las llanuras y tierras bajas deben escuchar la voz de Dios igual que las cordilleras y tierras altas; tanto los pobres como los poderosos deben reconocer la gloria del Señor. Los lugares solitarios y estériles deben alegrarse escuchando el son celestial que proclama el evangelio. ¡Qué poder tan impactante y trascendental hay en la palabra de Dios! Pues aún el desierto estéril florece cuando Dios lo dispone, e incluso lo más conservador se abre al progreso cuando así lo decreta.[108]

C. H. SPURGEON

Voz de Jehová que hace temblar el desierto. ¡Dios grande y poderoso, mucho me esforcé tratando de escapar de ti! Busqué refugio para mis remordimientos en un lugar desértico, donde nada pudiera recordarme tu presencia. Lejos de los senderos de la fe, distante de todos los canales que traen las aguas de la gracia, apartado de todo aquello que pudiera significar un testimonio o reproche de mi iniquidad. Y, no obstante, incluso allí, Gran Dios, donde yo creía que había encontrado un asilo inaccesible a tu misericordia eterna, y podría por tanto pecar con impunidad, incluso allí, en ese desierto, tu voz me detuvo haciendo que me postrara a tus pies.

JEAN BAPTISTE MASSILLON [1663-1742]
"A spiritual paraphrase of some of the Psalms, in the form of devout meditations and prayers", 1805

Vers. 8-10. *Voz de Jehová que hace temblar el desierto; hace temblar Jehová el desierto de Cades.* Entendemos que se refiere a Cades de Neftalí, por su posición geográfica en el Líbano, aunque es posible que no. Tampoco nos parece indispensable suponer que la descripción del salmista vaya más allá de los habituales efectos de una tormenta eléctrica, aunque es cierto que la zona geográfica

[108] Isaías 32:15-16; 35:1; 41:17-20; 51:3; 55:12-13; Ezequiel 36:35.

de Siria está muy expuesta a los terremotos, como el de Alepo[109] en 1822, que se sintió sensiblemente en Damasco.[110] Las encinas y bosques a los que hace referencia el versículo siguiente (29:9), se adaptan perfectamente a las descripciones que tenemos de las tierras inferiores del Líbano en las crónicas y anales de diversos viajeros por la zona: «abundan la espesura de mirto,[111] abetos, nogales, algarrobos, encinas y robles turcos»[112] Y las *aguas impetuosas* del versículo diez (29:10) constituyen una descripción admirable de las repentinas riadas que forman los mil arroyuelos que fluyen desde las montañas del Líbano: *"El Señor está sentado sobre los torrentes de lluvia, el Señor está sentado como Rey para siempre".*

ROBERT MURRAY M'CHEYNE [1813-1843]
"Memoir and remains of the Rev. Robert Murray M'Cheyne, Minister of St. Peter's Church, Dundee by Andrew A. Bonar", 1878

Vers. 9. ***Voz de Jehová que desgaja las encinas, y desnuda los bosques; en su templo todo proclama su gloria.*** *[Voz de Jehová que desgaja las encinas, y desnuda los bosques; en su templo todo proclama su gloria.* RVR*] [La voz del Señor hace parir a las ciervas, y deja los bosques desnudos, y en su templo todo dice: ¡Gloria!* LBLA*] [La voz de YHVH hace parir las ciervas, y desnuda los bosques. Y en su Casa todo dice: ¡Gloria!* BTX*] [La voz del Señor retuerce los robles y deja desnudos los bosques; en su templo todos gritan: «¡Gloria!»* NVI*] [La voz del Señor estremece a las ciervas y arranca los árboles del bosque. En su Templo todo dice ¡gloria!* BLP*] [La voz del Señor retuerce los fuertes robles y desnuda los bosques. En su templo todos gritan: «¡Gloria!».* NTV*]*[113]

[109] Ciudad del noroeste de la actual Siria situada unos ciento veinte kilómetros tierra adentro desde el Mar Mediterráneo, a mitad de camino en la ruta comercial que une la costa mediterránea y el Éufrates, y capital de la provincia que lleva el mismo nombre.

[110] Damasco se encuentra a unos 400 kilómetros de distancia de Alepo. El 13 de agosto de 1822 hubo un terremoto de grandes dimensiones en Alepo, en la parte noroeste de la actual Siria. Se estima que fue de magnitud 7.4 en la escala de Richter y fue sin duda uno de los peores en el mundo durante la época del autor, que probablemente haga referencia a él por proximidad contemporánea. Sin embargo, el terremoto más famoso de Alepo fue el del 11 de octubre de 1138, considerado aún a día de hoy como uno de los más mortíferos de la historia. Alepo se encuentra situada en la parte norte del sistema de Transformación del Mar Muerto, una falla geológica donde limitan las placas tectónicas árabe y africana, circunstancia que explica su propensión a los movimientos sísmicos y la virulencia de algunos de ellos.

[111] Se refiere al MIRTO un tipo de arbusto de la familia de las *Myrtaceae,* nativo del sudeste de Europa y del norte de África, siempre verde y de follaje muy compacto.

[112] Cita a JOSIAH CONDER [1789-1855], en *"The Modern Traveller: A Description, Geographical, Historical, and Topographical of the verious Countries of the Globe,* Vol I, *Syria and Asia Minor"*, 1830

[113] En hebreo קול יהוה יחולל אילות ויחשף יערות ובהיכלו כלו אמר כבוד *qōwl Yahweh yəḥōwlêl 'ayyālōwṯ way-yeḥĕśōp̄ yə'ārōwṯ ūḇəhêḵālōw kullōw 'ōmêr kāḇōwḏ.* La version griega de los LXX o Septuaginta se aparta aquí sustancialmente del TM y lee φωνή κύριος καταἀρτίζω ἔλαφος καί ἀποκαλύπτω δρυμός καί ἐν ὁ ναός αὐτός πᾶς τις λέγω δόξα que la Vulgata traduce al latín como: *"Vox Domine praeparantis cervos, et revelabit condensa; et in templo ejusomnes dicent gloriam"*, "Voz del Señor que prepara los ciervos, y descubrirá las espesuras; y en su templo todos anunciarán su gloria". Sobre este versículo dicen:

– FRANCISCO LACUEVA [1911-2005] en su versión española del "Comentario de Matthew Henry": «El texto hebreo del versículo 9 resulta igualmente dudoso en la forma en que nos ha llegado. El texto actual dice literalmente en su primera parte: "*Voz de Jehová que hace parir* (acelera el parto) *a las ciervas y desnuda los bosques"*. El sentido es probablemente: La tempestad que Dios envía causa tal terror a los animales del bosque que huyen espantados de allí, dejándolo *"desnudo"*, es decir, sin animales».

La voz del Señor hace parir a las ciervas. Estas criaturas tímidas y apocadas, sobrecogidas por el miedo a la tempestad, liberan su embarazo de forma prematura. Aunque probablemente la traducción *"desgaja las encinas"* sea más adecuada, puesto que encaja mucho mejor con la frase siguiente:

Y desnuda los bosques. Las densas sombras de la espesura se iluminan con el resplandor fulgurante del rayo, y hasta sus rincones más secretos y oscuros quedan por un instante al descubierto:

> *Las más horrendas grutas se estremecen*
> *cuando reflejan en ellas el azufrado brillo*
> *del relámpago rápido y medroso:*
> *Los árboles al suelo más asidos,*
> *rodeados de fuego, tiemblan todos*
> *hasta por lo profundo y escondido*
> *donde anudadas yacen sus raíces.*[114]

Nuestros primeros padres buscaron refugio entre los árboles,[115] pero la voz del Señor pronto ellos los encontró, y su corazón empezó a temblar.[116] No hay ocultamiento posible de la mirada de fuego del Todopoderoso, pues un solo destello de su ojo airado convierte la medianoche en mediodía. El Evangelio tiene un poder revelador similar en los corazones entenebrecidos, en un instante ilumina cada rincón del corazón impío, y deja el alma temblando delante del Señor.

Y en su templo todo dice: ¡Gloria! Cuando escucharon el retumbar de los truenos, los que se encontraban adorando en el templo se sintieron impulsados a proclamar la grandeza de Jehová. El mundo entero es templo de Dios, y cuando él hace acto de presencia sobre las alas del viento,[117] todas las cosas prorrumpen en su alabanza. Y también nosotros los redimidos del Señor, templos vivos de su Espíritu,[118] cuando contemplamos las maravillas de su poder en la creación, y las experimentamos en la gracia, nos unimos al coro que engrandece su nombre. En el templo de Dios ninguna lengua puede permanecer muda cuando el tema es su gloria. El texto original indica un sentido inclusivo singular: *"cada uno en particular clama: ¡Gloria!"*[119] como si todas las cosas se sintieran movidas por un

---

– KRAUS que traduce: *"La voz de Yahvé hace parir a las ciervas, que las cabritas se retuerzan de dolor"* dice al respecto: «El ultimo enunciado, en el v 9, sobre la poderosa voz de Yahvé y sus efectos se refiere al mundo animal. Los animales, al estremecerse de miedo, se ponen de parto prematuramente. Esta asociación entre los temblores de tierra y los dolores de parto es misteriosa e insondable. Ahora cabría esperar que se hablara también de los efectos que la voz de trueno de Yahvé tiene sobre los hombres. Pero en este lugar se interrumpe súbitamente la descripción. Probablemente, el texto sufrió daños durante el proceso de su transmisión».

– SCHÖKEL que traduce: *"la voz del Señor retuerce los robles, abre claros en las selvas"* dice: «El texto hebreo dice: «hacer parir a las ciervas»; muchos comentaristas antiguos y modernos lo aceptan, añadiendo algunos que como efecto del terror las ciervas abortan; algunos apelan a Job 39:1-3. Yo he preferido dejar los dos hemistiquios en el reino vegetal, robles y selvas. Un tronco robusto, retorcido por un rayo, es impresionante».

[114] Cita de JAMES THOMSON [1700-1748], *"The Seasons: Summer"*, líneas 1158/1160. Traducción al español de Benito Gómez Romero, 1801. Tomo I "Primavera y Estío".

[115] Génesis 3:8.

[116] Génesis 3:10.

[117] Salmo 18:10: 104:3; Nahúm 1:3.

[118] 1 Corintios 3:18; 6:19.

[119] En hebreo כֻּלּוֹ אֹמֵר כָּבוֹד *kullōw 'ōmêr kāḇōwḏ* de כל *kol*, "todos y cada uno en particular", como en el Salmo 53:3: *"Cada uno se había vuelto atrás; todos se habían corrompido; no hay quien haga lo bueno,*

sentido de la majestad de Dios en su interior a gritar en éxtasis: *"Gloria, gloria"*. Este versículo, sin duda, es un punto a favor de nuestros amigos metodistas[120] y de los *"Gogoniants"* (o "Glorias") de los efusivos y celosos galeses.[121]

C. H. SPURGEON

La voz del Señor hace parir a las ciervas. Respecto al sentido que se desprende de la traducción y lectura habitual de este versículo, cabe observar que las ciervas dan a luz a sus crías con gran dificultad y dolor: *"Se encorvan, hacen salir sus hijos, pasan sus dolores"*.[122] A esto el salmista añade en su descripción el carácter extraordinario de la tormenta, cuando el trueno, al que llama *"la voz de Dios"* hace que las ciervas en estado de preñez, aterrorizadas por el miedo, den a luz sus crías antes del tiempo previsto. Aunque es probable que, en base a nuestros conceptos sobre imágenes poéticas, no encaje demasiado bien con las demás imágenes que encontramos en el pasaje, ni nos parezca tan hermosa y sublime como de los cedros temblando ante la voz de Jehová.

JUAN CALVINO [1509-1564]

La voz del Señor hace parir a las ciervas. El cuidado y ternura de Dios hacia las bestias redunda en su alabanza, lo mismo que el cuidado y ternura que muestra para con los creyentes. La manera en que Dios cuida de los animales salvajes acrecienta significativamente su gloria, y debe reforzar

---

no hay ni aun uno"; o Jeremías 6:13: *"Porque desde el más chico de ellos hasta el más grande, cada uno sigue la avaricia; y desde el profeta hasta el sacerdote, todos son engañadores"*.

[120] Algunos de los primeros metodistas de finales del siglo XVIII y principios del siglo XIX eran apodados de manera crítica y despectiva *"Shouting Methodists"*, "Metodistas vociferantes" o "gritones", por su costumbre de expresar públicamente durante el culto y en voz alta sus manifestaciones de gozo; como por ejemplo interrumpir al predicador con exclamaciones de: "Alabado sea el Señor", "Aleluya", "Gloria a Dios" y "Amén"; a lo que en muchas ocasiones se sumaba el dar palmas, y el llorar o gritar de alegría en la oración. Esta forma de adoración fue muy criticada y atacada en la época, hasta el punto que DEVEREUX JARRAT [1773-1801], quien mantuvo una intensa relación con los metodistas, expresa su disconformidad con ello y describe una reunión metodista celebrada en 1776 en estos términos: «La asamblea parecía sumida en la más absoluta confusión, de tal forma que a alguien que lo hubiera contemplado desde fuera le hubiera dado más la impresión de una pandilla de borrachos que de adoradores de Dios». En este sentido, el comentario de C. H. Spurgeon y su valoración y defensa de la libertad de expresión del gozo cristiano en el culto, apreciando la actitud de los primeros metodistas frente a la frialdad de otras iglesias, y su concepto de que el gozo cristiano "debe contener alguna forma de inenarrabilidad", es decir, algo emocional que no se puede explicar ni manifestar con palabras, resulta sumamente interesante en nuestro contexto actual, donde las formas del culto cristiano han dado lugar a más de una controversia.

[121] Según cuenta HANNAN ADAMS [1755-1831] en su *"Dictionary of all Religions and Religious Denominations"*, publicado en 1810, allá por 1760, mucho años antes de que tuviera lugar lo que se conoce como el "Avivamiento de Gales" de 1904 originado por EVAN ROBERTS [1878-1951], los primeros predicadores metodistas comenzaron a progresar en tierras del principado de Gales y a promocionar sus formas de culto, mucho más abiertas al sentimiento y la expresión emocional; invitaban a los oyentes a manifestar públicamente sus emociones, dando palmas, saltando, y gritando con todas sus fuerzas *"Gogoniant"*, que quiere decir "Gloria" en galés. De ahí que fueran llamados despectivamente por las otras denominaciones menos dadas a las expresiones emocionales los *"Gogoniants"*, (los de los "Glorias") que es a lo que se refiere Spurgeon. En este aspecto, cabe decir que "el punto a favor" al que se refiere Spurgeon, se aplica del mismo modo a los pentecostales y carismáticos de los siglos XX y XXI.

[122] Job 39:3.

significativamente la fe de los seres humanos en que Él nos cuidará. ¿Cuida Dios de las *ciervas*?[123] Entonces tened por seguro que cuida también de aquellos que le pertenecen.[124] Hay una providencia divina especial hacia estas y otras criaturas parecidas a la hora del alumbramiento sus crías. Dios (y lo digo con reverencia) muestra sus artes de partera ayudando a estos animales salvajes cuando sufren dolores de parto. Así como el Señor saca al hombre *"del seno materno"*[125] de manera eminente, así hace también con los animales salvajes.

"La voz de del Señor hace temblar el desierto; hace temblar Jehová el desierto de Cades" así es como, por regla general, traducimos el versículo ocho (29:8); pero el verbo hebreo יָחִיל *yāḥîl* de חול *chuwl.* que traducimos como "temblar" es el mismo que se utiliza en libro de Job para decir: *"¿Has observado el parto de las ciervas?",*[126] y por tanto, algunos expertos en la lengua hebrea no traducen: *"La voz de del Señor* ***hace temblar*** *el desierto"* sino *"La voz del Señor* ***hace parir*** *el desierto; el Señor* ***hace parir*** *el desierto de Cades",* cosa que no hay que entender sobre las criaturas del mundo vegetal (aunque sea cierto, pues el Señor hace que de los árboles del desierto broten hojas y den frutos), sino más bien a los animales que habitan en el desierto. Por tanto, cuando dice: *"La voz del Señor hace parir el desierto",* el significado es este: el Señor hace que las bestias salvajes del desierto den a luz; lo cual queda claramente demostrado por lo que añade el versículo siguiente, pues el salmista, habiendo afirmado en el versículo ocho (29:8) que *"La voz del Señor hace parir el desierto",* refuerza la idea en el versículo nueve (29:9) con la especial mención de la cierva: *"La voz del Señor hace parir a las ciervas".*[127]

Joseph Caryl [1602-1673]

La voz del Señor hace parir a las ciervas. Resulta absolutamente apropiado, afirma uno de los comentaristas de la antigüedad, que el Señor pregunte a Job: *"¿Proteges tú a las ciervas cuando están pariendo?"*[128] ya que estos animales están siempre en movimiento, siempre aterrorizados saltando y brincando de un lugar a otro, no paran quietos un instante en ningún lugar, y no podrían dar a luz y criar a sus cervatillos hasta la madurez de no contar con esta protección divina especial. Por tanto, la providencia de Dios es evidente tanto en la preservación de la madre y de su prole, ambos son objeto de la compasión divina y de su cuidado más tierno. En consecuencia, cuando un ser humano padece aflicciones, carece de razones para acusar a su Hacedor de descuido y ausencia de afecto, ya que su condescendencia alcanza a cuidar incluso de las ciervas cuando paren.

---

[123] Esta interpretación alegórica del versículo nos remite al Salmo 18:33, sobre el que la escritora Hanna Hurnard [1905-1990] escribió en 1955 una de las más hermosas y conocidas alegorías de la literatura cristiana: *"Hind's Feet on High Places",* "Pies de ciervas en los lugares altos", comparable a *"The Pilgrim's Progress",* "El progreso del Peregrino" o, sencillamente, "El Peregrino" de John Bunyan [1628-1688], y de la cual se han vendido también millones de ejemplares en todos los idiomas. Ambas han sido publicadas en español por la Editorial CLIE.

[124] Algo evidente en pasajes como Mateo 6:26; 10:29-31; Lucas 12:6-7 sobre los que Civilla Durfee Martin [1866-1948] basó su conocido himno *"His Eye is on the Sparrow"*, traducido al español por el mexicano Vicente Mendoza [1875-1955] del siguiente modo: *«¿Cómo podré estar triste / cómo entre sombras ir, / cómo sentirme solo / y en el dolor vivir, / si Cristo es mi consuelo, / mi amigo siempre fiel, / si aún las aves tienen / seguro asilo en Él?* [coro:] *Feliz, cantando alegre, / yo vivo siempre aquí; / ¡si Él cuida de las aves / cuidará también de mí!»*

[125] Salmo 22:9.

[126] Job 39:1; en hebreo חֹלֵל אַיָּלוֹת תִּשְׁמֹר *ḥōlêl 'ayyāōwṯ tišmōr* de חול *chuwl.*

[127] Ver al respecto de las ciervas la nota 113 de este mismo Salmo 29.

[128] Job 39:1.

Se conoce que las ciervas dan a luz a sus crías con grandes dificultades; y esto se intuye también de lo que leemos en libro de Job: *"Se encorvan, hacen salir sus hijos, pasan sus dolores"*.[129] Pero si Plinio[130] y otros naturalistas de la antigüedad son dignos de crédito, la providencia divina ha sido generosa al proporcionarles ciertas hierbas que les facilitan el parto y que por instinto les ordena ingerir al final de su tiempo de gestación. Sea lo que sea que haya de verdad en esta afirmación, nos confirma que hay una autoridad superior, y que llegado el momento de dar a luz la providencia facilita el parto de las ciervas agitando sus temores y provocando convulsiones en todo su organismo a través del trueno: *"La voz de Jehová* (frase que en el hebreo común significaba trueno) *hace parir a las ciervas"*. Y nada debe extrañarnos que una criatura tan timorata como la cierva se afecte tanto por tan pavorosas convulsiones atmosféricas, cuando sabemos que algunos de los hombres más altivos y orgullosos que hayan existido se ponían a temblar ante él. Cuenta el historiador Suetonio[131] que Augusto,[132] el emperador romano, se aterrorizaba tanto cuando tronaba que se envolvía en una piel de foca para protegerse de los rayos, y se ocultaba en un rincón secreto hasta que pasaba la tormenta. Otro emperador, el tirano Calígula,[133] que con el cielo despejado se sentía valiente y con la osadía de amenazar incluso al propio Júpiter,[134] cuando sonaba un trueno se cubría la cabeza o se escondía debajo de la cama. Y Horacio[135] confiesa que abandonó el ateísmo que en principio profesaba por terror a los truenos y relámpagos, cuyos efectos describe de manera magistral en una de sus Odas (I.XXXIV) haciendo gala de su lírica y su grandeza como poeta.[136]

GEORGE PAXTON [1762-1837)]
"Illustrations of Scripture"
edición revisada y ampliada por ROBERT JAMIESON [1802-1880], 1843

---

[129] Job 39:3.

[130] Se refiere a CAYO PLINIO CECILIO SEGUNDO [23-79] más conocido como PLINIO EL VIEJO, científico, naturalista, militar e historiador romano, autor de una famosa historia natural en 37 volúmenes dedicada al emperador TITO [39-81] conocida como *Naturalis historia,* en la que afirma haber recopilado prácticamente todos los conocimientos sobre el tema hasta su época: 20.000 hechos recolectados de unos 2.000 libros y de 100 autores selectos, aunque buena parte de ellos son fábulas y leyendas.

[131] Se refiere a GAYO SUETONIO [70-126], más conocido como SUETONIO, un historiador y biógrafo romano durante los reinados de los emperadores TRAJANO [53-177] y ADRIANO [76-138].

[132] Se refiere a CAIUS IULIUS CAESAR AUGUSTUS [63 a.C.-14 d.C.] más conocido como CÉSAR AUGUSTO o simplemente AUGUSTO, primer emperador del Imperio Romano y el que tuvo el mandato más prolongado, del 27 a.C. al 14 d.C. El mandato de Augusto dio pie a una era de paz conocida como *"Pax Romana"* o *"Pax Augusta"* (en honor al nombre del emperador que la instauró) y en la que, con la excepción de alguna escaramuza fronteriza y el año de guerra civil de sucesión imperial, los dominios de Roma disfrutaron de paz durante más de dos siglos. Según leemos en Lucas 2:1, Cristo nació durante el mandato de Augusto.

[133] Se refiere al emperador romano GAIUS JULIUS CAESAR AUGUSTUS GERMANICUS [12-41] hijo de Germánico e hijo adoptivo del emperador Tiberio, conocido como CAYO CÉSAR o por el sobrenombre de CALÍGULA ("pequeña sandalia") por su costumbre de calzar con las sandalias o *cáligas* de los legionarios. Fue emperador desde el año 37 al 41. Su reinado fue notorio por su crueldad, extravagancia y perversidad sexual, y todos los cronistas e historiadores lo presentan como un tirano demente. Se proclamó a sí mismo un dios y obligó al Senado y al pueblo a rendirle culto en vida, llevando a cabo sus apariciones públicas vestido como Hércules, Mercurio, Venus y Apolo.

[134] Se refiere al dios mitológico JÚPITER también llamado JOVE y conocido como ZEUS por los griegos, padre de dioses y de hombres, principal dios de la mitología romana y cuyos distintivos eran el rayo, el águila y el cetro.

[135] Se refiere a QUINTUS HORATIUS FLACCUS [65-17 a.C.] más conocido como HORACIO, el principal poeta lírico y satírico en lengua latina.

[136] HORACIO, *Odas.* I.II "A CESAR AUGUSTO": «Ya el padre de los dioses envió a la tierra bastante nieve y asolador granizo, y su encendida diestra, vibrando el rayo contra los sagrados templos, llenó de espanto

La voz del Señor hace parir a las ciervas; y deja los bosques desnudos. "Cervi sunt predicatores": San Jerónimo[137] afirma que esas "ciervas" son los predicadores que traen almas a Cristo por el poder del evangelio, que es la voz de Dios; y *"los bosques desnudos"* de hojas por la voz del Señor, representan la humillación de la que son objeto por la fuerza del evangelio los fuertes robles y altos cedros que representan los poderes de este mundo. Otros, como San Basilio,[138] interpretan este *"deja los bosques desnudos"* como la acción de "despojar" a las almas de los creyentes de la mentalidad mundana en sus engañosas facetas.[139] Jerónimo aplica también estas palabras a la ingente labor de los predicadores de la palabra de Dios, "despejando" un sendero con el machete del Espíritu[140] a través de los matorrales oscuros de los misterios divinos revelados en las santas Escrituras, haciendo que penetre la luz del evangelio.

CHRISTOPHER WORDSWORTH [1774-1846]
"Commentary on the Whole Bible", 1856

En su templo todo proclama su gloria. Algunos comentaristas conciben que este salmo fue compuesto por David para ser cantado en el Templo en días de tormenta mientras retumbaban los truenos, lo cual no es improbable. Algunos interpretan el verbo en caso nominativo y traducen: *"en su Templo proclama (Dios) toda su gloria"*. Es decir: Dios proclama gran parte de su gloria a través del trueno, pero en su Templo, la proclama completa; puesto que allí, lo que habla con su boca lo ejecuta con su mano.

JOHN TRAPP [1601-1669]
"A commentary or exposition upon the books of Ezra, Nehemiah, Esther, Job and Psalms", 1657

Y en su templo todos proclaman su gloria.[141] En la primera parte del salmo David habla de los efectos naturales de los truenos, de sus implicaciones físicas; hacia el final del salmo los aplica a la

---

a Roma y puso terror en el orbe de que volviese el funesto siglo de Pirra con sus monstruosos portentos; cuando Proteo condujo sus rebaños a las cimas de los montes, los peces quedaron suspendidos de las copas de los olmos, donde antes se recogían las palomas, y los tímidos gamos nadaron sobre el mar extendido por la campiña». I.XVI "A SU AMIGA PALINODIA": «Cibeles, Baco y Apolo no trastornan la mente de sus sacerdotes en los santuarios de los templos, ni los Coribantes entrechocan sus escudos de bronce con más furia que las iras desatentadas desafían el acero de los bárbaros, el fuego devorador, el mar y sus naufragios y el poder del mismo Jove con sus rayos y truenos espantosos». I.XXXIV "A PALINODIA": «Tibio y no frecuente adorador de los dioses, extraviado por una insana sabiduría, me veo en la precisión de volver atrás las velas y emprender de nuevo el camino abandonado; porque Júpiter, rasgando mil veces las nubes con su rayo encendido, lanza por el cielo sus caballos atronantes y su carro volador que estremecen la baja tierra, los ríos fugitivos, la Estige, las cumbres del Atlas y las hórridas mansiones del odioso Tártaro; él eleva a la altura a quien yace en el abismo, abate al poderoso y hace brillar al que vive en la obscuridad». Traducción de Germán Salinas, 1909.

[137] Se refiere a EUSEBIO HIHERÓNIMO DE ESTRIDÓN [342-420]. Ver nota 65 de este mismo salmo.

[138] Se refiere a BASILIO DE CESAREA [329-379] también conocido como SAN BASILIO MAGNO O BASILIO EL GRANDE. Ver nota 66 de este mismo salmo.

[139] Representadas por los distintos tipos de hojas.

[140] Espada del Espíritu: Efesios 6:17.

[141] Traducción literal de la versión inglesa KJV: *"and in his temple doth every one speak of his glory"*, "y en su templo todos y cada uno hablan de su gloria". Dice BASILIO DE CESAREA [329-379]: «En el templo de Dios no se habla de otra cosa que de su gloria. No es un foro donde charlar de vanidades ni mantener conversaciones vergonzosas, solo se dice: ¡Gloria! Todo el ejército de los cielos no tiene otra función que rendir gloria a su Creador; toda criatura creada, celeste o terrena, bien sea mediante el uso de su voz o la

Palabra de Dios, en tanto que dice: *"Y en su templo todos proclaman su gloria"*, es decir, su palabra y las ordenanzas, ministradas por su Iglesia o templo, harán que todos reconozcan y proclamen el poder de la gloria de Dios con más fuerza aún que el trueno retumba en nuestros oídos, y mayor impacto que los destellos que rayo sutil produce en nuestros ojos. Hay mucho más poder real en el trueno de la Palabra que en la palabra del trueno; una aterroriza solo para redargüir, la otra para dar salvación. Una vez Dios ha hablado aterrando con sus amenazas, habla consolando mediante sus promesas; tan pronto nos ha sobrecogido cual tempestad con la convicción de nuestros pecados y el sentimiento de su ira sobre nosotros a causa de ellos; nos proporciona solaz con las brisas frescas de la gracia revelada, y nos arropa con el sol reconfortante de su favor en Cristo Jesús.

JOSEPH CARYL [1602-1673]

Vers. 10. ***Jehová preside en el diluvio, y se sienta Jehová como rey para siempre.*** *[Jehová está entronizado sobre el diluvio, y se sienta Jehová como rey para siempre.* RVR*] [El Señor se sentó como Rey cuando el diluvio; sí, como Rey se sienta el Señor para siempre.* LBLA*] [YHVH preside en el diluvio, YHVH se sienta como Rey para siempre.* BTX*] [El Señor tiene su trono sobre las lluvias; el Señor reina por siempre.* NVI*] [El Señor reina sobre el diluvio; el Señor, rey eterno, está en su trono.* BLP*] [El Señor gobierna las aguas de la inundación; el Señor gobierna como rey para siempre.* NTV*]*

Jehová está entronizado sobre el diluvio.[142] El diluvio sigue a la tempestad, pero el Señor controla la situación. No hay diluvio que pueda socavar los fundamentos de su trono. Dios permanece

majestuosidad de su silencio, glorifica constantemente a su Hacedor. Solo los seres humanos, miserables y desagradecidos, se olvidan de su Dios y cierran sus oídos a las palabras de su Creador, sin tomar conciencia de su naturaleza; no les afligen sus pecados ni les hace temblar el juicio que les aguarda. Y tal es su descaro que algunos son capaces incluso de acudir a su santo templo donde, mientras intercambian sonrisas dándose la mano, conversan de todo lo imaginable, desoyendo las palabras de este Salmo que nos recuerda que: *"en su templo todos dicen: ¡Gloria!"*. Cosa que tú, no solo no haces, sino que te conviertes además en impedimento para que otros lo hagan, involucrándoles en tus conversaciones vanas y ahogando con tu algazara el obrar del Espíritu en ellos. Cuida muy bien tu proceder y comportamiento en el templo, no vaya a ser que en lugar de salir de él vivificado por tu piedad y oración y galardonado por glorificar a Dios, te marches de él condenado cual aquellos que blasfeman su nombre. No te limites a cantar con tu lengua, une a ella tu pensamiento y suscribe cada palabra de lo que dices, de modo que tu salmodia no sea únicamente voz, sino también mente y corazón. Porque Dios no necesita en absoluto que le glorifiques, pero te da la oportunidad de que lo hagas para que también tú seas digno de ser glorificado. Pues *"todo lo que el hombre siembre, eso también segará"* (Gálatas 6:7). De modo que siembra gloria a Dios aquí en la tierra si quieres cosechar coronas, honores y alabanzas en el reino de los cielos. Las palabras del salmista: *"en su templo todos dicen: ¡Gloria!"*, no son una digresión innecesaria en su discurso; porque muchos son los que acuden al templo de Dios a cuchichear sin descanso y parlotear sin provecho hasta que les duele la lengua. ¡Y ojalá fuera solo sin provecho! Porque a menudo es con grave daño para los demás».

[142] Dice FRANZ DELITZSCH [1813-1890]: «Lutero traduce: *"Der HERR sitzt, eine Sintflut anzurichten"*, "el Señor se sienta para preparar el diluvio" dando de ese modo un poco de sentido a las traducciones ininteligibles de la Septuaginta: κύριος ὁ κατακλυσμός καταοίκίζω y la Vulgata: *"Dominus diluvium inhabitare facit"*. (...) «Jehová, dice el poeta, se sentó (en su trono) en el diluvio (para ejecutarlo) y en consecuencia, o en razón de ello, como siguen mostrando las demostraciones de su poder en las tempestades, sigue (entronizado) como Rey para siempre, puesto que desde los cielos dirige el destino de la tierra (Salmo 115:16) en la ira y en la gracia, juzgando y bendiciendo».

tranquilo y estable por mucho que bramen y se agiten los abismos de las aguas; su cetro rige aún las más inestables y embravecidas entre las cosas creadas.[143] En mitad de lo más turbulento de las aguas: «Sus plantas se deslizan por los mares, y atraviesa el espacio en la tormenta».[144]

Sí, como Rey se sienta el Señor para siempre. Jesús tiene la potestad sobre su hombro[145] eternamente: nuestros intereses están a salvo en sus manos aún en los momentos más tormentosos. Satanás no es rey, pero Jehová-Jesús, sí lo es; por tanto, adorémosle, y regocijémonos eternamente.

C. H. SPURGEON

Vers. 11. ***Jehová dará poder a su pueblo; Jehová bendecirá a su pueblo con paz.*** *[Jehová dará fuerza a su pueblo; Jehová bendecirá a su pueblo con paz.* RVR*] [El Señor dará fuerza a su pueblo; el Señor bendecirá a su pueblo con paz.* LBLA*] [YHVH dará fuerza a su pueblo, YHVH bendecirá a su pueblo con la paz.* BTX*] [El Señor fortalece a su pueblo; el Señor bendice a su pueblo con la paz.* NVI*] [El Señor fortalece a su pueblo, el Señor bendice a su pueblo con la paz.* BLP*] [El Señor le da fuerza a su pueblo; el Señor lo bendice con paz.* NTV*]*

El Señor dará fuerza a su pueblo; el Señor bendecirá a su pueblo con paz.[146] En mitad del huracán que tan gráficamente describe este salmo se muestra un poder inmenso; y ahora, en la calma

---

[143] Sobre este versículo dicen

– FRANCISCO LACUEVA [1911-2005] en su versión española del "Comentario de Matthew Henry": *«"Jehová está entronizado sobre el diluvio, y se sienta Jehová como rey para siempre"*. Las olas y mareas, las agitaciones y revoluciones de este mundo, por grandes y terroríficas que sean, no perturban en modo alguno el poder y el reposo de la Mente Eterna, ni son capaces de sacudir ninguno de los designios de Dios. La administración de su reino se ajusta a sus eternos designios. Nada lo expresa mejor que el vocablo לַמַּבּוּל *lammabbūl* de מַבּוּל *mabbul, "diluvio"*, el cual aparece únicamente 13 veces, una aquí y las restantes en los capítulos 6 al 11 del Génesis, como hace notar CHARLES RYRIE [1925-2016]. Por consiguiente, David parece referirse aquí a la mayor catástrofe que hasta entonces había experimentado la humanidad».

– SCHÖKEL, como FRANZ DELITZSCH [1813-1890], encuentran en este מַבּוּל *mabbul,* "diluvio", que solo aparece en Génesis y en este versículo, todo el contexto bíblico del Salmo: «El Señor se sentó un día dispuesto a enviar el diluvio y sigue sentado como rey perpetuo. Tras el diluvio, advino la paz, garantizada con el arco (Génesis 9:12-17), que el guerrero depone en señal de sus intenciones pacíficas. El salmo repite puntualmente esta secuencia de actos».

[144] Cita la tercera y cuarta línea del conocido himno de WILLIAM COWPER [1755-1831]: *"God moves in a mysterious way / His wonders to perform",* traducido al español como "Dios obra por senderos misteriosos", y que dicen: *"He plants His footsteps in the sea / And rides upon the storm".*

[145] Isaías 9:6; 22:22; Mateo 22:18.

[146] Los comentaristas del siglo XX dicen:

– FRANCISCO LACUEVA [1911-2005] en su versión española del "Comentario de Matthew Henry" dice sobre este versículo final: «El versículo 11 tiene visos de una aclamación comunitaria que, en opinión de Arconada: 'Pudo cantarla el pueblo, pudo ser pronunciada por los sacerdotes a modo de bendición o puede tratarse de una consideración redaccional del autor del salmo'. La inclusión del término עֹז *'ōz "fuerza"* sirve para dar vigor al pueblo de Dios, a fin de que puedan dedicarse a toda obra buena y hacer frente a todo mal; el בַּשָּׁלוֹם *baššālōwm* de שָׁלוֹם *shalom "paz"* denota el conjunto de bienes que Dios dispensa a los suyos».

– FRANZ DELITZSCH [1813-1890] cierra su exposición de este Salmo con estas hermosas palabras: «El sentido de la expresión בַּשָּׁלוֹם *baššālōwm, "con su paz"*, es genérico y exhaustivo: Dios bendice a su

suave después de la tormenta, se promete que este poder será la fuerza de los escogidos. Aquel que cabalga sobre los relámpagos,[147] dará a sus redimidos alas de águila;[148] el que sacude la tierra con su voz,[149] aterrorizará a los enemigos de sus santos, y dará a sus hijos paz. ¿Por qué somos tan débiles sabiendo que contamos con la fuerza divina donde refugiarnos? ¿Por qué estamos tan preocupados cuando la mismísima paz del Señor está a nuestro alcance? Jesús, el Dios fuerte,[150] es nuestra paz: ¿cabe mayor bendición que esta? ¡Qué dicha tan grande será esto para nosotros en el día del Señor,[151] que será día de tinieblas y no de luz para los impíos! Estimado lector, ¿no es este un salmo precioso para cantarlo en un día de tormenta? ¿Te sientes capacitado para entonarlo en medio de los truenos? ¿Vas a poder cantarlo cuando los truenos del día final retumben por doquier, y Jesús venga a juzgar a vivos y muertos? Si eres creyente, el último versículo de este salmo admirable es tu herencia, y no te quepa duda que podrás cantarlo.[152]

C. H. SPURGEON

Jehová dará fuerza a su pueblo; Jehová bendecirá a su pueblo con paz. Es "su fuerza" en el conflicto; y "su paz" en tiempos de alegría. En la batalla, es la Fuente de todo el poder que les capacita para enfrentar y derrotar a sus poderosos enemigos;[153] y en la paz, es su verdadero consuelo, ya que con su presencia en medio de ellos[154] hace que sean un pueblo especialmente bendecido.

JOHN HOWE [1630-1705]
"The Living Temple or, A designed improvement of that notion, that a good man is the temple of God", 1702

Jehová dará fuerza a su pueblo; Jehová bendecirá a su pueblo con paz. A pesar de que algunas almas preciosas que han abrazado el evangelio y aceptado Cristo, siguen por un tiempo viviendo intranquilas, sin alcanzar el verdadero equilibrio y sosiego que deberían tener, aún así, puede decirse

pueblo extensivamente con la plena realización de su paz en todos los sentidos. ¡No deja de ser impresionante y sugestivo que este salmo tormentoso y atronador concluya con la palabra "paz": בַשָּׁלוֹם *baššālōwm*! Lo cubre como un arcoíris uniendo los dos extremos: la primera parte del Salmo nos muestra los cielos abiertos, y en medio de ellos el trono de Dios rodeado de cánticos angélicos de alabanza: *"en su templo todo proclama ¡Gloria!"*; y en medio de la voz atronadora de la ira Jehová que lo sacude todo sobre la tierra, la conclusión nos muestra a su pueblo victorioso y bendecido con la paz. El Salmo 29 se abre con un *"Gloria in excelsis"*, y concluye con "*un pax en terris*"».

[147] El original inglés es bastante más poético: *"He who wings the unerring bolt"*, se trata de una alusión al Salmo 18:9-15

[148] Isaías 40:31.

[149] Hebreos 12:26.

[150] Isaías 9:6.

[151] 1 Corintios 1:8; 2 Pedro 3:10.

[152] Una de las tonadas más conocidas y exitosas de mediados del siglo XX fue sin duda *"Singing in the Rain"*, "Cantando bajo la lluvia", parte del musical de Broadway y posterior película de Hollywood con este mismo nombre, protagonizada por EUGENE KELLY [1912-1996], DONALD O'CONNOR [1925-2003], y DEBBIE REYNOLS [1932-2016]. De haber existido en la época de Spurgeon, probablemente la hubiera citado al comentar este Salmo 29 siguiendo esta idea: cantar y bailar bajo la lluvia podrá ser alegre y divertido, pero el cristiano puede hacer algo mucho más osado: cantar y bailar bajo la tempestad, bajo los torbellinos, relámpagos y truenos.

[153] Deuteronomio 20:1; 31:6; Josué 1:9; Salmo 27:1; Isaías 41:10,13; 43:2; Romanos 8:31.

[154] Mateo 18:20; 28:20.

que disfrutan de una triple paz de conciencia: *in pretio, in promisso, in semine,* es decir: en el precio, en la promesa, y en la simiente.

En primer lugar, todo verdadero creyente tiene paz de conciencia *in pretio,* en lo que atañe al precio. El Evangelio hace el precio asequible, lo pone al alcance de la mano, ya que el precio es la sangre de Cristo. Solemos decir que el oro siempre es oro, y siempre valdrá en cualquier lugar lo que valga el oro; así es también con la sangre de Cristo: es paz de conciencia a todos los niveles en todos los aspectos, y el alma que ha sido redimida por ella tiene esa paz garantizada. Dios jamás se mostrará indiferente con la persona que ore en estos términos: "Señor, dame paz y tranquilidad de conciencia; y aquí tienes el precio a pagar por ella, la sangre de Cristo". Lo que vale para cancelar la deuda, garantiza el recibo de cancelación. La paz de conciencia es una licencia emitida por Dios garantizando que la deuda contraída con la justicia divina ha sido plenamente satisfecha. La sangre de Cristo ha hecho para el creyente lo más importante: liquidar la deuda, y le da garantías de su cancelación. Si existiera una poción extraordinaria que fuera capaz de curar al instante a todo el que la tomara, podríamos decir con certeza que tan pronto el enfermo la bebiera se podría dar por curado, aunque al principio no le diera tal sensación, pues no cabría duda de que su salud regresaría a su debido tiempo.

En segundo lugar, todo creyente verdadero tiene paz de conciencia *in promisso,* es decir: en la promesa. Que para nosotros es tan real y efectiva como si se tratara de dinero contante y sonante en el bolsillo. *"El Señor bendice a su pueblo con paz".* Y si él ha resuelto que sea así, ¿quién se va a oponer? Vale la pena leer todo el Salmo 29 para darse cuenta del énfasis y el peso que pone el Señor en esta dulce promesa, hecha para fortalecer nuestra fe en la esperanza de su cumplimiento. Nada hay más difícil de introducir en el corazón de una criatura desdichada, que pensamientos de consuelo y esperanza, cuando toda ella está agitada por su conciencia, que la amenaza a sangre y fuego, con la ira y venganza de Dios a causa de sus pecados. El Salmo 29 nos muestra cuán grandes cosas puede hacer Dios, sin precisar mayor esfuerzo que el de abrir la boca y hablar. *"La voz del es majestuosa* (29:4)… *hace pedazos los cedros* (29:5)… *parte las llamas de fuego* (29:7)… *hace temblar el desierto* (29:8)… *hace parir a las ciervas* (29:9)" Y este Dios que hace todo esto, promete *"bendecir a su pueblo con paz";* interna y externa, pues si no les otorgara paz interna, aunque les diera paz externa nunca disfrutarían de paz verdadera, y no podría decirse propiamente que les bendice con paz, como el salmista asegura. ¿Acaso no sería una paz muy triste si tuviéramos calles tranquilas, pero en el interior de las casas nos cortáramos el cuello unos a otros? Pues más triste todavía, infinitamente más triste, es tener paz en las calles y en las casas, pero guerra abierta y sangre corriendo por nuestras conciencias culpables. ¿Qué paz puede tener una pobre criatura con la espada de la ira de Dios apoyada sobre el cuello de su conciencia? Ni paz con Dios, ni consigo misma. Por ello Cristo compró la paz del perdón, para garantizar paz de conciencia para sus amados por él redimidos, y les legó su promesa diciéndoles: *"La paz os dejo, mi paz os doy; yo no os la doy como el mundo la da. No se turbe vuestro corazón, ni tenga miedo".*[155] Lo que nos demuestra que en su caso él mismo es testador y albacea, ejecutor de su propio testamento, para entregar con sus propias manos lo que su amor ha legado a los creyentes; por tanto, no hay duda alguna de que su voluntad será ejecutada plenamente, hasta su último detalle, en tanto que él mismo es quien vive para ejecutarla y hacer que se cumpla.

En tercer lugar, *in semine,* es decir: en la simiente. Todo creyente tiene esta paz inherente en semilla: *"Luz ha sido sembrada dentro del justo, y alegría en los rectos de corazón".*[156] ¿Y dónde ha sido sembrada, sino en el propio seno del creyente, cuando Espíritu de Dios implantó en él los principios de la gracia y de la santidad? Por eso se le llama: *"fruto apacible de justicia".*[157] Brota de la santidad, de una forma tan natural como la fruta brota de la semilla que le corresponde. Aunque

[155] Juan 14:29.
[156] Salmo 97:11.
[157] Hebreos 12:11.

sabemos que las semillas brotan y maduran, hasta convertirse en fruta, más rápidamente en unos terrenos que en otros. Tampoco esta cosecha espiritual viene en todos los casos por igual y al mismo tiempo, no más de lo que lo hace la cosecha material; pero nuestro consuelo está en la certeza de que todo aquel que tiene implantada en el interior de su alma la semilla de la gracia, tendrá su cosecha de alegría a su debido tiempo.

WILLIAM GURNALL [1617-1679]
"Christian in complete armour, or, a treatise of the saints war against the Devil", 1655

Paz. Al hablar de *"paz"* cabe hacerlo en una triple vertiente; externa, interna y eterna; esto es: paz temporal, paz espiritual, y paz celestial. Hay una paz exterior: la bendición; una paz interior: la gracia; y una paz eterna: la gloria. Así como en todo palacio señorial hay una escalinata y una galería que conducen a habitaciones ostentosas, así también la paz externa es el corredor que nos conduce a las alcobas interiores y más suntuosas de la dulce paz de conciencia y finalmente de aquel descanso definitivo en el cielo cuando nuestra paz será perfecta y nuestra felicidad eterna. La paz externa, al ofrecernos diversos alojamientos, contribuye a que obtengamos las otras dos.

EPHRAIM UDALL [¿?-1647]
"The Good of Peace and Ill of Warre", 1642

SALMO 30

Salmo de dedicación

Título: *Salmo. Cántico en la dedicación de la Casa de David;* o, mejor dicho, *Salmo. Cántico para la dedicación de la Casa. De David.*[1] Un cántico de fe, puesto que la casa de Jehová era todavía un proyecto y David no alcanzó a verla. Y un salmo de alabanza, ya que su autor había sido objeto de un penoso y amargo juicio habiéndole sido perdonado un gran pecado. A la luz de nuestras versiones[2] cabría deducir que este salmo fue pensado y escrito para ser cantado en la inauguración de esa casa de cedro que David se construyó,[3] cuando convertido en un gran rey, ya no tenía necesidad de esconderse en la cueva de Adulam.[4] De ser así, deberíamos sacar de ello la lección de que cuando cambiamos de domicilio, conviene dedicar como creyentes nuestra nueva residencia a Dios, invitando a nuestros amigos y mostrándoles que allí donde habitamos mora también Dios, y que donde nosotros tengamos una cabaña Dios tendrá un altar.[5] Pero el cántico refiere al templo, un proyecto que era para David su mayor ilusión y alegría, y para el cual adquirió en sus postreros días el campo de Ornán,[6] debemos contentarnos con enmarcarlo en ese contexto de fe santa, que predijo el cumplimiento de la promesa que le había sido hecha respecto a su hijo Salomón. La fe puede cantar sin problemas:

«Gloria te doy por toda la gracia
que no he gustado aún».[7]

---

[1] En hebreo מִזְמֹור שִׁיר־חֲנֻכַּת הַבַּיִת לְדָוִד *mizmōwr šîr-ḥănukkaṯ habbayiṯ ləḏāwiḏ*. La versión griega de los LXX o Septuaginta lee: εἰς τὸ τέλος ψαλμὸς ᾠδῆς τοῦ ἐγκαινισμοῦ τοῦ οἴκου τῷ Δαυιδ que la Vulgata traduce: *"Psalmus cantici, in dedicatione domus David"*, "Salmo del cántico en la dedicación de la casa de David", aunque algunos traducen: "En la consagración de la casa de David" aduciendo a una supuesta purificación que hiciera cuando regresó a ella después de la muerte de Absalón que la había contaminado con incestos y todo tipo de pecados (2 Samuel 16:20-22; 20:3).

– Francisco Lacueva [1911-2005] en su versión española del "Comentario de Matthew Henry" dice respecto al título de este Salmo: «Entre los judíos era costumbre laudable, no expresamente mandada, pero permitida y aceptada, cuando construían una casa dedicarla a Dios, según el significado del verbo empleado en Deuteronomio 20:5. Así lo hizo David cuando quedó edificada su casa y tomó posesión de ella (2 Samuel 5:11). El título del salmo dice textualmente: *"Salmo, un cántico de la dedicación de la casa. De David"*. Ha de leerse —nota del traductor— conforme a la forma en que el título aparece en nuestra Reina-Valera, según la puntuación que hago, clarísima en el vocablo hebreo לְדָוִד *ləḏāwiḏ* = *"Salmo de David"*, no *"Casa de David"*. La casa en cuestión a la que se refiere es, sin duda alguna, no la de David sino la de Jehová, es decir, el templo. Esto no obsta para que, en sentido devocional, dediquemos también nuestras casas al Señor, a fin de que él las bendiga, juntamente con los miembros de nuestra familia, como pequeños santuarios, donde se bendice, se ora y se sirve al Señor».

[2] En el original: *"From our English version"*, se refiere a la *Authorized Version* o *King James Version* (KJV).

[3] 1 Crónicas 15:1.

[4] 1 Samuel 22:1.

[5] Atanasio de Alejandría [296-373] en su carta a su discípulo Marcelino sobre la naturaleza y valor de los salmos le dice refiriéndose a este salmo: «Si decides dedicar y consagrar al Señor tu casa, esto es, tu alma en la que se él hospeda; o tu hogar, tu vivienda material en la que moras físicamente, entona con acción de gracias el Salmo 30, y de los cánticos graduales el Salmo 127».El Tomo I de "El Tesoro de David" incluye una traducción completa de la Carta de Atanasio a Marcelino. [Tomo I - pp. 50].

[6] 1 Crónicas 21:22.

[7] Cita las dos últimas líneas de la segunda estrofa del himno de Henry Walford Davies [1869-1941] que comienza diciendo: *"My heart is resting, O my God / I will give thanks and sing"*. El himno tiene once

Hay indicios en este salmo de que David, después de haber actuado con presunción al sentirse fuerte y seguro, quedó muy afligido tanto a nivel personal como relativo por las pruebas que le habían sobrevenido. Cuando los hijos de Dios prosperan en alguna área concreta, les viene la prueba en otra, dado que pocos hay capaces de soportar la prosperidad completa y sin mezcla de adversidad. Incluso los deleites de la esperanza deben mezclarse con los dolores de la experiencia para ser así contrarrestados de manera saludable; cuánto más si disfrutamos de prosperidad material, que con tanta facilidad nos aboca a la autosuficiencia y la prepotencia.[8] Con todo, en este caso el perdón siguió de inmediato al arrepentimiento, y con ello la misericordia de Dios fue glorificada. El Salmo es un cántico de alabanza, no de lamento o queja.[9] Hay que leerlo a la luz del contexto de los últimos días de David, cuando había hecho un censo del pueblo y Dios le había castigado con mortandad, aunque luego en su misericordia hubiera mandado al ángel envainar su espada.[10] Cabe imaginar que el poeta-salmista recibió la inspiración que resplandece en esta deliciosa oda mientras caminaba por el campo de Ornán. Es el Salmo del censo del pueblo, y de la posterior dedicación del templo conmemorando el cese de la mortandad.[11]

C. H. SPURGEON

---

estrofas y la segunda estrofa acaba diciendo: *"Glory to Thee for all the grace / I have not tasted yet"*.

[8] El Salmo 30 está tan lleno de vívidas polaridades y antítesis en forma de metáfora que si fuera un cuadro podríamos titularlo CONTRASTES. «Me pusiste a salvo, frustraste las burlas de mis enemigos» (30:1); «a ti clamé, y me sanaste» (30:2); «tiraste de mi, cuando me hundía en la fosa» (30:3); «un momento es su ira, su favor dura toda la vida» (30:5); «por la noche se hospeda el llanto, por la mañana viene la alegría» (30:6); «me sentía seguro porque me afianzaste como monte, escondiste tu rostro y me asusté» (30:7); «has cambiado mi lamento en baile» (30:11); «desataste mi cilicio, y me ceñiste de alegría» (30:11); «a fin de que mi alma cante, y no esté callada» (30:12). Como tan acertadamente afirmaba el gran exégeta suizo-alemán BERNHARD DUHM [1847-1928] en *"Die Psalmen"*: «Desde el punto de vista poético, el Salmo 30 es uno de los mejores. A pesar de un metro difícil se distingue por su estilo ágil y fluido, por sus bellas y adecuadas imágenes, su disposición clara y un sentimiento uniforme».

[9] Los Padres de la Iglesia y otros comentaristas antiguos aplican este Salmo por entero a Cristo y la Iglesia:

– BASILIO DE CESAREA [326-379]: «Por "dedicación de la casa" debemos entender la renovación de la mente que lleva a cabo el Espíritu Santo en cada uno de los que pasan a formar parte del cuerpo de Cristo que es la Iglesia (1 Corintios 12:12-13,27; Efesios 4:20-24)»

– JERÓNIMO DE ESTRIDÓN [347-420] opina que: «Por "dedicación de la casa de David" se entiende la resurrección de nuestro Salvador, en la cual son dedicados para vida eterna los cuerpos de todos los creyentes».

– AGUSTÍN DE HIPONA [354-430] comenta: «Este Salmo hace referencia a la alegría de la resurrección y al estado posterior de inmortalidad y transfiguración del cuerpo, no solo el del Señor, sino de toda la Iglesia en su conjunto».

– TEODORETO DE CIRO [393-458]: «Ni el bendito David pudo construir el templo de Dios, ni lo dicho en los versículos de este Salmo encaja con el que fue su constructor. De modo que por "dedicación de la casa" hemos de entender la regeneración de la naturaleza humana que llevó a cabo Cristo al aceptar ir a la muerte en nuestro lugar, dando muerte a la muerte (Isaías 25:8; 2 Timoteo 1:10) y concediéndonos la esperanza de la resurrección».

[10] 1 Crónicas 21:1-19.

[11] 2 Crónicas 3:1.

Tema: *Salmo. Cántico para la dedicación de la Casa. De David.* Se cree que cuando estas dos palabras: *Salmo-Cántico*[12] figuraban juntas en el título de un salmo, significaba que al sonido de los instrumentos debía unirse el de la voz cuando se cantaban en el templo, y que la voz entraba primero cuando decía *Cantico-Salmo,*[13] o después de los instrumentos cuando decía *Salmo-Cántico.*[14]

JOHN DIODATI [1576-1649]

Tema: *Cántico para la dedicación.* En hebreo שִׁיר־חֲנֻכַּת הַבַּיִת *šîr-ḥănukkaṯ habbayiṯ.* La palabra hebrea חֲנֻכַּת *ḥănukkaṯ* de חֲנֻכָּה *chanukkah* significa "iniciación, dedicación", en griego ἐγκαινίζω,[15] *rei novae primam usurpationem.*[16] Así es como lo entiende Cocceius:[17] iniciar o estrenar, el primer uso que se hace de cualquier cosa. Era habitual que cuando alguien había terminado de construirse una casa y entraba en ella para habitarla, lo celebrara con gran alegría, con una fiesta a la que invitaba a sus amigos, y llevara a cabo ciertas ceremonias religiosas para invocar sobre la misma la protección de los cielos. Por ello, finalizada la construcción del segundo templo, los sacerdotes y los levitas, y el remanente que habían venido de la cautividad, llevaron a cabo la dedicación de la casa de Dios con alegría, y ofrecieron numerosos sacrificios.[18] En el Nuevo Testamento leemos sobre de la fiesta de la Dedicación, instituida por Judas Macabeo en memoria de la purificación y restauración del templo de Jerusalén, después de haber sido profanado y destruido hasta dejarlo casi en ruinas por orden de Antíoco Epífanes;[19] celebrada ininterrumpidamente cada año con solemnes sacrificios, música, cánticos y alabanzas a Dios, así como gran alegría popular, durante ocho días, hasta la destrucción del templo por Tito.[20] Judas Macabeo dispuso *"que la consagración del nuevo altar se debía celebrar*

[12] En hebreo מִזְמֹור שִׁיר *mizmōwr šîr.*

[13] Como es el caso de los Salmos 48, 83, 88, 108.

[14] Como es el caso de los Salmos 30, 68, 87, 92.

[15] Hebreos 10:20; *"por el **camino nuevo** y vivo que él abrió para nosotros".*

[16] Expresión latina que significa literalmente "primer uso de algo nuevo", es decir, por primera vez, una novedad.

[17] Se refiere a JOHANNES COCCEIUS [1603-1669], hebraísta y teólogo reformado germano-holandés. Destacó en exégesis bíblica y filología hebrea, y fue uno de los acérrimos defensores de la teología calvinista conocida como "del pacto". Espiritualizó su interpretación las Escrituras hasta tal punto que llegó a decirse que encontraba a Cristo en todas partes del Antiguo Testamento, como en este caso que cita John Gill. Su obra principal fue su *"Lexicon et commentarius sermonis hebraici et chaldaici",* 1669.

[18] Esdras 6:16.

[19] Se refiere a ANTÍOCO IV más conocido como ANTÍOCO EPÍFANES [215-163 a.C.], rey de Siria desde el 215 al 164 a.C. de la dinastía Seléucida, tras la partición del imperio de ALEJANDRO MAGNO [356-323 a.C.] entre sus generales. Puso en marcha una expedición contra Jerusalén, saqueando la ciudad y profanando el templo con la idea de suprimir el culto a Yahveh, obligó a los judíos a comer alimentos impuros y trató que aceptaran el culto a los dioses griegos. Pero el sacerdote Matatías y sus dos hijos, conocidos Macabeos (Judas y Jonatán) organizaron un levantamiento y utilizando la táctica de guerra de guerrillas consiguieron levantar a la población y expulsar a los seléucidas, entrando victoriosos en Jerusalén. Llevaron a cabo un reacondicionamiento, limpieza ritual y nueva dedicación del Templo, restableciendo los sacrificios tradicionales e instaurando a Jonatán Macabeo como sumo sacerdote. La historia se cuenta en los llamados *Libros de los Macabeos* (considerados deuterocanónicos y por tanto no incluidos en el Texto Masorético ni en las Biblias protestantes que se basan en el mismo). La victoria de los Macabeos se conmemora en la festividad judía de *Hanukkah* o Janucá. El historiador romano FLAVIO JOSEFO [37-93 d.C.] ofrece amplia información sobre todo ello.

[20] "Antigüedades de los Judíos", 1.7, Flavio Josefo. De hecho, las comunidades judías siguen celebrando fielmente esta fiesta en la actualidad, denominada *Hanukkah* o Janucá en español, llamada también "Fiesta

cada año con gozo y alegría durante ocho días, a partir del día veinticinco del mes de Quisleu".[21] La dedicación de edificios era algo habitual incluso entre los particulares, por lo que se desprende de las palabras que leemos en Deuteronomio: *"¿Quién ha edificado casa nueva, y no la ha estrenado? Vaya, y vuélvase a su casa, no sea que muera en la batalla, y otro hombre la estrene"*,[22] nadie debía entrar en batalla sin antes haber estrenado su casa, es decir, tomado posesión de ella de acuerdo con las ceremonias religiosas habituales dispuestas para tales ocasiones; una costumbre que prevaleció entre casi todas las naciones de la antigüedad, como podemos ver por las dedicaciones que hacían los romanos de sus templos, teatros, monumentos, estatuas, palacios y casas.[23]

SAMUEL CHANDLER [1693-1766]
"A Critical History of the Life of David", 1766

Tema: El Salmo 30 es el único que lleva la palabra שִׁיר *šîr,* o "cántico", en el título dentro del grupo del primer libro de los Salmos (1-41).[24] La palabra שִׁיר *šîr* figura además en los títulos de los Salmos 45, 46, 48, 65, 68, 75, 83, 87, 88, 92, 108, 120, y 134. El Salmo 18 es un הַשִּׁירָה *haššîrāh* o "cántico de liberación" de David de sus enemigos, y el Salmo 30 guarda un paralelo con él.

CRISTOPHER WORDSWORTH [1807-1885]
"Commentary on the Whole Bible", 1856

Tema: Los israelitas, al ofrecer las primicias de los frutos de su cosecha reconocían haber recibido de Dios la cosecha completa;[25] y al dedicar sus casas se declaraban inquilinos de Dios, que era su verdadero propietario, confesando que no eran más que forasteros y peregrinos,[26] y que había sido Dios quien les había introducido en la tierra prometida dándoles habitación en ella. Y si había una leva o reclutamiento forzoso para la guerra, alegar que aún no se había dedicado la casa era motivo eximente justificado.[27] Esta ceremonia de dedicación les servía, a su vez, como recordatorio de que

---

de las Luces" o "de las Luminarias", conmemorando la tradición que asegura que de forma milagrosa el aceite del candelabro del Templo pudo encenderse durante los ocho días consecutivos de la fiesta sin recargarlo (o con una exigua cantidad que de otra manera solo hubiera alcanzado para un día). Esto dio origen a la costumbre de encender durante la fiesta de *Hanukkah* un candelabro de nueve brazos (uno para cada día de la fiesta y uno central superior) que se encienden de manera progresiva, la primera noche únicamente el brazo mayor y cada noche se va aumentando un brazo, hasta el último día en el que todo el candelabro queda encendido, con el correspondiente canto de canciones tradicionales, la oración *Hallel* y alegría para toda la familia. La fiesta de *Hanukka* se inicia el 25 del mes de *Kislev* y termina el 2 o 3 de *Tebet* (varía, pero suele coincidir con el mes de diciembre), por lo que guarda un paralelismo muy directo con la Navidad cristiana.

[21] 1 Macabeos 4:52-59; 2 Macabeos 10:5-8; Juan 10:22.

[22] Deuteronomio 20:5.

[23] SUETONIO [70-126], *"De vita Caesarum"*, "Vidas de los doce césares".

[24] Recordamos al lector que el libro de los Salmos viene dividido en cinco libros: LIBRO PRIMERO: Salmos 1-41, que termina con una doxología y un doble *"Amén"* (Salmo 41:13). LIBRO SEGUNDO: Salmos 42-72, que termina con una doble doxología, un doble *"Amén"*, y las palabras: "Aquí terminan las oraciones de David, hijo de Isaí" (Salmo 72:18-20). LIBRO TERCERO: Salmos 73-89, que termina como el libro primero, con una doxología y un doble *"Amén"* (Salmo 89:52). LIBRO CUARTO: Salmos 90-106, que termina con una doxología, un *"Amén"* y un aleluya ("Bendito Jehová Dios de Israel", Salmo 106:48). LIBRO QUINTO: Salmos 107-150, que cierra todo el libro de los Salmos con los *"Aleluya"* del Salmo 150.

[25] Éxodo 22:29; 23:19; 24:36; Levítico 23:10,14; Deuteronomio 26:2; 26:10; Nehemías 10:35; Proverbios 3:9.

[26] 1 Crónicas 29:15.

[27] Deuteronomio 20:5.

debían disfrutar de sus hogares ordenadamente y con propiedad, como si fueran santuarios de Dios, y que en ellos debía reinar en todo momento la verdadera piedad y la adoración más sincera. Las ceremonias de la ley mosaica, junto sus figuras y tipos, han cesado; pero debemos seguir practicando lo que nos enseña el apóstol Pablo, que todo aquello que Dios ha creado y nos otorga para nuestro disfrute, debe seguir siendo: *"santificado mediante la palabra de Dios y la oración"*.[28]

JUAN CALVINO [1509-1564]

Estructura: En los tres primeros versículos (30:1-3), David exalta al Señor por haberle librado. En el cuatro y cinco (30:4-5) invita a los santos a que se unan con él celebrando la compasión divina. En el sexto y séptimo (30:6-7), confiesa el delito por el cual fue castigado. Del ocho al diez (30:8-10) repite la súplica antes presentada; y concluye (30:11-12) conmemorando su liberación y prometiendo alabanza eterna.

C. H. SPURGEON

Versión poética:

EXALTABO TE DOMINE QUONIAM SUSCEPISTI ME

Gracias te doy, Señor, y eternamente
te las daré, mi Dios, dulce y benigno,
porque me has libertado, y no quisiste
que tuvieran placer mis enemigos.

Yo me hallé rodeado de la muerte,
pero cuando me vi con el peligro,
te invoqué fervoroso, y tú me has vuelto
la salud otra vez al ser antiguo.

Del sepulcro, Señor, me has libertado,
me tienes todavía entre los vivos,
y sin tu auxilio hiciera compañía
a los que al lago obscuro han descendido.

Venid pues al Señor todos los siervos,
venid volando, y entonad conmigo
sus justas alabanzas, ayudadme
a agradecerle tanto beneficio.

Porque cuando conmigo se enojaba,
era porque le daba los motivos,
y apenas le invoqué me manifiesta,
que dulce y paternal era el castigo.

[28] 1 Timoteo 4: 4-5.

Este de su bondad es el carácter,
por la tarde tal vez quiere afligirnos;
pero a rayar del día, con su mano
nos enjuga las lágrimas él mismo.

¡Qué ciego era mi orgullo! Porque estaba
rodeado de tu amor y beneficios,
me solía decir: ya soy dichoso,
nada puede alterarme los destinos.

Me figuré, Señor, que tú querías
tenerme en un estado tan florido,
y que era gusto tuyo conservarme
en tanta pompa, gozos y atractivos.

Esta era mi ilusión; pero al instante
que apartaste tus ojos de los míos,
me sentí conturbado y temeroso,
y lleno de terror vi mi peligro.

Entonces clamé a ti con triste llanto,
te invoqué con mis lágrimas y gritos,
imploré tu piedad y te decía
con dolientes y tristes alaridos:

¿Qué frutos sacar puedes de mi muerte?
¿de qué te serviré si con tus tiros
acabas con mi vida, y me despeñas
en el sepulcro donde nada hay vivo?

¿Podrá jamás el polvo inanimado
tu nombre bendecir? ¿Será testigo
de la fidelidad de tus promesas?
¿O te podrá ofrecer sus sacrificios?

El Señor se ha dignado de ablandarse,
me oyó piadoso, me escuchó propicio,
a la muerte mandó que se retire
y a la vida otra vez me ha restituido.

Tú, Señor, convertiste en un instante
en cánticos alegres mis gemidos,
el dolor me quitaste deshaciendo,
con tu mano mi saco y mi silicio.

Tú quisiste que libre de congojas
toda mi vida entone agradecido
los himnos de placer que el amor canta,
y yo los cantaré tiernos y vivos.

Del "Salterio Poético Español", Siglo xviii

Salmo completo: Calmet[29] supone que fue compuesto por David para la dedicación del altar que construyó en la era de Arauna jebuseo,[30] después de la terrible mortandad que por poco asoló todo el reino.[31] Las partes diversas del Salmo concuerdan plenamente y el encaje es tan perfecto que cualquier otra hipótesis se hace difícil de sostener, de modo que me siento justificado al modelar mi comentario en esta idea.

Adam Clarke [1760-1832]
"Commentary on the Whole Bible", 1831

Salmo completo: Me he esforzado en las siguientes rimas en un intento de transmitir el espíritu del Salmo 30 preservando sus frecuentes antítesis: [32]

[29] Se refiere al dominico francés Antoine Agustín Calmet [1672-1757], abad de Senones, y renombrado exégeta bíblico. Escribió numerosas e importantes obras, entre ellas un comentario monumental en veintitrés volúmenes titulado *"Commentaire littéral sur tous les livres de l'Ancien et du Nouveau Testament"*.
[30] En 1 Crónicas 21:15 es Ornán, pero indudablemente se trata de la misma persona.
[31] 2 Samuel 24:25; 1 Crónicas 21:26.
[32] Spurgeon escribía poemas y componía himnos, todos ellos incluidos en un himnario que él mismo publicó en 1866 para su uso en el *"Metropolitan Tabernacle"*, bajo el título de *"Our Own Hymn Book, a Collection of Psalms and Hymns for Public, Social and Private Worship"*, "Nuestro propio Himnario, una colección de Salmos e Himnos para la alabanza en público, social y privada". Esta hermosa versificación del Salmo 29 es un bello ejemplo de los catorce salmos versificados por Spurgeon. Hemos hecho lo posible para trasladar su espíritu al español, pero si el lector quiere disfrutarlo en su esplendor poético, no hay más remedio que recurrir al original inglés:

«I will exalt thee, Lord of hosts,
For thou'st exalted me;
Since thou hast silenced Satan's boasts,
I will therefore boast in thee.

My sins had brought me near the grave,
The grave of black despair;
I looked, but there was none to save,
Till I looked up in prayer.

In answer to my piteous cries,
From hell's dark brink I am brought:
My Jesus saw me from the skies,
And swift salvation wrought.

All through the night I wept full sore,
But morning brought relief;

Señor de los ejércitos, te ensalzaré,
porque tú me has exaltado;
y los alardes de Satanás has acallado,
en ti me gloriaré y me alegraré.

Mis pecados me llevaron al panteón,
sepulcro tenebroso de desesperación
miré, pero no vi salvación
hasta que levanté mis ojos y mi oración

Respondiendo mi piadoso clamor
me sacaste del infierno y de su fosa
desde los cielos, Jesús me contempló
y mandó salvación pronta y vigorosa

Lloré la noche entera atribulado
pero el alba descanso me brindó,
quien mis huesos había quebrantado
también mi dolor y sus cadenas quebrantó

Has cambiado mi lamento en baile,
y mi sayal de luto en saltos de alegría,
tu ira, Señor, abrasa por un instante,
pero tu favor se prolonga todo el día.

¡Almas favorecidas! Conmigo cantad
que su gracia tiempo ha la conocéis,
y en acción de gracias recordad
cuando su rostro, como entonces, contempléis.

C. H. SPURGEON

That hand, which broke my bones before,
Then broke my bonds of grief.

My mourning he to dancing turns,
For sackcloth joy he gives,
A moment, Lord, thine anger burns,
But long thy favour lives.

Sing with me then, ye favoured men,
Who long have known his grace;
With thanks recall the seasons when
Ye also sought his face.»

Vers. 1. ***Te glorificaré, oh Jehová, porque me has exaltado, y no permitiste que mis enemigos se alegraran de mí.*** *[Te ensalzaré, oh Jehová, porque me has puesto a salvo, y no permitiste que mis enemigos se alegraran a costa mía.* RVR*] [Te ensalzaré, oh Señor, porque me has elevado, y no has permitido que mis enemigos se rían de mí.* LBLA*] [Te glorifico oh YHVH, porque me has levantado, y no has dejado que mis enemigos se alegren de mí.* BTX*] [Te exaltaré, Señor, porque me levantaste, porque no dejaste que mis enemigos se burlaran de mí.* NVI*] [Señor, te alabaré porque me has salvado y no has dejado que mis enemigos se burlen de mí.* BLP*] [Te exaltaré, Señor, porque me rescataste; no permitiste que mis enemigos triunfaran sobre mí.* NTV*]*

Te ensalzaré, oh Jehová. Tendré una concepción de ti alta y honrosa, y la expresaré con mi mejor música. Otros podrán olvidarte, murmurar de ti, despreciarte, blasfemar tu nombre, pero yo *"te ensalzaré"*, porque he sido favorecido por encima de los demás. Exaltaré tu nombre, tu carácter, tus atributos, tu misericordia conmigo, tu extraordinaria paciencia para con mi pueblo; pero en especial, por encima de todo, diré bien de ti: *"Te ensalzaré"*. Oh sí, Señor; esta será mi actividad constante y alegre.

Porque me has elevado.[33] Aquí hay una antítesis.[34] «Te ensalzaré, porque tú me has elevado» Procederé de acuerdo a los beneficios de ti recibidos. La alabanza del salmista era razonable, tenía motivos para ensalzar a Dios ofreciendo toda la gratitud y elogios de su corazón. Había sido literalmente *"elevado"*, sacado cual prisionero de una mazmorra, al igual que José de la cisterna,[35] y por tanto amaba a su libertador. La gracia nos ha sacado del foso del infierno, de la zanja del pecado, de la acequia del abatimiento, del Pantano del Desaliento,[36] del lecho de enfermedad, de la esclavitud de las

---

[33] En hebreo כִּי דִלִּיתָנִי *kî ḏillîṯānî* de דָּלָה *dalah;* tiraste de mí hacia arriba como el que tira de una cuerda para sacar agua de un pozo. Tal es el sentido de דָּלָה *dalah* según vemos por otros textos como Éxodo 2:16,19; Proverbios 20:5. Ver también Salmo 18:16 aunque en este caso se utiliza otro verbo distinto יַמְשֵׁנִי *yamšênî* de מָשָׁה *mashah.*

– SCHÖKEL dice al respecto: «El verbo דָּלָה *dalah* proporciona una magnífica metáfora: cuando los sepultureros están descolgando el cadáver con cuerdas, el Señor desde arriba da un tirón y saca el cadáver ¡vivo!»

[34] Aunque la antítesis que plantea Spurgeon se diluye un poco con las distintas traducciones, mantiene su sentido. En el texto hebreo es: אֲרוֹמִמְךָ יְהוָה כִּי דִלִּיתָנִי *'ărōwmimḵā Yahweh kî ḏillîṯānî.* Los dos verbos clave en este caso son אֲרוֹמִמְךָ *'ărōwmimḵā* de רום *rum*, "exaltar, ensalzar"; y דִלִּיתָנִי *ḏillîṯānî* de דָּלָה *dalah,* un verbo que significa: "sacar, elevar", y que de los cuatro versículos donde que aparece, aparte de en el Salmo 29, en dos de ellos (Éxodo 2:16; 2:19) significa sacar agua de un poco con un cubo; y en el otro (Proverbios 20:5) significa también, aunque simbólicamente, sacar algo de aguas profundas. Queda claro, pues, que el verdadero sentido en el Salmo 30 es "me sacaste del pozo", es decir, "me pusiste a salvo elevándome".

[35] Génesis 37:28.

[36] El "Pantano del Desaliento", en inglés *"Slough of Despond"*, es una ciénaga ficticia de la famosa alegoría de JOHN BUNYAN [1628-1688] *"The Pilgrim's Progress"*, "El Progreso del Peregrino". En el segundo capítulo de la obra Cristiano, el protagonista, se mete inadvertidamente en la ciénaga y se empieza a hundir bajo el peso de sus pecados y la culpa que siente por ellos. El texto nos describe el pantano como «el lodazal donde van a parar todas las heces e inmundicias que siguen a la convicción de pecado; por eso se llama el Pantano del Desaliento. Cuando el pecador despierta a la realidad y toma conciencia de sus culpas y de la perdición a la que está abocado, en su alma se levantan dudas, temores y aprensiones desconsoladoras, que se juntan todas y se estancan en este lugar». Como tantos otros lugares de la misma obra, como la "Feria de Vanidad" (*"Vanity Fair"*), la "Ciudad de Destrucción" (*"City of Destruction"*) o la Ciudad Celestial (*"Celestial City"*), el Pantano del Desaliento ha pasado a formar parte del imaginario colectivo y es parte de la cultura literaria en general. *"The Pilgrim's Progress"* fue publicada originalmente el año

dudas y temores: ¿Y no tenemos cántico que ofrecer por todo ello? ¿Desde dónde y hasta dónde nos ha elevado el Señor? Nos ha elevado a la categoría de hijos adoptándonos en su familia;[37] nos ha elevado a una unión con Cristo y *"nos hizo sentar junto con él en los lugares celestiales"*.[38] ¡Exaltemos el nombre de nuestro Dios, porque él nos ha elevado por encima de las estrellas!

Y no permitiste que mis enemigos se alegraran a costa mía. De los tres juicios divinos que le fueron propuestos como posibles castigos,[39] este era el que David más temía, pues no dudó en contestar: *"caiga ahora en mano de Jehová, porque sus misericordias son muchas, mas no caiga yo en manos de hombres"*.[40] Ciertamente terrible hubiera sido nuestra suerte de haber sido entregados a merced de nuestros enemigos. ¡Bendito sea el Señor que nos ha librado de un destino tan horrendo! No ha consentido que el Diablo y todos nuestros enemigos espirituales se alegraran a costa nuestra; al contrario, nos ha librado del lazo del cazador.[41] Nuestros compañeros impíos, que profetizaron que volveríamos a caer en nuestros pecados habituales, han quedado decepcionados. Todos los que nos vieron vacilar y esperaban anhelantes nuestra caída de un momento a otro diciendo *"¡Ajá!, lo que queríamos!"*,[42] han esperado en vano. ¡Felices aquellos creyentes a quienes el Señor concede una personalidad y carácter moral tan consistente, que los ojos inquisitivos del mundo no pueden encontrar en ellos defecto alguno! ¿Es este nuestro caso? De ser así, atribuyamos todo mérito y toda gloria a Aquel que nos ha sustentado en nuestra integridad.

C. H. SPURGEON

Te ensalzaré, oh Señor, porque me has elevado. Es decir, te elevaré, porque tú me has elevado.

ADAM CLARKE [1760-1832]
"Commentary on the Whole Bible", 1831

Te ensalzaré, oh Señor, porque me has elevado. El verbo hebreo דָּלָה *dalah* se utiliza aquí en su sentido original: denota el movimiento recíproco de los cubos en un pozo, uno que asciende mientras el otro desciende, y viceversa;[43] y aquí se aplica con total propiedad y de forma admirable a la reciprocidad en los diversos cambios de fortuna en la vida de David, según se describen en este Salmo: el marcado contraste entre su adversidad y su prosperidad. Y de manera especial el cambio radical marcado por el acontecimiento que celebraba: perseguido y sumido en la aflicción, Dios le levantó hasta el más grande honor y prosperidad, el trono, permitiéndole incluso edificar un palacio para sí, lo

1678, y Editorial CLIE ha publicado tanto la primera como la segunda parte de la obra bajo los títulos "El Peregrino" y "La Peregrina".

[37] Efesios 1:5; Gálatas 4:5.

[38] Efesios 2:6.

[39] 1 Samuel 24:13.

[40] 1 Samuel 24:14

[41] Salmo 91:3; 124:7.

[42] Salmo 35:25.

[43] Dado que en el siglo xxi los pozos ya no son habituales, puede que esta figura resulte para algunos un tanto extraña y difícil de comprender. Pero en el siglo xix y hasta mediados del siglo xx, cuando en muchos lugares los pozos eran el medio habitual de suministro de agua, este era el mecanismo más eficaz y más utilizado de extracción: dos cubos atados a los dos extremos de una cuerda que se deslizaba sobre una polea; al tirar de la cuerda, cuando uno subía el otro bajaba, mientras uno se vaciaba en otro se llenaba.

que le llevó a concluir que *"el Señor lo había confirmado por rey sobre Israel, y que había exaltado su reino por amor a su pueblo Israel".*[44]

SAMUEL CHANDLER [1693-1766]
"A Critical History of the Life of David", 1766

Vers. 2. *Jehová Dios mío, a ti clamé, y me sanaste.* *[Jehová Dios mío, a ti clamé, y me sanaste.* RVR*] [Oh Señor, Dios mío, a ti pedí auxilio y me sanaste.* LBLA*] [¡Oh YHVH, Elohim mío! Clamé a Ti, y me sanaste.* BTX*] [Señor mi Dios, te pedí ayuda y me sanaste.* NVI*] [Señor Dios mío, a ti clamé y me curaste.* BLP*] [Oh Señor, mi Dios, clamé a ti por ayuda, y me devolviste la salud.* NTV*]*

Jehová Dios mío, a ti clamé, y me sanaste. Tan pronto se vio amenazado por la peste y mortandad, David clamó a Dios intercediendo a favor de su pueblo.[45] Fue directo al cuartel general, no trató de resolver el problema recurriendo a medios falibles. Dios es el mejor médico, incluso para nuestras enfermedades corporales. Cuando nos olvidamos de Dios, actuamos con mucha necedad y de manera impía. Ese fue el pecado de Asa, que estando enfermo confió en los médicos en lugar de buscar al Señor.[46] No digo que no debamos ir al médico, si tenemos que ir, vayamos; pero acudamos en primer lugar a nuestro Dios, y ante todo, recordando que la ciencia médica, por sí misma, no tiene ningún poder sanador; la energía curativa debe fluir de la mano divina. Si se nos para el reloj lo llevamos al relojero a que lo repare; y si nuestro cuerpo o alma están en una situación difícil, recurramos al que los ha creado, y a su habilidad infalible para ponerlos de nuevo en condiciones. En cuanto a nuestras enfermedades espirituales, no hay nada que las sane excepto el toque del Señor Jesucristo; si tocamos el borde de su túnica seremos sanados, pues aun cuando consiguiéramos tener entre nuestros brazos a todos los demás médicos, poco útiles nos serían.

"Señor, Dios mío". Tomemos buena nota del nombre derivado del pacto que la fe utiliza: *"Dios mío"*. Triplemente feliz es aquel que puede acogerse al Señor reclamándolo como su porción. Fijémonos en cómo la fe de David avanza por una escalera ascendente; en el primer versículo (30:1) canta: *"oh Señor";* y en el segundo (30:2) es ya: *"Señor Dios mío"*. La música celestial del corazón es un elemento ascendente, como las columnas de humo que se elevaban perpetuamente desde el altar del incienso.[47]

A ti clamé. Apenas podía orar, pero clamó, lloró amargamente, derramó su alma como un niño derrama sus deseos. ¡Clamó a su Dios! Sabía bien a quién estaba clamando; no a sus amigos, ni a ningún brazo de la carne.[48] Y el resultado fue seguro y satisfactorio:

Y me sanaste. Lo sé; estoy seguro. Porque ahora mismo, dentro de mí tengo la evidencia de salud espiritual: ¡Gloria a su nombre! Todo el que suplica humildemente ante Dios implorando ser sanado de la enfermedad del pecado, se apresurará en su súplica, como hizo el salmista, y la recibirá; y aquellos que se demoran porque no sienten necesidad de cura, no tienen por qué extrañarse si sus heridas se infectan, se gangrenan, y su alma muere.

C. H. SPURGEON

[44] 1 Samuel 5:12.
[45] 2 Samuel 24:17.
[46] 2 Crónicas 16:12.
[47] Éxodo 30:1-8; Cantares 3:6; Lucas 1:9; Apocalipsis 8:4.
[48] 2 Crónicas 32:8; Jeremías 17:5.

Y me sanaste. En hebreo וַתִּרְפָּאֵנִי *wattirpā'ênî* de רָפָא *rapha.* Un verbo que se utiliza indistintamente ya sea para referirse a la curación de trastornos corporales, *"El que sana todas tus dolencias"*;[49] como también para describir la mejora en la situación material y el estado anímico de cualquier persona, bien sea en su vida privada o pública, al ser eliminado cualquier motivo de angustia, bien sea a nivel personal o nacional: *"Envió su palabra, y los sanó, y los libró de su ruina"*;[50] *"Y herirá Jehová a Egipto; herirá y sanará, y se convertirán a Jehová, y les será propicio y los sanará"*.[51] Así, en el caso que nos ocupa: *"Y me sanaste"*, significa "me has librado de mis angustias, has restaurado mi salud y vuelvo a sentirme próspero y a salvo". Bajo el reinado de Saúl, su vida estuvo con frecuencia en el peligro más inminente, del cual Dios le libró maravillosamente en todas las ocasiones, y lo expresa diciendo: *"hiciste subir mi alma del Seol; me hiciste revivir de entre los que descienden a la sepultura"* (30:3). Me creía desahuciado, creía que nada podría evitar que mi destrucción y, de hecho, de no ser por la liberación que me has concedido, así habría sido; de modo que tu auxilio ha significado para mí como revivir de entre los muertos: *Me hiciste revivir,* esto es, recobrar la vida, de entre los que descienden a la fosa; esta es la interpretación literal.

SAMUEL CHANDLER [1693-1766]
"A Critical History of the Life of David", 1766

Vers. 3. *Oh Jehová, hiciste subir mi alma del Seol; me diste vida, para que no descendiese a la sepultura.* *[Oh Jehová, hiciste subir mi alma del Seol; me hiciste revivir de entre los que descienden a la sepultura.* RVR*] [Oh Señor, has sacado mi alma del Seol; me has guardado con vida, para que no descienda al sepulcro.* LBLA*] ¡Oh YHVH, arrebataste mi alma del Seol, cuando bajaba al sepulcro, hiciste que volviera a vivir!* BTX*] [Tú, Señor, me sacaste del sepulcro; me hiciste revivir de entre los muertos.* NVI*] [Señor, me libraste de ir al reino de los muertos, me devolviste la vida cuando agonizaba.* BLP*] [Me levantaste de la tumba, oh Señor; me libraste de caer en la fosa de la muerte.* NTV*]*[52]

Oh Jehová, hiciste subir mi alma del Seol. Fijémonos en que David no dice *"espero que hagas"* sino *"hiciste"*; y es la tercera vez, a lo largo de los tres primeros versículos del salmo, que utiliza el verbo en pretérito perfecto para referirse a favores que Dios le ha concedido: *"me has elevado"* (30:1); *"me has sanado"* (30:2) *"has sacado mi alma"* (30:3). Está convencido de que Dios ha hecho por él grandes cosas, y se alegra mucho de ello. Había descendido al borde del sepulcro y, no obstante, fue rescatado y restaurado para poder contar a otros sobre la paciencia de Dios; y esto no era todo, tenía constancia que nada, sino la gracia, le había evitado caer hasta lo más profundo de los infiernos, y esto le hacía doblemente agradecido. Ser preservado de la tumba es mucho; ser rescatado de la fosa es mucho más; por tanto, hay en ello una alabanza creciente, pues ambas liberaciones solo pueden

---

[49] Salmo 103:3.
[50] Salmo 107:20.
[51] Isaías 19:22.
[52] En hebreo יְהוָה הֶעֱלִיתָ מִן־שְׁאוֹל נַפְשִׁי חִיִּיתַנִי [מִיּוֹרְדֵי־ כ] מִיָּרְדִי־בוֹר *Yahweh he'ĕlîṯā min-šə'ōwl napšî ḥîyîṯanî* [*mîyōwrḏê-ḵ*] (*mîyārəḏî-ḇōwr*). SCHÖKEL traduce: *"Señor, alzaste mi vida del Abismo, me hiciste revivir cuando bajaba a la fosa"*. KRAUS: *"Oh Yahvé, sacaste del Sheol mi alma, me llamaste a la vida de entre los que se hunden en la fosa"*; y añade: «El contraste entre la vida y la muerte es vivísimo. Yahvé hizo salir de la esfera de la muerte al orante del salmo. Lo separó del grupo de los que descienden a la "fosa". בּוֹר *ḇōwr* es aquí una expresión plástica que reúne en sí la imagen del sepulcro y del שְׁאוֹל *sheol*».

ser atribuidas a la diestra gloriosa del Señor, el único que puede preservar nuestra vida, y el único Redentor de nuestras almas del infierno.[53]

C. H. SPURGEON

Vers. 4. ***Cantad a Jehová, vosotros sus santos, y celebrad la memoria de su santidad.*** *[Cantad a Jehová, vosotros sus santos, y celebrad la memoria de su santidad.* RVR*] [Cantad alabanzas al Señor, vosotros sus santos, y alabad su santo nombre.* LBLA*] [Cantad salmos a YHVH, vosotros sus santos, y celebrad la memoria de su santidad.* BTX*] [Canten al Señor, ustedes sus fieles; alaben su santo nombre.* NVI*] [Cantad al Señor los que le sois fieles, alabad su santo nombre.* BLP*] [¡Canten al Señor, ustedes los justos! Alaben su santo nombre.* NTV*]*

Cantad a Jehová, vosotros sus santos. "Uníos a mi cántico, ayudadme a expresar mi gratitud". Sintió que no eran suficientes las alabanzas que pudiera tributar a Dios por sí mismo y, por tanto, dio entrada a los corazones de los demás: *"Cantad a Jehová, vosotros sus santos"*. David no quería llenar su coro de réprobos, sino con personas santificadas, que cantaran desde el corazón.[54] Dice *"vosotros"*, esto es: *"vosotros, pueblo de Dios"* porque sois santos: y si los pecadores insisten en mantener su silencio perverso, que la santidad nos obligue a cantar. Somos sus santos: elegidos,[55] comprados con sangre,[56] santificados y apartados para Dios[57] para ofrecer sacrificios de alabanza.[58] Abundemos en el cumplimiento de este deber celestial:

Cantad alabanzas al Señor. Es un deber grato y un compromiso provechoso. No debería ser necesario que tan a menudo se nos tenga que impulsar a cumplir con este servicio tan agradable.

Y dadle gracias. Que nuestros cánticos sean de gratitud, en los que la misericordia de Jehová viva de nuevo en nuestros dulces recuerdos. Aun cuando en el presente nos falten alegrías, el mero recuerdo del pasado debe afinar nuestras arpas.

Celebrad la memoria de su santidad. La santidad de Dios es un atributo que inspira el más profundo respeto, y exige una mente reverente; pero aun así, es nuestro deber celebrar su memoria. *"¡Santo, santo, santo!"* es el canto de los serafines y querubines;[59] unámonos a él, no acongojadamente, como si tembláramos ante la santidad de Dios, sino con alegría, regocijándonos humildemente en ella.

C. H. SPURGEON

Cantad a Jehová, vosotros sus santos, y celebrad la memoria de su santidad. Si se tratara de cantar sobre cualquier otra cosa, haría falta que todas las criaturas de Dios se unieran al coro; pero tratándose de cantar *"su santidad"*, ¿qué haría la voz de un profano en tal concierto? Nadie es digno,

[53] Esa misma es la interpretación unánime de los Padres de la Iglesia y comentaristas de la antigüedad para quienes David era tan solo el tipo o figura de Cristo. JERÓNIMO DE ESTRIDÓN [347-420] apostilla: «Me vivificaste, para que no descendiese al lago».

[54] El vocablo hebreo utilizado aquí por el salmista es muy explícito: חֲסִידָיו *ḥăsîḏāw.* Recomendamos al lector leer en este sentido los comentarios exegéticos a los demás Salmos en los que aparece 31:23; 37:28; 85:8; 97:10; y 148:14. Fuera de los Salmos solo lo encontramos en 1 Samuel 2:9 y Proverbios 2:8.

[55] Deuteronomio 7:6; 14:2; Juan 6:37; 6:44; 15:16; Romanos 8:28-30; Efesios 1:4-5,11; 2:10; 1 Pedro 2:9.

[56] Hechos 20:28; 1 Corintios 6:20.

[57] Hebreos 10:10; 13:12.

[58] Hebreos 13:15.

[59] Isaías 6:2-3.

fuera de los *"santos"*, de cantar sobre la *"santidad"*, en especial de la santidad de Dios; y de manera más especial aún, con cánticos de santidad.

SIR RICHARD BAKER [1568-1645]
"Meditations and disquisitions, upon the seven consolatorie psalmes of David namely, The 23, 27, 30, 34, 84, 103,116", 1639

Cantad a Jehová, vosotros sus santos. Dios demanda de nosotros culto exterior y culto interior, y un buen marco espiritual en el culto interior nos conducirá a una compostura correcta en el culto exterior.[60] La apatía dificulta la actividad del alma; pero la voluntad firme la fomenta y potencia. El canto exige del alma actividad y firmeza, y, por así decirlo, la despierta: el entusiasmo levanta el corazón. Cantar las alabanzas de Dios es una de las funciones espirituales más importantes de entre las que llevamos a cabo en público. Mantiene el corazón activo captando su atención por más largo tiempo que el escuchar la palabra. Tanto la oración como la predicación, pasan más rápidamente de una frase a otra; el canto es más lento y, por tanto, lo retenemos mejor. Después de escuchar la palabra debemos meditar en aquello que hemos escuchado, y lo mismo después de escuchar al ministro orar: debemos reflexionar sobre cada frase, pues a veces se suceden tan rápidamente que no nos da tiempo de rumiar su contenido, y se nos escapan. Por ello es tan importante el canto, pues cuando cantamos, escuchamos la palabra, oramos y meditamos: todo a la vez. Por ello Dios ha ordenado este santo deber, a fin de que cantando juntos, nos alimentemos y rumiemos juntos. Algunos salmos tienen la palabra הִגָּיוֹן *"higgaion"* o "meditación", no solo en el título, sino entre texto, como es el caso del Salmo 9:16. Puede decirse por tanto que cantar alabanzas, en todos los sentidos: ha de ser *"meditación"*. Adoptemos para cantar la postura más adecuada: los ojos levantados al cielo denotan el deseo de que nuestro corazón desearía estar allí; y cuando cantamos, ya sea en prosa o verso, ya sea una oración, una alabanza, o una mención de las obras de Dios, nuestro corazón debe esforzarse en la meditación de cada palabra que decimos. Nuestro deber es compaginar la música con la meditación, dedicando a cada cosa la importancia y el tiempo que le corresponde. El que no busca, no encuentra;[61] el que no profundiza no saca nada, y jamás descubrirá las insondables riquezas y múltiples ventajas que nos brinda el canto de los Salmos.

JOHN LIGHTFOOT [1602-1675]
En un sermón sobre 1 Corintios 14:26, titulado *"Every one of you hath a Psalm"*
Y predicado en St Marys, Cambridge, el 24 de junio de 1660

Vers. 5. ***Porque un momento será su ira, pero su favor dura toda la vida. Por la noche durará el lloro, y a la mañana vendrá la alegría.*** *[Porque de un momento es su ira, pero su favor dura toda*

---

[60] Dice en este mismo sentido BASILIO DE CESAREA [326-379] al comentar este versículo en sus *"Homiliae super Psalmos"*: «No cantan al Señor propiamente ni celebran la memoria de su santidad quienes se limitan a repetir frases con su boca sin meditarlas en su corazón, sino aquellos en los que cada palabra y cada nota brota de un corazón puro, que obran en justicia delante de Dios y aplican a su vida todo cuanto cantan. ¡Pues cuántos hay aquí que viniendo de la fornicación, del hurto, de la mentira, se juntan a entonar salmos! ¡Cuántos hay que cantan con sus bocas mientras sus mentes traman engaño! Creen que cantan a Dios, pero en verdad no le están cantando. Porque en la Escritura leemos que: *"No puede el árbol malo dar frutos buenos"* (Mateo 7:18), ni un corazón inicuo pronunciar palabras de vida. Por tanto: *"haced bueno el árbol, y bueno su fruto"* (Mateo 12:33). Limpiad primero vuestros corazones para que den fruto del Espíritu (Mateo 3:8; Gálatas 5:22-23), y una vez santificados podáis cantar salmos propiamente y celebrar *"la memoria de su santidad"*».

[61] Mateo 7:8.

la vida. Por la noche nos visita el llanto, pero a la mañana viene la alegría. RVR*] [Porque su ira es solo por un momento, pero su favor es por toda una vida; el llanto puede durar toda la noche, pero a la mañana vendrá el grito de alegría.* LBLA*] [Porque por un momento es su ira, pero su favor dura toda la vida. Por la noche dura el llanto, pero al amanecer viene la alegría.* BTX*] [Porque solo un instante dura su enojo, pero toda una vida su bondad. Si por la noche hay llanto, por la mañana habrá gritos de alegría.* NVI*] [Pues es pasajera su ira y eterna su bondad: quien de noche se retira llorando, por la mañana es un clamor de alegría.* BLP*] [Pues su ira dura solo un instante, ¡pero su favor perdura toda una vida! El llanto podrá durar toda la noche, pero con la mañana llega la alegría.* NTV*]*

Porque su ira es solo por un momento. David alude aquí las disposiciones de la Providencia divina, que en su gobierno paternal redundan en castigo ordenado hacia sus hijos que yerran, como la plaga que casi asoló Jerusalén a causa de los pecados de David;[62] pero tales juicios son cortos, y se desvanecen tan pronto el verdadero arrepentimiento y la petición de perdón aparecen, acompañados del gran sacrificio aceptable a Dios. ¡Qué misericordia tan grande es esta! Ya que, si la ira del Señor humeara por largo tiempo, toda carne sucumbiría bajo ella. Pero tan pronto el castigo ha surtido su efecto, Dios levanta la vara con gran disposición; es lento a la hora de ejecutar la ira y rápido para cesarla. Y si su ira temporal y paternal es así de severa, de tal modo que forzosamente ha de ser breve, ¿cómo debe ser el terror de la ira eterna ejercido por el Juez contra sus adversarios?

Pero su favor es por toda una vida.[63] Tan pronto como el Señor miró a David con buenos ojos, la ciudad salvó la vida, y el corazón del rey revivió. Morimos cual flores marchitas[64] cuando el Señor frunce el ceño, pero su dulce sonrisa nos revive como el rocío refresca los campos.[65] Su favor no solo endulza y alegra la vida, sino que es la vida misma, su propia esencia. Quien de veras quiera saber lo que es la vida, que busque el favor del Señor.[66]

El llanto puede durar toda la noche. Pero las noches no duran para siempre; pues aún en los inviernos más lóbregos la estrella del alba[67] enciende su lámpara. Parece claro que nuestras noches se verán empapadas por el rocío del dolor. Cuando el Esposo está ausente todo es oscuridad en el interior de la casa,[68] el alma, sintiéndose viuda, languidece anhelando una visión renovada del bien Amado.

---

[62] 2 Samuel 24:15-16.

[63] Las palabras del salmista en este versículo han sido una experiencia práctica para miles de creyentes a lo largo de la historia, y centenares de mártires entregaron sus vidas con ellas en los labios. Durante la feroz persecución desencadenada en 1576 en los Países Bajos por FERNANDO ÁLVAREZ DE TOLEDO [1607-1682], tercer duque de Alba, que segó la vida de dieciocho mil creyentes reformados, cuentan las crónicas que uno de ellos llamado John Herwin, antes de ser estrangulado y su cadáver quemado en la hoguera entonó el Salmo 30. JAMES HANNINGTON [1847-1885], misionero anglicano y primer obispo en África, donde puso en marcha innumerables escuelas y abrió numerosos hospitales ayudando a miles de personas, encarcelado, torturado y ejecutado por mandato del rey de Buganda Mwanga II, escribió en su diario: «29 de Octubre de 1885, jueves: Octavo día de encarcelamiento. No he tenido contacto con nadie ni tengo noticias, pero ha venido a mi mente Salmo 30 y me ha devuelto el ánimo. La pasada noche escuché cómo una hiena aullaba cerca de mí, oliendo probablemente mi final, pero la esperanza no me ha abandonado». Fue la última entrada que escribió en su diario.

[64] Salmo 37:2; Isaías 40:7-8; 1 Pedro 1:24,

[65] Génesis 27:28; Oseas 14:5.

[66] Isaías 54:7-8.

[67] Con toda probabilidad una alusión a 2 Pedro 1:19: και φωσφορος ανατειλη εν ταις καρδιαις υμων, *"y el lucero de la mañana* (φωσφορος – estrella del alba, astro matinal) *alboree en vuestros corazones"*.

[68] Mateo 9:15; Marcos 2:20; Lucas 5:35.

Pero a la mañana viene la alegría. Cuando el Sol de Justicia despunta por el horizonte,[69] enjugamos las lágrimas de nuestros ojos, y la alegría expulsa todo sentimiento de dolor. ¿Quién que conozca a Jesús puede no sentirse alegre? Cuando Jesús es la Aurora que despunta, los primeros rayos de la mañana nos traen consuelo, y todo creyente sabe bien que es así. El duelo perdura tan solo hasta la mañana: cuando la noche desaparece, la oscuridad se desvanece. Esta es razón suficiente para que los santos canten, y una razón de peso: las noches cortas y los días alegres claman por el salterio y el arpa.[70]

C. H. SPURGEON

Porque de un momento es su ira. Viendo cómo Dios se enoja a menudo con sus propios servidores, ¡mayor motivo tenemos quienes sentimos temor de él para agradecer que no esté airado con nosotros, y no tengamos que experimentar en carne propia su descontento! Vemos cómo pone a otros como blanco al que disparar sus flechas; les escuchamos gemir lamentando su abandono, y a pesar de ello, nuestros corazones no comparten su tristeza; nuestros ojos pueden seguir mirando al cielo con esperanza mientras los suyos están nublados con un velo de tristeza; vemos cómo Dios les habla con rudeza mientras tiene para nosotros palabras de consuelo; vemos que les trata como si fueran sus enemigos, mientras se ocupa de nosotros con la mayor ternura y cariño; vemos que dirige hacia nosotros una sonrisa amigable, y a ellos los mira con el ceño fruncido y temible. Oh, admiremos eternamente la gracia soberana de Dios. ¿Nadamos en abundancia mientras otros son echados al horno de la aflicción? ¿Acaso tenemos menos escoria que ellos? ¿Han pecado ellos con mayor frecuencia que nosotros? Dios está airado con ellos por su tibieza, o por su reincidencia; ¿y nosotros? ¿arden nuestros corazones continuamente en santo amor? ¿Han guardado siempre nuestros pies sus caminos sin vacilar? ¿No nos hemos extraviado? ¿Nunca nos hemos desviado a derecha o izquierda? Seguramente sí, y, por tanto, ¡qué misericordia tan grande es que Dios no esté tan airado con nosotros como lo está con ellos! (...) Pero no abusemos de su misericordia pues, aunque no esté airado con nosotros, podría estarlo. Este fue el problema de David: *"En mi prosperidad dije yo: No seré jamás zarandeado",* pero de inmediato confiesa: *"Pero escondiste tu rostro y quedé desconcertado".* Sobre nosotros brilla ahora el sol, la llama del Señor refresca nuestro tabernáculo; pero podemos encontrarnos con tempestades, nubes y oscuridad antes de llegar al final de nuestro viaje. Los discípulos en el monte de la transfiguración quedaron extasiados presenciando la gloria de Cristo, y ante la presencia maravillosa de Moisés y Elías juntamente con Cristo, creyeron encontrarse ya en el cielo; pero de pronto vino una nube y lo cubrió todo, y sintieron temor.[71] Es cierto que la ira de Dios *"es solo por un momento",* pero ese momento es muy triste, y terrible más allá de lo que se puede expresar. El llanto puede que dure *"solo una noche",* pero esa noche puede ser muy amarga y espantosa; una noche como la de los egipcios cuando el Faraón y todos los suyos se levantaron y vieron muertos a sus primogénitos, y hubo luto y gran clamor en toda la tierra como no ha habido ni habrá.[72] Pensemos en que esa noche de ira del Señor, aunque sea solo una noche, puede acabar con todas nuestras comodidades, con lo

[69] Isaías 60:1; Malaquías 4:2.

[70] Dice ARNOBIO EL JOVEN [siglo V]: «Así como el mundo fue maldito en la muerte de Adán, así fue también revelada la vida en la resurrección de Cristo de entre los muertos (Romanos 5:12-21) [...] *"Al atardecer se hospeda el llanto, pero al amanecer hay gritos de alegría".* Tan pronto despunto el alba en la mañana de la resurrección, se disiparon todas las sombras terrenales y cayeron vencidas las tinieblas, desapareció el llanto y nos inundo en gozo. En ello se fundamenta la hermosura de nuestra fe».

[71] Mateo 17:6.

[72] Éxodo 12:30.

primogénito de nuestras fuerzas, con nuestra confianza y seguridad, y con todas nuestras esperanzas hasta provocar la agonía del alma.

TIMOTHY ROGERS [1660-1729]
"A Discourse on Trouble of Mind, and the Disease of Melancholy", 1691

En su favor está la vida.[73] Aquí vemos en qué consiste la esencia de la bendición para las ovejas, y de la maldición de los cabritos.[74] ¿Acaso no es el don de la vida eterna nuestra mayor felicidad en el cielo? Como afirma David: *"En su favor está la vida"*. Si un alma condenada fuera admitida a gozar de los placeres de la vida eterna sin el favor de Dios, para ella el cielo sería un infierno. Pues no es el lugar lo que hace desgraciada al alma en el infierno, por muy horrido y tenebroso que pueda ser, sino el desagrado de Dios. Al contrario, si un alma elegida fuera arrojada al infierno, pero retuviera el favor de Dios, el infierno para ella sería el cielo, ni todos los demonios del averno podrían arrebatarle su gozo; pues para ella la noche infernal se transformaría en día.

EDWARD MARBURY [1581-1655]

Porque de un momento es su ira, pero su favor dura toda la vida. Por la noche nos visita el llanto, pero a la mañana viene la alegría. Un aprendiz tiene que trabajar duro y (a veces) soportar malos tratos durante siete años o más y, no obstante, sigue trabajando, comportándose de manera servicial con su amo sin quejarse ni murmurar, porque ve que el tiempo de su aprendizaje pasa rápido, pronto acabará y el saldrá con amplios conocimientos del oficio, apto para ganarse bien la vida. Así debería ser también con todos aquellos que gimen bajo el peso de alguna cruz o aflicción, refrenar sus impulsos, ejercitar la virtud de la paciencia, y cesar en toda murmuración y queja, sabiendo que el cetro de los impíos no caerá para siempre sobre la heredad de los justos;[75] y que el llanto puede visitarnos por la noche, pero a la mañana viene la alegría; que los problemas tendrán un fin, no perdurarán para siempre.

JOHN SPENCER [1559-1614]
"Things Old and New", 1658

Por la noche nos visita el llanto, pero a la mañana viene la alegría. Cuán a menudo hemos experimentado en carne propia la realidad de este versículo. ¡Qué pesada resulta la tribulación durante la noche! Con el cerebro agotado y los nervios tensos, parece que no podemos resistir ya más la presión. El pulso late furioso, y el resto del cuerpo, febril e inquieto, rehúsa cooperar en la tarea de resistencia. Finalmente, el cansancio vence las preocupaciones y llega el sueño, un sueño inquieto, pero que nos permite escapar por un tiempo de nuestras cuitas y aguantar hasta la mañana. Después de una noche así, de insomnio, de lucha, y finalmente de sueño por agotamiento, nos despertamos con una sensación extraña sobre los motivos que nos llevaron a tal alteración. Los problemas siguen ahí, pero… ¿por qué estábamos tan inquietos y abatidos? Por la mañana las cosas se ven distintas: siguen siendo tristes, cierto, pero más tolerables; difíciles, pero ya no imposibles; duras, pero sin caer en el desespero. *"El llanto nos visita por la noche, pero a la mañana viene la alegría"*.

Así es también con la vida, cuando todas nuestras luchas, frustraciones y pecados, que nos mantienen sumidos en un conflicto perpetuo, alcanzan su punto y final en el combate agónico de la muerte,

[73] Así traduce la versión inglesa KJV: *"in his favour is life"*. Compárese con Juan 1:4: *"En él estaba la vida, y la vida era la luz de los hombres"*.
[74] Mateo 25:31-46.
[75] Salmo 125:3.

y finalmente, viéndolos agotados, Dios *"da a sus amados el sueño"*.[76] Duermen en Jesús y despiertan en el gozo de una mañana gloriosa que no se desvanecerá: la mañana de la alegría. Sobre ellos brilla el Sol de justicia.[77] La luz se halla por todas partes. No recuerdan la desesperación, las tinieblas ni la violencia de la vida terrenal, y maravillados exclaman, como habían hecho tantas veces sobre la tierra después de una noche inquieta y lóbrega: *"Por la noche nos visita el llanto, pero a la mañana viene la alegría* ". ¿Qué ha sido de nuestras penas, nuestras dudas, nuestras dificultades, nuestros anhelos y preocupaciones cara al futuro? ¡Casi desmayamos creyendo que nos faltarían las fuerzas para resistir una noche de tribulación tan prolongada! ¿Dónde ha quedado todo? Cuando esta sea nuestra experiencia, nos sentiremos como versan las palabras de uno de nuestros himnos más hermosos:

> *Cuando en la patria feliz de nuestro Padre,*
> *nos reunamos con nuestros amados que partieron*
> *entonces se nos hará difícil de entender*
> *por nos apenamos y lloramos tan amargamente.*[78]

Mary B. M. Duncan [1825-1865]

Por la noche nos visita el llanto, pero a la mañana viene la alegría. Su llanto durará solo hasta la mañana. Dios va a transformar su noche invernal en un día de verano, sus suspiros en cantos, su pena en alegría, su duelo en música, su amargura en dulzura, su desierto en un paraíso. La vida de un cristiano es un continuo vaivén entre la enfermedad y la salud, la debilidad y la fuerza, la riqueza y la necesidad, la humillación y el honor, cruces, y consuelos, miserias y misericordias, alegrías y penas, risas y llanto. Si solo gustáramos la miel, nos perjudicaría; es necesario el ajenjo para compensarla;[79] una mezcla equilibrada de ambos es la fórmula ideal para lograr que nuestra alma mantenga una constitución saludable en un entorno tan nocivo como es el de este mundo. Lo mejor para la salud del alma es que el viento austral de la misericordia, y el aquilón o viento del norte de la adversidad, soplen sobre ella;[80] puesto que las ráfagas de ambos le resultan altamente saludables. Pero ciertamente, sus pecados menguan más rápidamente y sus gracias crecen mejor bajo el aquilón huracanado, seco, helado e hiriente de la calamidad; que con las brisas australes, suaves y cálidas de la misericordia y la prosperidad.

Thomas Brooks [1608-1680]
"The mute Christian under the smarting rod, with sovereign antidotes", 1659

Pero a la mañana viene la alegría. La alegría del creyente viene en la mañana, cuando la de los impíos se desvanece, *"porque la mañana es para todos ellos como sombra de muerte"*.[81] Pues el impío no teme solamente el reproche y castigo futuro, sino que cada mañana se levanta preocupado, se

---

[76] Salmo 127:2.
[77] Malaquías 4:2.
[78] El original inglés es: *"When in our Father's happy land / We meet our own once more, / Then we shall scarcely understand / Why we have wept before"*. No nos ha resultado posible encontrar autor ni procedencia fuera de la cita en el texto original.
[79] Proverbios 5:3-4; Jeremías 9:15.
[80] Cantares 4:16.
[81] Job 24:17.

lamenta y sufre mucho, aunque nadie tenga constancia de ello, temiendo el deterioro de su hacienda y la pérdida de su salud, tiempo y dinero.

ZACHARY BOGAN [1625-1659]
"Meditations of the Mirth of a Christian Life", 1653

Por la noche nos visita el llanto, pero a la mañana viene la alegría.[82] En la segunda mitad del versículo el "llanto" es personificado por la figura de un vagabundo, que en la mañana abandona el alojamiento en el que había entrado la noche anterior, que pasa a ser ocupada por otro de los viajeros: la "alegría".[83]

ERNS WILHELM HENGSTENBERG [1802-1869]
"Commentary on the Psalms", 1860

Por la noche nos visita el llanto, pero a la mañana viene la alegría. El profeta principesco dice claramente que "la pesadez puede durar toda la noche, pero por la mañana viene la alegría". Como los dos ángeles que visitaron a Lot, y se alojaron en su casa por una noche, pero habiendo cumplido su misión, se fueron por la mañana.[84] Así también con las aflicciones, pues en realidad son como ángeles o mensajeros de Dios. Dios nos las envía con una misión concreta que cumplir: a recordarnos que, obsesionados en nosotros mismos, nos olvidamos de Dios, a reprocharnos por ser excesivamente orgullosos, presuntuosos, y cosas semejantes; y cuando nos han dicho lo que debían decirnos, y nos han enseñado la lección que nos hacía falta aprender, desaparecen como habían venido.

THOMAS PLAYFERE [1561-1609]
"Nine sermons, preached by that eloquent divine of famous memory Thomas Playfere", 1633

---

[82] En hebreo בָּעֶרֶב יָלִין בֶּכִי וְלַבֹּקֶר רִנָּה *bā'ereḇ yālîn beḵî wəlabbōqer rinnāh.* La versión griega de los LXX o Septuaginta lee: ὁ ἑσπέρα αὐλίζω κλαυθμός καί εἰς ὁ πρωΐ ἀγαλλίασις que la Vulgata traduce como: *"Ad vesterum demorabitur fletus; et at matutinum laetitia"*, "A la tarde habrá llanto, y a la mañana alegría". KRAUS traduce: *"por la noche hay llanto, ¡pero a la mañana, júbilo!"*; SCHÖKEL: *"al atardecer se hospeda el llanto, al amanecer el júbilo"*.

– FRANCISCO LACUEVA [1911-2005] en su versión española del "Comentario de Matthew Henry" hace sobre este versículo el siguiente comentario: «Ciertamente es digno de toda alabanza el Dios cuya ira dura solo un momento, mientras que su favor dura toda la vida; por eso, continúa el versículo con imágenes de extraordinaria belleza: *"en la tarde pernoctará el llanto"* (lit.), como huésped viajero que se queda alojado una sola noche, *"pero a la mañana gritos* (lit.) *de júbilo que perdura"*, una idea que se completa con el versículo once (30:11). Viene a la mente –nota del traductor– la definición que daba de esta vida TERESA DE ÁVILA [1515-1582]: "No es más que una mala noche en una mala posada" (Teresa de Jesús, *Camino de perfección,* 40.9)».

[83] SCHÖKEL cita en relación a este versículo el comentario de GILBERTO GENEBRARDO [1535-1597], monje benedictino de la Abadía de Cluny, erudito teólogo y exegeta especialista en lenguas orientales en su *"Psalmi Davidis vulgatâ editione, calendario hebraeo, syro, graeco, latino, hymnis, argumentis, et commentariis, etc. instructi"* (París, 1577): «Con razón asigna la noche al llanto, y el día al gozo: primero, porque, cuando pecamos se aparta de nosotros la luz de la gracia divina; cuando nos reconciliamos, retorna; segundo, porque esta vida, en la que lloramos los pecados y suspiramos gimiendo por la patria celestial, es tiempo nocturno en el que no vemos a Dios, Sol de justicia; la vida futura será el día, en que veremos a Dios como es (1 Juan 3:2)».

[84] Génesis 19:1-15.

Vers. 5-11. Cuando el corazón del creyente se mueve en un entorno mundano, vive rodeado de espinas, por tanto, si se apega a él en exceso, o lo agarra con fuerza, se herirá. Los hijos de Dios lo saben bien, y están capacitados para moverse en ese entorno, saben que Dios no les va a permitir involucrarse en un pecado sin verse afectados por sus consecuencias, sin cargar luego con la cruz que les corresponde. Y esto queda muy claro en este Salmo 30, donde resulta fácil percibir este movimiento de zigzag en el trato entre Dios y sus hijos. David padece muchas aflicciones, como se desprende del versículo cinco; por tanto, llora, y después del llanto Dios le devuelve la alegría (30:5). ¿Y qué sucede después? Que David dice: *"En mi prosperidad dije yo: No seré jamás zarandeado"* (30:6). Su corazón se apegó de nuevo a los deleites mundanos, y Dios reaccionó: *"escondiste tu rostro y quedé desconcertado"* (30:7). Y sigue llorando a lo largo de los versículos siguientes, del ocho al diez (30:8-10), suplicando hasta que finalmente, en el versículo once, Dios se apiada de él y le devuelve de nuevo al gozo cambiando su lamento en baile (30:11). Este es un proceso peculiar del trato entre Dios y sus hijos que se repite, una y otra vez, a lo largo de todas las Escrituras; pero en este Salmo 30 lo tenemos descrito de manera peculiar, en una forma concisa y muy especial, por lo que merece la pena estudiarlo con detalle.

JOHN PRESTON [1587-1628]
"The Golden Scepter held forth to the Humble", 1634

Vers. 6. *En mi prosperidad dije yo: no seré jamás conmovido.* *[En mi prosperidad dije yo: No seré jamás zarandeado.* RVR*] [Y en mi prosperidad yo dije: Jamás seré conmovido.* LBLA*] [En medio de mi seguridad, me decía: No seré conmovido jamás.* BTX*] [Cuando me sentí seguro, exclamé: «Jamás seré conmovido».* NVI*] [Yo, sosegado, decía: "Nunca más sucumbiré".* BLP*] [Cuando yo tenía prosperidad, decía: «¡Ahora nada puede detenerme!».* NTV*]*[85]

En mi prosperidad. Cuando todos los enemigos de David estaban controlados, y su hijo rebelde muerto y sepultado, llegó el momento de mayor peligro. Muchos navíos van a pique en aguas calmadas. Ninguna tentación es tan peligrosa como la prosperidad.

Dije yo: No seré jamás zarandeado ¡Ay, David! Dijiste mucho más de lo que es aconsejable decir, o incluso pensar; porque Dios fundó el mundo sobre los mares y lo asentó sobre los ríos,[86] para mostrarnos lo inestable, movedizo, variable e inseguro que es. ¡Infeliz del que se apoya en él y edifica! no hace más que forjar un calabozo para sus propias esperanzas. En lugar de imaginar que no seremos zarandeados, nos conviene recordar que muy pronto vamos a ser desplazados por completo. Pues nada es permanente bajo la luna. Porque hoy seamos prósperos, en absoluto debemos imaginar que mañana seguiremos en la misma posición privilegiada. Pues igual que gira una rueda, y los radios que ahora están arriba descienden hasta suelo en cuanto da la vuelta, así es también con todos los mortales. El movimiento giratorio es constante: y muchos que hoy están en el polvo, mañana estarán encumbrados; mientras aquellos que ahora están en alto, se arrastrarán por tierra. Sin duda, la prosperidad había trastocado la cabeza del salmista, o no se hubiera sentido tan seguro de sí mismo. Había logrado ponerse en pie por gracia y, sin embargo, se olvidó de ello y cayó. Lector, ¿no será que hay también en nuestros corazones una buena dosis de ese mismo orgullo? Tengamos mucho cuidado en evitar que los vapores tóxicos del éxito penetren en nuestras mentes y nos trastoquen a nosotros también.

C. H. SPURGEON

[85] En hebreo וַאֲנִי אָמַרְתִּי בְשַׁלְוִי בַּל־אֶמּוֹט לְעוֹלָם *wa'ănî 'āmartî bəšalwî bal-'emmōwṭ lə'ōwlām.*
[86] Salmo 24:2.

En mi prosperidad. No seré jamás zarandeado.[87] Prestar un servicio especial a Dios, o recibir de él un favor especial, son situaciones peculiares en las que Satanás redobla la tentación (…) somos propensos al orgullo, al descuido, y al exceso de confianza; igual que nos invade el sueño después de una comida copiosa o abusamos de nuestra salud cuando nos sentimos sanos. La seguridad y abundancia de las que disfrutaba Job, como él mismo confiesa, lo llevaron a confiarse en exceso: *"Decía yo: En mi nido moriré, y como arena multiplicaré mis días"*.[88] David disfrutaba del favor de Dios en una medida muy por encima de lo ordinario, y a pesar de que estaba más familiarizado con los cambios y vicisitudes que la mayoría, él ya se creía por encima de todo hasta el punto de exclamar: *"No seré jamás zarandeado"*. Pero tuvo que reconocer su error, dejando constancia escrita como advertencia necesaria para que otros aprendieran de su experiencia; de cómo sentirse arropado bajo los rayos de luz del rostro de Dios le llevó a considerarse a sí mismo excesivamente seguro; algo a lo que era propenso. Cuando más seguro se sentía, más vulnerable era y más se acercaba a los problemas: *"Escondiste tu rostro"*, y de inmediato el Diablo aprovecha para mostrarle su debilidad: *"y quedé desconcertado"*. Los goces engendran confianza; la confianza da lugar al descuido; el descuido hace que Dios se retire, y ello proporciona a Satanás la oportunidad para actuar a sus anchas. Los ejércitos que se sienten seguros después de ganar una batalla, a menudo son sorprendidos por la retaguardia; nosotros, después de importantes progresos espirituales, solemos aumentar el riesgo de ser derribados.

RICHARD GILPIN [1625-1699]
"Daemonologia Sacra: Or, A Treatise of Satan's Temptations", 1677

En mi prosperidad. La palabra hebrea בְשַׁלְוִי *bəšalwî* de שָׁלָו *shalu* denota *la paz y tranquilidad que derivan de una condición de prosperidad afianzada.* Una vez Dios le hubo asentado en el trono y concedido paz con sus enemigos, creyó que todos sus problemas habían terminado y que, a partir de ese momento, disfrutaría de felicidad ininterrumpida; que Dios en su gobierno paternal había hecho de él "un monte fuerte que jamás sería conmovido",[89] es decir, a salvo todo peligro, como si estuviera fortificado sobre un monte inaccesible; creyó que su prosperidad era segura e inalterable cual montaña, que no era susceptible a ser trasladada de un lugar a otro; y se sintió encumbrado a un nivel tan eminente de honor y prosperidad, que se describe a sí mismo como "monte": símbolo, por su elevación y fortaleza, de un estado superior de poder, riqueza y dignidad. Había logrado asediar y tomar la fortaleza asentada sobre el monte de Sion,[90] haciendo de ella su montaña, y fijando en ella su residencia.[91] Cuando la tomó por asalto era ya una fortaleza casi inaccesible,[92] y él la había convertido en prácticamente impenetrable añadiéndole importantes fortificaciones.[93] Todo esto lo consideraba resultado del favor de Dios, y sin embargo, le condujo al error de prometerse a sí mismo que su paz y prosperidad, cara al futuro, serían tan sólidas y firmes como el propio Monte Sión.

SAMUEL CHANDLER [1693-1766]
"A Critical History of the Life of David", 1766

---

[87] SCHÖKEL dice el relación a este versículo: «Puede que alguien considere falto de lógica que el salmista tome aquí la palabra para contar a Dios aquello que Dios ha hecho. Ello prueba que no está simplemente contando, sino confesando».
[88] Job 29:18.
[89] Salmo 125:1.
[90] 2 Samuel 5:7.
[91] 2 Samuel 5:9.
[92] 2 Samuel 5:6.
[93] 2 Samuel 5:10-11.

En mi prosperidad. La prosperidad siempre nos resulta más agradable que provechosa. Aunque a primera vista aparenta ser un verano risueño; es ciertamente un invierno perdido, que malogra toda la fruta de santificación que habíamos cosechado en épocas de aflicción. Nunca estamos en mayor peligro que bajo la luz del sol de la prosperidad. Ser mimados por Dios constantemente y no gustar nunca la tribulación es una mala señal; más que probar que somos blanco predilecto de su ternura y amor, demuestra más bien que Dios nos tiene descuidados.

WILLIAM STRUTHER [1578-1633]
"True happines, or, King David's choice", 1633

Vers. 7. ***Porque tú, Jehová, con tu favor me afirmaste como monte fuerte. Escondiste tu rostro, fui turbado.*** *[Porque tú, Jehová, con tu favor me afianzaste como monte fuerte. Pero escondiste tu rostro y quedé desconcertado.* RVR*] [Oh Señor, con tu favor has hecho que mi monte permanezca fuerte; tú escondiste tu rostro, fui conturbado.* LBLA*] [Porque con tu favor, oh YHVH, me habías afirmado como un monte fuerte. Escondiste tu rostro, fui turbado.* BTX*] [Tú, Señor, en tu buena voluntad, me afirmaste en elevado baluarte; pero escondiste tu rostro, y yo quedé confundido.* NVI*] [Señor, tu ayuda me exaltó cual monte poderoso, pero ocultaste tu rostro y sentí miedo.* BLP*] [Tu favor, oh Señor, me hizo tan firme como una montaña; después te apartaste de mí, y quedé destrozado.* NTV*]*[94]

Porque tú, Jehová, con tu favor me afianzaste como monte fuerte. David atribuye su prosperidad al favor del Señor, propicia hasta ese momento. Bueno es contar con la mano del Señor apoyando nuestra estabilidad y riqueza. Observemos, sin embargo, en qué manera la bondad de un hombre bueno no es bondad pura, sin mescolanza, pues la de David estaba aleada con la seguridad carnal. Fijémonos cómo compara su estado a una montaña; cuando una madriguera hubiera sido más realista, pero nunca nos quedamos cortos a la hora de valorarnos a nosotros mismos. David se jactaba de estar afianzado como *"monte fuerte"*, cuando en el salmo anterior, Salmo 29, reconoce que el Líbano y el Sirión dan saltos como becerros y crías de búfalo.[95] ¿Era su estado más fuerte y firme que el Líbano? ¡Ay, vana presunción, tan frecuente y común en todos nosotros! ¡Qué pronto estalla la burbuja cuando el pueblo de Dios se deja llevar por la arrogancia e imagina que disfruta de inmutabilidad bajo las estrellas y de constancia en este orbe rotante! Pero cuán conmovedora y aleccionadora es la manera en que Dios corrige el error de su siervo:

Escondiste tu rostro y quedé desconcertado. No hubo necesidad de asestarle un golpe, con ocultar el rostro fue suficiente. Lo cual demuestra, en primer lugar, que David era un creyente genuino, un verdadero santo, pues no hay pecador que se inquiete si Dios oculta su rostro de él; y, en segundo lugar, que la alegría del creyente verdadero depende de la presencia de su Señor. Cuando nuestra comunión con Dios se interrumpe porque oculta su rostro, no hay montaña capaz de proporcionarnos

[94] En hebreo יְהוָ֡ה בִּרְצוֹנְךָ֮ הֶעֱמַ֪דְתָּה לְֽהַרְרִ֫י עֹ֥ז הִסְתַּ֥רְתָּ פָנֶ֗יךָ הָיִ֥יתִי נִבְהָֽל *Yahweh birṣōwnkā he'ĕmadtāh ləharrî 'ōz histartā pānekā hāyîṯî nibhāl.* La versión griega de los LXX o Septuaginta lee: κύριος ἐν ὁ θέλημα σύ παραἔχω ὁ κάλλος ἐγώ δύναμις ἀποστρέφω δέ ὁ πρόσωπον σύ καί γίγνομαι ταράσσω que la Vulgata traduce al latín como: *"Domine, in voluntate tua praestitisti decori meo virtutem; avertisti faciem tuam a me, et factus sum conturbatus"*, "Señor, por tu voluntad diste firmeza a mi prosperidad; apartaste tu rostro, y quedé conturbado". SCHÖKEL traduce: *"Señor, con tu favor me estableciste sobre montañas firmes; escondiste tu rostro y quedé desconcertado"*. KRAUS: *"Por tu favor fui puesto sobre sólidas montañas. Ocultaste tu rostro y quedé horrorizado"*.

[95] Salmo 29:5-6

seguridad y reposo, no importa cuán firme sea. Sin embargo, es bueno sentir preocupación en tales circunstancias. La mejor alternativa a disfrutar de la luz del rostro de Dios, es padecer y sufrir cuando se nos niega.

Señor, que llore tan solo
por causa del pecado,
¡y únicamente a ti!
Así estaré; y ojalá lo consiga,
llorando constantemente a ti.[96]

C. H. SPURGEON

Porque tú, Jehová, con tu favor me afianzaste como monte fuerte. Pero escondiste tu rostro y quedé desconcertado. Cosa extraña es recibir el favor y adulación de este mundo, y no acabar como el hijo pródigo perdido en tierras lejanas;[97] difícil resulta mantenerse cerca de Dios en prosperidad, cuando hay tanto en este mundo en lo que sustentarnos y contentarnos; vivir junto a Dios y en Dios, hacer de él nuestro apoyo y gozo, como si no tuviéramos otra vida ni sostén fuera de él; somos propensos a caer en lo carnal, soltarnos de Dios, a desacostumbrarnos del ejercicio de la fe, a disminuir y alejar nuestros afectos de Dios. Veamos el caso de David: *"Dije yo: No seré jamás zarandeado (...) con tu favor me afianzaste como monte fuerte"*. Como si dijera «me consolé en estos elementos externos, como si no necesitara otro tipo de apoyo, fuerza, o garantía, como si todo temor se hubiera desvanecido; ya no veía necesidad de seguir haciendo de Dios la porción de mi herencia y gozo constante,[98] de contar solo con mi porción de Dios, ni de seguirlo con una cruz y conformarme con mi Salvador, cuando soy crucificado para el mundo».[99] ¿Y cuál es el resultado? *"Escondiste tu rostro y quedé desconcertado"*, por haberse entregado en exceso a una vida guiada únicamente por los sentidos. Los niños que van en brazos de sus padres y no quieren sentir ni el suelo ni sus pies cuando los dejan ir, se caen, como si no tuvieran pies ni suelo en el que pararse. A veces somos como niños, que, jugando bajo los rayos dorados del sol mientras practican su deporte favorito, se alejan tanto de la casa de su padre que la noche los alcanza sin darse cuenta, caen en el pánico y se extravían sin saber cómo encontrar su casa. El mundo aparta nuestros corazones de Dios, concede muy pocas oportunidades al

---

[96] Spurgeon cita aquí la última estrofa de un himno inglés basado, al parecer, en el pasaje de Juan 20:13 y en el Salmo 42:5-11: «*Why, O my soul, why weepest thou? / Oh say, from whence arise / Those sacred tears that often flow / Those groans that pierce the skies? / Is sin the cause of thy complaint, / Or the chastising rod? / Dost thou an evil heart lament, / Or mourn an absent God? / Lord, let me weep for nought but sin, / And after none but Thee! / And then I would-oh, that I might! / A constant weeper be!*» No está claro quién es el autor. Algunos lo atribuyen al pastor bautista-anglicano, predicador, escritor y poeta OCTAVIUS WINSLOW [1808-1878], conocido como *"The Pilgrim's Companion"*, gran amigo de Spurgeon y predicador el día de la inauguración del *Metropolitan's Tabernacle* en 1861, dado que aparece su cita de autor en su obra: *"The sympathy of Christ with man: its teaching and its consolation"* 1862, en el capítulo titulado *"The Tears of Christ"*. Pero otros lo atribuyen al también pastor bautista y autor de himnos BENJAMIN BEDDOME [1717-1195], indicando que Winslow se limitó a citarlo sin indicar la procedencia, (lo cual era costumbre arraigada en la época, pues Spurgeon hace exactamente lo mismo) y esta segunda opción parece ser la más fehaciente.

[97] Lucas 15:11-13.

[98] Salmo 16:5.

[99] Gálatas 6:14.

ejercicio de la vida de fe y muchas a una vida dominada por los sentidos, y ello hace que el sentido de nuestra dependencia de Dios, y la necesidad de la misma se desvanezca, a pesar de que cuando padecíamos aflicción, hubiésemos estado dispuestos a entregar la vida si hubiera sido necesario. Sabemos que la fe es nuestra vitamina, nuestra bebida reconstituyente: *"Hubiera yo desmayado, si no hubiera creído que había de ver la bondad del Señor en la tierra de los vivientes"*;[100] pero al igual que cuando gozamos de buena salud nos negamos a tomar las medicinas materiales exponiéndonos a una fatal recaída, si no ejercemos la fe en nuestros buenos momentos nos exponemos a desmayar antes de que podamos recuperar su buen uso.

Elias Pledger
en un sermón en *"The Morning Exercises"*, 1677

Escondiste tu rostro y quedé desconcertado. ¿Qué alma creyente puede ser abandonada por Dios sin sentirse afligida? Al valorar su presencia por encima de todos los goces terrenales, no puede sino lamentar su ausencia con el más profundo dolor. Cuando la evidencia de la salvación se oscurece, la luz del rostro de Dios se nubla y los consuelos del Espíritu se interrumpen, los cielos ya no parecen tan claros, las promesas no son tan dulces y las ordenanzas se hacen mucho más pesadas. Sí, los nubarrones que se ciernen sobre el alma se vuelven cada vez más negros, surgen las dudas, nos agobian los temores, los terrores se intensifican, los problemas se agrandan; y el alma languidece afligida y desconcertada.

Robert Mossom [1617-1679]
"The preachers tripartite", 1657

Escondiste tu rostro y quedé desconcertado. Al quitarse la túnica de la perfección, el creyente se viste con el sayal de la contrición. Así como un terrón de azúcar se disuelve por entero cuando es sumergido en vino; así nuestros corazones se derriten al sentir el amor divino.

William Secker [¿?-1681]
"The Nonsuch Professor", 1660

Escondiste tu rostro y quedé desconcertado. Ningún versículo puede enseñarnos más claramente esta verdad gloriosa y consoladora, sobre la que los escritores medievales tanto insisten, de que, si Dios mira a sus criaturas estas son felices y si deja de mirarlas, desgraciadas. Y que esos manantiales secretos de alegría que a menudo parecen brotar espontáneamente de nuestro interior, y sobre los que ningún extraño puede intervenir, no son otra cosa que la mirada de Dios sobre nosotros, directa e inmediata; mientras que la tristeza que nos invade sin una causa concreta (la llamemos melancolía, moral baja, desánimo o por cualquier otro nombre) no responde a otro motivo que al de que Dios haya apartado su rostro de nosotros.

John Mason Neale [1818-1866] y Richard Frederick Littledale [1833-1890]
"Commentary on the Psalms from Primitive and Mediæval Writers", 1869

Escondiste tu rostro y quedé desconcertado. ¿El abandono espiritual y la ocultación del rostro de Dios causan aflicción y derrumbe para los creyentes? ¡Sí, claro que sí! Hacen que sus corazones se estremezcan y nada pueda consolarlos. *"Escondiste tu rostro y quedé desconcertado"*. Las aflicciones externas destrozan la piel dejándonos en carne viva; caen cual lluvia torrencial sobre las baldosas

[100] Salmo 27:13.

exteriores inundando toda la casa interior. Pero Cristo proporciona a los creyentes un consuelo sustancial para afrontar las pruebas de abandono; pues él mismo fue abandonado de Dios temporalmente, garantizando a todos los que en él confían que no serán abandonados definitivamente.

JOHN FLAVEL [1627-1691]
"Divine Conduct or The Mystery of Providence Opened", 1678

Escondiste tu rostro y quedé desconcertado. Si Dios es tu porción, entonces no hay pérdida en todo el mundo que sea tan dura y pesada como la pérdida de Dios. No hay pérdida bajo el cielo, que afecte y aflija tanto a una persona que tiene a Dios por su porción, que el abandono de su Señor. David afrontó muchas pérdidas, pero ninguna le entristeció tanto ni abrió una brecha tan enorme en su espíritu como la pérdida del rostro Dios, la privación del favor divino: *"En mi prosperidad dije yo: No seré jamás zarandeado. Porque tú, Jehová, con tu favor me afianzaste como monte fuerte. Pero escondiste tu rostro y quedé desconcertado"*. La palabra hebrea נִבְהָל *nibhāl* de בָּהַל *bahal* significa "turbado en gran manera" o "aterrorizado", como se desprende del pasaje de 1 Samuel 28: *"La mujer se acercó a Saúl, y viendo que estaba aterrorizado"*,[101] utilizando la misma palabra hebrea בָּהַל *bahal,* para expresar que Saúl quedó tan "aterrado, espantado y despavorido" con la terrible noticia que el demonio, adoptando la forma de Samuel acababa de darle, que sus fuerzas le abandonaron y cayó redondo al suelo.[102] Y lo mismo sucedió con David cuando percibió que Dios había escondido su rostro de él. Cuando el Señor se ocultó de él envolviéndose en una nube, quedó como una flor marchita que hubiera perdido su savia, la vida y el vigor. La vida de algunas criaturas en la naturaleza depende de la luz y el calor del sol; y así también la vida de los santos se nutre en la luz y el calor del rostro de Dios. Y, como en un eclipse de sol, toda la estructura de la naturaleza languidece; cuando Dios esconde su rostro, las almas llenas de gracia no pueden hacer otra cosa que desmoronarse e inclinarse delante de él. Muchas criaturas insensibles lo hacen abriendo y cerrando sus pétalos, como los tulipanes y caléndulas; otros, inclinando su tallo y girando la cabeza, como los girasoles[103] y las flores de malva, porque son tan sensibles a la presencia o ausencia del sol que parece que entre ellas y el astro rey haya una simpatía de movimientos coordinados, por lo cual si el sol desaparece o se nubla, se cierran en sí mismas o bajan sus cabezas, como si no estuvieran dispuestas a dejarse ver y acariciar por ningún otro fuera de aquel que las revitaliza: y justo así fue con David cuando Dios escondió de él su rostro.

THOMAS BROOKS [1608-1680]
"The mute Christian under the smarting rod, with sovereign antidotes", 1659

Vers. 8. *A ti, oh Jehová, clamaré, y al Señor suplicaré.* *[A ti, oh Jehová, clamé, y al Señor supliqué.* RVR*] [A ti, oh Señor, clamé, y al Señor dirigí mi súplica.* LBLA*] [A Ti clamé, oh YHVH, a Adonai dirigí mi súplica.* BTX*] [A ti clamo, Señor soberano; a ti me vuelvo suplicante.* NVI*] [A ti, Señor, clamo; a mi Señor suplico.* BLP*] [A ti clamé, oh Señor. Le supliqué al Señor que tuviera misericordia, diciéndole.* NTV*]*

A ti, oh Jehová, clamé, y al Señor supliqué. La oración es el recurso infalible del pueblo de Dios. Cuando los creyentes de ven acorralados pueden acudir trono de la misericordia. Cuando un terremoto

[101] 1 Samuel 28:21 LBLA. La RVR1060/RVR traducen "turbado en gran manera".

[102] 1 Samuel 28:20-22.

[103] El original inglés dice *"as the* solsequy *(the early name of the sunflower)"*, "como el *solsequy* (antiguo nombre del girasol)". Parece ser que el paréntesis fue añadido por Spurgeon al editar "El Tesoro de David", pues en la obra original del siglo XVII no aparece tal clarificación.

hace que nuestro monte tiemble, el trono de la gracia permanece firme y podemos acudir a él. Jamás abandonemos la oración, nunca nos olvidemos de orar y nunca dudemos de su éxito. La mano que hiere puede curar: acudamos al que nos ha dado el golpe, porque está dispuesto a escucharnos. La oración aporta mejor protección que la ciudad edificada por Caín[104] y mayor solaz que la música que tranquilizaba a Saúl.[105] La alegría mundana, la diversión y los deleites de la carne son una receta lamentable para una mente afligida y abatida; en cambio, la oración triunfa donde todo lo demás falla.

C. H. SPURGEON

A ti, oh Jehová, clamé, y al Señor supliqué. Para ilustrar este versículo, Bernardo[106] recurre a una alegoría digna de consideración.[107] En ella, los reyes de Babilonia y de Jerusalén, representan al Mundo y la Iglesia respectivamente, siempre en conflicto entre sí. Cierto día, uno de los soldados de Jerusalén, perseguido por el enemigo, se refugia en el castillo de Justicia. De inmediato, una multitud de enemigos sitian la fortaleza atrincherándose a su alrededor. Al ver su potencial, Miedo abandona toda esperanza, pero Prudencia le infunde ánimo diciendo: «¿Acaso no sabes que nuestro Rey, es el Rey de la Gloria, el Señor fuerte y poderoso en la batalla?[108] Despachemos de inmediato un mensajero para que le informe de nuestra difícil situación» Pero Miedo replica: «¿Y quién podrá romper el cerco? Las tinieblas se extienden por toda la tierra;[109] nuestras murallas están controladas, cubiertas de vigías y centinelas bien armados, expertos en combate; y nosotros ignoramos la ruta que va de un país a otro». Estando en estas, deciden consultar con Justicia, que dice: «Recobrad el ánimo, pues cuento con una mensajera especial de absoluta confianza, bien conocida por el rey y su corte; se llama Oración, y es experta en abrirse paso con total sigilo por caminos desconocidos, a través de la noche más oscura y silenciosa, hasta llegar a la cámara secreta del propio rey si es necesario». De modo que Oración parte de inmediato, y al encontrarse con las puertas cerradas no se desanima, y clama con insistencia gritando: «Abríos puertas de justicia, y alzaos vosotras, oh puertas eternas, para que pueda entrar y contarle al rey de Jerusalén cuál es nuestra difícil situación».[110] Sin duda que Oración es la mensajera más confiable y eficaz que podemos enviar. Si enviáramos a Méritos Propios, las estrellas del cielo lo despreciarían,[111] indignadas de que nosotros, que habitamos en el estrado de los pies de Dios, osáramos hacer tal cosa cuando los seres más puros en el cielo son impuros ante sus ojos.[112] Si mandáramos a Miedo y Desconfianza no alcanzarían su destino, demasiado largo para ellos; son tan pesados y torpes como armaduras de hierro, se hundirán en cualquier charco antes de llegar a la mitad

[104] Génesis 4:17.
[105] 1 Samuel 16:23.
[106] Se refiere a BERNARDO DE CLARAVAL [1091-1153], doctor de la Iglesia, abad del monasterio de Claraval y reformador monástico francés, impuso el estilo que pronto se extendería a toda la Orden del Císter: disciplina, austeridad, oración y simplicidad. Tales ideales lo enfrentaron con PEDRO EL VENERABLE [1092-1156], abad de Cluny, pues suponían un ataque directo contra la riqueza de los monasterios, la pompa de la liturgia y el lujo de las iglesias cluniacienses. Luchó contra las incipientes tendencias laicistas de su tiempo, haciendo condenar el racionalismo de PEDRO ABELARDO [1079-1142], quien mantenía que se debían buscar los fundamentos de la fe con similitudes basadas en la razón humana. Creía en la revelación verbal del texto bíblico, y se declaró fiel discípulo de san Ambrosio y de san Agustín, a quienes llamó "las dos columnas de la Iglesia". Rebatió también las propuestas de Arnaldo de Brescia y dejó tras su muerte numerosos escritos.
[107] *Bernardo de Claraval,* "Parables and Sentences", Parabola II: *De conflictu duorum regum.*
[108] Salmo 24:8.
[109] Salmo 60:2.
[110] Salmo 24:9.
[111] Job 25:5.
[112] Job 15:15.

del camino al trono de salvación. Si enviáramos a Blasfemias y Maldiciones, todas las criaturas que existen entre el cielo y la tierra clamarían y arremeterían contra nosotros: el sol y la luna vomitarían sobre nosotros sangre;[113] el fuego nos asaetaría con brasas ardientes;[114] el aire con truenos y rayos destructores sobre nuestras cabezas.[115] La Oración, repito, es nuestra embajadora más segura, pues ni el tedio del camino ni las dificultades pueden obstaculizar su propósito; es veloz, fiable, ansía el éxito y es feliz de alcanzarlo, la única hábil y capaz de cabalgar sobre las águilas[116] del cielo hasta los cielos de los cielos, y poderosa cual carro de fuego para remontarnos hasta lo alto,[117] hasta a la mismísima presencia de Dios en busca de su ayuda.

JOHN KING [1559-1621]
"Lectures upon Jonah", 1594

Vers. 9. *¿Qué provecho hay en mi muerte cuando descienda a la sepultura? ¿Te alabará el polvo? ¿Anunciará tu verdad?* *[¿Qué provecho sacas de mi muerte cuando descienda a la sepultura? ¿Te alabará el polvo? ¿Anunciará tu verdad?* RVR*] [¿Qué provecho hay en mi sangre si desciendo al sepulcro? ¿Acaso te alabará el polvo? ¿Anunciará tu fidelidad?* LBLA*] [¿Qué provecho hay en mi sangre cuando baje a la sepultura? ¿Te alabará el polvo? ¿Anunciará tu verdad?* BTX*] [¿Qué ganas tú con que yo muera, con que descienda yo al sepulcro? ¿Acaso el polvo te alabará o proclamará tu verdad?* NVI*] [¿Qué provecho hay en mi muerte, en que yo baje a la tumba? ¿Podrá alabarte el polvo? ¿Anunciará él tu fidelidad?* BLP*] [¿Qué ganarás si me muero, si me hundo en la tumba? ¿Acaso podrá mi polvo alabarte? ¿Podrá hablar de tu fidelidad?* NTV*]*

¿Qué provecho sacas de mi muerte cuando descienda a la sepultura? ¿Te alabará el polvo? ¿Anunciará tu verdad?[118] En este versículo aprendemos la mecánica y método de la oración de David. Era una discusión con Dios, un alegato de razones, una súplica argumentada de su causa. No una declaración de fe, ni de opiniones doctrinales, tampoco un relato de experiencias propias, y menos aún la típica jugada astuta de aludir y herir a terceros bajo el pretexto de exponer la situación ante Dios.[119] Lamentablemente todas estas cosas, y otras peores, han acabado reemplazando casi por entero a la

[113] Mateo 24:29; Hechos 2:20.
[114] Salmo 120:4; 140:10.
[115] Salmo 29:3-7.
[116] Abdías 1:4.
[117] 2 Reyes 2:11.
[118] Algunos comentaristas antiguos que aplican este Salmo totalmente a Cristo (Jerónimo, Atanasio, Ambrosio, Agustín) ven en este versículo y el anterior: *"A ti, oh Jehová, clamaré, y al Señor suplicaré"* (30:9), la agonía de Getsemaní: *"Padre mío, si es posible, pase de mí esta copa"* (Mateo 26:39). Concluyen, sin embargo, que la muerte era indispensable para que hubiera resurrección, era preciso vencer a la muerte con la muerte. Si el Padre hubiera librado a su Hijo de la muerte, la muerte no habría quedado plenamente vencida, pero tras la petición: *"sé tú mi ayudador"* (30:10); vencida la muerte por la resurrección, *el lamento se cambió en baile y la tristeza en alegría* (30:11) *"para siempre"* (30:12).

– AGUSTÍN DE HIPONA [354-430]: «*"Praepositus mortis doluit victam mortem"*, el señor de la muerte lloró (en Getsemaní) la derrota de la muerte».
[119] Dice AGUSTÍN DE HIPONA [354-430] en su *Carta a Proba:* «Lejos de la oración las muchas palabras; pero no falte la oración abundante y perseverante. Porque hablar mucho en la oración es tratar una cosa necesaria con palabras superfluas, y *"en las muchas palabras no falta pecado"* (Proverbios 10:19). En cambio orar con el corazón de una manera perseverante es llamar directamente a la puerta de Aquel a quien

verdadera súplica santa en ciertas reuniones de oración de nuestros días.[120] Pero no eran el estilo de David: luchó cara a cara con el ángel del pacto con súplicas vehementes, y ello le valió el prevalecer.[121] En la ingente labor de exponer su causa correctamente delante del Señor amoroso junta cabeza y corazón, criterio y afectos, memoria e intelecto, todo ello sumado a un mismo propósito.

"¿Qué provecho sacas de mi muerte cuando descienda a la sepultura?" ¿No perderás un cantor de tu coro, y alguien que ama magnificarte? *"¿Te alabará el polvo? ¿Anunciará tu verdad?"* ¿No habrá un testigo menos de tu fidelidad y veracidad? ¡Preserva, por tanto, la vida de este tu pobre e indigno siervo en bien de tu nombre!

C. H. SPURGEON

¿Qué provecho sacas de mi muerte[122] *cuando descienda a la sepultura?* Con ello da a entender que estaría dispuesto a morir, si ello mereciera la pena para rendir un servicio efectivo a Dios o su país.[123] Pero no vio qué podía ofrecer de bueno, muriendo en el lecho del dolor, que no pudiera alcanzar muriendo el lecho del honor. Por ello razona y exclama: Señor, vas a vender a uno de *"tu pueblo a bajo precio, sin que te beneficies con su venta"*.[124]

MATTHEW HENRY [1662-1714]
"Commentary on the Whole Bible", 1811

¿Qué provecho sacas de mi muerte cuando descienda a la sepultura? ¿Te alabará el polvo? ¿Anunciará tu verdad? La poca ganancia que el Señor obtendría al negarle a su pueblo las misericordias que pide, puede usarse también como motivo de oración. David suplica a Dios que preserve su vida recurriendo a este argumento: *"¿Qué provecho sacas de mi muerte?"*. Y lo mismo vemos que hace el pueblo en cautividad: *"Has vendido a tu pueblo de balde; no exigiste ningún precio"*.[125] De igual modo, los creyentes afligidos pueden acudir al Señor y decirle en sus oraciones que está en su mano condenarlos y rechazarlos si esa es su voluntad; fruncir el ceño sobre ellos; negarles lo que le pidan, aunque sea por una causa justa, pero hacerlo, ¿qué ventaja le reportará? El escucharlos y atender a sus peticiones, hará que incrementen sus alabanzas, que le rindan mayor honra y gloria; pero, ¿qué beneficio sacará de verles oprimidos por los enemigos de sus almas?, o ¿qué deleite le reportará contemplarlos hundiéndose y desmayando bajo la presión horrible de sus tribulaciones? Este es un método súplica válido, permisible y útil.

THOMAS COBBET [1608-1686]
"Gospel Incense Or a Practical Treatise on Prayer", 1656

¿Te alabará el polvo? ¿Cuántas almas bastan para alabarte? ¿Puede haber suficientes bocas para proclamar tu verdad? ¿Y no merece la pena que yo siga siendo una más de ellas –pecadora, sí, pero a

---

suplicamos, ya que por lo general, la oración es más eficaz con gemidos que con discursos (Romanos 8:26), mejor con lágrimas que con palabras».

[120] No queremos imaginar siquiera lo que diría Spurgeon si contemplara algunas de las que tanto abundan en la época actual.

[121] Génesis 32:22-28.

[122] La versión inglesa KJV traduce: *"What profit is there in my blood, when I go down to the pit?"*, "¿Qué provecho hay en mi sangre, cuando descienda a la fosa?".

[123] Filipenses 2:17.

[124] Salmo 44:12.

[125] Salmo 44:12.

fin de cuentas una más en el número de los que te alaban–, si en tu gracia tienes a bien eximirme de descender a la fosa?

SIR RICHARD BAKER [1568-1645]
"Meditations and disquisitions, upon the seven consolatorie psalmes of David namely, The 23, 27, 30, 34, 84, 103, 116", 1639

¿Qué provecho sacas de mi muerte cuando descienda a la sepultura? ¿Te alabará el polvo? ¿Anunciará tu verdad? Nuestras oraciones tienen más probabilidades de prevalecer ante Dios si están debidamente argumentadas. A Dios le complace que oremos razonando, que arguyamos nuestras alegaciones, que litiguemos y prevalezcamos con nuestros argumentos.

THOMAS WATSON [1620-1686]
"A Body of Practical Divinity", 1692

Vers. 10. ***Oye, oh Jehová, y ten misericordia de mí; Jehová, sé tú mi ayudador.*** *[Escucha, oh Jehová, y ten misericordia de mí; Jehová, sé tú mi auxilio.* RVR*] [Escucha, oh Señor, y ten piedad de mí; oh Señor, sé tú mi socorro.* LBLA*] [Escucha, oh YHVH, y ten misericordia de mí, ¡Oh YHVH, sé Tú mi ayudador!* BTX*] [Oye, Señor; compadécete de mí. ¡Sé tú, Señor, mi ayuda!* NVI*] [¡Escucha, Señor, ten compasión de mí; Señor, ven en mi ayuda!* BLP*] [Escúchame, Señor, y ten misericordia de mí; ayúdame, oh Señor.* NTV*]*[126]

Escucha, oh Señor, y ten misericordia de mí. Una oración breve y completa, útil en todos los casos; usémosla a menudo. Es la oración del publicado,[127] hagámosla nuestra.

Jehová, sé tú mi auxilio. Otra oración compacta, expresiva y siempre apropiada. Útil para los hijos de Dios en múltiples ocasiones. Adecuada para un ministro del Señor cuando tiene que predicar, para el que sufre en el lecho del dolor, para el que trabaja en ministerios cristianos, para el creyente sometido a tentación, adecuada para el siervo de Dios bajo la adversidad, pues cuando Dios nos presta su auxilio, las dificultades desaparecen. Que Dios escuche nuestras oraciones es un inmenso acto de misericordia, ya que nuestras peticiones no son dignas de respuesta. Él es la ayuda de su pueblo;[128] nuestro pronto auxilio en las tribulaciones.[129] Las dos peticiones breves de este versículo son recomendables como súplica de apelación para los creyentes enfrascados en los negocios, que siempre van cortos de tiempo y no pueden dedicar períodos largos a la piedad y devoción, un peculiar privilegio del que disfrutan aquellos que ya han cesado en su actividad, los jubilados.

C. H. SPURGEON

---

[126] SCHÖKEL hace sobre este versículo un peculiar comentario: «Leyendo con el hebreo tres imperativos, tomo este verso como cita de la oración que había pronunciado, completando con imperativo la interrogativa precedente. Es curioso que los tres verbos forman nombres teofóricos: Semaías, Hananías, Azarías». [*Salmos, Tomo I, 1-72,* Editorial Verbo Divino, Estella, Navarra, 1992]. Nombres "teofóricos", del griego θεοφόρος compuesto de θεο, "Dios" y φόρος, "portador", son nombres propios que contienen o van ligados de alguna forma al nombre de Dios. Los verbos en cuestión son: שְׁמַע־יְהוָה *šəma'-Yahweh* de שָׁמַע *shama*; וְחָנֵּנִי *wəḥānnênî* de חָנַן *chanan*; y הֱיֵה־עֹזֵר *hĕyêh-'ōzêr* de הָיָה *hayah*.

[127] Lucas 18:13.

[128] Salmo 20:2; 34:17; Lucas 18:7

[129] Salmo 46:1.

Señor, sé tú mi ayudador. Pues veo a muchos que caen; y voy a caer también si tú no me sostienes. Soy débil, estoy expuesto a la tentación. Mi corazón es engañoso. Mis enemigos son fuertes. No puedo confiar en el hombre; y siquiera me atrevo a confiar en mí mismo. La gracia que he recibido no me mantendrá sin ti. *Señor, sé tú mi ayudador.* Esta corta oración es apropiada en todos los deberes, en cada conflicto, en cada prueba, en todos los esfuerzos para promover la causa del Señor, en todas las épocas de prosperidad, en cada hora que vivimos. Que fluya de nuestros corazones, que esté presente a menudo en nuestros labios, y sea demostrada su efectividad en nuestra experiencia. Porque si el Señor nos ayuda, no hay deber que no podemos realizar; no hay enemigo que no podemos vencer; no hay dificultad que no podemos superar.

JAMES SMITH [1802-1862]
"The Believer's Daily Remembrancer, Or Pastor's Evening Visit", 1846

Vers. 11. ***Has cambiado mi lamento en baile; desataste mi cilicio, y me ceñiste de alegría.*** *[Has cambiado mi lamento en una danza; desataste mi sayal, y me ceñiste de alegría.* RVR*] [Tú has cambiado mi lamento en danza; has desatado mi cilicio y me has ceñido de alegría.* LBLA*] [Cambiaste mi lamento en baile, desataste mi cilicio y me vestiste de alegría.* BTX*] [Convertiste mi lamento en danza; me quitaste la ropa de luto y me vestiste de fiesta.* NVI*] [Convertiste mi llanto en danza, me despojaste del luto, me vestiste de fiesta.* BLP*] [Tú cambiaste mi duelo en alegre danza; me quitaste la ropa de luto y me vestiste de alegría.* NTV*]*[130]

Has cambiado mi lamento en baile; desataste mi sayal, y me ceñiste de alegría. Observemos bien el contraste: Dios quita el luto de su pueblo; y ¿qué les da a cambio? ¿Paz y sosiego? Por supuesto, pero más, mucho más que esto:

Has cambiado mi lamento en baile. Sus corazones bailan con solo oír su nombre.

Desataste mi sayal. Y eso es bueno. ¡Qué deleite despojarse de los hábitos lóbregos de la aflicción! Pero ¿y qué?

Me ceñiste. Dios desviste a su pueblo del luto para vestirlo nuevamente. ¿Cómo? ¿Con atuendo vulgar y corriente? No, con vestiduras reales, que son el ropaje de los espíritus glorificados en el cielo.[131]

De alegría. Lo cual es mucho mejor que cualquier prenda de seda, o telas bordadas en oro y encastadas con gemas. Muchos pobres llevan envuelto el corazón en esta vestimenta celestial, aunque su atuendo exterior se limite al algodón y la pana; y tal persona no tiene por qué envidiar al emperador con toda su pompa. Gloria sea a ti, oh Dios, que por medio de un sentimiento de perdón

[130] En hebreo הָפַכְתָּ מִסְפְּדִי֮ לְמָחֹ֪ול לִ֥י פִּתַּ֥חְתָּ שַׂקִּ֑י וַֽתְּאַזְּרֵ֥נִי שִׂמְחָֽה *hāp̄aḵtā mispəḏî ləmāḥōwl lî pittaḥtā śaqqî wattə'azzərênî śimḥāh.* La versión griega de los LXX o Septuaginta lee: στρέφω ὁ κοπετός ἐγώ εἰς χορός ἐγώ διαῤῥήγνυμι ὁ σάκκος ἐγώ καί περιζώννυμι ἐγώ εὐφροσύνη que la Vulgata traduce al latín como: *"Convertisti planctum meum in gaudium mihi; conscidisti saccum meum, et circumdedisti me laetitia"* "Me mudaste mi llanto en gozo, rasgaste mi saco, y me rodeaste todo de alegría". KRAUS traduce: *"Tú has cambiado mi lamento en danza, has desatado mi cilicio, me has ceñido de gozo"*. SCHÖKEL: *"Cambiaste mi luto en danza, me desataste el sayal y me ceñiste de fiesta"*. No deja de resultar curioso que San Jerónimo utilizara al traducir la Vulgata la palabra latina *"gaudium"*, "gozo", un sinónimo de *"laetitia"*, en lugar de *"saltatio"*, "danza", (que sí utiliza en Eclesiastés 3:4) cuando tanto el término griego χορός como el hebreo לְמָחֹול *ləmāḥōwl* de מָחוֹל *machol* significan claramente "danza" o "baile".

[131] Dice al respecto AGUSTÍN DE HIPONA [354-430]: «Rasgaste el sayal de mis pecados, disipando la tristeza inherente a mi estado mortal, y me ceñiste con el ropaje original de inmortalidad, fuente de eterna alegría».

completo y de total justificación, has enriquecido mi naturaleza espiritual, y me has llenado de toda la plenitud de Dios.[132]

C. H. SPURGEON

Has cambiado mi lamento en baile; desataste mi sayal, y me ceñiste de alegría. Esto era cierto en el caso de David, librado de la peste y la calamidad;[133] lo fue en el caso de Cristo, al levantarse de la tumba para no morir ya más,[134] y en el de todo redimido, que cambia su sayal de pecado por los vestidos de salvación;[135] y lo será de manera especial en nosotros todos, en el día final, cuando nos quitaremos los vestidos de deshonor de la tumba para brillar en gloria inmarcesible.[136]

GEORGE HORNE [1730-1792]
"A Commentary on the Psalms in which Their Literal Or Historical Sense, as They Relate to King David, is Illustrated", 1825

Has cambiado. Me fascinan los marcados contrastes en altos y bajos que plantea este salmo, desde lo más alto a lo más bajo, desde lo más bajo a lo más alto.

ADELAIDE LEAPER NEWTON [1824-1854]
"The Song of Solomon compared with other parts of Scripture", 1864

Has cambiado mi lamento en baile; desataste mi sayal, y me ceñiste de alegría. Digo con el apóstol: *"Vence con el bien el mal"*,[137] a lo que añado: y la tristeza con la alegría. Pues el único y verdadero remedio para la tristeza es la alegría; nunca ha habido otro mejor y nunca lo habrá. Debemos dar al alma que llora motivos para regocijarse; todos los demás consuelos le son poco menos que inútiles.

ALEXANDRE RODOLPHE VINET [1797-1947]
"Vital Christianity: essays and discourses on the religions of man and the religion of God", 1951

Has cambiado mi lamento en baile; desataste mi sayal, y me ceñiste de alegría. "Mi sayal" o vestido de saco, era una prenda holgada, que uno podía quitarse fácilmente a voluntad; pero *"mi alegría"* es una prenda ceñida, apretada y segura, no puede abandonarme tan fácilmente aunque quisiera; o al menos nadie me la puede quitar.

SIR RICHARD BAKER [1568-1645]
"Meditations and disquisitions, upon the seven consolatorie psalmes of David namely, The 23, 27, 30, 34, 84, 103, 116", 1639

Vers. 12. *Por tanto, a ti cantaré, gloria mía, y no estaré callado. Jehová Dios mío, te alabaré para siempre.* *[A fin de que mi alma te cante y no esté callada. Jehová Dios mío, te alabaré por siempre.* RVR*] [Para que mi alma te cante alabanzas y no esté callada. Oh Señor, Dios mío, te alabaré por siempre.* LBLA*] [Para que te alabe con gloria y no calle. ¡Oh YHVH, Elohim mío, te*

[132] Efesios 3:19.
[133] 2 Samuel 24:14-16.
[134] Romanos 6:9.
[135] Isaías 61:10.
[136] 1 Corintios 15:43-57. Ver Isaías 25:8; Oseas 13:14.
[137] Romanos 12:21.

alabaré para siempre! BTX*] [Para que te cante y te glorifique, y no me quede callado. ¡Señor mi Dios, siempre te daré gracias!* NVI*] [Para que te cante sin callar nunca; Señor, Dios mío, te alabaré por siempre* BLP*] [Para que yo te cante alabanzas y no me quede callado. Oh Señor, mi Dios, ¡por siempre te daré gracias!* NTV*]*[138]

A fin de que mi alma te cante alabanzas y no esté callada. "A fin de que", es decir, con el propósito e intento; *"de que mi alma"*, esto es, mi corazón y mi lengua; *"te cante alabanzas y no esté callada"*. Si después de recibir las misericordias de Dios, nos olvidáramos de alabarle, sería un delito vergonzoso. Dios no tolera que nuestras lenguas estén ociosas habiendo tantos temas de gratitud al alcance de la mano. No desea hijos mudos en su casa. En el cielo habrán de cantar, por tanto, deben cantar también aquí en la tierra. Cantemos pues con el poeta:

> *«Quiero empezar la música aquí;*
> *y dejar que ella transporte mi alma allí.*
> *Que unas pocas notas celestiales eleven mis anhelos*
> *hasta las estancias más sublimes de los cielos».*[139]

Jehová Dios mío, te alabaré por siempre.[140]

> *«Te alabo en la vida; y en la muerte también*
> *te alabaré sin cesar, en tanto respire y tenga aliento*

---

[138] Un versículo de traducción compleja dependiendo de la interpretación que se de a la expresión hebrea כָּבוֹד *kāḇōwḏ,* "mi gloria". La versión inglesa KJV traduce: *"To the end that my glory may sing praise to thee, and not be silent. O Lord my God, I will give thanks unto thee for ever."* "A fin de que mi gloria pueda cantarte alabanzas, y no estar callada. O Señor Dios mío, te daré gracias para siempre". El texto hebreo dice: לְמַעַן יְזַמֶּרְךָ כָבוֹד וְלֹא יִדֹּם יְהוָה אֱלֹהַי לְעוֹלָם אוֹדֶךָּ *ləma'an yəzammerḵā ḵāḇōwḏ wəlō yiddōm Yahweh 'ĕlōhay lə'ōwlām 'ōwḏekā.* La versión griega de los LXX o Septuaginta lee: ὅπως ἄν ψάλλω σύ ὁ δόξα ἐγώ καί οὐ μή κατανύσσω κύριος ὁ θεός ἐγώ εἰς ὁ αἰών ἐκόμολογέω σύ que la Vulgata traduce al latín como: *"ut cantet tibi gloria mea, et non compungar. Domine Deus meus, in aeternum confitebor tibi"*, "Para que mi gloria te cante, y no tenga yo pena; Señor Dios mío, yo te alabaré eternamente". KRAUS traduce: *"para que 'mi corazón' te cante y no calle, para que, oh Yahvé, Dios mío, te alabe por siempre"*. SCHÖKEL: *"Así te canta mi alma sin callarme. Señor Dios mío, te daré gracias siempre"*.

[139] Cita la estrofa número 20 de un extenso himno (22 estrofas) de ISAAC WATTS [1674-1748] titulado *"The Song og Angels above"*, número 27 en el himnario *"The Psalms and Hymns of the late Dr. Isaac Watts"* publicado en 1821, en la sección de *"Dr. Watts's Miscellaneous Hymns"*.

[140] SHÖKEL concluye su exposición cristiana del Salmo 30 con estas palabras magistrales: «El Señor resucitado *"ya no muere; la muerte ya no se enseñorea más de él"* (Romanos 6:9); invirtiendo así el movimiento descendente de la vida a la muerte e instaurando el ascendente de la muerte a la vida. Cristo pudo pronunciar por primera vez con todo derecho y con pleno sentido el último versículo del salmo: *"Te alabaré por siempre"* (30:12). Los cristianos pueden tomar en los labios el salmo, aceptar como designio de Dios las polaridades humanas hasta la muerte, y sentir el gozo anticipado de la victoria de la vida sobre la muerte; es decir, pueden decir de veras: *"Te alabaré por siempre"*, añadiendo como antífona: *"¿Dónde está, oh muerte, tu victoria? ¿Dónde está, oh sepulcro, tu aguijón? El aguijón de la muerte es el pecado, y el poder del pecado, la ley. Pero gracias sean dadas a Dios, que nos da la victoria por medio de nuestro Señor Jesucristo"* (1 Corintios 15:55-57) [*Salmos, Tomo I, 1-72,* Editorial Verbo Divino, Estella, Navarra, 1992].

y cuando el rocío de la muerte mi frente deje helada,
Jesús, si te amaba, te amo más hoy».[141]

C. H. SPURGEON

A fin de que mi alma te cante y no esté callada. Jehová Dios mío, te alabaré por siempre. Los caldeos dividían el día de manera distinta a los israelitas, primero situaban el día y después la noche; pero los hijos de Israel, siguiendo el orden del relato de la creación; según el cual en el principio *"las tinieblas estaban sobre la faz del abismo"*,[142] y a partir de aquí en cada uno de los seis días de creación se puntualiza *"la tarde y la mañana del xxx día"*, situaban primero la noche y después el día. Así también los tiempos del mundo y los de la Iglesia están dispuestos de forma distinta; para el mundo el tiempo comienza con un día de prosperidad temporal, y termina con una noche de oscuridad y angustia eterna; para la Iglesia, al contrario, su historia comienza por la noche de la adversidad, que tiene que soportar por un tiempo, y termina con un día de consolación que perdurará para siempre. El profeta-salmista comienza el Salmo 30 hablando de la ira de Dios (30:5), pero lo concluye ensalzando el favor divino, y hablando de baile, de alegría y alabanza (30:11-12).[143] De modo similar, cuando los israelitas entraban en el tabernáculo, de principio solo veían cosas desagradables: los cuchillos de los

[141] Se trata de una adaptación hecha por Spurgeon a la tercera estrofa del conocido himno de WILLIAM RALPH FEATHERSTON [1848-1875] *"My Jesus, I Love Thee"*. La tercera estrofa del himno original dice: *«I'll love Thee in life, I will love Thee in death, / And praise Thee as long as Thou lendest me breath; / And say when the death dew lies cold on my brow, / If ever I loved Thee, my Jesus, 'tis now»*. La adaptación de Spurgeon es: *«I will praise him in life; I will praise him in death; / I will praise him as long as he lendeth me breath; / And say when the death dew lays cold on my brow, / If ever I loved thee, my Jesus, it is now»*. La última línea suena un tanto extraña, creemos que debería decir: *"If ever I praised thee, my Jesus, it is now"* "Jesús si te alababa, te alabo más hoy" en consonancia con los cambios realizados en las otras líneas. Pero el original está así y lo hemos respetado. Spurgeon lo cita también en esta misma forma como conclusión en uno de sus sermones: *"Grace for Grace"*, predicado el 19 de mayo de 1889. El himno ha sido traducido al castellano de distintas formas y existen del mismo múltiples versiones. La más apegada al texto inglés y que mejor mantiene el sentido del original, de autor desconocido, es la siguiente: *"Jesús yo te amo y tuyo seré / por ti los placeres del mundo dejé / pues tú me redimes, me das salvación / Jesús si te amaba, te amo más hoy" – "Me amaste primero, hoy yo te amo a ti / pues sobre el calvario, moriste por mí / por lo que sufriste, mi vida te doy / Jesús si te amaba, te amo más hoy"*.

[142] Génesis 1:2.

[143] SCHÖKEL en su transposición cristiana del Salmo cita en el mismo sentido el siguiente fragmento de un sermón para el domingo de resurrección del famoso predicador dominico español ALONSO DE CABRERA [1549-1598]: «A la tarde se hospedará el llanto y en la mañana nacerá la alegría. Tan veloz transcurre el tiempo que si bien viene con pesar la noche, amanece con placer el día. Saquemos de esto la diferencia entre el día de Dios y el día del hombre: el día de Dios empieza por la tarde y acaba en la mañana: καί γίγνομαι ἑσπέρα καί γίγνομαι πρωΐ ἡμέρα εἷς, *"factumque est vespere et mane, dies unus"*, "fue la tarde y la mañana de un día" (Génesis 1:5 LXX/Vulgata). Aquellos días primeros que Dios hizo en el mundo tuvieron la tarde antes que la mañana. Pero el día del hombre es al revés, empieza por la mañana y acaba en la tarde: *"de mane usque ad vesperam finies me"*, "entre la mañana y la tarde me consumo" (Isaías 38:12, Vulgata) decía un rey que se estaba muriendo. Nuestros días empiezan con luz y terminan en tinieblas; Dios comienza con tinieblas y termina con luz. Ningún día ha tenido el mundo más solemne y glorioso que el día de la resurrección de Cristo nuestro Redentor; pues siendo día de Dios, conforme a su estilo, empezó por la tarde y acabó por la mañana, comenzó con tinieblas y terminó con luz, se inició con Pasión y concluyó con Resurrección».

sacrificios, la sangre de las víctimas, el fuego que ardía sobre el altar y consumía las ofrendas; pero cuando se adentraban un poco más, hallaban el Lugar Santo, con el candelero de oro, los panes de la proposición y el altar de oro en el que se ofrecían perfumes; y aún más adentro estaba el Lugar Santísimo, con el arca del pacto, el propiciatorio y los querubines, que velaban el rostro de Dios.

TIMOTHY ROGERS [1660-1729]
"A Discourse on Trouble of Mind, and the Disease of Melancholy", 1691

Te alabaré por siempre. ¿Qué es la alabanza sino el arriendo que debemos pagar y pagamos a Dios? Por tanto, cuanto mayor sea la finca que ha puesto en nuestras manos, mayor debe ser el arriendo.[144]

GEORGE SEATON BOWES
"Illustrative gatherings for Preachers and Teachers, a manual of anecdotes", 1860

[144] Los Padres de la Iglesia comentaron:

– AGUSTÍN DE HIPONA [354-430]: «*"Para que mi gloria te cante y no tenga yo pena"*; sí, para que deje ya de lamentarse y comience de una vez a cantar, no mis méritos, sino mi gloria. Puesto que has sido tú quien me ha enaltecido desde mi miseria borrando el dolor de mi conciencia de pecado, el miedo a la muerte, y el temor al juicio. *"Señor Dios mío, yo te alabaré eternamente"*: mi gloria, oh Señor Dios mío, consiste en confesar ante ti eternamente que nada bueno procede de mí mismo, sino que todo procede de ti, que eres Dios, y eres todo en todos (1 Corintios 15:18)».

– TEODORETO DE CIRO [393-458]: «¿Acaso nos faltan razones para darle las gracias y alabarle *"eternamente"*? Le amamos porque él nos amó primero (1 Juan 4:19). Y tanto como abundan los motivos de alegría abundan las razones para el agradecimiento. *"Porque de tal manera amó Dios al mundo,* –leemos en la Escritura– *que ha dado a su Hijo unigénito, para que todo aquel que cree en él, no perezca, sino que tenga vida eterna"* (Juan 3:16). ¡Dios mío: *"te alabaré eternamente"*! No tan solo en esta vida, sino también después de la resurrección, cantaré eternamente, y no estaré callado, entonaré eternamente himnos proclamando tu amor y tus dones, extraordinarios e inefables».

SALMO 31

Salmo del angustiado

Título: *Al músico principal. Salmo de David.*[1] La dedicatoria o asignación al músico principal demuestra que este cántico de emociones contrapuestas y expresiones agrias de aflicción fue compuesto para canto público y, por tanto, se erige como golpe de gracia a todos los que pretenden que en

---

[1] En la versión griega de los LXX o Septuaginta lleva el título de εἰς τὸ τέλος ψαλμὸς τῷ Δαυιδ ἐκστάσεως, que la Vulgata traduce al latín como: *"In finem. Psalmus David, pro extasi"*, "Para el fin, Salmo de David, **por el éxtasis**", un concepto que no figura en el título en hebreo pero parece inspirado el versículo veintidós (31:22) donde la versión griega traduce por ἔκστασις *ékstasis* el sintagma hebreo בְחָפְזִ֗י *bəḥāp̄əzî* de חָפַז *chaphaz*, que nuestras versiones traducen como "premura, inquietud, alarma, pánico, arrebato", etc.

– Agustín de Hipona [354-430] comenta sobre este título: «Conocemos bien por las palabras del apóstol el significado de la expresión *"para el fin"*: *"porque Cristo es el fin de la ley, para justicia a todo aquel que cree"* (Romanos 10:4). […] Por consiguiente, *"para el fin"* significa *"para Cristo"*. En cuando a *"por el éxtasis"*, que cabe traducir como "enajenación" o "arrebato", puede producirse por dos motivos: por pánico o por embeleso. Del éxtasis por embeleso nos habla también Pablo cuando nos dice: *"Porque si estamos fuera de nosotros* [ἐξίστημι], *es para Dios; y si estamos cuerdos, es para vosotros. Porque el amor de Cristo nos constriñe"* (2 Corintios 5:13-14). […] Y el que afirma esto es alguien que fue arrebatado en éxtasis hasta el tercer cielo, *"si en el cuerpo, no lo sé; si fuera del cuerpo, no lo sé; Dios lo sabe"* donde escuchó *"palabras inefables que no le es permitido al hombre expresar"* (2 Corintios 12:2-4). Por tanto si hemos de entender que *"por el éxtasis"* se refiere a este tipo de éxtasis, no dudemos que su autor, o mejor dicho, el Espíritu Santo por conducto del salmista, nos revela a través del mismo cosas maravillosas e inefables. Pero si hemos de entenderlo como éxtasis causado por el pánico el contenido del Salmo también encaja, pues nos habla de la Pasión de Cristo. ¿Cabe aplicar propiamente este éxtasis de pánico a Cristo en la medida que se acercaba su Pasión sin riesgo a caer en el error? ¿Siendo que él mismo había afirmado haber venido al mundo para esto: *"para dar su vida en rescate por muchos"* (Mateo 20:28)? ¿Sintió pánico al acercarse al objetivo de su venida? De haber sido meramente un hombre, y no hombre y Dios a la vez, ¿habría neutralizado el gozo de la futura resurrección el pánico inevitable ante la muerte? Puesto que *"siendo en forma de Dios, no consideró el ser igual a Dios como cosa a que aferrarse, sino que se despojó a sí mismo, tomando forma de siervo, hecho semejante a los hombres; y hallado en su porte exterior como hombre, se humilló a sí mismo, al hacerse obediente hasta la muerte"* (Filipenses 2:6-8) no desdeñó de asumir nuestros sentimientos y reacciones ni de hablar con nuestras palabras para que nosotros pudiéramos hablar un día con las suyas. Tuvo lugar entre él y nosotros un intercambio admirable, un trueque divino, una permuta de bienes obrada por el Mercader celestial. Vino a recibir ofensas para otorgarnos honores; apuró el cáliz del dolor para darnos a beber la copa saludable de la alegría; arrostró la muerte para darnos la vida. Y ante la muerte, por lo que tenía de nosotros, sentía también el éxtasis de pánico, pero no en sí mismo, sino en nosotros. Por eso exclamó: *"mi alma está triste y abrumada hasta la muerte"* (Mateo 26:38), como hubiera estado la nuestra. Pues sin él no somos nada, pero en él lo somos todo, porque somos un cuerpo del cual él es la Cabeza, y somos, por tanto Cristo mismo (1 Corintios 12:12-27). ¿Qué tiene, pues, de extraño que Cristo sintiera el éxtasis de nuestro pánico ante la muerte; y que nosotros experimentemos, a pesar de la esperanza, pánico ante los sufrimientos? El pánico es fruto de la debilidad humana, la esperanza es resultado de la promesa divina. El pánico es parte de nosotros, la esperanza es un don que Dios ha puesto en nosotros. Y donde mejor nos reconocemos a nosotros mismos es en el pánico, humillados, para que cuando la esperanza se imponga, en la liberación demos gloria al que la ha obrado. ¡Dejad que la debilidad humana tiemble asediada por el pánico, que no por ello van a disminuir la esperanza y la misericordia divinas! Por ello comienza el salmo diciendo: *"En ti, oh Señor, he confiado; no sea yo confundido jamás"* (31:1). Es evidente que no siente solo pánico, sino también esperanza. El pánico no está desprovisto de esperanza; aún cuando en el corazón del creyente sea presa de turbación, el consuelo divino jamás se aparta de él».

el culto público hay que cantar exclusivamente alabanza. Lo más probable es que, de no haber sido porque el Espíritu Santo tuvo especial cuidado en indicar que eran aptos para la pública edificación del pueblo del Señor, los Salmos, este incluido, hubieran sido considerados como excesivamente lóbregos y tristes para el culto. ¿Y no podría ser también que los salmos así designados hagan una clara referencia al Señor Jesús? Desde luego, esto es evidente en el caso del Salmo 22, también dedicado *"Al músico principal"*; y en el que escuchamos claramente su voz moribunda diciendo: *"Clamaron a ti, y fueron librados; confiaron en ti, y no fueron avergonzados"*.[2] Jesús es Principal en todas las cosas[3] y, por tanto, en todos los cánticos de fe que componga y entone su Iglesia, él es el Músico Principal. Las conjeturas de que probablemente fue Jeremías quien escribió este Salmo no precisan otra respuesta que el propio título: *"Salmo de David"*.[4]

C. H. Spurgeon

Tema:[5] El salmista, viéndose en extrema aflicción, apela a su Dios con evidente confianza y santa insistencia en busca de ayuda, y al poco de hacerlo, su mente experimenta tal fortaleza que

– Jerónimo de Estridón [347-420] comenta: «No hay dificultad para entender este salmo desde su perspectiva histórica en la vida de David; y en forma profética aplicado a Cristo».

– Casiodoro [485-583]: «Las palabras de Nuestro Salvador resuenan una tras otra a lo largo de todo el Salmo. Comienza implorando al Señor que le libre de las angustias inminentes (31:1-2 - Mateo 26:38-39) para recobrar fuerzas una vez se cerciora de que ha sido escuchado (31:3 – Lucas 22:43). Se adentra luego en su Pasión y describe el suceso con marcadas y claras referencias (31:5.18 – Lucas 23:46). Finalmente, la da gracias por haber sido escuchado y ruega por el pueblo fiel que le ha sido otorgado (31:19-22 – Isaías 53:10-11; Juan 6:37-40), al cual insta a perseverar en el amor y a esforzarse en la gracia, recordándoles que tendrá lugar una justa retribución que premiará a los justos y castigará a los impíos (31:23-24)».

[2] Salmo 22:5.

[3] Romanos 11:36; Colosenses 1:15-20.

[4] Georg Heinrich August Ewald [1803-1875] teólogo y hebraísta alemán, fue uno de los primeros en atribuir el Salmo 31 a Jeremías, basándose en algunas expresiones coincidentes, y de manera especial en el מָגוֹר מִסָּבִיב *māḡōwr missāḇîḇ*, "terror por todas partes", del versículo trece (31:13), que se repite en diversos pasajes de Jeremías 6:25; 20:10; 46:5; 49:29, por lo que da la sensación de ser una expresión típica del profeta. Pero algunos de los comentaristas de mayor prestigio, como es el caso de Franz Deliztsch [1813-1890] en el siglo xix; o como Luis Alonso Schökel [1920-1998] en el siglo xx coinciden en que esta afirmación carece de base porque el resto del salmo denota un estilo antiquísimo, por tanto, lo más probable es que fuera Jeremías quien citaba expresiones del Salmo 31, bien conocido en su época. Delitzsch concluye de manera definitiva que el autor es David; y Schökel considera que el Salmo cuadra mejor con David que con Jeremías y aunque no va tan lejos como admitir que David sea su autor concluye que el poema tiene un «claro sabor davídico o dinástico».

[5] Este Salmo bien merece el calificativo de Salmo de los Mártires puesto que ha sido de inspiración y aliento a lo largo de la historia a centenares que han dado la vida por su Señor y que inspirados por su ejemplo exhalaron como Esteban, el primer mártir (Hechos 7:59-60), su postrer aliento encomendando su espíritu al Padre con las palabras del versículo cinco de este Salmo en sus labios. Comenzando por Policarpo de Esmirna [70-155] y siguiendo con una lista interminable, incluyendo los nombres de grandes reformadores como Juan Huss [1369-1414], Martín Lutero [1483-1546], o John Knox [1513-1572], aunque estos dos últimos no fueran mártires. Girolamo Savonarola [1452-1498] acusado de herejía y apresado por la Inquisición, antes de ser públicamente estrangulado y quemado en la hoguera en la *Piazza della Signoria* de Florencia, para lograr que confesara crímenes que no había cometido se le sometió a torturas que le dislocaron el brazo izquierdo, evitando intencionadamente dislocarle el derecho a fin de que pudiera firmar su confesión. Pero él aprovecho el brazo derecho para trabajar en su mazmorra escribiendo *"Meditationes"*

prorrumpe en magnificar a Dios por su gran bondad.[6] Algunos han supuesto que la ocasión, en la atribulada vida de David, que le llevó a escribir este Salmo, fue la traición de los hombres de Keila;[7] y nos hemos sentido bastante inclinados a esta conjetura.[8] Pero, después de reflexionar, nos ha parecido que el tono doliente y la alusión a su propia iniquidad requieren una fecha posterior, y encajaría más decir que ilustra el período en que Absalón se rebeló, sus propios partidarios lo abandonaron, y labios mentirosos esparcieron contra él millares de rumores maliciosos.[9] Y quizá lo mejor sea no esforzarnos demasiado en buscar la ocasión concreta, no sea que, obsesionados en aplicarlo al caso de David, olvidemos que se aplica también al caso particular de cada uno de nosotros.

C. H. SPURGEON

Estructura: No hay grandes líneas divisorias; el desasosiego fluye de manera constante a lo largo de sus estrofas, cayendo unas veces en valles de duelo para resucitar a continuación elevándose a colinas de la confianza.[10] Con todo, es posible estructurarlo de la siguiente manera: David da testimonio de su confianza en Dios y clama pidiendo ayuda (31:1-6); expresa su gratitud por las misericordias recibidas (31:7-8); describe los particulares de su caso (31:9-13); aboga con vehemencia por

---

a diversos salmos, entre ellos el Salmo 31. DANTE ALIGHIERI [1256-1321], en su obra La Divina Comedia, en el Canto XXX de "El Purgatorio" tras los reproches de Beatriz al poeta, pone el Salmo 31:1-9 en boca de los ángeles: «Ella calló, y al punto los ángeles cantaron con divinos sones: *"En ti, oh Señor he puesto mi esperanza...",* pero del *"pusiste mis pies en lugar espacioso",* no pasaron» (La Divina Comedias, Purgatorio, Canto XXX, líneas 82-84). Y según la biografía "Historia del Almirante Don Cristóbal de Colón", publicada en 1571 y cuya autoría se atribuye a su hijo menor, HERNANDO COLÓN [1488-1539], CRISTÓBAL COLÓN [1451-1506] murió vestido con hábito franciscano el 20 de mayo de 1506 en la habitación de una humilde posada de Valladolid exclamando: *"en tus manos encomiendo mi espíritu"* (31:5).

[6] ATANASIO DE ALEJANDRÍA [296-373] en su carta a su discípulo Marcelino sobre la naturaleza y valor de los salmos le dice refiriéndose a este salmo: «Si por causa de Cristo y de la verdad te ves despreciado y perseguido por amigos y conocidos, no desesperes, no pierdas el ánimo ni temas a los que se te oponen, antes bien apártate de ellos, y contemplando el futuro glorioso que te espera entona el Salmo 31». El Tomo I de "El Tesoro de David" incluye una traducción completa de la Carta de Atanasio a Marcelino. [Tomo I - pp. 50].

[7] 1 Samuel 23:1-14.

[8] FRANCISCO LACUEVA [1911-2005] en su versión Española del "Comentario de Matthew Henry" se suma a esta opinión: «Es probable que David compusiese este salmo cuando era perseguido por Saúl, ya sea en lo de Queilá, o en el desierto de Maón cuando Saúl iba por una ladera del monte, y David y los suyos iban por la otra (1 Samuel 23:13,26). Es una mezcla de plegarias, alabanzas y profesiones de confianza en Dios. I. David expresa su gozosa confianza en Dios y, con esta confianza, ruega ser librado del apuro presente (vv. 1-8). II. Se queja de la deplorable condición en que se halla, pero sigue orando para que Dios se manifieste a favor de él y en contra de sus perseguidores (vv. 9-18). III. Concluye el salmo con alabanzas y expresiones de triunfo, da gloria a Dios y se anima a sí mismo, y también a otros, a poner su confianza en Dios (vv. 19-24).

[9] 2 Samuel 15:1,18,33.

[10] Dice SCHÖKEL al respecto: «La primera impresión de este largo salmo es algo confusa. Parece como si el orante hubiera querido meter todo en su oración. Todo lo que sufre y lo que espera, lo que ha experimentado y sabe del Señor, la actividad de sus enemigos y de los malos en general; habla de hechos individuales en términos bastante convencionales y se remonta a consideraciones genéricas, casi como máximas; recuerda y promete, se dirige al Señor en segunda persona y habla de él en tercera persona; se cita a sí mismo e interpela a otros. (...) Pero una vez identificados los motivos clásicos del género, no es difícil observar bloques, es decir, segmentos del poema en los que se acumula o concentra un motivo». [*Salmos, Tomo I, 1-72,* Editorial Verbo Divino, Estella, Navarra, 1992].

la liberación (31:14-18); con gratitud y confianza aguarda la bendición (31: 19-22); y cierra el salmo mostrando la lección de su caso aplicada a todo el pueblo de Dios.

C. H. SPURGEON

Versión poética:

IN TE DOMINE SPERAVI, NON CONFUNDAR IN AETERNUM

En ti, mi Dios, en ti siempre he esperado,
no permitas que sea confundido,
ármate de furor, y hazme justicia
contra mis muchos fieros enemigos.

Escucha mis clamores sin tardanza,
porque el riesgo urge ya, insta peligro,
y si no me apresuras el socorro,
podrá llegarme cuando esté perdido.

Que encuentre en ti, oh Señor, mi confianza,
un Dios de protección, un Dios propicio,
un refugio seguro en que yo pueda
hallar mansión tranquila, dulce asilo.

Tú eres mi fortaleza, mi muralla,
hasta aquí solo tú me has defendido,
y espero que por gloria de tu nombre
me des socorro en tan fatal conflicto.

Señor, pues a la sombra de tus alas
tu favor hasta aquí me ha protegido,
Ya corre de tu cuenta libertarme
De la red, que me tienden los malignos.

En tus manos, Señor, yo me abandono,
y el afán de salvarme deposito,
pues que me has redimido tantas veces,
¡Oh tú, Dios de verdad, y Dios benigno!

Tú aborreces a todos los que esperan
de vanas criaturas el auxilio;
pero tú sabes que en ti solo espero,
y que con gozo en tu bondad confío.

En mis angustias y tribulaciones
siempre me viste dulce y compasivo,
y en mis necesidades y miserias
siempre por tu bondad me has socorrido.

Jamás me abandonaste entre las manos
de mis muchos feroces enemigos;
antes los aterrabas, y su fuga
me dejaba espaciosos los caminos.

Apiádate también de los actuales
trabajos y aflicción en que te miro,
que el temor de tu ira ha conturbado
mi corazón, mi alma y mis sentidos.

Corrí la mayor parte de mi vida
entre dolores, ansias y peligros,
mis años florecientes se pasaron
en llanto amargo, en míseros gemidos.

Ya mis fuerzas están debilitadas
con tantas aflicciones y martirios,
hasta mis huesos se han descoyuntado,
y esperaba por fin morir tranquilo.

Pero ahora, santo Dios, soy el juguete,
mofa y escarnio de mis enemigos,
irrisión de vecinos y parientes,
y hasta terror de todos mis amigos.

Unos al verme en tan terrible estado,
me han vuelto las espaldas, me han huido;
otros como si ya me hubiera muerto,
me han entregado a su total olvido.

Todos me miran como a vaso roto,
como vasija inútil, y han tenido
el valor de decírmelo en mi cara,
pues no hay injuria que no me hayan dicho.

A este tiempo también los principales
caudillos del ejército enemigo
entre sí consultaban sobre el medio
de quitarme la vida sin arbitrio.

Y yo, Señor, en ti siempre fiado,
de otra manera no me he defendido,
que diciéndote, tú eres mi Dios solo,
de tus manos dependen mis destinos.

Líbrame ya, Señor, de las tiranas
manos de estos feroces enemigos,
que me persiguen para destrozarme,
y me aborrecen, porque yo te sirvo.

Mira con dulces favorables ojos
a este siervo, aunque sea tan indigno,
y que excite tu gran misericordia
el miserable estado en que me has visto.

No parezca el sonrojo y la ignominia
de ser desamparado y confundido,
porque invoqué tu nombre soberano,
porque he esperado en tu poder divino.

Que los malvados sí, que los malvados
arrastren al sepulcro sus delitos,
que enmudezcan sus lenguas, pues que solo
para mentiras de ellas se han servido.

Pues que llenos de orgullo, de soberbia,
al inocente y al justo han oprimido,
vomitando contra él muchas calumnias,
que sean oprimidos ellos mismos.

¡Pero mi Dios! ¡qué mares de dulzura
reservan tus tesoros escondidos
para los corazones que te aman,
y temen el rigor de tus juicios!

Como ellos en sus males solo esperan
hallar consuelo en ti, tener alivio;
tú cumples sus deseos a la vista
de sus contrarios, para confundirlos.

Tú los esconderás en los secretos,
que tu piedad les tiene prevenidos,
y allí estarán ocultos a las iras
de los hombres violentos y malignos.

Bajo la sombra de tus santas alas,
y ya en tu tabernáculo divino,
no temerán a las malvadas lenguas
ni las calumnias ni los artificios.

Bendito sea el Señor omnipotente,
que su misericordia ha difundido
pródigo sobre mí, pues que me ha dado
el muro inexpugnable de su auxilio.

Bien sé que alguna vez en la amargura
de mi aflicción te dije dolorido,
ya veo que me arrojas indignado
de tu presencia, porque soy indigno.

Mas para reprimir los movimientos
de un corazón desconfiado y tibio,
oíste mi oración, y me salvaste
antes de que pudiera repetirlos.

Oh santos del Señor, amadle siempre,
si os persiguen, estad con él unidos;
porque conocerá vuestra inocencia,
y sabrá confundir a los inicuos.

Estad pues con firmeza, no desmaye
en los mayores riesgos vuestro brío,
antes vuestro valor debe aumentarse
con mayor confianza en los peligros.

DEL "SALTERIO POÉTICO ESPAÑOL", SIGLO XVIII

Vers. 1. *En ti, oh Jehová, he confiado; no sea yo confundido jamás; líbrame en tu justicia.* *[En ti, oh Jehová, he confiado; no sea yo confundido jamás; líbrame por tu justicia.* RVR*] [En ti, oh Señor, me refugio; jamás sea yo avergonzado; líbrame en tu justicia.* LBLA*] [En Ti, oh YHVH, me he refugiado, no sea yo avergonzado jamás, líbrame en tu justicia.* BTX*] [En ti, Señor, busco refugio; jamás permitas que me avergüencen; en tu justicia, líbrame.* NVI*] [Señor, en ti confío, que no quede jamás defraudado; ¡líbrame con tu fuerza salvadora!* BLP*] [Oh Señor, a ti acudo en busca de protección; no dejes que me avergüencen. Sálvame, porque tú haces lo correcto.* NTV*]*

En ti, oh Señor, me refugio. No acudiré a ningún otro lugar en busca de amparo, no importa lo mucho que aúlle la tormenta. El salmista tiene su refugio, el mejor refugio; por ello, cuando arrecia la tempestad, echa el ancla poderosa de su fe. Otras cosas podrán plantear sus dudas, pero David establece con seguridad su confianza en Jehová; e inicia el salmo con ella, no sea que abrumado por la tensión de exponer su caso la olvidara. Esta confesión de fe es punto de apoyo para la palanca con la que intenta levantar su carga y resolver su problema; lo utiliza como consuelo para sí mismo y motivo de apelación ante Dios. No hace mención a méritos propios, su fe se basa exclusivamente en el favor y la fidelidad divina, y nada más.

Jamás sea yo avergonzado.[11] ¿Cómo puede el Señor permitir que una persona que depende y confía solo en él sea definitivamente avergonzada? Tal proceder no sería propio de un Dios de gracia y de verdad.[12] Si la fe no fuera finalmente recompensada, sería causa de deshonor para Dios mismo; si el Señor no acudiera aportando consolación y ayuda, sería ciertamente un día triste para todos aquellos que tienen puesta en él su confianza.

Líbrame en tu justicia. Señor, tú no eres injusto como para abandonar un alma que en ti confía, ni incumples tus promesas; vindicarás la justicia de tu misteriosa providencia, dándome gozosa liberación. La fe se atreve a mirar incluso a la espada de la justicia en busca de protección: en tanto que Dios es justo, la fe nunca quedará abandonada como algo fútil y fanático. ¡Qué dulce suena la declaración de fe en este primer versículo, cuando lo leemos al pie de la cruz, viendo la promesa del Padre como un sí y un amén a través del Hijo; contemplando a Dios, con los ojos de fe, tal y como se nos revela en Jesús crucificado![13]

C. H. SPURGEON

En ti, oh Jehová, he confiado. Por tanto, evitemos la desconfianza; la duda es la muerte, solo en la confianza está la vida. Y asegurémonos de confiar directamente en el Señor, nunca confiemos en la propia prudencia.[14]

No sea yo avergonzado. Puesto que David ora pidiendo no ser avergonzado, esforcémonos en ello. Aquellos que aman a Jesús deberían avergonzarse de sentirse avergonzados.[15]

C. H. SPURGEON

Líbrame en tu justicia. Para fundamentar tu fe, pon la debida atención allí donde puede apoyarse con seguridad: sobre *la justicia* de Dios, y sobre su misericordia. Sobre esta base el apóstol esperaba en la fe su corona de justicia, pues el Señor de quien la esperaba es un juez justo;[16] y en la que el

---

[11] En hebreo אַל־אֵבֹ֣ושָׁה *'al-'êḇōwōšāh* de בּוֹשׁ *bosh.* El verbo בּוֹשׁ *bosh* transmite la idea de un "fracaso estrepitoso y reconocido", y todo fracaso arrastra dos sentimientos conexos entre sí: el de frustración ligado al de confusión; y el de embarazo y vergüenza. Una traducción alternativa sería: *"En ti, oh Señor, he confiado; no permitas que fracase para que no tenga que experimentar confusión y vergüenza"*.

[12] Juan 1:14.

[13] CASIODORO [485-583] que aplica estas palabras a Cristo comenta al respecto: «¿Por qué implora el bendito Salvador la justicia divina? Porque sabía que tenía que asumir el lugar de los impíos y sufrir por sus culpas. ¡Qué intercambio tan admirable y divino! Aceptó voluntariamente la muerte y trajo a cambio la vida; soportó las injurias y devolvió honores; soportó el dolor temporal y otorgó seguridad eterna. Siendo el único libre de pecado se hizo pecado apurando la amargura para derramar dulzura».

[14] Proverbios 3:5-8.

[15] Estas palabras de Spurgeon nos recuerdan el famoso himno de JOSEPH GRIGG [1720-1768] *"Asham'd of Jesus! that dear friend"*, traducido al español por el poeta JOSÉ JOAQUÍN DE MORA [1783-1864] dice así: *«Jesús, mi Salvador ¿será posible / que un día me avergüence yo de Ti, / y que olvidando tus sublimes hechos, yo niegue lo que has sido para mí? / ¡Avergonzarme de Jesús! Más pronto / repudiaría el firmamento al sol; / y se avergonzaría la mañana / del suave, fresco, nítido arrebol. / ¡Avergonzarme del mejor amigo, / mi apoyo, mi esperanza, mi sostén! / No, mi vergüenza es que aunque le amo tanto / no le amo siempre como al sumo bien».*

[16] 2 Timoteo 4: 7-8.

salmista fundamentaba su audacia a la hora de apelar a la justicia divina.[17] Puesto que podemos estar absolutamente seguros de que en la misma manera en que la bondad de Dios, su gracia y misericordia, le llevaron a efectuar la promesa; su verdad, su fidelidad y su justicia le llevarán a cumplirla.[18]

WILLIAM GOUGE [1575-1653]
"A Commentary on the whole Epistle to the Hebrews", 1866

Vers. 1-3.

Las sombras son ficticias, y las rocas falsas;
no hay seguridad en los metales, ni en las paredes de mármol;
las camas de los pobres son igual de confiables que los salones de los príncipes.
¡Gran Dios! no hay seguridad aquí abajo en la tierra;
tú eres mi fortaleza; tú, a quien antes tenía por mi enemigo,
tú eres quien asesta el golpe, ¿quién mejor puede protegerme de él?

---

[17] Salmo 35:24.

[18] AGUSTÍN DE HIPONA [354-430] comenta: «Sálvame, Señor, por tu justicia, puesto que si tienes que hacerlo en base a la mía mi condena está asegurada. La justicia de Dios se convierte en nuestra cuando nos es aplicada; pero sigue llamándose *"tu justicia"*, justicia de Dios para que el hombre no piense que alcanza justicia por sus propios méritos. Pues a así lo expresa claramente el apóstol: *"al que obra, no se le cuenta el salario como gracia, sino como deuda; mas al que no obra, sino que cree en aquel que justifica al impío, su fe le es contada por justicia"* (Romanos 4:4-5). ¿Y quién es el que justifica al impío sino el que de un impío hace un justo? Pero los judíos, que creían poder cumplir las exigencias de la justicia con sus propias fuerzas y basados en sus propios méritos, fueron avergonzados *"¿Por qué? Porque iban tras ella no por fe, sino como por obras de la ley. Tropezaron en la piedra de tropiezo, como está escrito: He aquí que pongo en Sión piedra de tropiezo y roca de caída; y el que crea en él, no será avergonzado"* (Romanos 9:32-33). Pues se acogieron a la Ley que los convertiría en reos, no la que los liberaría de la culpa. [...] *"Porque ignorando la justicia de Dios, y procurando establecer la suya propia, no sean sometidos a la justicia de Dios"* (Romanos 10:3), buscando ser justos por sí mismos, por lo cual cabe decir que no han conocido la gracia de Dios, ya que no han querido ser salvos gratuitamente. ¿Pues quién es salvo gratuitamente? Aquel en quien el Salvador no encuentra cosa alguna a premiar, sino a condenar; en quien no encuentra méritos en razón de sus obras, sino razones sobrada para castigo. Si Dios se atiene estrictamente a la ley, el pecador debe ser condenado. Y en tal caso, ¿quién sería salvo? Pues no hay más que pecadores, y el único que fue sin pecado (Hebreos 4:15) es a quien corresponde declararnos pecadores. Es lo que afirma el apóstol: *"por cuanto todos pecaron, y están destituidos de la gloria de Dios"* (Romanos 3:23). ¿Y qué quiere decir que están *"destituidos de la gloria de Dios"*? Que el único que tiene capacidad para librarte es él, no tú, y dado que tú no tienes posibilidad alguna de librarte por ti mismo, necesitas un Libertador. [...] Escucha bien lo que dice el apóstol: *"¡Desdichado de mí!; ¿quién me libertará de este cuerpo de muerte? La gracia de Dios a través de Jesucristo Nuestro Señor"* (Romanos 7:24-25. Traducción de Agustín). ¿Y por qué le llama gracia? Porque se otorga gratuitamente. ¿Y por qué se otorga gratuitamente? Porque no ha sido en razón de tus méritos, sino a la misericordia de Dios, fueron los dones de Dios que se anticiparon. ¡Gloria sea pues a Aquel que libra gratuitamente a todos los que habiendo pecados estamos destituidos de la gloria de Dios! Por eso, oh Señor, exclama el salmista, *"en ti he confiado"*, no quede yo confundido ni avergonzado, porque he esperado en Aquel que no confunde ni se avergüenza jamás. *"En tu justicia, líbrame"*, ya que no has hallado en mí ni justicia propia ni mérito alguno, líbrame por la tuya; esto es, rescátame con lo único que me justifica: *"tu justicia"*, que me convierte de impío en justo, que siendo pecador me hace santo, que me transforma de ciego en vidente, de caído en firme, que cambia mi lamento en baile y mis lágrimas en alegría. No son mis méritos lo que me salva, sino tu justicia; líbrame, pues, *"en tu justicia"*».

Tú eres mi Dios, por voluntad tuya caigo o me mantengo en pie;
tu gracia me ha dado el valor necesario para soportar
todas las torturas, salvo la de mi propia conciencia y de tu mano.

Sé que tú eres la justicia misma; pero sé,
también que tu esencia es la misericordia;
si no es a ti, ¿a dónde?, ¿a quién puedo acudir?[19]

Francis Quarles [1592-1644]
"'O Whither Shall I Fly?' Emblems" Book III, Job 14:13

Vers. 2. *Inclina a mí tu oído, líbrame pronto; sé tú mi roca fuerte, y fortaleza para salvarme.* *[Inclina a mí tu oído, líbrame pronto; sé tú mi roca fuerte, y ciudadela para salvarme.* RVR*] [Inclina a mí tu oído, rescátame pronto; sé para mí roca fuerte, fortaleza para salvarme.* LBLA*] [Inclina a mí tu oído y rescátame pronto, ¡Sé Tú mi roca fuerte y la fortaleza para salvarme!* BTX*] [Inclina tu oído para escucharme; rescátame pronto. Sé mi roca de protección, una fortaleza donde estaré a salvo.* NVI*] [Acerca hacia mí tu oído, date prisa en socorrerme. Sé para mí fortaleza protectora, morada inaccesible que me salve* BLP*] [Inclina tu oído para escucharme; rescátame pronto. Sé mi roca de protección, una fortaleza donde estaré a salvo.* NTV*]*[20]

Inclina a mí tu oído. Condesciende a mi bajeza; escúchame atentamente como quien escucha cada palabra. Las glorias trascendentales de la armonía del cielo bien podrían absorber el oído divino; no obstante, el Señor presta atención regularmente a los más débiles gemidos de sus súbditos más pobres.[21]

---

[19] Traducción libre pero literal del poema. El original inglés tal como lo transcribió Spurgeon dice: «*Shadows are faithless, and the rocks are false; / No trust in brass, no trust in marble walls; / Poor cots are even as safe as princes› halls. / Great God! there is no safety here below; / Thou art my fortress, thou that seemest my foe, / It is thou that strik'st the stroke, must guard the blow. // Thou art my God, by thee I fall or stand; / Thy grace hath given me courage to withstand / All tortures, but my conscience and thy hand. // I know thy justice is thyself; I know, / Just God, thy very self is mercy too; / If not to thee, where, whither shall I go?*»

[20] El versículo contiene una retahíla de peticiones y expresiones muy habituales en los Salmos y repetidas algunas en sentido afirmativo en el versículo siguiente (31:3). Comenzando por *"inclina tu oído"* (71:2; 86:1; 88:2; 102:2); siguiendo con *"rescátame pronto"* o apresúrate (38:22; 40:13; 69:17; 70:1, 5; 71:12; 79:8; 102:2; 141:1; 143:7); *"sé tú mi roca"* (18:2; 71:3; 94:22; 95:1); *"sé mí fortaleza"* (18:2; 28:7; 71:3; 91:2; 144:2). No obstante el sintagma מְצוּדוֹת *məṣūḏōwṯ*, "fortaleza" para salvarme o "lugar de defensa", es único y solo aparece en este versículo.

[21] Dice al respecto Agustín de Hipona [354-430]: «Dios *"inclinó su oído"* hacia nosotros cuando nos envió a Cristo, que inclinando su cabeza en tierra, escribía con el dedo para librar a una mujer adúltera que le habían presentado con el propósito de que la condenara (Juan 8:3-11). Jesús se inclinó desde el cielo hasta la tierra, es decir, Dios se inclinó en él hasta el hombre al que había dicho: "*hasta que vuelvas a la tierra, porque de ella fuiste tomado; pues polvo eres, y al polvo volverás"* (Génesis 3:19). Dios no inclina su oído hacia nosotros de forma literal, como si se hallara circunscrito a espacios físicos específicos y escuchara a través de los miembros del cuerpo humano. Evitemos, por tanto, que nuestra imaginación humana se forje conceptos erróneos de este tipo. Dios es la verdad absoluta, y la Verdad no se inclina ni se agacha, porque carece de forma física, no es ni cuadrada, ni redonda, ni alargada. Se halla presente en todas partes y escucha todo lo que existe, siempre que los ojos del corazón se mantengan abiertos a ella. Sin embargo, cabe decir que Dios inclina su oído hacia nosotros cuando derrama sus misericordias sobre nosotros. Y en este

Líbrame pronto. No nos corresponde a nosotros conocer los tiempos o las sazones,[22] sin embargo, con la debida sumisión, podemos solicitar tanto presteza como misericordia. Con frecuencia las misericordias divinas incrementan su eficacia por la manera tan oportuna en que son otorgadas; pues si se retrasaran podrían llegar demasiado tarde, pero cuando se trata del bien de sus amados, el Señor cabalga sobre un querubín y vuela sobre las alas del viento.[23]

Sé tú mi roca fuerte. Sé mi En-gadi;[24] sé mi Adulam;[25] sé mi amparo inmutable, inamovible, impenetrable, sublime.

Y fortaleza para salvarme. Donde pueda habitar con seguridad de manera continuada, no solo correr a ti en busca de refugio temporal, sino permanecer en ti para salvación eterna.[26] ¡Cuán sencilla es la oración del justo y, no obstante, cuán enjundiosa y profunda! No usa florituras; su espíritu es demasiado sincero y profundo como para hacerlo de otra forma; sería bueno que cuando oramos en público tuviéramos siempre en cuenta esta norma.

C. H. SPURGEON

Inclina a mí tu oído. Escucha mi queja. Aproxima tu oído a mis labios, para que puedas escuchar todo aquello que mi debilidad sea capaz de pronunciar. Generalmente colocamos el oído cerca de los labios de los enfermos y los moribundos para escuchar mejor lo que dicen. A esto es a lo que parece hacer alusión este texto.

ADAM CLARKE [1760-1832]
"Commentary on the Whole Bible", 1831

Líbrame pronto. Con esta oración pidiendo *"líbrame pronto"* el salmista evidencia la gravedad del peligro en el que se hallaba, como si hubiera dicho: "A menos que te apresures a prestarme auxilio, en breve todo habrá terminado, mi vida tocará su fin".

JUAN CALVINO [1509-1564]

sentido ¿cabe mayor misericordia que la de darnos a su Hijo unigénito, no solo para que viviera con nosotros, sino para que muriera por nosotros? (Juan 3:16). Así es como Dios *inclina su oído* hacia nosotros».

22 Hechos 1:7.

23 Salmo 18:10.

24 1 Samuel 23:29.

25 1 Samuel 22:1.

26 Juan 15:7. Dice al respecto AGUSTÍN DE HIPONA [354-430]: «Se tú mi defensa, mi protector, mi *"fortaleza para salvarme"*. Porque a menudo trato de huir y no se adónde ¿A qué lugar inexpugnable puedo acogerme? ¿Qué monte escalo? ¿En qué cueva me escondo? ¿En qué fortaleza me refugio? ¿Qué murallas me darán amparo? Porque donde vaya, me persigo a mí mismo. Puedo eludir todo cuanto me venga en gana con una sola excepción: mi propia conciencia. Porque penetra en mi hogar, se introduce en mi lecho, irrumpe en lo más íntimo de mi ser: no hay lugar, por recóndito que sea que pueda protegerme de mi propia conciencia. Por ello exclama el salmista: *"líbrame pronto; sé tú mi roca fuerte, y ciudadela para salvarme"*. A ti solo me acojo, ya que solo tú me puedes librar de mi conciencia. Pues: *"¿Adónde me iré lejos de tu espíritu? ¿Y adónde huiré de tu presencia? Si subo a los cielos, allí estás tú; Y si en el Seol trato de acostarme, he aquí, allí tú estás. Si tomara las alas del alba y emigrara hasta el confín del mar, aun allí me alcanzaría tu mano, y me agarraría tu diestra"* (Salmo 139:8-10). Allí donde vaya, allí te encuentro. No puedo escapar de ti, por tanto, no me queda más alternativa que refugiarme en ti: *"Sé tú mi fortaleza para salvarme"*».

Vers. 2-3. *"**Sé tú** mi roca fuerte"* dice en el versículo dos (31:2), *"porque **tú eres** mi roca"* afirma a continuación (31:3). Lo que el Señor está comprometido a ser para nosotros en razón del pacto, podemos pedirlo en oración y darlo por hecho, esperarlo como realidad efectiva.

David Dickson [1583-1663]
"Explanation of the First Fifty Psalms", 1653

Vers. 3. ***Porque tú eres mi roca y mi castillo; por tu nombre me guiarás y me encaminarás.*** *[Porque tú eres mi roca y mi castillo; por tu nombre me guiarás y me encaminarás.* RVR*] [Porque tú eres mi roca y mi fortaleza, y por amor de tu nombre me conducirás y me guiarás.* LBLA*] [Porque Tú eres mi Roca y mi fortaleza, por amor de tu Nombre me guiarás y me encaminarás.* BTX*] [Tú eres mi roca y mi fortaleza; por el honor de tu nombre, sácame de este peligro.* NVI*] [Pues tú eres mi bastión, mi baluarte; honrando tu nombre, guíame y condúceme.* BLP*] [Tú eres mi roca y mi fortaleza; por el honor de tu nombre, sácame de este peligro.* NTV*]*

Porque tú eres mi roca y mi castillo. El alma del salmista, sometida a prueba, confiesa aquí de nuevo su plena confianza en Dios. Las repeticiones de la fe nunca son vanas.[27] Confesar nuestra confianza en Dios en tiempos de adversidad es el principal método para glorificarle. El servicio activo es bueno, pero la confianza pasiva de la fe no es menos apreciada a los ojos de Dios. Es como si las palabras quisieran abrazarse al Señor y asirse a él con un agarre de confianza que no tienen intención de relajar. Los dos pronombres personales: *"mi roca", "mi castillo"* se afianzan como clavos en la fidelidad del Señor. ¡Concédasenos la gracia de que nuestro corazón mantenga su firme creencia en Dios! En estos tiempos podemos ilustrar la figura de la *roca* y el *castillo* con la fortaleza de Gibraltar, a menudo asediada por nuestros enemigos y que jamás han logrado arrebatarnos.[28] En tiempos antiguos las fortalezas, aunque lejos de ser impenetrables para nuestros métodos actuales de guerra,

[27] Mateo 6:7.

[28] El llamado Peñón de Gibraltar, en inglés *"Rock of Gibraltar"* o simplemente *"The Rock"*, es un macizo rocoso monolítico de piedra caliza con una altitud de 426 metros sobre el nivel del mar, ubicado en el extremo suroeste de Europa en la península ibérica (actual Reino de España) y frente a las costas de África, formando lo que se conoce como Estrecho de Gibraltar. La mitología griega atribuía su formación al mítico héroe griego Heracles (Hércules en la mitología romana) hijo del dios Zeus y la humana Alcmena, quien dotado de una fuerza sobrehumana extendió los brazos entre uno y otro y fue separándolos hasta abrir un paso al mar en mitad de las dos, separando Europa de África y creando el estrecho de Gibraltar. En la parte norte en Calpe o Peñón de Gibraltar colocó una columna, y en el sur en el monte Abyla, lo que hoy se conoce como el monte Musa en el reino de Marruecos, en África, colocó la otra. Debido a esta leyenda, estos dos peñascos son conocidos como las "Columnas de Hércules". Aunque el Peñón de Gibraltar ha estado habitado desde tiempos primitivos, la primera fortificación militar data del año 711 de nuestra era y fue construida por los árabes tras llegar a la península ibérica, que lo habitaron durante 710 años hasta casi el final de la Reconquista 1421. Quedó en manos españolas hasta el año 1713, cuando pasó a manos británicas en virtud del Tratado de Utrecht tras la guerra de Sucesión en España. Los ingleses lo fortificaron cavando túneles y galerías en el interior, instalando baterías de cañones en diversos puntos y convirtiendo así la propia Roca en una fortaleza inexpugnable. Prueba de ello es que, pese a los diversos intentos de España de recuperar el Peñón por la vía militar y numerosos asedios, uno de ellos durante cuatro años (1779 a 1783), y a pesar de la abultada desigualdad entre las fuerzas combatientes y los incesantes bombardeos, la Roca resistió impasible todos los ataques convirtiéndose en un símbolo del poderío militar británico, y sigue en manos de la corona inglesa hasta el día de hoy. Nada tiene de extraño, por tanto, que Spurgeon se expresara en estos términos.

eran cruciales para bandas poco numerosas, como la de David, que se fortificaban en las montañas y despeñaderos donde se sentían seguras. Fijémonos en el hecho singular de que David pide al Señor que sea su roca[29] porque estaba convencido de que era su Roca (31:2); y aprendamos a orar pidiendo que podamos experimentar y disfrutar aquello a lo que nos hemos asido a través de la fe. La fe es el fundamento de la oración.

Por amor de tu nombre me encaminarás y me guiarás.[30] El salmista argumenta igual que un filósofo lógico, con sus "por", sus "por tanto", y sus "porque". «Dios mío, –reflexiona– puesto que confío sinceramente en ti, sé tú mi guía». Guiar y encaminar son dos cosas muy similares, pero la meditación pausada detecta entre ambas cosas importantes matices de significado, en especial porque *"me guiarás"*, incluye un sentido de provisión: proveerás para mis necesidades.[31] Al propio tiempo, la duplicidad revela un sentido de urgencia en la necesidad, precisamos del doble efecto, pues el camino es abrupto, y no basta con que simplemente nos *encaminen* hacia él, necesitamos alguien que nos *guíe* paso a paso. ¡Encamíname cual soldado, guíame como al viajero! Encamíname cual bebé que gatea, guíame como un adulto que precisa dirección; encamíname físicamente cuando estés a mi lado, pero guíame también con tus directrices cuando estés ausente; encamíname con tu mano, guíame por medio de tu palabra. El argumento que utiliza el salmista se obtiene en la armería de la libre gracia: *"me guiarás"* no para mi propio bien, sino *"por el bien de tu nombre"*. Nuestra apelación no parte de alguna virtud imaginaria oculta en nuestro propio nombre, sino de la bondad y la gracia gloriosa que brilla resplandeciente en el carácter del Dios de Israel. El Señor no puede consentir que su honor sea mancillado, como sería en el supuesto de que los que en él confían tuvieran que perecer. Este fue también el argumento de Josué: *"Porque los cananeos y todos los moradores de la tierra oirán, y nos rodearán, y borrarán nuestro nombre de sobre la tierra; y entonces, ¿qué harás tú a tu gran nombre?"*[32]

C. H. SPURGEON

Por amor de tu nombre. Si se tratara meramente del honor de la criatura, el crédito de los ministros o la gloria de los ángeles, la salvación del hombre sería sin duda incierta. Pero cada paso de la misma implica el honor de Dios. Oramos pidiendo las cosas *en su nombre.* Si Dios empezara una cosa y no la continuara, o si la continuara, pero no la completara, nos llevaría a la conclusión de que el reproche al Todopoderoso podría estar en cierto modo justificado. Pero esto no puede suceder jamás. Dios tomó por propia voluntad la decisión de levantar el edificio de la salvación del hombre. Y su nombre glorioso nos da la certeza absoluta de que el sillar de coronamiento[33] del mismo será colocado allá en la gloria.

WILLIAM SWAN PLUMER [1802-1880]
"Studies on the Book of Psalms", 1867

---

[29] Salmo 71:3.

[30] En hebreo תַּנְחֵנִי וְתְנַהֲלֵנִי *tanḥênî ūṯənahălênî* de נָחָה *nachah* y נָהַל *nahal.* SCHÖKEL observa que si bien נָחָה *nachah* es un verbo común en el Antiguo Testamento, particularmente en el Salterio, נָהַל *nahal* es un verbo raro, de uso pastoril, como vemos por su uso en Salmo 23:2 o Isaías 40:1, un argumento más a favor de la autoría de David. Ver nota 4.

[31] Salmo 23:1-2.

[32] Josué 7:9.

[33] En las antiguas catedrales el SILLAR DE CORONAMIENTO era una piedra labrada por varias de sus caras, generalmente en forma de paralelepípedo o poliedro de seis caras, que se colocaba la parte superior y más alta de la bóveda, y en la que confluían los distintos arcos. Era la última piedra que se colocaba y por tanto considerada como piedra final de la construcción.

Por amor de tu nombre. Lo que equivale a decir: en razón y por cuenta de la fama de tu poder, de tu bondad, de tu verdad, etc., etc.: *"Me guiarás"*. Como un pastor a una oveja errante,[34] como un general a su tropa, o como un experto en la ruta al confiado caminante.[35] Toma pleno control de mis planes, de mis afectos y de todos mis pensamientos.[36]

MARTIN GEIER [1614-1681]
"Commentary on Psalms", 1695

Vers. 4. *Sácame de la red que han escondido para mí, pues tú eres mi refugio.* *[Sácame de la red que me han tendido, pues tú eres mi refugio.* RVR*] [Me sacarás de la red que en secreto me han tendido; porque tú eres mi refugio.* LBLA*] [¡Sácame de la red que me han tendido, porque Tú eres mi refugio!* BTX*] [Rescátame de la trampa que me tendieron mis enemigos, porque solo en ti encuentro protección.* NVI*] [Libérame de la trampa que me tienden, porque tú eres mi refugio.* BLP*] [Rescátame de la trampa que me tendieron mis enemigos, porque solo en ti encuentro protección.* NTV*]*

Sácame de la red que me han tendido.[37] Los enemigos de David eran sagaces y poderosos; si no lograban capturarle empleando la fuerza, probarían con la astucia. Nuestros enemigos espirituales son del mismo calibre, son simiente de la serpiente,[38] y tratan de hacernos caer mediante su astucia. La frase asume la posibilidad de que el creyente sea capturado como un pájaro; y, de hecho, somos tan necios que nos ocurre a menudo. Con tanta destreza hace el cazador su trabajo, que los simples fácilmente se ven rodeados. Pero el texto va aún más allá, y pide que el cautivo sea liberado sacándolo incluso fuera de las mallas de la red; se trata de una petición muy adecuada, pues el amor eterno puede

---

[34] Salmo 23:1-2; Isaías 53:6; Lucas 15:3-7.

[35] Génesis 24:27 Nehemías 9:12-13 Salmo 23:3; 73:24.

[36] Dice AGUSTÍN DE HIPONA [354-430]: «No por méritos propios, sino *"por amor de tu nombre"*, a fin de que la gloria únicamente para ti, puesto que yo no soy digno *"me encaminarás y me guiarás"* para que no me extravíe y me aparte de ti».

[37] Dice AGUSTÍN DE HIPONA [354-430]: «Estas palabras son una clara alusión a nuestro Señor Jesucristo, al que el diablo estuvo tendiendo trampas hasta el final. Y del mismo modo que se las tendió a él, también las tiende a todos los que seguimos sus enseñanzas, por ello nos es necesario clamar constantemente: *"En ti, oh Señor, he confiado; no sea yo confundido jamás; líbrame por tu justicia* (…) *sácame de la red que me han tendido, pues tú eres mi refugio"* (31:1, 3). Y esa red que nos tiende en enemigo tiene una doble malla: la del deseo y la del terror. Con el deseo trata primero de seducirnos; y si ello resulta insuficiente, con el temor intenta debilitarnos y hacernos sucumbir. Esa fue la táctica que utilizó con Cristo. Le tentó primero con halagos: *"Si eres Hijo de Dios, di que estas piedras se conviertan en panes* (…) *Si eres Hijo de Dios, échate abajo; porque escrito está* (…) *Todo esto te daré, si postrado me adoras"*(Mateo 4:3, 6, 9). Trató de seducirlo con el deseo. Pero al hallar en Aquel que fue tentado por nosotros (Hebreos 4:15-16) cerraba la puerta del deseo, recurrió en Getsemaní al temor ante la Pasión y la Cruz. Así nos lo cuenta el evangelista al decirnos que *"Cuando el diablo dio por concluida toda clase de tentación, se alejó de él por un tiempo hasta el momento oportuno"* (Lucas 4:13). ¿Y qué significa por un tiempo? Que volvería a intentarlo por la puerta del temor, dado que la del deseo la encontró cerrada. ¡Cerremos la puerta del deseo ante la seducción; cerremos la puerta del miedo ante el temor; imploremos a Dios liberación; y el tentador huirá de nosotros! (Santiago 4:7)».

[38] Génesis 3:15.

rescatar a sus santos hasta de entre las fauces del león[39] y del vientre del infierno[40]. A veces es posible que para rescatar un alma de la tentación haga falta un tirón repentino y seco, y otro para arrebatarla de los lazos de la astucia maliciosa; pero el Señor está listo para todo tipo de situaciones, y ni aún las redes más hábilmente colocadas por el cazador lograrán retener a sus escogidos. ¡Ay de aquellos que emplean su astucia para colocar redes que atrapen a otros! Los que se esfuerzan en tentar a los demás acabarán destruyéndose ellos mismos.[41] Los villanos que tienden trampas en secreto, serán castigados en público.[42]

Pues tú eres mi refugio. ¡Qué dulzura tan inefable encierran estas pocas palabras! Con cuánta alegría podemos abordar proyectos, y con cuánta entereza soportar sufrimientos, cuando tenemos la certeza de que contamos con el auxilio celestial. El poder divino hará pedazos todas las trampas del enemigo, confundirá sus planes y frustrará sus astucias y pícaros trucos; ¡dichoso el que cuenta con una fuerza tan inigualable alistada en su bando! Nuestras propias fuerzas nos serán de poca utilidad si caemos en las redes tendidas por la astucia, pero la fuerza del Señor está siempre cerca, basta con que la invoquemos. Cuando a través la fe dependemos exclusivamente de la fuerza del Fuerte de Israel,[43] podemos utilizar con absoluta propiedad esta santa dependencia como argumento de súplica ante Dios.

C. H. SPURGEON

Sácame de la red que han escondido para mí. Con estas palabras insinúa que sus enemigos no solo utilizaron la fuerza contra él, sino también la astucia y la política para atraparle, como cuando siguiendo las instrucciones de Saúl, le propusieron convertirse en yerno del rey con la condición de conseguir como dote cien prepucios de filisteos, bajo una pretensión de buena voluntad, pero buscando en el fondo su muerte;[44] y al no lograrlo, le tendieron también trampas para asesinarlo en su casa.[45] Pero confiaba en su Dios, y oró pidiendo ser librado de tales lazos, y de otros similares que pudieran tender contra él en el futuro.

JOHN MAYER [1583-1664]
"A Commentary upon the whole Old Testament", 1653

Sácame de la red que han escondido para mí. El Omnipotente corta la red que tejen las conveniencias humanas. Cuando nosotros, pobres criaturas, estamos en la red, Dios no lo está. En la antigua fábula el ratón pone en libertad al león; aquí el león libera al ratón.[46]

C. H. SPURGEON

[39] Salmo 22:1; 35:17; 58:6; Daniel 6:16-22; 2 Timoteo 4:17.

[40] Jonás 2:2. La versión inglesa KJV traduce: *"out of the belly of hell"*, "desde el vientre del infierno".

[41] Job 18:8; Salmo 35:7; 141:10; Proverbios 26:27.

[42] Lucas 8:17.

[43] Isaías 1:24.

[44] 1 Samuel 18:17-28.

[45] 1 Samuel 19:11-17.

[46] Se refiere a una antigua Fábula atribuida a ESOPO [600-564 a.C.], fabulista de la Antigua Grecia. Según el relato, un ratón salió de su madriguera en el momento en que un fiero león pasaba por allí. En un santiamén el león atrapa al incauto roedor entre sus garras y se dispone a devorarlo, pero este se revuelve y chilla con desespero pidiendo clemencia, lo que hace que finalmente el felino se apiade de él y desista de hacerlo. Al cabo de un tiempo, el león cae atrapado en una red tendida por cazadores y se revuelve desesperado para librarse de ella, sin éxito; entonces el ratón, que casualmente pasaba por allí, utiliza sus afilados dientes para cortar los hilos de la red y liberarlo.

Vers. 5. ***En tu mano encomiendo mi espíritu; tú me has redimido, oh Jehová, Dios de verdad.*** *[En tus manos encomiendo mi espíritu; tú me has redimido, oh Jehová, Dios de verdad.* RVR*] [En tu mano encomiendo mi espíritu; tú me has redimido, oh Señor, Dios de verdad.* LBLA*] [En tus manos encomiendo mi espíritu, Tú, oh YHVH, DIOS de verdad, me has redimido.* BTX*] [Encomiendo mi espíritu en tu mano; rescátame, Señor, porque tú eres un Dios fiel.* NVI*] [A tus manos encomiendo mi vida; tú, Señor, Dios fiel, me has rescatado.* BLP*] [Encomiendo mi espíritu en tu mano; rescátame, Señor, porque tú eres un Dios fiel.* NTV*]*

En tus manos encomiendo mi espíritu. Estas mismas palabras de David llenas de vida fueron las mismas que pronunció nuestro Señor al expirar,[47] y con frecuencia han sido las últimas de muchos de los santos en la hora de su partida. Tengamos la seguridad de que son buenas, sabias y solemnes; y podemos usarlas tanto ahora como en nuestra hora final. Prestemos atención al hecho notable de que esta súplica del hombre de Dios, ya en la vida o en la muerte, no es en favor de su cuerpo físico o de sus propiedades materiales, sino por su espíritu, su verdadera joya, su tesoro escondido;[48] si su espíritu está a salvo, todo lo demás estará a salvo. ¡Ved lo que hace con su perla! La encomienda en manos de su Dios: procede de él, le pertenece a él: él la ha sustentado en todo momento; él es capaz guardarla; y por tanto, lo más propio es entregársela. En las manos del Señor, todas las cosas están a salvo; si lo encomendamos al Señor, estará resguardado, tanto ahora como en aquel día de los días, el día final hacia el cual marchamos apresuradamente. El salmista se entrega en las manos de su Padre celestial sin reservas; para él es garantía y seguridad suficiente de una vida en paz y un glorioso morir para reposar bajo el cuidado de los cielos. Tanto ahora como en todo momento debemos comprometernos, y persistir en nuestro compromiso, de poner nuestro todo bajo el cuidado y jurisdicción sagrada de Jesús; si lo hacemos, aunque nuestra vida cuelgue de un hilo, y nuestras adversidades se multipliquen como las arenas del mar, nuestra alma morará en paz, y se deleitará reposando en lugares deleitosos.[49]

Tú me has redimido, oh Jehová, Dios de verdad. La redención es una base sólida para la confianza. David no conoció el Calvario como lo conocemos nosotros, pero la redención temporal le animaba; y ¿no nos consolará más dulcemente a nosotros la redención eterna? Las liberaciones en el pasado son una sólida base de apelación para la situación presente. Lo que el Señor ha hecho en el pasado, lo hará de nuevo, porque él no cambia.[50] Es un Dios veraz, fiel a sus promesas,[51] misericordioso con sus santos;[52] no se apartará de su pueblo.[53]

C. H. SPURGEON

[47] Lucas 24:36.
[48] Mateo 13:44-46.
[49] Salmo 16:6; 23:2.
[50] Números 23:19; Malaquías 3:6; Santiago 1:17.
[51] Deuteronomio 7:9.
[52] Salmo 37:28.
[53] 1 Samuel 12; Salmo 94:14; Juan 6:37.

En tus manos encomiendo mi espíritu. Estas fueron las últimas palabras de Policarpo,[54] de Bernardo,[55] de Juan Huss,[56] de Jerónimo de Praga,[57] de Lutero,[58] de Melanchthon[59] y de muchos otros. «Bienaventurados son -dijo Lutero- aquellos que mueren, no solo *por el Señor* como mártires; no solo *en el Señor* como todos los creyentes; sino *expirando como el Señor,* entregando su último aliento con estas benditas palabras: *"En tus manos encomiendo mi espíritu"*».

JOHN JAMES STEWART PEROWNE [1823-1904]
"Commentary on the Book of Psalms", 1864

En tus manos encomiendo mi espíritu. Estas palabras, tal y como figuran en la Vulgata,[60] eran de la más alta estima para nuestros antepasados; las utilizaban para enfrentar toda clase de peligros y dificultades; y de manera especial en el tránsito de la muerte. *"In manus tuas, Domine, commendo spiritum meum"* eran las palabras pronunciadas por los enfermos cuando estaban a punto de expirar si estaban conscientes; y si no, el sacerdote las pronunciaba en su nombre. En todas las liturgias de

---

[54] Se refiere a POLICARPO DE ESMIRNA [70-155], uno de los llamados Padres Apostólicos porque según la tradición mantuvo contacto personal con algunos de los apóstoles, particularmente con Juan que fue quien supuestamente le consagró como obispo de Esmirna. Poco se sabe de su vida fuera de las actas de su martirio en la hoguera en el año 155 durante el mandato del emperador ANTONINO PÍO [86-161]. Tuvo como discípulo a IRENEO DE LYON [130-202], y una estrecha relación con Ignacio de Antioquía [35-98/110]. Escribió una carta a la comunidad cristiana de Filipo que se conserva con los escritos de los demás Padres Apostólicos.

[55] Se refiere a BERNARDO DE CLARAVAL [1091-1153], doctor de la Iglesia, abad del monasterio de Claraval y reformador monástico francés. Impuso el estilo que pronto se extendería a toda la Orden del Císter: disciplina, austeridad, oración y simplicidad. Tales ideales lo enfrentaron con PEDRO EL VENERABLE [1092-1156], abad de Cluny, pues suponían un ataque directo contra la riqueza de los monasterios, la pompa de la liturgia y el lujo de las iglesias cluniacienses. Luchó contra las incipientes tendencias laicistas de su tiempo, haciendo condenar el racionalismo de Pedro Abelardo [1079-1142], quien mantenía que se debían buscar los fundamentos de la fe con similitudes basadas en la razón humana. Creía en la revelación verbal del texto bíblico, y se declaró fiel discípulo de san Ambrosio y de san Agustín, a quienes llamó "las dos columnas de la Iglesia". Rebatió también las propuestas de ARNALDO DE BRESCIA [1090-1155], y dejó tras su muerte numerosos escritos.

[56] Se refiere al clérigo y reformador checo JUAN HUSS [1370-1415], teólogo y filósofo, profesor de la Universidad Carolina de Praga. Por sus ideas reformistas y su oposición al papado fue condenado como hereje por el Concilio de Constanza y quemado en la hoguera. Es considerado uno de los precursores de la Reforma Protestante. Se dice que antes de ser quemado, dijo las siguientes palabras: «Vais a asar un ganso, pero dentro de un siglo daréis con un cisne al que no podréis asar ni hervir». Curiosamente 102 años después MARTÍN LUTERO [1483-1546], clavó sus 95 Tesis en la puerta del castillo de Wittenberg, y él mismo, que conocía bien las palabras de Huss, se identificó como ese cisne.

[57] Se refiere a JERÓNIMO DE PRAGA [1360-1416], seguidor de las doctrinas de JOHN WYCLIFF [1090-1155], y compañero de JUAN HUSS [1370-1415], en la Universidad de Praga. Asumió sus tesis y las de Juan Huss, y se presentó junto con él ante el Concilio de Constanza para colaborar en su defensa, siendo condenado también por hereje y quemado también en la hoguera un año después que su amigo y maestro.

[58] Se refiere al reformador alemán MARTÍN LUTERO [1320-1384]

[59] Se refiere a PHILIPP MELANCHTON [1497-1560], amigo y más próximo colaborador de Martín Lutero en Wittenberg a partir de 1518, y uno de los principales protagonistas de la Reforma en Alemania. Colaboró con Lutero en la traducción de la Biblia y le sucedió en el liderazgo después de su muerte.

[60] Se refiere a la traducción de la Biblia del griego y el hebreo al latín, conocida como la Vulgata (del latín *"vulgo"*, "pueblo"; *"vulgata editio"*, "edición para el pueblo"), que fue hasta la promulgación de la Neovulgata en 1979, el texto bíblico oficial de la Iglesia católica romana.

oración por los enfermos y moribundos, estas palabras se insertaban con frecuencia en latín, aunque el resto de la oración estuviera en inglés; porque se suponía que había algo especial, regio y solemne en el hecho de pronunciarlas en ese idioma. Pero no dejemos que el abuso de tales palabras pueda desmerecer su uso. Pues pronunciadas con sinceridad, no hay oración mejor; y cuando las personas piadosas o los que se ven tentados las utilizan con santa confianza, nada hay que pueda superar su eficacia.

ADAM CLARKE [1760-1832]
"Commentary on the Whole Bible", 1831

En tus manos encomiendo mi espíritu. ¿Por qué motivo deben los creyentes encomendar su espíritu en las manos de Dios por medio de Jesucristo?

1. Por seguridad; es decir, para ser preservados en su tránsito al cielo de todos los enemigos y peligros que pueden interponerse en el camino. Cuando los santos mueren, los poderes de las tinieblas tratarían sin duda, si les fuera posible, de obstaculizar el camino ascendente de sus almas hacia Dios. Puesto que han sido arrojados fuera del cielo, estallan de ira al ver que un alma saliendo de nuestro mundo se dirige hacia allá. Por tanto, lo que el santo hace al encomendar su espíritu en las manos de Dios, es asegurarse que el *depositum* precioso[61] será guardado y protegido de todos los que desean su ruina e intentarán conseguirla. Está convencido de que Dios tiene en su mano el poder de la omnipotencia, y que si lo emplea en guardar y preservar su alma, nadie puede arrebatarla de su mano. El Redentor ha *"despojado a los principados y a las potestades, y los exhibió públicamente, triunfando sobre ellos en la cruz"*[62] ascendiendo posteriormente a la gloria; y tiene a todos los enemigos de los creyentes atados con una cadena, para que puedan ser más que vencedores en él y con él.[63] Los ángeles, dentro del orden celestial, son enviados para servirles y protegerles, y cumplen fielmente su comisión de asistirles, hasta conducirles a la presencia del Señor común de ambos. *"Porque yo sé"*, exclama el apóstol, *"a quién he creído, y estoy seguro que es poderoso para guardar mi depósito para aquel día"*.[64]
2. Encomiendan su alma en las manos de Dios, para ser admitidos a morar con él, incluso en su misma presencia donde hay plenitud de gozo y delicias para siempre,[65] donde todo mal está excluido,[66] y todo bien presente para colmar sus deseos, y darles motivos de alabanza por toda la eternidad.
3. Encomiendan sus espíritus cuando expiran en las manos de Dios, para que sus cuerpos puedan levantarse de nuevo en la resurrección y reunirse con ellos otra vez, y de ese modo entrar finalmente a gozar de las bendiciones que Dios ha preparado para los que le aman.[67] (…) Las bases por las cuales pueden hacer todo esto con absoluto consuelo es decir, con la esperanza viva de que serán felices para siempre, son muchas y diversas. Por lo que voy a mencionar solo dos:
   I. El interés que Dios tiene en ellos, y ello en base al fundamento más entrañable, el de la redención: *"En tu mano encomiendo mi espíritu; porque tú me has redimido"*. Me has

[61] 2 Timoteo 1:12.
[62] Colosenses 2:15.
[63] Romanos 8:37-39.
[64] 2 Timoteo 1:12.
[65] Salmo 16:11.
[66] 1 Corintios 5:9; Gálatas 6:19-21; Efesios 5:5.
[67] 1 Corintios 2:9.

redimido del infierno y de la ira que ha de venir,[68] entregando a tu Hijo a morir por mí. Señor –dice el creyente–, no tan solo soy una de tus criaturas, sino que soy tu criatura redimida, comprada por precio.[69] Y me has redimido del poder de mi corrupción interior, de mi apego a ella, y mi deleite en ella; y con mi consentimiento me has atraído para ser tuyo, y tuyo para siempre. Tuyo soy, Señor, sálvame indefectiblemente.[70]

II. Su notoria fidelidad. *"En tu mano encomiendo mi espíritu, Señor, Dios veraz."* En tu mano encomiendo mi espíritu, porque has sido un Dios veraz en el cumplimiento de tus promesas a todo tu pueblo, a multitud de tus hijos que han partido de este mundo antes que yo; lo has sido para mí hasta este momento, y, no puedo dudar que los seguirás siendo hasta el final.

DANIEL WILCOX [1676-1733]
"Sixty-four practical sermons", 1757

En tus manos. ¡Cuando esas manos me fallan, ciertamente me siento abandonado y miserable! Cuando me sustentan y me guardan, me siento exaltado, fuerte y seguro. Recíbeme pues, oh Padre Eterno, por los méritos y palabras de nuestro Señor; porque él, por su obediencia y su muerte, es merecedor de tener de ti todo aquello que yo no merezco por mí mismo. En tus manos, mi padre y mi Dios, encomiendo mi espíritu, mi alma, mi cuerpo, mis poderes, mis deseos. Todo lo ofrezco y deposito en tus manos, a ellas encomiendo todo lo que he sido hasta ahora, para que puedas perdonar y restaurarlo todo. Encomiendo mis heridas para que las sanes; mi ceguera, para que la ilumines; mi frialdad, para que la inflames; mis caminos extraviados y erróneos, para que me pongas de inmediato en la senda correcta; y todas mis maldades para que las erradiques de mi alma. Encomiendo y pongo en tus sagradas manos, oh Dios mío, todo lo que soy, que tú conoces mucho mejor que yo: débil, desgraciado, herido, voluble, ciego, sordo, mudo, pobre, desprovisto de todo, sí, porque a causa de mis pecados tengo menos que nada, y soy más miserable de lo que puedo saber o expresar. Recíbeme, Señor y Dios mío, y haz de mí lo que él, el Cordero divino, quiere que sea. Te encomiendo, ofrezco y entrego en tus manos todos mis asuntos, cuidados, afectos, éxitos, fracasos, consuelos y labores, todo lo que tú sabes que hay y viene de mí. Dirígelo todo a tu honor y gloria; enséñame la manera de hacer tu voluntad en todo, y a reconocer en todo la obra de tus manos divinas; a no buscar nada más, y con este propósito en mente a encontrar descanso y consuelo en todo.

Oh manos del Dios eterno, que me hicisteis y seguís preservando los cielos y la tierra por mi causa y para mi bien, me hicisteis para vosotras, no permitáis que me aleje de vosotras. Sobre esas manos está mi Cordero, y todo aquello que amo; y es en ellas que debo permanecer yo también, junto a él. Pues sobre estas manos amorosas dormiré y descansaré junto con él en paz, en tanto que él me abrió con su muerte la esperanza en ellas y en sus infinitas misericordias, y me colocó dentro de ellas, como mi único y especial mi refugio. Es por estas manos que vivo y soy lo que soy, pues son ellas las que constantemente me transfieren vida; y es en ellas que quiero morir; vivir en ellas en el amor de nuestro Señor, deseando y buscando únicamente de ellas toda buena obra; y finalmente, junto con el Señor, recibir de ellas la corona.

FRAY THOMÉ DE JESUS [1529-1582]
"Trabalhos de Jesus", 1606
citado por Spurgeon en su edición inglesa titulada *"The Sufferings of Jesus"*, 1869[71]

---

[68] 1 Tesalonicenses 1:10.

[69] 1 Corintios 6:20.

[70] Salmo 119:94.

[71] FRAY THOMÉ DE JESÚS O FREI TOMÉ DE JESU [1529-1582] fue un monje eremita de la orden de los Agustinos Recoletos. En 1578 mientras viajaba a África fue hecho cautivo por los corsarios bereberes y llevado a Alcazarquivir, donde permaneció prisionero hasta su muerte en 1582/1583. Allí escribió esta famosa

En tus manos encomiendo mi espíritu. Pese a que debía morir en una cruz, en el ocaso de su vida no se dibuja ante el Redentor ninguna sombra de destino tenebroso, pues el rostro de su Padre seguía brillando delante de él en todo su esplendor. No contempla la posibilidad de que su vida se funda en las aguas sombrías de la mortalidad: se encomienda a las manos de su Padre. No se plantea el seguir viviendo diluido en el espíritu general de la raza humana; sino con una personalidad definida, con su espíritu propio, abrazándose para ello a la protección especial y a la fidelidad de su Padre. No rinde, por tanto, su vida, al desaliento de una muerte destructiva; lo hace bajo la conciencia triunfante de la resurrección que el Padre le ha prometido. Ese fue el mensaje central del testamento de Jesús al expirar, sus últimas palabras son: garantía vida; entrega su vida en manos de un Padre que vive eternamente. Con gran voz pronunció estas palabras:[72] *"En tus manos encomiendo mi espíritu"*, ante un mundo antiguo y moderno, pasado y presente, hundido en una aprehensión pagana a la muerte, temeroso de la muerte, sin esperanza alguna de inmortalidad y resurrección; porque permite que, en su entorno, la presencia y consciencia de la personalidad de Dios, y la unión personal con él, sean oscurecidas y desfiguradas constantemente por un falso sentido de la razón. En su muerte, y con el corazón de un león, Cristo testifica una vez más del mensaje de esperanza que caracterizó todo su ministerio: he venido para que tengan vida,[73] y lo hace mediante una expresión peculiar, sacada de un salmo del Antiguo Testamento, dejándonos constancia, con ello, de que por voluntad del Espíritu, el sentido de la vida eterna estaba ya presente y claro en la visión profética del antiguo pacto. Y por tanto, con esta misma visión, entrega su vida, a través de la muerte, en manos del Único que vive eternamente. Su muerte, con ser el último de sus hechos, fue el más elevado y grandioso de todos ellos, la corona de su vida santa.

JOHN PETER LANGE [1802-1884]
"The Life of the Lord Jesus Christ", 1864

En tus manos encomiendo mi espíritu. David, encomienda aquí su espíritu a Dios para evitar la muerte; pero Cristo, y todos los cristianos después de él, comprometen su espíritu a Dios para poder vivir eternamente, en muerte y después de la muerte. Por tanto, este salmo enlaza claramente con el Salmo 22. Ambos fueron utilizados por Cristo en la cruz. Del Salmo 22 extrae palabras amargas de angustia: *"Elí, Elí, ¿lama sabactani? Esto es: Dios mío, Dios mío, ¿por qué me has desamparado?"*.[74] Del Salmo 31 arranca estas sus últimas palabras de amor y confianza, que pronunció justo antes de expirar: *"En tus manos encomiendo mi espíritu"*. No cabe la menor duda que el Salterio era el himnario y libro de oraciones de Cristo.

CRISTOPHER WORDSWORTH [1807-1885]
"Commentary on the Whole Bible", 1856

Vers. 6. *Aborrezco a los que esperan en vanidades ilusorias; mas yo en Jehová he esperado.* *[Aborrezco a los que esperan en vanidades ilusorias; mas yo en Jehová he esperado.* RVR*] [Aborrezco a los que confían en ídolos vanos; mas yo confío en el Señor.* LBLA*] [Aborrezco a los que confían en ídolos vanos, pero en cuanto a mí, en YHVH he esperado.* BTX*] [Detesto a los que rinden culto a ídolos inútiles; yo confío en el Señor.* NVI*] [Odio a quienes sirven a ídolos falsos, en Dios*

obra místico-devocional: *"Trabalhos de Jesus"*, que resultó ser un éxito editorial y se tradujo a numerosos idiomas.

[72] Lucas 23:46.

[73] Juan 10:10.

[74] Mateo 27:46.

pongo mi confianza. BLP*] [Detesto a los que rinden culto a ídolos inútiles; yo confío en el Señor.* NTV*]*

Aborrezco a los que esperan en vanidades ilusorias. Los que no se apoyan en el verdadero brazo de fortaleza, pondrán en si mismos una confianza vana. El ser humano ha de tener un dios, y si no adora al Dios vivo, verdadero y único, se fabrica dioses el mismo, pone en ellos una confianza supersticiosa, y espera en ellos con esperanza ansiosa basada en una ilusión engañosa. Los que hicieron esto no fueron amigos íntimos de David, que compartían su misma aversión marcada a la idolatría: el verbo hebreo שָׂנֵאתִי הַשֹּׁמְרִים *śānêṯi haššōmərîm,* de שָׂנֵא *sane,* "odiar"; y שָׁמַר *shamar,* "participar, esperar, guardar"; incluye tanto el tiempo presente como pasado. David los aborrecía porque ellos aborrecían a Dios, y no estaba dispuesto a soportar la presencia de idólatras; su corazón estaba abiertamente en contra de ellos a causa su necedad y malicia. No tenía la más mínima paciencia con sus prácticas supersticiosas, y llama a sus ídolos *vanidades ilusorias,* es decir, un cero a la izquierda. De hecho, la cortesía que merecen los romanistas[75] y puseyistas[76] por algunas de sus supersticiones y tonterías, no alcanza más allá de esto. Los hombres que hacen dioses de sus riquezas, sus personas, sus inteligencias o cualquier otra cosa, tienen que ser evitados por aquellos cuya fe descansa sobre Dios en Jesucristo; y, lejos de ser envidiados, han de ser compadecidos por depender de tales vanidades

Mas yo en Jehová he esperado. Algo que podrá estar muy mal visto, anticuado, pasado de moda; pero el Salmista no estaba por las modas, y se atreve a ser singular. Ni el mal ejemplo ni la opinión mayoritaria han de servir para desviarnos de la verdad, antes todo lo contrario: en medio de una defección general, deberíamos volvernos más osados. Para el salmista el vínculo de confianza en su Dios es el punto clave y por ello insiste: *"Mas yo en Jehová he esperado".* Quién al sentirse turbado se acoge en los brazos de su Dios, una vez aferrado a la fidelidad divina, se atreve con todo.[77]

C. H. SPURGEON

[75] Término peyorativo aplicado en la Inglaterra de los siglos XVII al XVIII a los fieles de la Iglesia Católica Romana.

[76] Nombre dado a los seguidores de la corriente teológica y litúrgica del teólogo anglicano EDWARD BOUVERIE PUSEY [1800-1882], defensor de un regreso de la Iglesia Anglicana a las doctrinas y tradiciones de la Iglesia Católica Romana. Entabló amistad con JOHN HENRY NEWMAN [1801-1890], y otros líderes de lo que se conoce como el "Movimiento de Oxford" y ayudó a difundir los famosos "tracts" o folletos que defendían las doctrinas y tradiciones de Roma. Newman acabó finalmente convirtiéndose al catolicismo romano en 1845, Pusey que permaneció en el anglicanismo, asumió en cierto modo el liderato, razón por la que en época de Spurgeon posteriores a defensores del "Movimiento de Oxford" y de un anglicanismo más pegado a las tradiciones, lo que se conoce como "High Church" (Iglesia Alta), se les aplicara peyorativamente el nombre de "puseyistas".

[77] AGUSTÍN DE HIPONA [354-430]: «¿En qué pones tu esperanza? ¿En el dinero? ¿En las posesiones? ¿En el rango y los honores, en los títulos y dignidades humanas? Estás esperando en *"vanidades ilusorias".* ¿Confías en algún personaje encumbrado o amigo poderoso? Estás esperando en *"vanidades ilusorias".* Cuando esperas en tales cosas, o bien mueres tú y las dejas aquí abajo; o bien desaparecen ellas, y aunque tu sigas vivo, con ellas se hunden también tus esperanzas. A estas *"vanidades ilusorias",* cosas terrenas sin consistencia, se refiere el profeta Isaías con su grito: *"Toda carne es hierba, y toda su gloria como flor del campo (…) Sécase la hierba, marchítase la flor; mas la palabra de nuestro Dios permanece para siempre"* (Isaías 40:6, 8). Mas yo, al contrario de los que ponen su esperanza en las *"vanidades ilusorias"*, y les rinden honores, he puesto mi esperanza en el Señor, que es mi esperanza eterna».

Aborrezco a los que esperan en vanidades ilusorias. Los hombres de Dios acostumbran a tener una personalidad fuerte y apasionada, y no suelen mostrarse con aquellos que obran el mal, lo permisivos y tolerantes que a algunos de sus colegas de lengua seductora y complaciente les gustaría. Aborrecer no siempre es mala cosa.

C. H. SPURGEON

Aborrezco a los que esperan en vanidades ilusorias. Los romanistas[78] se inventan milagros de los santos para hacerlos, según pretenden, más venerables y gloriosos. Afirman cosas absurdas, como que la casa en que la que se encontraba la Virgen María cuando la visitó el arcángel Gabriel, fue transportada milagrosamente cientos de años después unas dos mil millas, de Galilea a Dalmacia; y desde allí por mar a Italia, donde fue cambiando a su vez de un lugar a otro hasta encontrar el sitio donde se encontrara cómoda; dicen también que obró muchas sanidades y curas maravillosas, y que cuando llegó a su destino final, incluso los árboles se inclinaron ante ella para saludarla y venerarla.

Los mitos y leyendas parecidos son infinitos, especialmente en la: *"Leyenda áurea"*,[79] un libro repleto de barbaridades tan descomunales, que Luis Vives,[80] católico, fiel y fervoroso, pero un hombre inteligente y erudito, dijo de él con indignación: «¡No he visto cosa más abominable que este libro!»; y le exasperó que lo llamaran *"áureo"*, pues según él «quién lo escribió tenía la boca de hierro y el corazón de plomo». Melchor Cano,[81] un obispo católico, lo censura de igual manera, y se lamenta (como Vives) de que Laercio[82] y Suetonio[83] escribieran la vida de los filósofos y de los

---

[78] Ver nota 75.

[79] En el original *"Golden Legend"*, en latín *"Legenda aurea"*, una compilación de relatos en latín sobre las vidas de unos 180 santos y mártires hecha mediados del siglo XIII por el dominico JACOBO DE LA VORÁGINE [1230-1298] arzobispo de Génova, y que en principio llevaba el título de *Legenda Sanctorum*. Parte de la obra relata de manera muy gráfica la muerte de mártires de los primeros siglos, basándose en documentos antiguos y en los escritos de Eusebio, de Jerónimo de Estridón, de Casiano, o de Agustín de Hipona, y tiene un cierto valor histórico. Pero la mayor parte son mitos y leyendas, cuentos sobre reliquias, milagros y tormentos en el infierno y purgatorio, todos ellos hechos extraordinarios y fantásticos obrados por los santos, basados algunos en los escritos apócrifos y la mayoría en la superstición propia de la baja Edad Media.

[80] Se refiere a MELCHOR CANO [1509-1560], fraile dominico, teólogo y obispo español natural de Tarancón (Cuenca). Escribió numerosas obras, entre ellas un extraordinario compendio teológico de gran valor denominado *De Locis Theologicis,* aunque la obra por la que es más conocido históricamente es su *Consultatio theologica*, escrita en 1566, en la que aconseja al rey Felipe II a resistir las exigencias del papado y defender sus derechos a la administración de las rentas y bienes de la iglesia española, haciéndola menos dependiente de Roma, lo cual le valió ser llamado "hijo de la perdición" por parte del papa Pablo IV. Al parecer mantuvo una estrecha relación con BARTOLOMÉ DE CARRANZA [1503-1576], arzobispo de Toledo acusado de hereje, apresado y juzgado por la Inquisición.

[81] Se refiere a JOAN LLUÍS VIVES [1492-1540], humanista, filósofo y pedagogo español de origen judío nacido en Valencia. Acosada su familia por la Inquisición su padre lo mando a estudiar a los Países Bajos, a Brujas, donde recibió la triste noticia de la detención y ejecución de su familia por el Santo Tribunal, y donde permaneció hasta su muerte. Escribió numerosas obras de filosofía y pedagogía y es considerado uno de los españoles más ilustres del siglo XVI. Hoy en día una estatua suya adorna el pórtico de la Biblioteca Nacional en Madrid.

[82] Se refiere a DIÓGENES LAERCIO [180-240] historiador griego especializado en la vida y teorías de los grandes filósofos, así como en anécdotas, tradiciones y costumbres.

[83] Se refiere a CAYO SUETONIO [70-126] un historiador y biógrafo romano amigo del también historiador PLINIO EN JOVEN [61-112] y protegido del emperador ADRIANO [180-240]. Es bien conocido por sus obras *De*

Césares de forma mucho más crítica y honesta, desde el punto de vista de autenticidad histórica, de lo que algunos autores medievales hicieron con la vida de los santos y mártires. Erasmo, abunda en el tema de la superstición, y comenta: [84] «Por doquier encuentras a la venta y en oferta leche de Virgen María, a la que honran casi como si se tratara del cuerpo de Cristo consagrado; aceites bendecidos y milagrosos de todos tipos y para todas las necesidades; y una cantidad tal de fragmentos de la cruz de Cristo, que si se recogieran todos habría madera para construir un barco. Unos dicen estar en posesión del capuchón de San Francisco; otros de la ropa interior de la Virgen; en un sitio veneran el peine de Santa Ana; en otro un calcetín de San José; en otro el zapato de Thomas de Canterbury; en otro el prepucio de Cristo. Objetos a los que, a pesar de su origen incierto, adoran con más fervor que a la propia persona de Cristo. Y lo grave es que la jerarquía no se refiera a todas estas cosas como meras supersticiones que han de ser toleradas y soportadas para ayudar a las gentes de mentes sencillas, sino que las aprueba y fomenta, basando en ellas poco menos que todo concepto de la fe».

CHRISTOPHER CARTWRIGHT [1602-1658]
"A practical and polemical commentary or exposition on the whole fifteenth Psalm", 1658

Aborrezco a los que esperan en vanidades ilusorias; mas yo en Jehová he esperado. El sentido es en que los paganos, cuando ven algún peligro o dificultad que se aproxima, recurren a adivinos y agoreros, así como a los dioses falsos en busca de consejo y dirección: con ello, y observando sus respuestas: mera superstición y engaño, no adelantan absolutamente nada. Estos David aborrece: *"Aborrezco a los que esperan en vanidades ilusorias"*; y por ello se mantiene cerca de Dios: *"mas yo en Jehová he esperado"* no confiando en otra ayuda fuera de la que viene de él.

HENRY HAMMOND [1605-1660]
"Paraphrase and Annotations on Book of Psalms", 1659

Vers. 7. ***Me gozaré y alegraré en tu misericordia, porque has visto mi aflicción; has conocido mi alma en las angustias.*** *[Me gozaré y alegraré en tu misericordia, porque has visto mi aflicción; has conocido mi alma en angustias.* RVR*] [Me gozaré y me alegraré en tu misericordia, porque tú has visto mi aflicción; has conocido las angustias de mi alma.* LBLA*] [Me regocijaré y me alegraré en tu misericordia, porque has visto mi aflicción, y has tenido en cuenta las angustias de mi alma.* BTX*] [Me gozaré y me alegraré en tu amor inagotable, porque has visto mis dificultades y te preocupas por la angustia de mi alma.* NVI*] [Por tu amor me alegro y me regocijo, porque tú has mirado mis pesares, tú conoces mis angustias.* BLP*] [Me gozaré y me alegraré en tu amor inagotable, porque has visto mis dificultades y te preocupas por la angustia de mi alma.* NTV*]*

Me gozaré y alegraré en tu misericordia. Por las misericordias recibidas en el pasado, se siente agradecido y *gozoso;* y por las misericordias futuras que anticipa su fe, se siente esperanzado y *alegre.* Incluso en mitad de nuestras intercesiones más apremiantes e importunas, debemos encontrar tiempo para hacer una pausa y bendecir al Señor: la alabanza no es un obstáculo para la oración, antes todo lo contrario, un oasis que la refresca y vivifica. Cuando las notas graves y dolorosas del sacabuche[85] do-

vita Caesarum y *De viris illustribus* que narra la vida de todos los césares y personajes ilustres de Roma desde Julio Cesar hasta Domiciano.

[84] ERASMO DE ROTTERDAM [1466-1536] comentando Mateo 23:5.

[85] Se refiere al SACKBUT, SAGBUT O SACABUCHE, instrumento de viento de metal muy conocido y usado en época del Reacimiento y el Barroco, conocido también como trompeta harmónica, y que derivó en el actual

minan la melodía, resulta deleitoso hacer un intervalo para escuchar las notas alegres de los címbalos de júbilo. Estos dos verbos, *me gozaré* y *alegraré,* son una reduplicación instructiva. No tenemos que ser mezquinos a la hora de festejar nuestro triunfo santo. Pues este vino podemos beberlo a jarros, y sin temor a excedemos.

Porque has visto mi aflicción. La has visto, la has sospesado, la has encauzado, le has fijado un límite, y la has hecho objeto de tu aprecio y tierna consideración en todos los sentidos. El aprecio y consideración por parte de un ser humano implica en su mente un pleno ejercicio de voluntad hacia la otra persona; ¿hasta donde alcanza el aprecio y consideración de Dios?

Has conocido mi alma en la adversidad.[86] En realidad deberíamos traducir *"en las adversidades",* porque *"muchas son las aflicciones del justo".*[87] Dios da la cara por sus santos en la adversidad, cuando otros se avergüenzan y esconden de ellos; nunca rehúsa reconocer a sus amigos. No se da de menos por el hecho de que vayan cubiertos de harapos. No los juzga en falso ni los menosprecia cuando sus caras están demacradas por la enfermedad, o sus corazones abrumados por el abatimiento. Más aún, el Señor Jesús nos conoce en nuestros dolores en un sentido literal y particular,[88] mantiene una profunda simpatía hacia nosotros en todos ellos; cuando otros son incapaces de entender nuestras dificultades y enfermedades por falta comprensión experimental de las mismas, Jesús se sumerge en las profundidades más hondas de nuestro ser y desciende hasta lo más doloroso de nuestros problemas, porque ha recorrido el mismo sendero y experimentado lo mismo que nosotros. Es un médico que conoce todas las dolencias y sabe qué administrar en todos los casos; para él no hay nada nuevo o desconocido. Cuando nos vemos tan confundidos que tan siquiera nosotros mismos somos capaces de definir nuestro lamentable estado, él sabe exactamente lo que nos ocurre, porque nos conoce desde siempre y nos conocerá siempre.[89] ¡Que bendición tan inmensa la de saber más y más de él! «Conócete a ti mismo», es un buen principio filosófico, pero saber que «Dios te conoce mejor de lo que te conoces a ti mismo», es un consuelo superlativo.

C. H. SPURGEON

Me gozaré y alegraré en tu misericordia. Incluso en medio de la angustia, la fe nos proporciona motivos de gozo y nos anticipa alegría. ¿Cómo? Por medio del recuerdo de las experiencias pasadas de la misericordia de Dios; como hace David en este caso: *"Me gozaré y alegraré en tu misericordia".* ... Una vez hemos encontrado pruebas de la bondad de Dios hacia nosotros en experiencias pasadas, la base de nuestra alegría no debería ser el efecto, sino la causa, no los beneficios que recibamos sino la fuente que nos los proporciona. Nuestra esperanza está de volver a beber de nuevo de esa misma fuente que sabemos, por experiencias anteriores, nos trajo tantos goces. Por ello dice David: *"me gozaré y alegraré",* ¿en qué? no en lo que hagas por mí, no en mí liberación, sino *"en tu misericordia",* esa es la fuente verdadera de mi alegría.

DAVID DICKSON [1583-1663]
"Explanation of the First Fifty Psalms", 1653

trombón. Algunos opinan que su nombre inglés deriva del nombre original español Sacabuche, de sacar y buche, en relación a su mecanismo de barra movible que avanza hacia adelante y hacia atrás según la nota. Tiene un tono bajo, suave y melodioso.

[86] Traducción literal de la versión inglesa KJV: *"thou hast known my soul in adversities".*

[87] Salmo 34:19.

[88] Isaías 53:4; Filipenses 2:7; Hebreos 4:15.

[89] Salmo 139:13.

Porque has visto mi aflicción.

Cuando un hombre apela a otro hombre, es porque
nunca había apelado antes,
y lo más probable es que nunca más lo hará.
Cuando un hombre apela a Dios, es porque apeló
a él anteriormente y obtuvo lo que deseaba,
y lo más seguro es que apele de nuevo.
Qué Dios tan bueno es el Dios al cual servimos,
que cuando apelamos a él, hace de sus dones anteriores
ejemplos de los que tiene previsto concedernos.[90]

FRANCIS QUARLES [1592-1644]

Has conocido mi alma en angustias. En cierta ocasión, una persona que, por las calamidades de la guerra, enfermedad y otras penurias, había pasado de un estado de opulencia al de verdadera necesidad, se acercó a Gotthold[91] dando muestras de mucho dolor. Se quejaba de que habiéndose cruzado con uno de sus antiguos conocidos, este tan siquiera se había dignado a saludarle, y por supuesto, mucho menos hablar con él, volteó la cabeza y pasó por su lado como si se tratara de un extraño. «¡Ay señor, –exclamó con un suspiro–, cuánto me ha dolido! ¡Me sentí como si una daga me hubiera atravesado el corazón!» Gotthold le respondió: No debe extrañarse en absoluto. Es la forma que tiene el mundo de prestar atención tan solo a lo que esta encumbrado, ignorando todo lo que es pobre y humilde. Conozco, sin embargo, a Uno que, a pesar de que mora en las alturas, se humilla para contemplar las cosas humildes que están en el cielo y en la tierra: *"¿Quién como Jehová nuestro Dios, que se sienta en las alturas, que se humilla a mirar en el cielo y en la tierra? Él levanta del polvo al pobre, y al menesteroso alza del muladar, para hacerlos sentar con los príncipes, con los príncipes de su pueblo"*.[92] y respecto al cual el profeta real testifica: *"Has conocido mi alma en angustias"*. Sí, aunque hayamos perdido nuestros vestidos suntuosos y vayamos a él en harapos; aunque nuestra carne esté debilitada por el dolor o la vejez;[93] aunque la enfermedad y la pena hayan consumido nuestra hermosura como la polilla;[94] aunque el sonrojo, las lágrimas y el polvo se extiendan por nuestro

[90] En el original: *"Man's plea to man, is, that he never more / Will beg, and that he never begged before: / Man's plea to God, is, that he did obtain / A former suit, and, therefore sues again. / How good a God we serve, that when we sue, / Makes his old gifts the examples of his new!"*

[91] Se refiere al propio CHRISTIAN SCRIVER [1629-1693], que utilizaba el seudónimo de Gotthold para identificarse a sí mismo. Archidiácono en Stendal, pastor en Magdeburg y posteriormente capellán Quedlinburg, amigo personal de PHILIPP JAKOB SPENER [1635-1705], fundador del movimiento pietista, Scriver fue uno de los teólogos luteranos de finales del siglo xvii que se opusieron al formalismo eclesial. Su obra escrita es extensa, y en muchos de sus libros utilizaba el seudónimo Gotthold, como en *"Gottholds vierhundert zufällige Andachten"*, 1667, una colección de cuatrocientas anécdotas traducidas al inglés como *"Gotthold's Emblems: or, Invisible Things understood by Things that are made"*, 1671.

[92] Salmo 113:5-6.

[93] Salmo 6:7.

[94] Salmo 39:11.

rostro;[95] él nos reconoce y no se avergüenza de nosotros.[96] Consuélate meditando en esto, pues ¿en qué te perjudica que los hombres te desprecien, si Dios el Señor te ama y no te ha olvidado?

CHRISTIAN SCRIVER [1629-1693]
También conocido por su pseudónimo, GOTTHOLD
"Gotthold's Emblems: Or Invisible Things Understood By Things That Are Made", 1671

Vers. 8. ***No me entregaste en mano del enemigo; pusiste mis pies en lugar espacioso.*** *[No me entregaste en manos del enemigo; pusiste mis pies en lugar espacioso.* RVR*] [Y no me has entregado en manos del enemigo; tú has puesto mis pies en lugar espacioso.* LBLA*] [No me entregaste en mano del enemigo, sino que pusiste mis pies en lugar espacioso.* BTX*] [No me entregaste a mis enemigos sino que me pusiste en un lugar seguro.* NVI*] [No me entregaste al enemigo, me mantuviste en lugar seguro.* BLP*] [No me entregaste a mis enemigos sino que me pusiste en un lugar seguro.* NTV*]*

No me entregaste en manos del enemigo. Ser entregado en manos de alguien es quedar sometido completamente bajo su poder; ahora, el creyente no está bajo el poder de la muerte[97] o del diablo,[98] y menos aún bajo el poder de cualquier hombre.[99] El enemigo podrá obtener sobre nosotros una ventaja temporal, pero somos como prisioneros en una la cárcel con las puertas abiertas;[100] Dios no nos dejará encerrados bajo su poder, nos proporcionará siempre una vía de escape.

Pusiste mis pies en lugar espacioso. ¡Bendito sea Dios por la libertad! La libertad civil es valiosa, la libertad religiosa es preciosa, la libertad espiritual no tiene precio. Y sean cuales sean nuestros problemas, podemos y debemos alabar a Dios de que esta siga en pie. Muchos son los creyentes que han disfrutado de su mayor libertad espiritual y amplitud para sus almas, cuando sus cuerpos estaban en las peores condiciones de estrechez. Su alma ha estado *en lugar espacioso* aún cuando su cuerpo se hacinaba en una carbonera, como en el caso de Bonner,[101] o en algún otra mazmorra estrecha e inmunda. La gracia siempre ha sido equitativa a cualquier situación de emergencia; y más aún, ha convertido la emergencia en una oportunidad para manifestarse todavía con mayor plenitud.[102]

C. H. SPURGEON

No me entregaste en manos del enemigo; pusiste mis pies en lugar espacioso. "El que abre y ninguno cierra".[103] Bendigamos al Señor por esas puertas abiertas, que ni los hombres ni los demonios pueden cerrar. No estamos en manos de los hombres, porque estamos en las manos de Dios; de otro

---

[95] Salmo 69:7.
[96] Hebreos 2:11.
[97] Oseas 13:4; 1 Corintios 15:55.
[98] Lucas 10:19; Colosenses 1:12-13; 2:15; Hebreos 2:14; Santiago 4:7.
[99] Hechos 4:19; 5:29.
[100] Hechos 12;6-12; 16:16-40.
[101] Se refiere a EDMUND BONNER [1500-1569], obispo de Londres, que fue destituido y encarcelado por oponerse a la reforma religiosa de Enrique VIII. Tras el triunfo de los Estuardo, en 1555 fue restituido a su diócesis y puso en marcha una persecución feroz contra los protestantes, por lo que es conocido como *"Bloody Bonner"*, "Bonner El Sanguinario".
[102] Dice al respecto EVAGRIO DEL PONTO [345-399]: «Cuando el Señor nos concede la gracia de entender los motivos de nuestras tentaciones, pruebas y tribulaciones, nuestra alma se fortalece y ensancha, de tal modo, que aun en las mayores estrecheces nos sentimos *"en lugar espacioso"*».
[103] Apocalipsis 3:7. Ver también Isaías 22:22.

modo nuestros pies tiempo ha que estarían en un cepo y no en *lugar espacioso* de libertad. Si de ellos dependiera, haría tiempo que nuestros enemigos nos habrían dado caza cual pajaritos que se agarran con una sola mano.

C. H. SPURGEON

Vers. 9. ***Ten misericordia de mí, oh Jehová, porque estoy en angustia; se han consumido de tristeza mis ojos, mi alma también y mi cuerpo.*** *[Ten misericordia de mí, oh Jehová, porque estoy en angustia; se han consumido de tristeza mis ojos, mi alma también y mis entrañas.* RVR*] [Ten piedad de mí, oh Señor, porque estoy en angustia; se consumen de sufrir mis ojos, mi alma y mis entrañas.* LBLA*] [Ten misericordia de mí, oh YHVH, porque estoy en angustia. Mis ojos, mi alma y mis entrañas están consumidos de tristeza.* BTX*] [Ten misericordia de mí, Señor, porque estoy angustiado. Las lágrimas me nublan la vista; mi cuerpo y mi alma se marchitan.* NVI*] [Apiádate de mí, Señor, que soy presa de la angustia; se consumen de pena mis ojos, todo mi ser y mis entrañas.* BLP*] [Ten misericordia de mí, Señor, porque estoy angustiado. Las lágrimas me nublan la vista; mi cuerpo y mi alma se marchitan.* NTV*]*

Ten misericordia de mí, oh Jehová, porque estoy en angustia. A partir de aquí el salmista inicia una descripción particular y detallada de lo gravoso y doloroso de su situación personal. Vuelca su corazón, pone al descubierto sus heridas, y expresa sin remilgos toda su desolación interior. Con la primera frase abarca todo lo que sigue a continuación: es el texto clave de todo su discurso quejumbroso. La adversidad mueve a misericordia –y no hacen falta más razonamientos. *"Ten misericordia de mí"* es la oración por excelencia, el argumento que prevalece; puesto que es sencillo y personal: *"porque estoy en angustia"*.

Se han consumido de tristeza mis ojos. Los ojos hundidos y ojerosos son una indicación clara de mala salud. Las lágrimas sacan su sal restándola de nuestras fuerzas, y cuando manan en abundancia pueden consumir por completo la fuente de la cual proceden. Dios quiere que le digamos los síntomas de nuestra enfermedad, no para su información, sino para demostrarle nuestro sentimiento de necesidad.

Mi alma también, y mis entrañas. Alma y cuerpo van tan íntimamente ligados, que resulta imposible que la una pueda declinar sin que el otro se resienta. Estos decaimientos dobles, como el descrito por David, no son nada raros en nuestros días. Nos sentimos desmayar físicamente por el sufrimiento, y a la vez con la moral hundida, afligidos por el desequilibrio de la mente; cuando ambos coinciden, es bueno que el Piloto divino esté frente al timón, capeando la borrasca, y haga que la tempestad se transforme en un triunfo de su habilidad.

C. H. SPURGEON

Mis ojos se han consumido de la pena. Esta expresión parece sugerir que el dolor y la pena perjudica físicamente al ojo humano. Hay una antigua teoría, que todavía prevalece entre la gente poco culta, que afirma que el ojo, sometido a pena extrema, y un flujo constante y profuso de lágrimas, puede dañarse seriamente y perder por completo la visión. No hay ninguna base científica sólida para esta afirmación. Pero sí hay una enfermedad ocular muy grave, bien conocida por los oculistas con el nombre de *glaucoma,* que al parecer puede estar relacionada e influenciada por las emociones mentales de carácter depresivo. Conozco casos sorprendentes en los que habiendo una propensión constitucional al glaucoma, un disgusto o pena repentina ha provocado una irrupción violenta de la enfermedad, con la consiguiente ceguera incurable. En tales casos la explicación podría ser la siguiente: Para el desarrollo saludable de las funciones oculares, es preciso que el globo ocular mantenga una determinada dosis de elasticidad, que a su vez va ligada a un equilibrio exacto entre la cantidad de líquido dentro del ojo, y en la cavidad fibrosa que lo contiene. Si este equilibro es perturbado, o si el fluido aumenta indebidamente en cantidad, el glóbulo ocular aumenta en presión causando daños en su interior, y ello puede llevar a que se extinga totalmente la visión. Hay un conjunto de nervios que controlan este equilibrio, manteniendo el ojo en un estado de elasticidad adecuado; y es también un hecho notable, que a pesar del transcurso de los años, por regla general, estos nervios logran que el ojo conserve su estado elástico. Sin embargo, si la función de estos nervios se ve alterada, y eso puede suceder fácilmente a causa de un dolor físico o moral extremo, o de cualquier agente depresivo, el ojo tiende a aumentar de presión. Hasta fecha relativamente reciente, el glaucoma agudo, o aumento repentino de presión en el glóbulo ocular, acompañada de dolor intenso e inflamación, era causa de ceguera total e irremediable sin esperanza; actualmente se puede lograr cierto alivio relativo mediante una intervención quirúrgica para disminuir la presión. La influencia y efectos del dolor y la pena en esta causa de ceguera, pudiera ser una explicación a las palabras de este texto: *"Mis ojos se han consumido de la pena"*.[104]

C. H. Spurgeon

Vers. 9-10. Si no sabes cómo orar, y quieres aprender, baste que digas con fe como los mendigos: «Maestro, soy pobre, y ciego, y en grande angustia; cojeo, tengo hambre y frío, y carezco de consuelo Ayuda a este pobre desvalido postrado en el lecho del dolor, necesitado pero incapaz de ayudarse a sí mismo. Inclina tu mirada sobre un desgraciado, y ten piedad de mí por amor al dulce Jesús: ¡Pero espera! Ten muy mucho cuidado de no incluir esta cláusula en tu petición: nunca mendigue antes, ni lo haré de nuevo.

Francis Quarles [1592-1644]

Vers. 10. ***Porque mi vida se va gastando de dolor, y mis años de suspirar; se agotan mis fuerzas a causa de mi iniquidad, y mis huesos se han consumido.*** *[Porque mi vida se va gastando de dolor, y mis años de suspirar; se agotan mis fuerzas a causa de mi aflicción, y mis huesos se han consumido.* RVR*] [Pues mi vida se gasta en tristeza, y mis años en suspiros; mis fuerzas se agotan a causa de mi iniquidad, y se ha consumido mi cuerpo.* LBLA*] [Mi vida se ha agotado en tristeza, y mis años en suspiros. A causa de mi iniquidad mi vigor ha decaído, y se consumen mis huesos.* BTX*] [Estoy muriendo de dolor; se me acortan los años por la tristeza. El pecado me dejó sin fuerzas; me estoy consumiendo por dentro.* NVI*] [Se agota mi vida en el dolor, en gemidos mi existencia, se debilita mi fuerza por mi maldad y mis huesos se consumen.* BLP*] [Estoy muriendo de dolor; se me acortan los años por la tristeza. El pecado me dejó sin fuerzas; me estoy consumiendo por dentro.* NTV*]*[105]

[104] Nota de Spurgeon en el texto original: «Consultamos con el *Royal London Ophthalmic Hospital,* sobre los efectos de la pena en el ojo humano, y recibimos de parte del Dr. George Critchett, director del departamento de oftalmología la respuesta que hemos transcrito, con una importante información que consideramos valiosa. La extraordinaria amabilidad y cortesía tanto de este caballero como del secretario de la institución, creemos que merecen una mención especial». Afortunadamente hoy en día sabemos, muchísimo más sobre el glaucoma. Pero es importante recordar que aún en el siglo xxi no ha dejado de ser una enfermedad muy grave y causa de ceguera en algunos casos.

[105] La traducción de este versículo difiere bastante entre la versión inglesa KJV, que traduce: *"Have mercy upon me, O Lord, for I am in trouble: mine eye is consumed with grief, yea, my soul and my belly"*, "Ten misericordia de mí, oh Señor, porque estoy angustiado; mis ojos se han consumido de la pena, sí, mi alma y mis entrañas". Hemos utilizado una traducción literal para encajarlo con el comentario incluido por Spurgeon.

Porque mi vida se va gastando de dolor, y mis años de suspirar. Llorar se había convertido en su ocupación diaria; pasaba sus días en la mazmorra de la angustia. La savia y la esencia de su ser se consumía como la cera de una vela, que se desperdicia mientras se quema. Sus adversidades acortaban sus días, cavando su fosa, empujándole a una muerte prematura. El dolor no deja de ser un mercado en el que consumir la riqueza de nuestra vida; y sin embargo, un trueque mucho más provechoso que consumirla en la Feria de Vanidades;[106] *"mejor es ir a la casa del luto que a la casa del banquete"*.[107] El negro es un color que sienta bien. La sal de las lágrimas es una medicina saludable. Más nos vale pasar los años suspirando que pecando. En apariencia ambas frases parecen transmitirnos el mismo concepto; pero en las Escrituras no hay palabras ociosas ni repeticiones vanas, la duplicación es algo propio del fervor y la insistencia.

Se agotan mis fuerzas a causa de mi iniquidad. David mira hacia el fondo de su dolor, y detecta pecado latente. Toda aflicción que nos lleve a descubrir nuestros fallos y defectos, es provechosa. ¿Se trataba del peor pecado que cometió el Salmista y que roía su corazón y devoraba su energía?[108] Es más que probable que lo fuera. Los bocados pecaminosas, aunque saben dulces en la boca, resultan ser veneno en las entrañas: si entregamos irreflexivamente parte de nuestras fuerzas al pecado, no tardará mucho en apoderarse del resto. La iniquidad nos hace perder el vigor en todos los sentidos: físico, mental, moral y espiritual.

Y mis huesos se han consumido. La debilidad penetró hasta los recodos más internos de su organismo, las partes más firmes de su esqueleto cayeron víctimas de la decrepitud generalizada. Cuando a una persona le sucede esto, es de compadecer, su estado es ciertamente lamentable.

C. H. SPURGEON

Mi iniquidad. En la versión italiana, *"mis dolores"*. Siendo que la muerte, el dolor y todas las demás miserias vinieron al mundo por causa del pecado,[109] la Escritura utiliza con frecuencia indiscriminadamente los nombres de la causa y sus efectos.

GIOVANNI DIODATI [1576-1649]
"Pious and Learned Annotations upon the Holy Bible", 1648

Porque mi vida se va gastando de dolor, y mis años de suspirar. Cuando los creyentes están atribulados y humillados, incluso los pecados más pequeños gritan desaforadamente en su conciencia; pero, en la prosperidad, la conciencia se convierte en un Papa que concede indulgencias y dispensas

[106] La "Feria de Vanidades", en inglés *"Vanity Fair"*, es un mercado ficticio de la famosa alegoría de JOHN BUNYAN [1628-1688] *"The Pilgrim's Progress"*, "El Progreso del Peregrino". En el capítulo XIII, el protagonista Cristiano y su amigo, Fiel, tienen que entrar en la ciudad llamada Vanidad y cruzar por la "Feria de Vanidades", donde la gente se burla de sus vestidos, de su lenguaje, de su conducta, y finalmente Fiel es apresado y ejecutado. Como tantos otros lugares de la misma obra, como la "Ciudad de Destrucción" (*"City of Destruction"*), la Ciudad Celestial (*"Celestial City"*), o el Pantano del Desaliento (*"Slough of Despond"*), la Feria de Vanidades ha pasado a formar parte del imaginario colectivo y es parte de la cultura literaria en general. *"The Pilgrim's Progress"* fue publicada originalmente el año 1678, y Editorial CLIE ha publicado tanto la primera como la segunda parte de la obra bajo los títulos "El Peregrino" y "La Peregrina".

[107] Eclesiastés 7:2.

[108] 2 Samuel 12:7-12; Salmo 51:1-19.

[109] Génesis 3:17-19.

a mansalva, dando manga ancha a nuestros corazones. La cruz es, por tanto, tan necesaria, como la corona es gloriosa.

SAMUEL RUTHERFORD [1600-1661]
"Joshua redivivus, or, Three hundred and fifty-two religious letters; Written Between 1636 & 1661", 1796

Vers. 11. ***De todos mis enemigos soy objeto de oprobio, y de mis vecinos mucho más, y el horror de mis conocidos; los que me ven fuera huyen de mí.*** *[De todos mis enemigos soy objeto de oprobio, y de mis vecinos mucho más, y el horror de mis conocidos; los que me ven en la calle huyen de mí.* RVR*] [A causa de todos mis adversarios, he llegado a ser objeto de oprobio, especialmente para mis vecinos, y causa de espanto para mis conocidos; los que me ven en la calle huyen de mí.* LBLA*] [A causa de todos mis adversarios, he venido a ser objeto de oprobio, y de mis vecinos lo soy en gran manera, y horror de mis conocidos. Los que me ven en la calle huyen de mí.* BTX*] [Todos mis enemigos me desprecian, y mis vecinos me rechazan, ¡ni mis amigos se atreven a acercarse a mí! Cuando me ven por la calle, salen corriendo para el otro lado.* NVI*] [Soy la burla de mis adversarios y, aún más, la de mis vecinos, el horror de los que me conocen; quien me ve por la calle, huye de mí.* BLP*] [Todos mis enemigos me desprecian, y mis vecinos me rechazan, ¡ni mis amigos se atreven a acercarse a mí! Cuando me ven por la calle, salen corriendo para el otro lado.* NTV*]*

De todos mis enemigos soy objeto de oprobio. Les fascinaba y divertía tener razones y motivos que echarle en cara; para ellos su estado lastimoso era como música, porque lo interpretaban de manera maliciosa como un juicio del cielo sobre él. El reproche es tenido como algo de poca importancia por aquellos que no han tenido que soportarlo personalmente, pero el que se halla bajo su látigo cruel conoce bien lo profundo de sus heridas. Incluso las personas mejores cuentan con enemigos acerbos y pueden verse fácilmente sometidas a los reproches e increpaciones más crueles.

Y de mis vecinos mucho más. Los que tenemos más cerca de nosotros suelen ser los que más profundamente nos apuñalan. Los desprecios que más nos hieren son los de aquellos que por tantas razones deberían mostramos gratitud simpatía. Es probable que muchos de los amigos de David temían ser identificados con su fortuna en declive, y por tanto, se volvieron en su contra con la intención de ganarse el favor, cuando no la amistad de sus oponentes. El interés personal rige como algo absolutamente prioritario para la mayor parte de los seres humanos, y su influencia hace que los lazos más sagrada se rompan sin el menor escrúpulo, transformándose en acciones execrables de la mayor bajeza.

Y el horror de mis conocidos. Cuanto más íntimos, más se apartan de nosotros. Nuestro Señor fue negado por Pedro,[110] traicionado por Judas[111] y abandonado por todos en la hora de la máxima necesidad.[112] La manada huye del ciervo herido. La leche de la bondad humana se vuelve agria cuando un creyente despreciado es víctima de acusaciones calumniosas.

Los que me ven en la calle huyen de mí. Aquellos que antaño peleaban para colocarse un puesto más cerca de él, ahora le rehúyen como si estuviera infectado de peste. Sienten miedo y tratan de no ser vistos en compañía de un hombre tan profundamente despreciado, ¡Qué cosa más monstruosa y villana es la calumnia, capaz de transformar al más eminente de los santos, al hombre que fuera

[110] Lucas 22:34-31, 54-62.
[111] Mateo 26:14-16.
[112] Mateo 26:40; Juan 19:25.

admiración de todos, en un apestado, convirtiéndole en el blanco de las cornadas de todos y objeto de la aversión general! ¡Hasta que extremos del deshonor puede quedar reducida la inocencia!

C. H. SPURGEON

De todos mis enemigos soy objeto de oprobio. Si alguno procura ser paciente y humilde, se dice que es un hipócrita. Si se permite algunos de los placeres de este mundo, se le acusa de glotón; si busca la justicia, es un impaciente; si no la busca, un necio. Si es prudente, se le llama avaro; si quiere hacer felices a los demás, disoluto. Y si se da a la oración, vanidoso. Y esto es un gran obstáculo y merma en la iglesia, ya que a causa de estas actitudes muchos se abstienen de obrar bien; de lo cual el Salmista queja amargamente diciendo: *"De todos mis enemigos soy objeto de oprobio"*.

JUAN CRISÓSTOMO [347-407]
citado por JOHN MASON NEALE [1818-1866] y RICHARD FREDERICK LITTLEDALE [1833-1890]
en *"Commentary on the Psalms from Primitive and Mediæval Writers"*, 1869

Los que me ven en la calle huyen de mí.[113] Escuché la siguiente historia sobre un encumbrado personaje, que pienso puede servir para ilustrar este texto. Estando en una importante recepción, observo a una mujer que al verle se retiraba sigilosamente de en medio de la multitud hasta una esquina de la habitación, como si tratara de que él no la viera. Había sido amiga suya desde hacía bastantes años, por lo qué se dirigió de inmediato hacia a ella para saludarla. Al verle, ella dejó escapar un suspiro y le dijo: «Gracias por tu gesto de amistad, ¿sabes? desde la última vez que nos vimos he tenido muchísimos problemas y lo estoy pasado muy mal». ¿Cual pensáis que fue la reacción del personaje? Dar media vuelta de inmediato, apartarse disimuladamente todo lo que pudo de su amiga venida a menos, y confundirse entre la multitud. Este mismo tipo de actitud es la que adopta el mundo con Cristo y con sus siervos fieles.

HAMILTON VERSCHOYLE [1803-1870]
"Sermons preached in the Episcopal Chapel Upper Baggot-Street", 1843

[113] AGUSTÍN DE HIPONA [354-430] hace de este texto una peculiar interpretación: «*"los que me ven en la calle huyen de mí"*. ¿Habéis pensado, hermanos, en cuántos que desearían ser cristianos, huyen escandalizados ante la conducta impropia y execrable de aquellos que presumen de serlo? ¿Cuántos que se acercaban a la Iglesia dispuestos a creer se han espantado ante el espectáculo deplorable de la vida corrupta de muchos que se dicen cristianos? ¿Quiénes son los peores enemigos de la Iglesia? ¿Los judíos? ¿Los paganos? No, ¡los propios cristianos! Aquellos que con sus obras desmienten lo que dicen con sus labios y avergüenzan la fe que dicen profesar. Aquellos que diciéndose cristianos y participando asiduamente en las cosas de la Iglesia, son la vergüenza de sus vecinos y el horror de sus conocidos. Gente que, como advierte el apóstol Pedro, *"habiendo escapado de la maldad del mundo por medio de conocer a nuestro Señor y Salvador Jesucristo, luego se enredan y vuelven a quedar esclavizados por el pecado, y terminan peor que antes. Les hubiera sido mejor nunca haber conocido el camino a la justicia, en lugar de conocerlo y luego rechazar el mandato que se les dio de vivir una vida santa"* (2 Pedro 2:20-21 NVI). [...] Tristemente las iglesias están llenas de semejantes personajes. ¿Habéis pensado en los muchos que habiéndose deseosos de aproximarse a la fe con la voluntad de hacerse cristianos, en cuanto nos han contemplado de cerca, han sentido vergüenza de nosotros y han salido huyendo? Fijaos bien en lo que dice el salmista *"los que me ven en la calle huyen de mí"*. Tendría disculpa que escaparan lejos ahuyentados por calumnias y mentiras, pero no, huyen porque nos ven, y en cuanto nos ven, sienten vergüenza de nosotros».

Vers. 12. *He sido olvidado de su corazón como un muerto; he venido a ser como un vaso quebrado.* *[He sido olvidado de su corazón como un muerto; he venido a ser como un vaso echado a perder.* RVR*] [Como un muerto soy olvidado, sin ser recordado, soy semejante a un vaso roto.* LBLA*] [He sido olvidado como un muerto, de quien ya nadie se acuerda. He venido a ser como un vaso quebrado.* BTX*] [Me han olvidado como si estuviera muerto, como si fuera una vasija rota.* NVI*] [He sido olvidado como un muerto, soy como un cacharro roto.* BLP*] [Me han olvidado como si estuviera muerto, como si fuera una vasija rota.* NTV*]*

He sido olvidado de su corazón como un muerto. Todas las hazañas, habilidades y destreza juvenil de David[114] habían quedado en el saco del olvido; fue el salvador de su país,[115] pero la memoria de los servicios prestados llevaba ya años enterrada. Los seres humanos olvidan pronto las deudas de gratitud; la popularidad y la fama son evanescentes en grado sumo: el que hoy está en boca de todos, mañana puede quedar olvidado por completo. Mejor le es al hombre la muerte que el verse asfixiado en la calumnia y el escándalo. De los muertos solo se dice lo bueno, no se cuentan más que virtudes y alabanzas; pero en el caso del salmista no decían de él más que lo malo. Inútil es buscar la recompensa de la filantropía debajo del cielo, pues en el mejor de los casos, los hombres pagan a sus sirvientes más fieles con un: "lo lamento", y los echan a la calle sin contemplaciones cuando no pueden sacar ya más de ellos.

Soy semejante a un vaso roto. Algo inútil, carente de valor, desechado, olvidado. ¡Triste situación para un rey! Veamos en esta descripción el retrato del Rey de reyes en su humillación, cuando renunciando a su dignidad celestial *"se despojó a sí mismo, tomando forma de siervo"*.[116]

C. H. SPURGEON

He sido olvidado de su corazón como un muerto. Un ejemplo notable de cómo los grandes príncipes son olvidados lo tenemos en el lecho de muerte de Luis XIV. «El Luis que fue, yace ahora olvidado, una masa de barro aborrecible; abandonada a la merced y compañía de un puñado de curiosos, y de los sacerdotes de la *Chapelle Ardente*[117] que se han apresurado a colocarlo en sendos ataúdes de plomo, mientras bromean y comparten entre ellos abundantes copas de vino. Aprovechando la cálida tarde de verano, el nuevo Luis, va camino de Choisy, acompañado de toda su corte; en apariencia, las lágrimas reales siguen fluyendo, pero una simple palabra mal pronunciada por Monseñor d'Artois, ha bastado para que todos rompieran en carcajadas y dejaran de llorar».

THOMAS CARLYLE [1795-1881]
"The French Revolution", 1837

[114] 1 Samuel 18:7.
[115] 1 Samuel 17:1-58.
[116] Filipenses 2:7.
[117] CAPILLA ARDIENTE. Es donde se instala el féretro de reyes, políticos u otros personajes populares para que sean honrados de cuerpo presente por sus admiradores antes del funeral y entierro. Recibe el nombre de capilla ardiente, porque se mantiene iluminada permanentemente con velas, como se hace también con las capillas en las que la Iglesia Católica guarda las sagradas formas del Sacramento o reliquias de santos objeto de veneración, a las que se aplica también el mismo nombre.

He sido olvidado de su corazón como un muerto. Cual moribundo al que han corrido ya las cortinas[118] porque ha sido desahuciado por los médicos, y habiendo perdido toda esperanza sus amigos se retiran;[119] o más bien como un cadáver enterrado, que es apartado por completo de la mirada y de la mente, quedando más enterrado en el olvido que en su tumba; ya no es noticia ni motivo de preocupación, y por tanto, se dice de él, como de la hija de Jairo: *"ha muerto. No molestes más al Maestro"*.[120]

ANTHONY TUCKNEY [1599-1670]

Soy semejante a un vaso roto. Como un vaso, un instrumento de lo más útil y provechoso a su propietario, y extremadamente necesario en la función que desempeña; y sin embargo, cuando se rompe, deja de ser útil y se desecha, considerando que no vale ya para nada: tal es la situación del hombre desechado por supuestos amigos a los que siempre había mantenido total fidelidad y mostrado dispuesto a todo por ellos; pero en cuanto deja de serles útil en sus propósitos, y no pueden sacarle ya nada más, abandonan sin más explicaciones.

ROBERT CAWDRAY [1538-1604]
"Treasury of Storehouse of Smiles", 1609

Vers. 13. *Porque oigo la calumnia de muchos; el miedo me asalta por todas partes, mientras consultan juntos contra mí e idean quitarme la vida.* *[Porque oigo el murmurar de muchos; el miedo me asalta por todas partes, mientras se conjuran contra mí y maquinan quitarme la vida.* RVR*] [Porque he oído la calumnia de muchos, el terror está por todas partes; mientras traman juntos contra mí, planean quitarme la vida.* LBLA*] [Oigo la calumnia de muchos, el terror me asalta por doquier, mientras conspiran unidos contra mí, y traman quitarme la vida.* BTX*] [He oído cantidad de rumores sobre mí, y el terror me rodea. Mis enemigos conspiran en mi contra, hacen planes para quitarme la vida.* NVI*] [Puedo oír a muchos difamando, hay terror por todas partes; contra mí conspiran juntos, traman arrebatarme la vida.* BLP*] [He oído cantidad de rumores sobre mí, y el terror me rodea. Mis enemigos conspiran en mi contra, hacen planes para quitarme la vida.* NTV*]*

Porque oigo la calumnia de muchos. Una sola víbora calumniadora basta para matar todo consuelo. ¿Cuál será el veneno de toda la nidada? «Oídos que no escuchan corazón que no siente», dice un viejo refrán; pero en el caso de David, las voces que acusaban eran lo bastante fuertes como para irrumpir en sus tímpanos de forma perturbadora; las falsedades habían aumentado tan exponencialmente, que algunos llegaban a la audacia vomitar sus calumnias en presencia de su víctima. Semei es tan solo un ejemplo de toda esta caterva de difamadores, y su grito de *"¡Fuera, fuera, hombre sanguinario y perverso"*[121] no era más que el discurso común compartido por miles de hijos de Belial. Todo la jauría de sabuesos de Belcebú puede acoplarse a grito pelado contra un solo hombre, y sin embargo, ese hombre ser el ungido del Señor.

[118] Antiguamente las camas tenían un dosel con sus correspondientes cortinas alrededor de toda la cama. Cuando la persona estaba a punto de morir, corrían las cortinas dejándole en privacidad con sus personas más íntimas.

[119] Esta escena la desarrolla de forma magistral en rima el poeta español GUSTAVO ADOLFO BECQUÉR [1836-1870] en su Rima LXXIII que va repitiendo en su estribillo: *"¡Dios mío, qué solos / se quedan los muertos!"* y que principia diciendo: *"Cerraron sus ojos que aún tenía abiertos, / taparon su cara con un blanco lienzo, / y unos sollozando, otros en silencio, / de la triste alcoba todos se salieron"*.

[120] Lucas 8:49.

[121] 2 Samuel 16:7.

El miedo me asalta por todas partes. Estaba completamente rodeado de temores, amenazas, insidias, y pésimos presentimientos; no tenía un solo resquicio para el respiro, el ataque contra él era incesante y sin cuartel.

Mientras se conjuran contra mí y maquinan quitarme la vida. Los impíos combinan sus esfuerzos y trabajan en equipo en sus ataques contra los nobles y excelentes de la tierra:[122] no deja de ser causa de asombroso que a los pecadores siempre se les hace más fácil ponerse de acuerdo que a los santos, y por regla general los malos llevan a cabo sus propósitos con mucho más cuidado y previsión del que justos ponen en sus santos proyectos. Fijémonos en la crueldad de los enemigos del justo: no se contentan con nada menos que no sea su sangre, pues este es su esquema y objetivo. Mejor es caer en las garras de un león que bajo la voluntad de perseguidores maliciosos, porque la fiera, si está harta, puede no hacer caso de su presa; pero la malicia es implacable y cruel como un lobo, mata por placer. Y de todos los enemigos, el más cruel es la envidia. ¡Cuán sumamente delicada la situación del salmista, con las flechas envenenadas de un millar de arcos dirigidos todos contra él buscando su vida! Sin embargo, en medio de todo esto jamás le falló su fe, ni tampoco su Dios le abandonó. Un motivo de ánimo y un importante estímulo para nosotros.

C. H. Spurgeon

Porque oigo la calumnia de muchos. Desde mi infancia, tan pronto como tuve uso de razón y comencé a percibir los intereses y egoísmos personales de los seres humanos, me quedé asombrado al descubrir que en todas partes, las personas más creyentes y piadosas, aquellas más interesadas en su propia salvación y en la de los demás, eran las más vilipendiadas, objeto de toda clase de desprecios y calumnias, de manera especial por aquellos más reprochables en su propia conducta, los hombres más viciosos y nefandos. Hombres que en teoría profesaban la misma religión; compartían los mismos artículos de fe; obedecían los mismos mandamientos como ley de Dios; y hacían las mismas peticiones en el Padrenuestro; pero que no tenían el menor reparo en hablar mal, constantemente y en todas partes, de aquellos que más se esforzaban en vivir sinceramente aquello que decían creer. Y me preguntaba: Si consideran, como parece demostrar su conducta, que la religión cristiana es perjudicial, y nuestra fe no es verdadera, entonces, ¿por qué la profesan? Y si es verdadera y buena, ¿por qué, entonces, aborrecen y menosprecian a los que de forma más sincera y con mayor coherencia viven en la práctica de la misma? ¿Por qué calumnian y difaman a los que más se esfuerzan en vivir de acuerdo con algo que ellos afirman creer pero no practican? Años después aprendí que no podemos esperar que actúen de manera razonable aquellos a quienes el pecado y la sensualidad han hecho irrazonables. Pero aún así, debo admitir que desde que tomé conciencia del curso del mundo, y de la correlación que hay entre la Palabra de Dios y su providencia; consideré como una prueba indudable de la caída del hombre, y a su vez de la veracidad de las Escrituras y el origen sobrenatural de la santificación verdadera; descubrir en la vida real las evidencias de esta enemistad universal entre la simiente santa y la de la serpiente,[123] hallar que el caso de Caín y Abel[124] queda ejemplificado con regularidad, y que lo nacido de la carne, persigue constantemente y sin tregua a lo que es nacido del Espíritu.[125] Creo

[122] Salmo 16:3. La versión inglesa KJV traduce: *"the saints that are in the earth, and to the excellent, in whom is all my delight"*.

[123] Génesis 3:15.

[124] Génesis 4:1-16.

[125] Juan 3:6.

que en los tiempos que vivimos, las evidencias que confirman en este sentido nuestra fe cristiana, son patentes y abrumadoras.[126]

RICHARD BAXTER [1615-1691]
"The Reformed Pastor", 1656

Porque oigo la calumnia de muchos. Aunque seas un hielo en la castidad, aunque seas tan pura como la nieve; no podrás librarte de la calumnia.[127]

WILLIAM SHAKESPEARE [1564-1616]
"Hamlet", 1603

Mientras conspiran contra mí. En tanto machacaban su reputación, lo hacían con sutileza, encubriendo su maldad bajo el procedimiento de la conspiración y el conjuro, consultando entre ellos la manera más sibilina de llevarle a la tumba con un mínimo de escándalo, bajo la condición de persona aborrecible que ya no merecía seguir viviendo sobre la tierra. No es de extrañar, por tanto, que la mente del salmista se viera asediada y atormentada por tantas y tan agudas tentaciones.

JUAN CALVINO [1509-1564]

Vers. 14. ***Mas yo en ti confío, oh Jehová; digo: Tú eres mi Dios.*** *[Mas yo en ti confío, oh Jehová; digo: Tú eres mi Dios.* RVR*] [Pero yo, oh Señor, en ti confío; digo: Tú eres mi Dios.* LBLA*] [Pero en Ti, oh YHVH, yo he puesto mi confianza. he dicho: Tú eres mi Elohim.* BTX*] [Pero yo confío en ti, oh Señor; digo: «¡Tú eres mi Dios!»* NVI*] [Pero yo, Señor, en ti confío, yo he dicho: "Tú, Señor, eres mi Dios".* BLP*] [Pero yo confío en ti, oh Señor; digo: «¡Tú eres mi Dios!».* NTV*]*

Mas yo en ti confío, oh Jehová. A pesar de todas las circunstancias adversas que le afligen, la fe de David mantiene su fortaleza y no se desvía un ápice de su objeto. ¡Qué bendita cláusula de salvaguarda es esta! En tanto que nuestra fe, que es nuestro escudo, se mantenga firme, la batalla podrá ser dura, pero su resultado final está fuera de todo cuestionamiento; pero si el enemigo nos arrebata la fe, podemos considerarnos tan muertos y acabados como Saúl y Jonathan sobre los altos de Gilboa.[128]

Digo: Tú eres mi Dios. David proclamó en voz alta su decisiva fidelidad a Dios. No era un creyente de los que tan solo mantienen su fe en pleno verano y cuando todo va viento en popa. Podía hacer de su fe una gruesa capa y envolverse con ella en el más duro y congelado de los inviernos,

---

[126] Recordamos al lector que la época de RICHARD BAXTER [1615-1691] fue una época muy turbulenta en Inglaterra, con marcados enfrentamientos y persecuciones entre los llamados puritanos o no-conformistas con la jerarquía de la iglesia oficial, que el propio Baxter tuvo que enfrentar y padecer en su propia persona desde bien joven. Es interesante mencionar que cuando Baxter tenía cinco años de edad, el barco *Mayflower* zarpó de las costas inglesas con un grupo de puritanos perseguidos buscando tierras de libertad, y partió hacia lo que hoy son los Estados Unidos de América en 1620. Aunque Baxter no era pasajero de ese barco, el dato nos proporciona cierta perspectiva del entorno hostil que imperaba en Gran Bretaña en su tiempo, y a pesar de que sus palabras son aplicables a cualquier época, ayudará al lector entenderlas históricamente dentro de este contexto.

[127] Shakespeare pone estas palabras en boca del propio Hamlet en su conversación con Ofelia, Acto III, Escena IV. *Hamlet*, traducción de Inarco Celenio, (seudónimo del poeta LEANDRO FERNÁNDEZ DE MORATÍN [1760-1828]), 1798.

[128] 1 Samuel 31:1-6; 2 Samuel 1:25; 1 Crónicas 10:1-6.

protegiéndose con ella y alejando las inclemencias. Quién puede decir de corazón: *"Tú eres mi Dios"*, no tiene por qué envidiar la elocuencia de Cicerón.[129] *"Tú eres mi Dios"* suena más dulce que todas las demás combinaciones de palabras que pueda formular el discurso humano. Y reparemos en como recurre a mencionar esta fe férrea, como argumento para recordar a Dios su promesa de enviarle pronta liberación.

C. H. SPURGEON

Mas yo en ti he confiado. La traducción adecuada es: *"Yo en ti he confiado"*, pero el texto hebreo utiliza la partícula copulativa אֲנִי *ani:* וַאֲנִי *wa'ănî,* es decir *"y yo"*, en lugar de la partícula adversativa: וְאָנֹכִי *wə'ānōḵî, "pero"* o *"a pesar de ello"*. David establece aquí la firmeza de su fe en oposición a los ataques de las muchas tentaciones a las que antes ha hecho mención, negando que en alguna ocasión haya desmayado; al contrario, sostiene que en su esperanza de liberación de parte de Dios se ha mantenido firme en todo momento, es decir: me has puesto a prueba: *"y yo he confiado en ti"*. Tampoco implica que se jacte de haber sido tan valiente y corajudo como para no ser derrocado por los embates de la carne. Al contrario de lo que pueda parecer, admite que en su persona han coincidido todas las debilidades posibles, languideciendo de dolor hanta el punto de verse privado de toda fuerza, no obstante, siempre ha estado fortalecido, no por si mismo, si no por una esperanza enérgica, que le ha permitido no dejar de invocar a Dios en ningún momento. A David no le abrumaba tanto su profunda tristeza, u otros sufrimientos terribles, como el temor a que la luz oculta de la fe dejara de brillar en el interior de su corazón; tampoco gemía por la carga, sin duda muy pesada, de sus tentaciones, sino por el temor a verse privado del privilegio de invocar a Dios. Para llevar a cabo la confesión de este salmo se esforzó en superar numerosos obstáculos. Y en un segundo paso, define la naturaleza de su fe, es decir, su firme convicción de que su Dios nunca le fallará ni le abandonará. Fijémonos en su manera peculiar de expresarse: *"Digo: Tú eres mi Dios"*. Con estas palabras da a entender que estaba persuadido de tal manera de esta verdad: de que Dios era *su Dios,* que no estaba dispuesto a tolerar ni la más mínima sugerencia en sentido contrario. Y esto es clave, pues hasta que esta convicción no prevalece y toma el control absoluto de nuestra mente, seguimos vacilando en la incertidumbre. Con todo, es importante observar que no plantea su declaración como algo meramente interno y secreto, hecho más bien en el corazón que con la lengua, sino que se dirige a Dios abiertamente, como testigo de la misma. Cuando contemplamos como nuestra fe es ridiculizado por el mundo, no hay cosa más difícil que limitarnos a dirigir nuestro clamor y protesta exclusivamente Dios, y descansar luego, satisfechos con el testimonio de nuestra propia conciencia de que *él es nuestro Dios*. Ciertamente, no hay mejor demostración de fe genuina que aferremos a esta verdad como principio un inmutable: el de que permanecemos constantemente bajo la protección de Dios; por fieras que sean las olas que nos golpean y amargas las agresiones que nos perturban, y le digamos propiamente, confiadamente y abiertamente: *"Tú eres mi Dios"*.

JUAN CALVINO [1509-1564]

Digo: Tú eres mi Dios. ¡Poder decir *"Tú eres mi Dios"* es de más valor que poseer diez mil minas de oro! El siervo de Dios está convencido de ello, y esto le proporciona felicidad total, en la que se deleita y se consuela a si mismo. Cierto fiel servidor del rey Ciro,[130] que gozaba de su favor personal,

[129] Se refiere a MARCO TULIO CICERÓN [106- 43 a.C.], jurista, político, filósofo, escritor y orador romano. Es considerado uno de los más grandes retóricos y estilistas de la prosa en latín.

[130] Se refiere a CIRO II EL GRANDE [600-530 a.C.], rey de Persia y fundador del Imperio persa aqueménida. Conquistó Media, Lidia y Babilonia, creando el mayor imperio conocido hasta entonces y que se mantuvo

estaba a punto de dar a su hija en matrimonio a un hombre muy importante. Y dándose la circunstancia de que él no poseía muchas riquezas, alguien le advirtió: «¿Cómo vas a poder dar a tu hija una dote proporcionada a la categoría de su esposo? ¿Con qué riquezas cuentas para ello?» A lo que el fiel siervo replico: «No las necesito, *"opou Kuros moi filos"* "Ciro es mi amigo"». ¿Acaso nosotros no podemos decir mucho más que *"opou Kuros moi filos"* siendo nuestro amigo es el Señor, el Rey de reyes, que cuenta con todos los atributos excelentes y gloriosos, que jamás pueden quedar cortos ante ninguna necesidad y sobran para hacernos felices, siempre que seamos capaces de recibirlos y administrarlos equitativamente?

JOHN STOUGHTON [1593-1639]
"Righteous Man's Plea to True Happiness", 1640

Vers. 14-16. A partir del versículo catorce, el salmista retoma plegaria con el mismo fervor y sentido de urgencia que al comienzo del salmo: los luchadores fervientes no desmayan, tratan una y otra vez, con los mismos medios, repitiendo el ataque hasta lograr su objetivo.

C. H. SPURGEON

Vers. 15. *En tu mano están mis tiempos; líbrame de la mano de mis enemigos y de mis perseguidores.* *[En tu mano están mis tiempos; líbrame de la mano de mis enemigos y de mis perseguidores.* RVR*] [En tu mano están mis años; líbrame de la mano de mis enemigos, y de los que me persiguen.* LBLA*] [En tu mano están mis tiempos, líbrame de la mano de mis enemigos y de mis perseguidores.* BTX*] [Mi futuro está en tus manos; rescátame de los que me persiguen sin tregua.* NVI*] [Mi destino está en tus manos, líbrame de mis rivales y de quienes me persiguen.* BLP*] [Mi futuro está en tus manos; rescátame de los que me persiguen sin tregua.* NTV*]*

En tu mano están mis tiempos.[131] El Árbitro soberano del destino de todas las cosas tiene bajo su poder todo cuanto concierne en nuestra vida; no estamos abandonados[132] en la urbe del universo, somos dirigidos por la sabiduría infinita hacia nuestro deseado cielo. La divina Providencia es almohada blanda para las cabezas ansiosas, un calmante para las preocupaciones, y una tumba donde enterrar toda desesperación.

Líbrame de la mano de mis enemigos y de mis perseguidores. Desear escapar de la persecución es absolutamente legítimo si entra en la voluntad del Señor; y cuando no puede concedérnoslo en la forma en que nosotros desearíamos, la gracia que nos sostiene nos proporcionará liberación en alguna otra forma y por otros medios que nos permitan burlar el escarnio y la furia del enemigo.

C. H. SPURGEON

por más de doscientos años, hasta su conquista por ALEJANDRO MAGNO (332 a.C.). La Biblia lo menciona específicamente en 2 Crónicas 36:23; Isaías 44:28; 45:1-7; Esdras 1:2.

[131] Dice DIODORO DE TARSO [¿?-392]: «El salmista dice *"mis tiempos"*(Vulgata: "mis suertes") en un sentido global y absoluto, es decir, tanto los tiempos buenos como los malos, tanto los de complacencia como los de tribulación (Eclesiastés 3:1-8). Y puesto que todos pasamos por tiempos de felicidad y tiempos de amargura, de alegría y de tristeza, decir *"mis tiempos están en tu mano"* implica que unos y otros dependen de Dios y por tanto él los puede alternar cuando así lo estime oportuno y necesario».

[132] En el original *"we are not waifs and strays"*, una traducción más literal y ajustada sería "niños callejeros abandonados", una situación habitual en Londres en época de Spurgeon.

En tu mano están mis tiempos. En mi opinión, el uso del plural: *"mis tiempos"*, no es fortuito, tiene un motivo: señalar la pluralidad y diversidad de peligros que amenazan la vida del ser humano.[133]

JUAN CALVINO [1509-1564]

En tu mano están mis tiempos. ¡El reloj cuelga impasible de la pared, y cada uno de sus tic-tac es un suspiro, un desafío a la conciencia! ¡Pobre reloj! En cierta ocasión fui a visitar a un amigo recluido en una de los más nobles y admirables hospitales para enfermos mentales de nuestro país. Me acompañó en mi visita el médico jefe y secretario de la institución. ¡Qué pena me dio! Una de las inteligencias más claras y brillantes que conozco, tan solo que de pronto algunas de las cuerdas en su mente se habían vuelto disonantes. Me contaron que solía matar las horas del día, y a veces también de la noche, en una ocupación inocente: la de desmontar y montar relojes. Pero que justo antes de mi visita, había comenzado a presentar nuevos síntomas un tanto alarmantes: ahora estrellaba los relojes, uno tras otro, contra el suelo de piedra, para luego recogerlos y agitarlos en el aire. Trasladado a una zona de seguridad, lo visité junto con el médico-secretario que le preguntó: «¿Por qué comenzaste a destruir tus relojes favoritos, tanto como los apreciabas? ¿No ves que ahora te has quedado en el más absoluto silencio?» A lo que el paciente respondió, en un tono agónico: «Ya no podía soportar más su *tic-tac, tic-tac*, y los estrellé contra el pavimento». Cuando el reloj es capaz de someterse al que lo ha fabricado, a la mano que lo sostiene, y medir los momentos del tiempo, es un espectáculo solemne, que nos afecta, sin duda, pero muy bonito, muy sublime. Y transferimos nuestros pensamientos desde el reloj a *la mano* que lo sostiene. *Mis tiempos... tu mano;* el reloj y la hora que señala tienen un propósito, no son en vano. Dios concede al hombre el privilegio de contemplar ambas cosas; presenciar la obra completa, ver como se desarrolla el plan desde su comienzo hasta completarse. No hay cosa más cierta que esta, y a la vez, nada que a los seres humanos les inquiete más de percibir. Que no somos dueños del tiempo, y que no podemos hacer otra cosa que:

"Aguardar con paciencia una vida trascendente
que Dios tiene preparada para nosotros"[134]

A tal efecto cabe decir que el verdadero camino de Dios se compone de todo el conjunto de nuestros caminos. Su mano sostiene todos nuestros tiempos: *"Mis tiempos ... Tu mano"*. Algunas vidas son muy diferentes de otras. Esto lo sabemos; algunas culminan su curso con éxito, y obtienen la corona de la vida.[135] Mientras muchas otras fracasan. ¿Por qué? En todo proyecto y esfuerzo humano debe

---

[133] En hebreo בְּיָדְךָ עִתֹּתָי *bəyāḏəḵā 'ittōṯāy* de עֵת *eth*. La versión griega de los LXX o Septuaginta lee: ἐν ὁ χείρ σύ ὁ καιρός ἐγώ, que la Vulgata traduce al latín como: *"In manibus tuis sortes mea"*, "Mis suertes están en tus manos". SCHÖKEL nos dice que עִתֹּתָי *'ittōṯāy*, "tiempos", en plural y forma femenina, es rarísimo, un sintagma único en todo el A.T., traduce: *"En tu mano están mis azares"*, y añade: «La frase es consecuencia de las anteriores y eco del versículo 5a, que también vamos a emparejar: 5a *"en tus manos encomiendo mi vida"* 15a *"en tu mano están mis azares"*, o sea, mis momentos, mis horas, que por el contenido se opone a *"mis años"* del versículo 10a. La temporalidad que se va gastando, medida en años, ahora se mide en horas o instantes, que están en manos de Dios. Es como toda la vida desmenuzada y cambiante, mantenida en su cambio y continuidad por Dios: *"Tú eres mi Dios"* (31:14) [...] *"en tu mano están mis azares"* (31:15)» [*Salmos, Tomo I, 1-72,* Editorial Verbo Divino, Estella, Navarra, 1992].

[134] En el original *"Wait for some transcendent life, / Reserved by God to follow this."* La cita es del poeta y ensayista inglés ROBERT BROWNING [1812-1889] en el poema: *Sordello* – Book 6, una ficción sobre la vida del trovador italiano en lombardía SORDELLO DA GOITO en el siglo XIII, citado por DANTE ALIGHIERI [1265-1321] en "La Divina Comedia" situándolo en el Purgatorio, y en el que Browning trabajó siete años.

[135] 1 Corintios 9:25; Apocalipsis 2:10.

haber un amor que lo estimule y lo controle. Se dice que la luna influye en las mareas de los mares; ¿y hemos de pensar que no hay un poder similar que influye en nuestras almas? Al parecer, no tiene por qué haberlo en la mayoría de aquellos cuyas vidas son meramente terrenales, pero sí en las celestiales. Del mismo modo en que la luna influye en el nivel de las mareas, así también Dios incfluye en almas de los que le aman. *En su mano están mis tiempos, en la mano de mi Salvador.*

Proclamo las obras de Dios en los límites
que al hombre le es dado hacerlo: todo amor; pero todo ley.
En la Divinidad busco y encuentro, y así será.
un rostro como el mío que te recibe,
un Hombre como yo amarás y será amado para siempre,
una mano como esta mano abrirá de par en par
las puertas de una nueva vida volcada a ti:
¡Contemplad al Cristo!"[136]

La mano de Jesús es la mano que rige nuestros tiempos. Él es el *"restaurador de calzadas donde habitar"*.[137] Él regula el reloj de nuestra vida. Cristo por nosotros y Cristo en nosotros. Mi vida no puede ser en vano, como la vida del Salvador no fue en vano. Por ello: *Mis tiempos están en su mano.*

EDWIN PAXTON HOOD [1820-1885]
"Dark sayings on a harp; and other sermons", 1865

En tu mano están mis tiempos. Cuando David tenía Saúl a su merced en la cueva, sus allegados le decían:*" Mira, **este es el tiempo** del que te habló el Señor: "He aquí, voy a entregar a tu enemigo en tu mano*".[138] Pero David les replicó: No, *no es el tiempo* aún de mi liberación, pues esta no llegará hasta que pueda librarme de mi enemigo sin tener que pecar; por tanto, voy a esperar todo el tiempo que haga falta hasta que sea verdaderamente *el tiempo* de Dios, porque ***los tiempos*** de Dios siempre son los mejores y más adecuados.

MATTHEW HENRY [1662-1714]
"Commentary on the Whole Bible", 1811

Vers. 16. *Haz resplandecer tu rostro sobre tu siervo; sálvame por tu misericordia.* *[Haz resplandecer tu rostro sobre tu siervo; sálvame por tu misericordia.* RVR*] [Haz resplandecer tu rostro sobre tu siervo; sálvame en tu misericordia.* LBLA*] [Haz resplandecer tu rostro sobre tu esclavo, ¡Sálvame por tu misericordia!* BTX*] [Que tu favor brille sobre tu siervo; por causa de tu amor inagotable, rescátame.* NVI*] [Muéstrate favorable con tu siervo, por tu amor ponme a salvo.* BLP*] [Que tu favor brille sobre tu siervo; por causa de tu amor inagotable, rescátame.* NTV*]*

[136] Cita de ROBERT BROWNING [1812-1889] en *"Saul" Dramatic Romances and Lyrics* (1845). *"I report as a man may of God's work—all's love, but all's law. / In the Godhead I seek and I find it, and so it shall be / A face like my face that receives thee, a Man like to me / Thou shalt love and be loved by for ever, a hand like this hand / Shall throw open the gates of new life to thee: See the Christ stand!"*.

[137] Isaías 58:12.

[138] 1 Samuel 24:4.

Haz resplandecer tu rostro sobre tu siervo.[139] Dale a mi alma la luz del sol del cielo, y desafiaré todas las tempestades de la tierra. Oh Señor, permíteme gozar del sentimiento de tu favor, de la certeza que estás complacido con mi manera de vivir, y no me importará que los hombres me calumnien todo lo que les plazca y frunzan el ceño. Para un siervo, saber que cuenta con el beneplácito de su señor, siempre es más que suficiente. Puede que otros se muestren insatisfechos con él, pero no le importa, no es a ellos a quienes desea servir; no son ellos quienes que le pagan el salario, por tanto, sus opiniones le tienen sin cuidado, no se considera su sirviente,

Sálvame por tu misericordia. El justo no conoce otro motivo de apelación que el de la misericordia; la posibilidad de plantear razones legales o méritos propios, David jamás llegó a soñarla siquiera.

C. H. SPURGEON

Haz resplandecer tu rostro sobre tu siervo. Cuando las negras nubes de las aflicciones y los problemas terrenales esconden de nosotros el favor del Señor, la fe sabe perfectamente que más allá de la nube sigue brillando, y por lo tanto, ora traspasando la nube y pidiendo que se desvanezca.

DAVID DICKSON [1583-1663]
"Explanation of the First Fifty Psalms", 1653

Vers. 17. ***No sea yo avergonzado, oh Jehová, ya que te he invocado; sean avergonzados los impíos, estén mudos en el Seol.*** *[No sea yo avergonzado, oh Jehová, ya que te he invocado; sean avergonzados los impíos, desciendan en silencio al Seol.* RVR*] [Oh Señor, no sea yo avergonzado, porque a ti clamo; sean avergonzados los impíos; que desciendan en silencio al Seol.* LBLA*] [No sea avergonzado, oh YHVH, por cuanto te he invocado, ¡Sean avergonzados los malos, y bajen en silencio al Seol!* BTX*] [No permitas que me avergüencen, oh Señor, pues a ti clamo por ayuda. Que los malvados pasen vergüenza, que queden callados en la tumba.* NVI*] [Señor, a ti te invoco, que no quede defraudado; queden así los malvados, que en el abismo sucumban.* BLP*] [No permitas que me avergüencen, oh Señor, pues a ti clamo por ayuda. Que los malvados pasen vergüenza, que queden callados en la tumba.* NTV*]*

No sea yo avergonzado, oh Jehová, ya que te he invocado. ¡Que mis oraciones no sean causa para tener que ruborizarme! Que mi confianza en Dios no llene la boca de los profanos con burlas.

Sean avergonzados los impíos, desciendan en silencio al Seol. Para su propio asombro y vergüenza, haz que mis entuertos se enderecen, que mis errores se corrijan; y que su propio orgullo les confunda terriblemente. Bajo el reinado gentil y apacible del Príncipe de Paz,[140] nuestras oraciones han de regirse bajo un espíritu menos beligerante, y, por tanto, frases como estas solo podemos usarlas en su sentido profético, sabiendo como sabemos muy bien, que la vergüenza y el silencio de la muerte son la mejor porción que los pecadores impíos pueden esperar. Lo que ellos deseaban para los creyentes despreciados, por decreto de la justicia retributiva, a la cual no pueden engañar ni pueden eludir,

[139] En hebreo הָאִירָה פָנֶיךָ עַל־עַבְדֶּךָ *hā'îrāh pāneḵā 'al-'aḇdeḵā* en clara alusión al יָאֵר יְהוָה פָּנָיו אֵלֶיךָ *yā'êr Yahweh pānāw 'êleḵā*, la bendición de Números 6:25: *"haga resplandecer su rostro sobre ti"*. Ver Salmo 67:1; 80:3,7,19; 119:135; Daniel 9:17.

[140] Isaías 9:6.

les acontecerá a ellos mismos: *"Amaba la maldición, y esta vino sobre él... Sea esta la paga del Señor para mis acusadores, y para los que hablan mal contra mi alma"*.[141]

C. H. SPURGEON

Vers. 18. *Enmudezcan los labios mentirosos, que hablan contra el justo cosas duras con soberbia y menosprecio.* *[Enmudezcan los labios mentirosos, que profieren insolencias contra el justo, con soberbia y menosprecio.* RVR*] [Enmudezcan los labios mentirosos, que arrogantes hablan contra el justo con soberbia y desprecio.* LBLA*] [Enmudezcan los labios mentirosos, que arrogantemente hablan contra el justo, con soberbia y menosprecio.* BTX*] [Silencia sus labios mentirosos, esos labios orgullosos y arrogantes que acusan al justo.* NVI*] [Enmudezcan los labios mentirosos que se insolentan contra el justo llenos de orgullo y desprecio.* BLP*] [Silencia sus labios mentirosos, esos labios orgullosos y arrogantes que acusan al justo.* NTV*]*

Enmudezcan los labios mentirosos.[142] Una oración absolutamente correcta y propia del espíritu cristiano ¿pues quién, fuera de una mala persona, daría a los mentirosos más cancha de la que corresponde? Que Dios los silencie, bien sea conduciéndolos al arrepentimiento, sometiendo sus mentiras a escarnio y pública vergüenza, o colocándolos en una posición en la que cualquier cosa que digan no sea tenida en cuenta.

Que profieren insolencias contra el justo, con soberbia y menosprecio. El pecado de los calumniadores radica en gran parte en el propio tema de su discurso: *"profieren insolencias"*, cosas duras y cortantes que acuchillan los sentimientos de los justos, hiriéndoles profundamente donde más les duela: su reputación. Y el pecado es aún mayor por la forma de su discurso; *"con soberbia y menosprecio"*; hablan como si ellos fueran la crema de la sociedad, y los justos la mera escoria de la vulgaridad. Los pensamientos de autosuficiencia y orgullo personal, con frecuencia dan por resultado estimaciones negativas, desfavorables y devaluantes de los demás. Cuanto más espacio procuramos para nosotros mismos, menos espacio dejamos para nuestros semejantes. ¡Qué iniquidad tan insoportable que los personajes más indeseables sean siempre los que más despotrican contra los hombres justos y buenos! No tan solo carecen de toda capacidad para apreciar su valor moral, del cual ellos carecen por completo, sino que además tienen la desvergüenza de encaramarse al estrado y juzgar a hombres y mujeres, al lado de los cuales ellos no son más que escoria. Bien puede la santa indignación incitarnos a desear cualquier cosa que sirva para librar al mundo de una impertinencia tan insoportable y una arrogancia tan detestable.

C. H. SPURGEON

Enmudezcan los labios mentirosos. Los perseguidores de la Iglesia durante los primeros siglos, según cuenta Tertuliano, menospreciaban a los cristianos acusándoles de ser unos incultos y malas personas, y en consecuencia solían pintar el Dios de los cristianos con la cabeza de un burro y un libro en la mano, para expresar que por mucho que simularan leer y aprender, eran necios e ignorantes.[143]

---

141 Salmo 109:17, 20.

142 En hebreo תְּאָלַ֫מְנָה *tê'ālamnāh* de אָלַם alam, sintagma único que solo aparece en este Salmo. Un claro enlace con la última frase del versículo anterior: *"desciendan en silencio al Seol"* (31:17). En la concepción del A.T. el Seol era el reino o mundo del silencio.

143 Existe un famoso grafito romano conocido como *"Alexamenos graffito"*, y también como "grafito blasfemo" pintado sobre yeso en la pared de una habitación cerca del la Colina del Palatino en Roma, que

El Obispo Jewel,[144] en su sermón sobre las palabras de Lucas *"Pero algunos de ellos dijeron: "Por Beelzebú, príncipe de los demonios, echa fuera los demonios"*.[145] cita las palabras de Tertuliano y las aplica a su propia época. ¿Acaso nuestros adversarios no han dicho siempre lo mismo acerca de todos los profetas del evangelio?[146] El Obispo White no dudó en afirmar, en audiencia pública, que los puritanos no eran más que un hatajo de zopencos,[147] y añadió que: «Todos los que les siguen y apoyan no son más que zapateros, sastres, tejedores, gentes que nunca pisaron una Universidad!

CHARLES BRADBURY
"A cabinet of jewels opened to the curious by a key of real knowledge", 1785

Enmudezcan los labios mentirosos, que profieren insolencias contra el justo, con soberbia y menosprecio En el venerable y monumental documento original de la Iglesia Valdense, titulado *La lección de oro*,[148] y fechado en el año 1100, hallamos un verso que ha sido traducido de la siguiente forma:

Si alguno ama y teme a Jesucristo.
Y no maldice, jura o miente,
es casto, no mata, ni hurta de otros;
dicen que es un valdense, y merece castigo.

ANTOINE MONASTIER [1774-1852]
"Histoire de l'église vaudoise depuis son origine et des vaudois du Piémont jusqu'à nos jours", 1847

Vers. 19. *¡Cuán grande es tu bondad, que has guardado para los que te temen, que has mostrado a los que esperan en ti, delante de los hijos de los hombres!* *[¡Cuán grande es tu bondad, que has guardado para los que te temen, que has mostrado a los que esperan en ti, delante de los hijos de los hombres!* RVR*] [¡Cuán grande es tu bondad, que has guardado para los que te temen, que has obrado para los que en ti se refugian, delante de los hijos de los hombres!* LBLA*] [¡Cuán grande es tu bondad que has guardado para los que te temen, que has preparado para los que en Ti confían, delante de los hijos del hombre!* BTX*] [Qué grande es la bondad que has reservado para los que te temen. La derramas en abundancia sobre los que acuden a ti en busca de protección, y los bendices ante la mirada del mundo.* NVI*] [¡Qué inmensa es la bondad que reservas a quien te venera! La ofreces a quienes en ti confían, y todo el mundo es testigo.* BLP*] [Qué grande es la bondad que has*

---

certifica esto, representando a un soldado romano adorando a Cristo crucificado con una cabeza de asno. Ver nota 31 en el Salmo 7.

[144] Se refiere a JOHN JEWEL [1522-1571] Obispo de Salisbury en tiempos de Elisabeth I, afamado teólogo y autor de una conocida y citada *"Apology of the Church of England"*, 1562.

[145] Lucas 11:15.

[146] Mateo 23:37.

[147] En el original *"blockheads"*.

[148] En el original *""The Golden Lesson"* pero más conocido como *"The Noble Lesson"* puesto que su título original en occitano antiguo es: *"La Nobla Leyczon"*. El texto original en occitano es: *"Que se la n'i a alcun bon que volha amar Dio e temer Yeshu Xrist / Que non volha maudire, ni jurar, ni mentir, / Ni avoutrar, ni aucire, ni penre de l'autruy, / Ni venjar se de li sio enemic, / Ilh diçon qu'el es vaudes e degne de puni"*; y en francés es el siguiente: *"Que si y en a aucun bon qui aime et craigne Jésus-Christ, / Qui ne veuille maudire ni jurer ni mentir, / Ni adultérer ni occire ni prendre de autrui, / Ni venger soi de les siens ennemis, / Ils disent qu'il est Vaudois et digne de punir"*.

reservado para los que te temen. La derramas en abundancia sobre los que acuden a ti en busca de protección, y los bendices ante la mirada del mundo. NTV*]*

¡Cuán grande es tu bondad![149] ¿Acaso no resulta chocante encontrar una frase tan alegre en mitad de tanto dolor y aflicción? Ciertamente la vida de fe es un milagro. En cuanto la fe conduce a David a su Dios, lo pone a cantar a la vez. No precisa lo grande que es la bondad de Dios, porque no puede; no hay medidas para delimitar y describir la bondad inconmensurable de Jehová, que es la bondad misma. Cuando los adjetivos fracasan y se quedan cortos, el asombro santo echa mano de las interjecciones. Los signos de exclamación hacen bien su trabajo allí donde las palabras de explicación no sirven de nada. Si bien no podemos medirla, cuanto menos podemos asombrarnos; y aunque no podamos calcular con exactitud, sí podemos adorar con fervor.

Que has guardado para los que te temen. En su contemplación, el salmista divide la bondad divina en dos partes, la que esta almacenada y la que está en acción. El Señor tiene reservadas para su pueblo bondades más allá de toda la cuenta. En el tesoro de del pacto, en el campo de la redención, en los cofres de las promesas, en los graneros de la providencia, el Señor ha provisto para todas las necesidades que puedan posiblemente ocurrir a sus elegidos. Deberíamos considerar más a menudo la reservas de bondad de Dios aún no distribuidas a los elegidos, pero previstas y dispuestas para ellos: si nos dedicáramos a este tipo de contemplaciones y consideraciones, nos veríamos arrastrados a una mayor dosis gratitud, como la que resplandece en el corazón de David.

Que has mostrado a los que esperan en ti, delante de los hijos de los hombres. La misericordia celestial no permanece toda ella reservada y oculta en un almacén; se ha revelado ya en mil maneras a todos aquellos que tienen la osadía de invocar su confianza en Dios; y lo ha hecho delante de sus compañeros, para que una generación infiel pueda ser justamente reprendida ante las evidencias innegables de la bondad del Señor. Las demostraciones del favor del Señor para con los creyentes son abrumadoras, la historia está llena de casos sorprendentes, y nuestras propias vidas están repletas de prodigios de gracia. Servimos un Señor bueno y generoso. La fe recibe grande recompensa aún aquí y ahora, aunque busque su herencia completa en el futuro. ¿Quién no desea tener su parte con los siervos de un Señor, cuyo amor sin límites llena de asombro todas las mentes santas?

C. H. SPURGEON

¡Cuán grande es tu bondad, que has guardado para los que te temen! Así como un hombre previsor regulará su generosidad hacia los demás de tal forma que no falte a sus propios hijos o familiares, empobreciendo su propia casa con su prodigalidad excesiva hacia otros; así también Dios, cuando ejercita su benevolencia con aquellos que no son parte de su familia, *guarda* para sus hijos, *los que le temen,* aquello que por derecho hereditario; es decir, como consecuencia de su adopción,[150] les pertenece.

JUAN CALVINO [1509-1564]

¡Cuán grande es tu bondad, que has guardado para los que te temen! Subrayemos estas palabras; *"guardado para los que te temen"* Su misericordia y bondad piensa y se preocupa de ellos de

[149] En hebreo ̃מָֽה־רַב־טוּבְךָ *māh raḇ-ṭūḇəḵā* de רָב *rab,* "abundante", y טוּב *tub,* "bondad", una expresión que solo aparece de ese modo en este salmo y en el Salmo 145:7, y que denota una bondad ilimitada y en todos los sentidos. Ver al respecto Éxodo 33:19; Salmo 25:7; 103:8.

[150] Romanos 8:16-17; Gálatas 4:5-7; Efesios 1:5.

manera especial y particular, como un padre guarda en una bolsa una suma de dinero, y escribe en la misma: «Apartado para tal o cual hijo». Pero, ¿cómo es posible que los cristianos tengamos este derecho de parte de Dios, y acceso a todo el inmenso y jamás contado tesoro de felicidad ligado a él?[151] Un tema muy digno de considerar; pues es la fe la que le concede el derecho a ello. Lo que nos convierte en hijos, nos hace herederos. La fe nos hace hijos de Dios, pues: *"a todos los que le recibieron, a los que creen en su nombre, les dio potestad de ser hechos hijos de Dios"*.[152] De manera que no pongamos en tela de juicio nuestro derecho de nacimiento, ni cuestionemos en nuestra alma aquellos gloriosos privilegios que a través de Cristo nos pertenecen, simplemente, aferrémonos a la fe.

WILLIAM GURNALL [1617-1679]
"Christian in complete armour, or, a treatise of the saints war against the Devil", 1655

¡Cuán grande es tu bondad, que has guardado para los que te temen! Cuando medito en las palabras del profeta en este salmo, me viene a la mente la imagen de Dios como la de un padre que, sin duda, disciplina sus hijos y los castiga con vara;[153] pero que, con esfuerzo y trabajo, no aspira a otra cosa que a poder ahorrar y acumular para ellos una cantidad suficiente, de la cual puedan disponer para su bienestar cuando alcancen su madurez y hayan aprendido a administrarla con prudencia. Padre mío, escondes tu inmensa bondad de tus hijos en este mundo, como si no les perteneciera. Pero siendo tus hijos, podemos tener plena seguridad de que el tesoro celeste no será entregado a nadie más. Por tal razón, soportaré con paciencia la suerte que me ha tocado. Pero, ¡oh! déjame aspirar de cuando en cuando, aquí en la tierra, un soplo de aire celestial para refrescar mi corazón entristecido; pues ello me capacitará para esperar más sosegadamente hasta su plena realización.

CHRISTIAN SCRIVER [1629-1693]
También conocido por su pseudónimo, GOTTHOLD
"Gotthold's Emblems: Or Invisible Things Understood By Things That Are Made", 1671

¡Cuán grande es tu bondad! Permitidme que coloque en esa corona, que es el deber sagrado de la meditación, su diadema, avanzando un paso más: que la *meditación* nos conduzca a la *admiración*. No nos contentemos con que instruya nuestra mente, hagamos que se apodere también de nuestras emociones; sintámonos transportados, arrebatados y cegados por la belleza y trascendencia de las cosas celestiales; pasemos de la meditación a la admiración, buscando una clave más elevada que nos aproxime a modelos superiores, el de los santos y los ángeles que están en el cielo, cuya actitud es de la más pura, más elevada y extática admiración. David, fue un claro ejemplo de admiración en la meditación, como podemos comprobar en diversos salmos: *"Oh Señor, Señor nuestro, cuán glorioso es tu nombre en toda la tierra"*;[154] *"¡Cuán numerosas son tus obras, oh Señor"*;[155] y otros muchos pasajes en el Salterio, incluyendo el salmo que aquí comentamos: *"¡Cuán grande es tu bondad!"* (31:19). Para David, igual que las cuerdas de su arpa, la meditación y la admiración estaban siempre bien afinadas; y las pulsaba con maestría, arrancándoles acordes tan sublimes como a veces exóticos; tan puros como el oro refinado, tan brillantes como metal bruñido; y tan preciosos y valiosos como la gema más exquisitamente tallada. Y el bienaventurado apóstol Pablo, también maestro en la meditación, no fue menos virtuoso en la admiración; su alma ardía en llamas cuando se dejaba arrebatar

---

[151] Romanos 11:33; Colosenses 2:3.
[152] Juan 1:12.
[153] Proverbios 13:24; 23:14; 29:15.
[154] Salmo 8:1, 9.
[155] Salmo 104:24.

por ella: era cual pájaro de alas fuertes y prolongadas, que se eleva, y se eleva remontando hacia las alturas hasta que lo perdemos de vista.

NATHANIEL RANEW [1602-1672]
"Solitude improved by divine meditation, or, A treatise proving the duty and demonstrating the necessity, excellency, usefulness, natures, kinds and requisites of divine meditation", 1670

Delante de los hijos de los hombres. Probablemente el salmista se refiere a bendiciones temporales otorgadas a los piadosos, y evidentes para todos. Otros, sin embargo, entienden que está hablando de la recompensa a los justos otorgada de manera pública y notoria en el día del juicio; una teoría que, en este caso, encaja mejor con nuestra interpretación de la primera parte del versículo.

DANIEL CRESSWELL [1776-1844]
"The Psalms of David, According to the Book of Common Prayer: with Critical and Explanatory Notes". 1843

¡Cuán grande es tu bondad, que has guardado para los que te temen, que has mostrado a los que esperan en ti, delante de los hijos de los hombres! Creedme, señores, no podéis imaginar el gran amigo que podríais tener en Dios, si accedierais a establecer un pacto con él y a ser completamente suyos. Os digo que muchos como vosotros, que en un momento determinado de su vida se mostraron negativos ante Dios, apagando en su mente la luz de Cristo y odiando al Señor, negándose a reconocer la hermosura que hay en él; han cambiado de opinión; y ahora, ni por diez mil mundos renunciarían al amor que le profesan. ¿Quién se atreve a decir que Jesús es un Maestro duro?[156] ¿Quién que le conozca es capaz de afirmar que es un amigo poco amable? ¡Oh, que criaturas tan pobres y miserables somos, capaces de albergar en nuestras mentes sentimientos tan negativos y desagradables hacia nuestro Creador! ¿Acaso no habéis leído las Escrituras cuando afirman?: *"¡Cuán grande es tu bondad, que has guardado para los que te temen"*. ¿Pensáis que el salmista se excedió en su afirmación? ¿Qué dijo más de lo que él mismo y otros podían demostrar? Preguntadle, y os responderá dos versículos más adelante: *"Bendito sea el Señor, porque ha hecho maravillosa su misericordia para mi"* (31:21 LBLA). David podía hablar de ello con pleno conocimiento de causa, porque contaba con una amplia experiencia personal; y lo mismo vale para otros muchos miles, a quienes, como a él, el Señor les ha demostrado en sus vidas su bondad maravillosa. Por ello le vemos amonestar apasionadamente a todo el pueblo de Dios diciéndoles: *"Amad al Señor, todos sus santos"* (31:23), y a que testifiquen públicamente de su bondad reconociendo que: *"El Señor preserva a los fieles"*, a fin de que su testimonio de la bondad de Dios expresado por sus hijos, lleve al mundo entero a desarrollar pensamientos positivos con respecto a su Creador.

JAMES JANEWAY [1636-1674]
"Heaven upon Earth; or the Best Friend in the Worst Times", 1670

¡Cuán grande es tu bondad, que has guardado para los que te temen, que has mostrado a los que esperan en ti, delante de los hijos de los hombres! Conviene remarcar y analizar bien esta afirmación del salmista. En la primera cláusula nos dice que la bondad de Dios ha sido *"guardada"*; en el segunda, que ha sido *"mostrada"*. La bondad divina está *guardada* en la promesa, y es *mostrada* en su cumplimiento. Y esa bondad, *guardada para* y *mostrada a* todos aquellos que temen a Dios, la fidelidad de Dios nos compromete a creerla, por lo que nuestra fe, por así decirlo, compromete la fidelidad de Dios a cumplir la promesa.

NATHANAEL HARDY [1618-1670]

[156] Mateo 25:24.

Vers. 20. ***En lo secreto de tu presencia los esconderás de la conspiración del hombre; los pondrás en un tabernáculo a cubierto de contención de lenguas.*** *[En lo secreto de tu presencia los esconderás de la conspiración del hombre; los pondrás en un tabernáculo a cubierto de lenguas pendencieras.* RVR*] [De las conspiraciones de los hombres tú los escondes en lo secreto de tu presencia; en un refugio los pondrás a cubierto de los enredos de las lenguas.* LBLA*] [En lo secreto de tu presencia los esconderás de intrigas humanas. En un refugio los guardarás de las contiendas de la lengua.* BTX*] [Los escondes en el refugio de tu presencia, a salvo de los que conspiran contra ellos. Los proteges en tu presencia, los alejas de las lenguas acusadoras.* NVI*] [Tu rostro los ampara y protege de las conjuras humanas; los resguardas en tu Tienda de las lenguas pendencieras.* BLP*] [Los escondes en el refugio de tu presencia, a salvo de los que conspiran contra ellos. Los proteges en tu presencia, los alejas de las lenguas acusadoras.* NTV*]*

En lo secreto de tu presencia los esconderás de la conspiración del hombre. El orgullo es un arma de púas: la afrenta del soberbio es hierro que penetra hasta el alma; pero los que confían en Dios, están resguardados de forma segura en el Lugar Santísimo,[157] la parte más interior en el cual nadie se atreve a entrar; y aquí, en la morada secreta de Dios, la mente del santo disfruta de una paz sagrada que el pie del orgullo no puede perturbar. Los que habitan al pie de la cruz de Cristo se vuelven indiferentes a la burla de los poderosos. Las heridas de Jesús destilan un bálsamo que cura todas las heridas que infligen las armas del desprecio; de hecho, cuando va armado y protegido por la misma mentalidad que había en Cristo Jesús,[158] el corazón es invulnerable a todos los dardos del orgullo.

Los pondrás en un tabernáculo a cubierto de lenguas pendencieras. Las lenguas son más temibles que los animales de presa, y cuando atacan, es como si toda una manada de lobos anduviera suelta. Pero el creyente está seguro y a salvo incluso de este peligro, porque el pabellón real del Rey de reyes le proporciona protección y refugio sosegado. El tabernáculo secreto del sacrificio y el dosel real de la soberanía, ofrecen para el pueblo del Señor una doble seguridad en sus peores aflicciones. Fijémonos en la inmediatez de la acción divina: *"los esconderás", "los pondrás"*, el Señor está presente de modo personal en el rescate de sus afligidos.

C. H. SPURGEON

Los pondrás en un tabernáculo a cubierto de lenguas pendencieras. Esto es algo que nuestro amado y bendito Dios hace *secretamente,* de tal modo que ningún ojo humano pueda verlo ni percibirlo. Por tanto, los impíos ignoran por completo lo fuertemente protegido que está el creyente, en Dios, y en la presencia de Dios; de tal modo que no hay reproche o desprecio, ni lengua pendenciera en este mundo que puede causarle daño.

JOHANN ARNDT [1555-1621]
citado por WILLIAM WILSON [1783-1873]
en *"The Book of Psalms: With an Exposition, Evangelical, Typical, and Prophetical, of the Christian Dispensation"*, 1860

Vers. 21. ***Bendito sea Jehová, porque ha hecho maravillosa su misericordia para conmigo en ciudad fortificada.*** *[Bendito sea Jehová, porque ha hecho admirable su misericordia para conmigo en ciudad fortificada.* RVR*] [Bendito sea el Señor, porque ha hecho maravillosa su misericordia para*

[157] Salmo 27:5.
[158] Efesios 2:5.

mí en ciudad asediada. LBLA*] [¡Bendito sea YHVH, que hizo maravillosa su misericordia para conmigo como en ciudad fortificada!* BTX*] [Alaben al Señor, porque me ha mostrado las maravillas de su amor inagotable; me mantuvo a salvo cuando atacaban mi ciudad.* NVI*] [¡Bendito sea el Señor que me demostró su amor en momentos de angustia!* BLP*] [Alaben al Señor, porque me ha mostrado las maravillas de su amor inagotable; me mantuvo a salvo cuando atacaban mi ciudad.* NTV*]*

Bendito sea Jehová. Cuando el Señor nos bendice, nosotros no podemos por menos que bendecirle a él recíprocamente.

Porque ha hecho admirable su misericordia para conmigo en ciudad fortificada.[159] ¿Era esa ciudad fortificada Mahanaim, donde el Señor le dio la victoria sobre los ejércitos de Absalón?[160] ¿O se refiere a Rabá de Amón, donde sacó un importante botín?[161] ¿O quizá, y lo más probable, la misma Jerusalén, la ciudad fuerte donde experimentó la asombrosa bondad de su Dios más que en ningún otro lugar?[162] La gratitud nunca se queda corta de motivos y temas; sus *Ebenezeres*[163] quedan tan cerca unos de otros que forman una pared que bordea por ambos lados su camino al cielo. Ya sea en ciudades o en aldeas, nuestro bendito Señor se ha revelado a los hombres en numerosas ocasiones, y nunca olvidaremos algunos de estos lugares sagrados: el monte solitario del Hermón,[164] la aldea de Emaús,[165] los acantilados de Patmos,[166] o el desierto de Horeb,[167] son todos igualmente famosos cuando Dios se nos manifiesta en ellos con ropajes de amor.

C. H. SPURGEON

Vers. 22. *Decía yo en mi premura: Cortado soy de delante de tus ojos; pero tú oíste la voz de mis ruegos cuando a ti clamaba.* *[Decía yo en mi inquietud: Cortado soy de delante de tus ojos; pero tú oías la voz de mis ruegos cuando a ti clamaba.* RVR*] [Yo alarmado, decía: ¡Cortado soy de delante de tus ojos! Empero tú oíste la voz de mis súplicas cuando a ti clamaba.* LBLA*] [Alarmado, me dije: ¡Cortado fui de tu presencia! Pero Tú oíste la voz de mis súplicas cuando clamé a Ti.* BTX*] [Lleno de*

---

[159] En hebreo בָּר֣וּךְ יְהוָ֑ה כִּ֤י הִפְלִ֬יא חַסְדּ֥וֹ לִ֝֗י בְּעִ֣יר מָצֽוֹר *bārūḵ Yahweh kî hip̄lî ḥasdōw lî bə'îr māṣōwr.* La versión griega de los LXX o Septuaginta lee: εὐλογητός κύριος ὅτι θυαμαστόω ὁ ἔλεος αὐτός ἐν πόλις περιοχή y la Vulgata lo traduce al latín como *"Benedictus Dominus, quoniam mirificavit misericordiam suam mihi in civitate munita"*, "Bendito sea el Señor, porque maravillosamente ha hecho conmigo su misericordia en la ciudad fuerte". Hay versiones como la NVI o LBLA que traducen בְּעִ֣יר מָצֽוֹר *bə'îr māṣōwr* por *"ciudad asediada"*, pero con poca base puesto que está suficientemente claro que para "ciudad asediada" se utiliza la expresión בַּמָּצוֹר *bammāṣōwr* (Deuteronomio 20:19; 2 Reyes 24:10; 25:2; Jeremías 10:17; 52:5). La traducción de la BLP: *"en momentos de angustia"* es mera paráfrasis imaginativa. "Algunos exégetas lo ven como una referencia a la ciudad de Siclag, que le fue entregada a David por Aquís, rey de Gat, y posteriormente paso a ser parte del reino de Judá (1 Samuel 27:6).

[160] 2 Samuel 17:24-18:8.

[161] 2 Samuel 11:1; 12;26-31.

[162] 2 Samuel 5:6-10.

[163] La expresión hebrea עַל־הָאֶ֫בֶן הָעֵ֫זֶר *'al-hā-'e-ḇen hā'êzer* transliterada como EBENEZER y traducida: *"hasta aquí nos ayudó Jehová"*, se compone dos palabras hebreas que se pronuncian juntas: *Eben–ha-Ezer*, y significa más bien *"piedra de ayuda"* o *"piedra de la ayuda"* (1 Samuel 4:1; 5:1; 7:12). Ver al respecto Salmo 4:1 (comentario de Spurgeon).

[164] Mateo 16:18-2; 17:1-8.

[165] Lucas 24:13-35.

[166] Apocalipsis 1:9-11.

[167] Éxodo 3:1.

pánico, clamé: «¡Me han separado del Señor!». Pero tú oíste que supliqué misericordia y respondiste a mi pedido de auxilio. NVI*] [Yo, azorado, llegué a pensar: "Me has apartado de tu presencia". Pero tú oías mi voz suplicante mientras a ti clamaba.* BLP*] [Lleno de pánico, clamé: «¡Me han separado del Señor!». Pero tú oíste que supliqué misericordia y respondiste a mi pedido de auxilio.* NTV*]*

Decía yo en mi premura: Cortado soy de delante de tus ojos; pero tú oíste la voz de mis ruegos cuando a ti clamaba. La confesión de faltas y reconocimiento de errores siempre es un ejercicio oportuno; y en especial, cuando reflexionamos sobre la bondad de Dios, es momento adecuado para pasar revista a nuestras equivocaciones:

Decía yo en mi premura.[168] Por lo general cuando vamos con prisas farfullamos lo que no deberíamos; las prisas engendran el noventa por ciento de las equivocaciones. Las cosas dichas con precipitación se deslizan por la lengua muy rápidamente; pero a menudo permanecen en la conciencia durante años y años.

Cortado soy de delante de tus ojos. Una afirmación absolutamente impropia; pero la incredulidad anida incluso en el corazón del creyente más firme, y desde su pequeño rincón, aprovecha para disparar contra el Señor cuanto rencor y malicia le sea posible cuando el curso de la providencia no es tan suave como desearíamos y las cosas no marchan como quisiéramos. Ningún creyente verdadero ha sido jamás, ni jamás podría serlo, cortado de delante de los ojos de Dios; y no obstante, que duda cabe, muchos han creído serlo, y más de uno se ha precipitado en afirmarlo, como hizo David. Semejantes sospechas, tan tenebrosas como erróneas. deben ser erradicadas definitivamente de nuestras mentes.

Pero tú oíste la voz de mis ruegos cuando a ti clamaba. ¡Que misericordia tan grande es esta que, a pesar de nuestra incredulidad, Dios permanece fiel; y escucha nuestras oraciones incluso cuando nuestra mente está barajando dudas que deshonran su nombre! Si tenemos en cuenta los múltiples obstáculos que enfrentan nuestras oraciones en su camino al cielo, y la manera tan pobre en que las presentamos, es ciertamente maravilla de las maravillas que alcancen su destino y prevalezcan.

C. H. SPURGEON

Decía yo en mi premura: Cortado soy de delante de tus ojos; pero tú oíste la voz de mis ruegos cuando a ti clamaba. ¡Quién habría pensado que las oraciones del salmista, mezcladas con tanta infidelidad en el corazón peticionario, tenían posibilidad alguna de prevalecer a oídos de Dios! Pues sí: *"tú oíste la voz de mis ruegos cuando a ti clamaba"*

WILLIAM SECKER [¿?-1681]
"The Nonsuch Professor", 1660

Decía yo en mi premura: Cortado soy de delante de tus ojos. No, no, cristiano; una oración hecha con fe y de acuerdo con la voluntad de Dios, no tiene posibilidad alguna de quedar sin respuesta, por más que esta se demore. Podemos decir de ella como dijo David del arco de Jonathan: que no volvía atrás; y de la espada de Saúl: que nunca regresaba vacía.[169] Por ello el salmista, después de haber in-

---

[168] En hebreo וַאֲנִי אָמַרְתִּי בְחָפְזִי *wa'ănî 'āmartî ḇəḥāp̄əzî.* בְחָפְזִי *ḇəḥāp̄əzî* de חָפַז *chaphaz* es un verbo que solo aparece nueve veces, cinco de ellas en los libros poéticos y lo mismo vale para "pánico" como para "apresuramiento", aunque los contextos mayoritarios favorecen la idea de pánico. En este formato solo se utiliza en este versículo y en el Salmo 116:11. La versión griega de los LXX o Septuaginta utiliza ἔκστασις *ékstasis,* que la Jerónimo traduce al latín como *"in stupore meo"*, "en mi estupor". SCHÖKEL traduce: *"mi inquietud"*; KRAUS: *"mi angustia"*.

[169] 2 Samuel 1:22.

tuido erróneamente haber sido cortado de delante de los ojos de Dios, reconoce con humildad: *"pero tú oíste la voz de mis ruegos cuando a ti clamaba"*.

JOHN FLAVEL [1627-1691]
"Divine Conduct or The Mystery of Providence Opened", 1678

Decía yo en mi premura: Cortado soy de delante de tus ojos; pero tú oíste la voz de mis ruegos cuando a ti clamaba. Ahora que brilla el sol sobre nosotros, intensifiquemos el gozo y alegría de la mañana, aferrándonos con mayor firmeza al que se nos había ocultado en horas de la noche. Seamos admiradores perpetuos de la gracia y misericordia de Dios para con nosotros. Porque nos escuchó y protegió con su bondad, pese a no hallar en nosotros más que incredulidad e impaciencia; porque estando nosotros como Jonás en las profundidades del Seol,[170] sus entrañas se conmovieron, y su poder nos puso a salvo en tierra firme. ¿Pues qué vio en nosotros para acelerar su liberación, o para merecer su misericordia? De haber esperado para acudir en nuestro alivio a percibir en nosotros algo que le motivara, aún seguiríamos esperando en las profundidades; pues de nosotros mismos no aportamos a nuestra propia restauración más de lo que contribuimos al despuntar de la aurora y la salida del sol. Nada en absoluto. Éramos como los huesos secos que vio Ezequiel, inertes y sin fuerza; y también como ellos dijimos:*" Nuestros huesos están secos, y se ha perdido nuestra esperanza; y estamos cortados del todo"*.[171] ¿Qué Dios hay como el nuestro, que perdona la iniquidad, la transgresión y el pecado?[172] ¿Qué Dios hay lento para la ira y grande en misericordia, que no recrimina para siempre, ni para siempre guarda el enojo?[173] ¿Qué se enoja con nosotros tan solo por un momento, pero nos brinda la esperanza de su misericordia eterna?[174]

¡Oh, cuánto amor le debemos a Cristo, que ha abogado por nosotros cuando no teníamos nada que alegar a nuestro favor! ¡Que nos ha sacado del foso de los leones[175] y de las fauces del león rugiente![176] Como afirma la señora Sarah Wright: «Cuando creía haber traspasado todos los límites de la misericordia, obtuve misericordia; cuando me consideraba condenada irremisiblemente a causa de mi incredulidad, se me otorgó la esperanza del cielo. Estaba plenamente convencida de que en mi caso ya no había esperanza; y tan desesperada que mi futuro había dejado de preocuparme. En varias ocasiones me vi al borde de la muerte, y prácticamente ante las mismísimas puertas del infierno, pero entonces, Cristo las cerró ante mí. Me hallaba como Daniel en el foso de los leones, pero él detuvo a los leones y me libró de sus garras. La bondad de Dios es inescrutable; cuán inmensa es la excelencia de su majestad para que se digne mirar a una persona como yo; trayéndome paz, cuando estaba presa del terror, andando constantemente en mitad del fuego y el azufre».

TIMOTHY ROGERS [1660-1729]
"A Discourse on Trouble of Mind, and the Disease of Melancholy", 1691

Decía yo en mi premura: Cortado soy de delante de tus ojos; pero tú oíste la voz de mis ruegos cuando a ti clamaba. Es decir, me has abandonado totalmente y no puedo ya esperar que me mires ni te preocupes de mí. En cualquier momento pereceré en manos de Saúl, y así seré definitivamente

[170] Jonás 2:2.
[171] Ezequiel 1:11.
[172] Miqueas 7:18.
[173] Salmo 103:8-9.
[174] Salmo 30:5; Isaías 54:7-8.
[175] Daniel 6:21-23.
[176] 1 Pedro 5:8.

cortado de delante de tus ojos, destruido ante tu mirada.[177] Esto dijo en perplejidad[178] (pues así lo traducen algunos), lo cual indica la dimensión de su angustia: Saúl le pisaba los talones y estaba a punto de darle caza, y esto intensificó la tentación: *en mi premura* (así es como lo traducimos), indica el desasosiego y turbación de su mente, la tentación le vino por sorpresa, y le encontró con la guardia baja. Cuando hablamos de manera apresurada y precipitada, son muchas las posibilidades de equivocarnos diciendo algo que no debíamos haber dicho; pero de todo lo que hayamos dicho erróneamente por las prisas, tendremos que arrepentirnos larga y pausadamente, tengámoslo muy en cuenta; sobre todo lo que hemos dicho desconfiando de Dios.

Matthew Henry [1662-1714]
"Commentary on the Whole Bible", 1811

Decía yo en mi premura. A veces nos invade una pasión repentina, y la sacamos transformada en ira y rebeldía, que deriva en expresiones impropias; una explosión verbal desaforada, sobre la cual, al poco de haberla soltado, meditándola en nuestros corazones, tenemos que exclamar entristecidos: «Ojalá me hubiera mordido la lengua en lugar de dejarla suelta y a sus anchas» A veces, la erupción volcánica estalla en censuras injustas a colaboradores, compañeros y amigos, infinitamente mejores que nosotros, con lo cual, cuando reflexionamos, nos avergonzamos de habernos salido del tiesto, y mil veces desearíamos habernos juzgado a nosotros mismos antes que fustigar a nuestros hermanos.

Richard Alleine [1611-1681]
"Godly-Fear, or, The Nature and Necessity of Fear, and its Usefulness", 1674

Pero tú oíste la voz de mis ruegos cuando a ti clamaba. Como si hubiera dicho: cuando oré con tan poca fe, que, por así decirlo, musité[179] mi propia oración, sacando conclusiones desesperadas y erróneas sobre mi situación; a pesar de ello, Dios pasó por alto mi precipitación y la perdonó, y me concedió una misericordia que no merecía y que de hecho, en mi poca fe, ni de lejos esperaba. ¿Y cuál es el uso que hace el salmista de esta experiencia? Utilizarla como plataforma para alentar la fe y la esperanza de todos los creyentes en tiempos de necesidad: *"Esforzaos todos vosotros los que esperáis en Jehová, y tome aliento vuestro corazón"* (31:24).

William Gurnall [1617-1679]
"Christian in complete armour, or, a treatise of the saints war against the Devil", 1655

Decía yo en mi premura: Cortado soy de delante de tus ojos; *pero tú oíste la voz de mis ruegos cuando a ti clamaba.* El salmista confiesa la gran angustia en que se encontraba, y como su fe se debilitó y sucumbió bajo la tentación; lo cual reconoce para su propia vergüenza, y a su vez, para mayor gloria de Dios. De lo que aprendemos:

1. Que fe de los justos puede debilitarse, incluso la fe más fuerte y sólida puede presentar ocasionalmente síntomas de enfermedad. *"Decía yo en mi premura: Cortado soy de delante de tus ojos"*.
2. Que por mucho que se vea sacudida y se tambalee, cual árbol zarandeado por fuertes ráfagas de viento, la fe sigue firme en sus raíces que ahondan en buena tierra. Aunque a veces parezca ceder, no sucumbe; pues incluso cuando más débil se siente, siempre le queda un último recurso, un movimiento final como hacen a veces los luchadores. Pues no hemos de pasar por alto que David, aún en

[177] 1 Samuel 27:1.

[178] En hebreo בְּחָפְזִי *ḇəḥāp̄əzî* de חָפַז *chaphaz.* Ver al respecto la nota 1.

[179] En el original *"unprayed"*, des-oré.

el momento más crítico, el de mayor turbación y debilidad en su fe, ¿qué hace? se dirige a Dios en oración ferviente: *"cuando a ti clamaba"*.

3. Que la oración de fe, no importa cuán débil sea, no pasa desapercibida de Dios y es objeto de respuesta: *"tú oíste la voz de mis ruegos"*.

4. Que en una misma alma pueden darse reacciones y sentimientos duales y contradictorios: de opresión agobiante, y esperanza relajante; de oscuridad ante las dificultades, y luz esclarecedora de la fe; de desespero tambaleante por la duda, y sólido aferre a la verdad y bondad de Dios; de desmayo, y lucha enconada; de aparente rendición en la batalla, y embestida de la fe contra toda oposición; de una prisa irreflexiva, y una meditación sosegada, como leemos en este texto: *"Decía yo en mi premura: Cortado soy de delante de tus ojos"*.

DAVID DICKSON [1583-1663]
"Explanation of the First Fifty Psalms", 1653

Decía yo en mi premura: Cortado soy de delante de tus ojos; *pero tú oíste la voz de mis ruegos cuando a ti clamaba.* Ante la condescendencia del Señor al escuchar sus oraciones, incluso a pesar de su incredulidad, David da rienda suelta a su asombro ¿Acaso no nos asombramos ante el proceder de un hombre compasivo que nos otorgue nuestro deseo sin merecerlo? ¡Cuánto más no deberíamos asombrarnos ante la bondad y condescendencia de la Majestad soberana que rige los cielos y la tierra!

STEPHEN CHARNOCK [1628-1680]
"The Existence and Attributes of God", 1682

Vers. 23. *Amad a Jehová, todos vosotros sus santos; los fieles guarda Jehová, y paga abundantemente al que procede con soberbia.* *[Amad a Jehová, todos vosotros sus santos; a los fieles guarda Jehová, y paga abundantemente al que procede con soberbia.* RVR*] [¡Amad al Señor, todos sus santos! El Señor preserva a los fieles, y retribuye plenamente a los que obran con soberbia.* LBLA*] [Amad a YHVH, vosotros todos sus santos. YHVH preserva a los fieles, pero retribuye con creces al que actúa con soberbia.* BTX*] [¡Amen al Señor todos los justos! Pues el Señor protege a los que le son leales, pero castiga severamente a los arrogantes.* NVI*] [¡Amad al Señor todos sus fieles! El Señor cuida a quienes son leales y a los arrogantes castiga con creces.* BLP*] [¡Amen al Señor todos los justos! Pues el Señor protege a los que le son leales, pero castiga severamente a los arrogantes.* NTV*]*

Amad[180] *a Jehová, todos vosotros sus santos.*[181] Una exhortación tan afectiva como efectiva, que demuestra con claridad lo profundo del amor que sentía el escritor sagrado hacia su Dios. Una declaración particularmente hermosa, difícilmente podría entrañar y expresar mayor belleza, en tanto que

[180] En hebreo אֶֽהֱב֣וּ אֶת־יְהוָ֮ה *'ehĕḇū eṯ-Yahweh.* Aunque el verbo אָהַב *aheb,* "amar", aparece reiterativamente en los Salmos, va la ligado mayoritariamente a la ley: estatutos, testimonios, preceptos (Salmo 119); solo aparece ligado al nombre de Dios en dos ocasiones, en este versículo y en el Salmo 116:1: *"Amo a Jehová, pues ha escuchado la voz de mis súplicas"*. Y en todo el A.T. únicamente aquí aparece en este formato imperativo de אֶֽהֱב֣וּ *'ehĕḇū,* puesto que en Deuteronomio 6:5 y 11:1 se utiliza otro formato וְאָֽהַבְתָּ֔ *wə'āhaḇtā*. SCHÖKEL lo ve más que como un mandamiento, como una práctica en la que deben ejercitarse los santos: vivir exclusivamente para amar, amar a Dios y al prójimo (Mateo 22:36-40), y cita en este sentido a JUAN DE LA CRUZ [16542-1591] «Mi alma se ha empleado y todo mi caudal en su servicio; ya no guardo ganado ni ya tengo otro oficio, que ya solo en amar es mi ejercicio» (Cántico, *Canciones del alma*).

[181] En hebreo חֲסִידָ֑יו *ḥăsîḏāw*. Sobre la diferencia entre חֲסִידָ֑יו *ḥăsîḏāw* y סִידִים *ḥăsîḏîm "vosotros sus santos"* y *"vosotros sus leales"*, ver nota 13 del Salmo 149 en el Tomo I de El Tesoro de David editado por CLIE.

revela amor hacia un Dios que golpea con violencia,[182] un amor que las muchas aguas no podrán apagar.[183] Bendecir a un Dios que nos da, es tarea fácil; pero aferrarse a un Dios que nos arrebata, es una heroicidad obra de la gracia. Las aflicciones santificadas de uno solo pueden redundar en beneficio de todo el conjunto de los creyentes, si conducidos por las exhortaciones honestas de la gracia, les sirven para aprender a amar mejor a su Señor. Si los santos no aman al Señor, ¿quién lo hará? El amor es la deuda universal de toda la familia de los redimidos: ¿y quién desea ser exonerado de tan maravilloso tributo? Razones para ese amor nos sobran, pues el amor creyente no es un amor ciego.

A los fieles guarda Jehová. Tienen que ser pacientes por un tiempo, pero finalmente la recompensa llegará; y en el intervalo, toda la maldad y crueldad de sus enemigos no logrará destruirlos.

Y paga abundantemente al que procede con soberbia. También esto es motivo de gratitud: porque el orgullo es tan detestable en su proceder, que es merecedor de todo el amor de nuestras mentes santas que Dios lo retribuya justamente,.

C. H. Spurgeon

Amad a Jehová, todos vosotros sus santos. El santo salmista, con todo el fervor de un celo apasionado, nos alienta con estas palabras a que hagamos de Dios el objetivo central de nuestro amor, porque es la pasión incomparablemente más noble de una mente racional, su gloria más brillante, y su felicidad más gratificante. Pues resulta evidente, tanto a partir de los impulsos de nuestra propia naturaleza como de todo el conjunto de la revelación divina, que el deber integral que tenemos para con nuestro Hacedor; y a la vez la espina dorsal y esencia que inspira todo concepto religioso y vida de fe, es este: *"Amarás al Señor tu Dios con todo tu corazón, con toda tu alma y con toda tu fuerza".*[184]

William Dunlop [1692-1720]
"Sermons preached on Several Subjects and Occasions", 1722

Amad a Jehová, todos vosotros sus santos; a los fieles guarda Jehová; y paga abundantemente al que procede con soberbia.[185] Este versículo exige aclarar algunos términos y conceptos. La palabra *"sus santos"* según aparece en este versículo, significa o debe leerse: *los que sienten o experimentan misericordias. "Los fieles"*, es un termino que tanto puede aplicarse a las personas como a los conceptos: así pues, se dice que el Señor guarda y protege a los hombres fieles y verdaderos, como también que guarda y protege la verdad; aplica tanto a personas fieles como a conceptos y acciones fieles o fidelidades. *Paga abundantemente al que procede con soberbia*; como también: el Señor *retribuye plenamente;* o *el Señor* hace cosas maravillosas. *Abundantemente* puede entenderse tanto como *cumulum, abunde,* en sentido cuantitativo y acumulativo, como también *in nepotes,* es decir, en la descendencia, según lo interpretan algunos.[186] Pero yo, prefiero más bien *encomiar,* que no *enmendar* las traducciones: aunque a decir verdad, desearía que las muchas horas que algunos hermanos eruditos gastan disputando, las emplearan mejor en limpiar los originales, y así poder legar a nuestra

---

[182] 2 Samuel 6:6-8.
[183] Cantares 8:7.
[184] Deuteronomio: 6:5; Lucas 10:27.
[185] En hebreo וּמְשַׁלֵּם עַל־יֶתֶר עֹשֵׂה גַאֲוָה *ūməšallêm 'al-yeṯer 'ōśêh ḡa'ăwāh.* La versión griega de los LXX o Septuaginta lee: καὶ ἀνταποδίδωσιν τοῖς περισσῶς ποιοῦσιν ὑπερηφανίαν y la Vulgata lo traduce al latín como: *"et retribuet abundanter facientibus superbiam"*, "y retornará con medida colmada a los que obran con soberbia". Algunos códices antiguos unen el adverbio *"abundanter"* con el *"facientibus superbiam"* y traducen: "a los que son soberbios en gran medida", una traducción apoyada por Agustín.
[186] Éxodo 34:7; Deuteronomio 5:9-10.

posteridad un texto más puro de la Escritura, sería mucho más útil que emplear el tiempo arañando a otros con sus afiladas plumas, y convertir los pulpitos en un corral de gallos de pelea.

HUGH PETER [1598-1660]
en un sermón titulado *"Gods Doings, and Mans Duty"*[187]
predicado en la "Cámara de los Lores" del Parlamento en Inglaterra, el 2 de abril de 1645

Y paga abundantemente al que procede con soberbia. Y aquí, la pregunta natural que nos viene es: ¿cómo recompensa Dios a los orgullosos que proceden con soberbia? Aunque los caminos del Señor son inescrutables, y muchas veces sus veredas van por las nubes, y otras sus juicios en las profundidades;[188] y a los que obran con soberbia se les abonará hasta el último cuadrante[189] en el gran día final; de la Escritura intuimos que incluso en esta vida retribuye parte a los soberbios en los que llama *"los días de la retribución"*,[190] y que habitualmente se manifiestan en la siguiente forma:

1. Con *represalia* o desquite: Como el caso de Adoni-bezec, que cortaba los pulgares de las manos y de los pies de otros, y le cortaron los suyos.[191] (Jueces 1:7). Así los judíos de Jerusalén, que vociferaban: *"¡Crucifícale! ¡Crucifícale!"*,[192] y muchos de ellos acabaron crucificados; pues según nos cuenta Josefo, no había en los bosques alrededor bastante madera para hacer tantas cruces; ni espacio, para a tantos crucificados.[193] Las trampas que cava el orgulloso acaban sirviendo para él mismo, y de ello da abundante testimonio la Escritura.[194]

2. Mediante desengaños vergonzosos, no alcanzando a cosechar de lo que habían sembrado, o no comiendo lo que habían cazado, lo cual se ve claro en el pueblo judío cuando Cristo se hallaba entre ellos. Judas traicionó a Jesús por dinero, y no vivió para poder gastarlo.[195] Pilato, para agradar al César, pasa por alto todas las advertencias, y accede a dar muerte a Jesús, acarreando la ruina de ambos, la suya propia y también la del Cesar. Los sacerdotes judíos, para resguardar su dominio y privilegios (que pensaban que el hijo de José y María les quería arrebatar) clamaron a gritos exigiendo su muerte, que demostró resultar en un sepulcro para ellos y su dominio. Los desdichados habitantes de Jerusalén, que apoyaron que fuera crucificado (por el temor a que los romanos tomaran su ciudad), lo que lograron con su muerte fue abrir de par en par las puertas a los romanos. Sí, y el propio César, por temor a que el abrir a Cristo las puertas del imperio produjera un cambio en su sistema de gobierno, se enfrentó a un cambio tal que muy pronto se vio sin cetro y sin corona de la que presumir, según se desprende de las historias de Tito y Vespasiano.[196] La manera que tiene Dios de tratar con los soberbios la describe el propio salmista en otro pasaje con magistral elegancia: *"He aquí, el impío concibió*

---

[187] Publicado como *"Gods Doings, and Mans Duty Opened in a Sermon Preached before both Houses of Parliament, the Lord Major and Aldermen of the City of London, and the Assembly of Divines; at the last Thanksgiving Day, April 2."*

[188] Isaías 55:8-9.

[189] En el original *"the uttermost farthing"*, antigua moneda inglesa de un cuarto de penique.

[190] Oseas 9:7.

[191] Jueces 1:6-7.

[192] Lucas 23:21.

[193] Flavio Josefo, "Las Guerras de los Judíos" Libro iv, Capitulo 5:1. Publicado por CLIE en español.

[194] Esther 7:10; Salmo 9:15; 35:8; 140:5.

[195] Mateo 27:5-10.

[196] Se refiere a los emperadores romanos VESPASIANO [9-79] y TITO [39-81], que llevaron a cabo la campaña en Judea y destrucción de Jerusalén. Vespasiano murió al cabo de diez años de haber sido proclamado emperador, víctima de una inflamación intestinal que le produjo una diarrea aguda y fuertes dolores, totalmente enajenado y exclamando fuera de sí, según cuenta el historiador SUETONIO [70-126] en "Las vidas de los doce cesares": *"Vae, puto deus fio"* "Pobre de mí, creo que me estoy convirtiendo en un dios". Tito

maldad, gestó iniquidad, y dio a luz fraude. Pozo ha cavado, y ha ahondado; y en el hoyo que hizo caerá. Su iniquidad se volverá sobre su cabeza, y su agravio caerá sobre su propia coronilla".[197]

HUGH PETER [1598-1660]
en un sermón titulado *"Gods Doings, and Mans Duty"*[198]
predicado en la "Cámara de los Lores" del Parlamento en Inglaterra, el 2 de abril de 1645

Vers. 24. ***Esforzaos todos vosotros los que esperáis en Jehová, y tome aliento vuestro corazón.*** *[Esforzaos todos vosotros los que esperáis en Jehová, y tome aliento vuestro corazón.* RVR*] [Esforzaos, y aliéntese vuestro corazón, todos vosotros que esperáis en el Señor.* LBLA*] [¡Esforzaos todos los que esperáis en YHVH, y tome aliento vuestro corazón!* BTX*] [Así que, ¡sean fuertes y valientes, ustedes los que ponen su esperanza en el Señor!.* NVI*] [¡Manteneos firmes, seguid con ánimo cuantos en el Señor tenéis esperanza!* BLP*] [Así que, ¡sean fuertes y valientes, ustedes los que ponen su esperanza en el Señor!* NTV*]*

Esforzaos.[199] Mantened vuestro espíritu en alto, no deis albergue ni a un solo pensamiento de cobardía que haga palidecer vuestras mejillas. El miedo debilita, el valor fortalece. La victoria aguarda sobre las banderas de los valientes.

Y aliéntese vuestro corazón. Seréis investidos de poder desde lo alto[200] en la manera más efectiva, recibiendo fuerzas suministradas desde la fuente misma de vitalidad. Lejos de abandonarnos, en la adversidad el Señor se acercará más a nosotros, insuflando en nosotros su propio poder.

Todos vosotros que esperáis en el Señor. Alzad vuestras cabezas y cantad con alegría en vuestro corazón.[201] Dios es fiel, y jamás defrauda siquiera a los más insignificantes de sus hijos que *en él confían.* Por tanto, ¿de qué hemos de sentir miedo?[202]

C. H. SPURGEON

Tened buen ánimo, todos vosotros los que esperáis en el Señor, y él fortalecerá vuestro corazón.[203] El coraje y valentía del cristiano cabe describirla en los siguientes términos: Es la audacia impertérrita de un corazón santificado, que ante el llamado de Dios a una buena causa, se aventura a soportar todo tipo de penalidades y se arriesga a los mayores peligros. El *genus,* o estirpe de la misma, es el de una audacia imperturbable. Esta valentía, o animosidad como prefieren llamarla algunos, se da tanto en los

falleció a los dos años de tomar el poder, tras la muerte de Vespasiano, a causa de unas fiebres, el 13 de septiembre de 81.

[197] Salmo 7:14-16.

[198] Ver nota 187.

[199] En hebreo חִזְקוּ וְיַאֲמֵץ *ḥizqū wəya'ămêṣ* de los verbos חָזַק *chazaq* y אָמַץ *amets,* que encontramos dirigida al pueblo en Deuteronomio 31:6, Josué 10:25 y 2 Crónicas 32:7: חִזְקוּ וְאִמְצוּ *ḥizqū wə'im-ṣū, "esforzaos y sed valientes",* y particularmente a Josué חֲזַק וֶאֱמָץ *ḥăzaq we'ĕmāṣ* en Josué 1:6, 7, 9, 18: *"esfuérzate y sé valiente".* Pablo parece aludir a esta expresión al final de su epístola a los Corintios: *"Velad, estad firmes en la fe; portaos varonilmente, y esforzaos"* (1 Corintios 16:13).

[200] Lucas 22:49.

[201] Salmo 20:5; 98:4; Sofonías 3:14; Zacarías 9:9.

[202] Salmo 118:6; Romanos 8:31.

[203] Así traduce este texto la versión inglesa KJV: *"Be of good courage, and he shall strengthen your heart, all ye that hope in the Lord".* Lo hemos traducido literalmente para encajarlo con el comentario, dado que nuestras versiones españolas difieren sensiblemente.

hombres como en algunas especies animales. Se dice que en león es el más fuerte entre las fieras porque no retrocede ante ninguna.[204]. En el libro de Job hallamos una elegante y poética descripción del caballo de guerra que hace referencia a su audacia.[205] Y esta misma audacia que tienen algunos brutos, se menciona como semejante al valor que a Dios le complace conceder a algunos hombres. Esta es la promesa del Señor: *"Como diamante, más duro que el pedernal he hecho tu frente; no los temas, ni tengas miedo delante de ellos".*[206] La locución *"más duro"*, en hebreo כְּשָׁמִיר חָזָק מִצֹּר *kəšāmîr ḥāzāq miṣṣōr* de שָׁמִיר *shamir,* y צֹר *tsor,* con el adjetivo חָזָק *chazaq,* la traduce la versión latina por *"fortiorem petra"*, el pedernal, la roca que no teme las inclemencias del tiempo: sea verano o invierno, haya sol o lluvia, frío o calor, heladas o nieve; no se sofoca, no se encoge, no cambia en su complexión: sigue siendo la misma. Así es también, en términos generales, es la valentía y *el coraje* del cristiano.

En segundo lugar, centrémonos en el sujeto, en este caso el *corazón,* el puesto de mando o castillo desde el cual el coraje ordena y ejerce su disciplina militar; (y si se me permite decirlo de otro modo) el pecho, que es el alma de un soldado valiente. Algunos sostienen que la palabra *coraje,* deriva del latín *cordis actio,* es decir, acciones propias del corazón. La Escritura describe al valiente como un hombre *"cuyo corazón es como el corazón de un león".*[207] Y en algunos casos la expresión hebrea וְאַמִּיץ *wə'ammîṣ,* que traducimos como esforzado, intrépido: *"Y aun el más intrépido entre los valientes"*[208] puede traducirse perfectamente y más adecuadamente como: *"Y aún el hombre de corazón...".*

Amados, la valentía no consiste en una mirada fiera y aviesa, en un gesto hosco y amenazante, en bravuconadas, insultos y términos altisonantes; consiste en la entereza, en el vigor y fortaleza que haya dentro de tu pecho. A menudo los cobardes se esconden detrás de un semblante huraño y un rugido amenazador; mientras que la verdadera fortaleza habita en el pecho de aquel cuyo comportamiento y aspecto exterior promete poco en este sentido.

En tercer lugar, tengamos en cuenta los requisitos: antes me he referido a *la audacia impertérrita de un corazón santificado,* porque no estoy hablando del coraje y valentía como virtud moral, pues esta, también la poseen los paganos que no conocen a Dios; y muchos no cristianos la han demostrado y sido altamente elogiados por ella. Estoy hablando más bien del coraje como virtud espiritual, como un don de la gracia, concedido al pueblo de Dios en virtud de pacto específico. Y visto bajo este prisma, hay tres cosas que lo caracterizan y distinguen del coraje y valentía desde un punto de vista moral: (1) La *raíz* de la cual brota; (2) *la norma* por la cual se rige; (3) y *el fin* que busca o persigue:

1. La *raíz* de la cual brota el coraje del cristiano es su amor a Dios. Todos los santos de Dios que aman sinceramente al Señor, son de buen ánimo. ¿Por qué? *"Porque el amor de Cristo* –dice el apóstol Pablo– *nos constriñe",*[209] esto es, nos empuja a arrostrar los mayores peligros y afrontar las empresas mas audaces si es por la causa del Señor.

2. La *regla* por la cual se rige es *la Palabra de Dios:* aquello que el Señor ha tenido a bien dejar registrado en las páginas sagradas de la Escritura para guía del cristiano: *"Y Jehová te dé entendimiento y prudencia, para que cuando gobiernes a Israel, guardes la ley de Jehová tu Dios. Entonces serás prosperado, si cuidares de poner por obra los estatutos y decretos que Jehová mandó a Moisés para Israel. Esfuérzate, pues, y cobra ánimo; no temas, ni desmayes".*[210] Seamos audaces, pero que nuestra audacia sea siempre conforme a la mente y voluntad de Dios; no a nuestro antojo, sino de acuerdo con la *regla,* que es su Palabra.

---

[204] Proverbios 30:30.
[205] Job 39:19.
[206] Ezequiel 3:9.
[207] 2 Samuel 17:10.
[208] Amós 2:16.
[209] 2 Corintios 5:14.
[210] 1 Crónicas 22:12-13.

3. Y *el fin* que busca o persigue es Dios. Porque una persona santificada, es aquella que negándose a si misma, pone los intereses de Dios por encima de los suyos propios y personales *"Si alguno quiere venir en pos de mí, niéguese a sí mismo, y tome su cruz, y sígame"*.[211] Para el creyente, Dios es el centro de su vida; en Dios se apoyan todas sus empresas y giran todas sus actividades; y su alma no se siente satisfecha de otra manera, a menos de que todo lo que haga en su vida sea siempre para mayor gloria de Dios.

SIMEON ASHE [1598-1660]
"Sermon preached before the Commanders of the Military Forces of the renowned Citie of London", 1642

Tened buen ánimo. ¿Debo mencionar algunas de las responsabilidades importantes que pesan sobre nuestras conciencias? La severidad que se nos exige en algunos pasajes de la Escritura: *si tu ojo te es ocasión de pecar, sácalo... si tu mano es motivo de caer, córtala...;*[212] *y si tu pie te sirve de tropiezo, cercénalo* ¿pensáis que encaja con un temperamento pusilánime? ¿Creéis que nadie hará tal cosa a menos que tenga un espíritu valiente y un coraje a toda prueba? Para el hombre carnal, deshacerse de los deseos de la carne, equivale a masacrar su propio cuerpo; y por tanto, una labor penosa y dolorosa, tanto, como si fuera cercenando y arrancándose uno a uno los distintos miembros de su cuerpo físico. Y aparte de esto, siempre quedan en el corazón de todo cristiano, reductos de maldad que deben ser abatidos; muchos valles que elevar, montes y collados que rebajar, muchos precipicios escabrosos que allanar, y breñas que convertir en planicie.[213] Oh, amados, dejad que os recuerde las muchas colinas que nos esperan en nuestro camino de peregrinaje al cielo, y que tendremos de remontar: y las rocas escarpadas que tendremos que escalar; y sin valor y coraje, desde luego, la labor que nos ha sido encomendada no se completará. Y están además los muros de Jerusalén que precisan ser reparados,[214] y el templo para ser edificado de nuevo. Si Nehemías no hubiera sido un hombre de coraje, jamás hubiera emprendido la labor gigantesca en la que se metió de lleno. ¿Cómo aplica esto a nosotros y al momento que estamos viviendo? ¿A nuestra reforma que hemos iniciado?[215] Es algo que prefiero dejar a vuestra consideración. Tan solo os pido que meditéis profundamente estos dos versículos: *"Los que edificaban en el muro, los que acarreaban, y los que cargaban, con una mano trabajaban en la obra, y en la otra tenían la espada. Porque los que edificaban, cada uno tenía su espada ceñida a sus lomos, y así edificaban; y el que tocaba la trompeta estaba junto a mí"*.[216] Todos ellos, mientras llevaban a cabo el trabajo, estaban preparados y listos para la guerra.

SIMEON ASHE [1598-1660]

Y él fortalecerá vuestro corazón. Cristiano, lánzate, por amor a tu Señor, con audacia a la aventura y podrás comprobar como él mueve los hilos de su providencia para que todas las cosas te ayuden a bien.[217] Un comandante experto y competente, tiene tanto aprecio como cura de los soldados valientes y arrojados, esos combatientes capaces de luchar ante la mismísima boca de un cañón. Tan pronto

[211] Mateo 16:24.
[212] Mateo 5:29-30.
[213] Isaías 40:5.
[214] Nehemías 2:11-20; 3:1-32.
[215] El sentido es amplio y el autor lo deja a criterio del lector. Puede aplicarse a cualquier tipo de proyecto de cambio y mejora en todos los sentidos: personal, laboral, comunitario, ideológico, de conducta, de esfuerzo, etc.
[216] Nehemías 4:17-18.
[217] Romanos 8:28.

tiene noticias de que alguno de ellos se ha roto un hueso, manda enseguida buscar al traumatólogo. ¿Alguno de ellos ha sido herido y está sangrando? Manda al cirujano que lo atienda de inmediato lo mejor que pueda, y lo confina en la retaguardia hasta que se restablezca por completo. ¿Percibe que alguno está bajo de moral? Recurre a lo que haga falta y esté accesible en el campamento para levantarle el ánimo; no les escatima nada, nada para él es demasiado costoso con tal de asegurarse que cuenta con un buen puñado de valientes, ya que comieran oro, también se lo daría. Así también es con Dios. Oh, que alabanzas y encomios tan extraordinarios, que manifestaciones de amor tan dulces, leemos en la carta a la iglesia de Pérgamo: *"Yo sé tus obras, y dónde habitas, donde está el trono de Satanás; pero retienes mi nombre, y no has negado mi fe, ni aun en los días en que Antipas mi testigo fiel fue muerto entre vosotros, donde mora Satanás"*[218] Es decir, peleaste por Cristo en la mismísima cueva donde el diablo habita y gobierna; le plantaste cara y te mantuviste firme ante él, incluso cuando a otros se les había derretido ya el corazón y perdido todo su coraje. Esta es la clase de soldado valiente que Dios valora en sus filas; la tal persona tendrá el corazón de Dios en la palma de la mano, y el Señor le honrará y le otorgará todo tipo de consuelos. Lanzo pues, un desafío a vuestras conciencias: ¿no estáis de acuerdo conmigo que este es tipo de coraje que merece la pena tener? ¿La auténtica valentía que debemos buscar?

SIMEON ASHE [1598-1660]

[218] Apocalipsis 2:13.

SALMO 33

ALABANZA AL PODER DE DIOS

Título: Título: Este canto de alabanza carece de título o indicación acerca de su autor, «para enseñarnos –afirma Dickson-[1] que debemos contemplar la totalidad de las Sagradas Escrituras como inspiradas por Dios, y no atribuirles más o menos valor según los autores humanos de las mismas».[2]

C. H. SPURGEON

Estructura: El tema central de este cántico sagrado es la alabanza al Señor. Los versículos del uno al tres exhortan a los justos a alabarle (33:1-3); por la excelencia de su carácter (33:4-5); y por su Majestad en la creación (33:6-7). Se invita a todos los hombres a ser temerosos de Jehová, porque todos sus planes y objetivos se cumplen en la providencia (33:8-11). Se proclama bienaventurado a su pueblo (33:12). Se celebra la omnisciencia y la omnipotencia de Dios, y su cuidado para con su pueblo, en oposición a la debilidad humana,[3] (33:13-19); y concluye el salmo con una apasionada expresión de confianza, (33:20-21), y una ferviente oración (33:22).[4]

C. H. SPURGEON

Versión poética:

EXULTATE JUSTI IN DOMINO RECTOS DECET COLLAUDATIO

En el Señor, oh justos alegraos
alabadle con júbilo y contento,
que de alabar a Dios solo son dignas
las almas puras, los juicios rectos.

---

[1] Se refiere a DAVID DICKSON [1583-1662], pastor, predicador, escritor y poeta escocés; escribió varios comentarios numerosas obras y poemas; entre ellas un comentario a los Salmos; al Evangelio de Mateo; uno a las Epístolas (en latín y en inglés); una "Terapéutica Sacra: cuestiones de conciencia resueltas" (en latín); y un *"Treatise of the Promises"*, "Tratado de las Promesas".

[2] Aunque efectivamente carece de título en el Texto Masorético hebreo la versión griega de los LXX o Septuaginta lo atribuye a David: ὁ Δαυίδ. Y aunque no es considerado como un salmo acróstico o alfabético puro, pues no sigue estrictamente el orden de letras del alfabeto hebreo para comenzar cada versículo y en consecuencia Spurgeon no lo menciona como tal, tiene 22 versículos, justo las letras del alefato, casi todos de fórmula rítmica, razón por la cual muchos comentaristas lo consideran como un Salmo acróstico "de número".

[3] En el original *"an arm of flesh"*, "brazo de carne". Ver Jeremías 17:5.

[4] SCHÖKEL hace con respecto al marco de este Salmo una interesante observación: «Tres versículos abriendo y tres versos cerrando, el nombre *Yhwh* duplicado en ambos. En lo formal: cinco imperativos al principio, cuatro enunciativos al final. En el contenido: el comienzo invita al canto de acción de gracias o alabanza, al final se expresa la confianza y esperanza. De alguna manera, el comienzo mira al pasado para cantarlo, el final queda a la expectativa del futuro. El comienzo es final o desenlace, el final es comienzo o apertura. Todo el salmo es un momento intenso y concentrado en el movimiento de la vida y la historia». [*Salmos, Tomo I, 1-72,* Editorial Verbo Divino, Estella, Navarra, 1992].

Celebrad al Señor con alegría,
celebradle con cítara y salterio,
con tímpanos, con laudes y con arpas,
que suenen con diez cuerdas por lo menos.

Cantad su gloria, celebrad sus triunfos,
entonad en su honor cánticos nuevos
con conciertos de voces melodiosas,
y la armonía de los instrumentos.

Su palabra es fiel, es verdadera,
sus juicios son justos y derechos,
y las obras que salen de sus manos,
de su fidelidad son monumentos.

La piedad ama, ama la justicia,
si es piadoso, también es justiciero,
mas su misericordia soberana
llena la tierra, llena el universo.

Con solo una palabra ha establecido
toda esa inmensa mole de los cielos,
y les dio con un soplo de su boca
la fuerza, y la virtud que se ve en ellos.

Juntó todas las aguas en un vaso,
las encerró en el mar como en su lecho,
y creó en sus abismos escondidos
grandes tesoros que dejó secretos.

Que tema pues a Dios toda la tierra,
que le tema también el mundo entero,
y que a su vista tiemblen todos cuantos
tienen vida, y animan con aliento.

Desde que habló el Señor, todo se hizo,
desde que lo mandó todo fue hecho,
sin que el más breve espacio de un instante
pasase entre el mandato y el efecto.

Disipa, desvanece los designios
de las naciones, cuando no son buenos,
también los de los pueblos, y reprueba
de los reyes los pérfidos consejos.

Solo el consejo del Señor es firme,
imperturbable, sólido y eterno,
sus designios son santos, y subsisten
más allá de los siglos, y los tiempos.

Dichosa la nación que reconoce
al Señor por su Dios, y por su dueño,
y más dichoso el pueblo que ha escogido,
para darle el renombre de "su pueblo".

El Señor desde el trono soberano,
en que tiene fijado su alto asiento,
echó sobre los hijos de los hombres
la vista con semblante placentero.

Desde la inmensa habitación augusta,
que preparó para su solio excelso,
se dignó de mirar con ojos dulces
a los que habitan en el bajo suelo.

Él fue quien les formó los corazones,
por eso mira todos sus secretos,
y desde el alto punto en que reside,
registra sus menores pensamientos.

No salva su poder al soberano,
no le salvan sus tropas y dineros,
ni tampoco salvar puede al gigante
la extraordinaria fuerza de su cuerpo.

Pero salva el Señor a los que le aman,
salva a los que le temen, y sujetos
a sus leyes esperan sometidos
de su misericordia los efectos.

Salva sus almas de la eterna muerte,
los preserva de sustos y de riesgos,
los asiste y consuela en sus desgracias,
y hasta les da en sus hambres alimento.

Que nuestras almas pues en él esperen,
que esperen con paciencia y con respeto,
porque es nuestro baluarte, nuestro auxilio,
y la única defensa que tenemos.

Por su mucha bondad los corazones
deben estar alegres y contentos,
y es en su santo y soberano nombre
donde las esperanzas hemos puesto.

Haz pues, Señor, que tu misericordia
resplandezca en nosotros, disponiendo
que nos vengan auxilios y socorros,
según la alta esperanza que tenemos.

DEL "SALTERIO POÉTICO ESPAÑOL", SIGLO XVIII

Salmo completo: Acción de gracias de la Iglesia Triunfante en los tiempos finales, por su liberación definitiva tras el derrocamiento del Anticristo y sus ejércitos.[5]

SAMUEL HORSLEY [1733-1806]
"The book of Psalms : translated from the Hebrew, with notes, explanatory and critical", 1816

Salmo completo: Acompañemos por unos momentos al santo salmista en su meditación. Su salmo no está compuesto según el método escolástico, según el cual el autor se limita a unas reglas fijas; y, siguiendo escrupulosamente un método filosófico, establece las directrices, y de ellas se infieren consecuencias. Aunque sí establece unos principios básicos, los más adecuados para darnos ideas sublimes sobre el Creador; y habla de las obras y los atributos de Dios con mayor precisión de la que jamás hayan hablado los grandes filósofos.

¡De qué manera tan absurda hablan los filósofos acerca del origen del mundo! ¡Qué pocos han razonado de modo sistemático y concluyente sobre este tema tan esencial! En cambio, nuestro profeta resuelve la importante cuestión con un solo principio; y lo que es más notable: este principio, noblemente expresado, lleva implícita la más clara evidencia. El principio es: *"Por la palabra de Jehová fueron hechos los cielos,* y *todo el ejército de ellos por el aliento de su boca"* (33:6). Esta es la explicación más racional que se haya dado nunca sobre la creación del mundo. El mundo es obra de una voluntad inteligente y auto-eficiente, y solo este principio puede explicar su creación. Los aspectos más simples de la naturaleza son suficientes para conducirnos a este principio. O bien mi voluntad es auto-eficiente, o debe haber otro ser cuya voluntad es auto-eficiente. Lo que soy, procede de mis padres, y lo que afirmo de mis padres va ligado a mis antepasados, y a través de ellos de todas las demás criaturas finitas de las cuales deriva su existencia. Sin duda, o bien los seres finitos tienen una voluntad auto-eficiente; lo cual es absurdo, pues una criatura finita con una voluntad auto-eficiente es una contradicción; o hay una Causa primera que cuenta con una voluntad auto-eficiente. Y la existencia de ese Ser auto-eficiente es el principio del salmista: *"Por la palabra de Jehová fueron hechos los cielos,* y *todo el ejército de ellos por el aliento de su boca"* (33:6).

Y esos mismos filósofos que han razonado de forma inconclusa sobre el origen del mundo, hablan con la misma incertidumbre de su gobierno. El salmista resuelve también esta cuestión con gran facilidad, mediante otro principio que deriva del anterior y que lleva su evidencia de la misma manera:

[5] ATANASIO DE ALEJANDRÍA [296-373] en su carta a su discípulo Marcelino sobre la naturaleza y valor de los salmos le dice refiriéndose a este salmo: «Si quieres alabar a Dios en grupo, en compañía de otros creyentes justos y piadosos, cantad el Salmo 33». El Tomo I de "El Tesoro de David" incluye una traducción completa de la Carta de Atanasio a Marcelino. [Tomo I - pp. 50].

"Desde lo alto de los cielos mira el Señor; ve a todos los hijos de los hombres; desde el lugar de su morada observa a todos los moradores de la tierra" (33:13-14). Esta es la doctrina de la providencia. ¿Y en qué se basa la doctrina de la providencia? En este principio: *"Él modeló el corazón de cada uno, y conoce a fondo todas sus acciones"* (33:15). Prestad atención, hermanos, por unos momentos a la evidencia de este razonamiento. La doctrina de la providencia expresada en estas palabras: "*Y conoce a fondo todas sus acciones*" es una consecuencia necesaria de principio anterior: *"Él modeló el corazón de cada uno"*; y a su vez, este principio es una consecuencia necesaria de lo que el Salmista había establecido antes para explicar el origen del mundo: *"Por la palabra de Jehová fueron hechos los cielos,* y *todo el ejército de ellos por el aliento de su boca"*. Sí, de la doctrina de que Dios es creador de los hombres se deducen la de Dios como inspector, director, remunerador y castigador de sus acciones.

Una de las objeciones más engañosas que se han opuesto a la doctrina de la providencia divina es el contraste entre la grandeza de Dios y la pequeñez del hombre. ¿Cómo puede una criatura tan insignificante como el hombre ser objeto del cuidado y atención personal de un ser tan magnífico como Dios? No hay objeción que pueda ser más engañosa por ser, en apariencia, casi irrebatible. Pero la distancia entre el insecto más simple y el monarca más poderoso, que pisa y aplasta reptiles sin la menor consideración, es una imagen muy imperfecta de la relación y distancia entre Dios y el hombre. El argumento de que estaría por debajo de la dignidad de un monarca observar los movimientos de las hormigas o gusanos, interesarse en sus acciones y castigarlas o premiarlas, podría aplicarse a Dios, alegando que se degradaría si observara, dirigiera, castigara o premiara a la humanidad, que es infinitamente inferior a él. Pero para contestar esta objeción engañosa basta con un hecho: Dios ha creado la humanidad. ¿Se degrada más Dios gobernándola que creándola? ¿Quién puede aceptar que un Ser sabio ha dado a criaturas inteligentes las facultades para obtener conocimiento y virtud, sin desear que lo intenten? ¿O se puede concebir que un Ser sabio, que quiere que sus criaturas inteligentes adquieran conocimiento y virtud, no los reprenda si descuidan ese deber, ni los retribuya cuando se esfuerzan en hacerlo?

Los filósofos poco ilustrados han tratado "los atributos de Dios" tan herméticamente como suelen escribir sus obras. Los atributos morales de Dios, como se los llama en las escuelas filosóficas, han sido considerados misterios imposibles de desvelar. Y los han reducido a dos tipos; atributos de "bondad", y atributos de la "justicia". Y aún aquellos filósofos que los han admitido, más que razonar sobre ellos, los han dado por sentado sin haberlos demostrado. Recopilaron todas las perfecciones divinas reduciéndolas a un solo propósito que denominaron "un ser perfecto", y suponiendo, sin demostrarlo, que este ser perfecto existía, le atribuyeron, sin pruebas, todo lo que consideraron perfección. El salmista muestra de una manera más simple y segura que hay un Dios soberano, infinitamente justo y sumamente bueno. Para convencer a un ser racional de la justicia y la bondad de Dios, es necesario seguir un procedimiento similar al que se sigue para probar su existencia. Cuando demostramos la existencia de Dios decimos que, si existen criaturas, por tanto, hay un Creador. De la misma manera, para demostrar que una criatura es justa y buena decimos que en ella hay cualidades de bondad y justicia, por tanto, el Ser del cual estas criaturas derivan su existencia es un Ser justo y bueno.[6] Este es el razonamiento del salmista en este Salmo: *"El Señor ama la justicia y el derecho; de la misericordia de Jehová está llena la tierra"* (33:5); es decir, resulta imposible considerar la obra

[6] Ente razonamiento conocido como analogía del ser, en latín *"analogia entis"* o analogía del ente, parte de ARISTÓTELES [384-322 a.C], fue adoptado por el neoplatonismo, y retomado por TOMÁS DE AQUINO [1124-1227] y la escolástica como concepto metodológico central en la filosofía católica. Implica que todo ser (bien sea un objeto material, un fenómeno o una idea) es parecido a otro y, al mismo tiempo, distinto de él. Partiendo de este principio, se establece la escala jerárquica del ser para todas las criaturas creadas en la que Dios viene a ser la causa primigenia o causa primera, en tanto que la causa o fuente inicial de la

del Creador sin percibir pruebas de su bondad. Y las obras de la naturaleza que demuestran la bondad de Dios, demuestran también su justicia; porque Dios nos ha creado con tales disposiciones, que no podemos disfrutar de los dones de su bondad sin obedecer las leyes de su justicia. La felicidad del individuo que obtiene un placer desobedeciendo las leyes de equidad, es una felicidad violenta, que será efímera; y la prosperidad de los organismos públicos, cuando se fundamentan en la iniquidad, es un edificio sin fundamentos, que se hundirá y desaparecerá.

Pero lo que quiero remarcar en especial es que los excelentes principios del salmista acerca de Dios no son meras especulaciones, sino verdades de las que derivan inferencias prácticas; y que tienen como objetivo extender su influencia más allá de las personas como individuos, a los legisladores y gobernantes. Uno podría pensar, teniendo en cuenta el comportamiento de la humanidad, que las consecuencias que derivan de las doctrinas de las que hemos estado hablando atañen exclusivamente a las clases bajas, a la escoria de la sociedad; que los legisladores y gobernantes tienen un plan moral propio y distinto, por lo cual quedan por encima de las normas a las que deben someterse los demás seres humanos. Nuestro profeta-salmista pensaba de otra manera. ¿Cuáles son sus máximas en política? Pueden resumirse en estas palabras: *"Dichosa la nación cuyo Dios es Jehová, el pueblo que él escogió como heredad para sí"* (33:12). ¿Y cuáles son sus máximas militares? Pueden resumirse en estas palabras: *"El rey no se salva por la multitud del ejército, ni escapa el valiente por la mucha fuerza. Inútil para salvarse es el caballo; la grandeza de su vigor a nadie podrá librar"* (33:16-17). ¿Y quién propone estas máximas? ¿Un ermitaño que nunca formó parte de los escenarios del mundo real? ¿Un fracasado que no supo abrirse paso en la vida y no llegó a nada? ¡No! Uno de los reyes más sabios; uno de los generales más audaces y capaces; un hombre al que Dios eligió en particular para que gobernara sobre su pueblo elegido, para que comandara a los ejércitos que pelearon cruentas batallas y obtuviera las victorias más completas. Si tengo que explicar el sistema de razonamiento del salmista, diré que con el mismo derecho y razonamiento con el cual deduce la doctrina de la existencia de Dios de las obras de la creación; y la de los atributos morales de Dios en las de la naturaleza; partiendo de ambas, se siente con derecho a concluir que no hay legisladores ni gobernantes que se puedan considerar justos, y ser verdaderamente felices, sino actúan con arreglo a las leyes establecidas por el Señor soberano, justo y bueno.

JAMES SAURIN [1760-1842]
en un sermón sobre el Salmo 33 titulado *"The Manner of Praising God – Sermon XIII"*, 1827

Vers. 1. ***Alegraos, oh justos, en Jehová; en los íntegros es hermosa la alabanza.*** *[Alegraos, oh justos, en Jehová; a los rectos les va bien la alabanza.* RVR*] [Cantad de júbilo en el Señor, oh justos; apropiada es para los rectos la alabanza.* LBLA*] [¡Alegraos, oh justos, en YHVH! En los íntegros es hermosa la alabanza.* BTX*] [Canten al Señor con alegría, ustedes los justos; es propio de los íntegros alabar al Señor.* NVI*] [Regocijaos, justos, en el Señor; es buena para los honrados la alabanza.* BLP*] [Que los justos canten de alegría al Señor; les corresponde a los puros alabarle.* NTV*]*

Alegraos en el Señor.[7] La alegría es el alma, la esencia de la alabanza. Deleitarnos en el Señor es exaltarle con todo nuestro corazón, aunque nuestros labios no entonen cánticos. El mero hecho de

multiplicidad cualitativa del ente no puede ser más que una fuerza exterior, sobrenatural: Dios, en quien coinciden todas las similitudes y diferencias.

[7] Dicen al respecto los Padres de la Iglesia:

– BASILIO DE CESAREA [326-379]: «*"Alegraos en el Señor"*. No en vuestros campos que rebosan frutos de todas clases, no en la buena salud corporal de la que disfrutáis, no cuando las cosas marchan bien, sino:

que Dios exista, lo que él es y cómo es, y que sea nuestro Dios, nuestro eternamente y para siempre, debería despertar en nuestro interior una alegría incesante y desbordante. Alegrarse en las comodidades temporales es peligroso, alegrarnos en nosotros mismos es necio, alegrarnos en el pecado es fatal, pero alegrarnos en Dios es celestial. Quien quiera disfrutar del cielo por partida doble, debe comenzar a regocijarse en el Señor aquí abajo en la tierra, como hacen los que están arriba en el cielo.

Oh justos. Es vuestro deber en particular, la primordial entre otras muchas obligaciones, y vuestra naturaleza espiritual ha sido especialmente equipada para ello: priorizad, por tanto, este grato servicio.

Apropiada[8] *es para los rectos la alabanza.* Dios fija su mirada en las cosas que son adecuadas. Y cuando los santos visten sus túnicas corales, los ojos del Señor lo ven con agrado. El arpa se adapta a las manos lavadas con sangre. No hay joya que adorne mejor el rostro de un creyente que una oración santa. La alabanza de los cantantes profesionales, no regenerados, no es hermosa, es *"como zarcillo de oro en el hocico de un cerdo"*.[9] Los corazones fraudulentos emiten música deshonesta, pero la que sale de corazones justos y rectos es deleite para el Señor.[10] Si la alabanza ha de ser el ropaje de los santos en el cielo, es bueno que la prueben ya aquí abajo en la tierra.

C. H. SPURGEON

Alegraos, oh justos, en Jehová; apropiada es para los rectos la alabanza. Según los etimólogos, el verbo hebreo, רַנְּנוּ *rannənū* de רָנַן *ranan*, significaba en su origen: "danzar de gozo". Se trata de una un gozo rotundo, expresado mediante una exultación vivaz.

JOSEPH ADDISON ALEXANDER [1809-1860]
"The Psalms Translated and Explained", 1850

Alegraos, oh justos. No en vosotros mismos, pues esto no es seguro, sino *en el Señor.*

AGUSTÍN DE HIPONA [354-430]
"Enarrationes in Psalmos"

Alegraos, oh justos, en Jehová. Este salmo enlaza con el anterior a través de la palabra con la que se abre, que es una repetición de la exhortación con la que concluye el salmo precedente (Salmo 32): *"Alegraos en el Señor y regocijaos, justos; dad voces de júbilo, todos los rectos de corazón"* (32:11).

CRISTOPHER WORDSWORTH [1807-1885]
"Commentary on the Whole Bible", 1856

Apropiada es para los rectos la alabanza. La alabanza no es oportuna ni resulta atractiva en labios de cualquiera, únicamente de los rectos y piadosos. Un profano alabando a Dios es como un

---

"en el Señor". Alegraos de tener un Señor tan poderoso, tan sabio y bondadoso; alegraos al contemplar sus maravillas y saber que sois de él, que permanecéis en él, y él permanece en vosotros (Juan 15:4-8)».

– AGUSTÍN DE HIPONA [354-430]: «*"Alegraos, oh justos, en el Señor"* Que busquen los impíos su alegría en el mundo si ese es su deseo, más cuando el mundo termine, terminará también su alegría. Pero los justos alégrense en el Señor, porque así perdurará su regocijo, como el Señor permanece».

[8] En hebreo נָאוָה *nāwāh* de נָאוֶה *naveh,* un verbo que aparece únicamente en Salmos, Proverbios, Cantares, y una sola vez en Jeremías. Salmo 33:1; 147:1; Proverbios 17:7; 19:10; 26:1; Cantares 1:5; 2:14; 4:3; 6:4; Jeremías 6:2. Se traduce de distintas maneras: apropiado, adecuado, conveniente, bueno, agradable; hermoso.

[9] Proverbios 11:22.

[10] Proverbios 15:8.

estercolero sembrado con flores. En boca del pecador viene a ser como un oráculo en la boca de un necio: ¿Cómo puede ser apropiado que alabe a Dios una persona cuya vida le deshonra? Para el impío, que pasa la mayor parte de su tiempo en prácticas pecaminosas, alabar a Dios es tan inadecuado como pueda ser para un usurero hablar del vivir por fe; o para el Diablo citar la Escritura. Tan solo los justos y piadosos están en condiciones de formar parte del coro de alabanza a Dios y vestir lo que el profeta llama el *"manto de alabanza"*.[11] Una prenda peculiar, que tan solo luce adecuadamente sobre los hombros de los santos.[12]

THOMAS WATSON [1620-1686]
"The Godly Man's Picture", 1666

Apropiada es para los rectos la alabanza. Dios se complace en aquel cuyo agrado está en Dios.

AGUSTÍN DE HIPONA [354-430]
"Enarrationes in Psalmos"

Vers. 2. *Aclamad a Jehová con arpa; cantadle con salterio y decacordio.* *[Aclamad a Jehová con arpa; cantadle con salterio y decacordio.* RVR*] [Dad gracias al Señor con la lira; cantadle alabanzas con el arpa de diez cuerdas.* LBLA*] [Dad gracias a YHVH con arpa, cantadle con salterio y decacordio.* BTX*] [Alaben al Señor al son del arpa; entonen alabanzas con el decacordio.* NVI*] [Ensalzad al Señor con la cítara, con un arpa de diez cuerdas alabadlo.* BLP*] [Alaben al Señor con melodías de la lira; toquen música para él en el arpa de diez cuerdas.* NTV*]*

Aclamad a Jehová con arpa. Los seres humanos necesitamos toda la ayuda que podamos conseguir para estimular la alabanza. Esta es la lección que debemos sacar de la utilización de instrumentos musicales bajo la antigua dispensación. Israel estaba en proceso de aprendizaje y, en consecuencia, utilizaba cosas infantiles que le ayudaran en el proceso; pero en nuestros días, cuando Jesús nos ha dado madurez espiritual, podemos cantar las melodías sin tener que recurrir a cuerdas ni tubos de órgano que las acompañen. Con todo, pese a no considerar tales instrumentos imprescindibles en el culto, para no malograr su simplicidad, no condenamos su uso; y si algunos, como George Herbert[13] o Martín Lutero,[14] consideran que el uso de instrumentos bien afinados les ayuda para adorar Dios,

---

[11] Isaías 61:3.

[12] Dice al respecto AGUSTÍN DE HIPONA [354-430]: «¿Y quiénes son estos *"rectos"* en los cuales *"es apropiada la alabanza"*? No pretendo interrogaros sobre vuestra conducta; pero es probable que ninguno de vosotros se atrevería a responderme: 'Yo soy justo'. Y hacéis bien, porque *"no hay justo ni aún uno"* (Romanos 3:10). Como nadie se atrevería a responderme 'Yo no soy fiel'. ¿Por qué? Porque entendéis que no me refiero a vuestra vida, sino a vuestra fe. ¿Entonces? ¿Creéis en Cristo, tenéis fe en él, y no os consideráis entre los justos? ¿Acaso no habéis oído al Apóstol cuando afirma que: *"El justo por la fe vivirá?* (Romanos 1:17) [...] Por tanto *"Alegraos, oh justos en el Señor, pues a los rectos es apropiada la alabanza"*, y yo diría más: *"Alegraos, oh fieles, en el Señor, porque el justo por la fe vivirá"*».

[13] Se refiere a GEORGE HERBERT [1593-1633] clérigo anglicano, poeta y eminente compositor musical, autor tanto de la letra como de la música de muchos de los himnos cristianos clásicos.

[14] Se refiera al reformador alemán MARTÍN LUTERO [1483-1546], abierto defensor de la música y el acompañamiento musical de los himnos en el culto, puesto que solía cantar los himnos que él mismo componía acompañándose con un laúd. Otros reformadores, como ULRICO ZUINGLIO [1484-1531] prohibió completamente el uso de la música en el culto; y JUAN CALVINO [1509-1564] la limitó al canto de textos de la Escritura, pero sin el acompañamiento de instrumentos. Lutero no dudó en afirmar al respecto: «Tampoco

¿quiénes somos nosotros para negarles su derecho? Simplemente, no sentimos la necesidad, entendemos que más que ayudar obstaculizarían nuestra alabanza; pero si otros opinan de modo distinto, ¿no vivimos en la libertad del Evangelio? [15]

Cantadle. Esta es la mejor música y la más dulce. No hay instrumento que se equipare a la voz humana. En este sentido, diremos los instrumentos cabe el tolerarlos únicamente como ayuda al canto vocal, pues las teclas y las cuerdas, por sí mismas, no alaban al Señor.

Con salterio y decacordio. Para el Señor debe ser la octava completa, pues todas las notas son suyas y toda música le pertenece. Se mencionan distintas modalidades de música para enseñarnos que debemos alabar a Dios con todas nuestras capacidades, con todos los poderes que poseemos.

C. H. SPURGEON

Aclamad a Jehová con arpa; cantadle con salterio y decacordio. Esta es la primera mención que encontramos en los Salmos a instrumentos musicales. Es preciso señalar que los padres de los primeros siglos se opusieron de forma casi unánime a su utilización en las iglesias. Y siguen prohibidos en la Iglesia Oriental[16] hasta el día de hoy; donde, y en esto casi todos coincidimos, a pesar de ello el canto litúrgico es infinitamente superior a cualquier cosa que se pueda escuchar en Occidente.

JOHN MASON NEALE [1818-1866] y RICHARD FREDERICK LITTLEDALE [1833-1890]
en *"Commentary on the Psalms from Primitive and Mediæval Writers"*, 1869

Aclamad a Jehová con arpa; cantadle con salterio y decacordio. La Iglesia no utiliza para alabar a Dios instrumentos musicales como arpas o salterios, con el propósito de distanciarse de tendencias judaizantes.

TOMÁS DE AQUINO [1224-1274]
"Summa Theologica", Pregunta 91, Artículo 1

Aclamad a Jehová con arpa; cantadle con salterio y decacordio. El uso de estos instrumentos solo se permitió a los judíos, como sacrificio especial, debido a la terquedad y tosquedad de sus almas.

comparto en absoluto la opinión de que las artes han de ser marginadas y abolidas por el Evangelio, como pretenden algunos ultra-espirituales; más bien me encantaría ver todas las artes, especialmente la música, al servicio de Aquel que las creó y las otorgó en forma de dones» [*"Different Commandments: Sola Scriptura and Theologies of Worship in the Protestant Reformation"* Joshua Busman, (2010)].

[15] El agrio debate sobre el uso de la música e instrumentos en el culto cristiano viene de muy lejos. Además de las citas que transcribe Spurgeon a continuación cabría añadir otras en el mismo sentido de EUSEBIO DE CESAREA [267-338], AGUSTÍN DE HIPONA [354-430] o TEODORETO DE CIRO [393-458], por lo que parece bastante evidente que la iglesia primitiva no los utilizaba por considerarlo como algo judaizante o bien una reminiscencia de los cultos paganos. Como ya hemos dicho, JUAN CALVINO [1509-564] así como la mayoría de autores puritanos se oponían a la música instrumental en el culto; y Spurgeon, aunque como podemos ver no condena su uso y se declara dentro de la libertad del Evangelio abierto a los que decidan utilizarlos, personalmente era también opuesto a utilización, razón por lo cual en el *Metropolitan Tabernacle* la congregación cantaba sin acompañamiento instrumental.

[16] Se refiere a lo que conocemos hoy en día como Iglesia o Iglesias Ortodoxas.

Dios condescendió a su debilidad, a fin de apartarlos definitivamente de los ídolos; pero ahora, en lugar de órganos, podemos utilizar para alabarle nuestros propios cuerpos.[17]

JUAN CRISÓSTOMO [347-407]
"Homiliae in Psalmos"

Aclamad a Jehová con arpa; cantadle con salterio y decacordio. La costumbre de acompañar el canto con música instrumental no fue aceptada en las primeras comunidades cristianas, tan solo empleaban el canto vocal. Entendiendo que fue una concesión a los judíos a causa de su concepción espiritual más infantil,.

JUSTINO MÁRTIR [100-162]

Cantadle con salterio y decacordio. Se dice que David alabó a Dios con un instrumento de diez cuerdas; y, de hecho, nunca hubiera sido tan explícito en afirmar cuántas tenía, de no haber estado familiarizado con cada uno de los distintos instrumentos, que sin lugar a dudas utilizaba. Dios nos ha otorgado cuerpos físicos que, por así decirlo, son instrumentos de muchas cuerdas. ¿Y vamos a pensar que podemos ofrecerle música lo suficientemente buena, utilizando solo una de ellas, la lengua? ¡De ninguna manera! Hemos de emitir sonidos profundos con nuestro corazón, mediante pensamientos santos; sonidos penetrantes con nuestra lengua, mediante palabras santas; y sonidos estridentes con las manos, mediante obras piadosas. Juntémoslos todos, y para Dios sonará como un concierto, de hecho, es la única música en la que se complace.[18]

SIR RICHARD BAKER [1568-1645]
"Meditations and disquisitions upon the first psalme of David", 1640

---

[17] Es probable que Juan Crisóstomo fundamentara este comentario en Mateo 19:8; Marcos 10:5: *"Por la dureza de vuestro corazón, Moisés os permitió…"*, y otros pasajes paralelos como el Salmo 95:8; Génesis 7:7, pero, a nuestro modo de ver, sacando el texto fuera de su contexto.

[18] Dicen al respecto los Padres de la Iglesia:

– BASILIO DE CESAREA [326-379]: «Ante todo hemos de alabar a Dios con el *"salterio"*, esto es, mediante las acciones de nuestro cuerpo situándolas en la debida armonía. Puesto que fue con nuestro cuerpo con el que pecamos *"presentando nuestros miembros como siervos a la inmundicia y a la iniquidad, así ahora para santificación presentemos miembros como siervos a la justicia"* (Romanos 9:6). Ya que empleamos nuestros miembros como instrumentos para obrar maldad, utilicémoslos ahora esos mismos instrumentos para acabar con el pecado. ¿Has injuriado? Bendice. ¿Has defraudado? Restituye. ¿Te emborrachaste? Ayuna. ¿Actuaste con soberbia? Sé humilde ¿Te dejaste llevar por la envidia? Procede con generosidad. ¿Asesinaste? Afronta el martirio o su equivalente que es la pública confesión. Y después de la confesión serás digno de alabar al Señor *"al son del decacordio y del salterio, en tono suave con el arpa"* (Salmo 92:3-4). Pero es necesario corregir primero las disonancias en nuestras acciones ajustándolas en armonía con la palabra de Dios (…) pues únicamente de aquel que observa fielmente los mandamientos y preceptos de la Palabra, ajustando armónicamente a ellos su manera de vivir y proceder hasta conseguir una sinfonía agradable de alabanza, puede decirse que alaba a Dios con el decacordio».

– CASIODORO [485-583]: «El salterio y el decacordio los llevamos dentro de nosotros, pues cuando, por la gracia del Señor, no son solo nuestras voces sino también nuestras acciones las que entonan alabanza, entonces es el cuerpo entero que vibra glorificando a Dios, cual vibran esos instrumentos musicales».

Vers. 3. *Cantadle cántico nuevo; hacedlo bien, tañendo con júbilo.* *[Cantadle cántico nuevo; hacedlo bien, tañendo con júbilo.* RVR*] [Cantadle cántico nuevo; tañed con arte, con voz de júbilo.* LBLA*] [Cantadle cántico nuevo, ¡Hacedlo bien, tañendo con júbilo!* BTX*] [Cántenle una canción nueva; toquen con destreza, y den voces de alegría.* NVI*] [Cantad para él un cántico nuevo, tocad con esmero entre gritos de júbilo.* BLP*] [Entónenle un cántico nuevo de alabanza; toquen el arpa con destreza y canten con alegría.* NTV*]*

Cantadle cántico nuevo.[19] Todos los cánticos de alabanza deben ser *a él.* Cantar por cantar no merece la pena; debemos rendir nuestro tributo de alabanza al Rey, no echarlo a merced de los vientos; algo que no siempre toma en cuenta la mayoría de los fieles. Cuando magnificamos al Señor debemos extremar nuestras facultades para no caer en rutinas irreflexivas; hemos de lograr que todo cántico de alabanza sea un cántico nuevo. Pues es conveniente para mantener la frescura de culto público, e indispensable en el personal. Jamás presentemos una alabanza deslucida, pongamos en cada cántico que cantamos todo nuestro ser, alma y el corazón, puesto que sus misericordias no se agotan, son nuevas todos los días,[20] y constantemente contemplamos nuevas bellezas y virtudes en la palabra y el obrar de nuestro Señor.

Hacedlo bien. Es lamentable escuchar alabanzas a Dios cantadas de forma descuidada, pues el Señor merece lo mejor. Todo cristiano debe esforzarse por cantar según las reglas del arte, cantando al compás con el resto de la congregación y de un modo afinando. Pues aún las palabras más dulces, entonadas con las melodías más dulces, y cantadas por las voces más dulces, siguen siendo poco para el Señor nuestro Dios; no le ofrezcamos rimas cojas, con melodías chirriantes, gruñidas por voces discordantes.

Con voz de júbilo.[21] En la alabanza el corazón debe explotar y sobresalir. Los susurros educados no tienen cabida. Y no porque el Señor rechace escucharlos, sino porque es natural que una gran exultación se exprese ruidosamente. Los hombres lanzan gritos de júbilo ante la presencia de sus reyes; ¿y al Hijo de David no vamos a ofrecerle nosotros ruidosas hosannas con júbilo?[22]

C. H. SPURGEON

---

[19] En hebreo שִׁירוּ־לוֹ שִׁיר חָדָשׁ הֵיטִיבוּ *šîrū-lōw šîr ḥāḏāš hêṭîḇū.* Ver al respecto Salmo 40:3; 96:1 144:9; Isaías 42:10; Apocalipsis 5:9; 14:3.

[20] Lamentaciones 3:22-23.

[21] La versión inglesa KJV traduce: *"With a loud noise",* "con gran estruendo", "con algarabía". El texto hebreo dice: בִּתְרוּעָה *biṯrū'āh* de תְּרוּעָה *teruah,* "griterío alegre", estruendo de haber ganado una batalla, sonido de trompetas; el mismo sintagma se utiliza en 2 Samuel 6:15; 1 Crónicas 15:18; Esdras 3:12; Job 33:26; Salmo 47:5; Ezequiel 21:22; y Amós 1:14; 2:2. La versión griega de los LXX o Septuaginta lee: ἐν ἀλαλαγμός que la Vulgata traduce al latín como *"ei in vociferatione",* "con griterío". SCHÖKEL traduce *"vítores";* KRAUS, *"con sonido de júbilo".*

– BASILIO DE CESAREA [326-379] dice al respecto: «Por ese *"estruendo"* o *"griterío"* se refiere al sonido inarticulado que brota de las gargantas de quienes peleando en una misma batalla se entienden y se ayudan entre sí de una manera sorprendentemente armoniosa. Alabad pues al Señor de ese modo, en la armonía que surge de la concordia y la unidad del amor (Salmo 133:1-3)».

[22] Mateo 21:9.

Cantadle cántico nuevo.

1. *El canto es la música de la naturaleza.* Las Escrituras nos dicen que las montañas cantan;[23] los valles cantan;[24] los árboles del bosque cantan;[25] y más aún, son el salón de conciertos de las aves que habitan en los cielos, donde emiten sus notas musicales.[26]
2. *El canto es la música de las ordenanzas.* Agustín,[27] cuenta que cuando llegó a Milán y escuchó a los creyentes cantar en la iglesia, lloró de alegría ante una melodía tan agradable. Y Beza[28] confiesa que, en su primera visita a la congregación, al escuchar el canto del Salmo 91 se sintió tan reconfortado que conservó esa melodía en su corazón hasta pasado mucho tiempo. Los rabinos afirman que los israelitas, después de celebrar la festividad de la Pascua, cantaron el Salmo 111 y los cinco que le siguen. Y nuestro Salvador y sus apóstoles, inmediatamente después de la institución de la Santa Cena, cantaron un himno.[29]
3. *El canto es la música de los Santos.*
   I. Han cumplido este deber de manera colectiva en sus *grandes congregaciones.*[30]
   II. En sus momentos *de mayor apuro.*[31]
   III. En sus más *importantes batallas*.[32]
   IV. En sus *mayores liberaciones.*[33]
   V. En sus *mayores abundancias.*[34] En todos estos casos el canto ha sido considerado su deber y privilegio. Hasta los santos y siervos de Dios cantan sus alegrías y alabanzas al Señor Todopoderoso: pues todos y cada uno de sus atributos son motivo para su canto y melodía.
4. *El canto es la música de los ángeles.* Job nos dice que *"cantaban juntas las estrellas del alba"*.[35] Y estas *"estrellas del alba"*, como nos dice Pineda,[36] son los ángeles; una interpretación

[23] Isaías 55:12.
[24] Salmo 65:13.
[25] 1 Crónicas 16:33.
[26] Salmo 104:12.
[27] Se refiere a Aurelius Augustinus [354-430], más conocido como San Agustín o Agustín de Hipona, uno de los cuatro más importantes Padres de la Iglesia latina y uno de sus más eminentes doctores. Gran apologista cristiano, sus escritos suponen la primera gran síntesis entre el cristianismo y la filosofía platónica.
[28] Se refiere a Teodoro de Beza [1519-1605], erudito humanista y erudito teólogo reformado, fiel y aventajado discípulo de Juan Calvino [1509-1564], y en cierto modo su sucesor. Fue el primer Rector de la Academia de Lausana cuando fue inaugurada en 1559 y trabajó en una edición anotada del Nuevo Testamento en griego. En 1565 dividió toda la Biblia en versículos, división que hizo imprimir entre 1565 y 1604 en nueve ediciones del Nuevo Testamento griego de Erasmo de Rotterdam. Descubrió un importante códice el siglo vi, con los textos griego y latino de los Evangelios Sinópticos y los Hechos que presentó a la Universidad de Cambridge en 1581, y que se conoce como el *Codex Bezae.*
[29] Mateo 26:30.
[30] Salmo 149:1-2.
[31] Isaías 26:19.
[32] Isaías 42:10-13.
[33] Éxodo 15:1-21.
[34] Isaías 65:14.
[35] Job 38:7.
[36] Se refiere a Juan Pérez de Pineda [1500-1567], político y escritor español que, habiendo aceptado las ideas del protestantismo, escapó a Ginebra junto con los frailes jerónimos Casiodoro de Reina [1520-1594], y Cipriano de Valera [1532-1600], donde tradujo e imprimió en 1557 una versión de los Salmos dedicada a la hermana de Carlos V, María de Austria; así como también su propia traducción del Nuevo Testamento.

que apoya la versión caldea parafraseada, llamando a estas *"estrellas del alba"*, *"aciem angelorum"*, es decir, una hueste de ángeles. Más aún, cuando esta hueste celestial fue enviada para anunciar el nacimiento de nuestro amado Jesús, utilizaron esta forma más elevada de hacerlo. Entregaron su mensaje αινουντων[37] mediante un canto laudatorio en el que los ejércitos celestiales entonaron una partitura musical.[38] En el cielo los ángeles entonan música alegre; cantando aleluyas al Altísimo, y al Cordero que está sentado en el trono.[39]

5. *El canto es la música del cielo.* Los santos en gloria y los ángeles enfatizan sus alabanzas mediante el canto, y forman en su estado bendito una sola armonía: la música que alegra la cámara nupcial de la Esposa.[40] Los santos que aquí en la tierra trataban de afinar el canto de los Salmos, están allí entonando aleluyas en clave más elevada, y articulando su gozo y regocijo que aquí no alcanzaban a expresar en satisfacción perfecta. Aquí abajo tuvieron que hacerlo con corazones somnolientos y lenguas vacilantes; pero en la gloria estos impedimentos ya no existen, y nada les impide dar rienda suelta a su alegre celebración.

JOHN WELLS [1623-1676]
"Morning Exercises"[41]

Cantadle cántico nuevo. Es decir, una composición nueva y reciente basada en los últimos beneficios recibidos; o bien cánticos constantemente nuevos, uno detrás de otro todos los días, puesto que al estudiante atento de las obras de Dios nunca le faltan nuevos argumentos ni nuevo material para la alabanza. También es posible que este *"nuevo"* signifique alabanza siempre fresca y llena de vida, renovada según demandan las nuevas ocasiones, como exclama Job: *"Conmigo es siempre nueva mi gloria, y mi arco en mi mano se renueva"*.[42] Otra posibilidad es que *"nuevo"* quiera decir peculiar, fuera de lo común, raro y exquisito; como el nombre nuevo;[43] o el mandamiento nuevo.[44] Puede tratarse de una referencia al Evangelio, que es un nuevo pacto;[45] a la nueva Jerusalén;[46] al nuevo hombre;[47] o todas las cosas hechas nuevas.[48] Puede ser "nuevo" en razón de su contenido, desconocido de los hombres, como leemos en Apocalipsis: *"Y cantaban un cántico nuevo... y nadie podía aprender el*

---

[37] Del verbo griego αἰνέω *ainéō,* "exaltar" o "entonar alabanzas" a Dios, es decir un cántico de alabanza y adoración.

[38] Lucas 2:13.

[39] Apocalipsis 5:11.

[40] Apocalipsis 19:5-8.

[41] Los *"Morning Exercices",* fueron iniciados por THOMAS CASE [1598-1682] como devocionales para los soldados puritanos durante la Guerra Civil de Inglaterra (1642-1651) a las 7 de la mañana para orar y escuchar la palabra de Dios. Se convirtieron en costumbre en la mayoría de iglesias de Londres y del resto de Inglaterra con asistencia del pueblo. En ellas hacían sus exposiciones los más famosos predicadores puritanos de la época. Después de la Guerra Civil, esta costumbre continuó y fue conocida como *"Morning Exercises at Cripplegate"* y los sermones fueron recopilados y publicados por SAMUEL ANNESLEY [1620-1696], lo que ha permitido que hayan llegado hasta nosotros algunas de las mejores exposiciones de los predicadores puritanos.

[42] Job 29:20, LBLA.

[43] Apocalipsis 2:17.

[44] Juan 13:34.

[45] Hebreos 8:8.

[46] Apocalipsis 21:2.

[47] Efesios 2:15.

[48] 2 Corintios 5:17.

cántico sino aquellos ciento cuarenta y cuatro mil que fueron rescatados de entre los de la tierra".[49] El canto de Moisés es viejo,[50] y del Cordero es nuevo.[51]

MARTIN GEIER [1614-1681]
"Commentarius in librum Psalmorum, ad usum Seminarii Brugensis", 1695

Cantadle cántico nuevo. Dejemos atrás las cosas viejas: pues tenemos un cántico nuevo. Un hombre nuevo,[52] un Testamento Nuevo,[53] un cántico nuevo.[54] Un cántico nuevo que no pertenece a los que continúan sumidos en lo viejo; por lo que ninguno puede aprenderlo sino el hombre nuevo, renovado de su vejez por la gracia, y que ahora pertenece al Nuevo Testamento, que es el reino de los cielos. Por él suspira todo nuestro amor y canta el cántico nuevo. ¡Sí, cantemos un cántico nuevo, pero no con los labios, sino con nuestra vida!

AGUSTÍN DE HIPONA [354-430]
"Enarrationes in Psalmos"

Cantadle cántico nuevo. A saber, cantado con el fervor y el afecto que las novedades suelen traer consigo; o bien, siempre nuevo, conscientes de que las gracias de Dios nunca envejecen; o también, cantado con el ímpetu y movimiento propio de este nuevo espíritu de gracia, que no mira tanto hacia los antiguos privilegios de la creación como hacia el nuevo privilegio de la redención en Cristo, que hace nuevas todas las cosas.[55]

GIOVANNI DIODATI [1576-1649]
"Annotationes in Biblia", 1607

Cantadle cántico nuevo. Cuando la exhortación a cantar un *"cántico nuevo"* cae en vacío y no es atendida, es una clara demostración de melancolía y decadencia en la iglesia. En tal caso, es necesario el mayor cuidado para evitar que los antiguos no caigan también en el olvido.

ERNS WILHELM HENGSTENBERG [1802-1869]
"Commentary on the Psalms", 1860

Hacedlo bien, tañendo con júbilo.[56] Alabar a Dios correctamente no es una cuestión baladí; hay que hacerlo: "*corde, ore, spere*" es decir, "de corazón, con la voz, y con anhelo"; ofreciéndole lo mejor de lo mejor.[57]

JOHN TRAPP [1601-1669]
"A commentary or exposition upon the books of Ezra, Nehemiah, Esther, Job and Psalms", 1657

---

[49] Apocalipsis 14:3.
[50] Éxodo 15:1-18.
[51] Apocalipsis 15:3.
[52] Efesios 2:15.
[53] Mateo 26:28.
[54] Salmo 40:3.
[55] Isaías 43:18-19; 65:17; Salmo 40:3 96:1; 2 Corintios 5:17; Apocalipsis 5:9 14:3; 21:5.
[56] En hebreo הֵיטִיבוּ נַגֵּן בִּתְרוּעָה *hêṭîḇū naggên biṯrū'āh.* KRAUS lo traduce como: *"¡tañed magistralmente las cuerdas con sonido de júbilo!* SCHÖKEL: *"acompañad los vítores con bordones"*.
[57] Dice al respecto FRANCISCO LACUEVA [1911-2005] en el "Comentario de Mathew Henry": «La Palabra de Dios nos exhorta a cantar con acompañamiento de instrumentos, tanto de cuerda, como de viento y de percusión (Salmo 150); y aquí (33:2-3), con arpa, salterio y decacordio. El salmista expresa dos cualidades

Vers. 4. *Porque recta es la palabra de Jehová, y toda su obra es hecha con fidelidad.* *[Porque recta es la palabra de Jehová, y toda su obra es hecha con fidelidad.* RVR*] [Porque la palabra del Señor es recta; y toda su obra es hecha con fidelidad.* LBLA*] [Pues recta es la Palabra de YHVH, y toda su obra es con fidelidad.* BTX*] [La palabra del Señor es justa; fieles son todas sus obras.* NVI*] [Porque recta es la palabra del Señor y toda acción suya es sincera.* BLP*] [Pues la palabra del Señor es verdadera y podemos confiar en todo lo que él hace.* NTV*]*

Porque recta es la palabra de Jehová.[58] Sus ordenanzas, tanto naturales, como morales y espirituales, son correctas, y de manera especial su Palabra encarnada, que es el Señor, justicia nuestra.[59] Todo lo que Dios ha ordenado ha de ser bueno, justo y excelente.[60] En el universo de Dios, no hay anomalías fuera de las que ha provocado el pecado; a su voz todas las cosas fueron hechas buenas.[61] Cuando nos fijamos en sus palabras de promesa, y recordamos su fidelidad, ¡cuántos motivos tenemos para sentir alegría y agradecimiento!

Y toda su obra es hecha con fidelidad. Su obra deriva de su palabra, y se mantiene fiel a ella. Jamás hace ni dice erróneamente, pues tanto su decir, como su hacer coinciden siempre consigo mismo y con la verdad más pura. No hay en la palabra de Dios mentira, ni en sus obras impostura; en la creación, la providencia y la revelación prevalece la verdad sin mezcla alguna.[62] Decir la verdad y actuar

---

que ha de tener el canto sagrado: (A) Ha de hacerse bien, como quien canta para Dios ¿qué diríamos de alguien que se atreviese a cantar desmanadamente delante de un gran rey de la tierra? (B) Ha de hacerse con júbilo, con el afecto de un corazón caliente de piedad y devoción. Lo que se canta para el Señor ha de tener lo mejor de nuestra cabeza y de nuestro corazón. Esta es la alabanza que conviene a los rectos es decir, la apropiada en los labios del pueblo de Dios (33:1)».

[58] En hebreo כִּֽי־יָשָׁר דְּבַר־יְהוָה וְכָל־מַעֲשֵׂהוּ בֶּאֱמוּנָה *kî-yāšār dəḇar-Yahweh wəḵāl ma'ăśêhū be'ĕmūnāh.* Aunque SCHÖKEL traduce: *"Que la palabra del Señor es recta y toda su actividad está acreditada"*, y toma el adjetivo יָשָׁר *yāšār* en sentido físico, sugiere esta interesante traducción literal: «*"la palabra del Señor va derecha"* a su destino, para ser escuchada y cumplimentada; la מַעֲשֵׂהוּ *ma'ăśêhū, "actividad"* del Señor ofrece confianza, da garantía, porque es eficaz. Sería un anticipo del versículo 9». KRAUS traduce: *"Porque la palabra de Yahvé es veraz, y todos sus actos son fiables"*.

[59] Jeremías 23;6; 33:16; Romanos 3:22.

[60] En este mismo sentido dice AGUSTÍN DE HIPONA [354-430]: «Todo lo que Dios manda y ordena, es recto; y todo lo que hace y ejecuta, es fiel y verdadero».

[61] Génesis 1:10, 12, 18, 21, 25, 31.

[62] Dice BASILIO DE CESAREA [326-379]: «No creemos en Dios porque lo hayamos visto con nuestros ojos físicos, sino porque lo contemplamos con los ojos invisibles de nuestra mente en aquellas cosas visibles que ha creado, viendo en ellas al Invisible a través de lo visible (Romanos 1:20). Pues si miras una roca verás en ella la demostración del poder del que la hizo. Y lo mismo podemos decir de una hormiga, una abeja o un mosquito, pues a menudo es en los seres más diminutos donde la sabiduría del Creador se manifiesta con mayor evidencia; el que desplegó el manto de los cielos y colocó en sus depósitos la inmensidad de las aguas de los mares es el mismo que diseñó el aguijón de la abeja vaciando delicadamente su interior para que pudiera inocular su veneno: *"Toda obra suya es hecha con fidelidad"*. No quede en ti resquicio alguno de incredulidad afirmando que esto o aquello sucedió espontáneamente como algo casual; pues en todo el universo no hay nada fortuito, nada casual, nada creado en vano. Ni aludas tampoco casualidad para explicar sucesos diciendo «mala suerte» o «en mala hora» pues tales expresiones no son propias de personas debidamente formadas en la fe: *"¿No se venden dos gorriones por un cuarto? Con todo, ni uno de ellos caerá a tierra sin consentirlo vuestro Padre (...) hasta los cabellos de vuestra cabeza están todos contados"* (Mateo 10:29-30). ¿Acaso no te das cuenta de que ni aún las cosas más insignificantes escapan de la mirada de Dios?»

conforme a ella es un proceder divino. Y, por tanto, los hijos de Dios jamás han de ceder en la práctica de sus principios más de lo que les dicte el corazón. ¡Qué admirable es el Dios al cual servimos! Cuanto más sabemos de él, más admira nuestra naturaleza humana su excelencia, y más la aprueba; pues incluso cuando nos aflige, sus acciones son siempre conforme a la veracidad de su palabra.

¿Por qué habría de quejarme de privaciones y penas,
dolor o aflicción? Cuando que Él mismo nos lo anticipó:
Los herederos de la salvación, que conocen su palabra,
deberían seguir a su Señor a través de muchas tribulaciones.[63]

Dios escribe con una pluma que no hace borrones, habla con una lengua que nunca se traba, y obra con una mano que nunca falla. ¡Bendito sea su nombre!

C. H. Spurgeon

Porque la palabra del Señor es recta. Es decir, su palabra de promesa a la Iglesia. La revelación divina en general, exponiendo lo que debemos creer, lo que debemos esperar, y lo que debemos hacer. Los decretos de Dios y sus juicios penales. El consejo y determinación de Dios en la creación y el gobierno del mundo. Todo ello es *recto,* sin defecto o error. El término *recto* es el antónimo de *tortuoso;* y significa cierto o verdadero.

Juan de Pineda [1577-1637] y Henricus Mollerus [1530-1589]
citados por Mathew Poole [1624-1679]
en *"Synopsis Criticorum Aliorumque Sactae Scripturae Interpretum"*, 1669

Y toda su obra es hecha con fidelidad.

La misma fidelidad hay en el pétalo de una flor
que en las cosas más solemnes de Dios:
Su fidelidad es la voz de la naturaleza y del tiempo.
Su fidelidad es la que observa y controla nuestro interior.
Nada hay sin ella, es visible en las estrellas,
en los rayos dorados del sol, y en cada soplo de brisa:
¡porque Dios es fidelidad! y Dios está en todas partes.[64]

William Thomas Bacon [1711-1768]

[63] Cita la quinta estrofa del himno de John Newton [1725-1807] en siete estrofas, basado en las palabras Pablo en Listra en Hechos 14:22; y en cierto modo una metáfora de la biografía del propio autor; que comienza diciendo: *"Be gone, unbelief; my Savior is near"*. El texto original es: *"Why should I complain / Of want or distress / Temptation or pain? / He told me no less; / The heirs of salvation, / I knew from his word, / Through much tribulation, / Must follow their Lord"*.

[64] El texto original inglés, transcrito por Spurgeon, dice: *"Truth is in each flower / As well as in the most solemn things of God: / Truth is the voice of nature and of time / Truth is the startling monitor within us / Nought is without it, it comes from the stars, / The golden sun, and every breeze that blows / Truth, it is God! and God is everywhere!"*.

Vers. 5. ***El ama justicia y juicio; de la misericordia de Jehová está llena la tierra.*** *[Él ama la justicia y el derecho; de la misericordia de Jehová está llena la tierra.* RVR*] [El ama la justicia y el derecho; llena está la tierra de la misericordia del Señor.* LBLA*] [Él ama la rectitud y la justicia. de la misericordia de YHVH está llena la tierra.* BTX*] [El Señor ama la justicia y el derecho; llena está la tierra de su amor.* NVI*] [Él ama la justicia y el derecho, el amor del Señor llena la tierra.* BLP*] [Él ama lo que es justo y bueno; el amor inagotable del Señor llena la tierra.* NTV*]*

Él ama la justicia y el derecho.[65] Dios ama intensamente la teoría y práctica del derecho. No tan solo aprueba lo justo y verdadero, sino que se deleita en ello en lo más íntimo de su ser. El carácter de Dios es un mar del cual cada gota debería convertirse para su pueblo en un manantial de alabanza. Y la justicia de Jesús es particularmente entrañable para el Padre, por lo cual, en razón de ella, se complace en todos aquellos a quienes les es imputada. Sin embargo, el pecado le resulta infinitamente repulsivo: ¡ay de los que mueren en él!, pues si no ve en ellos justicia se la aplicará, y el resultado será un juicio severo y definitivo.

De la misericordia de Jehová está llena la tierra. Venid acá, astrónomos, geólogos, naturalistas, botánicos, biólogos, químicos; en fin, todos aquellos que estudiáis las obras de Dios en la naturaleza; porque todo lo que tengáis que contarnos nos confirma esta declaración. Ya que desde el mosquito jején[66] que piruetea bajo un rayo de sol, al leviatán[67] que se mueve con majestuosidad por los mares, todas las criaturas vivientes son una prueba de la generosidad del Creador. Incluso los desiertos más inhóspitos contienen abundantes misericordias aún no descubiertas, y las cavernas más profundas y tenebrosas del océano esconden tesoros de amor. El planeta tierra podría haber sido un hábitat terrorífico en lugar de un paraíso de hermosura y, sin embargo, abundan en él toda clase de bondades. Quien no sea capaz de verlo y, con todo, siga disfrutandolo cual pez en el agua, no merece la vida. Y si la tierra está llena de misericordia, ¿qué será el cielo, donde los rayos de esa misericordia concentran toda su intensidad?

C. H. SPURGEON

De la misericordia de Jehová está llena la tierra. Cuando reflexionamos sobre el número prodigioso de seres humanos que reciben a diario su alimento, vestido, y todo lo que disfrutan de la madre

---

[65] La versión griega de los LXX o Septuaginta repite aquí el término ἔλεος "misericordia" y lee ἀγαπάω ἐλεημοσύνη καί κρίσις ὁ ἔλεος κύριος πλήρης ὁ γῆ que la Vulgata traduce al latín como: *"Diligit misericordiam et judicium; misericordia Domini plena est terra"*, "Ama la misericordia y la justicia; de la misericordia del Señor está llena la tierra". Una idea que se repite reiteradamente en los Salmos: 11:7; 37:28; 99:4. Sobre esta traducción dicen los Padres de la Iglesia:

– TEODORO DE MOPSUESTIA [350-428]: «El equilibro entre misericordia y justicia es la demostración evidente de que algo ha sido hecho por Dios».

– AGUSTÍN DE HIPONA [354-430]: «Al Todopoderoso ni la misericordia le hace olvidar la justicia ni la justicia la misericordia, en Dios ambas cosas son inseparables y equivalentes».

[66] Se refiere al *Phlebotomus papatasi* un insecto similar a los mosquitos comunes pero mucho más pequeño en tamaño, unos 2 o 3 milímetros a lo más. Probablemente el jején era el insecto más pequeño que se conocía en época de Spurgeon. Hoy, este puesto corresponde a una especie de avispa parasitaria, ciega y sin alas natural de Costa Rica conocida como *Dicopomorpha echmepterygis*, cuyo tamaño en el macho adulto no excede las 139 µm (micras, unidad de longitud equivalente a una milésima parte de un milímetro).

[67] En hebreo לִוְיָתָן *livyâthân.* Se menciona explícitamente en Job 41:1; Salmo 74:14; 104:26; y especialmente en Isaías 27:1, donde se le identifica proféticamente con la vieja serpiente, el Diablo. En Génesis 1:21 se menciona de manera implícita como הַתַּנִּינִם *hattannînim* donde se traduce por *"monstruo marino"*. Algunos exégetas lo identifican también con el רָהַב *"Rahab"* del Salmo 89:10, aunque en este caso se utiliza una palabra hebrea completamente distinta. Indudablemente Spurgeon lo utiliza en este caso en el sentido de *"monstruo marino"*.

tierra, nos damos cuenta de la gran liberalidad con que la naturaleza distribuye sus dones; y no solo a los seres humanos, sino una cantidad innumerable de seres vivos que habitan en el aire, las aguas, y la tierra, y que a diario deben a la madre naturaleza su sustento. Pues incluso los animales domésticos, que en apariencia están bajo nuestro cuidado, deben su subsistencia a la naturaleza, pues la hierba, que la naturaleza produce de forma espontánea y en abundancia, es su principal alimento. Todos los peces, excepto aquellos que los hombres alimentan en peceras para su diversión, subsisten sin su ayuda. De entre de aves quizás la más despreciada y numerosa sea el gorrión; lo que precisan hacer estas aves para subsistir es increíble, pero la naturaleza se encarga de alimentarlos; y no son más que una parte infinitesimal de su especie. El número de insectos es tan enorme que pasarán siglos antes de que todas sus clases y especies sean identificadas y conocidas. ¡Cuántas y cuán diversas son las moscas que revolotean en el aire! La sangre que los mosquitos nos chupan es un alimento accidental para ellos; y aunque haya algunos mosquitos que vivan de ella, hay millones que nunca han probado la sangre humana, o la de cualquier otro animal. ¿Cómo subsisten todas estas criaturas? Cada puñado de tierra contiene insectos vivos; cada gota de agua tiene miles de seres que nadan en ella; su reproducción y sus medios de subsistencia nos resultan incomprensibles. Y cuanto más prolífica es la naturaleza en seres vivos, igual de fecunda se muestra en proporcionarles medios para su subsistencia; o, mejor digamos, más bondadoso es el Dios de la naturaleza que ha escondido en su seno este almacén inagotable de riquezas; y que proporciona a cada criatura su comida y vivienda. Hace crecer para ellos todo tipo de hierbas, dejando que cada cual selecciones entre ellas su alimento apropiado. Por incalculable que pueda parecernos a nosotros la diversidad de seres vivos, Dios cuida de cada uno, lo alimenta y lo asiste.[68] ¡Oh Dios todopoderoso, cuán manifiesta es tu grandeza! Logras aquello ni combinando los esfuerzos la toda humanidad sería posible conseguir. Has dado el ser, aliento de vida a todas las criaturas que viven en el aire, en las aguas, o la tierra. ¿Y no harás para tu pueblo, que cree y espera en ti, mucho más de lo que haces para los animales y los insectos? Cuando nos invaden dudas y temores, consideremos los cuervos a quienes el Señor alimenta cuando gaznan.[69] Dejemos que ellos, y todas las demás criaturas de las que no nos preocupamos pero que Dios protege y alimenta, nos enseñen el arte del contentamiento y la alegría. El Creador de la naturaleza conoce todas nuestras necesidades. Dejemos en su mano nuestros temores, sabiendo que él cuida de nosotros; y acerquémonos confiadamente de la mano de la fe al trono de la gracia, para alcanzar la misericordia que nos conforte en todo momento de necesidad.

CHRISTOPHER CHRISTIAN STURM [1750-1786]
"Reflections on the Works of God in Nature and Providence: For Every Day in the Year", 1810

De la misericordia de Jehová está llena la tierra. Cabría pensar que, tras las continuas e injustas quejas de los ingratos habitantes de este planeta, Dios lo cubriría *de mal,* y no *de bien.* En cambio, cuando observamos la obra de sus manos, nos damos cuenta de inmediato que todo está marcado por la misericordia, no hay un solo lugar donde su bondad no sea evidente. El amor y la benevolencia desbordantes de Dios llenan toda la tierra.[70] Hasta las iniquidades de los hombres rara vez son un impedimento para su bondad, pues: *"hace salir su sol sobre malos y buenos, y hace llover sobre justos e injustos"*.[71]

ADAM CLARKE [1760-1832]
"Commentary on the Whole Bible", 1831

[68] Salmo 104:27; 136:25-26; 145:15; 147:9.
[69] Lucas 12:24.
[70] Salmo 33:5; 119:64.
[71] Mateo 5:45.

De la misericordia de Jehová está llena la tierra. Cuando reflexionamos sobre las perfecciones gloriosas de Dios, en modo alguno debemos omitir *su bondad.* Pues, aunque todas sus perfecciones son su gloria, esta lo es de un modo particular ya que cuando Moisés, el hombre de Dios,[72] pidió fervientemente al Señor que le mostrara su gloria, la respuesta fue: *"Yo haré pasar todo mi bien delante de tu rostro"*[73] dando a entender con ello que su bondad era la mejor representación de su gloria; por delante de su misericordia, su gracia, su paciencia, o su verdad, que se mencionan a continuación. Cuando alivia al que padece desgracia, es *misericordia;* cuando otorga favores al que no los merece, es *gracia;* cuando soporta al rebelde y provocador, es *paciencia;* cuando confiere bendiciones prometidas, es *fidelidad;* cuando provee para el desvalido, es *generosidad.* La *bondad* de Dios es un término muy amplio, puesto que abarca todas las formas de bondad divina para con los hombres; ya sean considerados como simples criaturas, pecadores, o creyentes.

GEORGE BURDER [1752-1832]
"Village Sermons; Sermon LXXIV, The Goodness of God", 1820

De la misericordia de Jehová está llena la tierra. Si hubiera querido, podría habernos hecho la vida muy difícil, amargo todo lo que gustamos, desagradable todo lo que vemos, punzante todo lo que tocamos, hediondos todos los olores, discordes todos los sonidos. Pero no, todo es hermoso, porque *de su misericordia está llena la tierra.*

WILLIAM PALEY [1743-1805]
"The Goodness of God Proved fron the Light of Nature and Revelation – Sermon XXXIV", 1805

Vers. 6. ***Por la palabra de Jehová fueron hechos los cielos, y todo el ejército de ellos por el aliento de su boca.*** *[Por la palabra de Jehová fueron hechos los cielos, y todo el ejército de ellos por el aliento de su boca.* RVR*] [Por la palabra del Señor fueron hechos los cielos, y todo su ejército por el aliento de su boca.* LBLA*] [Por la Palabra de YHVH fueron hechos los cielos, y todas sus constelaciones por el aliento de su boca.* BTX*] [Por la palabra del Señor fueron creados los cielos, y por el soplo de su boca, las estrellas.* NVI*] [Con la palabra del Señor se hicieron los cielos, con el soplo de su boca el cortejo celeste.* BLP*] [El Señor tan solo habló y los cielos fueron creados. Sopló la palabra, y nacieron todas las estrellas.* NTV*]*

Por la palabra de Jehová fueron hechos los cielos.[74] Los cielos angélicos, los cielos siderales, y el firmamento o cielos terrestres, todos ellos fueron hechos y comenzaron a existir por una sola palabra; que nosotros llamamos *la* Palabra o Verbo: *"sin él nada de lo que ha sido hecho, fue hecho"*.[75]

Y todo el ejército de ellos por el aliento de su boca.[76] Es interesante notar en esta cláusula la mención del Espíritu Santo. La palabra hebrea וּבְר֣וּחַ *ūḇərūaḥ* de ר֫וּחַ *ruach* y que en este caso

---

[72] Deuteronomio 33:1; 1 Crónicas 23:14.

[73] Éxodo 33:18-19; 34:7.

[74] En hebreo בִּדְבַ֣ר יְ֭הוָה שָׁמַ֣יִם נַעֲשׂ֑וּ *bidḇar Yahweh šāmayim na'ăśū.* La versión griega de los LXX o Septuaginta lee: ὁ λόγος ὁ κύριος ὁ οὐρανός στερεόω que la Vulgata traduce al latín como: *"Verbo Domine caeli firmati sunt"*, "por la Palabra del Señor se afirmaron los cielos". Los versículos seis al nueve (33:6-9) guardan unos paralelismos muy significativos con los tres primeros versículos del primer capítulo del Evangelio de Juan (Juan 1:1-3).

[75] Juan 1:3.

[76] En hebreo וּבְר֥וּחַ פִּ֝֗יו כָּל־צְבָאָֽם *ūḇərūaḥ pîw kāl-ṣəḇā'ām.* La versión griega de los LXX o Septuaginta lee: καί ὁ πνεῦμα ὁ στόμα αὐτός πᾶς ὁ δύναμις αὐτός que la Vulgata traduce al latín como: *"et spiritus oris ejus*

traducimos como *"aliento"* es la misma que en otros pasajes se traduce por *"Espíritu"*.[77] Así, las tres personas de la Divinidad se unen al crear todas las cosas. ¡Qué fácil para el Señor crear los orbes más poderosos y los ángeles más gloriosos! Una sola palabra, un soplo de su aliento, fue suficiente. Para Dios, crear el universo fue tan fácil como para el hombre respirar; no, más fácil aún, porque el hombre no respira por sí mismo de modo independiente, pues el aliento en su nariz lo recibió prestado de su Hacedor.[78]

De este versículo cabe inferir que la formación y constitución de todas las cosas procede de la sabiduría infinita, en tanto que *"por la palabra de Jehová"* significa por su voluntad y determinación. Es una Palabra sabia y misericordiosa la que ha dispuesto, y un Espíritu viviente el que sostiene toda la creación de Jehová.

C. H. SPURGEON

Por la palabra de Jehová fueron hechos los cielos, y todo el ejército de ellos por el aliento de su boca. Que la palabra hebrea וּבְרוּחַ *ūḇərūaḥ* de רוּחַ *ruach* no hay que entenderla en este caso concreto como "espíritu", sino como "aliento", se desprende de las palabras que vienen a continuación פִּיו *pîw:* "su boca"; y de su uso en Isaías: *"y con el aliento de sus labios matará al impío"*.[79] En este caso queda claro que וּבְרוּחַ *ūḇərūaḥ* es "aliento".[80] Veamos en este sentido algunos pasajes paralelos donde se usan ambos vocablos: נְשָׁמָה *neshamah* y רוּחַ *ruach,* y que nos pueden dar más luz: *"Que todo el tiempo que mi aliento esté en mí, y haya espíritu de Dios en mis narices"*.[81] *"El espíritu de Dios me hizo, y el aliento del Omnipotente me dio vida"*.[82] *"Les retiras el aliento, dejan de existir, y vuelven al polvo. Envías tu soplo, y son creados"*.[83] Por otro lado, la exposición que interpreta וּבְרוּחַ *ūḇərūaḥ* sin relación alguna con Espíritu de Dios, tampoco puede ser correcta. Pues en la historia de la creación, a la que este versículo hace referencia, como los versículos siete y nueve del salmo, toman parte ambas cosas: el Espíritu de Dios, y su Palabra. Antes que nada, el Espíritu de Dios se movía sobre la faz de las aguas,[84] a continuación vino la Palabra: *"y dijo Dios"*. También cabe entender que el Espíritu y el

---

virtus eorum", "y por el Espíritu de su boca toda la virtud de ellos".

[77] Génesis 1:2; Salmo 51:11.

[78] Génesis 2:7; Job 33:4.

[79] Isaías 11:4.

[80] Dice al respecto FRANZ DELIZTSCH [1813-1890]: «El aliento viene a ser aquí como la materia de la cual está formada la palabra y por tanto su portador y ejecutor». SCHÖKEL añade al respecto esta interesante reflexión: «El paralelismo del versículo 6 se basa en la antropología hebrea, que no va del todo descaminada. El hebreo aprecia que las palabras son emisión de aliento, percibe que ha de respirar para seguir hablando, que hablar en voz alta consume más aliento. Aliento y palabra son hermanos, y al modo humano concebimos o imaginamos a Dios. Nosotros añadimos nuestras precisiones: las palabras son nuestro aliento vibrando y modulado. El aire que respiramos y lleva oxígeno a las células es el aire con que nuestro espíritu se comunicará articulándose en lenguaje. El mismo paralelismo en Isaías 34:16: *"porque mi boca lo mandó, y los ha reunido el aliento de ella"*. Esos textos pueden generar una reflexión teológica sobre la «palabra inspirada» como palabra con espíritu o aliento». [*Salmos, Tomo I, 1-72,* Editorial Verbo Divino, Estella, Navarra, 1992].

[81] Job 27:3. Traducción KJV.

[82] Job 34:3 KJV.

[83] Salmo 104:29-30.

[84] Génesis 1:2. En hebreo מְרַחֶפֶת עַל־פְּנֵי הַמָּיִם *mərahepeṯ 'al-pənê hammāyim* de רָחַף *rachaph,* un verbo que expresa la idea de movimiento pero en sentido circular, como se utiliza en Deuteronomio 32:11 para describir como el águila vuela en círculos sobre su nido, por lo que bien podría traducirse propiamente: *"el Espíritu de Dios danzaba* (se movía trazando círculos en el aire) *sobre la superficie de las aguas"*.

poder de Dios están representados aquí por la figura del aliento, puesto que el aliento fue en el hombre la primera señal de vida.[85]

Erns Wilhelm Hengstenberg [1802-1869]
"Commentary on the Psalms", 1860

Por la palabra del Señor. Aquí podemos interpretar el término Palabra en sentido hipostático, como se nos enseña en el primer capítulo de Juan.[86]

Johannes Cocceius [1603-1669][87]

Por la palabra de Jehová fueron hechos los cielos, y todo el ejército de ellos por el aliento de su boca. «Dondequiera que haya alguien capaz de crear un mundo, habrá un Dios», afirma San Agustín.[88] Esta es la razón por la que la Iglesia hizo de creer en Dios Padre Todopoderoso, creador del cielo y de la tierra, el primer artículo de su Credo.

John Weemse [1579-1636]

Vers. 6-9. En el caso de Dios, decir y hacer, prometer y realizar son una misma cosa; porque su capacidad de desear y su capacidad de hacer son idénticas. Entre lo que Dios dice y hace, no hay diferencia, como la hay en el caso de los hombres. Su decir es hacer: *él dijo,* y *fue hecho; él mandó, y existió. Por la palabra de Jehová fueron hechos los cielos. "Por la fe entendemos que el universo fue enteramente organizado por la palabra de Dios",*[89]. En su palabra hay omnipotencia, tanto de mando como de promesa; por ello el apóstol la llama: *"la palabra de su poder"*.[90] Una sola palabra suya puede hacer más en un instante que todos los poderes unidos de cielo y la tierra durante toda la eternidad. Esta reflexión elimina de golpe los desalientos que dificultan la fe; ¡pues qué puede debilitar nuestra confianza en sus promesas, ya sea por inciertas, difíciles o lejanas, cuando sabemos que

– Francisco Lacueva [1911-2005] en el "Comentario de Matthew Henry": «Ricardo Arconada nos explica en "Salmos" que הַמָּיִם *hammāyim* "abismos" es un plural poético de מַיִם *mayim,* "el abismo primordial" o "masa ingente de agua" que quedó, por voz de Dios (Génesis 1:9-10), en torno, debajo y dentro de la tierra, como en una caja de caudales».

[85] La mayoría de los Padres de la Iglesia y comentaristas antiguos ven en este versículo un anticipo o mención velada a la Trinidad, en tanto que se menciona a יְהוָה *yahweh* (Padre), a דָּבָר *dabar* la Palabra o Logos (Hijo) y al רוּחַ *ruach* (Espíritu). Ireneo de Lyon [126-190]; Orígenes [185-254]; Basilio de Cesarea [326-379]; Jerónimo de Estridón [347-420]; Nicetas de Remesiana [335-414] todos ellos se pronuncian en esta línea. Nos limitamos por tanto a transcribir el comentario de Casiodoro [485-583] en su *"Expositio Psalmorum"* que consideramos uno de los más explícitos: «Si analizamos este versículo con atención vemos en él claramente la Trinidad. Pues cuando nos habla de *"la Palabra"*, esto es, el Verbo, nos está hablando del Hijo; cuando añade *"del Señor"*, está mencionando al Padre; y al decir *"por el aliento de su boca"* no queda duda alguna que se está refiriendo al Espíritu Santo, que procede del Padre eternamente, antes de que el tiempo existiera. Y para de que captemos correctamente la unidad manifiesta entre las tres Personas, no dice "por el aliento de sus bocas", sino: *"por el aliento de su boca"*».

[86] Juan 1:1.

[87] Spurgeon añade aquí la siguiente nota: «Esta cita es solo para demostrar que mientras Hugo Grotius [1583-1645] no veía a Cristo en ninguna parte, Johannes Cocceius [1603-1669] lo veía en todas partes».

[88] Se refiere a Aurelius Augustinus [354-430]. Ver nota 27 en este mismo Salmo.

[89] Hebreos 11:3.

[90] Hebreos 1:3.

para él no hay imposibles! La fe puede concluir fácilmente que su cumplimiento es algo tan seguro, como sencillo y real.

DAVID CLARKSON [1621-1686]

Vers. 7. ***Él junta como montón las aguas del mar; él pone en depósitos los abismos.*** *[Él junta como montón las aguas del mar; él pone en depósitos los abismos.* RVR*] [Él junta las aguas del mar como un montón; pone en almacenes los abismos.* LBLA*] [Él junta como montón las aguas del mar, Él pone en depósitos los abismos.* BTX*] [Él recoge en un cántaro el agua de los mares, y junta en vasijas los océanos.* NVI*] [Él embalsa como un dique las aguas de los mares, guarda en depósitos las aguas del abismo* BLP*] [Asignó los límites al mar y encerró los océanos en enormes depósitos.* NTV*]*

Él junta las aguas del mar como un montón.[91] Las aguas, antaño dispersas cual maíz desparramado en una era: están ahora recogidas en un solo lugar como en un montón. ¿Quién más hubiera podido juntarlas sino su gran Señor, cuyo mandato obedecen? El milagro del Mar Rojo[92] se repite en la naturaleza día tras día porque el mar, que invade las orillas bajo el impulso del sol y la luna, pronto cubriría la tierra si no le fueran impuestos límites por decreto divino.

Él pone en depósitos los abismos.[93] En las profundidades hay enormes bodegas y almacenes del líquido elemento. Vastas reservas de agua ocultas en las entrañas de la tierra, y de las que brotan y se nutren nuestros manantiales y pozos de agua. ¡Qué provisión tan misericordiosa para la necesidad más apremiante! ¿Podría el texto referirse a las nubes y sus depósitos de granizo, nieve y lluvia, tesoros de misericordia y riqueza para los campos de la tierra? Enormes masas acuosas almacenadas para un futuro uso benéfico. En la previsión admirable de nuestro celestial José,[94] cuyos graneros están siempre llenos para el tiempo de necesidad en la tierra, se detecta una ternura tan sorprendente como apabullante. Todos estos almacenes acuosos podrían haber sido, como fueron en una ocasión, municiones de venganza;[95] pero ahora son parte de la intendencia y ministerio de la divina misericordia.

C. H. SPURGEON

Él junta las aguas del mar como un montón. "Y llamó Dios a lo seco Tierra, y a la reunión de las aguas llamó Mares".[96] Este elemento inestable debía, como todos los demás elementos, someterse a la ley y confinarse a ciertos límites, a fin de que la tierra pudiera ser habitable para el hombre y las criaturas que lo rodean. Por ello el salmista canta: *"El junto las aguas del mar como un montón*"*;* y el profeta añade: *"¿No os amedrentaréis ante mí, que puse arena por término al mar, por orden eterna,*

[91] En hebreo כֹּנֵס כַּנֵּד מֵי הַיָּם *kōnês kannêḏ mê hayyām.* La versión griega de los LXX o Septuaginta lee: καί συνἄγω ὡς ἀσκός ὕδωρ θάλασσα que la Vulgata traduce al latín como: *"Congregans sicut in utre aquas marir"*, "Él congrega como en odre las aguas del mar". KRAUS traduce: *"Él junta las aguas del mar como en un odre"*. SCHÖKEL: *"Encierra en un odre las aguas marinas"*.

[92] Éxodo 14:21.

[93] En hebreo נֹתֵן בְּאֹצָרוֹת תְּהוֹמוֹת *nōṯên bə'ōṣārōwṯ təhōwmōwṯ* de תְּהוֹם *tehom.* La versión griega de los LXX o Septuaginta lee: τίθημι ἐν θησαυρός ἄβυσσοςque la Vulgata traduce al latín como: *"ponens in thesauris abyssos"*, "pone los abismos en tesoros". KRAUS traduce: *"pone en almacenes los océanos primordiales"*. SCHÖKEL: *"y mete en depósitos los océanos"*.

[94] Génesis 41:48-49.

[95] Génesis 7:12-24.

[96] Génesis 1:10.

la cual no puede ser traspasada? Se levantarán tempestades, mas no prevalecerán; bramarán sus ondas, mas no lo pasarán".[97]

John Duns [1820-1909]
"Biblical natural science: being the explanation of all references in holy scripture to geology, botany,zoology, and physical geography", 1868

Él junta las aguas del mar como un montón. De todas las cosas que he visto, ninguna espolea mi imaginación tanto como las aguas del océano. Se me hace difícil contemplar los movimientos de esta inmensa masa de agua, incluso cuando está en calma, sin estupor; pero cuando se acerca una tempestad y el horizonte a cada lado son montañas de oleaje espumoso, el atractivo horror que infiere tal panorama es imposible de describir. Para un navegante, un océano encrespado es, creo, el objeto más grande que pueda contemplar en movimiento y, por tanto, proporciona a su imaginación el placer más sublime que pueda alcanzar de la grandeza. Confieso que no puedo contemplar esta masa ingente de materia líquida sin pensar en la mano que la vertió por vez primera e hizo el hueco adecuado para contenerla. Contemplar los océanos alza en mis pensamientos la idea de un Ser Todopoderoso, y me convence de su existencia. La imaginación estimula el entendimiento, y tales son la enormidad y grandeza del objeto contemplado, que engendra en la mente la idea de un Ser que no está circunscrito ni al tiempo ni al espacio.

"The Spectator"[98]

Como un montón. Una forma literaria de referirse a los líquidos como si fueran sólidos, como tenemos también en el libro del Éxodo: *"Al soplo de tu aliento se amontonaron las aguas; se juntaron las corrientes como en un montón; los abismos se cuajaron en medio del mar"*;[99] que con toda probabilidad es el texto que el salmista toma como referencia.

Abismos:[100] ingentes masas de agua. El punto clave de la descripción es demostrar que Dios maneja estas grandes masas líquidas con la misma facilidad que los hombres manejan sustancias sólidas de dimensiones moderadas: amontonándolas en forma de olas y almacenándolas en las profundidades, en la misma manera como los hombres amontonan y almacenan trigo o piedras.

Joseph Addison Alexander [1809-1860]
"The Psalms Translated and Explained", 1850

---

[97] Jeremías 5:22.

[98] La cita procede del diario moralista *"The Spectator"*, "El Espectador", fundado por Joseph Addison [1672-1719], y que comenzó a publicarse en 1711 dejando de hacerlo un año después en 1712. Fue recuperado por Sir Richard Steele [1672-1729] en 1714, pero solo por seis meses. Spurgeon transcribe en "El Tesoro der David" varias citas procedentes de *"The Spectator"* Uno de sus colaboradores ocasionales fue el pastor, poeta y escritor de himnos Isaac Watts [1674-1748]. No debe confundirse con la posterior revista semanal *"The Spectator"*, cuyo primer número vio la luz el 6 de julio de 1828, y que desde entonces se ha venido publicando semanalmente sin interrupción hasta el día de hoy, lo que la hace la más antigua de las que existen en el Reino Unido. Se trata de una revista de trasfondo político conservador, y su temática gira básicamente entorno a la política y la cultura. Actualmente forma parte del mismo grupo propietario del también famoso diario conservador el *"Daily Telegraph"*. Aunque la revista fue muy dura con él cuando ocurrió la tragedia de *"Royal Surrey Gardens"* el 19 de octubre de 1856, siempre mantuvo un alto concepto de Spurgeon, a pesar de sus discrepancias ocasionales y sus enfrentamientos en algunos temas políticos.

[99] Éxodo 15:8.

[100] En hebreo תְּהוֹמֹות *təhōwmōwṯ* de תְּהוֹם *tehom*, "profundidades", un sintagma que solo se utiliza dos veces en Éxodo 15:5, 8 para describir la epopeya del paso por el Mar Rojo y cómo los abismos se tragaron a los egipcios; cinco veces en los Salmos 33:7; 77:16; 107:26; 135:6; 148:7; y dos en Proverbios 3:20; 8:24.

El junto las aguas del mar como un montón. Las vastas masas de aguas que habían cubierto toda la superficie del globo, en el tercer día de la creación comenzaron a retirarse, y aparecieron grandes extensiones de tierra sumergida que pronto se convirtieron en terreno habitable (…) En lugar de estar esparcidas por toda la superficie, las aguas se concentraron en un cuerpo único. Este es el estado de cosas que ahora contemplamos; los diversos grandes mares y océanos que constituyen, de hecho, un único cuerpo de agua al que damos distintos nombres según las regiones como Atlántico, Pacífico, Índico, Ártico, Antártico, etc.

GEORGE BUSH [1796-1859]
"Notes, critical and practical on the book of Genesis", 1852

Vers. 8. ***Tema a Jehová toda la tierra; teman delante de él todos los habitantes del mundo.*** *[Tema a Jehová toda la tierra; teman delante de él todos los habitantes del mundo.* RVR*] [Tema al Señor toda la tierra; tiemblen en su presencia todos los habitantes del mundo.* LBLA*] [¡Tema a YHVH toda la tierra! ¡Tiemblen delante de Él todos los habitantes del mundo!* BTX*] [Tema toda la tierra al Señor; hónrenlo todos los pueblos del mundo.* NVI*] [Que toda la tierra venere al Señor, que lo respeten los que moran en el mundo.* BLP*] [Que todo el mundo tema al Señor y todos estén ante él con temor reverente.* NTV*]*

Tema a Jehová toda la tierra. No solo los judíos, sino también los gentiles. El salmista no era un hombre cegado por los prejuicios nacionalistas, no deseaba restringir el culto de Jehová a la descendencia de Abraham. Buscaba el homenaje incluso de las naciones más lejanas. Y si no estuvieran lo suficientemente bien instruidas para poder alabar, cuanto menos que temieran. Hay en el temor un cierto sentido de culto subsidiario, que admite, aunque sea involuntariamente, el poder ilimitado del Dios que truena desde lo alto.[101] Un blasfemo desafiante está fuera de lugar en un mundo cubierto de símbolos del poder y la potencia de la Deidad; no hay en toda la superficie de la tierra un solo lugar apropiado donde erigir un templo del ateísmo, ni un solo hombre que pueda decirse capacitado para profanar el nombre de Dios.

Teman delante de él todos los habitantes del mundo. Que abandonen sus ídolos, y se sometan con reverencia al único Dios vivo y verdadero.[102] El deseo del salmista puede también ser leído como una profecía: la adoración de Dios será un día universal.[103]

C. H. SPURGEON

Tema a Jehová toda la tierra. Pues quién puede dudar que Dios habiendo sido capaz de doblegar el ímpetu y naturaleza incontenible del mar, puede hacer sobre la tierra cuanto le plazca.

HUGO GROTIUS [1583-1645]

Tema a Jehová toda la tierra; teman delante de él todos los habitantes del mundo. Que no teman a nadie más fuera de él. ¿Estáis ante una fiera que ruge? Temed a Dios. ¿Una serpiente agazapada que os silba amenazante? Temed a Dios. ¿Os odian y aborrecen los hombres? Temed a Dios. ¿Pelea el

[101] Ver al respecto los comentarios correspondientes al Salmo 29:2-9, de manera especial el comentario de GEORGE PAXTON [1762-1837] al versículo ocho (29:8).
[102] Jeremías 10:10.
[103] Salmo 22:29; 1 Corintios 15:27-28; Efesios 1:22.

diablo contra vosotros? Temed a Dios. Porque todo lo creado está sujeto por entero a ese Dios al cual se nos manda que temamos.

AGUSTÍN DE HIPONA [354-430]
"Enarrationes in Psalmos"

Vers. 9. *Porque él dijo, y fue hecho; el mandó, y existió.* *[Porque él dijo, y fue hecho; él mandó, y así fue.* RVR*] [Porque El habló, y fue hecho; él mandó, y todo se confirmó.* LBLA*] [Porque Él dijo y se hizo, Él ordenó y se cumplió.* BTX*] [Porque él habló, y todo fue creado; dio una orden, y todo quedó firme.* NVI*] [Porque habló y todo fue hecho, él dio la orden y todo existió.* BLP*] [Pues cuando habló, el mundo comenzó a existir; apareció por orden del Señor.* NTV*]*[104]

Porque él dijo, y fue hecho. La creación fue el resultado de una palabra. Jehová dijo: *"Sea la luz"*,[105] y fue la luz. Todas las acciones del Señor son sublimes, tanto por su sencillez como por su inmediatez. *"drfxc?"*[106] se preguntaron algunos en tiempos antiguos, y puede que a día de hoy nos sigamos haciendo la misma pregunta.

Él mandó, y todo se confirmó. La creación surgió de la nada, y se confirmó su existencia. El mismo poder que hizo surgir el universo sigue haciendo que se sostenga. Aunque no podamos detectarlo, hay un despliegue de poder sublime en hacer que el universo se sostenga, como lo hubo al crearlo de la nada por primera vez. ¡Dichoso el hombre que ha aprendido a doblegar todo su ser ante la palabra cierta y segura de Aquel que creó y confirmó los cielos![107]

C. H. SPURGEON

Porque él dijo, y fue hecho. Así lo decimos en latín: *"Dictum, factum"*, "dicho y hecho"; sin ninguna demora de por medio.

HUGO GROTIUS [1583-1645]

Porque él dijo, y fue hecho. En consecuencia, las criaturas creadas no fueron emanaciones de la naturaleza divina, sino resultado de la voluntad divina; fruto de la divina inteligencia, designio y consejo.

WILLIAM BINNIE [1823-1886]
"The Psalms: Their History, Teachings, and Use", 1870

---

[104] En hebreo כִּי הָוּא אָמַר וַיֶּהִי הִוּא־צִוָּה וַיַּעֲמֹד *kî hū āmar wayyehî hū-ṣiwwāh wayya'ămōḏ.* KRAUS traduce: *"Porque él habló, y fue hecho; lo mandó, y allí estaba."*. SCHÖKEL: *"Porque él lo dijo, y existió, él lo mandó, y surgió"*.

[105] Génesis 1:3.

[106] Lucas 4:36 RVA/KJV.

[107] Dicen al respecto los Padres de la Iglesia:

– GREGORIO DE NISA [330-394] en *"In insciptiones Psalmorum"*, su tratado sobre los títulos de los Salmos: «En este Salmo se nos invita a exaltar al que vino desde los cielos a la tierra como Aquel por medio del cual fueron hechas todas las cosas, y sin el cual nada de lo que existe existiría (Juan 1:3), puesto que fue por su mandato que todo cuanto existe surgió de la nada y es él quien lo mantiene y le da el ser. Este es el significado de las palabras del salmista: *"Porque él dijo, y fue hecho; el mandó, y existió"*»

– TEODORO DE MOPSUESTIA [350-428] va todavía más allá viendo su aplicación práctica: «Por tanto, todo cuanto se hace para Dios, conforme a su voluntad y de acuerdo con su Palabra, se ejecuta irremisiblemente, cumple su fin y permanece firme y seguro (30:4)».

Vers. 10. ***Jehová hace nulo el consejo de las naciones, y frustra las maquinaciones de los pueblos.*** *[Jehová frustra el plan de las naciones, y anula las maquinaciones de los pueblos.* RVR*] [El Señor hace nulo el consejo de las naciones; frustra los designios de los pueblos.* LBLA*] [YHVH hace nulo el consejo de las naciones, y frustra los planes de los pueblos.* BTX*] [El Señor frustra los planes de las naciones; desbarata los designios de los pueblos.* NVI*] [El Señor frustra los planes de las naciones, hace fracasar los proyectos de los pueblos.* BLP*] [El Señor frustra los planes de las naciones y hace fracasar todas sus intrigas.* NTV*]*[108]

El Señor frustra los planes de las naciones. A la vez que ejecuta su propia voluntad, se ocupa de anticipar las intenciones de sus enemigos. Antes de que puedan pasar a la acción los vence en su propio puesto de mando, desbaratando sus proyectos en la cámara de consejo; malogra sus ardides, y hace que sus complots acaben en nada. No tan solo la necedad de las naciones, sino que también su astucia acabará cediendo bajo el poder de la cruz de Cristo: ¡qué gran consuelo es esto para todos aquellos que tienen que trabajar en un entorno donde los sofismas, y una falsamente llamada filosofía, están en clara oposición a la verdad que hay en Jesús!

Y anula las maquinaciones de los pueblos. Sus persecuciones, calumnias y falsedades son como bolas de nieve estrellándose contra una pared de granito: sin efecto visible ni resultado alguno; el Señor neutraliza el mal enseñoreándose sobre él; y más aún, del mal saca bienes. La causa de Dios nunca está en peligro: la sabiduría infinita supera a las artimañas infernales, y la malicia satánica siempre está en jaque ante el poder que no tiene límites.

C. H. Spurgeon

El Señor frustra los planes de las naciones. Cuanto más se oponían los fariseos de antaño a la verdad y más sus sucesores, los prelados de ahora, tratan de sofocarla, más prevalece.[109] La Reforma en Alemania prosperó, más que otra cosa, por la cerrazón y oposición del Papa. Sí, cuando dos reyes (entre muchos otros), a saber: Enrique viii de Inglaterra,[110] y Ludovico de Hungría,[111] tomaron parte en la controversia y escribieron contra Lutero, provocaron que muchos, espoleados por la curiosidad, comenzaran a investigar el tema; y el resultado fue un aumento del apoyo general hacia las tesis y opiniones del reformador.

Richard Younge [en activo 1636-1673]
"A Christian Library, or a Pleasant and Plentiful Paradise of Practical Divinity", 1655

[108] La versión griega de los LXX o Septuaginta añade aquí καί ἀθετέω βουλή ἄρχων, que no forma parte del Texto Masorético hebreo y que la Vulgata traduce como: *"et reprobat consilia principum"*, "y reprueba los designios de los príncipes".

[109] Dice Basilio de Cesarea [326-379]: «En los planes y maquinaciones de los escribas y fariseos, de los pontífices y los principales del pueblo; de Pilato, sus soldados y cuantos participaron en la crucifixión se vieron frustrados y acabaron en nada: la gloriosa resurrección los destruyó de un golpe. (…) De modo que cuando escuchéis a alguien proferir amenazas contra vosotros y atemorizaros con toda clase de daños y tormentos, incluso la muerte misma, alzad los ojos al cielo y poneos en manos del Señor, que *"frustra el plan de las naciones, y anula las maquinaciones de los pueblos"*».

[110] Se refiere a Enrique viii de Inglaterra [1491-1547], segundo monarca de la casa Tudor. Famoso por sus seis matrimonios, su ruptura con la Iglesia Católica Romana y su posicionamiento como cabeza de la Iglesia de Inglaterra, la disolución de los monasterios, y la unión de Inglaterra con Gales.

[111] Se refiere a Luis ii Jagellón o Luis ii de Hungría [1506-1526], murió en la Batalla de Mohács, a unos 170 kilómetros al sur de Budapest, en 1526, enfrentándose al ejército otomano de Solimán el Magnífico [1494-1566].

Vers. 11. ***El consejo de Jehová permanecerá para siempre; los pensamientos de su corazón por todas las generaciones.*** *[Pero el consejo de Jehová permanecerá para siempre; los designios de su corazón por todas las generaciones.* RVR*] [El consejo del Señor permanece para siempre, los designios de su corazón de generación en generación.* LBLA*] [El consejo de YHVH permanece para siempre, y los pensamientos de su corazón por todas las generaciones.* BTX*] [Pero los planes del Señor quedan firmes para siempre; los designios de su mente son eternos.* NVI*] [Pero por siempre perdura el plan del Señor, generación tras generación sus proyectos.* BLP*] [Pero los planes del Señor se mantienen firmes para siempre; sus propósitos nunca serán frustrados.* NTV*]*

El consejo del Señor permanece para siempre.[112] Observemos el marcado contraste entre *"el consejo de las naciones"* en el versículo anterior (33:10); y *"el consejo del Señor"* en este. Jamás no cambia su propósito, su decreto no se frustra, sus planes se ejecutan. Dios ejerce una predestinación de acuerdo con el consejo de su voluntad, y ningún recurso de sus enemigos puede frustrar sus decretos por un instante. Los planes de los hombres se desbaratan y deshacen con un soplo, cual tela de araña o semillas voladoras del diente de león,[113] pero los propósitos divinos son eternos y más firmes que la propia tierra.

Los designios de su corazón por todas las generaciones.[114] Las generaciones van y vienen, los hijos siguen a sus padres a la tumba, pero la mente imperturbable de Dios avanza en una serenidad ininterrumpida, produciendo resultados ordenados con certeza infalible. Ningún hombre puede esperar que su voluntad o plan se lleve a cabo de generación en generación; la sabiduría de una época es locura en la que le sigue; pero la sabiduría del Señor es siempre sabia, y sus designios se ejecutan de siglo en siglo. Su poder para llevar a cabo sus propósitos no disminuye en nada por el paso de años. Aquel cuyo poder fue absoluto sobre el Faraón de Egipto no es hoy menos poderoso para enfrentarse a reyes o naciones; es Rey de reyes y Señor de señores; las ruedas de sus carros siguen girando hacia adelante con grandeza imperial, y nadie hay capaz de resistir su voluntad eterna ni tan solo por un momento.

C. H. SPURGEON

El consejo del Señor permanece para siempre. Los engranajes de un reloj de bolsillo o de pared se mueven en sentido contrario unos de otros: unos en una dirección, los otros en otra; y, sin embargo,

---

[112] Algunos comentaristas de la antigüedad ven en este *"consejo del Señor"* el plan divino de redención, *"provisto desde antes de la fundación del mundo, pero manifestado al final de los tiempos por amor de vosotros"* (1 Pedro 1:20). Ver también Romanos 16:25-26; Efesios 1:4; 3:11; 2 Timoteo 1:9-10; Tito 1:2-3; Hebreos 9:26.

– CASIODORO [485-583]: «Es acertado que entendamos por *"su consejo"* el misterio de su encarnación, sabiendo como sabemos que fue planeada desde el principio en favor de la raza humana. Por tanto, es un *"consejo"* que *"permanece para siempre"*, no se extingue ni es susceptible al paso del tiempo, puesto que la muerte y resurrección triunfal del Señor aniquilaron definitivamente todo poder del diablo para destruirlo».

[113] Nombre científico, *Taraxacum officinale,* conocida coloquialmente como "diente de león" o "achicoria amarga". Se trata de una hierba adventicia, o mala hierba, a la que se han atribuido numerosas propiedades medicinales y cuyas hojas pueden consumirse en ensalada. En algunas partes del mundo hispanoparlante sus semillas se conocen como "angelitos", porque al soplar el receptáculo rodeado cipselas, estas de se desprenden y vuelan por los aires.

[114] En hebreo מַחְשְׁבוֹת לִבּוֹ לְדֹר וָדֹר *maḥšəḇōwṯ libbōw ləḏōr wāḏōr.* KRAUS traduce: *"los planes de su corazón (tienen vigencia) de edad en edad"*. SCHÖKEL: *"sus planes generación tras generación"*.

sirven el propósito del relojero: medir y mostrar el tiempo. Así también, en el mundo, puede parecer que las cosas se mueven en sentidos opuestos: que la providencia va a la inversa de las promesas divinas; unas hacia un lado, otras hacia el contrario; los buenos en una dirección, los malos en otra; pero en su conjunto, todos ejecutan la voluntad de Dios y se centran en el propósito del gran Creador de todas las cosas.

RICHARD SIBBES [1577-1635]
"The Successful Seeker"

Los designios de su corazón por todas las generaciones. Es interesante observar que la palabra hebrea que utiliza aquí el salmista para referirse a los *"designios"* del corazón de Dios מַחְשְׁבוֹת *mahšəḇōwṯ* de מַחֲשָׁבָה *machashabah,* es exactamente la misma que utiliza en el versículo anterior (33:10) para hablar de los "planes" o proyectos de las naciones.

WILLIAM DE BURGH [1801-1866]
"A Commentary on de Book of Psalms", 1860

Los pensamientos de su corazón por todas las generaciones.[115] Al decir: *"los pensamientos de su corazón",* no vayáis a imaginar, hermanos, que Dios se sienta y medita lo que deba o no hacer; o que madura la decisión de si ejecutar o no una cosa. Estas vacilaciones y tardanzas son cosa tuya, ¡oh hombre! su pensamiento es firme y actúa veloz.

AGUSTÍN DE HIPONA [354-430]
"Enarrationes in Psalmos"

Vers. 12. ***Bienaventurada la nación cuyo Dios es Jehová, el pueblo que él escogió como heredad para sí.*** *[Bienaventurada la nación cuyo Dios es Jehová, el pueblo que él escogió como heredad para sí.* RVR*] [Bienaventurada la nación cuyo Dios es el Señor, el pueblo que El ha escogido como herencia para sí.* LBLA*] [¡Cuán bienaventurada es la nación cuyo Elohim es YHVH! El pueblo que Él escogió para su propia heredad.* BTX*] [Dichosa la nación cuyo Dios es el Señor, el pueblo que escogió por su heredad.* NVI*] [¡Dichosa la nación cuyo Dios es el Señor, el pueblo que escogió como heredad suya! BLP] [Qué alegría para la nación cuyo Dios es el Señor, cuyo pueblo él eligió como herencia.* NTV*]*

¡Dichosa la nación cuyo Dios es Jehová! Israel era feliz adorando al único Dios verdadero. La bienaventuranza de la nación escogida fue haber recibido una revelación de Jehová. Mientras otros se arrastraban delante de sus ídolos, el pueblo escogido fue elevado espiritualmente por una religión que les presentó al Dios invisible, y los llevó a confiar en él. Todos aquellos que confían en el Señor son bendecidos en el sentido más amplio y profundo, y nadie puede alterar ni revertir esa bendición.

El pueblo que él escogió como heredad para sí. La elección divina está en el trasfondo de todo. Y es la que dirige el proceso: nadie puede hacer de Jehová su Dios, hasta que él no los haya elegido y conducido a ser su pueblo. ¡Qué elección tan ennoblecedora! No somos escogidos para un estado mediocre, ni para ningún propósito innoble: venimos a ser dominio peculiar del Señor nuestro Dios, y su

[115] Así traducen la KJV y la RVA *"los pensamientos de su corazón"*.

deleite. Habiendo sido bendecidos así, regocijémonos en la porción que nos ha tocado,[116] y mostremos al mundo por medio de nuestras vidas que servimos a un glorioso Maestro.[117]

C. H. SPURGEON

Bienaventurado (...) el pueblo que él escogió. El ser humano puede tener su nombre estampado en las crónicas, y a pesar de ello, acabar en el olvido; cincelado en mármol perdurable y, aun así, desaparecer; colocado sobre un monumento como el Coloso, y terminar cubierto de ignominia.[118] Puede tener su nombre grabado en la fachada de su propia casa, y acabar la casa en manos de otro propietario; tallado en la puerta de un hospital u orfanato como gran mecenas benefactor, y no por ello librarse del infierno. Tales inscripciones no son más que escritura en la arena, donde los trazos desaparecen con la misma rapidez con que se escriben. Incluso cuando permanecen, no aportan garantía ni felicidad alguna; como no honra a Poncio Pilato que recordemos su nombre en el Credo Apostólico. El verdadero consuelo es cuando, por la seguridad recibida en la Escritura, el alma sabe que nuestro nombre está inscrito en el libro de los escogidos por Dios, en las hojas eternas del cielo, que nunca serán borradas ni desaparecerán en las tinieblas, sino que permanecerán indelebles y legibles por toda la eternidad.

THOMAS ADAMS [1583-1653]

El pueblo que él escogió. Algunos lo traducen del siguiente modo: *"El pueblo que ha elegido tenerlo a él como su heredad".* Viene a ser la misma cosa, según se desprende de lo que leemos en Deuteronomio: *"Has declarado solemnemente hoy que Jehová es tu Dios, y que andarás en sus caminos, y guardarás sus estatutos, sus mandamientos y sus decretos, y que escucharás su voz. Y Jehová ha declarado hoy que tú eres pueblo suyo, de su exclusiva posesión, como te lo ha prometido, para que guardes todos sus mandamientos; a fin de exaltarte sobre todas las naciones que hizo, para loor y fama y gloria, y para que seas un pueblo santo a Jehová tu Dios, como él ha dicho".*[119]

JOHN TRAPP [1601-1669]
"A commentary or exposition upon the books of Ezra, Nehemiah, Esther, Job and Psalms", 1657

¡Dichosa la nación cuyo Dios es Jehová! Tener como valedor a un mendigo, no nos ayudaría, porque carece de poder; pero asociarnos con alguien más grande que nosotros mismos es una dicha, por ello todos buscan la amistad de los príncipes.

JOSEPH SYMONDS [¿?-1652]
"The case and cure of a deserted soule", 1639

[116] Salmo 16:5-8; Isaías 61:7.
[117] Las palabras del salmista, dirigidas a Israel, aplican con mucho mayor motivo al pueblo cristiano: *"Mas vosotros sois linaje escogido, real sacerdocio, nación santa, pueblo adquirido para posesión de Dios"* (1 Pedro 2:9).
[118] Se refiere al COLOSO DE RODAS O COLOSO DEL SOL, una estatua monumental de la Antigüedad considerada como una de las Siete maravillas del mundo antiguo. La estatua, hecha de bronce, representaba al dios griego del sol, Helios, y fue realizada por el escultor Cares de Lindos en la isla de Rodas entre el 292 y el 282 a.C. Un terremoto la tiró al suelo en el año 226 a.C., donde permaneció durante siglos. Según el historiador romano PLINIO EL VIEJO [23-79], que la contempló tumbada, la estatua medía unos 32 metros de alto encima de una base de mármol de 15 metros, y se estima que debía pesar unas 70 toneladas. En comparación, la Estatua de la Libertad en Nueva York mide 33 metros de altura y su base, 48 metros, aunque fue construida más de 2000 años más tarde.
[119] Deuteronomio 26:17-19.

Bienaventurada la nación cuyo Dios es Jehová, el pueblo que él escogió como heredad para sí. Para que no se piense que los seres humanos obtienen un bien tan grande por méritos propios a través de sus esfuerzos y labores, David nos enseña explícitamente que, ser considerados su pueblo, procede de la fuente del amor electivo y misericordioso de Dios.

Juan Calvino [1509-1564]

Bienaventurada la nación cuyo Dios es Jehová, el pueblo que él escogió como heredad para sí. Suelo comparar los "grandes personajes" de este mundo y las personas buenas que en él habitan, con las consonantes y vocales del alfabeto. Las consonantes son más numerosas, abultan más y copan la mayor parte del alfabeto; pero, creedlo, las vocales, aunque son menos y más pequeñas, son las letras más útiles, las que aportan mayor sonido: sin vocales no hay palabra pronunciable. Aunque los "grandes personajes" de este mundo ocupen lugares prominentes y se exhiban por encima de los demás, no son más que consonantes, en buena parte mudas y sordas; mientras que las personas buenas son las vocales, las más útiles en todo momento. Una persona piadosa ayuda mediante sus oraciones; advierte con sus consejos; se interpone con autoridad en los conflictos; y cuando la perdemos, lo lamentamos profundamente, pues es como si hubieran borrado una vocal del alfabeto. Y, en consecuencia, allí donde estaba queda un hueco, un silencio donde falta: silencio en su cama, silencio en su casa, silencio en su trabajo, silencio en su iglesia; porque allí donde estaba, era como una vocal, indispensable. Ese es el valor de una persona buena.

John Kitchin
"The grand statute: or The law of death unalterable opened and applied"
sermón predicado el 11 de Mayo de 1660 en el funeral de John Cope
en la iglesia de St. Mary-Bothaw, London

Vers. 13. *Desde los cielos miró Jehová; vio a todos los hijos de los hombres.* *[Desde lo alto de los cielos mira Jehová; ve a todos los hijos de los hombres.* RVR*] [El Señor mira desde los cielos, Él ve a todos los hijos de los hombres.* LBLA*] [YHVH mira desde los cielos, contempla a todos los hijos del hombre.* BTX*] [El Señor observa desde el cielo y ve a toda la humanidad.* NVI*] [El Señor observa desde los cielos, contempla a los seres humanos.* BLP*] [El Señor mira desde el cielo y ve a toda la raza humana.* NTV*]*

Desde lo alto de los cielos mira Jehová. El salmista nos describe a Dios como morando arriba y mirando hacia abajo; contemplando todas las cosas, pero observando y preocupándose en particular de aquellos que confían en él. Uno de nuestros mejores privilegios como creyentes es estar constantemente bajo la mirada de nuestro Padre, no quedar jamás fuera de la vista de nuestro mejor amigo.

Ve a todos los hijos de los hombres. Dios observa a todos los descendientes de Adán igual que lo observaba a él en el Edén.[120] Desde los polos congelados a los trópicos soleados, habitando en colinas o valles, en chozas o palacios, el ojo divino considera por igual a todos los seres humanos.[121]

C. H. Spurgeon

[120] Génesis 2:15-17; 3:8-10.

[121] Dice al respecto Casiodoro [485-583]: «Fijaos, no dice que sean los hombres quienes con mirada suplicante miren al Señor, sino que es el Señor quien desde lo alto de los cielos mira y ve a los hijos de los hombres (…) la frase *"desde lo alto de los cielos mira"* transmite la imagen de un Dios misericordioso y compasivo puesto que, por lo general, solemos mirar a aquellos de quienes nos preocupamos o concedemos algún favor. Fijémonos también en que no dice ver sus pecados, sino que los ve como a *"hijos de los*

Vers. 14. ***Desde el lugar de su morada miró sobre todos los moradores de la tierra.*** *[Desde el lugar de su morada observa a todos los moradores de la tierra.* RVR*] [Desde el lugar de su morada El observa a todos los habitantes de la tierra.* LBLA*] [Desde el lugar de su morada, observa a todos los habitantes de la tierra.* BTX*] [Él contempla desde su trono a todos los habitantes de la tierra.* NVI*] [Él mira desde su morada a cuantos en la tierra habitan.* BLP*] [Desde su trono observa a todos los que viven en la tierra.* NTV*]*

Desde el lugar de su morada[122] *observa a todos los moradores de la tierra.* Repite aquí la misma idea del versículo anterior: vale la pena repetirlo, y es necesario; porque el hombre es muy propenso a olvidar. Igual que los grandes personajes se sientan en sus ventanas y contemplan las multitudes que se apiñan debajo, así hace también en Señor: mira atentamente a sus criaturas responsables, y no le pasa desapercibido ni olvida nada de lo que ve.

C. H. SPURGEON

Vers. 15. ***El formó el corazón de todos ellos; atento está a todas sus obras.*** *[Él modeló el corazón de cada uno, y conoce a fondo todas sus acciones.* RVR*] [Él, que modela el corazón de cada uno de ellos; Él, que todas las obras de ellos entiende.* LBLA*] [El que forma los corazones de todos ellos, considera todas sus acciones.* BTX*] [Él es quien formó el corazón de todos, y quien conoce a fondo todas sus acciones.* NVI*] [Es él quien modela sus corazones, él quien conoce todos sus actos.* BLP*] [Él hizo el corazón de ellos, así que entiende todo lo que hacen.* NTV*]*

Él modeló el corazón de cada uno.[123] Todos los corazones han sido igualmente diseñados por el Señor, tanto los de los reyes como los de los mendigos. Lo cual no implica que todos los corazones humanos sean creados y modelados idénticos por Dios, tal afirmación estaría lejos de ser cierta, puesto

---

hombres". Pues si mirara los pecados, tendría que castigarlos, pero si los ve como *"hijos de los hombres"*, siente el deseo de perdonarlos».

[122] En hebreo מִמְּכוֹן־שִׁבְתּ֑וֹ *mimməḵōwn-šiḇtōw* de יָשַׁב *yashab.* JERÓNIMO DE ESTRIDÓN [347-420] traduce al latín: *"De firmissimo solio tuo"*. KRAUS lo traduce como: *"Desde el lugar de su trono"*. SCHÖKEL: *"desde su solio"*.

[123] En hebreo הַיֹּצֵר יַחַד לִבָּם הַמֵּבִין אֶל־כָּל־מַעֲשֵׂיהֶם *hayyōṣêr yaḥaḏ libbām hammêḇîn 'el-kāl- ma'ă-êhem.* La versión griega de los LXX o Septuaginta lee: ὁ πλάσσω κατά μόνος ὁ καρδία αὐτός ὁ συνίημι εἰς πᾶς ὁ ἔργον αὐτός que la Vulgata traduce al latín como: *"Qui finxit sigillatim corda eorum; qui intelligit omnia opera eorum"*, "El que formó el corazón de ellos uno por uno; el que entiende todas las obras de ellos". FRANZ DELITZSCH [1813-1890] lo explica del siguiente modo: «Dios no formó los corazones de los hombres de una vez en el principio; sigue formándolos por medio de un método misterioso que transmite el aliento de vida cada vez que un ser humano es engendrado (Zacarías 12:1) por lo cual se nos dice que Dios es *"el padre de nuestros espíritus"* (Hebreos 12:9 LBLA)» Dicen las respecto los Padres de la Iglesia:

– ORÍGENES [185-254] refiriéndose a estas palabras del salmista: «Con frecuencia olvidamos que es Dios quien nos ha formado en el seno materno, quien moldea uno a uno los corazones de los hombres y que, por tanto, conoce a fondo todas nuestras acciones e intenciones. Lo cual nos impide percibir su carácter como el Dios de los humildes, el protector de los débiles, refugio de los desamparados, defensor de los oprimidos, ayuda para los desvalidos, esperanza para repudiados, y Salvador de los desahuciados».

– AGUSTÍN DE HIPONA [354-430]: «Va modelando los corazones, uno a uno, con la mano de su gracia y su misericordia, otorgándonos a cada uno un corazón distinto y peculiar, sin romper por ello la unidad».

que hay entre ellos la más sorprendente variedad en constitución y disposición. Pero sí que todos los hombres han recibido, en igual medida, el don de la vida de las manos del Creador, y por tanto, carecen de base o razón alguna para jactarse de sí mismos. ¿Qué razón tiene la vasija para glorificarse a sí misma en presencia de alfarero?[124]

Y conoce a fondo todas sus acciones. Dios no observa en vano la conducta de los hombres: la sospesa y la juzga. Escruta las intenciones ocultas en su comportamiento externo, y determina los elementos reales del bien aparente. Y esta consideración divina anticipa juicio, el día en que los resultados de estas observaciones sean conocidos y convertidos en disposiciones de felicidad o aflicción. ¡Considera, pues, cuidadosamente tus caminos, oh hombre, porque Dios los considera!

C. H. SPURGEON

Él modeló por igual el corazón de cada uno. Todo concurre en demostrar que la humanidad no está formada por un conjunto de razas esencialmente distintas entre sí; antes por el contrario, originalmente no existía más que una sola, que después de multiplicarse, se extendió sobre toda la superficie de la tierra, viéndose progresivamente sometida por la influencia del clima, la alimentación, modo de vida, enfermedades, y la mezcla entre diversos individuos, a cambios, que en principio no eran tan significativos y afectaban tan solo a pequeños grupos, pero que poco a poco, se fueron haciendo más específicos y de carácter más general, más fuertemente marcados y permanentes al transmitirse de generación en generación.

GEORGES-LOUIS LECLERC, COMTE DE BUFFON [1707-1788]
"Histoire Naturelle, générale et particulière", 1749

Él modeló por igual el corazón de cada uno. El creador de todas las cosas formó el corazón de todos ellos; la palabra hebrea יַחַד *yaḥad* significa: juntos, a la vez, por igual; dando a entender que los corazones de todos los hombres, aunque separados uno de otro por un abismo en lo que respecta a tiempo o lugar, son idénticos en cuanto a sus inclinaciones originales, como si hubieran sido moldeados al mismo tiempo. Lo cual implica que el adorar un Dios y practicar algún tipo de religión, es parte misma de nuestro ser, una necesidad que nos resulta imposible de obviar.

WILLIAM PINKE [1599-1629]
"The Trial of a Christian's Sincere Love to Christ", 1631

Y conoce a fondo todas sus acciones. Dos hombres dan limosna a un pobre, pero sus propósitos son distintos: el uno busca su recompensa en el cielo, el otro la alabanza de los demás hombres. Tú, que al mirarlos no contemplas más que la acción aparente porque ignoras la intencionalidad, ves en los dos la misma cosa; pero Dios, ve dos cosas distintas. Porque él ve lo que hay dentro de cada uno; ve sus fines, sus intenciones y sus propósitos: *"conoce a fondo todas sus acciones"*.

AGUSTÍN DE HIPONA [354-430]
"Enarrationes in Psalmos"

– JUAN CRISÓSTOMO [347-407]: «Tan solo Aquel que ha modelado uno a uno nuestros corazones y conoce a fondo todas nuestras intenciones puede curar el mal que les aqueja. Porque es capaz de penetrar en lo más hondo de nuestras mentes, escrutar nuestra conciencia, y sanar el alma. Pues si es Dios quien da consuelo a nuestros corazones, inútil será lo que traten de hacernos los hombres; y si él es quien nos aconseja en vano será que intenten causarnos daño, pues cuando el Señor fortalece nuestro corazón, nada hay en este mundo que lo pueda turbar (Juan 14:1; Isaías 26:3)»

[124] Isaías 29:16; 45:9; 64:8; Jeremías 18:1-6; Romanos 9:19-21.

Vers. 16. ***El rey no se salva por la multitud del ejército, ni escapa el valiente por la mucha fuerza.*** *[El rey no se salva por la multitud del ejército, ni escapa el valiente por la mucha fuerza.* RVR*] [El rey no se salva por gran ejército; ni es librado el valiente por la mucha fuerza.* LBLA*] [El rey no se salva por la multitud del ejército, ni el poderoso escapa por la mucha fuerza.* BTX*] [No se salva el rey por sus muchos soldados, ni por su mucha fuerza se libra el valiente.* NVI*] [No se salva el rey con su gran ejército, ni el valiente se libra por su fuerza.* BLP*] [El ejército mejor equipado no puede salvar a un rey, ni una gran fuerza es suficiente para salvar a un guerrero.* NTV*]*

El rey no se salva por la multitud del ejército. El poder humano de los seres mortales no es más que una ficción, y los que en él confían son unos ingenuos que se engañan a si mismos. Jamás las filas compactas de hombres fuertemente armados han sido capaces de sostener un imperio, o siquiera la vida del monarca, cuando el tribunal del cielo ha emitido un decreto proclamando su derrota. El Dios omnisciente y que todo lo ve, preserva a los más pobres y desvalidos de entre su pueblo, a pesar de encontrarse solos y sin amigos; cuando diez mil hombres armados no pueden garantizar la seguridad de aquel a quien Dios abandona para destrucción.

Ni escapa el valiente por la mucha fuerza.[125] Lejos de vigilar y proteger los demás, el valiente y experimentado guerrero no es capaz siquiera de liberarse a sí mismo; pues cuando le llegue su hora, ni la fuerza de sus brazos ni la velocidad de sus piernas podrán salvarlo. Habita mucho más seguro el creyente más débil bajo la sombra del trono de Jehová,[126] que el más poderoso pecador protegido por los más aguerridos escoltas, pero en peligro constante. ¿Por qué hablamos tanto de nuestros ejércitos y nuestros héroes nacionales? Tan solo el Señor es quién posee y otorga el poder y la fuerza, y por tanto, único merecedor de toda alabanza.

C. H. SPURGEON

El rey no se salva por la multitud del ejército. En la batalla de Arbela[127] los ejércitos de Persia rondaban se dice entre medio millón y un millón de hombres, pero fueron completamente derrotados por Alejandro que no contaba con más de cincuenta mil; y el antes poderoso Darío fue vencido. Napoleón entró en Rusia con medio millón de hombres de los mejores, pero:

---

[125] En hebreo גִּבּ֗וֹר לֹֽא־יִנָּצֵ֥ל בְּרָב־כֹּֽחַ *gibbōwr lō-yinnāṣêl bərāḇ-kōaḥ* de גִּבּוֹר *gibbor.* La versión griega de los LXX o Septuaginta lee: καί γίγας οὐ σώζω ἐν πλῆθος ἰσχύς αὐτός que la Vulgata traduce al latín como: *"et gigas non salvatibur in multitudine virtutis suae"*, "ni el gigante se salvará por su mucha fuerza". Algunos comentaristas antiguos consideran que se trata de una referencia al gigante *"Isbí-benob, uno de los descendientes de los gigantes, cuya lanza pesaba trescientos siclos de bronce, y quien estaba ceñido con una espada nueva, trató de matar a David; mas Abisay hijo de Sarvia llegó en su ayuda, e hirió al filisteo y lo mató"* (2 Samuel 21:15-17) y algunos apuntan incluso que este incidente pudo haber sido el motivo de composición del Salmo.

[126] Salmo 17:8; 25:4; 27:5; 31:20; 32:7; 91:1-2; 212:5.

[127] Se refiere a la BATALLA DE GAUGAMELA en la ribera del río Bumodos, cerca de Mosul en el actual Irak; también conocida como BATALLA DE ARBELA (por encontrarse su escenario relativamente cerca de esta población), que tuvo lugar en 1 de Octubre del 331 a.C., y en la que se enfrentaron el ejército persa a las órdenes de su rey DARÍO III [380-330 a.C.] y el ejército macedonio bajo el mando de ALEJANDRO MAGNO [356-323 a.C.]. Con el fin de no dejarse rodear por la innumerable caballería persa, Alejandro decidió disponer a sus tropas en niveles, algo completamente innovador en la Antigüedad, creando una brecha en el ejército persa y sorprendiendo a Darío, que no supo reaccionar.

«No importa el número, o lo mortífero de la hueste;
ya sea liderada por el norteño Breno, o por Tamerlan el Escita»[128]

pues muy pronto un invierno terrible deshizo su ejército, y él acabó prisionero en la roca solitaria de Santa Elena.[129] A lo largo de la historia, la afirmación de este versículo ha sido verificada en numerosas ocasiones.[130] Los batallones más fuertes y poderosos se derriten como copos de nieve cuando Dios está contra ellos.

C. H. SPURGEON

Ni escapa el valiente por la mucha fuerza. Valiente o gigante, como fue en el caso de Goliat.[131] Los más expertos nadadores, a menudo mueren ahogados, ese es el significado.

JOHN TRAPP [1601-1669]
"A commentary or exposition upon the books of Ezra, Nehemiah, Esther, Job and Psalms", 1657

Vers. 16-17. Estos dos versículos exponen claramente la debilidad e insuficiencia del *poder terrenal,* pese a la gran importancia que al mismo concede en *intelecto humano.*

JOHN JAMES STEWART PEROWNE [1823-1904]
"Commentary on the Book of Psalms", 1864

Vers. 16-17. Un viajero, sorprendido por una tormenta, abandona el camino y adentrándose en el bosque, busca refugio de la lluvia debajo de un frondoso roble, pegando su espalda al tronco y dejando que las ramas le protejan; lo cual le proporciona alivio por algún tiempo; hasta que finalmente una fuerte ráfaga de viento, arranca la principal de las ramas, que cae sobre el desdichado y desprevenido viajero. De este modo, aquello en lo cual había buscado protección, y que le había servido por un tiempo, en realidad se convierte en su perdición. Esto es exactamente lo que sucede a muchos en este mundo, buscando alivio para sus muchos problemas y vejaciones, se salen de su camino apartándose de Dios, y buscan refugio bajo las alas de algún importante personaje; y ello les sirve por un tiempo, pero solo hasta el momento en que su protector cae el mismo en desgracia, le rueda la cabeza, y junto

[128] Spurgeon cita aquí dos líneas un poema romántico del obispo y poeta inglés REGINALD HEBER [1783-1826] titulado: *"Palestine"* que posteriormente el compositor WILLIAM CROTCH [1775-1847] convirtió en Oratorio (1812). El texto original es: *"Not such the numbers, nor the host so dread, / By northern Bren, or Scythian Timour led"*. BRENO era el líder de las tribus senones de la Galia que derrotaron a los romanos en la batalla de Alia, cerca de Roma, para ser posteriormente derrotado por el cónsul y general romano Marco Furio Camilo. Tamerlán fue un conquistador turco-mongol, el último de los grandes conquistadores nómadas del Asia Central, que llegó a conquistar más de 8 millones de kilómetros cuadrados.

[129] Se refiere a la isla de SANTA ELENA O SAINT HELENA en inglés, una isla del océano Atlántico, ubicada a más de 1800 kilómetros de distancia de la costa occidental de Angola, en África descubierta en 1502 por el navegante español João da Nova [1460-1509] al servicio del rey de Portugal. Deshabitada hasta 1645, fue ocupada por colonos ingleses Administrativamente, es parte del territorio británico de ultramar. Debido a su lejanía de Europa y difícil acceso se instaló en ella un penal en el que estuvieron prisioneras grandes personalidades, entre ellas (y la más famosa) NAPOLEÓN BONAPARTE [1769-1821] que murió en la isla.

[130] La misma experiencia se repitió en el caso de ADOLFO HITLER [1889-1845] cuando los poderosos batallones de la *"Wehrmacht"*, que aparentemente nadie era capaz de detener, se derritieron como un terrón de azúcar ante el duro invierno ruso.

[131] 1 Samuel 17:1-54.

con la de él, rueda también la suya. Si se hubieran mantenido en el camino, andando con sus propias piernas y por sus propias fuerzas en lugar de confiar en *"brazo de carne"*, hubieran evitado el desastre: *"Maldito el hombre que en el hombre confía, y hace de la carne su fortaleza, y del Señor se aparta su corazón"*.[132]

THOMAS GATAKER [1574-1654]
"Certaine Sermons, First Preached, and After Published at Severall Times", 1637

Vers. 17. ***Vano para salvarse es el caballo; la grandeza de su fuerza a nadie podrá librar.*** *[Inútil para salvarse es el caballo; la grandeza de su vigor a nadie podrá librar.* RVR*] [Falsa esperanza de victoria es el caballo, ni con su mucha fuerza puede librar.* LBLA*] [Vano es el caballo para la victoria, ni su gran fuerza permitirá escapar.* BTX*] [Vana esperanza de victoria es el caballo; a pesar de su mucha fuerza no puede salvar.* NVI*] [No da la victoria el caballo, ni con todo su brío permite escapar.* BLP*] [No confíes en tu caballo de guerra para obtener la victoria; por mucha fuerza que tenga, no te puede salvar.* NTV*]*[133]

Inútil para salvarse es el caballo. Entre los orientales, los caballos y carros falcados[134] eran de lo más valorado a la hora de considerar y establecer el poderío militar de un ejército. Pero el salmista les llama una mentira, una confianza engañosa. ¿De veras puede sentirse seguro el caballero a lomos de su gallarda y veloz montura, ya sea por su valentía o capacidad de huida? En modo alguno; pues su caballo no solo le conducirá alocadamente hacia el peligro, sino que puede también que lo aplaste en su caída.[135]

A pesar de su mucha fuerza no puede salvar. Las más poderosas defensas se convierten en nada cuando más se necesitan. Tan solo Dios en Dios se puede confiar y a él solo hay que adorar. Toda la caballería y ejércitos de Senaquerib no fueron rival de talla para un solo ángel del Señor;[136] los caballos y los carros del Faraón descubrieron lo inútil y nefasto que resulta tratar de perseguir al pueblo

---

[132] Jeremías 17:5; Ver también: 2 Crónicas 32:8; Salmo 146:3; Isaías 2:22; 30:1; 31:3; Ezequiel 29:7.

[133] En hebreo שֶׁ֣קֶר הַ֭סּוּס לִתְשׁוּעָ֑ה וּבְרֹ֥ב חֵ֝ילוֹ לֹ֣א יְמַלֵּֽט *šeqer hassūs litšū'āh ūbərōb ḥêlōw lō yəmallêṭ*. La versión griega de los LXX o Septuaginta lee: ψευδής ἵππος εἰς σωτηρία ἐν δέ πλῆθος δύναμις αὐτός οὐ σῴζω que la Vulgata traduce al latín como: *"Fallax equs ad salutem; in abundantia autem virtutes suae non salvabitur"*, "Engañoso es el caballo para la salud, y en la abundancia de su fuerza no se salvará". KRAUS lo traduce como: *"Nada aprovechan los corceles para la victoria, la magnitud de la fuerza no trae salvación"*. SCHÖKEL: *"engañosa es la caballería para la victoria, y por su gran ejército no se salva"*.

[134] LOS CARROS FALCADOS O CARROS DE GUERRA, por lo general de dos ruedas y tirados por dos o cuatro caballos al galope, iban provistos de afiladas cuchillas en el frontal y los laterales. Se adentraban en las filas de la infantería enemiga causando verdaderos estragos. Ver nota 198 en el Salmo 18 referente a *"los carros de Aminadab"*.

[135] Dice este mismo sentido FRANCISCO LACUEVA [1911-2005] en el "Comentario de Mathew Henry": «En la antigüedad, se estimaban tanto los caballos de guerra, que Dios prohibió a los futuros reyes de Israel que aumentaran el número de caballos (Deuteronomio 17:16), no fuese que se sintiesen tentados a confiar en ellos y menospreciaran la ayuda que debían esperar de Dios. David inutilizó en cierta ocasión los caballos del enemigo (2 Samuel 8:4), pero aquí todos los caballos del mundo son declarados inútiles para salvar sin la ayuda de Dios».

[136] 2 Crónicas 32:21; Isaías 37:36. Ver comentario de Spurgeon al Salmo 46:5.

ungido del Señor,[137] y así serán también completamente derrotadas todas las fuerzas combinadas de la tierra y del infierno cuando se levanten contra el Señor y sus elegidos.[138]

C. H. SPURGEON

Inútil para salvarse es el caballo; la grandeza de su vigor a nadie podrá librar. Si la fuerza de los caballos viene de Dios, y como parece desprenderse de las palabras de Job ha sido él quién les ha otorgado su fuerza: *"¿Diste tú al caballo la fuerza? ¿Vestiste tú su cuello de crines ondulantes?"*,[139] entonces, no confíes o en la fuerza de los caballos: utilízala, pero no confíes en ella; pon tu confianza en Dios; pues si confías en la fuerza que Dios ha dado a los caballos, estás haciendo de los caballos tu Dios.[140] Es interesante observar como Dios, sabiendo lo muy propensos que somos a confiar en cualquier cosa que ostente fuerza, aunque sea un simple animal, nos prohíbe explícitamente confiar en la fuerza de los caballos: *"Inútil para salvarse es el caballo; la grandeza de su vigor a nadie podrá librar"*. Como si nos dijera: piensas que un caballo podría salvarte, y te equivocas, porque toda su fuerza es inútil. Y cuando el salmista dice que su fuerza es *"inútil"* no se está refiriendo a un caballo débil y enfermizo, sino un caballo de la mayor fortaleza que quepa imaginar; pues aún semejante caballo es inútil para salvar a un hombre, y toda su fuerza no vale para librar a nadie. Es por ello que el Señor, cuando promete a su pueblo grandes liberaciones, advierte que no debemos esperarlas de la fuerza de los caballos: *"Mas de la casa de Judá tendré misericordia, y los salvaré por Jehová su Dios; y no los salvaré con arco, ni con espada, ni con batalla, ni con caballos ni jinetes"*.[141] Como si les hubiera dicho: No busquéis vuestra salvación en la fuerza de criaturas creadas, pues aún los caballos son inútiles para salvaros, pero yo puedo libraros sin recurrir a la fuerza de caballos, y lo haré.

JOSEPH CARYL [1602-1673]
"An exposition with practical observations upon the book of Job", 1651

Vers. 17-20. Sensible, como es, a sus necesidades terrenales, el ser humano nunca ceja en su empeño para conseguirlas, por todos los métodos posibles, y dedicando a ello su mayor diligencia y esfuerzo; hasta que caiga finalmente en la cuenta de que quien realmente provee para él es Dios. Cuando una persona cuenta con amigos encumbrados en los que apoyarse, suele decirse de ella que no tiene motivos de preocupación, ya que si se ve en dificultad podrá recurrir a ellos. Por lo contrario, aquel que no cuenta con nadie que le respalde, si le preguntamos: ¿porqué te afanas tanto?, nos responderá: No tengo más remedio, estoy solo, no cuento con nadie que me respalde o en quien pueda confiar. Cristo tuvo que corregir esta actitud por parte de sus discípulos en más de una ocasión: su incredulidad les impedía ver la forma en que su Padre celestial se preocupaba de ellos: *"Por tanto os digo: No os afanéis por vuestra vida, qué comeréis; ni por el cuerpo, qué vestiréis. La vida es más que la comida; y el cuerpo, más que el vestido"*.[142] Ningún patrimonio material, por importante que sea, podrá liberar definitivamente nuestro corazón de la ansiedad y las preocupaciones, porque ninguno es perdurable, todos están sujetos a un posible deterioro y desaparición repentina; y jamás lograremos, por tanto, quitarnos de encima la pesada carga de la ansiedad y las preocupaciones que nos agobian hasta doblar nuestras espaldas, a menos que aprendamos, por medio de la fe, a depositar nuestra carga

[137] Éxodo 14:8-9, 26-31.
[138] Apocalipsis 16:14; 19:19-21.
[139] Job 39:19.
[140] *"El caballo se apareja para el día de la batalla; mas Jehová es el que da la victoria"* (Proverbios 21:31).
[141] Oseas 1:7.
[142] Lucas 12:22-34. Ver también Mateo 6:26; 10:29-42.

sobre el Señor,[143] cuyo ojo *"está sobre los que le temen"* (33:18). Quién no aprende a depender de Dios haciendo del Altísimo su soporte, difícilmente va a renunciar a los apoyos y soportes terrenales. Quien no hace de Jehová su fortaleza,[144] sigue confiando en las riquezas, la sabiduría, los amigos, o la fuerza. El corazón humano, consciente de su incapacidad para mantenerse y defenderse a sí mismo si no cuenta para ello con el necesario apoyo, buscará ese apoyo donde sea, verdadero o falso, fiable o corrupto; y cual los israelitas: *Descenderá a Egipto por ayuda, y confiará en caballos; y pondrá su esperanza en carros, porque son muchos, y en jinetes, porque son muy fuertes; y no mirará al Santo de Israel, ni buscará a Jehová.*[145]

JOHN BALL [1585-1640]
"Treatise of Faith", 1632

Vers. 18. *He aquí el ojo de Jehová sobre los que le temen, sobre los que esperan en su misericordia.* *[He aquí el ojo de Jehová está sobre los que le temen, sobre los que esperan en su misericordia.* RVR*] [He aquí, los ojos del Señor están sobre los que le temen, sobre los que esperan en su misericordia.* LBLA*] [He aquí el ojo de YHVH sobre los que lo temen, sobre los que esperan en su misericordia.* BTX*] [Pero el Señor cuida de los que le temen, de los que esperan en su gran amor.* NVI*] [La mirada del Señor está sobre los justos, sobre los que en su amor ponen su esperanza.* BLP*] [Pero el Señor vela por los que le temen, por aquellos que confían en su amor inagotable.* NTV*]*

He aquí.[146] ¡Mirad! ¡Contemplad! Porque estamos ante una maravilla superior y más asombrosa que los ejércitos y caballos; una confianza más segura que los carros o escudos.

El ojo de Jehová está sobre los que le temen. Ese ojo que todo lo observa de manera peculiar, es su gloria y su defensa. Nadie puede tomarlos por sorpresa, puesto que el observador celeste anticipa los designios de sus enemigos, y les proporciona la ayuda precisa en su contra. Los que temen a Dios no han de temer a ninguna otra cosa; basta con que fijen en él su mirada de fe, para que su mirada de amor no se aparte de ellos.

Sobre los que esperan en su misericordia. Cabe entenderlo como una pequeña evidencia de la gracia, pero ciertamente es bien válida. La esperanza más humilde cuenta con su propia porción, tanto como la fe valiente y corajuda. Di pues, alma mía, ¿no te es esto un motivo de aliento? ¿Acaso no confías en la misericordia de Dios en Cristo Jesús? Siendo así, ten la seguridad de que el ojo del Padre está por igual sobre ti que sobre el más veterano de la familia de los creyentes. Estas dulces palabras, tiernas como el pan blando, van dirigidas a los niños en la gracia, que precisan de alimentación infantil.[147]

C. H. SPURGEON

He aquí. En los versículos anteriores el salmista habla de las diversas acciones de la providencia divina para todos *los seres humanos;* pero aquí sintetiza centrándose en un caso en particular: su

---

[143] Salmo 37:5, 24; 55:22; 1 Pedro 5:7.

[144] Éxodo 15:2; 2 Samuel 22:3; Salmo 18:2; 46:1; 59:9; Isaías 12:12.

[145] Isaías 31:1.

[146] En hebreo הִנֵּה *hinnêh,* una llamada de atención: "mirad, contemplad, prestad atención". Ver las correspondientes notas sobre el "hinnêh" o "He aquí" de los salmos en los comentarios a Salmo 40:7; 51:5-6; 73:12; 90:6 121:4; 123:2; 127:3-4; 134:1. Y de manera especial el comentario de THOMAS GOODWIN [1600-1679] al Salmo 51:5.

[147] 1 Corintios 3:2; 1 Pedro 2:2.

cuidado especial de aquellos que le temen, de *su iglesia;* a la que guía de manera maravillosa, defiende y protege de todos los ataques y peligros. Por ello, antes de proseguir, lanza un toque de atención general mediante un: הִנֵּה *hinnêh, "He aquí".*[148]

Adam Clarke [1760-1832]
"Commentary on the Whole Bible", 1831

El ojo de Jehová está sobre los que le temen. Observad como el sol proyecta su luz y su calor sobre el planeta tierra, y veréis que brilla ejerciendo la misma influencia sobre todas las cosas, incluidos buenos y malos.[149] Pero dejad que sus rayos se concentren a través de un cristal de aumento, y podréis comprobar como queman y perforan el punto donde se proyectan, sin que aquello que lo circunda sufra el mismo efecto. Igual sucede con la mirada de Dios sobre su creación; contempla todas sus obras con un amor general, y viendo que: "*erant omnia valde bona*", que todas ellas son buenas en gran manera,[150] se agrada de todas. ¡Ah!, pero cuando decide proyectar los rayos de su amor concentrándolos sobre sus elegidos en Cristo, hace que brillen sobremanera, que sus corazones se inflamen de amor y sus afectos ardan cual fuego abrasador;[151] en tanto que los demás solo reciben una influencia leve, la gracia común, que brilla en ellos de manera exigua.

Richard Holdsworth [1590-1649]
"The valley of vision, or A clear sight of sundry sacred truths: Delivered in twenty-one sermons", 1651

He aquí el ojo de Jehová está sobre los que le temen, sobre los que esperan en su misericordia. Un pasaje muy alentador para todos aquellos que sintiéndose incapaces de reclamar para sí los puestos más elevados en la escala de la piedad, saben, sin embargo, que: *"temen a Dios, y esperan en su misericordia".* No faltarán, sin duda, quienes cuestionen la coexistencia de ambas cosas en una misma persona, afirmando que *"temor"* y *"esperanza"* son incompatibles entre sí. Sabemos, sin embargo, que los primeros cristianos: «andaban en el temor del Señor, y en los consuelos del Espíritu Santo». Podrá alegarse que el temor perjudica la esperanza o que la esperanza neutraliza el temor; pero lejos de ser así, más bien se complementan, y mezcladas adecuadamente, no tan solo resultan más hermosas, sino que también más efectivas. Pues el temor promueve la esperanza mediante la evidencia que proporciona; y nos impide, además, el caminar de manera desordenada, con lo cual potencia nuestra paz y bienestar. Y la esperanza, por su parte, no es menos amiga y excelente colaboradora del temor; en tanto que jamás alcanzamos una imagen tan gloriosa de Dios y le vemos más digno de nuestra devoción, como cuando esperamos en su misericordia. Pues *cuanto más esperemos* en él, más nos preguntaremos: ¿Señor, qué quieres que haga?; y *cuanto más temor sintamos* ante la posibilidad de irritarle y ofenderle más tiempo seguiremos de rodillas implorando: *"Sean gratos los dichos de mi boca y la meditación de mi corazón delante de ti, oh Jehová, roca mía, y redentor mío".*[152] Esto es a lo que el apóstol Pedro llama *"una esperanza viva";*[153] y los cristianos saben bien, por propia experiencia, que la correcta combinación de sus principios y deberes, del temor y la esperanza, ejerce en ellos la misma influencia vivificadora que la Primavera sobre los campos y jardines.

William Jay [1769-1853]
"The Christian Contemplated", 1826

[148] Ver al respecto la nota 146 de este mismo Salmo.
[149] Mateo 5:45.
[150] Génesis 1:31.
[151] Salmo 39:3; Jeremías 4:9; 20:9; Ezequiel 3:14.
[152] Salmo 19:14.
[153] 1 Pedro 1:3.

Los que esperan en su misericordia. Cuando te sientes incapaz de una seguridad absoluta, busca fortalecer las bases sobre las que edificar *tus esperanzas* de salvación. Por nada en el mundo abandones los fundamentos que tienes, por débiles que te parezcan.[154] Si tu corazón no rebosa de alegría por un sentido claro del amor de Dios; en cambio tus ojos se inundan de lágrimas y tu alma está llena de tristeza por el sentido de tu pecado, no desesperes: ¿acaso estarías dispuesto a cambiar esta situación de sinceridad por la falacia de cualquier hipócrita? ¿O por la falsa seguridad de cualquier hombre inmensamente rico pero carente de gracia? No voy a decirte que debas conformarte con este sentimiento de mera probabilidad de salvación, pero sí que debes bendecir a Dios por él, por haber plantado su semilla en tu corazón.[155] ¿O crees acaso que no es mucho que alguien merecedor, con toda seguridad, de las penas del infierno, cuente con una probabilidad de escapar de él por remota que esta sea? ¿Has pensado cuanto aliviaría los tormentos de los condenados, saber que cuentan con alguna probabilidad de escapar de ellos? Es precisamente *la ausencia de toda esperanza* lo que los hace tan insoportables. Si estando enfermo preguntas al médico: ¿Doctor, qué me dice, voy a vivir o a morir? y te contesta: no lo sé con una certeza absoluta, pero considero que hay *esperanzas* ¿acaso no te alegrarás en gran manera? Pues hay probabilidades de que vivas y te vaya bien; lo cual, de entrada, servirá ya para aliviar los síntomas de tu enfermedad y para infundirte ánimos en el proceso de superarla.

THOMAS DOOLITTLE [1630-1707]
"Sermon on Assurance in the Morning Exercise at Cripplegate" 1661

Los que esperan en su misericordia. El más insignificante entre los santos, el más débil de los creyentes, tiene bases sobradas para la esperanza. El Evangelio así lo anuncia, y el pacto así lo establece, Dios ha hecho tan amplia provisión de esperanza, que no hay nadie, absolutamente nadie que deba quedarse sin: *"consuelo eterno y buena esperanza por gracia"*.[156] Y a todos por esta vía, la del evangelio y el pacto, se les permite, se les alienta; más aún, se les ordena tener esperanza: en tanto que su esperanza es deleite para Dios, tanto como consuelo para ellos mismos.

SAMUEL DOOLITTLE [1665-1717]
"The righteous man's hope at death consider'd and improv'd for the comfort of dying Christians" 1693

[154] Dice al respecto AGUSTÍN DE HIPONA [354-430]: «¿Entonces, de dónde vendrá mi salvación? ¿A quién acudiré? No te hace falta buscar mucho ni por largo tiempo. Te basta con saber que *"la mirada del Señor está sobre los que le temen, sobre los que esperan en su misericordia*". No sobre los que confían en la multitud de sus ejércitos; en la potencia de su caballería; o la valentía de sus guerreros; no sobre los que dependen de su propio vigor, de su fuerza, de su fortaleza; no los que confían en sus propios méritos; sino *"los que esperan en la misericordia del Señor"»*.

[155] Dice al respecto BASILIO DE CESAREA [326-379]: «Al creyente que sabe que no será justificado por sus obras, ni confía en sus buenas acciones, la única esperanza que le resta es esperar en la misericordia de Dios. Cuando recuerda que *"el Señor vendrá con poder, y su brazo sojuzgará para él; he aquí que su recompensa viene con él, y su paga va delante de él"* (Isaías 40:10), que vendrá para dar a cada uno su pago confirme a sus acciones, le invade el temor pensando en el castigo que merece; pero al punto se llena de esperanza al pensar en la misericordia del Señor, al recordar que toda la tierra esta llena de ella (33:5) y exclama: *"Nuestra alma espera en el Señor; nuestra ayuda y nuestro escudo es él. Pues en él se alegrará nuestro corazón porque en su santo nombre hemos confiado"* (33:20)».

[156] 2 Tesalonicenses 2:16.

Vers. 18-19. Durante el asedio de La Rochelle,[157] que se soportó con valentía sin igual durante casi quince meses, sus habitantes, obligados por el hambre, se vieron en la necesidad de tener que recurrir como alimento a la carne de los caballos, asnos, mulas, perros, gatos, ratas y ratones; se dice que un puñado de maíz llegó a venderse por una suma equivalente a unas veinticinco libras esterlinas de nuestro dinero actual. Ello dio lugar a numerosos casos de altruismo y generosidad entre los habitantes; la mayoría en secreto, por lo que sus nombres no son conocidos. Entre los conocidos se cuenta la siguiente historia: «El Señor de La Goute, abogado honorario del rey, tenía una hermana, viuda de un comerciante llamado Prosni, que, al ser una mujer muy religiosa y dadivosa, en cuanto el hambre comenzó a azotar la plaza con severidad, hizo cuanto estaba en su mano para ayudar compartiendo con los necesitados cuantas provisiones tenía. Su cuñada, la esposa de La Goute, que no pensaba de la misma forma, le reprochó muy enojada su proceder, preguntándole qué pensaba hacer cuando se le acabaran las provisiones; a lo que ella se limitó a contestar con tranquilidad: «Cuñada… el Señor proveerá». Prosiguió el asedio, el hambre fue en aumento provocando estragos terribles; y la desdichada viuda Prosni, que tenía cuatro hijos, se encontró sumida en la angustia, con todas sus provisiones agotadas. Acudió en busca de ayuda a su cuñada, que, en lugar de consolarle y prestársela, le reprochó su actitud, añadiendo sarcásticamente, que puesto que había dilapidado todas sus reservas de alimentos en razón de su fe, diciendo: «el Señor proveerá», lo que le correspondía hacer era acudir al Señor en busca de socorro. Profundamente dolida y herida en el corazón por tan crueles palabras, la viuda regresó a su hogar triste y angustiada; dispuesta a afrontar la muerte con resignación en compañía de sus hijos. Pero al llegar, estos le recibieron con caras alegres y sonrientes, contándole que un hombre, según ellos un desconocido, había llamado a la puerta, y en cuanto abrieron, descargó en el suelo sin decir palabra un saco con cerca de dos fanegas de trigo;[158] y luego, sin mediar palabra, se marchó. La pobre viuda no daba crédito a sus ojos, y con el corazón desbordado de agradecimiento hacia su benefactor, tras cocinar algo de trigo y alimentarse un poco, corrió de nuevo a casa de su cuñada gritando: «Ves cuñada, el Señor **ha provisto**». Y regresó a su casa. Este alivio inesperado entregado tan oportunamente, le permitió mantenerse ella y su familia hasta el final del asedio, aunque jamás supo quién fue el instrumento utilizado por Dios para asistirla de forma tan oportuna y misericordiosa.

"The Biblical Treasury"[159] Vol. 4.

Vers. 19. ***Para librar sus almas de la muerte, y para darles vida en tiempo de hambre.*** *[Para librar sus almas de la muerte, y para sostenerles la vida en tiempo de hambre.* RVR*] [Para librar su alma de la muerte, y conservarlos con vida en tiempos de hambre.* LBLA*] [Para salvar sus almas de la muerte, y mantenerlos vivos en tiempo de hambre.* BTX*] [Él los libra de la muerte, y en épocas de*

[157] En virtud del "Edicto de Nantes", 1598, ENRIQUE IV DE FRANCIA [1553-1610] reconoció a los hugonotes ciertos derechos, y la ciudad fortificada de LA ROCHELLE, en la costa atlántica de Francia, se convirtió para los protestantes franceses en un refugio seguro. Pero tras el asesinato de Enrique en 1610 y la llegada al trono de LUIS XIII [1601-1643], y bajo la regencia de MARÍA DE MÉDICI [1575-1642] volvió la persecución. El CARDENAL RICHELIEU [1585-1642], ordenó el asedio de La Rochela enviando un ejército de 20.000 hombres con la misión de rendirla. En agosto de 1627, las fuerzas reales mandadas por Charles de Valois, duque de Angulema, iniciaron el asedio. Los habitantes de La Rochela resistieron durante catorce meses bajo el liderazgo del alcalde Jean Guitton antes de rendirse el 28 de octubre de 1628.

[158] En el original *"two bushels"*. Una fanega equivale a unos 55,5 litros, por lo que serían unos 110 litros de trigo o 95 kilos aproximadamente.

[159] Se trata de *"The Biblical Treasury of Expositions and Illustrations for the Use of Sunday School Teachers and Bible Students"* también conocido como *"The Biblical treasury: an illustrative companion to the Bible"*. Publicado en Londres por la *"Sunday School Union"* en diversos tomos. Cubre toda la Escritura: Antiguo y Nuevo Testamento.

hambre los mantiene con vida. NVI*] [Quiere librarlos de la muerte y salvar sus vidas en tiempo de hambre.* BLP*] [Los rescata de la muerte y los mantiene con vida en tiempos de hambre.* NTV*]*

Para librar sus almas de la muerte. La mano del Señor va a la par con su ojo; su soberanía preserva a todos aquellos a quienes observa en su gracia. Los rescates y restauraciones son una constante que sustenta la vida de sus santos; la muerte no puede tocarlos hasta que el Rey firma su licencia y les autoriza partir; e incluso entonces, su toque ya no es mortal, sino inmortal; pues no nos quita la vida, tan solo destruye nuestra mortalidad.

Y para sostenerles la vida en tiempo de hambre. La hambruna extenuante conoce a su Señor y le obedece. Dios cuenta con harina y aceite suficiente para alimentar sus Elías[160] dondequiera que se encuentren. Las palabras que leemos en el Salmo 37: *"Y en verdad serás alimentado"*[161] son una disposición divina incuestionable para el hombre de fe. El Guarda de los hombres[162] no dejará hambrear el alma del justo.[163] El poder en manos de los hombres se ve desbordado por las hambrunas, pero Dios es bueno en caso de necesidad, y demuestra su bondad en las circunstancias más apuradas. Creyente, confía plenamente en tu Dios en mitad de las tempestades. Su ojo está ya sobre ti, y su mano no se va a demorar.

C. H. SPURGEON

Vers. 20. *Nuestra alma espera a Jehová; nuestra ayuda y nuestro escudo es él.* *[Nuestra alma espera en Jehová; nuestra ayuda y nuestro escudo es él.* RVR*] [Nuestra alma espera al Señor; El es nuestra ayuda y nuestro escudo.* LBLA*] [Nuestra alma ha esperado por YHVH, Él es nuestra ayuda y nuestro escudo.* BTX*] [Esperamos confiados en el Señor; él es nuestro socorro y nuestro escudo.* NVI*] [Nosotros esperamos en el Señor, él es nuestra ayuda y nuestro escudo.* BLP*] [Nosotros ponemos nuestra esperanza en el Señor; él es nuestra ayuda y nuestro escudo.* NTV*]*

Nuestra alma espera[164] *en Jehová.* Los piadosos certifican aquí su dependencia de Aquel a quien el Salmo alaba. Esperar es una lección importante. Saber permanecer en silencio a la espera, paciente

[160] 1 Reyes 17:8-16.
[161] Salmo 37:3. Traducción de la RVA y la KJV.
[162] Job 7:20.
[163] Proverbios 10:3.
[164] En hebreo נַפְשֵׁנוּ חִכְּתָה לַיהוָה *napšênū ḥikkəṯāh Yahweh.* El sintagma חִכְּתָה *ḥikkəṯāh* de חָכָה *chakah* es muy raro y solo aparece con este formato en este versículo del Salmo 33. Transmite la idea de una espera firme y segura pero a la vez ansiosa y anhelante. Quizá el versículo que más se aproxime a su sentido sea Isaías 8:17: aguardaré y confiaré. Dice al respecto:

– CASIODORO [485-583]: «Con el uso de este verbo *"espera"* el salmista hace una clara referencia a una de las principales virtudes cristianas: la paciencia. Es la paciencia la que aporta a los mártires su gloria (Santiago 1:12; Apocalipsis 2:10); la que guarda el depósito de nuestra fe (1 Timoteo 6:20); la que supera toda clase de adversidades no combatiendo sino resistiendo (Romanos 12:12, 14, 18-21), no con violencia sino con mansedumbre (1 Pedro 3:9), no murmurando sino con acción de gracias (Filipenses 4:6). La paciencia pone freno a los engaños de la lujuria, sujeta la ira que abrasa (Proverbios 15:1; 16:32), y extirpa la envidia que carcome al ser humano (Salmos 37:7; Proverbios 14:30); hace mansos a los violentos, sonríe a los compasivos, y capacita a los santificados para recibir los galardones futuros (Hebreos 10:36). La paciencia restriega toda suciedad acumulada por los placeres y vuelve las almas puras. Nos hace aptos para

en la esperanza, sobrio en la confianza, es uno de los logros más destacados para un cristiano.[165] Nuestra alma, nuestra vida entera, ha de depender del Señor; no se trata de confiar en él tan solo en temas secundarios, sino en todo lo que tenemos y somos.

Él es nuestro socorro y nuestro escudo. Nuestra socorro en la dificultad, y nuestro escudo en el peligro. El Señor responde a todas las necesidades de su pueblo. es su todo en todo.[166] Tomemos buena nota de los tres *"nuestro"* que aparecen en este versículo; porque son tres anclajes preciosos. Su relación personal con Dios y su sentido de posesión y pertenencia, es lo que realmente distingue al cristiano verdadero; todo lo demás es palabrería.

C. H. SPURGEON

Nuestra alma espera en Jehová. Hay aquí un énfasis especial en la palabra alma al que es conveniente prestar la debida atención; pues aunque su uso era forma común de expresión entre los hebreos, en este caso encierra un sentido especial de afecto profundo y sincero. Como si los creyentes debieran exclamar: Confiamos en Dios sinceramente y con todo el corazón, en tanto que él es nuestro escudo y nuestra ayuda.

JUAN CALVINO [1509-1564]

Nuestra alma espera en Jehová. No dice *"nuestras almas",* sino *"nuestra alma",* dando a entender con ello que cada uno posee un alma en particular. Y ¿cuál es el lenguaje de Dios en este sentido según el profeta?: *"les daré un solo corazón y un solo camino".*[167] Por ello los dos discípulos que iban a Emaús exclaman ante la sorpresa de su descubrimiento: *"¿No ardía nuestro corazón dentro de nosotros?".*[168] Al comienzo de expandirse el evangelio se dice que: *"la multitud de los que habían creído era de un corazón y un alma".*[169] A menudo hemos contemplado como diversas gotas de agua individuales sobre una superficie, cuando entran en contacto, se juntan formando una sola. Y si los cristianos se conocieran mejor entre sí, se unirían mucho más fácilmente.

WILLIAM JAY [1769-1853]
"The Christian Contemplated", 1826

El es nuestra ayuda y nuestro escudo. Cuando Antígono,[170] teniendo intención de entablar batalla naval cerca de la isla de Andros,[171] mandó una pequeña escuadra a observar los movimientos del enemigo y calcular sus efectivos, el informe que le dieron fue extremadamente negativo: el enemigo disponía de muchos más barcos y mejor tripulados. «¿Cómo es posible? –replicó a su informador: *opponis quam multis meipsum?* (¿en cuántos barcos valoras mi persona?)» dando a entender con ello que su dignidad como general, su valor y experiencia, contrapesaba con creces el número superior

militar en las filas de Cristo, nos capacita para vencer al diablo, y nos acerca al reino bendito de los cielos. Como leemos las Escrituras: *"Con vuestra paciencia ganaréis vuestras almas"* (Lucas 21:19)».

[165] Romanos 12:12.

[166] Efesios 4:6.

[167] Jeremías 32:39.

[168] Lucas 24:32.

[169] Hechos 4:32.

[170] Se refiere a ANTÍGONO II GÓNATAS [319-329] que enfrentó su flota a la de PTOLOMEO III [282-222], tercer faraón de la Dinastía Ptolemaica en la isla de Andros, venciéndole completamente y expulsando a los egipcios de las islas Cícladas.

[171] Situada en el mar Egeo, la más septentrional del archipiélago de las islas Cícladas.

de efectivos del enemigo.[172] ¿Y quién posee verdadero valor, donde encontrar probada experiencia si no en Dios? Es Señor de los ejércitos;[173] su fuerza y poder, por si solas, bastan y sobran para liberar a nuestro Israel de todas sus dificultades y problemas. Cuenta con la capacidad para hacerlo, puede hacerlo, y lo hará; *"es sabio de corazón, y poderoso en fuerzas"*;[174] fuera de él no hay otro Salvador,[175] no hay otro libertador;[176] es escudo a los que caminan rectamente,[177] la fuerza de los débiles,[178] refugio para los oprimidos.[179] Él es *instar omnium* (todo en todos).[180] ¿Qué hay en este mundo que se le pueda comparar?

JOHN SPENCER [1559-1614]
"Things Old and New", 1658

Nuestra alma espera en Jehová; nuestra ayuda y nuestro escudo es Él. Se cuenta de un joven que navegando en medio de una furiosa tempestad, mientras todos los pasajeros corrían de un lado a otro desesperados, presa del pánico y el terror, él observaba tranquilo como la proa se hundía en las olas. Cuando le preguntaron por los motivos de su calma y pasividad, contestó: «El piloto del barco es mi padre, sé que se preocupa por mí y hará bien las cosas». El Dios sabio y todopoderoso, que es a la vez nuestro Padre, ha decretado desde toda la eternidad cuál será el resultado de todas las guerras y el final de todos los conflictos que asolan este planeta. Es nuestro piloto, y está al timón; de modo que a pesar de que el barco, Iglesia o Estado, de la impresión de encontrarse punto de naufragar, podemos estar tranquilos, nuestro Piloto cuidará de nosotros. Pues en este Parlamento inferior, que es la tierra, nada sucede sin que antes haya sido decretado en el Parlamento superior, que está en los cielos. Todos los engranajes pequeños van supeditados a los superiores. Dijo Jesús: *"¿No se venden dos gorriones por un cuarto? Con todo, ni uno de ellos caerá a tierra sin consentirlo vuestro Padre"*.[181] Ningún hombre sufrirá en este mundo daños, siquiera por el valor un cuarto, más de lo que Dios ha decretado para él desde toda la eternidad.[182]

EDMUND CALAMY [1600-1666]
"Gods Free Mercy to England", 1642

Vers. 21. *Por tanto, en él se alegrará nuestro corazón, porque en su santo nombre hemos confiado.* *[Pues en él se alegrará nuestro corazón, porque en su santo nombre hemos confiado.* RVR*] [Pues en Él se regocija nuestro corazón, porque en su santo nombre hemos confiado.* LBLA*] [Por tanto, en Él se alegrará nuestro corazón, porque en su santo Nombre hemos confiado.* BTX*] [En él se regocija nuestro corazón, porque confiamos en su santo nombre.* NVI*] [En él nuestro corazón se alegra porque en su santo nombre confiamos.* BLP*] [En él se alegra nuestro corazón, porque confiamos en su santo nombre.* NTV*]*

[172] La anécdota es citada por el historiador romano PLUTARCO [50-125] en su obra: *"Vidas Paralelas: Pelópidas"*.
[173] Isaías 47:4.
[174] Job 9:4.
[175] Isaías 43:11.
[176] 2 Samuel 22:2.
[177] Proverbios 2:7.
[178] Isaías 40:29.
[179] Salmo 9:9.
[180] 1 Corintios 15:29.
[181] Mateo 10:29.
[182] Efesios 1:11.

Pues en él se alegrará nuestro corazón, porque en su santo nombre hemos confiado. La puesta en práctica del deber recomendado y encomendado en el versículo primero: en él se alegra nuestro corazón. Los que confiamos en el Señor, no podemos por menos que tener un corazón alegre, nuestra naturaleza interior debe sentirse exultante y triunfante ante la fidelidad de nuestro Dios.

Porque en su santo nombre hemos confiado. De la raíz de la fe, a su debido tiempo, brota la flor de la alegría. Las dudas traen tristeza, la confianza crea gozo y alegría.

C. H. SPURGEON

Vers. 22. *Sea tu misericordia, oh Jehová, sobre nosotros, según esperamos en ti.* *[Sea tu misericordia, oh Jehová, sobre nosotros, según esperamos en ti.* RVR*] [Sea sobre nosotros tu misericordia, oh Señor, según hemos esperado en ti.* LBLA*] [Sea tu misericordia sobre nosotros, oh YHVH, según esperamos en Ti.* BTX*] [Que tu gran amor, Señor, nos acompañe, tal como lo esperamos de ti.* NVI*] [Que tu amor, Señor, nos acompañe, pues así lo esperamos de ti.* BLP*] [Que tu amor inagotable nos rodee, Señor, porque solo en ti está nuestra esperanza.* NTV*]*

Sea tu misericordia, oh Jehová, sobre nosotros, según esperamos en ti.[183] Una oración grandiosa, completa y dilatada para cerrar el salmo. Una apelación a la misericordia de la que incluso los creyentes más alegres y gozosos tiene necesidad; presentada al Señor bajo la fórmula proporcional que a él le agrada: *"Conforme a vuestra fe os sea hecho"*,[184] fueron las palabras del Maestro, y podemos tener la plena seguridad que no se quedará corto en el baremo que el mismo ha establecido.[185] No obstante, Maestro, sé benevolente, y haz más de lo que corresponde cuando nuestra esperanza es débil, y bendícenos muy por encima de lo que nosotros alcanzamos a pedir o imaginar.

C. H. SPURGEON

Según esperamos en ti. No según sus propios méritos, sino según la medida de la gracia; de esa gracia de esperanza que Dios les había otorgado, alentándoles a ejercitarla en él, bajo la expectativa de hallar en él gracia y misericordia.

JOHN GILL [1697-1771]
"Exposition of the Old Testament", 1748

---

[183] Las palabras finales del Salmo 33 en versión latina: *"Fiat misericordia tua, Domine, super nos, quemadmodum speravimus in te"* (33:22), son las palabras finales del *Te Deum* o "Himno Ambrosiano" nombre que se le aplica a un antiquísimo himno cristiano que se cree fue compuesto conjuntamente por AMBROSIO DE MILÁN [340-397], y AGUSTÍN DE HIPONA [354-430] cuando Agustín fue bautizado por Ambrosio en el año 387; aunque es probable que sea mucho más antiguo y tenga sus orígenes en la Iglesia Primitiva: *"Fiat misericordia tua, Domine, super nos, quem ad modum speravimus in te"*, "Que tu misericordia, Señor, venga sobre nosotros, como lo esperamos de ti". Se canta en las grandes celebraciones y en la "Liturgia de las Horas" de las comunidades monásticas. Ver nota 26 del Salmo 13 y 114 del Salmo 55.

[184] Mateo 9:29.

[185] En este mismo sentido dice TEODORETO DE CIRO [393-458]: «Estas palabras evidencian cuan grande era la esperanza de David, cuando se atreve a pedir a Dios que condicione a ella su misericordia hacia él y la mida con el mismo parámetro».

SALMO 35

SALMO SOBRE LA INGRATITUD

Título: *"Salmo de David"*. Es todo lo que sabemos sobre este Salmo; pero la evidencia interna tiende a establecer la fecha de su composición en los tiempos turbulentos en que Saúl perseguía a David por montes y valles, y los aduladores del rey cruel calumniaban al inocente convertido en objeto de su ira.[1] O cabe situarla en los días inquietos de frecuentes insurrecciones en la vejez de David. El Salmo, de principio a fin, es una apelación al cielo hecha por un corazón osado con una conciencia trasparente, irritada en desmesura por la maldad y la injusticia.[2] Y sin la menor duda, los ojos del espíritu ven aquí al Señor de David.[3]

C. H. SPURGEON

---

[1] FRANZ DELITZSCH [1813-1890] se aventura en su comentario a enlazar este Salmo 35 con el capítulo 24 de 1 Samuel, entendiéndolo como una versión lírica amplificada de las palabras de David en 1 Samuel 24:9-16. Indica también que el Salmo 35 guarda una estrecha relación con el precedente (Salmo 34) en que son los dos únicos salmos que mencionan al מַלְאַךְ־יְהֹוָה *mal'ak-Yahweh* el ángel del Señor (Salmo 34:7, Salmo 35:5-6).

[2] Sin cuestionar la autoría de David, TEODORO DE MOPSUESTIA [350-428] en su *"Expositio in Psalmos"* ve una estrecha relación entre el Salmo 35 y la experiencia del profeta Jeremías: «Cualquiera que lea el libro del bendito Jeremías encontrará numerosos pasajes que coinciden entre lo que se dice del profeta y lo que el santo David predice en este Salmo. La exactitud es tanta que en muchos casos coinciden no tan solo los hechos sino incluso las palabras. David profetiza: *"Sea su camino tenebroso y resbaladizo"* (35:6), y el profeta Jeremías dice: *"su camino será como resbaladeros en oscuridad"* (Jeremías 23;12); el Salmo afirma: *"Porque sin causa me tendieron una trampa"* (35:7), mientras el profeta hablando en nombre del pueblo: *"Incluso de todos mis mayores amigos, los que acechan un traspiés mío: Quizá cometerá un desatino, decían, y prevaleceremos contra él, y tomaremos de él nuestra venganza"* (Jeremías 20:10). El bendito David afirma en el Salmo: *"Se levantan testigos malvados; de lo que no sé me preguntan"* (35:11), Jeremías cuenta que cuando el ejército caldeo se retiró del asedio de Jerusalén el profeta abandonó la ciudad y se trasladó a las tierras de la tribu de Benjamín para comprar pan, pero un tal Irías le apresó acusándole falsamente de intentar pasarse a los caldeos (Jeremías 37:11-15). Dice también el bendito David: *"Me devuelven mal por bien"* (35:12), y las mismas palabras encontramos en la oración de Jeremías ante las maquinaciones contra él: *"¿Es que se paga mal por bien, para que hayan cavado hoyo a mi alma?"* (Jeremías 18:20). Quien lea con detalle los escritos de Jeremías encontrará sorprendentes similitudes entre lo que le escribió y sucedió con lo que se dice en este Salmo. Unas coincidencias que no hacen sino demostrar la armonía entre los textos de la Palabra inspirada, tanto en lo dicho como en los hechos».

[3] Cristo mismo hace referencia al versículo diecinueve de este Salmo (35:19) aplicándolo a su persona: *"Pero esto es para que se cumpla la palabra que está escrita en su ley: Sin causa me aborrecieron"* (Juan 15:25) aunque también cabe la posibilidad enlazarlo con el Salmo 109:3. A partir de aquí la aplicación que hacen los Padres de la Iglesia y comentaristas antiguos de algunos pasajes del Salmo 35 a la Pasión del Salvador es ciertamente amplia. Partiendo del título mismo del Salmo:

– HESIQUIO DE JERUSALÉN [siglo v] dice en su *"Fragmenta in Psalmos":* «El título de este Salmo es Claro: *"de David"*. Pero hemos de entender el David espiritual, que ofrece esta oración no en razón de su divinidad sino de su humillación asumida en la carne, cuando *"se despojó a sí mismo tomando forma de siervo"* (Filipenses 2:7). No ruega aquí por sus propios padecimientos y aflicciones, sino que proporciona un modelo de oración para todos aquellos que tendrían que soportar aflicciones en su nombre».

– ARNOBIO EL JOVEN [siglo v] en *"Commentarii in Psalmos"* nos amonesta a aplicar todo el Salmo a los sufrimientos del Señor «para que no nos pase por alto su mensaje y nos sirva de edificación».

Estructura: El modo más natural de dividir este Salmo es teniendo en cuenta su carácter triple; bloques formados por: "queja", "oración", y "promesa de alabanza"; que se repiten con un marcado paralelismo tres veces; igual que nuestro Señor oró tres veces en el huerto de Getsemaní empleando las mismas palabras.[4] El primer bloque ocupa los versículos del uno al diez (35:1-10); el segundo del versículo once al dieciocho (35:11-18); y el último los versículos del diecinueve al veintiocho (35:19-28). Cada una de estas tres secciones cierra con las notas sublimes de un cántico de alabanza y acción de gracias (35: 9-10; 18, 27-28).[5]

C. H. SPURGEON

Versión poética:

JUDICA DOMINE NOCENTES ME

Yo te imploro, Señor; hazme justicia;
yo te vengo a pedir alta venganza
contra mis implacables enemigos,
trátalos tú, mi Dios, como me tratan.

Ya es tiempo de furor, toma tu escudo,
ven a empuñar tus victoriosas armas,
levántate, Dios mío, y yo te vea
desenvainar tu pavorosa espada.

Cierra contra esos bárbaros tiranos
que tanto me persiguen, y di a mi alma,
yo soy tu Salvador; ¡palabras dulces!
¿cuándo te escucharé pronunciar estas palabras?

Confúndelos, Señor, inutiliza
los viles artificios y las trazas
con que intentan perderme, y que pudieran
conseguir, si mi Dios no lo embaraza.

Que se conviertan en afrenta suya
esos designios pérfidos que traman,
y se queden confusos y aturdidos
de ver que me liberto de su saña.

[4] Mateo 26:36-46.

[5] ATANASIO DE ALEJANDRÍA [296-373] en su carta a su discípulo Marcelino sobre la naturaleza y valor de los salmos le dice refiriéndose a este salmo: «Si tus enemigos acaban por cercarte dispuestos a ejecutar sus propósitos sanguinarios, olvídate de recurrir a la justicia de los hombres y dirígete directamente a Dios, el único Juez justo, el único que juzga con justicia, entonando el Salmo 35». El Tomo I de "El Tesoro de David" incluye una traducción completa de la Carta de Atanasio a Marcelino. [Tomo I - pp. 50].

Que todos se disipen como el polvo,
que de la tierra seca el viento arranca,
y el Ángel, tu ministro de justicia,
urgente los acose por la espalda.

Que les falte la luz en su derrota,
que en precipicios despeñados caigan,
y que nadie se escape de las manos
del Ángel del Señor que los ataca.

Sin razón los inicuos me persiguen,
y nunca me podrán echar en cara,
qué motivo les di para esta guerra;
ellos me la hacen porque les agrada.

Por eso tú permites que en las redes,
que tienden a mis pies con tanta maña,
envueltos queden, para que los males
que me procuran contra ellos caigan.

Y por eso mi alma agradecida
a efectos tan visibles de tu gracia,
se entregará a los raptos encendidos
de una alegría deliciosa y santa.

Penetrado de amor hasta mis huesos,
te diré con ardor, júbilo y ansia,
¿quién como tú, Señor? ¿quién en el mundo
puede tener contigo semejanza?

Tú libertas, mi Dios, al desvalido
del opresor injusto que lo agravia:
tú defiendes al pobre del avaro,
que de sus bienes lo quita y lo maltrata.

Acusadores falsos y envidiosos
testimonios horribles me levantan,
me atribuyen delitos que no había
podido imaginar jamás mi alma.

Con esto de mis muchos beneficios,
esos ingratos me recompensaban,
porque nunca les hice más que bienes,
pero es así como me pagan.

Yo entretanto no obstante que sentía
cuanto con su furor me molestaban,
en vez de resentirme de su furia,
me ceñía un cilicio y toleraba.

Afligía mi cuerpo con ayunos,
sin atreverme a resistir en nada,
me prosternaba tierno en tu presencia,
y solo en la oración me consolaba.

Como próximos míos los veía,
y los trataba con dulzura tanta,
como si fueran mis hermanos propios,
cuando ellos se afligían, yo lloraba.

Y con todo se alegran de mis males,
me injurian, me persiguen y me dañan,
todos se han conjurado en ruina mía,
sin que yo pueda adivinar la causa.

Tú, Señor, una vez los disipaste,
pero tampoco pudo su desgracia
hacer que se arrepientan, pues muy presto
volvieron con más ímpetu a la carga.

Se esforzaron de nuevo en destruirme,
esta vez me atacaron con más saña,
su odio fue tan feroz y tan horrible,
que parecía verdadera rabia.

¿Cuándo será, Señor, que la cabeza
vuelvas hacia ellos, y que los ojos abras
para ver las maldades espantosas,
que con tanto tesón contra mí fraguan?

No me dejes, mi Dios, abandonado
a la malicia bárbara y extraña
de estos leones rabiosos, que me esperan
para despedazarme con sus garras.

Yo cantaré, Señor, tus beneficios
en tu asamblea general y santa,
y en presencia también de todo el pueblo
alegre cantaré tus alabanzas.

Que no tengan, Señor, estos malvados
el gusto inicuo, la feroz jactancia
de decir que han logrado sus designios,
y que puesto me tienen a sus plantas.

Ve cómo me aborrecen y persiguen
sin motivo ninguno, y no les basta,
puesto que al odio la traición añaden,
y se atreven a hacerme buena cara.

Me hablan como si fueran mis amigos,
pero luego me hieren por la espalda,
ni piensan más que solo en engañarme
con falaz y dolosa confianza.

Al punto que creyeron que mi ruina
era cierta, y estaba consumada,
gritaron: bueno, bueno, ya le vemos
como nuestro furor le deseaba.

Y tú que eres, mi Dios, fiel testigo
de todas estas cosas, ¿cómo callas?
levántate, Señor, pues que eres justo,
examina, y sentencia da a mi causa.

Pronúnciala, Señor, según hallare
tu justicia infalible y soberana:
mas no permitas que tener consigan
complacencia tan áspera y amarga.

Que no digan sus duros corazones
bueno, bueno, alégrese nuestra alma,
que ya vencido está, ya está perdido,
y hemos logrado al fin nuestra venganza.

Que al contrario, Señor, en vez del gozo
que pretenden tener con mis desgracias,
se estampe en sus semblantes la vergüenza
con el negro carácter de la infamia.

Confúndelos, Señor, que me aborrecen,
y con mucha insolencia de mí hablan;
confúndelos, que atroces me persiguen,
y su furia un instante no descansa.

Da este dulce consuelo a los honrados
que mi candor y mi inocencia claman,
para que glorifiquen tu justicia
y puedan tributarte humildes gracias.

Que digan sin cesar: sea bendito
el Señor que ha calmado nuestras ansias,
y que quiso benévolo y propicio,
dar la paz a su siervo, que lo ama.

Y mi lengua también tierna y humilde,
de amor y gratitud arrebatada,
celebrará tu próvida justicia,
y cantará sin cesar tus alabanzas.

Del "Salterio Poético Español", Siglo xviii

Salmo completo: Bonar[6] titula este Salmo: «Rotunda y lapidaria declaración de un Justo sobre aquellos que le aborrecen sin causa», y añade el siguiente comentario: «En el transcurso del día sin fin de la eternidad, aún el propio Señor Jesús entonará las *"alabanzas"* del Padre[7] con un marcado énfasis en su *"justicia"*, una justicia que será universalmente declarada y claramente expuesta tanto en el destino de los que odiaban el Redentor ofrecido, como en la salvación de aquellos que le recibieron aceptando el ofrecimiento. Y no habrá en esta justicia nada que aquellos que somos suyos por derecho de pertenencia no vayamos a poder compartir plenamente, puesto que en aquel día nuestros puntos de vista sobre la justicia serán mucho más claros y exhaustivos de lo que son ahora. Entonces entenderemos cosas que ahora se nos hacen muy difíciles: cómo pudo Samuel cortar en pedazos a Agag delante de Jehová;[8] y los ejércitos piadosos de Israel exterminar en Canaán bajo las ordenes del Señor, a hombres, mujeres y niños inocentes.[9] Y no solo podremos estar plenamente de acuerdo en la sentencia: *"Sean avergonzados y confundidos"* (35:4), sino incluso cantar: *"Amén, Aleluya"* sobre el humo del tormento.[10] Deberíamos, en alguna medida, ser capaces de asimilar y hacer nuestros ahora cada uno de los versículos de este Salmo, en el espíritu en que el Juez los pronuncia, sintiéndonos sus colaboradores en la labor de juzgar al mundo;[11] puesto que de todos modos, es una tarea que nos corresponderá asumir cuando lo que está escrito en las estrofas de este salmo tenga su definitivo cumplimiento.

Andrew Alexander Bonar [1810-1892]
"Christ and His Church in the Book of Psalms", 1859

---

[6] Se refiere al teólogo, escritor y pastor de la Iglesia Libre de Escocia Andrew Alexander Bonar [1810-1892] en su obra *"Christ and His Church in the Book of Psalms"*, 1859.

[7] Mateo 11:25; Lucas 10:21-22; 1 Corintios 15:27-28.

[8] 1 Samuel 15:32-33.

[9] Números 31:17; Deuteronomio 2:34; 20:16-17; Josué 6:21; Jueces 21:10; 1 Samuel 15:3; 22:19.

[10] Apocalipsis 14:11; 19:1-5.

[11] 1 Corintios 6:2.

Vers. 1. ***Disputa, oh Jehová, con los que contra mí contienden; pelea contra los que me combaten.*** *[Pleitea, oh Jehová, con los que contra mí contienden; pelea contra los que me combaten.* RVR*] [Combate, oh Señor, a los que me combaten; ataca a los que me atacan.* LBLA*] [¡Oh YHVH, contiende con los que contienden contra mí! ¡Pelea contra los que me combaten!* BTX*] [Defiéndeme, Señor, de los que me atacan; combate a los que me combaten.* NVI*] [Señor, ataca a los que me atacan, haz frente a los que luchan contra m.* BLP*] [Oh Señor, ponte en contra de los que se me oponen; pelea contra los que luchan contra mí.* NTV*]*

Pleitea,[12] *oh Jehová,*[13] *con los que contra mí contienden.*[14] Declárate en contra de aquellos que abogan contra mí; ataca a los que me atacan; lidia con mis contendientes.[15] Si instan su demanda ante el tribunal de justicia, Señor, enfréntate allí con ellos, y golpéalos con sus propias armas. Cada uno de los santos de Dios disfrutará de este privilegio: el acusador de los hermanos[16] se enfrentará al Abogado de los creyentes.[17]

Pelea contra los que me combaten. Si mis adversarios utilizan la fuerza y el engaño, sé tú contrincante adecuado; opón tu fuerza a la suya. Esto hace Jesús con todos sus amados, para los cuales es intercesor y defensor, mediador y campeón;[18] sea cual sea la ayuda que necesiten, él se la proporcionará; cualquiera que sea la agresión, su defensa será radical y eficaz. No fallemos a la hora de encomendar nuestro caso en manos del Señor. Vana es la ayuda del hombre, pero la interposición de los cielos es segura. Lo que el salmista implora como merced, puede considerarse promesa a todos los santos: en juicio contarán con un defensor divino, en caso de conflicto con protección celestial.

C. H. SPURGEON

[12] SCHÖKEL destaca lo apremiante de la petición y la fuerza de la solicitud por el uso de siete imperativos verbales en tan solo tres versículos, diecinueve palabras,: רִיבָה *rîḇāh,* "pleitea"; לְחַם *ləḥam,* "pelea"; הַחֲזֵק *haḥăzêq* "embraza"; וְקוּמָה *wəqūmāh,* "levántate"; וְהָרֵק *wəhārêq,* "blande"; וּסְגֹר *ūsəḡōr,* "cierra el paso"; רֹדְפָי *rōḏəpāy,* "enfréntate"; אֱמֹר *'ĕmōr,* "di". Algunos traductores leen וּסְגֹר *ūsəḡōr,* como el nombre de un arma de origen persa o escita (así lo hace LBLA que traduce "hacha") pero la versión griega de los LXX o Septuaginta lee συγκλείω que es claramente "cerca, o cierra el paso" que la Vulgata traduce al latín como *"et conclude adversus eos",* "cierra contra aquellos". SCHÖKEL hace al respecto el siguiente comentario: «Se ha discutido el sentido de וּסְגֹר *ūsəḡōr*, como indicado en el análisis filológico: imperativo de סָגַר *sagar,* "cerrar", o "arma de guerra", o "una parte de la lanza". Pero ni los soldados israelitas llevaban en dotación la doble hacha escita ni tiene sentido: *"desenfunda la lanza y la punta* (de la lanza)". Los españoles nos acordamos sin querer del grito de los tercios: '¡Santiago y cierra España!'. María Moliner todavía registra: 'Cerrar con o contra-atacar' y cita la expresión 'cerrar filas'».

[13] El nombre de יְהוָה *Yahweh* aparece ocho veces, cinco en la primera parte del Salmo (35:1, 5, 6, 9, 10); y tres en la parte final (35:22, 24, 27). En la parte central se utiliza אֲדֹנָי *'ăḏōnāy* (35:17, 22); אֱלֹהַי *'ĕlōhay* (35:23); y וַאדֹנָי *waḏōnāy* (35:23).

[14] Isaías 49:25: *"con el que contienda contigo yo contenderé, y salvaré a tus hijos".*

[15] Dice FRANCISCO LACUEVA [1911-2005] en su versión del "Comentario de Matthew Henry": «Apela a Dios e interpone el testimonio de su inocencia y de la justicia de su causa. Si le hubiese perjudicado un súbdito, habría podido apelar al rey, como apeló San Pablo al César (Hechos 25:10-12); pero, al ser el rey mismo quien le perseguía, tenía que apelar al Juez y Soberano de cielos y tierra. En su oración ruega a Dios que pelee a favor de él contra sus perseguidores, de forma que éstos queden inhabilitados para hacerle daño y no puedan seguir adelante con sus malvados planes. Si Dios es amigo nuestro, no importa cuántos y cuán poderosos sean nuestros enemigos».

[16] Apocalipsis 12:10.

[17] 1 Juan 2:1.

[18] Éxodo 15:3. La versión griega de los LXX o Septuaginta lee: κύριος συντρίβω πόλεμος que la Vulgata traduce como: *"Dominus quasi vir pugnator",* "El Señor es fuerte Campeón".

Pleitea, oh Jehová, con los que contra mí contienden; pelea contra los que me combaten. Estas palabras del salmista dan lugar a diversas consideraciones:

1. ¿Te condena el mundo por tu celo en el servicio a Dios? ¿Te reprocha y desprecia por tu insistencia en seguir obrando el bien? ¿Te imputa toda clase de falsedades, con hipocresía farisaica, sin tan siquiera sonrojarse? ¡No te importe! Si tu conciencia permanece tranquila y no condena en nada tu proceder; si te sientes confirmado en tu obrar por la santa Palabra; si tus objetivos no son otros que avanzar en el camino de tu salvación y proclamar la gloria de Dios, alejándote de quienes perturban la iglesia; entonces, fiel cristiano, sigue adelante en la práctica de la piedad; no te avergüences en tus laudables esfuerzos ni te desanimes por lo que te toque que padecer: siempre que puedas exclamar legítimamente: *"scio cui crediderim"*, "yo sé en quién he creído",[19] recuerda con consuelo que únicamente el Señor es tu Juez.[20]

2. ¿Te ves arrastrado injustamente ante los tribunales corruptos de los hombres? ¿Contemplas con horror cómo la verdad y la justicia son desplazadas de sus lugares naturales? ¿Presencias impotente cómo la equidad es pasada por alto sembrando pobreza por doquier? Ten un poco más de paciencia, y entretanto anima tu espíritu desalentado recordando que hay un Dios que mantiene constancia de la inocencia de tu causa, y al que en última instancia siempre puedes apelar con libertad diciendo: *"Pleitea, oh Jehová, con los que contra mí contienden; pelea contra los que me combaten"*.

3. ¿Has sido herido por manos maliciosas? ¿Te impide una legislación mezquina hacer uso de tus derechos y exigir restitución? ¿Algún *Nimrod* te oprime despiadadamente?[21] ¿Hay algún Labán que te defrauda?[22] ¿O un terrateniente codicioso te estruja y empobrece? Pues bien, no trates de resolverlo a tu manera recurriendo a procedimientos dudosos y métodos ilegales; no intentes convertirte en juez de tu propia causa tratando de enderezar por ti mismo los entuertos; recuerda más bien lo que enseñaba el apóstol Pablo a los Tesalonicenses: *"Dios es justo y hará que sufran quienes os están ocasionando sufrimientos"*.[23]

Isaac Craven [¿?-1660]
"Gods tribunall and mans tryal" a Sermon at Paul's Cross", 1630

Disputa, oh Jehová. En hebreo רִיבָה *rîḇāh* de רִיב *rib,* por tanto, más literalmente: pleitea o litiga, oponte a ellos combatiendo a los que me combaten; o también: véngame de mis adversarios.

Daniel Cresswell [1776-1844]
"The Psalms of David according to the Book of Common Prayer: with Critical and Explanatory Notes", 1843

---

[19] 2 Timoteo 1:12; *"Scio cui crediderim"* es el texto latino de la Vulgata.

[20] 1 Corintios 4:4.

[21] Nimrod es mencionado en Génesis 10:8-10. Su reino comprendía Babel (Babilonia), Erech (Uruk), Accad (Akkad) y Calneh, en la tierra de Sinar, también conocida como la tierra de Nimrod (ver Génesis 10:8-10; 1 Crónicas 1:10; Miqueas 5:5), y aunque la Biblia no lo menciona explícitamente, las fuentes de la tradición, incluyendo al historiador judeo-romano Flavio Josefo [37-101] lo identifican como el constructor de la Torre de Babel de la que se habla en Génesis 11:1-9. Se lo describe como: *"osado cazador delante de Jehová"* y eso condujo a que tanto la tradición judía como la islámica lo entendieran como un personaje opuesto al Señor y a su voluntad, quedando en la tradición cristiana como símbolo de todos aquellos que se oponen a los planes de Dios oprimiendo y persiguiendo a los suyos.

[22] Según leemos en Génesis 29:13-30, Labán engañó a Jacob dándole por mujer a su hija mayor, Lea, cuando le había prometido que le daría a la menor, Raquel, después de haberle servido por ella siete años, por lo que quedó en la tradición como símbolo del fraude.

[23] 2 Tesalonicenses 1:6 NVI.

Vers. 2. ***Echa mano al escudo y al pavés, y levántate en mi ayuda.*** *[Embraza el escudo y la coraza, y levántate en mi ayuda.* RVR*] [Echa mano del broquel y del escudo, y levántate en mi ayuda.* LBLA*] [¡Echa mano del escudo y del broquel, y levántate en mi ayuda!* BTX*] [Toma tu adarga, tu escudo, y acude en mi ayuda.* NVI*] [Embraza el escudo, ponte la coraza y decídete a actuar en mi ayuda.* BLP*] [Ponte tu armadura y toma tu escudo; prepárate para la batalla y ven en mi ayuda.* NTV*]*

Embraza el escudo, ponte la coraza, y levántate en mi ayuda. Una metáfora vívida y hermosa en la que el Señor es representado como un guerrero armado para la batalla, interponiéndose entre su siervo y sus enemigos. Es posible que la mención específica del escudo y la coraza, armas defensivas, guarde una relación con las protecciones mayores y menores de la providencia;[24] la idea del Señor levantándose, como alguien que se pone de pie, simboliza su acción decidida y celosa de proteger a su siervo en la hora del peligro. Estas imágenes poéticas nos muestran hasta qué punto el salmista alcanzó una comprensión de la existencia y poder de Dios; concibiéndolo como un personaje real propiamente dicho, y obrando como tal en la defensa y protección de sus afligidos.

C. H. SPURGEON

Echa mano al escudo y al pavés. La palabra hebrea traducida aquí como *"escudo"* es: מָגֵן *māḡên,* y era más bien una rodela, un artilugio defensivo de tamaño reducido destinado exclusivamente a parar golpes en la defensa rápida.[25] La palabra traducida por *"pavés"* es: וְצִנָּה *wəṣinnāh* de צִנָּה *tsinnah,* que doblaba en tamaño y peso al מָגֵן *māḡên* y lo utilizaba la infantería de choque; mientras que el מָגֵן *māḡên,* al ser más ligero y manejable, lo utilizaba preferentemente la caballería. El מָגֵן *māḡên* equivaldría al *"clypeus"*, el "clípeo" de los romanos, mientras que el צִנָּה *tsinnah* se corresponde con lo que conocemos normalmente como escudo de protección integral, el tipo de escudo de mayor tamaño, en forma de teja, de en medio del cual surgía un pincho en forma de daga, y que en las batallas de la antigüedad lo hacía muy útil tanto de arma defensiva como ofensiva.

JAMES ANDERSON [1804-1863]
en una nota editorial en su traducción al inglés del
"Comentario a los Salmos" de JUAN CALVINO [1509-1564]

Vers. 3. ***Saca la lanza, cierra contra mis perseguidores; di a mi alma: Yo soy tu salvación.*** *[Blande la lanza, cierra contra mis perseguidores; di a mi alma: Yo soy tu salvación.* RVR*] [Empuña también la lanza y el hacha para enfrentarte a los que me persiguen; di a mi alma: Yo soy tu salvación.* LBLA*] [Saca la lanza y cierra el paso a mis perseguidores. Di a mi alma: ¡Yo soy tu victoria!* BTX*] [Empuña la lanza y el hacha, y haz frente a los que me persiguen. Quiero oírte decir: «Yo soy tu salvación.»* NVI*] [Empuña la lanza y detén a quienes me persiguen; dime: "Yo soy tu salvación".* BLP*] [Levanta tu lanza y tu jabalina contra los que me persiguen. Quiero oírte decir: «¡Yo te daré la victoria!».* NTV*]*

[24] La idea de las protecciones mayores y menores en la providencia procede probablemente de JUAN CALVINO [1509-1564] comentando Mateo 10:29 en su "Armonia de los cuatro evangelistas", publicada en 1555, y traducida del latín al inglés con el título de: *"Commentary on a Harmony f the Evangelists Matthew, Mark and Luke"* traducida del latín al inglés por William Pringle, 1545; pp. 464-465.

[25] Ver al respecto el comentario al Salmo 3:3 y su correspondiente nota explicativa: *«un escudo redondo que embrazado en el brazo izquierdo cubría por entero el pecho del combatiente».*

Blande la lanza, cierra contra mis perseguidores.[26] Antes de que el enemigo se acerque en exceso, el Señor puede rechazarlo empujándolo hacia fuera con una prolongada lanza. Detener el asalto rechazándolo en la distancia en un acto significativo de benevolencia. De la misma manera que un guerrero valiente cubre la retirada, corta el paso a la hueste asaltante, hostigándola con su lanza con el fin de dar tiempo a su hermano más débil para que pueda escapar, así también el Señor a menudo detiene a los enemigos del creyente, hasta que recobra el aliento y logra escapar de su mano. A menudo embarca a los enemigos de Sion en algún conflicto distinto, y de ese modo su iglesia puede descansar. ¡Qué imagen tan gloriosa es esta de Jehová bloqueando el paso de los perseguidores, manteniéndoles a raya con la punta de su lanza y ganando tiempo con ello para que el santo acorralado pueda eludir su persecución!

Di a mi alma:[27] *Yo soy tu salvación.*[28] Además de mantener a raya al enemigo, el Señor puede también tranquilizar la mente de su siervo expresándole garantías directas salidas de su propia boca; asegurándole que está, y estará a salvo, bajo las alas del todopoderoso. Cuando estamos en el horno de la persecución, la certeza interior de la seguridad que tenemos en Dios es la más preciada de todas las cosas. Una sola palabra del Señor disipa todos nuestros temores.[29]

C. H. SPURGEON

Blande la lanza, cierra contra mis perseguidores. En tiempos de Saúl y David la lanza era el arma por excelencia: *"El mismo venció a un egipcio, hombre de cinco codos de estatura; y el egipcio traía una lanza como un rodillo de tejedor, mas él descendió con un báculo, y arrebató al egipcio la lanza de la mano, y lo mató con su misma lanza"*.[30] Un guerrero valiente podía con una lanza manejada con destreza, defender fácilmente un paso estrecho de toda una hueste de perseguidores, dando así tiempo a sus compañeros para escapar. Las proezas de este tipo son numerosas en los relatos de las guerras en Oriente. David anhelaba que Dios adoptara el papel de su héroe defensor, cortando el paso a sus enemigos.

C. H. SPURGEON

Saca la lanza. O como dice literalmente el hebreo: וְהָ֘רֵ֤ק *wəhārêq* de רִיק *ruq,* "vacíala, sácala, desenváinala, empúñala".[31]

HENRY AINSWORTH [1571-1622]

"Psalms, The Book of Psalmes: Englished both in Prose and Metre with Annotations", 1612

---

[26] En hebreo וְהָ֘רֵ֤ק חֲנִ֣ית וּ֭סְגֹר לִקְרַ֣את רֹדְפָ֑י *wəhārêq ḥănîṯ ūsəḡōr liqraṯ rōḏəpāy.* Ver la respecto la nota 12 en este mismo Salmo.

[27] El término hebreo נֶ֫פֶשׁ *nephesh,* "alma", se repite ocho veces a lo largo del Salmo: tres como לְנַפְשִׁ֗י *lənapšî, "a mi alma"* (35:3, 7, 12); tres como נַפְשִׁ֑י *napšî, "mi alma"* (35:4, 13, 17); una como וְנַפְשִׁ֗י *wənapšî "y mi alma"* (35:9); y una como נַפְשֵׁ֑נוּ *napšênū, "alma nuestra"* (35:25).

[28] SCHÖKEL indica que en el contexto bélico en que se mueve el Salmo el verbo hebreo יְשׁוּעָה *yeshuah,* equivale también a "victoria" por lo que también podría traducirse *"yo soy tu victoria"*. Ver al respecto Salmo 20:5: *"Nosotros cantaremos con gozo por tu victoria"* (LBLA). El verbo hebreo es el mismo.

[29] THOMAS DE KEMPIS [1380-1471] en su "Imitación de Cristo" cita este versículo y muchos otros del Salmo 35. Resulta curioso que la famosa obra de Thomas Kempis, que a juzgar por su título "Imitación de Cristo" diríase que ha de estar basada en el Nuevo Testamento, se basa mayormente en los Salmos: Cristo en los Salmos, era un concepto clave para los comentaristas antiguos.

[30] 1 Crónicas 11:10-24.

[31] Ver Éxodo 15:9: אָרִ֣יק חַרְבִּ֔י *'ārîq ḥarbî, "sacaré mi espada"*. Y Levítico 26:33, חָ֑רֶב וְהָיְתָ֤ה *ḥāreḇ wəhāyəṯāh, "desenvainaré mi espada"*.

Di a mi alma: Yo soy tu salvación.[32] De esta afirmación sacamos dos conclusiones:

1. Que la salvación puede ser asegurada y garantizada. David jamás oraba por algo inviable; y Pedro no nos encomendaría un deber irrealizable e imposible de llevar a cabo: *"sed tanto más diligentes para hacer firme vuestro llamado y elección de parte de Dios"*.[33] La seguridad de nuestra salvación neutraliza los aullidos amenazantes de nuestros adversarios que tratan de infundirnos dudas, como al parecer se desprende de las palabras apóstol Pablo cuando exclama: *"Examinaos a vosotros mismos para ver si estáis en la fe; probaos a vosotros mismos. ¿O no os conocéis bien a vosotros mismos, que Jesucristo está en vosotros? A menos que estéis reprobados"*.[34] Es evidente, por tanto, que nos es dado conocer con certeza si Cristo está en nosotros; y si Cristo está en nosotros, nosotros estamos en Cristo; y si estamos en Cristo, no podemos ser condenados, puesto que leemos claramente en Romanos que: *"Ninguna condenación hay para los que están en Cristo Jesús"*.[35] Los papistas niegan esta certeza: que podamos tener la seguridad de nuestra salvación; y enseñan todo lo contrario: que la salvación nunca está garantizada. ¡Pues allá ellos con su doctrina insensible y descorazonadora! Si se empeñan en convertir en un imposible para los suyos aquello que Dios ha hecho accesible y fácil a todos: *"En su consejo no entre mi alma, ni mi espíritu se junte en su compañía"*.[36] Sin embargo, aun dando por hecho irrebatible que la plena seguridad de nuestra salvación está asegurada, de las palabras del apóstol se desprende que la certeza de esta seguridad es algo que nos corresponde a nosotros constatar. Y ello hace que:

2. Aún los mejores entre los santos anhelen en momentos determinados mayor seguridad de su salvación. David sobradamente sabía que contaba con el favor de Dios: *"Por esto sé que conmigo te complaces"*;[37] y no obstante, vemos que suplica a su Señor implorando que le proporcione mayor seguridad: *"dic animae"*, esto es: *"Di a mi alma: Yo soy tu salvación"*. Lo que nos lleva a concluir que a pesar de que sabemos que somos salvos y que iremos al cielo, la certezas de ello nunca nos resultan bastantes ni suficientes.

THOMAS WATSON [1620-1686]
"Divine Cordial, or, The transcendent priviledge of those that love God and are savingly called", 1663

Di a mi alma: Yo soy tu salvación. Dios puede responder a esta solicitud de garantías de nuestra salvación en distintas formas:

---

[32] Dice AGUSTÍN DE HIPONA [354-430]: «No quiero otra salvación fuera de la que mi Señor y Dios me ofrece personalmente. Cualquier otra salvación que provenga de la criatura, no me interesa. La que deseo es la del Señor; y si alzo mis ojos a los montes, ¿de dónde vendrá mi socorro? No de los montes, sino del Señor que hizo los cielos y la tierra (Salmo 121:1-2). A veces, en las dificultades temporales, Dios utiliza para socorrernos la mano de un hombre; pero la salvación es cosa de Dios. En casos especiales puede auxiliarnos por medio de un ángel; pero la salvación es siempre cosa suya. Tiene potestad y dominio sobre todas las cosas, y por tanto, a unos socorre de una manera, y a otros de otra, según estime más conveniente. Pero la salvación, es decir, la vida eterna, no es cosa de intermediarios, es cosa suya, depende directa y exclusivamente de él y tan solo él la concede. Exclamemos pues con el salmista: *"Di a mi alma: Yo soy tu salvación"*».

[33] 2 Pedro 1:10 LBLA; la versión inglesa KJV traduce: *"give diligence to make your calling and election sure"*.

[34] 2 Corintios 13:5.

[35] Romanos 8:1.

[36] Génesis 49:6.

[37] Salmo 41:11.

1. *Con su propia voz:* es decir, hablándonos personalmente, como hizo con Abraham cuando le prometió seguridad: *"No temas, Abram; yo soy tu escudo, y tu galardón será sobremanera grande".*[38] Y si Dios nos garantiza consuelo hablándonos de ese modo, poco importa cuanto rujan a nuestro alrededor las furias del infierno.

2. *A través de sus obras:* misericordias reales y efectivas que nos otorga y con las que nos muestra que contamos con su favor, y por tanto no seremos condenados: *"En esto conoceré que te he agradado, en que mi enemigo no cante victoria de mí".*[39]

3. *Por medio del Hijo: "Venid a mí todos los que estáis trabajados y cargados, y yo os haré descansar".*[40]

4. *En las Sagradas Escrituras:* que son la epístola que Dios ha dirigido a todos nosotros y su carta patente[41] en la que se nos concede y garantiza todos los privilegios de la salvación. Un *si quis*[42] de carácter universal, una declaración explícita de que si cumplimos las condiciones no hay impedimento para que seamos salvos: *"El que creyere y fuere bautizado, será salvo".*[43]

5. Por medio de *sus ministros,* a quienes ha encargado: *"la palabra de la reconciliación".*[44]

6. *A través del Espíritu Santo:* el Espíritu de su Hijo, al cual como hijos suyos ha enviado a nuestros corazones: *"clamando ¡Abba Padre!".*[45]

Es por medio de todas estas voces que Dios habla a sus escogidos diciéndoles: *"Yo soy tu salvación"* (...) *"A mi alma":* No hay aflicción mayor que la aflicción del alma; ni consuelo mayor que el consuelo del alma (...) que ello nos enseñe, por tanto, a sacar mucho más partido de este *"mi".* Lutero afirma que los pronombres personales encierran un sentido de divinidad. La certeza de que Dios salvará a algunos la tienen incluso los demonios. Aún los mismísimos reprobados pueden creer que hay un libro de elegidos; pero Dios nunca les ha revelado qué nombres son los que están escritos en él. El mendigo hambriento huele los manjares desde la puerta de la casa en la que se celebra el festín, pero el dueño no le dice: «Esto está reservado para ti». Poco consuelo aporta al desterrado apátrida atravesar una ciudad espléndida, y contemplar en ella edificios maravillosos, siendo que no puede exclamar: *"Haec mea domus",* esta es mi casa, aquí tengo un lugar donde permanecer. Como tampoco la hermosura de aquella ciudad excelente: la Jerusalén celestial, edificada con zafiros, esmeraldas, crisólitos y otras piedras preciosas, cuyos fundamentos y paredes son de oro;[46] da consuelo al alma a menos que pueda decir: *"Mea civitas",* es mi ciudad, en ella poseo una mansión. Como tampoco los méritos todo-suficientes de Cristo tienen para ti valor a menos que puedas decir: *tua pars et portio,* y exclamar «él es mi Salvador». ¡Feliz el alma que se puede decir con el salmista: *"¡Oh*

---

[38] Génesis 15:1.

[39] Salmo 41:11.

[40] Mateo 11:28.

[41] Según la RAE: Carta credencial que un monarca o Estado entrega a sus cónsules para acreditarlos debidamente para que puedan cumplir sus funciones. Viene redactada solemnemente con la firma y sello del jefe del Estado. Pero su uso se extiende a muchos otros tipos de concesiones, derechos y privilegios otorgados.

[42] Locución latina que significa "si alguno". La utiliza el apóstol Pablo en 1 Corintios 16:22 : *"si quis non amat Dominum Iesum Christum sit anatema",* "Si alguno no ama al Señor, que sea anatema" Tradicionalmente se utiliza en las bodas, instalaciones y otras ceremonias para decir: "Si alguno tiene algún impedimento, hable ahora o calle para siempre".

[43] Marcos 16:16.

[44] 2 Corintios 5:19.

[45] Gálatas 4:6.

[46] Apocalipsis 21:9-27.

Señor, tú eres mi porción!".[47] Tengamos todos aceite en nuestras lámparas, no sea que si lo tenemos que comprar, mendigar o pedir prestado, nos suceda como a las vírgenes necias, nos sean cerradas las puertas de entrada como indignos de traspasarlas.[48] Por tanto, hagamos nuestra la oración del salmista: *"Señor, di mi alma, yo soy tu salvación"* (...) Prestemos especial atención, sin embargo, con respecto a la persona a quién dirige el salmista esta oración. ¡Al Señor! Una decisión muy acertada, no se equivocó, puesto que *"en ningún otro hay salvación"*.[49] Como bien lo expresa el profeta Oseas: *"Tu destrucción, oh Israel, es obra de tu rebelión contra mí, que soy tu ayuda"*.[50] El mundo falla, la carne falla, el diablo mata; tan solo el Señor salva. ¿Otorgándonos qué?: salvación. Algo muy especial que todo hombre desea. A Esaú Dios le dijo: te daré fortaleza;[51] a Saúl: te daré un reino;[52] a Judas: te daré apostolado.[53] Pero a David ¿qué le dice?: seré tu salvación; y eso solo lo dice Dios a los santos. Y por ello que David exclama ufano: *"Mi salvación"*.[54] No *"la salvación"* en sentido genérico, sino *"mi salvación"*, personal y en particular. Ser una persona y ser un cristiano, son dos cosas distintas: persona es todo aquel que tiene capacidad de razonamiento y disfruta de las bendiciones generales de Dios; cristiano lo es únicamente aquel que tiene fe y participa de la salvación que tenemos en Cristo. En Dios hay abundante salvación,[55] pero ¿a quien va dirigida? y ¿cuándo? El secreto está en el: *"yo soy"*, en tiempo presente. Cuando Israel se encontraba cautivo en Babilonia, sin duda que le fue de mucho consuelo saber que el Señor había dicho: *"Ero tua redemptio"*, yo te libraré y te redimiré,[56] sí, pero ¿cuándo? La inseguridad no proporciona paz de conciencia. La única seguridad que tranquiliza verdaderamente el alma es escuchar: *"Yo soy tu salvación"*; como le dijo Dios a Abraham personalmente y con su propia voz: *"no temas, porque yo estoy contigo"*;[57] no: *estaré*, sino: *estoy*, aquí y ahora, y desde ahora seguiré estándolo siempre. La esperanza diferida en el tiempo y el espacio desalienta el corazón; por tanto, oremos para que todo aquello que el Señor nos ha prometido y garantizado, no lo demore; unámonos a la súplica del salmista y exclamemos juntamente con el: *"Di a mi alma: Yo soy tu salvación"*.

THOMAS ADAMS [1583-1653]
"Heaven Made Sure; or, The Certainty of Salvation – Sermon on Psalm XXXV", 1615

Vers. 4. *Sean avergonzados y confundidos los que buscan mi vida; sean vueltos atrás y avergonzados los que mi mal intentan.* *[Sean avergonzados y confundidos los que buscan mi vida; retrocedan y sean afrentados los que mi mal intentan.* RVR*] [Sean avergonzados y confundidos los que buscan mi vida; sean puestos en fuga y humillados los que traman el mal contra mí.* LBLA*] [Sean avergonzados y confundidos los que buscan mi vida, sean vueltos atrás y confundidos los que intentan mi mal.* BTX*] [Queden confundidos y avergonzados los que procuran matarme; retrocedan humillados los que traman mi ruina.* NVI*] [Que sean defraudados y humillados los que desean mi muerte,*

[47] Salmo 142:5.
[48] Mateo 25:1-13.
[49] Hechos 4:12.
[50] Oseas 13:9. La versión inglesa KJV, que utiliza el autor, lo traduce así: *"Thou hast destroyed thyself, but in me is thy help"*, "Te has destruido a ti mismo, pero en mí está tu ayuda".
[51] Génesis 27:40. En el original: *"a lordship"*, "dominio o señorío", puesto que la versión inglesa KJV traduce: *"thou shalt have the dominion"*.
[52] 1 Samuel 9:1-24.
[53] Lucas 6:16.
[54] Salmo 27:1.
[55] Salmo 130:7.
[56] Jeremías 15:19-21.
[57] Génesis 26:24.

que retrocedan y queden turbados los que pretenden dañarme. BLP*]* *[Avergüenza y causa deshonra a los que tratan de matarme; hazlos retroceder y humilla a los que quieren hacerme daño.* NTV*]*

Sean avergonzados y confundidos los que buscan mi vida.[58] No hay en estas palabras ninguna intencionalidad maliciosa; simplemente el calumniado anhela justicia, y la petición es natural y justificada. El salmista, guiado por el Espíritu de Dios, predice la confusión eterna de todos aquellos que aborrecen a los justos. La porción de los enemigos del evangelio será un desengaño vergonzoso, y ni aún el cristiano de corazón más tierno puede desearlo de otra manera. Mirando a los pecadores como seres humanos, los amamos y deseamos su bien; pero cuando los consideramos como enemigos de Dios, no podemos por menos que detestarlos y experimentar un noble deseo de que sean confundidos en sus añagazas. Ningún ciudadano leal puede desear bien a los rebeldes. Es posible que más de un sentimentalista quisquilloso ponga sus objeciones al lenguaje duro y tajante de este versículo, pero la verdad es que todas las personas de bien, en el fondo de sus corazones desean la confusión de los inicuos.

C. H. Spurgeon

Sean avergonzados y confundidos los que buscan mi vida; retrocedan y sean afrentados los que mi mal intentan. David da comienzo sus imprecaciones en este versículo; no obstante, como señala Teodoreto,[59] no las plantea en forma de maldición, sino más bien de profecía. Admitiendo que en algún momento y por alguna razón determinada nos veamos en la necesidad de recurrir a la imprecación, ante todo debemos asegurarnos de que nuestra causa sea justa y absolutamente legítima; en segundo lugar, que no responda a motivos personales o de venganza, sino únicamente para la gloria de Dios; y en tercer lugar, asegurarnos de no pronunciar ni una sola sílaba en sentido imprecatorio sin contar con la guía de Espíritu.

John Trapp [1601-1669]
"A commentary or exposition upon the books of Ezra, Nehemiah, Esther, Job and Psalms", 1657

Vers. 4, 8, 26. ¿Tenemos que entender estas oraciones imprecatorias como una expresión de venganza?[60] Las encontramos básicamente en cuatro Salmos: el Salmo 7, Salmo 35, Salmo 69 y

[58] Dice Agustín de Hipona [354-430]: «Y así ha sido. Muchos de los que perseguían a Cristo han quedado *"avergonzados y confundidos"* pasando a formar parte de la Iglesia de Cristo con una actitud humilde, algo que no hubiera sucedido si primero no hubieran quedado *"avergonzados y confundidos"*. Entonces, el salmista, con desearles que queden "avergonzados y confundidos" les está deseando un bien».

[59] Se refiere a Teodoreto de Ciro [393-458]. Nacido en Antioquía, fue obispo de Ciro, donde desarrolló una amplia actividad. Mantuvo una enconada controversia con San Cirilo. Enérgico adversario de la herejía eutiquiana, fue depuesto de su sede episcopal hacia el 449. El 451 fue admitido entre los «doctores ortodoxos» por el Concilio de Calcedonia, que condenó a Nestorio y Eutiques, tras haberle exigido una explícita declaración contra Nestorio y su doctrina. Tras Calcedonia, Teodoreto continuó su labor pastoral y literaria. Fue autor de numerosas obras, entre ellas comentarios a diversos libros de la Biblia, incluidos los Salmos.

[60] Los Padres de la Iglesia abordaron ya la problemática de los Salmos imprecatorios así como la dificultad de conjugar ciertas expresiones de retribución y venganza de los mismos con el mensaje de amor y perdón para los enemigos que encontramos en el Nuevo Testamento. Comentando el Salmo 35:

– Teodoreto de Ciro [393-458] se expresa en los siguientes términos: «Nadie que lea este Salmo debe caer en el error de malinterpretar la oración justa de un hombre justo, y menos todavía utilizarla de justificación para imprecar y maldecir a sus enemigos. Sino tomar conciencia de que el autor inspirado

Salmo 109, y en ellos el tono de las imprecaciones sigue un orden progresivo ascendente, con un clímax final ciertamente apoteósico, donde los anatemas sobrepasan los treinta. ¿Se trata de meros estallidos de ira y pasión no santificada o hemos de ver en ellos la expresión legítima de una indignación justa y procedente? ¿Cabe justificarlos como fruto del llamado *"espíritu de Elías"*,[61] no ajeno a la santidad, ciertamente, pero muy alejado de la mansedumbre y ternura de Cristo? ¿Son formas estereotipadas en las que eventualmente puede manifestarse el espíritu de devoción? ¿Hay que entenderlos exclusivamente dentro del contexto del judaísmo o caben también como parte de la fe cristiana? Una escrupulosidad mal entendida y conmiseración mal informada, ha conducido a muchos al rechazo de estos textos sagrados, llevándoles al punto de eludir por entero su lectura. Hay personas a quienes se les pega la lengua y tiemblan los labios cuando se ven en la situación de tenerlos que recitar como parte de la liturgia congregacional, y en consecuencia, bien lo hacen de mala gana, conteniendo el aliento y negando en su corazón la autenticidad de las palabras que pronuncian; o recurriendo a las consabidas reservas mentales, obviando su interpretación literal y entendiéndolos alegóricamente o en sentido figurado. No han faltado quienes hayan tratado de conciliar su contenido interpretando sus frases no como la expresión de un deseo real e inmediato, sino una predicción futura de carácter generalista; pero el texto hebreo, que distingue con la suficiente claridad los tiempos verbales, descarta por completo tal posibilidad. Otros han intentado espiritualizarlos, viendo en sus expresiones la lucha del alma contra sus enemigos espirituales. Y, finalmente, están aquellos que los defienden como expresiones legítimas de un justo celo en defensa del honor de Dios, y nos acusan de que si no simpatizamos con este celo, no es porque nuestra visión de la fe cristiana sea más elevada, más pura y sublime, sino porque nuestros corazones son fríos.

---

se expresa en los términos propios de la antigua dispensación inspirada en la Ley, no en el Evangelio. La Ley manda explícitamente amar al prójimo y odiar al enemigo; por el contrario, Cristo nuestro Señor, para mostrar la virtud en toda su perfección dijo: *"Oísteis que fue dicho: Amarás a tu prójimo, y aborrecerás a tu enemigo. Pero yo os digo: Amad a vuestros enemigos, bendecid a los que os maldicen, haced bien a los que os aborrecen, y orad por los que os ultrajan y os persiguen"* (Mateo 5:43-44). Y en conformidad con este mandamiento del Señor el apóstol Pablo exclama: *"Bendecid a los que os persiguen; bendecid, y no maldigáis"* (Romanos 12:14). Tomando, pues, en cuenta estas diferencias, nos corresponde determinar qué es lo coherente con la ley y qué es lo coherente con la gracia. Con todo, hemos de tener en cuenta que el bendito David no pronunció estas palabras maldiciendo sino profetizando, anticipando por inspiración divina aquello que habría de suceder. Pues a nivel personal, cabe decir que procedió en todo momento según los principios del Evangelio y jamás buscó vengarse de sus enemigos, y para constatarlo basta escuchar sus palabras: *"Si he dado mal pago al que estaba en paz conmigo (Antes he libertado al que sin causa era mi enemigo), persiga el enemigo mi alma, y alcáncela; huelle en tierra mi vida, mi honra ponga en el polvo"* (Salmo 7:4-5). Y esto no se quedó en meras palabras, lo puso en práctica, respaldando con sus acciones lo que afirmaba con sus labios: por dos veces tuvo a su enemigo en sus manos y no solo no le dio muerte sino que se interpuso impidiendo que otros lo hicieran (1 Samuel 24:4-7; 26:7-12); y cuando Saúl cayó en batalla lloró amargamente y castigó con la pena capital al que de manera burlona y jactanciosa le anunció que él había sido quien acabó con su vida (2 Samuel 1:2-16). Me he visto en la necesidad explicar esto y citar todos estos acontecimientos, por causa de algunos que jactándose citan las palabras del santo David como justificante de su proceder impropio de un cristiano, para que tengan constancia de cuáles eran en verdad los valores de David, cuál fue su proceder, y lo tomen como ejemplo».

[61] Malaquías 4:5-6; Lucas 1:16-17. Un tema muy controvertido, pero que en este caso entendemos que el autor menciona tan solo con al propósito de significar las diferencias entre el proceder de la antigua dispensación, simbolizada en este caso por Elías, que no dudó para erradicar la idolatría en hacer degollar a todos los profetas de Baal (1 Reyes 18:40); y la nueva dispensación cristiana, en la que Cristo exclama refiriéndose a los que le estaban crucificando: *"Padre, perdónalos, porque no saben lo que hacen"* (Lucas 23:34).

Sin embargo, la verdadera la fuente de la dificultad interpretativa que plantean estos salmos, hemos de buscarla por otro camino, en el hecho lamentable de que con frecuencia no distinguimos correctamente las diferencias esenciales entre el Antiguo y el Nuevo Testamento. La antigua dispensación era en todos los sentidos mucho más estricta y severa que la nueva. El llamado *"espíritu de Elías"*, aunque no fuera de por sí un espíritu malo, está claro que no era el espíritu de Cristo, pues: *"El Hijo del Hombre no vino para destruir las almas de los hombres, sino para salvarlas"*.[62] Y sus discípulos se hacen partícipes del mismo espíritu a través de él.

Pero este espíritu tan claramente reflejado en el Nuevo Testamento, no era el del antiguo Israel. La nación judía había sido entrenada en un contexto mucho más difícil, en el que las guerras de exterminio eran habituales; y forjada en una disciplina de aniquilación de los idólatras. Y es evidente que tal disciplina, aunque necesaria en razón del contexto, en nada contribuía a fomentar las virtudes más generosas y humanitarias; por lo que resulta comprensible que educado en sus normas, incluso un hombre justo y recto, sintiendo que era su deber erradicar el mal donde quiera que lo detectara, identificando, como vemos que hace el salmista, a sus propios enemigos con los enemigos de Jehová, utilizara un tipo de lenguaje que a nosotros, nacidos y educados en otro contexto cultural, nos parece inexplicable e innecesariamente vengativo. Pero para las personas formadas en el contexto del Antiguo Testamento, lo que ahora nosotros denominamos «tolerancia religiosa», no tan solo era un concepto equivocado, sino absolutamente inconcebible.

No deja de ser cierto que algunos pasajes del Antiguo Testamento prohíben la venganza de forma tan explícita como el Nuevo Testamento, y así leemos en Levítico: *"No te vengarás, ni guardarás rencor a los hijos de tu pueblo, sino amarás a tu prójimo como a ti mismo"*; pero no pasemos por alto la limitación: *"a los hijos de tu pueblo"*.[63] Y tampoco es menos cierto que en el Nuevo Testamento nos encontramos con casos de imprecaciones, como cuando San Pablo exclama:*" Alejandro el calderero me ha causado muchos males; el Señor le pague conforme a sus hechos*";[64] o cuando le dice al sumo sacerdote Ananías: *"¡Dios te va a golpear a ti, pared blanqueada!"*;[65] o: *"Si alguno no ama al Señor Jesucristo, sea anatema"*.[66] Pero tales expresiones espontáneas de indignación, son muy distintas en su naturaleza misma, de las imprecaciones detalladas, deliberadas y cuidadosamente elaboradas que encontramos en estos Salmos. Tampoco las denuncias y supuestas amenazas de nuestro Señor a que hace referencia Hengstenberg,[67] guardan un paralelo; pues no son maldiciones explícitas sobre los individuos, sino más bien expresiones solemnes de una gran verdad: *"si no os arrepentís, todos pereceréis igualmente"*.[68] Pero digan lo que digan algunos pasajes en particular, está muy claro que el tono general dominante en ambos pactos, Antiguo Testamento y Nuevo Testamento, es esencialmente distinto. Y negar que esto es así, no redunda en honra a Moisés, sino en deshonra de Cristo: *"Oísteis que fue dicho a los antiguos... más yo os digo"*.[69] Tampoco hay que olvidar, por otro lado, que las imprecaciones que encontramos en estos salmos, no son fruto del deseo apasionado de venganza personal. El dulce cantor de Israel, sin duda, ve en sus enemigos a los enemigos de Dios y de su Iglesia; su visión es de que aquellos que no están con él están en contra de Dios. Y puesto que el celo por la

[62] Lucas 9:56

[63] Levítico 19:18.

[64] 2 Timoteo 4:14.

[65] Hechos 23:3.

[66] 1 Corintios 16:22.

[67] Se refiere a Ernst Wilhelm Hengstenberg [1802-1869], pastor y teólogo luterano alemán, experto en lenguas bíblicas y profesor en la Universidad de Berlín, autor de numerosas obras y especialmente conocido por su *"Christologie des Alten Testaments"*, aunque en esta ocasión la obra citada es su comentario a los Salmos, *"Commentar üver die Psalmen"* publicada entre 1842 y 1847.

[68] Lucas 13:3.

[69] Mateo 5:43; 19:8.

casa de Dios le devora y consume,[70] ora para que todos aquellos que obran maldad sean erradicados. Por tanto, su indignación es justa, a pesar de que a nosotros pueda parecernos errada en sus objetivos o excesiva en sus enunciados.[71]

El hecho de que una nube oscura ocultara de la visión de los santos del Antiguo Testamento el futuro juicio divino del mundo en los tiempos a venir, cabe como alegación y excusa de su deseo de tomar venganza sobre sus enemigos en el presente. La confusión y apremio que el problema de la equidad en la justicia de Dios ejercía sobre sus mentes, resulta más que evidente a partir de numerosos pasajes en los Salmos.[72] Su anhelo era ver la justicia manifiesta cuanto antes. Y no concebían otra forma de manifestarla que en la exaltación evidente e inmediata de los justos y destrucción evidente e inmediata de los malos, aquí y ahora. Puestos como tenían sus ojos de forma permanente y exclusiva, tan solo en la recompensa temporal, sus deseos de destrucción de los impíos, y sus oraciones en este sentido, son absolutamente comprensibles; en tanto que los eventos del porvenir permanecían, en gran medida, ocultos a su mirada. De haberlos vislumbrado, probablemente sus oraciones habrían sido distintas, y en lugar de desear: *"el ángel del Señor los acose"* (35:6); y *"sean borrados del libro de la vida"*;[73] hubieran más bien exclamado, siguiendo el ejemplo del que colgaba de la cruz: *"Padre, perdónalos, porque no saben lo que hacen"*.[74]

JOHN JAMES STEWART PEROWNE [1823-1904]
"Commentary on the Book of Psalms", 1864

Vers. 4, 8, 26. En lo que hace a sentimientos de venganza, los de David estaban muy por debajo de los atribuibles a cualquier otro personaje público al que podamos aludir en el transcurso de la historia. Su comportamiento con respecto a Saúl revela, desde principio a fin, un espíritu singularmente noble, muy alejado de cualquier deseo camal de venganza;[75] y la mansedumbre con la que soportó los reproches acerbos de Simeí,[76] da testimonio de ese mismo espíritu después de su acceso al trono (…) Cuando analizamos la vida y comportamiento de David de forma inteligente y justa, la conclusión a la que llegamos en este sentido es ciertamente sorprendente; puesto que no es habitual un temperamento tan manso y aplacable, en un hombre dotado de una fuerza de voluntad tan enorme, con pasiones tan intensas, y ostentando además tanto poder. Incluso en medio las peores situaciones, especialmente propensas a los arranques súbitos del resentimiento y ardor repentino, jamás se precipitaba en decisiones vengativas.[77] Y sería inexplicable que se mostrara menos dueño de sí mismo en sus momentos de reposo y comunión con Dios, escribiendo salmos; de lo que se muestra en sus momentos difíciles y más propensos al enojo y enfrentamiento; de manera especial cuando algunos de estos salmos expresan un sentido de comprensión tan agudo de la atrocidad de su propio pecado. Todo lo contrario, hablando de sus enemigos implacables no duda en afirmar: *"Pero yo, cuando ellos enfermaron, me vestí de cilicio; afligí con ayuno mi alma, Y mi oración se volvía a mi seno. Como por mi compañero, como por mi hermano andaba; como el que trae luto por madre, enlutado me humillaba"* (35:13-14). Y en lo que hace a su comportamiento con ellos exclama: *"Jehová Dios mío, si yo he hecho esto, si hay en mis manos iniquidad; si he dado mal pago al que estaba en paz conmigo (antes he libertado al*

[70] Salmo 69:9.

[71] Así lo ve también FRANZ DELITZSCH [1813-1890]: «Todas las maldiciones de esos salmos brotan de la fuente pura de un celo abnegado por el honor de Dios».

[72] Tal es el caso de los Salmos 37, 73 y otros.

[73] Salmo 69:28.

[74] Lucas 23:34.

[75] 1 Samuel 24:1-22; 2 Samuel 1:1-12.

[76] 2 Samuel 16:5-14.

[77] 2 Samuel 16:9-10.

que sin causa era mi enemigo), persiga el enemigo mi alma, y alcáncela; huelle en tierra mi vida, y mi honra ponga en el polvo".[78] Conviene, por tanto, situar las imprecaciones que hallamos en algunos textos de este y otros salmos, al lado de estas otras declaraciones pronunciadas casi en paralelo por la misma boca y con el mismo aliento, y pensarlo dos veces antes de sacar conclusiones precipitadas y emitir juicios de valor erróneos e incongruentes.

William Binnie [1823-1886]
"The Psalms: Their History, Teachings, and Use", 1870

Vers. 5. ***Sean como el tamo delante del viento, y el ángel de Jehová los acose.*** *[Sean como el tamo delante del viento, cuando el ángel de Jehová los acose.* RVR*] [Sean como paja delante del viento, con el ángel del Señor acosándolos.* LBLA*] [Sean como la paja al viento, y el Ángel de YHVH los acose.* BTX*] [Sean como la paja en el viento, acosados por el ángel del Señor.* NVI*] [Que sean como paja frente al viento cuando el ángel del Señor los acose.* BLP*] [Sopla y espárcelos como paja en el viento, un viento mandado por el ángel del Señor.* NTV*]*

Sean como el tamo delante del viento.[79] Fueron rápidos y veloces a la hora de atacar, que sean ahora igual de ligeros su precipitad huida. Que sus propios temores y las acusaciones de sus conciencias los amedrenten de tal modo que la más suave brisa de dificultades los zarandee llevándolos de aquí para allá. Los impíos carecen de todo peso moral en su carácter, son livianos en su comportamiento, y desconocen lo que es solidez y raíces; justo es, por tanto, que si por voluntad propia se convierten moralmente en paja, sean tratados como tal. Cuando se cumple esta imprecación en las personas de carecen de la gracia, descubren lo terrible que resulta vivir constantemente en la inquietud, sin un instante de reposo, sin paz en la mente ni quietud en el alma, arrastrados siempre de duda en duda, de temor en temor, de miseria en miseria.

Cuando el ángel de Jehová los acose.[80] Los ángeles caídos les perseguirán, y los ángeles buenos les afligirán. La suerte de aquellos que se gozan ahora persiguiendo a los demás, será la de ser acosados por espíritus vengadores. Observemos la escena completa tal y como el salmista la esboza: primero el enemigo furioso es detenido y mantenido a raya (35:1-3); después, obligado a dar media vuelta y huir precipitadamente (35:4); a continuación perseguido por mensajeros fulgurantes de los cuales no hay escape posible (35:5); en tanto que su camino se va haciendo cada vez más tenebroso y resbaladizo (35:6-7), y su destrucción repentina más inminente y abrumadora (35:8).

C. H. Spurgeon

Sean como el tamo. En hebreo: כְּמֹץ *kəmōṣ* de מֹץ *mots,*[81] "vilano o *papus*", que se esparce con un soplo.[82]

John Morison [1791-1859]
"An Exposition of the Book of Psalms", 1829

[78] Salmo 3:7-5.

[79] En hebreo יִהְיוּ כְּמֹץ לִפְנֵי־רוּחַ *yihyū kəmōṣ lip̄nê-rūaḥ.* Una comparación muy habitual en el A.T. Ver: Job 21:18; Salmo 1:4; Isaías 17:13; 29:5; 41:15; 47:14; Jeremías 13:24; Daniel 2:35; Oseas 13:3; Sofonías 2:2.

[80] En hebreo וּמַלְאַךְ יְהוָה רֹדְפָם *ūmal'ak̲ Yahweh rōd̲əpām* de מַלְאָךְ *malak,* "ángel". Ver Números 22:22-27, 31-32; 2 Samuel 24:16-17; 2 Reyes 19:35.

[81] La misma palabra hebrea se utiliza en Job 21:18; Salmo 1:4; Isaías 17:13; 29:5; 41:15; Oseas 13:3 y Sofonías 2:2.

[82] En botánica se llama "vilano" o "papus" a los pelos simples o plumosos, cerdas o escamas que rodean a las diminutas "cipselas" de las plantas asteráceas. Su función es la de asistir a la planta en la diseminación

Vers. 6. ***Sea su camino tenebroso y resbaladizo, y el ángel de Jehová los persiga.*** *[Sea su camino tenebroso y resbaladizo, y el ángel de Jehová los persiga.* RVR*] [Sea su camino tenebroso y resbaladizo, con el ángel del Señor persiguiéndolos.* LBLA*] [Sea su camino tenebroso y resbaladizo, y el Ángel de YHVH los persiga.* BTX*] [Sea su senda oscura y resbalosa, perseguidos por el ángel del Señor.* NVI*] [Que sea su camino resbaladizo y sombrío cuando el ángel del Señor los persiga.* BLP*] [Haz que su camino sea oscuro y resbaladizo, y que el ángel del Señor los persiga.* NTV*]*

Sea su camino tenebroso y resbaladizo.[83] ¡Una frase corta pero que aglutina todos los terrores! En total oscuridad, sin punto de apoyo, y con un feroz vengador pisándoles talones! Que destino tan aciago el que se asigna a los enemigos de Dios! ¡Pueden ahora despotricar y rugir todo lo que quieran, pero en cuanto cambien las tornas lo pasarán muy mal.

Y el ángel de Jehová los persiga Les perseguirá a la carrera, en dos zancadas, como solemos decir, sin volverse a un lado ni otro, con la tenacidad desesperante de un rastreador fiable al servicio de la ejecución de venganza contra ellos, obstinado en su captura en nombre de la justicia inquebrantable. ¡Ay, ay, ay, de aquellos que se atreven a tocar el pueblo de Dios; porque su destrucción será rauda y segura![84]

C. H. SPURGEON

Sea su camino tenebroso y resbaladizo. Un camino horrible, para echarse a temblar. ¿Pues quién no tiene pánico a las tinieblas? ¿Y quién no trata de evitar un camino resbaladizo? Cuando el camino es tenebroso y resbaladizo, ¿por dónde ir? ¿dónde apoyar el pie? Estos dos males: la oscuridad de la ignorancia, y el resbalón de la lujuria; constituyen el gran castigo, son el azote de los hombres. *"Sea su camino tenebroso y resbaladizo, y el ángel del Señor los persiga"*, para que no puedan levantarse ni permanecer en pie. Todo aquel que sumido en tinieblas, se ve en la necesidad de avanzar por un sendero resbaladizo, cuando se da cuenta que al menor intento de moverse resbala, y que la falta de luz le impide ver donde pone los pies, lo más natural es que se quede quieto y aguarde hasta que aparezca la luz. Pero en este caso no pueden, porque detrás tienen al ángel del Señor persiguiéndoles.[85]

AGUSTÍN DE HIPONA [354-430]

Y resbaladizo. En hebreo: וַחֲלַקְלַקּוֹת *waḥălaqlaqqōwṯ* de חֲלַקְלַקּוֹת *chalaqlaqqoth.*[86] El sentido del hebreo, como constata una nota marginal en la KJV, es de "extremadamente resbaladizo". Una

o dispersión de sus frutos y semillas. Los ejemplos más conocidos quizá sean el "salsifín" y el "diente de león" (*Taraxacum officinale*), o "achicoria amarga". En algunas partes del mundo hispanoparlante sus semillas se conocen como "angelitos", porque al soplar el receptáculo rodeado cipselas, estas de se desprenden y vuelan por los aires.

[83] Dice AGUSTÍN DE HIPONA [354-430]: «He aquí los dos grandes males que flagelan la raza humana: las tinieblas son la ignorancia, y el resbaladero la impureza»

[84] Apocalipsis 8:13.

[85] El texto original de AGUSTÍN DE HIPONA [354-430] añade lo siguiente: «Hemos de entender que esto lo dice el salmista no movido por el deseo personal de venganza, esperando que suceda de inmediato, sino como una profecía, en predicción del futuro. Con todo, es obvio que tales cosas las dice el profeta inspirado por Dios, por tanto, Dios las va a llevar a cabo, ejecutando la sentencia a su tiempo de manera justa y sosegada, sin impulso de ira, pero de forma segura e implacable; no incitado por amargura o ánimo de venganza, sino en cumplimiento de la justicia que exige el castigo de los vicios».

[86] En hebreo וַחֲלַקְלַקּוֹת *waḥălaqlaqqōwṯ* de חֲלַקְלַקּוֹת *chalaqlaqqoth* un sintagma que solo aparece en este versículo y el sentido es de algo resbaladizo en extremo. חֲלַקְלַקּוֹת *chalaqlaqqoth* aparece en total cuatro

circunstancia que añade terror al sentido de la imagen. No tan solo un camino oscuro, sino en extremo resbaladizo a causa de las lluvias; un camino en el que a cada momento están en peligro de deslizarse por un precipicio donde acabarán destruidos.

Albert Barnes [1798–1870]
"Notes, critical, explanatory, and practical, on the book of Psalms", 1868

Vers. 7. ***Porque sin causa escondieron para mí su red en un hoyo; sin causa cavaron hoyo para mi alma.*** *[Porque sin causa me tendieron una trampa; sin causa cavaron hoyo para mi alma.* RVR*] [Porque sin causa me tendieron su red; sin causa cavaron fosa para mi alma.* LBLA*] [Porque sin causa me tendieron su red, sin motivo cavaron fosa para mi alma.* BTX*] [Ya que sin motivo me tendieron una trampa, y sin motivo cavaron una fosa para mí.* NVI*] [Pues sin motivo me tendieron una trampa, sin motivo me cavaron una fosa.* BLP*] [Yo no les hice ningún mal, pero ellos me tendieron una trampa; no les hice ningún mal, pero cavaron una fosa para atraparme.* NTV*]*

Porque sin causa me tendieron una trampa; sin causa cavaron hoyo para mi alma El salmista expone en este versículo el *onus probandi,* todo el peso de la prueba contra los servidores del diablo que le acusan: *"Porque sin causa":* sin que les haya causado daño, injuriado, atacado o provocado; movidos exclusivamente por su propia malicia: *"me tendieron su red, cavaron fosa para mi alma",* de la misma manera que hombres cazan por diversión, con astucia y engaño. ¡Cuántos incautos han arruinado sus vidas por trampas que les han tendido, y en las que han caído de manera tan inocente como los animales que precipitándose en fosas ocultas son atrapados en una red. La experiencia de padecer persecución inmerecida; sufrir enemistad, intimidación y violencia sin que haya habido delito intencional de nuestra parte, no es cosa fácil de sobrellevar. David afirma por dos veces en este versículo que sus adversarios han tramado contra él: *"sin causa"*. El cavar hoyos y tender redes requiere tiempo y esfuerzo, pero los impíos lo aportan de buena gana con tal de atacar y derribar al pueblo de Dios. La guerra justa es legítima en hombres honorables, pero los adversarios de la iglesia de Dios optan por esquemas mezquinos y poco generosos, que no hacen sino demostrar su naturaleza y origen. Debemos mantenernos en guardia constante, puesto que los lazos y trampas siguen siendo las armas favoritas de los poderes del mal.

C. H. Spurgeon

Porque sin causa escondieron para mí su red en un hoyo. David trata de explicar que habían cavado un hoyo y ocultado su boca con una red cubriéndola con tierra, con el propósito explícito de que la pisara inadvertidamente y cayera en él.

David Kimchi [1157-1236][87]

veces, además de en el Salmo 35:6, en Jeremías 23:12 y en Daniel 11:21, 34; y curiosamente, en el caso de Daniel se usa en el sentido de intrigas o artimañas, hipocresía y traición.

[87] Se trata del rabino David o Dovid Kimchi [1157-1236], también conocido por el nombre de David Kimhi o el acrónimo hebreo RaDak. Nacido en Narbona, Francia. Hijo de Yosef Kimchifue, un famoso rabino y filólogo judío, fue uno de los más prestigiosos eruditos del hebreo bíblico en la Edad Media y autor de uno de los más prestigiosos comentarios al texto del Antiguo Testamento.

Vers. 8. ***Véngale el quebrantamiento sin que lo sepa, y la red que él escondió lo prenda; con quebrantamiento caiga en ella.*** *[Sobre cada uno de ellos caiga de improviso la ruina, lo prenda la misma red que escondió, y en su fosa se hunda.* RVR*] [Que venga destrucción sobre él sin darse cuenta, y la red que él mismo tendió lo prenda, ¡que caiga en esa misma destrucción.* LBLA*] [Véngale la destrucción inesperada; préndalo la red que él mismo puso, y caiga en ella con quebranto.* BTX*] [Que la ruina los tome por sorpresa; que caigan en su propia trampa, en la fosa que ellos mismos cavaron.* NVI*] [Que los sorprenda un desastre inesperado, que los atrape la trampa que tendieron, que caigan en la fosa que cavaron.* BLP*] [Por eso, ¡que la ruina les llegue de repente! ¡Que queden atrapados en la trampa que me tendieron! Que se destruyan en la fosa que cavaron para mí.* NTV*]*

Sobre cada uno de ellos caiga de improviso la ruina. Esta tremenda imprecación se cumple con frecuencia. Los juicios de Dios son a menudo repentinos y notables. Muerte penetra en la casa del perseguidor sin detenerse a llamar a la puerta. El rayo de juicio abandona de un salto su escondite, y deja de un solo golpe a los malos hechos pedazos para siempre.

Lo prenda la misma red que escondió, y en su fosa se hunda. Vemos aquí una *lex talionis*[88] divina que obra a menudo de la manera más sorprendente. Los hombres tienden trampas, y sus propios dedos les quedan enganchados en ellas. Tiran piedras, y estas caen sobre sus cabezas. ¡Con cuánta frecuencia Satanás se pasa de listo y se chamusca los dedos en sus propios carbones![89] Esto será, sin duda, uno de las agravantes de infierno, los condenados se atormentarán a sí mismos con aquello que acostumbraban maquinar contra otros en sus mentes rebeldes. Maldicen, y son maldecidos;[90] tiran coces, y dan contra el aguijón desgarrando sus propias carnes;[91] lanzan diluvios de fuego, y son ellos los que se queman y consumen por dentro y por fuera.

C. H. SPURGEON

[88] La *"Lex Talionis"*, o "Ley del Talión", (del latín: *"talis"* o *"tale"*, "idéntico, semejante") es el principio de justicia retributiva expresado en Éxodo 21:23-25 y Levítico 24:18-20, conocida por la frase: *"ojo por ojo, y diente por diente"*, estableciendo que al criminal hay que aplicarle no una pena equivalente, sino una pena idéntica, es decir, infligirle como castigo las mismas lesiones o daños físicos o materiales infligidos a sus víctimas. Paradójicamente, tiene su origen en las propias leyes mesopotámicas y babilónicas, ya que figura claramente en el "Código de Hammurabi" (1760 a.C.), y se aplicó posteriormente tanto en las leyes de Israel como en el derecho romano. Hoy en día ha sido descartada de la mayoría de sistemas jurídicos, aunque sigue aplicándose a nivel tribal y de comunidades étnicas. Y por supuesto en las leyes islámicas o *Sharia.* Jesús rechazó de plano la Ley del Talión en el Sermón del Monte (Mateo 5:38-39).

[89] Dice sobre esto AGUSTÍN DE HIPONA [354-430]: «Como si alguien prepara una copa con veneno contra otro, y por error acaba bebiéndola él; o cava con ahínco una fosa oculta para que de noche su enemigo caiga en ella, se olvida, y por descuido acaba él dentro. Esto es lo que, hermanos, podéis creerme, sucede a todo aquel que trama maldades contra su prójimo. Porque la perfidia es como una fogata, si quieres que arda tienes que acercarle algo encendido, un hachón o una tea para que prenda. Por tanto, para prender el fuego primero tiene que arder la tea, ¿cierto? Pues recuérdalo bien, esa tea eres tú; para poder causar mal a otro, la maldad procede de ti, ¿y a quién destruirá primero sino a ti mismo? Si una savia nociva perjudica las ramas; ¿no perjudicará primero la raíz de la cual procede? Tenlo en cuenta, tu maldad puede que logre perjudicar a otros; pero es imposible que tú te libres de sus efectos, y es probable que acabes siendo el más perjudicado».

[90] Génesis 12:3; Números 24:9; Deuteronomio 28:15-48.

[91] Hechos 26:14.

Sobre cada uno de ellos caiga de improviso la ruina. O también *"una tempestad"*,[92] como las tormentas de arena que suelen producirse en Oriente causadas por el viento del Sur: repentinas, violentas, y absolutamente destructivas.

JOHN GILL [1697-1771]
"Exposition of the Old Testament", 1748

Lo prenda la misma red que escondió, y en su fosa se hunda. El Señor preservó la vida de David, dándole cuerda Ahitófel para frustrar después su consejo.[93] ¿Quién no se admira de que el poderoso Goliat fuera rematado con su propia espada,[94] y que el orgulloso Naamán tuviera que sostener el estribo de Mardoqueo como heraldo de su honor y acabara colgado en la horca que había levantado para darle muerte?[95] Los malvados se desploman derrotados por sus propias acciones; y todas las flechas que disparan contra el justo caen de nuevo sobre sus propias cabezas.[96] Majencio[97] construyó un falso puente con el propósito de ahogar a Constantino,[98] pero fue él mismo quien pereció ahogado en él. Enrique III de Francia fue apuñalado en la misma estancia en la que colaboró a fraguar la cruel matanza de los, hugonotes, los protestantes franceses.[99] Y su hermano Carlos IX,[100] que se

---

[92] En hebreo שׁוֹאָה *sōw'āh* de שׁוֹא *sho*. Aunque en la mayoría de los doce casos en que aparece se utiliza como destrucción, devastación, asolamiento o desolación, en Ezequiel 38:9 se utiliza en el sentido de "tempestad: *"y vendrás como una tempestad; como un nublado para cubrir la tierra serás tú y todas tus tropas"*.

[93] 2 Samuel 16:20-23; 17:14.

[94] 1 Samuel 17:4-10, 50-51.

[95] Ester 6:1-13; 7:8-10.

[96] Salmo 64:1-9; Proverbios 12:13; 18:7.

[97] Se refiere al emperador romano MARCO AURELIO VALERIO MAJENCIO [278-312], emperador romano que se enfrentó a CONSTANTINO I [272-337] que luchaba bajo el signo de la Cruz en una batalla cerca del puente Milvio provocando un punto de inflexión en la historia del cristianismo, como narra con detalle el historiador cristiano EUSEBIO DE CESAREA [263-339] en su "Historia Eclesiástica" (publicada por CLIE el español).

[98] Se refiere al emperador romano FLAVIO VALERIO AURELIO CONSTANTINO [272-337], más conocido como CONSTANTINO I, el emperador que se convirtió al cristianismo y legalizó la religión cristiana en el Imperio Romano por el Edicto de Milán en el año 313.

[99] Se refiere a ENRIQUE III DE FRANCIA [1551-1589], un monarca muy controvertido. Cuando su hermano y heredero al trono FRANCISCO DE ANJOU [1555-1584] murió sin hijos, quedó como sucesor al trono de Francia su primo ENRIQUE DE BORBÓN o de Navarra [1553-1610]. Enrique de Borbón era protestante hugonote, pero para ser ungido como futuro rey de Francia y legítimo sucesor a la corona bajo el nombre ENRIQUE IV se convirtió al catolicismo. De ahí que se le atribuya la famosa frase: *"Paris vaut bien une messe"*, "París bien vale una misa", pues en realidad nunca dejó de ser protestante. Esto desencadenó un conflicto en la sucesión conocido como la guerra de los tres Enriques (Enrique III, Enrique de Borbón y Enrique I duque de Guisa). El 12 de mayo de 1588, conocido como el día de las barricadas por el alzamiento armado de los partidarios de la Liga Católica, Enrique III fue obligado a abandonar París y refugiarse en Chartres donde tuvo que firmar que se comprometía a erradicar al protestantismo de Francia. Pero como venganza en diciembre de ese mismo año ordenó asesinar en Blois al duque de Guisa, líder de la Liga Católica. Ello le ocasionó que el 1 de agosto de 1589 él mismo fuera apuñalado como venganza por Jacques Clément, fraile dominico perteneciente a la Liga.

[100] Se refiere a CARLOS MAXIMILIANO DE FRANCIA [1550-1574], monarca perteneciente a la Casa de Valois que heredó el Trono a la muerte de su hermano Francisco II, con solo diez años. Hasta 1563 gobernó como regente su madre, CATALINA DE MÉDICI [1519-1589], quien siguió ejerciendo una gran influencia sobre él una vez declarado mayor de edad. Durante su reinado continuaron en Francia las guerras de religión, conflicto civil que enfrentaban a los católicos (liderados por los Guisa y apoyados por España) contra los protestantes o hugonotes (liderados por Coligny y apoyados por Inglaterra y algunos príncipes alemanes).

deleitaba en la sangre de los santos, tuvo que beber sangre hasta la saciedad, porque era un indigno. Es habitual que Dios haga caer a los perseguidores de su pueblo en las mismas trampas y fosas que se han cavado para atrapar a los santos, tal y como en este, nuestro país, tantas miles de personas han tenido ocasión de experimentar. Y a pesar de que a día de hoy, Roma y sus aliados son una verdadera máquina de colocar trampas y más trampas, y excavar fosas y más fosas para lograr atrapar a todos aquellos justos que antes prefieren quemar en una hoguera que inclinarse ante sus Baales; sorbeos creyentes vuestras lágrimas por un tiempo, tan solo llorad y esperad un poco; y veréis como el Señor les conduce a caer en sus mismas trampas y hundirse en las mismas fosas que han abierto y ahondado para atrapar a su pueblo.[101]

THOMAS BROOKS [1608-1680]
"The Crown and Glory of Christianity or Holiness, the Only Way to Happiness", 1662

Lo prenda la misma red que escondió, y en su fosa se hunda. ¡Como te atreves, necio e insensato, a oponer tus propios propósitos a los designios del Altísimo! Quién planea el mal para otro, cae finalmente en su propia fosa; y aún el más astuto y ladino entre los que maquinan contra su prójimo, acaba atrapado en la red que había preparado para él. Pero la virtud sincera y libre de engaño, cual majestuosa palmera, se yergue con superior fortaleza y alza con mayor vigor cuanto más zarandeada y oprimida.

PIETRO METASTASIO [1698-1782][102]

Vers. 9. ***Entonces mi alma se alegrará en Jehová; se regocijará en su salvación.*** *[Entonces mi alma se alegrará en Jehová; se regocijará en su salvación.* RVR*] [Y mi alma se regocijará en el Señor; en su salvación se gozará.* LBLA*] [Mi alma se deleitará en YHVH, se regocijará en su salvación.* BTX*] [Así mi alma se alegrará en el y se deleitará en su salvación.* NVI*] [Y yo en el Señor me alegraré, por su salvación me llenaré de gozo.* BLP*] [Entonces me alegraré en el Señor; estaré feliz porque él me rescata.* NTV*]*

Entonces mi alma se alegrará en el Señor.[103] De tal modo rescatado, David atribuye todo el honor de su rescate al Juez de los justos; no dedica una sola mención de gloria a su propio valor ni a la fuerza

Intentó poner fin al enfrentamiento mediante la Paz de Saint-Germain de 1570 (que concedía libertad de culto a los hugonotes) y el matrimonio de su hermana Margarita con el hugonote Enrique de Navarra (futuro Enrique IV). Pero traicionó el tratado y causó la sangrienta Matanza de San Bartolomé en 1572. Carlos murió poco después sin descendencia legítima, heredando el Trono su hermano Enrique III. Murió con empiema pleural y tuberculosis pulmonar.

[101] El lector debe entender las palabras del autor dentro del contexto histórico complejo en el que escribe, marcado por las llamadas "Guerras de Religión" y persecuciones religiosas de todo tipo que se dieron en Europa a lo largo de los siglos XVI y XVII.

[102] Se trata de PIETRO ANTONIO DOMENICO BONAVENTURA TRAPASSI [1698-1782], más conocido como METASTASIO, fue un escritor y poeta italiano, y uno de los más prolíficos libretistas de ópera del siglo XVIII.

[103] Dice AGUSTÍN DE HIPONA [354-430]: «¿Y cómo no ha de alegrarse en un Señor que le ha dicho *"Yo soy tu salvación"* (35:3)? ¿Y cómo no ha de alegrarse en un Señor que le ha dicho: *"Pedid, y se os dará; buscad, y hallaréis; llamad, y se os abrirá"* (Mateo 7:7)? Si el Emperador en persona te dijera: 'Pídeme cuanto desees y te lo daré' ¡con qué fuerza saldría de tu interior el impulso de proclamarte tribuno o cónsul! ¡Cómo se multiplicarían los planes para ti y a favor de los tuyos! Pues resulta que es Dios en persona quien te dice: 'Pídeme, y te lo daré'. ¿Y qué vas a pedir? ¿Nada? Estruja tu mente, da rienda suelta a tus aspiraciones, dispara hasta los límites tu codicia, porque no es un cualquiera quien te ha dicho 'Pídeme,

de su brazo. Se olvida de sus adversarios para volverse hacia a su Dios, y encuentra en el Señor un solaz y gozo constante, una alegría que enardece y embriaga su espíritu.

Se regocijará en su salvación. Nuestro triunfo no está en la destrucción de otros, sino en la salvación que Dios nos otorga. La oración debe enunciar siempre alabanza, y por tanto, nos haría bien ser más expresivos en demostrar nuestro santo regocijo. No hacemos sino robarle a Dios, cuando ocultamos nuestros sentimientos de gratitud limitando la expresión de nuestras emociones.

C. H. SPURGEON

Entonces mi alma se alegrará en Jehová; se regocijará en su salvación. La mayoría de seres humanos atribuyen el haberse librado de importantes peligros a su buena suerte o fortuna favorable; otros a su propia destreza y habilidades; y pocos, muy pocos si es que alguno, dan a Dios toda la gloria de su liberación. David se compromete aquí afirmando que no olvidará el favor que Dios le había otorgado. *"Mi alma* –dice– *se regocijará",* no en una liberación fortuita de la cual ignore su verdadero autor, sino *"en su salvación",* en la liberación de la que Dios le había hecho objeto. Y a fin de reforzar su afirmación y recalcar la solemnidad de su promesa, asigna a sus huesos la función de proclamar la gloria divina: *"Todos mis huesos dirán: Jehová, ¿quién como tú, que libras al afligido del más fuerte que él, y al pobre y menesteroso del que le despoja?"* (35:10). No satisfecho de que sea únicamente su lengua quién ejerza ese cometido, involucra a todos los miembros de su cuerpo en la honrosa tarea rendir alabanzas a Dios. No hay duda que el estilo de lenguaje que utiliza es hiperbólico, pero es la mejor manera que encuentra de mostrar sin fingimientos, que su amor a Dios, era algo tan intenso, que incluso estaba dispuesto a emplear sus tendones y huesos en poner de manifiesto la realidad y autenticidad de su devoción.

JUAN CALVINO [1509-1564]

---

y te lo daré' sino el Dios omnipotente. Si tu deseo es poseer haciendas, podrías pedirle la tierra entera, de modo que cuantos la habitan fueran tus siervos o colonos. Y cuando fueras señor y dueño de toda la tierra, ¿qué harías? Quizá pedirle el mar, aunque no te sería fácil vivir en él, pues tu codicia se vería superada por los peces que viven allí en su elemento. Aunque sí podrías quizá adueñarte de las islas. Pero no, no te detengas en tu ambición, pide también el aire, aunque seas incapaz de volar; amplia tus deseos hasta alcanzar el firmamento, llama tuyo al sol, la luna y las estrellas, puesto que son creación de Dios, y él te ha dicho: ¡Pídeme, y te lo daré! Pero no importa lo que pidas, siempre quedarás insatisfecho, nada encontrarás en lo creado de más valía que Aquel que lo creó, nada hallarás más excelente que Aquel que hizo excelentes todas las cosas. Pide entonces al que lo hizo, pide poseerle a él, y teniéndole a él recibirás todo cuanto él hizo. Pues todo lo creado es hermoso; pero ¿qué hay más hermoso que Aquel que lo creó? Muchas de las cosas creadas son extremadamente poderosas, pero ¿qué hay más poderoso que Aquel que las creó? Y lo que desea con más ahínco es darse a sí mismo. ¿Podrás elegir algo mejor? Si en tu criterio hay algo mejor, pídelo. Pero anteponiendo la obra al que la hizo le harás una injuria, y te perjudicarás a ti mismo, siendo que él, que es el autor, se entregó a sí mismo y quiere que lo poseas en persona. No es extraño que ante un amor semejante exclamara extasiada el alma del salmista: *"¡Mi porción es el Señor (...) mi porción es Dios para siempre"* (Salmo 118:57; 73:26); es decir, escoja cada uno lo que quiera poseer, distribúyanse en porciones todo cuanto existe, pero: *"mi porción eres tú",* yo te he elegido a ti: *"El Señor es la porción de mi herencia y de mi copa; tú garantizas mi suerte"* (Salmo 16:5). Deja por tanto que Dios te posea a ti, para que tú lo poseas a él, y en él lo poseas todo. Abre a él tu corazón y hará de ti su hacienda privada, te convertirá en su mansión. ¿Qué cosa mejor nos puede dar que darse a sí mismo? ¿Y por qué lo hace? Porque nos ama (Juan 3:16): sí, Dios me ama, Dios te ama. ¿O piensas acaso que nos necesita o que puede sacar de ti algún provecho? ¡No! Por ello exclama el salmista: *"Dije al Señor: Mi Dios eres tú, por cuanto no tienes necesidad de mis bienes"* (Salmo 16:1 Vulgata), pero *"mi alma se alegra en Señor; se regocija en su salvación".* Y la salvación de Dios es Cristo: *"Porque han visto mis ojos tu salvación"* (Lucas 2:30)».

Vers. 10. ***Todos mis huesos dirán: Jehová, ¿quién como tú, que libras al afligido del más fuerte que él, y al pobre y menesteroso del que le despoja?.*** *[Todos mis huesos dirán: Jehová, ¿quién como tú, que libras al afligido del más fuerte que él, y al pobre y menesteroso del que le despoja?.* RVR*] [Dirán todos mis huesos: Señor, ¿quién como tú, que libras al afligido de aquel que es más fuerte que él, sí, al afligido y al necesitado de aquel que lo despoja.* LBLA*] [Todos mis huesos dirán: Oh YHVH, ¿quién como Tú, que libras al débil del que es más fuerte que él, y al pobre y menesteroso del que lo despoja?* BTX*] [Así todo mi ser exclamará: «¿Quién como tú, Señor? Tú libras de los poderosos a los pobres; a los pobres y necesitados libras de aquellos que los explotan.».* NVI*] [Todo mi ser proclamará: "Señor, ¿quién como tú?" Tú libras al débil del que es más fuerte, al humilde y al pobre del explotador.* BLP*] [Con cada hueso de mi cuerpo lo alabaré: «Señor, ¿quién se compara contigo? ¿Quién otro rescata a los indefensos de las manos de los fuertes? ¿Quién otro protege a los indefensos y a los pobres de quienes les roban?».* NTV*]*

Todos mis huesos[104] *dirán: Jehová, ¿quién como tú?*[105] Como si la lengua no le fuera suficiente para bendecir a Dios, David convierte en voz todas y cada una de las partes de su cuerpo: *"Todos mis huesos dirán: Jehová, ¿quién como tú?"* hace resonar toda su anatomía con gratitud. Estos mismos huesos que habrían sido quebrantados y triturados por mis enemigos, alabarán ahora a Dios; cada uno le rendirá su propio homenaje, atribuyendo excelencia incomparable a Jehová, el Salvador de su pueblo.[106] Y aún cuando mi piel y mis tendones se desgasten, mi esqueleto seguirá magnificando al Señor:

Que libra al afligido del más fuerte que él, y al pobre y menesteroso del que le despoja. Dios es el verdadero campeón, el auténtico caballero andante defensor de todos los oprimidos.[107] Donde abundan de tal modo la condescendencia, la justicia, la bondad, el poder y la compasión, deben abundar también los cánticos de gratitud entonados con entusiasmo. Dime, amado lector, ¿has sido librado del pecado, de Satanás, y de la muerte? ¿y no vas a prorrumpir en cánticos bendiciendo a tú

---

[104] En hebreo כָּל עַצְמוֹתַי *kāl 'aṣmōwṯay* de עֶצֶם *etsem,* "huesos". Dice al respecto CASIODORO [485-583]: «Es evidente que por *"huesos"* hemos de entender en este caso la fortaleza del espíritu y constancia de la mente. Y resulta propio y acertado utilizar el término "huesos" para describir estas cualidades espirituales, pues así como los huesos proporcionan al cuerpo un soporte sólido y seguro; la fortaleza del espíritu y constancia de la mente dan soporte a los propósitos e intenciones santas. Son por tanto los *"huesos"*, es decir, la firmeza de nuestra voluntad, no la *"carne"* que es débil (Mateo 26:41), los que, admirados, deben proclamar este misterio y exclamar: *"Señor, ¿quién como tú?"*».

[105] AGUSTÍN DE HIPONA [354-430]: «*"Señor, ¿quién como tú?"* Los ídolos tienen ojos pero no ven; tienen oídos pero no oyen (Salmo 115:3-8). Señor, ¿quién como tú. *"¿Quién como el Señor nuestro Dios, que se sienta en las alturas, que se humilla a mirar en el cielo y en la tierra?* (Salmo 113:5-6). ¿Quién como tú que hiciste el ojo para ver, y el oído para oír? No adoro a ídolos que algún artífice ha fabricado (…) Señor, ¿quién como tú? ¿Por qué adorar cosas terrenas, cuando tú eres el creador de la tierra?».

[106] Este es otro de los versículos del Salmo 35 particularmente citados por THOMAS DE KEMPIS [1380-1471] en "La Imitación de Cristo". Ver nota 29 en este mismo Salmo 35.

[107] En el original *"the true knight-errant of all oppressed ones"*. No tenemos certeza alguna de que Spurgeon hubiera leído a Cervantes ni las andanzas de "El Ingenioso Hidalgo Don Quijote de la Mancha", aunque no es de descartar, puesto que la primera traducción de "El Quijote" al inglés se llevó a cabo en 1620, y a lo largo del siglo XVII se llevaron a cabo otras traducciones y numerosas ediciones. Spurgeon era un lector empedernido, se calcula que leía una media de seis libros a la semana, y es posible que alguna de esas ediciones o alguna posterior cayera en sus manos, o que al menos conociera la referencia literaria. No obstante, sea que lo hubiera leído o no, de lo que no cabe duda es que se refiere a los caballeros andantes y en todo caso a alguno de los libros de caballerías que se citan en el Quijote.

Redentor? Eras débil y desdichado, pero en su momento Cristo vino en tu busca y te puso en libertad. Engrandece hoy al Señor, y dignifica su nombre.

C. H. SPURGEON

Todos mis huesos dirán. Estas palabras encierran la descripción más vívida que se pueda concebir, del más elevado de los deleites que alma y cuerpo puedan experimentar y expresar abiertamente. Menciona como partícipes en el regocijo primero a su alma (35:9), y a continuación todos sus huesos; queriendo indicar con ello su propósito de alegrarse no solo en su corazón, sino también con todo su cuerpo; y dejar claro que la alegría que estaba a punto de invadir todo su ser, no era de carácter ordinario, sino de primera magnitud, suficiente como para motivar a todos y cada uno de sus huesos a cantar particularmente las alabanzas de Dios.

HERMANN VENEMA [1697-1787]
"Commentarius ad Psalmos", 1762

Todos mis huesos dirán: Señor, ¿quién como tú? En las Sagradas Escrituras las emociones se atribuyen por regla general a las vísceras;[108] los huesos son considerados en este aspecto un elemento neutro y pasivo; y tan solo en dos lugares: en el presente salmo y en el Salmo 51 donde leemos: *"se regocijarán los huesos que has abatido"*,[109] se relaciona la alegría exultante con el esqueleto. Ciertamente, la experiencia cotidiana nos demuestra que los intestinos, sí mantienen un cierto nivel de relación simpática con nuestras sensaciones más apasionadas; pero no tenemos constancia de que los huesos resulten sensibles a las alteraciones emocionales. Por tanto, debemos entender la expresión del salmista exclusivamente a nivel poético, con el propósito intencional de describir mediante palabras un tipo de alegría peculiar que traspasa todos los límites del deleite común; tan intensa y profunda, que incluso el esqueleto, la parte más dura e insensible de la estructura humana, se hace partícipe de ella. No hemos de descartar, sin embargo, que esta afirmación poética no tenga un trasfondo de verdad, pues aunque no lo percibamos, es innegable que cada partícula de nuestro cuerpo, y no tan solo las de aquellos órganos más sensibles y que resultan en apariencia más directamente afectados, sino también las de nuestros músculos y huesos, guardan una relación simpática con nuestros estados mentales.[110]

C. H. SPURGEON
Reflexiones sugeridas por la lectura de la obra de FRANZ JULIUS DELITZSCH [1813-1890]
"A System of Biblical Psychology", 1867

Todos mis huesos dirán: Señor, ¿quién como tú? Es decir, cuanta fortaleza y vigor haya en mí lo consumiré entonando tus alabanzas. O también, aunque no me queda ya más que la piel y los huesos, hasta este punto he llegado, con todo, con cejaré en mi empeño de alabarte.

JOHN TRAPP [1601-1669]
"A commentary or exposition upon the books of Ezra, Nehemiah, Esther, Job and Psalms", 1657

[108] Salmo 16:7.

[109] Salmo 51:8.

[110] Hoy en día se ha comprobado científicamente que la depresión no solo afecta el cerebro y la conducta, afecta el cuerpo entero y mantiene una relación directa con otros problemas de salud, entre ellos la osteoporosis, una enfermedad que adelgaza y debilita los huesos hasta el punto en que se tornan frágiles y se quiebran fácilmente. Los estudios llevados a cabo demuestran que las personas con depresión, especialmente en los casos de edad avanzada, son más propensas a tener una masa ósea baja que las que no padecen depresión.

Todos mis huesos dirán: Señor, ¿quién como tú? Mis huesos sobresalen a través de mi piel, y no obstante, todos ellos siguen alabándole. *"Entonces dije: 'He sido expulsado de delante de tus ojos; sin embargo volveré a mirar hacia tu santo templo"*.[111]

THOMAS HALYBURTON [1674-1712]

"Memoirs of the Reverend, learned, and pious Mr. Thomas Halyburton", 1714

Vers. 11. *Se levantan testigos malvados; de lo que no sé me preguntan.* *[Se levantan testigos malvados; de lo que no sé me preguntan.* RVR*] [Se levantan testigos malvados, y de lo que no sé me preguntan.* LBLA*] [Se levantan testigos falsos; de lo que no sé me preguntan.* BTX*] [Se presentan testigos despiadados y me preguntan cosas que yo ignoro.* NVI*] [Surgen testigos falsos que me preguntan lo que no sé.* BLP*] [Testigos maliciosos testifican en mi contra y me acusan de crímenes que desconozco por completo.* NTV*]*

Se levantan testigos falsos.[112] Esta es una vieja argucia de los impíos, y no hemos de sorprendernos que la utilicen contra nosotros al igual que lo utilizaron contra nuestro Señor.[113] Siempre había hombres lo bastante ruines como para calumniar a David con tal de agradar a Saúl.[114]

Me acusan de cosas que ni sé. Ni aún había pasado por su mente un solo pensamiento de sedición; era leal, más incluso de lo que debía,[115] y sin embargo le acusaban de conspirar contra el ungido del Señor. No tan solo era inocente, sino que ni aun tenía idea del motivo de la acusación. Bueno es que nuestras manos sean tan limpias que no haya rastro de suciedad siquiera en ellas.

C. H. SPURGEON

Surgen testigos falsos que me preguntan lo que no sé. Te preguntarás: ¿Por qué permite Dios que los malvados acusen a los fieles de cosas de las que son inocentes? Si Dios quisiera podría impedirlo, cerrando de un golpe la boca de los inicuos para que no pudieran pronunciar palabra en contra de sus hijos.

Respuesta: Así como todas las cosas cooperan para bien de los que aman a Dios, también esto resulta para el bien de su pueblo. Dios lo permite en beneficio de los que son suyos, y con ello frustra las esperanzas de los malos: tratan de causar mal a los buenos, y Dios lo transforma en bien. Como dijo José a sus hermanos: *"Vosotros pensasteis mal contra mí, mas Dios lo encaminó a bien, para hacer lo que vemos hoy, para mantener en vida a mucho pueblo"*,[116], y así podemos decir a los que acusan falsamente al pueblo de Dios: «Intentasteis el mal contra los santos de Dios, pero el Señor lo dispuso para bien». Y este bien que Dios saca del mal en beneficio de los suyos, tiene efectos quíntuples:

En primer lugar, sirve para humillarlos, conduciéndoles a considerar lo malo que pueda haber en si mismos. De este modo, a pesar de que sean exonerados de las acusaciones falsas y queden libres de la injusticia, su conciencia les lleva a reflexionar sobre qué pueda haber de incorrecto que se interpone

[111] Jonás 2:4.

[112] Dice al respecto ATANASIO DE ALEJANDRÍA [296-373]: «Aquí aparece claramente la persona de Cristo, calumniado y acusado falsamente en el tribunal de sumos sacerdotes ante el que aparecieron falsos testigos aportando falsos testimonios contra él, pagándole mal por bien para aflicción de su alma (Mateo 26:57-68). Eran supuestamente hijos de Dios, pero procedieron contra él de forma malvada».

[113] Mateo 26:59-61.

[114] 1 Samuel 24:9.

[115] 2 Samuel 24:6-7.

[116] Génesis 50:20.

entre ellos y Dios; a que escudriñen más profundamente su corazones, que procedan con mayor humildad, y se acerquen más al Señor.

En segundo lugar, sirve para ponerles de rodillas y que le busquen más a él. ¡Cuantas veces no cayo de rodillas ante Dios el profeta-salmista cuando los malvados le acusaban falsamente! ¡Cuantas veces no lanzo su grito de clamor al trono de la gracia, suplicando a Dios que defendiera su causa y le guardara en su camino, a fin de que los impíos no pudieran regocijarse en su caída! Cuando los hijos de Dios se dan cuenta de que lo que buscan los inicuos es precisamente esto: ver como los santos caen en el pecado, entonces, como hizo David, oran con mayor fervor e intensidad, diciendo: Señor, guárdame de caer por causa de mis enemigos: *"No se alegren de mí mis pérfidos enemigos, ni los que me aborrecen sin causa guiñen el ojo"* (35:19).

En tercer lugar, Dios usa el reproche de los malos a modo de vacuna, de medicina preventiva contra el pecado del cual los malos les acusan. En los creyentes conviven la naturaleza renovada con la no renovada, y si Dios los dejara a su aire en todo momento, serían incapaces de protegerse a si mismos adecuadamente y evitar el caer de un modo cierto y real en el pecado del cual los malos los acusan falsamente. Dios utiliza las lenguas viperinas de los malvados como advertencia contra ese pecado, para que viendo cuanto se regocijan los impíos de poderles acusar del mismo, aunque sea falsamente, se prevengan contra él, preguntándose: ¿cuánto más no se regocijarían si fuera cierto? Esto debe servirme de advertencia para protegerme en el futuro contra este pecado día tras día. Rogaré con mayor fervor implorando protección contra ese pecado, y con la ayuda de Dios, jamás tendrán ocasión de poder regocijarse en mi caída. Estoy convencido de que son muchos los hijos que pueden decir por propia experiencia, que nunca se hubieran preocupado y nunca habrían orado pidiendo protección de tal o cual pecado, de no ser porque Dios utilizó las lenguas de los impíos como elemento de prevención. Todo hombre o mujer piadoso, cuando se le acusa falsamente, puede decir: «Ciertamente, aunque no tenía constancia de ello en mi corazón, tan solo por la misericordia de Dios es que no he caído realmente en este pecado de cual me acusan; pues de no ser porque Dios valló mi camino con espinas, no me habría librado de él».

En cuarto lugar, permitiendo las falsas acusaciones Dios ejercita a los suyos a sobrevivir bajo cualquier tipo de circunstancias, en buena fama y en mala fama, aunque esta última sea falsa e injusta, y de manera especial les enseña a acercarse más a él y a confiar en él, sea cual sea la situación que atraviesen, como leemos en el Salmo 47: *"Todo el día mi ignominia está delante de mí, y la vergüenza de mi rostro me ha abrumado por la voz del que me reprocha y vitupera, por la presencia del enemigo y del vengativo. Todo esto nos ha sobrevenido, pero no nos hemos olvidado de ti, ni hemos faltado a tu pacto"*.[117]

En quinto y último lugar, permitiendo que nos acusen falsamente, Dios nos enseña a no juzgar precipitadamente a los demás; pues quién ha sido él mismo acusado injustamente, está claro que no prestará oído a rumores y murmuraciones, ni atenderá a informes dudosos sobre su prójimo; se asegurarán tres veces de la veracidad de una cosa antes de creerla, y sabrá cómo consolar a otros que se hallen en condiciones semejantes a las que él ha tenido que atravesar. De ese modo Dios transforma el bien en mal; convirtiendo a los malvados en servidores a favor de su pueblo, a pesar de que ellos piensen todo lo contrario y sigan convencidos de que le están masacrando. Pues Dios utiliza a los malvados a modo la vara y espátula para rascar en los que son suyos todo el óxido del orgullo personal, haciendo que reluzca en ellos el brillo de su gracia; y para corregir la falsa seguridad en sí mismos; y cuando la vara ha hecho su función, es arrojada al fuego. Así es cómo Dios transforma las falsas acusaciones de los malvados en beneficios para su pueblo.

Zephaniah Smyth
en un sermón titulado *"The Malignant's Plot, or. The Conspiracie of the Wicked agains the Just"*
predicado en Eyke, Suffolk el 23 de Junio de 1647

[117] Salmo 47:15-17.

Vers. 12. ***Me devuelven mal por bien, para afligir a mi alma.*** *[Me devuelven mal por bien, para afligir a mi alma.* RVR*] [Me devuelven mal por bien para aflicción de mi alma.* LBLA*] [Me devuelven mal por bien, causando desolación a mi alma.* BTX*] [Me devuelven mal por bien, y eso me hiere en el alma.* NVI*] [Me devuelven mal por bien, todos me han abandonado.* BLP*] [Me pagan mal por bien y estoy enfermo de desesperación.* NTV*]*

Me devuelven mal por bien. Esto es un proceder diabólico; pero los impíos han aprendido de carretilla esta lección enseñada por el viejo Destructor, y la practican a la perfección, con una habilidad pasmosa.

Para afligir a mi alma.[118] Le despojaron de todo consuelo, y hubieran acabado quitándole la vida de no haber sido por los oportunos rescates llevados a cabo por la mano de Dios. El deseo de los malvados sería dejar al justo desnudo y arrancarle incluso el alma si pudieran, no saben lo que es piedad. Lo único que limita la maldad humana son las barreras que Dios mismo considera oportuno establecer.

C. H. SPURGEON

Me devuelven mal por bien, para afligir a mi alma. La envidia que tenían a David ahondaba sus raíces en el bien que había hecho al matar a Goliat,[119] matar a sus diez mil filisteos,[120] y salvar con ello a su rey y a su país; pero Saúl y sus cortesanos le odiaban por ello y procuraban matarle.[121] Así fue también con nuestro Señor Jesucristo, por todo el bien que había hecho al pueblo judío curando sus cuerpos, sanando sus enfermedades y predicándoles el evangelio para beneficio de sus almas, fue premiado con reproches y persecuciones, y al final con el oprobio de una muerte ominosa en la cruz. Y lo mismo les sucede a sus seguidores. Pero este es un mal que no quedará sin castigo, como bien nos recuerda el autor del libro de los Proverbios: *"Al que devuelve mal por bien, el mal no se apartará de su casa"*.[122]

JOHN GILL [1697-1771]
"Exposition of the Old Testament", 1748

Y eso me hiere en el alma.[123] No alcanzaron a dañar su cuerpo físico, pero hirieron su alma; no lograron desvalijarle pero le robaron el consuelo. Despojaron su alma cual viuda que pierde a los hijos en los cuales tenía su amparo y deleite (este es el sentido aquí de la palabra hebrea שְׁכ֣וֹל *šəḵōwl*). No se conformaron con convertirle en un prófugo desterrado, sino que con malicia perversa trataron de arruinarle moralmente, de acabar con él como persona atacando su nombre y reputación, algo tan preciado y querido para David como sus propios hijos e hijas, o incluso como su propia alma. La peor lesión que se puede infligir a un alma piadosa es mediante calumnias, pues hacen que el hombre interior se alce en pie de guerra: alteran el equilibrio y la paz de la mente; impiden una meditación y

[118] En hebreo שְׁכ֣וֹל לְנַפְשִׁי *šəḵōwl lənap̄šî* de שְׁכוֹל *shekol,* un vocablo que fuera de este salmo tan solo aparece dos veces más en Isaías 47:8-9. Su traducción literal es "pérdida de hijos".
[119] 1 Samuel 17:50.
[120] 1 Samuel 18:7.
[121] Salmo 109:5.
[122] Proverbios 17:13.
[123] En hebreo שְׁכ֣וֹל לְנַפְשִׁי *šəḵōwl lənap̄šî.*

contemplación sosegada; y tienden a interrumpir la comunión con Dios. Con ello la naturaleza espiritual se debilita, y el alma se siente expoliada y gravemente herida.[124]

C. H. Spurgeon

Vers. 13. ***Pero yo, cuando ellos enfermaron, me vestí de cilicio; afligí con ayuno mi alma, y mi oración se volvía a mi seno.*** *[Pero yo, cuando ellos enfermaron, me vestí de sayal; afligí con ayuno mi alma, andaba repitiendo en mi pecho mi oración* RVR*] [Pero yo, cuando ellos estaban enfermos, vestía de cilicio; humillé mi alma con ayuno, y mi oración se repetía en mi pecho.* LBLA*] [Yo en cambio, estando ellos enfermos, me vestía de cilicio, y afligía mi alma con ayuno, hasta que mi súplica a favor de ellos me era concedida.* BTX*] [Pues cuando ellos enfermaban yo me vestía de luto, me afligía y ayunaba. ¡Ay, si pudiera retractarme de mis oraciones!* NVI*] [Pero yo, cuando ellos enfermaban, me vestía con tela de saco, ayunando me mortificaba y no dejaba de orar dentro de mí.* BLP*] [Sin embargo, cuando ellos se enfermaban, yo me entristecía; me afligía a mí mismo ayunando por ellos, pero mis oraciones no tenían respuesta.* NTV*]*

Pero yo, cuando ellos enfermaron, me vestí de sayal.[125] David había sido un hombre cordial y volcado a los demás; cuando Saúl enfermó había llorado amargamente, expresando abiertamente su dolor cual si se tratara un amigo cercano y querido. Su corazón se entristeció profundamente de ver a su señor enfermo.

Afligí con ayuno mi alma. Oró fervientemente intercediendo por su enemigo, haciendo de su dolencia una cuestión suya personal, implorando y confesando cual si hubiera sido su propio pecado la causa de la enfermedad que le aquejaba. Lo que demuestra el espíritu noble de David, y agrava enormemente la bajeza de los que con tanta crueldad ahora le perseguían.

[124] La palabra hebrea שְׁכוֹל *šəḵōwl* de שְׁכוֹל *shekol,* "pérdida de hijos", tan solo aparece dos veces: en el Salmo 35:12 y en Isaías 47:8-9, donde leemos: *"tú que dices en tu corazón: Yo soy, y fuera de mí no hay más; no quedaré viuda, ni sabré lo que es perder los hijos. Estas dos cosas te vendrán de repente en un mismo día, pérdida de hijos y viudez"*. La versión griega de los LXX o Septuaginta lee: καί ἀτεκνία ὁ ψυχή ἐγώ que la Vulgata traduce al latín como: *"steliritatem anima mea"*, "esterilidad a mi alma". En el caso del Salmo 35:12 podría interpretarse literalmente como: *"eso me roba los hijos del alma"* dejándome en una soledad aterradora; o de forma más dinámica: *"eso me roba la paz del alma"*. Franz Delitzsch [1813-1890] remarca el sentido de orfandad «he perdido el cariño de todos cuantos antes amaba y sentían afecto por mí, que ahora es como si hubieran muerto». Evagrio del Ponto [345-399] en *"Scholia in Psalmos"* dice sobre esta traducción: «El alma que no concibe nada bueno ni da a luz ninguna obra buena es un alma estéril».

[125] Agustín de Hipona [354-430] en su aplicación del Salmo a la persona de Cristo, hace esta peculiar interpretación de estas palabras del salmista: «Con este sayal de humanidad se vistió el Señor para obrar nuestra redención; por eso no fue reconocido, porque vino escondido bajo ese sayal (Filipenses 2:5-7), por ello dice: *"Pero yo, cuando ellos enfermaron, me vestí de sayal"*. Y así fue como pudieron apresarle, torturarle y darle muerte, porque permaneció bajo el sayal. Pues de haber decidido no permanecer oculto bajo el sayal, no hubiera podido morir y obrar nuestra redención. Recordemos aquella escena en la que asomó un destello de su poder oculto bajo el sayal, si es que se le puede llamar destello, cuando al tratar de apresarle, y en respuesta a la pregunta *"¿a quién buscáis?"*, una sola palabra suya: *"Yo soy"*, bastó para que retrocedieran y cayeran todos en tierra (Juan 18:8). Jamás habría podido doblegar tamaño poder durante su pasión, de no haberlo mantenido oculto bajo el sayal».

Y mi oración regresó a mi propio seno.[126] La oración nunca se pierde; si no logra bendecir a aquellos por quienes hemos intercedido, bendice cuanto menos a los propios intercesores. No siempre las nubes dejan caer la lluvia sobre el mismo lugar desde el cual asciende el vapor que las forma, a menudo desciende sobre otros lugares regándolos y refrescándolos; así también las súplicas hechas en un lugar, producen lluvias de misericordia en otro. Si nuestra paloma no halla donde posar su pie entre nuestros enemigos, regresará de nuevo a nuestro pecho con una hoja del olivo de la paz en su boca.[127] ¡Que marcado es a lo largo de todo este salmo el contraste entre los justos y sus enemigos! Debemos esforzarnos en mantener la línea de demarcación amplia y clara.

C. H. SPURGEON

Y mi oración se volvía a mi seno. De las muchas interpretaciones y explicaciones que se dan a esta frase, la que me parece como más plausible y apropiada es la que la relaciona con la postura del adorador: puesto en pie con la cabeza inclinada hacia abajo, vuelto hacia su propio pecho para evitar cualquier distracción de la mirada; pronuncia fervientemente sus peticiones tristes y dolorosas como si las estuviera dirigiendo a su propio seno. Una postura de devoción muy común entre los judíos y musulmanes.

HADRIAN RELAND [1676-1718]
"De religione Mohammedica", 1705

Y mi oración se volvía a mi seno. Cabe leerlo también como: *"Que regrese mi oración a mi pecho"*. Es decir, no les deseo mayor mal que el que pudiera desear para mi mismo, por tanto, que Dios me otorgue el mismo bien que pedí para ellos cuando oraba en su favor. Otros pasajes utilizan esta misma idea de retribución *"en el seno"*, tal es el caso del Salmo 79: *"Y haz recaer sobre nuestros vecinos en su seno siete veces más de su infamia, con que te han deshonrado, oh Jehová"*.[128]

HENRY AINSWORTH [1571-1622]
"Psalms, The Book of Psalmes: Englished both in Prose and Metre with Annotations", 1612

---

[126] En hebreo וּתְפִלָּתִי עַל־חֵיקִי תָשׁוּב *ûṯəp̄illāṯî 'al-ḥêqî ṯāšûḇ*. Un texto de muy difícil traducción. La versión griega de los LXX o Septuaginta lee: καί ὁ προσευχή ἐγώ εἰς κόλπος ἐγώ ἀποστρέφω que la Vulgata traduce al latín como: *"et oratio mea in sinu meo convertetur"*, "y mi oración daba vueltas en mi seno".

– KRAUS sugiere la siguiente interpretación: «La mejor manera de entender וּתְפִלָּתִי עַל־חֵיקִי תָשׁוּב *ûṯəp̄illāṯî 'al-ḥêqî ṯāšûḇ*, *"¡oh, que mi oración regrese a mi pecho!"* es la interpretación de FRIEDRICH NOTSCHER [1890-1966] que entiende estas palabras como un paréntesis en el que el salmista, al ver la hostilidad que ahora muestran esas personas, quiere retirar -como quien dice- su oración previa de intercesión a su favor (Mateo 10:11-15)».

– FRANCISCO LACUEVA [1911-2005] dice al respecto en el "Comentario de Matthew Henry": «La última parte del v. 13 —nota del traductor— que literalmente dice: *"Y mi oración se volvía a mi seno"* (RVR 1960), no se ha de entender como una oración que Dios 'devuelve' sin responderla, sino en el sentido de que 'se volvía y revolvía dentro de su propio pecho', es decir, la andaba repitiendo continuamente, como aclaran la mayoría de las versiones (RVR, LBLA)».

[127] Génesis 8:8-12.

[128] Salmo 79:12. También Isaías 65:6-7: *"He aquí que escrito está delante de mí; no callaré, sino que recompensaré, y daré el pago en su seno (...) yo les mediré el pago de sus obras pasadas y se lo pondré en su seno"*.

Vers. 14. *Como por mi compañero, como por mi hermano andaba; como el que trae luto por madre, enlutado me humillaba.* *[Como por un amigo o un hermano; como el que trae luto por su madre, entristecido me encorvaba.* RVR*] [Como por mi amigo, como por mi hermano, andaba de aquí para allá; como el que está de duelo por la madre, enlutado me encorvaba.* LBLA*] [Como por mi compañero, como por mi hermano actuaba; como el que llora por su madre, afligido me humillaba.* BTX*] [Me vestía yo de luto, como por un amigo o un hermano. Afligido, inclinaba la cabeza, como si llorara por mi madre.* NVI*] [Como por un amigo o un hermano, como quien llora a su madre, caminaba triste y abatido.* BLP*] [Estaba triste como si fueran mis amigos o mi familia, como si me lamentara por mi propia madre.* NTV*]*

Como por mi amigo, como por mi hermano, andaba de aquí para allá. Le acompañé asiduamente, le consolé con el mayor afecto, y simpaticé con él todo lo que pude. Probablemente se refiera a la época en que David tocaba el arpa, apartando el espíritu malo que atormentaba a Saúl.[129]

Como el que trae luto por su madre,[130] entristecido me encorvaba.[131] Como suelen hacer los dolientes, el salmista inclinó su cabeza. Cuando vio al que tenía por amigo derrumbarse, sintió el dolor más profundo que humanamente se pueda sentir. Una madre suele ser la receptora de nuestro amor más profundo, y su pérdida es la que más sentimos; tal era dolor que sentía David. Pocos son en nuestros días los maestros que comparten por los demás esas entrañas; y no obstante, así debería ser, puesto que bajo el evangelio, el amor debe ser mucho más profundo, más tierno y más entregado de lo que era bajo la ley.[132] Si sintiéramos un amor más entrañable y más profundo hacia la humanidad entera, y nos ocupáramos más de sus numerosas necesidades, enfermedades y problemas, seríamos mucho más útiles y provechosos, y por supuesto, infinitamente más parecidos a Cristo: «Ora mejor quién ama mejor».[133]

C. H. SPURGEON

Como el que trae luto por su madre. Debido a la poligamia que se practica en Oriente, con múltiples esposas en un mismo hogar, los hijos suelen estar mucho más apegados a su madre que a su padre. El padre lo comparten con un nutrido grupo de medio-hermanos que les envidian o de los cuales están celosos; pero su madre es algo propio: ella es quien los ha criado y educado en los años de su infancia; quien los defendía cuando niños en las numerosas reyertas que se dan en los harenes; y por tanto, cuando son adultos la aman muy intensamente, lo que hace que el duelo por su deceso sea más agudo y amargo que por cualquier otra persona.

C. H. SPURGEON

---

[129] 1 Samuel 16:14-23.

[130] KRAUS comenta: «estaba *"enlutado"* (literalmente, "ennegrecido") por la ceniza que él había esparcido sobre sí al practicar el rito de penitencia: 7:6; Ezequiel 27:30; Lamentaciones 2:10».

[131] En hebreo קֹדֵר שַׁחֹותִי *qōḏêr šaḥōwṯî* de שָׁחַח *shachach.*

[132] Mateo 5:38-48.

[133] Spurgeon cita aquí un viejo poema del poeta inglés SAMUEL TYLOR COLERIDGE [1772-1834] conocido como *"The Rime of the Ancient Mariner"*, "Las rimas del viejo marinero", su más largo y difundido poema, publicado en 1798, y que relata las experiencias de un viejo marinero después de una larga travesía, desde su partida a su regreso. En el texto original, casi al final del poema, habiéndose hundido el barco y encontrándose en apuros, el marinero expresa su sentido de culpa por haber matado injustamente un albatros, y dice así: *"He prayeth best, who loveth best / All things both great and small; / For the dear God who loveth us, / He made and loveth all"*, "Ora mejor quien ama mejor todas las cosas, las grandes y las pequeñas; pues el buen Dios que nos ama a nosotros, las creo todas y las ama todas".

Como el que trae luto por su madre. Preguntaron en cierta ocasión a Mahoma cual era la relación que ejercía en su vida mayor fuerza en sus afectos y respetos. Respondió: «La madre, la madre, la madre».

Anónimo

Como el que trae luto por su madre. En el antiguo Israel se entendía que el luto por la madre era el más doloroso y penetrante que podía haber, porque era donde los afectos eran más intensos; razón por la cual a los sacerdotes, a quienes no se les permitía contaminarse acercándose a ningún cadáver de extraños, se les permitía en caso de parientes cercanos y especialmente de su madre.[134]

Henry Ainsworth [1571-1622]

"Psalms, The Book of Psalmes: Englished both in Prose and Metre with Annotations", 1612

Vers. 15. *Pero ellos se alegraron en mi adversidad, y se juntaron; se juntaron contra mí gentes despreciables, y yo no lo entendía; me despedazaban sin descanso.* *[Pero ellos se alegraron en mi adversidad, y se juntaron; se juntaron contra mí gentes despreciables, y yo no lo sabía; me despedazaban sin descanso.* RVR*] [Pero ellos se alegraron en mi tropiezo, y se reunieron; los agresores, a quienes no conocía, se juntaron contra mí; me despedazaban sin cesar.* LBLA*] [Pero ellos, en mi adversidad se alegran, y se juntan contra mí con otros, a quienes no conozco, y no cesan de hostigarme.* BTX*] [Pero yo tropecé, y ellos se alegraron, y a una se juntaron contra mí. Gente extraña, que yo no conocía, me calumniaba sin cesar.* NVI*] [Pero, al caer yo, ellos se alegran, se unen todos contra mí, me dañan y nada entiendo, me desgarran sin cesar.* BLP*] [Pero ahora que yo estoy en dificultades, ellos se ponen contentos; con aires de triunfo se unen en mi contra. Me ataca gente que ni siquiera conozco; me calumnian sin cesar.* NTV*]*[135]

Se alegraron en mi tropiezo.[136] Mis oscilaciones y bamboleos les eran motivo de diversión; pues el peligro estaba cerca y cantaban ya mi derrota inminente. ¡Qué eufóricos se ponen los impíos cuando ven al justo que se tambalea! «Ahora –dicen alegres– presenciaremos su caída»

---

[134] Levítico 21:1-3.

[135] Un texto de traducción compleja y que difiere sensiblemente de una versión a otra. El texto hebreo masorético dice: וּבְצַלְעִי֮ שָׂמְח֪וּ וְֽנֶאֱסָ֫פוּ נֶאֶסְפ֬וּ עָלַ֣י נֵ֭כִים וְלֹ֣א יָדַ֑עְתִּי קָֽרְע֥וּ וְלֹא־דָֽמּוּ *ūḇəṣal'î śāməḥū wəne'ĕsāpū ne'espū 'ālay nêḵîm wəlō yāḏa'tî qārə'ū wəlō-ḏāmmū*. El problema viene de que el término נֵכִים *nêḵîm* de נֶכֶה *nekeh,* y que tan solo aparece en este versículo de este salmo, puede significar también "flagelo" o "flagelantes", por lo cual la versión griega de los LXX o Septuaginta utiliza el término griego μάστιξ, "flagelo, azote" y lee por tanto: καί κατά ἐγώ εὐφραίνω καί συνᾰ́γω συνᾰ́γω ἐπί ἐγώ μάστιξ καί οὐ γιγνώσκω διασχίζω καί οὐ κατανύσσω, que la Vulgata traduce al latín como: *"Et adversum me laetati sunt, et convenerunt; congregata sunt super me flagella, et ignoravi"*, "Y se alegraron, y contra mí se juntaron, se amontonaron sobre mis azotes, y no lo sabía". Partiendo de este "se amontonaron sobre mi flagelos (golpes, azotes) *"y yo no lo sabía"*" algunos comentaristas ven en cumplimiento en la escena de Jesús ante el Sanedrín, interrogado con testigos falsos y golpeado (Lucas 22:23-65).

[136] La traducción por *"adversidad"* que hace la Reina-Valera no se basa en el texto hebreo sino en la Septuaginta: εὐφραίνω. En hebreo es: וּבְצַלְעִי֮ שָׂמְח֪וּ *ūḇəṣal'î śāməḥū* de צָלַע *tsela.* וּבְצַלְעִי֮ *ūḇəṣal'î* es un sintagma único de un verbo raro: צָלַע *tsela,* que transmite la idea del bamboleo de alguien que habiendo sido herido, empujado o fuertemente zarandeado está a punto de caer. Fuera de este versículo tan solo aparece dos veces más: Salmo 38:17: *"Porque yo estoy a punto de caer"*, y Jeremías 20:10: *"esperando mi caída"*.

Y se juntaron. Como cuervos y buitres en torno a una oveja moribunda. Encontraron en mi desgracia una alegría común, se recreaban en mi dolor, y por tanto se reunieron para celebrar la fiesta. Unieron sus mentes para concebir el mal, y sus lenguas para hablar engaño.

Se juntaron contra mí gentes despreciables. Quienes eran merecedores de recibir latigazos, personajes a quienes debían haber apaleado las plantas de los pies con varas,[137] se coordinaron para conspirar y trazar planes contra el justo, citándose en las esquinas y celebrando reuniones en lugares ocultos. Igual que las hienas alrededor de un león enfermo, los muy desgraciados insultaban y se mofaban de aquel, cuyo solo nombre, en otros tiempos había sido su terror. Aún los lisiados acudían renqueando para unirse a tan malévola pandilla. ¡Qué unánimes son los poderes del mal; de qué buen grado sirven los hombres al diablo y ninguno renuncia a su servicio, porque no están dotados de grandes capacidades!

Y yo no lo sabía. Todo lo hacían a mis espaldas. ¡Qué revuelo tan grande puede llegar a organizar el mundo por una causa injusta! Y el encausado y supuesto causante sin enterarse siquiera de cual ha sido el motivo de ofensa.

Me despedazaban sin descanso. Tal es la afición y labor primorosa de los malvados en desgarrar y hacer trizas la reputación de las personas buenas, que cuando están en ello, se resisten por todos los medios a abandonar la tarea. Una jauría de perros despedazando su presa, no es nada, comparado con un grupo de chismosos magullando la reputación de una persona digna y honrada. Si los amantes del puro evangelio no son en nuestros días descuartizados como en viejos tiempos de la reina María,[138] hemos de atribuirlo más a la providencia de Dios que a la bondad y justicia de los hombres.

C. H. Spurgeon

Pero ellos se alegraron en mi adversidad. Jamás te jactes ni te glories de la desgracia de tu prójimo, por más que sea tu adversario. No faltan quienes se regocijan en los sufrimientos de los demás, organizando danzas alrededor del fuego de su adversidad y revoloteando como luciérnagas con cada nueva llama de la desgracia ajena. Quienes reaccionan de semejante modo padecen la enfermedad del diablo, viven infectados por el virus de Satanás. ¡Libre el Señor nuestras almas de semejante perversidad! Vejar a quienes el Señor ha humillado, y escupir a quienes el Altísimo a dado a beber un cáliz amargo, es lo más bajo que pueda caer el ser humano. Hacer de las desgracias de nuestros vecinos tema predilecto de nuestras conversaciones; o peor aún, argumento de nuestra pública vindicación y jactancia; no merece otra cosa que la ira divina descargando sobre nosotros males siete veces mayores de los acaecidos a aquellos de cuyo infortunio nos regocijamos. ¡Guardémonos de tañer nuestras arpas porque otros se han visto obligados a colgar las suyas en los sauces![139] Alejemos de la sutil tentación de orar para que lluevan calamidades sobre nuestros enemigos; como también del gnosticismo solapado de Clemente[140] cuando exclama: «Envíame, Señor, calamidades para que pueda regocijarme en

[137] En el original inglés *"bastinado"* forma de castigo o tormento conocido en los países orientales como *falanga* o *falka* que consiste en inmovilizar al reo y golpearle incesantemente las plantes de los pies desnudos con varas.

[138] Se refiere a María Tudor [1516-1558] María i de Inglaterra, hija de Enrique viii y Catalina de Aragón, esposa de Felipe ii. Al hacerse con la corona por la muerte de su hermano Eduardo vi en 1553, desencadenó una persecución contra los anglicanos con ajusticiamientos masivos, lo que le valió el apodo de "la Sanguinaria".

[139] Salmo 137:1-3.

[140] Suponemos que se refiere a Titus Flavius Clemens, más conocido como Clemente de Alejandría o San Clemente. Padre de la Iglesia, uno de los más destacados creyentes de la iglesia de Alejandría y uno de los más destacados maestros de dicha ciudad. Fue alumno de Panteno, al que ayudó en la Escuela de Alejandría, y cuando Panteno murió, tomó las riendas de dicha escuela en la que uno de sus estudiantes fue Orígenes. Escribió numerosas obras, siendo las principales el *Protréptico*, el *Pedagogo,* y la *Stromata.*

ellas».[141] No hay evidencia más clara de la maldad de un corazón que la de alegrarse en la desgracia de otros. *"El que se mofa del pobre afrenta a su Hacedor; y el que se regocija de la desgracia* (ajena) *no quedará sin castigo"*.[142] Si Dios es Dios, y sin duda lo es, podemos estar bien seguros que alegrarse en las miserias ajenas es un proceder tan indigno que ha de ser castigado con el peor de los castigos; pues el que lo hace no tan solo peca contra la ley de la gracia, sino también contra la ley de la naturaleza, que enseña a los hombres a compadecerse y simpatizar con aquellos que padecen, en lugar de alegrarse de sus miserias. ¡Jamás hagamos música del dolor ajeno, ni escanciemos vino con las lágrimas de otros, no vaya a ser que acabemos borrachos con el jarabe de nuestra propia expiación!

THOMAS BROOKS [1608-1680]

"London's lamentations: or, A serious discourse concerning that late fiery dispensation that turned our once renown City into a ruinous Heap", 1670

Pero ellos se alegraron en mi adversidad, y se juntaron contra mí. ¡Que profecía tan maravillosa sobre la Cruz, tan solo aventajada, si es que lo es, por el Salmo 22! Más cercana todavía a la realidad histórica cuando la leemos en la Vulgata: *"Los azotes se juntaron y cayeron todos sobre mí"*. Oh, sí, Señor Jesús, los que araron tu espalda hicieron en ella surcos profundos;[143] surcos preciosos y benditos para nosotros; surcos donde hay sembrada paciencia para la vida presente y gloria en la venidera; donde hay sembrada esperanza que no avergüenza[144] y amor que las muchas aguas no pueden apagar.[145]

Se juntaron contra mí gentes despreciables. Sí, los más despreciados entre los despreciables, aquellos que se jactaban orando: *"Dios, te doy gracias porque no soy como los demás hombres"*;[146] y que arrojaron a la pobre pecadora a los pies del Señor diciendo: *"En la ley nos mandó Moisés apedrear a tales mujeres. Tú, pues, ¿qué dices?"*.[147]

Haciéndome muecas.[148] ¿Y no resulta sorprendente que conociendo como conocían bien la profecía, a pesar de ello, los principales sacerdotes y los escribas cumplieran esa profecía con tamaña exactitud, pues está escrito de ellos: *"Y los que pasaban le injuriaban, meneando la cabeza"*.[149]

FRAY LUIS DE GRANADA [1504-1588]

Pero ellos se alegraron en mi adversidad. El hecho de que los hombres sientan a menudo compasión al contemplar las desventuras y desgracias de sus enemigos, y al verles destrozados y en estado deplorable se aplacan, dejando de odiarles y perseguirles; evidencia el espíritu cruel y feroz de aquellos que un día fueran amigos de David, ahora convertidos en enemigos y vueltos contra él; pues aún

[141] No nos ha sido posible identificar la cita tal y como viene en el texto original inglés. Es posible que se trate simplemente de una conclusión del propio Thomas Brooks basada en algunas de las ideas de Clemente respecto a los efectos beneficiosos del sufrimiento, en particular en su *Stromata*.

[142] Proverbios 17:5.

[143] Salmo 129:3.

[144] Romanos 5:5.

[145] Cantares 8:7.

[146] Lucas 18:11.

[147] Juan 8:5.

[148] Así traduce el *"Book of Common Prayer"* de 1662 de la Iglesia de Inglaterra: *"making mouths at me"*, partiendo probablemente del *"Hexaplar Psalter"* en seis versiones y otras traducciones más antiguas. Pero el texto hebreo קָֽרְעוּ *qārəʻū* de קָרַע *qara* tiene un sentido de "destrozar" o "despedazar"; y el texto griego de la Septuaginta: κατενύγησαν, el de "herir" con un sentido implícito de "traspasar".

[149] Mateo 27:39.

viéndole derribado y afligido, no sintieron la menor compasión, antes por el contrario, esto les incitó para atacarle con más furia y vituperarle con mayor insolencia.

JUAN CALVINO [1509-1564]

Gentes despreciables. La palabra hebrea נֵכִים *nêkîm* de נֵכִים *nekeh* procede del verbo נָכָה *nakah,* que significa: golpear, herir. Razón por la cual la versión griega Septuaginta la traduce como: μάστιξ, es decir flagelos o azotes. Pero también puede traducirse, como hace Jerónimo, golpeadores, heridores o agresores, y puede significar herir con la lengua, como vemos en el caso de Jeremías: *"Venid e hirámoslo con la lengua, y no atendamos a ninguna de sus palabras".*[150] Otro significado posible, según Buxtorf,[151] es: corto de patas, es decir lisiado o cojo, y en este sentido es que se utiliza en el segundo libro de Samuel: *"Y Jonatán hijo de Saúl tenía un hijo lisiado de los pies";*[152] de ahí el epíteto de Necao que se dio a uno de los faraones,[153] porque al parecer era algo cojo. Nuestros traductores parecen haber entendido la palabra en este último sentido, como un término de desprecio.

DANIEL CRESSWELL [1776-1844]
"The Psalms of David according to the Book of Common Prayer: with Critical and Explanatory Notes", 1843

Pero ellos se alegraron en mi adversidad, y se juntaron; se juntaron contra mí gentes despreciables, y yo no lo sabía; me despedazaban sin descanso. Tras haber dejado constancia de su actitud compasiva hacia sus enemigos cuando ellos estaban en aflicción (35:15); muestra el salmista en el versículo siguiente (35:15), lo insensibles y extremadamente crueles que se mostraron en su trato con él, llegando a la conclusión de que eran gente abyecta, viles y despreciables. La palabra hebrea transmite el sentido de gente de baja ralea, se aplicaba a menudo a los esclavos o sirvientes apaleados o azotados por su mal comportamiento. Por tal motivo un erudito traductor lo traduce de la siguiente forma: *"Los golpeados se juntaron contra mí";* es decir, hombres viles y despreciables que merecían ser azotados y molidos a palos.

JOSEPH CARYL [1602-1673]

Vers. 16. *Como lisonjeros, escarnecedores y truhanes, crujieron contra mí sus dientes.* *[Como lisonjeros, escarnecedores y truhanes, crujieron contra mí sus dientes.* RVR*] [Como bufones impíos en una fiesta, rechinaban sus dientes contra mí.* LBLA*] [Se mofan de mí con las burlas más profanas, y sobre mí hacen rechinar sus dientes.* BTX*] [Me atormentaban, se burlaban de mí, y contra mí rechinaban los dientes.* NVI*] [Como hipócritas burlones contra mí rechinan sus dientes.* BLP*] [Se burlan de mí y me insultan; me gruñen.* NTV*]*

Como bufones impíos en una fiesta, rechinaban sus dientes[154] *contra mí.* Como expertos payasos haciendo muecas alrededor de las mesas del banquete para diversión de los comensales, hicieron del

[150] Jeremías 18:18.

[151] Se refiere a JOHANNES BUXTORF [1564-1629] insigne hebraísta y orientalistas; profesor en la Universidad de Basilea y apodado «Maestro de los rabinos».

[152] 2 Samuel 4:4; 9:3.

[153] 2 Reyes 29:29; 2 Crónicas 35:20-27; Jeremías 46:2.

[154] En hebreo חָרֹק עָלַי שִׁנֵּימוֹ *hārōq ʻālay šinnêmōw.* Sobre frase: *"contra mí rechinaban los dientes"* dice:

– CASIODORO [485-583]: «Cuando los irracionales se ven derrotados por la fuerza de la razón, cuando sus argumentos flaquean ante la verdad, entonces estalla la rabia y rechinan los dientes delatando con

mofarse del justo una labor profesional; pero no con jolgorio y regocijo propio de los bufones, sino con violencia, fruto de un odio insaciable. Al igual que los payasos burlones,[155] dispuestos a mofarse de quién se les diga a cambio de unas monedas o un pedazo de pan, estos malhechores asalariados perseguían a David con el propósito de poder llenar su propio vientre en la mesa de Saúl: a lo que sumaban un resentimiento personal interno contra el hijo de Isaí, porque era una persona mucho mejor que ellos. ¡Bien podría nuestro Señor haber usado las palabras de estos versículos! No olvidemos pues de ver aquí al despreciado y rechazado entre los hombres[156] en un retrato de tamaño natural. Es como si Calvario y la turba inicua y burlona bramando alrededor de la cruz estuvieran delante de nuestros ojos.

C. H. SPURGEON

Como bufones impíos en una fiesta. A veces da la sensación de que algunos no saben divertirse como no sea a costa de las Escrituras y burlándose de las cosas santas. ¡Si quieren jolgorio, el tema de su discurso ha de ser los creyentes! Su pasatiempo favorito mientras se hinchan de cerveza en la taberna es ridiculizar la Palabra de Dios. ¡Qué bien estudiados tienen sus cuestionamientos rebeldes! Aprendieron este proceder de sus padres y se han hecho a si mismos verdaderos maestros en acusar injustamente a los hermanos. Cada una de sus palabras da evidencia que son unos redomados hijos del infierno.[157] Como es sabido, no es difícil identificar el país de origen o procedencia de una persona en base a su lenguaje; cada nación suele tener un idioma, o cuanto menos un estilo de hablarlo que identifica a sus habitantes; y así es también en este caso, estos bufones que se burlan de las cosas sagradas y de la fe, hablan el idioma de los demonios, por lo que no resulta difícil saber de donde son. Gozan, no hay duda, de una limitada dosis de ingenio que utilizan para forjar sus burlas retóricas, y cuando se emplean a fondo son agudos y mordaces. Estos burlones, imitadores de Ismael,[158] se sientan en la silla de Satanás,[159] un peldaño por en cima de sus congéneres obradores de iniquidad, un puesto sobradamente merecido; y no hay razón alguna para pensar que no alcancen semejante nivel de pecado que les lleve a burlarse incluso de su propia iniquidad, con la misma frialdad con la que se burlan de la santidad de los demás. Cuando una persona es capaz de burlarse de las cosas santas y encontrar deleite en ello, es porque esta muy adelantada ya en el camino al infierno. A su debido tiempo, el Señor les pedirá cuentas; porque sabe quienes son y lo que hacen: deshonrarle a él reprochando y burlándose de los suyos.

OLIVER HEYWOOD [1629-1702]
"Holiness the Way of Safety", 1670

Como bufones impíos. La traducción del texto hebreo בְּחַנְפֵי לַעֲגֵי מָעוֹג *bəḥanpê la'ăḡê mā'ōwḡ* se nos plantea extremadamente compleja y difícil. El término מָעוֹג *mā'ōwḡ* tan solo aparece en este versículo y en 1 Reyes 17:12, en boca de la viuda de Sarepta para decirle al profeta: *"no tengo pan*

esta actitud silenciosa pero amenazante sus verdaderas intenciones». En este mismo sentido, pero inverso, cuando una persona grita desmesuradamente en una discusión, solemos decir que sus gritos son una demostración de la debilidad y pobreza de sus argumentos.

155 En el original *"cake-scoffers"*.

156 Isaías 53:5.

157 El original inglés dice *"Hellians"*, y los significados pueden ser distintos, pero van todos en la misma línea, gente problemática de la que es mejor alejarse.

158 Génesis 21:9.

159 Salmo 1:1.

cocido". En consecuencia, Gesenius[160] y otros eruditos interpretan לַעֲגֵי מָעוֹג *la'ăḡê mā'ōwḡ* como: *mendigos en las mesas de los ricos (lit. "burlones por pan"),* es decir, mendigos que aguzando su ingenio utilizaban las ocurrencias, chocarrería y bufonadas para divertir y entretener a los invitados, y que a cambio recibían una ración de comida, como en griego: ψωμοκόλακες, κνισοκόλακες, y en el latín medieval: *buccellarii.* En tal caso el significado sería: *"Cual bufones profanadores"*. [Spurgeon añade la siguiente nota: «Probablemente nuestra palabra inglesa *loafers,* haraganes, sea la más análoga a estos *"burlones por pan"* de la antigüedad»].

JOHN JAMES STEWART PEROWNE [1823-1904]
"Commentary on the Book of Psalms", 1864

Como burlones hipócritas.[161] David agrava con la palabra *"hipócritas"* el pecado de estos burlones, ex compañeros suyos, que hicieron de su persona y desventuras el tema central de sus conversaciones satíricas y socarronas, incapaces de divertirse a menos que sazonaran sus ocurrencias con un poco de sal satírica contra él. Les llama *"burlones hipócritas"* por la astucia y naturaleza de sus burlas: utilizaban un lenguaje irónico y solapado, arropando sus dardos verbales con palabras tan dulces y suaves, que cualquiera que les escuchara y no estuviera al corriente del tema, podía pensar que le estaban más bien ensalzando y aplaudiendo. Hay una forma sibilina de adulación irónica y elogio sarcástico que algunos han aprendido a utilizar con gran habilidad cuando quieren vomitar su desprecio hacia aquellos a quienes odian de manera acerba sin que otros se den cuenta. Estos burlones hipócritas merecen ciertamente la silla presidencial en la asamblea de todos los escarnecedores.

WILLIAM GURNALL [1617-1679]
"Christian in complete armour, or, a treatise of the saints war against the Devil", 1655

Como lisonjeros, escarnecedores y truhanes. En el antiguo Oriente, cuando en una fiesta o banquete era de conocimiento general que el anfitrión sentía una aversión especial hacia alguna persona en particular, estuviera la tal persona presente o ausente, era habitual entre los invitados complacerle "mofándose de ella", empleando en el juego para mayor diversión un lenguaje irónico y sarcástico. Estos son los *"lisonjeros, escarnecedores y truhanes"*.

JOHN GADSBY [1809-1893]
"My Wanderings", 1860

Vers. 17. *Señor, ¿hasta cuándo verás esto? rescata mi alma de sus destrucciones, mi vida de los leones.* *[Señor, ¿hasta cuándo verás esto? Rescata mi alma de sus destrucciones, mi preciada vida de los leones.* RVR*] [¿Hasta cuándo, Señor, estarás mirando? Rescata mi alma de sus estragos, mi única vida de los leones.* LBLA*] [Oh Adonai, ¿hasta cuándo seguirás mirando esto? ¡Libra mi vida de sus destrucciones, mi alma solitaria de los leones!.* BTX*] [¿Hasta cuándo, Señor, vas a tolerar esto? Libra mi vida, mi única vida, de los ataques de esos leones.* NVI*] [Dios mío, ¿vas a seguir impasible? Líbrame de los que rugen, de estos leones libra mi vida.* BLP*] [¿Hasta cuándo, oh Señor, te quedarás observando sin actuar? Rescátame de sus ataques feroces. ¡Protege mi vida de estos leones!* NTV*]*

---

[160] Se refiere a HEINRICH FRIEDRICH WILHELM GESENIUS [1786-1842], famoso erudito alemán de las lenguas orientales, profesor de teología en la Universidad de Halle. Escribió numerosas obras sobre los textos bíblicos, siendo especialmente apreciado por la que es quizás su obra más conocida, el *Thesaurus philologico- criticus linguae Hebraicae et Chaldaicae V. T.*

[161] Así lo traduce la versión inglesa KJV: *"hypocritical mockers in feasts"*.

Señor, ¿hasta cuándo verás esto?[162] ¿Por qué te limitas a ser un mero espectador? ¿Por qué descuidas a tu siervo? ¿Eres indiferente? ¿No te afecta el que perezcamos? Así podemos razonar con el Señor, pues él nos permite que lleguemos hasta este punto de familiaridad. Hay un tiempo fijado para nuestra salvación, tan solo que nuestra impaciencia a menudo lo ve muy lejos, y muy lento en llegar; sin embargo, la sabiduría divina ha ordenado la hora, y nada podrá retrasarla.

Rescata mi alma de sus destrucciones.[163] Complácete en librarme de sus múltiples ardides; de sus constantes asaltos.

Mi preciada vida de los leones. Mi alma, mi hermosa, mi única y preciosa alma, líbrala de las fauces de los leones.[164] Sus enemigos eran feroces, astutos y fuertes como leones jóvenes; solo Dios podía librarle de sus mandíbulas, y por tanto, a Dios se dirige.

C. H. Spurgeon

Señor, ¿hasta cuándo verás esto? Rescata mi alma de sus destrucciones, mi preciada vida de los leones. Satanás nos espía constantemente, y tan pronto intuye nuestras acciones, le falta tiempo para presentarse ante Dios con sus chismes y acusaciones,[165] acude raudo a la ventanilla del cielo para entregar sus pliegos de cargo contra nosotros; y mal nos iría de no ser por la intervención de el Gran Canciller de la paz, nuestro Abogado, el Señor Jesucristo.[166] Pues así como Dios guarda todas nuestras lágrimas en su redoma, y anota en un libro[167] todos y cada uno de los gemidos de nuestra pasión santa; también Satanás mantiene un registro de nuestros pecados y lo utiliza para apelar contra nosotros ante la justicia divina. Y de ser Dios como los hombres, sujeto a pasiones e influenciable por las insinuaciones del común acusador,[168] ¡ay de nosotros! Pero de nada le valen sus estratagemas, porque el Señor prestará primero atención a un solo hijo de verdad que a diez mil padres de la mentira.[169] Poco importan las calumnias del demandante, cuando el juez esta predispuesto a la absolución. Perdimos nuestra alma a traición, y ahora el diablo nos la reclama con astucia, pero irrumpe en el litigio Uno que ejerce sobre la misma su derecho de dominio previo por partida doble: por promesa y por compra: *"Señor, rescata mi alma de sus destrucciones, mi preciada vida de los leones"*. Señor Jesús, defiende aquello que te pertenece; no consientas que Satanás se apodere por la fuerza o mediante fraude de aquello que tú adquiriste con tu propia sangre.

Thomas Adams [1583-1653]

"Heaven Made Sure; or, The Certainty of Salvation – Sermon on Psalm XXXV", 1615

Mi preciada.[170] En la *Sinopsis* de Poole[171] los críticos explican este adjetivo para referirse al alma como: *mi única, mi solitaria, mi desolada, mi abandonada:* y también: mi *alejada* o *destituida de toda*

---

[162] En hebreo אֲדֹנָ֗י כַּמָּ֥ה תִּ֫רְאֶ֥ה *'ăḏōnāy kammāh tir'eh.*

[163] En hebreo הָשִׁ֣יבָה נַ֭פְשִׁי מִשֹּׁאֵיהֶ֑ם *hāšîḇāh napšî miššō'êhem* de שׁוֹאָה *sho,* "estragos, destrucciones devastaciones". La traducción literal sería "salva mi vida de las devastaciones".

[164] Salmo 22:21; Daniel 6:22.

[165] Job 1:6-12; 1 Pedro 5:8.

[166] 1 Juan 2:1.

[167] Salmo 58:8.

[168] Apocalipsis 12:10.

[169] Juan 8:44.

[170] En hebreo יְחִידָתִי *yəḥîḏāṯî* de יָחִיד *yachid,* "sola, única". Es decir, lo único que tengo o último que me queda. El mismo adjetivo hebreo יָחִיד *yâchîyd* se utiliza en Génesis 22:2 para referirse a Isaac el hijo *"único"* de Abraham y en Jueces 11:34 para referirse a la hija *"única"* de Jefté. Ver al respecto los comentarios y notas al Salmo 22:20.

[171] Se refiere al teólogo puritano Mathew Poole [1624-1679] y su famosa obra "*Synopsis Criticorum Aliorumque Sactae Scripturae Interpretum*", 1669.

esperanza humana. Así es como se siente el alma bajo dolor de la aflicción, como leemos también en el Salmo 22: *"Libra mi alma de la espada, mi única de las garras del perro".*[172]

De los leones. De nuevo encontramos aquí el paralelismo con el Salmo 22: *"Sálvame de la boca del león".*[173] Daniel en el foso de los leones se hallaba físicamente en la misma situación en la que David se hallaba espiritualmente ante sus enemigos: cercado de criaturas feroces y despiadadas, crueles y rabiosas; indefenso, sin otra arma que la oración y ni otra ayuda que la del Señor. Los hijos de Dios viven rodeados constantemente por los leones del infierno, y expuestos a sus zarpazos y dentelladas, por lo que sus rugidos espantosos pueden llegar a intimidarles; pero su alma, su *"preciada"*, es también preciada y amada por Dios, y por tanto, tenemos absoluta seguridad de que será rescatada.

C. H. SPURGEON

Vers. 18. ***Te confesaré en grande congregación; te alabaré entre numeroso pueblo.*** *[Te confesaré en gran congregación; te alabaré entre numeroso pueblo.* RVR*] [En la gran congregación te daré gracias; entre mucha gente te alabaré.* LBLA*] [Yo te daré gracias ante la gran congregación, te alabaré entre un pueblo numeroso.* BTX*] [Yo te daré gracias en la gran asamblea; ante una multitud te alabaré.* NVI*] [Te daré gracias en la gran asamblea, te alabaré en medio de la multitud.* BLP*] [Después te daré gracias frente a la gran asamblea; te alabaré delante de todo el pueblo.* NTV*]*

Te daré gracias en la gran asamblea. Las liberaciones notables deben quedar registradas, y su fama enaltecida. Todos los santos han de ser informados de la bondad del Señor. El tema es digno de la *gran asamblea;* la experiencia de un creyente es tema de importancia suficiente como para que el universo entero se reúna a escucharlo. La mayoría de los seres humanos hacen públicas sus ofensas y agravios, las personas buenas deben anunciar sus misericordias.

Te alabaré entre numeroso pueblo, Voy a glorificar al Dios de mi salvación delante de amigos y enemigos. El Rey del cielo es merecedor de un tributo diario de alabanza: alabanza personal, alabanza pública y alabanza perpetua. Es por ello que, por segunda vez en salmo, la oración de David concluye en alabanza, como debe ser en toda oración.

C. H. SPURGEON

Vers. 19. ***No se alegren de mí los que sin causa son mis enemigos, ni los que me aborrecen sin causa guiñen el ojo.*** *[No se alegren de mí mis pérfidos enemigos, ni los que me aborrecen sin causa guiñen el ojo.* RVR*] [No permitas que se regocijen a costa mia los que injustamente son mis enemigos, ni que guiñen el ojo con malicia los que sin causa me aborrecen.* LBLA*] [No se alegren de mí los que sin causa son mis enemigos, ni guiñen el ojo los que sin causa me aborrecieron.* BTX*] [No dejes que de mí se burlen mis enemigos traicioneros; no dejes que se guiñen el ojo los que me odian sin motivo.* NVI*] [Que no se burlen mí quienes sin razón me detestan, que no se hagan guiños quienes sin motivo me odian.* BLP*] [No permitas que mis enemigos traicioneros se regodeen en mi derrota; no permitas que los que me odian sin motivo se deleiten en mi tristeza.* NTV*]*

---

[172] Salmo 22:20.
[173] Salmo 22:21.

No permitas que se regocijen a costa mía los que injustamente son mis enemigos. Ora fervientemente pidiendo que dado que sus enemigos carecen de una causa justa para su enemistad, no tengan tampoco causa para su triunfo, ni por su necedad, pecado, o derrocamiento.

Ni que guiñen el ojo con malicia los que sin causa me aborrecen. Guiñar del ojo era la señal de felicitación entre los indeseables y desalmados por haber logrado la ruina de su víctima; aunque también puede tratarse de un gesto desdeñosos al contemplar a la persona despreciada.[174] Generar odio es la característica cardinal de los inicuos, padecerlo sin causa es la suerte de los justos. Pero Dios es el protector natural de todos los que son tratados injustamente, y a la vez el enemigo de todos los opresores.

C. H. SPURGEON

Ni que guiñen el ojo con malicia los que sin causa me aborrecen. O también: sus ojos brillen de satisfacción al contemplar mis desgracias.

FRANCISCUS VATABLUS [c.1493-1547]
"Notes on the Psalms", 1545

Ni que guiñen el ojo con malicia los que sin causa me aborrecen. Era una señal que las personas malintencionadas solían hacerse uno a la otra cuando el objetivo de su maldad estaba abatido y acabado, guiñando sus ojos con mofa y desprecio. La expresión hebrea יִקְרְצוּ־עָיִן *yiqrəṣū-āyin* de קָרַץ *qarats*, transmite un sentido profundo de maldad, burla y desprecio, que no tiene un equivalente en inglés.

BENJAMIN WEISS
"A New Translation, Exposition, and Chronological Arrangement of the Book of Psalms. With Critical Notes on the Hebrew Text", 1852

Vers. 20. *Porque no hablan paz; y contra los mansos de la tierra piensan palabras engañosas.* *[Porque no hablan paz; y contra los mansos de la tierra traman engaños.* RVR*] [Porque ellos no hablan paz, sino que piensan palabras engañosas contra los pacíficos de la tierra.* LBLA*] [Por cuanto no hablan de paz, sino que contra los mansos de la tierra, inventan palabras calumniosas.* BTX*] [Porque no vienen en son de paz, sino que urden mentiras contra la gente apacible del país.* NVI*] [No son de paz sus palabras, y contra la gente tranquila maquinan calumnias.* BLP*] [No hablan de paz; conspiran contra personas inocentes que no se meten con nadie.* NTV*]*

Porque no hablan paz. Si no la aman; ¿cómo pueden hablar de ella? Son en si mismos tan beligerantes y perturbadores que no son capaces de concebir que otros sean pacíficos. Por la boca sale lo que hay en el corazón.[175] Los alborotadores acusan a otros de sedición.

Y contra los mansos de la tierra traman engaños. David hubiera sido de buena gana un súbdito cumplidor, pacífico y ordenado, pero se las ingeniaron para hacer de él un rebelde. No le dejaron salida para hacer nada correctamente, tergiversaron todas sus posibilidades. Este es un viejo truco del enemigo, marcar a las personas buenas con "S.S." en las mejillas,[176] como sembradores de sedición, a

[174] Proverbios 6:13; 10:10: 16:30.
[175] Mateo 15:18.
[176] Marcar a las personas con un hierro candente, como se hacía con el ganado, era una costumbre habitual en épocas antiguas que perduró entre los anglosajones hasta bien entrado en Siglo XIX (1826). Ya los romanos solían marcar los esclavos huidos y capturados de nuevo con una "F" de "fugitivo". Los ingleses

pesar haber sido siempre gente inofensiva, cual ovejas en medio de lobos.[177] Cuando la intencionalidad es maliciosa, no tarda la maldad en ejecutarse. La pandilla que no dudo en acusar Jesús de querer derrocar al cesar César,[178] con más facilidad acusará a todos aquellos que le siguen. Ahora mismo, en nuestro país, aquellos que defienden los derechos de la corona del Rey Jesús son considerados enemigos de la Iglesia, favorecedores del Papado, amigos de ateos, igualitaristas,[179] republicanos rojos, y más cosas que por respeto es mejor no mencionar. Billingsgate y Babilonia juegan en la misma liga.[180]

C. H. SPURGEON

Vers. 21. *Ensancharon contra mí su boca; dijeron: !Ea, ea, nuestros ojos lo han visto!* *[Ensancharon contra mí su boca; dijeron: ¡Ja, ja, nuestros ojos lo han visto!* RVR*] [Y abrieron bien grande su boca contra mí; dijeron: ¡Ajá, ajá, nuestros ojos lo han visto!* LBLA*] [Ensanchan su boca contra mí, diciendo:¡Ea, nuestros ojos lo están viendo!* BTX*] [De mí se ríen a carcajadas, y exclaman: «¡Miren en lo que vino a parar!».* NVI*] [Se ríen de mí diciendo: "Lo vimos con nuestros ojos".* BLP*] [Gritan: «¡Ajá! ¡Con nuestros ojos lo vimos hacerlo!».* NTV*]*

Ensancharon contra mí su boca. La abrieron de par en par, como si se lo fueran a tragar. Soltar grandes mentiras precisa de bocas anchas. Sin poner límites a sus infames acusaciones, se de dedicaron a desparramarlas al por mayor, con la esperanza de que algunos las comprarían, aunque no todos lo hicieran.

Dijeron: ¡Aja, aja, nuestros ojos lo han visto! Desbordantes de satisfacción de poder hallar una falta o un infortunio o jurar que habían visto mal allí donde no lo había. La malicia tiene un solo ojo: el del mal, y es ciega para la virtud de su enemigo. Por regla general, los ojos no ven más allá de lo que el corazón desea ver. Y una persona con una mota en el ojo es capaz de ver una mancha en el sol. ¡El ser humano se vuelve de lo más parecido a un asno cuando rebuzna los infortunios de su prójimo! ¡Cuando imita al diablo y su risa de hiena al mofarse de los resbalones del justo! La malicia es locura

---

mantuvieron esa costumbre, aunque las letras y el lugar de la marca solían variar según el caso; a los ladrones se las marcaba con una "T" de *"thief"*; y a los blasfemos con la letra "B". A los acusados de publicar folletos instigando a la sedición los marcaban con una "SL" *"seditious libels"*, a los que sembraban ideas sediciosas una "SS" *"sowed sedition"*. Con estas letras en cada mejilla fue marcado el médico escocés y predicador puritano ALEXANDER LEIGHTON [1570-1649] en 1628, por orden del rey Carlos I [1600-1649], después de haber sido azotado y haberle cortado una oreja.

[177] Mateo 10:16; Lucas 10:3.

[178] Juan 19:12-16.

[179] Se refiere a los seguidores del IGUALITARISMO, principio político-filosófico que sostiene que todos los seres humanos son iguales y por tanto deben ser tratados como iguales socialmente y tener las mismas oportunidades en tanto que aumentar la igualdad mediante la redistribución de bienes dignifica al ser humano y aumenta el valor del estado del mundo.

[180] En el original *"Billingsgate and Babylon are in league"*. *"Billingsgate"* es el nombre histórico del mercado de pescado de Londres, y debido al lenguaje soez y vulgar utilizado por las pescaderas, se incorporo como vocablo al lenguaje popular como símbolo de todo lo inculto, profano, libertino, deshonesto, depravado, etc. *"Babylon"* o "Babilonia" es un término bien conocido para identificar la religión oficial y corrupta, la "gran ramera" descrita y condenada en el capítulos 17 del libro de Apocalipsis, *"con la cual han fornicado los reyes de la tierra"* (Apocalipsis 17:2). Spurgeon juega con ambos términos para transmitir la idea de que cuando se trata de burlarse y arremeter contra los santos, lo pagano y lo religioso, lo irreverente y lo litúrgico, la plebe y la jerarquía oficial, van de la mano.

delirante, y cuando celebra sus triunfos en festival, sus gestos grotescos y descomposturas superan todas las anormalidades y mamarrachadas propias del Rey Momo.[181]

C. H. SPURGEON

Ensancharon contra mí su boca. Creyentes, no habléis de las cosas santas ante los inicuos ni las compartáis con ellos: *"no deis lo santo a los perros, ni echéis vuestras perlas delante de los cerdos"*,[182] no vaya a ser que escuchando de las caídas de los santos o las pruebas a las que el Señor les ha sometido, se envalentonen y vean un triunfo de sus postulados en aquello que tan solo estaba destinado a la corrección y advertencia. Pues siempre ha sido una práctica favorita de los pecadores más viles, echar mano de las debilidades puntuales de algunos de los santos más amados del Señor a modo de excusa para las suyas, ridiculizando las cosas santas y tratando de probar con una tergiversación de las Escrituras lo contrario a lo que nos enseñan. Así el borracho habla del santo Noé como un colega de beodeces, intentando descubrir su desnudez en un sentido mucho peor de lo que jamás hizo Cam;[183] y el impuro y lascivo se agarra al comportamiento reprochable de David con Betsabé,[184] para convertirle en el patrón de todas sus concupiscencias y depravaciones. Ciertamente, si un dolor hay que pueda empañar el gozo de los santos en el cielo, es que para deshonra de Dios, sus comportamientos y ejemplos sean utilizados por los impíos y pecadores como pantalla para justificar sus maldades y pecados más groseros. Hagamos saber, por tanto, a estos pícaros tergiversadores, que de los árboles caídos Dios hace monumentos vivos de su misericordia, erigidos en medio de la Iglesia para dar a conocer a los pecadores humildes y penitentes hasta donde alcanza su magnanimidad a la hora de perdonar pecados. Lo que tampoco debe llevarnos a olvidar que a cualquiera que persiste en su pecado,[185] en lugar de monumento de su gracia lo convertirá en estatua de sal.[186]

EZEKIEL HOPKINS [1633-1690]
"Three Discourses Concerning Sin"

¡Ajá, ajá, nuestro ojo[187] *lo ha visto!"* Aquí por *"ojo* debemos entender: *"ojos"*. A menos que queramos interpretar en sentido figurado que los impíos van tan unidos en sus propósitos perversos, que forman un solo bloque, hasta el punto de dar la impresión de que sienten con un solo corazón, piensan con una misma cabeza, y miran con un solo ojo.

JOHN TRAPP [1601-1669]
"A commentary or exposition upon the books of Ezra, Nehemiah, Esther, Job and Psalms", 1657

[181] En el original inglés *"Lord of Misrule"*, En Escocia *"Abbot of Unreason"* y en Francia *"Prince des Sots"*. Un personaje de tradición medieval elegido entre el pueblo y al que solía nombrase el rey de los desmanes y borracheras de las fiestas de Solsticio de Invierto heredadas de la tradición pagana del festival de *Saturnalia* de los romanos. Shakespeare se refiere a él en *Henry IV, Parte I*, con el personaje grotesco de Falstaff. Su equivalente en español es el "Rey Momo", que preside los carnavales.

[182] Mateo 7:6.

[183] Génesis 9:20-25.

[184] 2 Samuel 11:2-5.

[185] Romanos 6:1-2, 15.

[186] Génesis 19:26.

[187] En hebreo עֵינֵינוּ *'ênênū* de עַיִן *ayin*, "ojo". La versión inglesa KJV traduce: *"Aha, aha, our eye hath seen it"*, "nuestro ojo lo ha visto" y sobre ella basa Trapp su comentario.

Ensancharon contra mí su boca; dijeron: ¡Ja, ja, nuestros ojos lo han visto! Quién se regocija en la caída de su prójimo, se está regocijando en la victoria del diablo.

AMBROSIO DE MILÁN [340-397]
Citado en *"Nichol's Proverbs"*[188]

Vers. 21, 22.

Abrieron de par en par sus bocas con burlona ironía,
queriendo aparentar con su sarcasmo falaz sabiduría:
«Aja, ajá, con nuestros propios ojos lo hemos visto»
Más tú, Señor, también su engaño y falsedad has visto
¡No calles, Señor, y no te alejes de mí!

SIR JOHN DAVIES [1569-1626]
"Nosce Teipsum", 1599[189]

Vers. 22. ***Tú lo has visto, oh Jehová; no calles; Señor, no te alejes de mí.*** *[Tú lo has visto, oh Jehová; no calles; Señor, no te alejes de mí.* RVR*] [Tú lo has visto, Señor, no calles; Señor, no estés lejos de mí.* LBLA*] [¡Oh YHVH, Tú también lo estás viendo: ¡No calles! ¡Oh Adonai, no estés lejos de mí!* BTX*] [Señor, tú has visto todo esto; no te quedes callado. ¡Señor, no te alejes de mí!* NVI*] [Señor, tú lo has visto, no te quedes callado; Dios mío, no te alejes de mí.* BLP*] [Oh Señor, tú sabes de todo esto; no te quedes callado. No me abandones ahora, oh Señor.* NTV*]*

Tú lo has visto, oh Jehová. ¡He aquí nuestro consuelo! Nuestro Padre celestial conoce nuestras angustias y todo nuestro dolor. Su omnisciencia es el cirio del santo que nunca se apaga.[190] Es evidente que un padre no va a permanecer mucho tiempo impasible mientras contempla como abusan de su hijo. ¿Y Dios no hará justicia a sus escogidos?

No calles. Reprende, Señor, a tus enemigos, que son los míos, Una sola palabra tuya bastará. Limpia mi reputación, y consuela mi corazón.

---

[188] En realidad JAMES NICHOL era el editor en Edimburgo de una serie de comentarios de autores puritanos conocida como *"Nichol's series of commentaries"* en la que el comentario a Proverbios lleva por título *"A commentarie vpon the whole booke of the Prouerbs of Salomon"*, publicado en 1590 y su autor es PETER MUFFET [¿?-16179].

[189] JOHN DAVIES [1569-1626] fue un renombrado poeta, abogado y estadista inglés nombrado Fiscal General de Irlanda. Sus dos obras principales son *"Hymnes of Astraea"* y *"Nosce Teipsum"*, "Conócete a ti mismo", primer poema inglés en cuarteto decasilábico y claro exponente de la "nueva poesía" inglesa de finales del siglo XVI. Muy aficionado a los epigramas y sonetos, introducía en sus trabajos palabras y frases en gaélico, y fueron muy apreciados por la reina Elisabeth I [1533-1603], de modo que muchos de sus poemas contienen acrósticos en los que se lee *"Elisabetha Regina"*.

[190] En el original inglés: *"the saint's candle"*. Spurgeon echa mano de esta expresión popular inglesa, que parte de las tradiciones católicas medievales que afirmaban que es preciso encender un cirio ante la imagen del santo (acompañado de la correspondiente limosna) para que nos conceda la petición, y cuanto más tiempo permanece el cirio encendido (cuanto mayor es su tamaño y coste) más posibilidades hay que el santo nos conceda el desea que le hemos confiado.

¡Señor, no te alejes de mí! Camina a mi lado en el horno de la aflicción.[191] Ponte al lado mío mientras esté en la picota.[192] La dulce presencia de Dios a su lado es el bálsamo divino para los perseguidos; su dolorosa ausencia significaría su más profunda miseria.

C. H. SPURGEON

Vers. 23. *Muévete y despierta para hacerme justicia, Dios mío y Señor mío, para defender mi causa.* *[Despierta y levántate para hacerme justicia, Dios mío y Señor mío, para defender mi causa.* RVR*] [Despierta y levántate para mi defensa y para mi causa, Dios mío y Señor mío.* LBLA*] [¡Despierta y alértate a mi defensa, Elohim mío y Señor mío, para defender mi causa!* BTX*] [¡Despierta, Dios mío, levántate! ¡Hazme justicia, Señor, defiéndeme!* NVI*] [Despierta, ponte en acción, hazme justicia y defiéndeme, tú que eres mi Señor y mi Dios.* BLP*] [¡Despierta! ¡Levántate en mi defensa! Toma mi caso, Dios mío y Señor mío.* NTV*]*

Despierta,[193] Muestra tu coraje. Enséñales que no eres testigo indiferente de toda esta infamia.

Levántate para hacerme justicia Agarra el cetro y convoca la sesión del tribunal; vindica la justicia; venga la opresión. No te demores, no tardes como hacen los hombres que duermen.

Para defender mi causa, Dios mío y Señor mío. Recurre a su proximidad con Dios, a que él es su refugio y su sostén, para dejar su causa en manos del Juez justo. Implora que sea instruida, escuchada, vista, juzgada, y que se emita un veredicto. Dichoso el hombre cuya conciencia es de tal modo transparente que puede arriesgarse a semejante apelación.

C. H. SPURGEON

Dios mío y Señor mío.[194] La misma exclamación que pronunció Tomás cuando vio las heridas de Jesús en el aposento donde los discípulos permanecían asustados después de la resurrección.[195] Y si alguien duda que las palabras de Tomás lleven implícito un reconocimiento real de la divinidad de Jesús, deberá concluir entonces que tampoco David adscribe en este versículo la divinidad a Jehová, puesto que los términos en nada cambian, como tampoco el sentido de los mismos, fuera del orden y la lengua en que fueron pronunciados, pero su significado es idéntico. Y sin embargo ¡qué palabras tan maravillosas! Son como dos ojos contemplando al Señor cada uno desde un ángulo distinto, pero como un solo Ente. Cual dos manos que se agarran a él cada una de forma diferente pero al unísono, ambas movidas por un mismo corazón que se refleja en el uso de ese doble pronombre personal: *"mío"*, llevándonos a doblar también ambas rodillas para adorarle con la más humilde reverencia. Bien podía exclamar Nouet,[196] en su magistral exposición a las palabras de Tomás: «¡Oh dulce expre-

[191] Daniel 3:19-25.

[192] Las "picotas" eran columnas de piedra o pedestales de madera donde ataban a los reos para ser expuestos a la vergüenza pública y a las iras de los ciudadanos, que les escupían y arrojaban toda clase de cosas desagradables. En Inglaterra estuvieron en uso (aunque restringido) hasta 1872; en Estados Unidos hasta marzo de 1905; y en España fueron abolidas por decreto de las Cortes de Cádiz de 26 de mayo de 1813. De ellas deriva la frase "poner en la picota" en el sentido de convertir en objeto de escarnio, hacer evidentes los defectos de alguien o ponerle en evidencia delante de los demás.

[193] En hebreo הָעִ֣ירָה וְ֭הָקִיצָה *hā'îrāh wəhāqîṣāh* de עוּר *ur,* y קִיץ *quts.*

[194] En hebreo אֱלֹהַ֖י וַאדֹנָ֣י *'ĕlōhay waḏōnāy.*

[195] Juan 20:19-28.

[196] Se refiere a al teólogo jesuita francés JACQUES NOUET [1605-1680] en *"The Life of Jesus Christ In Glory"*, 1624.

sión: *"Señor mío y Dios mío"*; la repetiré a lo largo de toda mi vida; la pronunciaré en la hora de la muerte; y seguiré cantándola por toda la eternidad!».

C. H. SPURGEON

Vers. 24. ***Júzgame conforme a tu justicia, Jehová Dios mío, y no se alegren de mí.*** *[Júzgame conforme a tu justicia, Jehová Dios mío, y no se rían de mí.* RVR*] [Júzgame conforme a tu justicia, oh Señor, Dios mío; que no se rían de mí.* LBLA*] [Júzgame conforme a tu justicia, oh YHVH Elohim mío, y no se alegren ellos a costa mía.* BTX*] [Júzgame según tu justicia, Señor mi Dios; no dejes que se burlen de mí.* NVI*] [Júzgame según tu justicia; Señor, Dios mío, que no se burlen de mí.* BLP*] [Declárame inocente, oh Señor mi Dios, porque tú haces justicia; no permitas que mis enemigos se rían de mí en mis dificultades.* NTV*]*

Júzgame conforme a tu justicia, Jehová Dios mío, y no se rían de mí. Repite aquí la apelación; el demandante considera que la alegría de sus acusadores será efímera, puesto que se desvanecerá tan pronto como tengan que enfrentarse a un juicio imparcial. Las afrentas de los opresores, el desprecio de los jactanciosos, las muecas de los burlones; todo ello cesará tan pronto el Señor se siente en su tribunal.

C. H. SPURGEON

Jehová Dios mío. ¡Otra expresión entrañable y preciosa! En contraposición a los que adoran a los ídolos, fabricándose dioses con las riquezas o con sus propias concupiscencias, David hace del Señor Jehová su Dios. Afirma estar en plena posesión de todo lo que implica y abarca el gran *Yo Soy.* Y pesar de contemplarle en su papel de Juez, extiende confiado hacia su Dios la mano de la fe sin tan siquiera un leve parpadeo ante resplandor de su justicia. ¡Que expresión tan noble, que declaración de fe tan extraordinaria! Quién está en condiciones de poder exclamar con propiedad ese: *"Dios mío"* salido de lo más profundo de su alma, puede despreocuparse sin reservas mentales de las amenazas de todos sus enemigos.

C. H. SPURGEON

Vers. 25. ***No digan en su corazón: 'Ea, alma nuestra! No digan: ¡Le hemos devorado!*** *[No digan en su corazón: ¡Qué bien! ¡Lo que queríamos! No digan: ¡Le hemos devorado!* RVR*] [Que no digan en su corazón: ¡Ajá, lo que queríamos! Que no digan: ¡Lo hemos devorado!* LBLA*] [No digan satisfechos:¡He aquí nuestro deseo! No digan: ¡Lo hemos devorado!* BTX*] [No permitas que piensen: «¡Así queríamos verlo!» No permitas que digan: «Nos lo hemos tragado vivo.»* NVI*] [Que no digan: "Lo conseguimos"; que no piensen: "Lo hemos destruido".* BLP*] [No les permitas decir: «¡Miren, conseguimos lo que queríamos! ¡Ahora lo comeremos vivo!».* NTV*]*

No digan en su corazón: ¡Qué bien! ¡Lo que queríamos! No digan: ¡Le hemos devorado! Que queden decepcionados justo cuando sus bocas estaban a punto de tragar a su presa. Los santos son bocado muy apetitoso para los poderes del mal; pero Dios no va entregar a sus ovejas a las fauces de los lobos que las persiguen. Justo cuando estaban afinando sus flautas para celebrar la victoria, se verán forzados a cambiar su sonrisa por una mueca. Se sienten ahora muy seguros, y en consecuencia extremadamente jactanciosos; pero hacen sus cálculos sin contar con su Anfitrión,[197] y por tanto no sueñan

[197] Salmo 2:4; 37:13; 59:8.

siquiera con el fin trágico y repentino que aguarda a sus intrigas. Su pájaro volará, y ellos caerán en su propia trampa.[198] La oración de este texto es una promesa. Antes incluso de que los labios de los malvados alcancen a pronunciar una sola palabra de triunfo, se verán decepcionados; las intenciones de su corazón anticipadas y neutralizadas, sus deseos frustrados, y sus pícaros trucos expuestos para pública vergüenza.

C. H. SPURGEON

No digan: ¡Le hemos devorado! Y aún cuando pudieran decirlo, como el pez que tragó a Jonás,[199] pronto se ven obligados a cesar súbitamente en su fiesta y vomitarlo. Puede que las furias desatadas del infierno consigan eventualmente tragarse a un hijo de Dios con relativa facilidad, pero eso no quiere decir que logren digerirlo en la misma manera.

C. H. SPURGEON

Vers. 26. *Sean avergonzados y confundidos a una los que de mi mal se alegran; vístanse de vergüenza y de confusión los que se engrandecen contra mí.* *[Sean avergonzados y confundidos a una los que se alegran de mi mal; vístanse de vergüenza y de confusión los que se envalentonan contra mí.* RVR*] [Sean avergonzados y humillados a una los que se alegran de mi mal; cúbranse de vergüenza y deshonra los que se engrandecen contra mí.* LBLA*] [Sean avergonzados y abochornados a una los que se alegran de mi mal, vístanse de vergüenza y confusión los que se engrandecen contra mí.* BTX*] [Queden avergonzados y confundidos todos los que se alegran de mi desgracia; sean cubiertos de oprobio y vergüenza todos los que se creen más que yo.* NVI*] [Queden defraudados y turbados los que se alegran de mi desgracia, que la vergüenza y la humillación cubran a los que se muestran soberbios conmigo.* BLP*] [Que sean humillados y avergonzados los que se alegran de mis dificultades; que sean cubiertos de vergüenza y de deshonra los que triunfan sobre mí.* NTV*]*

Sean avergonzados y confundidos a una los que se alegran de mi mal; vístanse de vergüenza y de confusión los que se envalentonan contra mí.[200] He aquí el resultado eterno de todos los planes astutos y laboriosos preparativos de los enemigos del Señor. Pese a que *"se envalentonaron"* el Señor les tendrá en muy poca estima: lo que hará es avergonzarlos por haber avergonzado a su pueblo; sumirlos en confusión por haber sembrado confusión; despojarles de sus ropajes y vestirlos de deshonor; convertir todo su regocijo en llanto y crujir de dientes.[201] Ciertamente, los santos pueden permitirse el lujo de esperar.

C. H. SPURGEON

[198] Salmo 124:7; 141:10.

[199] Jonás 1:17

[200] Dice CASIODORO [485-583] comentando este versículo: «Quien comete acciones de las que se sienta avergonzado es condenado por su propia estima; y el que se encadena a sí mismo con ataduras de bochorno es torturado por el remordimiento que emana de su propia conciencia».

[201] Mateo 8:12; 22:13; 25:30; Lucas 13:28. Los filisteos se regocijaban con estrepitosas carcajadas contemplando a un Sansón encadenado y ciego desde las galerías del templo de Dagón, en el *"piso alto"*. Pero alguien les contemplaba a ellos desde más arriba, desde el trono de juicio en los cielos, y sentenció que su proceder no era justo (Jueces 16:23-30).

Vers. 27. ***Canten y alégrense los que están a favor de mi justa causa, y digan siempre: Sea exaltado Jehová, que ama la paz de su siervo.*** *[Canten y alégrense los que están a favor de mi justa causa, y digan siempre: Sea exaltado Jehová, que se complace en la paz de su siervo.* RVR*] [Canten de júbilo y regocíjense los que favorecen mi vindicación; y digan continuamente: Engrandecido sea el Señor, que se deleita en la paz de su siervo.* LBLA*] [Canten de júbilo y alégrense los que se deleitan en mi justicia, y digan siempre: ¡Engrandecido sea YHVH, que se complace en la prosperidad de su esclavo!* BTX*] [Pero lancen voces de alegría y regocijo los que apoyan mi causa, y digan siempre: «Exaltado sea el Señor, quien se deleita en el bienestar de su siervo.»* NVI*] [Que se regocijen y alegren quienes quieren para mí justicia, que en todo momento exclamen: ¡Qué grande es el Señor que desea la paz de su siervo!* BLP*] [Pero dales mucha alegría a los que vinieron a defenderme; que todo el tiempo digan: «¡Grande es el Señor, quien se deleita en bendecir a su siervo con paz!».* NTV*]*

Canten y alégrense los que están a favor de mi justa causa. David pide que incluso aquellos que no tuvieron oportunidad de prestarle una ayuda activa, pero que compartieron y favorecieron su causa en sus corazones, el Señor le recompense de la manera más abundante. Las personas buenas y de corazón tierno han de ocupar un lugar privilegiado en los deseos y oraciones del pueblo del Señor. Jesús también alabó y premió a aquellos cuyos corazones estaban con su causa.[202] El día viene cuando todos los que están del lado de Cristo lanzarán gritos de victoria, porque la batalla se dará la vuelta, y los enemigos de la verdad serán derrotados y batidos en retirada.

Y digan siempre: Sea exaltado Jehová. Desea que la alegría de aquellos que celebran su vindicación, contribuya únicamente a la gloria divina; no deben lanzar vítores y entonar alabanzas a David, sino a la gloria de Jehová. De este modo, tales aclamaciones pueden proseguir a lo largo del tiempo y más allá de él en la eternidad.

Que se complace en la paz de su siervo. Reconocieron a David como el siervo del Señor, y vieron con agrado el favor que le había concedido. No podemos ostentar título más noble que el de *"siervo de Dios"*, ni mayor recompensa que la de que nuestro Maestro se deleite en nuestra prosperidad. En que consista la verdadera prosperidad, puede que no siempre estemos en las mejores condiciones para evaluarlo. Es algo que debemos dejar en manos de Jesús; sabiendo que él no dejará de coordinar todas las cosas para que cooperen para nuestro mayor bien.[203]

«Para sus santos es confeso y demostrado.
que lo que él hace es siempre lo mejor».[204]

C. H. SPURGEON

Canten y alégrense los que están a favor de mi justa causa, y digan siempre: Sea exaltado Jehová, que se complace en la paz de su siervo. Ved cómo el corazón de los santos perseguidos se ve arrastrado paulatinamente al enfrentamiento con sus perseguidores. Y en tales circunstancia su arma

[202] Mateo 8:10; Mateo 10:40-42; Marcos 9:41.

[203] Romanos 8:28; 8:32.

[204] Spurgeon cita aquí la tercera y cuarta líneas de la tercera estrofa de un himno del poeta y pastor bautista BENJAMIN BEDDOME [1717-1795] sobre la sabiduría de Dios titulado: *"Wait, O my soul, thy maker's will"* y que dice así: *"In Heaven, and earth, and air, and seas / He executes His firm decrees; / And by His saints it stands confessed, / That what He does is ever best"*. "En cielo y tierra, en los aires y en los mares, ejecuta él sus firmes decretos; y por sus santos es confeso y demostrado, que lo que él hace es siempre lo mejor".

por excelencia es la oración. Se cuenta que los romanos, viéndose en una situación difícil y muy apurada, no dudaron en echar mano de las armas consagradas a los dioses que tenían depositadas en los templos, y gracias a ellas, lograron la victoria. De igual modo, siempre que el pueblo de Dios se ha visto en situaciones difíciles y apuradas a causa de aflicciones y persecuciones, las armas a las que ha recurrido han sido sus oraciones y lágrimas, y con ellas siempre ha vencido sus perseguidores.

THOMAS BROOKS [1608-1680]
"The Crown and Glory of Christianity or Holiness, the Only Way to Happiness", 1662

Vers. 28. *Y mi lengua hablará de tu justicia y de tu alabanza todo el día.* *[Y mi lengua hablará de tu justicia y de tu alabanza todo el día.* RVR*] [Y mi lengua hablará de tu justicia y de tu alabanza todo el día.* LBLA*] [Y mi lengua hablará de tu justicia, y de tu alabanza todo el día.* BTX*] [Con mi lengua proclamaré tu justicia, y todo el día te alabaré.* NVI*] [Mi lengua proclamará tu justicia y tu alabanza durante todo el día.* BLP*] [Entonces proclamaré tu justicia y te alabaré todo el día.* NTV*]*

Y mi lengua hablará[205] *de tu justicia y de tu alabanza todo el día.*[206] Se compromete a rendir alabanza constante al Dios justo y misericordioso, alabanza sin cesar. Su lengua agradecida hablará cantará y glorificará al Señor desde la mañana hasta la noche. ¡Ojalá tan noble y loable resolución sea adoptada y llevada a cabo por cada uno de nosotros!

C. H. SPURGEON

"Y mi lengua hablará de tu justicia y de tu alabanza todo el día". ¡Sí *"todo el día!* Hoy mi exposición ha sido un poco más larga de lo habitual, y observo que hacéis ya cara de cansados. ¿Imagináis lo que implica alabar a Dios *"todo el día"?* Pero os voy a sugerir una manera que os hará más fácil y viable alabar a Dios *"todo el día";* suponiendo, claro está, que tengáis la intención de adoptar el mismo compromiso que expresa aquí el salmista. ¿Y cuál es esa manera? «Todo cuanto hagáis, hacedlo con excelencia, y con ello, estaréis alabando a Dios».

Alabamos a Dios, ciertamente, cuando entonamos un himno; asumiendo que nuestro interior comparte aquello que pronunciamos con la lengua. ¿Y cuando dejamos de cantar para hacer otra cosa? ¿Dejamos de alabarle? ¡No! Siempre y cuando todo aquello que hagamos, sea lo que sea, lo hagamos con excelencia para la gloria de Dios.[207] ¿Vas a comer para reparar fuerzas? Se moderado en lo que comes y bebes, y con ello, proseguirá tu alabanza a Dios. ¿Te retiras a descansar? Duérmete con el propósito en la mente de no hacer mal alguno cuando te despiertes, y con ello, mientras duermes proseguirá tu alabanza a Dios. ¿Tienes entre manos algún negocio? Se honesto, rechaza cualquier forma de fraude, y con ello, proseguirá tu alabanza a Dios. ¿Estas en el trabajo? Procura evitar las rencillas y disputas entre tus compañeros, y con ello, proseguirá tu alabanza a Dios. Buscando la excelencia, la integridad y pureza en todos tus movimientos y acciones: alabas a Dios. Lo que te brinda la oportunidad de permanecer, como dice el salmista, alabándole: *"todo el día"*.

AGUSTÍN DE HIPONA [354-430]

---

[205] En hebreo וְלְשׁוֹנִי תֶּהְגֶּה *ūləšōwnî tehgeh* de הָגָה *hagah,* "meditar", por lo que una traducción literal debería ser *"y mi lengua meditará"*. La versión griega de los LXX o Septuaginta lee: καί ὁ γλῶσσα ἐγώ μελετάω que la Vulgata traduce al latín como *"et lingua mea meditabitur"*. No obstante la práctica totalidad de versiones españolas traduce "hablará, publicará, proclamará" por ser la traduccion lógica.

[206] En hebreo כָּל־הַיּוֹם תְּהִלָּתֶךָ *kāl-hayyōwm təhillāṯeḵā* de יוֹם *yom,* "día".

[207] 1 Corintios 10:31.

SALMO 36

LA DICHA DEL SERVICIO CRISTIANO

Título: *Al músico principal.* A la persona que dirigía el coro y la música del templo, se le encomienda la ejecución de este cántico en el culto público. Y no en vano, porque lo que no es responsabilidad de nadie en particular acaba sin hacerse. Por tanto, es conveniente que haya una persona designada para atender el servicio de canto en la casa del Señor.

Salmo de David, siervo del Señor. Lo que parece indicar que el Salmo procede de alguien que estima como un gran honor ser llamado *"siervo de Jehová"*. Podemos llamarlo el CÁNTICO DEL SERVICIO DICHOSO, al que se suman haciéndolo suyo todos aquellos que llevan el yugo fácil de Jesús.[1] Pone a los malos en contraste con los justos, y ensalza de todo corazón al Señor de los fieles; insistiendo en la importancia de obedecer a un Señor tan generoso y bueno, y condenando con severidad toda forma de rebelión contra él.[2]

C. H. SPURGEON

La dedicatoria *"Al músico principal"* ha dado lugar a numerosas conjeturas. La Septuaginta[3] traduce la palabra hebrea לַמְנַצֵּחַ *lamnaṣṣêaḥ* de נָצַח *natsach* como: παράνομος "para el fin"; un significado tan vago que desafía toda conjetura razonable (…) El sentido del término hebreo parece ser este: los salmos en los que esta palabra aparece fueron confiados por sus autores inspirados a la responsabilidad del director o músico principal, es decir, la persona que supervisaba la música, bien fuera esta de arpas, de salterios, o de instrumentos de viento.

JOHN JEBB [1805-1886]

"A literal translation of the book of Psalms: intended to illustrate their poetical and moral structure: to which are added dissertations on the word Selah, and on the authorship, order, titles, and poetical features of the Psalms", 1846

---

[1] Mateo 11:30.

[2] ATANASIO DE ALEJANDRÍA [296-373] en su carta a su discípulo Marcelino sobre la naturaleza y valor de los salmos le dice refiriéndose a este salmo: «Si viendo el mucho celo que ponen los impíos en hacer el mal, y la diligencia con que obran los transgresores de la Ley, te sientes tentado a concluir que su maldad es algo innato e inevitable, como afirman algunos de los falsos maestros entre nosotros, lee el Salmo 36, y te convencerás de que son ellos los verdaderos autores del mal y a ellos únicamente corresponde la responsabilidad de su propio pecado». El Tomo I de "El Tesoro de David" incluye una traducción completa de la Carta de Atanasio a Marcelino. [Tomo I - pp. 50].

[3] Se refiere a la BIBLIA DE LOS SETENTA (LXX), también conocida como Septuaginta, o Versión Alejandrina. El nombre de Septuaginta se debe a que solía redondearse a 70 el número total de sus 72 traductores, según cuenta la tradición. Es la principal versión en idioma griego por su antigüedad y autoridad. Su redacción se inició en el siglo III a.C. (c. 250 a.C.) y se concluyó a finales del siglo II a.C. (c. 150 a.C.). Se cree que fue hecha para los judíos que hablaban griego, pues en esa época eran bastante numerosos en Alejandría, aunque la orden provino del rey PTOLOMEO II PHILADELFO [284-246 a.C.], monarca griego de Egipto, con destino a la biblioteca de Alejandría. El Pentateuco fue traducido en esa época y el trabajo duró dos o tres siglos. Una escuela de traductores se ocupó de los Salmos, en Alejandría, hacia 185 a.C.; después tradujeron Ezequiel, los doce profetas menores y Jeremías. Trataron posteriormente los libros históricos (Josué, Jueces, Reyes), y finalmente Isaías.

Siervo del Señor. David utiliza este título únicamente aquí y en el Salmo 18; y en ambos describe la relación con Dios tanto del justo como de los impíos. Parece adecuado, por tanto, que ya en el título decidiera identificarse y situarse del lado de los siervos del Señor.[4]

C. H. Spurgeon

Estructura: En los versículos del uno al cuatro (36:1-4) David describe la naturaleza de los rebeldes; del cinco al nueve (36:5-9) ensalza los diversos atributos del Señor; en el diez y once (36:10-11) se dirige a su Dios en oración; y en el versículo final, su fe vislumbra, en visión profética, la futura destrucción de todos aquellos que obran iniquidad.

C. H. Spurgeon

Primera parte. La personalidad del malo (36:1):
1. Llama a lo malo bueno (36:2)
2. Persiste en ello (36:3)
3. Es hipócrita (36:3)
4. Es obstinado (36:4)
5. Es meticuloso y diligente en planear su maldad (36:4).

Segunda parte. La paciencia y misericordia de Dios (36:5-6):
1. A todos, incluso a los animales (36:6)
2. Pero de manera especial a su pueblo que le admira y en quien los creyentes se sienten (1) confiados, y (2) satisfechos (36:7-8).

Tercera parte. Ora para que esta relación especial con su Dios sirva para iluminar (36:9):
1. Al pueblo de Dios en general (36:10)
2. A él mismo (36:11)
3. Y condene definitivamente a los impíos (36:12).

William Nicholson [1591-1672]
"David's harp strung and tuned, or, An easie analysis of the whole book of Psalms", 1662

---

[4] Dicen los comentaristas del siglo xx:

– Francisco Lacueva [1911-2005] en el "Comentario de Matthew Henry": «En el título del salmo, David es llamado לְעֶבֶד־יְהֹוָה *lə'eḇeḏ-Yahweh, "el siervo de Jehová"*, esto es, alguien llamado, y comprometido, a obedecer a Dios en todo, en contraste con los impíos, que se rebelan contra su santa voluntad».

– Franz Delitzsch [1813-1890] hace la siguiente observación: «Al final del salmo anterior (Salmo 35), movido por la esperanza de una pronta liberación, David se declara a sí mismo *"siervo del Señor"* y pide a sus partidarios y amigos unirse a él diciéndoles: *"Canten y alégrense los que están a favor de mi justa causa, y digan siempre: Sea exaltado Jehová, que se complace en la paz de su siervo"* (Salmo 35:27). Aquí (Salmo 36) el título lo establece ya directamente como לְעֶבֶד־יְהֹוָה *lə'eḇeḏ-Yahweh "el siervo del Señor"*».

Versión poética:

DIXIT INJUSTUS UT DELINQUAT IN SEMETIPSO

El pecador su corazón consulta,
y al fin darse contento determina;
quiero pecar se dice el insensato;
porque no teme a Dios así se explica.

Porque si lo temiere ¿cómo osara
tomar resolución tan atrevida?
¿y cómo se arrojara despechado
a provocar la indignación divina?

Sus palabras son locas, y su alma
es toda iniquidad, pues su malicia
aparta con cuidado las ideas,
que al bien tal vez pudiera conducirla.

Hasta en las horas del tranquilo sueño
en darse otros placeres se fatiga,
y en el dulce reposo de su lecho
está tramando nuevas injusticias.

Se abandona furioso a los horrores
que le presentan sus pasiones vivas,
desprecia las acciones que son buenas
y solo se resuelve a las indignas.

¡Ay Señor! tus piedades soberanas
inagotables son, son infinitas,
mas también la verdad de tus castigos
las nubes pasa, y va más hacia arriba.

Tu justicia es más alta que los montes,
que taladran el cielo con sus cimas,
y tus juicios abismos insondables,
a que no alcanza nuestra débil vista.

Tu providencia inmensa y prodigiosa,
con atención amable y compasiva,
se extiende de los hombres a las bestias,
y tu piedad con todos multiplicas.

Pero a los hijos de los hombres justos
que esperan tu favor con ansia viva,
los pones a la sombra de tus alas,
y también les añades tus caricias.

Entrar los haces en tu augusto templo,
y a sus almas de amor ya derretidas,
les haces embriagar con tus dulzuras,
las haces inundar en tus delicias.

Tu eres el manantial de donde mana
el agua saludable de la vida,
y en tu luz soberana al fin veremos
la hermosura sin tacha ni mancilla.

¡Oh Dios! extiende tus misericordias
a los que te conocen y te admiran,
y a los que te aman y obedecen fieles,
en tu seno recoge, y santifica.

No permitas que yo jamás me vea
a los pies de esas gentes tan altivas,
ni que la mano dura del malvado
con su violencia bárbara me oprima.

Ellos caerán, Señor, en los desastres
que contra mí feroces solicitan,
y caerán de manera, que no puedan
levantarse jamás de su caída.

DEL "SALTERIO POÉTICO ESPAÑOL", SIGLO XVIII

Vers. 1. ***La iniquidad del impío me dice al corazón: no hay temor de Dios delante de sus ojos.*** *[La iniquidad del impío le dice al corazón: no hay por qué temer a Dios ni en su presencia.* RVR*] [La transgresión habla al impío dentro de su corazón; no hay temor de Dios delante de sus ojos.* LBLA*] [El dicho inicuo del impío me dice al corazón: No hay temor de Elohim delante de sus ojos.* BTX*] [Dice el pecador: «Ser impío lo llevo en el corazón.» No hay temor de Dios delante de sus ojos.* NVI*] [El pecado habla al malvado en el fondo del corazón; el miedo a Dios no existe para él.* BLP*] [A los malvados el pecado les susurra en lo profundo del corazón; no tienen temor de Dios en absoluto.* NTV*]*[5]

[5] Un versículo de traducción muy compleja. En hebreo נְאֻם־פֶּשַׁע לָרָשָׁע בְּקֶרֶב לִבִּי אֵין־פַּחַד אֱלֹהִים לְנֶגֶד עֵינָיו *nə'um-peša' lārāšā bəqereḇ libbî 'ên- paḥaḏ 'ĕlōhîm ləneḡeḏ ênāw.* La versión griega de los LXX o Septuaginta lee: φημί ὁ παράνομος ὁ ἁμαρτάνω ἐν ἑαυτοῦ οὐ εἰμί φόβος θεός ἀπέναντι ὁ ὀφθαλμός αὐτό que la Vulgata traduce al latín como: *"Dixit injustus ut delinquat in semetipso: non est timor Dei ante oculos ejus",*

La iniquidad del impío.[6] Su pecado absurdo y arriesgado; su obsesión por traspasar los límites de la ley y la justicia.

Le dice al corazón: no hay por qué temer a Dios ni en su presencia.[7] Los pecados de los impíos tienen voz propia para los oídos piadosos. Son un indicador externo de un mal interior. Evidencian que quienes se atreven a pecar repetidamente y con presunción no respetan al gran Juez de todos. La ausencia de santidad constata la presencia de impiedad. Pese al ropaje aparente de religiosidad con el que a menudo se cubren los injustos, cuando presenciamos sus acciones impías, nuestro corazón concluye que no tienen fe alguna, su maldad es fruto de una raíz atea. Puede que algunas mentes cándidas precisen del razonamiento para llegar a esta conclusión, pero el corazón piadoso la intuye

---

"El injusto dijo entre sí mismo que pecaría: no hay temor de Dios ante sus ojos". Dicen los comentaristas modernos:

– FRANCISCO LACUEVA [1911-2005] en el "Comentario de Matthew Henry": «*"La transgresión habla como un "oráculo"*: este es el sentido de נְאֻם *nə'um*, "al impío" לָרָשָׁע *lārāšā'*, "dentro de su corazón" לִבּוֹ *libbōw,* "su corazón" mejor que לִבִּי *libbî,* "mi corazón". *No hay por qué tener miedo* פַּחַד *paḥad̲,* "a Dios". Esta es la única traducción con algún sentido de este difícil versículo. Compárese con el Salmo 14:1; 53:1».

– FRANZ DELITZSCH [1813-1890] lo traduce así: *"El impío tuvo un oráculo de transgresión dentro de su corazón: No hay temor de Dios ante sus ojos".*

– KRAUS admite que el נְאֻם *nə'um* del Texto Masorético es literalmente "oráculo", pero considera que esto carece de sentido y hace suya la propuesta hecha ya en el siglo XIX por LUDWIG DIESTEL [1825-1879] y otros de corregir el texto hebreo sustituyendo נְאֻם *nə'um* por נָעִים *nā'îm,* y traduce: *"Agradable es la culpa para el impío en lo profundo de su corazón. No hay temor de Dios delante de sus ojos".*

– SCHÖKEL traduce: *"Oráculo del Delito al malvado dentro de su corazón. No tiene miedo a Dios ni en su presencia",* y añade esta interesante reflexión: «El נאם־פשע *nə'um-pe-ša',* es decir, pecado o delito personificado y convertido en oráculo, ha desconcertado a algunos traductores y comentaristas induciéndolos a corregir el texto. Más vale no enmendar la plana a la tradición textual. El "pecado" es una fiera agazapada dispuesta a abalanzarse sobre Caín (Génesis 4:7). En Génesis 3 el pecado toma la figura de una serpiente, en hebreo נָחָשׁ *nachash,* que significa también "adivinación, oráculo". La serpiente es el antiguo oráculo pervertido: el Delito, que pronuncia consejos y enuncia criterios; el Delito se dirige al malvado, porque el malvado le escucha cual si se tratara de un "oráculo". Eso sucede en el interior consciente del hombre, leyendo לִבּוֹ *libbōw*. El criminal ha abierto su mente, ha acogido al intruso y ha dejado que se instale dentro. No se queda *"a la puerta",* como en Génesis 4:7. Detrás del bocado entró Satanás en Judas, leemos en Juan 13:27. ¿Cómo sabe el salmista lo que sucede en el interior del hombre, especialmente de uno experto en fraudes? Semejante penetración psicológica es una de las aportaciones sorprendentes del salmo. El poeta comienza por la raíz de todo, pues *"del corazón salen los malos pensamientos, inmoralidades, engaños..."* (Marcos 7:22). Todo el salmo, del versículo 2 al 10, es una meditación expresiva de lo que discurre en el corazón o mente del salmista. En tal sentido, el bloque del salmo se opone, sin formularlo explícitamente, al pensamiento del malvado, lo conjura y neutraliza». [*Salmos, Tomo I, 1-72,* Editorial Verbo Divino, Estella, Navarra, 1992].

[6] En hebreo נְאֻם־פֶּשַׁע לָרָשָׁע *nə'um- peša' lārāšā'* de רָשָׁע *rasha,* "malo, transgresor, impío"; el sintagma לָרָשָׁע *lārāšā'* solo se utiliza en este versículo. Dice al respecto:

– FRANCISCO LACUEVA [1911-2005] en el "Comentario de Matthew Henry": «El vocablo hebreo לָרָשָׁע *lārāšā'* para malos (mejor, malhechores) indica una persona que no se somete a ninguna norma, sino que se deja llevar de todo mal deseo. La persona piadosa no puede menos de ver con tristeza a los tales, cuyos criterios son tan insensatos y tan opuestos a los suyos».

[7] Literal *"ni aún delante de sus ojos".* La traducción que hace la RVR 1960: *"La iniquidad del impío* ***me*** *dice al corazón: no hay temor de Dios delante de sus ojos"* no se sostiene. Ver al respecto la nota 5.

y sabe desde un principio. Si Dios está en todas partes y yo le temo, ¿cómo puedo atreverme a quebrantar sus leyes en su misma presencia? Solo un traidor temerario se puede atrever a rebelarse en los salones mismos de palacio del monarca. Cualesquiera que sean las opiniones y teorías que los impíos puedan elucubrar, solo pueden clasificarse con las de los ateos, ya que son prácticamente las mismas. Aquellos ojos que por ahora no sienten temor de Dios, sentirán los terrores del infierno para siempre.

C. H. SPURGEON

La iniquidad del impío me dice al corazón: no hay temor de Dios delante de sus ojos. En este Salmo tenemos una descripción del pecado, peculiarmente en aquellos que han traspasado abiertamente todos los límites establecidos por Dios. La introducción es muy significativa: *"La iniquidad del impío me dice al corazón: no hay temor de Dios delante de sus ojos"*. ¡Me dice al corazón! ¿Cómo podía *la transgresión de los impíos* hablar al corazón de aquel que en el título del salmo declara ser el *siervo de Jehová*? Por lo general, se entiende que estas palabras significan que la conducta del pecador, tan a menudo manifiesta, hace que de forma natural la mente del justo concluya que el impío está desprovisto de todo temor de Dios. Pero cabe también otra traducción y significado, de igual modo ajustable con una lectura literal; *"La iniquidad del impío le dice al corazón: no hay por qué temer a Dios ni delante de sus ojos"*. Visto de ese modo, lo que el salmista está diciendo es que a pesar de la hipocresía de los malos, y de todos sus intentos para disimular su maldad aparentando lo que no son, está convencido que en su fuero interno no tienen ningún sentido real de la presencia de Dios y que, en secreto, en su corazón, rechazan su autoridad. ¿Y cómo podía asegurar tal cosa? Comparando su conducta con los dictados de su corazón. No podía examinar directamente el corazón de los impíos, pero sí podía escudriñar el suyo, y al hacerlo encontró en él una corrupción tan fuerte que, si no hubiera sido por el temor de Dios implantado en él, su propio corazón hubiera sido tan malo como el de ellos.

JOHN JAMIESON [1758-1838]
"Sermons on the Heart", 1789

La transgresión habla al impío dentro de su corazón; no hay temor de Dios delante de sus ojos. No es la imperfección o deficiencia en el temor de Dios lo que provoca en el impío esta deplorable situación, sino su total ausencia: *"no hay temor de Dios delante de sus ojos"*.

DAVID DICKSON [1583-1663]
"Explanation of the First Fifty Psalms", 1653

No hay temor de Dios delante de sus ojos. La ausencia de temor de Dios por parte del delincuente es algo inherente en todos los procedimientos de los tribunales de justicia. Cuando un hombre no teme a Dios, está dispuesto a cometer cualquier crimen. La *depravación total*[8] no es en modo alguno un

[8] La doctrina de la "depravación total" del hombre es el primero de los llamados "5 Puntos Básicos del Calvinismo"; los otros cuatro son: "la elección incondicional", "la expiación limitada", "la gracia irresistible", y la "perseverancia de los santos". La doctrina de la "depravación total", basándose en las Escrituras, afirma que el estado natural del hombre es un estado de depravación absoluta y, en consecuencia, el hombre por sí mismo es incapaz de hacer nada que contribuya a su salvación. El catecismo de Heidelberg enseña: «PREGUNTA: ¿Estamos tan corrompidos que somos totalmente incapaces de hacer el bien e inclinados a todo mal? RESPUESTA: Ciertamente, si no hemos sido regenerados por el Espíritu de Dios» (Catecismo de Heidelberg – Pregunta 8). Esto no implica que todo ser humano sea corrupto y malvado hasta los límites, que no sea capaz de distinguir y reconocer la voluntad de Dios; o hacer ningún el bien a sus semejantes. Quiere decir, simplemente, que cuando el hombre cayó en el Edén, cayó en su "totalidad" o, dicho en otras

concepto excesivo para describir la maldad humana. El pecador no tiene *temor de Dios*. Y donde no hay temor de Dios ¿cómo puede haber sentido alguno de piedad o compasión? Y si no hay piedad ni compasión, es porque hay una ausencia total de sentimientos justos y correctos, lo que equivale a la esencia misma de la depravación.

WILLIAM SWAN PLUMER [1802-1880]
"Studies on the Book of Psalms", 1867

No hay temor de Dios delante de sus ojos. ¿Se atreverían a burlarse de Dios con formalismos y rituales religiosos que le desagradan, si realmente le temieran? ¿Se atreverían a provocarle abiertamente en su misma presencia, con maldad aborrecible y descarada, si sintieran temor de él? ¿Se atreverían a pecar cuando tienen la sangre de los juicios divinos fresca delante sus ojos, si temieran al Señor y a su ira? ¿Se atreverían, si tuvieran temor del Señor y su bondad, a transgredir, cuando tienen montañas de misericordia divina ante su mirada? ¿Se atreverían a adular a otros o a sí mismos por sus pecados, alentándoles con la esperanza de impunidad, si temieran al Señor y a su verdad? ¿Se atreverían a faltar a sus promesas, compromisos, votos, testimonios juramentos; o a enmarañar con ellos el testimonio de otros, en lugar de apoyarles y unirse a ellos a favor de la verdad, si tuvieran temor del Señor y de su fidelidad, sabiendo que el Señor guarda su pacto y sus promesas para siempre?[9] Todas estas y muchas más transgresiones de los impíos (todas estas formas de transgresión se dan entre los impíos, sería bueno que ninguna de ellas se diera entre aquellos que llevan el nombre y apellido de la piedad; digo, por tanto: todas estas transgresiones de los impíos) demuestran que: *"No hay temor de Dios delante de sus ojos"*.[10]

JOSEPH CARYL [1602-1673]

La transgresión habla al impío dentro de su corazón; no hay temor de Dios delante de sus ojos. El impío no tiene en cuenta para nada los oráculos del Señor: tiene su propio oráculo en su corazón que solo le dicta rebelión.[11]

ZACHARIAH MUDGE [1694-1769]
"An essay towards a new English version of the Book of Psalms from the original Hebrew", 1744

---

palabras, que la personalidad entera del ser humano fue afectada por la caída, y el pecado se apoderó de todas sus facultades: su voluntad, su mente y sus afectos.

[9] Deuteronomio 7:9; 1 Tesalonicenses 5:24; 2 Timoteo 2:13.

[10] En este misma línea de pensamiento dice AGUSTÍN DE HIPONA [354-430]: «Quien se propone cometer un delito no lo dice públicamente, lo planea secretamente en sus adentros, lo oculta a los demás hombres. ¿Pero acaso no ve Dios su interior? ¿Y eso no le preocupa? Ved cómo prosigue el salmista: *"no hay por qué temer a Dios ni en su presencia"*. Los hombres sienten temor de la presencia de otros hombres. No se atreven a manifestar abiertamente sus planes malévolos, no fuera a suceder que otros les avergüencen o lleguen sus planes a oídos de un juez y les castiguen. En consecuencia, cuando quieren planear una maldad huyen de la presencia de los hombres. ¿Y adónde huyen? Al interior de sí mismos. Penetran en su interior, donde nadie puede verles, y allí maquinan engaños, traiciones, acechanzas, convencidos de que nadie los ve. Pero ni aún en más profundo de su interior se sentiría el pecador seguro y no lograría tramar nada si pensara que Dios lo ve. Por ello, se engaña a sí mismo con su propia teoría de que *"no hay por qué temer a Dios ni en su presencia"*. Y una vez convencido de que no es necesario temer a Dios, oculto a la presencia de los hombres y amparado en sí mismo ¿a quién va a temer?».

[11] Dice CASIODORO [485-583]: «Hay dos tipos de pecadores: Aquellos que leen las Escrituras aunque por debilidad de la carne no cumplan con sus mandatos; y aquellos que las desprecian convencidos de que cuentan con su propio oráculo. Y su oráculo les dice que no tienen motivo para preocuparse porque Dios no

Vers. 2. ***Se lisonjea, por tanto, en sus propios ojos, de que su iniquidad no será hallada y aborrecida.*** *[Porque se lisonjea, en sus propios ojos, de que su iniquidad no será hallada y aborrecida.* RVR*] [Porque en sus propios ojos la transgresión le engaña en cuanto a descubrir su iniquidad y aborrecerla.* LBLA*] [Se ilusiona de que su culpa no será descubierta ni aborrecida.* BTX*] [Cree que merece alabanzas y no halla aborrecible su pecado.* NVI*] [Se enorgullece de sí mismo, incapaz de descubrir y odiar su culpa.* BLP*] [Ciegos de presunción, no pueden ver lo perversos que son en realidad.* NTV*]*[12]

Porque. He aquí el argumento que prueba la veracidad de la proposición planteada en el versículo anterior. David sintetiza el proceso de razonamiento que le había llevado a convencerse de que los malos no tienen una idea correcta de Dios ni sienten por él respeto alguno: La persona que teme a Dios reconoce sus pecados y los lamenta; cuando la situación es a la inversa, podemos estar seguros de que en esa persona no hay temor de Dios.

Se lisonjea, en sus propios ojos. Se tiene a sí mismo por una persona buena, digna del mayor respeto. Tranquiliza su propia conciencia, y con ello hace una valoración engañosa de sí mismo otorgándose un patrón de excelencia; si no en un sentido moral estricto, cuanto menos lo suficiente como para no tener que sentirse atado a normas que en su criterio esclavizan a otros. Se considera un librepensador, un hombre de mente ilustrada y poderosa, enemigo de prohibiciones y limitaciones, un filósofo; y por tanto, bajo su criterio, los siervos del Señor son personas de mente estrecha y mezquina. Se trata de la más absurda y peligrosa de las adulaciones. Pues ni el ave más necia tiende trampas en su propio camino; ni el abogado picapleitos más ruin, maestro de engaños, se engaña a sí mismo. Excusar la propia conducta ante la propia conciencia (pues este es el sentido el termino hebreo הֶחֱלִיק *heḥĕlîq* de חָלַק *chalaq*) es allanar el propio camino al infierno. La pendiente hacia a la ruina eterna es de por sí lo bastante pronunciada como para necesitar la vaselina de la lisonja a uno mismo.

Hasta que su iniquidad sea hallada aborrecible.[13] Pese a todas sus artimañas es descubierto y detestado. La podredumbre huele demasiado fuerte para ser ocultada, y tarde o temprano sale a la luz. Llega un momento en que la lepra ya no se puede esconder. La casa en ruinas ya no admite nuevos puntales, y se desploma sobre la cabeza de su inquilino: la auto-gratificación tiene un límite, cuando el actor ya no puede seguir interpretando su farsa con propiedad, y se convierte en objeto de desprecio general. Y cuando esto no sucede en esta vida, la mano de la muerte se encarga de verter luz sobre los comportamientos execrables, y exponer al pecador a vergüenza y confusión. La autocomplacencia, la adulación y lisonja de uno mismo revelan el ateísmo de los pecadores, ya que la mera consideración de un Dios que les contempla haría de tal comportamiento algo extremadamente difícil, por no

---

se interesa por las cosas humanas. Estos últimos son los peores, pecadores desenfrenados y empedernidos, blasfemos que pecan intencionadamente y con plena conciencia de lo que hacen».

[12] En hebreo כִּֽי־הֶחֱלִ֣יק אֵלָ֣יו בְּעֵינָ֑יו לִמְצֹ֖א עֲוֺנ֣וֹ לִשְׂנֹֽא *kî-heḥĕlîq 'êlāw bə'ênāw limṣō ăwōnōw liśnō.* La versión griega de los LXX o Septuaginta lee: ὅτι δολόω ἐνώπιον αὐτός ὁ εὑρίσκω ὁ ἀνομία αὐτός καί μισέω que la Vulgata traduce al latín como: *"Quoniam dolose egit in conspectu ejus, ut inveniatur iniquitas ejus ad odium"*, "Porque procedió con dolor en su presencia, será su iniquidad descubierta para odio". Kraus traduce: *"Porque él se allana delante de sí (el camino) para hallar transgresión y para aborrecer"*. Schökel: *"Se hace la ilusión de que su culpa no será descubierta ni aborrecida"*. Dice:

— Teodoro de Mopsuestia [350-428]: «Es habitual de la persona que procede con engaño crea que sus artimañas permanecerán ocultas, ya que casi siempre llega al punto de creerse sus propias mentiras: *"se lisonjea, en sus propios ojos"* hasta convencerse de que sus fraudes pasarán desapercibidos. Si experimentara temor a ser descubierto no procedería con engaños».

[13] Así traducen la RVA y la versión inglesa KJV: *"Until his iniquity be found to be hateful"*.

decir imposible. Como la luz en la naturaleza, la creencia en Dios manifiesta la realidad de las cosas, haciendo que percibamos el mal y el pecado; pero los impíos viven en la oscuridad, incapaces de percibir aquello que está tan claramente dentro de ellos y a su alrededor mirándoles a la cara. Quien no tiene a Dios ante de sus ojos en santo temor, se pone a sí mismo en admiración no santa. Los que olvidan la adoración caen en la adulación. Los ojos necesitan de ver algo, y si no admiran a Dios, se halagan a sí mismos.

C. H. SPURGEON

Porque se lisonjea, en sus propios ojos. El motivo de esta auto adulación es el propio pecado, como se desprende con claridad de la cláusula siguiente. Se engaña a sí mismo en cuanto a la naturaleza de su pecado y las consecuencias, su maldad y sus agravantes, y por tanto continúa pecando *"hasta que su iniquidad sea hallada aborrecible"*, hasta ser totalmente descubierto, y salir a la luz la magnitud de su transgresión y sus consecuencias atroces, tanto para sí mismo como para otros a causa de algún juicio divino horrible, como el que se menciona en el último versículo del Salmo: *"Allí cayeron los hacedores de iniquidad; fueron derribados, y no podrán levantarse"* (36:12). El salmista aduce a este auto engaño del impío y su persistencia en el pecado como prueba para fundamentar el criterio al que había llegado respecto a esa persona: *"No hay temor de Dios delante de sus ojos: Porque se lisonjea, en sus propios ojos"*. Y no hay duda que la prueba es irrefutable. Pues un hombre bajo la esclavitud del pecado jamás "se lisonjearía a sí mismo, en sus propios ojos", de no ser porque no tiene la imagen de Dios delante de ellos. La causa que le lleva a una valoración tan alta de sí mismo es que *"no hay Dios en ninguno de sus pensamientos"*.[14] Ha extirpado todo temor acerca de sí mismo porque no tiene temor de Dios.

JOHN JAMIESON [1758-1838]
"Sermons on the Heart", 1789

Porque se lisonjea, en sus propios ojos. ¿Cómo?

1. Algunos se lisonjean con la esperanza secreta de que no existe tal cosa como una vida en el más allá.

2. Algunos se lisonjean con la idea de que la muerte es un gran escape, y que en el más allá tendrán sobradas oportunidades de buscar la salvación.

3. Algunos se lisonjean con la falsa ilusión de que llevan una vida moral, ordenada, y por tanto no serán objeto de condenación.

4. Algunos se lisonjean aplicándose a sí mismos de manera gratuita las ventajas del entorno en el cual conviven. Se hacen la ilusión de que residiendo en un lugar donde el evangelio es predicado poderosamente, y conviviendo con personas convertidas y creyentes, les va a ser mucho más fácil ser salvos simplemente por simpatía y relación con ellos.

5. Algunos se lisonjean engañándose con sus propias intenciones. Dicen tener la intención de aceptar el evangelio y cambiar de vida, pero antes quieren darse a sí mismos un tiempo, más bien largo, para vivir en libertad y disfrutar de la vida.

6. Algunos se lisonjean afirmando que hacen y han hecho mucho por su propia salvación, y por tanto esperan obtenerla; cuando en realidad nada de lo que hayan hecho, hagan, ni puedan hacer en su estado actual no regenerado les sirve para nada, a menos que se conviertan.

7. Algunos se lisonjean pensando que podrán adquirir la salvación por sus propios medios. Imaginan secretamente que, de forma gradual, podrán forjar en sí mismos arrepentimiento y dolor por el

[14] Salmo 10:4.

pecado, y desarrollar un amor hacia Dios y Jesucristo. Sus lucha no es tanto una búsqueda sincera de Dios, sino esforzarse en hacer por sí mismos la obra de Dios.

8. Algunos se lisonjean y halagan a sí mismos con la idea de que ya se han convertido. Se sientan y descansan en una esperanza falsa, persuadiéndose de que todos sus pecados han sido perdonados, que Dios les ama e irán al cielo cuando mueran, y que no tienen que preocuparse más. *"Porque dices: Yo soy rico, y me he enriquecido, y de ninguna cosa tengo necesidad; y no sabes que tú eres un desventurado, miserable, pobre, ciego y desnudo".*[15]

JONATHAN EDWARDS [1703-1758]
en un sermón sobre el Salmo 36:2 titulado
The Vain Self-Flatteries of the Sinner", 1735

Porque se lisonjea, en sus propios ojos. Al no tener a Dios delante de sus ojos en santo temor, se contempla a sí mismo en admiración profana. Quien tiene en poco a Dios se sobrevalora a sí mismo. Quienes se olvidan de la adoración caen en la adulación. Los ojos necesitan fijarse en algo, y cuando no admiran a Dios, se halagan a sí mismos.

C. H. SPURGEON

Hasta que su iniquidad sea hallada aborrecible. Es decir, hasta que descubre por experiencia que pecar contra Dios y romper sus santos mandamientos es mucho más horrible de lo que había imaginado.

JONATHAN EDWARDS [1703-1758]
en un sermón sobre el Salmo 36:2 titulado
"The Vain Self-Flatteries of the Sinner", 1735

Sea hallada aborrecible. Esto es, odiosa para él mismo, para los que le rodean, y para Dios.

GILBERTUS GENEBRADUS [1535-1597]
"Psalmi Davidis", 1568

Vers. 3. *Las palabras de su boca son iniquidad y fraude; ha dejado de ser cuerdo y de hacer el bien.* *[Las palabras de su boca son iniquidad y fraude; ha renunciado a ser cuerdo y hacer el bien.* RVR*] [Las palabras de su boca son iniquidad y engaño; ha dejado de ser sabio y de hacer el bien.* LBLA*] [Las palabras de su boca son de maldad y engaño, ha dejado de actuar con sensatez para hacer el bien.* BTX*] [Sus palabras son inicuas y engañosas; ha perdido el buen juicio y la capacidad de hacer el bien.* NVI*] [Son sus palabras maldad y mentira, no quiere ser sensato ni obrar bien.* BLP *[Todo lo que dicen es retorcido y engañoso; se niegan a actuar con sabiduría o a hacer el bien.* NTV*]*

Las palabras de su boca son iniquidad y engaño. Esta pareja de perros del infierno, por lo general cazan juntos, de ese modo lo que no alcanza uno lo obtiene el otro; si la iniquidad no logra imponerse mediante la opresión, el engaño lo conseguirá con sus artimañas. Cuando un corazón es tan corrupto como para halagarse a sí mismo, la lengua no le va en zaga. Ese sepulcro abierto que es la garganta revela la corrupción de la naturaleza interior. Las personas que temen a Dios son responsables de sus palabras, y si pecan por flaqueza no inventan excusas y menos aún presumen de su maldad;

[15] Apocalipsis 3:17.

los inicuos dan tan poca importancia a lo que dicen y recurren con tanta frecuencia a la iniquidad y el engaño porque Dios no rige en sus almas. El texto original hebreo es particularmente fuerte cuando afirma que las palabras de los impíos son la *iniquidad* y el *engaño,*[16] pues no solo son falsas en lo que expresan, sino falsas en sí mismas.

Ha renunciado a ser cuerdo y hacer el bien. Se ha apartado por completo del camino del bien. Los que temen a Dios avanzan en el camino correcto *de fortaleza en fortaleza;*[17] pero los hombres sin Dios pronto abandonan lo poco de bueno que una vez conocieron. ¿Cómo podrían apostatar de su fe, si tuvieran en consideración al Juez supremo? ¿No será porque se olvidan cada vez más de Dios, hasta que renuncian incluso a la reverencia hipócrita que le rendían en tiempos pasados con el propósito de halagar a sus almas?

C. H. SPURGEON

Ha dejado de ser sabio y de hacer el bien. Esa pequeña luz que una vez tuvo, la ha perdido; ha desechado las buenas prácticas que antes realizaba de forma hipócrita; y no tiene intención de mejorar.

JOHN TRAPP [1601-1669]

"A commentary or exposition upon the books of Ezra, Nehemiah, Esther, Job and Psalms", 1657

Ha dejado de ser sabio y de hacer el bien. Apostatar de Dios es, en sentido práctico, la destrucción de todo el bien que hayamos hecho. Es una inversión malvada del arrepentimiento, contraria al arrepentimiento de la gracia; pues si uno es arrepentirse para obrar el bien, el otro es arrepentirse para obrar el mal: *"Ha dejado de ser sabio y de hacer el bien"*. Es una perversión hacia el mal después de, en apariencia, haberse convertido y alejado de él.

TIMOTHY CRUSO [1657-1697]

"Twenty Four Sermons Preached at the Merchants Lecture at Pinners Hall", 1696

[18]**Vers. 4.** ***Medita maldad sobre su cama; está en camino no bueno, el mal no aborrece.*** *[Maquina maldad sobre su cama; se obstina en un camino que no es bueno, y no aborrece el mal.* RVR*] [Planea la iniquidad en su cama; se obstina en un camino que no es bueno; no aborrece el mal.* LBLA*] [Trama iniquidad sobre su cama, se mantiene en camino no bueno, pues lo malo no aborrece.* BTX*] [Aun en su lecho trama hacer el mal; se aferra a su mal camino y persiste en la maldad.* NVI*] [En su cama maquina maldades, se aferra al mal camino, no rechaza la maldad.* BLP*] [Se quedan despiertos por la noche tramando planes pecaminosos; sus acciones nunca son buenas; no hacen ningún intento por alejarse del mal.* NTV*]*

---

[16] En hebreo דִּבְרֵי־פִיו אָוֶן וּמִרְמָה *dibrê-pîw 'āwen ūmirmāh;* de אָוֶן *aven* y מִרְמָה *mirmah.*

[17] Salmo 84:7.

[18] La versión original inglesa incluye aquí un poema de ROBERT POLLOCK [1799-1827] comentando los versículos 3 y 4 que no hemos traducido ni sustituido: *"Yet did he spare his sleep, and hear the clock / Number the midnight watches, on his bed / Devising mischief more; and early rose, / And made most hellish meals of good men's names. / From door to door you might have seen him speed, / Or placed amid a group of gaping fools. / Peace fled the neighborhood in which he made / His haunts; and, like a moral pestilence, / Before his breath the healthy shoots and blooms / Of social joy and happiness decayed. / Fools only in his company were seen, / And those forsaken of God, and to themselves / Given up. The prudent shunned him and his house/ As one who had a deadly moral plague"*.

Planea la iniquidad en su cama. Su lugar de descanso se convierte en el lugar de maquinación; transforma su lecho en un invernadero de hierbas ponzoñosas.[19] Quienes temen a Dios meditan sobre él y la manera de servirle; pero demuestra su impiedad quien vuelve sus pensamientos y facultades creativas hacia el mal. Quien maquina desde su lecho cómo pecar, es porque tiene al diablo por compañero de cama. Y Dios está muy lejos de él.[20]

Se obstina en un camino que no es bueno. Cuando se levanta por la mañana, insiste y persiste resueltamente en llevar a cabo el mal que durante la noche ha planeado. Elige andar por el peor de los caminos, porque ha enseñado a su corazón a amar la inmundicia, y se ha acostumbrado a deleitarse en ella en su imaginación.

Y no aborrece el mal. Lejos de sentir desprecio y aversión hacia el mal, se regocija en él y lo promueve. Jamás rechaza una acción incorrecta porque está mal, al contrario, delibera en ella, la defiende y la practica. ¡Qué retrato nos dan estos versículos del hombre alejado de la gracia! Su desparpajo de conciencia, su libertinaje al expresarse, su obsesión en hacer el mal, y su preferencia deliberada y persistente por la iniquidad, fruto de un corazón ateo, vienen fotografiados al detalle. ¡Señor, líbranos de ser contados entre los tales!

C. H. Spurgeon

Planea la iniquidad en su cama. Igual que el hombre que teme a Dios estando en su cama escudriña su corazón para no pecar, diciendo no, ¡no en su corazón!; así también el hombre que no teme a Dios maquina cómo tramar y ejecutar voluntariamente su pecado.

David Dickson [1583-1663]
"Explanation of the First Fifty Psalms", 1653

Planea la iniquidad en su cama. Ayguan,[21] que compiló todas las expresiones de la Escritura referentes a la cama, nos dice que hay seis tipos diferentes de camas de maldad: la de lascivia,[22] la de avaricia, la de ambición, la de codicia, la de pereza,[23] y la de crueldad. Y lo ilustra con ejemplos sacados de la Escritura.

John Mason Neale [1818-1866] y Richard Frederick Littledale [1833-1890]
en *"Commentary on the Psalms from Primitive and Mediæval Writers"*, 1869

Se obstina en un camino que no es bueno, y no aborrece el mal. Tramar el pecado es pecar con alevosía, sí, es esperar en el pecado. El pecado que preparamos con antelación reparando en todos sus detalles, es execrable y pecaminoso en extremo. David describe al hombre impío diciendo: *"Se*

[19] Miqueas 2:1.

[20] Dice al respecto Ambrosio de Milán [340-397]: «En el lecho es donde se fraguan la verdad y la mentira. Por tanto, como nos amonesta a que hagamos el profeta, cuando estamos en el lecho debemos meditar en la Palabra y buscar incesantemente la verdad: *"Meditad en vuestro corazón estando en vuestra cama, y callad"* (Salmo 4:4), evitando así ser arrastrados por las lisonjas engañosas de la mentira».

[21] Se refiere a Michael Ayguan [c.1340-c.1416], famoso comentarista carmelitano del siglo xiv, conocido también por el sobrenombre de *"Doctor Incognitus"*, y que algunos eruditos identifican con el carmelita italiano Miguel Angriani o Miguel de Bolonia, autor entre otras muchas obras de un *"Commentaria in Psalmos Davidicos auctoris incogniti: cum additionibus noviter desumptis ex commentarijs manuscriptis eusdem auctoris"*.

[22] Proverbios 7:16-18.

[23] Proverbios 26:14.

obstina en un camino que no es bueno", esto es, por un mal camino: no se limita a pecar (algo que puede suceder ocasionalmente a cualquier persona buena), sino que se recrea en ello, elige deliberadamente el mal camino, y se obstina en él; se aferra al mal camino resuelto a no dejarlo ni a permitir que nadie le saque de él. Podemos decir que el pecado "aguarda" al creyente, esto es, que Satanás espera paciente el momento oportuno para poder tentarle; pero el creyente no espera en el pecado, no aguarda maquinando hasta que logre cometerlo, todo lo contrario, huye de él.[24] Caer atrapado por el pecado, (o *"en alguna falta"* como nos dice el apóstol)[25] ya es lo suficientemente malo; pero aguardar pacientemente a que el pecado venga a nosotros, pecar deliberadamente y obstinarse en ello, es lo peor que pueda haber.

JOSEPH CARYL [1602-1673]

Se obstina en un camino que no es bueno, y no aborrece el mal. El orgullo de muchos pecadores les lleva a la presunción obstinada de que van bien, al menos en el camino que han elegido. Satanás los ciega de tal manera que yerran en ambas cosas: en el camino que siguen y en la meta que persiguen, pues creen que se dirigen hacia el cielo, cuando en realidad están abocados al infierno, y el propio diablo, hábil maestro de postas, se preocupa amablemente de proporcionarles caballos de refresco.[26] A veces les monta en el caballo de la embriaguez, y cuando este agota su etapa, los monta en el de la lujuria. Y les tiene preparados otros como la avaricia; y si se quejan de que es un rocín lento, les incita a cabalgar en el de la ambición, y para hacer un poco más enérgico su trote, se lo cambia por el de las peleas y disputas. El pecador no se da cuenta, pues lo hace solapadamente y con la mejor disposición, pero Satanás tiene un caballo adecuado para cada uno a fin de conducirle al abismo, preparado y ensillado, elegido a propósito de la cuadra que todos llevamos en nuestro interior. El camino está claro: al infierno; el maestro de postas es Satanás; y nos lo encontramos en cada etapa, preparando sus arreos y cuidando de sus caballos, que todos son de la misma raza aunque de distinto pelaje. ¡Dichoso el hombre a quien Dios desmonta de ese mal camino; y más dichoso aún quien logra darse la vuelta para emprender su camino al cielo!

WILLIAM STRUTHER [1578-1633]
"True happines, or, King David's choice", 1633

Y no aborrece el mal. Es decir, no descarta ningún medio, por perverso que sea, con tal de lograr sus propósitos.[27]

JOHN JAMES STEWART PEROWNE [1823-1904]
"Commentary on the Book of Psalms", 1864

---

[24] 1 Corintios 6:18; Santiago 1:12.

[25] Gálatas 6:1.

[26] En el original: *"he serveth them kindly with fresh post horses"*. Es una referencia a las antiguas "casas de postas", donde los viajeros que no querían interrumpir su viaje (especialmente los correos) se detenían para cambiar sus caballos por otros de refresco. A menudo solían ser a la vez hostales o posadas. Estaban bajo la protección real o imperial, cuyo escudo ostentaban en la puerta, junto con un letrero que decía: «parada de postas». Estaban a cargo de los «maestros de postas» que tenían a su cargo las caballerías que asignaban a los viajeros según la clase de viajero y la distancia a recorrer. Su invención remonta a Ciro II el Grande, rey de Persia. Las utilizaron los griegos, los romanos, y estuvieron en auge tanto en Europa como en América hasta 1920, cuando fueron desplazadas por el uso de los automóviles.

[27] Coincide con la famosa frase atribuida a NICOLÁS MAQUIAVELO [1469-1527] de que «el fin justifica los medios», aunque al parecer la frase no es de Maquiavelo sino que la escribió a escribió NAPOLEÓN BONAPARTE [1769-1840] en la última página de su ejemplar del libro "El Príncipe".

Vers. 5. ***Jehová, hasta los cielos llega tu misericordia, y tu fidelidad alcanza hasta las nubes.*** *[Jehová, hasta los cielos llega tu misericordia, y tu fidelidad alcanza hasta las nubes.* RVR*] [Tu misericordia, oh Señor, se extiende hasta los cielos, tu fidelidad, hasta el firmamento.* LBLA*] [Oh* Yhvh*, tu misericordia llega hasta los cielos, y hasta las nubes tu fidelidad.* BTX*] [Tu amor, Señor, llega hasta los cielos; tu fidelidad alcanza las nubes.* NVI*] [Señor, tu amor llega al cielo, tu fidelidad hasta las nubes.* BLP*] [Tu amor inagotable, oh Señor, es tan inmenso como los cielos; tu fidelidad sobrepasa las nubes.* NTV*]*

Tu misericordia, oh Señor, se extiende hasta los cielos. Cual el azul etéreo, la misericordia del Señor abarca toda la tierra, sonriendo a la naturaleza universal, cubriendo todas las criaturas, superando los picos más altos de la provocación humana, y elevándose muy por encima de las neblinas de la transgresión mortal. El claro firmamento se sostiene arriba, y la misericordia divina sonríe plácidamente por encima del ruido y el humo de este pobre mundo. Las nubes y la oscuridad que a veces nos rodean son parte de las atmósferas inferiores de la tierra: pero los cielos están siempre brillantes y despejados, plagados de innumerables estrellas. La misericordia divina y su paciencia inigualable se prolongan en su inmensidad sin límites y permanecen inalterables por las rebeliones del hombre. Mientras no seamos capaces de medir los cielos, poco podemos hablar de límites de la misericordia del Señor. Pues de manera especial hacia nosotros sus siervos, mediante la salvación en Cristo Jesús, ha mostrado una gracia más alta que los cielos de los cielos, y más ancha que los confines del universo. ¡Y si los ateos alcanzaran a ver esto, no dudarían en buscar la manera de convertirse en los más fervientes siervos del Señor!

Y tu fidelidad alcanza hasta las nubes.[28] Encima, muy por encima de toda comprensión humana están la verdad y la fidelidad de Dios.[29] Él nunca falla, ni se olvida, ni vacila, ni falta a su palabra. Las aflicciones son como nubes flotando en el aire de la fidelidad divina. Mientras estamos debajo de la nube, sabemos que nos hallamos bajo el amparo de la fidelidad de Dios; cuando estemos por encima de ella tal garantía ya no nos será necesaria. Cada palabra de condena o promesa, de profecía o pacto

---

[28] Agustín de Hipona [354-430] hace de este versículo una peculiar interpretación: «*"Hasta los cielos llega tu misericordia, y tu fidelidad alcanza hasta las nubes"*. Esto es, la misericordia que Dios otorga a tus santos no es terrenal sino celestial, no es temporal, sino eterna. ¿Y por qué? Porque su fidelidad alcanza hasta las nubes y desde ellas la anuncia a los hombres ¿Y qué nubes son estas? Los predicadores de la Palabra de Dios. Hasta las nubes llegó su fidelidad; por eso fue posible anunciar su misericordia del cielo a la tierra. Pues ciertamente, hermanos, los predicadores de la Palabra son cual nubes de Dios. Cuando Dios amonesta a los hombres por medio de los predicadores del evangelio, truena por sus nubes (Salmo 29:3). Cuando hace milagros por medio de los predicadores del evangelio, lanza llamas de fuego desde sus nubes (Salmo 29:7). El Señor habla con poder desde las nubes, y riega la tierra con la lluvia de misericordia. Por tanto los predicadores que predican las buenas nuevas son las nubes de Dios que riegan la tierra con la misericordia que viene del cielo».

[29] El salmista tenia una visión muy limitada del tamaño de nuestro planeta y más aún del universo, pero recurre para describir la misericordia y fidelidad de Dios a las dimensiones máximas que su mente era capaz de concebir dentro de una visión tridimensional: los cielos (altura) y las nubes (anchura), los montes (longitud), el abismo (profundidad) de manera no muy distinta a como Pablo nos describe el amor de Cristo (Efesios 3:18-19). ¡Cuál debería ser nuestra visión conocedores de que la tierra es un globo inmenso que flota en el espacio, que el abismo tiene kilómetros de profundidad, y que por el universo se mueven centenares de miles, no de planetas, sino de galaxias!

pronunciada por el Señor, se cumple con absoluta exactitud, porque él *"no es hombre para que mienta, ni hijo de hombre para que se arrepienta"*.[30]

C. H. SPURGEON

Tu misericordia, oh Señor, se extiende hasta los cielos. David, considerando por un lado los pensamientos y las obras de los impíos, y por otro la misericordia de Dios hacia ellos, se pronuncia con esta exclamación. Cuando los hombres son tan imprudentes, ¿quién no se admira de la longanimidad divina?

SEBASTIAN MÜNSTER [1488-1552]

Vers. 5-7. Este Salmo encaja a la perfección con la situación que estamos viviendo en estos tiempos, en los que la maldad se ha multiplicado. Los cuatro primeros versículos (36:1-4) son una descripción gráfica de la maldad que predomina en el mundo. Y habiendo tanta maldad en la tierra, ¿qué debemos hacer? El versículo cinco (36:5) nos da la respuesta: *"Tu misericordia, oh Señor, está los cielos, tu fidelidad, alcanza hasta las nubes"*.[31] Dios está juntando toda la bondad, misericordia y paz que pudiera haber entre los hombres y atrayéndola hacia sí; de ese modo, aunque el mundo queda repleto de maldad, crueldad y engaño, hay misericordia, verdad y fidelidad en las nubes. Es bueno y apropiado que la sabiduría, bondad, verdad y justicia abandonen este mundo para unirse a Dios, porque así podemos seguirlas; y que la misericordia, verdad y fidelidad que antes había en el hombre ahora esté solamente en Dios, porque así podemos disfrutar de ellas en Dios. De ese modo, cuando la iniquidad se multiplica y va en aumento, aumenta también la justicia: *"Tu justicia es como los montes de Dios",* (36:6); cuando el mundo se resquebraja y rompe en pedazos, la justicia de Dios permanece sólida como una montaña. *"Tus juicios, como el gran abismo",* cuando la sociedad se convierte en un mar de confusión, los juicios del Señor son insondables como un abismo, en el que hombres y bestias pueden descansar de forma segura. *"Tú preservas, oh Señor, al hombre y al animal",* a pesar de que estamos viviendo una época en que la maldad de los hombres crece de forma imparable; es también una época para admirarnos del inmenso amor de Dios, que acoge con dulzura a los pecadores que se arrepienten clamando a él: ¡Oh, felices aquellos que se arrepienten, felices los que claman! Y así, aunque los hombres que habitan en la tierra claman «¡Qué mundo tan miserable!», los que habitan en

[30] Números 23:19.

[31] Traducción literal de la versión inglesa KJV: *"Thy mercy, O Lord, is in the heavens; and thy faithfulness reacheth unto the clouds"*.

– AMBROSIO DE MILÁN [340-397] hace esta peculiar interpretación de este versículo: «La misericordia tenemos que buscarla y alcanzarla en los cielos; la verdad hemos de recolectarla en los oráculos de los profetas, que cual nubes esparcidas dejan entrever solo de manera velada los misterios de la verdad y el conocimiento de Dios. El Altísimo *"Puso tinieblas por su escondedero, por cortina suya alrededor de sí; oscuridad de aguas, espesos nubarrones. Más por el resplandor de su presencia, sus nubes se deshicieron"* (Salmo 18:11-12). Antes de poder penetrar en los misterios de Dios debes empaparte con la lluvia de la fertilidad espiritual (Salmo 84-6), pues solo entonces, refrescado por el rocío del cielo, contarás con las capacidad necesaria para poder contemplar la luz divina».

– TEODORETO DE CIRO [393-458] comenta: «La verdad de Dios llega a los hombres a través de los escritores inspirados, que cual si fueran nubes, derraman sobre ellos lluvias de agua salvífica».

el cielo exclaman: *"¡Cuán preciosa, oh Dios, es tu misericordia!"* (36:7). A veces el Señor nos pone las cosas difíciles para que entendamos que nuestra única fuente de seguridad está en él.

WILLIAM SEDGWICK [1600-1668]
"The Excellency of the love of God", sermón incluido en la obra
"Some Flashes of Lightnings of the Son of Man", 1648

Vers. 5-9. De la ruindad de los malos el Salmista se vuelve ahora a la contemplación de la gloria de Dios. Y los contrastes son impresionantes.

C. H. SPURGEON

Vers. 6. ***Tu justicia es como los montes de Dios, tus juicios, abismo grande. Oh Jehová, al hombre y al animal conservas.*** *[Tu justicia es como los montes de Dios, tus juicios, como el gran abismo. Oh Jehová, a hombres y animales socorres.* RVR*] [Tu justicia es como los montes de Dios; tus juicios son como profundo abismo. Tú preservas, oh Señor, al hombre y al animal.* LBLA*] [Tu justicia es semejante a los montes de DIOS, tus juicios, al inmenso abismo. Tú, oh YHVH, preservas al hombre y la bestia.* BTX*] [Tu justicia es como las altas montañas; tus juicios, como el gran océano. Tú, Señor, cuidas de hombres y animales.* NVI*] [Es tu justicia como los altos montes, como el profundo abismo tus juicios; Señor, tú salvas a personas y animales.* BLP*] [Tu rectitud es como las poderosas montañas, tu justicia, como la profundidad de los océanos. Tú cuidas de la gente y de los animales por igual, oh Señor.* NTV*]*[32]

Tu justicia es como los montes de Dios.[33] Firmes e inamovibles, altos y sublimes. Así como los vientos huracanados no sacuden a los picos de los Alpes, la justicia de Dios no se ve afectada por las circunstancias; siempre es justa. ¿Quién puede sobornar al Juez de toda la tierra u obligarle con amenazas a prevaricar en su juicio? El Señor no quiso desviarse de su justicia ni para salvar a sus escogidos. El asombro que inspira un paisaje de montañas no puede igualar lo que siente el alma cuando ve al Hijo de Dios inmolado como víctima propiciatoria para reivindicar la justicia del Legislador inflexible. Cerrando el paso a cada hombre profano que sueña con llegar al cielo, se levanta imponente la cordillera de los Andes de la justicia divina, que ningún pecador no regenerado jamás podrá escalar. A veces por las laderas de las grandes montañas se deslizan temibles avalanchas, y los relámpagos prueban en las paredes de sus cimas la fuerza de su poder, hasta que la tormenta amaina y surgen de nuevo los picos imponentes e inalterables; así también el Señor acumula en las montañas de su justicia municiones de guerra terribles con las que abrumar a sus adversarios en el gran día de la ira.

Tus juicios, como el gran abismo. Los tratos de Dios con los hombres no deben ser comprendidos por los fanfarrones que demandan una razón para cada cosa. El Señor no admite ser interrogado

---

[32] Un pasaje paralelo de los libros deuterocanónicos nos ayuda a entender mejor las concepciones de los antiguos hebreo en este particular: *"Amas a todos los seres y no aborreces nada de lo que has hecho; si hubieras odiado alguna cosa, no la habrías creado. ¿Cómo podrían existir los seres, si tú no lo hubieras querido? ¿Cómo podrían conservarse, si tú no lo ordenaras? Tú tienes compasión de todos, porque todos, Señor, te pertenecen, y tú amas todo lo que tiene vida"*. (Sabiduría 11:24-26 versión 'Dios Habla Hoy').

[33] FRANZ DELITZSCH [1813-1890] indica que el sentido de כהררי־אל *kəharrêes-'êl,* que es un sintagma único de este Salmo, transmite la idea de montes altos cubiertos con árboles con hoja perenne, como en el Salmo 80:10: *"Los montes fueron cubiertos de su sombra, y con sus sarmientos los cedros de Dios"*, no simples colinas cuya vegetación y color cambia de invierno a primavera. El propósito es expresar la idea que la justicia de Dios es inmutable, estable y perenne (Salmo 111:3).

por nosotros respecto a por qué esto y por qué aquello. Tiene sus razones, pero no está dispuesto a someterlas a nuestra necia consideración. Las dispensaciones divinas son anchas, profundas, temibles e irresistibles cual el océano: tan pronto están en calma como las aguas de un mar de cristal; como encrespadas y sacudidas por la furia de la tempestad y el torbellino, pero siempre gloriosas y llenas de misterio. ¿Quién alcanzará a descubrir las fuentes del mar? Quien lo consiga quizá puede aspirar a comprender la providencia del Eterno.

¡Mar ignoto!
En tus cuevas oscuras, desconocidas y misteriosas,
y tus rincones secretos, profundos e insondables
donde jamás ha penetrado el ojo humano, nadie ha ido
y vuelto para poder contarnos sus maravillas.[34]

Con todo, así como las profundidades reflejan cual espejo el cielo azul, así la misericordia del Señor se ve reflejada en todas las disposiciones de su gobierno en la tierra, y sobre sus abismos más profundos arroja el arco iris del pacto como consuelo, porque el Señor es fiel en todo lo que hace.

Tú preservas, oh Señor, al hombre y al animal.[35] Todas las miríadas de criaturas, racionales e irracionales, son alimentadas por la mano de Jehová. Las incontables bestias, las innumerables aves, la inconcebible abundancia de peces, y los ejércitos infinitos de insectos, todos ellos deben su continuidad de vida a las intervenciones incesantes del poder divino. ¡Qué imagen tan sublime de Dios dibuja esto ante nosotros! ¡Qué criatura tan depravada ha de ser aquel que no ve en todo ello ningún rastro de Dios, y no siente ningún temor de él!

C. H. SPURGEON

[34] La cita procede del conocido poema *"The Course of Time"* del poeta escocés ROBERT POLLOCK [1798-1827], Book VII.

[35] En hebreo אָדָם־וּבְהֵמָה תוֹשִׁיעַ יְהוָה *'āḏām-ūḇəhêmāh ṯōwōšîa' Yahweh.*

– SCHÖKEL dice al respecto: «La bina *"hombres y animales"* domina en el relato del diluvio (Génesis 6:7; 7:23; 8:1; 9:2, 5). […] Del cuidado de Dios por los animales habla con elocuencia Sal 104:27-30».

– WILLIAM LANGLAND [1332-1400], poeta inglés del siglo XIV famoso por su poema alegórico *"Piers Plowman"* donde critica la explotación de la que eran objeto en su época los campesinos por parte de los nobles y de la Iglesia, traducido a numerosos idiomas incluido en español como "Pedro el labrador", cita en la Sección v de su poema la segunda parte de este versículo siete del Salmo 36 en versión latina de la Vulgata: *"Homines, et jumenta salvabis Domine; quemadmodum multiplicasti misericordiam tuam, Deus"*. El protagonista contempla en sueños un campo inmenso lleno de gente en el cual los pecadores son empujados a la confesión y al arrepentimiento, mientras los santos en la tierra y junto con los que están ya en la gloria entonan al unísono en alabanza estas palabras: *"A los hombres y a las bestias salvarás, Señor, según has multiplicado tu misericordia, oh Dios"*.

– ARNOBIO EL JOVEN [siglo v] hace al respecto este singular comentario: «Cristo es esa verdad inmutable, cuya justicia es como los montes de Dios y cuyos juicios son como un profundo abismo, porque vino a salvar por igual *"a los hombres y las bestias"*, esto es, a judíos y gentiles. Pues incluso aquellos que en el pecado de Adán estaban *"excluidos de la ciudadanía de Israel y extranjeros en cuanto a los pactos de la promesa, sin esperanza y sin Dios en el mundo"* (Efesios 2:12), ahora *"se amparan bajo la sombra de tus alas"* (36:7), es decir, bajo la amplitud de sus manos clavadas en la cruz».

Tu justicia es como los montes.[36] En traducción literal *"como los montes de Dios"*, que los hombres no han situado y que por tanto, tampoco pueden mover de su lugar.

CRISTOPHER WORDSWORTH [1807-1885]
"Commentary on the Whole Bible", 1856

Tus juicios, como el gran abismo.[37] Los pecados de los hombres son un abismo profundo,[38] y los caminos de Satanás son llamados *"las profundidades"*;[39] pero los juicios de Dios, sus designios,[40] son el más profundo de todos los abismos, son insondables.

WILLIAM GREENHILL [1591-1677]
"Exposition of the prophet Ezekiel, with useful observations thereupon", 1846

Vers. 7. *¡Cuán preciosa, oh Dios, es tu misericordia! Por eso los hijos de los hombres se amparan bajo la sombra de tus alas.* *[¡Cuán preciosa, oh Dios, es tu misericordia! Por eso los hijos de los hombres se amparan bajo la sombra de tus alas.* RVR*] [¡Cuán preciosa es, oh Dios, tu misericordia! Por eso los hijos de los hombres se refugian a la sombra de tus alas.* LBLA*] [¡Oh Elohim, cuán preciosa es tu misericordia! Por eso los hombres se amparan bajo la sombra de tus alas.* BTX*] [¡Cuán precioso, oh Dios, es tu gran amor! Todo ser humano halla refugio a la sombra de tus alas.* NVI*] [¡Qué espléndido es tu amor, Señor! Bajo tus alas se refugian los humanos.* BLP*] [¡Qué precioso es tu amor inagotable, oh Dios! Todos los seres humanos encuentran refugio a la sombra de tus alas.* NTV*]*

---

[36] La versión inglesa KJV traduce *"Thy righteousness is like the great mountains"*, omitiendo *"de Dios"*, pero el texto hebreo dice claramente צִדְקָתְךָ כְּהַרְרֵי־אֵל *ṣiḏqāṯəḵā kəharrê-'êl.* De ahí el comentario de Wordsworth puntualizando *"de Dios"*.

[37] En hebreo תְּהוֹם *təhōwm,* el mismo sintagma hebreo utilizado en Génesis 1:2 cuando dice que el Espíritu de Dios se movía: *"sobre la superficie del abismo"*. KRAUS hace esta curiosa traducción: *"tus juicios, como el gran océano primitivo"*. Sus juicios, esto es, los castigos que impone su justicia vindicativa, son tan inescrutables como el gran abismo, y no puede extenderse a ellos la corta plomada de nuestra débil inteligencia. Como dice el apóstol: *"¡Oh profundidad de las riquezas de la sabiduría y del conocimiento de Dios! ¡Cuán inescrutables son sus juicios, e insondables sus caminos!"* (Romanos 11:33). Dice:

– CASIODORO [485-583]: «El abismo es una fosa de aguas profundas en medio del mar, que no podemos ver con nuestros ojos ni medir con nuestros medios. ¿Quién sería capaz de sondear las profundidades del océano ni medir la extensión de sus aguas? Eso es lo que sucede con los juicios divinos, nuestra mente no puede abarcarlos ni nuestra razón humana comprenderlos».

[38] Salmo 69:2; 130:1; Isaías 38:17 LBLA.

[39] Apocalipsis 2:24.

[40] El texto original inglés dice: *"his ways in the wheels"*, "sus caminos en las ruedas". Greenhill, aunque hace referencia al Salmo 36:6, en realidad está comentando el capítulo uno del libro del profeta Ezequiel, concretamente el versículo diecisiete, donde el profeta describe los movimientos de las ruedas que contempló en su visión: *"Cuando andaban, se movían hacia sus cuatro costados; no se volvían cuando andaban"* (Ezequiel 1:17). Hay que entender el comentario dentro de este contexto en el que recurre al Salmo 36:6 como referencia a lo inexplicable de los misterios de Dios. Hemos traducido "designios" para facilitar la comprensión.

¡Cuán preciosa, oh Dios, es tu misericordia![41] Entramos aquí en el Lugar Santísimo del salmo. La misericordia, longanimidad y justicia de Dios están por todas partes, pero la preciosidad de esa misericordia tan solo la conocen aquellos cuya fe ha levantado el velo y han contemplado la presencia del Señor en todo su esplendor; únicamente ellos pueden constatar lo precioso de la misericordia divina. Ninguna gema puede equipararse en valor al amor del Dios. Es el brillante inefable que lucen los ángeles. Las joyas de la corona[42] no son más que guijarros inútiles si las comparamos con las misericordias entrañables de Jehová. David no pudo apreciar la misericordia del Señor en toda su magnitud, y por tanto, circunscribe la frase entre signos de admiración, para que nuestros corazones y nuestra imaginación vuelen libremente, o mejor aún, nuestra propia experiencia haga el resto. Se limita a escribir *"¡Cuán preciosa!"* porque no podía contarnos ni la mitad de cuán preciosa es realmente.

Por eso los hijos de los hombres se refugian a la sombra de tus alas. La mejor de las razones para la mejor de las acciones. ¡La figura es de lo más hermoso! El Señor cubre con su sombra a su pueblo como la gallina protege a sus polluelos,[43] o el águila cubre a sus crías.[44] Y nosotros nos apresuramos cual polluelos a refugiarnos bajo tan bendita protección y encontramos en ella reposo. ¡Acurrucarse bajo las alas de Dios es lo más dulce que pueda haber! Pues quienes anidan bajo las alas del Señor, aunque el enemigo les supere con creces, jamás sienten el miedo. ¡Ojalá más personas de nuestra desdichada raza de Adán alcanzaran a conocer la excelencia de este refugio celestial! Ver cómo su generación lo rechazaba hizo llorar a Jesús;[45] y bien podemos lamentar nosotros con nuestras lágrimas el mismo mal.

C. H. SPURGEON

¡Cuán preciosa, oh Dios, es tu misericordia! Los términos de esta exclamación, que denota la abundancia de las bendiciones divinas otorgadas al justo, parecen salidos directamente del templo, el lugar donde estaba previsto que se entonaran. Y merecen permanecer protegidos en el recinto del templo, bajo las alas de los querubines. La riqueza de los sacrificios, los chorros de aceite, vino, olores, etc., y la luz del candelabro de oro, están claramente reflejados en ellas.

SAMUEL BURDER [1773-1836]
"Oriental Customs or An illustration of the Sacred Scriptures", 1804

---

[41] En hebreo מַה־יָּקָר חַסְדְּךָ אֱלֹהִים *mah-yāqār ḥasdəḵā 'ĕlōhîm.* La RVA traduce la palabra hebrea יָקָר *yāqār* por "ilustre"; y la versión inglesa KJV por "excelente": *"How excellent is thy lovingkindness, O God!"*, pero el propio Spurgeon indica en su comentario que la traducción más correcta es "preciosa", que es la que utilizan todas las versiones y revisiones españolas actuales. Por otra parte, la palabra חַסְדְּךָ *ḥasdəḵā* de חֶסֶד *checed* que traducimos por "misericordia" tiene también un sentido de lealtad, como vemos en 2ª Samuel 16:17: *"¿Esta es tu lealtad para con tu amigo?"* (NVI/LBLA), por lo que algunos traducen: *"¡Cuán excelente es la lealtad de tu pacto, oh Dios!"*.

[42] En el original: *"King's regalia"*. Procede del latín *"Iura Regalia"* "Derecho Real" o "Derechos de la Realeza". Se utiliza para identificar los símbolos del poder real, como la espada, el cetro y la corona; y en un sentido moral las facultades de ejercicio de ese poder, a los que se confieren un carácter sagrado. Las repúblicas mantienen símbolos equivalentes que otorgan e imponen a sus presidentes como la banda presidencial o los grandes sellos. Por el contexto nos ha parecido que Spurgeon se refiere a lo que se conoce como *"Crown Jewels of the United Kingdom"*, un conjunto de 141 objetos: joyas, coronas, insignias y otros elementos pertenecientes a la Casa Real Británica y que se conservan la Torre de Londres, por lo que nos ha parecido más apropiado traducir "joyas de la corona".

[43] Salmo 17:8; 91:4.

[44] Deuteronomio 32:11; Salmo 57:1; 61:4; 63:7.

[45] Lucas 13:34

Por eso los hijos de los hombres se refugian a la sombra de tus alas. El término hebreo כְּנָפֶ֫יךָ *kənāp̄eḵā* de כָּנָף *kanaph* significa "volar", y esta es precisamente la idea que quiere transmitirnos el salmista: levantar el vuelo para refugiarse en un lugar seguro: como los polluelos que intuyen el peligro revolotean para situarse bajo las alas de la gallina: *"bajo cuyas alas has venido a refugiarte"*.[46] El pajarillo indefenso, perseguido por el milano y en peligro de ser devorado, corre a situarse bajo la sombra de su madre. Así es con el pecador cuando la fe despierta su conciencia, se siente perseguido por la ira y el juicio; sabe que caerán sobre él y perecerá sin remedio. ¡Oh, qué triste la condición del alma en esta situación! Pero de pronto ve a Cristo que extiende sus alas para brindar protección a los pecadores que perecen; y le escucha en las palabras del Evangelio invitándole a refugiarse bajo su sombra.[47] ¡Oh, cuán dulce le suena ahora esta voz (aunque durante tanto tiempo se negara en su necedad a escucharla)! La escucha, y la obedece, vuela hacia Cristo en busca de refugio, y bajo sus alas se siente absolutamente seguro: *"¡Cuán preciosa, oh Dios, es tu misericordia! Por eso los hijos de los hombres se amparan bajo la sombra de tus alas"*.

DAVID CLARKSON [1621-1686]
"The practical works of David Clarkson", 1865

A la sombra de tus alas. Una figura muy común en los Salmos,[48] en mi opinión, tomada de las alas de los querubines que cubrían el propiciatorio en el arca;[49] pero también de observar las aves, que defienden a sus crías de los rayos solares haciéndoles sombra con sus alas.

FRANCIS HARE [1671-1740]
"The Psalms in Hebrew", 1736

Por eso los hijos de los hombres se refugian a la sombra de tus alas.

En celda solitaria me encuentro detenido,
atado por amor a Cristo, testigo a su verdad;
las paredes son gruesas, mas las puertas abiertas:
Dios es mi fuerza, mi reposo y solaz. [50]

JERONIMUS SEGERSON, 1551

[46] Rut 2:12.

[47] Dicen los Padres de la Iglesia:

– ATANASIO DE ALEJANDRÍA [296-373]: «Todo los seres humanos hallan esperanza *"bajo la sombra de sus alas"*, es decir, tienen a Cristo como su ayuda y protección (Salmo 54:4); siendo iluminados y saciados espiritualmente en él y por él, que es luz verdadera (Juan 8:12) y fuente de vida eterna (Juan 4:13-14)».

– CIRILO DE ALEJANDRÍA [376-444]]: «Durante los años que pasó el Hijo de Dios en la tierra, la misericordia divina abundó y se prolongó de tal manera (36:10), que ahora todos los hombres encuentran refugio bajo las alas de Dios».

[48] En hebreo בְּצֵל כְּנָפֶיךָ *bəṣêl kənāp̄eḵā,* un sintagma preposicional Salmo 17:8; 36:7; 57:1; 61:4; 63:7. Ver también Salmo 91:4 y Deuteronomio 32:11; Lucas 13:34.

[49] Éxodo 25:17-22.

[50] Este poema forma parte de una de las cartas que Jeronimus Segerson escribió a su esposa Lysken Dirks, una pareja de creyentes bautistas ambos presos en una cárcel de Amberes por el delito de haber contraído matrimonio en su propia iglesia, contraviniendo el decreto del Emperador Carlos V que bajo las normas del Concilio de Trento obligaba a hacerlo en una parroquia católica. La respuesta de ella es reveladora: «Mi

Vers. 8. ***Serán completamente saciados de la grosura de tu casa, y tú los abrevarás del torrente de tus delicias.*** *[Serán completamente saciados de la abundancia de tu casa, y tú los abrevarás del torrente de tus delicias.* RVR*] [Se sacian de la abundancia de tu casa, y les das a beber del río de tus delicias.* LBLA*] [Serán completamente saciados con la grosura de tu Casa, y los abrevarás del torrente de tus delicias.* BTX*] [Se sacian de la abundancia de tu casa; les das a beber de tu río de deleites.* NVI*] [Con los manjares de tu casa se sacian, con el río de tus delicias apagas su sed.* BLP*] [Los alimentas con la abundancia de tu propia casa y les permites beber del río de tus delicias.* NTV*]*[51]

---

querido esposo en el Señor, con quien me casé delante de Dios y de su pueblo, pero con quien dicen que he vivido en el adulterio, porque no estábamos casados delante de Baal; el Señor dice: *"Bienaventurados seréis cuando por mi causa os vituperen y os persigan, y digan toda clase de mal contra vosotros, mintiendo. Gozaos y alegraos, porque vuestro galardón es grande en los cielos"».* Jeronimus Segerson fue quemado vivo por hereje en 1551. (Fuente: *"Memorials of Baptist martyrs. With a preliminary historical essay"* por JOSEPH BELCHER [1794-1859] y J. NEWTON BROWN [1803-1868], 1850).

[51] La versión griega de los LXX o Septuaginta sustituye el verbo hebreo יִרְוְיֻן *yirwəyun*, "saciados" por el griego μεθύω, "embriagados" y lee: μεθύω ἀπό πιότης ὁ οἶκος σύ καί ὁ χειμάρρους ὁ τρυφή σύ ποτίζω αὐτός que la Vulgata traduce al latín como: *"Inebriabuntur ab ubertate domus tuae, et torrente voluptatis tuae potabis eos",* "Serán embriagados de la abundancia de tu casa, y les darás a beber del torrente de tus delicias". Algunos Padres de la Iglesia y comentaristas antiguos enlazan este *"serán embriagados"* con los textos de Hechos 2:13.21 y Efesios 5:18-20: *"no os embriaguéis con vino, en lo cual hay libertinaje; antes bien, sed llenos del Espíritu..."* dando pie a comentarios tan interesantes como estos:

– AMBROSIO DE MILÁN [340-397]: «Buena cosa es embriagarse en la copa de la salvación (Salmo 116:13). Hay una embriaguez espiritual que emana de ingerir las riquezas de conocimiento de la Escritura; y otra que brota de la llenura del Espíritu Santo. En los Hechos de los Apóstoles leemos que aquellos que hablaban en otras lenguas, según el Espíritu les daba que se expresasen, fueron objeto de burla por algunos que pensando que estaban borrachos exclamaron: *"Van llenos de vino"* (Hechos 2:4,13). La *"casa"* a la que hace referencia el salmista es la Iglesia; *"la abundancia de tu casa"* es el desbordamiento de la gracia; y *"el torrente de tus delicias"* es el Espíritu Santo».

– AGUSTÍN DE HIPONA [354-430] comenta: «¿Qué es lo que quiere decirnos el salmista con: *"Serán embriagados de la abundancia de tu casa"*? Algo quiere decir, pero no lo dice. ¿Es que no puede? ¿O quizá somos nosotros que no lo entendemos? Algo inefable y sublime que los santos de la antigüedad vislumbraron muy veladamente, pues aún en esta dispensación de la gracia el apóstol Pablo nos dice que: *"Ahora vemos mediante espejo, borrosamente; mas entonces veremos cara a cara"* (1 Corintios 13:12). Lo que hicieron, por tanto, fue transmitirnos en la mejor manera aquello que veían veladamente. El salmista buscó una figura terrenal adecuada para expresar lo que veía, y la encontró en la embriaguez, en el beber vino con desmesura que lleva a perder el control de la mente. Pues cuando se apodera de nosotros el gozo inefable que desciende del cielo, de algún modo, le mente humana queda anulada, es sustituida por la mente divina y embriagada por la abundancia de la casa de Dios. Como leemos en otro salmo: *"Ungiste con óleo mi cabeza, y el cáliz que me embriaga ¡que excelente es!"* (Salmo 23:5 – Vulgata). Embriagados los mártires por este cáliz, cuando eran llevados al suplicio, ni siquiera atendían las súplicas de sus familiares. ¿Quién puede estar tan ebrio como para no enternecerse ante su esposa que llora, ante sus hijos que gimen desconsolados, y sus padres que le imploran? Ni aún les miraban o reconocían, cual si no estuvieran ante ellos, como si fueran ciegos o no tuvieran ojos. Estaban ebrios. ¿Por qué? Porque habían bebido del *"cáliz que embriaga"*. De ahí que él salmista exclame: *"¿Qué pagaré al Señor por todos sus beneficios para conmigo? Levantaré la copa de la salvación, e invocaré el nombre del Señor"* (Salmo 116:12-13). Así que, hermanos, protegidos bajo la sombra de sus alas, embriaguémonos con la abundancia de su casa».

Serán completamente saciados de la abundancia de tu casa. Quienes aprenden a poner su confianza en Dios son recibidos en su casa, y participan de la provisión allí dispuesta. La morada del Señor no está limitada a ningún lugar en concreto y, por tanto, reside donde residamos y, si somos creyentes, podemos considerar nuestra morada como una habitación más dentro de la casa inmensa del Señor. Y, tanto en la providencia como en la gracia, nuestra alma hallará contentamiento en los suministros facilitados al vivir por fe en la cercanía al Señor. Y si consideramos que la asamblea de los santos es peculiarmente la casa de Dios, los creyentes hallarán en el culto cristiano el alimento espiritual más rico a que puedan aspirar. ¡Feliz el alma que puede beber del agua de vida[52] y comer los suntuosos manjares del Evangelio,[53] pues nada hay comparable que la pueda saciar!

Y les das a beber del río de tus delicias.[54] Disponen de los frutos del Edén para alimentarse, y tendrán también el río del Paraíso[55] para beber. El amor sempiterno de Dios nos aporta un consuelo amplio y constante del que la gracia hace que bebamos por medio de la fe, con lo cual nuestro deleite se intensifica por ser de la mejor clase. El Señor no solo nos conduce a este río, sino que nos hace

---

– CASIODORO [485-583] dice: «La expresión *"se embriagarán"* nos suena mal, porque la identificamos con en hábito pecaminoso de ingerir vino en desmesura hasta perder el equilibrio del cuerpo y el sentido de la razón, hasta que la mente ya no responde como es debido. Pero el salmista la utiliza aquí para describir el rol de personas buenas y santas. Porque así como la embriaguez por el vino nos lleva a perder el sentido de nuestras acciones materiales, esa *"embriaguez"* espiritual de la que nos habla el salmista nos conduce a olvidarnos de las cosas de este mundo, alejando nuestra mente de las tentaciones de la carne. (…) Por tanto, ¡bendita embriaguez digna de toda alabanza! ¡Bendita embriaguez! Deberíamos anhelarla e implorarla en todas nuestras oraciones: porque de ella brotan integridad y modestia; de ella surge el perfecto equilibrio de la mente! Es una embriaguez que no produce confusión ni titubeos, que no provoca delirios; que no causa ofuscación; al contrario, hace que el alma se vuelva más perfecta cuanto más embriagada está. Bebamos pues con avidez de esa poción, no con nuestros labios materiales sino con los afectos puros de nuestro corazón; pues no se gustan al sorberla los placeres temporales, sino que se anticipan los goces de la vida eterna».

[52] Juan 4:14.

[53] Juan 6:32-35; 52-56.

[54] En hebreo וְנַחַל עֲדָנֶיךָ *wənaḥal ʿăḏāneḵā,* de נַ֫חַל *nachal,* "torrente", y עֲדָנִים *eden,* "delicia"; un sintagma único que aparece exclusivamente en este Salmo. Dice:

– AGUSTÍN DE HIPONA [354-430]: «*"Y los abrevarás del torrente de tus delicias"* Un torrente es una corriente de agua que baja impetuosa. Así también la misericordia divina baja impetuosa para abrevar a los que sedientos ponen en ella su esperanza, refugiándose bajo la sombra de sus alas. ¿Y cuáles son las delicias? Es un torrente que embriaga en el espíritu a los que beben de él. Por tanto, el que tenga sed que redoble su esperanza; porque antes de alcanzar la realidad se embriagará de tal modo en la esperanza, que para él, la esperanza será como realidad. *"Bienaventurados los que tienen hambre y sed de justicia, porque ellos serán saciados"* (Mateo 5:6) ¿Y de qué fuente serán saciados, y de dónde mana un torrente tan abundante de delicias? Porque en ti está la fuente de la vida. ¿Quién es la fuente de la vida, sino Cristo? Él se encarnó y vino a ti para rociar tu garganta sedienta; saciará al que tiene esperanza, él, que roció al que tenía sed. *"Porque en ti está el manantial de la vida, y en tu luz veremos la luz"*. Aquí en la tierra una cosa es una fuente y otra una luz; pero en el cielo no será así, pues la fuente y la luz son una sola cosa. Y esto es difícil de explicar en términos humanos, no existe un término que lo abarque. Pero lo que es fuente es también luz, y lo que es luz, a su vez es también fuente: fuente porque sacia a los sedientos; luz porque ilumina a los ciegos. En este mundo puede que a veces tengas que beber sin luz de fuentes que fluyen en las más profundas tinieblas; y otras veces, deslumbrado por la luz del Sol, no hallarás en pleno desierto la fuente que tanto necesitas; porque aquí ambas cosas van por separado, Pero allí, no te abrasará la sed porque la luz es fuente; y no beberás en tinieblas porque la fuente es luz».

[55] Salmo 46:4; Ezequiel 47:1; Apocalipsis 7:17; 22:1,17.

beber de él: una demostración de la condescendencia de su amor divino. En el sentido más amplio, estas palabras tendrán su cumplimiento total cuando lleguemos al cielo; pero los que confían en el Señor disfrutan ya del entremés incluso aquí en la tierra. La felicidad dada a los fieles es la del propio Dios; los espíritus purificados se gozan con el mismo gozo que el Señor mismo: *"Que mi gozo esté en vosotros, y vuestro gozo sea perfecto"*.[56]

C. H. SPURGEON

Serán completamente saciados de la grosura[57] *de tu casa, y tú los harás beber del río de tus delicias.* Remarquemos en primer lugar *la excelencia* de la provisión: *"de la grosura de tu casa"* y *"del río de tus delicias"*. De la *"grosura"*, esto es, la parte de la comida más estimada y excelente; la parte que la ley prescribía que debía ser ofrecida al Señor en los sacrificios.[58] Dios espera de nosotros lo mejor, y a cambio nos ofrece lo mejor. La grosura significa aquí *"la buena parte"*,[59] la crema de todos los manjares espirituales. Esto es lo que hacía que David, tras disfrutar de verdaderos festines espirituales, cantara con tanto regocijo: *"Como de meollo y de grosura será saciada mi alma, y con labios de júbilo te alabará mi boca"*.[60] Y si Dios elige lo mejor de su casa para saciar el hambre de su pueblo, ¡qué especial cuidado tendrá para calmar su sed!: *"Los harás beber del río de tus delicias"*. ¡El Señor bebe con ellos, y ellos le rinden pleitesía en su misma copa! ¿Tiene sentido, entonces, que habiendo el Padre dispuesto tan suntuosa mesa, los hijos abandonen estos manjares deliciosos para irse a mendigar sobras y migajas por todo el país? ¡Oh, qué forma más ingrata de menospreciar la provisión de su Padre celestial!

Y, en segundo lugar, lector, además de *la excelencia,* quiero remarcar también *la abundancia,* de esta provisión. Pues aquí tenemos la grosura en su esencia: un *"río de delicias",* del cual todos los que disfrutan son saciados y ¡plenamente satisfechos! Un río es algo desbordante; fluye constantemente, su agua corre sin cesar y, no obstante, nunca se vacía. Se nutre de manantiales y fuentes, por lo que no es de extrañar que siempre esté rebosante; quienes se abrevan en él jamás tienen que quejarse por falta de agua. Pero no solo habla el salmista de la *"grosura"* y del *"río",* sino también de los que beben, del pueblo de Dios. Dice que ellos *"serán saciados"; ¿*y quienes son *"ellos"*? Su pueblo. En el texto original hebreo la palabra יִרְוְיֻן *yirwəyun* רָוָה *ravah* tiene el sentido de "embriagados".[61] Es decir, no solo tendrán suficientes, sino una redundancia de delicias espirituales, hasta embriagarse. Las vasijas de su alma se llenarán hasta el borde con las delicias de este río, cuyas corrientes alegran la ciudad de Dios.[62] Por tanto, quienes podemos disponer en la casa del Padre de pan en semejante abundancia, suficiente y de sobra, hecho de trigo seleccionado,[63] de la flor de harina, no tenemos razón para añorar la comida tosca. En la casa del Padre no se pasa hambre ninguna, como para que tengamos necesidad de ir arrastrándonos recogiendo migajas por este mundo.

GEORGE SWINNOCK [1627-1673]
"The Christian Man's Calling", 1665

[56] Juan 15:11, LBLA.
[57] Así traducen la RVA y la versión inglesa KJV: *"with the fatness of thy house"*.
[58] Levítico 3:16; 4:35.
[59] Lucas 10:42.
[60] Salmo 63:5.
[61] Así lo traduce la RVA: *"Embriagarse han de la grosura de tu casa"*.
[62] Salmo 46:4.
[63] En el original, *"of the kidneys of the wheat"*.

Serán completamente saciados de la abundancia de tu casa. Escuché en cierta ocasión de labios de un padre la historia de cuando se trasladó con su familia a una nueva residencia, en la cual las estancias eran mucho más amplias, con muebles, enseres y provisiones mucho más ricas, abundantes y variadas que en la anterior. Contaba que su hijo menor, muy pequeño aún, corría de un lado para otro, desbordante de entusiasmo, examinando todas las cosas nuevas, y exclamando con asombro infantil a cada descubrimiento: «¿Todo esto es nuestro, padre?, ¿de veras es nuestro?». No decía «tuyo», sino «nuestro». Y observé que el padre, al contar la historia, no se sentía molesto por la libertad con la que el niño hacía «suyas» todas las cosas que iba descubriendo, al contrario, pude ver en sus ojos la satisfacción que le producía la confianza del niño al considerar que todo lo que pertenecía a su padre era también suyo.

Así debe ser, imagino, la sorpresa, el gozo y la confianza con que los hijos de la familia de nuestro Padre contaremos todo lo que es de Él como propio cuando seamos mudados de la condición relativamente humilde en la que estamos en el presente, a la realidad infinita de la vida venidera. Cuando las glorias del cielo irrumpan ante nuestros ojos, no nos mantendremos cual extraños a una distancia prudente, diciendo; «¡Oh Dios mío, ¿todas estas cosas son tuyas?», sino que daremos un salto hacia adelante y tocaremos todas las provisiones que contenga la mansión bendita, exclamando al mirar el rostro de nuestro Padre: «Padre, ¿todo esto es nuestro?» El hijo de Dios se siente contento y satisfecho con todas las riquezas de su Padre, y el Padre más contento aún del gozo de sus hijos.

WILLIAM ARNOT [1808-1875]
"Laws from Heaven for Life on Earth", 1858

De grosura de tu casa. Si hemos de ver aquí una alusión al templo, como opina Hupfeld,[64] *"gordura"* equivaldría en este caso a *"sacrificio"*[65] y siguiendo la analogía que encontramos en Jeremías, los sacerdotes serían los creyentes: *"Y llenaré con abundancia el alma de los sacerdotes, y mi pueblo se saciará de mi bondad"*.[66]

JOHN JAMES STEWART PEROWNE [1823-1904]
"Commentary on the Book of Psalms", 1864

De grosura de tu casa. Entre los antiguos judíos, al igual que entre todas las demás naciones de la antigüedad, la grasa era considerada como la parte más rica y nutritiva de los animales y, por tanto, se convirtió en sinónimo de excelencia, la parte de mayor calidad, lo mejor de cualquier cosa.

CHRISTIAN DAVID GINSBURG [1831-1914]
en *"Kitto's Cyclopaedia of Biblical Literature"*, 1866

"De tu casa". Una expresión enfática que alude a lo dispuesto para los miembros de la familia, para los criados más fieles. No las múltiples cosas buenas que Dios ha creado para disfrute de todos los seres humanos; sino lo que ha dispuesto de manera exclusiva para disfrute de aquellos que forman parte de la familia divina.

JOHANNES PISCATOR [1546-1625] Y HENRICUS MOLLERUS [1530-1589]
"Enarrationis Psalmorvm Davidis, ex praelectionibvs", 1639

---

[64] Se refiere a HERMANN HUPFELD [1796-1866] erudito teólogo, comentarista y orientalista alemán. Publico numerosos estudios crítico sobre el Antiguo Testamento, aunque su más famosa y conocido trabajo es sobre los salmos *"Die Psalmen. Übersetzt und ausgelegt"*, 1861.

[65] Levítico 3:16; 4:35.

[66] Jeremías 31:14.

Delicias. La palabra hebrea עֲדָנֶיךָ ‘ăḏāneḵā viene de עֲדָנִים *eden,* deleite, delicia, y עֵדֶן *Eden,* y así se traduce en Génesis,[67] como "Edén". Tan solo que en el Salmo 36:8 está en plural.

DALMAN HAPSTONE

"The Ancient Psalms in appropriate metres: A strictly literal translation from the Hebrew, with explanatory notes", 1867

Serán completamente saciados de la grosura[68] *de tu casa, y tú los harás beber del río de tus delicias.* Se cuenta de uno de los Padres de la Iglesia al que preguntaron cómo sería el cielo, que respondió: «¿Queréis saber cómo es el cielo? Cuando nos encontremos allí os lo explicaré». El mundo venidero, dicen los rabinos, es un mundo donde todo es perfecto. He leído de alguien que de buen grado nadaría a través de un mar de azufre para llegar al cielo, porque allí, y solo allí, están la perfección y la felicidad. ¿Pues qué son las sedas de Persia, las especias de Egipto, el oro de Ofir[69] y los tesoros de las Indias, al lado de la gloria del mundo venidero? Cuenta Agustín[70] que estando un día a punto de escribir sobre el Salmo 36:8: *"los harás beber del río de tus delicias",* quedó absorto en la contemplación de los goces del cielo, cuando de pronto sintió que alguien le llamaba gritando su nombre; preguntó quién le llamaba, y su interlocutor respondió: «Soy Jerónimo, con quien en vida debatiste tantas dudas sobre Escritura. Ahora estoy en posición de responderte a cualquiera sobre los goces del cielo; pero antes deja que te haga una pregunta: ¿Eres tú capaz de poner toda la tierra, y todas las aguas del mar dentro de una olla? *¿Eres capaz de medir las aguas en el hueco de tu mano y abarcar los cielos con tu palmo, en un tercio de medida juntó el polvo de la tierra, de pesar los montes con balanza y con pesas los collados?*[71] Si no, tampoco eres capaz de que tu limitada comprensión humana alcance a entender el menor de los goces del cielo; pues hasta el menor de los goces del cielo es inconcebible en términos terrenales e inexpresable con palabras humanas».

THOMAS BROOKS [1608-1680]

"The Crown and Glory of Christianity or Holiness, the Only Way to Happiness", 1662

Vers. 9. *Porque contigo está el manantial de la vida; en tu luz veremos la luz.* *[Porque de ti brota el manantial de la vida; en tu luz vemos la luz.* RVR*] [Porque en ti está la fuente de la vida; en tu luz vemos la luz.* LBLA*] [Porque contigo está el manantial de la vida, en tu luz veremos la luz.* BTX*] [Porque en ti está la fuente de la vida, y en tu luz podemos ver la luz.* NVI*] [Pues la fuente de la vida está en ti, por tu luz vemos nosotros la luz.* BLP*] [Pues tú eres la fuente de vida, la luz con la que vemos.* NTV*]*

Porque en ti está la fuente de la vida.[72] Igual que el primer capítulo del evangelio de Juan, este versículo es simple en palabras, pero insondable en su significado. Cual de un fructífero manantial

---

[67] Génesis 2:8,10,15; 3:23-24; 4:16; Isaías 51:3; Ezequiel 28:13; 31:9,16,18; 36:35; Joel 2:3.

[68] Así traducen la RVA y la versión inglesa KJV: *"with the fatness of thy house"*.

[69] Puerto o región de donde el rey Salomón recibía oro para la edificación del templo. 1 Reyes 9:28; 10:11; 22:48; 1 Crónicas 29:4; 2 Crónicas 8:18; Job 22:24; 28:16, Salmos 45:9; Isaías 13:12.

[70] Se refiere a AURELIUS AUGUSTINUS [354-430], más conocido como SAN AGUSTÍN O AGUSTÍN DE HIPONA uno de los cuatro más importantes Padres de la Iglesia latina y uno de sus más eminentes doctores. Gran apologista cristiano, sus escritos suponen la primera gran síntesis entre el cristianismo y la filosofía platónica.

[71] Isaías 40:12.

[72] En hebreo כִּֽי־עִ֭מְּךָ מְק֣וֹר חַיִּ֑ים *kî‘imməḵā məqōwr ḥayyîm.* Aunque el sintagma hebreo refiriéndose a Dios como *"el manantial de la vida"* es exclusivo de este Salmo, la figura de *"manantial de vida"* es bastante

independiente y autosuficiente, del Señor brota la vida. De él procede la existencia de toda criatura viviente, que es sustentada por él, y que únicamente a través de él puede ser perfeccionada. La vida está en las criaturas, pero su fuente tan solo en el Creador. Algo que es peculiar y rotundamente cierto cuando hablamos de la vida espiritual: *"El Espíritu es el que da vida"*;[73] *"Porque habéis muerto, y vuestra vida está escondida con Cristo en Dios"*.[74]

En tu luz vemos la luz.[75] La luz es la gloria de la vida, pues la vida en la oscuridad es miserable, y en las tinieblas es preferible la muerte que la vida. Solo el Señor puede otorgar vida: física, intelectual

---

común en los Proverbios 10:11; 13:14; 14:27; 16:22. Asociado a la idea de *"de agua viva"* en Jeremías 2:13; 17:13. Y por supuesto Juan 4:13-15. Ver también Isaías 12:3; 41:18; Ezequiel 47:1-12; Joel 3:18.

[73] Juan 6:63.

[74] Colosenses 3:3.

[75] En hebreo בְּאוֹרְךָ נִרְאֶה־אוֹר *bə'ōwrkā nir'eh-'ōwr.* El paralelismo está en que de la misma manera que Dios es *"el manantial de la vida"*, es también la fuente de la luz absoluta. Kraus traduce: *"en tu luz contemplamos la luz"* Y Schökel comenta sobre el sentido del texto hebreo «la expresión *("y a tu luz vemos la luz")* es más sugestiva que lógica. Como si una luz superior y total iluminase los ojos para hacerlos capaces de ver su luz». Ver Juan 1:4; 8:12; 9:5; Apocalipsis 22:3. Los Padres de la Iglesia y comentaristas antiguos vieron en estas palabras: *"en tu luz veremos la luz"* una clara alusión a la doctrina de la Trinidad:

– Orígenes [185-254]: «¿Y a qué otra luz de Dios en la cual podamos ver la luz puede referirse, sino a ese poder divino en particular que cuando ilumina a una persona la conduce a ver con claridad la verdad de todas las cosas y a conocer a Dios como la Verdad absoluta? Este es el significado de: *"en tu luz vemos la luz"*, esto es, en el Verbo, en tu palabra y tu sabiduría encarnada en tu Hijo, pues en él te vemos a ti, el Padre».

– Ambrosio de Milán [340-397]: «Este salmo profetiza la venida al mundo de nuestro Señor y Salvador, que diría: *"Yo y el Padre somos una sola cosa"* (Juan 10:30). Que equivale a decir: De la misma manera que somos un solo nombre somos también una única luz; y en esa única luz y ese solo nombre somos una misma cosa aunque seamos tres personas distintas. Ciertamente, en esencia las tres personas de la trinidad son una misma cosa, aunque en funciones sean tres personas distintas. El concepto de trinidad expresa la distinción de personas, la unidad expresa el poder. También se puede decir propiamente del Padre: *"en ti está la fuente de la vida"*, porque de él procede el origen de toda vida que fue el Verbo, que siempre existió porque estaba con él, y en él (Juan 1:1). Pues *"todas las cosas por medio de él fueron hechas, y sin él nada de lo que ha sido hecho, fue hecho. En él estaba la vida, y la vida era la luz de los hombres"* (Juan 1:3-4). Fue él quien nos ha mostrado al Padre; y quien ilumina el corazón de los hombres hacia conocimiento de la majestad divina»

– Gregorio Naziazeno [342-389]: «Iluminados por el Espíritu Santo vemos y predicamos la luz, que es Cristo, que procede de la luz que es el Padre».

– Evagrio del Ponto [345-399]: «Puesto que afirma el salmista que el manantial es de vida, y la vida es Cristo (Juan 1:4:5), entonces *"el manantial de la vida"* es Cristo (…) Meditando en estas palabras del salmista veremos a Cristo, y viendo a Cristo veremos a Dios (Juan 14:9)».

– Jerónimo de Estridón [347-420]: «Cristo es la luz del Padre; y en Cristo, luz del Padre, vemos la luz del Espíritu Santo».

– Teodoreto de Ciro [393-458]: «*"Porque en ti está la fuente de la vida"* Con estas palabras el salmista nos revela claramente el misterio de la Trinidad, puesto que describe al Hijo unigénito, Verbo de Dios, palabra de vida (Juan 1:4) como: *"la fuente de la vida"*. Un nombre que se aplica también a sí mismo por boca del profeta Jeremías: *"Porque dos males ha hecho mi pueblo: me dejaron a mí, fuente de agua viva, y cavaron para sí cisternas, cisternas rotas que no retienen agua"* (Jeremías 2:13). Y establece que esa fuente esta en el Padre, y en los evangelios leemos en boca de Cristo que: *"Yo estoy en el Padre,*

y espiritual; y solo él puede hacer que esa vida sea resplandeciente y lustrosa. El conocimiento de Dios derrama más luz en las cosas espirituales que sobre todos los otros temas. No necesitamos una vela para ver el sol, lo vemos por su propio resplandor; y luego, iluminado por la luz del sol vemos resplandecer todo lo demás. No contemplamos a Jesús con nuestra luz propia, sino a nosotros mismos a la luz de Jesús. No es la inteligencia inherente, salida de nuestro propio interior, lo que nos lleva a recibir la luz del Espíritu; pues esta más bien tiende a desviar y apagar el rayo de luz santa; es pura y llanamente por su propio resplandor que el Espíritu Santo ilumina los oscuros recovecos de la impiedad de nuestro corazón. Quien confía en la ciencia y el conocimiento humano es un vanidoso insensato; pues un simple rayo salido del trono de Dios aporta más luz que todo el resplandor meridiano de cuanta sabiduría haya desarrollado el hombre. ¡Señor, danos el sol, y apartémonos de la ceguera de aquellos que se deleitan en las velas de cera de la superstición y la fosforescencia de la filosofía corrupta! La fe extrae de Dios luz y vida, por tanto, jamás palidece y nunca perece.

C. H. SPURGEON

Porque en ti está la fuente de la vida. Esta frase es una de las más maravillosas del Antiguo Testamento. No hay comentario que pueda agotar la plenitud de su significado. Es la esencia y anticipo de buena parte de las enseñanzas más profundas del apóstol Juan.

JOHN JAMES STEWART PEROWNE [1823-1904]
"Commentary on the Book of Psalms", 1864

En tu luz veremos la luz. Al objeto y esencia de nuestra felicidad eterna se le aplica aquí el nombre de *luz.* No será una luz deslumbrante y desconcertante, como fue el brillo del rostro de Moisés cuando descendió del monte, y que hacía que el pueblo no se atreviera a acercarse a él.[76] No será una luz sorpresiva, como la que salió de nuestro Señor en el monte de la transfiguración y que hizo que los discípulos cayeran con su rostro hacia el suelo, porque sus débiles ojos no podían contemplar los destellos de gloria que resplandecían en él a través del velo de la carne.[77] La luz de nuestra felicidad eterna en el cielo será una luz *fortalecedora* y *consoladora;* fortalecerá y confirmará los ojos de nuestro entendimiento para que podamos contemplarla.[78] Entonces, cual águilas rejuvenecidas,[79] estaremos

y el Padre en mí" (Juan 14:10-11). Y sigue diciendo: *"En tu luz vemos la luz"*. Iluminados por la llama del Espíritu Santo percibimos la luz del Hijo unigénito, como está escrito: *"Nadie puede decir: Jesús es el Señor, sino por el Espíritu Santo"* (1 Corintios 12:3), y Dios nos revela sus cosas por medio del Espíritu (1 Corintios 2:10). Aprendamos pues sobre las cualidades de las tres Personas divinas en una sola a través de las palabras inspiradas del salmista».

– CASIODORO [485-583]: «En lenguaje humano, una "fuente" y una "luz" son dos cosas distintas; es más, incluso antitéticas, puesto que el agua de la fuente apaga la llama de la luz. Pero en Dios son una sola cosa, por lo cual ningún termino humano utilizado para explicarlo es adecuado, podrá ser verdadero, pero se queda corto. Decimos de Dios que es luz porque: *"alumbra a todo hombre que viene a este mundo"* (Juan 1:9); y que es una fuente porque da de beber a los sedientos (Isaías 55:1; Juan 4:10.14; 7:37-38; Apocalipsis 21:6). Pero todo esto es preciso entenderlo a la luz de una sola persona que es Cristo; por ello dice el salmista con propiedad *"en tu luz veremos la luz"*, esto es, bajo la luz de Cristo vemos la luz del Padre y la luz del Espíritu Santo, porque fue a través del mensaje de Cristo que la Trinidad nos fue revelada y se hizo clara en nuestra mente».

[76] Éxodo 34:29-30.
[77] Mateo 17:1-6.
[78] Efesios 1:18-20.
[79] Salmo 103:5.

capacitados para contemplar el Sol de justicia[80] en todo su brillo y esplendor en gloria. El Señor dijo a Moisés: *"no verá hombre mi rostro y vivirá"*.[81] Por ello la gran visión gloriosa que contempló Daniel le dejó exhausto.[82] Lo que fuera que vio, estando fuera de él, le dejó desfigurado, al contemplarlo le arrebató todo el vigor y quedó exánime. Pero en el cielo, nuestro Dios, a quien veremos y conoceremos cara a cara, estará dentro de nosotros para fortalecernos; y entonces viviremos porque contemplaremos su rostro.[83] Será una luz *consoladora*, como la luz de la mañana para el centinela cansado, que tanto anhela ver durante la noche.[84]

William Colvill [¿?-1675]
"Refreshing Streams", 1655

En tu luz veremos la luz. Todo aquello de lo que disfrutamos en este mundo no es más que una suerte de tenue crepúsculo comparado con lo que está por venir. Mientras permanecemos confinados en la oscura prisión de este cuerpo físico, que es nuestra casa terrenal,[85] podemos ver muy poco; pero la casa de nuestro Padre[86] en lo alto está llena de luz: *"Entonces los justos resplandecerán como el sol"*.[87] Y aquellos en quienes el Lucero de la mañana[88] ha resucitado en sus corazones, viven en la expectativa agradable y alegre del día perfecto. Mientras permanecemos en el estrado,[89] es poco lo que podemos ascender y penetrar en los misterios del reino; pero tras el primer instante en que lleguemos al cielo, sabremos enormemente e inconcebiblemente más de cuanto somos capaces de imaginar y elucubrar a lo largo de todos nuestros días de estancia aquí en la tierra.

Timothy Cruso [1657-1697]
"Twenty Four Sermons Preached at the Merchants Lecture at Pinners Hall", 1696

En tu luz veremos la luz. La luz de la naturaleza es como una chispa,[90] la luz del evangelio como una lámpara,[91] la luz de la gracia una estrella,[92] pero la luz de la gloria es el mismo sol.[93] Cuanto más ascendemos en la gracia, más intensa es nuestra luz; Dios: *"habita en luz inaccesible"*[94] para todo hombre que arrastra su mortalidad y su pecado; pero cuando estas dos características corruptas e impotentes sean eliminadas, entonces contemplaremos esta luz inaccesible. Ahora nos sentimos contentos de que el sol y las estrellas alumbren sobre nuestras cabezas para damos luz: ¡pero qué luz tan inefable vamos a contemplar y cual no será nuestro deleite cuando estas lumbreras creadas[95] se hallen a nuestros pies! Porque la luz celestial está por encima de ellas, tal como están ellas ahora por encima

[80] Malaquías 4:2.
[81] Éxodo 33:20.
[82] Daniel 10:8.
[83] 1 Corintios 13:12; 1 Juan 3:2; Apocalipsis 22:4.
[84] Salmo 130:6; 119:147.
[85] Job 4:19; 1 Corintios 15:47; 2 Corintios 5:1.
[86] Juan 14:2.
[87] Mateo 13:43; Daniel 12:3.
[88] 2 Pedro 1:19; Apocalipsis 22:16.
[89] Isaías 66:1.
[90] Génesis 1:3.
[91] Salmo 119:105; Proverbios 6:23; Mateo 5:15.
[92] Apocalipsis 22:16.
[93] Malaquías 4:2; Mateo 13:43; Apocalipsis 21:25; 22:5.
[94] 1 Timoteo 6:16.
[95] Génesis 1:16.

de nosotros. ¡Pero ay! sobre esta luz inefable solo pueden discurrir aquellos que la disfrutan, aquellos para los que ha amanecido ya el día eterno; no nosotros, que seguimos viviendo bajo la sombra opaca de la mortalidad y la penumbra de este cuerpo material. Dejo pues este tema para que cada uno lo medite por si mismo hasta donde alcance: sabiendo que se trata de una luz bendita sobre la que hacemos bien de meditar a menudo; y cuando más meditamos en ella más la admiramos, y cuanto más la admiramos más la amamos, y cuanto más la amamos más la anhelamos, y cuanto más la anhelamos más la buscamos, y si la buscamos la encontraremos,[96] y disfrutaremos de ella por toda la eternidad.

THOMAS ADAMS [1583-1653]

En tu luz vemos la luz. Mucho nos jactamos de la luz y sabiduría que tenemos en el mundo actual, y sin duda, por los avances que hemos hecho en el conocimiento de las cosas naturales hay motivos para ello; pero así como en tiempos antiguos el mundo fue incapaz de conocer a Dios por medio de la sabiduría humana, lo mismo sucede ahora. Pues la única forma viable de conocer a Dios es por medio de su Palabra. Esto es lo que yo entiendo que nos viene a decir el salmista con estas palabras. En la última clausula: *"vemos la luz"*, el termino *"luz"* hemos de entenderlo como el verdadero conocimiento de Dios; y en la primera: *"en tu luz"*, como el medio verdadero para alcanzarlo, es decir, la revelación divina, la *"luz"* de la Palabra. La suma de ambos equivale a decir que: la Palabra de Dios es el único medio verdadero mediante el cual podemos alcanzar un conocimiento real y salvífico de Dios. Lo que el sol, la luna y las estrellas son al mundo material: lumbreras que hacen visibles todas las cosas;[97] lo es la Palabra de Dios a nuestra mente, al mundo espiritual.[98] (...) Hay cosas sobre las que, sin duda, podemos debatir hasta la saciedad, sin que probablemente tengamos forma de aclararlas; sin embargo, dispongámonos a verlas bajo la luz de Dios, y todo será distinto. Muchos son los que se contentan con ver las cosas únicamente bajo la luz que grandes hombres, buenos y sabios, les han aportado; olvidando que ni aunque fueran ángeles,[99] no son la verdadera luz, pues todos mantienen una visión parcial de las cosas. Y aún cuando aquello que afirmen sea verdadero, con todo, si lo aceptamos confiando tan solo en ellos, como bien dice el apóstol, nuestra fe *estará descansando en la sabiduría de los hombres, y no en el poder de Dios.*[100] Todo conocimiento o fe que no tenga la Palabra de Dios como base, no se mantendrá en pie en el día de la prueba.[101]

ANDREW FULLER [1754-1815]

"Thoughts on Preaching: On the Composition of a Sermon. Letter IV", 1833

Porque de ti brota el manantial de la vida; en tu luz veremos la luz. Disfrutando de semejante comunión de Dios, ¿qué más podemos pedir? Porque allí Dios será el todo en todos:[102] belleza para el ojo,[103] música para el oído,[104] miel para el paladar,[105] y contento y satisfacción plenos para todos nuestros deseos;[106] y de modo inmediato, porque todo emana de él. En realidad, Dios ya es el todo en

[96] Mateo 7:8.
[97] Génesis 1:14-18.
[98] Salmo 119:105; Proverbios 6:23.
[99] Gálatas 1:8.
[100] 1 Corintios 2:5.
[101] Malaquías 3:2.
[102] 1 Corintios 15:28.
[103] Salmo 13:3; 1 Juan 3:2.
[104] Job 35:10.
[105] Salmo 19:10; 81:16; 119:103.
[106] Salmo 16:11; 17:15; 37:4; 103:5; Isaías 58:11; Mateo 6:33.

todos en este mundo: *"Porque en él vivimos, y nos movemos, y somos"*,[107] pero aquí opera a través de causas secundarias, aquí nos proporciona vino que alegra el corazón,[108] aceite que sana nuestras heridas;[109] pero en el cielo, todas las causas secundarias serán eliminadas, todos los medios interpuestos entre Dios y nosotros desaparecerán: él será directamente *el manantial de la vida, y en su luz veremos la luz*. No la luz del sol, o de una lámpara, pues ya no habrá necesidad de ellos,[110] sino *"en tu luz"*, la luz de Dios mismo; sí, pues en gloria, la esencia de vida, junto con todos sus concomitantes, fluye directamente de Dios, como el manantial original y exclusivo de la misma. ¡Oh, cuán dulce habrá de ser la felicidad que de ella deriva!

EDMUND PINCHBECK
"The fountain of life, or life in its derivation from Christ", 1652
en un sermón predicado en el funeral de Lady Jane Reade

Porque en ti está la fuente de la vida; en tu luz vemos la luz. Cualquier cosa buena y agradable que podamos hallar en las cosas creadas de este mundo, aun cuando Dios bendice su utilización por sus hijos, no es más que una gota en el océano, como un cubo de agua sacado del pozo, comparado con lo que los creyentes contemplarán y sentirán realmente cuando estén definitivamente en Dios reconciliados por medio de Cristo:[111] *porque ti está la fuente de la vida*.

DAVID DICKSON [1583-1663]
"Explanation of the First Fifty Psalms", 1653

Vers. 10. *Extiende tu misericordia a los que te conocen, y tu justicia a los rectos de corazón.* *[Prolonga tu misericordia en los que te conocen, y tu justicia en los rectos de corazón.* RVR*] [Continúa tu misericordia para con los que te conocen, y tu justicia para con los rectos de corazón.* LBLA*] [Extiende tu misericordia a los que te conocen, y tu justicia a los rectos de corazón.* BTX*] [Extiende tu amor a los que te conocen, y tu justicia a los rectos de corazón.* NVI*] [Trata con amor a quienes te conocen y con justicia a quienes son rectos.* BLP*] [Derrama tu amor inagotable sobre los que te aman; haz justicia a los de corazón sincero.* NTV*]*

Prolonga tu misericordia en los que te conocen.[112] No pide otra cosa que la continuidad de las misericordias divinas en el pasado: Señor, extiende la gracia de tu ternura, tu inmutabilidad y tu omnipotencia a todos aquellos a quienes has enseñado y conocen la fidelidad de tu amor, a lo largo de todos los días de su vida. Puesto que les has enseñado a conocerte, prosigue instruyéndolos y perfeccionándolos, prolonga en ellos tu misericordia. Esta oración del salmista es la de un corazón creyente pidiendo precisamente aquello que el corazón de su Dios está dispuesto a concederle. Bueno es cuando la petición no es sino un fiel reflejo de la promesa.

Y tu justicia en los rectos de corazón. Así como nunca has fallado a los justos en tu misericordia, permanece de igual modo a su lado a la hora de defenderles y vengar su causa. La cosa más temible

[107] Hechos 17:18.
[108] Salmo 104:15.
[109] Isaías 1:6; Lucas 10:34.
[110] Apocalipsis 22:5.
[111] 2 Corintios 5:18-19.
[112] En hebreo מְשֹׁךְ חַסְדְּךָ לְיֹדְעֶיךָ *məšōḵ ḥasdəḵā ləyōḏə'eḵā* de מָשַׁךְ *mashak,* el mismo verbo que encontramos en Jeremías 31:3: *"Con amor eterno te he amado; por tanto, te prolongué mi misericordia"*, que va en paralelo, cual si se tratara de una respuesta a la petición del salmista.

para un creyente es el desamparo y abandono del cielo;[113] de aquí la razón de esta plegaria. Pero semejante temor carece de todo fundamento si tomamos en cuenta la paz que nos brinda la fe. Aprendamos de este versículo que en virtud del pacto tenemos garantizada la continuidad de la misericordia; aunque ello no debe llevarnos a dejar de hacer de la misma objeto de nuestra oración. Pues referente a esta buena causa sí podemos interrogar al Señor.

C. H. SPURGEON

Prolonga tu misericordia en los que te conocen. Cuando Dios abre la puerta de sus misericordias para con sus siervos, no la cierra y la abre a intervalos, la deja abierta, prolonga sus misericordias … Después que Raquel tuvo su primer hijo, llamó su nombre José, que significa aumento, suma, adición, a la vez que exclamaba: *"El Señor me añada otro hijo"*.[114] Es decir, ahora que Dios ha comenzado a derramar sobre mí sus misericordias, no me dará solo este hijo, me añadirá otro. Cuando el Señor nos concede una misericordia, deberíamos llamarla "José": aumento, suma, adición; porque no hay duda que nos va a otorgar otra. Abraham gozaba de innumerables misericordias de Dios, una tras otra; y Moisés disfrutaba de multitud de ellas: conversaba con Dios cara a cara;[115] escuchaba la voz de Dios;[116] la presencia de Dios iba con él;[117] sí, contemplaba la bondad y la gloria de Dios pasar por delante de él.[118] Cuando fluyen las misericordias, Dios no las interrumpe cerrándoles la puerta: *"Prolonga su misericordia"*. La palabra hebrea que traducimos por *"extiende"* o *"prolonga"*: מְשֹׁךְ *məšōḵ* de מָשַׁךְ *mashak* significa extraer, sacar de. Una metáfora tomada probablemente de las jarras o vasijas de vino, que, puestas en posición de escanciar, su chorro solía llenar no un vaso, sino muchos;[119] así también, cuando Dios escancia el vino de su misericordia, no llena el vaso una sola vez, sino dos veces y hasta siete veces. O quizá mejor, sacada de la figura de una madre que alimente a su hijo con el pecho, lleno de leche, y dispuesta a sacarlo cuantas veces haga falta para alimentar y calmar a su bebe, ya sea de día o de noche. Así también, cuando Dios comienza a sentir misericordia de nosotros, saca su pecho lleno de consuelo y nos concede una misericordia tras otra; de forma ininterrumpida, las extiende y va prolongado, una detrás de otra.

WILLIAM GREENHILL [1591-1677]
"Exposition of the prophet Ezekiel, with useful observations thereupon", 1846

Prolonga tu misericordia en los que te conocen, y tu justicia en los rectos de corazón. El verdadero indicador de la piedad de una persona es la conjunción entre su fe firme en Dios y su obediencia sincera a él, pues, ¿quiénes son aquellos que verdaderamente conocen a Dios y sobre los que Dios prolonga su misericordia?: *"los rectos de corazón"*.

DAVID DICKSON [1583-1663]
"Explanation of the First Fifty Psalms", 1653

---

113 Salmo 10:1; 22:1; Colosenses 1:20.
114 Génesis 34:20.
115 Éxodo 19:9; Deuteronomio 34:10, 34.
116 Éxodo 3:4-6; 20:19; Números 7:89.
117 Éxodo 33:14.
118 Éxodo 33:18-19.
119 El vino se guardaba en jarras muy pesadas que no eran tan fáciles de mover, especialmente cuando estaban llenas. A menudo se necesitaba más de un sirviente para inclinarlas y hacer que saliera el líquido. La costumbre era que al inclinarlas se aprovechaba la maniobra para llenar no un solo vaso, sino muchos, todos los que había en la mesa.

Vers. 11. ***No venga pie de soberbia contra mí, y mano de impíos no me mueva.*** *[Que el pie del orgullo no me alcance, ni la mano de los impíos me empuje.* RVR*] [Que no me alcance el pie del orgullo, ni me mueva la mano de los impíos.* LBLA*] [No me alcance el pie de la soberbia, ni me mueva la mano del malvado.* BTX*] [Que no me aplaste el pie del orgulloso, ni me desarraigue la mano del impío.* NVI*] [Que no me aplaste el pie del soberbio, que no me haga huir la mano del malvado.* BLP*] [No permitas que los orgullosos me pisoteen ni que los malvados me intimiden.* NTV*]*

Que el pie del orgullo no me alcance.[120] La oración de carácter general del versículo anterior se transforma aquí en un ruego personal adscrito a su caso particular. El orgullo es el pecado del diablo.[121]

[120] Dicen los comentaristas del siglo xx:

– Francisco Lacueva [1911-2005] en el "Comentario de Matthew Henry" hace sobre este versículo el siguiente comentario: «El salmista pide para sí mismo ser preservado en su integridad y en su prosperidad *"Que el pie del orgullo* (esto es, del orgulloso) *no me alcance, ni la mano de los impíos me empuje*". Nótese el matiz de los verbos תְּבוֹאֵנִי *təḇōw'ênî* "alcance" como quien viene pisándole los talones a uno, y תְּנִדֵנִי *təniḏênî* "empuje", como el que quiere apartar a uno del camino recto en que se mueve, o del camino cómodo en que se halla tranquilo. El peligro que aquí se avizora es el de la muerte, como lo prueba la unión con el versículo siguiente (36:12). Dice Arconada: 'La súplica del salmista tiende a pedir la propia conservación de la vida contra los posibles conatos de quitársela por parte de los perversos, que aún no han sido derribados דֹּחוּ *dōḥū* con todo lo que ello implica"».

– Schökel traduce *"Que no me pisotee el pie del soberbio, que no me destierre la mano del malvado"*, indicando que el uso del verbo hebreo בּוֹא *bo:* תְּבוֹאֵנִי *təḇōw'ênî* en el sentido de pisar ya es raro, y el en sentido de pisotear como se utiliza aquí es único. Kraus traduce: *"¡No permitas que el pie del arrogante llegue sobre mí, que la mano del malvado me eche fuera!"*.

[121] Dicen al respecto los Padres de la Iglesia:

– Ambrosio de Milán [340-397]: «*"Que no me pise el pie de la soberbia"* (Vulgata). Hemos de tener sumo cuidado con el pecado de la soberbia. Porque precisamente cuando todo nos marcha con viento en popa, es cuando la soberbia nos pone el pie encima, ofuscándonos la verdad e incapacitándonos para obrar el bien. El pecado de Adán estando en el Paraíso fue mucho más grave que si lo hubiera cometido en el valle de lágrimas. Caer a ras del suelo es un mero tropiezo sin mayores consecuencia que algún rasguño o torcedura, despeñarse desde un precipicio es mortal. El pie del orgulloso resbala porque deja de *"asirse a la Cabeza"* (Colosenses 2:19); pues como leemos en otro pasaje: *"El sabio tiene sus ojos en su cabeza, mas el necio anda en tinieblas"* (Colosenses 2:14). ¿Acaso es de extrañar que resbale el pie de quien no tiene los ojos en la cabeza? El ojo es el que fija el rumbo, y el pie le sigue. ¿Pero qué rumbo seguir en las tinieblas? De noche es casi imposible transitar, puesto que es fácil caerse a menos que la Luna, como ojo del mundo, ilumine nuestro camino. No andes por este mundo en tinieblas, deja que el Sol de justicia (Malaquías 4:2) ilumine desde lo alto la senda de tu vida, y dejarás de temer a las caídas».

– Agustín de Hipona [354-430], fiel discípulo de Ambrosio, nos dice: «*"Que no me pise el pie de la soberbia"*. Acababa de decir que se embriagará con la abundancia de la casa de Dios y beberá del torrente de sus delicias. ¿Porqué se preocupa tanto ahora de que no le pise el pie de la soberbia? Porque cuando comenzamos a disfrutar de la abundancia y beber de esa fuente de delicias, es cuando más cuidado debemos tener con la soberbia. A Adán, el primer hombre, no le faltaron delicias, pero lo alcanzó el pie de la soberbia, y la mano del impío lo hizo caer, es decir, la mano soberbia del diablo. Pues igual que había dicho: *"Subiré al cielo; por encima de las estrellas de Dios, levantaré mi trono"* (Isaías 14:13), sedujo a Eva y Adán diciéndoles: *"comed y serán abiertos vuestros ojos, y seréis como Dios, sabiendo el bien y el mal"*(Génesis 3:5). Fue el pie de la soberbia el que nos pisoteó, y la mano del inicuo nos hizo caer llevándonos a este estado mortal. Pero las heridas que nos causó la soberbia, nos las cura la humildad; Aquel que

Y las personas buenas hacen bien en temer a los orgullosos, porque la simiente de la serpiente nunca cesa de morder el talón de los santos. Los burlones orgullosos siempre están bien dispuestos para despreciar a los creyentes y hollarlos de buena gana bajo sus pies: pero la oración eleva su voz en contra de esa maldad. Y mientras Jehová esté de nuestro lado, ninguna mano prevalecerá contra nosotros, y ningún pie alcanzará a pisotearnos.

Ni la mano de los impíos me empuje. No consientas que sea acosado y azuzado como un fugitivo, ni desarraigado de mi lugar cual árbol arrancado. La violencia rodeaba al salmista por todas partes, trataban de acabar con él por todos los métodos posibles: tanto legales como fraudulentos, recurriendo a las manos y a los pies; pero él recurre a su gran Patrono, y entona una canción de triunfo anticipando la derrota de sus enemigos.

C. H. SPURGEON

Que el pie del orgullo no me alcance, ni la mano de los impíos me empuje. Menciona particularmente el *"pie"* y la *"mano"*, porque ambas cosas se utilizaban en las batallas cuerpo a cuerpo, de manera especial en la guerra de mercenarios.

SIMÉON MAROTTE DE MUIS [1587-1644]
"Commentarius litteralis et historicus in omnes Psalmos", 1630

Vers. 12. *Allí cayeron los hacedores de iniquidad; fueron derribados, y no podrán levantarse.* *[Ved cómo caen los hacedores de iniquidad; son derribados, y no podrán levantarse.* RVR*] [Allí han caído los que obran iniquidad; han sido derribados y no se pueden levantar.* LBLA*] [Entonces caerán los que obran iniquidad, serán derribados, y no podrán levantarse* BTX*] [Vean cómo fracasan los malvados: ¡caen a tierra, y ya no pueden levantarse!* NVI*] [Allí mismo han caído los malhechores, están abatidos y no pueden levantarse.* BLP*] [¡Miren! ¡Han caído los que hacen el mal! Están derribados, jamás volverán a levantarse.* NTV*]*

Allí han caído los que obran iniquidad. La fe contempla a los enemigos ya derrotados y dispersos en la llanura. ¡Ahí! ante nuestros propios ojos yacen postrados el pecado, la muerte y el infierno.[122] ¡Contemplad a los enemigos vencidos![123]

---

se humilló hasta lo sumo, *"el cual, siendo en forma de Dios, no consideró el ser igual a Dios como cosa a que aferrarse, sino que se despojó a sí mismo, tomando forma de siervo, hecho semejante a los hombres; y hallado en su porte exterior como hombre, se humilló a sí mismo, al hacerse obediente hasta la muerte, y muerte de cruz"* (Filipenses 2:6-8)».

[122] Romanos 8:37; 16:20; 1 Corintios 15:55-57; Colosenses 2:13-15; Hebreos 2:14-15.

[123] Los comentaristas modernos traducen y reflexionan:

– KRAUS traduce: *"Los malvados se estremecen, caen, se desploman y no vuelven a levantarse"*.

– SCHÖKEL, que traduçe: *"Sí, han fracasado los malhechores; derribados, no se pueden levantar"* hace una interesante reflexión referente al salto de escena que se produce entre los versículos 11: *"me persiguen"* y 12 *"están derribados"* en base a la visión profética del salmista: «¿Cual es la lógica de este salto? Creo que es psicológica, pues sucede en la mente del orante como final de su visión. Comenta Delitzsch: 'de repente el futuro se le revela'. Es un principio que observamos aquí y que vale para muchos salmos: la mente puede saltar hasta un futuro, por lo cual lo esperado o anunciado se convierte en pasado. En fórmula gramatical lo llamamos 'futuro perfecto'. En poesía lírica la imaginación puede instaurar nuevos sistemas de relaciones temporales. En el texto sagrado el Salmo 73 nos lo aclara explícitamente: *"Hasta*

Han sido derribados La providencia y la gracia les han desplazado de su posición ventajosa. Jesús ha derribado ya a todos los enemigos de su pueblo haciéndoles caer sobre sus rostros, y a su debido tiempo todos los pecadores acabarán de igual modo.

Y no podrán levantarse La derrota de los impíos y de los poderes del mal es definitiva, total, e irreversible. Gloria sea a Dios que por muy alto que los poderes de las tinieblas puedan estar situados en el presente, el tiempo se acerca cuando el Señor defenderá el bien, y hará caer el mal de forma tan estrepitosa que aplastará para siempre todas las esperanzas del infierno; mientras aquellos que confían en el Señor le alabarán eternamente y se regocijarán en su santo nombre por siempre jamás.[124]

C. H. Spurgeon

Allí han caído los que obran iniquidad. Esto lo dice el salmista como si estuviera señalando con el dedo algún lugar en particular; en el Salmo 14 encontramos una expresión muy similar: *"Allí tiemblan de espanto"*.[125] También puede traducirse el *"allí"* por un *"entonces"*; es decir, cuando los justos hayan sido saciados con la abundancia de tu casa, y recompensados por adorarte con sinceridad; entonces, *caerán todos los que hacen maldad, serán derribados y no podrán levantarse;* como es el caso de personas que han sido arrojadas con violencia contra el duro suelo.

Daniel Cresswell [1776-1844]
"The Psalms of David according to the Book of Common Prayer: with Critical and Explanatory Notes", 1843

---

que, entrando en el santuario de Dios, comprendí el fin de ellos" (Salmo 73:17)». [*Salmos, Tomo I, 1-72,* Editorial Verbo Divino, Estella, Navarra, 1992].

– Franz Delitzsch [1813-1890] dice en su comentario completo: «Mientras el salmista sigue orando, de repente el futuro se le revela y se le hace claro. Viene a su mente la certeza de que su oración será escuchada, y contempla a los adversarios de Dios y de sus santos derrocados. שָׁם *šām,* "allí" como en el Salmo 14:5 señala el lugar donde el juicio se ejecuta. Los tiempos verbales son proféticos, como en el Salmo 14:5; 64:8-10. En su función profética, el salmista, como hace Isaías cuando exclama: *"Los muertos no vivirán; las sombras no se levantarán; porque los castigaste, los destruiste y has borrado todo su recuerdo"* (Isaías 26:14) contempla toda la caterva de los opresores de la Iglesia del Señor convertida en un campo sembrado de cadáveres, sin esperanza de volver a levantarse».

[124] Daniel 12:3; Mateo 13:43.

[125] Salmo 14:5.

SALMO 38

SALMO DEL ARREPENTIDO

Título: *Salmo de David, para recordar.*[1] David tenía la impresión de que Dios le había olvidado, y por ello hace revista de sus aflicciones y clama intensamente elevando su voz pidiendo ayuda.[2] El Salmo 70 lleva ese mismo título y también en él el salmista derrama sus angustias y su queja delante de Dios.[3] No tendría sentido perdernos en especulaciones sobre cuándo fue escrito en la historia de David; y también puede que fuera compuesto por David, sin una referencia especial a su propio caso, para uso de los creyentes enfermos y calumniados.[4]

C. H. SPURGEON

Título: La palabra hebrea que abre el título de este salmo: מִזְמוֹר *mizmōwr,* la encontramos en el título de 44 de los poemas sagrados del salterio, de los cuales 32 se atribuyen a David. Es importante diferenciarla de la que figura en el título general del Salterio o Libro de los Salmos: תְּהִלִּים *tehillim* y que significa Cántico de Alabanza. Pero tanto en los títulos de las composiciones individuales como en el texto, la palabra que traducimos por "salmo" es uniformemente מִזְמוֹר *mizmōwr*; un término que

---

[1] En hebreo מִזְמוֹר לְדָוִד לְהַזְכִּיר *mizmōwr ləḏāwiḏ ləhazkîr* de זָכַר *zakar,* "recordar" (el nombre del profeta Zacarías, en hebreo זְכַרְיָה *Zekjaryáh* significa "Yahveh ha recordado"). El verbo está en la forma causativa activa: "para recordar" o "para el recuerdo".

– FELIPE SCIO DE SAN MIGUEL [1738-1776] en una nota a su traducción de la Vulgata da la siguiente explicación: «Las palabras *"in rememorationem"* del título se explican de distintas formas: (1) *"Para recordar"* el beneficio que Dios le había otorgado librándole de la enfermedad; (2) *"Para recordar"* la gravedad y amargura del pecado que había cometido; (3) *"Para recordar"* de alabar a Dios por su misericordia; (4) *"Para recordar"* enseñarnos a nosotros como dirigirnos a Dios cuando nos vemos afligidos. Se trata probablemente de una fórmula tomada de los sacrificios y ofrendas entre las cuales había algunas de recuerdo y memoria (Éxodo 30:16; Levítico 2:2, 9, 16; 6:15 Números 10:10; Salmo 145:7; Lucas 22:19; 1 Corintios 11:24). No falta quien crea que לְהַזְכִּיר *ləhazkîr* fuera la primera palabra de un cántico conocido y que se puso aquí para indicar que el salmo debía cantarse en esa tonalidad. Per todo ello no son más que meras conjeturas».

– FRANZ DELITZSCH [1813-1890] lo referencia al texto de 1 Crónicas 16:4: *"Y puso delante del arca de Jehová ministros de los levitas, para que* ***recordasen****, confesasen y alabasen a Jehová Dios de Israel",* donde se utiliza exactamente el mismo verbo זָכַר *zakar*, en este caso como וּלְהַזְכִּיר *ūləhazkîr*.

[2] ATANASIO DE ALEJANDRÍA [296-373] en su carta a su discípulo Marcelino sobre la naturaleza y valor de los salmos le dice refiriéndose a este salmo: «Si lo que te inquieta y amenaza es la negra nube del castigo divino, recitara el Salmo 38». El Tomo I de "El Tesoro de David" incluye una traducción completa de la Carta de Atanasio a Marcelino. [Tomo I - pp. 50].

[3] Dice al respecto FRANCISCO LACUEVA [1618-1651] en el "Comentario de Matthew Henry": «Este es uno de los salmos llamados penitenciales; está lleno de pesar y lamentación desde el comienzo hasta el final, por lo que su carácter penitencial resalta todavía más que en los salmos 6 y 32. No hay duda de que David tiene aquí ante su vista sus pecados y sus aflicciones, por lo que su redacción es posterior a la época en que ocurrieron los acontecimientos narrados antes de 2 Samuel 13.

[4] Aunque no sea considerado como un salmo acróstico o alfabético puro, pues no sigue estrictamente el orden de letras del alfabeto hebreo para comenzar cada versículo, y en consecuencia Spurgeon no lo menciona como tal, el Salmo 38 tiene 22 versículos, justo las letras del alefato, razón por la cual muchos comentaristas lo consideran como uno de los "cánticos acrósticos" o un salmo acróstico "de número". El Salmo 33 comparte esta misma cualidad.

define con precisión su carácter poético. Para explicar su significado correcto debo recurrir a la bella y precisa definición del obispo Lowth:[5] «La palabra hebrea מִזְמוֹר *mizmōwr* significa una composición poética formada de manera peculiar por frases cortas, periódicas y estructuradas en intervalos regulares». Añade también que la raíz de מִזְמוֹר *mizmōwr,* זָמַר *zamar,* significa "cortar" o "podar", en el sentido de podar los árboles;[6] y tras mencionar que el sentido secundario de la palabra es "cantar con la voz" o "tocar un instrumento", expone su criterio de que מִזְמוֹר *mizmōwr* debería entenderse en el sentido primario de su raíz: un poema "cortado" o "podado" en frases cortas; es decir, podado de todo uso superfluo de las palabras, que es la característica peculiar de la poesía hebrea.

JOHN JEBB [1805-1886]
"A literal translation of the book of Psalms: intended to illustrate their poetical and moral structure: to which are added dissertations on the word Selah, and on the authorship, order, titles, and poetical features of the Psalms", 1846

Título: El título que David le da a este salmo es digno de mención: *Salmo de David para recordar.* David estaba en su lecho de muerte, o al menos eso pensaba, y quiso componer un salmo especial de recuerdo, un salmo para traer a la memoria su pecado, confesar a Dios sus impurezas con Betsabé y evocar los males de su vida. Cada vez que Dios nos somete a la aflicción, estamos en una situación apta para rememorar nuestros pecados y confesarlos al Señor.

CHRISTOPHER LOVE [1618-1651]
"The Dejected Soul's Cure", 1642

Tema: La expresión *"para recordar",* nos enseña que las cosas buenas tienen que permanecer vivas en nuestra memoria; que nos conviene de cuando en cuando sentarnos, mirar hacia atrás, volver sobre nuestros pasos, y reflexionar sobre aquellas cosas que nos han acontecido; no vaya a ser que, inadvertidamente, dejemos que alguna cosa buena caiga en el olvido. Entre las cosas primordiales que David recuerda, están:

1. "Sus pruebas y liberaciones pasadas". Sin embargo, el objetivo clave del salmo es recordar:
2. "La depravación de nuestra naturaleza", para no perderla de vista. No hay, probablemente, otro salmo que describa mejor y más plenamente la naturaleza humana vista bajo la luz que Dios, por medio del Espíritu Santo, proyecta sobre nosotros cuando nos redarguye de pecado. Estoy convencido de que la descripción de síntomas que encontramos en el Salmo no corresponde a ninguna enfermedad corporal conocida. Guarda semejanza con la lepra, pero hay ciertos rasgos que no encajan con ningún tipo de lepra conocido, ya sea en el pasado o en nuestros días. Y la razón es porque lo que realidad describe es una lepra espiritual, una enfermedad interior del alma, que David refleja en su propia experiencia y quiere que nosotros conozcamos y tengamos en mente.
3. La tercera cosa que el Salmo trae a nuestra memoria, porque David considera importante que la tengamos en mente es: "La proliferación de enemigos". Dice que sus enemigos le tendieron trampas; procuraron causarle dolor; hablaban iniquidades; y se pasaban el día ideando fraudes contra él. Y aquí cabe plantearse una pregunta: ¿por qué tenía David tantos adversarios? ¿qué hizo para ganarse

[5] Se refiere al erudito obispo anglicano y doctor en divinidades por la Universidad de Oxford ROBERT LOWTH [1719-1787], famoso por su traducción de la Biblia al inglés, que incluye una de las mejores traducciones a ese idioma del Libro del Profeta Isaías. Fue uno de los primeros eruditos en observar y estudiar la estructura poética de los Salmos y la literatura profética del Antiguo Testamento y en establecer las formas y categorías de los paralelismos: sinónimo, antitético y sintético.

[6] Ver en la Concordancia de Strong los verbos זָמַר *zamar,* "alabar con instrumentos" (2167) y זָמַר *zamar,* "podar" (2168).

tantos enemigos? ¿Acaso fue imprudente, temerario, o agresivo? No parece que fuera así, a juzgar por lo que sabemos de su vida. Más bien se ganó los enemigos por su escrupulosidad y rectitud. Lo atacaron, no porque él se comportara incorrectamente o con maldad, sino, como dice en este mismo Salmo, porque se inclinaba por el bien: *"Los que pagan mal por bien mee son contrarios, por seguir yo lo bueno"* (38:20). Así también el objetivo final de la fe cristiana es traer paz en todo el mundo, pero lamentablemente el efecto primario son conflictos por todas partes.

4. Finalmente, el Salmo 38 nos recuerda "A nuestro Dios misericordioso". Todo aquello que nos conduzca a Dios es para nosotros una bendición; y viceversa, todo aquello que nos aparte de la tentación de apoyarnos en brazo de carne, y sobre todo de la tentación de querer ser nuestros propios dueños y señores, es también una enorme bendición.

C. H. SPURGEON

Estructura: Abre David el Salmo con una oración (38:1); y se adentra en un largo y prolongado lamento (38:2-8); hasta hacer una pausa para volver un ojo hacia el cielo (38:9). Prosigue con un segundo tramo de lamentos (38:10-14); a los que interpone otro mensaje de esperanza en Dios (38:15); y por tercera vez se lanza a derramar un torrente de penas (38:16-20); para cerrarlo tal y como lo abrió, con renovadas peticiones (38: 21-22).[7]

C. H. SPURGEON

Versión poética:

DOMINE, NE IN FURORE TUO ARGUAS ME

¡Oh Dios! me acojo a tu amoroso pecho
¡oh Padre! Imploro tu favor divino:
no me arguyas, Señor, de mis errores,
ni con ira corrijas mis delitos.

[7] FRANZ DELITZSCH [1813-1890] hace un interesante análisis del uso progresivo que hace el salmista de los nombres de Dios en las tres partes básicas que él ve en el Salmo (30:1-8) (30:9-14) (30:15-22). Abre la primera sección con יְהֹוָה *Yahweh* (38:1); la segunda con אֲדֹנָי *ădōnāy* (38:9); y en la tercera introduce אֱלֹהִים *elohim* echando mano de los tres: יְהוָה אֲדֹנָי אֱלֹהָי *Yahweh, ădōnāy ĕlōhāy* (38:15); יְהוָה אֱלֹהַי *Yahweh ĕlōhay* (38:21); y אֲדֹנָי *'ădōnāy* (30:22).

– CASIODORO [485-583] ve en el Salmo 38 cuatro partes: (1) Una invocación inicial hecha bajo el convencimiento de que el arrepentimiento mueve la misericordia del juez divino (38:1). (2) Sigue con una descripción detallada en tres bloques de los castigos infligidos (38:2-3); de las graves lesiones que tales castigos han ocasionado en su cuerpo (38:3-10); y del dolor añadido a causa de las graves acusaciones que tales castigos provocado entre sus amigos; y ante la ausencia de consuelos humanos invoca al Señor con renovado celo como su única esperanza (38:11-15). (3) Dedica la tercera a exponer los efectos que espera de la medicina solicitada: habiendo confesado su pecado, y declarado estar dispuesto para aceptar los azotes que le correspondan [Ver nota 116 en 38:17], porque entiende que la gravedad de su delito le hace merecedor de ellos (38:16-20). (4) Concluye implorando al Señor que no le abandone y agradeciéndole de antemano ser el autor y consumador de su salvación (38:21-22).

Que ya en el corazón tengo clavados,
cual tenaces saetas, los auxilios,
que al alma disparó tu dulce mano,
mano que por piedad me has extendido.

No hay en toda mi carne parte sana,
que libre pueda estar de tu castigo,
ni mis huesos infectos de pecados
pueden hallar en nada paz ni alivio.

Porque tanto crecieron mis maldades,
que más que mi cabeza han excedido,
y como un peso enorme que me oprime,
me gravan y me abruman de continuo.

Se corrompieron todas mis heridas,
y hasta las cicatrices se han podrido,
tanta ha sido mi bárbara ignorancia,
y tantos mis errados desvaríos.

Yo me he hecho miserable, mis pecados
me traen angustiado y oprimido;
y todo el día contristado clamo,
sin formar otra voz que roncos gritos.

Porque, Señor, yo mismo me he llenado
de ilusiones, de errores y delirios;
y soy tan desdichado, que en mi carne
de sanidad no queda ni un indicio.

Consternado sin luz, y sin gobierno
fuera ya de razón, fuera de tino,
se exhalan de mi pecho acongojado,
cual de león rugiente, los gemidos.

Apiádate de mí, Dios soberano,
a ti van mis deseos y suspiros;
tú sabes cuales son, puesto que nada
de cuanto pasa en mi te es escondido.

Mi infeliz corazón se ha conturbado,
mi virtud me dejó, se han extinguido
las cortas luces de mis tristes ojos,
ya no tengo valor, me falta brío.

Mis amigos y próximos, de quienes
prometerme debía algún alivio,
han sido los primeros que tiranos
han asestado contra mí sus tiros.

Y los que estaban antes más cercanos,
se alejaron de mí, mas los malignos
que mi alma perseguían, con más fuerza
procuraban lograr su cruel designio.

Presurosos, solícitos y ardientes,
los que tanto en mi daño son activos,
decían contra mí mil males vanos,
y meditaban dolos y artificios.

Yo entretanto me estaba en tanto riesgo,
como un sordo a quien falta ya el oído,
como un mudo que nunca abre los labios,
y está insensible aún a sus males mismos.

En fin tan insensato, que me puse
cual hombre que no ve su precipicio,
y ni aun tiene en su boca una palabra,
para evitar su propio perjuicio.

Pero tú, dulce Dios de mi consuelo,
tú fuiste mi refugio, tú mi asilo;
y porque en ti esperaba confiado,
me escucharás benévolo y propicio.

Porque me dije a mí, no, no se alegren
con mi daño estos fieros enemigos,
que apenas muevo un pie, cuando sus lenguas
ceban en mí con un furor canino.

Estoy pronto a sufrir, bien lo merezco,
el rigor de tu acero vengativo,
pero nunca se aparte de mis ojos
el dolor de que yo lo he merecido.

Yo haré patentes todas mis maldades,
que todos sepan mis infames vicios,
y pensaré no solo en castigarlos,
sino también atento en corregirlos.

¡Pero ay Señor! mis enemigos viven,
y no se aplaca su furor activo;
se me han multiplicado, y me persiguen
con rencor más tenaz y embravecido.

También me han calumniado los ingratos,
que pagan con agravios beneficios;
porque yo con la luz del desengaño,
de la virtud seguía ya el camino.

No me dejes, Señor, no me abandones,
no me abandones, dulce Señor mio;
no te apartes de mí, no desampares
a este mal siervo, paro ya contrito.

Venme a ayudar, Señor, Dios de clemencia,
Dios benéfico y Padre, Dios benigno:
venme pronto a ayudar, porque perezco,
si retiras de mí tu dulce auxilio.

DEL "SALTERIO POÉTICO ESPAÑOL", SIGLO XVIII

Salmo completo: Las características más impresionantes de este Salmo son (1) la profundidad de la penuria en la que el salmista se va sumergiendo paulatinamente, en la primera parte del salmo, al describir su situación y expresar su lamento a causa de ella (38:1-14; 17-20); (2) el súbito agarre al brazo de la divina omnipotencia y misericordia que vemos en el versículo quince (38:15); y (3) el elevado nivel de alivio y consuelo que alcanza al concluir (38:21-22).

BENJAMIN WEISS
"A New Translation, Exposition, and Chronological Arrangement of the Book of Psalms. With Critical Notes on the Hebrew Text", 1852

Vers. 1. ***Jehová, no me reprendas en tu furor, ni me castigues en tu ira.*** *[Jehová, no me reprendas en tu furor, ni me castigues en tu ira.* RVR*] [Señor, no me reprendas en tu enojo, ni me castigues en tu furor.* LBLA*] [Oh YHVH, no me reprendas en tu ira, ni me disciplines en tu indignación.* BTX*] [Señor, no me reprendas en tu enojo ni me castigues en tu ira.* NVI*] [Señor no me reprendas airado, no me castigues con furia.* BLP*] [¡Oh Señor, no me reprendas en tu enojo ni me disciplines en tu ira!* NTV*]*

Jehová, no me reprendas en tu furor.[8] Debo ser reprendido porque soy un hijo que ha errado, pero tú, Padre amoroso, no pongas exceso de ira en el tono de tu voz; trátame con delicadeza, aunque haya

[8] SCHÖKEL pone de relieve la marcada similitud que hay entre la invocación con la que comienza este Salmo: יְהֹוָה אַל־בְּקֶצְפְּךָ תוֹכִיחֵנִי *Yahweh 'al-bəqeṣpəḵā ṯōwḵîḥênî* y el Salmo 6: יְהֹוָה אַל־בְּאַפְּךָ תוֹכִיחֵנִי *Yahweh 'al-bə'appəḵā ṯōwḵîḥênî.* Y cita al respecto el comentario del editor en 1592 de la Edición Clementina de la Vulgata (en vigor hasta 1979).

pecado gravemente.[9] La ira de otros puedo sobrellevarla, pero no la tuya. Pues, así como tu amor es lo más dulce para mi corazón, tu descontento es lo más hiriente a mi conciencia.

Ni me castigues en tu ira. Castígame si debes, es tu prerrogativa como Padre, y soportarla obediente es el deber de un hijo; pero oh, no conviertas la vara en espada, no me golpees de muerte. Ciertamente, mis pecados pueden exasperarte, pero deja que tu misericordia y longanimidad apaguen las brasas de tu ira. No me trates como a un enemigo ni me tengas por rebelde. Recuerda tu pacto y tu paternidad, toma en cuenta mi debilidad y perdona la vida a tu siervo.[10]

C. H. SPURGEON

Jehová, no me reprendas en tu furor, ni me castigues en tu ira. Alguien puede pensar que pedir a Dios que no nos reprenda en su furor, ni nos castigue con su ira, es una petición ilógica y sin sentido. Y se pregunte: ¿acaso nos reprendería si no hubiéramos sido causa de desagrado, o nos castigaría si no estuviera airado? Pues si aún las personas más conflictivas, más severas y agresivas suelen estar sosegadas cuando están contentas; ¿cabe esperar que el Dios misericordioso nos reprenda si nuestra actitud no le fuera insatisfactoria, o que nos castigue si no fuera porque está airado con nosotros? Puede reprendernos estando enojado, y sin embargo contener su enojo. Siendo hijos suyos, es lógico que Dios nos reprenda cuando le desagradamos, pero no tiene por qué hacerlo con furor; y es natural que nos castigue, pero no tiene por qué hacerlo con ira. ¡Pero, ay alma mía, aquí se juntan las dos cosas: el furor y la ira! Reprendernos en su furor es dar rienda suelta al corcel de su ira ¿y por qué soltaría el corcel de su ira, si no para que corriera más rápido que el de su misericordia? Y cuando suceda tal cosa, será el fin. Pues nada hay más horrendo que estar a merced de su furor, sin contar con su misericordia para parar el golpe; y que todo el peso de su indignación caiga sobre nosotros, sin que su longanimidad haga nada para impedirlo. Oh Señor, *¡no nos reprendas en tu furor!* Antes haz que tu reprensión venga con tu misericordia; y *¡no nos castigues con tu ira!,* sino deja que tu longanimidad custodie la vara.

SIR RICHARD BAKER [1568-1645]
"Meditations and disquisitions upon the Thirty-eight Psalm of David", 1640

– ANTONIUS AGELLIUS [1532-1608]: «No pide no ser amonestado o castigado (cual un hijo necio que rehúsa y se opone a la educación paterna) sino que pide no ser corregido y castigado con ira, con furor, sin misericordia, sin el objetivo de procurar su salvación».

[9] Dicen al respecto los Padres de la Iglesia:

– AMBROSIO DE MILÁN [340-397]: «El salmista admite su culpabilidad y reconoce sus heridas, pero pide ser sanado más que castigado. No rehúye la reprensión, pero solicita evitar la recriminación; cual enfermo que desea ser curado acepta el ser reconvenido, pero reivindica serlo no en el furor de la ira sino por la Palabra sanadora. Porque la Palabra de Dios es palabra sanadora, como leemos en otro salmo: *"Envió su palabra, y los sanó, y los libró de su ruina"* (Salmo 107:20). No quiere ser castigado sino educado y disciplinado doctrinalmente; cual paciente que pide al médico evitar el bisturí y aplicar a la herida un ungüento. Escuece, sin duda, pero hace que el dolor sea soportable; hiede, pero evita que corra la sangre».

– TEODORETO DE CIRO [393-458]: «Igual que al comenzar el Salmo 6, pide que su castigo sea llevado a cabo por un médico y no por un verdugo despiadado; y solicita que su dolencia sea tratada con medicinas curativas más que cercenada con el bisturí».

[10] Dice FRANCISCO LACUEVA [1911-1205] en el "Comentario de Matthew Henry": «Aun cuando Dios nos reprenda y castigue, es posible que no lo haga con enojo y furor, pues eso es como hiel y ajenjo en medio de la aflicción. Quienes deseen escapar de la ira de Dios, han de orar por ello más que por cualquier otra aflicción que puedan sufrir, y estar contentos con soportar cualquier otra aflicción que les pueda sobrevenir, si esta procede del amor, no de la ira, de Dios».

Ni me castigues en tu ira. Tanto el verbo hebreo תְיַסְּרֵנִי *təyassərênî* de יָסַר *yasar,* que traducimos por "castigar"; como el término וּבַחֲמָתְךָ *ūḇaḥămāṯəḵā* de חֵמָה *chemah* que traducimos por "ira", son palabras de significado vehemente. Expresan la eternidad de la ira de Dios, y en consecuencia el aprisionamiento de sus enemigos en cuerpo y alma con cadenas de oscuridad eterna. En verbo יָסַר *yasar*, en la Escritura equivale al latín *vincire,* "derrotar" y "atar" o "maniatar", a veces con cuerdas, otras con cadenas o grilletes, a los prisioneros para ser ejecutados; implica por tanto un sentido de esclavitud temporal con destrucción final. Y así es como la utiliza Roboam: אֲיַסֵּר אֶתְכֶם בָּעַקְרַבִּים *'ăyassêr 'eṯkem bā'aqrabbîm: "mi padre os castigó con azotes, mas yo os castigaré con escorpiones".*[11] En lo que hace a la palabra חֵמָה *chemah*, no solo significa "ira" o "disgusto",[12] sino la ira y el furor de Dios en su sentido más amplio y violento, en los términos en que la describe el profeta Isaías: וַיִּשְׁפֹּךְ עָלָיו חֵמָה אַפּוֹ *wayyišpōḵ 'ālāw ḥêmāh 'appōw: "Por tanto, derramó sobre él el ardor de su ira, y la violencia de la guerra; le puso fuego por todas partes, pero no se apercibió; le consumió, mas no reflexionó".*[13] Estas son las consecuencias más terribles de la ira de Dios: arder en un horno, y no sentirlo; caer en un hábito de pecado, y no saber qué es lo que nos lleva a la tentación; ser reducidos a cenizas y no llorar de arrepentimiento, ni humedecernos siquiera para que brote algo bueno de nosotros. Pero, חֵמָה *chemah,* tiene un significado todavía peor, porque también se puede traducir como "veneno"; es decir, la destrucción en sí misma, por ello aparece dos veces en este versículo: *"Veneno tienen como veneno de serpiente; son como el áspid sordo que cierra su oído".*[14] La ira de Dios es puro veneno para el alma, dureza de corazón en este mundo a lo largo de toda la vida, y la prolongación de esta dureza de corazón a la otra; morir sin arrepentimiento y vivir eternamente sin posibilidad de penitencia.[15] David anticipa, por tanto, que si Dios *"le reprende en su furor",* hay posibilidades de que llegue *"a castigarle en su ira".* ¿Qué podría impedírselo? Pues como decía el sacerdote Elí a sus hijos: *"Si peca el hombre contra el hombre, los jueces le juzgarán; mas si alguno peca contra Jehová, ¿quién rogará por él?"*[16] Por esto David es rotundo en pedir: *"Defiende tu mi causa",*[17] sabía bien que tan solo el Señor podía ser abogado eficaz en su caso, puesto que a la vez era también el agraviado y el Juez.

JOHN DONNE [1573-1631]

"Sermon LXVIII *Preached upon The Penitential Psalms"*

Vers. 1-4. Que nadie vaya a pensar que las expresiones de profundo arrepentimiento que encontramos los primeros versículos del Salmo 38 son excesivas. Pues son palabras del Espíritu Santo

[11] 1 Reyes 12:11.

[12] Debemos recordar que la versión inglesa KJV la traduce por *"hot displeasure".*

[13] Isaías 42:25.

[14] Salmo 58:4.

[15] Dice AGUSTÍN DE HIPONA [354-430] en este mismo sentido: «Si comienza el Salmo diciendo *"No me reprendas en tu furor, ni me castigues en tu ira",* alegando a continuación: *"porque tus saetas se han clavado en mí, y sobre mí está pesando tu mano",* es porque teme que le pueda venir algo mucho peor, o no comenzaría de ese modo. No rehúye la corrección, lo que busca evitar es la condena; se duele de los males que le han sobrevenido por su necedad, admite que son justos y merecidos, llora a causa de ellos, pero implora a su Dios diciendo: disciplíname, pero mantenme alejado de tu furor, no me cuentes con aquellos a los que dirás: *"Apartaos de mí, malditos, al fuego eterno preparado para el diablo y sus ángeles"* (Mateo 25:41) Porque en esta vida los males son dolorosos, pero llevaderos; pero en la vida venidera son irremediables. Aceptemos pues de buen grado la corrección divina de nuestra insensatez, para evitar males peores y más duraderos».

[16] 1 Samuel 2:25.

[17] Salmo 119:154.

de Dios, hablando por boca del hombre conforme al corazón de Dios.[18] Y si nosotros estuviéramos igual de arrepentidos que David, deberíamos adoptar su mismo lenguaje; pero tristemente, nuestros sentimientos son presa de la frialdad y, en consecuencia, sus palabras no entran por regla general en nuestro vocabulario (…) Fijémonos también en la cruda manera de describir sus miserias y todas sus consecuencias. El pecado no es motivo de lamento únicamente por los efectos nocivos que produce sobre el pecador, sino por el pesar que causa a Dios, y así es como lo presenta. El primer pensamiento del salmista es para el *"desagrado"* del Señor, hablándonos de su *"furor"* y de su *"ira"*. No son tanto las *"flechas"* lo que le aflige sino saber que proceden de Dios: *"Porque tus saetas se han clavado en mí, y sobre mí está pesando tu mano"*. La razón por la que la enfermedad se ha apoderado de su cuerpo es el desagrado de Dios. Así es la verdadera contrición: *"Porque la tristeza que es según Dios produce un arrepentimiento para salvación, del que no hay que tener pesar; pero la tristeza del mundo produce muerte"*.[19]

ALEXANDER PENROSE FORBES [1817-1875]
"A Commentary on the Seven Penitential Psalms. Chiefly from Ancient Sources", 1847

Vers. 2. *Porque tus saetas cayeron sobre mí, y sobre mí ha descendido tu mano.* *[Porque tus saetas se han clavado en mí, y sobre mí está pesando tu mano.* RVR*] [Porque tus saetas se han clavado en mí, y sobre mí ha descendido tu mano.* LBLA*] [Porque tus saetas fueron clavadas en mí, y sobre mí descargaste tu mano pesadamente.* BTX*] [Porque tus flechas me han atravesado, y sobre mí ha caído tu mano.* NVI*] [Tus flechas en mí se clavan, tu mano sobre mí se abate.* BLP*] [¡Tus flechas me han herido muy adentro y tus golpes me aplastan!* NTV*]*

Porque tus saetas se han clavado en mí. Con esto indica dolores tanto corporales como espirituales, pero podemos suponer que particularmente los segundos, ya que son los más punzantes y permanentes. La ley de Dios, aplicada al alma por el Espíritu en convicción de pecado, hiere profundamente y aflige largamente; es una flecha clavada que no puede ser extraída fácilmente por una alegría pasajera, ni extirpada por la mano aduladora de la propia justicia. El Señor sabe cómo disparar de forma que sus dardos no solo golpeen, sino que penetren hasta el fondo y se adhieran. Puede hacer que la convicción de pecado se adentre en lo más hondo del espíritu cual flechas enceradas. Parece desconcertante que el Señor tenga que disparar contra sus hijos más queridos, pero lo cierto es que no les dispara a ellos, sino a sus pecados, y aquellos cuyos pecados sucumben bajo las flechas y dardos de Dios en esta vida, evitarán sus rayos mortíferos en la vida venidera.

Y sobre mí ha descendido tu mano. El Señor había establecido con David pactos muy personales y, en consecuencia, le presiona con todo el peso de su mano, a fin de que no tuviera reposo ni fuerzas para levantarse en tanto no cambiara de actitud. Este versículo nos enseña que la convicción de pecado es una acción divina que perfora y presiona, es cortante y dolorosa, irritante y aplastante. A todos aquellos que conocen por propia experiencia *"el terror del Señor"*[20] les será más fácil dar fe de la exactitud de tales descripciones; son tan reales como la vida misma.[21]

C. H. SPURGEON

[18] 1 Samuel 13:14; Hechos 13:22.

[19] 2 Corintios 7:10.

[20] 2 Corintios 5:11; Hebreos 10:31; 12:29.

[21] Probablemente se trate de una alusión a la propia experiencia personal de Spurgeon, vivida en su juventud, cuando la idea del pecado lo aterrorizaba, y cuanto más leía la Biblia más le parecía que lo escrito en sus

Porque tus saetas se han clavado en mí. Aunque a Dios siempre le resulta agradable la insistencia en la oración, es una necesidad perentoria para nosotros cuando su rostro alegre frunce el ceño y justamente experimentamos el miedo a la continuidad de su ira. «¿Y cómo no voy a sentir miedo –dice el salmista–, cuando las saetas de su ira han comenzado ya a clavarse en mi espalda? Si su intención hubiera sido utilizarme como diana, me habría disparado sus saetas y las habría arrancado a continuación; pero viendo que las deja clavadas en mi espalda, ¿qué puedo pensar, sino que tiene intención de utilizarme como aljaba y que, por tanto, tardará en venir a recuperarlas? Las saetas de Dios son veloces, penetran hondo y con rapidez,[22] y para darles mayor impulso las dispara con ballesta,[23] de lo contrario no volarían tan rápidas, ni penetrarían tan profundo como han penetrado en mí las cruces y aflicciones con las que me ha sorprendido. Y digo "sorprendido" intencionadamente y con razón: pues cuando más seguro me creía y dije: *"No seré jamás zarandeado"*,[24] las saetas encendidas de su ira cayendo sobre mi espalda, han hecho que me tambaleara, y han penetrado tan hondo que ningún brazo es capaz de arrancarlas fuera del mismo que las disparó. ¡Oh Señor, igual que extendiste el brazo de tu ira para dispararlas, extiende ahora el brazo de tu misericordia para arrancarlas, para que pueda cantarte himnos y no elegías;[25] y puedas mostrar tu poder al perdonarme, tanto como lo has hecho al condenarme!»

Sir Richard Baker [1568-1645]
"Meditations and disquisitions upon the Thirty-eight Psalm of David", 1640

Porque tus saetas. Las saetas son: (1) rápidas; (2) súbitas; (3) silenciosas; (4) afiladas y letales. Hacen brotar sangre y la beben hasta emborracharse: *"Embriagaré de sangre mis saetas, y mi espada devorará carne"*.[26] Y las aflicciones comparten con ellas todas estas características:

1. Las aflicciones, como las saetas, vienen rápidamente; veloces como un pensamiento.
2. Las aflicciones, como las saetas, vienen inesperadamente; caen sobre la persona sin que sea consciente de ello, sin que las pueda anticipar; Aunque Job dice que: *"el temor que me espantaba me ha sobrevenido, me ha acontecido lo que yo temía"*,[27] es decir, que anticipaba esta flecha antes de que llegara; por lo general las aflicciones son huéspedes inesperados que se nos plantan en casa cuando ni siquiera soñábamos con ellos.
3. Las aflicciones, como las saetas, vienen silenciosamente; pues aunque de las saetas cuando se acercan escuchamos el silbido, vuelan en silencio, secretamente, y hieren sin ser vistas.
4. Por último, todas las aflicciones, como las saetas, son afiladas, y letales en su naturaleza. Y si algún bien sacamos de ellas, es solo por la gracia de Dios.

Joseph Caryl [1602-1673]

Y sobre mí está pesando tu mano. No la mano de Egipto o la de Asiria; pues en tal caso hubieran sido equiparables: mano a mano, un duelo equilibrado en fuerza y estratagemas militares; pero no, lo que se le vino encima fue el peso de *"tu mano"*, la mano de Dios. El peso de una mano humana

páginas lo amenazaba y pesaba sobre él como una losa, hasta experimentar su conversión en una pequeña iglesia metodista en 6 de enero de 1850. Ver al respecto la breve biografía de Spurgeon en el Tomo I.

[22] Deuteronomio 32:23; Job 6:4; Lamentaciones 3:12, 13; Ezequiel 5:16.

[23] Un arco montado sobre una barra fija, de madera o metálica, lo que permite una mayor tensión y en consecuencia una mayor potencia de disparo.

[24] Salmo 30:6.

[25] Se dice de cualquier tipo de composición lírica que presenta forma de lamento.

[26] Deuteronomio 32:42.

[27] Job 3:25.

es poco, y su golpe relativamente débil; su poder depende de la fuerza y el impulso del brazo; como respondieron los reyes de Madián a Gedeón cuando ordenó a su primogénito Jefter que probara con ellos la fuerza de su espada: *"Levántate tú, y mátanos; porque como es el varón, tal es su valentía"*,[28] porque era joven y no se atrevía. Pero no es así con la mano de Dios, pues: *"¡Horrenda cosa es caer en manos del Dios vivo!"*.[29] Homero[30] llamaba a las manos de Júpiter[31] *"ceirez aeptoi"*, manos para las cuales no hay palabras suficientes con que describirlas y elogiarlas; o como algunos lo leen: *"ceires aaptoii"*, manos inaccesibles y de fuerza irresistible; pues aún juntos todos los dioses del Olimpo no bastaban para evitar un golpe de la mano de Júpiter. La mano de Dios, únicamente golpea a causa del pecado; pero cuando el pecado es grave, el golpe es duro y contundente.[32]

THOMAS ADAMS [1583-1653]

"Mystical bedlam, or the world of mad-men", 1615

Vers. 3. *Nada hay sano en mi carne, a causa de tu ira; ni hay paz en mis huesos, a causa de mi pecado.* *[Nada hay sano en mi carne, a causa de tu indignación; ni hay reposo en mis huesos, a causa de mi pecado.* RVR*] [Nada hay sano en mi carne a causa de tu indignación; en mis huesos no hay salud a causa de mi pecado.* LBLA*] [Nada sano hay en mi carne por la indignación de tu rostro, No hay paz en mis huesos a causa de mis pecados.* BTX*] [Por causa de tu indignación no hay nada sano en mi cuerpo; por causa de mi pecado mis huesos no hallan descanso.* NVI*] [No hay nada sano en mi cuerpo a causa de tu cólera, no hay nada ileso en mis huesos por culpa de mis pecados.* BLP*] [Debido a tu enojo, todo mi cuerpo está enfermo; mi salud está arruinada a causa de mis pecados.* NTV*]*[33]

Nada hay sano[34] *en mi carne,*[35] *a causa de tu cólera.*[36] La depresión afecta toda la estructura corporal; es capaz de crear y alimentar cualquier enfermedad, y es más dolorosa que cualquier otra

[28] Jueces 8:20-21.

[29] Hebreos 10:31.

[30] Se refiere a HOMERO, nombre dado al más conocido de los poetas griegos antiguos, a quien se atribuyen los poemas épicos La Ilíada y La Odisea. Entre los investigadores hay considerable debate sobre si Homero fue una persona real o bien el nombre dado a uno o más poetas orales que cantaban obras épicas tradicionales.

[31] En la mitología romana, el dios principal, padre de dioses y de hombres, deidad suprema de la tríada capitolina formada por Júpiter, Marte y Jano. Su equivalente griego es Zeus. Es el portador del rayo, con el que fustigaba hombres y dioses.

[32] Isaías 30:30.

[33] En hebreo אֵין־מְתֹ֣ם בִּ֭בְשָׂרִי מִפְּנֵ֣י זַעְמֶ֑ךָ אֵין־שָׁל֥וֹם בַּ֝עֲצָמַ֗י מִפְּנֵ֥י חַטָּאתִֽי *ên-məṯōm biḇśārî mippənê za'meḵā 'ên-šālōwm ba'ăṣāmay mippənê ḥaṭṭāṯî.* KRAUS traduce: *"Nada hay sano en mi carne a causa de tu indignación, en mis huesos no hay salud a causa de mi transgresión"*; SCHÖKEL: *"No hay parte ilesa en mi carne, a causa de tu furor, no me queda un hueso sano, a causa de mi pecado"*. La versión en inglés KJV traduce: *"There is no soundness in my flesh because of thine anger; neither is there any rest in my bones because of my sin"*, "No hay solidez en mi carne a causa de tu cólera; ni hay descanso en mis huesos a causa de mi pecado".

[34] El término hebreo מְתֹם *məṯōm* que nuestras versiones traducen por "sano" es poco común. Solo aparece cuatro veces, dos en este Salmo (38:3, 7), en Jueces 20:48, y en Isaías 1:6.

[35] Ver al respecto Isaías 1:6; Job 2:7.

[36] SCHÖKEL indica que el versículo entero presenta una amplitud y simetría extraordinaria por el contraste entre las expresiones מִפְּנֵי זַעְמֶךָ *mippənê za'meḵā,* a causa de tu cólera; y מִפְּנֵי חַטָּאתִי *mippənê ḥaṭṭāṯî,* a causa de mi pecado, con la misma preposición מִפְּנֵי *mippənê.*

dolencia física.[37] La enfermedad del alma afecta todo el organismo: debilita el cuerpo, que a su vez desequilibra la mente, en un círculo vicioso que parece no tener fin. Una sola gota de ira divina hace que toda nuestra sangre hierva en suplicio.

Ni hay reposo en mis huesos, a causa de mi pecado.[38] Tan profunda es la afección que penetra hasta en los huesos, lo más firme y sólido del organismo, que también se ven perjudicados. La pérdida de la salud y la falta de reposo son dos deficiencias muy graves y, sin embargo, son los síntomas de toda conciencia despertada del letargo de su pecado hasta que Jesús le proporciona alivio. La ira de Dios es un fuego que consume hasta la médula;[39] se apodera de las partes más sensibles del cuerpo. La persona a la que le duelen los huesos se sienta y se levanta, va de un lado a otro en busca de reposo, pero no lo encuentra, se consume en su agonía; así también, el sentido de pecado en la conciencia produce en muchos casos un malestar horrible, tan solo superado en su angustia por el mismísimo infierno.

C. H. SPURGEON

Nada hay sano en mi carne, a causa de tu cólera; ni hay reposo en mis huesos, a causa de mi pecado. ¡Tu cólera, mi pecado! Para mi desgracia, soy como un yunque bajo dos martillos: el de tu ira, y el de mi pecado; y ambos me golpean: el martillo de tu ira golpea mi carne con la enfermedad, dejándola extenuada; y el de mi pecado golpea mis huesos con la inquietud, dejándolos quebradizos. Y aunque ambos me golpean incesantemente, el de tu ira golpea más en mi carne, por ser más débil; y mi pecado más en mis huesos, por ser más obstinados. La cólera de Dios y nuestro pecado son las

---

[37] SCHÖKEL dice al respecto: «Los rasgos no componen un cuadro clínico preciso como síntomas de una enfermedad diagnosticable. No se parece al estudio de síntomas de Levítico 13. Se diría que es un alarde acumulativo, una figura extrema y ejemplar».

[38] AGUSTÍN DE HIPONA [354-430] hace sobre estas palabras del salmista una peculiar reflexión: «Por causa del pecado de Adán nuestro cuerpo quedó sujeto a mortalidad, cargado de limitaciones y carencias, dolores y enfermedades. Pues incluso cuando presumimos en nuestra arrogancia de poseer un cuerpo sano, es un cuerpo que padece y se deteriora. Si no ingerimos alimento sentimos la punzada del hambre; si no bebemos nos abrasa la sed; y si no dormimos nos aplasta la fatiga. Y aunque a esto no lo llamamos enfermedad, sino salud, porque lo asumimos como algo natural; es parte del castigo, que hace que nuestro organismo se vaya debilitando, sufra, gima, y *"no haya reposo en nuestros huesos a causa de nuestro pecado"*. En el caso Adán fue un castigo súbito. En el nuestro forma parte de un proceso que llamamos natural, pero sigue siendo parte del mismo castigo fruto de la ira divina, bajo el cual *"toda la creación gime a una, y a una está con dolores de parto hasta ahora"* (Romanos 8:22). Y Pablo nos advierte que también nosotros: *"éramos por naturaleza hijos de ira, lo mismo que los demás"* (Efesios 2:3); es decir, portadores del mismo castigo. ¿Y por qué dice *"éramos"* cuando en realidad seguimos estando sujetos a las mismas limitaciones y padecimientos? Porque en la esperanza, ya no lo somos. Y teniendo por mejor la esperanza de aquello que hemos de ser, no vivimos ya en lo que somos, sino en aquello que hemos de ser, aunque *"también nosotros mismos, que tenemos las primicias del Espíritu, nosotros también gemimos dentro de nosotros mismos, esperando la adopción, la redención de nuestro cuerpo"* (Romanos 8:23). ¿Esperando la redención? ¿Entonces, –deberíamos preguntar a Pablo– estamos o no estamos redimidos? ¿Acaso no se fue pagado ya el precio de nuestro rescate? ¿Acaso no fue derramada ya la sangre preciosa? ¡Por supuesto! Pero mirad lo que dice a continuación: *"Porque en esperanza fuimos salvos; pero la esperanza que se ve, no es esperanza; porque lo que alguien ve, ¿a qué esperarlo? Pero si esperamos lo que no vemos, mediante la paciencia lo aguardamos"* (Romanos (8:24-25). ¿Y qué es lo que aguardamos mediante la paciencia? Obviamente la redención de nuestro cuerpo físico de la cual nos habla en el versículo anterior (Romanos 8:23). Alégrate, pues, de haber sido redimido y vive en la esperanza, aguardando con paciencia la redención de tu cuerpo, consciente de que en tanto esta no se lleve a cabo *"no hay reposo en mis huesos, a causa de mi pecado"*».

[39] Isaías 66:15-16.

razones fundamentales de todas nuestras miserias. Pero en realidad, lo *procatártico,*[40] (en medicina, el motivo desencadenante de la enfermedad) es decir, la verdadera causa del efecto es el pecado, pues la ira de Dios, como el templo del dios Dagón que Sansón derrumbó sobre sí mismo, jamás nos cae encima a menos que nosotros tiremos de sus columnas con nuestro pecado.[41]

SIR RICHARD BAKER [1568-1645]
"Meditations and disquisitions upon the Thirty-eight Psalm of David", 1640

Nada hay sano en mi carne, a causa de tu indignación; ni hay reposo en mis huesos, a causa de mi pecado. ¡Mi carne, mis huesos! Sé que Dios está indignado conmigo por la extenuación que hay en mi cuerpo; pues de no ser por su ira, mi carne estaría sana. Pero ¿qué puede quedar sano en mi cuerpo cuando la mano de Dios lo está golpeando constantemente? Y soy consciente de que hay pecado en mi interior por la inquietud de mis huesos; porque si no fuera por el pecado, mis huesos estarían tranquilos. Pero, ¿cómo pueden estar mis huesos reposados, cuando el pecado los está royendo sin cesar con el gusano del remordimiento? Uno piensa que sus huesos están lo suficientemente alejados, protegidos y ocultos de sus pecados como para evitar cualquier daño; sin embargo, veo el instinto inquietante y la naturaleza venenosa del pecado, que perfora mi carne hasta afectar mis huesos. Sé que mi carne es culpable de muchas faltas, por las que merece justamente la extenuación que sufre; pero ¿qué han hecho mis huesos? Pues no aportan combustible a las llamas de la sensualidad de mi carne; ¿por qué, entonces, tienen que padecer? Pero, ¿no son mis huesos los que soportan mi carne, dándole solidez? ¿y no son, por tanto, cómplices de los defectos de mi carne? En consecuencia, como cómplices, están sujetos al mismo castigo que la carne, pese a ser ella la ejecutora principal.

SIR RICHARD BAKER [1568-1645]
"Meditations and disquisitions upon the Thirty-eight Psalm of David", 1640

Ni hay reposo en mis huesos, a causa de mi pecado. En esta vida el cristiano es como el mercurio, que a pesar de no tener en sí mismo un principio de movimiento, nunca está en reposo, jamás permanece quieto, es como el barco sobre las olas. Mientras haya en él rastro de pecado, un hijo de Dios, como el mercurio, estará en constante inquietud (…) Por ello los cristianos estamos en este mundo en constante fluctuación, empujados sin cesar; nuestra vida es como la marea: unas veces sube, otras veces baja; no tenemos descanso. Y la razón es que estamos fuera de nuestro lugar, alejados del centro gravitacional, descentrados. En el universo todos los objetos permanecen en movimiento constante hasta que encuentran su centro de gravedad; la manecilla de la brújula oscila sin cesar hasta que marca el polo norte; y Cristo es nuestro centro de gravedad, el Norte de nuestra alma.

THOMAS WATSON [1620-1686]
"The Christian's Charter", 1660

Nada hay sano en mi carne, a causa de tu indignación; ni hay reposo en mis huesos, a causa de mi pecado. Aprended de los mendigos cuando buscan socorro y alivio: muestran sus llagas, su necesidad, exponen su miseria con crudeza. No tratan de aparentar mostrando una situación mejor de lo que es, sino todo lo contrario, pues saben por experiencia que cuanta mayor miseria exhiben, más

[40] Aunque esta palabra no está registrada en el Diccionario de la RAE, hemos adaptado el vocablo inglés *procatarctic,* que es un cultismo de uso histórico derivado del griego προκαταρκτικός, y que en su época venía a designar "una causa estimulante, remota u ocasional; designando una causa específica (generalmente externa) que provoca la enfermedad en un paciente predispuesto" [Oxford Living Dictionaries, 2018]

[41] Jueces 16:26-30.

compadecidos son y mayor auxilio reciben. Y, sin embargo, las dádivas de los más misericordiosos son como gotas comparadas con los océanos de la misericordia de Dios. Pues entre los hombres hay muchos como el sacerdote y el levita de la parábola del Buen Samaritano,[42] capaces de pasar por delante de un hombre desnudo, herido, abandonado y medio muerto, y no sentir compasión ni detenerse a socorrerle. Pero Dios, como el samaritano misericordioso, siempre se ha compadecido de los que a causa de su miseria se ven obligados a gritar implorando ayuda. Leed si no como Job;[43] Ezequías;[44] el propio David;[45] y tantos otros santos de la antigüedad, no tuvieron reparo al exponer ante el Señor su situación desesperada; y cómo el Señor se mostró misericordioso con ellos. Sus historias nos dan un patrón adecuado de cómo proceder en situaciones semejantes, y nos alientan a hacer lo mismo. Esto es lo que Dios espera de nosotros, el punto clave al cual desea conducirnos, que viendo nuestra propia insuficiencia, nuestra impotencia, y la incapacidad de otros para ayudarnos, volemos a cobijarnos con humildad bajo su misericordia.

WILLIAM GOUGE [1575-1653]
"A Commentary on the whole Epistle to the Hebrews", 1866

Vers. 4. ***Porque mis iniquidades se han agravado sobre mi cabeza; como carga pesada se han agravado sobre mí.*** *[Porque mis iniquidades han sobrepasado mi cabeza; como carga pesada gravitan sobre mí.* RVR*] [Porque mis iniquidades han sobrepasado mi cabeza; como pesada carga, pesan mucho para mí.* LBLA*] [Porque mis iniquidades rebasan mi cabeza, que cual pesada carga fue agravada sobre mí.* BTX*] [Mis maldades me abruman, son una carga demasiado pesada.* NVI*] [Mis faltas me sobrepasan, como pesada carga me abruman.* BLP*] [Mi culpa me abruma, es una carga demasiado pesada para soportar.* NTV*]*

Porque mis iniquidades han sobrepasado mi cabeza. Como las olas de alta mar; como el lodo negro de una ciénaga en la que la persona se hunde por completo.[46] Superando todas mis esperanzas, mis fuerzas, mi vida misma, mi pecado se erige delante de mí en todo su pavor. Los pecadores no concienciados piensan que sus pecados son como aguas poco profundas, pero cuando su conciencia despierta descubren la hondura del abismo de su iniquidad.

Como carga pesada gravitan sobre mí. Bueno es que el pecado se convierta en una carga intolerable y que el recuerdo de nuestros delitos nos abrume hasta hacerse irresistible. Este versículo es el clamor genuino de la persona que se siente desolada y deshecha por su transgresión, pero no alcanza a ver todavía el gran sacrificio expiatorio.

C. H. SPURGEON

---

[42] Lucas 10:30-32.

[43] Job 6:1-30; 7:1-21.

[44] Isaías 38:10.

[45] Salmo 38:3.

[46] En hebreo כִּי עֲוֺנֹתַי עָבְרוּ רֹאשִׁי *kî ăwōnōṯay 'āḇərū rōšî.* La versión griega de los LXX o Septuaginta lee ὅτι ὁ ἀνομία ἐγώ ὑπεραῖρω ὁ κεφαλ que la Vulgata traduce al latín como: *"quoniam iniquitates meae supergressae sunt caput meum"*, "porque mis iniquidades pasaron sobre mi cabeza". El sentido del verbo עָבְרוּ *'āḇərū* de עָבַר *abar* es el de "cubrir" o pasar por encima de algo y se usa mayormente en relación a las aguas, por lo que SCHÖKEL considera que «la imagen del salmo parece ser más bien acuática, como en el Salmo 69:15: *"No me anegue la corriente de las aguas, ni me trague el abismo, ni el pozo cierre sobre mí su boca"*; Lamentaciones 3:54: *"Las aguas cubrieron mi cabeza"*; o Jonás 2:6: *"Me rodearon las aguas hasta el alma, el gran abismo me envolvió, las algas se enredaron a mi cabeza"*. Una posible traducción en esta línea sería: *"mis iniquidades pasaron sobre mi cabeza cual inundación"*».

Porque mis iniquidades han sobrepasado mi cabeza; como carga pesada gravitan sobre mí. David razona aquí los motivos por los cuales sentía esa necesidad de orar tan efusivamente; por qué sus aflicciones eran tan violentas; y por qué la ira de Dios lo acosaba sin descanso. Y descubre que todo guarda una relación con sus pecados; que todas estas características ponzoñosas de sus aflicciones: su vehemencia, violencia, y continuidad iban ligadas a cómo él había pecado de forma tan estrepitosa:[47] con vehemencia en la furia de su lujuria; con violencia en el posterior derramamiento de sangre, y con continuidad refugiándose en una falsa seguridad ocultando su pecado. Y todo ello lo expresa en este versículo tres (38:3) resumiéndolo en dos frases. En primer lugar, considerando la cantidad, sucesión y continuidad de sus pecados, exclama: *"mis iniquidades han sobrepasado mi cabeza"*, es decir *Supergressae super.* Y, en segundo lugar, considerando la magnitud de los mismos, y lo insoportable de su peso, exclama *"como carga pesada gravitan sobre mí"*, es decir, *Gravatae super*. San Agustín atribuye esta situación a dos razones: *ignorantiam et difficultatem.* Ante todo, *ignorantiam.* David era un ignorante, incapaz de anticipar la inundación que se le echaba encima, de detectar que *abyssus abyssum,* "un abismo llama a otro abismo", y en consecuencia, tuvo que exclamar: *"todas tus ondas y tus olas han pasado sobre mí"*;[48] sin haberse dado cuenta de que se le venían encima; incapaz de discernir sus pecados en el momento de cometerlos, hasta haberse convertido en *supergressae super*, es decir, hasta verse rodeado de pecados y con la maldad por encima de su cabeza. Y, en segundo lugar, *"difficultatem"*, una vez cometido el pecado, en vez de reconocerlo, buscó la manera de ocultarlo; la recuperación es ardua, puesto que quien está ya bajo el agua, no ve ni escucha nada, no toca suelo, no tiene dónde agarrarse ni cuenta con nada que lo empuje hacia arriba o que tire de él. Moisés hace también referencia a esta situación cuando describe en su cántico la liberación de Israel y hundimiento de los egipcios en el mar: *"Los abismos los cubrieron"* es decir, *supergressae super*, el castigo les vino porque el nivel de sus iniquidades estaba ya por encima de sus cabezas; y después: *"descendieron a las profundidades como piedra"*,[49] esto es, *gravatae super,* fueron empujados hacia abajo, arrastrados hacia el fondo, donde quedaron sepultados para siempre. Los pecados de los egipcios, los de David, y también los nuestros, son demasiados y demasiado pesados como para permitirnos salir a la superficie; y demasiado grandes y pesados como para que una vez estamos en el fondo logremos nadar hacia arriba.

JOHN DONNE [1573-1631]
"Sermon LXVIII Preached upon The Penitential Psalms"

Como carga pesada gravitan sobre mí. No hay nadie cuya fuerza no pueda ser sobrecargada; aunque Sansón se cargó al hombro las puertas de Gaza,[50] murió aplastado cuando un edificio se derrumbó sobre su cabeza.[51] Y, ¡ay!, así nos pasa a nosotros. Desde que nacemos llevamos sobre nuestros hombros la carga del pecado, que al principio llevamos tan ligeramente como Sansón las puertas de Gaza; pero acabamos derrumbando finalmente sobre nuestras cabezas todo un templo de pecados, y morimos aplastados bajo su enorme peso.[52] Y aplastada habrías quedado, oh alma mía, de no haber

[47] El autor se refiere sin lugar a dudas al pecado de David con Betsabé y muerte de Urías, narrado en los capítulos 11 y 12 de 2 Samuel.
[48] Salmo 47:7.
[49] Éxodo 15:5.
[50] Jueces 16:3.
[51] Jueces 16:30.
[52] Efesios 2:2,5; Colosenses 2:13.

sido porque Dios, a pesar de su ira, se compadeció de ti; y a pesar de su desagrado, detuvo su mano de aplicarte un mayor castigo.

SIR RICHARD BAKER [1568-1645]
"Meditations and disquisitions upon the Thirty-eight Psalm of David", 1640

Porque mis iniquidades han sobrepasado mi cabeza; como carga pesada gravitan sobre mí. Que las caídas de los santos de Dios hayan quedado registradas en las Sagradas Escrituras, es particularmente útil para nosotros. Pues las manchas son más llamativas en un rostro hermoso o en un vestido limpio. Y es conveniente que conozcamos perfectamente la inmundicia del pecado. Aprendamos de estos santos hombres a valorarnos a nosotros mismos con humildad, a depender de la gracia de Dios, y mantenernos a nosotros mismos bajo estricta vigilancia, no sea que caigamos en los mismos pecados, o peores.[53]

HERMANN WITSIUS [1636-1708]
"The Economy of the Covenants Between God and Man", 1677

Vers. 4-5. Cuando logramos entrar en todo lo que implican estos dos versículos comenzamos a vislumbrar lo grave de nuestra pecaminosidad. Pues somos proclives a desarrollar un cierto sentido unilateral del pecado que no interfiere con nuestro orgullo y amor propio; y que nos permite decir fervientemente: *"mis iniquidades han sobrepasado mi cabeza; como carga pesada gravitan sobre mí"*, sin que reparemos en la gravedad de lo que estamos diciendo. Pero cuando nos conocemos mejor a nosotros mismos, experimentamos lo repugnante de nuestra maldad. Entonces es cuando nuestra necedad, mezquindad e ingratitud nos atenazan, y comenzamos odiarnos a nosotros mismos, y podemos hacer nuestras las palabras del versículo cinco: *"Hieden y supuran mis llagas, a causa de mi locura"*. Nuestras heridas, antaño objeto de nuestra autocompasión, y que nos permitían reclamar la simpatía de nuestros amigos para su curación, se han corrompido a causa de la maldad y la locura que sentimos que hay en nosotros. Y ahora, en lugar de exhibirlas abiertamente como solíamos hacer, las escondemos, porque si las mostramos ¿no habrá razón para que nuestros *"amigos y compañeros se mantengan lejos de ellas"*? (38:11). ¿Qué hacemos entonces? Enmudecer; permanecer en silencio para todos excepto para con Dios: *"Porque en ti, oh Jehová, he esperado; tú responderás, Jehová Dios mío"* (35:15). ¡Oh amor de Dios, que jamás nos abandona! ¡Oh bendito Jesús, que no se aparta del leproso que cae sobre su rostro diciendo: *"Si quieres, puedes limpiarme"*, antes bien extiende tu mano y le toca diciendo *"Quiero, sé limpio"*[54] ¡A quién iremos sino a ti![55]

MARY B. M. DUNCAN [1825-1865]
"Under the shadow of the Almighty", 1867

Vers. 5. *Hieden y supuran mis llagas, a causa de mi locura.* *[Hieden y supuran mis llagas, a causa de mi locura.* RVR*] [Mis llagas hieden y supuran. A causa de mi necedad.* LBLA*] [Mis llagas hieden y supuran, por causa de mi insensatez.* BTX*] [Por causa de mi insensatez mis llagas hieden y supuran.* NVI*] [Mis heridas supuran infectadas por culpa de mi insensatez.* BLP*] [Mis heridas se infectan y dan mal olor a causa de mis necios pecados.* NTV*]*

[53] Gálatas 6:1.
[54] Marcos 1:40.
[55] Juan 6:68.

Hieden y supuran mis llagas,[56] *a causa de necedad.*[57] Aplicadas al cuerpo, estas palabras son la descripción desoladora de una enfermedad terrible; pero aplicadas al alma, son una verdadera agonía existencial. La conciencia va hurgando en la llaga del mal hasta convertirla en una herida que supura, y en ella la corrupción es espantosa. Cuando la ley de Dios, aplicada por el Espíritu Santo, hace patentes nuestra depravación y vileza, ¡qué criatura tan horrible ve nuestra conciencia en nosotros mismos! Es cierto que existen enfermedades que, en sus fases finales, coinciden con la descripción de este versículo; no obstante, preferimos interpretarlo en sentido figurado, puesto que las palabras: *"a causa de mi necedad"* apuntan más hacia una enfermedad moral que espiritual. Algunos sabemos bien lo que es oler nuestra propia putrefacción hasta detestarnos a nosotros mismos.[58] Pero ni aún las enfermedades más sucias pueden serlo más que el pecado. Ni las úlceras, cánceres o llagas pútridas pueden alcanzar la pestilencia indescriptible de la iniquidad. He experimentado esto en mi propio cuerpo. Escribo de

---

[56] En hebreo הִבְאִ֣ישׁוּ נָ֭מַקּוּ חַבּוּרֹתָ֑י *hib̠'îšū nāmaqqū ḥabbūrōṯāy* de חַבּוּרָה *chabburah,* "llagas, golpes, flagelos". De las siete veces que חַבּוּרָה *chabburah* aparece en el A.T., seis va relacionado a la expiación de culpa o delito cometido, siendo las más significativas Proverbios 20:30 y por supuesto Isaías 53:5. La versión griega de los LXX o Septuaginta lee: προςὄζω καί σήπω ὁ μώλωψ ἐγώ que la Vulgata traduce al latín como: *"Putruerunt et corruptae sunt cicatrices meae"*, "Pudriéronse y corrompiéronse mis cicatrices".

[57] Dicen al respecto los Padres de la Iglesia:

– AMBROSIO DE MILÁN [340-397]: «Las gentes de este mundo tienen la costumbre de esconder las llagas de sus pecados, taparlas para que otros no puedan verlas; y cuanto más las esconden más putrefactas se vuelven y más apestan. El salmista vivió en carne propia esta lamentable experiencia y exclama: *"Por causa de mi insensatez mis llagas hieden y supuran"*. ¡Bendita insensatez que aporta la visión necesaria para ver las propias llagas y persuadirnos de mostrarlas al Señor! ¡Cuánto mejor no es que la más docta de las sabidurías ciega!»

– FULGENCIO DE RUSPE [467-532]: «*"Mis llagas hieden y supuran",* exclama el salmista consternado. ¿Y qué puede hacer para curarlas? Tan solo ponerse en manos de la misericordia divina, no por sus propios méritos, sino como don gratuito. Pues *"¿qué tienes que no hayas recibido? Y si lo recibiste, ¿por qué te glorías como si no lo hubieras recibido?"* (1 Corintios 4:7). Únicamente Dios puede otorgar a quienes él desea los medios precisos para alcanzar verdadera salvación (Efesios 2:1-10). Y tan solo él puede preservar aquello que ha otorgado en aquellos a quienes lo ha otorgado (2 Timoteo 1:12-14)»

[58] Probablemente se trate de una alusión a su incesante batalla contra la depresión. Prueba de esa lucha la tenemos en los más de treinta libros sobre salud mental que tenía en su biblioteca, pues al parecer adquirió y leyó todo lo que en su época se publicaba sobre el tema, que no era mucho. Sus cartas contienen numerosas referencias a ese problema. Solía calificarse como "prisionero" de sí mismo y de sentir ganas de llorar sin saber por qué: «Sentiría lástima incluso de un perro que tuviera que padecer lo que yo sufro». Las depresión de Spurgeon ha sido ampliamente debatida por sus biógrafos y analizada por eminentes psiquiatras y neurólogos del siglo XX, concluyendo, por lo poco que se sabe de los síntomas a través de sus escritos, que se trataba de un estado depresivo de carácter endógeno que hoy en día sería fácilmente neutralizado con fármacos psicotrópicos por la medicina moderna. Pero en el siglo XIX no tenía solución. Spurgeon luchó tenazmente contra ese problema toda su vida, sin más ayuda que su fe inquebrantable en la soberanía de Dios: «Se me haría particularmente penoso y difícil de soportar si pensara que la aflicción que padezco nada tiene que ver con Dios, que la copa amarga que me corresponde apurar no la llenó su mano, y las pruebas que soporto no han sido previamente mesuradas por él, y enviadas con un propósito (…) Me atrevo a decir que la mayor bendición terrenal que Dios puede concedernos es la salud, con la excepción de la enfermedad (…) Diría que todo lo bueno que he sacado de mis temporadas agradables y horas felices, cabe en el canto de un penique. Pero el bien que he recibido de mis enfermedades, dolores, penas y aflicciones es incalculable (…) La aflicción es el mueble más valioso de mi hogar. Es el mejor libro en la biblioteca de un pastor». [Bibliografía: *"The Anguish and Agonies of Charles Spurgeon",* Amundsen, Darrel W., 1998].

lo que sé, y doy testimonio de lo que he visto; incluso ahora me estremezco al pensar que tanto mal yazca infectándome en lo más hondo de mi naturaleza.[59]

C. H. SPURGEON

Hieden y supuran mis llagas. Estas expresiones parecen en gran medida figurativas y, por tanto, creemos que describen más el estado de su mente que el de su cuerpo físico.[60]

WILLIAM WALFORD [1773-1850]
"The Book of Psalms. A New Translation, with Notes", 1837

Hieden y supuran mis llagas. Señor, sé que he actuado neciamente al dejar que mis llagas se infectaran por tanto tiempo sin buscar ayuda; mas ahora *"hieden y supuran"*, estoy tan desahuciado como el cuerpo de Lázaro cuando llevaba cuatro días en el sepulcro;[61] razón suficiente para sumir a cualquier hombre que no te conociera en la desesperación. Pues, ¿acaso no sé que *"nullum tempus occurrit tibi"*?[62] ¿No sé que posees tanto la sabiduría para remediar mi locura como el poder para

[59] En el texto original en inglés Spurgeon utiliza su plural de modestia o de autoría habitual, que en este caso hemos suprimido porque se hace evidente que está hablando de sus dolencias personales. Con independencia de los estados depresivos mencionados en la nota anterior, Spurgeon padecía de "gota tofácea crónica", y de lo que en su época se conocía como "enfermedad de Bright", una enfermedad renal descrita en la medicina moderna como una Nefritis degenerativa, y que fue la causa de su muerte prematura a los 57 años. El primer episodio grave de gota se le presentó a los 35 años y a partir de ese momento, pese a las muchas precauciones e intensos cuidados se le repetían cada vez con mayor frecuencia e intensidad privándole de predicar en el *"Metropolitan Tabernacle"* temporadas enteras; en una carta a un amigo escribió: «Dice Luciano: 'Pensé que me había mordido una cobra infectando todas mis venas con veneno; pero era algo peor, era gota' (Cita a LUCIANO DE SAMÓSATA [125-181] en "El pie ligero o La tragedia de la gota"). No cabe duda que Luciano escribió esto desde la propia experiencia, me consta». La Nefritis degenerativa lo obligó a trasladarse periódicamente por prescripción médica al pueblecito costero de Menton, cerca de Niza y próximo a la frontera italiana, entre el mar y los Alpes franceses, donde falleció el 31 de enero de 1892.

[60] Así es como las ve también AGUSTÍN DE HIPONA [354-430]: «*"Hieden y supuran mis llagas"*, dice. Huelen mal. ¿Y por qué? Porque se han corrompido, están podridas. ¿Y acaso este fenómeno físico del cuerpo no se repite también en el alma? Cualquiera que tenga sano el olfato del alma percibirá de inmediato cómo sus pecados apestan y hieden. Pero al hedor de los pecados se combate con aquel perfume grato de del cual nos habla el apóstol: *"Porque para Dios somos grato olor de Cristo en los que se salvan"* (2 Corintios 2:15). ¿Y cómo se logra esto, sino con la esperanza? En esta vida lloramos y gemimos, *nada hay sano en nuestra carne, ni hay reposo en nuestros huesos, a causa de nuestro pecado; hieden nuestras llagas* (38:3,5); pero aguardamos en la esperanza *"la redención de nuestro cuerpo"* (Romanos 8:23). Aquello que se llora es porque hiede; lo que se espera es porque perfuma. Si no fuese por el hedor de nuestros pecados no percibiríamos nuestra insensatez ni experimentaríamos el olor de Cristo. Pero como ese olor nos ha sido otorgado por medio del Espíritu Santo, decimos a nuestro Esposo: *"Grata es también, de tus perfumes, la fragancia; tú mismo eres bálsamo fragante"* (Cantares 1:3 NVI). Apartemos pues el olfato de nuestros hedores, y sanemos nuestras heridas aplicándoles su bálsamo fragante».

[61] Juan 11:39.

[62] Una adaptación de la frase: *"Nullum tempus occurrit regi"*, una doctrina del derecho común inglés expresada originalmente por el clérigo y jurista HENRY DE BRACTON [1210-1268] en su *"De legibus et consuetudinibus Angliae"* en 1250. Afirma que la corona no está sujeta a los plazos de prescripción. Lo que significa que la corona puede proceder con las acciones que serían nulas en caso interpuesto por un particular debido al paso del tiempo. La doctrina se encuentra todavía en vigor en algunos de los sistemas de derecho común de hoy en día y en el caso de las repúblicas suele expresarse como *"nullum tempus*

curar mis heridas? ¿Podía la tumba retener a Lázaro cuando tú abriste tu boca y le llamaste por su nombre? Pues tampoco es la corrupción de mis llagas un impedimento para su curación si te place curarlas. Por tanto, aunque actué con necedad demorando la búsqueda del auxilio, no seré ahora tan necio como para desesperar, dudando de tu poder y voluntad para sanar. Pues, ¿cómo voy a desesperar, conociéndote como te conozco, y sabiendo que eres tan poderoso como misericordioso? ¡O quizá mejor debería decir tan misericordioso como poderoso!

SIR RICHARD BAKER [1568-1645]
"Meditations and disquisitions upon the Thirty-eight Psalm of David", 1640

Hieden y supuran mis llagas. O bien entendemos estas palabras literalmente, refiriéndose a llagas reales que tenía en su cuerpo (como parecen complementar las palabras del versículo siguiente); y que lo que llama *"llagas"* eran en realidad habones o ronchas de urticaria, tumores inflamados (según la palabra original[63] parece indicar), que la vara de Dios había provocado en su carne; o las heridas de esas flechas de las que habla en el versículo dos: *"tus saetas cayeron sobre mí"* (38:2). O bien en sentido figurado, referentes las miserias en las que Dios le había sumido, y que compara con llagas malolientes por su permanencia, o por los agudos dolores que experimentaba a causa de ellas. Aunque no faltan aquellos, lo sé, que las entienden como referentes a la vergüenza que sus pecados habían traído sobre él.

ARTHUR JACKSON [1593-1666]
"Annotations upon the five books immediately following the historical part of the Old Testament (commonly called the five doctrinal or poetical books) Iob, the Psalms, the Proverbs, Ecclesiastes, and the Song of Solomon", 1658

Vers. 5-6. El sentido de convicción de pecado es indispensable, desde una perspectiva espiritual, para poder experimentar el sentido de la salvación. El sentido de la enfermedad debe preceder a la curación, y en este caso debe preparar el alma para una recepción adecuada de la medicina. Dondequiera que Dios tiene intención de revelar a su Hijo con poder, de hacer que el Evangelio sea *"un sonido alegre"*,[64] hace sentir el peso del pecado a las conciencias y las hace gemir. Estoy convencido de que, cuando una persona se encuentra bajo la carga del pecado, está a su vez lleno de lamentos. La Biblia registra centenares de lamentos del pueblo de Dios bajo el peso del pecado. Uno exclama; *"Hieden y supuran mis llagas, causa de mi locura. Estoy encorvado, estoy abatido en gran manera, ando como enlutado todo el día"* (38:5-6). Otro grita: *"Porque mi alma está saturada de males, y mi vida está al borde del Seol"*.[65] Y un tercero: *"Me guió y me hizo caminar en tinieblas, y no en luz"*.[66] En tales circunstancias, a la persona no le queda otra salida que llorar; no puede soportar la carga sin lamentarse de su peso. No puede sentir la punzada de las saetas en su conciencia sin gemir a causa del dolor; no puede tener un gusano royendo sus órganos vitales, sin quejarse de sus dientes ponzoñosos; no puede sentir que Dios está airado contra él, sin lamentarse amargamente de que el Señor sea ahora su enemigo. El lamento espiritual es una señal inequívoca de vida espiritual, y Dios la reconoce como

occurrit reipublicae". Baker la utiliza en el sentido de que Dios no está sujeto para obrar a las limitaciones del tiempo y el espacio.

[63] En hebreo חַבּוּרֹתָי *habbūrōṯāy* de חַבּוּרָה *chabburah,* la misma palabra que se utiliza en Isaías 53:5. En esa forma solo se usa en el Salmo 38:5.

[64] Salmo 89:15. La versión inglesa KJV lo traduce: *"Blessed is the people that know the joyful sound: they shall walk, O Lord, in the light of thy countenance"*.

[65] Salmo 88:3.

[66] Lamentaciones 3:2.

tal. *"Ciertamente, he oído los gemidos de Efraín"*,[67] demuestra que Efraín tenía mucho de lo cual lamentarse, que le hacía gemir; que su pecado era patente ante sus ojos en toda su malignidad; y que ello angustiaba su alma; tenía algo que le resultaba imposible esconder cual bocado dulce debajo de la lengua; porqué sabía que sería descubierto por el ojo penetrante de Dios y fustigado por su mano castigadora.

JOSEPH C. PHILPOT [1802-1869]
"Commentary on select texts of the Bible", 1842

Vers. 6. *Estoy encorvado, estoy humillado en gran manera, ando enlutado todo el día.* *[Estoy encorvado, estoy abatido en gran manera, ando como enlutado todo el día.* RVR*] [Estoy encorvado y abatido en gran manera, y ando sombrío todo el día.* LBLA*] [Angustiado, fui abatido en gran manera; andando ensombrecido todo el día.* BTX*] [Estoy agobiado, del todo abatido; todo el día ando acongojado.* NVI*] [Estoy agobiado y abatido, camino afligido todo el día.* BLP*] [Me retuerzo atormentado por el dolor; todo el día estoy lleno de profunda tristeza.* NTV*]*

Estoy encorvado.[68] Doblado por la angustia, retorciéndome de dolor, sumido en suplicios a causa del pecado que hay dentro de mí y que me ha sido revelado.[69]

Estoy abatido en gran manera. Inmensamente afligido, gravemente debilitado y terriblemente deprimido. Nada hay que derribe al ser humano de su altivez como una sensación de pecado y de ira divina al respecto.

---

[67] Jeremías 31:18.

[68] En hebreo נַעֲוֵיתִי שַׁחֹתִי עַד־מְאֹד *na'ăwêṯî šaḥōṯî aḏ-mə'ōḏ*. SCHÖKEL comenta al respecto: «Con una endíadis escogida describe el salmista su postura: no se tiene en pie, no logra ponerse completamente derecho, se dobla, ya sea por debilidad o por el dolor. נַעֲוֵיתִי *na'ăwêṯî* nifal de עָוָה *avah* se usa en sentido psicológico en Isaías 21:3, *"me agobié"*; en sentido ético en 1 Samuel 20:30 y Proverbios 12:8 como *"perverso"*; y únicamente aquí lo encontramos aplicado en sentido físico».

[69] Dicen los Padres de la Iglesia:

– AGUSTÍN DE HIPONA [354-430]: «¿Por qué encorvado? Porque se había engreído. En el Edén el hombre se dejó seducir por la soberbia queriendo ser como Dios; y Dios lo humilló encorvándolo hasta el polvo de la tierra, sujetándolo a mortalidad y colocando sobre su espalda el fardo de su pecado (Génesis 3:1.19). Porque *"cualquiera que se ensalce a sí mismo, será humillado; y cualquiera que se humille a sí mismo, será ensalzado"* (Mateo 23:12). No olvides que a Dios le sobra peso con el que encorvarte».

– GREGORIO DE NISA [330-394] comenta: «El propio peso del fardo de pecado que arrastramos nos va encorvando haciendo que nos inclinemos cada vez más hacia las cosas terrenas» .

– TEODORETO DE CIRO [393-458]: «El peso que te encorva es el fardo pesado de tus pecados». Todo ello nos recuerda la imagen alegórica descrita por

– JOHN BUNYAN [1628-688] en *"The Pilgrim's Progress"*, "El Progreso de el Peregrino", en la que el protagonista, "Cristiano", huye de la "Ciudad de Destrucción" cargado con el fardo de sus pecados a la espalda, y avanza encorvado con gran dificultad hasta lograr deshacerse de él depositándolo a los pies de la Cruz. *"The Pilgrim's Progress"* fue publicada originalmente el año 1678, y Editorial CLIE ha publicado tanto la primera como la segunda parte de la obra bajo los títulos "El Peregrino" y "La Peregrina".

Ando como enlutado[70] *todo el día*. El dolor de alma de la persona que ha perdido un ser querido, sumida en el duelo, no conoce pausas, no cesa ni de día ni de noche, persiste incluso cuando se ve obligado a ocuparse de sus negocios y regresar a sus actividades habituales. El duelo no superado hace que la persona afectada vaya por el mundo como quien se dirige a la tumba, y sus palabras y modales son todos lamentos en recuerdo del difunto, que en su mente sigue aún vivo. Este versículo se entiende con mucha más claridad si imaginamos el papel del doliente en el entorno y costumbres de la sociedad oriental de la época: cubierto de cilicio y ceniza, acurrucado como un fardo sobre la suciedad y la mugre,[71] realizando ademanes, contorsiones y gesticulaciones para expresan su dolor; tal es el pecador despertado por la conciencia, no en su apariencia externa, pero sí en su realidad interior.

C. H. SPURGEON

Estoy encorvado.[72] El verdadero sentido del original hebreo[73] es: *"me retuerzo de dolor"*; hasta el punto de contorsionarse y abandonar su posición o postura correcta.

RICHARD MANT [1776-1849]
"The Book of psalms in an English metrical version, with notes", 1842

Ando como enlutado todo el día. Me había convertido, sin darme cuenta, en una carga y un terror para mí mismo; me sentía cansado de la vida y, sin embargo, tenía miedo a la muerte. ¡Oh, cuánto anhelaba ser cualquier otro! ¡O cualquier cosa menos un ser humano! ¡Y en cualquier condición menos la mía! Pues no había en mi mente nada tan recurrente como la idea obstinada de que era imposible ser perdonado mi transgresión y ser salvo escapando de la ira venidera.[74]

JOHN BUNYAN [1628-1688]
"Grace Abounding to the Chief of Sinners",[75] 1666

Estoy encorvado, estoy abatido en gran manera, ando como enlutado todo el día. En cuanto un hombre se vea y se sienta encadenado por la culpa, en peligro del infierno, bajo el poder de sus pasiones, en enemistad contra Dios y Dios convertido en un extraño para él; y este sentimiento anide en su corazón, toda su alegría se habrá desvanecido. ¡Qué lamentable criatura es el hombre en tales condiciones ante sus propios ojos! Envidia la dicha de las bestias que retozan en los prados. Hubo uno que al ver un sapo sollozó, porque Dios lo había hecho hombre, ¡criatura tan excelente!, en lugar de repugnante sapo. La bondad de Dios le hacía llorar, según la veía, al creer que su condición era peor que la de un sapo; y deseaba convertirse en él. Porque el sapo no siente la culpa del pecado, no teme la ira de Dios, no está bajo las garras de la concupiscencia. Por tanto, para ese sapo Dios no era un enemigo como lo era para él; según él lo sentía.

GILES FIRMIN [1614-1697]
"The Real Christian, or A Treatise of Effectual Calling", 1617

---

70 En hebreo קֹדֵר *qōḏêr* de קָדַר *qadar.* El sintagma solo se utiliza 5 veces: Job 30:28; y Salmos 35:14; 38:6; 42:9 y 43:2.

71 Job se sentó a llorar sus desventuras *"sobre las cenizas de la basura"*, Job 2:8; parece ser el sentido en este caso de la palabra hebrea הָאֵפֶר *hā'êp̄er* de אֵפֶר *epher*

72 La versión inglesa KJV lo traduce: *"I am troubled; I am bowed down greatly"*.

73 En hebreo שַׁחֹתִי *šaḥōṯî* de שָׁחַח *shachach.*

74 Mateo 3:7; 1 Tesalonicenses 1:10.

75 Obra de carácter biográfico en la que Bunyan narra su conversión y experiencia espiritual. Publicado por CLIE en español bajo el título "Gracia Abundante".

Vers. 7. ***Porque mis lomos están llenos de ardor, y nada hay sano en mi carne.*** *[Porque mis lomos están ardiendo de fiebre, y nada hay sano en mi carne.* RVR*] [Porque mis lomos están inflamados de fiebre, y nada hay sano en mi carne.* LBLA*] [Porque mis lomos fueron cargados de escarnio, y nada sano hay en mi carne.* BTX*] [Estoy ardiendo de fiebre; no hay nada sano en mi cuerpo.* NVI*] [Mis entrañas están inflamadas, no hay nada sano en mi cuerpo.* BLP*] [Una fiebre galopante me quema por dentro, y mi salud está arruinada.* NTV*]*

Porque mis lomos están llenos de una enfermedad repugnante.[76] Un trastorno abrasador y sofocante, acompañado probablemente de úlceras infectadas y putrefactas. Visto desde una perspectiva espiritual, cuando el mal que hay en el corazón queda al descubierto, arde fuego en el interior de la persona. Tengamos en cuenta lo enfático de la descripción: *"una enfermedad repugnante"*; en: *"mis lomos"*, un lugar vital; que dice tener *"llenos"* de ella. Aquellos que han experimentado todo el peso de la condena divina, entienden esto a la perfección.

Y nada hay sano en mi carne. Fijémonos en que esto ya lo había dicho antes, en el versículo tres (38:3). Para hacer pedazos todo intento de gloriarnos en nosotros mismos, el Espíritu Santo trae de nuevo a nuestros recuerdos las verdades más humillantes una y otra vez, haciéndonos saber que, en nosotros, en nuestra carne, no mora el bien.[77]

C. H. SPURGEON

[76] Así es como lo traduce la versión inglesa KJV: *"For my loins are filled with a loathsome disease"*. Aunque probablemente no es la traducción más acertada, la hemos respetado para que encaje con el comentario. El texto hebreo dice: כִּֽי־כְ֭סָלַי מָלְא֣וּ נִקְלֶ֑ה *kî-ḵəsālay mālə'ū niqleh* de קָלָה *qalah,* "asar, tostar". SCHÖKEL lo traduce: *"Porque tengo las espaldas ardiendo"*; y KRAUS: *"Mis riñones están llenos de ardor"*. Pero la versión griega de los LXX o Septuaginta se aparta del hebreo utilizando el término ἐμπαιγμός, "burla", y lee: ὅτι ὁ ψύα ἐγώ πίμπλημι ἐμπαιγμός. Y de ella hace la Vulgata una traducción al latín todavía más lejana: *"Quoniam lumbi mei impleti sunt illusionibus"*, "Porque repletos están mis lomos de ilusiones". Algunos de los Padres de la Iglesia y comentaristas antiguos explican esa peculiar traducción de la Vulgata *"llenos están mis lomos de ilusiones"* entendiéndolo como una alusión a la lujuria y concupiscencia. Dicen los Padres de la Iglesia:

– TEODORETO DE CIRO [393-458]: «El salmista se dejó arrastrar por las concupiscencias y ellas fueron la causa de todos sus males, como reconoce en el versículo siguiente. Y esas concupiscencias le dejaron *"debilitado y molido en gran manera; gimiendo a causa de la conmoción de mi corazón"* (38;8)».

– AGUSTÍN DE HIPONA [354-430] comenta: «El hombre completo consiste en un perfecto equilibrio entre alma y el cuerpo. Pero el cuerpo lo tenemos enfermo y el alma llena de ilusiones vanas. ¿Hay, pues, motivos para la alegría? No, la tristeza es inevitable. Por ello el salmista andaba *"encorvado y abatido"*. En tanto que el cuerpo no recupere su verdadera salud y el alma no consiga librarse de esas ilusiones vanas, el ser humano vive entristecido, como *"enlutado todo el día"* (38:6). Y esa verdadera salud que el cuerpo anhela recuperar no es otra cosa que la inmortalidad. En lo que hace a las ilusiones vanas ¡qué os voy a decir! ¿Cuál de ellas no padece esta nuestra alma? Son tantas que a veces incluso nos impiden orar, pues invaden nuestra mente con imágenes y pensamientos que no deseamos, y luchamos por centrarnos en aquello que queríamos decir, pero no lo conseguimos debido al feroz asedio de ideas y recuerdos que no buscábamos, todos ellos fruto de *"ilusiones vanas"*».

– MIGUEL DE UNAMUNO [1864-1936], filósofo español del siglo XX, llegó a la misma conclusión que Agustín de Hipona respecto al deseo de recuperar la inmortalidad en uno de sus más famosos ensayos: "Del sentimiento trágico de la vida", 1912.

[77] MAINE DE BIRAN [1766-1824] filósofo y político francés famoso por sus ensayos en metafísica, analista del "hombre interior", describió en su diario las distintas etapas por las que pasó para acabar finalmente

Porque mis lomos están llenos de una enfermedad repugnante. De acuerdo con Gesenius[78] la palabra hebrea que utiliza aquí el salmista para decir: *"mis lomos"*, כְסָלַי *kəsālay* de כֶּסֶל *kesel* indica adecuadamente los músculos internos de los lomos, cerca de los riñones, a los que se adhiere la grasa. Y la palabra que traducimos por *"repugnante"*: נִקְלֶה *niqleh;* (puesto que la palabra *"enfermedad"* no está en el original, ha sido añadida por los traductores)[79] deriva del verbo קָלָה *qalah* que significa "asar, tostar, agostar o resecar", como se hace a veces con el grano o la fruta;[80] y en la forma en la que se utiliza aquí significa "quemado"; indica por tanto una sensación febril, de ardor o inflamación.[81] La frase completa sería sinónimo de una inflamación de los riñones. La palabra en sí misma no implica que hubiera alguna erupción o úlcera, aunque diríase por lo que expresa en el versículo cinco (38:5) que este era el caso, y que la inflamación se había producido por este motivo.

ALBERT BARNES [1798–1870]
"Notes, critical, explanatory, and practical, on the book of Psalms", 1868

Llenos de una enfermedad repugnante. En muchas cosas nuestras apreciaciones son exageradas, pero nunca sobreestimamos el mal del pecado. Y sin embargo, sus efectos son atroces: corrompe y condena; cubre el alma de rochas infecciosas, como la lepra: *"Toda cabeza está enferma, y todo corazón doliente. Desde la planta del pie hasta la cabeza no hay en él cosa sana, sino herida, hinchazón y podrida llaga; no están curadas, ni vendadas, ni suavizadas con aceite"*.[82]

WILLIAM SWAN PLUMER [1802-1880]
"Studies on the Book of Psalms", 1867

Vers. 8. *Estoy debilitado y molido en gran manera; gimo a causa de la conmoción de mi corazón.* *[Estoy debilitado y molido en gran manera; gimo a causa de la conmoción de mi corazón.* RVR*]* *[Estoy entumecido y abatido en gran manera; gimo a causa de la agitación de mi corazón.* LBLA*]*

---

siendo cristiano. La última entrada, fechada el 17 de Mayo de 1824, la escribió al tomar conciencia de que su enfermedad avanzaba imparable y se aproximaba su fin, y viene a ser una suerte de comentario a este versículo del Salmo 38: «Ante mi progresiva debilidad, tanto física como moral, clamo con todas mis fuerzas ante la Cruz: *'Ten misericordia de mí, Oh Señor, porque me siento débil. Mis lomos están llenos de una enfermedad repugnante, y nada hay sano en mi cuerpo"*. En semejantes circunstancias, ¡ay del hombre que las tiene que enfrentar solo! Infeliz de aquel que por muy poderoso que sea su intelecto o vasta su sabiduría humana, no cuenta con el soporte de un poder y sabiduría por encima de la suya. El auténtico poder, la verdadera sabiduría, está en sentir y experimentar el apoyo divino. Si no cuenta con esto, ¡ay de él! porque está completamente solo. El estoico está solo y permanece solo. El cristiano anda en la presencia de Dios y permanece al lado de Dios tanto en este mundo como en el mundo venidero».

[78] Se refiere a HEINRICH FRIEDRICH WILHELM GESENIUS [1786-1842], famoso erudito alemán de las lenguas orientales, profesor de teología en la Universidad de Halle. Escribió numerosas obras sobre los textos bíblicos, siendo especialmente apreciada y quizás su obra más conocida el *"Thesaurus philologico-criticus linguae Hebraicae et Chaldaicae V. T."*

[79] Se refiere a los traductores de la versión inglesa KJV que traducen: *"with a loathsome disease"*. Ver la nota 76 en este mismo Salmo 38.

[80] Levítico 2:14: אָבִיב קָלוּי בָּאֵשׁ *'ābîb qālui bā'ēš* el mismo verbo קָלָה *qalah, "tostarás al fuego las espigas verdes"*; así también en Josué 5:11: *"comieron del fruto de la tierra, los panes sin levadura, y en el mismo día espigas nuevas tostadas"*; Jeremías 29:22: *"Póngate Jehová como a Sedequías y como a Ahab, a quienes asó al fuego el rey de Babilonia"*. Aparte del Salmo 38, solo aparece en la Escritura estas tres veces.

[81] Razón por la cual la mayoría de versiones modernas traducen: *"Porque mis lomos están ardiendo de fiebre"* o *"están inflamados de fiebre"*.

[82] Isaías 1:5-6.

[Fui afligido y fui humillado en gran manera, y doy alaridos por la conmoción de mi corazón. BTX*] [Me siento débil, completamente deshecho; mi corazón gime angustiado.* NVI*] [Estoy agotado y muy débil, tengo el corazón atormentado y gimo.* BLP*] [Estoy agotado y totalmente destrozado; mis gemidos salen de un corazón angustiado.* NTV*]*

Estoy debilitado. En el original es נְפוּגוֹתִי *nəpūḡōwṯî* de פּוּג *pug,* es decir "entumecido", o "congelado". Tales incongruencias y contradicciones son propias de una mente conturbada y un cuerpo enfermo: tan pronto nos dice que arde de fiebre como que está congelado. Como las almas condenadas en el mítico Purgatorio de Roma, tan pronto hirviendo en calderos como sumergidas en gruesos bloques de hielo,[83] los corazones atormentados van de una tortura a otra, de un extremo a otro. Tan pronto los inflama el sofoco del miedo, como los deja helados un escalofrío de horror; van del desasosiego abrasador al amodorramiento hipotérmico; del deseo ardiente a una insensibilidad horrible; lo que deriva en una agonía insoportable que arrastra al pecador redargüido hasta las puertas de la muerte.[84]

Y molido en gran manera. Triturado como en un molino, machacado como en un mortero. El enfermo siente su cuerpo desencajado y aplastado cual masa palpitante, y el pecador abatido se siente igual de miserable; el alma sobre cuya conciencia han pasado las ruedas de la ira divina queda destrozada de forma tan horrible como las víctimas aplastadas bajo el carro de Juggernaut.[85]

Rujo a causa de la inquietud de mi corazón.[86] La voz del dolor es ronca y penetrante, a menudo inarticulada y pavorosa. El corazón forja gemidos que no pueden ser expresados, y las cuerdas bucales

[83] Spurgeon hace referencia aquí a las palabras de BEDA EL VENERABLE [672-735] en su *"Ecclesiastical Hiastory of the English People"*, 731, en la que describe los tormentos del Purgatorio tal como se concebían en la Edad Media, según los había relatado un monje de la abadía de Melrose, Escocia, llamado Drycthelm o Drithelm, que había vuelto a la vida después de haber permanecido muerto toda una noche, y había hecho su descripción del Purgatorio, conocida como *"The vision of Dryhthelm: one filled with fire and flames, the other with snow, ice and frost"*. Pero las citas del mismo estilo son innumerables.

[84] Juan 16:8.

[85] Vocablo que deriva de la transliteración o adaptación al inglés del término sánscrito YÁGANAT O YAGANATHA, uno de los nombres por los que se conoce en el hinduismo al dios KRISNA O KRISHNA. La idea del "carro de Juggernaut", viene literalmente de un inmenso carromato con enormes ruedas en el que, según narra la obra *"The Travels of Sir John Mandeville"*, "Los viajes de Juan de Mandeville", transportaban en procesión la imagen del dios, bajo el cual se arrojaban en sacrificio sus adoradores quedando completamente triturados. "Los viajes de Juan de Mandeville" es una obra del siglo XIV de autoría discutida que relata hechos fantásticos, imposibles y mitológicos en clave historicista, recopilados en su mayoría de traducciones de manuscritos más antiguos con anotaciones extravagantes añadidas cuando el traductor no entendía lo que leía. Aunque sabemos que muchos de los relatos son fantásticos y falsos, algunas de las historias recopiladas han pasado a formar parte del imaginario colectivo como arquetipos, como esta historia del "carro de Juggernaut".

[86] Así es como traduce la versión inglesa KJV: *"I have roared by reason of the disquietness of my heart"*. El sintagma hebreo שַׁאֲגָתִי *'aḡtî* es único de este salmo y arranca del verbo שָׁאַג *shaag,* "rugir", que va mayoritariamente asociado al rugido del león: Jueces 14:5; Job 37:4; Salmo 22:13; 104:21; Isaías 5:29; Jeremías 2:15; Ezequiel 22:25; Oseas 11:10; Amós 3:4 y Sofonías 3:3. Dice SCHÖKEL al respecto; «Es como si las pocas fuerzas que le quedaban se hubieran concentrado en ese rugido de dolor, y si la boca no logra emitirlo lo grita el corazón».

– AGUSTÍN DE HIPONA [354-430] comenta: «Hay un gemir del cuerpo y un gemir del alma, un rugido de la garganta y un rugido del corazón. A veces los siervos de Dios permanecen mudos, no pronuncian palabra, pero rugen de dolor en su corazón. Es un rugido silencioso que el oído humano no capta, pero que Dios escucha desde el cielo, y solo en contadas ocasiones los perciben ligeramente los más cercanos y son incapaces de articularlos. Cuando nuestras oraciones se asemejan a rugidos animales más que cánticos espirituales, no por ello son menos prevalentes ante el compasivo Padre de la misericordia. Él escucha tanto el murmullo del corazón como el rugido del alma que provoca el pecado, y a su debido tiempo, acude para aliviar a sus afligidos. Y cuanto más analicemos esta descripción de un alma redargüida a la luz de la experiencia, más apreciaremos su asombrosa precisión. Es evidente que no se trata de la mera descripción de una dolencia física, por gráficos que puedan parecer los síntomas; encierra en sus palabras una profundidad y patetismo que tan solo encajan plenamente con la sutil, misteriosa y terrible agonía del alma.

C. H. SPURGEON

Estoy debilitado. En el original hebreo נְפוּגוֹתִי *nəpūḡōwṯî,* "entumecido" por el frío. Me ha invadido un frío mortal, como el de un cadáver. Probablemente se contraponga a la inflamación ardiente del versículo anterior, como marcando las alteraciones de temperatura de la fiebre.

JOHN JAMES STEWART PEROWNE [1823-1904]
"Commentary on the Book of Psalms", 1864

Rujo a causa de la inquietud de mi corazón. Donde hay pecado, nunca habrá sosiego en el corazón; y un corazón inquieto es la causa de todos estos efectos secundarios devastadores: debilidad del cuerpo, abatimiento de ánimo, y rugidos en la garganta. Pero, ¿cómo puede rugir una persona debilitada? ¿Acaso el rugido no va ligado más bien a la entereza, la valentía y el buen ánimo? ¿Puede tratarse de un rugido inarticulado? ¿Querrá decir que al haber actuado más como una bestia que como un ser humano, se ve ahora obligado a utilizar rugidos de bestia más que expresiones humanas? ¿O tal vez se refiera a un gemido del alma, que el corazón puede exhalar, incluso con más intensidad y frecuencia, cuando el cuerpo está débil, cual destellos de la llama en una vela que se apaga? Comoquiera que sea, lo cierto es que el corazón humano, cuando es sembrado en sus entrañas, cual infeliz parcela, con la semilla maldita del pecado, produce tanto en el cuerpo como en el alma estos frutos miserables. Entonces, ¿cómo puedo librarme de tales hierbajos malditos y de sus frutos abominables, habiendo cobijado en mi interior tan enorme medida de su semilla nefasta? Ah, vil pecado, ¡si lograra evitarte tan fácilmente como puedo verte; y resistirte tan sencillamente como consigo odiarte! Entonces no tendría que lamentar la debilidad de mi cuerpo, ni abatimiento de ánimo, con rugidos en mi garganta. Disfrutaría de esa dicha, esa paz, sosiego y felicidad que tú, oh Dios, tan gentilmente impartiste como dote bendita en nuestros primeros padres en su creación.

SIR RICHARD BAKER [1568-1645]
"Meditations and disquisitions upon the Thirty-eight Psalm of David", 1640

Rujo a causa de la conmoción de mi corazón. Para el verdadero penitente es difícil, en la amargura de su alma, repasar la vida pecaminosa que ha arrastrado, sin rugir, gemir y suspirar desde el fondo de su corazón. Pero, ¡dichosos rugidos, felices gemidos, suspiros y sollozos! Pues fluyen de la influencia de la gracia y el aliento del Espíritu Santo, el cual inefablemente gime dentro de nosotros y con nosotros,[87] dando cuerpo en nuestros corazones a estos gemidos fruto de la penitencia y del amor.

---

allegados. Pues los seres humanos cuando escuchan el gemido de un hombre, lo que escuchan es el gemido de la carne, no oyen el rugir del corazón. Por esto sigue diciendo: *"Señor, delante de ti están todos mis deseos, y mi clamor no te es oculto"* (38:9), no delante de los hombres, que solo perciben el gemido de la carne, sino delante de Dios que escucha el rugir del corazón».

[87] Romanos 8:26.

Pero a medida que el impulso de ambos, de la penitencia y del amor, se hace incontenible y rebasa los límites del corazón penitente, se ventila por los ojos y la boca: los ojos derraman lágrimas y la boca emite suspiros y gemidos. Lamentos que ya no caben dentro de los límites del corazón, pues vienen impulsados por el fuego del amor divino y, por tanto, se enmarcan a sí mismos en gemidos, en palabras y frases inteligibles.

JEAN BAPTISTE ELIAS AVRILLON [1652-1729]
"L'année affective, ou Sentiments sur l'amour de Dieu",[88] 1707

Gimo a causa de la conmoción de mi corazón. A David se le acumulaban los dolores en el corazón, y comenzó a gritar. El corazón es la diana a la que Dios dirige sus dardos encendidos cuando un cristiano se ha desviado del camino recto. Puede que le golpee y hiera también en otras partes externas del cuerpo, pero tan solo para abrir grietas en el corazón, que es donde reside, y de donde surge la actitud que le ofende. El fuego divino, que enciende la conciencia del pecador, puede extenderse a los ojos, la lengua, y las manos; haciendo que el penitente mire con temor, hable con desesperación, y sangre de pies a cabeza. Pero el núcleo de ese fuego está centrado principalmente dentro, en el horno, en el espíritu. Lo que detectemos de este fuego a través de sus ojos, palabras y acciones, no son más que destellos que ocasionalmente escapan por los orificios inferiores de ese horno espiritual que abrasa su interior.

NICHOLAS LOCKYER
"A Divine Discovery of Sincerity, according to its proper and peculiar Nature", 1643

Vers. 9. ***Señor, delante de ti están todos mis deseos, y mi suspiro no te es oculto.*** *[Señor, delante de ti están todos mis deseos, y mi suspiro no te es oculto.* RVR*] [Señor, todo mi anhelo está delante de ti, y mi suspiro no te es oculto.* LBLA*] [¡Oh Adonai!, ante Ti están todos mis anhelos, y mi clamor no te es oculto.* BTX*] [Ante ti, Señor, están todos mis deseos; no te son un secreto mis anhelos.* NVI*] [Dios mío, ante ti están mis deseos, no se esconde ante ti mi sollozo.* BLP*] [Señor, tú sabes lo que anhelo, oyes todos mis suspiros.* NTV*]*

Señor, todo mi anhelo está delante de ti. Si bien no pronunciado, no por ello menos percibido. ¡Bendito sea Dios, que lee los anhelos de nuestro corazón! Nada le es oculto; aún aquello que somos incapaces de expresar lo entiende perfectamente. El salmista es consciente de que no ha exagerado en sus descripciones y, por tanto, apela a los cielos para que confirmen sus palabras. El Médico divino entiende a la perfección los síntomas de nuestra enfermedad, la dolencia que ocultan, y cuenta con las medicinas adecuadas; en consecuencia, nuestro caso está seguro en sus manos.

Y mi suspiro no te es oculto.

«Él capta el significado de nuestras lágrimas
el lenguaje de nuestros gemidos»[89]

[88] Famoso libro alegórico-devocional escrito originalmente en francés por Fray Jean Baptiste Elias Avrillon y traducido al castellano por Fray Joseph Calixto de Orihuela, religioso agustino. Impreso en Lima, Perú, en 1796 en la Imprenta de la Real Casa de los Niños Huérfanos bajo el título de: "Sentimientos sobre el amor de Dios, o Los treinta amores sagrados para cada día del mes".

[89] Todo parece indicar que estas dos líneas forman parte de un poema compuesto por el propio Spurgeon, aunque no hemos logrado identificar cuál: *"He takes the meaning of our tears, / The language of our groan"*.

La tristeza y angustia interiores son dolencias que pasan desapercibidas a la observación del hombre, pero Dios las escudriña. Nadie llega a sentirse más solo que un pecador con el corazón destrozado y, no obstante, cuenta con el Señor como compañero de viaje.

C. H. SPURGEON

Señor, delante de ti están todos mis deseos, y mi suspiro no te es oculto. Las penas suelen producir deseos, sobre todo de carácter material, deseos frustrantes: sus horizontes apuntan lejos y son difíciles de conseguir, por lo que no nos atrevemos ni a expresarlos, y se convierten en deseos mudos; porque ni nuestra mente puede concebir aquello que deseamos. Pero nuestros deseos espirituales, centrados en Dios, siempre tiene una vía de expresión, porque llegan hasta Dios, y él oye su voz. *"Señor, delante de ti están todos mis deseos, y mi suspiro no te es oculto"* exclama David. Cuando el alma está en comunión con Dios y confía a él sus anhelos, sus deseos toman cuerpo.[90] Y si bien los deseos humanos no tienen garantía de convertirse en realidad: un hombre puede desear esto y aquello, y quedarse sin lo uno y sin lo otro; los deseos que confiamos a Dios tienen todas las posibilidades, y en consecuencia, el alma se aferra a ellos y se instala cual si fueran ya una realidad; lo que le aporta un disfrute inmediato en el presente, y la certeza de un disfrute pleno en el futuro: *"Cumplirá el deseo de los que le temen; oirá asimismo el clamor de ellos, y los salvará"*.[91]

JOSEPH SYMONDS [¿?-1652]
"The case and cure of a deserted soule", 1639

Y mi suspiro no te es oculto. Las lágrimas por pecados ocultos son la mejor señal de un corazón regenerado, y un bálsamo para los espíritus quebrantados.[92] Dios entiende perfectamente el lenguaje de las palabras intercaladas con suspiros, y los interpreta como las aspiraciones y expiraciones de un corazón quebrantado. Así como toda nuestra necedad queda expuesta ante de él para que la cubra, así también todo el peso de nuestras penas queda delante de él para que lo alivie; y por lo tanto, los suspiros de nuestra alma, sumados a nuestra alabanza y acción de gracias, le agradan y complacen *"más que el sacrificio de un buey, o de un novillo con cuernos y pezuñas"* sobre el altar.[93] Los lamentos y suspiros santos alejan la autocompasión y la tristeza carnal sustituyéndolas por un espíritu de alegría:

[90] Dice en este mismo sentido AGUSTÍN DE HIPONA [354-430]: «Pon tu deseo delante de Dios, *"y tu Padre que ve en lo secreto, te lo recompensará en público"* (Mateo 6:6). Tu deseo es tu oración, y si es tu deseo es constante, tu oración será continua. Nos dice el apóstol: *"Orad sin cesar"* (1 Tesalonicenses 5:17). ¿Acaso para cumplir ese mandato de rodillas todo el día o levantando las manos sin interrupción? Si entendiéramos así las palabras del apóstol, concluiríamos que es un mandato imposible de cumplir. Pero hay otra oración interior constante, ininterrumpida: el deseo; que te permite seguir orando estés donde estés y hagas lo que hagas. Si quieres que tu oración sea constante, *"sin cesar"*, no interrumpas tu deseo, porque tu deseo continuado es tu voz constante. Y ese deseo constante se manifiesta en el amor, porque cuando dejas de amar cesa la voz de tu corazón, y el deseo se interrumpe. ¿Y quiénes son los que interrumpen el deseo de su corazón y con él sus oraciones? Aquellos de quienes se dice: *"debido al aumento de la iniquidad, el amor de muchos se enfriará"* (Mateo 24:12). La frialdad en el amor apaga la voz del corazón; mas el fuego del amor enciende el deseo. Si tu amor permanece constante, estarás clamando incesantemente; y si clamas incesantemente, estarás deseando ininterrumpidamente; y en consecuencia orando sin cesar. Pero no olvides que has de presentar tus deseos delante de Dios, que el rugido de tu corazón ha de sonar en sus oídos; y eso debe llevarte a reflexionar muy seriamente sobre la clase de deseos que presentas delante de Dios».

[91] Salmo 145:19.

[92] Salmo 34:18; 147:3: Isaías 61:1.

[93] Salmo 69:30-31.

conmueven el corazón del creyente instándole a pedir la gracia preventiva, que ningún corazón falso puede albergar sin reservas. Los lamentos y suspiros internos evitan la vergüenza pública: Dios nunca abandonará a las almas de aquellos que habiéndose humillado a sí mismos, suspiran y lamentan, permitiendo que sean pisoteadas por sus enemigos espirituales. En la humillación de los santos hay una puerta abierta a la esperanza secreta; por las promesas preciosas que van ligadas a ella, y en especial, por la prevención de futuros pecados mediante el fortalecimiento de la gracia. Porque, así como el amor de Dios es la fuente de todo arrepentimiento verdadero, los lamentos y suspiros del alma son lo que atrae hacia ella las mayores dosis del amor divino.

SAMUEL LEE [1625-1691]
"The Triumph of Mercy in the Chariot of Praise", 1677

Vers. 10. ***Mi corazón está acongojado, me ha dejado mi vigor, y aun la luz de mis ojos me falta ya.*** *[Mi corazón está acongojado, me ha dejado mi vigor, y aun la luz de mis ojos me falta ya.* RVR*] [Palpita mi corazón, mis fuerzas me abandonan, y aun la luz de mis ojos se ha ido de mí.* LBLA*] [Mi corazón fue conmovido, me abandonó mi vigor, y la luz de mis ojos ya no está conmigo.* BTX*] [Late mi corazón con violencia, las fuerzas me abandonan, hasta la luz de mis ojos se apaga.* NVI*] [Mi corazón palpita, mi fuerza me abandona y hasta la luz de los ojos he perdido.* BLP*] [Mi corazón late aceleradamente, se me acaban las fuerzas y estoy quedando ciego.* NTV*]*

Mi corazón palpita.[94] Aquí inicia un segundo relato de dolor. Tanto le atormentaba la traición de sus amigos que su corazón palpitaba constantemente. Sus latidos eran rápidos y virulentos, cual los de un corzo perseguido y angustiado, con el corazón saltándole fuera del pecho. En los momentos de dolor, el alma busca simpatía, y si no la encuentra, los latidos de su corazón entran en un palpitar agónico e incesante.

Mis fuerzas me abandonan. La enfermedad y la confusión lo habían debilitado de tal modo que se sentía próximo a expirar. Una convicción profunda de pecado, y la percepción de que nadie puede ayudarnos en nuestra angustia, son suficientes para llevar a un hombre al borde de la muerte; de manera especial si no encuentra a nadie que le aporte una palabra de consuelo y conduzca su espíritu quebrantado hasta el Médico amado.

Hasta la luz de mis ojos se apaga.[95] La dulce luz de sus ojos físicos se extinguía, a medida que consuelo se desvanecía en su alma. Aquellos a quienes más amaba, que eran la niña de sus ojos,[96] lo habían desechado. Y su esperanza, última lámpara de la noche, estaba a punto de apagarse. ¡Una situación desesperada! Y, no obstante, así es como algunos de nosotros nos hemos visto en nuestra propia experiencia; y sin duda hubiéramos perecido si el Señor no hubiese interpuesto su infinita misericordia. Pero ahora, cuando rememoramos nuestra situación y la longanimidad del Señor, reconocemos lo provechoso que nos fue encontrarnos al límite de nuestras fuerzas; y lo acertado que nuestra propia luz se apagara para que la luz del Señor pudiera iluminarnos en todo.[97]

C. H. SPURGEON

[94] La versión inglesa KJV traduce: *"My heart panteth"*, "mi corazón jadea".

[95] En hebreo וְֽאוֹר־עֵינַי גַּם־הֵם אֵין אִתִּי *wəʼōwr-ʻênay gam-hêm ʼên ʼittî.* Ver Job 17:7 Salmo 6:7; 31:9, 69:3, 119:82.

[96] Deuteronomio 32:10; Salmo 17:8; Zacarías 2:8.

[97] Creemos que se trata de una alusión a la situación crítica que vivió Spurgeon cuando la estampida provocada en el *Surrey Music Hall* el 19 de octubre de 1856, que causó siete muertes y veintiocho heridos, y la prensa londinense se ensañó con él sumiéndole en una profunda depresión. A este mismo incidente

Mi corazón palpita. El verbo hebreo que utiliza aquí David: סְחַרְחַר *səḥarḥar* de סָחַר *sachar,* en su raíz primitiva significa "viajar", o "divagar de un lado para otro"; aunque en este caso lo utiliza para expresar la inquietud que angustia nuestro corazón cuando no sabemos qué hacer. Según sea la inquietud que una persona tenga en su mente, así será de errático su comportamiento; por ello suele decirse de alguien que se le ha trastornado el corazón, o que su corazón va de un lado a otro.

Juan Calvino [1509-1564]

Vers. 11. ***Mis amigos y mis compañeros se mantienen lejos de mi plaga, y mis cercanos se han alejado.*** *[Mis amigos y mis compañeros se mantienen lejos de mi llaga, y mis allegados se han alejado.* RVR*] [Mis amigos y mis compañeros se mantienen lejos de mi plaga, y mis parientes se mantienen a distancia.* LBLA*] [Los que me aman, compatriotas míos, se acercan hostilmente, y mis parientes se mantienen a lo lejos.* BTX*] [Mis amigos y vecinos se apartan de mis llagas; mis parientes se mantienen a distancia.* NVI*] [Amigos y compañeros se apartan de mi mal, también mis parientes permanecen lejos.* BLP*] [Mis seres queridos y amigos no se me acercan, por temor a la enfermedad; hasta mi propia familia se mantiene a distancia.* NTV*]*

Mis amigos y mis compañeros se apartan de mis llagas.[98] Cualquiera que sea el afecto que fingieran, lo cierto es que se mantenían alejados de sus problemas, no fuera los arrastrara con ellos al fondo cual barco que se hunde, y como consecuencia de sus calamidades tuvieran que sufrir. Es muy duro cuando aquellos que deberían ser los primeros en acudir al rescate, son los primeros en desertar. Cuando el alma sufre profundamente, aún los amigos más entrañables son incapaces de ponerse en los zapatos del doliente; por muy ansiosos que se muestren, las llagas de una conciencia sensible no las pueden vendar. ¡Cuán inaccesible es la soledad de un alma sometida al poder de convicción del Espíritu Santo!

Y mis parientes se mantienen a distancia. Así como las mujeres y otros allegados contemplaban a nuestro Señor en la cruz desde lejos,[99] el alma herida por el pecado ve a toda la humanidad como espectadores distantes, y en toda esa multitud no encuentra uno solo que pueda ayudarle. A menudo los familiares de quienes buscan a Jesús son los primeros en ponerles obstáculos, las más de las veces les miran con indiferencia, muy raramente colaboran y se esfuerzan por llevar al penitente a los pies de Cristo.

C. H. Spurgeon

---

se refiere repetidamente también al comentar los versículos 3-5 del Salmo 18, que no en vano titula "Una mirada agradecida", y donde explica cómo el mensaje divino a través de los Salmos le fue clave a la hora de superarlo.

[98] Jerónimo de Estridón [347-420] y demás comentaristas de la época coinciden en que a partir del versículo 11, el Salmo es totalmente profético y describe con fidelidad la Pasión de Cristo.

– Agustín de Hipona [354-430]: «A partir de aquí emerge con claridad la voz de nuestra Cabeza en su Pasión (…) ¿Quiénes fueron estos amigos y compañeros que se le acercaron, mientras sus allegados se mantenían a distancia? Sin duda, aquellos que acudieron a él fingiendo para decirle: *"Maestro, sabemos que eres veraz, y que enseñas con verdad el camino de Dios"* (Mateo 22:16). Supuestos amigos porque le llamaron Maestro, y compañeros porque eran de la misma sangre, linaje de Israel. Allegados fueron los discípulos. Pero unos le crucificaron y los otros se mantuvieron a distancia temerosos de no padecer su misma suerte».

[99] Lucas 23:49.

Mis amigos y mis compañeros se mantienen lejos de mi plaga, y mis parientes se mantienen a distancia. Tal es mi desgracia, que me he quedado solo, abandonado; todos han huido de mí, como pájaros que huyen al escuchar el primer estallido de la pólvora. Sin embargo, no es tanto de mí de quien huyen, como de mis aflicciones, de mi plaga; porque si no fuera por mis aflicciones, no tendrían inconveniente en compartir mí compañía; mas parece que no pueden soportar mi enfermedad, sus ojos son demasiado sensibles para contemplarla; y, sin embargo, no lo suficientemente misericordiosos para aliviarla. ¿O será que mantienen la distancia a propósito, lo bastante cerca para demostrar que están dispuestos a mirarme, pero lo suficientemente lejos para dejar claro que no tienen ninguna intención de ayudarme? (…) *"Mis amigos y mis compañeros se mantienen lejos de mi plaga"*, como temiendo más mi plaga que a mí mismo; pero *"mis parientes se mantienen a distancia"* al parecer porque me temen a mí más que a la plaga; y si bien mis compañeros, manteniéndose lejos, traicionan una amistad contraída; mis parientes de carne, manteniéndose lejos violan la ley de los afectos naturales. ¿Y acaso no es grave que todos ellos estén dispuestos a romper cuantas leyes sea preciso: la ley de la razón, la ley de la amistad, la ley del instinto natural; antes que dignarse a prestarme ayuda?

Sir Richard Baker [1568-1645]

"Meditations and disquisitions upon the Thirty-eight Psalm of David", 1640

Mis amigos y mis compañeros se mantienen lejos. Abandonado por los falsos amigos, pero vencedor por medio de ti, a ti me acojo; porque a pesar de que ocasionalmente actúes como si fueras mi enemigo, nunca cambias tu amor, sino que amas eternamente a quien has amado una vez.[100] Y cuando más lejos pareces, más cerca estás. Soporto este dolor a causa de la traición de falsos amigos, y la cobardía de mis parientes, que son para mí como espinas punzantes en lugar de rosas perfumadas. La prueba del afecto se ve en los hechos. Y de mis amigos y parientes, oigo sus nombres, escucho sus palabras, pero no veo sus hechos. A Ti, pues acudo, cuya Palabra son hechos; porque necesito tu ayuda.

Andreas Rivetus [1572-1651]

"Commentarius in Paslmorum propheticorum de mysteriis evangelicis dodecadem selectam", 1645

Vers. 12. *Los que buscan mi vida arman lazos, y los que procuran mi mal hablan iniquidades, y meditan fraudes todo el día.* *[Los que buscan mi vida tienden lazos, y los que procuran mi mal hablan iniquidades, y maquinan engaños todo el día.* RVR*] [Los que buscan mi vida me tienden lazos; los que procuran mi mal hablan de mi destrucción, y traman traición todo el día.* LBLA*] [Los que buscan mi vida me tienden lazos, y los que procuran mi desgracia hablan vanidades, y traman engaños todo el día.* BTX*] [Tienden sus trampas los que quieren matarme; maquinan mi ruina los que buscan mi mal y todo el día urden engaños.* NVI*] [Me tienden trampas los que desean mi muerte, los que pretenden dañarme me amenazan y pasan el día urdiendo calumnias.* BLP*] [Mientras tanto, mis enemigos tienden trampas para matarme; los que desean mi mal hacen planes para arruinarme; se pasan el día maquinando su traición.* NTV*]*

Los que buscan mi vida tienden lazos. ¡Ay de nosotros cuando además de las penas interiores, nos vemos acosados por las tentaciones exteriores! Los enemigos de David se esforzaban en atraparle de la manera más vil. Si no lograban derribarle por las buenas, mediante métodos legítimos, recurrían a la falacia. Tender trampas es de lo más ruin, y solo los secuaces de Satanás descienden a ello; pero la

[100] Jeremías 31:3.

oración nos librará, pues ni las artes engañosas del colegio entero de los tentadores pueden enfrentarse y superar a los que son guiados por el Espíritu.

Y los que procuran mi mal hablan iniquidades. De ellos salen calumnias con la misma abundancia que el agua sale de los depósitos de la ciudad y las bombas que los alimentan. Su lengua se mantiene activa permanentemente, y su corazón no cesa en inventar mentiras.

Y maquinan engaños todo el día.[101] Nunca se daban por satisfechos, su forja trabajaba desde por la mañana hasta la noche. Cuando no podían actuar, hablaban; y cuando no podían hablar, imaginaban, planeaban, y conspiraban. La actividad de malicia es incesante. Los inicuos nunca tienen maldad suficiente. Recorren el mar y la tierra con tal de perjudicar a un justo; ningún esfuerzo se les hace gravoso, ni hay coste excesivo si pueden destruir por completo a los inocentes. Nuestro consuelo está en que Aquel que es nuestra Cabeza gloriosa, conoce a la perfección la malignidad pertinaz de nuestros enemigos, y a su debido tiempo pondrá a la misma punto y final, ya que incluso ahora les fija un límite.[102]

C. H. SPURGEON

Vers. 13. ***Mas yo, como si fuera sordo, no oigo; y soy como mudo que no abre la boca.*** *[Mas yo, como si fuera sordo, no oigo; y soy como mudo que no abre la boca.* RVR*] [Mas yo, como el sordo, no oigo; soy como el mudo que no abre la boca.* LBLA*] [Y yo, como si fuera sordo, no oigo, y como mudo, que no abre su boca.* BTX*] [Pero yo me hago el sordo, y no los escucho; me hago el mudo, y no les respondo.* NVI*] [Pero yo, como un sordo, no escucho, soy como un mudo que no abre su boca.* BLP*] [Pero yo hago oídos sordos a sus amenazas; me quedo callado ante ellos como quien no puede hablar.* NTV*]*

Mas yo, como si fuera sordo, no oigo. ¡Bien hecho, una acción valiente y acertada! La santa indiferencia hacia las calumnias de la malevolencia es una sabia actitud y demostración de coraje.[103] No hay cosa mejor que hacernos los ciegos y sordos. Es posible también que el salmista quiera decir que

[101] AGUSTÍN DE HIPONA [354-430] considera que este versículo es un reflejo exacto de lo sucedido durante la Pasión de Cristo: calumnias, falsedades, acusaciones. Incluso el *"maquinan engaños"* identifica con el pasaje de Mateo 28:11.15 el trato corrupto de los sacerdotes y ancianos con los soldados de guardia en el sepulcro: *"Decid vosotros: Sus discípulos vinieron de noche, y lo hurtaron, estando nosotros dormidos"*.

[102] Job 2:6; 1 Corintios 10:13.

[103] Así fue el proceder de David cuando fue insultado y maldecido por Semeí (2 Samuel 16:5-12; Salmo 39:8-10). Dice al respecto:

– AMBROSIO DE MILÁN [340-397]: «El creyente deseoso de imitar a su Señor y que su proceder sea comparable al de su Maestro, cuando es acusado falsamente, calla; cuando alguien le ofende, perdona; y cuando alguien le provoca, enmudece; tal y como hizo Aquel que como cordero llevado al matadero, enmudeció y no abrió su boca (Isaías 53:7; Jeremías 11:19). A pesar de que podía haber respondido, prefirió guardar silencio. Cuando lo acusaron enmudeció, y cuando le golpearon, no devolvió golpe por golpe. Por tanto, si siendo acusado injustamente se te presenta la oportunidad de replicar de manera incisiva, no lo hagas, guarda silencio. Obrarás mucho mejor. Pues si respondes en los mismos términos que tu agresor, provocarás una contienda. Mejor partido sacarás disimulando la injuria, que replicando con contundencia para hacer valer tu punto de vista. Bienaventurado el mudo, de cuya boca no sale una sola injuria y cuyos labios no alcanzan a pronunciar palabra maliciosa, porque en su interior está diciendo: *"El Señor Dios me ha dado lengua de discípulo, para que yo sepa sostener con una palabra al fatigado. Mañana tras mañana me despierta, despierta mi oído para escuchar como los discípulos"* (Isaías 50:4)»

su sordera era forzada, puesto que no tenía capacidad de respuesta a tan crueles burlas, pero se sentía dolido por la verdad que había en sus acusaciones ingratas.

Y soy como mudo que no abre la boca.[104] David se mantuvo en silencio con bravura, y en esto tipificó el proceder de nuestro Señor Jesús, cuyo silencio maravilloso ante Pilato era mucho más elocuente que las palabras.[105] Renunciar a la propia defensa es a menudo lo más difícil, pero por regla general lo más sabio y conveniente.

C. H. SPURGEON

Mas yo, como si fuera sordo, no oigo; y soy como mudo que no abre la boca. Pues, ¿por qué razón debería escuchar cuando no tengo intención de hablar? Y ¿por qué debería hablar cuando sé de antemano que no me van a escuchar? Sé sobradamente que si hablara no haría más que incitarles, y hacerles más culpables aún de lo que ya son. Por tanto, es mejor mantenerme en silencio que provocarles con un rugido haciendo que se vuelvan más furiosos, más atroces, y con ello más indignos. No hay duda que la conclusión de David fue sabia: hacerse el sordo y mudo, en este caso, era lo mejor que podía hacer; y si hay que reconocerle virtud en concluirlo, más todavía en ser capaz de hacerlo. ¡Oh!, qué felices seríamos si hiciéramos siempre aquello que sabemos es lo mejor; y si nuestras voluntades estuvieran siempre dispuestas a proceder según nos dicta nuestra razón; con ello evitaríamos muchas piedras con las que a menudo tropezamos; y muchos errores en los que incurrimos. Ser sordomudo es una discapacidad importante cuando se trata de una minusvalía física; pero cuando se es un sordomudo artificial, o voluntario, aporta muchas ventajas, o más bien perfecciones.

SIR RICHARD BAKER [1568-1645]
"Meditations and disquisitions upon the Thirty-eight Psalm of David", 1640

Mas yo, como si fuera sordo, no oigo. El escritor inspirado se compara aquí con un sordomudo por dos razones: en primer lugar, da a entender que estaba tan abrumado con las maquinaciones, acusaciones y falsos juicios de sus enemigos, que ni siquiera se le permitía abrir la boca en su propia defensa. En segundo lugar, alega ante Dios su propio comedimiento y paciencia, como un motivo para inducirle a que se apiadara de él más rápidamente; puesto que, con sobrada razón, semejante actitud de mansedumbre y templanza, no solo garantiza a los afligidos e inocentes el favor divino, sino que es también un signo de auténtica piedad.

JUAN CALVINO [1509-1564]

Vers. 14. ***Soy, pues, como un hombre que no oye, y en cuya boca no hay reprensiones.*** *[Soy, pues, como un hombre que no oye, y en cuya boca no hay respuestas.* RVR*] [Sí, soy como el hombre que no oye, y en cuya boca no hay réplica.* LBLA*] [He llegado a ser como un hombre que no oye, y que no tiene argumentos en su boca.* BTX*] [Soy como los que no oyen ni pueden defenderse.* NVI*]*

[104] Dice AGUSTÍN DE HIPONA [354-430]: «Aunque durante los años de ministerio en la tierra había dicho a sus enemigos muchas cosas y algunas muy duras: *"¡Ay de vosotros, escribas y fariseos, hipócritas!"* (Mateo 23:16), durante su Pasión no les dijo nada. Y no por falta de cosas que decirles, sino porque era su cometido permanecer en silencio para que se cumplieran todas y cada una las profecías sobre él: *"como cordero fue llevado al matadero; y como oveja delante de sus trasquiladores, enmudeció, y no abrió su boca"* (Isaías 53:7). Era conveniente que Aquel que habría de tronar en el juicio, callara en su Pasión; el que después habría de venir a juzgar había venido para ser juzgado, por lo cual, Aquel que en humildad fue juzgado juzgará con toda autoridad y poder».

[105] Isaías 53:7; Mateo 26:63; 27:12-14; Marcos 14:61; 15:5; Lucas 23:9; Juan 19:9.

[Soy como una persona que no oye ni puede replicar con su boca. BLP*] [Opté por no oír nada, y tampoco respondo.* NTV*]*

Soy, pues, como un hombre que no oye, y en cuya boca no hay replica.[106] Repite aquí su actitud de silencio, para que podamos admirarla e imitarla. Tenemos el mejor Abogado,[107] por tanto, ninguna necesidad de replicar y defender nuestra propia causa. El Señor reprenderá a nuestros enemigos, suya es la venganza.[108] Por lo tanto, podemos esperar con paciencia y encontrar las fuerzas precisas para aguardar ese momento.[109]

C. H. SPURGEON

Soy, pues, como un hombre que no oye, y en cuya boca no hay réplica. Vosotros, que ciertamente decís conoceros a vosotros mismos, y afirmáis entender el sufrimiento silente, la pena secreta, y el gozo oculto; por el conocimiento que decís tener de vuestro dolor tácito, no expresado, porque hay sentimientos que son inexpresables; por la concienciación que decís disfrutar de las profundidades no reveladas de vuestra naturaleza; y de los anhelos sinceros, pero siempre insatisfechos de vuestro espíritu; aprended a amar y respetar a todos aquellos que os rodean, y cuya vida interior jamás podrá ser leída enteramente pero que, sin duda, necesitan de vuestra simpatía santa y de vuestra consideración más tierna. Pues si un dolor secreto está royendo mi corazón, haciendo que mi voz se entrecorte durante el canto de alabanza, ¿no habré de pensar que el corazón triste y los ojos abatidos del hermano que se sienta a mi lado, responden probablemente a una causa similar? ¿Voy a condenarlo por su ausencia de entusiasmo, de gozo y alegría? ¡No! Más bien recordad: *"El corazón conoce la amargura de su alma; y extraño no se entremeterá en su alegría"*.[110] Los gemidos silenciosos del espíritu, no son para nuestros oídos; y las lágrimas derramadas en secreto, no son para nuestros ojos; pues la misericordia ha tendido un velo alrededor de cada corazón. De modo que, en santo recuerdo de la tristeza que un día experimentasteis, cuando ahora paséis por delante de los que se duelen procurad que vuestra voz sea suave, vuestra mirada tierna, y vuestro andar tranquilo y sosegado.

JESSIE COOMBS
"Thoughts for the Inner Life", 1867

Vers. 15. *Porque en ti, oh Jehová, he esperado; tú responderás, Jehová Dios mío.* *[Porque en ti, oh Jehová, he esperado; tú responderás, Jehová Dios mío.* RVR*] [Porque en ti espero, oh Señor; tú responderás, Señor, Dios mío.* LBLA*] [Pero en Ti, oh Adonai, yo esperanzo, y Tú, Adonai, Elohim mío, serás quien me responda.* BTX*] [Yo, Señor, espero en ti; tú, Señor y Dios mío, serás quien responda.* NVI*] [En ti, Señor, pongo mi esperanza, atiéndeme tú, Señor y Dios mío.* BLP*] [Pues a ti te espero, oh Señor. Tú debes responder por mí, oh Señor mi Dios.* NTV*]*

[106] En hebreo וְאֵין בְּפִיו תּוֹכָחוֹת *wə'ên bəp̄îw tōwk̲āḥōwt̲* de תּוֹכֵחָה *towkechah,* "reprensión"; el mismo sintagma se utiliza en Job 23:4 y Proverbios 29:1. La versión griega de los LXX o Septuaginta lee καί οὐ ἔχω ἐν ὁ στόμα αὐτός ἐλεγμός que la Vulgata traduce al latín como: *"Et factus sum sicut homo non audiens, et non habens in ore suo redargutiones"*, "Y que no tiene en su boca réplica".

[107] 1 Juan 2:1.

[108] Deuteronomio 32:35; Romanos 12:19; Hebreos 10:30.

[109] Lamentaciones 3:26: *"Bueno es esperar en silencio la salvación del Señor"*.

[110] Proverbios 14:10.

Porque en ti, oh Jehová, he esperado; tú responderás,[111] *Jehová Dios mío.* David había encomendado su causa al que juzga con justicia, y esto le permitía llenar su alma de paciencia. La esperanza en la intervención divina, y la firme creencia en el poder de la oración, son los dos soportes básicos y más bienaventurados del alma en tiempos de adversidad. Volviéndonos desde las miserias de la criatura al poder del Señor soberano, invocándole como nuestro Dios personal, nuestro Dios del pacto, hallaremos el consuelo más rico.[112] Nuestra reputación, cual perla de gran precio, podrá estar por un tiempo enterrada en un lodazal, pero a su debido tiempo, cuando el Señor recuente sus joyas, el carácter del justo resplandecerá con un inmarcesible fulgor. Descansa pues sosegadamente, alma injustamente calumniada, y no dejes que la zozobra de la ansiedad haga mella en ti.

C. H. SPURGEON

Porque en ti, oh Jehová, he esperado; tú responderás, Jehová Dios mío. La persona que por alguna razón ha de descender a un pozo profundo, no se tira de cabeza ni se deja caer, sino que se ata una cuerda a la cintura, traba esa cuerda en una viga atravesada en la boca del pozo, o en algún otro lugar seguro, y va descendiendo poco a poco. De igual modo, para descender al pozo de tu pecado en la consideración tus delitos pasados, fija la cuerda en Cristo, y ve descendiendo poco a poco. Y cuando hayas ido tan abajo que ya no puedas más, pero estés listo para vencer el horror y la oscuridad de tu desgraciado estado por la realidad pasada, no permanezcas un solo instante más ante las puertas del infierno, para que el diablo no te haga entrar de un tirón, antes bien asciende de nuevo mediante actos de fe renovados, y huye *"asido de la esperanza puesta delante de nosotros"*.[113]

THOMAS COLE [1627-1697]
"Morning Exercises"

Vers. 16. ***Dije: No se alegren de mí; cuando mi pie resbale, no se engrandezcan sobre mí.*** *[Dije: No se alegren de mí; cuando mi pie resbale, no se engrandezcan sobre mí.* RVR*] [Pues dije: Que no se alegren de mí los que, cuando mi pie resbala, se engrandecen sobre mí.* LBLA*] [Digo, pues: No sean exaltados sobre mí mis enemigos, ni al resbalar mis pies se insolenten contra mí.* BTX*] [Tan solo pido que no se burlen de mí, que no se crean superiores si resbalo.* NVI*] [Yo digo: "Que no se burlen de mí, que cuando mi pie resbale, no se muestren soberbios conmigo".* BLP*] [Dije en oración: «No dejes que mis enemigos se burlen de mí, ni que se regodeen en mi caída».* NTV*]*

Dije: No se alegren de mí. El salmista no era insensible, temía los aguijones afilados de la burla malévola; temía dar ocasión, por su conducta o su condición, a que los malvados celebraran su triunfo. Y utiliza este temor como argumento e incentivo para su oración.

Los que, cuando mi pie resbala,[114] *se engrandecen sobre mí.* El más leve desliz en un creyente se convierte en acontecimiento público; pues mucho antes de que el desliz se convierta en caída el

---

[111] En hebreo אַתָּה תַעֲנֶה *'attāh ta'ăneh.* El sintagma תַעֲנֶה *ta'ăneh* procede del verbo עָנָה *anah,* "testificar", y es el mismo sintagma que se utiliza en Éxodo 20:16 y Deuteronomio 5:20 para decir *"No hablarás contra tu prójimo falso testimonio"*. Aparte de estos pasajes tan solo se utiliza en Éxodo 23:2; 1 Samuel 26:14; Salmo 22:2 y Oseas 2:22; en total 8 veces. La idea es por tanto *"tú testificarás a mi favor"*.

[112] 1 Pedro 3:13.

[113] Hebreos 6:18, LBLA.

[114] En hebreo כִּי־אָמַרְתִּי פֶּן־יִשְׂמְחוּ־לִי בְּמוֹט רַגְלִי עָלַי הִגְדִּילוּ *kî-'āmartî pen-yiśməḥū-lî bəmōwṭ raḡlî 'ālay hiḡdî-lū.* La versión griega de los LXX o Septuaginta lee: ὅτι εἶπον μήποτε ἐπιχαίρω ἐγώ ὁ ἐχθρός ἐγώ καί ἐν ὁ σαλεύω πούς ἐγώ ἐπί ἐγώ μεγαλορρημονέω que la Vulgata traduce al latín como: *"Quia dixi: Nequando*

enemigo comienza a criticar, un simple resbalón de su pie hace que rompan a ladrar todos los perros del infierno. ¡Cuán cuidadosos debemos ser, y cuán insistentes en la oración implorando la gracia sustentadora! Si no queremos convertirnos en la diversión de nuestros enemigos, como hicieron con Sansón ciego, seamos precavidos y guardémonos de la Dalila traicionera del pecado, cuyas sugerencias probablemente nos conduzcan a que nos saquen los ojos.[115]

C. H. SPURGEON

Vers. 17. *Pero yo estoy a punto de caer, y mi dolor está delante de mí continuamente.* *[Porque yo estoy a punto de caer, y mi dolor está delante de mí continuamente.* RVR*] [Porque yo estoy a punto de caer, y mi dolor está continuamente delante de mí.* LBLA*] [Porque estoy listo para el flagelo, y mi sufrimiento está ante mí continuamente.* BTX*] [Estoy por desfallecer; el dolor no me deja un solo instante.* NVI*] [Porque estoy a punto de caer y mi dolor está siempre conmigo.* BLP*] [Estoy al borde del colapso, haciendo frente a un dolor constante.* NTV*]*[116]

Porque yo estoy a punto de caer. Como el que cojea o da pasos vacilantes, en peligro de caer. ¡Y cómo encaja esto con cada uno de nosotros! *"Así que, el que piensa estar firme, mire que no*

---

supergaudeant mihi inimici mei; et dum commoventur pedes mei, super me magna locuti sunt", "Pues dije: No sea que alguna vez se gocen sobre mí mis enemigos, y mientras mis pies están vacilantes hablarán con orgullo contra mí". Algunos de los comentaristas antiguos utilizan esta traducción *"mis pies están vacilantes",* para aplicarlo en sentido alegórico a la negación de Pedro y actitud de otros apóstoles que estuvieron vacilantes después del prendimiento de Jesús (Marcos 14:50).

– AGUSTÍN DE HIPONA [354-430] hace este interesante comentario: «A veces, pues así es la vida, nuestros pies vacilan y acabamos tropezando en algún pecado. Entonces las lenguas perversas de nuestros enemigos se lanzan contra nosotros con todo su furor, demostrando cuál era su intención y trasfondo incluso cuando callaban. Basta el más leve desliz para que, satisfechos de haber hallado algo en nuestra contra, arremetan con crueldad haciendo burla de nosotros por algo que, en realidad, debería serles motivo de compasión. *"Dije* –exclama el salmista– *no se alegren de mí cuando mi pie vacile".* Aunque en realidad deberíamos preguntarnos: ¿no será que Dios les ha permitido que se rían para nuestra corrección? ¿Para que aprendamos a no vacilar? ¿Para evitar que nuestro pie resbale?».

[115] Jueces 16:4-23.

[116] En hebreo כִּֽי־אֲנִי לְצֶלַע נָכ֑וֹן *kî-'ănî ləṣela' nāḵōwn.* KRAUS traduce: *"Pues estoy resignado a mi caída";* y SCHÖKEL: *"Pues yo estoy a punto de resbalar".* Pero la versión griega de los LXX o Septuaginta hace otra lectura: ὅτι ἐγώ εἰς μάστιξ ἕτοιμος que la Vulgata traduce al latín como: *"Quoniam ego in flagella paratus sum",* "Porque aparejado estoy para los azotes"; y Francisco Lacueva en la "Biblia Textual" la sigue: *"Porque estoy listo para el flagelo".* Sobre esta traducción de la Vulgata dice:

– AGUSTÍN DE HIPONA [354-430]: «¡Extraordinario! Como si dijera: *"Yo para esto he nacido, y para esto he venido al mundo"* (Juan 18:37), para soportar el castigo, para dar mi vida en rescate por muchos (Mateo 20:28; 1 Timoneo 2:6). Todos los nacidos de Adán son merecedores de castigo. Pero a menudo en esta vida terrena los pecadores no lo padecen, o solo muy limitadamente, porque carecen de esperanza. Por el contrario, quienes viven en la esperanza de una vida eterna es necesario que sean castigados aquí en la tierra, como dice en Proverbios: *"Hijo mío, no rechaces la disciplina del Señor ni aborrezcas su reprensión, porque el Señor a quien ama castiga, como un padre al hijo en quien se deleita"* (Proverbios 3:11-12). Que no se mofen por tanto mis enemigos, que no me mofen cuando mi Padre me reprende y castiga, pues yo *"estoy listo para el flagelo",* porque sé que me está siendo preparada una heredad (Mateo 5:12). ¿No quieres flagelo? No tendrás heredad».

caiga".[117] ¡Qué poco se necesita para que un cristiano se tambalee, el más insignificante tropiezo basta para provocar su caída! Este pasaje habla de la debilidad causada por el dolor y la tristeza; en su desesperación, el sufriente estaba ya al borde del abandono, dispuesto a tirar la toalla; sumido su espíritu en tamaña depresión que un simple vaivén bastaba para derribarle. Por desgracia, algunos sabemos por propia experiencia, y con no poco dolor, lo que implica ser como yesca para las chispas de la tristeza; prestos a caer, prestos a entristecernos, prestos a suspirar y llorar en cualquier ocasión, y por cualquier causa.[118]

Y mi dolor está continuamente delante de mí. El salmista no necesitaba mirar por la ventana para deprimirse y entristecerse, llevaba la tristeza dentro, gemía bajo un sentimiento de culpa por el pecado que le era como una llaga abierta con dolor creciente. Una conciencia convicta se siente constantemente irritada; para ella no hay tregua posible; clama pidiendo guerra a muerte hasta el cese de la hostilidad. Las numerosas heridas abiertas de un pecador redargüido, no pueden ser curadas, vendadas ni suavizadas con aceite,[119] hasta que el Espíritu Santo les aplica la sangre preciosa de Jesús.

C. H. SPURGEON

Porque yo estoy a punto de caer. Es decir, de mostrar mi debilidad en mis pruebas y aflicciones, como Jacob cojeaba después de su lucha con el ángel.[120] La Septuaginta traduce al griego: ὅτι ἐγὼ εἰς μάστιξ ἕτοιμος *"estoy listo para los azotes"*, esto es, para sufrir corrección y castigo por mis pecados; y en caldeo, *"estoy listo para la calamidad"*.

HENRY AINSWORTH [1571-1622]
"Psalms, The Book of Psalmes: Englished both in Prose and Metre with Annotations", 1612

Vers. 18. ***Por tanto, confesaré mi maldad, y me contristaré por mi pecado.*** *[Por tanto, confieso mi maldad, y me contrista mi pecado.* RVR*] [Confieso, pues, mi iniquidad; afligido estoy a causa de mi pecado.* LBLA*] [Por tanto, te confesaré mi iniquidad, y me contristaré por mi pecado.* BTX*] [Voy a confesar mi iniquidad, pues mi pecado me angustia.* NVI*] [Pero yo reconoceré mi falta, me estremeceré por mis pecados.* BLP*] [Pero confieso mis pecados; estoy profundamente arrepentido por lo que hice.* NTV*]*

Por tanto, confieso mi maldad. Repudia las calumnias de sus enemigos, pero admite las acusaciones de su propia conciencia. La confesión abierta es buena y beneficiosa para el alma. Cuando la tristeza nos conduce a un reconocimiento sincero y penitente del pecado, es una tristeza bendita, algo por lo que dar gracias a Dios de todo corazón.

Y me contrista mi pecado. La confesión del salmista viene adobada con lágrimas amargas. Mejor que lamentarnos por el dolor que nos causan nuestros pecados, lo que nos corresponde hacer es atajar la raíz de donde surgen, confesándolos y extirpándolos. Gemir por nuestros pecados no los expía, pero es el espíritu correcto con el que acudir a Jesús, que es el Salvador y el que obra la reconciliación. Nuestros problemas se desvanecen cuando nuestros pecados tocan a su fin.

C. H. SPURGEON

---

117 1 Corintios 10:12.
118 Ver sobre las depresiones de Spurgeon la nota 58 en este mismo Salmo 38.
119 Isaías 1:6; Lucas 10:34.
120 Génesis 32:31.

Por tanto, confieso mi maldad, y me contrista mi pecado. Plinio[121] habla en sus escritos de que algunas familias tienen en sus cuerpos marcas hereditarias peculiares que solo tienen los pertenecientes a este linaje sanguíneo.[122] Y cada uno de nosotros tiene, por así decirlo, un pecado particular que considera muy justamente como propio, y que mantiene en privado; pero si queremos confesar nuestros pecados correctamente, sumándonos a la resolución de David: *"confieso mi maldad, y me contrista mi pecado"*, en modo alguno podemos dejarlo de lado, antes por el contrario, es el primero que debemos atajar. ... David no tan solo afirma: *"confieso"*, sino que va más allá y exclama: *"me contrista mi pecado"*. El pueblo de Israel, en el día de su confesión, no solo dice: *"Hemos pecado contra el Señor";*[123] sino que fueron a sacar agua y la derramaron delante del Señor en señal de contrición. Cuando confesamos nuestros pecados, nuestros corazones han de estar implicados y afectados, para que como Job, nuestros ojos: *derramen lágrimas ante el Señor;*[124] y como David: *ríos de agua desciendan de nuestros ojos;*[125] sí, debemos desear como Jeremías que: *nuestra cabeza se hiciese aguas, y nuestros ojos fuentes de lágrimas.*[126] Así pues, *"nonne stillabit oculus noster?"*[127] Si no nos vemos capaces de que nuestros ojos se deshagan en lágrimas, como los de Jeremías; si no alcanzamos como la pecadora a regar con nuestras lágrimas sus pies;[128] ¿no seremos capaces de derramar siquiera una sola lágrima de arrepentimiento? Pues si no somos capaces de derramar una sola lágrima, cuanto menos, exhalemos un suspiro por nuestros pecados. Pues tan solo el corazón quebrantado, sumido en santa tristeza, tristeza según Dios,[129] avala una verdadera confesión.

NATHANAEL HARDY [1618-1670]
"The first general epistle of St. John the Apostle, unfolded and applied: delivered in St. Dyonis. Back-Church", 1654

Vers. 19. ***Porque mis enemigos están vivos y fuertes, y se han aumentado los que me aborrecen sin causa.*** *[Porque mis enemigos son activos y poderosos, y se han aumentado los que me aborrecen sin causa.* RVR*] [Pero mis enemigos son vigorosos y fuertes; muchos son los que sin causa me aborrecen.* LBLA*] [Pero mis enemigos están vivos y son fuertes, y fueron multiplicados los que me aborrecen sin causa.* BTX*] [Muchos son mis enemigos gratuitos; abundan los que me odian sin motivo.* NVI*] [Son activos y fuertes mis enemigos, muchos los que sin causa me odian.* BLP*] [Tengo muchos enemigos agresivos; me odian sin razón.* NTV*]*

[121] Se refiere a CAYO PLINIO CECILIO SEGUNDO [23-79 d.C.] más conocido como PLINIO EL VIEJO, científico, naturalista, militar e historiador romano que en sus obras, especialmente su *"Naturalis Historia"*, una de las principales obras literarias del Imperio Romano que ha sobrevivido hasta nuestros días.
[122] *"Naturalis historia"*, Libro VII: "Antropología y Psicología humana: el hombre, su origen, su organización, y la invención de las artes"; Capítulo 10; "Casos sorprendentes de semejanza". La "Historia Natural" de Plinio el Viejo data del año 77 de nuestra Era, y en ella afirma haber recopilado veinte mil hechos recolectados de unos dos mil libros por cien autores selectos, romanos y griegos.
[123] 1 Samuel 7:6.
[124] Job 16:20.
[125] Salmo 119:136.
[126] Jeremías 9:1.
[127] Referencia en latín a Jeremías 13:17: "¿no llorarán nuestros ojos?".
[128] Lucas 7:38.
[129] 2 Corintios 7:10.

Porque mis enemigos están vivos [130] *y son fuertes.* Por debilitado y desfalleciente que se encuentre el justo, los males que se le oponen son verdaderamente activos y enérgicos. Ni el mundo, ni la carne, ni el demonio sienten la más mínima compasión por la debilidad que le aqueja; el terceto de maldad sigue laborando con denuedo y de forma implacable para derrocamos. Si el diablo estuviera enfermo, nuestros deseos carnales fueran débiles, o la "Señora-Burbuja"[131] neutralizada, quizá podríamos aflojar en la oración; pero teniendo enemigos tan activos y vigorosos, no podemos cejar en nuestro clamor a Dios.

Y se han aumentado los que me aborrecen sin causa. Otra desventura es que, si bien no podemos competir con nuestros enemigos en poder, tampoco podemos competir en número, nos superan a cien a uno. Por muy errónea que sea la causa del mal, su popularidad es incuestionable. El reino de las tinieblas crece y se expande sin cesar, más y más. ¡Oh, desdicha de las desdichas, ver como los supuestos amigos de Jesús le abandonan, mientras los enemigos de su cruz y de su causa crecen sin cesar y hacen acopio de fuerzas juntándose en bandadas!

C. H. SPURGEON

Vers. 20. *Los que pagan mal por bien me son contrarios, por seguir yo lo bueno.* *[Los que pagan mal por bien me son contrarios, por seguir yo lo bueno.* RVR*] [Y los que pagan mal por bien se me oponen, porque yo sigo lo bueno.* LBLA*] [Me son hostiles, y me pagan mal por bien, porque he seguido lo bueno.* BTX*] [Por hacer el bien, me pagan con el mal; por procurar lo bueno, se ponen en mi contra.* NVI*] [Los que mal por bien me devuelven y me detestan porque busco hacer el bien.* BLP*] [Me pagan mal por bien y se me oponen porque procuro lo bueno.* NTV*]*

Los que pagan mal por bien me son contrarios. ¿Acaso nos cabe esperar otra cosa? ¿Por ventura podemos aspirar ser amados y respetados por almas carentes de todo sentido de la gracia? Cuando podemos afirmar con propiedad que nuestros enemigos son como el diablo, cuya naturaleza es pagar mal por bien, contamos con un buen alegato contra ellos.

Por seguir yo lo bueno. Si somos aborrecidos por esta razón, tenemos motivos para regocijamos; pues su ira es un homenaje inconsciente que el vicio rinde a la virtud. Este versículo no es incompatible en absoluto con la confesión previa de sus faltas que el salmista hace en el versículo dieciocho (38:18); no hay razón por la que no podamos sentimos culpables delante de Dios y, a su vez, enteramente inocentes de haber cometido mal alguno contra nuestros prójimos. Una cosa es admitir y reconocer la verdad, y otra someterse a la calumnia. El Señor me hiere justamente, pero eso no priva de que pueda decirle a mi vecino: *"¿Por qué me golpeas?"*[132]

C. H. SPURGEON

[130] En hebreo חַיִּים *hayyîm* el mismo sintagma que se utiliza en Génesis 2:7 para decir: *"y sopló en su nariz aliento de vida, y fue el hombre un ser viviente"*, o Génesis 6:17; 7:15 para decir: *"toda carne en que había espíritu de vida"*. SCHÖKEL traduce muy apropiadamente: *"Mis enemigos mortales son poderosos"*; también cabría traducir "mis enemigos humanos" o "mis enemigos carnales".

[131] Se trata de un personaje de la segunda parte de la famosa obra de John Bunyan *"The Pilgrim's Progress"*, traducida al español por CLIE con el título de "La Peregrina". Cuando Peregrina y sus hijos, junto con sus acompañantes: "Gran-Corazón", "Flaca-Mente", "Integridad", y "Valiente-por-la-verdad", atraviesan "Tierra-Encantada", se topan con otro peregrino: "Firmeza", que les habla de su encuentro con la "Señora-Burbuja", una suerte de hechicera ricamente ataviada que le dijo ser dueña del mundo y proporcionar la felicidad a los hombres, por lo que le ofreció con insistencia tres cosas: «su persona, su bolsa y su lecho», pero a la que finalmente logró rechazar recurriendo a la oración.

[132] Juan 18:23.

Los que pagan mal por bien me son contrarios, por seguir yo lo bueno. Aguijonear a Satanás para sacarle de su guarida, es una temeridad. Si nos conformamos a las costumbres y prácticas de las gentes de este mundo, viviremos con ellas en paz; mientras andemos por el mismo camino, no habrá discordia; pero en cuanto tratemos de vivir una vida santa, para ellos es un ultraje que no pueden digerir; y reprocharles su pecado, es una afrenta tal, que hará que se revuelvan contra nosotros con todos los medios corruptos que el Averno es capaz de concebir. Un perro dormido es manso, pero en cuanto lo inquietas, da un salto, se revuelve, ladra y te muerde. No hacer lo mismo que ellos hacen, ya es razón suficiente para provocar su ira, pero reprocharles su conducta, es exasperarles hasta los límites. Y, en consecuencia, todo el odio que debieran sentir hacia Satanás y sus artimañas, lo descargan contra Dios por su reprensión, y contra sus siervos que se la transmiten. Esta ira, que en justo remordimiento debería arder en contra de sus propios pecados, se canaliza contra aquellos que los denuncian.

WILLIAM STRUTHER [1578-1633]
"True happines, or, King David's choice", 1633

Vers. 21. ***No me desampares, oh Jehová; Dios mío, no te alejes de mí.*** *[No me desampares, oh Jehová; Dios mío, no te alejes de mí.* RVR*] [No me abandones, oh Señor; Dios mío, no estés lejos de mí.* LBLA*] [¡No me desampares, oh Adonai, Elohim mío, ni te quedes lejos de mí!* BTX*] [Señor, no me abandones; Dios mío, no te alejes de mí.* NVI*] [¡Señor, no me abandones, Dios mío, no te alejes de mí!* BLP*] [No me abandones, oh Señor; no te quedes lejos, Dios mío.* NTV*]*

No me abandones, oh Señor. Ahora es el momento en que más te necesito. Cuando la enfermedad, la difamación y el pecado se juntan para acosar a un creyente, es cuando más precisa de la ayuda especial del cielo, y el salmista sabe que cuenta ella. Mientras Dios permanezca a su lado, no le teme a nada, y Dios está a su lado permanentemente.

Dios mío, no te alejes de mí. No me prives de la luz de tu amor, tan anhelado y querido: revélate y permanece a mi lado. Déjame sentir que, a pesar de haberme quedado sin amigos, tengo en ti al amigo más fiel, cercano y suficiente.

C. H. SPURGEON

Vers. 22. ***Apresúrate a ayudarme, Oh Señor, mi salvación.*** *[Apresúrate a ayudarme. Oh Señor, salvación mía.* RVR*] [Apresúrate a socorrerme, oh Señor, salvación mía.* LBLA*] [¡Apresúrate a socorrerme, Oh Adonai, salvación mía!* BTX*] [Señor de mi salvación, ¡ven pronto en mi ayuda!* NVI*] [Date prisa en ayudarme, ¡Dios mío, sálvame!* BLP*] [Ven pronto a ayudarme, oh Señor, mi salvador.* NTV*]*

Apresúrate a socorrerme. Una demora podía resultar fatal y sentenciar su destrucción. El salmista estaba en las últimas, tan solo una ayuda rápida y eficaz lograría sacarle del apuro. El dolor acelera la insistencia en la oración Este es uno de los mejores y más dulces resultados positivos de la aflicción: despierta la necesidad, lo que alienta nuestras súplicas, reavivándolas y acercándonos más a nuestro Dios.

Oh Señor, salvación mía. No tan solo mi Salvador, sino mi salvación. Para quien tiene al Señor por su parte, la salvación no es una posibilidad, es un hecho, y habla de ella en tiempo presente. La fe anticipa el bendito cumplimiento de todas sus súplicas, y por tanto, en este versículo final, el salmista atribuye ya a Dios la gloria por la concesión de todas las misericordias esperadas. El Señor jamás nos abandona; su gracia nos socorrerá en el momento oportuno, y en el cielo nos daremos cuenta de que ni una sola de las pruebas que soportamos fue innecesaria, ni una sola punzada de su dolor excesiva. Nuestra tristeza a causa de la convicción de pecado se derretirá en la alegría de la salvación; el dolor dará paso a la gratitud y la gratitud a un *"gozo inefable y glorioso"*.[133]

C. H. Spurgeon

Oh Señor, salvación mía. La conclusión no es lo espectacular que cabría suponer. El versículo 22 cierra el Salmo con un suspiro de ayuda apremiante: *"¡Ven pronto en mi ayuda!"* Ni un atisbo de que las tinieblas se hayan disipado convirtiéndose en luz meridiana, no afirma que la ira divina haya cesado, ni expresa certeza de que vaya a cesar de en breve. En este caso la *fides supplex*, fe suplicante, no se transforma súbitamente en *fides triumphans,* fe triunfante. Pero las palabras finales: *"Oh Señor, salvación mía"* evidencian que el arrepentimiento humilde y sincero de David dista mucho del arrepentimiento frío y sutil de Caín (Génesis 4:9-16). El verdadero arrepentimiento alberga en su interior la fe esperanzada: desespera, porque duda de sí mismo, pero no duda de Dios.[134]

Franz Julius Delitzsch [1813-1890]
"Biblical commentary on the Psalms", 1859

[133] 1 Pedro 1:9.

[134] En el original inglés Spurgeon incluye tan solo un corto fragmento de este precioso comentario con el que de Franz Delitzsch cierra su exposición exegética del Salmo 38 en *"Die Psalmen"*. Hemos considerado conveniente transcribir el párrafo completo.

SALMO 39

SALMO DEL PRUDENTE

Título y tema: *Al músico principal; a Jedutún.* El nombre Jedutún,[1] que significa "alabar" o "celebrar", es de lo más apropiado para un músico principal, un líder en la salmodia sagrada. Fue uno de los ordenados por orden del rey *"en la música, en la casa de Jehová, con címbalos, salterios y arpas, para el ministerio del templo de Dios",*[2] y parece que sus hijos permanecieron después de él en el mismo servicio sagrado, incluso en la tardía época de Nehemías.[3] Tener un nombre y un lugar en Sión no es poco honor, y mantenerlo durante tanto tiempo es una bendición indescriptible. ¡Que nunca falte en nuestro hogar uno de sus miembros dedicado a servir al Señor Dios de Israel! David dejó esta oda triste y dolorosa en las manos de Jedutún por considerar que era el más indicado para su interpretación;[4] o quizá porque solía repartir este honor entre los diversos músicos que se turnaban para presidir el coro.

Salmo de David. Muy propio de los avatares de su vida; encaja a la perfección con las emociones de un hombre tan tentado, de pasiones tan fuertes, y no obstante, tan firme en su fe.[5]

C. H. SPURGEON

---

[1] Aparece en el Texto Masorético 17 veces como: יְדוּתוּן *yəḏūṯūn* (8), o יְדִיתוּן *yəḏîṯūn* (1), o וִידוּתוּן *wîḏūṯūn* (5), o לִידִיתוּן *lîḏîṯūn* (3) según el caso. Ver en 1 Crónicas 9:16; 16:38, 41-42; 25:1, 3, 6; 2 Crónicas 5:12; 29:14; 35:15; Nehemías 11:17; Salmo 61:1; 77:1. En el Salmo 39 aparece como לִידוּתוּן *lîḏūṯūn,* mientras que en los salmos 62 y 77 aparece como עַל־יְדוּתוּן *'al-yəḏūṯūn,* y se refiere probablemente al nombre propio de Jedutún. KRAUS considera que לִידוּתוּן *lîḏūṯūn* significa *"de Jedutún" o "para Jedutún",* mientras que עַל־יְדוּתוּן *'al-yəḏūṯūn,* debe traducirse *"según Jedutún",* es decir, a la manera de la música interpretada por Jedutún.

[2] 1 Crónicas 25:6.

[3] Nehemías 11:17.

[4] TEODORO DE MOPSUESTIA [350-428] lo describe como: «Un Salmo instructivo por encima de cualquier otro, en tanto que nos aporta una enseñanza capital y trascendente de cómo sobrellevar la adversidad con entereza y santa resignación ante la brevedad de la vida».

[5] Sobre esta nota comentan:

– ATANASIO DE ALEJANDRÍA [296-373] en su carta a su discípulo Marcelino sobre la naturaleza y valor de los salmos le dice refiriéndose a este salmo: «Si ves tu seguridad en juego, te das cuenta que el enemigo se prepara y dispone a atacarte, y quieres fortalecerte contra él, canta el Salmo 39». El Tomo I de "El Tesoro de David" incluye una traducción completa de la Carta de Atanasio a Marcelino. [Tomo I - pp. 50].

– FRANCISCO LACUEVA [1911-2005] en su versión española del "Comentario de Matthew Henry" dice al respecto: «Parece ser que David se hallaba en gran aprieto cuando compuso este salmo, pues le resulta difícil seguir el consejo que ha dado a otros (Salmo 37) de guardar silencio ante el Señor y esperar en él sin impacientarse».

– FRANZ DELITZSCH [1813-1890] nos dice que: «En el Salmo 38:14 el poeta se califica a sí mismo de *"mudo que no abre la boca";* un silencio sumiso y resignado que repite con las mismas palabras en el Salmo 39:3; lo cual establece, sin duda, un vínculo entre ambos. Sin embargo, hay otro Salmo relacionado con lazos aún más estrechos: el Salmo 62, que comparte con el Salmo 39 y el Salmo 4 un mismo trasfondo: el autor, sintiéndose agredido y amenazado en su dignidad por falsos amigos que se han convertido en enemigos, personajes que se deleitan en el disfrute de un poder y posesiones adquiridas ilegítimamente, advierte sobre lo engañoso de confiar en las riquezas y la importancia de confiar exclusivamente en Dios, único que ostenta de veras el poder como Vengador. Afirmaciones extraídas de su propia experiencia, en tanto que él había depositado por entero su seguridad y su honor en las manos de su Dios; y de cuyo apoyo el conflicto con Absalón constituye un ejemplo notable. Tanto el Salmo 39, como del Salmo 62, comparten ese mismo

Al músico principal; a Jedutún. Un levita de la familia de Merari, y uno de los grandes maestros de la música en el templo. La parte del servicio en el templo que estaba a cargo de Jedutún y sus compañeros era el de los *"instrumentos para los cánticos de Dios"*[6] por los cuales se entiende el נֶבֶל *nebel* o "salterio", la כִּנּוֹר *kinnor* o "arpa", y los צֶלְצְל *tseltselim* o *metsiltaim,* "címbalos". En 2 Crónicas a Jedutún se le identifica como *"vidente del rey",*[7] lo que indicaría que era para David el intérprete de la guía divina. Su nombre aparece en el título de los Salmos 39, 62, y 77; por lo que algunos entienden que el término indica un tipo especial de composición, y otros algún de instrumento de música, pero sin fundamento alguno.

WILLIAM LINDSAY ALEXANDER [1808-1884]
"Kitto's Cyclopaedia of Biblical Literature", 1866

Estructura: Abatido por la enfermedad y la pena, el salmista se ve agobiado por pensamientos de incredulidad, que decide ahogar, no vaya a ser que por expresarlos le acontezca algún mal peor (39:1-2). Pero el silencio produce en su interior una angustia insoportable, que exige salir a flote, ser expresada, cosa que consigue con la oración de los versículos tres al seis (39:3-6), que viene a ser un lamento anhelando la muerte, o cuanto menos, un cuadro sin esperanza de la vida humana. En los versículos del siete al trece (39:7-13) el tono cambia: es de mayor sumisión y se hace más claro el reconocimiento de la mano divina; la nube evidentemente ha pasado y el corazón dolorido se siente aliviado.

C. H. SPURGEON

Versión poética:

DIXI, CUSTODIAM VIAS MEAS: UT NON DELINQUAM IN LINGUA MEA

Oyendo que me injurian y maldicen,
a mí mismo me dije ten paciencia,

---

sentir. En ambos figura en el título el nombre de *"Jedutún"* al lado del de David; ambos describen en el mismo lenguaje la vanidad de todo lo humano; ambos se deleitan más que otros salmos en el uso del adverbio hebreo אַךְ *'aḵ,* "ciertamente, solamente" (Salmo 39:5,6,11 – Salmo 62:1,2,4,5-6); ambos cuentan con dos סֶלָה *selāh,* pausa o *diapsalma;* ambos coinciden con el libro de Job en muchos puntos. Sin embargo, su forma y estilo es tan refinada, transparente y clásica, que la crítica no cuenta con base alguna para asignar su autoría a ningún otro poeta fuera de David. Y la única razón por la cual el compilador del Salterio no puso el Salmo 62 inmediatamente después del Salmo 39, está en que el Salmo 62 es un *salmo-elohista* que no podía estar en mitad de los *salmos-yahvistas*». Recordamos al lector que se conoce como *salmos-elohistas* o *"Salterio Elohista"* al grupo de salmos comprendidos entre el Salmo 42 y Salmo 83, por darse en ellos la curiosa circunstancia de que para referirse a Dios predomina el uso del nombre אֱלֹהִים *'ĕlōhîm* por encima del de יְהוָה *Yahweh,* cuyo uso es mayoritario en el Salterio (685 veces *Yahvé* frente a 365 *Elohim*). En estos salmos del llamado *"Salterio Elohista"* el nombre *Yahvé* ocurre tan solo 43 veces, mientras que *Elohim* ocurre 245 veces. En el Salmo 39 en nombre de אֱלֹהִים *'ĕlōhîm* no aparece en absoluto; aparece dos veces יְהוָה *Yahweh,* y una אֲדֹנָי *'ădōnāy;* mientras que en el Salmo 62 encontramos siete אֱלֹהִים *'ĕlōhîm* y el nombre יְהוָה *Yahweh* no aparece. Esta curiosa circunstancia llamó poderosamente la atención de los exégetas del siglo XIX, como es el caso de Delitzsch, y ha mantenido intrigados a los eruditos hasta el día de hoy, que han desarrollado múltiples teorías tratando de explicar las razones por las que se da tal particularidad.

[6] 1 Crónicas 16:42.

[7] 2 Crónicas 35:15.

y cierra bien la boca, no se vaya
a deslizar tu desdichada lengua.

Cuando un vasallo inicuo y temerario
me ultrajaba con tanta desvergüenza,
un candado le puse, no quería
que por ella la cólera saliera.

Callé, Dios mío, triste y vergonzoso,
me humillé confundido en tu presencia;
no quise sincerarme con los hombres,
y mi vivo dolor se reconcentra.

Crece en mi pecho, y con su ardor consume
todo mi corazón, todas mis fuerzas,
luego vienen mis tristes reflexiones,
y excitan un incendio que me quema.

Al fin acudo a ti, y en tus piedades
busco desahogo al mal que me atormenta;
explícame, Señor, si ya por dicha
de mi vida los términos se acercan.

Hazme entender en número preciso
de mis molestos días, porque sepa
cuánta vida me queda todavía,
y cuánto padecer a mi alma queda.

¿Qué consuelo es saber que los mediste
con vara corta, y con mano estrecha,
y que todo mi ser es a tus ojos
una débil efímera pavesa?

¿Qué es la vida en efecto? Humo que pasa,
¿y con todo el mortal tanto la aprecia,
y tiene la locura incomprensible
de pegarse a las cosas pasajeras?

¿Qué es la vida? Un vapor que se disipa
un sueño cuya imagen se desecha,
¿y con todo eso el hombre se fatiga
y está tan pesaroso de perderla? [8]

[8] Estas dos estrofas nos han recordado el famoso monólogo de Segismundo al cierre de la Jornada II, escena XIX de la obra "La vida es sueño" de PEDRO CALDERÓN DE LA BARCA [1600-1681], publicada en 1635. Pudiera ser que el autor del "SALTERIO POÉTICO ESPAÑOL", del siglo XVIII tuviera sus versos en mente, que

Respira con afán, vive con susto,
y riquezas añade a sus riquezas,

transcribimos a continuación, especialmente cuando habla del sentido de la vida en este mundo que no es más que pasajera. Como comentamos en el Salmo 90, creemos muy posible que Calderón tuviera ese Salmo en mente cuando escribió este monólogo.

«Es verdad, pues: reprimamos
esta fiera condición,
esta furia, esta ambición,
por si alguna vez soñamos.
Y sí haremos, pues estamos
en mundo tan singular,
que el vivir solo es soñar;
y la experiencia me enseña,
que el hombre que vive, sueña
lo que es, hasta despertar.

Sueña el rey que es rey, y vive
con este engaño mandando,
disponiendo y gobernando;
y este aplauso, que recibe
prestado, en el viento escribe,
y en cenizas le convierte
la muerte, (¡desdicha fuerte!)
¡que hay quien intente reinar,
viendo que ha de despertar
en el sueño de la muerte!

Sueña el rico en su riqueza,
que más cuidados le ofrece;
sueña el pobre que padece
su miseria y su pobreza;
sueña el que a medrar empieza,
sueña el que afana y pretende,
sueña el que agravia y ofende,
y en el mundo, en conclusión,
todos sueñan lo que son,
aunque ninguno lo entiende.

Yo sueño que estoy aquí
destas prisiones cargado,
y soñé que en otro estado
más lisonjero me vi.
¿Qué es la vida? Un frenesí.
¿Qué es la vida? Una ilusión,
una sombra, una ficción,
y el mayor bien es pequeño:
que toda la vida es sueño,
y los sueños, sueños son».

sin saber para quién las atesora,
pues no pueden servirle cuando muera.

Y yo, para quien la vida acaba,
¿qué puedo ya buscar, Dios de clemencia,
sino a ti solo, pues de ti solo
depende la esperanza que me queda?

Perdóname, Señor, todas mis culpas,
que acepto sometido la vergüenza,
a que tu voluntad me ha condenado,
cuando un vasallo me hace estas afrentas.

Yo callé porque tú me castigabas,
tu mano conocí, no he dado queja,
esperando que alcance mi respeto
a obtener que tu cólera suspendas.

Mira, Señor, que ya valor me falta,
y temo que mi alma desfallezca
con el peso terrible de tu mano,
que castiga del hombre las ofensas.

Haces que se extenúen y consuman
a fuerza de aflicciones y de penas,
así como consumes las arañas,
que con frágil hilo urden sus telas.

Y con todo los hombres embebidos
en fútiles objetos y miserias,
siempre piensan en vanas diversiones,
y en amarte y servirte nunca piensan.

Oprimida de angustias y pesares
a tus ojos mi alma se presenta,
escúchame, Señor, y que mi llanto
alcance a tu oído, y lo enternezca.

No enmudezcas, Dios mío, háblame dulce,
que salga de tus labios mi sentencia;
pero que sea tierna, y de ti digna,
aunque de mis delitos no lo sea.

Mira que para ti soy peregrino,
que con trémulos pasos va en la tierra,
como lo fueron mis antiguos padres,
que desaparecieron de su esfera.

Pero antes de que siga sus pisadas,
y que como ellos me desaparezca,
concédeme, Señor, algún reposo,
y mira a este infeliz con indulgencia.

DEL "SALTERIO POÉTICO ESPAÑOL", SIGLO XVIII

Salmo completo: La más hermosa de todas las elegías en el Salterio.[9]

GEORG HEINRICH AUGUST EWALD [1803-1875]
"Essay on Hebrew Poetry", 1866.

Vers. 1. ***Yo dije: Atenderé a mis caminos, para no pecar con mi lengua; guardaré mi boca con freno, en tanto que el impío esté delante de mí.*** *[Yo me dije: Velaré sobre mis pasos, para no pecar con mi lengua; pondré a mi boca un freno, en tanto que el impío esté delante de mí.* RVR*] [Yo dije: Guardaré mis caminos, para no pecar con mi lengua; guardaré mi boca como con mordaza, mientras el impío esté en mi presencia.* LBLA*] [Dije: Guardaré mis caminos para no pecar con mi lengua, llevaré mordaza en mi boca mientras el inicuo esté delante de mí.* BTX*] [Me dije a mí mismo: Mientras esté ante gente malvada vigilaré mi conducta, me abstendré de pecar con la lengua, me pondré una mordaza en la boca.* NVI*] [Me dije: "Mis pasos vigilaré para no pecar con mi lengua; en mi boca pondré una mordaza cuando esté ante mí el malvado".* BLP*] [Me dije: «Tendré cuidado con lo que hago y no pecaré en lo que digo. Refrenaré la lengua cuando los que viven sin Dios anden cerca».* NTV*]*[10]

Yo me dije. He resuelto, he decidido. En su perplejidad, el mayor de sus temores era pecar; por tanto, busca el modo más seguro para evitarlo, y decide callar. Es excelente que un hombre se fortalezca en su buen curso recordando una resolución buena y bien hecha, reafirmándose en ella. *"Lo que*

[9] El Salmo 39, que guarda en lo referente al tema notables paralelismos con el Salmo 73 y el Salmo 90; así como con el libro de Job 7:6-21; y algunos pasajes de los capítulos 19, 22 y 41 del libro del Eclesiástico; es un verdadero quebradero de cabeza para los exégetas y comentaristas. El Texto Masorético plantea importantes problemas filológicos y las variantes en algunos versículos con la versión griega de los LXX o Septuaginta son notables. Trataremos de señalarlas en cada versículo transcribiendo el texto hebreo y comparándolo en sus distintas traducciones.

[10] En el texto hebreo masorético: אָמַרְתִּי אֶשְׁמְרָה דְרָכַי מֵחֲטוֹא בִלְשׁוֹנִי אֶשְׁמְרָה לְפִי מַחְסוֹם בְּעֹד רָשָׁע לְנֶגְדִּי *'āmartî 'ešmərāh ḏərāḵay mêḥăṭōw ḇilšōwnî 'ešmərāh ləp̄î maḥsōwm bə'ōḏ rāšā' lənegdî.* SCHÖKEL lo traduce como: *"Yo me dije: Vigilaré mi proceder para no fallar con la lengua; pondré una mordaza a mi boca mientras el malvado esté frente a mí"*; y KRAUS: *"Me propuse: tendré cuidado con mis 'palabras', para no pecar con mi lengua; quiero 'poner' freno a mi boca, mientras el impío (esté) en mi presencia"*. La versión griega de los LXX o Septuaginta lee: εἶπα φυλάξω τὰς ὁδούς μου τοῦ μὴ ἁμαρτάνειν ἐν γλώσσῃ μου· ἐθέμην τῷ στόματί μου φυλακὴν ἐν τῷ συστῆναι τὸν ἁμαρτωλὸν ἐναντίον μου que la Vulgata traduce al latín como: *"Dixi: Custodiam vias meas: ut non delinquam in lingua mea. Posui ori meo custodiam, cum consisteret peccator adversum me"*, "Dije: Guardaré mis caminos para no pecar con mi lengua; puse guarda a mi boca cuando el pecador estaba puesto contra mí".

he escrito, he escrito",[11] aquello que he dicho, lo cumpliré,[12] puede ser una buena base para lograr mantenernos en un curso fijo y correcto.

Velaré sobre mis pasos. Para evitar el pecado hace falta mucha perspicacia, y mantener nuestras acciones vigiladas por un cuerpo de guardia constante. Los caminos poco controlados, por regla general no son muy santos. El término "descuido" es sinónimo de ausencia de gracia. En épocas de enfermedad u otros problemas debemos vigilar mucho los pecados peculiares de este tipo de pruebas, especialmente los que tienen que ver con la murmuración y el descontento.

Para no pecar con mi lengua. Los pecados de la lengua son muy graves; pues como las chispas del fuego, esparcir palabras necias puede causar grandes daños. Si en tiempos de depresión los creyentes pronuncian palabras duras contra Dios, el maligno y los impíos sacarán buen partido de ellas, utilizándolas para justificar sus vidas pecaminosas. Cuando los hijos murmuran o le faltan al respeto al padre, no es extraño que la boca de los enemigos se llene con insultos. Nuestra lengua necesita vigilancia constante,[13] pues es como un caballo indómito, y debemos tirar fuerte de las riendas, en especial cuando los golpes afilados de la vara del Señor la excitan a la rebeldía.[14]

Pondré a mi boca un freno, o más literalmente un bozal o mordaza.[15] La idea del original no es tanto el de una brida o un freno, sino de una mordaza, que impide expresar sonido alguno. En realidad, David no debía ser tan sabio y precavido en sus palabras como algunos de nuestros traductores tratan de hacerle parecer, puesto que la mordaza, condenarse a sí mismo al silencio total y absoluto, incluso *"respecto a lo bueno",* demuestra poca seguridad en sí mismo, a la par que una amargura importante en su alma. Tratando de evitar un error cayó en otro. Usar la lengua para murmurar contra Dios es un pecado de comisión, pero no usarla para defender su verdad es pecado de omisión. A menudo, por aferrarnos a la virtud de una forma estricta y rigurosa, caemos en otros vicios que deberíamos evitar; no adelantamos nada si para libramos de Scila nos hacemos trizas contra las garras de Caribdis.[16]

---

[11] Juan 19:22.

[12] Isaías 46:11.

[13] En el libro del Eclesiástico leemos estas palabras: *"¿quién no ha pecado con la lengua? (…) ¡Ojalá tuviera yo un centinela en la boca y un sello de discreción en los labios, para que éstos no me hagan caer ni la lengua sea mi perdición!"* (Eclesiástico 19:16; 22:27 DHH). Dice AGUSTÍN DE HIPONA [354-430]: «La lengua precisa de un entorno húmedo debido a su constitución, y está constantemente mojada, por ello se desliza con mucha facilidad».

[14] Dice FRANCISCO LACUEVA [1911-2005] en su versión española del "Comentario de Matthew Henry": «El salmista trae a la memoria la especial resolución que había hecho de abstenerse de pecar con la lengua. No resulta fácil a veces impedir que se introduzca en nuestra mente un mal pensamiento, pero en el caso de que tal cosa suceda, hemos de frenar la lengua, como David, a fin de que no salga al exterior el mal pensamiento: «Pondré a mi boca un freno», dice él. La vigilancia en el hábito es el freno en la cabeza; la vigilancia en el acto es la mano en el freno. Es como la mordaza que se le pone a un perro feroz y sin domesticar. Con una rápida decisión se impide que una palabra corrompida salga de la boca, y así se le pone freno o mordaza. Cuando David se hallaba en compañía de los impíos (versículo 1b), se cuidaba de decir cosa alguna que sirviese para que ellos se endurecieran o blasfemaran».

[15] En hebreo מַחְסֽוֹם *maḥsōwm* de מַחְסוֹם *machsom,* "bozal, mordaza".

[16] Según la mitología griega, Scilla y Caribdis eran dos monstruos que estaban situados uno a cada lado de los dos extremos del estrecho de Messina, en la costa italiana entre Sicilia y Calabria. Scilla era una criatura de siete cabezas con largos cuellos, y Caribdis un remolino que se tragaba las embarcaciones arrastrándolas a las profundidades. Se hallaban a tal distancia uno del otro, que el paso del estrecho resultaba imposible para los navegantes sin enfrentarse a uno de ellos, pues al intentar alejarse de uno caían irremisiblemente en las garras del otro. En "La Odisea" de Homero, Ulises se ve obligado a elegir cuál de los dos enfrentar, elige Scilla, y consigue atravesar el estrecho perdiendo solo unos pocos marineros. La frase "entre Scilla y Caribdis" ha quedado en la literatura como un símbolo de todo aquel que tratando de alejarse de un

En tanto que el impío esté delante de mí. Esto cualifica su silencio y lo exime en cierto modo de críticas, ya que es habitual que los impíos hagan un mal uso nuestras palabras más santas, y no es bueno que echemos nuestras perlas a los cerdos.[17] Lo que el salmista quiere decir es: permanecí en silencio mientras la prosperidad de los impíos saturaba mis pensamientos,[18] razón de su descontento y de los cuestionamientos de su mente, y en tales circunstancias, ponerse una mordaza en la boca es más bien digno de elogio. De modo que si lo culpamos por un lado, debemos alabarlo por el otro, puesto que la mejor sabiduría nos dice que cuando las personas justas y buenas se ven asediadas por pensamientos escépticos que acaban desconcertándolos, no deben apresurarse a proclamarlos públicamente, sino luchar su batalla interiormente, en su propio campo. Aún los creyentes más firmes atraviesan la prueba de la incredulidad, y el diablo obtiene una gran victoria si logra que hagan públicas sus dudas y vacilaciones. Si padezco fiebres, no hay razón para contagiar a mi vecino. Si a bordo del navío de mi alma algunos pensamientos están infectados por las dudas, pondré mi corazón en cuarentena, y no permitiré que uno solo desembarque en el bote de mis conversaciones, sin asegurarme que cuenta con un certificado de salubridad.

C. H. Spurgeon

Yo me dije. Se lo dijo a sí mismo. Difícil será que nadie logre demostrar que es una persona buena y sabia, si no es capaz de razonar con sí mismo y darse primero los consejos a sí mismo antes de darlos a otros.[19] Reflexionar es una de las facultades más excelentes y distintivas de la criatura racional; muy por encima del habla vocal, en la que algunos pájaros nos pueden imitar. Pero no hay pájaro ni animal que cuente con la facultad de razonar consigo mismo. Es muy de lamentar, dadas las ventajas de esta forma de reflexión, la poca disposición que la mayor parte de los seres humanos muestran para el diálogo interno. Pues para dialogar con sí misma, la persona precisa de una mente sana y bien equilibrada, de lo contrario podría serle peor que hacerlo en compañía de otros. Y debe esforzarse en sacar lo mejor de sí misma, invitando a Dios a que more con ella en su corazón. Si lo hacemos, pronto descubriremos la dulzura de dialogar a tres bandas: con nosotros mismos, pero intercalando, de vez en cuando, a Dios en nuestro diálogo. En ausencia de esto, la mayoría no solo malgastan su tiempo en vanas conversaciones con otros, sino que amontonan la vanidad de tales conversaciones en sus

---

extremo cae irremisiblemente en el otro. La idea de Spurgeon es que a veces podemos poner tanto celo en defendernos del mal que acabemos entorpeciendo y obstaculizando el bien. Ver Salmo 55:15.

[17] Mateo 7:6. Dice al respecto Ambrosio de Milán [340-397]: «Si alguien se empeña en atormentaros cuando a conciencia estáis haciendo lo bueno, no tengáis la menor duda de que son lacayos directos del gran pecador, padre de mentira y origen de toda mala obra (Juan 8:44). David, con su visión profética, se dio cuenta de ello e identificó el rostro del verdadero causante, por lo que decidió guardar silencio para no dar juego a quien no deseaba otra cosa que hacerle caer y destruir su paz interior. Puso mordaza en su boca, cerró con el silencio las compuertas exteriores de su espíritu y colocó de guardián al centinela eficaz de la paciencia y sumisión para asegurar que no escapara del baluarte de su mente una sola palabra imprudente ni ociosa (Mateo 12:36). No en vano leemos en Proverbios que *"más vale ser paciente que valiente; pues el que es capaz de controlarse a sí mismo es más fuerte que el que toma una ciudad"* (Proverbios 16:32). El justo se erige en baluarte de sí mismo y fiel centinela de su propio espíritu»

[18] Salmo 73:3.

[19] Comenta al respecto Diodoro de Tarso [¿?-392]: «*"Dije"*, *–אָמַרְתִּי āmartî–,* se lo dijo a sí mismo, lo que equivale a decir *"decidí"*. Esto es, tomé en mi interior la determinación de no pecar contra mis opresores evitando, no solo la agresión física, sino incluso toda palabra insultante o altanera. Porque la agresión verbal es la antesala de la agresión física, por tanto, la persona que desea abstenerse de causar daños físicos debe comenzar por evitar el embate verbal».

propios corazones, hasta tal punto que cuando dialogan consigo mismas, lo hacen con vanidad, lo cual es la locura más grande que quepa imaginar.

ROBERT LEIGHTON [1611-1684]
"Expository Lectures on Psalm xxxix", 1825

Velaré sobre mis pasos, para no pecar con mi lengua. No hay lección que se nos haga más difícil de aprender aquí en la tierra, que la del control sabio y discreto de la lengua. David se compromete aquí a un esfuerzo excepcional en este sentido: *"Velaré sobre mis pasos"*. Sócrates[20] nos habla de un tal Pambo,[21] un hombre bueno y bienintencionado que visitó a un amigo suyo deseoso de que le enseñara uno de los Salmos de David. El amigo le leyó este versículo. A lo que Pambo contestó: «Con este versículo me basta, si soy capaz de aprenderlo y aplicarlo bien». Diecinueve años después le confesó que apenas había sido capaz de aplicárselo.[22]

SAMUEL PAGE [1574-1630]
"David's Broken Heart; or, an Exposition upon the whole Fifty-one Psalm", 1646

Para no pecar con mi lengua. Aunque sea un agujero pequeño, la boca del hombre puede contener un mundo de pecado. Porque no hay ningún pecado prohibido en la ley o en el evangelio, ya sea pensado en el corazón o practicado en la vida, en el que no participe la lengua. ¿No es, por tanto, casi tan difícil gobernar la lengua como gobernar al mundo?

EDWARD REYNER [1600-1668]
"Rules for the Government of the Tongue", 1656

Yo me dije: Velaré sobre mis pasos, para no pecar con mi lengua; pondré a mi boca un freno, en tanto que el impío esté delante de mí. Es un fastidio verse obligado a escuchar tanto balbuceo impertinente en este mundo, y resulta provechoso discernirlo y aborrecerlo para evitar palabras inútiles. Sorprende que los hombres tengan la capacidad de expulsar aire a tal velocidad moviendo la boca; y cuantas más palabras desean pronunciar, más pródigos son en su aliento, y menos cuidadosos en lo que dicen; forzando por un lado su propia respiración, y abusando por el otro de la paciencia de los demás. Si se dieran cuenta de la cantidad de palabras ociosas que pronuncian, serían mucho más parcos en su charla y evitarían hablar tonterías. A mí me gusta permanecer en silencio lo más que puedo, y

[20] No se refiere al filósofo griego Sócrates [470-399 a.C.] sino a SÓCRATES DE CONSTANTINOPLA [siglo iv], conocido también como como Sócrates el Escolástico, historiador cristiano y autor de una *Historia ecclesiastica*, de un estilo similar a la de Eusebio de Cesarea, y de la cual Paladio de Galacia sacó al parecer buena parte de su información.

[21] Se refiere a Apa Pambo, un monje cuya vida viene recogida por la tradición de la Iglesia Copta en lo que se conoce como *Vidas: vida de Pambo,* juntamente con la de otros tres: Evagrio de Ponto, Macario el Egipcio, y Macario de Alejandría. Forma parte de la "Historia Lausiaca" (*Ad Lausum Praepositum Historia, quase Sanctorum Peatrum vitas complectitur*) escrita por PALADIO DE GALACIA [367-421/430] otro monje que convivió con los llamados "Padres del Desierto" y que posteriormente fue Obispo de Aspuna en Galacia. Se le da ese nombre de "Lausiaca" porque va dedicada a Lauso, chambelán de la corte de Teodosio II.

[22] Con toda probabilidad, Pambo hubiera alcanzado un mayor éxito en su empresa si en lugar de quedarse en el versículo uno, hubiera continuado leyendo el resto del Salmo y se hubiera aplicado el versículo siete: *"Y ahora, Señor, ¿qué puedo yo esperar? Mi esperanza está en ti"* (30:7). O hubiera buscado para controlar su lengua, como sugiere el apóstol Santiago, el auxilio de: *"la sabiduría de lo alto, que es primeramente pura, después pacífica, amable, condescendiente, llena de misericordia y de buenos frutos, sin vacilación, sin hipocresía"* (Santiago 3:17).

hablar tan solo de aquello que pueda ser constructivo y edificante. Cuando estoy en las mesas y participo en reuniones no puedo controlar la boca de los demás y detener su palabrería; pero sí puedo hacer oídos sordos, y entablar mi propia conversación, un diálogo celestial entre mi alma y Dios, desviar mi mente de toda otra charla necia y poco fructífera. Aunque esté en medio de la conversación de otros, trato de participar tan poco de sus parloteos como ellos de mi meditación.

WILLIAM STRUTHER [1578-1633]
"True happines, or, King David's choice", 1633

Vers. 2. ***Enmudecí con silencio, me callé aun respecto de lo bueno; y se agravó mi dolor.*** *[Enmudecí y me callé, guardé silencio aun con respecto a lo bueno; pero se agravó mi dolor.* RVR*]* *[Enmudecí y callé; guardé silencio aun acerca de lo bueno, y se agravó mi dolor.* LBLA*]* *[Enmudecí con profundo silencio, me callé, aun acerca de lo bueno, y se agravó mi dolor.* BTX*]* *[Así que guardé silencio, me mantuve callado. ¡Ni aun lo bueno salía de mi boca! Pero mi angustia iba en aumento.* NVI*]* *[Guardé un completo silencio, quedé totalmente callado, pero mi dolor crecía.* BLP*]* *[Pero mientras estaba allí en silencio —sin siquiera hablar de cosas buenas—, el torbellino en mi interior se hizo cada vez peor.* NTV*]*[23]

Enmudecí y me callé. Quedó cual si se le hubieran agotado las palabras. No se le escapó una sola. Permaneció silencioso como un mudo.

Guardé silencio aun con respecto a lo bueno.[24] Ni mal ni bien escaparon de sus labios. Temía, tal vez, que si comenzaba a hablar el mal escapara de algún modo por su boca y, por tanto, se abstuvo por completo. Hubiera sido una manera fácil, segura y eficaz de evitar el pecado, si no hubiese implicado omitir el deber que tenía ante Dios de decir el bien de su nombre. Nuestro Señor también calló ante de los impíos, pero no por completo, pues testificó ante Poncio Pilato afirmando su reino.[25] Una acción acertada, llevada a los extremos, puede convertirse en un defecto.

Pero se agravó mi dolor. Al no encontrar salida posible, el dolor interno comenzó a fermentar por falta de ventilación. Las aguas contenidas acaban finalmente por desbordarse. Hablar es la salida natural de la angustia del corazón, y el silencio, por tanto, agrava el mal y obstaculiza su cura. En tales circunstancias, la resolución de mantener la tranquilidad interior precisa de una gran fuerza voluntad y, aun así, es probable que esta ceda en cuanto el dolor se apodera del alma. Cuando la inundación acumula fuerza y ruge convirtiéndose en riada, hasta los diques más sólidos acaban cediendo y son barridos por las aguas. La naturaleza humana podrá hacer cuanto está en su mano para silenciar la

[23] En el texto hebreo masorético: נֶאֱלַמְתִּי דוּמִיָּה הֶחֱשֵׁיתִי מִטּוֹב וּכְאֵבִי נֶעְכָּר *ne'ĕlamtî ḏūmîyāh heḥĕšêṯî miṭṭōwḇ ūḵə'êḇî ne'kār.* SCHÖKEL traduce: *"Guardé silencio resignado, me contuve inútilmente. Pero mi herida empeoró"*; KRAUS: *"Estuve mudo y quieto, callé, sin resultado. Entonces mi dolor se agitó"*, La versión griega de los LXX o Septuaginta lee: ἐκωφώθην καὶ ἐταπεινώθην καὶ ἐσίγησα ἐξ ἀγαθῶν, καὶ τὸ ἄλγημά μου ἀνεκαινίσθη; que la Vulgata traduce al latín como: *"Obmutui, et humiliatus sum, et silui a bonis; et dolor meus renovatus es"*, "Enmudecí, y me humillé, y callé razones buenas; y mi dolor se renovó".

[24] Dice FRANCISCO LACUEVA [1911-2005] en su versión española del "Comentario de Matthew Henry": «Las versiones antiguas, incluida la RVR 1960 traducen: *"aun respecto de lo bueno"*, lo cual como afirma el propio Matthew Henry, que sigue dicha lectura en la KJV, indicaría debilidad en David al no ser capaz de hablar ni aún lo bueno. Pero el gran Diccionario de Brown-Driver-Briggs lo traduce como *"a causa de lo bueno"*, es decir, a causa de la felicidad de los impíos, en el sentido que su dicha agravó su dolor.

[25] Mateo 27:11-14; Juan 18:28-38.

expresión del descontento, pero a menos que la gracia acuda a su rescate, no cabe la menor duda que acabará por sucumbir.[26]

C. H. SPURGEON

Enmudecí y me callé. Es decir, por un tiempo hice aquello que había resuelto hacer: permanecí tan silencioso que parecía mudo, incapaz de hablar.

Guardé silencio aun con respecto a lo bueno. Es decir, me abstuve incluso de decir aquello que por su propia naturaleza hubiera sido legítimo decir; como también de alegar nada en mi propia defensa; de quejarme a Dios, de expresar mis deseos de justicia por su mano y cosas similares.[27] Temía que cualquiera de estas cosas pudiera llevarme a decir algo impropio y malo; que pese a mi deseo de no decir más que lo bueno, de repente pudiera salir de mi boca una palabra inadecuada; o que mis enemigos pudieran interpretar erróneamente lo que yo dijera.[28]

ARTHUR JACKSON [1593-1666]
"Annotations upon the five books immediately following the historical part of the Old Testament (commonly called the five doctrinal or poetical books) Iob, the Psalms, the Proverbs, Ecclesiastes, and the Song of Solomon", 1658

Enmudecí y me callé, guardé silencio. Analicemos cuál fue la naturaleza de la mudez o silencio del salmista, por el cual merece justo reconocimiento; y en qué forma debemos aplicarlo nosotros cuando estamos bajo la vara de Dios. Lo haremos desde dos frentes: Primero, por el lado negativo: fue un silencio que le guardó de muchos errores. Segundo, por el lado positivo: fue un silencio que le sirvió para aprender aquello que importa.

---

[26] Los comentaristas del siglo xx dicen:

– FRANCISCO LACUEVA [1911-2005] en su versión española del "Comentario de Matthew Henry": «Cuanto menos hablaba, más pensaba y se enardecía de dolor y de ira (39:2-3). Había puesto mordaza a su lengua, pero no pudo ponerla a su corazón. Nótese que quienes se hallan con el ánimo impaciente y airado no deben avivar el fuego mediante una meditación prolongada, porque, mientras permiten que sus pensamientos se fijen en las causas de sus calamidades, el fuego del descontento recibe más combustible y arde con mayor furia. Por consiguiente, si queremos impedir las explosiones de una pasión sin freno, hemos de impedir primero la continuación de unos pensamientos pertinaces».

– FRANZ DELITZSCH [1813-1890]: «Su propósito inicial de mantener un silencio resignado: *"Enmudecí, guardé silencio y me callé"*, se le hace inviable, y decide abrir la boca, romper su promesa, pero tan solo para dirigirse a Dios en oración pidiéndole que le enseñe a mantenerse en una calma sumisa mostrándole claramente ante sus ojos la transitoriedad de la vida, lo que hará más soportables sus penas ante la prosperidad de los impíos».

[27] Dice TEODORO DE MOPSUESTIA [350-428]: «Irritarnos cuando vemos que nuestros planes píos quedan a merced de los pecadores, y enfurecernos por nuestra mala fortuna, en especial cuando nos vemos obligados a soportar un trato ominoso de parte de los obradores de maldad cuando tenemos plena conciencia de que nuestro comportamiento es íntegro y virtuoso, es casi una ley colectiva. Por lo general, todos los seres humanos reaccionan ante tales situaciones con maldiciones y descontento, cuestionando el proceder de Dios como Padre universal. Pero el bendito David hace todo lo contrario: *"Enmudecí, guardé silencio y me callé"*».

[28] Dice AMBROSIO DE MILÁN [340-397]: «Si admites que has pecado: ¡cállate!; puesto que negándolo no harás sino agravar tu culpabilidad. Y si no tienes conciencia de haber pecado ¡cállate también y enmudece!, porque no precisas añadir nada, ya que por muchas que sean las acusaciones y palabras insidiosas que otros lancen contra ti, jamás conseguirán crear conciencia de culpabilidad en quien tiene la certeza de que es inocente».

I. Por el lado negativo:
   1. No fue como si el profeta se hubiera quedado sin nada que decir a Dios en oración ni súplica. No era tan necio, pues oró y se lamentó exhaustivamente (39:8; 10-11).
   2. No era un silencio absurdo, ya que podía compaginarse perfectamente con la confesión y lamentación de sus pecados.
   3. Tampoco fue un silencio insensato. No implica insensibilidad o despreocupación por lo que le estaba sucediendo, sino más bien aplicó lo que dice un antiguo proverbio: «Ante circunstancias duras, corazón fuerte».[29] No, no se despreocupó, elevó su clamor a Dios, lamentándose inteligentemente de las aflicciones que le causaban el peso de su mano.
   4. Ni fue un silencio incapaz de responder a la voz de Dios encarnada en la vara que con la cual le golpeaba.
   5. Mucho menos un silencio ateo, como el silencio de aquellos que menciona el profeta Amós, que sumidos en su aflicción tomaron la resolución de *"no hacer mención del nombre del Señor"*[30] al que antes habían glorificado.

II. Por el lado positivo:
   1. Fue un silencio que le evitó enfrentarse a la providencia divina, conteniendo toda murmuración y pensamiento agrio contra él. Se lamentó y se quejó *a Dios,* pero en ningún momento se atrevió a quejarse *contra Dios.*
   2. Fue un silencio que evitó el descontento y el abandono los caminos de santidad por causa de sus sufrimientos, algo a lo que tan propensos somos de manera natural.
   3. Fue un silencio no para defenderse, ni para justificar ante Dios sus propios caminos, como si fueran justos, alegando que sufría inmerecidamente.
   4. Fue un silencio dispuesto a escuchar la voz de la vara: *"Escucharé lo que dirá Dios el Señor"*.[31] Un hombre no puede escuchar a otro si habla todo el tiempo de sí mismo.
   5. Finalmente, fue un silencio que le dejó mudo, es decir, que le llevó a aceptar la voluntad de Dios sin rechistar y confiar plenamente en ella, convencido de que aquello que Dios hace, no tan solo es bueno, sino lo mejor (39:9).

THOMAS BURROUGHES [1611-¿?]
en un sermón fúnebre titulado: *"A Sovereign Remedy for all kinds of Grief"*, 1657

Guardé silencio y me callé. Un grupo de insidiosos burlones preguntó a un cristiano en cierta ocasión qué beneficios había sacado de seguir Cristo, a lo que él replico: «¿No es ya un excelente beneficio no sentirme afectado por vuestros reproches?» En casos de esta naturaleza hemos de ponerlo todo en manos de Dios: *"si tu tacueris, Deus loquitur"*, "si tú guardas silencio, Dios hablará por ti"; y si Dios habla por nosotros, es infinitamente mejor que cualquier cosa que podamos decir en favor de nosotros mismos.[32] David no dudó en decir: *"Obmutui, quia tu fecist"*, "Enmudecí, porque tú lo hiciste" (39:9).

CHRISTOPHER SUTTON [1565-1629]
"Disce viuere: learne to liue. A briefe treatise of learning to liue", 1657

[29] Cita un antiguo proverbio galés: *"An hard heart against his hard hap"*

[30] Amós 6:10.

[31] Salmo 85:8.

[32] Romanos 8:31.

Enmudecí y me callé, guardé silencio. Hay siete clases distintas de silencio: (1) Silencio estoico. (2) Silencio político o diplomático. (3) Silencio necio. (4) Silencio hosco. (5) Silencio forzado. (6) Silencio del desánimo. (7) Silencio santo, prudente, fruto de la gracia.

THOMAS BROOKS [1608-1680]
"The Mute Christian Under the Smarting Rod", 1659

Enmudecí y me callé, guardé silencio. Hay tiempo para el silencio, tiempo para meditar, y tiempo para hablar.

1. Hay tiempo para el silencio. David pudo hacerlo cuando lo acusaban y reprochaban injustamente. Enmudeció por una buena causa; los demás podían atribuirlo al malhumor, al orgullo, a la timidez o a un sentimiento de culpabilidad consciente; pero lo hizo por un buen fin. Cuando echamos aliento sobre un espejo pulido y dejamos que se evapore, quedará más brillante que antes; pero si nos esforzamos en limpiarlo, la marca permanecerá.

2. Hay tiempo para meditar en silencio. Cuanto mayor es el silencio exterior, mayor suele ser la conmoción interior: *"Ardía mi corazón dentro de mí; en mi meditación se encendió fuego"* (39:3). Cuanto más reflexionaba, más se encendía el fuego. El fuego de la piedad y la compasión, el fuego del amor, el fuego del celo santo, ardían en su interior.

3. Hay tiempo para hablar. *"Entonces dije con mi lengua"* (39:3). El momento de hablar es cuando la verdad ha sido esclarecida, se ha fortalecido en la mente, y el sentimiento de la verdad arde en el corazón. Cuando esto sucede, las emociones brotan como de un volcán: *"Porque cuantas veces hablo, doy voces, grito: Violencia y destrucción; porque la palabra de Jehová me ha sido para afrenta y escarnio todo el día. Y si digo: No haré más mención de él, ni hablaré más en su nombre; entonces hay en mi corazón como un fuego ardiente metido en mis huesos; me fatigo en tratar de contenerlo, pero no puedo"*.[33] El lenguaje debe ser siempre un fiel reflejo de la mente y el corazón.

GEORGE ROGERS [1798-1891]
Tutor del *"Metropolitan Tabernacle College"*

Vers. 2-9. Un enfermo se tomó las pastillas que le habían recetado de forma muy absurda, pues en lugar de tragárselas de golpe, las masticó y disolvió en la boca con la lengua, soportando todo su amargor. Gotthold[34] que presenció la escena exclamó: «Los insultos y calumnias de los adversarios son como las píldoras amargas; no todos dominan el arte de tragarlas sin masticarlas». Sin embargo, para el cristiano su amargura es saludable y beneficiosa en varios sentidos. Le recuerdan su propia culpa; ponen a prueba su mansedumbre y paciencia; le muestran de qué deben guardarse; y finalmente redundan en su honor y gloria en la presencia de Aquel por cuya causa ha tenido que sufrir. Con todo, no es aconsejable diluir de continuo en nuestra mente las píldoras de la calumnia y difamación, así como algunas otras, juzgándolas según la carne y la opinión del mundo. Pues esto incrementará su sabor amargo, lo extenderá por la lengua y llenará el corazón de animosidad. Lo mejor es tragarlas enteras: guardar silencio y olvidar. Debemos devorar nuestra pena interiormente, y exclamar: *"Enmudecí,*

---

[33] Jeremías 20:8-9.

[34] Se refiere al propio CHRISTIAN SCRIVER [1629-1693], que utilizaba el seudónimo de GOTTHOLD para identificarse a sí mismo. Archidiácono en Stendal, pastor en Magdeburg y posteriormente capellán Quedlinburg, amigo personal de PHILIPP JAKOB SPENER [1635-705], fundador del movimiento pietista, Scriver fue uno de los teólogos luteranos de finales del siglo xvii que se opusieron al formalismo eclesial. Su obra escrita es extensa, y en muchos de sus libros utilizaba el seudónimo Gotthold, como en *"Gottholds vierhundert zufällige Andachten"*, 1667, una colección de cuatrocientas anécdotas traducidas al inglés como *"Gotthold's Emblems: or, Invisible Things understood by Things that are made"*, 1671.

no abrí mi boca, porque tú lo hiciste" (39:9). El mejor antídoto para la amargura de la calumnia son las dulces promesas y consuelos de la Escritura, entre las cuales leemos:*" Bienaventurados seréis cuando por mi causa os vituperen y os persigan, y digan toda clase de mal contra vosotros, mintiendo. Gozaos y alegraos, porque vuestro galardón es grande en los cielos; porque así persiguieron a los profetas que os precedieron".*[35] ¡Ay, Dios mío! ¡Qué difícil es tragar las píldoras del vituperio y la deshonra, bendecir a los que nos maldicen, hacer el bien a los que nos odian, y orar por los que nos utilizan de forma malévola![36] Pero, Señor, que sea como tú quieras, danos lo que tú consideres mejor,[37] porque, sin tu gracia, no podemos hacer nada.

CHRISTIAN SCRIVER [1629-1693]
También conocido por su pseudónimo, *Gotthold*
"Gotthold's Emblems: Or Invisible Things Understood By Things That Are Made", 1671

Vers. 3. ***Se enardeció mi corazón dentro de mí; en mi meditación se encendió fuego, y así proferí con mi lengua.*** *[Ardía mi corazón dentro de mí; en mi meditación se encendió fuego, y así proferí con mi lengua.* RVR*] [Ardía mi corazón dentro de mí; mientras meditaba, se encendió el fuego; entonces dije con mi lengua.* LBLA*] [Mi corazón se enardeció dentro de mí, el fuego se avivó con mi meditación; entonces hablé así con mi lengua.* BTX*] [¡El corazón me ardía en el pecho! Al meditar en esto, el fuego se inflamó y tuve que decir.* NVI*] [Ardía mi corazón dentro de mí; de tanta angustia me iba inflamando hasta que mi lengua rompió a hablar.* BLP*] [Cuanto más pensaba, más me enardecía, hasta que disparé un fuego de palabras.* NTV*]*[38]

Ardía mi corazón dentro de mí.[39] La fricción de los pensamientos internos provocaba en su mente un calor intenso. Cerrada la puerta de su corazón y con el fuego del sufrimiento ardiendo dentro, la estancia de su alma se había calentado de modo irresistible. El silencio es algo terrible para el que sufre; un modo seguro de perder la razón. Cuando estamos dolidos debemos expresarlo primero y con amplitud a Dios, y si luego lo compartimos con algún amigo íntegro y piadoso, nuestro aliento no habrá sido desperdiciado.

---

[35] Mateo 5:11-12.

[36] Lucas 6:28-29.

[37] Lucas 22:42.

[38] En el texto hebreo masorético: חַם־לִבִּי בְּקִרְבִּי בַּהֲגִיגִי תִבְעַר־אֵשׁ דִּבַּרְתִּי בִּלְשׁוֹנִי *ḥam-libbî bəqirbî bahăḡîḡî ṯiḇ'ar-'êš dibbartî bilšōwnî.* SCHÖKEL lo traduce como: *"El corazón me ardía por dentro; pensándolo me requemaba, hasta que solté la lengua"*; KRAUS: *"ardía mi corazón dentro de mí; en mis suspiros se inflamaba fuego entonces tuvo que hablar mi lengua"*. La versión griega de los LXX o Septuaginta lee: ἐθερμάνθη ἡ καρδία μου ἐντός μου, καὶ ἐν τῇ μελέτῃ μου ἐκκαυθήσεται πῦρ ἐλάλησα ἐν γλώσσῃ μου; que la Vulgata traduce al latín como: *"Concaluit cor meum intra me; et in meditatione mea exardescet ignis locutus sum in lingua mea"*, "Se acaloró mi corazón dentro de mí, y en mi meditación se inflamó fuego. Hablé con mi lengua".

[39] ORÍGENES [185-254] comentando esta frase en una de sus homilías dice: «Leemos en el Evangelio que Cleofás, uno de los discípulos de Emaús, preguntó a su compañero después de que el Señor hubo desaparecido de su vista: *"¿ No ardía nuestro corazón dentro de nosotros, mientras nos hablaba en el camino, cuando nos abría las Escrituras?"* (Lucas 24:13-32). ¿Y tú? ¿Cuándo arderán en tu interior los *"carbones encendidos"* (Ezequiel 10:2) si jamás te enardeces escuchando las palabras del Señor ni te inflamas con las manifestaciones del Espíritu Santo? Escucha cómo David exclama: *"Ardía mi corazón dentro de mí; y en mi meditación se encendió fuego"* ¿Y tú? ¿De dónde esperas que surja en ti la llama? ¿Cómo pretendes que se encienda el fuego si en ti solo hay apatía y desgana, si no meditas las Escrituras?».

En mi meditación[40] *se encendió fuego*. Mientras pensaba en la prosperidad de los malvados y la contrastaba con sus propias aflicciones cotidianas, no lograba desentrañar el misterio de la divina providencia, y me derretía interiormente. Cuanto más meditaba, más se encendía su fuego interior, puesto que el tema era confuso. Y callar se le hacía cada vez más difícil; su alma era como un volcán presionado por un océano de lava en su interior, zarandeada de un lado a otro por un terremoto mental; la erupción era inminente; el mar de lava ardiente debía salir al exterior y derramarse por todos los costados, convertida en río abrasador.

Y así proferí con mi lengua. El original es aquí peculiarmente lacónico, dos palabras: דִּבַּ֗רְתִּי בִּלְשֽׁוֹנִי *dibbartî bilšōwnî: "hablé con mi lengua"*. La lengua amordazada termina rompiendo todas las trabas; desborda el dique de contención y finalmente la miseria, como el crimen, siempre acaba saliendo a la luz.[41] Podemos silenciar la alabanza, pero la angustia es clamorosa. Por mucha resolución que adoptemos, por mucha precaución que tomemos, sea o no pecado, el torrente abrasador se abre paso, termina desbordándose y arrastra en su curso cuanto encuentra.

C. H. SPURGEON

Ardía mi corazón dentro de mí; en mi meditación se encendió fuego. Dicen de la calamita o magnetita[42] (esa maravilla de la naturaleza), que cuando ha perdido su virtud imantada al no haber sido guarda debidamente, o por algún otro accidente, si se mantiene por algún tiempo entre limaduras de acero recupera su magnetismo. Así también, cuando el espíritu de un cristiano pierde su calor y vivacidad celestiales, para recuperarlo hay que sumirlo en esta meditación tan ardiente y vivificante. ¡Oh, cuán ardiente contemplamos a menudo el espíritu del santo salmista David, en su meditación! Reflexionar le hizo entrar en calor, sí, le quemó el corazón. Así lo encontramos a menudo en el comienzo de numerosos salmos, con el corazón deprimido y desalentado, pero a medida que se adentra y acentúa su reflexión, su espíritu se calienta hasta acabar volando sobre una llamarada, vuela hasta alcanzar un grado elevadísimo de calor celestial. ¡Oh, quienes practican la meditación solemne y concienzuda acaban, tarde o temprano, experimentando este ardor celestial en el corazón! ¡Ah, si todos los santos

---

[40] Aunque הִגָּיוֹן *higgayon* es bastante común en el salterio הָגִיג *hagig* es un término raro que tan solo aparece en los Salmos 5:1 y 39:3 y el sintagma בַּהֲגִיגִי *bahăḡîḡî* es exclusivo de este Salmo.

[41] En el original inglés: *"Misery like murder, will out"*. La frase *"murder will out"* es una variante de *"murder will become public"*, que aparece por primera vez en las obras de GEOFFREY CHAUCER [1343-1400] considerado como el principal poeta inglés de la Edad Media y padre de la literatura inglesa. Según parece viene inspirada por la tradición supersticiosa de que la presencia del asesino cerca del cadáver o del lugar del crimen es siempre revelada por un reguero de sangre fresca. Con el tiempo, esta frase se transformó en *"truth will out"*, "la verdad saldrá a flote" o "la verdad se hará pública", utilizada por William Shakespeare en "El Mercader de Venecia" en boca de Lancelot: *"murder cannot be hid long; a man's son may, but at the length truth will out"*, "Un crimen no puede estar oculto largo tiempo, sí un hijo para su padre; pero la verdad sale siempre acaba saliendo a flote".

[42] La CALAMITA O MAGNETITA es un potente imán natural formado por mineral de hierro, constituido por óxido ferroso-diférrico, que debe su nombre de la ciudad griega de Magnesia de Tesalia. Es usada de forma natural por distintos animales, como las abejas y moluscos, para orientarse respecto al campo magnético de la tierra. Las palomas tienen en el pico pequeños granos de magnetita que determinan la dirección del campo magnético y les permiten orientarse. Aunque descubierta en Grecia, los primeros en darle un uso como brújula fueron los chinos; según investigaciones recientes, también era conocida y usada por los Olmecas en México y Centroamérica.

juntaran en una misma ristra todas estas fogosidades, qué rica cadena de perlas extraordinarias formarían con sus experiencias, salidas de un corazón ardiente, avivado por la eficacia de la meditación!

NATHANAEL RANEW [1602-1677]
"Solitude improved by divine meditation", 1670

En mi meditación se encendió fuego. ¡Qué bendición, qué privilegio tan grande (además de un deber) es la oración! Pues bien, la meditación es una de las mejores ayudas para la oración. Gersom[43] la llama «el ayo de la oración». La meditación es como aceite a la lámpara; pues la lámpara de la oración se apagaría, si la meditación no la alimentara. La meditación y la oración son como dos tórtolas; si se separa la una de la otra, mueren. Un pescador astuto observa el tiempo y la época en que los peces muerden mejor el anzuelo, y entonces es cuando lo lanza; así también, cuando el corazón está calentado por la meditación es el mejor momento para echar el anzuelo a la misericordia. Isaac no estuvo preparado para la oración hasta después de haber meditado en el campo,[44] al llegar a su casa. Para disparar el cañón primero hay que cargarlo de pólvora. Así, cuando la mente está llena de buenos pensamientos, el cristiano está preparado para disparar la oración al cielo, con rachas de suspiros y gemidos. La meditación aporta un doble beneficio, vierte dentro y fuera; vierte primero buenos pensamientos en la mente, y luego los derrama de nuevo en oración; provee el material para la oración y luego prepara al corazón para orar. Dice David: *"En mi meditación se encendió fuego"* (39:3), y sus próximas palabras ¿qué son?, una oración: *"Hazme saber, Jehová, mi fin"* (39:4). Cuando reflexionamos sobre las obras de sus manos, acabamos extendiendo las nuestras.[45] La meditación de su cabeza dio lugar a que levantara sus manos en oración. Cuando Cristo subía a un monte, oraba;[46] cuando el alma asciende al monte de la meditación, está en sintonía para la oración. La oración es la hija de la meditación: la meditación conduce el carruaje, y la oración cuida la retaguardia.

THOMAS WATSON [1620-1686]
"A Christian of the Mount", 1660

Mientras meditaba, se encendió el fuego. La meditación es la reserva de mineral de oro del cual fundir los lingotes de la oración, proporciona la materia prima de ideas que acaban convirtiéndose en deseos santos. La nube cargada, pronto se transforma en lluvia; el cañón cargado lanza raudo su proyectil al acercársele la mecha. Un alma que medita está *"in potentia próxima"* para la oración: cargada y dispuesta. Y el santo salmista, viéndose acorralado, rodeado de adversarios por todas partes, habiendo meditado, no duda en disparar al cielo desde lo más hondo de su alma una oración jaculatoria:[47] *"Señor, hazme saber mi fin, y cuál es la medida de mis días"* (39:4).

WILLIAM GURNALL [1617-1679]
"Christian in complete armour, or, a treatise of the saints war against the Devil", 1655

[43] Se refiere a LEVI BEN GERSHON [1288-1344], más conocido como GERSÓNIDES, erudito judío nacido en Francia, que escribió sobre teología, filosofía, matemáticas, astronomía y diversos comentarios de las Escrituras.
[44] Génesis 24:63.
[45] Salmo 8:3-4; 19:1; 143:6.
[46] Mateo 14:23; Lucas 6:12; 9:28.
[47] Una "jaculatoria" es una oración breve lanzada al cielo invocando la ayuda de Dios. La Real Academia de la Lengua Española acepta la etimología latina de *"iaculatorius"*, en su sentido de lanzar o disparar al cielo una plegaria.

Mientras meditaba, se encendió el fuego. Mis pensamientos encendieron mis pasiones.

MATTHEW POOLE [1624-1679]
"English Annotations on the Holy Bible", 1683

Ardía mi corazón dentro de mí; en mi meditación se encendió fuego. Medita hasta que tu corazón se caldee para cumplir con tus deberes santos. ¿Cuánto permanecerá un hombre que siente frío junto al fuego? Hasta que se caliente y esté listo para trabajar. Así que, cristiano, si tu corazón está frío, ponte cerca del fuego de la meditación hasta que sientas que tus afectos están lo bastante ardientes y preparados para el servicio espiritual. David meditó hasta que su corazón ardió dentro de él. Voy a concluir pues con una excelente frase de San Bernardo:[48] «Señor, nunca me apartaré de ti, sin ti». Que esta sea la resolución de todo cristiano: no dejar de meditar en Dios, hasta encontrar algo de Dios dentro de nosotros; algo celestial moviéndose en nuestras entrañas, llamas de fuego del amor divino abrasándonos el corazón: *"Mi amado metió su mano por la abertura de la puerta, y se estremecieron por él mis entrañas"*.[49]

THOMAS WATSON [1620-1686]
"A Christian of the Mount", 1660

En mi meditación se encendió fuego. Estaba rodeado de impíos, pero sus pensamientos eran buenos; y cuando estaba frente los malvados, meditaba en el Señor, y en consecuencia, su corazón ardía dentro de él enardecido por el amor divino. Sus pensamientos inflamaron sus afectos con santo celo, y esta santidad, por antiperístasis,[50] comenzó a calentarse en contraposición a la frialdad malvada que había a su alrededor, hasta convertirse en puras llamas. Cuando los alguaciles entran por la noche en una casa sospechosa, preguntan: «¿Quién anda ahí?» De igual modo, cuando Dios irrumpe en nuestros oscuros corazones, la pregunta es: ¿Qué pensamientos hay aquí? ¿Por qué surgen en vosotros tales pensamientos? *"¿Por qué estáis turbados, y se suscitan en vuestro corazón estos pensamientos?*[51] *"¿No hacéis distinciones entre vosotros mismos, y venís a ser jueces con malos pensamientos?"*[52]

FAITHFUL TEATE [1621-1666]
"Rihgt thoughts, the righteous mans evidence. A discourse proving our state (God-ward) to be as our thoughts are, directing how to try them and ourselves by them", 1666

---

[48] Se refiere a BERNARDO DE CLARAVAL [1091-1153], doctor de la Iglesia, abad del monasterio de Claraval y reformador monástico francés, impuso el estilo que pronto se extendería a toda la Orden del Císter: disciplina, austeridad, oración y simplicidad. Tales ideales lo enfrentaron con PEDRO EL VENERABLE [1092 1156], abad de Cluny, pues suponían un ataque directo contra la riqueza de los monasterios, la pompa de la liturgia y el lujo de las iglesias cluniacienses. Luchó contra las incipientes tendencias laicistas de su tiempo, haciendo condenar el racionalismo de Pedro Abelardo, quien mantenía que se debían buscar los fundamentos de la fe con similitudes basadas en la razón humana. Creía en la revelación verbal del texto bíblico, y se declaró fiel discípulo de san Ambrosio y de san Agustín, a quienes llamó "las dos columnas de la Iglesia". Rebatió también las propuestas de Arnaldo de Brescia y dejó tras su muerte numerosos escritos.

[49] Cantares 5:4.

[50] La ANTIPERÍSTASIS, del griego ἀντιπερίστασις, es un concepto filosófico que describe la reacción entre dos fuerzas opuestas con cualidades contrarias, de tal modo que cuando una aumenta hace que la otra aumente en oposición.

[51] Lucas 24:38.

[52] Santiago 2:4.

Ardía mi corazón dentro de mí; en mi meditación se encendió fuego, y así proferí con mi lengua. No deja de ser una feliz circunstancia que cuando el silencio, mantenido durante largo tiempo, se rompe, se rompa en primer lugar delante del Señor.

John Morison [1791-1859]
"An Exposition of the Book of Psalms", 1829

Vers. 4. ***Hazme saber, Jehová, mi fin, y cuánta sea la medida de mis días; sepa yo cuán frágil soy.*** *[Hazme saber, Jehová, mi fin, y cuál es la medida de mis días; sepa yo cuán frágil soy.* RVR*] [Señor, hazme saber mi fin, y cuál es la medida de mis días, para que yo sepa cuán efímero soy.* LBLA*] [Oh YHVH, hazme saber mi final, cuál sea la medida de mis días, para que yo mismo sepa cuán efímero soy.* BTX*] [Hazme saber, Señor, el límite de mis días, y el tiempo que me queda por vivir; hazme saber lo efímero que soy.* NVI*] [Señor, hazme saber mi fin y cuánto va a durar mi vida, hazme saber lo efímero que soy.* BLP*] [Señor, recuérdame lo breve que será mi tiempo sobre la tierra. Recuérdame que mis días están contados, ¡y cuán fugaz es mi vida!* NTV*]*[53]

Señor. Bueno es que el escape de su alma sea hacia Dios y no hacia el hombre. ¡Oh, Señor! si mi corazón a punto de estallar precisa hablar, deja que hable contigo; pues incluso si hablo desde el ímpetu de la naturaleza humana, sé que tú serás más paciente conmigo que los hombres, y que no puedo manchar tu pureza; mientras que, si hablo con mis compañeros, puede que me reprendan con dureza, o peor aún, que aprendan el mal de mi petulancia.

Hazme saber mi fin. ¿Quería decir lo mismo que Elías en su agonía cuando exclamó: *"Basta ya, oh Jehová, quítame la vida, pues no soy yo mejor que mis padres"*[54]? Quizás. De todas maneras, deseaba impetuosa y petulantemente conocer el término de su vida de miserias, para comenzar a contar los días que le quedaban hasta que la muerte pusiera fin a sus aflicciones. Su impaciencia pretendía abrir las hojas dobladas del calendario divino. Negada a cualquier otro consuelo, la incredulidad pretende esconderse en la tumba y dormir en el olvido. David no fue el primero ni el último que habló en oración de manera impropia. Hay, sin embargo, otra interpretación mejor: el Salmista deseaba saber más sobre la brevedad de su vida para sobrellevar mejor sus males pasajeros. Y aquí podemos arrodillamos con él y pronunciar la misma petición. Pensar que no haya fin a nuestras miserias es el infierno dentro del infierno; su fin es la esperanza de aquellos que creen en otra vida más allá de la tumba. Dios es el mejor maestro de la filosofía divina, que mira hacia un fin esperado; y él nos corresponde preguntar. Los que ven la muerte a través del cristal del Señor ven un panorama hermoso, que les hace olvidar, al anticipar su fin, los males de la propia vida.

Y cuál es la medida de mis días. David quería estar seguro de que sus días acabarían pronto y con ellos sus tribulaciones. De nuevo necesitaba que le enseñaran que la vida se mide con sabiduría, no es

[53] En el texto hebreo masorético: הוֹדִיעֵנִי יְהוָה קִצִּי וּמִדַּת יָמַי מַה־הִיא אֵדְעָה מֶה־חָדֵל אָנִי *hōwḏî'ênî Yahweh qiṣṣî ūmiddaṯ yāmay mah-hî 'êḏə'āh meh-ḥāḏêl 'ānî*. Que Schökel traduce como: *"Indícame, Señor, mi fin y cuál es la medida de mis años, que comprenda lo caduco que soy"*; y Kraus: *"Hazme saber, oh Yahvé, mi fin, cuál es la medida de mis días, para que sepa lo perecedero que soy"*. La versión griega de los LXX o Septuaginta lee: γνώρισόν μοι, κύριε, τὸ πέρας μου καὶ τὸν ἀριθμὸν τῶν ἡμερῶν μου, τίς ἐστιν, ἵνα γνῶ τί ὑστερῶ ἐγώ; que la Vulgata traduce al latín como: *"Notum fac mihi, Domine, finem meum, et numerum dierum meorum quis est, ut sciam quid desit mihi"*, "Hazme conocer Señor mi fin, y el número de mis días, el que es, para que sepa lo que me resta".

[54] 1 Reyes 19:4.

una cuestión de azar.[55] Así como el comerciante mide sus telas escrupulosamente por pulgadas, codos y yardas,[56] así se mide también la vida del hombre.[57]

Para que yo sepa cuán efímero soy. Es decir, cuándo voy a dejar de ser. ¡Ay, la mezquindad de la naturaleza humana! Aunque agarrado a la vida, el hombre alterca con Dios hasta tal punto de mostrarse dispuesto a dejar de existir antes que sobrellevar lo asignado por el Señor. ¡Cuánta mezquindad en un santo! Pero que nadie presuma, aguardemos un poco, hasta que estemos en una posición similar, y nuestra reacción no será mucho mejor. Es natural que un barco en dique seco no tenga fugas de agua en el casco, es en alta mar, al enfrentar las olas, cuando nos asombramos de que los maderos resistan

---

[55] Salmo 90:12

[56] Este sistema para medir la longitud, que formaba parte del llamado "Sistema Imperial", era el más usado en la Inglaterra de la época de Spurgeon, aunque hoy día el uso del "sistema métrico decimal", cada vez está más extendido, está sustituyendo en buena parte al Imperial. Sus equivalencias son: 1 pulgada (*inch*) = 2,54 cm; 1 pie (*foot*) = 30,48 cm; 1 yarda (*yard*) = 91,44 cm; 1 milla (*mile*) = 1,609 km. En los Estados Unidos se sigue utilizando el sistema anglosajón de unidades o "Sistema Imperial aunque con ciertas discrepancias, y el uso del Sistema Métrico Decimal (legal desde 1866) se va implementando paulatinamente de forma voluntaria en muchas áreas, como en el campo de la ciencia, la tecnología y parte de la industria manufacturera.

[57] AGUSTÍN DE HIPONA [354-430] hace sobre la traducción de la Vulgata: *"et numerum dierum meorum quis est"*, "y el número de mis días, el que es", la siguiente reflexión: «El salmista pide a Dios que le haga saber el número de sus días, pero no en cifras, no en días y años, sino *"el que es"*; pide entender el número sin número. Porque donde hay días y años debe haber un número, pero en Dios los años no tienen número, porque: *"Desde el principio tú fundaste la tierra, y los cielos son obra de tus manos. Ellos perecerán, mas tú permanecerás; y todos ellos como una vestidura se envejecerán; como un vestido los mudarás, y serán mudados; pero tú eres el mismo, y tus años no se acabarán"* (Salmo 102:25-27). Por ello dice: 'Dame a conocer, Señor, el número de mis días, pero dámelo a conocer desde donde tú estas, *"el que es"*, el que existe; porque si lo miro bien, donde yo estoy no existe'. ¿O acaso te atreves a decir que tus días existen? Si estás en posesión del hoy, deberías estarlo también del ayer; pero el ayer ya no lo tienes, porque pasó y no existe; y el mañana tampoco lo tienes, porque no existe todavía. Solo tienes el día de hoy, el día en que vives y te acompaña. Pero ni siquiera este posees en plenitud, porque si tratas de volver a la primera hora, ya no puedes, porque pasó; ni a la segunda, ni a la tercera; tan solo tienes la hora en que vives. ¿Acaso será ella el tiempo que *"es"*? Tampoco, porque ni siquiera *"es"* (en latín *"est"*) una sola sílaba de tres letras, un instante, puedes pronunciar sin que la primera letra haya desaparecido antes de que pronuncies la segunda, y la tercera no sonará hasta que la segunda haya pasado. Todas las cosas nos son arrebatadas tras el instante en que suceden y dejan de existir para nosotros como realidad, salvo en la sombra del recuerdo que poco a poco también se desvanece. Para nosotros los días son tiempo "que no es", puesto que desaparecen casi antes de llegar; nada del pasado retorna; y lo que esperamos que suceda en el futuro, cuando llega, no tenemos forma de retenerlo y se desvanece. Por tanto lo que dice el salmista es: *"dame a conocer el número de mis días"*, pero no este *"que no es"* porque no permanece aunque me agobie con sus turbulencias y dificultades, sino *"el que es"* y permanece para siempre. Busco saber aquello que *"es"*-genuino, que *"es"*-verdadero, que *"es"*-auténtico, que *"es"* porque está en la Jerusalén celestial, esposa ataviada de mi Señor, donde *"ya no habrá muerte, ni habrá más llanto, ni clamor, ni dolor"* (Apocalipsis 21:4); donde no habrá día ni noche (Apocalipsis 22:5) porque el hoy no será precedido por el ayer ni empujará al mañana; donde no existe el tiempo que pasa sino solo el que permanece, *"el que es"*. Este número de mis días te pido, Señor, me des a conocer (…) Pues comparar aquello *"que es"* con lo que ahora tengo me hará más humilde; pues al ver lo poco que tengo y lo mucho que me falta, sentiré menos orgullo de aquello que tengo: que es nada, y mayor anhelo por lo mucho que me falta: que es todo. Pues aquellos que creen que lo tienen todo mientras viven en este mundo, se quedan finalmente sin nada».

tales tempestades sin resquebrajarse. La actitud de David no se registra en la Escritura para que la imitemos, sino para que aprendamos de ella.

C. H. SPURGEON

Hazme saber, Jehová, mi fin, y cuál es la medida de mis días. ¿Acaso David no sabía esto? Sí, lo sabía y, sin embargo, deseaba saberlo de nuevo. Es muy conveniente que le pidamos a Dios que nos dé a conocer lo que ya sabemos; quiero decir, que las cosas que conocemos someramente y desde una perspectiva humana, podamos conocerlas desde la perspectiva espiritual de manera fructífera y plena; y que esta modalidad de conocimiento vaya en aumento (…) Sabemos que debemos morir, y que el transcurso hasta el final de nuestra vida no va a ser largo; sin embargo, nuestros corazones son poco conscientes de ello.

ROBERT LEIGHTON [1611-1684]
"Expository Lectures on Psalm xxxix", 1825

Hazme saber, Jehová, mi fin, y cuál es la medida de mis días. Lo que deseamos saber sobre nuestro fin, que es algo seguro, no es su fecha, lugar, o circunstancias, sino:

1. Su naturaleza. ¿Será el fin de santo o pecador?
2. Su certeza.
3. Su proximidad.
4. Sus dificultades.
5. Sus requerimientos. En forma de requisitos, preparación, pasaporte.

¿Por qué pedirle a Dios que nos lo haga saber? Porque el conocimiento es importante, difícil de adquirir, y solo puede ser impartido por el Señor.

WILLIAM JACKSON

Hazme saber, Jehová, mi fin, y cuál es la medida de mis días; sepa yo cuán frágil soy. David ora para que se le conceda:

1. Tener presente de continuo el fin de su vida: todas las cosas deben ser juzgadas por su fin: *"entonces comprendí el fin de ellos"*.[58] La vida aquí puede ser honorable, alegre, virtuosa; pero, ¿cuál será su fin?

2. Ser diligente en el cumplimiento de todos los deberes de esta vida. Se da cuenta de que la medida de sus días es corta. ¡Hay tanto por hacer, y tan poco tiempo para hacerlo!

3. Pueda aprender de las aflicciones, experiencias, y así sacar provecho de las debilidades de la vida: *"sepa yo cuán frágil soy"*. Mis debilidades pueden hacerme más humilde, más diligente, más servicial; más dependiente de la fuerza divina, más paciente y sumiso a la voluntad de Dios, y más apto para el cielo.

GEORGE ROGERS [1798-1891]
Tutor del *"Metropolitan Tabernacle College"*

Hazme saber, Jehová, mi fin, y cuál es la medida de mis días. Lo que David quería conocer, no era tanto su muerte como *"su fin"*. O saberlo, no de presuposiciones humanas, o de ciencia vana, sino en el interior de su corazón, experimentar la recompensa a su paciencia. Nuestro fin es Cristo,

[58] Salmo 73:17.

Señor de la vida; y ello implica la perfección de todos nuestros deseos.[59] Por tanto, aunque nuestro castigo sea duro, será breve, y dulce en él. ¿Cuál será nuestro fin? *"Yacer tranquilos, dormir y tener descanso"*;[60] pues allí: *"los impíos cesan de airarse, y allí reposan los cansados. Juntos reposan los prisioneros; no oyen la voz del capataz. Allí están los pequeños y los grandes, y el esclavo es libre de*

---

[59] Esta interpretación surge ya entre los Padres de la Iglesia y continúa en los comentaristas modernos:

– AMBROSIO DE MILÁN [340-397]: «Al decir *"fin"* el salmista no pregunta sobre su propia muerte –pues la muerte no es el fin de quienes han de levantarse de nuevo en la resurrección– sino sobre el fin del que nos habla el apóstol cuando exclama: *"entonces vendrá el fin, cuando Él entregue el reino al Dios y Padre, después que haya abolido todo dominio y toda autoridad y poder"* (1 Corintios 15:24 LBLA). Cuando el mal quede reducido a la nada, y la bondad eterna ocupe su lugar; no el fin de una persona en particular sino el auténtico fin de todo. ¿Por qué dice entonces *"mi fin"*? Porque asume aquí la representación de la raza humana en su conjunto, bien sea como alguien que comparte su misma naturaleza y sustancia; o bien como tipo del hombre perfecto que habría de venir y modelo del futuro hombre redimido que habría de alcanzar la consumación de los siglos».

– AGUSTÍN DE HIPONA [354-430], pupilo de Ambrosio, aunque en la misma línea toma un enfoque distinto: «¿De qué *"fin"* habla? Del "fin" del cual nos habla también el apóstol Pablo cuando contemplándolo con anhelo, pero admitiendo su imperfección e incapacidad para alcanzarlo, exclama: *"No que lo haya alcanzado ya, ni que ya haya conseguido la perfección total; sino que prosigo, por ver si logro darle alcance, puesto que yo también fui alcanzado por Cristo Jesús"*. ¡No que lo haya alcanzado ya! Y si el apóstol reconoce no haberlo alcanzado ¿podemos pretender alcanzarlo nosotros? Si el apóstol admite no haber conseguido aún la perfección ¿la alcanzaré yo? ¡Apóstol! ¿Qué hago? ¿Qué me propones? Su respuesta es: *"Yo una cosa hago: olvidando lo que queda atrás, y extendiéndome a lo que está delante, prosigo hacia la meta, para conseguir el premio del supremo llamamiento de Dios en Cristo Jesús"* ¡Prosigo hacia la meta en la esperanza de alcanzar el fin, de conseguir el premio! Y nos amonesta a no detenernos satisfechos con lo que hemos conseguido, y menos aún retroceder, antes bien a seguir siempre hacia adelante, a seguir corriendo cada vez con mayor ahínco, a ir quemando etapas hasta superarlas todas, y refrescados por las gotas divinas caídas de la nube de las Escrituras llegar cual ciervo jadeante (Salmo 42:1) al manantial de la vida y contemplar en él la luz verdadera (Salmo 36:9); a escondernos en la presencia divina de las conspiraciones humanas (Salmo 31:20), puesta nuestra mirada en el fin, *"el supremo llamamiento de Dios en Cristo Jesús"*, que es nuestro fin verdadero; como lo expresa en otro salmo: *"Una sola cosa he pedido al Señor, y esta buscaré; que esté yo en la casa del Señor"*, y ¿para qué? *"para contemplar la hermosura del Señor"* (Salmo 27:4). ¡Ese es el *"fin"*, el único y verdadero fin! Así pues, siempre que decaiga nuestro ánimo, pidamos al Señor que reavive en nosotros el llamamiento, exclamando con el salmista: *"Hazme saber, Señor, mi fin"*».

– FRANCISCO LACUEVA [1911-2005] en su versión española del "Comentario de Matthew Henry", aun cuando admite también que el *"fin"* no es la muerte, toma otro camino: «No pide a Dios que le haga saber cuándo va a morir, sino que le haga percatarse de la fragilidad y brevedad de la vida, como se ve por el contexto. Este pensamiento es siempre útil. Para el impío, el fin de la vida es el fin de todos su placeres; para el piadoso, es el fin de todos su dolores. Cuando consideramos la muerte como algo muy distante, estamos tentados a prorrogar la necesaria preparación para este último momento en este mundo; pero, si consideramos cuán corta es la vida terrenal, nos veremos espoleados a obrar el bien, no solo con todas nuestras fuerzas, sino también con toda premura posible».

[60] Job 3:13 LBLA.

su señor".[61] Por pocos y malos que sean nuestros días en este mundo, si los tomamos con paciencia y asidos a la mano de Dios, se convertirán en largos y suficientemente buenos.

Edmund Layfielde
en un sermón titulado *"The Mappe of Man's Mortality and Vanity",*
predicado en el funeral de Abraham Iacob Esquire
en la iglesia de St. Leonards-Bromley en Stratford-Bow, el 8 de mayo de 1629

Hazme saber, Jehová, mi fin, y cuál es la medida de mis días. Viendo que tanto el dolor como la alegría pueden matarte, y que tu vida cuelga en un hilo tan delgado que basta un mosquito para asfixiarte, como asfixió a un Papa;[62] que un simple pelo en tu leche puede ahogarte, como lo hizo con un Pretor de Roma;[63] o que una semilla de uva puede quitarte el aliento, como le sucedió a Anacreonte:[64] no supongas los días malos en horizonte lejano, siendo que la providencia divina los ha dispuesto tan cercanos: *"Acuérdate de tu Creador en los días de tu juventud, antes que vengan los días malos; y lleguen los años de los cuales digas: No tengo en ellos contentamiento".*[65] No andes siempre de cara al Este, mira a veces hacia el Oeste, donde el sol se pone por el horizonte; no te sientes siempre en la proa de la nave, hazlo también en la popa; *"permanece vigilante en tu puesto de guardia"*[66] y espera paciente, junto con las demás criaturas, la hora de tu liberación.[67] Abasteced vuestros ejércitos antes de que el terrible guerrero venga contra vosotros con fuerzas superiores;[68] poned en orden vuestras casas antes de morir,[69] esto es, predisponed vuestros cuerpos y almas, y todo lo relacionado con ambos. Cuando la muerte asoma su guadaña tras la puerta de vuestras casas, no vayan vuestros ojos tras el placer, ni vuestros oídos se dejen arrastrar por los rumores, ni vuestros espíritus deambulen por los campos. Tu cuerpo no es de bronce, ni tu fortaleza de piedra; tu vida no te pertenece, y tu aliento no es más que un vapor, que reside temporalmente dentro de tus puertas cual extranjero, pero lo exhalas como humo por la chimenea de tu nariz, para no regresar ya más hasta el día de la redención final.

John King [1559-1621]
"Lectures upon Jonah", 1594

Sepa yo cuán frágil soy. Vale la pena leer este versículo a la luz del pasaje en el que Samuel unge a Saúl como rey elegido por el pueblo: *"Hoy, después que te hayas apartado de mí, hallarás dos hombres junto al sepulcro de Raquel, en el territorio de Benjamín, en Selsá, los cuales te dirán: Las asnas que habías ido a buscar se han hallado; tu padre ha dejado ya de inquietarse por las asnas, y*

[61] Job 3:17-19.

[62] Se refiere a Adriano iv [1100-1159], Nicholas Breakspear, el único papa de origen inglés, que según cuentan algunos historiadores murió asfixiado el 1 de septiembre de 1159 al tragarse un mosquito que había caído en su copa de vino, aunque otros historiadores creen que fue por una inflamación de las amígdalas.

[63] Se refiere a la muerte de Fabius Senator, Pretor de Roma, que murió ahogado por un pelo de cabra que había en la leche que estaba bebiendo, según cuenta Plinio el Viejo [23-79], en su *Naturalis Historiae,* VII, 7.

[64] Se refiere al poeta lírico griego Anacreonte [¿?-485 a.C.], el cual también según Plinio el Viejo [23-79], murió atragantado con una semilla de uva, aunque muchos historiadores modernos consideran esta muerte como apócrifa.

[65] Eclesiastés 12:1.

[66] Isaías 21:8; Habacuc 2:1.

[67] Romanos 8:19.

[68] Joel 2:11.

[69] Isaías 38:1.

está afligido por vosotros, diciendo: ¿Qué debo hacer por mi hijo?[70] ¿Qué manda Samuel a Saúl para confirmarle como ungido? Ir al sepulcro de Raquel. ¿Por qué? Para enfrentarlo con la muerte; para que tomara conciencia de la brevedad de la vida y no llegara a engreírse de los privilegios y honores que a partir de ahora le corresponderían. Cuando los emperadores de Constantinopla eran instaurados, en el día de su coronación, hacían venir a un escultor que les mostrara varias piezas de mármol, y elegían cuál de ellas debía comenzar a preparar como lápida para su sepulcro. Y así leemos también de José de Arimatea, que tenía su tumba preparada, nueva, en su huerto o jardín,[71] para confrontar perenemente sus deleites, con la realidad de la muerte.

CHRISTOPHER LOVE [1618-1651]
"A Funeral Sermon", 1651

Sepa yo cuán frágil soy. Entre Walsall e Iretsy, en Cheshire, hay una taberna edificada el año 1636, con el armazón de roble, rellenado con ladrillo. Sobre el dintel de una de las ventanas se puede leer, grabada en el roble, una inscripción en latín que dice: *"Fleres si scires unum tua tempora mensem; rides cum non scis si sit forsitan una dies"*, "Llorarías si supieras que solo te queda un mes de vida; y sin embargo ríes, sin saber qué quizá solo te queda un día". Qué triste pensar que aún con este mentor silencioso en la ventana, a pesar de este sermón veraz ante sus ojos, miles han entrado en la taberna, y se han emborrachado para destrucción de su alma. Y, con todo, esto no es más que un ejemplo de lo que vemos constantemente a nuestro alrededor.

C. H. SPURGEON[72]

Vers. 5. *He aquí, diste a mis días término corto, y mi edad es como nada delante de ti; ciertamente es completa vanidad todo hombre que vive. Selah.* *[He aquí, diste a mis días la largura de un palmo, y el tiempo de mi vida es como nada delante de ti; ciertamente es como un soplo todo hombre que vive. Selah.* RVR*] [He aquí, tú has hecho mis días muy breves, y mi existencia es como nada delante de ti; ciertamente todo hombre, aun en la plenitud de su vigor, es solo un soplo. (Selah)* LBLA*] [He aquí, como a palmos me has dado mis días, y mi edad es como nada ante Ti. Ciertamente es completa vanidad todo hombre que está en pie. Selah.* BTX*] [Muy breve es la vida que me has dado; ante ti, mis años no son nada. Un soplo nada más es el mortal.* NVI*] [Concedes a mi vida unos instantes, mi existencia no es nada para ti. Solo es vanidad el ser humano. [Pausa]* BLP*] [La vida que me has dado no es más larga que el ancho de mi mano. Toda mi vida es apenas un instante para ti; cuando mucho, cada uno de nosotros es apenas un suspiro. Interludio.* NTV*]*[73]

---

[70] 1 Samuel 10:2.

[71] Lucas 23:50-56; Juan 19:41; 20:15.

[72] En el original Spurgeon cita esta inscripción latina como leída en un periódico local: *"Quoted in a Monthly Periodical"*, pero originalmente procede probablemente de la obra del historiador estadounidense William Goodman, *"The Social History of Great Britain During the Reigns of the Stuarts"*, Vol I, *"Home Traveling"*, pag. 94., 1843.

[73] En el texto hebreo masorético: הִנֵּה טְפָחוֹת נָתַתָּה יָמַי וְחֶלְדִּי כְאַיִן נֶגְדֶּךָ אַךְ כָּל־הֶבֶל כָּל־אָדָם נִצָּב סֶלָה *hinnêh ṭəpāḥōwṯ nāṯattāh yāmay wəḥeldî ḵə'ayin aḵ kāl-heḇel kāl-'āḏām niṣṣāḇ selāh.* SCHÖKEL traduce: *"Me concediste unos palmos de vida, mis días son como nada ante ti: El hombre no dura más que un soplo"* Y KRAUS: *"He aquí, tú has fijado en unos palmos mis días, mi vida es como nada delante de ti. Tan solo como un soplo se mantiene en pie toda persona"*. La versión griega de los LXX o Septuaginta lee: ἰδοὺ παλαιστὰς ἔθου τὰς ἡμέρας μου, καὶ ἡ ὑπόστασίς μου ὡσεὶ οὐθὲν ἐνώπιόν σου· πλὴν τὰ σύμπαντα ματαιότης, πᾶς ἄνθρωπος ζῶν. Διάψαλμα que la Vulgata traduce al latín como: *"Ecce mensurabiles posuisti dies meos, et substantia mea tamquam nihilum ante te. Verumtamen universa vanitas, omnis homo vivens"*, "He aquí que has

He aquí, diste a mis días la largura de un palmo.[74] Meditándolo bien, el salmista encuentra pocas razones para lamentar la duración de la vida, más bien para lamentar su brevedad. ¡Qué criaturas tan cambiantes somos! ¡Un instante clamamos para que Dios libere la carga de nuestra existencia, y al siguiente pedimos que nos la prolongue! El palmo de la mano es una de las medidas naturales más cortas, la anchura de cuatro dedos. Tal es la brevedad de la vida humana por asignación divina; Dios lo hizo así, fijando el período en su sabiduría.[75] El *"he aquí"*[76] es una llamada de atención a todos: a unos, los pensamientos sobre la brevedad de la vida les conducirán al dolor más intenso, otros a la reflexión más solemne. ¡Cuán cuidadosamente deberíamos vivir sabiendo que es posible que vivamos poco! ¿Va a ser corta mi peregrinación terrenal? Entonces vigilemos bien cada paso, para que el poco tiempo que pasemos aquí sobreabunde en gracia.[77]

Y el tiempo de mi vida es como nada delante de ti. Tan corto que no tiene entidad, es como nada.[78] Piensa en la eternidad, donde un ángel es como un bebé recién nacido, el mundo como una pompa de

---

puesto medida a mis días, y mi substancia es como nada delante de ti. En verdad es universal vanidad todo hombre viviente".

[74] En hebreo טְפָחוֹת *ṭəpāḥōwṯ* de טֹ֫פַח *tephach,* literalmente "un palmo". Ver 1 Reyes 7:26; 2 Crónicas 4:5. Francisco Lacueva [1911-2005] en su versión española del "Comentario de Matthew Henry" dice al respecto: «Según Ricardo Arconada: 'El palmo hebreo no era como el nuestro (distancia que va entre meñique y pulgar de la mano extendida, unos veinte centímetros), sino la distancia entre los cuatro dedos (excluido el pulgar) de la mano cerrada y plana (unos siete centímetros); por lo tanto, la imagen significa un tiempo mucho más corto de lo que podríamos imaginar'. No necesitamos, pues, grandes conocimientos de matemáticas para medir nuestra vida, ya que su fin está en la punta de cuatro dedos de la mano. Nuestro tiempo es corto; así lo ha hecho Dios y así lo sabe él: *"El tiempo de mi vida es como nada delante de ti"* (39:5b). No es extraño que este versículo finalice con una pausa (hebreo: סֶלָה *selāh*), pues bien merece la pena pararse a reflexionar sobre una verdad tan tremenda».

[75] Dice Ambrosio de Milán [340-397]: «Dios, que conoce con exactitud los días de cada uno de nosotros, lo tiene todo medido; pues nada hay tan inconmensurable que no pueda abarcar. Su conocimiento incluye la medida de todas las cosas y nada queda fuera de su comprensión; nada existe que no pueda medir, pesar o enumerar, en tanto que exclama: *"aun los cabellos de vuestra cabeza están todos contados"* (Lucas 12:7). Hay quienes haciendo del término *"palmo"* una interpretación literal como la distancia que con la mano del hombre extendida va de la punta del dedo pulgar a la del meñique, entienden que el salmista está afirmando que los días de la vida del hombre son muy cortos. Pero otros, partiendo de que las Escrituras afirman que Dios *"midió las aguas con el hueco de su mano y abarcó los cielos con su palmo"* (Isaías 40:12), cuestionan que del vocablo *"palmo"* sea aplicable a una cosa tan breve y efímera como son los días del hombre y entienden que es preciso hacer otra lectura. Ambos tienen razón, tan solo que hace falta mirar aquí el vocablo *"palmo"* desde dos vertientes distintas: desde la perspectiva humana, puramente material, señala adecuadamente que los días del hombre son muy breves; pero desde la perspectiva de Dios, que abarca lo espiritual, indica que son largos, puesto que los ha medido con el mismo palmo con que ha medido los cielos».

[76] En hebreo הִנֵּה *hinnêh,* "¡Mira!, ¡Contempla! ¡Presta atención! ¡He aquí!", expresión que el salmista utilizaba cuando quería recabar la atención de los oyentes sobre algún hecho extraordinario, utilizada con mucha frecuencia en los Salmos y de manera especial en los Cánticos Graduales: Salmo 121:4; 123:2; 127:3; 128:4; 132:6; 133:1; 134:1. Ver al respecto el comentario de Spurgeon al Salmo 127:3 y al Salmo 133:1 con sus respectivas notas.

[77] Así fue en el caso del propio Spurgeon, que murió joven, a los 58 años. Pero no hay la menor duda que su vida sobreabundó en gracia.

[78] Dice en este aspecto Gregorio de Nisa [330-394]: «Tal es, hermanos, nuestra existencia efímera y transitoria en la tierra; tal es el rol que nos corresponde asumir: nacemos procedentes de la no inexistencia y tan pronto nacemos comenzamos a dejar de existir. Somos un sueño volátil; una aparición insustancial; el

jabón acabada de soplar, el sol como una chispa saltada del fuego, y el hombre una nulidad. Ante el Eterno, la edad del hombre es más efímera que el tic-tac de un reloj.

Ciertamente todo hombre, aun en la plenitud de su vigor,[79] *es solo un soplo.*[80] Esta es la verdad más segura: que nada con respecto al hombre es seguro o verdadero. Consideremos al hombre en su mejor momento, no es más que un hombre; y un hombre es como un soplo, algo tan insustancial como el viento. El hombre se establece en la tierra, cuando está establecido por decreto divino que no le es dado establecerse; es constante en su inconstancia, consistente en su inconsistencia, firme en su fragilidad, y la única verdad con que cuenta es su propia vanidad; de lo que más se envanece es de ser vano. Lo único absolutamente cierto de todos los seres humanos es que, en ellos, todo es fugaz.[81] Y eso son malas noticias para todos aquellos cuyo tesoro se alumbra bajo la luz de la luna;[82] a aquellos cuya única gloria está en sí mismos más les vale arriar la bandera a media asta. Pero aquellos cuya entidad y futuro ha sido firmemente establecida en Cristo Jesús, en aquella tierra donde las flores no se marchitan,[83] pueden regocijarse de que no es cosa vana aquella en la cual confían.

C. H. SPURGEON

Mis días. El salmista mide la vida del hombre en días, porque la vida no se nos confiere al por mayor: por meses y años; sino al por menor: en días, horas, minutos, segundos, y momentos vividos. De este modo, cuando se nos aguza la curiosidad, como le sucedió al salmista, (39:4), sobre cuánto tiempo vamos a vivir, nos damos de bruces con su brevedad. Y esta brevedad es buena, porque de ella aprendemos a depender más de la generosidad de Dios por ese "préstamo", que es nuestra vida; a emplearla mejor para su honra gloria; y prepararnos día tras día para la venida del el Esposo: Cristo.[84]

EDMUND LAYFIELDE
sermón titulado *"The Mappe of Man's Mortality and Vanity"*,
predicado en el funeral de Abraham Iacob Esquire
en la iglesia de St. Leonards-Bromley en Stratford-Bow, el 8 de mayo de 1629

vuelo de un pájaro que pasa; un navío que surca el mar sin dejar rastro. Somos polvo, vapor que se desvanece, rocío de la mañana, flor que crece en un instante y se marchita el siguiente: *"El hombre, como la hierba son sus días; florece como la flor del campo, que pasó el viento por ella, y pereció, y su lugar no la conocerá más"* (Salmo 103:15-16). ¡Cuán profunda y hermosa es la meditación del santo David sobre la brevedad de la vida! ¡Y de qué forma tan magistral define los días del hombre con la medida de un palmo!»

[79] En hebreo כָּל־אָדָם נִצָּב *kāl-'āḏām niṣṣāḇ* de נָצַב *natsab*: *"todo hombre que está en pie"*.

[80] SCHÖKEL observa que la frase אַךְ הֶבֶל כָּל־אָדָם *aḵ heḇel kāl-'āḏām,* que se repite dos veces en el salmo (39:5, 11), y que él traduce como *"todo hombre es un soplo"* podía sonar a oídos israelitas con esta valencia: אַךְ הָבֶל כָּל־אָדָם *aḵ hāḇel kāl-'āḏām, "todo Adán es Abel"* teniendo en cuenta que el término hebreo que leemos en Génesis 4:2 es הָבֶל *hāḇel.* Dice: «Aunque uno no muera joven, ni a manos de la violencia fratricida, su destino es el de Abel. Porque para un ser dotado de conciencia la muerte es una violencia. El Sal 90 dice que contar los años es fuente de cordura o sensatez; en el Sal 39 contar los años, aun instruido por Dios, es privilegio funesto del hombre. Como comenta amargamente Eclesiastés 9:5: *"los que viven saben que han de morir"*. Podrá un hombre no ser víctima inocente del odio, pero siempre será víctima de su condición. Abel = *soplo* ejemplifica la condición de Adán = *hombre*». [*Salmos, Tomo I, 1-72,* Editorial Verbo Divino, Estella, Navarra, 1992].

[81] Los versículos del cinco al once (39:5-11) guardan un paralelismo evidente con Eclesiástico 41:10-15: *"El hombre es solo un soplo en un cuerpo* (...) *ten cuidado de tu nombre, pues él te sobrevivirá más que mil tesoros preciosos* (...) *la dicha dura pocos días"*.

[82] Mateo 6:19-21.

[83] 1 Pedro 1:17-25.

[84] Mateo 25:6.

La largura de un palmo. Una de las medidas más cortas. No necesitamos metros para medir nuestra vida, cada uno lleva consigo una medida en su propia mano; y esa es la medida más larga y completa de vida que pueda alcanzar. El salmista no la define como "un período", como podría haberse definido la vida de los patriarcas en los comienzos de la historia,[85] que vivían cientos de años, sino que la contrae ahora a la medida justa de una mano: un palmo. ¡Y cuántos no llegan siquiera a eso! De ese "palmo" muchos no alcanzan a vivir la anchura de un dedo: miles pasan directamente del vientre a la tumba; y buena parte de los que sobreviven, terminan su existencia dentro del curso de la infancia.[86]

Robert Leighton [1611-1684]
"Expository Lectures on Psalm xxxix", 1825

He aquí, diste a mis días la largura de un palmo, y el tiempo de mi vida es como nada delante de ti; ciertamente es como un soplo todo hombre que vive. La línea con la cual se miden nuestras vidas, es un hilo áspero y delgado:

1. Si la medimos en base a sí misma, y a su propia fragilidad; entonces el hilo es áspero, y su medida es de un palmo.
2. Si la medimos comparada con la eternidad, el hilo es tan delgado que ni se ve, es nada: *"el tiempo de mi vida es como nada delante de ti"*. (…) Un palmo de la mano, ¿y eso es todo? Eso es lo que dice, que un palmo nos mide exactamente a todos, y a todo lo demás que fue creado por su mano. El palmo es una de las medidas más cortas utilizadas para medir. Tenemos la yarda, el codo, y el palmo, del cual hay dos tipos, el mayor y el menor. El palmo mayor es el espacio comprendido con la mano extendida entre la punta del dedo pulgar y la del meñique, y suele tener cerca de unas doce pulgadas.[87] El palmo menor, que en este caso es una significación más apropiada y estricta, es la anchura justa de los cuatro dedos de la mano cerrados juntos. Y esta es la interpretación que mejor se ajusta al sentido del original, y con la mente del profeta, según el consenso casi unánime de los mejores eruditos.

Edmund Layfielde
sermón titulado *"The Mappe of Man's Mortality and Vanity"*,
predicado en el funeral de Abraham Iacob Esquire
en la iglesia de St. Leonards-Bromley en Stratford-Bow, el 8 de Mayo de 1629

El tiempo de mi vida es como nada delante de ti; ciertamente es como un soplo todo hombre que vive.

1. David podría haber dicho: «El tiempo de mi vida es muy corto en comparación a la de Matusalén»; pues se dice que Matusalén vivió novecientos sesenta y nueve años.[88] Los días de David, computando el tiempo en que comenzó y el tiempo que reinó, no fueron mucho más de setenta años,[89] por lo que vivió menos decenas que las centenas de Matusalén.

[85] Génesis 5:1-32.

[86] El lector debe tomar en consideración que esto fue escrito en el siglo xvii, cuando la mortalidad infantil era abrumadora.

[87] Lo que el autor llama "palmo menor" en España se llamaba *coto* y tenía 10,4 centímetros. El "palmo mayor" (entre el extremo del dedo pulgar y el extremo del meñique con la mano extendida) en España se estandarizó en 20,87 centímetros.

[88] Génesis 5:27.

[89] En el original inglés *"three score and ten"*, siguiendo la KJV en su traducción del Salmo 90:10: *"The days of our years are threescore years and ten"*.

2. David podría haber dicho: «El tiempo de mi vida es muy corto en comparación a la edad del mundo». San Pablo nos dice que la edad de este macrocosmos en el que vivimos, que es el mundo, es corta: *"porque la apariencia de este mundo es pasajera"*[90]. Pero la edad del microcosmos que es el hombre, es mucho más pasajera aún.

3. David podría haber dicho: «El tiempo de mi vida es muy corto en comparación a la edad del mundo venidero».

4. Por último, David podría haber dicho: «El tiempo de mi vida es muy corto en comparación al de los ángeles, que comenzó con la creación de este mundo y seguirá en el mundo venidero, por lo que son coetáneos a ambos mundos».

Pero todas estas comparaciones, quedan muy lejos de la edad Dios, que es permanente y eterna, tanto *a parte ante*, como *a parte post,*[91] de eternidad a eternidad.[92]

NATHANAEL HARDY [1618-1670]
sermón predicado en un funeral, 1649

El tiempo de mi vida es como nada delante de ti. Siendo el hombre tan insignificante, comparado con el mundo; y el mundo algo tan minúsculo que no puede contener al Señor, tan ligero que el Altísimo no siente su peso sobre la punta de su dedo; bien se puede afirmar del hombre que es "nada" ante el Señor. La quilla[93] de ese navío a la deriva, que es la vida del hombre, va sobrecargada con mucha más vanidad, que no realidad y sustancia, y el escudriñador de corazones[94] le retirará su certificación[95] tan pronto suba a bordo para examinarla. Diez mil de nuestros días no hacen un año de Dios, y mil de nuestros años, son ante su mirada: *"como el día de ayer, que pasó, y como una de las vigilias de la noche"*.[96] Como una gota de lluvia en el océano, o un grano de arena en una playa, así son mil años nuestros para los días eternos.

EDMUND LAYFIELDE
sermón titulado *"The Mappe of Man's Mortality and Vanity"*,
predicado en el funeral de Abraham Iacob Esquire
en la iglesia de St. Leonards-Bromley en Stratford-Bow, el 8 de mayo de 1629

Ciertamente todo hombre, aun en la plenitud de su vigor, es solo completa vanidad.[97] El Espíritu Santo se complace, en otras partes de la Escritura, a hablar del hombre, por así decirlo, con mayor moderación: muestra su desnudez, no obstante, recula para cubrirlo con un manto de indulgencia, que

[90] 1 Corintios 7:31; 1 Juan 2:17, LBLA.

[91] *"A parte ante"*, y *"a parte post"* son expresiones latinas que en lenguaje filosófico se utilizan para referirse respectivamente las dos nociones de eternidad: la eternidad en el pasado y la eternidad en el futuro.

[92] Isaías 43:13.

[93] En lenguaje náutico la "quilla" es la pieza de madera o hierro, que va de popa a proa por la parte inferior del barco y en que se asienta todo su armazón.

[94] En el original *"the searcher of the reins and heart"*. Salmo 26:2; Apocalipsis 2:23.

[95] Siguiendo la figura del barco, se refiere a la certificación marítima de navegabilidad, un documento expedido por la Administración Marítima, en el cual se consignan las inspecciones técnicas sucesivas de la embarcación por parte de un ingeniero naval del Estado que acredita que todo está en orden conforme a las leyes vigentes y por tanto la embarcación es apta para navegar.

[96] Salmo 90:4 LBLA.

[97] Utilizamos una traducción literal de la versión inglesa KJV para que encaje con el comentario: *"verily every man at his best state is altogether vanity"*. El término hebreo que la KJV traduce por *"vanity"* es הֶבֶל *hebel,* "soplo", y lo encontramos en Job 7:16; 9:29; 27:12; 35:16; Salmo 39:5; 39:11; 62:9; Proverbios

cubre un tanto sus vergüenzas: *"El hombre es semejante a un soplo, sus días son como la sombra que pasa"*;[98] *"hizo terminar sus días en un soplo"*;[99] *"todo hombre es solo un soplo"*.[100] Pero aquí utiliza un tono enfático para proclamar que cada hombre es vanidad, una vanidad insustancial y abstracta: *"completa vanidad"*, *"todo él es vanidad"*: mera vanidad; cualquier vanidad; toda vanidad; absoluta vanidad. Sí, el hombre es menos que un soplo: *"Los hombres de baja condición solo son vanidad, y los de alto rango son mentira; en la balanza suben, todos juntos pesan menos que un soplo"*.[101] *"Vanidad de vanidades"* como leemos en Eclesiastés.[102] Y para que no quede la menor duda, impregna esta doctrina en nuestros corazones abriendo el versículo con una aseveración contundente: *"Ciertamente"*. Es decir, en verdad, sin lugar a dudas, el hombre es todo él vanidad y nada más que vanidad.

EDMUND LAYFIELDE
sermón titulado *"The Mappe of Man's Mortality and Vanity"*,
predicado en el funeral de Abraham Iacob Esquire
en la iglesia de St. Leonards-Bromley en Stratford-Bow, el 8 de mayo de 1629

Ciertamente todo hombre, aun en la plenitud de su vigor, es solo completa vanidad. Bythner[103] lo explica así: «Es vanidad en todos los aspectos, cual si la vanidad y la miseria dispersa entre todas las demás criaturas se concentrara en el hombre, convirtiéndole de ese modo en un compendio de todas las vanidades que existen entre las cosas creadas. Cual los objetos inanimados, sujeto a cambios y alteraciones; cual los animados, a muerte y corrupción; con los perceptivos, a la alegría y la tristeza; y con los ángeles *"que no guardaron su dignidad, sino que abandonaron su propia morada"*,[104] a la inconsistencia, que le lleva a precipitarse cada vez más en el abismo de los pecadores».[105] es decir, es el eje central y núcleo de todas las vanidades del mundo; todo un universo de vanidad.[106]

WILLIAM REYNOLD [1625-1698]
"The vanitie of man, in his best estate"
sermón predicado en el funeral de FRANCIS PIERREPONT
en St. Maries de Nottingham, el 18 de marzo de 1657

21:6; Eclesiastés 1:14; 2:11, 17, 21, 23, 26; 4:4, 7-8, 16; 6:8; 8:14; Isaías 30:7; Jeremías 10:3, 15; 16:19; 51:18 Zacarías 10:2.

[98] Salmo 144:4 LBLA.

[99] Salmo 78:33 LBLA.

[100] Salmo 39:11 LBLA.

[101] Salmo 62:9 LBLA.

[102] Eclesiastés 1:2.

[103] Se refiere a VICTORINUS BYTHNER [1605-1670], erudito gramático y profesor de las lenguas bíblicas, autor de numerosas obras entre ellas (y una de las más importantes) *"Lyra prophetica Davidis Regis sive Analysis critico-practica Psalmorum"*, además de otros comentarios gramaticales al texto bíblico. Spurgeon utilizaba y citaba habitualmente la traducción al inglés de la obra [Bythner, Victorinus. Lyre of David. New edition. N. L. Benmohel. Londres, 1847].

[104] Judas 6.

[105] En el original inglés, Spurgeon transcribió aquí unas frases de Bythner en latín directamente: *«hoc est omni ex parte, ita ut vanitas et miseriea quae per alias creaturas frustratim spargitur in uno homine aggregata videatur; sic homo evadit compendium omnium vanitatum quae in creaturis extant»*. Hemos traducido el párrafo de Bythner completo.

[106] FRANCISCO LACUEVA [1911-2005] en su versión española del "Comentario de Matthew Henry" desglosa esta vanidad en dos aspectos: «La vanidad de nuestros goces y de nuestros honores, pues incluso cuando más majestuoso pueda aparecer a la vista de los hombres, no es más que como una sombra que pasa, un vano alarde. Y la vanidad de nuestras penas y de nuestros temores, pues *"en vano se afana"* (heb: יֶהֱמָיוּן *yehĕmāyūn* de הָמָה *hamah,* literal: en vano ruge u obra tumultuosamente), es decir, actúa apresurada y

Ciertamente todo hombre, aun en la plenitud de su vigor, es solo completa vanidad. El hombre es vanidad, es decir, es mortal, es mutable. Obsérvese de qué manera tan enfática se expresa aquí esta verdad:

1. *Todo hombre es vanidad.* Sin excepción: alto o bajo, rico o pobre.
2. *Aun en la plenitud de su vigor.* No importa que sea joven, fuerte y saludable; o que sea poderoso y encumbrado.
3. *Es solo completa vanidad.* Tan vano como se pueda llegar a imaginar.
4. *Verdaderamente* solo vanidad.
5. *Selah.* Y su vanidad queda reforzada con un término que demanda especial atención y meditación.

MATTHEW HENRY [1662-1714]
"Commentary on the Whole Bible", 1811

Selah. Una palabra corta, pero difícil de explicar. La mayoría de versiones de la Biblia se han limitado a transliterarla, como si fuera una palabra inútil que no conviene traducir. Otras la eliminan, arriesgándose a la amenaza de Apocalipsis: *"si alguno quita de las palabras del libro de esta profecía, Dios quitará su parte del libro de la vida, y de la santa ciudad y de las cosas que están escritas en este libro"*.[107] Los intérpretes de la antigüedad no entraron en ese debate, y la mayoría de nuestras versiones la dejan sin interpretación. Pero sabiendo que: *"las cosas que se escribieron en el pasado, para nuestra enseñanza se escribieron, a fin de que por medio de la paciencia y de la consolación de las Escrituras, tengamos esperanza"*;[108] y que *"hasta que pasen el cielo y la tierra, ni una jota ni una tilde pasarán de ningún modo de la ley, hasta que todo se haya realizado"*;[109] contamos con suficiente garantía, según el ejemplo de los grandes comentaristas de la antigüedad, para adentrarnos guiados por el Espíritu Santo en el estudio de aquello que él mismo ordenó escribir, y que nos ha encomendado. Por tanto, mostraré el espejo de lo que se dijo sobre esta palabra en la antigüedad, en lugar de pintar yo un nuevo cuadro.

La expresión סֶלָה *selāh,* aparece setenta y cuatro veces en la Escritura: setenta y una en el libro de los Salmos y tres en el libro del profeta Habacuc, que fue escrito en forma de Salmo. Va siempre colocada al final de un salmo o un versículo, excepto en cuatro lugares, donde une unas palabras con las que les siguen, y como el sol en medio de los planetas realza el esplendor de ambas. Al parecer tenía un uso triple: el primero en relación a la *música*; el segundo al *tema* que se estaba tratando; y el tercero, a los *oyentes* o congregación reunida en el templo del Señor. De ellos, los dos últimos siguen usándose entre los cristianos que, en Cristo, hemos sido injertados en el olivo del cual los judíos fueron desgajados, aunque nosotros no podamos absorber la rica savia del olivo igual que lo hicieran ellos.[110]

EN PRIMER LUGAR, su uso en la *música*: Al coro de designación real,[111] el término Selah le indicaba algunas cosas:

1. Una breve pausa: al llegar al *Selah,* debían detenerse, permanecer en silencio y meditar en el tema expuesto anteriormente.

---

estrepitosamente, tanto por afán de conseguir lo que desea como por escapar de lo que teme, y son frecuentemente sus temores fruto únicamente de su fantasía y, por ello, pura vanidad».

[107] Apocalipsis 22:19.

[108] Romanos 15:4.

[109] Mateo 5:18.

[110] Romanos 11:13-24.

[111] 1 Crónicas 25:1-6; Salmo 62:1-12. Epígrafe: 1 Crónicas 16:41.

2. Que esta pausa o intervalo, significaba que el rey David, mientras profetizaba al pueblo y alababa a Dios con címbalos sonoros, fue inspirado y aprendió en ese punto y ese instante una nueva lección. Por tanto, cual hacen los grandes oradores, que al oír un ruido repentino en el auditorio callan para escuchar, diciendo: "Atención", "oigamos"; así el corazón de David, golpeado por la voz del Espíritu, ordena detener la música, reflexiona, y se examina diciendo: *"Habla, Señor, porque tu siervo escucha"*.[112]

3. Una variación en la música: ya fuera en la métrica, una disyunción de la rima, el cese de algún instrumento, o un cambio de tono o de intensidad; de lo cual San Jerónimo se hace eco escrupulosamente.[113] En la Septuaginta,[114] siempre que aparece un *Selah* en el texto hebreo, se traduce como "cambio de la canción".

4. Una repetición: donde encontraran un Selah debían cantar de nuevo el mismo versículo.

5. Una elevación de volumen: alabar a Dios con voces más fuertes y címbalos más sonoros. El *Selah* les invitaba a subir el sonido de los instrumentos o a cantar más fuerte.

Sin embargo, como la música hebrea y sus dulces melodías quedaron sepultadas bajo las ruinas de su glorioso templo, no podemos más que conjeturar. De modo que, sobre la relación del *Selah* con la música, el canto y los instrumentos, lo dicho es suficiente.

En segundo lugar, hablemos del *Selah* en su relación con *el tema.* Y lo podemos dividir en cinco apartados:

1. Algunos piensan que solo se trata de un adorno, para coronar el discurso con un énfasis dulce; otros, que solo es un complemento sin significado, cuyo propósito es cuadrar la métrica o la armonía, para que el verso no quede descolgado al faltarle un pie; pero esta conjetura carece de base, y está muy lejos de la realidad.

2. Implica el final del versículo, tema, o del salmo donde va colocado; con la excepción de los Salmos 55:19; 57:3 y de Habacuc 3:3; 3:9. Así como nosotros solemos escribir "Fin" como conclusión de un libro, canción o poema; los judíos escribían *"Selah"*, *"Salomé"*, o *"Amén"*, al final de

[112] 1 Samuel 3:9.

[113] Se refiere a Jerónimo de Estridón [347-420] en una de sus epístolas encabezadas con el enunciado *"ad Marcellam"*, dirigidas a su fiel ayudante y colaboradora en temas de traducción Marcela de Roma [325-410]. En la epístola, Jerónimo enumera las diversas opiniones sobre el tema y le indica que bajo su criterio la *diapsalma* denota un cambio de metro, un cese de la influencia del Espíritu o el comienzo de otro sentido. «Habías pedido mi parecer acerca del *diapsalma;* yo me excusé con la brevedad de la carta y pretexté no poder encerrar en ella lo que es materia de un libro. Pero ¿de qué valen las excusas ante la *ergodiokzen* (directora) de mi trabajo? Con el silencio se acrecienta el apetito. Así, pues, para no tenerte más tiempo en suspenso, aquí tienes un poco de lo mucho que cabría decir». [*ad Marcellam, Epistolae xxviii,* Año 384]. Ver notas en Salmo 41:13.

[114] Se refiere a la Biblia de los Setenta (LXX), también conocida como Septuaginta, o Versión Alejandrina. El nombre de Septuaginta se debe a que solía redondearse a 70 el número total de sus 72 traductores, según cuenta la tradición. Es la principal versión en idioma griego por su antigüedad y autoridad. Su redacción se inició en el siglo III a.C. (c. 250 a.C.) y se concluyó a finales del siglo II a.C. (c. 150 a.C). Se cree que fue hecha para los judíos que hablaban griego, pues en esa época eran bastante numerosos en Alejandría, aunque la orden provino del rey Ptolomeo II Philadelfo [284-246 a.C.], monarca griego de Egipto, con destino a la biblioteca de Alejandría. El Pentateuco fue traducido en esa época y el trabajo duró dos o tres siglos. Una escuela de traductores se ocupó de los Salmos, en Alejandría, hacia 185 a.C; después tradujeron Ezequiel, los doce profetas menores y Jeremías. Trataron posteriormente los libros históricos (Josué, Jueces, Reyes), y finalmente de Isaías.

cualquier obra o cántico. Y los judíos actuales, siguiendo la opinión de Aben Ezra,[115] interpretan el *"Selah"* como un *"Amén"*, repitiéndolo al final de sus epítetos y oraciones un par de veces o tres del siguiente modo: *"Amén, Selah, Amén, Selah"*. Resulta curioso observar que los Salmos individuales terminan con un *"Selah"*;[116] mientras que cada uno de los cuatro primeros libros de los Salmos terminan con *"Amén"*. El Salterio está dividido en cinco libros, cuatro de ellos terminan con *"Amén"*, "Así sea". Así lo encontramos en el Salmo 41:3, final del primer libro; en el Salmos 72:19, final del segundo; en el Salmo 89:52, final del tercero; y en el Salmo 106:48, al final del cuarto. El quinto libro, como sabemos, concluye con un Aleluya.

3. Como una hipérbole[117] o ilustración de la verdad expresada esclareciéndola y ampliándola, evidenciándola. En unos casos podría significar: *"¡Lo dicho es maravilloso! ¡Fabuloso! ¡Extraordinario!"*; y en otros: *"¡Es intolerable! ¡Horrible! ¡Monstruoso!"*. Ejemplos: *"Dios viene de Temán, y el Santo desde el monte de Parán. Selah"*[118]; en este caso el *"Selah"* significaría: *"¡Maravilloso; extraordinario!"*. O bien: *"Muchos son los que dicen de mí: no hay para él salvación en Dios. Selah"*,[119] en este caso el *"Selah"* implicaría *"¡Horrible! ¡Blasfemo!"*, es intolerable negar a un hijo el favor de su Padre celestial, y limitar la misericordia divina negando la omnipotencia de Dios para socorrer con su mano, sin excepción, a todos los que en él confían.

4. Corroborar el valor eterno de la verdad revelada en el Salmo o versículo donde se incluye. Aunque esta interpretación del *"Selah"* no comenzó a tomar cuerpo hasta épocas muy tardías, ya en tiempos de la Iglesia, o al menos, más plenamente en tiempos de la Iglesia que en épocas anteriores. Los destinatarios directos del Salmo en la época en que fue escrito, estaban plenamente convencidos, desde el primer momento, que se trataba de verdades de carácter eterno y que por tanto permanecerían eternamente; no hacía falta recordárselo. Pero asumiendo que demos al *Selah* esta interpretación corroboradora, un ejemplo sería el siguiente: *"La salvación es de Jehová; sobre tu pueblo sea tu bendición. Selah"*.[120] Vendría a significar: «*Selah*: Que Dios salva a su pueblo, que lo ha liberado siempre, y que lo seguirá bendiciendo eternamente, es algo que está por encima de todo cuestionamiento. Esta verdad está demostrada y es eterna; es un axioma que la misericordia del Señor permanece para siempre».[121]

---

[115] Se refiere al erudito judío español, el rabino ABRAHAM BEN MEIR IBN EZRA [1092-1167] más conocido por el nombre de Aben Ezra, uno de los intelectuales más ilustres de la Edad Media, apodado "El Sabio", "El Grande" y "Doctor Admirable". Nació en Tudela (Navarra, España) en la época de dominio musulmán y salió de la península Ibérica en el 1140 escapando de la persecución desencadenada por los almohades. Mantuvo desde entonces una vida errante que lo llevó al Norte de África, Israel, Francia e Inglaterra. Se desconoce el lugar de su muerte, algunos piensan que fue en Calahorra y otros afirman que en Roma o Tierra Santa. Sus trabajos intelectuales y literarios abarcan muchos campos del saber: filosofía, astronomía, medicina, poesía, lingüística y de manera especial la exégesis bíblica. Su método de exégesis, basado en la aproximación al sentido del texto partiendo de principios gramaticales, marcó un hito en la exégesis bíblica, por lo que sus comentarios al texto bíblico son especialmente conocidos y apreciados.

[116] Salmo 3:8.

[117] La HIPÉRBOLE es una figura literaria de lenguaje o de dicción que consiste en exagerar intencionadamente lo que se dice con el propósito de enfatizar una idea. Un ejemplo de hipérbole literaria la tenemos en el texto bíblico, con esta exageración casi absurda cuando Pablo dice a los Gálatas: *"Mas si aún nosotros, o un ángel del cielo, os anunciare otro evangelio diferente del que os hemos anunciado, sea anatema"* (Gálatas 1:8).

[118] Habacuc 3:3.

[119] Salmo 3:2.

[120] Salmo 3:8.

[121] Salmo 136:1-26.

5. Una invitación a meditar y reflexionar seriamente sobre aquellos temas a los que el *"Selah"* va ligado, como materia digna de singular observación, meditación y recuerdo. Pueden ser en referencia a Cristo: "¿Quién es ese Rey de la gloria? Jehová de los ejércitos, él es el Rey de la gloria. Selah";[122] a los misterios de la gracia; *"Jehová de los ejércitos está con nosotros; nuestro refugio es el Dios de Jacob. Selah";*[123] las obligaciones del hombre: *"Temblad, y no pequéis; meditad en vuestro corazón estando en vuestra cama, y callad. Selah";*[124] o su fragilidad: *"Oh Jehová, infúndeles temor; aprendan las naciones que no son sino hombres. Selah".*[125] El diamante es más valioso que otras piedras preciosas, y el sol más glorioso que los planetas, y estos versículos son más resplandecientes que otras partes de la Escritura. Por lo menos a primera vista, pues no siempre aparece así, hay otros textos de la Sagrada Escritura tanto o más excelentes (si podemos comparar) donde no aparece ningún *"Selah"*. Pero si profundizamos en la ocasión, el enfoque, y la naturaleza del versículo, nos será más fácil entender y aceptar que a menudo el Espíritu Santo propone, para nuestra instrucción y beneficio, cosas que a nosotros nos pueden parecer menos importantes. Ejemplo: *"Jehová se ha dado a conocer en el juicio que ejecutó; en la obra de sus manos fue enredado el malo. Higaión. Selah".*[126] Un texto que a primera vista podrá parecernos menos importante que otros. Pero el salmista lo remarca no con una, sino dos palabras: *"Higaión Selah",* como diciendo: lo que aquí se dice es de suma importancia; hay que destacarlo *(Selah),* y es digno de especial meditación (*Higaión)*: «El justo no debe olvidar esto, que los impíos perecen en sus propios consejos, y caen en su propia red. Porque esta es observación digna de ser grabada en el corazón de todos los creyentes, para que Dios sea reconocido entre los malos por sus juicios más severos ejecutados sobre ellos, aunque nunca aprendan a reconocerlo como Señor y Salvador en base a su paciencia y misericordia». Hasta aquí la cuestión.

En tercer lugar, hablemos de las instrucciones que *"Selah"* aportaba a la *congregación*:

1. Como toque de atención. Para dirigir y centrar la mente hacia lo dicho o cantado, como vemos claramente en el Salmo 3. Dondequiera que vieran un *"Selah",* podrían concebir que escuchaban la voz del Señor desde el cielo: *"Oíd esto, pueblos todos; escuchad, habitantes todos del mundo, así los plebeyos como los nobles, el rico y el pobre juntamente".*[127] Que al levantar sus voces para cantar, se elevaran todavía más sus corazones y afectos, que su voz y sus corazones entraran en sintonía y la armonía del conjunto sonara dulce a oídos del Señor.

2. Como señal de afirmación. Al exclamar: *"Selah"* daban su asentimiento y consentimiento a la verdad expresada, como hacemos al decir *"Amén"*. A veces, mientras escuchamos un discurso exclamamos: "¡Cierto! ¡Justo! ¡Verdad!" Su *"Selah"* era exactamente lo mismo: *"Con mi voz clamé a Jehová, él me respondió desde su monte santo. Selah";*[128] es decir: que el Señor conoce los secretos de nuestros corazones; que nos responde cuando clamamos a él; que está sentado en su monte santo, donde es juez de vivos y muertos; y que aplicara la sentencia justa, dando a cada uno según sus obras, ya sean buenas o malas; es todo absolutamente cierto, por tanto: ¡*Selah*! *"Amas el mal más que el bien, la mentira más que la rectitud. Selah";*[129] es decir: algo innegable, que todos confesamos y sabemos por propia experiencia y amargo dolor; aquellos que no tienen temor de Dios, no tienen reparo en perseguirlo y herir a sus hijos, dañando su reputación cuando pueden. Por tanto: ¡*Selah*!

---

[122] Salmo 24:10.
[123] Salmo 46:7.
[124] Salmo 4:4; 32:5.
[125] Salmo 9:20; 32:4.
[126] Salmo 9:16.
[127] Salmo 49:1-2.
[128] Salmo 3:4.
[129] Salmo 52:3.

3. Como jaculatoria piadosa. Salida del corazón y del alma y dirigida a Dios, instándole al cumplimiento de lo solicitado y prometido. Ejemplos: *"Saliste para socorrer a tu pueblo, para socorrer a tu ungido, Heriste la cabeza de la casa del impío, descubriendo los fundamentos hasta el cuello. Selah",*[130] como si dijera: «Señor, te suplico que como entonces saliste para socorrer a tu pueblo y apoyar a tu ungido, salgas también ahora. *Selah*». *"Tarde y mañana y a mediodía oraré y clamaré, y él oirá mi voz. Él redimirá en paz mi alma de la guerra contra mí, aunque contra mí haya muchos. Dios oirá, y los humillará luego, Él, que reina desde siempre; por cuanto ellos no se enmiendan, ni temen a Dios. Selah";*[131] esto es: «Oh Jehová, te ruego que siempre inclines el oído a mi humilde súplica, y te levantes contra los que se alzan contra mí. *Selah*».

4. Como demostración de admiración. Sobre algo en particular, alguna situación poco usual, ya fuera obra de Dios o provocada por la maldad del hombre. *"Él enviará desde los cielos, y me salvará de la infamia del que me acosa; Selah";*[132] es decir: «Oh, maravillosa y sorprendente bondad de Dios, que se complace en enviar desde el cielo a su ángel para librar a sus humildes siervos, perplejos ante aquellos que les acosan, mucho más poderosos que ellos. ¡Admirémonos, *Selah*!» *"Porque extranjeros se han levantado contra mí, y hombres violentos buscan mi vida; no han puesto a Dios delante de sí. Selah",*[133] es decir: «Cuán sorprendente resulta la crueldad de los impíos a la hora de lastimar la vida de los santos, y echar a Dios de sus vidas borrando de sus mentes toda huella divina. ¡Digámoslo con un *Selah*!».

5. Como acto de humillación y consternación. Sus mentes se turbaron ante la incomprensible majestad de Dios, comparada con su propia fragilidad y miseria. Ejemplos: *"Él señorea con su poder para siempre; sus ojos atalayan sobre las naciones; los rebeldes no levantarán cabeza. Selah",*[134] es decir: «El mundo entero se humilla ante el Rey, inclinando sus cabezas, ¡*Selah*!» *"Oh Dios, cuando tú saliste al frente de tu pueblo, cuando anduviste por el desierto, Selah. La tierra tembló; también destilaron los cielos ante la presencia de Dios; aquel Sinaí tembló delante de Dios, del Dios de Israel";*[135] es decir: «Nuestro corazón se estremeció al considerar tu grandeza; nos sentimos fuera de lugar para reflexionar sobre una majestad que hizo temblar la tierra, que los cielos se derramaran, y el Sinaí se estremeciera. ¡Humillémonos ante este Dios majestuoso exclamando *Selah*!» *"Castigando sus pecados, corriges al hombre, y deshaces como polilla toda su belleza ciertamente como un soplo es todo hombre. Selah",*[136] es decir: «Dios puede humillarnos en cualquier momento hasta el polvo si ese es su deseo. ¡Humillémonos pues ya, ahora, exclamando *Selah*!».

6. Como Doxología. Un epílogo peculiar de alabanza y gloria a Dios; no muy distinto a cuando decimos *"Porque tuyo es el reino, el poder y la gloria, por los siglos de los siglos".*[137] Ejemplos: *"Toda la tierra te adorará, y cantará a ti; salmodiarán a tu nombre. Selah".*[138] *"En Dios nos hemos gloriado todo el día, y por siempre alabaremos tu nombre. Selah".*[139] *"Bendito sea el Señor Dios, el*

[130] Habacuc 3:13.
[131] Salmo 55:17-19.
[132] Salmo 57:3.
[133] Salmo 54:3.
[134] Salmo 66:7.
[135] Salmo 68:7-8.
[136] Salmo 39:11.
[137] Mateo 6:13.
[138] Salmo 66:4.
[139] Salmo 44:8.

Dios de Israel, el único que hace maravillas. Bendito sea su glorioso nombre para siempre, sea llena de su gloria toda la tierra. Amén y amén".[140]

Edmund Layfielde
sermón titulado *"The Mappe of Man's Mortality and Vanity"*,
predicado en el funeral de Abraham Iacob Esquire
en la iglesia de St. Leonards-Bromley en Stratford-Bow, el 8 de mayo de 1629

Vers. 6. ***Ciertamente como una sombra es el hombre; ciertamente en vano se afana; amontona riquezas, y no sabe quién las recogerá.*** *[Sí, como una sombra que pasa es el hombre; ciertamente, en vano se afana; amontona riquezas, y no sabe quién las recogerá.* RVR*] [Sí, como una sombra anda el hombre; ciertamente en vano se afana; acumula riquezas, y no sabe quién las recogerá.* LBLA*] [Solamente en una semejanza de realidad anda el hombre en derredor, solamente para correr tras el viento se afana, pues atesora, pero no sabe quién lo recogerá.* BTX*] [Un suspiro que se pierde entre las sombras. Ilusorias son las riquezas que amontona, pues no sabe quién se quedará con ellas.* NVI*] [Una sombra fugaz que deambula, que en vano se angustia acumulando riquezas que no sabe para quién serán.* BLP*] [Somos tan solo sombras que se mueven y todo nuestro ajetreo diario termina en la nada. Amontonamos riquezas sin saber quién las gastará.* NTV*]*[141]

Sí, como una sombra que pasa es el hombre. La vida es un espectáculo. Lo único real en ella, es que nada es real. A nuestro alrededor todo son sombras que se burlan de nosotros. Caminamos entre ellas; y muchos viven para ellas, cual si las imágenes burlonas fueran realidades sustanciales, interpretando el papel prestado de sus personajes con un celo incomprensible, como si estuvieran viviendo realidades, cuando solo malgastan sus esfuerzos en los fantasmas de esta escena pasajera. Los seres humanos andan por este mundo cual viajero atraído por un espejismo: engañados, confundidos, y muy pronto, llenos de desengaño y desesperación.

Ciertamente, en vano se afana. Los hombres se inquietan, se enfurecen, se preocupan, y todo por nada. Son como sombras persiguiendo a otras sombras, con la muerte detrás persiguiéndolas a todas. Trabajan sin descanso, y se fatigan por el oro, por la fama, o por el rango, pero aunque alcancen su deseo, pronto descubren que ha sido un esfuerzo perdido; pues como las supuestas ganancias en el cuento de la lechera,[142] todo se desvanece en cuanto la jarra se rompe y el protagonista despierta

[140] Salmo 72:18-19.

[141] En el texto hebreo masorético: אַךְ־בְּצֶלֶם ׀ יִֽתְהַלֶּךְ־אִ֗ישׁ אַךְ־הֶ֥בֶל יֶהֱמָי֑וּן יִ֝צְבֹּ֗ר וְֽלֹא־יֵדַ֥ע מִֽי־אֹסְפָֽם *ak-bəṣelem yiṯhallek-'îš 'ak-hebel yehĕmāyūn yiṣbōr wəlō-yêḏa' mî-'ōsəpām*. Schökel lo traduce como: *"el hombre se pasea como un fantasma; por un soplo se afana, atesora sin saber para quién"*. Y Kraus: *"tan solo como la imagen de un sueño pasa el hombre. Únicamente en vano amontona golpes, y no sabe quién los cosecha"*. La versión griega de los LXX o Septuaginta lee: μέντοιγε ἐν εἰκόνι διαπορεύεται ἄνθρωπος, πλὴν μάτην ταράσσονται· θησαυρίζει καὶ οὐ γινώσκει τίνι συνάξει αὐτά, que la Vulgata traduce al latín como: *"Verumtamen in imagine pertransit homo; sed et frustra conturbatur: thesaurizat, et ignorat cui congregabit ea"*, "Ciertamente el hombre pasa como en sombra, y así en vano se conturba. Atesora, y no sabe para quién congregará aquellas cosas".

[142] En el original *"miser's dream"*, "sueño del avaro", un antiguo truco de magia popularizado a finales del siglo XIX por el famoso mago y prestidigitador Thomas Nelson Downs [1867-1938] que consiste en producir una cascada de monedas que sale del aire o de cualquier otro lugar y va cayendo en un cubo hasta llenarlo, pero que luego desaparecen repentinamente ante la mirada de los espectadores con la misma facilidad con la que han surgido de la nada. Hemos optado por sustituirlo por la fábula de Félix María de Samaniego [1746-1801] conocida como "el cuento de la lechera" por considerarla más acorde a la idea dentro de nuestro contexto cultural. Cuenta de una niña que vivía en una granja, muy obediente y laboriosa,

de nuevo en el mundo real. Leed bien este versículo y luego escuchad con atención el clamor de los mercados, los rumores de la bolsa, el estruendo de las calles de la ciudad; y recordad que toda esta inquietud, este *ruido* (porque esto significa la palabra hebrea), esta interrupción de la paz y el silencio, se produce por algo insustancial, vanidades fugaces y pasajeras. El descanso interrumpido, el temor ansioso, el cerebro sobrecargado, la mente que se derrumba, y finalmente la locura; son los pasos habituales en el proceso de deterioro por la inquietud que se da en muchos; total para ser más ricos, o, en otras palabras, cargarse de barro, de arcilla pasajera que todo ser humano, sin excepción, se ve obligado a tener que abandonar muy pronto.

Amontona riquezas, y no sabe quién las recogerá. Fracasa a menudo en sus objetivos, porque entre la taza y los labios hay muchos deslices. Siega y recoge su trigo; pero un ladrón intermediario se queda con él y se lo lleva lejos –como les sucede a menudo a los pobres campesinos del Este–; incluso cuando el trigo llega a sus almacenes, el gusano invasor festeja con él.[143] Muchos son los que se afanan trabajando sin descanso para otros que les son desconocidos. Este versículo se refiere en especial a todos aquellos que se esfuerzan para acumular riquezas, que luego van a parar a unos herederos que las dispersan mucho más rápidamente de lo que sus deudos se afanaron en juntarlas parsimoniosamente. No tenemos forma de saber quiénes serán nuestros herederos, porque nuestros hijos mueren, y los viejos salones ancestrales se llenan de extraños; las haciendas cambian de manos, y los vínculos de herencia,[144] aunque atados y remachados con mil lazos y albaceas, acaban cediendo al poder corrosivo del tiempo. Los hombres se levantan temprano y se acuestan tarde para edificar una casa, y luego, un extraño se pasea por sus corredores, se ríe en sus estancias, y sin acordarse siquiera de quién la edificó, la considera suya propia. Este es uno de los males para el cual no hay remedio prescrito bajo el sol.

C. H. SPURGEON

Sí, como una sombra anda el hombre. No somos sino fantasmas; todos los seres humanos no vamos más allá de ser sombras fugaces.

SÓFOCLES [496-406 a.C.]
"Áyax, I. 13",[145]

---

pero muy soñadora. Un día su madre se encontraba enferma y la mandó al mercado a vender la leche de una única cabra que tenían. Agarró contenta el cántaro lleno de leche recién ordeñada, se lo puso sobre la cabeza, y salió tomando el camino más corto hacia el pueblo. Mientras caminaba ligera su mente comenzó a soñar dándole vueltas sobre cómo invertiría las monedas que iba a conseguir con la venta de la leche: "Con las monedas que me den por la leche, voy a comprar una docena de huevos; los llevaré a la granja, mis gallinas los incubarán, y cuando nazcan los doce pollitos, los cambiaré por un hermoso lechón. Una vez criado será un cerdo enorme. Entonces regresaré al mercado y lo cambiaré por una ternera que cuando crezca me dará mucha leche a diario, que podré vender a cambio de un montón de dinero y comprar más y más cosas". Tan ensimismada iba en sus pensamientos y proyectos que no se dio cuenta que había una piedra en medio del camino. Tropezó y ¡zas! cayó de bruces contra el suelo. Solo se hizo unos rasguños en las rodillas pero su cántaro voló por el aire y se rompió en mil pedazos. La leche se desparramó por todas partes y sus sueños se volatilizaron. Moraleja: las ambiciones humanas no son más que sueños fugaces y pasajeros que el más liviano incidente puede truncar con facilidad súbitamente.

[143] Entendemos que se refiere al *enebrio molitor,* denominado comúnmente "gusano de la harina", que se instala en los almacenes de grano y antiguamente era una verdadera plaga para las producciones.

[144] En el original *"entail"* o *"fee tail",* cuyo equivalente español sería aproximadamente "servidumbre". En la legislación inglesa es una forma de fideicomiso establecida por escritura pública que restringe la venta o herencia de una propiedad, impidiendo que sea vendida o enajenada a terceros, debe pasar automáticamente a un heredero predeterminado por la voluntad del testador.

[145] "ÁYAX", escrita alrededor del 442 a.C., es una de las tragedias de SÓFOCLES más conocidas. Cuenta la vida y el fin trágico de Ayax, un valiente y victorioso guerrero en el asedio de Troya, que por méritos

Sí, como una sombra que pasa es el hombre; ciertamente en vano se afana. Todo ser humano camina envuelto en vanidad. Y a pesar de ello, ¡cuánto se envanece de su propia vanidad! ¡cómo se afana en custodiarla! Pero es en vano. Trabaja toda su vida para aumentar sus riquezas, y, con todo, llega la muerte, y sus riquezas no le aprovechan nada. Quien ve un buey pastando satisfecho en un prado lozano, sabe bien que le están engordando para la matanza.

WILLIAM SECKER [¿?-1681]
"The Nonsuch Professor", 1660

Sí, como una sombra que pasa es el hombre; ciertamente, en vano se afana; amontona riquezas, y no sabe quién las recogerá. La vanidad del mundo es triple:

1. Honores improductivos. Todo aquello que parecen otorgar dignidad de sustancia no es más que una vana ostentación. Ilusión pasajera.
2. Cuidados innecesarios. Congojas imaginarias que enmascaran los problemas reales y dificultan los cuidados necesarios. Desasosiego vano.
3. Riquezas inútiles. Que no aportan garantías permanentes ni a ellos ni a sus descendientes que las reciben. Esfuerzo inútil.[146]

GEORGE ROGERS [1798-1891]
Tutor del *"Metropolitan Tabernacle College"*

Amontona riquezas, y no sabe quién las recogerá. La mejor demostración de la estupidez y necedad del ser humano, es que cuantos menos años le quedan de vida, más se afana en acumular para "su vejez". Cuando las manos se quedan rígidas, ya no sirven para contar monedas de oro; tan solo para quedar inertes, una encima de la otra, y desvanecerse.

ROBERT LEIGHTON [1611-1684]
"Expository Lectures on Psalm xxxix", 1825

Amontona riquezas, y no sabe quién las recogerá. La palabra hebrea יִצְבֹּר *yiṣbōr* de צָבַר *tsabar,* que traducimos por: "acumula, amontona" significa apilar con un rastrillo. Es una clara alusión al agricultor que recoge su trigo apilándolo con un rastrillo antes de llevarlo al granero. La metáfora es muy adecuada para describir la precariedad de la vida humana y la vanidad de las posesiones terrenales que, como el trigo, lo amontona en el granero una sola persona, pero no es él quien lo consume, muy pronto pasa a manos de otra.

SAMUEL BURDER [1773-1836]
"Oriental Customs or An illustration of the Sacred Scriptures", 1804

---

pretende heredar las armas de Aquiles, pero estas son concedidas a Ulises. Esto hace que entre en conflicto con los dioses, no aceptando sus designios y decide tomarse la justicia por su propia mano, lo cual le conduce a convertirse en un prófugo, y finalmente, a punto de ser capturado por los átridas, decide suicidarse. Sófocles pone estas palabras en boca de Ulises, en el diálogo que mantienen Ulises y Atenea, frente a la tienda de Áyax, en el campamento griego ante a la ciudad de Troya.

[146] Cuando EDMUND BURKE [1729-1797] el famoso escritor, filósofo y político británico considerado el padre del liberalismo conservador inglés, tendencia para la cual acuñó el nombre de *"old whigs"*, "viejos liberales", para distinguirla de los *"new whigs"*, "nuevos liberales" de ideas más progresistas y favorables a la Revolución francesa de la que Burke era enemigo; se presentó a las elecciones como candidato al Parlamento por Bristol, su oponente político falleció repentinamente, lo cual hizo que Burke exclamara parafraseando el Salmo 39:6: *"What shadows we are, and what shadows we pursue"*, "No somos más que sombras que persiguen a otras sombras".

Amontona riquezas, y no sabe quién las recogerá.

Mañana, mañana, y de nuevo otra mañana,
que vienen paso a paso, una tras otra,
y así hasta el fin del tiempo registrado;
y cada ayer fue acompañando a necios
en su camino al polvo. ¡Basta ya, endeble vela!
La vida es una sombra que se mueve;
un pobre actor que se pasea un rato
de arriba abajo por la escena, y luego,
se va y no vuelve ya a asomarse; es un relato
contado por un necio, bien repleto
de gritos y de gestos, mas vacío de significado.

WILLIAM SHAKESPEARE [1564-1616], [147]
"Macbeth", Acto V, Escena V, líneas 17-28

Sí, como una sombra que pasa es el hombre; ciertamente, en vano se afana. Las copiosas cataratas de lágrimas que inundan nuestros ojos cuando llegamos al mundo salidos del vientre de nuestra madre; y cuando nos acercamos al sepulcro rodeados de nuestros deudos; son fieles testigos de la vanidad y futilidad del hombre. Le decimos al mundo "buenos días" con dolor; y "buenas noches" con un gemido.

EDMUND LAYFIELDE
sermón titulado *"The Mappe of Man's Mortality and Vanity"*,
predicado en el funeral de Abraham Iacob Esquire
en la iglesia de St. Leonards-Bromley en Stratford-Bow, el 8 de mayo de 1629

Sí, como una sombra que pasa es el hombre; ciertamente, en vano se afana.

Menos solicitó veloz saeta
destinada señal, que mordió aguda;
agonal carro por la arena muda
no coronó con más silencio meta,
que presurosa corre, que secreta

[147] WILLIAM SHAKESPEARE [1564-1616], en la escena XVI de MACBETH, una de sus más conocidas y magistrales tragedias en la que describe los resultados devastadores de la ambición humana por el poder. Pone estas palabras en boca del protagonista principal, rey de los escoceses, después de que le hayan comunicado la muerte de la reina. Una versión alternativa en prosa sería esta: «Mañana, o mañana, o mañana se cuela, con pequeños pasos, día a día, hasta la sílaba final del tiempo prescrito. Y todo nuestro ayer iluminó a los necios la senda polvorienta que lleva a la muerte. ¡Extínguete, fugaz candela! La vida es solo una sombra errante, un pobre actor que se pavonea y retuerce una hora sobre la escena y después calla para siempre. Es una historia contada por un idiota, llena de ruido y de furia, que nada significa». [*"Macbeth & Lady Macbeth"*, de William Shakespeare; versión, adaptación y dramaturgia de Alfonso Plou y Carlos Martín para el Festival Internacional Clásico de Almagro. Biblioteca Virtual Miguel de Cervantes, 2005].

a su fin nuestra edad. A quien lo duda,
fiera que sea de razón desnuda,
cada sol repetido es un cometa.
Confiésalo Cartago, ¿y tú lo ignoras?
Peligro corres, Licio, si porfías
en seguir sombras y abrazar engaños.
Mal te perdonarán a ti las horas;
las horas que limando están los días,
los días que royendo están los años.

LUIS DE GÓNGORA Y ARGOTE [1561-1627][148]

Sí, como una sombra que pasa es el hombre; ciertamente, en vano se afana.

¡Fue sueño ayer; mañana será tierra!
¡Poco antes, nada; y poco después, humo!
¡Y destino ambiciones, y presumo
apenas punto al cerco que me cierra!
Breve combate de importuna guerra,
en mi defensa soy peligro sumo;
y mientras con mis armas me consumo,
menos me hospeda el cuerpo, que me entierra.
Ya no es ayer; mañana no ha llegado;
hoy pasa, y es, y fue, con movimiento
que a la muerte me lleva despeñado.
Azadas son la hora y el momento,
que, a jornal de mi pena y mi cuidado,
cavan en mi vivir mi monumento.

FRANCISCO DE QUEVEDO [1580-1645][149]

[148] Este soneto sobre la brevedad de la vida no figura en el original inglés de Spurgeon, lo hemos añadido por considerarlo pertinente. LUIS DE GÓNGORA [1561-1627] fue un poeta y dramaturgo español del Siglo de Oro, máximo exponente de la corriente literaria conocida más tarde como "culteranismo" o "gongorismo". El SIGLO DE ORO es un periodo histórico en el que florecieron el arte y las letras españolas, y que coincidió con el auge político y militar del Imperio español. Aunque no se enmarca en unas fechas concretas, suele considerarse que duró más de cien años y que alcanza desde 1492, año de la publicación de la "Gramática Castellana" de ANTONIO DE NEBRIJA [1441-1522], hasta 1681, año en que murió PEDRO CALDERÓN DE LA BARCA [1600-1681], considerado como el último gran escritor del Siglo de Oro. Entre las obras cumbre del Siglo de Oro están "El ingenioso hidalgo don Quijote de la Mancha" de MIGUEL DE CERVANTES SAAVEDRA [1574-1616], las obras de poesía de Góngora y GARCILASO DE LA VEGA [c.1498-1536], el teatro de LOPE DE VEGA [1562-1635] y la traducción de la Biblia al castellano conocida como BIBLIA DEL OSO o "La Biblia, que es, los sacros libros del Viejo y Nuevo Testamento. Trasladada en español" de CASIODORO DE REINA [c.1520-1594].

[149] Tampoco este soneto de Quevedo figura en el original inglés de Spurgeon. Hemos creído oportuno añadirlo para dar a la obra un toque de cultura hispánica. FRANCISCO DE QUEVEDO [1580-1645] fue un

Vers. 7. *Y ahora, Señor, ¿qué esperaré? mi esperanza está en ti.* *[Y ahora, Señor, ¿qué puedo yo esperar? Mi esperanza está en ti.* RVR*] [Y ahora, Señor, ¿qué espero? En ti está mi esperanza.* LBLA*] [Y ahora Adonai, ¿qué más espero? mi esperanza está en Ti.* BTX*] [Me dije a mí mismo: Y ahora, Señor, ¿qué esperanza me queda? ¡Mi esperanza he puesto en ti!* NVI*] [Dios mío, ¿qué puedo esperar yo? Solo tú eres mi esperanza.* BLP*] [Entonces, Señor, ¿dónde pongo mi esperanza? Mi única esperanza está en ti.* NTV*]*[150]

Y ahora, Señor, ¿qué puedo yo esperar?[151] ¿Qué puedo encontrar en estas sombras fantasmagóricas que me entusiasme? ¿Por qué debo continuar donde el presente es tan difícil y las perspectivas es tan poco atrayentes? El salmista concluye que permanecer en las moradas del dolor para obtener una herencia vacía es peor que la vanidad; y hastiado de todo lo demás, se vuelve hacia su Dios. Tras reflexionar sobre este mundo y todas las cosas que hay en él, se siente aliviado al darse cuenta que todas son vanas y pasajeras; de modo que corta de un tajo todas las ataduras que le ligan a esta tierra, y se siente listo para exclamar: ¡En marcha: carretera y manta![152]

Mi esperanza[153] *está en ti.* El Señor no depende de nada ni de nadie, existe por sí mismo, es seguro y verdadero y, por tanto, digno de toda confianza; seguirá existiendo cuando todas las criaturas mueran, y su plenitud permanecerá cuando se agoten todas las causas segundas; dirijamos pues a él nuestra esperanza, y depositemos en él nuestra confianza. Desechando la arena y aferrándose a

---

polifacético escritor del Siglo de Oro cuya obra abarca poesía, narrativa, teatro y diversos ensayos filosóficos, políticos, morales, ascéticos, humanísticos e históricos.

[150] En el texto hebreo masorético: וְעַתָּה מַה־קִּוִּיתִי אֲדֹנָי תּוֹחַלְתִּי לְךָ הִיא *wəʻattāh mah-qiwwîṯî ʼăḏōnāy tōwḥaltî ləḵā hî*. SCHÖKEL lo traduce como: *"Entonces, Señor, ¿qué aguardo? Mi esperanza está en ti"* Y KRAUS: *"y ahora, oh Señor, ¿en qué está mi esperanza? Solo en ti confío"*. La versión griega de los LXX o Septuaginta lee: καὶ νῦν τίς ἡ ὑπομονή μου οὐχὶ ὁ κύριος καὶ ἡ ὑπόστασίς μου παρὰ σοῦ ἐστιν que la Vulgata traduce al latín como: *"Et nunc quae est exspectatio mea: nonne Dominus? et substantia mea apud te est"*, "¿Y ahora cuál es mi esperanza? ¿Acaso no en el Señor? Pues en ti está mi substancia".

[151] FRANZ DELITZSCH [1813-1890] ve en este versículo (39:7) la clave de todo el salmo: «Es habitual que el adverbio וְעַתָּה *wəʻattāh*, "y ahora", señale un punto de inflexión en el discurso, en este caso concreto, en relación a esta idea de vacío, sombra o vanidad, que emana de una vida sujeta a tanto sufrimiento y agitación: *"Y ahora, Señor, ¿qué puedo yo esperar?"* La respuesta es clave. Y el salmista se la da a sí mismo afirmando sin reservas que Yahvé es la razón de su espera o esperanza. Podrá parecer extraño que el poeta se muestro tan dispuesto a hacer de la brevedad de la vida humana una razón de tranquilidad y motivo de consuelo, pero la explicación es simple. Aunque no cuente con la seguridad expresa de una vida futura de bendición, ante la realidad ineludible de la muerte, su fe se agarra a Yahvé como el Dios vivo y el Dios de los vivos. Aquí radica precisamente lo heroico de esa fe peculiar del Antiguo Testamento, que aún en mitad de los avatares del presente, y ante un futuro incierto que se pierde en la noche sombría, se arroja sin reservas en los brazos de Dios».

[152] En el original inglés: *"Boot and saddle, up and away"*, "Bota y montura, arriba y en marcha". Una expresión favorita de Spurgeon (la usa en varios de sus sermones) sacada de uno de los poemas de ROBERT BROWNING [1812-1889], uno de los más conocidos y famosos poetas de la época victoriana, conocido como *"Cavalier Tunes: Boot And Saddle"*. La frase, según figura en el poema es: *"Boot, saddle, to horse, and away!"* Lo hemos sustituido por "carretera y manta", más ajustado a nuestro entorno cultural.

[153] La versión griega de los LXX o Septuaginta lee aquí ὑπόστασίς *hypóstasis* que la Vulgata traduce como *"substantia"*, "substancia" en lugar de la *"esperanza"* del hebreo תּוֹחַלְתִּי *tōwḥaltî* de תּוֹחֶלֶת *tocheleth*. Algunos comentaristas, como FELIPE SCIO DE SAN MIGUEL [1738-1776] en una nota a su traducción de la Vulgata, dan la siguiente explicación: «Es decir, todo mi ser y mi subsistencia está en ti, como lo expresa el apóstol Pablo: *"en él vivimos, y nos movemos, y somos"* (Hechos 17:28).

la Roca,[154] que todos los constructores sabios se conviertan, porque si bien no hoy, poco tardará en levantarse una tormenta ante la cual nada podrá resistir, excepto aquello que cuenta en sus cimientos con el elemento duradero de la fe en Dios. David tenía una sola esperanza firme, y aunque situada al otro lado del velo, decidió anclar su barco en puerto seguro, y después de una corta singladura a la deriva, todo regresó a la calma habitual.

C. H. SPURGEON

Y ahora, Señor, ¿qué puedo yo esperar? Mi esperanza está en ti.

¡Más cerca, oh Dios, de Ti, más cerca, sí!
aunque una dura cruz me oprima a mí,
será mi canto aquí: ¡Más cerca, oh Dios, de Ti!
¡Más cerca, sí, más cerca, sí!

Y si cual Israel, rendido el pie,
en piedra de Betel me recosté,
en sueños aún te vi y estuve junto a Ti.
¡Más cerca, sí, más cerca, sí!

La escala sigo yo que al cielo va;
por gozo o por dolor quiero ir allá.
un ángel venga a mí para ir con él a Ti,
¡Más cerca, sí, más cerca, sí!

Y luego al despertar Te alabaré;
de gracias un altar levantaré.
mi corazón allí más cerca está de Ti,
¡Más cerca, sí, más cerca, sí!

Y cuando al fenecer volando allá
con inmortal placer Te vea ya,
mi canto será allí: Más cerca oh Dios de Ti,
¡Más cerca, sí, más cerca, sí!

SARAH FULLER FLOWER ADAMS [1805-1848][155]

[154] Mateo 7:24-27; Lucas 6:46-49.

[155] Spurgeon inserta aquí un poema de SIR JOHN DAVIES [1569-1626]: *"At first her mother earth she holdeth dear"*. Lo hemos sustituido por el conocido himno de SARAH FULLER FLOWER ADAMS [1805–1848] *"Nearer, my God, to Thee, nearer to Thee!"*, famoso por haber sido, al parecer, la última melodía interpretada por la orquesta del Titanic, *"Wallace Hartley Band"* mientras de hundía la noche del 14 al 15 de Abril de 1912. Existen numerosas versiones en español, entre ellas las mejores y más conocidas son la de JUAN BAUTISTA CABRERA [1837-1916], primer obispo de la Iglesia Española Reformada Episcopal; y la del español-mexicano VICENTE MENDOZA [1875-1955], probablemente la más conocida, que es la que hemos transcrito.

Y ahora, Señor, ¿qué puedo yo esperar? Mi esperanza está en ti. Es dulce que nuestra esperanza repose en Aquel que nunca es conmovido; que permanezca en Aquel que nunca cambia. Debemos aferrarnos siempre a Aquel que nos puede sostener por sí mismo, el único que nos proporciona pleno contentamiento para el alma.[156] Debemos, por decirlo así, penetrar en él; pues en él está nuestro ser, porque es amor.[157]

EDWARD BOUVERIE PUSEY [1800-1882]
"The Minor Prophets", 1860

Vers. 8. *Líbrame de todas mis transgresiones; no me pongas por escarnio del insensato.* *[Líbrame de todas mis transgresiones; no me pongas por escarnio del insensato.* RVR*] [Líbrame de todas mis transgresiones; no me hagas la burla de los necios.* LBLA*] [Líbrame de todas mis transgresiones, no me pongas por escarnio del insensato.* BTX*] [Líbrame de todas mis transgresiones. Que los necios no se burlen de mí.* NVI*] [Líbrame de todos mis pecados, no me conviertas en burla del necio.* BLP*] [Rescátame de mis rebeliones. No permitas que los necios se burlen de mí.* NTV*]*

Líbrame de todas mis transgresiones.[158] ¡Qué buena señal que el Salmista deje de insistir en sus aflicciones para pedir ser librado de sus pecados! ¿Qué es la pena cuando la comparamos con el pecado? Quitemos el veneno del pecado de la copa, y no tendremos por qué temer su amargura, puesto que lo amargo cura. Nadie puede librar a un hombre de sus transgresiones, fuera de Aquel bendito a quien llamamos Jesús, porque él salva a su pueblo de sus pecados;[159] y cuando libera a un ser humano de la causa, los efectos desaparecen de inmediato. Merece especial atención el determinante *"todas"*, en hebreo מִכָּל *mikkāl* de כֹּל *kol,* es decir, una limpieza absoluta: ser salvo de *"algunas"* transgresiones sería un beneficio limitado; no, lo que el salmista considera que necesita es una liberación completa: *"todas"*.

No me pongas por escarnio de los necios.[160] Los necios a los que hace referencia aquí son los impíos, que siempre están atentos a los errores, faltas y deslices de los santos, y en cuanto captan uno, de inmediato lo usan para ridiculizarlos. Es muy duro para un creyente soportar la burla de los incrédulos por causas justificadas. ¡Más ay, cuántos se han expuesto de ese modo a un merecido reproche! El pecado y la vergüenza van de la mano, y David deseaba ser preservado de ambos.

C. H. SPURGEON

---

[156] Dice AMBROSIO DE MILÁN [340-397]: «Nuestra esperanza y nuestra paciencia es Cristo, *"en quien tenemos redención por medio de su sangre"* (Efesios 1:7); él es nuestra expectativa [...] míranos, pues, Señor, a través de él cuando vengas en juicio, para que accedamos a tu misericordia [...] Pues en ti radica la esencia de nuestra alma, y por tanto, de nuestra existencia; por ello, carecemos de razones para sentir temor ante la muerte física, sino más bien ante *"aquel que puede destruir alma y cuerpo"* (Mateo 10:28). Pues la esencia de nuestra alma es la virtud que la imagen y semejanza divina Dios ha derramado en el corazón de cada ser humano (Génesis 1:27)».

[157] Hechos 17:28; 1 Juan 4:7-9.

[158] KRAUS traduce: *"Sálvame de todos los que se alzan contra mí, no permitas que sea la burla del loco"*.

[159] Mateo 1:21.

[160] La versión griega de los LXX o Septuaginta lee: ὄνειδος ἄφρονι ἔδωκάς με que la Vulgata traduce al latín como *"opprobrium insipienti dedisti me"*, "tú me entregaste en escarnio al necio".

No me pongas por escarnio de los necios. Que su prosperidad por un lado, y mis desgracias por el otro, no les den ocasión para burlarse de mí; de reprochar mi confianza y mi servicio a ti con tan pobres resultados

Mathew Poole [1624-1679]
"How May Detraction Be Best Prevented or Cured?", 1674

No me pongas por escarnio de los necios. No tengáis la menor duda que de entre las múltiples agonías que se apoderarán de aquellas almas condenadas a las que se diga: *"Apartaos de mí, malditos"*,[161] una de las más dolorosas será tener que soportar los irónicos reproches y burlas de aquellos espíritus malignos que los sedujeron llevándolos a su ruina. Y que les instigarán diciéndoles: ¡Por un mísero bocado de comida temporal vendiste tu primogenitura eterna![162] ¡Cuántos hay que truecan su herencia imperecedera por los placeres carnales de unos pocos días! ¡Que se pierden la ciudad empedrada de oro y puertas de perlas[163] por unos míseros granos de arcilla amarillenta! ¡Oh necedad sin medida! ¡Oh locura inconcebible! Ciertamente, hemos de orar con todo fervor y sinceridad: *"No me pongas por escarnio de los necios"*.

Orígenes [185-254]
"Fragmenta, Homiliae y Selecta in Psalmos"
citado por John Mason Neale [1818-1866] y Richard Frederick Littledale [1833-1890]
en *"Commentary on the Psalms from Primitive and Mediæval Writers"*, 1869

Líbrame de todas mis transgresiones; no me hagas la burla de los necios. Toda oración eficaz ha de tener un enfoque doble:

1. De carácter general: *"Líbrame de todas mis transgresiones"*. Con frecuencia necesitamos repetir de nuevo las palabras: *"Sé propicio a mí, pecador"*.[164] Las aflicciones deben servir para recordarnos nuestros pecados. Si pedimos ser librados de nuestras transgresiones, seremos librados de todas nuestras aflicciones por Aquel que nos las envió.

2. De carácter particular: *"No me hagas la burla de los necios"*. No permitas que hable de manera impropia o muestre impaciencia a causa de la aflicción, dando con ello ocasión a los necios para blasfemar. Las opiniones y pensamientos de nuestra mente afligida, que muchos esperan que sean vacilantes para poder hacer un uso impío de ellos, deben ser en todo momento firmes y conducirnos a prevenir el pecado.

George Rogers [1798-1891]
Tutor del *"Metropolitan Tabernacle College"*

Vers. 9. *Enmudecí, no abrí mi boca, porque tú lo hiciste.* *[Enmudecí, no abrí mi boca, porque tú lo hiciste.* RVR*] [Mudo me he quedado, no abro la boca, porque tú eres el que ha obrado.* LBLA*] [Enmudecí, no abrí mi boca, porque Tú lo dispusiste.* BTX*] [He guardado silencio; no he abierto la boca, pues tú eres quien actúa.* NVI*] [Guardo silencio, no abro mi boca, porque eres tú quien lo ha hecho.* BLP*] [En silencio estoy delante de ti; no diré ni una palabra, porque mi castigo proviene de ti.* NTV*]*

[161] Mateo 25:41.
[162] Hebreos 12:16.
[163] Apocalipsis 21:12.
[164] Lucas 18:13.

Mudo me he quedado, no abro la boca, porque tú lo hiciste. Hubiera sido mucho más claro traducir: *"Guardo silencio, no abro mi boca"*.[165] Tenemos ahora un silencio más noble que el anterior (39:1-2), purgado de toda maldad y endulzado con sumisión. La naturaleza humana falló al intentar amordazar la boca, pero la gracia hizo el trabajo de la manera más digna y valiosa. ¡Cuán diferentes pueden aparecer dos cosas idénticas! El silencio es siempre silencio, pero puede ser pecaminoso en un caso y santo en el otro. ¡Y qué argumento tan hermoso y convincente para desechar todo pensamiento murmurador! *"Porque tú lo hiciste"*. Dios está en su derecho de actuar según él quiera, y siempre es su voluntad hacer lo más sabio y mejor; ¿por qué recusaría pues sus acciones? No, si viene del Señor, que haga él lo que considere lo mejor.[166]

C. H. SPURGEON

Mudo me he quedado, no abro la boca, porque tú lo hiciste. Es interesante observar aquí la postura de David: Su mudez no era producto de una paciencia conformista, sino que brotaba de un espíritu satisfecho. En su aflicción, vio amor, y esto endulzó su alma.

JOSEPH SYMONDS [¿?-1652]
"The case and cure of a deserted soule", 1639

Mudo me he quedado, no abro la boca, porque tú lo hiciste. Este versículo nos muestra cómo Dios enseña a sus hijos; el verdadero carácter de su trato con ellos y el proceso educativo al que los somete. Es un entrenamiento para el reino; una formación para la eternidad; la disciplina del amor. Cada paso del proceso es todo bondad; no hay en el mismo ira o venganza. En la escuela, la disciplina puede ser severa, pero en el seno de la familia va movida por el amor. De esto estamos seguros; y el consuelo que nos brinda es inefable. El amor jamás nos hará daño; no habrá un ápice de sufrimiento innecesario. Si fuéramos capaces de entender esto, habría menos resentimiento hacia Dios por parte de los hombres, aunque sus golpes fueran más severos. No conozco mejor ilustración sobre los sentimientos de un creyente en la hora de la amargura que el caso Allan Cameron, padre de Richard Cameron.[167] El santo anciano estaba encarcelado a causa del *"testimonio de la palabra de Dios, y del*

[165] Así lo traducen BLP y la NVI.

[166] Cuando ANDREW MITCHELL THOMSON [1779-1831] cayó fulminado ante la puerta de su propia casa en Edimburgo, el 9 de Febrero de 1831, su muerte fue considerada como un golpe irreparable para el sector de tendencia evangélica dentro de la Iglesia de Escocia. Como pastor de la numerosa y próspera congregación de *St. George's* y líder de la iglesia de Escocia, Thomson implementó importantes reformas, entre ellas la introducción del canto de los Salmos. Sin lograr entender por qué Dios había decapitado el liderazgo de la iglesia de ese modo, THOMAS SNELL JONES [1754-1837], su amigo más íntimo y pastor de *Glenorchy Chapel,* se sintió tan afectado que se encerró en su despacho sin querer hablar con nadie hasta subir al púlpito el día del funeral para predicar un emotivo sermón sobre este versículo del Salmo 39: *"Enmudecí, no abrí mi boca, porque tú lo hiciste"*, un mensaje que conmovió profundamente y arrancó abundantes lágrimas de todos los asistentes. Entre los que se conmovieron estaba uno de sus fieles pupilos, un joven profesor de teología de la Universidad de Edimburgo, una mente brillante que el reverendo Jones había descubierto perdida en una parroquia de pueblo, en Kilmany, y que había promocionado personalmente: THOMAS CHALMERS [1780-1847], el siguiente líder indiscutido de la Iglesia de Escocia, y de la Iglesia Libre de Escocia escindida de la anterior en 1843. Chalmers fue reconocido como uno de los más importantes líderes cristianos del siglo XIX.

[167] Se refiere a RICHARD CAMERON [1648-1680], conocido también como *"Lion of the Covenant"*, "León del Pacto", líder de los presbiterianos escoceses que resistieron los intentos de los monárquicos de la casa de

testimonio de Jesucristo".[168] Sus perseguidores implacables, para hundirle la moral, le llevaron en una bandeja la cabeza sangrante y las manos de su hijo Richard, martirizado, y le preguntaron con sorna si la conocía. «Las conozco, las conozco –replico el padre, y besando la frente de su hijo exclamó– ¡es la de mi propio hijo, mi querido hijo! ¡El Señor lo hizo! ¡Alabada sea su santa voluntad! Jamás nos causará daño alguno, ni a mí ni a ninguno de los míos, antes ha hecho que la bondad y la misericordia nos sigan todos los días de la vida».[169]

Horatius Bonar [1808-1889]
"The Night of Weeping", 1847

Porque tú lo hiciste.[170] A estas alturas de su vida, el santo profeta tenía una herida profunda tanto en su cuerpo como en su espíritu; estaba enfermo y triste; y, sin embargo, recuerda la mano que lo golpeó: *"Tú, Señor, lo hiciste"*. Tú, a quien amo intensamente, lo que me permite tomarlo cariñosamente; tú, a quien he ofendido grandemente, por lo que me toca aceptarlo pacientemente. Si en lugar de postrarme en el lecho del dolor, me hubieras arrojado a un mar de llamas, de igual modo aceptaría tu corrección con gratitud. El salmista asume el golpe sin rechistar, sin el menor intento de replicar a Dios con palabras hirientes o frases de descontento, simplemente enmudece: *"Porque tú lo hiciste"*.

William Gurnall [1617-1679]
"Christian in complete armour, or, a treatise of the saints war against the Devil", 1655

Porque tú lo hiciste. Difícilmente digerimos un golpe de manos de nuestros iguales, pero un golpe de nuestro Rey podemos digerirlo sin dificultad.[171] Cuando el Rey de reyes pone su mano sobre nuestra espalda, amados, mejor pongamos la nuestra sobre la boca. Estoy convencido que esto fue lo que detuvo la boca de David de proferir lo que no debía: *"Enmudecí, guardé silencio y me callé"* (39:2) ¿Y por qué, David? *"Porque tú, Señor, lo hiciste"*. De la persona que actúa de ese modo, que es prudente y guarda silencio en tiempos difíciles, Dios mismo da testimonio de ella: *"Por eso, el prudente calla en este tiempo, porque el tiempo es malo"*.[172]

Nicholas Estwick [1584-1658]

Porque tú lo hiciste. Perkins,[173] que en su obra *"A Salve for a Sick Man"*, recopila las "últimas palabras" de muchos de los grandes hombres de Dios, dice que Juan Calvino exclamó: *«"Enmudecí,*

---

los Estuardo de controlar la Iglesia de Escocia, y conocidos como *"covenanters"* o "luchadores del Pacto", que tras su muerte fueron conocidos como "cameronianos".

[168] Apocalipsis 1:2.

[169] Salmo 23:6.

[170] En el texto hebreo son tres vocablos: כִּי אַתָּה עָשִׂיתָ *kî 'attāh 'āśîṯā.*

[171] Dice Ambrosio de Milán [340-397]: «La mano de Dios golpea con fuerza, pero cura con rapidez y sabiduría; es tan certera y poderosa para flagelar como hábil y veloz en sanar las heridas que causa; como dice en su Palabra: *"Yo hiero y yo sano, y no hay quien pueda librar de mi mano"* (Deuteronomio 32:39). Le arrebató a Job todo cuanto tenía, y le devolvió el doble de lo que le había quitado [...] *"El Señor sostiene a todos los que caen, y levanta a todos los oprimidos"* (Salmo 145:14). Y todo aquel que es levantado resulta fortalecido».

[172] Amós 5:13.

[173] Se refiere a William Perkins [1558-1602], uno de los principales líderes del movimiento puritano, y a su obra *"A Salve for a Sick Man, or a Treatise on Godliness in Sickness and Dying"*, 1558.

no abrí mi boca, porque tú lo hiciste". "Gemí como paloma"[174], Señor, porque me has triturado como polvo, pero me basta saber que viene de tu mano».

C. H. SPURGEON

Porque tú lo hiciste. Cuestioné en cierta ocasión a la providencia, y a la providencia blanca, la llamé negra e injusta, por dejar que me asfixiara en una ciudad donde ningún alma sentía interés por recibir a Cristo de mi mano. Pero la providencia tiene un lustre distinto ante los ojos de Dios que ante los míos llorosos. Me declaro, por tanto, un ciego, incapaz de distinguir en el extraño devenir de la providencia divina el blanco del negro. Aun suponiendo que Cristo colocara el infierno donde está el cielo, y llenara la gloria de demonios junto a los ángeles elegidos (algo imposible), quisiera tener un corazón dispuesto para aceptarlo sin más disputa.[175] Pues ahora veo que el manantial de todos sus juicios es la sabiduría infinita, y sus caminos son inconcebibles.[176] No lo logro, pero deseo aprender, a llevar mis pensamientos, voluntad y pasiones a los pies de Cristo, para que los pisotee. ¡Pero ay! aún no he cruzado el río, ando todavía por la orilla opuesta.

SAMUEL RUTHERFORD [1600-1661]
"Joshua redivivus, or, Three hundred and fifty-two religious letters; Written Between 1636 & 1661", 1796

Porque tú lo hiciste. Recuerdo el caso de una niña que, en la providencia de Dios, nació sordomuda. Fue aceptada y educada en una institución establecida para las personas que padecen esta minusvalía. Cierto día, un visitante hacía preguntas a estos niños con dificultades para disfrutar de los goces comunes de la infancia, y le hizo varias que ella contestó escribiendo rápidamente en un papel. Finalmente, el visitante escribió: «¿Por qué naciste sordomuda?» Durante unos instantes, los ojos claros de la niña se nublaron con una sombra de angustia, pero la sombra desapareció rápidamente, y tomando el lápiz, escribió en el papel: *"Sí, Padre, porque así te agrado"*.[177]

ELLEN M. ROGERS
"The Shepherd King", 1856

Vers. 10. *Quita de sobre mí tu plaga; estoy consumido bajo los golpes de tu mano.* *[Retira de mí tus golpes; estoy consumido bajo la dureza de tu mano.* RVR*] [Quita de mí tu plaga; por la dureza de tu mano estoy pereciendo.* LBLA*] [Quita de sobre mí tu azote, porque por el golpe de tu mano estoy siendo consumido.* BTX*] [Ya no me castigues, que los golpes de tu mano me aniquilan.* NVI*] [Aparta de mí tus golpes, que por la ira de tu mano muero.* BLP*] [¡Pero por favor, deja de castigarme! Estoy agotado por los golpes de tu mano.* NTV*]*

---

174 Isaías 38:14.

175 Dice DIODORO DE TARSO [¿?-392]: «He llegado a la conclusión, Señor, que cuanto me sucede es con tu consentimiento; lo cual me aporta la certeza que recibiré ayuda de ti en la misma medida que mis sufrimientos (…) Sé que todos los golpes y azotes van encaminados a mi corrección y mejoramiento, y por tanto, si sufro, no es porque hayas dejado de amarme o te hayas desentendido de mí, sino porque entiendes como prioritario el perfeccionar mi alma».

176 Isaías 55:8-9.

177 Mateo 11:26.

Retira de mí tus golpes. Silenciar toda objeción y lamento no impidió que elevara su voz suplicante en oración, que jamás debe cesar. Probablemente el Señor concediera al salmista su petición, pues por lo general, elimina la aflicción cuando nos resignamos a ella; cuando besamos la vara, nuestro Padre la echa al fuego. Pero si nos obstinamos, la vara sigue actuando. Es consecuente orar por la eliminación de un juicio cuando uno se resigna. David estaba ya completamente de acuerdo con la voluntad divina, y encontró base en su corazón para orar pidiendo la liberación; ciertamente, mientras se mantuvo rebelde no se atrevió a orar pidiendo que se eliminara su prueba, tan solo cuando volvió a la sumisión se atrevió a pedir misericordia.

Estoy consumido bajo la dureza de tu mano.[178] En nuestras debilidades y aflicciones podemos encontrar buenos ruegos y apelaciones. Es bueno mostrar a nuestro Padre celestial las magulladuras que nos producen sus azotes, por si para nuestra ventura su compasión paternal le aligera la mano y le mueve a consolarnos en su pecho. No es con el propósito de consumirnos que nos aplica tamaña disciplina, sino para consumir nuestros pecados.

C. H. SPURGEON

Quita de sobre mí tu plaga. Sí, tu plaga, y mía; tuya por aflicción, mía por pasión; tuya porque tú la enviaste, mía porque yo la soporto; tuya porque procede de tu justicia, mía porque responde a mi injusticia; remite lo que yo he hecho, y quita de mí lo que tú has hecho. Quienquiera que fuera que la puso sobre mí, el Señor me la quitará.

THOMAS ADAMS [1583-1653]
"Mystical bedlam, or the world of mad-men", 1615

Quita de sobre mí tu plaga. Habiendo rogado, en primer lugar, por la remisión de su pecado; ahora ruega por el alivio de su dolor, aunque esto le preocupaba menos; y ruega a Jehová, porque: *"él ha desgarrado, y él nos curará; él hirió, y él nos vendará"*.[179]

JOHN TRAPP [1601-1669]
"A commentary or exposition upon the books of Ezra, Nehemiah, Esther, Job and Psalms", 1657

Quita de sobre mí tu plaga; estoy consumido bajo los golpes de tu mano.

1. *Tu plaga.* Dios envía las aflicciones. Son golpes de su mano, no de la vara de la ley, sino de la vara del pastor. Cada aflicción es un golpe suyo.[180]
2. *Quita.* Dios retira las aflicciones. El salmista no pide milagros, tan solo que Dios intervenga, usando medios naturales, para su liberación. Debemos implorar la bendición divina sobre los medios empleados para nuestra liberación, tanto por nosotros mismos o por medio de terceros.
3. *Estoy consumido.* Las aflicciones tienen un propósito. Dios está en constante polémica con sus hijos. Un conflicto entre su voluntad y nuestra voluntad. Y en esa polémica, el salmista se declara vencido, derrotado y sometido: *"estoy consumido bajo los golpes de tu mano"*. Debe preocuparnos

[178] En hebreo מִתִּגְרַת יָדְךָ *mittiḡraṯ yāḏəḵā.* SCHÖKEL lo traduce como *"el ímpetu de tu mano"*. KRAUS: *"el peso de tu mano"*.

[179] Oseas 6:1.

[180] Dice FRANCISCO LACUEVA [1911-2005] en su versión española del "Comentario de Matthew Henry": «Su enfermedad le había debilitado hasta tal punto que su ánimo estaba decaído, su fuerza se hallaba exhausta, y su cuerpo se había vuelto macilento. Nuestras malas obras nos atraen la aflicción, por lo que somos castigados con nuestra propia vara. Es el yugo de nuestras rebeliones, aunque haya sido atado por su mano (Lamentaciones 1:14). No obstante, los golpes de la disciplina de Dios son para nuestro bien (39:11): *"Castigando sus pecados, corriges al hombre"* (Ver Hebreos 12:6-11)».

más que el propósito divino que ha motivado la aflicción se cumpla, que no el dolor que nos inflige; pues cuando el propósito se cumple, la aflicción desaparece.

GEORGE ROGERS [1798-1891]
Tutor del *"Metropolitan Tabernacle College"*

Vers. 11. ***Con castigos por el pecado corriges al hombre, y deshaces como polilla lo más estimado de él; ciertamente vanidad es todo hombre. Selah.*** *[Castigando sus pecados, corriges al hombre, y deshaces como polilla toda su belleza; ciertamente como un soplo es todo hombre. Selah.* RVR*] [Con castigos corriges al hombre por su iniquidad; como la polilla, consumes lo que es más precioso para él; ciertamente, todo hombre es solo un soplo. (Selah).* LBLA*] [Con castigos corriges al hombre por su iniquidad, como la polilla consumes su hermosura. Ciertamente todo hombre es vanidad. Selah.* BTX*] [Tú reprendes a los mortales, los castigas por su iniquidad; como polilla, acabas con sus placeres. ¡Un soplo nada más es el mortal!* NVI*] [Corriges a los seres humanos castigando sus culpas; como la polilla destruyes sus encantos, pues solo es vanidad el ser humano. [Pausa]* BLP*] [Cuando nos disciplinas por nuestros pecados, consumes como una polilla lo que estimamos precioso. Cada uno de nosotros es apenas un suspiro. Interludio.* NTV*]*[181]

Castigando sus pecados, corriges al hombre. Dios no juega con su vara; la usa por causa del pecado, y con el propósito de vapulearnos para sacarnos de sus garras; de ahí que quiera que sintamos bien sus golpes, y de veras que los sentimos.

Y deshaces como polilla toda su belleza. Como la polilla echa a perder la tela agujereándola y dejándola inservible, y con ello toda su belleza; así los castigos de Dios ponen al descubierto nuestra locura y debilidad y nos hacen sentir como vestidos viejos, gastados e inútiles. Muy poca cosa ha de ser la belleza cuando una polilla puede consumirla y una reprensión echarla a perder. Cuando el Señor nos visita con su ira, todos nuestros deseos y deleites quedan reducidos a cosas desagradables, raídas por la polilla

Ciertamente, todo hombre es solo un soplo. Como tan ingeniosamente lo describe Trapp:[182] «una peculiar imagen de la nada». Tan insustancial como su propio aliento, *"un vapor que aparece por un poco de tiempo, y luego se desvanece"*.[183]

---

[181] En el texto hebreo masorético: בְּתוֹכָחוֹת עַל־עָוֺן יִסַּרְתָּ אִישׁ וַתֶּמֶס כָּעָשׁ חֲמוּדוֹ אַךְ הֶבֶל כָּל־אָדָם סֶלָה *bəṯōwḵāḥōwṯ al-'āwōn yissartā 'îš wattemes kā'āš ḥămūḏōw aḵ heḇel kāl-'āḏām selāh.* SCHÖKEL traduce: *"Castigando la culpa educas al hombre, y roes como polilla sus tesoros. El hombre no es más que un soplo"*. Y KRAUS: *"Con castigos corriges al varón a causa de la culpa como la polilla destruyes su magnificencia, ¡todo hombre no es más que un soplo! Sela"*. La versión griega de los LXX o Septuaginta lee: ἐν ἐλεγμοῖς ὑπὲρ ἀνομίας ἐπαίδευσας ἄνθρωπον καὶ ἐξέτηξας ὡς ἀράχνην τὴν ψυχὴν αὐτοῦ· πλὴν μάτην ταράσσεται πᾶς ἄνθρωπος. Διάψαλμα que la Vulgata traduce al latín como: *"propter iniquitatem corripuisti hominem. Et tabescere fecisti sicut araneam animam ejus: verumtamen vane conturbatur omnis homo"*, "tu por causa de la iniquidad castigaste al hombre. E hiciste que su alma se consumiese como araña; ciertamente, en vano se conturba todo hombre". Es preciso tener en cuenta que la Vulgata corta la segunda parte del versículo 11 para juntarlo al 12, lo cual no hemos seguido con el propósito de cuadrarlo con el texto masorético.

[182] Se refiere a JOHN TRAPP [1601-1669], escritor y comentarista puritano famoso por su comentario a toda la Biblia en cinco volúmenes: *"Commentary on the Old and New Testaments"* publicado en Londres en 1654, y que se ha seguido publicado ininterrumpidamente hasta el día de hoy, por lo que ha sido y sigue siendo utilizado y apreciado por miles de pastores. Se ha dicho que juntamente con el "Comentario de Matthew Henry", el de Trapp constituye una de las mejores exposiciones a toda la Biblia que se han escrito. Se trata de un autor citado por la mayoría de autores cristianos desde el siglo XVII, especialmente por Spurgeon, que lo hace con mucha frecuencia.

[183] Santiago 4:14.

Selah. Pues bien, esta gran verdad existencial nos lleva a una pausa, como el cuerpo muerto de Amasá, que estando en medio del camino, hizo detener a las huestes de Joab.[184]

C. H. SPURGEON

Castigando sus pecados, corriges al hombre, y deshaces como polilla toda su belleza; ciertamente como un soplo es todo hombre. En este versículo encontramos la respuesta a las pruebas:

1. El motivo de las pruebas: *"Castigando sus pecados"*. A menudo decimos: ¡Oh, esta tribulación me ha arrebatado la tranquilidad, me ha privado de todo consuelo, me ha robado la sonrisa divina! No, lo único que persigue es quitar de ti todo vestigio de pecado, la escoria, nada del oro, solo pecado.

2. La naturaleza de las pruebas: *"Corriges al hombre"*. No son sentencias penales, sino amonestaciones amistosas y castigos paternales. Nuestra responsabilidad penal fue puesta sobre Cristo, nuestro sustituto, y quedó eliminada en la Cruz. Lo que ahora padecemos son simplemente correcciones paternales.

3. Los efectos de las pruebas: *"Como la polilla, consumes lo que es más precioso para él"*. Las pruebas consumen muchas cosas que nos parecen indispensables, pero que no lo son, y que en realidad no nos ayudan ni nos favorecen. La polilla se come las vestiduras deslumbrantes de vanidad, pero el manto de justicia sobre nuestra alma permanece intacto.

4. *La razonabilidad de las pruebas: "Ciertamente, todo hombre es solo vanidad"* ¡Cómo puede esperar nadie, en un mundo como este, quedar exento de pruebas! El mundo donde habita el cristiano, es el mismo donde habitaba antes de su conversión; y su cuerpo sigue siendo el mismo. Tenemos un alma convertida que habita en un cuerpo inconverso.[185] Y siendo así, ¿cómo cabe imaginar que escapemos de los avatares de la vida?

GEORGE ROGERS [1798-1891]
Tutor del *"Metropolitan Tabernacle College"*

Y deshaces como polilla toda su belleza. El significado puede ser: Así como la polilla se deshace en polvo con tan solo tocarla con los dedos, así también el hombre se deshace y se desvanece en la oscuridad al toque del dedo del Todopoderoso.

GEORGE PAXTON [1762-1837)]
"Illustrations of Scripture"
edición revisada y ampliada por ROBERT JAMIESON [1802-1880], 1843

Y deshaces como polilla toda su belleza. Las polillas son unos insectos increíbles en su poder destructor. He visto cuchillos con mangos de hueso devorados por las polillas. Muebles completamente destrozados. Y no es raro que puedan acabar con una prenda de vestir en una sola noche. Cuando Isaías habla de que *"la tierra se desgastará como ropa de vestir"*,[186] se refiere con toda probabilidad a prendas consumidas por las polillas.

JOHN GADSBY [1809-1893]
"My Wanderings", 1860

---

[184] 2 Samuel 20:11-13.
[185] Romanos 7:14-25.
[186] Isaías 51:9.

Y deshaces como polilla toda su belleza. En los países de Oriente Medio las polillas son enormes y vigorosas, pero de muy corta vida. Con su cuerpo de color verdoso, reflejando tonos púrpura y escarlata, revolotean majestuosas aprovechando la brisa que se levanta después de los chubascos; pero sus enemigos son numerosos, y en tiempo seco, pronto sucumben y son eliminadas. La hermosura del hombre, vestido también de vanidad con ropajes de púrpura y escarlata, se consume de forma muy parecida a la de este hermoso pero efímero insecto.

JOHN KITTO [1804-1854]
"The Pictorial Bible", 1836

Y deshaces como polilla toda su belleza; ciertamente, todo hombre es solo un soplo. El cuerpo del hombre es como el "vestido" del alma; un vestido que el pecado ha contaminado con una "polilla" que, poco a poco, lo desgasta y consume totalmente. Primero su belleza, luego su fuerza, y finalmente todos sus órganos vitales uno por uno, hasta convertirlo en polvo.[187] Quienquiera que haya contemplado el proceso progresivo de envejecimiento, deterioro y paulatina destrucción del cuerpo en un ser humano, no necesita más ilustración que esta; podrá discernir fácilmente cómo la polilla del pecado acaba pronto, no solo con la belleza, sino con todo el vigor y esencia del cuerpo del hombre *"en un soplo"*.

GEORGE HORNE [1730-1792]
"A Commentary on the Psalms in which Their Literal Or Historical Sense, as They Relate to King David,is Illustrated", 1825

Sin duda como un soplo es todo hombre. ¿Qué hace a un hombre "grande"?[188] ¿Qué es la grandeza? ¿Cabe adscribirla al ser humano, aunque no sea un ser inmortal? ¿O a sus acciones, a pesar de sus principios y motivos? ¡No! Así pues, todo el brillo de la nobleza no es superior al plumaje de un pavo real; ni el valor de Alejandro[189] a la furia de un tigre; ni los deleites de los sentidos practicados por Epicuro,[190] a los de cualquier animal que merodea por la selva.

EBENEZER PORTER [1772-1834]
"Lectures on Homiletics and Preaching, and on Public Prayer", 1834

Vers. 12. *Oye mi oración, oh Jehová, y escucha mi clamor. No calles ante mis lágrimas; porque forastero soy para ti, y advenedizo, como todos mis padres.* *[Oye mi oración, oh Jehová, y escucha*

[187] Génesis 3:19; Salmo 90:3; 104:29; Eclesiastés 12:7.

[188] En la Inglaterra de la época, dominada por la nobleza, el concepto de *"great"*, "grandes" aplicado a ciertos personajes era muy relevante. En España tenemos aún los llamados "Grandes de España", que es máxima dignidad de la nobleza española en la jerarquía nobiliaria, pues los Grandes de España están situados inmediatamente después del Infante o hijo del Monarca. La dignidad de Grande de España es otorgada por el rey y suele ir ligada a un título nobiliario, por lo que es hereditaria. En la antigüedad el apodo de "el Grande", que tuvo su origen en Persia, se aplicaba a personajes de todos los tipos y rangos, que por sus gestas habían destacado por encima de los demás.

[189] Se refiere a ALEJANDRO III DE MACEDONIA, más conocido como ALEJANDRO MAGNO [356-323 a.C.], considerado como uno de los más hábiles generales y grandes conquistadores de la Historia por su conquista del Imperio Persa.

[190] Se refiere al filósofo ateniense EPICURO DE SAMOS [341-270 a.C.] fundador del epicureísmo, un sistema filosófico que propugnaba la búsqueda de la felicidad combinando placeres y dolores. Su doctrina fue desarrollada y seguida después por otros filósofos, llamados epicúreos. El apóstol Pablo disputaba arduamente con ellos, según leemos en Hechos 17:18.

mi clamor. No te hagas sordo a mis lágrimas; porque forastero soy junto a ti, un huésped, como todos mis padres. RVR*] [Escucha mi oración, oh Señor, y presta oído a mi clamor; no guardes silencio ante mis lágrimas; porque extranjero soy junto a ti, peregrino, como todos mis padres.* LBLA*] [Escucha mi oración, oh YHVH, y presta oído a mi clamor; no guardes silencio ante mis lágrimas, porque he llegado a ser un extraño para Ti, un forastero, como todos mis padres.* BTX*] [Señor, escucha mi oración, atiende a mi clamor; no cierres tus oídos a mi llanto. Ante ti soy un extraño, un peregrino, como todos mis antepasados.* NVI*] [Señor, escucha mi oración, presta oído a mi grito; no seas sordo a mi llanto pues soy un huésped que habita contigo, un forastero como mis antepasados.* BLP*] [¡Oh Señor, oye mi oración! ¡Escucha mis gritos de auxilio! No cierres los ojos ante mis lágrimas. Pues soy tu invitado, un viajero de paso, igual que mis antepasados.* NTV*]*

Oye mi oración, oh Jehová. No ahogues mis súplicas con el estruendo de tus golpes. Has escuchado el clamor de mis pecados, Señor; escucha los lamentos de mis oraciones.

Y escucha mi clamor. Un avance en la intensidad, un grito, más vehemente, patético y apasionado que una simple oración. Lo importante era lograr la atención del oído y el corazón del Señor como fuera.

No te hagas sordo a mis lágrimas. Y un paso más en la vehemencia de la súplica. ¿Quién puede resistirse a las lágrimas, las arrolladoras armas de la debilidad? ¡Cuántas veces las mujeres, los niños, los mendigos y los pecadores recurren a las lágrimas como último recurso, y logran con ellas el deseo de su corazón! «Esta lluvia, descargada por la tempestad del alma»,[191] no cae en vano. Las lágrimas hablan con mayor elocuencia que diez mil lenguas; actúan como llaves en los compartimentos más profundos de los corazones tiernos, y la compasión divina no les niega nada, si el que llora mira a través de las gotas preciosas de la sangre de Jesús.[192] Cuando nuestras penas levantan las compuertas de nuestros ojos, Dios no tardará en intervenir y transformar nuestro duelo en gozo. Podrá permanecer pasivo por largo tiempo, como si no mirara, pero la hora de la liberación llegará, y vendrá como el rocío de la mañana, en el que las gotas son abundantes.[193]

Porque forastero soy junto a ti. No *"forastero para ti"*, sino *"junto a ti"*.[194] Como tú fuiste, Señor mío, *"un forastero entre los hijos de los hombres, y un desconocido para los hijos de mi madre"*.[195] Dios hizo el mundo, lo sustenta, le pertenece, y, a pesar de ello, los hombres le tratan como si fuera un intruso; y como tratan al Señor, así tratan también a sus siervos. «Nada tiene de sorprendente

---

[191] Se trata de una cita de Shakespeare en *"King John"*: *"This shower, blown up by tempest of the soul"*. "La vida y la muerte del rey Juan", Acto V, Escena II.

[192] Dice FRANZ DELITZSCH [1813-1890]: «Codo a codo con la oración, aparecen aquí las lágrimas como una forma de apelación tanto o más elocuente e inteligible para Dios; incluso en aquellos casos en los que las puertas de la oración parecen cerrarse, el aldabón de las lágrimas permanece siempre operativo».

[193] Deuteronomio 32:2; Salmo 110:3; 133:3; Isaías 26:19; Daniel 5:21; Oseas 14:5; Miqueas 5:7.

[194] En hebreo כִּי גֵר אָנֹכִי עִמָּךְ *kî ḡêr 'ānōḵî 'immāḵ*. La versión BLP traduce *"un huésped que habita contigo"*; SCHÖKEL: *"pues yo soy huésped tuyo"*, y comenta al respecto: «Aunque el orante sea solo huésped de Dios en su tierra, como todos los antepasados que ya se marcharon por la puerta de la muerte, la ley de Israel reconoce derechos al huésped y peregrino. La ley lo manda y saca las consecuencias, los profetas lo recuerdan e inculcan. Pueden recordarse los delitos de Sodoma y de Gaba (Génesis 19:1-13 y Jueces 19:1-30), y la afirmación de Job 31:32 *"El forastero no pasaba fuera la noche; mis puertas abría al caminante"*». [*Salmos, Tomo I, 1-72,* Editorial Verbo Divino, Estella, Navarra, 1992].

[195] Salmo 69:8.

que nos traten como a desconocidos».[196] Las palabras del salmista podrían significar también: "Comparto la hospitalidad de Dios" cual extranjero hospedado por un anfitrión generoso. Al pueblo de Israel se le ordenó ser amable con los extranjeros,[197] y el Dios de Israel, con mucha compasión, nos trató a nosotros, pobres extranjeros con una liberalidad sin límites.

Peregrino, como todos mis padres. Mis padres sabían que este no era su reposo definitivo; que pasaban por esta vida en calidad de peregrinos, usando el mundo como los viajeros usan una posada, y yo también lo sé. ¿Por qué deberíamos soñar con reposar en esta tierra cuando tenemos ante nuestros ojos los sepulcros de nuestros padres? Si hubiesen sido inmortales, sus hijos hubieran contado con una ciudad permanente a este lado de la tumba; pero como los progenitores eran mortales, así también su descendencia desapareció. Todos nuestros linajes, sin excepción, han sido peregrinos de paso por este mundo, y peregrinos somos nosotros también. David utiliza la naturaleza efímera de nuestra vida como argumento a su favor para implorar la misericordia del Señor, y Dios lo considera en este sentido. Mostremos nuestra piedad a los pobres peregrinos, y el Señor la mostrará también con nosotros.

C. H. SPURGEON

Oye mi oración, oh Jehová, y escucha mi clamor. No te hagas sordo a mis lágrimas; porque forastero soy junto a ti, un peregrino, como todos mis padres. En esta oración de David encontramos tres requisitos indispensables para que una oración resulte aceptable a Dios:

1. Humildad. El salmista confiesa humildemente sus pecados, su debilidad y su inutilidad. No debemos disimular nuestras aflicciones con una actitud estoica que solo busca enmascarar nuestro orgullo; aparentando fortaleza y reprimiendo los lamentos que nos consumen por dentro. Jamás tratemos de minimizar las acciones correctoras de la mano de Dios, al contrario, humillemos nuestros corazones orgullosos ante ella, y permitámosle que quebrante nuestras pasiones indisciplinadas.

2. Fervor e insistencia. Que se hace evidente en la elegante, pero insistente repetición del mismo concepto en secuencias de intensidad gradual: *"Oye mi oración… escucha mi clamor… no te hagas sordo…"*. *"Escucha mi clamor"*, es mucho más fuerte como súplica que *"oye mi oración"*. Y por si esto no fuera suficiente, añade: *"no te hagas sordo a mis lágrimas"* que es mucho más fuerte todavía, puesto que Dios toma buena nota nuestras lágrimas.[198]

3. Fe. *"Es necesario que el que se acerca a Dios crea que le hay, y que es galardonador de los que le buscan"*.[199] Y, ciertamente, el que acude a Dios debe creer esto, y el que cree esto no puede sino acudir a Dios; y aunque no reciba respuesta inmediata, *"el que cree no vacilará"*,[200] decide esperar pacientemente al Señor,[201] sin acudir a otros.

ROBERT LEIGHTON [1611-1684]
"Expository Lectures on Psalm xxxix", 1825

---

[196] Se trata de una cita a la segunda estrofa de un himno inglés titulado *"Behold what wondrous grace the Father has bestowed"*, basado en los textos de 1 Juan 3:1 / Gálatas 4:6; y que en la segunda estrofa dice así: *"'Tis no surprising thing, that we should be unknown; / the Jewish world know not their King, / God's everlasting Son"*.

[197] Éxodo 12:49; Deuteronomio 10:19.

[198] Salmo 56:8.

[199] Hebreos 11:6.

[200] Isaías 28:16.

[201] Salmo 40:1.

No te hagas sordo a mis lágrimas. Con toda humildad, podemos derramar nuestro corazón en forma de lágrimas implorando aquellas misericordias que anhelamos, y jadear hasta la extenuación para conseguirlas.[202]

THOMAS COBBET [1608-1686]
"Gospel Incense Or a Practical Treatise on Prayer", 1656

Porque forastero soy junto a ti, un peregrino, como todos mis padres. Tanto por decreto tuyo claramente expresado: *"pues vosotros forasteros y extranjeros sois para conmigo;*[203] como por convencimiento propio: *"y confesando que eran extranjeros y peregrinos sobre la tierra".* En base a ello, los cuidaste y protegiste con especial esmero; por tanto, haz lo mismo conmigo.

MATTHEW POOLE [1624-1679]
"English Annotations on the Holy Bible", 1683

Porque extranjero soy junto a ti, un peregrino, como todos mis padres. Por bien establecidos que estén, este es el talante de los santos sobre la tierra: considerarse como extraños. De hecho, todos los seres humanos son peregrinos y extranjeros en este mundo, pero los santos lo disciernen mejor y lo reconocen con mayor franqueza. Tampoco los impíos tienen morada permanente en la tierra, pero esto va en contra de su deseo, pues su ideal sería vivir aquí para siempre; son extranjeros contra su voluntad; su permanencia en el mundo es incierta, pero no pueden evitarlo. Y, dicho sea de paso, fijémonos que el salmista utiliza aquí dos palabras distintas: *"extranjeros"* y *"peregrinos"*. Extranjero es aquel que tiene su morada en otro país, que no es nativo o nacionalizado del lugar, simplemente se ha establecido y vive allí. Peregrino es quien está en un país, pero no tiene intención de establecerse, tan solo está de paso, en tránsito hacia su hogar habitual. Así que, en este mundo, los hijos de Dios son extranjeros y peregrinos; extranjeros, porque son ciudadanos del cielo, que es su patria; y peregrinos porque su voluntad no es establecerse en este mundo, tan solo están de paso y en continuo movimiento hacia su propio país.[204]

THOMAS MANTON [1620-1677]

---

[202] Salmo 42:1 RVR.

[203] Levítico 25:23.

[204] Dice AGUSTÍN DE HIPONA [354-430]: «*"Pues yo soy huésped tuyo"*. ¿Huésped? Sí, huésped, pero *"huésped tuyo"*. Mientras estuve con el diablo también fui huésped, pero tenía un mal anfitrión; pero ahora soy huésped que habita contigo. ¿Y por qué dice huésped? ¿Qué significa? Que de la casa que habito he de marcharme, pues no va a permanecer para siempre; por tanto, en ella no soy más que un huésped; pero huésped de mi Dios, y cuando esta casa perecedera que ahora habito se derrumbe me conducirá a otra que permanecerá para siempre, como nos dice el apóstol: *"Porque sabemos que si nuestra morada terrestre, este tabernáculo, se deshiciere, tenemos de Dios un edificio, una casa no hecha de manos, eterna, en los cielos"* (2 Corintios 5:1). Y cuando lleguemos a esta casa en los cielos, dejaremos de ser huéspedes, pues ¿cómo vamos a ser huéspedes en una casa eterna? Por tanto, debes estar preparado, porque en cualquier momento el Señor puede decirte que te tienes que mudar. ¿Y qué harás? ¿Vas a pleitear con él? No tienes contrato ni se te dio garantía alguna del tiempo que ibas a estar, no eres aquí más que un huésped forastero, *"peregrino, como fueron mis padres"*. Por tanto, debemos estar preparados para mudarnos cuando él lo diga. ¿Y qué mejor manera de estar preparados para mudarnos que recordar que somos huéspedes, que vivimos aquí como forasteros, que nuestra morada permanente está en los cielos, y vivir anhelándola meditando constantemente en ella?».

Porque extranjero soy.

1. El extranjero está ausente de su país y de la casa de su padre: así somos también nosotros, el cielo es nuestro país, Dios está allí, y Cristo está allí.

2. El extranjero no es conocido, ni por lo general bien visto por los nativos del país donde se encuentra, no forma parte de su cultura: así es también con los creyentes en este mundo

3. El extranjero suele tener que atravesar muchas penalidades y dificultades: así son las personas piadosas en el mundo. La fe cristiana, dice Tertuliano,[205] es como una planta extraña traída de un país extranjero, no se adapta a las particularidades del suelo y, por eso en este mundo crece con mucha dificultad.

4. El extranjero es paciente y tolerante, no disfruta de muchos de los beneficios de los nativos. Somos extranjeros en este mundo, y debemos esperar todo tipo de inconvenientes.

5. El extranjero es prudente y cauteloso, trata no ofender a nadie para no provocar el odio de los nativos.

6. El extranjero es agradecido, reconoce aún el menor favor y se contenta con lo que tiene. Y nosotros debemos contentarnos con lo poco o mucho que Dios nos ha concedido en esta tierra; en un país extraño, poco es mucho.

7. El extranjero está de paso, trata de cumplir lo antes posible sus objetivos y regresar a su país en cuanto pueda. Así también nosotros, deseamos partir de este mundo para el cielo cuanto antes mejor.[206]

8. El extranjero no compra cosas que no puede llevar consigo; no compra casas, muebles, campos; sino joyas y perlas, valores transportables que pueda llevar consigo fácilmente. Nuestro mayor afán debe estar en conseguir las joyas del pacto, los dones y frutos del Espíritu de Dios,[207] cosas que, cuando partamos para nuestro verdadero país, permanecerán con nosotros.

9. El extranjero tiene siempre el corazón en su país. También los santos de Dios.

10. El extranjero es precavido en cuanto a la ruta, teme extraviarse fácilmente. Así es también con el cristiano.

11. El extranjero hace previsiones para la vuelta a su país, cual buen comerciante, trata de regresar a casa ricamente cargado. Nosotros tenemos que comparecer ante Dios en Sión.[208] ¿Qué clase de personas debemos ser? Regresemos de nuestro viaje bien pertrechados.

Thomas Manton [1620-1677]

Oye mi oración, oh Jehová, y escucha mi clamor. No te hagas sordo a mis lágrimas; porque forastero soy junto a ti, un huésped, como todos mis padres. David relaciona este versículo con los beneficios que le había aportado la aflicción:

1. Le condujo a llorar.
2. Le condujo a orar.
3. Le condujo a apartarse del mundo.

Matthew Henry [1662-1714]
"Commentary on the Whole Bible", 1811

[205] Se refiere a Quinto Septimio Florente Tertuliano, más comúnmente conocido como Tertuliano [160-220], escritor y apologista cristiano cuya obra, escrita en latín, destaca por su vigor, suave sarcasmo, expresión epigramática y espíritu aguerrido. Escribió numerosas obras de apologética (la mayoría publicadas por CLIE) y son suyas diversas frases famosas como la conocida: "La sangre de los mártires es semilla de cristianos".

[206] Filipenses 1:23.

[207] Gálatas 5:22-23.

[208] Salmo 84:7.

Porque extranjero soy junto a ti, un peregrino, como todos mis padres. En este mundo somos peregrinos y extranjeros. Permitidme un ejemplo lo que ello significa:

1. Debo esperar el tratamiento habitual que se da a los extranjeros.
2. Debo mantener estrecha comunión con los demás extranjeros que pertenecen al mismo país que yo
3. Debo evitar involucrarme en las cosas de este mundo, que no es mi país.
4. Debo mantener mis afectos centrados en las cosas de arriba, y mis conversaciones deben versar sobre el cielo.
5. No debo impacientarme para partir hacia mi patria. Pero si anhelarla.

William Jay [1769-1853]
"The Christian Contemplated", 1826

Vers. 13. ***Déjame, y tomaré fuerzas, antes que vaya y perezca.*** *[Déjame, y tomaré fuerzas, antes que me vaya y perezca.* RVR*] [Aparta de mí tu mirada, para poder alegrarme, antes de que me vaya de aquí, y ya no exista.* LBLA*]] [Aparta de mí tu ira, para que tome aliento, antes que me vaya, y no exista más.* BTX*] [No me mires con enojo, y volveré a alegrarme antes que me muera y deje de existir.* NVI*] [Concédeme poder serenarme antes de que me vaya y deje de existir.* BLP*] [Déjame solo para que pueda volver a sonreír antes de que parta de este mundo y no exista más.* NTV*]*

Déjame.[209] Aparta tu vara. Aleja tu rostro airado. Dame una oportunidad para respirar. No me arrebates la vida.

Y tomaré fuerzas. Concédeme que el dolor amaine, al menos el tiempo necesario para reposar e ingerir alimento, y así reconstruir algo mi pobre cuerpo desmoronado. El salmista, convencido que va morir pronto, pide un poco de alivio a su tristeza para reanimarse y disfrutar nuevamente de la vida antes que toque a su fin.

Antes que me vaya y deje de existir.[210] En lo que hace a este mundo, la muerte es el final; es el destino que nos aguarda, y vamos directos hacia él. Tratemos que el breve intervalo esté iluminado por los rayos áureos del sol del amor que brota de nuestro Padre celestial. Ser un inválido desde la cuna hasta la tumba es triste; mucho peor es soportar los castigos del Señor durante un largo período, pero ¿qué son estos momentos de tristeza y dolor comparados con el castigo eterno que amenaza a los que mueren en sus delitos y pecados?

C. H. Spurgeon

[209] En hebreo הָשַׁע מִמֶּנִּי וְאַבְלִיגָה *hāša' mimmennî wə'aḇlîḡāh;* de שָׁעָה *shaah,* "mirar". Schökel lo traduce: *"No te fijes en mí; dame respiro"*. Kraus: *"Aparta tu mirada de mí, para que pueda alegrarme"*, y comenta al respecto: «La petición del versículo 13 resulta extraña. Se halla en contradicción con lo que se ha pedido en el versículo anterior: *"Escucha mi oración"*. Esta tensión es característica de todo el salmo. De ordinario, el orante del antiguo testamento pide con estas o parecidas palabras: *"Mírame, oh Señor!"* como en los Salmos 13:3; 25:18; 59:4; 74:20; 89:15; 119:159; etc. Pero aquí dice: *"¡Aparta tu mirada!"* como en Job 7,19; 10:20; 14:6; etc. Esta petición está determinada por la conciencia de haber sido golpeado por Yahvé y de haber tenido que experimentar la mano dura de Dios. No la cercanía de Yahvé, sino el hecho de que aunque él se alejase volvería a iluminar las tinieblas de la vida. Es un pensamiento de la más honda desesperación. Habrá que tener en cuenta que el Sal 39 está impregnado de dos sentimientos que se hallan mutuamente en pugna. Por eso, no es correcto tratar de suprimir las tensiones que aparecen, y utilizar para ello los recursos de la corrección y la trasposición de textos». [Los Salmos, Vol. I, Sal. 1-59; Ediciones Sígueme, Salamanca, 1993]

[210] En hebreo אֵלֵךְ וְאֵינֶנִּי *'êlêḵ wə'ênennî* de אַיִן *ayin,* "nada".

Déjame, y tomaré fuerzas, antes que me vaya y perezca. El hombre en su estado corrupto es como Nabucodonosor: tiene un corazón de bestia que solamente anhela la satisfacción de su apetito sensual; pero cuando es renovado por la gracia, recobra el entendimiento.[211] ¿Ora David para que Dios agregue unos años a su vida temporal? No por amor a este mundo, sino para prepararse mejor para el otro. ¿Busca consolarse con la esperanza de una estancia más larga en la tierra? No son los placeres de la carne los que encienden esta esperanza gozosa en su santo seno, sino la ventaja de poder seguir alabando a Dios en la tierra de los vivientes.[212] (...) *"Déjame* vivir, *y tomaré fuerzas*". David no se había recobrado todavía del terrible pecado que le hizo descender a un nivel tan bajo como el que podemos percibir en los versículos 10 y 11 de este salmo.[213] El justo no puede hacerse a la idea de morir y aceptarlo voluntariamente, mientras sienta en su corazón que no se encuentra en condiciones de santidad perfecta; mientras no experimente la paz del evangelio; mientras no disfrute de serenidad de la conciencia y gozo interior. ¡Ay! toda impureza es como veneno para los espíritus que la beben.

WILLIAM GURNALL [1617-1679]

"Christian in complete armour, or, a treatise of the saints war against the Devil", 1655

Déjame, y tomaré fuerzas, antes que me vaya y deje de existir. La visión del apego a la vida, que es el sentimiento que acaricia el salmista en esta apelación que hace al Soberano del universo, varía dependiendo de su naturaleza y de las ocasiones y sentimientos que lo susciten. Así, dependiendo de cómo lo miremos podemos encontrarlo nocivo, justificado o loable:

1. El apego a la vida puede fácilmente presentar un carácter *nocivo,* que suscite nuestra indignación. El caso más grave y evidente es cuando dicho apego se fundamenta en las cosas materiales que la propia vida ofrece, en procurarse *"el pago de la iniquidad"*[214] y *"los deleites temporales del pecado"*.[215]

2. El apego a la vida puede tener también un carácter *inocente,* y despertar nuestras simpatías (...) En la vida no todo es siempre negro; a menudo vemos en ella un rincón verde y exuberante, repleto de salud y felicidad, de armonía y alegría. Hay en el mundo cosas positivas: matrimonios tan unidos en su proyecto común, con unas relaciones tan perfectamente entretejidas, que les permite, año tras año, superar todas las dificultades y aumentar sus privilegios. Hay padres con una relación tan estrecha, tan intensa y agradable con sus hijos que, a través de las estaciones cambiantes de la vida, cada día que pasa es para ellos una fiesta. Hay amos indulgentes, y siervos fieles; hay barrios enteros donde impera la ley y el orden; hay sociedades cristianas que son exquisitamente atractivas. Aquí y allá nos topamos con seres humanos en los que abundan los atractivos morales y que irradian prosperidad y bienestar allí donde pisan. Y nadie de nosotros se sentirá movido a censurar la actitud de tales personas cuando, al comenzar su declive, viéndose languidecer y *"entrar por el camino de toda la tierra"*,[216] claman a Dios diciendo: *"Déjame, y tomaré fuerzas, antes que me vaya y deje de existir"*.

---

[211] Daniel 4:29-37.

[212] Salmo 27:13; 116:9; 142:5.

[213] Dice FRANZ DELITZSCH [1813-1890]: «La conclusión del Salmo 39, se repite de muchas y diversas maneras en el Libro de Job, que no hace sino dar vueltas y más vueltas al mismo dilema buscando resolver el acertijo. Cabe decir, sin embargo, que el libro de Job va un paso más allá en lo que respecta a su solución. David se muestra incapaz todavía de disociar en su mente sufrimiento de pecado o ira de sufrimiento; el libro de Job vislumbra un vínculo entre sufrimiento y amor; apunta a que el sufrimiento, aunque sea para muerte, debe servir siempre los más altos intereses de aquellos que aman a Dios, y por tanto, cuenta con una solución satisfactoria».

[214] 2 Pedro 2:15.

[215] Hebreos 11:25.

[216] Josué 23:14; 1 Reyes 2:2.

3. El apego a la vida puede tener un carácter *loable,* que desafíe cualquier animosidad en nuestros criterios y nos urja a poner nuestras mentes en sintonía con ella. Este versículo admite ser ilustrado como la oración de (a) un penitente, de (b) un santo y de (c) un filántropo; digna de encomio y alabanza:

a. Es digno de encomio quien implora vida como un penitente. Puede que el Espíritu Santo lo haya herido recientemente con sus saetas de convicción de pecado. Y tal vez duda del origen, la pureza y los resultados de tales sentimientos. Sabe que se pueden experimentar fuertes emociones, sin experimentar verdadera conversión, y precisa de más tiempo. Muchas consideraciones nos inclinan a tener una opinión favorable de todos aquellos que, no habiendo alcanzado una visión lo clara que ellos desearían de su estado moral, pese a ser evidente y alentador, desean honestamente vivir hasta que la gracia los haya llevado de victoria en victoria, y les haya permitido: *"hacer firme vuestro llamado y elección de parte de Dios".*[217] Pues consideran que aún podrían caer de su firmeza, y estas palabras: *"Déjame, y tomaré fuerzas"* procederían de los labios de un apóstata, de un reincidente, de nuevo ruborizado, temblando y pidiendo ser restaurado.

b. Es digno de encomio quien implora vida, en calidad de santo. (...) El noble oficio de suplicar, actuar y sufrir a favor del avance del honor divino entre lo profano, lo sensual, y lo mundano, es algo que se delega exclusivamente: *"a los santos que están en la tierra".*[218] Por tanto, la persona cuyo apego a la vida va estrechamente ligado a una misión de conversión de los pecadores, y que está dispuesta incluso a diferir por ello el disfrute de *"la plenitud de gozo",*[219] un santo hasta tal punto altruista y magnánimo, evidencia una piedad que incluso los mismos ángeles se ven obligados a reverenciar.

c. Finalmente, es digno de encomio quien implora la vida como filántropo. Antes me he referido al patrón generoso, al hombre deseoso hacer el bien. También al padre amante y afectuoso. Ahora quiero referirme en especial al *"pregonero de justicia"*[220] a *"un buen ministro de Jesucristo".*[221]

JOSEPF HUGHES [1769-1833]
en un sermón titulado *"Attachment to Life",*
predicado en el funeral del REV. JOHN OWEN [1766-1822]

Déjame, y tomaré fuerzas, antes que me vaya y deje de existir. ¿Puede que hasta los elegidos y fieles teman el día del juicio, lejos de sentirse cómodos pensando en él? ¡Sin duda! Ante todo, poco antes de su conversión, y después de ella, antes de haber alcanzado pleno convencimiento de la remisión de sus pecados. También, durante alguna caída o deserción espiritual, cuando el Señor decide esconder su rostro de ellos, o lo que es peor, mirarlos con ira, como hizo con David y con otros en circunstancias similares. Y finalmente, cuando después de haber sido fuertes en Cristo caen en algún

[217] 2 Pedro 1:10.
[218] Salmo 16:3; 101:6.
[219] Salmo 16:11.
[220] 2 Pedro 2:5.
[221] 1 Timoteo 4:6.

pecado estrepitoso, que les lleva, con razón, a temer la muerte y el juicio, y se ven en la necesidad de a orar como Job,[222] y como David: *perdóneme, para que pueda recuperar fuerzas antes que perezca.*

JOHN BARLOW [1580/81-1655]

"'The good mans priviledge', a sermon lately preached at Plimmouth in Devon, and now published at the request of some that then were auditors", 1618.

Déjame, y tomaré fuerzas, antes que me vaya y deje de existir.

Déjame, y tomaré fuerzas, antes que me vaya y deje de exis

1. *El tema* de la petición: No escapar de la muerte y vivir en este mundo para siempre, pues sabía que debía pasar por la muerte; pero sí recuperarse de sus aflicciones, y permanecer algo más de tiempo en este mundo. Tal oración es lícita cuando se presenta con sumisión y sujetándose a la voluntad de Dios

2. *Los motivos* de la petición:
   a. Que le diera tiempo de rebatir las calumnias de las que había sido objeto.
   b. Tener evidencias más claras del perdón y el favor divino.
   c. Ser de bendición para los demás, su familia y su país.
   d. Poder llegar a la muerte con mayor paz y consuelo.
   e. Que le fuera *"otorgada amplia y generosa entrada en el reino eterno".*[223]

GEORGE ROGERS [1798-1891]

Tutor del *"Metropolitan Tabernacle College"*

[222] Job 7:21.

[223] 2 Pedro 1:11.

SALMO 41

Salmo de la sanidad divina

Título: *Al músico principal. Salmo de David.* Un título frecuente en varios salmos.[1] Que un salmo vaya dirigido *"Al músico principal"* y no a cualquiera, sirve para recordarnos su valor peculiar. También se nos informa acerca de su autor: David utiliza su experiencia personal como base para un canto profético en el que se establece la dolorosa experiencia de Uno mucho mayor él.[2] ¡Qué dilatada era la experiencia de David! ¡Cómo se convirtió en un tipo de nuestro Señor! ¡Y cuán útil le fue para edificar generaciones futuras! Lo que en su vida fue amargura ha probado ser una fuente inagotable de dulzura para generaciones a través de los siglos.

C. H. Spurgeon

En la versión siríaca lleva el siguiente título: *"Salmo de David, cuando él nombró superintendentes para atender las necesidades de los pobres"*.

Adam Clarke [1760-1832]
"Commentary on the Whole Bible", 1831

Tema: El gran tema de este Salmo es, evidentemente, Jesucristo traicionado por Judas Iscariote, pero no es el único.[3] Cristo es el anti-tipo de David y, por tanto, todos los suyos son como él en cierta medida. Lo cual hace que las palabras de este salmo aplicadas al gran Sustituto, sean aplicables

---

[1] Este es el último salmo del Libro I de los Salmos (1-41). Y no deja de ser significativo que comience igual que el Salmo 1, con una bienaventuranza: "Bienaventurado el varón que no anduvo en consejo de malos" (1:1); *"Bienaventurado el que se preocupa del pobre"* (41:1).

[2] Franz Delitzsch [1813-1890] sitúa este salmo davídico en la época de la rebelión de Absalón, y lo fundamenta en la clara mención a Ahitofel que se desprende del versículo nueve (41:9): «Tan solo hace falta encajar unos pocos detalles extraídos de los Salmos 41/55 con las narraciones del libro 2 de Samuel para que todo cuadre y se confirme que ambos (Salmo 41 y Salmo 55) fueron compuestos por David durante el período de la rebelión de Absalón […] Así como el Salmo 39, salmo *yehovista*, forma pareja con el *elohista* Salmo 62 y ambos pertenecen al período de la rebelión de Absalón; el Salmo 41, salmo *yehovista*, forma pareja con el *elohista* Salmo 55, ambos compuestos también en esa misma época. El amigo íntimo traicionero del cual tan amargamente se queja en el Salmo 55:12-14, es el mismo personaje mencionado en el Salmo 41:9». Sin embargo su colega contemporáneo Johann Peter Lange [1802-1884] ve más apropiado situarlo en el contexto de 1 Reyes 1:5 a 2:9, con un David ya de edad avanzada, la rebelión de Adonías y su fiel Joab apoyando en esta ocasión al rebelde (1 Reyes 2:5-6).

[3] La aplicación directa que hace Jesús a su persona del versículo nueve de este Salmo (41:9), recogida en Juan 13:18: *"No hablo de todos vosotros; yo sé a quienes he elegido; mas para que se cumpla la Escritura: El que come pan conmigo, levantó contra mí su calcañar"* da pie a los Padres de la Iglesia y otros comentaristas de la antigüedad para hacer una interpretación de todo el Salmo en clave cristológica, a pesar de que algunas partes del mismo resulten difíciles de aplicar a la persona de Cristo.

– Schökel en su exposición cristiana del Salmo hace una interesante recopilación de cómo interpretan estos textos:

– El *"pobre"* de (41:1) es Cristo en su encarnación que *"se hizo pobre, siendo rico, para que vosotros fuéramos enriquecidos con su pobreza"* (2 Corintios 8:9).

– El *"lecho del dolor"* de (41:3) lo aplican a los padecimientos que sufrió en carne humana; y algunos, como es el caso Hilario de Potiers [316-367], incluso a la Cruz.

también a todos aquellos que creen en él. Quienes padecen oprobio como injusta recompensa a su bondad hacia los demás, hallarán en este Salmo enorme consuelo, al descubrir que es habitual en este mundo que los mejores reciban crueldad y desprecio en pago a su amor y benevolencia. Cuando el justo se siente humillado y deprimido por haber caído en el pecado, todas sus virtudes son olvidadas de inmediato, y sacando partido de su abatimiento, se convierte en blanco favorito del vilipendio más ruin.[4]

C. H. Spurgeon

Estructura: En los versículos del uno al tres (41:1-3), el salmista describe las misericordias prometidas a todos aquellos que se acuerdan de los pobres; lo cual utiliza como prefacio y argumento en el que apoyar su propia solicitud de socorro. Del cuatro al nueve (41:4-9), narra su propia experiencia. Invoca a Dios en oración en el versículo diez (41:10); y cierra con una acción de gracias en los versículos del once al trece (41:11-13)[5]

C. H. Spurgeon

Versión poética:

Bueatus qui intelligit super egenum, en pauper em

Feliz aquel mortal que cuidadoso,
con un celo eficaz, pero entendido,

– Ni tan siquiera la confesión de pecado de (41:5) la ven como incompatible, dado que Cristo, aunque era sin pecado (Hebreos 4:15), cargo sobre sí con el peso de todos nuestros pecados *"el justo por los injustos, para llevarnos a Dios, muerto en la carne pero vivificado en el espíritu"* (1 Pedro 3:18).

– El *"hazme levantar"* de (41:10) lo leen como un *"resucítame"*

– Y en el *"ante tu faz me admitirás para siempre"* de (41:12), la glorificación y reino eterno a la diestra del Padre.

[4] Dice Johann Peter Lange [1802-1884]: «El Salmo 41 es un cántico de fe en el que un hombre gravemente enfermo que yace sobre un lecho de dolor, con enemigos declarados acechando su final para celebrarlo, y falsos amigos adulándole de forma traicionera, se declara pecador y culpable ante Dios. Pero consciente a su vez de haberse mantenido en todo lo posible en el camino de la piedad, y haber actuado con generosidad y benevolencia hacia sus semejantes, siente que cuenta con el respaldo divino. Por tanto, en la seguridad y confianza de que será escuchado, ora a Dios implorando su gracia y su ayuda, convencido de su integridad, y de que su comportamiento hacia el sufrimiento de los demás le hace acreedor en sus propios sufrimientos de una recompensa por parte del Juez justo. Y en vista de lo mal que lo tratan los hombres, tanto los enemigos como también los amigos, pide sanidad divina para que la complacencia que Dios tiene en él sea manifiesta a todos, algo que no sucedería si se cumplieran las esperanzas de sus adversarios».

[5] Francisco Lacueva [1911-2005] en su versión española del "Comentario de Matthew Henry" aporta el siguiente resumen: «La misericordia y la verdad de Dios han sido siempre el consuelo y el sostén de los santos cuando han experimentado la enemistad traicionera de los hombres. David encontró muy crueles a sus enemigos pero halló en Jehová un Dios lleno de gracia y compasión hacia él. I. Ante todo se consuela y anima a sí mismo en medio de su enfermedad mediante su comunión con Dios, activa su fe y echa mano de las promesas de Dios (41:1-3) elevando su corazón en oración (41:4). II. Presenta la animosidad de sus enemigos contra él (41:5-9). III. Deja su causa en las manos de Dios (41:10-12), y concluye con una doxología (41:13). ¿Está alguien afligido a causa alguna enfermedad? Cante el comienzo de este salmo. ¿Está siendo alguien perseguido por algún enemigo? Cante la última parte».

socorre al pobre en sus necesidades,
y consuela también los afligidos.

Feliz mil veces, pues cuando él se vea
en el día terrible del conflicto,
el Señor mismo le dará socorros,
y si afligido está, le dará alivios.

Que el Señor le conserve, y le de vida,
que feliz lo haga, pues de serlo es digno,
que hasta en la tierra lo haga venturoso,
y que venza a sus fuertes enemigos.

Que lo ponga al abrigo de sus alas,
y que si está postrado y dolorido,
venga el Señor a rodear su lecho,
para inspirarle fuerzas y asistirlo.

Sí, Dios de caridad, tú que tanto amas
al que te imita, tú vendrás, tú mismo
a mullirle la cama en que reposa,
a fin de que repose más tranquilo.

Y por eso te dije, Dios piadoso,
ten compasión del triste estado mío,
ven a sanar mi alma que fallece,
porque débil e ingrata te ha ofendido.

Yo me veo entregado a las injurias,
a los insultos de mis enemigos,
que dicen con ardor ¿cuándo se muere?
¿cuándo se olvidará su nombre indigno?

Sí, alguno por acaso me visita,
me habla con amistad, me hace servicios;
pero en su corazón solo desea,
que se termine de mi vida el giro.

Se despide de mí, y apenas sale,
cuando de esta esperanza poseído,
a sus cómplices busca, y los alegra
con decir que está cerca mi exterminio.

Así se renovaban los susurros
de sus discursos todos vengativos,
y nunca se ocupaban de otra cosa,
que de buscarme daños y perjuicios.

Ya no puede escaparse repetían,
y tomando después aire festivo,
preguntaban riendo, si el que ha muerto
¿podrá otra vez volver entre los vivos?

Mas lo que hizo mi pena más sensible
fue ver que un hombre, mi mayor amigo,
que a mi mesa conmigo se sentaba,
y que mi propio pan comió conmigo.

No solo con traición me abandonase,
con mis perseguidores inmiscuido,
sino también que de la tropa inicua
se hiciese el capataz, fuera el caudillo.

Pero tú te apiadaste de mi suerte,
vuélveme pues a mi vigor antiguo,
para que pueda dar a estos infames
el pago que se tienen merecido.

Espero que lo harás, pues ya conozco
tu tierna compasión, y tu cariño,
viendo que no permites se complazcan
en mis pesares con placer inicuo.

Aunque culpado estoy por otros lados,
como inocente estoy de este delito,
tu piedad me sostiene, me conforta,
y no me negarás tu dulce auxilio.

Bendito sea el Dios omnipotente,
Santo Dios de Israel todos los siglos;
Bendito sea por los hombres todos,
Sea bendito Dios, sea bendito
Amen y Amén.

DEL "SALTERIO POÉTICO ESPAÑOL", SIGLO XVIII

Salmo completo: Una profecía acerca de Cristo y del traidor Judas.

EUSEBIO DE CESAREA [267-338]
citado por JOHN MASON NEALE [1818-1866] y RICHARD FREDERICK LITTLEDALE [18331890]
en *"Commentary on the Psalms from Primitive and Mediæval Writers"*, 1869

Vers. 1. *Bienaventurado el que piensa en el pobre; en el día malo lo librará Jehová.* *[Bienaventurado el que se preocupa del pobre; en el día malo lo librará Jehová.* RVR*] [Bienaventurado* *el que piensa en el pobre; en el día del mal el Señor lo librará.* LBLA] [*¡Oh las bienaventuranzas de aquel que se preocupa por el pobre! En el día malo lo librará YHVH.* BTX] [*Dichoso el que piensa en el débil; el Señor lo librará en el día de la desgracia.* NVI] [*Feliz quien atiende al desvalido, el Señor lo salvará en el día adverso.* BLP] [*¡Qué alegría hay para los que tratan bien a los pobres! El Señor los rescata cuando están en apuros.* NTV][6]

Bienaventurado. Este es el tercero de los salmos que abren con un *"Bienaventurado"*,[7] y la escala es progresiva, pues este va más allá de los otros dos. Lo primero es escudriñar la Palabra de Dios: *"en la ley del Señor está su delicia, y en su ley medita de día y de noche"* (1:1): lo segundo es el perdón de los pecados: *"aquel a quien es perdonada su transgresión, y cubierto su pecado"* (32:1); y lo tercero es que el pecador perdonado aporte frutos en favor de los demás (41:1). La palabra hebrea que se utiliza para decir *"Bienaventurado"*: אַשְׁרֵי *'ašrê* de אֶשֶׁר *esher* es exactamente la misma que la utilizada en los otros dos salmos, igual de enfática, como lo es también la bendición que la sigue.

El que piensa en el pobre.[8] Los pobres a los que hace referencia aquí el salmista, son pobres en esencia, débiles en su fuerza física, despreciados en su reputación, y desalentados de espíritu;[9] marginados por los demás.[10] Un viejo proverbio mundano otorga el último lugar a quien actúa con misericordia.[11] Los enfermos y desgraciados son siempre una rémora, una compañía poco agradable;

---

[6] AGUSTÍN DE HIPONA [354-430], comenta el versículo uno (41:1), en estos términos: «¿Qué significa: *"Bienaventurado el que se preocupa del pobre"* (41:1)? Que debes recibir a Cristo en su condición de pobre, según lo describe otro Salmo: *"aunque soy pobre y necesitado, el Señor me tiene en cuenta"* (Salmo 40:17). ¿Y por qué pobre y necesitado? Porque *"se despojó a sí mismo, tomando forma de siervo, hecho semejante a los hombres"* (Filipenses 2:7): rico junto al Padre, y pobre entre nosotros; rico en el cielo, pobre en la tierra; rico como Dios, pobre como hombre. […] ¿Qué significa esto? Que allí donde tu ves debilidad, está oculta la divinidad. Rico porque lo era y lo seguirá siendo; pobre porque tú lo eras y dejarás de serlo. En su pobreza está nuestra riqueza; en su flaqueza, nuestra fortaleza; en su necedad, nuestra sabiduría; y su condición de mortal es nuestra inmortalidad (1 Corintios 1:30). Fíjate bien en ese Pobre y no lo midas por su pobreza, pues se hizo pobre para colmar a los pobres; así que, abre los ojos de la fe y recibe a este Pobre para que no permanezcas pobre eternamente».

[7] Los otros dos son Salmo 1:1: *"Bienaventurado el varón que no anduvo en consejo de malos"*; y Salmo 32:1: *"Bienaventurado aquel a quien es perdonada su transgresión, y cubierto su pecado"*.

[8] En hebreo אַשְׁרֵי מַשְׂכִּיל אֶל־דָּל *ašrê maśkîl 'el-dāl*. La versión griega de los LXX o Septuaginta utiliza dos vocablos para expresar la idea de "pobre" y lee: μακάριος ὁ συνίων ἐπὶ πτωχὸν καὶ πένητα que la Vulgata traduce al latín como: *"Beatus qui intelligit super egenum et pauperem"*, "Bienaventurado el que entiende del necesitado y el pobre". DELITZSCH indica que el vocablo hebreo דַּל *dal*, aunque significa básicamente "pobre" según se desprende de su uso en Éxodo 30:15: *"Ni el rico aumentará, ni el pobre disminuirá"*, tiene un abanico muy amplio en sus significados que pueden incluir "desvalido", "débil", "insignificante", "marginado", "ignorado", "necesitado", "abandonado", etc. y se puede asociar incluso con la idea de "flaqueza" y "enfermedad": *"siete vacas subieron detrás de ellas, pobres, de muy mal aspecto y flacas"* דַּלּוֹת וְרָעוֹת *dallōwṯ wərā'ōwṯ* (Génesis 41:19); o incluso con el aspecto físico y emocional: *" ¿por qué de día en día vas enflaqueciendo así?* (2 Samuel 13:4). Cabría, por tanto traducir: *"Bienaventurado el que se preocupa del enfermo"*, y no sería ninguna irregularidad.

[9] Mateo 5:3; Lucas 6:20.

[10] Proverbios 19:7.

[11] Probablemente se refiere al proverbio inglés: *"The Devil take the hindmost"*, "El Diablo agarra a los últimos", esto es: a los que se entretiene ayudando a otros los agarra el Diablo y se quedan sin nada. Este proverbio aparece por primera vez en una comedia titulada *"Philaster, or Love Lies a-Bleeding"*, 1611:

y el mundo los abandona, como el amalecita no dudó en abandonar a su sirviente moribundo.[12] Pero aquellos que han sido hechos partícipes de la gracia divina son también partícipes de una naturaleza más tierna y compasiva. No se endurecen ante la desgracia de sus congéneres; hacen suya la causa de los marginados, y emplean sus mentes con tesón para lograr mejoras en su bienestar. No se limitan a echarles despectivamente una moneda cuando pasan por delante de ellos, sino que inquieren en sus necesidades, disciernen sus causas, y estudian los mejores métodos para aliviarlos, acudiendo en su rescate. Quienes actúan de ese modo, son objetivo predilecto del favor celestial, y ciertamente ovejas del prado del Señor, con la misma certeza que si llevaran en sus frentes la marca divina.

Fijémonos que el salmista no habla en tiempo pasado, sino en presente. No dice los que años atrás pensaron y se preocuparon de los pobres, sino *"el que piensa en el pobre"*. La benevolencia pasada, cuando se convierte en motivo de jactancia, es insolencia presente. En primer lugar y por encima de todo, más allá de todo lo que pueda darse en la tierra, está la compasión y benevolencia de nuestro Señor Jesús, *"que por amor a vosotros se hizo pobre, siendo rico, para que vosotros fueseis enriquecidos con su pobreza"*.[13] Todos sus atributos se concentraron en nuestra elevación. Sopesó nuestra situación, y vino en la plenitud de la sabiduría de Dios[14] para ejecutar la obra maravillosa de misericordia por la cual somos redimidos de nuestra condenación. Nuestra desdicha provocó su compasión, nuestra miseria lo movió a misericordia; y por su sabia actuación y atento cuidado hacia nosotros, es triplemente bendito por su Dios y por sus santos. No tan solo por lo que hizo, sino por lo que sigue haciendo por nosotros;[15] pues su misericordia sigue en tiempo presente, y así han se seguir también nuestras alabanzas a él.

En el día malo lo librará Jehová.[16] Quien es amoroso y compasivo con los pobres, lo es porque piensa en los demás; y por tanto, también Dios pensará en él. Dios nos mide con nuestra propia medida.[17] Incluso a los más generosos les llegan días de angustia, y la más sabia y eficaz provisión que podemos hacer para cuando arrecie la tormenta, es haber ofrecido refugio a otros cuando nosotros disfrutábamos de un buen techo.

La promesa de este versículo no implica que el creyente generoso quedará exento de padecer tribulaciones, sino que será preservado y librado de ellas a su debido tiempo. ¡Cuán cierto fue esto en el caso de nuestro Señor! Jamás hubo aflicción más profunda, ni triunfo más brillante que el suyo; y, gloria sea a su nombre, él es quien garantiza la victoria final a todos aquellos a quienes ha comprado con su sangre. ¡Ojalá todos fuéramos más como él a la hora de sentirnos movidos en compasión hacia los pobres en nuestras entrañas! Cuántas bendiciones se pierden aquellos que limitan su generosidad: la alegría y privilegio de hacer el bien; el dulce placer de suscitar la felicidad ajena; la aprobación del cielo; y la sonrisa divina en el corazón cuando no sobre la propia hacienda. Todos estos privilegios los desconoce el alma del tacaño. El egoísmo lleva consigo una maldición, es un cáncer en el corazón; en tanto que la generosidad es alegría y fortalece el tuétano en los huesos.[18] No debemos caer en el error de pensar que en los días oscuros podremos descansar en el supuesto mérito de las limosnas que hayamos hecho, pero, con todo, la dulce música en nuestra memoria de las viudas y huérfanos

---

«*They run all away, and cry, 'the devil take the hindmost'*». El mensaje es que cada cual debe procurar por sus propios intereses sin preocuparse por la suerte de los demás.

[12] 1 Samuel 30:11-13.

[13] 2 Corintios 8:9.

[14] 1 Corintios 1:21-25, 30-31.

[15] Romanos 8:34; Hebreos 7:25; 1 Juan 2:1.

[16] SCHÖKEL traduce: *"En el día aciago lo pondrá a salvo el Señor"*.

[17] Mateo 7:2; Marcos 4:24; Lucas 6:38. En el original inglés: *"God measures to us with our own bushel"*.

[18] Proverbios 15:30.

a quienes hayamos socorrido, y presos y enfermos a quienes hayamos ministrado, traerá a nuestros oídos no poco solaz.

C. H. SPURGEON

Bienaventurado el que piensa en el pobre. La mayoría de intérpretes comparten el criterio de que lo que aquí elogia el salmista es la práctica de la compasión y benevolencia, materializada en ayudar a los pobres y marginados. Sin embargo, no faltan quienes opinan que lo que se encomia con estas palabras, es la honestidad y comedimiento de aquellos que juzgan sabia y caritativamente a quienes padecen adversidad; algo que, bajo mi punto de vista, es una mejor interpretación de su significado. De hecho, el participio מַשְׂכִּיל *maśkîl* del verbo שָׂכַל *sakal,* cuyo significado primario es actuar o proceder con prudencia, no puede explicarse de ninguna otra manera. Al mismo tiempo, conviene analizar también en qué se basa David para afirmar que serán bendecidos quienes hagan un juicio sabio y prudente de las aflicciones con las que Dios castiga a sus siervos (…) Con David sucedió lo mismo que con el santo patriarca Job, a quien sus amigos, al ver que Dios lo trataba con notoria severidad, lo calificaron de inmediato como uno de los seres más perversos entre los hombres. Y ciertamente, este error se da entre nosotros con demasía: considerar como condenados y réprobos a todos aquellos que padecen tribulaciones (…) Somos muy proclives a opinar sobre otros precipitada e indiscriminadamente, hundiendo a los que padecen aflicción en lo más profundo del abismo. Precisamente para poner coto a este espíritu imprudente y desenfrenado, David afirma que son bienaventurados todos aquellos que se abstienen de hablar a la ligera juzgando a su prójimo con severidad; sino al contrario, disciernen correctamente las aflicciones que soporta; y, mediante la sabiduría del espíritu, mitigan los juicios severos e injustos a los que por naturaleza somos tan propensos.

JUAN CALVINO [1509-1564]

Bienaventurado el que piensa en el pobre; en el día malo lo librará Jehová. Así como Cristo pensó en nosotros estando nosotros en un estado de pobreza,[19] así también nosotros debemos meditar atentamente en el suyo; para considerar lo que él padeció en su propia persona;[20] discernir lo que sufre en la persona de los hermanos suyos más pequeños;[21] y extenderles a ellos la misericordia que él nos extendió a nosotros. Él, que era *"bendecido"* por Jehová, y fue *"librado en el día malo"* mediante una resurrección gloriosa, *"bendecirá"* y *"librará"* de la misma manera, a todos aquellos que por amor a él alivian la condición de sus hermanos.

GEORGE HORNE [1730-1792]
"A Commentary on the Psalms in which Their Literal Or Historical Sense, as They Relate to King David, is Illustrated", 1825

Bienaventurado el que piensa en el pobre. No los pobres del mundo en sentido general; ni tampoco los pobres entre los santos en particular, sino una persona específica en situación de pobreza; puesto que la palabra דָּל *dāl* está en singular, y designa claramente a nuestro Señor Jesucristo, al cual en el último versículo del Salmo precedente se le describe como *"afligido y necesitado"*.[22]

JOHN GILL [1697-1771]
"Exposition of the Old Testament", 1748

[19] 2 Corintios 8:9.
[20] 1 Pedro 2:21.
[21] Mateo 25:40.
[22] Salmo 40:17.

Bienaventurado el que piensa en el pobre. Quiero llamar vuestra atención a la manera peculiar en que la Biblia nos ordena atender las necesidades de los pobres. En el texto que tenemos ante nosotros leemos: *"el que **piensa** en el pobre",* esto es, el que considera, medita en el pobre. Pues de otro modo, dejaríamos las necesidades de los pobres a merced de una euforia impulsiva y aleatoria, una simpatía ocasional irreflexiva. Ya que el mero sentimiento de compasión, pese a ser un impulso útil como incentivo a la caridad, debe ser matizado y regulado. No proporciona *"al pobre"* más que una seguridad débil y fluctuante, susceptible a muchos vaivenes: las realidades de la vida pueden fácilmente neutralizarlo, la decepción extinguirlo, la ingratitud amargarlo, o bien el engaño, con todas sus falsedades, manipularlo atrayéndolo hacia objetivos equivocados. Y el tiempo, con su curso implacable, acaba siempre por erosionarlo y extinguirlo. La atención de los pobres, para sostenerse, precisa de algo más: de la materialización y personificación de los objetivos; pues el simple sentimiento de compasión es incapaz de penetrar en las verdaderas necesidades del alma abstracta e invisible. Es por ello que Biblia, en lugar de dejar la atención de los pobres al mero instinto de compasión o simpatía, va más allá, lo convierte en un tema de meditación: *"Bienaventurado el que piensa en el pobre".* (...) La Biblia nos llama a experimentar hacia los pobres no una mera compasión emocional abstracta, sino *"a pensar en el pobre".* Hace de la virtud de socorrer al pobre una cuestión espiritual premeditada, de cálculo, de planificación; no un mero sentimiento ocasional y transitorio. (...) No es *"pensar en el pobre"* limitarse a contribuir con dinero, añadiendo nuestro nombre a las contribuciones, para que nos emitan un recibo, y guardarlo luego celosamente como prueba documental de nuestro altruismo.[23] *"Pensar en el pobre"* es amor genuino y voluntad de entrega personal. Aparte del dinero, hemos de dar también nuestro corazón; y ello implica nuestro tiempo y nuestro calor humano. Hemos de descender al mundo de la necesidad. Abandonar nuestra comodidad habitual, que restringe nuestro *"pensar en el pobre"* a la contemplación y alivio de la pobreza desde la distancia; para adentrarnos en ella, familiarizándonos con los objetivos de nuestras acciones benevolentes (...) Limitarnos a contribuir con dinero no es *"pensar en el pobre",* no es atender las necesidades integrales de los pobres; el dinero no lo es todo, no sustituye el contacto humano y personal. Con nuestras donaciones contribuimos, sin duda, a aliviar la pobreza, pero nosotros quedamos vacíos. Hemos de visitar al enfermo, mullir su cama; darle la mano y ayudarle a reclinarse, pues esto es exactamente lo que el Señor promete en este salmo hacer con nosotros (41:1-3). ¡Esta es la auténtica bondad, verdadera y sencilla! ¡Esto es *"pensar en el pobre"*! Y de esto no esperéis ningún recibo, pues no puede ser registrado en ningún libro de contabilidad terrenal. Pero si lo hacéis bajo el impulso de vuestros principios cristianos; en una palabra, si lo hacéis como si lo hicierais a Jesús personalmente;[24] quedará registrado en el libro de los cielos, y aportará un lustre nuevo y peculiar a la corona que como discípulos de Jesús, tratamos de alcanzar mientras estamos aquí,[25] y que esperamos ceñir allí durante toda la eternidad.[26]

THOMAS CHALMERS [1780-1847]
en un sermón predicado ante los miembros de la
"Society for Relief of the Destitute Sick", en *St. Andrew's Church*, Edimburgo

Bienaventurado el que piensa en el pobre. Un noble piamontés a quien conocí en Turín, me contó la siguiente historia: «Me sentía hastiado de la vida, y después de un día espantoso, que ni quiero recordar, salí corriendo a la calle en dirección al río con la intención de arrojarme a él. De repente

[23] Y en nuestras sociedades avanzadas en el mundo actual deberíamos añadir: «y con la intención de deducirlo de los impuestos».

[24] Mateo 25:40.

[25] 1 Corintios 9:24-25.

[26] 2 Timoteo 4:8; Santiago 1:12; 1 Pedro 5:4; Apocalipsis 2:10.

sentí un tirón en la capa. Me volví y vi a un mocoso de pocos años de edad que la había agarrado y procuraba ansiosamente llamar mi atención. Su mirada y su actitud eran cautivadoras; como lo fue también la lección que aprendí. Me dijo: 'Somos seis hermanos y no tenemos qué comer, nos estamos muriendo de hambre'. Le miré a los ojos y pensé dentro de mí: ¿Por qué no aliviar la situación de estas pobres criaturas? Cuentas con medios sobrados para hacerlo, y ya de nada te van a servir. Te tomará tan solo unos minutos; y si me toma más tiempo, ¡qué más da! tampoco tienes prisa. Le seguí, y la escena de miseria a la que me condujo era algo indescriptible. Les entregué la bolsa con todo el dinero que llevaba, y su explosión de gratitud me dejó anonadado. Mis ojos se llenaron de lágrimas, y su alegría fue un bálsamo a mi corazón; aquel vacío atroz en mi interior con el que había salido de mi casa, había desaparecido por completo. 'Volveré mañana' -les dije». ¡Necio, ¿y pensabas abandonar un mundo donde puedes tener a diario tales satisfacciones por tan poco!

Samuel Rogers [1763-1885]
"Italy", 1823

Bienaventurado el que piensa en el pobre.

En el amor cristiano habita un espíritu ardiente,
y en la paloma compasiva el vigor del águila.
No basta con un mero suspiro de tristeza
para llenar las ansías que consumen al hambriento;
ni con unas cuantas palabras de simpatía hueca
para aliviar el dolor del enfermo que anhela sanidad.
No basta con esto: en la enfermedad, el dolor y la aflicción,
el verdadero espíritu cristiano aporta amor y prestación.
No espera la ocasión para aliviar, la busca,
no se limita a cumplir con su deber, va más allá:
Ante la necesidades presentes se vuelca por entero,
y planifica aquellas que se puedan presentar.[27]

George Crabbe [1754-1832]
"The Borough. Letter xvii", 1810

Bienaventurado el que piensa en el pobre; en el día malo lo librará Jehová. ¡Qué necios son los que temen perder sus riquezas al darlas y no temen perderse ellos al conservarlas! El que encierra su oro bajo llave será un buen carcelero, pero el que lo reparte a los pobres será un buen mayordomo. Los mercaderes pueden subir precios y sacar abundantes ganancias allí donde una mercancía escasea No compran vinos en Inglaterra para venderlos en Francia; ni especias en Francia para ofrecerlas en las Indias. En el cielo no habrá oportunidad de arrepentirse o de hacer el bien; tan solo paz y gloria en el favor de Dios. El mercader que llega a su destino con los arcones vacíos no es bienvenido. De

[27] Transcribimos aquí el poema en el inglés original: *«An ardent spirit dwells with Christian love, / The eagle›s vigour in the pitying dove. / It is not enough that we with sorrow sigh, / That we the wants of pleading man supply, / That we in sympathy with sufferers feel, / Nor hear a grief without a wish to heal: / Not these suffice -- to sickness, pain, and woe, / The Christian spirit loves with aid to go: / Will not be sought, waits not for want to plead, / But seeks the duty -- nay, prevents the need; / Her utmost aid to every ill applies, / And plants relief for coming miseries».*

igual manera, cuando los hombres lleguen a las puertas del cielo, Dios les preguntará: *"ubi opera?"*, ¿Cuál es tu obra? Porque la recompensa será conforme hayamos hecho.[28] Dispones de riquezas en este mundo y sabes bien dónde puedes invertirlas mejor: en los pobres. Pues en el cielo sobran riquezas, pero no hay pobres; por tanto, en virtud de tu fe en Cristo, invierte tus riquezas en los pobres de este mundo, para que se te extienda una letra de cambio que puedas hacer efectiva en el mundo venidero. Haz el bien mientras tengas oportunidad de hacerlo; alivia al oprimido y socorre al huérfano en tanto que dispones de tu hacienda en tu mano; pues cuando estés muerto, tus riquezas habrán pasado a otros. Una luz hacia adelante, que nos alumbre el camino, es mucho más útil que veinte vueltas hacia atrás. Que en tu compasión por los necesitados o para otros usos piadosos, tus propias manos sean ejecutoras y tus ojos, supervisores.

FRANCIS RAWORTH [¿?-1665]
en un sermón funerario predicado en la iglesia de Shoreditch, 1656

Vers. 1-3. Para una persona que está en necesidad, recibir ayuda es una bendición; pero *"más bienaventurado es dar que recibir"*.[29] *"Bienaventurado* –dice el profeta David– *el que piensa en el pobre"*. ¿Y qué es *"pensar en el pobre"*? ¿Decir: «Pobre hombre, ¡qué difícil tiene la vida! Cuánto me gustaría que las cosas le fueran mejor?» ¡No, no! Pensar en el pobre es involucrarse en su problema; es contribuir a mejorar su situación; es darle hasta que esté satisfecho; es sacar de nuestra propia gavilla, sí, hasta vaciar nuestra propia alma para saciar al hambriento. Pero, ¿y si las cosas no nos van bien? ¿No sería más sabio guardar el dinero por si acaso? Nos engañamos a nosotros mismos si pensamos que el dinero nos va a librar de las dificultades y tribulaciones. Más bien lo contrario, es más probable que el dinero nos sea causa de dificultades que no que nos libre de ellas. Pero a la persona misericordiosa, *el Señor la librará en el día de la angustia,* bien sea por sí misma, a través de otra, o por cualquier otro medio. ¿Y si nos sobreviene una enfermedad? *El Señor la sustentará sobre el lecho del dolor;* y lo que es, por así decirlo, un acto excepcional de benevolencia: *mullirás toda su cama en su enfermedad.* Y esto último da ventaja a los pobres; pues nadie puede decir ¡Ay, soy rematadamente pobre, ¿qué misericordia puedo yo hacer a otros para alcanzar la bendición prometida? Eres quien mejor puede mullir la cama de los enfermos. Qué gran acto de misericordia es que el salmista diga que el Señor mismo *mullirá toda su cama en la enfermedad.* Pues nadie hay tan pobre que no pueda mullir la cama de un enfermo.

RICHARD CAPEL [1586-1656]
"Tentations their nature, danger, cure.", 1655

Vers. 1, 5. *El que piensa en el pobre* (41:1) (…) *Mis enemigos dicen* (41:5). Strigelius[30] observa que en este Salmo hay una antítesis constante entre los pocos que piensan en los pobres de espíritu[31] y los muchos que los afligen o abandonan.

WILLIAM WILSON [1783-1873]
"The Book of Psalms: With an Exposition, Evangelical, Typical, and Prophetical, of the Christian Dispensation", 1860

[28] Apocalipsis 22:12.
[29] Hechos 20:35.
[30] Se refiere a VICTORINUS STRIGELIUS [1524-1569], teólogo alemán, rector de la Universidad de Jena, y posteriormente de las Universidades de Liepzig y de Heidelberg. La obra citada es *"A third proceeding in the harmonie of King David's harp: That is to say, a godly and learned exposition upon 17 Psalmes moe of the princely prophet David, beginning with the 45 and ending with the 61"*, 1595.
[31] Mateo 5:3.

Vers. 1-3. No caigamos en el error de pensar que la bendición de estos tres versículos se aplica a todos aquellos que ocasionalmente dan limosna a los pobres, dejan legados en sus testamentos para este fin, o que contribuyen a sociedades filantrópicas. Hacen bien en hacerlo, aunque algunos lo hagan por mera costumbre, según el caso; pero no es eso a lo que aquí se refiere el salmista. La bendición es para aquellos cuyo hábito es amar a su prójimo como a sí mismos,[32] y que, por amor a Cristo, alimentan a los hambrientos y visten a los desnudos.[33] Imaginad a un creyente que no se interesa por las necesidades de los pobres, contando con los recursos precisos para hacerlo; es lo mismo que concebir que la higuera estéril resulte aceptable al viñador;[34] y el día que el Rey venga en su gloria, habrá numerosas sorpresas y fuertes golpes de hacha, con los que muchos no cuentan.

C. H. SPURGEON

Vers. 2. *Jehová lo guardará, y le dará vida; será bienaventurado en la tierra, y no lo entregarás a la voluntad de sus enemigos.* *[Jehová lo guardará, y le dará vida; será bienaventurado en la tierra, y no lo entregarás a la voluntad de sus enemigos.* RVR*] [El Señor lo protegerá y lo mantendrá con vida, y será bienaventurado sobre la tierra; y no lo entregarás a la voluntad de sus enemigos.* LBLA*] [YHVH lo guardará y le dará vida; será dichoso en la tierra, y no lo entregará a la voluntad de sus enemigos.* BTX*] [El Señor lo protegerá y lo mantendrá con vida; lo hará dichoso en la tierra y no lo entregará al capricho de sus adversarios.* NVI*] [El Señor lo protegerá, le hará vivir feliz en esta tierra y no lo dejará a merced del enemigo.* BLP*] [El Señor los protege y los mantiene con vida; los prospera en la tierra y los rescata de sus enemigos.* NTV*]*

El Señor lo protegerá y lo mantendrá con vida. Su vida más noble será inmortal; pero incluso su vida mortal será celosamente custodiada por el poder del Señor. Jesús vivió en la tierra hasta que llegó su hora, y las artimañas del astuto Herodes[35] no lograron arrebatarle la vida hasta que el momento prescrito hubo llegado; y aún entonces, nadie le quitó la vida, sino que la dio por su propia voluntad, para tomarla de nuevo.[36] Y esta es la porción de todos los que son hechos a semejanza de su Señor: bendicen y serán bendecidos, preservan y serán preservados, estiman las vidas de otros y serán estimados a los ojos del Señor.[37] El avaro, como el cerdo, no sirve de gran cosa hasta que es sacrificado y muere; el justo, como el buey, presta servicio durante su vida, y merece la pena dejarlo vivir.

Y será bienaventurado sobre la tierra. La prosperidad lo rodeará y asistirá. Su vasija de aceite no menguará, porque alimentó al humilde profeta;[38] cortará de su pieza de tela y descubrirá que es más larga en ambos extremos.

> *«Un hombre a quien por loco se tenía;*
> *tanto más rico estaba, cuanto más repartía».*[39]

---

[32] Mateo 22:36-40.

[33] Mateo 25:34-40; Gálatas 6:14.

[34] Mateo 21:19; Lucas 13:6-9.

[35] Mateo 2:16.

[36] Juan 10:18.

[37] Salmo 116:15.

[38] 1 Reyes 17:16.

[39] Cita de la segunda parte de la obra de JOHN BUNYAN [1628-1688] *"The Pilgrim's Progress"*, en el capítulo XIV. Recibidos y alojados Cristiana, sus hijos, Integridad, Gran Corazón y otros peregrinos en la posada

Y si no se le conceden bienes y ganancias temporales, se le doblarán las espirituales. Lo poco que tenga será bendecido, y para él, pan y agua serán un festín. Las personas generosas son y deben ser bendecidas incluso aquí en la tierra; tienen su porción, tanto presente como futura. La bendición otorgada a nuestro Señor en *"el gozo puesto delante de él"* y que le llevó a soportar la cruz,[40] es un tema digno de la más profunda consideración, sobre todo porque es el marco de bendición al que todos los creyentes generosos pueden aspirar.

Y no lo entregarás a la voluntad[41] de sus enemigos. Ayudó a los afligidos cuando lo necesitaban, y ahora que es él quien precisa ayuda, encontrará en su Dios un campeón defensor. ¡Qué le harían al justo sus enemigos, si lo tuvieran a su alcance! Más vale estar en un pozo lleno de víboras que a merced de nuestros perseguidores. Esta frase: *"no lo entregarás a la voluntad de sus enemigos"* plantea un dulce negativo y, sin embargo, no sería fácil vislumbrar cómo esto podría ser cierto en el caso de nuestro Señor Jesús, de no ser porque sabemos que a pesar de haber sido privado de mucha bendición al ser hecho maldición por causa de nosotros, jamás fue abandonado total ni definitivamente por Dios, todo lo contrario: en su momento fue exaltado por encima de todos sus enemigos.[42]

C. H. SPURGEON

El Señor lo protegerá y lo mantendrá con vida Es importante remarcar que las personas altruistas que *"piensan en el pobre"*, y de manera especial aquellas que centran su labor entre los pobres enfermos; que recorren sótanos, buhardillas, callejuelas y antros de miseria buscando enfermos, y que los visitan y atienden incluso en lugares donde el contagio es más que probable, muy pocas veces se contagian o caen enfermos. El Señor los preserva de una manera peculiar, y los mantiene con vida. Por el contrario, muchos que hacen notorios esfuerzos para mantenerse alejados de los focos de infección y evitar el contagio, son víctimas de la enfermedad. Dios ama a las personas misericordiosas y valientes.

ADAM CLARKE [1760-1832]
"Commentary on the Whole Bible", 1831

Y será bienaventurado sobre la tierra. Ninguna de las aflicciones del justo entorpecerá o le arrebatará su bendición, ni tan siquiera en este mundo.[43]

DAVID DICKSON [1583-1663]
"Explanation of the First Fifty Psalms", 1653

---

de Gayo, al llegar a los postres, los huéspedes comienzan a contar enigmas y entonces Integridad propone a Gayo este en concreto, al que Gayo responde diciendo: «Quien de sus bienes a los pobres da; de nuevo, y con aumento, los recuperará». *"The Pilgrim's Progress"* fue publicada originalmente el año 1678, y Editorial CLIE ha publicado tanto la primera como la segunda parte de la obra bajo los títulos "El Peregrino" y "La Peregrina".

[40] Isaías 53:10; Hebreos 12:2.

[41] En hebreo וְאַל־תִּתְּנֵהוּ בְּנֶפֶשׁ אֹיְבָיו *wə'al-tittənêhū bənepeš 'ōyəḇāw*. KRAUS traduce: *"no le entrega a la codicia de sus enemigos"*. SCHÖKEL: *"no lo entregará a la saña de sus enemigos"*.

[42] Efesios 1:20-21; Filipenses 2:9;

[43] Dice FRANCISCO LACUEVA [1911-2005] en su versión española del "Comentario de Matthew Henry": «La buena voluntad de un Dios que nos ama es suficiente para tenernos a salvo de la mala voluntad de todos los que nos odian, sean hombres o demonios; y esa buena voluntad nos la podemos prometer si hemos tenido consideración de los débiles y hemos procurado aliviarles».

Vers. 3. ***Jehová lo sustentará sobre el lecho del dolor; mullirás toda su cama en su enfermedad.*** *[Jehová lo sustentará sobre el lecho del dolor; tornarás su postración en mejoría.* RVR*] [El Señor lo sostendrá en su lecho de enfermo; en su enfermedad, restaurarás su salud.* LBLA*] [YHVH lo sustentará en su lecho de dolor: En su enfermedad mullirás bien su cama.* BTX*] [El Señor lo confortará cuando esté enfermo; lo alentará en el lecho del dolor.* NVI*] [El Señor lo conforta en el lecho del dolor, le devuelve la salud si está postrado.* BLP*] [El Señor los atiende cuando están enfermos y les devuelve la salud.* NTV*]*

Jehová lo sustentará sobre el lecho del dolor. Los brazos eternos sostendrán su alma, igual que las manos amigas y las almohadas blandas incorporan el cuerpo de un enfermo. ¡Qué tierna y amorosa es esta imagen! ¡Cuánto acerca a Dios a nuestras dolencias y enfermedades! ¿Quién ha escuchado una declaración similar sobre Júpiter, los antiguos dioses paganos, o los de la India o China? Este es el lenguaje peculiar del Dios de Israel; se digna actuar de enfermero, le complace atender y cuidar las dolencias de los justos. Si hiere con una mano, sostiene con la otra. ¡Oh, bendito sea nuestro desmayo si ha de servirnos para caer reclinados en el pecho del Señor y ser sustentados por él! La gracia es el mejor bálsamo restaurador; el amor divino es el más vigoroso y eficaz estimulante para un paciente que languidece, pues fortalece el alma como un gigante, incluso cuando los huesos doloridos se estén quebrando debajo de la piel.[44] Ningún médico hay como el Señor, ningún tónico como su promesa, ni elixir como el de su amor.

Mullirás toda su cama en su enfermedad.[45] ¿Qué dice? ¿que el Señor hace de colchonero de sus hijos enfermos? En esto consiste precisamente el amor. ¿Y quién no está dispuesto a ser considerado con los pobres siendo tal la recompensa prometida? Una cama que soporta un cuerpo enfermo, pronto se endurece, y el paciente se va tumbando de un lado a otro buscando blandura. Pero la gracia aporta paciencia,[46] y la sonrisa de Dios trae paz; entonces la cama se vuelve blanda y suave porque el corazón está contento; y las almohadas mullidas porque la mente está tranquila. Fijémonos cómo dice que el Señor mullirá *"toda su cama"*, de la cabeza a los pies. ¡Qué generosidad tan considerada e infatigable! Nuestro amado y siempre bendito Señor Jesús, aunque heredero de esta promesa en todos sus aspectos, condescendió en renunciar a ella por nuestro bien, y no murió en una mullida cama, sino

---

[44] Salmo 32:3.

[45] En hebreo יְהוָה יִסְעָדֶנּוּ עַל־עֶרֶשׂ דְּוָי כָּל־מִשְׁכָּבוֹ הָפַכְתָּ בְחָלְיוֹ *Yahweh yis'āḏennū 'al-'ereś dəwāy kāl-miškāḇōw hāpaḵtā ḇəḥāləyōw.* Los exégetas traducen y comentan:

– KRAUS traduce: *"tú cambias todo su lecho durante su enfermedad"*.

– SCHÖKEL traduce: *"volcará la camilla de su enfermedad"*, y al respecto comenta: «Dado que מִשְׁכָּב *mishkab*, significa primariamente el "colchón", "lecho", "yacija" o "lugar donde acostarse"; y secundariamente el hecho mismo de acostarse o estar acostado, es decir, nuestro "guardar cama", la expresión כָּל־מִשְׁכָּבוֹ הָפַכְתָּ *kāl-miškāḇōw hāpaḵtā* puede significar "dar la vuelta", "doblar" o "plegar" el colchón debido a que ya no es necesario puesto que la enfermedad ha desaparecido. De ahí la traducción que hacen algunas versiones de: *"tornarás su postración en mejoría"*, o *"le devuelve la salud si está postrado"*».

– FRANZ DELITZSCH [1813-1890]: «El sentido es de darle un vuelco completo al jergón o cama del enfermo en recuperación, de tal modo que no quede en ella ni un solo vestigio de la enfermedad». Es decir, darle un vuelco, transformar el lecho de dolor en una demostración de la sanidad alcanzada. En cierto modo nos recuerda las palabras de Jesús al paralítico de Betesda: "Levántate, toma tu lecho, y anda" (Juan 5:8).

– FELIPE SCIO DE SAN MIGUEL [1738-1776] en una nota a su traducción de la Vulgata sugiere: *"Mi lecho de enfermedad lo convertirás en lecho de reposo"*, en el sentido de "me restituirás la salud".

[46] 1 Pedro 2:19-21.

en una cruz. Sin embargo, en esa misma cruz, fue sostenido y alentado por el Señor su Dios antes de expirar, por lo que murió triunfante.[47]

C. H. SPURGEON

Jehová lo sustentará sobre el lecho del dolor; mullirás toda su cama en su enfermedad. ¡Qué ternura tan conmovedora! ¡Qué delicadeza tan exquisita la del Señor al cuidarnos! Probablemente la misma que sintió Pedro cuando el Salvador se le acercó con la intención de lavarle los pies: *"No me lavarás los pies jamás"*[48] exclamó; y "no dejaré que mullas mi cama" decimos nosotros. Y sin embargo: *"si no te lavare, no tendrás parte conmigo"*; si el Señor no mulle nuestra cama en la enfermedad, no tendremos paz ni consuelo. Hemos escuchado a David pedirle repetidamente a Dios que incline sobre él su oído,[49] cual madre amorosa atenta al más débil susurro de su bebe; sin duda, una imagen hermosa impregnada de la mayor ternura. Pero en este versículo la imagen es extraordinaria, grandiosa, sublime: el Señor, Dios Creador de cielos y tierra, que dijo cuando estaba en este mundo: *"yo estoy entre vosotros como el que sirve"*,[50] adoptando realmente la función y labor de un sirviente, y llevando a cabo con el más exquisito amor el trabajo de un enfermero.

BARTON BOUCHIER [1794-1865]
"Manna in the heart or daily comments on the book of Psalms", 1855

Jehová lo sustentará sobre el lecho del dolor; mullirás toda su cama en su enfermedad. El significado correcto es más bien: "Jehová lo sustentará sobre el lecho del dolor; y ya no será más un lecho de dolor, porque tú le habrás sanado de su enfermedad".

JOHN JAMES STEWART PEROWNE [1823-1904]
"Commentary on the Book of Psalms", 1864

Mullirás toda su cama en su enfermedad. Cuando el justo está enfermo, Dios promete mullir toda su cama en su enfermedad. Colchón, almohada, cabeza, pies, costados, la cama entera. Y ciertamente, poca duda puede quedarnos de que el Dios que hizo al hombre a su imagen y semejanza,[51] que conoce a la perfección, y desde dentro, tanto su constitución física como su temperamento, sabe muy bien cómo mullir su cama para complacerlo. Y en esto su habilidad es sublime, pues no hace que la cama encaje en la persona, sino que la persona encaje en la cama, infundiendo la paciencia necesaria para ello.[52] Con todo, alguien dirá: ¿Cómo va Dios a mullir mi cama, si tan siquiera tengo cama propia? ¡Necio! Él puede hacer que incluso esto se convierta para ti en una ventaja. Cuando Jacob se

---

[47] Lucas 23:46.
[48] Juan 13:8.
[49] Salmo 17:6; 31:2.
[50] Lucas 22:27.
[51] Génesis 1:26.
[52] Dice FRANCISCO LACUEVA [1911-2005] en su versión española del "Comentario de Matthew Henry": «El lecho de postración será así lecho de mejoría. Dios no ha prometido que estarán exentos de enfermedades, ni que la enfermedad se detendrá ante las puertas de la muerte; pero sí ha prometido que les dará gracia para soportar con paciencia la aflicción y esperar con gozo el resultado. El alma podrá así estar tranquila, por medio de la gracia, mientras el cuerpo yace dolorido».

durmió con una piedra por cabecera, ¿quién no habría cambiado su mullida cama por el suelo duro, con tal de alcanzar el privilegio de contemplar en su sueño la escalera celestial?[53]

THOMAS FULLER [1608-1661]
"Good thoughts in bad times, Good thoughts in worse times", 1647

Mullirás toda su cama en su enfermedad. ¿Cabe imaginar una cama mejor o más cómoda, que aquella que el propio Dios ha mullido?

THOMAS WATSON [1620-1686]
"Discourses on Important and Interesting Subjects", 1660

Mullirás toda su cama en su enfermedad. No debemos olvidar que las camas orientales no necesitaban ser hechas en el mismo sentido que las nuestras. No eran más que un colchón o edredones densamente acolchados, a los que cuando la persona se sentía incómoda, les daban la vuelta. Este es el sentido de la palabra hebrea utilizada en este caso.[54]

C. H. SPURGEON

Mullirás toda su cama en su enfermedad. Un día que fui a visitar a un querido amigo moribundo, Benjamín Parsons,[55] le pregunté: «¿Cómo te encuentras hoy?» Me contestó: «Mi corazón descansa dulcemente sobre tres almohadas: amor infinito, poder infinito, y sabiduría infinita». Mencioné esta frase en una de mis predicaciones en Canterbury Hall,[56] en Brighton; y varios meses después me pidieron que asistiera espiritualmente a una joven, muy pobre pero muy piadosa, aparentemente agonizando. Me dijo: «Sentí en mi corazón que debía verle antes de morir. Escuché en uno de sus sermones la historia de Benjamín Parsons y sus tres almohadas; y tiempo después, cuando tuvieron que hacerme una cirugía, una operación muy dolorosa, tenía la cabeza apoyada sobre tres almohadas, que la enfermera retiró. Y le dije al cirujano: '¿Puedo seguir con ellas?' 'No, querida, –me contestó– tenemos que retirarlas'. Entonces le dije: 'Bueno, pues voy a seguir con las de Benjamín Parsons, esas no me las podéis quitar; apoyaré mi cabeza sobre el poder infinito, el amor infinito y la sabiduría infinita'».

EDWIN PAXTON HOOD [1820-1885]
"Dark sayings on a harp; and other sermons", 1865

Vers. 3-4. ¿Qué dice David en su enfermedad desde el fondo de su corazón? No tan solo *"ten misericordia de mí, y hazme levantar"* (41:10); sino que primero se consuela con esta promesa: *"Jehová lo sustentará sobre el lecho del dolor; mullirás toda su cama en su enfermedad"* (41:3). Y luego agrega: *"Yo dije: Jehová, ten misericordia de mí; sana mi alma"* (41:4). Esto es, destruye Señor mis concupiscencias, que son las enfermedades de mi alma, sánala y renueva en ella la vida y la comunión contigo, que son la salud y fortaleza de mi alma. No te limites a apartar de mí tan solo esta enfermedad

[53] Génesis 28:13-19.
[54] Solo recordar al lector que la versión inglesa KJV, que era la que utilizaba Spurgeon, lo traduce de la siguiente manera: *"Thou wilt make all his bed in his sickness"*, "Tú harás toda su cama en su enfermedad".
[55] Se refiere a BENJAMIN PARSONS SYMONS [1785-1878], clérigo anglicano y administrador de la Universidad de Oxford.
[56] Se refiere a un auditorio en *Church Street,* en la ciudad costera de Brighton, en el Sur de Inglaterra, que se utilizaba para conciertos y eventualmente para reuniones y conferencias.

y la muerte que puede ocasionarme; aparta también de mí este pecado que te ha deshonrado y ha hecho una separación entre los dos: *"Sana mi alma, porque contra ti he pecado"* (41:4).[57]

THOMAS GOODWIN [1600-1679]
"The Work of the Holy Spirit in Our Salvation", 1692

Vers. 4. ***Yo dije: Jehová, ten misericordia de mí; sana mi alma, porque contra ti he pecado.*** *[Yo dije: Jehová, ten misericordia de mí; sana mi alma, porque contra ti he pecado.* RVR*] [Yo dije: Oh*

---

[57] El Salmo 41, y de manera especial estos versículos tres y cuatro (41:3-4), son fundamentales para entender el concepto de vinculación entre enfermedad y pecado tan arraigado en el judaísmo del A.T. Fue este concepto el que provocó la pregunta de los discípulos: *"¿quién pecó, este o sus padres, para que haya nacido ciego?"* y la consiguiente respuesta de Jesús: *"No es que pecó este, ni sus padres, sino para que las obras de Dios se manifiesten en él"* (Juan 9:1-3). KRAUS dice al respecto:

«En el trasfondo del versículo cuatro (41:4) se halla la idea de la conexión indisoluble entre enfermedad y culpa que encontramos claramente reflejada también en algunos otros salmos: Salmo 6:1-2; 32:1-4; 38:1-8. El hecho de que el salmista hubiese caído en una grave dolencia hizo aparecer de inmediato en escena a sus enemigos, que formulando acusaciones contra quien había sido castigado por Dios de manera tan visible, piden sea de inmediato expulsado de la comunidad (…) y que, más allá de la tumba, su nombre sea olvidado para siempre» [Los Salmos, Vol. I, Sal. 1-59; Ediciones Sígueme, Salamanca, 1993]. Y SCHÖKEL aporta un excelente comentario que consideramos imprescindible transcribir:

«Llama la atención que en el Salterio un enfermo grave no provoque sentimientos de compasión, sino de hostilidad. Los amigos de Job no fueron a visitarle para darle consuelo sino a reprocharle; y aquí los rivales del salmista parecen estar esperando su enfermedad para arremeter contra él. Ante la enfermedad grave, aún los familiares flaquean y se retiran. ¿Es esto mera convención del género literario o está condicionado por costumbres y creencias de la época? La medicina de entonces no disponía de muchos medios. Un emplasto de higos para Ezequías (Isaías 38:21), vino y aceite para las heridas. El vino desinfecta con el alcohol, el aceite suaviza, ablanda y protege. Más fácilmente se curaban las heridas que las enfermedades. El Levítico propone una minuciosa sintomatología encaminada más para determinar y confinar al paciente, alejándole de la comunidad, que para aplicar un tratamiento. El enfermo puede ser una carga para la familia, una amenaza de contagio (cuyo mecanismo físico se desconoce). Y la conclusión es que el enfermo ha sido *"tocado"* por Dios y castigado por alguna culpa. Las enfermedades resultaban con frecuencia mortales. Nuestra experiencia moderna de la enfermedad es profundamente distinta, y a pesar de ello no debemos olvidar, incluso en el entorno de nuestra sociedad, las reacciones hacia los enfermos de Sida. Pues bien, las rivalidades y enemistades latentes o patentes de aquella sociedad parecen excitarse cuando el rival o enemigo ha caído enfermo: es exactamente lo que estaban esperando, lo que deseaban; quitárselo de delante sin mancharse ellos las manos, Dios se encarga de él. Se puede hacer una visita de cortesía disimulando, pero los comentarios en la calle son distintos; y si bien el paciente no los escucha, los imagina, pues es probable que haya asistido a otros semejantes o incluso participado en ellos. Además, frente a semejante hostilidad, el enfermo es impotente. No puede defenderse física ni moralmente; pues incluso él toma conciencia de haber sido castigado o al menos reprendido por Dios. Y por si fuera poco, también los amigos se acobardan ante el enfermo o se dejan llevar por los comentarios malignos de los enemigos. La enfermedad produce una desolada soledad, encerrada en un círculo de desvío y hostilidad. En tal situación, al enfermo no le queda más que dirigirse a Dios: confesando que ha pecado genéricamente contra él, aunque eso sí, alegando haber sido todo lo justo que ha podido con sus semejantes y haberse preocupado de los pobres y desvalidos. Su argumento es que si bien el pecado justifica el castigo divino, su conducta de misericordia con otros provocará su compasión y alcanzará la curación. Y una vez sano y restablecido, podrá darles su merecido a sus adversarios, que no han logrado cantar su triunfo» [*Salmos, Tomo I, 1-72,* Editorial Verbo Divino, Estella, Navarra, 1992].

Señor, ten piedad de mí; sana mi alma, porque contra ti he pecado. LBLA*]* *[Dije yo: Oh YHVH, ten misericordia de mí; sana mi alma, porque contra Ti he pecado.* BTX*]* *[Yo he dicho: «Señor, compadécete de mí; sáname, pues contra ti he pecado.* NVI*]* *[Yo dije: "Señor, apiádate de mí; cúrame, pues he pecado contra ti".* BLP*]* *[«Oh Señor, ten misericordia de mí –pedí en oración–, sáname, porque contra ti he pecado».* NTV*]*

Yo dije: Señor, ten misericordia de mí. "Dije, –esto es, en ferviente oración– *Señor, ten misericordia de mí".* Demuéstrame ahora en la adversidad el trato favorable que me tienes prometido, ya que me diste la gracia de ser generoso en mi prosperidad. No apela a la justicia; pero insinuando la recompensa prometida, va directo a depositar su súplica a los pies de la misericordia. ¡Hasta dónde tuvo que humillarse nuestro Redentor para que tales peticiones pudieran salir de su venerada boca, para que sus labios semejantes a lirios de los valles,[58] destilaran tan olorosa pero amarga mirra!

Sana mi alma. Llegó mi tiempo de languidez, ahora haz lo que has dicho, y fortaléceme, especialmente en mi alma. Debemos ser mucho más fervientes a la hora de pedir la sanidad del alma que la curación del cuerpo. Escuchamos mucho sobre la cura de almas, pero solemos preocuparnos poco de ello.

Porque contra ti he pecado.[59] He aquí la raíz de sus aflicciones. El pecado y el sufrimiento son compañeros inseparables, van inevitablemente juntos. Fijémonos en que el salmista entiende que se trata de pecado especialmente ponzoñoso porque es contra Dios: *"contra ti he pecado".* Esta singular petición encierra la esencia del verdadero arrepentimiento. Aplicada tanto al caso de David, como al de otros creyentes que hayan pecado, qué evangélico resulta su argumento: sáname, no porque soy inocente, sino porque he pecado. ¡Qué contrario suena todo esto a los conceptos habituales de auto-justificación! ¡Cómo concuerda con la gracia! ¡Qué incompatible con el mérito! Incluso el hecho de que el penitente que confiesa su pecado hubiera recordado a los pobres y sido benevolente con ellos, se menciona de paso, indirectamente; la apelación directa a la misericordia divina se fundamenta en la magnitud del pecado.[60] ¡Oh lector que tiemblas, en estas palabras del salmista hay para ti un precedente divinamente revelado; no te demores en hacerlo tuyo!

C. H. SPURGEON

Yo dije: Jehová, ten misericordia de mí; sana mi alma, porque contra ti he pecado. Dios es la verdadera fuerza del corazón de un cristiano, sanándolo y restaurándolo cuando se debilitan los hábitos infusos de la gracia, y el pecado se hace en él más fuerte y vigoroso. El cristiano jamás sucumbe en el ejercicio de la gracia, pero el pecado ensarta graves heridas; y por ello David clama: *"Señor, sana mi alma, porque he pecado".* Y lo que David pide en oración, es lo que Dios promete a su pueblo: *"Yo sanaré su rebelión".*[61] La debilidad y deterioro de la gracia, conducen al cristiano a la enfermedad de

[58] Cantares 2:1.

[59] FELIPE SCIO DE SAN MIGUEL [1738-1776] en una nota a su traducción de la Vulgata indica que los Padres de la Iglesia en su interpretación cristológica del Salmo entienden esto como aplicado a Cristo contando que él "hizo suyos los pecados de todo el mundo" (Ver nota 3).

[60] De lo cual aprendemos que incluso la persona más piadosa y compasiva, que se acuerda del pobre y cuenta con el beneplácito divino, el hombre "conforme al corazón de Dios" (1 Samuel 13:14; Hechos 13:22) tiene la necesidad imperiosa de declararse pecador implorando el perdón, puesto que *"no hay justo, ni aún uno"* (Salmo 14:1-3; Romanos 3-10).

[61] Oseas 14:4.

la caída; así fue con David y con Efraín.[62] Pero cuando esto sucede, Dios se convierte en médico del alma, y sana sus enfermedades. Así lo hizo en el caso de David; y David en agradecimiento devolvió su tributo de alabanza: *"Él es quien perdona todas tus iniquidades, el que sana todas tus dolencias"*.[63]

SAMUEL BLACKERBY [1618-1674]

Yo dije: Jehová, ten misericordia de mí; sana mi alma, porque contra ti he pecado. Saúl y Judas ambos reconocieron: *"He pecado"*;[64] pero David exclama: *"contra ti he pecado"*.

WILLIAM SWAN PLUMER [1802-1880]
"Studies on the Book of Psalms", 1867

Vers. 4-9. Estos versículos describen una polémica entre el suplicante y su Dios. El suplicante alega haber sido generoso y amoroso con los pobres, y sin embargo, se encuentra que en la hora de su necesidad la asistencia prometida no hace acto de presencia. En el caso de nuestro Señor, hubo una noche oscura y lúgubre, en la que estos argumentos le eran muy adecuados dada su condición.[65]

C. H. SPURGEON

Vers. 5. ***Mis enemigos dicen mal de mí, preguntando: ¿Cuándo morirá, y perecerá su nombre?*** *[Mis enemigos hablan mal contra mí, preguntando: ¿Cuándo se morirá, y perecerá su nombre?* RVR*] [Mis enemigos hablan mal contra mí, diciendo: ¿Cuándo morirá y perecerá su nombre?* LBLA*] [Mis enemigos dicen mal de mí: ¿Cuándo morirá y perecerá su nombre?* BTX*] [Con saña dicen de mí mis enemigos: «¿Cuándo se morirá? ¿Cuándo pasará al olvido?».* NVI*] [Mis enemigos auguran mi desgracia: "¿Cuándo morirá y desaparecerá su nombre?".* BLP*] [Pero mis enemigos solo hablan mal de mí. Preguntan: «¿Falta mucho para que se muera y pase al olvido?»* NTV*]*

Mis enemigos hablan mal contra mí. Hablar y practicar el mal formaba parte de su naturaleza, por tanto, no había posibilidad de que el hijo de Dios pudiera escapar de las garras de sus enemigos. La víbora se aferró a la mano de Pablo;[66] cuanto más intachable sea la persona, más venenosas serán las calumnias. Las lenguas malvadas siempre están ocupadas, y nunca en la verdad. Jesús fue calumniado hasta el extremo, aunque no había delito en él.[67]

Preguntando: ¿Cuándo se morirá, y perecerá su nombre?[68] No se daban por satisfechos hasta lograr acabar con él. Al parecer, el mundo no es lo suficientemente ancho como para que los impíos puedan convivir en él con los justos, e incluso cuando estos ya no estén ya presentes físicamente, su memoria sigue siendo una ofensa para sus enemigos. Dicen: la "Alegre Inglaterra" se desvaneció,

[62] Oseas 5:12-13.

[63] Salmo 103:3.

[64] 1 Samuel 15:24, 30; 26:21. Mateo 24:4.

[65] Mateo 27:46; Lucas 22:39-46.

[66] Hechos 28:3-6.

[67] Juan 18:38.

[68] SCHÖKEL entiende que el sentido de la frase podría ser "¿cuándo desaparecerá su apellido?" asumiendo que el enfermo iba a morir sin descendencia y por tanto su apellido iba a desaparecer. Ver Salmo 9:5; 109:12-13; Jeremías 11:19.

cuando sus habitantes comenzaron a cantar Salmos.[69] En el caso del Maestro gritaron: *"Quita de la tierra a tal hombre, porque no conviene que viva"*.[70] Si los perseguidores pudieran salirse con la suya, la Iglesia tendría un solo cuello, y estaría en el tajo. Si los ladrones pudieran, de buena gana apagarían todas las velas. Aquellos que son la luz del mundo,[71] no son precisamente el deleite del mundo.[72] Los pobres murciélagos, que son ciegos y no toleran la luz, vuelan hacia la lámpara y tratan de derribarla.[73] Pero el Señor vive para siempre, y preserva tanto a los santos como su buen nombre.[74]

C. H. SPURGEON

---

[69] En el original inglés: *"It was never merry England, say they, since men took to Psalm singing"*. El *"Merry England"* es una concepción idílica del país basada en sus conceptos culturales arcaicos, una Inglaterra de cuento de hadas en la que todo el mundo era feliz, y que nunca existió, comparable en ciertos aspectos al "sueño americano". Los enemigos de la fe cristiana alegaban que esta Inglaterra idílica ancestral, desapareció a causa de la religión, es decir, cuando el pueblo inglés comenzó a cantar salmos. Esto es lo que quiere decir Spurgeon con esta frase.

[70] Hechos 22:22.

[71] Mateo 5:14-16.

[72] En el original: *"The lights of the world are not the delights of the world"*.

[73] Spurgeon usaba habitualmente esta comparación familiar para describir la falta de visión espiritual de los impíos. Tradicionalmente se había creído que los murciélagos son ciegos, pues a pesar de que tienen ojos, los tienen atrofiados de permanecer en la oscuridad y sus ojos carecen de visión tal y como nosotros la conocemos. Pero esta teoría, incuestionable en la época de Spurgeon, ha sido superada por recientes investigaciones científicas, que han llegado a la conclusión de que la visión de los murciélagos no es tan deficiente como pensábamos: aunque no ven como nosotros o los demás animales, sí son capaces de 'ver' la luz polarizada del sol. En realidad usan varios sentidos para volar: sus ojos (porque ven, aunque distinto de los humanos), su sónar de ultrasonidos para entornos familiares conocidos y una brújula interna que combinan con la luz que perciben con los ojos y les sirve para orientarse en largas distancias.

[74] En esa misma clave de interpretación cristológica, AGUSTÍN DE HIPONA [354-430] hace esta notable exposición del versículo: «Cautivados por la manera magistral en que les hablaba (Mateo 7:29; Marcos 1:22), y deslumbrados por el poder majestuoso que demostraban sus milagros dejando entrever su naturaleza divina, las multitudes seguían a Jesús masivamente. Y cuando los líderes de los judíos vieron esto se alarmaron, reaccionando tal y como el propio Señor había anticipado en una parábola: *"Este es el heredero; venid, matémosle, y apoderémonos de su heredad"* (Mateo 21:38). Basta con escuchar las palabras del pontífice Caifás: *"¿Qué hacemos? Porque este hombre hace muchas señales. Si le dejamos así, todos creerán en él; y vendrán los romanos, y destruirán nuestro lugar santo y nuestra nación (...) Vosotros no sabéis nada; ni os dais cuenta de que nos conviene que un solo hombre muera por el pueblo, y no que toda la nación perezca"*. Y el evangelista nos explica a continuación el sentido de las palabras que ni aún el que las pronunció entendía: *"Esto no lo dijo por sí mismo, sino que como era el sumo sacerdote aquel año, profetizó que Jesús iba a morir por la nación; y no solamente por la nación, sino también para congregar en uno a los hijos de Dios que estaban dispersos"* (Juan 11:47-52). Viendo que el pueblo se iba tras él, dijeron como los adversarios del salmista: *"Cuando muera, también su nombre desaparecerá"*; es decir, cuando acabemos con él su nombre desaparecerá de la tierra, no quedará nada de él; después de muerto no podrá seducir a nadie, pues su muerte misma demostrará a cuantos le seguían que no era más que un hombre mortal, y que no había en él esperanza alguna de salvación; por lo que dejarán de seguirle, y su nombre desaparecerá. Pero no fue como habían planeado. Murió, sí, pero su nombre no pereció, sino que fue como una semilla que se siembra. Murió, sí, pero resultó ser el grano de trigo que si cae en tierra y muere multiplica la cosecha (Juan 12:24). De hecho, una vez resucitado y glorificado, las multitudes comenzaron a creer en él más fervorosamente y en mucho mayor número. Ascendió el a los cielos, pero sus seguidores siguieron trabajando aquí en la tierra dando a conocer las buenas nuevas en su nombre; entonces dijeron sus enemigos: Cuando acabemos con ellos, su nombre desaparecerá. Y el diablo desencadenó feroces persecuciones contra la Iglesia, con el fin de destruir el nombre de Cristo (…) y así fueron los mártires sacrificados con la intención lograr

Mis enemigos hablan mal contra mí. "Hablan", en el sentido en que se utiliza aquí, equivale a "imprecar" o "maldecir".

JUAN CALVINO [1509-1564]

¿Cuándo se morirá, y perecerá su nombre? Es el *"nombre"*, es decir, el carácter y privilegios del verdadero siervo de Dios, lo que provoca el odio de los impíos, y que les llevaría de buena gana, su pudieran, a eliminarlo de su vista.

WILLIAM WILSON [1783-1873]
"The Book of Psalms: With an Exposition, Evangelical, Typical, and Prophetical, of the Christian Dispensation", 1860

Vers. 6. *Y si vienen a verme, hablan mentira; su corazón recoge para sí iniquidad, y al salir fuera la divulgan.* *[Y si vienen a verme, hablan mentira; su corazón, repleto de iniquidad, sale a criticar fuera.* RVR*] [Y si alguno viene a verme, habla falsedades; su corazón recoge iniquidad para sí; cuando sale fuera, lo publica.* LBLA*] [Y si alguno viene a verme, habla mentira, su corazón recoge malas noticias, y saliendo afuera, las divulga.* BTX*] [Si vienen a verme, no son sinceros; recogen calumnias y salen a contarlas.* NVI*] [Si uno viene a verme, habla fingiendo, guarda para sí el engaño y al salir fuera lo cuenta.* BLP*] [Me visitan como si fueran mis amigos, pero mientras tanto juntan chismes y, cuando se van, los divulgan a los cuatro viento.* NTV*]*

Y si vienen a verme, hablan mentira. Sus visitas de cortesía son una farsa. Cuando el zorro visita al cordero enfermo, sus palabras son blandas, pero se lame el hocico pensando en su cadáver. Es de miserables tener espías atormentando el dormitorio de un enfermo, fingiendo bondad, pero con malicia en sus corazones. Para las personas honestas, la charla hipócrita es siempre exasperante y repugnante, pero para el santo que sufre lo es más. Nuestro divino Señor padeció mucho de esto por la falsedad en los corazones de los que le observaban y escuchaban sus palabras.

Su corazón, repleto de iniquidad. A cada cual lo suyo. El pájaro hace su nido de plumas. De las flores más hermosas y dulces el químico puede destilar veneno, y en los actos y palabras más puras la malicia puede hallar base para informes calumniosos. Es sorprendente comprobar cómo el odio teje su telaraña sin material alguno. No es una prueba fácil tener que soportar a nuestro alrededor a personas inicuas acechando cada palabra que podamos pronunciar para tergiversarla y convertirla en mal. El Maestro a quien servimos estaba constantemente sujeto a esta aflicción.

Y al salir fuera la divulgan. Fabrican sus mentiras, y luego las venden en el mercado abierto. Cuando salen por el portal ya tienen la calumnia forjada, y esto contra un pobre enfermo a quien visitaron en calidad de amigos –un enfermo cuyo discurso balbuceante e incoherente debería inspirar piedad en los demás. ¡Ah, miserables de corazón ennegrecido! ¡Auténticos cachorros del diablo! ¡Cuán lejos están dispuestos a ir los hombres con tal de poder difundir sus calumnias! Con gusto colgarían letreros en el firmamento con sus falsedades. Para ellos una pequeña ofensa se convierte en un delito gigantesco; un simple desliz de la lengua es una calumnia, un error un crimen, y si una

que Cristo muriese de nuevo y su nombre se extinguiera. Pero el derramamiento de la sangre de los santos tan solo sirvió para que la Iglesia se multiplicara, pues: *"Estimada es a los ojos del Señor la muerte de sus santos"* (Salmo 116:15). Los cristianos se han ido multiplicando cada vez más, y el deseo de los enemigos de Cristo que dijeron: *"Cuando muera su nombre desaparecerá"*, no se ha cumplido. Cristo murió, y no se extinguió su nombre; murieron los mártires, y la Iglesia se extendió y se multiplicó cada vez más: y hoy, sigue creciendo por todas las naciones y se sigue anunciando el nombre de Cristo».

palabra puede soportar dos significados, se inclinarán siempre por el peor. ¡Anunciadlo en Gat, dad las nuevas en las plazas de Ascalón; para que salten de gozo las hijas de los incircuncisos![75] Es propio de ruines y mezquinos golpear a un hombre cuando está hundido y, sin embargo, tal es la mezquindad que muestra el mundo hacia cualquier héroe cristiano al que por algún motivo le toque permanecer temporalmente bajo una nube.

C. H. SPURGEON

Y si vienen a verme, hablan mentira. Es decir, muchas palabras, pero ninguna verdadera.

DAVID DICKSON [1583-1663]
"Explanation of the First Fifty Psalms", 1653

Y si vienen a verme, hablan mentira; su corazón, repleto de iniquidad, Recuerdo un corto apólogo[76] que cuenta Bromiard:[77] «Una fría mañana de invierno, después de haber logrado atrapar a un grupo de pájaros por los que había estado aguardando largo tiempo, empezó a recoger sus redes, y cortando la cabeza a los pájaros los iba colocando en el suelo uno al lado de otro. Parapetado detrás de un arbusto, un joven tordo vio que por las mejillas del cazador resbalaban unas gruesas lágrimas, debidas sin duda al frío extremo reinante, y dijo a su madre: 'Debe ser un hombre compasivo, pues mira cómo llora amargamente por la atrocidad cometida contra esos pobres compañeros'. Pero la madre replicó que más le valía juzgar por las acciones de su mano que por las lágrimas de sus ojos; y que si sus manos obraban a traición, jamás se acercara a él ni trabara con él amistad, por mucho que sus palabras fueran lisonjeras y sus ojos vertieran amargas lágrimas de aparente compasión».

JEREMY TAYLOR [1613-1667]
"Discourse upon The Beatitudes", 1667

Su corazón recoge iniquidad para sí. ¿Cómo?

1. Sumando pecado sobre pecado, y encubriendo su malicia con una horrenda hipocresía.
2. Ideando todas las formas posibles para atrapar al justo o causarle daño, buscando así la manera de colmar sus corrompidos deseos.
3. (Mi preferida) Observando al justo minuciosamente, extrayendo de él toda la información que le sea posible, y forjando con ello en el yunque de su mente todo el entramado donde fundamentar sus injustas conjeturas y censuras.

ARTHUR JACKSON [1593-1666]
"Annotations upon the five books immediately following the historical part of the Old Testament (commonly called the five doctrinal or poetical books) Iob, the Psalms, the Proverbs, Ecclesiastes, and the Song of Solomon", 1658

Vers. 7. *Reunidos murmuran contra mí todos los que me aborrecen; contra mí piensan mal, diciendo de mí.* *[Reunidos murmuran contra mí todos los que me aborrecen; contra mí piensan mal, diciendo de mí.* RVR*] [Todos los que me odian murmuran a una contra mí; traman hacerme daño,*

[75] 1 Samuel 1:20. Spurgeon hace una paráfrasis irónica del texto, convirtiendo los negativos en afirmativos.
[76] Se dice de un relato corto, real o ficticio, que se utiliza para ilustrar algún principio o verdad moral.
[77] Se refiere a JOHAN BROMYARD [¿?-1352], un monje dominico que se dedicó a potenciar la homilética y a escribir obras de ayuda para los predicadores, siendo la más conocida su *Summa Predicantium,* un manual para predicadores impreso por primera vez en Venecia en 1586, y que es de donde procede la cita.

diciendo. LBLA*] [Todos los que me aborrecen murmuran reunidos contra mí; maquinan el mal contra mí, diciendo.* BTX*] [Mis enemigos se juntan y cuchichean contra mí; me hacen responsable de mi mal. Dicen:* NVI*] [Cuantos me odian murmuran juntos de mí, maquinan contra mí una desgracia.* BLP*] [Los que me odian susurran cosas acerca de mí y se imaginan lo peor.* NTV*]*

Reunidos susurran contra mí[78] *todos los que me aborrecen.*[79] El espía, reunido con sus compañeros, habla en voz baja, un imperceptible murmullo. ¿Por qué no hablar en voz alta? ¿Sentían miedo del guerrero enfermo? ¿O más bien sus conversaciones y propósitos eran tan alevosos que consideraban mejor mantenerlos en secreto? Observemos la unanimidad entre los inicuos: *"todos los que me odian susurran a una contra mí"* ¡Qué fácilmente se unen los perros para salir a cazar al ciervo! Quisiera Dios que nosotros estuviéramos en nuestra santa labor la mitad de unidos de lo que están ellos en sus proyectos malévolos; y que nuestra prudencia fuera la mitad de su astucia; porque su susurrar en voz baja era astucia a la vez que cobardía, la conspiración no debe hacerse pública hasta que está confabulada.

Traman hacerme daño.[80] Se juntan sus mentes en el esquema y en el complot. Así lo hicieron Ahitofel y los demás consejeros de Absalón,[81] así también los principales sacerdotes y fariseos.[82] Los impíos son buenos en idear; se les da a la elucubración, son pensadores profundos, pero el objetivo al que apuntan es siempre perjudicar los fieles. Las serpientes escondidas en la hierba nunca auguran un buen final.[83]

C. H. SPURGEON

Reunidos susurran contra mí. En lecho del dolor es donde la persona descubre más profundamente a sus amigos y a sus enemigos; a sí mismo y a su Dios.

ANÓNIMO

Vers. 8. *Cosa pestilencial se ha apoderado de él; y el que cayó en cama no volverá a levantarse.* *[Se ha apoderado de él una enfermedad incurable; y el que cayó en cama no volverá a levantarse.* RVR*] [Una cosa del demonio ha sido derramada sobre él, así que cuando se acueste, no volverá a*

---

[78] En hebreo יִתְלַחֲשׁוּ *yitlaḥăšū* del verbo לָחַשׁ *lachash.* SCHÖKEL señala que el sustantivo לָט *lat,* significa "encantamiento, conjuro" (es el vocablo utilizado en Éxodo 7:22; 8:7,18, para referirse a los encantamientos de los magos y hechiceros egipcios). El sentido es pronunciar contra alguien conjuros susurrando fórmulas ininteligibles de eficacia mágica: Algunos comentaristas ven en esta frase a un grupo de adversarios que recurren a hechicerías y artes mágicas para causar la enfermedad o agravarla tratando de impedir la curación. A pesar de las prohibiciones tajantes de Deuteronomio 18, en Israel seguían practicándose clandestinamente la adivinación, la magia y la hechicería (1 Samuel 28:7).

[79] Así es como traduce la versión inglesa KJV *"whisper"*, "susurran". Dice FRANCISCO LACUEVA [1911-2005] en su versión española del "Comentario de Matthew Henry": «En Romanos 1:29-30 el apóstol Pablo aporta una lista bastante completa de estos personajes nefandos a los que alude aquí el salmista».

[80] En hebreo יַחְשְׁבוּ רָעָה לִי *yaḥšəḇū rā'āh lî.* SCHÖKEL traduce: *"hacen cálculos siniestros"*. La versión griega de los LXX o Septuaginta lee κατ᾽ ἐμοῦ ἐλογίζοντο κακά μοι que la Vulgata traduce al latín como: *"adversum me cogitabant mihi"*, "contra mí meditan males".

[81] 2 Samuel 17:1-15.

[82] Mateo 27:1.

[83] Dice en este mismo sentido un viejo proverbio inglés: *Snakes hide in grass, people behind their lies,* Las serpientes se esconden en la hierba; la gente detrás de sus mentiras.

levantarse. LBLA*] [Una cosa diabólica se apoderó en él; ahora que cayó en cama, no volverá a levantarse.* BTX*] [«Lo que le ha sobrevenido es cosa del demonio; de esa cama no volverá a levantarse.»* NVI*] ["Un mal devastador lo invade", se acostó y no volverá a levantarse.* BLP*] [«Tiene alguna enfermedad fatal –dicen–. ¡Jamás se levantará de la cama!».* NTV*]*

Se ha apoderado de él una enfermedad incurable.[84] Susurran que ha caído sobre él algún maleficio, que lo tiene atrapado. Insinúan que hay un secreto nauseabundo que infecta su persona, cuyo fantasma le persigue por su casa, y jamás logrará deshacerse de él. Y alrededor de este doble chisme, ya de por sí lo bastante oscuro, lanzan aires de misterio, que demuestran lo borrosos y poco fidedignos que son los susurros de la malicia. Así es como nuestro Señor fue tachado como *"herido de Dios y afligido"*.[85] Sus enemigos concibieron que Dios lo había abandonado y entregado para siempre en sus manos.

El que cayó en cama no volverá a levantarse.[86] Esperaban que su enfermedad fuera mortal, y para ellos, esto era una excelente noticia. Así la santidad del justo ya no podría seguir censurando su pecado, quedarían libres del control de su piedad. Así fue también con los frailes que pululaban alrededor de la cama de Wycliffe,[87] cuyo pronóstico les resultó jubiloso aunque no fuera preciso, pero que fue un gran azote para el enfermo. Cuando el Señor hiere temporalmente a su pueblo con su vara de aflicción, sus enemigos esperan verlos a todos ejecutados con pena capital, y se preparan jubilosos para celebrar sus funerales; pero tienen demasiada prisa, y finalmente se ven obligados a alterar el orden de sus cancioneros y entonar una melodía distinta. Esto fue especialmente verídico y glorioso

[84] En hebreo דְּבַר־בְּלִיַּעַל יָצוּק בּוֹ *dəḇar-bəlîya'al yāṣūq bōw*. La versión griega de los LXX o Septuaginta lee: λόγον παράνομον que la Vulgata traduce al latín como: *"Verbum iniquum"*, "Palabra inicua". Felipe Scio de San Miguel [1738-1776] en una nota a su traducción de la Vulgata indica que Jerónimo de Estridón [347-420] traduce: «*"palabra del diablo"*, esto, es, pensamiento o acción diabólica». Francisco Lacueva [1911-2005] en su versión española del "Comentario de Matthew Henry": «Para los hebreos una enfermedad incurable era cosa de Belial, un castigo divino por algún crimen odioso y oculto que debía pagar». Kraus dice al respecto: «Ya de por sí la expresión דְּבַר־בְּלִיַּעַל *dəḇar-bəlîya'al* no es fácil de entender racionalmente; pero cuando se le añade el verbo יָצוּק *yāṣūq* de יָצַק *yatsaq,* "lanzar, arrojar, dejar caer", se entiende como algo siniestro que deberá "caer" o ser lanzado sobre el enfermo o sufriente; y que sus adversarios pronuncian o susurran este deseo como una especie de conjuro».

[85] Isaías 53:4.

[86] La versión griega de los LXX o Septuaginta lee el versículo en forma de pregunta: λόγον παράνομον κατέθεντο κατ᾽ ἐμοῦ μὴ ὁ κοιμώμενος οὐχὶ προσθήσει τοῦ ἀναστῆναι que la Vulgata traduce al latín como: *"Verbum iniquum constituerunt adversum me: Numquid qui dormit non adjiciet ut resurgat?"*, "Palabra inicua decretaron contra mí, ¿por ventura el que duerme no se volverá a levantar?" Felipe Scio de San Miguel [1738-1776] añade a su versión española de la Vulgata la siguiente nota explicativa en clave cristológica: «Resolvieron darme muerte, pero aunque hayan decretado algo tan cruel, ¿podrán despojarme del poder de la Resurrección? Esto es aplicado a Cristo, pero puede entenderse también de cualquiera de sus fieles en este sentido: ¿acaso el cristiano enfermo en su cama habrá de morir forzosamente sin que Dios pueda sanarle y hacer que se levante? o también ¿y aunque muera, ya sea de muerte natural por enfermedad o violenta como los mártires, podrán impedir su resurrección el día del juicio final?».

[87] Se refiere a John Wycliffe [1320-1384], también conocido en español como Juan Wiclef, teólogo, predicador y traductor de la Biblia. Inició en movimiento conocido como de Los Lolardos, y antecesor de Juan Huss [1370-13415], y de los grandes reformadores del siglo XVI. Fue uno de los primeros en traducir la Biblia del latín al inglés, por lo que se le considera precursor de los grandes traductores. En 1414, ya después de su muerte, Concilio de Constanza le declaró culpable de herejía, ordenando la quema de todos sus libros, y la exhumación de su cadáver y quema de todos sus huesos.

en el caso de nuestro Redentor, porque estando ya tendido en la tumba resucitó en gloria. ¡Inútil fue la guardia, la piedra, el sello! Se levantó triunfante esparciendo confusión entre sus enemigos.

C. H. Spurgeon

Cosa pestilencial se ha apoderado de él. En hebreo דְּבַר־בְּלִיַּעַל *dəḇar-bəlîya'al*, palabra de Belial, o cosa de Belial se ha apoderado de él. Los gramáticos sostienen que la palabra Belial está compuesta de בְּלִי *beli,* "sin"; y יַעַל *yaal,* "remisión"; por lo que entiendo que la expresión, *"cosa de Belial"* (porque así está literalmente en el hebreo), hace referencia a un delito extraordinario y odioso que, como se dice comúnmente, nunca puede ser expiado o perdonado, y del cual no hay posibilidad de escape. A menos que lo entendamos, como hacen algunos, como una referencia a la enfermedad o aflicción misma que estaba padeciendo, como si sus enemigos hubieran dicho que había sido presa de alguna enfermedad incurable.

Juan Calvino [1509-1564]

Cosa pestilencial se ha apoderado de él. Lo que quiera decir aquí el salmista con דְּבַר־בְּלִיַּעַל *dəḇar-bəlîya'al* es difícil y muy controversial Los intérpretes de la antigüedad por regla general lo entienden como una *palabra maligna,* una especie de maldición o conjuro. La versión caldea traduce *"palabra maligna";* la siríaca *"palabra de iniquidad",* la versión Septuaginta λόγος παράνομος, la Vulgata, *"iniquum verbum",* la versión árabe *"palabras contrarias a la ley".* Y así, con toda probabilidad, parece que significa una gran difamación o calumnia. Si los *"hombres de Belial"*[88] son personas calumniosas y difamadoras, así también *"palabra de Belial"* o *"discurso de Belial"* significará un discurso calumnioso. Se dice de las calumnias que "se aferran" por propia naturaleza al desdichado contra quien han sido lanzadas, y una vez se han aferrado a él, lo dejan marcado con una señal maligna.

Henry Hammond [1605-1660]
"Paraphrase and Annotations on Book of Psalms", 1659

Vers. 9. ***Aun el hombre de mi paz, en quien yo confiaba, el que de mi pan comía, alzó contra mí el calcañar.*** *[Hasta mi amigo íntimo, en quien yo confiaba, el que comía mi pan, alzó contra mí su pie.* RVR*] [Aun mi íntimo amigo en quien yo confiaba, el que de mi pan comía, contra mí ha levantado su calcañar.* LBLA*] [Aun el hombre de mi paz, en quien yo confiaba, el que come de mi pan levantó contra mí su calcañar.* BTX*] [Hasta mi mejor amigo, en quien yo confiaba y que compartía el pan conmigo, me ha puesto la zancadilla.* NVI*] [Hasta mi íntimo amigo en quien confiaba, el que comía de mi pan, me ha traicionado.* BLP*] [Hasta mi mejor amigo, en quien tenía plena confianza, quien compartía mi comida, se ha puesto en mi contra.* NTV*]*

Aun. Aquí está el clímax de la aflicción del sufriente; pone delante de la frase este adverbio de manera enfática: גַּם *gam,* "aún, incluso", para resaltar que tamaña villanía como la que se propone exponer a continuación, resulta difícil de creer.

Mi amigo íntimo. El texto hebreo dice literalmente: *"El hombre de mi paz".*[89] Es decir, alguien con quien no tenía diferencias ni disputas, el hombre de su confianza al cual estaba intensamente

[88] 1 Samuel 30:22. En hebreo es וּבְלִיַּעַל *ūḇəlîya'al* lo que nuestras versiones españolas traducen por "hombres perversos". La versión inglesa KJV traduce *"men of Belial".*

[89] En hebreo גַּם־אִישׁ שְׁלוֹמִי *gam-'îš šəlōwmî* de שָׁלוֹם *shalom.*

unido, que había sido su paz y su consuelo. Este personaje en el caso de David fue Ahitofel,[90] que era lo que Judas Iscariote[91] fue para nuestro Señor. Judas era un apóstol admitido a la intimidad del Gran Maestro, al corriente de su pensamiento secreto, como si dijéramos, permitiéndosele leer el mismo corazón de Jesús. "¿Tú también, hijo?" dijo el César cuando expiraba.[92] El beso del traidor hirió el corazón del Señor tanto como el clavo que traspasó su mano.[93]

En quien yo confiaba. Judas era el tesorero del colegio apostólico.[94] Donde más sentimos el dolor es en la traición de aquellos en quienes ponemos mayor confianza.[95]

El que comía mi pan. No ya como invitado, sino como parte de la familia, un dependiente, un miembro de mi Junta Directiva. Judas había mojado su pan en el mismo plato de su Señor,[96] por tanto, más infame era su traición al vender a su Maestro por el precio de un esclavo.[97]

Contra mí ha levantado su calcañar. No tan solo me dio la espalda, sino que me asestó una coz mortal, cual un caballo salvaje. El rechazo en nuestras horas de necesidad de aquellos que antes se alimentaban en nuestra mesa es difícil de digerir. Es de destacar que el Redentor aplicó a Judas tan solo las últimas palabras de este versículo: *"El que come mi pan ha levantado contra mí su calcañar",*[98] tal vez porque conociendo como conocía su doblez, nunca llegó a convertirlo en *"amigo íntimo"* en el sentido más amplio, como tampoco había llegado a depositar en él una confianza implícita y absoluta como para considerarlo el hombre *"en quien yo confiaba"*. Así lo planeó todo la maldad infernal en la muerte de Jesús, minuciosamente, buscando que cada circunstancia le agregara ajenjo. Y la traición era una de las gotas más amargas de esa hiel. En verdad, cuando nuestro *quondam,*[99] nuestro amigo del alma, se transforma súbitamente en nuestro enemigo implacable, cuando nuestra confianza es traicionada, cuando la sagrada hospitalidad es hollada y pervertida, y el único pago a nuestra entrega y bondad es la ingratitud; tenemos razones para sentirnos especialmente desgraciados. Con todo, incluso en situación tan deplorable podemos aferrarnos a la fidelidad de Dios, que habiendo enviado en nuestro rescate a la Cabeza del Pacto, está ciertamente comprometido a ser el amparo[100] presente de todos aquellos con quienes lo suscribió.

C. H. SPURGEON

---

[90] 2 Samuel 15:12, 31.
[91] Marcos 14:40; Lucas 6:16; 22-47-48.
[92] En latín en el original: *¿Et tu, Brute?*, literalmente: "¿Tú también, Brutus?". Frase atribuida a JULIO CESAR [100-44 a.C.] ante las puertas del Senado al ser apuñalado por varios conspiradores entre los que se encontraba también MARCO JUNIO BRUTO CEPIÓN [23-42 a.C.], al cual César tenía en alta estima y consideraba como un hijo. Pero los principales historiadores romanos, tanto Suetonio como Plutarco, no mencionan nada de la misma. Al parecer su difusión parte de la tragedia "Julio Cesar" de WILLIAM SHAKESPEARE [1564-1616].
[93] Juan 18:2
[94] Juan 12:6.
[95] Dice CHRISTOPH STARKE [1684-1744] en su comentario: «La estirpe de Judas no se ha extinguido, más bien ha ido en aumento: su beso traidor sigue repitiéndose día tras día».
[96] Juan 13:21-26.
[97] Mateo 26:14-15.
[98] Juan 13:18.
[99] Término latino que en la cultura inglesa se utilizaba para referirse al amigo más íntimo, o lo que en español llamaríamos el amigo del alma; y también para referirse a algo que fue pero ya no es, un "ex", como por ejemplo como por ejemplo *"quondam drunkard"*, ex-bebedor.
[100] Salmo 46:1.

Hasta mi amigo íntimo, en quien yo confiaba, el que comía mi pan, alzó contra mí su pie. Los sufrimientos de la iglesia, como los de su Redentor, empiezan generalmente en casa. Sus enemigos externos jamás podrían dañarla hasta que sus supuestos amigos internos la han entregado en sus manos. Y por extraño que parezca, los que más han prosperado y engordado de sus riquezas, son los primeros en *"alzar contra ella su pie"*.

GEORGE HORNE [1730-1792]
"A Commentary on the Psalms in which Their Literal Or Historical Sense, as They Relate to King David, is Illustrated", 1825

Hasta mi amigo íntimo, en quien yo confiaba, el que comía mi pan. Aquel que cada vez que me visitaba me saludaba efusivamente con un beso de amor y veneración, y las palabras de siempre: la paz sea contigo.

HERMANN VENEMA [1697-1787]
"Commentarius ad Psalmos", 1762

El que comía mi pan. Si entre los antiguos hebreos se daban las mismas costumbres y sentimientos que prevalecen hoy en día entre los árabes beduinos, sobre el valor sagrado de las propiedades y de la persona con la que has comido pan y sal, el lenguaje que emplea el salmista es muy fuerte.

Contra mí ha levantado su calcañar. Una metáfora extraída de mundo de las caballerías, que atacan con el talón. Bien podía nuestro Salvador hacer suyas estas palabras,[101] fuera como ilustración retórica o para remarcar el énfasis.

GEORGE RAPALL NOYES [1798-1868]
"The Psalms", 1827

Contra mí ha levantado su calcañar. Con esta frase parece aludir a una bestia de carga que lanza coces contra su amo que la alimenta; o bien a la antigua costumbre entre los hombres de dar patadas o pisotear a los que se arrastran arrojados al suelo, en señal humillación y desprecio.

ARTHUR JACKSON [1593-1666]
"Annotations upon the five books immediately following the historical part of the Old Testament (commonly called the five doctrinal or poetical books) Iob, the Psalms, the Proverbs, Ecclesiastes, and the Song of Solomon", 1658

Contra mí ha levantado su calcañar. Es decir, me ha despreciado, me ha dado una coz como un animal salvaje; me ha insultado en mi desgracia.

DANIEL CRESSWELL [1776-1844]
"The Psalms of David according to the Book of Common Prayer: with Critical and Explanatory Notes", 1843

Vers. 10. ***Mas tú, Jehová, ten misericordia de mí, y hazme levantar, y les daré el pago.*** *[Mas tú, Jehová, ten misericordia de mí, y hazme levantar, y les daré su merecido.* RVR*] [Pero tú, oh Señor, ten piedad de mí y levántame, para que yo les pague como se merecen.* LBLA*] [Pero Tú, oh YHVH, ten misericordia de mí; haz que me levante, y les daré su merecido.* BTX*] [Pero tú, Señor, compadécete de mí; haz que vuelva a levantarme para darles su merecido.* NVI*] [Pero tú, Señor, apiádate de*

[101] Juan 13:18.

mí, restabléceme, que yo les daré su merecido. BLP*] [Señor, ten misericordia de mí. ¡Devuélveme la salud para que pueda darles su merecido!* NTV*]*

Mas tú, Jehová, ten misericordia de mí. ¡Cómo se vuelve a su Dios el alma perseguida y aterrorizada! ¡Cómo respira tranquila en este "mas tú"! ¡Cómo se aferra a la esperanza de misericordia divina, cuando se desvanecen todas las posibilidades de lograr la compasión humana!

Y hazme levantar. Sáname de mi enfermedad, permíteme recuperar mi posición. Jesús también fue levantado de la tumba; su descenso concluyó en un ascenso.

Y les daré su merecido. Tal y como suena, esta es una frase típica del Antiguo Testamento, que se aparta sustancialmente del espíritu cristiano. Con todo, debemos recordar que David era un personaje público con una función magisterial, y por tanto, cabe la posibilidad que lejos de cualquier tipo venganza personal, entendiera que debía castigar a los que habían insultado su autoridad y difamado públicamente su persona.[102] El Apóstol y Sumo Sacerdote de nuestra fe,[103] no tenía animosidades personales, pero incluso él, por su resurrección, ha retribuido a los poderes del mal, y vengado sobre la muerte y el infierno todos sus ataques fundamentales contra su causa y su persona.[104] No obstante, la aplicación literal de cada frase de este Salmo a Cristo no es de nuestro agrado, y preferimos centrar la atención del lector sobre el espíritu mejor del evangelio, que va más allá de la antigua dispensación.

C. H. Spurgeon

Hazme levantar, y les daré el pago. Podemos entender por ello dos cosas: (1) Devolver bien por mal, bondad por injurias: *"Pero yo, cuando ellos enfermaron, me vestí de cilicio; afligí con ayuno mi alma, y mi oración se volvía a mi seno"*,[105] que es el distintivo de una persona buena y valerosa, no devolver mal

[102] En este mismo sentido dicen

– Francisco Lacueva [1911-2005] en su versión española del "Comentario de Matthew Henry": «Algunos comentaristas interpretan este *"y les daré su merecido"* como una forma de decir "y les devolveré bien por mal", pues ese era el proceder de David según se demuestra en diversas ocasiones y se desprende de pasajes como Salmo 7:4-5; 35:13. Pero en este caso es más probable que se refiera a castigarles como se merecían, pues se oponían a que David fuese rey, yendo así contra el designio de Dios mismo».

– Franz Delitzsch [1813-1890] defiende esta postura alegando que era su obligación impartir justicia y así lo hizo una vez sofocada la rebelión de Absalón (2 Samuel 19:8-40).

– Kraus en cambio es partidario del primer supuesto: «Esta frase final suena bastante extraña, pues tan pronto como nos ponemos a examinar qué puede significar en concreto esa retribución: *"les daré su merecido"* surgen muchas preguntas. Pero, indudablemente, no cabe pensar en que el enfermo, una vez recuperada su salud, se vengue con sus propias manos de esos compañeros traidores. La "retribución" consistirá, más bien, en que gracias a la intervención salvadora de Yahvé los calumniadores queden desenmascarados como malvados que son, y tengan que sufrir con vergüenza y desgracia un juicio de Dios, que caerá sobre ellos. ¿Cabe ir más allá y pensar en algo más que esto? No, no cabe, porque la expectación a que nos referimos está en consonancia con muchas otras afirmaciones del Salterio» [Los Salmos, Vol. I, Sal. 1-59; Ediciones Sígueme, Salamanca, 1993]. En el caso de situar el Salmo en el contexto de la rebelión de Adonías, como hace Johann Peter Lange [1802-1884] (ver al respecto la nota 2), encajaría con los textos de 2 Reyes 2:5-9; 25-46.

[103] Hebreos 3:1; 4:14-16.

[104] 1 Corintios 15:54-55; Efesios 1:19-23.

[105] Salmo 35:13.

por mal a nadie aunque le hayan provocado.[106] O bien: (2), autorización para castigarles; entendiendo que yo no soy su magistrado o verdugo, ya que la ejecución de toda justicia corresponde a Dios.[107]

MARTIN GEIER [1614-1681]
"Commentary on Psalms", 1695

Hazme levantar, y les daré el pago. David no era una persona vulgar y corriente, era un rey instituido por Dios e investido de autoridad, no es por tanto por un impulso de la carne, sino en virtud de la naturaleza de su cargo, que denuncia contra su enemigos el castigo que merecen sobradamente.

JUAN CALVINO [1509-1564]

Vers. 11. ***En esto conoceré que te he agradado, que mi enemigo no se huelgue de mí.*** *[En esto conoceré que te he agradado, en que mi enemigo no cante victoria de mí.* RVR*] [Por esto sé que conmigo te complaces, porque mi enemigo no canta victoria sobre mí.* LBLA*] [En esto conoceré que te complaces en mí: en que mi enemigo no triunfe sobre mí.* BTX*] [En esto sabré que te he agradado: en que mi enemigo no triunfe sobre mí.* NVI*] [Por esto sé que me quieres: mi enemigo no puede cantar victoria.* BLP*] [Sé que soy de tu agrado, porque no permitiste que mis enemigos triunfaran sobre mí.* NTV*]*

En esto sé que conmigo te complaces. Todos nos sentimos alegres y estimulados cuando recibimos señales de bondad,[108] y el salmista consideró que era un buen presagio que, después de dura enfermedad y profunda depresión, no estuviera ya derrotado y en manos de su enemigo: *"Por esto sé que conmigo te complaces"*. Está claro que tienes un aprecio especial hacia mi persona, de esto tengo absoluta certeza en mi corazón, y por tanto, tus acciones externas aparentes, no me desalientan, porque sé que sean estas cuales sean, tú me amas.

En que mi enemigo no puede cantar victoria sobre mí. Aunque el creyente no consiga triunfar sobre sus enemigos, debe alegrarse de que estos no logren derrotarle. A pesar que no tengamos todo lo que queremos, debemos alabar a Dios por todo lo que tenemos. Mucho hay en nosotros criticable, y sobre lo cual los impíos podrían regocijarse; y si la misericordia de Dios mantiene cerradas las bocas de los perros cuando podrían estar ladrando, debemos tributarle por ello nuestra más profunda gratitud. ¡No deja de ser asombroso que habiendo entrado el diablo en liza con un pobre creyente confundido, vacilante, postrado, y calumniado, y contando con mil lenguas malvadas para ayudarle, pese a ello, no logre ganar la batalla, y finalmente tenga que abandonar y escabullirse desprestigiado.

«El más débil de los santos alcanzará su destino,
aunque la muerte y el infierno le obstruyan el camino».[109]

C. H. SPURGEON

[106] Romanos 13:21.
[107] Deuteronomio 32:35; Romanos 12:19.
[108] Jueces 6:17; Salmo 86:17.
[109] Spurgeon cita aquí las dos últimas líneas de la quinta estrofa de un himno de ISAAC WATTS [1674-1748] que figura en *"Our Own Hymnbook"* el himnario compilado por el propio Spurgeon para uso en el *"Metropolitan Tabernacle"*, con el título de *"Jesus, my great High Priest"*, 1709. La estrofa completa es: *«Then let my soul arise, / And tread the tempter down; / My Captain leads me forth / To conquest and a crown. /* ***The feeblest saint shall win the day, / Though death and hell obstruct the way****»*. No hay duda que estas dos últimas líneas debían ser favoritas de Spurgeon, puesto que las cita no solo aquí, sino también en varios de sus sermones.

En esto sé que conmigo te complaces, en que mi enemigo no puede cantar victoria sobre mí. No porque me falten enemigos, o no tenga muchas dificultades que superar. Por tanto, después de escribir *muchas dificultades*, digamos que lo tachó con su pluma, como los comerciantes tachan en su libro de cuentas cuando una deuda queda saldada; y en lugar de muchas dificultades, escribió: *el Señor me libra*. Perdonando todos nuestros pecados, nos libra de nuestras dificultades, para demostrarnos que no tenemos necesidad de ningún salvador, ni ayudador, ni consolador, fuera de él.

HENRY SMITH [1560-1591]
en uno de sus sermones predicado en 1578

En esto sé que conmigo te complaces, en que mi enemigo no puede cantar victoria sobre mí. En este texto vemos dos cosas.

1. Cómo David se asegura para sí mismo el amor de Dios.
2. Lo agradecido que está con Dios por garantizarle su amor.

Lo primero lo hace mediante dos argumentos: uno basado en que sus enemigos *"no pueden cantar victoria sobre mí"*, por tanto, *"en eso sé que me amas"*; y el otro en su propia persona, pues no resultó herido ni perjudicado por ellos, sino fortalecido (...) Aquí el profeta apela a lo que él conoce: *"En esto sé"*; y nos dice que a pesar de no conocer todas las cosas, sí sabía que Dios le amaba, y sabiendo que Dios le ama, no se preocupa mucho por otras cosas. Y, a decir verdad, no lo necesita, porque el que está seguro de que Dios le ama, está seguro en todo. Dios ama a todas sus criaturas en general, porque es un Dios bueno, y no aborrece nada de lo que ha creado; pero ama a sus hijos elegidos con un amor peculiar, más especial, distinto al resto de criaturas; les ama como un Padre en Cristo Jesús. Y esto le basta para tener plena seguridad de que Dios le favorece, y a la vez le hace estar seguro de todo. Porque Dios no les negará a quienes ama absolutamente nada, ni tan siquiera a su propio Hijo: *"El que no eximió ni a su propio Hijo, sino que lo entregó por todos nosotros, ¿cómo no nos dará también con él todas las cosas?"*.[110]

Cuando un niño está persuadido de que su padre lo ama, se atreve a pedir lo suyo y lo de su padre; por tanto, cuando contamos con la seguridad de que Dios nos ama, porque es nuestro Padre celestial, podemos atrevernos a pedirle cualquier cosa que sea para nuestro bien. María y Marta enviaron recado a Cristo recordándole dos cosas: (1) su amor por su hermano Lázaro; y (2) que Lázaro estaba enfermo: *"mira, el que amas está enfermo"*.[111] No había necesidad de decirle más, puesto estaban seguras de que haría por él lo que fuera necesario, porque lo amaba. Así también, cuando estamos seguros de que nos ama, podemos decir al Señor: «Señor, el que amas necesita esto o aquello para su cuerpo o su alma» No tenemos necesidad, por tanto, de decirle qué debe hacer, o cuándo, o cómo; porque lo que él vea como más conveniente para nosotros y para su propia gloria, esto es sin duda lo que hará. Así que fuera lo que fuera que David sabía, poco o mucho, esto lo sabía; y fuera lo que fuera que ignorara, de esto no estaba ignorante. Para poder enseñar a otros cualquier cosa, es imprescindible que antes estemos totalmente seguros de esto; de lo contrario no podemos enseñar nada porque no estaremos seguros de nada. Pedro nos insta a *"afianzar vuestro llamamiento y vuestra elección"*;[112] Job, cuando dice: *"Yo sé que mi Redentor vive"*[113] nos enseña a afianzar y estar seguros de nuestra redención. Y aquí David nos enseña a afianzar y estar seguros de del amor y la complacencia de Dios: *"En esto sé que conmigo te complaces"*. Ahora bien, si tenemos plena seguridad de esto último estaremos

[110] Romanos 8:32.
[111] Juan 11:3.
[112] 2 Pedro 1:10.
[113] Job 19:25.

también seguros de nuestra elección, estaremos seguros de nuestro llamamiento y estaremos seguros de nuestra redención.

William Burton [¿?-1612]
"David's Evidence; or, the Assurance of God's Love: declared in seven Sermons upon the three last verses of the Forty-first Psalme", 1591

En esto sé que conmigo te complaces, en que mi enemigo no puede cantar victoria sobre mí. Cuando Dios nos libra de las manos de nuestros enemigos, o de cualquier otra tribulación, tenemos razones para estar persuadidos, como lo estaba David. Pero entonces surge la pregunta: Si Dios ama a su iglesia, ¿por qué permite que su iglesia sea turbada, zarandeada y a veces devastada por sus enemigos? La razón es la siguiente: para que su amor pueda hacerse especialmente manifiesto al librarles. Pues así como el amor de un amigo no es seguro hasta que queda probado y demostrado en tiempo de necesidad, del mismo modo, la bondad y amor de Dios nunca son mejor percibidos y apreciados que cuando nos prestan ayuda en momentos de dificultad, en los que nosotros ya no podemos hacer nada por nosotros mismos. Así como la caída de Adán sirvió para manifestar la justicia y la misericordia de Dios –la una castigando y la otra perdonando el pecado– que de otra manera nunca habríamos conocido; así también las dificultades y tribulaciones de la Iglesia, sirven para manifestar: primero (1) nuestro merecido castigo en razón de nuestros pecados; en segundo lugar, (2) nuestra fragilidad e incapacidad de ayudarnos a nosotros mismos; y en tercer lugar, (3) la misericordia del Señor nuestro Dios, en defendernos y librarnos; para que podamos sentirnos verdaderamente agradecidos, tributando toda la alabanza y gloria a Dios, y no a nosotros mismos. Buena cosa es que la iglesia de Dios tenga enemigos, y a través de ellos descubra que el Señor la ama y se complace en ella como Lázaro, aunque enfermo, era amado por Cristo. *"Porque Jehová al que ama castiga, como el padre al hijo a quien ama";*[114] y por eso lo castiga, porque lo ama.

William Burton [¿?-1612]
"David's Evidence; or, the Assurance of God's Love: declared in seven Sermons upon the three last verses of the Forty-first Psalme", 1591

En esto sé que conmigo te complaces, en que mi enemigo no puede cantar victoria sobre mí. Dios guarda a los suyos, y conduce a sus enemigos a la nada: después de los días de Pasión viene la Pascua.

John Peter Lange [1802-1884]
"Commentary on the Holy Scriptures: critical, doctrinal, and homiletical", 1862

Vers. 12. *En cuanto a mí, en mi integridad me has sustentado, y me has hecho estar delante de ti para siempre.* *[En cuanto a mí, me sustentas en mi integridad, y ante tu faz me admitirás para siempre.* RVR*] [En cuanto a mí, me mantienes en mi integridad, y me afirmas en tu presencia para siempre.* LBLA*] [En cuanto a mí, en mi integridad me has sustentado, y me afirmarás en tu presencia para siempre.* BTX*] [Por mi integridad habrás de sostenerme, y en tu presencia me mantendrás para siempre.* NVI*] [Por mi rectitud tú me sostienes y por siempre me mantienes ante ti.* BLP*] [Has preservado mi vida porque soy inocente; me has traído a tu presencia y eso es para siempre.* NTV*]*

En cuanto a mí, es decir, a pesar de todos ellos y ante sus propios ojos, *me sustentas en mi integridad*, es decir, tu poder me permite elevarme por encima de ellos, fuera del alcance de todas

[114] Proverbios 3:12; Hebreos 12:6.

sus calumnias, viviendo en pureza y rectitud. Nuestra inocencia y congruencia son el resultado de la defensa divina. Somos como esas copas sin pies, que solo pueden mantenerse en posición vertical mientras alguien las sostenga en la mano; pero si se nos deja solos, caemos, nos derramamos, y lo estropeamos todo.[115] Debemos alabar al Señor constantemente, cada día que somos preservados del sucio pecado. Cuando otros pecan, nos muestran lo que seríamos nosotros de no ser por la gracia. «Hoy a ti, mañana a mí»,[116] era la noble exclamación de un creyente cada vez que veía a otro caer en pecado. Nuestra integridad es comparativa y dependiente, por tanto, debemos ser humildes a la vez que agradecidos. Aunque estemos limpios en concreto de aquello que nos reprochan nuestros calumniadores, hay en nosotros sobrada culpabilidad real como para que toda jactancia sea un acto vergonzoso.

Y ante tu faz me admitirás para siempre. El salmista estaba alegre y satisfecho de vivir bajo la vigilancia divina; arropado, cuidado y con la sonrisa de su Señor; y más aún, sabiendo que esto se prolongaría en un mundo sin fin. Presentarse delante de un monarca terrenal es considerado un honor singular; entonces ¿qué honor tan singular habrá de ser el estar como cortesanos perpetuos en el palacio del *"Rey eterno, inmortal, invisible, único Dios"*?[117]

C. H. SPURGEON

En cuanto a mí, me sustentas en mi integridad, y ante tu faz me admitirás para siempre. Esa misma *"integridad"* fue la de Noé, la que le valió ser preservado en el arca,[118] cuando los demás perecieron porque carecían de ella. Fue la del cordón rojo que los espías de Josué entregaron a Rahab, y que le sirvió de garantía para salvar su vida cuando la ciudad entera fue destruida, y todos los demás que no contaban con él fueron aniquilados.[119] Admito que esta integridad es muy poco valorada por los hombres de este mundo, que piensan que no hay otra vida, y todo acaba en la tierra; pero así como el cordón de Rahab fue para ella más valioso que todos sus dioses, y se demostró cuando vino la hora de la espada, así también es mejor para los hijos de Dios que todo lo que el oro de este mundo, cuando les llega la hora de la muerte. Si cuentan con esta *"integridad"* en su interior, nada les asusta ni les importa, no tienen por qué preocuparse de lo que les pueda venir. Si les viene un golpe de Satanás, cuentan con un yelmo a prueba de todo;[120] si los dardos encendidos del Maligno caen cual lluvia a

[115] Dice FRANCISCO LACUEVA [1911-2005] en su versión española del "Comentario de Matthew Henry": «Lo que está diciendo es que Dios le sustentaba por su integridad (a pesar de sus pecados, David era un pecador arrepentido), pero también es verdad que toda integridad humana es obra de Dios, pues únicamente por su gracia somos lo que somos (1 Corintios 15:10). Si Dios nos dejara de su mano, no solo caeríamos, sino que ya no podríamos levantarnos. Y esto es aplicable a la persona más santa que haya existido, exista o haya de existir».

[116] En el original inglés: *"He today and I tomorrow"*. Su origen en español es de uso oral, aunque aparece escrito por primera vez en el capítulo LXV de "El Quijote de la Mancha" en boca de Sancho Panza. En aquella época, principios del siglo XVII, el refrán se usaba para amenazar con una desgracia. Según parece, "Hoy a mí, mañana a ti" proviene de una locución latina, *"Hodie mihi, cras tibi"*, que en realidad era una traducción de Eclesiástico 22:11 al latín en el que se aconseja no llorar demasiado a los muertos: *"llora menos por el muerto, porque ya descansó"*. En origen, pues, se refiere o bien a que la muerte llegará al vivo igual que ha llegado al muerto o bien a que al vivo le toca vivir hoy de la misma manera que al muerto le tocó vivir ayer. Es por eso que esta inscripción en latín aparece en muchas entradas a cementerios y en muchas lápidas. Hoy en español utilizamos una locución muy parecida, "hoy por ti mañana por mí", que es común en varios idiomas y que hace referencia a la necesidad humana de dar y recibir ayuda de manera recíproca.

[117] 1 Timoteo 1:17.

[118] Génesis 6:8-14; 7:1-24.

[119] Josué 2:9-24; 6:23; Hebreos 11:31.

[120] Efesios 6:17.

su alrededor, tienen un escudo impenetrable para apagarlos;[121] si una riada de penas y tribulaciones[122] amenaza con arrastrarlos, disfrutan de una firme embarcación en la que navegar.[123] Si el mundo entero nos arroja a la cara lodo y estiércol, jamás perderemos nuestra compostura, seguiremos radiantes, disfrutando, de la misma hermosura que: *"la hija del rey dentro de su palacio, con vestido recamado en oro"*, es decir, como corresponde a la Iglesia de Cristo: *"toda gloriosa de dentro"*.[124]

WILLIAM BURTON [¿?-1612]
"David's Evidence; or, the Assurance of God's Love: declared in seven Sermons upon the three last verses of the Forty-first Psalme", 1591

En cuanto a mí, me sustentas en mi integridad, y ante tu faz me admitirás para siempre. Este versículo nos revela las insignias de aquellos a quienes la gracia ha distinguido:

1. Su carácter cuenta con el soporte divino: *"me sustentas"*.
2. Su integridad es manifiesta: *"en mi integridad"*.
3. Viven en el favor de Dios: *"y ante tu faz"*.
4. Su posición es estable y continúa: *"me admitirás"*.
5. Su futuro eterno es seguro: *"para siempre"*.

ANÓNIMO

Y ante tu faz me afirmas para siempre.[125] Otra traducción posible es: *"me estableces, o afirmas, ante tu presencia para siempre"*. En cualquier caso, siempre bajo la mirada vigilante y el cuidado especial de Dios; o, para ministrarte no solo en tu templo, sino como rey sobre tu pueblo; o, en aquella tierra donde estás particularmente presente.

MATHEW POOLE [1624-1679]
"English Annotations on the Holy Bible", 1683

Vers. 13. *Bendito sea Jehová, el Dios de Israel, por los siglos de los siglos. Amén y Amén.* *[Bendito sea Jehová, el Dios de Israel, por los siglos de los siglos. Amén y amén.* RVR*] [Bendito sea el Señor, Dios de Israel, desde la eternidad hasta la eternidad. Amén y amén.* LBLA*] [¡Bendito sea YHVH el Elohim de Israel, desde la eternidad y hasta la eternidad! ¡Amén y amén!* BTX*] [Bendito sea el Señor, el Dios de Israel, por los siglos de los siglos. Amén y amén.* NVI*] [¡Bendito sea el Señor, Dios de Israel, desde siempre y para siempre! ¡Amén, amén!* BLP*] [Alaben al Señor, Dios de Israel, quien vive desde la eternidad hasta la eternidad. ¡Amén y amén!* NTV*]*

Bendito sea Jehová, el Dios de Israel, por los siglos de los siglos. Amén y amén. El salmo concluye con una doxología.[126]

[121] Efesios 6:16.
[122] En el original inglés: *"of crosses"* de cruces.
[123] Lucas 8:22-25.
[124] Salmo 45:13. Así lo traducen la RVA *"toda gloriosa de dentro"*; y la versión inglesa KJV: *all glorious within"*.
[125] Así lo traduce la versión inglesa KJV: *"and settest me before thy face for ever."*
[126] Término transliterado del griego δοξολογία que se utiliza para referirse a las fórmulas de oración en alabanza a Dios. A modo de ejemplo, la frase final del Padrenuestro: *"Tuyo es el Reino, tuyo el poder y la gloria, por los siglos de los siglos, Amén"*, es una doxología. Dice FRANCISCO LACUEVA [1911-2005] en su

Bendito sea Jehová,[127] esto es: sea él glorificado. La bendición salida de la boca del Señor con la que comienza el salmo: *"Bienaventurado el que piensa en el pobre"*, es ahora devuelta, al final del salmo, por boca de su siervo: *"Bendito sea Jehová"*. Nada podemos añadir al estado inefable e infinitamente bendito de Dios, pero sí podemos derramar nuestros deseos agradecidos, y éstos el Señor los acepta con agrado; como nosotros aceptamos flores de los hijos que nos aman. Jehová o Yahveh[128] es el nombre personal de nuestro Dios.

El Dios de Israel.[129] Es el título divino en el Pacto, y denota su relación especial y particular con su pueblo elegido.

Por los siglos de los siglos.[130] La manera más fuerte de expresar la eternidad, la duración sin fin. Nosotros morimos, pero la gloria de Dios persiste, sigue y sigue sin detenerse.

Amén y amén.[131] Que así sea, con absoluta seguridad, firmemente y eternamente. Así es como el pueblo corroboraba lo expresado en el Salmo con un doble grito de santidad; unámonos al mismo de todo corazón.

Este último versículo es útil para la oración de la Iglesia universal en todas las épocas; pero nadie puede cantarlo tan dulcemente como aquellos que han experimentado, como David, la fidelidad de Dios en momentos de extrema necesidad.

C. H. SPURGEON

Bendito sea Jehová, el Dios de Israel, por los siglos de los siglos. Amén y amén. De estas palabras finales aprendemos lo siguiente:

1. A dar gloria a Dios, como *Jehová, el Dios de Israel.* El Dios que tiene establecido un pacto con su pueblo; que ha hecho para ellos cosas grandes y misericordiosas,[132] y otras tantas más y mejores en proyecto.

2. A dar gloria a Dios como al *Dios eterno,* cuyo ser divino y bienaventuranza van desde la eternidad hasta la eternidad.[133]

3. A hacer esto de corazón, con afecto y fervor de espíritu, corroborándolo en un doble sello de asentimiento: *Amén y amén.* Digamos nosotros *Amén,* invitando a todos los que nos rodean a unirse con otro *Amén.*

MATTHEW HENRY [1662-1714]
"Commentary on the Whole Bible", 1811

---

versión española del "Comentario de Matthew Henry": «El salmo concluye con una doxología solemne, o alabanza a Dios, a Jehová, el Dios de Israel (41:13). Este versículo no forma, en realidad, parte del salmo, sino que fue añadido por el compilador para terminar así el Libro I de los Salmos. De manera similar concluyen los demás Libros de los Salmos. Así se nos enseña a hacer de la alabanza a Dios el Omega del que es el Alfa, el fin del que es el principio de toda obra buena».

[127] En hebreo בָּרוּךְ יְהוָה *bārūḵ Yahweh.*

[128] En hebreo יְהוָה *Yhvh.*

[129] En hebreo אֱלֹהֵי יִשְׂרָאֵל *ĕlōhê yiśrā'êl.*

[130] En hebreo מֵהָעוֹלָם וְעַד הָעוֹלָם *mêhā'ōwlām wə'aḏ hā'ōwlām.* Dice FRANZ DELITZSCH [1813-1890]: «Según el Talmud Babilónico o *Berachoth* ix. 5, estas palabras, en griego: αἰῶνος καὶ εἰς τὸν αἰῶνα, *"del aiṓn al aiṓn"* van dirigidas contra aquellos que negaban la realidad del mundo futuro. Y el אָמֵן וְאָמֵן *'āmên wə'āmên,* el doble amén le pone el sello de aprobación y cierra el ciclo con un clímax final».

[131] En hebreo אָמֵן וְאָמֵן *'āmên wə'āmên.*

[132] Salmo 126:3.

[133] Salmo 90:2; 93:2 103:17.

Amén y amén. Así como no fueron escritos por un solo autor, los Salmos tampoco forman un solo libro. De hecho, el salterio es un Pentateuco, un conjunto de cinco libros; y las líneas que marcan la separación entre unos y otros son bastante claras. Al final del Salmo 41, del Salmo 72, del Salmo 89, y del Salmo 106, nos encontramos con un solemne *Amén* por partida doble: *"Amén y amén"*, coronando una corta doxología indicando que el libro termina y comienza el siguiente. Un estudio a fondo de los Salmos muestra que cada uno de estos cinco libro posee características propias. Por ejemplo, en nombre יְהוָה *Yahweh,* que leemos como Jehová o "el Señor", es prominente como nombre divino en el libro primero; mientras que en el libro segundo destaca el de אֱלֹהִים *elohim,* que traducimos por "Dios".

Edward Hayes Plumptre [1821-891]
"Biblical Studies", 1870

Amén y amén. Otra diferencia notable entre los dos libros de los salmos es que en el libro primero, todos los Salmos que llevan título se atribuyen a David como su autor; mientras que en el libro segundo encontramos una serie completa atribuida a otros compositores y cantores levíticos.

John James Stewart Perowne [1823-1904]
"Commentary on the Book of Psalms", 1864

Amén y amén. De cuándo data la división de los Salmos en cinco libros es algo que no sabemos con exactitud. Jerónimo,[134] en su epístola a Marcella[135] y Epifanio[136] habla de que los Salmos fueron estructurados por los hebreos en cinco libros, pero no dice nada sobre cuándo se hizo esta división. Las doxologías añadidas al final de cada uno de los cinco libros figuran en la versión griega Septuaginta,[137] de lo cual podemos concluir que la división es anterior a esta versión. Es probable que la hiciera el sacerdote y escriba Esdras,[138] después del regreso de los judíos de Babilonia cuando se restableció la adoración de Dios en el nuevo templo, y tal vez imitando la distribución del Pentateuco

---

[134] Se refiere a Eusebio Hiherónimo de Estridón [342-420], nacido en Dalmacia y más conocido como Jerónimo de Estridón o San Jerónimo, uno de los cuatro grandes Padres Latinos. Tradujo la Biblia del griego y el hebreo al latín, traducción conocida como la Vulgata (de *vulgo*, "pueblo"; *vulgata editio*, "edición para el pueblo").

[135] Se refiere a Marcella de Roma [325-410] una dama de la aristocracia romana convertida al cristianismo, fiel ayudante y colaboradora de Jerónimo de Estridón [342-420], de quien recibió a lo largo de los años 384-385 numerosas epístolas encabezadas con el enunciado *"ad Marcellam"*, por lo que se deduce que ocupaba algún cargo o puesto prominente en la comunidad cristiana de Roma, en la cual había un grupo importante de mujeres con influencia.

[136] Se refiere a Epifanio de Salamina [315-403], obispo y escritor bizantino que mantuvo correspondencia con Jerónimo de Estridón.

[137] Se refiere a la Biblia de los Setenta (LXX), también conocida como Septuaginta, o Versión Alejandrina. El nombre de Septuaginta se debe a que solía redondearse a 70 el número total de sus 72 traductores, según cuenta la tradición. Es la principal versión en idioma griego por su antigüedad y autoridad. Su redacción se inició en el siglo III a.C. (c. 250 a.C.) y se concluyó a finales del siglo II a.C. (c. 150 a.C.). Se cree que fue hecha para los judíos que hablaban griego, pues en esa época eran bastante numerosos en Alejandría, aunque la orden provino del rey Ptolomeo II Philadelfo [284-246 a.C.], monarca griego de Egipto, con destino a la biblioteca de Alejandría. El Pentateuco fue traducido en esa época y el trabajo duró dos o tres siglos. Una escuela de traductores se ocupó de los Salmos, en Alejandría, hacia 185 a.C.; después tradujeron Ezequiel, los doce profetas menores y Jeremías. Trataron posteriormente los libros históricos (Josué, Jueces, Reyes), y finalmente de Isaías.

[138] Esdras 7:1-10,12.

o libros de Moisés. Y parece ser que al hacer esta distribución del Salterio hebreo en libros, se tuvo en cuenta el factor temático.

JUAN CALVINO [1509-1564]

Amén y amén. Los primeros cuarenta y un salmos, que forman el libro primero del Salterio, van relacionando mayoritariamente con el ministerio de Cristo sobre la tierra, con la idea de instruir y preparar a todos aquellos que buscaban la consolación de Israel a través de su aparición.[139] En consecuencia, parece lógico que el libro segundo, que comienza con el Salmo 42, lo relacionemos básicamente a la iglesia de Cristo en sus años jóvenes.

WILLIAM WILSON [1783-1873]
"The Book of Psalms: With an Exposition, Evangelical, Typical, and Prophetical,of the Christian Dispensation", 1860

Amén y amén. ¿Por qué no hemos de pensar que el Libro de los Salmos fue creciendo poco a poco, por el mismo procedimiento que van creciendo nuestros himnarios a lo largo de los años; a los que primero añadimos un apéndice; y luego otro; para ir incorporando a ellos la salmodia creciente en el seno de la iglesia? En tal caso, debemos concluir que a los salmos puramente davídicos incluidos en el Libro Primero fueron el núcleo, al cual se fueron incorporando rápidamente otros, hasta completar los cinco libros del Salterio.

C. H. SPURGEON

Amén y amén. Los antiguos rabinos vieron en los cinco libros del Salterio la imagen de los cinco libros de la Ley. Esta forma de ver los Salmos como un segundo Pentateuco, eco del primero, pasó a la iglesia cristiana, y contó con el beneplácito de algunos de los primeros padres. Y ha sido también aceptado por algunos de los mejores expositores actuales, como el Dr. Delitzsch,[140] que llama al Salterio «el discurso quíntuple de la congregación de Israel al Señor; así como la *Torá* (la Ley) es el discurso quíntuple del Señor a la congregación». Esta concepción podrá ser mera fantasía, pero su antigüedad demuestra que la división del Salterio en cinco libros, llamó la atención de los intérpretes y expositores desde épocas muy tempranas.

WILLIAM BINNIE [1823-1886]
"The Psalms: Their History, Teachings, and Use", 1870

Amén y amén. Dios entregó a Israel la Ley, un Pentateuco; e Israel, respondió agradecido con un Salterio, un Pentateuco de alabanza en reconocimiento de ese don divino.

J. L. K.

---

[139] Lucas 2:25.

[140] Se refiere a FRANZ DELITZSCH [1813-1890], conocido teólogo y hebraísta alemán, profesor en la universidad de Liepzig. Su traducción del Nuevo Testamento del griego al hebreo es considerada la mejor que existe hasta el día de hoy. Escribió un extraordinario comentario bíblico al libro de los Salmos y colaboró con JOHANN FRIEDRICH KARL KEIL [1807-1888] en un comentario bíblico monumental al texto hebreo del Antiguo Testamento, traducido al español por CLIE con el título de "Comentario al Texto Hebreo del Antiguo Testamento". El lector debe tener en cuenta de que la cita Binnie dice: *"algunos de los mejores expositores actuales"* porque ambos son contemporáneos.

SALMO 44

Salmo del desconcertado

Título: *Al músico principal. Masquil de los hijos de Coré.*[1] El título es similar al del Salmo 42, y aunque esto no prueba de que el autor deba ser el mismo, sí lo hace muy probable.[2] No hay necesidad de andar buscando autores para los Salmos cuando tenemos suficiente con David, por tanto, nos resistimos a adscribir este canto sagrado a cualquier otro que no sea el gran Salmista. No obstante, como en este caso no sabemos con exactitud a qué período de su vida pueda corresponder el presente

---

[1] En la versión griega de los LXX o Septuaginta el título es: εἰς τὸ τέλος· τοῖς υἱοῖς Κορε εἰς σύνεσιν ψαλμός que la Vulgata traduce al latín como: *"In finem. Filiis Core ad intellectum"*, "Para el fin, a los hijos de Coré para inteligencia".

– Agustín de Hipona [354-430] dice al respecto: «Este Salmo demanda una meditación profunda sobre los planes y designios de Dios para con su pueblo escogido. De entrada nos cuenta cómo habiendo establecido Pacto de alianza con los Patriarcas, los sacó de Egipto con mano fuerte y brazo extendido (Éxodo 13:21; Deuteronomio 26:12; Salmo 136:12); hizo que el mar se tragara a sus perseguidores (Éxodo 14:12; Salmo 136:15); les condujo a través del desierto (Deuteronomio 32:10; Salmo 77:20; 78:52); y concediéndoles grandes victorias, los introdujo en la tierra prometida implantándoles en ciudades habitadas tras haber arrojado de ellas a sus moradores (Éxodo 15:17; Salmo 78:55; 107:4-7: 135:10-12). Pero después decidió apartarse de ellos, dejando que sus santos padecieran toda clase de atrocidades, haciendo oídos sordos a sus gritos sin dar respuesta a sus ruegos, cual si habiendo apartado su rostro de ellos hubiera dejado de ser su Dios. Esto es lo que canta este Salmo envuelto en un doloroso gemido. Sabemos con certeza que esto sucedió, pero, ¿por qué sucedió? Porque no sucedió en vano, esto también lo sabemos, y es nuestro deber averiguarlo. Y la respuesta la encontramos en el título mismo: *"Masquil de los hijos de Coré"*, para instrucción. (...) Puesto que Dios nunca abandona a los suyos, ni aún cuando a ellos les da la impresión de que lo ha hecho. Lo que hace es privarles por un tiempo de aquello que usan indebidamente para enseñarles aquello que deben anhelar correctamente; para arrancar de su corazón toda soberbia enraizada en las cosas temporales a fin de que busquen con más ahínco las eternas. Si Dios nos fuera siempre favorable en las cosas temporales, y tuviéramos éxito en todo; si pasáramos por esta vida libres de todo sufrimiento, sin fracasos, angustias, ni contratiempo alguno a lo largo de nuestra existencia mortal, concluiríamos que esta tierra es antesala del cielo, que nuestra prosperidad terrenal viene de Dios como parte de los bienes que concede a los que le sirven fielmente, y dejaríamos de anhelar de él realidades más sublimes. Por ello compensa ocasionalmente nuestros éxitos, engañosamente dulces, con amarguras y tribulaciones, para que entendamos la necesidad de buscar cosas más saludables; o dicho de otro modo: *"Masquil"*, para instrucción». (Ver también la nota 110 con la exposición de Agustín al versículo 17 del Salmo, así como las notas 3, 10, 118 y 177 sobre el mismo tema).

[2] De hecho Franz Delitzsch [1813-1890] ve una continuidad clara con el Salmo (o salmos) precedente (Salmo 42 /43) como *"Masquil de los hijos de Coré"*. El versículo veinticinco: *"Porque nuestra alma está hundida hasta el polvo"* (44:25), enlaza a la perfección con el estribillo de los Salmos 42/43: *"¿Por qué te abates, oh alma mía"* (Salmo 42:5, 11; 43:5); y las expresión de seguridad y confianza de 42:9: *"Diré a Dios: Roca mía"* con la de 44:4: *"Tú eres mi Rey, oh Dios"*. Aunque considera que temáticamente el salmo homogéneo o parejo al Salmo 44 es el Salmo 85. Los Salmos de los hijos de Coré son el 42/43; 44-49; 84-85; 87-88, de los cuales son *"Masquil"* o cántico de instrucción/meditación los Salmos 42/43, 45, 88 y 89. Indica asimismo que el Salmo 44 mantiene una vinculación con el Salmo 60 (de David); el Salmo 80 (de Asaf); y el Salmo 89 (de Etán) en el sentido de que todos ellos comparten lamentaciones similares sobre la situación presente contrastándola con épocas pasadas y las promesas de Dios, aunque ninguno de ellos expone una alegación de inocencia como la que encontramos en el Salmo 44, característica única y exclusiva de este Salmo. (Ver al respecto las notas 10, 110, 118 y 177 a los versículos 17 y 22 de este mismo Salmo 44).

salmo, nos sentimos obligados a barajar otras propuestas alternativas. Es posible que el autor fuera algún patriota israelita que atravesando tiempos difíciles cantara las glorias de su nación en el pasado, comparándolas con las tristezas del presente y contrastando sus tradiciones respecto al favor de Dios con su abandono actual.[3] Su aplicación a la Iglesia cristiana resulta más apropiada si lo ponemos en boca de los creyentes perseguidos en épocas de persecución particularmente severa.[4] Los versículos finales guardan mucha semejanza con los famosos versos de Milton sobre la matanza de protestantes entre las montañas de Piamonte.[5] Es un salmo adecuado para las voces de aquellos que han sido salvos por gracia:[6] los hijos de Coré;[7] y viene repleto de enseñanza para ellos y para todos los demás; de ahí el título *Masquil*.[8]

C. H. Spurgeon

[3] Muchos comentaristas lo sitúan en la época de Antíoco y la persecución que dio lugar a la revuelta de los Macabeos. Tal es el caso de Felipe Scio de San Miguel [1738-1776] en una nota a su traducción de la Vulgata: «El Salmo fue compuesto por David con un espíritu profético de lo que habían de padecer los Macabeos y otros judíos en la persecución de Antíoco; o más bien los santos mártires de la Iglesia bajo el furor de los tiranos, razón por la cual el propio San Pablo lo cita en Romanos 8:36. Y todas las personas que se hallen afligidas y sufran penalidades encontrarán en él muchas razones de confianza al considerar las obras de Dios en el pasado».

[4] El pastor y escritor presbiteriano escocés John Ker [1819-1886] en su obra *"The Psalms in History and Biography"* (1886) comparte la misma idea: «Un salmo donde la situación precaria y casi desesperanzada de la Iglesia se contrasta con el recuento de las grandes obras de Dios en el pasado, y concluye con un clamor agudo y penetrante implorando una nueva intervención». Y nos cuenta cómo el reformador escocés James Melville [1556-1614] escribió en su diario en el año 1572: «Nuestro *"Primarius"* (refiriéndose al Decano de la Universidad de St. Andrews, fundada en 1413, la más antigua de Escocia), James Wilkie, un hombre dulce y apacible, nos hacía cantar constantemente los Salmos 44 y 79, los cuales aprendí de memoria, porque fue el año de las sangrientas matanzas en Francia y grandes enfrentamientos aquí en escocia». Fue de hecho un año muy difícil, en que murió John Knox [1514-1572], con una fe firme pero entristecido por los oscuros horizontes políticos que se planteaban para la nueva fe reformada tanto en Escocia como en Francia: James Stewart [1531-1570] primer *Earl of Moray* y Regente de Escocia había caído en las calles de Linlithgow abatido por el disparo de un asesino; y las insidias y conspiraciones de los Guisa contra la Reforma eran constantes y de largo alcance».

[5] Se refiere a un famoso soneto del gran poeta inglés John Milton [1608-1674] titulado: *"On the Late Massacre in Piedmont"*, versificando la masacre de protestantes valdenses por las tropas de Carlos Manuel II de Saboya [1634-1675] en las montañas del Piamonte, entre Italia y Suiza, en Abril de 1655.

[6] Atanasio de Alejandría [296-373] en su carta a su discípulo Marcelino sobre la naturaleza y valor de los salmos le dice refiriéndose a este salmo: «Cuando quieras aprender y enumerar los cuantiosos beneficios que el Señor otorgó a aquellos que te precedieron en tiempos antiguos, como el éxodo de Israel de Egipto y durante su peregrinaje por el desierto; y ello te impulse a proclamar cuán bueno es Dios y cuán ingratos los hombres, recuerda que cuentas para ello con el Salmos 44». El Tomo I de "El Tesoro de David" incluye una traducción completa de la Carta de Atanasio a Marcelino. [Tomo I - pp. 50].

[7] Véase 1 Crónicas 1:35; 2:43; 6:22,54; 9:19; 26:1; 2 Crónicas 20:19. José Mª Martínez [1924-2016] en "Salmos Escogidos" dice al respecto: «La alusión a los *"hijos de Coré"* en la nota del sobrescrito probablemente indica autoría, aunque también puede referirse a destino. Los descendientes de Coré (en hebreo קֹ֫רַח *Qoraj*) o "corajitas", aparecen en días de Josafat como cantores distinguidos en el templo de Jerusalén (2 Crónicas 20:19) ¿Fueron algunos de ellos los autores de los Salmos del 42 al 49, y de los Salmos 84, 85, 87 y 88, o fue el coro compuesto por ellos el encargado de cantar los salmos que llevan su nombre? A esta pregunta todavía no se ha dado una respuesta definitiva: las dos sugerencias apuntadas son posibles». Ver otras exposiciones sobre el tema de *"los hijos de Coré"* en los comentarios al título del Salmo 42.

[8] En hebreo מַשְׂכִּ֫יל *maśkîl,* indica un salmo pedagógico o didáctico, es decir, particularmente de enseñanza. Los salmos *Masquil* son el 32; 42; 44; 45; 52; 53; 54; 55; 74; 78; 88; 89 y 142. Ver para más información

Estructura: Los versículos uno al tres (34:1-3), consideran las obras portentosas del Señor a favor de Israel, y su recuerdo hace que el cantor prorrumpa en los versículos del cuatro al ocho (44:4-8) en un reconocimiento y declaración de fe. A partir de aquí comienza la exposición de quejas, que alcanza hasta el versículo dieciséis (44:9-16); sacando a relucir como argumento, en los versículos del diecisiete al veintidós (44:17-22) la fidelidad del pueblo a su Dios; y concluyendo en los versículos del veintitrés al veintiséis (44:23-26) con una invocación al Señor para que intervenga.[9]

C. H. SPURGEON

Versión poética:

DEUS AURIBUS NOSTRIS AUDIVIMUS,
PATRES NOSTRI ANUNTIAVERUNT NOBIS

Señor, con nuestros oídos escuchamos
a nuestros padres, que nos refirieron
las grandes cosas que en su tiempo hiciste,
y otras no menos grandes antes de ellos.

Nos han contado que tu mano pudo
en esta santa tierra establecerlos,
y que para esto heriste, disipaste,
y en fin venciste los antiguos pueblos.

No fue su espada la que pudo darles
la posesión tranquila de este suelo,
ni el valor de su brazo el que los hizo
victoriosos salir de tantos riesgos.

Fue tu diestra, Señor, porque ha querido
darles tu amor tan alto privilegio,
tu brazo poderoso los sostuvo,
porque los viste con los ojos tiernos.

---

los comentarios y notas al título del Salmo 32.

[9] Dice FRANCISCO LACUEVA [1911-2005] en su versión Española del "Comentario de Matthew Henry": «Este salmo lleva el mismo título que el Salmo 42, y tampoco sabemos quién ni cuándo lo compuso. Del contenido se desprende que fue con ocasión de alguna calamidad pública, ya presente o amenazante. Según el doctor ABRAHAM COHEN [1887-1957]: 'la alusión a la voz del blasfemo en el versículo dieciséis: *"Por la voz del que me vitupera y deshonra a la vista del enemigo"* (44:16), recuerda lo que se narra de Senaquerib, rey de Asiria, en Isaías 37:6, 23: *"¿A quién vituperaste, y a quién blasfemaste? ¿Contra quién has alzado tu voz, y levantado tus ojos en alto? Contra el Santo de Israel"*; y la opinión más aceptable es que el Salmo fue escrito durante la invasión que acaeció en el reinado de Ezequías'. En sus estrofas se exhorta a Israel: I. A reconocer con gratitud, para gloria de Dios, las grandes cosas que Jehová había hecho por sus antepasados (versículos 1-8). II. A exhibir un memorial de su actual calamitoso estado (versículos 9-16). III. A protestar de la actual calamidad, pese a que continuaban en su integridad y en su adhesión a Dios (versículos 17-22). IV. A dirigir una petición al trono de la gracia para obtener socorro y alivio (versículos 23-26)».

Tú eres el mismo Dios, que entonces eras,
y siempre omnipotente, siempre excelso,
cuando quieres nos salvas, y destruyes
a nuestros enemigos los más fieros.

Como toro que embiste enfurecido,
hiere, destroza y mata con sus cuernos,
así nosotros con tu santo auxilio
a nuestros enemigos destruiremos.

No esperamos deber estas victorias
a la fuerza del arco o del acero,
sino a tu espada, que terrible sabe
añadir gran vigor a nuestro esfuerzo.

¡Cuántas veces, Señor, nos has librado
de los injustos que nos persiguieron!
y ¡cuántas has perdido y derrotado
a los que no dudaban de vencernos!

Seguros de tu auxilio soberano
tus alabanzas siempre cantaremos,
reconociendo que a tu santo nombre
se deben nuestros laudos y trofeos.

Pero ¡ay Señor! ¡qué tiempo tan distinto!
ahora estamos vencidos y dispersos,
y no vemos, Señor, que como antes
te pongas a la frente de tu pueblo.

Por el contrario, lejos de ayudarnos,
que la espalda volviésemos has hecho,
y esta fuga cobarde al enemigo
enriqueció con los despojos nuestros.

Como si ovejas fuéramos, su rabia
nos destrozó; el combate fue sangriento,
la mayoría pereció, y si escapó alguno,
lo persiguen para masacrarle presto.

¡Ay mi Dios! este pueblo preferido,
tan querido de ti, por poco precio
le has querido vender, casi por nada,
pues no hubo quien por él diera dinero.

Tú nos has reducido a ser escarnio,
la burla de los pueblos extranjeros,
que nos injurian con picantes dichos,
con amargos y duros improperios.

Todos avergonzados y corridos
sufrir tantas afrentas no podemos,
y la vergüenza que me cubre el rostro,
me impide levantar mi vista el cielo.

A pesar de estos males tan terribles,
a pesar de su número y su peso,
no te hemos olvidado, Dios amable,
ni tampoco olvidado tus preceptos.

Nuestro fiel corazón estuvo firme,
tú quisiste probarnos, Dios excelso,
tú quisiste saber si las desgracias
nos harían dejar nuestros senderos.

¿Por qué nos sumergiste en abismos
de miserias, dolores y desprecios,
rodeándonos de males y peligros,
y la muerte que nos iba persiguiendo?

Más nosotros decíamos: si somos
tan locos, tan errados y tan necios,
que olvidando al Dios nuestro levantamos
las manos hacia dioses extranjeros;

¿No querrá vengar el Dios terrible,
que no puede ignorarlo, y ha de verlo,
pues que todo lo mira, y aún registra
del corazón los instintos secretos?

También sabes, Dios mío, que estos males
solo por vuestra causa padecemos
porque fieles os somos, y nos miran
como en el sacrificio a los corderos.

Levántate, Señor, ¿por qué te duermes
cuando sabes que estamos padeciendo?
Levántate, Dios mío, y no estés sordo
a nuestras voces y afligidos ruegos.

¿Por qué apartas los ojos de nosotros?
¿por qué olvidas los males que tenemos?
¡ah! si verlos quisieras, no dejara
de enternecerse tu piedad al verlos.

Nos vieras abrumados con su carga,
y pegada la boca con el suelo,
sin poder desahogarse con sus quejas,
ni dirigir al cielo los lamentos.

Levántate, Dios mío, que ya es hora,
y vuela presuroso a socorrernos;
si no lo merecemos por nosotros,
hazlo siquiera porque tú eres bueno.

DEL "SALTERIO POÉTICO ESPAÑOL", SIGLO XVIII

Salmo completo: Un análisis detallado de este Salmo 44, establece con claridad que quienes hablan a través de sus estrofas son israelitas. Y, sin embargo, dada la imposibilidad de fijar un período determinado en la historia de Israel donde encajarlo, y verificar su lenguaje y estilo literario, a la mayoría de expositores se les hace difícil verlo de ese modo, el más lógico y natural. Alegan, y con razón, que no encaja en el período del cautiverio en Babilonia, dado que los versículos once y catorce (44:11,14) hablan de Israel como *"esparcido entre las naciones"* y *"proverbio entre las naciones"*, cuando durante el exilio los israelitas permanecieron confinados a un solo país; y en segundo lugar, en los versículos diecisiete al veintiuno (44:17-21) hay una tajante afirmación de fidelidad y adhesión a la adoración del Dios verdadero, eximiendo a los perseguidos de ser ellos los culpables de su situación,[10]

[10] Aunque el Salmo 44 es uno de los salmos de súplica colectiva (en general se consideran Salmos de súplica colectiva los Salmos 12; 44; 60; 74; 79; 80; 83; 85: 94:1-11; 126 y 137) y guarda notables paralelismos con el Salmo 74 y otros, presenta una característica peculiar: en este caso el pueblo se declara inocente de culpa y alega padecer sin causa ni razón *"Todo esto nos ha sobrevenido, y no nos habíamos olvidado de ti, ni habíamos faltado a tu pacto. no se ha vuelto atrás nuestro corazón, ni se han apartado de tus caminos nuestros pasos"* (44:17-18). El pueblo declara haber sido fiel al pacto, y alega que es Dios quien de manera inexplicable lo ha quebrantado olvidándose de ellos.

SCHÖKEL hace la siguiente reflexión: «En una concepción politeísta, el planteamiento tendría otra salida: que la desgracia actual haya sido causada por otra divinidad extranjera, en este momento más poderosa; o por fuerzas cósmicas que se sustraen de momento al dominio del dios correspondiente. Pero esto es inimaginable para la fe israelita y está patente en el Salmo». Para el salmista, el *"rey mío y Dios mío, quien decretaba las victorias de Jacob"* (44:4); es el mismo que ahora ha vendido a su pueblo de balde sin exigir ningún precio (44:12), dejando que los maten cada día como ovejas para el matadero (44:22) Ver al respecto Isaías 45:5-77. Y entiende que la única salida es implorarle que cambie de actitud, que despierte, que se levante y acuda en defensa de su pueblo y lo rescate *"por tu amor"* (44:26). SCHÖKEL concluye afirmando que: «La presencia dominante de Dios, su acción avasalladora, proclamadas en medio de la tragedia, delatan una espiritualidad robusta, inconmovible. Quizá por ello el salmista no ve necesario anticipar la acción de gracias, como se hace en otros salmos del mismo género» (Ej. 60:12; 79:12-13; 80:18-19). [*Salmos, Tomo I, 1-72,* Editorial Verbo Divino, Estella, Navarra, 1992]. (Ver al respecto las notas 3, 110, 118 y 177 sobre el mismo tema).

mientras que el cautiverio babilónico fue claramente un castigo impuesto a la nación por su apostasía, y en especial por el nefasto pecado de la idolatría. Esas mismas objeciones aplican también cuando intentamos encajarlo en la época de Antíoco Epífanes y los Macabeos.[11] Además, en este último caso, la historia del canon de la Escritura es un argumento decisivo en contra de una asignación tan tardía de cualquiera de los Salmos. Si vamos a los tiempos de David, las posibilidades de encajarlo son todavía más remotas; pues aunque la religión era pura, no había dispersión alguna de los israelitas *"entre las naciones"*, como tampoco ninguna calamidad que pudiera justificar tal lamentación: *"Nos haces el oprobio de nuestros vecinos, escarnio y burla de los que nos rodean (...) se nos considera como ovejas para el matadero"*.[12] Todo lo cual nos lleva a la conclusión de que la única alternativa posible es considerar este Salmo exclusivamente en clave profética, como el lenguaje profético de la iglesia cristiana, de manera especial en su época primitiva, un período en el que compaginó su mayor pureza con su más terrible sufrimiento.[13]

WILLIAM DE BURGH [1801-1866]
"A Commentary on de Book of Psalms", Dublín, 1860

Salmo completo: San Ambrosio[14] nos hace notar que en los salmos anteriores hemos visto profecías de la pasión, resurrección y ascensión de Cristo; así como de la venida del Espíritu Santo.

---

[11] JUAN CALVINO [1509-1564] parece asumir esta posición en su comentario: «No sabemos con seguridad quién fue el autor del salmo. Pero, eso sí, consta claramente que fue compuesto por alguien distinto de David. Las lamentaciones que contiene encajan muy bien en la época desgraciada y calamitosa en la que hacía sus estragos la tiranía brutal de Antíoco, a menos que queramos darle mayor amplitud a la época, ya que, después del regreso del destierro, no hubo prácticamente ningún tiempo que estuviera libre de grandes calamidades».

[12] A pesar de ello FRANZ DELITZSCH [1813-1890] rebate en su comentario todos los argumentos a favor de asignarlo a la época de los Macabeos u otras similares, insistiendo en que por muchas razones el Salmo 44 coincide plenamente con la época de David, concretamente el período de las guerras con los Amonitas, Sirios y revueltas de los Edomitas descritas en 2 Samuel 8:13-14; 10:1-19; 11:1; 12:26-31. Busca demostrar que, aparte de que este sea quizá el único período en que Israel podía presumir de una integridad y fidelidad religiosa como la que se describe el Salmo, prácticamente todas las situaciones descritas en el mismo coinciden con la situación vivida en esa época: «el hecho de que el pueblo se lamente diciendo *"Nos entregas como ovejas al matadero, y nos has esparcido entre las naciones"* (44:11) coincide con que leemos en Amós 1:6, según lo cual los Edomitas habían mantenido un tráfico de Israelitas cautivos para venderlos como esclavos». Cita además la coincidencia de muchas expresiones hebreas con otros Salmos Davídicos, como es el caso del versículo veinticinco de este Salmo (44:25) casi idéntico al veinticinco del Salmo 119 (119:25); y considera que el grito de súplica קוּמָה *qūmāh,* en este caso seguido de עֶזְרָתָה *'ezrāṯāh, "¡Levántate! Sé nuestra ayuda!"* (44:26) es absolutamente Davídico, (ver Salmo 3:7; 7:6), aunque tenga sus orígenes en la época Mosaica.

[13] SCHÖKEL coincide con este criterio y dice al respecto: «La situación, histórica o típica, es una grave derrota militar. ¿Se trata de la derrota de Israel a manos de los asirios con la consiguiente deportación en masa? ¿Se trata de la conquista de Jerusalén por los babilonios y del consiguiente destierro? Para responder, conviene comparar este salmo con el 74, del mismo género. Este último está centrado en el monte Sión y el santuario; en el 44 no hay ninguna alusión a la ciudad ni al templo. Los datos descriptivos que ofrece son genéricos: derrota militar, huida, saqueo, matanza, cautivos de guerra. No permiten una identificación histórica única. En otras palabras, si el salmo ha sido compuesto en una situación histórica concreta, el poema se desprende de ella y se hace disponible para situaciones semejantes». [*Salmos, Tomo I, 1-72,* Editorial Verbo Divino, Estella, Navarra, 1992].

[14] Se refiere a SAN AMBROSIO DE MILÁN [340-397], destacado arzobispo de Milán, e importante teólogo y orador. Es uno de los cuatro Padres de la Iglesia Latina y dejó un amplio legado de escritos teológicos. Convirtió y bautizó a San Agustín y combatió ardientemente el arrianismo.

El Salmo 44 nos enseña que hemos de estar preparados para luchar y padecer si queremos que todas estas cosas nos sean provechosas. La voluntad humana debe trabajar a la par, conjuntamente con la gracia divina.[15]

CRISTOPHER WORDSWORTH [1807-1885]
"Commentary on the Whole Bible", 1856

Vers. 1. *Oh Dios, con nuestros oídos hemos oído, nuestros padres nos han contado, la obra que hiciste en sus días, en los tiempos antiguos.* *[Oh Dios, con nuestros oídos hemos oído, nuestros padres nos han contado, la obra que hiciste en sus días, en los tiempos antiguos.* RVR*] [Oh Dios, con nuestros oídos hemos oído, nuestros padres nos han contado la obra que hiciste en sus días, en los tiempos antiguos.* LBLA*] [Oh Elohim, hemos oído con nuestros oídos, nuestros padres nos lo han dicho: Una obra portentosa hiciste en sus días, en los días de la antigüedad.* BTX*] [Oh Dios, nuestros oídos han oído y nuestros padres nos han contado las proezas que realizaste en sus días, en aquellos tiempos pasados.* NVI*] [Lo hemos escuchado con nuestros oídos, oh Dios; nuestros padres nos han contado lo que tú hiciste en sus días, en los días del pasado.* BLP*] [Oh Dios, lo oímos con nuestros propios oídos; nuestros antepasados nos han contado de todo lo que hiciste en su época, hace mucho tiempo atrás.* NTV*]*

Oh Dios, con nuestros oídos hemos oído. Tus hechos portentosos han sido entre nosotros motivo de conversación; no solo los hemos leído en los libros, sino que la gente los ha comentado y contado unos a otros. La historia de la nación israelita fue preservada por los israelitas piadosos mediante la tradición oral con gran diligencia y exactitud. Este modo de preservar y transmitir la historia tiene sus desventajas, pero produce ciertamente una impresión en la mente mucho más viva que cualquier otro medio. Escuchar con los oídos afecta nuestra sensibilidad de forma mucho más intensa que leer con los ojos; debemos tomar buena nota de esto y aprovechar toda oportunidad posible para proclamar el evangelio de nuestro Señor Jesucristo de "de viva voz",[16] puesto que es el modo más efectivo de comunicación. La expresión: בְּאָזְנֵינוּ שָׁמַעְנוּ *bəʼāzənênū šāmaʻnū* de שָׁמַע *shama: "con nuestros oídos hemos oído"* puede significar también el deleite con el que lo escucharon, la profundidad de su interés, su manera de escuchar, y el recuerdo vivo y perenne que les quedó y mantuvieron de esta narrativa romántica y conmovedora. Muchos son los que tienen orejas, y no oyen;[17] dichosos aquellos que, teniendo oídos, han aprendido a oír.

Nuestros padres nos han contado.[18] No podrían haber contado con mejores informantes. Los maestros de escuela son buenos en esto, pero los padres piadosos son, en el orden de la naturaleza y

---

[15] De hecho su comentario al Salmo 44 fue el trabajo póstumo de AMBROSIO DE MILÁN [340-397], que murió mientras predicaba sobre el versículo veintitrés: *"Despierta; ¿por qué duermes, Señor? Despierta, no te alejes para siempre*" (Salmo 44:23). Poco antes había escrito: «Es doloroso tener que esperar tanto para ese día glorioso en el que la mortalidad sea absorbida por la Vida; pero afortunadamente la antorcha de la Palabra de Dios sigue encendida ante mis ojos».

[16] En latín en el original, *viva voce*, literalmente "de viva voz", pero que debe ser traducida y entendida correctamente como: "mediante palabras pronunciadas con la boca".

[17] Marcos 8:18.

[18] En esto ha radicado el secreto de la supervivencia de Israel como pueblo a lo largo de la historia y que le ha permitidos resistir y superar las peores adversidades: la memoria histórica. La continuidad del pueblo como tal no se apoya exclusivamente en el factor biológico sino en la continuidad de la memoria histórica colectiva: *"para que lo contéis a la generación venidera"* (Salmo 48:13) Ver al respecto el Salmo 78:1-8.

la gracia, los mejores instructores de sus hijos; y no pueden delegar este deber sagrado.[19] Y es muy de lamentar en nuestros días lo poco que muchos hijos de eruditos teólogos podrían explicar ante Dios acerca de lo que sus padres les han contado.[20] Y siendo que a los padres se les traba la lengua a la hora de hablar a sus hijos de las cosas de la fe, ¿debemos extrañarnos que a los hijos se les trabe el corazón por el pecado? Así como en todas las naciones libres las familias se deleitan en reunirse frente a la chimenea y contar a sus hijos las hazañas de los héroes de su país: *"en los valerosos días de antaño..."*[21] así también bajo la antigua dispensación las familias se reunían alegres alrededor de la mesa para contar a los hijos y nietos las maravillas que el Señor había obrado con su pueblo. Hablar de las cosas de la fe, no tiene por qué ser aburrido; ni puede serlo cuando, como en este caso, se trata más de explicar hechos que de debatir opiniones.

La obra que hiciste en sus días, en los tiempos antiguos. Empezando por aquello que sus propios ojos habían presenciado, pasaban luego a las tradiciones de su juventud. Fijémonos en que el punto principal de la historia que se transmite de padres a hijos es: *"lo que hiciste"*, es decir, las obras de Dios; este es el núcleo de la historia, y por lo tanto, nadie que sea extraño a las obras del Señor puede escribirlas ni contarlas correctamente No hay cosa más deleitosa que reseguir las huellas del Señor sobre un mar de acontecimientos cambiantes; verlo cabalgar en el torbellino de la guerra, la peste y el hambre, y de manera especial, contemplar su inmutable y exquisito cuidado por con pueblo elegido. Aquellos niños a quienes se les enseña a contemplar a Dios en los acontecimientos de la historia aprenden de sus padres la mejor lección; y ningún hijo de padres creyentes debería permanecer en

---

[19] Dice JUAN CRISÓSTOMO [347-407] comentando este versículo: «Prestad atención a las palabras del salmista todos aquellos que toleráis que vuestros hijos pasen los días cantando canciones profanas, y descuidáis instruirles en las narraciones divinas. El pueblo para el cual oraba no procedía de ese modo, todo lo contrario, permanecía día y noche recordando las grandes gestas de Dios en su justicia. Y sacaba de ello un doble provecho: por un lado, tener presentes en todo tiempo las grandes liberaciones de Dios en el pasado y contarlas a sus hijos, les fortalecía a ellos capacitándoles para soportar mejor el sufrimiento presente; y por el otro, instruir a su descendencia en el conocimiento del Dios verdadero fomentaba en ella la fe y la virtud. En su época, los libros eran las bocas de sus progenitores; y la única escuela consistía en prestar atención a estas narraciones sagradas, de las cuales extraían lecciones ejemplares y útiles para todas las facetas de la vida. Pues si aún las meras fábulas y leyendas ficticias suelen por lo general entusiasmar a los oyentes, ¡cuánto más estas historias reales! Historias que mostraban el inmenso poder, sabiduría y benevolencia de Dios, que estimulaban a cuantos las aprendían predisponiéndoles a un proceder más justo y provechoso. Quienes habiendo presenciado tales sucesos los captaron con sus ojos, los transmitieron con su boca a otros que los captaron con sus oídos, y en todo lo que tiene que ver con la fe, el oír es tan efectivo como el ver, pues *"la fe es por el oír, y el oír, por la palabra de Dios"* (Romanos 10:17)».

[20] Leyendo estas palabras de Spurgeon recuerdo cómo mi abuelo Luis Vila me enseñó desde los tres años de edad a leer con la "cartilla" del abecedario en una mano y la Biblia Reina-Valera en la otra; cómo mi abuela y mi madre me contaban apasionadamente las historias de la Biblia y de los mártires cristianos que nos habían precedido, de cómo habían entregado heroicamente su vida por la fe en su Señor y Salvador; y en la iglesia cantábamos con frecuencia aquel himno que dice: *"Hijos de los españoles que murieron por la fe"*. Y recuerdo a mi propio padre y los héroes de su generación en España: hombres como Juan Bautista Cabrera, los Araujo, los Fliedner, Ernesto Trenchard y José Cardona. Y lo mismo cabría decir para cada país en el mundo hispano, pues en todos ellos ha habido héroes de la fe.

[21] La cita procede de una serie poemas de THOMAS BABINGTON MACAULAY [1807-1885], *"Lays of Ancient Rome"*, concretamente del llamado *"Horatius"*, un poema muy citado en la cultura anglosajona: *"Then out spake brave Horatius, / The Captain of the Gate: / "To every man upon this earth / Death cometh soon or late. / And how can man die better / Than facing fearful odds, / For the ashes of his fathers, / And the temples of his Gods* [...] *with weeping and with laughter / Still is the story told, / How well Horatius kept the bridge /* ***In the brave days of old".***

la ignorancia de este tutorial sagrado. Una nación instruida en su propia historia, y más aún en una historia tan maravillosa como era la de Israel, siempre tiene a mano un argumento con el que implorar ayuda a Dios en medio de sus problemas, pues Aquel que nunca cambia imprime en cada acto de su gracia un compromiso de misericordia futura. La tradición de nuestras experiencias pasadas aporta súplicas muy poderosas para lograr ayuda en el presente.

C. H. SPURGEON

Oh Dios, con nuestros oídos hemos oído. Oído, con nuestros oídos, es decir, con absoluta intencionalidad, con la mayor atención y afecto. No se trata de un pleonasmo,[22] sino de intensificar y remarcar el énfasis.

JOHN TRAPP [1601-1669]
"A commentary or exposition upon the books of Ezra, Nehemiah, Esther, Job and Psalms", 1657

Nuestros padres nos han contado. «Prestad buena atención a esto», dice Basilio,[23] «vosotros padres que descuidáis la obligación de contar y enseñar a vuestros hijos aquellas cosas que podrían estimular en ellos la fe, incentivar el temor de Dios, y alentarles a buscar refugio en él en toda circunstancia difícil y peligrosa. Los antiguos israelitas hicieron, por así decirlo, de sus bocas libros en los cuales sus hijos pudieran leer y aprender acerca de las grandes obras de Dios, atrayendo de ese modo sus corazones hacia el Señor».

JOHN MAYER [1583-1664]
"A Commentary upon the whole Old Testament", 1653

La obra que hiciste en sus días, en los tiempos antiguos. ¿Por qué habla de *"la obra que hiciste"* en singular, cuando las liberaciones poderosas obradas por Dios a favor de Israel fueron innumerables:[24] desde el paso del Mar Rojo[25] hasta la destrucción de los ciento ochenta y cinco mil combatientes en el campamento de los asirios?[26] Porque todas estas grandes maravillas no fueron más que tipos de la obra magna ejecutada por la mano del Señor, en la que Satanás fue vencido, la muerte destruida y el reino de los cielos abierto a todos los creyentes.[27]

AMBROSIO DE MILÁN [340-397]

---

[22] Llamamos pleonasmo a la repetición en la misma frase de términos redundantes, que vienen a decir lo mismo, como por ejemplo: "Baja para abajo" o "lo vi con mis ojos".

[23] Se refiere a SAN BASILIO MAGNO [329-379], obispo de Cesarea de Capadocia y uno de los más importantes y reconocidos Padres de la Iglesia Griega. Brillante orador y eminente teólogo, combatió el arrianismo. Entre su importante obra escrita, destacan, además de sus numerosas cartas (se conservan unas 365) y textos litúrgicos, su *Hexámeron* (sobre Dios Creador), su "Tratado sobre el Espíritu Santo" y sus libros apologéticos contra el arriano Eunomio.

[24] Dice en este sentido FRANCISCO LACUEVA [1911-2005] en su versión Española del "Comentario de Matthew Henry": «Nótese que dice *"la obra"* en singular aunque se refiera a muchas, puesto que hay entre todas las obras de Dios una perfecta y admirable armonía que hace de todas ellas una sola. Como las ruedas en la visión de Ezequiel que a pesar de ser muchas formaban una sola y se les gritaba *"¡La rueda!"* (Ezequiel 10:9-13); así también las muchas obras de Dios forman una sola».

[25] Éxodo 14:1-31.

[26] 2 Reyes 19:35-36.

[27] Juan 16:7-11; 1 Corintios 15:54-57.

La obra que hiciste en sus días, en los tiempos antiguos. En tanto que los cánticos triunfales de las demás naciones exaltan la valentía y heroísmo de sus antepasados, los cánticos de Israel celebran las obras de Dios.

AUGUST FRIEDRICH THOLUCK [1799-1877]
"A Translation and Commentary of the Book of Psalms for the Use of the Ministry and Laity of the Christian Church", 1856

Oh Dios, con nuestros oídos hemos oído, nuestros padres nos han contado, la obra que hiciste en sus días, en los tiempos antiguos. Este versículo nos enseña los tres requisitos claves en el proceso de aprender:

1. Voluntad y atención en el que aprende: *"con nuestros oídos hemos oído"*.
2. Autoridad en el que enseña: *"nuestros padres nos han contado"*
3. Amor entre el maestro y el alumno: *"nuestros padres"*.

HUGO CARDINALIS [1200-1263]
citado por JOHN MASON NEALE [1818-1866] y RICHARD FREDERICK LITTLEDALE [1833-1890]
en *"A Commentary on the Psalms"*, 1871

Vers. 1-2, 4, 8. Los hijos son los herederos de sus padres; sería por tanto antinatural que un padre enterrara antes de morir su tesoro bajo tierra, donde sus hijos no lograran encontrarlo ni pudieran disfrutarlo. Y en este sentido, las grandes misericordias obradas por Dios en el pasado no son parte pequeña de su tesoro, ni porción despreciable de la herencia de sus hijos, siendo que alientan su fe, les proporcionan tema para la alabanza, y les incitan y espolean a la obediencia: *"Oh Dios, con nuestros oídos hemos oído, nuestros padres nos han contado, la obra que hiciste en sus días, en los tiempos antiguos; cómo con tu mano echaste las naciones, y los plantaste a ellos"* (44:1-2). En esto fundamenta el salmista su confianza para decir: *"Eres tú, rey mío y Dios mío, quien decretabas las victorias de Jacob"* (44:4); y que incentiva su gratitud llevándole a exclamar: *"En Dios nos gloriábamos todo el día, celebrando para siempre tu nombre"* (44:8). De hecho, que los hijos sean los herederos de sus padres les hace, en justicia, responsables de pagar también sus deudas; y el santo, en la hora la muerte, enfrenta una enorme deuda contraída con Dios por sus innumerables misericordias; lo que le lleva a ligar a sus hijos a la misma, traspasándola a su posteridad. De ese modo, puede alabar a Dios en el cielo y en la tierra al mismo tiempo.[28]

WILLIAM GURNALL [1617-1679]

Vers. 2. *Tú con tu mano echaste las naciones, y los plantaste a ellos; afligiste a los pueblos, y los arrojaste.* *[Tú con tu mano echaste las naciones, y los plantaste a ellos; afligiste a los pueblos, y los arrojaste.* RVR*] [Tú con tu mano echaste fuera las naciones, y a ellos los plantaste. Afligiste a los pueblos, y a ellos los hiciste crecer.* LBLA*] [Para plantarlos, expulsaste con tu mano a las naciones, abatiste a los pueblos, para hacerlos arraigar.* BTX*] [Con tu mano echaste fuera a las naciones y en su lugar estableciste a nuestros padres; aplastaste a aquellos pueblos, y a nuestros padres los hiciste prosperar.* NVI*] [Expulsaste naciones para asentarlos a ellos, oprimiste a pueblos para que ellos cre-*

28 Dice en este sentido FRANCISCO LACUEVA [1911-2005] en su versión Española del "Comentario de Matthew Henry": «Es una deuda que cada época tiene con la posteridad el guardar un registro de las maravillas que Dios ha llevado a cabo y transmitir a la siguiente generación el conocimiento de ellas. Los niños deben prestar atención a lo que sus padres les refieran de las maravillosas obras de Dios».

cieran. BLP*] [Con tu poder expulsaste a las naciones paganas y entregaste toda la tierra a nuestros antepasados. Aplastaste a sus enemigos y liberaste a nuestros antepasados.* NTV*]*

Tú con tu mano[29] *echaste las naciones, y los plantaste a ellos.* Lo que aquí se rememora es la destrucción de los cananeos en la tierra prometida.[30] Un pueblo pujante, aguerrido, numeroso y valiente, firmemente establecido y fuertemente fortificado; expulsado por una nación más pequeña y más débil, porque en la batalla el Señor estaba contra ellos.[31] Queda claro en las Escrituras que Dios envió contra los cananeos una peste que los diseminó hasta el punto de que *"tragaba la tierra a sus moradores"*;[32] también una plaga de avispas;[33] y por otros medios, los desalentó, hasta el punto que las victorias fáciles de Josué tan solo fueron producto de aquello que Dios había obrado de antemano contra esta nación idólatra.

Y los plantaste a ellos Las tribus de Israel fueron asentadas en lugares ocupados anteriormente por los paganos.[34] Los heveos y los jebuseos fueron expulsados de sus ciudades para hacer sitio a Efraín y Judá.[35] El gran Ejecutor de maravillas quebró por sus raíces los robles de Basán,[36] para plantar en su lugar su propia viña:[37] *"una de vino rojo"*.[38]

Afligiste a los pueblos. Acosadas con juicios y plagas, las naciones afectadas fueron perseguidas a sangre y fuego hasta la muerte; todas ellas expulsadas, y los enemigos de Israel desterrados lejos.

Y los arrojaste.[39] Esto se refiere a Israel y debe ser leído como: *"y les hiciste crecer"*. El mismo que perturbó a sus enemigos, sonreía a sus amigos; Dios ejecutó su venganza sobre las naciones

---

[29] En hebreo אַתָּה יָדְךָ *attāh yāḏəkā "tú, tu mano"* o *"tú, con tu mano"*. Algunas versiones sitúan estas palabras iniciales del versículo dos al final del versículo uno, por considerar los exégetas que tiene más sentido desde un punto de vista filológico. Kraus traduce el versículo de la siguiente forma: *"¡Oh Yahvé, con nuestros propios oídos hemos escuchado, nuestros padres nos han contado la obra que realizaste en sus días en los tiempos antiguos, ¡tú, con tu propia mano!"*. Schökel: *"Oh Dios, con nuestros oídos lo escuchamos, nuestros padres nos lo contaron: la obra que obraste en sus días, antaño: Tú, tu mano"*, indicando que estas dos palabras «se encuentran enfáticamente entre los dos versículos, mirando en las dos direcciones, uniendo el enunciado general con el acto específico».

[30] Comenta Ambrosio de Milán [340-397]: «Lo que esta diciendo el salmista es: Nuestros padres, en su calidad de descendientes de los patriarcas y más cercanos a ellos, fueron plantados por Dios en la tierra prometida, no con sus propios medios ni por sus propios méritos. Pues no fue Moisés quien les introdujo allí, porque entonces habrían atribuido sus victorias a la ley y no a la gracia; pues la ley contempla nuestros méritos, pero la gracia mira a la fe. Por ello el apóstol, fiel y excelente seguidor de la fe de sus antepasados exclama: *"Así que ni el que planta es algo, ni el que riega, sino Dios, que da el crecimiento"* (1 Corintios 3:7). Tampoco fue, por tanto, el mérito de Josué, hijo de Nun, a pesar de que fuera él quien los introdujera y plantara, sino de Dios, que fue quien les dio el crecimiento. Únicamente a él corresponde toda la gloria».

[31] Heteos, Gergeseos, Amorreos, Cananeos, Ferezeos, Heveos y Jebuseos (Deuteronomio 7:1; 20:17).

[32] Números 13:32.

[33] Éxodo 23:28; Deuteronomio 7:20; Josué 24:12.

[34] Hechos 13:19: *"y habiendo destruido siete naciones en la tierra de Canaán, les dio en herencia su territorio"*.

[35] Éxodo 34:11.

[36] Isaías 2:13; Ezequiel 17:9; Amós 2:9; Zacarías 11:2.

[37] Salmo 80:8-11.

[38] Isaías 27:2.

[39] En hebreo וַתְּשַׁלְּחֵם *wattəšalləḥêm* de שָׁלַח *shalach,* un sintagma que solo ocurre en este Salmo y en Josué 2:21, aunque el verbo es muy común y acumula numerosos significados, entre ellos el de "plantar, crecer, injertar, arraigar" como es el caso en Jeremías 17:8; Ezequiel 31:5. La versión inglesa KJV

impías, reservando su misericordia para las tribus elegidas. ¡Qué hermosa es la misericordia cuando va a la par con la justicia! ¡Cuando los rayos esplendorosos de la estrella de la gracia brillan en medio de la noche de la ira! Es ciertamente un pensamiento solemne el de que la grandeza del amor divino tenga su contrapartida en la intensidad de su indignación. El peso de la misericordia otorgada a Israel se equilibra con la tremenda venganza que barrió hasta el infierno a filo de espada, a miles de amorreos e hititas. El infierno es tan profundo como alto es el cielo, y la llama de Tophet[40] es tan eterna como el resplandor de la gloria celestial. El poder de Dios se manifiesta tanto en hechos de misericordia como de juicio, y esto es algo que debemos recordar en tiempos difíciles, a modo de agarradera, para que nuestra fe no desmaye.[41]

C. H. SPURGEON

Tú con tu mano echaste fuera las naciones, y a ellos los plantaste. Quebraste las naciones, y los injertaste a ellos.[42] Las dos cláusulas de este versículo presentan un marcado contraste. La primera plantea la figura de arrancar una especie de árbol para plantar otra, puesto que los cananeos estaban arraigados en Palestina y fueron arrancados para plantar a Israel en su lugar; leemos en el Salmo 80: *"Tú removiste una vid de Egipto; expulsaste las naciones y la plantaste."*[43] La segunda figura nos

traduce: *"and cast them out"*, y nuestra Reina-Valera: *"y los arrojaste"*, entendiendo obviamente que se está refiriendo a las naciones conquistadas. Pero todas las versiones actuales entienden lo contrario, que se está refiriendo a Israel, y por tanto traducen: *"y a ellos los hiciste crecer"* (LBLA); *"los hiciste prosperar"* (NVI); *"para hacerlos arraigar"* (BTX); *"para que ellos crecieran"* (BLP). SCHÖKEL traduce: *"los hiciste prosperar a ellos"*. KRAUS: *"y a ellos los implantaste"*. Parece ser que tanto los traductores de la versión inglesa KJV como nuestro Casiodoro de Reina se dejaron influenciar por la versión griega de los LXX o Septuaginta que lee: καὶ ἐξέβαλες αὐτούς que la Vulgata traduce como: *"et expullisti eos"*, "y los expulsaste". Pero se trata de una mala traducción, y como puede ver el lector, Spurgeon ya se dio cuenta de ello y lo señala.

[40] TOFET es un lugar cercano a Jerusalén en el Valle de Hinón o Valle de la Gehena, donde los cananeos sacrificaban niños al dios Moloch quemándolos vivos, y los israelitas cayeron en la misma práctica idolátrica. El término hebreo תֹּפֶת *Topheth* deriva posiblemente del hebreo תוף *toph*, "tambor", porque al parecer mientras se realizaban los sacrificios se hacían sonar fuertes tambores para ensordecer los llantos de los niños y de sus madres. Se menciona en la Biblia en Jeremías 7:31,32; 32:35 y en 2 Reyes 23:10. En la cultura anglosajona la expresión *Tophet's Fire*, "El Fuego de Tofet", se utiliza como sinónimo del fuego del Infierno.

[41] Dice en este sentido FRANCISCO LACUEVA [1911-2005] en su versión Española del "Comentario de Matthew Henry": «Cuán maravillosamente plantó Dios a Israel en Canaán al principio (versículos 2, 3). Esto no se debía a mérito alguno de ellos, sino al favor y a la gracia soberana de Dios: *"no se apoderaron de la tierra por su espada, ni su brazo los libró; sino tu diestra, y tu brazo, y la luz de tu rostro, porque les amabas"* –mejor traducción *'te complacías en ellos'* (44:3). No entraron en la tierra por la fuerza de las armas, aunque disponían de muchos y valientes guerreros, sino que los plantó allí Dios como planta el agricultor una viña de la que espera sacar fruto. También la Iglesia fue plantada en el mundo, no de una vez, sino, como Israel en Canaán poco a poco, y no por el poder o la estrategia de los hombres (ya que Dios escogió lo necio y lo débil para avergonzar a los sabios y fuertes como leemos en 1 Corintios 1:27, 28), sino por la sabiduría y el poder de Dios; el recuerdo de esto ha de servir de consuelo y sostén a los que gimen bajo la tiranía anticristiana».

[42] Ver la nota 39 acerca de los problemas de traducción en este versículo.

[43] Salmo 80:8.

habla de podar las ramas secas o estériles, injertando otras en su lugar en el mismo tronco, que en este caso tenemos que entender igualmente que es Palestina.[44]

BENJAMIN WEISS
"A New Translation, Exposition, and Chronological Arrangement of the Book of Psalms. With Critical Notes on the Hebrew Text", 1852

Vers. 3. ***Porque no se apoderaron de la tierra por su espada, ni su brazo los libró; sino tu diestra, y tu brazo, y la luz de tu rostro, porque te complaciste en ellos.*** *[Porque no se apoderaron de la tierra por su espada, ni su brazo los libró; sino tu diestra, y tu brazo, y la luz de tu rostro, porque les amabas.* RVR*] [Pues no por su espada tomaron posesión de la tierra, ni su brazo los salvó, sino tu diestra y tu brazo, y la luz de tu presencia, porque te complaciste en ellos.* LBLA*] [Aunque no por su espada heredaron la tierra, ni su brazo les dio la victoria, sino tu diestra, tu brazo, y la luz de tu rostro, porque te complacías en ellos.* BTX*] [Porque no fue su espada la que conquistó la tierra, ni fue su brazo el que les dio la victoria: fue tu brazo, tu mano derecha; fue la luz de tu rostro, porque tú los amabas.* NVI*] [No conquistaron la tierra con la espada ni fue su brazo quien les dio la victoria; fue tu diestra y tu brazo, fue la luz de tu rostro porque tú los amabas.* BLP*] [No fue con sus espadas que conquistaron la tierra, ni sus brazos fuertes les dieron la victoria. Fueron tu mano derecha y tu brazo fuerte, y la luz cegadora de tu rostro que los ayudó, porque los amabas.* NTV*]*

Porque no se apoderaron de la tierra por su espada. ¡Fijémonos cómo todo el mérito de llevar a su pueblo a la tierra que mana leche y miel[45] se adscribe única y exclusivamente al Señor! Él había dispuesto, en su gracia distintiva,[46] una marcada diferencia entre Canaán e Israel y, en consecuencia, obró mediante su poder en favor de sus escogidos y contra sus adversarios. Las tribus de Israel lucharon con valentía, cada una por su porción; pero su éxito fue totalmente obra del Señor que estuvo a su lado. Los combatientes israelitas no se quedaron de brazos cruzados, pero su valor era un factor secundario al lado de esa fuerza misteriosa y divina, que hizo que se derrumbaran los muros de Jericó, y que infundió en el corazón de los paganos un miedo incontrolable. Se utilizaron adecuadamente el esfuerzo, habilidad y destreza de todo el conjunto de los israelitas, pero hubieran sido inútiles de no haber contado con el socorro divino; por ello, todo el honor de la victoria se atribuye al Señor. Este versículo constituye una hermosa parábola de la obra de la salvación: los seres humanos aportan a la obra de salvación su deseo, su arrepentimiento, su oración etc.; pero nada de esto les salva, pues la salvación depende en exclusiva del Señor. Canaán no hubiera sido conquistada sin los ejércitos de Israel, pero no fue conquistada por ellos sino por el Señor, el divino Conquistador, y el pueblo de Israel no más que un mero instrumento en sus manos.

---

[44] Dice JUAN CRISÓSTOMO [347-407]: «¿A qué obras maravillosos se refiere? ¿Qué liberaciones? Unas en Egipto, otras en el desierto, y otras en la tierra prometida; pero particularmente a estas últimas ... donde no les hicieron falta armas para la conquista, pues capturaron ciudades simplemente con gritar; y una vez cruzado el Jordán en seco (Josué 2:1-17) arrasaron la primera que encontraron en su paso, Jericó, no luchando sino danzando en coro a su alrededor (Josué 6:1-20). Más que pertrechados para la batalla rodearon la ciudad ataviados como para un festival; formando un círculo no de seguridad y doble protección estratégica, sino de levitas ataviados con sus vestiduras sagradas rodeando el muro. ¡Que espectáculo tan impresionante y maravilloso! Miles de soldados marchando en formación y absoluto silencio, cual si fueran uno solo, moviéndose al son de las trompetas; todo ello en una armonía y orden perfecto».

[45] Éxodo 3:8,17; 33:3.

[46] Deuteronomio 1:28; 9:2; Números 13:33. En hebreo נְפִיל *Nephilim.*

Ni su brazo los libró. No se podían atribuir ninguna de sus victorias memorables a sí mismos; tan solo Aquel que hizo que el sol y la luna se detuvieran por causa de ellos,[47] era digno de toda su alabanza. Un doble negativo: *"ni su espada (...) ni su brazo";* a modo de advertencia para recordarnos lo propensos que somos los seres humanos a la hora de atribuir el éxito a causas segundas.

Sino tu diestra, y tu brazo, y la luz de tu rostro. La mano divina luchaba activamente por ellos; el brazo divino los sostenía con una energía mucho más poderosa que la humana; y la sonrisa divina les inspiraba un coraje intrépido. Contando con semejante ayuda triple, ¿quién no es capaz de ganar cualquier batalla, aunque la tierra, la muerte y el infierno se levanten en guerra contra él? Poco importaba la estatura de los hijos de Anac,[48] o el terror de sus carros de herrados,[49] eran como nada cuando Jehová se levantó para vengar a Israel.

Porque te complaciste en ellos. He aquí la fuente de la cual mana toda corriente de misericordia: el deleite del Señor en su pueblo, su mirada distintiva; este es el resorte que mueve todos y cada uno de los engranajes de una providencia favorable.[50] Israel era nación escogida,[51] de ahí sus victorias y la dispersión de sus enemigos; los creyentes son linaje escogido, nación santa,[52] de ahí sus bendiciones y conquistas espirituales. No había en el pueblo de Israel nada que les pudiera garantizar el éxito por sí mismos, tan solo el favor del Señor les dio la victoria; y así es también en nuestro caso, nuestra esperanza de gloria futura no debe ni puede descansar en nada de nosotros mismos, tan solo en la voluntad y el favor, libre y soberano, del Señor de los ejércitos.

C. H. SPURGEON

Porque no se apoderaron de la tierra por su espada. En cualquier acontecimiento en el que Dios intervenga, la parte del mismo obrada por el Señor, resulta mucho más fácil de distinguir si la separamos de la parte llevada a cabo por el hombre como instrumento en sus manos. De este modo, separando la mano ejecutora de los medios por ella utilizados, sean cualesquiera que estos sean, la obra portentosa de Dios se nos hace mucho más clara.

DAVID DICKSON [1583-1663]
"Explanation of the First Fifty Psalms", 1653

Porque te complaciste en ellos. La razón fundamental de su éxito y felicidad fue la libre gracia.[53] Dios los amó porque quiso amarlos: *"No por ser vosotros más que todos los pueblos os ha querido*

[47] Josué 10:13.

[48] Números 13:33; Amós 2:9-10.

[49] Josué 17:16.

[50] Dice AMBROSIO DE MILÁN [340-397]: «Cuando Dios se complace en nosotros es porque previamente nos ha otorgado la gracia para complacerle. Y las Escrituras nos enseñan que se trata de un don que se concede libremente a los humildes que viven en santidad, no a los que tratan de usurparlo con arrogancia».

[51] Deuteronomio 7:6; 14:2; 26:18; Isaías 43:21.

[52] 1 Pedro 2:9; Tito 2:14.

[53] La doctrina de la LIBRE GRACIA O GRACIA SOBERANA forma parte de la teología calvinista en oposición al libre albedrío. Se vincula a los escritos del apóstol Pablo y tiene sus raíces en el pensamiento de Agustín, quien frente a Pelagio mantuvo que toda la raza humana yace bajo el poder del pecado, porque cuando Adán cayó, toda su posteridad cayó con él, de modo que nadie tiene la capacidad de responder a Dios por propia voluntad. El calvinismo enfatiza la depravación de la naturaleza moral humana, que la hunde en la esclavitud y muerte del pecado (Efesios 2:1), de modo que no es libre ni tiene capacidad para responder al llamamiento a la salvación. De ahí la necesidad de la gracia soberana e irresistible de Dios, que es anterior a cualquier actividad del pecador en orden a su salvación. La Biblia (Romanos 3:10-12) enseña que las

Jehová y os ha escogido, pues vosotros erais el más insignificante de todos los pueblos; sino por el amor que Jehová os tiene".[54] Los escogió en su amor, y luego los amó en base a su elección.

JOHN TRAPP [1601-1669]
"A commentary or exposition upon the books of Ezra, Nehemiah, Esther, Job and Psalms", 1657

Porque te complaciste en ellos. El amor de Dios hacia Israel era un amor libre, inmerecido y asombroso; pues les dio una tierra que no trabajaron, ciudades que no construyeron, y viñas y olivares que no plantaron.[55] Y en algunos casos ni siquiera tuvieron que utilizar la espada o el arco, pues los instrumentos de conquista fueron las avispas.[56] Desde la caída de Adán, todas las cosas buenas que recibe como porción el ser humano son bondades inmerecidas.

WILLIAM SWAN PLUMER [1802-1880]
"Studies on the Book of Psalms", 1867

Porque te complaciste en ellos. El profeta no presupone ningún mérito peculiar en la persona de Abrahán, ni tampoco imagina ningún derecho por parte de su posteridad, en base al cual Dios obrara con ellos de forma tan generosa; todo lo atribuye al mero beneplácito divino (…) Tampoco se refiere aquí a la benevolencia de Dios en sentido general, que se extiende a toda la raza humana; sino a la diferencia que hay entre los elegidos y el resto de los seres humanos; y la razón de esta diferencia la adscribe exclusivamente la predilección divina.

JUAN CALVINO [1509-1564]

Vers. 4. *Tú, oh Dios, eres mi rey; manda salvación a Jacob.* *[Eres tú, rey mío y Dios mío, quien decretabas las victorias de Jacob.* RVR*] [Tú eres mi Rey, oh Dios; manda victorias a Jacob.* LBLA*] [Tú eres mi Rey y mi Elohim. ¡Ordena la salvación de Jacob!* BTX*] [Solo tú eres mi rey y mi Dios. ¡Decreta las victorias de Jacob!* NVI*] [Tú, Dios, eres mi rey, tú decides la victoria de Jacob.* BLP*] [Tú eres mi Rey y mi Dios; tú decretas las victorias de Israel.* NTV*]*

Tú, oh Dios, eres mi rey. Conociendo mi corazón como conoce tu poder y tu gracia, se alegra de tenerte como su príncipe soberano. ¿Pues quién entre los poderosos tan ilustre como tú? ¿A quién, entonces, rendir mi homenaje o pedir ayuda? Dios de mis padres en los tiempos antiguos, tú eres el monarca de mi alma y Señor de mi vida.[57]

---

personas son completamente incapaces de seguir a Dios o escapar de la condenación delante de Él y que solamente serán salvas por intervención divina drástica, que ofrece la salvación con un don ganado por Cristo en la cruz, de la que el pecador se apropia mediante la fe (Efesios 2:8). Inhabitado por el Espíritu Santo, el creyente se convierte en una "nueva criatura en Cristo Jesús", capaz de realizar las buenas obras que Dios espera de él.

[54] Deuteronomio 7:7.

[55] Josué 24:13.

[56] Josué 14:14.

[57] En el original inglés *"liege Lord"*, una expresión que se utilizaba para expresar la pleitesía debida a los señores feudales, a quienes correspondía obedecer y servir con lealtad.

¡Decreta las victorias de Jacob![58] ¿A quién debe dirigirse el pueblo sino a su rey? Él es quien en virtud de su oficio pelea por ellos las batallas. Y en el caso de nuestro Rey, ¡qué fácil le resulta dispersar a todos nuestros enemigos! Señor, Rey de reyes, con qué facilidad puedes rescatar a tu pueblo; una sola palabra tuya basta para hacerlo; con un solo mandato tuyo tu pueblo perseguido queda libre. La dilatada vida del patriarca Jacob estuvo plagada de pruebas y de liberaciones; y aquí se identifica a sus descendientes por su nombre, tipificando la similitud entre su propia experiencia con la de su ilustre antepasado. Quien obtenga las bendiciones de Israel debe compartir los dolores de Jacob. Este versículo contiene a la vez una declaración de identidad y una oración intercesora: quienes más seguros se sienten de su relación personal con Dios, y mayor certeza tienen de que el Señor es su Dios, deben ser los primeros en suplicar en favor del resto de la familia de los fieles.

C. H. SPURGEON

Tú, Dios, eres mi rey, tú decides la victoria de Jacob.[59] Aun cuando no hubiera en todo el universo otra criatura dispuesta a auxiliarnos, ni cosa alguna en este mundo que nos pudiera prestar ayuda, no estaríamos abandonados en los momentos de necesidad, porque nuestro Rey se sobra y se basta, él solo, para ayudarnos desde su trono. Puede hacer todo cuando desee y precise, sin intermediarios, ayudantes u otros medios. Una sola palabra suya es más que suficiente para hacer cuanto haga falta, sea lo que sea, por grande, difícil o imposible que parezca. Tal es el inmenso poder que hay en la palabra del gran Rey. Para librarte de cualquier dificultad; para librar a su pueblo en cualquier circunstancia, momento o lugar, por hundido que esté, no hace falta nada más que un mandato de Aquel que está sentado en el trono. Aunque el evangelio, la causa de Cristo en estos lares, y las preocupaciones de nuestras almas y de las almas que vendrán después de nosotros no fueran más que huesos secos, en la condición más desesperanzada y desesperada que pueda haber, Él podría hacer que todo reviviera de golpe con una sola palabra suya.[60] Aquel que es nuestro Rey, y que se sienta en el trono, puede ordenar que surja la vida en aquello que parece tan lejos de revivir como un hueso seco. Mientras siga en su trono carece de sentido común desconfiar de su poder, incluso cuando nos dé la sensación de que toda energía visible y toda ayuda posible colapsan y nos fallan.

DAVID CLARKSON [1621-1686]

Vers. 5. *Por medio de ti sacudiremos a nuestros enemigos; en tu nombre hollaremos a nuestros adversarios.* *[Contigo embestíamos a nuestros enemigos; en tu nombre hollábamos a nuestros adversarios.* RVR*] [Contigo rechazaremos a nuestros adversarios; en tu nombre hollaremos a los que contra nosotros se levanten.* LBLA*] [Contigo derribaremos a nuestros enemigos, en tu Nombre hollaremos a nuestros adversarios.* BTX*] [Por ti derrotamos a nuestros enemigos; en tu nombre aplastamos a nuestros agresores.* NVI*] [Contigo atacamos a nuestros rivales, por tu nombre humillamos al adversario.* BLP*] [Contigo atacamos a nuestros rivales, por tu nombre humillamos al*

[58] En hebreo יְשׁוּעוֹת *yəšū ʻōwṯ* de יְשׁוּעָה *yeshuah,* literalmente, "salvaciones". Término favorito de los Salmos y de Isaías; de las 77 veces que ocurre 45 es en los Salmos y 19 en Isaías. Recordemos el texto de Mateo 1:21, Lucas 1:31.

[59] Comenta TEODORETO DE CIRO [393-458]: «Con estas palabras el salmista está afirmando que Dios es el mismo, ayer, hoy y por los siglos (Malaquías 3:6; Hebreos 13:8). Señor, tú sigues siendo Rey absoluto, mantienes el mismo poder y predominio sobre todas las cosas, porque tu naturaleza no experimenta cambios. Una sola palabra tuya basta para nuestra salvación; un gesto de asentimiento y nuestro pueblo será liberado».

[60] Ezequiel 37:1-14.

adversario. BLP*] [Solo con tu poder hacemos retroceder a nuestros enemigos, solo en tu nombre podemos pisotear a nuestros adversarios.* NTV*]*[61]

Contigo embestiremos a nuestros enemigos. La batalla iba muy ajustada, los arcos eran inútiles y las espadas no servían, desenfundaron las dagas y lucharon cuerpo a cuerpo empujando al enemigo y tirando de él. El Dios de Jacob estaba probando de nuevo, en la simiente del patriarca, el espíritu de lucha que había mostrado su antecesor. ¿Serían capaces de mantener su fe? ¿Lograrían aferrados a ella hacer frente a sus enemigos? ¡Por supuesto que sí! Y ciertamente, su fe salió victoriosa del lance, porque cuando llega el cuerpo a cuerpo, a la hora de embestir, la fe se crece si cuenta con la ayuda del Señor, y derroca a todos sus adversarios.

En tu nombre hollaremos a los que contra nosotros se levanten. El nombre del Señor sustituyó a las armas, y permitió a quienes lo utilizaron saltar sobre sus enemigos y aplastarlos con valor jubiloso. Cuando los santos permanecen en contacto y comunión con Dios, llevan a cabo maravillas; *"si Dios está por nosotros, ¿quién estará contra nosotros?"*[62] Observemos bien cómo este versículo deja claro que todas las conquistas de estos fieles creyentes en Dios las lograron: *"contigo"* y *"en tu nombre"*; jamás perdamos esto de vista, no sea que emprendamos campañas por nuestra cuenta y fracasemos ignominiosamente. Tampoco caigamos, por otra parte, en el pecado igualmente peligroso de la desconfianza, puesto que el Señor puede poner en un instante, a la altura de cualquier circunstancia, incluso al más débil entre nosotros. Y aunque hoy en día seamos apocados e indefensos, mansos como ovejas,[63] con su poder puede hacernos fuertes como el primogénito de un toro, y que embistamos como el búfalo con sus cuernos,[64] hasta que los que se levantaron contra nosotros sean hollados, aplastados, y jamás vuelvan a levantarse. Aquellos entre nosotros que por sí mismos apenas son capaces de mantenerse en pie, antes bien se tambalean y caen como bebés, con la ayuda divina son capaces de derrocar a sus enemigos, y ponerles el pie sobre el cuello. Leed sino la lucha de Cristiano con Apollyón, y veréis cómo:

> *«Aquí tuvo lugar un gran combate,*
> *bien extraño, no obstante verdadero:*
> *Cristiano y Apollyón, valientes ambos,*
> *provistos de sus armas se batieron.*
> *Mas Cristiano luchó con tal destreza,*
> *que puso en fuga a su enemigo fiero;*

---

[61] En hebreo בְּךָ צָרֵינוּ נְנַגֵּחַ בְּשִׁמְךָ נָבוּס קָמֵינוּ *bəkā ṣārênū nənaggêaḥ bəšimkā nābūs qāmênū;* el sintagma נְנַגֵּחַ *nənaggêaḥ* de נָגַח *nagach* es exclusivo de este versículo y el sentido es básicamente el de "embestir con los cuernos". Ver el uso del verbo en Éxodo 21:28-32; Deuteronomio 33:17; Daniel 8:4; y más explícitamente en 1 Reyes 22:11-12; *"Y Sedequías hijo de Quenaaná se había hecho unos cuernos de hierro, y dijo: Así ha dicho Jehová: Con éstos acornearás a los sirios hasta acabarlos"*. SCHÖKEL traduce: *"Con tu auxilio acorneamos al enemigo, en tu nombre pisoteamos al agresor"*. La versión griega de los LXX o Septuaginta lee: ἐν σοὶ τοὺς ἐχθροὺς ἡμῶν κερατιοῦμεν καὶ ἐν τῷ ὀνόματί σου ἐξουθενώσομεν τοὺς ἐπανισταμένους ἡμῖν que la Vulgata traduce al latín como: *"In te inimicos nostros ventilabimus cornu, et in nomine tuo spernemus insurgentes in nobis"*, "Por ti aventaremos con fuerza a nuestros enemigos, y en tu nombre despreciaremos a los que se levantan contra nosotros".

[62] Romanos 8:31. נָבוּס *nābūs* de בּוּס *bus.*

[63] Mateo 10:16.

[64] Deuteronomio 33:17. En el original: *"and cause us to push as with the horns of unicorns"* siguiendo la versión inglesa KJV. En hebreo וְקַרְנֵי רְאֵם *wəqarnê rə'êm,* de רְאֵם *reem.*

y en memoria del triunfo se levanta
este noble, perenne monumento».[65]

C. H. Spurgeon

Contigo embestiremos a nuestros enemigos. En hebreo נְנַגֵּחַ *nənaggêaḥ* de נגח *nagach,* "cornear". Literal: *"Los levantaremos por los aires con nuestro cuerno",* una metáfora tomada de la forma en que los bueyes cornean y levantan por los aires a los perros cuando los acosan y molestan.[66]

Adam Clarke [1760-1832]
"Commentary on the Whole Bible", 1831

Vers. 6. ***Porque no confiaré en mi arco, ni mi espada me salvará.*** *[No estaba mi confianza en mi arco, ni mi espada me hizo vencedor* RVR*] [Porque yo no confiaré en mi arco, ni me salvará mi espada.* LBLA*] [No confiaré en mi arco, ni mi espada me hará vencedor.* BTX*] [Yo no confío en mi arco, ni puede mi espada darme la victoria.* NVI*] [Pues no confié yo en mi arco ni mi espada me dio la victoria.* BLP*] [No confío en mi arco ni dependo de que mi espada me salve.* NTV*]*

Porque yo no confiaré en mi arco, ni me salvará mi espada.[67] Bajo tu guía y dirección Israel, tu pueblo, arrinconó a los paganos y conquistó su tierra, no con el poderío de sus armas o su destreza militar, sino exclusivamente por tu poder. Por tanto, yo renuncio también a toda confianza en fuerzas externas, de las que otros tanto se jactan, y me entrego plenamente a la omnipotencia de Dios. Los arcos, introducidos en Israel por el rey Saúl[68] eran considerados armas formidables; no obstante, el salmista los pone aquí a un lado, juntamente con toda espada conquistadora, para dar lugar a la fe en el Dios vivo. Este versículo, que viene redactado en el original en primera persona del singular, sirve perfectamente como modelo de confesión del creyente que renunciando a su propia justicia y fortaleza, mira tan solo al Señor Jesús. ¡Quiera Dios concedernos la gracia de esta renuncia de nosotros mismos, ¡pues ay! nuestra naturaleza humana es orgullosa en extremo, y obstinada en poner confianza

[65] La cita procede de la segunda parte de la famosa alegoría de John Bunyan [1628-1688] *"The Pilgrim's Progress",* traducida y publicada en español bajo el título "La Peregrina", en el capítulo xi de la versión en español. Estos versos se encuentran inscritos en un monumento en el Valle de Humillación (*"Valley of Humiliation"*) conmemorando el lugar donde Cristiano, protagonista de la primera parte de la obra, venció a Apollyón cuando se enfrentaron en batalla. En la alegoría, Apollyón es un enviado de Satanás que pretende devolver por la fuerza a Cristiano a su servicio. Se lo representa como una criatura demoníaca enorme, con escamas de pescado en lugar de piel, boca de león, pies de oso, alas de dragón y una segunda boca a la altura del estómago. *"The Pilgrim's Progress"* fue publicada originalmente el año 1678, y Editorial CLIE ha publicado tanto la primera como la segunda parte de la obra bajo los títulos "El Peregrino" y "La Peregrina". Aunque en el comentario original Spurgeon incluye solo las dos primeras líneas de la segunda estrofa, hemos considerado más conveniente transcribir el poema completo.

[66] Beda el Venerable [673-735] comenta al respecto de esto: «En las Sagradas Escrituras los *"cuernos"* suelen simbolizar el poder de la fe y la santidad, con las cuales tenemos que arremeter contra los avances estratégicos de nuestro viejo adversario el diablo (1 Pedro 5:8-9), exclamando como hace aquí el profeta: *"Contigo rechazaremos a nuestros adversarios"* (LBLA)».

[67] En hebreo כִּי לֹא בְקַשְׁתִּי אֶבְטָח וְחַרְבִּי לֹא תוֹשִׁיעֵנִי *kî lō ḇəqaštî 'eḇṭāḥ wəḥarbî lō ṯōwōšî'ênî.*

[68] 2 Samuel 1:17-18; 1 Crónicas 12:2.

en el poder falso y vacío de la criatura. ¡Brazo de carne! ¿cómo puedo atreverme a poner mi confianza en ti, y atraer de ese modo sobre mí la maldición de los que confían en el hombre?[69]

C. H. SPURGEON

Porque yo no confiaré en mi arco, ni me salvará mi espada. Por *"arco"* y *"espada"*, simboliza aquí todo tipo de armas e instrumentos de guerra; y *"me salvará"* significa librarse de todos los peligros. Utiliza la primera persona del singular, asumiendo que todos los fieles son un solo cuerpo, es decir, hablando en nombre de todos los demás.

THOMAS WILCOCKS [1549-1608]
"A Right Godly and Learned Exposition upon the whole Booke of Psalmes", 1586

Porque yo no confiaré en mi arco, ni me salvará mi espada. No confiaré en *mi propia* espada ni en *mi propio* arco, sino en la espada del Divino Guerrero y en el arco del Divino Arquero,[70] cuyas flechas agudas penetran en el corazón de sus enemigos, como se describe en el salmo siguiente: *"Ciñe tu espada sobre tu costado, caballero victorioso. En tu gloria marcha, cabalga, por la causa de la verdad, de la humildad y de la justicia y tu diestra te enseñará a realizar proezas. Agudas son tus saetas, con que caerán pueblos debajo de ti, haciendo desmayar el corazón de los enemigos del rey"*,[71] un pasaje que conecta ambos salmos a través de su sentido y significado.

CRISTOPHER WORDSWORTH [1807-1885]
"Commentary on the Whole Bible", 1856

Porque yo no confiaré en mi arco, ni me salvará mi espada. Cuanta menos confianza pongamos en nosotros mismos, o en cualquier otra cosa fuera de Dios, más evidencias tenemos de la sinceridad de nuestra fe en Dios.

DAVID DICKSON [1583-1663]
"Explanation of the First Fifty Psalms", 1653

Vers. 7. *Pues tú nos has guardado de nuestros enemigos, y has avergonzado a los que nos aborrecían.* *[Pues tú mismo nos salvabas de nuestros enemigos, y cubrías de vergüenza a los que nos aborrecían.* RVR*] [Pues tú nos has salvado de nuestros adversarios, y has avergonzado a los que nos aborrecen.* LBLA*] [Porque eres Tú el que nos libras de nuestros opresores, y el que avergüenzas a los que nos aborrecen.* BTX*] [Tú nos das la victoria sobre nuestros enemigos, y dejas en vergüenza a nuestros adversarios.* NVI*] [Tú nos salvaste de nuestros rivales, tú hiciste fracasar a nuestros enemigos.* BLP*] [Tú eres el que nos da la victoria sobre nuestros enemigos; avergüenzas a los que nos odian.* NTV*]*

Pues tú nos has salvado de nuestros adversarios. En siglos pasados, todos nuestros rescates, oh Dios, han sido obra tuya. Nunca nos has fallado. Nos has librado de todo peligro.

Y has avergonzado a los que nos aborrecen. Con el dorso de tu mano salvadora les has abofeteado hasta obligarles a esconder sus rostros; les has derrotado en tal manera que se avergüenzan de

[69] 2 Crónicas 3:28; Jeremías 17:5.
[70] Isaías 63:1-6.
[71] Salmo 45:3-5.

haber sido vencidos por un adversario tan insignificante como creían que eran los israelitas. Destaca aquí la doble acción de Dios; salva a su pueblo y avergüenza a sus adversarios; bendice por un lado a los suyos, y confunde por el otro sus enemigos: Faraón se ahoga, mientras Israel cruza el mar en seco;[72] Amalec es herido, mientras las tribus se regocijan;[73] los paganos son perseguidos en sus escondites,[74] mientras los hijos de Jacob descansan debajo de su vid y de su higuera.[75]

C. H. Spurgeon

Vers. 8. ***En Dios nos gloriaremos todo el tiempo, y para siempre alabaremos tu nombre. Selah.*** *[En Dios nos gloriábamos todo el día, celebrando para siempre tu nombre. Selah,* RVR*] [En Dios nos hemos gloriado todo el día, y por siempre alabaremos tu nombre. (Selah)* LBLA*] [En Elohim nos gloriaremos todo el día, y alabaremos tu Nombre para siempre. Selah.* BTX*] [¡Por siempre nos gloriaremos en Dios!¡Por siempre alabaremos tu nombre!* NVI*] [A Dios alabamos en todo momento, tu nombre ensalzamos por siempre. Pausa.* BLP*] [Oh Dios, todo el día te damos gloria y alabamos tu nombre constantemente. Interludio.* NTV*]*

En Dios nos hemos gloriado todo el día.[76] Y motivos sobrados tenemos para hacerlo, mientras rememoramos las acciones poderosas de nuestro Dios. ¡Y qué gloriarse tan bendito es este! Es el único gloriarse que resulta aceptable.[77] Cualquier maná acumulado criaba gusanos y hedía, excepto el que era colocado delante del Señor;[78] y todo gloriarse es aborrecible excepto el gloriarse en el Señor, que es elogioso y agradable.[79]

Y por siempre alabaremos tu nombre. La alabanza debe ser perpetua. Aún cuando no se produjeran nuevas acciones del amor divino, aún así, el Señor debería seguir siendo alabado por lo que ha hecho por su pueblo en el pasado. Elevemos pues nuestro canto hasta lo sumo, mientras recordamos el amor eterno del que nos amó y nos escogió,[80] nos predestinó para ser hijos,[81] nos redimió por un precio,[82] y nos enriqueció con toda la plenitud de Dios.[83]

---

[72] Éxodo 14:10-31.

[73] Deuteronomio 25:17-19;1 Samuel 15:5-7; 30:1-20.

[74] 2 Samuel 22:46; Miqueas 7:17.

[75] Miqueas 4:4.

[76] Dice Ambrosio de Milán [340-397: «Los ricos se glorían en sus riquezas; los intemperantes en sus banquetes; los lujuriosos en la oscuridad de la noche; y los poderosos en todo cuanto ofrece esta vida terrenal que tiene días y noches. Pero el justo no se gloría en nada de esta vida temporal sino *"en Dios",* a quien busca agradar y complacer en todo cuanto hace, lo cual le permite gloriarse más que todos ellos, puesto que puede exclamar: *"El Señor es mi fortaleza y mi canción"* (Salmo 118:14)».

[77] Jeremías 9:23-24; Gálatas 6:14. Dice Shökel: «Gloriarse en los éxitos propios es lo contrario de confiar en Dios».

[78] Éxodo 16:14-34.

[79] Dice Evagrio del Ponto [345-399]: «Bienaventurado aquel que se esfuerza en alabar a Dios *"todo el día",* básicamente por medio de su vida, pues se libra del rugir de las emociones y es lleno del conocimiento de Dios».

[80] Efesios 1:4.

[81] Romanos 8:29; Efesios 1:5.

[82] 1 Corintios 6:20; Gálatas 3:13; Efesios 1:7.

[83] 1 Corintios 1:5; Efesios 3:19.

Selah. Llegando a este punto, donde el salmista se dispone a descender desde las alturas de del triunfo y victoria hasta las profundidades de la impotencia y desespero, una pausa es lo más apropiado. Pues a partir de aquí ya no vamos a escuchar el pandero de Miriam,[84] sino el llanto de Raquel.[85]

C. H. SPURGEON

Vers. 9. *Pero nos has desechado, y nos has hecho avergonzar; y no sales con nuestros ejércitos.* *[Pero nos has desechado, y nos has hecho avergonzarnos, y no sales con nuestros ejércitos.* RVR*]* *[Sin embargo, tú nos has rechazado y nos has confundido, y no sales con nuestros ejércitos.* LBLA*]* *[Pero ahora nos has desechado y confundido; no sales ya con nuestros ejércitos.* BTX*]* *[Pero ahora nos has rechazado y humillado; ya no sales con nuestros ejércitos.* NVI*]* *[Pero tú nos has rechazado y humillado, ya no marchas con nuestras tropas.* BLP*]* *[Pero ahora nos hiciste a un lado en deshonra; ya no estás al frente de nuestros ejércitos en batalla.* NTV*]*

Pero nos has desechado, y nos has hecho avergonzarnos. El bardo patriota comienza a contrastar las glorias pasadas en la historia de la nación con su tristeza y aflicción presentes; que no atribuye a la muerte de algún campeón humano, ni a los avatares de la guerra, sino única y exclusivamente a que el Dios de Israel les ha retirado su favor. La trágica conclusión a la que llega el lamentador es que Jehová se ha cansado de su pueblo y lo ha aborrecido, apartándose de él como detestan y apartan los hombres las vestiduras de los leprosos, desechándolas sin atreverse a mirarlas siquiera. Y para mostrar su desagrado había permitido que su pueblo fuera ridiculizado por los paganos, cuyas fáciles victorias, dada la superioridad de sus ejércitos, cubrieron a Israel de vergüenza. ¡Ay de aquella iglesia o pueblo del cual el Señor retira el poder de su Espíritu, porque no cosecharán más que vergüenza y dolor! Ciertamente jamás desecha a su pueblo por completo, pero ello no quita que muchas iglesias hayan sido, por causa de su pecado, abandonadas a la derrota y la deshonra; y ello implica que todas las demás deben mantenerse muy alerta, no vaya a sucederles lo mismo. La pobreza y el sufrimiento no son motivo de vergüenza para ningún pueblo; pero la ausencia del Señor, priva a una iglesia de todo aquello que la puede exaltar y ennoblecer.

Y no salès con nuestros ejércitos.[86] Si Dios no lidera la batalla, ¿de qué sirven los batallones fuertes y numerosos? Si el brazo del Señor no se revela y actúa, vanos son todos los esfuerzos de los trabajadores más celosos. ¡Que no nos veamos en la tristeza de tener que llorar el fracaso del ministerio en nuestras iglesias, en la escuela dominical,[87] en la obra misionera, en la labor pastoral, en el trabajo evangelístico llevado a cabo sin la ayuda divina! Porque si nuestro gran aliado no va con nosotros, nuestra derrota es inevitable.

C. H. SPURGEON

Vers. 10. *Nos hiciste retroceder delante del enemigo, y nos saquean para sí los que nos aborrecen.* *[Nos hiciste retroceder delante del enemigo, y nos saquean a su gusto los que nos aborrecen.* RVR*]* *[Nos haces retroceder ante el adversario, y los que nos aborrecen tomaron botín para sí.* LBLA*]* *[Nos haces retroceder ante el adversario, y los que nos aborrecen nos saquean.* BTX*]* *[Nos hiciste retroceder ante el enemigo; nos han saqueado nuestros adversarios.* NVI*]* *[Nos haces retro-*

[84] Éxodo 15:20.

[85] Jeremías 31:15; Mateo 2:18.

[86] Salmo 60:12. Ver también Números 10:33-36; 1 Samuel 4:3-11.

[87] En el original inglés: *"the Sabbath school"*, la escuela Sabática.

ceder ante el rival, los enemigos nos han saqueado. BLP*] [Nos haces huir en retirada de nuestros enemigos y dejas que los que nos odian saqueen nuestra tierra.* NTV*]*

Nos hiciste retroceder delante del enemigo.[88] La conciencia humillante de que el Señor los ha abandonado vuelve a los hombres cobardes. El sentimiento de vacío y ausencia sentencian la derrota y avergüenzan a quienes no cuentan con el Señor entre sus filas.

Y nos saquean a su gusto los que nos aborrecen. Después de la derrota y retirada, viene el espolio. La nación vencida pagó un alto precio por su derrota: el saqueo y asesinato desolaban los territorios conquistados, y los invasores se apoderaban de todo lo de valor que pudieran encontrar. También en el aspecto espiritual sabemos bien lo que implica ser expoliado por nuestros enemigos: las dudas y los temores nos roban nuestros consuelos; los terribles presentimientos malogran nuestras esperanzas; y todo porque el Señor, de acuerdo con sus sabios propósitos, considera oportuno dejarnos por un tiempo a merced de nosotros mismos. ¡Ay! para el alma desolada, no hay calamidad que iguale a la tristeza de sentirse abandonada por Dios, aunque sea solo por un breve instante.

C. H. SPURGEON

Vers. 11. ***Nos entregas como ovejas al matadero, y nos has esparcido entre las naciones.*** *[Nos entregas como ovejas al matadero, y nos has esparcido entre las naciones.* RVR*] [Nos entregas como ovejas para ser devorados, y nos has esparcido entre las naciones.* LBLA*] [Nos entregaste como ovejas al matadero, y nos has esparcido entre las naciones.* BTX*] [Cual si fuéramos ovejas nos has entregado para que nos devoren, nos has dispersado entre las naciones.* NVI*] [Nos entregas como oveja al matadero, nos has dispersado entre las naciones.* BLP*] [Nos descuartizaste como a ovejas, y nos esparciste entre las naciones.* NTV*]*

Nos entregas como ovejas al matadero. Igual que las ovejas son sacrificadas por manadas para convertirse en carne para el mercado, así también los israelitas eran asesinados a bandadas, con la mayor facilidad y frecuencia. No con la dignidad propia del sacrificio, sino con una crueldad indescriptible. Parecía como si Dios los hubiera abandonado cual ovejas entregadas al matarife; indefensas como cuando el asalariado abandona el rebaño a merced de los lobos.[89] La queja del salmista expresa toda su amargura de forma muy elocuente.[90]

Y nos has esparcido entre las naciones. Muchos fueron encadenados y arrastrados al cautiverio, lejos del culto público en el templo de Dios, para habitar como exiliados entre los idólatras. Y todo esto se atribuye al Señor: permitido por Él, y aún más, designado por su decreto. Buena cosa es trazar

---

[88] AMBROSIO DE MILÁN [340-397] hace esta peculiar interpretación: «Que uno se vea obligado a retroceder circunstancialmente no implica que haya sido vencido y conquistado. Valga como ejemplo el caso del apóstol Pablo, que se regocijaba en sus padecimientos: *"Ahora me gozo en lo que padezco por vosotros, y cumplo en mi carne lo que falta de las aflicciones de Cristo por su cuerpo, que es la iglesia"* (Colosenses 1:24). Y se gloriaba de haber logrado escapar por una ventana y haber sido descolgado por el muro en una cesta: *"y fui descolgado del muro en un canasto por una ventana, y escapé de sus manos"* (2 Corintios 11:33). Y en los casos de Isaías, Ezequiel, y Daniel; que fueron encarcelados, exilados, o hechos cautivos y deportados por Asirios y Babilonios en calidad de esclavos, pero la esclavitud no logró jamás doblegar su fe ni hubo manera de hacerles pecar quebrantando el pacto con su Dios».

[89] Juan 10:12.

[90] Ver al respecto de esta figura Jeremías 12:3; Zacarías 11:1,17.

la pista de nuestras amarguras hasta la mano de Dios, puesto que es más que probable que procedan de ella.

C. H. SPURGEON

Nos entregas como ovejas al matadero. Una afirmación que sorprende por su intensidad y dureza, pero que revela claramente el alcance de la persecución y matanza a la que fueron expuestos; pues no hay otra criatura viviente que sea sacrificada constantemente y en cantidades tan enormes como son las ovejas para subsistencia del hombre.[91] La figura se repite de nuevo en el versículo veintidós (44:22) con el propósito de dejar buena constancia de la extensión de la matanza y la constante opresión a la que estaban sometidos.

JOHN KITTO [1804-1854]
"The Pictorial Bible", 1836

Nos entregas como ovejas al matadero. No ovejas elegidas, reservadas y cuidadas para reproducción y crianza, o para producción de lana.

ARTHUR JACKSON [1593-1666]
"Annotations upon the five books immediately following the historical part of the Old Testament (commonly called the five doctrinal or poetical books) Iob, the Psalms, the Proverbs, Ecclesiastes, and the Song of Solomon", 1658

Vers. 12. *Has vendido a tu pueblo de balde; no exigiste ningún precio.* *[Has vendido a tu pueblo de balde; no exigiste ningún precio.* RVR*] [Vendes a tu pueblo a bajo precio, y no te has beneficiado con su venta.* LBLA*] [Has vendido a tu pueblo de balde, sin exigir ningún precio por ellos.* BTX*] [Has vendido a tu pueblo muy barato, y nada has ganado con su venta.* NVI*] [Vendes tu pueblo por nada, no le has puesto un alto precio.* BLP*] [Vendiste a tu precioso pueblo por una miseria y no ganaste nada con la venta.* NTV*]*

Has vendido[92] *a tu pueblo de balde.* Igual que los mercaderes venden su mercancía al mejor postor, así el Señor parecía haber entregado su pueblo a cualquier nación que optara por hacerle guerra. Hasta donde el salmista podía percibir, no había nada positivo o bueno entre todas las miserias que aquejaban a Israel; el nombre del Señor no se engrandecía mediante los dolores de su pueblo; fueron regalados a sus enemigos, como si no fueran lo suficientemente valiosos como para que alguien pagara el precio habitual de los esclavos; al Señor le tenía sin cuidado no ganar nada con sus enormes sufrimientos. La amargura que destila esta frase es como vinagre mezclado con hiel: una expresión digna del profeta llorón.[93]

---

[91] Aunque es posible que este dato fuera correcto en el siglo XIX, época en la que Kitto escribió su comentario, a principios del siglo XXI la industria alimenticia ha cambiado sensiblemente. Según un informe de la Organización de las Naciones Unidas para la Alimentación y la Agricultura fechado en 2010, la carne más consumida en el mundo es la de cerdo, seguida por la de pescado, las carnes de procedencia avícola, la carne de res y, en quinto lugar, la de cabra y oveja.

[92] En hebreo תִּמְכֹּר־עַמְּךָ *timkōr-'ammǝkā,* una expresión bastante habitual en Deuteronomio (28:68; 32:30) y el libro de Jueces (2:14; 3:8, 4:2,9; 10:7).

[93] Se refiere al profeta Jeremías. Ver: Jeremías 9:1.

No exigiste ningún precio. De haber sabido que Jehová salía beneficiado y su nombre glorificado con sus aflicciones, las habrían soportado pacientemente; pero fue todo lo contrario, las calamidades de la nación israelita habían envalentonado a los paganos llevándoles a despreciar e insultar el nombre del Señor, pues consideraban el derrocamiento de Israel como fracaso y derrota del propio Jehová. Ver que el nombre de Dios puede resultar engrandecido en sus sufrimientos es algo que siempre ilumina y alivia al creyente; pero cuando somos torturados y padecemos en vano, el dolor se hace mucho más intenso. Para nuestra tranquilidad, descansemos en la confianza de que el Señor siempre es glorificado, y aún cuando a nosotros nos parezca que nuestros padecimientos no aportan un ápice de gloria, recordemos que el Señor lleva a término por vías aparentemente incomprensibles sus planes y propósitos ocultos, cuyos resultados serán desvelados a su debido tiempo. No sufrimos en vano, y ninguno de nuestros padecimientos quedará finalmente huérfano de fruto.

C. H. SPURGEON

Has vendido a tu pueblo de balde; no exigiste ningún precio. El sentido es: 'Has entregado a tu pueblo en manos de sus enemigos sin esfuerzo alguno de su parte, sin que la victoria les costara nada'; como alguien que enajena un bien que desprecia y odia, y por tanto lo regala porque está deseoso de deshacerse de él a cualquier precio.

ERNS WILHELM HENGSTENBERG [1802-1869]
"Commentary on the Psalms", 1860

Has vendido a tu pueblo de balde; no exigiste ningún precio. Refiriéndose al sitio y caída de Jerusalén en manos de Tito,[94] Eusebio[95] remarca: «La mayoría fueron vendidos como esclavos por cantidades irrisorias, pues había muchos a la venta, y pocos compradores».

C. H. SPURGEON

Y no te has beneficiado con su venta. Con ello no has incrementado tu honor, ni te has beneficiado en servicio; porque tus enemigos no te sirven ni más ni mejor que tu pueblo, en modo alguno.

MATHEW POOLE [1624-1679]
"English Annotations on the Holy Bible", 1685

No exigiste ningún precio. Literal: *"no los valoraste tratando de mejorar el precio"*, como hace todo vendedor cuando busca colocar un producto.

DANIEL CRESSWELL [1776-1844]
"Sermons on Domestic Duties", 1829

Vers. 13. *Nos pones por afrenta de nuestros vecinos, por escarnio y por burla de los que nos rodean.* *[Nos pones por afrenta de nuestros vecinos, por escarnio y por burla de los que nos rodean.*

[94] Se refiere al emperador TITO FLAVIO SABINO VESPASIANO [30-81] conocido con el nombre de TITO, que en su época de comandante militar llevó a cabo el sitio y toma de Jerusalén en el año 70.

[95] Se refiere a EUSEBIO DE CESAREA [275-339 d.C.], también conocido como *Eusebius Pamphili,* "Eusebio, amigo de Pánfilo". Fue obispo de Cesarea y se lo conoce como el padre de la historia de la Iglesia porque entre sus escritos figura la primera recopilación completa de la historia del cristianismo primitivo, *Historia Ecclesiae,* que es su obra más conocida y difundida pues se trata de un documento clave de la historia del cristianismo. Publicada por CLIE en español.

RVR*]* *[Nos haces el oprobio de nuestros vecinos, escarnio y burla de los que nos rodean.* LBLA*] [Nos convertiste en el oprobio de nuestros vecinos; en escarnio y burla de cuantos nos rodean.* BTX*] [Nos has puesto en ridículo ante nuestros vecinos; somos la burla y el escarnio de los que nos rodean.* NVI*] [Nos haces la burla de los vecinos, la risa y la mofa de quienes nos rodean.* BLP*] [Permites que nuestros vecinos se burlen de nosotros; somos objeto de desprecio y desdén de quienes nos rodean.* NTV*]*

Nos pones por afrenta de nuestros vecinos. El escarnio es siempre un ingrediente añadido particularmente amargo en la copa de los oprimidos. Las burlas de los vencedores causan tanto dolor a los vencidos como sus espadas y lanzas. Era ciertamente un gran misterio el que Dios consintiera que su nación real, su pueblo peculiar, fuera objeto de burla por parte de todos los que moraban a sus alrededores.

Por escarnio y por burla de los que nos rodean. El pueblo oprimido se había convertido en chascarrillo: «caer tan bajo como Israel», gritaba con sarcasmo la lengua cruel del tirano. Así de vulgar se había hecho el desprecio de las naciones circundantes, que aunque fueran igualmente oprimidas adoptaron el lenguaje de los conquistadores y se unieron a la burla común.[96] Ser escarnio no solo de los fuertes, sino también de los débiles; la burla no solo de los superiores, sino también de los iguales e inferiores, es difícil de sobrellevar. Los dientes del escarnio se clavan hasta tocar hueso. Para mover a compasión al Señor, el salmista expone la brutalidad del enemigo de todas las maneras posibles, encomendando a su justa ira la situación lamentable de su pueblo, pues los sufrimientos de sus escogidos es lo que más rápidamente toca su corazón y lo mueve a actuar, más que cualquier otro razonamiento. Nuestro Abogado en los cielos,[97] ¡bendito sea su nombre! sabe muy bien cómo aprovechar esta poderosa súplica, y si soportamos reproches por amor a la verdad,[98] lo presentará ante el trono eterno: ¿y no vengará Dios a los suyos? Un padre no soporta mucho tiempo ver a sus hijos maltratados; quizá por alguna razón lo permita por un breve período, pero muy pronto su amor despertará su enojo, y se enfrentará al maltratador con dureza.

C. H. SPURGEON

Vers. 14. *Nos pusiste por proverbio entre las naciones; todos al vernos menean la cabeza.* *Nos pusiste por proverbio entre las naciones; todos al vernos menean la cabeza.* RVR*] [Nos pones por proverbio entre las naciones, causa de risa entre los pueblos.* LBLA*] [Nos pusiste como refrán entre las naciones; como objeto de burla en medio de los pueblos.* BTX*] [Nos has hecho el hazmerreír de las naciones; todos los pueblos se burlan de nosotros.* NVI*] [Nos haces la irrisión de las naciones y los pueblos mueven burlones la cabeza.* BLP*] [Nos has hecho el blanco de sus bromas; menean la cabeza ante nosotros en señal de desprecio.* NTV*]*

Nos pusiste por proverbio[99] *entre las naciones; todos al vernos menean la cabeza.* Repite aquí el mismo lamento. Tan bajo habían caído que nadie les tenía consideración alguna, al contrario, pública y universalmente eran tratados como gentes infames y despreciables. Incluso aquellos humillados e

[96] Salmo 74:7; Salmo 137:7.

[97] 1 Juan 2:1.

[98] Salmos 44:15; 69:7; Jeremías 15:15; 51:51; Mateo 5:11-12.

[99] En hebreo מָשָׁל *māšāl* de מָשָׁל *mashal,* en el sentido de "burla, escarnio". Ver uso en Deuteronomio 28:37; 1 Reyes 9:7; 2 Crónicas 7:20; Salmo 69:11. Ver también Jeremías 18:16; 24:9.

injuriados por otros se atrevían a arrastrar por los suelos y pisotear el nombre de Israel con sus insultos; y si por casualidad veían en la calle a alguien de la descendencia de Jacob, le hacían gestos de desprecio para molestarlo. Y los más necios y desalmados se atrevían incluso a agredirlos físicamente. Eran el blanco de todos los dardos mordaces, el hazmerreír de todos los memos.[100] Tal ha sido la porción de los justos en épocas pasadas, tal es en buena medida su porción presente, y tal puede que sea de nuevo, en el peor sentido, su herencia para el futuro. El mundo no valora ni distingue su nobleza, ni tiene ojos para reconocer la verdadera excelencia: premió al Maestro con una cruz, y no cabe esperar que ciña coronas a sus discípulos.

C. H. SPURGEON

Nos pusiste por proverbio entre las naciones. Literal: por símil. El término hebreo מָשָׁל *māšāl* de מָשָׁל *mashal* tiene aquí el mismo significado que en Deuteronomio: *"Y serás motivo de horror, y servirás de refrán y de burla a todos los pueblos a los cuales te llevará Jehová";*[101] esto es de "similitud". La desgracia y miseria de Israel a lo largo de la historia ha sido tan horrible, que los demás pueblos solían llamar de manera figurada y despectiva "judío" a cualquier desdichado; de igual manera que a los mentirosos se les llamaba "cretenses".[102] Muy lejos de lo que se supone que debían haber sido, *"benditos del Señor",*[103] en quienes, según la promesa, todos los pueblos paganos han de ser bendecidos.[104]

ERNS WILHELM HENGSTENBERG [1802-1869]
"Commentary on the Psalms", 1860

Vers. 15. ***Cada día mi vergüenza está delante de mí, y la confusión de mi rostro me cubre.*** *[Cada día mi vergüenza está delante de mí, y la confusión cubre mi rostro.* RVR*] [Todo el día mi ignominia está delante de mí, y la vergüenza de mi rostro me ha abrumado.* LBLA*] [Cada día mi vergüenza está delante de mí, y la confusión ha cubierto mi rostro.* BTX*] [La ignominia no me deja un solo instante; se me cae la cara de vergüenza.* NVI*] [Estoy siempre abochornado y la vergüenza cubre mi rostro.* BLP*] [No podemos escapar de la constante humillación; tenemos la vergüenza dibujada en el rostro.* NTV*]*

Cada día la confusión está delante de mí. El poeta presenta los males que aquejan a su nación y expresa la angustia constante que esto produce en su alma. No es un resentido ni un apático, no se desentiende de los dolores de la iglesia de la que es miembro, o la nación de la cual es ciudadano; cuanto más grande y rebosante de amor sea un corazón, mayor es su preocupación y simpatía hacia los demás.

Y la vergüenza cubre mi rostro. Vive en un rubor y sonrojo constante que le cubre por completo, como un manto carmesí, tanto delante de Dios como de los hombres. Delante de Dios, porque sabe que tenían bien merecido el abandono divino; y delante de los hombres porque una vez la ayuda celestial se apartó de ellos, él y todo su pueblo se habían convertido en lo más despreciable. ¡Dichosa la nación en la que todavía quedan hombres de corazón sano, dispuestos a humillarse reconociendo su pecado y vergüenza![105] Porque Dios tendrá piedad de aquellos a quienes ha castigado; y es en

[100] En el original: *"They were the common butts of every fool's arrow".*
[101] Deuteronomio 28:37.
[102] Tito 1:12.
[103] Salmo 115:12-15.
[104] Génesis 12:13; 18:18; 22:18; Hechos 3:25: Gálatas 3:8.
[105] 2 Crónicas 6:37-39; 7:13-14.

cumplimiento de esta promesa que nos envía ministros elegidos, hombres de gran ternura, que hacen suya la causa del pueblo.

C. H. SPURGEON

Cada día la confusión está delante de mí. Cuando la iglesia visible es azotada con calamidades tristes y lamentables, sus miembros fieles y leales son igualmente partícipes de la tribulación, la tristeza y la vergüenza que implica tal situación.

DAVID DICKSON [1583-1663]
"Explanation of the First Fifty Psalms", 1653

Vers. 16. ***Por la voz del que me vitupera y deshonra, por razón del enemigo y del vengativo.*** *[Por la voz del que me vitupera y deshonra, a la vista del enemigo y del vengativo.* RVR*] [Por la voz del que me reprocha y vitupera, por la presencia del enemigo y del vengativo.* LBLA*] [Por el grito del que me vitupera y me deshonra; por causa del enemigo y del vengativo.* BTX*] [Por las burlas de los que me injurian y me ultrajan, por culpa del enemigo que está presto a la venganza.* NVI*] [A causa del grito insultante y ofensivo del enemigo, del que quiere vengarse.* BLP*] [Lo único que oímos son los insultos de los burlones; lo único que vemos es a nuestros enemigos vengativos.* NTV*]*

Por la voz del que me vitupera y deshonra.[106] Parece ser que, tras burlarse del pueblo de Dios, sus adversarios dieron un paso más y comenzaron a injuriar a Dios mismo; del pecado de la persecución pasaron a otro que es su pariente más próximo, a saber, el de la blasfemia.

Por la presencia del enemigo y del vengativo.[107] Sus enemigos se jactaban de haber vengado en ellos las derrotas que les habían causado sus antepasados; se vengaban de las antiguas victorias de Israel, insultando y vejando ahora a sus descendientes caídos. Sin duda, una situación muy triste para una nación, pero no desesperada, puesto que el Señor, que era quien había permitido que todos estos males les acontecieran, de igual manera podía liberarlos. Mientras Israel había mirado únicamente a su Dios, y no a su propio brazo de carne,[108] ningún enemigo había podido derrotarla ni retenerla bajo su pie; se levantaba irremisible contra lo que fuera y arremetía contra lo que viniera, porque Dios estaba de su parte.

C. H. SPURGEON

Vers. 17. ***Todo esto nos ha venido, y no nos hemos olvidado de ti, y no hemos faltado a tu pacto.*** *[Todo esto nos ha sobrevenido, y no nos habíamos olvidado de ti, ni habíamos faltado a tu pacto.* RVR*] [Todo esto nos ha sobrevenido, pero no nos hemos olvidado de ti, ni hemos faltado a tu pacto.* LBLA*] [Todo esto nos ha sobrevenido, pero no nos hemos olvidado de Ti, ni hemos sido infieles a tu pacto.* BTX*] [Todo esto nos ha sucedido, a pesar de que nunca te olvidamos ni faltamos jamás a tu*

---

[106] En hebreo וּמְגַדֵּף *ūməḡaddêp̄* de גָּדַף *gadaph,* "blasfemar". Véase su uso también en este sentido mismo en 2 Reyes 19:6, 22; Isaías 37:6, 23. Del total de 7 veces que ocurre, además de estas cuatro, y el Salmo 44, se utiliza también en Números 15:30 y Ezequiel 20:27. El sintagma וּמְגַדֵּף *ūməḡaddêp̄* solo aparece en el Salmo 44:16. En 2 Reyes 19:3 se utiliza en el mismo sentido otro verbo de significado similar נָאָצָה *n'atsah,* que ocurre 4 veces más: Nehemías 9:8, 26; Isaías 37:3; y Ezequiel 35:12.

[107] En hebreo אוֹיֵב וּמִתְנַקֵּם *'ōwyêḇ ūmiṯnaqqêm.* Una expresión idéntica a la del Salmo 8:2; siendo los dos únicos lugares donde aparece.

[108] 2 Crónicas 3:28; Jeremías 17:5.

pacto. NVI*] [Todo esto nos ha sucedido y, aun así, no te hemos olvidado, no hemos quebrantado tu alianza.* BLP*] [Todo esto ocurrió aunque nunca te hemos olvidado ni desobedecimos tu pacto.* NTV*]*

Todo esto nos ha sobrevenido, y no nos habíamos olvidado de ti. El salmista insiste en que a pesar de todas estas calamidades, Israel no se había apartado de su lealtad a Jehová. Cuando en mitad de las aflicciones podemos seguir aferrándonos a Dios en obediencia amorosa, es muy buena señal; pues la fidelidad verdadera es capaz de soportar cualquier cosa. Aquellos que siguen a Dios únicamente por lo que reciben de él, lo abandonarán en cuanto soplen las primeras ráfagas de persecución; no así el creyente sincero, que no olvidará a su Dios aunque le sobrevenga lo peor de lo peor.[109]

Ni habíamos faltado a tu pacto. No habían adorado a ningún ídolo; no habían abandonado el culto ordenado por Dios; Jehová seguía siendo reconocido como el Señor de la nación; y por tanto, el salmista redobla su fervor en el argumento de que el Señor debe intervenir de inmediato en su favor. Tanto este versículo como los siguientes son adecuados para los labios de los mártires; de hecho, el salmo entero podría llevar por título "El lamento del mártir". No fue por su pecado, sino en defensa de la justicia que sufrieron los santos perseguidos; no por sus falsedades, sino por amor a la verdad; no por abandonar al Señor, sino por seguirle y aferrarse a él con toda su alma. Los sufrimientos de esta clase pueden ser terribles, pero son honrosos en extremo, y los consuelos del Señor sostendrán a todos aquellos considerados dignos de sufrir por causa de Cristo.[110]

C. H. SPURGEON

---

[109] Parece como si Spurgeon anticipara de algún modo los estragos que la llamada "teología de la prosperidad" y el "pare de sufrir", causarían en la Iglesia durante la segunda mitad del siglo XX.

[110] Dice AGUSTÍN DE HIPONA [354-430]: «*"Todo esto nos ha sobrevenido, y no nos habíamos olvidado de ti, ni habíamos faltado a tu pacto"*. ¿Entonces? ¿Por qué? ¿Con que propósito? Para que todos aquellos que sirven y adoran al Señor tengan ocasión de demostrar cuán genuinamente le adoran; para que se vea si realmente sirven de gracia a Aquél de cuya gracia han recibido salvación. Si Dios nos preguntara: ¿Qué me diste para que yo te creara? ¿Qué podríamos responder siendo que nos creó sin que nosotros aportáramos nada, sin mérito alguno de nuestra parte, tan solo porque vio que era bueno en gran manera? (Génesis 1:26-31) Y en lo que hace a nuestra redención, nuestra segunda creación, el nuevo nacimiento (Juan 3:3.5; 2 Corintios 5:17; Efesios 2:10) ¿qué podemos a decir? ¿Se debe acaso a nuestros méritos que tuviera a bien otorgarnos la salvación eterna? De ninguna manera. Pues si algún peso tuvieran nuestros méritos en la balanza divina, sería más bien para nuestra condenación. Jesús no vino al mundo para averiguar nuestros méritos, sino para perdonar nuestros pecados dando su vida en rescate (Mateo 20:28). Cuando no existías, fuiste creado de la nada sin que aportaras nada a cambio. Te hiciste reo de muerte quebrantando la ley, y fuiste rescatado sin que aportaras nada a cambio. ¿Qué hay en ti que no hayas recibido de él gratuitamente? Por eso llamamos "gracia" a la salvación: porque nos es otorgada gratuitamente (Efesios 2:8-9); y por eso se nos pide que sirvamos a Dios de buena voluntad (Salmo 110:3; Efesios 6:7-8), porque lo que a través de ella se nos otorga no es algo que podamos compensar con dones temporales, porque no es temporal sino eterno. No yerres, por tanto, concibiendo estos dones eternos partiendo de tu visión de los temporales, ni sigas adorando y sirviendo a Dios por un interés, a pesar de que no sea temporal sino eterno. Pues servir y adorar a Dios genuinamente es hacerlo sin esperar nada a cambio. Pues si dices: "yo en esta vida no espero nada, pero aguardo una mansión eterna en los cielos", tal pensamiento va descaminado; pues no le sirves y adoras desinteresadamente, no le amas con un amor puro y genuino, estás haciéndolo por una recompensa: aguardas recibir en el más allá aquello que estás dispuesto a renunciar aquí. Simplemente has enmascarado tus deseos y ambiciones mundanas, no las has extirpado de raíz. Nada tiene de encomiable el ayuno de quien reserva su estómago para una banquete. No esperes que Dios te conceda en la otra vida aquello de lo que aquí te manda que te abstengas. Por tanto, para purificar su fe el Señor permitió que los fieles israelitas fueran maltratados y despojados de todo cuanto poseían, incluyendo su propia vida temporal: para que

Todo esto nos ha sobrevenido, y no nos habíamos olvidado de ti, ni habíamos faltado a tu pacto. Eusebio narra las crueldades infligidas a los cristianos por el tirano oriental Maximino[111] en los siguientes términos: «Su voluntad prevaleció sobre todos y contra todos, con la excepción de los cristianos, que despreciando la muerte quebrantaban su tiranía. De ellos, los varones fueron quemados vivos, decapitados, crucificados, devorados por fieras, ahogados en el mar, apaleados, y asados sus miembros en parrillas. Les sacaban los ojos y torturaban todo su cuerpo; además de padecer frío, hambre y sed en las cárceles; en esencia, padecieron toda clase de tormentos antes que negar su fe, abandonar la adoración a Dios y abrazar el culto a los ídolos. Las mujeres, por su parte, no salieron mejor paradas, pero no fueron inferiores a los hombres en el poder de la Palabra de Dios; y revistiéndose de valor algunas sufrieron las mismas torturas juntamente con los hombres y alcanzaron las mismas cumbres de valor y heroísmo».

Eusebio de Cesarea [267-338]
"Historia Eclesiástica", Libro VIII [112]

Todo esto nos ha sobrevenido, y no nos habíamos olvidado de ti, ni habíamos faltado a tu pacto. Aunque no tenemos excusa para muchos otros pecados por los cuales nos has castigado justamente, alegamos en nuestra defensa que por tu gracia nos hemos guardado de la apostasía y la idolatría. A pesar de todos los acosos y provocaciones, así como de las recompensas prometidas y los castigos y amenazas para inducirnos a ello, nos hemos mantenido fieles a ti; algo que esperamos consideres favorablemente, y no permitas que seamos tentados por encima de lo que podemos soportar.[113]

Mathew Poole [1624-1679]
"English Annotations on the Holy Bible", 1685

Todo esto nos ha sobrevenido, y no nos habíamos olvidado de ti, ni habíamos faltado a tu pacto. Si en esta tormenta que se nos avecina permanecéis en Cristo,[114] tendréis ocasión de comprobar el pacto que tenéis con él, cómo lo habéis establecido, y en qué términos. Pero tristemente, muchos de vosotros me recordáis a estas parejas jóvenes y descerebradas, que se quieren, se juntan y se casan; pero no hacen ninguna previsión sobre cómo van a mantener la familia, y acaban en la pobreza y mendicidad. Me temo que esto es exactamente lo que sucede con muchos de vosotros, eminentes

---

entendieran que fidelidad y recompensa no van ligadas, para que no dieran culto a lo eterno partiendo de su visión de lo temporal, sino que sirvieran a Dios exclusivamente por amor a él, y en base a ese amor eterno, toleraran de buen grado todo cuando les estaba sucediendo de forma temporal». Estas palabras de Agustín nos recuerdan aquel famoso poema atribuido a:

Teresa de Ávila [1500-1569] «No me mueve mi Dios para quererte el cielo que me tienes prometido», de manera especial sus palabras finales: «No me tienes que dar porque te quiera, pues aunque lo que espero no esperara, lo mismo que te quiero te quisiera». (Ver al respecto las notas 1, 3, 10, 118 y 177 de este mismo Salmo 44).

[111] Se refiere a Cayo Valerio Galerio Maximino [270-313] más conocido como Maximino Daya, sobrino del emperador Galerio (hijo de una media hermana), y al que este confió los territorios orientales del Imperio. Persiguió ferozmente a los cristianos hasta límites inimaginables, obligando a todos, incluidos niños y ancianos, a participar en sacrificios a los dioses romanos y a aceptar públicamente la renuncia al cristianismo bajo pena de muerte mediante torturas horribles. Ver al respecto *Historia Eclesiástica* de Eusebio, libro VIII.

[112] Publicada en español por Editorial CLIE.

[113] 1 Corintios 10:13.

[114] Juan 15:4-7.

profesores de esta generación. Decís abrazar la fe, pero no sabéis cómo y sois incapaces de dar cuenta de cómo habéis venido a parar a ella. Yo os diré, señores, lo que va a suceder con vosotros: permaneceréis en Cristo hasta que arrecie de la tormenta, y entonces, lo abandonaréis y negaréis su causa. Tened mucho cuidado con esto, porque al fin de la jornada acabaréis por arruinar vuestras almas. Permitid que os diga, señores, la forma correcta del Pacto con Dios: es cuando Cristo y el creyente se encuentran en un punto; nuestro Señor le da sus leyes, estatutos y mandamientos, y le ordena no abandonarlos jamás, ni ceder un ápice de ellos, aunque hacerlo le cueste ser destrozado y partido en mil pedazos; y el verdadero hijo del pacto,[115] a ello responde: Amen.

ALEXANDER PEDEN [1626-1686]
"The Lord's Trumpet: Sounding an Alarm Against Scotland", 1682

Vers. 17-19. Ni la persecución infligida por los hombres, ni la mano disciplinante de Dios, lograron debilitar a los fieles de antaño y hacer que cedieran: permanecieron firmes en su fe. Los creyentes se asemejan a la luna, que emerge impasible de su eclipse manteniendo el movimiento de su órbita, y no cesa de brillar por mucho que los perros ladren al verla.[116] ¿Cesaremos nosotros en nuestra profesión de fe simplemente porque nuestros perseguidores no piensan cesar en su persecución?

WILLIAM SECKER [¿?-1681]
"The Consistent Christian: A Handbook for Christian Living", 1660

Vers. 17-19. En estos versículos vemos cómo la Iglesia, habiendo expuesto sus persecuciones y dificultades, las utiliza ante Dios como argumento para probar su sinceridad hacia él, y su fortaleza en la gracia recibida: *"Todo esto nos ha sobrevenido"* (es decir, todas estas calamidades y aflicciones), *pero no nos hemos olvidado de ti, ni hemos faltado a tu pacto. No se ha vuelto atrás nuestro corazón, ni se han apartado de tus caminos nuestros pasos"* (44-17-18). Como si dijera: "todas estas tribulaciones han sido para nosotros tentaciones muy fuertes, tratando que nos desviáramos de tus caminos, pero por medio de la gracia de ti recibida, hemos mantenido nuestra postura y permanecido constantes, fieles en tu pacto", *"aunque nos hayas quebrantado en el lugar de dragones,*[117] *y cubierto con sombra de muerte"* (44:19).[118] Y si bien muchos, sí, la mayoría de los creyentes, han mejorado y

[115] En el original *"the right covenanter says, Amen". Covenanters,* de *"covenant"*, "pacto", era el calificativo que se daba a los calvinistas escoceses. (Ver la nota 167 en Salmo 39:9).

[116] El autor alude aquí al comportamiento de algunos perros que ladran a la luna cuando está llena. La tradición dice que o bien la perciben como una amenaza, o bien que es una costumbre que deriva de sus antepasados los lobos, que aullarían a la luna llena. El refrán o modismo: «Aullar a la luna» implica expresar ira contra algo o alguien que por está en una posición elevada, fuera de nuestro alcance y a la que no podemos ofender ni causar daño alguno, o también amenazar inútilmente. Esta en realidad es la idea del comentario de William Secker, que el cristiano se mantiene como la luna, impasible en su órbita, por mucho que sus enemigos le ladren.

[117] En hebreo תַּנִּים *tannîm* de תַּנִּין *tannin.* Ver al respecto la nota 125 y el comentario de Albert Barnes al versículo 19.

[118] KRAUS hace de los versículos 17-22 esta interesante exposición: «Conviene fijarse bien en las reflexiones que se hacen en los versículos 17-22 acerca de la causa que ha originado las catástrofes de la guerra. Según la concepción original, elaborada esquemáticamente en la historia deuteronómica, la victoria del enemigo era una reacción de ira por parte de Yahvé, porque el pueblo había quebrantado el pacto y se había apartado de su Dios. Pero en este caso un yerro así lo rechaza vehementísimamente la comunidad en oración y se subraya con encarecimiento: nosotros no nos hemos olvidado de Yahvé ni hemos renegado de su pacto (44:17), no nos hemos desviado del camino señalado por Yahvé, cuando él expresó su voluntad (44:18), no

hermoseado bajo el peso de la cruz; también ha habido algunos, que bien sea a causa de su incredulidad presente, o por haber *"olvidado la exhortación que como a hijos se os dirige, diciendo: 'Hijo mío, no menosprecies la disciplina del Señor, ni desmayes cuando eres reprendido por él"*,[119] han desmayado y decaído.

Joseph Caryl [1602-1673]

Vers. 18. ***No se ha vuelto atrás nuestro corazón, ni se han apartado de tus caminos nuestros pasos.*** *[No se ha vuelto atrás nuestro corazón, ni se han apartado de tus caminos nuestros pasos.* RVR*] [No se ha vuelto atrás nuestro corazón, ni se han desviado nuestros pasos de tu senda.* LBLA*] [Nuestro corazón no se ha vuelto atrás, ni nuestros pasos se han desviado de tu senda.* BTX*] [No te hemos sido infieles, ni nos hemos apartado de tu senda.* NVI*] [No se ha descarriado nuestro corazón, no se han desviado de tus sendas nuestros pasos.* BLP*] [Nuestro corazón no te abandonó ni nos hemos extraviado de tu camino.* NTV*]*

No se ha vuelto atrás nuestro corazón, ni se han apartado de tus caminos nuestros pasos. Su corazón y su comportamiento coincidían, y ambos eran fieles a los caminos del Señor. Estos piadosos que tanto padecían no los habían transgredido ni en su interior ni en su conducta externa; no eran perfectos del todo, pero estaban sinceramente libres de toda transgresión voluntaria. Es una señal positiva y saludable para la nación sufriente, que en esta ocasión su profeta-poeta se viera en condiciones de dar público testimonio de su integridad y rectitud ante Dios, tanto en su corazón como en sus hechos;

hemos extendido nuestras manos a dioses ajenos (44:20). Con estas declaraciones el pueblo se purifica y encarece su propia inocencia. En el versículo 8 (44:8) se recalcó ya expresamente que la vida de culto del pueblo se señalaba por la fidelidad y la constancia en la alabanza y la acción de gracias. Pues bien, ¿cómo debemos entender esas afirmaciones solemnes de inocencia? ¿se trata de los 'comienzos de la piedad farisaica' como cree Rudolf Kittel [1853-1929]? No podemos pasar por alto las relaciones entre las afirmaciones de inocencia y el juramento de purificación de los cánticos de oración entonados por quienes han sido acusados (ejemplo, Salmo 7:4-5). Por eso, queda muy lejos toda idea de 'justicia propia' (de justificación de sí mismo por las propias acciones). El pueblo que vive en el pacto y en las estipulaciones del pacto es צַדִּיק *tsaddiq* (justo). Está seguro de estar tan libre de culpa actual como el que es perseguido, a pesar de ser inocente. Por tanto, no puede aceptar que a la situación actual se le aplique la relación inmediata de causalidad entre el delito y el castigo. Por lo demás, los cánticos de lamento del libro de las Lamentaciones tienen un tono muy diferente. Y, así, el cántico de oración del Salmo 44 tiende hacia una idea nueva: *"Sí, por causa tuya nos matan cada día"* (44:22). El sufrimiento cae sobre la comunidad, porque la comunidad pertenece a Yahvé. Está experimentando el martirio: tal es la nueva idea a la que llega el Salmo, una idea que dista mucho de ser 'farisaica'. En este lugar se han recogido también las experiencias de las lamentaciones de los individuos: el צַדִּיק *tsaddiq* (justo) tiene que sufrir mucho (Salmo 34:19), es nota esencial de su existencia el que (sin que se pueda hablar para nada de culpa) caigan sobre él hostilidades y tormentos (Salmo 22). Esta interpretación enlaza el carácter singularísimo de la elección con el misterio del sufrimiento del justo. Se revela aquí una faceta insondable de la existencia de Israel, y carecería por completo de objetividad el asociar precipitadamente la singularidad de la elección con una 'conciencia de arrogancia farisaica'». Kraus aclara en una nota a pie de página que: «Calvino no lo entiende así en su Comentario de los Salmos. Considera el versículo 22 como un enunciado que quiere mover a Dios para que intervenga por su propia gloria». [Los Salmos, Vol. I, Sal. 1-59; Ediciones Sígueme, Salamanca, 1993] (Ver sobre este mismo tema las notas 1, 3, 10, 110 y 177 de este mismo Salmo 44)

[119] Hebreos 12:5.

pues en muchísimas otras ocasiones la cosa hubiera tenido un tinte muy distinto, ya que las tribus de Israel eran muy proclives a seguir tras dioses ajenos, abandonando a la roca de su salvación.[120]

C. H. SPURGEON

No se ha vuelto atrás nuestro corazón, ni se han apartado de tus caminos nuestros pasos. La piedad sincera y auténtica se ha convertido en este mundo descreído y ateo en el que nos ha tocado vivir, más bien en algo a ridiculizar, un tema con el que se ensañan y divierten los chistosos y ocurrentes. Sin embargo, contemplemos la sabiduría y bondad de Dios exponiendo ante el mundo, en este salmo, testimonios innegables de la veracidad y autenticidad de la fe, que se repiten tan a menudo como aquellos que, profesando su fe con sinceridad, son sometidos a prueba; bien sea por aflicciones enviadas por la mano de Dios, o persecuciones de manos de los hombres. ¡Fijaos bien! *"Aquí está la perseverancia y la fe de los santos"*[121] Aquí está su valentía, mansedumbre y negación de sí mismos,[122] brillando como oro en el fuego.[123] Tienen las pruebas tangibles de ello ante sus ojos. En lugar de arrojar a estos burlones descreídos al infierno, y convencerlos mediante el fuego eterno, al Señor le complace arrojar a su pueblo al horno de la aflicción, para que los que se burlan de ellos lleguen al convencimiento más fácilmente con un coste menor para ellos mismos. Pues no es nada nuevo ver cómo los enemigos de la fe son conducidos a abrazarla por la constancia y fidelidad de los santos que la profesan ante las pruebas y sufrimientos a que son sometidos por su causa. ¡Quiera Dios que el ateísmo galopante de nuestra generación actual, no acarree sobre su pueblo una tribulación más feroz todavía de las que ha padecido en tiempos pasados!

JOHN FLAVEL [1627-1691]
"God's Delight in the Progress of the Upright", 1678

No se ha vuelto atrás nuestro corazón. La palabra hebrea לִבֵּנוּ *libbênū* de לֵב *leb* o la griega καρδία, que traducimos por "corazón" tanto en el Antiguo como en el Nuevo Testamento, significa en realidad "entendimiento", la mente, la voluntad, los afectos, la conciencia, el alma entera. *"No se ha vuelto atrás nuestro corazón"* exclama el salmista; es decir, nuestro entendimiento y mente siguen siendo idénticos a lo que eran en plena bonanza de verano; por más que ahora nos hallemos en medio de una feroz borrasca de invierno. Aunque ahora nos veamos afligidos en todo, zarandeados, fracturados y perseguidos,[124] a pesar de ello nuestro corazón no se ha hecho atrás; nuestra mente, voluntad, afectos y conciencia, nuestra alma toda, es la misma hoy de lo que era anteriormente.

THOMAS BROOKS [1608-1680]
"The Unsearchable Riches of Christ", 1648

Vers. 19. *Para que nos quebrantases en el lugar de chacales, y nos cubrieses con sombra de muerte.* *[Para que nos quebrantases en el lugar de chacales, y nos cubrieses con sombra de muerte.* RVR*] [Sin embargo, nos has quebrantado en la región de los chacales, y nos has cubierto con la sombra de la muerte.* LBLA*] [Aun así, nos has quebrantado en sitio de chacales, y nos has cubierto con la sombra de la muerte.* BTX*] [Pero tú nos arrojaste a una cueva de chacales; ¡nos envolviste en la*

[120] Deuteronomio 32:15; 2 Samuel 24:47; Salmo 89:26; 95:1.
[121] Apocalipsis 13:10; Lucas 21:12-19.
[122] Mateo 16:24.
[123] Job 23:10; Salmo 66:10; Proverbios 17:3; Isaías 48:10; Zacarías 13:9; Malaquías 3:3; 1 Corintios 13:3. 1 Pedro 1:7.
[124] 1 Corintios 2:8-9.

más densa oscuridad! NVI*] [Aunque nos oprimiste en tierras de chacales y nos cubriste con sombras tenebrosas.* BLP*] [Sin embargo, nos aplastaste en el desierto, donde vive el chacal; nos cubriste de oscuridad y muerte.* NTV*]*[125]

Sin embargo, nos has quebrantado en la región de los chacales.[126] Pese a ser aplastados y desolados, llevados a convivir con criaturas como chacales, búhos y serpientes que frecuentan las ruinas abandonadas, con todo, Israel permaneció fiel. Permanecer fieles a un Dios que nos golpea, incluso cuando sus golpes sepultan nuestros goces en parajes ruinosos, es ciertamente el tipo de fidelidad en la que el Señor se deleita. Mejor nos es ser quebrantados por Dios que separados de Dios. Más nos vale estar en compañía de chacales y dragones que de hipócritas y engañadores.

Y nos has cubierto con la sombra de la muerte. El lenguaje adquiere aquí un matiz muy fuerte. Describe a la nación judía completamente envuelta por la densa oscuridad de la desesperación y la muerte; cubierta por ella enteramente, cual si estuviera confinada en la más absoluta desesperanza. Sin embargo, la propia descripción, ligada al hecho de la súplica, revela que seguían siendo conscientes de la realidad de su Dios, lo que la convierte en una súplica gloriosa. Mejor es la muerte con fe que la vida sin fe; y mejor una fe muerta que una fe engañosa; quienes permanecen fieles a Dios nunca verán su fe defraudada, pues nunca encontrarán en él falsedad ni engaño.

C. H. Spurgeon

Sin embargo, nos has quebrantado en la región de los dragones. La palabra hebrea תַּנִּים *tannîm* de תַּנִּין *tannin* que traducimos por dragones puede significar un gran pez, un monstruo marino, una serpiente, un dragón o un cocodrilo. También puede significar un chacal, un zorro o un lobo. De Wette[127] lo traduce por *"chacales"*. La idea central del salmista sigue siendo esencialmente la misma, cualquiera que sea la interpretación de la palabra adoptada. *"en la región de los dragones"* denotaría

[125] Un texto de difícil traducción. En el hebreo כִּ֣י דִ֭כִּיתָנוּ בִּמְק֣וֹם תַּנִּ֑ים וַתְּכַ֖ס עָלֵ֣ינוּ בְצַלְמָֽוֶת *kî dikkîṯānū bimqōwm tannîm wattəḵas ʻālênū ḇəṣalmāweṯ*. El sintagma דִ֭כִּיתָנוּ *dikkîṯānū* es único de este versículo y el verbo דָּכָה *dakah*, "triturar, pulverizar", solo aparece cinco veces y todas ellas en Salmos y en formas distintas (10:10; 38:8; 44:19; 51:8; 51:17), el sentido es de triturar algo hasta pulverizarlo. וַתְּכַס *wattəḵas* de כָּסָה *kasah,* significa "cubrir, tapar, ocultar", y es un verbo bastante habitual. תַּנִּים *tannîm* aparece 8 veces: una en ente Salmo y el resto en los libros proféticos; y su raíz תַּנִּין *tannin* es la que se utiliza en Génesis 1:21 para referirse a los *"grandes monstruos marinos"* y en Éxodo 7:9-12 para *"serpiente",* razón por la cual algunas versiones han traducido *"dragones"*. בְצַלְמָֽוֶת *ḇəṣalmāweṯ* de צַלְמָוֶת *tsalmaveth* ocurre siete veces (Job 3:5; 10:21: 28:3; Salmo 44:19; 107:10,14; Jeremías 2:6) casi todas relacionadas con la idea de muerte. Schökel traduce *"nos trituraste en la guarida del Dragón, nos cubriste de Tinieblas"* pero comparándolo con la forma singular como Jeremías describe la toma de Jerusalén: *"Me devoró, me desmenuzó Nabucodonosor rey de Babilonia, y me dejó como vaso vacío; me tragó como dragón, llenó su vientre de mis delicadezas, y me dejó sin nada"* (Jeremías 51:34), sugiere esta interesante paráfrasis: «Nos trituraste devolviéndonos al polvo en la guarida del Dragón infernal y después nos cubriste con las tinieblas definitivas impenetrables». La versión griega de los LXX lee: ὅτι ἐταπείνωσας ἡμᾶς ἐν τόπῳ κακώσεως, καὶ ἐπεκάλυψεν ἡμᾶς σκιὰ θανάτου que la Vulgata traduce al latín: *"quoniam humiliasti nos in loco afflictionis, et cooperuit nos umbra mortis",* "Porque nos has humillado en el lugar de la aflicción, y nos cubrió sombra de muerte".

[126] En hebreo בִּמְקוֹם תַּנִּים *bimqōwm tannîm* de תַּנִּין *tannin,* "monstruo, dragón, serpiente"; como en Génesis 1:21; Nehemías 2:13; Jon 7:12; 30:29. La versión inglesa KJV traduce: *"in the place of dragons"*.

[127] Se refiere a Wilhelm Martin Leberecht de Wette [1780-1849]. Nacido en Ulla, cerca de Weimar, Alemania, e hijo de un pastor, fue alumno de Gottfried von Herder. Profesor de Teología en la Universidad de Heidelberg y posteriormente en la Universidad de Basilea. Escribió numerosas obras de exégesis, entre

la zona o lugar donde suelen habitar tales monstruos, o donde tuvieron anteriormente su morada; es decir, lugares desolados y desérticos, antiguas ruinas o zonas despobladas.[128]

ALBERT BARNES [1798-1870]

"Notes, critical, explanatory, and practical, on the book of Psalms", 1868

Vers. 20. *Si nos hubiésemos olvidado del nombre de nuestro Dios, o alzado nuestras manos a dios ajeno.* *[Si nos hubiésemos olvidado del nombre de nuestro Dios, o alzado nuestras manos hacia un dios ajeno.* RVR*] [Si nos hubiéramos olvidado del nombre de nuestro Dios, o extendido nuestras mano a un dios extraño.* LBLA*] [Si nos hubiéramos olvidado del nombre de nuestro Elohim, o alzado nuestras palmas a un dios extranjero.* BTX*] [Si hubiéramos olvidado el nombre de nuestro Dios, o tendido nuestras manos a un dios extraño.* NVI*] [Si hubiéramos olvidado el nombre de nuestro Dios o alzado nuestras manos hacia un dios extraño.* BLP*] [Si nos hubiéramos olvidado del nombre de nuestro Dios o hubiéramos extendido las manos en oración a dioses ajenos.* NTV*]*

Si nos hubiésemos olvidado del nombre de nuestro Dios, o alzado nuestras manos hacia un dios ajeno. En este versículo y el siguiente, el salmista apela de nuevo, empleando la omnisciencia divina como argumento, y lo invoca para que sea él mismo quien de testimonio de que Israel no había seguido en ningún momento a otro Dios fuera de él: *"Si nos hubiésemos olvidado del nombre de nuestro Dios"*. Este sería el primer paso en el camino a la apostasía: se empieza por olvidarse de lo verdadero, y a continuación se sigue lo falso.

O alzado nuestras manos hacia un dios ajeno. Levantar las manos era símbolo de adoración o súplica en la oración; esto es algo que no habían hecho ante ninguno de los ídolos paganos.[129]

C. H. SPURGEON

Si nos hubiéramos olvidado del nombre de nuestro Dios, o extendido nuestras mano a un dios extraño. Levantar y extender las manos hacia un objeto de devoción o un lugar santo era en la antigüedad un gesto habitual tanto entre los judíos como los paganos, y lo sigue siendo en Oriente a día de hoy; una continuidad que me sorprende no haya sido más remarcada por la mayoría de comentaristas.[130] Que esta actitud y postura en la oración ha continuado entre los pueblos orientales lo demuestra el siguiente pasaje de Pitts,[131] en su relato sobre la religión y costumbres de los musulmanes. Tras explicar cómo los argelinos arrojaban por la borda del navío en que viajaban velas de cera y vasijas

ellas un *Commentar über die Psalmen nebst beigefügter Übersetzung,* con toda probabilidad la misma a la que hace referencia el autor.

[128] Algunos comentaristas ven en este versículo una clara alusión a la época de Macabeos: *"Fue entonces cuando Judas Macabeo reunió un grupo de diez hombres, y se retiró al desierto. Allí vivió como las bestias salvajes, en compañía de sus hombres. Comían solo verduras, pues no querían comer alimentos que estaban prohibidos por la religión judía"*. (II Macabeos 5:7 TLA).

[129] Éxodo 9:29, 33; 1 Reyes 8:22, 38, 54; Job 11:13, Esdras 9:5.

[130] Este comentario fue escrito en Inglaterra en el siglo XVIII, época y lugar en que los cristianos no tenían por costumbre levantar sus manos en adoración en las iglesias durante el culto o la oración. Como sabe el lector, hoy en día esta costumbre sí está extendida en multitud de congregaciones y denominaciones cristianas alrededor del mundo.

[131] Se refiere a JOSEPH PITTS [1763-1735] que a la edad de catorce años fue aprisionado por piratas argelinos, llevado a Argelia y vendido como esclavo, sirviendo bajo tres dueños distintos, con los cuales viajó por todo Oriente. Logró escapar alrededor de 1694 y en 1704 publicó un libro narrando sus experiencias

de aceite, a modo de presente para algún morabito[132], un santo musulmán, Pitt dice lo siguiente: «Después de hacer esto, todos juntos levantan y extienden sus manos, rogando la bendición del morabito, y de manera especial para una travesía segura y próspera». En la misma añade: «los morabitos suelen contar con pequeñas habitaciones construidas sobre sus tumbas, a semejanza de sus propias mezquitas o las ermitas cristianas, y que mantienen siempre limpias y bien cuidadas». Y en la siguiente página nos dice: «La mayoría son incapaces de pasar por delante de una de estas construcciones sin levantar las manos y recitar una breve oración». De la misma manera, nos cuenta que antes de abandonar La Meca, a la que acuden en devotas peregrinaciones: «levantan y extienden sus manos hacia la *Kaaba,*[133] haciendo fervientes súplicas».

THOMAS HARMER [1715-1788]

"Observations on various passages of scripture, placing them in a new light, and ascertaining the meaning of several, not determinable by the methods commonly used by the learned", 1816

Vers. 21. *¿No demandaría Dios esto? Porque él conoce los secretos del corazón.* *[¿No demandaría Dios esto? Porque él conoce los secretos del corazón.* RVR*] [¿No se habría dado cuenta Dios de esto? Pues El conoce los secretos del corazón.* LBLA*] [¿Acaso Elohim no demandaría esto? Porque Él conoce los secretos del corazón.* BTX*] [¿Acaso Dios no lo habría descubierto, ya que él conoce los más íntimos secretos?* NVI*] [¿No lo hubiera averiguado Dios, él, que conoce los secretos del corazón?* BLP*] [Con toda seguridad Dios lo habría sabido, porque conoce los secretos de cada corazón.* NTV*]*

¿No demandaría Dios esto? ¿Acaso puede ocultarse la idolatría? ¿Acaso Dios no hubiera detectado con santa indignación cualquier infidelidad hacia él, aunque la hubieran escondido en el corazón y ocultado en su vida?

Porque él conoce los secretos[134] *del corazón.* Está familiarizado con el funcionamiento interno de la mente, y por tanto nada le hubiera pasado por alto. No solo conoce el corazón, que ya de por sí es secreto, sino también los secretos del corazón, que son lo más secreto de lo secreto, pero a Dios le son tan legibles como un libro abierto. El razonamiento del salmista consiste en demostrar que el propio

titulado: *"A True and Faithful Account of the Religion and Manners of the Mohammetans, with an Account of the Author's Being Taken Captive"*.

[132] En algunos países musulmanes se identifica como MORABITO a personas a la que popularmente se atribuye cierta santidad, y que suelen vivir en el desierto o en lugares despoblados, en cuevas o ermitas, de manera similar a los antiguos eremitas cristianos. La veneración de los morabitos suele darse de manera especial en los países del Magreb, donde se cree que los morabitos traen *baraka,* la bendición de Alá, a las poblaciones que están bajo su protección y a quienes peregrinan al lugar donde habitan o a sus tumbas. Aunque el fenómeno del morabitismo es cuestionable desde una perspectiva fundamentalista del Islam, que prohíbe toda mediación entre el creyente y Dios y prohíbe el culto a cualquier persona u objeto distinto del Dios único.

[133] La *Kaaba*, en árabe el "dado" o el "cubo", es una construcción en forma de prisma rectangular que está dentro de la mezquita *Masjid al-Harem* en Arabia Saudita. Representa la "casa de Dios", donde lo divino toca lo terrenal, y los musulmanes de todo el mundo orientan sus cuerpos hacia ella cuando oran. Es el lugar sagrado y de peregrinación más importante del islam, aunque no es un objeto de adoración, pues los musulmanes adoran única y exclusivamente a Alá.

[134] En hebreo תַּעֲלֻמֹות *ta'ălumōwṯ* de תַּעֲלוּם *taalumah,* "secretos ocultos", un término raro que solo aparece en este versículo y dos veces más: Job 11:6; 28:11.

Señor sabía que la afirmación de absoluta fidelidad hecha por el pueblo era sincera, y por tanto, no tenía causa contra ellos en razón de ese pecado, por tanto, la aflicción debía aducir a alguna otra causa.

C. H. SPURGEON

¿No demandaría Dios esto? Porque él conoce los secretos del corazón. ¡Tanta es la variedad en los juicios dispuestos para examinar y probar la sinceridad de las virtudes de los hombres! Y siendo así, ¡qué vanidad tan enorme es la hipocresía! ¡qué poco sentido tiene para los seres humanos tratar de ocultar sus acciones de los ojos de Dios! Solemos afirmar que el asesinato siempre sale a la luz;[135] y con la misma confianza podemos afirmar que la hipocresía siempre sale a relucir. Cuando Rebeca tramó el engaño para disfrazar a su hijo Jacob, personificando a su hermano para robarle la bendición patriarcal, Jacob objetó el plan diciéndole: *"Quizá me palpará mi padre, y me tendrá por burlador, y traeré sobre mí maldición y no bendición"*.[136] Como si dijera: '¿Y si mi padre se da cuenta del engaño? ¿Cómo podré mirarle a la cara? ¿Cómo escaparé de su maldición?' De igual modo, toda alma justa y recta se asusta ante el camino de la hipocresía, diciéndose: 'Si disimulo, y aparento lo que no soy, mi Padre celestial me descubrirá'. No hay oscuridad ni sombra de muerte que pueda ocultar al hipócrita; tarde o temprano su hipocresía saldrá a la luz, aunque emplee para esconderla todas las artes de este mundo (...) Si las obras no son buenas, resulta imposible ocultarlas por mucho tiempo. Un pedazo de latón bañado en oro, puede que vaya pasando de mano en mano por un tiempo, pero la piedra de toque descubrirá cuál es el metal de base; y si eso no sucede, el fuego se encargará finalmente de hacerlo.[137]

JOHN FLAVEL [1627-1691]
"God's Delight in the Progress of the Upright", 1678

Porque él conoce los secretos del corazón. Una persona piadosa no se atreve a pecar secretamente, porque sabe que Dios ve en secreto. Así como Dios no puede ser engañado por nuestra sutileza,[138] tampoco puede ser soslayado por nuestro sigilo.

THOMAS WATSON [1620-1686]
"The Godly Man's Picture", 1666

Porque él conoce los secretos del corazón. Cuando la fe es objeto de persecución, nada hay que pueda contrarrestar en el creyente el terror al tormento o las seducciones de los perseguidores, y afirmarlo en la causa de Dios, como el propio el temor de Dios y el amor que siente hacia él establecido en su corazón. La razón de la firmeza descrita en los santos a los que refiere este Salmo, no es otra

[135] En el original inglés: *"murder will out"*, una variante de la frase *"murder will become public"* que aparece por primara vez en las obras de GEOFFREY CHAUCER [1343-1400] considerado como el principal poeta inglés de la Edad Media y padre de la literatura inglesa. Según parece viene inspirada por la tradición supersticiosa de que la presencia del asesino cerca del cadáver o del lugar del crimen es siempre revelada por un reguero de sangre fresca. Con el tiempo, esta frase se transformó en *"truth will out"*, "la verdad saldrá a flote" o "la verdad se hará pública", utilizada por William Shakespeare en "El Mercader de Venecia" en boca de Lancelot: *"murder cannot be hid long; a man's son may, but at the length truth will out"*, "Un crimen no puede estar oculto largo tiempo, sí un hijo para su padre; pero la verdad sale siempre acaba saliendo a flote".

[136] Génesis 27:12.

[137] Job 23:10; Salmo 66:10; Proverbios 17:3; Isaías 48:10; Zacarías 13:9; Malaquías 3:3; 1 Corintios 13:3; 1 Pedro 1:7.

[138] Job 12:16; 13:9; Gálatas 6:7.

sino que de haber obrado de otro modo, Dios hubiera escudriñado su corazón y descubierto su pecado, *"porque él conoce los secretos del corazón"*.

DAVID DICKSON [1583-1663]
"Explanation of the First Fifty Psalms", 1653

Vers. 22. ***Pero por causa de ti nos matan cada día; somos contados como ovejas para el matadero.*** *[Pero por tu causa nos matan cada día; somos contados como ovejas para el matadero.* RVR*] [Pero por causa tuya nos matan cada día; se nos considera como ovejas para el matadero.* LBLA*] [Pero por causa de Ti somos muertos cada día, somos contados como ovejas para el degüello.* BTX*] [Por tu causa, siempre nos llevan a la muerte; ¡nos tratan como a ovejas para el matadero!* NVI*] [Por tu causa no dejan de matarnos, nos ven como ovejas del matadero.* BLP*] [Pero por tu causa, nos matan cada día; nos tratan como a ovejas en el matadero.* NTV*]*

Pero por tu causa[139] *nos matan cada día.* Sí, *"por causa de ti"*, es decir, no por nuestras ofensas, sino por obedecerte; pues las aflicciones que padecían les habían sobrevenido por mantenerse fieles a su Dios. *"Nos matan todo el día"*; sus perseguidores no cesaban de ir tras ellos hasta darles muerte; no tuvieron tregua, ni hallaron puerta de escape. Y todo por causa de Dios, por negarse a traicionar el pacto que tenían establecido con su Señor y Rey.

Se nos considera como ovejas para el matadero. Como si la razón de su existencia fuera ser asesinados, hechos a propósito para convertirse en víctimas; matarles se había convertido en algo tan natural y fácil como degollar una oveja.[140] Tanto en este versículo como en los siguientes, el grito de desconcierto del mártir resuena con claridad meridiana. Desde las montañas del Piamonte[141] a las

---

[139] La expresión hebrea es muy contundente: כִּי־עָלֶיךָ הֹרַגְנוּ *kî-'āleḵā hōrağnū* de הָרַג *harag*: *"Por causa de ti"* un sintagma que solo aparece en este versículo. La idea es de no solo alegar inocencia sino apelar a la responsabilidad de la otra parte, no tan solo no hemos pecado ni nos hemos desviado de tu ley, sino que nos matan por fidelidad a ti, por tu causa, oh Pastor de Israel, que has hecho de tu rebaño, de las ovejas de tu prado (Salmo 80:1): כְּצֹאן טִבְחָה *kəṣōn ṭiḇḥāh*, "ovejas de matanza".

[140] Durante la sangrienta persecución desencadenada contra los protestantes por FERNANDO II DE AUSTRIA [1578-1637], un grupo de 47 nobles bohemios de fe reformada entre los que se encontraban los hombres más distinguidos de la nación por su rango, capacidad intelectual y vida piadosa, fueron ejecutados en la Plaza de la Ciudad Vieja de Praga, el 21 de junio de 1621. Entregaron sus vidas cantando las palabras de este versículo: *"por tu causa nos matan cada día; somos contados como ovejas para el matadero"*. Pasaron la noche anterior entonando salmos y fortaleciéndose espiritualmente los unos a los otros. Al llegar la madrugada, se lavaron y vistieron con los mejores atuendos de que disponían, como si fueran a un festejo de bodas, aunque arrancaron los collarines decorativos de moda en la época para poder colocarse en el cadalso con el cuello limpio a disposición del verdugo. A medida que fueron llamados al patíbulo, uno tras otro, se despidieron de sus compañeros con estas palabras: «Adiós compañeros amados, que Dios os otorgue el consuelo de su Espíritu Santo, paciencia y coraje, para que aquello que habéis confesado con vuestra boca lo ratifiquéis con vuestra muerte». El cardenal MELCHIOR KLESL [1552-1630], paladín de la contrareforma y consejero del rey, había jurado extirpar la herejía del país, y logró persuadir al monarca de cerrar todas las iglesias protestantes y ejecutar o desterrar todos sus pastores y líderes. El teólogo e historiador checo CHRISTIAN ADOLPH PESCHECK [1787-1859] en su *"Geschichte der Gegenreformation in Böhmen"*, aporta breves biografías con conmovedores detalles de la vida y la muerte de cada uno de los ejecutados en 1621.

[141] Se refiere a la masacre de protestantes valdenses por las tropas de CARLOS MANUEL II DE SABOYA [1634-1675] en las montañas del Piamonte, entre Italia y Suiza, en Abril de 1655, en la que más de 2000 valdenses

hogueras de Smithfield;[142] de la matanza de San Bartolomé[143] a las persecuciones de Claverhouse;[144] las palabras de esta apelación del salmista ascienden hasta los cielos, donde bajo el altar, las almas de los muertos a causa de la palabra de Dios, siguen clamando venganza.[145] Mas no siempre clamará la Iglesia de ese modo, porque su oprobio será recompensado, y su triunfo es seguro.

C. H. SPURGEON

Pero por tu causa nos matan cada día; somos contados como ovejas para el matadero. Leonard Schoener[146] dejó escrita, entre otros papeles, la siguiente advertencia, para consolar a todos los que estaban sufriendo por el nombre de Cristo:

«A ti nos dirigimos en oración, oh Dios eterno, pidiéndote que inclines a nosotros tu oído.[147] Señor de *Sabaoth,*[148] Dios de los ejércitos, escucha nuestro lamento, porque la persecución ha prevalecido y grande es nuestra aflicción. El orgullo ha entrado en tu heredad,[149] y muchos que se supone que son cristianos se han unido con nuestros perseguidores, trayendo de ese modo la abominación de la desolación.[150] Destruyen y devastan el santuario cristiano. Lo han hollado y pisoteado, y la

---

indefensos fueron torturados y asesinados sin oponer resistencia, dando lugar al famoso poema del poeta inglés JOHN MILTON [1608-1674] titulado *"On the Late Massacre in Piedmont"*.

[142] Se refiere a un barrio situado al noroeste de la ciudad de Londres, donde había desde la Edad Media un importante mercado, y en cuya plaza se llevaron a cabo la mayoría de las ejecuciones de traidores y de herejes quemados en la hoguera desde 1401 a 1612.

[143] Se refiere a lo que se conoce como MATANZA DE SAN BARTOLOMÉ, el asesinato en masa de los llamados hugonotes (cristianos protestantes franceses de doctrina calvinista) la noche del 23 al 24 de agosto de 1572 en París, tras el atentado contra su líder el almirante GASPAR DE COLIGNY [1519-1572] y que se extendió durante meses por toda Francia. En realidad parece ser que fue CATALINA DE MÉDICIS [1519-1589] quien maquinó la matanza, pero su hijo CARLOS IX [1550-1574], joven y dubitativo, dio su consentimiento asumiendo con ello la responsabilidad.

[144] Se refiere a JOHN GRAHAM OF CLAVERHOUSE [1648-1689], que en las tierras altas de Escocia persiguió ferozmente a los *covenanters* o calvinistas escoceses, lo que le valió el apodo de *"Bluidy Clavers",* "Clavers el sangriento" según se recoge en el libro *"The Times of Claverhouse or Sketches of the Persecution"* por Robert Simpson, 1844.

[145] Apocalipsis 6:9-10.

[146] Se refiere a LEONARD SCHOENER un monje alemán de la Orden de los Carmelitas Descalzos que tras seis años de profesión abandonó el convento a causa de la corrupción imperante. Convertido por la predicación de BALTHASAR HUBMAIER [1480-1528] se unió al movimiento anabaptista, predicando y bautizando en toda la región de Bavaria. Fue decapitado y posteriormente quemado en Rottenburg, actual Alemania, en 1528.

[147] Salmo 32:2; 86:1.

[148] 1 Samuel 1:11; 17:45; 2 Samuel 6:18; 7:27; 1 Reyes 19:14; 2 Reyes 3:14; 1 Crónicas 11:9; Salmo 24:10; 48:8; 80:4; 80:19; 84:3; Isaías 1:24; 3:15; 5:16; 6:5; 9:19; 10:26; 14:22.

[149] Salmo 79:1.

[150] Daniel 9:27; 11:31; 12:11; Mateo 24:15; Marcos 13:14. El profeta Daniel predijo que en un tiempo futuro habría una ABOMINACIÓN DESOLADORA, en hebreo שִׁקּוּצִים מְשֹׁמֵם *šiqqūṣîm məšōmêm.* A pesar de todos los esfuerzos por tratar de explicar la conjunción de estos dos términos hebreos, los eruditos no se ponen de acuerdo respecto a su significado preciso. Pero por encima del desacuerdo sobre su sentido exacto concuerdan en su significado general: una imposición idolátrica que supone una profanación insoportable de la santidad del culto divino. Muchos intérpretes ligan la profecía de Daniel con los sucesos acontecidos durante el dominio de rey helenístico Antíoco IV, que se atribuyó el título de *Theós Epífanes,* "el dios manifiesto". Y en el año 168-167 a.C. saqueó y profanó el Templo de Jerusalén al erigir un ara a Zeus Olímpico sobre el altar de los holocaustos y derramar sangre de cerdo sobre el propiciatorio (1 Macabeos 1:54-57; 2 Macabeos 6:2), una auténtica "abominación de la desolación". En el discurso escatológico de Jesús la

abominación de la desolación es adorada como si fuera Dios. Han perturbado tu ciudad santa, derribado tu altar santo, y dado muerte a sus siervos en cuanto han logrado poner sus manos sobre ellos.[151] Y ahora solo quedamos un remanente,[152] un pequeño rebaño;[153] pues nos han arrojado de todas sus tierras con burla, desprecio y oprobio.[154] Estamos dispersos cual ovejas sin pastor.[155] Hemos sido obligados a abandonar nuestras casas y hogares, y somos como los cuervos de la noche que habitan en las rocas, nuestros aposentos están en los agujeros y riscos,[156] nos vigilan como aves que vuelan por los aires. Corremos por el bosque y nos dan cazan con perros. Se nos llevan secuestrados, atados de pies y manos cual corderos que no abren su boca. Nos acusan de ser personas sediciosas y herejes. Y nos llevan como ovejas al matadero.[157] Muchos están oprimidos, y amarrados de tal manera que su cuerpo desfallece. Y algunos se han desmoronado por el sufrimiento y mueren sin culpa alguna. *"Aquí está la perseverancia y la fe de los santos sobre la tierra"*[158] Sabemos que hemos de ser probados por el sufrimiento. A los fieles les han colgado de árboles, estrangulado, descuartizado, ahogado abierta y secretamente. No solo los hombres, sino también las mujeres y doncellas han dado público testimonio de la verdad: que Jesucristo es la verdad y el único camino a la vida eterna.[159] Pero el mundo entero ruge enfurecido contra nosotros y no cesa; ruge como si estuviera loco.[160] Inventan contra nosotros mentiras.[161] No dan tregua en sus incendios y asesinatos. Hacen que el mundo se nos vuelva estrecho. Oh Señor, ¿hasta cuándo callarás?[162] ¿Hasta cuándo no juzgarás la sangre de tus santos?[163] Que suba delante de tu trono. ¡Cuán preciosa es en tus ojos la sangre de tus santos![164] Por tanto, en ti hallamos consuelo en nuestra precariedad, nos refugiamos únicamente en ti, y en ninguna otra cosa;[165] pues no hallamos consuelo, ni reposo, ni paz en esta tierra. Ciertamente ninguno de cuantos esperan en ti será

"abominación desoladora" (Mateo 24:15; Marcos. 13:13; Lucas 21:20) ha de servir a sus discípulos como señal para abandonar Judea. Se considera, por tanto, que se cumplió durante la guerra con Roma (años 66-70), cuando los soldados de Tito Vespasiano introdujeron sus estandartes y enseñas en Tierra Santa y más particularmente en la ciudad santa de Jerusalén, poco antes de la destrucción del Templo. Subsiste sin embargo el problema de que Mateo 24:15 y Marcos 13:13 dicen que la "abominación" ha de darse en el "lugar santo", o sea en el Templo, y que la acción de Tito fue un acontecimiento demasiado tardío como para servir de señal de huida. Por otra parte, en Daniel 9:27 se dice que *"hará que se concierte un pacto"* cosa que no hicieron ni Antíoco IV ni Tito. Por tanto, consideran que las profecías de Daniel y de Jesús están todavía pendientes de cumplimiento, y que habrá una tercera abominación desoladora, que ocurriría en el templo en Jerusalén en tiempos futuros, cuando reine el Anticristo, que hará un pacto con Israel y posteriormente lo romperá, profanando el templo. [Condensado del artículo sobre 'Abominación Desoladora' redactado por ALFONSO ROPERO [1956-] en el "Gran Diccionario Enciclopédico de la Biblia", Editorial CLIE, 2013].

151 Salmo 74:2-8.

152 Ezequiel 6:8.

153 Lucas 12:32.

154 Deuteronomio 28:37; 1 Reyes 19:7-8; Jeremías 24:9.

155 Números 27:17; 2 Crónicas 18:16; Ezequiel 34:5, 8; Jeremías 10:21; Mateo 9:36.

156 Jueces 6:2; Jeremías 48:28.

157 Isaías 53:7.

158 Apocalipsis 13:10; Lucas 21:12-19.

159 Juan 14:6; Romanos 5:2.

160 Salmo 2:1; 46:6; 83:2.

161 Salmo 109:2; 119:69; Mateo 5:11.

162 Salmo 13:1; 35:17; Isaías 64:12; Habacuc 1:13.

163 Apocalipsis 6:10.

164 Salmo 72:14; 116:15.

165 Salmo 16:5; 71:1; 91:2.

confundido.[166] Oh Señor, no hay dolor tan grande que pueda separarnos de ti;[167] por tanto, te invocamos sin cesar por medio de tu Hijo nuestro Señor,[168] que nos has dado libremente de tu gracia para nuestra consuelo.[169] Él nos ha abierto y dado a conocer el camino recto, el camino a la vida eterna.[170] Que toda gloria eterna, el triunfo, honor y alabanza, sean dados a ti, ahora y por toda la eternidad;[171] y que tu justicia permanezca para siempre.[172] Que todo el pueblo bendiga tu santo nombre,[173] por medio de Cristo, juez justo,[174] que ha de venir a juzgar al mundo entero.[175] Amén».

EDWARD BEAN UNDERHILL [1813-1901]
"A Martyrology of the Churches of Christ, commonly called Baptists", 1850[176]

Pero por tu causa nos matan cada día. Es grande misericordia que cuando Dios decide castigarnos por nuestros pecados, haga que nuestra corrección sea honrosa, y nuestras tribulaciones respondan a una causa justa y buena: *"por tu causa nos matan cada día"*.[177]

DAVID DICKSON [1583-1663]
"Explanation of the First Fifty Psalms", 1653

[166] Salmo 25:3.
[167] Romanos 8:35-39.
[168] Juan 14:13.
[169] 2 Corintios 13:14; 2 Tesalonicenses 2:16-17.
[170] Juan 14:6-9.
[171] Romanos 11:36; Apocalipsis 4:11; 5:13.
[172] Salmo 111:3; 112:3, 9; 2 Corintios 9:9.
[173] Salmo 103:1; 145:21.
[174] 2 Timoteo 4:8.
[175] Hechos 17:31.
[176] En realidad se trata de una traducción, y adaptación al inglés hecha en 1837 de la obra escrita en holandés en 1660 por el autor anabaptista THIELEMAN JANSZOON VAN BRAGHT [1625-1664] *"De Martelaersspiegel"* o "El Espejo de los Mártires", y cuyo título completo era *"Het bloedig toneel, of Martelaersspiegel der Doops-Gesinde of Weerloose Christenen, die om 't getuygenis van Jesus haren (hun) Salighmaker geleden hebben ende gedood zijn van Christi tijd af tot desen tijd toe"*, "El escenario sangriento o espejo de los mártires cristianos indefensos, bautizados solo bajo confesión de fe, que sufrieron y murieron por dar testimonio de Jesús, su Salvador, desde la época de Cristo hasta el año 1660". Es preciso remarcar que el término "indefensos" lo incluyó el autor en el título intencionadamente como una referencia a la actitud pacifista o de "no resistencia" de los anabaptistas y menonitas.
[177] JUAN CALVINO [1509-1564] comenta este versículo 22 de la siguiente manera: «Los fieles israelitas instan aquí otra razón por la cual Dios debe mostrar misericordia hacia ellos: que todos los sufrimientos que padecen no son por crímenes que hayan cometido, sino tan solo porque los impíos odian el nombre de Dios. Se podrá alegar que esto es un argumento pueril y con poco fundamento, puesto que incluso Sócrates cuando su mujer se lamentaba por verle morir injustamente, le reprochó, diciéndole que mejor le era morir como inocente que ser ejecutado como culpable. Y Cristo nos dice: *"Bienaventurados los que padecen persecución por causa de la justicia"* (Mateo 5:10), lo cual difiere sensiblemente del planteamiento que hacen aquí los fieles israelitas, que está asimismo en contraposición con lo que dice Pedro cuando afirma: *"pero si alguno padece como cristiano, no se avergüence, sino glorifique a Dios por ello"* (1 Pedro 4:16). A ello respondo que a pesar de que para nosotros resulta de gran alivio saber que la causa por la que padecemos es común con Cristo, con todo, no está fuera de lugar, ni es en vano, que los fieles supliquen ante Dios haciéndole patente que sufren injustamente por su causan, a fin de que se posicione y proceda en su defensa de manera más enérgica. Pues es justo que se interese en la defensa de su gloria, que en el fondo es lo que los impíos tratan de derrocar cuando persiguen de forma injusta e insolente a los que le sirven. De ello se desprende claramente que este salmo fue compuesto en una época en la que el pueblo de Israel languidecía

Pero por tu causa nos matan cada día. Este versículo lo cita San Pablo en su carta a los romanos, por lo que parece usando la versión griega de los LXX,[178] para ilustrar cómo la iglesia de Dios ha sido perseguida en todas las edades: *"Como está escrito: 'Por tu causa somos muertos todo el día;*

---

en cautiverio; lo más probable, cuando Antíoco, porque es evidente que la causa del sufrimiento era su fe y práctica religiosa. Los babilonios se enfurecieron ante la fidelidad del pueblo judío, cuando percibieron que como un solo cuerpo, aún vencidos y derrotados, rechazaban la idolatría y supersticiones de su país y no cesaban de condenarlas; y toda la ira de Antíoco se concentraba en borrar por entero el nombre de Dios. Pero lo que hizo que la situación les pareciera más extraña y se les hiciera más difícil de soportar, fue que Dios, lejos de reprimir la insolencia y las injusticias infligidas por los malvados, hiciera todo lo contrario, dando rienda suelta a su crueldad y permitiéndoles descargarla sobre ellos sin freno. En consecuencia, los piadosos israelitas se lamentan de que *"por tu causa nos matan cada día"*, sin que se les otorgue mayor valor que a ovejas para el matadero. Es preciso, sin embargo, tener en mente lo que antes he señalado: tampoco estaban tan libres de toda culpa, puesto que Dios, al afligirles, puede que no les castigara justamente por sus pecados; pero si bien en su bondad incomparable perdona completamente todos nuestros pecados, permite que sigamos expuestos a persecuciones inmerecidas, para que con mayor celeridad podamos gloriarnos en llevar la cruz con Cristo, y así ser partícipes con él en su bendita resurrección. Ya hemos dicho que la razón por la cual la ira de sus enemigos estaba tan exacerbada contra ellos, era contemplar que ni aún bajo sufrimiento el pueblo se rebelaba contra la ley divina ni renunciaba a la adoración del Dios verdadero. Ahora nos queda aplicar esta doctrina a nuestras propias circunstancias. En primer lugar, consideremos que a nosotros, siguiendo el ejemplo de nuestros padres, nos corresponde someternos pacientemente a las aflicciones necesarias para sellar la confesión de nuestra fe; y, en segundo lugar, que incluso en las aflicciones más profundas, debemos continuar invocando el nombre de Dios y permanecer en su temor. Y Pablo, en Romanos 8:36, va aún más lejos; porque cita este versículo no solo a modo de ejemplo, sino que confirma estas condiciones como las habituales en la Iglesia en todas las edades. Por tanto, debemos considerar como un hecho establecido que acarrear la cruz que nos corresponde por designación divina es vivir constantemente en un estado de guerra. A veces, es cierto, se nos puede otorgar una tregua o un respiro; porque Dios tiene compasión de nuestra flaqueza; pero aunque la espada de la persecución no esté siempre desenvainada en nuestra contra, como miembros del cuerpo de Cristo nos corresponde estar siempre preparados para cargar la cruz junto con él. Por tanto, a fin de que la severidad de la cruz no nos cause desmayo, tengamos siempre presente y ante la vista esta condición habitual de la Iglesia: que en la misma medida en que somos adoptados en Cristo, somos destinados para la matanza. Si olvidamos esto, nos sucederá lo que a muchos apóstatas, que en su juicio, el hecho de estar continuamente sometidos a la matanza, expuestos a la burla de los demás, sin tener un solo momento libre de temor, es un estado excesivamente difícil, cruel y miserable en esta vida, y para librarse de él abandonan vergonzosamente la fe y niegan a Cristo. Por tanto, para que el cansancio o el temor a la cruz no arraiguen en nuestros corazones socavando la piedad verdadera, tengamos presente de continuo esta realidad: que nos corresponde beber la copa que Dios pone en nuestras manos, y que nadie puede ser un verdadero cristiano sin una entrega y dedición absoluta a Él». (Ver sobre este mismo tema las notas 1, 3, 10, 110 y 118 de este mismo Salmo 44).

[178] Se refiere a BIBLIA DE LOS SETENTA (LXX), también conocida como Septuaginta, o Versión Alejandrina. El nombre de Septuaginta se debe a que solía redondearse a 70 el número total de sus 72 traductores, según cuenta la tradición. Es la principal versión en idioma griego por su antigüedad y autoridad. Su redacción se inició en el siglo III a.C. (alrededor del 250 a.C.) y se concluyó a finales del siglo II a.C. (alrededor del 150 a.C.). Se cree que fue hecha para los judíos que hablaban griego, pues en esa época eran bastante numerosos en Alejandría, aunque la orden provino del rey PTOLOMEO II PHILADELFO [284-246 a.C.] con destino a la biblioteca de Alejandría. El Pentateuco fue traducido en esa época y el trabajo duró dos o tres siglos. Una escuela de traductores se ocupó de los Salmos, en Alejandría, hacia el 185 a.C.; después tradujeron Ezequiel, los doce profetas menores y Jeremías. Trataron posteriormente los libros históricos (Josué, Jueces, Reyes), y finalmente el de Isaías.

somos considerados como ovejas de matadero".[179] Pero hay una diferencia notable entre el tono del salmista y el tono del apóstol: el primero en incapaz de entender la razón del castigo y se queja de que la mano pesada de Dios haya caído sobre su pueblo sin causa; mientras que el apóstol se regocija en las persecuciones y exclama: *"Pero en todas estas cosas somos más que vencedores por medio de aquel que nos amó".*[180]

JOHN JAMES STEWART PEROWNE [1823-1904]
"Commentary on the Book of Psalms", 1864

Nos matan. El verbo hebreo que utiliza aquí el salmista הֹרַגְנוּ *hōrağnū* tiene su raíz en הָרַג *harag,* no en קָטַל *qetal,* y por tanto, significa más bien "estrangular".

JOHAN PETER LANGE [1802-1884]
"Bibelwerk: Der Psalter", 1869

Vers. 23. *Despierta; ¿por qué duermes, Señor? Despierta, no te alejes para siempre.* *[Despierta; ¿por qué duermes, Señor? Despierta, no nos deseches para siempre.* RVR*] [¡Despierta! ¿Por qué duermes, Señor? ¡Levántate! No nos rechaces para siempre.* LBLA*] [¡Despierta, Adonai! ¿Por qué duermes? Desvélate, no nos abandones para siempre.* BTX*] [¡Despierta, Señor! ¿Por qué duermes? ¡Levántate! No nos rechaces para siempre.* NVI*] [¡Despierta! ¿Por qué sigues dormido? ¡Ponte, Señor, en acción! No nos rechaces para siempre.* BLP*] [¡Despierta, oh Señor! ¿Por qué duermes? ¡Levántate! No nos rechaces para siempre.* NTV*]*

Despierta; ¿por qué duermes, Señor? Dios no duerme;[181] pero el salmista lo expresa de ese modo al no encontrar otra teoría que pueda explicar la inacción divina ante la injusticia. Su sentido de la lógica le dice que gran Juez debería acabar de inmediato con la opresión y conceder paz a sus santos, por lo que grita: *"Despierta"*, sin comprender por qué razón permite que el reino de la tiranía y la injusticia se ensañen con la virtud; y se pregunta: *¿por qué duermes, Señor?*[182]

¡Levántate! Esto es todo cuanto necesitas hacer, un solo movimiento tuyo nos salvará.

No nos rechaces para siempre. Nos has abandonado por largo tiempo; las consecuencias terribles de tu ausencia nos están destruyendo; aplaca tu ira y pon fin a nuestras calamidades. En tiempos de persecución la predisposición a clamar aumenta y nos preguntamos: ¿dónde está el Dios de Israel? Cuando nos paramos a pensar en lo mucho que los santos han sufrido en manos de sus enemigos, no podemos por menos que unirnos al bardo del Paraíso[183] cuando expresa en sus versos la voz clamorosa del mártir diciendo:

Venga, ¡oh Señor!, a tus santos diezmados,
sus huesos esparcidos por los Alpes;
aquellos que guardaron pura la fe antigua,

[179] Romanos 8:36.
[180] Romanos 8:37.
[181] Salmo 121:4.
[182] Sobre este mismo tema recomendamos al lector consultar también los comentarios al Salmo 37:1.
[183] Se refiere al famoso político, filósofo, poeta y escritor inglés JOHN MILTON [1608-1674] autor de numerosas obras y conocido especialmente por sus poemas épicos *"Paradise Lost"*, "El paraíso perdido", publicado en 1667, y *"Paradise Regained"*, "El paraíso recobrado", publicado en 1671. Es una de las figuras más importantes de la literatura inglesa, considerado por muchos al mismo nivel que Shakespeare.

cuando nuestros antepasados adoraban
leños y piedras. Sí, no los olvides,
porque en tu libro se hallan registrados
todos sus gemidos, y eran tus ovejas.[184]

C. H. SPURGEON

Despierta; ¿por qué duermes, Señor? En otro salmo leemos: *"He aquí, no dormirá ni se adormecerá el que guarda a Israel".*[185] ¿Se contradicen ambos textos? Si Dios no está durmiendo, ¿por qué clama con tanta insistencia para que se despierte? Y si tiene necesidad de ser despertado del sueño, ¿por qué afirma que nunca duerme? Sin duda, parece haber una contradicción.

RESPUESTA: Una cosa es que la iglesia afligida clame en el ardor en medio de sus sufrimientos, y otra lo que el Espíritu de la verdad[186] afirma para el consuelo de los santos. Lo mejor que pueden hacer los santos y mártires durante la tormenta es acudir a Dios y clamar; como hizo Pedro en el mar cuando Cristo dormía a la popa de la barca,[187] con tanta insistencia en su oración como si el Señor fuera insensible a su agonía, como lo fue Jonás con la angustia de los marineros a punto de perecer en medio de un mar agitado, cuando le dijeron: *¿Qué haces aquí, dormilón? Levántate, y clama a tu Dios"*[188] Los santos tienen con su Dios, a través de la oración, la misma familiaridad que si estuvieran apostados al lado de su cama.

ORACIÓN DEL ALMA: ¡Oh Señor, Guardián y Vigía de la casa de Israel, que nunca te adormeces![189] ¿no te importa que perezcamos? ¡Despiértate, despiértate, vístete de poder, oh brazo de Jehová![190] Sé que estás arriba, pero ¿qué esperanza me queda si no me ayudas? Sé que no duermes como duerme el hombre, pero ¿de qué le sirve a mi alma saber esto, si no te manifiestas para que tenga constancia de que estás despierto? ¡Oh, quizá sea yo el que duerme! Y tú simulas dormir tan solo para despertarme. ¡Oh, si tan solo pudiera velar contigo por una hora, como esperas de mí;[191] entonces, pronto percibiría tu cuidado y vigilancia sobre mí para siempre!

WILLIAM STREAT [1600-1666]
"The Dividing of the Hooff: Or, Seeming-contradictions Throughout Sacred Scriptures, Distinguished, Resolved, and Applyed", 1654

Despierta; ¿por qué duermes, Señor? La debilidad de nuestra fe nos deja indefensos ante la tentación de suponer que Dios no toma en cuenta la situación de su pueblo en el mundo; y por ello, el Espíritu, que conoce nuestras debilidades, nos provee aquí con una petición adecuada a tal

[184] En el inglés original: *«Avenge, O Lord, thy slaughtered saints, whose bones / Lie scattered on the Alpine mountains cold; / Even those who kept thy truth so pure of old,/ When all our fathers worshipped stocks and stones, / Forget not: in thy book record their groans / Who were thy sheep».* La cita procede de un soneto de JOHN MILTON [1608-1674] titulado *"On the Late Massacre in Piedmont"*, 1655. (Ver notas 5 y 141 en este mismo Salmo 44).

[185] Salmo 121:4.

[186] Juan 14:17; 16:13.

[187] Mateo 14:30.

[188] Jonás 1:6.

[189] Salmo 121:4.

[190] Isaías 51:9.

[191] Mateo 26:40.

prejuicio, que al propio tiempo expresa la expectativa de que Dios se levantará para reclamar su pueblo como suyo.[192]

WILLIAM WILSON [1783-1873]
"The Book of Psalms: With an Exposition, Evangelical, Typical, and Prophetical, of the Christian Dispensation", 1860

Vers. 24. *¿Por qué escondes tu rostro, y te olvidas de nuestra aflicción, y de la opresión nuestra?* *[¿Por qué escondes tu rostro, y te olvidas de nuestra aflicción, y de la opresión nuestra?* RVR*] [¿Por qué escondes tu rostro y te olvidas de nuestra aflicción y de nuestra opresión?* LBLA*] [¿Por qué escondes tu rostro, y te olvidas de la aflicción, y de la opresión nuestra?* BTX*] [¿Por qué escondes tu rostro y te olvidas de nuestro sufrimiento y opresión?* NVI*] [¿Por qué ocultas tu rostro y olvidas nuestra opresión y miseria?* BLP*] [¿Por qué miras para otro lado? ¿Por qué pasas por alto nuestro sufrimiento y opresión?* NTV*]*

¿Por qué escondes tu rostro, y te olvidas de nuestra aflicción, y de la opresión nuestra? No con petulancia, pero sí de manera piadosa e inquisitiva, es del todo lícito que hagamos esta pregunta al Señor cuando sus caminos nos resultan misteriosos e incomprensibles. Estamos autorizados a exponer ante la augusta Majestad divina nuestro caso, con los debidos argumentos y alegaciones en derecho: ¿Por qué, Señor, te olvidas de las aflicciones de tus hijos? Una pregunta, empero, mucho más fácil de hacer que de contestar; pues, en medio de la persecución, es muy difícil captar y entender el motivo por el cual Dios permite que suframos de forma tan severa.

C. H. SPURGEON

Vers. 25. *Porque nuestra alma está agobiada hasta el polvo, y nuestro cuerpo está postrado hasta la tierra.* *[Porque nuestra alma está hundida hasta el polvo, y nuestro cuerpo está postrado hasta la tierra.* RVR*] [Porque nuestra alma se ha hundido en el polvo; nuestro cuerpo está pegado a la tierra.* LBLA*] [Porque nuestra alma está agobiada hasta el polvo, y nuestro cuerpo postrado en la tierra.* BTX*] [Estamos abatidos hasta el polvo; nuestro cuerpo se arrastra por el suelo.* NVI*]*

[192] Dice en este mismo sentido FRANCISCO LACUEVA [1911-2005] en su versión Española del "Comentario de Matthew Henry": «Las expresiones finales son ciertamente conmovedoras: *"Despierta... Despierta"* (44:23); *"Levántate, ven en nuestra ayuda"* (44:26). Se habían quejado (44:12) de que Dios los había vendido; ahora piden que Dios los rescate (44:26); pues de Dios no se puede apelar a nadie, sino a Él mismo. Se habían quejado diciendo "nos has desechado" (44:9), pero ahora piden (v. 23): "no nos deseches para siempre" (44:23). Exclaman: *"¿Por qué duermes, Señor?"* (44:23). Obviamente el sentido es figurado, como en el Salmo 78:65: *"Entonces despertó el Señor como si se hubiese dormido"*, pero es aplicable literalmente a Cristo cuando estaba dormido en la barca mientras sus discípulos se amedrentaban bajo la tempestad, y le despertaron diciendo: *"Señor, sálvanos, que perecemos"* (Mateo 8:24). Su apelación está basada en la humillación que sufren en el presente: *"Porque nuestra alma está agobiada hasta el polvo, y nuestro cuerpo está postrado hasta la tierra"* (44:25), es decir, nos sentimos humillados como no se puede estar más, nos vemos como gusanos miserables que se arrastran por el suelo, despreciados y despreciables, expuestos a las pisadas de nuestros enemigos; nuestro cuerpo está postrado hasta la tierra, a merced del enemigo; somos incapaces de levantarnos por nosotros mismos, y de recobrarnos de nuestra aflicción. Rescátanos por tu amor compasivo».

[Estamos postrados en el polvo, con el vientre adherido a la tierra. BLP*] [Nos desplomamos en el polvo, quedamos boca abajo en la mugre.* NTV*]*[193]

Porque nuestra alma está hundida hasta el polvo. Nuestro corazón se ha hundido cayendo hasta lo más bajo que pueda caer, tan bajo como el polvo debajo de las plantas de los pies. Cuando el corazón se hunde, se hunde la persona por entero. El dolor del corazón es el corazón del dolor.

Nuestro cuerpo está pegado a la tierra.[194] El ser humano es propenso a la tierra, mira hacia la tierra; y no solo está sobre ella, sino que está atado y pegado a ella. Cuando un corazón es incapaz de elevarse para escapar de sí mismo vive miserablemente, pues permanece prisionero de su propio abatimiento, atado por las cuerdas del desaliento. Y los santos de Dios pueden verse eventualmente confinados a esta situación abyecta, no solo hundidos en el polvo, sino incluso en un estercolero como Job[195] y Lázaro;[196] pero viene pronto su día, la marea está ya por descender, y disfrutarán de un verano esplendoroso después de atravesar su amargo y duro invierno.

C. H. SPURGEON

Porque nuestra alma se ha hundido en el polvo; nuestro cuerpo está pegado a la tierra. En lo que hace a nuestro cuerpo y el alma, estamos heridos y derribados, como pegados al suelo, imposibilitados de levantarnos por nosotros mismos.

ERNS WILHELM HENGSTENBERG [1802-1869]
"Commentary on the Psalms", 1860

Porque nuestra alma se ha hundido en el polvo; nuestro cuerpo está pegado a la tierra. El sentido es metafórico, tratando de expresar la gravedad de su miseria, o la intensidad de su dolor y humillación.

1. *La gravedad de su miseria.* Y para ello recurre a la figura de un combatiente vencido en batalla, o herido de muerte, que se derrumba sobre el polvo de la tierra; o bien a un hombre muerto tendido

[193] En hebreo כִּי שָׁחָה לֶעָפָר נַפְשֵׁנוּ דָּבְקָה לָאָרֶץ בִּטְנֵנוּ *kî šāḥāh le'āpār napšênū dāḇəqāh lā'āreṣ biṭnênū*. SCHÖKEL traduce: *"Nuestro aliento se hunde en el polvo, y el vientre se pega al suelo"*; KRAUS: *"Sí, nos hemos encorvado hasta el polvo, nuestro cuerpo está pegado a la tierra"*. La versión griega de los LXX o Septuaginta lee: ὅτι ἐταπεινώθη εἰς χοῦν ἡ ψυχὴ ἡμῶν, ἐκολλήθη εἰς γῆν ἡ γαστὴρ ἡμῶν que la Vulgata traduce al latín como: *"Quoniam humiliata est in pulvere anima nostra; conglutinatus est in terra venter noster"*, "Porque nuestra alma está humillada hasta el polvo, pegado está con la tierra nuestro vientre".

[194] En hebreo דָּבְקָה לָאָרֶץ בִּטְנֵנוּ *dāḇəqāh lā'āreṣ biṭnênū* de בֶּטֶן *beten*, "vientre". La RVA traduce *"Nuestro viêntre está pegado con la tierra"*, la BLP *"con el vientre adherido a la tierra"*, y la versión inglesa KJV *"Our belly cleaveth unto the earth"*.

[195] Job 2:8. La palabra hebrea הָאֵפֶר *hā'êper* de אֵפֶר *epher* utilizada en Job:2:8 y Jonás 3:6, significa "cenizas", pero en el sentido de cenizas de basura en un estercolero, que en aquella época se mantenían siempre ardiendo. Ver Job 2:8 en la RVR 1977.

[196] Asumiendo que se refiere al Lázaro de la parábola (Lucas 16:20) en realidad el texto bíblico no dice que estuviera sentado en un estercolero, sino a la puerta. Pero la tradición cristiana lo ha pintado así en muchas ocasiones, y Spurgeon solía citarlo de ese modo, como se desprende de algunos de sus sermones: N. 911 *"The Putting Away of Sin"*, predicado el 16 de Enero de 1870: *"No, my dear hearer, you may be as poor as Lazarus, you might even lie as he did on the dunghill with the hounds to lick your wounds..."*

sobre el suelo: *"Y me has puesto en el polvo de la muerte"*.[197] Sin duda que la expresión transmite perfectamente lo extremo de su angustia y peligro, semejante al de un hombre muerto o agonizante.

2. *La intensidad de su dolor y humillación.* En este caso la figura procedería de un hombre postrado y arrastrándose por el suelo, postura habitual que solían adoptar cuando se humillaban ante el Señor; o cuando les afectaba alguna calamidad extrema. Como cuando la muerte de Herodes Agripa, que se vistieron de saco y se tendieron en el suelo en tierra llorando.[198]

THOMAS MANTON [1620-1677]
"One hundred and ninety sermons on the hundred and nineteenth Psalm", 1681

Vers. 26. *Levántate para ayudarnos, y redímenos por causa de tu misericordia.* *[Levántate, ven en nuestra ayuda, y rescátanos por tu amor.* RVR*] [¡Levántate! Sé nuestra ayuda, y redímenos por amor de tu misericordia.* LBLA*] [¡Levántate, oh Ayuda nuestra, y redímenos por tu misericordia!* BTX*] [Levántate, ven a ayudarnos, y por tu gran amor, ¡rescátanos!* NVI*] [¡Ponte en acción, danos tu ayuda y que tu amor nos redima!* BLP*] [¡Levántate! ¡Ayúdanos! Rescátanos a causa de tu amor inagotable.* NTV*]*

Levántate, ven en nuestra ayuda. Una oración breve, pero tan dulce como amplia, y que va justo al grano: clara, simple, apremiante, como deben ser todas las oraciones breves.

Y redímenos por amor de tu misericordia.[199] Aquí tenemos la postrera y última alegación. El favor que pide es redención, la súplica es por misericordia; y así debe ser también en el caso de los fieles que padecen, y que no han olvidado a su Dios. Implorar misericordia es siempre una súplica eficaz y segura, y nadie hallará jamás otra mejor:

Si fuera yo un mártir en la hoguera.
invocaría el nombre de mi Salvador,
suplicaría el perdón de su misericordia,
y no instaría ninguna otra reclamación.[200]

---

[197] Salmo 22:15.

[198] La cita procede de FLAVIO JOSEFO [37-100], en "Antigüedades de los Judíos", Libro XIX, VIII 2: *"De pronto la gente del pueblo, con sus mujeres e hijos, revestidos de saco según la costumbre nacional, sentados y tendidos en el suelo, se pusieron a rogar a Dios"*. Publicado en español por Editorial CLIE.

[199] En hebreo לְמַעַן חַסְדֶּךָ *ləma'an ḥasdeḵā*, una expresión habitual y muy peculiar de los Salmos donde la encontramos 30 de las 35 veces que ocurre (las otras cinco son Génesis 19:19; Números 14:19; 1 Samuel 20:15 y Nehemías 13:22); y cuyo verdadero sentido es "lealtad del Pacto". SCHÖKEL traduce: *"¡por tu lealtad!"*; KRAUS: *"por tu bondad"*. La versión inglesa KJV la traduce por: *"lovingkindness"* (ver al respecto el comentario al Salmo 36:7; 51:1; 69:16 y sus respectivas notas). Sin embargo en este caso la versión griega de los LXX o Septuaginta lee: ἕνεκεν τοῦ ὀνόματός σου, que la Vulgata traduce al latín como: *"propter nomen tuum"*, "por amor de tu nombre".

[200] La cita procede de un antiguo libro de poemas sacros por THOMAS GREEN [1697-1768], de Ware, Hertfordshire, publicado en 1780, y que Spurgeon solía utilizar con frecuencia. Aparece también en "El Libro de Cheques del Banco de la Fe", en la meditación correspondiente al 20 de abril.

Así es concluye este Salmo memorable; pero no su potencial, que sigue activo ante el cielo, trayendo liberación a todos los hijos de Dios que atraviesan pruebas.[201]

C. H. SPURGEON

[201] Dice JUAN CRISÓSTOMO [347-407]: «Ved cómo concluye el salmo aún después de haber expuesto exhaustivamente su fidelidad al pacto, su piedad y buenas acciones; ¿a qué apelan para implorar salvación? ¡A la misericordia divina y la fidelidad del nombre de Dios: *"por amor de tu nombre"* (Vulgata). ¡He aquí el corazón contrito y humillado! ¿En qué se fundamentan? ¡En la misericordia! Como si toda su exposición apologética y su conducta ejemplar, cual si a pesar de estar en posición de jactarse de su fidelidad y alegar tantas penalidades y sufrimientos injustificados, todo ello no valiera para nada. Lo dejan todo en manos de Dios y su misericordia. Aprendamos de ellos aún con mayor motivo puesto que vivimos en la era de la gracia, imitémosles y ofrezcamos la gloria a Dios, pues a él únicamente corresponde toda honra y gloria por los siglos de los siglos». Y DIODORO DE TARSO [¿?-392]: «Todas estas cosas escribió el salmista por la gracia del Espíritu Santo para que cuantos en el futuro tuvieran que atravesar situaciones semejantes las soportaran con entereza pidiendo la correspondiente ayuda a Dios como Señor de todas las cosas. Pue esto es lo que hicieron en realidad las gentes extraordinarias de las que nos habla este Salmo: con su actitud se ganaron el favor de Dios, y guiados por él derrotaron a sus enemigos recobrando la libertad, para ellos y para todos sus compatriotas».

SALMO 45

Canto nupcial

Título: Los múltiples títulos de este Salmo manifiestan su origen real, la solemnidad y profundidad de su contenido y la satisfacción y deleite de su autor.[1]

Al Músico Principal sobre Sosanim.[2] La traducción más probable de esta palabra es *"sobre Lirios"*, un título poético otorgado a este salmo como el más noble de los cánticos, en el más puro estilo oriental; aunque también podría referirse a la melodía que le fue asignada o el instrumento elegido para acompañarlo. Nos inclinamos por la primera teoría que, si fuera la correcta, explicaría el deseo del autor de encabezar un poema tan hermoso, tan puro, tan selecto, y tan incomparable con un título que lo identifique con los lirios del campo, cuya gloria y esplendor sobrepasa la de Salomón.[3]

Masquil de los hijos de Coré. A un cántico tan divino había que asignarle, sin duda, cantores especiales, los más expertos y renombrados. El rey Jesús no merece ser alabado con incoherencias vociferadas arbitrariamente, sino con la música más dulce y excelente interpretada por los coristas mejor preparados. No hay duda que a los oídos de Dios las notas más armoniosas son las que salen de los corazones más puros en el templo espiritual, pues el canto aceptable[4] no es tanto una cuestión de voces armoniosas como de afectos santificados; pero lo que no debemos, en ningún caso, es cantar a Jesús con corazones mal preparados y poco dispuestos.[5] Un *Masquil* no es lamento triste o una balada romántica, sino una oda instructiva, un salmo didáctico de enseñanza doctrinal y santa; lo cual nos

---

[1] Como es habitual en versión griega de los LXX o Septuaginta lleva un título distinto: εἰς τὸ τέλος, ὑπὲρ τῶν ἀλλοιωθησομένων· τοῖς υἱοῖς Κορε εἰς σύνεσιν· ᾠδὴ ὑπὲρ τοῦ ἀγαπητοῦ; que la Vulgata traduce al latín como: *"In finem, pro iis qui commutabuntur. Filiis Core, ad intellectum. Canticum pro dilecto"*, "Para el fin, para aquellos que serán transformados. A los hijos de Coré para inteligencia. Cántico para el amado".

– Felipe Scio de San Miguel [1738-1776] en su versión española de la Vulgata lo aclara con la siguiente nota: «Este Salmo es un epitalamio espiritual o Cántico sagrado, que representa la unión santa del Esposo divino con su Esposa, esto es, de Jesucristo con su Iglesia. Algunos opinan que lo compuso Salomón, al igual que el Cantar de los Cantares, con ocasión de su matrimonio con la hija del Faraón; otros lo atribuyen a David. Mas todos concuerdan en que su verdadero sentido mira al misterio de la Encarnación, la unión del Verbo con la naturaleza humana; y el matrimonio divino de Cristo, el verdadero Salomón, con su esposa, que es la Iglesia. La explicación lógica del título que lleva en la Vulgata nos la da el propio San Jerónimo: 'Este *Cántico* debe ser cantado a gloria del *Amado*, es decir, siempre; *por los hijos de Coré*, y *con inteligencia,* puesto que contempla grandes misterios que miran *a los que serán transformados,* es decir, a los santos de quienes habla San Pablo cuando dice: *"He aquí, os digo un misterio: No todos dormiremos; pero todos seremos transformados"* (1 Corintios 15:51)».

[2] En hebreo שֹׁשַׁנִּים *šannîm* o *šhoshannîm* de שׁוֹשָׁן *shoshan.*

[3] Lucas 12:27.

[4] Salmo 19:14.

[5] En este mismo sentido dice Agustín de Hipona [354-430]: «Meditemos ahora atentamente en este Salmo que con tanta alegría hemos cantado. Porque canta unas nupcias: la boda santa de un Esposo con una esposa, de un Rey con su pueblo, del Salvador con aquellos que han sido salvos. Acudamos, pues, a estas bodas peculiares buscando no nuestra vanagloria sino la honra y alabanza del Esposo; no con el propósito de lucirnos sino de escuchar y aprender, como aquellos que acuden a un espectáculo con los cinco sentidos atentos para no perderse nada. Acudamos con el corazón predispuesto, a fin de que cuanto aprendamos germine en nuestro interior, brote, crezca y nos aporte beneficio espiritual. Acudamos, tal como leemos en el título, con el espíritu de los hijos de Coré, dispuestos a cantar con esmero, escuchar con atención, aprender con solicitud y esforzarnos en enseñar a otros».

confirma que este salmo debe ser interpretado y entendido desde una perspectiva espiritual. ¡Bienaventurados quienes captan el significado profundo de sus sones alegres!

Canción de amor. No de amor físico o sentimental sino de amor celestial y eterno, un cántico apropiado para lenguas de ángeles y oídos de espíritus puros.

C. H. SPURGEON

Sobre Sosanim o *"sobre Lirios"*, en hebreo עַל־שֹׁשַׁנִּים *'alōšō-šannîm.*[6] Hemos de tener presente que en el antiguo Israel los lirios eran un emblema de pureza y hermosura, y como tal fueron considerados en la construcción del templo de Salomón.[7] Y que en el Cantar de los Cantares se compara la Iglesia a un *"lirio entre los espinos"*.[8] Los Salmos que llevan el título: *"sobre Lirios"*, son el 45, el 60, el 69, y el 80; y todos ellos contienen profecías acerca de Cristo y su Iglesia.[9] El Salmo 60 (paralelo al Salmo 44), utiliza en el titulo עַל־שׁוּשַׁן עֵדוּת *'al-šūšan 'êḏūṯ* de שׁוּשַׁן עֵדוּת *Shushan Eduth,* y es una apelación suplicante de la Iglesia a Dios, a la vez que una descripción de las victorias de Cristo. El Salmo 69 utiliza עַל־שׁוֹשַׁנִּים *al-šōwōšannîm,* y describe asimismo las victorias obtenidas por Cristo a través del sufrimiento. Y el Salmo 80 (también paralelo al Salmo 44), que utiliza אֶל־שֹׁשַׁנִּים עֵדוּת *'el-šōšannîm 'êḏūṯ* de שׁוּשַׁן עֵדוּת *Shoshannim Eduth,* es también un lamento profundo de la iglesia en situación de angustia, un grito suplicante de liberación. Estos salmos son la voz suplicante (nos aventuramos a utilizar esta figura) del *"lirio entre los espinos"* descrito en Cantares[10]. Por tanto, el sintagma hebreo שֹׁשַׁנִּים *šannîm* de שׁוֹשַׁן *shushan* o *shoshan, "de Lirios"*, utilizado en el título del presente Salmo 45, es más que probable que encierre un significado espiritual.

CRISTOPHER WORDSWORTH [1807-1885]
"Commentary on the Whole Bible", 1856

Estamos plenamente convencidos de que שֹׁשַׁנִּים *šannîm* significa un instrumento de seis cuerdas, o en todo caso un canto de alegría.

ANTOINE AUGUSTIN CALMET [1672-1757]
"La Bible en Latin et en français, avec un Commentaire littéral et critique", 1707

Resulta tan claro y evidente que la palabra hebrea שֹׁשַׁנִּים *šannîm* de שׁוֹשַׁן *shushan* o *shoshan* significa *"lirios"*, que cualquier intento para relacionarla con el número seis, carece de sentido.

JOHN KITTO [1804-1854]
"The Illustrated Commentary of the Old and New Testaments", 1840

Al músico principal; según Sosanim. Algunos creen que se refiere a instrumentos musicales decorados con incrustaciones gráficas de lirios, que son flores de seis hojas. En base a ello, muchos interpretes traducen directamente *"sobre Sosanim"* como: *"sobre Lirios"*. Otros lo relacionan con las

[6] De עַל *al*, sobre; y שׁוֹשַׁן *shushan,* probalemente: lirios.

[7] 1 Reyes 7:19, 22, 26; 2 Crónicas 4:5.

[8] Cantares 2:2. En hebreo כְּשׁוֹשַׁנָּה בֵּין הַחוֹחִים *kəšōwōšannāh bên haḥōwḥîm* de שׁוֹשַׁן *shushan* o *shoshan.*

[9] Ver también el Salmo 60:1-12.

[10] Cantares 2:2.

guirnaldas para las bodas que se hacían con lirios trenzados; y algunos ven en estos lirios la relación entre Cristo y la Iglesia.

ARTHUR JACKSON [1593-1666]
"Annotations upon the five books immediately following the historical part of the Old Testament (commonly called the five doctrinal or poetical books) Iob, the Psalms, the Proverbs, Ecclesiastes, and the Song of Solomon", 1658

Un cántico. El uso y significado de la palabra hebrea שִׁיר *šîr,* que significa "cántico" está fuera de todo cuestionamiento. Aparece con mucha frecuencia en los títulos de los salmos: en tres ocasiones de manera independiente; y otras trece ligada con el término hebreo מִזְמוֹר *mizmor,* "salmo". Pero שִׁיר *šîr* tiene un significado propio e independiente de מִזְמוֹר *mizmor,* indicando algo propio para ser cantado en base a su estructura poética.

JOHN JEBB [1805-1886]
"A literal translation of the book of Psalms: intended to illustrate their poetical and moral structure: to which are added dissertations on the word Selah, and on the authorship, order, titles, and poetical features of the Psalms", 1846

Tema: Algunos intérpretes ven en las estrofas de este Salmo tan solo a Salomón y la hija de Faraón:[11] no ven lo suficiente, son cortos de vista. Otros ven a Salomón y a Cristo: tienen doble visión, sufren de diplopía. Los ojos espirituales, bien enfocados, ven únicamente a Cristo;[12] y si acaso aparece Salomón en algún punto, ha de ser como esas sombras difuminadas de transeúntes que cruzan ocasionalmente por delante del objetivo de la cámara fotográfica, y que apenas resultan visibles en el paisaje

[11] 1 Reyes 3:1; 7:8; 9:24.

[12] Algo evidente para todos los Padres de la Iglesia en sus comentarios:

– ATANASIO DE ALEJANDRÍA [296-373] en su carta a su discípulo Marcelino sobre la naturaleza y valor de los salmos le dice refiriéndose a este salmo: «Es evidente que el Salmo 45 nos habla del Verbo enviado que había de venir, porque al percatarse de que sería el Hijo de Dios, el propio Dios hecho hombre, el salmista exclama gozoso: *"Brota de mi corazón un bello canto"* (Salmo 45:11)» El Tomo I de "El Tesoro de David" incluye una traducción completa de la Carta de Atanasio a Marcelino. [Tomo I - pp. 50].

– DIODORO DE TARSO [¿?-392] comenta: «Este Salmo se refiere a Cristo, no a Salomón como pretenden los judíos. Pues por mucho que traten de forzar el sentido buscando maneras de encajarlo en la realidad humana y aplicarlo a Salomón, la declaración enfática del versículo seis: *"Tu trono, oh Dios, es eterno y para siempre; cetro de justicia es el cetro de tu reino"* (45:6) les cierra la boca definitivamente, puesto que Salomón jamás fue llamado *"Dios"*, ni reinó eternamente y para siempre. Únicamente Cristo, siendo Dios, asumió por nuestra causa la naturaleza humana (Filipenses 2:6-8), aunque por ser Dios y rey eterno mantuviera a su vez lo que le pertenecía. Por tanto, nada tiene de extraño que en el Salmo se le describa en términos humanos y con características terrenales, pues al hacerse hombre adquirió también el derecho a ser ensalzado como tal. Si asumió sufrir como hombre, mayor derecho tiene a ser ensalzado también como hombre, sin que ello merme o afecte en nada su naturaleza divina».

– TEODORO DE MOPSUESTIA [350-428] dice: «Este Salmo profetiza las cosas que habrían de suceder respecto a Cristo en su venida, anticipando cómo atraería a muchos mediante las palabras de su boca (45:2); cómo traspasaría los corazones endurecidos (45:4-5); y cómo establecería una Iglesia congregando en ella a todos los fieles creyentes (45:10-11). Menciona también los dones espirituales entregados por él a los santos (45:12-15); y las promesas hechas a los que son parte de esa Iglesia (45:16-17)».

final fotografiado.[13] Está claro que *"El Rey"* Dios, cuyo trono es eterno y para siempre (45:6), no es un simple mortal; y su dominio perdurable (45:17) no está limitado por el Líbano ni el río de Egipto.[14]

---

[13] El lector debe tener en cuenta que Spurgeon escribía estas palabras a mediados del siglo xix. La historia de la fotografía comienza oficialmente en el año 1839, con los llamados *daguerroripos,* procedimiento para captar imágenes desarrollado por Louis Daguerre [1787-1851] sobre placas de cristal sensibilizadas con nitrato de plata y cobre, reveladas con mercurio. Pero los tiempos de exposición eran muy largos, unos quince minutos. Ello hacía que al tomar una fotografía solo aparecieran los objetos fijos o inmóviles, las cosas en movimiento aparecían en todo caso como sombras borrosas indistinguibles. Esto es a lo que se refiere Spurgeon.

[14] El Salmo 45 es un quebradero de cabeza para los exégetas modernos por varios motivos, entre ellos la propia naturaleza del tema, lo peculiar de su introducción, la mala conservación del texto hebreo masorético y los problemas que plantea la interpretación de algunos versículos. Hans-Joachim Kraus advierte que: «En el Antiguo Testamento no hay paralelo con el Salmo 45, ni siquiera un paralelo aproximado (...) La condición en que se halla el texto suscita muchos problemas a la hora de reconstruir el hipotético texto original. A veces, solo las conjeturas permiten avanzar un poco. Una traducción literal que se ciña sin vacilar al texto masorético tiene pocas probabilidades de ofrecer una comprensión inteligente del Salmo (...) Y surge inmediatamente la cuestión acerca de la razón y los motivos que hicieron que tal salmo quedase incorporado al canon. Es un cántico para la boda del rey (...) ¿qué significación tiene este salmo? ¿qué interpretación se le dio a la hora de ser recogido en el canon del Salterio?» Franz Delitzsch [1813-1890] señala en este sentido que desde épocas remotas la tradición judía lo asumió como un Salmo mesiánico, y prueba de ello es la paráfrasis que hace el Targum del versículo tres (45:3): *"Tu hermosura, oh Rey Mesías, es superior a la de todos los hijos de los hombres";* de no haber visto claramente un significado alegórico profético, su inclusión en el canon hebreo es inconcebible. Así lo entendió el autor de la epístola a los Hebreos (1:8) y lo asumió la tradición cristiana, como un Salmo profético que describe la unión de Cristo y su Iglesia; y los Padres de los primeros siglos se recrean en sus exposiciones abundando en este sentido; desde Ireneo y Justino en el siglo ii; Orígenes y Eusebio en el siglo iii; Atanasio, Basilio, Diodoro, Gregorio, Ambrosio, Evagrio, Crisóstomo, Jerónimo, Teodoro, Agustín en el siglo iv; Cirilo, Teodoreto, Casiodoro, Arnobio en el siglo v, y de ahí en adelante; pocos dejaron de comentar el Salmo 45. Las dificultades surgieron, como bien señala Spurgeon, en el siglo xix, al pretender darle una interpretación histórica literal identificándolo con algún monarca en concreto. Pues incluso Franz Delitzsch [1813-1890], defensor de la interpretación alegórica, admite que: «Este sentido alegórico profético no fue el significado original del Salmo, que sin duda fue compuesto para alguna ocasión especial y concreta». ¿Cuál? En principio se pensó en la boda de Salomón con la hija de Faraón (1 Reyes 3:1-2) y Hermann Gunkel [1862-1932] parece inclinarse por ello; pero Salomón no fue un rey guerrero como se describe en el Salmo. Ferdinand Hitzig [1862–1932] se inclina por Acab y Jezabel (1 Reyes 16:30-31), que era princesa de Tiro y fácilmente identificable con el título de וּבַת־צֹר *ūḇaṯ-ṣōr* del versículo doce (45:12), y además los *"palacios de marfil"* del versículo ocho (45:8) encajan con lo que leemos en 1 Reyes 22:39. Otros posibles candidatos han sido Jorán y su boda con Atalía (2 Reyes 8:16-24, 26) tesis asumida por Franz Delitzsch [1813-1890], o también Jeroboam II (2 Reyes 14:23-29). Pero, en nuestra opinión, todos estos intentos de identificar el Salmo con un monarca en concreto alejándolo de la visión mesiánica y profética, se rompen ante el arrecife impenetrable de los versículos finales (45:16-17) y particularmente del versículo seis: *"Tu trono, oh Dios, es eterno y para siempre"* (45:6). Divinizar al monarca aplicándole el título de Dios: כִּסְאֲךָ אֱלֹהִים *kis'ăḵā 'ĕlōhîm* era una costumbre muy habitual entre los pueblos de la época, pero inconcebible en el contexto de Israel, que lo hubiera considerado la peor blasfemia imaginable; además, la aplicación que hace el autor de Hebreos de este versículo a Cristo: *"Mas del Hijo dice: Tu trono, oh Dios, por el siglo del siglo; cetro de equidad es el cetro de tu reino"* (Hebreos 1:8) zanja el debate. Ello hace que tras arduos esfuerzos intentando explicar el Salmo en su sentido literal dentro de un contexto histórico, algunos de los principales exégetas modernos acaben concluyendo algo muy similar a Spurgeon. Kraus cierra su exposición al Salmo 45 con estas palabras: «El esplendor que irradia sobre el Salmo 45, procede de la belleza –contemplada proféticamente– del

Este salmo no es en modo alguno un simple canto nupcial sobre unas bodas terrenales, sino el canto epitalámico[15] de las nupcias del Esposo celestial con su esposa elegida.[16]

C. H. SPURGEON

Estructura: El versículo uno (45:1) constituye una declaración de intenciones, un prefacio a la canción. En el dos (45:2-3) describe y adora la belleza incomparable del Mesías; al que alaba en un estallido de admiración en los versículos del tres al nueve (45:3-9) con sublimes epítetos. Los versículos del diez al doce (45:10-12) hablan de la esposa: la Iglesia, a la que se refiere con mayor concreción todavía en el catorce y el quince (45:14-15). Concluye en el versículo diecisiete (45:17) con una nueva alusión al Rey, prediciendo su notoriedad y fama eterna.[17]

C. H. SPURGEON

Versión poética:

ERUCTAVIT COR MEUM VERBUM BONUM

Mi corazón rebosa de alegría,
porque dichoso concibió en su seno
una palabra buena y poderosa,
y dedica esta obra al Rey supremo.

---

reino eterno (2 Samuel 7:16) que habiendo hecho que se desvanezcan ya todas las huellas de ocultamiento, caducidad y desfiguración (Isaías 53:2) trae consigo únicamente gozo y festejo, música de instrumentos de cuerda y felicidad perfecta» [Los Salmos, Vol. I, Sal. 1-59; Ediciones Sígueme, Salamanca, 1993]. Y SCHÖKEL: «El Salmo no se puede aplicar a Salomón, porque no fue batallador, sus hijos no fueron príncipes por toda la tierra, el rey es llamado "Dios", y no alcanzó el renombre eterno que se promete en el versículo diecisiete. Mucho menos se puede aplicar a otros reyes hebreos. Solamente aplicado a Cristo tiene sentido» [Salmos, Tomo I, 1-72, Editorial Verbo Divino, Estella, Navarra, 1992].

[15] De "epitalamio" del latín *"epithalamĭum",* y este del griego ἐπιθαλάμιος *epithalámios,* de ἐπι *epi*, "al pie de" y θάλαμος *thálamos,* "lecho nupcial". Una composición poética del género lírico, en celebración de una boda.

[16] Mateo 22:1-14; Efesios 5:23-32; Apocalipsis 19:6-10.

[17] Dice FRANCISCO LACUEVA [1911-1205] en su versión española del "Comentario de Matthew Henry": «Este Salmo hace referencia, en un primer plano, a unas bodas de un rey hebreo con una princesa extranjera (ya sea de Salomón con la hija del Faraón, o de Acab con Jezabel, según lo insinúan la referencia a Tiro (45:12) y el carácter guerrero que resultaría impropio del pacífico Salomón). En un plano más elevado, se refiere al Rey Mesías, como lo reconoce incluso el Targum, y su futura obra de redimir a Israel, lo cual viene a sustituir a la interpretación alegórica del matrimonio entre Jehová e Israel. Quizá Cristo tenía este Salmo en mente cuando habló de la solemnidad de unas bodas regias (Mateo 22:2; 25:1). Hebreos 1:8 aplica a Cristo el versículo 6 de este Salmo. El prefacio habla de la excelencia del propio Salmo (45:1). El Salmo habla: I. Del novio regio, aplicable a Cristo en: 1. La excelencia de su persona (45:2). 2. La gloria de sus victorias (45:3-5). 3. La justicia de su gobierno (45:6-7). 4. El esplendor de su corte (45:8-9). II. De la novia regia, aplicable a la Iglesia –en sentido acomodaticio–: 1. La obtención de su consentimiento (45:10-11). 2. La solemnidad nupcial (45:12-15). 3. El fruto de este matrimonio (45:16-17)».

Mi lengua más ligera que la pluma
del que escribe muy rápido y ligero,
quisiera por decir esta palabra,
que su velocidad se cambie en vuelo.

O tú que fuiste esta palabra santa,
tú eres el más hermoso, el más perfecto
entre todos los hijos de los hombres,
porque de gracia están tus labios llenos.

Tan hermoso, tan dulce y tan amable,
que al mismo Dios enamoraste, haciendo
que fije en ti sus ojos soberanos,
y te bendiga con amor eterno.

Cíñete pues la espada, y haz que cuelgue
sobre tu muslo el formidable acero,
aunque no necesitas de estas armas
para que obtengas todos tus deseos.

Te basta tu hermosura y gallardía,
para domar aún a los más soberbios,
prepárate a venir, y corre pronto
a tomar posesión de tu alto reino.

Reina porque tu gloria y alabanzas
de tus grandes virtudes son efecto,
tu verdad, tu justicia y mansedumbre
te conducen al trono más excelso.

Penetrarás con tus agudas flechas
los corazones duros y protervos,
y verás cómo vienen presurosos
a postrarse a tus pies todos los pueblos.

El asiento que tengas ¡oh Dios santo!
durará como tú, que eres eterno,
y tu equidad y tu sabiduría
serán la justa regla de tu imperio.

Porque amas la justicia, y porque miras
a la maldad con aborrecimiento,
te ungió el Dios poderoso, el Dios tu Padre,
con unción de magnífico misterio.

Aunque con ella unge a sus ministros,
la tuya es superior, y estás más lleno,
por eso no podrán nunca igualarte
los que te sigan a tu augusto reino.

Tus vestidos y casas con perfumes
de agradable fragancia están oliendo,
con la mirra, el aloe, la canela,
el ámbar, y otros mil olores buenos.

Mas sobre todo a tu derecha brilla
la Reina con su hermoso y dulce aspecto,
esa Esposa querida, cuya gloria
felicidad añade al mismo cielo.

Su vestido es de oro, y lo realzan
virtudes varias, méritos diversos;
pero sus dulces gracias atractivas
resaltan mucho más que sus arreos.

Escucha hija feliz, mira y atiende
lo que te digo, y sigue mis consejos,
olvida ya la casa de tu padre,
y olvídate también de todo el pueblo.

El Rey entonces, viendo tu decoro,
te verá con más gusto y más afecto,
y piensa que es tu Rey, el Señor tuyo,
a quien todos adoran con respeto.

Y las hijas de Tiro, en las naciones
compuestas de gentiles y extranjeros,
vendrán a presentarte dones ricos,
acompañados de rendidos ruegos.

Y no solo vendrán a posternarse
a tus pies los humildes y plebeyos,
sino también los grandes, poderosos,
los que fueren más nobles y opulentos.

¡O Princesa! Tu gloria es admirable
por tu riqueza, variedad y aseo;
pero ¡cuánto es tu alma más hermosa
con la virtud interna de tu pecho!

Esta Esposa, supremo Rey de gloria,
hará que vengan en su seguimiento
vírgenes puras, corazones castos,
que la habrán escogido por modelo.

Todas irán alegres y festivas
a recogerse en tu divino seno,
y para no apartarse de tu vista
se esconderán en tu sagrado templo.

Y tú, Esposa amada, si perdiste
patriarcas, y otros que tus padres fueron,
como eres tan fecunda, tendrás hijos
que sabrán sostener tu santo imperio.

Príncipes los harás en tus estados,
y ellos con vivo y fervoroso celo
trabajarán fieles en servirte,
y en hacer que prospere tu gobierno.

Correrán con ardor todos los climas,
y siempre fervorosos, siempre atentos,
a todas partes llevarán tu nombre,
y lo harán conocer al universo.

Conquistarán provincias y regiones,
naciones vastas, numerosos pueblos,
y finalmente cantarán tu gloria
en cualquier ocasión, y en todo tiempo.

Del "Salterio Poético Español", Siglo xviii

Salmo Completo: Es evidente que el Salterio, que describe y expone la persona y la obra de Cristo de forma tan clara, verdad más preciosa que el oro y más dulce que la miel,[18] no guarda silencio sobre el vínculo entre él y su pueblo, es decir: la unión mística entre Cristo y su Iglesia.19 Cuando un príncipe pone su afecto en una mujer de rango humilde, y la lleva a su palacio para hacerla su esposa, quedan ambos tan unidos entre sí, que las deudas de ella pasan a ser de él; y las riquezas y honores que a él corresponden pasan a ser también de ella. Pues bien, entre Cristo y su Iglesia, o dicho en otras palabras entre Cristo y toda alma que se aviene a recibirlo, se forja así mismo una conexión íntima, cuya figura o tipo más apropiado es la analogía de la relación natural entre los esposos; algo que, como hemos podido comprobar, no solo se enseña claramente en numerosos salmos, sino que en algunos de ellos (como es el caso de este Salmo 45) es parte de su estructura misma. Cristo hace suyos los pecados de su pueblo, asumiéndolos como propios; y ellos reciben a su vez el derecho a

[18] Salmo 19:10.
[19] Efesios 5:23-30, 32.

ser hechos hijos de Dios;[20] y el Espíritu de Dios con el cual Él fue bautizado sin medida,[21] mora en ellos según la medida de la gracia que les ha sido otorgada.[22] Solo añadiré, por tanto, que esta unión, implícita en tantos pasajes, viene expuesta de manera explícita y expresa en este Salmo 45, un salmo particularmente glorioso: «La Canción Nupcial de Cristo y su Iglesia», cuyo tema central y peculiar es la entrada en palacio de los elegidos en Cristo, para que se unan a él en una unión que perdurará más allá de las colinas eternas.

WILLIAM BINNIE [1823-1886]

"The Psalms: Their History, Teachings, and Use", 1870

Vers. 1. ***Rebosa mi corazón palabra buena; dirijo al rey mi canto; mi lengua es pluma de escribiente muy ligero.*** *[Brota de mi corazón un bello canto; voy a recitar al rey mi poema; mi lengua es como pluma de escribiente muy ligero.* RVR*] [Rebosa en mi corazón un tema bueno; al rey dirijo mis versos; mi lengua es como pluma de escribiente muy ligero.* LBLA*] [Rebosa mi corazón palabra buena, dirijo al Rey mi canto. Mi lengua es como buril de diestro escriba.* BTX*] [En mi corazón se agita un bello tema mientras recito mis versos ante el rey; mi lengua es como pluma de hábil escritor.* NVI*] [De mi corazón nace un hermoso canto, voy a recitar mi poema al rey; es mi lengua pluma de diestro poeta.* BLP*] [Hermosas palabras conmueven mi corazón; por eso recitaré un bello poema acerca del rey, pues mi lengua es como la pluma de un hábil poeta.* NTV*]*

De mi corazón. No hay poema que pueda superar al que brota del corazón. Los himnos que no emanan del corazón o cantados sin corazón son un insulto al cielo.

Brota un bello tema. Un corazón piadoso solo se satisface con pensamientos piadosos. Cuando el manantial es bueno, fluyen arroyos saludables. Los eruditos nos dicen que el verbo hebreo רָחַשׁ *rāḥaš* de רָחַשׁ *rachash* puede entenderse como "desborda", o también como "hierve" o "burbujea"; denotando con ello la plenitud del corazón del escritor, el fervor y calidez de sus sentimientos de amor, y la consecuente riqueza y esplendor de su expresión; como si lo más íntimo de su alma estuviera en ebullición rebosante de afecto y se desbordara. No hallamos en todo el salmo una sola expresión de frialdad o indiferencia; su autor no es de los tiquismiquis que analizan meticulosamente las propiedades de la poesía calculando fríamente la elegancia de sus períodos; no, sus estrofas reflejan el estallido natural repentino de su alma, comparable a los chorros hirviendo de los géiseres de Hecla.[23] Como el

[20] Juan 1:12; Gálatas 3:26.

[21] Juan 3:34.

[22] Efesios 4:7.

[23] Se refiere al monte HEKLA en el suroeste de Islandia, un estratovolcán con una altura de 1491 metros, y de los más activos en el mundo, con 20 erupciones importantes registradas desde el año 874 hasta el 2000, año en que se registró la última. Su cono de lava fue considerado durante la Edad Media como una de las legendarias "seis puertas del infierno" y en un poema compuesto en el siglo XII sobre "Los viajes de San Brendan" se lo menciona como "La prisión de Judas". Desde hace siglos se ha observado la coincidencia de algunas erupciones del Hekla con las del ETNA, volcán situado en el mar mediterráneo en la isla de Sicilia, actual Italia. Esto llevó a JULIO VERNE [1828-1905] a concebir y fabular sobre un sistema de vasos comunicantes entre ambos volcanes que plasmaría en su famosa obra "Viaje al centro de la tierra" (1864). Aunque Verne nunca pisó Islandia, se documentó muy bien, y fue por ese motivo que al certificar la intensa actividad de dichos volcanes, por razones de verosimilitud dentro de lo inverosímil, decidió desplazar ligeramente el escenario del Hekla al SNÆFELLSJÖKULL, situado en la península de Snæfellsnes al oeste de Islandia, y del Etna al STROMBOLI, situado en una pequeña isla italiana del mar Tirreno. Spurgeon menciona aquí los "géiseres del Hecla", puesto que su actividad volcánica parece estar relacionada con el

maíz ofrecido en sacrificio, que era debidamente preparado, cocido o tostado en la sartén,[24] así es también este tributo de amor ardiente con devoción sincera. Triste cosa es cuando el corazón se mantiene frío ante un buen tema; y peor aún cuando arde por un mal tema; pero cuando de un corazón ardiente brota un bello canto, el resultado es incomparable.[25] Ojalá seamos capaces de ofrecer a Dios siempre una ofrenda aceptable, una מִנְחָה *minchah*[26], una oblación fresca y dulce, tostada en la sartén de unos corazones ardientes de gratitud y admiración.

Voy a recitar al rey mi obra.[27] Este cántico tiene como tema único: el *"Rey",* y se compuso exclusivamente en su honor.[28] De modo que razón no le faltaba a su compositor para calificarlo como: *"un bello tema"*. El salmista no lo escribió arbitrariamente; lo califica como "su obra": אֲנִי *'ānî,* algo que él había creado personalmente y forjado con esmero. No debemos ofrecer al Señor lo que nada nos cuesta; un "bello tema" merece un buen trabajo. Deberíamos digerir bien en los afectos de nuestro corazón y en las meditaciones de nuestra mente cualquier discurso o poema en el que hablemos de alguien tan grande y glorioso como nuestro Rey. Como bien lo traduce nuestra versión inglesa, el salmista escribió en base a su propia experiencia sobre cosas que él mismo había tenido ocasión de contemplar y contrastar con respecto al Rey.

Mi lengua es como pluma de escribiente muy ligero. No tanto por su fluidez, pues la lengua es más rápida, sino por su exactitud en la elaboración, deliberación y claridad en lo expresado.[29] Raras veces las manifestaciones precipitadas de la boca pueden equipararse en su escrupulosidad, organización

---

famoso GEYSIR O GRAN GEYSIR, en el parque nacional de Haukadalur donde también se encuentra el Hekla. El Gran Geysir es una fuente termal muy intermitente que puede permanecer años sin entrar en erupción, pero cuando lo hace lanza al aire una columna de agua caliente y vapor que puede llegar a alcanzar los 70 metros de altura. Precisamente del nombre de esta fuente termal deriva el término genérico "géiser" en varios idiomas, y que según el diccionario de la Real Academia de la Lengua Española se define como una "fuente termal intermitente, en forma de surtidor".

[24] Levítico 2:5-7; 6:21; 7:9.

[25] El venerable COLUMBA DE IONA O SAN COLUMBA [521-579] el monje irlandés que evangelizó Escocia a comienzos de la Edad Media (ver nota 97 del Salmo 34) y al que se atribuye una voz portentosa, entonó este Salmo ante la fortaleza del rey Brude en Northern Piets, cerca de la desembocadura del río Ness, Escocia, actual Reino Unido. ADAMNAN DE IONA [624-704], abad de Iona y autor de su biografía, lo narra en estos términos: «Otro incidente maravilloso relacionado con su voz extraordinaria, que podía escucharse desde 500 y según las condiciones atmosféricas hasta de mil pasos, ocurrió cerca de la fortaleza del rey Brude, en la desembocadura del río Ness. Una tarde, mientras Columba y otros hermanos se hallaban cantando salmos, un grupo de druidas se les acercaron tratando por todos los medios de detenerles, puesto que consideraban la nueva fe como una amenaza para sus intereses. Al ver que se acercaban en actitud hostil, Columba, comenzó a entonar desafiante el Salmo 45 con su voz sonora y potente con un trueno, lo cual hizo que el rey y todo el pueblo quedaran tan asombrados que se acercaron temerosos a escuchar sus palabras».

[26] Génesis 4:4; 1 Samuel 15:22; Levítico 2:3-11; Hebreos 11:4.

[27] En hebreo אֹמֵר אֲנִי מַעֲשַׂי לְמֶלֶךְ *'ōmêr 'ānî ma'ăśay ləmelek.*

[28] Tanto la tradición judía como la de la Iglesia cristiana ha tenido muy clara la identidad de ese *"rey"*: para los judíos, el Rey Mesías; para los cristianos el Rey Jesús.

– FELIPE SCIO DE SAN MIGUEL [1738-1776] lo zanja con esta nota: «El objeto inmediato de este Salmo es el Rey Cristo o Rey Mesías, y en ello concuerdan tanto los Santos Padres como los más doctos de los rabinos». No debe olvidar el lector que "Cristo", Χριστός, *Christós,* no es más que la traducción al griego y latín del término hebreo מָשִׁיחַ, *māšîaḥ,* Mesías, lo cual permite esta identificación común en la misma palabra, aunque no sea en la misma persona.

[29] SCHÖKEL resalta cómo este versículo, una declaración literaria del poeta desusada en el A.T., y por ello más interesante, describe la creación poética en tres fases: en la mente, en la boca, y en la pluma, o sea: concebir-pronunciar-escribir.

y exactitud a la palabra escrita,[30] registrada por la pluma de un atento y experto escribiente. Pero en este caso el rapsoda, aunque espoleado por el entusiasmo, habla tan correctamente como un escritor consumado; y por lo tanto, sus enunciados no son efímeros, sino propios de quienes se sientan pausadamente a escribir para la eternidad. Ni los mejores entre los hombres disfrutan siempre de semejante inspiración. Solo la disposición del corazón en una mente dotada crea ese momento propicio en el que la poesía libera sus melodiosas rimas para enriquecer el servicio de canto en la casa del Señor.

C. H. SPURGEON

Brota de mi corazón un bello tema (...) mi lengua es como pluma de escribiente muy ligero. Cuanta más materia tenga preparada en mi corazón, más presto y alegre acudiré al servicio del Señor. Ciertamente, así como el marino a medida que avanza va encontrando nuevas estrellas, pierde de vista las viejas y vislumbra otras de nuevas; así también el cristiano en su discipulado: cuanto más lejos navega en el océano de la fe, descubre nuevos anhelos, nuevos textos de la Biblia que le entusiasman, nuevas pruebas que lo afligen, nuevas facetas en su comunión con Dios; y va olvidando, ciertamente, lo que queda atrás.[31] Sus compromisos con el Señor su Dios aumentan día tras día; y cuanto mayores son las ocupaciones, menor es el peligro de las distracciones.

RICHARD STEELE [1629-1692]
"Antidote against Distractions", 1673

Brota de mi corazón un bello tema. En hebreo רָחַשׁ *rāḥaš* de רחשׁ *rachash,* "hierve" o "burbujea".[32] Denota el lenguaje de un corazón rebosante y dispuesto a soltar todo lo que tiene dentro.[33]

VICTORINUS BYTHNER [1605-1670]
"Lyra prophetica Davidis regis: sive analysis critico-practica psalmorum", 1664
Traducida al inglés por Thomas Dee; nueva edición por N.L. Benmohel, 1847

Brota de mi corazón un bello tema. En este versículo encontramos un claro ejemplo de como obra el Espíritu de profecía. Es por su intervención que el *"bello tema"* se engendra en el seno del

[30] En latín en el original: *verba scripta.* Locución latina que significa "palabra escrita" y tiene indirectamente su origen en la famosa frase *"Verba volant, scrīpta mānent"*, "Las palabras vuelan, lo escrito permanece" al parecer pronunciada por el poeta y político romano TITUS CAIUS SILIUS ITALICUS [25-101] ante el Senado de Roma.

[31] Filipenses 1:13.

[32] La versión griega de los LXX o Septuaginta utiliza el término ἐξηρεύξατο que la Vulgata traduce al latín con otro término peculiar: *"Eructavit"*. FELIPE SCIO DE SAN MIGUEL [1738-1776] lo explica de la siguiente manera: «Término figurado que se usa frecuentemente en la Escritura para significar no solamente el celo del que habla, sino también la vehemencia de la divina inspiración: *"Ciertamente espíritu hay en el hombre, y el soplo del Omnipotente le hace que entienda"* (Job 32:8)».

[33] Dice FRANCISCO LACUEVA [1911-1205] en su versión española del "Comentario de Matthew Henry": «Es la confesión oral, con la boca de la fe, de lo que le bulle (única vez que el verbo hebreo רחשׁ *rachash* ocurre en toda la Biblia) en el corazón con respecto al rey y a su esposa. La mejor ocasión para hablar de Cristo y de las cosas de Dios es cuando la gracia de Dios hace que el corazón nos hierva de devoción. No dice: "Voy a recitar lo que he oído de otros", sino: *"Voy a recitar el poema";* literal: "lo que yo hago", al tener en cuenta que el vocablo *"poema"* significa *"hechura"* (Efesios 2:10). Y añade: *"Mi lengua es"* –sería mejor traducción: *"Sea mi lengua"– como pluma de escribiente muy ligero"*. Como si dijese: "¡Ojalá sea mi poema digno del tema que refiere!". Llamamos a los redactores de la Biblia "hagiógrafos" o "escritores sagrados", pero en realidad son como plumas en manos del Espíritu Santo que les ha inspirado».

salmista, su corazón hierve, se agita elaborando el contenido, y apenas comienza a brotar de él, deja que fluya por el arroyo de la lengua como el agua de un manantial. Un ejemplo descriptivo que nos permite vislumbrar cómo el Espíritu Santo actúa en el corazón del hombre. El salmista afirma que su corazón hace lo que el Espíritu está haciendo en él. Es el corazón quien lo hace, ciertamente, pero movido por el Espíritu. Es más que probable que el salmista hubiera perdido todo su interés y deleite en ese tema, si el Espíritu no hubiera estado detrás empujándole; porque cuando el Espíritu obra no obra tan solo *mediante el corazón*, sino que obra *en el corazón*; es decir, se apodera de todos sus afectos y en consecuencia, cada una de sus fibras se doblega a su voluntad.[34]

GEORGE HARPUR
"Christ in the Psalms", 1862

Un bello tema. En hebreo טוֹב דָּבָר *dāḇār ṭōwḇ* de דָּבָר *dabar,* "palabra":[35] el buen oráculo,[36] a saber: *el Evangelio.*

CRISTOPHER WORDSWORTH [1807-1885]
"Commentary on the Whole Bible", 1856

Brota de mi corazón un bello tema. Un símil tomado de la מִנְחָה *minchah* u ofrenda preparada en la sartén,[37] hervida en aceite, hecha de harina fina sin levadura mezclada con aceite,[38] y después presentada al Señor por el sacerdote.[39] El *"tema"* de este salmo es como una מִנְחָה *minchah* u oblación que mezclada por el Espíritu con el aceite de la gracia, es hervida y debidamente preparada en el corazón del profeta, para ser posteriormente presentada.

HENRY AINSWORTH [1571-1622]
"Psalms, The Book of Psalmes: Englished both in Prose and Metre with Annotations", 1612

---

[34] Dice al respecto JUAN CRISÓSTOMO [347-407]: «Los autores sagrados no fueron como los adivinos y agoreros, que cuando el demonio toma posesión de su alma embota su mente y ofusca su razonamiento, llevándoles a decir cosas que no entienden ni razonan, sino que se limitaron a pronunciar con sus labios (...). Como dijo alguno de los que se tienen por filósofos: 'no es la sabiduría la que guía a los poetas, sino ciertos movimientos de la naturaleza y un entusiasmo semejante al de los visionarios y adivinos; que todos dicen muy buenas cosas, sin comprender nada de lo que dicen' (Platón, "Apología de Sócrates"). El Espíritu Santo no actúa de ese modo, sino todo lo contrario, hace que el corazón del autor sepa muy bien lo que dice. De no ser así, ¿cómo podría exclamar: *"Brota de mi corazón un bello tema"*? El demonio, en su papel de enemigo y adversario, lucha contra el razonamiento humano y lo neutraliza; en cambio el Espíritu Santo, consolador y benefactor, comparte sus propósitos con aquellos que le reciben, llevándoles a participar de su conocimiento y a comprender de manera inteligente cuánto quiere decir a través de ellos».

[35] Ver al respecto el uso de del término hebreo דָּבָר *dabar,* en 1 Samuel 15:10: דְּבַר־יְהוָ֔ה *dəḇar-Yahweh "vino palabra de Jehová a Samuel"*, y otros pasajes similares.

[36] En el original: *"the good spell"*.

[37] Levítico 7:9.

[38] Levítico 2:5.

[39] Levítico 2:8; 5:8.

Brota de mi corazón. Erasmo[40] afirma de Orígenes[41] que era muy emocional y fervoroso, en especial cuando hablaba de Cristo. De Johannes Mollias[42] de Bononia, se dice que cuando hablaba de Jesucristo cerraba los párpados porque se sentía lleno de un poderoso fervor del Espíritu Santo; y, como Juan el Bautista, era una lámpara que primero ardía y luego alumbraba.[43]

JOHN TRAPP [1601-1669]
"A commentary or exposition upon the books of Ezra, Nehemiah, Esther, Job and Psalms", 1657

Tocante al Rey.[44] No todo el salmo tiene que ver directamente con el Rey, pues buena parte del mismo concierne a la reina, y casi la mitad va dirigido directamente a ella. Pero se relaciona con él en tanto que tiene que ver con su familia. Cristo siempre se identifica con su pueblo; hasta el punto de que todo lo que se haga a los suyos es como si se lo hubieran hecho a él mismo.[45] Sus intereses son los suyos.

GEORGE HARPUR
"Christ in the Psalms", 1862

Mi lengua es como pluma de escribiente muy ligero. Como la pluma de quien toma notas, transcribe minutas o escribe taquigrafía; puesto que voy a hablar brevemente, y no en palabras para ser entendidas en sentido literal, sino en figuras, tipos y símbolos.[46]

ANÓNIMO
"Holy David and his old English Translators cleared", 1706

[40] Se refiera a ERASMO DE ROTTERDAM [1466-1536], conocido humanista cristiano, filósofo, filólogo y teólogo holandés.

[41] Se refiere a ORÍGENES [c.185-254] importante teólogo y exégeta de la primitiva Iglesia griega, Padre de la Iglesia y uno de los más destacados apologistas cristianos. Nacido en el seno de una familia cristiana en Alejandría (su padre murió martirizado en el 202), sucedió a Clemente al frente de la escuela cristiana de Alejandría, y la convirtió en un prestigioso centro de teología. Escribió alrededor de 800 obras, la mayoría comentarios sobre la Biblia. Su gran capacidad para el trabajo le valió el sobrenombre de *"adamantius"*, "hombre de acero". Sus obras más conocidas son "Contra Celso", refutación de las críticas dirigidas contra el cristianismo por el filósofo Celso; "Tratado de los Principios"; "Sobre la Oración" y "Exhortación al Martirio", todas ellas publicadas por CLIE en español. Se han conservado también algunos fragmentos de su monumental Biblia conocida como *Hexapla,* que presentaba en varias columnas el texto bíblico hebreo y varias versiones en otras lenguas. En el año 250 fue encarcelado durante la persecución del emperador Decio y sometido a tortura durante un año. Murió cuatro años después a causa de las lesiones sufridas.

[42] No hemos logrado identificar exactamente a quién se refiere. Cabría la posibilidad de que se tratara de GIOVANNI BOLOGNI [1518-1564] un clérigo siciliano trasladado a París y Lovania, que participo de la confección de la primera Biblia en francés conocida como "Biblia de Lovaina", pero no hay ninguna certeza de ello.

[43] Juan 5:35.

[44] La versión inglesa KJV traduce: *"I speak of the things which I have made touching the King"*, "Hablo de las cosas que he hecho tocantes al Rey".

[45] Mateo 25:40.

[46] Dice al respecto JUAN CRISÓSTOMO [347-407]: «El proceso natural en todo aquel que tiene intención de decir algo partiendo de sus propios recursos, es que antes de abrir la boca medite con calma lo que piensa decir, que se entretenga razonando sus argumentos, que se demore trabajando su composición; que se sienta limitado por su ignorancia e impericia, y se retarde debido a los numerosos obstáculos que minan su seguridad a la hora de expresarse. Pero cuando es el Espíritu Santo quien impulsa la mente, no es así;

Como pluma. Solemos llamar a los profetas *"hagiógrafos"*[47] o autores de las Escrituras, cuando en realidad no fueron más que la *"pluma"*.[48]

MATTHEW HENRY [1662-1714]
"Commentary on the Whole Bible", 1811

Vers. 2. ***Eres el más hermoso de los hijos de los hombres; la gracia se derramó en tus labios; por tanto, Dios te ha bendecido para siempre.*** *[Eres el más hermoso de los hijos de los hombres; la gracia se derramó en tus labios; por tanto, Dios te ha bendecido para siempre.* RVR*] [Eres el más hermoso de los hijos de los hombres; la gracia se derrama en tus labios; por tanto, Dios te ha bendecido para siempre.* LBLA*] [Eres el más hermoso de los hijos de los hombres, la gracia se derramó en tus labios, por tanto, Elohim te ha bendecido para siempre.* BTX*] [Tú eres el más apuesto de los hombres; tus labios son fuente de elocuencia, ya que Dios te ha bendecido para siempre.* NVI*] [Tú eres el más bello de los hombres, en tus labios la gracia se derrama, por eso Dios te bendice por siempre.* BLP*] [Eres el más apuesto de todos; de tus labios se desprenden palabras amables. Dios mismo te ha bendecido para siempre.* NTV*]*

Tú. Como si el Rey mismo se hubiera aparecido delante de él, el salmista, admirado, interrumpe su prefacio para consagrar su inspiración al Señor.[49] El corazón que ama tiene la facultad de contemplar aquello que ama. Los ojos de un alma sincera ven mucho más que los ojos físicos del cuerpo. Además, cuando derramamos nuestro afecto hacia él, Jesús se nos hace visible y se nos revela a sí mismo. Cuando alcanzamos el nivel adecuado de preparación, Cristo se nos aparece. Si nuestro

---

nada hay nada que obstaculice ni entorpezca, y el mensaje brota de la lengua *"como pluma de escribiente muy ligero"*».

[47] En el original: *"the penmen of the Scripture, whereas they were but the pen"*. Lamentablemente el juego de palabras se pierde con el cambio de idioma.

[48] AGUSTÍN DE HIPONA [354-430] hace sobre estas palabras un singular comentario: «¿Quién dice esto: el Padre o el profeta? (...) No faltan quienes entienden estas palabras como dichas por el propio salmista; pero asumiendo que en cualquier caso el que habla en última instancia es Dios, cabe preguntarse, ¿qué semejanza puede haber entre la lengua de Dios y una pluma de escribano? Quizá deberíamos preguntarnos también, ¿cuál es la semejanza entre una roca y Cristo? (1 Corintios 10:4); ¿qué similitud puede haber entre un cordero y el Salvador del mundo? (Juan 1:29); ¿o cuál es la relación entre un león y el Unigénito digno de tomar el libro y abrir sus sellos? (Apocalipsis 5:1-14). Pues todas estas comparaciones, y muchas otras, están en las Escrituras; y de no ser por ellas jamás alcanzaríamos a conocer muchas de las cosas invisibles de Dios que se nos hacen visibles a través de ellas (Romanos 1:20). No hay motivos, por tanto, para ver este símil como una degradación o minimización de la omnipotencia divina, y menos aún para rechazarlo sistemáticamente. La pregunta es ¿por qué razón se expresa el Espíritu de ese modo, afirmando que su lengua es *"como pluma de escribiente muy ligero"*? Ya que por muy veloz que se deslice la pluma de un escriba, no tiene comparación con la velocidad con la que corre la Palabra divina cuando es enviada a la tierra (Salmo 147:15). Bajo mi criterio, y dentro de lo que la inteligencia humana es capaz de discernir, el sentido de esta frase aplicada a Dios es el siguiente: Lo que se dice con la lengua resuena pero se desvanece; mientras que aquello que se escribe permanece. Cuanto Dios dice por medio de su Palabra, no es algo que resuene y se desvanezca; es Palabra que una vez dicha permanece eternamente (Isaías 40:8; 1 Pedro 1:25). De ahí que Dios eligiera, por mediación del profeta, compararla con la pluma y la escritura mejor que con los sonidos de la lengua».

[49] Isaías 33:17.

corazón arde en santo celo es clara indicación de que el Sol brilla en nosotros; pues si sentimos su calor, pronto contemplaremos su luz.

Eres el más hermoso de los hijos de los hombres.[50] El Rey de los santos es incomparable en hermosura: en su apariencia, sí, pero de manera especial en su mente y carácter. El verbo hebreo יָפְיָפִ֫יתָ *yāp̄əyāp̄îā* de יָפָה *yaphah* constituye un doble comparativo: hermoso dentro de lo hermoso; la traducción más ajustada sería *"el más hermoso de lo hermoso eres tú"*. Jesús es tan enfáticamente hermoso que para describir su hermosura es preciso doblar los términos, extenderse en la descripción, y aún así, las palabras se agotan antes de alcanzar a describirle.[51] Muchas personas ha habido, entre los hijos de los hombres, que por la gracia de Dios han sido hermosos en carácter y conducta, pero aún así todos ellos han tenido un defecto u otro. Sin embargo todos los aspectos del carácter de Jesús son perfectos y están en proporción armoniosa. Es hermoso en todo y desde todas las perspectivas, pero nunca más que cuando lo contemplamos en unión conyugal con su Iglesia; entonces el amor da un arrebato de gloria deslumbrante a su encanto.

La gracia se derramó en tus labios. En el hombre majestuoso se unen la belleza y la elocuencia, y ambas habitan perfectamente en el justo y elocuente Señor Jesús. En él, la gracia en el carácter y

---

[50] Dice AGUSTÍN DE HIPONA [354-430]: «Hermoso por ser Dios, el Verbo que era Dios y estaba en el principio con Dios (Juan 1:1-2); hermoso en el seno materno, donde sin perder su divinidad asumió la naturaleza humana; hermoso como infante recién nacido, pues como Palabra humanizada, aún siendo incapaz de hablar los cielos y la tierra hablaron por él: los ángeles anunciaron su nacimiento y entonaron su gloria (Lucas 2:8-14), una estrella guió a los magos (Mateo 2:1-11); y fue adorado en el propio pesebre por los más humildes (Lucas 2:15-20). Hermoso, por tanto en el cielo y hermoso en la tierra; hermoso en el seno materno, hermoso en brazos de sus padres; hermoso predicando la buena nueva, hermoso obrando milagros; hermoso invitando a la vida, hermoso afrontando la muerte; hermoso fustigado con azotes, hermoso clavado en la cruz; hermoso al entregar su vida y hermoso al recuperarla en su resurrección; hermoso en el sepulcro y hermoso ascendido al cielo. Meditemos, pues, cada palabra de este Salmo sin par con el propósito de entender lo profundo de su significado, procurando que la debilidad de la carne no aparte nuestros ojos ni por un instante del esplendor de su hermosura».

[51] JUAN CRISÓSTOMO [347-407] se pregunta: «¿Cómo dice otro profeta que: *"no hay apariencia en él, ni hermosura como para que le miremos, ni atractivo como para que nos deleitemos en él"* (Isaías 53:2); que su aspecto era despreciable cual desecho entre los hijos de los hombres? Porque no está hablando de su aspecto o de que fuera deforme, ¡válganos Dios!, sino de cómo fue convertido en objeto de burla. Y es que una vez tomada la decisión de hacerse hombre asumió cuanto de despreciable pueda haber entre los hombres: no eligió una reina como madre, ni fue envuelto en pañales sobre un lecho áureo, sino en un pesebre (Lucas 1:26-27; 2:7); no fue criado y educado en un palacio suntuoso, sino en un humilde taller de carpintero (Mateo 13:55; Marcos 6:3). Cuando llegó la hora de elegir a sus discípulos no buscó grandes oradores, eminentes filósofos ni poderosos reyes, sino humildes pescadores y cobradores de tributos aborrecidos por todos (Mateo 4:18; 9:9; Juan 12:1-3); no disfrutó de una mesa suculenta sino que, sencillamente, se alimentó. Vivió una vida austera, sin casa propia (Mateo 8:20), sin muebles lujosos, vestidos elegantes ni manjares exquisitos, se alimentaba de la generosidad de otros (Lucas 8:2-3; 10:38-42); menospreciado, escarnecido, insultado y perseguido (Lucas 4:28-30; Juan 8:59). Y todo para desmarcarse de cuanto pudiera entenderse como suntuosidad terrenal y boato de este mundo. Pues ciertamente, no buscaba nada pomposo ni espectacular, carecía de séquito y de guardia personal, a menudo andaba solo (Mateo 14:13, 23; Marcos 6:46; 7:24; Juan 6:15). Por eso el profeta Isaías viéndolo desde una perspectiva humana dijo de él: *"no hay apariencia en él, ni hermosura como para que le miremos, ni atractivo como para que nos deleitemos en él"* (Isaías 53:3); en cambio el salmista, resaltando su gracia y sabiduría, sus enseñanzas y sus milagros, exclama: *"¡Eres el más hermoso de los hijos de los hombres!"* (45:3); y para dejar claro en qué fundamenta su afirmación añade: *"la gracia se derramó en tus labios"*».

en la expresión alcanzan su punto culminante.[52] Sobre Cristo fue derramada la gracia de la manera más copiosa, pues al Padre le agradó que en él habitase toda plenitud,[53] y ahora la gracia derramada sobreabunda en sus labios para alegrar y enriquecer a su pueblo. El testimonio, las promesas, las invitaciones, los consuelos de nuestro Rey salen de su boca con tantos significados que si contrastamos esa catarata de la gracia con el discurso de Moisés vemos que este último cayó como gotas de lluvia y se destiló como rocío.[54] Quien mantiene una comunión personal, íntima y constante con el Amado,[55] quien ha escuchado su voz, sentirá que *"jamás hombre alguno ha hablado como este hombre habla"*.[56] Bien dijo acerca de él la novia: *"sus labios, como lirios que destilan mirra fragante"*.[57] Una palabra suya derritió el corazón de Saulo de Tarso haciendo de él un apóstol;[58] otra palabra suya levantó a Juan el Teólogo cuando al verle cayó como muerto en la Isla de Patmos.[59] Y cuántas veces una sola frase salida de sus labios ha transformado nuestra medianoche en aurora, y nuestro invierno en primavera.

Dios te ha bendecido para siempre. Calvino lo traduce: *"Porque Dios le había bendecido para siempre"*. Cristo es bendito de Dios, y bendito para siempre. He aquí la razón de su belleza y el origen de las palabras de gracia pronunciadas por sus labios. El Padre entregó al hombre Cristo Jesús dones y virtudes extraordinarios para que caminara con su pueblo y lo consagrara con toda clase de bendiciones espirituales.[60] Sin embargo, partiendo de nuestra traducción inglesa,[61] lo que parece dar a entender es que el Padre ha bendecido al Mediador como recompensa por todas sus obras en la gracia; y también en este sentido bien merecida tiene tal recompensa. Nuestro deber, por tanto, es bendecir a quien Dios bendice, y con más motivo aún sabiendo que toda su bendición nos es traspasada a nosotros.

C. H. SPURGEON

Eres el más hermoso de los hijos de los hombres; la gracia se derramó en tus labios; por tanto,[62] *Dios te ha bendecido para siempre.* Así comienza el salmista a describir la belleza y hermosura del Rey, destacando lo más deleitoso en su persona; y así hace también toda alma embelesada cuando Dios infunde en ella consciencia de su propia indignidad y fealdad por la suciedad del pecado que tan solo el rey Jesús es capaz de eliminar. ¡Oh, qué hermosa es la faz de Cristo para el pecador arrepentido que la contempla por primera vez![63]

---

[52] Isaías 50:4.
[53] Colosenses 1:19.
[54] Deuteronomio 22:2: *"Goteará como la lluvia mi enseñanza; destilará como el rocío mi razonamiento; como la llovizna sobre la grama, y como las gotas sobre la hierba"*.
[55] Isaías 5:1.
[56] Juan 7:46.
[57] Cantares 5:13.
[58] Hechos 9:4-6.
[59] Apocalipsis 1:17.
[60] Efesios 1:3.
[61] La versión inglesa KJV, que es a la que hace referencia Spurgeon, traduce: *"Therefore God hath blessed thee for ever"*, "Por lo tanto, Dios te ha bendecido para siempre".
[62] FELIPE SCIO DE SAN MIGUEL [1738-17963] remarca la importancia de ese adverbio hebreo כֵּן *kên,* "por tanto": «El *propterea,* "por tanto" se explica como causal de lo que precede, en el sentido de *"propterea quod"*: 'Eres hermoso y lleno de gracia, porque el Señor te bendijo'. Otros lo entienden en su significado natural *ob id,* es decir: estos son los motivos o fundamentos que ha tenido en cuenta Dios tu Padre para establecer el Reino eterno».
[63] Dice AGUSTÍN DE HIPONA [354-430]: «La verdadera y auténtica hermosura está en la justicia del carácter. Jamás veremos hermosa a una persona que obra injustamente; tan solo el justo es legítimamente bello».

Y lo segundo que exclama es: *"la gracia se derramó en tus labios"*. Y tan pronto los abre, la gracia que exhalan se derrama también en nuestra alma, dándonos a conocer al Padre y trayendo de nuevo reconciliación y paz con Dios a todos los que nos habíamos alejado de él;[64] por lo cual nos dice: *"Venid a mí todos los que estáis fatigados y cargados, y yo os haré descansar"*.[65] Y esto ¿por qué? Porque Dios ha derramado en él su gracia y lo ha *bendecido eternamente.* Con ello se nos garantiza que procede de Dios, y en consecuencia, que tanto él como sus obras son eternas; lo cual nos asegura que toda gracia derramada por él sobre nosotros permanecerá con nosotros eternamente, y nos hará benditos para siempre. Él es el Verbo de Dios, la Palabra[66] que transmite la mente de Dios, porque no habla otra cosa que lo que ha escuchado del Padre;[67] y cuando nos habla por medio de su Palabra recibimos el Espíritu, que da testimonio en nuestra alma de que somos hijos de Dios y herederos del cielo;[68] porque el Espíritu y la Palabra son inseparables.

RICHARD COORE [1616-1687]

"Christ set forth in all types and figuresof the Scripture", 1683

Eres el más hermoso de los hijos de los hombres; la gracia se derramó en tus labios; por tanto, Dios te ha bendecido para siempre. Nada hay más hermoso que este abrupto discurso. El profeta empieza con la intención profesa de hablar del Rey con *"un bello tema"*. Pero cual si en ese instante se hubiera aparecido ante sus ojos la Persona gloriosa de la que iba a hablar, abandona de inmediato su propósito y le habla directamente ¡y con qué arrebato! Primero describe su gloria, su hermosura y asombrosa belleza de su persona. Aunque en realidad para los ojos humanos de la carne no había en él: *"ni hermosura como para que le miremos, ni atractivo como para que nos deleitemos"*,[69] su rostro estaba más desfigurado que el de cualquier otro ser humano, y su aspecto *"no era como el de los hijos de los hombres"*,[70] ante los ojos verdaderamente iluminados por la fe, como Mediador glorioso y Esposo de su Iglesia y su pueblo, él es el Rey en toda su belleza, el más hermoso. Y ante el Padre era tan amado y tan verdaderamente glorioso, que la gracia fue derramada en sus labios. Presta atención, lector, a este importante detalle: La gracia no fue puesta en su corazón solo por la santidad y pureza de su persona, sino que además *fue derramada en sus labios*, para que su Palabra caiga sobre su pueblo como miel que destila del panal,[71] y sea derramada también en constante perpetuidad sobre todos sus redimidos, mediante todas las bendiciones que aquí reciben, y la gloria que les aguarda en el más allá.

ROBERT HAWKER [1753-1827]

"Poor Man's Commentary on the Old and New Testaments", 1831

Eres el más hermoso de los hijos de los hombres. ¿Te atrae y extasía la belleza? Entonces, apunta hacia lo máximo: porque no hallarás otra belleza como la de Cristo Jesús. Pues en hermosura y encanto supera hasta lo infinito tanto a los hombres como a los ángeles. Leemos de Moisés que *"era*

[64] Efesios 2:13-18.
[65] Mateo 11:28.
[66] Juan 1:1-4, 14.
[67] Juan 7:16; 8:26-28, 38; 12:49; 14:10; 14:24.
[68] Romanos 8:16.
[69] Isaías 53:2.
[70] Isaías 52:14.
[71] Salmo 19:10; 119:103.

hermoso a la vista";[72] y de David, que era *"era rubio, hermoso de ojos, y de buena presencia".*[73] Y las crónicas de Josefo nos cuentan acerca de uno de ellos que su belleza era tan extraordinaria que todos los que lo veían se sorprendían y quedaban prendados.[74] ¡Pero oh, qué limitada era esta belleza comparada con la de Cristo! Pues toda ella, sumada a la de todos los hombres y ángeles juntos, al lado de la belleza de Cristo es como la luz de una vela de un cuarto de penique[75] expuesta al sol de mediodía.

EDWARD PEARSE [1630-1694]
"The Best Match: The Soul's Espousal to Christ", 1673

Eres el más hermoso de los hijos de los hombres.

1. Hermoso en su *concepción:* fue concebido en pureza y un ángel, espíritu puro y hermoso anunció su venida.[76]

2. Hermoso en su *nacimiento* (la palabra que utiliza la versión griega o Septuaginta es ὡραῖος que transmite la idea de algo "radiante", una flor abierta en su esplendor); que fue señalado por una fulgurante y hermosa estrella;[77] y tuvo lugar *"tempestivus"*, en el momento oportuno: *"cuando vino el cumplimiento de los tiempos"*[78]. Y todas las cosas son hermosas en su tiempo y sazón.[79]

3. Hermoso en su *infancia:* Creció *"en sabiduría, en estatura y en gracia"*,[80] y los doctores de la ley estaban maravillados con él.[81]

4. Hermoso en su *apariencia:* de otro modo –dice San Jerónimo–, de no haber tenido en su naturaleza y personalidad algo extraordinario y admirable; de no haber reflejado en su rostro alguna hermosura celestial desconocida, ni los apóstoles ni las multitudes que iban tras él le habrían seguido tan fácilmente, como reconocieron los propios fariseos.[82]

5. Hermoso en su *transfiguración:* con sus vestidos blancos como la luz,[83] o como la nieve,[84] y su rostro resplandeciente como el sol;[85] hasta el punto de arrebatar el alma de Pedro que *"sin saber*

---

[72] Hechos 7:20, LBLA Hebreos 11:23. La versión inglesa KJV traduce Hechos 7:20 de ese modo: *"Moses was born, and was exceeding fair"*. La BLP traduce al español: *"En esa época nació Moisés, que era un niño muy hermoso"*.

[73] 1 Samuel 16:12; 17:42.

[74] Concretamente de Moisés. Ver "Antigüedades de los judíos", Libro II. Capítulo 9:6, publicado en español por CLIE: «En cuanto a su belleza, nadie dejaba de asombrarse por la hermosura de su rostro cuando lo veía. Frecuentemente sucedía que la gente que se cruzaba con él cuando lo llevaban por el camino volviera la cabeza para seguir mirándolo; dejaban lo que estaban haciendo y se quedaban un rato largo contemplándolo. Porque la belleza del niño era tan notable y natural por muchos conceptos que detenía a los espectadores obligándolos a mirarlo largo rato».

[75] En el original *"a farthing candle"*.

[76] Lucas 1:26-27.

[77] Mateo 2:2; 7:10.

[78] Gálatas 4:4.

[79] Eclesiastes 3:11.

[80] Lucas 2:52.

[81] Lucas 2:47.

[82] Juan 6:2; 11:47-48.

[83] Mateo 17:2.

[84] Marcos 9:3.

[85] Mateo 17:2.

lo que se decía",[86] incapaz de apartar sus ojos de aquel rostro esplendoroso, pretendía quedarse en el monte definitivamente y no descender de nuevo al valle.[87]

6. Hermoso en su *pasión. Nihil indecorum,* ninguna fealdad derivó de su desnudez; todo lo contrario, sus heridas y las marcas sangrientas de los látigos y azotes arrancaron de labios de Pilato un *ecce homo*: *"¡He aquí el hombre!"*. La dulzura de su rostro y lo regio de su porte en medio de escupitajos y bofetadas, escarnios y golpes;[88] su gallardía ante la cruz,[89] y la manera solemne de entregar su espíritu[90] denotaban una majestad tan sublime y un resplandor celestial tan brillante en medio de las intensas tinieblas que cubrían la tierra,[91] que el centurión que lo ejecutaba no pudo sino caer de rodillas en tierra y glorificarle exclamando: *"En verdad este hombre era Hijo de Dios"*.[92]

7. Hermoso en su *resurrección:* con una belleza tan sutil que los ojos mortales, aún los de sus propios discípulos, fueron incapaces de reconocerlo hasta que se reveló a ellos.[93]

8. Hermoso en su *ascensión:* hasta tal punto que sus discípulos se quedaron largo tiempo ensimismados mirándole cómo ascendía, y finalmente tuvieron que venir ángeles del cielo a reprenderlos y regresarlos a la realidad de la tierra.[94]

MARK FRANK [1613-1664]
"Course of Sermons for all the Sundays and Festivals throughout the Year", 1672

Eres el más hermoso de los hijos de los hombres. ¡Hermoso es el sol, la luna y las estrellas; hermosas son las flores, las rosas y los lirios; pero diez mil veces más hermoso eres tú, oh Señor Jesús! ¡Mas ay, pienso que te he faltado al compararte! ¡Pues al lado de tu hermosura incomparable, el sol es túrbido y la luna pálida y decrépita! ¡Fuliginosas son las flores, repelentes los lirios y las rosas, solo tú Jesús, eres hermoso! ¡Los cielos son plomizos, pero Cristo es hermoso! ¡Los ángeles grotescos, pero tú, oh Señor Jesús, solo tú eres sobremanera hermoso!

SAMUEL RUTHERFORD [1600-1661]
"Joshua redivivus, or, Three hundred and fifty-two religious letters; Written Between 1636 & 1661", 1796

Eres el más hermoso de los hijos de los hombres. En Cristo podemos contemplar reunida toda la hermosura y belleza de los cielos y tierra. Porque el apogeo de la hermosura de los cielos es Dios; y la culminación de la hermosura de la tierra es el hombre. Por tanto, la suma de toda la hermosura del cielos y tierra es el Dios hecho hombre.[95] Y así hemos de confesarlo.

EDWARD HYDE [1607-159]
"Christ and his Church, or Christianity explained", 1658

[86] Marcos 9:6.
[87] Mateo 17:4; Marcos 9:5.
[88] Mateo 26:67; Juan 19:1-3.
[89] Lucas 23:34.
[90] Lucas 23:46.
[91] Lucas 23:44.
[92] Mateo 27:54.
[93] Lucas 24:31.
[94] Hechos 1:10-11.
[95] Isaías 7:14; 9:6-7; Juan 1:14; Filipenses 2:6,11.

Tu eres. «Solo tengo una pasión en mi vida» exclamó el conde de Zinzendorf[96] en uno de sus discursos a la congregación de Herrnhut «mi pasión es Él y únicamente Él».

C. H. SPURGEON

Eres el más hermoso. En hebreo יָפְיָפִיתָ *yāp̄əyāp̄îtā* de יָפָה *yaphah,* "hermoso", el término se desdobla o repite *ad corroborandum* como afirma Kimchi,[97] para enfatizar el sentido. Una traducción más literal sería: *"Tú eres hermoso y hermoso"* o *"Eres doblemente hermoso"* o *"Eres lo más hermoso de lo hermoso"*.

JOHN TRAPP [1601-1669]
"A commentary or exposition upon the books of Ezra, Nehemiah, Esther, Job and Psalms", 1657

La gracia se derramó en tus labios. De estas palabras cabe interpretar que esta gracia derramada en sus labios era un don recibido, y no algo inherente en el propio Señor. ¿Y acaso no es esto exactamente lo que aprendemos de los relatos de los evangelistas? Antes de que Jesús saliera a la obra de su ministerio público, el Espíritu Santo descendió del cielo en forma de paloma, y se posó sobre él.[98] El Espíritu Santo que es quien imparte a la Iglesia de Cristo su gracia,[99] impartió también su gracia sobre Cristo mismo. Y no porque el Hijo de Dios necesitara la unción del Espíritu Santo, pero se sometió a ella para hacerse igual a sus hermanos en todo.[100] Si tenía que ser su modelo y ejemplo, debía mostrarles de dónde procedía su extraordinaria fortaleza, llevándoles a contemplar en él los frutos del Espíritu Santo que les habían sido prometidos. Todo lo que Cristo hizo como Cabeza y representante de su pueblo, lo hizo mediante la fuerza y el poder del Espíritu que todavía sigue presente en su Iglesia.

GEORGE HARPUR
"Christ in the Psalms", 1862

La gracia se derramó en tus labios. Sus labios fueron llenos de gracia tanto en lo que hace al fondo, como a la forma.

1. En lo que hace al fondo, impartió una doctrina legítima pero agradable: *"Pues la ley fue dada por medio de Moisés, pero la gracia y la verdad vinieron por medio de Jesucristo"*.[101] Moisés impuso su ley con palabras muy ásperas y duras: *"Maldito el que no confirme las palabras de esta*

[96] Se refiere a NIKOLAUS LUDWIG VON ZINZENDORF [1700-1760] más conocido como CONDE DE ZINZENDORF, un noble alemán hijo de AUGUSTO II ELECTOR DE SAJONIA [1670-1733] que educado por su abuela en el pietismo de PHILIP JACOB SPENER [1635-1705] decidió dedicar su vida al estudio de la Palabra, la predicación y la meditación. Se convirtió en líder de los llamados "hermanos Moravos", herederos del movimiento de JUAN HUSS [1370-1415]. Tras una experiencia de bautismo del Espíritu Santo, puso en marcha en el siglo XVII una reforma espiritual de características muy similares a lo que posteriormente sería el movimiento carismático o pentecostal. Escribió numerosos himnos.

[97] Se refiere al rabino DAVID O DOVID KIMCHI [1157-1236], también conocido por el nombre de DAVID KIMHI o el acrónimo hebreo RADAK. Nacido en Narbona, Francia, hijo de un famoso rabino y filólogo judío Yosef Kimchi, DAVID KIMCHI fue uno de los más prestigiosos eruditos en el hebreo bíblico de la Edad Media y autor de uno de los más prestigiosos comentarios al texto del A.T.

[98] Mateo 3:16-17.

[99] Juan 7:39; 14:16; 15:26; 16:7; Hechos 2:1-4; Romanos 8:26.

[100] Hebreos 2:17.

[101] Juan 1:17.

ley para hacerlas";[102] Cristo, por el contrario, hablaba de otro modo, las primeras palabras de su primer sermón fueron: *"Bienaventurados los pobres en el espíritu, porque de ellos es el reino de los cielos".*[103] Dice Agustín[104] que «vino a nosotros con palabra de gracia, con el beso de la gracia»,[105] sus labios estaban ciertamente llenos de gracia, es decir, derramaban constantes y abundantes palabras de gracia: *"Venid a mí todos los que estáis trabajados y cargados, y yo os haré descansar";*[106] *"Porque de tal manera amó Dios al mundo, que ha dado a su Hijo unigénito, para que todo aquel que cree en él, no perezca, sino que tenga vida eterna";*[107] *"El Espíritu del Señor está sobre mí, por lo cual me ungió para predicar el evangelio a los pobres. me ha enviado a sanar a los quebrantados de corazón; a proclamar liberación a los cautivos, y recuperación de la vista a los ciegos; a poner en libertad a los oprimidos".*[108] Sus labios fueron en todo momento: *"como lirios que destilan mirra fragante".*[109] Y todos los que le escuchaban: *"hablaban bien de él, y quedaban maravillados de las palabras de gracia que salían de su boca".*[110]

2. En lo que respecta a la forma, no enseñaba como los escribas; hablaba con tanta dulzura que incluso los alguaciles, sorprendidos por sus palabras, dieron ante los fariseos este testimonio: *"¡Jamás hombre alguno ha hablado como este hombre!"*[111] Era tal la gracia con la que se expresaba que los apóstoles con solo escucharle abandonaron todo y lo siguieron: a su llamada Pedro y Andrés dejaron las redes de inmediato;[112] Jacobo y Juan abandonaron sin pensárselo la barca de su padre;[113] Mateo la oficina de los tributos;[114] y Zaqueo descendió apresuradamente del árbol al que se había encaramado para recibirlo con alegría.[115] Era un orador tan poderoso que incluso los vientos y las olas obedecían a su palabra.[116] Se afirma en las Sagradas Escrituras que todos los príncipes y notables deseaban escuchar la elocuencia y sabiduría de Salomón; y que la reina de Sabá exclamó: *"Bienaventurados tus hombres, dichosos estos tus siervos, que están continuamente delante de ti, y oyen tu sabiduría".*[117] Salomón no era más que un tipo, Cristo es lo real; y con ello queda demostrado que Cristo no es un ningún tirano, sino un príncipe amable, que persuade a sus súbditos a la obediencia de manera plausible, no somete ni obliga a su pueblo con violencia; su *cetro* (45:6) y su *espada* (45:3) son sus palabras de justicia; y sus exhortaciones convincentes y penetrantes son, por así decirlo, sus *flechas afiladas* (45:5) con las que somete a sus seguidores.

---

[102] Deuteronomio 27:26; Gálatas 3:10.
[103] Mateo 5:3.
[104] Se refiere a AURELIUS AUGUSTINUS [354-430], más conocido como SAN AGUSTÍN O AGUSTÍN DE HIPONA uno de los cuatro más importantes Padres de la Iglesia latina y uno de sus más eminentes doctores. Gran apologista cristiano, sus escritos suponen la primera gran síntesis entre el cristianismo y la filosofía platónica.
[105] En latín en el original: *«cum verbo gratiae, cum osculo gratae». Enarrationes in Psalmos*. (Ver texto completo del comentario de Agustín en la nota 127).
[106] Mateo 11:28.
[107] Juan 3:16.
[108] Lucas 4:18.
[109] Cantares 5:13.
[110] Lucas 4:22.
[111] Juan 7:46.
[112] Mateo 4:18-20.
[113] Mateo 4:21-22.
[114] Mateo 9:9.
[115] Lucas 19:6.
[116] Marcos 4:39.
[117] 1 Reyes 10:8.

Para concluir, sus palabras de justicia, dulces y agradables (como dice la Escritura) son: *"panal de miel, dulces al alma y salud para los huesos"*,[118] ¿Qué más cabe pedir? El alma del justo es esposa de Cristo, y por tanto, le habla con frecuencia y se dirige a ella de diversas maneras. Unas para corregirla; ¿y qué argumento hay más poderoso que el amor? Porque *"a quien ama, él castiga"*.[119] Otras veces para instruirla, y en esto su evangelio es capaz de hacer *"al hombre de Dios enteramente apto, bien pertrechado para toda buena obra"*.[120] A veces cortejándola, como hace en sus cánticos de amor: *"mi amada"*, *"mi hermana"*, *"mi esposa"*, *"la más bella entre todas las mujeres"*, *"mi paloma"*. A veces con promesas alentadoras para esta vida presente: *"no temas, porque yo estoy contigo; no desmayes, porque yo soy tu Dios; yo te doy vigor; sí, yo te ayudaré, y siempre te sostendré con la diestra de mi justicia"*;[121] y también para la vida venidera: *"En la casa de mi Padre hay muchas mansiones; si no, ya os lo hubiera dicho; voy, pues, a preparar lugar para vosotros"*.[122] Pero lo mejor de todo es su constante intercesión ante el Dios Padre en la corte del cielo, día tras día actuando como nuestro abogado,[123] esto es lo que le hace más lleno de gracia; pues si Caleb concedió la petición de su hija fácilmente otorgándole *"las fuentes de arriba y las fuentes de abajo"*;[124] ¿cómo podemos pensar que el Dios Todopoderoso, cuyas *"misericordias son sobre todas sus obras"*,[125] nos negará las peticiones a nuestro favor presentadas por su Hijo amado en el cual tiene su contentamiento?[126]

JOHN BOYS [1571-1625]
"The Works of John Boys: Exposition of Psalm 45", 1626

La gracia se derramó en tus labios. La primera cláusula de este versículo: *"Eres el más hermoso de los hijos de los hombres"* hace referencia a sus perfecciones internas; esta: *"la gracia se derramó en tus labios"* tiene que ver con su capacidad y disposición para transferir estas perfecciones a otros.[127]

MATHEW POOLE [1624-1679]
"English Annotations on the Holy Bible", 1683

---

118 Proverbios 16:24.
119 Hebreos 12:6.
120 2 Timoteo 3:17.
121 Isaías 41:10.
122 Juan 14:2.
123 1 Juan 2:1.
124 Jueces 1:15.
125 Salmo 145:9.
126 Mateo 3:17.
127 Dice al respecto AGUSTÍN DE HIPONA [354-430]: «Vino a nosotros con palabra de gracia, con el beso de la gracia. ¿Puede haber cosa más dulce que esta gracia? ¿Y qué propósito tiene esta gracia?" *"Bienaventurado aquel cuya transgresión ha sido perdonada, y cubierto su pecado"* (Salmo 32:1). De haber venido como Juez inflexible sin llevar esta gracia derramada en sus labios, ¿qué persona hubiera tenido esperanza de salvación? Viviríamos temerosos de saber lo que nos aguarda como pecadores. Pero al venir con la gracia derramada en sus labios no exigió el pago de la deuda, él mismo pagó la deuda, una deuda que no le correspondía. ¿Pues acaso no era todo pecador reo de muerte (Romanos 6:23)? ¿Acaso no eras tú merecedor del más horrendo castigo? Pero él te perdonó todas tus iniquidades, pagando él mismo aquello que no debía (Isaías 53:4-6). ¡Oh gracia sublime! ¿Y por qué se llama gracia? Porque es gratuita. A ti tan solo te corresponde agradecer, no restituir ni compensar, porque no hay nada con que puedas compensarla. Por ello se pregunta el salmista en otro pasaje: *"¿Qué pagaré al Señor por todos sus beneficios para conmigo?"*, y como no encuentra manera de compensarlos, concluye: *"Alzaré la copa de la salvación, e invocaré el nombre del Señor"* (Salmo 116:12-13). ¿O tal vez eres capaz de hacer o encontrar algo con lo cual pagar al Señor que no hayas recibido de él? (…) Esta es la gracia sublime derramada en sus labios».

La gracia se derramó en tus labios. Nunca hombre alguno ha pronunciado palabras de tanto amor y dulzura como las que él pronunció; jamás ha existido un corazón tan amoroso y tierno como el de nuestro señor Jesucristo: *"La gracia se derramó en sus labios"*.[128] Ciertamente, jamás fueron pronunciadas sobre la tierra palabras de tanto amor, dulzura y ternura como las últimas palabras que Cristo pronunció poco antes de sus padecimientos, y que tenemos registradas en los capítulos 13 al 17 del Evangelio de Juan. Aún cuando leyéramos todos los libros sobre el amor y la amistad escritos hasta la fecha por los hijos de los hombres, pronto nos daríamos cuenta que todos ellos juntos se quedan cortos al lado de los acordes sublimes de amor expresados en estos textos. Tan dulces y amorosas eran las palabras de Cristo que la Historia Eclesiástica cuenta que, después de su ascensión, el apóstol Pedro rompió a llorar amargamente, con tal intensidad, que desde entonces fue visto siempre secando lágrimas de sus ojos; y cuando le preguntaron por qué lloraba de ese modo respondió: «Cuando recuerdo las dulces palabras que escuchaba de labios del Cristo, no puedo por menos que llorar».[129]

JOHN ROW [1626-1677]
"Emmanuel or, The love of Christ explicated and applied in his incarnation being made under the lawand his satisfaction in xxx sermons", 1680

Vers. 3. *Ciñe tu espada sobre el muslo, oh valiente, con tu gloria y con tu majestad.* *[Ciñe tu espada sobre tu costado, caballero victorioso. En tu gloria marcha, cabalga.* RVR*] [Ciñe tu espada sobre el muslo, oh valiente, en tu esplendor y tu majestad.* LBLA*] [¡Cíñete tu espada sobre el muslo, oh Valiente, con gloria y majestad!* BTX*] [¡Con esplendor y majestad, cíñete la espada, oh valiente!* NVI*] [Valiente, cíñete al costado la espada que es tu esplendor y tu grandeza.* BLP*] [¡Ponte la espada, oh poderoso guerrero! ¡Eres tan glorioso, tan majestuoso!* NTV*]*[130]

---

[128] Dicen los Padres de la Iglesia:

– ORÍGENES [185-254]: «Qué mejor demostración cabe del poder de esa gracia derramada en sus labios, que a pesar del corto período de tiempo durante el cual estuvo enseñando en este mundo (…) su mensaje ha llenado todo el orbe, y hasta en los confines de la tierra hay gentes que adoran a Dios según lo que él enseñó».

– DIODORO DE TARSO [¿?-392]: «Tras referirse a su aspecto glorioso el salmista habla aquí de su belleza interior que se desbordaba emanando de sus labios: un poder de persuasión que convencía a los discípulos para que le siguieran con una sola palabra (Mateo 9:9; Lucas 5:27-28). Tan extraordinaria era su sabiduría que no precisaba de muchos argumentos».

[129] Esta leyenda sobre el llanto de San Pedro después de la ascensión del Señor no procede de ninguna "Historia Eclesiástica" conocida y fiable, sino de una famosa obra medieval conocida como *"Legenda aurea"* o *"Legenda sanctorum"* recopilada por el arzobispo de Génova y presunto historiador italiano JACOBO DE LA VORÁGINE O IACOPO DA VARAZZE [1230-1298] en la que relata la vida de santos y mártires, pero sin ninguna fidelidad histórica ni hechos contrastados, transcribiendo leyendas basadas muchas de ellas en los textos apócrifos y plagadas de hechos inverosímiles, como ya denunciaron en su día los humanistas españoles JUAN LUIS VIVES [1492-1540] y MELCHOR CANO [1509-1560]. Es en el volumen 4 de la *"Legenda aurea"*, donde se habla de San Pedro y su llanto después de la ascensión, y que el propio autor de la *"Legenda aurea"* atribuye a una supuesta "Historia Eclesiástica" sin dar más referencias.

[130] En hebreo חֲגֽוֹר־חַרְבְּךָ֣ עַל־יָרֵ֣ךְ גִּבּ֑וֹר ה֝וֹדְךָ֗ וַהֲדָרֶֽךָ *ḥăḡōwr-ḥarbəḵā ʻal-yārêḵ gibbōwr hōwḏḵā wahăḏāreḵā.* SCHÖKEL traduce: *"Cíñete al flanco la espada, valiente, es tu gala y tu orgullo"*. KRAUS: *"Ciñe tu espada a la cintura, oh héroe, tu majestad y esplendor 'adorne tus caderas'"*. La versión griega de los LXX o Septuaginta, que estructura los versículos de manera distinta enlazando parte del tres y el cuatro lee: περίζωσαι τὴν ῥομφαίαν σου ἐπὶ τὸν μηρόν σου, δυνατέ, τῇ ὡραιότητί σου καὶ τῷ κάλλει σου καὶ ἔντεινον que la Vulgata traduce al latín como: *"Accingere gladio tuo super femur tuum, potentissime, specie tua et*

Ciñe tu espada sobre tu costado. Los espíritus piadosos y celosos de la gloria del Redentor, aguardan verle extender su poder reivindicando su santa causa. ¿Por qué debería la espada del Espíritu[131] permanecer ociosa cual arma colgada en la armería? Es aguda y poderosa, tanto para cortar como perforar:[132] ¡Oh, si el poder divino de Jesús fuera usado contra el error! Este versículo urge a nuestro gran Rey a armarse para la batalla, ciñendo su espada donde debe estar, a punto para ser utilizada. Cristo es el verdadero campeón de la Iglesia, todos los demás somos sus subordinados, y por tanto debemos tomar prestada de él toda nuestra fuerza; pues tan solo en el brazo fuerte de Emmanuel[133] es la esperanza de los fieles. Debemos hacer nuestra la oración de este versículo. En nuestros días parece como si el poder ancestral de nuestro Señor estuviera en suspenso, y debemos por medio de la oración importuna llamarlo a que se involucre en la contienda; pues igual que los griegos eran fácilmente derrotados sin Aquiles,[134] también nosotros podemos darnos por muertos si Jesús no pelea a nuestro lado.

Oh valiente.[135] Un título bien merecido y no concedido por cortesía vacía, como los otorgados a nuestras serenidades, excelencias y altezas, que no son más que vanagloria. Jesús es el más auténtico de todos los héroes y, en su caso, el culto al héroe es encomiable, pues él es poderoso para salvar, poderoso en amor.

En tu esplendor y tu majestad. Que tu espada te gane renombre y dominio, o en otras palabras, ciñe con tu espada tus vestiduras, símbolo de tu esplendor real. El amor se deleita viendo al Amado vestido en toda su excelencia, llora al verlo en las vestiduras de la humillación,[136] y se regocija al verlo en las vestiduras de su exaltación.[137] Nunca estimaremos en exceso a nuestro Cristo precioso, pues ni el mismísimo cielo es suficiente para él. Toda la pompa que puedan colocar a sus pies ángeles y arcángeles, tronos, dominios, principados y potestades, no es aún bastante para él. Tan solo la esencia de su propia gloria es de tal magnitud que responde plenamente los deseos de su pueblo, que nunca lo ensalzará lo suficiente.

C. H. SPURGEON

---

pulchritudine tua intende", "Cíñete tu espada sobre tu muslo, oh valerosísimo con tu belleza y tu hermosura enristra". FELIPE SCIO DE SAN MIGUEL [1738-17963] añade la siguiente nota: «El *intende,* "enristra" o "embiste" de la Vulgata y ἔντεινον de los LXX parece que debe entenderse de la lanza, o del arco, como se desprende del versículo cinco (45:5)» y cotejando con el hebreo propone la siguiente traducción o paráfrasis: «"Ciñe tu espada sobre el muslo, oh valeroso, que es tu gloria y tu hermosura. Y con tu hermosura se prosperado; y armado de este modo, y guarnecido magníficamente, pon felizmente fin a tus empresas».

[131] Isaías 49:2; Efesios 6:17 ; Hebreos 4:12; Apocalipsis 1:16; 19:15.

[132] Hebreos 4:12.

[133] Isaías 7:14; 9:6-7; Salmo 89:13; 98:1.

[134] Se refiere a la Ilíada, una de las epopeyas más conocidas de la antigua Grecia, atribuida al mítico poeta HOMERO [siglo VII a.C.] en la que se describen las batallas ante las puertas de Troya entre griegos y troyanos, y cómo los griegos fueron derrotados cuando su gran héroe campeón, Aquiles, se retiró ofendido de la batalla cuando el rey griego Agamenón se apoderó de su esclava Briseida. Aquiles era un héroe de la mitología griega, hijo Peleo, un hombre mortal, y de la diosa Tetis, y según dice la leyenda, invulnerable en todo su cuerpo excepto en el talón, de ahí el famoso "talón de Aquiles".

[135] En hebreo גִּבּוֹר *gibbōwr* de גִּבּוֹר *gibbor;* término que en Génesis 10:8-9 se utiliza para referirse a Nimrod: *"el primer poderoso en la tierra";* en los Salmos e Isaías se utiliza en diferentes pasajes aplicado a Dios (Salmo 24:8; Isaías 9:6; 10:21). La versión inglesa KJV traduce: *"O most mighty"*, "O el más poderoso". La RVR1977 *"caballero victorioso"*. SCHÖKEL: *"valiente"*. KRAUS: *"oh héroe"*.

[136] Isaías 53:4; Esdras 9:5.

[137] Isaías 61:10.

Ciñe tu espada sobre tu muslo. Según las antiguas costumbres, la espada colgaba de un cinturón que rodeaba los hombros y llegaba hasta el muslo quedando suspendida en la parte posterior del muslo, casi hasta rozar el suelo, pero no se ceñía a él; en el caso de los jinetes, la espada quedaba fijada a la silla de montar por una cincha. Así que cuando David invita en espíritu al Redentor de la Iglesia a *"ceñir su espada sobre su muslo"*, y el esposo dice en Cantares sobre los valientes de Israel que: *"cada uno tiene su espada sobre su muslo, por los temores de la noche"*,[138] ello no significan que fuera costumbre generalizada llevar el arma literalmente pegada al muslo, sino que les colgaba del cinturón en la parte posterior. Por el testimonio que tenemos de los escritores de la antigüedad, esta era la forma habitual de la infantería de llevar la espada; y por lo que parece sigue siendo costumbre habitual en el mundo oriental, por las referencias al respecto que nos proporciona Chardin.[139] Por tanto, cuando David invita en forma poética al Redentor a que ciña su espada sobre su muslo, es evidente que se trata de una clara referencia a algún tipo de ceremonia específica de carácter oficial y solemne. Cosa que confirman las palabras de Morier:[140] «Cuando un príncipe persa u otomano asciende al trono, se ciñe su sable. Valga como ejemplo de ello el caso de Mohammed Jaffer, que fue proclamado por el Khan gobernador *pro tempore*[141] hasta que su hermano pudiera ocupar el lugar. Esta ceremonia de ceñir la espada real sobre su muslo y elegir un nuevo nombre equivaldría a lo que nosotros entendemos como ceremonia de coronación, y era indispensable antes de que el príncipe pudiera ser proclamado legítimamente como rey. Con la espada ceñida sobre el muslo, el príncipe entraba en el templo, y allí el sacerdote le ofrecía un recipiente con polvo de sándalo en la que mojaba sus dedos; a partir de este momento podía llamarse propiamente rey». Es evidente, pues, que ceñir la espada sobre el muslo es parte de la ceremonia de instauración de un monarca; y por tanto, cuando el salmista se dirige al Mesías en estos términos, se refiere a recibir los honores y poderes como Señor de todas las cosas.

GEORGE PAXTON [1762-1837)]
"Illustrations of Scripture"
edición revisada y ampliada por ROBERT JAMIESON [1802-1880], 1843

Tu espada. El apóstol compara la Palabra de Dios a una espada, y nos dice que es viva y eficaz, más afilada y cortante que un arma de dos filos, que penetra hasta partir el alma y el espíritu, las coyunturas y el tuétano, y discierne los pensamientos e intenciones del corazón.[142] Sin embargo, es preciso tener en cuenta que semejante descripción de la Palabra de Dios tan solo es aplicable cuando es Cristo quien la ciñe y la empuña. ¿Pues de qué sirve una espada, aunque sea la de Goliat, enfundada en su vaina o empuñada por la mano débil de un niño? No podría conquistar ni defender, aunque sí pudiera hacerlo eficazmente en manos del guerrero. Lo mismo cabe decir de la Espada del Espíritu: envainada o manejada por la mano débil de los ministros cristianos es un arma poco eficaz, de la que

[138] Cantares 3:8.

[139] Se refiere a JEAN-BAPTISTE CHARDIN [1643-1713], más conocido como SIR JOHN CHARDIN, nacido en el seno de una familia de protestantes hugonotes en Francia, afamado joyero, incansable viajero y autor de una famosa obra titulada *"Voyages de monsieur le chevalier Chardin en Perse et autres lieux de l'Orient"*, 1711, en la que relata sus experiencias en Persia y Oriente Medio, considerada durante muchos años como la mejor obra de referencia sobre costumbres orientales. A causa de la persecución de los hugonotes en Francia, se afincó en Londres, donde CARLOS II [1630-1685] lo invistió caballero en 1681 otorgándole el rango de Sir. Un año después, en 1682, entró a formar parte de la *Royal Society.*

[140] Se refiere a JAMES JUSTINIAN MORIER [1780-1849], diplomático inglés y novelista, famoso por sus obras acerca del mundo árabe, siendo la más conocida *"The Adventures of Hajji Baba of Ispahan"*, 1832.

[141] Locución latina compuesta de *pro,* "por" y *tempore,* "tiempo", significa "por un tiempo" o "circunstancialmente" y se utiliza para indicar que alguien ocupa un cargo de modo transitorio o interino, por un tiempo.

[142] Hebreos 4:12.

cualquier pecador se puede burlar y rechazar sus ataques con facilidad. Pero cuando la empuña el más Poderoso de los guerreros, es distinto; pues se convierte en arma poderosa, tan irresistible como los rayos mismos del cielo: "*¿No es mi palabra como fuego, dice Jehová, y como martillo que hace pedazos la roca?*".[143] En efecto, ¿qué puede haber más eficaz e irresistible que una espada de dos filos manejada por el brazo de la omnipotencia? ¿Cómo no habrá de ser la espada de Aquel cuyo rostro es como el relámpago y sus ojos llama de fuego?[144] Ceñido con semejante arma, el Capitán de nuestra salvación se abre paso hasta el pecador con suma facilidad y, aunque este se parapete detrás de las rocas, montañas y baluartes de mentiras, Él desbarata todas sus fortalezas y de un poderoso mandoble parte su corazón de diamante dejándole postrado y temblando a sus pies. Siendo tales los efectos de esta arma poderosa en manos de Cristo, es comprensible que el salmista inicie su poema pidiéndole que se la ciña sobre el muslo, y no la deje inactiva en su vaina o impotente en manos de ministros.

EDWARD PAYSON [1783-1827]
"Messsiah's Victory Predicted and Desired", 1828

Caballero victorioso. Cristo es todopoderoso, y capaz por tanto de hacer todo cuanto dice, y de cumplir sus palabras, preceptos, promesas, amenazas y todo aquello para lo cual ha sido enviado.

DAVID DICKSON [1583-1663]
"Explanation of the First Fifty Psalms", 1653

Vers. 3-4. Alegrémonos al considerar la causa gloriosa en la que Cristo está involucrado y la guerra santa que libra contra el mal; pues ciertamente saldrá victorioso, ya que se trata de la causa de la verdad, la mansedumbre y la justicia. Su evangelio, su espada, que es la palabra de Dios; corrige nuestros errores con la verdad, domina nuestras pasiones con la mansedumbre que promueve, y regula nuestras vidas por medio de las leyes de justicia que inculca. Regocijémonos de que esta causa sagrada haya prosperado hasta este momento, y siga prosperando en el futuro.

JOB ORTON [1717-1783]
"Practical Works", 1842

Vers. 4. *En tu gloria sé prosperado; cabalga sobre palabra de verdad, de humildad y de justicia, y tu diestra te enseñará cosas terribles.* *[Por la causa de la verdad, de la humildad y de la justicia, y tu diestra te enseñará a realizar proezas.* RVR*] [En tu majestad cabalga en triunfo, por la causa de la verdad, de la humildad y de la justicia; que tu diestra te enseñe cosas tremendas.* LBLA*] [¡Cabalga en tu majestad, triunfa por causa de la verdad, la mansedumbre y la justicia, y tu diestra te guiará a hazañas terribles!* BTX*] [Con majestad, cabalga victorioso en nombre de la verdad, la humildad y la justicia; que tu diestra realice gloriosas hazañas.* NVI*] [Cabalga victorioso a favor de la verdad, la clemencia y la justicia; que tu diestra te colme de hazañas.* BLP*] [Cabalga con majestad hacia la victoria y defiende la verdad, la humildad y la justicia. ¡Avanza para realizar obras imponentes!* NTV*]*[145]

[143] Jeremías 23:29.

[144] Daniel 10:16; Apocalipsis 1:14-15; 19:12.

[145] En hebreo el testo hebreo וַהֲדָרְךָ צְלַח רְכַב עַל־דְּבַר־אֱמֶת וְעַנְוָה־צֶדֶק וְתוֹרְךָ נוֹרָאוֹת יְמִינֶךָ *wahădārəkā ṣəlaḥ rəkab ʻal-dəbar-ʼĕmet wəʻanwāh-ṣedeq watōwrkā nōwrāʼōwt yəmînekā.* SCHÖKEL traduce: *"cabalga victorioso por la verdad y la justicia; tu diestra te enseñe a realizar proezas"*. KRAUS: *"¡sal por la causa de la verdad, de la pobreza 'y' de la justicia! ¡muestre tu diestra actos temibles!"*. La versión griega de los LXX lee: καὶ κατευοδοῦ καὶ βασίλευε ἕνεκεν ἀληθείας καὶ πραΰτητος καὶ δικαιοσύνης, καὶ ὁδηγήσει σε θαυμαστῶς ἡ

En tu majestad cabalga en triunfo. Suplica ahora al heroico monarca, una vez revestido y armado, que cabalgue en su carruaje triunfal. ¡Pluguiera a Dios que nuestro Emmanuel cabalgara en su carruaje de amor para vencer a nuestros enemigos espirituales[146] y arrebatarles con su poder las almas que ha comprado con sangre![147]

Por la causa de la verdad, de la humildad y de la justicia. Puede traducirse también como: "Cabalga sobre palabra de verdad, y de mansedumbre y de justicia". Tres nobles corceles para tirar del carro de combate del evangelio.[148] Pero aún siguiendo el sentido de nuestra traducción que dice: *"por causa de la verdad, de la humildad y de la justicia"*, constituye también un poderoso argumento para instar a nuestro Señor a que *"por causa"* de lo verdadero, de lo humilde, y de lo que es justo, salga en su defensa. Pues de lo contrario, a menos que el Dios-Hombre, en el cual estas virtudes preciosas fueron encarnadas se levante para vindicarlas, la verdad será ridiculizada, la mansedumbre se verá oprimida y la justicia aniquilada. Por tanto, nuestra sincera petición ha de ser siempre que Jesús despliegue su brazo todopoderoso en la obra de la gracia, para que la causa justa no languidezca y la maldad no prevalezca.[149]

Y tu diestra te enseñará cosas terribles. Anticipando los resultados de la obra divina, el salmista profetiza que el brazo en alto del Mesías revelará ante los ojos del rey el derrocamiento terrible de sus enemigos. Jesús no precisa de otra guía que la de su propia mano derecha, ni otro maestro que su propia fuerza. ¡Quiera pues instruirnos en las grandes hazañas que piensa llevar a cabo con premura, y conceder a nuestros ojos el privilegio y alegría de poder contemplarlas!

C. H. SPURGEON

En tu majestad cabalga en triunfo, por la causa de la verdad, de la humildad y de la justicia. Las ruedas que mueven el carro sobre el cual Cristo cabalga conquistando y sometiendo nuevos convertidos a su reino, son su majestad, verdad, humildad, y justicia, y todas ellas claramente manifiestas en la predicación de su evangelio:

– Majestad, cuando proclama la magnificencia de su persona y atributos;
– Verdad, cuando establece la certeza y veracidad de todo cuanto enseña la Escritura;
– Humildad, cuando ofrece su gracia y misericordia a los rebeldes;
– Justicia, cuando afirma la justificación en su nombre por medio de la fe.

δεξιά σου que la Vulgata traduce al latín como: *"prospere procede, et regna, propter veritatem, et mansuetudinem, et justitiam; et deducet te mirabiliter dextera tua"*, "marcha con prosperidad y reina por medio de la verdad, y la mansedumbre, y la justicia; y te guiará tu diestra de una forma maravillosa". Y FELIPE SCIO DE SAN MIGUEL [1738-17963] tras cotejarlo con el hebreo propone la siguiente paráfrasis: «Esto es: *sé llevado como sobre un carro,* –en lo que se insinúa el Evangelio, por cuya predicación Jesucristo debía ser llevado victorioso y triunfante por todo el mundo; *y tu diestra te enseñará cosas terribles,* –es decir, empleando tu poder soberano verás los admirables efectos que el Espíritu Santo anuncia por mi boca».

[146] Isaías 66:15; Jeremías 4:13.

[147] Hechos 17:11; 1 Corintios 6:20; Efesios 1:7-8; 1 Pedro 1:18-21.

[148] De un modo parecido lo traduce también en paráfrasis FELIPE SCIO DE SAN MIGUEL [1738-17963]. Ver nota 145.

[149] Dice TEODORO DE MOPSUESTIA [350-428]: «Lo cual demuestra claramente que no está hablando de ningún rey humano, pues no es propio de los monarcas humanos guerrear *"por la causa de la verdad, de la humildad y de la justicia"* sino todo lo contrario, lo que buscan es conquistar, aplastar a los adversarios sin reparar en los medios, dominar e imponer su voluntad para engrandecerse a sí mismos, la humildad y la justicia jamás son parte del juego».

Cristo no cabalga en vano, no se queda corto en sus objetivos o propósitos, lleva a cabo extensivamente todo aquello para lo cual ha sido enviado; sobre su majestad, verdad, humildad y justicia, su evangelio cabalga en triunfo.

DAVID DICKSON [1583-1663]
"Explanation of the First Fifty Psalms", 1653

En tu majestad cabalga en triunfo, por la causa de la verdad, de la humildad y de la justicia.[150] La traducción literal sería: "Cabalga sobre palabra de verdad, y mansedumbre de justicia", y así es como lo traduce la versión siríaca. Si adoptamos esta interpretación, el significado es que el objetivo primordial del evangelio de Cristo consiste en reivindicar en el mundo la causa de la verdad y de la justicia. Se afirma que Cristo cabalga sobre palabra de verdad, porque el conocimiento de la verdad depende de la Palabra, pues es a través de la palabra que la verdad se da a conocer; y se afirma que cabalga sobre humildad o mansedumbre de justicia, porque la mansedumbre es su característica distintiva. Lo primero, la palabra de verdad, guarda relación con aquello que debemos creer; lo segundo, la mansedumbre de justicia, guarda relación con la manera como debemos vivir.

GEORGE HARPUR
"Christ in the Psalms", 1862

Y tu diestra te enseñará cosas terribles. Esta frase parece indicar una de estas dos cosas: o bien que en razón de su poder tendrá la facultad de llevar a término cosas terribles, pues la enseñanza capacita para desarrollar aquello que uno aprende; o bien que su poder omnipotente le permitirá ver y entender aquellas cosas grandes y terribles que debe llevar a cabo.[151]

ARTHUR JACKSON [1593-1666]
"Annotations upon the five books immediately following the historical part of the Old Testament (commonly called the five doctrinal or poetical books) Iob, the Psalms, the Proverbs, Ecclesiastes, and the Song of Solomon", 1658

Vers. 5. *Tus saetas agudas, con que caerán pueblos debajo de ti, penetrarán en el corazón de los enemigos del rey.* *[Agudas son tus saetas, con que caerán pueblos debajo de ti, haciendo desmayar el corazón de los enemigos del rey.* RVR*] [Tus saetas son agudas; los pueblos caen debajo de ti; en el corazón de los enemigos del rey están tus flechas.* LBLA*] [Pueblos caerán debajo de Ti; tus saetas agudas penetrarán en el corazón de los enemigos del Rey.* BTX*] [Que tus agudas flechas atraviesen el corazón de los enemigos del rey, y que caigan las naciones a tus pies.* NVI*] [Tus flechas*

[150] En hebreo רְכַ֡ב עַֽל־דְּבַר־אֱמֶ֥ת וְעַנְוָה־צֶ֑דֶק *rəḵaḇ 'al-dəḇar-'ĕmeṯ wə'anwāh-ṣeḏeq.*

[151] Dice JUAN CRISÓSTOMO [347-407]: «Cosas terribles y portentosas, ciertamente, fue las que llevó a cabo nuestro Rey y Señor: venció a la muerte, aniquiló los poderes infernales y abrió las puertas del Paraíso, cerrando la boca de los demonios y juntando el cielo con la tierra. Dios se hizo hombre, y el hombre accedió a sentarse en trono real; abrió la esperanza a la resurrección proyectando las esperanzas humanas más allá de la muerte. Todo esto llevó a cabo con su venida, y muchas otras cosas tan terribles como maravillosas (...) pues la versión griega de los LXX o Septuaginta lee : καὶ ὁδηγήσει σε θαυμαστῶς ἡ δεξιά σου, "te guiará tu diestra de manera maravillosa", y ello significa que no solo nos corresponde admirar sus proezas porque fueron terribles, sino también porque fueron llevadas a cabo de manera portentosa: la muerte fue vencida con la propia muerte (2 Timoteo 1:10; Colosenses 2:15 Hebreos 2:14); y la maldición abolida y transformada en bendición mediante la propia maldición (Gálatas 3:13)».

están afiladas, se te someten los pueblos, desfallecen los enemigos del rey. BLP*] [Tus flechas son afiladas; traspasan el corazón de tus enemigos, y las naciones caen a tus pies.* NTV*]*[152]

Tus saetas. Nuestro Rey es diestro en toda clase de armas: puede alcanzar tanto a los que están cerca como a los que están lejos con la misma facilidad.[153]

Son agudas. Nada de lo que Jesús hace es imperfecto, no utiliza fechas embotadas o dardos sin punta.

Están en el corazón de los enemigos del rey. Nuestro Capitán apunta directo al corazón de los hombres más que a sus cabezas; sus disparos siempre dan en el blanco y penetran profundo en la parte más vital de la naturaleza del humana. Bien por amor o ejecutando venganza, Cristo nunca pasa por alto el pecado, y cuando sus flechas dan en el blanco causan un dolor profundo, sus heridas son perdurables, pues solo él las puede sanar. Las flechas de convicción de pecado que dispara Jesús son agudas en la aljaba de su Palabra, y son también agudas puestas en el arco de sus ministros; pero cuando más agudas se muestran, es cuando dan con corazones insensibles. Son *sus* flechas: él las forja y las afila; él las dispara y hace que penetren en el corazón. Que ninguno de nosotros caiga jamás bajo los dardos de su juicio, pues no hay otros tan mortíferos.[154]

Y los pueblos caen debajo de ti. Cuando Jesús lidera la batalla la mortandad es enorme. Cuando dispara su verdad sobre los pueblos, las naciones tiemblan y se vuelven hacia él. Bajo su presencia y poder los hombres caen aplastados cual si les hubieran punzado el corazón. Cuando el arco de su poder está en sus manos, nadie es capaz de mantenerse en pie contra el Hijo de Dios.[155] Terrible será

---

[152] En hebreo חִצֶּיךָ שְׁנוּנִים עַמִּים תַּחְתֶּיךָ יִפְּלוּ בְּלֵב אוֹיְבֵי הַמֶּלֶךְ *ḥiṣṣeḵā šənūnîm 'ammîm taḥteḵā yippəlū bəlêḇ 'ōwyḇê hammeleḵ.* SCHÖKEL traduce: *"Tus flechas son agudas, se te rinden ejércitos, se acobardan los enemigos del rey".* KRAUS: *"Aterroricen tus afiladas flechas a las naciones, 'pierdan el valor' los enemigos del rey".* La versión griega de los LXX o Septuaginta lee: τὰ βέλη σου ἠκονημένα, δυνατέ, λαοὶ ὑποκάτω σου πεσοῦνται— ἐν καρδίᾳ τῶν ἐχθρῶν τοῦ βασιλέως, que la Vulgata traduce al latín como: *"Sagittae tuae acutae: populi sub te cadent, in corda inimicorum regis"*, "Tus saetas agudas en el corazón de los enemigos del Rey; debajo de ti caerán los pueblos". FELIPE SCIO DE SAN MIGUEL [1738-17963] indica en una nota que: «*"populi sub te cadent"* se debe leer como entre paréntesis, o al final de la frase».

[153] Isaías 49:2; 2 Corintios 10:4.

[154] Dice AGUSTÍN DE HIPONA [354-430]: «*"Tus saetas agudas penetrarán en el corazón de los enemigos del Rey"*. Sí, en el corazón, allí donde se rebelan y conspiran, allí caen certeras las saetas haciendo que cuantos se levantaban contra Cristo caigan rendidos a sus pies. Saulo de Tarso era uno de ellos: levantó su corazón contra Cristo respirando amenazas contra él y todos sus seguidores; pero cayó certera la saeta penetrando en su corazón y postrándolo en tierra; con ello murió un enemigo de Cristo y nació un discípulo. Vino la saeta rauda del cielo, y Saulo –no Pablo sino todavía Saulo, no postrado sino todavía erguido– recibió el impacto en su corazón. Pues no fue al ser derribado del caballo que cayó postrado, sino cuando temblando y temeroso exclamó: *"Señor, ¿qué quieres que haga?"* (Hechos 9:6). Fue mientras se dirigía enconado con la idea de apresar cristianos y conducirlos al suplicio, que vino sobre él la saeta divina y doblegó su voluntad llevándole a decir: *"¿Qué quieres que haga?"*. ¡Poderosa y aguda tenía que ser la saeta capaz de transformar a Saulo en Pablo!».

[155] Jeremías 46:15.

la hora en que su arco será entesado[156] y los rayos de su fuego devorador serán lanzados contra sus adversarios;[157] entonces los príncipes caerán y las naciones perecerán.[158]

C. H. SPURGEON

Tus saetas son agudas en el corazón de los enemigos del rey.[159] Recurriendo a una metáfora todavía más audaz que la anterior, me atrevo a decir que las flechas que dispara el arco de Cristo son los predicadores del evangelio, en especial los apóstoles y los santos evangelistas. «Sus saetas –dice san Jerónimo–[160] hieren y someten a todo el orbe».[161] Pablo, el apóstol de los gentiles, era una flecha disparada por el arco del Señor, desde Jerusalén hasta Iliria,[162] y de Iliria a España,[163] volando de este a oeste, y sometiendo a los enemigos de Cristo bajo sus pies.[164]

CRISTOPHER WORDSWORTH [1807-1885]
"Commentary on the Whole Bible", 1856

Tus saetas agudas, penetrarán en el corazón de los enemigos del rey, pueblos caerán debajo de ti. Mientras suplica al Redentor que salga a cabalgar con triunfo, y anticipa sus éxitos, parece que el salmista viera de repente sus oraciones respondidas y sus predicciones cumplidas. Ve cómo su príncipe conquistador se ciñe su espada irresistible sobre el muslo, y subiendo en gloria y majestad sobre el carro de su evangelio, muestra el estandarte de su cruz y cabalga sobre las alas del viento, mientras la voz impresionante de un heraldo proclama delante de él: *"Preparad el camino a Jehová; enderezad calzada en la soledad a nuestro Dios. Todo valle sea alzado, y rebájese todo monte y collado; y lo escabroso se vuelva llano, y las breñas planicie... he aquí que Jehová el Señor vendrá con poder, y su brazo sojuzgará para él; he aquí que su recompensa viene con él, y su paga va delante de él"*.[165] Y en medio de la nube brillante que rodea su carro ocultándolo de los mortales, ve flechas afiladas de

---

[156] Lamentaciones 3:12.

[157] Salmo 18:14.

[158] Salmo 10:16; Isaías 60:12.

[159] Así lo traduce la versión inglesa KJV: *"Thine arrows are sharp in the heart of the King's enemies"*.

[160] Se refiere a EUSEBIO HIHERÓNIMO DE ESTRIDÓN [342-420], nacido en Dalmacia y más conocido como SAN JERÓNIMO, uno de los cuatro grandes Padres Latinos. Tradujo la Biblia del griego y el hebreo al latín, traducción conocida como la Vulgata (de *vulgo*, "pueblo"; *vulgata editio*, "edición para el pueblo").

[161] En latín en el original: *"His sagittis totus orbis vulneratus et captus est"*. En una carta de Jerónimo a Principia, amiga y compañera de Marcela, explicando el Salmo 45 (44). Hieronymus. *Epistulae* 65: *Ad Principiam virginem explanatio psalmi XLIV.*

[162] Provincia romana que durante la época imperial ocupaba lo que hoy en día son Bosnia-Herzegovina, Albania, Croacia y Eslovenia. Su capital era Salona, cerca de la actual ciudad croata de Split. Pablo la visitó en su segundo viaje misionero, cuando desde a Filipos, atravesando por Anfípolis y la ciudad de Apolonia en Iliria, y que CICERÓN [106-43 a.C] describe en sus Filípicas como *"magna urbs et gravis"*, "ciudad grande y grave" se dirigieron a Tesalónica (Hechos 17:1).

[163] Aunque no hay una certeza histórica absoluta de que Pablo llegara a España, su intención de visitar la península, que era el límite del imperio por el Oeste, queda muy clara en Romanos 15:24: *"cuando vaya a España, iré a vosotros; porque espero veros al pasar, y ser encaminado allá por vosotros"*, y muchos son los estudiosos que creen firmemente que residió durante algunos meses o quizá un año en la ciudad de Tarragona, antes de regresar a Roma, donde fue decapitado por Nerón hacia el año 67.

[164] Dice BASILIO DE CESAREA [326-379]: «Las flechas del Poderoso son las palabras del Evangelio, que cual flechas agudas, penetran hasta el fondo del corazón de los oyentes transformando las almas perceptivas».

[165] Isaías 40:3, 10.

convicción de pecado disparadas hacia todos los lados, penetrando profundamente en los corazones obstinados de los pecadores; ve cómo multitudes se postran a su paso mientras el Príncipe, extendiendo su mano derecha, los levanta de nuevo y sanando las heridas que les habían causado sus flechas, imparte a sus almas desesperadas palabras de paz y consuelo, ordenándoles que compartan con otros su triunfo y den testimonio de su victoria. Pero ve también procedentes de la misma nube brillante, relámpagos terribles de venganza y de castigo que consumen todo lo que se opone a su avance; ve al pecado, la muerte y el infierno con todas sus legiones, derrotados y confundidos temblando consternados ante él; los ve atrapados, encadenados a las ruedas de su carro triunfal, mientras se escucha desde el cielo una gran voz que clama diciendo: *"Ahora ha venido la salvación, el poder, y el reino de nuestro Dios, y la autoridad de su Cristo"*.[166] Tal es la escena que parece haber aparecido repentinamente ante los ojos extasiados del profeta-salmista, que no puede por menos que exclamar: *"Tus saetas agudas penetran en el corazón de los enemigos del rey; por lo cual los pueblos caen debajo de ti"*.

EDWARD PAYSON [1783-1827]
"Messsiah's Victory Predicted and Desired", 1828

Los enemigos del rey. No es simplemente una expresión para referirse a *"tus enemigos"*, como algunos piensan; va más allá, lleva implícito el motivo de tal enemistad, a saber, el propio reinado de Cristo; en el mismo sentido que en el Salmo 2 les vemos exclamar: *"Rompamos sus ligaduras, y echemos de nosotros su yugo"*.[167]

GEORGE HARPUR
"Christ in the Psalms", 1862

Vers. 6. *Tu trono, oh Dios, es eterno y para siempre; cetro de justicia es el cetro de tu reino.* *[Tu trono es el trono de Dios; es eterno y para siempre; cetro de justicia es el cetro de tu reino.* RVR*] [Tu trono, oh Dios, es eterno y para siempre; cetro de equidad es el cetro de tu reino.* LBLA*] [¡Oh Elohim, tu trono es eterno y para siempre! Cetro de equidad es el cetro de tu reino.* BTX*] [Tu trono, oh Dios, permanece para siempre; el cetro de tu reino es un cetro de justicia.* NVI*] [Tu trono, como el de Dios, es eterno, es tu cetro real cetro de rectitud.* BLP*] [Tu trono, oh Dios, permanece por siempre y para siempre. Tú gobiernas con un cetro de justicia.* NTV*]*[168]

Tu trono, oh Dios, es eterno y para siempre. ¿De quién puede decirse esto sino del Señor? El salmista no puede refrenar sus impulsos de adoración. Sus ojos, divinamente esclarecidos, vislumbran en el Esposo regio de la Iglesia, al propio Dios, al Dios que ha de ser adorado, al Dios que reina y que reinará por siempre jamás.[169] ¡Bienaventurada visión! ¡Ciegos, muy ciegos han de estar

[166] Apocalipsis 12:10.

[167] Salmo 2:3.

[168] En hebreo כִּסְאֲךָ אֱלֹהִים עוֹלָם וָעֶד שֵׁבֶט מִישֹׁר שֵׁבֶט מַלְכוּתֶךָ *kis'ăḵā 'ĕlōhîm 'ōwlām wā'eḏ šêḇeṭ mîšōr šêḇeṭ malḵūṯeḵā*. SCHÖKEL traduce: *"Tu trono, como el de un Dios, permanece por siempre; cetro de rectitud es tu cetro real"*. KRAUS: *"Tu trono, oh divino, (es) eterno y para siempre, ¡sea el bastón de tu reinado un cetro de arbitraje!* La versión griega de los LXX o Septuaginta lee: ὁ θρόνος σου, ὁ θεός, εἰς τὸν αἰῶνα τοῦ αἰῶνος, ῥάβδος εὐθύτητος ἡ ῥάβδος τῆς βασιλείας σου, que la Vulgata traduce al latín como: *"Sedes tua, Deus, in saeculum saeculi; virga directionis virga regni tui"*, "Tu trono, oh Dios, por siglo de siglo, vara de rectitud es la vara de tu reino".

[169] FRANZ DELITZSCH [1813-1890] ve en este versículo una relación directa con Isaías 9:6. El אֵל גִּבּוֹר *'êl gibbōwr,* el Dios "fuerte", que vislumbra Isaías en su cuna; y el גִּבּוֹר *gibbōwr,* o "poderoso", que contempla

los ojos que se declaran incapaces de ver a Dios en Cristo Jesús! Jamás alcanzaremos a comprender la magnitud y condescendencia de nuestro Rey al unirse con tanta ternura a su Iglesia y colocarla a su diestra, si antes no somos capaces de regocijarnos plenamente en su gloria y en la esencia de su deidad. ¡Qué misericordia tan grande que nuestro Salvador sea Dios, pues ¿quién sino Dios mismo podía llevar a cabo algo tan grande como la obra de salvación? ¡Y qué privilegio que reine ahora en un trono que permanecerá para siempre, porque necesitamos de la gracia soberana y del amor eterno para garantizar nuestra felicidad! Si Jesús dejara de reinar dejaríamos de ser bendecidos; y así sería si no fuera Dios y como tal eterno. Ningún trono permanece para siempre fuera de aquel en que Dios mismo está sentado.[170]

Cetro de justicia es el cetro de tu reino. Es monarca legítimo de todo cuanto existe. Su gobierno es legítimo y fundamentado en derecho, su ley es recta, y sus efectos son justos y buenos.[171] Nuestro Rey no es un usurpador y opresor. Incluso cuando quebrante a sus enemigos con una vara de hierro[172] no cometerá agravio, pues su venganza y su gracia ambas son siempre conforme a la justicia. Y esto nos lleva a confiar en él sin reservas, pues no es susceptible a error; no hay aflicción excesiva si es él quien la envía, ni castigo demasiado severo si es él quien lo ordena. ¡Oh manos benditas de Jesús, el

---

el salmista en (45:3) ciñendo su espada dispuesto a cabalgar para impartir justicia, y al que más adelante llama אֱלֹהִים *'ĕlōhîm* (45:6), son la misma persona: el Mesías.

[170] Los Padres de la Iglesia utilizan extensivamente sus exposiciones a este versículo como demostración incuestionable de la eternidad del Verbo hecho carne, cuestionada en aquella época por los seguidores de Arrio.

– ATANASIO DE ALEJANDRÍA [296-373]: «Antes de hacerse hombre ya era Rey y Señor eterno, verdadera imagen de Dios y Verbo del Padre». Ver los demás comentarios de Atanasio, y de manera especial el transcrito por Spurgeon en las exposiciones al versículo siete (45:7) y que comienza diciendo: «Prestad atención, oh Arrianos…»

– BASILIO DE CESAREA [326-379]: «Quiere decir que su reino antecede a todo pensamiento y se extiende más allá de los siglos».

– JUAN CRISÓSTOMO [347-407]: «El salmista lo llama *"trono eterno"*, Isaías lo llama *"trono alto y sublime"* (Isaías 6:1), Daniel *"trono de llamas de fuego"*, pero cuando dice *"trono"* se está refiriendo evidentemente al *"Reino"*, que no tuvo principio ni tendrá fin, pues esto es lo que significa *"eterno y para siempre"*, como lo expresa en otro Salmo: *"Tu reino es reino por todos los siglos, y tu dominio permanece por todas las generaciones"* (Salmo 145:13).

– AGUSTÍN DE HIPONA [354-430]: «¿Y por qué dice que *"su trono es eterno y para siempre"*? siendo que el trono de los reyes hebreos era un trono temporal? ¡Porqué él es Dios! ¡La mismísima divinidad eterna envuelta en carne humana! Y Dios no puede tener un trono temporal».

– TEODORETO DE CIRO [393-458]: «Un Salmo profético que anticipando los acontecimientos que tuvieron lugar en la encarnación, cuando el Verbo de Dios, siendo Dios y Rey eterno, asumió la naturaleza humana, nos enseña que el Verbo no tuvo principio ni tendrá fin, pues esto es lo que significa *"tu trono es eterno y para siempre"*».

[171] Salmo 89:14. Dice TEODORO DE MOPSUESTIA [350-428]: «Enlazando su dignidad real con su función de Juez, el salmista exclama: *"Cetro de justicia es el cetro de tu reino"*, algo que no es aplicable a ningún monarca humano puesto que jamás se ha dicho ni se podrá decir de ningún hombre; únicamente de Dios se puede afirmar: *"Bueno y recto es el Señor"* (Salmo 24:8), y decir como hace en otro pasaje: *"Él juzgará al mundo con justicia, y a los pueblos con rectitud"* (Salmo 9:8)».

[172] Salmo 2:9.

poder y el juicio está a salvo en ellas! Y todos los justos se gozan en el gobierno del Rey que reina con justicia.[173]

C. H. SPURGEON

Tu trono, oh Dios. La palabra original אֱלֹהִים *'ĕlōhîm* en este caso es probablemente un vocativo,[174] tanto en el griego como en el hebreo; y así es como lo entienden los modernos Unitaristas,[175] que se agarran a este texto para tratar de explicar y quitarle su valor al θεός en Hebreos 1:8.[176]

HENRY ALFORD [1810-1871]
"Greek Testament Critical Exegetical Commentary", 1861

Vers. 7. *Has amado la justicia y aborrecido la maldad; por tanto, te ungió Dios, el Dios tuyo, con óleo de alegría más que a tus compañeros.* *[Has amado la justicia y aborrecido la maldad; por tanto, te ungió Dios, el Dios tuyo, con óleo de alegría más que a tus compañeros.* RVR*] [Has amado la justicia y aborrecido la iniquidad; por tanto Dios, tu Dios, te ha ungido con óleo de alegría más que a tus compañeros.* LBLA*] [Has amado la justicia y aborrecido la impiedad, por eso te ungió Elohim, el Elohim tuyo, con óleo de alegría más que a tus compañeros.* BTX*] [Tú amas la justicia y odias la maldad; por eso Dios te escogió a ti y no a tus compañeros, ¡tu Dios te ungió con perfume de alegría!* NVI*] [Tú amas la justicia y odias la maldad, por eso Dios, tu Dios, te ha ungido entre tus amigos con aceite de gozo.* BLP*] [Amas la justicia y odias la maldad. Por eso Dios —tu Dios— te ha ungido derramando el aceite de alegría sobre ti más que sobre cualquier otro.* NTV*]*

---

173 Isaías 32:1.

174 El caso vocativo en latín y griego cumple sintácticamente la función apelativa. Pueden ser una o varias palabras con las que el emisor (hablante, escritor) pretende llamar la atención del receptor e influir en él (oyente, lector). En las lenguas no declinables, llamamos vocativo a las palabras cuya función sintáctica en la frase sirve para invocar, llamar, nombrar o calificar a una persona o cosa personificada cuando nos dirigimos a ella. En este caso, entendiéndolo como un vocativo equivaldría a decir: *"Tu trono o rey"*.

175 Una corriente de pensamiento teológico que niega la doctrina de la Trinidad y defiende la unidad absoluta de Dios como Ser Supremo, alegando que Jesús no es igual al Padre ni coexistente con el Padre, sino una creación especial y posterior al Padre.

176 El término hebreo אֱלֹהִים *elohim* se utiliza indistintamente para designar a Dios como también ocasionalmente a ángeles u otros personajes eminentes: jueces, poderosos, etc. (ver nota 101 en el Salmo 8 y los comentarios al Salmo 91:11 en el primer volumen de "El Tesoro de David. La Revelación Escritural a la luz de los Salmos"; en la Biblia, en el libro de los Salmos hay dos ejemplos más: Salmo 82:1 y Salmo 86:8). El hebreo carece de mayúsculas y minúsculas, y a pesar de que el griego sí las tiene, en los manuscritos más antiguos tanto hebreos como griegos se utilizaban solo mayúsculas y sin puntuación. Los rabinos judíos durante siglos han leído el texto del Salmo 45:6 sin entender este אֱלֹהִים *elohim* como una identificación con el Dios Padre, pues nunca hubieran aceptado que el Mesías fuera de la misma esencia que el Padre como afirmamos en la doctrina de Trinidad; los Unitaristas, (que a pesar de que hunden sus raíces en el arrianismo parten como unitarismo moderno de la época de la Reforma, liderados por FÉRENC DAVID [1510-1579]), utilizan estos argumentos para echar agua a su molino, criticando el uso de θεός con mayúscula que hace el autor de Hebreos al citar este versículo seis (45:6) del Salmo 45, en el griego de la Septuaginta, en Hebreos 1:8, identificando al Hijo con el Padre: *"Mas del Hijo dice: Tu trono, oh Dios, por el siglo del siglo"*; y lo traducen: *"Mas del Hijo dice: Tu trono, oh dios, por el siglo del siglo"*. Alegan que lo único que prueba este versículo es que el Hijo es puesto por el Padre en autoridad, pero en modo alguno que sea igual Padre. Si embargo, su argumento es muy débil a la hora de explicar por qué el salmista utiliza en este caso un término tan peculiar como אֱלֹהִים *elohim* en lugar de מֶלֶךְ *melek,* como parecería mas natural y dice: *"Tu trono, oh rey"* como hace en el resto del salmo (45:11-15). La intencionalidad parece estar bastante clara.

Has amado la justicia y aborrecido la maldad. Jesucristo no es neutral en la gran contienda entre el bien y el mal: tan fervorosamente como ama lo uno aborrece lo otro. ¡Qué credenciales tan óptimas para un soberano! ¡Qué fundamentos tan sólidos para la confianza de un pueblo! Nuestro Señor demostró la veracidad de estas palabras a lo largo de toda su vida sobre la tierra; su muerte expiatoria para borrar el pecado e instaurar el reino de la justicia, lo confirmó y selló más allá de toda duda; su providencia, mediante la cual gobierna desde su trono de mediador, cuando es correctamente entendida, revela lo mismo; y su Juicio final lo proclamará hasta los últimos rincones del universo. Por tanto, nuestro deber es imitarlo tanto en su amor, como en su odio; porque ambos son necesarios para configurar un carácter equilibradamente justo.

Por tanto, te ungió Dios, el Dios tuyo, con óleo de alegría más que a tus compañeros. En su papel de Mediador, Jesús consideraba a Dios como su Dios, al cual, habiendo adoptado y hallándose en forma de hombre, se hizo obediente.[177] Y ahora, dada la perfección con la que vivió, es recompensado con gozo supremo. Otros hay a quienes la gracia ha otorgado una comunión sagrada con él, pero por aclamación universal y por sus propios méritos, es príncipe sobre ellos y el más feliz de todos, porque él es la causa y razón de toda su alegría. En las fiestas orientales se derramaba aceite sobre las cabezas de invitados distinguidos y especialmente bienvenidos; y Dios mismo es quien unge al hombre Cristo Jesús cuando se sienta en las fiestas celestiales; y lo unge, como recompensa por su obra, con una alegría más elevada y plena de la que cualquier otra criatura pueda alcanzar a conocer. Así es como el Hijo del hombre es honrado y recompensado por todos sus dolores. Es importante reparar en el testimonio indiscutible de la deidad del Mesías que hace el salmista en el versículo anterior (45:6): *"tu trono, es eterno y para siempre"*; y de su humanidad en el versículo presente (45:7): *"te ha ungido con óleo de alegría más que a tus compañeros"*. ¿De quién podría afirmarse cosa semejante fuera de Jesús de Nazaret? Nuestro Cristo es nuestro *Elohim.*[178] Jesús es: Dios con nosotros.[179]

C. H. SPURGEON

Has amado la justicia y aborrecido la maldad. Muchos dicen amar la justicia, pero no están igual de dispuestos a defenderla; semejante amor no es el amor de Cristo. Muchos aborrecen la maldad, más no por sí misma sino debido a sus consecuencias; este aborrecimiento no es el de Cristo. Para ser como Cristo hemos de amar la justicia como él la amó y aborrecer la maldad como él la aborreció. Y esto equivale a ser perfectos como él es perfecto.[180] Perfeccionar este amor y aborrecimiento, es perfección moral.

GEORGE HARPUR
"Christ in the Psalms", 1862

---

[177] Filipenses 2:8.

[178] En hebreo אֱלֹהִים *elohim.* Ver Génesis 1:1 בְּרֵאשִׁית בָּרָא אֱלֹהִים *bərēšîṯ bārā 'ĕlōhîm.*

[179] Isaías 7:14. Tal como hace aquí Spurgeon, los escritores de los primeros siglos aprovechan de nuevo este versículo para insistir en la divinidad de Cristo:

– JUSTINO MÁRTIR [100-162]: «Unas palabras que ponen claramente de manifiesto que Dios Padre y Creador del universo testifica de que Jesús debe ser adorado como Dios y Cristo (Hechos 2:36)».

– IRENEO DE LYON [126-190]: «El Espíritu Santo aplica en este caso a ambos el calificativo de Dios: tanto al que unge, a saber, Dios el Padre; como al que es ungido, esto es, Dios el Hijo».

– AGUSTÍN DE HIPONA [354-430]: «¡Dios ungido por Dios! Cuando leemos *"te ungió Dios"*, debes entender que el ungido es Cristo, pues el nombre *"Cristo"* deriva de *"crisma"*, que significa, *"unción"*».

[180] Mateo 5:38-48.

Por tanto, te ungió Dios. Fijémonos en la lógica de imputar la exaltación de Cristo a sus méritos. Dios lo bendijo eternamente, como expresa el segundo versículo de este Salmo (si tal es el sentido de ese versículo), porque fue el más hermoso entre los hijos de los hombres, y la gracia fue derramada en sus labios. Así nos dice también el apóstol que *"Dios le exaltó hasta lo sumo, y le otorgó el nombre que es sobre todo nombre...*[181] ¿por qué? porque *"se humilló a sí mismo, al hacerse obediente hasta la muerte"*.[182] Y aquí vemos que Dios lo ungió con el aceite de la alegría, más que sus compañeros, porque amó la justicia y aborreció la maldad.

GEORGE HARPUR
"Christ in the Psalms", 1862

Por tanto. No le dice: «*Por tanto* te ungió para que a partir de este momento fueras Dios, o Rey, o Hijo, o Verbo» porque todo eso ya lo era desde el principio, como ha quedado demostrado; sino que le dice: «*Por tanto* puesto que eras Dios y Rey, fuiste ungido, ya que únicamente tú podías unir al hombre con el Espíritu Santo, tan solo tú que eres la imagen del Padre, en el cual y por el cual fuimos nosotros hechos en el principio;[183] porque tuyo es incluso el Espíritu».

ATANASIO DE ALEJANDRÍA [296-373]
"De interpretatione psalmorum"

Por tanto, te ungió Dios, el Dios tuyo. Dios fue el Dios de Cristo en el pacto, a fin de poder ser el Dios nuestro por el pacto.[184] De ese modo todo lo que él hizo como Cabeza es aplicable a los miembros porque son considerados una sola cosa;[185] el pacto fue establecido primero con la Cabeza y posteriormente extendido a los miembros: a nosotros y para nosotros.[186] Y así como Dios no falló a Aquel que es nuestra seguridad, sino que lo apoyó en su gran conflicto cuando clamó a él desde las profundidades;[187] tampoco nos fallará a nosotros en los momentos de necesidad.[188]

WILLIAM TROUGHTON [1613-1686]
"The mystery of the marriage song: and mutuall spirituall embraces between Christ & his spouse opened, in an exposition with practicall notes & observations on the whole forty-fifth Psalme", 1656

Por tanto, te ungió Dios, el Dios tuyo, con óleo de alegría más que a tus compañeros. Es decir, te enriqueció y te llenó con la plenitud del Espíritu de una manera peculiar, consagrándote a través de ella para tu ministerio; y por tanto, excedes a los demás santos copartícipes de estas mismas gracias, brillando por encima de todos ellos. En estas palabras encontramos dos cosas: en primer lugar, *la dignidad de los santos;* y, en segundo lugar, *la preeminencia de Cristo*.

1. *La dignidad de los santos* consiste en ser asociados o *"compañeros"* de Cristo. El término hebreo מֵחֲבֵרֶיךָ *mêḥăḇêreḵā* de חָבֵר *chaber* es muy amplio en su significado y en todos los casos expresa la idea de unión; se traduce por consortes, copartícipes, consocios; o como en la mayoría de nuestras versiones por *"compañeros"*, es decir, aquellos que participan juntamente con Cristo de la

---

181 Filipenses 2:9.
182 Filipenses 2:8.
183 Juan 1:1-4.
184 Gálatas 3:16.
185 1 Corintios 12:12.
186 Isaías 42:6.
187 Salmo 130:1.
188 Hebreos 4:16; 13:5-6.

unción del Espíritu, y que, en su propia medida, reciben el mismo Espíritu, pues a cada cristiano le es asignada de manera proporcionada[189] la misma gracia y dignidad y los mismos títulos: *"Y en cuanto a vosotros, la unción que recibisteis de él permanece en vosotros, y no tenéis necesidad de que nadie os enseñe; sino que así como la unción misma os enseña todas las cosas, y es verdadera, y no es mentira, así también, según ella os ha enseñado, permaneced en él";*[190] *"e hizo de nosotros un reino, sacerdotes para su Dios y Padre; a él sea la gloria y el dominio por los siglos de los siglos".*[191] Cristo y los santos están en constante comunión unos con otros. ¿El Espíritu de santidad habita en él? Así habita también en ellos también. ¿Es Cristo Rey y Sacerdote? También ellos lo son por la gracia de su unión con él; pues él nos ha hecho reyes y sacerdotes para su Dios y Padre. Esta es la dignidad de los santos, ser compañeros de Cristo, consortes o copartícipes con él; de tal modo que miren la gracia o excelencia que hay en Cristo no como algo improcedente o inapropiado para ellos, sino algo que comparten con él. Pues ciertamente, él fue llenado con la plenitud del Espíritu por causa de ellos y para ellos; como el sol está lleno de luz no para alumbrarse a sí mismo, sino a otros, así también Cristo con la gracia. Por eso algunos, como Rivetus,[192] traducen el texto no como *prae consortibus,* "más que tus compañeros", sino *propter consortes,* "para tus compañeros"; haciendo de Cristo el receptáculo primario de toda gracia que se llena en primer lugar de la fuente de la Deidad, pero solo para derivarla de inmediato a su pueblo que es quien la recibe en su debida proporción y medida. Y esta es una gran verdad: la dignidad de los santos radica básicamente en su asociación con Cristo, aunque seguimos pensando que nuestra traducción *"por encima de tus compañeros"* encaja mejor tanto con la importancia de la palabra como con el enfoque de lugar.

2. *La preeminencia de Cristo.* De todo ello, así como de lo que dice el texto de manera explícita, deducimos que cualquiera que sea la dignidad que se atribuya aquí a los santos en su calidad de consortes o "compañeros" de Cristo hay, y seguirá habiendo, una preeminencia reconocida y adscrita a Cristo: si ellos son ungidos con el Espíritu de gracia, mucho más abundantemente lo es Cristo: *"te ungió Dios, el Dios tuyo, con óleo de alegría por encima de tus compañeros".*[193]

JOHN FLAVEL [1627-1691]
"The Method of Grace in Bringing Home the Eternal Redemption, The Eight Sermon, Psalm xlv", 1678

Con óleo de alegría. En ocasiones especiales de fiesta y regocijo, se utilizaban aceites suaves y perfumados para embellecer el rostro.[194] De igual manera, este aceite de consagración y unción de los dones del Espíritu Santo fue la causa y fundamento de que Cristo en su naturaleza humana obtuviera los gozos y la gloria eterna: *"Por lo cual Dios también le exaltó hasta lo sumo, y le otorgó el nombre que es sobre todo nombre";*[195] *"puestos los ojos en Jesús, el autor y consumador de la fe, el cual por*

[189] En latín en el original, *modo sibi proportionato,* aunque la forma correcta sería *modo sibi proportionate,* "de manera proporcionada".
[190] 1 Juan 2:27.
[191] Apocalipsis 1:6; 5:10.
[192] Se refiere a ANDRÉ RIVET [1572-1651] o ANDREAS RIVETUS, teólogo hugonote francés y prolífico escritor de obras exegéticas, dogmáticas, apologéticas y de edificación cristiana.
[193] FELIPE SCIO DE SAN MIGUEL [1738-1776] en su versión de la Vulgata aporta la siguiente exposición: «Todos los creyentes verdaderos son santificados por el mismo Espíritu y dotados de su gracia para ser reyes y sacerdotes (Apocalipsis 1:6, 10); pero no reciben más que una porción, *"en parte"* y *"conforme a la medida"* (1 Corintios 13:9-10, 12; Efesios 4:7); pero en Jesucristo hay toda la plenitud sin medida (Juan 3:34)».
[194] Salmo 23:5; 104:15; Isaías 61:3.
[195] Filipenses 2:9.

el gozo puesto delante de él soportó la cruz, menospreciando el oprobio, y está sentado a la diestra del trono de Dios".[196]

GIOVANNI DIODATI [1576-1649]
"Annotationes in Biblia", 1607

Por tanto, te ungió Dios, el Dios tuyo, con óleo de alegría más que a tus compañeros. Prestad atención, oh Arrianos, y reconoced la verdad que hay en estas palabras. El salmista habla de todos nosotros como *compañeros* o *copartícipes* del Señor. Y de haber sido Cristo una de las cosas creadas, o que surgieron de la nada, no se expresaría en estos términos, puesto que en tal caso, Cristo mismo solo sería uno más de estos partícipes. Pero después de haberle adorado en el versículo seis (45:6) como el Dios eterno, diciendo: *"Tu trono, oh Dios, es eterno y para siempre"*, afirma aquí (45:7) que todas las demás cosas creadas participan de él en calidad de compañeros. ¿Y qué conclusión debemos extraer, sino que él es distinto a las demás cosas creadas, y que únicamente él es la Palabra verdadera, Resplandor y Sabiduría del Padre, del cual todas las demás cosas participan siendo santificadas en el Espíritu por medio de él? Y, por tanto, dice que es ungido, no para que mediante esta unción pueda llegar a ser Dios, porque ya era Dios desde el principio; ni para que pueda ser rey, porque ya tenía el reino eternamente, puesto que ha existido eternamente como imagen de Dios, como lo expresa el sagrado oráculo;[197] sino que es ungido en favor nuestro, como está escrito. Los reyes israelitas se convertían en reyes al ser ungidos, y antes de su unción no ostentaban tal dignidad, tal es el caso de David, Ezequías, Josías y los demás. Por el contrario, el bendito Salvador, siendo él mismo Dios y habiendo gobernado desde siempre el reino del Padre; y siendo él mismo el dispensador del Espíritu Santo, a pesar de ello, se afirma que fue ungido por el Espíritu, en calidad de hombre, para que pudiera, como hombre, proporcionarnos a nosotros no solo la exaltación y la resurrección, sino más aún, que el propio Espíritu morara en nosotros y pudiéramos mantener una íntima comunión con él[198] (…) De modo que cuando él recibió el Espíritu nosotros nos convertimos en receptores a través de él. Por eso no fue ungido con aceite, como Aarón, David o los otros, sino de un modo distinto, *por encima de todos sus compañeros,* y *con el óleo de alegría,* que él mismo interpreta como el Espíritu cuando

[196] Hebreos 12:2.
[197] Juan 1:1-4.
[198] En este mismo sentido se pronuncian los demás Padres de la Iglesia:

– EUSEBIO DE CESAREA [267-338]: «Este óleo con el que fue ungido no era terrenal y no guarda por tanto semejanza con el aceite prescrito en la unción mosaica, pues no estaba hecho de materia corruptible como el utilizado para ungir a los sacerdotes y reyes de Israel (Éxodo 30:22-33)».

– CIRILO DE JERUSALÉN [315-386]: «Cristo no fue ungido por ningún ser humano con aceite físico terrenal, sino por el Padre que le ungió con el Espíritu Santo al designarle como Salvador de la humanidad (…) por eso dice *"con óleo de alegría"*, porque al Espíritu Santo se le llama *"óleo de alegría"* porque es el que proporciona gozo verdadero y alegría espiritual: *"óleo de gozo en lugar de luto, manto de alabanza en lugar de espíritu abatido"* (Isaías 61.1-3)».

– JUAN CRISÓSTOMO [347-407]: «Ciertamente, Cristo no fue ungido con óleo material en ningún momento, sino con el Espíritu Santo. Por ello el salmista añade a continuación: *"más que a tus compañeros"*, para dejar constancia que no hay nadie que pueda compararse con él».

– JERÓNIMO DE ESTRIDÓN [347-420]: «Dice *"más que a tus compañeros"*, es decir, sus apóstoles, porque él era quien poseía enteramente la fuente de unción, mientras que sobre ellos tan solo fueron derramadas unas gotas».

dice citando las palabras del profeta: *"El Espíritu del Señor está sobre mí, porque me ha ungido"*;[199] algo que nos confirma el apóstol cuando dice: *"cómo ungió Dios con el Espíritu Santo y con poder a Jesús de Nazaret"*.[200]

ATANASIO DE ALEJANDRÍA [296-373]
"Discurso contra los Arrianos"

Vers. 8. ***Mirra, áloe y casia exhalan todos tus vestidos; desde palacios de marfil te recrean.*** *[Mirra, áloe y casia exhalan todos tus vestidos; desde palacios de marfil, las arpas te recrean.* RVR*]* *[Todas tus vestiduras están perfumadas con mirra, áloe y casia; desde palacios de marfil te han alegrado con instrumentos de cuerda.* LBLA*]* *[Mirra, áloe y casia exhalan todos tus vestidos, desde los palacios de marfil te alegran instrumentos de cuerda.* BTX*]* *[Aroma de mirra, áloe y canela exhalan todas tus vestiduras; desde los palacios adornados con marfil te alegra la música de cuerdas.* NVI*]* *[Mirra, acacia y áloe impregnan tus vestiduras, entre palacios de marfil las arpas te deleitan.* BLP*]* *[Mirra, áloe y casia perfuman tu manto; en palacios de marfil, la música de cuerdas te entretiene.* NTV*]*

Todas tus vestiduras exhalan olor a mirra, áloe y canela. La unción divina hace que la fragancia destile por las túnicas del Héroe Poderoso. Y su presencia resulta deleitosa a todos los sentidos: a los ojos más justos, a los oídos más puros, a la nariz espiritual más sensible. Las excelencias de Jesús son preciosas, comparables a las más exóticas especias; y de lo más variado, pues no basta compararlas con la mirra sola, sino con todos los perfumes mezclados en la proporción correcta. El Padre siempre encuentra deleite en él, y en él se complace;[201] y todos los espíritus regenerados se regocijan en él, porque *"nos ha sido hecho de parte de Dios sabiduría, justificación, santificación y redención"*.[202] Fijémonos en que no solo la persona de Jesús ha venido a ser lo más dulce y deleitoso, sino que también sus vestiduras lo son; pues todo lo que está en contacto con él queda perfumado por su persona.

– ARNOBIO EL JOVEN [siglo V]: «¿Y por qué dice: *"más que a tus compañeros"*? Porque así como apareció encarnado como *"el más hermoso de los hijos de los hombres"* (45:2) apareció también ungido *"con el óleo de la alegría"* antes que cualquier otro. Desde Abel hasta Cristo, muchos fueron los santos de la antigüedad nacidos de mujer, pero ninguno como como él, ¿quién entre los hijos de mujer es comparable? Ninguno hubo nacido de una virgen, ninguno cuyo nacimiento profetizaran los profetas (Isaías 7:14; Mateo 1:21-23: Miqueas 5:2), ninguno a quien señalaran las estrellas (Mateo 2:2), ninguno a quien los ángeles adoraran (Lucas 2:13-14), ninguno a quien Juan reconociera como *"el Cordero de Dios"* (Juan 1:29-34), ninguno en cuyo bautismo los cielos se abrieran, el Padre hablara desde el cielo, y el Espíritu Santo descendiera sobre él y permaneciera en él (Mateo 3:13-17). Cristo es el primero en todo, para que entendamos que los demás venimos a ser hijos de Dios por gracia (Juan 1:12; Gálatas 3:26), mientas que él lo es por naturaleza».

– BEDA EL VENERABLE [673-735]: «Dios, el Dios suyo, le ungió con el óleo de la alegría, más que a sus compañeros, para que dignándose a tenernos por compañeros compartiera con nosotros esa misma unción haciéndonos partícipes de la gracia. Y así lo hizo, puesto que habiendo prometido a los suyos, es decir a sus compañeros que son todos los creyentes, que les enviaría esa misma unción que él había recibido (Juan 14:26; 16;7; Hechos 1:8), como todos bien sabemos la envió poco tiempo después (Hechos 2:1-4)».

[199] Lucas 4:18; Isaías 61:1.

[200] Hechos 10:38.

[201] Isaías 42:1; Mateo 3:17; 12:18; 17:5.

[202] 1 Corintios 1:30.

Por ello nos dice el salmista que todas sus vestiduras son también fragantes, no algunas de ellas, sino todas: tanto nos deleitamos en la púrpura regia de su dominio, como en el blanco inmaculado de su sacerdocio; tanto nos extasía su manto de profeta, como su túnica de amistad sin costura.[203] Todo su ajuar y vestuario desprende la mayor dulzura. Tratar de espiritualizar individualmente cada una de las especias mencionadas sería un esfuerzo inútil, pues el sentido resulta evidente: que en Jesús se concentran todas las dulzuras que se derraman doquier se halle presente.

Desde palacios de marfil te recrean. La morada presente de Jesús es de un esplendor imperial; el oro y el marfil se quedan cortos para describir la magnificencia de su sede regia, donde se alegra en presencia del Padre y en compañía de sus santos. ¡Oh, qué visión tan sublime contemplarlo vestido con sus ropas perfumadas! ¡Y si ya ahora, desde aquí, en la lejanía, su olor arrebata nuestro espíritu, ¿qué será estar al otro lado de las puertas de perla,[204] dentro del palacio de marfil, en medio de los atrios de Sión rebosantes de cánticos gozosos,[205] donde está el trono de David[206] y la presencia permanente del príncipe! Pensar en su alegría, saber que *él* está ya lleno de gozo, infunde desde ahora alegría a nuestras almas; y aunque seguimos siendo pobres exiliados, nos permite cantar desde este, nuestro destierro, que nuestro Rey, nuestro Bien Amado, ha ocupado ya su trono.

C. H. SPURGEON

Todas tus vestiduras exhalan olor a mirra, áloe y canela; desde palacios de marfil te recrean. A pesar de que hay mucha confusión sobre el verdadero significado de estas palabras, es bastante evidente la idea general de una "plenitud sobreabundante de unción", sumada a la idea de que el aceite o ungüento utilizado es de la más exquisita calidad. La mirra, el áloe y la casia o canela, son conocidos por su peculiar fragancia, y se utilizaban en la composición de los ungüentos más selectos. La mirra y la casia se mencionan en Éxodo como dos de las especias con las cuales se preparaba el aceite para la unción santa.[207] Y todos sus ingredientes eran considerados sagrados, razón por lo que se prohibió a los israelitas derramarlo sobre carne de hombre, o intentar cualquier imitación del mismo en sus perfumes.[208] El marfil era un material tan preciado en aquellos tiempos como lo sigue siendo hoy en día, raro y costoso, y era muy valorado en la decoración suntuosa de las mansiones, en las que se exhibían los mejores trabajos y los ornamentos más principescos. Es obvio, por tanto, que al hablar de palacios de marfil, en justa consonancia con la magnificencia de su estructura y el coste del mobiliario, el óleo empleado para la unción fuera del más rico perfume, y utilizado con la mayor profusión. Así y de acuerdo con nuestra versión del Salmo, se describe al divino Salvador como ungido con óleo de la mejor calidad, aceite digno de los palacios de marfil; y a su vez recibiéndolo en medida extraordinaria. Su unción no se limitó a unas cuantas gotas ceremoniales derramadas sobre la cabeza, sino que fue tan abundante que se nos dice que todas sus vestiduras olían a mirra, áloe y canela. El obispo

[203] Juan 19:23-24.
[204] Apocalipsis 21:21.
[205] En el original: *"conjubilant with song"*. Se trata de una transcripción de la segunda línea de la segunda estrofa del famoso himno *Jerusalem The Golden* basado en un poema escrito por BERNARD DE MORLAIX, monje de la abadía de Cluny alrededor del año 1146, *Urbs Sion Aurea,* que describe las glorias de la Jerusalén Celestial. El poema fue traducido del latín al inglés por JOHN MANSON NEALE [1816-1866] con el título de *Jerusalem The Golden,* "Jerusalén la dorada", y convertido en himno con una hermosísima melodía compuesta por ALEXANDER EWING. Era uno de los himnos más famosos de la Inglaterra victoriana y lo sigue siendo en nuestros días. Se cantaba en el *Spurgeon's Metropolitan Tabernacle* con mucha frecuencia.
[206] 2 Samuel 7:12-16.
[207] Éxodo 30:23-24.
[208] Éxodo 30:32.

Horsley[209] propone un cambio en la traducción de este texto, por el que la idea de abundancia queda conectada no solo con la fragancia que surge de la unción, sino con la unción misma, algo distinto y mucho más importante. *"Tus vestiduras son todo mirra, áloe y canela; sobresaliendo a los palacios de marfil, sobrepasando a todos los que te deleitan"*. Esta traducción, a la par que estrictamente literal y poética, disipa al mismo tiempo buena parte de la confusión que envuelve a esta frase, aportando en imágenes de lo más expresivo la medida sobresaliente de esa unción conferida a nuestro Señor por encima de todos sus compañeros. Se entiende que sus vestiduras no tan solo fueron ricamente perfumadas, o bien completamente saturadas del óleo de la alegría, sino que ellas mismas estaban formadas por los propios ingredientes que entraban en la composición del ungüento más precioso y oloroso: *tus vestiduras son todo mirra, áloe y canela.* Se trata, evidentemente, de lenguaje figurativo, pero nada podría expresar de manera más enfática cuán ciertamente *"el Espíritu descendió del cielo sobre Jesús y permaneció con él"*[210] en toda la plenitud de sus dones celestiales. Esa unción celestial constituía, por así decirlo, su propio vestido, *"sobresaliendo"* con ello en la cantidad o medida de la unción a los *"palacios de marfil"*, porque su mobiliario, por muy perfumado que fuera, no estaba hecho de materiales aromáticos.[211] La intensidad de los perfumes se evaporara, su fragancia disminuye; pero en su caso, puesto que *"sus mismas vestiduras están hechas de mirra, áloe y canela"* la fragancia es tan abundante como permanente. Queda por explicar, siguiendo el paralelismo, *"sobrepasando a todos los que te deleitan*", o *"excediendo a todos aquellos que te alegran"*. Afirmar que las personas a las que se alude con estas palabras son los ocupantes de los palacios de marfil, tal vez podría objetarse como fantasioso; pero los palacios son moradas de reyes; y los reyes bien sea literal, propia o espiritualmente, son los *"compañeros"* del Ungido del Señor.[212] Y parece manifiesto que así como su unción causa gozo y alegría a todos los que están relacionados con él, hay también una unción de aquellos que son honrados para ser sus compañeros y en los que él se deleita. No dudamos de que las

[209] Se refiere a SAMUEL HORSLEY [1733-1806], obispo de Rochester. Escribió numerosas obras de teología y comentarios bíblicos, incluyendo una traducción anotada del libro de los Salmos, publicada en 1815.

[210] Juan 1:32.

[211] Dicen los Padres de la Iglesia al respecto:

– BASILIO DE CESAREA [326-379]: «El dulce olor de Cristo exhala el perfume a mirra de su pasión; la fragancia del áloe porque durante los tres días y tres noches que estuvo en el sepulcro no permaneció inactivo, sino que descendió a los infiernos para predicar las gracias de la resurrección (1 Pedro 3:18-20; 4:6); y exhala fragancia de casia, un perfume exquisito, por los sufrimientos que padeció en la cruz a favor de toda criatura humana (2 Corintios 2:15-16; Efesios 5:2). La mirra en razón de su sepultura (Lucas 23:56); el aloe por su descenso a los infiernos (pues sus gotas nacen descendiendo rápidamente hacia abajo); y la casia por la entrega de su carne sobre el madero».

– JUAN CRISÓSTOMO [347-407]: «Así como cuando habla de la *"espada"*, de *"saetas agudas"*, o del *"óleo de la alegría"*, no lo entendemos como elementos físicos, sino que vemos en la espada el Evangelio, en las saetas sus obras, y en el óleo de la unción el Espíritu Santo; así también, cuando nos habla de la mirra, la casia y el aloe, no hemos de interpretarlo como algo material, sino espiritual». Y

– TEODORO DE MOPSUESTIA [350-428]: «Deseoso de mencionar su pasión y expresar la gloria de la misma el salmista exclama: *"Mirra, áloe y casia exhalan todas tus vestiduras"*, simbolizando con la *"mirra"* su pasión, y con el *"aloe y la casia"* el esplendor de la misma. Como si dijera: 'Incluso tu pasión, que afectará al templo de tu cuerpo, irá acompañada de una gloria y fragancia exuberante que se contagiará a otros esparciéndose por todo el orbe', como lo confirma el apóstol: *"Porque fragante aroma de Cristo somos para Dios entre los que se salvan y entre los que se pierden"* (2 Corintios 2:15 LBLA). Y de forma acertada menciona la *"mirra"* asociándola con el concepto de *"tus vestiduras"* simbolizando su encarnación, para darnos a entender que en su interior la divinidad permanece libre de todo sufrimiento».

[212] Apocalipsis 1:6; 5:10.

personas aquí mencionadas como *"deleitando"* a Cristo, son los *"compañeros"* mencionados en el versículo anterior (45:7). Y si este es el caso, entonces queda clara la comparación y superioridad que se atribuye a Cristo en ambos aspectos en lo que hace a la unción: *"Tus vestiduras son todo mirra, áloe y canela; sobresaliendo a los palacios de marfil, sobrepasando a todos los que te deleitan"*.

DAVID PITCAIRN [1788-1870]
"The Anointed Saviour", 1846

Todas tus vestiduras exhalan olor a mirra, áloe y canela; desde palacios de marfil te recrean. Estas cosas son ciertas y verdaderas en Jesús: por *"vestiduras"* hemos de entender su justicia; porque está escrito: *"Pues de justicia se vistió como de una coraza"*.[213] Nuestros traductores han puesto *"exhalan olor"*, pero mejor debían haber traducido: *"son mirra, áloe y canela"*, simbolizando con ello su triple acción de expiar, purificar y restaurar. Porque su justicia, que es la justicia de la fe, hace cristianos de corazón saludable; mientras que la justicia humana, que es la justicia de las obras, no crea sino sucios hipócritas. Y por *"palacios de marfil"*, entendemos la fe verdadera y el temor de Dios. Porque el marfil es sólido y blanco, y los palacios son morada del reyes; en Cristo somos hechos reyes y nuestra morada está en la fe y el temor de Dios. Esto es lo que recrea y deleita a nuestro Señor Jesús, saber que trae a muchos hijos e hijas los pies del Padre.[214]

RICHARD COORE [1616-1687]
"The Practical Expositor of The Most Difficult Texts Throughout the Bible", 1683

Desde palacios de marfil te recrean. La mayoría de comentaristas se quedan perplejos a la hora de explicar estas palabras, más confusos que en cualquier otra parte del Salmo. Para no perdernos en un debate interminable sobre las muy diversas exposiciones que se han propuesto, me limitaré a decir cómo entiendo yo su significado. El término hebreo מִנִּי *minnî* de מִנִּים *men,*[215] coincide también con el nombre de una región en Arabia Feliz,[216] a saber: Minea, que según el geógrafo Estrabón:[217] «abunda en mirra e incienso». Y no deja de llamar la atención que según otro historiador, Diodoro Siculo,[218] los habitantes de Arabia Feliz tenían «suntuosas casas adornadas con marfil y piedras preciosas». Juntando estas dos cosas, es decir, que la región abundaba en mirra e incienso, y que sus habitantes adornaban sus casas con marfil, quizá podamos encontrar una pista para desentrañar lo que el salmista quiere expresar. Si sustituimos el מִנִּי *minnî* (o *"whereby"* de la versión inglesa KJV) por *"Minea"* el texto quedaría más o menos así: *"Mirra, áloe y casia son tus vestiduras; desde los palacios de marfil de Minea te recrean"*. No perdamos de vista que según el versículo anterior (45:7), el aceite con el que

[213] Isaías 59:17.

[214] Isaías 53:10-11; Romanos 8:18-19.

[215] Que los traductores de la versión inglesa KJV tradujeron como *"whereby,* "a través de" o "por medio de"; la RVA la RVR1960 simplemente lo omiten traduciendo *"te recrean"*; y las versiones más actualizadas han traducido como música, instrumentos de cuerda, arpas, etc.

[216] En latín en el original *Arabia Felix,* nombre latino dado en la antigüedad por geógrafos e historiadores a una de las tres partes en las que dividía la península arábiga, la que actualmente ocupa más o menos el territorio de Yemen; siendo las otras dos la Arabia Pétrea y la Arabia Deserta. El nombre de Arabia Feliz le fue otorgado por ser más verde, debido a la mayor cantidad de precipitaciones que permitían el cultivo y la producción de café y especias.

[217] Se refiere al historiador y geógrafo griego ESTRABÓN [64-19 a.C.] conocido en especial por su magistral *"Geografía"*.

[218] Se refiere a DIODORUS SICULUS historiador griego del siglo I a.C. conocido en especial por su magna *Bibliotheca historica,* una historia universal en tres partes escrita entre el 60 al 30 a.C.

se dice que Cristo fue ungido, es llamado *"óleo de la alegría"*. Y en este se nos dice que se *"recrea"* (los verbos hebreos שָׂשׂוֹן *sason* (45:7) y שָׂמַח *samach* (45:8) comparten la misma raíz שׂוּשׂ *sus* o *sis,* alegría, regocijo, en ambos casos), por las especias de que se compone ese aceite; se dice que estas especias han sido traídas de la región con más especias de la tierra, y se supone que de entre todas las especias, ésas son las mejores. *"Desde palacios de marfil",* dice el salmista que han venido estas especias; no de almacenes, sino de los palacios, de las mansiones de los grandes, donde naturalmente se guardan las mejores especias; de ahí han venido la mirra, el áloe y la canela, que han formado el *"óleo de alegría"* por el cual se regocija. Dios puso a Cristo sobre su trono eterno, lo ungió con el óleo de alegría; y esta unción fue tan profusa, sus vestiduras quedaron tan empapadas de la misma, que parecían ser nada más que mirra, áloe y canela. Y las especias con las que cuales se compuso el óleo de la unción, eran las mejores de su clase, traídas directamente de los palacios de marfil de Minea. Tal parece ser el significado de las palabras del salmista; y cuando se entiende, de ese modo el pasaje expresa del modo más admirable la excelencia y abundancia sin medida de los dones y gracias de ese Espíritu con el cual Cristo fue ungido por su Padre.

GEORGE HARPUR
"Christ in the Psalms", 1862

Desde palacios de marfil o *estancias de marfil.* Llamados así probablemente por la gran cantidad de marfil utilizada en su ornamentación e incrustaciones; como el palacio del emperador romano Nerón mencionado por Suetonio,[219] y llamado *aurea,* "dorado", porque estaba *lita auro,* "recubierto de oro". Este método de adornar habitaciones era ya común entre los griegos desde muy antiguo. Homero[220] en el libro cuarto de la Odisea,[221] menciona cómo se utilizó en el palacio de Menelao en Lacedemonia; y los romanos adornaban a veces sus aposentos de la misma manera según se desprende de los escritos de Ovidio.[222] Ya en épocas más modernas, el apartamento de invierno de la sultana Fátima en Constantinopla, ha sido descrito por un testigo ocular[223] como «revestido con incrustaciones de nácar, marfil de diferentes colores y madera de olivo». Asimismo en Alepo,[224] en Siria, se

[219] Se refiere a GAYO SUETONIO TRANQUILO [70-126] más conocido como simplemente SUETONIO, historiador romano durante los mandatos de los emperadores Trajano y Adriano. Escribió numerosas obras aunque lamentablemente solo se han conservado dos, siendo la principal "Vidas de los doce césares" que es la que cita el autor.

[220] Se refiere a HOMERO, nombre dado al primero y más conocido de los poetas griegos antiguos, a quien se atribuyen las dos obras más famosas: La Ilíada, y La Odisea. Entre los investigadores hay considerable debate sobre si Homero fue una persona real o bien el nombre dado a uno o más poetas orales que cantaban obras épicas tradicionales.

[221] Una de las dos principales obras atribuidas a Homero, y continuación de La Ilíada. Narra las aventuras fantásticas del héroe griego Odiseo, más conocido como Ulises, en su vuelta a casa tras la Guerra de Troya para reunirse con su hijo Telémaco y su esposa Penélope.

[222] Se refiere a al poeta romano PUBLIO OVIDIO NASÓN [20-43 a.C.], autor de *"Ars Amandis"*, "El arte de amar" y de *"Metamorphoseon"*, "Las metamorfosis", donde recogió relatos mitológicos de la Grecia Clásica y los adaptó a su época y cultura.

[223] Se refiere a *"Letters of the right Honourable Mary Wortley Montague, written during her travels in Europe, Asia, and Africa"* 1763.

[224] Se refiere a la Ciudad de Alepo, la más importante de la actual Siria, también conocida como *Khalpe, Beroea* para los antiguos griegos, y *Halep.* Famosa en nuestros días a principios del siglo XXI por haber caído en manos de los radicales del llamado Estado Islámico o ISIS y posteriormente haber sido liberada con bombardeos que la redujeron a escombros. Aunque en el lugar no se han podido mantener tales suntuosas mansiones de otra época, algo de ello se conserva en los grandes museos.

emplea igualmente el marfil, según nos informa el Dr. Russell,[225] en la decoración de algunos de los apartamentos más caros.

RICHARD MANT [1776-1849]
"The Book of psalms in an English metrical version, with notes", 1842

Desde palacios de marfil. Igual puede tratarse de edificios, como se desprende de algunos pasajes: *"Los demás de los hechos de Achâb, y todas las cosas que ejecutó, y la casa de marfil que hizo, y todas las ciudades que edificó"*;[226] *"Tu cuello, como torre de marfil"*;[227] como también de cofres y armarios de este material, en los que se guardaban las vestiduras reales.

"The Westminster Assembly's Annotations and Commentary on the Whole Bible", 1657

Desde palacios de marfil te recrean. La mejor manera como esta frase adquiere su mejor sentido es asociándola con las *"hijas de reyes"* mencionadas en el versículo siguiente.

WILLIAM SWAN PLUMER [1802-1880]
"Studies on the Book of Psalms", 1867

Desde palacios de marfil te han alegrado con instrumentos de cuerda. Gesenius[228] y Delitzsch[229] consideran que el מִנִּי *minnî* es una forma abreviada del בְּמִנִּים *bəminnîm* utilizado en el Salmo 150:4, ambos de la raíz מִנִּים *men: "cuerdas"* o *"instrumentos de cuerda"*. Por lo que la traducción correcta sería: *"Desde palacios de marfil te han alegrado con instrumentos de cuerda"*. Ewald[230] y Lange[231] coinciden con esta traducción.

DALMAN HAPSTONE
"The Ancient Psalms in appropriate metres: A strictly literal translation from the Hebrew, with explanatory notes", 1867

[225] Se refiere a MICHAEL RUSSELL [1781-1848] autor de *"Palestine or the Holy Land From the Earliest Period to the Present Time"*, 1832.

[226] 1 Reyes 22:39. De hecho algunas excavaciones realizadas a lo largo del siglo XX en Samaria afirman haber descubierto restos de palacios, aunque nada se ha probado con certeza. Y hay que tener en cuenta que el uso del marfil como decoración suntuosa estaba extendido; es probable que también en los palacios de Jerusalén hubiera decoraciones con marfil, y tenemos la certeza de que el trono de Salomón lo era según leemos en 1 Reyes 10:18.

[227] Cantares 7:4.

[228] Se refiere a HEINRICH FRIEDRICH WILHELM GESENIUS [1786-1842], famoso erudito alemán de las lenguas orientales, profesor de teología en la Universidad de Halle. Escribió numerosas obras sobre los textos bíblicos, siendo especialmente apreciado por la que es quizás su obra más conocida, el *Thesaurus philologico-criticus linguae Hebraicae et Chaldaicae V. T.*

[229] Se refiere a FRANZ DELITZSCH [1813-1890], conocido teólogo y hebraísta alemán, profesor en la universidad de Liepzig. Tradujo el N.T. al hebreo y su traducción es considerada la mejor que existe hasta el día de hoy. Escribió un extraordinario comentario bíblico al libro de los Salmos y colaboró con JOHANN FRIEDRICH KARL KEIL [1807-1888], en un comentario bíblico monumental al texto hebreo del A.T., traducido al español por CLIE con el título de Comentario al Texto Hebreo del Antiguo Testamento.

[230] Se refiere a RUDOLF EWALD STIER [1800-1862], erudito teólogo alemán, profesor del *Missionary Institute* en Basilea, conocido por su publicación de una nueva traducción de la Biblia al alemán, basada en la de Lutero. Escribió un excelente comentario devocional sobre las "Palabras del Señor" [*Die Reden des Herrn Jesu.* 3 vols; English translation 8 vols, 1855-1858. N. Tibbals & Son. Nueva York, 1870], diversos comentarios a los Salmos, Proverbios, y otros libros de la Biblia.

[231] Se refiere a JOHN PETER LANGE [1802-1884] autor del *"Commentary on the Holy Scriptures: critical, doctrinal, and homiletical"*, 1862

Vers. 9. ***Hijas de reyes están entre tus ilustres; está la reina a tu diestra con oro de Ofir.*** *[Hijas de reyes están entre tus ilustres; está la reina a tu diestra con oro de Ofir.* RVR*] [Hijas de reyes hay entre tus damas nobles; a tu diestra, en oro de Ofir, está la reina.* LBLA*] [Hijas de reyes están entre tus nobles. A tu diestra está la novia, con oro de Ofir.* BTX*] [Entre tus damas de honor se cuentan princesas; a tu derecha se halla la novia real luciendo el oro más fino.* NVI*] [Hijas de reyes hay entre tus escogidas, a tu derecha está la reina entre oro de Ofir.* BLP*] [Hijas de reyes hay entre las mujeres de tu corte; a tu derecha está la reina, ¡lleva joyas del oro más fino de Ofir!* NTV*]*

Hijas de reyes hay entre tus damas nobles.[232] En los atrios de la corte de nuestro Señor no faltan cortesanos de los más nobles y justos. Sus damas de honor son almas vírgenes, verdaderos lirios del cielo.[233] Los humildes y puros de corazón son estimados por el Señor Jesús como sus amigos más íntimos, y su lugar en palacio no está entre los siervos, sino cerca del trono.[234] Día vendrá en el que literalmente, las *"hijas reyes"*,[235] considerarán el servir a la Iglesia como su más grande honor; y entretanto toda hermana creyente es en sentido espiritual una hija del Rey y miembro de la familia real del cielo.

A tu diestra, en el lugar de más prestigio, de amor, honor y poder, *está la reina con oro de Ofir.*[236] La iglesia comparte los honores y la felicidad de su Señor; él la coloca en el lugar de mayor dignidad, y la viste con lo mejor de lo mejor. El oro es el más valioso de los metales, y el oro de Ofir el más puro que se conoce.[237] Jesús no otorga a su amada Iglesia nada inferior o de valor secundario. La Iglesia ha sido divinamente investida con la justicia impartida e imputada. ¡Felices quienes pertenecen a una Iglesia tan amada y tan honrada! Y desdichados quienes persiguen al pueblo amado, porque así como un marido no soportará que su esposa sea ultrajada o maltratada, tampoco el esposo celestial; y raudo vengará a sus elegidos. Tomemos nota, por tanto, de la solemnidad esplendorosa de los versículos que acabamos de leer. El salmista contempla en visión al Rey que se ciñe a sí mismo cual guerrero, se viste como monarca, monta en su carro, lanza contra sus enemigos sus flechas y los aplasta. Luego sube a su trono con el cetro en la mano e inunda las salas del palacio con perfume traído de sus aposentos

[232] Cantares 6:8. FRANZ DELITZSCH [1813-1890] hace de este versículo una peculiar interpretación que hemos considerado interesante transcribir: «¿Quiénes son esas *"hijas de reyes"* y quién es esta *"reina"* con una relación más cercana al rey? Las *"hijas de reyes"* son las naciones gentiles convertidas a Cristo, y *"la reina a tu diestra"* es Israel, que se ha vuelto a desposar con Dios, en Cristo, *"después de haya entrado la plenitud de los gentiles"* (Romanos 11:25). Tan solo después de que Israel haya sido ganado para Cristo, y entrado la plenitud de los gentiles, amanecerá la mañana del gran día que la Iglesia canta y celebra con este Salmo. בְּנוֹת מְלָכִים *bənōwṯ məlāḵîm "hijas de reyes"*, no se puede entender aquí como personificación de las naciones paganas en general, en tanto que שֵׁגַל *šêḡal "la reina"*, personifica al Israel creyente en una sola persona. Se refiere, pues, literalmente a *"hijas de reyes"* en calidad de representantes de sus respectivas naciones, puesto que aquí el orden de cosas con respecto a la Iglesia israelita del futuro es el mismo que se vislumbra en Isaías 49:23: *"Reyes serán tus ayos, y sus reinas tus nodrizas; con el rostro inclinado a tierra se postrarán ante ti, y lamerán el polvo de tus pies; y conocerás que yo soy el Señor, pues no se avergonzarán los que esperan en mí"*».

[233] Cantares 2:1; Oseas 14:5.

[234] Mateo 5:3-8. Ver también Salmo 24:4; Hebreos 12:14.

[235] Jeremías 43:6.

[236] La versión griega de los LXX o Septuaginta en lugar de *"con oro de Ofir"* lee ἐν ἱματισμῷ διαχρύσῳ περιβεβλημένη πεποικιλμένη que la Vulgata traduce al latín como: *"in vestitu deaurato, circumdata varietate"*, "con vestiduras doradas, rodeada de variedad". FELIPE SCIO DE SAN MIGUEL [1738-1776] comenta al respecto: «Esta *"variedad"* de adornos, galas y joyas, son la *"variedad"* dones y gracias que adornan ricamente a la Iglesia (1 Corintios 12:4.11)».

[237] Job 22:24.

secretos; su séquito está a su alrededor, y a su derecha, como la más hermosa entre todas las doncellas, está su esposa, con hijas de príncipes subyugados como sus asistentes.[238] La fe no es ajena a esta visión, y cada vez que la contempla, adora, ama, se regocija, y anhela.[239]

C. H. SPURGEON

Hijas de reyes hay entre tus damas nobles. Aunque la Iglesia católica[240] formada por el conjunto de auténticos conversos o verdaderos santos sea la única y verdadera esposa de Cristo, y sea una sola; sin embargo, las iglesias individuales visibles compuestas de santos por llamamiento, por obligación,

---

[238] Apocalipsis 19:6-9; 21:2, 9.

[239] La interpretación alegórica tradicional nunca ha cuestionado la identidad de los personajes clave en el Salmo y que concreta en dos: el Rey y su Reina, Cristo y su Iglesia. Pero su interpretación literal dentro de un contexto histórico como canto nupcial para las bodas de un rey, en el que la desposada es llevada en procesión a palacio según las costumbres de la época, complica las cosas. ¿Quién es el personaje del versículo nueve cuando dice: *"Está la reina a tu diestra con oro de Ofir"* (45:9)? El texto hebreo masorético lee שֵׁגַל *šēğal* de שֵׁגַל *shegal,* un término que ocurre solo dos veces en el A.T., en este Salmo y en Nehemías 2:6, pero en este último caso describiendo costumbres persas, no hebreas. La interpretación tradicional ha traducido שֵׁגַל *šēğal* como *"reina",* identificándolo con la reina consorte, es decir, la novia del poema; y la versión griega de los LXX o Septuaginta lee βασίλισσα que la Vulgata traduce al latín como *"regina"*. Sin embargo, como indica SCHÖKEL, si en el versículo nueve (45:9) el poeta se refiere a ella ya como "reina consorte", ¿qué sentido tiene que en el versículo siguiente se le diga: *"Oye, hija, y mira, y pon atento oído; olvida tu pueblo, y la casa de tu padre; y se prendará el rey de tu hermosura"* (45:10-11); y se la describa después desfilando *"toda gloriosa"* en mitad de un cortejo nupcial? Dentro de la interpretación alegórica-profética cabe decir que el poema no tiene porque seguir un orden cronológico; pero visto como epitalamio histórico, ni la coherencia ni lo que sabemos sobre las costumbres de la época permiten tal interpretación. En la monarquía israelita la reina consorte tenía muy poco protagonismo, por no decir ninguno, y raramente se las menciona con la excepción de Mical (2 Samuel 6:14-23) y Jezabel (1 Reyes 21:4-16), y no precisamente para elogiarlas. La que sí queda claro que asumía un protagonismo destacado y es mencionada meticulosamente por los cronistas bíblicos es la "reina madre" (1 Reyes 15:3; 2 Reyes 10:13; 12:2; 24:12, 25), no la consorte; entre otras cosas, porque no había una "consorte" sino varias: Salomón, además de la hija de Faraón *"tuvo amoríos con muchas mujeres moabitas, amonitas, edomitas, sidonias e hititas (...) tuvo setecientas esposas que eran princesas, y trescientas concubinas"* (1 Reyes 11:1-3). Al respecto dice SCHÖKEL: «Podía estar más enamorado de una de sus esposas, incluso de alguna concubina; pero lo que cuenta para él es la sucesión. Por eso la madre del heredero designado comienza a tener una posición relevante y la madre del reinante merece mención personal entre tantas que pasan anónimas. Decir que entre todas las mujeres del rey hay una principal que recibe el título de reina, es una proyección de nuestras costumbres, sin base bíblica». De ahí que todo el protagonismo se otorgue a la reina madre. La madre de David no se menciona por ser él el iniciador de la dinastía, pero en el caso de Salomón es claro y evidente: *"Vino Betsabé al rey Salomón para hablarle por Adonías. Y el rey se levantó a recibirla, y se inclinó ante ella, y volvió a sentarse en su trono, e hizo traer una silla para su madre, la cual se sentó a su diestra"* (1 Reyes 2:19), de ninguna reina consorte se cuenta nada semejante. Y Cantares 3:11 remata el tema: *"Salid, hijas de Sión, y contemplad al rey Salomón con la corona con la cual su madre lo coronó el día de sus bodas, el día de la alegría de su corazón"*. SCHÖKEL concluye: «el puesto privilegiado se lo conceden los libros históricos a la reina madre, los asuntos matrimoniales los asigna Cantares a la madre. Si queremos que el Salmo 45 encaje en esta mentalidad, hemos de ver a la reina madre "a la derecha" del rey, esperando a la novia, la escogida entre varias. Así tenemos el esquema de los personajes: el rey con la reina madre, varias princesas reales pretendientes, una escogida, y su séquito (…) con ello el salmo discurre sin tropiezos».

[240] Dickson no se refiere aquí a la Iglesia Católica Apostólica de Roma, sino a la "Iglesia Universal". La palabra católico viene del latín *catholicus,* que a su vez proviene del griego καθολικός *katholikós* (*kata*, "sobre, hacia abajo, contra" y *holos,* "todo") significa literalmente "a través de todo", "para todos" es decir ,"universal".

por profesión de fe y por aprecio comunitario, propio o de otros, son muchas. La verdadera Iglesia, formada por verdaderos conversos (cuya alabanza es de Dios, –que es el único que conoce con certeza quienes son–, y no de los hombres), siendo una sola, se compara con la reina; pero a las iglesias particulares, cuya naturaleza y asociaciones son conocidas por los hombres, siendo muchas, se las compara con damas de honor que sirven a la reina.

DAVID DICKSON [1583-1663]
"Explanation of the First Fifty Psalms", 1653

La reina. En la tumba de la emperatriz Matilde,[241] que era la hija de un rey, madre de un rey, y esposa de un rey, se colocó el siguiente epitafio:

«Grande por nacimiento, más grande por matrimonio, y más aún por su descendencia:
aquí yace Matilde, hija de Enrique, esposa de Enrique, y madre de Enrique»[242]

De igual modo David expresa en este himno que la Iglesia es hija de un Rey (45:13): *"Toda radiante está la hija del rey"*; madre de un rey (45:16): *"En lugar de tus padres estarán tus hijos; los harás príncipes en toda la tierra"*; y esposa de un rey en este versículo nueve que estamos comentando (45:9): *"a tu diestra, en oro de Ofir, está la reina"*, como siendo (hablo en el lenguaje de Canaán), espiritualmente desposada y poseída cual esposa por el rey de la gloria.

JOHN BOYS [1571-1625]
"The Works of John Boys: An Exposition of Psalm XLV", 1626

Vers. 10. ***Oye, hija, y mira, e inclina tu oído; olvida tu pueblo, y la casa de tu padre.*** *[Oye, hija, y mira, y pon atento oído; olvida tu pueblo, y la casa de tu padre.* RVR*] [Escucha, hija, presta atención e inclina tu oído; olvídate de tu pueblo y de la casa de tu padre.* LBLA*] [Oye, hija, y mira, y aplica tu oído, olvida tu pueblo y la casa de tu padre.* BTX*] [Escucha, hija, fíjate bien y presta atención: Olvídate de tu pueblo y de tu familia.* NVI*] [Escucha, hija, mira, acerca tu oído, olvida tu pueblo y la casa de tu padre.* BLP*] [Escúchame, oh hija de la realeza; toma en serio lo que te digo: olvídate de tu pueblo y de tu familia, que están lejos.* NTV*]*

Escucha, hija,[243] *presta atención.*[244] Este el gran deber de la Iglesia en todo momento. La fe viene por el oír,[245] y la confirmación por la reflexión y el estudio.

---

[241] Se refiere a MATILDE DE INGLATERRA [1102-1167], emperatriz consorte del Sacro Imperio Romano Germánico (1114–1125) y reina de Inglaterra durante ocho meses (abril–noviembre de 1141), siendo la primera mujer en acceder al trono inglés. Era hija del rey ENRIQUE I DE INGLATERRA [1068-1135], esposa del emperador ENRIQUE V DEL SACRO IMPERIO ROMANO GERMÁNICO [1086-1125], y madre de Enrique II de Inglaterra [1133-1189].

[242] En latín en el original: *«Ortu magna, viro major, sed maxima prole, Hic jacet Henrici filia, nupta, parens».* La cita procede del epitafio en la tumba de MATILDE DE INGLATERRA [1102-1167].

[243] Dice JERÓNIMO DE ESTRIDÓN [347-420]: ¿Cabe imaginar cosa más hermosa que un alma cuando al creer en Cristo es llamada *"hija"* de Dios, y olvidando lo que queda atrás (Filipenses 3:13), corre esperanzada en pos de Cristo, que es a la vez su Esposo y su Señor?

[244] SCHÖKEL sugiere que dentro del contexto histórico los versículos diez y once (45:10-11) hay que entenderlos como pronunciados por el "ninfagogo" o encargado de conducir a la desposada desde su residencia a la casa del esposo.

[245] Romanos 10:17; Gálatas 3:2, 5.

E inclina el oído. Yergue tu cabeza e inclínate hacia adelante, para que oigas hasta la última sílaba. Todas nuestras facultades mentales deben estar inclinadas para recibir la enseñanza santa. Pues ningún precepto merece mayor atención y reflexión por parte de aquellos que se honran siendo esposados a Cristo, que el que el salmista expone a continuación:

Olvida tu pueblo, y la casa de tu padre.[246] Renunciar al mundo no es fácil, pero es indispensable para todos los que estamos comprometidos con el Gran Rey, porque un corazón dividido no permanece;[247] sería un suplicio para la persona amada y una deshonra a su Señor. Las amistades ligadas al mal, e incluso aquellas que son neutrales, deben quedar atrás, pues no nos aportan beneficio alguno, sino más bien perjuicios. La casa donde nacimos es casa de pecado: –en iniquidad fuimos formados;[248] la mente carnal está en enemistad contra Dios;[249] hemos de salir de la casa de nuestra naturaleza caída, porque está edificada en la ciudad de Destrucción.[250] No es que la gracia rompa los lazos de los afectos naturales, pero sí los de naturaleza pecaminosa, los vínculos de los afectos carentes de gracia. Tenemos mucho que olvidar y que aprender; "desaprender" es tan difícil que solo lo podremos lograr con escucha diligente, reflexión profunda, e inclinando toda nuestra alma a ello; incluso con todo ello somos demasiado débiles para lograrlo si la gracia divina no nos ayudara. Con todo, ¿por qué recordar el Egipto del que salimos?[251] ¿Qué son los puerros, las cebollas y los ajos[252] cuando recordamos la esclavitud férrea, las tareas serviles, y el trato mortífero del infernal Faraón?[253] Cambiamos locura por sabiduría, las burbujas pasajeras por gozos eternos, el engaño por la verdad; la miseria por la felicidad; los ídolos por el Dios vivo.[254] ¡Ah, si los cristianos tuvieran más en cuenta el precepto divino que aquí se nos recuerda! Pero, ¡ay!, abunda la mundanalidad; la iglesia está contaminada, y la gloria del gran Rey permanece velada. Solo cuando toda la Iglesia lleve una vida separada del mal, brillará sobre el mundo el poder del cristianismo en todo su esplendor.

C. H. SPURGEON

---

[246] FRANZ DELITZSCH [1813-1890] indica que el Targum hace de estas palabras la siguiente paráfrasis: *"Abandona las malas costumbres de los impíos entre tu pueblo, y los ídolos a los que has servido en la casa de tu padre".* DIODORO DE TARSO [¿?-392] dice al respecto: "Las primeras comunidades cristianas estaban formadas por judíos y griegos, por lo cual las palabras del salmista resultan especialmente acertadas: *"Olvida tu pueblo, y la casa de tu padre",* refiriéndose por *"pueblo"* a la idolatría de los gentiles, y por *"casa de tu padre"* la observancia estricta de la ley que practicaban los judíos. Lo que les dice es que ambos debían abandonar sus antiguas costumbres para acogerse a una nueva dispensación, la de la gracia». Ver al respecto la nota 257.

[247] Mateo 12:25.

[248] Salmo 51:6; 58:3.

[249] Romanos 8:7; Santiago 4:4.

[250] La Ciudad de Destrucción, en inglés *City of Destruction* es una ciudad ficticia de la famosa alegoría de JOHN BUNYAN [1628-1688] *The Pilgrim's Progress,* El Progreso del Peregrino. Ciudad de Destrucción es el lugar desde donde Cristiano, el protagonista, emprende su viaje. Es una alegoría directa del mundo (Isaías 19:18). Como tantos otros lugares de la misma obra, como la Feria de Vanidad (*Vanity Fair*), el Pantano del Desaliento (*Slough of Despond*) o la Ciudad Celestial (*Celestial City*), la Ciudad de Destrucción ha pasado a formar parte del imaginario colectivo y es parte de la cultura literaria en general. *"The Pilgrim's Progress"* fue publicada originalmente el año 1678, y Editorial CLIE ha publicado tanto la primera como la segunda parte de la obra bajo los títulos "El Peregrino" y "La Peregrina".

[251] Éxodo 13:3; Deuteronomio 16:3; Hebreos 11:26.

[252] Números 11:5.

[253] Romanos 5:12; 6:23; 1 Corintios 15:56; Santiago 1:15.

[254] 1 Corintios 10:21; 2 Corintios 6:16.

Olvida tu pueblo, y la casa de tu padre. Cristo dice: hay tres cosas de las que espero os apartéis totalmente:

1. De vuestros deseos carnales, los caminos del viejo Adán, que son la casa de vuestro padre terrenal. Ya que después de la caída de Adán, Dios y el hombre han mantenido siempre dos casas separadas.[255] Desde entonces la casa de nuestro padre terrenal es una casa de costumbres depravadas, de pecado y de maldad.

2. De vuestros privilegios mundanos. *"Si alguno viene a mí, y no aborrece a su padre, y madre, y mujer, e hijos, y hermanos, y hermanas, y aun también su propia vida, no puede ser mi discípulo".*[256] Quien tenga todas estas cosas tiene que estar dispuesto a abandonarlas; pues le atan de modo copulativo, no disyuntivo.

3. De vuestro propio yo, la propia voluntad, la propia justicia, la autosuficiencia, la confianza en uno mismo y la ambición centrada en el yo.[257]

LEWIS STUCKLEY [1621-1687]
"The Gospel Glass", 1667

Olvida tu pueblo, y la casa de tu padre. Si veis que una abeja abandona una hermosa flor para libar otra, vais a concluir que en esa otra encuentra mayor cantidad de polen y néctar. Así también el pueblo de Dios jamás abandonaría tantas flores bonitas del jardín de este mundo, si no encontrara mayor dulzura en otras. Cristo tiene su propio huerto al cual lleva a su amada,[258] que encuentra allí otro tipo de flores distinto a las que hay el mundo, en las que halla una dulzura de naturaleza superior, incluido el néctar de miel de la misericordia de la elección y la bondad y bendición del propio Dios. Si el pueblo de Dios deja de amamantarse de los pechos copiosos de este mundo es porque ha encontrado otros mejores, *"los pechos de sus consolaciones, en los cuales chupar copiosamente y con deleite de la abundancia de su gloria."*[259]

JEREMIAH BURROUGHS [1599-1646]
"Moses, his self denial.", 1649

Olvida. Si estás en la montaña, no mires atrás hacia Sodoma.[260] Si estás en el arca, no vuelvas al mundo como hizo el cuervo.[261] Si has puesto tus pies en Canaán, olvida las ollas de carne de Egipto.[262] Si estás en marcha contra Madián, no dobles tus rodillas para beber en las aguas del Harod.[263] Si estás en la azotea, olvida lo que hay debajo.[264] Si has puesto tu mano sobre el arado, no mires hacia

[255] Romanos 5:14-18; 1 Corintios 15:21-18.

[256] Lucas 14:26.

[257] Dice FRANCISCO LACUEVA [1911-1205] en su versión al español del "Comentario de Matthew Henry": «Ha de renunciar a todo lo demás: *"Olvida tu pueblo y la casa de tu padre"*, conforme a los pactos matrimoniales. Esto nos muestra: 1. Cuán necesario era para los que se convertían del judaísmo o del paganismo a la fe de Cristo purificarse de la vieja levadura (1 Corintios 5:7) y no introducir en la profesión del cristianismo ni las ceremonias del judaísmo ni las idolatrías del paganismo, pues eso convertiría el cristianismo en una religión híbrida como era la de los samaritanos. 2. Cuán necesario es para todos nosotros, cuando nos adherimos a Cristo, *"odiar"*, es decir, poner en segundo lugar, a padre, madre, etc. y todo lo que más queremos en este mundo, para dar prioridad al amor que le debemos a Cristo como a nuestro regio esposo».

[258] Cantares 6:2-3.

[259] Isaías 66:11.

[260] Génesis 19:26.

[261] Génesis 8:7.

[262] Éxodo 16:2-3.

[263] Jueces 7:4-7.

[264] Marcos 13:15.

atrás.[265] Temístocles[266] afirmó: «prefiero aprender mejor el arte del olvido que el del recuerdo». La filosofía es una arte de recuerdo; la teología incluye en sus disciplinas el arte del olvido. La primera lección que Sócrates[267] enseñaba a sus discípulos era: «Recuerda», porque pensaba que el conocimiento consistía en recordar las cosas que la mente conocía antes de entrar en el cuerpo. Pero la primera lección que Cristo enseña a sus alumnos es: "olvida". *"Olvida tu pueblo, y la casa de tu padre"*. Esto es, en primer lugar: *"arrepentíos"*;[268] y luego: *"apartaos del mal"*.[269]

THOMAS ADAMS [1583-1653]
"The Works of Thomas Adams", 1653

Vers. 11. ***Y deseará el rey tu hermosura; e inclínate a él, porque él es tu señor.*** *[Y se prendará el rey de tu hermosura; e inclínate ante él, porque él es tu señor.* RVR*] [Entonces el rey deseará tu hermosura; inclínate ante él, porque él es tu señor.* LBLA*] [Y deseará el Rey tu hermosura, e inclínate a Él, porque Él es tu Señor.* BTX*] [El rey está cautivado por tu hermosura; él es tu señor: inclínate ante él.* NVI*] [El rey está prendado de tu belleza, él es tu señor, ¡póstrate ante él!* BLP*] [Pues tu esposo, el rey, se deleita en tu belleza; hónralo, porque él es tu señor.* NTV*]*[270]

Y se prendará el rey de tu hermosura.[271] El amor exclusivo e incondicional es fundamento y motor de la felicidad en todos los matrimonios, pero en el caso de este noble desposorio místico, lo

[265] Lucas 9:62.

[266] Se refiere a TEMÍSTOCLES [525-450 a.C.] militar, estadista y héroe griego, figura clave en las Guerras Médicas y en la construcción de la armada ateniense, y héroe de la "batalla de las Termópilas", conocida hoy por su adaptación ficticia en la novela gráfica de FRANK MILLER [1957-] titulada "300", adaptada en una película homónima el año 2006 dirigida por ZACK SNYDER [1966-]. Sin embargo, Temístocles cayó en desgracia y fue condenado al exilio. Se refugió en el único lugar que le abría las puertas, el rival Imperio Persa, que por ironías de la vida estaba interesado en abrirle las puertas a cualquier militar y político experimentado, incluso al causante de su anterior derrota. Allí vivió amargado y, según la tradición, se envenenó para no ayudar al rey de Persia en un nuevo intento de conquista de su patria.

[267] Se refiere al filósofo griego SÓCRATES [470-399 a.C.] fundador de la filosofía ática, considerado uno de los padres tanto de la filosofía occidental como universal.

[268] Mateo 4:17.

[269] 1 Pedro 3:11.

[270] En hebreo וְיִתְאָו הַמֶּלֶךְ יָפְיֵךְ כִּי־הוּא אֲדֹנַיִךְ וְהִשְׁתַּחֲוִי־לוֹ *wəyiṯ'āw hammeleḵ yāpəyêḵ kî-hū 'ăḏōnayiḵ wəhištaḥăwî-lōw.* La versión griega de los LXX o Septuaginta lee: ὅτι ἐπεθύμησεν ὁ βασιλεὺς τοῦ κάλλους σου, ὅτι αὐτός ἐστιν ὁ κύριός σου, que la Vulgata traduce al latín como: *"Et concupiscet rex decorem tuum, quoniam ipse est Dominus Deus tuus, et adorabunt eum"*, "Y codiciará el Señor tu belleza, porque él es el Señor Dios tuyo, y le adorarán". Aunque el sintagma hebreo אֲדֹנַיִךְ *'ăḏōnayiḵ* solo ocurre en este Salmo, su raíz אָדוֹן *adon* es común para referirse a un "señor" o "dueño", y puede aplicarse al Rey: *"Oh rey, mi señor"* (Jeremías 38:9); o al marido *"decís a vuestros maridos"* (Amós 4:1 LBLA). Pero en este caso el κύριός σου de la Septuaginta, que la Vulgata interpreta reforzándolo con un: *"Dominus Deus tuus"*, dejan lugar para pocas dudas. El וְהִשְׁתַּחֲוִי־לוֹ *wəhištaḥăwî-lōw* que es parte del Texto Masorético hebreo y que la Vulgata incluye traduciéndolo como *"et adorabunt eum"*, y también la versión inglesa KJV traduciéndolo como *"and worship Him"* no figura en la versión griega o Septuaginta; se considera un añadido posterior que por su forma y sentido parece inadmisible y por tanto algunas versiones lo han suprimido. KRAUS sugiere la posibilidad de añadirlo al comienzo versículo siguiente (45:12) que traduce de ese modo: *"'Póstrese ante ti' la hija de Tiro con presentes. Ríndante homenaje los ricos 'de los pueblos'"*.

[271] No deja de resultar significativo el uso del verbo hebreo אָוָה *avah:* וְיִתְאָו *wəyiṯ'āw* (un sintagma que solo ocurre en este Salmo) que expresa un deseo anímico de carácter moral o espiritual: *"En la noche te desea mi alma"* (Isaías 26:9), concretamente en el caso que nos ocupa, enamoramiento.

es de una manera especial.[272] La Iglesia debe abandonar todo lo demás y unirse solo a Jesús, o ni lo complacerá ni alcanzará a disfrutar de la plena manifestación de su amor. ¿Qué menos puede pedir él y qué menos se atreverá ella a proponer que a ser enteramente suya? Jesús ve en su Iglesia una belleza peculiar, una belleza que le deleita de manera especial cuando no está manchada por la mundanalidad. Cuando sus santos se muestran capaces de cargar su cruz con alegría y seguirle fuera del campamento es cuando más cerca está de ellos y con mayor esplendor.[273] Su Espíritu se entristece cuando los creyentes se mezclan con el mundo y aprenden sus caminos. Hasta que aquellos que profesamos amar a Jesús le demostremos nuestro afecto saliendo del mundo impío, apartándonos de él y no toquemos nada inmundo,[274] no se nos puede otorgar un avivamiento considerable y duradero.

Inclínate ante él, porque él es tu señor.[275] Pero sus derechos reales se mantienen; su amor y gracia condescendiente en lugar de disminuir su autoridad, la potencia. Nuestro Salvador es a la vez nuestro Gobernante. El marido es el cabeza de la mujer;[276] y el amor que él le profesa no disminuye sino que fortalece su obligación de obedecer. La Iglesia debe reverenciar a Jesús e inclinarse ante él en adoración postrada; su tierna unión le concede libertad, pero no libertinaje; la libera de todas las demás cargas, pero pone en su cuello un yugo fácil.[277] ¿Y quién desearía que fuera de otra manera? El servicio a Dios es lo que hace que el cielo sea cielo, y llevado a cabo apropiadamente, es el cielo en la tierra. Jesús, tu Iglesia te alaba de manera incesante con sus cánticos, y te adora con su perpetuo servicio. Enséñanos a ser plenamente tuyos. Sé paciente con nosotros y obra en nosotros por medio de tu Espíritu Santo, hasta que hagamos tu voluntad así en la tierra como en el cielo.[278]

C. H. SPURGEON

Y se prendará el rey de tu hermosura.[279] Una promesa muy dulce. Porque el Espíritu Santo sabe que este monstruo que llevamos dentro -la superstición- se adhiere con fuerza al corazón de todos los que deseamos ser puros y sin mancha delante de Dios. Cuando estaba bajo el papismo esa era mi lucha constante, y solía decir: "De buena gana acudiría al sacramento, pero no me siento digno". El impulso natural nos lleva a buscar pureza en nosotros mismos, y urgamos en nuestro interior buscando en nuestras acciones una pureza que nos evite la necesidad de la gracia y así proclamarnos justos por méritos propios (…) ¡Nunca serás justo por ti mismo ni por tus obras! (…) El Espíritu Santo nos dice:

– SCHÖKEL, en su interpretación del Salmo dentro de un contexto histórico comenta: «En una época en que las bodas reales eran meros actos de política internacional, es notable oír que el rey está enamorado. Sobre el fondo del famoso hexámetro: *"Bella gerant alii, tu felix Austria nube"*, suena casi romántico. Estamos aquí más cerca del Cantar de los Cantares que del último capítulo de Proverbios». La cita en latín es el lema de los Habsburgo adoptado desde la época del emperador Maximiliano I [1419-1519] y que dirigió a lo largo de los años su política matrimonial. La frase completa es: *"Bella gerant alii, tu felix austria nube. nam quae mars aliis, dat tibi diva venus"*, "Que emprendan otros las guerras. Tú, feliz Austria, cásate. Así, lo que a otros les da Marte, te lo dará a ti la divina Venus".

[272] 1 Corintios 6:17.

[273] Lucas 9:23; Hebreos 13:13.

[274] Romanos 8:9-11; 2 Corintios 6:17; Judas 1:23.

[275] Ver al respecto 1 Reyes 1:15-16.

[276] Efesios 5:23.

[277] Mateo 11:30.

[278] Mateo 6:10.

[279] Dice JUAN CRISÓSTOMO [347-407]: «El salmista vincula aquí la *"hermosura"* con la obediencia *"inclínate ante él"*, para que nos demos cuenta que su discurso no tiene que ver con la belleza corporal sino con la espiritual, pues la obediencia no aporta belleza al cuerpo sino al alma. Es como si nos dijera: 'Si eres obediente a tu Esposo celestial, le serás atractiva'».

"Te daré un buen consejo; y si lo escuchas serás como una hermosa virgen".[280] Si quieres ser bello ante los ojos de Dios, para que todas tus obras le sean agradables y diga: "Tu oración me complace, y todo lo que dices haces y piensas me deleita", no tienes más que hacer esto: *"Oye, hija, y mira, y pon atento oído"* (45:10); y con ello serás perfectamente bello. Pues cuando has escuchado, has visto, y has olvidado toda tu propia justicia, toda la ley, todas las tradiciones, y todas las supersticiones; y has creído firmemente, entonces eres hermoso. No en tu propia belleza, sino en la belleza del Rey que te ha adornado con su Palabra, y que te ha investido con su justicia, su santidad, su verdad y fortaleza, y todos los dones del Espíritu Santo (…) El Espíritu Santo utiliza aquí el lenguaje más exaltado: *"Y se prendará el rey de tu hermosura*", es decir, que por la fe prevalecerás sobre él para lograr cuanto desees; harás que impulsado por el poder del amor, te siga espontáneamente, permanezca a tu lado y empiece a morar contigo. Porque dondequiera que Dios ha dado su Palabra y comenzado su obra, jamás la abandona, y no abandonará la obra que ha comenzado en ti.[281] Aunque antes te someta a las tentaciones del mundo, el diablo y la carne, para trabajar su obra ti: no son más que abrazos con los que ciñe a su cónyuge movido por la impaciencia del amor (…) La suma de todo ello, por tanto, es que nuestra hermosura no consiste en nuestras propias virtudes; ni aun en los dones que hemos recibido de Dios, y por medio de los cuales nos revestimos de virtudes y hacemos todas las cosas que pertenecen a la vida de la ley; sino en que nos asimos de Cristo y creemos firmemente en él. Entonces es cuando somos verdaderamente hermosos; y esa es esta la única hermosura que Cristo mira y valora, no otra.

MARTÍN LUTERO [1483-1546]

Y deseará el rey tu hermosura en gran manera.[282] Este salmo presenta a Cristo en todo el esplendor de su realeza y majestad; y no obstante, afirma también que desea o "se deleita" en gran manera en la belleza de su reina, es decir, en las virtudes de los santos. Y no con un deseo ordinario, sino que *"la desea en gran manera";* y su deseo aumenta en proporción a su belleza. Es el incentivo para que seamos más santos y conforme a su imagen: *"a inclinar su oido; y olvidar su pueblo, y la casa de su padre"* (45:10). *"Y deseará el rey tu hermosura en gran manera"*. Cristo posee una belleza que le complace; también nosotros, pero de otro tipo; por consiguiente no cesa hasta que logra erradicar del rostro de su cónyuge cada mancha y arruga, para así, como nos dice el apóstol: *"presentarla él a sí mismo como una iglesia gloriosa"*,[283] agradable y deleitosa a sus ojos.

THOMAS GOODWIN [1600-1679]
"A discourse of Christ the Mediator", 1692

Vers. 12. *Y las hijas de Tiro vendrán con presentes; implorarán tu favor los ricos del pueblo.* *[Las hijas de Tiro vendrán con presentes; implorarán tu favor los ricos del pueblo.* RVR*] [Y la hija de Tiro vendrá con presentes; los ricos del pueblo suplicarán tu favor.* LBLA*] [Y las hijas de Tiro vendrán con ofrendas, los más ricos de los pueblos implorarán tu favor.* BTX*] [La gente de Tiro vendrá con presentes; los ricos del pueblo buscarán tu favor.* NVI*] [Hija de Tiro, con obsequios te agasajan los poderosos del pueblo.* BLP*] [La princesa de Tiro te colmará de regalos; los ricos suplicarán tu favor.* NTV*]*[284]

[280] Cantares 4:7.
[281] Filipenses 1:6.
[282] Así es como traduce la versión inglesa KJV: *"So shall the king greatly desire thy beauty"*.
[283] Efesios 5:27.
[284] En hebreo וּבַת־צֹ֨ר ׀ בְּמִנְחָ֗ה פָּ֭נַיִךְ יְחַלּ֗וּ עֲשִׁ֣ירֵי עָֽם *ūḇaṯ-ṣōr bəminḥāh pānayiḵ yəḥallū 'ăšîrê 'ām.* La versión griega de los LXX o Septuaginta lee: καὶ προσκυνήσουσιν αὐτῷ θυγατέρες Τύρου ἐν δώροις, τὸ πρόσωπόν σου λιτανεύσουσιν οἱ πλούσιοι τοῦ λαοῦ, que la Vulgata traduce al latín como: *"Et filiae Tyri in muneribus*

Las hijas de Tiro vendrán con presentes.[285] Cuando la Iglesia abunda en santidad, no le falta homenaje de parte de aquellos que están a su alrededor; su gloria impresionará y atraerá a las naciones que la circunden, hasta que finalmente también ellas se unirán para honrar a su Señor. El poder de nuestras misiones en el extranjero comienza en casa; una iglesia santa será una iglesia poderosa. Si la gracia habita en los corazones no escasearán tesoros en sus arcas; pues los dones voluntarios de un pueblo dispuesto capacitarán a los obreros de Dios para llevar adelante sus empresas sagradas sin restricciones. Y tanto la economía como la política colaborarán de buen grado, evitando gravámenes abusivos e impuestos imperiales, y contribuyendo con sus recursos y subvenciones a la Iglesia del Gran Rey.[286]

Implorarán tu favor los ricos del pueblo. Los ricos y poderosos se unirán a la fe de Jesús, no buscando justificar sus desvaríos, sino dando testimonio de sus pecados.[287] No acudirán pretendiendo favorecer a la iglesia, sino implorando su favor. La Iglesia no será una mercenaria en manos de los poderosos, sino que como reina dispensará sus favores a los ricos entre la muchedumbre. A Cristo acudimos todos en calidad de mendigos implorando limosna; por desgracia, muchos hay que a pese a saber esto, lo pasan por alto porque resulta impopular, y buscan favorecer a los grandes y poderosos de la tierra. No se degradará así la verdadera esposa de Cristo cuando su santificación sea más profunda y visible; entonces el corazón de los hombres se volverá más desprendido, y surgirán continuas y generosas ofrendas que procedentes de lejos, serán presentadas ante el trono del Príncipe de Paz.[288]

C. H. Spurgeon

Las hijas de Tiro. Las hijas de Tiro son las hijas de los gentiles, pues aquí la parte representa el todo. Como territorio limítrofe al país donde se pronunciaba la profecía, Tiro tipifica a las naciones que habrían de creer en Cristo. De allí vino la mujer cananea, que de entrada fue calificada de *"perrillo"*; y para demostrar que era de allí, el evangelio nos dice que: *"Saliendo Jesús de allí, se retiró a la región de Tiro y de Sidón. Y he aquí que una mujer cananea, que había salido de aquellos confines, gritaba, diciéndole: ¡Señor, Hijo de David, ten compasión de mí!"*; y sigue con el resto de la historia.[289]

---

vultum tuum deprecabuntur; omnes divites plebis", "Y las hijas de Tiro con presentes buscarán tu rostro, todos los ricos del pueblo". El προσκυνήσουσιν de la Septuaginta, que implica la idea de "inclinarse", "arrodillarse" o "postrarse" en tierra en homenaje reverente: *"Y se postrarán ante ti las hijas de Tiro con presentes, buscarán tu rostro todos los ricos del pueblo"* parece recoger en cierto modo el sentido del וְהִשְׁתַּחֲוִי־לוֹ *wəhištaḥăwî-lōw* del versículo anterior y apoyar la propuesta de Kraus de incluirlo al comienzo de este (ver nota 270 en este mismo Salmo 45). No deja de resultar curiosa la expresión πρόσωπόν σου que la Vulgata traduce como *"muneribus vultum tuum"*, "buscaran tu rostro"; Felipe Scio de San Miguel [1738-1776], la traduce: *"Y las hijas de Tiro con presentes te ofrecerán humildes ruegos, todos los ricos del pueblo"*, y se limita a indicar que «*"vultum tuum"*, "tu rostro", se toma en este caso por toda la persona».

285 Dice Francisco Lacueva [1911-1205] en su versión española del "Comentario de Matthew Henry": «"*Y la hija de Tiro* –esto es, la ciudad de Tiro–, los más ricos del pueblo, implorarán con un presente tu favor" (45:12 - traducción literal). La versión judía lee: *"Y, oh hija de Tiro"* –con lo que alude a Jezabel, lo cual es posible, pero en mi opinión menos probable. Más bien la ciudad de Tiro, por medio de sus magnates, trae presentes a la regia novia, que, probablemente, procede de allí. Los fieles hijos de Dios, que forman la esposa de Cristo, son magníficos intercesores a favor, no solo de sus hermanos espirituales, sino también de sus familiares y amigos que todavía son del mundo. Por eso disfrutan de muchas bendiciones en la casa de un creyente el cónyuge y los hijos no creyentes (1 Corintios 7:14)».

286 Isaías 60:11.

287 Mateo 10:8.

288 Isaías 9:6; 18:7; 60:9, 11; Sofonías 3:10.

289 Mateo 15:21-28.

Esa mujer cananea, mientras permanecía *"en la casa de su padre"*, es decir, entre su propia gente, no era más que un *"perrillo"*; pero en cuanto dejó la casa de su padre y se acercó al *"Rey"* gritando, suplicando e implorando, vino a ser *"hermosa"* por creer en él. ¿Y qué escuchó de sus labios? *"Oh mujer, grande es tu fe"*. Esto es: *"quedó prendado el rey de su hermosura"* (45:11).

Vendrán con presentes. ¿Qué presentes? ¿Y para qué? El Rey desea colmar de sus tesoros a todos los que a él acuden, y también espera que le traigan presentes; los llena con sus dones y confía que ellos le correspondan adorándole con presentes.[290] ¿Y en qué consisten estos presentes? *"No os hagáis tesoros en la tierra, donde la polilla y el orín corrompen, y donde ladrones minan y hurtan; sino haceos tesoros en el cielo, donde ni la polilla ni el orín corrompen, y donde ladrones no minan ni hurtan. Porque donde esté vuestro tesoro, allí estará también vuestro corazón"*.[291] ¿Entonces? ¿Qué presentes traer al que dice: *"Porque misericordia quiero, y no sacrificio"*?[292] En el templo antiguo, que no era sino sombra y tipo del templo futuro, se acudía con becerros, cabritos y otros animales de diversas especies apropiados para el sacrificio, a fin de que su sangre simbolizara la expiación futura. Pero ahora, habiendo venido el rey en persona y habiendo sido ya derramada la sangre que ellos prefiguraban, el Rey desea otro tipo de presentes. ¿Y qué presentes desea? Obras de amor. El Rey ha de juzgar las obras de todos, y recompensará las de algunos diciéndoles: *"Venid, benditos de mi Padre, heredad el reino preparado para vosotros desde la fundación del mundo"*.[293] ¿Y por qué? *"Porque tuve hambre, y me disteis de comer; tuve sed, y me disteis de beber; fui forastero, y me recogisteis; estuve desnudo, y me vestisteis; enfermo, y me visitasteis; en la cárcel, y vinisteis a mí"*. He aquí los presentes con los que la hijas de Tiro adoran al Rey. Y cuando ellas le pregunten: ¿Cuándo te vimos en semejante situación? El Rey, que está arriba y está abajo, les responderá por medio de sus mensajeros que suben y descienden:[294] *"De cierto os digo que en cuanto lo hicisteis a uno de estos mis hermanos más pequeños, a mí me lo hicisteis"*.[295]

Implorarán tu favor los ricos del pueblo. El salmista explica con mayor amplitud quiénes son esas *"hijas de Tiro"* y por qué traen presentes, añadiendo: *"Implorarán tu favor los ricos del pueblo"*. Esos ricos del pueblo, antes hijas de Tiro, son aquellos a quienes se dirige el apóstol diciendo: *"A los ricos de este siglo manda que no sean altivos, ni pongan la esperanza en las riquezas, las cuales son inciertas, sino en el Dios vivo, que nos da todas las cosas en abundancia para que las disfrutemos. Que hagan bien, que sean ricos en buenas obras, dadivosos, generosos; atesorando para sí buen fundamento para lo por venir, que echen mano de la vida eterna"*.[296] (...) En la iglesia apostólica quienes *"poseían heredades o casas, las vendían, y traían el precio de lo vendido, y lo ponían a los pies de los apóstoles; y se repartía a cada uno según su necesidad"*. Entonces en la Iglesia imperaba un amor fervoroso y ardiente, *"y la multitud de los que habían creído era de un corazón y un alma"*.[297] De ese modo, pobres y ricos, unánimes todos ellos, perseguían el bien de la Reina, buscaban el favor la Esposa, la Iglesia de la cual ellos mismos eran parte. De esa única Reina, esa única Esposa, de la cual Cristo es la verdadera Cabeza.[298]

AGUSTÍN DE HIPONA [354-430]
"Enarrationes in Psalmos"

[290] Mateo 2:11.
[291] Mateo 6:19-34.
[292] Oseas 6:6; Mateo 9:13.
[293] Mateo 25:34-40.
[294] Génesis 28:12.
[295] Mateo 25:40.
[296] 1 Timoteo 6:17-19.
[297] Hechos 4:34-35.
[298] El texto original inglés tan solo incluye un fragmente del comentario de Agustín a esta segunda parte del versículo doce (45:12). Hemos estimado propio y conveniente completarlo con nuestra propia traducción del comentario completo.

Los ricos del pueblo. Son, en efecto, ricos en gracia aquellos cuyas virtudes no se ven malogradas por las riquezas, cuyas almas prosperan junto con la salud de sus cuerpos, como dice el apóstol Juan: *"ruego en oración que seas prosperado en todas las cosas, y que tengas salud, así como prospera tu alma".*[299] O bien aquellos que, como está profetizado en este versículo, a pesar de verse colmados de bendiciones mundanas, siguen experimentando hambre y sed en su búsqueda de Cristo.[300]

"Las hijas de Tiro vendrán con presentes; implorarán tu favor los ricos del pueblo", dice el salmista; es decir, el favor de Cristo mismo, o el favor de la Iglesia en razón de esa excelencia espiritual y gloria interior que ha recibido de Cristo. Ahora bien, el texto describe a los ricos trayendo sus presentes y, en especial, entregándose a Cristo, una escena extraña y muy poco frecuente, y por tanto, una obra extraordinaria y sobresaliente de la gracia.

JOSEPH CARYL [1602-1673]

Vers. 13. ***Toda gloriosa es la hija del rey en su morada; de brocado de oro es su vestido.*** *[Toda gloriosa entra la hija del rey en su morada; de brocado de oro es su vestido.* RVR*] [Toda radiante está la hija del rey dentro de su palacio; recamado de oro está su vestido.* LBLA*] [Toda gloriosa es la princesa en su aposento, de brocado de oro es su vestido.* BTX*] [La princesa es todo esplendor, luciendo en su alcoba brocados de oro.* NVI*] [Toda radiante entra la hija del rey, de brocado de oro es su vestido.* BLP*] [La novia, una princesa, luce gloriosa en su vestido dorado.* NTV*]*[301]

Toda gloriosa entra la hija del rey en su morada. Dentro de sus aposentos secretos su gloria es inmensa. Y aunque nadie alcance a contemplarla, su Señor la ve y la elogia. *"Aún no se ha manifestado lo que hemos de ser".*[302] En este pasaje también se puede interpretar que ella es gloriosa en sí misma:[303] que su belleza no es sola o principalmente exterior, sino que lo más selecto de sus encantos se encuentran en su corazón, en su carácter secreto, en sus deseos interiores. Lo que el Señor aprecia es verdad y sabiduría en el interior; la belleza superficial es nada ante sus ojos.[304] La iglesia es de linaje

---

[299] 3 Juan 1:2.

[300] Isaías 55:1; Mateo 5:6.

[301] En hebreo כָּל־כְּבוּדָּה בַת־מֶלֶךְ פְּנִ֑ימָה מִֽמִּשְׁבְּצ֖וֹת זָהָ֣ב לְבוּשָֽׁהּ *kāl-kəḇūdāh ḇaṯ-meleḵ pənîmāh mimmišbəṣōwṯ zāhāḇ ləḇūšāh.* La versión griega de los LXX o Septuaginta lee: πᾶσα ἡ δόξα αὐτῆς θυγατρὸς βασιλέως ἔσωθεν ἐν κροσσωτοῖς χρυσοῖς περιβεβλημένη πεποικιλμένη, que la Vulgata traduce al latín como: *"Omnis gloria ejus filiae regis ab intus, in fimbriis aureis",* "Toda la gloria de la hija del Rey es por dentro, en franjas de oro". FELIPE SCIO DE SAN MIGUEL [1738-1776] añade esta nota explicativa: «Aunque adornada en este mundo de dones espirituales y divinas gracias, la Iglesia es como una esposa que sigue todavía en casa de sus padres, hasta que sale de ella con toda pompa y solemnidad para trasladarse a la del esposo (Apocalipsis 19;7.8). Lo cual significa que está aún por descubrir lo que ha de ser (1 Juan 3:2); pues todos sus adornos son espirituales e internos, y no mundanos (Cantares 1:5; Romanos 2:28-29; 1 Pedro 3:3-4)».

[302] 1 Juan 3:2.

[303] La versión inglesa KJV traduce literalmente el adverbio פְּנִ֑ימָה *pənîmāh* por *within,* "dentro", "adentro", "en el interior". *"The king's daughter is all glorious within",* "La hija del rey es toda gloriosa por dentro". La RVA traduce: *"Toda ilustre es de dentro la hija del rey".*

[304] En este mismo sentido dice TEODORO DE MOPSUESTIA [350-428]: «Resulta evidente que la expresión *"gloriosa* (…) *en su morada",* (o mejor *"por dentro"* según lo traduce la Vulgata) no hace referencia a la belleza corporal o física, sino espiritual: la hermosura del alma santificada (Romanos 6:22; Hebreos 12:14). La verdadera gloria y hermosura de los santos está en la integridad de su conciencia, una hermosura que pasa desapercibida a los ojos de los hombres pero plenamente visible ante los ojos del supremo Juez».

real,[305] de dignidad imperial, porque es hija de un rey; ha sido purificada y renovada en su naturaleza;[306] y por tanto es gloriosa por dentro. Fijémonos en el determinante "todo": *"toda gloriosa"*. En el versículo ocho (45:8) leemos que el Esposo tiene perfumadas *"todas sus vestiduras"*; y ahora que la esposa es *"toda gloriosa"*, pues la entereza y plenitud en *"todo"* son un punto importante. En Jesús no haz mezcla de aroma con olor desagradable, ni tampoco hay aleación de impureza en su pueblo, su Iglesia se presentará sin *"mancha ni arruga ni cosa semejante"*.[307]

De brocado de oro es su vestido. El mejor material y la mejor mano de obra. ¡Cuán laboriosamente trabajó nuestro Señor el material precioso de su justicia para vestir a su pueblo! Ningún bordado de hilos de oro puede igualar semejante obra maestra de arte santo. Tal vestimenta honra a quien la lleva por su relación con el Gran Rey. El Señor procura que no falte nada a la gloria y belleza de su esposa.

C. H. SPURGEON

Toda gloriosa entra la hija del rey en su morada.[308] Cuando los hijos de Dios piensan en su glorioso linaje y pedigrí celestial, se esfuerzan por sobresalir de los demás, tanto en la hermosa disposición de su alma como en su modo de vida. La *"hija del rey"*, es decir, hija del Padre celestial y a su vez novia del Hijo del rey, formada por cada alma creyente, es toda gloriosa; adornada con una santidad gloriosa no solo para sí misma, sino también para el Padre y el Esposo, anticipo de una gloria celestial futura y eterna. Y no solo cara al exterior, es decir, cuando se presenta ante la mirada de los hombres; sino también interiormente, *"en su morada"*, cuando se sienta en su habitación, en la intimidad de su cama para sus devociones espirituales con las que complace en privado al Padre y al Esposo, que ven y examinan al hombre interior, razón por la cual se esfuerza en mantenerse pura y casta.

De brocado de oro es su vestido. De una excelencia tal que comparado con él todo aquello de lo cual puedan hacer gala los hombres es vanidad efímera. Se describe a la esposa ataviada con un vestido de brocado exquisitamente embellecido con bordados que simbolizan las perfecciones de Dios mismo; y de diferentes colores, que corresponden a los dones del Espíritu Santo, distintos pero armoniosos entre sí; todo él obra de costura primorosa de bordadoras frigias,[309] o quizá más bien de manos de un artífice especialmente diestro como el mencionado en el Cantar de los Cantares.[310] Pero la Esposa no solo es hermosa en su interior, sino que lo es también exteriormente, pues: *"manteniendo en alto la palabra de vida"*,[311] practica la caridad, glorifica a Cristo, y edifica a su prójimo. Y es en tales condiciones, digna de ser presentada ante él, que es llevada al rey. Esta es la única manera en

---

305 1 Pedro 2:9.

306 Efesios 5:26; Hebreos 10:12; 13:12; Tito 2:14.

307 Efesios 5:27.

308 Dice FRANCISCO LACUEVA [1911-1205] en su versión española del "Comentario de Matthew Henry": «La gloria de la Iglesia es espiritual, la verdadera gloria, que es la del espíritu, no la de la posición social ni de los ornamentos externos; es la genuina gloria a los ojos de Dios y como arras de la gloria eterna en el Cielo. Pero a pesar de que lo principal de su gloria reside en el interior, también su vestido es de brocado de oro (45:13b), porque el creyente no se ha de contentar con ser santo, sino que ha de aparecer como tal a los ojos del mundo, tanto en sus palabras como en sus obras, que han de ser como el oro. Como decía un piadoso maestro de escuela a sus alumnos: "No importa que seáis poco, con tal que seáis oro"».

309 El historiador PLINIO EL VIEJO [23-79] en su *Naturalis Historiae* (8:48) sitúa el origen de los bordados en Frigia, pero hay numerosos indicios de que era un arte conocido ya por los egipcios desde muy antiguo, y que los israelitas lo aprendieron allí (Éxodo 35:30-35; 1 Crónicas 4:21).

310 Cantares 7:1.

311 Filipenses 2:16.

la cual podemos esforzarnos para aumentar nuestra comunión y familiaridad con él, en la más dulce accesión del amor más casto, tanto en la tierra como en el cielo.

Herman Witsius [1636-1708]
"The Economy of the Covenants between God and Man", 1763

Toda gloriosa (...) en su morada. El significado de estas palabras puede ser una de estas cuatros cosas.

1. Que su principal gloria consiste exactamente en esto, en ser admitida a la intimidad especial y peculiar del rey.
2. Que cuando está en las habitaciones más íntimas de *"su morada"* dentro del palacio del rey es cuando luce su mayor gloria, porque se trata de habitaciones magníficamente dispuestas con todo tipo de suntuosidades y muebles gloriosos.
3. Que viste gloriosamente no solo cuando se presenta en público, sino también cuando permanece en el interior de su morada, ataviada únicamente para deleite del rey, sin otros que puedan contemplarla (lo cual resulta implícito).
4. O que, y esta es de las cuatro que más me atrae, que su más grande ornamento y gloria son sus virtudes morales internas y las dotes de su mente.

Arthur Jackson [1593-1666]
"Annotations upon the five books immediately following the historical part of the Old Testament (commonly called the five doctrinal or poetical books) Iob, the Psalms, the Proverbs, Ecclesiastes, and the Song of Solomon", 1658

Toda gloriosa (...) en su morada. Los santos deben brillar por la hermosura de Cristo. Así como un esposo amante se preocupa y esfuerza en transformar a su cónyuge a su propia imagen y semejanza con amabilidad, indicaciones y propio ejemplo, para tener más deleite en su persona; así también nuestro Salomón espiritual transforma las maneras de su reina egipcia para que encajen con aquellas cosas y personas que su Señor y su esposo juzga conveniente; y moldea su espíritu para que se deleite en hacer su voluntad y encuentre el más alto consuelo en la obediencia, disfrutando de una libertad celestial compensada por reverencia amable y gozosa. Arranca de su corazón todos los afectos mutables, fantasías mundanas y anhelos delirantes, apegados a las modas y costumbres de Sicar;[312] todas las inclinaciones carnales propias de las hijas del linaje de Canaán[313] y todos los amores locos de este mundo; enseñándole a despreciar las miserias de esta vida y elevarse muy por encima de las bagatelas que encandilan un corazón carnal. Y la conduce a un criterio de valoración más noble y generoso, juzgando todo como escoria con tal de ganar a Cristo.[314] Pues así como su príncipe y autor la vida[315] fue crucificado por el mundo para poder redimirla, así también ella crucifica todo lo que es del mundo para estar en conformidad y comunión con él, y finalmente se vuelve *"gloriosa en su morada"*.

Samuel Lee [1625-1691]
"The Triumph of Mercy in the Chariot of Praise", 1676

[312] Génesis 12:6-8; Juan 4:5-30.

[313] Génesis 36:1.

[314] Filipenses 3:8.

[315] Hechos 3:15.

Dentro.[316] El arca fue calafateada con el mismo material, con brea, tanto por dentro como por fuera;[317] y así son también las personas justas y sinceras: lo mismo por fuera a lo que son por dentro, idénticas. Y a veces incluso mejor de lo que parecen, como *"la hija del rey"*, que exteriormente puede que a veces su vestido sea un sayal: pero *"por dentro es totalmente gloriosa, y sus vestidos de brocado de oro"*. O como el templo, que por fuera no tenía a la vista más que piedra y madera; pero por dentro, suntuoso y hermoso, y especialmente en el *sanctum sanctorum*[318] (cubierto tras el velo), que era todo de oro; tanto el piso como el techo estaban recubiertos de oro.[319]

JOHN SHEFFIELD [1608-1680]
"Cripplegate Morning Exercises"

De brocado de oro es su vestido. Algunos traducen מִמִּשְׁבְּצוֹת *mimmišbəṣōwṯ* de מִשְׁבְּצוֹת *mishbetsah* como "engastado" y lleno de piedras preciosas puestas para que fuera más espléndido y glorioso; pues así eran las vestiduras sacerdotales en el tabernáculo, y las vestimentas del sumo sacerdote, que eran un tipo de la justicia de Cristo.[320]

WILLIAM TROUGHTON [1614-1677]
"The mystery of the marriage song : and mutuall spirituall embraces between Christ & his spouse opened, in an exposition with practicall notes & observations on the whole forty-fifth Psalme", 1656

Toda gloriosa entra la hija del rey en su morada; de brocado de oro es su vestido. Fue en esta época que el padre La Combe[321] fue invitado a predicar en algunos eventos públicos. La "nueva doctrina", como solían llamarla, no era un secreto en absoluto; pero la curiosidad pública estaba sobreexcitada. Y escogió para su mensaje el texto del de Salmo 45:13: *"Toda gloriosa entra la hija del rey en su morada; de brocado de oro es su vestido"* Por el *"rey"* interpretó a Cristo; y por la *"hija del rey"*, la iglesia. Cualquiera que fuese la verdad con respecto a sus posturas sobre la depravación original del hombre, su doctrina era que aquellos que son entregados verdaderamente a Cristo y están en completa armonía con él, son liberados de toda depravación: lo que equivale a decir que son *"gloriosos por dentro"*. Igual que Cristo, aman a Dios con un amor libre de todo egoísmo, con un amor puro. Igual que Cristo, han venido a hacer la voluntad del Padre, y Cristo es formado en ellos.[322] No solo tienen fe en Cristo y fe en Dios a través de Cristo, sino que, como resultado de esta fe, tienen el mismo sentir y disposición que hubo en Cristo.[323] Y ahora pueden afirmar individualmente, usando el lenguaje del apóstol Pablo: *"ya no vivo yo, sino que Cristo vive en mí"*.[324] No es que sostuviera que todos los cristianos disfruten necesariamente de este estado avanzado de la experiencia cristiana, sino que se esforzaba por demostrar que es un estado posible; que por muy grande que sea la depravación humana, la gracia de Dios tiene poder más que suficiente para sobrepasarla; que el ejemplo de Cristo,

---

[316] Ver nota 303 al comentario de Spurgeon a este mismo versículo del Salmo 45.
[317] Génesis 6:14.
[318] O *"Sanctasanctórum"*. En latín, "Santo de los Santos", y hace referencia a un lugar que es sumamente santo, es decir, un espacio santísimo. Esta expresión latina da nombre al recinto más sagrado tanto del Tabernáculo como del Templo de Jerusalén.
[319] 1 Reyes 6:30.
[320] Éxodo 28:11-14; 39:1-6.
[321] Se refiere al religioso francés FRANÇOIS LACOMBE [1649-1715] que ejerció una influencia definitiva sobre la vida y el pensamiento de Madame Guyon.
[322] Gálatas 4:19.
[323] Filipenses 2:5.
[324] Gálatas 2:20.

la grandeza y plenitud de las promesas recibidas, e incluso los propios mandamientos, nos alientan al esfuerzo y nos infunden confianza en la victoria final.

Jeanne Marie Bouvier de la Motte Guyon [1648-1717]
"Vie de Madame Guyon, Ecrite Par Elle-Même", 1791

Vers. 14. *Con vestidos bordados será llevada al rey; vírgenes irán en pos de ella, compañeras suyas serán traídas a ti.* *[Con vestidos bordados es llevada al rey; vírgenes van en pos de ella, compañeras suyas serán traídas a ti.* RVR*] [En vestido bordado será conducida al rey; las doncellas, sus compañeras que la siguen, serán llevadas a ti.* LBLA*] [Con vestidos bordados será llevada ante el Rey, vírgenes irán en pos de ella, compañeras suyas que serán llevadas a Ti.* BTX*] [Vestida de finos bordados es conducida ante el rey, seguida por sus damas de compañía.* NVI*] [Con bordados ropajes la llevan al rey, las doncellas marchan tras ella, sus amigas la acompañan.* BLP*] [Con sus hermosas vestiduras la llevan ante el rey, acompañada por sus damas de honor.* NTV*]*

Con vestidos bordados será llevada al rey.[325] Se acerca el día de los esponsales en el cielo,[326] y estas palabras describen la procesión nupcial en la que la reina, atendida y escoltada por sus doncellas, es llevada ante su verdadero esposo. En la gloria de los últimos tiempos y consumación de todas las cosas, la gloria de la novia, la esposa del Cordero, será presenciada con admiración por todo el universo. Si estando puertas adentro, en el interior de su palacio y el secreto de sus aposentos, con sus santos ocultos, era ya gloriosa (45:13); ¿cuál no será su esplendor cuando aparezca en el día de su manifestación en la semejanza de su Señor?[327] El más exquisito bordado es una imagen tosca de la perfección de la Iglesia santificada por el Espíritu. Este versículo nos habla del reposo final de la Iglesia: en el seno mismo del Rey;[328] de cómo llega hasta allí: *"llevada"* por el poder de la gracia soberana;[329] de cuándo esto tendrá lugar: *"será"*, es decir, en el futuro, no ha tenido lugar aún;[330] y de la apariencia que tendrá: ataviada con los más fastuosos ropajes y atendida por espíritus puros de los más brillantes.[331]

Vírgenes van en pos de ella, compañeras suyas serán traídas a ti.[332] Aquellos que aman y sirven a la iglesia porque aman a su Señor, compartirán *"en aquel día"* su dicha. En un sentido, son parte de

---

[325] En su interpretación del Salmo dentro de un contexto histórico Schökel observa que si bien la princesa: *"Vestida de finos bordados es conducida ante el rey"* (45:14) sus compañeras no son conducidas ante el rey, sino llevadas directamente, con alegría y regocijo *"al interior del palacio real"* (45:16). Y en aras a una interpretación histórica del Salmo se pregunta ¿quiénes son?: «¿Damas que servirán a la nueva consorte? ¿Son jóvenes destinadas al harén real? El poeta las llama *"compañeras suyas"* y sorprende sobre todo la algazara con que entran». Y Francisco Lacueva [1911-1205] en su versión española del "Comentario de Matthew Henry": «Alude a las mujeres del harén oriental, cuya magnificencia dependía en gran manera del número, belleza y ornamentación de sus mujeres».

[326] Apocalipsis 19:6-9.

[327] 1 Juan 3:2.

[328] Hebreos 4:1-10.

[329] Romanos 8:28-30.

[330] Romanos 8:19, 23-24; 1 Juan 3:2; Apocalipsis 19:6-9.

[331] Apocalipsis 19:8; Isaías 6:2-6.

[332] Franz Delitzsch [1813-1890] comenta al respecto: «Estas *"vírgenes"* juntamente con la desposada, pasaban a ser propiedad del esposo (...) algo que encaja perfectamente con la interpretación alegórica del Salmo con respecto a Cristo y la Iglesia: la esposa del Cordero de la que se nos habla en Apocalipsis (19:7-10), no es una sola persona, una sola comunidad o Iglesia, sino la iglesia de Israel juntamente con las

la propia Iglesia, pero aquí son representadas como damas de honor; y aunque la figura puede parecernos incongruente, se nos describe que fueron llevadas ante el Rey con la misma familiaridad amorosa que la propia novia; porque todos los siervos verdaderos de la Iglesia son de la Iglesia y participan en toda su felicidad. Fijémonos en que los admitidos a la eterna comunión con Cristo son puros de corazón: "vírgenes", puros en su relación; "compañeros", puros en su andar; van en pos de ella. Que nadie espere ser llevado finalmente al cielo si antes no es purificado aquí en la tierra.

C. H. SPURGEON

Las vírgenes, sus compañeras que la siguen, serán llevadas a ti. Pues ni el más puro y excelente de los cristianos puede exclamar no tengo necesidad de ti: y la reina no se va a quedar sin una sola de sus verdaderas compañeras. Como es en el cuerpo material, así es también en la Iglesia que es el cuerpo místico de Cristo: *"todo el cuerpo, bien ajustado y trabado entre sí por todas las junturas que se ayudan mutuamente, según la actividad adecuada de cada miembro, recibe su crecimiento para ir edificándose en amor".*[333]

WILLIAM TROUGHTON [1613-1686]

"The mystery of the marriage song : and mutuall spirituall embraces between Christ & his spouse opened, in an exposition with practicall notes & observations on the whole forty-fifth Psalme", 1656

Las vírgenes, sus compañeras que la siguen. En realidad se trata de miembros de la propia Iglesia, pero el salmista utiliza la figura de un cortejo nupcial para reforzar la alegoría. ¡Y qué cortejo tan deslumbrante será el la Novia real cuando salga a encontrarse con el Novio! Allí habrá *hijas del reyes* (45:9), porque cada cabeza coronada en la tierra se postrará un día al pie de la cruz.[334] Estarán allí *las hijas de Tiro* (45:12) que era el emporio[335] de las naciones en la antigüedad,[336] para mostrar que las mercaderías de este mundo serán santidad al Señor.[337] Estarán allí *los reyes de Sabá y de Seba* que ofrecerán dones.[338] Y habrá *judíos y gentiles,* –representantes de todas las naciones, tribus, pueblos y lenguas, cubiertos de ropas blancas.[339] Porque son *vírgenes*. Se mantienen en el mundo sin mancha;[340]

---

iglesias de los gentiles, unidas por una misma fe común, tomando parte de manera activa y vehemente en la restauración de la hija de Sión (Sofonías 3:14; Zacarías 2:10-11; 9:9-10».

[333] Efesios 4:16; Colosenses 2:19.

[334] Romanos 14:11; Filipenses 2:10.

[335] Del latín *emporĭum* y del griego ἐμπόριον *empórion.* Según el Diccionario de la Real Academia Española: lugar o ciudad notable por el florecimiento del comercio, donde concurren para el comercio gentes de diversas naciones y, por extensión, lugar de florecimiento de las ciencias y las artes.

[336] Situada al norte de Israel en lo que actualmente es el Líbano, 37 kilómetros al sur de Sidón, y fundada según el historiador y geógrafo griego HERÓDOTO [484-420 a.C.] más de dos mil años antes de Cristo, la ciudad portuaria de Tiro fue uno de los puertos comerciales más importantes del mundo entonces conocido, el más importante puerto fenicio de la antigüedad. Aunque en realidad eran dos ciudades, la ciudad portuaria situada en una isla y fuertemente fortificada, y la ciudad en el continente. Los comerciantes tirios fueron los primeros en aventurarse a navegar por el mediterráneo, por lo que en Tiro se comerciaba con mercancías de todo tipo traídas de todos los lugares. Sus príncipes eran mercaderes, y por tanto poco interesados en la guerra, siempre vivieron del comercio e intercambio de mercancías y mantuvieron unas excelentes relaciones con Israel en la época de David y Salomón.

[337] Isaías 23:18.

[338] Salmo 72:10.

[339] Apocalipsis 7:9.

[340] Santiago 1:27.

han sido destetados de sus ídolos y temen contaminarse; su principal preocupación es preservar la blancura de sus almas lavándose diariamente en la sangre del Cordero.[341] (…) Todos ellos acompañarán a la Novia real siguiéndola en cortejo. Porque se mantuvieron a su lado durante las tormentas tanto como cuando lucía el sol. La siguieron en la regeneración. La siguieron en la búsqueda de su Amado.[342]. La siguieron hasta los verdes pastos y las aguas de reposo.[343] La siguieron fuera del campamento, llevando su oprobio.[344] Como Rut, estuvieron dispuestos a dejar a su padre y a su madre, a su tierra y su parentela para seguirla.[345] Como Caleb, sirvieron al Señor plenamente.[346] Y cuando surgió la crisis y hubo que plantearse la pregunta: *"¿Quién está por Jehová?"*[347] implicando decisiones duras y difíciles que llevaron a eruditos profesores, de cabeza pesada pero corazón hueco, a escapar volando cual golondrinas antes de la tormenta; ellos la siguieron con fidelidad. Y cuando vino la persecución, y los testigos fieles de Cristo se vieron obligados a profetizar vestidos de cilicio,[348] o tal vez pasar por un bautismo de sangre antes de alcanzar su corona;[349] ellos permanecieron a su lado. Como Peden[350] que cuando los sabuesos que andaban tras él pisándole los talones, pese a haber escondido su identidad con una máscara y una peluca, en la soledad de su casa de acordó de Richard Cameron,[351] que había partido ya hacia la gloria, y suspiró: «Oh, ¡poder reunirme con Richie!».

DUNCAN MACGREGOR [1787-1881]
"The Shepherd of Israel; or, Illustrations of the Inner Life", 1869

Vers. 15. *Serán traídas con alegría y gozo; entrarán en el palacio del rey.* *[Entre alborozo y regocijo avanzan, al entrar en el palacio del rey.* RVR*] [Serán conducidas con alegría y regocijo; entrarán al palacio del rey.* LBLA*] [Serán conducidas con alegría y regocijo, y entrarán en el palacio del Rey.* BTX*] [Con alegría y regocijo son conducidas al interior del palacio real.* NVI*] [Avanzan con gozo y alegría, van entrando al palacio del rey.* BLP*] [¡Qué procesión tan alegre y entusiasta, cuando entran en el palacio del rey!* NTV*]*

Serán conducidas con alegría y regocijo. La alegría inunda el banquete de bodas. ¡Qué gozo tan inmenso será el de los festejos en el paraíso cuando todos los redimidos sean llevados al hogar! La

341 Apocalipsis 7:14; 22:14.
342 Cantares 3:2-3.
343 Salmo 23:1-2.
344 Hebreos 13:13.
345 Rut 1:6.
346 Números 14:24.
347 Éxodo 32:26.
348 Apocalipsis 11:3.
349 Apocalipsis 2:10.
350 Se refiere a ALEXANDER PEDEN [1626-1886] conocido en Escocia como el "profeta Peden" uno de los principales líderes del movimiento de los *covenanters* o "luchadores del pacto" en Escocia.
351 Se refiere a RICHARD CAMERON [1648-1680], conocido también como *Lion of the Covenant*, "León del Pacto", líder de los presbiterianos escoceses que resistieron los intentos de los monárquicos de la casa de los Estuardo de controlar la Iglesia de Escocia, y conocidos como *covenanters* o "luchadores del Pacto", que tras su muerte fueron conocidos como cameronianos. Liderando a 60 de sus seguidores mientras eran perseguidos como una presa de caza por los llamados *dragoons,* una infantería montada al mando de Andrew Bruce of Earlshall, fue derrotado, muerto y decapitado. Ver comentarios y notas al Salmo 39:9.

alegría de los propios santos, y el regocijo de los ángeles, hará que los atrios de la Nueva Jerusalén retumben con el griterío.[352]

Entrarán al palacio del rey.[353] Sus moradas de paz[354] serán allí donde Jesús el Rey reine para siempre. No serán excluidos del palacio sino incluidos.[355] Se les concederán los derechos de entrada libre en el lugar santísimo.[356] Llevados por la gracia, entrarán en la gloria.[357] Y si había ya gran alegría y regocijo en la procesión, en el peregrinaje, ¿qué será al entrar? ¿y en el morar permanente? Los creyentes glorificados no son meros peones trabajando en los campos celestiales y viviendo a la intemperie en sus llanuras, sino hijos que habitan en la casa; son príncipes de linaje y residen en el palacio real. ¡Dichoso será ese momento glorioso, en el que dejando atrás los sinsabores vividos bajo la esclavitud del tiempo, entraremos alegres y triunfantes a disfrutar de la eternidad!

C. H. SPURGEON

Serán conducidas con alegría y regocijo. Jamás se ha celebrado en la tierra un matrimonio con una solemnidad triunfal comparable a la del matrimonio de Cristo y los creyentes que tendrá lugar en el cielo. Entre los judíos, la casa donde se celebraba un matrimonio era llamada בית תהלה *beth-tehillah,* "casa de alabanza", porque en ella había gozo en todos y por todas partes; pero lejos del gozo que habrá en el cielo cuando los creyentes, que son la Esposa de Cristo, sean conducidos a su presencia. Dios el Padre se regocijará al contemplar la bendita consumación de ese proyecto glorioso de su amor.[358] Jesucristo, el Esposo, se regocijará al comprobar el fruto de la aflicción de su alma, el resultado bendito de sus sufrimientos y agonías.[359] El Espíritu Santo se regocijará al vislumbrar la culminación y perfección de la labor santificante que le fue encomendada;[360] viendo a esas almas, que un día encontró como piedras toscas y sin labrar, convertidas ahora en piedras vivas, gemas preciosas pulidas y brillantes del templo espiritual.[361] Los ángeles se regocijarán; pues si grande fue su alegría cuando fueron puestos los fundamentos de este proyecto en la encarnación del Verbo;[362] más lo será cuando sea colocada la piedra angular con aclamaciones de: Gracia, gracia a ella.[363] Y los propios santos se regocijarán indescriptiblemente, cuando entren en el palacio del rey, para estar eternamente con el Señor.[364] Ciertamente, habrá alegría en todas partes, excepto entre los demonios y los condenados, que rechinarán sus dientes con envidia, con el triunfo eterno y la gloria de los creyentes.

JOHN FLAVEL [1627-1691]
"The Method of Grace in Bringing Home the Eternal Redemption, The Eight Sermon, Psalm xlv", 1678

[352] Isaías 24:8; Ezequiel 26:14; Apocalipsis 5:12.
[353] En hebreo תְּבֹאֶינָה בְּהֵיכַל מֶלֶךְ *təḇō'enāh bəhêḵal meleḵ*. En sintagma hebreo בְּהֵיכַל *bəhêḵal* de הֵיכָל *hekal* puede significar indistintamente "palacio" o "templo" y de hecho ocurre muchas más veces en el sentido de templo que no de palacio. La versión griega de los LXX o Septuaginta utiliza la palabra ναὸν, explícitamente "templo" o "santuario", en lugar de οἶκος como en 2 Reyes 20:18; Isaías 13:22; 39:7 que hubiera sido lo propio. La Vulgata lo traduce como: *"adducentur in templum regis"*, "serán llevadas al templo del Rey".
[354] Isaías 32:18; Oseas 2:18-20.
[355] Mateo 8:12; 1 Corintios 6:9, 10; Gálatas 5:19-21; Apocalipsis 21:8; 22:15.
[356] Hebreos 10:19
[357] 2 Pedro 1:10-11.
[358] Efesios 2:10; 2 Tesalonicenses 2:13-14.
[359] Isaías 53:11.
[360] 2 Corintios 5:5.
[361] 1 Pedro 2:4-5.
[362] Lucas 2:13.
[363] Zacarías 4:7.
[364] 1 Tesalonicenses 4:17.

Serán conducidas Lector, no dejes de observar la forma peculiar de la expresión: la Iglesia es conducida, es traída, no viene por su propia cuenta. No, antes ha de ser redargüida, convertida, convencida y estar dispuesta. Nadie puede ir a Cristo, a menos que el Padre, que ha enviado a Cristo, lo atraiga: *"Nadie puede venir a mí, si el Padre que me envió no le atrae"*.[365]

ROBERT HAWKER [1753-1827]

"Poor Man's Commentary on the Old and New Testaments", 1831

Entrarán al palacio del rey. Dos son los palacios suntuosos mencionados en este salmo: el palacio de marfil (45:8), que simboliza las reuniones o asambleas de los santos y ordenanzas del culto divino en las cuales el Señor se manifiesta en su gracia. En ellas la presencia del Señor es dulce y agradable: *"Anhelo con el alma los atrios del Señor; casi agonizo por estar en ellos"*.[366] El otro palacio que se menciona en este versículo (45:15), es un palacio de gloria, un palacio mucho más brillante y esplendoroso que ninguna de las espectaculares mansiones de oro que quepa imaginar.[367]

WILLIAM TROUGHTON [1613-1686]

"The mystery of the marriage song : and mutuall spirituall embraces between Christ & his spouse opened, in an exposition with practicall notes & observations on the whole forty-fifth Psalme", 1656

Vers. 16. *En lugar de tus padres serán tus hijos, a quienes harás príncipes en toda la tierra.* *[En lugar de tus padres serán tus hijos, a quienes harás príncipes sobre toda la tierra.* RVR*] [En lugar de tus padres estarán tus hijos; los harás príncipes en toda la tierra.* LBLA*] [En lugar de tus padres estarán tus hijos, a quienes harás príncipes en toda la tierra.* BTX*] [Tus hijos ocuparán el trono de tus ancestros; los pondrás por príncipes en toda la tierra.* NVI*] [Tendrás hijos a cambio de tus padres y los erigirás príncipes por toda la tierra.* BLP*] [Tus hijos se convertirán en reyes como su padre; los harás gobernantes de muchas tierras.* NTV*]*

En lugar de tus padres serán tus hijos. Los santos de la antigüedad, que ocuparon el papel de padres al servicio del Gran Rey, ya no están; pero queda una semilla espiritual para ocupar sus puestos.[368] Los veteranos se van, pero los voluntarios llenan sus vacantes. La línea de continuidad de la gracia nunca se interrumpe o extingue. Mientras el tiempo persista, la verdadera sucesión apostólica se mantendrá.[369]

---

365 Juan 6:44 RVR1977/NVI.

366 Salmo 84:2; Cantares 1:8.

367 Juan 14:2; Apocalipsis 21:10-26.

368 Dice al respecto IRENEO DE LYON [126-190]: «Como πρωτότοκος o primogénito de toda creación (Colosenses 1:15-17) y convertirse asimismo en *"primogénito de entre los muertos"* (Colosenses 1:18; 1 Corintios 15:20), el Señor regeneró a los que fueron padres en la fe, los santos de la antigüedad, conduciéndoles a la nueva vida en Dios; de este modo vino a ser también primogénito de los que resucitan y vuelven a la vida así como Adán fue primogénito de los que mueren y vuelven a la tierra (1 Corintios 15:21-23)».

369 Con respecto a este versículo dice FRANCISCO LACUEVA [1911-1205] en su versión española del "Comentario de Matthew Henry": «La prole de este matrimonio también será ilustre (45:16): *"En lugar de tus padres serán tus hijos"* (hijos varones, en el original). Es decir, la dinastía fundada por sus antecesores (los del rey; pues aquí el hebreo indica que el poeta se dirige al rey) no se acabará con él, sino que se perpetuará en su descendencia. En sentido acomodado (nota del traductor), tiene una doble aplicación: (a) En lugar de la economía del Antiguo Testamento, el cual se ha hecho viejo e inservible (Hebreos 8:13), estará la Iglesia del Nuevo Testamento, injertada en el mismo olivo (esta es la aplicación de Matthew Henry);

A quienes harás príncipes sobre toda la tierra. Los siervos de Cristo son verdaderos reyes.[370] Cuando alguien ha predicado con éxito y evangelizado a una tribu o nación, sus honores superan a los honores reales, y su nombre está entre los grandes que haya habido sobre la tierra. Jesús es quien pone los reyes. En el ejército de Cristo es donde la más noble ambición alcanzará su deseo; pues en él se otorgan coronas inmortales a sus fieles soldados. Toda la tierra será sometida a Cristo,[371] y honrados en gran manera serán quienes por gracia tendrán parte en la conquista: reinarán con Cristo en su venida.[372]

C. H. SPURGEON

En lugar de tus padres serán tus hijos. Oh iglesia de Dios, no pienses que estás abandonada porque no veas ya a Pedro, o a Pablo, ni puedas contar entre tus filas con aquellos a través de los cuales naciste. Pues se ha levantado en ti todo un cuerpo de *"padres"* de tu propia simiente.

AGUSTÍN DE HIPONA [354-430]
"Enarrationes in Psalmos"

Tus hijos, a quienes harás príncipes sobre toda la tierra. Este nuevo linaje es glorioso para el Rey. Muchos fueron, partiendo de Isaí,[373] sus antepasados gloriosos y de sangre real: pero ahora nacen de él, del Rey Eterno, hijos como el rocío desde el vientre de la aurora,[374] quienes ocuparán los tronos del mundo en calidad de príncipes. Nuestro Señor prometió a sus discípulos: *"De cierto os digo que en la regeneración, cuando el Hijo del Hombre se siente en el trono de su gloria, vosotros que me habéis seguido os sentaréis también sobre doce tronos, para juzgar a las doce tribus de Israel"*.[375] Y Pablo añade: *"¿O no sabéis que los santos han de juzgar al mundo?"*.[376]

AUGUST FRIEDRICH THOLUCK [1799-1877]
"A Translation and Commentary of the Book of Psalms for the Use of the Ministry and Laity of the Christian Church", 1856

Príncipes sobre toda la tierra. Otros no son más que príncipes sobre sus propios territorios o dominios, pero él los hará príncipes *sobre toda la tierra.* (…) Tal será el reino que tendréis si acudís a Cristo: tendréis la libertad de reyes, la abundancia y plenitud de reyes, el poder de los reyes, la victoria de los reyes, y la gloria de los reyes.

JOHN PRESTON [1587-1628]
"The Christian Freedome", 1641

(b) en lugar de nuestros padres en la fe (los Apóstoles y santos doctores de la primitiva Iglesia), serán los nuevos creyentes que van añadiéndose a los "hijos" de la Iglesia misma (esta es la tradicional interpretación católica)».

[370] Apocalipsis 1:6; 5:10.

[371] Salmo 110:1; 1 Corintios 15:24-27.

[372] Apocalipsis 3:21; 5:10.

[373] 1 Samuel 17:12; Isaías11:10; 11:1; Mateo 1:5-6; Lucas 3:32; Apocalipsis 5:5.

[374] Salmo 110:3. Para una mejor comprensión es conveniente leer en el Salmo 110:3 los comentarios y notas referentes a los problemas que plantea la traducción entre el Texto Masorético y la Septuaginta.

[375] Mateo 19:28.

[376] 1 Corintios 6:2.

Vers. 17. ***Haré perpetua la memoria de tu nombre en todas las generaciones, por lo cual te alabarán los pueblos eternamente y para siempre.*** *[Haré perpetua la memoria de tu nombre en todas las generaciones, por lo cual te alabarán los pueblos eternamente y para siempre.* RVR*] [Haré que tu nombre sea recordado por todas las generaciones; por tanto, los pueblos te alabarán eternamente y para siempre.* LBLA*] [Haré que la memoria de tu Nombre sea recordada en todas las generaciones, por lo cual los pueblos te alabarán eternamente y para siempre.* BTX*] [Haré que tu nombre se recuerde por todas las generaciones; por eso las naciones te alabarán eternamente y para siempre.* NVI*] [Yo haré que su nombre se recuerde por siempre, eternamente han de alabarte los pueblos.* BLP*] [Traeré honra a tu nombre en todas las generaciones; por eso, las naciones te alabarán por siempre y para siempre.* NTV*]*

Haré perpetua la memoria de tu nombre en todas las generaciones. Jehová promete al Príncipe de paz, por boca del profeta, renombre y fama eterna, así como una progenie perenne. El *"nombre"* implica su fama, su carácter, su persona; cosas muy estimadas ahora por su pueblo que nunca deben caer en el olvido, y nunca caerán mientras subsista la raza humana. Suele ocurrir que nombres famosos y célebres durante una generación, pronto caen en el olvido y son desconocidos para la siguiente; pero los laureles de Jesús se mantendrán siempre verdes, su prestigio permanecerá intacto, siempre nuevo.[377] Y de ello será Dios mismo quien se ocupe; su providencia y su gracia lo dispondrán así. La fama del Mesías no queda bajo la tutela humana; es el Eterno quien la garantiza, y sus promesas nunca fallan.[378] Los recuerdos de Getsemaní y del Calvario brillarán con luz inextinguible a lo largo de todos los siglos; ni el paso del tiempo, ni el humo del error, ni la malicia del infierno lograrán menguar un ápice la gloria y la fama del Redentor.

Por lo cual te alabarán los pueblos eternamente y para siempre. Confesarán que tú eres lo que verdaderamente eres, y te rendirán el debido homenaje perpetuamente.[379] El que nos amó, y nos liberó de nuestros pecados con su sangre[380] es digno de recibir toda alabanza de todo corazón; y esta deuda de alabanza nunca alcanzará a ser pagada, permanecerá perpetuamente como obligación y deuda creciente. Los incontables beneficios que recibimos de él, día tras día, incrementan nuestras obligaciones; incrementemos en justa contrapartida nuestros cánticos. Su amor se hace más evidente de un siglo a otro siglo; que aumente año tras año el volumen de la música en la tierra y en el cielo, y que una tormenta de cánticos ruja a pleno diapasón ante el trono de Aquel que vive, y estuvo muerto, mas he aquí que vive por los siglos de los siglos, y tiene las llaves de la muerte y del infierno.[381]

Coronado sea con majestad
aquel que inclinó su cabeza ante la muerte,

[377] Ver al respecto comentarios y notas al Salmo 132:18.

[378] Josué 23:14; 21:45; Ezequiel 12:25; Romanos 15:12; 1 Timoteo 2:13; Hebreos 10:23.

[379] Dice JUAN CRISÓSTOMO [347-407]: «Porque asumiste la naturaleza humana, porque venciste al pecado; porque implantaste la ley del amor, porque llevaste a cabo hechos portentosos: el universo entero entona himnos en tu honor; y no por un tiempo contado en años o siglos, sino eternamente y para siempre; ni en una parte concreta y limitada del orbe, sino que los himnos dándote gracias por los bienes recibidos brotan por toda la tierra. Ni un solo instante debemos cesar de entonar alabanzas a Cristo por su amor incomparable: ¡a él sea todo honor y toda gloria, juntamente con el Padre y el Espíritu Santo, ahora y por los siglos de los siglos, eternamente y para siempre».

[380] Apocalipsis 1:5.

[381] Apocalipsis 1:18.

y sus honores proclame en lo alto
todo aquello cuanto respira.[382]

C. H. SPURGEON

Por lo cual te alabarán los pueblos eternamente y para siempre. Cristo desposando su Iglesia: nutriéndola con su Palabra y su Espíritu; aumentándola de generación en generación con nuevas almas que se convierten y que añade al compañerismo de su familia; otorgándoles afectos puros y mentes principescas dondequiera que estén. Un crecimiento constante que redunda en un motivo poderoso de gloria creciente y majestad eterna. Por ello, y visto todo lo anteriormente expuesto a lo largo del Salmo, el profeta agrega a modo de conclusión final: *"Por lo cual te alabarán los pueblos eternamente y para siempre"*.

DAVID DICKSON [1583-1663]
"Explanation of the First Fifty Psalms", 1653

Eternamente y para siempre. En el texto hebreo al término לְעֹלָם *lə'ōlām,* para siempre; se le añade aquí וָעֶד *wā'eḏ* de עַד *ad* que repite lo mismo y sirve para cerrar el concepto de una continuidad eterna sin interrupción ni final posible: eternidad seguida de eternidad. Por ello lo traducimos *"para siempre y siempre"* o bien *"eternamente y para siempre"*.[383]

WILLIAM GOUGE [1575-1653]
"A Commentary on the whole Epistle to the Hebrews", 1866
comentando el texto de Hebreos 1:8.

[382] Octava estrofa del himno de ISAAC WATTS [1674-1748] *"O Lord, our Lord, how wondrous great"*, que dice: *"Let Him be crowned with majesty, / Who bowed His head to death; / And be His honors sounded / high, / By all things that have breath"*.

[383] Los tres únicos lugares donde encontramos esta fórmula hebrea לְעֹלָם וָעֶד *lə'ōlām wā'eḏ* fuera del Libro de los Salmos son: (1) En el Cántico de Moisés: *"Jehová reinará eternamente y para siempre"*. (Éxodo 15:18); (2) en las profecías de Daniel, cuando afirma que los justos resplandecerán: *"como las estrellas a perpetua eternidad"* (Daniel 12:3); y (3) en las profecías de Miqueas cuando dice que: *"andaremos en el nombre de Jehová nuestro Dios eternamente y para siempre"*. En los Salmos, aparte de las dos veces que aparece en el Salmo 45:6, 17; aparece diez veces: Salmo 9:5; 10:16, 21:4; 48:14; 52:8; 104:5; 119:44; y 145:1, 2, 21.

SALMO 47

CÁNTICO AL REY DEL UNIVERSO

Título: *Al músico principal.* Hay muchos salmos dedicados a este director del coro, pero no le sobraban. El servicio de Dios encierra tal deleite que nunca puede cansarnos; y lo mejor del mismo, el canto de sus alabanzas, es tan placentero que nunca tendremos demasiado. Sin duda el músico principal, pese a tener bajo su responsabilidad tantos cánticos sagrados, seguía pensando que cuantos más, mejor.

Salmo de los hijos de Coré. No estamos de acuerdo con los que piensan que los autores de estos salmos fueron los hijos de Coré, pues tienen todas las indicaciones de la autoría de David. Nuestro oído se ha acostumbrado ya al sonido de las composiciones de David, y por ello estamos seguros que lo tenemos de nuevo presente en este Salmo. Cualquier experto puede descubrir y confirmar aquí fácilmente el autógrafo del hijo de Isaí sin temor a equivocarse. Los Hijos de Coré cantaron estos Salmos, pero creemos que no los escribieron. Los cantantes más adecuados eran aquellos cuyo origen les recordaba el pecado, cuya existencia era una prueba de gracia soberana, y cuyo nombre tiene una estrecha relación con el nombre de Calvario.[1]

C. H. SPURGEON

Tema: Sería difícil de definir si el motivo primordial de este salmo fue el traslado del arca desde la casa de Obed-edom al monte Sión;[2] o la celebración de alguna victoria memorable. Pero hasta los médicos discrepan a veces, de modo que ¿quién se atreve a dogmatizar? Lo que está claro es que en el mismo se insinúan tanto la soberanía de Jehová en el presente como las victorias futuras de nuestro Señor en los tiempos finales. A la vez queda también expuesta su ascensión, como dulce profecía y anticipo de las mismas.[3]

C. H. SPURGEON

---

[1] Cuando se abrió la tierra y tragó vivos a su padre y a todos los que estaban con él, junto con sus moradas y sus bienes, ellos fueron preservados por la gracia soberana (Números 16:1-35; 26:10,11; 1ª Crónicas 6:22; 9:19). Ver sobre esto los comentarios y notas al título del Salmo 42 y Salmo 46.

[2] 2 Samuel 6:12-19; 1 Crónicas 15:1-28.

[3] SCHÖKEL se pregunta: «¿Se trata de un simple texto poético o es el texto de una ceremonia litúrgica?» KRAUS lo encuadra en el marco de los llamados 'himnos a Yhavé-Rey' [particularmente los Salmos 93-99] y nos recuerda que incluso JUAN CALVINO [1509-1564] en su comentario a los Salmos consideraba ya que por su contexto el Salmo 47 estaba destinado a ser cantado en asambleas solemnes. FRANZ DELITZSCH [1813-1890] lo sitúa históricamente en el reinado de Josafat (2 Crónicas 20:1-30) cuando una confederación de moabitas, amonitas, sirios y otros pueblos, *"una gran multitud del otro lado del mar"* (20:2) se juntaron para pelear contra Judá con el propósito de *"arrojarnos de la heredad que tú nos diste en posesión"* (20:11), pero fueron derrotados por intervención divina: *"Y el pavor de Dios cayó sobre todos los reinos de aquella tierra, cuando oyeron que Jehová había peleado contra los enemigos de Israel"* (20:29). Y por la mención en el versículo cinco (47:5) al שׁוֹפָר *šōwpār*, o *"sonido de trompeta"* apunta la posibilidad de que era cantado en las festividades del ראש השנה *Rosh Hashaná* y יוֹם כִּפּוּר *Yom Kipur* o Año Nuevo Judío (Levítico 16:29; 23:26-32; Números 29:7-11), una opinión que comparte HANS-JOACHIM KRAUS [1918-2000]. La Iglesia Cristiana lo ha interpretado desde sus comienzos como un Salmo profético lo cual no ha dejado de suscitar enconados debates entre los exégetas y expositores. Dice DELITZSCH al respecto que PAULUS BURGENSIS [1351-1435], más conocido por Pablo de Burgos, un eminente exégeta judío español convertido al cristianismo, «criticó muy duramente al teólogo y exégeta franciscano NICOLÁS DE LYRA [1270-1349] por no haber interpretado claramente el Salmo 47 como Salmo de la Ascensión; y REINHARDI

Estructura: Se trata de un salmo corto y no hay más necesidad de división que la indicada por la "pausa" colocada al final del versículo cuatro (47:4).[4]

C. H. SPURGEON

Versión poética:

OMNES GENTES PLAUDITE MANIBUS

O pueblos esparcidos por el mundo
venid apresurados a la fiesta
y mostrad con la lengua y con las manos
que la gloria de Dios os interesa.

Porque el Señor es grande, es excelente,
es el que da la vida, el que la niega,
el altísimo Dios, el Dios terrible,
a cuyo imperio todo se sujeta.

BAKIUS [1587-1657] va aún más lejos llamándole: *"Lyranus a Judaeis seductus, et cortice haeret"*, "Lira, seducido por el judaísmo y hereje empedernido". Como es habitual, y para ser justos, ninguna de las dos partes está en posesión de la verdad absoluta. El Salmo 47 nace de un acontecimiento histórico concreto durante el reinado de Josafat; y por tanto es legítimo el preguntarse ¿por qué motivo debería la Iglesia de todas las épocas, y más aún la iglesia del Nuevo Testamento, seguir celebrando esta derrota de los diversos pueblos aliados contra Israel? Fue un hecho asombroso que sin duda trajo paz y respeto al pueblo de Dios por un tiempo, pero no una paz auténtica y duradera; y el ascenso de Yhavé que había descendido a la tierra para luchar en favor de su pueblo, no era todavía el ascenso definitivo por encima de los poderes que más daño causan a su pueblo y más se oponen y obstaculizan el proceso de la salvación, a saber, los poderes de las tinieblas que constituyen el trasfondo oculto de todo cuanto en la tierra se enfrenta y opone a Dios. Ello hizo que en el curso de la historia el Salmo adquiriera su sentido profético que excede en mucho al sentido histórico original, dado que lo que en el mismo se dice tan solo se explica y encaja plenamente con la ascensión de Cristo».

[3] Los Padres de la Iglesia y otros comentaristas antiguos concuerdan en aplicar este Salmo a la ascensión de Cristo. ATANASIO DE ALEJANDRÍA [296-373] en su carta a su discípulo Marcelino sobre la naturaleza y valor de los salmos le dice refiriéndose a este salmo: «Predice también el salmista la ascensión del Señor a los cielos diciendo en el Salmo 47: *"Dios ha ascendido entre aclamaciones, el Señor, al son de trompeta"* (47:5); y la situación y futuro de los gentiles cuando exclama: *"Pueblos todos, batid palmas; aclamad a Dios con gritos de júbilo"* (47:1)». El Tomo I de "El Tesoro de David" incluye una traducción completa de la Carta de Atanasio a Marcelino. [Tomo I - pp. 50].

[4] FRANCISCO LACUEVA [1911-2005] en su versión española del "Comentario de Matthew Henry" aporta el siguiente bosquejo: «El objeto de este Salmo es estimularnos a alabar a Dios. En él, I. se nos instruye sobre el modo de hacerlo, pública, alegre e inteligentemente (vv. 1, 6, 7). II. Se nos provee de material para la alabanza: 1. La majestad de Dios (v. 2). 2. Su dominio soberano y universal (vv. 2, 7-9). 3. Las grandes cosas que ha hecho, y hará, por su pueblo (vv. 3-5). Sobre la ocasión de su redacción, se han hecho muchas suposiciones, pero nada se sabe de cierto».

Acaba de rendir a nuestro mando
las naciones infieles y extranjeras,
que antes nos disputaban el dominio,
y ahora nuestros pies humildes besan.

Nosotros somos su heredad amada
su preferida y estimada herencia,
porque la estirpe de Jacob hermosa
fue objeto de su amor y su terneza.

Ved a este rey brillante y majestuoso,
que viene alegre, y que en Sión se sienta;
ved cómo victorioso al monte sube
al son de los clarines y trompetas.

Cantemos pues en cánticos amantes,
cantemos su poder y su grandeza;
cantad todos, cantad las alabanzas
del Rey que viene y que en Sión se queda.

Celebremos su gloria y sus piedades,
mas sea con decoro y reverencia,
y tal como conviene a un Rey supremo,
que hasta en los cielos manda, y los gobierna.

Su poderoso imperio ha de extenderse
sobre naciones varias y diversas,
y sentado en su trono soberano
recibirá su culto y sus ofrendas.

Los reyes que las mandan posternados
con el Dios de Abraham ya se congregan,
así no será Dios de Abraham solo,
sino Dios de los reyes de la tierra.

DEL "SALTERIO POÉTICO ESPAÑOL", SIGLO XVIII

Salmo completo: Algunos han aplicado este Salmo 47 a la ascensión de Cristo; pero yo pienso que habla más bien de su segunda venida: El Todopoderoso está sentado pacíficamente en su trono. En realidad es como si volviéramos hacia atrás al Salmo 45:1-17.

ANDREW ALEXANDER BONAR [1810-1892]
"Christ and His Church in the Book of Psalms", 1859

Vers. 1. *Pueblos todos, batid las manos; aclamad a Dios con voz de júbilo.* *[Pueblos todos, batid palmas; aclamad a Dios con gritos de júbilo.* RVR*] [Batid palmas, pueblos todos; aclamad a*

Dios con voz de júbilo. LBLA*]* *[¡Batid palmas pueblos todos! ¡Aclamad a Elohim con voz de júbilo!* BTX*]* *[Aplaudan, pueblos todos; aclamen a Dios con gritos de alegría.* NVI*]* *[Pueblos, batid palmas todos juntos; aclamad a Dios con gritos de júbilo.* BLP*]* *[¡Vengan todos! ¡Aplaudan! ¡Griten alegres alabanzas a Dios!* NTV*]*

Batid palmas.[5] Ante las victorias del Señor y su reino universal, es bueno utilizar la más natural y entusiasta de las formas de exultación: *"batid palmas"*. No importa que nuestro gozo en Dios sea de lo más expresivo, él no lo censurará.

Pueblos todos.[6] La alegría es extensiva a todas las naciones; Israel podrá liderar el cortejo, pero todos los gentiles deben sumarse a la caravana del triunfo, porque tienen una participación equivalente en ese reino donde ya no hay griego ni judío, sino Cristo es todo y en todos.[7] Si no comparten todos la misma lengua, el lenguaje simbólico de las manos: *"batir palmas"*, es algo a lo que todos se pueden sumar. Incluso ahora mismo, si alcanzaran a entenderlo, la mejor esperanza para todas las naciones es que Jehová gobierne sobre ellas. En los últimos días todo pueblo será gobernado por el Señor, y todos se regocijarán en ello; si fueran sabios se someterían a él ahora mismo, y aplaudirían extasiados solo de pensarlo.

Aclamad. Que nuestras voces se mantengan sincronizadas con nuestras manos.

A Dios.[8] Que reciba él todos los honores posibles, y que estos sean sonoros, gozosos, universales e indivisibles.

Con voz de júbilo. Con gritos de alegría, en consonancia con tan espléndidas victorias de un rey tan grande, con un gobierno tan excelente, y súbditos tan felices.[9] Muchos idiomas hay en este mundo, no obstante, las naciones pueden expresar su triunfo como con una sola voz; pues la visión que tiene la fe del gobierno de Dios es absolutamente comunicativa. Si la simple esperanza del reinado universal del Príncipe de la Paz es suficiente para desatar la lengua de los mudos y hacer que canten;[10] ¿cuál será la realidad? Bien podía el poeta de las estaciones[11] invitar a las montañas y valles a que elevaran sus voces en alegre himno:

---

[5] En hebreo תִּקְעוּ־כָף *tiq'ū-kāp̄* de תָּקַע *taqa,* "soplar". Un sintagma que solo encontramos aplicado a batir palmas aquí y en Nahúm 3:19: *"batirán las manos sobre ti";* puesto que en Job 27:23: *"Batirán las manos sobre él";* y Ezequiel 21:17: *"batiré mi mano contra mi mano",* se utilizan otros verbos. El uso de תִּקְעוּ *tiq'ū* es más frecuente para *"tocad trompeta",* como en el Salmo 81:3; Jeremías 4:5; 6:1; 51:27; Oseas 5:8; Joel 2:1, 15.

[6] En hebreo הָעַמִּים *hā'ammîm,* plural de עַם *am,* "gentes". SCHÖKEL indica que la amplitud del llamamiento a la alabanza es excepcional y solo se ve excedida por el Salmo 148 que ensancha la invitación a todo el cosmos, cielo y tierra.

[7] Romanos 10:12; Gálatas 3:28; Colosenses 3:11.

[8] SCHÖKEL observa la peculiaridad de que en este primer versículo, donde se hace el llamamiento a todos los pueblos, se utilice pare referirse a Dios לֵאלֹהִים *lêlōhîm* de אֱלֹהִים *elohim,* un nombre divino que en el contexto sería aceptable para todos los pueblos, mientras que en el versículo siguiente (47:2) utiliza יְהוָה *Yahweh,* el Dios de Israel. Y en el versículo cinco (47:5) utiliza ambos nombres identificándolos.

[9] Dice ARNOBIO EL JOVEN [siglo V] en su "*Commentarii in Psalmos*": «Así como la creación entera gime (Romanos 8:22); y todas las naciones se lamentan a causa del descenso del demonio a la tierra, como sabemos por el anuncio de una gran voz en el cielo: *"¡Ay de los moradores de la tierra y del mar! Porque el diablo ha descendido a vosotros con gran ira, sabiendo que tiene poco tiempo"* (Apocalipsis 12:12); así también en el descenso y ascensión de Jesús, todas las naciones se alegran: *"Pueblos todos, batid las manos; aclamad a Dios con voz de júbilo"*».

[10] Isaías 35:6.

[11] Se refiere al poeta y dramaturgo escocés JAMES THOMSON [1700-1748], conocido como *"the poet of the Seasons"*, "el poeta de las Estaciones", por ser *"The Seasons"*, su obra principal y más conocida.

«Alzaos vosotros, valles
porque el Gran Pastor gobierna,
y su reino libre sufrimiento está al llegar».[12]

C. H. SPURGEON

Pueblos todos, batid palmas; aclamad a Dios con gritos de júbilo. El salmista nos insta a que hagamos esto:

1. Con alegría: Porque *"batir palmas"* es una señal de gozo interior.[13]
2. Con carácter universal: Batid palmas *"pueblos todos"*.
3. Acompañándolo con la voz: *"Aclamad a Dios con gritos de júbilo"*.
4. Con frecuencia: *"Cantad a Dios, cantad; cantad a nuestro Rey, cantad"* (47:6) y de nuevo "cantad" (47:7). No hay posibilidad de excederse en la frecuencia.
5. Con destreza y entendimiento: Cantad vuestras alabanzas *"con inteligencia"*, conociendo bien las razones por las que alabáis.

ADAM CLARKE [1760-1832]
"Commentary on the Whole Bible", 1831

Pueblos todos, batid palmas; aclamad a Dios con gritos de júbilo. Estas expresiones de alegría, son fruto de una emocionalidad piadosa y santa. Puede que a algunos les parezcan impropias o irreverentes, pero no deben ser censuradas o condenadas, y mucho menos ridiculizadas; porque brotan de un corazón justo y recto, y por tanto, Dios acepta el potencial del afecto, y excusa la debilidad en su forma de expresión.

MATTHEW HENRY [1662-1714]
"Commentary on the Whole Bible", 1811

Batid palmas. La voz de la melodía no es tanto para ser pronunciada por la lengua como por las manos; son nuestros hechos, no nuestras palabras, los que alaban aquí a Dios.[14] De ello tenemos claro ejemplo en Él, nuestro modelo al que hemos de seguir: Jesús empezó primero a hacer y luego a enseñar.[15]

JOHN MASON NEALE [1818-1866] y RICHARD FREDERICK LITTLEDALE [1833-1890]
"Commentary on the Psalms from Primitive and Mediæval Writers", 1869

---

[12] La cita procede de *"A Hymn on the Seasons"* de JAMES THOMSON [1700-1748], donde el poeta alude claramente al pasaje de Isaías 40:3-4: *"Ye vallies, raife; for the Great Shepherd reings; / And his unfuffering kingdom yet will come"*.

[13] Nahúm 3:19.

[14] Dice AGUSTÍN DE HIPONA [354-430]: «¿Por qué dice: *"Batid palmas"*? Porque el movimiento de las manos implica acción. Si de veras os alegráis no os limitéis a expresar vuestra alegría solo de palabra, sin mover las manos: *"Batid palmas (…) Pueblos todos, batid palmas; aclamad a Dios con gritos de júbilo"* Es decir, con la voz y con las manos, con el deseo y la acción. No es correcto que la voz se desgañite en deseos pero las manos permanezcan ociosas; como tampoco que las manos se muevan mucho pero no vayan acompañadas del deseo y la lengua permanezca muda; que ambas vayan al unísono y sean concordes: que la lengua aclame, y las manos se pongan en acción».

[15] Hechos 1:1.

Pueblos todos. En hebreo הָעַמִּים *hā'ammîm,* "pueblos", en plural. El uso del plural, en este caso, es absolutamente intencional, para llamar a ambos, judíos y gentiles, es decir: todas las naciones.[16]

WILLIAM SWAN PLUMER [1802-1880]
"Studies on the Book of Psalms", 1867

Aclamad a Dios. En la versión latina: *"Jubilate Deo"*. Esto es: a Dios, en Dios, respecto a Dios, en honor a Dios. No los incita a ningún gozo material fuera de Dios.

MARTIN GEIER [1614-1681]
"Commentary on Psalms", 1695

Vers. 2. *Porque Jehová el Altísimo es temible; Rey grande sobre toda la tierra.* *[Porque Jehová el Altísimo es temible; Rey grande sobre toda la tierra.* RVR*] [Porque el Señor, el Altísimo, es digno de ser temido; Rey grande es sobre toda la tierra.* LBLA*] [Porque YHVH Elyon es temible, Rey grande sobre toda la tierra.* BTX*] [¡Cuán imponente es el Señor Altísimo, el gran rey de toda la tierra!* NVI*] [Porque el Señor Altísimo es admirable, es el gran rey de la tierra entera.* BLP*] [Pues el Señor Altísimo es imponente; es el gran Rey de toda la tierra.* NTV*]*

Porque Jehová. El único Dios que existe por sí mismo.

El Altísimo.[17] El que es omnipotente, alto en dominio, eminente en sabiduría, elevado en gloria.

Es temible.[18] Nadie puede resistir su poder o permanecer ante su venganza. No obstante, puesto que ejerce estos terrores en favor de sus súbditos, ellos tienen motivo para regocijarse. Pues la omnipotencia, temible cuando aplasta, es todopoderosa cuando protege. Cuando desfilan todas la tropas de un gran príncipe todos sus súbditos comparten el triunfo, porque demuestran que su señor es capaz de defender alos suyos y que es temido por sus enemigos.

Rey grande sobre la tierra. Su reino no se limita a Judea, se extiende hasta islas ignotas. Nuestro Dios no es una divinidad local, no es jefe insignificante de una tribu determinada; rige el universo con infinita majestad, es árbitro del destino, el único monarca de todas las tierras, Rey de reyes y Señor de señores. Ni la más alejada aldea, ni el más perdido peñasco queda fuera de sus dominios ¡Qué momento tan glorioso será cuando esto sea visto y reconocido por todos, cuando en la persona de Jesús toda carne contemple la gloria del Señor![19]

C. H. SPURGEON

[16] Esta misma idea recoge FRANCISCO LACUEVA [1911-2005] en su versión española del "Comentario de Matthew Henry": «En este caso quienes son convocados a alabar a Dios son los: *"Pueblos todos"*. Por consiguiente puede tomarse como una profecía de la conversión de los gentiles y de su entrada en la Iglesia (Romanos 15:11)».

[17] En hebreo עֶלְיוֹן *'elyōwn,* el Dios Altísimo del cual Melquisedec era sacerdote y en nombre del cual bendijo a Abraham (Génesis 14:18-24). FRANZ DELITZSCH [1813-1890] observa que en este caso concreto aparece como predicado mientras que en el Salmo 78:56 es un atributo.

[18] En hebreo נוֹרָא *nōwrā* de יָרֵא *yare',* un sintagma bastante común en los salmos y con una gama amplia de significados. Ver Salmo 47:2; 66:3, 5, 35; 76:7, 12; 96:4.

[19] Habacuc 2:14; Salmo 22:27; Isaías 11:9.

Porque el Señor, el Altísimo, es digno de ser temido; Rey grande es sobre toda la tierra.[20] La Iglesia celebra la Ascensión de Cristo, porque en ella fue *"exaltado hasta lo sumo"*,[21] y a partir de entonces vino a ser *"temible"* para sus enemigos. Al serle conferida toda potestad en el cielo y en la tierra,[22] comenzó a desplegar la excelente majestad de su reino universal inaugurado con su ascensión al ser coronado como *"Rey de reyes, y Señor de señores"*.[23]

GEORGE HORNE [1730-1792]
"A Commentary on the Psalms in which Their Literal Or Historical Sense, as They Relate to King David, is Illustrated", 1825

Porque Jehová el Altísimo es temible.[24] Cristo es *temible,* es decir, causa pavor y espanto; no a sus hijos, pues es por su bien; pero sí a los impíos, por el castigo que les aguarda. *Temible* para el diablo, pues siendo más fuerte que él, expulsa fácilmente al príncipe de las tinieblas echándole fuera con su dedo divino.[25] Por eso, tan pronto como un espíritu inmundo vio a Jesús, exclamó: *"¿Qué tenemos que ver contigo, Jesús nazareno? ¿Has venido a destruirnos?"*;[26] o como otros demonios: *"¿Has venido acá para atormentarnos antes de tiempo?*;[27] porque los demonios *"creen y tiemblan"*.[28] *Temible para los hipócritas* y otros agentes impíos del diablo, pues: *"su aventador está en su mano, y limpiará su era; y recogerá su trigo en el granero, y quemará la paja en fuego que nunca se apagará"*.[29] Sí, Cristo es *"excelsus in potentia, terribilis in justitia"*; excelso en poder y temible en justicia; presto a exaltar lo bueno, y terrible en humillar lo malo.[30]

JOHN BOYS [1571-1625]
"The Works of John Boys", 1626

[20] Dice JUAN CRISÓSTOMO [347-407]: «Verdaderamente un *"rey grande"* que logra persuadir de tal modo a sus súbditos y ganarse su voluntad que le entregan su alma sin condiciones. Los reyes terrenales disfrutan de la honra forzada de aquellos a los que han logrado someter, pero este la tiene de súbditos que le obedecen libremente».

[21] Filipenses 2:9.

[22] Mateo 28:18.

[23] Apocalipsis 19:16.

[24] Dice FRANZ DELITZSCH [1813-1890]: «Parecido a cómo concluye el cronista su relato sobre la derrota de los pueblos aliados contra Israel: *"Y vino el terror de Dios sobre todos los reinos de aquellas tierras cuando oyeron que el Señor había peleado contra los enemigos de Israel"* (2 Crónicas 20:29). Sin embargo, el salmista no invita a los pueblos a temblar de miedo, sino a regocijarse: *"Pueblos todos, batid palmas"* (47:1). Porque el miedo es una emoción interna provocada y por tanto involuntaria, mientras que la alegría es voluntaria y por ello mucho más genuina y auténtica. La victoria final y absoluta de Yahvé no consiste en una sumisión provocada por la guerra y el derramamiento de sangre, no se base en espanto y consternación que paralice las mentes forzándolas a obedecer, sino en un cambio de mentalidad de los pueblos, en una transformación de los corazones para que voluntariamente le rindan culto gozoso, y así pueda ser aclamado como el Dios de todos los pueblos».

[25] Lucas 11:22; Juan 12:31.

[26] Marcos 1:24.

[27] Mateo 8:29.

[28] Santiago 2:19.

[29] Mateo 3:12.

[30] Dice JUAN CRISÓSTOMO [347-407]: «Cuando escuches que tu Rey y Señor fue lacerado, colgado de una cruz, sepultado, y descendió a las partes más bajas de la tierra (Efesios 4:9) no te confundas y te desanimes. Recuerda que es *"el Altísimo"* por propia naturaleza; y aquello que es Altísimo por naturaleza jamás altera su estado de exaltación por muy bajo que descienda, al contrario, incluso estando sujeto por voluntad propia a humillación, su exaltación se desborra y se hace constantemente manifiesta Por ello exclama el

Vers. 3. ***El someterá a los pueblos debajo de nosotros, ya las naciones debajo de nuestros pies.*** *[Él someterá a los pueblos debajo de nosotros, y a las naciones debajo de nuestros pies.* RVR*] [El somete pueblos debajo de nosotros, y naciones bajo nuestros pies.* LBLA*] [Él someterá los pueblos a nosotros, las naciones bajo nuestros pies.* BTX*] [Sometió a nuestro dominio las naciones; puso a los pueblos bajo nuestros pies.* NVI*] [Él nos somete a los pueblos, las naciones ponen a nuestros pies.* BLP*] [Él subyuga a las naciones frente a nosotros; pone a nuestros enemigos bajo nuestros pies.* NTV*]*

Él someterá a los pueblos debajo de nosotros. Él, que cuenta con poder infinito, *someterá a los pueblos debajo de nosotros*. La batalla no es nuestra, sino del Señor. Se tomará su tiempo, pero obtendrá la victoria para su iglesia. Por medio de la gracia, la verdad y la justicia ascenderán a la cúspide. No peleamos una guerra incierta. Los corazones más rebeldes y las voluntades más obstinadas serán sometidos al poder de la gracia conquistadora. De modo que el pueblo del Señor al completo, tanto judíos como gentiles, puede aplaudir ufano porque la victoria de Dios será suya; aunque sin duda los apóstoles, los profetas, los ministros del evangelio, y aquellos que sufren y trabajan con mayor ahínco, pueden sentirse especialmente alegres. Porque la idolatría, la infidelidad, la superstición serán pisoteadas como los hombres pisotean las piedras de la calle.

Y a las naciones debajo de nuestros pies. La Iglesia de Dios será la más grande monarquía que jamás se hayan conocido, su victoria será marcada y decisiva. Cristo, con inmenso poder impondrá su reino, y todos los linajes de la tierra contemplarán su gloria y la gloria de su pueblo.[31] ¡Qué distintas serán las cosas entonces de lo que son ahora! Hasta ahora el pueblo de Dios ha estado debajo los pies de los hombres padeciendo persecuciones largas y crueles, despreciado día tras día; pero Dios revertirá la posición, y los más humildes y sometidos serán los más recompensados en honores.

C. H. SPURGEON

Él someterá a los pueblos debajo de nosotros. La consecuencia inmediata de la Ascensión de nuestro Señor fue la expansión por el mundo de la Palabra subyugadora, bajo cuya influencia y dirección las naciones, convencidas y convertidas, renunciaron a sus ídolos y concupiscencias, sometiendo su cuello bajo el yugo de Jesús.[32] Esta es esa gran conquista anticipada por las victorias de Josué,

salmista: *"Porque el Señor, el Altísimo, es temible"*, y así se demostró, pues fue precisamente en su muerte cuando más probado quedó su poder sobre la muerte. *"La luz resplandece en las tinieblas,* –leemos en la Escritura– *y las tinieblas no prevalecieron contra ella"* (Juan 1:5). Y así fue como su exaltación quedó demostrada en medio de su humillación (…) el sol detuvo sus rayos (Marcos 15:33); la tierra tembló, las rocas se partieron, el velo del templo se rasgó en dos de arriba abajo (Mateo 27:51); Judas se ahorcó (Mateo 27:5); Pilato y su mujer se atemorizaron, dejando al juez en actitud defensiva (Mateo 27:19, 24). Por tanto, cuando escuches que fue atado y azotado (Juan 18:12; 19:1), no te desconciertes, al contrario contémplale en todo su esplendor y majestad, dando claras muestras de su poder incluso en medio de su pasión, como cuando al preguntarles: *"A quién buscáis"*, y responderles *"Yo soy"*, todos retrocedieron y cayeron en tierra. ¿Te das cuenta por qué exclama el salmista que *"es temible"* quien con una palabra o un simple gesto puede obrar tales maravillas?».

[31] Mateo 24:30; 25:31-32; Lucas 21:27; Filipenses 2:11.

[32] Mateo 11:29.

de David y todos los demás grandes héroes de la antigüedad que permanecieron fieles,[33] y predicha, como es el caso de este salmo, en un lenguaje tomado de su propia historia.

GEORGE HORNE [1730-1792]
"A Commentary on the Psalms in which Their Literal Or Historical Sense, as They Relate to King David, is Illustrated", 1825

Él someterá a los pueblos debajo de nosotros. Algunos traducen *"conducirá"*, *"pastoreará"* o *"doblegará a los pueblos"* cual *ovejas;* basándose en el sintagma hebreo יַדְבֵּר *yaḏbêr* de דָּבַר *dabar,* y el uso que se le da en Isaías: *"y los corderos serán apacentados según su costumbre"*[34] כְּדָבְרָם *kəḏāḇərām* de דֹּבֶר *dober*; o en Miqueas: *"lo reuniré como ovejas de Bosra"*[35] הַדָּבְרוֹ *haddāḇərōw* de דֹּבֶר *dober*; todos ellos de la misma raíz דָּבַר *dabar.* Es evidente que el salmista se refiere a este sometimiento como algo voluntario y gozoso, puesto que para los sometidos es motivo de alegría (47:1). Y ello es cierto tanto de los pueblos a los que David literalmente sometió, quienes en razón de ello tuvieron la oportunidad de conocer y adorar al Dios verdadero, único camino para lograr una felicidad auténtica y duradera; como también y de manera especial de aquellos gentiles que fueron sometidos a Cristo por la predicación del evangelio. Los gentiles convertidos fueron, en cierto modo, sometidos a los judíos, porque quedaron sometidos a Cristo, a sus apóstoles y a la Iglesia apostólica, que estaban en Jerusalén y eran esencialmente judíos.[36]

MATTHEW POOLE [1624-1679]
"English Annotations on the Holy Bible", 1683

Y a las naciones debajo de nuestros pies. Con estas palabras da a entender que los gentiles son en cierto modo alumnos, y los judíos sus profesores; pues sentarse *"debajo de los pies de"*, o *"a los pies*

---

[33] Hebreos 11:1-40.
[34] Isaías 5:17.
[35] Miqueas 2:12.
[36] AGUSTÍN DE HIPONA [354-430]: «¿A qué pueblos se refiere y bajo quiénes los somete? Algunos expositores afirman que se trata simplemente, en el contexto histórico, de las naciones paganas circundantes a Israel; otros a los creyentes bajo los apóstoles; y otros a los incrédulos bajo los santos. Si decimos a los incrédulos bajo los santos, hay sin duda en ello una parte de verdad. Dios les ha sometido pueblos y naciones haciendo que sean hoy honrados entre las naciones, porque entregaron su vida como mártires en manos de sus conciudadanos, como hizo su Señor: llevado a la muerte por sus hermanos judíos y honrado por los gentiles; crucificado por los suyos y adorado por los extraños; porque él nos compró con su sangre para que no le fuésemos extraños. Pero, ¿es legítimo aplicar estas palabras: *"Él someterá a los pueblos debajo de nosotros, y a las naciones debajo de nuestros pies"* a los apóstoles*?* No encajan en boca de los apóstoles, no cuadra que pudieran expresarse con semejante orgullo, hasta el punto de alegrarse de tener las naciones bajo sus pies, es decir, al resto de los cristianos sometidos bajo los pies de los apóstoles. Pues su objetivo y su alegría en todo momento fue más bien que estuviéramos todos, nosotros juntamente con ellos, bajo los pies de Aquél que dio su vida por todos. Algunos corrían a los pies de Pablo queriendo ser *"de Pablo"*; ¿y qué les responde el apóstol?: *"¿Fue crucificado Pablo por vosotros? ¿O fuisteis bautizados en el nombre de Pablo?"* (1 Corintios 1:13) Entonces, ¿cómo debemos entender esta frase? Tanto los que formamos la heredad de Cristo, como los que no, estamos repartidos por todas las naciones; y cuando la Iglesia de Cristo es exaltada en el nombre de Cristo en todas las naciones, hasta el punto de que los que aún no son creyentes se admiran del comportamiento y proceder de los cristianos, entonces: *son sometidos los pueblos debajo de nosotros, y a las naciones debajo de nuestros pies*».

de", es la expresión típica utilizada en la Escritura para referirse a un alumno o aprendiz: *"instruido a los pies de Gamaliel"*.[37]

THOMAS WILCOCKS [1549-1608]
"A Right Godly and Learned Exposition upon the whole Booke of Psalmes", 1586

Vers. 4. ***El nos elegirá nuestras heredades; la hermosura de Jacob, al cual amó. Selah*** *[Él nos elegirá nuestras heredades; la gloria de Jacob, al cual amó. Selah.* RVR*] [El nos escoge nuestra heredad, la gloria de Jacob a quien El ama. (Selah).* LBLA*] [Pues Él eligió nuestra heredad, la hermosura de Jacob, al cual amó. Selah).* BTX*] [Escogió para nosotros una heredad que es el orgullo de Jacob, a quien amó.* NVI*] [Él escogió nuestra heredad, la gloria de Jacob, su amado. (Pausa)* BLP*] [Escogió la Tierra Prometida como nuestra herencia y posesión, el orgullo de los descendientes de Jacob, a quienes ama. Interludio.* NTV*]*

Él nos escoge nuestra heredad.[38] Y en tanto esto no acontezca y veamos todas las cosas sometidas bajo él, nos sentimos dichosos de someternos a su voluntad nosotros mismos y cuanto poseemos. Sentimos que su reino es tan admirable que pedimos de inmediato ser súbditos suyos lo más plenamente posible. Sometemos totalmente nuestra voluntad, nuestras decisiones, nuestros deseos, nuestro todo. Dejamos *nuestra heredad* en sus manos, para que haga con nosotros según estime más conveniente.

La gloria de Jacob, al cual amó. En los tiempos antiguos otorgó a su pueblo su porción; y nos concederá también la nuestra, pues no pedimos otra cosa. Es la forma más real y efectiva que tenemos de batir palmas espiritualmente ante su soberanía: dejar todas nuestras cuitas y preocupaciones en sus manos; de ese modo nuestras manos, desprovistas de preocupaciones, quedan liberadas para ser usadas en su honor. El que fue Gloria y orgullo de Israel,[39] lo es y será también para nosotros. Amaba a su pueblo y vino a ser su mayor gloria; así también nos ama a nosotros y será nuestro supremo

---

[37] Hechos 22:3. (Ver también Lucas 2:46; 10:39).

[38] Dice ORÍGENES [185-254] comentando estas palabras del salmista: «Más, ¿qué provecho saco de que la simiente de Abraham, *"la cual es Cristo"* (Gálatas 3:16) posea en heredad *"las puertas de sus enemigos"* (Génesis 22:17), si no posee las de mi corazón? ¿Si en el interior de mi alma, que debería ser *"ciudad del gran Rey"* (Mateo 5:35), no se observan sus leyes ni se cumplen sus ordenanzas? ¿En qué me beneficia que sea *"Rey grande sobre toda la tierra"* y tenga dominio sobre las puertas de sus enemigos, si no ejerce ese dominio sobre los enemigos pertrechados dentro de mí; si no destruye esa *"ley en mis miembros, que hace guerra contra la ley de mi mente, y que me lleva cautivo a la ley del pecado que está en mis miembros"* (Romanos 7:23)? Esforcémonos, pues, cada uno de nosotros, haciendo cuanto sea preciso para que Cristo derroque también a sus enemigos ocultos en nuestra alma, mente y cuerpo, y triunfando victorioso sobre ellos tome posesión plena de las puertas de la ciudad de nuestra alma».

[39] 1 Samuel 15:29; 1 Crónicas 29:11. En hebreo גְּאוֹן יַעֲקֹב *gə'ōwn ya'ăqōḇ* de גָּאוֹן *ga'own,* básicamente "orgullo" o "arrogancia", aunque tiene un espectro bastante amplio de sentidos. Algunos comentaristas lo asocian con 1 Samuel 15:29, pero el vocablo hebreo utilizado es distinto aunque la Reina-Valera lo traduzca en ambos casos como *"Gloria"*, pues en 1 Samuel 15:29 se utiliza נֵצַח *nêṣaḥ* de נֵצַח *netsach*; mientras que aquí se utiliza גָּאוֹן *ga'own,* como en Amós 6:8. Y el término habitual para expresar *"la gloria del Señor"* es כְּבוֹד־יְהוָה *kəḇōwḏ Yahweh* de כָּבוֹד *kabowd.* En el caso de este versículo, y considerando que el sentido primario del término es el de "orgullo", la mayoría de exégetas entienden que se refiere a la "heredad" o tierra de Israel, puesto que en este sentido se utiliza en Isaías 13:9: *"Y Babilonia, la joya de los reinos, prez y orgullo de los caldeos";* o Nahúm 2:3: *"el Señor restaurará la gloria de Jacob"*. FRANZ DELITZSCH [1813-1890] dice al respecto: «Llama a la tierra prometida גְּאוֹן יַעֲקֹב *gə'ōwn ya'ăqōḇ,* "orgullo de Jacob", como don de la gracia del cual el pueblo, amado por Dios, puede jactarse».

gozo.[40] En los tiempos del fin, no pedimos otra cosa que estar en la heredad que nos ha sido asignada; pues una porción en nuestro Señor Jesús es suficiente para colmar nuestros mayores deseos. Nuestra hermosura, nuestro orgullo, nuestro mejor tesoro, consiste en tener a un Dios así en quien confiar, y un Dios así que nos ama.

Selah. Sí, fieles cantores, hagamos una pausa. Pues aquí hay mucha materia para meditar en santidad.

«Medita un rato, pensamiento obediente,
cavila el tema con éxtasis y embeleso;
contempla a tu Rey, cuyo reino se extiende
hasta los extremos más remotos de la tierra.

Gustosas las naciones lo aclaman
como su único Dios y Señor;
batid palmas con santo regocijo,
¡Salve, Monarca de toda la tierra!

Ve, alma mía, inclínate ante él,
cual la más gozosa de sus súbditos;
deja tu heredad a su elección,
regocíjate en su soberanía,
pues esta es la más pura bendición:
Que él es tuyo y tú eres suya.»[41]

C. H. SPURGEON

Él nos elegirá nuestras heredades. Los futuros verbales hebreos se prestan a muy diversas traducciones. En este caso las versiones latina, siríaca y árabe, traducen יִבְחַר־לָנוּ *yiḇhar-lānū* como: *"él ha elegido"*.

MATTHEW POOLE [1624-1679]
"English Annotations on the Holy Bible", 1683

Él nos escoge nuestra heredad. Se dice de cierta mujer a la que estando enferma le preguntaron si prefería vivir o morir, y respondió: «Lo que Dios decida». Cuando insistieron diciéndole: «Pero si Dios lo pusiera en tus manos, ¿qué escogería?», replicó: «Lo pondría de nuevo en sus manos para que él decidiera».

Así es como el hombre percibe verdaderamente la voluntad de Dios, cuando está dispuesto a someterse totalmente a él. No deberíamos preocuparnos tanto por no "recibir más de Dios", como

[40] Salmo 43:4.

[41] Spurgeon incluye aquí este himno o verso, de autor desconocido, aunque intuimos que pudiera tratarse de una composición del propio Spurgeon: *"Muse awhile, obedient thought, / Lo, the theme's with rapture fraught; / See thy King, whose realm extends / Even to earth's remotest ends. / Gladly shall the nations own / Him their God and Lord alone; / Clap their hands with holy mirth, / Hail him Monarch of the Earth. / Come, my soul, before him bow, / Gladdest of his subjects thou; / Leave thy portion to his choice, / In his sovereign will rejoice, / This thy purest, deepest bliss, / He is thine and thou art his"*.

deberíamos preocuparnos de "hacer más por Dios". Cristiano, si el Señor se complace en ti como persona, ¿no deberías sentirte complacido con sus tratos y condiciones? Hay más motivos para que estés contento con lo que Dios te otorga, que para que él esté contento con lo que tú le das. Los creyentes deberían ser como las ovejas, siempre dispuestas a cambiar sus pastos según la voluntad del pastor; o como las vasijas, llenas o vacías según el criterio de su propietario. Quien trata de navegar en el mar de este mundo por su propia cuenta acabará hundiéndose en un océano sin fondo. Nadie puede pretender ser su propio escultor, salvo que quiera con toda seguridad acabar cortándose los dedos.

William Secker [¿?-1681]
"The Nonsuch Professor", 1660

Él nos escoge nuestra heredad. Significa que Dios, quien sabe mejor que nosotros lo que nos conviene, de su propia buena voluntad y misericordia ha escogido, es decir, ha designado, nuestra herencia. Y no solo en lo que hace a las cosas de esta vida, como tierras, casas y otras posesiones; sino también todas las demás cosas concernientes a la esperanza de una vida futura y mejor, a saber, *"un reino inconmovible"*,[42] una *"morada eterna"*,[43] y una *"herencia incorruptible, inmaculada, que no se marchitará, reservada para nosotros en los cielos"*.[44]

John Boys [1571-1625]
"The Works of John Boys", 1626

La excelencia (o *gloria) de Jacob, al cual amó.* Es decir, todas aquellas cosas excelentes que él otorgó y prometió a Jacob, para que se gloriara y regocijara en ellas. Y los fieles, en la abundancia, seguridad de la gracia y bondad de Dios, cuentan con infinitamente más de lo que jamás tuviera Jacob.

Thomas Wilcocks [1549-1608]
"A Right Godly and Learned Exposition upon the whole Booke of Psalmes", 1586

Él nos escoge nuestra heredad. Quizás seas piadoso y seas pobre. Puedes asegurar que, en el caso de no ser pobre, ¿seguirías siendo piadoso? Sin duda Dios nos conoce mejor que nosotros a nosotros mismos y, en consecuencia, ajusta nuestra situación a nuestra naturaleza y carácter.

Giles Fletcher [1586-1623]
"The reward of the faithfull. The labour of the faithfull. The grounds of our faith", 1623

Vers. 5. *Subió Dios con júbilo, Jehová con sonido de trompeta.* *[Sube Dios entre aclamaciones, acompañado con el sonido de las trompetas.* RVR*] [Dios ha ascendido entre aclamaciones, el Señor, al son de trompeta.* LBLA*] [Elohim asciende entre aclamaciones de júbilo, YHVH asciende al son del shofar.* BTX*] [Dios el Señor ha ascendido entre gritos de alegría y toques de trompeta.* NVI*] [Dios asciende entre aclamaciones, el Señor entre sones de trompeta.* BLP*] [Dios ascendió con un grito poderoso; el Señor ha ascendido al estruendo de las trompetas.* NTV*]*

[42] Hebreos 12:28.
[43] Lucas 16:9.
[44] 1 Pedro 1:4.

Dios ha ascendido entre aclamaciones.[45] La fe anticipa y escucha ya al pueblo aclamando. El mandato del versículo primero: *"Pueblos todos, batid palmas; aclamad a Dios con gritos de júbilo"* (47:1) se transforma aquí en una realidad. La lucha ha terminado, el vencedor asciende en su carro triunfal, y avanza hacia las puertas de la ciudad que aparece resplandeciendo por el gozo de su regreso.[46] Son palabras aplicables plenamente a la ascensión del Redentor.[47] Pues no dudamos que los ángeles y los espíritus glorificados le dieron la bienvenida con aclamaciones. Aquel que vino a este mundo rodeado de cánticos,[48] ¿vamos a pensar que regresaría en silencio?

Jehová con sonido de trompeta. Jesús es Jehová. Y la alegre trompeta anuncia el esplendor de su triunfo.[49] Una bienvenida propia de quien regresa de la batalla y es recibido con música marcial. Directamente de Bosrá, con sus vestiduras todavía rojas del lagar,[50] ascendió llevando cautiva la cautividad;[51] ¡bien podía el clarín lanzar su sonido estridente anunciando el regreso victorioso de Emanuel![52]

C. H. SPURGEON

---

[45] En hebreo עָלָה אֱלֹהִים בִּתְרוּעָה יְהוָה בְּקוֹל שׁוֹפָר *'ālāh 'ĕlōhîm biṯrū'āh Yahweh bəqōwl šōwpār.* SCHÖKEL comenta sobre este versículo: «En todo el A.T. este es el único texto en el que se dice de Dios que "sube" o "asciende" עָלָה *'ālāh*. Del arca se dice en 2 Samuel 6:2, 15: *"subieron el arca de Jehová con júbilo y sonido de trompeta"*; de la gloria o de la figura divina lo dice Ezequiel 11:23: *"Y la gloria de Jehová se elevó de en medio de la ciudad"* (cuando abandona el templo); de la nube en Números 9:21; 10:11: *"la nube se alzó del tabernáculo del testimonio"*. Pero Dios, lo normal es decir que *"baja"* o *"desciende"*: *"Inclinó los cielos, y descendió"* (Salmo 18:9). Por tanto, el versículo es excepcional, la "ascensión" del Señor no se presenta como acción repetida, no deja huellas reiteradas en el culto ni fuera de el. Lógicamente hay que buscarle un contexto puntual, único, que sería la "subida" del pueblo desde Egipto. "Subir" es uno de los verbos clásicos de la liberación, en concurrencia con "salir". En la gran "subida" del pueblo hacia su "heredad", con ellos "subió" el Señor Dios. Y ahí está la estupenda paradoja: que el Dios *"Altísimo"* ascienda». [*Salmos, Tomo I, 1-72,* Editorial Verbo Divino, Estella, Navarra, 1992].

[46] Dice FRANCISCO LACUEVA [1911-2005] en su versión española del "Comentario de Matthew Henry": «*"Sube Dios entre aclamaciones"*, lo cual puede referirse: (A) a la subida del Arca al monte Sión, pues al ser el Arca la señal visible de la presencia de Dios entre ellos, bien se le podía aplicar el verbo "subir" adondequiera fuese puesta después de estar en medio de ellos; (B) con mayor probabilidad, a la subida de Dios mismo a su morada celestial después de haber intervenido en el campo de batalla a favor de su pueblo; (C) en sentido alegórico, a la ascensión del Señor Jesús a los cielos, después de haber consumado su obra de redención en la tierra (Hechos 1:9)»

[47] Hechos 1:9-11.

[48] Lucas 2:8-14.

[49] FRANZ DELITZSCH [1813-1890] comenta al respecto: «El sentido simbólico es remarcar que al son del שׁוֹפָר *šōwpār*, cuando empieza el estruendo de las trompetas de Israel, Dios asciende desde el trono de la justicia y se sienta en el trono de la misericordia (JOHANNES BUXTORF [1564-1629], *Leicon Talmudicum,* col. 2505). Por esta mención al שׁוֹפָר *šōwpār* o *"sonido de trompetas"* el Salmo 47 es utilizado en las sinagogas, (juntamente con el Salmo 81), como salmo para el segundo día de la festividad de Año Nuevo; y por la Iglesia Cristiana como salmo para la festividad de la Ascensión por la mención al ascenso del Señor». En su estilo tan propio y peculiar MARTIN LUTERO [1483-1546] describe el Salmo 47 como: «La Ascensión de Cristo al los cielos según los hijos de Coré». (Ver sobre el tema de la Ascensión la nota 3).

[50] Isaías 63:1-2.

[51] Salmo 68:18; Efesios 4:8.

[52] AGUSTÍN DE HIPONA [354-430]: «El Dios que según afirma el salmista *"ha ascendido entre aclamaciones"* es el mismo Dios, nuestro Señor Jesucristo, ascendido *"al son de trompeta"*. ¿Y dónde ascendió? Adonde los judíos que lo habían crucificado no podían verle ni seguirle con sus ojos. Se mofaron de él mientras colgaba de la Cruz, pero no le vieron ascender entre aclamaciones de júbilo al son de trompeta. ¿Qué

Dios ha ascendido entre aclamaciones, el Señor, al son de trompeta. Es digno de tener en cuenta (como sugiere Orígenes)[53] que las dos expresiones registradas en este versículo: *"ha ascendido entre aclamaciones"*, aplicada a la ascensión de Cristo;[54] y *"al son de la trompeta"*;[55] sirven para conectar sucesos pasados y futuros en la historia de la Iglesia y de la humanidad, haciendo volar nuestros pensamientos a la segunda venida de Cristo y el juicio futuro.

Cristopher Wordsworth [1807-1885]
"Commentary on the Whole Bible", 1856

Dios ha ascendido entre aclamaciones, el Señor, al son de trompeta. Tienes razones sobradas, oh alma mía, para alabarle y regocijarte delante de él, especialmente si consideras que Cristo no ascendió para sí mismo, sino también para ti: fue Dios en nuestra humana naturaleza quien ascendió al cielo: todo lo que Dios llevó a cabo en la persona de Cristo, lo hizo en favor nuestro; lo cual significa que lo hizo como si lo hubiera hecho en ti. Cristo ascendió al cielo como primicia de muchos; ¿te identificas con su ascensión? Y en tal caso, ¿le ves ascendiendo como Cabeza del cuerpo del cual tú formas parte? ¡Oh, que cada uno de los miembros del cuerpo alabe su nombre! ¡Que tu lengua (llamada *tu gloria*) se gloríe en ello! Y proclama su alabanza por doquier al son de trompeta, para que en lo que a ti corresponde, quede demostrado que has cumplido con tu deber de anunciar que: Cristo *"ha ascendido entre aclamaciones, el Señor, al son de trompeta"*.

Isaac Ambrose [1592-1674]
"Looking unto Jesus: A View of the Everlasting Gospel, or, The Soul's Eyeing of Jesus", 1763

Vers. 6. *Cantad a Dios, cantad; cantad a nuestro Rey, cantad.* *[Cantad a Dios, cantad; cantad a nuestro Rey, cantad.* RVR*] [Cantad alabanzas a Dios, cantad alabanzas; cantad alabanzas a nuestro Rey, cantad alabanzas.* LBLA*] [¡Cantad a Elohim, cantad! ¡Cantad a nuestro Rey, cantad!* BTX*] [Canten salmos a Dios, cántenle salmos; canten, cántenle salmos a nuestro rey.* NVI*] [Cantad y*

---

fueron esas *"aclamaciones de júbilo"* sino el asombro gozoso de sus discípulos, incapaces de expresar lo que sentían con palabras? Al contemplar cómo ascendía al cielo Aquel al que habían llorado dándole por muerto quedaron atónitos y les invadió una alegría que no fueron capaces de expresar con palabras (Hechos 1:9). Pero allí estaban también la voz de la trompeta y la voz de los ángeles, a los que se dijo como al profeta: *"alza tu voz como trompeta"* (Isaías 58:1). Viendo a los discípulos estupefactos y mudos, aunque con el corazón jubiloso; sonó con claridad la trompeta en la voz de los ángeles: *" Varones galileos, ¿por qué estáis mirando al cielo? Este mismo Jesús, que ha sido tomado de vosotros al cielo, vendrá así, tal como le habéis visto ir al cielo"* (Hechos 1:11).

[53] Se refiere a Orígenes [c.185-254] importante teólogo y exegeta de la primitiva Iglesia griega, Padre de la Iglesia y uno de los más destacados apologistas cristianos. Nacido en el seno de una familia cristiana en Alejandría (su padre murió martirizado en el 202), sucedió a Clemente al frente de la escuela cristiana de Alejandría, y la convirtió en un prestigioso centro de teología. Escribió alrededor de 800 obras, la mayoría comentarios sobre la Biblia. Su gran capacidad para el trabajo le valió el sobrenombre de *adamantius,* "hombre de acero". Sus obras más conocidas son "Contra Celso", refutación de las críticas dirigidas contra el cristianismo por el filósofo Celso; "Tratado de los Principios"; "Sobre la Oración" y "Exhortación al Martirio", todas ellas publicadas por CLIE en español. Se han conservado también algunos fragmentos de su monumental Biblia conocida como *Hexapla,* que presentaba en varias columnas el texto bíblico hebreo y varias versiones en otras lenguas. En el año 250 fue encarcelado durante la persecución del emperador Decio, fue sometido a tortura durante un año y murió cuatro años después a causa de las lesiones sufridas.

[54] Hechos 1:9-11; Salmo 68:18; Efesios 4:8.

[55] Isaías 18:3; Mateo 24:31; 1 Corintios 15:52; 1 Tesalonicenses 4:16.

ensalzad a Dios, cantad y ensalzad a nuestro rey. BLP*] [Canten alabanzas a Dios, canten alabanzas; ¡canten alabanzas a nuestro Rey, canten alabanzas!* NTV*]*

Cantad a Dios. ¡Qué júbilo latente tan inmenso hay aquí, cuando en dos versículos (47:6-7) se repite cinco veces la invitación a cantar alabanzas a Dios en toda la tierra! Es digno de ello, él es el Creador, y es la bondad misma.

Cantad alabanzas. Proseguid con esa labor gozosa; jamás dejéis que la música se detenga. Él nunca cesa de ser bondadoso, jamás dejemos de mostrarnos agradecidos. Es extraño que debamos ser urgidos a asistir a esta labor tan celestial.

Cantad alabanzas a nuestro Rey. Concentremos en él toda nuestra alabanza; nadie más debería tener siquiera una partícula de ella; Jesús ha de tenerla toda. Que su soberanía sea la fuente de nuestra alegría; pues es un atributo sublime, pero lleno de felicidad para los creyentes. No le rindamos nuestro homenaje con gemidos, sino con cánticos. No pide esclavos que adulen su trono, no es un déspota; por tanto, el más digno y justo homenaje para un monarca tan bendecido y bondadoso es el canto. Que todos los corazones que acatan su cetro le canten gozosos, ahora y para siempre, pues en tanto sigamos morando bajo la sombre de un trono tan excelso,[56] hay motivo eternos para proseguir cantándole con acción de gracias eternamente.

C. H. SPURGEON

Vers. 7. ***Porque Dios es el Rey de toda la tierra; cantad con inteligencia.*** *[Porque Dios es el Rey de toda la tierra; cantad con destreza.* RVR*] [Porque Dios es Rey de toda la tierra; cantad alabanzas con armonioso salmo.* LBLA*] [Porque Elohim es el Rey de toda la tierra, ¡Cantad con entendimiento!* BTX*] [Dios es el rey de toda la tierra; por eso, cántenle un salmo solemne.* NVI*] [Dios es rey de la tierra entera, ¡cantadle vosotros un himno!* BLP*] [Pues Dios es el Rey de toda la tierra. Alábenlo con un salmo.* NTV*]*

Porque Dios es el Rey de toda la tierra. Los judíos del tiempo de nuestro Salvador se enervaron contra esta verdad,[57] pero si sus corazones hubieran sido rectos se habrían regocijado en ella. Pretendían guardarse a su Dios para ellos solos, y ni aun permitían a los perros gentiles comieran las migajas bajo su mesa. ¡Ay!, el egoísmo es capaz de transformar la miel en hiel. Jehová no es exclusivamente el Dios de los judíos, a través del Mesías todas las naciones de la tierra tienen derecho a tenerle como Señor. Y entre tanto, su trono de providencia gobierna todos los acontecimientos que ocurran bajo el cielo.

Cantad a Dios con inteligencia.[58] Cantad un salmo didáctico. La sana doctrina alaba a Dios. Incluso bajo el régimen de tipos y ceremonias de la antigua dispensación, está claro que el Señor

---

[56] Salmo 91:1.

[57] Juan 8:33; 37-40; 19:15.

[58] En hebreo זַמְּרוּ מַשְׂכִּיל *zammərū maśkîl*. FRANZ DELITZSCH [1813-1890] opina que en este caso el término מַשְׂכִּיל *maśkîl* (συνετῶς en la versión griega) hay que entenderlo en el sentido expresado por el apóstol en Efesios 5:19 y Colosenses 3:16: *"cantando y salmodiando al Señor en vuestros corazones"*. FRANCISCO LACUEVA [1911-2005] en su versión española del "Comentario de Matthew Henry" dice al respecto: «El versículo 7 parece sugerir un determinado modo de alabar a Dios: «Cantad con destreza». El texto hebreo dice literalmente: *"Cantad un masquil"*, lo que, con la mayor probabilidad, indica una determinada melodía, la que, por supuesto, había de ser cantada con todo esmero, como se merece Aquel a quien se dirige el

tenía muy en cuenta la espiritualidad en la adoración, y deseaba ser alabado con discernimiento, con inteligencia y profunda comprensión de la razón y contenido del cántico. Por la forma desaliñada en que algunos hacen ruido al cantar tememos que, en realidad, lo que les apetece es emitir cualquier sonido. Por otro lado, cuando vemos que el perfeccionismo de la interpretación musical acapara toda la atención de otros, nos entristece ver el poco efecto que el mensaje les causa. ¿No es un pecado priorizar el recreo de los oídos humanos con sonidos dulces cuando nuestro objetivo es adorar al Señor? Pues, ¿qué tendrá que ver el deleite de los sentidos con órganos, música y antífonas corales con la verdadera devoción? ¿No será que confundimos los sentidos físicos con los impulsos espirituales? ¿Y ofrecemos a Dios acordes meticulosamente calculados encaminados más al deleite humano que a la aceptación divina? El canto con entendimiento iluminado por el Espíritu Santo, era entonces y sigue siendo ahora, el único que puede ofrecer una alabanza digna.

C. H. SPURGEON

Porque Dios es el Rey de toda la tierra. Es como si el salmista dijera: ¿Mi Rey? ¿Nuestro Rey? No, eso es muy poco: *¡El Rey de toda la tierra!*

JOHN TRAPP [1601-1669]
"A commentary or exposition upon the books of Ezra, Nehemiah, Esther, Job and Psalms", 1657

Cantad a Dios con inteligencia. ¿Cómo hacer que nuestro corazón entone una melodía a Dios en el canto de los Salmos? Debemos cantar *con entendimiento.* Guiados no por el tono, el ritmo o el compás, sino por las palabras del Salmo. Debemos priorizar el mensaje por encima de la música, meditando cada palabra que cantamos, y cómo la cantamos. La música puede afectar el valor artístico y alterar las emociones, pero es el mensaje el que alcanza al corazón, y eso es lo que Dios mira por encima de todo lo demás. El salmista nos aconseja aquí en este particular, como también lo hace el apóstol: *"¿Qué, pues? Oraré con el espíritu, pero oraré también con el entendimiento; cantaré con el espíritu, pero cantaré también con el entendimiento"*.[59] De otro modo, este dulce deber sería más bien el trabajo de un cantante profesional que de un cristiano, y deberíamos deleitarnos más en un himno a la creación salido de la pluma un gran compositor, que en un salmo inspirado que nos hable de ella. Lapide[60] nos indica que, en el texto hebreo, la palabra "entendimiento" es מַשְׂכִּיל *maśkîl* de שָׂכַל *sakal,* y el sentido es de "comprensión", "meditación", "juicio profundo". Si de veras queremos cantar a Dios con gratitud, debemos cantar sabiamente, esto es, rumiar y saborear aquello que cantamos. De las palabras del apóstol se desprende que debemos cantar en la misma manera como debemos orar; y en este sentido, no cabe la menor duda que aún el más apático y despreocupado conoce y analiza bien aquello por lo cual ora. Si no entendemos lo que cantamos, es señal de negligencia del espíritu, o dureza de corazón; y ello hace nuestra adoración insulsa e insolente.

JOHN WELLS [1623-1676]
"How we may make Melody in our Hearts to God in Singing of Psalms" Supplement to the Morning-Exercise at Cripplegate", 1676

---

canto. A Dios hemos de cantarle con entendimiento (1 Corintios 14:15), como llevados del Espíritu Santo (Efesios 5:19) y, por tanto, del mejor modo que nos lo permitan nuestra voz y nuestro oído».

[59] 1 Corintios 14:15.

[60] Se refiere a CORNELIUS CORNELII A LAPIDE [1567-1637], también conocido como CORNELIS CORNELISSEN VAN DEN STEEN, eminente teólogo y exegeta jesuita flamenco autor de un comentario a toda la Biblia publicado por etapas desde 1614 y completado en Amberes en 1681 que fue traducido a numerosos idiomas y tuvo una marcada influencia en la exégesis y predicación cristiana de las épocas posteriores hasta el siglo XVIII.

Cantad a Dios con entendimiento, cantad un salmo instructivo. Dejemos que el sentido y el sonido vayan de la mano. Que nuestros corazones y nuestras mentes vayan al unísono con nuestras voces. Entendamos aquello que cantamos, y sintamos lo que entendemos.

ADAM CLARKE [1760-1832]
"Commentary on the Whole Bible", 1831

Cantad a Dios con entendimiento. Porque bajo la luz más plena de la nueva dispensación, aquella oscuridad de las épocas patriarcales, la visión a través de un espejo de la ley levítica, se han convertido en una visión plena y muy real.

HUGO VICTORINUS [1096-1141][61]

Cantad a Dios con entendimiento. Prestad atención a esto, vosotros que leéis y cantáis día tras día los Salmos, y todavía no los entendéis.

SIMEON MAROTTE DE MUIS [1587-1644]
"Commentarius litteralis et historicus in omnes Psalmos", 1630

Cantad a Dios con entendimiento. Los gentiles, de entre los cuales vosotros fuisteis llamados para ser cristianos, adoraban a unos dioses hechos por manos humanas, y les cantaban, pero no con entendimiento. Si hubieran cantado con entendimiento, no habrían adorado piedras. Cuando un hombre sensato canta a una piedra insensible, ¿canta *"con entendimiento"*? Pero ahora, hermanos, aunque no veamos con nuestros ojos a Aquel al cual adoramos, lo hacemos con entendimiento. Muchas más cosas nos ha encomendado el Señor que no vemos con los ojos. (…) Pues al no poder contemplarlo con nuestros ojos, más digno de estima nos es todavía. Quizá si lo viéramos lo rechazaríamos, como los judíos despreciaron a Cristo, al que vieron; mientras los gentiles, sin verle creyeron en él.[62]

AGUSTÍN DE HIPONA [354-430]
"Enarrationes in Psalmos"

Vers. 8. *Reinó Dios sobre las naciones; se sentó Dios sobre su santo trono.* *[Reinó Dios sobre las naciones; se sentó Dios sobre su santo trono.* RVR*] [Dios reina sobre las naciones; sentado está Dios en su santo trono.* LBLA*] [¡Elohim reina sobre las naciones! ¡Elohim se sienta en su santo trono!* BTX*] [Dios reina sobre las naciones; Dios está sentado en su santo trono.* NVI*] [Dios reina sobre las naciones, Dios se sienta en su santo trono.* BLP*] [Dios reina sobre las naciones, sentado en su santo trono.* NTV*]*

Dios reina sobre las naciones. Ahora mismo, en este preciso instante, Dios ejerce en secreto su dominio aún sobre los idólatras más degenerados: esto es materia de fe. ¡Cómo debemos anhelar el día en que las cosas cambien, y este dominio ahora oculto sea reconocido y motivo de deleite! Esta verdad

[61] Más conocido como HUGO DE SAN VICTOR, teólogo medieval educado en Sajonia en la Orden de los Canónigos Regulares de San Agustín.
[62] El texto original inglés solo transcribe una parte del texto. Lo hemos completado traduciendo el restante para una mejor comprensión de las palabras de Agustín.

incuestionable: que Dios reina en la providencia; es la garantía de que sus promesas expresadas en el evangelio de la gracia se cumplirán, y vendrá su reino.[63]

Sentado está Dios en su santo trono.[64] Ocupa inconmovible un trono indisputable; cuyos decretos, actos y órdenes son la santidad misma. ¿Qué trono hay semejante a este? Nunca fue manchado por la injusticia o contaminado por el pecado. Ni el que está sentado en él desmaya o vacila. Está sentado en serenidad, porque conoce su poder y ve que sus propósitos no se malograrán. Con ello tenemos razones más que suficientes para entonar un himno santo.

C. H. SPURGEON

Sentado está Dios en su santo trono.

1. Dios tiene un trono de santidad, en el cual debe ser temido por todos los hombres.
2. Un trono de gracia, en el cual debe ser amado por sus redimidos.
3. Un trono de gloria, en el cual debe ser alabado por toda su creación.

C. H. SPURGEON

Vers. 9. ***Los príncipes de los pueblos se reunieron como pueblo del Dios de Abraham.*** *[Los príncipes de los pueblos se reunieron como pueblo del Dios de Abraham.* RVR*] [Se han reunido los príncipes de los pueblos como el pueblo del Dios de Abraham.* LBLA*] [Los príncipes de los pueblos se reúnen con el pueblo del Elohim de Abraham.* BTX*] [Los nobles de los pueblos se reúnen con el pueblo del Dios de Abraham.* NVI*] [Los nobles de los pueblos se reúnen junto con el pueblo del Dios de Abrahán.* BLP*] [Los gobernantes del mundo se han reunido con el pueblo del Dios de Abraham.* NTV*]*[65]

---

[63] Mateo 6:10.

[64] Dice AGUSTÍN DE HIPONA [354-430]: «¿Y cual es *"su santo trono"?* ¿Y dónde está? En los cielos. Sí, está bien, es correcto interpretarlo de ese modo. Como sabemos, Cristo ascendió a los cielos con el mismo cuerpo en el que había sido crucificado, allí está sentado a la diestra del Padre (Marcos 16:19); y desde allí esperamos que vendrá para juzgar a vivos y muertos (Hechos 10:42; 2 Timoteo 4:1). ¿Son los cielos *"su trono santo"*? Sí, pero se sienta además en otro trono. ¿Dónde? En tu corazón. ¿Quieres convertirte tú también en su trono? Puedes serlo si así lo deseas; tan solo hazle un lugar en tu corazón; y vendrá a sentarse gustosamente en él (Juan 14:23; Efesios 3:17)».

[65] Un versículo complejo. Ante todo, es preciso mencionar que en la KJV y demás versiones inglesas el Salmo 47 tiene solamente nueve versículos en lugar de los diez que tiene en la Revisión 1960 de la Reina-Valera y otras versiones españolas (incluida la NVI); que parten el texto del versículo en un 9a y un 9b, dando lugar así un versículo adicional o versículo diez. Y de hecho en la versión original de Casiodoro de Reyna, la "Biblia del Oso" publicada en 1569 y hasta su Revisión de 1909 (Reina-Valera Antigua) el salmo tenía tan solo nueve versículos como en la KJV. Lo hemos adaptado a la RVR 1960/1977 distribuyéndolo en diez versículos. El texto hebreo masorético dice: נְדִ֘יבֵ֤י עַמִּ֨ים ׀ נֶאֱסָ֗פוּ עַם֮ אֱלֹהֵ֪י אַבְרָ֫הָ֥ם כִּ֣י לֵ֭אלֹהִים מָֽגִנֵּי־אֶ֗רֶץ מְאֹ֣ד נַעֲלָֽה *nədîḇê 'ammîm ne'ĕsāpū 'am 'ĕlōhê 'aḇrāhām kî lêlōhîm māginnê-'ereṣ mə'ōḏ na'ălāh.* La versión griega de los LXX o Septuaginta lee: ἄρχοντες λαῶν συνήχθησαν μετὰ τοῦ θεοῦ Αβρααμ, ὅτι τοῦ θεοῦ οἱ κραταιοὶ τῆς γῆς, σφόδρα ἐπήρθησαν; que la Vulgata traduce al latín como: *"Principes populorum congregati sunt cum Deo Abraham, quoniam dii fortes terrae vehementer elevati sunt"*, "Los príncipes de los pueblos se congregaron con el Dios de Abraham, porque los dioses fuertes de la tierra en gran manera fueron ensalzados". Aparte de la importante discrepancia que presentan la Septuaginta y la Vulgata con el Texto Masorético en la frase final, y que todos los exégetas modernos han cerrado en favor del TM, la discusión se ha centrado a lo largo de la historia en cómo leer este עַם y si debe leerse como עִם עַם, es decir, si corresponde traducir: *"**con el Dios** de Abraham"*, *"**con el pueblo** del Dios*

Los príncipes[66] *de los pueblos se reunieron.* El ojo profético del salmista ve a los voluntarios del gran Rey reunidos para celebrar su gloria. Y no solo están allí los pobres y los humildes, sino que también los nobles se someten a su dominio: *"Todos los reyes se postrarán delante de él; todas las naciones le servirán"*.[67] Ningún pueblo dejará de estar representado; sus prohombres serán buenos hombres, y su realeza personas regeneradas. ¡Qué augusto será el parlamento donde el Señor Jesús abrirá las sesiones, y los príncipes se levantarán para honrarlo!

Como pueblo del Dios de Abraham.[68] Ese mismo Dios, conocido tan solo de aquí para allá a través de un patriarca llamado amigo de Dios y padre de los creyentes,[69] será adorado por una simiente más numerosa que las estrellas del cielo. La promesa del pacto se cumplirá: *"y todas las naciones de la tierra serán benditas en tu simiente"*.[70] Siloh[71] vendrá, y *"a él se congregarán los pueblos"*.[72] La dispersión de Babel[73] será anulada y revertida por el brazo reunificador del Gran Pastor y Rey.

C. H. SPURGEON

Los príncipes de los pueblos se reunieron como pueblo del Dios de Abraham.[74] De lo cual concluyo que no es un imposible que las personas puestas en eminencia puedan ser personas justas y

---

de Abraham", o *"**como** pueblo del Dios de Abraham"*; un debate que na llegado hasta nuestros días. FRANZ DELITZSCH [1813-1890] en su intento de zanjarlo nos recuerda que: «ya EUSEBIO DE CESAREA [267-338] alababa justamente a SÍMACO EL EBIONITA [siglo II] y a TEODOCIÓN [finales siglo I–siglo II] por haber traducido τοῦ θεοῦ Αβρααμ, como un nominativo de efecto o resultado, tal y como lo interpretan el *Targum* y la mayoría de expositores judíos, JERÓNIMO DE ESTRIDÓN [347-420], y aún el propio MARTÍN LUTERO [1483-1546] (…) La idea del salmista es que los pueblos de la tierra, congregándose como tales, se unen o ligan por propia voluntad al *"pueblo del Dios de Abraham"*, es decir, se someten juntamente con Israel al Dios que ha probado y demostrado ser el único נַעֲלָה *na'ălāh,* único exaltado y glorioso en gran manera».

66 SCHÖKEL se pregunta por qué razón utiliza aquí el salmista el término hebreo נְדִ֥יבֵי *nədîḇê* de נָדִיב *nadib,* "príncipes, nobles", en lugar de מַלְכֵי *malkê* de מֶלֶךְ *melek,* "reyes", que parecería más propio. Y especula, ¿será debido a que tras haber afirmado en el versículo anterior: *"Reinó Dios sobre las naciones; se sentó Dios sobre su santo trono"* (47:8), entiende que ya no corresponde llamarles reyes ni considerarles como tales, sino únicamente como príncipes, nobles o vasallos?

67 Salmo 72:11.

68 En hebreo עַם אֱלֹהֵי אַבְרָהָם *'am 'ĕlōhê 'aḇrāhām,* una combinación que ocurre única y exclusivamente en este Salmo. SCHÖKEL nos hace notar al respecto la peculiar combinación en este Salmo de los nombres de los patriarcas Jacob (47:4) y Abraham (47:9). Jacob para referirse a la "heredad", un horizonte limitado, el pueblo escogido; Abraham se abre a un horizonte más amplio con proyección universal.

69 Isaías 41:8; Santiago 2:23.

70 Génesis 26:4.

71 En hebreo שִׁילֹה *Shiloh,* expresión que forma parte de la bendición de Jacob a su hijo Judá y de significado incierto, pero claramente profético. Jacob afirma que: *"No será quitado el cetro de Judá (…) hasta que venga Siloh"* (Génesis 49:10). La Vulgata lo traduce como *"veniat qui mittendus est"*, "venga el que ha de ser enviado" leyendo probablemente el שִׁילֹה como שָׁלַח *shalach,* "mensajero"; lo más probable es que se trate de una corrupción del texto. La versión siríaca o Peshitta traduce *"aquel al cual pertenece"*. La versión griega Septuaginta: ἕως ἂν ἔρχομαι ὁ ἀποκεῖμαι αὐτός "hasta que vengan las cosas reservadas para él". Parece bastante claro que se trata de una profecía referente al Mesías.

72 Génesis 49:10.

73 Génesis 11:1-9.

74 Dice al respecto FRANZ DELITZSCH [1813-1890]: «Con su mirada puesta en la apabullante y asombrosa victoria obrada por la intervención divina, el poeta vislumbra en el horizonte el acontecimiento glorioso que cerrará la historia de la humanidad: la conversión de todos los pueblos a Yahvé. Ve a *"los príncipes de los pueblos"*: נְדִ֥יבֵי עַמִּים *nədîḇê 'ammîm,* (entendiendo este נְדִ֥יבֵי *'ammîm* de נָדִיב *nadib*, en su doble

buenas; que los dirigentes de un país sean miembros del cuerpo de Cristo; y que los príncipes, sirvan junto con su pueblo al Dios de Abraham. El profeta afirma en otros pasajes: *"He aquí, amargura grande me sobrevino en la paz"*;[75] y también: *"Caerán mil a tu mano izquierda, y diez mil a tu mano derecha"*;[76] esto es: por cada uno que cae en la adversidad, diez perecen en la prosperidad. El hombre vencido en el Paraíso, vencedor en el estercolero.[77] En el jardín del placer Adán fue vencido por la serpiente sutil, mientras que Job fue más que un conquistador sentado sobre las cenizas de un estercolero. Los cazadores afirman que los ciervos son más cautelosos cuando están en pastos abundantes; y así también el santo temor ha de ser más intenso en medio de la riqueza: "no percibo nada a lo que debiera temer, y sin embargo, temo", dice Séneca.[78] Cuán dulce suena pues la oración que repetimos en la Letanía de la liturgia de nuestra iglesia: «Señor, protégenos en todo momento de nuestra riqueza»,[79] dando a entender con ello que donde en mayor peligro estamos es en medio de la abundancia. Ved pues, la inefable bondad de Cristo expresada en este salmo para con todos los hombres, al permitir, abundando en las riquezas de su misericordia, que no tan solo el pueblo humilde, sino también los príncipes poderosos de entre los paganos, se unan a la iglesia del Dios de Abraham.[80]

JOHN BOYS [1571-1625]
"The Works of John Boys", 1626

---

significado de *generosi*, generosos, dadivosos) y los מָגִנֵּי־אֶרֶץ *māginnê-'ereṣ* o "escudos de la tierra", es decir, los nobles que actúan como defensores o protectores de la tierra (como leemos en Oseas 4:18 LBLA: *"sus escudos aman mucho la ignominia"*) entrar a formar parte del pueblo del Dios de Abraham. Como lo expresa TEODORETO DE CIRO [393-458] en su *"Interpretatio in omnes Davidis psalmos"*: "Lo que afirma el salmista es que la promesa hecha a Abraham se esta cumpliendo. Aquel que es Señor de todas las cosas, garantizó al patriarca que en su simiente serían benditas todas las naciones de la tierra (Génesis 22:18); y ahora contempla como esta promesa se cumple: las naciones, junto con sus príncipes y gobernantes, abandonan sus dioses ancestrales para reunirse bajo el Dios de Abraham y proclamarle como Dios suyo"».

[75] Isaías 38:17.

[76] Salmo 91:7. (Traducción del autor).

[77] En latín en el original: *"Homo victus in paradiso, victum in stercore"*. Se trata al parecer de una cita libre de las palabras de AGUSTÍN DE HIPONA [354-430] en *"Enarrationes in Psalmos"*, cuando al comentar el versículo diez del Salmo 48 (48:10) cita el caso de Job (Job 2:8-10) y exclama: *"vicit in stercore, victus in paradiso"*, "victorioso en estercolero, derrotado en el paraíso".

[78] Se refiere a LUCIO ANNEO SÉNECA [4-56 a.C.] filósofo, político, orador y escritor romano más conocido como SÉNECA EL JOVEN. La cita procede de la versión teatralizada que hizo Séneca del mito grecorromano de Tiestes, y aparece en latín en el original: *"nihil timendum video, sed timeo tamen"*. Se encuentra en el tercer acto de la tragedia Tiestes; un diálogo entre este y su hijo Tántalo, que trata de convencer a su padre que se regocije por la reconciliación ofrecida por Atreo, pero Tiestes le explica que es presa de temores y malos presagios que no logra superar. No se equivocaba; Atreo, lleno de venganza, le preparó un macabro banquete en el que los propios hijos de Tiestes eran la comida.

[79] Cita procedente de *The Book of Common Prayer,* "Libro de Oración Común" de la Iglesia Anglicana, 1689, *The Litany:* "*Good Lord, deliver us in all time of our wealth*".

[80] Dice FRANCISCO LACUEVA [1911-2005] en su versión española del "Comentario de Matthew Henry": «En palabras del doctor ABRAHAM COHEN [1887-1957]: 'La mención de Abraham une la profecía sobre el futuro con la promesa hecha al patriarca en el pasado de que había de llegar a ser padre de una multitud de naciones (Génesis 17:4)'. Y, citando a ALEXANDER MACLAREN [1826-1910] continúa: 'La obliteración de la distinción entre Israel y las naciones mediante la incorporación de estas, de forma que los pueblos lleguen a formar parte del pueblo del Dios de Abraham, flota ante la vista profética del cantor, como el objetivo final de la gran manifestación que Dios hace de sí mismo'».

Se reunieron. La reunión de Cristo de todos sus santos alrededor, tendrá lugar en su segunda venida, su venida para juicio, el juicio universal y final: *"Pero con respecto a la venida de nuestro Señor Jesucristo, y nuestra reunión con él, os rogamos, hermanos"*.[81]

JAMES SCOTT [1725-1773]
"A Collection of Sermons", 1774

Como pueblo del Dios de Abraham. El *Dios de Abraham* es Cristo, cuyo día Abraham con tanto anhelo deseaba ver, y lo vio y se regocijó;[82] es decir, no solo vio el día de su nacimiento, como nos da a entender el juramento que hizo tomar a su siervo;[83] sino también el día de su pasión con gran anticipación y se regocijó al verlo, cuando dijo a Isaac su hijo en el monte: *"Dios se proveerá de cordero para el holocausto"*.[84]

El pueblo del Dios de Abraham, son sus hijos y su posteridad. Pero no solo porque sean simiente de Abraham salida de sus lomos,[85] es decir, *"hijos según la carne"*;[86] sino porque son también *"hijos según la promesa"*. Porque si entendiéramos como *"pueblo del Dios de Abraham"* a los descendientes suyos según la carne, a los salidos de lomos del patriarca, entonces tendríamos que concluir que los hijos de Agar, los turcos y los ismaelitas son también pueblo del Dios de Abraham; pero: *"En Isaac te será llamada descendencia"*.[87] Por tanto, aquellos que se aferran a la promesa por la fe, *"los que son de fe, éstos son hijos de Abraham"*,[88] porque comparten el mismo espíritu de fe que tenía Abraham. Como dice el apóstol *"Pues no es judío el que lo es exteriormente, ni es la circuncisión la que se hace exteriormente en la carne; sino que es judío el que lo es en lo interior, y la circuncisión es la del corazón, en espíritu, no en letra; la alabanza del cual no viene de los hombres, sino de Dios"*.[89] Aquellos que adoran al Mesías creyendo en él con la fe de Abraham, son hijos de Abraham y son pueblo del Dios de Abraham, cosa que Juan el Bautista afirma claramente: *"porque yo os digo que Dios puede levantar hijos a Abraham aun de estas piedras"*.[90] Y así fue como los gentiles, que adoraban piedras, y por tanto eran *"semejantes a ellas"*,[91] fueron levantados y promocionados a ser hijos de Abraham según la promesa.

LANCELOT ANDREWES [1555-1626]

Vers. 10. *Porque de Dios son los escudos de la tierra; el es muy exaltado.* *[Porque de Dios son los escudos de la tierra; ¡Oh, muy excelso es él!* RVR*] [Porque de Dios son los escudos de la tierra; El es ensalzado en gran manera.* LBLA*] [Porque de Elohim son los escudos de la tierra, ¡Él es exaltado en gran manera!* BTX*] [Pues de Dios son los imperios de la tierra. ¡Él es grandemente enaltecido!* NVI*] [Pues a Dios pertenecen los reyes de la tierra, a Dios cuya grandeza es inmensa.*

81 2 Tesalonicenses 2:1.
82 Juan 8:56.
83 Génesis 24:1-67.
84 Génesis 22:8.
85 Hebreos 7:5-10.
86 Romanos 9:8.
87 Romanos 9:7.
88 Gálatas 3:7.
89 Romanos 2:28-29.
90 Mateo 3:9.
91 Salmo 115:4-8.

BLP*] [Pues todos los reyes de la tierra pertenecen a Dios. Él es exaltado en gran manera en todas partes.* NTV*]*[92]

Porque de Dios son los escudos de la tierra.[93] Las insignias de la pompa, los emblemas de rango, las armas de guerra, todo ello debe rendir leal homenaje al Rey universal. Los honorables honrados deben honrar a Jesús, y las majestades tenerlo como su Majestad. Los *"escudos"*, es decir, guardianes o protectores de la tierra, las salvaguardas del bienestar común,[94] derivan de su poder,[95] y son suyos.[96] Por tanto, los principados y potestades deben estar sujetos al Señor y a su Cristo,[97] porque,

¡Él es exaltado[98] *en gran manera!* No hay nada ni nadie comparable con él en naturaleza, en poder, en carácter, o en gloria. ¡Oh, visión majestuosa de una era está por venir! ¡Apresuraos vosotras, oh ruedas del tiempo![99] Y entretanto, vosotros, sus santos: *"sed firmes y constantes, abundando en la obra del Señor siempre, sabiendo que vuestro trabajo en el Señor no es en vano"*.[100]

C. H. SPURGEON

Porque de Dios son los escudos de la tierra. Aquí se nos describe a los gobernantes como *"escudos"* en una doble vertiente: hacia arriba, cara a Dios, como escudos de Dios, *"scuta Deo"*; y hacia abajo, cara a los hombres como escudos de la tierra, *"scuta terrae"*, y en ambas tienen dignidades y

[92] En la NTV y BLP en versículo diez (30:10) no existe, puesto que se fusiona con el nueve (30:9).

[93] FRANZ DELITZSCH [1813-1890] concluye su exposición señalando las palabras finales del Salmo 47 guardan un marcado paralelismo con el Cántico de Ana: *"Porque de Jehová son las columnas de la tierra, y él afirmó sobre ellas el mundo"* (1 Samuel 2:8).

[94] En el original: *"the shields of the commonwealth"*. Resulta difícil de dirimir dos siglos después qué es lo que Spurgeon tenía en mente con exactitud al escribir esto. Hemos optado por la traducción que nos ha parecido más apropiada.

[95] Salmo 147:8-9; Romanos 1:20.

[96] *"Los escudos de la tierra,* מָגִנֵּי־אֶרֶץ *māginnê-'ereṣ,* en este caso designan simplemente los reyes y príncipes de los respectivos pueblos; pues con el término *"escudos"* se designan en Oseas 4:18, los gobernantes. Como aplicación espiritual, podemos señalar que esos *"escudos"*, enseñas de dignidad real (1 Reyes 14:27-28), se rinden ante el Señor Jesús de la misma manera que se ofrecen a un conquistador, soberano o persona notable, las llaves de una ciudad. Cuando los príncipes de este mundo hacen lo posible para que se protejan y prosperen los intereses de la fe cristiana, el Señor Jesucristo es grandemente enaltecido.

[97] Salmo 2:2; Hechos 4:26; Efesios 1:20-23; Apocalipsis 11:15.

[98] En hebreo נַעֲלָה *na'ălāh* de עָלָה *alah,* "ascendido, levantado, puesto en alto". La mayoría de nuestras versiones españolas lo traducen por *"exaltado"*, un término que tiene su origen en el latín *"exaltare"*, de *"ex"* (fuera), *"aaltus"* (alto), y *"are"*, (para formar el verbo). SCHOKËL comenta al respecto: «se apoya en el valor simbólico que para el hombre, animal vertical, tiene todo lo alto respecto a lo bajo».

[99] La frase procede en principio de un conocido poema de ISAAC WATTS [1674-1748] basado en el texto de Apocalipsis 21:1-4, y musicalizado posteriormente con una tonada de JEREMIAH INGALLS [1764-1836] titulado *"New Jerusalem"* (también conocido como *"Northfield"*) que en la tercera estrofa dice así: *"how long, dear Saviour, o how long shall this bright hour delay? / fly swift around, ye wheels of time, and bring the promised day"*. La expresión *"wheels of time"*, "ruedas del tiempo", para referirse al curso de los acontecimientos, era bastante común en el siglo XIX; Spurgeon la utilizaba con frecuencia en sus sermones y devocionales (como es el caso de "Lecturas Matutinas", reflexión para el 19 de mayo sobre Eclesiastés 10:7 [20 de mayo en la edición española de CLIE]); como también la utilizaron otros predicadores diversos, probablemente influenciados por el mismo himno.

[100] 1 Corintios 15:58.

deberes. Son escudos de Dios, porque disfrutan de una dignidad que él les ha conferido; por tanto, le pertenecen, y su deber es el de estar sujetos a él. Son escudos de la tierra, porque disfrutan de una dignidad que les sitúa por encima de los demás; por tanto, su deber es defenderles y protegerles.[101]

EDWARD REYNOLDS [1599-1676]

"The shieldes of the earth. A sermon preached before the reverend judges, Sir Richard Hutten, and Sir George Crooke, at the assizes holden at North-hampton: February 25. 1634"

Porque de Dios son los escudos de la tierra. Muchos entienden estas palabras como referentes a los príncipes; y admito que se trata de una metáfora frecuente en la Escritura,[102] por lo que no me parece inadecuado aplicarla también en este sentido a este pasaje (…) Sin embargo, creo que se hace más simple explicarlo del siguiente modo: Que siendo Dios el que protege y preserva el mundo, el salmista describe esta acción preservadora como una labor altamente difícil, que demanda una posición exaltada de elevada majestad; y lo hace, por tanto con una especial admiración poética: *"de Dios son los escudos de la tierra"*. Además, utiliza expresamente la palabra *"escudos"* en plural, dado que al ser diversos y casi innumerables los peligros que amenazan constantemente el planeta en todas partes, la providencia de Dios que lo protege debe interponerse necesariamente en muchos lugares y de muchas maneras, haciendo uso, por así decirlo, de numerosos escudos.

JUAN CALVINO [1509-1564]

Porque de Dios son los escudos de la tierra. La Escritura nos dice que los príncipes o magistrados *"llevan la espada"*,[103] no que "sean" espadas; en cambio, sí nos dice que *"son escudos"* no que "lleven" escudos. Lo cual nos enseña que el oficio de proteger y preservar es intrínseco a su cargo y, por tanto, mucho más esencial y más importante que el de castigar y destruir.

JOSEPH CARYL [1602-1673]

Porque de Dios son los escudos de la tierra.

1. El escudo es un arma misericordiosa, no ofensiva, sino defensiva.
2. El escudo es un arma audaz, capaz de soportar todas las embestidas y hacer suyos los golpes que van destinados otros.
3. El escudo es un arma poderosa, capaz de repeler los dardos de maldad y hacerlos pedazos.
4. El escudo (o estandarte) es un arma honrosa; arrebatar los escudos al enemigo es una señal de derrota e ignominia; preservarlos en alto un signo de triunfo y victoria. Pero recuerda que:
5. El escudo precisa siempre de un ojo que lo guíe: la ley.

EDWARD REYNOLDS [1599-1676]

"The shieldes of the earth. A sermon preached before the reverend judges, Sir Richard Hutten, and Sir George Crooke, at the assizes holden at North-hampton: February 25. 1634

[101] En este caso la idea sería que el salmista llama a los príncipes o gobernantes *"escudos"*, porque son los responsables de proteger al pueblo que les ha sido confiado.

[102] Tal es el caso claramente en Oseas 4:18: *"sus príncipes amaron lo que avergüenza"*; el texto hebreo dice literalmente: *"sus escudos* מָגִנֶּיהָ *māğinnehā aman la ignominia"*. Ver también: Génesis 15:1; Salmo 3:3; 28:7; 59:11; 84:9; 89:18; 115:9-11 sobre la metáfora del "escudo" como protección aplicada a Dios.

[103] Romanos 13:4.

SALMO 48

CÁNTICO A LA CIUDAD DE DIOS

Título: *"Cántico. Salmo de los hijos de Coré".*[1] ¡Un cántico y un salmo! Un cántico de gozo y un salmo reverente. ¡Más ay!, no todo cántico es un salmo, porque no todos los poetas han nacido del cielo; y no todo salmo puede ser un cántico, porque a menudo cuando nos presentamos delante de Dios nos vemos en la necesidad de expresar confesiones dolorosas tanto como alabanzas gozosas y exultantes.[2] Los hijos de Coré eran afortunados de poder contar con una selección tan amplia de cánticos; una adoración en la que se empleaba tal variedad de música y canto no podía resultar monótona, pues aportaba diversidad de recursos para todas las necesidades espirituales de las almas sinceras.[3]

C. H. SPURGEON

Un cántico y un salmo. Indica que en el mismo se emplean la voz y los instrumentos: la voz comenzaba primero y los instrumentos después. Cuando el título es a la inversa: *"un salmo y un cántico"* indica probablemente que es el instrumento el que comienza y la voz lo hace a continuación.[4]

JOHN RICHARDSON [1580-1654]
"Choice observations and explanations upon the Old Testament", 1655

Tema: Sería inútil dogmatizar tratando de vincular este cántico a un suceso determinado dentro de la historia del pueblo judío. Su autor y la fecha en que se compuso nos son desconocidos. Menciona claramente la retirada de ciertos reyes confederados contra Jerusalén cuando les faltó el valor necesario para iniciar el asedio; y la alusión a las naves de Tarsis nos permite conjeturar que fue escrito

---

[1] En la versión griega de los LXX o Septuaginta el título es ψαλμὸς ᾠδῆς τοῖς υἱοῖς Κορε· δευτέρᾳ σαββάτου que la Vulgata traduce al latín como: *"Psalmus Cantici filis Core secunda sabbati"*, "Salmo de Cántico a los hijos de Coré. Para el día segundo después del Sábado", es decir nuestro lunes. Los Padres de la Iglesia comentan:

– ATANASIO DE ALEJANDRÍA [296-373] recoge esta idea en la carta a su discípulo Marcelino sobre la naturaleza y valor de los salmos le dice refiriéndose a este salmo: «Si quieres rendir culto de alabanza y acción de gracias al Señor en el segundo día de la semana, hazlo con el Salmo 48». El Tomo I de "El Tesoro de David" incluye una traducción completa de la Carta de Atanasio a Marcelino. [Tomo I - pp. 50]. Y así quedó establecido en las liturgias de la Iglesia Católica y la Iglesia Anglicana, tal y como indica JOHN LIGHTFOOT [1602-1675].

– AGUSTÍN DE HIPONA [354-430] que hallaba simbolismos proféticos aún en lo más insignificante extrayendo lecciones morales, lo enlaza con Génesis 1:6-8, el segundo día de la creación, cuando Dios separó las aguas y llamó a los cielos a la expansión.

[2] Salmo 51:1-19.

[3] El pensador, escritor, y gran reformador social inglés JOHN RUSKIN [1819-1900] afirmaba que los Salmos 47/48 contienen: «la ley y la profecía de todo gobierno justo». Y WILLIAM SHAKESPEARE [1564-1616] en su drama histórico "Ricardo II" (*The Life and Death of King Richard the Second*) cita por boca de uno de sus personajes, Juan de Gante, Duque de Lancaster, el versículo catorce: *"Porque este Dios es Dios nuestro eternamente y para siempre; él nos guiará aun más allá de la muerte"* (48:14).

[4] Ver al respecto los Salmos 30, 83, 88, 108. De manera especial los comentarios y notas de introducción a los salmos 3, 30 y 45. SCHÖKEL considera que el Salmo 48 se encuentra a caballo entre un himno y un cántico de acción de gracias a Dios por haber librado la ciudad del ataque; y ve claras vinculaciones verbales y temáticas con los salmos precedentes, el Salmo 48 y de manera especial el Salmo 46: *"Dios es nuestro refugio y fortaleza"* (46:1).

en relación con la victoria sobre Ammón, Moab y Edom durante el reinado de Josafat. Si el lector examina cuidadosamente los versículos diez al veinticinco, y el treinta y seis del capítulo veinte del libro segundo de las Crónicas[5] probablemente aceptará esta sugerencia.[6]

C. H. SPURGEON

Estructura: Los versículos del uno al tres (48:1-3) son en honor del Señor y la ciudad dedicada a su adoración. Del cuatro al ocho (48:4-8) el cántico narra la confusión de los enemigos de Sión, atribuyendo todo el mérito a Dios. Y del nueve al catorce (48:9-14) es un canto de exaltación a Sión, declarando que Jehová será su Dios para siempre.[7]

C. H. SPURGEON

---

[5] 2 Crónicas 20:10-25, 36.

[6] Esta es también la opinión de FRANZ DELITZSCH [1813-1890] que lo sitúa históricamente, igual que el anterior, en el reinado de Josafat (2 Crónicas 20:1-30), utilizando diversos versículos, y de manera especial el versículo cinco (48:5) en paralelo con 1 Reyes 22:48: *"Josafat se construyó naves de Tarsis para ir a Ofir por oro, pero no fueron porque las naves se rompieron en Ezión-geber"*, en apoyo de su teoría. No obstante, algunos exégetas modernos, como es el caso de SCHÖKEL, se inclinan por encuadrarlo mejor en la retirada de Senaquerib descrita en el capítulo 37 de Isaías, donde se habla en plural de *"reyes de Asiria"* (Isaías 37:19); y se anticipa proféticamente su fracaso: *"No entrará en esta ciudad ni lanzará allí flecha alguna; tampoco vendrá delante de ella con escudo ni levantará terraplén contra ella. Por el camino que vino, por él se volverá, y no entrará en esta ciudad" –declara el Señor"* (Isaías 37:33.34). Basándose en paralelismos entre algunos versículos de este Salmo con pasajes del capítulo 33 de Isaías: Salmo 48:6 con Isaías 33:14; Salmo 48:7 con Isaías 33:21; Salmo 48:12 con Isaías 33:16-17; Salmo 48:14 con Isaías 33:22 sugieren que Isaías podría ser el autor del Salmo, pero nada se ha demostrado.

[7] Los comentaristas del siglo XX hacen las siguientes apreciaciones:

– FRANCISCO LACUEVA [1911-2005] en su versión española del "Comentario de Matthew Henry": «Este salmo es, como los dos anteriores, un cántico triunfal; y es muy probable que, como en ellos, se conmemore aquí la preservación de Jerusalén de la invasión de las fuerzas asirias en tiempo del rey Ezequías. Jerusalén es alabada: I. Por su relación con Dios (vv. 1, 2). II. Por el cuidado que Dios tenía de ella (v. 3). III. Por el terror que infundía a sus enemigos (vv. 4-7). IV. Por el placer que proporciona a sus amigos, quienes se deleitan en pensar, 1. En lo que Dios ha hecho, hace y hará por ella (v. 8). 2. En las benévolas manifestaciones que de sí mismo hace en, y a favor de, aquella ciudad santa (vv. 9, 10). 3. En la provisión eficaz que se ha hecho para la seguridad de la ciudad (vv. 11-13). 4. En la seguridad que tenemos de la perpetuidad del pacto de Dios con los hijos de Sión (v. 14)».

– KRAUS señala en relación a la estructura que: «Recientemente se ha ido dedicando cada vez más atención al problema de si el Salmo 48 no debiera entenderse quizás como un cántico organizado en estrofas. En su excelente trabajo *"The Cardinal Points in Psalm 48"* (1965) el exégeta jesuita MARTIN PALMER apoya la idea del benedictino alemán LEO KRINETZKI de que el Salmo 48 es un poema en cuatro estrofas, en el cual cada una de las estrofas se refiere a uno de los cuatro puntos cardinales: Norte: *"a los lados del norte"* (48:2): Este: *"el viento solano"* (48:6); Sur: *"hasta los confines de la tierra* (48:10); y Oeste: *"sus torres maestras"* (48:14). Con esta conjetura de "geografía teológica", se concluye que Jerusalén queda señalada como el "centro del mundo"». Sin embargo, considera que: «la reconstrucción de una "geografía teológica" es demasiado especulativa, y la hipótesis de una organización del poema en estrofas es poco probable.» [Los Salmos, Vol. I, Sal. 1-59; Ediciones Sígueme, Salamanca, 1993].

– SCHÖKEL hace también una original observación indicando que: «En el salmo conviven tres mundos sin definir expresamente sus relaciones: los mundos de la belleza, del poder militar, y de la justicia. La ciudad se yergue en una colina hermosa, es el gozo de la tierra (48:2); pero al verla, los reyes se espantan y

Versión poética:

MAGNUS DOMINUS, ET LAUDABILIS NIMIS

¡Qué grande es el Señor! ¡y cuánto es digno
de respeto, de amor y de alabanza!
en especial en su ciudad hermosa,
y en su santa y magnífica montaña.

Toda la tierra ve con alegría
cómo en Sión suntuosa se levanta
al lado del aquilón la ciudad bella,
que el mayor de los reyes se prepara.

Y cuando sus terribles enemigos
con armas poderosas la combatan,
se verá que es su Dios quien la defiende,
pues conserva sus torres y sus casas.

Los reyes de la tierra se congregan,
y quieren reunidos arruinarla,
mas apenas la ven, cuando se asustan,
les sorprende el terror, y se acobardan.

Pudieran compararse sus dolores
a una mujer que con trabajo para,
y tú, mi Dios, les enviarás tormentas,
que los bajeles de Tarsis les deshagan.

Los hijos de Sión dirán alegres,
ya hemos visto cumplir nuestra esperanza,
nuestra augusta ciudad es invencible,
y será eterna pues que Dios la guarda.

Cuando nos estrechaba el enemigo,
corrieron a tu templo nuestras ansias,
a implorar iban tu misericordia,
y ella sobrepujó lo que esperaban.

Que según tu bondad es infinita,
también sea infinita tu alabanza,
y que los fines de la tierra escuchen
la gloria de tu diestra celebrada.

huyen (48:5-6). Extraña resulta esa mezcla de belleza y terror. La conocemos por el Cantar de los Cantares, precisamente cuando se compara la amada a una ciudad: *"Hermosa eres tú, oh amiga mía, como Tirsá; encantadora, como Jerusalén; imponente como ejércitos en orden. Aparta de mí tus ojos, porque ellos me confunden"* (Cantares 6:4-5)» [*Salmos, Tomo I, 1-72,* Editorial Verbo Divino, Estella, Navarra, 1992].

Que resuenen con cánticos festivos
de Sión las colinas y montañas,
y que las hijas de Judá se alegren
de tu justicia pronta y soberana.

Venid vosotros pueblos de la tierra,
venid a la ciudad, examinadla,
admirad sus suntuosos edificios,
y registrad sus torres y murallas.

Atentos observad su fortaleza,
numerad sus palacios y sus casas,
y admirados de tantas hermosuras,
decid a vuestros hijos que se espantan:

El autor de tan altas maravillas
es el Dios de los siglos que no acaban:
que sea nuestro Dios que nos gobierne,
y le adoren rendidas nuestras almas.

DEL "SALTERIO POÉTICO ESPAÑOL", SIGLO XVIII

Vers. 1. *Grande es Jehová, y digno de ser en gran manera alabado en la ciudad de nuestro Dios, en su monte santo.* *[Grande es Jehová, y digno de ser en gran manera alabado en la ciudad de nuestro Dios, en su monte santo.* RVR*] [Grande es el Señor, y muy digno de ser alabado en la ciudad de nuestro Dios, su santo monte.* LBLA*] [¡Grande es YHVH, y digno de ser alabado en gran manera! En la ciudad de nuestro Elohim, en su santo monte.* BTX*] [Grande es el Señor, y digno de suprema alabanza en la ciudad de nuestro Dios, su monte santo.* NVI*] [El Señor es grande y digno de toda alabanza; en la ciudad de nuestro Dios está su santo monte.* BLP*] [¡Qué grande es el Señor, cuán digno de alabanza en la ciudad de nuestro Dios, situada sobre su monte santo!* NTV*]*

Grande es Jehová.[8] Nadie puede concebir cuán grande es Jehová, pero podemos ver su grandeza en las liberaciones que obró a favor de su pueblo,[9] en la estimación de aquellos que fueron librados,[10]

[8] Dicen los padres de la Iglesia:

– AMBROSIO DE MILÁN [340-397]: «Tal es la magnitud de su grandeza que nuestras mentes limitadas no alcanzan a comprenderla, no ya en lo referente a lo inconmensurable de su naturaleza, sino tan siquiera de su divina gracia. Por ello, cuanto más contemplamos sus obras, cuanto más presenciamos sus acciones, y, como el salmista, más nos aproximamos a él, más asombrados quedamos de la majestuosidad de su grandeza».

– JUAN CRISÓSTOMO [347-407]: «*"Grande es el Señor"*, afirma en salmista, pero no en lo que atañe a su inmensidad, pues esta nadie la puede concebir, sino en lo que atañe a sus acciones; por ello añade: *"y digno de ser en gran manera alabado"* (…) alabado por activa y por pasiva, por aquello que no alcanzamos a comprender de él, y por aquello que sí sabemos porque lo vemos; por lo inconcebible de su naturaleza, y por los abundantes beneficios que día tras día derrama sobre nosotros».

[9] 2 Crónicas 20:5-7.

[10] 2 Crónicas 20:12.

y en los corazones de sus enemigos, a quienes desbarató con sus propios temores.[11] En lugar del grito fatuo que se escuchó en Éfeso: «Grande es Diana»,[12] nosotros proclamamos ante el mundo un testimonio razonable, demostrable y evidente por sí mismo: *"Grande es Jehová"*. Nadie hay en el seno de la Iglesia que se pueda considerar grande fuera del Señor. Jesús es *"el **gran** Pastor de las ovejas"*;[13] *"un Salvador **grande** y poderoso"*;[14] *"nuestro **gran** Dios y Salvador"*;[15] *"nuestro **gran** Sumo Sacerdote"*;[16] su Padre le ha dado *"parte con los **grandes**"*,[17] y *"será **engrandecido** hasta los confines de la tierra"*.[18]

Y digno de ser en gran manera alabado. Siendo tal su naturaleza, así debe ser también la adoración. Jamás será excesiva: ni demasiado constante, ni demasiado laudatoria, ni demasiado ferviente, ni demasiado reverente, ni demasiado sublime.

En la ciudad de nuestro Dios. Allí es particularmente grande, y allí debe ser alabado en gran manera. Aun cuando el mundo entero rechazara a nuestro alrededor la adoración de Jehová, su pueblo escogido en su ciudad preferida debería continuar adorándole, porque su inmenso poder se ha revelado en medio de ellos y a favor de ellos. El Señor ha de ser ensalzado en la Iglesia aún cuando todas las naciones se enfurezcan y rujan en su contra.[19] Jerusalén era la morada peculiar del Dios de Israel, la sede de su gobierno teocrático y el centro de adoración prescrito; y esto es también la Iglesia actualmente, el lugar de la manifestación divina.

En su monte santo Donde su templo santo, sus sacerdotes santos y sus sacrificios santos, pudieran ser vistos constantemente por todos. Sión era un monte, y puesto que era la parte más renombrada de la ciudad, se lo menciona como sinónimo de toda ella. La iglesia de Dios es también un monte, porque es elevada y sobresaliente, y debe ser adornada con santidad, puesto que sus hijos son partícipes de la santidad de Dios. El Señor solo puede ser alabado propiamente por personas santas, y estas han de dedicarse incesantemente a su adoración.[20]

C. H. SPURGEON

[11] 2 Crónicas 20:22-23.
[12] Hechos 19:39.
[13] Hebreos 13:20.
[14] Isaías 19:20.
[15] Tito 2:13.
[16] Hebreos 4:14.
[17] Isaías 53:12.
[18] Miqueas 5:4.
[19] Salmo 2:1-2.
[20] Dice al respecto AGUSTÍN DE HIPONA [354-430]: «Sí, *"grande es el Señor, y digno de ser alabado en gran manera"*. Pero, ¿por quiénes? ¿Alaban al Señor los paganos? ¿O aquellos que aún siendo cristianos no viven dignamente, y por su causa el nombre de Dios es blasfemado entre los gentiles? No, pues aún si lo hicieran, su alabanza no sería aceptable, puesto que está escrito: *"No cabe la alabanza en boca del pecador, porque no le viene del Señor"* (Eclesiástico 15:9 BJ). Y ¿dónde?: *"En la ciudad de nuestro Dios, en su monte santo"*. Y de él se dice en otro pasaje: *"¿Quién subirá al monte de Jehová? ¿Y quién estará en su lugar santo? El limpio de manos y puro de corazón"* (Salmo 24:3-4). ¡Tan solo para estos el Señor es grande y digno de ser alabado! Porque ellos son el *"monte santo"*, son: *"la luz del mundo"*; *"la ciudad asentada sobre un monte que no se puede esconder"*; *"la lámpara que se pone sobre el candelero, para que alumbre a todos los que están en casa"* (Mateo 5:14-15). Así, pues, *"grande es el Señor, y digno de ser alabado en gran manera en la ciudad de nuestro Dios"*. Pero no todos son ciudadanos de ella, tan solo aquellos para quienes el Señor es grande y digno de suprema alabanza».

Grande es Jehová, y digno de ser en gran manera alabado en la ciudad de nuestro Dios, en su monte santo. Puesto que se proponía describir y alabar la hermosura del edificio, el salmista comienza alabando al arquitecto, afirmando que la ciudad santa era en todos sus aspectos una maravillosa muestra de la habilidad y sabiduría de Dios que la construyó: *"Grande es Jehová, y digno de ser en gran manera alabado"*. Ciertamente, si miramos a su esencia, su poder, su sabiduría, su justicia, o su misericordia todos son atributos infinitos, eternos e incomprensibles y, por tanto, Dios es tan inmensamente digno de ser alabado que todos los ángeles, todos los hombres e incluso todas sus obras creadas no bastan para ello. Pero de todas las cosas reveladas, nada hay que nos pueda dar una idea más clara de su grandeza, y de la razón por la cual debemos alabarlo y darle gracias, que el establecimiento de su Iglesia; por ello el profeta añade: *"en la ciudad de nuestro Dios, en su monte santo"*. Lo que equivale a decir que la grandeza de Dios, razón por la cual merece tanta alabanza, es conspicua y evidente en la fundación y formación de su Iglesia.

ROBERTO BELLARMINO [1542-1621]
"A Commentary on the Book of Psalms", 1615

Grande es Jehová. Más grande que el hombre nos dice Job;[21] *más grande* que todos los demás dioses nos dice el salmista en otro pasaje:[22] De una grandeza absoluta, pues *"su grandeza es inescrutable"*.[23] Siempre está un grado por encima del superlativo, de lo más grande que nosotros alcancemos a concebir.

JOHN TRAPP [1601-1669]
"A commentary or exposition upon the books of Ezra, Nehemiah, Esther, Job and Psalms", 1657

En la ciudad de nuestro Dios, en su monte santo. La fe que hay en ella es una fe santa; y el pueblo que la practica un pueblo santo.

WILLIAM NICHOLSON [1591-1672]
"David's harp strung and tuned, or, An easie analysis of the whole book of Psalms", 1662

Vers. 2. *Hermosa provincia, el gozo de toda la tierra, es el monte de Sion, a los lados del norte, la ciudad del gran Rey.* *[Hermoso por su situación, el gozo de toda la tierra, es el monte de Sión, a los lados del norte, la ciudad del gran Rey.* RVR*] [Hermoso en su elevación, el gozo de toda la tierra es el monte Sion, en el extremo norte, la ciudad del gran Rey.* LBLA*] [Hermosa elevación, gozo de toda la tierra; Monte Sión, vórtice del Aquilón, ciudad del gran Rey.* BTX*] [Bella colina, es la alegría de toda la tierra. El monte Sión, en la parte norte, es la ciudad del gran Rey.* NVI*] [La hermosa colina que alegra la tierra entera; el monte Sión es el confín del norte, es la ciudad del gran rey.* BLP*] [Es alto y magnífico; ¡toda la tierra se alegra al verlo! ¡El monte Sión, el monte santo, es la ciudad del gran Rey!* NTV*]*

Hermoso por su situación.[24] La ubicación de Jerusalén era de forma natural tan privilegiada, que la llamaban la Reina del Este. También la Iglesia está situada espiritualmente cerca del corazón

---

[21] Job 33:12.
[22] Salmo 95:3.
[23] Salmo 145:3.
[24] En hebreo יְפֵה נוֹף *yəpêh nōwp̄* de יָפֶה *yapheh,* "hermoso"; y נוֹף *noph,* que significa "elevado", pero que admite diversos criterios de traducción en tanto que solo ocurre de ese modo en este versículo. La versión

de Dios, dentro de monte de su poder, sobre las colinas de su fidelidad, en el centro de sus acciones providenciales. Y como Jerusalén, su belleza parte de su elevación: cuanto más está por encima del mundo, más hermosa es.

El gozo de toda la tierra es el monte Sión. Jerusalén era la estrella que iluminaba el mundo entero; cualquier atisbo de luz espiritual que hubiera en la tierra procedía de los oráculos divinos preservados por Israel. Un israelita fervoroso consideraría la ciudad santa como el eje de las naciones, la perla más preciosa de todas las tierras.[25] Y ciertamente, también la iglesia de Dios, aunque despreciada de los hombres, es alegría y esperanza verdadera del mundo.

A los lados del norte,[26] *la ciudad del gran Rey.* Puede que signifique que Jerusalén estaba en el extremo norte de Judá; o que se refiera a la parte de la ciudad que estaba al norte del monte Sión. La gloria de Jerusalén era ser la ciudad de Dios, el lugar de su morada real: y el gozo de la Iglesia es que Dios está en medio de ella.[27] El gran Dios es el gran Rey de la iglesia, y gobierna todas las naciones en beneficio de ella. El pueblo en medio del cual el Señor se digna a habitar es un pueblo privilegiado por encima de todos los demás; las cuerdas le han caído en lugares deleitosos,[28] y tienen heredad excelente. Nosotros, que habitamos en Gran Bretaña, *a los lados del norte,* tenemos como nuestra principal gloria, que el Señor es conocido en nuestra tierra, y la morada de su amor está entre nosotros.

C. H. SPURGEON

---

griega de los LXX o Septuaginta lee εὖ ῥιζῶν, es decir, “con buenos fundamentos”: εὖ ῥιζῶν ἀγαλλιάματι πάσης τῆς γῆς que la Vulgata traduce al latín como: *“Fundatur exultatione universae terrae”*, “Fundado está con regocijo de toda la tierra”. KRAUS traduce: *“se alza espléndidamente”*; SCHÖKEL: *“colina hermosa”*.

[25] Salmo 50:2; 68:16; Isaías 65:18; 66:10; Malaquías 3:12. Este versículo va en paralelo con un marcado contraste con Lamentaciones 2:15: *“Todos los que pasan por el camino baten palmas sobre ti; silban, y menean despectivamente sus cabezas sobre la hija de Jerusalén, diciendo: ¿Es esta la ciudad que decían de perfecta hermosura, el gozo de toda la tierra?”*.

[26] Una expresión compleja. En hebreo יַרְכְּתֵי צָפוֹן *yarkəṯê ṣāpōwn* de יַרְכַּת *yerekah,* “vórtice”; y צָפוֹן *tsaphon,* “norte”. La versión griega de los LXX o Septuaginta lee: τὰ πλευρὰ τοῦ βορρᾶ que la Vulgata traduce al latín: *“latera Aquilonis”*, “a los lados del Aquilón”.

– Dice SCHÖKEL al respecto: «יַרְכְּתֵי *yarkəṯê* designa el vértice donde se juntan dos líneas, dos laderas, pero también algo encumbrado e inaccesible; צָפוֹן *ṣāpōwn* es la montana mítica de los dioses, en Siria el Monte Casio, para los griegos el Olimpo. Isaías pone el término en boca del rey de Babilonia diciendo con arrogancia *“y en el monte de la Reunión me sentaré, en el extremo norte”* (Isaías 14:13).

– FRANZ DELITZSCH [1813-1890] niega toda posibilidad de que los israelitas llegaran a utilizar en un Salmo tal concepto de origen mitológico, y concluye que la expresión es meramente topográfica. «Ezequiel lo utiliza para describir algo alejado, remoto e inaccesible: *“de las más remotas regiones del norte”* (Ezequiel 6:15)».

– Dice AGUSTÍN DE HIPONA [354-430]: «*“En los confines del Aquilón”*. Se trata de una alusión a los gentiles, opuestos a Sión, pero que ahora confluyen en la ciudad del gran rey. El Aquilón o Septentrión, que está en el Norte, se entiende como algo opuesto a Sión, que está en el Este o Naciente. ¿Y quién es el rey del Aquilón sino el que dijo: *“Subiré al cielo; por encima de las estrellas de Dios, levantaré mi trono, y en el monte de la Reunión me sentaré, en el extremo norte, sobre las alturas de las nubes subiré, y seré semejante al Altísimo”*? Los gentiles por un tiempo le adoraban, le habían convertido en su rey, convirtiendo en Aquilón toda la tierra. Pero habiendo sido derrotado y vencido por la Piedra Angular, *“la que desecharon los edificadores, que ha venido a ser la piedra principal del ángulo”* (1 Pedro 2:4-8), se bate ahora en retirada; y todos los pueblos confluyen en Sión. Por eso leemos en otro pasaje: *“Un dorado resplandor viene del norte; ¡viene Dios, envuelto en terrible majestad!”* (Job 37:22 NVI)».

[27] Salmo 46:5; Sofonías 3:5, 17.

[28] Salmo 16:6.

Hermoso por su situación, el gozo de toda la tierra, es el monte de Sión,[29] *a los lados del norte, la ciudad del gran Rey.* ¿Qué hay o qué había sobre el monte Sión para justificar un elogio tan vehemente por parte de David? La situación es realmente extraordinaria y se adapta perfectamente como plataforma para una soberbia ciudadela, que alzándose majestuosa sobre el profundo valle de Hinom,[30] solamente podía ser atacada desde el noroeste. Por el lado del norte era verdaderamente espléndida, fortificada con un conjunto de muros, torres y baluartes, que eran el asombro y terror de las naciones: *"Porque he aquí los reyes de la tierra conspiraron; pasaron todos delante de ella. Y apenas la vieron, se maravillaron, se turbaron, se apresuraron a huir. Les tomó allí el temblor; dolor como de mujer que da a luz"* (48:4-6). Y solo de pensar en esto, el regio salmista se ve invadido por otro estallido de triunfo: *"Andad alrededor de Sión, y rodeadla; contad sus torres. Considerad atentamente su antemuro, mirad sus palacios; para que contéis a la generación venidera"* (48:12-13). ¡Pero ay! sus torres hace tiempo que cayeron al suelo, sus baluartes han sido derribados, sus palacios desmenuzado hasta el polvo; y ahora, cuando caminamos por Sión, no podemos contar a la siguiente generación otra historia que esta, triste y deplorable.[31] Hay sin embargo otra Sión, cuyas torres son aún más gloriosas y nunca serán derribadas; en la que *"Dios en sus palacios se ha dado a conocer como baluarte"* (48:3), y *"este es Dios, nuestro Dios por siempre jamás"* (48:14). ¡Cuántas veces el nombre Sión se utiliza como sinónimo de la Iglesia del Dios vivo! Y de hecho, ningún otro lugar es capaz de acaparar de igual modo el afecto de su pueblo; no hay otro nombre capaz de despertar en el corazón del cristiano esperanzas tan alegres. La Sión temporal está ahora en el polvo, pero la verdadera Sión sigue edificándose y fortaleciéndose, dispuesta con hermosas vestiduras para recibir a su Rey cuando venga a reinar sobre toda la tierra.

William McClure Thompson [1806-1894]
"The land and the Book or, Biblical illustrations drawn from the manners and customs, the scenes and scenery, of the Holy Land", 1886

Hermoso por su situación, el gozo de toda la tierra, es el monte de Sión, a los lados del norte, la ciudad del gran Rey. Una mañana, estando de pie sobre la cumbre del Monte de los Olivos, miré hacia abajo a la ciudad coronada por altas torres almenadas y rodeada de fosos y barrancos oscuros, y exclamé sin pensarlo: *"Hermoso por su situación, el gozo de toda la tierra, es el monte de Sión, a los lados del norte, la ciudad del gran Rey"*. Los rayos rojizos del sol formaban un halo alrededor de la cima del castillo de David; luego teñían de oro los minaretes, y doraban la cúpula de cada mezquita e iglesia. Y en la lejanía, bañados en una luz rubicunda, los terrados de la ciudad, la hierba y el follaje, las cúpulas, pavimentos y los muros colosales de Al Haram, cubriendo el sitio del antiguo Templo y la

[29] Algunas versiones antiguas traducían *"los montes de Sion extienden su alegría por toda la tierra"* sobre lo cual Agustín de Hipona [354-430] hace este interesante y peculiar comentario: «Sión es un solo monte. ¿Por qué dice pues *"montes"*? Quizá porque en Sión está el *"vórtice"* la *"piedra angular"* (Isaías 28:6; Romanos 9:33) donde confluyen ambos pueblos, el de la circuncisión y el de la no-circuncisión, judíos y gentiles; procedentes de distinto origen, pero que en ella han dejado de ser diversos y adversos para constituir un solo pueblo. ¿Acaso no se nos dice que *"él es nuestra paz, que de ambos pueblos hizo uno, derribando la pared intermedia de separación"?* (Efesios 2:14). Y que *"la piedra que desecharon los edificadores, que ha venido a ser la piedra principal del ángulo"* (Salmo 118:22). Un solo monte ha juntado en él a dos montes; dos casas han pasado a ser una sola casa: dos por su distinta procedencia, pero una porque en la Piedra Angular han quedado unidas pasando a ser una sola».

[30] Josué 15:8.

[31] El lector debe tener en cuenta que Thompson escribía estas líneas a mediados del siglo xix con una Jerusalén en pésimas condiciones bajo dominio otomano. Hoy la vería muy distinta, aunque no por ello menos conflictiva.

Torre Antonia. Ningún humano puede sentirse decepcionado al contemplar por primera vez Jerusalén desde el Monte de los Olivos.

JOSIAS LESLIE PORTER [1823-1889]
"The Giant Cities of Bashan", 1876

Hermoso por su situación. Montano[32] y Ainsworth[33] traducen *"hermoso por su clima"*, asumiendo que el monte Sión, por su elevación adecuada, disfrutaba de un microclima muy favorable y encantador. Bate[34] y Parkhurst[35] traducen: *"hermoso en su extensión"*, es decir, por la perspectiva que desde el mismo se divisa y que se extiende hasta perderse en la mirada.

Nota editorial a este Salmo 48 en la versión inglesa de los
Comentarios de JUAN CALVINO [1509-1564]

Hermoso por su situación. Por causa del pecado, la tierra quedó llena de deformidad. Por tanto, justo es que este pedazo de la tierra, que de tal modo se embelleció con la santidad divina, recibiera la calificación *"el gozo de toda la tierra"*, es decir, un lugar donde habría razones para regocijarse, porque en él Dios se relacionaría con el hombre de forma muy directa.

MATTHEW HENRY [1662-1714]
"Commentary on the Whole Bible", 1811

Hermoso por su situación.

«La ciudad santa, irguió sus altas torres,
y por encima de ellas asomó el glorioso templo;

---

32 Se refiere al teólogo y humanista español BENITO ARIAS MONTANO [1527-1598] experto en el hebreo bíblico y en lenguas orientales. FELIPE II le encomendó la confección de la Biblia Políglota de Amberes. Escribió numerosas obras sobre los nombres, animales y costumbres de la Biblia. Menéndez Pelayo le describe como "un gran filósofo, eminente escriturario, sabio humanista y dulcísimo poeta".

33 Se refiere a HENRY AINSWORTH [1571-1622], teólogo inglés no conformista nacido en Swanton Morley, Norfolk, educado en el *Caius College* de Cambridge y posteriormente exilado y afincado en Ámsterdam. Erudito y reconocido especialista en el hebreo bíblico, fue autor de numerosas obras, entre las que destacan sus traducciones anotadas o comentarios a Génesis (1616); Éxodo (1617); Levítico (1618); Números (1619); Deuteronomio (1619) Salmos (incluyendo una versión métrica, 1612); y el Cantar de los Cantares de Salomón (1623). Su obra *"Psalms, The Book of Psalmes: Englished both in Prose and Metre with Annotations"* (Ámsterdam, 1612), que incluye en una separata con treinta y nueve melodías monofónicas de salmos, es conocido como el *"Ainsworth Psalter"*, "El Salterio de Ainsworth", único libro de música que los peregrinos puritanos llevaron a Nueva Inglaterra en 1620, posteriormente revisado y convertido en el *"Bay Psalm Book"*, y que tuvo una influencia fundamental en la primitiva salmodia norteamericana.

34 Se refiere a JULIUS BATE [1711-1771], famoso hebraísta inglés, discípulo y seguidor de JOHN HUTCHINSON [1674-1737], y autor de *"Critica Hebræa"* o *"A Hebrew-English Dictionary without points"*, 1767.

35 Se refiere al erudito en lenguas bíblicas JOHN PARKHURST [1728-1797], discípulo de JOHN HUTCHINSON [1674-1737], y autor de numerosas obras de exégesis bíblica, incluyendo sus obras más difundidas y conocidas *"An Hebrew English Lexicon without points, with Hebrew and Chaldee Grammars"* y *"A Greek and English Lexicon of the New Testament"*, publicado en 1769. Parkhurst es ampliamente citado por numerosos comentaristas.

su silueta despuntó en la lejanía cual un monte
de alabastro, rematado con agujas doradas».[36]

John Milton [1608-1674]
"Paradise Regained", Book IV, Line 545/548

A los lados del norte. La parte alta y mejor situada de Jerusalén estaba en el lado norte del Monte Sión.

Adrian Reland [1676-1718]
"Antiquitates Sacrae veterum Hebraeorum", 1708

A los lados del norte. Jerusalén estaba construida al norte de Sión, y esta es la razón por la que aquí se menciona, como una prueba más de la seguridad del monte Sión, que era prácticamente inaccesible por cualquier otro lado excepto por el norte, y al norte estaba defendido por la propia ciudad de Jerusalén, que era una plaza excepcionalmente fuerte.

Samuel Burder [1773-1836]
"Oriental Customs or An illustration of the Sacred Scriptures", 1804

La ciudad del gran Rey. Dios es mencionado como *"el gran Rey"* en contraste con los reyes terrenales mencionados en los versículos cuatro al seis (48:4-6).

Erns Wilhelm Hengstenberg [1802-1869]
"Commentary on the Psalms", 1860

Vers. 3. *En sus palacios Dios es conocido por refugio.* *[Desde sus palacios Dios se ha revelado como baluarte.* RVR*] [Dios en sus palacios se dio a conocer como baluarte.* LBLA*] [Elohim entre sus palacios, descuella como alta torre.* BTX*] [En las fortificaciones de Sión Dios se ha dado a conocer como refugio seguro.* NVI*] [Dios está en sus palacios, se muestra como un baluarte.* BLP*] [Dios mismo está en las torres de Jerusalén dándose a conocer como su defensor.* NTV*]*

Desde sus palacios Dios se ha revelado como baluarte.[37] No adoramos a Dios desconocido.[38] Lo conocemos como nuestro refugio en angustia,[39] como tal nos deleitamos en él, y corremos hacia él en

[36] El original: *"The holy city, lifted high her towers, / And higher yet the glorious temple reared / Her pile, far off appearing like a mount / Of alabaster, topped with golden spires"*.

[37] Schökel nos hace observar que afirmar que Dios es *"mi baluarte, mi refugio, mi ciudadela"* es habitual en el Salterio (Salmo 9:9; 18:2; 46:1, 7, 11; 59:9, 17; 62:2, 7; 94:22). Pero la expresión נוֹדַע לְמִשְׂגָּב *nōwda' ləmiśgāḇ*, decir que Dios *"se revela como baluarte"* es insólita. No ya que defienda la ciudad, sino que él mismo hace de muralla, como leemos en Zacarías 2:5: *"Yo seré para ella, dice Jehová, muro de fuego en derredor, y para gloria estaré en medio de ella"*.

– Teodoreto de Ciro [393-458] hace sobre este versículo este interesante comentario: «Existe una sola Iglesia de Dios repartida por tierra y mar; es por ello que en todas partes, del uno al otro lado del orbe, pedimos en nuestras oraciones por la única y santa 'Iglesia universal y apostólica'. Una Iglesia que se extiende repartida en ciudades y pueblos, que la Palabra inspirada llama "edificios". Y así como una ciudad esta formada por distintos "edificios", separados unos de otros, pero sigue siendo reconocida como una sola ciudad; así también hay en el mundo distintas iglesias, pero todas ellas forman una sola unidad en la común armonía de las enseñanzas del evangelio. Y en ellas *"Dios se revela como baluarte"*».

[38] Hechos 17:23.

[39] Salmo 9:9; 46:1; Jeremías 16:19; Nahúm 1:7.

todo momento de necesidad.[40] No sabemos de otro en el cual tengamos amparo. Aunque seamos hechos reyes[41] y habitemos en palacios,[42] carecemos de confianza en nosotros mismos, pero confiamos en el Señor nuestro protector, cuyo poder notorio es nuestro baluarte.[43]

C. H. SPURGEON

Vers. 4. ***Porque he aquí los reyes de la tierra se reunieron; pasaron todos.*** *[Porque he aquí los reyes de la tierra conspiraron; pasaron todos delante de ella.* RVR*] [Pues, he aquí, los reyes se reunieron; pasaron juntos.* LBLA*] [He aquí, los reyes de la tierra, se aliaron y avanzaron unidos.* BTX*] [Hubo reyes que unieron sus fuerzas y que juntos avanzaron contra la ciudad.* NVI*] [Se habían aliado los reyes y avanzaban todos juntos.* BLP*] [Los reyes de la tierra unieron sus fuerzas y avanzaron contra la ciudad.* NTV*]*

Porque he aquí los reyes de la tierra conspiraron; pasaron todos delante de ella. Tal como vinieron se marcharon. Tardaron menos en dispersarse que en juntarse. Vinieron juntos y huyeron a la desbandada. Se jactaron de reunir sus huestes bajo insignias reales, pero se dispersaron cual bandas fugitivas con sus capitanes desconcertados. Arribaron como espuma en un mar enfurecido, y como espuma se desvanecieron. Todo ello resultó tan asombroso que el salmista añade un toque de atención, una exclamación, un: *"¡He aquí!"*. ¡Huyeron de repente! Así es también con los enemigos de la Iglesia, uno a uno van desapareciendo del campo de batalla; cada cual tiene su momento estelar, para perderse luego en el olvido.

C. H. SPURGEON

Porque he aquí los reyes de la tierra conspiraron; pasaron todos delante de ella. Muchos y muy poderosos, una confederación de ellos. Se juntaron, unieron sus fuerzas para ser más poderosos. Pero todos los esfuerzos quedaron en nada. Simplemente pasaron juntos, juntos vinieron, y juntos desaparecieron.

WILLIAM NICHOLSON [1591-1672]
"David's harp strung and tuned, or, An easie analysis of the whole book of Psalms", 1662

Vers. 5. ***Y viéndola ellos así, se maravillaron, se turbaron, se apresuraron a huir.*** *[Y apenas la vieron, se maravillaron, se turbaron, se apresuraron a huir.* RVR*] [Ellos la vieron y quedaron pasmados; se aterrorizaron y huyeron alarmados.* LBLA*] [Pero al verla así, quedaron abismados, se turbaron, huyeron aterrorizados.* BTX*] [Pero al verla quedaron pasmados, y asustados emprendie-*

[40] Proverbios 18:10.

[41] 1 Pedro 2:9; Apocalipsis 1:6; 5:10.

[42] Salmo 45:8.

[43] Dice AGUSTÍN DE HIPONA [354-430]: «¿Qué sería de la ciudad, esto es, la Iglesia, si Dios no la tuviera bajo su protección? ¿Si no se revelara en ella como baluarte? ¿Acaso no se derrumbaría al instante por falta de fundamento firme? Pero no, permanece firme porque cuenta con un fundamento firme, y: *"nadie puede poner otro fundamento que el que está puesto, el cual es Jesucristo"* (1 Corintios 3:11). Por tanto, que nadie se gloríe de sus propios méritos: *"El que se gloría, gloríese en el Señor"* (1 Corintios 1:31). Puesto que si esa ciudad crece y llega a ser grande, no es por mérito ni obra humana, sino porque el Señor la mantiene bajo su protección».

ron la retirada. NVI*] [Pero al verla enmudecieron y, aterrados, huyeron presurosos.* BLP*] [Pero al verla, se quedaron pasmados; se llenaron de miedo y huyeron.* NTV*]*

Y apenas la vieron, se maravillaron. Vinieron, vieron, pero no vencieron. Para ellos no hubo *veni, vidi, vici.*[44] Tan pronto percibieron que el Señor estaba en la Santa Ciudad huyeron aterrorizados. Antes que el Señor entrara en liza con ellos, desmayaron y se dieron a la fuga.

Se turbaron y se apresuraron a huir.[45] Los perturbadores acabaron perturbados. La fogosidad con la que llegaron fue nada comparada con el apresuramiento con que huyeron. Tal fue el pánico que se apoderó de ellos que los caballos les parecían lentos; hubieran querido remontar en las alas del viento. Huyeron ignominiosamente, como los niños cuando se asustan. Gloria a Dios, pues así será también con los enemigos de su iglesia; cuando el Señor acuda en nuestra ayuda, serán menos que nada. Y si pudieran anticipar su ignominiosa derrota, no avanzarían en formación de ataque.

C. H. SPURGEON

Vers. 5-6. Las potestades de este mundo vieron los milagros de los apóstoles; el valor la constancia y coraje de los mártires; y el incremento diario en la Iglesia, a pesar de todas sus persecuciones. Contemplaron con asombro el rápido progreso de la fe por todo el Imperio Romano; llamaron a sus dioses, pero sus dioses no acudieron, pues la idolatría había sucumbido al pie de la cruz victoriosa.

GEORGE HORNE [1730-1792]
"A Commentary on the Psalms in which Their Literal Or Historical Sense, as They Relate to King David is Illustrated", 1825

Vers. 6. *Les tomó allí temblor; dolor como de mujer que da a luz.* *[Les tomó allí el temblor; dolor como de mujer que da a luz.* RVR*] [Allí se apoderó de ellos un temblor; dolor como el de mujer que está de parto.* LBLA*] [Allí les sobrecogió un temblor, dolores como de parturienta.* BTX*] [Allí el miedo se apoderó de ellos, y un dolor de parturienta les sobrevino.* NVI*] [Los invadió un temblor cual dolor de parturienta.* BLP*] [El terror se apoderó de ellos y se retorcieron de dolor como una mujer en parto.* NTV*]*

Les tomó allí el temblor. Quedaron en las garras del Gigante Desesperación.[46] Precisamente allí donde esperaban triunfar, se estremecían de consternación. No lograron tomar la ciudad, y encima el miedo hizo presa de ellos.

---

[44] Locución latina que significa: *"Vine, vi, y vencí"*, atribuida al entonces general y cónsul romano JULIO CÉSAR [100-44 a.C.] ante el Senado de Roma para enfatizar su victoria sobre el rey del Bósforo FARNACES II DEL PONTO [97-47 a.C.] en la Batalla de Zela el año 47 a.C. Ha quedado registrada como locución latina aplicable cuando alguien ha llevado a cabo una gesta importante con rapidez y éxito.

[45] Dice ARNOBIO EL JOVEN [siglo V]: «Tan pronto como los enemigos que se aproximan con intención de asaltar las posesiones divinas perciben en ellas la presencia de Dios, se turban y huyen llenos de temor».

[46] El "Gigante Desesperación", en inglés *Giant Despair*, es un personaje ficticio de la famosa alegoría de JOHN BUNYAN [1628-1688] *"The Pilgrim's Progress"*, "El Progreso del Peregrino". En el capítulo XV de la obra cuando Cristiano, el protagonista, y su compañero Esperanza se ven rodeados de paz y de consuelos, actúan con negligencia, toman una senda extraviada y son apresados por el Gigante Desesperación en el Castillo de las Dudas (*"Doubting Castle"*). Como tantos otros lugares de la misma obra, como la "Feria de Vanidad" (*"Vanity Fair"*), la "Ciudad de Destrucción" (*"City of Destruction"*), la Ciudad Celestial

Dolor como de mujer que da a luz. Estaban tan sobrecogidos como una mujer primeriza a la que el miedo le provoca un parto prematuro; o con dolores tan intensos como los de una madre cuando da a luz. Una expresión muy fuerte, pero muy común entre los orientales para describir la intensidad de una angustia extrema. Cuando el Señor se levante para ayudar a su Iglesia, aún los más orgullosos entre sus enemigos serán como mujeres temblorosas, y su consternación no será sino el comienzo de su derrota eterna.

C. H. Spurgeon

Les tomó allí el temblor; dolor como de mujer que da a luz. Nada hay más irreflexivo e irresponsable que el pánico; ningún hombre, ningún colectivo es capaz de protegerse adecuadamente contra semejante terror. Y quien hizo las orejas puede hacer fácilmente que retiñan.[47] El que sostiene los vientos en sus puños,[48] puede fácilmente hacerlos susurrar alarma, o que rujan furiosos causando consternación. Esto es algo previsible, de manera especial cuando los hombres actúan contra su conciencia, que provoca *"ruidos de espanto en sus oídos"*.[49] Dios puede, en cualquier momento, abandonar a los hombres a su suerte, infundiendo tal cobardía en sus corazones que el sonido de una hoja que se mueva los ahuyente, y aun cuando nadie los persiga, huyan como quien huye de la espada;[50] y que guerreros que han peleado valientemente diversas batallas, de pronto actúen como cobardes.

William Swan Plumer [1802-1880]
"Studies on the Book of Psalms", 1867

Vers. 7. *Con viento solano quiebras tú las naves de Tarsis.* *[Con el viento solano quiebras tú las naves de Tarsis.* RVR*] [Con el viento solano tú destrozas las naves de Tarsis.* LBLA*] [Con el solano quebraste las naves de Tarsis.* BTX*] [¡Con un viento huracanado destruiste las naves de Tarsis!* NVI*] [Como cuando el viento del este destroza las naves de Tarsis.* BLP*] [Los destruiste como a los poderosos barcos de Tarsis que fueron despedazados por un potente viento del oriente.* NTV*]*

Con el viento solano quiebras tú las naves de Tarsis.[51] Dios voltea a los adversarios más poderosos como el viento huracanado hace naufragar los barcos. También puede significar que algunas naciones confían en el poder de sus barcos, pero al estar hechos con madera se quiebran fácilmente;

(*"Celestial City"*) o el Pantano del Desaliento (*"Slough of Despond"*), el Castillo de las Dudas ha pasado a formar parte del imaginario colectivo y es parte de la cultura literaria en general. *"The Pilgrim's Progress"* fue publicada originalmente el año 1678, y Editorial CLIE ha publicado tanto la primera como la segunda parte de la obra bajo los títulos "El Peregrino" y "La Peregrina".

[47] 1 Samuel 3:11.

[48] Job 38:4; Proverbios 30:4; Isaías 40:12.

[49] Job 15:21.

[50] Levítico 26:36.

[51] Dice Agustín de Hipona [354-430]: «*"quiebras tú las naves de Tarsis",* o dicho de otro modo, la soberbia de los gentiles (…) Que nadie confíe, por tanto, en la prosperidad terrenal y menos aún presuma de ella cual presumen los barcos cuando despliegan sus velas dejándose llevar por los vientos que soplan en el mar. Porque nuestro fundamento está en el monte Sión; y es allí donde debemos arraigar; no dejarnos llevar *"zarandeados por las olas y arrastrados a la deriva por todo viento de doctrina"* (Efesios 4:14). Sean, pues, quebradas las naves de Tarsis, la soberbia de los gentiles, por el viento huracanado del Espíritu; sean derribados los mástiles de cuantos empujados por la soberbia han puesto su confianza en las cosas inciertas de este mundo».

nosotros, en cambio, tenemos nuestra fuerza en nuestro Dios, y por tanto, jamás nos abandona. Cabe también un tercer significado: pese a que Dios es nuestro protector y actúa en nuestra defensa, para evitar que confiemos excesivamente en nuestras propias invenciones, arremete eventualmente contra ellas; es decir, nos arrebata nuestras naves, nos quita de un soplo nuestras comodidades, nuestras ambiciones terrenales, para que busquemos refugio únicamente en él. En medio de la inmensidad del mar nos acordamos de Dios más fácilmente: no deberíamos olvidar que está presente por igual en tierra firme. La Iglesia se ve constantemente asediada por herejías especulativas que pretenden traernos riquezas exóticas desde tierras lejanas, pero el aliento del Señor las arrastra fácilmente arrojándolas al acantilado de su propia destrucción. Y a veces se deja arrastrar por la sabiduría de los hombres, confiando en naves de factura humana que pronto naufragan; pero la Iglesia en sí misma queda a salvo bajo el cuidado de su Dios y Rey.

C. H. SPURGEON

Con el viento solano quiebras tú las naves de Tarsis. Solo por medio de su Señor obtiene la Iglesia *"las riquezas verdaderas"*.[52] Pero mientras está en tránsito por este mundo cae en la tentación de tomar de los medios del mundo para incrementar sus recursos; y cuando lo hace, confiando en su riqueza, en su poder político, en la astucia terrenal, en traficar con mercaderías, no consigue nada positivo, pues el viento solano destruye todo lo obtenido en sus propias sus manos, dejándola pobre y desamparada.

"A Plain Commentary on the Book of Psalms (The Prayer Book Version), chiefly founded on the Fathers", 1859

Con el viento solano. O viento del Este, que en Judea es un viento muy violento y destructivo.[53] Kennicot[54] lo traduce de la siguiente manera: *"Como el viento del este lanza las naves de Tarsis contra las rocas haciéndolas pedazos"*; basando su conjetura en la semejanza entre dos letras hebreas, significando la una *"en"*, y la otra *"como"*.[55]

DANIEL CRESSWELL [1776-1844]

"The Psalms of David according to the Book of Common Prayer: with Critical and Explanatory Notes", 1843

[52] Lucas 16:11.

[53] Jeremías 18:17.

[54] Se refiere a BENJAMIN KENNICOTT [1718-1783], clérigo inglés y gran especialista en el estudio del hebreo bíblico. Escribió numerosas obras entre las cuales se consideran como principales *State of the Printed Hebrew Text of the Old Testament considered* (1753) y *Vetus Testamentum hebraicum cum variis lectionibus* (1776), donde hace una recopilación de los manuscritos de la Biblia conocidos en su época y cataloga los preservados en el Museo Británico y las bibliotecas de Oxford y Cambridge. Posteriormente puso en marcha un macro-proyecto para coleccionar y catalogar todos los manuscritos existentes, labor que fue continuada por su viuda después de su muerte.

[55] SCHÖKEL indica al respecto que la comparación del fracaso de los asaltantes con la escena del naufragio, es sorprendente y parece casi fuera de contexto. En primer lugar, porque el intento de asalto a la ciudad era terrestre (Jerusalén no es puerto marítimo), y en especial porque Israel no era un pueblo marinero al que le resultara fácil de entender. Con todo, encontramos referencias y comparaciones marinas en diversos pasajes:1 Reyes 10:22; 22:48; Isaías 2:12-16; 33:21-23; Ezequiel 27:3-4; 25-26. FRANZ DELITZSCH [1813-1890] utiliza el texto de 1 Reyes 22:48: *"Josafat se construyó naves de Tarsis para ir a Ofir por oro, pero no fueron porque las naves se rompieron en Ezión-geber"*, en apoyo a su teoría de encuadrar históricamente el Salmo en el Reinado de Josafat.

Vers. 8. ***Como lo oímos, así lo hemos visto en la ciudad de Jehová de los ejércitos, en la ciudad de nuestro Dios; la afirmará Dios para siempre. Selah.*** *[Como lo habíamos oído, así lo hemos visto en la ciudad de Jehová de los ejércitos, en la ciudad de nuestro Dios; Dios la afianza para siempre. Selah.* RVR*] [Como lo hemos oído, así lo hemos visto en la ciudad del Señor de los ejércitos, en la ciudad de nuestro Dios; Dios la afirmará para siempre. (Selah).* LBLA*] [Tal como lo oímos, lo hemos visto, en la ciudad de YHVH Sebaot, la ciudad de nuestro Elohim, Elohim la afirmará para siempre. Selah.* BTX*] [Tal como lo habíamos oído, ahora lo hemos visto en la ciudad del Señor Todopoderoso, en la ciudad de nuestro Dios: ¡Él la hará permanecer para siempre!* NVI*] [Lo que oímos lo hemos visto en la ciudad del Señor del universo, en la ciudad de nuestro Dios. ¡Que Dios la afiance para siempre! Pausa.* BLP*]] [Habíamos oído de la gloria de la ciudad, pero ahora la hemos visto en persona, la ciudad del Señor de los Ejércitos Celestiales. Es la ciudad de nuestro Dios; él hará que sea segura para siempre. Interludio.* NTV*]*

Como lo habíamos oído, así lo hemos visto en la ciudad de Jehová de los ejércitos, en la ciudad de nuestro Dios. Las historias que nos contaron nuestros padres están sucediendo de nuevo delante de nuestros ojos. Escuchamos la promesa, y hemos visto el cumplimiento. Los registros históricos de Sión son maravillosos, y probados como verdaderos, porque los hechos presentes están en consonancia y perfecta armonía con ellos. Fijémonos en cómo el Señor es mencionado primero como *"Jehová de los ejércitos"*,[56] un nombre que implica poder y soberanía; y luego como *"nuestro Dios"*,[57] un nombre que guarda relación con el pacto y denota condescendencia. No debería extrañarnos, pues siendo que el Señor ostenta ambos títulos, se relaciona con nosotros tanto bajo el precedente de su misericordia como de la fidelidad de sus promesas.

Dios la afirmará para siempre. La iglesia verdadera jamás será desestabilizada. Aquello que establecen los monarcas terrenales dura solo un tiempo; lo que Dios establece, permanece por toda la eternidad.

Selah. Es el lugar apropiado hacer una pausa, para contemplar el pasado con admiración, y ver el futuro con confianza.

C. H. SPURGEON

Vers. 9. ***Nos acordamos de tu misericordia, oh Dios, en medio de tu templo.*** *[Nos acordamos de tu misericordia, oh Dios, en medio de tu templo.* RVR*] [En tu misericordia, oh Dios, hemos meditado, en medio de tu templo.* LBLA*] [Nos acordamos de tu misericordia, oh Elohim, en medio de tu templo.* BTX*] [Dentro de tu templo, oh Dios, meditamos en tu gran amor.* NVI*] [Oh Dios, evocamos tu amor en el interior de tu Templo.* BLP*] [Oh Dios, meditamos en tu amor inagotable mientras adoramos en tu templo.* NTV*]*

Nos acordamos. Los santos son personas reflexivas; no dejan que las maravillas de Dios se deslicen por delante de sus ojos para desvanecerse en el olvido, sino que meditan en ellas profundamente.

De tu misericordia, oh Dios. ¡Qué tema tan deleitoso! Las mentes piadosas nunca se cansan de un argumento tan divino. Meditar en las misericordias pasadas es indispensable en momentos de prueba, pero igualmente provechoso en épocas de prosperidad. Los recuerdos agradecidos endulzan las penas y dan un toque de sobriedad a las alegrías.

[56] En hebreo בְּעִיר־יְהוָה צְבָאוֹת *bə'îr-Yahweh ṣəḇā'ōwṯ.*

[57] En hebreo אֱלֹהֵינוּ *'ĕlōhênū.*

En medio de tu templo. El lugar adecuado para meditación tan piadosa. Allí donde Dios está particularmente presente, es particularmente amado. Los santos reunidos constituyen un templo vivo,[58] y cuando nos juntamos como tal nuestras más profundas meditaciones deben versar sobre la misericordia del Señor, reflejada en las diversas experiencias personales de cada una de las piedras vivas. Los recuerdos de la misericordia deben asociarse con la continuidad de la alabanza. Junto a la mesa de los panes de la proposición,[59] que simboliza y conmemora su abundancia; debe estar el altar del incienso,[60] que denota nuestra alabanza.

C. H. Spurgeon

Nos acordamos. El verbo hebreo דִּמִּינוּ *dimmînū* de דָּמָה *damah* tiene un sentido de "quietud, descanso, silencio, espera", de "pensar, considerar", de "meditación paciente y sosegada"; y queda determinado a cualquiera de estos conceptos dependiendo de su contexto. En este caso entiendo que el más apropiado es el de una espera paciente, de un compromiso con Dios libre de toda desconfianza o queja provocada por sus demoras. Y encaja perfectamente con la idea del santuario, puesto que para orar por misericordia, lo más adecuado y agradable es decir que lo hacemos *"en medio de tu templo"*, y que allí aguardamos la respuesta, en el lugar donde él se ha comprometido a concedérnosla en respuesta a nuestras oraciones.

Henry Hammond [1605-1660]
"Paraphrase and Annotations on Book of Psalms", 1659

Vers. 10. *Conforme a tu nombre, oh Dios, así es tu loor hasta los fines de la tierra; de justicia está llena tu diestra.* *[Conforme a tu nombre, oh Dios, así es tu loor hasta los confines de la tierra; de justicia está llena tu diestra.* RVR*] [Oh Dios, como es tu nombre, así es tu alabanza hasta los confines de la tierra; llena de justicia está tu diestra.* LBLA*] [Como tu Nombre, oh Elohim, así tu loor llega hasta el extremo de la tierra, tu diestra está llena de justicia.* BTX*] [Tu alabanza, oh Dios, como tu nombre, llega a los confines de la tierra; tu derecha está llena de justicia.* NVI*] [Tu nombre y tu alabanza llegan hasta los confines de la tierra, tu diestra está llena de justicia.* BLP*] [Como lo merece tu nombre, oh Dios, serás alabado hasta los extremos de la tierra; tu fuerte mano derecha está llena de victoria.* NTV*]*

Conforme a tu nombre, oh Dios, así es tu loor hasta los confines de la tierra. Su nombre es grandioso, y su fama le va a la par. La gloria de las proezas de Jehová traspasa los límites de la tierra; los ángeles las contemplan con asombro; y multitud de seres inteligentes que se deleitan en ella la proclaman desde los limites de cada estrella hasta los confines del universo. Aquello que los hombres silencian intencionadamente;[61] la naturaleza: los bosques, los mares y las montañas, junto con los incontables seres y espíritus invisibles que por ellas caminan, lo proclaman llenándose de alabanza divina. Así como en el caracol de una concha podemos escuchar los murmullos del mar, también en las órbitas de la creación podemos oír las alabanzas de Dios.

De justicia está llena tu diestra. Su cetro y su espada, su gobierno y su venganza, son todos ellos justos. Su mano nunca está vacía, antes bien repleta de poder, abundancia y equidad. Ni los santos ni

[58] Efesios 2:20; 1 Pedro 2:5.
[59] Éxodo 25:23-30.
[60] Éxodo 30:1-10.
[61] Lucas 19:40.

los pecadores encuentran jamás al Señor con las manos vacías; siempre hallan en ellas plenitud de justicia: unos, en virtud de la fe en Jesús, justicia para perdonarles; los otros, justicia para condenarles.

C. H. SPURGEON

Vers. 11. ***Se alegrará el monte de Sion; se gozarán las hijas de Judá por tus juicios.*** *[Alégrese el monte de Sión; exulten las hijas de Judá por tus juicios.* RVR*] [Alégrese el monte Sion, regocíjense las hijas de Judá, a causa de tus juicios.* LBLA*] [¡Alégrese el monte Sión! ¡Regocíjense las hijas de Judá a causa de tus juicios!* BTX*] [Por causa de tus justas decisiones el monte Sión se alegra y las aldeas de Judá se regocijan.* NVI*] [Que el monte de Sión se alegre, que se alegren las hijas de Judá por tus justas decisiones.* BLP*] [Que se goce la gente del monte Sión; que se alegren todas las ciudades de Judá a causa de tu justicia.* NTV*]*

Alégrese el monte de Sión. Como principal entre las ciudades de Judá, y objetivo primordial de los ataques de sus enemigos, que sea ella quien lidere la canción.

Regocíjense las hijas de Judá. Y que las otras ciudades más pequeñas se sumen al coro celebrando la victoria común. Que las mujeres, que son quienes llevan la peor parte en los estragos de la guerra, estén presentes entre los que comparten la alegría, ahora que los saqueadores y violadores han huido. Toda la Iglesia en general, y cada miembro en particular, debe regocijarse en el Señor y magnificar su nombre.

A causa de tus juicios. Las acciones justas del Señor son tema legítimo para la alabanza más gozosa. Por cuestionable que eso pueda parecer aquí la tierra, en el cielo la condenación eterna de los malos será el tema de la canción de adoración: *"Después de esto oí como una gran voz de una gran multitud en el cielo, que decía: ¡Aleluya! La salvación, el honor, la gloria y el poder son del Señor Dios nuestro; porque sus juicios son verdaderos y justos; pues ha juzgado a la gran ramera que corrompía a la tierra con su fornicación, y ha vengado la sangre de sus siervos de la mano de ella. Y por segunda vez continuaron diciendo: ¡Aleluya! Y el humo de ella sube por los siglos de los siglos".*[62] La justicia que ahora pueda parecernos excesivamente severa vista a través de nuestra pobre óptica, será entonces percibida como perfectamente consistente con el carácter y el nombre de un Dios de amor, y será una de las joyas más brillantes de su corona.

C. H. SPURGEON

Vers. 12. ***Andad alrededor de Sion, y rodeadla; contad sus torres.*** *[Andad alrededor de Sión, y rodeadla; contad sus torres.* RVR*] [Andad por Sion e id alrededor de ella; contad sus torres.* LBLA*]] [Rodead a Sión y andad alrededor de ella, contad sus torres.* BTX*] [Caminen alrededor de Sión, caminen en torno suyo y cuenten sus torres.* NVI*] [Recorred Sión, dadle la vuelta, contad vosotros sus torres.* BLP*] [Vayan a inspeccionar la ciudad de Jerusalén; anden por ella y cuenten sus muchas torres.* NTV*]*

Andad alrededor de Sión. Dadle la vuelta inspeccionándola cuidadosamente, como Israel marchó alrededor de Jericó.[63]

Y rodeadla. Dad vueltas alrededor de ella una y otra vez, andando con amor. Por mucho que meditemos, estudiemos y demos vueltas al origen, historia, privilegios, garantías y gloria de la iglesia,

[62] Apocalipsis 19:1-3.

[63] Josué 6:3-4.

nunca será suficiente. Hay temas que no merecen más que un pensamiento pasajero; pero este es digno de la meditación más profunda.

Contad sus torres. Comprobad si alguna está en malas condiciones, se ha desmoronado o ha sido demolida. ¿Es hoy la Iglesia de Dios en cuanto a doctrina, poder y belleza lo mismo que fue en épocas pasadas? Sus enemigos contaron sus torres primero llenos de envidia, y después, aterrorizados; contémoslas también nosotros gozosos en santa exultación. La ciudad de Lucerna,[64] que tuvimos el privilegio de visitar, rodeada por sus ancestrales murallas y adornada con una sucesión de torres, es una ilustración muy real de esta figura; y mientras la rodeábamos, deteniéndonos en cada una de pintorescas torres, vinieron a nuestra mente las palabras del salmista y entendimos lo que quería decir con esta figura: una inspección detallada y cariñosa en todos los aspectos.[65]

C. H. SPURGEON

Vers. 12-13. En su sentido espiritual, las *torres* y *baluartes* de Sión son aquellas doctrinas de la verdadera fe que constituyen la fortaleza y gloria de la Iglesia, y que deben mantenerse con solidez y estabilidad ante los asaltos de los maestros heréticos, a fin de que puedan ser transmitidas intactas a las generaciones venideras.

ORÍGENES [185-254] y TEODORETO DE CIRO [393-458]
citados por CRISTOPHER WORDSWORTH [1807-1885] en su
"Commentary on the Whole Bible", 1856

Vers. 13. ***Considerad atentamente su antemuro, mirad sus palacios; para que lo contéis a la generación venidera.*** *[Considerad atentamente su antemuro, mirad sus palacios; para que contéis a la generación venidera.* RVR*] [Considerad atentamente sus murallas, recorred sus palacios, para que lo contéis a la generación venidera.* LBLA*] [Observad atentamente su antemuro, contemplad su ciudadela, para que lo contéis a la generación venidera.* BTX*] [Observen bien sus murallas y examinen sus fortificaciones, para que se lo cuenten a las generaciones futuras.* NVI*] [Mirad sus*

[64] Lucerna es una ciudad de Suiza a orillas del lago de los Cuatro Cantones (*Vierwaldstättersee)* y cercana a los montes Pilatus y Rigi en los Alpes suizos. Comenzó a forjarse alrededor del monasterio benedictino de San Leodegar fundado en el 750 y la primera vez que aparece en los registros históricos con el nombre de Lucerna es en el 840. Se independizó del municipio de Murbach en 1175 y en 1290 contaba ya con unos tres mil habitantes. La muralla de la ciudad medieval o Mussegmauer, que se mantiene en perfectas condiciones, recorre todo el caso histórico de Lucerna y aún se conservan las nueve torres de defensa. Actualmente se pueden recorrer tramos por encima de la muralla y visitar el interior de algunas de la torres desde las que se obtienen unas magníficas vistas de la ciudad.

[65] Durante la Edad Media, cuando la mayor parte de la población era analfabeta y los libros y la lectura eran algo exclusivo de unos pocos privilegiados, multitud de personas aprendían historia bíblica y conceptos teológicos asistiendo a la iglesia. Sin embargo, como en aquella época la lengua oficial de la Iglesia era el latín y la mayoría de la gente ya no hablaba ni comprendía esa lengua, las iglesias y las grandes catedrales estaban cargadas de imágenes y simbolismos que explicaban conceptos teológicos y contaban historias bíblicas e incluso historia de la Iglesia mediante retablos, esculturas, pinturas, tallas de madera, frescos, relieves y ventanales emplomados. Estos edificios eran verdaderos compendios de teología con representaciones gráficas construidos en piedra donde la gente aprendía lo que no podía aprender en los libros. Uno de los exponentes más recientes de esta "teología arquitectónica" o catequesis en piedra, aún en construcción, es la monumental basílica de la Sagrada Familia en Barcelona diseñada por ANTONIO GAUDÍ [1852-1926], donde cada elemento arquitectónico contiene una significación particular que en su conjunto recopila todo en mensaje de la Escritura.

murallas, recorred sus palacios, para poder anunciar a la generación venidera. BLP*] [Fíjense en las murallas fortificadas y recorran todas sus ciudadelas, para que puedan describirlas a las generaciones futuras.* NTV*]*

Considerad atentamente sus murallas. Reflexionad atentamente en lo inexpugnable de sus baluartes y en cómo sus habitantes se atrincheran detrás de sus sucesivas líneas de defensa. La doctrina de la seguridad de la salvación del pueblo de Dios no es algo que debamos mantener en segundo plano, es preciso enseñarla abiertamente y ponderarla con frecuencia. Tan solo unos corazones ruines sostendrán que esta verdad tan gloriosa pueda ser contraproducente y perjudicial; pero los hijos de perdición son capaces de convertir en piedra de tropiezo incluso al propio Señor Jesús,[66] ¿hemos de extrañarnos que perviertan también la verdad divina en lo que hace a la perseverancia final de los santos? Nunca debemos dejar de inspeccionar asiduamente las murallas de Sión, porque hay muchos ociosos que merodean y se esconden detrás de ellas.

Recorred sus palacios. Examinad cuidadosamente las hermosas residencias de la ciudad. Inspeccionad con atención las promesas reales que aportan un lugar de descanso seguro y reposado para los creyentes. Ved cuán sólidas son las defensas y qué hermosos los jardines de delicias de *"esa ciudad ancestral"*,[67] de la cual somos ciudadanos. Es de esperar que un hombre esté más familiarizado con su propia casa que con cualquier otra cosa; y la Iglesia es nuestra querida y bendita morada. Así también, sería de esperar que los creyentes se preocuparan con ahínco de la situación y condiciones en las que se encuentra la Iglesia; pero lejos de *"contar las torres"* como recomienda el salmista, muchos de ellos apenas saben qué son o dónde están. Demasiado ocupados contando su dinero y revisando sus libros de contabilidad. Calculan y miden hasta el último centímetro los derechos de propiedad, de dominio, de herencia, o de arrendamiento en esta tierra; pero toman como algo incierto la herencia en el cielo y los derechos de la gracia, y en consecuencia los pasan por alto con total negligencia.

Para que lo contéis a la generación venidera. Una excelente razón para esforzarse en el examen y análisis en profundidad de los hechos del pasado. Hemos recibido una herencia y nuestro deber es transmitirla a otros. Debemos ser estudiantes aplicados para que podamos ser maestros eficientes. Hemos de devolver la deuda que tenemos con las generaciones pasadas esforzándonos en comunicar la verdad a las generaciones futuras.

C. H. SPURGEON

Considerad atentamente sus murallas. Una nota marginal del hebreo dice: "*Pon tu corazón a sus baluartes";* y esto es lo que significa literalmente שִׁיתוּ לִבְּכֶם *šîṯū libbəḵem,* de שִׁית *shith,* "poner"; y לֵב *leb,* "corazón"; el sentido es "prestadles una atención muy especial, investigadlos minuciosamente", no como aquel que hace una cosa pero su corazón está en otra, o quien lo hace con negligencia. Por su parte la palabra hebrea לְחֵילָה *ləḥêlāh,* de חֵילָה *cheylah,* que traducimos por *"baluarte"*, significa en su raíz "hueste" o "ejército"; y en segundo término, "fortificación" o "atrincheramiento", de manera especial el foso de protección que rodeaba la muralla y sobre la que los enemigos trataban de construir un terraplén, como se desprende de su uso en 2 Samuel: *"Las tropas de Joab llegaron a la ciudad de*

[66] Isaías 8:14; 1 Corintios 1:23; 1 Pedro 2:8.

[67] En el original inglés: *"that ancient citie"*, una referencia al título de la obra del historiador y lingüista WILLIAM SOMNER [1598-1669] *"The antiquities of Canterbury. Or a survey of that ancient citie, with the suburbs, and cathedrall Containing principally matters of antiquity in them all"*.

Abel Betmacá y la sitiaron. Construyeron una rampa contra la fortificación para atacar la ciudad y, cuando los soldados comenzaban a derribar la muralla...".[68]

ALBERT BARNES [1798-1870]

"Notes, critical, explanatory, and practical, on the book of Psalms", 1868

Considerad atentamente sus murallas. Examinadlas bien, prestadles especial atención, poned en ellas todos vuestros sentidos y afectos.[69]

HENRY AINSWORTH [1571-1622]

"Psalms, The Book of Psalmes: Englished both in Prose and Metre with Annotations", 1612

Considerad atentamente sus murallas. De ello aprendemos lo siguiente:

1. Que el principal y gran *baluarte de Sión* es la designación y constitución de Jesucristo como Rey y Cabeza de la Iglesia.[70]
2. Que el segundo *baluarte de Sión* son las promesas de Dios, que son innumerables.[71]
3. Que el tercer *baluarte de Sión* es la constante y vigilante providencia de Dios sobre la Iglesia.[72]
4. Que el cuarto *baluarte de Sión* es la presencia divina, pues Dios está presente de una manera especial en su Iglesia.[73]
5. Que *el baluarte final de Sión,* que aúna la fuerza protectora de todos los demás, es el Pacto: *"Porque este es Dios, nuestro Dios por siempre jamás"* (48:14)

JOHN OWEN [1616-1683]

"The Wisdom of Making the Lord our Refuge", 1669

Vers. 14. ***Porque este Dios es Dios nuestro eternamente y para siempre; el nos guiará aun más allá de la muerte.*** *[Que así es Dios, nuestro Dios eternamente y para siempre; él es nuestro guía perpetuo.* RVR*] [Porque este es Dios, nuestro Dios por siempre jamás; El nos guiará hasta la muerte.* LBLA*] [Que así es Elohim, nuestro Elohim, eternamente y para siempre. ¡Él nos capitaneará más allá de la muerte!* BTX*] [¡Este Dios es nuestro Dios eterno! ¡Él nos guiará para siempre!* NVI*] [Que este es Dios, nuestro Dios eterno, que él es quien nos conduce por siempre.* BLP*] [Pues así es Dios. Él es nuestro Dios por siempre y para siempre, y nos guiará hasta el día de nuestra muerte.* NTV*]*

---

[68] 2 Samuel 20:15. Ver también 2 Reyes 19:32; Isaías 26:1; Ezequiel 4:2.

[69] FRANZ DELITZSCH [1813-1890] entiende este versículo y el anterior (48:13,14) en el sentido de las palabras de Jesús a Tomás: *"Pon aquí tu dedo, y mira mis manos; y acerca tu mano, y métela en mi costado; y no seas incrédulo, sino creyente"* (Juan 20:27). Como si el salmista dijera a los habitantes de Jerusalén: 'Habéis visto cuál era el poder militar de las huestes que se acercaban para asaltarnos y destruirnos; y habéis visto también cómo se turbaron cual parturienta, y cómo el Señor les ha barrido con viento solano. Ahora, salid fuera de las murallas y examinadlas con detalles; contad sus torres y veréis que no falta una sola, todas permanecen intactas, ni una piedra de sus baluartes ha sido dañada; ved cómo sus palacios siguen ahí resplandecientes. Constatad con vuestros ojos lo que el Señor ha hecho, tocadlo con vuestras manos, para que podáis contarlo a la generación venidera'.

[70] 1 Corintios 11:3; Efesios 1:22; 4:15; 5:23; Colosenses 1:18; 2:19.

[71] 1 Corintios 1:20.

[72] Salmo 121:4; Isaías 27:3.

[73] Deuteronomio 23:14; Salmo 46:5; Isaías 12:6; Ezequiel 43:7, 9; Oseas 11:9; Joel 2:27; Sofonías 3:5, 17; Zacarías 2:5.

Porque este es Dios, nuestro Dios por siempre jamás. Un buen motivo para mantener un registro de todo lo que él ha hecho y obrado. Israel no olvidará a su Dios porque sería renegar de su historia; y tampoco el Señor alterará sus pactos perpetuos reduciendo el pasado a mera historia. Permanecerá eternamente como Dios del pacto con su pueblo, un mundo que no tendrá fin. No hay otro Dios fuera de él, no deseamos otro, y no tendríamos a ningún otro aún cuando lo hubiera. Hay quienes, movidos por su deseo de aliviar el destino eterno de los malos y establecer un fin para su castigo, tratan de atenuar o debilitar la fuerza del lenguaje en esta expresión, asegurando que *"eternamente"* significa en realidad "por un tiempo determinado". Pese a tales interpretaciones, para nosotros *"eternamente y para siempre"* significa exactamente lo que quiere decir: sin final, y por tanto, nos regocijamos en la esperanza de una eternidad de bienaventuranza.

Él nos guiará hasta la muerte.[74] Nos guiará dulcemente a lo largo de la vida,[75] en nuestro lecho de muerte,[76] e incluso después de la muerte nos conducirá a fuentes de agua de vida.[77] Miramos hacia él con la esperanza de resurrección y vida eterna. Un consuelo que deriva claramente de todo lo expuesto anteriormente en el salmo: nuestros baluartes han soportado el ataque y nuestros enemigos han sido puestos en fuga porque Dios ha estado en medio de nosotros; y por tanto, cualquier otro ataque que pueda producirse en el futuro será igualmente inútil.

«La Iglesia ha desafiado a todos sus enemigos
mofándose de su ira y riéndose en su cara;
a pesar de ello, habitará segura,
y permanecerá por los siglos de los siglos»[78]

Adiós al miedo. Bienvenidas la gratitud y la fe, y que canten gozosas y alegres.

C. H. SPURGEON

Porque este es Dios, nuestro Dios por siempre jamás. ¡Qué porción, pues, tan extraordinaria es la del creyente! El propietario de unas tierras no puede decir de sus campos: «Son míos para siempre». El rey no puede decir de su trono: «Es mío para siempre». Pues tales posesiones escaparán de sus manos y serán entregadas a otros dueños; sus actuales propietarios pronto se mezclarán con el polvo de la tierra, y ni tan siquiera podrán decir que la tumba que ocupen sea suya por mucho tiempo. Pero la felicidad singular y suprema de todo cristiano es la de poder decir, o tener el derecho a decir: «Este Dios glorioso, es mío por siempre jamás; y todas sus perfecciones divinas son mías para siempre jamás, puesto que ni aún la propia muerte logrará separarme de su amor».[79]

GEORGE BURDER [1752-1832]
"Village Sermons, or One Hundred and One Plain and Short Discourses, on the Principal Doctrines of the Gospel", 1810

[74] En hebreo הָוּא יְנַהֲגֵנוּ עַל־מְוּת *hū yənahăḡênū 'al-mūṯ.*
[75] Salmo 23:1-3.
[76] Job 7:13; Salmo 23:4.
[77] Apocalipsis 7:17.
[78] En el original: *"The church has all her foes defied / And laughed to scorn their rage; / Even thus for aye she shall abide / Secure from age to age"*. No hemos logrado dar con el origen de esta estrofa, aunque es probable que se trate de una composición del propio Spurgeon.
[79] Romanos 8:38-39.

Porque este es Dios, nuestro Dios por siempre jamás. El pueblo de Dios no puede contentarse con saber que tiene una relación peculiar con su Señor, sino que necesita proclamarla; pero no es suficiente proclamarla ante la presente generación, sino que debe proclamarla a las generaciones venideras para que: *"Se alegre el monte Sion, y se regocijen las hijas de Judá, a causa de tus juicios"* (48:11). Prestemos especial atención a este mandato: *"para que lo contéis a la generación venidera"*. ¿Y qué les hemos de contar? *"Que este Dios es nuestro Dios"*. ¡Y fijémonos bien en la ostentación que hacen de él: *"Este es Dios, nuestro Dios"*! ¡Ved la clase de Dios tenemos! ¡Miradlo bien, y tomad buena nota de lo glorioso que es! Y al tiempo que se glorían en la grandeza del Dios al que se sienten vinculados, proyectan esa relación en un sentido perdurable y eterno: *"este es Dios, nuestro Dios por siempre jamás"*.

JOHN HOWE [1630-1705]

"A Treatise of Delighting in God: Three Lines of Biblical Quotations (a Practical Treatise on the Love of God, as Connected with the Happiness of Man.)", 1835

Porque este es Dios, nuestro Dios por siempre jamás. Dios es una porción gratificante que llena cada resquicio del alma con luz de gozo y consuelo; una porción santificante, que eleva el alma a su perfección primitiva y original; una porción universal que llena y excede todos los bienes conocidos: salud, riquezas, amigos, honores, libertades, la vida, hogar, esposa e hijos, el perdón, la paz, la gracia, la gloria, la tierra, el cielo; pero también infinitamente más: es una porción eterna: *"Porque este es Dios, nuestro Dios por siempre jamás"*. ¡Qué dulces palabras: *por siempre jamás*! Son la corona de la corona de los santos, y la gloria de su gloria. Su porción es tan completa que sus ansias y deseos desaparecen; la variedad y abundancia de delicias de las que disfrutan excede cuanto sean capaces de imaginar o pedir, y no anhelan otra cosa que disfrutarlas permanentemente. Contando con esto de forma segura y continuada, poco les importan los reinos de este mundo, más que para pisotearlos cual lodo bajo sus pies. Y, mira por dónde, aparece la paloma de bienvenida trayendo en su pico la rama de olivo anhelada: *"Porque este es Dios, nuestro Dios por siempre jamás"*. Todos los guarismos aritméticos que miden las horas, días, meses, años y edades, son nada para esta fórmula inconmensurable: *"por siempre jamás"*; que pese a no decir mucho para algunos y pasar más bien desapercibida en el lenguaje vulgar, contiene más de lo que el ser humano es capaz de concebir porque millones, de millones de millones, son menos que una simple gota en este océano inmenso que es el *"por siempre jamás"*.

GEORGE SWINNOCK [1627-1673]

"Fading of the Flesh and the Flourishing of Faith", 1665

Él nos guiará hasta la muerte. O como lo traducen algunos *"nos guiará en la muerte"* o *"a través de la muerte"* es decir, nos salvará de ella. Otros traducen *"más allá de la muerte"*. Pero la explicación más obvia, y más agradable al uso, es aquella que hace que la frase signifique "hasta el final de la vida", es decir, mientras dure nuestra existencia terrenal. Con todo, la idea de un estado futuro, aunque no expresada de manera explícita, tampoco está excluida.

JOSEPH ADDISON ALEXANDER [1809-1860]

"The Psalms Translated and Explained", 1850

Él nos guiará aun más allá de la muerte. La última cláusula de este versículo suele ser mal interpretada. No es: *"nos guiará hasta la muerte"* porque el hebreo está suficientemente claro: הוּא יְנַהֲגֵנוּ עַל־מוּת *hū yənahăḡênū 'al-mūṯ*, esto es: *"nos conducirá por encima de la muerte"*.[80] Y el

[80] Dice FRANCISCO LACUEVA [1911-2005] en su versión española del "Comentario de Matthew Henry": «Las dos últimas palabras de este salmo: עַל־מוּת *'al-mūṯ* han sido, y son, materia de grandes discusiones.

significado más probable es el siguiente: «Él es quien nos conduce por encima de la muerte a la resurrección» – esto es, a Canaán pasando sobre o por encima del Jordán. En Levítico la preposición כָּל *kāl* se utiliza para indicar algo que supera o va más allá del tiempo: כָּל־יְמֵי *kāl-yəmê "más allá de los días de ese período";*[81] ¿y acaso no es este también el sentido aquí: *"más allá de la muerte"*? ¿Hasta que hayamos superado y vencido a la muerte? ¿Hasta que hayamos pisoteado a la muerte y su poder? *"¿Dónde está, oh muerte, tu victoria? ¿Dónde está, oh sepulcro, tu aguijón? El aguijón de la muerte es el pecado, y el poder del pecado, la ley. Pero gracias sean dadas a Dios, que nos da la victoria por medio de nuestro Señor Jesucristo".*[82] Sí, él es quien nos conduce a este triunfo postrero; él sorbe la muerte en victoria[83] y nos conduce hasta pisotearla. Visto de ese modo es fácil descubrir el vínculo maravilloso entre este salmo y el que le precede, el Salmo 47: La celebración de la victoria del Poderoso de Jacob convertido en la gloria de Jerusalén.

ANDREW ALEXANDER BONAR [1810-1892]
"Christ and His Church in the Book of Psalms", 1859

Literalmente significan: *"sobre la muerte"*, que algunos interpretan como *"hasta más allá de la muerte"*, mientras que otros las consideran como una indicación musical, parecida a las que figuran en el Salmo 9: עַלְמוּת לַבֵּן *'almūṯ labbên*, y Salmo 46: עֲלָמוֹת *'ălāmōwṯ,* entendiendo forma parte del título del Salmo 49, más bien que del final del Salmo 48. Considerando la antigüedad del salmo y los conceptos difusos sobre la vida más allá de la muerte que había en esa época, FRANZ DELITZSCH [1813-1890] admite esto último como una posibilidad real. Pero en tal caso –añade– hemos de aceptar que la conclusión original del Salmo 48 se perdió. ¿Y cuál pudo haber sido? En su opinión algo parecido a Isaías 33:22: *"Porque el Señor es nuestro juez, el Señor es nuestro legislador, el Señor es nuestro rey; Él nos salvará".*

[81] Levítico 15:25.

[82] 1 Corintios 15:55-57.

[83] 1 Corintios 15:54.

SALMO 50

ACUSACIÓN DEL FISCAL DIVINO

Título: Título: *"Salmo de Asaf"*. Este es el primer Salmo de Asaf, aunque no sepamos con exactitud si fue realmente compuesto por este eminente músico o meramente encomendado a él.[1] Su nombre figura en el título de doce salmos,[2] pero no podemos adscribirle su paternidad con total certeza, puesto que varios son demasiado tardíos como para haber sido compuestos por el mismo autor que los otros.[3] Sabemos que en época de David había un Asaf que era uno de los músicos principales, y que su familia siguió durante bastante tiempo ocupando su puesto hereditario entre los músicos en el templo.[4] Hay otro Asaf que se menciona como canciller o secretario en los días de Ezequías;[5] y otro encargado de los bosques reales bajo Artajerjes.[6] Asaf escribió algunos de los salmos, y esto queda demostrado por la siguiente afirmación: *"el rey Ezequías y los oficiales ordenaron a los levitas que cantaran alabanzas al Señor con las palabras de David y del vidente Asaf"*.[7] Pero también es cierto que algunos de los salmos de Asaf no fueron escritos por él, sino tan solo encomendados a él como músico, como nos confirma la siguiente afirmación: *"en aquel día David, por primera vez, puso en manos de Asaf y sus parientes este salmo para dar gracias al Señor"*.[8] De todos modos, poco importa si los escribió o simplemente los cantó, pues el poeta, el músico y el intérprete están muy cerca uno de otro: uno escribe las palabras, el otro compone la música, el tercero las interpreta con arte, y juntos se regocijan delante del Señor.

C. H. SPURGEON

Estructura: Los versículos del uno al seis (50:1-6) presentan al Señor convocando a toda la tierra para que escuche sus palabras de acusación y juicio; del siete al quince (50:7-15) exponen la naturaleza de la adoración verdadera y el culto que le es aceptable; sigue del dieciséis al veintiuno (50:16-21) acusando a los impíos de violar sus preceptos y hacer caso omiso de sus mandamientos, en

---

[1] Dice TEODORETO DE CIRO [393-458]: «Este Salmo, del cual se nos indica que Asaf es su autor, está en consonancia con el anterior (Salmo 49), pues ambos predicen el juicio: *"Como a rebaños que son conducidos al Seol, la muerte los pastorea, y los rectos dominarán sobre ellos"* (49:15); y profetizan la manifestación y venida de nuestro Dios y Salvador: *"Pero Dios redimirá mi vida del poder del Seol, porque él me tomará consigo"* (49:16). Sin embargo, el Salmo 50 va un paso más allá, anticipa también la dispensación del Nuevo Pacto, mostrando que el culto hipócrita apegado a la letra de la Ley no es aceptable para Dios».

[2] Salmos 50, 73, 74, 75, 76, 77, 78, 79, 80, 81, 82, 83.

[3] Los Salmos 79 y 80 narran sucesos posteriores a la época de Asaf.

[4] 1 Crónicas 6:39, 43; 15:9; 16:4-7; 25:1-9; Esdras 2:41.

[5] Reyes 18:18.

[6] Nehemías 2:8.

[7] 2 Crónicas 29:30.

[8] 1 Crónicas 16:7 LBLA. Dice FRANZ DELITZSCH [1813-1890]: «Según 1 Crónicas 23:2-5, la totalidad de treinta y ocho mil levitas fueron divididos por David en cuatro grupos (24,000 + 6000 + 4000 + 4000). Al cuarto grupo (4000) se le asignó atender la música en el culto divino. De este grupo fueron seleccionados doscientos ochenta y ocho cantantes, y repartidos en veinticuatro coros puestos bajo el liderazgo de tres directores o "músicos principales": catorce bajo Hemán el Coraíta y sus catorce hijos (1 Crónicas 15:6-17); cuatro bajo Asaf el Gersonita (1 Crónicas 6:39, 43) y sus cuatro hijos; y seis bajo Jedutún y sus seis hijos (1 Crónicas 25:1, 3, 6) [...] Al parecer Hemán era el líder principal, y a su lado estaban Asaf y Jedutún [...] La totalidad de los doce salmos que llevan la indicación לְאָסָף *lə'āsāp̄, "de Asaf"*, pertenecen a lo que se conoce como *Salterio Elohista*».

especial los establecidos en la Segunda Tabla de la Ley; y clausura el juicio con una amenaza (50:22), y una directriz hacia su gracia (50:23).[9]

C. H. SPURGEON

Versión poética:

DEUS DEORUM DOMINUS LOCUTUS EST

Aquel Dios que es Señor de los señores
y Dios de cuanto el mundo reverencia,
se ha dignado de hablar, y ya convoca,
a su alto tribunal toda la tierra.

Se ha escuchado su voz desde el oriente
hasta el ocaso en que la luz se acuesta,
y de Sión saldrá, resplandeciendo
con su brillante y celestial belleza.

Vendrá lleno de gloria y esplendores,
y no viene a callar su boca excelsa,
pues que pronunciará contra los malos
sus pavorosas y ásperas sentencias.

El fuego que voraz todo lo abrasa,
redoblará el ardor en su presencia,
y los rayos que trae entre las manos,
tomarán más vigor, tendrán más fuerza.

Citará al cielo, y a la tierra toda,
para que testigos de la causa sean.
Y que miren su gloria y su justicia
en la última y terrible residencia.

Y vosotros espíritus celestes,
que sois ministros del Señor en ella,

[9] Dice FRANCISCO LACUEVA [1911-2005] en su versión española del "Comentario de Matthew Henry": «Este salmo, como el anterior, es un salmo de instrucción, no de oración ni de alabanza. Dios se dirige aquí, por medio del salmista, a los que tenían un falso concepto de la religión, para hacerles ver que no se complace en los sacrificios del culto ni en el cumplimiento externo de la ley, mientras no se cumple de corazón lo que Él ha ordenado. Aquí tenemos: I. La gloriosa manifestación del Soberano que da leyes y convoca a juicio (vv. 1-6). II. La exhortación a los adoradores de Dios, para que conviertan sus sacrificios en oraciones (vv. 7-15). III. La reprensión a los que albergan la pretensión de que adoran a Dios, pero viven en desobediencia a sus mandatos (vv. 16-20); se les lee la sentencia (vv. 21, 22), y se amonesta a todos a que consideren su conducta tanto como sus devociones (v. 23)».

sacad de entre los malos a los justos,
y ponedlos aparte a su derecha.

Ejecutad sus órdenes divinas,
y anunciad a los hombres, que ya tiemblan,
que el día de venganzas ha llegado,
y que el juez es Dios, y su justicia es recta.

Escucha, pueblo mío, mis consejos,
oye Israel mis palabras, que son ciertas,
sabe mi voluntad, y ten presente
que es tu Dios el maestro que te enseña.

Cuando yo en el postrero de los días
de todas las acciones pida cuenta,
no haré cargos de pocos sacrificios,
de víctimas mis aras están llenas.

Mas cuando fueran menos, yo no aprecio
los terneros y cabras de manera
que despojar pretenda vuestras casas,
ni disminuir vuestros rebaños de ellas.

Porque son mías, pues las he creado,
las bestias que residen en las selvas,
así como los bueyes y animales,
que pacen en los montes y en las sierras.

Sí: el número y morada de las aves,
que el aire cortan, y hacia el cielo vuelan,
de mí penden, y la gala y hermosura
del campo a quien esmaltan flores bellas.

Si tuviera hambre nada os pediría,
porque yo soy el dueño de la tierra
y tengo a mi mandar cuanto contiene
en la amplitud de su circunferencia.

¿Acaso como yo carne de toros?
¿me pueden sustentar carnes groseras?
¿tengo yo sed? ¿acaso necesito
de que la sangre de carneros beba?

Yo solo acepto corazones puros;
sacrificadme pues con ansias tiernas
sacrificios de amor y de alabanza,
de gratitud, respeto y obediencia.

Invocadme, confiando en mi socorro,
en las tribulaciones y en las penas,
y este amor, este ruego, esta esperanza
más gloria me dará que las terneras.

Pero tú, al delincuente el Señor dice,
¿cómo me osas hablar de mis promesas,
pues que solo las hice para aquellos
que con fidelidad mi ley observan?

¿Cómo te atreves tú, cuando insolente
toda ley aborreces, toda regla,
y que si una pasión entra en tu pecho,
mis mandamientos pérfido desprecias?

Si alguno despojaba a un desvalido,
corrías a ayudarle con presteza,
y no vivías más que con impuros,
con adúlteros, y hombres sin conciencia.

No salen de tu boca corrompida
más que inicuos discursos y blasfemias,
y solo en maldiciones y calumnias
se ocupa tu infernal, pérfida lengua.

Tú maltratas cruel tu propio hermano,
al hijo de tu madre le atormentas,
y yo todo lo he visto, y he callado;
pero ¿cómo a mis órdenes apelas?

¿Piensas que como tú yo amé el pecado?
¿o que mi gusto al tuyo se parezca?
pero presto te haré verte a ti mismo,
y tu alma de terror quedará yerta.

Que escuchen esto los que a Dios olvidan,
y con temeridad le hacen ofensas,
que se corrijan antes que los despedace,
y que ya nada liberarlos pueda.

Y que se acuerden de que Dios solo estima
la justicia, el amor y la obediencia,
y que este es el camino que conduce
a verle un día en su mansión eterna.

DEL "SALTERIO POÉTICO ESPAÑOL", SIGLO XVIII

Salmo completo. El exordio o introducción de este Salmo es el más llamativo y grandioso que quepa imaginar: ¡el orador es el mismo Dios mismo, y la audiencia el mundo entero reunido en asamblea![10] No cabe comparar o asimilar la escena aquí descrita con nada semejante de naturaleza humana; como tampoco imagino que la tierra contemple jamás tal día hasta la hora final en que suene la trompeta del arcángel y junte de los cuatro vientos a todas las naciones de la tierra, desde un extremo del cielo hasta el otro;[11] cuando los muertos, grandes y pequeños estén de pie delante de Dios, y el mar entregue a los muertos que hay en él, y la muerte y el infierno entreguen a los muertos que hay en ellos.[12]

BARTON BOUCHIER [1794-1865]]
"Manna in the heart or daily comments on the book of Psalms", 1855

Vers. 1. ***El Dios de dioses, Jehová, ha hablado, y convocado la tierra, desde el nacimiento del sol hasta donde se pone.*** *[El Dios de dioses, Jehová, ha hablado, y convocado la tierra, desde el nacimiento del sol hasta donde se pone.* RVR*] [El poderoso Dios, el Señor, ha hablado, y convocado a la tierra, desde el nacimiento del sol hasta su ocaso.* LBLA*] [Elohim, Elohim, YHVH: Ha hablado y convocado a la tierra desde el levante hasta el poniente.* BTX*] [Habla el Señor, el Dios de dioses: convoca a la tierra de oriente a occidente.* NVI*] [El Señor, el Dios de dioses, habló y convocó a la tierra desde el levante al poniente.* BLP*] [El Señor, el Poderoso, es Dios y habló; convocó a toda la humanidad desde donde sale el sol hasta donde se pone.* NTV*]*

El Dios de dioses, Jehová.[13] Aquí encontramos reunidos tres de los nombres más solemnes, augustos y gloriosos del Dios de Israel: *El, Elohim,* y *Jehová*. Se mencionan juntos a fin de hacer el

[10] ATANASIO DE ALEJANDRÍA [296-373] en su carta a su discípulo Marcelino sobre la naturaleza y valor de los salmos le dice refiriéndose a este salmo: «El Salmo 50 nos habla del Salvador que había de venir, y proclama su reinado universal y potestad como Juez, anticipando su Segunda Venida: *"Desde Sión, dechado de hermosura, Dios ha resplandecido. Vendrá nuestro Dios, y no callará"* (50:2-3)». El Tomo I de "El Tesoro de David" incluye una traducción completa de la Carta de Atanasio a Marcelino. [Tomo I - pp. 50]. FELIPE SCIO DE SAN MIGUEL [1738-1776] en su versión española de la Vulgata explica en nota preliminar: «La mayoría de los Padres de la Iglesia y otros comentaristas de la antigüedad creen que este Salmo profetiza las dos venidas del Hijo de Dios: la primera en misericordia para el establecimiento de su Iglesia; y una segunda en severidad para juzgar a vivos y muertos. Hay quienes consideran que simplemente va dirigido a los israelitas que vanamente confiaban en sus sacrificios mientras quebrantaban y ultrajaban por el otro la santa ley de Dios rehusando obedecer su voluntad. Y finalmente, algunos ven en él una doble aplicación: a los israelitas y los cristianos anunciando a ambos el juicio que Dios pronunciará en el día final contra todos los hipócritas que quebrantan su ley». SCHÖKEL remarca las alusiones al Pacto o Alianza en una serie de paralelismos entre algunas expresiones del Salmo 50 y pasajes del Éxodo: «(1) *El lugar* desde el que Dios habla: Monte Sión/Monte Sinaí (Salmo 50:2/Éxodo 19:3; 11:20). (2) *Rodeado de fuego y tempestad* (Salmo 50:3/Éxodo 19:16-20). (3) *Convocando el pueblo* (Salmo 50:4/Éxodo 19:4). (4) *Pacto con sacrificio* (Salmo 50:5/Éxodo 20:23; 24:6). (5) *Escucha* (Salmo 50:7/Deuteronomio 5:1; 6:4) (6) *Hablaré* (Salmo 50:7/Éxodo 20:23). (7) *Testificaré* (Salmo 50:7/Éxodo 10:21, 23). (7) *Mia es toda la tierra* (Salmo 50:12/Éxodo 19:5)».

[11] Mateo 24:31.

[12] Apocalipsis 20:12-13.

[13] En hebreo אֵל אֱלֹהִים יְהוָה *'êl 'ĕlōhîm Yahweh.* Algunos de los Padres de la Iglesia y comentaristas antiguos (Eusebio, Atanasio, Teodoreto, Evagrio) ven en esta frase que acumula tres nombres divinos una figura de la Trinidad. KRAUS es de la misma opinión que FRANZ DELITZSCH [1813-1890] en el sentido que: «אֵל אֱלֹהִים *'êl 'ĕlōhîm* no puede traducirse por *"Dios de dioses"*. Pero no tampoco debemos corregir este vigoroso introito con su acumulación de nombres divinos» por lo que traduce: *"Dios, Dios, Yahvé"*. SCHÖKEL resalta como: «Los israelitas de Transjordania, sospechados de cisma o apostasía, duplican la formula en

discurso más impactante, al igual que en los decretos reales se colocan en primer lugar los nombres y dignidades del monarca que los proclama. Con ellos se describe al Dios verdadero como Todopoderoso, que existe por sí mismo, auténtico Dios y único digno de adoración.

Ha hablado, y convocado a la tierra, desde el nacimiento del sol hasta su ocaso El dominio de Jehová se extiende sobre todo el orbe, y por tanto, su decreto va dirigido a la humanidad entera.[14] Tanto los que habitan en el Este como los del Oeste son emplazados a escuchar al Dios que hace que el sol se levante en cada cuarto del globo. ¿Será despreciada la convocatoria del gran Rey? ¿Nos atreveremos a provocar su ira ignorando su llamada?

C. H. SPURGEON

El Dios de dioses, Jehová, ha hablado. Algunos hebraístas han indicado que estos tres nombres de Dios que aquí se mencionan: אֵל *'ēl,* אֱלֹהִים *'ĕlōhîm,* יְהוָה *Yahweh,* tienen tres acentos muy distintos, pero que unidos al verbo singular: דִּבֶּר *dibber,* "ha hablado", encierran el misterio de la Trinidad: las tres Personas en la unidad de la Esencia divina.

JOHN GILL [1697-1771]
"Exposition of the Old Testament", 1748

Y convocado la tierra. Es decir: ha ordenado *"a todos los habitantes de la tierra"* que acudan como testigos y espectadores del juicio.

SIMON DE MUIS [1587-1644]
"Commentarius litteralis et historicus in omnes Psalmos", 1630

El Dios de dioses, Jehová, ha hablado, y convocado la tierra, desde el nacimiento del sol hasta donde se pone.

Los ateos no podrán seguir ya burlándose de la demora;
su venganza ha despertado: He aquí el día,
¡Helo aquí! El juez desciende; sus alguaciles se acercan,
fuego y tempestades le acompañan desde el cielo.
Cuando Dios aparezca toda la naturaleza lo adorará;
y mientras los pecadores tiemblen, los santos se regocijan delante de él.
El cielo, la tierra y el infierno se aproximan; que todo ello acontezca
para escuchar mi justicia, y el castigo de los pecadores.
Pero antes (manda el Juez) reunid primero a mis santos,
traedlos, vosotros ángeles, desde tierras lejanas.
Cuando Cristo regrese despertará pasiones alegres:
gritad, vosotros sus santos; pues viene para vuestra salvación.[15]

ISAAC WATTS [1764-1748]
"The Lord, the Sovereing, – The Psalms of David", 1719

juramento solemne: *"El Señor Dios de los dioses, el Señor Dios de los dioses lo sabe bien, y que lo sepa también Israel: si ha habido por nuestra parte rebelión o infidelidad contra el Señor..."* (Josué 22:22)».

[14] Mateo 5:15; Filipenses 2:15.

[15] Traducción libre del original inglés: *«No more shall atheists mock his long delay; / His vengeance sleeps no more; behold the day! / Behold! -- the Judge descends; his guards are nigh, / Tempests and fire attend*

Vers. 2. ***De Sion, perfección de hermosura, Dios ha resplandecido.*** *[Desde Sión, dechado de hermosura, Dios ha resplandecido.* RVR*] [Desde Sion, perfección de hermosura, Dios ha resplandecido.* LBLA*] [Desde Sión, perfección de hermosura, Elohim resplandeció.* BTX*] [Dios resplandece desde Sión, la ciudad bella y perfecta.* NVI*] [Desde Sión, toda hermosa, Dios se ha mostrado.* BLP*] [Desde el monte Sión, la perfección de la belleza, Dios brilla con un resplandor glorioso.* NTV*]*

Desde Sión, dechado de hermosura, Dios ha resplandecido.[16] El salmista describe al Señor como dirigiéndose no solo a la tierra, sino saliendo para revelar la gloria de su presencia a todo el universo reunido. En tiempos antiguos Dios habitó en Sión entre su pueblo elegido, pero aquí se describen los rayos de su esplendor brillando sobre todas las naciones. En el primer versículo hacía referencia al sol, pero aquí habla de un Sol mucho más brillante. La majestad de Dios se hace más notoria entre sus elegidos, pero no se limita a ellos; la Iglesia no es una linterna opaca, sino un candelabro. Dios no tan solo brilla en Sión, sino también fuera de ella. Sión es perfecta en belleza porque Dios mora en ella, y esa belleza es contemplada por todos los que la observan cuando el Señor brilla desde ella. Observemos cómo el Dios infinito, Jehová, convoca cielos y tierra con voz de trompeta y estandarte flamígero[17] para que escuchen su palabra.

C. H. SPURGEON

Desde Sión, dechado de hermosura, Dios ha resplandecido. O también: *"Dios ha hecho que la perfección de la hermosura resplandeciera desde Sión"*.[18]

MARTIN GEIER [1614-1681]
"Commentary on Psalms", 1695

---

him down the sky. / When God appears, all nature shall adore him. / While sinners tremble, saints rejoice before him. / Heaven, earth and hell, draw near; let all things come, / To hear my justice, and the sinner's doom; / But gather first my saints (the Judge commands), / Bring them, ye angels, from their distant lands. / When Christ returns, wake every cheerful passion, / And shout, ye saints; he comes for your salvation».

[16] Dice FRANCISCO LACUEVA [1911-2005] en su versión española del "Comentario de Matthew Henry": «Así como cuando dio Dios la Ley a Israel en el Sinaí, leemos que "resplandeció desde el monte de Parán" (Deuteronomio 33:2), así también al reprender a Israel por su hipocresía, se dice aquí que *"ha resplandecido desde Sion"*. El oráculo divino estaba establecido ahora en Sión, desde allí eran pronunciados sus juicios sobre aquel pueblo provocador; y Dios, cuya morada está en Sión, puede ser considerado como resplandeciendo desde Sión».

[17] Éxodo 20:18; Mateo 24:31; 1 Tesalonicenses 4:16; Apocalipsis 20:12.

[18] Dice AGUSTÍN DE HIPONA [354-430]: «El salmista afirma que: *"Desde Sión, dechado de hermosura, Dios ha resplandecido"*. ¿Y por qué desde Sión? Porque fue en Sión donde comenzó a resplandecer la hermosura del Evangelio, anunciado por *"el más hermoso de los hijos de los hombres"* (Salmo 45:2); lo cual concuerda con las propias palabras de Cristo: *"en Jerusalén, en toda Judea, en Samaria, y hasta lo último de la tierra"* (Hechos 1:8). Porque es en Sión donde confluyen lo antiguo con lo nuevo; donde los dos serafines se dicen el uno al otro: *"Santo, Santo, Santo, es el Señor de los ejércitos"* (Isaías 6:3); y ambos Testamentos, el Antiguo y el Nuevo, hablan acordes con una misma voz. Allí estaban los discípulos el día de Pentecostés cuando *"fueron llenos del Espíritu Santo y comenzaron a hablar en otras lenguas, según el Espíritu les daba habilidad para expresarse"* (Hechos 2:4); de allí brotó la predicación que se esparció por toda la tierra *"desde el nacimiento del sol hasta su ocaso"*; desde allí resplandeció el Evangelio dechado de hermosura».

Dios ha resplandecido. Como el sol en su cenit. Unas veces para consuelo de su pueblo: *"Oh Pastor de Israel, escucha; tú que pastoreas a José como a un rebaño, tú que estás sentado entre querubines, ¡resplandece!"*.[19] Otras para terror de los impíos: *"Oh Señor, Dios de las venganzas, ¡resplandece!"*[20] Pero, en cualquier caso, en sus lugares santos, Dios es siempre temible: *"Temible eres, oh Dios, desde tu santuario"*;[21] *"Dios es temible en la gran congregación de los santos, y formidable sobre todos cuantos están alrededor de él"*.[22]

JOHN TRAPP [1601-1669]
"A commentary or exposition upon the books of Ezra, Nehemiah, Esther, Job and Psalms", 1657

Dios ha resplandecido. El significado correcto de del verbo hebreo הוֹפִיעַ *hōwp̄îa'* de יָפַע *yapha* es "lanzar" o "esparcir" rayos desde lejos, desde un lugar elevado, y brillar intensamente.[23] Es un verbo de gran redundancia, dice Schultens,[24] que casi siempre se utiliza para describir una luz abundante y magnífica (…) Se emplea como símbolo espléndido de la presencia de Dios, como es el caso de Deuteronomio, donde se afirma que *"resplandeció"* o más literalmente *"esparcía rayos desde el monte Parán"*;[25] de lo que se intuye que probablemente se refiere a la columna de nube o fuego, símbolo de la Divina Majestad visible en el Monte Sinaí, en el Tabernáculo, o la parte superior del Templo.

HERMANN VENEMA [1697-1787]
"Commentarius ad Psalmos", 1762

Vers. 3. *Vendrá nuestro Dios, y no callará; fuego consumirá delante de él, y tempestad poderosa le rodeará.* *[Vendrá nuestro Dios, y no callará; fuego consumidor hay delante de él, y tempestad poderosa le rodea.* RVR*] [Que venga nuestro Dios y no calle; el fuego consume delante de Él, y a su derredor hay gran tempestad.* LBLA*] [Nuestro Elohim viene, y no en silencio; un fuego devorador lo precede, y en derredor suyo ruge una gran tempestad.* BTX*] [Nuestro Dios viene, pero no en silencio; lo precede un fuego que todo lo destruye, y en torno suyo ruge la tormenta.* NVI*] [Ya viene nuestro Dios, no callará; un fuego devorador lo precede, a su alrededor estalla la tormenta.* BLP*] [Nuestro Dios se acerca, pero no en silencio. A su paso el fuego devora todo lo que encuentra, y a su alrededor se desata una gran tormenta.* NTV*]*

Ya viene nuestro Dios. El salmista habla como si él mismo y sus hermanos estuvieran ya de pie aguardando la aparición inmediata del Señor en la escena: *"Viene* –dicen– *nuestro Dios del pacto viene"*; habla como si pudieran ya escuchar su voz en la lejanía y percibir el esplendor de su cortejo. Y así es como debemos esperar también nosotros la aparición del Señor, prometida desde hace mucho tiempo.

---

19 Salmo 80:1.
20 Salmo 94:1. Y también en el caso del Salmo 50.
21 Salmo 68:35.
22 Salmo 89:7.
23 Salmo 18:14; Habacuc 3:4.
24 Se refiere a HEINRICH ALBERT SCHULTEN [1686-1750] famoso pastor y hebraísta holandés, rector de la Universidad de Leiden, autor de importantes obras sobre el hebreo bíblico como: *"De defectibus linguae Hebraeae"*, 1731; *"Institutiones ad Fundumenta Linguæ Hebraicæ"*, 1737; *"Origines Hebraeae"*, 1738.
25 Deuteronomio 33:2.

Y no callará. Viene dispuesto a hablar, a litigar con su pueblo, a acusar y juzgar a los impíos.[26] Ha permanecido callado pacientemente por mucho tiempo, pero pronto hablará con poder. ¡Qué momento de admiración tan grande esperar que el Omnipotente se revele a sí mismo! ¡Cuál será la alegría reverente y expectativa solemne cuando la escena poética descrita en este Salmo se convierta en una realidad en el gran día final!

Fuego consumidor hay delante de él, y tempestad poderosa le rodea.[27] Es frecuente que en la Escritura las apariciones divinas vayan ligadas al fuego y al viento, llamas y huracanes: *"nuestro Dios es fuego consumidor";*[28] *"por el fulgor de su presencia se desvanecieron sus densas nubes en granizo y carbones encendidos";*[29] *"cabalgó sobre un querubín, y voló; raudo voló sobre las alas del viento";*[30] *"cuando sea revelado el Señor Jesús desde el cielo con los ángeles de su poder, en llama de fuego, para dar retribución a los que no conocieron a Dios";*[31] El fuego es símbolo de la justicia en acción, y la tempestad símbolo de su poder abrumador. ¿Quién no escuchará en silencio solemne cuando semejante tribunal del cual Dios es el Juez, convoque de testigos al cielo y a la tierra?[32]

C. H. SPURGEON

Dios vendrá manifiestamente, el Dios nuestro, y no callará.[33] Calló, cuando vino por primera vez para ser juzgado, pero ahora vendrá manifiestamente para juzgar; permaneció en silencio mientras lo acusaban y juzgaban, pero ahora vendrá con fuego y tempestad para juzgar a los que lo acusaron:

---

[26] SCHÖKEL ve en ello una alusión a Éxodo 20:19 cuando el pueblo temeroso no quería que Dios les hablara: *"Habla tú con nosotros, y nosotros oiremos; pero no hable Dios con nosotros, para que no muramos".*

[27] El famoso himno latino del siglo XIII *"Dies Irae",* atribuido al monje franciscano italiano TOMÁS DE CELANO [1200-1260/70] (aunque se hayan barajado diversos posibles autores), y que describe el día del juicio final, se considera por muchos que fue inspirado sobre las palabras de los versículos tres al seis de este Salmo 50. Aunque otros opinan que encaja mejor con el texto de Sofonías 1:15-16. El *"Dies Irae"* ha formado parte de prácticamente todas las composiciones de *"Requiem"* por los más famosos autores (Mozart, Verdi, Berlioz, Britten) que han incluido la totalidad o buena parte del mismo; así como de muchas otras composiciones musicales y numerosas obras literarias que lo han citado o transcrito parte de sus estrofas.

[28] Hebreos 12:29.

[29] Salmo 18:12.

[30] Salmo 18:10.

[31] 1 Tesalonicenses 1:7-8.

[32] Dice TEODORETO DE CIRO [393-458]: «No vayáis a pensar que su segunda venida va a ser igual que la primera. Porque entonces ocultó deliberadamente su inmenso poder y majestad bajo un manto de humildad y pobreza; pero ahora manifestará abiertamente su señorío y potestad sobre el reino, no cediendo a su magnanimidad, sino juzgando con equidad todas las cosas. Por eso dice: *"Vendrá nuestro Dios, y no callará; fuego consumidor hay delante de él, y tempestad poderosa le rodea".* El profeta Daniel tuvo también una visión de esta escena cuando escribió: *"su trono, llama de fuego, y las ruedas del mismo, fuego ardiente. Un río de fuego procedía y salía de delante de él"* (Daniel 7:9-10)».

[33] La versión griega de los LXX o Septuaginta lee: ὁ θεὸς ἡμῶν, καὶ οὐ παρασιωπήσεται, que la Vulgata traduce al latín como: *"Deus manifeste veniet: Deus noster, et non silebit".* EUSEBIO DE CESAREA [267-338] comenta al respecto: «La divina profecía establece aquí con claridad que Dios vendrá *"manifiestamente",* disipando con ello cualquier duda de que no se está refiriendo a otra cosa sino a la venida del Verbo, de la Palabra hecha carne (Juan 1:1-14). Y para confirmarlo muestra con igual claridad la razón de su venida, al enfatizar la convocatoria a todas las naciones en todo el orbe: *"desde el nacimiento del sol hasta donde se pone"* (50:1), desvelando con ello que tras su manifestación en carne, el culto ritual prescrito en la ley de Moisés sería abolido; el Evangelio predicado a los gentiles, y convocados todos los pueblos, desde donde nace el sol hasta donde se pone, para que adoren a Dios no bajo la ley de Moisés sino de acuerdo con el

"vendrá manifiestamente, el Dios nuestro, y no callará". El salmista no diría que vendrá *"manifiestamente"* de no ser porque cuando vino por primera vez permaneció en oculto; y no diría que *"no callará"*, de no ser porque anteriormente guardó silencio. ¿Cómo guardó silencio entonces? Preguntadle al profeta Isaías: *"como cordero fue llevado al matadero; y como oveja delante de sus trasquiladores, enmudeció, y no abrió su boca"*.[34] ¿Cómo vendrá ahora manifiestamente? *"Fuego consumidor irá delante de él, y le rodeará tempestad poderosa"*. Sí, tempestad para aventar la era, separando completamente la paja del trigo; y fuego para consumir todo aquello que avente la tempestad.[35] Y, sin embargo, por el momento permanece callado. Guarda silencio sobre el juicio, pero no sobre los preceptos. Pues si callara totalmente, ¿de dónde nos vendrían los evangelios? ¿las voces de los apóstoles? ¿los cánticos de los Salmos? ¿o las amonestaciones de los profetas? No, ciertamente, en todo esto Cristo no calla. Y sin embargo, está en silencio. Calla, pero no calla: no calla en sus advertencias; calla en cuanto al juicio y la condena. Pero vendrá resplandeciente para tomar venganza, y será visto por todos, incluso por aquellos que no creen en él. Cuando vino anteriormente lo hizo vestido con humilde disfraz, porque debía ser despreciado; pues si no le hubieran despreciado no le hubieran crucificado; y si no hubiera sido crucificado, no hubiera derramado su sangre, que era el precio de nuestra redención. Entonces calló y enmudeció su boca. Pero como dice en otro pasaje: *"Por mucho tiempo he guardado silencio, he estado callado y me he contenido... pero ahora lanzaré un grito de guerra"*.[36] Y cuando lo haga, vendrá manifiestamente. No para ser objeto de burla y escarnio, no para ser golpeado con una caña, no para ser abofeteado y flagelado, crucificado, muerto, y sepultado; todo esto lo quiso padecer voluntariamente en silencio, en oculto. Pero ahora: *"Dios vendrá manifiestamente, el Dios nuestro, y no callará"*.

AGUSTÍN DE HIPONA [354-430]

Que venga nuestro Dios. Junius y Tremelius[37] traducen: *"¡Venga nuestro Dios!"*, entendiéndolo como una oración encaminada a apresurar su advenimiento, igual que leemos en Apocalipsis: *"El que testifica de estas cosas dice: Sí, vengo pronto. Amén. Ven, Señor Jesús"*.[38]

MATHEW POOLE [1624-1679]

"Synopsis Criticorum Aliorumque Sactae Scripturae Interpretum", 1669

Fuego consumidor hay delante de él, y tempestad poderosa le rodea. El futuro en la primera cláusula se puede leer como un presente: *"Viene el Señor"* ligándolo a la segunda cláusula: *"fuego*

Nuevo Pacto. Por tanto, las mismas palabras pueden aplicarse igualmente a la Segunda y más gloriosa venida, o manifestación, de nuestro Salvador».

– EVAGRIO DEL PONTO [345-399]: «Nuestro Dios se muestra *"manifiestamente"*, es decir, se muestra en Cristo, porque en Cristo nuestro Dios se mostró en la carne, y la carne es lo que perciben nuestros sentidos de forma manifiesta: *"Y el Verbo se hizo carne, y habitó entre nosotros (y vimos su gloria, gloria como del unigénito del Padre), lleno de gracia y de verdad"* (Juan 1:14). Por ello sabemos que cuando el salmista dice *"manifiestamente"*, quiere decir "en la carne"».

[34] Isaías 53:7.

[35] Salmo 1:4; Mateo 3:12

[36] Isaías 42:13-14; 62:1.

[37] Se refiere a FRANCISCUS JUNIUS, apodado "El Viejo" [1545-1602], erudito teólogo hugonote, que colaboró en la traducción de su versión latina del Antiguo Testamento con GIOVANNI EMMANUELE TREMELLIO o IMMANUEL TREMELIUS [1510-1580], judío nacido en Ferrara, Italia, y posteriormente convertido al cristianismo, erudito hebraísta conocido por su traducción de la Biblia del hebreo y siríaco al latín.

[38] Apocalipsis 22:20.

consumidor hay delante de él, y tempestad poderosa le rodea". Es como si el estruendo de su voz y la luz de su gloria hubieran precedido a su apariencia real. La imagen está tomada, sin lugar a dudas, de la entrega de la ley a el monte Sinaí.[39]

JOSEPH ADDISON ALEXANDER [1809-1860]
"The Psalms Translated and Explained", 1850

Fuego consumidor hay delante de él. Así como entregó a los hombres su ley en el Sinaí rodeado de fuego,[40] así también rodeado de fuego demandará y juzgará su cumplimiento.

JOHN TRAPP [1601-1669]
"A commentary or exposition upon the books of Ezra, Nehemiah, Esther, Job and Psalms", 1657

Vers. 4. *Convocará a los cielos de arriba, y a la tierra, para juzgar a su pueblo.* *[Convoca a los cielos desde arriba, y a la tierra, para juzgar a su pueblo.* RVR*] [El convoca a los cielos desde lo alto, y a la tierra, para juzgar a su pueblo.* LBLA*] [Desde arriba convoca a los cielos y a la tierra, para juzgar a su pueblo.* BTX*] [Dios convoca a los cielos y a la tierra, para que presencien el juicio de su pueblo.* NVI*] [Desde la altura convoca a cielos y tierra para juzgar a su pueblo.* BLP*] [Pone al cielo arriba y a la tierra abajo como testigos del juicio a su pueblo.* NTV*]*

Convoca a los cielos desde arriba, y a la tierra.[41] Ángeles y hombres, mundos e inframundos, son convocados a presenciar la escena solemne. La creación entera acudirá ante el tribunal para testificar la solemnidad y veracidad del litigio divino.[42] La tierra desde abajo y los cielos desde arriba se unirán en la condenación del pecado; los culpables no tendrán apelación, aunque todos serán convocados a apelar si se atreven. Tanto ángeles como hombres han sido testigos de la bondad del Señor y la culpa de la humanidad; por tanto, confesarán la justicia del enunciado divino y dirán *"Amén"* a la sentencia del Juez supremo. ¡Ay de vosotros rechazadores! ¿Qué haréis y a quién os volveréis?

Para juzgar a su pueblo. El juicio comienza en la propia casa de Dios. La causa abierta contra el pueblo visible de Dios será un ceremonial asombroso, pues el Señor aventará por completo la era;[43] discernirá entre lo falso y lo verdadero, entre lo nominal y lo real, y lo hará a puerta abierta, con todo el universo contemplándolo. Alma mía, cuando esto suceda realmente, ¿cómo te irá? ¿Podrás soportar el día de su venida?[44]

C. H. SPURGEON

Convoca a los cielos desde arriba, y a la tierra. A fin de que todas las criaturas puedan ser una evidencia discursiva contra un pueblo indigno, y testigos de las acciones justas de Dios contra él.[45] La versión Caldea parafrasea del siguiente modo: *"Llamará desde arriba a los ángeles sublimes; y los justos de la tierra desde abajo"*.

JOHN TRAPP [1601-1669]
"A commentary or exposition upon the books of Ezra, Nehemiah, Esther, Job and Psalms", 1657

[39] Éxodo 19:16-25. Ver también Deuteronomio 33:2; Jueces 5:4; Isaías 30:27; Habacuc 3:3-5.
[40] Éxodo 19:16-25.
[41] Deuteronomio 31:28; 32:1; Isaías 1:2.
[42] Deuteronomio 4:26; 1 Macabeos 2:37.
[43] Mateo 3:12.
[44] Malaquías 3:2.
[45] Deuteronomio 32:1 Isaías 1:2 Miqueas 1:2; 6:2.

Vers. 5. *Juntadme mis santos, los que hicieron conmigo pacto con sacrificio.* *[Juntadme mis santos, los que hicieron conmigo pacto con sacrificio.* RVR*] [Y dice: Juntadme a mis santos, los que han hecho conmigo pacto con sacrificio.* LBLA*] [¡Juntadme a mis santos! Que sellaron pacto conmigo por medio del sacrificio.* BTX*] [«Reúnanme a los consagrados, a los que pactaron conmigo mediante un sacrificio».* NVI*] ["Congregadme vosotros a mis fieles que con un sacrificio sellaron mi alianza".* BLP*] [«Tráiganme a mi pueblo fiel, a los que hicieron un pacto conmigo, al ofrecer sacrificios».* NTV*]*

Juntadme mis santos.[46] Id, mensajeros veloces, y separad lo precioso de lo vil. Recoged el trigo del granero celestial. Que los elegidos, marcados por mi gracia selectiva como mis santificados, por más que hayan estado desde tiempo esparcidos, sean ahora congregados en un solo lugar. No todos los que dicen ser santos o lo parecen lo son, es preciso hacer una separación; por tanto, que todos aquellos que profesan ser santos se reúnan delante de mi trono de juicio y escuchen la Palabra que va a escudriñarlos y ponerlos a prueba, para que los falsos sean descubiertos y los verdaderos revelados.

Los que hicieron conmigo pacto con sacrificio. Esta es la gran prueba, y algunos se han atrevido a falsificarla. El pacto fue ratificado mediante el sacrificio de víctimas, con el trocear y dividir las ofrendas;[47] y esto lo han hecho los justos al aceptar con fe verdadera el gran sacrificio propiciatorio; pero los que tan solo aparentan, lo han hecho meramente en la forma externa. Que se reúnan, pues, todos ante el trono para hacer la prueba; y aquellos que han ratificado de veras el pacto por la fe en el Señor Jesús recibirán testimonio ante los mundos del universo de ser acreedores de gracia distintiva; y los formalistas se darán cuenta de que los sacrificios externos son todos en vano. ¡Oh solemne congregación, cómo se inclina mi alma en santa reverencia ante tan sublime perspectiva!

C. H. SPURGEON

Juntadme mis santos. ¿A quién da esta orden? Muchos suponen que a los ángeles, como ministros ejecutores de la voluntad de Dios. Pero considero innecesario hacer conjeturas fuera de lo expresado en el propio salmo.

JOHN JAMES STEWART PEROWNE [1823-1904]
"Commentary on the Book of Psalms", 1864

Mis santos. Esto es, aquellos que son objeto de mi misericordia, aquellos a los que yo he llamado y distinguido de manera especial. El término es particularmente descriptivo de una relación peculiar, no de una calidad intrínseca.

JOSEPH ADDISON ALEXANDER [1809-1860]
"The Psalms Translated and Explained", 1850

[46] Dice FRANCISCO LACUEVA [1911-2005] en su versión española del "Comentario de Matthew Henry": «El vocablo hebreo que utiliza el salmista para decir *"mis santos"* es: חֲסִידָ֑י *ḥăsîḏāy;* porque Dios había hecho su pacto con Israel como una señal de su especial amor misericordioso: חֶ֫סֶד *hesed* hacia ellos (Éxodo 24:1-8). Al disfrutar de tan singular privilegio, su responsabilidad era también singular; por eso, a causa de la infidelidad, la cuenta que se les pide va acompañada de especial severidad. Por el pacto de la redención (ver 2 Corintios 5:19), Dios extiende su propósito de reconciliación a todo el mundo, no solo al pueblo de Israel. Todos los creyentes son ahora linaje escogido, regio sacerdocio y nación santa (1 Pedro 2:9; Éxodo 19:6)».

[47] Génesis 15:9-10; Levítico 1:12-17.

Juntadme mis santos. Hay una doble unión o reunión con Cristo. Está la unión con Cristo por la fe, unión dentro del vínculo del pacto, unión a la familia de Dios, unión a la raíz de Isaí, que estará puesta como estandarte a los pueblos: *"Acontecerá en aquel tiempo que la raíz de Isaí, la cual estará puesta por estandarte a los pueblos, será buscada por las gentes; y su morada será gloriosa"*.[48] Este es el fin primordial del evangelio y la gran obra de sus ministros: juntar en este mundo los pecadores y reunirlos a los pies de Cristo. Pero habrá otra reunión con Cristo en el juicio universal a la que se refiere concretamente este versículo. Y la una es consecuencia de la otra, pues en el último día Cristo tan solo juntará a su alrededor a los que ya se juntaron con él aquí en la tierra; dará órdenes concretas de reunir exclusivamente a los adscritos a su pacto. Cristo, en su segunda venida reconocerá individualmente y juntará a su alrededor a los que le pertenecen, esto es *"a sus santos"*. Y este reconocimiento y pertenencia están implícitos en la orden explícita que da: *" Juntadme mis santos"* (…) Y quiero, por tanto, remarcar sobre esto los siguientes puntos:

1. Ser parte de los santos será en ese día una marca distintiva. Aquí abajo tenemos muchas distinciones y diferencias entre nosotros, pero todo esto desaparecerá y lo único que permanecerá será el distintivo de "santos".

2. Ser parte de los santos será un privilegio. Cuidado con menospreciar la santidad o la pureza, porque lo único que Cristo valora es la pureza en las vestiduras de sus seguidores,[49] y en el gran día esas serán la única distinción.

3. Ser parte de los santos será una garantía. Cristo no olvidará a ninguno de los que son suyos. Aquí en la tierra muchos de los santos permanecen en el olvido, pero Cristo los tendrá muy en cuenta en el gran día. Dará a sus mensajeros una lista exacta de sus santos, y la orden concreta de reunirlos a todos en derredor suyo.

4. Ser parte de sus santos será el más grande honor. Porque Cristo los reconocerá, y los confesará ante su Padre y sus santos ángeles.[50] «Han de ir a la casa de mi Padre, –dice Cristo– y deben ir en mi nombre, pues han de estar a mi derecha y a mi alrededor; y para ello es necesario que yo los reconozca, y que los reconozca ante mi Padre». Pero, ¿qué necesidad hay de que los reconozca ante los ángeles? Los santos han de ser compañeros de los ángeles, y por tanto, es necesario que los reconozca ante los ángeles. Será como un testimonio o acreditación ante los ángeles.

Finalmente, hablemos de las razones por las cuales *"sus santos"* le pertenecen, su derecho de propiedad sobre ellos, que entonces se hará especialmente evidente: *"Y ellos serán míos —dice el Señor de los ejércitos— el día en que yo prepare mi tesoro especial"*.[51] En aquel día será demasiado tarde ya para que nadie se convierta; por tanto, el significado de este texto no puede ser otro evidentemente que: serán míos porque ya eran míos.

JAMES SCOTT [1725-1773]

Juntadme mis santos. Estas palabras pueden ser consideradas como la comisión dada por el gran Juez a sus ángeles, espíritus ministradores *"poderosos en fortaleza, que ejecutan su mandato, obedeciendo la voz de su palabra"*.[52] El lenguaje concuerda perfectamente con las palabras de nuestro Señor cuando, aludiendo a la venida del Hijo del Hombre, cuando dice: *"Y enviará sus ángeles con gran voz de trompeta, y reunirán a sus escogidos, de los cuatro vientos, desde un extremo del cielo*

[48] Isaías 11:10.
[49] Efesios 5:27.
[50] Mateo 10:32; Lucas 12:8; Apocalipsis 3:5.
[51] Malaquías 3:17.
[52] Salmo 103:20.

hasta el otro".[53] Pero previamente a esta reunión general de los escogidos para el juicio final, Jehová los reúne de varias maneras, en varios lugares y por diversos medios, tanto de la providencia como de la gracia. Antes de sentarse en el trono de juicio, lo vemos sentado en el trono de la misericordia, y le escuchamos decir: *"Juntadme mis santos"*, una orden que nos lleva a distinguir entre: I. Los sujetos del mandato: *"mis santos"*; y II. El propósito del mandato: *"Juntadme"*.[54]

I. Los sujetos del mandato: *"mis santos"*. Por *"mis santos"* debemos entender aquellos que han sido santificados y apartados por Dios. Ninguno de nosotros posee este carácter por propia naturaleza, pues nacemos pecadores, pero por acción de la gracia divina experimentamos un cambio de naturaleza, y consecuentemente un cambio de nombre. Hay quienes utilizan con frecuencia el calificativo de *"santos"* para burlarse del pueblo de Dios «Mira –dicen los mundanos– por ahí va un santo». No obstante, hermanos míos, os aseguro que no se nos puede otorgar mayor honor que el de ser calificados de "santos", si en verdad nos hacemos acreedores de ese nombre. Pero ¿cómo venimos a *"ser santos"*? Nos convertimos en santos:

1. *Por elección divina.* Los santos son objeto del amor eterno; sus nombres están escritos en el libro de la vida del Cordero.[55] Y es digno de tener en cuenta que dondequiera que en la Sagrada Escritura se habla del pueblo de Dios como objeto de ese amor eterno, va en conexión con su santificación personal. Prestemos atención a que no son escogidos porque son santos, ni porque se prevé que lo serán, sino que son escogidos para ser santos. La santificación es el efecto y única evidencia de elección. No nacemos santos, nos convertimos en santos.
2. *Por transformación divina.* Consecuencia obvia y necesaria de esta elección. El poder del Espíritu Santo opera en los santos un cambio interior completo, espiritual, sobrenatural, absoluto. Ello les capacita para renovar sus mentes en el espíritu,[56] haciéndose partícipes de la naturaleza divina (…) Recordemos, pues, esta verdad importante: los cristianos somos llamados a ser santos[57] por el evangelio; no somos santos por nuestra ortodoxia, sino por nuestra santidad; y nuestra santidad va ligada a nuestra forma de vida, por tanto no somos santos ni un punto más allá de lo que seamos santos en nuestra conducta.
3. *Por conducta piadosa.* La mejor evidencia de nuestra santidad es nuestro comportamiento: *"Por sus frutos los conoceréis…"*;[58] no por sus sentimientos, no por su profesión de fe, no por sus palabras, no por su devoción, sino, *"por sus frutos"*.
4. *Por consagración divina.* El carácter de los santos es evidenciado por su consagración divina. El pueblo de Dios es llamado santo cuando está dedicado a Dios. Es deber y privilegio de los santos consagrarse al servicio de Dios. Incluso un filósofo pagano, Séneca, llegó a exclamar: «Me presto a las cosas del mundo, pero me entrego a los dioses».[59] Nosotros tenemos mucha más luz y conocimiento espiritual que él, lo que implica que en este aspecto, nuestros deberes y obligaciones son mucho mayores.

---

[53] Mateo 24:31.

[54] La versión inglesa KJV lo traduce como: *"Gather my saints together unto me"*, "Juntad a mis santos y reunidlos ante mí".

[55] Apocalipsis 21:27.

[56] Romanos 12:2; Efesios 4:23.

[57] 1 Tesalonicenses 4:7.

[58] Mateo 7:16-20.

[59] Lucio Anneo Séneca [4 a.C-65 d.C.] *"Epístolas morales a Lucilo"*, Epístola 102: *"Sobre la inmortalidad y la fama después de la muerte"*.

II. EL PROPÓSITO DEL MANDATO: *"Juntadme"*. El Señor reúne a sus santos de muy diversas maneras:

1. *Junta a sus santos en su conversión.* La gran comisión dada por Cristo a sus seguidores fue: *"Id por todo el mundo, y predicad el evangelio a toda criatura"*,[60] o en otras palabras: *"Juntadme a mis santos"*. El evangelio ha de ser predicado a los pecadores para que se conviertan en santos.
2. *Junta a sus santos en el culto público.*
3. *Junta a sus santos en los momentos de peligro.* Cuando se acumulan las tormentas a su alrededor, está deseoso de protegerlos del peligro, y les dice, en palabras de Isaías: *"Ven, pueblo mío, entra en tus aposentos* –los aposentos de mis perfecciones y promesas– *y cierra tras ti tus puertas; escóndete por corto tiempo en tanto que pasa la ira"*.[61]
4. *Junta a sus santos en el servicio de su iglesia.* Así junto Cristo a sus apóstoles para darles su comisión apostólica de *"id y enseñad a todas las naciones"*.[62] En época de la Reforma, el que es verdadera Cabeza de la Iglesia[63] levantó a Lutero y a Calvino, junto con otros eminentes reformadores, para que encendieran una llama en Europa, y en todo el mundo, una llama que el aliento del papado no fuera capaz de apagar.
5. *Junta a sus santos en la muerte, y en la resurrección. "Estimada es a los ojos del Señor la muerte de sus santos"*.[64] Este es el mandato que la muerte recibe habitualmente: «Ve, muerte, y junta a tales y cuales de mis santos». Así como el jardinero entra en el jardín y arranca la flor abierta y el fruto maduro, Jesucristo entra en el jardín de su Iglesia y *junta a sus santos* diciendo: *"Padre, aquellos que me has dado, quiero que donde yo estoy, también ellos estén conmigo, para que vean mi gloria que me has dado"*.[65]

JOHN SIBREE
en un sermón predicado en la reapertura de la Capilla de Surrey, 29 de agosto de 1830.

Los que hicieron conmigo pacto con sacrificio. En hebreo כֹּרְתֵ֖י בְרִיתִ֣י עֲלֵי־זָֽבַח *kōrəṯê ḇərîṯî 'ălê-zāḇaḥ* de כָּרַת *karath,* literalmente, "cortar, trocear", probablemente una alusión a la costumbre de matar y partir o trocear las víctimas como un rito religioso acompañando a los pactos solemnes: *"Y tomó él todo esto, y los partió por la mitad, y puso cada mitad una enfrente de la otra"*.[66] Se aplica también al sacrificio pues cumple un compromiso o renovación del pacto con a Dios, y probablemente se trate de una alusión al compromiso o renovación del pacto hecha por Moisés: *"Y tomó el libro del pacto y lo leyó a oídos del pueblo, el cual dijo: Haremos todas las cosas que Jehová ha dicho, y obedeceremos. Entonces Moisés tomó la sangre y roció sobre el pueblo, y dijo: He aquí la sangre del pacto que Jehová ha hecho con vosotros sobre todas estas cosas"*.[67] La referencia al sacrificio en este versículo muestra claramente que lo dicho en los versículos siguientes no pretendía invalidar, desacreditar o repudiar este símbolo esencial del antiguo sistema ceremonial, sino más bien la forma impropia en que lo llevaban a cabo.

JOSEPH ADDISON ALEXANDER [1809-1860]
"The Psalms Translated and Explained", 1850

---

[60] Marcos 16:15.
[61] Isaías 26:20.
[62] Mateo 28:19.
[63] Efesios 5:23.
[64] Salmo 116:15.
[65] Juan 17:24.
[66] Génesis 15:10-18.
[67] Éxodo 24:4-8.

Los que hicieron conmigo pacto con sacrificio. Antiguamente los soldados solían prestar un juramento, que llamaban *"sacramentum militaire"*, "juramento militar", de que no se separarían de sus banderas, sino que se mantendrían fieles al lado de sus jefes y líderes. El mismo tipo de juramento recae sobre todo cristiano, y es esencial para formar parte de los santos. *"Juntadme los que hicieron conmigo pacto con sacrificio"* No somos propiamente cristianos hasta que hayamos suscrito este pacto, y sin ninguna reserva. Cuando hacemos profesión del nombre de Cristo, nos alistamos en sus filas, en su rol de leales congregados, y con ello prometemos que viviremos y moriremos con él en oposición a todos sus enemigos (...) Él no nos acogerá hasta que libremente renunciemos a cualquier otra lealtad, para que no haya conflicto con sus mandatos, sino que plenamente bajo su autoridad, vayamos y vengamos a su sola palabra.

WILLIAM GURNALL [1617-1679]
"Christian in complete armour, or, a treatise of the saints war against the Devil", 1655

Vers. 6. *Y los cielos declararán su justicia, porque Dios es el juez. Selah.* *[Y los cielos declararán su justicia, porque Dios mismo es el juez. Selah* RVR*] [Y los cielos declaran su justicia, porque Dios mismo es el juez. Selah.* LBLA*] [Los cielos proclamarán su justicia, porque Elohim es el Juez. Selah.* BTX*] [El cielo proclama la justicia divina: ¡Dios mismo es el juez! Selah.* NVI*] [Los cielos proclaman su justicia porque es Dios mismo el que juzga. Pausa.* BLP*] [Luego dejen que los cielos proclamen la justicia divina, porque Dios mismo será el juez. Interludio.* NTV*]*

Y los cielos declararán su justicia. Las inteligencias celestiales y los espíritus de los justos hechos perfectos, magnificarán el juicio infalible del tribunal divino.[68] Ahora se maravillan, sin duda, ante la hipocresía de los hombres; entonces también se maravillarán, pero de la exactitud de la separación divina entre lo verdadero y lo falso.

Porque Dios mismo es el juez. Esta es la razón de la exactitud en la sentencia.[69] A los sacerdotes de antaño y las iglesias de épocas posteriores, se les engañaba fácilmente, pero no así al Señor de discernimiento infinito. En el gran trono blanco no se sienta ningún juez adjunto; el propio injuriado, Señor de todos, sospesa la evidencia y asigna la venganza o la recompensa. La escena descrita en este Salmo es una concepción poética espléndida, pero es también una profecía inspirada acerca de aquel día, ardiente como un horno,[70] cuando el Señor discernirá entre el que le teme y el que no le teme.

Selah. Bien merece que hagamos aquí una pausa en postura reverente para escudriñar profundamente nuestro corazón en oración humilde, en asombro expectante, y en santo temor.

C. H. SPURGEON

Y los cielos declararán su justicia. Esta frase es una forma retórica de la Escritura para enseñarnos que todo aquello que Dios ordena o desea debe ser notorio y tenido como lo más importante tanto en los cielos como en la tierra:[71] porque los cielos son vistos por todos, y su luz hace visibles todas las cosas. En este caso menciona los cielos, y no de la tierra, porque los cielos son eternos, mientras que la tierra es temporal y pasajera.

MATHEW POOLE [1624-1679]
"Synopsis Criticorum Aliorumque Sactae Scripturae Interpretum", 1669

[68] 1 Corintios 6:3.

[69] Job 34:10-12; 17-19; Romanos 1:18; 3:3-6.

[70] Malaquías 4:1.

[71] Mateo 6:10.

Vers. 7-15. Lo que sigue a continuación, empezando en el versículo siete, va dirigido directamente a los que profesan pertenecer al pueblo de Dios. El Juez se dirige claramente a Israel, en primer lugar, pero sus palabras son aplicables por igual a la Iglesia visible de Dios en todas las épocas. Declara la futilidad del culto externo cuando este se practica vacío de fe espiritual y se apoya meramente en las ceremonias externas.

C. H. SPURGEON

Vers. 7. *Oye, pueblo mío, y hablaré; escucha, Israel, y testificaré contra ti: Yo soy Dios, el Dios tuyo.* *[Oye, pueblo mío, y hablaré; escucha, Israel, y testificaré contra ti: Yo soy Dios, el Dios tuyo.* RVR*] [Oye, pueblo mío, y hablaré; Israel, yo testificaré contra ti. Yo soy Dios, tu Dios.* LBLA*] [Oye, pueblo mío, y hablaré, testificaré contra ti, Israel. Yo soy Elohim, el Elohim tuyo.* BTX*] [«Escucha, pueblo mío, que voy a hablar; Israel, voy a testificar contra ti: ¡Yo soy tu Dios, el único Dios!* NVI*] [Escucha, pueblo mío, y hablaré; Israel, contra ti yo testifico: Yo soy Dios, tu Dios.* BLP*] [«Oh pueblo mío, escucha cuando te hablo. Estas son las acusaciones que tengo contra ti, oh Israel: ¡yo soy Dios, tu Dios!* NTV*]*

Oye, pueblo mío, y hablaré. Puesto que es Jehová quien habla y ellos son decididamente su pueblo, están obligados a prestar atención. *"Déjame hablar"*, dice el gran YO SOY *"y hablaré"*. Los cielos y la tierra no son más que oyentes, el Señor está a punto tanto de testificar como de juzgar.

Escucha, Israel, y testificaré contra ti.[72] Para dar legitimidad al discurso se utiliza el nombre del pacto: *"Israel"*;[73] era un mal por partida doble que la nación elegida se hubiera vuelto tan carnal, tan insensible, tan falsa, tan desalmada para con su Dios. Y por tanto, el propio Dios, cuyos ojos no duermen,[74] que no puede ser burlado ni engañado por rumores,[75] sino que ve las cosas por sí mismo, entra en escena como testigo de cargo contra su nación favorecida. ¡Ay de nosotros cuando Dios, el Dios de nuestros padres, testifica de la hipocresía de la Iglesia visible!

Yo soy Dios, el Dios tuyo. Los había elegido para ser su pueblo peculiar sobre todas las demás naciones, y ellos habían prometido y declarado de la manera más solemne que él era su Dios. De ahí la razón para llamarlos a cuentas. La ley comenzaba diciendo: *"Yo soy el Señor tu Dios, que te saqué de la tierra de Egipto"*,[76] y ahora la sesión de su juicio se abre con el mismo recordatorio de su singular posición, privilegio y responsabilidad. No solo se le recuerda a Israel que Jehová es Dios, sino *"el Dios tuyo"*, y esto es lo que le hace especialmente accesible y sujeto a sus reproches.

C. H. SPURGEON

Vers. 8. *No te reprenderé por tus sacrificios, ni por tus holocaustos, que están continuamente delante de mí.* *[No te reprendo por falta de sacrificios; tus holocaustos están continuamente delante de mí.* RVR*] [No te reprendo por tus sacrificios, ni por tus holocaustos, que están continuamente delante de mí.* LBLA*] [No te reprendo por tus sacrificios, ni por tus holocaustos, que están siempre*

---

[72] Salmo 81:8; Jeremías 42:19-22; Amós 3:13.

[73] Génesis 32:28; 35:10. Dice KRAUS al respecto: «La palabra de testimonio divino va dirigida a 'todo Israel' al que se concebía como una unidad y como a una unidad se le hablaba (incluso en épocas de división y de dispersión)».

[74] Salmo 121:4.

[75] Job 13:9; Gálatas 6:7.

[76] Éxodo 20:2.

delante de Mí. BTX*] [No te reprendo por tus sacrificios ni por tus holocaustos, que siempre me ofreces.* NVI*] [No te reprendo por tus sacrificios, pues tus holocaustos están siempre ante mí.* BLP*] [No tengo quejas de tus sacrificios ni de las ofrendas quemadas que ofreces constantemente.* NTV*]*

No te reprendo por tus sacrificios, ni por tus holocaustos, que están continuamente delante de mí. Habían cumplido en mantener su culto exterior, y si habían incumplido, no les iba a pedir explicaciones por ello; pues lo que se estaba dirimiendo era una cuestión más más importante. Creían que con los sacrificios diarios y los abundantes holocaustos ya era suficiente; pero si descuidaban el sacrificio interior de la piedad del corazón, Dios los tenía por nada. Lo más importante para ellos era lo menos importante para Dios. Y lo sigue siendo aún en el día hoy. Los (llamados)[77] sacramentos y ritos sagrados, son la principal preocupación de muchas personas altamente religiosas, pero inconversas, que pasan por alto que para el Altísimo lo que realmente cuenta es el culto espiritual, que ellos olvidan. Bueno es que los mandamientos externos se mantengan a toda costa en base a la ley divina; pero si lo interno, si lo espiritual y secreto no está en consonancia en ellos, son una oblación vana, un ritual muerto, cuando no una abominación ante el Señor.[78]

C. H. SPURGEON

No te reprendo por falta de sacrificios. No por ausencia de ellos, sino por tu actitud en ellos; por ofrecerme tan solo la corteza, trayéndome la cáscara vacía sin el grano; sin poner tu mirada en el sentido y propósito final; olvidándote del fondo y centrándote únicamente en la forma.

JOHN TRAPP [1601-1669]

"A commentary or exposition upon the books of Ezra, Nehemiah, Esther, Job and Psalms", 1657

No te reprendo por tus sacrificios, ni por tus holocaustos, que están continuamente delante de mí. El *"que están"* no figura en el texto hebreo, ha sido añadido por nuestros traductores, y se puede eliminar perfectamente sin que el sentido se altere en nada; pero si preferimos seguir con el *"que están"*, entonces deberíamos eliminar la partícula negativa *"ni"* y leer el versículo del siguiente modo: *"No te reprendo por tus sacrificios, y tus holocaustos continuamente delante de mí"*.[79] Es decir, no

[77] Entre paréntesis en el original.

[78] Isaías 1:11-18.

[79] A esta misma conclusión llega también KRAUS en su comentario, pero va un paso más allá en su análisis y valoración de las causas de la reprensión divina a Israel: «En el versículo ocho (50:8) se comienza por destacar expresamente que los sacrificios y holocaustos, tal como se ofrendan en la práctica cultual de Israel, no deben rechazarse sistemáticamente ni condenarse de manera total (como pretenden deducir muchos exegetas del Sal 50). Yahvé no reprende a su pueblo por ofrecerle sacrificios, lo que rechaza severamente son los efectos que pretenden conseguir ofreciendo tales sacrificios. Reprueba las esperanzas de la comunidad en lo que respecta a estos sacrificios y holocaustos: una concepción pagana y mágica [...] Se espera que Yahvé *"tome"*: לָקַח *laqach* (50:9) el animal; que reconozca el valor del sacrificio, que satisfaga con él su hambre (50:12), y que disfrute con él. Para decirlo con otras palabras, se pretende infundir fuerza en Yahvé, causarle impresión, apaciguar su cólera y conseguir en él un estado de ánimo favorable. Contra estos fines y objetivos, que al parecer dominan todo el culto y que están asociados con los sacrificios, se alzan las palabras proféticas. Yahvé no acepta sacrificios de animales en este sentido [...] Se rechaza severamente la concepción mágica de que el sacrificio aporte necesariamente fuerza a la divinidad, porque de Yahvé es la tierra y su plenitud (50:9-13). El es el Creador y el Señor del mundo [...] Se eliminan las concepciones ingenuamente antropomórficas de Dios, como si él comiera la carne de los animales y bebiera la

te acuso de descuidar tus deberes de culto externo, pero sí de falta de adoración interior o espiritual, que es lo que más me agrada: *"Ofrece a Dios sacrificio de acción de gracias, y cumple tus votos al Altísimo"* (50:14).

JOSEPH CARYL [1602-1673]

Vers. 8-9. En estos versículos encontramos la misma recriminación que el propio Señor cuando estuvo en la tierra hizo contra los escribas y Fariseos:[80] dar excesiva importancia a la observancia exterior de sus tradiciones; al lavado de ollas y vasos y otras cosas semejantes;[81] al pago de diezmos de eneldo, menta y comino;[82] al cumplimiento ostentoso ante los ojos de los hombres de todas las ceremonias y observancias de la ley; a la exaltación de la sombra con exclusión de la sustancia. ¿Y acaso no vemos lo mismo en nuestros días en las vestiduras de los ministros, en las reverencias, en el postrarse de rodillas y otras posturas corporales? Como si la Iglesia material, y no Cristo, fuera el todo en todos;[83] y Dios no fuera Espíritu, exigiendo que aquellos que le adoran lo hagan en espíritu y en verdad.[84] Como si el oro y los adornos del templo fueran más importantes y prevalecieran por encima de lo escondido en el corazón, que es lo verdaderamente incorruptible; por encima de un carácter manso y humilde, que es lo que mayor valor tiene ante los ojos de Dios.

BARTON BOUCHIER [1794–1865]

"Manna in the heart or daily comments on the book of Psalms", 1855

Vers. 9. ***No tomaré de tu casa becerros, ni machos cabríos de tus apriscos.*** *[Pero no tomaré de tu casa becerros, ni machos cabríos de tus apriscos.* RVR*] [No tomaré novillo de tu casa, ni machos cabríos de tus apriscos.* LBLA*] [No aceptaré becerros de tu casa, ni machos cabríos de tus apriscos.* BTX*] [No necesito becerros de tu establo ni machos cabríos de tus apriscos.* NVI*] [No tomaré el becerro de tu casa ni el macho cabrío de tus corrales.* BLP*] [Pero no necesito los toros de tus establos ni las cabras de tus corrales.* NTV*]*

Pero no tomaré de tu casa becerros. Habían soñado neciamente que los becerros con cuernos y pezuñas podían agradar al Señor, cuando en realidad él busca corazones y almas sinceras. Se habían imaginado de forma impía que Jehová necesita estas provisiones, y que si ellos proveían su altar de animales engordados, él estaría satisfecho. Lo que tenía como propósito ser un símbolo para su

---

sangre de los machos cabríos (50:13). Se reprueban todas las esperanzas que el hombre tiene acerca de su posibilidad y capacidad de influir en Yahvé […] Nadie puede influir en el Altísimo לֵאלֹהִים *lêlōhîm* ofreciéndole dones. Pero, eso sí, es indispensable reconocer los dones del לֵאלֹהִים *lêlōhîm* y darle gracias […] En el día de la angustia, el hombre no debe tratar de influir en Yahvé, sino que debe קְרָא *qara* invocarlo (50:15) y aguardar con confianza la intervención del Señor» [Los Salmos, Vol. I, Sal. 1-59; Ediciones Sígueme, Salamanca, 1993]. Y más triste y de lamentar es que esta práctica errónea de Israel en la antigüedad, la pretensión de influir en las decisiones del Altísimo, que tan enérgicamente denuncia y condena el Salmo 50, no ha desaparecido, sigue vigente en el siglo XXI contaminando el culto cristiano en numerosas iglesias y comunidades.

[80] Mateo 23:1-36.

[81] Mateo 23:25; Marcos 7:4.

[82] Mateo 23:23.

[83] 1 Corintios 15:28; Efesios 1:23.

[84] Juan 4:24.

instrucción se convirtió en el objeto de su falsa seguridad y confianza. Olvidaron que *"el obedecer es mejor que un sacrificio, y el prestar atención, que la grosura de los carneros"*.[85]

Ni machos cabríos de tus apriscos. Menciona a estas víctimas menores tratando de despertar su sentido común y ver que el gran Creador no podría encontrar satisfacción en meras ofrendas animales. Si las requiriera, no recurriría a sus exiguos corrales y apriscos; de hecho rehúsa aceptar uno siquiera cuando se lo llevaban bajo la falsa concepción de que haciéndolo le complacían. Lo cual demuestra que los sacrificios de la ley eran meramente simbólicos de otras cosas superiores y espirituales, y que no resultaban agradables a Dios excepto bajo su condición de tipo. El adorador creyente que veía en el sacrificio más allá de lo externo, era aceptado; el carente de espiritualidad, agarrado al hecho material en sí mismo, y desprovisto de todo interés por su significado espiritual, estaba desperdiciando su sustancia, y blasfemando contra el Dios del cielo.[86]

C. H. Spurgeon

Vers. 10. ***Porque mía es toda bestia del bosque, y los millares de animales en los collados.*** *[Porque mía es toda bestia del bosque, y los millares de animales en los collados.* RVR*] [Porque mío es todo animal del bosque, y el ganado sobre mil colinas.* LBLA*] [Porque mía es toda bestia del bosque, y los ganados sobre mil colinas.* BTX*] [Pues míos son los animales del bosque, y mío también el ganado de los cerros.* NVI*] [Pues mías son las fieras del bosque y el ganado de los montes de pastoreo.* BLP*] [Pues todos los animales del bosque son míos, y soy dueño del ganado de mil colinas.* NTV*]*

Porque mía es toda bestia del bosque. ¿Cómo pudieron llegar a imaginar que el Dios Altísimo poseedor del cielo y de la tierra necesitara bestias, cuando todas las hordas que se refugian en mil bosques y desiertos le pertenecen?

Y los millares de animales en los collados. No solo las bestias salvajes, también criaturas más dóciles: son todas suyas. Si Dios se preocupara por estas cosas podría abastecerse sin dificultad. Además, lo que ellos consideraban como "su ganado", tampoco era suyo después de todo, pues seguía siendo propiedad del gran Creador, con el cual estaban en deuda. Desde Dan hasta Beerseba,[87] de Nebaiot[88] al Líbano, no se alimentaba un solo animal que no estuviera marcado con el nombre del

[85] 1 Samuel 15:22.

[86] Mucho se ha escrito y debatido en este sentido sobre los motivos por los que Dios aceptó el sacrificio de Abel y rechazó el de Caín (Génesis 4:1-7). La Biblia no lo dice fuera de la referencia que hallamos en Hebreos de que *"**por la fe** Abel ofreció a Dios más excelente sacrificio que Caín"* (Hebreos 11:4), convirtiendo este *"por la fe"* en referencia clave para entender por qué Dios aceptó la ofrenda de Abel y rechazó la de Caín. Mucho se ha especulado sobre las diferencias en la naturaleza de las ofrendas: si una era vegetal y la otra de animales; si Abel trajo: *"de los primogénitos de sus ovejas, de lo más gordo de ellas"*, mientras que Caín se limitó a traer: *"del fruto de la tierra una ofrenda"*; pero solo son especulaciones, no hay base suficiente para adentrarse en este camino. Lo que sí resulta evidente es que sí Caín y Abel decidieron ofrecer sacrificios a Dios es porque debían existir al respecto unas instrucciones previas; y todo parece indicar que si Dios no aceptó la ofrenda de Caín fue debido a que no la ofreció de acuerdo a esas instrucciones, al contrario, se limitó a traer *"del fruto de la tierra una ofrenda"*, una ofrenda modelada a su propia conveniencia y deseo, ignorando los requerimientos de Dios. Y en este sentido la conexión entre Génesis 4:1-7, Hebreos 11:4, y el Salmo 50:8-17 resulta más que evidente.

[87] Jueces 20:1; 1 Samuel 3:20.

[88] Territorio en el sureste de Palestina, junto a las tierras de Cedar (Isaías 60:7), ocupado por los descendientes del primogénito de Ismael (Génesis. 25:13, 16; 28:9; 36:3; 1 Crónicas 1:29). La idea del autor al

gran Pastor; ¿por qué, entonces anhelaba sacrificios y holocaustos de Israel? ¡Qué flaco favor se hace a los sacrificios de la designación divina cuando erróneamente se los ve como agradables a Dios por sí mismos! ¡Y todo ello expresamente establecido bajo la ley! Cuánto más claro no queda todo en el Evangelio, que nos revela que *"Dios es espíritu, y los que le adoran deben adorarle en espíritu y en verdad"*.[89] Y vosotros ritualistas, sacramentalistas, fariseos modernos, ¿qué decís a esto?

C. H. SPURGEON

Porque mío es todo animal del bosque, y el ganado sobre mil colinas. Esta segunda cláusula, en hebreo בְּהֵמ֗וֹת בְּהַרְרֵי־אָֽלֶף *bəhêmōwṯ bəharrê-'ālep̄,* tanto puede significar *"mil colinas"* como *"ganado que pasta sobre las colinas a millares"*. Probablemente una alusión a las tierras montañosas de Basán más allá del Jordán.[90] Según la etimología, el sustantivo en la primera cláusula: כָל־חַיְתוֹ־יָ֑עַר *kāl-hayṯōw-yā'ar* significa "un animal" sin especificar; y en las segunda: בְּהֵמ֗וֹת *bəhêmōwṯ* de בְּהֵמָה *behemah* "bestias" o brutos en general. Pero cuando se coloca en antítesis, la primera denota una bestia salvaje y la segunda uno doméstico o ganado. Ambos términos eran necesarios para expresar la propiedad soberana y absoluta de Dios sobre toda la creación animal. Así entendido, el versículo aporta una razón para la afirmación negativa en el anterior: *"No tomaré novillo de tu casa, ni machos cabríos de tus apriscos"* (50:9). Incluso en el supuesto de que Dios pudiera estar necesitado de oblaciones animales, por propia voluntad o para beneficio de ellos, no estaría bajo la necesidad de acudir al hombre en su busca, puesto que toda la creación animal es su propiedad y está perfectamente a su disposición.

JOSEPH ADDISON ALEXANDER [1809-1860]
"The Psalms Translated and Explained", 1850

Vers. 11. *Conozco a todas las aves de los montes, y todo lo que se mueve en los campos me pertenece.* *[Conozco a todas las aves de los montes, y todo lo que se mueve en los campos me pertenece.* RVR*] [Toda ave de los montes conozco, y mío es todo lo que en el campo se mueve.* LBLA*] [Conozco toda ave de los montes, y todo lo que se mueve en el campo me pertenece.* BTX*] [Conozco a las aves de las alturas; todas las bestias del campo son mías.* NVI*] [Conozco cada ave de las montañas y los animales del campo son míos.* BLP*] [Conozco a cada pájaro de las montañas, y todos los animales del campo me pertenecen.* NTV*]*

Conozco a todas las aves de los montes. Todas las criaturas aladas están bajo inspección divina y cercanas a su mano; ¿qué valor le pueden tener entonces un par de tórtolas, o dos pichones?[91] El gran Señor no solo alimenta a todas sus criaturas, sino que las conoce bien una por una. ¡Cuán maravilloso es este conocimiento!

Y todo lo que se mueve en los campos me pertenece. Toda la población de criaturas que se mueven sobre la llanura le pertenece. ¿Por qué tendría que andar detrás de becerros y carneros? En él todas las cosas subsisten, viven y se mueven;[92] ¡Qué locos habían de estar para suponer que deseaba la vida de sus animales! Un Dios espiritual demanda otra vida distinta a la de los animales; busca sacrificio espiritual: el amor, la confianza, la alabanza, y la vida de sus corazones.

C. H. SPURGEON

mencionarlo junto al Líbano, que es la frontera norte, es la de una metáfora descriptiva de territorio: «desde lo más al norte hasta lo más al sur».

[89] Juan 4:24.

[90] Deuteronomio 3:13; Josué 13:11-2; 30-31; Salmo 22:12; Amós 4:1; Zacarías 11:2.

[91] Lucas 2:24.

[92] Job 12:10; Hechos 17:28.

Vers. 11-12. Ultrajamos la soberanía y suficiencia de Dios con pensamientos ocultos que nos hacen sentir merecedores de su favor en razón de nuestros sacrificios, ofrendas, ceremonias y actos religiosos; como si Dios quedara en deuda con nosotros. Como si nuestra adoración, alabanza y devociones pudieran proporcionar al Altísimo una bienaventuranza mayor de la que ya posee esencialmente, cuando, en realidad: *"Mi bien á ti no aprovecha"*.[93] Nuestros servicios a Dios son más bien servicios a nosotros mismos, y nos aportan felicidad a nosotros, no a Dios. Esta teoría oculta de los méritos personales (muy común entre los católicos romanos) es algo natural en el hombre; y a esta autocomplacencia que sentimos en secreto cuando cumplimos con cualquier deber, esperando alguna recompensa por parte de Dios por haberle sido provechosos, Dios nos dice: *"Mía es toda bestia del bosque, y los millares de animales en los collados; conozco a todas las aves de los montes, y todo lo que se mueve en los campos me pertenece; y si tuviese hambre, no te lo diría a ti; porque mía es la tierra y su plenitud"* (50:11-12). Ello implica que ofendemos su plenitud infinita pensando que necesita nuestros sacrificios, ofrendas y servicios; y que Dios queda obligado con nosotros a causa de nuestra adoración a él. Si consideramos que un mérito es algo que ganamos al hacer por alguien aquello que esa persona no puede hacer por sí misma, o hacerlo mejor de lo que ella hubiera podido hacer, entonces hacemos implícita en nuestra relación con Dios una murmuración, viéndola como un proceso de providencias cruzadas y recíprocas: en las tribulaciones consideramos haber merecido de parte de Dios, por los servicios prestados, un mejor trato del que recibimos de él; y en la prosperidad albergamos pensamientos secretos de que nuestros gozos no son sino el justo pago de aquello que Dios nos debe, más que un don que nos otorga libremente en función de su misericordia. De ahí que los hombres se muestren siempre mucho menos dispuestos a renunciar a su propia justicia que a sus pecados, y más propicios a comprar su salvación que a implorarla como un acto de gracia.

STEPHEN CHARNOCK [1628-1680]
"The Sinfulness and Cure of Thoughts", 1667

Vers. 12. ***Si yo tuviese hambre, no te lo diría a ti; porque mío es el mundo y su plenitud.*** *[Si yo tuviese hambre, no te lo diría a ti; porque mía es la tierra y su plenitud.* RVR*] [Si yo tuviera hambre, no te lo diría a ti; porque mío es el mundo y todo lo que en él hay.* LBLA*] [Si tuviera hambre, no te lo diría a ti, porque mía es la tierra y su plenitud.* BTX*] [Si yo tuviera hambre, no te lo diría, pues mío es el mundo, y todo lo que contiene.* NVI*] [Si tuviera hambre no te lo diría, pues mía es la tierra y cuanto la llena.* BLP*] [Si tuviera hambre, no te lo diría a ti, porque mío es el mundo entero y todo lo que hay en él.* NTV*]*

Si yo tuviese hambre, no te lo diría a ti. Extraño concepto el de un Dios hambriento. Con todo, admitiendo que una idea tan absurda fuera concebible, si el Señor deseara carne no se la pediría a los hombres. Podría abastecerse a sí mismo de sus propias posesiones y dominios; no necesitaría aprovisionamiento de sus criaturas. De modo que incluso recurriendo a la idea más burda de Dios, la fe en las ceremonias religiosas externas sigue siendo ridícula. ¿Piensan los hombres que el Señor necesita banderas y música, incienso y lino fino? Si fuera así, las estrellas levantarían su estandarte, los vientos y las olas serían su orquesta, diez mil veces diez mil flores exhalarían perfume, la nieve sería su alba, el arco iris su cinto, y las nubes de luz su manto. ¡Oh insensatos y tardos de corazón,[94] adoráis lo que no sabéis![95]

[93] Salmo 16:2 RVA. La versión inglesa KJV traduce: *"our goodness extends not to him"*.
[94] Lucas 24:25.
[95] Juan 4:22.

Porque mía es la tierra y su plenitud.[96] ¿Qué puede necesitar Aquel que es dueño de todas las cosas y capaz de crear cuanto quiera y como quiera? Así vuelca el Señor abrumadoramente sus argumentos sobre los formalistas.

C. H. SPURGEON

Si yo tuviese hambre, no te lo diría a ti. Una clara alusión a los sacrificios paganos que eran considerados como el festín de los dioses.

DANIEL CRESSWELL [1776-1844]
"The Psalms of David according to the Book of Common Prayer: with Critical and Explanatory Notes", 1843

Vers. 13. ***¿He de comer yo carne de toros, o de beber sangre de machos cabríos?*** *[¿He de comer yo carne de toros, o he de beber sangre de machos cabríos?* RVR*] [¿Acaso he de comer carne de toros, o beber sangre de machos cabríos?* LBLA*] [¿Como Yo acaso carne de bueyes, o bebo sangre de machos cabríos?* BTX*] [¿Acaso me alimento con carne de toros, o con sangre de machos cabríos?* NVI*] [¿Acaso como yo carne de toros o bebo la sangre de machos cabríos?* BLP*] [¿Acaso me alimento de carne de toro? ¿Acaso bebo sangre de cabra?* NTV*]*

¿He de comer yo carne de toros, o he de beber sangre de machos cabríos? ¿Tan infatuados y ciegos sois pensando esto? ¿Puede el gran YO SOY tener necesidades corporales que se satisfagan tan burdamente? Los paganos tenían esta idea de sus ídolos, pero ¿os atrevéis a pensar así del que hizo los cielos y la tierra? ¿Puede Israel haber caído tan bajo como para pensar esto de mí? ¡Qué vívido razonamiento es este! ¡Cómo fulgura el resplandor del fuego en los rostros fatuos de los que confían en las formas externas! Oh ciegos seguidores de Roma, ¿podéis leer esto y no sentiros sacudidos? La increpación divina está cargada de indignación; las preguntas desconciertan; la conclusión es inevitable: al Dios verdadero tan solo le es aceptable el culto que sale del corazón. Es inconcebible pensar que las cosas externas puedan satisfacerle, más allá de que sirvan para que nuestra fe y nuestro amor se expresen a través de ellas.

C. H. SPURGEON

¿He de comer yo carne de toros, o he de beber sangre de machos cabríos? Es decir, si algo deseara no te lo diría, porque mía es la tierra y su plenitud (50:12); pero ¿cómo puedes tener de mí una imagen tan burda y grosera, como para imaginar que demando la carne y sangre de los animales por mi propio interés, y no con algún propósito más elevado y sublime? ¿Acaso crees que me complazco en tales cosas cuando se me ofrecen sin fe, amor y gratitud? No, ¡ofrecedme sacrificios de alabanza! ¡rendidme un culto espiritual y racional![97] ¡cumplid con vuestros compromisos! (50:14); y luego podréis invocarme y me encontraréis como una ayuda real y efectiva en vuestros problemas y dificultades (50:15).

BENJAMIN BOOTHROYD [1768-1836]
"Biblia Hebraica", 1813

[96] Salmo 24:1-2; 89:11-12.
[97] Romanos 12:1.

Vers. 14. ***Sacrifica a Dios alabanza, y paga tus votos al Altísimo.*** *[Ofrece a Dios sacrificios de alabanza, y paga tus votos al Altísimo.* RVR*] [Ofrece a Dios sacrificio de acción de gracias, y cumple tus votos al Altísimo.* LBLA*] [¡Sacrifica a Elohim ofrenda de alabanza! ¡Cumple a Elyon tus votos!* BTX*] [¡Ofrece a Dios tu gratitud, cumple tus promesas al Altísimo!* NVI*] [Ofrece a Dios sacrificios de alabanza y cumple tus promesas al Altísimo.* BLP*] [Haz que la gratitud sea tu sacrificio a Dios y cumple los votos que le has hecho al Altísimo.* NTV*]*

Ofrece a Dios sacrificios de alabanza.[98] No mires a tus sacrificios como agradables a Dios por el valor en sí mismos, sino preséntalos como tributos de tu gratitud; es entonces cuando serán aceptados, pero no mientras tu alma no sienta verdadero amor y agradecimiento. Los sacrificios, por sí mismos, son abominación;[99] pero las emociones internas de amor y gratitud, consecuentes al recuerdo de la bondad divina, son elogiadas y consideradas como sustancia, significado y alma del sacrificio.[100] Esto fue así incluso mientras los ceremoniales de la ley estuvieron en vigor, y cuando llegaron a su fin, esta verdad se hizo más evidente que nunca. Israel no fue culpado por falta de bueyes en el altar, sino por falta de amor y gratitud, de verdadera adoración agradecida ante el Señor. Sobresalían en todo lo externo, en lo visible; pero tristemente, en cuanto a gracia interior, que es lo único necesario, fracasaron estrepitosamente. Y en nuestros días sigue habiendo demasiados que se hacen acreedores de la misma condena.

Y paga tus votos al Altísimo. Presentemos nuestros sacrificios con autenticidad al Dios que examina el corazón; paguémosle el amor que prometimos tenerle, el servicio que nos comprometimos a darle, la lealtad de corazón que juramos mantenerle.[101] ¡Oh, que la gracia nos ayude y permita hacer esto! ¡Que nos capacite para amar a Dios, y vivir de acuerdo con nuestra profesión de fe! Si de veras deseamos ser siervos del Señor, y amantes de Jesús, esta debe ser nuestra principal preocupación. ¿Qué valor tiene nuestro bautismo, cuál es el sentido de juntarnos alrededor de la mesa del Señor, o el propósito de nuestras asambleas solemnes, si olvidamos el temor del Señor y en nuestro interior no reinan la piedad y santidad como elemento vital?

C. H. Spurgeon

[98] En hebreo זֶבַח לֵאלֹהִים תּוֹדָה *zəḇaḥ lêlōhîm tōwḏāh* de תּוֹדָה *todah.* Levítico 7:12; 22:29; Josué 7:19; Esdras 10:11; Salmo 26:7; 107:22; 116:17; Isaías 51:3; Jeremías 17:26; 30:19; 33:11; Amós 4:5; Jonás 2:9.

[99] Proverbios 15:8; 21:27; Isaías 1:11-14; 66:3; Jeremías 6:20; Amós 5:22.

[100] Dice Agustín de Hipona [354-430]: «¿Y qué es un *"sacrificio de alabanza"*? ¿Algo fuera de mi alcance? No te preocupes, porque para ofrecerlo no tendrás que viajar a Arabia en busca del mejor incienso, ni disputar acaloradamente con un avaro comerciante para conseguir la víctima apropiada; todo cuanto necesitas está dentro de ti, y puedes ofrecerlo de continuo en el altar de tu conciencia. Zaqueo no poseía en todo su cuantioso patrimonio nada digno de ofrecer, pero ofreció su corazón, y la salvación llegó a su casa (Lucas 19:9); la viuda tenía su bolsa vacía, pero dio de buena voluntad cuanto tenía, y ofrendó más que el rico (Marcos 12:41-44); un simple vaso de agua dado en nombre del Señor tiene su recompensa (Mateo 10:42); pues la ofrenda de paz vino a los hombres gratuitamente en un acto de buena voluntad (Lucas 2:14). ¡Oh sacrificio donado y gratuito, provisto solamente de gracia! No he comprado yo la ofrenda, tú me la entregaste, pues yo nada tenía y nada podía aportar. Por eso pide *"sacrificios de alabanza"*, porque el sacrificio de alabanza consiste en dar gracias a Aquel que me ha dado gratuitamente cuanto tengo de bueno, y por cuya misericordia se me perdona cuanto hay en mí de malo. Y en la fragancia de tales sacrificios el Señor se deleita en gran manera (2 Corintios 2:15)».

[101] Pagar los votos no es aceptable si no estamos en paz con Dios y obramos con justicia. Dice Schökel: «El voto no es un sacrificio programado de los anteriores. Si la desgracia es castigo de Dios por el pecado y la injusticia, el hombre, el pueblo, debe confesar primero su pecado y después podrá cumplir el voto pendiente y reanudar el ritmo de súplica-liberación-alabanza».

Vers. 15. ***E invócame en el día de la angustia; te libraré, y tú me honrarás.*** *[E invócame en el día de la angustia; te libraré, y tú me honrarás.* RVR*] [E invócame en el día de la angustia; yo te libraré, y tú me honrarás.* LBLA*] [Invócame entonces en el día de angustia, yo te libraré, y tú me honrarás.* BTX*] [Invócame en el día de la angustia; yo te libraré y tú me honrarás.* NVI*] [Invócame en tiempo de angustia, yo te salvaré y tú me darás gloria.* BLP*] [Luego llámame cuando tengas problemas, y yo te rescataré, y tú me darás la gloria».* NTV*]*

Invócame en el día de la angustia. ¡Oh versículo bendito y bienaventurado! ¿Acaso no consistirá en esto el verdadero sacrificio? ¿Y si la mejor ofrenda fuera el pedir limosna al cielo? Lo es. Y el propio Rey así lo considera. Porque en ella se expresa la fe, en ella se demuestra el auténtico amor; ya que en la hora de peligro corremos hacia aquellos a los que más amamos. Diríase que pensar en Dios y clamar a él cuando estamos en apuros es algo instintivo que carece de importancia; pues todo lo contrario: es una adoración más auténtica y aceptable que el mero ofrecimiento de becerros y carneros sin ponerle el corazón.[102] Las palabras de este santo versículo son una voz que sale directamente del trono, ¡y cuán llena de benevolencia! Alrededor de Jehová todo es tempestad y fuego consumidor (50:3), y sin embargo, ¡cuán suaves gotas de misericordia llueven aquí desde el seno mismo de la tormenta! Invocar al Señor en el día de la angustia. ¿Quién podría negarse a ofrecer semejante sacrificio? ¡Si estás atribulado, apresúrate y preséntalo ahora mismo![103] ¿Quién se atreve a decir que los santos del Antiguo Testamento ignoraban el evangelio? Su mismo espíritu y esencia se desprenden cual incienso de cada palabra de este bendito Salmo.

Y tú me honrarás. Tu oración me dará honra, y tu percepción agradecida de mi respuesta misericordiosa me glorificará. Los becerros y machos cabríos acabaron en fracaso, pero el sacrificio verdadero nunca fracasará. Los crías del establo podrán ser una oblación vana, pero las crías de unos labios sinceros nunca lo serán. Aquí se nos enseña qué es el verdadero ritual. Aquí leemos rúbricas inspiradas. Lo importante, lo esencial es la adoración espiritual, el culto racional;[104] fuera de ello, todo lo demás es más bien una provocación a Dios. Las ofrendas externas, en su papel de ayudas al alma, eran preciosas; pero cuando los hombres no van más allá de ellas, incluso estas cosas santificadas quedan profanadas a la vista del cielo.[105]

C. H. Spurgeon

---

[102] El sentido es que cuando invocamos al Señor en el día de la angustia, estamos sacrificando sobre el altar nuestra autosuficiencia y nuestro orgullo.

[103] Dice Agustín de Hipona [354-430]: «Jamás presumas de tus propias fuerzas, ni confíes en tus capacidades y recursos, pues todos ellos son engañosos. *"Invócame en el día de la angustia"* ¿Y por qué de la angustia? Porque a menos que seamos presa de la angustia somos poco propensos a invocarle, por eso el Señor permite que seamos zarandeados por las tribulaciones. Pero tan pronto las punzadas de la aflicción hacen mella en nosotros derribando las seguridades falsas, reaccionamos como el salmista en otro pasaje: *"Invocaré a Jehová, quien es digno de ser alabado, y seré salvo de mis enemigos"* (Salmo 18:3)».

[104] Romanos 12:1.

[105] El reverendo escolapio y erudito biblista español Felipe Scio de San Miguel [1738-1776] en su versión de la Vulgata comenta este versículo de la siguiente manera: «Todo deber y obligación espiritual queda comprendido en estas dos palabras: *"invocar"* y *"agradecer"*; todo consiste en recibir de Dios por medio de la fe lo que él nos ofrece, invocándole en oración; y corresponderle con lo que pide de nosotros, que es honrarle con *"sacrificio de alabanza"* (…) El verdadero culto consiste en el sacrificio de alabanza, que se ofrece en el altar del corazón encendido con el fuego del amor».

Invócame en el día de la angustia; te libraré, y tú me honrarás. La oración es como el anillo que la reina Elizabeth[106] dio al Conde de Essex,[107] indicándole que si se encontraba en alguna situación desesperada se lo hiciera llegar y ella le socorrería incondicionalmente. Dios manda a su pueblo que si se encuentra desconcertado y perplejo le haga llegar este anillo: *"Invócame en el día de la angustia; te libraré, y tú me honrarás"*.

George Swinnock [1627-1673]
"The Christian Man's Calling", 1665

Invócame en el día de la angustia; te libraré, y tú me honrarás. ¿Quién va a pedir un pedazo de carne de venado a un guardabosques, cuando tiene libre acceso a los rebaños del dueño con solo desearlo? No suspires ni vayas detrás de otros ayudadores; acógete exclusivamente a él y confía plenamente en los medios que él prescribe y facilita. Dios es celoso, no admite rivales ni tolera que tú (en este caso) tengas cartas bajo de la manga.[108] Aquel que hace todas las cosas en todos,[109] exige ser todo en ti; *"porque de él, y por él, y para él, son todas las cosas. A él sea la gloria por los siglos"*.[110]

George Gipps [1760-18023]
"A Sermon preached (before God, and from him) *to the Honourable House of Commons"*, 1645

Invócame en el día de la angustia; te libraré, y tú me honrarás. El Señor ha prometido a sus hijos proveerles toda clase de cosas buenas, sin embargo, para conseguirlas deben pedirlas fervientemente a través de la oración. *"Alimenta a los jóvenes cuervos cuando lo graznan"*.[111] Esto es, los alimenta, pero primero tienen que invocarle. Dice Agustín: «Dios se abstiene de dar a los que no le piden, a fin de no dar a los que no desean recibir». David tenía plena confianza en que con el poder de Dios podría escalar murallas; pero sabía también que ello no le ahorraba de sumar su propia fuerza y agilidad en la acción. Dice Agustín: «Debemos esforzarnos en conseguir aquellas cosas por las que oramos». El carretero en la fábula de Esopo[112] pretendía que su dios Hércules bajara del Olimpo y le desatascara

---

[106] Se refiere a Elisabeth i de Inglaterra [1533-1603], hija de Enrique viii y Ana Bolena, conocida también como "La Reina Virgen". Ocupó el trono desde 1558 hasta su muerte.

[107] Se refiere a Robert Devereux [1565-1601], segundo *Earl* o conde de Essex. La historia sobre el famoso anillo entregado por la reina a Devereux después de la expedición del conde de Essex a Cádiz, y el supuesto romance entre él y la soberana, es considerado por muchos historiadores como una leyenda; pero históricamente ha sido de aceptación popular y sobre la misma se han escrito numerosas novelas y obras literarias, siendo la más conocida: *"The Secret History of the most renowned Queen Elizabeth and the Earl of Essex"*, 1695.

[108] En el original *"two strings to thy bow"*. Se trata de un modismo inglés que quiere decir distintas vías o formas de alcanzar un mismo objetivo. El equivalente cultural español sería: "tener otras cartas bajo la manga".

[109] 1 Corintios 12:6.

[110] Romanos 11:36.

[111] Salmo 147:9.

[112] Se refiere a una antigua Fábula atribuida a Esopo [600-564 a.C.], fabulista de la Antigua Grecia. Según el relato, un carretero que andando por un camino encharcado y pantanoso en medio de una tempestad se le atascaron las ruedas en el fango y los caballos se negaron a proseguir. Viéndose impotente se sentó al borde del camino y comenzó a gritar: "¡Hércules, Hércules! ¡Tú, que eres el dios de la fuerza, ayúdame a desatascar el carro!" A lo que Hércules, molesto, le recriminó: "¡Vago! Arrea los caballos, arrima el hombro y empuja". Pero el carretero objetó: "¿Y si aún haciendo esto no consigo desatascarlo?", "Entonces avísame" replicó Hércules, "pero no antes".

el carro; pero él se negaba a arrimar el hombro. Abraham era tan rico[113] como cualquiera de nuestros gobernadores; David tan valiente[114] como cualquiera de nuestros caballeros; Salomón tan sabio[115] como cualquiera de nuestros científicos, Susana[116] tan hermosa como la pintan nuestros artistas. Sin embargo, ninguno de ellos pensaba que sus riquezas, su valentía, su sabiduría, belleza, o cualquier otra de sus excelencias pudiera salvarlos; pero cultivaron los destellos de la gracia y se esforzaron en obrar piadosamente. Y así debemos hacer también nosotros.

THOMAS ADAMS [1583-1653]
"Mystical bedlam, or the world of mad-men", 1615

Te libraré. Te sacaré con prontitud del apuro con mi mano poderosa, y te plantaré en libertad y prosperidad.

HERMANN VENEMA [1697-1787]
"Commentarius ad Psalmos", 1762

Vers. 16-21. Aquí, empezando en el versículo dieciséis (50:16), el Señor se dirige de modo específico y manifiesto a los malos entre su pueblo. Y los había incluso en los puestos más elevados de su santuario.[117] Si los legalistas y formalistas morales acababan de ser reprendidos (50:5-15), ¡cuánto más aquellos que, a pesar de su inmoralidad notoria, pretendían participar en la comunión con el cielo! Si el mero hecho de no poner el corazón echa a perder la adoración de los decentes y virtuosos, ¡cuánto más corromperán los sacrificios de los malos sus violaciones de la ley cometidas abiertamente y a plena conciencia!

C. H. SPURGEON

Vers. 16. *Pero al malo dijo Dios: ¿Qué tienes tú que hablar de mis leyes, y que tomar mi pacto en tu boca?* *[Pero al malo le dice Dios: ¿Qué tienes tú que hablar de mis leyes, y tomar mi pacto en tu boca?.* RVR*] [Pero al impío Dios le dice:¿Qué derecho tienes tú de hablar de mis estatutos, y de tomar mi pacto en tus labios?* LBLA*] [Pero al malo dijo Elohim: ¿Quién eres tú para recitar mis preceptos, y tomar mi pacto en tu boca?* BTX*] [Pero Dios le dice al malvado: «¿Qué derecho tienes tú de recitar mis leyes o de mencionar mi pacto con tus labios?* NVI*] [Pero al malvado Dios le dice:¿Por qué proclamas mis normas y tienes en tu boca mi alianza* BLP*] [Pero Dios dice a los perversos: «¿Para qué se molestan en recitar mis decretos y en fingir que obedecen mi pacto?* NTV*]*

Pero al malo le dice Dios: ¿Qué tienes tú que hablar de mis leyes, y tomar mi pacto en tu boca? ¿Quebrantas abiertamente mis leyes morales y, sin embargo, eres riguroso en las ordenanzas ceremoniales? ¿Qué tendrás que ver tú con ellas? ¿Cuál es tu interés en ellas? ¿Te atreves a enseñar mi ley a otros, y tú mismo la profanas? ¡Qué insolencia, qué blasfemia tan grande! Aunque aleguéis ser hijos de Leví,[118] ¿qué más da? ¿qué importa esto? Vuestra iniquidad os descalifica, os deshereda, os

[113] Génesis 13:2.
[114] 1 Samuel 17:20-54.
[115] 1 Reyes 3:12; 2 Crónicas 1:12.
[116] Se refiere a La Historia de Susana, parte de los libros deuterocanónicos de la Biblia como aditamento al libro de Daniel. Forma parte de la Septuaginta o versión griega de los LXX de la Biblia.
[117] 1 Samuel 2:12-36.
[118] Números 3:12; 8:5-26; Josué 13:33; Hebreos 7:5.

arrebata el derecho de sucesión. Debería silenciaros definitivamente, y lo haría, si mi pueblo fuera tan espiritual como yo lo quisiera, porque se negarían a escucharos y a pagaros la porción en cosas temporales debida a mis verdaderos siervos. ¿Guardáis los días santos, observáis los rituales, preserváis lo externo; y despreciáis, en cambio, lo importante de la ley? Guías ciegos, sacáis el mosquito y tragáis el camello;[119] vuestra hipocresía va escrita en vuestras frentes y es manifiesta a todos.[120]

¿Qué tienes tú que hablar de mis leyes, y tomar mi pacto en tu boca? Os refugiáis en mi pacto y holláis mi santidad como los cerdos pisotean las perlas;[121] ¿pensáis que puedo consentirlo? Vuestras bocas están llenas de mentira y calumnia, y, con todo, ponéis en ellas mis palabras cual si fueran para vosotros bocado apetitoso. ¡Qué daño tan terrible causa a la Iglesia de Dios el que aquellos que por un lado explican las doctrinas quebranten por el otro los preceptos! Y sin embargo, es un mal que persiste hasta nuestros días. Hay quienes hacen de la gracia una cobertura para sus manejos, una excusa para el pecado; y encima presumen de sanos en la fe, cuando su vida es pura podredumbre. ¡Necesitamos la gracia de las doctrinas tanto como las doctrinas de la gracia, pues sin ella un apóstol no es más que un Judas, y el profesor más elocuente es un enemigo absoluto de la cruz de Cristo!

C. H. Spurgeon

Pero al malo le dice Dios: ¿Qué tienes tú que hablar de mis leyes, y tomar mi pacto en tu boca? "Como la nieve en verano y la lluvia al tiempo de la cosecha, así el honor no es apropiado para el necio".[122] ¿No lo es? Entonces nada tiene que extrañarnos que la sabiduría divina nos requiera que nos despojemos del viejo hombre[123] (como las serpientes mudan su piel) antes de entrar en el oficio honroso de reprender el pecado; un deber que conlleva alabanza a Dios y beneficio para los hombres por encima de cualquier otro; de tal modo que Dios no tiene, que yo sepa, una obra más honorable que pueda encomendarnos. ¿A ti qué te parece? ¿Son los pinches de cocina manchados y grasientos aptos para presentarse delante de los reyes? ¿Los que limpian y rascan el suelo de las perreras aptos para hacer de plenipotenciarios o embajadores? ¿Están las bestias salvajes preparadas para ser instruidas y enviadas a otorgar favores en nombre del rey? ¿Son los cerdos aptos para arrojarles perlas, y en especial la perla más rica y preciada de la palabra real de Dios?[124] Ningún hombre sensato lo sueña; por consiguiente, nadie puede creerse calificado o comisionado para ser reprobar el pecado de otros *hasta que sea lavado, santificado, y justificado en el nombre del Señor Jesucristo y en el Espíritu de nuestro Dios.*[125] Cuentan de un mendigo lunático que afirmaba que todos los barcos que había en el puerto de Atenas eran los suyos. Pues bien, su insensatez y descaro no llega a la mitad de aquellos que pretenden que pueden practicar legítimamente el oficio más noble, el de redargüir el pecado, sin presentarse ellos mismos a Dios como *"vivos de entre los muertos"*[126] y *"nacidos del Espíritu"*.[127] El Duque de Alba[128] se quejó de que su rey «lo envió a luchar por él con grilletes y cadenas» porque

[119] Mateo 15:14; 23:24

[120] Mateo 23:25.

[121] Mateo 7:6.

[122] Proverbios 26:1.

[123] Efesios 4:22-24.

[124] Mateo 7:6.

[125] 1 Corintios 6:11.

[126] Romanos 6:13.

[127] Juan 3:6.

[128] Se refiere a Fernando Álvarez de Toledo y Pimentel [1507-1582] más conocido por su título nobiliario como Duque de Alba. Tras sus éxito en Flandes y norte de Europa, tuvo un enfrentamiento con el rey por causa de su hijo Fadrique y sus amoríos con una dama de palacio. Felipe II, envió al hijo al castillo de la Mota, y confinó al Duque de Alba en Uceda. Seguía preso cuando el rey, no disponiendo de otro general

dirigió una batalla decisiva mientras en teoría seguía preso y sin haber recibido el perdón real. Pero el Rey Supremo es mucho más misericordioso y ordena que nuestra caridad empiece en casa; haciendo que nuestro primer deber sea quebrantar nuestros propios pecados; y solo después que nos hemos despojado de nuestros grilletes, nos envía a pelear sus batallas.

DANIEL BURGESS [1645-1712]
"The Golden Sufferers", 1697

Pero al malo. Por lo cual se entiende, no los incrédulos y pecadores empedernidos, sino a la persona que habiendo hecho profesión de fe, pretende ser maestro de los demás, según se desprende de lo que se dice de él a continuación y se le recrimina en los versículos siguientes (50:17-20); a saber: los escribas y fariseos, y los doctores de la ley entre los judíos. Así lo interpreta Kimchi,[129] en el sentido de eruditos o entendidos que aprenden y enseñan la ley pero no la ponen en práctica.

JOHN GILL [1697-1771]
"Exposition of the Old Testament", 1748

¿Qué tienes tú que hablar de mis leyes? Partiendo de las leyes mosaicas acerca de los leprosos,[130] los comentaristas medievales afirman que el autor de este Salmo se limitó a poner en palabras lo que esas leyes expresaban de hecho. Porque así está escrito: *"El leproso en quien está la plaga ... pondrá una cubierta sobre su labio superior"*.[131] Todos ellos consideran, siguiendo el criterio de Orígenes,[132]

---

mejor para confiarle el mando de sus tropas que iban a la conquista de Portugal, decidió dárselo al Duque de Alba, pero sin otorgarle su perdón. El Duque, resentido, decidió aceptar el encargo, pero no sin comentar públicamente que "marchaba a conquistar un reino arrastrando cadenas y grilletes". El Duque tuvo éxito en su empresa venciendo en la famosa batalla de Alcántara, y el 29 de Junio de 1581 Felipe II entraba triunfante en Lisboa. Pero el monarca era rencoroso y la confianza entre Felipe II y su general jamás se restableció, muriendo el Duque de Alba un año después apartado de todo privilegio.

[129] Se refiere al rabino DAVID O DOVID KIMCHI [1157-1236], también conocido por el nombre de DAVID KIMHI o el acrónimo hebreo RADAK. Nacido en Narbona, Francia, hijo de un famoso rabino y filólogo judío Yosef Kimchi, DAVID KIMCHI fue uno de los más prestigiosos eruditos en el hebreo bíblico de la Edad Media y autor de uno de los más prestigiosos comentarios al texto del A.T.

[130] Levítico 13:1-59.

[131] Levítico 13:45 que la versión inglesa KJV traduce como: *"he shall put a covering upon his upper lip"*.

[132] Se refiere a ORÍGENES [c.185-254] importante teólogo y exegeta de la primitiva Iglesia griega, Padre de la Iglesia y uno de los más destacados apologistas cristianos. Nacido en el seno de una familia cristiana en Alejandría (su padre murió martirizado en el 202), sucedió a Clemente al frente de la escuela cristiana de Alejandría, y la convirtió en un prestigioso centro de teología. Escribió alrededor de 800 obras, la mayoría comentarios sobre la Biblia, incluyendo un extenso comentario a los Salmos. Su gran capacidad para el trabajo le valió el sobrenombre de *"adamantius"*, "hombre de acero". Sus obras más conocidas son "Contra Celso", refutación de las críticas dirigidas contra el cristianismo por el filósofo Celso; "Tratado de los Principios"; "Sobre la Oración" y "Exhortación al Martirio", todas ellas publicadas por CLIE en español. Se han conservado también algunos fragmentos de su monumental Biblia conocida como Hexapla, que presentaba en varias columnas el texto bíblico hebreo y varias versiones en otras lenguas. En el año 250 fue encarcelado durante las persecución del emperador Decio, y fue sometido a tortura durante un año. Se cuenta que en cierta ocasión, fue tanta la presión y el dolor de las torturas que le infligieron, que lograron forzarle a ofrecer incienso al César. Pero una vez libre, el remordimiento se apoderó de él de tal modo, que cuando en la comunidad cristiana le pidieron que predicara se sintió incapaz. Simplemente hizo una oración, tomó el libro de los Salmos en sus manos, y abriéndolo leyó el versículo dieciséis del Salmo 50: *"Pero al malo le dice Dios: ¿Qué tienes tú que hablar de mis leyes, y tomar mi pacto en tu boca?"*. Dejó

que: Aquellos que tengan ellos mismos sus labios contaminados, se guarden de enseñar a otros. O, tomándolo en sentido opuesto, recordemos cómo Isaías consideraba que no estaba capacitado para hablar a su pueblo por ser: *"hombre inmundo de labios, y habitar en medio de un pueblo de labios inmundos*" hasta que sus labios fueron tocados con el carbón vivo de la altar;[133] y por medio de ello, como si se tratara de un sacramento del Antiguo Testamento, fueron purificados como si se hubiera pronunciado sobre ellos un decreto absolutorio.

JOHN MASON NEALE [1818-1866] y RICHARD FREDERICK LITTLEDALE [1833-1890]
en *"Commentary on the Psalms from Primitive and Mediæval Writers"*, 1869

¿Qué tienes tú que hablar de mis leyes? La frase denota un conocimiento y uso incorrecto de los estatutos de Dios; un conocimiento meticuloso y exacto, pero abstracto; algo así como contarlos, numerarlos y hacer de ellos una revisión diligente pero sin entender su significado. De hecho, el verbo hebreo לְסַפֵּר *ləsappêr* de סָפַר *saphar* deriva del árabe, y significa "contar, relacionar sobre el polvo"; porque los antiguos estaban acostumbrados a hacer sus cálculos sobre polvo fino esparcido sobre tabletas, anotando en ellas los cálculos hechos con el ábaco.[134]

HERMANN VENEMA [1697-1787]
"Commentarius ad Psalmos", 1762

Pero al malo le dice Dios: ¿Qué tienes tú que hablar de mis leyes, y tomar mi pacto en tu boca? ¿Por que motivo fue hecho el pacto sino por los impíos? Si los hombres no hubieran sido malos o pecadores, ¿qué necesidad había de un pacto de gracia? El pacto es para los impíos, y el pacto conlleva la gracia suficiente para perdonar aún a los más malvados. Entonces, ¿por qué dice el Señor al impío: *"¿Quién eres tú para tomar mi pacto en tu boca?"* Observa lo que sigue a continuación y verás cómo queda claro: *"Pero tú aborreces la corrección"*. Es como si Dios dijera: «Tú, malvado, que no quieres ser corregido, que te aferras a tu pecado y lo proteges apretándolo contra tu pecho, rehusando cambiar y odiando reformarte, ¿qué tienes que ver con mi pacto? Suelta de él tus manos, porque lo ensucias. El que está decidido a retener su pecado invoca del pacto inútilmente, o bien finge mantenerlo pero no tiene relación con él. ¡Ay de aquellos que imploran misericordia pero descuidan el deber!

JOSEPH CARYL [1602-1673]

¿Qué tienes tú que hablar de mis leyes, y tomar mi pacto en tu boca? Cuando un ministro del evangelio no practica aquello que enseña se convierte en una persona ruin y despreciable; es más, se

el rollo sobre la mesa, se sentó, y rompió a llorar sollozando: 'El profeta David en persona ha cerrado mis labios'. Finalmente logró superar esta situación de crisis personal, pero fue torturado de nuevo y murió algún tiempo después a causa de las lesiones sufridas. Es a esta situación en concreto a la que se refieren los autores al citar a Orígenes en el comentario.

[133] Isaías 6:5-7.

[134] Artilugio utilizado para efectuar cálculos aritméticos consistente en un marco de madera con barras paralelas representando las unidades, decenas, centenas, etc. y por las que se deslizan bolas movibles. El uso de los ábacos para cálculos aritméticos remonta a la antigua Mesopotamia más de 2000 años antes Cristo. Curiosamente la etimología de palabra ábaco ahonda sus raíces en hebreo bíblico אָבָק *abaq* y significa "polvo muy fino": *"y se convertirá en polvo fino sobre toda la tierra de Egipto"* (Éxodo 9:9); el profeta Nahúm la utiliza en referencia a Dios para decirnos que *"las nubes son el polvo de sus pies"* אֲבַק רַגְלָיו *'ăḇaq raḡlāw* (Nahúm 1:3).

pone en la misma situación ridícula que la de aquel farmacéutico del que nos habla Luciano,[135] que teniendo medicinas en su tienda para curar la tos, las ofrecía a otros mientras él tosía sin parar. Con qué descaro puedes subir a un púlpito, predicar de las leyes de Dios y atender las necesidades de las almas sabiendo que cuando aparezca tu propia desnudez, y lo que dice tu lengua no encaje con lo que dicen tus manos, tu ministerio se volverá irremisiblemente contra sí mismo.[136] Tus hechos desmienten tu doctrina; dices a los hombres que deben ser santos, y tus acciones declaran la hipocresía de tu boca; pues tú obras peor maldad que cien de ellos.

WILLIAM FENNER [1600-1640]
"The Riches of Grace", 1641

Vers. 17. *Pues tú aborreces la corrección, y echas a tu espalda mis palabras.* *[Pues tú aborreces la corrección, y echas a tu espalda mis palabras.* RVR*] [Pues tú aborreces la disciplina, y a tus espaldas echas mis palabras.* LBLA*] [Tú, que aborreces la corrección, y das la espalda a mis palabras.* BTX*] [Mi instrucción, la aborreces; mis palabras, las desechas.* NVI*] [Tú que odias la instrucción, tú que desprecias mis palabras?* BLP*] [Pues rechazan mi disciplina y tratan mis palabras como basura.* NTV*]*

Pues tú aborreces la corrección. Aquellos que profesan y enseñan, pero viven indignamente, se consideran a menudo demasiado sabios para aprender, y demasiado ciegos en su orgullo para ser enseñados por Dios. ¡Qué monstruosidad tan grande que digan profesar la fe y se atrevan a predicar un mensaje que en sus corazones desconocen y que en sus vidas abiertamente desautorizan! ¡Ay de aquellos que aborrecen la instrucción que ellos mismos pretenden impartir a otros!

Y echas a tu espalda mis palabras. Despreciándolas, apartándolas de la vista como inútiles y perniciosas. Muchos que tanto se jactan y glorían en la ley, en la práctica hacen esto; y en estos últimos días que nos toca vivir, la grey está llena de recolectores y selectores, que escogen de la palabra de Dios esto y aquello, lo que más les conviene y favorece, desechando lo demás, pues no toleran la parte práctica de las Escrituras; sienten aversión al deber, aborrecen la responsabilidad, sacan los textos de sus contextos arrancándolos de su significado obvio y desgajan las Escrituras para su propia destrucción. Mala señal cuando alguien no se atreve a mirar a las Escrituras a la cara y, dando evidencias de impudicia, trata con absoluto descaro de darles significados menos condenatorios para sus pecados, esforzándose en probar que después de todo, sus exigencias no son tan amplias y absolutas como se pretende. ¡Qué contundente y demoledor es el argumento de que tales personajes no tienen derecho a llevar el pacto de Dios a sus bocas, siendo que el espíritu del pacto no regula sus vidas!

C. H. SPURGEON

Y echas a tu espalda mis palabras. Las echas desdeñosamente, con repulsión y desprecio, como son arrojados los ídolos de una ciudad;[137] o como Moisés indignado hizo pedazos las tablas de la ley arrojándolas en tierra.[138]

MARTIN GEIER [1614-1681]
"Commentary on Psalms", 1695

---

[135] Se refiere a LUCIANO DE SAMOSATA [125-181] escritor satírico griego de origen sirio en su *"Apología"*.
[136] Lucas 11:17.
[137] 2 Crónicas 33:15.
[138] Éxodo 32:15-19.

Mis palabras. Probablemente los diez mandamientos, llamados también *"las diez palabras"*, a través de las cuales suele decirse frecuentemente que Dios hizo su pacto con Israel.

HERMANN VENEMA [1697-1787]
"Commentarius ad Psalmos", 1762

Vers. 18. ***Si veías al ladrón, tú corrías con él, y con los adúlteros era tu parte.*** *[Si ves a un ladrón, tú te vas en seguida con él, y con los adúlteros alternas.* RVR*] [Cuando ves a un ladrón, te complaces con él, y con adúlteros te asocias.* LBLA*] [Que si ves a un ladrón, corres en su compañía, y con los adúlteros es tu parte.* BTX*] [Ves a un ladrón, y lo acompañas; con los adúlteros te identificas.* NVI*] [Si ves un ladrón corres con él, con los adúlteros te mezclas.* BLP*] [Cuando ven ladrones, les dan su aprobación, y se pasan el tiempo con adúlteros.* NTV*]*

Si ves a un ladrón, tú te vas en seguida con él. Donde la verdadera gracia está presente, la honestidad moral no puede estar ausente. Aquellos que excusan a otros en sus engaños, se hacen cómplices y culpables ellos mismos; y los que utilizan a otros para llevar a cabo acciones engañosas son doblemente culpables. Por muy religiosa y devota que aparente ser una persona, si con sus acciones no reprende abierta y directamente toda deshonestidad, se hace cómplice de los ladrones. Cuando pasamos por alto en otros cualquier cosa que no sea honesta, nos convertimos en deshonestos nosotros mismos, y nuestra profesión de fe es una mentira.

Y con los adúlteros alternas. Vemos aquí con qué facilidad los pecadores de Sión van quebrantando los preceptos morales uno tras otro. Bajo un manto de piedad ocultan una cloaca de inmundicia. Sonreír ante gestos obscenos; prestar oído a expresiones impúdicas; consentir con nuestra presencia comportamientos licenciosos; si hacemos tales cosas, ¿cómo podemos atrevernos a predicar, a dirigir la oración en público, o a llevar siquiera el nombre de cristianos? Ved cómo el Señor aplica la plomada para ver lo que es verdadera rectitud. ¡Con qué claridad establece que sin santidad nadie verá al Señor![139] No hay ritual litúrgico ni elucubración teológica que pueda compensar y cubrir la falta de honestidad y la fornicación; tales inmundicias deben ser purificadas de inmediato en nosotros mediante la sangre de Jesús, de lo contrario encenderán un fuego en la ira de Dios que arderá hasta lo más profundo del infierno.

C. H. SPURGEON

Si ves a un ladrón, tú te vas en seguida con él. Esto era literalmente cierto de los escribas y fariseos: devoraban las casas de las viudas y robaban sus haciendas con el pretexto de hacer largas oraciones;[140] consintieron con las acciones de Barrabás, un ladrón, a quien prefirieron a Jesucristo;[141] y se unieron a los ladrones de la cruz para vilipendiarle. Y, en el sentido espiritual, robaron la Palabra del Señor, cada uno, de su prójimo; arrebataron el conocimiento la ley del pueblo sustituyéndolo por falsas glosas sobre los escritos sagrados.[142]

JOHN GILL [1697-1771]
"Exposition of the Old Testament", 1748

---

139 Hebreos 12:14.
140 Lucas 20:47.
141 Mateo 27:16-22; Juan 18:40.
142 Mateo 7:9; Marcos 7:9-13.

Cuando ves a un ladrón, te complaces con él. Esto es, consientes con él, lo acompañas, te conviertes en su cómplice. La versión griega de los LXX lee συντρέχω, es decir, le ayudas a llevar su botín y le facilitas la huida.

SAMUEL HORSLEY [1733-1806]
"The book of Psalms : translated from the Hebrew, with notes, explanatory and critical", 1816

Cuando ves a un ladrón, te complaces con él.[143] O, corres junto con él. Participas en sus fechorías, eres su compañero. Un término tomado del comercio de mercancías, o bien de los banquetes a la antigua usanza, en los cuales contribuían, y participaban una gran diversidad de personas.

GIOVANNI DIODATI [1576-1649]
"Pious and Learned Annotations upon the Holy Bible", 1648

Y con los adúlteros alternas.[144] Proporcionas halagas y entretienes a quienes que son decididamente personas disolutas, con lo cual te haces cómplice de sus pecados.

THOMAS ADAMS [1583-1653]
"Mystical bedlam, or the world of mad-men", 1615

Vers. 19. *Tu boca metías en mal, y tu lengua componía engaño.* *[Das suelta a tu boca para el mal, y tu lengua trama engaños.* RVR*] [Das rienda suelta a tu boca para el mal, y tu lengua trama engaño.* LBLA*] [Tu boca arroja maldad, urde calumnias tu lengua.* BLP*] [Entregaste tu boca al mal, y tu lengua trama el engaño.* BTX*] [Para lo malo, das rienda suelta a tu boca; tu lengua está siempre dispuesta al engaño.* NVI*] [Tu boca arroja maldad, urde calumnias tu lengua.* BLP*] [Tienen la boca llena de maldad, y la lengua repleta de mentiras.* NTV*]*

Das suelta a tu boca para el mal. Aquí se refiere a los pecados contra el noveno mandamiento: *"No hablarás contra tu prójimo falso testimonio"*.[145] El hombre que se entrega al hábito de calumniar, es un vil hipócrita si pretende mantener cualquier tipo de vinculación con el pueblo de Dios. La salud moral de una persona es fácil de determinar por su lengua. Una lengua sucia, revela un corazón sucio.[146]

---

[143] En hebreo: אִם־רָאִיתָ גַנָּב וַתִּרֶץ עִמּוֹ *'im-rā'îṯā ḡannāḇ wattireṣ 'immōw* de רָצָה *ratsah,* acoger algo favorablemente, mostrar complacencia.

[144] En hebreo וְעִם מְנָאֲפִים חֶלְקֶךָ *wə'im mənā'ăpîm ḥelqeḵā* de חֵלֶק *cheleq,* "porción"; el sentido es lo que hoy llamaríamos un reparto proporcional o a escote. FELIPE SCIO DE SAN MIGUEL [1738-1776] en su versión española de la Vulgata lo explica de la siguiente manera: «Término tomado de las asociaciones comerciales donde tanto la inversión como las posibles ganancias o pérdidas se repartían proporcionalmente; o de los banquetes en la antigüedad donde cada comensal contribuía con una parte, lo que se denominaba *"symbolam conferre"*».

[145] Éxodo 20:16; Deuteronomio 5:20.

[146] Dice JERÓNIMO DE ESTRIDÓN [347-420]: «Guárdate tanto de una lengua desenfrenada como de unos oídos ávidos de escuchar aquello que no conviene: no digas mal de otros ni prestes atención a quienes lo hacen. Ponle freno a tu lengua y mide cada una de tus palabras (Salmo 39:1; 141:3; Santiago 1:26), sabiendo que cuando juzgas a los demás dictas tu propia sentencia (Mateo 7:2), pues te haces cómplice y culpable de aquello que reprochas. Y no te vale alegar que lo hiciste por cortesía: 'Vino deseoso de contármelo y no tuve más remedio que escucharle'; porque nadie se siente a gusto compartiendo chismes con quien no se muestra deseoso de escucharlos. La flecha que da contra una piedra, no se hinca ni penetra en ella, rebota

Hay quienes calumnian con la misma secuencia casi que respiran, y, no obstante, se consideran pilares de la iglesia y son extremadamente escrupulosos en el tema de la santidad. Sin embargo, ¿cómo pensar que no se adentrarán en el mal quienes se deleitan en esparcirlo con su lengua?

Tu lengua trama engaños. Se trata de una forma de calumnia más precisa y deliberada, en la que el calumniador elabora sofisticados métodos de difamación. Hay quienes rebosan ingenio en el arte de la calumnia, y algunos además, ¡ay!, incluso se consideran seguidores del Señor Jesús. Diseñan falsedades, las fabrican en su taller, las tejen en su propio telar, les dan forma en su yunque, ponen a la venta su nefanda mercancía, y buscan ávidamente clientes que la adquieran. ¿Cabe decir que son aceptos al Señor; que son gratos a Dios los dichos de su boca?[147] Aunque pusieran todas sus riquezas sobre el altar, aunque hablen elocuentemente de la verdad y la salvación,[148] ¿puede Dios serles favorable? Si así lo creyéramos estaríamos blasfemando contra el Dios santo; pues tal proceder es corrupción a su mirada y hedor a su nariz. Dios arrojará a todos los mentirosos al infierno. Que prediquen, oren y sacrifiquen cuanto quieran; pero mientras no sean sinceros y se vuelvan veraces, el Dios de la verdad los detesta hasta lo sumo.

C. H. SPURGEON

Das suelta a tu boca para el mal. "Das suelta", en el original hebreo es una sola palabra: שָׁלַ֣חְתָּ *šālaḥtā* שָׁלַח *shalach,* enviar un mensajero con la connotación de soltarlo o dejar libre.[149] Es un término que se utilizaba también para expresar el dejar en libertad a un esclavo o a una mujer.[150] El sentido es que el malo tiene una lengua desenfrenada que desecha todas las restricciones, no solo las impuestas por de la ley de Dios sino también las de su propia conciencia; una lengua que se considera en plena libertad de hablar lo que le venga en gana, aunque sea ofensivo para Dios, dañino para su prójimo, e incluso perjudicial para su propia alma; lo cual evidencia claramente no tan solo su desfachatez sino también su hipocresía.

Y tu lengua trama engaños Su discurso es maligno, pecaminoso y pernicioso. *"Trama engaño"*, es decir, solo habla mentiras o palabras ladinas con las que pretende engatusar a los que tratan con él.

MATHEW POOLE [1624-1679]
"Synopsis Criticorum Aliorumque Sactae Scripturae Interpretum", 1669

Das suelta a tu boca para el mal, y tu lengua trama engaños. El noveno mandamiento: la mentira y falso testimonio; se suma aquí al octavo y séptimo: el robo y el adulterio; de los que ya se lo había acusado de violar previamente.

JOSEPH ADDISON ALEXANDER [1809-1860]
"The Psalms Translated and Explained", 1850

y a menudo se vuelve contra el que la lanzó. Si el chismoso detecta que le escuchas incómodo y de mala gana, cesará en su propósito y a su vez le servirá de lección».

[147] Salmo 19:14.

[148] I Corintios 13:1-3.

[149] Se utiliza para decir en Génesis 8:7-8 que Noé *"envió"* o *"soltó"* un cuervo y una paloma. También para *"alargar la mano"* y en este sentido se utiliza en Génesis 3:2, cuando después de que el hombre hubiera comido del árbol del bien y del mal, Dios dice: *"que no alargue su mano, y tome también del árbol de la vida"*.

[150] En Génesis 21:14 se utiliza para decir que Abraham *"despidió"* a Agar.

Vers. 20. *Tomabas asiento, y hablabas contra tu hermano; contra el hijo de tu madre ponías infamia.* *[Tomas asiento, y hablas contra tu hermano; contra el hijo de tu madre dices infamias.* RVR*] [Te sientas y hablas contra tu hermano; al hijo de tu propia madre calumnias.* LBLA*] [Te sientas, y hablas contra tu hermano, y difamas al hijo de tu propia madre.* BTX*] [Tienes por costumbre hablar contra tu prójimo, y aun calumnias a tu propio hermano.* NVI*] [Te sientas y hablas contra tu hermano, a tu propio hermano deshonras.* BLP*] [Se la pasan calumniando a su hermano, a su propio hermano de sangre.* NTV*]*

Tomas asiento, y hablas contra tu hermano.[151] Hace de la difamación su preferencia, se sienta en ella; la convierte en su manjar preferido; analiza, estudia, averigua, hasta transformarse en un verdadero maestro en el arte deplorable de la difamación, y ocupar cátedra en la universidad de la calumnia. Ni aún su amigo más íntimo está a salvo de sus dardos, ni escapa su pariente más cercano y querido.[152]

Contra el hijo de tu madre dices infamias. Debería amarle con todo su afecto, pero no procede sino con malicia. Para los orientales, un hermano, hijo de la misma madre, era considerado como la relación afectiva más entrañable. Pero el miserable calumniador pasa por alto todo lazo de parentesco; apuñala a su hermano a escondidas asestando el golpe más cruel a quien salió del mismo vientre; y lo hace envolviéndose en la capa de la hipocresía, soñando que es un favorito del cielo, un adorador acepto al Señor. ¿Acaso no hay monstruos así entre nosotros, hoy en día? ¡Ay!, siguen contaminando nuestras iglesias, son raíces de amargura, manchas en nuestras solemnidades, estrellas errantes para las cuales está reservada la negrura de la noche eterna. Tal vez algunos que lean estas líneas formen parte de esta estirpe, pero estoy seguro de que por más que las lean las leerán en vano; porque sus ojos están demasiado ofuscados como para darse cuenta de su propia condición, sus corazones están

---

151 Dice FRANCISCO LACUEVA [1911-2005] en su versión española del "Comentario de Matthew Henry": «Esta frase: *"Tomas asiento y hablas contra tu hermano"* puede entenderse de dos maneras: (1) como para hacer de juez, cuando no se tiene tal autoridad para juzgar a otros; esta es la opinión del propio Matthew Henry. (2) Para indicar que la difamación era un acto deliberado y bien calculado; así la explica el rabino doctor ABRAHAM COHEN [1887-1957]. Que lo de *"hermano"* se ha de tomar literalmente, no en el sentido amplio de "prójimo", lo prueba el doctor Cohen por el paralelismo de la segunda parte del versículo: *"Contra el hijo de tu madre dices infamias"*».

152 Dice al respecto JUAN CRISÓSTOMO [347-407]: «Quien busca venganza difamando a su hermano se clava un cuchillo a sí mismo. Si de veras quieres vengarte de quien te ha causado un perjuicio, habla bien de él, pues haciéndolo te ganarás la voluntad de muchos que saldrán en tu defensa erigiéndose en acusadores de tu enemigo (Romanos 12:20); en tanto que si hablas mal, te harás sospechoso de enemistad, y ello neutralizará tus acusaciones, que aún siendo ciertas, perderán todo su crédito. Cuanto más te esfuerces en minar la reputación de tu adversario peor será el resultado: la ignominia caerá sobre ti mientras contemplas cómo tus dardos no le causan daño alguno. Y es que la inquina que perciben los demás en tus palabras las descalifica, impidiendo que tus acusaciones calen en sus mentes. Así como en los procesos judiciales cuando alguien plantea objeción a una evidencia, el proceso queda en suspenso; así también la sospecha de enemistad pone tu acusación en entredicho. Evita, pues, arrojar barro y estiércol sobre la cabeza de tu enemigo para evitar que caiga a su vez sobre la tuya: mejor lánzale rosas, violetas y otras flores perfumadas; y no masques como hacen los escarabajos estiércol en la boca, (pues esto hacen cuantos hablan mal de otro sin darse cuenta que son los primeros en oler la peste e ingerir la bazofia) antes bien liba como las abejas el néctar de las flores y fabrica miel, comportándote amablemente con todos. No olvides que un difamador se convierte en un ser repulsivo para cuantos le rodean, porque huele a podredumbre, pues se alimenta de los problemas, dificultades y desechos de otros, como la sanguijuela de la sangre y el escarabajo del estiércol. En cambio, la persona que ensalza incluso a su enemigo, es aceptada y apoyada por todos».

engrosados, sus oídos romos para escuchar; se entregan al engaño en cuerpo y alma y creen sus propias mentiras, para así ser condenados.

C. H. SPURGEON

Tomas asiento, y hablas contra tu hermano. Para causar mal no se precisa de mucho esfuerzo físico; puede hacerse cómodamente sentado, pues basta con mover la lengua: pero los resultados suelen ser devastadores.[153]

JOSEPH CARYL [1602-1673]

Tomas asiento, y hablas contra tu hermano. Incluso sentado, cuando reposa, no desaprovecha ocasión para injuriar al prójimo con sus insinuaciones y calumnias. Su conversación en la mesa es un constante abuso de todos, incluso de aquellos que le son más cercanos.

SAMUEL HORSLEY [1733-1806]
"The book of Psalms : translated from the Hebrew, with notes, explanatory and critical", 1816

Contra el hijo de tu madre dices infamias. Para comprender toda la fuerza de esta expresión es preciso tener en cuenta que entre los israelitas estaba permitida la poligamia. En consecuencia, todos los hijos compartían un mismo padre, pero no una misma madre. Lo que daba lugar a una relación mucho más intensa y profunda, con lazos mucho más fuertes, entre aquellos que además de haber sido engendrados por el mismo padre, compartían también la misma madre.

WILLIAM FRENCH [1786-1849] y GEORGE SKINNER [1784-1871]
"The Book of Psalms from the Original Hebrew: Translation with Explanatory Notes", 1842

Vers. 21. *Estas cosas hiciste, y yo he callado; pensabas que de cierto sería yo como tú; pero te reprenderé, y las pondré delante de tus ojos.* *[Estas cosas hacías, y yo he callado; ¿Pensabas que de cierto sería yo como tú? Pero te redargüiré, y las pondré delante de tus ojos.* RVR*] [Estas cosas has hecho, y yo he guardado silencio; pensaste que yo era tal como tú; pero te reprenderé, y delante de tus ojos expondré tus delitos.* LBLA*] [Estas cosas has hecho, ¿y guardaré silencio? ¿pensaste que Yo soy igual a ti? Te reprenderé y expondré tus pecados ante tus propios ojos.* BTX*] [Has hecho todo esto, y he guardado silencio; ¿acaso piensas que soy como tú? Pero ahora voy a reprenderte; cara a cara voy a denunciarte.* NVI*] [Esto haces, ¿me quedaré callado? ¿Piensas que soy como tú? Yo te acuso, ante ti lo declaro.* BLP*] [Mientras ustedes hacían todo esto, yo permanecí en silencio, y pensaron que no me importaba. Pero ahora los voy a reprender, presentaré todas las acusaciones que tengo contra ustedes.* NTV*]*

Estas cosas hacías, y yo he callado.[154] No hubo ningún juicio rápido encaminado a derrocar al pecador –imperó la paciencia divina. No se escuchó ningún trueno amenazador, ni cayo ningún rayo que lo fulminara.

---

[153] Las mayores infamias y traiciones suelen planearse cómodamente sentados en una mesa, degustando de suculentos manjares y saboreando buenos caldos.

[154] Dice FRANCISCO LACUEVA [1911-2005] en su versión española del "Comentario de Matthew Henry": «Como si dijese: 'Yo no te he parado los pies ni te he castigado, sino que te he permitido seguir tu curso; te he concedido prórroga, sin ejecutar de inmediato la sentencia que tus maldades merecían'. Sin embargo, el

¿Pensabas que de cierto sería yo como tú? La inferencia que saca el pecador de la actitud paciente del Señor no puede ser más infamante: al ver que no sucede nada, llega a la conclusión de que el Juez es de su misma calaña. Por tanto, ofrece sacrificios y los da por aceptados; continua pecando, y al ver que no hay castigo inmediato se dice: «¿Por qué prestar atención a estos profetas dementes que me acribillan con sus amenazas? Con tal que le paguemos los diezmos, a Dios no le preocupa cómo vivamos. Mientras le ofrezcan becerros en el altar, la rapiña le tiene sin cuidado». ¿Qué no imaginarán los hombres respecto al Señor? Ya en una ocasión hicieron de un becerro la gloria de Israel,[155] y de nuevo se han embrutecido.

Pero te redargüiré. Finalmente, romperé mi silencio y te haré saber lo que pienso.

Y las pondré delante de tus ojos. Dispondré todos tus pecados en formación, y los colocaré delante de ti, uno por uno, clasificados y ordenados. Así sabrás que si bien callé por un tiempo, nunca estuve ciego ni sordo. Te haré percibir todo aquello que has intentado negar. Abandonaré el sitial de la misericordia para sentarme en el trono de juicio, y allí te haré ver cuán grande es la diferencia entre tú y yo.

C. H. SPURGEON

Estas cosas hacías, y yo he callado. Dios no se ve afectado por cosas tales como el sueño o adormecimiento,[156] la connivencia,[157] el descuido o similares.[158] Como no descarga de inmediato su juicio visible contra los pecadores y los destruye, se inflige la blasfemia presuntuosa de afirmar que se despreocupa de las cosas pequeñas. Eso mismo imaginaron los antiguos de su dios imaginario: "Júpiter no se ocupa de tales menudencias",[159] decían. ¡Qué visión tan estrecha y finita de Dios! Aquel que es que la causa y brazo ejecutor de cada acción, ¿no estará presente en ella? ¿Qué podemos hacer nosotros sin él, si nada puede moverse sin pasar por él? Si se preocupa de los gorriones,[160] y numera cada una de las semillas que el sembrador echa en el suelo,[161] ¿escapará de su conocimiento alguna acción del hombre? Podrá parecernos que se hace el desentendido, pero erróneamente, pues lo cierto es que nunca cierra los ojos. No procede de forma represiva en todo, pero sí mantiene un conocimiento exhaustivo de todo. David no fulminó de inmediato a Semeí cuando le maldecía,[162] pero no dejó de escuchar y tomar buena nota de sus maldiciones, y las recordó en sus últimos momentos dando las órdenes oportunas a su hijo Salomón.[163] Así como los jueces determinan a menudo escuchar todo lo que les digan, pero determinan por todo lo que escuchan; a menudo a Dios no le complace todo lo que ve, pero se complace en verlo.

THOMAS ADAMS [1583-1653]
"Mystical bedlam, or the world of mad-men", 1615

---

texto hebreo admite otra traducción, aunque menos probable: '¿Y había yo de haber callado?' La paciencia de Dios es tanto más de admirar por el mal uso que el pecador hace de ella. Los pecadores suelen tomar el silencio de Dios por consentimiento, y la paciencia por connivencia y, por eso, cuanto más tardan en ser castigados, tanto más se les endurece el corazón».

155 Éxodo 32:1-10.

156 Salmo 121:1.

157 Hechos 17:30; Romanos 3:25.

158 Gálatas 6:7.

159 En latín en el original: *"Non vacat exiguis rebus adesse Jovem"*, "Júpiter no se ocupa de tales menudencias". Cita de PUBLIO OVIDIO NASÓN [43 a.C.-17 d.C.], procedente de su obra *"Tristium"*, "Las Tristezas" *Liber II.* Línea 216.

160 Mateo 10:29-30.

161 Mateo 13:3-9.

162 1 Samuel 16:5-13; 19:16-23.

163 1 Reyes 2:8-9.

¿Pensabas que de cierto sería yo como tú?[164] Tal es la ceguera y corrupción de nuestra naturaleza humana, que en tanto no logramos contemplar el rostro de Dios con los ojos de la fe en el espejo de la Palabra,[165] las imágenes y pensamientos que nos hacemos de él, son completamente deformes. Hasta el punto que algunos no dudan en afirmar que todos los hombres hijos de Adán (con la excepción de Cristo) son ateos por naturaleza; pues incluso aquellos que de algún modo admiten la existencia de Dios, niegan su poder, presencia y justicia, limitándolo y reduciéndolo a la imagen que a ellos les agrada. En realidad, es natural que cada ser humano desee acomodar su concepción de Dios a sus deseos carnales, creando de ese modo un Dios s su medida que le sea favorable y propicio. Pero Dios nos dice: *"¿Pensabas que de cierto sería yo como tú?"*.

WILLIAM GURNALL [1617-1679]
"Christian in complete armour, or, a treatise of the saints war against the Devil", 1655

¿Pensabas que de cierto sería yo como tú? Esto hacen los hombres cuando hablan de los pecados que consideran pequeños, y que llaman veniales, concluyendo que Dios va a mantener el mismo criterio que ellos y, por tanto, los va a pasar por alto. En un alarde de orgullo descomunal, el ser humano pretende encaramarse al mismísimo trono del Todopoderoso y negociar la categoría de los pecados, imponiendo su propia voluntad por encima de la de Dios como regla y escuadra para medir sus acciones. Esta aberración comenzó ya en el Paraíso, cuando Adán en lugar de atenerse a la voluntad divina que le había sido revelada, decidió actuar por libre, decidiendo por su propia cuenta ser igual a Dios.[166]

STEPHEN CHARNOCK [1628-1680]
"The Sinfulness and Cure of Thoughts", 1667

Y las pondré delante[167] *de tus ojos.* Esto debe entenderse en términos militares: los pecados serán puestos en filas por su categoría, en sangrienta formación acusadora contra tu alma O quizá mejor en términos: serán puestos en orden por rango de acusaciones según la rebelión y traición cometida.

STEPHEN CHARNOCK [1628-1680]
"The Sinfulness and Cure of Thoughts", 1667

Y las pondré delante de tus ojos. Como si dijera: «Pensaste que tus pecados estaban tan desparramados y dispersos que nadie podría juntarlos, y por tanto, no sería posible acusarte de ninguno; pero te aseguro que los ordenaré y pondré en formación como soldados de un ejército, los pondré en hileras delante de tus ojos, y verás cómo se te hace imposible, no ya contender, sino contemplar semejante hueste». Si un ejército de terrores divinos es ya pavoroso,[168] ¿imaginas lo qué será un ejército de pecados infernales cuando Dios acumule contra ti regimientos de ellos: –aquí un regimiento de palabras profanas; aquí otro de mentiras; otro de tratos fraudulentos; aquí una tropa de acciones impuras; allá una legión de pensamientos impíos;– enfrentándose todos a la una contra tu vida y tu paz perdurable?

JOSEPH CARYL [1602-1673]

---

[164] Números 23:19; Oseas 11:9.
[165] 2 Corintios 3:12, 18.
[166] Génesis 3:1-7.
[167] En hebreo וְאֶעֶרְכָה לְעֵינֶיךָ *wə'e'erḵāh lə'êneḵā* de עָרַךְ *arak,* un término con un trasfondo (entre otros) netamente militar: poner en orden de batalla o formación de ataque: *"los hombres de Israel, se reanimaron, y se pusieron otra vez en orden de batalla en el lugar donde se habían puesto el primer día"* (Jueces 20:22). Ver también: 1 Samuel 17:8; 2 Samuel 10:8; 1 Crónicas19:9; 12:37; 2 Crónicas 14:9. Hay docenas de ejemplos.
[168] 1 Samuel 14:15; 2 Reyes 7:6; Job 6:4.

¿Pensabas que de cierto sería yo como tú? Pero te redargüiré, y las pondré delante de tus ojos. Los ateos se mofan de las Escrituras que nos dicen que tendremos que dar cuenta de todos nuestros actos,[169] pero Dios hará que descubran sorpresivamente la verdad en el día en que todos habrán de pasar cuentas. Para él es tan fácil hacer que sus mentes olvidadizas recuerden todo cuanto han hecho, como lo fue crear sus mentes en primer lugar. Y cuando saque a luz su registro y lo aplique a sus espíritus intencionadamente olvidadizos, se acordarán de todos los pecados que decían haber olvidado. Cuando el impresor somete a presión los moldes contra el papel limpio, el papel se impregna con cada una de las letras del molde; de igual modo, cuando Dios estampe sus mentes contra su registro, quedarán impregnadas de todos sus pecados anteriores que aparecerán ante sus ojos. La mano que escribía en la pared contra Belsasar,[170] comenzó a escribir desde el primer instante en que cometió su primer pecado, aunque él no la viera hasta que la copa estuvo llena y se hizo manifiesta; así también con los malvados: sus pecados son constantemente contados y sopesados, aunque ellos no lo vean hasta que se produzca el momento de su terrible despertar.

WILLIAM CHARLES STRUTHER [1578-1633]
"True Happiness, or King David's Choice", 1633

Y las pondré delante de tus ojos. Dios pondrá sus pecados en formación ante de sus ojos. En primer lugar: el pecado original con el que nacen. En segundo lugar: los pecados de su infancia. En tercer lugar: los pecados de su juventud. En cuarto lugar: los de su edad adulta. O también: primero peca contra la primera tabla de los mandamientos y luego contra la segunda. Tantos de ignorancia; tantos con pleno conocimiento; tantos por presunción; todos ellos severamente clasificados por categorías. El malo del que nos habla el salmista cometía los pecados aleatoriamente, acumulándolos en montones de pecados diversos; pero Dios los ordena y clasifica con precisión, aplicándoles su método, y los pone en formación delante de sus ojos.

THOMAS FULLER [1608-1661]
"The Cause and Cure of a Wounded Conscience", 1647

Vers. 22. *Entended ahora esto, los que os olvidáis de Dios, no sea que os despedace, y no haya quien os libre.* *[Entended ahora esto, los que os olvidáis de Dios, no sea que os despedace, y no haya quien os libre.* RVR*] [Entended ahora esto, los que os olvidáis de Dios, no sea que os despedace, y no haya quien os libre.* LBLA*] [Entended bien esto, los que olvidáis a Eloah, no sea que os destroce y no haya quien os salve.* BTX*] [Ustedes que se olvidan de Dios, consideren lo que he dicho; de lo contrario, los haré pedazos, y no habrá nadie que los salve.* NVI*] [Entendedlo bien los que olvidáis a Dios, no sea que os destruya y nadie os salve.* BLP*] [Arrepiéntanse todos los que se olvidan de mí, o los despedazaré y nadie los ayudará.* NTV*]*

Entended ahora esto. Tomad estas verdades en serio, vosotros los que confiáis en rituales y ceremonias, y vosotros que vivís en el vicio; porque ambos pecáis olvidándoos de Dios. Meditad en lo inaceptables que sois ante sus ojos, y volveos al Señor. Considerad en qué manera os habéis burlado de lo eterno, y arrepentíos de vuestras iniquidades.

[169] Mateo 12:36; Gálatas 6:7.
[170] Daniel 5:1-30.

No sea que os despedace, cual león que devora su presa;[171] *y no haya quien os libre,* no haya Salvador, ni refugio, ni esperanza. Rechazáis al Mediador:[172] tened mucho cuidado, porque lo vais a necesitar en el día de la ira, y no habrá nadie a vuestro lado que os defienda. ¡Cuán terrible, cuán absoluta, cuán dolorosa, cuán humillante será la destrucción de los impíos! Dios no emplea palabras blandas ni metáforas aterciopeladas, como tampoco deben hacerlo sus siervos cuando hablan de la ira venidera. Lector, considera esto atentamente, y tenlo en cuenta.

C. H. Spurgeon

Entended ahora esto, los que os olvidáis de Dios.[173] ¿Hay algo más insignificante que un grano de arena? Y sin embargo, cuando lo multiplicas y sumas ¿hay algo más pesado que la arena de todos los mares? Una unidad por pequeña que sea, multiplicada, se puede incrementar hasta el infinito; y lo mismo ocurre con los pecados pequeños de los cuales no nos hemos arrepentido: nos llevan a la condenación. Son como una vía de agua en el barco, aunque sea pequeña, si no se obtura a tiempo será bastante para que todo el pasaje perezca ahogado. Solemos llamarlos: "pecados pequeños", pero en realidad son pecados enormes contra la majestad del Dios todopoderoso, la cual incrementan y realzan; y si no nos arrepentimos de ellos, nos condenarán. Cabría pensar que descuidar las cosas de Dios no es tan grave, pero va ligado a una condena tremenda. No multiplicar los talentos que Dios nos da, no ejercitar la gracia, son negligencias que el mundo tiene por cosas pequeñas; y sin embargo, leemos que el siervo que enterró su talento, sin hacer nada con él, sin incrementarlo, fue sentenciado y echado a las tinieblas de afuera.[174]

Thomas Watson [1620-1686]
"Saint's Spiritual Delight", 1660

No sea que os despedace, y no haya quien os libre. Una expresión metafórica tomada de la furia y fuerza irresistible del león, contra la cual la intervención del pastor es insuficiente para proporcionar a su rebaño protección o defensa.

William Walford [1773-1850]
"The Book of Psalms. A New Translation, with Notes", 1837

Vers. 23. *El que sacrifica alabanza me honrará; y al que ordenare su camino, le mostraré la salvación de Dios.* *[El que ofrece sacrificios de alabanza me glorifica; y al que ordene su camino, le mostraré la salvación de Dios.* RVR*] [El que ofrece sacrificio de acción de gracias me honra; y al que ordena bien su camino, le mostraré la salvación de Dios.* LBLA*] [El que sacrifica acciones de gracias, ése me honrará, y al que ordena rectamente su camino, le mostraré la salvación de Elohim.* BTX*] [Quien me ofrece su gratitud, me honra; al que enmiende su conducta le mostraré mi salvación.* NVI*] [Quien ofrece un sacrificio de alabanza me da gloria: al de conducta integra le haré ver*

[171] En hebreo אֶטְרֹף *'eṭrōp̄* de טָרַף *taraph,* un verbo que se utiliza para describir cómo el león devora su presa (Ver Salmo 7:2).
[172] 1 Timoteo 2:5; Hebreos 9:15.
[173] Dice Schökel: Se dirige a los que *"os olvidáis de Dios"*. Y ¿quiénes son éstos? Gente que está ofreciendo sacrificios periódicos, que recita puntualmente los mandamientos de Dios, pero que se han fabricado un Dios mental a su imagen y semejanza: *"¿Pensabas que de cierto sería yo como tú?"* (50:21), y con falsa imagen de Dios en mente se olvidan del auténtico.
[174] Mateo 25:14-30.

la salvación de Dios. BLP] *[Pero el dar gracias es un sacrificio que verdaderamente me honra; si permanecen en mi camino, les daré a conocer la salvación de Dios».* NTV]

El que ofrece sacrificios de alabanza me glorifica.[175] La alabanza es el mejor sacrificio; la verdadera acción de gracias, fervorosa, de corazón, fruto de la gracia y producto de una mente renovada.[176] El oído de Jehová no se deleita en el bramido de becerros atados al altar, sino en los cánticos de los redimidos. Sacrifica con amor tu gratitud, y Dios será honrado en ello.

Y al que ordene su camino, le mostraré la salvación de Dios.[177] Una vida santa es la evidencia más fehaciente de salvación. El que somete a la guía divina la totalidad de su camino y procura honrar a Dios en todo en su vida, trae al altar una ofrenda que el Señor acepta de buen grado a través de su amado Hijo; y por tanto, esa persona estará cada día más capacitada para conocer y experimentar en la salvación del Señor. Sigue necesitada de salvación, pues ni aún la vida más ordenada vale para salvarnos, pero tendrá esa salvación. Una bendición peculiar, prometida no a las ceremonias rituales, ni a los labios impuros,[178] sino a los corazones agradecidos y a las vidas santas. ¡Oh Señor, concédenos que en el juicio podamos estar con aquellos que te han adorado correctamente y que han visto tu salvación!

C. H. SPURGEON

El que ofrece sacrificios de alabanza me glorifica. La acción de gracias es una labor que ensalza a Dios. Aunque no hay nada que pueda añadir un codo a su gloria esencial, con todo, la alabanza le exalta a la vista de los demás. La alabanza es un acción directa en honor a Dios, un enaltecimiento de su nombre, una pública exhibición del trofeo de su bondad, una proclamación de sus excelencias, una divulgación de su renombre, un quebrar el vaso de perfume para que el aroma fragante del nombre Dios se derrame por el mundo entero:[179] *"y al que ordena bien su camino, le mostraré la salvación de Dios"*- A pesar de que la obra principal de la fe ha de llevarse a cabo interiormente, *"así ha de brillar nuestra luz delante de los hombres"*,[180] para que otros puedan verla; la base de la sinceridad está oculta en el corazón, pero su hermoso frontispicio ha de reflejarse en nuestras conversaciones. La Escritura llama a los santos *"joyas"*,[181] porque arrojan destellos brillantes a los ojos de los demás.

---

[175] En hebreo זֹבֵחַ תּוֹדָה יְֽכַבְּדָנְנִי וְשָׂם דֶּרֶךְ אַרְאֶנּוּ בְּיֵשַׁע אֱלֹהִים *zōḇêaḥ tōwḏāh yəḵabbəḏānənî wəśām dereḵ 'ar'ennū bəyêša' 'ĕlōhîm.* El sintagma יְֽכַבְּדָנְנִי *yəḵabbəḏānənî*, que traducimos por *"me glorifica"* es único y solo ocurre en este versículo; la versión griega de los LXX o Septuaginta lee δοξάσει με que la Vulgata traduce al latín como *"hocabit me"*, "me honra". Dice FRANZ DELITZSCH [1813-1890] «Suena parecido al יִמְצָאֻנְנִי *yimṣā'unnî, "me hallarán"* de Proverbios 1:28; 8:17 o el יְשַׁחֲרֻנְנִי *yəšaḥărunnî, "me buscarán"* de Oseas 5:15. (…) El versículo 23 enlaza la conclusión del Salmo con su clímax y pivote central, que es el versículo catorce (50:14): *"Ofrece a Dios sacrificios de alabanza"*. Lo que Dios plantea aquí ante Israel en una aparición de teofanía post-Sinaítica, es exactamente el mismo discurso contra la hipocresía y sinsentido de los legalismos, y sobre la verdadera voluntad de Dios, que Jesús dirigió al pueblo que se reunía al su alrededor al iniciar su ministerio. La revelación del Evangelio queda vinculada a la revelación de la Ley por el Sermón del Monte (Mateo 5:212-48), que es el punto clave donde ambos extremos se tocan».

[176] Romanos 12:2; Efesios 4:23.

[177] Dice FRANCISCO LACUEVA [1911-2005] en su versión española del "Comentario de Matthew Henry": «Vemos aquí un giro gramatical frecuente en hebreo, pues, al ser Dios el que habla, habríamos de esperar leer: *"mi salvación"*».

[178] Isaías 6:5; 59:3; Jeremías 9:3-6.

[179] 2 Corintios 2:15; Efesios 5:2.

[180] Mateo 5:16.

[181] Proverbios 25:12; Isaías 62:3; Zacarías 9:16; Filipenses 4:1; 1 Tesalonicenses 2:19; 1 Pedro 2:4-5.

Un cristiano fiel, piadoso y recto, es como el templo de Salomón, de puro oro por dentro y por fuera.[182] La sinceridad es una levadura santa, y cuando está en el corazón leuda la vida entera[183] haciendo que se expanda y eleve tan alta como el cielo: *"Porque nuestra ciudadanía está en los cielos, de donde también ansiosamente esperamos a un Salvador, el Señor Jesucristo"*.[184]

THOMAS WATSON [1620-1686]
"Saint's Spiritual Delight", 1660

El que ofrece sacrificios de alabanza me glorifica. De lo cual concluimos:

1. Que la salvación es obra de Dios.
2. Que su evidencia son santidad en el corazón y en la vida.
3. Que la consecuencia de esta evidencia es la alabanza.
4. Que el objetivo de esta alabanza es glorificar a Dios.
5. Que Dios no es glorificado por las dudas, temores o murmuraciones de su pueblo, sino por su alabanza.

GEORGE ROGERS [1799-1891]

[182] 1 Reyes 6:20-22; 1 Crónicas 3:3-9.

[183] Mateo 16:6, 12; 1 Corintios 5:6; Gálatas 5:9.

[184] Filipenses 3:20.

SALMO 52

CONDENA Y CASTIGO DE LOS PREPOTENTES

Título: *Al músico principal.* Incluso los Salmos cortos, si registran un solo caso de la bondad del Señor reprendiendo, aunque sea brevemente, el orgullo del hombre, son dignos de que los leamos, estudiemos y cantemos con la mayor atención. Y ver cómo van asimismo encomendados al *"músico principal"* debería llevarnos a valorar más nuestro Salterio y enseñarnos a no alabar jamás al Señor de modo descuidado.

Masquil. Un Salmo de instrucción.[1] A David, incluso la malicia de un Doeg le sirve para aprender, instruirle e inspirarle.

Salmo de David. David era el objetivo principal del odio irracional[2] de Doeg,[3] y por tanto, la persona más indicada para sacar del incidente la lección que lleva intrínseca.

Cuando vino Doeg edomita y dio cuenta a Saúl diciéndole: David ha venido a casa de Ahimélec. Todo cuanto consiguió este villano con su relato engañoso, una verdad tergiversada,[4] fue la muerte de los sacerdotes en Nob; quienes a pesar de haber cometido supuestamente el delito al socorrer a David siendo un proscrito, no eran culpables de haberlo hecho intencionadamente y con pleno conocimiento de lo que hacían.[5] La villanía de este archienemigo le dolió a David en extremo, y por ello la denuncia enérgicamente y con toda su crudeza en este salmo; aunque es probable que al escribirlo tuviera también en mente, en un segundo plano, al propio Saúl.[6]

C. H. SPURGEON

Que *Maschil*[7] significa una composición sagrada es más que evidente por lo que se desprende del Salmo 47:7 que nuestras Biblias traducen como: *"Cantad alabanzas con entendimiento"*,[8] literalmente: זַמְּרוּ מַשְׂכִּיל *zammərū maśkîl, "Cantad un Maschil"*, o un cántico de instrucción. La palabra מַשְׂכִּיל *maśkîl* aparece en trece lugares; seis de ellos ligada a las composiciones de David. En varios casos ocurre en salmos consecutivos: los Salmos 42, 43 (que en realidad es un apéndice o secuela del 42), 44 y 45; también en los Salmos 52, 53, 54 y 55; así como en los Salmos 88 y 89. Una circunstancia

[1] Ver al respecto los comentarios correspondientes a las introducciones a los Salmo 32, 42; 44; 45; 53; 54; 55; 74; 78; 88; 89 y 142, que son también Salmos de *Maschil,* en especial la introducción y notas al Salmo 32, que es el primero donde aparece este término.

[2] En el original inglés: *"doggish",* perruno.

[3] 1 Samuel 22:6.

[4] 1 Samuel 21:7.

[5] 1 Samuel 22:14-15.

[6] ATANASIO DE ALEJANDRÍA [296-373] en su carta a su discípulo Marcelino sobre la naturaleza y valor de los salmos le dice refiriéndose a este salmo: «Si has sido difamado injustamente, y encima ves cómo el calumniador se envalentona ante un juez injusto, un monarca arbitrario y tirano, aléjate recitando el Salmo 52». El Tomo I de "El Tesoro de David" incluye una traducción completa de la Carta de Atanasio a Marcelino. [Tomo I - pp. 50].

[7] En hebreo מַשְׂכִּיל *maśkîl.*

[8] Salmo 47:7. Así lo traduce la versión inglesa KJV: *"Sing ye praises with understanding"*. Ver los correspondientes comentarios a este versículo en el Salmo 47.

que favorece la teoría de que se trata un término utilizado en particular por algún editor o compilador de una parte o porción del Salterio.[9]

JOHN JEBB [1805-1886]
"A literal translation of the book of Psalms: intended to illustrate their poetical and mora structure: to which are added dissertations on the word Selah, and on the authorship, order, titles, and poetical features of the Psalms", 1846

Estructura: Basta con seguir las pausas marcadas por el propio poeta sacro.[10]

C. H. SPURGEON

Versión poética:

QUID GLORIARIS IN MALITIA, QUI POTENTS ES IN INIQUITATE?

¿Por qué haces vanidad de ser maligno?
¿cómo saldrá la gloria de la infamia?
¿ni qué fuerza y poder podrá adquirirse
el que su propio honor así degrada?

Parece que tu lengua todo el día
con solícito afán solo trabaja
en mostrarnos borrones que se ocultan,
y descubrir las escondidas manchas.

Parece una navaja cortadora,
y por todas sus partes afilada,
que destroza y lastima cuanto toca,
que hiere siempre, y cuando puede mata.

Más te deleitas en causar perjuicios,
que en hacer buenas obras, más te agrada
una mentira vil si es perniciosa,
que una noble verdad cuando repara.

[9] FRANZ DELITZSCH [1813-1890] dice al respecto: «Con el Salmo 52 comienza una serie de cuatro *Maschil Elohistas* escritos por David (Salmos 52 al 55). Se trata de uno de los ocho Salmos en los que a través de lo expresado en el título, unas veces fácilmente verificado y otras porque no es posible encontrar otra circunstancia que encaje mejor, pueden asignarse a la época de la persecución de David por Saúl (Salmos 7; 59; 56; 34; 52; 57; 142; 54). AGUSTÍN DE HIPONA [354-430] los describe como *"Psalmos fugitivos"*».

[10] FRANCISCO LACUEVA [1911-2005] en su versión española del "Comentario de Matthew Henry" aporta el siguiente esquema: «David estaba embargado de tristeza cuando dijo a Abiatar (1 Samuel 22:22): *"Yo he ocasionado la muerte a todas las personas de la casa de tu padre"*, las cuales fueron ejecutadas por Saúl tras la malvada información que le dio Doeg. En este salmo, David, I. Reprocha a Doeg por lo que ha hecho (v. 1). II. Le acusa (vv. 2-4). III. Pronuncia sentencia contra él (v. 5). IV. Predice el júbilo de los justos ante la ejecución de la sentencia (vv. 6, 7). V. Se consuela con la misericordia de Dios (vv. 8, 9).

Pero el Señor te oye, y te ha escuchado,
que de ser malo intrépido te jactas,
y en el postrero de tus malos días
también te sabrá dar la suerte mala.

Te quitará del sitio en que estuvieres,
te sacará por fuerza de tu casa,
y te hará de la tierra de los vivos
arrancar como arranca la cizaña.

Los justos te verán de terror llenos,
y aunque los juicios del Señor acatan,
burlándose de ti, dirán riendo
ve aquí el hombre que al cielo desdeñaba.

Creyó con su poder y sus riquezas,
que de todo peligro exento estaba;
pero ya habrá el necio conocido
su ridículo error, su ilusión vana.

Por eso yo seré como la oliva,
que en la casa de Dios está plantada,
y que prospera crece y fructifica,
sin temer el rigor de las desgracias.

Por esta diferencia que tú pones,
Dios mío, entre el malvado, y el que te ama,
tu nombre alabaré toda mi vida,
esperando el auxilio de tu gracia.

Del "Salterio Poético Español", Siglo xviii

Vers. 1. *¿Por qué te jactas de maldad, oh poderoso? La misericordia de Dios es continua.* *[¿Por qué te jactas de maldad, oh tirano? La misericordia de Dios dura todo el día.* RVR*] [¿Por qué te jactas del mal, oh poderoso? La misericordia de Dios es continua.* LBLA*] [¿Por qué te jactas del mal, oh poderoso? ¡La misericordia de Elohim es continua!* BTX*] [¿Por qué te jactas de tu maldad, varón prepotente? ¡El amor de Dios es constante!* NVI*] [¿Por qué, engreído, te jactas del mal si el amor de Dios es constante?* BLP*] [¿Por qué te jactas de tus delitos, gran guerrero? ¿No te das cuenta de que la justicia de Dios permanece para siempre?* NTV*]*[11]

[11] Texto complejo y de difícil interpretación. En hebreo מַה־תִּתְהַלֵּל בְּרָעָה הַגִּבּוֹר חֶסֶד אֵל כָּל־הַיּוֹם *mah-tiṯhallêl bərā'āh haggibbōwr ḥeseḏ 'êl kāl-hayyōwm.* La versión griega de los LXX o Septuaginta lee: τί ἐγκαυχᾷ ἐν κακίᾳ, ὁ δυνατός, ἀνομίαν ὅλην τὴν ἡμέραν, que la Vulgata traduce al latín como: *"¿Quid gloriaris in malitia, qui potens est in iniquitate?"*, "¿Por qué te glorías en la malicia, tú que eres poderoso en iniquidad?". Los exégetas modernos han planteado variantes y diversas alternativas: Shökel traduce: *"¿Por*

¿Por qué te jactas[12] *del mal, oh poderoso?*[13] En realidad Doeg no tenía grandes motivos de qué jactarse por haber provocado y ejecutado la masacre de un grupo de sacerdotes indefensos. ¡Un poderoso guerrero, sin duda, asesinando a un grupo hombres pacíficos que nunca habían empuñado espada! Más bien debía sentirse avergonzado de su cobardía. ¡No había razones para su auto-exultación! Los títulos honoríficos no son sino una burla irónica cuando el que los ostenta es una persona cruel y mezquina.[14] Y si el salmista se refería también a Saúl, tristemente lo que dice con estas palabras es: «¿Cómo es posible que una persona dotada por la naturaleza para los hechos más nobles, pueda caer tan bajo como para alardear de una masacre tan despiadada y abyecta?»

La misericordia de Dios es continua.[15] Un hermoso contraste. La furia del tirano no logra secar el flujo perenne de la misericordia divina. Los sacerdotes podrán caer asesinados, pero su Maestro sigue vivo. Aunque Doeg triunfe por un corto período de tiempo, el Señor está por encima de él, es eterno, le sobrevive y repara todas las injusticias cometidas. Esto debería servir para frustrar las jactancias y

---

qué te glorías de la maldad, valeroso, y ultrajas a Dios todo el día?" KRAUS: *"¿Por qué te glorías de la maldad, oh hombre, contra el piadoso a todas horas?"*. Los comentaristas del siglo XX dicen al respecto:

– SCHÖKEL: La frase חֶסֶד אֵל כָּל־הַיּוֹם *ḥeseḏ 'êl kāl-hayyōwm* es difícil y se presta a distintas interpretaciones, dependiendo de si a חֶסֶד *ḥeseḏ* se le da el significado habitual de piedad, bondad, lealtad; o bien el significado menos habitual de cosa execrable, infamia, injuria aplicado en Levítico 20:17, como hace la Septuaginta que traduce ἀνομίαvν (y la Vulgata "iniquitate").

– FRANCISCO LACUEVA [1911-2005] en su versión española del "Comentario de Matthew Henry": «Resulta incierto –como reconoce el propio Matthew Henry– dictaminar en qué manera las palabras de la segunda frase, literal: *"El amor misericordioso* de Dios *se prolonga todo el día"* enlazan con la primera. La explicación más plausible es la que apunta el rabino ABRAHAM COHEN [1887-1957]: 'Dios, אֵל *'êl,* es גִּבּוֹר *gibbor,* lo más fuerte y poderoso que existe, y por tanto, comparado con su poder, el poder del mayor potentado de este mundo es como nada'. Sin embargo, tampoco es de despreciar la explicación que Matthew Henry da como la más probable: 'Dios está obrando el bien continuamente, y por tanto, quienes le imitan tienen hasta cierto punto motivos para gloriarse de su proceder; pero tú estás continuamente obrando el mal, siendo todo lo contrario y aun opuesto a Él, y a pesar de ello, te jactas de obrar como obras y de ser cómo eres'».

[12] En hebreo תִּתְהַלֵּל *tiṯhallêl.* Dice SCHÖKEL: «Atribuyéndose el mérito, pregonando las ventajas, cantando victoria como en 1 Reyes 20:11: *"No se jacte el que se ciñe las armas como el que se las desciñe"*.

[13] En hebreo הַגִּבּוֹר *haggibbōwr* de גִּבּוֹר *gibbor,* "poderoso". Dice FRANCISCO LACUEVA [1911-2005] en su versión española del "Comentario de Matthew Henry": «Doeg era, por su oficio, un potentado, un גִּבּוֹר *gibbor;* curiosamente el mismo vocablo que se utiliza en Isaías 9:6 para decir: אֵל גִּבּוֹר *'êl gibbōwr, "Dios fuerte" o "Dios poderoso"*; pues era uno de los servidores más encumbrados de Saúl. Y de esto se jactaba, no solo del poder que tenía para hacer el mal, sino del propio mal que hacía en virtud de tal poder, de ahí la significación de "tirano" que el vocablo comporta en este caso».

[14] Cuando CARLOS I DE INGLATERRA [1600-1649] cayó prisionero de los parlamentarios tras ser derrotado el 2 de Julio de 1644 en la batalla de Marston Moor en la que perdió el norte de Inglaterra, y confinado al campamento escocés en Newark, algunos de los pastores y ministros entre las tropas vencedoras ordenaron a manera de insulto que se cantara el Salmo 52: *"¿Por qué te jactas de maldad, oh tirano? La misericordia de Dios dura todo el día"*. Pero el monarca logró arrancar al insulto su aguijón apelando también a los Salmos, al pedir que se cantara el Salmo 56: *"Ten misericordia de mí, oh Dios, porque me devoraría el hombre; me oprime hostigándome cada día. Todo el día mis enemigos me pisotean; porque muchos son los que pelean contra mí con altivez. En el día en que tengo miedo, yo en ti confío"* (56:1-3).

[15] En hebreo חֶסֶד אֵל כָּל־הַיּוֹם *ḥeseḏ 'êl kāl-hayyōwm.*

orgullosas exultaciones de los impíos, ya que después de todo, mientras el Señor viva, la iniquidad tiene pocos motivos para exaltarse a sí misma.[16]

C. H. SPURGEON

¿Por qué te jactas del mal, oh poderoso? Estas palabras hay que entenderlas de forma irónica, como si dijera: «Gran alarde de valentía has demostrado asesinando a un grupo de hombres desarmados: los sacerdotes del Señor; masacrando a mujeres y niños incapaces de resistirse o plantarte cara. ¿Basas en esta proeza tu jactancia y vanagloria? ¿Es de semejante villanía de donde parte tu rango actual, tu poder y grandeza como uno de los principales de Saúl? ¿En los favores recibidos de Saúl en pago de tan innoble acción?».

ARTHUR JACKSON [1593-1666]
"Annotations upon the five books immediately following the historical part of the Old Testament (commonly called the five doctrinal or poetical books) Iob, the Psalms, the Proverbs, Ecclesiastes, and the Song of Solomon", 1658

La misericordia de Dios es continua. El salmista contrasta la *misericordia* y bondad de Dios con el poder y riquezas de Doeg, resaltando la base de su propia confianza: muy distinta a la de Doeg, pues la suya se apoya en la misericordia divina, que es continua y permanece para siempre, por tanto, mucho más segura y efectiva. Es como si le dijera: «La misericordia de Dios, en la que yo confío, es mucho más poderosa y más estable que la tuya; en ella me regocijaré en todo momento: porque me sostiene en el presente, y me exaltará en el futuro cuando sea su momento, pues *está* y *estará continuamente sobre mí»* (…) Pone todo el énfasis en probar el marcado contraste entre *la misericordia del Dios todopoderoso* frente a la jactancia de Doeg, que pese considerarse a mismo un *héroe,* fundamente su poder en apoyos frágiles y ruinosos.

HERMANN VENEMA [1697-1787]
"Commentarius ad Psalmos", 1762

Vers. 2. ***Agravios maquina tu lengua; como navaja afilada hace engaño.*** *[Agravios maquina tu lengua; como navaja afilada trama engaños.* RVR*] [Tu lengua maquina destrucción como afilada navaja, oh artífice de engaño.* LBLA*] [Tu lengua maquina destrucción, produce engaños, como una navaja afilada.* BTX*] [Tu lengua, como navaja afilada, trama destrucción y practica el engaño.* NVI*] [Tú maquinas maldades, tu lengua, afilada navaja, difunde calumnias.* BLP*] [Todo el día conspiras destrucción. Tu lengua es cortante como una navaja afilada; eres experto en decir mentiras.* NTV*]*

[16] FRANZ DELITZSCH [1813-1890] hace sobre los versículos 1-3 el siguiente comentario: «Si el obrar con malicia es de por sí un acto execrable, jactarse después de ello cual si se tratara de una acción heroica es lo más ruin que quepa imaginar. Y eso es precisamente lo que hace Doeg, causante de una masacre provocada primero por su lengua insidiosa, y ejecutada después con la fuerza de su propia mano. Por ello el salmista le dedica con sarcasmo el calificativo de גִּבּוֹר *gibbor,* como hace el profeta Isaías con los borrachos bravucones: *"¡Ay de los que son fuertes para beber vino, y hombres de vigor para mezclar bebida!"* (Isaías 5:22). Sin embargo, David sabe que su causa no está perdida en modo alguno; por que coincide con la de Dios, cuya *"misericordia es constante"* y permanece, sin verse afectada por la calumnia ni sufrir alteraciones y vaivenes, como sucede con el favor de los hombres».

Tu lengua maquina destrucción. Hablas con un doble propósito. En apariencia, la información facilitada por Doeg era para ayudar a Saúl; pero en el fondo de su corazón el edomita odiaba a los sacerdotes del Dios de Jacob. Cuando aquello que se dice, malo de por sí, tiene la doble intención de provocar un mal todavía mayor, es señal de la más profunda depravación.

Como navaja afilada trama engaños. David describe la lengua engañosa como un instrumento tan sutil y eficaz para provocar daño como una navaja, capaz de dejar a una persona con la cabeza pelada como una bola sin que se de cuenta; así de habilidosa era la labor de los barberos orientales. O también puede significar que, bajo el pretexto de afeitarlo, se puede seccionar rápidamente con una navaja la yugular de una persona sin que esta pueda hacer nada para impedirlo. Esa misma habilidad y sutileza fue la empleada por Doeg para acabar con los sacerdotes del Señor. Hechizado por la maldad, hizo su cruel trabajo con verdadera maestría, con una habilidad y minuciosidad endemoniada.

C. H. Spurgeon

Tu lengua maquina agravios, como navaja afilada obrando con engaño. Así lo traduce nuestra versión.[17] Pero no acabo de entender que *"la lengua maquine agravios"* y *"la navaja obre con engaño"*. Pienso que podríamos fácilmente evitar este contraste poco comprensible haciendo de todo ello una sola frase: *"Tu lengua maquina agravios como afilada navaja, oh artífice de engaño"*. Es decir, que con su lengua suave y halagadora ingenia la manera de herir la reputación y personalidad de los demás, cual si con afilada navaja les estuvieras seccionando la garganta.

Samuel Chandler [1693-1766]
"A Critical History of the Life of David; Exposition to Psalm 52", 1766

Como navaja afilada.[18] Que el lugar de cortar el cabello lacera la carne; o que dejando a un lado la barba hunde su hoja en la garganta.

John Trapp [1601-1669]
"A commentary or exposition upon the books of Ezra, Nehemiah, Esther, Job and Psalms", 1657

Tu lengua maquina destrucción como afilada navaja, oh artífice de engaño. Que una fechoría sea llevada a cabo de forma intrigante, con habilidad y astucia maliciosa, ni disimula ni atenúa su maldad. El asesinato con una navaja afilada sigue siendo un asesinato tan execrable como matar con un hacha o un mazo. Una mentira formulada con ingenio y facilitada por el aceite suave de la adulación, sigue siendo un pecado tan grave como cualquier intento burdo de engañar descaradamente.

William Swan Plumer [1802-1880]
"Studies on the Book of Psalms", 1867

[17] La versión inglesa KJV traduce: *"Thy tongue deviseth mischiefs, like a sharp razor, working deceitfully"*.
[18] En hebreo כְּתַעַר מְלֻטָּשׁ *kəṯaar məluṭṭāš* de תַּעַר *taar*, "instrumento de barbero" (Números 8:7, Isaías 7:20, Ezequiel 5:1); o bien de escribano (Jeremías 36:23). Felipe Scio de San Miguel [1738-1776] en su versión española de la Vulgata explica en una nota: «Una navaja afilada que pasando muy suave, como para cortar solamente la barba, se clava y hiere como si halagara. Así Doeg, habiendo estado con David y con Ahimélec en el Tabernáculo del Señor mostrándoles amistad, o cuanto menos indiferencia, pérfidamente y con la mayor alevosía, fue con su traidora delación la causa de que se derramara tanta sangre inocente (1 Reyes 21:1-10; 22:9-19)».

Vers. 3. ***Amaste el mal más que el bien, la mentira más que la verdad. Selah.*** *[Amas el mal más que el bien, la mentira más que la rectitud. Selah.* RVR*] [Amas el mal más que el bien, la mentira más que decir lo que es justo. (Selah).* LBLA*] [Has amado el mal más que el bien; la mentira, más que el hablar justicia. Selah.* BTX*] [Más que el bien, amas la maldad; más que la verdad, amas la mentira. Selah* NVI*] [Prefieres el mal al bien, la mentira a la sinceridad.* BLP*] [Amas el mal más que el bien y las mentiras más que la verdad. Interludio.* NTV*]*

Amas el mal más que el bien.[19] En realidad no sentía ninguna atracción para nada bueno, aunque le aportara beneficios. Aunque ambos hubieran sido por igual provechosos y agradables, habría preferido el mal.

La mentira más que la rectitud. Se encontraba más a gusto en la mentira que en la verdad. Las pocas verdades que dijera eran puras casualidades; pero en la mentira se deleitaba con entusiasmo.

Selah. Hagamos una pausa y reflexionemos en la personalidad del mentiroso, altanero y fanfarrón. Doeg ya no está, pero hay otros muchos perros que ladran al pueblo de Dios con similares aullidos. El principal de los pastores de Saúl[20] está enterrado, pero el diablo cuenta con otros muchos secuaces que de buena gana llevarían a los santos como ovejas al matadero.

C. H. SPURGEON

Amas el mal más que el bien. Es decir, no tan solo has preferido uno por encima del otro, sino que has reemplazado uno por otro para que, donde debería haber bien, haya mal y desde lo más profundo de tu alma surja siempre espontáneamente el mal. Por tanto, no dice que toleró, sino que *"amó"* el mal; y no solo moral, sino también físico, buscando la destrucción de su prójimo. *"Amas el mal"* hasta el punto de no desear otra cosa que oponerte al bien, por el cual sientes una aversión absoluta.[21]

HERMAN VENEMA [1697-1787]
"Commentarius ad Psalmos", 1762

Vers. 4. ***Has amado toda suerte de palabras perniciosas, engañosa lengua.*** *[Has amado toda suerte de palabras perniciosas, engañosa lengua.* RVR*] [Amas toda palabra destructora, oh lengua de engaño.* LBLA*] [Oh, lengua engañosa, has amado toda suerte de palabras perversas.* BTX*] [Lengua embustera, te encanta ofender con tus palabras.* NVI*] [Amas la palabra que destruye y es engañosa tu lengua.* BLP*] [Te encanta destruir a la gente con tus palabras, ¡mentiroso!* NTV*]*

Has amado. Sientes un interés enfermizo, una especial atracción por el lenguaje perverso, malicioso y rastrero.

---

[19] La versión griega de los LXX o Septuaginta lee: ἠγάπησας κακίαν ὑπὲρ ἀγαθωσύνην, ἀδικίαν ὑπὲρ τὸ λαλῆσαι δικαιοσύνην. Διάψαλμα que la Vulgata traduce al latín como: *"Dilexisti omnia verba praecipitationes, lingua dolosa"*, "Amaste todas las palabras de derrumbamiento, lengua engañosa".

[20] 1 Samuel 21:7.

[21] Dice AGUSTÍN DE HIPONA [354-430]: «*"Amas el mal más que el bien, la mentira más que la rectitud"* Puedes elegir libremente el bien y el mal, la verdad o la mentira, la justicia o la injusticia; y hablar con tu lengua de aquello que desees. ¿Por qué eliges el mal en lugar del bien? ¿Por qué te inclinas por la injusticia en lugar de la rectitud? ¿Acaso le das a tu estómago alimentos amargos y dañinos? ¿Por qué le das a tu lengua palabras de maldad? Si tan precavido te muestras a la hora de elegir aquello que has de comer, elige aquello que vas a decir aún con mayor cautela».

Palabras perniciosas.[22] Hay palabras que, como la boa constrictor, se tragan al animal entero; mientras que otras, como en león, lo despedazan antes de devorarlo; las mentes malvadas las valoran todas y las tienen en gran estima. Su oratoria es siempre agresiva y sanguinaria. Utilizan todo aquello que pueda provocar en los hombres más fácilmente las pasiones más bajas, y consideran que alentar el desatino de los inicuos es hacer gala de elocuencia en primer orden.

¡Oh lengua engañosa! Hay quienes invocan el derecho a decir cosas perniciosas, bajo pretexto de justicia. Dicen sentir celo por el derecho, pero en realidad lo que procuran es derribar la verdad y la santidad; y lo hacen con astucia, ocultando sus verdaderos propósitos bajo el pretexto de ese celo en apariencia justo y transparente.

C. H. SPURGEON

Amas toda suerte de palabras perniciosas, lengua engañosa. Era, como se suele decir, "todo lengua", un hombre de abundantes palabras. Y estos son los más peligrosos, engañosos y perniciosos.

ADAM CLARKE [1760-1832]
"Commentary on the Whole Bible", 1831

Vers. 5. *Por tanto, Dios te destruirá para siempre; te asolará y te arrancará de tu morada, y te desarraigará de la tierra de los vivientes. Selah.* *[Por tanto, Dios te destruirá para siempre; te asolará y te arrancará de tu morada, y te desarraigará de la tierra de los vivientes. Selah.* RVR*] [Pero Dios te destruirá para siempre; te arrebatará y te arrancará de tu tienda, y te desarraigará de la tierra de los vivientes. (Selah).* LBLA*] [Por lo que Elohim te derrumbará para siempre, te arrastrará y te arrancará de tu morada, Él te desarraigará de la tierra de los vivientes. Selah.* BTX*] [Pero Dios te arruinará para siempre; te tomará y te arrojará de tu hogar; ¡te arrancará del mundo de los vivientes! Selah* NVI*] [Dios te aniquilará para siempre, te expulsará, te sacará de tu tienda, te arrancará de la tierra de los vivos. Pausa.* BLP*] [Pero Dios te herirá de muerte de una vez por todas; te sacará de tu casa y te desarraigará de la tierra de los vivientes. Interludio.* NTV*]*

Por tanto,[23] *Dios te destruirá para siempre.* El perseguidor destruiría la Iglesia de buen grado, y por tanto, Dios lo destruirá a él; derribará su casa, arrancará sus raíces y lo rematará.

Te arrebatará. Dios extinguirá sus carbones y lo esparcirá cual las cenizas de la tierra. Pretendía apagar la verdad, y Dios lo apagará a él.

---

[22] En hebreo בָּלַע *bāla‘* de בֶּלַע *bela,* "tragar", "devorar" hasta no dejar nada. SCHÖKEL traduce: *"Amas las palabras corrosivas";* KRAUS: *"Te gustan todas las palabras de perdición".*

[23] Dice FRANZ DELITZSCH [1813-1890]: «El anuncio de la retribución divina comienza con un גַּם *gam, "por tanto",* como en Isaías 65:4; Ezequiel 16:43; Malaquías 2:9. La אֹהֶל *ohel "tienda"* o *"morada"* de la que será arrancado no es, como cabe suponer, la tienda santa de reunión o tabernáculo, que el traidor ha profanado convirtiéndola en lugar y objeto de su traición (1 Samuel 21:7), pues el tal caso hubiera usado el término מִשְׁכָּן *mishkan,* sino de su propia habitación o morada. Dios יִתָּצְךָ *yittāṣəḵā, "derribará"* al soberbio y orgulloso como se derriba una torre (Jueces 8:9; Ezequiel 26:9 – el mismo verbo) de su posición encumbrada de honor y prosperidad; lo arrastrará יַחְתְּךָ *yaḥtəḵā* fuera de su morada como se arrastra un tizón encendido del fuego, pues este es el sentido del verbo חָתָה *chathah* tanto en el texto bíblico como en la tradición del talmúdica; lo arrancará וְיִסָּחֲךָ *wəyissāḥăḵā* de su tienda o habitación (como en Job 16:14) y וְשֵׁרֶשְׁךָ *wəšêreškā* lo echará lejos (Deuteronomio 28:63) fuera de la tierra de los vivientes, por haber traicionado al fugitivo y dado muerte a los sacerdotes del Señor (1 Samuel 22:18)».

Y te arrancará de tu morada. Cual planta extirpada del lugar donde nació y creció: o un cautivo desgajado de su hogar. Ahimelech y sus hermanos sacerdotes fueron segados de su morada, y así deben ser también aquellos que instigaron y perpetraron su vil asesinato.

Y te desarraigará de la tierra de los vivientes. El perseguidor será erradicado, extirpado de raíz, cortado rama y tronco. Él buscó la muerte de otros y ahora la muerte caerá sobre él. Perturbó la tierra de los vivientes,[24] y será desterrado a aquella tierra donde los impíos dejan de perturbar definitivamente.[25] Aquellos que no *"dejan vivir"* no tienen derecho a *"vivir"*. Dios volcará las mesas de los inicuos,[26] desbaratará sus planes,[27] y les hará tragar una buena porción de su propia medicina.[28]

Selah. Hagamos una nueva pausa, y contemplemos la justicia divina demostrando ser más que un justo rival para el pecado humano.

C. H. SPURGEON

Dios te aniquilará para siempre, te expulsará, te sacará de tu tienda, te arrancará de la tierra de los vivos. El salmista utiliza cuatro palabras hebreas distintas para describir la venganza sistémica que aguarda a este miserable engañoso y sanguinario, todas ellas con un significado a cual más fuerte. La primera יִתָּצְךָ *yittāṣəḵā* de נָתַץ *nathats,* significa "derribar" y luego quebrar totalmente en pedazos, como solían hacer con los altares de los dioses falsos.[29] La segunda es יַחְתְּךָ *yaḥtəḵā* de la raíz חָתָה *chathah,* y significa "retorcer" y "arrancar algo de cuajo" retorciendo, como algunas plantas que se arrancan retorciéndolas.[30] La tercera וְיִסָּחֲךָ *wəyissāḥăḵā* de נָסַח *nasach* significa "barrer algo por completo", "quemarlo", ya sea polvo o paja, hasta hacerlo desaparecer totalmente; por lo que la expresión וְיִסָּחֲךָ מֵאֹהֶל *wəyissāḥăḵā mê'ōhel* no significa tanto *"te barrerá a ti de tu tienda"*, sino *"barrerá completamente tu tienda"* para que ya nunca más vuelva a ser una tienda; es decir, te barrera a ti, a tu familia, a tu fortuna y cuanto tenga que ver contigo; todo ello será barrido y desaparecerá para siempre Finalmente la cuarta palabra וְשֵׁרֶשְׁךָ *wəšêreškā* de שָׁרַשׁ *sharash* tiene el sentido de "desarraigar", "erradicar", en latín: *"eradicabit te"*, te erradicará de la tierra de los vivientes. Es del todo imposible expresar con palabras una destrucción más completa y absoluta.

SAMUEL CHANDLER [1693-1766]
"A Critical History of the Life of David; Exposition to Psalm 52", 1766

Pero Dios te destruirá para siempre; te arrebatará y te arrancará de tu tienda, y te desarraigará de la tierra de los vivientes. Tenemos en este versículo un claro ejemplo del dicho de los antiguos *"quot verba tot tonotrua"*, "tantas palabras, tantos truenos", pues cada palabra es un trueno. Puesto que tú destruiste a los sacerdotes del Señor y toda su ciudad, atormentándola y arrasándola; así también Dios te destruirá y te arrasará por completo, cual edificio derribado hasta sus cimientos, de modo que no quede de ti piedra sobre piedra.[31] Así es como Dios derribará a Doeg de ese alto pedestal, que a cambio de su vil servilismo, obtuvo de la corte.

JOHN TRAPP [1601-1669]
"A commentary or exposition upon the books of Ezra, Nehemiah, Esther, Job and Psalms", 1657

[24] Job 28:13; Salmo 116:9; 142:5; Isaías 38:11; Jeremías 11:19; Ezequiel 26:20.
[25] Job 3:17.
[26] Mateo 21:12.
[27] Job 5:12; Salmo 7:9.
[28] Job 4:8; Salmo 57:6.
[29] Jueces 6:30; 8:9.
[30] Mateo 15:12-13.
[31] Levítico 14:45.

Pero Dios te destruirá para siempre; te arrebatará y te arrancará de tu tienda, y te desarraigará de la tierra de los vivientes. La fuerza y gravedad de los verbos hebreos utilizados en el texto original de este versículo es impresionante. Nos transmiten cuatro conceptos: quedar postrado al suelo; disolverse por la acción del fuego; barrido como con una escoba; y extirpando totalmente, arrancado de raíz y tronco, como un árbol que es erradicado del lugar donde creció. Si queremos detalles de cómo esto se hizo realidad, los encontraremos en abundancia en la historia de los enemigos de David; y en la de aquellos que crucificaron al Hijo de David; pero la ejecución definitiva y completa de lo descrito en este versículo, tendrá lugar en el día final, con la destrucción del mundo y todos los impíos que en el habitan, cuando: *"los cielos desaparecerán con gran estruendo, y los elementos ardiendo serán deshechos, y la tierra y las obras que en ella hay serán quemadas (...) los cielos, encendiéndose, serán deshechos, y los elementos, siendo quemados, se fundirán"*.[32]

GEORGE HORNE [1730-1792]
"A Commentary on the Psalms in which Their Literal Or Historical Sense, as They Relate to King David, is Illustrated", 1825

Pero Dios te destruirá para siempre; te arrebatará y te arrancará de tu tienda, y te desarraigará de la tierra de los vivientes. El poeta se expansiona sumando palabras duras y terribles; combina diversas metáforas en un intento de pintar el cuadro de la destrucción de este hombre sanguinario en los colores más vivos. Si prestamos atención a la fuerza y común aceptación de los términos, descubrimos tres metáforas unidas entre sí una a la otra: la primera tomada de un edificio que es derribado hasta sus cimientos; la segunda de una tienda; y la tercera de un árbol.

HERMANN VENEMA [1697-1787]
"Commentarius ad Psalmos", 1762

Te arrebatará. Como los carbones encendidos son sacados o arrebatados del fuego con las tenazas.

JOHN JAMES STEWART PEROWNE [1823-1904]
"Commentary on the Book of Psalms", 1864

Vers. 6. *Verán los justos, y temerán; se reirán de él, diciendo.* *[Verán los justos, y temerán; se reirán de él, diciendo.* RVR*] [Los justos verán esto y temerán, y se reirán de él, diciendo.* LBLA*] [Verán esto los justos y temerán, y se reirán de él, diciendo.* BTX*] [Los justos verán esto, y temerán; entre burlas dirán de él.* NVI*] [Y los justos lo verán asustados y empezarán a reírse de él.* BLP*] [Los justos lo verán y se asombrarán; se reirán y dirán.* NTV*]*

Los justos. Aquellos que eran objetivo del odio del tirano, sobrevivirán a su animadversión, y al propio tiempo:

Verán. Sí, verán con sus propios ojos el fin del opresor impío. Dios permitió que Mardoqueo viera a Amán colgado de la horca que había levantado para él.[33] A David le entregaron las pruebas de la muerte de Saúl en Gilboa.[34]

Y temerán. El santo temor templará la mente de los íntegros y buenos; y adorarán con solemne reverencia al Dios providente.

---

[32] 2 Pedro 3:10-13.

[33] Ester 7:10.

[34] 1 Samuel 1:10.

Y se reirán de él. Si no con un gozo justo, cuanto menos con un desprecio solemne. Grandes proyectos que parecían imparables, todos desbaratados; planes meticulosamente elaborados, frustrados en su totalidad. Mefistófeles[35] burlado, la serpiente antigua[36] atrapada en su propia sutileza. No deja de ser un buen tema para esa risa profunda mas cercana a la gravedad que a la alegría.

C. H. SPURGEON

Verán los justos, y temerán; se reirán de él. Esto es, y en palabras de Gejerus[37] que no pueden resultar más adecuadas: «No será un juicio secreto o a puerta cerrada, conocido solo por unos pocos, sino que la notoriedad de los castigos impuestos a los impíos se extenderá por todo el reino. No será un acontecimiento que pase con indiferencia, sino que todos lo contemplarán con mirada grave». Y yo añado: por tanto los justos se gozarán, incrementando lo que ya en ellos es habitual, su temor de Dios (…) Los justos, cuya destrucción pretendía el hombre impío intencionadamente, le sobrevivirán y disfrutarán de una vida agradable y segura al servicio de Dios; *"verán"*, esto es, contemplarán todo cuanto suceda con mente abierta, y lo reflexionarán; no como suelen hacer los mundanos que todo lo pasan por alto, sino que meditarán en ello: *verán y temerán,* a saber, a Dios, juez justo, y de ese modo, instruidos en sus juicios por este claro ejemplo, serán más cuidadosos en su conducta y se abstendrán de cometer crímenes semejantes.

HERMANN VENEMA [1697-1787]
"Commentarius ad Psalmos", 1762

Se reirán de él. O *"se reirán sobre él"*, esto es, encima del hombre malvado que ha sido derribado de ese modo. Semejante concepto resulta chocante a nuestras sensibilidades modernas, difícilmente podemos concebirlo como parte de una justa gratificación de nuestra vindicación personal. Pero existe un odio justo, un justo desprecio. Y hemos de entender como algo natural el grito justo de júbilo ante la caída del tirano y opresor, ante el triunfo de la justicia y la verdad sobre la injusticia y falsedad.[38]

JOHN JAMES STEWART PEROWNE [1823-1904]
"Commentary on the Book of Psalms", 1864

---

[35] Es el nombre dado en la tradición popular alemana a un demonio subordinado de Satanás cuya misión es capturar o comprar almas para llevarlas al infierno, aunque algunas veces se le identifica también con el propio Satanás. Aunque el origen de la tradición sobre Mefistófeles se pierde en los tiempos, fue conocido a nivel mundial través de la inmortal obra dramática de JOHANN WOLFGANG VON GOETHE [1749-1832] *Urfaust* o "Fausto" en 1773 basada sobre lo que se conoce como "el mito fáustico" y en la que el doctor Fausto, un hombre de éxito pero insatisfecho con su vida, hace un pacto con el demonio (Mefistófeles) entregándole su alma a cambio de conocimiento ilimitado y que le devuelva su juventud para poder disfrutar de los placeres del mundo. Aunque la obra de Goethe es la más famosa y conocida, el tema no es original, pues parte al parecer de la tradición sobre un personaje histórico Johann Georg Faust, un alquimista y astrólogo de la Edad Media, sobre el que ya apareció una obra *Johann Fausten* en 1587. Posteriormente, la obra de Goethe ha inspirado centenares de obras literarias, plásticas, pictóricas y musicales en la cultura occidental que, o bien le rinden homenaje o la reinventan buscando nuevos giros.

[36] Apocalipsis 12:9; 20:2.

[37] Se refiere a MARTIN GEJERUS [1614-1681] mas conocido como MARTINUS GEIERUS O MARTIN GEIER, teólogo y famoso hebraísta alemán muy citado por JOHN GILL [1697-1771] prolífico autor de obras de espiritualidad y numerosos comentarios bíblicos, entre ellos el *Commentarius in Psalmos Davidis,* y el *In Psalmos Davidis praelectiones publicae et collectanea,* publicado en 1668; a los que hace referencia la cita.

[38] KRAUS dice al respecto: «Aunque en Proverbios 24:17-18 se prohíbe rigurosamente alegrarse del mal ajeno, en los versículos seis y siete de este salmo (52:6-7) se escuchan los sonidos de un "cántico satírico"

Vers. 7. ***He aquí el hombre que no puso a Dios por su fortaleza, sino que confió en la multitud de sus riquezas, y se mantuvo en su maldad.*** *[He aquí el hombre que no puso a Dios por su fortaleza, sino que confió en la multitud de sus riquezas, y se mantuvo en su maldad* RVR*] [He aquí el hombre que no quiso hacer de Dios su refugio, sino que confió en la abundancia de sus riquezas y se hizo fuerte en sus malos deseos.* LBLA*] [¡Ved al hombre que no puso a Elohim como su baluarte, sino que confió en sus muchas riquezas, y se hizo fuerte en su maldad!* BTX*] [«¡Aquí tienen al hombre que no buscó refugio en Dios, sino que confió en su gran riqueza y se afirmó en su maldad!»* NVI*] ["Mira, esta es la persona que no hizo de Dios su fortaleza, que confió en su inmensa riqueza, que se refugió en su maldad."* BLP*] [«Miren lo que les pasa a los guerreros poderosos que no ponen su confianza en Dios, sino que confían en sus riquezas y se vuelven más y más atrevidos en su maldad»* NTV*]*

He aquí. Una expresión peculiar que denota admiración y asombro: *"He aquí"*.[39] Sí, mirad y contemplad, leed el epitafio de un hombre poderoso, que se pavoneó con orgullo durante lo poco que duró su hora y aprovechó para enseñorearse y poner su talón sobre el cuello de los escogidos del Señor.

No puso a Dios por su fortaleza.[40] ¡He aquí el hombre: grande, vanidoso! Cimentó su fortaleza en sí mismo, no en Dios; se glorió en su propio poder, no en el Todopoderoso. ¿Y qué ha sido de él? ¿Dónde se encuentra ahora? ¿Qué tal le ha ido en la hora de necesidad? Contemplad su ruina y aprended.

Sino que confió en la multitud de sus riquezas y se hizo fuerte en sus malos deseos. Se enorgullecía de los bienes que había acumulado y de los atropellos que había cometido. La riqueza y la maldad eran sus compañeras; y combinadas hicieron de él un monstruo. Cuando el diablo se hace el amo de la bolsa, sus acciones diabólicas se potencian hasta el extremo. Beelzebú[41] y Mammón[42] calientan juntos

similar al que encontramos en Isaías 14:10-23. La persona que ha sido derribada yace ahora en el suelo, despojada y desnuda de toda insolencia y de todos esos poderes que la hacían sentirse segura de sí misma. Se convierte en ejemplo de lo que es la incredulidad. ¡Así quien ha confiado en su gran riqueza y en su capacidad para imponerse astutamente llega a ser objeto de burla!» [Los Salmos, Vol. I, Sal. 1-59; Ediciones Sígueme, Salamanca, 1993].

[39] En hebreo הִנֵּה *hinnêh*, *"he aquí, contemplad, prestad atención"*. Ver las correspondientes notas sobre el *"hinnêh"* o *"He aquí"* en los comentarios a los Salmos 40:7; 51:5-6; 73:12; 90:6, 121:4; 123:2; 127:3-4; 128:4; 132:6; 134:1.

[40] En hebreo הִנֵּה הַגֶּבֶר לֹא יָשִׂים אֱלֹהִים מָעוּזּוֹ *hinnêh haggeḇer lō yāśîm 'ĕlōhîm mā'ūzzōw*. Los comentaristas del siglo xx dicen al respecto:

– FRANCISCO LACUEVA [1911-2005] en su versión española del "Comentario de Matthew Henry": «Literal: *"He aquí el hombre que no hizo de Dios su fortín"*. Lo que causó la ruina de Doeg fue el mismo comportamiento que el del constructor insensato de la parábola (Mateo 7:24-27): (A) No edificó sobre roca: No hizo de Dios su fortín o refugio. Se engañan miserablemente a si mismos quienes piensan que pueden prescindir de Dios y apoyarse exclusivamente en su poder y riquezas. (B) Edificó sobre arena. Pensaba que sus poder y riquezas estaban seguras y no corrían peligro. (Lucas 12:13-20)».

– SCHÖKEL cita al poeta colombiano RAFAEL POMBO [1833-1912], quien expresa poéticamente esta misma idea en la siguiente estrofa: «Probar que yerra el que insensato fía / solo en la fuerza, el cálculo y el nombre; / que la Justicia es fuerza y mejor guía / que en lo alto Dios existe todavía / y en nuestra tierra el hombre».

[41] Mateo 12:27.

[42] Mateo 6:24 RVA.

el horno para los hijos de Dios siete veces más,[43] pero al final solo consiguen su propia destrucción. Siempre que veamos a una persona adentrarse en su pecado y prosperar su hacienda en paralelo, acertaremos en considerar que su fin está próximo, y en tener este versículo en nuestra mente como su epitafio: *in memoriam.*

C. H. SPURGEON

He aquí el hombre que no puso a Dios por su fortaleza. Habiendo descrito cómo el hombre sanguinario sería extirpado de la tierra de los vivos por el justo juicio de Dios (52:5-6), David nos muestra en el versículo siguiente la situación del justo: riendo y temiendo a la vez ante esta visión, y remarcando el error del impío: *"He aquí el hombre que no puso a Dios por su fortaleza."* Las palabras son un sarcasmo divino tajante. En el original hebreo el término que se utiliza para decir *"el hombre"* es הַגֶּבֶר *haggeḇer* de גֶּבֶר *geber* y el sentido es de un hombre "fuerte, valiente"; algo así como en inglés se dice: «Mirad en qué ha quedado el hombre que fue bravo y gallardo».[44] Pero, ¿quién era el tal hombre? Era uno, según dice el salmista, que puso su corazón en la abundancia de sus riquezas. ¡Oh! Es difícil abundar en riquezas y no confiar en ellas. De ahí la advertencia: *"Si se aumentan las riquezas, no pongáis el corazón en ellas"*.[45] Ahora bien, ¿qué es poner el corazón en las riquezas, sino el disfrute, confianza y seguridad que sentimos que nos proporcionan? Y es precisamente por la facilidad con que el corazón humano es persuadido por esta confianza pecaminosa en las riquezas que el apóstol urge a Timoteo a que advierta y persuada contra ella a todos los ricos –no solo ricos mundanos, sino también a los ricos creyentes–. Sí, Pablo insta a Timoteo a persuadir a los ricos contra dos pecados que son peores que toda la pobreza del mundo, pero habituales en los que tienen riquezas: el orgullo y la confianza: *"A los ricos de este siglo manda que no sean altivos, ni pongan la esperanza en la incertidumbre de las riquezas, sino en el Dios vivo, que nos ofrece todas las cosas en abundancia para que las disfrutemos"*.[46]

JOSEPH CARYL [1602-1673]

Vers. 7-8. Tal vez algunos de vosotros habéis hecho profesión de fe desde largo tiempo, y sin embargo habéis crecido poco en amor a Dios, humildad, mente renovada, entrega.[47] Y merezca la pena ahondar para ver qué hay en la raíz de vuestra profesión de fe, si acaso no hay un legalismo que os ha influido en exceso. ¿No habréis puesto excesivo énfasis en vuestros deberes y servicios, y demasiadas esperanzas vuestras obras y acciones? ¡Ay! Esto es todo tierra estéril, que debe ser arrojada y sustituida por la tierra fértil de los principios del Evangelio. Prueba de hacer esto, y veras cómo la primavera de la gracia hace que tu vida cristiana reverdezca rápidamente. David nos cuenta en estos dos versículos como él logro reverdecer y florecer cual olivo, mientras otros que se creían ricos y poderosos se secaron de repente y se quedaron en nada. *"He aquí el hombre que no puso a Dios por su fortaleza, sino que confió en la multitud de sus riquezas; pero yo estoy como olivo verde en la casa de Dios; en la misericordia de Dios confío eternamente y para siempre"* (52:8-9). Mientras otros confían en las riquezas de su propia justicia y sacrificios, sin hacer de Cristo su fortaleza: vosotros renunciad a ello y confiad únicamente en la misericordia de Dios en Cristo, y seréis como olivo verde cuando los otros se desvanezcan y marchiten.

WILLIAM GURNALL [1617-1679]
"Christian in complete armour, or, a treatise of the saints war against the Devil", 1655

[43] Daniel 3:19.
[44] En el original: *"Lo, this is the brave and gallant man you wot of!"*.
[45] Salmo 62:10.
[46] 1 Timoteo 6:17.
[47] Colosenses 3:5-11.

Vers. 8. ***Pero yo estoy como olivo verde en la casa de Dios; en la misericordia de Dios confío eternamente y para siempre.*** *[Pero yo estoy como olivo verde en la casa de Dios; en la misericordia de Dios confío eternamente y para siempre.* RVR*] [Pero yo soy como olivo verde en la casa de Dios; en la misericordia de Dios confío eternamente y para siempre.* LBLA*] [Pero yo estaré como olivo frondoso en la Casa de Elohim, porque en la misericordia de Elohim confío eternamente y para siempre.* BTX*] [Pero yo soy como un olivo verde que florece en la casa de Dios; yo confío en el gran amor de Dios eternamente y para siempre.* NVI*] [Pero yo soy frondoso olivo en la morada de Dios y por siempre jamás confío en su amor.* BLP*] [Pero yo soy como un olivo que florece en la casa de Dios y siempre confiaré en su amor inagotable.* NTV*]*

Pero yo. Perseguido y acorralado, sí, *"pero yo estoy como olivo verde"*. No he sido arrancado ni destruido, sino que soy como un floreciente olivo, que de la roca extrae aceite, y en medio de la sequía es capaz de seguir con vida y crecer.[48]

En la casa de Dios Era parte de la familia divina, y no podía ser expulsado de ella; su lugar estaba cerca de su Dios, y allí estaba seguro y feliz, a pesar de todas las maquinaciones de sus enemigos. Estaba llevando fruto, y seguiría haciéndolo cuando todos sus orgullosos enemigos se marchitaran cual ramas cortadas y desgajadas del árbol.

En la misericordia de Dios confío eternamente y para siempre.[49] Mi confianza presente está en la misericordia eterna. David sabía que la misericordia de Dios era eterna y perpetua, y en eso confiaba. ¡Qué roca tan imponente sobre la cual construir![50] ¡Qué fortaleza tan inexpugnable a la que volar![51]

C. H. Spurgeon

Pero yo estoy como olivo verde en la casa de Dios. O más propiamente: *"soy un olivo cargado de fruto que crece en suelo fértil"*. Esto es lo que viene a decir el texto hebreo que nuestros traductores han traducido por: *"estoy como olivo verde"*;[52] pero realidad el texto hebreo no tiene ninguna referencia al color, sino al estado floreciente, vigoroso y próspero de la planta; igual que Homero[53] describe

---

[48] Dice al respecto Francisco Lacueva [1911-2005] en su versión española del "Comentario de Matthew Henry": «¿Qué hemos de hacer para ser como olivos verdes? (A) Hemos de vivir una vida de fe y santa confianza en Dios y en su gracia *"En la misericordia de Dios confío eternamente y para siempre"* (52:8b). (B) Hemos de vivir una vida de gratitud y gozo en el Señor : *"Te alabaré eternamente por lo que has hecho"* pues me has cumplido tu promesa (52:9a). (C) Hemos de vivir una vida de expectación y humilde dependencia de Dios: *"Esperaré en tu nombre, porque es bueno, delante de tus santos"* (52:9b). Cuando hemos experimentado con frecuencia la bondad de Dios en el pasado, hemos de mantener una actitud paciente aguardando con confianza los planes de Dios para nuestro futuro, y hacerlo נֶגֶד חֲסִידֶיךָ *neḡeḏ ḥăsîḏeḵā*, delante de los fieles o santos, para que a ellos les sirva de ejemplo y consuelo; a la vez que de testimonio para aquellos que no lo son».

[49] Schökel indica que la expresión *"eternamente y para siempre"* podría tratarse de la conclusión del Salmo en su versión original. En tal caso, el versículo nueve: *"Te alabaré eternamente, por lo que has hecho; y esperaré en tu nombre, porque es bueno, delante de tus santos"*, sería un añadido, bien por el propio salmista a modo de jaculatoria, o bien en época posterior para adaptarlo al culto litúrgico.

[50] Salmo 31:3; 62:7; Lucas 6:48.

[51] Salmo 18:2; 46:1.

[52] En hebreo כְּזַיִת רַעֲנָן *kəzayiṯ ra'ănān.*

[53] Se refiere a Homero [c. viii a.C.], nombre dado al más conocido de los poetas griegos antiguos, a quien se atribuyen las dos obras más famosas de la épica griega en la antigüedad, "La Ilíada", y "La Odisea". Entre

al árbol del olivo como "exuberante" y Ovidio[54] como "siempre floreciente". Y de hecho el color de las hojas de este árbol no es un verde vivo brillante, sino un verde oscuro, más bien apagado. Scheuchzer[55] describe las hojas del olivo como *"superne coloris atrovirentis, vel in viridi flavescentis"* (Por el haz, de color verde oscuro, pero en el envés de un color verde que tira al amarillo). Un viajero que escribe desde Italia, expresa así su desilusión al contemplar un olivo: «Todos los campos, y de hecho toda la faz de la Toscana, están cubiertos de olivos; pero el olivo no responde en absoluto a lo que yo había concebido de él partiendo de las palabras del salmista y otros escritores sagrados, que hablan con éxtasis del *"olivo verde"*, por lo que yo esperaba encontrarme con un verde arrebatador, brillante, hermoso; y confieso que me decepcioné muchísimo al descubrir que su tono era lo más parecido al de nuestros setos cuando están cubiertos de polvo». He escuchado a otros viajeros expresar la misma sensación de decepción. La solución a esto, como propone acertadamente Harmer,[56] es «considerar el sintagma hebreo רַעֲנָן *ra'ănān*, traducido por *"verde"*, no como descriptivo del color, sino de alguna otra propiedad: juventud, vigor, prosperidad o algo semejante».

RICHARD MANT [1776-1849]
"The har of Judah, or Songs of Sion - The Book of psalms in an English metrical version, with notes", 1842

Pero yo estoy como olivo verde en la casa de Dios; en la misericordia de Dios confío eternamente y para siempre. En este versículo David se compara a sí mismo:

1. *Con un olivo,* un árbol de hoja perenne, duradero y fructífero, cuyo fruto es de lo más provechoso y agradable. Y en consecuencia, describe su estado futuro en claro paralelo: gozoso, glorioso, perdurable, útil y apreciado por los hombres. Hace con ello una clara referencia a sus oficios real y profético, pues en ambos es representado por el símbolo del olivo, proporcionando a otros aceite a través de su gobierno e instrucción.
2. Con un olivo que crece de un modo exuberante, con ramas que abundan y se extienden, que se hace grande y frondoso.
3. ¿Pero por qué agrega *"en la casa de Dios"*? A menos que me equivoque, pienso que ello indica:
   a. Que algún día tendría una morada cerca de la casa de Dios, pese a estar de momento proscrito y exilado a causa de las calumnias de Doeg y la persecución de que era objeto por parte de Saúl.
   b. Que prestaría a la casa de Dios, ahora abandonada, un importante servicio, adornándola y restaurando la fe, y que lo llevaría a cabo con el mayor celo.
   c. Que se acogería plenamente, con todas sus fuerzas, a Dios y su favor, del cual procedería toda su prosperidad.
   d. Que se regocijaría como hijo de Dios de poder disfrutar de familiaridad con él, de convertirse en heredero de sus posesiones y promesas.

HERMANN VENEMA [1697-1787]
"Commentarius ad Psalmos", 1762

---

los investigadores hay considerable debate sobre si Homero fue una persona real o bien el nombre dado a uno o más poetas orales que cantaban obras épicas tradicionales.

[54] Se refiere a al poeta romano PUBLIO OVIDIO NASÓN [20-43 a.C.], autor de *"Ars Amandis"*, "El arte de amar" y de *"Metamorphoseon"*, "Las metamorfosis", donde recogió relatos mitológicos de la Grecia Clásica y los adaptó a su época y cultura.

[55] Se refiere al naturalista suizo JOHANN JAKOB SCHEUCHZER [1672-1733] en su obra *"Itinera per Helvetiae alpinas regiones facta annis"*, 1702.

[56] Se refiere a THOMAS HARMER [1715-1788] en su obra *"Observations on various Passages of Scripture"*, 1774.

Pero yo estoy como olivo verde en la casa de Dios. Varios expositores, dejando volar la imaginación, presuponen que en algunos de los patios del Tabernáculo crecían olivos; pero la teoría no se sostiene, dado que la imagen resultante habría sido demasiado parecida o cercana a los bosques de los paganos como para ser tolerada,[57] cuanto menos en tiempos de David. El texto debe ser leído con cierta discreción: el poeta no se refiere a olivos plantados en la casa de Dios, sino que estando él en la casa de Dios se compara a sí mismo con un olivo. Esto nos recuerda otro pasaje: *"Tus hijos como renuevos de olivo alrededor de tu mesa"*,[58] donde algunos, también con imaginación más procaz que sus juicios, han visto una mesa rodeada no de niños, sino de plantas de olivo.[59] ¿Quién en sus cabales ha oído hablar nunca de plantas de olivo alrededor de una mesa? Si como sostiene Thrupp,[60] Nob[61] estaba situada sobre el Monte de los Olivos y los tristes sucesos de los que habla el salmo tuvieron lugar allí, podemos ver en ello, sin necesidad de ninguna conjetura, una razón coherente para la referencia del salmista en este versículo a *"un floreciente olivo"*.

C. H. SPURGEON

Vers. 9. *Te alabaré para siempre, porque lo has hecho así; y esperaré en tu nombre, porque es bueno, delante de tus santos.* *[Te alabaré eternamente, por lo que has hecho; y esperaré en tu nombre, porque es bueno, delante de tus santos.* RVR*] [Te alabaré para siempre por lo que has hecho, y esperaré en tu nombre, porque es bueno delante de tus santos.* LBLA*] [Te daré gracias eternamente porque has actuado, y pacientemente esperaré en tu Nombre, porque es bueno delante de tus santos.* BTX*] [En todo tiempo te alabaré por tus obras; en ti pondré mi esperanza en presencia de tus fieles, porque tu nombre es bueno* NVI*] [Yo siempre te alabaré por lo que has hecho y proclamaré tu buen nombre ante los que te son fieles.* BLP*] [Te alabaré para siempre, oh Dios, por lo que has hecho. Confiaré en tu buen nombre en presencia de tu pueblo fiel.* NTV*]*

Te alabaré eternamente. Según es tu misericordia, así será mi agradecimiento. Mientras otros se jactan en sus riquezas, yo me gloriaré en mi Dios; y cuando la gloria de aquellos que se jactan en sus riquezas sea silenciada para siempre en el sepulcro, mi canto continuará proclamando la misericordia del Señor.

Por lo que has hecho. Vindicaste al justo y castigaste al impío. Las acciones memorables de la providencia divina, tanto en lo que respecta a los santos como a los pecadores, merecen y deben tener nuestra gratitud. David da su oración por respondida, ve la promesa de Dios como ya cumplida, y por tanto, eleva en gratitud este Salmo sagrado.

Y esperaré en tu nombre. Dios ha sido, es y seguirá siendo la esperanza del salmista; no buscará en otra parte por incierto que se plantee el futuro. Es justo que Aquel cuyo nombre ha sido tan gloriosamente dado a conocer en verdad y justicia sea nuestra expectativa para todo aquello que tenemos por delante.

Porque es bueno delante de tus santos. Ya fuera *"delante de los santos"* o *"en medio de los santos"* David estaba dispuesto a esperar, sintiendo que era bueno y conveniente, tanto para él como para los santos, mirar únicamente al Señor y esperar su manifestación a su debido tiempo. Lo que hagan o puedan hacer los hombres no debe inquietarnos en demasía; nuestra fuerza esta en permanecer

[57] Deuteronomio 7:5; 16:21 RVA.

[58] Salmo 128:3.

[59] Ver a este respecto los comentarios al Salmo 128:3.

[60] Se refiere a JOSEPH FRANCIS THRUPP [1827-1867], eminente profesor en el *Trinity College* de la Universidad de Cambridge, especialista en los Salmos y autor de la erudita obra *Introduction to the Psalms*, 1860, citada repetidamente por Spurgeon.

[61] 1 Samuel 21:1; 22:9, 11, 19; Nehemías 11:32; y de manera especial Isaías 10:32.

quietos, inamovibles. Que se gloríen los poderosos, nosotros esperaremos en el Señor; y si sus prisas les consiguen honores presentes, nuestra paciencia tendrá su turno y nos traerá el honor que todo lo excede, la gloria más eminente.[62]

C. H. SPURGEON

[62] 2 Corintios 3:10.

SALMO 53

La enfermedad mortal del ser humano

Título: *Al músico principal.* Si al director del coro se le concede el privilegio de cantar los jubileos de la gracia divina, no puede dejar de cantar también las miserias de la depravación humana.[1] Esta es la segunda vez que se le confía este mismo Salmo,[2] por tanto, debe poner al cantarlo doble atención y cuidado.[3]

Sobre Mahalat. Después de seleccionar al músico adecuado, el salmista elige la melodía más apropiada, probablemente de un aire solemne y triste; o tal vez quiera indicar con esta palabra un instrumento determinado y pide al director del coro que él mismo destaque de forma prominente en la orquesta al cantar este salmo. En cualquier caso se trata de una instrucción que no figura en la primera versión del Salmo, y todo parece indicar que su objetivo es requerir un mayor cuidado. El término hebreo *Mahalat*[4] significa en algunas de sus formas "enfermedad", y ciertamente, este Salmo 53, es El canto a la enfermedad del ser humano: esa mancha mortal y hereditaria del pecado.[5]

---

[1] Atanasio de Alejandría [296-373] en su carta a su discípulo Marcelino sobre la naturaleza y valor de los salmos le dice refiriéndose a este salmo: «Si escuchas a otros blasfemar impíamente contra la Providencia divina, ¡apártate de ellos! y ora al Señor cantando el Salmo 53». El Tomo I de "El Tesoro de David" incluye una traducción completa de la Carta de Atanasio a Marcelino. [Tomo I - pp. 50].

[2] El Salmo 53 es prácticamente idéntico al Salmo 14, con unas pocas variantes que se centran en los versículos 5/6. El Salmo 14 tiene 7 versículos mientras que el 53 tiene solo 6: el versículo 5 varía sensiblemente y el 6 se omite por completo. Y en los versículos 2, 4, y 7 (6 en el Salmo 14) se utiliza אֱלֹהִים *'ĕlōhîm* en lugar de יְהוָה *Yahweh*, de modo que Franz Delitzsch [1813-1890] en su comentario lo titula. «Variante *Elohista* del Salmo 14 *Yahwehista*», y añade: «El Salmo 52 y el Salmo 54, estrechamente relacionados por su contexto histórico, contenido y expresiones, se distancian con la inclusión del Salmo 53, en el que la maldad y degradación moral, y su correspondiente condena y retribución divina, descritas en el Salmo 52 a título personal, se amplían y generalizan con carácter comunitario».

[3] Juan Hus [1370-1415] tras ser condenado por herejía en el Concilio de Constanza, murió en la hoguera entonando los Salmos 52 y 53. El Salmo 52 para dejar testimonio de su propia experiencia personal: *"¿Por qué te jactas de maldad, oh tirano? La misericordia de Dios es continua"* (52:1); y el Salmo 53 para expresar la corrupción de su época, y su confianza en el triunfo de la verdad: *"¡Oh, si saliera de Sión la salvación de Israel! Cuando Dios haga cambiar la suerte de su pueblo, se gozará Jacob, y se alegrará Israel"* (53:6). Y así fue realmente, pues como tan acertadamente afirmó Erasmo de Roterdam [1466-1536]: *"Joannes Huss exustus, non convidus"*, "Juan Hus fue quemado, pero no refutado". El fuego ideológico que condujo a Juan Hus hasta la hoguera física, procedía de la antorcha de John Wycliffe [1320-1384] en Inglaterra, y fue el que prendió la antorcha de Martín Lutero [1483-546] en Alemania, dando lugar a la Reforma y transformando la Iglesia por completo. Hoy en día Juan Hus ha sido ampliamente reivindicado y honrado en su propio país, la República Checa, y en la ciudad de Praga puede contemplarse un espectacular monumento recordando su vida, su muerte, y sus importantes aportaciones a la lengua y literatura checa. El 15 de junio de 2015, con motivo del 600 aniversario de su muerte, tras haber afirmado que «La muerte de Juan Hus hirió de gravedad a toda la Iglesia Católica y es necesario pedir perdón por ella» el Papa Francisco celebró una "liturgia de reconciliación" junto con representantes de la Iglesia Husita y de la Iglesia Evangélica de los Hermanos Checos.

[4] En hebreo עַל־מָחֲלַת *'al-māḥălaṯ,* de la raíz חָלָה *chalah,* un hebreo tardío con influencias de arameo, significa "debilidad" o "enfermedad y sufrimiento".

[5] Franz Delitzsch [1813-1890] indica que la fórmula עַל־מָחֲלַת *'al-māḥălat* la encontramos de nuevo en el Salmo 88 (en este caso con la adición de לְעַנּוֹת *lə'annōwṯ,* que en principio significa aflicción o aflictivo), ciertamente el salmo más lúgubre y pesimista de todo el Salterio. Y a pesar de que el Salmo 53 tiene algunos toques algo más brillantes y esperanzadores (53:6), en su conjunto es también una descripción lúgubre

Maschil. El término *maschil,*[6] que significa "instrucción", y que tampoco figura en el Salmo 14, aparentemente la primera versión de este salmo, es otra indicación de que debemos prestar a este salmo una doble atención por tratarse de un canto especialmente instructivo.

Salmo de David. No se trata de un vulgar duplicado del Salmo 14, revisado y enmendado por mano extraña; sino de otra edición por el mismo autor con especial énfasis en ciertas partes, que vuelve a escribir de nuevo con distinto propósito.

C. H. Spurgeon

Tema: El salmista expone de nuevo y por segunda vez ante nuestra mirada el tema crucial de la naturaleza depravada del hombre, con casi las mismas palabras inspiradas. No todas las repeticiones son vanas repeticiones;[7] muchas son necesarias, pues somos lentos para aprender y necesitamos ir línea sobre línea. En el ocaso de una larga y azarosa vida, David descubre que los hombres no eran mejores entonces de lo que eran en su juventud, y lo refleja expresándose con las mismas palabras. La Sagrada Escritura nunca se repite innecesariamente, y para la segunda versión de este Salmo hay razones sobradas; nuestro deber, por tanto, es leerlo doble atención, y meditar en él más profundamente de lo que hicimos antes. Y si nuestra edad ha avanzado de catorce a cincuenta y tres,[8] la doctrina expresada en las estrofas de este Salmo nos resultará mucho más evidente de lo que lo fue en nuestra juventud.[9]

C. H. Spurgeon

Estructura: El credo de los ateos y su necedad (14:1); su influencia práctica en la corrupción moral del mundo (14:1-3). Las tendencias persecutorias de los pecadores (14:4); su alarma y espanto (14:5); y finalmente una oración pidiendo que el Señor se manifieste para gozo y alegría de su pueblo (14:6).[10]

C. H. Spurgeon

---

y pesimista que justifica el עַל־מָחֲלַת *'al-māḥălat,* en todo su sentido de enfermedad, pena y abatimiento según deriva de Éxodo 15:26. La idea es: *"para ser cantado en tono lúgubre o de manera triste"».*

[6] Ver al respecto los comentarios correspondientes a las introducciones a los Salmo 32, 42; 44; 45; 52; 54; 55; 74; 78; 88; 89 y 142, que son también Salmos de *Maschil,* en especial la introducción y notas al Salmo 32, que es el primero donde aparece este término.

[7] Mateo 6:7. Ver al respecto de las repeticiones en los Salmos los comentarios de Spurgeon al los Salmos 17:1; 18:29-45; 24:9; 51:9; 103:2; 130:5.

[8] En el original *"If our age has advanced from fourteen to fifty-three"*. Es difícil desentrañar la razón por la que Spurgeon utiliza esta cifra tan particular, que hasta donde sabemos no es parte de ningún modismo ni referencia cultural. Es probable que se trate de una alusión a sí mismo. Pero tampoco coincide con la época en la que supuestamente comentó este Salmo 53, 1871, a los 37 años de edad. Recordemos que partió para su patria celestial en 1892 a los 58.

[9] El propio Spurgeon recomienda aquí al lector leer de nuevo los comentarios al Salmo 14 en el Tomo I de "El Tesoro de David".

[10] Spurgeon no incluye estructura para este Salmo. Hemos adaptado la del Salmo 14. Francisco Lacueva [1911-2005] en su versión española del "Comentario de Matthew Henry" dice: «Este salmo viene a ser una versión revisada del salmo 14; aquí aparece el nombre de Dios como Elohim, sin excepción, como es frecuente en el Libro II de los Salmos. Las variantes corresponden, con la mayor probabilidad, a las nuevas circunstancias en tiempo de la redacción. Dios, por medio del salmista. I. Nos muestra lo malos que somos (v. 1). II. Lo demuestra en base a su sabiduría infinita y al perfecto conocimiento que tiene de todas las cosas (vv. 2, 3). III. Inspira terror a los perseguidores, que son los peores pecadores (vv. 4, 5). IV. Inspira ánimos a los perseguidos de entre sus hijos (v. 6)».

Versión poética:

DIXI INSIPIENS IN CORDE SUO : NON EST DEUS

El insensato en su interior se dijo
no hay Dios, ni yo pienso que pueda haberlo:
así lo dice, porque lo desea,
pues que si hubiera Dios tuviera miedo.

Esclavo de sus vicios y pasiones,
y no haciendo en su vida nada bueno,
tiene mucho interés en que no exista
un Dios que le castigue sus excesos.

Pero el Señor desde su excelso trono
los hijos de los hombres está viendo,
y los mira con lástima, pues todos
al precipicio corren, y van ciegos.

Se detiene a mirarlos, por si alguno
abre los ojos para huir el riesgo;
pero ¡ay! nadie se para, todos corren
con ímpetu feroz hacia el despeño.

Cada vez de su Dios más se desvían,
más que inútiles son, todos perversos,
entre ellos no se ve quién bueno sea,
ni siquiera uno solo se ve bueno.

Entonces dijo Dios: ¿no habrá ninguno
que se vuelva hacia mí de estos protervos?
¿de estos crueles inicuos que devoran
como si fuera pan, mi pobre pueblo?

Ahora presuntuosos y obstinados
a su Señor no invocan, pero presto
de miedo temblarán hasta en los sitios
en que no habrá motivo para el miedo.

Porque como los malos por los hombres
a su Dios dejan, Dios los deja a ellos,
los huesos les quebranta, los abate,
y los mira con ira y con desprecio.

Los malos se decían con escarnio,
¿quién librará a Israel de nuestro esfuerzo?
¿quién le podrá sacar de nuestras manos?
¿quién vendrá de Sión a socorrerlo?

Pero cuando perezcan los tiranos,
y cuando Dios se apiade de su pueblo,
Jacob se alegrará, e Israel todo
convertirá sus llantos en consuelos.

DEL "SALTERIO POÉTICO ESPAÑOL", SIGLO XVIII

Salmo completo: Probablemente ambos Salmos (Salmo 14 / Salmo 53) se refieren a periodos distintos en la historia de Israel: el Salmo 14 a la parte más primitiva o anterior de la historia judía; y el Salmo 53 a un período posterior, o puede que incluso a un período futuro. La Escritura afirma repetidamente que Jehová por medio de Cristo, el Verbo, contempla con frecuencia el mundo para ver cuál es su condición, pero siempre con el mismo resultado: *"toda carne había corrompido su camino"*[11] en los días de Noé; y cuando venga de nuevo el Hijo del Hombre, se insinúa que *"no hallará fe en la tierra"*.[12]

También es preciso tener en cuenta que ambos salmos se centran en destinatarios diferentes. El Salmo 53 va dirigido mayormente a los enemigos de Dios, que tiemblan cuando se manifiesta su presencia porque saben que está a punto de ser infligido en ellos el castigo por sus pecados: *"porque Dios los desechó"* (14:5-6). El Salmo 14 se centra más en los intereses del pueblo de Dios, de los justos; en él se menciona al Ser supremo por el nombre de *Yahweh* (14:4, 6); y se describe a los impíos avasallando a la generación de los justos, que ha puesto en Jehová su esperanza, mientras hace burla de ella. Pero en el Salmo 53 se confirma que el temor de los santos, que en el Salmo 14 parecía justificado y razonable, era infundado; porque el *Yahweh,* que era la esperanza de su pueblo (14:6), es también el *Elohim* que ha esparcido los huesos de sus enemigos (14:5), mostrándose así no solo como el *Yahweh*, sino también como el *Elohim* de sus hijos redimidos. El Salmo 14 contempla el juicio; el Salmo 53 da testimonio de la liberación; por tanto, aunque se trata de dos salmos aparentemente iguales, cada uno transmite una lección distinta. Ambos son descriptivos de la corrupción universal y continua de la naturaleza del hombre, y ocupan su lugar correspondiente en una serie destinada a describir a los enemigos del Mesías, que se oponen ferozmente a su Iglesia durante su ausencia y que intentarán resistir su poder cuando él regrese. Pero antes de entrar en el examen del carácter de estos oponentes, recordemos la lección que estos dos salmos nos enseñan: que hasta no ser transformados por la gracia, todos los seres humanos se han extraviado: *"No hay justo, ni aun uno"*[13] y por tanto, solo hay para ellos un único remedio: *el Libertador que vendrá de Sión, y que apartará de Jacob la impiedad.*[14]

RICHARD HOPKINS RYLAND [1788-1866]
"The Psalms Restored to Messiah", 1853

[11] Génesis 6:12.
[12] Lucas 18:8.
[13] Romanos 3:10-12.
[14] Romanos 11:26 (Isaías 59:20).

Salmo completo: La situación deplorable en la que se halla nuestro planeta tendría que ser motivo de nuestra más profunda consideración. El mundo que yace en la maldad debería ocupar gran parte de nuestros pensamientos. La culpa desmesurada, la contaminación inconcebible, el ateísmo provocador que impera en esta provincia caída dentro de los dominios de Dios, en la que nosotros habitamos, debería ser tema para nuestra meditación incesante y luctuosa.[15] Y es precisamente con este propósito, para hacer un mayor hincapié en ello y provocar en nosotros una impresión más profunda, que en el Salmo 53 se repite lo ya cantado en el Salmo 14. Pues se trata del mismo Salmo con solo unas pocas palabras de variante; el resto, es *"línea sobre línea, precepto sobre precepto"*;[16] en sus estrofas retumban de nuevo en nuestros oídos las notas más lúgubres y melancólicas del arpa una tras otra. Y no porque el Señor quiera detenernos o que permanezcamos mucho tiempo en la tristeza; puesto que en otros pasajes se repiten melodías triunfantes con la misma insistencia;[17] pero es bueno que regresemos de vez en cuando al campo inmundo donde todos nos hallábamos de principio sumidos en una degradación repugnante.

ANDREW ALEXANDER BONAR [1810-1892]
"Christ and His Church in the Book of Psalms", 1859

Salmo completo: Una segunda versión del Salmo 14, con algunas variaciones más o menos importantes en cada versículo. Que se trate de una copia incorrecta de un mismo salmo es del todo improbable; en primer lugar porque no hubieran conservado en el Salterio dos copias de un mismo Salmo; y en segundo, porque las variantes son demasiado uniformes, consistentes y significativas como para ser producto del azar o la mera corrupción del texto. También es improbable que los cambios los llevara a cabo deliberadamente un escritor posterior, porque nadie se habría atrevido a tomarse semejante libertad con un Salmo de David; y además, porque en ese caso, la versión primitiva hubiera sido excluida y sustituida por la posterior. La única hipótesis satisfactoria es que el mismo autor original lo reescribió posteriormente, con las modificaciones que consideró necesarias para aclarar ciertos puntos, pero sin pretender sustituir el uso de la composición original, que por tanto conserva su lugar en la colección sacra. Lo cual se confirma por los títulos de ambos que atribuyen su autoría a David (…) En términos generales, diremos que las variaciones realizadas en la versión del Salmo que tenemos ahora delante son de tal naturaleza que hacen que su argumentación resulte más fuerte, más audaz y, en un par de casos, más oscura y difícil.

JOSEPH ADDISON ALEXANDER [1809-1860]
"The Psalms Translated and Explained", 1850

Este Salmo es una variante del Salmo 14. En cada uno de estos dos Salmos el nombre de Dios ocurre siete veces. En el Salmo 14 tres veces como *Elohim* y cuatro como *Yahweh* o *Jehová*; en el Salmo 53 las siete veces como *Elohim*.

CRISTOPHER WORDSWORTH [1807-1885]
"Commentary on the Whole Bible", 1856

[15] Cuán actuales son estas palabras escritas en el siglo XIX para nuestra sociedad del siglo XXI, y cuánto más urgentes.

[16] Isaías 28:10.

[17] Salmo 40:6-12; 108:6-13.

Con este Salmo 53 *"Dios habla una vez, y otra vez"*,[18] porque dice prácticamente lo mismo que el Salmo 14. El objetivo es redargüirnos de nuestros pecados haciendo que nos sonrojemos y temblemos a causa de ellos; y para ello es necesaria la *"línea sobre línea, precepto sobre precepto"*.[19] Dios, por medio del salmista, nos muestra aquí:

1. La realidad del pecado: Dios mismo es testigo de ello, porque mira desde el cielo y ve cuanto pecado hay en los corazones y las vidas de los hombres. Todo está abierto y desnudo ante él (53:1-3).
2. La culpa del pecado. Pura iniquidad fruto de un obrar injusto; una rebelión obstinada en la que no hay nadie, ni uno solo que obre el bien; al contrario, todos se apartan de Dios negando su existencia (53:1-3).
3. La fuente del pecado. ¿Por qué los seres humanos son así de perversos? Ciertamente, porque no hay temor de Dios delante de sus ojos. Dicen en sus corazones: «No hay Dios, no hay nadie que nos pueda llamar a cuentas, nadie de quien debamos sentir temor». Sus malas prácticas derivan de sus malos principios (53:1-3).
4. La locura del pecado. Según el criterio divino, cuyo juicio estamos seguros que es recto, quien alberga tales pensamientos corruptos es un necio (53:1). *"Los que hacen iniquidad"*,[20] sea lo que sea que hagan o pretendan, *"no tienen conocimiento"*, y de ellos se puede decir propiamente que no saben nada de nada; porque no conocen a Dios. (53:4).
5. La inmundicia del pecado. Los pecadores *"se han corrompido"* (53:1); su naturaleza está viciada y deteriorada; y en consecuencia su iniquidad es *"abominable"* (53:2), hasta el punto de hacerla odiosa incluso para el Dios santo, que por naturaleza «no odia nada que él haya creado».[21] Lo que los pecadores en su orgullo pretenden: que no haya Dios, es ciertamente la más grande iniquidad que se pueda cometer.
6. El fruto del pecado. ¡Ved a qué grado de barbarie conduce tal pretensión! ¡Ved la crueldad de los hombres con sus propios congéneres! *"Los devoran como si comieran pan"* (53:4). Como si se hubieran convertido no solo en bestias, sino en bestias de presa. Y ved al propio tiempo su desprecio hacia Dios: *"no le invocan"* (53:4), al contrario, desprecian todo pensamiento de sujetarse a él.
7. El temor y la vergüenza que rodea al pecado. *"Tiemblan de espanto"* (53:5), porque han hecho de Dios su enemigo. Sus conciencias culpables los acusan, dudan de sus propias afirmaciones negando a Dios, y ello les llena de pavor. Lo cual permite *"a la virgen hija de Sion menospreciarlos y escarnecerlos"*[22] *"porque Dios los ha rechazado"* (53:5).
8. La fe de los santos, y su esperanza y poder tocante a este gran mal. Vendrá un Salvador, grande salvación,[23] salvación del pecado. ¡Oh, cuánto anhelamos que su venida se apresure![24] Porque traerá tiempos gloriosos y gozosos. En los tiempos del Antiguo Testamento había ya

[18] Job 33:14.

[19] Isaías 28:10.

[20] Salmo 6:8; 59:2; Lucas 13:27.

[21] En el original *"hates nothing that he has made"*; la frase procede de una antigua oración de liturgia cristiana en la Iglesia Primitiva, basada en el texto de Génesis 1:31 *"Y vio Dios todo lo que había hecho, y he aquí que era bueno en gran manera"*; citada por AGUSTÍN DE HIPONA [354-430] en *"Ad Simplicianum de diversis quaestionibus"* (2.18), cuestionada por JUAN CALVINO [1509-1564] en sus *"Instituciones"*, e incorporada al *Book of Common Prayer*, Libro de Oración Común de la Iglesia Anglicana en la Colecta del primer miércoles de ceniza.

[22] Isaías 37:22.

[23] Hechos 4:12; Hebreos 2:3.

[24] Isaías 5:19; Jeremías 1:12; 2 Pedro 3:12; Apocalipsis 22:20.

quienes oraban, esperaban y anhelaban esta redención; porque habían contemplado con sus propios ojos liberaciones y salvaciones temporales, que no eran sino un tipo de los eternos triunfos de la Iglesia gloriosa (53:6).

Matthew Henry [1662-1714]
"Commentary on the Whole Bible", 1811

Vers. 1. ***Dice el necio en su corazón: No hay Dios. Se han corrompido, e hicieron abominable maldad; no hay quien haga bien.*** *[Dice el necio en su corazón: No hay Dios. Se han corrompido, e hicieron abominable maldad; no hay quien haga el bien.* RVR*] [El necio ha dicho en su corazón: No hay Dios. Se han corrompido, han cometido injusticias abominables; no hay quien haga el bien.* LBLA*] [Dice el necio en su corazón: No hay Elohim. Se han corrompido, e hicieron abominable maldad, no hay quien haga el bien.* BTX*] [Dice el necio en su corazón: «No hay Dios». Están corrompidos, sus obras son detestables; ¡no hay uno solo que haga lo bueno!* NVI*] [El insensato piensa: "No hay Dios". Son perversos, su conducta es detestable. No hay quien haga el bien.* BLP*] [Solo los necios dicen en su corazón: «No hay Dios». Ellos son corruptos y sus acciones son malas; ¡no hay ni uno solo que haga lo bueno!* NTV*]*

Dice el necio en su corazón: No hay Dios. Lo dice porque es un necio y su propia necedad le hace hablar conforme a su naturaleza; ser un gran necio le hace adentrarse en un gran tema y llegar a una conclusión disparatada. El ateo es un necio moral y mentalmente, un necio de corazón así como un necio de mente; tan necio en lo moral como en lo filosófico. Y con su negación de Dios como punto de partida, es fácil concluir que el proceso de su degradación es rápido, delirante, tumultuoso y catastrófico. El que empieza en la impiedad está listo para todo. Una vez se ha aceptado como premisa el *"No hay Dios",* significa que tampoco hay ley, ni orden, ni restricción a la concupiscencia, ni límite a la pasión. ¿Quién fuera de un necio puede mantener semejante postura? ¡Qué Bedlam,[25] o más bien qué Acéldama,[26] sería el mundo si tales principios de "sin Dios" y "sin ley" llegaran a ser universales! El que acoge de corazón un espíritu anti-religioso y lo aplica a rajatabla, es un hijo de Belial, irracional, despreciable y peligroso para la comunidad. Dado que todo ser humano lleva implícita en su naturaleza con mayor o menor intensidad la tendencia a negar a Dios, el ateísmo práctico se ha convertido en la religión predominante de nuestra sociedad actual.

Se han corrompido. Están podridos interiormente. No tiene sentido hacerles el cumplido de decir que son sinceros en sus dudas y cuestionamientos, pues lo que son es corruptos. Hoy en día hemos adoptado la costumbre de tratar el ateísmo con delicadeza y guantes de seda; y ello no es un mero error inofensivo, es un pecado ofensivo, putrefacto, y los justos tendrían que verlo bajo esta luz. Pues todos los seres humanos que en mayor o menor medida se declaran ateos en espíritu, son también corruptos en la misma medida; su corazón es repulsivo, y su naturaleza moral depravada.

---

[25] Tradicionalmente en ingles el término *Bedlam* equivale a "locura" o "enfermedad mental". Va asociado al nombre popular dado por los habitantes de Londres al *Bethlem Royal Hospital,* el primer hospital para enfermos mentales de Europa fundado en el año 1247 durante el reinado de Enrique iii [1207-1272]. El objetivo del mismo, unido a las malas prácticas y el maltrato recibido en la institución por los pacientes, asoció el sentido de la palabra *Bedlam* a un lugar de locura y sinónimo de "confusión, alboroto, griterío, tumulto". En nuestro caso, el sentido en español sería "una casa de locos" o "un manicomio".

[26] Es el nombre arameo dado al campo donde Judas se suicidó según leemos en Hechos 1:18-19 y que significa *"campo de sangre"*. La idea de Spurgeon es de que un mundo sin Dios, sin ley, ni orden, sería un *"campo de sangre"*.

E hicieron abominable maldad. Los principios corruptos pronto llevan a vidas corruptas. No veo en absoluto que los ejemplos de Voltaire[27] y Tom Paine[28] sirvan para promover en nada la virtud. Aquellos que hablan de manera tan abominable como para negar a su Hacedor, actuarán de la misma manera abominable siempre que les convenga. El olvido y negación generalizada de Dios entre los hombres es el manantial que alimenta el río de injusticia y crimen que vemos a nuestro alrededor. Y si todos los seres humanos no son, al menos en su conducta externa, netamente viciosos, se debe a la inercia de los principios más elevados grabados en su conciencia,[29] pero dejada a su aire y al espíritu tan generalizado del *"no hay Dios"*, la humanidad no produciría otra cosa que actos en extremo detestables.

No hay quien haga el bien. El necio típico se reproduce en toda la raza; los hombres han olvidado el camino recto sin una sola excepción. Esta acusación se hace dos veces en este salmo, y la repite por tercera vez el apóstol Pablo por inspiración divina;[30] se trata de una acusación grave, amplia y solemne. Pero Aquel que no puede errar, y que sabe lo que hay en el interior de cada hombre no lanzaría ni mantendría una acusación que no pudiera probar.

C. H. SPURGEON

Dice el necio en su corazón: No hay Dios. Y es en su corazón donde lo dice, porque este es el deseo secreto de todo pecho no convertido. Si el pecho de Dios estuviera al alcance de los hombres, ya habrían tratado de apuñalarlo un millón de veces cada día. Cuando Dios se manifestó en la carne era hermoso;[31] no tenía pecado; fue por el mundo haciendo bienes sin cesar; y, con todo: le prendieron, lo colgaron de un madero, se mofaron de él y le escupieron encima. Y esta es la forma en que los hombres tratarían a Dios si lo tuvieran de nuevo a su alcance. Aprendamos, pues, de este versículo lo siguiente:

Primero: La corrupción espantosa del corazón humano, es decir: del nuestro. Y me atrevo a afirmar que no hay aquí presente una sola persona no convertida que tenga la más remota idea de lo monstruoso de la maldad que alberga en su pecho. Espera a llegar al infierno, y verás cómo esa maldad irrumpe sin restricciones. Pero, con todo, permíteme que te diga, aunque te cueste creerlo, que ahora mismo, tienes un corazón que mataría a Dios si pudiera. Si el pecho de Dios se hallara a

[27] Se refiere a FRANÇOIS MARIE AROUET [1694-1778] más conocido como VOLTAIRE. Fue un escritor y filósofo francés que figura como uno de los principales representantes de la Ilustración, un período que enfatizó el poder de la razón humana y de la ciencia. En 1746 Voltaire fue elegido miembro de la Academia francesa. Aunque escribió mucho sobre la conducta moral, la acumulación de su inmensa fortuna con métodos cuestionables, sus aventuras y fraudes financieros, no respaldan demasiado bien sus teorías. De hecho una de sus frases mas famosas, conocidas y citadas, resulta un tanto enigmática en este aspecto: «Carezco de principios morales, pero soy una persona moral».

[28] Se refiere a THOMAS PAINE [1737-1809], político, filósofo, escritor y revolucionario radical estadounidense de origen inglés. Fue declarado culpable de sedición en Gran Bretaña y juzgado en rebeldía como prófugo de la justicia. Asimismo, arrestado y encarcelado en París por MAXIMILIEN ROBESPIERRE [1758-1794], escribió en la cárcel su famoso libro "La Edad de la razón" en el que a imitación de Voltaire proclama las supuestas contradicciones de la Biblia y arremete contra la religión cristiana como un fraude. Uno de sus grandes admiradores y más fieles seguidores fue el también filósofo y matemático británico BERTRAND RUSSELL [1872-1970].

[29] Ver al respecto el comentario de THOMAS GOODWIN [1600-1679] sobre la conciencia en el versículo dos (53:2): *"¿No tienen conocimiento todos los que hacen iniquidad?"*.

[30] Romanos 3:10.

[31] Salmo 45:2.

tu alcance, y de un golpe pudieras librar al universo de su Hacedor, tu corazón sería bien capaz de hacerlo, no lo dudes.

Segundo: El asombroso amor de Cristo, pues: *"aún siendo enemigos de Dios* (…) *Cristo murió por nosotros"*.[32]

ROBERT MURRAY M'CHEYNE [1813-1843]
"Memoir and remains of the Rev. Robert Murray M'Cheyne, Minister of St. Peter's Church, Dundee by Andrew A. Bonar", 1878

No hay Dios. En hebreo אֵין אֱלֹהִים *'ên 'ĕlōhîm.* El אַיִן *ayin,* va más allá de una simple partícula de negación, es prácticamente un sustantivo, un nombre, y significa ausencia total de entidad o de existencia, por lo cual el sentido es: *"no hay nada de Dios"*, o *"no existe ninguna cosa semejante a Dios"*. No se puede explicar cómo un simple deseo: "¡No Dios!", es decir, ¡que no haya Dios!, porque el אַיִן *ayin* siempre incluye el verbo sustantivo y niega de forma absoluta la existencia, o al menos la presencia, de la persona o cosa a la cual va prefijada. Esto mismo se desprende de su uso en la última cláusula del versículo: אֵין עֹשֵׂה־טוֹב *'ên 'ōśêh-ṭōwḇ*, *"no hay quien haga el bien"*, y en este caso su sentido es inequívoco.

JOSEPH ADDISON ALEXANDER [1809-1860]
"The Psalms Translated and Explained", 1850

No hay Dios. Lo que equivale a negar toda idea o sentido de la Providencia, porque la palabra hebrea אֱלֹהִים *'ĕlōhîm,* traducida en este caso como Dios, abarca según se desprende de su uso en el libro del Éxodo la idea de *"juez"*: *"No injuriarás a los jueces, ni maldecirás al príncipe de tu pueblo"*,[33] por tanto, no solo a la esencia, sino también a la providencia de la Deidad.

DANIEL CRESSWELL [1776-1844]
"Sermons", 1829

Dice el necio en su corazón: No hay Dios. Cabe destacar que la Escritura afirma: *"Dijo el necio en su corazón"*, no *"pensó en su corazón"*, es decir, no se trata de que lo piense o sienta interiormente como conclusión de sus razonamientos, sino que lo expresa, lo *dice* como parte de un deseo o voluntad de que sea así. Porque entiende que le convendría que no hubiera Dios, y por tanto se esfuerza por todos los medios para convencerse y persuadirse a sí mismo de que no lo hay, y lo asume como principio o dogma personal. No obstante, los destellos de luz original que hay en nuestro interior y que nos llevan a reconocer la existencia de una Deidad siguen quemándole por dentro y en vano se esfuerza en extinguirlos. De modo que se reafirma a sí mismo en su postura no por los razonamientos y conclusiones de su mente sino por la corrupción y malicia que anidan en su corazón y voluntad, haciendo suyas las palabras del poeta cómico cuando exclama: «Y entonces mi mente vino a ser de mi misma opinión», como si él y su mente fueran dos cosas distintas en lugar de una sola. Por tanto, el ateo más bien *dice* en su corazón que no *piensa* o cree en su corazón, que no hay Dios.

FRANCIS BACON [1561-1626]
"Meditationes Sacrae – On Atheism", 1597

[32] Romanos 5:8-10.
[33] Éxodo 22:28.

Vers. 2. *Dios desde los cielos miró sobre los hijos de los hombres, para ver si había algún entendido que buscara a Dios.* *[Dios desde los cielos miró sobre los hijos de los hombres, para ver si había alguno sensato que buscara a Dios.* RVR*] [Dios ha mirado desde los cielos sobre los hijos de los hombres para ver si hay alguno que entienda, alguno que busque a Dios.* LBLA*] [Elohim observa desde los cielos a los hijos del hombre, para ver si hay quien entienda, si hay quien busque a Elohim.* BTX*] [Desde el cielo Dios contempla a los mortales, para ver si hay alguien que sea sensato y busque a Dios.* NVI*] [Dios desde los cielos contempla a los humanos para ver si hay algún sensato que busque a Dios.* BLP*] [Dios mira desde los cielos a toda la raza humana; observa para ver si hay alguien realmente sabio, si alguien busca a Dios.* NTV*]*

Dios desde los cielos miró sobre los hijos de los hombres. Lo hizo desde su alto observatorio en épocas pasadas y lo sigue haciendo.

Para ver si había alguno sensato[34] *que buscara a Dios.* De haber habido algún hombre entendido, un verdadero amante de su Dios, el ojo divino lo habría descubierto. Todos estos paganos sinceros y puros en la práctica de su religión; y esos salvajes admirables que viven aislados en sociedades perfectas e incorruptas de los cuales tanto hablan nuestros eruditos, al parecer no son visibles a los ojos del Omnisciente. ¿No será más bien que solo existen en el reino de la imaginación? El Señor no buscaba grandes virtudes, sino tan solo sinceridad y deseo de rectitud, pero no pudo encontrarla. Miró a los habitantes de todas las naciones, miró los corazones de todos los hombres y los movimientos de cada corazón, pero no vio entre todos ellos una mente sensata ni un corazón limpio. Y donde los ojos de Dios no ven un signo positivo, podemos estar totalmente seguros que no lo hay.

C. H. SPURGEON

Que buscara a Dios. Pese a que todas las cosas creadas están impregnadas de la imagen divina, las mentes piadosas deben seguir buscado a Dios, debido a la cerrazón que ofusca nuestras mentes a causa del pecado original. Pues tanto nuestra carne, como nuestros sentidos y afectos terrenales, nos impiden percibirlo y conocerlo por más que esté presente.

PIETRO MARTIRE VERMIGLI [1500-1562]
"Prayers from the Psalms of David", 1564

Vers. 2-3. Es interesante ver cómo el salmista describe aquí el pecado de los ateos en gradación. En primer lugar (1): *no entienden,* porque si entendieran, una adecuada comprensión de las cosas divinas conduce irremisiblemente a una conducta apropiada con respecto a Dios; en segundo lugar (2), puesto que no entienden: *no buscan a Dios,* porque solo le buscan aquellos que teniendo de él una visión clara y segura, lo valoran como su más alta posesión; en tercer lugar (3) *se vuelven atrás,* porque todo aquel que no siente interés por Dios se aleja de él y se desvía de sus caminos; y finalmente (4) *a una se corrompen,* (el sentido del hebreo נֶאֱלָחוּ *ne'ĕlāḥū* es: ya no valen para nada) porque lo único que hace apto y capacita al ser humano para practicar la virtud y el bien, emana de la fuente de su comunión con Dios.

FRIEDRICH AUGUST THOLUCK [1799-1877]
"A Translation and Commentary of the Book of Psalms", 1858

[34] La versión griega de los LXX o Septuaginta lee: τοῦ ἰδεῖν εἰ ἔστιν συνίωνque la Vulgata traduce al latín como: *"ut videas si est inteligens"*, "para ver si hay quien tenga inteligencia".

Vers. 3. ***Cada uno se había vuelto atrás; todos se habían corrompido; no hay quien haga lo bueno, no hay ni aun uno.*** *[Cada uno se había vuelto atrás; se habían corrompido en masa; no hay quien haga lo bueno, no hay ni siquiera uno.* RVR*] [Todos se han desviado, a una se han corrompido; no hay quien haga el bien, no hay ni siquiera uno.* LBLA*] [Todos ellos se apartaron, a una se hicieron inútiles, no hay quien haga lo bueno, no hay ni siquiera uno.* BTX*] [Pero todos se han descarriado, a una se han corrompido. No hay nadie que haga lo bueno; ¡no hay uno solo!* NVI*] [Todos están perdidos, corrompidos sin excepción, no hay quien haga el bien, ni uno solo.* BLP*] [Pero no, todos se desviaron; todos se corrompieron. No hay ni uno que haga lo bueno, ¡ni uno solo!* NTV*]*

Cada uno se había vuelto atrás. Es decir, el conjunto entero de la raza humana, al completo, en clara regresión. En el Salmo 14 dice que *"se desviaron"* (14:3), lo cual ya era bastante malo; pero aquí los describe como corriendo en una dirección diametralmente opuesta a la que deberían. La humanidad no regenerada va en dirección diametralmente opuesta a la ley de Dios, no solo se desvía de ella, sino que va en oposición a ella.

Se habían corrompido en masa.[35] Es decir toda una masa corrupta leudada por una levadura corrupta,[36] descompuesta por una contaminación que lo impregna todo, alineada con la putrefacción general. A la vista de Dios, nuestra naturaleza atea no es ese error leve y perdonable que nosotros creemos que es. En lo que respecta a Dios, los errores no son simples enfermedades leves, como algunos los consideran, sino males abominables. El mundo podrá parecer justo ante los ojos de un montón de ciegos, pero para todos los que ven a Jehová es muy diferente.

No hay quien haga lo bueno, no hay ni siquiera uno. ¡Y cómo ha de haberlo cuando la masa entera ha sido fermentada con una levadura maligna y corrupta! Esto pone punto y final a las ficciones sobre los indígenas puros e inocentes; y las leyendas del Patriarca solitario de los bosques, el aborigen cuya mente noble y no manipulada ve a Dios en las nubes y lo escucha en el viento.[37] Ante las afirmaciones del Salmo 53, el famoso poema de Pope que comienza diciendo:

> *«Padre de todos en todas las épocas,*
> *en todos los climas adorado*
> *por santos, salvajes, y eruditos:*
> *Jehová, Júpiter o Señor».*[38]

se desvanece como humo. Porque la raza humana caída, dejada a su propio impulso, no ha producido jamás un solo hombre que ame a Dios o que obre en santidad; y jamás lo hará. Es necesario

[35] La versión griega de los LXX o Septuaginta lee πάντες ἐξέκλιναν, ἅμα ἠχρεώθησαν, οὐκ ἔστιν ποιῶν ἀγαθόν, οὐκ ἔστιν ἕως ἑνός. que la Vulgata traduce al latín como: *"Omnes declinaverunt, simul inútiles facet sunt; non est qui faciat bonum, non est usque at unum"*, "Todos se desviaron, se hicieron juntamente inútiles; no hay quien haga lo bueno, no hay ni siquiera uno". Y así lo cita el apóstol Pablo en griego en Romanos 3:12: *"Todos se desviaron, a una se hicieron inútiles; no hay quien haga lo bueno, no hay ni siquiera uno".*

[36] 1 Corintios 5:6; Gálatas 5:9.

[37] Alexander Pope [1688-1744] *"An Essay on Man"*, 1734, Epistle I, iii: *"Lo! the poor Indian, whose untutor'd mind / Sees God in clouds, or hears him in the wind; / His soul, proud science never taught to stray / Far as the solar walk, or milky way..."*

[38] Alexander Pope [1688-1744] *"The Universal Prayer"*, 1738, primera estrofa: *"Father of all! in every age, / In every clime adored, / By saint, by savage, and by sage, / Jehovah, Jove, or Lord!".*

que intervenga la gracia, o jamás habrá un solo ser humano que siga lo bueno y verdadero. Este es el veredicto de Dios tras examinar con detalle la humanidad entera. ¿Quién se atreve a contradecirlo?

C. H. Spurgeon

Se habían corrompido en masa. En hebreo נֶאֱלָחוּ *ne'ĕlāḥū* de אָלַח *alach,* un término ligado a la leche cuando se vuelve agria. Es decir, han fermentado, se han vuelto rancios y, por tanto, carecen de valor, no sirven ni valen a para nada, como la leche agria.

Adam Clarke [1760-1832]
"Commentary on the Whole Bible", 1831

Se habían corrompido en masa. El verbo נֶאֱלָחוּ *ne'ĕlāḥū* de אָלַח *alach,* traducido como *"se han corrompido"* significa literalmente *se han podrido y vuelto putrefactos.*

John Morison [1791-1859]
"An Exposition of the Book of Psalms", 1829

No hay quien haga lo bueno, no hay ni aun uno. Los malos no tan solo son culpables de pecados de comisión, habiendo perpetrado iniquidades abominables; sino que también son culpables de pecados de omisión. De hecho, jamás han llevado a cabo una sola acción santa. Podrán ser morales, decentes, amables, e incluso pertenecer a una iglesia determinada; pero entre ellos *"no hay quien haga lo bueno, no hay ni aun uno"*.

William Swan Plumer [1802-1880]
"Studies on the Book of Psalms", 1867

Vers. 4. ***¿No tienen conocimiento todos los que hacen iniquidad, que devoran a mi pueblo como si comiesen pan, y a Dios no invocan?*** *[¿No tienen conocimiento todos los que hacen iniquidad, que devoran a mi pueblo como si comiesen pan, y a Dios no invocan?* RVR*] [¿No tienen conocimiento los que hacen iniquidad, que devoran a mi pueblo como si comieran pan, y no invocan a Dios?* LBLA*] [¿Acaso los que hacen iniquidad no saben que devoran a mi pueblo como si comieran pan, y que a Elohim no invocan?* BTX*] [¿Acaso no entienden todos los que hacen lo malo, los que devoran a mi pueblo como si fuera pan? ¡Jamás invocan a Dios!* NVI*] [¿No lo comprenderán los malvados que devoran a mi pueblo como si fuera pan? No invocan a Dios.* BLP*] [¿Será posible que nunca aprendan los que hacen el mal? Devoran a mi pueblo como si fuera pan y ni siquiera piensan en orar a Dios.* NTV*]*

¿No tienen conocimiento todos los que hacen iniquidad? Ciertamente, carecen de sabiduría hasta el punto de ser deficientes en algo tan común como es el conocimiento. ¿Son incapaces de ver que hay un Dios? ¿Que el pecado es malo y perjudicial? ¿Que la maldad se da la vuelta y repercute sobre la cabeza de aquel que la practica? ¿Tan necios son como para no darse cuenta de que se convierten en sus propios enemigos y se están destrozado a sí mismos?

Que devoran a mi pueblo como si comiesen pan.[39] ¿No ven que tal vianda les será muy difícil de digerir, y les provocará un vómito horrible cuando Dios les aplique justicia? ¿Imaginan que el Señor les consentirá devorar a su pueblo con impunidad? Ciertamente, han de estar fuera de sus cabales.

[39] En hebreo: אֹכְלֵי עַמִּי אָכְלוּ לֶחֶם *'ōḵəlê 'ammî 'āḵəlū leḥem.*

Y a Dios no invocan. Llevan a cabo sus crueles acciones contra los santos empleando todos los medios posibles, excepto el más indispensable para alcanzar el éxito en todos los casos, a saber: invocar a Dios. Aunque en este sentido, hay que reconocer que los ateos y los perseguidores de la Iglesia son más consecuentes que los fariseos, que devoraban las casas de las viudas, y como pretexto hacían largas oraciones.[40] El hombre natural, como Ismael, no ama la simiente espiritual, está celoso de ella y querría destruirla,[41] porque es amada por Dios;[42] pero él mismo no busca el favor de Dios. La mente carnal envidia a los que obtienen misericordia, y sin embargo se niega a invocar esa misericordia. Juega al perro del hortelano.[43] Los pecadores, por maliciosos celos, devoran a los que a los que invocan a Dios, pero ellos no lo invocan.

C. H. SPURGEON

¿No tienen conocimiento todos los que hacen iniquidad? La conciencia es un instrumento utilizado por Dios para frenar y restringir, controlar y reprender a la naturaleza corrupta del ser humano y todas sus formas pujantes. No habita en nuestro interior en calidad de ciudadano nativo sino que, cual guarnición extranjera, ha sido estacionada allí por el gran Gobernador del universo en una ciudad rebelde para mantener bajo control la insurgencia de sus habitantes, pues de lo contrario todo estallaría en una confusión indescriptible. El salmista David, reflexiona en este salmo sobre la corrupción natural del ser humano, y después de preguntarse si a caso no habrá en el interior de los que obran iniquidad algún tipo de conocimiento que les haga tener conciencia de sus malas acciones: *"¿No tienen conocimiento todos los que hacen iniquidad, que devoran a mi pueblo como si comiesen pan, y a Dios no invocan?";* llega a la conclusión de que sí, de que lo hay, y por ello: *"tiemblan de espanto"* (53:5). Dios ha colocado en su interior la conciencia para controlarlos con el miedo, y contenerlos así de muchos ultrajes contra el pueblo de Dios, que forman parte de sus deseos, y que a menudo practican abiertamente: *"como si comieran pan"*. Este conocimiento, esta conciencia de que está obrando mal, lo ha puesto Dios en el interior del hombre a modo de freno a su naturaleza corrupta, como el garfio que puso en la nariz de Senaquerib,[44] con la clara intención de domarle y controlarle a través del miedo. Pues si no tuvieran ese conocimiento los hombres se devorarían unos a otros, y especialmente a la Iglesia, como pan; sin embargo, dice el salmista: *"tiemblan de pavor donde no hay nada que espante"*, y esto hace que hasta cierto punto se contengan.

THOMAS GOODWIN [1600-1679]
"A discourse of Christ the Mediator", 1692

---

[40] Mateo 23:14; Marcos 12:40; Lucas 20:47.
[41] Gálatas 4:29.
[42] Gálatas 4:21-31.
[43] En el original inglés: *"It plays the dog in the manger",* que hemos traducido como "El perro del hortelano", título de la famosa comedia del dramaturgo español LOPE DE VEGA [1562-1635] con este mismo nombre basada en el refrán o expresión idiomática en español: «El perro del hortelano, ni come, ni deja comer al amo» o también «El perro del hortelano, que ni come las berzas ni las deja comer». El refrán, con sus equivalentes en distintos idiomas, parte de una antigua fábula griega de Esopo que habla de un perro que guardaba un establo de tal modo que ni él comía el grano ni dejaba que el caballo lo comiera; ilustrando la verdad moral de aquellas personas que ni disfrutan de algo ni permiten que los demás disfruten.
[44] Isaías 37:29.

Que devoran a mi pueblo como si comiesen pan. *"C'est, n'en font non plus de conscience, que de manger un morceau de pain"*.[45] Es decir, no tienen mayores escrúpulos a la hora de hacerlo que los que tienen para comerse un bocado de pan.[46]

Juan Calvino [1509-1564]
Nota marginal en la versión en francés del *"Comentario a los Salmos"*

Mi pueblo. En el hebreo עַמִּי *'ammî*. David podía llamar a los justos y piadosos su pueblo, por el respeto que sentía por ellos, y porque eran sus partidarios y amigos. Le apoyaban y aportaban consuelo en todas sus aflicciones. Como exclamó Rut: *"Tu pueblo será mi pueblo, y tu Dios mi Dios"*.[47]

Benjamin Boothroyd [1768-1836]
"New Family Bible", 1836

Vers. 5. ***Allí se sobresaltaron de pavor donde no había miedo, porque Dios ha esparcido los huesos del que puso asedio contra ti; los avergonzaste, porque Dios los desechó.*** *[Temblarán de pavor donde no hay nada que espante, porque Dios ha esparcido los huesos del agresor; los cubrirás de ignominia, porque Dios los desechó.* RVR*] [Donde antes no había terror, allí tiemblan de espanto, porque Dios esparció los huesos del que acampaba contra ti; tú los avergonzaste, porque Dios los había rechazado.* LBLA*] [Allí, donde no había nada que temer, se sobresaltaron de terror, porque Elohim esparció los huesos del que puso asedio contra ti, los avergonzaste, porque Elohim los desechó.* BTX*] [Allí los tienen, sobrecogidos de miedo, cuando no hay nada que temer. Dios dispersó los huesos de quienes te atacaban; tú los avergonzaste, porque Dios los rechazó.* NVI*] [Se estremecerán de miedo los que nada temían, pues Dios esparce los huesos del que te acosa; han quedado humillados porque Dios los desprecia.* BLP*] [El terror se apoderará de ellos, un terror como nunca habían conocido. Dios esparcirá los huesos de tus enemigos. Los avergonzarás, porque Dios los ha rechazado.* NTV*]*

Temblarán de pavor. David anticipa el fin de los impíos y el triunfo final de la simiente espiritual. Los rebeldes marchaban furiosos en tumulto contra los hijos de la gracia, pero súbitamente se apodera de ellos un pánico injustificado. Y aquellos que antes se jactaban impávidos sin temor a nada ni a nadie, tiemblan ahora como las hojas de un álamo, asustados de su propia sombra. Llegando a este versículo y esta clausula, el Salmo 53 difiere sensiblemente del Salmo 14. Es evidente que expresa un nivel superior de madurez y realización en el poeta, que hace hincapié en la misma verdad mediante expresiones mucho más tajantes.

Donde no hay nada que espante. El que niega la existencia de Dios en el fondo es cobarde, y en su incredulidad es como el muchacho atravesando de noche un cementerio que «silba para infundirse ánimo a sí mismo».

---

[45] Cita en francés en el original.

[46] Dice Agustín de Hipona [354-430]: «¿Por qué esta extraña comparación con el pan? Porque el resto de alimentos los comemos ocasionalmente, una cosa un día, mañana otra: hoy carne, mañana vegetales, pasado mañana fruta; y de forma variada: no siempre la misma carne, no siempre los mismos vegetales, no siempre la misma fruta. Pero el pan es el alimento básico, lo comemos cada día, con todo y con avidez. Por tanto, la idea del salmista al decir: *"devoran a mi pueblo como si comiesen pan"* es que lo hacen continuamente, sin descanso y con avidez».

[47] Rut 1:16.

Porque Dios ha esparcido los huesos del que puso asedio contra ti. Cuando los malvados ven la ruina y destrucción de sus compañeros, razones tienen para estremecerse.[48] Fuertes y poderosos fueron los ejércitos que sitiaron a Sión, pero fueron derrotados, y sus cuerpos esparcidos sin enterrar demostraron la capacidad y poderío de ese Dios cuya existencia se atrevieron a negar.[49]

Los cubrirás de ignominia, porque Dios los desechó. El pueblo de Dios puede mirar con escarnio a sus enemigos, ya que son objeto de desprecio divino. Ahora se burlan de nosotros, pero mayor razón tenemos nosotros para despreciar sus burlas y reírnos de ellos, porque el Señor nuestro Dios los considera como nada y menos, pura vanidad.

C. H. SPURGEON

Tiemblan de pavor donde no hay nada que espante. Un miedo aprehensivo y supersticioso les lleva a experimentar terror de su propia sombra; como Pisandro,[50] que sentía miedo de encontrarse con su propia alma; o Antenor,[51] que nunca salía a la calle sino era en un carruaje cerrado por los cuatro costados o con un palio encima de su cabeza, temiendo, supongo, que el cielo le cayera encima; algo que este salmo describe a la perfección: *"tiemblan de pavor donde no hay nada que espante".*[52]

JOHN KING [1559-1621]

Tiemblan de pavor donde no hay nada que espante. ¡Cuán terrible es el infierno de una conciencia herida! ¿Por qué Caín sentía miedo de ser asesinado,[53] sabiendo que no había sobre la tierra nadie para hacerlo, fuera de su padre y su madre, y tal vez algunas mujeres que la Escritura no mencionan? Es parte del justo juicio de Dios que aquellos que no temen al Señor, que es el único que debe ser temido, vivan en el temor de aquello que no debería ser causa de temor. Quien no tuvo el menor temor a la hora de arrebatarle la vida a su hermano, súbitamente se aterroriza de que puedan hacer lo mismo con él. Lo cual nos lleva a reflexionar sobre el arrepentimiento de los impíos: ven quizá la culpa junto con el castigo, pero admiten la culpa y lamentan el castigo.

NICHOLAS GIBBENS [1585-1602]
"Questions and disputations concerning the Holy Scripture", 1602

---

[48] Dice un viejo refrán español: «Cuando las barbas de tu vecino veas pelar, pon las tuyas a remojar». Antiguamente cortar la barba a un hombre era considerado como una de las mayores afrentas y habitualmente se aplicaba como castigo. El sentido del refrán es que, cuando veas a alguien de tu misma condición en una situación difícil, ponte en guardia porque a ti te puede suceder lo mismo.

[49] 2 Reyes 19:34-35.

[50] Que es preciso no confundir ni con el poeta épico griego del mismo nombre, ni con el general espartano durante la guerra de Corinto. Se trata de un político ateniense corrupto y famoso por su cobardía, frecuentemente satirizado por los poetas cómicos y satíricos, en el caso que se cita por ARISTÓFANES [440-385 a.C.] en su obra satírica sobre el imperialismo ateniense titulada *"Las Aves",* Acto IV Escena I, que es la que cita el autor.

[51] Personaje mítico en la *Ilíada* de Homero; era un consejero del rey Príamo de Troya que durante el asedio a la ciudad abogó por una solución pacífica entre los griegos y los troyanos. La leyenda que cita el autor parte de un antiguo manuscrito griego hallado en Herculano y traducido en 1799 al francés y al inglés por ÉTIENNE FRANÇOIS LANTIER [1734-1826] con el título: *"The travels of Antenor in Greece and Asia".*

[52] Aunque también puede referirse a un miedo irracional infundido por Dios como castigo a la rebeldía y desobediencia, tal y como leemos en Levítico 26:17, 36: *"Y a los que queden de vosotros infundiré en sus corazones tal cobardía, en la tierra de sus enemigos, que el sonido de una hoja que se mueva los perseguirá, y huirán como ante la espada, y caerán sin que nadie los persiga".*

[53] Génesis 4:14.

Vers. 6. *!Oh, si saliera de Sion la salvación de Israel! Cuando Dios hiciere volver de la cautividad a su pueblo, se gozará Jacob, y se alegrará Israel.* *¡Oh, si saliera de Sión la salvación de Israel! Cuando Dios haga cambiar la suerte de su pueblo, se gozará Jacob, y se alegrará Israel.* RVR*] [¡Oh, si de Sion saliera la salvación de Israel! Cuando Dios restaure a su pueblo cautivo, se regocijará Jacob y se alegrará Israel.* LBLA*] [¡Quién hiciera venir desde Sión la salvación a Israel! Cuando Elohim haga volver del cautiverio a su pueblo, ¡regocíjese Jacob y alégrese Israel!* BTX*] [¡Quiera Dios que de Sión venga la salvación para Israel! Cuando Dios restaure a su pueblo, se regocijará Jacob; se alegrará todo Israel.* NVI*] [¡Ojalá venga de Sión la salvación de Israel! Cuando Dios restaure a su pueblo, se regocijará Jacob, se alegrará Israel.* BLP*] [¿Quién vendrá del monte Sión para rescatar a Israel? Cuando Dios restaure a su pueblo, Jacob gritará de alegría e Israel se gozará.* NTV*]*

¡Oh, si saliera de Sión la salvación de Israel! Si él quisiera, Dios podría sobradamente haber concluido ya la batalla final. ¿Cuándo vengará a sus escogidos? ¿Cuándo llegará a su fin la larga opresión de los santos y sus cabezas serán coronadas en gloria? En el texto hebreo la palabra *"salvación"* está en plural,[54] para mostrar su grandeza.[55]

Cuando Dios hiciere volver de la cautividad a su pueblo, se gozará Jacob, y se alegrará Israel. En la misma medida de pesado que ha sido el yugo, y cruel la esclavitud, será la alegría y el triunfo de la liberación. La segunda venida de Cristo y la restauración de Israel son nuestra expectativa y nuestra esperanza. Por ello hemos intentado rimar en cuatro estrofas los dos últimos versículos de este salmo:[56]

Los enemigos de Sión tiemblan de miedo,
donde ningún temor era previsible;
porque saben bien de esa espada poderosa
que atraviesa las más densas cotas de malla.[57]

El Señor de los ejércitos deshonró sus escudos,[58]
y miró con desprecio todas sus lanzas;
sus huesos yacen ahora esparcidos por los campos,
sin duelo, sin funeral ni sepultura.[59]

Que los enemigos de Sión se llenen de vergüenza;
porque sus hijos son los benditos de Dios;[60]

[54] En hebreo יְשֻׁעֹות *yəšu'ōwṯ* de יְשׁוּעָה *yeshuah.*

[55] Ver al respecto Salmo 18:50 e Isaías 33:6 LBLA donde se utiliza el mismo término también en plural y en el mismo sentido.

[56] Transcribimos a pie de página esta composición original de Spurgeon: «*The foes of Zion quake for fright. / Where no fear was they quail; / For well they know that sword of might / Which cuts through coats of mail. // The Lord of old defiled their shields, / And all their spears he scorned; / Their bones lay scattered over the fields, / Unburied and unmourned. // Let Zion's foes be filled with shame; / Her sons are blessed of God; / Though scoffers now despise their name, / The Lord shall break the rod. // Oh! would our God to Zion turn, / God with salvation clad; / Then Judah's harps should music learn, / And Israel be glad*».

[57] Salmo 45:3-5.

[58] 2 Samuel 1:21.

[59] 2 Reyes 19:34-35.

[60] Mateo 25:34.

y aunque ahora los escarnecedores menosprecien su nombre,
el Señor quebrantará su cetro.[61]

Oh, si nuestro Dios regresara a Sión!
envuelto de celo como de un manto;[62]
las arpas de Judá se llenarían de música,[63]
y se regocijaría Israel.[64]

C. H. Spurgeon

[61] Isaías 14:5.
[62] Isaías 59:17; Zacarías 1:14.
[63] 2 Crónicas 9:11; Salmo 96:1-4; 126:2.
[64] Sofonías 3:14.

SALMO 54
SALMO DEL PERSEGUIDO

Título y tema: *Al músico principal; en Neginot.* Los instrumentos elegidos para este salmo eran de cuerda. La variedad es importante, no solo en lo que hace a las melodías, sino en todo lo relacionado con el canto cristiano; pues la monotonía suele ser a menudo la muerte de la alabanza congregacional. La Providencia es de lo más diverso, y así han de ser también nuestros cánticos

Masquil. Todo lo que cantamos ha de ser instructivo y servirnos para aprender. La salmodia no puede estar disociada de la enseñanza y la edificación.[1]

De David. Las composiciones de David eran tan abundantes como provechosas. Lo ajetreado y poco común de su vida fue en nuestro beneficio, porque de ello derivaron estos himnos, que a día de hoy nos suenan tan actuales y preciosos como cuando los escribió.

Cuando vinieron los zifeos y dijeron a Saúl: ¿No está David escondido en nuestra tierra?[2] Con tal de ganarse el favor de Saúl, los zifeos se hicieron culpables de una falta de hospitalidad execrable. Con tal de hacerse con la sonrisa del innoble monarca poco les importaba que fuera derramada sangre inocente. David había penetrado en su territorio en son de paz, buscando un poco de descanso en sus muchos avatares y constantes batallas, pero le traicionaron dejándole abandonado en su morada solitaria ¿Y qué hizo? Se volvió a Dios en oración, y con ello, su fe se fortaleció de tal modo que cantó de nuevo con una serenidad encantadora.[3]

C. H. SPURGEON

Título y tema: Del título de este Salmo aprendemos:

1. Que hay que tener en cuenta y testificar sobre nuestras dificultades puntuales y sus correspondientes liberaciones para provecho de los demás: como hace David aquí recordando el peligro puntual al que se vio sometido por la traición de los zifeos.

2. Que habitualmente es más fácil que los poderosos encuentren amigos y colaboradores de su causa malvada, que no los piadosos de su buena causa: como Saúl con los zifeos que no dudaron en ofrecerse con la mayor crueldad a su servicio, cuando David estaba en una situación difícil.

3. Que los impíos son proclives a inclinarse por el mal, y se alegran de encontrar la ocasión de hacerlo: *"¿No está David* –dijeron– *escondido en nuestra tierra?"*, como si ello fuera una gran noticia porque les brindaba la ocasión para delatarle.

DAVID DICKSON (1583-1662),
"A Brief Explication of the Psalms from L to C", 1655

Estructura: Del versículo uno al tres (54:1-3) donde nos encontramos con el *"Selah"*, es una súplica del salmista a Dios implorando ayuda y protección. El resto del cántico (54:4-7) es una reflexión

[1] Sobre el significado de *"Masquil"* ver comentarios y notas a los títulos de los Salmos 32; 42; 44; 45; 52; 53; 54; 55; 74; 78; 88; 89 y 142.

[2] FRANZ DELITZSCH [1813-1890] indica que las referencias históricas del título son prácticamente una transcripción del texto de 1 Samuel 23:19; 26:1.

[3] ATANASIO DE ALEJANDRÍA [296-373] en su carta a su discípulo Marcelino sobre la naturaleza y valor de los salmos le dice refiriéndose a este salmo: «Si te persiguen y acosan, si tratan de traicionarte y entregarte con acusaciones falsas a su incierta justicia, como lo hicieron los zifeos y filisteos con David, no pierdas la calma, mantén buen ánimo y confía en el Señor ensalzándolo con las palabras del Salmo 54». El Tomo I de "El Tesoro de David" incluye una traducción completa de la Carta de Atanasio a Marcelino. [Tomo I - pp. 50].

en la que va abandonando poco a poco sus dudas y temores, y culmina con un himno glorioso de triunfo y alegría. El vigor de la fe es la muerte de la ansiedad y la aurora de la seguridad.[4]

C. H. SPURGEON

Versión poética:

DEUS IN NOMINE TUO SALVUM ME FAC

Socórreme Señor, y por la gloria
de tu nombre divino y soberano,
sácame del conflicto en que me veo,
líbrame del peligro en que me hallo.

Escucha la oración que te dirijo
con triste afán, con dolorido labio;
y óyeme con oído favorable
las palabras que salen de mis labios.

Los extranjeros que me prometieron
su auxilio darme en todos mis trabajos,
ya contra mí se han vuelto, y los traidores
la guerra con furor me han declarado.

Poderosos y fuertes enemigos
me buscan sin piedad por todos lados,
para darme muerte, porque olvidan
que eres mi protector, que eres mi amparo.

Pero ya siento que el Señor me inspira,
y en la fuerza y valor con que me hallo,
conozco que mi Dios viene a auxiliarme,
y a sostenerme con su fuerte brazo.

Vuelve Señor contra mis enemigos
los males que me estaban preparando,
destrúyelos, y vean en su ruina
que tú no favoreces los malvados.

[4] Dice FRANCISCO LACUEVA [1911-2005] en su versión española del "Comentario de Matthew Henry": «La llave de este salmo pende de la puerta misma, pues el título nos dice la ocasión en que fue redactado cuando los habitantes de Zif, de la tribu de Judá (tipos de Judas el traidor) traicionaron a David ante Saúl; le informaron a este del paradero de David y le dieron la oportunidad de echarle mano. Lo hicieron dos veces (1 Samuel 23:19; 26:1) y queda registrado para perpetua infamia de ellos. Aquí David: I. Se queja a Dios de la maldad de sus enemigos y pide socorro contra ellos (vv. 1-3). II. Se consuela con la seguridad del favor y de la protección de Dios y con que sus enemigos quedarán confundidos, y él será libertado (vv. 4-7)».

Entonces sí te ofreceré rendido
sacrificios de amor, y voluntarios,
y cantaré la gloria de tu nombre,
de tu nombre benéfico y sagrado.

Haré saber a todos que tú solo
me sacaste de penas y trabajos,
y que en fin me pusiste en mejor puesto,
que a mis terribles pérfidos contrarios.

DEL "SALTERIO POÉTICO ESPAÑOL", SIGLO XVIII

Salmo completo: La iglesia ha mantenido tradicionalmente una postura muy acertada al vincular este Salmo a la conmemoración de la pasión de Jesús.[5] Pues como profecía aplicada a Cristo adquiere un marco mucho más sublime; y leído bajo ese prisma se hace más claro e inteligible; ya que no es preciso forzar en nada la interpretación para establecer una correspondencia perfecta entre el contenido de sus estrofas con la vida y sentimientos del Mesías.

WILLIAM HILL TUCKER
"The psalms from the version used in the services of the Church of England, With notes, shewing their prophetic and Christian character", 1840

Salmo completo: En los tres primeros versículos vemos al salmista, traicionado por los zifeos y perseguido de cerca por sus enemigos, orando por salvación: *"Oh Dios, sálvame por tu nombre"* (54:1-3). Un procedimiento muy habitual en David: la primera batalla la libraba siempre con Dios, contendiendo y luchando con él en busca de bendición y ayuda. No por cobardía, pues David no se arrugaba ante nada; su atrevimiento es bien conocido en otras cosas y su arrojo está fuera de todo cuestionamiento;[6] pero no se atrevía a levantar una mano siquiera contra los enemigos de Dios, sin antes haber levantado ambas en humilde súplica al Señor que era su fortaleza,[7] su luz y su salvación:[8] *"Bendito sea el Señor, mi roca, que adiestra mis manos para la guerra, y mis dedos para la batalla"*.[9]

[5] En general los Padres de la Iglesia ponen en boca de Cristo prácticamente todo el Salmo, y en especial el versículo seis: *"Con ofrenda voluntaria te ofreceré sacrificio"* (54:6).

– AGUSTÍN DE HIPONA [354-430] partiendo de la versión de la Vulgata del versículo uno (54:1): *"Sálvame, Dios en tu nombre, y con tu poder júzgame"*, en su conocida obra: *"Enchiridion sive de fide, spe et caritate" [Tratado de la fe, la esperanza y la caridad, publicado por CLIE en español]* lo proyecta al juicio final, extrayendo del *"sálvame por tu nombre, júzgame con tu poder"* una interesante vinculación: «el que haya sido salvado *"in nomine"* por el nombre, no tiene motivos para temer el juicio *"in virtute"*, con poder». En *"Enarrationes in Psalmos"* la idea es similar: «¿Quién es el osado capaz de exclamar: *"Júzgame, oh Dios"* cuando precisamente lo que se suele decir a modo de imprecación a los hombres indignos es: "Así te juzgue Dios"? Y, ciertamente, un juicio de Dios con su poder sin haber sido salvo por su nombre es la peor maldición; pero si antes de juzgarte "con su poder" te ha salvado "por su nombre", la sentencia será de favorable. Por tanto, creyente, puedes estar tranquilo, ya que el juicio no implica para ti castigo».

[6] 1 Samuel 17:1-58.

[7] Salmo 31:3.

[8] Salmo 27:1

[9] Salmo 144:1.

Y una vez hecho esto, su coraje estallaba cual rayo tempestuoso, y no le importaba enfrentarse con miles o decenas de miles,[10] si era necesario. Y le vemos, en los versículos cuatro y cinco (54:4-5), convirtiéndose en profeta de sí mismo, anticipando su victoria. Pues ¿quién puede resistir al que cuenta con el Omnipotente como aliado? ¿O enfrentarse en batalla a un capitán que previamente ha derrotado y quebrantado las huestes de sus oponentes por medio de sus oraciones? David aseguraba de rodillas la victoria antes de levantarse y vestir su armadura. Por ello, concluye el salmo como lo empezó, agradeciendo a la bondad de Dios su liberación con la consiguiente derrota de sus enemigos, y obligándose voluntariamente a una alabanza afectuosa y obediente, en contrapartida por tan grandes misericordias recibidas (54:6-7).

JOHN DOLBEN [1625-1686]
"A sermon preached before the king on Tuesday, June 20th. being the day of solemn thanksgiving for the late victory at sea", 1655

Salmo completo: ¡Bendito Redentor! Dame la gracia necesaria para contemplarte en este salmo, y vislumbrar en sus estrofas tus luchas con los falsos amigos y declarados enemigos que te rodeaban en los días de tu carne. Ayúdame, Señor, a descubrir en él la manera gloriosa en que tú soportaste la afrenta de los pecadores, para que mi cuerpo no desfallezca, y mi mente no desmaye. Y cuando los zifeos de nuestros días me acosen y aflijan, dispuestos a entregar gustosos mi alma en manos del enemigo: concédeme ¡oh Señor! la gracia de mirante y extraer fuerzas de ti, al ver cómo tu mano benevolente me libra de todas mis tribulaciones, y me hace más que vencedor en tu gracia y en el poder de tu fortaleza.

ROBERT HAWKER [1753-1827]
"Poor Man's Commentary on the Old and New Testaments", 1831

Vers. 1. *Oh Dios, sálvame por tu nombre, y con tu poder defiéndeme.* *[Oh Dios, sálvame por tu nombre, y con tu poder defiéndeme.* RVR*] [¡Sálvame! Oh Dios, por tu nombre, y hazme justicia con tu poder.* LBLA*] [Oh Elohim, sálvame por tu Nombre, y hazme justicia con tu poder.* BTX*] [Sálvame, oh Dios, por tu nombre; defiéndeme con tu poder.* NVI*] [¡Oh Dios, por el honor de tu nombre sálvame, con tu poder defiende mi causa!* BLP*] [¡Ven con tu gran poder, oh Dios, y rescátame! Defiéndeme con tu poder.* NTV*]*[11]

¡Sálvame! Oh Dios. Tú eres mi Salvador; y a mi alrededor solo hay enemigos y los que colaboran con ellos, todos ansiosos de despedazarme. No tengo refugio. Todos me rechazan y me niegan cobijo. Pero tú, oh Dios, me darás refugio y me librarás de todos mis enemigos.[12]

[10] 1 Samuel 18:7; 18:11; 29:5; Salmo 91:7.

[11] En el texto hebreo אֱלֹהִים בְּשִׁמְךָ הוֹשִׁיעֵנִי וּבִגְבוּרָתְךָ תְדִינֵנִי *'ĕlōhîm bəšimkā hōwōšî'ênî ūbiḡbūrāṯəkā ṯəḏînênî.* La versión griega de los LXX o Septuaginta lee: ὁ θεός, ἐν τῷ ὀνόματί σου σῶσόν με καὶ ἐν τῇ δυνάμει σου κρῖνόν με que la Vulgata traduce al latín como: *"Deus, in nomine tuo salvum me fac, et in virtute tua judica me"*, "Sálvame, Dios en tu nombre, y con tu poder júzgame".

[12] HILARIO DE POTIERS [316-367] aplicando el Salmo a Cristo dice lo siguiente: «Las tribulaciones y sufrimientos del profeta David no son sino un tipo de la Pasión de nuestro Dios y Señor Jesucristo. Es por ello que las oraciones de David encajan de una manera tan plena con las oraciones de Cristo, la Palabra hecha carne. Pues quien había de padecer todas estas cosas como hombre, es de esperar que se expresara también como hombre, y que Aquel que como hombre llevó las enfermedades humanas haciendo suyos los pecados de los hombres, pudiera dirigirse también a Dios con la humildad propia de los seres humanos y suplicar a

Por tu nombre. Sí, por amor a tu misma esencia grandiosa y poderosa. Utiliza en mi defensa todos tus atributos. Que cada una de las múltiples perfecciones que entraña tu nombre divino actúe para mi protección.[13] ¿Acaso no está tu honor comprometido en mi defensa?[14]

Y hazme justicia con tu poder.[15] Hazme justicia, porque fuera de ti nadie me la hará, ni podría hacerla. Con tu omnipotencia puedes corregir mis errores y hacerme justicia adecuada. No nos atrevemos a apelar a Dios sabiendo que nuestra causa es inapropiada o declaradamente mala; pero cuando tenemos la seguridad de que podemos plantear nuestra causa sin temor ante su justicia, bien podemos someternos confiados a su poder.[16]

C. H. SPURGEON

¡Sálvame! Oh Dios. Puesto que David cuando escribió estas palabras se encontraba en una situación crítica, fuera de toda posibilidad de recibir ayuda o auxilio humano, hemos de contemplar su ruego en el sentido más enfático, apelando al nombre y el poder de Dios como último recurso, en un claro contraste con los otros medios usuales de liberación. Pues aunque toda ayuda proviene en última instancia de Dios, por regla general la extiende a través de métodos ordinarios. Pero cuando estos fracasan, Dios asume la labor personalmente, con sus propias manos. Tal era la situación de David, y el motivo para los santos de acogerse eventualmente a una petición de último recurso: salvación a través de un milagro directo del poder divino.

JUAN CALVINO [1509-1564]

Y hazme justicia con tu poder. Inclina la balanza, decide mi causa con tu poder inmenso. Saúl estaba resuelto a poner fin a su contencioso con David mediante la violencia; no concebía otra manera

---

favor de ellos. Esto es algo que, pese a ser difícil de entender, es preciso que tengamos claro, a fin de que no nos quede duda que todo lo expresado por David en el Salmo lo dice como tipo de Cristo. Pues cuando dice: *"¡Sálvame! oh Dios, por tu nombre"*, se trata de una oración que, utilizando las palabras de su propio profeta, sale de la boca del Hijo unigénito de Dios, que las pronuncia asumiendo en este caso la humildad y debilidad humanas, a pesar de que por otro lado poseía y reclamaba la gloria que en razón de su otra naturaleza le había sido dada desde antes de la fundación del mundo (Juan 17:22). Y sin embargo, le vemos aquí pidiendo ser salvado por el nombre de Dios, un nombre con el cual había sido llamado y engendrado, a fin de que el nombre de Dios, un nombre que en justicia le pertenecía en su anterior naturaleza y estado, le salvara ahora en ese cuerpo físico con el cual había nacido».

[13] FRANZ DELITZSCH [1813-1890] señala el paralelismo en el uso del término שִׁמְךָ *šimkā "tu nombre"* entre el Salmos 54:1, 6 y Salmo 52:9: «el *"nombre"* de Dios es la manifestación de su naturaleza, cuyo eje central es la misericordia». KRAUS dice al respecto: «El *"nombre"* es el exponente del poder de revelación, de la גְּבוּרָה *geburah* ("poder heroico") de Dios activo en la tierra. El nombre es –con plena independencia– el signo de la relación de Yahvé con el mundo y la presencia de Dios en medio de su pueblo elegido» [Los Salmos, Vol. I, Sal. 1-59; Ediciones Sígueme, Salamanca, 1993].

[14] Isaías 42:6.

[15] La versión inglesa KJV traduce: *"Save me, O God, by thy name, and judge me by thy strength"*.

[16] Llaman la atención en los dos primeros versículos los cuatro verbos hebreos que implican cuatro peticiones ligadas cada una de ellas a su correspondiente complemento: *sálvame, defiéndeme, escúchame, y atiéndeme*. בְּשִׁמְךָ הוֹשִׁיעֵנִי *bəšimkā hōwōšî'ênî: "Sálvame por tu nombre"*; וּבִגְבוּרָתְךָ תְדִינֵנִי *ūbiḡbūrāṯəkā ṯəḏînênî: "defiéndeme con tu poder"*; שְׁמַע תְּפִלָּתִי *šəma' təpillāṯî: "escucha mi oración"*; הַאֲזִינָה לְאִמְרֵי־פִי *ha'ăzînāh lə'imrê-pî: "atiende mis palabras"*.

de arbitrarlo que la fuerza bruta, una lanza[17] o una espada.[18] El salmista sabía bien que Saúl sería contundente tan pronto tuviera la oportunidad, por ello, se acoge a la justicia y protección de uno cuyo poder era infinitamente superior, convencido de que él estaba dispuesto a defenderle y lo defendería.

SAMUEL CHANDLER [1693-1766]
"A Critical History of the Life of David", 1762-1853

Vers. 2. *Oh Dios, oye mi oración; escucha las razones de mi boca.* *[Oh Dios, escucha mi oración; atiende a las razones de mi boca.* RVR*] [Escucha mi oración, oh Dios, presta oído a las palabras de mi boca.* LBLA*] [Oh Elohim, escucha mi oración, presta oído a los dichos de mi boca.* BTX*] [Escucha, oh Dios, mi oración; presta oído a las palabras de mi boca,* NVI*] [¡Escucha, oh Dios, mi oración, estate atento a mis palabras!* BLP*] [Escucha mi oración, oh Dios; presta atención a mi ruego.* NTV*]*

Oh Dios, escucha mi oración. Esta ha sido siempre la defensa de los santos. En tanto que Dios mantenga abierto el oído, jamás quedaremos atascados en la tribulación. Puede que todos los demás recursos fallen y resulten inútiles, pero el arma de la oración siempre está disponible. Y esa ningún enemigo puede dispararla.

Presta oído a las palabras de mi boca. Cuando en la oración podemos conseguir que la lengua vaya a la par que nuestro corazón, nuestra mente se mantiene más despierta; la oración en voz alta ayuda al suplicante. Pero, ¿qué sentido tiene la oración si Dios no la escucha? Tanto si pronunciamos frases incoherentes, como si formulamos argumentos razonados, si Dios no nos recibe en audiencia y no presta atención da igual, es la misma cosa. Siendo que su situación era delicada y de peligro inminente, David no podía permitirse el lujo de orar rutinariamente, debía asegurarse de ser escuchado y tener éxito en sus alegatos, o corría el riesgo de convertirse en presa de su adversario. Y por ello insiste: *"Presta oído"*.

C. H. SPURGEON

Presta oído a las palabras de mi boca. Es decir, que las razones con las que he expuesto mi petición y defendido mi causa te sean agradables y aceptables. Porque es conveniente distinguir entre *"mi oración"* y *"las palabras de la boca"*, a menos que, como hacen algunos, simplemente queramos ver una cosa como sinónimo de la otra. Pero, como ya he dicho, la frase es enfática y se presta a distinguir entre la esencia, lo que es la súplica en sí misma: *"sálvame por tu nombre"* (54:1), y la exposición de su problema que ocupa los dos versículos siguientes (54:2-3).[19]

HERMANN VENEMA [1697-1787]
"Commentarius ad Psalmos", 1762

Vers. 3. *Porque extraños se han levantado contra mí, y hombres violentos buscan mi vida; no han puesto a Dios delante de sí. Selah* *[Porque extranjeros se han levantado contra mí, y hombres*

[17] 1 Samuel 18:11.

[18] 1 Samuel 19:1-17.

[19] Es interesante observar que la versión inglesa KJV traduce: *"he words of my mouth"*, y lo mismo hacen la NVI, la BLP y LBLA, todas ellas apegadas a la literalidad del término hebreo לְאִמְרֵי *lə'imrê* de אֵמֶר *emer,* palabra. Mientras que la Reina-Valera (tanto la 1960 como la 1977) traducen *"las razones de mí boca"*, quizá menos literal pero que concuerda más con el argumento de Venema de separar ambas cosas.

violentos buscan mi vida; no han puesto a Dios delante de sí. Selah RVR*] [Porque extraños se han levantado contra mí, y hombres violentos buscan mi vida; no han puesto a Dios delante de sí. Selah.* LBLA*] [Porque extraños se han levantado contra mí, y hombres violentos buscan mi vida, no han puesto a Elohim delante de sí. Selah.* BTX*] [Pues gente extraña me ataca; tratan de matarme los violentos, gente que no toma en cuenta a Dios. Selah* NVI*] [Se alzan contra mí extranjeros, gente cruel desea mi muerte sin tener presente a Dios. Pausa.* BLP*] [Pues me atacan desconocidos; gente violenta trata de matarme. No les importa Dios en lo más mínimo. Interludio.* NTV*]*[20]

Porque extranjeros[21] *se han levantado contra mí*. Súbitamente, aquellos con quienes no mantenía ningún contencioso; gentes a las que en modo alguno pudo haber ofendido, porque eran extraños, se habían levantado contra él. Además eran ajenos por completo a su Dios, ¿acaso era justo que se les consintiera avasallarlo y destruirlo? Cuando unos extraños molestan a un niño, este tiene motivos para quejarse a su padre. ¿Qué derecho tienen a interferir en su vida? Que dejen de entrometerse donde no les llaman y se ocupen de sus propios asuntos.

Y hombres violentos buscan mi vida. Saúl, ese tirano perseguidor, había contagiado su proceder y estampado su propia imagen en muchos otros. Por lo general, los reyes acuñan su propio semblante. Él trazó el camino a seguir, y otros lo imitaron buscando el alma de David, su sangre, su vida, su existencia misma. Crueles e insaciables en su malicia, si de ellos hubiera dependido hubieran aplastado al justo por completo; no estaban dispuestos a quedarse a medias.

No han puesto a Dios delante de sí. No tenían la menor consideración por el derecho o la justicia, como si no supieran que hay Dios o no les importara. De haber tenido temor de Dios, no habrían traicionado al inocente, para que le dieran caza como un pobre cervatillo inofensivo. David intuía que el trasfondo de la conducta de los que le traicionaron rondaba el ateísmo. Las personas buenas son aborrecidas por causa de Dios, y esta es una buena alegación a presentar contra sus perseguidores.

Selah. Como si dijera: "Hasta aquí la exposición de mi problema: hagamos una pausa". Tanta era su indignación que se había quedado sin aliento; y su sentido de la prudencia le induce a suspender la música durante un rato. De ello debemos aprender, en sentido general, que con unas cuantas pausas más, nuestras devociones mejorarían bastante; pues siempre vamos apurados y con prisas excesivas: unas cuantas pausas en nuestra meditación nos aportarían el tiempo necesario para santificarla: nuestras palabras serían más apropiadas y nuestras emociones más fervientes.

C. H. SPURGEON

---

[20] El texto hebreo masorético lee: כִּי זָרִים קָמוּ עָלַי וְעָרִיצִים בִּקְשׁוּ נַפְשִׁי לֹא שָׂמוּ אֱלֹהִים לְנֶגְדָּם סֶלָה *kî zārîm qāmū ʻālay wəʻārîṣîm biqšū napšî lō śāmū ʼĕlōhîm ləneḡdām selāh.* La versión griega de los LXX o Septuaginta lee: ὅτι ἀλλότριοι ἐπανέστησαν ἐπ᾽ ἐμέ, καὶ κραταιοὶ ἐζήτησαν τὴν ψυχήν μου· οὐ προέθεντο τὸν θεὸν ἐνώπιον αὐτῶν; que la Vulgata traduce al latín como: *"Quoniam alieni insurrexerunt adversum me, et fortes quaesierunt animam meam, et non proposuerunt Deum ante conspectum suum",* "Porque los extraños se han levantado contra mí, y los fuertes han buscado mi alma, y no han puesto a Dios delante de sí". KRAUS dice al respecto: «El versículo 3, introducido por כִּי *kî,* indica las razones por las que se ha lanzado ese clamor de súplica (v. 3-4), y hace referencia a personas "*osadas*" זָרִים *zārîm* (como en Salmo 86:14) y "*violentas*" עָרִיצִים *ʻārîṣîm* (como en Salmo 86:14; Jeremías 15:21; Job 6:23; 27:13) que quieren quitarle la vida al orante». [Los Salmos, Vol. I, Sal. 1-59; Ediciones Sígueme, Salamanca, 1993].

[21] En hebreo זָרִים *zārîm* de זור *zuwr.*

Porque extraños se han levantado contra mí. Gentes ajenas a tu verdad, hombres que por su incredulidad andan lejos de toda suerte y porción de tus pactos: opresores y perseguidores.

WILLIAM HILL TUCKER
"The psalms from the version used in the services of the Church of England, With notes, shewing their prophetic and Christian character", 1840

Porque extraños se han levantado contra mí. La versión caldea[22] en lugar de *"extraños"* traduce *"hombres orgullosos"*, una lectura que encontramos también en ocho de los códices de Kennicott.[23] Como en el Salmo 86:14: *"los soberbios se levantaron contra mí"*.[24]

WALFORD, WILLIAM [1773-1850]
"The Book of Psalms. A New Translation, with Notes", 1837

Porque extraños se han levantado contra mí. Es un grave error traducir el término hebreo זָרִים *zārîm* por "extraños"; pues los zifeos eran, ciertamente, israelitas, no extraños o extranjeros. El problema parte de relacionar este vocablo con la raíz זָרָה *zarah* cuyo significado primario es "esparcir", "dispersar", o "tamizar", como se hace con el grano. Pero זָרָה *zarah* se utiliza igualmente para referirse, en sentido figurado, a "tamizar" un tema o materia, investigarla: averiguar, indagar, espiar. Y este es aquí el caso: David se queja de los nuevos y peligrosos enemigos que le habían surgido con los zifeos, que se hicieron espías de Saúl; y por tanto, suplica su liberación diciendo: *"Sálvame, oh Dios"*, y a continuación describe la naturaleza del peligro en que estaba: *"Porque espías se han levantado contra mí"*.

BENJAMIN WEISS
"A New Translation, Exposition, and Chronological Arrangement of the Book of Psalms. With Critical Notes on the Hebrew Text", 1852

Vers. 4. *He aquí, Dios es el que me ayuda; el Señor está con los que sostienen mi vida.* *[He aquí, Dios es el que me ayuda; el Señor está con los que sostienen mi vida.* RVR*] [He aquí, Dios es el que me ayuda; el Señor es el que sostiene mi alma.* LBLA*] [He aquí Elohim es el que me ayuda, Adonai está con los que sostienen mi alma.* BTX*] [Pero Dios es mi socorro; el Señor es quien me sostiene.* NVI*] [Pero es Dios quien me ayuda, mi Señor está con los que me protegen.* BLP*] [Pero Dios es mi ayudador; ¡el Señor me mantiene con vida!* NTV*]*

---

[22] Existen cuatro versiones caldeas o siríacas importantes: la *Siríaca antigua* (siglo II); la *Siríaca Curetoniana*, una copia de la siríaca antigua producida en el siglo V que se conserva en el Museo Británico de Londres desde 1842; la *Siríaca Peshitta* (siglo IV), la más conocida, una revisión de la versión siríaca antigua que llegó a ser la "versión autorizada" de la iglesia siríaca; y la *Siríaca Filoxenia* (principios del siglo VI), conocida también como *Heracleana* porque algunos creen que fue reeditada por Tomás de Heraclea. Lo más probable es que se refiera a la Peshitta.

[23] Se refiere a BENJAMIN KENNICOTT [1718-1783], clérigo inglés y gran especialista en el estudio del hebreo bíblico. Escribió numerosas obras entre las cuales se consideran como principales *State of the Printed Hebrew Text of the Old Testament considered* (1753) y *Vetus Testamentum hebraicum cum variis lectionibus* (1776), donde hace una recopilación de los manuscritos de la Biblia conocidos en su época y cataloga los preservados en el Museo Británico y las bibliotecas de Oxford y Cambridge. Posteriormente puso en marcha un macro-proyecto para coleccionar y catalogar todos los manuscritos existentes, labor que fue continuada por su viuda después de su muerte.

[24] En el caso del Salmo 86:14 el hebreo dice זֵדִים *zêḏîm* de זֵד *zed,* no es la misma raíz y en este caso es evidente que se trata de "orgullosos" o "presuntuosos". En el Salmo 54:3 no está en absoluto claro que sea así.

He aquí, Dios es el que me ayuda. David miraba a su alrededor y no veía más que enemigos por todas partes; pero ahora echa una mirada a las filas de sus aliados y descubre a uno cuya ayuda supera toda la que puedan proporcionarle los hombres; reconoce a su divino Campeón y estalla de gozo gritando: *"He aquí"*. ¿Acaso no es un tema digno de piadosa exaltación en todas las edades, que el gran Dios nos proteja, defendiendo personalmente a su pueblo? Qué importan el número o la violencia de nuestros enemigos cuando Él levanta el escudo de su omnipotencia para preservamos y la espada de su poder para ayudamos? Poco nos incumben los desafíos del enemigo mientras el Defensor divino permanezca a nuestro lado.[25]

El Señor está con los que sostienen mi vida.[26] El Señor que vive y reina, el gran *Adonay*[27] está en el campamento de mis defensores. Había allí un campeón mayor que cualquiera de los tres valientes,[28] o que todos los valientes que escogieron a David por su capitán.[29] Y ello le hacía sentirse seguro, pues estaba tan profundamente convencido de que su corazón estaba *del lado del Señor* que no dudaba un ápice de que *el Señor estaba de su lado.* En el primer versículo había implorado liberación, y aquí expresa su gratitud por ello: mientras imploramos misericordias que no tenemos, no debemos olvidarnos de aquellas que ya tenemos. En las dificultades, saber que contamos con un puñado de amigos que siguen a nuestro lado es una gran misericordia, pero mayor misericordia aún es ver que el Señor está en medio de ellos; porque en términos aritméticos, el número de nuestros amigos, sean cuantos sean, cuenta como valor cero; pero el Señor cuenta como la unidad que se coloca delante del cero.

C. H. SPURGEON

---

[25] Dice FRANCISCO LACUEVA [1911-2005] en su versión española del "Comentario de Matthew Henry": «La fe de David en su oración se apoyaba en su oración, y estaba seguro de que tenía a Dios de su parte *"He aquí, Dios es el que me ayuda"*. Aunque hombres y demonios se conjuren para destruirnos, no prevalecerán mientras Dios sea el que nos ayuda».

[26] En hebreo אֲדֹנָ֗י בְּֽסֹמְכֵ֥י נַפְשִֽׁי *'ăḏōnāy bəsōməḵê napšî*: *"El Señor es el sostenedor de mi alma"*. En el Salmo 118:7 leemos una frase muy similar יְהוָ֣ה לִ֭י בְּעֹזְרָ֑י *Yahweh lî bə'ōzərāy: "El Señor está conmigo entre los que me ayudan"*. En la opinión de RICARDO ARCONADA en "Salmos", lo más probable es que la frase sea un modismo hebreo.

[27] En hebreo הִנֵּה *hinnêh*, *"he aquí, contemplad, prestad atención"*. Ver las correspondientes notas sobre el *"hinnêh"* o *"He aquí"* de los salmos en los comentarios a Salmo 40:7; 51:5-6; 73:12; 90:6 121:4; 123:2; 127:3-4; 134:1.

[28] 1 Crónicas 11:12, 15, 18-2, 24-25. La idea de los valientes o campeones estaba muy extendida en la antigüedad. En la *Ilíada* de Homero, Aquiles y Héctor encarnan respectivamente a los campeones de griegos y troyanos. En nuestro inmortal "Don Quijote de la Mancha", capitulo V, cuando Don Alonso Quijano, en sus desvaríos de caballero andante, confunde a un humilde labrador con el Marqués de Mantua y pretende retarle en desafío, el pobre labrador, que le conocía bien, se esfuerza en convencerle de su verdadera personalidad, a lo que el Ingenioso Hidalgo replica con la famosa frase: «Yo sé quién soy, y sé que puedo ser, no solo los que he dicho, sino todos los Doce Pares de Francia, y aun todos los nueve de la Fama, pues a todas las hazañas que ellos todos juntos y cada uno por sí hicieron se aventajarán las mías». En este caso "los Doce Pares de Francia" según los romances medievales eran los doce paladines que acompañaban a Carlomagno en sus conquistas; y los "nueve de la fama" eran los más grandes personajes de la antigüedad por sus hazañas bélicas, a saber: tres de la Biblia: Josué, David y Judas Macabeo; tres paganos: Alejandro Magno, Héctor y Julio César; y tres cristianos: el rey Arturo, Carlomagno y Godofredo de Bullón.

[29] 2 Samuel 23:8-38.

He aquí. Como si dijera: «Voy a exponeros un hecho cierto, bien conocido y digno de atención: *"Dios es el que me ayuda"*, añadiendo a la lista de ejemplos un nuevo caso que lo demuestra». La partícula הִנֵּה *hinnêh "he aquí"* es amplísima en su significado.[30]

HERMANN VENEMA [1697-1787]
"Commentarius ad Psalmos", 1767

He aquí, Dios es el que me ayuda; el Señor es el que sostiene mi alma. Cristo, del cual David no es más que el tipo, ve con claridad absoluta *que Dios será la ayuda que sostendrá su alma;* y no solo la suya, sino también la de todos sus seguidores: los creyentes. Y a partir de ese instante anticipa la destrucción de sus enemigos. En su mente divina contempla ya los ejércitos de Tito sitiando Jerusalén, la caída de la nación judía, y la dispersión del remanente. Ve la mano vengadora de Dios extendida en toda su furia sobre los que pretendían destruirle.

WILLIAM HILL TUCKER
"The psalms from the version used in the services of the Church of England, With notes, shewing their prophetic and Christian character", 1840

Vers 4-5. David está convencido de que cuenta con ayuda garantizada, y no solo para él sino también para todos los que están con él; por tanto, considera que la caída y destrucción de sus enemigos es segura e inminente. De ello aprendemos:

1. Que la oración ferviente tiene una pronta respuesta, a veces con una rapidez tan asombrosa que llega incluso antes de que el orante haya terminado su oración,[31] como le sucedió a David en este caso: No había acabado de decir *"!Sálvame, oh Dios!"* que ya tenía ante sí la respuesta y exclama: *"He aquí, Dios es el que me ayuda"*.
2. Que la visión de la fe, cuando Dios otorga la luz de su Espíritu, es muy clara y penetra a través de todas las nubes de tribulación, por negras que sean. En un instante puede demostrar que Dios está presente y dispuesto a ayudar aún en la más peliaguda de las dificultades: *"He aquí, Dios es el que me ayuda"*.
3. Que hay un mayor gozo y alegría al sentir la presencia de Dios, que pena al afrontar la tribulación, porque en la aserción: *"He aquí, Dios es el que me ayuda"*, halla David más consuelo que dolorosa le fue la traición de sus amigos y gravosa la malicia de los extraños

DAVID DICKSON (1583-1662),
"A Brief Explication of the Psalms from L to C", 1655

Vers. 5. *El devolverá el mal a mis enemigos; córtalos por tu verdad.* *[Él devolverá el mal a los que me acechan; destrúyelos por tu verdad.* RVR*] [El devolverá el mal a mis enemigos; destrúyelos por tu fidelidad.* LBLA*] [¡Devuelve el mal a mis enemigos y córtalos en tu verdad!* BTX*] [Y hará recaer el mal sobre mis adversarios. Por tu fidelidad, Señor, ¡destrúyelos!* NVI*] [Que el mal se vuelva contra mis rivales y tú, por tu fidelidad, hazlos perecer.* BLP*] [Que los planes malvados de mis enemigos se tornen en su contra; haz lo que prometiste y acaba con ellos.* NTV*]*

[30] La partícula hebrea הִנֵּה *hinnêh* "¡Mira!, ¡Contempla! ¡Presta atención! ¡He aquí!", que el salmista utilizaba cuando quería recabar la atención de los oyentes sobre algún hecho extraordinario, utilizada con mucha frecuencia en los Salmos y de manera especial en los Cánticos Graduales: Salmo 52:7; 121:4; 123:2; 127:3; 128:4; 132:6; 133:1; 134:1; y sus respectivas notas.

[31] Salmo 139:4.

El devolverá el mal a mis enemigos. Se esforzaron en obrar el mal, y recibirán su salario. La maldad no puede prevalecer sin su justo castigo. Sería una crueldad para con los justos ser indulgente con sus opresores. Está establecido, y así debe ser siempre, que los que disparen al cielo flechas maldad las verán caer sobre sus propias cabezas.[32] A menudo los opresores han caído fulminados por el retroceso de su propia arma.

Córtalos en tu verdad. No es en feroz venganza que dice esto, sino como un *"amén"* a la sentencia segura del justo Juez. Que la veracidad de tus amenazas quede más allá de todo cuestionamiento y disputa: el decreto es justo, y justo es que se cumpla. No hemos de verlo como un deseo personal de venganza, sino como la declaración solemne de un militar, de un hombre gravemente herido, de un líder público destinado a ser un gran monarca, y bien formado en la escuela de Moisés, cuya ley ordena el *"ojo por ojo y diente por diente"*.[33]

C. H. SPURGEON

Córtalos por tu verdad. Su deseo es que Dios los destruya con un golpe mortal; ese es el significado y la fuerza del verbo hebreo הַצְמִיתֵם *haṣmîṯêm* de צָמַת *tsamath*. El sentido de la raíz hebrea es el de "silenciar", de "acabar o poner fin a algo", de donde se traslada a la idea de un golpe que penetra profundamente y golpea fatalmente, como suele decirse un golpe silencioso o golpe seco, lo opuesto a un golpe sonoro, que suele rebotar y no penetra o perfora profundamente.

HERMANN VENEMA [1697-1787]
"Commentarius ad Psalmos", 1762

Vers. 6. *Voluntariamente sacrificaré a ti; alabaré tu nombre, oh Jehová, porque es bueno.* *[De todo corazón te ofreceré sacrificios; alabaré tu nombre, oh Jehová, porque es bueno.* RVR*] [Voluntariamente sacrificaré a ti; alabaré tu nombre, oh Señor, porque es bueno.* LBLA*] [Con ofrenda voluntaria te ofreceré sacrificios, ¡Oh YHVH, daré gracias a tu Nombre, porque es bueno.* BTX*] [Te presentaré una ofrenda voluntaria y alabaré, Señor, tu buen nombre.* NVI*] [Te ofreceré sacrificios voluntarios, alabaré tu nombre, Señor, porque es bueno.* BLP*] [Sacrificaré una ofrenda voluntaria a ti; alabaré tu nombre, porque es bueno, oh Señor.* NTV*]*

Voluntariamente sacrificaré a ti. Te ofreceré ofrendas de forma espontánea y voluntaria. Tan cierto está de su liberación que hace un voto anticipado. Su gratitud rebosa y quiere llenar los altares de Dios de ofrendas presentadas con alegría. Cuanto más recibimos, más hemos de entregar. Cuando presentamos al Señor nuestro dones, la espontaneidad y la libre voluntad son un elemento crucial en su aceptación: *"Dios ama al dador alegre"*.[34]

Alabaré tu nombre, oh Jehová. Cual si ninguna cantidad de sacrificios fuera suficiente para expresar sus sentimientos de gozo, decide proceder a la acción de gracias vocal; y el nombre de Dios que invocó al principio en súplica (54:1) lo utiliza ahora para magnificar su alabanza. Observemos,

[32] Salmo 37:15; 64:7-8.

[33] Éxodo 21:24-25.

[34] 2 Corintios 9:7; Éxodo 25:2. Dice AGUSTÍN DE HIPONA [354-430]: «Dios demanda acción voluntaria, un amor espontáneo y genuino; desea que se le alabe de forma incondicional. ¿Y qué quiere decir incondicional? Que desea ser amado y alabado por lo que él es, no por lo que nos da. Porque si amas a Dios por lo que te da no lo amas ni alabas voluntariamente, lo haces por interés o necesidad. Pues si tuvieras en abundancia aquello por lo cual le amas y alabas ¿lo alabarías? Si alabas a Dios porque necesitas dinero, y de pronto obtuvieras por algún conducto ese dinero ¿seguirías alabándole?».

no obstante, la diferencia: ¡Oh Jehová![35] Este es el inefable nombre del Dios revelado a Israel,[36] un nombre que despierta los sentimientos más sublimes, y por ello alimenta la alabanza más aceptable. Ninguno puede alabar al Señor tan perfectamente como aquellos que han probado y demostrado la preciosidad de su nombre en épocas de adversidad. Y el salmista añade:

Porque es bueno. Y sin duda que esto podemos leerlo con un doble sentido: el nombre de Dios es bueno, y también lo es su alabanza. Abundar en alabanza es muy beneficioso para nuestras almas: nuestra santidad aumenta y nuestra felicidad se multiplica cuando abundamos en adoración a Dios. La alabanza es buena en sí misma, buena para nosotros, y buena para todos los que nos rodean. En contraste con el versículo tres (54:3), donde describe a sus enemigos como personas que *"no han puesto a Dios delante de sí"*, el salmista declara aquí enfáticamente que su mentalidad es la diametralmente opuesta: se compromete voluntariamente tener al Señor en perpetua memoria con sus sacrificios y alabanzas.

C. H. Spurgeon

Te ofreceré sacrificios voluntarios. Con lo cual no quiere decir que los sacrificios de acción de gracias fueran una opción para los adoradores, sino que alude más bien a la buena disposición y alegría con que pagaría su voto cuando hubiera escapado a sus peligros presentes.

Juan Calvino [1509-1564]

Vers. 7. *Porque él me ha librado de toda angustia, y mis ojos han visto la ruina de mis enemigos.* *[Porque me has librado de toda angustia, y mis ojos han visto la ruina de mis enemigos.* RVR*]* *[Porque El me ha librado de toda angustia, y mis ojos han visto a mis enemigos derrotados.* LBLA*]* *[Porque me ha librado de toda angustia y mi ojo ha visto por encima de mis enemigos!* BTX*]* *[Pues me has librado de todas mis angustias, y mis ojos han visto la derrota de mis enemigos.* NVI*]* *[Él me ha librado de todas mis angustias y he visto a mis enemigos derrotados.* BLP*]* *[Pues me libraste de mis dificultades y me ayudaste a triunfar sobre mis enemigos.* NTV*]*

Porque me has librado de toda angustia. Nunca le había fallado la liberación divina en ningún momento de necesidad, y la sentía también cercana en el peligro que ahora estaba atravesando. David vivió una vida de peligros escapando por los pelos,[37] pero siempre logró mantenerse a salvo. Y en este caso, mirando la misericordia que había implorado como si ya la hubiera recibido, y haciendo retrospección de sus otras muchas liberaciones, siente el impulso de alabar a Dios, y entona su canción:

"Hay un cántico nuevo en mi boca,
con una melodía que viene de lejos,

[35] En el versículo no utiliza אֱלֹהִים *ĕlōhîm,* sino יְהוָה *Yahweh.*

[36] Éxodo 3:14. El nombre de Dios en hebreo tiene cuatro letras *"Y, H, V, H"* que se pronuncian *"Yod, Hey, Vav, Hey"*, aunque suele transliterarse y pronunciarse como "Yahveh" o "Jehová". En la tradición judía no se pronuncia, porque se considera demasiado sagrado para ser articulado. Los antiguos rabinos creían que estas letras eran en realidad un tipo de sonidos respiratorios, y que en última instancia, el nombre es impronunciable porque las letras que lo forman se pronuncian alternativamente espirando y aspirando, y al pronunciarlas seguidas son en esencia el sonido de la respiración: *"Yod. Hey. Vav. Hey"*.

[37] En el original inglés *"David lived a life of dangers and hair breadth escapes"*, "David vivió una vida de peligros y escapes por la anchura de un cabello".

gloria a ti por toda la gracia
que aún no te tenido ocasión de gustar"[38]

Nuestro Dios del pacto se compromete a liberarnos de todas las tribulaciones; elevemos, pues una glosa de triunfo a Jehová, fiel protector de los que en él confían. Hasta este momento hemos tenido ocasión de comprobar que sus promesas son fieles y buenas para nosotros; y él no cambia,[39] por tanto, seguirá siendo igualmente nuestro guardián y defensa[40] en el futuro desconocido: *"para mostrar su poder a favor de los que tienen corazón perfecto para con él"*.[41]

Y mis ojos han visto la ruina de mis enemigos.[42] Sabía que por el momento aún le tocaría seguir mirando a sus enemigos, altaneros y triunfantes, contemplándolo a él con desprecio. Y esperaba el momento en que esa situación revertiera; no como un deseo de venganza o un resentimiento personal, sino como una cuestión de justicia. Su alma justa se regocijaba porque tenía la certeza de que la malicia gratuita y no provocada hallaría muy pronto su justo castigo. Si fuéramos capaces de mantener todo atisbo de enemistad personal alejado de nuestros corazones, tan plenamente como lo hizo el salmista en este Salmo, podríamos experimentar también, como él, una sagrada aquiescencia y deleite en esa justicia divina que salvará a los justos y derrocará a los malos.[43] Y para concluir, tengamos plena confianza en que si nos vemos traicionados y desechados por aquellos que nos rodean, como se

---

[38] Cita aquí las cuatro últimas líneas de la segunda estrofa del himno de ANNA LAETITIA WARING [1823-1910] *"My heart is resting, O my God"*, que en el original dicen así: *"And a new song is in my mouth, / To long loved music set, / Glory to thee for all the grace / I have not tasted yet"*.

[39] Números 23:19; Malaquías 3:6; Santiago 1:17.

[40] Salmo 18;2; 28:7; 121:4.

[41] 2 Crónicas 16:9.

[42] La versión inglesa KJV hace una traducción mucho más significativa: *"And mine eye hath seen his desire upon mine enemies"*, "Y mis ojos han visto su deseo sobre mis enemigos". El texto hebreo masorético lee: וּבְאֹיְבַי רָאֲתָה עֵינִי *ūḇə'ōyəḇay rā'ăṯāh 'ênî*. La versión griega de los LXX o Septuaginta lee: καὶ ἐν τοῖς ἐχθροῖς μου ἐπεῖδεν ὁ ὀφθαλμός μου, que la Vulgata traduce al latín como: *"et super inimicos meos despexit oculus meos"*, "y mis ojos han mirado con desprecio sobre mis enemigos". FELIPE SCIO DE SAN MIGUEL [1738-1776] en su versión española de la Vulgata lo explica en una nota: «El ἐπεῖδεν de los LXX significa propiamente "mirar lo que está por debajo", es decir, mirar con desprecio; y esta es la fuerza de la expresión latina que utiliza la Vulgata: "*despexit*"; porque David, confiado en Dios, podía mirar a sus enemigos sin temerlos, y aún se puede decir que con desprecio». FRANZ DELITZSCH [1813-1890] señala que esta frase final recuerda al Salmo 35:21-23; 59:11-13; 92:11. Así como la invocación retributiva del versículo cinco (54:5) recuerda la de los Salmos 17:13; 56:9; 92:11; y el voto de gratitud en el versículo seis (54:6) recuerda el de los Salmo 22:25; 35:18; 40:10».

[43] Dice AGUSTÍN DE HIPONA [354-430]: «*"Mis ojos han mirado a mis enemigos desde arriba"*. El salmista superó la arrogancia de sus enemigos elevando su corazón, y aferrándose a Dios miró las cosas desde donde Dios estaba y vio: *"Que toda carne es hierba, y toda su gloria como flor del campo"* (Isaías 40:6); o como dice en otro Salmo: *"Vi yo al impío sumamente enaltecido, y que prosperaba como un cedro frondoso. Pero pasé de nuevo, y he aquí ya no estaba; lo busqué, y no fue hallado"* (Salmo 37:35-36). ¿Y por qué no estaba? Porque cuando *"pasó de nuevo"* había levantado ya su corazón, no había escuchado en vano el *"sursum corda"* ("Levantemos los corazones". Ver sobre el *"sursum corda"* nota 19 en el Salmo 25:1), no se había quedado en la tierra revolcándose en corrupción; había elevado su alma a Dios por encima de los cedros frondosos del Líbano, y mirando desde esa altura de nuevo al sus enemigos ¡ya no estaban! Por ello concluye el Salmo con estas palabras: *"Mis ojos han mirado a mis enemigos desde arriba"*; y esto es lo que nos corresponde hacer, hermanos, elevar nuestros corazones, abrir los ojos de nuestro entendimiento (Efesios 1:18-20), contemplar las cosas con la mirada del espíritu; aprender a despreciar las vanidades de este mundo y centrar en Dios nuestro amor genuino ofreciéndole voluntariamente sacrificio de alabanza,

vio este hombre de Dios, podemos recurrir al Señor en oración ejercitando la misma fe, y pronto nos encontraremos entonando como él un mismo himno alegre y gozoso de alabanza.

C. H. SPURGEON

Mis ojos han visto su deseo sobre mis enemigos. O también *"mis ojos han contemplado a mis enemigos"*, es decir, he sido capaz de mirarles a la cara sin sentir terror.

SAMUEL DAVIDSON [1807-18987]
"The Hebrew Text of the Old Testament Revised from Critical Sources", 1855

Mis ojos han visto su deseo sobre mis enemigos. El lector debe tener en cuenta que las palabras "su deseo" han sido añadidas por los traductores de nuestra versión inglesa, no figuran en el texto hebreo.[44]

C. H. SPURGEON

para que trascendiendo todo cuanto es meramente hierba y flor del campo, podamos contemplar a nuestros enemigos *"desde arriba"*».

[44] Dice FRANCISCO LACUEVA [1911-2005] en su versión española del "Comentario de Matthew Henry": «Habla de su liberación como cosa hecha: *"Porque me has librado de toda angustia, y mis ojos han visto la ruina de mis enemigos"*. Es lo que se llama un «pretérito profético». Teniendo en cuenta que el hebreo de la última frase dice literalmente: *"Y sobre mis enemigos ha visto mi ojo"*, a la vista de 1 Samuel 23:27-28, cuando Saúl se retiró de perseguir a David simplemente porque le dieron la noticia de que los filisteos habían hecho una irrupción en el país, no hace falta introducir el vocablo *"ruina";* ni siquiera el de *"derrota";* basta con el de *"fracaso"* o *"retirada"*. Todo lo que David deseaba era verse a salvo de la persecución de Saúl y cuando vio que Saúl retiraba sus fuerzas, vio cumplido su deseo».

SALMO 56

La paloma silenciosa

Título:[1] *Al músico principal.* Este hábil y acreditado juglar fue juntando gradualmente un repertorio de cánticos sagrados, y les asignó a todos ellos la música que les correspondía.

Sobre la paloma silenciosa en paraje muy distante.[2] Es probable que se trate del nombre por el cual era conocida la tonada con que se cantaba el salmo, como nosotros diríamos *"Sicilian Mariners"*.[3]

---

[1] En la versión griega de los LXX o Septuaginta el título es distinto al del texto hebreo masorético: εἰς τὸ τέλος, ὑπὲρ τοῦ λαοῦ τοῦ ἀπὸ τῶν ἁγίων μεμακρυμμένου· τῷ Δαυιδ εἰς στηλογραφίαν, ὁπότε ἐκράτησαν αὐτὸν οἱ ἀλλόφυλοι ἐν Γεθ que la Vulgata traduce al latín como: *"In finem, pro populo qui a sanctis longe factus est. David in tituli inscriptionem, cum tenuerunt eum Allophyli in Geth"*, "Por el pueblo que ha sido alejado de las cosas santas; de David para la inscripción del título. Cuando los extranjeros le detuvieron en Geth". A lo largo de la Historia, los exégetas han comentado:

– Felipe Scio de San Miguel [1738-1776] en su versión española de la Vulgata explica en nota preliminar: «Este Salmo parece haber sido compuesto por David cuando fingiéndose demente, escapó de las manos de los filisteos y del rey Aquis, a los que la versión de los LXX llama ἀλλόφυλο *"Allophyli"*, o extranjeros (…) Las *"cosas santas"* a las que hace referencia eran el Tabernáculo, del cual David y los suyos se vieron obligados a mantenerse alejados a causa de la persecución de Saúl, lo cual les era motivo de mucha tristeza. El texto hebreo dice *"sobre la paloma muda en lugares muy distantes"*, que si bien algunos creen que era el título o el comienzo de una canción, otros piensan que es un calificativo que David se aplica a si mismo, como en el Salmo precedente (55:6), al verse cual paloma fugitiva: expulsado de su ciudad, sin poder hablar con nadie, y en la necesidad de fingirse loco por temor a los filisteos (1Samuel 21:12-15). Los Padres de la Iglesia ven en este Salmo los sentimientos de Jesús en su Pasión».

– Franz Delitzsch [1813-1890] dice al respecto: «No hay otro Salmo más apropiado para ir situado a continuación del Salmo 55, que en los versículo seis y siete (55:6-7) expresa claramente el deseo de: *"¡Quién me diese alas como de paloma! Volaría yo, y descansaría. Ciertamente huiría lejos; moraría en el desierto"* … El Salmo 56 abre una serie de cuatro *Mictams Elohistas* de David: Salmos 56 al 60, tres de los cuales (56, 57 y 59) tienen que ver con los tiempos de Saúl; y en los tres encontramos estribillos o refranes que ya hemos identificado en otros salmos como: "poemas de palabras favoritas". En el caso del Salmo 56 son: בֵּאלֹהִים אֲהַלֵּל דְּבָרוֹ *bêlōhîm 'ăhallêl dəḇārōw*, *"en Dios alabaré su palabra"* (56:4); y מַה־יַּעֲשֶׂה בָשָׂר לִי *mah-ya'ăśeh ḇāśār lî*, *"¿Qué puede hacerme el hombre mortal?"* (56:4); que se repiten con ligeras variantes en los versículos diez y once (56:10, 11)».

[2] En hebreo עַל־יוֹנַת אֵלֶם רְחֹקִים *'al-yōwnaṯ 'êlem rəḥōqîm.* Sobre el adjetivo אֵלֶם *'êlem,* que significa "silencio", y que aparece en esta misma forma en el Salmo 58:1, ver el interesante comentario de Joseph Addison Alexander al Salmo 58:1 y sus respectivas notas. Kraus traduce: *"una paloma silenciosa en teberintos lejanos"*.

[3] A partir de finales del siglo xvi al siglo xix, la Reforma produjo más abundancia de salmos versificados y poemas espirituales para ser cantados en las congregaciones, que no melodías con las cuales cantarlos. En consecuencia se adoptó la costumbre de aplicar a estos poemas melodías populares conocidas por el pueblo, que cuadraran con la métrica del poema, y resultaran fáciles de cantar porque la gente ya las conocía y recordaba. Para facilitar identificarlas, se asignaba un nombre a cada una y en los himnarios se indicaban los nombres de las distintas melodías con las que el himno en cuestión podía cantarse. En este caso se refiere a la tonada del himno que nosotros conocemos como "Oh santísimo, felicísimo, grato tiempo de navidad"; al que se aplicó una antiquísima melodía tradicional originaria de la isla de Sicilia (Italia), y conocida como "Cántico de los marineros", porque los pescadores y marineros de Sicilia solían cantarla diariamente al ponerse el sol con una letra en latín dirigida a la Virgen María implorando su protección: *"O sanctissima! O piissima! dulcis Virgo Maria, mater amata, intemerata, ora pro nobis"*. En 1793 la melodía fue incorporada al *"Hymn Tune Index"* de himnos ingleses con el nombre de *Sicilian Mariners,* "Marineros Sicilianos" y aplicada a la letra de diversos himnos, entre ellos *"Lord, dismiss us with Thy blessing"*, y para

Pero cabe también la posibilidad que guarde relación con el contenido, y asumiendo que este fuera el caso, el título resulta particularmente es instructivo, ya que su traducción más habitual es: *"la paloma silenciosa en paraje muy distante"*. Estamos ante uno de los cánticos del siervo de Dios,[4] que se regocija una vez más por su retorno desde del destierro en "parajes muy distantes" y peligrosos en los que se había visto obligado a refugiarse y callar, a "mantenerse silencioso", incluso ante lo bueno.[5] El caudal de conocimiento espiritual que tenemos en este Salmo 56 es inagotable, tan profundo y deleitoso que bien podríamos aplicarle las palabras: *"Bienaventurado eres, David Bar-Jonás porque esto no te lo reveló carne ni sangre"*.[6] Sin embargo, puesto David en el papel de Jonás, sus reacciones son muy distintas a las del profeta, pues si bien en Jonás destaca su carácter irascible, sus enfados, protestas, gemidos y quejas;[7] en David predomina el amor candoroso de la paloma solitaria.

Mictam de David.[8] Este es el segundo salmo de oro: el primero es el Salmo 16, que mantiene con el presente salmo notables semejanzas, sobre todo en su conclusión, pues termina con la misma esperanza gozosa.[9] Ambos desvelan en la manera más dulce un *misterio de oro:* los secretos de la vida de fe en la gracia: y ambos se fundamentan sobre el mismo pilar inamovible: la certeza incuestionable de la verdad de Dios.[10]

Cuando los filisteos le prendieron en Gat.[11] Viéndose cual paloma atrapado en manos de extraños, refleja en estas delicadas estrofas su gratitud por el milagro de su liberación.

C. H. Spurgeon

Navidad *"Oh thou joyful, Oh thou wonderful"*, y que es el más conocido. La traducción al castellano hecha desde la versión alemana: *"O du fröhliche, O du selige", como* "¡Oh Santísimo, felicísimo, grato tiempo de Navidad!" es de Federico Fliedner [1845-1901]. Spurgeon presupone que lo mismo sucedía en el antiguo Israel con los Salmos del Salterio, y que por tanto עַל־יוֹנַת אֵלֶם רְחֹקִים *'al-yōwnaṯ 'êlem rəḥōqîm* no es sino el título por el que era conocida entonces la melodía para cantar este Salmo 56: "Paloma silenciosa". Francisco Lacueva [1911-1005] y otros comentaristas coinciden en esta idea. (Ver al respecto la nota 12).

4 Se conoce como *"Cánticos del Siervo"*, a un conjunto de pasajes del libro del profeta Isaías donde se nos habla del *"Siervo"* que padecerá en rescate por su pueblo: básicamente Isaías 42:1-4; 49: 1-6; 50:4-9; 52:13-15; y por excelencia Isaías 53:1-12, y que se aplican a Jesús como Mesías Redentor. El primero en identificarlos y etiquetarlos concretamente de ese modo fue el teólogo luterano Bernhard Lauardus Duhm [1847-1928] en su comentario al libro de Isaías *Das Buch Jesaia übersetzt und erklärt* (1892), aunque ya en los escritos de los Padres de la Iglesia la identificación de estos pasajes con Cristo es clarísima. Hay sin embargo otros pasajes paralelos como son el de Isaías 61:1-4 (que el propio Jesús cita en Lucas 4:17-19) o Zacarías 12:10-14; y de manera especial numerosos pasajes de los Salmos, como es el caso por excelencia del Salmo 22, que describe proféticamente los sufrimientos del Siervo con una exactitud asombrosa, a los que suele aplicarse también el calificativo de "Cánticos del Siervo". Y en este caso Spurgeon lo aplica al Salmo 56.

5 Salmo 39:2

6 Mateo 16:17;

7 Jonás 4:1-11.

8 Los salmos *Mictam* son el 16, 56, 57, 58, 69 y 60. Recomendamos al lector comenzar en este sentido por la lectura de los comentarios al título del Salmo 16.

9 El Salmo 16 concluye en el versículo once con las siguientes palabras: *"Me mostrarás la senda de la vida; en tu presencia hay plenitud de gozo; delicias a tu diestra para siempre"*; el Salmo 56 en el trece con: *"Porque has librado mi alma de la muerte, y mis pies de caída, para que ande delante de Dios en la luz de los que viven"*. En este sentido, recomendamos al lector consultar también los comentarios al Salmo 16.

10 Atanasio de Alejandría [296-373] en su carta a su discípulo Marcelino sobre la naturaleza y valor de los salmos le dice refiriéndose a este salmo: «Nunca pierdas la calma, mantén buen ánimo y confía en el Señor ensalzándolo con las palabras del Salmo 56». El Tomo I de "El Tesoro de David" incluye una traducción completa de la Carta de Atanasio a Marcelino. [Tomo I - pp. 50].

11 En hebreo בְּגַת *bəḡaṯ* de גַּת *Gath,* lagar o prensa de uvas. Un simbolismo que algunos Padres de la Iglesia utilizan en sus exposiciones. Ver al respecto los comentarios de Agustín y Casiodoro al versículo uno (56:1).

Estructura: En los versículos uno y dos (56:1-2) vierte su lamento; en el tres y cuatro (56:3-4) expresa su confianza en Dios; en el cinco y seis (56:5-6) vuelve de nuevo a su lamento, pero le añade una suplica ferviente en la más certera esperanza (56:7-9); para concluir con un cántico de agradecimiento que va del versículo diez hasta el final (56:10-13).[12]

C. H. SPURGEON

Versión poética:

MISERERE MEI DEUS, QUONIAM CONCULCAVIT ME HOMO

Ten compasión de mí, Dios poderoso,
ya ves la indignidad con que me tratan
los hombres que feroces me persiguen,
y me acosan en guerra declarada.

Todo el día con ira y con desprecio
me pisan, me acometen, y me ultrajan,
y sin cesar el número se aumenta
de los que fieros contra mí batallan.

Desde que el sol aparece en el oriente,
me escondo temeroso de su saña,
para evitar sus golpes alevosos,
pero yo pongo en ti mi confianza.

Yo publico la gloria de tu nombre,
la infalible verdad de tus palabras,
y esperando en ti, temor no tengo
de los brazos de carne que amenazan.

Mi amor y mi esperanza los irritan,
con mis discursos crece su atroz rabia,
cuanto más yo me arrojo entre sus brazos,
tanto más se enfurece su arrogancia.

[12] Dice FRANCISCO LACUEVA [1911-1005] en su versión española del "Comentario de Matthew Henry": «De este y de otros salmos deducimos que, incluso en las horas de los mayores apuros y adversidades, David nunca colgaba su arpa en los sauces, sino que la mantenía constantemente afinada y lista para cantar las divinas alabanzas. Compuso este salmo estando en peligro inminente. En el David se arroja por fe en las manos de Dios, aun cuando en su miedo e insensatez se había echado antes en manos de los filisteos (1 Samuel 21:10, 11). Se trata de un Salmo *mictam* (probablemente un término musical), para ser cantado sobre la tonada de *"la paloma silenciosa de los que están distantes"*. El *Targum* lo parafrasea así: «Concerniente a la comunidad de Israel, asemejada a una paloma silenciosa cuando están lejos de sus ciudades, se arrepienten y alaban al Señor del Universo». Y lo estructura en dos partes: I. En la primera se queja de la mala voluntad de sus enemigos, y pide misericordia para sí mismo y justicia contra ellos (vv. 1, 2, 5-7). II. En la segunda confía en Dios, convencido que le tenía de su parte y de que por tanto tendría oportunidad de seguir alabándole y dándole gracias mientras viviera (vv. 3, 4, 8-13)».

Hacen sus conciliábulos, se juntan,
me tienden muchas redes, lazos me arman,
y se vienen tras de mí con disimulo,
para observar atentos mis pisadas.

Su fin es despojarme de la vida,
solo para eso son sus acechanzas,
más tú, Señor, les detendrás la mano,
y sus designios pararán en nada.

Cuando llegue el momento de tus iras,
a toda esta cuadrilla desalmada
convertirás en polvo y en ceniza,
y verán el destino que les guardas.

Yo, Dios mío, te hago respetuoso
la triste relación de mis desgracias,
porque espero que mires compasivo
el dolor de mis lágrimas amargas.

Pero estoy persuadido de que nunca
faltará la verdad de tu palabra,
y que castigarás mis enemigos
en el día que empiecen las venganzas.

Desde que invoco tu divino auxilio,
desde que sube a ti mi oración santa,
tú me haces conocer en tus favores,
que eres el Dios piadoso que me amparas.

Yo alabo tu piedad agradecido,
adoro tus promesas tan sagradas,
y pues espero en ti, no tengo miedo
de cuanto el hombre miserable me haga.

Pero Señor, yo sé que también debo
corresponder a dignación tan alta
con arder en tu amor, guardar tus leyes,
y cantar tus eternas alabanzas.

Porque si me liberas de peligros,
y de una muerte trágica me salvas,
es porque quieres conservar mi vida,
para que yo la ocupe en darte gracias.

DEL "SALTERIO POÉTICO ESPAÑOL", SIGLO XVIII

Vers. 1. ***Ten misericordia de mí, oh Dios, porque me devoraría el hombre; me oprime combatiéndome cada día.*** *[Ten misericordia de mí, oh Dios, porque me devoraría el hombre; me oprime hostigándome cada día.* RVR*] [Ten piedad de mí, oh Dios, porque el hombre me ha pisoteado; me oprime combatiéndome todo el día.* LBLA*] [¡Oh Elohim, ten misericordia de mí! Porque el hombre me devoraría; me ataca y me acosa sin tregua.* BTX*] [Ten compasión de mí, oh Dios, pues hay gente que me persigue. Todo el día me atacan mis opresores.* NVI*] [Ten piedad, oh Dios, que me acosa la gente, me ataca todo el día y me atormenta.* BLP*] [Oh Dios, ten misericordia de mí, porque la gente me acosa. Mis enemigos me atacan todo el día.* NTV*]*

Ten misericordia de mí, oh Dios. Dios mío, en los momentos críticos de angustia, mi alma se vuelve hacia ti. Los hombres no sienten de mí compasión alguna, intensifica por tanto, oh Señor, tu misericordia. Y aunque la justicia humana haya dado rienda suelta a mis enemigos, que tu divina misericordia los sujete acortando su cadena. Es reconfortante ver cómo el espíritu del salmista, en el momento de máximo peligro, vuela directo cual tierna paloma buscando socorro en el más tierno de los atributos de Dios: su misericordia.

Porque me devoraría[13] *el hombre.*[14] Sí, el hombre, que no va más allá de ser una simple criatura, pero se comporta como un monstruo ávido de sangre; y me acecha constantemente con intención no

[13] En hebreo שְׁאָפַנִי *šə'āpanî* de שָׁאַף *sha'aph.* SCHÖKEL indica que la raíz de שָׁאַף *sha'aph* es aspirar aire con fuerza, de donde pasa a significar un deseo o afán ávido. Y comenta al respecto: «Una evolución semejante encontramos en latín: '*anhelare* (inhiare)', y en español: 'anhelo, anhélito'. Con la fuerza con que aspira el aire el que jadea o resuella, con esa misma avidez me acosa un hombre. La imagen podría proceder del gesto de un luchador que respira profundamente, ruidosamente, antes de entablar la pelea (conjetura que no podemos comprobar documentalmente)» [*Salmos, Tomo I, 1-72,* Editorial Verbo Divino, Estella, Navarra, 1992]. La versión griega de los LXX o Septuaginta lee ὅτι κατεπάτησέν με ἄνθρωποςque la Vulgata traduce al latín como: *"quoniam conculcavit me homo",* "porque me pisotea el hombre". Los Padres de la Iglesia comentan:

– AGUSTÍN DE HIPONA [354-430]: «*"Me pisotea el hombre",* sí, como la uva en el lagar. ¿Qué quiere decir esto? Que todo cristiano ha de ser, tarde o temprano, pisoteado y estrujado en el lagar. (Recordemos en este sentido que el nombre de la ciudad de "Gat" mencionada en el título del Salmo significa "lagar" o "prensa de uvas". Nota 11). Pero las presiones que soporta en lagar no son en vano, sino para su propio bien; pues cuando la uva permanece en la cepa donde nada la presiona nada mana de ella. Llevada al lagar, se la pisa, se la estruja y aparentemente se la destroza; pero es necesario, pues de lo contrario quedaría estéril, sin dar el jugo precioso que contiene. Tan pronto comienzas a vivir la vida en Cristo, has entrado ya en el lagar. Por tanto, no tengas miedo de ser pisoteado por el hombre: ¡deja que te estruje hasta que salga de ti todo el mosto! Pues fuiste hecho uva para ser pisoteado».

– CASIODORO [485-583] en su *"Expositio Psalmorum"* adopta esta misma línea de interpretación: «*"Me pisotea",* es una referencia directa al lagar, puesto que la uva se exprime y el mosto se obtiene en relación proporcional a la violencia y esfuerzo con que la uva se pisa. Por *"hombre"* se refiere al diablo, como leemos en Mateo 13:39 con respecto a la cizaña: *"El enemigo que la sembró es el diablo"*. Al decir: *"Me oprime hostigándome cada día",* se refiere a la Iglesia, que es acosada por el diablo constantemente y perseguida, como afirma el apóstol que: *"no tenemos lucha contra sangre y carne, sino contra principados, contra potestades, contra los gobernadores de las tinieblas de este siglo, contra huestes espirituales de maldad en las regiones celestes"* (Efesios 6:12) … De modo que nadie se queje de ser oprimido, que ningún cristiano se lamente de ser estrujado en el lagar, puesto que si en verdad queremos ser de Cristo, sabemos que en este mundo seremos pisoteados constantemente en un conflicto permanente con el diablo».

[14] FRANZ DELITZSCH [1813-1890] considera que en este versículo el אֱלֹהִים *'ĕlōhîm* y el אֱנוֹשׁ *'ĕnōwōš* forman una antítesis que es el eje argumental de todo el Salmo: en contraposición con el Dios todopoderoso, el

solo de herirme y nutrirse de mi sustancia, sino de devorarme totalmente, de poner fin a mi vida hasta no dejar rastro de mí. Cuando los pecadores abren a nuestro alrededor sus bocas vociferando con ira, es el momento de abrir las nuestras en oración. Podemos alegar la crueldad de los hombres como una razón para la interposición divina; pues un padre pronto despierta e interviene cuando sus hijos son ultrajados vergonzosamente.

Me oprime hostigándome cada día.[15] No me da tregua, pelea contra mí a diario. Y exitoso en su guerra injusta: me oprime, me estruja, y amarga dolorosamente. Puesta su mirada en el líder de sus enemigos, David presenta su queja contra él en el lugar adecuado. Si razón tenemos para alegar contra los hombres, mucha más tenemos para alegar contra ese enemigo redomado de las almas: el diablo. Pidamos pues al Señor que perdone nuestras ofensas, que es otra manera de decir: *"Ten misericordia de mí, oh Dios"* y a continuación podremos decir: *"No nos dejes caer en la tentación, más líbranos del malo"*.[16] Cuanto más violento sea el ataque de Satanás, más enérgica será nuestra súplica por liberación.

C. H. SPURGEON

Ten misericordia de mí. Este es el segundo de los salmos que comienza con un *"miserere"*, "ten misericordia". El primero es el Salmo 51.

C. H. SPURGEON

Ten misericordia de mí, oh Dios. Este es para mí el verdadero manantial de todo cuanto espero, la fuente de todas las promesas: *"Miserere mei, Deus, miserere mei"*.

BERNARDO DE CLARAVAL [1091-1153]

Ten misericordia de mí. Su primera batalla en oración la libra con su propia conciencia: *"Ten misericordia de mí"*, ya sea por sus pecados cotidianos, o en particular por haberse puesto a si mismo en un peligro inminente, al aventurarse a buscar refugio, seguridad y protección aparente, entre los enemigos del pueblo de Dios, cuya sangre él mismo había derramado abundantemente cuando estaba en la corte de Saúl.[17] Es por esta imprudencia u otros pecados que implora misericordia.

DAVID DICKSON [1583-1663]
"A Brief Explication of the Psalms from L to C", 1655

---

hombre es un ser débil y limitado, por lo que su rebelión contra las disposiciones divinas es una locura inconcebible. Por tanto, si el salmista tiene a Dios de su parte y cuenta con su favor, podrá enfrentarse fácilmente a estos pigmeos que se comportan cual si fueran gigantes desafiando al Todopoderoso.

[15] KRAUS traduce: *"Todo el día me acosan con hostilidad"*, indicando que el sentido literal de *"me acosan con hostilidad"* es: *"me oprime un guerrero"*. La expresión כָּל־הַיּוֹם *kāl-hayyōwm*, todo el día o cada día, se repite en el versículo siguiente (56:2), y en el cinco (56:5), lo cual indica el deseo expreso de dejar bien clara la insistencia y continuidad de la agresión. Sobre "todo el día" o "cada día" ver en el versículo tres (56:3) el comentario de Andrew Robert Fausset y su correspondiente nota al pie.

[16] Mateo 6:14.

[17] 1 Samuel 18:27, 30; 21:11-12.

Me devoraría el hombre. En este versículo utiliza el término indefinido אֱנ֑וֹשׁ *'ĕnōwōš* de אֱנוֹשׁ *enosh,* "hombre",[18] aunque en el siguiente habla de muchos enemigos, para expresar de la manera más rotunda que el mundo entero se ha conjurado contra él, que no lograba extraer de los hombres una pizca de humanidad, y por tanto, hallándose en una situación límite, precisaba con urgencia de la ayuda divina.

JUAN CALVINO [1509-1564]

Me devoraría el hombre. En el texto hebreo שְׁאָפַנִי *šə'āpanî* de שָׁאַף *sha'aph,* "chupar, sorber":[19] me bebería de un solo trago dejándome seco; o me tragaría como un remolino; me devoraría por completo cual bestia salvaje famélica.

JOHN TRAPP [1601-1669]

"A commentary or exposition upon the books of Ezra, Nehemiah, Esther, Job and Psalms", 1657

Me oprime hostigándome cada día. No hay una sola mañana en la que pueda levantarme, salir al exterior, y exclamar: «Hoy no arremeterá contra mí ningún enemigo». No hay noche en la que pueda retirarme a descansar, pensando hallar seguridad en la solitud de mis propias estancias, y decir: «Aquí no podrá penetrar mal alguno».

BARTON BOUCHIER [1794–1865]

"Manna in the heart or daily comments on the book of Psalms", 1855

Vers. 1-2. Estas mismas palabras de David, perseguido por sus enemigos, en una situación y circunstancias extremas son aplicables a Cristo, perseguido por los judíos; a los componentes de la Iglesia, afligidos en todo el mundo; y al alma, rodeada de enemigos de todas clases contra los que se ve obligada a mantenerse en guerra constante.

GEORGE HORNE [1730-1792]

"A Commentary on the Psalms in which Their Literal Or Historical Sense, as They Relate to King David, is Illustrated", 1825

Vers. 2. *Todo el día mis enemigos me pisotean; porque muchos son los que pelean contra mí con soberbia.* *[Todo el día mis enemigos me pisotean; porque muchos son los que pelean contra mí con altivez.* RVR*] [Mis enemigos me han pisoteado todo el día, porque muchos son los que con soberbia pelean contra mí.* LBLA*] [Mis enemigos me pisotean todo el día, muchos son los que combaten con soberbia contra mí.* BTX*] [Todo el día me persiguen mis adversarios; son muchos los arrogantes que me atacan.* NVI*] [Todo el día me acosan mis adversarios, me ataca con arrogancia una multitud.* BLP*] [Los que me calumnian no dejan de acosarme, y muchos me atacan descaradamente.* NTV*]*[20]

---

[18] SCHÖKEl observa que el salmista utiliza tres expresiones distintas para referirse al hombre a lo largo del Salmo cuyo resultado resulta cumulativo: אֱנ֑וֹשׁ *'ĕnōwōš,* un mero hombre (56:1); בָּשָׂר *bāśār,* un ser de carne y por tanto débil (56:4); y אָדָם *'ādām,* un simple mortal (56;11). De las mismas אֱנ֑וֹשׁ *'ĕnōwōš* es la que se emplea más reiteradamente en Job y Salmos: Job 5:17; 7:17; 9:2; 10:4, 5; 14:19; 15:14; 25:4, 6; 28:13; 36:25; Salmo 8:4; 9:20; 55:13; 56:1; 66:12; 73:5; 90:3; 104:15.

[19] Como en Job 5:5: *"Los sedientos se sorberán su hacienda"*.

[20] En hebreo שָׁאֲפ֣וּ ש֭וֹרְרַי כָּל־הַיּ֑וֹם כִּֽי־רַבִּ֨ים לֹחֲמִ֖ים לִ֣י מָרֽוֹם *šā'ăpū wrray kāl-hayyōwm kî-rabbîm lōḥămîm lî mārōwm.* La versión griega de los LXX o Septuaginta lee: κατεπάτησάν με οἱ ἐχθροί μου ὅλην τὴν ἡμέραν, ὅτι πολλοὶ οἱ πολεμοῦντές με ἀπὸ ὕψους que la Vulgata traduce al latín como: *"Conculcaverunt me inimici mei tota die, quoniam multi bellantes adversum me"*, "Me pisotearon mis enemigos todo el día; porque

Todo el día mis enemigos me pisotean. Su apetito de sangre es insaciable. Con ellos no hay posibilidad tregua o armisticio. Son muchos, pero de una misma mente y con un mismo propósito. No hay nada que yo pueda hacer para que desistan. A menos que consigan devorarme, no se darán por satisfechos. Los ogros de los cuentos infantiles existen en realidad en los enemigos de la iglesia, que aplastarían los huesos de los santos, y harían de ellos un suculento bocado si pudieran.

Porque son muchos los que pelean contra mí con altivez. Los pecadores son criaturas gregarias. Los perseguidores de la Iglesia cazan en manada. Estos lobos rapaces raramente caen sobre nosotros en solitario. El número de nuestros enemigos es un poderoso argumento a la hora de implorar la interposición del Defensor de los fieles, que es más poderoso que todas sus manadas. Estos enemigos de la gracia poseen también una mirada particularmente aguda, y están siempre en guardia y vigilantes, razón por la que una nota marginal[21] los califica de *"observadores"*.

Oh Altísimo.[22] Contra los encumbrados de la tierra invoca la ayuda de uno más encumbrado que está por encima de todos ellos. Algunos exégetas dan al término hebreo מָר֣וֹם *mārōwm* un sentido distinto, entendiendo que el salmista quiere decir que sus enemigos lo atacaron desde posiciones encumbradas donde el orgullo y el poder los habían colocado. Saúl, su archienemigo, lo atacó desde el trono con toda la fuerza que su encumbrada posición le proporcionaba: pero en tal caso nuestro consuelo está al alcance de la mano, porque Dios nos ayudará desde un lugar mucho más alto del que nuestros enemigos más orgullosos puedan ocupar. La grandeza de Dios, en su carácter de Altísimo, es una fuente fértil de consuelo para todos los santos débiles oprimidos por enemigos poderosos.

C. H. Spurgeon

Oh Altísimo. A pesar de que aparece en el texto de la Escritura más de cincuenta veces,[23] el término hebreo מָר֣וֹם *mārōwm* de מָרוֹם *marom* no se traduce casi en ninguna parte como "Altísimo" con referencia a Dios. Solo hay dos lugares donde se aplica claramente a Dios como un epíteto: Salmo 92:8: *"Mas tú, Jehová, para siempre eres Altísimo"*; y Miqueas 6:6: *"¿Con qué me presentaré ante Jehová, y adoraré al Dios Altísimo?* El significado literal y más común del término es: *arriba, desde arriba, en altos, lugares altos,* etc. Una sola vez en el Sal 73:8 se traduce como "soberbia" o

son muchos los que pelean contra mí". El problema en este versículo esta al final del mismo, con el término מָר֣וֹם *mārōwm* que algunas versiones, como es en caso de la Vulgata, sitúan al principio del versículo siguiente (56:3) a pesar de que la Septuaginta lo incluya (ἀπὸ ὕψους) en el versículo dos (56:2). Ver al respecto las notas 22 y 24.

[21] Se refiere a las notas marginales de la KJV en su edición original de 1611, que contaba con un total de 8.422 notas marginales.

[22] La versión inglesa KJV traduce el término מָר֣וֹם *mārōwm* de מָרוֹם *marom* de ese modo: *"Mine enemies would daily swallow me up: for they be many that fight against me, O thou most High"*. Pero la mayoría de versiones modernas, incluidas todas las españolas (con la excepción de la RVA que traduce *"Porque muchos son los que pelean contra mí, oh Altísimo"*), ateniéndose a las otras acepciones del término lo traducen por "soberbia", "altivez", "arrogancia", "descaro". La Vulgata lo coloca al principio del versículo siguiente (56:3) y traduce el ἡμέρας de la Septuaginta como: *"Ab altitude diei timebo"*, "En la altura del día temeré" ver nota 24. Schökel traduce: *"son muchos y me atacan desde arriba"*, indicando «desde posiciones ventajosas, de poder o de fuerza». Kraus simplemente lo omite en su traducción y comenta al respecto: «El término מָר֣וֹם *mārōwm* que significa "altura", "arrogancia", "arriba"; resulta aquí ininteligible. Es posible que las palabras מָר֣וֹם יֹ֭ום אִירָ֑א *mārōwm yōwm 'îrā*, constituyeran alguna vez una parte especial de un versículo, pero que ahora –completamente distorsionada–, colocada entre el final del versículo tres (56:3) y comienzo del versículo cuatro (56:4), altera la secuencia del paralelismo».

[23] Para referirse al *"Altísimo"* se utiliza otro término distinto: עֶלְי֗וֹן *'elyōwn* como es el caso en el Salmo 91:1 y otros 53 lugares, desde Génesis 14:18 a Lamentaciones 3:38.

"altanería". Su significado más probable, en este versículo, es: *me combaten desde los lugares altos o de autoridad, tanto de Jerusalén, como en Gat;* es decir, que sus enemigos ocupaban los altos cargos del poder establecido.

WILLIAM SWAN PLUMER [1802-1880]
"Studies on the Book of Psalms: A Critical and Expository Commentary with Doctrinal and Practical Remarks", 1867

Vers. 3. ***En el día que temo, yo en ti confío.*** *[En el día en que tengo miedo, yo en ti confío.* RVR*] [El día en que temo, yo en ti confío.* LBLA*] [El día en que temo, yo confío en Ti.* BTX*] [Cuando siento miedo, pongo en ti mi confianza.* NVI*] [Cuando tengo miedo, en ti confío.* BLP*] [Pero cuando tenga miedo, en ti pondré mi confianza.* NTV*]*[24]

En el día en que temo. David no se jactaba de su bavura, no era un fanfarrón; no dice que nunca sintiera miedo; ni se comporta como un estoico de los que afirman no saber lo que es el miedo porque tampoco saben lo que es la ternura. Su inteligencia le impedía adoptar una actitud absurda de indiferencia o ignorancia; se daba cuenta del peligro y tenía miedo.[25] Somos seres humanos, y en consecuencia susceptibles a ser derribados; somos débiles, y subsecuentemente incapaces de impedido; somos pecadores, y por tanto conscientes de lo que merecemos; y todas estas razones nos llevan a sentir miedo. Sin embargo, en la mente del salmista las reacciones eran más complejas: el temor no la invadía por entero, puesto que añade:

Yo en ti confío. Lo que indica que temor y fe ocupaban su mente de modo simultáneo. Somos seres extraños, y nuestra experiencia en la vida espiritual es aún más extraña. Con frecuencia nos adentramos en una zona crepuscular, una dimensión desconocida en la que la luz y las tinieblas están ambas presentes y resulta difícil decir cuál de las dos predomina. El miedo que nos lleva a la confianza es un miedo bendito. El temor no regenerado nos aleja de Dios; el temor sumado a la gracia nos conduce a él. Si temo al hombre, no me queda otro recurso que confiar en Dios, y en ello tengo el mejor antídoto. Confiar cuando no hay razones para temer, es fe meramente nominal; pero depender de Dios cuando las razones de alarma son abundantes y el peligro apremia, es la fe vencedora propia de los elegidos de Dios. Aunque el versículo no expresa en este caso más que una resolución, la vida de David fue un ejemplo constante de esta realidad. Hagámosla también nuestra. Donde quiera que surja el temor: interno o externno, de afuera o de adentro; del pasado, presente o futuro; de causas temporales

[24] Como hemos indicado al comentar el versículo anterior (ver notas 20 y 22) la Vulgata, apartándose incluso de la Septuaginta, incluye aquí el término hebreo מָרוֹם *mārōwm* y traduce: *"Ab altitudine dei timebo"*, "En la altura del día temeré" cambiando de ese modo en sentido de ambos versículos. Tratando de aclararlo:

– FELIPE SCIO DE SAN MIGUEL [1738-1776] en su versión española de la Vulgata ofrece, entre otras, esta curiosa explicación: «O también *"en la plenitud del día"*. Parece que el sentido es que David, al ser tantos los enemigos que le perseguían, temía la luz del día por miedo a ser descubierto; pero al poner su confianza en Dios, nada tenía que temer, aunque se viese cercado de enemigos en la mayor claridad de la luz del día: *"Ab altitudine dei"*, en la altitud del día, que es cuando el sol está más alto».

[25] AGUSTÍN DE HIPONA [354-430] dice en este mismo sentido: «Fijémonos que no dice que no sienta temor, sino que confía. No hace referencia a su propia seguridad, sino a la causa de la misma: "De temer, temo; pero en ti confío, y puesto que confío me siento seguro».

o espirituales; de hombres o demonios; mantengamos firme la fe, y pronto recuperaremos valor: *"En el día que temo, yo en ti confío"*.[26]

C. H. SPURGEON

En el día que temo, yo en ti confío. En el momento de la necesidad no hay nada como la fe para prestarnos ayuda; la fe elimina todas las dudas con la misma facilidad que el sol disuelve la niebla. Si quieres ahuyentar las vacilaciones, permanece agarrado de la mano de la fe constantemente y recuerda que el momento optimo para creer es siempre. Hay ciertas gracias que tan solo utilizamos en momentos determinados, pero de la fe no cabe decir esto en modo alguno, ni por un instante. La fe ha de permanecer siempre activa, debemos practicarla y ejercitarla en todo momento y ocasión. Porque la fe aúna en sentido espiritual las funciones de la vista, el olfato, gusto y tacto, y a lo largo del día estamos utilizando sin duda uno u otro de estos sentidos sin cesar. La fe capacita para ver, percibir, asimilar, y obrar en consecuencia; y el cristiano depende de ella para ver, percibir, asimilar, obrar, y alimentar su alma constantemente, todo el día. De modo que llueva, truene o relampaguee, hemos de seguir confiando y creyendo firmemente. *"En el momento que tema* –dice el salmista– *confiaré en ti"*.

JOHN BUNYAN [1628-1688]
"The Jerusalem sinner saved; or, Good news to the vilest of men", 1668

En el día que temo, yo en ti confío. Pese a que no surja en forma de llama, la chispa divina puede subsistir en nuestro interior envuelta por el humo de las dudas. Pero cuando en el fondo de esas dudas está la gracia, habrá dependencia en Cristo y súplicas vivas a él. La fe de Pedro vaciló cuando comenzó a hundirse, pero echó una mirada y clamó a su Salvador, reconociendo sus dudas: *"Señor, sálvame"*.[27] A veces las dudas fortalecen nuestra confianza y hacen que nos aferremos más a Dios: *"En el día que temo, yo en ti confío"*. En este caso el motor de la confianza, más que celo de Dios, era el miedo; un temor sórdido a sí mismo o a otros, pero no a Dios. Si su miedo hubiera sido a Dios, abrigando sospechas impropias con respecto a él; no habría confiado en él; no habría corrido a él en busca del remedio a la causa de su temor. Las vacilaciones de la fe, son comparables a los movimientos de un barco anclado (a pesar de ellas sigue manteniéndose amarrado a su confianza en Dios); no un barco a la deriva, llevado por las olas para acabar estrellándose contra una roca. Si el corazón permanece aferrado a Cristo, aún en medio de las peores dudas, no es un corazón corrupto, entregado por completo a la incredulidad. Pues tales dudas cohabitan con la permanencia del Espíritu, que está en el corazón para desempeñar el oficio de Consolador contra esos temores y disipar todo el denso humo que brota de la naturaleza humana.

STEPHEN CHARNOCK [1628-1680]
"The Sinfulness and Cure of Thoughts", 1667

---

[26] SCHÖKEL hace sobre esta frase una exposición sobresaliente: «En su tenor actual, y con el יֹ֣ום *yōwm* ("Cuando") temporal delante, esta frase es extraordinaria: *"cuando temo, yo en ti confío"*. Nos sorprende la paradoja, nos convence el acierto. No niego mi temor, pero me sobrepongo a él por la confianza. Temor y confianza son dos polos en tensión creando un sistema dinámico. Si no hubiera temor, ¿habría que apelar a la confianza? Desde otro punto de vista, en un momento ulterior Isaías 12:2 dice lapidariamente: אֶבְטַח וְלֹא אֶפְחָד *'eḇṭaḥ wəlō 'ep̄ḥāḏ; "confiaré y no temeré"*. Menos marcada, mas dramática es la confesión del salmista: יֹ֥ום אִירָ֑א אֲ֝נִ֗י אֵלֶ֥יךָ אֶבְטָֽח *yōwm 'îrā 'ănî 'êleḵā 'eḇṭāḥ; "en medio del temor yo confío en ti"*. El temor esta justificado, porque soy uno contra muchos y pacífico contra violentos; la confianza está justificada, porque ellos son hombres como yo, y tu eres Dios». Ver también las notas 33, 34 y 37 al versículo siguiente (56:4), así como la nota 106 al versículo diez (56:10).

[27] Mateo 14:30.

En el día en que tengo miedo, yo en ti confío. No sé muy bien qué hacer, pero me mantendré en la senda antigua, pues sé que acercarme a ti siempre es bueno para mí; y lo seguiré haciendo, igual como solía hacerlo. Me arrojaré sobre la libre gracia de Cristo confiando en sus promesas: inclinaré sobre ella todo el peso de mi espíritu hundido, y recuperaré el dominio propio, mi vida, y mi esperanza. Esta es la senda antigua, y siguiéndola nunca acabaré frustrado ni apaleado. Todo cristiano que se apoye en esa fuerza irresistible, puede desafiar osadamente las puertas del infierno.[28] Este fue el caso de David: *"tú eres mi esperanza, Señor Dios mío; tú eres mi confianza desde mi juventud"*.[29] De ahí que pudiera exclamar: *" En el día en que tengo miedo, yo en ti confío";* pues vivía constantemente, día y noche, con su escudo y adarga[30] al alcance de su mano, a fin de poder usarlo siempre que el miedo y los temores internos hicieran presa de él. ¿Asustado? Por supuesto ¿quién no? Pero cuando el miedo se apodere de ti ¿qué curso piensas tomar? No lo dudes un segundo, el que siempre has tomado: el de la fe; y podrás comprobar una vez más que sigue funcionando de manera infalible.

ELIAS PLEDGER [¿?-1676]
"Morning Exercises"

En el día en que tengo miedo. Puesto que mis enemigos me atacan *"cada día"* (56:1), yo deposito mi confianza en Dios *"todo el día"*.[31]

ANDREW ROBERT FAUSSET [1821-1910]
"Critical and Explanatory Pocket Bible", 1867

En el día en que tengo miedo, yo en ti confío. Una excelente máxima con la que afrontar un mundo lleno de peligros. Un lema inmejorable para adentrarse en el mar y enfrentar la tormenta; y un recurso extraordinario cuando estamos en peligro en tierra. La mejor solución cuando estamos enfermos; y el pensamiento más apropiado cuando nos invade el temor a la muerte y el juicio. *"En el día en que tengo miedo,* ***yo en ti confío"*.**

ALBERT BARNES [1798-1870]
"Notes, critical, explanatory, and practical, on the book of Psalms", 1868

Yo en ti confío. La fe y el temor siempre van juntos, como también el temor y el amor.

JOHN RICHARDSON [1580-1654]
"Choice observations and explanations upon the Old Testament", 1654

Vers. 3-4. A veces la fe brota de la oración en triunfo, y grita: ¡Victoria! Produce en el alma de la persona que ora un sentimiento tan consistente de realidad de la misericordia implorada, que basta para silenciar todo pensamiento de duda o razonamiento lógico, hasta el punto que el cristiano adquiere la certeza absoluta de que aquello que pedía, esta ahí. Y ello hace que comience a cantar sus alabanzas por la misericordia recibida mucho antes de haberla recibido: Ana oró, *"y no estuvo más*

---

[28] Mateo 16:18.

[29] Salmo 71:5 LBLA.

[30] Salmo 91:4.

[31] El autor hace un juego de palabras con la traducción literal de los términos hebreos לָחֵם *lōḥêm,* cada día (56:1), y יוֹם *yōwm,* todo el día (56:3), ambos de la misma raíz יום *yom,* día. Como es de suponer, el juego de palabras se pierde en las traducciones.

triste".[32] Esto es lo que la fe, elevada a sus cotas máximas, hizo en David: *"En el día en que tengo miedo, yo en ti confío"* (56:3) y sus próximas palabras son: *"En Dios alabaré su palabra"* (56:4). Es decir, alabaría a Dios por su promesa de ayuda cuando aún no había constatación práctica alguna de la misma, cuando no tenía otra certeza que la fidelidad de Dios y su propia fe en ella. Este hombre de Dios tenía los ojos de la fe tan agudos y penetrantes, que era capaz de ver la realidad de la promesa cuando todavía estaba en el punto más crítico de su dificultad; tan segura e incuestionable era su confianza en el poder y la verdad de Dios, que podía alabarle como si la misericordia prometida ya se hubiera cumplido.

WILLIAM GURNALL [1617-1679]
"Christian in complete armour, or, a treatise of the saints war against the Devil", 1655

Vers. 4. ***En Dios alabaré su palabra; en Dios he confiado; no temeré; ¿Qué puede hacerme el hombre?*** *[En Dios alabaré su palabra; en Dios he confiado; no temeré; ¿Qué puede hacerme el hombre mortal?* RVR*] [En Dios, cuya palabra alabo, en Dios he confiado, no temeré. ¿Qué puede hacerme el hombre.* LBLA*] [En Elohim, cuya Palabra alabo, en Elohim he confiado, no temeré. ¿Qué puede hacerme el hombre?* BTX*] [Confío en Dios y alabo su palabra; confío en Dios y no siento miedo. ¿Qué puede hacerme un simple mortal?* NVI*] [Y si en Dios, cuya palabra alabo, he puesto sin temor mi confianza, ¿qué podrá hacerme el mortal?* BLP*] [Alabo a Dios por lo que ha prometido. En Dios confío, ¿por qué habría de tener miedo? ¿Qué pueden hacerme unos simples mortales?* NTV*]*[33]

En Dios alabaré su palabra.[34] La fe hace que brote alabanza; quien es capaz de confiar, no tardará en comenzar a cantar. Las promesas de Dios, cuando se cumplen, son un tema excelente para

[32] 1 Samuel 1:18.

[33] Un versículo de compleja traducción. En hebreo בֵּאלֹהִים אֲהַלֵּל דְּבָרוֹ בֵּאלֹהִים בָּטַחְתִּי לֹא אִירָא מַה־יַּעֲשֶׂה בָשָׂר לִי *bêlōhîm 'ăhallêl dəḇārōw bêlōhîm bāṭaḥtî lō 'îrā mah- ya'ăśeh ḇāśār lî.* La versión griega de los LXX o Septuaginta lee: ἐν τῷ θεῷ ἐπαινέσω τοὺς λόγους μου ὅλην τὴν ἡμέραν ἐπὶ τῷ θεῷ ἤλπισα, οὐ φοβηθήσομαι· τί ποιήσει μοι σάρξ que la Vulgata traduce al latín como: *"In Deo laudabo sermones meos; in Deo speravi: non timebo quid faciat mihi caro"*, "En Dios alabaré mis palabras; en Dios he esperado, no temeré lo que me haga la carne".

– FELIPE SCIO DE SAN MIGUEL [1738-1776] en su versión española de la Vulgata trata de explicarlo diciendo: «*"Mis palabras"* es decir, las palabras que he recibido de Dios en orden a mí», pero aun así, la traducción "mis palabras" además de apartarse del Texto Masorético, tiene poco sentido.

– SCHÖKEL traduce: *"Por Dios alabo su promesa, en Dios confío y no temo, ¿qué podrá hacerme un mortal?"*; y añade esta excelente exposición: «No hay duda de que se refiere a la palabra / promesa de Dios (no a la mía, como leyeron algunas versiones antiguas) [...] Sin desconocer ni disimular la dificultad gramatical, propongo cautamente esta interpretación: el verbo הָלַל *halal* se encuentra entre אֱלֹהִים *elohim* y דָּבָר *dabar,* mirando a ambas partes. Mi alabanza se dirige a la persona de Dios, y en concreto a su palabra. Tal sería el sentido teológico: una palabra / promesa tiene valor y garantía por la persona que la pronuncia; yo cuento con una palabra / promesa que pronuncia y garantiza Dios; por eso puedo alabar esa palabra sin reservas».

[34] SCHÖKEL ve en estas afirmaciones: *"En Dios alabaré su palabra; en Dios he confiado; no temeré. ¿Qué puede hacerme el hombre mortal?"* que se repiten en los versículos diez y once (56:10-11) una suerte de estribillo del Salmo: «¿Qué podrá hacerme un mortal?». No es lo cósmico lo más terrible, sino la crueldad y violencia del hombre. La naturaleza hiere, pero no se ensaña, la naturaleza no carga de odio sus golpes. Es la conciencia y la decisión humana lo más terrible. El inocente o es vencido por la violencia o ganado

la alabanza; e incluso antes de su cumplimiento deben ser ya motivo de cántico.[35] Es únicamente en Dios o por medio de Dios que somos capaces de alabar. Alabamos y oramos en el Espíritu.[36] Por tanto, podríamos parafrasear estas palabras del salmista del siguiente modo: «Cuando exalto al Señor, uno de los fundamentos principales para mi acción de gracias es su voluntad expresada en su Palabra, las Escrituras, y la fidelidad con que mantiene sus promesas por ellas reveladas».

En Dios he confiado.[37] Ya sea en comunidad o individualmente nuestra confianza ha de estar únicamente en Dios. Lo que en el versículo anterior era una resolución loable: *"Siempre que tenga miedo, en ti confiaré"*[38] (56:3) aquí lo afirma como hecho consumado.

No temeré; ¿Qué puede hacerme el hombre mortal? Donde reina la fe, el miedo desaparece y el triunfo está garantizado, de modo que el alma se pregunta: *"¿Qué puede hacerme el hombre mortal?"* ¿Qué? No puede hacerme ningún daño real; toda su malicia será eliminada para mi bien. El hombre es carne, y toda carne es como la hierba:[39] Señor, en tu nombre desafío su ira extrema. Hemos visto dos versículos de lamento (56:1-2), y a continuación dos de confianza (56:3-4); bueno es compensar siempre lo amargo con una cantidad equivalente de dulce.

C. H. SPURGEON

En Dios alabaré su palabra. O también: *"le alabaré por su palabra"*, es decir, el conjunto de todas las Escrituras que existían en su época.

JOHN GILL [1697-1771]
"Exposition of the Old Testament", 1748

---

para el odio. El orante busca una tercera vía: orar, encomendar la solución a Dios. Y en su fervor repite la pregunta como un desafío: *"¿qué podrá hacerme un mortal?"* La pregunta recoge un temor disimulado al deshacerse de él: es más exhortación para sí que actitud consolidada. La pregunta y la respuesta exigida proponen la tensión entre temor del hombre y confianza en Dios, y resuelven la tensión en la respuesta negativa esperada. ¿Por qué temer? ¡No temo! Si bien la oración brota del miedo ante el peligro grave, la confianza se apoya en una promesa o palabra precedente de Dios: *"Su palabra alabo"*. El que está acostumbrado a alabar la promesa de Dios, no sería consecuente si desconfiara de ella. Confianza es un modo implícito de alabanza. Sirva Isaías 51:12 para ilustrar esa *"palabra"*.»

[35] Un conocido himno de RUSSELL K. CARTER [1847-1928]: *"Standing on the promises of Christ my King"*, en versión española de VICENTE MENDOZA [1875-1955] es un claro ejemplo de este consejo de Spurgeon y lo expresa poéticamente de una forma magistral: *"Todas las promesas del Señor Jesús, / Son apoyo poderoso de mi fe; / Mientras viva aquí cercado de su luz, / Siempre en sus promesas confiaré. - Todas las promesas para el hombre fiel, / El Señor en sus bondades cumplirá, / Y confiado sé que para siempre en él, / Paz eterna mi alma gozará. - Todas las promesas del Señor serán, / Gozo y fuerza en nuestra vida terrenal; / Ellas en la dura lid nos sostendrán, / Y triunfar podremos sobre el mal. - ¡Grandes, fieles! / Las promesas que el Señor Jesús ha dado, / ¡Grandes, fieles! / Siempre en sus promesas confiaré"*

[36] 1 Corintios 14:15.

[37] SCHÖKEL dice al respecto: «En razón de la repetición de los dos términos fundamentales: "temor" y "confianza", es preciso para que adquiera todo su vigor, leer este versículo bien ligado al anterior: *"En el día que temo, yo en ti confío"* (56:3). En salmista va de la confianza a la alabanza, y de la alabanza a la confianza אֶבְטָח - אֲהַלֵּל- בָּטַחְתִּי *'eḇṭāḥ - 'ăhallêl - bāṭaḥtî;* confío – alabo – confío. El temor busca la confianza, y la confianza domina el temor. Otro contraste: מַה־יַּעֲשֶׂה בָשָׂר לִי *mah-ya'ăśeh ḇāśār lî,* el hombre amenaza con la acción; por el contrario, Dios ofrece su Palabra: בֵּאלֹהִים אֲהַלֵּל דְּבָרוֹ *bêlōhîm 'ăhallêl dəḇārōw;* ¿quién puede mas en este caso la Palabra o la acción? ¿El hombre o Dios?» [*Salmos, Tomo I, 1-72,* Editorial Verbo Divino, Estella, Navarra, 1992].

[38] La versión inglesa KJV tiene el verbo en tiempo futuro: *"What time I am afraid, I will trust in thee"*.

[39] Isaías 40:6; 1 Pedro 1:24.

En Dios alabaré su palabra. El mejor recurso que puede utilizar la fe para agarrarse a Dios, es tomarle por su palabra, sea cual sea el curso de los acontecimientos o la ejecución de sus planes. Esto proporciona una satisfacción duradera; porque decir: *"En Dios alabaré su palabra"*, es tanto como decir: aunque por el momento retrase mi liberación y demore su consuelo hasta el punto que no pueda lograr lo que deseo, con todo, seguiré aferrándome a su palabra, y le daré la gloria por todos sus atributos.

DAVID DICKSON [1583-1663]
"A Brief Explication of the Psalms from L to C", 1655

No temeré lo que pueda hacerme la carne mortal. No temáis al hombre, porque no es más que carne.[40] No tienes porque temerle, y no debes temerle. Porque no tienes ninguna necesidad. ¿Ni siquiera a un hombre tan poderoso; o grupo de hombres, que tengan en su cinto las llaves de todas las cárceles; o que puedan quitar o salvar una vida a su antojo? No, ni tan siquiera a éstos; tan solo procura que si son tus enemigos lo sean por causa de la justicia.[41] Antes bien tened mucho cuidado de no convertir en vuestro enemigo a uno de estos hermanos más pequeños, obrando injustamente con ellos, porque Dios pedirá cuentas a los malvados de su comportamiento con sus santos.[42] Y quien los ofende, es bien seguro que no hallará bajo las alas de Dios refugio por su pecado.[43] Esto precisamente fue lo que hizo que Jerónimo[44] se lamentara con tanta amargura de que el pecado de los cristianos hubiera sido la causa que dio el triunfo a los pueblos bárbaros que invadieron la cristiandad: *"Nostris peccatis fortes sunt barbari"*.[45] Pero si la ira del hombre cae sobre ti estando tu en el camino de Dios, y su furia arremete contra tu santidad a sangre y fuego, no tienes razón para temer, aunque sea tu vida el objetivo que persigue. La carne solo puede herir a la carne; podrá matarte, pero no causarte daño. ¿Por qué temes ser despojado de aquello a lo que ya has renunciado por amor a Cristo?[46] Como cristiano, la primera lección que aprendes es la de negarte a ti mismo, tomar tu cruz y seguir a tu Maestro.[47] De modo que el enemigo que busca tu vida llega tarde; porque ya no tienes vida que pueda arrebatarte, puesto que se la has entregado a Cristo. Y ni aún eso puede el hombre quitarte sin el permiso de Dios; pues todo lo que eres y tienes está bajo control; y aunque Dios no te ha prometido la inmunidad de padecer de este modo, sin embargo, sí se ha comprometido a compensar la pérdida, sí, a reembolsarte cien veces más, sino ahora, en la vida venidera.[48] Repito, pues, de nuevo, no hemos de temer a la carne. Nuestro Salvador, en el espacio de seis versículos, nos manda por tres veces que no temamos

[40] Citando al profesor EDMUND JACOB en *"Théologie de l'Ancien Testament"* (1955), KRAUS indica que: «En el Antiguo Testamento, la carne es siempre lo que distingue cualitativamente al hombre y lo diferencia de Dios, no en el sentido de un dualismo materia-espíritu, sino de una oposición entre la fuerza y la debilidad».
[41] Mateo 5:10-11; 10:28.
[42] Mateo 25:45.
[43] Salmo 17:8-9.
[44] Se refiere a EUSEBIO HIHERÓNIMO DE ESTRIDÓN [342-420], nacido en Dalmacia y más conocido como SAN JERÓNIMO, uno de los cuatro grandes Padres Latinos. Tradujo la Biblia del griego y el hebreo al latín, traducción conocida como la Vulgata (de *vulgo,* "pueblo"; *vulgata editio,* "edición para el pueblo")
[45] Jerónimo, *Epistula* LX, 17, *Ad Heliodorum "Nostris peccatis barbari fortes sunt, nostris vitiis Romanus superatur exercitus; et quasi non hoc sufficeret cladibus plus paene bella civilia quam hostilis mucro consumpsi"*, "Es por nuestros pecados que los bárbaros son fuertes, son nuestros vicios los que traen derrota a los ejércitos de Roma; y por si esto no fuera suficiente desgracia y carnicería, las guerras civiles entre nosotros han derramado casi más sangre que la espada del enemigo".
[46] Romanos 8:5-17; Gálatas 5:17.
[47] Lucas 9:23.
[48] Mateo 19:29: Marcos 10:29-30.

al hombre;[49] pues si tu corazón tiembla ante el hombre, ¿cómo vas a comportarte en la lid contra Satanás, cuyo meñique es más poderoso que los lomos de cualquier hombre? Los romanos tenían lo que llamaban *"arma proelusoria"*, espadas sin filo o simples palos, que utilizaban para entrenarse antes de llegar al uso de las armas con filo. Si te declaras incapaz de soportar los golpes y moratones de las armas sin filo del hombre, ¿qué harás cuando tengas la espada de Satanás en tu costado? Dios considera una ofensa que sus hijos teman al hombre; por tanto, nuestro deber es santificar al Señor y no temer a los hombres.

WILLIAM GURNALL [1617-1679]
"Christian in complete armour, or, a treatise of the saints war against the Devil", 1655

¿Qué puede hacerme el hombre mortal? Eusebio[50] nos cuenta de Ignacio,[51] que hallándose en manos de sus enemigos, poco antes de padecer martirio, hizo un notable discurso que revela un espíritu sublime de extraordinaria elevación espiritual, por encima del mundo y de sí mismo: «No me importa nada, visible o invisible, con tal de estar con Cristo. Ya sea el fuego, la cruz, las fieras, el quebrantamiento de huesos, el arrancarme los miembros o que trituren todo mi cuerpo, ya pueden venir todos los tormentos de los demonios sobre mí, con tal que tenga a Cristo y pueda reunirme con él».[52]

JEREMIAH BURROUGHS [1599-1646]
"Moses Self denial", 1649

¿Qué puede hacerme la carne mortal? Es habitual en la Escritura, que cuando se habla despreciativamente del hombre mostrando que es una criatura inferior, se le llame "carne",[53] para establecer la debilidad a la que está sujeto.

JOHN ARROWSMITH [1602-1659]

No temeré a la carne mortal.[54] El temor del hombre es un ídolo hosco con la boca sanguinolenta; ¡a cuantos hombres no ha devorado y pisoteado hasta el infierno! Sus ojos están llenos de odio a los discípulos de Cristo. Hay burla y mofa en su mirada. Risa de escarnecedor brota de su garganta. ¡Derriba este ídolo al suelo! Porque obstaculiza tu oración privada, te impide el adorar a Dios en familia, el presentar tu caso ante los ministros, y el confesar abiertamente a Cristo. Tú que has sentido el amor de Dios y su Espíritu en ti, desmenuza este ídolo. *"¿Quién eres tú para que tengas temor del hombre,*

[49] Mateo 10:19-25.

[50] Se refiere a EUSEBIO DE CESAREA [275-339], también conocido como *Eusebius Pamphili,* "Eusebio, amigo de Pánfilo". Fue obispo de Cesarea y se lo conoce como el padre de la historia de la Iglesia porque entre sus escritos figura la primera recopilación completa de la historia del cristianismo primitivo, *Historia Ecclesiae,* que es su obra más conocida y difundida pues se trata de un documento clave de la historia del cristianismo.

[51] Se refiere a IGNACIO DE ANTIOQUÍA [35-110 aprox.], obispo de la ciudad de Antioquía en Siria a comienzos del siglo II, uno de los principales entre los llamados Padres Apostólicos por su cercanía cronológica a la época de los apóstoles. Escribió siete cartas redactadas mientras era conducido de Siria a Roma para padecer martirio, y en la que figuran frases como esta: *"donde soy llevado para ser trigo de Dios, molido por los dientes de las fieras y convertido en pan puro de Cristo" Ad Rom.* 4.1

[52] IGNACIO DE ANTIOQUÍA [35-110 aprox.] *Ad Rom.* 5.1 (Carta a los Romanos).

[53] En hebreo בָּשָׂר *ḇāśār* de בָּשָׂר *basar.* Ver al respecto Génesis 6:3; Salmo 78:39.

[54] La versión inglesa KJV traduce: *"I will not fear what flesh can do unto me"*.

que ha de morir, y del hijo de hombre, destinado a fenecer como heno?".[55] *"No temas, gusano de Jacob" "¿Qué más tendré ya que ver con los ídolos?".*[56]

Robert Murray M'Cheyne [1813-1843]
"Memoir and remains of the Rev. Robert Murray M'Cheyne, Minister of St. Peter's Church, Dundee by Andrew A. Bonar", 1878

En Dios he confiado; no temeré; ¿Qué puede hacerme el hombre mortal? La fe se fortalece y adquiere valentía en la lucha; aunque el salmista comienza el salmo como un cobarde y se tambalea en el primer conflicto, sin embargo, poco a poco se hace vigoroso, se vuelve incontenible, y derriba a sus adversarios bajo sus pies: *"En Dios he puesto mi confianza; no temeré lo que pueda hacerme la carne mortal".*

David Dickson [1583-1663]
"A Brief Explication of the Psalms from L to C", 1655

Vers. 5. *Todos los días ellos pervierten mi causa; contra mí son todos sus pensamientos para mal.* *[Todos los días ellos retuercen mis palabras; contra mí son todos sus pensamientos para mal.* RVR*] [Todo el día pervierten mis palabras; todos sus pensamientos contra mí son para mal.* LBLA*] [Todo el día pervierten mis palabras, todos sus pensamientos son contra mí para mal.* BTX*] [Todo el día tuercen mis palabras; siempre están pensando hacerme mal.* NVI*] [Todo el día contrarían mis palabras, cuanto piensan es para hacerme daño.* BLP*] [Siempre tergiversan lo que digo; se pasan el día tramando cómo hacerme daño.* NTV*]*

Todos los días ellos retuercen mis palabras.[57] Para los impíos una forma habitual de combatir. Ponen tus palabras en el potro, las retuercen y extraen de ellas significados que en justicia no contienen. Así fue con la profecía de nuestro Salvador referente al templo de su cuerpo,[58] y a lo largo de la historia innumerables acusaciones contra sus siervos han partido de tergiversaciones intencionadas hechas a propósito. Lo hacen día tras día y adquieren en ello gran destreza. La habilidad del lobo para encontrar en las palabras del cordero razones que justifiquen devorarlo no tiene límites.[59] Incluso las oraciones pueden convertirse en blasfemias si las lees al revés, de abajo para arriba.

---

[55] Isaías 51:12.

[56] Oseas 14:8.

[57] En hebreo כָּל־הַיּוֹם דְּבָרַי יְעַצֵּבוּ עָלַי *kāl-hayyōwm dəḇāray yə'aṣṣêḇū 'ālay.* En este caso el sentido de עָצַב *atsab,* más que retorcer es el de "remodelar" o dar a lo que ha sido ya modelado una forma distinta, a la inversa de Job 10:8: *"tus manos me moldearon"* עֲצָּבוּנִי *'iṣṣəḇūnî.*

– Francisco Lacueva [1911-1005] en su versión española del "Comentario de Matthew Henry": «*"Todos los días ellos retuercen mis palabras";* las colocan en la rueda, la rueca o el potro para retorcerlas y tratar de sacar de ellas lo que no hay (esta es la idea del verbo hebreo)».

[58] Juan 2:19-21; Mateo 26:61; 27:40; Marcos 14:58; 15:29; Hechos 6:14.

[59] Una conocida fábula del español Félix María de Samaniego [1745-1801], la conocida como "El perro y el cocodrilo" reitera esta idea. Cuando alguien finge dolor ante una desgracia ajena decimos que está derramando "lágrimas de cocodrilo". La expresión tiene su origen en la antigua creencia de que estos animales emitían unos falsos alaridos o llantos con los que atraían a sus presas, a las que luego devoraban sin compasión mientras derramaban aparentes lágrimas. Según parece se ha comprobado científicamente que los cocodrilos lloran mientras matan o devoran a sus víctimas, aunque no lo hacen por razones emocionales sino biológicas.

Todos sus pensamientos contra mí son para mal. No hay en ellos una pizca de buena voluntad que atenúe su malicia. Ya sea que lo contemplaran como rey, salmista, o simple mortal; como padre, guerrero, o sufriente; daba lo mismo: porque lo miraban a través de un cristal monocolor, y en consecuencia no tenían hacia él un solo pensamiento de generosidad. Es más, se esforzaban incluso en tergiversar y menospreciar aquellas acciones suyas que habían sido probadamente una bendición para la comunidad. ¡Oh la envidia y el desprecio, fuente turbia y contaminada de la cual no mana una sola gota de agua pura!

C. H. SPURGEON

Todos los días ellos retuercen mis palabras. Hacen que mis propias palabras me resulten lacerantes y dolorosas; o también: manipulan y tergiversan mis palabras de una manera lacerante y dolorosa. Los enemigos de David daban un nuevo formato a cualquier cosa que dijera; y lo hacían además con premeditación y alevosía, porque dice que lo "retorcían"; solemos decir de algo que ha sido retorcido cuando es alterada su forma original para darle otra distinta. El apóstol Pedro utiliza esta misma metáfora aplicada a la doctrina, hablando de las epístolas de Pablo: *"entre las cuales hay algunas difíciles de entender, las cuales los indoctos e inconstantes tuercen, como también las demás Escrituras, para su propia perdición".*[60] Es decir, ataban sus palabras al potro, y las iban retorciendo dolorosamente, hasta darles un sentido que él nunca hubiera querido que tuvieran. Poco importa que uno diga aquello que estima correcto, tanto en contenido como en intención; si los demás lo manipulan y tergiversan, adaptándolo a su propio molde en su propio beneficio; y dando a sus afirmaciones un sentido que el autor original jamás soñó siquiera que pudieran tener.[61]

JOSEPH CARYL [1602-1673]

Todos los días ellos retuercen mis palabras. El señor Jewel,[62] obispo de Salisbury, que vivió y murió de la forma más piadosa y paciente, en el momento de su muerte citó la estrofa del himno *"Te Deum"* que dice: «Oh Señor, en ti he confiado, no permitas jamás que me confunda»,[63] lo cual bastó para que sus enemigos, omitiendo el resto de sus palabras, divulgaran la noticia de que el principal paladín de los herejes había muerto en el desespero, gritando angustiadamente y reconociendo en sus postreras palabras que estaba confundido.

LORD FRANCIS BACON [1561-1626]
"Bible Thoughts"

Todos los días ellos retuercen mis palabras. Todo cuanto Cristo dijera a favor de si mismo y de su causa fue manipulado, retorcido y tergiversado, dándole un sentido que pudiera perjudicarle. Y así

[60] 2 Pedro 3:16.

[61] Sobre esto un conocido refrán castellano dice: «Pintó un cuadro Rafael; y lo copió un gran pintor; haciendo otro de aquel una copia algo peor; y así sucesivamente, quedó al fin en tal manera, que si lo viera su autor, jamás lo reconociera».

[62] Se refiere a JOHN JEWEL [1522-1571]. Su principal aportación fue la publicación en 1562 de la obra: *Apology of the Church of England,* "Apología de la Iglesia de Inglaterra", un documento considerado por los expertos de mayor valor político-histórico que teológico, un intento de proporcionar para la Iglesia de Inglaterra bajo Isabel I una declaración de fe que demostrara su identidad como tal respondiendo a los desafíos y acusaciones de los Católicos Romanos de haber abandonado la línea de continuidad apostólica. Pero el trabajo de Jewell fue objeto de duras críticas y replicas por parte de hábiles y eminentes eruditos católicos como HENRY COLE [1500-1579] y THOMAS HARDING [1516-1572], que lograron darle la vuelta a algunas de sus afirmaciones y utilizarlas en su contra, dando lugar a la anécdota que narra aquí Francis Bacon.

[63] En el original inglés: *"O Lord, in thee have I trusted, let me never be confounded".*

sigue siendo en el mundo: cuanto podamos decir a nuestro favor, resulta más bien contraproducente cuando nuestros interlocutores son hombres impíos.

William Wilson [1783-1873]
"The Book of Psalms: With an Exposition, Evangelical, Typical, and Prophetical, of the Christian Dispensation", 1860

Vers. 6. *Se reúnen, se esconden, miran atentamente mis pasos, como quienes acechan a mi alma.* *[Se reúnen, se esconden, miran atentamente mis pasos, como para atrapar mi alma.* RVR*] [Atacan, se esconden, espían mis pasos, como esperando para quitarme la vida.* LBLA*] [Se reúnen, acechan, observan mis pasos, esperan atrapar mi alma.* BTX*] [Conspiran, se mantienen al acecho; ansiosos por quitarme la vida, vigilan todo lo que hago.* NVI*] [Ellos están al acecho, me observan, vigilan mis pasos buscando mi muerte.* BLP*] [Se juntan para espiarme, vigilan cada paso que doy, ansiosos de matarme.* NTV*]*

Se reúnen. Se agrupan y se animan mutuamente incrementando así su ferocidad. Pues tienen miedo de enfrentarse al justo en solitario en tanto que su superioridad en número no les garantice la victoria. ¡Cobardes, id de uno en uno y pelead con el afamado héroe de hombre a hombre! Pero no, preferís esperar ocultos, manteneros al acecho hasta juntaros todos, como las bandas de ladrones. La valentía en vosotros brilla por su ausencia.

Se esconden. Emboscados esperan su oportunidad. Los hombres malvados suelen ser cobardes. Quien no se atreve a elegir y enfrentar su presa cara a cara en el camino real,[64] acecha escondido tras los árboles como un villano en los senderos de los bosques. Los casos de hombres honrados, justos y buenos, atacados sorpersivamente con planes maliciosos cuidados hasta el menor detalle; y complots diabólicas en los cuales enemigos anónimos apostados en la oscuridad apuñalan por la espalda; son una constante.

Miran atentamente mis pasos.[65] Como los cazadores trazan y marcan el rastro de su presa, para perseguirla más cómodamente.[66] Los impíos suelen ser muy diestros en detectar el menor error o

[64] Números 20:17. Son muchos los países donde ha habido una o varias rutas denominadas "Camino del Rey" o "Camino Real". En España, el más famoso y conocido es el "Camino Real de Santiago", ruta de peregrinación jacobea, que parte de la ciudad de León, y pasando por Oviedo conduce a Santiago de Compostela. En Estados Unidos hubo el "Camino Real de California", que iba hasta México; y el "Camino Real de los Tejas", que unía Texas con Louisiana. Ya los romanos tenías sus "calzadas" para la vertebración del Imperio, la más famosa la "Vía Apia", la reina de las grandes calzadas romanas. Los "caninos reales" estaban, como su nombre indica, bajo protección real, y en consecuencia mucho más cuidados, más transitados y mejor protegidos que el resto de caminos y senderos, lo que hacía mucho menos probable que los ladrones y salteadores se atrevieran a ejercer en ellos sus actividades delictivas.

[65] El salmista hace referencia aquí al aspecto más sórdido y oscuro de la guerra: la emboscada. *"Se esconden, miran mis pasos, permanecen al acecho"*. Schökel cita comentando estas palabras la magistral descripción poética del militar y poeta español Francisco de Aldana [1537-1578] en una de sus epístolas o cartas poéticas en las que retrata el desasosiego del centinela que otea el horizonte en medio de la noche ante el menor ruido o sospecha: «¿Vistes alguna vez en la campaña / al ejército español fiero y lozano, / cuando la noche con sus alas negras / esparce por el aire tenebroso / silencio, sueño, miedo y sobresalto? / ¿Vístele durmiendo y reposando / debajo la despierta vigilancia / de la real nocturna centinela / que esta con recatado azoramiento / mirando alrededor por sí y por otros? / La cual echando el ojo atento y firme / rectificando con la oreja atenta, / descubre o le parece que columbra / confusamente umbroso y bajo bulto / de algún acechador cauto enemigo. / Mira y torna a mirar, se abaja y alza, / echa adelante un paso y vuelve al puesto, / se impone, se apercibe, se apareja, / se empina, para, parte, prueba y pasa / su paso a paso de una a otra parte / y requiere asimismo no despacio. /Tiene continuado el rostro siempre / al bulto, y duda y no se determina, / quiere gritar: '¡Alarma, alarma!' y se detiene / por no causar común desasosiego (…)»

[66] Las técnicas de rastreo de las presas, especialmente de los animales heridos, es una habilidad ancestral actualmente en desuso, pero de la cual dependieron nuestros antepasados para sobrevivir. ¿Hacia adonde

fracaso de los justos. Los espías, chivatos y delatores no todos están en nómina contratados por los militares y gobiernos de este mundo; algunos no sienten reparo en aceptar salarios pagados en la odiosa moneda roja acuñada por aquel que es mucho más sutil en sus manejos que las mismísimas bestias del campo.

Como para atrapar mi alma.[67] Nada, fuera de la vida de su presa, sería suficiente para aplacarlos; tan solo su destrucción presente y consecuente ruina eterna les vale para declararse satisfechos. El piadoso no es un necio, sabe que tiene muchos enemigos y muy astutos; es consciente del peligro que corre, y demuestra su sabiduría exponiendo su caso ante el Señor y acogiéndose a la protección divina.

C. H. SPURGEON

Miran atentamente mis pasos. Vaya donde vaya, me pisan los talones.

WILLIAM NICHOLSON [1591-1672]
"David's harp strung and tuned, or, An easie analysis of the whole book of Psalms", 1662

Vers. 7. *Pésalos según su iniquidad, oh Dios, y derriba en tu furor a los pueblos.* *[Según su iniquidad, ¿habrá escape para ellos? Derriba en tu furor a los pueblos, oh Dios.* RVR*] [Por causa de la iniquidad, arrójalos, en tu ira humilla a los pueblos, oh Dios.* LBLA*] [¿Escaparán por su iniquidad? ¡Oh Elohim, derriba a los pueblos en tu furor!* BTX*] [¡En tu enojo, Dios mio, humilla a esos pueblos! ¡De ningún modo los dejes escapar!* NVI*] [¿Escaparán impunes ante tanta maldad? Oh Dios, abate a los pueblos con furia.* BLP*] [No permitas que estos malvados se salgan con la suya; en tu enojo, oh Dios, derríbalos.* NTV*]*[68]

---

se dirige? ¿Qué señales va dejando en su paso? ¿Qué distancia será capaz de recorrer antes de verse obligado a reposar o caer muerto? La interpretación de huellas y otras señales como manchas de sangre, saliva, restos de pelo, hojas movidas y ramas rotas; constituyen para el diestro cazador todo un lenguaje que busca leer con el mayor acierto posible.

[67] Dice FRANCISCO LACUEVA [1911-1005] en su versión española del "Comentario de Matthew Henry": «Todo su empeño era atraparle a David el alma, es decir, la vida».

[68] Un versículo de muy difícil traducción. En hebreo עַל־אָוֶן פַּלֶּט־לָמוֹ בְּאַף עַמִּים הוֹרֵד אֱלֹהִים, *'al-'āwen pallet-lāmōw bə'ap̄ 'ammîm hōwrêḏ 'ĕlōhîm.* La versión griega de los LXX o Septuaginta lee: ὑπὲρ τοῦ μηθενὸς σώσεις αὐτούς, ἐν ὀργῇ λαοὺς κατάξεις, ὁ θεός que la Vulgata traduce al latín como: *"pro nihilo salvos facies illos; in ira populos confringes"*, "por nada los harás salvos; con ira quebrantarás los pueblos". Otros manuscritos y versiones latinas traducen: *Los salvaste y salvarás por nada"; "De balde los salvarás"; "Gratuitamente los salvarás";* pero también de manera completamente opuesta: *"Por cosa ninguna los harás salvos";* o incluso: *"Su salvación tienen puesta en su iniquidad"*. Los exégetas del siglo XX traducen y comentan:

– KRAUS indicando que una traducción literal del texto hebreo: *"Por causa de la iniquidad, salvación para ellos"*, carece de todo sentido, traduce: *"¡Fíjate en su maldad! ¡en (tu) ira derriba a los pueblos, oh Yahvé!"*.

– SCHÖKEL traduce: *"Para el desastre resérvalos, oh Dios, derriba con ira a los pueblos"*, comentando al respecto que: «Tomando לָמוֹ *lāmōw* como acusativo: a los enemigos consérvalos, presérvalos (...) para la desgracia, hace perfecto sentido como oxímoron o paradoja resuelta. פַּלֵּט *pallet* es poner a salvo, y también apartar, preservar (Miqueas 6:14). También la cizaña es preservada hasta que le llegue la hora del fuego. הוֹרֵד *hōwrêḏ* es hacer bajar, derribar de 'la altura' en la que ellos mismos se colocaban, quizá a tierra o al Abismo».

Según su iniquidad, ¿habrá escape para ellos?[69] Toda su maldad tan meticulosamente planeada, ¿les servirá de algo? Puede que les permita eludir la sentencia de terrenal,¿les va a servir para algo? Calumnian al hombre bueno para protegerse a sí mismos, ¿les valdrá su estratagema? Hasta el momento se han salido con la suya, ¿acaso no habrá un punto y final para sus juegos y ardides?

Derriba en tu furor a los pueblos,[70] *oh Dios*. Págales con su misma moneda; trátalos según merecen sus propias artimañas. Despéñalos desde la roca Tarpeya.[71] Un hombre perseguido es capaz de hallar un amigo incluso en un Dios enojado, ¡cuánto más en un Dios amoroso! Cuando los hombres

---

[69] Como hemos indicado en la nota anterior (nota 62) la traducción es esta frase resulta extremadamente compleja y difiere diametralmente de unos manuscritos y versiones a otras:

– AGUSTÍN DE HIPONA [354-430] siempre predispuesto a demostrar que la salvación es completamente gratuita y la gracia precede a todo mérito humano, se agarra a la traducción de *"Gratuitamente los salvarás"* y hace esta interesante exposición: «Incluso por estos inicuos que nos *"ultrajan y persiguen"*, que *"se esconden, miran atentamente mis pasos, como para atrapar mi alma"* (56:6) el Señor nos manda orar por ellos (Mateo 5:44). Y puede que te preguntes: por mas que ore por ellos, ¿cómo podrán ser salvos gente de tal calaña? No pierdas la esperanza. Piensa en Aquel a quien ruegas, no por quien ruegas. Ciertamente ves lo grave de la enfermedad, pero ¿te olvidas de la capacidad del médico? Sigue orando, y ¿qué sucede? *"Gratuitamente los salvarás"*. [...] Los salvarás sin mérito alguno de su parte. El apóstol Pablo reconoce:" *"habiendo yo sido antes blasfemo, perseguidor e injuriador; fui recibido a misericordia"* (1 Timoteo 1:13). [...] La gracia precedió a todo merecimiento. ¿Por qué? Porque *"pro nihilo salvos facies illos"*, porque *"gratuitamente los salvarás"*. No tendrán que ofrecerte carneros ni machos cabríos, no tendrán que llevar inciensos ni aromas a tu templo, ni derramar libaciones ante tu altar. Porque a pesar de que en ellos todo te es ofensivo y detestable, tú, *"gratuitamente les salvarás"*; a pesar de que nada tienen que ofrecerte que merezca su salvación, tú los salvarás de balde, porque tu gracia es gratis. ¿Qué había conducido hasta la cruz al buen ladrón? Sin duda sus crímenes y delitos. Pero paso del delito al juicio, del juicio al leño, y del leño al paraíso (Lucas 23:43). Al verse afligido en gran manera *"Creyó, y por tanto clamó"* (Salmo 116:10). ¿Pero el paraíso quién se lo concedió, sino el que estaba suspendido a su lado? ¿Y cómo se lo concedió? Gratuitamente. ¿Por qué? Porque *"Gratuitamente los salvarás"*».

[70] La versión griega de los LXX o Septuaginta lee aquí ἐν ὀργῇ λαοὺς κατάξεις; y puesto que κατάξεις puede traducirse tanto por *quebrantas/destruyes* como por *lideras/conduces,* AGUSTÍN DE HIPONA [354-430], optando por la segunda opción: *"Con ira conduces a los pueblos"*, completa su hermosa exposición de la frase anterior, y con ella de todo el versículo, con estas palabras: «Si *"gratuitamente los salvarás"* ¿cómo se entiende entonces que: *"con ira conduces a los pueblos?"*. Igual que sucede con un buen padre, también Dios a veces tiene que recurrir a la ira para que sus hijos no se dejen llevar por una falsa seguridad y sucumban arrastrados por los placeres. Pero es una ira paternal. Se enoja cual se enoja un padre con el hijo que pasa por alto sus mandatos y prescinde de sus consejos; hasta el punto que a veces se ve obligado a propinarle un buen coscorrón o un tirón de oreja, agarrarlo del brazo y arrastrarlo contra su voluntad a la escuela. Así también Dios se ve ocasionalmente obligado a echar mano de su ira para conducir a los pueblos. ¡Muchos son los que entran en la casa de Dios y descubren el don de la fe *"conducidos por su ira"*, es decir, en circunstancias difíciles, atemorizados por las tribulaciones! La ira divina es a menudo un factor determinante a la hora de vaciar un corazón repleto de maldad y soberbia para llenarlo con la gracia. *"Con ira conduces a los pueblos"*».

[71] La ROCA TARPEYA era un abrupto despeñadero de la antigua Roma junto a la cima sur de la colina Capitolina. Según la leyenda, cuando Tito Tacio atacó Roma tras el rapto de las Sabinas, la virgen vestal Tarpeya, hija de Espurio Tarpeyo, gobernador de la ciudadela de la colina Capitolina, traicionó a los romanos abriendo las puertas de la muralla con el propósito de conseguir unos brazaletes de oro que los sitiadores traían en sus brazos; pero en lugar de darle brazaletes la arrojaron al vacío desde la roca que aún hoy lleva su nombre. Durante la República Romana, esa roca se utilizó como lugar de ejecución de asesinos y traidores, que eran lanzados desde la misma sin ninguna piedad.

nos acorralan y tratan de derribarnos, es absolutamente natural y nada impropio orar para que Dios los inhabilite y desbarate sus planes infames. Aquello que Dios tiene previsto hacer y hace como norma: vengar a los justos y castigar a los impíos; no hay razón que nos impida suplicarle abiertamente que lo haga.

C. H. SPURGEON

Vers. 8. ***Mis huidas tú has contado; pon mis lágrimas en tu redoma; ¿No están ellas en tu libro?*** *[Mis huidas tú has anotado; pon mis lágrimas en tu redoma; ¿No están ellas contadas en tu libro?* RVR*] [Tú has tomado en cuenta mi vida errante; pon mis lágrimas en tu redoma; ¿acaso no están en tu libro.* LBLA*] [Tú has contado mi deambular, pon mis lágrimas en tu redoma. ¿No están ellas en tu rollo?* BTX*] [Toma en cuenta mis lamentos; registra mi llanto en tu libro. ¿Acaso no lo tienes anotado?* NVI*] [Tú que tienes presente mi vida errante, recoge mis lágrimas en tu odre; ¿no está todo esto en tu libro?* BLP*] [Tú llevas la cuenta de todas mis angustias y has juntado todas mis lágrimas en tu frasco; has registrado cada una de ellas en tu libro.* NTV*]*[72]

Tú has tomado en cuenta mi vida errante. Cada paso dado por el fugitivo mientras huía perseguido ferozmente por sus enemigos, no solo ha sido contado y observado, sino que además ha sido

[72] En hebreo נֹדִי֮ סָפַ֫רְתָּ֥ה אָ֑תָּה שִׂ֣ימָה דִמְעָתִ֣י בְנֹאדֶ֑ךָ הֲ֝לֹ֗א בְּסִפְרָתֶֽךָ *nōḏî sāp̄artāh 'āttāh śîmāh ḏim'āṯî ḇənōḏeḵā hălō bəsip̄rāṯeḵā.* La versión griega de los LXX o Septuaginta lee: τὴν ζωήν μου ἐξήγγειλά σοι, ἔθου τὰ δάκρυά μου ἐνώπιόν σου ὡς καὶ ἐν τῇ ἐπαγγελίᾳ σου, que la Vulgata traduce al latín como: *"Deus, vitam meam annuntiavi tibi; posuisti lacrimas meas in conspectu tuo, sicut et in promissione tua"*, "Oh Dios, a ti te he manifestado mi vida; tu pusiste mis lágrimas delante de ti, conforme a tu promesa". Los exégetas del siglo xx traducen y comentan:

– KRAUS traduce: *"Has visto mi desgracia, mis lágrimas están reunidas en tu odre. [¿Acaso no están en tu libro?]"*.

– SCHÖKEL: *"Mis andanzas las tienes registradas, están guardadas mis lágrimas en tu odre"*, y añade una extraordinaria exposición que hemos considerado imprescindible transcribir: «Un versículo bellísimo que hay que saborear sin prisa. Tomando שִׂימָה *śîmāh* como participio pasivo (si bien el sentido no cambia sustancialmente), según 1 Samuel 9:24; 2 Samuel 13:32, y eliminando la tercera cláusula como glosa: *"Mis andanzas las tienes registradas, están guardadas mis lágrimas"*. Andanzas y lágrimas, son la suma de la vida del orante según la siente en ese momento. ¿Cifran también la vida de todo hombre? Al menos son un componente ineludible. Las fuerzas se consumen caminando sin rumbo: נֹדִי *nōḏî,* los ojos se gastan en llorar. Dice Proverbios 27:8: *"Cual ave que se va de su nido, tal es el hombre que se va de su lugar"*. Si el destino de todo hombre es el de Abel (ver Salmo 39:5 Nota 80), el destino de nuestro orante se asemeja al de Caín, "errante y extranjero en la tierra" (Génesis 4:12-14). Dice el Eclesiástico: *"«Nada creó Dios más triste que el ojo: por todas las desgracias le toca a él llorar"* (Eclesiástico 31:13 traducción del autor). ¿Conducen las andanzas a alguna parte? ¿Para qué sirven las lágrimas? Desahogo del alma, solidaridad del cuerpo con la pena del espíritu, jugo vital sacrificado; como libación involuntaria que cae a tierra (…) He aquí que Dios va a registrar todas las andanzas en un libro suyo, convirtiéndolas en trayectoria vital con sentido (como las etapas del desierto según Números 33). Va a recoger y almacenar todas las lágrimas como algo valioso, que hace suyo. Las vanas andanzas de la humanidad, el océano de lágrimas, inocentes o culpables, de la humanidad, para Dios no se pierden. Porque Cristo peregrinó con nosotros y oró *"con gemidos y lágrimas"*(Hebreos 5:7) mezclando sus lágrimas a las nuestras, como una esencia que diluye su aroma en una masa de agua. El consagró nuestras andanzas y lágrimas dándoles valor nuevo y permanente». [*Salmos, Tomo I, 1-72,* Editorial Verbo Divino, Estella, Navarra, 1992].

considerado digno de anotar y registrar.[73] Puede que tras un largo período de dificultades y problemas, estemos tan azorados y aturdidos que apenas atinemos a saber que nos ha sucedido y donde hemos estado; pero el omnisciente, Padre de nuestros espíritus,[74] lo recuerda todo hasta el más mínimo detalle; porque ha contado y medido cada uno de nuestros pasos igual que los hombres cuentan su oro, pues incluso la prueba de nuestra fe es preciosa ante sus ojos.[75]

Pon mis lágrimas en tu redoma. Sus aflicciones eran tantas que para almacenar todas sus lágrimas hubiera necesitado un inmenso odre.[76] No se trata en absoluto de una alusión a los pequeños lacrimatorios que estaban de moda entre los romanos;[77] es una metáfora robusta que va más lejos: el sentido es que las lágrimas que David había derramado a torrentes,[78] eran tantas, que incluso un odre no sería suficiente para contenerlas; y espera que el Señor tenga la consideración de almacenarlas, cual hacen los hombres con el fruto de la vid; y confía que en lugar donde las guarde sea especial: *"tu recipiente"*,[79] no un reciente cualquiera.[80]

¿No están ellas contadas en tu libro?[81] Sí, allí están todas anotadas y registradas minuciosamente. Pero Señor, que no queden en una mera anotación, sino que la esencia misma de mi dolor esté presente ante ti. Contempla mis sufrimientos como algo real, porque ello enternece el corazón más que un simple relato por minucioso y detallado que este sea. ¡Qué condescendencia tan grande la del Señor! ¡Cuán exacto es su conocimiento de nosotros! ¡Qué generosa es su estimación! ¡Y qué tierna su valoración!

C. H. Spurgeon

Pon mis lágrimas en tu redoma. Entre los diversos objetos en la amplia colección del señor Abbott[82] de El Cairo, había un lacrimógeno o botella para lágrimas, hallada en una tumba de Tebas.

---

[73] Salmo 37:23.

[74] Hebreos 12:9; Números 27:16; Zacarías 12:1; Juan 3:6.

[75] 1 Pedro 1:7.

[76] Felipe Scio de San Miguel [1738-1776] en su versión española de la Vulgata ofrece esta hermosa paráfrasis: «*"Pon mis lágrimas en tu odre";* no permitas que tantas lágrimas y suspiros se pierdan, tenlas en cuenta, guárdalas en tu memoria y has de ellas como un depósito o reservatorio, para que su abundancia te mueva a socorrerme».

[77] Del latín *lacrima,* "lágrima". Un tipo de vasija pequeña de alabastro o cristal hallada con mucha profusión en las tumbas romanas. Se supone que en ellas los dolientes depositaban sus lágrimas por el difunto. De hecho la práctica subsistió hasta la época misma de Spurgeon, la Inglaterra victoriana del siglo xix, cuando quienes lloraban la pérdida de un ser querido guardaban sus lágrimas en botellas con tapones especiales que permitían su evaporación; una vez se habían evaporado todas las lágrimas finalizaba el periodo de luto.

[78] Salmo 119:136.

[79] En hebreo בְנֹאדֶךָ *ḇənōḏeḵā* de נֹאד *nod,* un recipiente u odre de cuero, como en Josué 9:4, 13; Salmo 119:83.

[80] Dice Kraus al respecto: «El salmista sabe muy bien que Yahvé no solo ha visto su desgracia y sus lágrimas, sino que además observa atentamente todos sus sufrimientos, y guarda cuidadosamente sus lágrimas en un odre, como si de agua preciosa se tratara (sobre esta misma imagen, aunque en otro sentido y contexto ver también Job 14:17; Oseas 13:12)».

[81] En hebreo הֲלֹא בְּסִפְרָתֶךָ *hălō bəsip̄rāṯeḵā* de סֵפֶר *sepher,* "documento, escrito, libro". Ver Job 19:23 donde se utiliza el mismo término.

[82] Se refiere a Henry William Charles Abbott [1807-1859], médico inglés afincado en El Cairo y gran recolector de antigüedades, poseedor de una inmensa colección que había ido adquiriendo de los beduinos poco a poco. Saltó a la fama cuando decidió vender al Museo Británico en 1857 un famoso papiro en escritura hierática conocido como *"Abbott Papyrus"*, un importantísimo documento encontrado en Tebas y

Esto me interesó mucho. En la antigüedad la costumbre era que cuando una persona estaba enferma o muy angustiada, sus amigos acudieran a visitarla llevando consigo un lacrimógeno o botella de lágrimas. En esa botella recogían las lagrimas que rodaban por las mejillas del sufriente, la sellaban, y la conservaban para así recordar su lamentable situación. Esto es a lo que hace referencia David cuando dice: *"Pon mis lágrimas en tu redoma"*. Pero sus palabras implican mucho más de lo que en principio pueda parecer, y yo estoy capacitado para escribir. Es como si David estuviera diciendo: «Señor, visítame y contempla mis lágrimas» (*"¡Visítame con tu salvación!"*[83]), porque sin visitarle no podía embotellar sus lágrimas: *Tú has tomado en cuenta mi vida errante; así que, visítame y contempla mi angustia, pon mis lágrimas en tu redoma;* porque *"han sido mis lágrimas mi pan de día y de noche"*.[84] Guárdalas como memorial delante de ti, y cuando veas la redoma, piensa que contiene mis lágrimas, *"¿No están ellas contadas en tu libro?"*. Es decir, en el libro de recuerdos de Dios, escrito *"para los que temen al Señor y para los que estiman su nombre"*,[85] tal como solían hacer los reyes de la antigüedad que guardaban en un libro de crónicas de acontecimientos importantes.[86]

JOHN GADSBY [1809-1893]
"My Wanderings", 1860

(Nota de C. H. Spurgeon: Incluimos este comentario para mostrar lo que han dicho otros; pero estamos convencidos que las palabras de David en este versículo: *"Pon mis lágrimas en tu redoma"*, no guardan la más mínima relación con los lacrimógenos romanos a los que se hace alusión en el mismo).

Pon mi lágrima: en hebreo דִּמְעָתִי *dim'āṯî* de דִּמְעָה *dimah,* un sustantivo colectivo; *en tu odre:* en hebreo בְנֹאדֶךָ *bənōḏeḵā* de נֹאד *nod.* Hazte cargo de mis lágrimas y cuídalas, como si se tratase de vino muy costoso y agradable a ti; o también: que de ahora en adelante puedas medirme solo por esa cantidad de alegrías: una metáfora tomada del que guarda una viña, que recibe en su vaso las gotas de las uvas prensadas en el lagar de la aflicción.[87] El término hebreo בְנֹאדֶךָ *bənōḏeḵā* de נֹאד *nod,* odre de cuero, tiene que ver con la manera en que conservaron el vino; ([88]), y también la leche.[89]

MARTIN GEIER [1614-1681]
"Commentary on Psalms", 1695

Pon mis lágrimas en tu redoma. ¡Qué simbolismo tan dulce emana de estas palabras sobre el recuerdo que Dios guarda de las aflicciones de su pueblo! Una figura de lenguaje de lo más peculiar: *embotellar sus lágrimas*. Aunque el significado es que recuerda sus aflicciones. ¡Ay del hombre que se atreva a maltratar o perjudicar a uno solo de los hijos de Dios, aún los más pequeños! Porque lo

perteneciente a la XX Dinastía en Egipto, bajo el reinado de Ramsés IX, no solo porque revela las intrigas políticas de la corte (1100 a.C.), sino porque habla y describe detalladamente el problema del saqueo de las tumbas reales ya en aquella época.

[83] Salmo 106:4.

[84] Salmo 42:3.

[85] Malaquías 3:16.

[86] Esdras 6:1-11.

[87] Números 18:27, 30; Isaías 63:1:3; Lamentaciones 1:15; Apocalipsis 14:20; Apocalipsis 19:15.

[88] Josué 9:4,13; 1 Samuel 6:20.

[89] Jueces 4:19.

que ahora son redomas de lágrimas, será vertido en los días finales como copas de ira.[90] ¡Pero lector! Piensa por unos instantes en este mismo sentido cómo las lágrimas de Jesús fueron atesoradas al ser derramadas por los pecados de su pueblo.

ROBERT HAWKER [1753-1827]
"Poor Man's Commentary on the Old and New Testaments", 1831

Pon mis lágrimas en tu redoma. Es interesante observar que según las Escrituras, Dios tiene un *saco* y una *redoma:* en el *saco* deposita nuestros pecados: *"Tienes sellada en saco mi prevaricación"*;[91] y en la *redoma* nuestras lágrimas: *"Pon mis lágrimas en tu redoma"*.[92] Y deberíamos esforzarnos en llenar *la redoma,* puesto que *el saco* lo tenemos a rebosar.

JOHN TRAPP [1601-1669]
"A commentary or exposition upon the books of Ezra, Nehemiah, Esther, Job and Psalms", 1657

¿No están ellas contadas en tu libro? Mientras permanecemos en este valle de miserias, Dios guarda todas nuestras lágrimas en una redoma; así de preciosa es el agua que se destila de los ojos penitentes; y para estar más seguro anota en su registro cuántas gotas hay una a una. El ungüento con el que la mujer (se cree que era María Magdalena) ungió los pies de Cristo en la casa del fariseo Simón era precioso;[93] pero sus lágrimas, con las que le lavó los pies, tenían más valor que el nardo.

ABRAHAM WRIGHT [1611-1690]
"A Practical Commentary or Exposition upon the Book of Psalms", 1661

Vers. 9. *Serán luego vueltos atrás mis enemigos, el día en que yo clamare; esto sé, que Dios está por mí.* *[Retrocederán entonces mis enemigos, el día en que yo clame; yo bien sé que Dios está por mí.* RVR*] [Entonces mis enemigos retrocederán el día en que yo te invoque. Esto sé: que Dios está a favor mio.* LBLA*] [El día en que yo te invoque, retrocederán mis enemigos. Esto sé: ¡Elohim está por mí!* BTX*] [Cuando yo te pida ayuda, huirán mis enemigos. Una cosa sé: ¡Dios está de mi parte!* NVI*] [Retrocederán mis enemigos el día en que yo te invoque. Yo sé que Dios está conmigo.* BLP*] [Mis enemigos emprenderán la retirada cuando yo clame a ti por ayuda. Una cosa sé: ¡Dios está de mi lado!* NTV*]*

Retrocederán entonces mis enemigos, el día en que yo clame. Tan pronto como comience a orar huirán volando; en cuanto comience a clamar serán derrotados.

"Así de veloz es la oración en alcanzar el cielo,
Así de amoroso es Dios para conmigo" [94]

[90] Apocalipsis 16:1.

[91] Job 14:17.

[92] Ver también 2 Reyes 20:5; Salmo 39:12.

[93] Lucas 7:36-38.

[94] En el original inglés: *"So swift is prayer to reach the sky, / So kind is God to me"*. Cita la versión poética de ISAAC WATTS [1674-1748] del Salmo 56, aunque con una variante, pues Watts versifica el versículo nueve del siguiente modo: *"When to Thy throne I raise my cry, / The wicked fear and flee: / So swift is prayer to reach the sky, / So near is God to me"*.

Los engranajes y mecanismos de la oración no siempre son visibles, pero son en extremo eficientes. Dios nos impulsa a orar, clamamos en la angustia de nuestro corazón, él nos oye, actúa, y el enemigo retrocede. ¡Qué artillería tan irresistible es esta que decide y gana la batalla tan pronto escucha el informe de situación! ¡Qué Dios tan extraordinario que tan pronto escucha el clamor de sus hijos, los libra en un instante de sus adversarios más poderosos!

Esto sé. La mayor de las certezas incuestionables del creyente, su axioma, una verdad infalible e indiscutible.[95]

Que Dios está por mí. Dios está a nuestro favor, esto lo sabemos y tenemos de ello plena certeza, por tanto, nadie que pueda estar en contra de nosotros merece un solo instante de miedo. *"Si Dios está por nosotros, ¿quién contra nosotros?"*.[96] ¿Quién puede interceptar la oración siendo tan potente? ¿Quién buscará otro aliado distinto a Dios, que de modo instantáneo hace acto de presencia tan pronto emitimos nuestra señal de alarma en la manera prevista; y con la cual testificamos tanto de nuestra necesidad como de nuestra confianza?

C. H. SPURGEON

El día en que yo clame. El clamor de la fe y la oración a Dios es más temido y suena más amenazador en los oídos de nuestros enemigos espirituales[97] que el grito de guerra de los salvajes ante sus adversarios.[98]

ADAM CLARKE [1760-1832]
"Commentary on the Whole Bible", 1831

Retrocederán entonces mis enemigos, el día en que yo clame. Tan pronto David oraba, era librado de sus enemigos: *"Invocaré a Jehová, ... y seré salvo de mis enemigos"*.[99] En la oración hay un poder *defensivo;* pero hay también un poder *ofensivo,* que pone a los enemigos en fuga: *El día en que yo clame, retrocederán entonces mis enemigos y huirán.* En la torre de David de la que se nos habla en el Cantar de los Cantares[100] había todo un תַּלְפִּיּוֹת *talpiyyoth,* es decir, en lenguaje poético todo un arsenal completo: espadas de dos filos; espadas de doble corte; en una palabra, armas defensivas y ofensivas de todas clases. Y aquellos que quieren disfrutar de seguridad han es estar adiestrados y preparados para usarlas todas. Cristo le dice a Pedro: *"Vuelve tu espada a su lugar, porque todos los que empuñen espada, a espada perecerán"*,[101] refiriéndose a su espada material. Pero la espada de la oración

---

[95] FRANZ DELITZSCH [1813-1890] indica que en este caso el יָדַעְתִּי *yāda'tî, "Esto sé",* no debe traducirse en el sentido de Job 19:25, es decir como súbitamente una afirmación inspirada que no guarda una relación directa con lo que precede, sino como la afirmación de la de la viuda de 1 Reyes 17:24 donde se una el mismo sintagma יָדַעְתִּי *yāda'tî*, una conclusión resultante de los hechos demostrados: *"Esto sé"*, es decir, tengo una certeza razonada total y absoluta de que: *"Elohim está por mí"*.

[96] Romanos 8:31.

[97] La reina MARÍA I DE ESCOCIA [1542-1587] afirmaba que le infundían más temor a las oraciones de JOHN KNOX [1514-1572] que un ejército de diez mil soldados.

[98] Desde la antigüedad era costumbre de los guerreros lanzar gritos amenazadores para intimidar al adversario. Esta práctica ha sobrevivido de manera especial entre los *maorís* de Nueva Zelanda y sus danzas rituales de guerra: un conjunto de gritos, golpes y muecas encaminadas a amedrentar al enemigo a la vez que infundir valor al guerrero maorí. Los equipos deportivos de Nueva Zelanda (fútbol, hockey, etc) todavía siguen practicándola de manera tradicional antes de cada partido.

[99] 2 Samuel 22:4.

[100] Cantares 4:4.

[101] Mateo 26:52.

sí hemos de empuñarla con firmeza contra nuestros enemigos, porque la oración basada en la Palabra es espada de dos filos;[102] y quién no empuña esta espada espiritual corre el riesgo de perecer a filo de la espada material, pues en muchos casos tan solo nuestra destreza en el manejo de la oración puede salvarnos. No olvidemos el argumento contundente que nuestro Salvador le da a Pedro cuando le ordena que envaine su espada material: *"¿O te parece que no puedo ahora rogar a mi Padre, y que él no pondría a mi disposición más de doce legiones de ángeles?"*.[103] Como si le dijera: «Si estuviera en mi mente y fuera mi deseo confundir a estos enemigos que desean prenderme, no necesitaría tu espada. Bastaría con que clamara a mi Padre, y por medio de la oración, él pondría a mi disposición fuerzas tales que derrotarían a todos mis enemigos en un instante». De haber querido, podía haber causado mucho más daño y confusión a sus enemigos con sus oraciones que con la espada y o cualquier otro tipo de arma material. Una sola oración equivale *a doce legiones*, sí, doce legiones de ángeles fuertes y poderosos contra nuestros enemigos.

JEREMIAH DYKE [1854-1839]
"Righteous Man's Tower", 1639

Esto sé. La fe la certeza de un conocimiento seguro,[104] no es una mera conjetura falible, sino que se apoya sobre bases sólidas.

DAVID DICKSON [1583-1663]
"A Brief Explication of the Psalms from L to C", 1655

Vers. 10. *En Dios alabaré su palabra; en Jehová su palabra alabaré.* *[En Dios alabaré su palabra; en Jehová su palabra alabaré.* RVR*] [En Dios, cuya palabra alabo, en el Señor, cuya palabra honro.* LBLA*] [En Elohim, cuya Palabra alabo, en YHVH, cuya Palabra alabo.* BTX*] [Confío en Dios y alabo su palabra; confío en el Señor y alabo su palabra.* NVI*] [El Dios cuya palabra alabo, el Señor cuya palabra ensalzo.* BLP*] [Alabo a Dios por lo que ha prometido; sí, alabo al Señor por lo que ha prometido.* NTV*]*[105]

En Dios alabaré su palabra.[106] Aquí comienza la acción de gracias. Quien habiendo recibido ayuda, olvida cumplimentar a su benefactor con un reconocimiento agradecido, es un ingrato. Lo

---

[102] Hebreos 4:12.
[103] Mateo 22:53.
[104] Hebreos 11:1.
[105] En hebreo בֵּאלֹהִים אֲהַלֵּל דָּבָר בַּיהוָה אֲהַלֵּל דָּבָר *bêlōhîm 'ăhallêl dāḇār Yahweh 'ăhallêl dāḇār.* La primera parte del versículo es prácticamente idéntica al versículo cuatro (56:4). La versión griega de los LXX o Septuaginta lee en este caso: ἐπὶ τῷ θεῷ αἰνέσω ῥῆμα, ἐπὶ τῷ κυρίῳ αἰνέσω λόγον que la Vulgata traduce al latín como: *"In Deo laudabo verbum; in Domino laudabo sermonem"*, "En Dios alabaré la palabra; en el Señor alabaré el habla". Compárese con el versículo cuatro (56:4).

– FELIPE SCIO DE SAN MIGUEL [1738-1776] en su versión española de la Vulgata hace la siguiente aclaración: «En el hebreo lo que en nuestra versión se traduce por "palabra" y "habla" es el mismo término דָּבָר *dāḇār*, esto es, las promesas que Dios me tiene hechas, de colmarme de beneficios y librarme de todos mis enemigos, así como el perfecto cumplimiento de todas ellas».
[106] SCHÖKEL ve estas palabras, que se repiten tres veces, como parte del estribillo del Salmo. Recomendamos al lector la lectura al respecto las notas 26, 33, 34 y 37 a los versículos tres y cuatro (56:3-4). Y concluye: «El estribillo del Salmo puede dar pie a una trasposición cristiana de largo alcance: tomando la «palabra» de Dios como la Palabra hecha hombre, carne. Este paso se presta a un desarrollo sugestivo, que

mínimo que podemos hacer es alabar a Aquel de quien hemos recibido tan destacados favores. ¿Acaso querrá decir con estas palabras: *"por la gracia de Dios alabaré a Dios"*? De ser así, nos muestra que todas nuestras emociones hacia Dios deben estar centradas en Dios mismo, han de partir de él y ser presentadas como tales. ¿O querrá decir quizá: *"aquello en Dios que es objeto de mi mayor alabanza es su palabra, y la fidelidad con que la guarda"*? En tal caso, nos muestra cuán firmes y apegados deben estar nuestros corazones a la palabra segura de la promesa, y en especial a Aquel que es la Palabra encarnada.[107] El Señor debe ser alabado bajo todos los aspectos, y en todos sus atributos y acciones, pero ciertas misericordias en particular atraen de manera especial nuestra admiración hacia porciones específicas del gran todo. Toda alabanza que no es específica en su objetivo, no será debidamente reflexionada, y es de temer que no sea propiamente aceptada.

En Jehová su palabra alabaré. Es tanto lo que se deleita en su alabanza que repite el canto. Y el motivo por el cual utiliza en esta segunda vuelta el nombre glorioso de בַּיהוָה *Yahweh, "en Jehová"*, en lugar de בֵּאלֹהִים *bêlōhîm, "en Dios"*, es indudablemente el de probar que se deleita en su Dios y en su palabra bajo todos los aspectos.

C. H. SPURGEON

En Dios alabaré su palabra; en Jehová su palabra alabaré. El primero de los dos nombres de Dios que menciona: אֱלֹהִים *elohim* identifica a Dios como juez; el segundo יְהוָה *Yahweh* lo identifica por su misericordia. El mensaje es el siguiente: alabaré al Señor fuere como fuere que decida tratar conmigo, tanto si es en un camino de justicia como de misericordia; tanto cuando se dirija a mi con voz de trueno,[108] como cuando lo haga con miel en su lengua.[109] ¡Debemos alabar a Dios en todas las circunstancias y regocijarnos en ello!

STEPHEN CHARNOCK [1628-1680]
"The Sinfulness and Cure of Thoughts", 1667

En Dios alabaré su palabra. Es decir, con la ayuda de Dios, estaré capacitado para poder alabarle por el cumplimiento de sus promesas.

SIMON PATRICK [1626-1707]
"The Books of Psalms paraphrased", 1680

Vers. 11. *En Dios he confiado; no temeré; ¿Qué puede hacerme el hombre?* *[En Dios he confiado; no temeré; ¿Qué puede hacerme el hombre mortal?* RVR*] [En Dios he confiado, no temeré. ¿Qué puede hacerme el hombre?* LBLA*] [En Elohim he confiado, no temeré. ¿Qué puede hacerme el hombre?* BTX*] [Confío en Dios y no siento miedo. ¿Qué puede hacerme un simple mortal?* NVI*] [En Dios confío y no tengo miedo, ¿qué podrá hacerme el ser humano?* BLP*] [En Dios confío, ¿por qué habría de tener miedo? ¿Qué pueden hacerme unos simples mortales?.* NTV*]*

---

basta apuntar. Alabo la Palabra, que se ha hecho "hombre", se ha hecho "carne mortal", y de esa manera ha hecho presente a Dios entre nosotros. En él se apoya mi confianza, a pesar de la *"carne"* ajena que me ataca, a pesar de la carne propia que me insidia y desanima. Por su resurrección *"me consta"* de que está conmigo, puedo caminar aquí en su presencia, a su luz, y esperar la victoria definitiva de la vida sobre la muerte». [*Salmos, Tomo I, 1-72,* Editorial Verbo Divino, Estella, Navarra, 1992].

[107] Juan 1:1-14.

[108] Job 40:9; Salmo 29:3.

[109] Salmo 119:103.

En Dios he confiado; no temeré. Este versículo y el anterior son evidentemente el estribillo o refrán de todo el Salmo.[110] No cabe la menor posibilidad de excedernos en ser cuidadosos de nuestra fe, o en constatar con demasiada asiduidad que está basada exclusivamente en el Señor.

¿Qué puede hacerme el hombre mortal? La fe ha desterrado el miedo por completo. Contempla a sus enemigos en su aspecto más contundente y temible, llamándolos no בָּשָׂר *bāśār,* carne como hace en el versículo cuatro (56:4), sino אָדָם *'ādām,* hombre; y a pesar de ello, no les teme; pues habiendo puesto su confianza en Dios, poco le importaba que la humanidad entera se declarara su enemigo, no sentiría ningún miedo. Afirma no tener ningún temor de lo que amenazan con hacerle, porque sabe que buena parte de lo que amenazan no está en su mano hacerlo; y aún aquello que sí está en su poder, lo que *sí pueden hacerle,* lo reta y desafía con santa audacia. Y habla en tiempo futuro, *"no temeré",* porque está convencido que la seguridad que siente en el presente será suficiente para los días a venir.

C. H. Spurgeon

Vers. 12. ***Sobre mí, oh Dios, están tus votos; te tributaré alabanzas.*** *[Te debo, oh Dios, los votos que te hice; te ofreceré sacrificios de acción de gracias.* RVR*] [Están sobre mí, oh Dios, los votos que te hice; ofrendas de acción de gracias te ofreceré.* LBLA*] [Oh Elohim, sobre mí están los votos que te hice, te pagaré sacrificios de acción de gracias.* BTX*] [He hecho votos delante de ti, oh Dios, y te presentaré mis ofrendas de gratitud.* NVI*] [Debo, oh Dios, cumplir lo prometido: te ofreceré un sacrificio de alabanza.* BLP*] [Cumpliré los votos que te hice, oh Dios, y ofreceré un sacrificio de gratitud por tu ayuda.* NTV*]*

Te debo, oh Dios, los votos que te hice. Dios no olvida fácilmente los votos hechos en momentos de apuro, y tampoco nosotros deberíamos hacerlo. Los hicimos voluntariamente, mantengámoslos gozosamente. Todos los cristianos profesantes son hombres y mujeres bajo votos, pero de manera especial aquellos que en horas de angustia se han consagrado de nuevo al Señor.

Te ofreceré sacrificios de acción de gracias. Debemos exaltar con alegría al Dios de nuestra salvación,[111] con nuestro corazón, con nuestra voz y con nuestros dones. La práctica de hacer votos solemnes en tiempos difíciles es digna de elogio, cuando es seguida por la costumbre, mucho menos frecuente, de cumplirlos una vez el problema se ha resuelto.

C. H. Spurgeon

Están sobre mí,[112] oh Dios, los votos que te hice. Cualquiera que este familiarizado con los Salmos de David, sabrá que es frecuente encontrarlo *haciendo votos,* y de lo extremadamente cuidadoso que era en pagarlos. Cuando pronunció estas palabras acababa de ser liberado de un peligro acuciante por parte de los filisteos, entre los cuales se refugió huyendo de la ira de Saúl que lo perseguía incansablemente; pero pronto descubrió que el recuerdo de los estragos que tiempo atrás había causado en

[110] Así lo ven también Schökel y otros expositores. Ver al respecto los versículos tres, cuatro y once (56:3-4, 11) con sus correspondientes notas 26, 33, 34 y 37 y también la nota 106.

[111] Habacuc 3:18.

[112] Felipe Scio de San Miguel [1738-1776] en su versión española de la Vulgata comenta al respecto de esta expresión: «Sobre mí están como una carga de la que me descargaré cuando los cumpla, es decir, cuando cumpla los votos hechos a ti de alabarte y rendirte acción de gracias, en referencia a los sacrificios de alabanza previstos en la Ley (Levítico 7:11.14; Hebreos 13:15-16)».

sus filas estaba todavía muy fresco,[113] y ello hacía que su vida estuviera en peligro constante.[114] De modo que en su angustia, vuela a Dios, su refugio, y le expone su problema *haciendo voto* de que si le abre una vía de escape en esta nueva dificultad, en el futuro le mostrará su agradecimiento por tan importante misericordia, multiplicando su alabanza y aumentando la exactitud de su futura obediencia. Dios lo escuchó y le socorrió; y ahora, mirando hacia atrás, se ocupa de recuperar y cumplir las obligaciones contraídas con su gran Libertador; y como para sensibilizarse a si mismo en ellas exclama: *"Están sobre mí, oh Dios, los votos que te hice"*. Como si dijera: estoy resuelto, oh Señor, a no olvidar lo que te prometí mientras estaba bajo la presión del miedo. Tú escuchaste mi clamor, y yo estoy firmemente obligado a cumplir *mis votos.* Cuando los hice era plenamente consciente de lo que hacía, estaba resuelto, y ahora me esforzaré en demostrar que cumplo aquello que te prometí. *Los votos que te hice,* oh Dios, hechos voluntariamente, y ahora justamente exigidos, *están sobre mí,* me atan y obligan; y en modo alguno deseo librarme de ellos; antes por el contrario, si alguna vez los olvidara siento que merecería ser castigado justamente y estigmatizado por mi perfidia. Este comportamiento del santo de David con respecto a los votos, no solo en esta sino en otras muchas ocasiones, debe ser nuestro modelo de comportamiento respecto a todos los votos sagrados que hagamos y que de alguna manera pesen sobre nosotros. Todos los cristianos estamos, por el mero hecho de serlo, necesariamente obligados por nuestro *voto* al Dios bendito; pero eventualmente, circunstancias particulares, pueden hacer que nos sea conveniente establecer compromisos especiales. En cualesquiera que sean los compromisos que tomemos, y que de algún modo puedan denominarse propiamente como *votos a Dios,* porque están garantizados por las promesas de su palabra; debemos adoptar sin falta la actitud del santo David, que en este sentido es nuestro modelo, expresada en este versículo, imitándolo en todo, respetar lo prometido, y esforzarnos en su cumplimiento.

EDMUND CALAMY [1671-1732]
"A Practical Discourse Concerning Vows", 1697

Están sobre mí, oh Dios, los votos que te hice. Un voto hecho con propiedad y adecuadamente nos hace más circunspectos y cautelosos en el curso general de nuestra vida. Tal es su influencia, pues aunque teóricamente solo afecta algún aspecto en particular, lo cierto es que no se limita solo a esa particularidad. Así fue en el caso de David. Los votos a los que aquí hace referencia fueron hechos en un momento en el que se hallaba en peligro su vida, como vemos en el versículo siguiente: *"Porque has librado mi alma de la muerte"* (56:13) este fue el motivo por el cual se comprometió a rendir alabanzas en particular, y lo cumplió. Pero este compromiso le llevó a ser mucho más exacto y circunspecto ante Dios en todas las demás obligaciones, y así lo expresa también: *"para que yo pueda andar delante de Dios en la luz de la vida"* (56:13).

HENRY HURST [1629-1696]
"Morning Exercises at Cripplegate"[115]

[113] 1 Samuel 17:50-54; 18:27; 21:11-12.

[114] 1 Samuel 27:1-12.

[115] Los *"Morning Exercices"*, fueron iniciados por THOMAS CASE [1598-1682] como devocionales para los soldados puritanos durante la Guerra Civil de Inglaterra (1642-1651) a las 7 de la mañana para orar y escuchar la palabra de Dios. Se convirtieron en costumbre en la mayoría de iglesias de Londres y del resto de Inglaterra con asistencia del pueblo. En ellas hacían sus exposiciones los más famosos predicadores puritanos de la época. Después de la Guerra Civil, esta costumbre continuó y fue conocida como *"Morning Exercises at Cripplegate"* y los sermones fueron recopilados y publicados por SAMUEL ANNESLEY [1620-1696], lo que ha permitido que hayan llegado hasta nosotros algunas de las mejores exposiciones de los predicadores puritanos.

Vers. 12-13. *"Están sobre mí, oh Dios, los votos que te hice"*. Los votos los hacemos a Dios, no para Dios; por tanto, las obligaciones derivadas de esos votos y oraciones que hayamos hecho y de las cuales hemos recibido respuestas, *están sobre nosotros*. Los sacrificios de acción de gracias eran llamados votos, porque eran hechos sobre una necesidad concreta, y debían ser pagados al recibir la misericordia. *"Mas si el sacrificio de su ofrenda es voto, o voluntario…"*.[116]

"Los votos que te hice están sobre mí"; el compromiso adquirido pesa sobre mi conciencia, pues estoy en deuda con Dios en alabanza.

"Pues tú has librado". Reconoce el enorme peligro en el que se hallaba si Dios no hubiera permanecido a su lado. Y esa misericordia de mayor cuantía: la liberación de su alma de la muerte, le da pie a abogar por otra de menor cuantía: *"y mis pies de tropiezo"*.

Para que ande en la luz de los que viven. A la luz de los que viven se entiende como *"a la luz de la vida"*; que es iluminada con la *"luz de los vivientes"*, como leemos en el libro de Job: *"Para apartar su alma del sepulcro, y para iluminarlo con la luz de los vivientes"*,[117] por tanto es una alusión a la vida eterna en el cielo: *"el que me sigue, no andará en tinieblas, sino que tendrá la luz de la vida"*.[118]

Delante de Dios. Caminar en obediencia ante los ojos de Dios, con total respeto a su presencia, es andar en todo lo que es bueno y agradable. Este es el último argumento en el salmo, y es sobre el cual el salmista construye su súplica más firme, como admitiendo que si esta le fallara no sabría muy bien qué hacer y a donde recurrir. Es como si dijera: «Señor, he tenido experiencias de tu sabiduría a la hora de diseñar y planear las cosas; de tu poder a la hora de ejecutarlas; de tu misericordia al concederme mi liberación; de tu bondad al aceptar mis votos y responder a mis oraciones: *"has librado mi alma de la muerte"*, de un peligro tan grande e inevitable como la muerte misma. Oh Señor, ¿acaso no eres el mismo que eras? ¿Acaso no sigues siendo sabio para planear y bondadoso para conceder misericordias? ¿Vas a dejar ahora que mis pies tropiecen? Por un lado describe su experiencia, por el otro la conclusión que extrae de ella. Las misericordias recibidas han de ser recordadas de manera muy especial, pues son estímulos a pedir otras, y una base sólida para esperar aquello que anhelamos.

Stephen Charnock [1628-1680]
"The Sinfulness and Cure of Thoughts", 1667

Vers. 13. ***Porque has librado mi alma de la muerte, y mis pies de caída, para que ande delante de Dios en la luz de los que viven.*** *[Porque has librado mi alma de la muerte, y mis pies de caída, para que ande delante de Dios en la luz de los que viven.* RVR*] [Pues tú has librado mi alma de la muerte, y mis pies de tropiezo, para que yo pueda andar delante de Dios en la luz de la vida.* LBLA*] [Porque has librado mi alma de la muerte, y mis pies de la caída, para que ande delante de Elohim en la luz de la vida.* BTX*] [Tú, oh Dios, me has librado de tropiezos, me has librado de la muerte, para que siempre, en tu presencia, camine en la luz de la vida.* NVI*] [Porque tú me has librado de la muerte, tú has librado mis pies de la caída para que camine ante Dios a la luz de la vida.* BLP*] [Pues me rescataste de la muerte; no dejaste que mis pies resbalaran. Así que ahora puedo caminar en tu presencia, oh Dios, en tu luz que da vida.* NTV*]*

Porque has librado mi alma de la muerte. Sus enemigos fueron derrotados en todos sus intentos de acabar con su vida, y en consecuencia, juró consagrar su vida a Dios.

[116] Levítico 7:16.
[117] Job 33:30.
[118] Juan 8:12.

Y mis pies de tropiezo.[119] Si has librado mi vida, ¿no librarás también mis pies de caer? Una misericordia da pie a la súplica de otra, porque es probable que la segunda sea complemento necesario de la primera. De qué nos vale que preservemos la vida,[120] si nuestro carácter e integridad moral queda a merced de los embates de nuestros enemigos. No merece la pena vivir, si hemos de hacerlo despojados de nuestro honor, caídos y postrados ante nuestros enemigos.

Para que yo pueda andar delante de Dios en la luz de la vida.[121] Gozando del favor y de la presencia de Dios, y encontrando el gozo y disfrute de la vida en él. Caminando en libertad cristiana,[122] en santo servicio, en sagrada comunión, en constante progreso en la santidad, disfrutando de la sonrisa del cielo. ¡Este es mi máximo anhelo! He aquí la meta suprema de las ambiciones del justo: morar con Dios, andar en justicia delante de él, regocijarse en su presencia y en la luz y gloria que emana de él. Ved como en este salmo corto, nos hemos elevado desde las mandíbulas voraces del enemigo

---

[119] FRANZ DELITZSCH [1813-1890] nos hace notar que en el texto hebreo no está como una afirmación, según aparece en todas nuestras versiones españolas, sino como un interrogativo הֲלֹא רַגְלַי מִדֶּחִי *hălō raḡlay middeḥî* en tanto que comienza con el mismo הֲלֹא *hălō* interrogativo del versículo ocho (56:8) cuando con respecto a las lágrimas se pregunta: *"¿No están ellas contadas en tu libro?"*. Una traducción más literal y ajustada al texto hebreo sería: *"Pues tú has librado mi alma de la muerte: ¿no librarás mis pies de caída, para que pueda andar delante de Dios en la luz de los que viven?"*, De hecho, así traduce la versión inglesa KJV: *"For thou hast delivered my soul from death: wilt not thou deliver my feet from falling, that I may walk before God in the light of the living?"*, y en ella basa Spurgeon en su exposición.

[120] En el original inglés: *"It little boots that we live"*. De hecho *"little boots"* era el apodo dado al emperador romano Calígula, hijo adoptivo del emperador Tiberio, y cuyo verdadero nombre era GAIUS JULIUS CAESAR AUGUSTUS GERMANICUS [12-41], al que de joven los legionarios solían llamar afectuosamente "Calígula", es decir "pequeña sandalia" por su costumbre de calzar las *"caligæ"* o sandalias típicas de los legionarios. En las traducciones inglesas, en lugar de "sandalia" se tradujo "botitas" (*"little boots"*) por tratarse de calzado militar. Pero en este caso se trata de una expresión cultural que Spurgeon solía utilizar con bastante frecuencia en sus sermones: *"Little boots it that Esau has Mount Seir for a possesion: Israel has her God"* (Sermón 1718 sobre Josué 24:4: *"Certain Singular Subjects"); "It little boots what they may say or do..."* (Sermón 1683 sobre Marcos 15:20 *"Delivered on Lord's Day")* y su sentido es: «de poco vale, carece de importancia» de forma parecida a como actualmente se utiliza en inglés el modismo *"big deal!"*. Hemos adaptado su sentido.

[121] SCHÖKEL traduce *"Has librado mi vida de la muerte, mis pies del empujón, para que camine en presencia de Dios a la luz de la vida"* y enlaza estas palabras con las del versículo ocho (56:8): *"Tú has tomado en cuenta mi vida errante; pon mis lágrimas en tu redoma"*. Dice así: «El כִּי *kî* con el que se inicia el versículo trece (56:13) *"Porque has..."* introduce el texto de la acción de gracias, que podría ser cita de una oración litúrgica (véase el paralelismo con el Salmo 116:8-9). La liberación es total, llega a la última frontera de la vida y la muerte; pero ¿cuál es su horizonte? ¿Liberación interina, de una muerte violenta y anticipada, o liberación como superación definitiva? El texto del salmo no cambia, el contexto define su alcance. El empellón o 'empujón' tiene sentido simbólico y prepara por contraste lo que sigue. Caminar en presencia de Dios es la alternativa del vagabundaje de las andanzas ("mis huidas") de las que habla en el versículo ocho (Ver nota 72). Caín tenía que alejarse de la presencia de Dios para andar errante y sin destino; el orante devana la trayectoria vital en presencia y compañía de Dios. La vida no deja de ser un caminar o pasearse, los pies siguen hollando firmemente la tierra, pero el hombre se abre a la trascendencia de Dios: לִפְנֵי אֱלֹהִים *lipnê 'ĕlōhîm* y es consciente de ello. Todo eso incluye la *"luz de la vida"*: la luz del sol y la Fuente de esa luz: *"En tu luz vemos la luz"* (Salmo 36:9). Andanzas y lágrimas, luz y compañía de Dios. Las dos cosas son necesarias para definir la vida del hombre, la experiencia espiritual del orante».

[122] Juan 8:31.32, 36; Romanos 8:2; 2 Corintios 3:17; Gálatas 5:1; Santiago 2:12; 1 Pedro 2:16.

que amenazaba devorarnos (56:1) a la luz de la presencia de Jehová (56:13), un camino que tan solo la fe pude recorrer.[123]

C. H. SPURGEON

Y mis pies de caída. O más literalmente: del envite o empujón que es la causa de la caída.

OLIVER PRESCOTT HILLER [1814-1870]

Para que ande delante de Dios en la luz de los que viven. Caminar en la presencia de Dios es caminar ante sus ojos, bajo su guía y protección; y en particular, caminar por aquellos lugares donde Dios suele estar presente, donde es adorado por su pueblo e imparte sus bendiciones. En una palabra, lo opuesto a la situación en la que se encontrada David, que había sido apartado del lugar de adoración y presencia divina: *"Porque me han arrojado hoy para que no tenga parte en la heredad de Jehová, diciendo: Ve y sirve a dioses ajenos"*.[124] Caminar *"en la luz de los que viven"* denota también, en un sentido general, vivir entre aquellos que viven en la luz, o que disfrutan de la luz, como leemos en otro pasaje: *"Hubiera yo desmayado, si no creyese que he de ver la bondad de Jehová en la tierra de los vivientes"*;[125] es decir, lo opuesto al mundo de los muertos o región de los muertos, que habitan en tinieblas. Pero en particular, significa vivir en un estado de seguridad y prosperidad, cuyo emblema bien conocido es la luz.[126]

HERMANN VENEMA [1697-1787]
"Commentarius ad Psalmos", 1762

En la luz de la vida. No podemos restringir el sentido de esta frase a la luz física de la vida mortal; los votos que David había hecho le obligaban a caminar en la luz de la vida espiritual, y también en la luz de la vida eterna, de la cual, por medio de la fe, era partícipe. Por ello la mayoría de comentaristas han aplicado este versículo a la luz de la gloria en el mundo venidero, que es el objetivo real y final del peregrinaje de todo creyente aquí en la tierra.[127]

WILLIAM WILSON [1783-1873]
"The Book of Psalms: With an Exposition, Evangelical, Typical, and Prophetical, of the Christian Dispensation", 1860

[123] Dice FRANCISCO LACUEVA [1911-1005] en su versión española del "Comentario de Matthew Henry": «*"Andar delante de Dios en la luz de los que viven"* equivale a llevar una vida iluminada por la presencia de Dios, en contraste con la oscuridad de una vida pecaminosa, que no es más que el preludio de las tinieblas del averno o del Seol».

[124] 1 Samuel 26:19.

[125] Salmo 27:13. Ver también Salmo 142:6; Isaías 38:11; 53:8; Ezequiel 32:32.

[126] Salmo 27:1; Isaías 9:2; Lucas 1:79; Juan 1:4; 9:5; 12:35; Efesios 5:8.

[127] FRANZ DELITZSCH [1813-1890] dice al respecto: «El sentido de la expresión בְּאוֹר הַחַיִּים *bəʼōwr haḥayyîm "la luz de la vida"* (φωτὶ ζώντων en la Septuaginta), que encontramos aquí y en el discurso de Eliú en el libro de Job (Job 33:30), es del todo evidente. La *"luz de la vida"* o *"de los que viven"*, de la cual se nos habla también en Juan 8:12: *"el que me sigue, de ningún modo andará en tinieblas, sino que tendrá la luz de la vida"*, no es exclusivamente la luz del Sol en este mundo presente. La vida es lo diametralmente opuesto a la muerte en el sentido más amplio y profundo, por tanto, *"la luz de la vida"* es lo contrario a la noche del Hades, al alejamiento y aislamiento de Dios y su revelación en la historia».

SALMO 57

ENTRE LEONES

Título: *Al músico principal.* Un canto tan gozoso como este, de principio a fin, debía quedar forzosamente bajo la custodia del músico más experto del templo.

Sobre 'No destruyas'.[1] En hebreo אַל־תַּשְׁחֵת *al-tashcheth,* es decir: *"no destruyas"*.[2] Esta petición es una oración compacta, tan enjundiosa como breve, y digna de ser el emblema de un cántico sacro. David había tomado esta decisión sobre Saúl cuando le tenía en su poder: *"No le destruyas",*[3] y ahora se complace en emplear esas mismas palabras en su súplica a Dios. De la oración modelo del Señor inferimos que Dios no nos eximirá a nosotros a menos que nosotros estemos dispuestos a eximir a nuestros enemigos: *"Porque si perdonáis a los hombres sus ofensas, os perdonará también a vosotros vuestro Padre celestial; pero si no perdonáis a los hombres sus ofensas, tampoco vuestro Padre os perdonará vuestras ofensas"*.[4] Cuatro son los salmos que llevan el lema *"No destruyas",* a saber: el 57, 58, 59 y 75. En todos ellos hay una declaración distinta referente a la destrucción de los impíos y la preservación de los justos; y prácticamente en todos se vislumbra también una referencia clara al futuro derrocamiento y dispersión del pueblo judío por causa de la persecución que desataron contra el gran Hijo de David: el pueblo judío ha soportado y soportará penalidades atroces y duros castigos, pero sobre ellos está escrito en el decreto divino: *"No los destruyas"*.

Mictam de David. Por su naturaleza y calidad de contenido este Salmo es considerado salmo de oro, o secreto, y lo tiene bien merecido.[5] Pues cabe la posibilidad de leerlo, y no obstante, seguir ignorando los motivos del gozo secreto de David, escondidos en su cofre de oro.

Cuando huyó de delante de Saúl a la cueva.[6] Este canto emana de las entrañas mismas de la tierra, y por tanto, como la oración de Jonás desde el fondo del mar,[7] mantiene un sabor a su lugar de origen. El poeta comienza sus estrofas en la penumbra asfixiante de las galerías más profundas de la caverna, pero avanza hasta situarse al final del Salmo en la entrada, donde respirando ya un dulce

---

[1] En la versión griega de los LXX o Septuaginta: μὴ διαφθείρῃς. La Vulgata lo traduce al latín como: *"Ne disperdas",* "No destruyas".

[2] El verdadero significado no es seguro. Los exégetas modernos comentan:

– KRAUS dice al respecto: «No está clara la traducción de ל־תַּשְׁחֵת *al-tashcheth. "No dejes que se eche a perder"* o *"no destruyas"* o bien, corregido, *"según la Tashítica".* En todo caso, se trata probablemente del nombre de una tonada, según la cual hay que entonar el Salmo».

– FRANZ DELITZSCH [1813-1890] dice en el mismo sentido: «Hace bien la Biblia de Ginebra en limitarse a transliterar el texto hebreo y traducir: *"Pour le chanter sur Al taschchet"*».

[3] 1 Samuel 24:1-22; 26:9. Otras posibles referencias serían Deuteronomio 9:26 e incluso Isaías 65:8; pero FRANZ DELITZSCH [1813-1890] cuestiona estas vinculaciones como forzadas y bastante dudosas.

[4] Mateo 6:15-16.

[5] Ver al respecto comentarios al título y notas de los Salmos 16 y 56.

[6] FRANZ DELITZSCH [1813-1890] dice al respecto: «Por el contexto histórico queda bastante claro que se trata o bien de la cueva de Adulam (1 Samuel 22:1-5); o de los laberintos subterráneos de las múltiples cuevas en *"las cumbres de los peñascos de las cabras monteses"* de Engadi (1 Samuel 24:1-7), descritos por el marino, explorador y misionero CHARLES WILLIAM MEREDITH VAN DE VELDE [1818-1898] en su *"Narrative of a journey through Syria and Palestine in 1851 and 1852"*».

[7] Jonás 2:1-10.

aire fresco y contemplando con sus ojos los cielos, canta gozoso observando cómo las nubes flotan majestuosas en él.[8]

C. H. Spurgeon

Título: Como su título indica, este Salmo fue compuesto por David, en una sabia actitud de oración, cuando se escondió de Saúl en la cueva.[9] Cuenta con una doble calificación: אַל־תַּשְׁחֵת *al-tashcheth,* y לְדָוִד מִכְתָּם *ləḏāwiḏ miḵtām;* אַל־תַּשְׁחֵת *Al-tashcheth,* tiene que ver con su ámbito o alcance, y מִכְתָּם *miḵtām* con la dignidad de su contenido. El primero significa *"no destruyas"* o "que no haya mortandad", y es probable que se refiera a Saúl, puesto que David impidió a sus hombres acabar con él cuando lo tenían en sus manos;[10] o quizá se refiera a Dios, pues David al verse en una situación crítica, derramó su alma en esta jaculatoria patética: אַל־תַּשְׁחֵת *al-tashcheth "no destruyas".* El calificativo מִכְתָּם *miḵtām* significa ornamento de oro, y enmarca a la perfección el contenido de este excelente y precioso salmo, que se hace acreedor de este calificativo con mucho más motivo y razón que los famosos versos de oro de Pitágoras.[11]

John Flavel [1627-1691]
"Divine Conduct or The Mystery of Providence Opened", 1678

Título: Un salmo compuesto *cuando David huyó de delante de Saúl a la cueva*, a la que se hace también una alusión indirecta en el Salmo 142.[12] Puesto que se menciona simplemente como *"la cueva",* de modo genérico y sin otra referencia, probablemente se trata de la célebre cueva de Adulam

[8] Atanasio de Alejandría [296-373] en su carta a su discípulo Marcelino sobre la naturaleza y valor de los salmos le dice refiriéndose a este salmo: «Si ves que la persecución arrecia, y que el que busca tu vida (aunque él no tenga conciencia de ello) logra incluso penetrar inesperadamente en la cueva donde te habías refugiado, ni aún entonces sientas temor, pues incluso en tan difícil trance encontrarás palabras de aliento y consuelo el Salmo 57». El Tomo I de "El Tesoro de David" incluye una traducción completa de la Carta de Atanasio a Marcelino. [Tomo I - pp. 50].

[9] 1 Samuel 22:1.

[10] Dice Francisco Lacueva [1911-2005] en su versión española del "Comentario de Matthew Henry": «El título del salmo tiene un vocablo nuevo: אַל־תַּשְׁחֵת *al-tashcheth* = *"No destruyas",* el cual se repite en los dos salmos siguientes y en el Salmo 75. Es, sin duda, el nombre de un cántico, del que quizá se encuentra una alusión en Isaías 65:8. Dicho título cuadra muy bien con el incidente al que el salmo se refiere. David no quiso destruir a Saúl cuando tenía una buena oportunidad para hacerlo y sus servidores estaban prestos a matarle (1 Samuel 24:1-22)».

[11] Se refiere a los llamados "Versos áureos" o "Versos de Oro" de Pitágoras de Samos [580-495 a.C.] matemático y filósofo griego conocido por sus descubrimientos en geometría y aritmética, especialmente por el teorema sobre los triángulos rectángulos que lleva su nombre. Los "versos áureos" establecían los principios de la arquitectura moral que regía la antigua escuela pitagórica de Crotona. Pitágoras y sus alumnos los recitaban, acompañados de la lira, a la salida y a la puesta del sol. A la salida para refrescar en la mente, antes de iniciar el día, los principios que debían regir su conducta; y a su puesta, para confrontar con ellos todas las acciones llevadas a cabo a lo largo de la jornada. Comenzaban diciendo: *"Honra ante todo a los dioses inmortales según establece la ley. Respeta la palabra dada…"* y contenían párrafos interesantes muy similares a algunos pasajes de los Salmos y Proverbios como: *"Observa la justicia en acciones y palabras. Nunca te comportes sin regla ni razón (…) Y si en el examen hallas falta, trata de enmendarte; mas si has obrado bien, regocíjate de ello. Trata de practicar estos preceptos. Medítalos y ámalos, que ellos te conducirán por la senda de la virtud divina…".*

[12] Y según algunos interpretes hace alusión también en el Salmo 143 cuando exclama: *"me ha hecho habitar en tinieblas"* (Salmo 143:3).

donde David se ocultó con seiscientos de sus seguidores; y donde Saúl entró y David le cortó el faldón de su túnica.[13] El rey, acompañado de tres mil guerreros, lo persiguió hasta las cumbres más escarpadas, donde pastaban las ovejas *"en el camino"*,[14] donde conducían el ganado únicamente en los meses más calurosos de verano; escrutando cada agujero, revisando cada escondite, y buscando de cueva en cueva. Tales cuevas, de origen natural pero ampliadas por manos humanas, son habituales en todo Oriente próximo y de manera especial en Palestina, donde hay algunas tan espaciosas que pueden acomodar a miles de personas. Y efectivamente, David se hallaba oculto con sus hombres en una de esas cuevas, en absoluto silencio y la más profunda oscuridad. Y este cántico de lamento fue escrito durante las horas de suspense que permaneció allí escondido, aguardando a que pasara el peligro (57:1-2); y mejorando poco a poco su confianza y fortaleza de corazón (57:7-8). Ciertamente, su vida colgaba de un hilo, de haber logrado Saúl o alguno de sus secuaces detectarle.

August Friedrich Tholuck [1799-1877]
"A Translation and Commentary of the Book of Psalms for the Use of the Ministry and Laity of the Christian Church", 1856

Título: *Cuando David huyó de delante de Saúl a la cueva.* Al parecer la tradición local cuenta con sólidas razones para ubicar esa cueva en las inmediaciones del Mar Muerto, aunque no haya certeza absoluta sobre qué cueva en particular es la señalada. Esta ubicación concuerda más que cualquier otra en las llanuras occidentales con el hecho de que David convocara allí a sus padres,[15] a quienes tenía la intención de llevar de Belén a Moab.[16] (…) Se trata de una inmensa caverna natural, a cuya boca se puede acceder únicamente ascendiendo por borde del acantilado con mucho riesgo. Irby y Mangles,[17] que la visitaron constatar que se trataba de la reputada Cueva de Adulam, la describen diciendo: «Comienza con un largo corredor, estrecho y sinuoso, con pequeñas cámaras o cavidades a ambos lados; pero finalmente llegamos a una inmensa bóveda con arcos naturales de gran altura, y de la cual partían numerosos túneles en todas direcciones, cruzándose ocasionalmente unos con otros en ángulo recto, y formando un perfecto laberinto que nuestros guías aseguraban que nunca ha sido perfectamente explorado, ya que nadie se ha atrevido a adentrarse en ellos por temor a perderse. Los túneles eran más o menos de 1,50 metros de alto por 1,00 metros de ancho, y corrían todos en un mismo nivel». Es probable que David, natural de Belén, estuviera bien informado acerca de este lugar notable, y lo hubiera aprovechado ya antes como refugio cuando pastoreaba los rebaños de su padre; por lo cual lo considerara un excelente escondite cuando huyó de Gat.[18]

John Kitto [1804-1854]
"A Cyclopaedia of Biblical Literature", 1843

[13] 1 Samuel 22:1; 24:1-22.
[14] 1 Samuel 24:3.
[15] 1 Samuel 22:1.
[16] 1 Samuel 22:3.
[17] Se refiere a Charles Leonard Irby [1789-1845] oficial de la *Royal Navy,* que al verse obligado a abandonar en 1815 el servicio activo por motivos de salud, organizó con su compañero, el capitán James Mangles [1786-1867], reputado naturalista y escritor, un viaje para explorar Oriente Medio entre 1816 a 1818. Sus descubrimientos fueron publicados en 1823 en un libro titulado *"Travels in Egypt and Nubia, Syria, and Asia Minor; during the years 1817 & 1818"*, del cual ambos figuran como autores.
[18] 1 Samuel 21:11-15; 22:1.

Estructura: En este salmo tenemos una parte de oración (57:1-6); y otra de alabanza (57:7-11).[19] El perseguido se toma un largo respiro para la oración; y una vez se siente plenamente inspirado derrama su alma en un canto jubiloso de alabanza.[20]

C. H. SPURGEON

Versión poética:

MISERERE MEI DEUS, MISERERE MEI

Apiádate de mí, Dios soberano,
apiádate de mí, porque no cuento
más que con tu piedad, y hacerlo debes
por la viva esperanza que en ti tengo.

Acogido a la sombra de tus alas
esperaré pacífico y sereno,
que se acaben por fin las espantosas
y fieras persecuciones que padezco.

Al altísimo Dios clamaré humilde,
a este Dios tan magnífico y tan bueno,
que acaba de mostrarme sus piedades
con beneficios próvidos e inmensos.

Del riesgo más urgente me ha librado,
con un socorro que bajó del cielo,
y a los tiranos que me perseguían
de vergüenza y oprobios ha cubierto.

Me envió su verdad para ilustrarme
con su misericordia al mismo tiempo,
y me sacó con ellas de las garras
de los leones feroces y sangrientos.

De los jóvenes leones que venían
rabiando de hambre y de sed, con el intento

[19] El versículo cinco (57:45) es una suerte de estribillo que se repite en el versículo once (57:11); y los versículos del siete al once (57:7-11) coinciden de manera casi exacta con los versículos dos al cinco del Salmo 108 (108:2-5). Ver al respecto la nota 76.

[20] FRANCISCO LACUEVA [1911-2005] en su versión española del "Comentario de Matthew Henry" dice: «Este salmo se parece mucho al que le precede, fue redactado en ocasión similar, cuando David estaba en gran peligro de la vida, así como de caer en pecado; comienza como el anterior y la pauta que sigue es también la misma. I. Comienza con oración y queja, pero también con alguna seguridad de obtener respuesta a su oración (vv. 1-6). II. Concluye con gozo y alabanza (vv. 7-11)».

de beberme la sangre; mas Dios mío,
todavía no duermo con sosiego.

Yo conozco la rabia de los hombres
sus dientes son más duros que el acero,
y las flechas, los arcos y los dardos
no son tan duros y lastiman menos.

Su lengua es una espada venenosa,
que penetra hasta lo íntimo del pecho,
y la herida que abre no se cura,
porque la irrita su mortal veneno.

Sea, Señor, bendito y ensalzado
tu nombre más arriba de los cielos,
y que tu gloria sea conocida
en la tierra y sus vastos hemisferios.

A mí por todas partes me arman lazos,
no doy un paso que no esté temiendo,
y el corazón me agobian, y me abruman
con tantos males, y su enorme peso.

Si voy a alguna parte, allí me hallo
ya preparados los despeñaderos,
con el fin de que yo me precipite,
mas los precipitados serán ellos.

Mi corazón, Señor, ya se halla pronto,
mi amante corazón está dispuesto
a cantar tus divinas alabanzas
con voces y armoniosos instrumentos.

Sal pues, corazón mío, del letargo
en que el temor te tuvo tanto tiempo;
madruga, y vaya a descolgar tu mano
la cítara, la tiorba y el salterio.

Levántate a templar tu dulce lira,
compón nuevas canciones, himnos nuevos,
y enséñalos, a fin de que los canten,
a todas las naciones y sus pueblos.

Cantemos que en los cielos, en la esfera,
y en las nubes están resplandeciendo,
con los efectos de su sabia mano,
de su misericordia los efectos.

Sea bendito el Señor, sea ensalzado
su nombre más arriba de los cielos,
y se cante su gloria soberana
en toda la extensión del universo.

DEL "SALTERIO POÉTICO ESPAÑOL", SIGLO XVIII

Salmo completo: Bajo un punto de vista místico este himno se puede interpretar aplicándolo a Cristo, el cual en los días de su carne se vio acosado por la tiranía de sus enemigos, tanto espirituales como temporales. Sus enemigos temporales, Herodes y Poncio Pilato, junto con los gentiles y el pueblo de Israel, rugían con furia y tomaban juntos consejo conspirando contra él. Los principales entre los sacerdotes, y los príncipes, según afirma Jerónimo,[21] eran como *leones,* y el pueblo como los *cachorros de los leones*, todos ellos dispuestos a devorar su alma (57:4). Los gobernantes pusieron *una red a sus pies* (57:6) con sus interrogatorios capciosos, preguntándole: *"¿Es lícito dar tributo a César, o no?"*;[22] y si la mujer sorprendida en acto de adulterio debía ser apedreada o no.[23] El pueblo soliviantado *"vomitaba fuego"* (57:4) cuando vociferaban contra él, y sus dientes y lenguas eran como lanzas y saetas clamando: "*Crucifícale, crucifícale"*.[24] Sus enemigos espirituales también buscaban ávidamente el modo de devorarle; su alma estuvo entre leones todos los días de su vida hasta la hora de su muerte, y entonces de modo muy especial. El diablo, al tentarle,[25] puso un lazo a sus pies (57:6); y la muerte cavó una fosa para él con la idea de devorarle (57:6). Así como David estuvo en las profundidades de la cueva al borde de la muerte, también Cristo, el Hijo de David, estuvo prisionero del sepulcro.[26]

JOHN BOYS [1571-1625]
"The Works of John Boys: An Exposition of Psalm lvii"

Vers. 1. *Ten misericordia de mí, oh Dios, ten misericordia de mí; porque en ti ha confiado mi alma, y en la sombra de tus alas me ampararé hasta que pasen los quebrantos.* *[Ten misericordia de mí, oh Dios, ten misericordia de mí; porque en ti ha confiado mi alma, y en la sombra de tus alas me ampararé hasta que pasen los quebrantos.* RVR*] [Ten piedad de mí, oh Dios, ten piedad de mí, porque en ti se refugia mi alma; en la sombra de tus alas me ampararé hasta que la destrucción pase.* LBLA*] [¡Ten misericordia de mí, oh Elohim! Ten misericordia de mí, porque en Ti ha confiado mi alma, y a la sombra de tus alas me refugio hasta que pase la calamidad.* BTX*] [Ten compasión de mí, oh Dios;*

[21] Se refiere a JERÓNIMO DE ESTRIDÓN O EUSEBIO HIERÓNIMO DE ESTRIDÓN [c.342-420], nacido en Dalmacia, más conocido como SAN JERÓNIMO, Padre de la Iglesia, uno de los cuatro grandes Padres Latinos. Gran conocedor del griego y el hebreo y gran latinista, tradujo la Biblia del griego y el hebreo al latín, traducción conocida como la Vulgata (del latín "vulgo", "pueblo"; "vulgata editio", "edición para el pueblo"), que fue hasta la promulgación de la Neovulgata en 1979, el texto bíblico oficial de la Iglesia católica romana.

[22] Mateo 22:17.

[23] Juan 8:5.

[24] Lucas 23:21.

[25] Mateo 4:1-11.

[26] Este mismo sentido profético es el que da al Salmo AGUSTÍN DE HIPONA [354-430]: «Cuando leas *"Ten misericordia de mí, oh Dios, ten misericordia de mí; porque en ti ha confiado mi alma"*, recuerda que son palabras del Señor en su Pasión. Estas escuchando la súplica del Maestro: sirva pues su oración para enseñarnos a orar. Pues si él oró fue para aprendiéramos a orar; como padeció para que aprendiéramos a padecer; y resucitó para que aprendiéramos a esperar la resurrección».

ten compasión de mí, que en ti confío. A la sombra de tus alas me refugiaré, hasta que haya pasado el peligro. NVI*] [Apiádate de mí, oh Dios, apiádate; que en ti pongo mi confianza; bajo tus alas me refugiaré hasta que pase la desgracia.* BLP*] [¡Ten misericordia de mí, oh Dios, ten misericordia! En ti busco protección. Me esconderé bajo la sombra de tus alas hasta que haya pasado el peligro.* NTV*]*

Ten misericordia de mí, oh Dios, ten misericordia de mí. La urgencia de la necesidad aconseja la repetición del grito de súplica, que expresa más claramente el apremio e intensidad de la demanda. Si «quien da primero da dos veces»,[27] quien quiere recibir primero debe pedir dos veces. El salmista comienza implorando misericordia, y convencido de que no tiene otra forma de mejorar la súplica, se limita a repetirla. Dios es el Dios de la misericordia,[28] Padre de misericordias,[29] por tanto, es de lo más propio que el salmista, acosado por la angustia, busque misericordia allí donde sabe que la hay.[30]

Porque en ti ha confiado mi alma.[31] La fe es hábil en la forma de presentar sus súplicas. ¿Cómo podría el Señor mostrarse inmisericorde con un alma esperanzada que tan efusivamente había confiado en él? No se trata de que la fe sea merecedora de misericordia, pero cuando es sincera, siempre la obtiene de la gracia soberana de Dios, como en este caso en que el alma creyó firmemente: *"Porque con el corazón se cree para justicia, y con la boca se confiesa para salvación"*.[32]

Y bajo la sombra de tus alas me ampararé.[33] No se limitaría a esconderse en la cueva,[34] sino en la hendidura de la peña,[35] bajo la Roca de los siglos.[36] Así como los pajarillos encuentran refugio

[27] En el original inglés *"he gives twice who gives quickly"*. Del latín *"bis dat qui cito dat"*. En español este refrán se utiliza también en otra versión y sentido: «Quien pega primero, pega dos veces» señalando la ventaja de quien se anticipa a los acontecimientos adelantándose a los demás.

[28] Éxodo. 34:6; Números 14:18; Nehemías 9:17; Sal. 86:15; 103:8; Jonás 4:2; Santiago 5:1.

[29] 2 Corintios 1:3.

[30] ALLEN FRANCIS GARDINER [1794-1851] un valiente capitán de la *Royal Navy* que renunció a su puesto para ir como misionero a África y posteriormente a Patagonia y la Tierra del Fuego. Zarpó de Liverpool el 7 de Septiembre de 1850 para explorar las islas del Cabo de Hornos y llevar a ellas el evangelio; se encontró atrapado en la isla Picton con la embarcación en muy malas condiciones y los indígenas en actitud muy hostil. Los víveres escaseaban y como era consciente de que pasarían meses antes de recibir cualquier tipo de ayuda, escribió detalladamente en su diario los avatares del día a día temiendo que sería la única manera de dejar constancia de lo sucedido cuando lo hallara alguna expedición de rescate. El 16 de Junio de 1851 escribió en su diario: *"Ten misericordia de mí, oh Dios, ten misericordia de mí; porque en ti ha confiado mi alma, y en la sombra de tus alas me ampararé hasta que pasen los quebrantos"* (57:1). La ayuda no llegó hasta el 21 de Octubre, y la embarcación de rescate encontró muertos a todos los componentes de la expedición. Pero el sacrificio no fue en vano, dos años después se fletó un barco misionero con su nombre, el *Allen Gardiner,* una goleta de 68 toneladas dedicada exclusivamente a evangelizar la zona, y su propio hijo dedico su vida como misionero en Patagonia.

[31] La llamada BIBLIA DE FERRARA, una versión en sefardí o judeoespañola del *Tanaj* o Biblia hebrea, lo traduce como: *"En ti se abrigó mi alma"*.

[32] Romanos 10:10.

[33] KRAUS ve en esta frase una alusión a los querubines situados encima del arca en el lugar santísimo del templo, las כַּנְפֵי הַכְּרוּבִים *kanpê hakkərūḇîm* de 1 Reyes 8:6: *"Y los sacerdotes metieron el arca del pacto de Jehová en su lugar, en el santuario de la casa, en el lugar santísimo, debajo de las alas de los querubines"*, símbolo del poder protector de Yahvé (Salmo 17:8; 36:7; 61:4; 63:7. Ver también al respecto Éxodo 25:20; 1 Crónicas 28:18).

[34] 1 Samuel 22:1.

[35] Éxodo 33:22.

[36] Isaías 26:4.

bajo las alas de sus progenitores, el fugitivo perseguido se coloca bajo la protección segura del poder divino. El simbolismo de esta imagen es sublime, de lo más hermoso y familiar. ¡Que tengamos todos nosotros la oportunidad y privilegio de experimentarlo personalmente en toda la amplitud de su significado! Cuando se nos hace imposible contemplar el sol del rostro de Dios, qué enorme bendición es acurrucarse bajo la sombra de sus alas.[37]

Hasta que haya pasado el peligro.[38] El mal pasará, y en tanto no lo haga las alas eternas permanecerán sobre nosotros. Bendito sea Dios, porque nuestras calamidades y quebrantos son temporales, pero nuestra seguridad es eterna. Mientras permanecemos bajo la sombra divina ninguna calamidad temporal podrá causarnos daño alguno; el halcón cruza veloz el espacio ávido de presa, pero no es ninguna amenaza para los polluelos que anidan seguros bajo las plumas de la gallina.

C. H. SPURGEON

Ten misericordia de mí, oh Dios, ten misericordia de mí; porque en ti ha confiado mi alma. Este salmo excelente fue compuesto por David en medio de unas circunstancias capaces de dejar desconcertada a la persona más estable y equilibrada en este mundo. La repetición de la súplica denota tanto la gravedad del peligro, como el fervor del suplicante. *¡Misericordia!, Señor, ¡Misericordia!* El salmista es consciente de que solo la misericordia, y aplicada por vía extraordinaria, puede salvarlo de su inminente ruina. Y los argumentos que invoca en medio de su angustia para conseguirla son dignos de consideración.

1. Utiliza su confianza en Dios como argumento para moverlo a ejercer su misericordia: *"Porque en ti ha confiado mi alma"*. Su confianza absoluta y su dependencia de Dios, aunque no sean argumentativas respecto a la dignidad del *hecho,* sí lo son respecto a la naturaleza del *objeto:* un Dios compasivo que no abandonará a nadie que se refugie bajo sus alas; y respecto a la *promesa,* que garantiza protección a todos los que vuelan a él en busca de un santuario seguro: *"Tú guardas en completa paz a aquel cuyo pensamiento en ti persevera; porque en ti confía"*.[39]

2. Apela a experiencias positivas previas habidas en situaciones angustiosas como argumento para alentar su esperanza en las dificultades presentes: *"Clamaré al Dios Altísimo, al Dios que todo lo hace para mí"* (57:2).

JOHN FLAVEL [1627-1691]
"Divine Conduct or The Mystery of Providence Opened", 1678

Ten misericordia de mí, oh Dios, ten misericordia de mí. Conforme al peso de la carga que nos aflige, así es de intenso el clamor que sale de nosotros. ¡Los condenados claman a sus jueces con desespero diciendo: tened piedad de nosotros, tened piedad de nosotros! David, en el día de sus quebrantos, multiplica su oración implorando misericordia: *"¡Ten misericordia de mí, oh Dios, ten misericordia de mí; porque en ti ha confiado mi alma, y en la sombra de tus alas me ampararé hasta que pasen los quebrantos"*. No se trataba de un único quebranto, sino de multitud, razón por la cual

---

[37] FRANZ DELITZSCH [1813-1890] dice al respecto: «La sombra de las alas de Dios es toma de conciencia de la protección de su amor más delicado y tierno; un poderoso elixir reconfortante. Y el salmista se refugia debajo de ellas, como ha hecho ya en otras ocasiones, hasta que הַוּוֹת *hawwōwṯ,* el peligro abismal que se cierne sobre él, יַעֲבֹר *ya'ăḇōr,* haya pasado, *"praeteriverit"*, como leemos en Isaías 26:20. No en el sentido de que en otras circunstancias ya no precise de la protección divina, sino de que en las actuales está necesitado de ella de un modo muy especial».

[38] La versión griega de los LXX o Septuaginta lee: ἕως οὗ παρέλθῃ ἡ ἀνομία que la Vulgata traduce: *"donec transeat iniquitas"*, "hasta que haya pasado la iniquidad".

[39] Isaías 26:3.

duplica sus peticiones al Señor. Cual campana en toque de oración, su espíritu golpea repetidamente ambos extremos del borde con el badajo de la súplica: *"Ten misericordia de mí, oh Dios, ten misericordia de mí"*.

JOSEPH CARYL [1602-1673]

Ten misericordia de mí, oh Dios, ten misericordia de mí. La primera y segunda cláusula repiten la misma oración utilizando un verbo hebreo de profundo significado: חָנֵּנִי *hānnênî* de חָנַן *chanan* cuyo sentido literal sería: *"Muestra hacia mí tu afecto más tierno"*,[40] como cuando los felinos transmiten con un ronroneo su afecto protector hacia sus crías.

HERMANN VENEMA [1697-1787]
"Commentarius ad Psalmos", 1762

Porque en ti ha confiado mi alma. El mejor argumento para dialogar y tratar con Dios, que: *"se complace en los que le temen, y en los que esperan en su misericordia"*.[41]

MATHEW POOLE [1624-1679]
"Synopsis Criticorum Aliorumque S. Scripturae Interpretum", 1669

Mi alma. Su *alma* confiaba en Dios plenamente; una expresión cuya fuerza no debemos pasar por alto, porque implica que su confianza hundía sus raíces en lo más íntimo de su ser; y que no tenía un carácter volátil, sino que estaba profundamente arraigada. Esta misma verdad la repite, en términos figurados, cuando añade a continuación su convencimiento de que Dios lo cubrirá y protegerá con la sombra de sus alas.

JUAN CALVINO [1509-1564]

En la sombra de tus alas me ampararé hasta que pasen los quebrantos. Es decir: *"buscaré protección"*. Una figura poética encantadora, tomada de los polluelos escondidos bajo las alas de la madre; y a su vez, según parece, una referencia a las alas de los querubines con las cuales custodiaban el propiciatorio.[42]

SIMEON MAROTTE DE MUIS [1587-1644]
"Commentarius litteralis et historicus in omnes Psalmos", 1630

En la sombra de tus alas. Comparar con Salmo 17:8; 61:4; Mateo 23:37; y con las imágenes apocalípticas describiendo a la Iglesia como una mujer que huye del dragón: *"y se le dieron a la mujer dos alas de la gran águila, para que volase de la presencia de la serpiente"*.[43]

CRISTOPHER WORDSWORTH [1807-1885]
"Commentary on the Whole Bible", 1856

[40] Ver al respecto Génesis 33:11; Job 19:21; Malaquías 1:9, y otros muchos pasajes donde se utiliza el mismo verbo.
[41] Salmo 147:11.
[42] Éxodo 25:18-21; Salmo 61:4.
[43] Apocalipsis 12:14.

Hasta que pasen los quebrantos. El salmista compara sus aflicciones y quebrantos con una tormenta que viene, descarga, y se va; pues no siempre en esta vida gozamos de buen tiempo, pero tampoco es constantemente tormentoso. Atanasio dijo de Juliano[44] que arremetía furioso contra los seguidores el Ungido del Señor: *"Nubecula est, cito transibit"*, no es más que una pequeña nube que pronto pasará. El hombre nace para trabajar y sudar, para sufrir padecimientos y quebrantos; trabajar en sus acciones, padecer en sus pasiones; y así: *"Muchas son las aflicciones del justo, pero de todas ellas le librará Jehová"*.[45] Si ponemos toda nuestra confianza en él y echamos sobre él nuestra carga,[46] en el momento oportuno, hará que todas nuestras aflicciones se desvanezcan. Ya sea arrebatando los problemas de nosotros, o a nosotros de los problemas, y entonces sabremos con certeza que las dificultades de esta vida presente no pueden equipararse a la gloria que nos aguarda en la vida venidera.[47] Pues como el globo terráqueo, que de manera impropia llamamos mundo para constatar su magnitud, y que en cálculo matemático tiene miles de millas de circunferencia; pero que comparado con la enormidad de la circunferencia del cielo estrellado es no más que un punto diminuto perdido en el horizonte; así también los quebrantos y aflicciones de esta vida temporal no guardan relación proporcional comparable con las alegrías eternas en el mundo venidero; no son nada, fuera de una nube oscura que viene, y en un momento desaparece.

JOHN BOYS [1571-1625]
"The Works of John Boys: An Exposition of Psalm lvii", 1626

Vers. 1-3. *"En la sombra de tus alas me ampararé hasta que pasen los quebrantos"*. Como si dijera: «Señor, estoy escondido en la cueva, perdido en lo más profundo y tenebroso de sus galerías; pero aún así no me siento seguro del todo, a menos que pueda refugiarme bajo la sombra de tus alas: ellas son el verdadero amparo y la protección que te imploro». Por tanto: *"Clamaré al Dios Altísimo"* (57:2); por medio de la oración: *"en la sombra de tus alas me ampararé"* (57:1); y con ello tendré el éxito garantizado, pues él: *"enviará desde los cielos, y me salvará de la infamia del que me acosa. Dios enviará su misericordia y su verdad"* (57:3). Cuando lanzamos nuestras oraciones hacia arriba, *al cielo:* Dios nos envía también su ayuda desde arriba, *desde los cielos.* David *ora a Dios* con la misma firmeza con la que *confía en Dios.* A menos que confiemos con la misma intensidad con que oramos, la confianza nos fallará; debemos confiar ciegamente en Dios en todo aquello por lo que oramos.

JEREMIAH DYKE [1584-1639]
"The Righteous Man's Tower", 1839

---

[44] Se refiere a ATANASIO DE ALEJANDRÍA [296-373] obispo y patriarca de Alejandría; y al emperador romano FLAVIO CLAUDIO JULIANO [332-363], hijo de un hermanastro de Constantino el Grande [272-337] , y llamado "el Apóstata" por su abjuración de la religión cristiana y su intento de reinstaurar en el imperio la religión y costumbres paganas. Juliano se enfrento al entonces obispo y patriarca de Alejandría Atanasio, que lideraba la resistencia cristiana en la región, ordenando su destierro entre los años 362 y 363. Atanasio replicó con estas palabras: *"Nubecula est, cito transibit"*, que resultaron proféticas, pues antes de los dos años de decretar el destierro de Atanasio, el 26 de junio de 363, Juliano falleció en una escaramuza militar al ser herido en la espalda por una jabalina que le perforó el hígado y los intestinos. El ejército eligió como sucesor a JOVIANO [332-364], un oficial cristiano que sentía un gran respeto por Atanasio y que le reinstauró de inmediato en su sede episcopal.

[45] Salmo 34:19; Proverbios 24:16.

[46] Salmo 55:22; 1 Pedro 5:7.

[47] Romanos 8:18.

Vers. 2. *Clamaré al Dios Altísimo, al Dios que me favorece.* *[Clamaré al Dios Altísimo, al Dios que me favorece.* RVR*] [Clamaré al Dios Altísimo, al Dios que todo lo hace para mí.* LBLA*] [Clamaré a Elohim Elyon, al DIOS que me favorece.* BTX*] [Clamo al Dios Altísimo, al Dios que me brinda su apoyo.* NVI*] [Invocaré al Dios Altísimo, al Dios que es bueno conmigo.* BLP*] [Clamo al Dios Altísimo, a Dios, quien cumplirá su propósito para mí.* NTV*]*

Clamaré. Aunque en realidad ya se siente seguro, a pesar de ello: suplica. Porque la fe nunca permanece muda. Oramos porque creemos. Por fe hemos recibido el espíritu de adopción, por el cual clamamos.[48] No dice *clamo,* o *he clamado,* sino *clamaré:* una resolución que bien podemos, y de hecho debemos, mantener en tanto no hayamos atravesado las puertas de perla;[49] ya que mientras permanezcamos en este mundo seguiremos con la necesidad de clamar.

Al Dios Altísimo.[50] Las oraciones han de ir dirigidas a Dios únicamente, pues su grandeza y sublimidad inspiran y alientan la oración; por encumbrados y poderosos que sean nuestros enemigos, nuestro amigo celestial los es mucho más, porque es *"el Altísimo"*, y desde su posición puede enviarnos fácilmente el socorro que necesitamos.

Que hace para mí todas las cosas.[51] Una razón convincente para orar: el salmista ve a Dios obrando. El creyente espera, y Dios obra. El Señor se ha comprometido a nuestro favor, y no se retractará, cumplirá sus compromisos del pacto.[52] Nuestros traductores, con mucho acierto, han insertado aquí el: *"todas las cosas",* porque en el texto hebreo[53] hay como un hueco, cual si se tratara de una *carta blanca* o un comodín, un espacio en blanco donde el orante pueda escribir aquello en particular que el Señor ha comenzado para él, y que sabe con certeza que llevará a término, pues el Señor cumple puntualmente todo aquello que ha comenzado y tomado en su mano. De ahí que las misericordias pasadas sean garantías para el futuro, y razones admirables para seguir clamando.

C. H. SPURGEON

Vers. 3. *El enviará desde los cielos, y me salvará de la infamia del que me acosa; Selah Dios enviará su misericordia y su verdad.* *[Él enviará desde los cielos, y me salvará de la infamia del que me acosa; Selah Dios enviará su misericordia y su verdad.* RVR*] [El enviará desde los cielos y me salvará; él reprocha al que me pisotea. (Selah) Dios enviará su misericordia y su verdad.* LBLA*] [Él enviará desde los cielos y me librará de la infamia del que me acosa. Selah. ¡Elohim enviará su misericordia y su verdad!* BTX*] [Desde el cielo me tiende la mano y me salva; reprende a mis perseguidores. Selah ¡Dios me envía su amor y su verdad!* NVI*] [Me salvará desde el cielo y humillará a quien me acosa; Pausa ¡Dios enviará su amor y verdad!* BLP*] [Él mandará ayuda del cielo para*

---

[48] Romanos 8:15.

[49] Apocalipsis 21:21.

[50] En hebreo אֶקְרָא לֵאלֹהִים עֶלְיוֹן *'eqrā lêlōhîm 'elyōwn.*

[51] Utilizamos la traducción literal de la versión inglesa KJV: *"unto God that performeth all things for me"*, más ajustada al texto hebreo: גֹּמֵר עָלָי *gōmêr 'ālāy.* En este caso la traducción mas ajustada al sentido del hebreo parece ser la de LBLA: *"que todo lo hace para mí".* La versión griega de los LXX o Septuaginta lee: τὸν θεὸν τὸν εὐεργετήσαντά με que la Vulgata traduce al latín como: *"Deum qui benefecit me"*, "al Dios que me hace bienes".

[52] Deuteronomio 7:9; Números 23:19; Salmo 89:34.

[53] En hebreo אֶקְרָא לֵאלֹהִים עֶלְיוֹן לָאֵל גֹּמֵר עָלָי *'eqrā lêlōhîm 'elyōwn lā'êl gōmêr 'ālāy*, "Clamaré al Dios mas alto, al Dios que hace por mí". Pero el sentido va todavía más allá, pues גֹּמֵר *gōmêr* de גָּמַר *gamar,* más que "hacer" significa "completar, acabar, finalizar algo empezado", por lo cual, más ajustado a este sentido, debería traducirse *"al Dios que finaliza* (o completa) *las cosas por mí".*

rescatarme, y avergonzará a los que me persiguen. Interludio. Mi Dios enviará su amor inagotable y su fidelidad. NTV*]*

Él enviará desde los cielos. Si no hay en la tierra instrumentos válidos suficientes, el cielo mandará sus legiones de ángeles en auxilio de los santos.[54] En tiempos de gran angustia podemos esperar misericordias notables; cual los israelitas en el desierto, dispondremos de nuestra ración de pan fresco del cielo cada mañana;[55] y para el derrocamiento de nuestros enemigos, Dios abrirá fuego con sus baterías celestiales y los pondrá en fuga, sumiéndolos en total confusión. Dondequiera que la batalla recrudezca y se haga más feroz, vendrá el auxilio desde el cuartel general, porque el Comandante en jefe lo ve todo.

Y me salvará del reproche de aquel que pretende devorarme.[56] Acudirá oportunamente, no solo para rescatar a sus siervos de ser devorados, sino incluso de ser reprochados. No solo escaparán de las llamas, sino que tan siquiera les impregnará el olor del fuego.[57] ¡Oh perro nauseabundo del infierno, no solo seré librado de tu mordedura, sino incluso de tu ladrido! Nuestros enemigos no tendrán siquiera el poder de burlarse de nosotros, pues sus burlas crueles y sus increpaciones desafiantes serán neutralizadas por el mensaje de los cielos, que nos salvará definitivamente.

Selah. Tamaña misericordia bien merece una pausa de reflexión. ¡Reposa, cantor, porque Dios te ha dado descanso!

Dios enviará su misericordia y su verdad. El salmista clamaba pidiendo misericordia, y la verdad vino con ella por añadidura. Nuestro Dios siempre nos da más de lo que pedimos o esperamos. Sus atributos, cual ángeles con las alas desplegadas,[58] están siempre dispuestos para acudir en rescate de sus escogidos.[59]

C. H. SPURGEON

Y me salvará del reproche de aquel que pretende devorarme. Si os invitara a mi casa diciendo que en ella tengo a un ser humano tierno y rollizo, y que deseo que me acompañéis para comerlo juntos, sin duda que vuestra indignación llegaría al límite; y me consideraríais loco de remate. Todos se enfrentarían y se opondrían a quien les propusiera darse un banquete cortando en filetes a un ser humano, denunciando horrorizados que no hay en todo Nueva York persona tan miserable y mezquina. Sin embargo, son miles los que a diario, mientras defienden a capa y espada la integridad del cuerpo físico, no sienten reparo alguno en hacer trizas el alma de un semejante, hornearla, y servirla en bandeja invitando a sus amigos y vecinos a que participen de tan nauseabundo festín. No dudan en asar a la parrilla el honor, la dignidad y el buen nombre de una persona, achicharrándolo sobre las brasas de su murmuración e impregnando todo el vecindario con su aroma, dando a cada vecino un

---

[54] Mateo 26:53.

[55] Éxodo 16:4-6; 13-21.

[56] Traducción literal de la versión inglesa KJV: *"and save me from the reproach of him that would swallow me up"*. En hebreo חֵרֵף שֹׁאֲפִי *ḥêrêp̄ šō'ăp̄î* de שָׁאַף *sha'aph*. La versión griega de los LXX o Septuaginta lee: τὸν θεὸν τὸν εὐεργετήσαντά με que la Vulgata traduce al latín como: *"dedit in opprobrium conculcantes me"*, "cubrió de oprobio a los que me pisoteaban".

[57] Daniel 3:27.

[58] En el original inglés: *"like angels on the wing"*, es decir, "en pleno vuelo".

[59] FRANZ DELITZSCH [1813-1890] dice al respecto: «La *"misericordia"* y *"verdad"* vienen a ser en este caso como dos espíritus benefactores que descendiendo del cielo a la tierra (ver Salmo 43:3) hacen que la יֶשַׁע *yasha "salvación"* divina alcance su cometido».

pedazo, y guiñándole el ojo maliciosamente para constatar lo apetitoso que sabe. Todos somos devoradores de hombres (...) Devoramos almas, lo más sagrado del hombre. Nos encanta poder susurrar al oído de otro una palabra despectiva sobre un vecino, su esposa, o su hija (...) El bocado es demasiado exquisito para desperdiciarlo. Se trata del alma de una persona, de su esperanza para esta vida y la vida venidera, y aquí la tenemos, ensartada en el tenedor, incapaces de abstenernos de probarla, y ofreciendo un pedazo a otro para mutua satisfacción. Somos caníbales, devoramos el honor y buen nombre de los seres humanos y nos regocijamos en ello, a pesar de que pocas veces contamos con la certeza de que las cosas que les imputamos sean verdaderas; sino todo lo contrario, de cien veces, lo más probable es que noventa y nueve sean falsas.

HENRY WARD BEECHER [1813-1887]
"Notes from Plymouth pulpit: a collection of memorable passages from the discourses of Henry Ward Beecher", 1859

Dios enviará su misericordia y su verdad. Es decir, Dios, para manifestar su misericordia, y vindicar la verdad de sus promesas, me salvará. Observará el lector que la misericordia y la verdad, son representadas aquí, en lenguaje poético, como ministros de Dios; de pie ante su presencia, dispuestos para ejecutar su voluntad y ser utilizados por él en la salvación de su pueblo.[60]

SAMUEL CHANDLER [1693-1766]
"A Critical History of the Life of David. Exposition to Psalm 57", 1766

Dios enviará su misericordia y su verdad. Dios no necesita enviar ángeles para llevar a cabo sus propósitos, le basta con enviar a la tierra su misericordia y su verdad, que en otro pasaje se dice que prepara en los cielos: *"Prepara misericordia y verdad para que lo conserven"*.[61] ¿Y qué prepara? Misiones especiales a las cuales las envía para que las ejecuten.

THOMAS GOODWIN [1600-1679]
"A discourse of Christ the Mediator", 1692

Vers. 4. *Mi vida está entre leones; estoy echado entre hijos de hombres que vomitan llamas; sus dientes son lanzas y saetas, y su lengua espada aguda.* *[Mi vida está entre leones, que ávidamente devoran a los hijos de los hombres; sus dientes son lanzas y saetas, y su lengua espada aguda.* RVR*] [Mi alma está entre leones; tengo que acostarme entre los que vomitan fuego; entre los hijos de los hombres, cuyos dientes son lanzas y saetas, y cuya lengua es espada afilada.* LBLA*] [Mi alma está en medio de leones, estoy echado entre hijos de hombres que vomitan fuego, sus dientes son lanzas y saetas, y su lengua espada aguda.* BTX*] [Me encuentro en medio de leones, rodeado de gente rapaz. Sus dientes son lanzas y flechas; su lengua, una espada afilada.* NVI*] [Estoy tendido entre leones que devoran a seres humanos sus dientes son lanzas y flechas, es su lengua una espada afilada.* BLP*] [Me rodean leones feroces que con avidez devoran a sus presas humanas; sus dientes penetran como lanzas y flechas, y sus lenguas cortan como espadas.* NTV*]*[62]

[60] Dice AGUSTÍN DE HIPONA [354-430] «La misericordia para compadecerse de nosotros, la verdad para garantizarnos la liberación y la recompensa».
[61] Salmo 61:7.
[62] En hebreo: נַפְשִׁ֤י ׀ בְּת֬וֹךְ לְבָאִ֗ם אֶשְׁכְּבָ֥ה לֹ֫הֲטִ֥ים בְּֽנֵי־אָדָ֗ם שִׁ֭נֵּיהֶם חֲנִ֣ית וְחִצִּ֑ים וּ֝לְשׁוֹנָ֗ם חֶ֣רֶב חַדָּֽה׃ *napšî batōwk labā'im 'eškabāh lōhăṭîm bənê-'āḏām nêhem ḥănîṯ wəḥiṣṣîm ūləšōwnām ḥereḇ ḥaddāh.* La versión griega de los LXX o Septuaginta lee: καὶ ἐρρύσατο τὴν ψυχήν μου ἐκ μέσου σκύμνων. ἐκοιμήθην τεταραγμένος· υἱοὶ ἀνθρώπων, οἱ ὀδόντες αὐτῶν ὅπλον καὶ βέλη, καὶ ἡ γλῶσσα αὐτῶν μάχαιρα ὀξεῖα que la Vulgata traduce al latín como:

Mi vida está entre leones. Era un auténtico Daniel: amenazado, aullado, perseguido, herido, pero no muerto.[63] Su existencia estaba en peligro extremo, y sin embargo, su fe le hacía sentirse seguro y le permitía acostarse plácidamente.[64] La cueva en la que se había refugiado pudo haberle recordado la guarida de un león; y Saúl y su banda rugiendo y vociferando decepcionados de no haber podido darle caza, eran cual leones; pero en su refugio, bajo el amparo divino, se siente seguro.

Tengo que acostarme entre los que vomitan fuego. Tal vez Saúl y sus hombres mientras permanecieron en la caverna encendieron un fuego, que a David le recordó el fuego más feroz del odio que ardía en sus corazones. Cual la zarza de Horeb,[65] el creyente se halla a menudo en medio de las llamas, pero nunca es consumido. Cuando nos encontramos entre tizones encendidos hallamos descanso porque Dios es nuestra defensa, es un gran triunfo de la fe.

Entre los hijos de los hombres, cuyos dientes son lanzas y saetas, y cuya lengua es espada afilada. Las personas maliciosas albergan en su boca un completo arsenal; sus mandíbulas no son inofensivas, no se limitan a triturar el alimento que ingieren cual molino, sino que son agresivas como si cada diente fuera una lanza o saeta. Carecen de molares, todos sus dientes son incisivos, caninos, y toda su naturaleza es canina, leonina, lobina, diabólica. Y ese miembro tan peculiar, siempre activo, que es la lengua, en el caso de los maliciosos es una espada de dos filos, aguda, afilada cortante, mortífera. La lengua, que el salmista compara aquí con una espada, lleva añadido el adjetivo *"afilada"*, que no utiliza en referencia a los dientes, a los que se limita a comparar con lanzas, probablemente para demostrar que si los hombres pudieran rasgarnos literalmente con sus dientes cual bestias salvajes, no alcanzarían a herirnos tan severamente ni causarnos tanto daño como pueden hacer con sus lenguas. No existe otra arma tan terrible como una lengua afilada en la muela del diablo; pero ni aun así debemos sentir temor, porque: *"Ningún arma forjada contra ti prosperará, y condenarás toda lengua que se levante contra ti en juicio. Esta es la herencia de los siervos de Jehová, y la recompensa que obtendrán de mí, dice el Señor".*[66]

C. H. SPURGEON

"et eripuit animam meam de medio catulorum leonum. Dormivi conturbatus. Filii hominum dentes eorum arma et sagittae, et lingua eorum gladius acutus", "Y sacó mi alma de en medio de los cachorros de los leones; conturbado me dormí; hijos de los hombres los dientes de ellos son armas y saetas, y su lengua espada afilada". Un versículo complejo de traducir. KRAUS traduce: *"Tengo que acampar entre leones, que están ansiosos de hombres. Sus dientes son lanza y flecha; y su lengua es espada afilada"*. SCHÖKEL: *"Y yo me tengo que acostar entre leones que abrasan a seres humanos; sus dientes son lanzas y flechas, su lengua una espada afilada"*. En el texto hebreo בְּתֹ֬וךְ לְבָאִ֗ם אֶשְׁכְּבָ֥ה לֹהֲטִ֗ים בְּֽנֵי־אָדָ֗ם *bətōwk ləḇā'im 'eškəḇāh lōhăṭîm bənê-'āḏām* todo parece indicar que no hay dos figuras de agresores: los *"leones"* y *"hombres que vomitan fuego"*, sino una sola, y que los que vomitan fuego y abrasan a los hombres son los leones. El término לֹהֲטִ֗ים *lōhăṭîm* viene de לָהַט *lahat*, "quemar, arder, estar en llamas", es decir, pertenece al campo semántico del fuego: como intransitivo, "arder, llamear"; como transitivo, "chamuscar, abrasar, consumir". La imagen del agresor como león, ya conocida por otros pasajes (Salmo 7:2), aquí asume perfiles fantásticos. Son leones que echan fuego por las fauces, como el *behemot* de Job 41:18-21, y van abrasando y consumiendo בְּֽנֵי־אָדָ֗ם *bənê-'āḏām*, es decir, a seres humanos. FRANZ DELITZSCH [1813-1890] confirma esta idea afirmando que «el verbo לָהַט *lahat*, "abrasar, echar fuego", no puede traducirse como "devorar" en modo alguna puesto que en ninguna parte se le atribuye tal significado; y es evidente que el poeta lo relaciona aquí con לְבָאִ֗ם *ləḇā'im*, con los leones. Lo que el salmista tenía en mente era el aspecto flameante de sus poderosas mandíbulas, de las cuales, en forma figurada, parecía cual si brotaran llamas de fuego».

[63] 2 Corintios 4:9.

[64] En verbo hebreo que utiliza para dormir es אֶשְׁכְּבָ֥ה *'eškəḇāh* de שָׁכַב *shakab* el mismo que utiliza en el Salmo 3:5; 4:8.

[65] Éxodo 3:2.

[66] Isaías 54:17.

Mi vida está entre leones. Esto se puede interpretar con referencia la Iglesia, tanto en lo que hace a sus enemigos espirituales como temporales. En cuanto a sus enemigos espirituales: *"el diablo, como león rugiente, anda alrededor buscando a quien devorar"*;[67] y nuestros pecados son los *"cachorros de leones"*, listos para devorarnos. Y en cuanto a los enemigos temporales, en este mundo la Iglesia es como Daniel en el foso de los leones;[68] o como *"el niño de pecho jugará sobre el agujero del áspid"*.[69] No cuenta aquí en la tierra con ningún poder visible o ayuda externa al que acudir en busca de socorro, toda su confianza está en el Señor, y *"en la sombra de sus alas se amparara hasta que pasen los quebrantos"* (57:1).

JOHN BOYS [1571-1625]
"The Works of John Boys: An Exposition of Psalm lvii"

Mi vida está entre leones. Mudge[70] traduce literalmente: *"tiendo mi alma entre leonas"*. Lo cual concuerda con la opinión de Bochart,[71] que cree que los animales de los que aquí se habla son propiamente leonas cuando amamantan a sus crías, una circunstancia en que son particularmente feroces y peligrosas.[72] «No hace falta decir –concluye– que las leonas, que son las que cazan, exceden al león en fuerza y ferocidad, algo que se constata por el testimonio de diversos escritores antiguos».

JAMES ANDERSON [1804-1863]
en una nota editorial en su traducción al inglés del
"Comentario a los Salmos" de JUAN CALVINO [1509-1564]

Tengo que acostarme entre los que vomitan fuego. La columna vertebral de la frase es el verbo hebreo אֶשְׁכְּבָה *'eškəḇāh* de שָׁכַב *shakab,* "me acuesto o reclino", y que denota una condición de sosiego, de tranquilidad y seguridad de cuerpo y mente, como corresponde a una persona recostada y durmiendo: *"Yo me acosté y dormí, y desperté"*;[73] o: *"En paz me acostaré, y asimismo dormiré"*;[74] donde se utiliza el mismo verbo hebreo.

HERMANN VENEMA [1697-1787]
"Commentarius ad Psalmos", 1762

Mi alma está entre leones; tengo que acostarme entre los que vomitan fuego; entre los hijos de los hombres, cuyos dientes son lanzas y saetas. David utiliza en este versículo cuatro (57:4) tres

[67] 1 Pedro 1:8.
[68] Daniel 6:16-24.
[69] Isaías 11:8.
[70] Se refiere a ZECHARIAH MUDGE [1694-1769], clérigo de la Iglesia de Inglaterra, Prebendario de Exeter y erudito hebraísta. Autor de numerosas obras, entre ellas varias sobre el libro de los Salmos, como *"A Specimen of a New Translation of The Book of Psalms"*, Londres, 1733; y *"An Essay Towards a New English Version of The Book of Psalms"*, Londres, 1744.
[71] Se refiere a SAMUEL BOCHART [1599-1667] erudito lingüista francés nacido en Rouen, especializado en lenguas semíticas. Fue pastor de una importante iglesia en Caen. Su *Hierozoicon,* o tratado sobre los animales de la Escritura (Londres, 1663) y su *Geographia Sacra* (1646-1651) son considerados como verdaderos monumentos y durante mucho tiempo fueron obras fundamentales en el tema.
[72] Ezequiel 19:2.
[73] Salmo 3:5.
[74] Salmo 4:8.

figuras de lo más gráfico para describir lo precario y peligroso de su condición: los horrores de un foso de leones; los de un horno encendido; y el azote cruel de la guerra.

JOHN MORISON [1791-1859]
"An Exposition of the Book of Psalms", 1829

Vers. 5. *Exaltado seas sobre los cielos, oh Dios; sobre toda la tierra sea tu gloria.* *[¡Álzate, oh Dios, sobre los cielos! Sobre toda la tierra sea tu gloria.* RVR*] [Exaltado seas sobre los cielos, oh Dios; sobre toda la tierra sea tu gloria.* LBLA*] [¡Exaltado seas sobre los cielos, oh Elohim! ¡Tu gloria sea sobre toda la tierra!* BTX*] [Pero tú, oh Dios, estás sobre los cielos, ¡tu gloria cubre toda la tierra!* NVI*] [Oh Dios, álzate sobre los cielos, alza tu gloria sobre la tierra entera.* BLP*] [¡Exaltado seas, oh Dios, por encima de los cielos más altos! Que tu gloria brille sobre toda la tierra.* NTV*]*

¡Álzate,[75] *oh Dios, sobre los cielos!* Este es el refrán o estribillo del Salmo.[76] Antes de concluir su oración, el justo introduce un versículo de alabanza; y gloriosa alabanza, sin duda, siendo que procede de la guarida de los leones y de entre las brasas de fuego. El Altísimo está por encima de todas las cosas, y hasta ese nivel debemos elevar también nuestras alabanzas. La gloria de Dios se manifiesta por encima incluso del poder de los querubines y los serafines y así debemos nosotros expresarla y reconocerla.

Sobre toda la tierra sea tu gloria.[77] Como es arriba, sea también abajo;[78] sean proclamadas universalmente tus alabanzas, oh grande Jehová. Así como el aire envuelve toda la naturaleza, que tus alabanzas rodeen toda la tierra con un cinturón de canto.

C. H. SPURGEON

---

[75] El verbo hebreo רוּמָה *rūmāh* de רום *rum*, puede tener diversos significados y se traduce según los contextos de maneras distintas, como en el Salmo 21:13 por *"Engrandécete"*; o como en el Salmo 46:12 por *"exaltado"* y *"enaltecido"*. Pero aquí por el contexto parece bastante evidente que el sentido es más bien el de *"Álzate"*. La versión griega de los LXX o Septuaginta lee: ὑψώθητι ἐπὶ τοὺς οὐρανούς.

[76] Los comentaristas del siglo xx dicen al respecto:

– SCHÖKEL: «No es raro que en el estribillo se concentre o culmine el tema de un poema. Y en el Salmo 57, el estribillo es culminante. Cuando suena la primera vez en el versículo cinco (57:5), quizá no caemos en la cuenta y podemos perdernos la imagen. Pero la segunda vez (57:11), tras la lectura de los versículos seis al once (57:6-10), la imagen resplandece como la luz matutina, como el sol cuando amanece. En este estribillo confluyen varios motivos emparentados y frecuentes en la literatura bíblica: la mañana como tiempo de liberación, de gracia y de justicia (Éxodo 14:24-28; 2 Reyes 19:35; Salmos 3:5; 46:5, 90:14; 143:8; Isaías 17:14; Jeremías 21:12; Oseas 6:5; Sofonías 3:5); la luz como fuente de salvación y vida (Job 33:28-30; 27:1; 43:3-4; 44:3; 97:11; Isaías 9:1-2; 60:1-3); Dios como luz (Salmo 36:10; 50:2; Habacuc 3:4; Santiago 1:17; 1 Juan 1:5); y Cristo como Luz del mundo el Sol de justicia (Malaquías 4:1; Lucas 1:78; Juan 1:4, 9; 8: 9:5; 12; 12:35-36)».

– FRANZ DELITZSCH [1813-1890] ve en este estribillo un broche de oro con el cual el salmista separa y cierra ambas partes del salmo: «la primera (57:5) en piadosa sumisión; la segunda (57:13) como canto de alabanza en la certeza de la victoria anticipada».

[77] El sintagma hebreo כְּבוֹדֶךָ *kəḇōwḏeḵā* de כבוד *kabowd* (en la versión griega de los LXX o Septuaginta: δόξα) es habitual y bien conocido: *"la gloria del Señor"*. Los ejemplos van desde Éxodo 16:7, 10; 24:16-17; Isaías 60:1; Ezequiel 1:28 hasta Lucas 2:9 y Juan 11:40.

FRANCISCO LACUEVA [1911-2005] en su versión española del "Comentario de Matthew Henry" comenta: «Cuando más apurado se ve, David no clama ¡Álzame", sino *"Álzate, oh Dios"*; no dice "Exáltame", sino *"Exaltado seas"*; no pide "glorifícame", sino *"sobre toda la tierra sea tu gloria"*. Del mismo modo, el Hijo de David, al estar su alma en la mayor turbación, oró y dijo: *"Padre, sálvame de esta hora"*; pero añadió enseguida: *"Padre, glorifica tu nombre"* (Juan 12:27, 28)».

[78] Mateo 6:10.

Vers. 6. ***Red han armado a mis pasos; se ha abatido mi alma; hoyo han cavado delante de mí; en medio de él han caído ellos mismos. Selah.*** *[Red han tendido a mis pasos; se ha abatido mi alma; cavaron una fosa delante de mí; en ella han caído ellos mismos. Selah.* RVR*] [Han tendido una red para mis pasos; mi alma está abatida; han cavado una fosa delante de mí, pero ellos mismos han caído en medio de ella. (Selah).* LBLA*] [Tendieron una red ante mis pasos, y mi alma fue oprimida, cavaron un hoyo delante mío, pero ellos mismos han caído en él. Selah.* BTX*] [Tendieron una red en mi camino, y mi ánimo quedó por los suelos. En mi senda cavaron una fosa, pero ellos mismos cayeron en ella. Selah.* NVI*] [A mis pies tendieron una trampa y todo mi ser quedó abatido; delante de mí cavaron una fosa, pero ellos mismos cayeron dentro. Pausa.* BLP*] [Mis enemigos me tendieron una trampa; estoy cansado de tanta angustia. Cavaron un pozo profundo en mi camino, pero ellos mismos cayeron en la trampa. Interludio.* NTV*]*

Red han tendido a mis pasos. Los enemigos de los piadosos jamás se cansan, siguen y siguen, haciendo su obra malvada con la más fría deliberación. Para cada tipo de pez, pájaro, o animal salvaje, se necesita una red apropiada; y así también los impíos adecuan su red a las circunstancias y carácter de su víctima con una astucia refinada y maliciosa. Fuere lo que fuere que David tratara de hacer, o cualquiera la forma en que intentara cambiar, sus enemigos estaban siempre listos para atraparlo de una u otra manera.

Mi alma está abatida.[79] Lo tenían amarrado cual pájaro en una trampa; sus enemigos procuraron dejarle sin posibilidad de consuelo.

Cavaron una fosa delante de mí, pero ellos mismos han caído en medio de ella. Compara el proceder de sus perseguidores con los pozos que suelen cavar los cazadores para atrapar a sus presas; estudian el camino habitual de la víctima y cavan una fosa en mitad; en este caso David dice: *"delante de mí"*, es decir, en su camino habitual. Pero se regocija porque tal artimaña se había vuelto contra ellos mismos. Saúl persiguió a David de manera incansable, pero David lo atrapó a él en más de una ocasión y estuvo incluso en posición para matarle en el acto de haber querido. El mal es una corriente que súbitamente refluye, invierte su curso y corre a la inversa hacia su propia fuente.[80]

Selah. Bien podemos sentarnos plácidamente en la boca del foso y contemplar con asombro la justa retribución de la providencia a los malos.

C. H. SPURGEON

Red han tendido. Al no contar con armas de fuego, los antiguos eran mucho más hábiles que nosotros en el uso de trampas, redes y fosos para capturar animales salvajes. La abundancia de figuras y alusiones que encontramos al respecto en las Escrituras, así lo dan a entender necesariamente.

WILLIAM MCCLURE THOMSON [1806-1894]
"The Land of the Book", 1859

---

[79] En hebreo כָּפַף נַפְשִׁי *kāpap̄ nap̄šî* de כָּפַף *kaphaph,* "doblegar, curvar". La versión griega de los LXX o Septuaginta lee: καὶ κατέκαμψαν τὴν ψυχήν μου que la Vulgata traduce acertadamente al latín como: *"et incurvaverunt animan meam"* "y han encorvado mi alma".

[80] El fenómeno conocido como *macareo* u ola de marea (en inglés *"tidal bore")* enfrenta la fuerza de las aguas de la marea creciente con la corriente del río en su desembocadura. En algunos lugares donde las corrientes son más vivas forma una ola única que, imponiéndose a la fuerza de las aguas del río, hace que la corriente comience a correr en dirección contraria decenas de kilómetros. Aunque el fenómeno se produce con mayor o menor intensidad en muchos puntos del planeta, en la bahía de Fundy (Canadá), donde las mareas alcanzan diferencias de 14 metros, el choque de fuerzas crea un espectáculo impresionante con un ruido ensordecedor.

Vers. 7. ***Pronto está mi corazón, oh Dios, mi corazón está dispuesto; cantaré, y trovaré salmos.*** *[Pronto está mi corazón, oh Dios, mi corazón está dispuesto; cantaré, y trovaré salmos.* RVR*] [Firme está mi corazón, oh Dios, mi corazón está firme; ¡cantaré y entonaré salmos!* LBLA*] [Pronto está mi corazón, oh Elohim, mi corazón está dispuesto, cantaré y entonaré salmos* BTX*] [Firme está, oh Dios, mi corazón; firme está mi corazón. Voy a cantarte salmos.* NVI*] [Mi corazón está firme, oh Dios, se siente firme mi corazón. Voy a cantar, voy a tocar.* BLP*] [Mi corazón está confiado en ti, oh Dios; mi corazón tiene confianza. ¡Con razón puedo cantar tus alabanzas!* NTV*]*

Firme está mi corazón. Uno podría esperar que dijera: *"Mi corazón fluctúa"*, pero no, está tranquilo, firme, alegre, resuelto, asentado. Cuando el eje central está bien sujeto, todo el engranaje gira seguro. Si nuestra ancla de proa se mantiene estable, el barco no irá a la deriva.[81]

Oh Dios, mi corazón está dispuesto. Estoy resuelto a confiar en ti, a servirte y a alabarte. Fijémonos que repite dos veces esta misma expresión,[82] para gloria de Dios, quien en consecuencia consuela y fortalece el corazón de sus siervos. Y esta promesa, lector, es firme y segura también para ti si tu corazón, otrora extraviado, está resuelto a confiar en Dios y a proclamar su gloria.

Cantaré, y trovaré salmos. Con mi voz y con instrumentos voy a celebrar tu adoración. Con mis labios y con el corazón te daré honor. Satanás no logrará detenerme, ni Saúl, ni tampoco los filisteos. Haré que la bóvedas de Adulam retumben con la música, y todas sus galerías repitan con su eco el resonar de tan gozoso canto. Creyente, haz una firme resolución de que en todas las ocasiones, tu alma, engrandecerá al Señor:

Canta, aún cuando el sentido y la razón
te digan que es mejor que calles;
canta y considera como alta traición
que un santo no rinda a Dios alabanza.[83]

C. H. SPURGEON

Pronto está mi corazón, oh Dios, mi corazón está dispuesto; ¡cantaré y entonaré salmos! Conociendo el salmista que el orden divino de proceder es preparar primero el corazón para la comunión, y luego inclinar su oído para escuchar a su pueblo, y establecer comunión con ellos a través de las ordenanzas, observa este orden y lo sigue. Lo practica en su comunión diaria con Dios, esto es: una vez tiene su corazón dispuesto y en el marco adecuado para la comunión con Dios, no deja que decaiga de

[81] Dice AGUSTÍN DE HIPONA [354-430]: «Mira lo firme y dispuesto que estaba en corazón de Pablo y Silas cuando entonaban himnos *"en el calabozo interior con los pie sujetos en el cepo"* (Hechos 16:22-25). ¿Por qué? Porque se gloriaban en la tribulación, convencidos que: *"la tribulación produce paciencia; y la paciencia, carácter probado; y el carácter probado, esperanza; y la esperanza no avergüenza; porque el amor de Dios ha sido derramado en nuestros corazones por medio del Espíritu Santo que nos fue dado"* (Romanos 5:3-5). Sumido *"en trabajo y fatiga, en muchas noches pasadas en vela, en hambre y sed, en muchos ayunos, en frío y en desnudez"* (2 Corintios 11:27), Pablo seguía entonando salmos. ¿Cómo se explica esto de no haber sido porque su corazón estaba *"firme y dispuesto"?*».

[82] En hebreo: נָכ֣וֹן לִבִּ֣י אֱ֭לֹהִים נָכ֣וֹן לִבִּ֑י *nāḵōwn libbî 'ĕlōhîm nāḵōwn libbî.*

[83] Cita el himno de JOHN RYLAND [1753-1825] que comienza diciendo *"Sing, ye saints, admire and wonder"* (1775) y que a partir de la línea novena dice: *"Sing, though sense and carnal reason / Fain would stop the joyful song: / Sing, and count it highest treason / For a saint to hold his tongue"*.

nuevo por causa de la indolencia o abandono. No, se impone de inmediato el deber de adorar a Dios y rendirle culto de acuerdo con sus ordenanzas, como lo expresa claramente: נָכוֹן לִבִּי אֱלֹהִים נָכוֹן לִבִּי *nāḵōwn libbî 'ĕlōhîm nāḵōwn libbî;* ante todo dispone su corazón preparándolo para la comunión con Dios: *"Mi corazón* –dice– *está pronto* o *dispuesto";* puesto que el verbo hebreo נָכוֹן *nāḵōwn* es la conjugación pasiva, significando que está preparado o dispuesto. Bueno, ¿y qué sigue? Una vez preparado y dispuesto se apresta en ese gran deber y ordenanza de la comunión con Dios, que es la alabanza de su nombre, como constatamos en las palabras que siguen de inmediato: así: *"Pronto está mi corazón, oh Dios, mi corazón está dispuesto; ¡cantaré y entonaré salmos!* נָכוֹן לִבִּי אֱלֹהִים *nāḵōwn libbî 'ĕlōhîm;* estoy preparado, por tanto: אָשִׁירָה וַאֲזַמֵּרָה *'āšîrāh wa'ăzammêrāh, "¡cantaré y entonaré salmos!"*

WILLIAM STRONG [¿?-1654]
"The Saints Communion with God, and Gods Communion with them in Ordinances", 1650

Pronto está mi corazón, oh Dios, mi corazón está dispuesto. La aptitud para el deber parte de un temperamento controlado, un equilibrio de cuerpo y mente, que predispone a la persona a emprender, y la capacita para llevar a cabo su trabajo satisfactoriamente y con éxito. Si el cuerpo o la mente están descontrolados,[84] la persona queda incapacitada; ambas cosas deben mantenerse en equilibrio dentro del marco adecuado, cual instrumento bien afinado, de lo contrario no habrá melodía. Es por ello que David, antes de proceder a la alabanza y adoración, nos dice que su corazón está *pronto* y *dispuesto;* ya que si su corazón está dispuesto, lo estaría también su lengua,[85] y su mano para pulsar el salterio y el arpa; todos sus sentidos estarían bien despiertos y preparados, en la postura adecuada. Podemos deducir que una persona está o ha estado bien dispuesta y preparada para el servicio cristiano de lo siguiente:

1. Su entusiasmo al asumir un deber.
2. Su entrega, firmeza, y perseverancia en llevarlo a cabo.
3. Su satisfacción después de haberlo realizado. Siempre y cuando lo haya llevado a cabo sobre las bases y principios correctos.

RICHARD GILPIN [1625-1699]
"Daemonologia Sacra: Or, A Treatise of Satan's Temptations", 1677

Cantaré, y trovaré salmos. Pelear contra un pueblo que clama y canta en pleno campo de batalla, debería alertar y alarmar a nuestros adversarios. Sí, pues cuanto más angustiados y afligidos están los creyentes, más alto y con mayor fervor cantan. Tanto si vencen como si son derrotados, los santos siguen cantando con entusiasmo. ¡Bendito sea Dios por ello! Que los pecadores tiemblen al contender con hombres y mujeres de un espíritu tan celestial.

WILLIAM SWAN PLUMER [1802-1880]
"Studies on the Book of Psalms", 1867

Cantaré, y trovaré salmos. La fe sincera hace que el cristiano cante cuando no tiene nada que llevarse a la boca para cenar. David, escondido en lo más profundo de la cueva, no puede decirse que se hallara en una situación envidiable; y sin embargo, jamás le hemos visto más alegre: y su corazón emite una música mucho más dulce que jamás tañera su arpa.

WILLIAM GURNALL [1617-1679]
"Christian in complete armour, or, a treatise of the saints war against the Devil", 1655

---

[84] Romanos 7:12-20.

[85] Salmo 45:1.

Vers. 7-8. La adoración llevada a cabo con desgana, con el cuerpo cansado y los ojos somnolientos es un culto pobre y deleznable. Por ello el salmista hace que el despertar del cuerpo sea fruto y efecto de la disposición y preparación del corazón: *"¡Despierta, gloria mía! ¡Despertad, salterio y arpa! Yo despertaré a la aurora"* ¿Por qué? Porque: *"mi corazón está dispuesto"*. Un corazón preparado y despierto, despertará todo el cuerpo. Por tanto, adorar a Dios sin un corazón preparado es adorarle con un cuerpo somnoliento, porque si está somnoliento el corazón, también lo estará el cuerpo.

JOHN ANGIER [1605-1677]

"An Help to Better Hearts, for Better Times", 1647

Vers. 8. ***Despierta, alma mía; despierta, salterio y arpa; me levantaré de mañana.*** *[Despierta, alma mía; despierta, salterio y arpa; yo despertaré a la aurora.* RVR*] [¡Despierta, gloria mía! ¡Despertad, arpa y lira! ¡A la aurora despertaré!* LBLA*] [¡Despierta, gloria mía! ¡Despertad, salterio y arpa! Que yo despertaré al alba.* BTX*] [¡Despierta, alma mía! ¡Despierten, arpa y lira! ¡Haré despertar al nuevo día!* NVI*] [¡Despierta, corazón mío! ¡Despertaos, cítara y arpa, que yo despertaré a la aurora!* BLP*] [¡Despiértate, corazón mío! ¡Despiértense, lira y arpa! Con mi canto despertaré al amanecer.* NTV*]*

¡Despierta, gloria mía![86] Que las capacidades más nobles de mi naturaleza entren en acción: el intelecto que forja el pensamiento, la lengua que lo expresa, y la imaginación inspirada que lo embellece; que todos ellos se mantengan en sus máximos ahora que ha llegado la hora de la alabanza.[87]

¡Despierta, salterio y arpa![88] Que toda la música con la que estoy familiarizado se coordine armónicamente para el servicio sagrado de alabanza.[89]

---

[86] En hebreo עוּרָה כְבוֹדִי *'ūrāh kəḇōwḏî;* el mismo verbo עור *ur,* "levantar, surgir, despertar", que se repite tres veces. La versión griega de los LXX o Septuaginta lee: ἐξεγέρθητι, ἡ δόξα μου que la Vulgata traduce al latín como: *"Exurge gloria mea"*, "Levántate gloria mía".

[87] Dicen los comentaristas:

– FRANCISCO LACUEVA [1911-2005] en su versión española del "Comentario de Matthew Henry": «Lo más probable es que este עוּרָה כְבוֹדִי *'ūrāh kəḇōwḏî, "Despierta gloria mía"*, sea una referencia al sentido de la razón, particularmente al don del expresarnos a través del lenguaje; es decir, la lengua, que es "nuestra gloria" porque nos diferencia de los animales irracionales, especialmente cuando se emplea en las divinas alabanzas. Aunque también puede significar el alma, el soplo salido del pecho de Dios (Ver Salmos 7:6; 16:9; 30:13)».

– FELIPE SCIO DE SAN MIGUEL [1738-1776] en su versión española de la Vulgata se inclina también por el sentido figurado de "lengua" y pone como ejemplo otros casos similares: Génesis 49:6; Salmo 16:9.

[88] La idea del salterio y el arpa dormidos es una hermosa figura retórica que algunos de nuestros poetas modernos han recogido también de forma magistral en sus poemas. Recordemos en este sentido la Rima VII, de GUSTAVO ADOLFO BÉCQUER [1836-1870] "El Arpa Dormida": «Del salón en el ángulo oscuro, / de su dueño tal vez olvidada, / silenciosa y cubierta de polvo / veíase el arpa. // ¡Cuánta nota dormía en sus cuerdas / como el pájaro duerme en la rama / esperando la mano de nieve/ que sabe arrancarlas! // ¡Ay! -pensé-, ¡Cuántas veces el genio / así duerme en el fondo del alma, / y una voz, como Lázaro, espera / que le diga: Levántate y anda!».

[89] AGUSTÍN DE HIPONA [354-430] hace sobre el salterio y el arpa este peculiar comentario: «¿Qué diferencia hay entre alabarlo con el arpa y alabarlo con el salterio? Ambos instrumentos presentan características distintas que es preciso tener en cuenta. Ambos se sujetan y se tocan con las manos e implican de nuestra parte una acción física, corporal. Y ambos suenan bien, si el ejecutante es hábil y experto en manejarlos.

Yo despertaré a la aurora.[90] Con mis notas alegres aceleraré el amanecer. No se escucharán de mis labios estrofas soporíferas ni pulsarán mis dedos notas aburridas; para tan elevado menester despertaré por completo. Aún aportando lo mejor de nosotros mismos, nos quedamos cortos para con el Señor, por tanto, asegurémonos de que le ofrecemos lo mejor que tenemos, y si por algún motivo está nuestro ánimo empañado por la debilidad, cuanto menos que no esté impregnado de indolencia. Tres veces el salmista se llama a si mismo a despertar. ¿De veras nos hace falta tanto despertar? ¿Y para tan noble trabajo? En tal caso no tenemos perdón, porque el compromiso es demasiado honorable y necesario como para dejarlo sin cumplir, o para hacerlo con negligencia, por no ser nosotros capaces de despertar suficientemente y a tiempo.

C. H. SPURGEON

¡Despierta, gloria mía! ¡Despertad, salterio y arpa! Yo despertaré a la aurora. Debemos ir al encuentro de Dios temprano, en la mañana, con alabanzas y en oración: *"Mi Dios me saldrá al encuentro con su misericordia"*,[91] canta David; y cada uno de los descendientes de David por la gracia debemos salir también al encuentro de nuestro Dios, temprano en la mañana, entonando nuestras

---

La diferencia está en que el salterio lleva ese nombre porque es curvo en su parte superior, con una pieza cóncava de madera que sujeta las cuerdas haciendo de caja de resonancia; mientras que en el arpa la caja de resonancia se estrecha arriba y se ensancha hacia abajo. De modo semejante debemos distinguir, en lo que respecta a nuestras obras y acciones, cuáles son las que tocamos con el salterio y cuáles con el arpa aunque ambas sean agradables a Dios y suenen melodiosas a sus oídos. Porque cuando llevamos a cabo algo conforme a la voluntad y los mandamientos divinos, obedeciendo sus ordenanzas y cumpliendo con sus preceptos; y lo hacemos sin que ello implique sacrificio por nuestra parte: eso es música de salterio. Los ángeles hacen esto constantemente, y para ellos no representa sacrificio alguno. Pero cuando en aquello que hacemos está involucrado sacrificio, esfuerzo y sufrimiento, ya sea por causa de tentaciones o impedimentos en este mundo, entonces la música que emana de estas acciones y del sacrificio que conllevan, es música de arpa, puesto que este sacrificio y sufrimiento se produce en nuestra parte inferior, es decir: debido a nuestra condición de seres mortales y derivado de la carga que arrastramos a causa de nuestros orígenes, y no de aquello ni de aquellos que están por encima de nosotros. Sus dulces y melodiosos sones proceden de la parte inferior: sufrimos a la vez que cantamos salmos, o mejor cantamos y tocamos el arpa. Cuando el apóstol afirmaba a los Gálatas que el evangelio de la buena nueva que anunciaba por todo el mundo, lo anunciaba por mandato divino, puesto que no lo recibió ni aprendió de hombre alguno sino por revelación de Jesucristo (Gálatas 1:12-13), las cuerdas sonaban de arriba, tocaba el salterio. Pero cuando decía: *"nos gloriamos en las tribulaciones, sabiendo que la tribulación produce paciencia; y la paciencia, carácter probado; y el carácter probado, esperanza"* (Romanos 5:3-4) ahí las cuerdas sonaban abajo, en la caja de resonancia del arpa, lo cual no implica que fueran menos melodiosas ni que sonaran con menos dulzura. Pues toda paciencia es música a los oídos de Dios. Pero si estando en esas tribulaciones desfalleces y sucumbes, has quebrado tu cítara. ¿Por qué, pues, dice en este salmo: *"Despierta salterio y arpa"*? Porque su alma estaba abajo, entre leones, triste y abatida, sufría por causas procedentes de las áreas inferiores, aunque a pesar de ello su corazón miraba hacia arriba, estaba *"firme y dispuesto"* deseoso de *"cantar y entonar salmos"*, de agradar a Dios y darle gracias; de modo que convierte sus padecimientos en música y dedicando al Señor los sones de su paciencia, exclama mirando hacia arriba: *"Despierta salterio y arpa"* (...) Así que, hermanos, tocad el salterio obedeciendo sus preceptos; y tocad el arpa soportando los padecimientos».

[90] FELIPE SCIO DE SAN MIGUEL [1738-1776] en su versión española de la Vulgata ve en estas palabras una prosopopeya o figura retórica del Cristo resucitado. Como hace también AGUSTÍN DE HIPONA [354-430]: «Estoy seguro que en estas palabras: *"yo despertaré a la aurora"* veis claramente al Señor que resucita, pues en el evangelio leemos claramente la hora de la resurrección: *"Y muy de madrugada, el primer día de la semana, llegan al sepulcro cuando despuntaba el sol"*. (Marcos 16:2)».

[91] Salmo 59:10.

canciones. Josafat salió al encuentro de su Dios temprano en la mañana, con instrumentos y canciones, antes de ser librado de sus enemigos.[92] La fe necesita afinar y entonar su ἐπινίκιον, *epinikion,*[93] su cántico de victoria, antes de obtener el triunfo deseado. La alabanza es madre habilidosa de futuras misericordias: la Virgen María entonó en Hebrón el *Magnificat*[94] antes de que naciera su hijo en Belén. ¡Oh, divina y celestial trifulca competitiva entre la misericordia y el deber!

SAMUEL LEE [1625-1691]
"The Triumph of Mercy in the Chariot of Praise", 1677

¡Despierta, gloria mía! ¡Despertad, salterio y arpa! Yo despertaré a la aurora. Hemos de cantar *con gracia y con entusiasmo.*[95] No solo con gracia, sino también con efectividad y entusiasmo: el sonido de un instrumento musical no deleita a menos que alguien lo toque hábilmente. Debemos seguir el consejo que el apóstol Pablo le da a Timoteo: ἀναζωπυρέω *anazōpyréō,* activar, inflamar la gracia que hay en nosotros: *"que avives el fuego del don de Dios que hay en ti"*,[96] y exclamar junto con David: *"¡Despierta, gloria mía!"*, despierta amor, despierta deleite, despierta voluntad de servicio, despierta todo mi ser (57:8). Si pretendemos que el reloj nos marque la hora, tendremos que darle cuerda; el pájaro no nos deleita acurrucado en su nido, sino lanzando sus trinos desde la rama más alta; las campanas solo tañen y repiquetean cuando alguien tira de la cuerda haciendo que volteen. Pidamos, pues, al Espíritu Santo que sople sobre nuestro jardín, para que la fragancia de sus especias se desprenda y derrame cuando nos dispongamos a tan gozoso servicio como es el de la alabanza: *"Levántate, Aquilón, y ven, Austro; soplad en mi huerto, despréndanse sus aromas"*.[97] Dios ama la gracia activa en el deber cumplido, y que el alma esté debidamente ataviada cuando se presenta ante Cristo para adorarle.

JOHN WELLS [1623-1676]
"Morning Exercises" 1674

Yo despertaré a la aurora. Una figura poética particularmente hermosa. Es como si el salmista dijera: «El amanecer no me sorprenderá somnoliento para rendir a Dios mi alabanza, al contrario, me anticiparé con mis cantos *"yo despertaré a la aurora"*».

"Book of Psalms, with Preface and Explanatory Notes"
publicado por la *"Religious Tract Society"* [98]

---

[92] 2 Crónicas 20:20-22.

[93] En la poesía lírica griega el *epinicio* o *epinikion* era una oda o cántico de victoria compuesto para glorificar a una persona, generalmente un atleta por su triunfo. Sus principales exponentes fueron PÍNDARO [518 a.C. aprox.] y BALQUIDES DE CEOS [565-430 a.C. aprox.].

[94] Lucas 1:46-55.

[95] Colosenses 3:16.

[96] 2 Timoteo 1:16.

[97] Cantares 4:16.

[98] La *"Religious Tract Society"* fue fundada en Londres en 1799 con el apoyo de diversos líderes religiosos entre los que contaban obispos de la Iglesia de Inglaterra, pastores bautistas y otros independientes casi todos ellos del mismo grupo que en 1795 había fundado la *"London Missionary Society"* y que en 1804 fundaría la *"British and Foreign Bible Society"*. Desde sus comienzos la *"Religious Tract Society"*, como su nombre indica, publicó tratados y folletos evangelísticos y muy pronto se convirtió en uno de los principales editores de libros y revistas religiosos en Inglaterra. Entre sus principales obras están la *"Analitical Concordace of the Bible"* de Robert Young y el *"Devotional Commentary"* publicado en múltiples volúmenes a partir de 1876.

¡Despierta, gloria mía! ¡Despertad, salterio y arpa! Yo despertaré a la aurora. Voy a centrarme, en primer lugar, en el análisis de los términos que utiliza el salmista; y posteriormente al mensaje de *exhortación.* En lo que hace a los términos:

1. *¡Despierta, gloria mía! "Gloria mía"*, es decir, "alma mía" (según afirman algunos), porque el espíritu de la persona es su gloria, aquello que le dignifica y eleva por encima de los brutos situándole tan solo *"un poco inferior a los ángeles"*,[99] a imagen y semejanza de Dios mismo que es *"el Padre de nuestros espíritus"*.[100] Aunque otros creen que se refiere más bien a sus "habilidades musicales", a la gloria de su arte por encima de los neófitos; algo en lo que David era sobresaliente, casi como Jubal que fue quién lo inventó.[101] Otros lo interpretan como "mi lengua", porque esta es también la gloria del ser humano sobre otras criaturas incapaces de expresar sus sentimientos, y a su vez, la gloria del hombre sabio sobre el necio. Y siendo la lengua la gloria del hombre, la gloria de la lengua es glorificar a Dios. La alabanza es gloria de todos los demás usos en los que empleamos la lengua; y en el cuerpo físico que es *"templo del Espíritu Santo"*,[102] la lengua es lo que eran las trompetas de plata en el templo de Salomón;[103] para tocar las alabanzas más sublimes de Dios, y expresar los afectos más elevados de nuestras almas.

2. *¡Despertad, salterio y arpa!* Uno para acompañar los salmos, la otra los himnos y cantos espirituales.[104] Es decir, utilizaré todos mis instrumentos musicales y emplearé toda mi habilidad interpretativa, consagrándolos a la gloria del que *"pone en mi boca un cántico nuevo"*. Dios adiestra primero mis manos para la guerra y mis dedos para la batalla,[105] y luego me pone a entonar el ἐπινίκιον, *epinikion*,[106] o cántico de triunfo. Tañeré, pues, mi salterio y arpa, que emulan a los que hay alrededor del trono de arriba; tu melodía tranquilizará mis cuitas, disipará mis miedos, y transformará la cueva en que me encuentro en un auditorio. En lo que refiere a la utilización de estos instrumentos en la adoración de Dios, no hay duda que le eran permitidos a David, y a congregación en su tiempo. Eran apropiados a la condición espiritual del pueblo, que se guiaba por los sentidos, y por cuya mentalidad infantil fue necesario recurrir a tales cosas en la adoración de Dios para endulzar la carga de ese servicio. Pero cuando la adoración dentro del marco del Evangelio se hace mucho más espiritual, comprensible y agradable, el uso de tales instrumentos se hace menos necesario, hasta el punto que, a diferencia de la antigua dispensación; donde se nos habla claramente de su origen y su propósito; en las ordenanzas del Evangelio no hallamos una ordenanza específica para ellos. Aunque no es nuestro propósito el debatir aquí este tema.

3. *Yo despertaré a la aurora.* Sin esto, todo lo demás serían palabras huecas, vacías de contenido; no hubiera habido melodía agradable al Señor, por muy buena que fuera la música salida de los instrumentos. El Señor no se hubiera contentado con una ofrenda de meras vibraciones acústicas. Por tanto, el salmista convoca todo cuanto hay en él, todo su ser: y él mismo se hace ofrenda; de modo que su música no hace más que escotarla mientras asciende rodeada de afectos santos y gozos espirituales; pues a menos que ellos acompañen la música y el canto, el mero sonido de un órgano o el vibrar de las cuerdas de un arpa no son devoción adecuada y aceptable para Dios. Consideremos, por tanto, la naturaleza y excelencia del deber de la alabanza. Pues entonar salmos es un compuesto mixto de otros varios deberes. Tiene un componente elevado de oración: el empleo de la voz fuerza

[99] Salmo 8:5.
[100] Hebreos 12.9.
[101] Génesis 4:21.
[102] 1 Corintios 6:19-20.
[103] Números 10:1-10; 2 Crónicas 5:12-13.
[104] Efesios 5:19.
[105] Salmo 18:34; 141:1.
[106] Ver nota 93 en este mismo Salmo.

la mente a concentrarse en el tema y en la prosecución de la bendición deseada. Esto es la esencia de alabanza; y por ello es que el apóstol nos dice que: *"enseñarnos y amonestarnos unos a otros"* se realiza *"cantando salmos, himnos y cánticos espirituales"*.[107] Pues cuando cantamos *juicio*, despertamos la conciencia de los pecadores; y cuando cantamos *misericordia,* nos reconfortamos todos. La reflexión y la meditación no pueden contar con una mejor ayuda que el canto. El curso solemne del tiempo en el compás ayuda a la mente a entender mejor el sentido del tema y grabarlo profundamente; mientras la lengua está haciendo *la pausa,* el corazón puede hacer la *elevación*. En resumen, la alabanza da sentido a todos los demás deberes cristianos; es la música de todas las otras ordenanzas; y se acopla a todas las circunstancias, como demuestra el hecho de que haya salmos escritos para todas las ocasiones y sobre todos los temas: doctrinales, proféticos, históricos; de súplica y agradecimiento, de alabanza y oración, de dolor y alegría, de arrepentimiento y clamor, de triunfo y regocijo. Es como si el canto de los salmos pudiera adaptarse a todo, y, cual el maná en el desierto,[108] dar sabor a todos los demás alimentos de los que disfrutamos en la casa de Dios.

BENJAMIN GROSVENOR [1675-1758]
"An Exhortation to the Duty of Singing", Eastcheap Lectures, 1810

¡Despertad, salterio y arpa! El *salterio* era un instrumento de cuerda, generalmente con doce cuerdas, y se tocaba con los dedos. El *arpa* o la *lira* era también un instrumento de cuerda, generalmente con diez cuerdas. Josefo afirma que para tocarlo se utilizaba un *plectro* o *púa*. Aunque parece ser que a menudo se tocaba también con los dedos.[109]

ALBERT BARNES [1798–1870]
"Notes, critical, explanatory, and practical, on the book of Psalms", 1868

Vers. 9. *Te alabaré entre los pueblos, oh Señor; cantaré de ti entre las naciones.* *[Te alabaré entre los pueblos, oh Señor; cantaré de ti entre las gentes.* RVR*] [Te alabaré entre los pueblos, Señor; te cantaré alabanzas entre las naciones.* LBLA*] [Te alabaré entre los pueblos, oh Adonai, te entonaré salmos entre las naciones.* BTX*] [Te alabaré, Señor, entre los pueblos, te cantaré salmos entre las naciones.* NVI*] [Te alabaré entre los pueblos, Señor, te cantaré entre las naciones.* BLP*] [Te daré gracias, Señor, en medio de toda la gente; cantaré tus alabanzas entre las naciones.* NTV*]*

Te alabaré entre los pueblos. Los gentiles escucharán mi alabanza. He aquí un claro ejemplo de cómo el espíritu evangélico auténticamente piadoso supera los límites y barreras que establece el fanatismo. Un judío común jamás hubiera deseado que los perros gentiles escucharan el nombre de Jehová, a menos que fuera para temblar al oírlo; pero la gracia enseñó al salmista un espíritu misionero, impulsándole a extender la alabanza y difundir la fama de su Dios.

Te cantaré alabanzas entre las naciones. Por muy lejos que estén, les haré saber de ti a través de mi gozosa salmodia.

C. H. SPURGEON

---

[107] Colosenses 3:16.
[108] Éxodo 16:1-36.
[109] Para más información sobre el *"salterio y arpa"* ver los comentarios y notas al Salmo 150:3.

Te alabaré entre los pueblos. El Espíritu de Dios que fue quien inspiró estas palabras, quiso que su escribano o amanuense supiera con toda claridad, que un día los gentiles utilizarían y entonarían los Salmos.

DAVID DICKSON [1583-1663]
"A Brief Explication of the Psalms from L to C", 1655

Entre los pueblos (...) entre las naciones. La congregación de Israel nunca fue llamada ni estuvo calificada para ser una sociedad misionera; no obstante, nunca dejó de desear y esperar la conversión de las naciones. Algo que se desprende claramente de aquellos pasajes en que los salmistas dejan entrever la idea de que algún día el mundo entero auditaría su labor. ¡Qué audacia la de David al exclamar: *"Te cantaré alabanzas entre las naciones"*! En ese mismo espíritu un salmista posterior llama a la congregación a levantar su voz, para que todas las naciones escuchen su recital de los hechos portentosos del Señor: *"Dad gracias al Señor, invocad su nombre; dad a conocer sus obras entre los pueblos"*.[110] La importancia e implicaciones de estos pasajes permanece a menudo oculta al lector de habla inglesa, debido a que nuestros traductores, pocas veces han utilizado la palabra: *"peoples"*, en su forma plural, para decir *"pueblos"*. Tan solo en dos ocasiones y en el Apocalipsis se aventuran a usar *"peoples"*; en todos los demás casos utilizan el singular *"people"*, que asume ambas funciones de número; y que hace que el sentido quede oscuro en no pocos pasajes para todos aquellos que no tienen acceso directo al texto original o a otras versiones.[111] De manera particular en los Salmos, donde la mención a los gentiles es más frecuente de lo que cualquier lector de habla inglesa alcanza a percibir. Y donde además de este atisbo de predicción indirecta, es también importante observar que numerosos salmos contienen referencias directas muy claras y descripciones concretas sobre la conversión de las naciones. De hecho, tan numerosos son, y tan estratégicamente situados a lo largo de las épocas entre David y Esdras, que da la impresión de que ni por un momento a lo largo de la dilatada historia de la salmodia inspirada, dejó el Espíritu de inspirar cánticos nuevos en los que los hijos de Sión expresaran y transmitieran un mensaje de esperanza y consuelo al mundo gentil que les rodeaba.

WILLIAM BINNIE [1823-1886]
"The Psalms: Their History, Teachings, and Use", 1870

Vers. 10. *Porque grande es hasta los cielos tu misericordia, y hasta las nubes tu verdad.* *[Porque grande es hasta los cielos tu misericordia, y hasta las nubes tu verdad.* RVR*] [Porque grande, hasta los cielos, es tu misericordia, y hasta el firmamento tu verdad.* LBLA*] [Porque grande hasta los cielos es tu misericordia, y hasta las nubes tu verdad.* BTX*] [Pues tu amor es tan grande que llega a los cielos; ¡tu verdad llega hasta el firmamento!* NVI*] [Pues tu amor llega hasta el cielo, hasta el firmamento tu verdad.* BLP*]*

[110] Salmo 105:1.

[111] El término ingles *"peoples"* es considerado un arcaísmo que tan solo se utiliza ocasionalmente en lenguaje legal y poético, o bien para referirse a "pueblos" en un sentido étnico y cultural, es decir, para distinguir y remarcar diferencias étnicas: de lengua, costumbres, tradiciones, etc. Valga el ejemplo: *"In 1991, Australia began a formal process of reconciliation with indigenous **peoples**"*, "En 1991, Australia inició un proceso formal de reconciliación con los **pueblos** indígenas". Tiene razón, por tanto, William Binnie al afirmar que teniendo en cuenta la visión que Israel tenía de los gentiles, lo correcto hubiera sido traducir al inglés *"peoples"*.

Porque grande es hasta los cielos tu misericordia. Elevándose por encima de la bajeza del hombre, la misericordia alcanza la sublimidad del cielo. La imaginación es incapaz de adivinar la altura de los cielos, y las riquezas de la misericordia exceden nuestros más altos pensamientos. Sentado en la boca de la cueva, el salmista contempla el firmamento y se regocija de que la bondad de Dios sea más vasta y más sublime que la bóveda de los cielos.

Y hasta las nubes tu verdad. Sobre las nubes coloca Dios el sello de su verdad, el arco iris, que ratifica su pacto; en las nubes esconde la lluvia y la nieve, que nos traen el tiempo de la siembra y la cosecha, el frío y el calor, y con ello demuestran su verdad.

C. H. SPURGEON

Vers. 10-11. Un corazón duro e ingrato, no es capaz de ver más que gotas aisladas de la gracia divina incluso en medio de la prosperidad. Pero un corazón agradecido, como el de David, aunque acorralado por sus perseguidores y obligado a tañer su arpa en la penumbra de una cueva, contempla la misericordia y fidelidad de Dios como un inmenso océano, agitándose en tromba y elevándose de la tierra a las nubes, y de las nubes nuevamente a la tierra.

AUGUST FRIEDRICH THOLUCK [1799-1877]
"A Translation and Commentary of the Book of Psalms for the Use of the Ministry and Laity of the Christian Church", 1856

Vers. 11. *Exaltado seas sobre los cielos, oh Dios; sobre toda la tierra sea tu gloria.* *[¡Álzate, oh Dios, sobre los cielos! Sobre toda la tierra sea tu gloria.* RVR*] [Exaltado seas sobre los cielos, oh Dios; sobre toda la tierra sea tu gloria.* LBLA*] [¡Exaltado seas sobre los cielos, oh Elohim! ¡Tu gloria sea sobre toda la tierra!* BTX*] [¡Tú, oh Dios, estás sobre los cielos; tu gloria cubre toda la tierra!* NVI*] [Oh Dios, álzate sobre los cielos, alza tu gloria sobre la tierra entera.* BLP*]*

Exaltado seas sobre los cielos, oh Dios; sobre toda la tierra sea tu gloria. Un gran coro apoteósico como final del salmo: levantaos vosotros ángeles y espíritus perfectos que estáis en los cielos; y desde abajo sumaos a ellos vosotros hijos de los hombres exclamando: *"sobre toda la tierra sea tu gloria"*. En el versículo anterior el profeta nos habla de la misericordia, que alcanza *"hasta los cielos"*; aquí su canción se remonta mucho más allá, *"por encima de los cielos"*. La alabanza se eleva hasta los confines de lo más alto, no conoce límite alguno.

C. H. SPURGEON

¡Álzate, oh Dios, sobre los cielos! Sobre toda la tierra sea tu gloria. Con la repetición del estribillo del versículo cinco (57:5), y que se duplica aquí variando en el texto hebreo en tan solo una letra, el Salmo regresa al lenguaje de la plegaria. Jamás salieron de labios humanos palabras de oración más sublimes. Cielos y tierra tienen una historia común entretejida en sus mutuas implicaciones, y la consecuencia bendita y gloriosa de ello es el cumplimiento de aquello por lo cual ora aquí el salmista: el final de esa historia es que la δόξα, el sol de la gloria divina que se alza y resplandece impartiendo sobre ambos su sonrisa.

FRANZ DELITZSCH [1813-1890]
"Biblical commentary on the Psalms", 1859

SALMO 58

GALARDÓN PARA EL JUSTO

Título: *Al músico principal.* Aunque David tenía en mente su propio problema, no escribía a título individual, sino como profeta inspirado, y por tanto, plantea su cántico para el uso público y perpetuo, y en consecuencia, lo deposita en manos de guardián designado para custodiar la salmodia del Templo: *"el músico principal"*.

Sobre 'No destruyas'. En hebreo אַל־תַּשְׁחֵת *al-tashcheth* de תַּשְׁחֵת *tašḥêṯ,* es decir: *"no destruyas"*. Este salmo juzga, condena y predice la destrucción de los impíos. Pero sobre los piadosos se pronuncia solemnemente el sagrado אַל־תַּשְׁחֵת *al-tashcheth, "no destruyas"*.[1]

Mictam de David.[2] Estamos ante el cuarto de los llamados «salmos de oro» o «del secreto áureo»[3] y el segundo de los «no destruyas».[4] Suponiendo que no tengan otra utilidad o uso, cuanto menos estos nombres resultan útiles para ayudar a la memoria. Existe la costumbre de dar nombres a ciertas posesiones: fincas, casas, caballos, joyas, que en realidad no son más que una manera de distinguirlos, pero que en algunos casos demuestran la alta estima del propietario por lo que considera un preciado tesoro; de igual modo el poeta oriental otorga un título peculiar al canto que tiene en mayor estima, que le sirve para reforzar su memoria y a su vez poner de manifiesto lo mucho que lo valora.[5] No siempre hemos de pretender que los títulos de los salmos tengan un significado; nos basta con considerarlos simples títulos del poema, nombre de la melodía, o indicador de tono.

C. H. SPURGEON

El sentido de la raíz de מִכְתָּם *miḵtām* es grabar o estampar algo sobre piedra o metal, por lo que en puro rigor lingüístico significa un grabado o relieve. Razón por la cual la versión griega de los LXX o

---

[1] Ver al respecto los comentarios de Spurgeon al título, y las notas 1, 2, y 3 del Salmo 57.

[2] FRANZ DELITZSCH [1813-1890] dice al respecto: «En el Salmo 57:4 leemos: *"Sus dientes son lanzas y saetas"*; en el 58:6: *"Oh Dios, rompe sus dientes en sus bocas"*. Es probable que fuera este paralelismo prominente el que indujera al compilador del Salterio a colocar juntos estos dos מִכְתָּם *miḵtām* de David para ser cantados con la tonada de אַל־תַּשְׁחֵת *al-tashcheth;* aunque redactados en épocas y situaciones distintas. Lo peculiar de su estilo y composición, así como lo radical y extremo de su lenguaje, no nos impiden asignarlo a David como su autor. En ningún otro salmo encontramos tantas imágenes exuberantes en tan pocos versículos; pero que es David el que habla, lo tenemos garantizado, hasta cierto punto, por los paralelismos con los Salmos 64 y 140. Estos tres Salmos (Salmos 57 al 59), en los cuales los versículos finales se asemejan tanto que invitan de inmediato a su comparación, muestran que el mismo David que en otros lugares compone de una forma tan dulce, tierna y clara; en sus múltiples y polifacéticas transiciones, es también capaz de elevar su discurso hasta el punto que sus palabras, brotando cual cascada, retumben como un trueno a través de la oscuridad tenebrosa de las nubes implorando (58:6) y anunciando (58:9) el justo juicio de Dios».

[3] Los otros tres son los Salmos 16, 56 y 57. Encarecemos al lector leer cuidadosamente los comentarios y notas al título de estos tres salmos.

[4] El primero es el Salmo 57. Ver comentarios y notas al título del mismo.

[5] Aunque al escribir cada salmo David tenía en mente una ocasión concreta o situación en particular, no debemos olvidar que no escribía a título particular ni para su uso personal, sino como profeta inspirado. En consecuencia, todas sus composiciones tienen un propósito trascendente público y perpetuo. Como tan acertadamente lo expresara el Rabino Mayor del Reino Unido doctor JOSEPH HERTZ [1872-1946]: «Los Salmos traducen la pasión espiritual del erudito al lenguaje popular, haciéndola asequible, con esa belleza peculiar y única que brota de la verdad, a las necesidades y anhelos del hombre de la calle. Son el himnario colectivo y libro de oración común de la humanidad».

Septuaginta[6] lo traduce como στηλογραφία, inscripción en un pilar o columna.[7] Sobre ello me atrevo a fundamentar una conjetura que considero en perfecta consonancia: El término מִכְתָּם *miktām* aparece en el título de cuatro de este grupo de seis salmos compuestos por David mientras huía de Saúl ocultándose en cuevas y peñascos. ¿Qué nos impide imaginar que los grabó en las rocas y paredes de las cuevas que tan a menudo le sirvieron de refugio? Esta visión cuadraría perfectamente con el estricto significado etimológico de la palabra, y explicaría el motivo de la interpretación que la Septuaginta hace de la misma.

JOHN JEBB [1805-1886]
"A Literal Translation of the Book of Psalms", 1846

Estructura: Los versículos del uno al cinco (58:1-5) acusan al enemigo impío; en los siguientes (58:6-8) se pide al Juez que haga justicia; para concluir (58:9-11) con una visión profética de la sentencia ejecutada.[8]

C. H. SPURGEON

Versión poética:

SI VERE UTIQUE JUSTITIAM LOQUIMINI

O vosotros hijos de los hombres,
si los discursos vuestros son sinceros,
cuando habláis a favor de la justicia,
¿por qué vuestros juicios no son rectos?

Pero veo que en vuestros corazones
la iniquidad está como en su centro,
y que solo se ocupan vuestras manos
en hacer que se logren sus deseos.

---

[6] Se refiere a la VERSIÓN GRIEGA DE LA BIBLIA DE LOS SETENTA (LXX), también conocida como Septuaginta, o Versión Alejandrina. El nombre de Septuaginta se debe a que solía redondearse a 70 el número total de sus 72 traductores, según cuenta la tradición. Es la principal versión en idioma griego por su antigüedad y autoridad. Su redacción se inició en el siglo III a.C. (c. 250 a.C.) y se concluyó a finales del siglo II a.C. (c. 150 a.C). Se cree que fue hecha para los judíos que hablaban griego, pues en esa época eran bastante numerosos en Alejandría, aunque la orden provino del rey PTOLOMEO II PHILADELFO [284-246 a.C.], monarca griego de Egipto, con destino a la biblioteca de Alejandría. El Pentateuco fue traducido en esa época y el trabajo duró dos o tres siglos. Una escuela de traductores se ocupó de los Salmos, en Alejandría, hacia 185 a.C; después tradujeron Ezequiel, los doce profetas menores y Jeremías. Trataron posteriormente los libros históricos (Josué, Jueces, Reyes), y finalmente de Isaías. Hacia 185 a.C; después tradujeron Ezequiel, los doce profetas menores y Jeremías. Trataron posteriormente los libros históricos (Josué, Jueces, Reyes), y finalmente de Isaías.

[7] Ver al respecto el comentario de JAMES FRAME [1765-¿?] al título del Salmo 16.

[8] FRANCISCO LACUEVA [1911-2005] en su versión española del "Comentario de Matthew Henry" dice lo siguiente: «Hay quienes opinan que Saúl, antes de comenzar a perseguir a David por la fuerza de las armas, le instruyó proceso por la vía legal, en el que David fue condenado por traidor sin ser oído, y declarado por el gran consejo como un *"Caput lupinum"*, o lobo al margen de ley, un proscrito a quien cualquiera podía matar impunemente y nadie debía proteger. Visto así se explica mejor la invectiva vehemente de David contra los jueces inicuos. Sin embargo, no hace falta recurrir a tal conjetura para comprender la indignación de David en este salmo. David: I. Describe el pecado de los jueces (58:1-5). II. Impreca y predice su ruina (58:6-9), que habría de redundar en: 1. En consuelo de los santos (58:10) y 2. En gloria de Dios (58:11)».

Al salir estos tristes pecadores
del vientre de su madre, se perdieron,
porque el camino dejan, y se meten
por los tortuosos, pérfidos senderos.

Así estos infelices se extravían
así desde su mismo nacimiento,
apenas saben pronunciar palabras,
cuando saben mentir y hacer enredos.

Su furor se parece al de las sierpes,
pues se hacen sordos, y se fingen ciegos
para no ver ni oír nada que pueda
o su pecho ablandar, o esclarecerlos.

Como el áspid astuto y venenoso,
que el oído se tapa con el miedo
de la voz agradable y seductora
de algún encantador hábil y diestro.

Pero Dios quebrará en su misma boca
esos dientes más duros que el acero,
romperá los colmillos de los leones,
para quitarles de dañar los elementos.

Serán como los rápidos torrentes,
que inundan mucho, pero pasan presto,
y ya tiene el Señor tendido el arco,
ya asesta el tiro, y solo espera el tiempo.

Como al calor la cera se derrite,
así han de derretirse a los primeros
calores de la cólera divina,
y a ver no volverán la luz del cielo.

Antes que se endurezcan sus espinas,
y que tome aquel árbol incremento,
antes de que ejecuten sus designios,
y que logren sus pérfidos deseos.

En sus más bellos y floridos años,
cuando de vida y fuerzas están llenos,
y que esperan gozar días felices,
vendrá la ira de Dios a sorprenderlos.

El justo al cielo rendirá las gracias,
porque ya lo ha vengado, y deja quieto:
pero conservará sus manos puras,
viendo tan triste y formidable ejemplo.

Y los hombres dirán, es evidente,
que hay un Dios que gobierna el universo;
pues los humildes que trabajos sufren,
sacan de su virtud tanto provecho.

DEL "SALTERIO POÉTICO ESPAÑOL", SIGLO XVIII

Salmo completo:[9] Kimchi[10] dice que este Salmo 58 es contra Abner y el resto de los príncipes

[9] LUIS ALONSO SCHÖKEL [1920-1998] expone en su comentario cómo este Salmo 58 fue mal entendido e injustamente denostado en el siglo XX, hasta el punto de ser incluso eliminado de algunos breviarios y libros de oraciones por su espíritu supuestamente anticristiano, y en su transposición cristiana hace del mismo una apología tan magistral que sería imperdonable no transcribir condensada: «El Salmo 58 plantea agudamente el problema del sentido cristiano, ¿o anticristiano?, de algunos salmos (los llamados imprecatorios). La objeción fundamental y repetida es que este salmo respira espíritu de venganza, o como afirma ARTUR WEISER [1893-1978]: 'un gozo no disimulado en el daño, afán cruel de venganza de un fanatismo religioso intolerante'. Dicen que es ajeno y contrario al espíritu de Cristo: *"No sabéis de qué espíritu sois",* contesta Jesús a los apóstoles que querían hacer caer un rayo sobre los que resistían al evangelio (Lucas 9:55). En la sinagoga de Nazaret, Jesús suprime la segunda parte del versículo dos de Isaías 61 que le tocaba leer aquel día: *"y el día de venganza (* נָקָם *nāqām) del Dios nuestro"* (Lucas 4:16-21), un versículo que sin duda era el que más deseaban escuchar los impacientes por sacudirse el yugo del poder romano. (…) Conviene, no obstante, que nos preguntemos: Ese tipo humano que describe el salmo, ¿tiene representantes hoy día? La situación de injusticia que describe y concentra, ¿pertenece al pasado y nada mas? La diferencia de épocas es quizá que el cristiano y buena parte del hombre moderno puede estar mas informado y es mas solicitado por el problema de la injusticia: la injusticia que sufre el prójimo aunque esté lejos. También en nuestros días el Mal celebra sus epifanías cruentas. Y cuando el cristiano mira a su Iglesia, ¿puede decir que han desaparecido totalmente de ella las injusticias, o se desliza hasta dentro del nuevo paraíso la serpiente? Ante una situación grave de injusticia y violencia especialmente de los poderosos, organizada, contumaz, ¿cual debe ser la actitud del cristiano? Quizá deba escapar: *"¡Quién me diese alas como de paloma! Volaría yo, y descansaría. Ciertamente huiría lejos; moraría en el desierto"* (Salmo 55:6-7) Quizá deba olvidar tanta miseria refugiándose en el amor de Dios, quizá deba cantar himnos gozosos de alabanza. ¿Cual fue la actitud de Jesús frente a la injusticia circundante? Se rebelo internamente contra ella, salió a su encuentro arriesgando la vida, la denunció con voz profética. Mirándolos indignado dijo: *"¿qué es lícito, hacer el bien o el mal, salvar una vida o matar?"* (Marcos 3:1-5). Una de las bienaventuranzas es tener hambre y sed de justicia (Mateo 5:6), y justicia no es exclusivamente una relación individual con Dios. En este punto, la reacción de Jesús no es contraria ni ajena a la del salmista. Y podemos añadir que en su afán por la justicia estaba revelando el amor del Padre. ¿Puede un cristiano pedir a Dios que haga justicia, aun a costa de los criminales? ¿puede pedir el fracaso de un plan exterminador? Y si expresa en la oración su sed de justicia o si le toca denunciarla proféticamente, ¿cual debe o puede ser su lenguaje? ¿Es irreconciliable con el espíritu cristiano un lenguaje apasionado y vibrante como el del salmista? El cristiano, ¿pide y espera el reino de la justicia solamente en el cielo, o lo desea y lucha por él también en la tierra? Cuando pide *"venga tu reino",* sabe que el reinado del Señor es también reinado de justicia. El cristiano no puede desentenderse de la justicia *"en la tierra",* aunque sepa que su perfección no es de aquí. Porque cree y espera en su realidad perfecta mas allá, considera posible realizarla en parte y en progreso aquí abajo (Apocalipsis 6:1-17); 18:20; 19:1-4). En conclusión, no podemos decir que el Salmo 58, correctamente interpretado, sea anticristiano. Más aún, nos atrevemos a afirmar que puede ser expresión de la sed de justicia que nos enseña el Mesías. Eso sí, al entrar en el nuevo contexto, el salmo se someterá a un cambio de perspectiva y a algunas rectificaciones. Quiero señalar dos puntos principales:

– Primero la distinción y coherencia entre oración y acción. El Salmo 58 no predica ni canoniza la acción violenta, antes bien, encomienda a Dios que haga justicia. El salmo no se puede invocar a favor de la violencia. Por otra parte, como la oración fomenta una actitud y encamina una conducta, hay que completar el salmo con los límites que impone el ejemplo de Cristo (algunos anticipados en el AT). El que ora ardientemente por la justicia en la tierra no puede desentenderse de ella en la acción. Pero tampoco debe convertir en ejercicio práctico las expresiones enérgicas e imaginativas de la pasión. Sobre todo, ante otras enseñanzas y el ejemplo de Cristo.

– Segundo, y es la piedra de toque, hay que examinar muy bien la identificación de personajes que hacemos. ¿Quiénes son hoy los poderosos, los Carneros, los malvados? ¿Dónde está y actúa la serpiente? La oración cristiana por excelencia termina con una petición, *"líbranos del Malo",* o del maligno (Mateo 6:13); o sea, de ese poder que penetra en nosotros para hacernos sucumbir en la prueba. No es una petición contra enemigos que nos persiguen o contra otros, sino que la oración se vuelve contra nosotros mismos. El peligro está en identificar los *"malvados"* con *"los otros"* y el *"justo"* o inocente con nuestro grupo, partido, o nación, en un reparto maniqueo de inocencia y culpa. No que sea imposible la distinción y elección en casos determinados, sino que aun entonces la frontera atraviesa cada grupo y cada persona. Cuando la ideología, o el partido, o el grupo, confieren la categoría de *"justos",* justificando sin más a sus miembros, están delatando su contagio con el veneno de la serpiente, porque esa realidad inducirá a cometer injusticias en nombre del grupo. Creo que esta es la verdadera dificultad para recitar cristianamente este salmo: el dirigirlo con demasiada puntería, el identificar rápidamente y sin distinciones. Si somos capaces dc leer el Salmo 58 dirigiéndolo de modo que también nos alcance a nosotros, este salmo puede ser muy importante en la vida cristiana. Puede contrarrestar el peligro de pietismo y privatismo, puede alimentar la sed de justicia». [*Salmos, Tomo I, 1-72,* Editorial Verbo Divino, Estella, Navarra, 1992].

[10] Se refiere al rabino DAVID O DOVID KIMCHI [1157-1236], también conocido por el nombre de David Kimhi o el acrónimo hebreo RaDak. Nacido en Narbona, Francia, hijo de un famoso rabino y filólogo judío Yosef Kimchi,

de Saúl, quienes acusaron y juzgaron a David como un rebelde contra el gobierno establecido, y declararon que era legítimo para Saúl perseguirlo para matarlo; pues de lo contrario Saúl no se habría atrevido a perseguirlo. Y ciertamente, el texto de este salmo de *"no destruyas"*, da toda la impresión de ir dirigido a un grupo en concreto de jueces corruptos y perversos. Arama,[11] coincide en afirmar que sus estrofas exponen claramente la maldad de los jueces de Saúl.[12]

JOHN GILL [1697-1771]
"Exposition of the Old Testament", 1748

Vers. 1. *Oh congregación, ¿pronunciáis en verdad justicia? ¿Juzgáis rectamente, hijos de los hombres?* *[Oh poderosos, ¿pronunciáis en verdad justicia?¿Juzgáis rectamente, hijos de los hombres?* RVR*] [¿Habláis en verdad justicia, oh dioses? ¿Juzgáis rectamente, hijos de los hombres?* LBLA*] [¿Pronunciáis en verdad justicia? ¿Juzgáis rectamente, hijos del hombre?* BTX*] [¿Acaso ustedes, gobernantes, actúan con justicia, y juzgan con rectitud a los seres humanos?* NVI*] [Jueces, ¿en verdad proclamáis la justicia y juzgáis a las personas con rectitud?* BLP*] [Gobernantes, ¿saben acaso el significado de la palabra justicia? ¿Juzgan a la gente con imparcialidad?* NTV*]*[13]

Oh congregación, ¿pronunciáis en verdad justicia? Los enemigos de David eran una grupo numeroso y cohesionado: y habiéndole enjuiciado y condenado unánimemente, daban por sentado que su veredicto era correcto. «La mayoría siempre tiene la razón»,[14] dice con labio mentiroso un viejo refrán que pone todo su énfasis en la ley estadística de los grandes números. Si todos nos hemos

---

David Kimchi fue uno de los más prestigiosos eruditos en el hebreo bíblico de la Edad Media y autor de uno de los más prestigiosos comentarios al texto del A.T.

[11] Se refiere al rabino sefardí español ISAAC BEN MOSES ARAMA [1420-1494] insigne estudioso del *Talmud* y uno de sus más renombrados intérpretes. Ejerció como rabí en Tarragona, Fraga y Calatayud. Sus escritos filosóficos y de exégesis bíblica son un claro exponente del alto nivel de erudición alcanzado por los judíos españoles poco antes de su expulsión en 1492.

[12] ATANASIO DE ALEJANDRÍA [296-373] en su carta a su discípulo Marcelino sobre la naturaleza y valor de los salmos le dice refiriéndose a este salmo: «Contra los hipócritas y aquellos que se glorían de las apariencias, entona –para vergüenza suya– el Salmo 58». El Tomo I de "El Tesoro de David" incluye una traducción completa de la Carta de Atanasio a Marcelino. [Tomo I - pp. 50].

[13] En el texto hebreo הַאֻמְנָם אֵלֶם צֶדֶק תְּדַבֵּרוּן מֵישָׁרִים תִּשְׁפְּטוּ בְּנֵי אָדָם *ha'umnām 'êlem ṣeḏeq təḏabbêrūn mêšārîm tišpəṭū bənê 'āḏām.* El problema esta en este אֵלֶם *'êlem,* ¿como hay que entenderlo y traducirlo en base a sus numerosas posibilidades y líneas de interpretación? ¿Por *"dioses"*, *"jueces"*, *"congregación"*, *"poderosos"*, *"carneros"*, *"silencio"* etc? Parece ser que para solventarlo, la versión griega de los LXX o Septuaginta simplemente lo omite y lee: εἰ ἀληθῶς ἄρα δικαιοσύνην λαλεῖτε εὐθεῖα κρίνετε, οἱ υἱοὶ τῶν ἀνθρώπων que la Vulgata vierte al latín como: *"Si vere utique justitiam loquimini, recta judicate, filii hominum"*, "Si verdaderamente habláis justicia, juzgad con rectitud, hijos de los hombres". KRAUS traduce literalmente del hebreo: *"¿Administráis justicia fielmente, vosotros los dioses? ¿juzgáis rectamente a los hijos de los hombres?"*, aunque admite en nota que es muy difícil de interpretar. SCHÖKEL traduce: *"¿Es verdad, poderosos, que dais sentencias justas, que juzgáis rectamente a los hombres?"*. FRANZ DELITZSCH [1813-1890] considera que debe traducirse como *"dioses"* en el sentido de jueces o gobernantes, en tanto que: «se refiere a personas que tienen delegada la función divina de gobernar e impartir justicia, y entiende que en este sentido es como se usa בָּאֵלִם *bā'êlim* en Éxodo 15:11». Como afirma FRANCISCO LACUEVA [1911-2005]: «Los llama *"dioses"* (ver Juan. 10:34, y compárese con el Salmo 82:1, 6) por la facultad que tenían de juzgar, autoridad delegada del único que puede juzgar: Dios (comparar con Mateo 7:1)».

[14] En el original inglés *"What everybody says must be true"*. La cita es de CHARLES DICKENS [1812-1870] en: *"The Haunted Man and the Ghost's Bargain"*, 1848.

puesto de acuerdo en acosar a un hombre hasta su muerte, ¿quién se atreverá a cuestionarlo? Habiendo coincidido todos en el mismo veredicto ¿quién va suponer que podamos estar equivocados? Y no obstante, el perseguido da en el clavo, y pone el hacha justo en la raíz al requerir a sus jueces que acrediten si realmente están obrando conforme a la justicia. Bueno sería que todos hiciéramos de cuando en cuando una pausa para contestar a esta pregunta con absoluta sinceridad y franqueza.[15] Algunos de los cortesanos de Saúl eran más bien perseguidores pasivos que no activos de David; su problema era que guardaban silencio, mantenían quieta su lengua cuando presenciaban como la persona objeto del odio real era falsamente calumniada. El silencio es consentimiento; quien se abstiene de defender el derecho es cómplice del entuerto.

¿Juzgáis rectamente, hijos de los hombres? Recordad que también vosotros sois hombres, pese a estar temporalmente revestidos de una autoridad efímera. Vuestro cargo y función respecto a los demás hombres, ambos combinan para exigir de vosotros una especial rectitud; ¿lo habéis tenido en cuenta? ¿Acaso no habéis traicionado la justicia y puesto de lado toda verdad condenando a los piadosos, y juntándoos para buscar el derrocamiento de los inocentes? No estéis tan seguros de que vais a poder culminar con éxito vuestro propósito, pues no sois más que *"los hijos de los hombres"*, y por encima de vosotros hay un Dios que puede revertir, y de hecho revertirá vuestros veredictos.

C. H. SPURGEON

Oh congregación, ¿pronunciáis en verdad justicia? ¿Juzgáis rectamente, hijos de los hombres? O también: *¿Permanecéis mudos, hijos de los hombres, cuando deberías estar hablando justicia y juzgando con equidad?* Las primeras palabras de este salmo son en extremo enigmáticas. El adjetivo אֵלֶם *'êlem,* que la versión inglesa KJV (y la RVR 1960) traducen por *"congregación"*, significa en realidad *"silencio"*, quedar mudo o permanecer callado,[16] y se utiliza en esta misma forma אֵלֶם *'êlem,* en el título del Salmo 56, para decir *"paloma silenciosa"*. En este caso se utiliza al parecer para indicar permanecer en silencio, con toda la fuerza de la expresión, es decir, callado o sin discurso. Y

[15] AGUSTÍN DE HIPONA [354-430] dice al respecto: «Aquí vemos la verdad divina gritando a todo el género humano cual si estuviera congregado: *"Juzgáis rectamente, hijos de los hombres? ¿pronunciáis en verdad justicia?"*. Todos somos proclives a debatir cuestiones de justicia y dictaminar sobre lo justo y lo que no lo es, pero solo cuando no estamos implicados en la causa ni nos atañe personalmente. Declaramos injusto que alguien pase hambre cuando a otros les sobra el pan; pero, ¿estamos dispuestos a darles del nuestro? Debatimos acaloradamente sobre lo escandaloso de que haya gente sin techo habiendo casas vacías; pero, ¿estaríamos dispuestos para acogerlos en la nuestra? Pregunto a todos, ¿es esto lo que entendemos por justicia? Nuestra justicia es meramente palabras, no resiste la prueba de los hechos, porque hablamos de una manera, pero procedemos de otra. … Por ello nos advierte el Señor: *"No juzguéis, para que no seáis juzgados. Porque con el juicio con que juzgáis, seréis juzgados, y con la medida con que medís, os será medido"* (Mateo 7:1-2); y nos concreta el apóstol: *"El que come, no menosprecie al que no come, y el que no come, no juzgue al que come; porque Dios le ha recibido. ¿Quién eres tú para juzgar al criado ajeno?* (Romanos 14:3-4). Entonces, ¿nos priva nuestra profesión como cristianos del derecho a emitir juicio? No, pero nos exige que juzguemos rectamente: *"No juzguéis según las apariencias, sino juzgad con justo juicio"* (Juan 7:24). Nos obliga al análisis crítico de nuestras propias acciones antes de valorar las de aquellos que nos rodean; recordando que no es dado a nosotros condenar a nadie porque ignoramos el trasfondo de sus pensamientos y circunstancias; y menos aún ejecutar venganza, puesto que únicamente a Dios corresponde dictaminar y retribuir en justicia (Romanos 12:19)».

[16] Y en su forma אָלַם *alam,* se utiliza en este sentido en numerosos pasajes: Salmo 31:18: *"Enmudezcan los labios mentirosos"*; Salmo 39:2: *"Enmudecí con silencio, me callé"*; Isaías 53:7: *"enmudeció, y no abrió su boca"*; Ezequiel 3:26: *"y estarás mudo"*; Ezequiel 24:27: *"y no estarás más mudo"*; Daniel 10:15: *"con los ojos puestos en tierra, y enmudecido"*.

el aspecto en el cual permanecían callados o mudos, se desprende del nombre y verbo que siguen a continuación: צֶדֶק תְּדַבֵּרוּן *ṣeḏeq təḏabbêrūn, hablar justicia*. Y el término anterior הַאֻמְנָם *ha'umnām*, de אֻמְנָם *umnam, ¿ciertamente? ¿de veras?*, abre un interrogante que expresa el asombro e incredulidad del salmista ante la situación, y se pregunta: ¿Puede ser? ¿Es posible? En paráfrasis cabe traducirlo como: *"¿Es creíble que ante la injusticia permanezcáis en silencio, vosotros, cuyo oficio y misión es hablar por cuenta de Dios en contra los pecados de los hombres?"*[17]

JOSEPH ADDISON ALEXANDER [1809-1860]

"The Psalms Translated and Explained", 1850

Oh congregación. El término hebreo אֵלֶם *'êlem* o אלם *alam* se utiliza en Génesis 37:7 para la idea de *"atar gavillas"*, מְאַלְּמִים אֲלֻמִּים *mə'alləmîm 'ălummîm* de אלם *alam*, y es la razón por la que se interpreta aquí como *"congregación"*, un grupo o banda de conjurados o confabulados.

HENRY AINSWORTH [1571-1622]

"Psalms, The Book of Psalmes: Englished both in Prose and Metre with Annotations", 1612

Vers. 2. *Antes en el corazón maquináis iniquidades; hacéis pesar la violencia de vuestras manos en la tierra.* *[No, que de corazón maquináis iniquidades; hacéis pesar la violencia de vuestras manos en la tierra.* RVR*] [No, pues en el corazón cometéis iniquidad; la violencia de vuestras manos repartís en la tierra.* LBLA*] [Antes, cometéis crímenes a conciencia en la tierra, y vuestras manos sopesan violencia.* BTX*] [Al contrario, con la mente traman injusticia, y la violencia de sus manos se desata en el país:* NVI*] [No; en vuestro interior tramáis el mal y propagáis la violencia en esta tierra.* BLP*] [¡No! En el corazón traman injusticia y desparraman violencia por toda la tierra.* NTV*]*

Antes en el corazón maquináis[18] *iniquidades*. En lo más hondo de vuestras almas, forjáis la maqueta de la injusticia que pretendéis cometer, y cuando se presenta la oportunidad, la ponéis en

[17] FRANCISCO LACUEVA [1911-2005] en su versión española del "Comentario de Matthew Henry" comenta este versículo del siguiente modo: «Dos son los cargos de los que culpa aquí David a los jueces inicuos: 1. De corrupción en su gobierno. Formaban un gremio, por lo que podía esperarse de ellos que no fuesen capaces de aceptar soborno; con todo, parece ser que sí lo eran, puesto que el hijo de Cis podía hacer por ellos lo que no pudo el hijo de Isaí (1 Samuel 22:7). A estos jueces que así abusaban del derecho y oprimían a los inocentes, se dirige David aquí (58:1): *"¿De verdad pronunciáis justicia, oh dioses?"* (literal). Los llama *"dioses"* –nota del traductor– (ver Juan. 10:34, y compárese con el Salmo 82:1, 6) por la facultad que tenían de juzgar, autoridad delegada del único que puede juzgar: Dios (comparar con Mateo 7:1). No obstante, el vocablo hebreo אֵלֶם *'êlem* es oscuro, y ya el rabino Kimchi lo tradujo por «compañía». Tendríamos así el 'gremio de jueces' o 'gremio de justicia', al que parece aludir Matthew Henry. Cualquiera que sea la traducción, vale la invectiva de David, como si dijese: «No, no juzgáis con justicia; vuestra conciencia misma os está gritando que no respondéis a la confianza que en vosotros se ha depositado como magistrados de la nación, pues (58:2) *en vuestro corazón maquináis iniquidades; hacéis pesar la violencia de vuestras manos en la tierra*». Cuanto más empeñado está el corazón en una acción mala, tanto mayor es la maldad de tal acción (Eclesiastés 8:11). ¿Y cuál era esa maldad? Que empleaban la balanza de la justicia, que tiene que ser una balanza justa (compárese con Job 31:6), para hacer que la violencia tuviese mayor peso que la equidad. Lo hacían en balanza falsa, pero bajo color y apariencia de justicia, que es aún peor». En este sentido encontramos un paralelo a los versículos uno y dos (58:1-2) en Miqueas 3:1-4».

[18] SCHÖKEL destaca aquí la fuerza del verbo תִּפְעָלוּן *tip̄'ālūn* de פָּעַל *paal*, cuyo sentido es el de una acción que se ha cometido y completado intencionalmente en el corazón antes de que sea ejecutada físicamente,

práctica con sumo gusto; vuestros corazones rebosan maldad, y vuestras manos están prestas para ejecutarla. Estos siniestros personajes, que se sentaban en su estrado de jueces fingiendo gran indignación por las delitos imputados a su víctima, perpetraban simultáneamente en el fondo de sus corazones todo tipo de injusticia concebible.

La violencia de vuestras manos repartís en la tierra.[19] Eran pecadores deliberados, villanos fríos y calculadores. Mientras los jueces justos ponderan la ley, equilibran la evidencia y sopesan los fundamentos de derecho del caso; los inicuos dispensan la injusticia con una malicia deliberadamente calculada por anticipado a sangre fría. Fijémonos en que el salmista establece con claridad que los personajes en cuestión pecaron de pensamiento y de hecho; con su corazón y con sus manos: en privado, en su corazón, maquinaron; en público, sobre la tierra, con sus manos obraron; eran tan deliberados como activos. ¡Esa es la clase de personan con las que tienen que tratar los santos! Así eran los enemigos de nuestro Señor, una generación de víboras,[20] una generación mala y adúltera;[21] que procuraban matarle porque él era justo, pero disfrazaban su odio con una capa de justicia acusándole de pecador y blasfemo.[22]

C. H. SPURGEON

Antes en el corazón maquináis iniquidades. El salmista no dice que hubiera maldad en su corazón, sino que la maquinaban; el corazón es como un taller en nuestro interior, una fragua subterránea; y allí forjaban sus propósitos malignos, templándolos para ponerlos en acción y *"hacer pesar la violencia de sus manos en la tierra"*. Se trata de una alusión a los mercaderes, que compraban y vendían a peso, comprobando la cantidad de mercancía en onzas; no aproximadamente, sino en su peso exacto. Por ello exclama el Salmista: *"hacéis pesar la violencia de vuestras manos"*, esto es, que no practican el mal y oprimen al tanteo, aproximadamente, sino que se sientan para calcular con precisión y destreza cuánta violencia han de usar en cada caso, cuánto podrá resistir una persona en

---

como señala Jesús en Mateo 5:28: *"ya cometió adulterio con ella en su corazón"*. «Están dedicados al mal por dentro y por fuera, de corazón בְּלֵב *bəlêḇ,* y con las manos יְדֵיכֶם *yəḏêḵem.* Llama la atención el uso del verbo פָּעַל *paal,* cometer, cuando sería de esperar mas bien חָשַׁב *chashab,* pensar, planear, o זָמַם *zamam,* tramar, etc. El salmista va a la raíz: el que desea internamente ya ha cometido adulterio El terrorista, dicen los psicólogos, antes de asesinar ha matado mentalmente, porque ha sacrificado vidas humanas, incluso inocentes, a una ideología, a una causa, a un partido. Se trata de un pensamiento y deliberación que llegan a la decisión firme: 'la cosa esta hecha', decimos en castellano. En Miqueas 2 se nos dice que poderosos וּפֹעֲלֵי רָע עַל־מִשְׁכְּבוֹתָם *ūpō'ălê rā' 'al-miškəḇōwṯām,* cometen iniquidad, (el mismo verbo hebreo פָּעַל *paal),* en sus camas» [*Salmos, Tomo I, 1-72,* Editorial Verbo Divino, Estella, Navarra, 1992].

[19] Sobre el verbo hebreo תְּפַלֵּסוּן *təp̄allêsūn* de פָּלַס *palas,* pesar, evaluar, equilibrar, FELIPE SCIO DE SAN MIGUEL [1738-1776] en su versión española de la Vulgata indica que el sentido del hebreo: *"pesáis, o balanceais la violencia de vuestras manos",* se corresponde perfectamente con la idea de jueces: «Quiere decir: deliberáis en apariencia exhaustivamente sobre los modos de hacer justicia; o ponéis cara de guardar sus formas, cuando en realidad vuestro objetivo es oprimir aún más de lleno. Ver al respecto Salmo 94:20-21; Isaías 10:1». Pero SCHÖKEL discrepa de esta interpretación: «No menos llamativo es el verbo utilizado para referirse a las manos, פָּלַס *palas,* pesar. Es como si las usaran para elegir a peso violencias determinadas. Algunos comentaristas se asustan de esa expresión inusitada: תְּפַלֵּסוּן *təp̄allêsūn,* y la explican en el sentido de que con sus manos 'hacen pesada' la violencia sobre la tierra. Pero ese no es el significado de פָּלַס *palas*, pues para expresar esa idea hay otro verbo: כָּבַד *kabad*, como podemos comprobar en Isaías 24:20: *"pesa sobre ella su pecado"*» [*Salmos, Tomo I, 1-72,* Editorial Verbo Divino, Estella, Navarra, 1992].

[20] Mateo 3:7; 23:33.

[21] Mateo 12:39; 16:4.

[22] Mateo 26:59-66; Lucas 6:6; 13:11; 14:2; Juan 19:7.

una situación determinada. Es decir, que *sospesan* lo que hacen, aunque en realidad, lo que hacen es tan perverso que no tendrá peso ni valor positivo alguno cuando Dios lo pese. Tampoco adquieren esta habilidad repentinamente, sino después de haberla aprendido y practicado largamente como aprendices; y comienzan pronto el aprendizaje, pues como afirma el salmista en el versículo siguiente (58:3): *"Torcidos están los impíos desde la matriz; extraviados y mentirosos desde que nacieron"*, es decir, desviados y pervertidos tanto por propia naturaleza como por práctica temprana; no pierden el tiempo, se aplican desde jóvenes, incluso *"desde que nacen"*, tan pronto como se sienten aptos para cualquier cosa, se emplean a fondo en hacer el mal.

JOSEPH CARYL [1602-1673]

Antes en el corazón maquináis iniquidades. Las bases y principios de los malignos son todavía peor que sus prácticas y costumbres: la violencia sospesada y premeditada es doblemente culpable.

GEORGE ROGERS [1799-1891]

Hacéis pesar la violencia de vuestras manos en la tierra. La palabra hebrea עוֹלֹת *'ōwlōṯ* de עָוֶל *evel, avel, avlah,* o *olah,* y que nuestras versiones traducen como *"iniquidades"* guarda una relación con el peso de las balanzas, cuando la balanza se inclina a un lado dando un peso injusto. En relación a las personas, se aplica de manera especial a los tribunales y decisiones públicas, como en el Salmo 82 donde se usa la misma palabra עָוֶל *evel*: *¿Hasta cuándo juzgaréis injustamente* (en hebreo תִּשְׁפְּטוּ־עָוֶל *tišpəṭū-'āwel) inclinando de manera injusta la balanza?*[23]

HERMANN VENEMA [1697-1787]
"Commentarius ad Psalmos", 1762

Vers. 3. ***Se apartaron los impíos desde la matriz; se descarriaron hablando mentira desde que nacieron.*** *[Torcidos están los impíos desde la matriz; extraviados y mentirosos desde que nacieron.* RVR*] [Desde la matriz están desviados los impíos; desde su nacimiento se descarrían los que hablan mentiras.* LBLA*] [Los malvados se extravían desde la matriz, desde el vientre se pervierten los que hablan mentira.* BTX*] [Los malvados se pervierten desde que nacen; desde el vientre materno se desvían los mentirosos.* NVI*] [Los malvados desde que nacen están perdidos, los falsos desde su nacimiento se extravían.* BLP*] [Estos malvados son pecadores de nacimiento, desde que nacieron mienten y siguen su propio camino.* NTV*]*[24]

---

[23] Salmo 82:2. Traducción literal libre del autor.

[24] En el texto hebreo: זֹרוּ רְשָׁעִים מֵרָחֶם תָּעוּ מִבֶּטֶן דֹּבְרֵי כָזָב *zōrū rəšā'îm mêrāḥem tā'ū mibbeṭen dōḇərê ḵāzāḇ*. La versión griega de los LXX o Septuaginta lee: ἀπηλλοτριώθησαν οἱ ἁμαρτωλοὶ ἀπὸ μήτρας, ἐπλανήθησαν ἀπὸ γαστρός, ἐλάλησαν ψεύδη que la Vulgata traduce al latín como: *"Alienati sunt peccatores a vulva; erraverunt ab utero: locuti sunt falsa"*, "Enajenados son los pecadores desde la matriz, erraron desde el vientre, hablaron falso". KRAUS traduce: *"¡Degenerados son los malvados, descarriados desde el vientre, desde el seno materno hablan mentira!"*. SCHÖKEL: *"Se extravían los malvados desde el seno materno, se pervierten desde que nacen los que dicen falsedades"*. FELIPE SCIO DE SAN MIGUEL [1738-1776] en su versión española de la Vulgata añade la siguiente nota: «La fuerza del pecado original se hace patente desde la cuna (Isaías 48:8). Desde los años de la mas tierna infancia, justo al uso de razón, por un efecto de nuestra voluntad depravada, nos afirmamos en la corrupción del pecado, que arrastramos ya desde el vientre materno (Efesios 2:3)».

Torcidos están los impíos desde la matriz.[25] Nada tiene de extraño que algunos persigan a la simiente justa de la mujer, siendo que todos son simiente de la serpiente y hay entre ambas una enemistad marcada y establecida.[26] Tan pronto como nacen, se hallan alienados de Dios; ¡esta es la condición en que se encuentran! ¿Tan pronto nos salimos del camino correcto? ¿Ya en el momento mismo en que empezamos a respirar comenzamos a ser pecadores? Sí, tan solo con abrir los ojos y ver la luz, ya procedemos con mentiras. Cualquier observador atento puede fácilmente constatar lo muy pronto que comienzan los bebés a proceder de forma mentirosa. Mucho antes de que alcancen a pronunciar palabra ya practican actitudes un tanto engañosas. Particularmente en el caso de aquellos que crecen para hacerse adeptos a la mentira y diestros en la calumnia, se inician pronto en su maligno proceder, y no debería maravillarnos que acaben convirtiéndose en auténticos expertos en el mismo. Quien empieza temprano por la mañana antes de que anochezca habrá hecho un largo recorrido. El proceder mentiroso es una de las pruebas más evidentes del estado caído del hombre, y como la falsedad es de carácter universal, así lo es también la depravación humana.

C. H. SPURGEON

Torcidos están los impíos desde la matriz. ¡Qué pronto pecan los seres humanos! ¡Y cuán tarde se arrepienten! *Tan pronto nacen* ya están descarriados, y por sí solos seguirán así hasta su muerte; jamás se arreglarán. Cuando nacen los niños son incapaces de pronunciar palabra, pero sí son capaces de *"desviarse"* y *"hablar mentiras"*, es decir, sus primeros balbuceos son para mentir, y sus primeros pasos para desviarse; sí, aún cuando no puedan andar físicamente, pueden desviarse moralmente o metafóricamente: el primer paso que dan es un paso fuera del camino.

JOSEPH CARYL [1602-1673]

Extraviados y mentirosos desde que nacieron. De todos los pecados que existen, ninguno puede llamar tan propiamente a Satanás padre como el de la mentira. Toda la corrupción que hay en nosotros procede de Satanás, pero el pecado de forjar mentiras es más del diablo que cualquier otro; tiene un mayor sabor al averno que los demás. Todo hombre es mentiroso,[27] y por consiguiente todo hombre es pecador; pero el mentiroso lo es de una manera muy especial, porque la depravación original de nuestra naturaleza vino por la mentira, y como de tal palo tal astilla, seguimos manteniendo la plenitud de este vieja tendencia a mentir, puesto que el diablo sigue soplando en nuestro interior su aliento de mentira para incitarnos a ella. Y en consecuencia, tan pronto hablamos, mentimos. Así como mientras estamos en el cuerpo, sometidos a todo tipo de enfermedades, algunos somos más propensos a unas e que a otras; así también pese a que el alma es propensa a toda clase de pecado, algunas tienen mayor tendencia a un vicio que otro; pero la inclinación a mentir es igual de fuerte en todas. En consecuencia, un mentiroso es lo más semejante al diablo que se pueda ser; y lo más distinto y alejado de Dios que se pueda concebir.

RICHARD CAPEL [1586-1656]
"Tentations their nature, danger, cure", 1633

[25] Algunos interpretes ven un cierto paralelismo entre estas palabras y las de los dos versículos siguientes (58:3-5) con Isaías 48:8-9 llegando a ligarlo incluso al *"no destruyas"* del título: *"Sí, nunca lo habías oído, ni nunca lo habías conocido; ciertamente no se abrió antes tu oído; porque sabía que habías de portarte con mucha perfidia, y se te llama rebelde desde el vientre. Por amor de mi nombre diferiré mi ira, y para alabanza mía la reprimiré para no destruirte"*. Pero no deja de ser bastante especulativo.

[26] Génesis 3:14-15.

[27] Romanos 3:4.

Extraviados y mentirosos desde que nacieron. La figura de los impíos desviándose tan pronto como nacen, parece tomada de la capacidad y disposición que tienen las serpientes para morder justo cuando nacen. Por joven que sea una serpiente, es capaz de inocular veneno a cualquier cosa que muerda; y en todos los casos el padecimiento de la víctima es importante, aunque raramente la mordedura es fatal. Basta con acercar un palo a uno de esos reptiles a los pocos días de nacer, para comprobar que se engancha a morderlo con saña. Y las crías del tigre y del cocodrilo son igualmente feroces en sus hábitos justo al nacer.

JOSEPH ROBERTS [1795-1849]
"Oriental Illustrations of the Sacred Scriptures", 1835

Vers. 4. *Veneno tienen como veneno de serpiente; son como el áspid sordo que cierra su oído?* *[Veneno tienen como veneno de serpiente; son como el áspid sordo que cierra su oído.* RVR*] [Tienen veneno como veneno de serpiente; son como una cobra sorda que cierra su oído.* LBLA*] [Llevan veneno como veneno de serpiente, de víbora sorda que cierra el oído.* BTX*] [Su veneno es como el de las serpientes, como el de una cobra que se hace la sorda.* NVI*] [Es su veneno como el veneno de la serpiente, son como víbora sorda que tapa sus oídos.* BLP*] [Escupen veneno como serpientes mortíferas; son como cobras que se niegan a escuchar.* NTV*]*[28]

Veneno tienen como veneno de serpiente. ¿Es el hombre un reptil venenoso? Sí, y su veneno es como el de una serpiente. La víbora no tiene en sus colmillo más que muerte para el cuerpo; pero el hombre no regenerado lleva debajo de la lengua veneno capaz de destruir la naturaleza más noble.[29]

Son como el áspid sordo que cierra su oído. Al mencionar las serpientes, el salmista recuerda como muchas son dominadas por las artes del encantador; pero los hombres con los que él debía tratar, no había arte capaz de dominarlos ni detenerlos; y por tanto, los compara a un tipo de serpiente menos susceptible que otras a la música del encantador, afirmando que se negaron a entrar en razón,

---

[28] En hebreo: חֲמַת־לָמוֹ כִּדְמוּת חֲמַת־נָחָשׁ כְּמוֹ־פֶתֶן חֵרֵשׁ יַאְטֵם אָזְנוֹ *ḥămaṯ-lāmōw kiḏmūṯ ḥămaṯ-nāḥāš kəmōw-p̄eṯen ḥêrêš ya'ṭêm 'āzənōw.* La versión griega de los LXX o Septuaginta lee: θυμὸς αὐτοῖς κατὰ τὴν ὁμοίωσιν τοῦ ὄφεως, ὡσεὶ ἀσπίδος κωφῆς καὶ βυούσης τὰ ὦτα αὐτῆς que la Vulgata traduce al latín como: *"Furor illis secundum similitudinem serpentis, sicut aspidis surdae et obturantis aures suas"*, "El furor de ellos es semejante al de la serpiente; como el del aspid sordo, y que tapa sus orejas". KRAUS traduce: *"(Llevan) veneno igual que la serpiente, como serpiente sorda que cierra su oído"*. SCHÖKEL: *"Llevan veneno como veneno de serpiente, de víbora sorda que cierra el oído"*.

[29] Varios entre los Padres de la Iglesia, como ATANASIO DE ALEJANDRÍA [296-373], AMBROSIO DE MILÁN [340-397] AGUSTÍN DE HIPONA [354-430], CIRILO DE ALEJANDRÍA [370-444] y otros, vieron ya esta misma conexión que apunta aquí Spurgeon entre las figuras de la *"serpiente"* y el *"león"* utilizadas aquí por el salmista, y la *"serpiente"* de Génesis 3:1-5, 13.15, concluyendo que la serpiente a la que hace referencia el salmo es el pecado: *"Huye del pecado como de una serpiente, pues si te acercas, te morderá. Tiene dientes de león para matar a los hombres"* (Eclesiástico 21:2 DHH). Dicen:

– AMBROSIO DE MILÁN [340-397]: «Estas palabras describen básicamente la naturaleza de la serpiente, pero son a la vez descriptivas de todo receptáculo de maldad, de toda serpiente depravada que deslizándose sobre su vientre alberga en su interior el veneno del pecado y lo va revolviendo de continuo en su mente, fraguando engaños y retorciéndose en sinuosas mentiras».

– AGUSTÍN DE HIPONA [354-430], comentando los versículos del cuatro al seis (58:4-6), no duda en afirmar que el pecado: «Cuando no puede deslizarse sigilosamente como una serpiente por la senda resbaladiza de la mentira, ruge con violencia cual león y amenaza con sus dientes».

igual que el áspid cierra su oído a los encantamientos que tanto fascinan a otros reptiles. En su estado de corrupción natural, el hombre parece estar en posesión de todas las características nocivas de una serpiente, sin ninguna de sus excelencias. ¡Oh pecado miserable, en qué nos han convertido! [30]

C. H. SPURGEON

Veneno tienen como veneno de serpiente. Existe una sustancia que llamamos veneno, pero ¿dónde buscarla? *"Ubicumque fuerit, in homine quis quaereret?"*[31] De todos los lugares imaginables, el último donde la buscaríamos es en el hombre. Dios hizo el cuerpo del hombre del polvo de la tierra,[32] y no mezcló en él veneno. Sopló en el aliento de vida, inspirando su alma desde el cielo; no sopló veneno en ella. Y le dio para alimentarse el pan, fruto de la tierra,[33] que no contiene veneno. *"Unde venenum?"* ¿De dónde procede el veneno? En Mateo leemos que los criados preguntan al Señor: *"¿no sembraste buena semilla en tu campo?" "Unde zizaniae?" "¿De dónde, pues, viene cizaña?"* ¿De dónde? *"Hoc fecit inimicus" "Él les dijo: Un enemigo ha hecho esto"*.[34] En ello podemos percibir la obra del diablo. La serpiente antigua,[35] el gran dragón el rojo,[36] ha derramado veneno en los corazones impíos. Su propio veneno: *"malitiam"*, iniquidad. *"Cum infundit peccatum, infundit venenum"*, pues cuando Satanás infunde pecado, derrama veneno. El pecado es veneno; la depravación original recibe el nombre de corrupción radical o permeable; en realidad: veneno. La violencia y virulencia de esta cualidad venenosa del hombre no viene de su origen. Nadie es radical y absolutamente malo de principio. Si bien todos hemos nacido corruptos, no hemos nacido venenosos; nos hemos vuelto venenosos paulatinamente. Hay tres grados, por así decirlo, tres fases en el pecado:

Primero. El pecado secreto: una úlcera encastada en los huesos, pero cubierta con la piel de la hipocresía.

Segundo. El pecado abierto: que sale al exterior con vileza manifiesta. El primero es corrupción; el segundo es erupción.

Tercero. El pecado constante y constatado: y este es puro veneno, que emponzoña el alma y el cuerpo.

THOMAS ADAMS [1583-1653]
"A Generation of Serpents", 1614

[30] WILLIAM SHAKESPEARE [1564-1616], tenía, sin lugar a dudas, en mente estas palabras del salmista cuando en el en el Acto II, Escena II, de su comedia trágica "*Troilo y Crésida*" pone boca de Héctor, dirigiéndose a París y Troilo, las siguientes palabras: *«Del goce y la venganza los oídos, más sordos a la voz de la justicia que los áspides son. Naturaleza reclama devolver lo suyo al dueño»*. Y JOHN MILTON [1608-1674], en su poema trágico "*Sansón Agonista*", cita claramente los versículos cuatro y cinco (58:4-5) en las palabras de rechazo de Sansón a las propuestas engañosas de Dalila: «No, no te preocupes de mi estado; hace mucho que tú y yo somos dos; y no me creas tan incauto o necio para llevar mis pies a la celada donde ya una vez fui atrapado; bien a mi pesar, conozco tus engaños; y tu copa encantada, tus hechizos ya no tienen poder sobre mi alma; de la sabiduría de la víbora, he aprendido a proteger finalmente mis oídos contra tus encantos y brujerías» (*"Samson Agonistes"*, líneas 930-940).

[31] ORIGEN DE LA CITA EN LATÍN o explicación de las citas en latín (¿vulgata?) integradas en el texto.

[32] Génesis 2:7.

[33] Génesis 3:19; 1 Reyes 17:6.

[34] Mateo 13:28.

[35] Apocalipsis 12:9; 20:2.

[36] Apocalipsis 12:3.

Son como el áspid. Hebreo פֶּתֶן *pe̱ten* la «Cobra Egipcia» o *"naja hage"*,[37] una de las especies de cobra más venenosas. Es una de las llamadas cobras encapuchadas,[38] que son las que por regla general suelen utilizar los encantadores de serpientes. Muy relacionada con la *"naja tripudians"* o «Cobra de antifaz», y con la *"naja naja"* o «Cobra di Capello», ambas naturales de la India y veneradas en su cultura. Todas ellas son famosas por su mordedura extremadamente mortal. Sus colmillos huecos se comunican con una glándula venenosa que al ser presionada en la acción de morder, envía unas gotas a la punción. El veneno actúa rápidamente en todo el sistema de la víctima, y la muerte se produce con rapidez.

JOHN DUNS [1820-1909]
"Biblical natural science: being the explanation of all references in holy scripture to geology, botany,zoology, and physical geography", 1868

Como el áspid sordo. Es cierto, afirma un comentarista contemporáneo de los Salmos, que el áspid o víbora común de Inglaterra, cuya mordedura, por cierto, es muy venenosa, si no es totalmente sorda, cuanto menos tiene un sentido del oído muy imperfecto. Lo que multiplica el peligro de pisarlos involuntariamente; puesto que si no te ven, no se apartan hasta que estas encima, y entonces son muy veloces en morder. Dando por hecho, pues, que haya una especie de estos animales nocivos que o bien no tienen en absoluto sentido del oído, o lo tienen muy limitado, hasta el punto que se pueda calificar de sordo; explicaría perfectamente la figura que utiliza el salmista. Compara con sutil elegancia poética las prácticas perniciosas y destructivas de los inicuos con el veneno de una serpiente; y al mencionar esta especie de animales, parece como si le hubiera venido a la mente esta propiedad singular de al menos una de sus especies: la sordera; que es también característica de los pecadores perversos y obstinados, sordos a todo consejo, imposibles de persuadir, y por tanto irrecuperables. En esto se parecen al áspid, un animal extremadamente venenoso, y además sordo, o prácticamente sordo. Probablemente la expresión *"cierra su oido"* o *"se tapa el oido"* no es más que una expresión poética para referirse a la sordera; del mismo modo que del topo, que en el lenguaje común se dice que es ciego, en lenguaje poético se diría que cierra los ojos; que en realidad es lo que hace cuando se ve expuesto a la luz. La cláusula siguiente en el versículo cinco (58:5): *"que no oye"* o *"no quiere oír"*, es también, con toda probabilidad, otra expresión poética en el mismo sentido.

SAMUEL BURDER [1773-1836]
"Scripture Expositor: "A New Commentary, Critical and Practical, on the Holy Bible", 1809

Son como el áspid sordo. Según Cuvier,[39] la víbora o áspid al que hace referencia aquí el salmista es la *"naja hage"* o cobra de Egipto. En realidad la capacidad auditiva de todas las especies de serpiente es imperfecta, ya que todas carecen de cavidad timpánica y de aberturas externas de la oreja. El áspid sordo a que hace referencia no es ninguna especie en particular. El argumento en el que el salmista basa su reprensión, es que el פֶּתֶן *pe̱ten,* o áspid al que el hace referencia, puede oír hasta cierto punto, pero

[37] Una especie de *elápido* extremadamente venenoso conocida también como «áspid de Cleopatra», por afirmar la leyenda que se suicidó con una picadura de este animal para evitar caer prisionera de Octavio.

[38] Reciben este nombre por una especie de caperuza que despliegan cuando están irritadas o se sienten amenazadas, y que forman extendiendo los huesos de la parte trasera de la cabeza.

[39] Se refiere a JEAN LÉOPOLD NICOLAS FRÉDÉRIC CUVIER [1769-1832], famoso naturalista francés, autor de numerosas obras clave en la materia como *"Le Règne Animal;"* se esforzó en armonizar la paleontología con la Biblia con importantes obras como *"Théorie de la terre"* 1821. Fiel creyente de filiación luterana, participó en 1818 en la fundación de la *"Parisian Biblical Society"*, de la que fue Vicepresidente e impartió clases en la Facultad de Teología de París.

no quiere; como hacían los jueces injustos y perseguidores de David, podían escuchar perfectamente las apelaciones que hace en los versículos uno y dos (58:1-2), pero rehusaban hacerlo. En encantador de serpientes, por regla general, logra captar su atención con sonidos estridentes, ya sea que los haga él con la boca o con una flauta, puesto que la sordera de la serpiente no es absoluta, y por tanto es susceptible a las frecuencias agudas que sí puede oír. Pero pueden darse casos excepcionales de un *áspid sordo,* sordo únicamente en el sentido que rehúsa escuchar o prestar atención a esos sonidos y actuar en consecuencia. Tal es el caso de la profecía de Jeremías: *"yo envío contra vosotros serpientes, áspides contra los cuales no hay encantamiento, y os morderán";*[40] o la sabia reflexión del autor de Eclesiastés: *"Si la serpiente muerde antes de ser encantada, no hay ganancia para el encantador".*[41]

Andrew Robert Fausset [1821-1910]
"Studies in the CL Psalms their undesigned coincidences with the independent Scripture histories, confirming and illustrating both", 1876

El áspid sordo que cierra su oído, que no quiere oír la voz de los que encantan. Con respecto a la afirmación de que el animal *"cierra su oído"* o *"no quiere escuchar",* no es necesario recurrir a la suposición de que literalmente lo haga, como han pretendido algunos. Basta con saber que si bien algunas serpientes reaccionan ante ciertos sonidos o frecuencias, otras son parcial o totalmente insensibles al encantamiento.[42]

Richard Mant [1776-1849]
"The Book of psalms in an English metrical version, with notes", 1842

El áspid sordo que cierra su oído. Esta frase se presta a una traducción alternativa: *"como el áspid sordo, cierra él su oído",* y que muchos interpretes prefieren como más lógica. Puesto que un áspid no puede cerrar literalmente sus oídos, y de hecho, si es sordo por naturaleza, no tiene necesidad de hacerlo. La idea es más bien de que los impíos, al cerrar sus oídos, se asemejan al áspid sordo.

Joseph Addison Alexander [1809-1860]
"The Psalms Translated and Explained", 1850

---

[40] Jeremías 8:17.

[41] Eclesiastés 10:11.

[42] Sobre estas palabras y las del versículo siguiente (58:5) Agustín de Hipona [354-430] hace esta peculiar y curiosa exposición: «¿Cabe buscar algún significado en el hecho de que la víbora, según afirman algunos, cierre sus oídos a la música del encantador apretando el uno contra el suelo y tapándose el otro con la cola? Por "suelo" podemos entender las cosas presentes, y por "cola" o parte de atrás, las del pasado. Y nuestro deber como cristianos, según nos indica el apóstol, es olvidarnos de las cosas del pasado y evitar que las del presente nos encandilen. Sobre el pasado nos dice: *"¿Qué fruto teníais entonces en aquellas cosas de las cuales ahora os avergonzáis? Porque el fin de ellas es muerte. Mas ahora que habéis sido libertados del pecado y hechos siervos de Dios, tenéis por vuestro fruto la santificación, y como fin, la vida eterna"* (Romanos 6:21-22); y del presente: *"Si solamente en esta vida tenemos puesta nuestra esperanza en Cristo, somos los más dignos de lástima de todos los hombres"* (1 Corintios 15:19). Nos invita a que nos apartemos del recuerdo complaciente de las cosas del pasado para no caer en el deseo de disfrutarlas nuevamente; y a rechazar las glorias falaces del presente, en el que vivimos de forma transitoria, para que no nos sean obstáculo que nos impida alcanzar las glorias perdurables de la vida futura. Pues si nos encandilamos con la vida presente, hemos pegado nuestro oído a la tierra; y si nos deleitamos con los recuerdos del pasado estamos tapando nuestro oído con la cola. … Y a ello nos amonesta el apóstol con su propio ejemplo: *"olvidando lo que queda atrás, me extiendo a lo que está delante"* (Filipenses 3:13). ¡Saquemos pues algo bueno de la serpiente siguiendo la recomendación del Señor: *"sed astutos como las serpientes e inocentes como las palomas"* (Mateo 10:16)!».

Vers. 4-5. Los encantadores de serpientes, a pesar de su experiencia y de ser extremadamente hábiles, no siempre salen bien librados de su peligroso espectáculo. En estas exhibiciones los desenlaces fatales son frecuentes, porque siempre hay algún *"áspid sordo que cierra su oído, que no quiere oír la voz de los que encantan, por más hábil que sea el encantador"* (58:4-5). Roberts[43] menciona el caso de un encantador que visitó la casa de un noble para exhibir serpientes domesticadas; y siendo que en la casa tenían una cobra encapuchada en una jaula, le preguntaron si sería capaz de encantarla. Respondió afirmativamente, por lo que abrieron la jaula y salió la serpiente en un estado de notable irritación. El hombre comenzó su encantamiento, y se esforzó en sus manipulaciones; pero la serpiente, sin hacerle el menor caso, se lanzó contra él y le mordió en el brazo. Antes de la noche era cadáver.

Philip Henry Gosse [1810-1888]
"The Romance of Natural History", 1861

Vers. 4-5. Un día al hacer un alto junto a una de las riberas del río Genesee, entró en el campamento una serpiente de cascabel. Había entre nosotros un canadiense que sabía tocar la flauta y que, para nuestro desconcierto, se enfrentó a la serpiente con esta peculiar arma. Al aproximarse a su enemigo, el reptil se levantó altivo formando una espiral, aplano la cabeza, infló sus mejillas, y abrió la boca mostrando sus colmillos envenenados y su profunda garganta; moviendo su doble lengua cual dos llamas de fuego; y con sus ojos cual carbones encendidos. De pronto hinchado su cuerpo con rabia, se dejó caer para levantarse de nuevo cual el fuelle de una fragua. Su piel dilatada adquirió un tono opaco y escamoso; y su cola, de donde procede el sonido que anuncia la muerte, vibraba con tal fuerza y rapidez que parecía una olla de vapor. El canadiense comenzó a tocar su flauta, y la serpiente, sorprendida, echo la cabeza para atrás. En la medida en que las notas, aparentemente mágicas, la iban golpeando, sus ojos perdieron ferocidad; las oscilaciones de la cola se hicieron más lentas y los silbidos más débiles, hasta desaparecer por completo. Los anillos de su espiral se fueron dilatando gradualmente, acoplándose uno tras otro sobre el suelo en círculos concéntricos. Su piel temblorosa recuperó el brillo, con tonos azulados, verdes, blancos y dorados; giró ligeramente la cabeza, y permaneció inmóvil, en actitud de atención y deleite. En este momento, el canadiense avanzó unos pasos, emitiendo con su flauta notas cada vez dulces y prolongadas. La serpiente, inclinando su cuello abigarrado, se abrió paso con la cabeza a través de la alta hierba, y comenzó a deslizarse siguiendo al músico; deteniéndose cuando él se detenía, y avanzando de nuevo tan pronto volvía a caminar. De esta manera la condujo fuera del campamento, seguido por un gran número de espectadores, tanto nativos como europeos, que apenas podían dar crédito a lo que veían sus ojos, al presenciar el efecto hipnótico de las notas de la flauta en el reptil.

Francois Aguste-Rene, Viscount de Chateaubriand [1768-1848]
"Génie du christianisme",[44] 1802

---

[43] Se refiere a Joseph Roberts [1795-1849] miembro de la Sociedad Oriental de Gran Bretaña e Irlanda, y autor de la famosa obra: *"Oriental Illustrations of the Sacred Scriptures. Collected from the Customs, Manners, Rites, Superstitions, Traditions, Parabolical, Idiomatical and Proverbial Forms of Speach, Climate, Work of Art, and Literature of the Hindoos; during a residence in the East of nearly fourteen years"*, "Ilustraciones Orientales de las Sagradas Escrituras. Recopiladas de las costumbres, formas, ritos, supersticiones, tradiciones y formas de lenguaje, parabólicas, idiomáticas y proverbiales, del clima, de las obras de arte y la literatura de los hindúes, a lo largo de casi catorce años de residencia en Oriente". Publicado por John Murray en Londres en 1835.

[44] Obra apologética escrita entre 1795 y 1799, mientras Chateaubriand se hallaba exilado, publicada por primera vez en Francia en 1802, y traducida al español con el título de "El genio del cristianismo". Defiende la superioridad de la religión cristiana, frente a la filosofía agnóstica ilustrada, y el ateísmo fomentado por la Revolución francesa.

Vers. 4-5. Tan pronto comienza a sentirse atraída por la música del encantador, la serpiente aprieta una oreja contra el suelo, y se tapa la otra con su cola, y aunque sigue escuchando al encantador, como algunos han observado, se siente provocada a escupir su veneno, y con ello a rejuvenecerse.[45] Tan obsesionados y ofuscados están algunos seres humanos por las proposiciones de esa ramera, que es su propio pecado, que se hacen el sordo a todos cuantos puedan aconsejarles propiamente: cierran sus oídos, endurecen su corazón, y entiesan el cuello ante los truenos de la ley, la voz suave del evangelio, las acciones del Espíritu y las convicciones de su propia conciencia. Cuando el pecado les llama, corren desesperados aún cuando sea contra vientos y mareas; cuando el mundo les ordena, obedecen con premura tan pronto oyen y cumplen sus mandatos con una fidelidad absoluta. Pero cuando el Dios bendito se dirige a ellos, los imputa con su incuestionable autoridad, y les suplica por su propia felicidad eterna; permanecen inmóviles y ni se inmutan, cual si fueran estatuas en lugar de seres vivos. Otras cosas hay en el mundo que se mueven velozmente: las piedras ruedan cuesta abajo, las chispas saltan hacia arriba, los conejos corren veloces a sus madrigueras, los ríos fluyen con violencia hacia océano. Y sin embargo, el necio permanece inmóvil ante su Hacedor; de tal modo que ni súplicas, ni amenazas; ni la Palabra, ni las obras de Dios; ni la esperanza del cielo, ni el temor del infierno; son capaces de agitarle y conducirle a su felicidad eterna. ¿Cabe imaginar que un alma razonable proceda de un modo tan absurdo contra todo sentido y razón?

GEORGE SWINNOCK [1627-1673]
"The Christian Man's Calling", 1665

Vers. 5. ***Que no oye la voz de los que encantan, por más hábil que el encantador sea.*** *[Que no quiere oír la voz de los que encantan, por más hábil que sea el encantador.* RVR*] [Que no oye la voz de los que encantan, ni siquiera al más diestro encantador.* LBLA*] [Para no oír la voz de los que encantan, del más experto en encantamientos.* BTX*] [Para no escuchar la música del mago, del diestro en encantamientos.* NVI*] [Para no oír la voz de los encantadores, ni la del hechicero experto en hechizos.* BLP*] [Y hacen oídos sordos a las melodías de los encantadores de serpientes, aunque toquen con mucha destreza.* NTV*]*

Que no quiere oír la voz de los que encantan, por más hábil que sea el encantador.[46] Tratar de ganar a los impíos para la causa del bien con argumentos lógicos o apelaciones patéticas, no da

[45] Nota de C.H. SPURGEON: «Esta afirmación indemostrable y de carácter más bien fantástico, procede con toda probabilidad de algún viejo libro supuestamente de historia natural, pero que debería ser etiquetado más bien como de historia *anti*-natural. Que ningún lector le de, por tanto, más crédito del que merece como simple conjetura anecdótica. Lo transcribimos únicamente por el valor del comentario espiritual que lo acompaña».

[46] Sobre esta misma idea de las serpientes que no se dejan encantar ver Jeremías 8:17; Eclesiastés 10:11; Eclesiástico 12:13. SCHÖKEL comenta con respecto a este versículo y el anterior: «La figura de la serpiente es ominosa en el A.T. Por algo ha penetrado en el paraíso para inocular su veneno con las palabras, hablando en vez de mordiendo. Desde que se le anuncia una descendencia (Génesis 3:15), reaparece en la Biblia reproduciéndose y encarnándose en variadas metamorfosis. Serpientes son los malvados: *"No hay quien litigue con justicia, ni quien defienda su causa con lealtad; confían en vanidad, y hablan mentiras; conciben maldades, y dan a luz iniquidad. Incuban huevos de áspides, y tejen telas de arañas; el que come de sus huevos, muere; y si los aplastan, salen víboras"* (Isaías 59:5); los enemigos: *"Aguzaron su lengua como la serpiente; veneno de áspid hay debajo de sus labios"* (Salmo 140:3); o las potencias invasoras de Asiria y Babilonia: *"yo envío sobre vosotros serpientes y áspides contra los cuales no hay encantamiento, y os morderán"* (Jeremías 8:17) [...] La presencia dominante de la serpiente cumple en el Salmo 58 una

resultado, no funciona. ¡Inténtalo probando con ellos todas tus artes como predicador de la palabra! Puedes prepararte a fondo para refutar todos y cada uno los prejuicios y argumentos de los pecadores, y bien seguro acabarás exclamando: *"¿Quién ha creído a nuestro anuncio?"*.[47] La causa de tu fracaso no está en tu música, sino en el oído del pecador, y tan solo el poder de Dios puede eliminarla.

«Puedes evocar a los espíritus de las profundidades insondables,
¿pero vendrán cuando los llames?»[48]

No, llamamos y llamamos, y llamamos en vano, hasta que *el brazo del Señor es revelado.*[49] Ello configura a la vez la culpa y el peligro del pecador. Debería escuchar, pero no lo hará; y puesto que no escuchará, no podrá escapar de la condenación del infierno.

C. H. SPURGEON

Que no quiere oír la voz. Cuando Señor ve a alguno de sus escogidos andando por sendas extraviadas y caminos tortuosos, otorga a sus siervos, los ministros, la misión de visitarle y hablarle diciendo: *"Regresa, regresa, oh Sulamita"*.[50] Pero su alma no se mueve; de modo que el Señor les envía de nuevo para advertirle una segunda vez; pero *como el áspid sordo, no escucha la voz del encantador,*[51] *ni siquiera al mas diestro*. Bien, dice entonces en Señor, si no quieres venir, iré yo a rescatarte; y si no vienes por las buenas, vendrás por las malas. Hace entonces que silben la mosca y la abeja de la aflicción;[52] y llama a los ejércitos de la tribulación encomendándoles sitiar al tal hombre o mujer y acosarle; diciéndoles: Bombardeadlo con vuestros cañonazos hasta hacerle ceder, hasta que entregue las llaves y arríe las velas; enviad enfermedad a su cuerpo, consumid sus bienes, arrebatadle a sus amigos, hundid su reputación, incendiad su casa, y cosas similares; convirtiéndole en presa y despojo, hasta que reconozca la mano del Señor dispuesta a levantarle.

JAMES VOTIER [1622-¿?]
"Vox Dei & hominis: God's call from heaven ecchoed by mans answer from earth, or A survey of effectual calling", 1652

---

función superior, expresa la 'epifanía del Mal'. En la imagen terrorífica que ha trazado el poeta de los poderosos injustos y violentos, inveterados y contumaces, se revela un poder superior o abismal, la fuerza del Maligno. Algo que nos estremece, porque parece mas fuerte que el hombre. Cuando asistimos o recordamos matanzas en masa, crueldades metódicas y sistemáticas, nos sobrecoge el horror, nos sentimos heridos en nuestra común humanidad y amenazados en la propia. ¿Como puede el hombre llegar a eso? ¿Podemos nosotros llegar a eso? Un peso superior a nuestras fuerzas nos oprime. La serpiente a unos los contagia con su veneno, a otros los destruye. Es la epifanía del Mal. El Salmo 58 no se entretiene con un asunto privado de una injusticia individual, nos encara con una grandeza tenebrosa y terrible» [*Salmos, Tomo I, 1-72,* Editorial Verbo Divino, Estella, Navarra, 1992].

[47] Isaías 53:1; Romanos 10:16-17.

[48] En el original inglés: *"You can call spirits from the vast deep, / But will they come when you do call for them?"*. Se trata de una cita de WILLIAM SHAKESPEARE [1420-1494] en *Henry IV,* (Enrique IV) Acto II, Escena I, una conversación entre Hotspur, Worcester, Mortimer y Glendower. Glendower exclama: *"I can call spirits from the vasty deep"*, a lo que Hotspur replica: *"Why, so can I, or so can any man, But will they come when you do call for them?"*.

[49] Isaías 53:1; Juan 12:38.

[50] Cantares 6:13.

[51] SCHÖKEL señala que la raíz hebrea de מְלַחֲשִׁים *məlaḥăšîm* del verbo לָחַשׁ *lachash,* encantar, viene de חָבַר *chabar,* ligar o atar, sujetar, en este caso se entiende con algún tipo de nudo o conjuro mágico.

[52] Isaías 7:18.

Vers. 6. *Oh Dios, quiebra sus dientes en sus bocas; quiebra, oh Jehová, las muelas de los leoncillos.* *[Oh Dios, rompe sus dientes en sus bocas; quiebra, oh Jehová, las muelas de los leoncillos.* RVR*] [Oh Dios, rompe los dientes de su boca; quiebra las muelas de los leoncillos, Señor.* LBLA*] [¡Oh Elohim, rompe sus dientes en su boca! ¡Oh YHVH, quiebra los colmillos de los leones!* BTX*] [Rómpeles, oh Dios, los dientes; ¡arráncales, Señor, los colmillos a esos leones!* NVI*] [Oh Dios, rompe los dientes de su boca, destroza, Señor, las fauces de estos leones.* BLP*] [¡Quiébrales los colmillos, oh Dios! ¡Destrózales las mandíbulas a estos leones, oh Señor!* NTV*]*

Oh Dios, rompe sus dientes en sus bocas.[53] Si no manifiestan capacidad alguna para el bien, por lo menos príválos de su capacidad para obrar el mal. Trátelos como hacen los encantadores con sus serpientes, extrae sus colmillos, quiébrales los dientes. El Señor puede hacer esto, y lo hará. No permitirá que la maldad de los impíos prevalezca, les asestará un golpe que los deshabilite de su malicia.

Quiebra, oh Señor, las muelas de los leoncillos. Cual si el reptil no fuera suficiente para ilustrar en toda su extensión la naturaleza maligna de los impíos, el salmista trae a escena otro espécimen de *ferae naturae,*[54] de comportamiento feroz. Puesto que la crueldad de los malos se asemeja a la ferocidad de leones jóvenes, monstruos en la plenitud de su vigor y toda la furia de sus pasiones; y pide que sus muelas sean aplastadas, quebradas o arrancadas, a fin de convertirlos en criaturas totalmente inofensivas. No resultan difíciles de entender los motivos por los que el desterrado hijo de Isaí, expuesto a las calumnias venenosas de sus enemigos, y preocupado ante la crueldad de su poder, apela al cielo implorando que quedaran lo antes posible inoperantes, se disiparan como agua y se desvanecieran.

C. H. Spurgeon

Oh Dios, rompe sus dientes en sus bocas. Destruye los colmillos con los que estas serpientes inoculan su veneno. Guarda una relación con los dos versículos anteriores (58:4-5). Sálvame de los *áspides*, de los calumniadores maliciosos y venenosos: y sálvame también de los *leones,* los hombres tiránicos y sanguinarios.

Adam Clarke [1760-1832]
"Commentary on the Whole Bible", 1831

[53] Franz Delitzsch [1813-1890] dice al respecto: «En el Salmo 57:4 nos dice: *"Sus dientes son lanzas y saetas"*; en el 58:6: *"Oh Dios, rompe sus dientes en sus bocas"*. Es probable que fuera este paralelismo prominente el que indujera al compilador del Salterio a colocar juntos estos dos מִכְתָּם *miktām* de David para ser cantados con la tonada de אַל־תַּשְׁחֵת *al-tashcheth* aunque redactados en épocas y situaciones distintas».

– Agustín de Hipona [354-430] dice al respecto: «¿Os habéis preguntado porque puntualiza de ese modo añadiendo *"en sus bocas"*? Le hubiera bastado con decir: *"Quiebra, oh Señor, sus dientes"*. La idea es destacar que serían sus propias palabras las que se volverían contra ellos actuando de martillo. Como sucedió en tantas ocasiones con los fariseos cuando trataron de tentar a Jesús: *"¿Nos es lícito dar tributo a César, o no?* Trataron de hacerle caer, pero no lo consiguieron; *"no pudieron sorprenderle en palabra alguna delante del pueblo, sino que maravillados de su respuesta, enmudecieron"* (Lucas 19:26). Se acercaron a él dispuestos a devorarle, como dice el salmista, con sus dientes afilados *"cual lanzas y saetas"* (57:4). Pero él les hizo enmudecer con sus propias palabras, destrozando *"sus dientes en sus bocas"*».

[54] En latín en el original. Significa de naturaleza o comportamiento feroz.

Quiebra, oh Señor, las muelas enormes de los leoncillos.[55] En hebreo מַלְתְּעוֹת *maltə ʻōwṯ* de מַלְתְּעוֹת *maltaah.* Según Michaelis[56] y Gesenius[57] son los dientes caninos, que en leones son afilados y terribles.

GEORGE PHILLIPS [1804-1892]

"The Psalms in Hebrew with a Critical, Exegetical and Philological Commentary", 1846

Vers. 6-9. Los enemigos de David eran fuertes y feroces como leoncillos; por tanto, ora para que Dios quiebre sus dientes, incluidos sus dientes caninos, los más fuertes con los cuales estaban dispuestos a devorarle; de modo que quedaran incapacitados para obrar mal. Lo abrumaron cual inundación; pero él pide *que se diluyan como el agua que se desparrama sobre la tierra.* Estaban prestos a dispararle sus saetas; pero el pide *que sus arcos y sus flechas sean hechos pedazos,* que se conviertan en paja, sin capacidad operativa; y también ora para que se disipen según avanzan, como el caracol, que deja su sustancia a lo largo de su trayectoria; y *que queden reducidos a la nada, como un aborto, que jamás llega a ver el sol.* También predice que su furia próspera (que se asemejaba al crepitar de los espinos debajo de una olla), pronto se extinguirá y no tendrá ningún efecto; mientras el Señor, en su ira, los precipitará a una rápida destrucción, cual huracán que arrastra a los hombres hacia un precipicio o abismo espantoso.[58]

THOMAS SCOTT [1747-1821]

"Commentary on the Holy Bible: The Holy Bible with Explanatory Notes, Practical Observations, and copious Marginal References", 1807

---

[55] Así traduce la versión inglesa KJV: *"break out the great teeth of the young lions, O Lord"*.

[56] Se refiere a JOHANN HEINRICH MICHAELIS [1668-1738], docto e ilustrado hebraísta alemán, especializado en las lenguas orientales. Autor de una *Biblia Hebrea Anotada* y otras muchas obras de exégesis bíblica.

[57] Se refiere a HEINRICH FRIEDRICH WILHELM GESENIUS [1786-1842], famoso erudito alemán de las lenguas orientales, profesor de teología en la Universidad de Halle. Escribió numerosas obras sobre los textos bíblicos, siendo especialmente apreciado por la que es quizás su obra más conocida, el *Thesaurus philologico- criticus linguae Hebraicae et Chaldaicae V. T.*

[58] Dado lo excepcional de las imágenes utilizadas para describir lo letal de los malos: su desprecio por la justicia, su astucia y ferocidad (58:2.5); el salmista entiende que aquellas que describan el castigo que merecen y les aguarda (58:6-9 han de estar a la misma altura; y lo consigue, sin duda, con ventaja. SCHÖKEL lo describe con estas palabras: «La primera reacción es de horror y espanto; la segunda es de rebelión interna y súplica apasionada. Pide a Dios que intervenga contra ese poder satánico de la injusticia y violencia. Siguiendo la imagen de la serpiente, el poeta recurre a unas descripciones sorprendentes o brutales, según se entiendan. El veneno de la serpiente se ha de convertir en inofensiva *"agua que se disipa"*, sin destino, sin función, en un estéril discurrir y retorcerse. La víbora verde y reptante se convierte en hierba pisoteada (texto corregido). La serpiente terrorífica se vuelve una babosa blanda y casi amorfa que se va diluyendo (la serpiente del paraíso se arrastra comiendo polvo – Génesis 3:14). Y una tempestad revuelta arrebata los restos incendiando la maleza, refugio de reptiles. Pero cuidado con perderse en los rasgos de una descripción pintoresca, porque aquí hay algo mas. Suena el lenguaje apasionado de la indignación ante la injusticia. En efecto, ante el terrible espectáculo, ¿que hace el salmista? ¿Escapa y se refugia en bellos himnos de alabanza? ¿Entona canciones intimistas de confianza? No, se deja arrebatar por la pasión, se rebela ante la injusticia. No la acepta, no se resigna a ella. Se enfrenta con ella en la presencia de Dios. Siente una sed biológica de justicia que lo devora y se derrama en un lenguaje apasionado … la sed de justicia es en ultima instancia sed de un Dios justo. Donde no alcanza el hombre, alcanza Dios. Hay momentos en que el hombre solo puede orar, en tales momentos puede encontrar a Dios en el torbellino de su indignación ante la injusticia y la violencia. Pues bien, en esa rebelión interna y en su expresión imaginativa se revela el correlativo antitético de la injusticia del mal. Se revela una justicia que trasciende el hombre individual, y por ella se revela el Justo. Frente a la *epifanía* del mal adviene una *teofanía*. La tormenta indicada en el versículo nueve (58:9) sucede también dentro del espíritu, y esa tormenta parece teofánica (Ver Salmo

Vers. 7. ***Sean disipados como aguas que corren; cuando disparen sus saetas, sean hechas pedazos.*** *[Sean disipados como aguas que se escurren; cuando disparen sus saetas, sean hechas pedazos.* RVR*] [Que se diluyan como las aguas que corren; cuando disparen sus saetas, que sean como si estuvieran sin punta.* LBLA*] [¡Escúrranse como aguas que se pierden! Al disparar sus saetas, ¡queden estas despuntadas!* BTX*] [Que se escurran, como el agua entre los dedos; que se rompan sus flechas al tensar el arco.* NVI*] [Que se evaporen como agua que se diluye, que disparen flechas que no puedan clavarse.* BLP*] [Que desaparezcan como agua en tierra sedienta; que sean inútiles las armas en sus manos.* NTV*]*[59]

Sean diluidos como aguas que se escurren. Que se disipen cual torrentes de montaña que se secan con los calores del verano; como manantiales cuyas aguas dejan de fluir súbitamente; o como agua derramada en tierra, que nadie es capaz de recoger y volver colocar de nuevo en su recipiente,[60] que se desvanezcan y dejen de existir. Disipaos corrientes pestilentes; cuanto antes hayáis desaparecido, mejor será para el universo.

Cuando disparen sus saetas, sean hechas pedazos. Cuando el Señor entre en batalla, que sus juicios caigan implacables sobre estos perseguidores; que queden hechos pedazos cual poste desmenuzado por múltiples relámpagos. O puede también que el significado sea el de que cuando el impío avanza hacia su objetivo, su arco y sus flechas caigan en fragmentos: con la cuerda cortada, el arco roto, las flechas descabezadas, y sus puntas embotadas; para que el jactancioso guerrero no cuente don los medios con los que herir el objeto de su enemistad. En cualquiera de ambos sentidos, la oración de este Salmo se ha hecho realidad en numerosas ocasiones a lo largo de la historia, y se cumplirá de nuevo tantas veces como sea necesario.

C. H. SPURGEON

Vers. 8. ***Pasen ellos como el caracol que se deslíe; como el que nace muerto, no vean el sol.*** *[Pasen ellos como la babosa que se deslíe; como el que nace muerto, no vean el sol.* RVR*] [Que sean como el caracol, que se deslíe según se arrastra, como los que nacen muertos, que nunca ven el sol.* LBLA*] [Sean como el caracol, que se deslíe al arrastrarse; como aborto, que no llega a ver el sol.* BTX*] [Que se disuelvan, como babosa rastrera; que no vean la luz, cual si fueran abortivos.* NVI*] [Que sean cual babosa que al andar se deshace, como aborto de mujer que no pudo ver el sol.* BLP*]*

50:3; Job 27:21; Isaías 29:6; Ezequiel 1:4 Amós 1:14). Si el hombre siente sed de justicia, es que cree en ella, la considera posible y necesaria. Si encuentra irrealizable su perfección, comprende que vale la pena luchar por acercarse a ella. No es utopía pura, sueño inalcanzable, es utopía como término dinámico que le atrae y arrastra: *"Lucha por la justicia hasta la muerte, y el Señor luchará a favor tuyo"* (Eclesiástico 4:28 DHH)» [*Salmos, Tomo I, 1-72,* Editorial Verbo Divino, Estella, Navarra, 1992].

[59] En hebreo: יִמָּאֲסוּ כְמוֹ־מַיִם יִתְהַלְּכוּ־לָמוֹ יִדְרֹךְ [חִצּוֹ כ] (חִצָּיו ק) כְּמוֹ יִתְמֹלָלוּ *yimmā'ăsū ḵəmōw-mayim yiṯhalləḵū-lāmōw yiḏrōḵ* [*ḥiṣṣōw ḵ*] (*ḥiṣṣāw q*) *kəmōw yiṯmōlālū.* La versión griega de los LXX o Septuaginta plantea importantes diferencias del hebreo y lee: ἐξουδενωθήσονται ὡς ὕδωρ διαπορευόμενον· ἐντενεῖ τὸ τόξον αὐτοῦ, ἕως οὗ ἀσθενήσουσιν que la Vulgata traduce al latín como: *"Ad nihilum devenient tamquam aqua decurrens; intendit arcum suum donec infirmentur"*, "Se reducirán a la nada como agua que corre; tuvo entesado su arco, hasta que sean debilitados". KRAUS traduce: *"¡dilúyanse como agua que corre, marchítense corno hierba en el camino!"* indicando que el texto hebreo está corrompido, puesto que la traducción literal del hebreo sería: *"pise él sus flechas, como si estuvieran cortadas"*. SCHÖKEL traduce: *"Que se derritan como agua que se escurre, que se marchiten como hierba pisoteada"*.

[60] 2 Samuel 14:14.

[Que sean como caracoles que se disuelven y se hacen baba, como un niño que nace muerto y que nunca verá el sol. NTV*]*[61]

Que sean como el caracol, que se deslíe según se arrastra. Como el caracol que se abre paso con su propio moco, disolviéndose según se arrastra, y a menudo solemos encontrar su concha vacía, cual si su inquilino se hubiera desvanecido;[62] así también los malos disipan sus propias fuerzas mientras avanzan en sus acciones malévolas, acabando por desaparecer. La porción de los perversos es la autodestrucción provocada por su propia envidia y desazón.

Como el que nace muerto, no vean el sol. Muy dura y solemne es esta maldición, ¡pero cae implacable sobre muchos miserables que carecen de la gracia! Son como si nunca hubieran existido. Porque su existencia es nefasta, repugnante, horrible. Más idóneos para permanecer aislados en una tumba desconocida, que para formar parte de la sociedad. Su vida nunca alcanza verdadera madurez, pues sus propósitos son abortivos, y su único logro en este mundo es el haber traído miseria a los demás, y consternación a sí mismos. Hombres como Herodes, Judas, Alba,[63] Bonner,[64] ¿no habría sido

---

[61] En hebreo: כְּמוֹ בְּלוּל תֶּמֶס יַהֲלֹךְ נֵפֶל אֵשֶׁת בַּל־חָזוּ שָׁמֶשׁ *kəmōw bəlūl temes yahălōḵ nêpel 'êšeṯ bal-ḥāzū šāmeš.* La versión griega de los LXX o Septuaginta de nuevo presenta variantes de consideración y lee: ὡσεὶ κηρὸς ὁ τακεὶς ἀνταναιρεθήσονται· ἐπέπεσε πῦρ, καὶ οὐκ εἶδον τὸν ἥλιον que la Vulgata traduce al latín como: *"Sicut cera quae fluit auferentur; supercecidit ignis, et non viderunt solem"*, "Serán destruidos, como la cera que se derrite; cayó fuego de arriba y no vieron el Sol". Ver al respecto Salmo 68:2. La versión sefardí o BIBLIA DE FERRARA lee: *"Como caracol de desleymiento ande; como abortado de muger, que no vieron Sol"*. KRAUS traduce: *"¡como el caracol que se deslíe según se arrastra! ¡aborto de mujer, que nunca ve el sol!"*. SCHÖKEL: *"sean como babosa que se deslíe al andar, como aborto que no llega a ver el sol"*.

[62] No hay constancia científica de que el caracol o la babosa se disuelvan según se arrastran. Lo que sí está demostrado es que mueren al entrar en contacto con el cloruro sódico o sal común. Estos animales generan un *mucus* que les ayuda desplazarse reduciendo la fricción con la superficie sobre la que se desplazan. Esta mucosidad contribuye también a su regulación térmica y reduce el riesgo de agresiones bacterianas y ahuyenta a potenciales depredadores como las hormigas. Pero les hace vulnerables a la sal, que hidroliza la mucosa que desprenden y que les mantiene en humedad constante, provocando una progresiva eliminación de células, algo que deriva en su muerte. Probablemente sea este fenómeno lo que observó el salmista y a lo que se refiere.

[63] Suponemos que se refiere a FERNANDO ÁLVAREZ DE TOLEDO Y PIMENTEL [1507-1582], III Duque de Alba, y más conocido como GRAN DUQUE DE ALBA. Fue gobernador de los países bajos de 1567 a 1573 bajo el reinado de FELIPE II [1527-1598], donde al mando de un poderoso ejército sembró el terror entre los protestantes calvinistas instituyendo lo que se conoce como «El Tribunal de la Sangre» para juzgar herejes, condenando y ejecutando incluso a su gran amigo y colaborador el CONDE DE EGMONT [1522-1568], que junto el CONDE DE HORN [1524-1568], (también ejecutado por el Duque de Alba), y GUILLERMO DE ORANGE [1533-1584], habían protestado a Felipe II por la implantación de la Inquisición en los Países Bajos, ganándose de ese modo la fama de hombre cruel e implacable. La represión ejercida por el Duque de Alba contra los protestante fue tan brutal, que ante las numerosas quejas llegadas a la corte de Felipe II, entre ellas las hombres de tanto prestigio como el propio clérigo y erudito español BENITO ARIAS MONTANO [1527-1598], el rey decidió relevarle en 1573, sustituyéndole por catalán LUIS DE REQUESENS Y ZÚÑIGA [1529-1576], quién opto por negociar con los protestantes, adoptando una política más favorable a la libertad religiosa. Felipe II le desterró de la corte, y aunque en 1580 con 72 años solicitó de nuevo su colaboración como militar en la guerra con Portugal levantándole el destierro, y tras su brillante victoria llegó incluso a nombrarle Virrey de Portugal, murió en Portugal abandonado de la corte.

[64] Se refiere a EDMUND BONNER [1500-1569] Obispo de Londres, que se mantuvo fiel a Roma y fue destituido y encarcelado por oponerse a la reforma religiosa de Enrique viii. Tras el triunfo de los Estuardo, en

mejor para ellos que nunca hubieran nacido? ¿no habría sido mejor para las madres que los llevaron en su seno que no vieran la luz? ¿no habría sido mejor para los territorios a los que trajeron tanta miseria y sufrimiento con su existencia y proceder? ¿no habría sido mejor para la tierra a la que le tocó la triste función de ocultar sus putrefactos cadáveres de los rayos del sol? Todo hombre no regenerado es un aborto. Carece del verdadero sentido de humanidad con que Dios hizo inicialmente al ser humano; existe rodeado de corrupción en mitad de las tinieblas del pecado; y no alcanza a ver, ni verá jamás la pureza de la luz de Dios en el cielo.

C. H. SPURGEON

Como el caracol, que se deslíe según se arrastra. Literal: תֶּמֶס *temes,* que se diluye (o convierte en moco), el sustantivo está en el modo acusativo como complemento directo describiendo la naturaleza de la acción, en clara alusión al trazado viscoso que deja detrás de sí el caracol a medida que avanza, de tal modo *da la sensación* de que se esta desgastando o diluyendo. Evidentemente no es más que de una hipérbole poética, y por tanto, resulta necesario aclararla como una falsa creencia popular o un error de la antigua historia natural.

JOHN JAMES STEWART PEROWNE [1823-1904]
"The Book of Psalms; a New Translation, with Introduction and Notes", 1864

Como el caracol, que se deslíe según se arrastra. Se trata de un pasaje complejo y un tanto enigmático. La Biblia judía lo transmite en una forma que se explica por la idea que evidentemente prevalecía en el momento en que se compusieron y compilaron los Salmos: *"Como el caracol, que se deslíe según se arrastra"*. Los antiguos tenían la idea de que el rastro de mucosa resbaladiza que deja el caracol a medida que se arrastra mermaba la sustancia de su cuerpo, y en consecuencia, cuanto más lejos se arrastraba, más pequeño se iba haciendo hasta desleírse por completo y desvanecerse. Todos los comentaristas del Talmud adoptaron esta opinión. El texto hebreo כְּמוֹ שַׁבְּלוּל תֶּמֶס *kəmōw bəlūl temes,* que indudablemente se refiere a algún tipo de caracol, lo explican de la siguiente forma: «El שַׁבְּלוּל *shabluwl* es un animal rastrero, un reptil; cuando sale de su concha, derrama su propia saliva hasta hacerse completamente líquido, y así muere». Se han propuesto otras explicaciones, pero no hay duda de que la opinión de estos comentaristas talmúdicos es la correcta; y que el salmista, al redactar las denuncias y acusaciones terribles que hace en este pasaje, tenía en mente la creencia popular en su época de que el caracol, a medida que avanza, se deslíe gradualmente hasta "desaparecer". Resulta innecesario decir que no se menciona ninguna especie en particular de caracol; y casi igual de innecesario afirmar que en Palestina hay muchas especies de caracoles, y que estas palabras son aplicables a cualquiera de ellas.

JOHN GEORGE WOOD [1827-1889]
"Bible Animals", 1869

Como aborto de mujer que no pudo ver el sol. Los inicuos son todos, por así decirlo, abortos humanos; son y serán para siempre seres defectuosos que nunca han alcanzado el verdadero y gran propósito de su existencia.[65] El objetivo para el cual el hombre fue creado, es el cielo; y ellos se quedan cortos del mismo; no alcanza el propósito de su creación; son un aborto eterno.

OLIVER PRESCOTT HILLER [1814-1870]
"Sermons, Doctrinal, Miscellaneous, and Occasional", 1860

1555 fue restituido a su diócesis y puso en marcha una persecución feroz contra los protestantes, por lo que es conocido como *"Bloody Bonner"*, "Bonner El Sanguinario".

[65] Job 3:16; Eclesiastés 6:3.

Como aborto de mujer que no pudo ver el sol. Al maldecir las maquinaciones y tramas de los impíos: que han concebido mal, lo han llevado en su seno por mucho tiempo, y están dispuestos a sacarlo a la luz; David exclama: Que sean (sus consejos y designios) *"como aborto de mujer que no pudo ver el sol"*, es decir, que sean destrozados y despedazados al nacer, que su camada venenosa no alcance jamás a traer dolor y tribulación al mundo.

JOSEPH CARYL [1602-1673]

Vers. 9. *Antes que vuestras ollas sientan la llama de los espinos, así vivos, así airados, los arrebatará él con tempestad.* *[Antes que vuestras ollas sientan la llama de los espinos, verdes o quemados, que los arrebate la tempestad.* RVR*] [Antes que vuestras ollas puedan sentir el fuego de los espinos, tanto los verdes como los que arden, los barrerá El con torbellino.* LBLA*] [Antes que vuestras ollas sientan el fuego de los espinos, así vivos, así airados, los barrerá el torbellino.* BTX*] [Que sin darse cuenta, ardan como espinos; que el viento los arrastre, estén verdes o secos.* NVI*] [Que antes que vuestras ollas noten el fuego vivo y crepitante, lo apague un vendaval.* BLP*]] [Dios los barrerá a todos, tanto a jóvenes como a ancianos, más rápido de lo que se calienta una olla sobre espinos ardientes.* NTV*]*[66]

Antes que vuestras ollas sientan la llama de los espinos. Tan repentino es el derrocamiento de los malvados, tan grande fracaso es su vida por entero, que jamás llegan a conocer la verdadera alegría. Cuelgan su olla del gancho para preparar una fiesta alegre, y colocan debajo las ramas de espinos para iniciar el fuego, pero antes de que los espinos prendan, antes de que las llamas acaricien con su calor la olla, sí, llega una tormenta que lo barre todo lejos: la olla volcada, el fuego apagado y las ramas de espino esparcidas por doquier. Puede también que la figura quiera decir que los espinos, que son el combustible para encender el fuego, se consumen tan rápido en su propia llama que el fuego se apaga antes de que su calor alcance y caliente propiamente la olla, por lo cual la carne sigue cruda, y el cocinero decepcionado al ver que en conjunto, todo su esfuerzo ha sido un fracaso.

Los barrerá él con torbellino. El cocinero, el fuego, la olla, la carne y todo lo demás, desaparece súbitamente arrastrado hacia su destrucción; tragados vivos por el torbellino de la ira divina. En la flor de su vida y el momento álgido de su furia contra los justos, los perseguidores se ven sorprendidos por un huracán; sus planes quedan desbaratados y sus artilugios inutilizados y destruidos. El pasaje es difícil, pero este es su significado más probable, y ciertamente es terrible. El malicioso pone a hervir su enorme caldero, acumula la leña con la que piensa asar al justo, y se dispone a practicar el canibalismo con los piadosos; pero no cuenta con el criterio de su anfitrión, no calcula la intervención del

[66] Un versículo de muy difícil traducción; SCHÖKEL lo califica de «imposible» a menos que se recurra a una reconstrucción. En el texto hebreo: בְּטֶרֶם יָבִינוּ סִּירֹתֵיכֶם אָטָד כְּמוֹ־חַי כְּמוֹ־חָרוֹן יִשְׂעָרֶנּוּ *bəṭerem yāḇînū sîrōṯêḵem 'āṭāḏ kəmōw-ḥay kəmōw-ḥārōwn yiś'ārennū.* La versión griega de los LXX o Septuaginta lee: πρὸ τοῦ συνιέναι τὰς ἀκάνθας ὑμῶν τὴν ῥάμνον, ὡσεὶ ζῶντας ὡσεὶ ἐν ὀργῇ καταπίεται ὑμᾶς que la Vulgata traduce al latín como: *"Priusquam intelligerent spinae vestrae rhamnum, sicut viventes sic in ira absorbet eos"*, "Antes que vuestras espinas entiendan ser cambron, así él en su ira os devorará, como aún vivos". La versión Sefardí o BIBLIA DE FERRARA lee: *"En antes que sientan vuestras ollas flama de espino, como crudo, como ayrado lo tempesée"*. KRAUS traduce: *"Antes de que sus espinas crezcan hasta ser matorral, como zarzales, como mala hierba los barre él"* indicando que la traducción literal del texto hebreo sería: *"tan vivos como el ardor; el los barre"*. SCHÖKEL: *"Que los arrebate desprevenidos la tormenta, como breñas, como fieras, como un incendio"*.

Señor de los ejércitos, y en consecuencia, una tempestad inesperada lo barre por completo no dejando rastro de él: su olla, su fuego, y toda su celebración se desvanecen en un instante.

C. H. SPURGEON

Antes que vuestras ollas sientan la llama de los espinos, verdes o secos, los arrebate la tempestad. La traducción que hace la versión inglesa (y la mayoría de las españolas) del texto hebreo de este versículo, sería capaz de dejar perplejo al mismísimo Edipo.[67] Se trata de una referencia a la costumbre de los viajeros en Oriente Medio cuando atraviesan desiertos, de preparar apresuradamente una hoguera para calentar su comida con todo tipo de espinos que lograban recoger, tanto secos y marchitos como verdes y llenos de savia. Pero con frecuencia sucede que se levantan fuertes tormentas de viento huracanado que apagan el fuego y barren todo el combustible acumulado antes de que la olla llegue a calentarse. Una imagen gráfica y muy expresiva de la ruina repentina y abrumadora de malvados.[68]

WILLIAM WALFORD [1773-1850]
"The Book of Psalms. A New Translation, with Notes", 1837

Antes que vuestras ollas sientan la llama. Con esta frase de carácter proverbial, el salmista describe la repentina erupción de la ira divina; tan repentina como violenta, cual las llamas repentinas que surgen voraces de la leña de los espinos y zarzales colocados debajo de la olla. El brillo del fuego de los zarzales es especialmente fulgurante, sus llamas remontan en un instante tomando altura; y la furia con la que arremeten contra la olla es impresionante, lo cual da fuerza e incluso sublimidad a la figura del salmista, tomada de uno de las escenas más comunes de la vida cotidiana en su época: la mujer de un campesino calentando su olla. El sentido es el siguiente: Pese a la rapidez con la que el fuego de los espinos calienta la olla, *"antes de que la olla sienta el calor de la llama, serán barridos cual torbellino por el huracán de la ira divina"*.

SAMUEL HORSLEY [1733-1806]
"The book of Psalms : translated from the Hebrew, with notes, explanatory and critical", 1816

[67] Se trata de una alusión a la obra maestra del poeta griego SÓFOCLES [496-406 a.C.] conocida como "Edipo Rey". Una tragedia con una trama extraordinariamente enrevesada y llena de enigmas que se van desvelando poco a poco. Edipo, rey de Tebas y marido de Yocasta, para salvar la ciudad azotada por una peste, investiga la muerte de Layo, el anterior monarca; y se empeña, contra viento y marea, en aclarar los enigmas de su muerte con una tenacidad inusitada. Pero la verdad le deja estupefacto: Sin saberlo, él mismo había sido el asesino; Layo era su padre; y Yocasta, su amada esposa y madre de sus hijos, era su propia madre. Al nacer, para evitar que se cumpliera un oráculo que profetizó que daría muerte a su padre, había sido entregado a un pastor con el encargo de que le diera muerte. Pero el pastor, en lugar de darle muerte, lo entregó a los reyes de Corinto que lo hicieron pasar por su propio hijo. En Corinto, otro oráculo repitió la misma profecía; y Edipo, para evitar que se cumpliera y dar muerte al que creía era su padre, el rey de Corinto, huyo a Tebas. Durante el trayecto, dio muerte a un desconocido, que resulto ser Layo rey de Tebas, su padre, pero él jamás lo supo. Llegando a Tebas, se casó con Yocasta, viuda de Layo (al que el mismo había muerte sin saberlo) y fue proclamado rey. El oráculo se había cumplido. El padre del psicoanálisis SIGMUND FREUD [1856-1939] utilizó esta tragedia para dar nombre a uno de sus famosos complejos, el "complejo de Edipo". La ironía del autor es que incluso el personaje de Edipo, prototipo de la tenacidad en desvelar los misterios más ocultos e insondables, tendría dificultades a la hora de entender la traducción.

[68] FRANCISCO LACUEVA [1911-2005] en su versión española del "Comentario de Matthew Henry" confirma esta misma interpretación: «Alude el salmista lo que suele suceder en el desierto cuando un viajero, como afirma el rabino ABRAHAM COHEN [1887-1957], recoge espinos como combustible con el que cocer su comida, pero surge de repente un ventarrón que los esparce antes de que ardan lo suficiente. Del mismo modo pide David que los juicios de Dios sorprendan a los impíos en medio de su jolgorio».

Antes que vuestras ollas sientan la llama de los espinos, verdes o quemados, que los arrebate la tempestad. No recuerdo otro pasaje en toda la Revelación que se haya traducido de forma tan variada y diversa como este versículo ... Tal diversidad de traducciones surge básicamente del sintagma hebreo סִּירֹתֵיכֶם *sîrōṯêḵem;* que en su raíz סִיר *ciyr* asume diversos significados:

1. En primer lugar: סִיר *olla o caldero,* donde se cuece la carne. Como vemos en Éxodo: *"cuando nos sentábamos junto a las ollas de carne"*[69] o en Ezequiel: *"no será olla para vosotros, ni vosotros seréis carne en medio de ella"*.[70]
2. En segundo lugar: סִירִים espinos, cardos o zarzales. Como vemos en Isaías: *"Espinos crecerán en sus palacios"*;[71] y Nahúm: *"como espinos enmarañados"*.[72]
3. En tercer lugar: סִירוֹת garfio, gancho o anzuelo, por su semejanza a las púas de los espinos. En este sentido se utiliza en el libro del profeta Amós: *"vienen sobre vosotras días en que os llevarán con garfios"*.[73]

En todas nuestras Biblias inglesas, tanto las antiguas como las nuevas,[74] así como en la versión de Ginebra,[75] y en algunas Biblias latinas, se traduce como olla o caldero. Pero la Septuaginta,[76] Jerónimo en la Vulgata,[77] Agustín,[78] Pagnino,[79] Tremelius,[80] y todos los demás que he visto, la toman en el

[69] Éxodo 16:3; 38:3.

[70] Ezequiel 11:11.

[71] Isaías 34:13.

[72] Nahúm 1:10.

[73] Amós 4:2.

[74] Dada la fecha en que escribía el autor, probablemente se refiere a lo que se conoce como *Old English Translations,* el *Psalter* de Richard Rolle [1290-1349], y la *Wycliffe's Bible,* y la *Authorized King James Version* de 1611.

[75] Se refiere a la versión de la Biblia al inglés con notas y ayudas para el estudio conocida como Geneva Bible o Biblia de Ginebra, llevada a cabo por diversos eruditos ingleses refugiados en Ginebra, en época de Calvino y Beza, huyendo de la persecución contra los protestantes desatada en Inglaterra por María i conocida por ello en Inglaterra como "La Sanguinaria", y bajo la supervisión de William Whittingham [1524-1579]; fue la primera Biblia impresa en inglés para difusión entre el pueblo. La edición del Nuevo Testamento apareció en Ginebra 1557, y la Biblia completa en 1560, aunque no fue impresa en Inglaterra hasta 1575. Precedió por tanto en casi 50 años a la KJV y fue la Biblia usada por William Shakespeare, John Milton, John Knox y John Bunyan. Fue la versión de la Biblia más usada por los puritanos de la época, llevada a Estados Unidos por los peregrinos del *Mayflower.*

[76] Ver nota 6 de este mismo Salmo.

[77] Se refiere a Jerónimo de Estridón o Eusebio Hierónimo de Estridón [c.342-420], nacido en Dalmacia, más conocido como San Jerónimo, Padre de la Iglesia, uno de los cuatro grandes Padres Latinos. Gran conocedor del griego y el hebreo y gran latinista, tradujo la Biblia del griego y el hebreo al latín, traducción conocida como la Vulgata (del latín "vulgo", "pueblo"; *"vulgata editio"*, "edición para el pueblo"), que fue hasta la promulgación de la *Neovulgata* en 1979, el texto bíblico oficial de la Iglesia católica romana. Afirmó que las Epístolas de Pablo contienen la quintaesencia del mensaje del Evangelio.

[78] Se refiere a Aurelius Augustinus [354-430], más conocido como San Agustín o Agustín de Hipona uno de los cuatro más importantes Padres de la Iglesia latina y uno de sus más eminentes doctores. Gran apologista cristiano, sus escritos suponen la primera gran síntesis entre el cristianismo y la filosofía platónica

[79] Se refiere a Santes Pagninus o Pagnino [1470-1536], erudito monje dominico nacido en Lucca, Italia. Fue discípulo de Jerónimo Savonarola en Florencia, especializándose en lenguas orientales. Elocuente predicador, después vivir por un tiempo en Roma como profesor en la Escuela Vaticana de Lenguas Orientales, se trasladó a Avignon y posteriormente a Lyon, Francia, donde publicó su traducción de la Biblia al latín, caracterizada por su literalidad. Al parecer fue la primera traducción de la Biblia que presenta divisiones numeradas en capítulos y versículos.

[80] Se refiere a Giovanni Emmanuele Tremellio o Immanuel Tremelius [1510-1580], judío nacido en Ferrara, Italia, y posteriormente convertido al cristianismo, erudito hebraísta conocido por su traducción de la Biblia del hebreo y siríaco al latín.

segundo sentido, como referente a las punzadas agudas de espinos y zarzas. En este versículo, sin lugar a dudas, significa las púas afiladas de un enorme zarzal, que en el texto hebreo es אָטָד *atad,* y se utiliza en el libro de Jueces en la parábola de Jotam[81] para identificar a la zarza, que ungida como rey de todos los árboles, amenazó con convertirse en fuego y consumir todos los cedros del Líbano. Estas zarzas estaban plagadas de pinchos afilados en cada una de sus ramas; unos verdes, con vida y humedad en ellos, de modo que a pesar de ser punzantes no eran lo suficientemente rígidos para causar heridas profundas en la carne humana; y otros pinchos más grandes que habiéndose secado por el calor del sol, se habían endurecido, y estos rasgaban sin compasión la piel y la carne de todo el que se acercara. A los primeros se los identifica como סִיר *ciyr,* pinchos vivos o verdes; los segundos son אָטָד *atad* pinchos secos y endurecidos. El salmista, en su visión profética, utiliza ambos términos, afirmando que: *El Dios que juzga en la tierra, barrerá a todos los pinchos con un torbellino, tanto los verdes como los secos.* Así lo traduce Tremellius que en mi criterio es quien mejor lo traduce ... De modo que el texto completo queda de la siguiente forma: *"Antes que ellos alcancen a sentir el pinchazo de las púas de tus espinos, oh zarzal, Dios te las arrancará todas con un torbellino, tanto las verdes como las secas". Antes que ellos,* es decir, antes de que los justos, a quienes los inicuos odian y persiguen; *alcancen a sentir el pinchazo,* es decir, experimenten el dolor causado por lo agudo de vuestras espinas, esto es, del odio y la furia que hay en vuestro corazón; porque todos en vuestro grupo o *congregación* sois una púa dolorosa y agudo espino de esa maldita zarza, siempre inclinada y dispuesta a causar daño al pueblo y la iglesia de Dios. *"El Dios que juzga en la tierra"* (según lo expresa en el versículo once, en las últimas palabras del salmo) *"barrera con un torbellino"* (es decir, dispersará y destruirá de forma tempestuosa), *"a cada uno de vosotros, tanto los verdes y vivos, como los secos y endurecidos".* Es decir, barrerá a todos los confabulados para perseguir a los justos; tanto los perseguidores verdes, afilados en sus intenciones, pero no tan poderosos y experimentados como para poder lastimar; como también los secos, endurecidos en la malicia por su dilatada experiencia en perseguir y obrar mal, y que ocupando puestos importantes en el poder político, son capaces de hacer mucho más daño.

GEORGE WALKER [1581-1651]
"Fast Sermon before the House of Commons", 1644

Vers. 10. ***Se alegrará el justo cuando viere la venganza; sus pies lavará en la sangre del impío.*** *[Se alegrará el justo cuando vea que se hace justicia; sus pies lavará en la sangre del impío.* RVR*] [El justo se alegrará cuando vea la venganza, se lavará los pies en la sangre de los impíos.* LBLA*] [El justo se alegrará cuando vea la venganza y lave sus pies en la sangre del impío.* BTX*] [Se alegrará el justo al ver la venganza, al empapar sus pies en la sangre del impío.* NVI*] [Se alegrará el justo cuando vea la venganza y bañará sus pies en la sangre del malvado.* BLP*] [Los justos se alegrarán cuando vean la injusticia vengada; se lavarán los pies en la sangre de los perversos.* NTV*]*

El justo se alegrará cuando vea la venganza.[82] No tomará parte en su ejecución, ni se alegrará con el espíritu de venganza, pero su alma justa asentirá en los justos juicios de Dios, y se regocijará

[81] Jueces 9:7-15.

[82] Una afirmación difícil de encajar en el contexto de la nueva revelación del evangelio, lo cual ha llevado a los diversos expositores cristianos a lo largo de los siglos a interpretarlo de formas muy distintas cuando no opuestas. SCHÖKEL cita en este sentido y a modo de ejemplo dos comentarios; TERTULIANO [160-220] que se muestra tajante en su convencimiento de que: «El justo no puede alegrarse en modo alguno del suplicio de otro, porque le corresponde más bien dolerse de que un hombre como el haya llegado a tal grado de perversión que deba ser castigado tan cruelmente». Mientras que BERNARDO DE CLARAVAL [1091-1153] desde una perspectiva escatológica, es decir comentando Apocalipsis 18:20 lo ve de otro modo: «Los bienaventurados que se alegran junto a Dios de la condenación de los réprobos (Proverbios 1:26); no es que gocen

al ver triunfar la justicia.[83] En la Escritura no hallamos una sola referencia a esta peculiar simpatía hacia los enemigos de Dios a la que tantos sienten afición en nuestros días, traicionando la causa de la verdad bajo pretexto de una sutil benevolencia. Al final de los tiempos, cuando concluya el juicio, todos diremos: *"Amén"* ante la condenación de los impíos; y no sentiremos ninguna predisposición a cuestionar las decisiones de Dios para con los impenitentes. Recordemos la manera en que Juan, el discípulo amado, lo expresa. *"Después de esto oí como una gran voz de una gran multitud en el cielo, que decía: ¡Aleluya! La salvación, el honor, la gloria y el poder son del Señor Dios nuestro; porque sus juicios son verdaderos y justos; pues ha juzgado a la gran ramera que corrompía a la tierra con su fornicación, y ha vengado la sangre de sus siervos de la mano de ella. Y por segunda vez continuaron diciendo: ¡Aleluya! Y el humo de ella sube por los siglos de los siglos".*

Sus pies lavará en la sangre de los impíos.[84] Triunfará sobre ellos, y serán derrotados de forma tan estrepitosa, que su derrocamiento será completo y definitivo; en consecuencia, su liberación definitiva y suprema. La condenación de los pecadores no afectará la felicidad de los santos.

C. H. SPURGEON

El justo se alegrará cuando vea la venganza. Cuando el justo ve la venganza y se regocija, no es por malicia, sino por benevolencia. Bien sea por la esperanza de que los perversos al ser castigados enmienden su proceder; o por el amor y respeto que siente por la justicia de Dios por encima de su amor a los propios seres humanos, y que le lleva a no sentir disgusto ante el castigo de los impíos.

---

con una crueldad desmedida de su propia venganza; pero sí, como amantes apasionados de la justicia, se deleitan en la ejecución del orden bellísimo del plan divino». JUAN CRISÓSTOMO [347-407] toma una postura intermedia, y en una de sus homilías sobre la Epístola a Filemón, citando las palabras del salmista: *"El justo se alegrará cuando vea la venganza"* añade: «¡Mejor le será que no se alegre demasiado, antes bien, por miedo a padecer lo mismo, procure vivir ordenadamente y mantenga una conducta irreprochable».

[83] Salmo 68:2-3.

[84] En hebreo פְּעָמָיו יִרְחַץ בְּדַם הָרָשָׁע *pəʻāmāw yirḥaṣ bəḏam hārāšāʻ*. La versión griega de los LXX o Septuaginta lee: τὰς χεῖρας αὐτοῦ νίψεται ἐν τῷ αἵματι τοῦ ἁμαρτωλοῦ que la Vulgata traduce al latín como *"manus suas lavabit in sanguine peccatoris",* "sus manos lavará en la sangre del pecador". El vocablo griego que la Vulgata traduce por manos: χείρ es complejo y admite diversos sentidos.

– FELIPE SCIO DE SAN MIGUEL [1738-1776] en su versión española de la Vulgata no da una razón de esta variante, se limita a decir que en el hebreo es *"pies",* término tomado de los guerreros victoriosos para denotar la grande derrota y matanza hecha en los enemigos. Y explica: «Será tanta la sangre que se derrame que podrá lavarse en ella las manos. Expresiones similares encontramos en el Salmo 68:23 y Apocalipsis 14:20.

– AGUSTÍN DE HIPONA [354-430] lo ve como una acción purificadora: «*"Sus manos lavará en la sangre del pecador",* es decir, al contemplar los duros castigos infligidos a los pecadores, se purificará de todas sus malas acciones en justo temor de Dios».

Otros expositores y comentaristas latinos, como EUTIMIO ZIGABENO [¿?- c.1118] o ANTONIUS ANGELLIUS [1532-1608] han querido ver en este *"sus manos lavara"* una alusión o declaración de inocencia del justo respecto al terrible castigo infligido.

– SCHÖKEL considera que la idea de *"lavar en sangre"* no es más que una figura retórica propia del lenguaje imaginativo y apasionado del salmista, sin que quepa buscar en ello supuestas alusiones a ritos purificadores, vengativos y cruentos.

porque procede del Señor, y entiende que los impíos no puedan ser absueltos del castigo porque en justicia merecen ser castigados.

NICHOLAS GIBBENS [1605-1697]

El justo se alegrará cuando vea la venganza. No es que el justo se alegre de la venganza puramente como daño infligido, de ver a la criatura sufrir; se alegra cuando ve la venganza de Dios, que es un cumplimiento de las amenazas divinas contra el pecado del hombre, y por tanto, evidencia de la santidad de Dios: *"Dios hará que vea la derrota de mis enemigos. No los mates de repente, para que mi pueblo no lo olvide; dispérsalos con tu poder, y abátelos, oh Jehová, escudo nuestro"*.[85]

JOSEPH CARYL [1602-1673]

El justo se alegrará cuando vea la venganza.[86] Cuando los ángeles ejecutan los juicios divinos sobre los pecadores, los santos ven en ello razones para el temor y para la alabanza; para el temor, al contemplar como la grandeza del poder de Dios, su ira y su odio, se manifiestan contra el pecado y los pecadores; de alabanza, al constatar que ellos han sido librados. Cuando ven a los impíos arrebatados por un golpe divino, por la mano ejecutora de la justicia, y que Dios es glorificado en esa justicia, los justos se regocijan. Pero ¿es eso todo lo que dice el salmista? No.

Sus pies lavará en la sangre de los impíos. Es decir, en razón de este juicio, el justo teme y rectifica su proceder. Se trata de una metáfora propia de las épocas y lugares en los que andaban descalzos o con sandalias, lo que hacía que acumularan en los pies mucha suciedad y por tanto era común la costumbre de lavarse los pies cuando entraban en una casa. La metáfora es que los piadosos, al ver como actúa la mano de Dios sobre los impíos, temen y se juzgan a si mismos por sus propios pecados; el juicio sobre los impíos les lleva a purificar su propia conciencia y afectos, asombrados ante la manera en la que Dios ha golpeado a los impíos por unos pecados de los que también ellos son culpables. Se cuenta que Valdo,[87] un personaje encumbrado de Lyon, después de contemplar como un hombre caía muerto en su presencia, se lavo las manos en la sangre del difunto, y a partir de este momento comenzó una nueva vida: a dar limosna a los pobres; a instruir a su familia en el verdadero conocimiento de Dios; y a exhortar a todo aquel con quién tenía ocasión de hablar del arrepentimiento y la santidad de vida.

WILLIAM GREENHILL [1591-1677]

"An Exposition of the Five First Chapters of the Prophet Ezekiel with Useful Observations Thereupon. Delivered in Several Lectures in London", 1649

[85] Salmo 59:9-10.

[86] SCHÖKEL dice al respecto: «No es venganza en sentido nuestro, sino justicia vindicativa … El Justo no se ha tomado la venganza por su mano, no ha respondido a la violencia con violencia, pero, cuando Dios hace justicia, el se alegra y lo celebra». (Ver al respecto la nota 9).

[87] Se refiere a PEDRO VALDO [1140-1207], fundador del "Movimiento de los Valdenses" y precursor de la Reforma. En 1173, un amigo íntimo con quien estaba conversando, murió de repente, lo que le produjo un fuerte impacto y una crisis espiritual. Fue a visitar a un sacerdote preocupado por la salvación de su alma, el cual irónicamente, (dado que Valdo era uno de los personajes más ricos de Lyon) le aconsejó que hiciera lo que Cristo aconsejó al joven rico en Mateo 19:21. Pero Pedro Valdo lo tomó literalmente. Distribuyó sus bienes entre los pobres, mando traducir el Nuevo Testamento a la lengua romance, montando una red de colportores de pueblo en pueblo para distribuir la Palabra de Dios a todos los que no sabían latín; y el mismo se convirtió en predicador itinerante. De ahí surgió el movimiento de los Valdenses.

Sus pies lavará en la sangre de los impíos. Es decir, recibirá consuelo y aliento al ver al Señor vengar su causa contra sus adversarios.

JOSEPH CARYL [1602-1673]

Sus pies lavará en la sangre de los impíos. Igual que todo sobreviviente victorioso en el campo de batalla, caminará mojándose los pies en la sangre de los enemigos caídos.

"Book of Psalms, with Preface and Explanatory Notes"
artículo publicado por la *"Religious Tract Society"* [88]

Se alegrará el justo cuando vea la venganza; sus pies lavará en la sangre del impío. Sin duda que ante las ciudades Sodoma y Gomorra, Adma y Zeboim destruidas,[89] los ángeles vieron motivo para regocijarse y cantar: *"Aleluya"*. La maldad fue barrida; la tierra fue aliviada de una pesada carga; y la justicia de Dios fue exaltada, pues fue un acto de amor hacia el resto de sus criaturas librarlas de la proximidad de tales contaminaciones infernales. Bajo este mismo principio (aunque entrando más profundamente en la mente del Padre y simpatizando plenamente con su justicia), el propio Señor Jesús, y cada uno de los miembros de su cuerpo, exclamará *"Aleluya"* sobre las huestes destruidas del anticristo.[90]

Se alegrará el justo cuando vea la venganza; sus pies lavará en la sangre del impío. Al final de su viaje, el justo se lavará los pies y tendrá su refrigerio.[91] Lavará sus pies de todo el polvo del camino y se recuperará de su cansancio, entrando en ese gozo extraño, ese gozo divino ante el pecado destruido, la justicia vindicada, la ley magnificada, y la venganza por los insultos hechos a la Divinidad ejecutada, con el triunfo del Santo sobre el impío. Ese día, la ejecución de la justicia divina no tan solo será *el momento* en que el gozo comience, sino también *el motivo* de un deleite arrebatador.

ANDREW ALEXANDER BONAR [1810-1892]
"Christ and His Church in the Book of Psalms", 1859

Se alegrará el justo cuando vea la venganza; sus pies lavará en la sangre del impío. Es preciso hacer una distinción clara y esencial entre el deseo de gratificación de la venganza personal y el celo por la vindicación de la gloria de Dios. *"La gloria de Dios"* implica necesariamente el bien verdadero del ofensor, y el bien de la sociedad.[92] El deseo de venganza es siempre incorrecto; mientras que el deseo de justa retribución puede ser digno de alabanza en el más alto grado. No puedo desear venganza

---

[88] La *"Religious Tract Society"* fue fundada en Londres en 1799 con el apoyo de diversos líderes religiosos entre los que contaban obispos de la Iglesia de Inglaterra, pastores bautistas y otros independientes casi todos ellos del mismo grupo que en 1795 había fundado la *"London Missionary Society"* y que en 1804 fundaría la *"British and Foreign Bible Society"*. Desde sus comienzos la *"Religious Tract Society"*, como su nombre indica, publicó tratados y folletos evangelísticos y muy pronto se convirtió en uno de los principales editores de libros y revistas religiosos en Inglaterra. Entre sus principales obras están la *"Analitical Concordace of the Bible"* de Robert Young y el *"Devotional Commentary"* publicado en múltiples volúmenes a partir de 1876.

[89] Génesis 19:1-28.

[90] Apocalipsis 19:3.

[91] Génesis 18:4; Lucas 7:44; Juan 13:5.

[92] Isaías 43:7.

contra quien obra mal por motivos personales; pero por los motivos más desinteresados y nobles, sí puedo desear una justa retribución.

Robert Aitkin Bertram, [1836-1886]
"The Imprecatory Psalms", 1867

Vers. 11. ***Entonces dirá el hombre: Ciertamente hay galardón para el justo; ciertamente hay Dios que juzga en la tierra.*** *[Entonces dirán los hombres: ciertamente hay galardón para el justo; ciertamente hay un Dios que juzga en la tierra.* RVR*] [Y los hombres dirán: Ciertamente hay recompensa para el justo, ciertamente hay un Dios que juzga en la tierra.* LBLA*] [Entonces dirá el hombre: ¡En verdad hay galardón para el justo! ¡En verdad hay un Elohim que juzga en la tierra!* BTX*] [Dirá entonces la gente: «Ciertamente los justos son recompensados; ciertamente hay un Dios que juzga en la tierra».* NVI*] [Y todos dirán: "El justo tiene su premio, hay un Dios que imparte justicia en la tierra".* BLP*] [Entonces, por fin, todos dirán: «Es verdad que hay recompensa para los que viven para Dios; es cierto que existe un Dios que juzga con justicia aquí en la tierra».* NTV*]*

Entonces dirán los hombres.[93] Todo ser humano, por ignorante que sea, se verá impelido a exclamar:

Ciertamente hay galardón[94] *para el justo.* Aunque ninguna otra cosa fuera cierta, esta lo es sin lugar a dudas: Los piadosos nunca quedan abandonados a manos de sus enemigos; y los malvados jamás se salen con la suya; a la larga, la verdad y la bondad se imponen y son recompensadas.

Ciertamente hay un Dios que juzga en la tierra.[95] Todos los seres humanos serán obligados a contemplar el juicio final, para constatar que hay un Dios, y que gobierna el universo con justicia. Dos cosas van a quedar al final absolutamente claras: que hay un Dios; y que hay una recompensa para los justos. El tiempo acabará disipando finalmente todas las dudas, resolviendo todas las incógnitas y revelando todos los secretos; y entre tanto, los ojos de la fe anticipan la verdad ahora, disciernen lo que va a suceder, y se alegran de ello.[96]

C. H. Spurgeon

---

[93] En hebreo אָדָם *'āḏām*, es decir, la humanidad en general.

[94] En hebreo פְּרִי *pərî.* El sentido es claramente *"fruto"*, y así se utiliza tanto de forma literal como en sentido figurado. Unos pocos ejemplos serían Génesis 1:11 para referirse al fruto de los árboles; Números 13:26; Salmo 107:37 para el fruto de la tierra; Deuteronomio 7:13; 28:4 para el fruto de tu vientre; Isaías 10:12 para el fruto de la soberbia; Jeremías 6:19 para el fruto de sus pensamientos; Oseas 10:13 para el fruto de la mentira. Traducirlo por *"galardón"* o *"recompensa"*, suena bien, pero bajo nuestro punto de vista se aparta un tanto de la idea original de *"fruto"*, algo que el árbol da por si mismo, algo que surge o brota de uno mismo como resultado sus acciones.

[95] Dice Schökel: «Los que contemplan el triunfo de la justicia, por la cual han sentido sed y han orado, reconocen públicamente que la acción ha sido de Dios: *"hay un Dios que hace justicia en la tierra"*, no solo en el cielo, sino ahora y aquí, en la tierra, que aparentaba ser dominio indiscutible de los perversos (58:2). El Juez universal al cual han de rendir cuentas los poderosos a los que les fue otorgado poder en la tierra (…) Mirando ahora el salmo en su conjunto, apreciamos este proceso: Los אֵלֶם *'êlem* "poderosos" o carneros (poder) son desenmascarados como חֲמַת־נָחָשׁ *ḥămaṯ-nāḥāš* serpientes (veneno), y neutralizados como שַׁבְּלוּל *bəlūl* babosas (impotencia), así se afirma el אָדָם *'āḏām* "hombre" autentico, defendido por Dios» [*Salmos, Tomo I, 1-72,* Editorial Verbo Divino, Estella, Navarra, 1992].

[96] Dice Francisco Lacueva [1911-2005] en su versión española del "Comentario de Matthew Henry": «En la última línea del salmo tenemos el hecho extraño, insólito, de un participio en plural: שֹׁפְטִים *šōp̄əṭîm,* que juzgan, con lo que concuerda y rima con en término anterior אֱלֹהִים *'ĕlōhîm,* Dios. El propio rabino doctor

Entonces dirán los hombres: ciertamente hay galardón para el justo; ciertamente hay un Dios que juzga en la tierra. No se trata de algo que dirá *un solo hombre,* ni tampoco *algún hombre en particular,* sino *todos los hombres* en general: los hombres opuestos a Dios. La partícula traducida como: *"ciertamente"* significa en realidad: *"únicamente";* y denota que tan solo esto es cierto, y por tanto, esto es lo único que dirán, y nada más.

JOSEPH ADDISON ALEXANDER [1809-1860]
"The Psalms Translated and Explained", 1850

Entonces dirán los hombres: ciertamente hay galardón para el justo; ciertamente hay un Dios que juzga en la tierra. Hay algo que vale la pena destacar de la conexión de este versículo con el contexto del salmo, y está implícito en la primera palabra: *"Entonces",* puesto que une este versículo con las partes anteriores del salmo, creando una ilación ideológica. ¿Qué hizo Dios repentinamente? Barrió *"como con un torbellino"* (58:9), a los jueces malvados que *"hacían iniquidad",* enseñoreándose sobre su pueblo (58:1-2); a fin de que tales *"leones"* (58:6) se diluyeran como *"caracoles"* (58:7-8). Confirmo los fundamentos de su pueblo, débil y tembloroso, dejado de la mano de todos, exilado sin que nadie se compadeciera de él, abandonado cual Moisés en la canasta de juncos,[97] sin piloto para guiarlo, presto a exclamar como los discípulos: *"Maestro, ¿no te importa que perezcamos?".*[98] Entonces él mando que se hiciera la calma, y los trajo a puerto seguro; transformo sus aullidos cual dragones y sus graznidos cual grullas bajo el látigo cruel de sus tiranos, en cánticos de alegría y triunfo. Abandono la nube en la que por tanto tiempo parecía permanecer escondido, insensible a los sufrimientos del pueblo. ¿Acaso –digo yo– no acudió entonces en rescate de su pueblo, quebrantando el yugo de su carga, como en la batalla de Madian;[99] y besándoles con los besos de su boca?[100] *"Entonces dirán los hombres: ciertamente hay galardón para el justo; ciertamente hay un Dios que juzga en la tierra."* Tengamos en cuenta que a pesar de que las acciones de la providencia divina pueden aparentar eventualmente agrias y toscas, dando la sensación de ser más bien destructivas para su Iglesia, y poco favorables a su propia gloria; nuestro Dios les dará la vuelta, haciendo que resulten ventajosas y favorables a su honor y a nuestro bien.

JOHN HINCKLEY [1644-1709]

Entonces dirán los hombres. Algunos de los juicios de Dios son como un vado o viaducto sobre el cual un cordero puede fácilmente transitar; hasta un niño puede entender su significado; y un hombre, cualquier hombre común y corriente, puede exclamar: *"ciertamente hay galardón para el justo; ciertamente hay un Dios que juzga en la tierra".*

JOSEPH CARYL [1602-1673]

Ciertamente hay un Dios que juzga en la tierra. El juicio al que hace referencia aquí el salmista no es el juicio que ha de venir en el último día, cuando habrá una convocatoria general de vivos

ABRAHAM COHEN [1887-1957] hace notar lo «insólito» del caso. Sin forzar la máquina, y supuesta la revelación del Nuevo Testamento, comparándolo con Juan 5:22 y 16:8, tenemos a tres que juzgan». ¿Una alusión velada a la Trinidad?».

[97] Éxodo 2:1-5.

[98] Marcos 4:38.

[99] Isaías 9:4.

[100] Cantares 1:2.

y muertos ante el tribunal terrible del Señor; el juicio *affore tempus,*[101] en el cual Dios recorrerá de manera solemne todas las cosas y las pondrá en su lugar, para que el hombre diga: *"ciertamente hay galardón para el justo; ciertamente hay un Dios que juzga en la tierra* ". Pero no es este el juicio del que nos habla aquí el salmista, pues el verbo hebreo está en tiempo presente: שֹׁפְטִים *šōp̄əṭîm,* es decir: que juzga o está juzgando *ahora* la tierra y a sus habitantes; y así es como debemos entenderlo. Dios juzga ahora la tierra, o juzga en la tierra, de tres formas distintas. En primer lugar, mediante el orden providencial y disposición sabia de todos los asuntos que tienen que ver con todas sus criaturas. En segundo lugar, aliviando a los oprimidos, y abogando por la causa de los inocentes. Y tercer lugar, derrocando y barriendo la plaga de los hacedores de iniquidad.

JOHN HINCKLEY [1644-1709]

[101] Cita un famoso pasaje del poeta romano OVIDIO [43 a.C.-17 d.C.] en sus *Metamorfosis,* Libro I, *El Diluvio*: *"Esse quoque in fatis reminiscitur* ***afore tempus*** *quo mare, quo tellus, correptaque regio caeli ardeat, et mundi moles operosa laboret",* "Recuerda que está también en los hados, que vendrá un tiempo en el que el mar, la tierra, y los palacios del cielo, arrebatados ardan, y esa mole afanosa del mundo sufra y padezca".

SALMO 59

UNA ACUSACIÓN INJUSTA

Título: *Al músico principal.* No deja de ser paradójico que los acontecimientos mas dolorosos en la vida de David acabaran enriqueciendo el repertorio hímnico de los músicos principales. De un terreno baldío y poco generoso brotan flores de salmodia que destilan miel. Si David no se hubiera visto acosado y perseguido ferozmente por Saúl, tanto Israel como la Iglesia de Dios en siglos posteriores, se hubieran quedado sin este hermoso cántico. La música del santuario está en deuda, en gran medida, con las angustias y sinsabores de los santos. La aflicción es el mejor afinador de las arpas de los cantores santificados.

Sobre: No destruyas. Otro salmo de: אַל־תַּשְׁחֵת *al-tashcheth, «no destruyas».* A quien Dios guarda y preserva, Satanás no le puede destruir. El Señor puede preservar las vidas de sus profetas incluso por medio de cuervos,[1] que por ley natural les sacarían los ojos.[2] Cuando su situación era en extremo peligrosa, David siempre halló un amigo dispuesto a ayudarle, y en este caso, el amigo se hallaba en la misma casa de su enemigo, se trataba de Mical, la hija de Saúl; como en otras ocasiones había sido Jonatán, hijo de Saúl.

Mictam de David. Este es el quinto de los llamados salmos de oro o «Salmo de los secretos áureos» de David. Todos los escogidos de Dios tienen varios de ellos.

Cuando envió Saúl a vigilar la casa para matarlo.[3] Se han llevado a cabo esfuerzos insignes encaminados a atribuir los Salmos a otros autores y poner en duda los escenarios y situaciones expresadas en sus títulos. Parece ser que en nuestra época el requisito de moda para que uno demuestre su erudición y capacidad intelectual consista en cuestionar todo lo que hayan dicho sus predecesores. Es probable que dentro de unos años, esos títulos ancestrales de los Salmos, sean tan reverenciados como ahora son cuestionados. Pero en estos momentos, entre quienes pretenden presentarse como "intelectuales" de academia, hay bastante convulsión y confusión en estos temas, y en muchas otras cosas. Y dado que no estamos ansiosos de probar nuestra capacidad y disposición a forjar conjeturas, nos sentimos satisfechos con la lectura de este Salmo a la luz de las circunstancias mencionadas en

[1] 1 Reyes 17:6.

[2] Dice un viejo refrán: «Cría cuervos y te sacarán los ojos». Sin embargo, no es cierto que los cuervos ataquen sin motivo a seres humanos. Lo que sí es cierto es que las aves carroñeras suelen picotear los ojos de sus víctimas, (por regla general otros pájaros y animales de menor tamaño, aunque ocasionalmente pueden llegar a atacar a ovejas y corderos) para evitar que escapen. Las partes mas blandas de la víctima: como los ojos, son las más fáciles de comer y siempre son de las primeras zonas en ser picoteadas. La idea de que los cuervos picotean ojos humanos, proviene de cuando se hacían ejecuciones en el exterior y se dejaban los cadáveres expuestos, quedando a meced de los cuervos.

[3] ATANASIO DE ALEJANDRÍA [296-373] en su carta a su discípulo Marcelino sobre la naturaleza y valor de los salmos le dice refiriéndose a este salmo: «Si los que conspiran contra ti dan ordenes de mantener tu casa cercada y vigilada, pero tú logras escapar, da gracias a Dios grabando en tu corazón cual memorial perenne y estela indeleble, el Salmo 59, recordando que Dios libro tu vida». El Tomo I de "El Tesoro de David" incluye una traducción completa de la Carta de Atanasio a Marcelino. [Tomo I - pp. 50]. Los Padres de la Iglesia ven claramente en el Salmo 59 la Pasión de Cristo; el propio Atanasio, así como HILARIO DE POTIERS [316-367] y TEODORETO DE CIRO [393-458] estiman que las afirmaciones de inocencia de los versículos tres y cuatro (59:3-4) solo caben en la boca de Cristo. AGUSTÍN DE HIPONA [354-430] ve en los *"hombres sanguinarios"* del versículo dos (59:2) una conexión con: *"Su sangre sea sobre nosotros"* en Mateo 27:25. ORÍGENES [185-254] ve un paralelismo entre el *"no los mates"* del versículo once (59:11) una relación con el "*Padre perdónalos*" de Lucas 23:34. Y el asociar el *"Dispérsalos con tu poder"* (59:11) con la caída de Jerusalén y posterior *diáspora* (Lucas 21:23-24) es bastante general.

su título; que de hecho no parecen inadecuadas a ninguno de sus versículos, antes por el contrario, demuestran ser particularmente apropiadas para la ocasión.[4]

C. H. SPURGEON

Estructura:[5] En los versículos uno y dos suplica; en el tres y cuatro (59:3-4) se queja de sus aflicciones; y en el cinco (59:5) suplica de nuevo. Aquí inserta un *"Selah"* y con el concluye la primera parte del cántico. En los versículos seis y siete (59:3-4) repite su queja; del ocho al diez (59:8-10) declara su confianza en Dios; y del once al trece (59:11-13) eleva su corazón en oración, cerrando la segunda parte de su Salmo con otro *"Selah"*. Suplica de nuevo en los versículos catorce y quince (59:14-15) y cierra el salmo (59:16-17) entonando un dulce cántico.[6]

C. H. SPURGEON

---

[4] Dice al respecto FRANZ DELITZSCH [1813-1890]: «Este *Mictam* davídico, cuyo versículo siete: *"Echan espuma por la boca, lanzan espadas por sus fauces, y dicen: «¿Quién va a oírnos?"* (59:7 NVI), enlaza plenamente con los dos otros *Mictam al-tashcheth* anteriores: con el 57:4: *"Sus dientes son lanzas y saetas, y su lengua espada aguda"*; y con el 58:6: *"Oh Dios, rompe sus dientes en sus bocas"*; es el más antiguo entre los salmos davídicos de la época de la persecución de Saúl y encaja con lo descrito en 1 Samuel 19:11-17. Probablemente compuesto la noche anterior a la huida. Leer el Salmo 59 a la luz de estos acontecimientos vierte mucha luz sobre gran parte de las expresiones y figuras del mismo. Teniendo en cuenta que el comportamiento nocturno de los esbirros de Saúl descrito en los versículos seis y siete (59:6-7), lo repite el poeta en los versículos quince y dieciséis (59:15-16, contrastando su ardor al cantar y alabar a Dios en la mañana con el ardor enfermizo de sus perseguidores al patrullar por las noches (59:15-16), no cabe duda que se trata de un "cántico vespertino" compuesto durante los días difíciles que pasó en Guibeá».

[5] Sobre la estructura del Salmo 59 KRAUS hace la siguiente reflexión: «La estructura del salmo es extraña, tal y como explica el exégeta y teólogo anglicano WILLIAM OSCAR EMIL OESTERLEY [1866-1950] en *"Commentary on the Psalms"* (1939). El versículo catorce (59:14), a primera vista, podría entenderse como una repetición del versículo seis (59:6); y el versículo diecisiete (59:17), como un estribillo del versículo nueve (59:9). Además, elementos del inicio del versículo diez (59:10): אֱלֹהֵ֣י חַסְדּוֹ *'ĕlōhê ḥasdōw*, al final del versículo diecisiete (59:17): אֱלֹהֵ֣י חַסְדִּֽי *'ĕlōhê ḥasdî,* indican también principios de otra repetición. Ahora bien, por razones de la forma y del género literario del salmo, se excluye la posibilidad de considerar esas repeticiones como 'estribillos'. Se trata de variantes dentro del texto». Sin embargo SCHÖKEL, por el contrario, considera absolutamente claros los estribillos entre los versículos seis y catorce: *"Volverán a la tarde, ladrarán como perros, rondarán la ciudad"* (59:6, 14); y del versículo nueve: *"Fortaleza mía, hacia ti me vuelvo, porque Dios es mi refugio"* (59:9), con el diecisiete: *"Fortaleza mía, a ti cantaré; porque eres, oh Dios, mi refugio"* (59:17), y dice así: «El Sal 59 supone una situación ciudadana como la del Salmo 55. El texto hebreo ofrece notables dificultades. La forma está marcada por la repetición de un doble estribillo, que no produce una ordenación estrófica. Como en casos semejantes, el estribillo nos ayuda a entrar en el núcleo del poema, para recorrerlo después sin perder la orientación».

[6] Dice FRANCISCO LACUEVA [1911-2005] en su versión española del "Comentario de Matthew Henry": «Este salmo es de la misma naturaleza y tiene el mismo objetivo que los seis o siete salmos precedentes; todos ellos están llenos de las quejas de David acerca de la mala voluntad de sus enemigos y de sus crueles planes contra él; igualmente contienen las oraciones y profecías contra ellos, así como el consuelo y la confianza que tenía en Dios como en su Dios. Lo primero es el lenguaje de la naturaleza y puede ser permitido; lo segundo, es el lenguaje del espíritu profético, con miras a Cristo y a los enemigos de su reino, y por tanto no ha de tomarse como precedente; y el tercero es el lenguaje de la gracia de la fe, y cada uno de nosotros debería imitarlo. En este salmo: I. Ora a Dios que le defienda y le libre de sus enemigos (59:1-7). II. Prevé y predice su destrucción. (59:8-17).

Versión poética:

ERIPE ME DE INIMICIS MEIS DEUS MEUS

Ven, Señor, a salvarme de las manos
de mis fieros y atroces enemigos,
líbrame de estos bárbaros crueles,
que me persiguen con furor altivo.

Arráncame, Dios mío, de las garras
de estos obreros pérfidos y altivos,
de toda iniquidad, al fin me salva
de estos hombres de sangre tan impíos.

Ya ves que son los dueños de mi vida,
que estoy entre sus manos, y a su arbitrio,
los injustos con fiera alevosía,
y con villano ardid me han sorprendido.

Y tú sabes, Señor, que ni mis culpas,
ni mis iniquidades y delitos
me han acarreado tan fatal desastre,
y la suerte infeliz en que me miro.

Tú sabes bien, pues que lo sabes todo,
que siempre mi razón me ha conducido
por las vías derechas, y que nunca
marché de la injusticia en el camino.

Levántate, Señor, a socorrerme,
ven, y no me dilates más tu auxilio,
que ya mis enemigos están cerca,
y crece por instantes mi peligro.

Pues eres el Señor de las virtudes,
el Santo de Israel, eterno y vivo,
castiga su maléfica osadía,
y no tengas piedad de los inicuos.

Ellos vendrán cuando la noche llegue,
como perros hambrientos, y ya heridos,
y correrán los muros de la villa
con tristes y espantosos alaridos.

Entonces abrirán su boca inmunda,
y dirán contra mí muchos delirios,
porque en sus labios traen una espada
que corta aguda por su doble filo.

Y después que me llenen de calumnias,
y que todo lo violen atrevidos,
dirán con insolencia: nada importa
porque ¿quién en el cielo puede oírnos?

Tú, Señor, te reirás de todos ellos,
tú los verás con ojos vengativos,
y mirarás a todas las naciones,
como la nada que su madre ha sido.

Mas yo conservaré toda mi fuerza,
pues de tu fuerza santa la recibo;
de ti, Dios fuerte, excelso y poderoso,
mi único defensor, mí único asilo.

Y tu misericordia soberana
bajo sus alas me dará un abrigo,
para que desde allí contemplar pueda
a los que me persiguen ya vencidos.

Humíllalos, Señor, que lo merecen;
pero no los extingas, para que mi pueblo
olvidadizo no sea si adversarios le faltan;
y su presencia postergarte les impida.

Que los disperse tu invencible brazo,
haz Señor que se pongan en huida,
abátelos, y déjalos en tal estado
que ya a ninguno dañe su malicia.

Los discursos salidos de su boca
son blasfemias, son bárbaros delitos,
abate su soberbia, y que en la infamia
su loco orgullo sea envilecido.

Se sabrán las calumnias, las mentiras
que con execración su boca ha dicho,
y mejor se sabrán en aquel día,
en que pronuncies tu postrer juicio.

Allí se verá que el Dios terrible,
que es el Dios de Jacob y de sus hijos,
es el Dios de la tierra, y de la vasta
extensión que contiene en su recinto.

Que vengan pues, que vengan por la noche,
como perros que el hambre ha embravecido,
que ronden por los muros de la villa,
y la espanten con hórridos aullidos.

Que corran por buscar con qué saciarse,
con rabia y con furor despavoridos,
y que si no lo encuentran se desahoguen
con calumnias, mentiras y artificios.

En cuanto a mí yo cantaré tu gloria,
tu fuerza, tu poder, y tu dominio,
y exaltaré la gran misericordia,
con que tus ojos de piedad me han visto.

Porque mi protector te declaraste,
en tu seno feliz me has recibido,
y en mis tribulaciones espantosas
fuiste mi defensor, fuiste mi asilo.

DEL "SALTERIO POÉTICO ESPAÑOL", SIGLO XVIII

Salmo completo: El contenido adusto y severo de este Salmo tiene algo que nos chirría en los oídos. Pero no deberíamos dejar que las circunstancias, tiempos y sazones, nos confundan; antes por el contrario, esforzarnos en distinguir correctamente y colocarnos, en la medida de lo posible, en sintonía con la dura experiencia de un corazón sincero que no ardía sino por la vindicación en este mundo de la gloria de su Dios. Todo aquello que tendiera a entorpecer y eclipsar la relación teocrática de Dios con su pueblo, enervaba el alma de David con una pasión vehemente. Y la opresión que Saúl y sus sobornados acólitos ejercían sobre él, el hombre conforme al corazón de Dios,[7] no podía sino crear confusión ante los ojos de un pueblo inexorablemente apegado a las leyes divinas, dando la apariencia de que Jehová ya no era Señor en su propia tierra. La traición, la falsedad, y todo tipo de maldades prevalecían sin control ni aparente castigo. ¿Debe extrañarnos que así como antaño Moisés se sintiera indignado en el desierto contra el pueblo de dura cerviz,[8] también David, a quien la temible santidad de Dios hacía temblar,[9] sintiera que su espíritu se revolvía contra los impíos que lo rodeaban y exclamara como Job: *"Por dentro me hierven las entrañas"?*[10]

FRIEDRICH WILHELM KRUMMACHER [1796-1868]
"David, the King of Israel", 1867

[7] 1 Samuel 13:14; Hechos 13:22.
[8] Éxodo 32:19-20.
[9] Salmo 96:9.
[10] Job 30:27.

Vers. 1. *Líbrame de mis enemigos, oh Dios mío; ponme a salvo de los que se levantan contra mí.* *[Líbrame de mis enemigos, oh Dios mío; ponme a salvo de los que se levantan contra mí.* RVR*]* *[Líbrame de mis enemigos, Dios mío; ponme a salvo en lo alto, lejos de los que se levantan contra mí.* LBLA*]* *[¡Oh Elohim mío, líbrame de mis enemigos! Ponme en lo alto, lejos de los que se levantan contra mí.* BTX*]* *[Líbrame de mis enemigos, oh Dios; protégeme de los que me atacan.* NVI*]* *[Dios mío, líbrame de mis enemigos, protégeme de mis agresores.* BLP*]* *[Rescátame de mis enemigos, oh Dios; protégeme de los que han venido a destruirme.* NTV*]*

Líbrame de mis enemigos,[11] *oh Dios mío; ponme a salvo*[12] *de los que se levantan contra mí.* Habían rodeado la casa, contaban con un decreto real, y con los hombres necesarios para llevarlo a cabo. Debía ser capturado, vivo o muerto, sano o enfermo, y conducido al patíbulo para ser ejecutado. Ninguna proeza lograría romper el cordón de hombres armados que le cercaba; y ninguna alegación, por elocuente que fuera, detendría la mano de su sangriento perseguidor. Lo tenían como un pájaro en la red, y no tenía cerca a ningún amigo para ayudarle a escapar. Pero a diferencia del famoso estornino, no gritó: «No puedo salir»,[13] su fe pronunció una nota muy distinta. En semejantes circunstancias la incredulidad habría dictaminado que la oración era perder el tiempo, palabras vanas; pero el hombre bueno no reacciona de ese modo, antes por el contrario, hace de ella su único recurso. Clama implorando liberación, y deja los métodos y medios en manos de su Dios.

Ponme a salvo de los que se levantan contra mí. Saúl era el rey, ocupaba un lugar de privilegio, sentado en lo alto del trono, y por tanto, empleó toda su autoridad y su fuerza para aplastar a David. En consecuencia, el perseguido suplica también al Señor que lo ponga en alto; solo que en otro sentido: pide ser elevado, cual en una torre inaccesible, fuera del alcance de su adversario: *"Ponme a salvo".* Fijémonos en como pone las palabras: *"Oh, Dios mio",* justo frente a la expresión: *"mis enemigos".* Es el método correcto para capturar y apagar eficazmente con el escudo de la fe los dardos encendidos del adversario. Dios es *"nuestro Dios",* y por lo tanto la liberación y la defensa están garantizadas.

C. H. Spurgeon

Líbrame de mis enemigos, oh Dios mío; ponme a salvo de los que se levantan contra mí. Hay dos alegaciones en las que el salmista fundamenta su petición; la una que Dios era *su Dios;* la otra el *poder y fuerza* de sus enemigos. No hay otra bendición comparable a la de contar con el pacto para poder volar a refugio seguro en los momentos de apuro y dificultad extrema; pues allí siempre hay un ancla esperanzadora. *"Dios mio",* es una alegación de tanto peso, que equilibra todas las demás cosas. Él se ha comprometido a impartir el bien a su pueblo; y cuando el enemigo se levanta, es el momento oportuno de que obre. Nunca los enemigos de la Iglesia están más cerca de su destrucción, que cuando creen haber ganado la partida y comienzan a repartirse anticipadamente el botín. Alegar

[11] En hebreo מֵאֹיְבַי *mê'ōyəḇay,* que se erigen o levantan contra, como en Job 27:7; Salmo 17:7.

[12] En hebreo תְּשַׂגְּבֵנִי *təśaggəḇênî* de שָׂגַב *sagab*, "elévame" o "ponme en alto", hazme inaccesible.

[13] Se trata de una alusión a la novela del pastor anglicano y novelista irlandés Laurence Sterne [1713-1768] titulada *"A Sentimental Journey Through France and Italy",* 1768, donde cuenta su experiencia en París, donde estuvo a punto de acabar prisionero en La Bastilla y se expresa en estos términos: *«In my return back through the passage, I heard the same words repeated twice over; and looking up, I saw it was a starling hung in a little cage.—"I can't get out—I can't get out," said the starling».* «En mi regreso por el pasaje, oí las mismas palabras repetidas dos veces; Y alzando la vista, vi que era un estornino en una pequeña jaula que colgaba.- "No puedo salir ... no puedo salir", decía el estornino».

la promesa de Dios y el poder de los enemigos, es una combinación perfecta; y una base de esperanza para todo creyente en Cristo Jesús.[14]

JOHN HILL [1711-1746]
"Sermons on Several Occasions", 1777

Ponme a salvo en lo alto, lejos de los que se levantan contra mí. El salmista insiste en la fuerza y violencia de sus enemigos, con la idea de provocar en su mente un mayor fervor en el deber de la oración. Es por ello que los describe como *levantándose* contra él, con cuya expresión alude no tan solo a la audacia o virulencia de sus ataques, sino también a la eminente superioridad del poder que poseían. No obstante, pide ser puesto en lo alto, como si dijera, fuera del alcance de esta inundación arrasadora.

JUAN CALVINO [1509-1564]

Vers. 2. ***Líbrame de los que cometen iniquidad, y sálvame de hombres sanguinarios.*** *[Líbrame de los que cometen iniquidad, y sálvame de hombres sanguinarios.* RVR*] [Líbrame de los que hacen iniquidad, y sálvame de los hombres sanguinarios.* LBLA*] [Líbrame de los que hacen iniquidad y sálvame de hombres sanguinarios.* BTX*] [Líbrame de los malhechores; sálvame de los asesinos.* NVI*] [Líbrame de los malhechores, sálvame de los sanguinarios.* BLP*] [Rescátame de estos criminales; sálvame de estos asesinos.* NTV*]*

Líbrame de los que cometen iniquidad. Saúl lo estaba tratando a él de manera muy injusta; y ejercía sobre los demás un comportamiento tiránico y poco equitativo, lo que hace que David apele con contra él más vehemencia. En la corte los inicuos estaban es ascenso, y eran los instrumentos del tirano, es contra éstos que también ora. Los maliciosos y perversos siempre están listos a participar en una causa perversa. Pero cuando una casa es acosada por ladrones, lo que hace el buen hombre de la casa es hacer sonar la campana de alarma; y en estos dos primeros versículos del salmo podemos escucharla sonando con absoluta claridad golpe a golpe: *"líbrame", "defiéndeme", "sálvame"*. En realidad, tenía más motivos para sentir temor Saúl que David, porque se enfrentaba al arma invencible de la oración, y el cielo estaba despertando para presentarle batalla.

Y sálvame de hombres sanguinarios.[15] Sabiendo las veces que Saúl había intentado ya asesinarlo, David era muy consciente de lo que cabía esperar de la situación y del proceder de los esbirros del rey que lo estaban vigilando y acosando. En consecuencia, describe ante Dios a sus enemigos de la forma más descarnada: *"hombres sanguinarios"*. La sed de sangre del enemigo es una buena razón para

[14] Así lo ve también AGUSTÍN DE HIPONA [354-430] en su exposición a este versículo: «El acoso por parte de sus enemigos fue experiencia que vivió Cristo en carne humana, y que tarde o temprano atravesamos también todos los que creemos en él. Pues mientras vivamos aquí en la tierra, el diablo, cual león rugiente, merodea por doquier buscando a quien devore (1 Pedro 5:8); y sus ángeles, enemigos nuestros declarados, poderosos y violentos, no cesan de *"levantarse contra nosotros"* buscando la manera de aprovechar nuestra debilidad y flaqueza con sus tentaciones y engaños; tratando de hacernos caer en sus trampas (Efesios 6:12). Es indispensable, por tanto, elevar nuestras súplicas al cielo clamando al que es nuestra Cabeza: *"Líbrame de mis enemigos, oh Dios mio; ponme a salvo de los que se levantan contra mí"*.

[15] En hebreo דָמִים *dāmîm* de דָּם *dam,* "sangre, ávidos de sangre". El sentido va más allá de simplemente derramar sangre, expresa más bien la idea de dar muerte o cometer homicidio.

pedir la interposición del Dios justo, porque el Señor abomina a todo aquel que se deleita en derramar sangre inocente.[16]

C. H. SPURGEON

Vers. 3. ***Porque he aquí están acechando mi vida; se han juntado contra mí poderosos. No por falta mía, ni pecado mío, oh Jehová.*** *[Porque he aquí, están acechando mi vida; se han juntado contra mí poderosos. No por falta mía, ni pecado mío, oh Jehová.* RVR*] [Porque, he aquí, han puesto emboscada contra mi vida; hombres feroces me atacan, pero no es por mi transgresión, ni por mi pecado, Señor.* LBLA*] [Porque he aquí han puesto emboscada a mi vida, hombres fieros se conjuran contra mí, no por transgresión o por pecado mío, ¡oh YHVH!* BTX*] [¡Mira cómo me acechan! Hombres crueles conspiran contra mí sin que yo, Señor, haya delinquido ni pecado.* NVI*] [Que están acechando mi vida. Me atacan, Señor, los poderosos sin que yo haya cometido falta ni pecado.* BLP*] [Me han tendido una emboscada. Enemigos feroces están a la espera, Señor, aunque yo no pequé ni los he ofendido.* NTV*]*

Porque he aquí, están acechando mi vida.[17] Estaban emboscados tras la vida de un hombre bueno. David conocía sus procedimientos y manejos, y por tanto, clama a Dios que sea él quien le rescate. Se agazaparon cual bestias salvajes aguardando el momento de saltar sobre su presa; pero su víctima utilizo para confundirlos métodos mucho más eficaces: encomendó la situación en las manos del Señor. En tanto el enemigo aguarda al acecho, agazapado cual bestia salvaje; nosotros aguardamos arrodillados en oración; pues Dios también aguarda para ser misericordioso con nosotros y terrible para con nuestros enemigos.

Se han juntado contra mí poderosos.[18] Tratándose de asesinar a un santo, ni uno solo faltó a la reunión. Eran demasiado aficionados a tan funesta diversión como para estar ausentes. Guerreros valerosos, que debían haber estado luchando para defender su país, fueron enviados a capturar a un

[16] Proverbios 6:16-17; Isaías 1:15.

[17] En hebreo כִּי הִנֵּה אָרְבוּ לְנַפְשִׁי *kî hinnêh 'ārəḇū lənapšî* de אָרַב *arab*, tenderse en el suelo y ocultarse para vigilar acechando. Ver Salmo 10:8-10; 11:2; 37:32; 56:5; 64:2-6. Proverbios 12:6. La versión griega de los LXX o Septuaginta lee: ὅτι ἰδοὺ ἐθήρευσαν τὴν ψυχήν μου que la Vulgata traduce al latín como: *"Quia ecce ceperunt animam meam"*, "Pues he aquí que hicieron presa de mi alma".

[18] En hebreo עַזִּים *'azîm* de עַז *az,* "fuertes, fieros, violentos". La versión griega de los LXX o Septuaginta lee: ἐπέθεντο ἐπ᾽ ἐμὲ κραταιοί que la Vulgata traduce al latín como: *"irruerunt in me fortes"*, "se abalanzaron sobre mí los fuertes". Dice al respecto:

– AGUSTÍN DE HIPONA [354-430]: «En el caso de David sus enemigos eran fuertes porque ostentaban literalmente el poder y la justicia humana. Pero hay otra clase de fuertes aún más temibles: los soberbios y arrogantes, los que proclaman su propia justicia, como el fariseo que decía: *"Dios, te doy gracias porque no soy como los otros hombres"* (Lucas 18:11-12). Estos fuertes *"se abalanzan sobre nosotros"* con saña y sin piedad, criticando y censurando todo cuanto hacemos en nombre de su propia justicia. De ellos conviene pedir al Señor doblemente que nos libre. (…) Porque la soberbia es un pecado peculiar capaz de enmascararse para tentar a quienes progresan en el bien, logrando fácilmente que malogren todos cuantos progresos habían conseguido. Los demás pecados son de temer por sus malas acciones; a la soberbia, en cambio, donde más hay que temerla es en las buenas obras. No debe extrañarnos, pues, que consciente del peligro que esto entraña, exclamara el apóstol Pablo: *"porque cuando soy débil, entonces soy fuerte"*. (2 Corintios 12:10)».

ciudadano pacífico y tranquilo; el poderoso monarca malgastando sus mejores recursos en dar muerte a uno de sus más fieles seguidores.

Pero no es por mi transgresión, ni por mi pecado, Señor.[19] Apela a Jehová porque no había cometido ningún mal. Su único delito era el de haber sido valiente en exceso y demasiado complaciente; y además, era el elegido del Señor; motivos suficientes para que el rey, ciego de envidia, estuviera dispuesto a no descansar hasta conseguir lavar sus manos en la sangre de un rival tan popular. Ser inocentes, siempre es un activo importante; y aunque no ayuda nuestra causa ante un tribunal terrenal, en el tribunal de conciencia siempre será el mejor de los argumentos, y un consuelo permanente cuando estamos bajo persecución.[20] Fijémonos en como reitera su declaración de integridad: *"no es por mi transgresión, ni por mi pecado"*. David está absolutamente seguro de su inocencia; y por tanto, se atreve a repetir la apelación.[21]

C. H. SPURGEON

Porque he aquí, están acechando mi vida. Es conveniente comparar estas palabras con las que leemos en el libro de 1 Samuel: *"Pero Mical su mujer avisó a David, diciendo: Si no salvas tu vida esta noche, mañana serás muerto"*;[22] y en el Salmo 7: *"No sea que desgarren mi alma cual león, y me destrocen sin que haya quien me libre"*.[23]

ERNS WILHELM HENGSTENBERG [1802-1869]
"Commentary on the Psalms", 1860

Se han juntado contra mí poderosos. Chandler[24] lo traduce del siguiente modo: *"Los poderosos se han confabulado para tenderme trampas"*.

C. H. SPURGEON

Se han juntado contra mí poderosos. Como si dijera: «Como estoy en una posición de debilidad, sé tú mi fortaleza, y reivindica mi inocencia».

JOSUAH ARND [1628-1685]
"Diatriba de mysterio trinitatis e scriptis Rabbinorum veterum pro orthodoxia contra Christomachos novantiquos", 1650

Vers. 3-4. El salmista alega su inocencia no respecto a Dios, pero sí en cuanto a sus perseguidores. Fijémonos en que:

---

[19] Ver Job 34:6; Salmo 17:3-4.

[20] Dice FRANCISCO LACUEVA [1911-2005] en su versión española del "Comentario de Matthew Henry": «La inocencia de los piadosos no les pone a salvo de la malignidad de los impíos. Pero aún cuando nuestra inocencia no nos ponga a salvo de problemas y apuros, sí que nos sostendrá y consolará grandemente bajo esos apuros. Si somos conscientes de nuestra inocencia, podemos apelar a Dios con humilde confianza y rogarle que mantenga en alto nuestra causa contra los que se oponen a nosotros».

[21] Ver al respecto Salmo 7:3-6.

[22] 1 Samuel 19:11.

[23] Salmo 2:7.

[24] Se refiere a SAMUEL CHANDLER [1693-1766] y su obra *"A Critical History of the Life of David"*, 1766.

1. La inocencia de los santos no les vale como garantía ante la malignidad de los inicuos. Quienes son inocentes como palomas,[25] por causa de Cristo son odiados por todos cual si fueran serpientes nocivas y tratados en consecuencia.

2. Aunque su inocencia no les garantiza inmunidad contra las tribulaciones, con todo, cuando las padezcan serán apoyados y consolados en gran manera. El testimonio que nos aporta nuestra propia conciencia de habernos comportado adecuadamente con aquellos que se comportan mal con nosotros, juega a nuestro favor y nos será motivo de gozo en el día malo. Si somos conscientes de nuestra inocencia, podemos con humilde confianza apelar a Dios y pedirle que defienda nuestra causa, cosa que hará a su debido tiempo.

Matthew Henry [1662-1714]
"Commentary on the Whole Bible", 1811

Vers. 4. ***Sin delito mío corren y se aperciben. Despierta para venir a mi encuentro, y mira.*** *[Sin delito mío corren y se apostan. Despierta para venir a mi encuentro, y mira.* RVR*] [Sin culpa mía, corren y se preparan contra mí. Despierta para ayudarme, y mira.* LBLA*] [Sin culpa mía corren y se aprestan. Despierta, ven a mi encuentro, y mira.* BTX*] [Presurosos se disponen a atacarme sin que yo haya cometido mal alguno. ¡Levántate y ven en mi ayuda! ¡Mira mi condición!* NVI*] [Corren y se preparan contra mí sin que yo tenga culpa alguna. ¡Despierta, sal a mi encuentro, mírame!* BLP*] [No hice nada malo, sin embargo, se preparan para atacarme. ¡Despierta! ¡Mira lo que sucede y ayúdame!* NTV*]*

Sin delito [26] *mío corren y se apostan.* Desarrollan y utilizan sus mejores tácticas; sitian mi casa, y me ponen emboscadas cual si se tratara de algún enemigo notable. Vienen armados hasta los dientes y me atacan con todo el vigor y habilidad de un ejército a punto de asaltar una fortaleza; y todo sin motivo alguno, tan solo por malicia gratuita. Tan rápidos son en obedecer a su amo cruel, que jamás se detienen para considerar si su proceder es correcto o no; corren todos a la vez, y mientras corren se abrochan los arneses. Ser atacado de ese modo, sin causa, es muy doloroso. Para un valiente como era David, la angustia del peligro era poca cosa en comparación con la desazón de la injusticia a la que se veía sometido. Que un héroe nacional, como era él, fuera acosado y perseguido como un monstruo; y sitiado en su propia casa cual bestia salvaje en su guarida, era una auténtica vergüenza, cruel y sangrante.

Despierta para venir a mi encuentro, y mira. Mantén, oh Señor, tu vigilia mientras los demás duermen. Muestra tu poder. Levántate de tu inacción. Pues con solo mirar la triste condición de tu siervo ciertamente me librará tu mano. La profundidad de la fe del salmista en la misericordia de su Señor es más que evidente: está convencido de que con solo que el Señor vea su caso será suficiente para activar su compasión.

C. H. Spurgeon

Sin delito mío corren y se aperciben. Corren cual compañía de soldados armados que se precipitan al asalto.[27] El verbo hebreo וַיִּכּוֹנָ֫נוּ *wəyikkōwnānū* de כּוּן *kun* que nuestras versiones traducen por *"se*

[25] Mateo 10:16.
[26] En hebreo: בְּלִי־עָוֺן *bəlî-'āwōn.*
[27] Salmo 18:29

aperciben" o *"se preparan",* significa también *"afirman su pie",* o *"se afianzan"* como las fuerzas que pretenden asaltar una ciudad.[28]

ANDREW ROBERT FAUSSET [1821-1910]
"Studies in the cl Psalms their undesigned coincidences with the independent Scripture histories, confirming and illustrating both", 1876

Corren y se preparan contra mí sin que yo tenga culpa alguna. El celo y la diligencia que muestran los impíos en promover la causa de la injusticia, debería reprender la languidez y tardanza de los santos en llevar a cabo las obras de la fe y el trabajo del amor. La mayor fuente de problemas y dificultades en la Iglesia de Dios es la falta de vitalidad, actividad y verdadero celo. Pues únicamente cuando *"muchos corren de aquí para allá"* es que *"aumenta el conocimiento".*[29]

WILLIAM SWAN PLUMER [1802-1880]
"Studies on the Book of Psalms", 1867

Sin que yo tenga culpa alguna. En lo que respecta a Saúl, David era un súbdito obediente y un yerno ejemplar.

BENJAMIN BOOTHROYD [1768-1836]
"Biblia Hebraica", 1813

Despierta para ayudarme. El sentido literal del hebreo לִקְרָאתִי? *liqrāṯî* de קָרָאת *qirah* es más bien *"despierta para venir a mi encuentro"* (y así lo traducen la mayoría de versiones españolas incluida la RVR 1960). En tiempos de tentación, a veces nos da la impresión como si el Señor estuviera ausente de nosotros y no se preocupara en absoluto por nuestra angustia; como Jesús en medio de la tempestad, que los evangelistas nos lo describen *"en la popa, durmiendo sobre un cabezal".*[30] Pero se trata de una mera apariencia, pues el Señor no duerme: *"no dormirá ni se adormecerá el que guarda a Israel",*[31] esta siempre listo y dispuesto para acudir en nuestra ayuda cuando le necesitamos.

OLIVER PRESCOTT HILLER [1814-1870]
"Sermons, doctrinal, miscellaneous, and occasional", 1860

Y mira. Una expresión que encierra y revela a la vez tanto la fortaleza de la fe y como la debilidad de la carne. Por un lado habla de Dios como si sus ojos divinos hubiesen permanecido cerrados hasta este momento ante los males que estaba padeciendo, y necesitara abrirlos para darse cuenta de su situación; con lo que se expresa claramente en base a la debilidad de nuestra percepción y aprehensión humana. Por contra, al invocar a Dios para que contemple su causa, muestra también claramente su fe, pues reconoce implícitamente que nada permanece oculto a su conocimiento providencial.

JUAN CALVINO [1509-1564]

Vers. 5. *Y tú, Jehová Dios de los ejércitos, Dios de Israel, despierta para castigar a todas las naciones; no tengas misericordia de todos los que se rebelan con iniquidad. Selah.* *[Tú, Jehová, Dios de los ejércitos, Dios de Israel, levántate para castigar a todos los gentiles; no tengas miseri-*

[28] Job 30:14.
[29] Daniel 12:4.
[30] Marcos 4:38.
[31] Salmo 121:4.

cordia de ninguno de los pérfidos traidores. Selah. RVR*] [Tú, Señor, Dios de los ejércitos, Dios de Israel, despierta para castigar a todas las naciones; no tengas piedad de ningún inicuo traidor. Selah.* LBLA*] [Tú, YHVH Elohim Sebaot, Elohim de Israel: ¡Despierta para castigar a todos los gentiles! No tengas compasión de ningún inicuo traidor. Selah.* BTX*] [Tú, Señor, eres el Dios Todopoderoso, ¡eres el Dios de Israel! ¡Despiértate y castiga a todas las naciones; no tengas compasión de esos viles traidores! Selah* NVI*] [Tú, Señor, Dios del universo, Dios de Israel, decídete a castigar a las naciones, no te apiades de ningún traidor. Pausa.* BLP*] [Oh Señor, Dios de los Ejércitos Celestiales, el Dios de Israel, despierta y castiga a esas naciones hostiles; no tengas misericordia de los traidores malvados. Interludio.* NTV*]*

Y tú. Tú en persona, ocúpate de mí personalmente, porque el caso demanda tu interposición directa; pues estoy siendo injustamente acosado, y no puedo hacer por mi mismo nada para evitarlo.

Jehová, Dios de los ejércitos,[32] *Dios de Israel.* ¡Que combinación tan sublime de nombres divinos! *Jehová:* que vives eternamente; *Dios de los ejércitos:* poderoso para rescatarme; *Dios de Israel:* comprometido por el pacto a redimir a tu siervo oprimido.

Levántate para castigar a todas las naciones. Despierta tu mente santa; espolea tu energía sagrada; castiga en tu Israel a los que actúan como paganos, hipócritas y falsos de corazón, que dicen ser verdaderos judíos y no lo son, que mienten. Y mientras lo hagas, que todas las naciones enemigas y todos los paganos, tanto los de aquí como los de tierras lejanas, sepan que estás en acción, juzgando y castigando. Es una característica de toda oración reflexiva que los títulos que en ella se apliquen a Dios, sean apropiados, y, por así decirlo, congruentes con el tema, adecuados para añadir fuerza al argumento. ¿Consentirá *Jehová*, el Dios eterno, ver a su pueblo oprimido? ¿Tolerará el *Dios de los ejércitos* que sus enemigos acosen a su siervo y se regocijen en ello? ¿Permitirá la fidelidad del *Dios de Israel,* el Dios del pacto, el Dios del pueblo escogido, que su elegido perezca? El nombre de Dios, aún en sentido literal, es fortaleza y torre fuerte[33] para todo su pueblo. ¡Qué petición más potente contienen en estas palabras! *"Levántate para castigar".* Castigar activamente, en la sabiduría del juez, y con fuerza del ejecutor.

No tengas misericordia de todos los que se rebelan con iniquidad. Ten misericordia de ellos en cuanto a seres humanos, pero no como transgresores; y si continúan endurecidos en su pecado, no pases por alto su opresión. Pasar por alto el pecado en los transgresores sería dejar a los rectos bajo su poder; por tanto, no pases por alto sus ofensas, sino dales la retribución que merecen. El salmista considera que el derrocamiento de la opresión, tan necesario para él en las circunstancias difíciles en las que se encontraba, era igualmente deseable para multitudes de justos enfrentados a situaciones similares, y por tanto, ora en favor de toda la congregación de los fieles en contra de la confraternidad confabulada de los traidores.

Selah. Con un tema este como por delante, corresponde hacer una pausa. ¿Quién no va a permanecer quieto y pensativo, viendo como la venganza contra los enemigos de Dios está siendo ejecutada? ¡Qué errónea es la confusión mental de aquellos que no toleran que se hable del castigo de los impíos!

C. H. Spurgeon

---

[32] Franz Delitzsch [1813-1890] indica que la peculiar combinación: יְהוָה־אֱלֹהִים צְבָאוֹת *Yahweh-ĕlōhîm ṣəḇā'ōwṯ, "Yahvé Dios de los ejércitos",* aparte de este Salmo solo ocurre en el Salmo 80:4, 19; y el Salmo 84:8.

[33] Proverbios 18:10. Ver también: Éxodo 3:15; 2 Samuel 22:2-3; 22:33; Salmos 18:2; 61:3; 91:2; 144:2.

Jehová, Dios de los ejércitos, Dios de Israel. En los momentos de dificultad debemos fijar nuestros ojos en aquellos aspectos de Dios que mejor sirvan para fortalecer nuestra fe; y de manera especial en aquellos que dejan clara constancia de su poder, y de su disposición para utilizar ese poder a favor nuestro: *"Dios de los ejércitos ... Dios de Israel"*.

DAVID DICKSON [1583-1663]
"A Brief Explication of the Psalms from L to C", 1655

Jehová, Dios de los ejércitos, Dios de Israel. יְהוָה־אֱלֹהִים צְבָאוֹת אֱלֹהֵי יִשְׂרָאֵל *Yahweh-'ĕlōhîm ṣəḇā'ōwṯ 'ĕlōhê yiśrā'êl,* como en el Salmo 80:4, 19; y 84:8. Comparar con 2 Samuel 5:10 1 Reyes 19:10,14; Salmo 89:8.

WILLIAM KAY [1820-1896]
"The Psalms Translated From the Hebrew, with Notes Chiefly Exegetical", 1871

Jehová, Dios de los ejércitos. Algunos han pensado que este título es equivalente a *"Dios de batallas"*; sin embargo, el verdadero significado y la fuerza del epíteto es: *"Soberano de las estrellas, huestes materiales del cielo,*[34] *y de los ángeles sus habitantes"*.[35]

ARCHIBALD ALEXANDER HODGE [1823-1886]
"Outlines of Theology", 1866

Jehová, Dios de los ejércitos, Dios de Israel.
1. *"Dios de los ejércitos"*, y por tanto, capaz de todo.
2. *"Dios de Israel"*, y por tanto, dispuesto a obrar a favor de su pueblo.

ANDREW ALEXANDER BONAR [1810-1892]
"Christ and His Church in the Book of Psalms", 1859

Vers. 6. *Volverán a la tarde, ladrarán como perros, y rodearán la ciudad.* *[Volverán a la tarde, ladrarán como perros, y rondarán la ciudad.* RVR*] [Regresan al anochecer, aúllan como perros, y rondan por la ciudad.* LBLA*] [Vuelven al anochecer, aullando como perros, rondan la ciudad.* BTX*] [Ellos vuelven por la noche, gruñendo como perros y acechando alrededor de la ciudad.* NVI*] [Al atardecer regresan, aúllan como perros, rondan por la ciudad.* BLP*] [Salen de noche gruñendo como perros feroces mientras merodean por las calles.* NTV*]*[36]

Regresan al anochecer. Al igual que las bestias salvajes que deambulan por la noche, salen en manadas a hacer mal. La luz es su adversaria, por lo que buscan en la oscuridad de la noche un

---

[34] Jueces 5:20.

[35] La versión griega de los LXX o Septuaginta lee: κύριε ὁ θεὸς τῶν δυνάμεων ὁ θεὸς Ισραηλ, que la Vulgata traduce al latín como: *"et tu, Domine Deus virtutum, Deus Israel"*, "y tú, Señor Dios de los poderíos, Dios de Israel".

[36] En hebreo: יָשׁוּבוּ לָעֶרֶב יֶהֱמוּ כַכָּלֶב וִיסוֹבְבוּ עִיר *yāšūḇū lā'ereḇ yehĕmū ḵakkāleḇ wîsōwḇḇū 'îr*. La versión griega de los LXX o Septuaginta lee: ἐπιστρέψουσιν εἰς ἑσπέραν καὶ λιμώξουσιν ὡς κύων καὶ κυκλώσουσιν πόλιν que la Vulgata traduce al latín como: *"Convertentur ad vesperam, et famem patientur ut canes: et circuibunt civitatem"*. KRAUS traduce: *"Regresan al anochecer, aúllan como perros, y rondan por la ciudad"*. SCHÖKEL: *"Vuelven al atardecer, aullando como perros, merodean por la ciudad"*.

escenario más propicio en que llevar a cabo sus planes. Planean irrumpir en la casa del justo amparados en las tinieblas de la noche.

Ladran como perros, y rondan por la ciudad.[37] Con pasos sigilosos van husmeando cada rincón de los muros, ladrando hambrientos de presa en un concierto aterrador. David compara a sus enemigos con los perros callejeros en Oriente Medio: sin dueño, repugnantes, degradados, magros y hambrientos, y los describe como ladrando y aullando en su frustración por no haber encontrado el alimento que buscan. Los esbirros de Saúl, y el propio rey cruel, debieron de enfurecerse decepcionados cuando se encontraron en la cama una almohada de pelo de cabra y la estatua de un ídolo cubierta con una sábana, en lugar del cuerpo de David.[38] Su férrea vigilancia había sido en vano, la víctima se les había escapado, librada nada más y nada menos que por la hija del hombre que deseaba su sangre. Id, perros, a vuestras perreras y roed vuestros propios huesos, porque este hombre bueno no es carne para vuestras mandíbulas.

C. H. SPURGEON

Regresan al anochecer. Al *anochecer* expresa la idea de incertidumbre, de desgracia y necesidad; y alude a las bestias salvajes que acostumbran a merodear por la noche en busca de presa.

HERMANN VENEMA [1697-1787]
"Commentarius ad Psalmos", 1762

Aúllan como perros, y rondan por la ciudad. El sonido que escuché entonces no lo olvidaré jamás. Si todos los perros de todos los rebaños de Inglaterra se hubieran juntado en Smithfield[39] un día de mercado, y hubiesen estado ladrando y aullando al unísono contra todos los carruajes de Londres, no alcanzarían para dar una idea del alboroto canino que escucharon mis oídos. Era como si la ciudad entera estuviera abarrotada de perros amotinados y ladrando a la vez. Lejos de Scutari[40] que es donde yo me alojaba, por debajo de mi, en la zona de Tophane,[41] parecía como si la totalidad de los sesenta mil perros que se dice habitan en Constantinopla,[42] se hubieran dado cita para involucrarse en el exterminio total de unos contra otros sin cesar un instante. Los ladridos, aullidos, chillidos, rugidos y gruñidos, se fundían en un sonido único, uniforme y continuo, parecido al ruido que hacen las ranas cuando se escucha a cierta distancia. Durante horas no hubo tregua. De modo que me acosté;

---

[37] Dice SCHÖKEL al respecto: «Los perros todavía no se consideraban animal doméstico: 'el mejor amigo del hombre'. Se trata pues de perros salvajes, peligrosos, famélicos; probablemente habitan en descampados y merodean la morada del hombre tratando de acceder a ella para apagar el hambre con sus sobras. Su boca babea יַבִּיעוּן *yabbî'ūn* (59:7), y en ella asoman colmillos relucientes como puñales, su aullido suena a amenaza. No han comido durante el día, y al atardecer acuden en busca de comida. Quizá sea la hora en que los vecinos introducen en la ciudad alimentos, a la hora de la comida, cuando se esparcen olores incitantes. Los perros se cuelan antes de que las puertas de la ciudad se cierren, y no es fácil expulsarlos; más vale aplacarlos para que no se vuelvan demasiado hostiles.

[38] 1 Samuel 19:11-13.

[39] Se refiere a SMITHFIELD o SMOOTHFIELD, un paraje de Londres donde desde los tiempos de Enrique II se celebraban mercados, ferias y torneos; y donde en tiempos de María Estuardo se levantaron las hogueras donde fueron quemados vivos doscientos setenta y siete mártires protestantes.

[40] Se refiere a ÜSKÜDAR antiguamente conocido como SCUTARI una municipalidad residencial, aunque más bien un barrio de la ciudad de Estambúl, situado junto a las orillas del Bósforo.

[41] Se refiere a TOPHANE una zona más bien industrial de la ciudad de Estambúl en el distrito de Beyoğlu.

[42] Un extremo que confirma COLIN DAYAN, profesora de la cátedra de humanidades ROBERT PENN WARREN [1905-1989] en *Vanderbilt University* en su obra *"The Law is a White Dog" (Princeton, 2011).*

finalmente conseguí conciliar el sueño, y desperté al cabo de varias horas, aún, con las ventanas abiertas; y el tumulto seguía exactamente igual. No fue sino hasta el amanecer que regresó la tranquilidad y el silencio.

ALBERT SMITH [1816-1860]
"A Month at Constantinople", 1850

Regresan al anochecer, aúllan como perros, y rondan por la ciudad. El salmista describe a sus enemigos en la ejecución de sus planes secretos, como perros hambrientos rondando por las calles oscuras de la ciudad en busca de presa; cada uno con su propio objetivo, pero unidos por una causa común. Para captar toda la fuerza de esta metáfora, hay que recordar que en las ciudades orientales, en antigüedad, igual que ahora, era costumbre arrojar a la calle todos los desechos de alimentos, huesos, despojos, etc., que eran consumido principalmente por los perros, de los cuales se toleraba un gran número precisamente con este propósito o fin sanitario en particular. Con esta idea en mente, la metáfora adquiere significado y un valor peculiar en su aplicación a los enemigos de Cristo.

«Todas las noches regresan
aúllan como perros,
y rodean la ciudad».

WILLIAM HILL TUCKER
"The psalms from the version used in the services of the Church of England, With notes, shewing their prophetic and Christian character", 1850

Vers. 6-7. Una metáfora que conviene analizar con detalle: la de un perro hambriento y ladrando rabioso al verse incapaz de satisfacer su hambre o sed. Así describe David a sus perseguidores, aullando como perros, apoderándose de cuanto bueno encontraran en su camino y devorándolo. Pero privados finalmente de todo cuanto buscan, incapaces de saciar su codicia; y en consecuencia: vagabundeando desesperados, despreciados y miserables. Este fue el comportamiento y la actitud de Saúl y sus secuaces enviados a Naiot en Ramá.[43] para capturar a David; y de hecho, el preludio de su futura desgracia y miseria.

HERMANN VENEMA [1697-1787]
"Commentarius ad Psalmos", 1762

Vers. 6-7. Cinco características de los impíos:

1. Son diligentes en su cometido: *"regresan al anochecer"*.
2. Amenazan con atrevimiento: *"ladran como perros"*.
3. Obstinados en su propósito: *"rondan la ciudad"*.
4. Se jactan impúdicamente de lo que hacen: *"desbarran a boca llena"*.
5. Y sus palabras son sangrientas: *"espadas hay en sus labios"*.

ADAM CLARKE [1760-1832]
"Commentary on the Whole Bible", 1831

[43] 1 Samuel 19:19.

Vers. 7. ***He aquí proferirán con su boca; espadas hay en sus labios, porque dicen: ¿Quién oye?*** *[Míralos desbarrar a boca llena; espadas hay en sus labios, porque dicen: ¿Quién lo oye?* RVR*] [He aquí, se jactan con su boca; espadas hay en sus labios, pues dicen: ¿Quién oye?* LBLA*] [He aquí, se jactan con su boca, y en sus labios hay puñales, y dicen: ¿Quién nos oye?* BTX*] [Echan espuma por la boca, lanzan espadas por sus fauces, y dicen: «¿Quién va a oírnos?»* NVI*] [Mira, ladran con sus bocas, hay espadas en sus labios: "¿Quién puede oírnos?".* BLP*] [Escucha la basura que sale de sus bocas; sus palabras cortan como espadas. Dicen con desdén: «Después de todo, ¿quién puede oírnos?».* NTV*]*[44]

Míralos. Esas criaturas escandalosas son tan peculiares en sus maneras que el salmista se siente obligado a destacar su comportamiento con un הִנֵּה *hinnêh,*[45] *"He aquí: miradlos, contempladlos"*. Es como si dijera: *"Ecce homines"*, he aquí los hombres ¿no deberíamos mejor decir: ¡*"Ecce canes"*!, he aquí los perros?

Desbarran a boca llena.[46] La malicia brota de sus bocas como de una fuente. Los inicuos son locuaces en la calumnia; su vocabulario de insultos es extenso y tan detestable como copioso. ¡Que torrentes tan abrumadores de imprecaciones vierten constantemente contra los hombres piadosos! No necesitan que nadie les instigue, sus sentimientos salen espontáneamente y modelan sus propias expresiones.

Espadas hay en sus labios. Sus palabras perforan como espolones, y cortan como cuchillos. Así como la garra retráctil del león se oculta dentro de su almohadón, así también sus labios suaves de color rubí esconden palabras sangrientas.[47]

Porque dicen: ¿Quién lo oye? No tienen restricción ni freno, porque no temen ni a Dios en el cielo ni autoridad alguna de la tierra. Cuando los hombres se convencen de que no hay nadie a quién tengan que rendir cuentas, no hay límites en lo que puedan hacer. Quien no teme a Dios, tampoco

[44] En hebreo הִנֵּה יַבִּיעוּן בְּפִיהֶם חֲרָבוֹת בְּשִׂפְתוֹתֵיהֶם כִּי־מִי שֹׁמֵעַ *hinnêh yabbî'ūn bəpîhem ḥărāḇōwṯ bəśip̄ṯōwṯêhem kî-mî šōmêa'*. La versión griega de los LXX o Septuaginta lee: ἰδοὺ ἀποφθέγξονται ἐν τῷ στόματι αὐτῶν, καὶ ῥομφαία ἐν τοῖς χείλεσιν αὐτῶν· ὅτι τίς ἤκουσεν que la Vulgata traduce al latín como: *"Ecce loquentur in ore suo, et gladius in labiis eorum: quoniam quis audivit?"*, "He aquí que hablarán en su boca, y espada en los labios de ellos; porqué ¿quién ha oído?". KRAUS traduce: *"He aquí, echan espumarajos por su boca, espadas son sus labios"*. SCHÖKEL: *"Mira, su boca babea y en sus labios hay puñales: ¿quién nos oye?"*.

[45] La partícula hebrea הִנֵּה *hinnêh* "*¡Mira!, ¡Contempla! ¡Presta atención! ¡He aquí!"*, la utilizaba el salmista con frecuencia cuando quería recabar la atención de los oyentes sobre algún hecho extraordinario, es muy común en los Salmos, de manera especial en los Cánticos Graduales: Salmo 121:4; 123:2; 127:3; 128:4; 132:6; 133:1; 134:1. Ver al respecto el comentario de Spurgeon al Salmo 133:1 y sus correspondientes notas.

[46] En hebreo יַבִּיעוּן בְּפִיהֶם *yabbî'ūn bəpîhem* de נָבַע *naba,* "manar, brotar, burbujear". Un verbo utilizado únicamente en los libros poéticos: Salmos 19:2; 59:7; 78:2; 94:4; 119:171; 145:7; Proverbios 1:23; 15:2; 15:28; 18:4; Eclesiastés 10:1. KRAUS traduce: *"echan espumarajos por su boca"*. SCHÖKEL: *"Su boca babea"*.

[47] AGUSTÍN DE HIPONA [354-430] en una de sus *Cartas* ("A Paulino" Carta 149), enlaza estas espadas en los labios de los impíos con las tribulaciones que padecen los justos, en especial las provocadas por la calumnia y acusaciones falsas; y pone como ejemplo de ello el caso del patriarca José, según lo narra el Salmo 105: *"Trajo hambre sobre la tierra, y quebrantó todo sustento de pan. Envió un varón delante de ellos; a José, que fue vendido por siervo. Afligieron sus pies con grillos; en cárcel fue puesta su persona"* (Salmo 105:16-18). Ahora bien, en la última parte del versículo: *"en cárcel fue puesta su persona"* (105:18), el texto hebreo lee: בַּרְזֶל בָּאָה נַפְשׁוֹ *barzel bā'āh nap̄šōw*, literalmente: *"hierro penetró en su alma"*, sobre lo cual dice Agustín: «El hierro que traspaso el alma de José, a mi modo de ver, fue la tribulación a la que se vio sometido, pues dice literalmente: *"hierro penetró en su alma"*».

atiende al hombre; se involucra gustosamente en acciones opresivas, y utiliza un lenguaje de lo más atroz y cruel. David debió de estar en algún punto estratégico cuando logró escuchar alrededor de la casa la conversación canallesca y las jactancias horripilantes de los esbirros de Saúl; acordes con las que un *cavalier*[48] habría utilizado para maldecir a un *puritano,* o Claverhouse[49] un *coventanter.*[50] Los secuaces de Saúl vilipendiaron a la persona a quién su majestad real los había enviado a capturar con un lenguaje atroz. David los llama perros, y sin duda, eran una buena manada; una banda maldita de condenados malditos. Cuando dijeron: *"¿Quién lo oye?",* Dios les estaba escuchando; esto David lo sabía, y por ello, recuperó el coraje.

C. H. SPURGEON

He aquí proferirán con su boca.[51] Aben Ezra[52] lo traduce: *"Echan espuma por la boca"*[53] como una fuente de la que mana agua en tal cantidad que sale burbujeando; así arrojaron su maldad en abundancia: *"Como la fuente nunca cesa de manar sus aguas, así ella nunca cesa de manar su maldad".*[54] La figura denota el torrente de maldad y palabras malignas que salían de sus bocas, y que pone de manifiesto la maldad de sus corazones. Los enemigos de David expresaron abiertamente lo que pensaban hacer con él si lograban encontrarlo; igual que los enemigos de Cristo vertieron contra él, sin pruebas, sus acusaciones malvadas de blasfemia y sedición en abundancia.[55]

JOHN GILL [1697-1771]
"Exposition of the Old Testament", 1748

---

48 CAVALIER era el nombre dado durante la guerra civil en Inglaterra a los *loyalists* o partidarios de la monarquía. A ellos se oponían los puritanos, a quienes los realistas llamaban *"Roundheads"* o cabezas redondas. La primera guerra civil comenzó en 1642, y aunque con sus intervalos, culminó con la ejecución del rey Carlos I en 1649.

49 Se refiere a JOHN GRAHAM DE CLAVERHOUSE [1748-1689] primer vizconde de Dundee, militar escocés responsable del control del suroeste de Escocia, quién por encargo del rey Carlos II (ya restaurada la monarquía en 1658 tras la ejecución de Carlos I en 1649 y la experiencia parlamentaria) persiguió a sangre y fuego a los presbiterianos escoceses, con lo que se ganó el nombre de *"Bluidy Clavers"* o Claver el Sanguinario.

50 Nombre dado a los presbiterianos escoceses, que resistieron los intentos de los monárquicos de la casa de los Estuardo por controlar la Iglesia de Escocia, conocidos como *"covenanters"* o luchadores del Pacto. Ver al respecto los comentarios y notas al Salmo 39:9.

51 En hebreo: הִנֵּה יַבִּיעוּן בְּפִיהֶם *hinnêh yabbî'ūn bəpîhem,* de נָבַע *naba,* "verter, burbujear".

52 Se refiere al erudito judío español, el rabino ABRAHAM BEN MEIR IBN EZRA [1092-1167] más conocido por el nombre de ABEN EZRA, uno de los intelectuales más ilustres de la Edad Media, apodado "El Sabio", "El Grande" y "Doctor Admirable". Nació en Tudela (Navarra, España) en la época de dominio musulmán y salió de España en el 1140 escapando de la persecución desencadenada por los almohades. Mantuvo desde entonces una vida errante que lo llevó al Norte de África, Israel, Francia e Inglaterra. Se desconoce el lugar de su muerte, algunos piensan que en Calahorra y otros afirman que en Roma o Tierra Santa. Sus trabajos intelectuales y literarios abarcan muchos campos del saber: filosofía, astronomía, medicina, poesía, lingüística y de manera especial la exégesis bíblica. Su método de exégesis, basado en la aproximación al sentido del texto partiendo de principios gramaticales, marcó un hito en la exégesis bíblica, por lo que sus comentarios al texto bíblico son especialmente conocidos y apreciados.

53 Ver nota 46.

54 Jeremías 6:7.

55 Mateo 26:57.68; Marcos 14:53-65; Lucas 22:66-71.

Vers. 8. ***Mas tú, Jehová, te reirás de ellos; te burlarás de todas las naciones.*** *[Mas tú, Jehová, te reirás de ellos; te burlarás de todos los gentiles.* RVR*] [Mas tú, oh Señor, te ríes de ellos; te burlas de todas las naciones.* LBLA*] [Oh YHVH, Tú te reirás de ellos, te burlarás de todos los gentiles.* BTX*] [Pero tú, Señor, te burlas de ellos; te ríes de todas las naciones.* NVI*] [Pero tú, Señor, te ríes de ellos, te burlas de todas las naciones.* BLP*] [Pero tú Señor, te ríes de ellos; te burlas de las naciones hostiles.* NTV*]*

Mas tú, Jehová, te ríes[56] *de ellos.* El salmista se dirige a Dios, como a alguien que está muy cerca. Señala a los mentirosos que tratan de darle caza y conversa abiertamente con Dios acerca de ellos: «Se ríen de mí, y anhelan mi destrucción, pero tú te ríes de ellos, siendo que has decidido dejarlos sin su víctima, y ridiculizarlos por medio de la astucia de Mical». Los más poderosos, hábiles y maliciosos enemigos de la Iglesia, para el Señor no son más que personajes ridículos objeto de burla; pues todos sus intentonas son inútiles, acaban en fracaso. No tenemos motivos para preocuparnos por nuestra fe.

Te burlas[57] *de todas las naciones.* Como si David hubiera dicho: ¿Qué son estos hombres que están emboscados? ¿Y qué es el rey su amo, siendo que Dios está de mi parte? Y no solo ellos, pues aún si todas naciones paganas se hubieran aliado con ellos para rodear mi casa, de igual manera Jehová me libraría con facilidad y todos ellos quedarían decepcionados. Cuando todas las cosas lleguen a su término y alcancen su fin, entonces quedará de manifiesto lo ridículos y absolutamente despreciables que son los enemigos del reino de Dios y de su causa. Y la persona capaz de entenderlo y vislumbrarlo de ese modo en el escenario presente, cuando todo parece a la inversa, con el enemigo ocupando las esferas del poder, y la Iglesia sitiada y obligada a permanecer encerrada en sus estancias, en un valiente digno del mayor encomio.

C. H. Spurgeon

Mas tú, Jehová, te reirás de ellos. Dios los ve y sonríe; mira el furor de estos gigantes terrenales y se burla de ellos; los contempla desde arriba, sentado en el cielo, escucha sus amenazas y no se inmuta. Así debemos hacer también nosotros si realmente confiamos en él; sabiendo que hay en el cielo un Consejo[58] que desbaratará los planes de todos los Consejos adversos que haya sobre la tierra, cual la piedra cortada del monte sin ayuda de manos desmenuzó de un solo golpe los cuatro grandes imperios terrenales.[59] Por tanto, aunque el impío persiga al pobre con saña haciendo gala del orgullo de su corazón; le amenace y saque espuma por la boca (59:7), tratando de rematar al inocente con detracción y procedimientos sibilinos; Dios le oye desbarrar, se burla de sus locuras, y dejará finalmente todos sus planes y propósitos reducidos a la nada en un santiamén. El justo no teme a tales enemigos, porque sabe que la crueldad misma que vomitan hará que Dios se apresure. A los santos la insolencia

---

[56] En hebreo: תִּשְׂחַק־לָ֑מוֹ *tiśḥaq-lāmōw* de שָׂחַק *sachaq*. La versión griega de los LXX o Septuaginta lee: ἐκγελάσῃ que la Vulgata traduce al latín como *"deridebis"*, "te burlarás".

[57] En hebreo: תַּלְעַ֗ג *til'aḡ* de לָעַג *laag*. La versión griega de los LXX o Septuaginta lee: ἐξουδενώσεις que la Vulgata traduce al latín como *"ad nihilum reduces"*, "anonadarás, reducirás a la nada".

[58] Job 1:6; Salmo 82:1.

[59] Daniel 2:34, 45.

y los ultrajes de sus adversarios les benefician, porque aceleran su ruina; provocan que Dios actúe con mayor celeridad en rescate de su pueblo, para que el enemigo no se engría y exalte.[60]

ABRAHAM WRIGHT [1611-1690]
"A Practical Commentary or Exposition upon the Book of Psalms", 1661

Te burlas de todas las naciones. La mención al final del versículo de todas las naciones, es para dejar constancia de que aún cuando sus enemigos igualaran en número al mundo entero, para Dios toda su influencia y recursos seguirían siendo motivo de burla. Aunque también puede leerse: "Igual que te burlas de todas las naciones": *"Mas tú, Jehová, te reirás de ellos igual que te burlas de todas las naciones"*. Una cosa es obvia: David ridiculiza la vanagloria y vana jactancia de sus enemigos que pensaban que, por su número, ninguna empresa, por grande y dificultosa que fuera, les sería imposible.

JUAN CALVINO [1509-1564]

Vers. 9. ***A causa del poder del enemigo esperaré en ti, porque Dios es mi defensa.*** *[Fortaleza mía, hacia ti me vuelvo, porque Dios es mi refugio.* RVR*] [A causa de su fuerza esperaré en ti, porque Dios es mi baluarte.* LBLA*] [¡Oh Fuerza mía, en Ti espero! ¡Elohim es mi baluarte!* BTX*] [A ti, fortaleza mía, vuelvo los ojos, pues tú, oh Dios, eres mi protector.* NVI*] [Fuerza mía, en ti espero porque tú eres, oh Dios, mi refugio.* BLP*] [Tú eres mi fuerza; espero que me rescates, porque tú, oh Dios, eres mi fortaleza.* NTV*]*[61]

A causa de su fuerza esperaré en ti. ¿Mi perseguidor es excepcionalmente fuerte? Entonces, Dios mío, por esta misma razón me volveré a ti, y dejaré las cosas en tu mano. Es cosa sabia saber hallar en el tamaño de nuestras dificultades una razón para lanzarnos en brazos del Señor.

Y cuando parece no haber recurso alguno
que de la angustia me pueda liberar,
la esperanza halla su fuerza en el desamparo,
y espera paciente que tú me vengas a salvar.[62]

---

[60] Salmo 140:8.

[61] Un versículo de traducción muy compleja en el que como podrá comprobar el lector unas versiones difieren esencialmente de otras. Pero en cualquier caso, resulta evidente que la traducción que hace la Reina-Valera 1960 de atribuir la fuerza a los enemigos: *"A causa del poder del enemigo"* es insostenible. Ya la traducción de עֻזּוֹ *'uzzōw* que hace al inglés la KJV por *"Because of his strength"*, (y que sigue LBLA: *"A causa de su fuerza")* resulta forzada; pero añadir: *"del enemigo"*, cuando no figura en el TM, es bastante impropio en una traducción supuestamente literal. La *"fuerza"* a la que se refiere no es del enemigo, sino de Dios. El Texto Masorético hebreo dice: עֻזּוֹ אֵלֶיךָ אֶשְׁמֹרָה כִּי־אֱלֹהִים מִשְׂגַּבִּי *'uzzōw 'êleḵā 'ešmōrāh kî-'ĕlōhîm miśgabbî.* La versión griega de los LXX o Septuaginta lee: τὸ κράτος μου, πρὸς σὲ φυλάξω, ὅτι ὁ θεὸς ἀντιλήμπτωρ μου εἶ que la Vulgata traduce al latín como: *"Fortitudinem meam ad te custodiam, quia, Deus, susceptor meus es"*, "Guardaré para ti mi fortaleza, porque tú eres Dios amparador mío" y FELIPE SCIO DE SAN MIGUEL [1738-1776] en su versión española de la Vulgata lo explica con la siguiente nota: «A ti atribuyo mi fortaleza porque tú me la das». KRAUS traduce: *"¡Refugio mío, esperaré en ti, porque tú, oh Yahvé, eres mi alcázar!"*. SCHÖKEL: *"Fuerza mía, por ti estoy velando, que mi alcázar es Dios, mi Dios leal"*.

[62] Cita el himno de FREDERICK WILLIAM FABER [1814-1863] conocido como *"The Will of God"* en su décima estrofa: *"And when it seems no chance or change / From grief can set me free, / Hope finds its strength in helplessness, / And gayly waits on thee"*.

Porque Dios es mi baluarte.[63] Porque Dios es mi defensa,[64] mi lugar alto,[65] mi fortaleza,[66] mi refugio seguro en el tiempo de mi peligro.[67] Si el enemigo es demasiado fuerte para que pueda enfrentarme a él, me retiraré en mi castillo, donde no puede alcanzarme.

C. H. Spurgeon

A causa de su fuerza esperaré en ti.[68] Los que lo interpretan como una sola frase continua, creo que son los que más se aproximan al pensamiento del salmista. La idea es: *"pongo su fuerza en tus manos";* y con ello, está diciendo que a pesar de que Saúl pudiera eventualmente alardear de su fuerza, él descansaba tranquilo en la plena certeza de que en el momento oportuno alguna actuación divina secreta detendría sus propósitos. Como cristianos debemos aprender a concebir a todos los hombres de ese modo, como subordinados a la providencia divina; y hacernos a la idea de que sus fuerzas y sus empresas dependen de la soberana voluntad de Dios. En mi opinión, la mejor versión de este texto es la siguiente: *"Su fortaleza depende de ti; y yo, esperaré".* Unas palabras paralelas a las que encontramos al final del Salmo, donde no queda duda que utiliza el caso nominativo: *"Fortaleza mía, a ti cantaré"* (59:17).

Juan Calvino [1509-1564]

A causa de su fuerza esperaré en ti. Desde el punto de vista humano, su poder es enorme; pero visto con los ojos de la fe, es menos que nada. La versión griega de los LXX o Septuaginta traduce: ὁ κράτος ἐγώ "A ti fuerza mía" y así hacen también la mayor parte de versiones antiguas. En los versículos dieciséis y diecisiete hallamos un texto paralelo (59:16-17).

William Kay [1820-1896]
"The Psalms Translated From the Hebrew, with Notes Chiefly Exegetical", 1871

Esperaré en ti. En hebreo אֶשְׁמֹ֑רָה *'ešmōrāh* de שָׁמַר *shamar,* mantener bajo vigilancia, guardar, preservar. Por tanto, el sentido literal más que "esperar" es: *"permaneceré vigilándote",* en un claro paralelismo al texto de 1 Samuel, donde dice que: *"Saúl envió luego mensajeros a casa de David para que lo vigilasen",*[69] utilizando exactamente el mismo verbo hebreo לְשָׁמְר֔וֹ *ləšāmərōw* de שָׁמַר *shamar.*

---

[63] En hebreo מִשְׂגַּבִּי *miśgabbî,* un título divino muy habitual en los Salmos. Ver 2 Samuel 22:3; Salmo 9:9; 18:2; 46:7, 11; 48:3; 62:2, 6, 8; 94:22 144:2.

[64] Salmo 94:22.

[65] Salmo 18:2, 33; Habacuc 3:19.

[66] Salmo 47:1.

[67] Salmo 91:2-9.

[68] Dice Francisco Lacueva [1911-2005] en su versión española del "Comentario de Matthew Henry": «El versículo 9 –nota del traductor– en su primera frase ofrece un súbito cambio de persona, pues dice literalmente: *"¡Su fuerza! En ti esperaré!"*. La llamada KJV o Versión Autorizada inglesa, que es la que Matthew Henry usa, así como la judía, traducen: *"A causa de su fuerza, te aguardaré",* con lo que la traducción resulta algo forzada. Creo que es mejor traducir literalmente, como acabo de hacer. Aguardar a Dios en momentos de peligro y dificultad es una muestra de sabiduría y buen cumplimiento del deber, pues Él es nuestro refugio (en hebreo: מִשְׂגַּבִּי *miśgabbî* de מִשְׂגָּב *misgab,* "nuestra torre alta").

[69] 1 Samuel 19:11.

La idea es: vosotros tenéis puestos los ojos constantemente sobre mi, vigilándome para matarme; yo los tengo puestos en Dios aguardando que actúe y me preserve.[70]

ANDREW ROBERT FAUSSET [1821-1910]
"Studies in the cl Psalms their undesigned coincidences with the independent Scripture histories, confirming and illustrating both", 1876

A causa de su fuerza esperaré en ti, porque Dios es mi baluarte. Por muy débil que el creyente se sienta, y por muy poderoso que considere a su enemigo, no debe afectarle, pues no tiene más que poner su fe en acción y esperar hasta que Dios obre. *"A causa de su fuerza"*, esto es, la fuerza de mis enemigos; *"esperaré en ti"*, dice el salmista al Señor; *"porque tú eres mi baluarte"*.

DAVID DICKSON [1583-1663]
"A Brief Explication of the Psalms from L to C", 1655

Vers. 10. *El Dios de mi misericordia irá delante de mí; Dios hará que vea en mis enemigos mi deseo.* *[Mi Dios me saldrá al encuentro con su misericordia; Dios hará que vea la derrota de mis enemigos.* RVR*] [Mi Dios en su misericordia vendrá a mi encuentro; Dios me permitirá mirar victorioso sobre mis enemigos.* LBLA*] [Mi Elohim, con su clemencia, acudirá a mi encuentro, Elohim hará que impasible vea a mis adversarios.* BTX*] [Tú eres el Dios que me ama, e irás delante de mí para hacerme ver la derrota de mis enemigos.* NVI*] [El Dios de bondad me acogerá, Dios hará que vea a mis rivales derrotados.* BLP*] [En su amor inagotable, mi Dios estará a mi lado y me dejará mirar triunfante a todos mis enemigos.* NTV*]*

El Dios de mi misericordia irá delante de mí.[71] Dios que es el dador y fuente de toda la bondad inmerecida que hasta ahora he recibido, irá delante de mí y me guiará precediéndome en el camino. Vendrá a mi encuentro en estos momentos de necesidad; y no tan solo no tendré que enfrentarme a mis enemigos en solitario, sino a Aquel cuya bondad he probado y probado durante mucho tiempo, me despejará gentilmente el camino y será mi fiel protector. ¡Cuántas veces nos hemos encontrado con la misericordia preventiva: la provisión dispuesta antes de que se produjera la necesidad; el refugio

---

[70] Esta es también la interpretación que hace SCHÖKEL: *"Fuerza mía, por ti estoy velando, que mi alcázar es Dios, mi Dios leal":* Lo normal en el salterio es que sea el Señor quién vele por su pueblo y por aquellos que le son fieles, algo y fácil de constatar en docenas de ejemplos incluyendo el más directo y conocido del Salmo 121:4: *"He aquí, no se adormecerá ni dormirá el que guarda a Israel"*. «Pero aquí –dice Schökel– se invierten los papeles audazmente: es el orante el que está velando por su Dios y tendrá que gritarle que despierte (59:4)».

[71] En hebreo: אֱלֹהֵ֣י [חַסְדּוֹ כ] (חַסְדִּ֣י ק) יְקַדְּמֵ֑נִי *'ĕlōhê* [*ḥasdōw* k] (*ḥasdî* q) *yəqaddəmênî.* El verbo hebreo קָדַם *qadam*, "adelantar, ponerse delante, salir al encuentro" es bastante frecuente; ver al respecto los comentarios y notas en los Salmos 17:13; 18:5; 21:3; 68:25; 79:8; 81:13; 89:14; 95:2; 119:147-148. La versión griega de los LXX o Septuaginta lee: ὁ θεός μου, τὸ ἔλεος αὐτοῦ προφθάσει με que la Vulgata traduce al latín como: *"Deus meus misericordia ejus praeveniet me"*, "Dios mío, la misericordia de él se me adelantará". KRAUS traduce: *"Mi Dios bondadoso viene a mi encuentro"*. SCHÖKEL: *"Que Dios se adelante"*. Dice FRANCISCO LACUEVA [1911-2005] en su versión española del "Comentario de Matthew Henry": « David espera que Dios sea para él un Dios de amor misericordioso (59:10): "Mi Dios me saldrá al encuentro con su misericordia (en hebreo: חֶסֶד *checed*)", esto es, con las bendiciones de su bondad y los dones de su misericordia, superará mi expectación. Todos los favores que tiene Dios en reserva los tiene reservados para nosotros y está dispuesto a conferírnoslos».

construido antes de que surgiera el peligro! ¡Cuantas veces la previsión de la gracia del cielo se nos ha hecho manifiesta, anticipando el futuro y evitando la dificultad!

Dios hará que vea la derrota de mis enemigos.[72] El sentido del texto hebreo es que David esperaba poder contemplar a sus enemigos sin sentir temor; que Dios haría que su siervo pudiera mirar cara a cara a su adversario sin trepidar; permanecer sosegado en la hora del peligro; y en breve vería a sus enemigos derrotados y destruidos. Cuando Jehová va por delante en el camino, la victoria sigue sus pasos. Pon tu mirada en Dios, y no temas mirar a tus enemigos. El David perseguido, sitiado en su propia casa por traidores, solo mira al Señor, y ello hace que se sienta exultante y victorioso sobre sus enemigos.

C. H. Spurgeon

Mi Dios me saldrá al encuentro con su misericordia. ¡Oh, con qué entusiasmo cantan los santos el amor de Cristo! ¡Con qué fervor cantan que tal amor no fue motivado por sus propios méritos, sino que es un amor que rechaza toda retribución o recompensa: nos ama por puro amor! *"No por ser vosotros más que todos los pueblos (...) sino por el amor que Jehová os tiene"*.[73] ¡Que privilegio poder cantar de ese amor maravilloso; y de la protección que este amor de Cristo nos proporciona: El Dios de mi misericordia me protegerá. ¿Cómo? Anticipándose: *"me saldrá al encuentro"*.[74]

---

[72] En hebreo אֱלֹהִים יַרְאֵנִי בְשֹׁרְרָי *'ĕlōhîm yar'ênî ḇəšōrərāy* de רָאָה *raah:* "Dios me hará ver sobre mis enemigos". La versión griega de los LXX o Septuaginta lee: ὁ θεὸς δείξει μοι ἐν τοῖς ἐχθροῖς μου que la Vulgata traduce al latín como: *"Deus ostendet mihi super inimicos meos"*, "Dios me dará indicios acerca de mis enemigos". Kraus traduce: *"Yahvé me hace mirar con desprecio a mis adversarios"*; Schökel: *"y me haga ver la derrota de mis enemigos"*. Pero tal y como dice acertadamente Cristopher Wordsworth [1807-1885] en su comentario ni la palabra "deseo", ni "derrota", ni "desprecio" figuran en el texto hebreo ni griego, las añaden los distintos traductores para hacer comprensible la frase. Recomendamos leer el comentario de Wordsworth en este mismo versículo.

[73] Deuteronomio 7:7-8.

[74] En el mismo sentido comenta Agustín de Hipona [354-430]: «Con estas palabras refuerza el salmista su afirmación del versículo anterior: *"Fortaleza mia, hacia ti me vuelvo, porque Dios es mi refugio"* (59:9). Sí, *"hacia ti me vuelvo"*, porque en mí no hay nada. ¿Pues que he aportado yo? ¿Que había de bueno en mí para que te hayas compadecido y me hayas justificado? Solo pecados. Procedente de ti no había en mí nada, salvo la humana naturaleza que tú mismo creaste; lo demás, eran todo delitos y transgresiones que borraste con tu sangre. No fui yo quien despertara y se adelantara para ir a tu encuentro; fuiste tú quien vino a mi encuentro, fuiste tú quien vino a despertarme, porque: *"tu misericordia va por delante"*. De modo, que si algo hay de bueno en mí, si algo de provecho hago, es porque tu porque tu te anticipaste, me saliste al encuentro, y tu misericordia va por delante. ¿Qué tiene que objetar a esto el desdichado Pelagio?». Y Casiodoro [485-583] comentando este versículo se expresa en términos muy similares: «Los pelagianos atribuyen el libre albedrío a su capacidad humana, convencidos de que el ser humano es capaz de obrar el bien por si mismo sin necesidad de la gracia de Dios. Pero si esto fuera así, ¿que motivo o necesidad tendría el salmista para exclamar: *"Mi Dios me saldrá al encuentro con su misericordia"*? Cuando leemos que la misericordia del Señor nos ha ido por delante, se nos ha anticipado, se hace evidente que previamente nada bueno ha habido o tenido lugar en nosotros. En otro Salmo se nos dice: *"Si Jehová no edifica la casa, en vano trabajan los que la edifican"* (Salmo 127:1); también: *"Por el Señor son dirigidos los pasos del hombre, y él aprueba su camino"* (Salmo 37:23); y en otro: *"El Señor hace justicia a los oprimidos, y da pan a los hambrientos. El Señor pone en libertad a los cautivos. El Señor abre los ojos a los ciegos, el Señor levanta los caídos"* (Salmo 146:6-7). Y puesto que el salmista afirma que el Señor se nos anticipa, libera, ilumina, levanta, dirige, edifica, aprueba, sin que haya previamente mérito alguno de nuestra parte, ¿qué cabe decir haya habido de principio en nosotros, fuera de aquello en razón de lo cual merecemos ser condenados por no tratarse

1. Anticipándose en amarnos: *"Nosotros le amamos a él, porque él nos amó primero"*.[75]
2. Anticipándose a nuestros pecados. Como en el caso de Pablo: *"Mas yendo por el camino, aconteció que al llegar cerca de Damasco, repentinamente le rodeó un resplandor de luz del cielo"*.[76]
3. Anticipándose a nuestras calamidades: *"Vengan pronto tus misericordias a encontrarnos"*.[77]
4. Anticipándose a nuestros esfuerzos: *"Mi Dios me saldrá al encuentro"*.

JOHN SPALDING [SIGLO XV]
"Sintaxis Sacra, or a Collection of Sermons", 1703

El Dios de mi misericordia irá delante de mí. Firme sobre estas bases: que Dios era su Dios; que era el Dios de su misericordia; y que le precedía en el camino; el salmista estaba seguro de obtener misericordia, y en consecuencia se consideraba a salvo. Algunos lo traducen como: *"me ha precedido"*; otros: *"me precede"*; y otros: *"me precederá"*. Y cada uno de estos sentidos es lo suficientemente dulce y satisfactorio.

Tomémoslo en el primer caso: *"me ha precedido"*. Implica que el salmista nunca estuvo en peligro real o experimentó temor: porque Dios estuvo junto a él de antemano en todo momento difícil, con la misericordia adecuada al caso otorgada a su debido tiempo, quizá cuando él menos la esperaba o menos confiado se sentía.

Tomémoslo en el segundo caso: *"me precede"*. Demuestra una plena confianza de parte del salmista cuando todas las circunstancias señalaban en sentido contrario. Como si dijera: «Dios no cambia de criterio, y sus pensamientos *son pensamientos de paz, y no de mal;*[78] en las acciones de su providencia podrán variar las formas, pero su corazón sigue siendo el mismo. Entonces: ¿por habría de temer? ¿por qué no esperar en él y regocijarme? Mi Dios me ha demostrado una y otra vez la manera como actúa, y sé que ahora mismo está obrando en mi favor; sé que anticipa mis temores y que por tanto evitará mi caída».

Tomémoslo en el tercer caso: *"me precederá"*. Y viene a ser lo mismo: «Dios conoce todos los planes de mis enemigos y está preparado para desbaratarlos; sé que ha escuchado mi oración y por tanto mi liberación es segura, aunque ignoro el momento cuando se producirá».

Con la ayuda del Espíritu Santo, hoy mi propósito es poner de manifiesto a mi corazón, y al vuestro, las maravillas de la providencia y la gracia que Dios. Probar como el Dios de nuestra misericordia nos precede, va por delante de nosotros y se nos anticipa en todo. Y para ello me pregunto:

1. ¿En qué sentido o aspecto Dios es *el Dios de nuestra misericordia?*
2. ¿En qué forma como Dios de nuestra misericordia, *va por delante de nosotros?*
3. ¿Qué conclusiones debemos sacar y qué debemos aprender de ello?

Lo primero será indagar en qué aspectos es *el Dios de la misericordia de su pueblo;* y en ello veo tres cosas.

---

sino de soberbia y orgullo? … Estas y otras cosas peores son las que anidan con perversidad en su corazón cuando sostienen que el hombre alberga en su interior una tendencia o deseo innato a obrar el bien y que la ayuda de Dios es algo que recibe después; y aún peor (algo que es puro sacrilegio): que la causa o origen de que empecemos a obrar el bien somos nosotros mismos, y no la gracia divina».

[75] 1 Juan 4:19.

[76] Hechos 9:3.

[77] Salmo 79:8.

[78] Jeremías 29:11.

1. Que toda misericordia que forma parte de la naturaleza de Dios, va dedicada a sus santos. Y esto es de suma importancia, pues Dios es *"el Dios de toda gracia"*.[79] Es decir, dispone de todo tipo de gracias para sus santos: la gracia perdonadora, la gracia vivificadora, la gracia fortalecedora, la gracia consoladora. y la gracia preservadora. Su misericordia es una misericordia rica, abundante, inagotable, segura. El hombre se gloría en sus riquezas; Dios se gloría en su misericordia; es su deleite, se apoya en ella. Y en ella podemos apoyarnos también nosotros, porque en Dios hay una plenitud de misericordia inconcebible: *"Bendito sea el Dios y Padre de nuestro Señor Jesucristo, Padre de misericordias y Dios de toda consolación"*.[80] Fijémonos que el apóstol no habla de Dios como el autor de nuestras misericordias, sino como el *Padre de nuestras misericordias,* a fin de mostrarnos con cuanta abundancia vienen de él; son sus entrañas; se complace en ellas como el padre se complace con su propio hijo; y se deleita en ese nombre: *"Padre de misericordias",* porque es dulce. David se aferra a toda esta misericordia, y la hace suya, se apropia de ella: *El Dios de mi misericordia, me precederá, irá delante de mí.* Este es el sentido del texto que estamos comentando.

2. Que hay en el propósito eterno de Dios una porción de esa misericordia asignada en particular a cada uno de sus santos; es decir, una porción que pueden propiamente considerar y llamar suya. Así es como algunos interpretan el significado de las palabras de Cristo a Pablo cuando le dice: *"Bástate mi gracia"*.[81] Esto es: la gracia que te he asignado es bastante y así lo descubrirás en el devenir del día a día; pues en mi consejo eterno[82] conocía de antemano cuanta necesitarías, y de antemano hice la provisión adecuada para que tuvieras la suficiente.

3. Que Dios ve como un compromiso personal preservar y mantener intacta esta porción de su misericordia asignada su pueblo. Por tanto, alma mía, sea cual sea la situación que enfrentes, puedes confiar plenamente en él. Todo creyente tiene libre acceso de apelar a Dios, para cuanto necesite, como: *el Dios de mi misericordia,* sin limites ni reservas.

JOHN HILL [1711-1746]
"Sermons on Several Occasions", 1777

Dios hará que vea en mis enemigos mi deseo. Las palabras, *"mi deseo"* no figuran en el texto original hebreo,[83] y sería mejor omitirlas. El sentido es: Dios me capacitará para mirar a mis enemigos sosegadamente.[84] Así miraba Cristo a sus verdugos.[85] Así los contemplaba Esteban cuando crujían sus dientes contra él: "Todos los que estaban sentados en el Sanedrín, fijando en él los ojos, vieron el rostro de un ángel".[86]

CRISTOPHER WORDSWORTH [1807-1885]
"Commentary on the Whole Bible", 1856

Vers. 11. ***No los mates, para que mi pueblo no olvide; dispérsalos con tu poder, y abátelos, Oh Jehová, escudo nuestro.*** *[No los mates de repente, para que mi pueblo no lo olvide; dispérsalos*

[79] 1 Pedro 5:10.
[80] 2 Corintios 1:3.
[81] 2 Corintios 12:9.
[82] Salmo 33:11.
[83] En hebreo בְשֹׁרְרָי יַרְאֵנִי אֱלֹהִים *'ělōhîm yar'ênî ḇəšōrərāy;* de רָאָה *raah,* ver: y שֹׁרְרֵי *sharar,* "enemigo".
[84] En este sentido las traducciones que parecen más acertadas son la de LBLA: *"Dios me permitirá mirar victorioso sobre mis enemigos";* y especialmente la BTX: *"Elohim hará que impasible vea a mis adversarios".*
[85] Lucas 23:34.
[86] Hechos 6:15.

con tu poder, y abátelos, Oh Jehová, escudo nuestro. RVR*] [No los mates, para que mi pueblo no se olvide; dispérsalos con tu poder, y humíllalos, oh Señor, escudo nuestro.* LBLA*] [¡No los mates, no sea que mi pueblo olvide! ¡Dispérsalos con tu poder y humíllalos, oh Adonai, escudo nuestro!* BTX*] [Pero no los mates, para que mi pueblo no lo olvide. Zarandéalos con tu poder; ¡humíllalos! ¡Tú, Señor, eres nuestro escudo!* NVI*] [No los mates, no sea que mi pueblo los olvide; dispérsalos con tu poder y humíllalos, tú, mi Señor, que eres nuestro escudo.* BLP*] [No los mates, porque mi pueblo pronto olvida esa clase de lecciones; hazlos tambalear con tu poder y ponlos de rodillas, oh Señor, escudo nuestro.* NTV*]*

No los mates de repente, para que mi pueblo no lo olvide.[87] Pronunciar estas palabras estando en su casa sitiado y rodeado de enemigos por todas partes, implica por parte de David una fe descomunal. Está plenamente seguro de derrotarlos, y lo cree de un modo tan firme y absoluto, que presenta ya una petición específica de que no sean exterminados demasiado pronto ni de modo demasiado exhaustivo. La victoria de Dios sobre la astucia y crueldad de los inicuos, es tan fácil y tan gloriosa, que parece una lástima que el conflicto termine tan pronto. Barrer a los conjurados de repente, sería terminar el gran drama de la retribución demasiado abruptamente. No, mejor que los justos sean zarandeados un poco más; y que el opresor orgulloso se jacte por un tiempo, pues ello será una lección que contribuirá a que Israel tenga una idea más clara de la justicia del Señor; y a su vez hará que el grupo de valientes que ha decidido apoyar al campeón de Dios, se acostumbre a las intervenciones divinas. Sería una lástima que el justo se quedara sin detractores, siendo que la virtud brilla con un fulgor más intenso cuando tiene como fondo la calumnia. Los enemigos ayudan a mantener a los siervos del Señor despiertos. Un diablo vivo que nos aflija sin cesar, es menos de temer que un espíritu adormilado y olvidadizo.

Dispérsalos con tu poder. Llévalos de un lado para otro cual el viento hace con la paja. Haz que subsistan cual raza de vagabundos; conviértelos en una replica de Caín.[88] Que sean testimonios vivientes del poder divino, pregoneros de la justicia del cielo; ilustra por medio de ellos la realidad de la retribución divina en toda su extensión.

Y abátelos. Sí, cual fruta podrida que cae del árbol. Derrócalos de las sillas de poder que ocupan y deshonran, y de las posiciones privilegiadas que contaminan con sus acciones inmundas; que sean tumbados y arrojados a la humillación. Es un deseo justo, y aunque algunos puedan alegar que no encaja con la mansedumbre de Jesús, no debemos perder de vista que es la oración de un soldado, la aspiración de una persona que estaba sufriendo duramente bajo una injusticia y una maldad fuera de lo corriente.

Oh Jehová, escudo nuestro. David se consideraba a sí mismo como el representante del remanente justo en Israel; es por ello que dice: *"nuestro escudo"* hablando en nombre de todos los que habían hecho y hacen de Jehová su defensa. Escondidos bajo el escudo del Eterno, estamos siempre en buena compañía; porque el que es escudo de su pueblo, es a la vez dispersor de sus enemigos.

C. H. SPURGEON

No los mates, para que mi pueblo no olvide. No los mates para que sean cual piedra de afilar que agudice la fe de los demás. Como los espartanos mencionados por Plutarco en su *"Moralia"*, que

[87] En hebreo: אַל־תַּהַרְגֵם פֶּן־יִשְׁכְּחוּ עַמִּי *'al-taharḡêm pen-yiškəḥū ammî.* La versión griega de los LXX o Septuaginta lee: μὴ ἀποκτείνῃς αὐτούς, μήποτε ἐπιλάθωνται τοῦ λαοῦ μου que la Vulgata traduce al latín como: *"ne occidas eos, nequando obliviscantur populi mei"*, "no los mates, porque tal vez no se olviden mis pueblos".

[88] Génesis 4:11-15.

rehusaron destruir una ciudad vecina que a menudo se había burlado de sus ejércitos calificándolos de jóvenes e inexpertos, diciendo: «No destruyamos la amoladora de nuestros jóvenes soldados».[89]

ANDREW ALEXANDER BONAR [1810-1892]
"Christ and His Church in the Book of Psalms", 1859

No los mates, para que mi pueblo no olvide.

«Vivid odiados largamente
sonrientes parásitos empalagosos,
detestables destructores corteses,
lobos afables, osos sumisos…»[90]

WILLIAM SHAKESPEARE [1564-1616]
"Timon of Athens", Acto III, Escena VI, 1623

No los mates, para que mi pueblo no olvide. Los enemigos han de servir de monumento perenne a la justicia divina, y no solo por la miseria perdurable de su casta, sino por su propia destrucción repentina. En consonancia con las palabras de este versículo tenemos la maldición que David pronuncia sobre Joab: *"Caiga sobre la cabeza de Joab, y sobre toda la casa de su padre; que nunca falte de la casa de Joab quien padezca flujo, ni leproso, ni quien ande con bastón, ni quien muera a espada, ni quien tenga falta de pan"*;[91] o la amenaza de un varón de Dios a Elí,[92] en la que tras anunciar la muerte violenta de sus propios hijos transgresores, se le dice: *"Y el que haya quedado en tu casa vendrá a postrarse delante de él* (el nuevo sumo sacerdote) *por una moneda de plata y un bocado de pan, diciéndole: Te ruego que me agregues a alguno de los ministerios, para que pueda comer un bocado de pan"*.[93] Los expositores cristianos siempre han recalcado el hecho de que la esencia de lo expresado tanto en este versículo que comentamos, como también en los versículos seis y catorce de este mismo salmo (59:6-7,14-15) ha tenido su cumplimiento sobre el pueblo judío. Así lo afirma Arnd:[94] «El pueblo judío fue esparcido por todas las tierras, y sus descendientes no dejan de ser ante los ojos de todos los cristianos testimonio vivo de que crucificaron al verdadero Mesías y Salvador del mundo; de modo que cuando veas a un judío, piensa en esto».[95]

ERNS WILHELM HENGSTENBERG [1802-1869]
"Commentary on the Psalms", 1860

[89] PLUTARCO [45-120] *"Apophthegmata Laconica" o "Moralia"*, Tomo III, Dichos Espartanos, 26.

[90] Cita la obra de WILLIAM SHAKESPEARE [1564-1616] *"Timon of Athens"*, Timón de Atenas, Acto III, Escena VI, palabras en boca del propio Timón. Después de una vida disoluta invitando y regalando a sus amigos aduladores, Timón acaba entrampado en deudas y en la miseria; pide ayuda a sus antiguos amigos, pero estos se la niegan riéndose de él. Finalmente les invita a un postrer y espléndido banquete en el que tras lanzarles a la cara los platos llenos de agua caliente, les dedica una retahíla de insultos y recriminaciones, entre las que figuran estas duras palabras.

[91] 2 Samuel 3:29.

[92] 1 Samuel 2:31-34.

[93] 2 Samuel 2:36.

[94] Se refiere a JOSUAH ARND [1628-1685] en *"Diatriba de mysterio trinitatis e scriptis Rabbinorum veterum pro orthodoxia contra Christomachos novantiquos"*, 1650.

[95] Hemos transcrito este comentario de Arnd para mantenernos fieles al original y por su valor histórico. Pero el lector debe entenderlo dentro del contexto de una época que afortunadamente ha quedado muy

No los mates. Es decir, no los mates súbitamente o de repente. La clave está en el: *"Dispérsalos con tu poder"*, que al parecer guarda una relación directa con el castigo de Caín, a quien Dios no dio muerte de inmediato, sino que lo hizo vagar errante todos los días de su vida como testimonio y ejemplo viviente de sus juicios.[96] Otros lo traducen como: *"sacúdelos"* o *"zarandéalos"*, de tal modo que se desprenda de ellos todo su honor y gloria.

GIOVANNI DIODATI [1576-1649]

"Pious and Learned Annotations upon the Holy Bible", 1648

Vers. 12. ***Por el pecado de su boca, por la palabra de sus labios, sean ellos presos en su soberbia, y por la maldición y mentira que profieren.*** *[Por el pecado de su boca, por la palabra de sus labios, y por la maldición y mentira que profieren, queden prendidos en su insolencia.* RVR*] [Por el pecado de su boca y la palabra de sus labios, sean presos en su orgullo, y por las maldiciones y mentiras que profieren.* LBLA*] [El pecado de su boca es la palabra de sus labios, sean pues apresados en su soberbia, por las mentiras y maldiciones que han proferido.* BTX*] [Por los pecados de su boca, por las palabras de sus labios, que caigan en la trampa de su orgullo. Por las maldiciones y mentiras que profieren.* NVI*] [Es pecadora su boca cuando hablan; que sean presos de su propia soberbia, de las maldiciones y mentiras que lanzan.* BLP*] [Debido a las cosas pecaminosas que dicen, y a la maldad que está en sus labios, haz que queden atrapados por su orgullo, por sus maldiciones y por sus mentiras.* NTV*]*

Por el pecado de su boca, por la palabra de sus labios, queden prendidos en su insolencia[97]. Un lenguaje tan descarado y obsceno como el del ateísmo y la mentira, merecen una respuesta y retribución adecuada. ¡Queden pues quienes lo practican con el anhelo de engañar y atrapar a sus víctimas, entrampados en su propia red y enjaulados en medio de su seguridad jactanciosa! Los pecados de los labios son todos ellos pecados muy reales y punibles. Nadie debería imaginar que por el hecho de que su odio no vaya más allá de los limites verbales, del vilipendio y la blasfemia, eso pueda servirle de excusa.[98] Puesto que Dios valora el querer igual que el hacer, y considerará las palabras como hechos castigándolas en consecuencia. Aquellos que acosan con las palabras, que queman y apuñalan con la lengua, tendrán que dar cuenta de sus transgresiones igual si hubieran blandido la espada. Aunque no se manifieste a través de hechos sino en palabras, el orgullo es un pecado; y el orgullo del perseguidor, aunque no amontone haces de leña en Smithfield[99] y se limite a lanzar fuego por la boca, le asegura un puesto dentro de la horda nefasta de inquisidores.

---

atrás, y como uno más de los grandes errores y atrocidades cometidos en la Iglesia cristiana a lo largo de la misma. Semejante manera de pensar no encaja en absoluto con del espíritu perdonador que emana de las páginas de evangelio y de las propias enseñanzas de Cristo, que fue el primero en perdonar a los mismos que le crucificaron (Lucas 23:34).

[96] Génesis 4:12.

[97] Dice SCHÖKEL al respecto: «La conducta de los malvados se concentra en el uso y abuso de la palabra: como si dijera que la palabra es su mejor arma ofensiva, que se estrella en el *"escudo"* de Dios. O bien, lo que dicen se vuelve contra ellos mismos y son víctimas de su arrogancia».

[98] Mateo 5:22; 12:36.

[99] Se refiere a SMITHFIELD O SMOOTHFIELD, un paraje de Londres donde desde los tiempos de Enrique II se celebraban mercados, ferias y torneos; y donde en tiempos de María Estuardo se levantaron las hogueras donde fueron quemados vivos doscientos setenta y siete mártires protestantes, según narra John Foxe en "El libro de los mártires".

Y por la maldición y mentira que profieren.[100] Los pecadores, como los perros, suelen cazar en grupo. Quien no se avergüenza de blasfemar delante de Dios, no tendrá ningún reparo en mentir delante de los hombres. Y quien es propenso en lanzar juramentos, mentir le costará poco trabajo. La persecución lleva al perjurio. Juran y mienten a la vez. Maldicen y justifican su odio con alegaciones mentirosas. Pero todo ello no pasará desapercibido al Señor, que les dará la justa recompensa que merecen. ¡Cuántas veces no ha sucedido que estando todavía frescos los discursos arrogantes de los malvados en su boca, la providencia vengadora les ha alcanzado de pleno, y cual tiro salido por la culata, su vanidad ha acabado por explotarles en su misma cara!

C. H. SPURGEON

Por el pecado de su boca, por la palabra de sus labios. Aunque los perseguidores no alcancen a cumplir sus propósitos contra el justo, con todo, su orgullo, sus jactancias, sus mentiras, sus calumnias y sus maldiciones contra los justos son suficientes para acarrearles la condenación y la ira divina, que descargará sobre ellos irremisiblemente.

DAVID DICKSON [1583-1663]
"A Brief Explication of the Psalms from L to C", 1655

Por la palabra de sus labios. La expresión: *"por la palabra de sus labios"*, se utiliza a menudo para indicar una locuacidad desmedida y jactancia hueca; como leemos en 2 Reyes: *"Dices (pero son palabras vacías)";*[101] o en proverbios: *"Mas las vanas palabras de los labios empobrecen";*[102] exactamente lo contrario de un hablar reflexivo, sólido y fundamentado en hechos.

HERMANN VENEMA [1697-1787]
"Commentarius ad Psalmos", 1762

Vers. 13. *Acábalos con furor, acábalos, para que no sean; y sépase que Dios gobierna en Jacob hasta los fines de la tierra. Selah.* *[Acábalos con tu furor, acábalos, para que no existan más; y sépase que Dios gobierna en Jacob, hasta los confines de la tierra. Selah.* RVR*] [Acábalos en tu furor, acábalos, para que ya no existan; para que los hombres sepan que Dios gobierna en Jacob, hasta los confines de la tierra. Selah.* LBLA*] [¡Acábalos en indignación, acábalos para que no sean más, y sépase hasta los confines de la tierra que Elohim gobierna en Jacob! Selah.* BTX*] [Consúmelos en tu enojo; ¡consúmelos hasta que dejen de existir! Así todos sabrán que Dios gobierna en Jacob, y hasta los confines de la tierra. Selah.* NVI*] [Destrúyelos con tu ira; que no quede ninguno para que sepan que Dios domina en Jacob, hasta los confines de la tierra. Pausa.* BLP*] [¡Destrúyelos en tu enojo! ¡Arrásalos por completo! Entonces todo el mundo sabrá que Dios reina en Israel. Interludio.* NTV*]*[103]

---

[100] En el texto hebreo: וּמֵאָלָה וּמִכַּחַשׁ יְסַפֵּרוּ *ūmê'ālāh ūmikkaḥaš yəsappêrū*. La versión griega de los LXX o Septuaginta lee: καὶ ἐξ ἀρᾶς καὶ ψεύδους διαγγελήσονται συντέλειαι que la Vulgata traduce al latín como: *"Et de execratione et mendacio annuntiabuntur"*, "Y por su execración y mentiras serán anunciados". FELIPE SCIO DE SAN MIGUEL [1738-1776] en su versión española de la Vulgata lo explica del siguiente modo: «tal será el castigo infligido sobre ellos por la ira de Dios al abatirlos por sus mentiras, que serán recordados por los pueblos como ejemplo execrable, convirtiéndose en leyenda».

[101] 2 Reyes 18:20. En el texto hebreo דְּבַר־שְׂפָתַיִם *dəḇar-śəpāṯayim,* exactamente igual que en el Salmo 59:12.

[102] Proverbios 14:23. Los mismos vocablos hebreos.

[103] En el texto hebreo: כַּלֵּה בְחֵמָה כַּלֵּה וְאֵינֵמוֹ וְיֵדְעוּ כִּי־אֱלֹהִים מֹשֵׁל בְּיַעֲקֹב לְאַפְסֵי הָאָרֶץ סֶלָה *kallêh ḇəḥêmāh kallêh wə'ênêmōw wəyêḏə'ū kî-'ĕlōhîm mōšêl bəya'ăqōḇ lə'apsê hā'āreṣ selāh.* La versión griega de los LXX o

Acábalos con tu furor, acábalos, para que no existan más.[104] Cual si repentinamente hubiese cambiado el criterio de su petición en el versículo once, tratando de evitar a sus enemigos una existencia miserable y errante (59:11); ahora les desea un fin rápido: *"acábalos en tu furor"*. Y redobla su grito exclamando por segunda vez: *"acábalos";* y añadiendo una coletilla: *"para que no existan más",* como si quisiera hacer un triplete. Las personas rebeldes a la voluntad Dios, cuyas bocas vomitan una suciedad tan indignante como la que David se vio en la circunstancia de tener que escuchar en esta ocasión, no pueden ni deben ser toleradas por un alma santa; tiene que encenderse forzosamente en su indignación y clamar a Dios contra ellos. Cuando los seres humanos llegan a tal punto de degradación que su comportamiento avergüenza y maldice la época y el lugar en el cual habitan, el sentido del bien común lleva a los justos a desear que sean eliminados. Si de alguna manera fuera posible transformarlos, sería indudablemente mejor; pero si no resulta posible cambiarlos y han de

---

Septuaginta lee: ἐν ὀργῇ συντελείας, καὶ οὐ μὴ ὑπάρξωσιν· καὶ γνώσονται ὅτι ὁ θεὸς δεσπόζει τοῦ Ιακωβ, τῶν περάτων τῆς γῆς. Διάψαλμα que la Vulgata traduce como: *"in consummatione: in ira consummationis, et non erunt. Et scient quia Deus dominabitur Jacob, et finium terrae"*, "Consumelos, consumelos con tu ira, y no serán; y sabrán que Dios domina en Jacob, y hasta los confines de la tierra". La versión sefardí de Ferrara traduce: *"Atema con saña, atema y no ellos. Y sepan que Dio podestàn en Yaacob, hasta fines de la tierra"*. KRAUS traduce: *"destrúyelos a todos en tu cólera, para que no quede ninguno. Así se sabrá que Yahvé reina en Jacob hasta los confines de la tierra"*. SCHÖKEL: *"Acaba con ellos con ira, acaba con ellos, que dejen de existir; y sabrán que Dios gobierna en Jacob y hasta los extremos del orbe"*.

[104] KRAUS hace con respecto a los versículos once al trece (59:11-13), la parte imprecatoria del Salmo, esta interesante reflexión: «El vivo deseo de juicio, expresado por el orante en los versículos once al trece (59: 11-13), y que no raras veces se ha atribuido a los impulsos de un deseo de venganza, ha sido objeto de las más diversas reflexiones y valoraciones. Y, así, IMMANUEL KANT [1724-1804] en su tratado *"Die Religion innerhalb der Grenzen der blossen Vernunft"* (traducción española: "La religión dentro de los límites de la mera razón") se planteó repetidas veces la siguiente pregunta: 'La moralidad ¿debe interpretarse con arreglo a la Biblia? ¿o es, más bien, la Biblia la que debe interpretarse con arreglo a la moralidad?'. Tal pregunta quiere hacer frente a declaraciones extremadas de la exégesis bíblica que pretenden ampararse en la inspiración. Y, así, JOHANN DAVID MICHAELIS [1717-1791] pudo decir lo siguiente: 'Los salmos están inspirados. Si en ellos se implora castigo, esa petición no puede ser injusta, y no podemos tener moralidad más santa que la de la Biblia... Me parece extraño el querer censurar a los Salmos por un oscuro pasaje del sermón de la montaña (Mateo 5:43-48); algunas veces se dice que la moralidad del Antiguo Testamento era imperfecta; otras veces se achacan a los Salmos no sé qué interpretaciones. Los que así lo hacen, piensan a menudo ellos mismos como los Salmos, a pesar de que censuran tan fácilmente la moralidad de los mismos' (J. D. Michaelis, Moral [ed. C. F. Stauding, 1872] 11, 202s). Cf. O. Kaiser, Kants *"Anweisung zur Auslegung der Bibel*": NZST 1112 (1969) 125-128. Haremos bien en librar por completo a los llamados 'salmos imprecatorios' (o 'salmos de los enemigos') de todas esas afirmaciones llenas de sutilezas duras y escandalosas que crean tensión entre la 'inspiración' y la 'moralidad'. Quede bien claro que únicamente se logrará una comprensión objetiva de los enunciados de los Salmos, cuando los entendemos a la luz de lo que se dice en el versículo trece del presente Salmo: *"Acábalos con furor, acábalos, para que no sean; y sépase que Dios gobierna en Jacob hasta los fines de la tierra"* (59:13). El conocimiento de que "*Yahvé reina en Jacob hasta los confines de la tierra"* no podía adquirirse en el entorno del Antiguo Testamento sino mediante una demostración fehaciente de la actuación de Dios. (…) En el Antiguo Testamento la salvación de Dios es efectiva y eficaz en la historia; con manifestaciones que tienen valor de signo, esa salvación hace su entrada en este mundo y pronuncia y ejecuta el veredicto justificador. Es en este supuesto que hay que entender los versículos once al trece (59:11-13) y otros pasajes similares en los Salmos. No es un cruel deseo de venganza el que dicta las peticiones y demandas, sino el anhelo de que no pase inadvertido ni llegue a olvidarse en Israel el reinado de Dios que se hace patente en el juicio divino, sino que se conozca y se divulgue en el mundo entero» [Los Salmos, Vol. I, Sal. 1-59; Ediciones Sígueme, Salamanca, 1993].

seguir comportándose cual perros callejeros merodeando por la ciudad, es mejor que dejen de existir. ¿Pues quién está interesado en que una generación así se perpetúe?

Para que los hombres sepan que Dios gobierna en Jacob, hasta los confines de la tierra.[105] El Dios que ejerce un gobierno universal, ha establecido su cuartel general entre su pueblo escogido; y allí, castiga todo pecado de una manera especial. David deseaba que todos los hombres tuvieran constancia de ello; que incluso las naciones más remotas supieran que el gran Gobernador moral del universo tiene poder para destruir la impiedad, y que no tolera la iniquidad en ningún lugar y ni momento. Cuando el pecado es castigado de forma manifiesta, ello constituye una valiosa lección para toda la humanidad. La derrota de un Napoleón[106] es una homilía para los demás monarcas; la muerte

---

[105] AGUSTÍN DE HIPONA [354-430] hace sobre este versículo un interesante y peculiar comentario: «Al haber sido el pueblo escogido, nación receptora de la ley y cumplidora de los preceptos divinos, los judíos se tenían por justos, y en consecuencia superiores a los demás pueblos. El salmista les recuerda que el la misericordia de Dios no se limita a la heredad de Jacob, se extiende hasta los confines de la tierra. Y en realidad, tampoco puede decirse que el pueblo judío entendiera los preceptos divinos, puesto que no fueron capaces de reconocer en ellos a Cristo al estar Israel en parte como ciego (Isaías 6:9-10; Jeremías 5:21; Mateo 13:13-17). Pero finalmente se están dando cuenta que no pueden seguir despreciando a los gentiles, a quienes tenían como perros pecadores; porque que si bien los gentiles estaban alejados de Dios, también ellos estaban manchados por el pecado, y a ambos es otorgada por igual la salvación, no solo los judíos sino también los gentiles, como claramente lo expresa el apóstol Pablo: *"a los cuales también ha llamado, esto es, a nosotros, no solo de los judíos, sino también de los gentiles. Como también en Oseas dice: Llamaré pueblo mío al que no era mi pueblo, y a la no amada, amada"* (Romanos 9:24-25); *"tendré compasión de la que no recibió compasión, y diré al que no era mi pueblo: Tú eres mi pueblo, y él dirá: Tú eres mi Dios"* (Oseas 2:23 LBLA). De modo que: *"La piedra que desecharon los edificadores, ha venido a ser cabeza del ángulo"* (Salmo 118:22; Mateo 21:42; Hechos 4:11) que une ambos pueblos, como toda piedra angular junta dos paredes. En su soberbia, los judíos se tenían a sí mismos por justos y encumbrados por encima de los demás pueblos, despreciando a los gentiles como pecadores idólatras; aunque en realidad, ambos pueblos eran igual de pecadores. Ahora entienden que también son pecadores, puesto que: *"Como está escrito: No hay justo, ni aun uno; no hay quien entienda, no hay quien busque a Dios. Todos se desviaron, a una se hicieron inútiles; no hay quien haga lo bueno, no hay ni siquiera uno"* (Romanos 3:10-12; Salmo 14:1-3; 53:1-3); y deponen su soberbia aceptando la salvación de los gentiles, reconociendo que también tienen necesidad de salvación en Cristo, pues sus pecados son iguales que los de ellos. De este modo, unidos en la Piedra Angular, que es Cristo, ambos pueblos adoran juntos al Señor. Lo que impulsa al salmista a profetizar que todos sabrán que *Dios gobierna no solo en Jacob, sino hasta los confines de la tierra*. Concluye, pues, el Salmo con un cántico de gozo y alabanza: *"Pero yo cantaré tu poder, y alabaré de mañana tu misericordia"* (59:16), con la alegría propia de ver como la Piedra Angular une en ósculo de paz ambas paredes: la de los judíos, que engreídos por sus privilegios tuvieron que se humillados; y los gentiles que, que vivían *"excluidos de la ciudadanía de Israel y extranjeros en cuanto a los pactos de la promesa, sin esperanza y sin Dios en el mundo"* pero que en Cristo han alcanzado la salvación. Ambas paredes, la de la circuncisión y la de la incircuncisión, procedían de ángulos distintos, pero no propósitos incompatibles; permanecían distanciadas, pero solo antes de llegar al Ángulo. ¡Únanse pues en ese Ángulo y el edificio al completo de la Iglesia, formada ya por ambas paredes, entone gozosa estas palabras: *"Pero yo cantaré tu poder, y alabaré de mañana tu misericordia"*».

[106] Se refiere a NAPOLEON I BONAPARTE [1769-1821], que se coronó a sí mismo "Emperador de Francia", extendió sus dominios por toda Europa y África hasta verse obligado a abdicar al ser derrotado en la Batalla de las Naciones, 1813, y definitivamente en la Batalla de Waterloo, 1815, siendo desterrado a la Isla de Santa Elena.

de un Tom Paine[107] es una advertencia a los demás infieles; el sitio de París[108] un sermón a todas las demás ciudades.

Selah. Hay buenas razones para esta pausa después de haber planteado un tema tan amplio e importante. Las cosas solemnes no deben tratarse con apresuramientos; como tampoco es conveniente considerar asuntos tan elevados con una actitud de indiferencia en el corazón. Piénsalo lector, y siéntate por unos instantes a considerar los caminos de Dios para con los seres humanos.

C. H. SPURGEON

Consúmelos con tu furor, abátelos para que no sean. Lo que a primera vista parece contrario a su primer deseo expresado en el versículo once (59:11) de: *"no los mates"*. Pero en realidad no es así, porque cuando dice *"que no sean"* no habla de su vida, como si quisiera que fueran consumidos para que no permanecieran vivos; sino que tan solo desea que sea consumido su poder, su realeza, su mando, etc. Y esta interpretación se refuerza por lo expresado en su segundo deseo: *"abátelos para que no sean"*. ¿Qué es lo que debía consumir y abatir el furor divino? Su poder, su fuerza, su dignidad, estatus, sus posesiones, y sus riquezas que los habían hecho poderosos y orgullosos. Pide al Señor que no los mate, pero que los abata arrebatándoles todo cuanto poseen, para que nunca más puedan oponerse a Dios y causar daño a su pueblo, pisoteando a su Iglesia y a la fe verdadera.

WILLIAM NICHOLSON [1591-1672]

"David's harp strung and tuned, or, An easie analysis of the whole book of Psalms", 1662

Consúmelos. He oído hablar de los tristes sucesos en Polonia, de aldeas incendiadas, de hombres pacíficos deportados por centenares a Siberia, de mujeres azotadas. Y cuando contemplo como en el mercado público de Varsovia una mujer semi-desnuda está siendo cruelmente azotada, y veo la cruel sonrisa de Mouravieff[109] al ver como la sangre mana a borbotones de su espalda destrozada, no voy a negar que me siento más que tentado a exclamar: «¡Dichoso el hombre cuya bala, en feliz trayectoria, logre vaciar esa poltrona!» ¿He de considerarme por ello un sanguinario? ¿Un vengativo? ¿Me condenáis por sentir de esta manera?[110]

ROBERT AITKIN BERTRAM [1836-1886]

"The Imprecatory Psalms - Six lectures with other discourses, delivered at Bacup, Lancashire", 1867

[107] Se refiere a THOMAS PAINE [1737-1808], librepensador y defensor de la revolución americana que en sus obras ridiculizó el cristianismo y todo tipo de religión llegando a escribir: «No creo en el credo profesado por la iglesia judía, por la iglesia romana, por la iglesia griega, por la iglesia turca, por la iglesia protestante, ni por cualquier otra iglesia que conozca. Mi mente es mi iglesia. Todas las instituciones eclesiásticas nacionales, ya sean judías, cristianas o turcas, me parecen nada menos que invenciones humanas creadas para horrorizar y esclavizar a la humanidad, y monopolizar el poder y el lucro». Fue encarcelado en París en 1793 y liberado, murió en Estados en 1809 aunque totalmente en el olvido.

[108] Lo más probable es que se refiera al sitio y ocupación de París por las tropas prusianas ocurrido entre el 19 de septiembre de 1870 al 28 de enero de 1871, con la derrota y posterior caída del Segundo Imperio francés y la proclamación del Segundo Imperio alemán en la galería de los Espejos del Palacio de Versalles el 18 de enero de 1871, coincidiendo con las fechas en que Spurgeon escribiera el comentario a este salmo 59.

[109] Se refiere al aristócrata y militar ruso, conde y general MIKHAIL NIKOLAYEVICH MURAVYOV O MOURAVIEFF [1797-1866], quién por orden expresa del zar ALEJANDRO II [1818-1881] sofocó a sangre y fuego los levantamientos de 1863-1864 en Polonia y Bielorusia, en los que miles de polacos fueron ejecutados y decenas de miles deportados a Siberia. Prohibió las lenguas nativas y la práctica de la religión católica bajo severos castigos, tratando por todos los medios imponer la religión ortodoxa.

[110] No resulta difícil imaginar como hubiera reaccionado Bertram y en qué términos se expresaría de haber alcanzado a presenciar las crueldades practicadas en los campos de concentración nazis durante la Segunda

Abátelos para que no sean. El término hebreo וְאֵינֵמוֹ *wə'ênêmōw*: *"para que no sean"*, tan solo aparece de ese modo en este versículo. Y tanto puede entenderse en términos generales como un estado físico degradado, vil y miserable, como también la destrucción total y cese de la existencia. Por lo que se desprende del contexto, lo que mejor encaja en este caso es la primera acepción: un estado físico degradado; pero tampoco es descartable el segundo sentido, puesto que una existencia física degradada causada por alguna grave enfermedad, a la larga implica también la destrucción del cuerpo y cese de la existencia. En cualquier caso, es evidente que este *"que no sea"* raramente se asocia con la idea moral de *ser un don nadie*, con sentirse desdichado, afligido o despreciado. Compárese con la profecía de Jeremías: *"rehúsa ser consolada, por sus hijos que ya no existen"*,[111] donde se utiliza el mismo término hebreo aunque con diferente construcción: אֵינֶנּוּ *'ênennū*.

Hermann Venema [1697-1787]
"Commentarius ad Psalmos", 1762

Selah. Aunque cabe decir que Dios está presente de continuo en todas y cada una de las palabras del salmista, tanto en afirmaciones como en negaciones, en el *Sí* y en el *Amén*, la posición estratégica de este *Selah* presenta unas características muy peculiares: viene a ser como una impronta, un testimonio personal del más profundo convencimiento de la veracidad de todo cuanto ha expresado hasta aquí y de su disposición a meditar en ello y dejarlo impreso en su corazón: De que los impíos persiguen a los piadosos (59:1-7): *Selah;* de que Dios se reirá de ellos (59:8): *Selah;* de que zarandeará sus huesos, desbaratará sus mejores planes y pondrá al descubierto su deshonestidad (59:11-12) *Selah;* de que la mano de Dios caerá pesadamente sobre ellos, y no la verán hasta que sean consumidos (59:13) *Selah.* Ciertamente esta es una verdad tan fiel y verdadera, tan inequívoca, como la de que el Señor existe y vive para siempre, amén, *Selah.*

Abraham Wright [1611-1690]
"A Practical Commentary or Exposition upon the Book of Psalms", 1661

Vers. 14. ***Vuelvan, pues, a la tarde, y ladren como perros, y rodeen la ciudad.*** *[Volverán a la tarde, ladrarán como perros, y rondarán la ciudad.* RVR*] [Regresan al anochecer, aúllan como perros, y rondan por la ciudad.* LBLA*] [¡Vuelvan al anochecer y aúllen como perros rondando la ciudad!* BTX*] [Porque ellos vuelven por la noche, gruñendo como perros y acechando alrededor de la ciudad.* NVI*] [Al atardecer regresan, aúllan como perros, rondan por la ciudad.* BLP*] [Mis enemigos salen de noche gruñendo como perros feroces mientras merodean por las calles.* NTV*]*

Volverán a la tarde, ladrarán como perros,[112] *y rondarán la ciudad.* Aquí repite el versículo seis; como desafiando de nuevo a sus enemigos y deleitándose en el pensamiento de lo inútil y fútil de su búsqueda maliciosa: en su decepción, su rabia, el fracaso de su acecho, y el desperdicio de su energía. Se ríe al imaginar como toda la ciudad conocería la manera en la que fueron engañados; y por todo Israel iría de boca en boca la historia del la estatua, la sábana y el pelo de cabra.[113] En la cultura oriental ningún tema provocaba mayor regocijo y alegría que las historias de cómo los inocentes habían logrado engañar a los maliciosos astutos; y nada hacía de un hombre objeto de mayor mofa y escarnio

Guerra Mundial en el siglo xx; o los crímenes y atrocidades inimaginables y sin límites cometidas por el llamado ISIS o Estado Islámico en el siglo xxi.

[111] Jeremías 31:15.

[112] En hebreo: יֶהֱמוּ כַכָּלֶב *yehĕmū kakkāleḇ*, de הָמָה *hamah*.

[113] 1 Samuel 19:11-13.

que ser burlado por una mujer, como en este caso fueron Saúl y sus secuaces burlados por Mical. El poeta guerrero escucha ya en su imaginación el aullido colectivo de rabia que lanzarían sus enemigos al descubrir como su anhelada víctima se había zafado limpiamente de sus manos.

C. H. SPURGEON

Ladrarán como perros. ¿Será a caso la influencia del cristianismo difundiendo sus principios de que es preciso ser bondadoso con los animales; o quizá algo peculiar en la naturaleza tanto de los perros como de los habitantes de las tierras del norte; lo que hace que entre nosotros los anglosajones, los perros y todo lo tiene que ver con ellos sea tan distinto a como es en tierras de Oriente Medio? ¿Cabría en la mentalidad oriental imaginar un monumento a un noble príncipe con su efigie reposando los pies sobre un perro, como es el caso de Guillermo el Silencioso, el heroico Príncipe de Orange,[114] sobre el fiel perro que salvó su vida durante un ataque nocturno de las tropas españolas;[115] o como tantos reyes, nobles y caballeros de la época medieval que en sus tumbas en iglesias y catedrales tienen un perro a sus pies? La sola presencia de la imagen ya sería en ojos orientales la mayor profanación que un enemigo pudiera infligir a un edificio sagrado. Incluso en Biblia, los términos empleados para referirse a los perros y a los hábitos caninos son casi siempre despectivos, no guardan relación alguna con nuestros perros anglosajones: *"Vuelvan, pues, a la tarde, y ladren como perros, y rodeen la ciudad. Anden ellos errantes para hallar qué comer; y si no se sacian, pasen la noche quejándose"* (59:14-15); *"¡Fuera los perros".*[116] ¿Qué posible semejanza puede haber entre tales descripciones despectivas y la dignidad majestuosa de un Terranova; la expresión sagaz y aguda de un Terrier; o los ojos melancólicos, casi humanos, de nuestros hogareños *Spaniels* o perros de aguas? En Tiro nos llegaron noticias al parecer tan verdaderas como alarmantes, de perros hambrientos como lobos *rondando libres por la ciudad;* y en Alejandría se reúnen en manadas, como los chacales, merodean por los estercoleros y *gruñen amenazadores si no están satisfechos*. Casi todas las ciudades orientales están llenas de perros sin dueño *"rondando"* constantemente. De ahí es de donde parten las definiciones despectivas que encontramos en las Escrituras, y que suenan tan mal a nuestros oídos occidentales, acostumbrados como estamos a considerar a los perros como «el mejor amigo del hombre»: leales, fieles, pacientes, y útiles en ayudar a los pastores a cuidar de los rebaños; que nos reciben ladrando y meneando la cola en un éxtasis de alegría cuando regresamos a casa, y a veces dispuestos incluso a morir antes que apartarse de la tumba de su difunto amo.

ELIZABETH CHARLES [1828-1896]
"Wanderings over Bible Lands and Seas", 1862

---

[114] Se refiere a GUILLERMO DE ORANGE-NASSAU [1533-1584] también conocido como GUILLERMO EL TACITURNO o GUILLERMO EL SILENCIOSO. Indignado ante la persecución de los protestantes holandeses por las tropas españolas, se sumó a la rebelión contra la Corona Española convirtiéndose en caudillo de la misma, que culminó con el reconocimiento de la independencia en 1648 de lo que actualmente se conoce como países bajos.

[115] En el monumento a GUILLERMO DE ORANGE que hay en la Iglesia de Santa Ursula, en Delft, la escultura del Príncipe de Orange descansa los pies sobre su perro de nombre *Pompey,* que según cuenta la leyenda, en una de sus campañas contra las tropas españolas, una noche en Hermigny, Francia, detecto con su superior sentido del oído y del olfato la proximidad de unos asesinos que se acercaban, y comenzó a ladrar desesperadamente; al ver que no lograba despertar a su amo, le saltó sobre la cara, justo a tiempo para alertarle y lograr salvarle la vida.

[116] Apocalipsis 22:15 RVR.

Aúllan como perros Los que se arrepienten de sus pecados cuando están en tribulación, *gimen tristemente como palomas;*[117] aquellos cuyos corazones están endurecidos cuando sufren tribulación, *aúllan como perros* (59:14).

MATTHEW HENRY [1662-1714]
"Commentary on the Whole Bible", 1811

Vers. 15. *Anden ellos errantes para hallar qué comer; y si no se sacian, pasen la noche quejándose.* *[Andan errantes para hallar qué comer; y si no se sacian, pasan la noche gruñendo.* RVR*]* *[Merodean buscando qué devorar, y si no se sacian, gruñen.* LBLA*]* *[¡Vaguen buscando qué comer y en toda la noche no se sacien y gruñan!* BTX*]* *[Van de un lado a otro buscando comida, y aúllan si no quedan satisfechos.* NVI*]* *[Vagabundean buscando comida, gruñen si no quedan saciados.* BLP*]* *[Escarban en busca de comida, pero se van a dormir insatisfechos.* NTV*]*

Anden ellos errantes para hallar qué comer. Cual perros que se han quedado sin el esperado cadáver, que corren insatisfechos de un lado para otro mordiéndose unos a otros, excesivamente decepcionados como para quedarse quietos y tomarse las cosas con calma.

Y si no se sacian, pasan la noche gruñendo.[118] Que reaccionen como aquellos que no acaban de creer que han perdido su despojo; como una manada de perros salvajes: famélicos, desahuciados, rondando en busca de una presa que nunca encontrarán. Así es como los esbirros de Saúl recorrieron la ciudad en la vana esperanza de dar con su víctima y satisfacer sus malévolos propósitos y los de su amo: «Quizá podamos todavía darle alcance –se decían– no podemos conformarnos con perderle. Puede que ande detrás de cualquier esquina, o metido en algún escondite; debemos rastrearlo todo para darle caza; arde nuestro deseo por su sangre, y es preciso atraparle sea como sea» Los inicuos viven en constante frustración; una frustración que va en aumento en la medida que aumenta su enemistad con Dios, y en el infierno su frustración será absoluta: su tormento infinito. ¿Cuál es el estado de aquellos que se pierden, sino la de un campamento de ambiciosos rebeldes, que habiendo abrazado una causa desesperada, por nada están dispuestos a abandonarla, antes todo lo contrario, espoleados por sus pasiones desenfrenadas, se enfurecen cada vez más en contra de la causa de Dios, de la verdad, y de su pueblo?

C. H. SPURGEON

Anden ellos errantes para hallar qué comer. Sea su suerte la mendicidad y la indigencia, una condición desagradable y de constante insatisfacción; la mayor desgracia que se pueda cernir sobre una persona desde el punto de vista humano: un apetito insaciable y sin recursos ni bienes para poder satisfacerlo.

HENRY HAMMOND [1605-1660]
"Paraphrase and Annotations on Book of Psalms", 1659

Y si no se sacian, pasan la noche gruñendo. La persona conformada aunque no tenga lo que desea, no gruñe; no pelea con la providencia, ni se preocupa de sí mismo;[119] pero aquellos cuyo Dios es

[117] Isaías 59:11.

[118] En hebreo: וַיָּלִינוּ *wayyālînū* de לוּן *luwn,* "pernoctar, pasar la noche". Véase Génesis 24:54; 31:54; Josué 3:1; 6:11; Jueces 19:4; y Nehemías 13:20, donde se usa exactamente el mismo verbo y sintagma. KRAUS traduce: *"si no se sacian se quedan toda la noche"*. SCHÖKEL: *"y hasta que no se hartan, andan gruñendo"*.

[119] Filipenses 4:12-13.

el vientre,[120] si no logran llenarlo colmando todos sus apetitos, se enojan con Dios y con ellos mismos. Lo que hace al hombre infeliz no es la pobreza, sino el descontento.

MATTHEW HENRY [1662-1714]
"Commentary on the Whole Bible", 1811

Y si no se sacian, pasan la noche gruñendo. El hambre legendaria del perro[121] constituye su propio flagelo, y es a la vez un símbolo merecido de lo que es el pecado. Lector, esfuérzate en evitar el pecado, antes bien preocúpate de cultivar un espíritu de devoción viva; para que en lugar de recibir tu porción donde hay llanto, lamento y crujir de dientes,[122] puedas cantar al Dios de tu misericordia para siempre (59:16).

BENJAMIN BOOTHROYD [1768-1836]
"Biblia Hebraica", 1813

Vers. 16. *Pero yo cantaré de tu poder, y alabaré de mañana tu misericordia; porque has sido mi amparo y refugio en el día de mi angustia.* *[Pero yo cantaré tu poder, y alabaré de mañana tu misericordia; porque has sido mi amparo y refugio en el día de mi angustia.* RVR*] [Pero yo cantaré de tu poder; sí, gozoso cantaré por la mañana tu misericordia; porque tú has sido mi baluarte, y un refugio en el día de mi angustia.* LBLA*] [Pero yo cantaré de tu poder, aclamaré de mañana tu misericordia, porque fuiste mi alto refugio y amparo en el día de mi angustia.* BTX*] [Pero yo le cantaré a tu poder, y por la mañana alabaré tu amor; porque tú eres mi protector, mi refugio en momentos de angustia.* NVI*] [Pero yo cantaré tu poder, al alba aclamaré tu amor, porque tú eres mi refugio, mi fortaleza en la angustia.* BLP*] [En cuanto a mí, yo cantaré de tu poder; cada mañana cantaré con alegría acerca de tu amor inagotable. Pues tú has sido mi refugio, un lugar seguro cuando estoy angustiado.* NTV*]*

Pero yo[123] *cantaré tu poder.* Los malvados aúllan, pero yo canto y seguiré cantando. Su poder es débil y limitado, el tuyo es omnipotente; por tanto, los contemplo ya vencidos por tu poder victorioso, al cual cantaré por los siglos de los siglos.

Gozoso cantaré por la mañana[124] *tu misericordia.* Cuando los amantes de las tinieblas descubran que su juego ha terminado, y sus aullidos nocturnos se apaguen por completo; entonces levantaré mi

---

[120] Filipenses 3:18-19.

[121] El diccionario define la expresión "hambre canina" como un apetito extraordinario, ganas insaciables de comer que con nada se satisfacen. El concepto surge del hecho que los perros, además de comer y tragar con unas ansias y voracidad inusual, nunca parecer estar saciados, siempre se muestran dispuestos a devorar cualquier otrs cosa que se les ponga por delante y consideren apetitosa.

[122] Lucas 13:28.

[123] SCHÖKEL indica que el וַאֲנִי *wa'ănî, "pero yo"*, con que comienza en versículo dieciséis (59:16), está en clara contraposición con el הֵמָּה *hêmmāh,* "ellos", con que comienza el versículo anterior (59:15).

[124] De nuevo tenemos aquí el marcado contraste entre la noche y la mañana del que encontramos ya en el Salmo 57. (Ver la nota 76 del Salmo 57). SCHÖKEL dice al respecto: «El Salmo 59 recorre una vez más el período de la tarde a la mañana con el paso clásico de peligro y liberación. El atardecer, cuando desciende y se adensa la oscuridad, es la hora de los perros (57:6-7). Todavía relumbran sus colmillos, suenan medrosos gruñidos y aullidos. Por la noche, el orante permanece: *"en vela"* אֶשְׁמֹרָה *'ešmōrāh,* "*aguardando a Dios"* כִּי־אֱלֹהִים *kî-'ĕlōhîm* (59:9). Le pide que *"se adelante"* יְקַדְּמֵנִי *yəqaddəmênî* (59:10), que despierte עוּרָה *'ūrāh* (59:4) y se levante a castigarlos הָקִיצָה לִפְקֹד *hāqîṣāh lip̄qōḏ* (57:5). Solo Dios puede *"dispersarlos,*

voz gozoso, y cantaré la misericordia de Dios sin temor de ser perturbado. ¡Qué mañana tan hermosa despuntará pronto para los justos; y qué cántico tan maravilloso será el suyo! Hijos de la mañana, puede que esta noche todavía sigáis suspirando, pero la alegría viene sobre las alas del alba.[125] Afinad pues ahora vuestras arpas, porque pronto será dada la señal para comenzar la música eterna: vendrá la mañana, y vuestro sol no se apagará jamás.[126]

Porque has sido mi amparo. Un cántico exclusivo para Dios, y que nadie puede cantar fuera de aquellos que han experimentado su misericordia. Mirando a un pasado lleno de misericordias, los santos bendecirán al Señor con todo su corazón, y se regocijarán en él como lugar alto de su refugio.

Y refugio en el día de mi angustia. Cuanto mayores sean nuestras tribulaciones presentes, mayor será el volumen de nuestros cánticos futuros, y más intensa será nuestra gratitud gozosa. Si no atravesáramos días de dificultades, ¿en qué basaríamos nuestra acción de gracias retrospectiva? El asedio de David por los sabuesos de Saúl, creó una oportunidad para la interposición divina, y en consecuencia para la alabanza triunfante.

C. H. Spurgeon

Pero yo cantaré tu poder, y alabaré de mañana tu misericordia. No debemos pasar por alto el marcado contraste entre la condición miserable de los impíos y la alegría del justo, indicado claramente al comienzo de los versículos quince y dieciséis (59:15-16). Pues el pronombre הֵמָּה *hêmmāh, que ellos,* al inicio del versículo quince (59:15); y el וַאֲנִי *wa'ănî, pero yo,* al comenzar el dieciséis (59:16), están en perfecta antítesis. Como también el contraste entre el וַיָּלִינוּ *wayyālînū* de לון *luwn "pasar la noche"* mencionado en el quince, y la לַבֹּקֶר *labbōqer* de בֹּקֶר *boqer "mañana"* o *"aurora"* del dieciséis. La *mañana* es símbolo de felicidad, y contrasta con la *noche*, símbolo de angustia; y al *aullido* de los perros como símbolo de la frustración de los impíos, se contrapone el *canto alegre* de victoria de David; por no mencionar otros detalles que refuerzan aún más el contraste entre ambos estados.

Hermann Venema [1697-1787]
"Commentarius ad Psalmos", 1762

Pero yo cantaré de tu poder; y exaltaré por la mañana tu misericordia.[127] *Cantabo* y *exaltabo,* traduce la versión latina: *cantare* y *exaltaré.* El poder de Dios, el salmista se limita a *cantarlo*; pero su misericordia la *exalta*, como si *su misericordia* fuera digna de una mayor proclamación que *su poder.* Exaltar es cantar con gozo y entusiasmo, a todo pulmón; y esto es lo que hace. ¿Para qué? Para que su exaltación de la misericordia divina abarque los cielos y alcance las nubes; *"Porque grande es hasta los cielos tu misericordia, y hasta las nubes tu verdad".*[128]

Humphrey Sydenham [1591-1650]
en un sermón titulado *"The Well toned Cymball"*, 1637

humillarlos, abatirlos, acabarlos". De ese modo, a la primera luz del día, él podrá *"verlos"* derrotados. Entonces, *"de mañana"* לַבֹּקֶר *labbōqer* (59:16), cantara y tañera para su Dios, que ha mantenido con él su *"lealtad"*. En el espacio ideal de un día, de la tarde a la mañana, se desenvuelve el drama de la liberación. (...) La mañana es tiempo de reconocimiento gozoso, la mañana clausura *cum iubilo* la experiencia dramática. Se acabaron los gruñidos y aullidos de los perros, es hora del canto. Y cantando a Dios, el salmista siente y expresa su liberación». [*Salmos, Tomo I, 1-72,* Editorial Verbo Divino, Estella, Navarra, 1992].

[125] Malaquías 4:2.

[126] Isaías 60:20.

[127] La Vulgata, traduce al latín: *"ego autem cantabo fortitudinem tuam et exultabo mane misericordiam"*.

[128] Salmo 57:10.

Poder ... misericordia. El salmista une estos dos atributos divinos: *"poder"* y *"misericordia"*, de una forma magistral: pues sin el *"poder"* no hubiera podido librarlo; y sin la *"misericordia"*, no habría tenido voluntad de hacerlo. Ambos son imprescindibles en todo proceso de liberación: poder que *permita* hacerlo; misericordia que *desee* hacerlo; de otro modo en vano sería aguardar la ayuda divina. David encontró en Dios ambos atributos, y es por ello que los exalta aquí individualmente.

WILLIAM NICHOLSON [1591-1672]

"David's harp strung and tuned, or, An easie analysis of the whole book of Psalms", 1662

Vers. 17. *Fortaleza mía, a ti cantaré; porque eres, oh Dios, mi refugio, el Dios de mi misericordia.* *[Fortaleza mía, a ti cantaré; porque eres, oh Dios, mi refugio, el Dios que tiene misericordia de mí.* RVR*] [Oh fortaleza mía, a ti cantaré alabanzas; porque mi baluarte es Dios, el Dios que me muestra misericordia.* LBLA*] [¡Oh fuerza mía, te cantaré salmos! Porque Tú, oh Elohim, eres mi alto refugio, y el Elohim de mi misericordia.* BTX*] [A ti, fortaleza mía, te cantaré salmos, pues tú, oh Dios, eres mi protector. ¡Tú eres el Dios que me ama!* NVI*] [Fuerza mía, a ti te canto, porque Dios es mi refugio, él es el Dios que me ama.* BLP*] [Oh Fortaleza mía, a ti canto alabanzas, porque tú, oh Dios, eres mi refugio, el Dios que me demuestra amor inagotable.* NTV*]*

Oh fuerza mía, a ti cantaré alabanzas. ¡Qué arrebatamiento tan sublime! ¡Que monopolización tan cohesionada de todas sus emociones en el propósito alabar a Dios. La amenaza de la fuerza superada por la fuerza; pero no la fuerza propia como proeza de héroe, sino exclusivamente por la fuerza que le viene de Dios. Ved cómo el cantor se ciñe con la omnipotencia divina, que por la fe, declara su patrimonio personal. ¡Dulce es la música de la experiencia cuando va dedicada por entero al Señor! Aquí no hay un solo acorde de enaltecimiento al hombre, ni una simple nota de alabanza para sí mismo o a favor de sus colaboradores humanos: el mérito es de Dios y nada más.

Porque eres, oh Dios, mi refugio, el Dios que tiene misericordia de mí. Afirma estar en posesión del Dios infinito como recurso de protección y seguridad personal, y lo afirma con una seguridad estremecedora. Ve ante todo la intervención de Dios en todo, y acto seguido, considera que todo le pertenece. Porque frente a él se erige el baluarte de la multiforme misericordia divina, imperturbable e inexpugnable, y por ello, pese a reconocerse débil y que no es merecedor de nada, bajo la custodia divina, se siente poseedor de todo y completamente a salvo. ¡Oh, cántico sublime de los escogidos! De buen grado lo entonaría ahora mismo desafiando con él a todos los perros del infierno: ¡Alejaos, adversarios de mi alma, porque el Dios que tiene misericordia de mí os mantendrá a raya!

«Ni atrapará jamás el león infernal
a quien Él se propone guardar y proteger»[129]

C. H. SPURGEON

[129] Cita las dos últimas líneas de la tercera estrofa de un himno de PHILIP DODDRIDGE [1702-1751], que compuso numerosos himnos sobre distintos pasajes de la Biblia. En este caso se trata del que comienza diciendo *"How keen the tempter's malice is"* basado en Lucas 22:31-32, las palabras de Jesús a Pedro: *"Simón, Simón, he aquí Satanás os ha pedido para zarandearos como a trigo; pero yo he rogado por ti, que tu fe no falte"*. La estrofa completa dice así: *"There is a Shepherd kind and strong / Still watchful for his sheep / Nor shall the infernal lion rend / Whom he vouchsafes to keep"*.

Oh fuerza mía. Anteriormente (59:9) se había referido a que la fuerza[130] de sus enemigos dependía de Dios, en el sentido de mostrar su fragilidad y dependencia, que su destino estaba en las manos de Dios: *"Fuerza mía, hacia ti me vuelvo, porque Dios es mi refugio"* (59:9). Ahora se expresa exactamente en los mismos términos, pero con referencia a si mismo: *"Oh fuerza mía, a ti cantaré"*. Utiliza la misma expresión hebrea: עֹז *oz,* pero siendo que admite dos significados, la aplica a sí mismo con elegancia en un sentido distinto.[131] La fuerza de los impíos la tiene Dios en sus manos para limitarla, contenerla y refrenarla; para demostrar que todo poder del que se jactan es falaz y vano. Por el contrario, su propio pueblo se apoya y protege en ella contra la posibilidad de caer, se hace fuerte mediante la fuerza que Dios le otorga.

JUAN CALVINO [1509-1564]

A ti, oh fuerza mía, cantaré alabanzas. Frente a la fuerza del enemigo, (59:9), opongo yo la tuya, tu poder o fortaleza (59:16-17) –la palabra hebrea es la misma: עֹז *oz.* En hebreo hay un elegante juego fonético entre los sonidos similares de אֶשְׁמֹרָה *'ešmōrāh, "te observaré ansioso"* o *"esperaré en ti"*, del versículo nueve (59:9); y אֲזַמֵּרָה *'ăzammêrāh,"cantaré a ti"* del versículo diecisiete (59:17).[132]

ANDREW ROBERT FAUSSET [1821-1910]
"Studies in the cl Psalms their undesigned coincidences with the independent Scripture histories, confirming and illustrating both", 1876

A ti, oh fuerza mía. A causa de la enorme fuerza y poderío de Saúl, puse mis ojos y mi esperanza únicamente en ti; de modo que ahora que *tu fuerza* me ha sido concedida y he salido librado, mi canto de alabanza será también dirigido únicamente a ti.

MARTIN GEIER [1614-1681]
"Commentary on Psalms", 1695

---

[130] עֻזּוֹ *'uzzōw* de עֹז *oz.*

[131] עֻזִּי *'uzzî* de עֹז *oz.*

[132] SCHÖKEL señala también este cambio en la repetición que hace en el versículo diecisiete (59:17) del estribillo del versículo nueve (59:9). El salmista cambia intencionadamente tan solo una letra en el tercer vocablo hebreo: una שׁ en lugar de una ז ; esto es: אֲזַמֵּרָה *'ăzammêrāh* en lugar de אֶשְׁמֹרָה *'ešmōrāh; "cantaré alabanzas"* en lugar de *"estaré vigilándote ansioso"*. Un cambio aparentemente minúsculo y superficial, pero trascendental: porque lo cambia todo.

SALMO 60

Salmo de la gran derrota y la gran victoria

Título: Aquí tenemos un título inusualmente largo, pero que nos ayuda mucho a la hora de exponer el Salmo:

"Al músico principal. Sobre El Lirio del Testimonio". El Salmo 45, que es también *"sobre lirios"*,[1] describe al guerrero victorioso en toda su hermosura aprestándose para la guerra. Aquí le vemos repartiendo los despojos y dando testimonio de la gloria de Dios. A veces los nombres de las melodías de los salmos nos parecen extraños debido a que ignoramos qué pasaba en aquellos momentos por la mente del compositor, si lo supiéramos, probablemente nos parecerían perfectamente adecuados. Lo más probable es que estas expresiones tengan que ver más con el tono y los instrumentos que con el propio contenido del salmo. Sin embargo, no es una rareza que en los cánticos bélicos se mencionen rosas y lirios; recordemos a modo de ejemplo el «Poema de los Hugonotes»[2] de Macaulay,[3] aunque tal vez sea un error de nuestra parte citar aquí un verso de contenido tan poco espiritual:

«Por los labios que amáis, caballeros de Francia,
por los lirios de oro, ¡cargad contra ellos con la lanza!»[4]

Mictam de David para enseñar. David obedeció el precepto de enseñar a los hijos de Israel;[5] recopiló los hechos poderosos del Señor para que pudieran ser repetidos en los oídos de las generaciones venideras. Los secretos áureos han de ser proclamados desde las azoteas;[6] son cosas que no sucedieron a escondidas y no debían quedar sepultadas en el silencio. Debemos aprender de buen grado lo que la inspiración divina nos enseña de una manera tan hermosa.[7]

Cuando luchó con Aram-naharaim y contra Aram-sobá. Las tribus arameas confederadas trataron de vencer a Israel, pero fueron derrotadas.

---

[1] Recomendamos al lector consultar los amplios comentarios al término *Sosanim* o *"sobre Lirios"* en el título del Salmo 45 y en el Salmo 80.

[2] Se refiere al poema de Thomas Babington Macaulay [1800-1859] que lleva el nombre de *"Ivry, A Song of the Huguenots"* y que forma parte de su obra poética *"Lays of Ancient Rome"* "Cantos populares de la Antigua Roma", en la que incluye episodios épicos de la historia que van desde la historia de Roma en *"Battle of Lake Regillus"*, "La batalla del lago Regilo" hasta la derrota de La Armada Invencible de Felipe II en *"The Armada";* incluyendo la victoria de las tropas hugonotes de Enrique de Navarra o Enrique IV [1553-1610], de Francia contra las fuerzas católicas de *"La Sainte Ligue"* (La Santa Liga) en la villa de Ivry, a unos 48 kilómetros de París el 14 de Marzo de 1590.

[3] Se refiere a Thomas Babington Macaulay [1800-1859], político, historiador y poeta inglés.

[4] En el original: *"Now by the lips of those ye love, fair gentlemen of France, / Charge for the golden lilies now, upon them with the lance"*. El lector hará bien en recordar que la flor de lis ha formado parte tradicionalmente del escudo de armas de la dinastía francesa desde la época de Clodoveo I, rey de todos los francos en el 481; y que el escudo de Enrique IV era un campo de flores de lis o lirios de oro sobre fondo azul.

[5] Salmo 32:8; 34:11.

[6] Mateo 10:27; Lucas 12:3.

[7] Atanasio de Alejandría [296-373] en su carta a su discípulo Marcelino sobre la naturaleza y valor de los salmos le dice refiriéndose a este salmo: «Si precisas exponer una petición urgente ante una situación difícil que sobrepasa tus capacidades, hazlo con las palabras del Salmo 60». El Tomo I de "El Tesoro de David" incluye una traducción completa de la Carta de Atanasio a Marcelino. [Tomo I - pp. 50].

Y volvió Joab. Joab había estado ausente peleando con el grueso del ejército en otra batalla, y los enemigos de Israel se aprovecharon de su ausencia; pero tan pronto regresó con Abisai, el curso de la guerra cambió completamente.

E hirió a doce mil edomitas en el valle de la Sal.[8] Las importantes victorias de David están registradas en el capitulo dieciocho del libro de las crónicas, pero este salmo conmemora una parte memorable del conflicto. Terrible debió de haber sido la batalla, pero los resultados fueron decisivos, y el poder del enemigo quedó destrozado por completo. ¡Bien merecía el Señor un cántico de alabanza de parte de su siervo después de un triunfo tan espectacular!

C. H. SPURGEON

Título: El título de este salmo, cuando se contrasta con el contenido del mismo, plantea algunas dificultades importantes. De entrada, después de leer el título, uno esperaría que el salmo comenzara con una explosión de alegría, de felicitación y alabanza por la victoria. Pero nada de esto: el salmista abre su poema con lamentaciones y amargas quejas: aunque estas cambian súbitamente a partir del versículo tres (60:3), donde comienza a mostrar mas confianza y a utilizar un lenguaje más de exultación y triunfo. La mejor forma de explicar tal discrepancia es señalando que fue escrito, ciertamente, después de algunas de las batallas que se mencionan en el título; pero que el autor no se limita a esos eventos, sino que los encuadra en un escenario histórico mucho más amplio, que abarca las condiciones conflictivas y aflictivas de Israel y Judá durante la última parte de la vida de Saúl, y los años anteriores al reinado de David. En los años finales de Saúl, los filisteos le superaron claramente, y finalmente acabaron aniquilando por completo su ejército.[9] Con posterioridad a estos acontecimientos, el país entero vivió en una situación muy agitada y conflictiva, fruto de las contiendas entre los partidarios de la familia de Saúl y los que estaban al lado de David.[10] Por su parte, las naciones que habitaban las regiones adyacentes a la tierra de Canaán, en todo momento enemigas, aprovechaban cualquier oportunidad para atacarlos. Pero cuando finalmente David logró unir a la nación entera bajo su autoridad, procedió a vengar las injurias y vejaciones infligidas a sus actuales súbditos por los filisteos, edomitas, moabitas y sirios; y Dios se complació en concederle el éxito en sus incursiones bélicas. Por lo que parece el autor combina todo este conjunto de situaciones en un mismo salmo.

WILLIAM WALFORD [1773-1850]
"The Book of Psalms. A New Translation, with Notes", 1837

Título: *Susan-edut. Los lirios del testimonio.* עַל־שׁוּשַׁן עֵדוּת *'al-šûšan 'êḏûṯ,* significa que este Salmo tiene por tema principal algo muy hermoso y animador de la ley, a saber, las palabras de promesas citadas al comienzo del versículo seis (60:6): *"Dios ha hablado en su santuario"*, y versículos subsiguientes, acreditando que la tierra de Canaán pertenecía a los israelitas, según se detalla en los versículos siete y ocho (60:7-8) en los que se especifica su derecho divino de propiedad sobre esa tierra y a la posesión de ella: *"Mío es Galaad, y mío es Manasés; y Efraín es el yelmo de mi cabeza; Judá es mi cetro"*. Esta promesa, que parte de época tan temprana como la de los patriarcas y se repite en numerosos pasajes del Pentateuco, la encontramos de manera explícita en el capítulo 49 del Génesis y el 33 de Deuteronomio. Su importancia es más que evidente, y su recuerdo y mención en este salmo,

[8] 2 Samuel 8:1.14; 1 Crónicas. 18:1-12.
[9] 1 Samuel 31:1-7.
[10] 2 Samuel 2:8-32; 3:1.

en una época políticamente convulsa y una situación militar delicada en la que sus afirmaciones se veían cuestionadas, adquiere todo el sentido.

CHRISTIAN GOTTLIEB BARTH [1799-1862]
"The Bible manual: An expository and practical commentary on the Books of Scripture", 1865

Título: *Susan-edut. Los lirios del testimonio*. El único otro עֵדֻוּת *'ēḏūṯ*, o *"testimonio"* que encontramos en el Salterio es en el Salmo 80:1; y también hace mención por su nombre de las tribus de Efraín, Benjamín y Manasés, como עֵדֻוּת *'ēḏūṯ*, es decir, *"testimonio"* contra ellas por haber abandonado al Pastor de Israel que las había sacado de la tierra de Egipto.

JOSEPH FRANCIS THRUPP [1827-1867]
"An Introduction to the Study and Use of the Psalms", 1860

Título: *Aram-naharaim.*[11] El nombre *Aram* corresponde a Siria en el sentido más amplio y generalizado, y se une con otros nombres para designar partes particulares de ese gran país. Incluye a Mesopotamia, que es un término más de geografía física que política, y que denota el espacio entre los ríos Tigris y Éufrates, o la *Siria entre los Dos Ríos,* que es el significado real de *Aram-naharaim* en el versículo que comentamos. El rey de este país era tributario del rey de *Aram-sobá,* como se desprende del relato de la segunda guerra de David contra los arameos registrada en 2 Samuel 10:16,19.

JOSEPH ADDISON ALEXANDER [1809-1860]
"The Psalms Translated and Explained", 1850

Título: *Cuando luchó con Aram-naharaim y contra Aram-sobá.*[12] La grave ofensa que Hanún, rey de los amonitas infligió a los embajadores que David había enviado con la mejor voluntad,[13] condujo a una guerra en toda regla. Hanún contrató mercenarios de Sobá en Siria para reforzar su ejército: Joab y Abisai su hermano, generales de David, les plantaron batalla. Joab enfrentándose a los sirios obtuvo el primer éxito; y los amonitas, al ver a sus aliados derrotados, huyeron a sus tierras y se refugiaron en su ciudad.[14] Pero esta derrota provocó una gran coalición de todos los pueblos entre el Jordán y el Eufrates.[15] David, sin embargo, marchó sin temor contra ellos a la cabeza de su ejército; venció a todos sus enemigos; se hizo dueño de los pequeños reinos arameos de Damasco, Sobá y Hamat; y subyugó a los idumeos orientales, que sufrieron su derrota final en el Valle de la Sal.[16]

FRANCOIS LENORMANT [1837-1883] ELISABETH CHEVALLIER
"A Manual of the Ancient History of the East", 1869

Título: *Y volvió Joab e hirió a doce mil edomitas en el valle de la Sal.* En 2 Samuel el éxito de esta batalla se atribuye al propio David: *"Así ganó David fama. Cuando regresaba de derrotar a los sirios, destrozó a dieciocho mil edomitas en el Valle de la Sal"*;[17] y en 1 Crónicas la misma victoria se atribute a Abisai: *"Además de esto, Abisai hijo de Sarvia destrozó en el valle de la Sal a dieciocho*

[11] En hebreo: אֲרַם נַהֲרַיִם *'ăram nahărayim.*
[12] En hebreo: אֲרָם צוֹבָה *'ăram ṣōwḇāh.*
[13] 2 Samuel 10:1-5.
[14] 2 Samuel 10:6-14.
[15] 2 Samuel 10:15-16.
[16] 2 Samuel 10:17-19; 2 Samuel 8:13-14.
[17] 2 Samuel 8:13.

mil edomitas".[18] ¿Cómo quedamos? ¿Contradicción? No. Una cosa es atribuir el honor de la victoria al rey, que fue su causa motora, y otra la mención de los generales que participaron en la batalla y la llevaron a cabo. David era el rey por designio divino, y por tanto le correspondía todo el honor del éxito logrado a fin de engrandecer su nombre; siendo como era tipo de Cristo, quién es merecedor asimismo de todo honor y gloria de toda conquista que se lleve a cabo, sean cuales sean los instrumentos utilizados para la misma; como en el caso de David fueron Joab y Abisai, pues fue por medio de ellos que se logro este gran triunfo sobre Hadad-ézer. Abisai se encontró luchando en el Valle de la Sal contra unas fuerzas muy superiores: dieciocho mil edomitas o sirios, y mostró una valentía que el Todopoderoso al verla, le reconoce; por ello se le atribuye a él en Crónicas la totalidad de la matanza, por ser el primero en iniciarla. Joab, por lo que parece, venía de regreso de otra batalla, se encontró a su hermano luchando contra los dieciocho mil edomitas, y de inmediato sumó sus fuerzas en ayuda de su hermano Abisai atacando por la retaguardia; aunque por razones tácticas hubieran dividido sus tropas, no habían dividido sus corazones; y esto era lo habitual cuando el enemigo resultaba excesivamente fuerte, uno ayudaba al otro.[19] De los dieciocho mil edomitas caídos en la batalla atribuidos a David, y también a Abisai, Joab mató a doce mil. Y por ello su éxito es elogiado en este Salmo: *Primero:* Para demostrar la importancia del éxito, pues la situación era tan extrema que ni Abisai ni Joab estaban seguros de alcanzar la victoria. *Segundo:* Para facilitar la consiguiente aplicación al reino de Cristo, y, *Tercero:* Para atribuir todo el honor de la victoria a Dios, afirmando: *"Con Dios haremos proezas, y él hollará a nuestros enemigos"* (60:12).

WILLIAM STREAT [1600-1666]
"The Dividing of the Hooff: Or, Seeming-contradictions Throughout Sacred Scriptures, Distinguished, Resolved, and Applyed", 1654

Título: *Y volvió Joab e hirió a doce mil edomitas en el valle de la Sal.* En los libros históricos se nos habla de dieciocho mil muertos,[20] y aquí solo doce mil. Evidentemente, el número mayor incluye el menor. La discrepancia puede explicarse suponiendo que el título del salmo incluye el número de muertos atribuible a una parte o división del ejército; o que los doce mil murieron en la batalla, y el resto en la huida. O simplemente puede haber un error en la transcripción del texto. Todos los eruditos admiten que a menudo hay serias dificultades para cuadrar los números en el Antiguo Testamento. En este pasaje Calvino tiene *dos y veinte mil,* la versión común *doce mil,* mientras que el original dice *dos diez mil,* que sumándolo significaría *veinte mil,* es decir, dos decenas de miles. Hammond[21] lo explica diciendo que se refiere al número de muertos en diferentes batallas, y así evita la dificultad.

WILLIAM SWAN PLUMER [1802-1880]
"Studies on the Book of Psalms", 1867

Título: *El valle de la Sal.* La colina de *Usdum*[22] muestra claramente que se trata de una formación geológica peculiar; el cuerpo principal de la montaña es una masa sólida de sal de roca … Tan pronto la avistamos, apenas podíamos dar crédito a nuestros ojos, hasta que nos acercamos a los

[18] 1 Crónicas 18:12.
[19] 1 Crónicas 19:12.
[20] 2 Samuel 8:13. 1 Crónicas 18:12.
[21] Se refiere a HENRY HAMMOND [1605-1660], clérigo anglicano, autor de *"Paraphrase and Annotations on the New Testament"*, y *"Paraphrase and Annotations on the Old Testament"* aunque esta segunda obra no llegó a terminarla.
[22] Nombre árabe de *Jebel Usdum* conocido en hebreo como הר סדום *har sedom* o "Monte Sodoma", una colina compuesta casi enteramente de sal gema. Tiene unos 8 kilómetros de largo por 5 kilómetros de

precipicios y pudimos comprobarlo tanto a través del sentido del tacto como del gusto. La sal, expuesta de ese modo a la intemperie, se ve erosionada de manera importante por las lluvias; por lo que a medida que avanzábamos, enormes rocas de sal, caídas de las paredes a modo de escombros, nos cortaban constantemente el paso.[23] Las piedras que pisábamos eran sal pura ... La posición geográfica de esta colina, en el extremo sur del Mar Muerto, nos permite averiguar el lugar del *"Valle de la Sal"* mencionado en la Escritura, donde los israelitas, primero bajo el liderazgo de David; y posteriormente en época de Amasías,[24] obtuvieron victorias decisivas sobre Edom. El *"Valle de la Sal"* no puede ser otro que *El Ghor* o Valle del Jordán, al sur del Mar Muerto, adyacente a la montaña de sal, y que ciertamente separaba los antiguos territorios de Judá y Edom.

Edward Robinson [1794-1863]
"Biblical Researches in Palestine and the adjacent regions", 1856

Estructura: Se puede decir propiamente que el cántico consta de tres partes: la queja, (60:1-3); la alegría, (60: 4-8); y la súplica, (60:9-12). Lo hemos dividido según parece cambiar el sentido y el ánimo del autor.[25]

C. H. Spurgeon

Versión poética:

Deus repulisti, nos et dextruxiste nos

A tu pueblo, Señor, abandonaste
y lo pusiste en el mayor peligro;
es que entonces estabas enojado,
y ahora tu piedad se ha condolido.

Hiciste estremecer toda la tierra
poniéndola en estrechos y en conflictos:
acaba de soldar sus tristes quiebras
haciendo que recobre el ser antiguo.

Hiciste que tu pueblo experimente
vivamente el rigor de tus castigos,

ancho, se eleva 226 metros por encima del nivel de agua del Mar Muerto, pero sigue estando 170 metros por debajo del nivel del Mar Mediterráneo.

[23] Una de estas rocas desprendidas es la que se conoce por su forma de figura humana como "la mujer de Lot".

[24] 2 Reyes 14:7; 2 Crónicas 25:11.

[25] Dice Francisco Lacueva [1911-2005] en su versión española del "Comentario de Matthew Henry": «Este salmo comienza con un aire de derrota para terminar con clamor de victoria. Alude a la guerra narrada en 1 Crónicas 19:6-19. Vemos que David era tan devoto en su adversidad como en su prosperidad. Aquí: I. Reflexiona sobre el estado de humillación nacional durante bastantes años (60:1-3). II. Toma nota del feliz cambio que se había operado recientemente (v. 4). III. Ora a Dios que Israel se vea libre de sus enemigos (60: 5). IV. Canta victoria con la esperanza de sus triunfos (60:6-12)».

y le hiciste beber un vino amargo,
vino de compunción, terrible vino.

Así instruyes, Señor, a los que amas,
pues que con corto y paternal aviso,
les haces entender cuánto son fuertes
de tus iras los golpes vengativos.

Esto lo haces, mi Dios, para que cautos
se preserven del mal tus escogidos,
bendito seas, arma pues tu mano,
para librarnos de los enemigos.

Tú mismo declaraste en tu santuario,
que yo voy por la victoria conducido
de Siquem seré dueño de sus valles,
y de sus tabernáculos vecinos.

Que allí tendré la dulce complacencia,
el placer inefable y exquisito
de mandar que se midan los terrenos,
y poder repartirlos a mi arbitrio.

El oráculo está verificado,
mío es Galaad, y Manasés es mío,
Efraín honor de mi corona,
y cabeza de todo aquel recinto.

Judá es el principal de mis estados,
allí he puesto mi trono esclarecido,
y con Moab, tan rico y opulento,
alimenté a mi pueblo, y le hice rico.

Los Filisteos, aunque tan valientes,
a mis leyes están ya sometidos,
ahora voy caminando a la Idumea,
y ponerla a mis pies también confío.

Mas ¿quién me hará forzar sus fuertes plazas?
¿quién podrá conducirme sin peligro
al centro de aquel reino poderoso?
¿quién ha de ser, mi Dios, sino tú mismo?

Quién sino tú, Señor, aunque otras veces
nos has por nuestras culpas repelido,
¿nos dejarás ahora, y a la frente
de nuestras tropas no vendrás conmigo?

Protégenos, Señor, porque el socorro
de los hombres sin ti, socorro es tibio,
nosotros pelearemos valerosos;
pero tú vencerás los enemigos.

DEL "SALTERIO POÉTICO ESPAÑOL", SIGLO XVIII

Vers. 1. *Oh Dios, tú nos has desechado, nos quebrantaste; te has airado; ¡vuélvete a nosotros!* *[Oh Dios, tú nos has desechado, nos quebrantaste; te has airado; ¡vuélvete a nosotros!* RVR*] [Oh Dios, tú nos has rechazado, nos has quebrantado, te has airado. Restáuranos, oh Dios.* LBLA*] [¡Oh Elohim! Tú nos has rechazado, airado, nos quebrantaste. ¡Vuélvete a nosotros!* BTX*] [Oh Dios, tú nos has rechazado y has abierto brecha en nuestras filas; te has enojado con nosotros: ¡restáuranos ahora!* NVI*] [Oh Dios, nos has rechazado, nos has destruido; aunque estás enfurecido, ¡acógenos de nuevo!* BLP*] [Nos has rechazado, oh Dios, y quebraste nuestras defensas. Te enojaste con nosotros; ahora, restáuranos al gozo de tu favor.* NTV*]*

En la época anterior al reinado de Saúl, Israel había caído en la anarquía;[26] durante la época de Saúl había sufrido conflictos internos, y su dinastía se cerró con un desastre fratricida en Gabaón.[27] David se hallaba en posesión de un trono que se tambaleaba, perturbado por el doble problema de facciones internas e invasiones desde fuera. Pero achacó el mal a su verdadera fuente, y empezó a resolverlo en el propio manantial. Su procedimiento político fue el de la clemencia, que, después de todo, es siempre el más sabio. Era consciente de que lo que había acarreado a la nación todas sus calamidades era el desagrado del Señor, y puso manos a la obra para revertir ese desagrado con oración ferviente.

Oh Dios, tú nos has desechado.[28] Nos has considerado algo sucio y ofensivo, indigno de ser preservado; como seres miserables y mezquinos, merecedores de ser rechazados con desprecio; como ramas secas e inservibles, que deber ser desgajadas del tronco porque lo desfiguran.[29] Ser desechado por Dios es la peor calamidad que puede ocurrir a una persona o a un pueblo; y peor aún cuando la tal persona o pueblo no es consciente de ese rechazo y permanece indiferente al mismo. Puesto que cuando hay conciencia de la deserción divina, y esta genera duelo y arrepentimiento, será tan solo parcial y temporal; cuando un alma desechada suspira por su Dios, nunca es rechazada definitivamente.[30]

[26] Jueces 17:6; 21:25.
[27] 2 Samuel 2:12-32; 3:1, 6-39.
[28] En hebreo: זְנַחְתָּנוּ *zənaḥtānū* de זָנַח *zanach,* "rechazar". Un verbo habitual en el Salterio y los Libros Proféticos: *"nos has rechazado y nos has confundido, y no sales con nuestros ejércitos… Levántate! No nos rechaces para siempre"* (Salmo 44:10, 24 LBLA). Ver también Salmo 74:1; 89:38; Lamentaciones 2:7.
[29] Romanos 11:17-21.
[30] La versión griega de los LXX o Septuaginta lee este primer versículo del salmo (60:1) del siguiente modo: ὁ θεός, ἀπώσω ἡμᾶς καὶ καθεῖλες ἡμᾶς, ὠργίσθης καὶ οἰκτίρησας ἡμᾶς que la Vulgata traduce al latín como: *"Deus, repulisti nos, et destruxisti nos; iratus es, et misertus es nobis",* "Dios, nos desechaste, nos destruiste, te airaste, pero tuviste misericordia de nosotros". Los Padres de la Iglesia comentan:

– BASILIO DE CESAREA [326-379] lo expresa en estos términos: «Desechaste a quienes se alejaban de ti en proporción a sus pecados; destruiste la perversidad acumulada en nosotros; pero fuiste misericordioso por causa de nuestra debilidad. Te airaste porque *"éramos por naturaleza hijos de ira … sin esperanza y sin Dios en el mundo"* (Efesios 2:3, 12); pero te compadeciste entregando a tu Hijo Unigénito como

Nos has quebrantado.[31] David ve claramente los resultados de la ira divina, atribuye la huida de los guerreros de Israel, la devastación de su poder militar, la división en su cuerpo político, a la mano de Dios. Quienquiera que fuera el agente secundario de estos desastres, David contempla la mano del Señor como su razón primaria y principal, y aboga ante el Señor para resolver el problema. Israel era como una ciudad con una brecha abierta en sus murallas, porque su Dios estaba airado con ella. Los dos primeros versículos del salmo, con su confesión deprimente, han de ser considerados como una exaltación del poder de la fe, que en los versículos posteriores se regocija en los triunfos de días mejores, por medio del retorno de la gracia de Dios a su pueblo.

Te has airado. Esta es la razón oculta de todas nuestras miserias. Si te hubiéramos complacido, tú te habrías complacido en nosotros; pero anduvimos apartándonos de ti, y tú has procedido en contra nuestra.

¡Vuélvete a nosotros![32] Perdona nuestro pecado y sonríenos de nuevo. Haz que nos volvamos a ti, y vuélvete tú a nosotros. Antaño tu rostro permanecía vuelto hacia tu pueblo, complácete pues en mirarnos de nuevo con tu favor y gracia. Algunos traducen: *"Volverás a nosotros",* sin embargo, poca diferencia hace el tiempo verbal, porque la oración de un corazón sincero atrae la bendición con tal rapidez que no es ninguna presunción considerarla como ya obtenida.[33] Era más necesario que Dios se volviera de nuevo hacia a su pueblo, que no que tropas de Judá fueran valientes, o que Joab y sus comandantes fueran buenos estrategas. *"Dios con nosotros"* es mucho mejor que nutridos y fuertes batallones;[34] pero que Dios esté disgustado con nosotros, es más temible que todos los miles de edomitas apostados en el Valle de la Sal, o todos los demonios juntos oponiéndose a la Iglesia. Si el Señor se vuelve hacia nosotros, ¿qué nos importan los *Aram-naharaim o Aram-sobá*, o la muerte, o el infierno? Pero si nos retira su presencia, temblamos ante una hoja que se mueve.

C. H. SPURGEON

Oh Dios, tú nos has desechado. La raíz hebrea del verbo זְנַחְתָּנוּ *zənaḥtānū* de זָנַח *zanach* que utiliza aquí el salmista, viene propiamente de corrupto, rancio, hediondo, algo que se ha echado a perder y en consecuencia debe ser tratado de acuerdo con estas características: rechazado,

---

propiciación por nuestros pecados, para que tengamos redención por medio de la fe en su sangre (Romanos 3:24-25; 1 Juan 4:10)».

– AGUSTÍN DE HIPONA [354-430] abunda y amplia la idea con este excelente comentario: «Nos desechaste, nos destruiste, te airaste… pero te compadeciste. Nos destruirte para edificarnos de nuevo, porque nos habíamos deteriorado; destruirte el edificio caduco del viejo hombre para edificar en nosotros el del hombre nuevo, el cual permanecerá por la eternidad (Romanos 6:6-9; Colosenses 3:9-10). Tenías razón y motivos sobrados para airarte, pero te compadeciste; entonces, fue para nuestro bien que te airaste, pues de no haberte airado no te hubieras compadecido. Nos desechaste en tu ira destruyendo nuestra decrepitud externa; pero te compadeciste en tu misericordia renovando nuestro interior, por ello *"no desmayamos; sino que, aunque este nuestro hombre exterior va decayendo, el interior, no obstante, se renueva de día en día"* (2 Corintios 4:16)».

[31] En hebreo פְּרַצְתָּנוּ *pəraṣtānū* de פרץ *parats.* El sentido en este caso de "quebrar o abrir una recha en algo compacto y pasar a través", como en Jueces 21:15; 2 Samuel 5:20. SCHÖKEL traduce: "*rompiste nuestras filas*".

[32] En hebreo תְּשׁוֹבֵב לָנוּ *təšōwḇêḇ lānū* de שׁוב *shub,* "revertir algo", hacerlo regresar a su estado inicial o precedente.

[33] Salmo 139:4.

[34] Deuteronomio 23:14; Romanos 8:31.

despreciado, desechado. Es un lenguaje fuerte, que implica que Dios decidió tratarlos como si fueran para él algo apestoso.[35]

ALBERT BARNES [1798-1870]
"Notes, critical, explanatory, and practical, on the book of Psalms", 1868

Vers. 2. *Hiciste temblar la tierra, la has hendido; sana sus roturas, porque titubea.* *[Hiciste temblar la tierra, la has hendido; repara sus grietas, porque se desmorona.* RVR*] [Has hecho temblar la tierra, la has hendido; sana sus hendiduras, porque se tambalea.* LBLA*] [Has hecho temblar el país, lo resquebrajaste. ¡Repara sus grietas, porque se desmorona!* BTX*] [Has sacudido la tierra, la has resquebrajado; repara sus grietas, porque se desmorona.* NVI*] [Tú haces temblar la tierra, la resquebrajas, ¡cierra sus grietas pues se está desmoronando!* BLP*] [Sacudiste nuestra tierra y la abriste en dos. Sella las grietas, porque la tierra tiembla.* NTV*]*

Hiciste temblar la tierra.[36] Todo era tan inestable que el salmista lo describe como un terremoto, pues no había más que inquietud: los sacerdotes habían sido asesinados por Saúl, los puestos de poder estaban ocupados por los peores, el ejército destrozado por los filisteos, y la autoridad civil inexistente debido a insurrecciones y luchas intestinas.

La has hendido.[37] Igual que en los movimientos sísmicos violento la tierra se hunde y se abren profundas grietas, también el reino se había desgarrado con la contienda y la calamidad.

[35] Dice al respecto SCHÖKEL: «En el Salmo 60, el causante de la desgracia es Dios mismo. ¿Pronuncia el salmista un acto de acusación contra él? No. Reconoce más bien que Dios controla y dirige los acontecimientos, afirmando con ello que su derrota no ha sido mérito del enemigo, según leemos en Deuteronomio: *"Yo había dicho que los esparciría lejos, que haría cesar de entre los hombres la memoria de ellos, de no haber temido la provocación del enemigo, no sea que se envanezcan sus adversarios, no sea que digan: Nuestra mano poderosa ha hecho todo esto, y no Jehová ... Ved ahora que solo yo soy, y no hay dioses conmigo; yo hago morir, y yo hago vivir; yo hiero, y yo sano; y no hay quien pueda librar de mi mano"* (Deuteronomio 32:26-27, 39). Si el Señor ha causado la desgracia, él puede remediarla, y a él toca remediarla (Isaías 19:22; Oseas 6:1). Una visión que se vio afianzada y consolidada en el exilio».

[36] הִרְעַשְׁתָּה אֶרֶץ *hir'aštāh 'ereṣ* de רָעַשׁ *raash,* "terremoto, temblor". Muy ligado a la teofanía o presencia de Dios (1 Reyes 19:1); a victorias y derrotas militares (Jeremías 8:16; 51:29); y a grandes acontecimientos (Amós 1:1; Zacarías 14:5). Ver su uso en el Cántico de Débora en Jueces 5:4; en el cántico de liberación de David 2 Samuel 22:8 (Salmo 18:7); y en los Salmos 46:3; 68:8; 72:18; Isaías 13:13; 14:18; Jeremías 8:16; 10:10; 49:21; 50:46; 51:29; Ezequiel 26:15; 27:18; 31:16; 38:20; Joel 2:10; 3:16. Dice SCHÖKEL: «Las derrotas dejan el país asolado cual si hubiera sufrido un terremoto». Y KRAUS: «La catástrofe de Israel se proyecta a dimensiones cósmicas. Su desgracia es como un terremoto que hace que tiemble el mundo y lo desgarra abriendo grietas (…) La tierra se tambalea. Con la destrucción del pueblo de Dios se han estremecido los fundamentos del mundo (…) El hecho de que el pueblo de Dios haya sucumbido en una catástrofe militar no solo es deplorado como un *"rechazo"* (60:1), sino que esa desgracia se compara al mismo tiempo con una catástrofe cósmica (60:2); los fundamentos mismos de la tierra se tambalean. Indudablemente se expresa aquí una seguridad incomparable en la elección divina (60:5) (…). Lo que sigue siendo un hecho importante es la palabra de salvación de Yahvé, una palabra que se basa en antiguos fundamentos y que ahora es presentada de nuevo ante los oídos de la comunidad atribulada como una palabra divina válida e inviolable (60:6-8)» [Los Salmos, Vol. II, Sal. 60-150 Ediciones Sígueme, Salamanca, 1993].

[37] En hebreo פְּצַמְתָּה *pəṣamtāh* de פָּצַם *patsam,* "abrir una brecha", fisura o grieta en un muro. Ver Isaías 30:13

Repara sus grietas.[38] Como una casa sacudida por un terremoto, cuyas paredes comienzan a agrietarse, y las fisuras amenazan toda su estructura, así era con el reino.

Porque se desmorona Todo el reino se tambaleaba, y si no era apuntalado y reparado con rapidez, pronto se desplomaría por entero. Tan bajo había caído Israel, que solo la intervención divina podía preservarlo de la destrucción total. Cuántas veces hemos visto iglesias en estas mismas condiciones, y cuán adecuada en tales casos es la oración del salmista, en la que lo apremiante y extremo de la necesidad se utiliza como argumento para implorar la ayuda. Y lo mismo puede decirse de nuestra fe personal, que a veces es probada de tal modo, que como un edificio sacudido por un terremoto, está a punto de desmoronarse al menor toque, y nadie fuera del Señor mismo, puede reparar sus grietas y salvarnos de la destrucción total.

C. H. SPURGEON

Repara sus grietas, porque se desmorona. Suplica a Dios que esto lo haga con la mayor celeridad, ya que cualquier demora entrañaba un peligro inminente puesto que el reino se caía en pedazos, estaba al borde de la ruina. La palabra hebrea מָטָה *māṭāh* de מוֹט *mot,* tiene su raíz en la idea de oscilación y creciente inclinación hacia un lado, propiamente por la acción de una *palanca,* y se aplica a lo que habiéndose inclinado en exceso ha superado el punto de equilibrio y está próximo a volcar. Figurativamente, y aplicado al ser humano, expresa una condición *extremadamente peligrosa* en la que uno se encuentra al filo de la destrucción.

HERMANN VENEMA [1697-1787]
"Commentarius ad Psalmos", 1762

Repara sus grietas, porque se desmorona. Israel no está exento de grietas, antes por el contrario, es propenso a ellas. Así fue con el Israel histórico, el reino de David; y así es también con el Israel místico y espiritual, el reino de Cristo, la Iglesia de Dios en la tierra. Sufre constantemente de golpes externos, y de fisuras internas que causan grietas. Invertiré la orden. Desde afuera: oposición, críticas y persecución abierta; dentro: discrepancias doctrinales y divisiones intestinales retroalimentadas. De ambas cosas ha tenido la Iglesia de Dios experiencia suficiente a lo largo de todas las épocas. Basta con que miremos a sus inicios, la iglesia primitiva, la más sólida y cohesionada que jamás haya existido, pero ¡cómo se agrietó quebrantada tanto por las persecuciones externas como por las divisiones internas! Desde la época misma de los apóstoles se ha visto la Iglesia angustiada y amenazada por ambas cosas: enemigos de afuera que la persiguen y fracciones dentro que la debilitan. Señor *"Repara sus grietas, sana sus hendiduras, porque se desmorona".*

JOHN BRINSLEY [1600-1665]
"The Healing of Israel's Breaches", 1641

Repara sus grietas, porque se desmorona. Es decir, a menos que sea rápidamente apuntalado, sus grietas reparadas y sus hendiduras sanadas, no presagia nada buena bueno, fuera de ruina y derrumbamiento. Así es como David contemplo la grave enfermedad que padecía Israel, y se sintió tan

[38] En hebreo רָפָה שְׁבָרֶיהָ *rəpāh šəḇārehā* de רָפָא *rapha*, "sanar, reparar". La concepción de Dios como el "Restaurador" o reparador de grietas la encontramos en diversos textos: *"y serás llamado reparador de brechas, restaurador de calzadas"* (Isaías 58:12), aunque en este último caso se utilice un verbo distinto: גָּדַר *gadar*. Ver también Isaías 61:4; Amós 9:11, 14. Dice SCHÖKEL al respecto: «Dado el uso frecuente y vario de la raíz שָׁבַר *shabar* la frase puede incluir sintéticamente muchas cosas: curar heridas corporales, reconstruir ruinas urbanas, reparar el quebranto político, consolar el espíritu».

profundamente afectado por ella, que implora su cura con notoria ansiedad. La principal referencia, según nos indican los intérpretes, es a las *divisiones internas,* la guerra civil declarada entre las casas de Saúl y de David tras la muerte de Saúl:[39] entonces *"la tierra"*, esa tierra de Israel (como clarifica la versión Caldea[40]) *se estremeció y tembló,* quedando *desgarrada y rota* (que es lo que significa el verbo hebreo הִרְעַשְׁתָּה *hir'aštāh* de רָעַשׁ *raash* en el original), tal y como sucede a veces físicamente a causa de los terremotos, que la tierra se parte y se desgaja, quedando dividida por enormes y prodigiosas grietas, profundos abismos e infranqueables hendiduras: así era en aquellos momentos el reino de Israel, desgajado por la conmoción de la guerra civil, con sus nobles y plebeyos tomando partido y dividiéndose: unos con David y otros con Is-boset.[41]

JOHN BRINSLEY [1600-1665]

Vers. 3. *Has hecho ver a tu pueblo cosas duras; nos hiciste beber vino de aturdimiento.* *[Has hecho ver a tu pueblo cosas duras; nos hiciste beber vino de aturdimiento.* RVR*] [Cosas duras has hecho ver a tu pueblo; nos has dado a beber vino embriagador.* LBLA*] [Duras cosas has hecho ver a tu pueblo, nos has dado a beber el vino del aturdimiento.* BTX*] [Has sometido a tu pueblo a duras pruebas; nos diste a beber un vino embriagador.* NVI*] [Hiciste pasar a tu pueblo duras pruebas, nos diste a beber un vino que aturde.* BLP*] [Has sido muy estricto con nosotros, nos hiciste beber de un vino que nos dejó tambaleantes.* NTV*]*

Has hecho ver a tu pueblo cosas duras.[42] Se habían ido amontonando penalidades sobre ellos una tras otra, y el salmista traza con rigor el curso de las mismas hasta a su verdadero manantial. Nada había sucedido fortuitamente o por casualidad, todo había acontecido por designio divino y con un propósito, pero para Israel había sido extremadamente duro. Es de notar que el salmista afirma aquí que siguen siendo el pueblo del Señor: *"tu pueblo",* aunque en el primer versículo había dicho, *"nos has desechado"*. Es habitual que, en medio de la aflicción, el lenguaje de la queja se tiña de confusión, y la fe tenga que contradecir a su debido tiempo las declaraciones desesperadas de la carne.

---

[39] 2 Samuel 3:1.

[40] Existen cuatro versiones caldeas o siríacas importantes: la SIRÍACA ANTIGUA (s. II); la SIRÍACA CURETONIANA, una copia de la siríaca antigua producida en el siglo V que se conserva en el Museo Británico de Londres desde 1842; la SIRÍACA PESHITTA (s. IV), la más conocida, una revisión de la versión siríaca antigua que llegó a ser la "versión autorizada" de la iglesia siríaca; y la SIRÍACA FILOXENIA (principios del s. VI), conocida también como *Heracleana* porque algunos creen que fue reeditada por Tomás de Heraclea. Lo más probable es que se refiera a la Peshitta.

[41] 2 Samuel 2:8-32.

[42] AGUSTÍN DE HIPONA [354-430] lo aplica a la Iglesia y dice: «*"Has sometido a tu pueblo a duras cargas"* ¿Cuáles? Las persecuciones que tuvo que padecer la Iglesia cuando se derramó la sangre de los mártires.... cuando ser cristiano no era un privilegio sino una ignominia, cuando el signo de la cruz era un delito. Pero fue precisamente entonces, cuando el signo de la cruz no era un honor sino un delito, que la Iglesia de Cristo forjo su fundamento testimonial; y sobre la base de estos testimonios triunfó y se expandió hasta conquistar naciones ... Se vio perseguida y oprimida, cargada con el fardo pesado y abrumador que los hombres habían puesto sobre sus espaldas; pero aliviada con la carga ligera de Cristo que le daba alas. Porque hay pesos que son necesarios para poder volar. Si a un pájaro le cortas las alas, físicamente lo habrás librado de un peso; pero cuanto más sea el peso del que le hayas librado, tanto más pegada quedará a la tierra. Llevemos pues con gozo nuestra carga cuando es carga de Cristo; no seamos indolentes, y apartémonos de aquellos que se niegan a llevarla; porque cuanto mayor sea el gozo con que la llevemos, más ligera la encontraremos, y más nos arrebatará hacia el cielo despegándonos de la tierra».

Nos hiciste beber vino de aturdimiento.[43] Nuestras aflicciones nos han dejado como embriagados con un vino potente y amargo; estamos aturdidos, confusos, delirando; nuestros pasos tambalean y vamos de un lado a otro como quien está a punto de caer.[44] El médico divino administra a sus pacientes potentes pociones destinadas a purgar sus abundantes y graves enfermedades. «A grandes males, grandes remedios» dice un viejo refrán. A veces algunos males impresionantes conllevan resultados asombrosos. Las uvas de la viña del pecado escancian un vino que llena de angustia incluso a los más endurecidos, cuando la justicia les obliga a apurar la copa. Hay un "agua de fuego"[45] que oprime el alma, y cuya copa hace temblar incluso a los justos porque inunda su alma con una tristeza agónica. Cuando el dolor se vuelve algo tan habitual que se convierte en nuestra bebida, usurpando todo el espacio que corresponde a nuestras alegrías y convirtiéndose en nuestro único vino, ciertamente, estamos en situación crítica.

C. H. SPURGEON

Has hecho ver a tu pueblo cosas duras. Dios se asegurará de arar su propio campo, sin importarle cual sea el destino de las tierras áridas; y de arrancar todas las malas hierbas de su propio jardín, aunque el resto del mundo quede abandonado a su propia suerte y crezca salvaje.

JOHN TRAPP [1601-1669]
"A commentary or exposition upon the books of Ezra, Nehemiah, Esther, Job and Psalms", 1657

Nos has dado a beber perplejidad o aturdimiento, como aquellos que beben vino. Así es como traduce y explica Hupfeld[46] la construcción gramatical peculiar en este y otros pasajes similares en los que se utiliza una evidente figura de lenguaje: *"Les has dado a comer pan de lágrimas, y les has hecho beber lágrimas en gran abundancia"*;[47] *"Echad a este a la cárcel, y alimentadlo con pan de*

---

[43] En hebreo: הִשְׁקִיתָנוּ יַיִן תַּרְעֵלָה *hišqîṯānū yayin tar'êlāh* de תַּרְעֵלָה *tarelah,* un vocablo que solo ocurre tres veces, en este versículo (60:3) y en Isaías 51:17, 22. La versión griega de los LXX o Septuaginta lee: οἶνον κατανύξεως que la Vulgata traduce al latín como: *"vino compunctionis"*, "vino de compunción". La versión Sefardí de Ferrara traduce: *"Vino de temblor"*. El sentido es de un vino que causa mareo, vértigo, perdida de los sentidos, aturdimiento. El concepto simbólico de la ira divina como algo que se bebe *"The Cup of Wrath"* (La copa de la ira); y con el vino *"The Grapes of Wrath"* (Las uvas de la ira), es evidente en numerosos pasajes: *"que bebiste de la mano de Jehová el cáliz de su ira; porque el cáliz del aturdimiento bebiste hasta las heces"* (Isaías 51:17). Los más conocidos y evidentes son Apocalipsis 14:19-20; 16:19; 19:15-21; pero la misma idea la encontramos en Deuteronomio 32:32-33 Job 21:20; Salmo 11:6; 75:8; Isaías 51:22; 63:6; Jeremías 25:15, 17, 27-28.

[44] Ver el comentario de Hermann Venema en el versículo anterior (60:2) sobre el sentido del verbo hebreo מָטָה *māṭāh* de מוט *mot,* que tiene su raíz en la idea de oscilación y creciente inclinación hacia un lado, y se aplica a lo que habiéndose inclinado en exceso ha superado el punto de equilibrio y está próximo a volcar.

[45] En el original *"a fire wáter"*, agua de fuego, un término utilizado en el *slang* o lenguaje popular para referirse a todo tipo bebidas alcohólicas fuertes, aunque también se aplicaba ocasionalmente al *whiskey* y al famoso *grog* de los marineros, una mezcla de ron y agua.

[46] Se refiere a HERMANN HUPFELD [1796-1866], teólogo, orientalista y comentarista alemán nacido en Marburg, donde cursó sus estudios y ejerció como profesor de teología hasta su traslado a Halle para suceder a WILHELM GESENIUS [1786-1842]. Autor de numerosas obras de teología y exégesis, su principal contribución fue su *"Übersetzung und Auslegung der Psalmen"*, comentario crítico y exegético al libro de los Salmos que comenzó a aparecer en 1855 y se completó en 1861.

[47] Salmo 80:5.

aflicción y agua de aflicción";[48] *"el Señor os ha dado pan de escasez y agua de opresión"*.[49] Pero la aposición[50] puede explicarse también de otra manera, porque el segundo sustantivo puede ser, de hecho, un predicado que defina aún más el primero. En tal caso sería: *"Nos has dado para beber vino, (que no es vino sino) aturdimiento"*.[51]

JOHN JAMES STEWART PEROWNE [1823-1904]
"Commentary on the Book of Psalms", 1864

Nos hiciste beber vino de aturdimiento. O *"vino intoxicante"* En hebreo תַּרְעֵלָה *tar'ēlāh*, es decir, que hace tambalear o produce vértigo; en otras palabras: que intoxica, marea y hace que la persona se bambolee. Algunos traducen *"vino de estupor"* o vino estupefaciente. Símaco[52] traduce *"vino de agitación"*, este último sentido (que es también el de la versión Siríaca) es mi favorito.[53]

BENJAMIN BOOTHROYD [1768-1836]
"Biblia Hebraica", 1813

Vers. 4. *Has dado a los que te temen bandera que alcen por causa de la verdad. Selah.* *[Da a los que te temen una bandera para que la alcen por la verdad. Selah.* RVR*] [Has dado un estandarte a los que te temen, para que sea alzado por causa de la verdad. Selah.* LBLA*] [Pero a tus fieles has dado un estandarte, para que sea desplegado por causa de la verdad. Selah.* BTX*] [Da a tus fieles la señal de retirada, para que puedan escapar de los arqueros. Selah* NVI*] [La bandera que diste a tus fieles, fue para que huyeran ante los arqueros. Pausa.* BLP*] [Pero has levantado un estandarte para los que te temen: un punto de reunión en medio del ataque. Interludio.* NTV*]*[54]

---

[48] 1 Reyes 22:27.

[49] Isaías 30:20.

[50] La APOSICIÓN es una construcción gramatical de dos elementos (nombres, pronombres) en el que el uno determina o modifica al otro explicando algo relativo al mismo.

[51] En hebreo הִשְׁקִיתָנוּ יַיִן תַּרְעֵלָה *hiśqîṯānū yayin tar'ê-lāh.*

[52] Se refiere a SÍMACO EL EBIONITA [finales siglo II] autor de una de las versiones griegas del Antiguo Testamento incluidas por Orígenes [1768-1836] en su *Hexapla* y *Tetrapla,* que comparaba varias versiones del Antiguo Testamento línea con línea con la versión griega Septuaginta.

[53] Algunos comentaristas ven en estas palabras una conexión simbólica con la amenaza de Deuteronomio 28:34: *"Y enloquecerás a causa de lo que verás con tus ojos"*.

[54] Un versículo de traducción particularmente difícil en el que las distintas versiones difieren muy significativamente. En hebreo: נָּתַתָּה לִּירֵאֶיךָ נֵּס לְהִתְנוֹסֵס מִפְּנֵי קֹשֶׁט סֶלָה *nāṯattāh lîrê'eḵā nês ləhiṯnōwsês mippənê qōšeṭ selāh*. El significado es complejo, puesto que la versión griega de los LXX o Septuaginta lee: ἔδωκας τοῖς φοβουμένοις σε σημείωσιν τοῦ φυγεῖν ἀπὸ προσώπου τόξου. διάψαλμα. que la Vulgata traduce al latín como: *"Dedisti metuentibus te significationem, ut fugiant a facie arcus; ut liberentur dilecti tui"* "Diste a los que te temen una señal, para que huyan de la faz del arco, y se libren tus amados", es decir, la Vulgata añade al final del versículo cuatro (60:4) la primera frase del versículo cinco (60:5). La Peshitta o versión caldea hace lo mismo y lee: *"Has dado estandarte a tus adoradores, de modo que no huyan del arco"*. Tanto la NVI como la BLP, así como SCHÖKEL y KRAUS, siguen esta misma línea; SCHÖKEL traduce: *"has izado una bandera a tus fieles, para que escaparan ante los arcos"*; KRAUS *"Erige una señal para los que te temen, para que puedan huir del arco"*. FELIPE SCIO DE SAN MIGUEL [1738-1776] en su versión española de la Vulgata lo explica con la siguiente nota: «Alude a la costumbre en las batallas de la antigüedad de izar una bandera en un punto elevado para que los que huían, viéndose perseguidos y acosados supiesen donde se tenían que refugiar (Isaías 11:12)». A pesar de que el uso en el texto hebreo del verbo לְהִתְנוֹסֵס *ləhiṯnōwsês* de נוּס *nus,* pueda dar pie a esta interpretación, en tanto que por más que pueda entenderse como

Has dado un estandarte a los que te temen, para que sea alzado por causa de la verdad. Aquí la tensión da un giro. El Señor se ha vuelto de nuevo hacia sus siervos y los ha comisionado para su servicio, confiándoles un estandarte para que lo utilicen en sus guerras:

Has dado un estandarte a los que te temen. Sus tribulaciones los habían llevado a un santo temor, y ahora, de nuevo aptos para ser objeto del favor divino, el Señor les da un estandarte, que sería tanto un punto de reunión para sus huestes, como una demostración de que él los había enviado a pelear y una garantía de victoria.[55] Los soldados valientes suelen sentirse alentados al contemplar su bandera; y ciertamente, quienes temen a Dios, tienen motivos para sentir menos temor del hombre que cualquiera de los demás, en tanto que el Señor les ha dado el estandarte del evangelio. Vivamos para mantenerlo en alto, y si es necesario, muramos defendiéndolo.[56] Nuestro derecho a luchar por Dios, y nuestra razón para esperar el éxito, parten de que la fe ha sido una vez dada a los santos,[57] por el propio Señor.

Para ser desplegada por causa de la verdad. Las banderas son para ondear al viento, flamear bajo los rayos del sol, y alentar en la batalla. Bien podía Israel avanzar con audacia en la lucha, porque les había sido entregado un estandarte sagrado que iba en alto por delante de ellos Proclamar el evangelio es un deber sagrado; avergonzarse de él, un pecado mortal. En el triunfo de los ejércitos de David estaba involucrada la verdad de Dios, pues él les había prometido la victoria; así también en la proclamación del evangelio no hemos de vacilar, porque con la misma seguridad y certeza como que Dios es veraz, así hará que su palabra triunfe. Por amor a la verdad, y porque el Dios verdadero está de nuestro lado, en estos tiempos modernos de batalla que nos toca vivir, emulemos a los guerreros de Israel, despleguemos nuestras banderas al viento con confianza y alegría. Ninguna señal oscura de mal presente o venidero debe desanimarnos; si el Señor hubiera querido destruirnos, no nos habría dado el evangelio; el hecho mismo de que se haya revelado en Cristo Jesús implica la certeza de la victoria: *"Magna est veritas et praevalebit"*,[58] la verdad es poderosa y prevalecerá.

Cosas duras nos has echado encima,
y nos hiciste beber el vino más amargo;

"ondear, desplegar" o "izar al aire", no deja de ser cierto que su primera acepción es la de escapar o huir, también es preciso tener en cuenta que el מִפְּנֵי קֹשֶׁט *mippənê qōšeṭ*, "por causa de la verdad", está muy claro.

[55] Isaías 11:12.

[56] Basado en este versículo (60:4) y el texto de 1 Corintios 15:25, hay un antiguo y bien conocido himno de Daniel Webster Whittle [1840-1901]: *"Banner of the Cross"*, que traducido al español por el misionero de las "Asambleas de Hermanos" en España, Henry Turrall [1867-1953], expresa en poesía de un modo hermoso y magistral esta idea de Spurgeon: «Cual pendón hermoso despleguemos hoy / La bandera de la cruz, / La verdad del Evangelio, el blasón / Del soldado de Jesús. Coro: Adelante, adelante, / En pos de nuestro Salvador /Nos da gozo y fe nuestro Rey / Adelante con valor».

[57] Judas 1:3.

[58] La cita procede de lo que se conoce como "Esdrás griego" o "Εσδρας Α", que forma parte de texto de la versión griega o Septuaginta, pero que difiere del Texto Masorético. Profusamente citado por los Padres de la Iglesia figura como apéndice en la Vulgata con el nombre de *"Liber Esdrae Tertius"*, pues fue excluido del canon por el Concilio de Trento. Formaba también parte tanto de la versión inglesa *King James Version* en su edición de 1611 como "1 Esdras", y también de la versión española de la Biblia Reina-Valera en su edición de 1564, conocida como "Biblia del Oso". Concretamente en inglés, el versículo completo de 1 Esdras 4:41 en la KJV dice: *"And with that he held his peace, and all the people then shouted and said, Great is trueth, and mightie aboue all things"*, "I dicho esto quedó en paz, y entonces todo el pueblo gritó: 'Grande es la verdad, y prevalece por encima de todas las cosas'" La versión en latín de la Vulgata, (según la cita Spurgeon) es: *"Magna est veritas et praevalebit"*, (Poderosa es la verdad y prevalece) una frase mundialmente conocida y utilizada como lema por muchas instituciones universitarias.

pero aún así tu estandarte hemos alzado,
y puesto en alto tu verdad divina.

Nuestro valor no cede, aunque en la noche
ninguna lámpara terrenal alumbre,
porque pronto te levantarás en tu poder,
y harás cautivos a los que nos esclavizan.[59]

Selah. Hay tanta enjundia en el hecho de que a las huestes de Israel les haya sido dada una bandera, tanto de esperanza, de deber, de consuelo, que el salmista introduce una pausa. El sentido lo justifica, y el ritmo más alegre de la música lo requiere.

C. H. SPURGEON

Has dado un estandarte a los que te temen. En la antigüedad la entrega o concesión de una bandera o estandarte era valorado como un vínculo o pacto de tutela, una obligación de dar soporte y proteger al que lo recibía, y es más que probable que el salmista lo viera bajo esta perspectiva. Ante una invasión de sirios y edomitas; con los asuntos internos en Israel en un estado tan deplorable que se ve en la necesidad de reconocer: *"Has hecho ver a tu pueblo cosas duras;* de pronto, levanta el ánimo y exclama: *"Has dado un estandarte a los que te temen"*. El sentido es, dicho en otras palabras: aunque por un tiempo has abandonado a tu pueblo Israel en manos de sus enemigos, ahora le has dado garantías de que lo has puesto de nuevo bajo tu protección.

THOMAS HARMER [1715-1788]
"Observations on Divers Passages of Scripture", 1774

Has dado un estandarte a los que te temen. Fiel a tu promesa, nos has dado con la reciente victoria una bandera de triunfo que nuevamente podamos levantar en medio de nuestra situación deplorable, (tal es el sentido del hebreo). En la segunda cláusula: *"para que la alcen por la verdad"*, el término *"verdad"* responde a la santidad de Dios,[60] según se desprende del versículo seis (60:6). Mientras los soldados contemplen en alto ese estandarte confirmando lo que: *"Dios ha hablado en su santuario"*, lo seguirán con absoluta confianza; pero en cuanto la santidad decaiga, sus espíritus flaquearán y sus esperanzas se hundirán. Mantener ese estandarte en alto es garantía de seguridad, y punto de reunión para todos aquellos que luchan bajo la protección divina.

ANDREW ROBERT FAUSSET [1821-1910]
"Studies in the CL Psalms their undesigned coincidences with the independent Scripture histories confirmingand illustrating both", 1876

[59] Se trata de una versificación del Salmo 60 hecha por el propio Spurgeon y titulada *"Prayer on Depression"*, que comienza diciendo en la primera línea de la primera estrofa *"O God, Thou hast cast off Thy saints"*, y que figuraba en *"Our Own Hymn Book"* de 1866. Cita aquí la tercera y cuarta estrofa que el original inglés dicen: *"Hard things thou hast upon us laid, / And made us drink most bitter wine; / But still thy banner we have / displayed, / And borne aloft thy truth divine. / Our courage fails not, though the night / No earthly lamp avails to break, / For thou wilt soon arise in might, / And of our captors captives make"*.

[60] Recordemos que la versión inglesa KJV traduce el versículo seis (60:6) como: *"God hath spoken in his holiness"*, "Dios ha hablado en su santidad".

Has dado un estandarte a los que te temen. El salmista compara la salvación que el Señor otorga a su pueblo a un estandarte excelente, que sirve como señal para levantar a quien se halle postrado en su miseria; probablemente una alusión a la serpiente de metal en el desierto: *"Y Jehová dijo a Moisés: Hazte una serpiente de bronce refulgente, y ponla sobre un asta; y cualquiera que haya sido mordido y mire a ella, vivirá".*[61] Pero en cualquier caso, aún admitiendo que no hubiera una relación directa, si tomamos en cuenta lo expresado en el versículo dos del salmo (60:2): *"Sana sus hendiduras"*, el pasaje en el que la serpiente levantada sobre un hasta es un símbolo del poder curativo de Dios, puede servir para ilustrar el versículo que tenemos ante nosotros.

Erns Wilhelm Hengstenberg [1802-1869]
"Commentary on the Psalms", 1860

Has dado un estandarte a los que te temen. Un estandarte o bandera es una señal o símbolo:

1. *De unión.* Este pueblo, que estuvo hasta ahora dividido bajo varias banderas, lo has reunido y juntado ahora bajo un mismo estandarte, esto es, bajo mi gobierno.
2. *De batalla.* Nos has dado un ejército y la capacidad para enfrentarnos a nuestros enemigos. A partir de ahora tenemos un estandarte propio para oponer al suyo.
3. *De triunfo.* No hemos perdido nuestro estandarte, al contrario, nos hemos apoderado del suyo y nos lo hemos llevado en señal de triunfo: *"Nosotros nos alegraremos de tu victoria, alzaremos pendón en el nombre de nuestro Dios".*[62]

Mathew Poole [1624-1679]
"English Annotations on the Holy Bible", 1683

Vers. 5. *Para que se libren tus amados, salva con tu diestra, y óyeme.* *[Para que se libren tus amados, salva con tu diestra, y óyeme.* RVR*] [Para que sean librados tus amados, salva con tu diestra, y respóndeme.* LBLA*] [Para que sean librados tus amados, ¡haz que tu diestra nos salve, y respóndenos!* BTX*] [Líbranos con tu diestra, respóndenos para que tu pueblo amado quede a salvo.* NVI*] [Sálvanos con tu poder, atiéndenos, para que tus amados queden libres.* BLP*] [Rescata ahora a tu pueblo amado; respóndenos y sálvanos con tu poder.* NTV*]*[63]

Para que sean librados tus amados. David era el amado del Señor, su nombre significa *"querido o amado"*,[64] y ciertamente quedaba en Israel un remanente según la elección de la gracia, que eran los amados del Señor; por su causa el Señor hizo grandes maravillas, y tenía sus ojos puestos en ellos en

---

[61] Números 21:8. Muchos de los Padres de la Iglesia (Orígenes, Atanasio, Arnobio, Teodoreto, Eusebio) ven en este "estandarte" la señal de la sangre en los dos postes y el dintel de las casas de los israelitas la noche de la matanza de los primogénitos en Egipto (Éxodo 12:7), símbolo de la sangre del Cordero y señal de la cruz; otros ven la señal puesta sobre los indultados en el castigo infligido a la ciudad contaminada (Ezequiel 9:4-6), y que la Vulgata describe como la señal de tau: *"et signa thau super frontes"*, y que los cristianos primitivos utilizaban también como símbolo de la cruz.

[62] Salmo 20:5.

[63] En hebreo (לְמַעַן יֵחָלְצוּן יְדִידֶיךָ הוֹשִׁיעָה יְמִינְךָ [וַעֲנֵנוּ כ] (וַעֲנֵנִי׃ ק) *ləma'an yêḥāləṣūn yəḏîḏeḵā hōwōšî'āh yəmînəḵā [wa'ănênū k] (wa'ănênî q).* El verbo יֵחָלְצוּן *yêḥāləṣūn* de חָלַץ *chalats* significa "extraer" o sacar algo de allí donde se encuentra tirando de ello. Una traducción más literal podría ser: *"Para que los amados sean extraídos (o arrebatados)"*. La versión Caldea o Peshitta hace una peculiar pero interesante traducción: *"porque has provisto de armas a tus amados"*.

[64] En hebreo דָּוִד *ḏāwiḏ* de דּוֹד *dod*, "amado".

todos sus actos poderosos. Los amados de Dios son la simiente interior, por cuyo amor preserva a toda la nación, pues hacen la función de cáscara o corteza a la parte vital. Este es el propósito primordial de la providencia: *"para que sean librados tus amados"* de no ser por ellos nunca les hubiera dado estandarte ni concedido la victoria.

Salva con tu diestra, y óyeme. El orden de los términos es significativo, y no es casual: salva y óyeme. Salva de inmediato, ya mismo, antes de que concluya la oración; pues el caso es desesperado a menos que haya salvación inmediata. No te demores, oh Señor, no aguardes a que termine mi súplica: actúa primero y escucha después. La salvación debe ser un derecho real y eminente, tal como solo la mano omnipotente de Dios ligada con su sabiduría infinita puede lograr. La urgencia de la angustia aboca a los hombres a peticiones apremiantes y audaces, tales como esta. Por fe podemos pedir y esperar lo extremo, haciendo de lo desesperado de nuestra situación una oportunidad para que Dios actúe; las desgracias y calamidades extremas inminentes dan pie a liberaciones extremas y memorables. Aquí vemos como uno intercede por muchos, y así fue también la intercesión de nuestro Señor a favor de sus santos: Cristo, Señor de David,[65] suplica por los demás amados, amados por haber sido hechos aceptos en él el Amado principal; busca su salvación como si fueran algo propio, porque sus ojos están siempre sobre todos aquellos que son una sola cosa con él en el amor del Padre.[66] Cuando es necesaria la intervención divina para el rescate de los elegidos, esta tiene lugar irremisiblemente; porque la prioridad fundamental de la providencia es el honor de Dios y la salvación de sus elegidos. Esto es destino inalterable; el núcleo central del decreto inquebrantable; el pensamiento más recóndito del inmutable Jehová.

C. H. SPURGEON

Vers. 6. *Dios ha dicho en su santuario: Yo me alegraré; repartiré a Siquem, y mediré el valle de Sucot.* *[Dios ha hablado en su santuario: ¡Qué alegría! repartiré a Siquem, y mediré el valle de Sucot.* RVR*] [Dios ha hablado en su santuario: Me alegraré, repartiré a Siquem, y mediré el valle de Sucot.* LBLA*] [Elohim respondió desde su santuario: ¡Yo me alegraré! ¡Repartiré a Siquem, y mediré el Valle de Sucot!* BTX*] [Dios ha dicho en su santuario: «Triunfante repartiré a Siquén, y dividiré el valle de Sucot.* NVI*] [Dios ha hablado en su santuario: "Me regocijaré al repartir Siquén, cuando divida el valle de Sucot.* BLP*] [Por su santidad, Dios ha prometido: «Dividiré a Siquem con alegría y mediré el valle de Sucot.* NTV*]*[67]

Dios ha hablado en su santuario. Nunca la fe es se siente tan gozosa como cuando puede apoyarse sobre las promesas de Dios. Las pone por encima de todo tipo de circunstancias desalentadoras; y digan lo que digan los escenarios externos, la voz de un Dios fiel ahoga todos los sonidos de alerta y embates de temor. Dios había prometido a Israel la victoria, y a David el reino; la santidad de Dios garantizaba el cumplimiento de su propio pacto, y por tanto, el salmista se expresa con total y absoluta confianza. La posesión de la tierra había sido garantizada a las tribus por la promesa hecha

[65] Salmo 110:1; Mateo 22:44; Efesios 1:20-22.
[66] Juan 17:20-21.
[67] En hebreo: אֱלֹהִים דִּבֶּר בְּקָדְשׁוֹ *'ĕlōhîm dibber bəqāḏəšōw*, tanto puede significar *"Dios habla en su santuario"* como *"Dios promete por su santidad"*. Las dos lecturas implican el carácter solemne de la declaración. Lo que sigue a continuación (60:6-8) describe el poder divino sobre amigos y enemigos. Es importante recordar que los versículos que van del seis al doce (60:6-12) son prácticamente idénticos a los versículos siete al trece (108:7-13) del Salmo 108 en lo que parece una mera repetición.

a Abraham,[68] y la dación divina era garantía suficiente para que los ejércitos de Israel creyeran que triunfarían en la batalla. Creyente, aplícate esto y expulsa de tu interior todas las dudas, porque las promesas del Señor permanecen para siempre.

Yo me alegraré. O también *"triunfare"*.[69] La fe considera la promesa no como una fantasía sino como un hecho consumado y, por tanto, bebe de su gozo, y en ella abraza ya la victoria. *"Dios ha hablado ... yo me alegraré"*; he aquí el emblema para todo soldado de la cruz.

Repartiré a Siquem, y mediré el valle de Sucot. Cuando *"Dios ha hablado"* y pronunciado un *"así será"*, expresarse en tiempo futuro y decir *"haré"*, no es vanagloria, sino un eco consecuente del decreto divino. Creyente, levántate y toma posesión de las misericordias del pacto; *reparte a Siquem y mide el valle de Sucot.* No dejes que las dudas y legalismos cananeos te mantengan fuera de la herencia de la gracia. Vive a la altura de tus privilegios, y disfruta de todo lo bueno que Dios te concede.

C. H. Spurgeon

Dios ha hablado en su santuario.[70] Es decir, por boca Samuel había prometido, como Dios santo y verdadero, fiel a su palabra, que yo sería rey de todo Israel, y ahora lo ha cumplido.[71] Calvino lo comenta asumiendo que cuando David escribió el salmo eso todavía no había tenido lugar; pero el curso de la historia deja claro que era rey cuanto menos sobre las partes que menciona. La manera de expresarse: *"repartiré a Siquem, y mediré el valle de Sucot"* como territorios sujetos a él, es a la de Josué, que teniendo la tierra bajo su dominio la repartió entre su pueblo; y David, establecido como rey de toda la tierra de Israel, divide entre sus seguidores las porciones que les pertenecieron por herencia, pues algunos habían sido expropiados durante el reinado de Is-boset; o puede que durante las guerras algunas familias hubieran sido exterminadas completamente, y en consecuencia el rey disfrutaba de la facultad de disponer libremente de sus tierras para darlas a sus hombres, o reservarse una parte para sí mismo.

John Mayer [1583-1664]
"A Commentary upon the whole Old Testament", 1653

Dios ha hablado en su santuario. Es decir, ha dado su palabra desde el cielo morada de su santidad y de su gloria; o bien: lo ha dicho en pura verdad, pues en su palabra no hay sino santidad (este es el sentido y la fuerza de la frase en hebreo). Habiendo recibido de parte de Dios semejante promesa, David se siente seguro de que Siquem y Sucot, Galaad y Manasés, Efraín y Judá se someterían voluntariamente a él y le obedecerían; así como como también Moab, Edom y Filistea, enemigos declarados, pues estaba seguro de triunfar sobre ellos y someterlos a vasallaje, porque Dios lo había decretado en su santidad. *"Dios ha hablado"*, afirma, por lo tanto, así será y puede darse por hecho. En consecuencia: *mío es Galaad y mío es Manasés; Moab y Edom son míos*, tan pronto como Dios lo ha dicho y decretado por su palabra.

Joseph Caryl [1602-1673]

---

[68] Génesis 15:18; Josué 21:43.

[69] En hebreo אֶֽעְלֹ֗זָה *'e'lōzāh* de עָלַז *alaz*, que tanto puede significar triunfo como regocijo, pues lo que expresa en realidad es el regocijo del triunfo. Schökel traduce: *"Triunfante repartiré Siquén"*. La versión Caldea o Peshitta lee: *"me haré fuerte"*.

[70] En hebreo: אֱלֹהִ֤ים דִּבֶּ֥ר בְּקָדְשׁ֗וֹ *'ĕlōhîm dibber bəqāḏəšōw* de קֹ֫דֶשׁ *qodesh,* "santidad". La versión inglesa KJV traduce el versículo seis (60:6) como: *"God hath spoken in his holiness"*, "Dios ha hablado en su santidad".

[71] 2 Samuel 5:1-5.

Repartiré a Siquem. Es tanto como si dijera: No dejaré que mi parte sea medida por otros, sino que la mediré y dividiré yo mismo personalmente, y seré el legítimo propietario y poseedor de ella.[72]

THOMAS WILCOCKS [1549-1608]
"Meditations on Psalm LX", 1699

Repartiré a Siquem. Siquem y el valle de Sucot es donde Jacob acampó e hizo cobertizos para su ganado.[73] Por ellos se entiende Samaria; y el reparto o unificación de esos territorios mencionado aquí por David, no es más que una frase hecha para expresar su dominio sobre ellos que pasaban a ser parte de la jurisdicción real, distribuyéndolos en ciudades y regiones, y nombrando jueces y magistrados sobre ellos. A estos suma Galaad (que incluía toda la región de Basán al otro lado del Jordán); y también Manasés y Efraín, que simbolizan las diez tribus, es decir todo el reino de Israel, que pasaba también a ser suyo, *"yelmo de mi cabeza"*, con lo que se declara señor con pleno dominio sobre ellos y derecho a utilizar toda su fuerza militar en sus guerras para defender o ampliar sus dominios. Finalmente menciona a Judá como מְחֹקְקִי *məḥōqəqî, "Judá es mi legislador"*; una clara referencia a la profecía de Jacob: *"no será quitado el cetro de Judá, ni el legislador de entre sus pies"*;[74] indicando

[72] Los versículos seis al ocho del Salmo 60 (que se repiten en el Salmo 108:7-13), en los que es Dios quien toma la palabra y sentencia, tienen numerosas y muy diversas interpretaciones. Los Padres de la Iglesia los interpretaron por lo general en clave cristológica viendo en ellos la predicación del evangelio en todas las naciones:

– TEODORETO DE CIRO [393-458] hace uno de los más peculiares al comentar el versículo ocho (60:8) donde ve en la sandalia arrojada sobre Edom la divinidad encarnada sometiendo a todos los pueblos gentiles bajo el yugo de Cristo. SCHÖKEL cita como más significativo el de:

– ATANASIO DE ALEJANDRÍA [296-373] que va en la misma línea: «En el Salmo 57:5 suplicaba el salmista *"¡Álzate, oh Dios, sobre los cielos! Llena la tierra sea tu gloria"*; aquí Dios le responde: *"Llenaré la tierra con mis iglesias"*».

Pero más allá de esto, la profecía divina sobre el reparto de la tierra expresada en estos textos, ha dado pie a infinidad de conclusiones especulativas que alcanzan hasta la época presente y la existencia del actual Estado de Israel. Dice:

– KRAUS al respecto: «La sentencia divina no solo renueva el antiguo orden de cosas y reparto de la tierra (60:6-7); sino que dictamina también que los Estados vasallos rebeldes de Edom, Moab y Filistea quedan bajo la jurisdicción de Yahvé (Ver: Isaías 11:13-16; Amos 9:12; Sofonías 2:4-7; Zacarías 9:5.8) (…) Es preciso tener en cuenta debidamente que los enunciados del oráculo divino de salvación forman parte de un complejo característico de tradición. Los antiguos órdenes salvíficos del pueblo de Dios (la posesión de la tierra, la pertenencia del reino septentrional al gran Israel, las prerrogativas de Judá) se consideran inviolables. Incluso en momentos de grandes catástrofes que lo echan todo por tierra, ese orden salvífico se proclama de nuevo. Aunque el Israel septentrional esté invadido por poderes extranjeros, el país pertenece a Yahvé. Y los antiguos Estados vasallos de Edom, Moab y Filistea quedan incluidos también en este orden salvífico. No se puede dudar ni por un instante de que aquí interviene la teología de la salvación que es propia del santuario davídico: *"Dios ha dicho en su santuario"* (60:6a). En ella se combinan las antiguas concepciones israelitas acerca de la distribución de la tierra (60:6b) y las promesas de salvación y victoria en la guerra santa, con esta teología del santuario real que se halla en Jerusalén» [Los Salmos, Vol. I, Sal. 1-59; Ediciones Sígueme, Salamanca, 1993].

[73] Génesis 33:17-18.

[74] Génesis 49:10.

que sería la tribu real; y la menciona para dejar claro que el reino de Judá (que comprendía también la tribu de Benjamín), era también posesión suya.

HENRY HAMMOND [1605-1660]
"Paraphrase and Annotations on Book of Psalms", 1659

Mediré el valle de Sucot. Si nuestras investigaciones son correctas, podemos concluir que el סֻכּוֹת *Sukkoth* mencionado aquí equivale al nombre y el lugar del antiguo Sucot[75] (...) Caminamos oblicuamente a lo largo de la ladera norte, donde el suelo estaba cubierto tan solo por una gruesa capa de cardos. A nuestra derecha estaba el fondo del valle, una región de tierras bajas a la que gradualmente íbamos descendiendo, cubierta de hierba, avena silvestre, cardos, y algún espino ocasional. La hierba estaba entremezclada con altas margaritas; y la avena salvaje llegaba a la espalda de los caballos; mientras que los cardos alcanzaban a veces la cabeza del jinete. Aunque en esta época del año todo estaba seco, en algunos lugares se nos hacía difícil avanzar a través de la exuberante vegetación. Por fin llegamos hasta el origen de toda esta fecundidad: un arroyo abundante que serpentea por el fondo. Lo cruzamos también oblicuamente y nos encaramamos por la otra ladera, cubierta de cardos como la anterior. Aquí había un viejo molino de aceite, enorme y de una sola piedra, que evidentemente fue traída de alguna otra parte, pero una clara indicación de que en otras épocas se había cultivado el olivo. Nos encontramos de nuevo con el arroyo en su manantial, llamado Ain el Beida, una fuente con un chorro de agua considerable, rodeada de huertos de pepinos. Estábamos en el límite de la parte más alta del Ghôr,[76] donde las crestas y laderas se proyectan desde el pie de las montañas occidentales, y forman una llanura o meseta cultivable, bien regada y bien aprovechada para sembrar trigo. El tramo más al este, que se extiende hasta la margen alta del valle bajo del Jordán, tiene menor elevación, y aunque más nivelada, tiene poca labranza. Los habitantes de Tûbâs se dividen en tres facciones hostiles; y trasladan sus divisiones y rencillas personales a su agricultura en el Ghôr: unos siembran en Ain el Beida, otros alrededor de Ain Makhûz, más en el norte; y el tercer grupo en Ridghah, más al sur.

EDWARD ROBINSON [1794-1863]
"Biblical Researches in Palestine and the adjacent regions", 1856

Vers. 6-7. Los territorios que el salmista menciona en los versículos seis y siete (60:6-7) eran los principales territorios en los que se había asentado el partido sedicioso, básicamente: *Siquem,* ciudad de la tribu de Efraín; *Sucot,* de la tribu de Gad; y en *Galaad* y *Manasés,* las fronteras extremas de la tierra de Canaán más allá del Jordán. Fueron los principales territorios que apoyaron a Is-boset mientras vivió, como se desprende por lo que parece del capitulo segundo del libro segundo de Samuel; y aún después de su muerte siguieron por un tiempo fieles a la casa de Saúl sin reconocer a David por su rey.[77]

JOHN BRINSLEY [1600-1665]

Vers. 7. *Mío es Galaad, y mío es Manasés; y Efraín es la fortaleza de mi cabeza; Judá es mi legislador.* *[Mío es Galaad, y mío es Manasés; y Efraín es el yelmo de mi cabeza; Judá es mi cetro.* RVR*] [Mío es Galaad, mío es Manasés, Efraín es el yelmo de mi cabeza, Judá es mi cetro.* LBLA*] [Mío es Galaad y mío es Manasés, Efraín es el yelmo de mi cabeza, y Judá cetro de mi justicia.* BTX*] [Mío es Galaad, mío es Manasés; Efraín es mi yelmo y Judá mi cetro.* NVI*] [Mío es Galaad,*

[75] Génesis 33:17; Éxodo 12:37; 13:20; Números 33:5-6; Josué 13:27; Jueces 8:5-6, 8, 14-16.

[76] Nombre árabe del valle de Sucot.

[77] 2 Samuel 2:12-32; 3:1, 6-39.

mío es Manasés, es Efraín el yelmo de mi cabeza, es Judá el cetro de mi poder. BLP*] [Galaad es mío, y también Manasés. Efraín, mi casco, producirá mis guerreros, y Judá, mi cetro, producirá mis reyes.* NTV*]*

Mío es Galaad, y mío es Manasés. En base a la promesa reclama para sí toda la tierra. Menciona dos otras grandes divisiones del país, evidentemente deleitándose en examinar la buena tierra que el Señor le había dado. Todas las cosas son nuestras, ya sean cosas presentes o venideras; a ningún creyente corresponde una porción mezquina, y no debe verla con ojos mezquinos. Ningún enemigo podrá privar a la fe verdadera de aquello que Dios le ha otorgado, porque la gracia la capacita con el poder suficiente para arrancarla de manos del enemigo. La vida es mía, la muerte es mía, porque Cristo es mío.[78]

Y Efraín es el yelmo[79] de mi cabeza. Todo el poder militar de la tribu más valerosa estaba bajo el mando de David, y alaba a Dios por ello. Dios someterá al cumplimiento de sus propósitos toda la fuerza y valentía de los hombres; bien puede la Iglesia gritar, «toda proeza de los ejércitos es mía», porque Dios revertirá todos sus logros para el progreso de su causa.

Judá es mi legislador.[80] Allí se concentraba todo el poder civil: puesto que el rey pertenecía a esa tribu promulgó todas sus leyes y decretos desde su seno. No reconocemos a otro legislador, fuera del Rey que salió de Judá. A todas las exigencias y pretensiones de Roma, de Oxford o de los Concilios de los hombres, no les prestamos ninguna atención; nos consideramos libres de todo gobierno eclesiástico, fuera del de Cristo; solo a él rendimos gozosa obediencia, porque: *"Judá es mi legislador"*. En medio de tanto desconcierto, es una gran cosa contar con una legislación sólida y buena; para Israel fue un bálsamo a sus heridas, y es nuestro gozo en la Iglesia de Cristo.

C. H. SPURGEON

Mío es Galaad, y mío es Manasés. Es decir, me apoderaré de ellos y ejerceré sobre ellos mi dominio; no para esclavizarlos como conquistador, sino para gobernarlos con equidad como corresponde a un rey con sus súbditos; los reconoceré como míos, como hace un padre con sus hijos, pues son mi heredad y serán mi pueblo.

JOHN BRINSLEY [1600-1665]
"The Healing of Israel's Breaches", 1641

Y Efraín es el yelmo de mi cabeza. La tribu de Efraín era fuerte y aguerrida, bien preparada para el combate; dentro del conjunto de un ejército venía a ser lo que el casco o yelmo es a un guerrero en batalla. O tal vez se trate de una alusión al Deuteronomio donde dice con referencia a Efraín: *"Como el primogénito de su toro es su gloria, y sus astas como astas de búfalo; con ellas acorneará a los pueblos juntos hasta los fines de la tierra"*.[81]

JOHN JAMES STEWART PEROWNE [1823-1904]
"Commentary on the Book of Psalms", 1864

[78] Romanos 8:35-39; 1 Corintios 15:54-57.
[79] En hebreo: מָעֽוֹז *mā'ōwz,* protección.
[80] En hebreo: יְהוּדָה מְחֹקְקִי *yəhūḏāh məḥōqəqî* de חָקַק *chaqaq,* "esculpir, inscribir, decretar, legislar". La versión Caldea o Peshitta lee: *"Judá mi rey"*.
[81] Deuteronomio 33:17.

Judá es (o será) *mi legislador.* Todos sus súbditos debían quedar bajo un mando único, sometidos a una sola *Cabeza,* un gobernador que dictara leyes según las cuales debían regirse, y esa autoridad, en base a la profecía de Jacob a la que alude aquí el salmista,[82] correspondía a la tribu de Judá. No había otro modo de conducir nuevamente al pueblo a la unidad que reintegrarlos en un solo cuerpo, que sometiéndolos bajo una misma cabeza, un legislador por cuyas leyes se regularan y gobernaran. En la Iglesia, y las cuestiones de la fe, esta Cabeza es Cristo, León de la tribu de Judá, como se le llama en el Apocalipsis.[83] Él es el *Legislador,* quien dicta las leyes de su Iglesia, y así debe ser. Este Fundamento único,[84] es el único medio para fomentar una unidad religiosa santificada, y conducir al redil a las ovejas errantes y extraviadas.

JOHN BRINSLEY [1600-1665]
"The Healing of Israel's Breaches", 1641

Judá es mi cetro. Ningún gobierno que no estuviera sólidamente establecido en Judá tenía la más mínima posibilidad de subsistir.

JUAN CALVINO [1509-1564]

Vers. 8. *Moab, vasija para lavarme; sobre Edom echaré mi calzado; me regocijaré sobre Filistea.* *[Moab, una jofaina para lavarme; sobre Edom echaré mi calzado; sobre Filistea cantaré victoria.* RVR*] [Moab es la vasija en que me lavo; sobre Edom arrojaré mi calzado; clama a gritos, oh Filistea, a causa de mí.* LBLA*] [Moab, vasija para lavarme; sobre Edom echaré mi calzado, y sobre Filistea lanzaré mi grito de victoria.* BTX*] [En Moab me lavo las manos, sobre Edom arrojo mi sandalia; sobre Filistea lanzo gritos de triunfo».* NVI*] [Es Moab la vasija en que me lavo, sobre Edom arrojo mi sandalia, sobre Filistea proclamo mi victoria".* BLP*] [Pero Moab, mi lavamanos, se convertirá en mi siervo, y sobre Edom me limpiaré los pies y gritaré triunfante sobre Filistea».* NTV*]*

Moab, vasija para lavarme.[85] Habiendo examinado en primer lugar el interior con satisfacción, el rey héroe mira ahora al exterior con exultación. Moab, tan injurioso conmigo en años anteriores, es ahora mi lavadero. La jofaina en la que cae el agua cuando se vierte de un aguamanil sobre mis pies. Una simple palangana para contener el agua sucia con la que me he lavado. En una época trató de contaminar a Israel siguiendo el consejo de Balaam, hijo de Beor; pero ya no podrá cometer jamás semejante vileza; porque será el lavadero de aquellos a quienes trató de contaminar.[86] Contemplar el fruto del mal obrar de los impíos y el castigo de su pecado, ayuda a la purificación de los santos;

[82] Génesis 49:10.
[83] Apocalipsis 5:5.
[84] 1 Corintios 3:11.
[85] En hebreo: מוֹאָ֨ב סִ֪יר רַחְצִ֡י *mōw'āḇ sîr raḥṣî* de סִיר *ciyr,* "jofaina, vasija": y רַחַץ *rachats,* "lavar". Dice al respecto FRANZ DELITZSCH [1813-1890]: «Moab, el jactancioso, me servirá de "porteador de vasija". El rey de Persia contaba con un sirviente, el *tash-dâr* cuya función era exclusivamente la de ir detrás del monarca acarreando una jofaina dispuesta para lavarse los pies cuando se le antojara, ya fuera de viaje o en batalla (FRIEDRICH VON SPIEGEL [1820-1905], *Avesta,* II, LIXI). El salmista va más allá, no tan solo afirma que Moab irá detrás suyo con la jofaina, sino que el mismo le servirá de jofaina. KRAUS para hacerlo más comprensible sugiere añadir delante de מוֹאָב *mōwāḇ* el vocablo יָם *yam* mar, y traduce: "*El mar de Moab es la jofaina en que me lavo*", es decir en el Mar Muerto.
[86] Números 31:16; Apocalipsis 2:14. Ver también Números 22:1-41; 23:1-30; 24:1-25; 25:1-18.

aunque parezca contradictorio y antinatural, pero la fe encuentra miel en el león,[87] y un lavadero en la suciedad de Moab. David trata a sus enemigos como insignificantes y despreciables; a una nación entera no la considera más que una jofaina para lavar los pies de su reino.

Sobre Edom echaré mi calzado. Como hace una persona cuando se lava los pies, que se quita las sandalias y las lanza a un rincón, así despliega David su dominio sobre los arrogantes descendientes de Esaú, con la misma facilidad con la que se lanza un zapato. Tal vez la idea de *"echaré mi calzado"* guarde una relación con lo que hoy en día entendemos por "arrojar el guante", un concepto de reto o desafío a que se atrevieran a disputar su dominio. Para herir a un adversario ahora mutilado y abatido, no necesitaba ni desenvainar la espada, si se hubieran atrevido a rebelarse le hubiera bastado con *echarles su calzado* para que comenzaran a temblar. Cuando la Omnipotencia va por delante y dirige el camino, somos fácilmente vencedores. Día vendrá en que la Iglesia someterá con la misma facilidad a China[88] y Etiopía al cetro del Hijo de David. Todo creyente puede, por medio de la fe, triunfar con facilidad sobre todas las dificultades y reinar con Aquel que nos ha hecho reyes y sacerdotes.[89] *"Vencieron por medio de la sangre del Cordero"*[90] será dicho de todos los que descansan en el poder de Jesús.

Clama a gritos, oh Filistea, a causa de mí.[91] Puede que el significado sea el siguiente: «Sed tan sumisos como para regocijaros en mis victorias sobre mis otros enemigos». ¿O querrá decir: «Yo que un día derribé a vuestro campeón, finalmente os he sometido de tal manera que jamás podréis volver a regocijaros sobre Israel; y si en algo queréis triunfar tendrá que ser conmigo, jamás contra mí»? O quizá se trate de un desafío provocador, una ironía: «¡Oh, orgullosa Filistea! ¿dónde están tu regocijo y tus jactancias? ¿En qué ha quedado tu altivez y promesas de conquista?» De esa misma manera es como los creyentes osamos a desafiar nuestro postrer enemigo: *"¿Dónde está, oh muerte, tu victoria? ¿Dónde está, oh sepulcro, tu aguijón?"* Cuando el Señor entra en batalla, la causa del infierno es tan desesperada, que incluso la más débil de las hijas de Sión menea la cabeza ante el enemigo y se ríe de él con desprecio. ¡Oh la glorificación de la fe! No hay en ella ni un solo grano de gloria vana, al contrario, sus jactancias santas nadie las puede cuestionar ni entorpecer. Cuando el Señor habla otorgando una promesa, no tardaremos en regocijarnos y gloriarnos en ella.

C. H. SPURGEON

Moab, vasija para lavarme. Implica que Moab debía ser reducido a la esclavitud, puesto que acarrear la vasija para que su amo se lavara era el trabajo de esclavos. Entre los griegos, *"plunein tina"*, dejarle a uno "lavado", era una locución popular despectiva que significaba ridiculizarle, darle una paliza moral, abusar en diversos sentidos;[92] y este es también caso con término hebreo סִיר *sîr* que tiene un significado similar. En este sentido, Aristófanes pone en boca de uno de los personajes de

---

[87] Jueces 14:8-9.

[88] El lector hará bien en recordar que Spurgeon escribía estas palabras en una época en la que Gran Bretaña estaba en guerra con China por las llamadas guerras del opio (1839-1842 / 1856-1860), y acabó derrotándole y apoderándose de la isla de Hong Kong que pasó a ser colonia británica a perpetuidad aunque finalmente fue devuelta a China en 1997.

[89] Apocalipsis 1:6.

[90] Apocalipsis 12:11.

[91] En hebreo: עָלַי פְּלֶשֶׁת הִתְרֹעָעִי *'ālay pəlešeṯ hiṯrō'ā'* de רוּעַ *rua.* Un verbo que significa lanzar gritos agudos, en particular el típico alarido de guerra destinado a alentar a los propios e intimidar al bando de contrario. SCHÖKEL traduce: *"Contra mí, Filistea lanza alaridos"* y comenta al respecto: «La explicación más plausible que se me ocurre es de una alusión irónica y desafiante: 'Anda, lanza ahora tu grito de guerra, enfréntate conmigo si te atreves'». La versión Caldea o Peshitta lee: *"sobre Filistea gritaré"*.

[92] Algo parecido a lo que solemos decir en español castizo: "le ha dejado planchado".

sus comedias la siguiente frase: «No me das la sensación de estar en tus cabales sacándome los trapos sucios (haciendo de mí una "vasija para lavarse") delante de tanta gente»[93]

THOMAS S. MILLINGTON [1821-1906]
"The Testimony of the Heathen to the Truths of Holy Writ", 1863

Sobre Edom echaré mi calzado. La segunda cláusula del versículo mantiene una clara relación con la primera. Cuando un personaje quería lavarse los pies, se sacaba los zapatos o sandalias y las arrojaba a un esclavo para que las apartara y las limpiara; y por regla general el esclavo que limpiaba el calzado era siempre de la clase más inferior. El uso del verbo hebreo שָׁלַךְ *shalak* siempre implicaba una superioridad por parte de la persona que arrojaba un objeto a otra, tal es el caso de Elías sobre Eliseo cuando leemos que *"le echó su manto encima"*,[94] utilizando ese mismo verbo.

ERNS WILHELM HENGSTENBERG [1802-1869]
"Commentary on the Psalms", 1860

Sobre Edom echaré mi calzado. Una frase que transmite claramente el desprecio que sentía hacia ellos, como si hubiera dicho: «Tan solo son dignos de rascar y limpiar mis zapatos». O también, en segundo lugar, su proyecto de conquista: «Marcharé sobre Edom y lo subyugaré».

JOSEPH CARYL [1602-1673]

Sobre Edom echaré mi calzado. La idea del *"echaré mi zapato"* se proyecta por extensión sobre el cuello de los habitantes o sobre sus países, y no significa otra cosa que vencer, conquistar, someter al poder, ocupar y subyugar tales países reduciéndoles a vil esclavitud. En este caso el análisis gramatical es importante pues vierte mucha luz; ya que el origen etimológico de *"possessio"* viene de *"pedum positio"*.[95] La misma relación ideológica entre calzado y posesión encontramos en Deuteronomio en la ley del levirato: *"Y si él persiste y dice: "No deseo tomarla", entonces su cuñada vendrá a él a la vista de los ancianos, le quitará la sandalia de su pie y le escupirá en la cara; y ella declarará: "Así se hace al hombre que no quiere edificar la casa de su hermano." Y en Israel se le llamará: La casa del de la sandalia quitada"*.[96] La aplicación práctica de esta ley del levirato la encontramos en el libro de Rut, en la forma como Booz redime la propiedad de Elimelec sobre la viuda Ruth, que tenía su interés por derecho de su marido en dicha tierra.[97] De hecho el uso de esta figura, vinculando el pie con la posesión, es tan frecuente en la Escritura, que debería sernos tan clara como la luz el día. El propio David, en otro pasaje, cantando sus trofeos, exclama: *"cayeron debajo de mis pies"*.[98] De Caleb hijo de Jefone se dice: *"y a él le daré la tierra que pisó"*.[99] Y al pueblo: *"Yo os he entregado, como lo había dicho a Moisés, todo lugar que pise la planta de vuestro pie. Desde el desierto y el Líbano hasta el gran río Éufrates, toda la tierra de los heteos hasta el gran mar donde se pone el sol,*

[93] ARISTÓFANES [444-385 a.C.] en *Comedias, Pluto,* en boca de "La vieja" dirigiéndose al "joven".
[94] 1 Reyes 19:19.
[95] Término latín usado antiguamente en lenguaje jurídico para indicar propiedad o posesión, y que significa poner el pie encima de algo o posicionar pie, en el sentido de declararse dueño o propietario.
[96] Deuteronomio 25:6-10.
[97] Rut 4:1-12.
[98] Salmo 18:38.
[99] Deuteronomio 1:36.

será vuestro territorio";[100] pero no deben meterse con los hijos de Esaú que habitan en Seir: *"porque no os daré de su tierra ni aun lo que cubre la planta de un pie".*[101]

WILLIAM LOE [1575-1625]
En un sermón ante el Rey en Theobalds titulado *"The King's Shoe, made and ordained to trample on, and to tread down enemies"*, 1623

Sobre Edom echaré mi calzado. Turno, después de haber dado muerte a Palante: «Se puso triunfante de pie sobre su cadáver, para luego empujarle con el pie izquierdo y desposeerle del pesado talabarte».

PUBLIO VIRGILIO MARÓN [70-19 a.C.]
"La Eneida – Libro X"[102]

Filistea, triunfa tú a causa de mí.[103] Yo prefiero traducir: *"Sobre Filistea tengo derecho a jactarme"*, que considero una traducción mucho mejor que no la habitual: *"Filistea, triunfa tú a causa de mí"*, y que a mi modo de ver no aporta ninguna lógica ni significado coherente.

HERMANN VENEMA [1697-1787]
"Commentarius ad Psalmos", 1762

Filistea, triunfa tú a causa de mí. Que nuestras *grietas* no sean la causa del triunfo de nuestros adversarios sobre nosotros. *"No te regocijes contra mí, oh enemigo mío"*. Y si lo son, y consiguen triunfar, entonces que saboreen su triunfo *"Triunfa tú, oh Filistea a causa de mi – o sobre mí"*.

JOHN BRINSLEY [1600-1665]
"The Healing of Israel's Breaches", 1641

Vers. 8-10. Moab al Este, Edom en el Sur, y Filistea al Oeste (no se menciona el Norte, porque allí la bandera de David ya ondeaba victoriosa).

AUGUST FRIEDRICH THOLUCK [1799-1877]
"A Translation and Commentary of the Book of Psalms for the Use of the Ministry and Laity of the Christian Church", 1856

Vers. 9. *¿Quién me llevará a la ciudad fortificada? ¿Quién me llevará hasta Edom?* *[Pero ¿quién me conducirá a la ciudad fortificada? ¿Quién me guiará hasta Edom?* RVR*] [¿Quién me conducirá a la ciudad fortificada? ¿Quién me guiará hasta Edom?* LBLA*] [¿Quién me conducirá a la ciudad fortificada? ¿Quién me guiará hasta Edom?* BTX*] [¿Quién me llevará a la ciudad fortificada? ¿Quién me mostrará el camino a Edom?* NVI*] [¿Quién me llevará a la ciudad fortificada, quién me conducirá hasta Edom?* BLP*] [¿Quién me llevará a la ciudad fortificada? ¿Quién me dará la victoria sobre Edom?* NTV*]*

---

[100] Josué 1:3-4.
[101] Deuteronomio 2:5.
[102] LA ENEIDA fue escrita por Virgilio en el siglo I por encargo del emperador Augusto con el fin de glorificar el Imperio Romano atribuyéndole un origen mítico, por lo que Virgilio, tomando como punto de partida la guerra de Troya y su destrucción, hace de la fundación de Roma un acontecimiento similar y conexo a los legendarios mitos griego.
[103] Traducción que hace la versión inglesa KJV: *"Philistia, triumph thou because of me"*.

¿Quién me llevará a la ciudad fortificada?[104] Las fortalezas interiores de Edom no habían sido sometidas todavía. Sus huestes invasoras habían sido masacradas en el Valle de la Sal, y David tenía la intención de avanzar en sus conquistas hasta Petra, la ciudad esculpida en la roca, que se consideraba inexpugnable.[105] *"¿Quién me llevará a la ciudad fortificada?"* Era prácticamente inaccesible, y de ahí la pregunta de David. Cuando hemos alcanzado un gran éxito, debe servirnos de estímulo para mayores esfuerzos, pero jamás debe convertirse en una razón para poner la confianza en nosotros mismos. Debemos buscar la fuerza en el Fuerte, tanto al final de una campaña como en su inicio.

¿Quién me conducirá hasta Edom? En lo más alto de sus aspiraciones, casi tan inaccesible como las estrellas, se encontraba la ciudad esculpida en la roca. Pero Dios podía conducir fácilmente a su siervo hasta ella. Contando con el Señor como líder, ninguna cota de la gracia nos es inaccesible, pero debemos cuidarnos bien de no intentar asumir metas elevadas con la confianza puesta en nosotros mismos. *"Excélsior"*[106] es un buen lema y bien haríamos en adoptarlo, pero sin dejar de mirar hacia el Altísimo en busca de dirección y ayuda, hacia el que está por encima de todo lo demás. Joab no pudo conducir a David hasta Edom; los valientes y esforzados soldados israelitas, veteranos del valle de la Sal, no lograban abrirse paso. Pero David estaba convencido que debía intentarlo, y por tanto, acude en busca refuerzos al único que podía proporcionárselos, el Señor: *"Con Dios haremos proezas"* (60:12).[107]

C. H. SPURGEON

¿Quién me conducirá hasta Edom? Para acceder a Petra es preciso atravesar una garganta estrecha tallada en la piedra por el curso de un río, y flanqueada por altos precipicios. Este desfiladero tiene

---

[104] En hebreo עִיר מָצֹור *'îr māṣōwr* de מָצֹור *matsor* o *matsur* de צור *tsuwr* y que tanto se utiliza para fortaleza o fortificación como para cerco o asedio (Deuteronomio 20:19-20; 28:53-55; 2 Reyes 25:2; 2 Crónicas 8:5). En el Sa1mo 31:21 leemos בְּעִיר מָצֹור *bə'îr māṣōwr*. FRANZ DELITZSCH [1813-1890] indica que la frase tanto puede entenderse como pregunta como también expresión de un deseo o anhelo: "¡Oh si alguien me condujera a la ciudad fortificada! SCHÖKEL lo traduce en este sentido: *"¡Quién me llevara a la ciudad fortificada, quién me condujera a Edom!"*, una suerte de suspiro irónico introductorio del reproche provocativo en forma de pregunta del versículo siguiente (60:10): *"Pero tú, oh Dios, ¿no nos has rechazado y ya no sales con nuestras tropas?"*, y la petición final (60:11-12): *"Envía tu auxilio contra el enemigo, que es vana la victoria humana. Con Dios haremos proezas, él pisoteará a nuestros enemigos"*. «Reacciona con cierto escepticismo o insatisfacción: ojalá, quién pudiera, ya quisiera yo; el deseo o sueño es irrealizable mientras el Señor prolongue su rechazo y se niegue a acudir a la batalla; con todo, el orante no se rinde, antes reclama esperanzado el auxilio de Dios» [*Salmos, Tomo I, 1-72,* Editorial Verbo Divino, Estella, Navarra, 1992].

[105] SCHÖKEL comparte ese mismo criterio: «La ciudad amurallada o plaza fuerte podría ser Petra, la סֶלַע *Sela* mencionada en 2 Reyes 14:7 (Isaías 16:1; 32:11).

[106] EXCÉLSIOR es una palabra o locución latina que significa: "Aspirar a más; subir más arriba; alcanzar la cumbre; siempre en ascenso". es un término o locución latina que significa: "Aspirar a más; subir más arriba; alcanzar la cumbre; siempre en ascenso". Se utiliza como lema en el escudo de la ciudad de New York y el de muchas instituciones educativas; y como nombre o calificativo de periódicos, clubs deportivos, hoteles e incluso productos a los que se desea dar la imagen de una calidad superior.

[107] BASILIO DE CESAREA [326-379] hace de este versículo una peculiar interpretación. Lo aplica a la venida de Cristo en carne; ve en la ciudad fortificada la Iglesia, fortificada por la fe en él; y a David, como profeta, exclamando: ¡Quién me diera el poder contemplar este espectáculo incomparable de la ciudad fortificada; de Dios habitando entre los hombres! Lo cual se confirma por las palabras del Señor mismo: *"Porque de cierto os digo, que muchos profetas y justos desearon ver lo que veis, y no lo vieron; y oír lo que oís, y no lo oyeron"* (Mateo 13:17)».

casi tres kilómetros y medio de longitud; y en algunos puntos las rocas que sobresalen están tan cerca la una de la otra que solamente hay paso para dos jinetes a la vez.

William King Tweedie [1803-1863]
"Ruined Cities of the East", 1859

¿Quién me conducirá a la ciudad fortificada? Cuando el creyente se promete a sí mismo grandes cosas, no debe cometer la insensatez de no valorar adecuadamente la oposición con la que se tendrá que enfrentar, ni de pasar por alto su propia incapacidad para superar las dificultades; sino que consciente de ambas, debe acudir a Dios en busca de ayuda y recursos para superarlas. Cuando David consideró lo inexpugnable de las ciudades fortificadas del enemigo, exclamó: «*¿Quién me conducirá a la ciudad fortificada? ¿Quién me llevará a Edom?* ¿No lo harás tu, oh Dios?»

David Dickson [1583-1663]
"A Brief Explication of the Psalms from L to C", 1655

Vers. 10. *¿No serás tú, oh Dios, que nos habías desechado, y no salías, oh Dios, con nuestros ejércitos?* *[¿Quién sino tú, oh Dios, que nos has desechado, y no sales ya, oh Dios, con nuestros ejércitos?* RVR*] [¿No eres tú, oh Dios, el que nos ha rechazado? ¿No saldrás, oh Dios, con nuestros ejércitos?* LBLA*] [¿No serás Tú, oh Elohim, que nos habías rechazado? Oh Elohim ¿no saldrás más con nuestros ejércitos?* BTX*] [¿No eres tú, oh Dios, quien nos ha rechazado? ¡Ya no sales, oh Dios, con nuestros ejércitos!* NVI*] [Solo tú, Dios, tú que nos rechazaste, tú que ya no sales con nuestras tropas.* BLP*] [¿Nos has rechazado, oh Dios? ¿Ya no marcharás junto a nuestros ejércitos?* NTV*]*

¿Quién sino tú, oh Dios, que nos has desechado? Sí, el Dios castigador sigue siendo nuestra única esperanza. Porque todavía nos ama. Desecha y abandona a su pueblo por un corto período, pero lo acoge de nuevo con gran misericordia. Y todo lo duro que se muestra a la hora de castigar, lo tiene de poderoso para salvar. El que nos hizo ver nuestra necesidad de él, mostrándonos cuan pobres e insignificantes criaturas éramos sin él, nos revelará ahora toda la gloria de su ayuda conduciéndonos a grandes empresas por una causa noble.

¿No saldrás, oh Dios, con nuestros ejércitos?[108] Sigues siendo el mismo Dios, y a ti se agarra la fe. Aún cuando nos mates, seguiremos confiando en ti, y buscando tu ayuda misericordiosa.[109]

C. H. Spurgeon

Vers. 11. *Danos socorro contra el enemigo, porque vana es la ayuda de los hombres.* *[Danos socorro contra el enemigo, porque vana es la ayuda de los hombres.* RVR*] [Danos ayuda contra el adversario, pues vano es el auxilio del hombre.* LBLA*] [¡Socórrenos contra el adversario, porque vana es la ayuda del hombre!* BTX*] [Bríndanos tu ayuda contra el enemigo, pues de nada sirve la ayuda humana.* NVI*] [Préstanos ayuda frente al enemigo, pues de nada valen ayudas humanas.* BLP*] [Por favor, ayúdanos contra nuestros enemigos, porque toda la ayuda humana es inútil.* NTV*]*

[108] 1 Samuel 4:1-8; 2 Samuel 5:24: *"porque Jehová saldrá delante de ti a herir el campamento de los filisteos"*.
[109] Job 13:15.

Danos socorro contra el enemigo, porque vana es la ayuda de los hombres.[110] Ayúdanos a superar tanto los desastres vergonzosos de los conflictos internos, como las invasiones extranjeras; sálvanos de más incursiones desde el exterior y de la división interior. Obra tú, Señor, esta liberación, porque la ayuda del hombre es vana. Dolorosamente hemos aprendido la impotencia total de ejércitos, reyes y naciones sin tu ayuda. Nuestras banderas arrastradas en el lodo han probado nuestra debilidad sin ti; pero el estandarte que nos has dado y nos precede, testificará de nuestro valor ahora que has venido en nuestro rescate. Que dulce resulta este versículo en labios del pueblo de Dios que es probado, y que lo hace suyo como una jaculatoria frecuente. Sabemos por propia experiencia cuan ciertas son sus palabras.

C. H. SPURGEON

Porque vana es la ayuda de los hombres. Como habían tenido ocasión de comprobar recientemente en el caso de Saúl, un rey que ellos mismos habían escogido, pero que no había podido salvarlos de los orgullosos filisteos.

JOHN TRAPP [1601-1669]
"A commentary or exposition upon the books of Ezra, Nehemiah, Esther, Job and Psalms", 1657

Porque vana es la ayuda de los hombres. Mientras la razón y la mirada encuentren un clavo humano donde agarrarse, no hay lugar para la fe y la esperanza; la abundancia de ayudas terrenales no pone la gracia a prueba, el poder de la fe radica en la ausencia de todas ellas. El ser humano es más fuerte cuando puede caminar por si solo, que cuando lo hace en su niñez agarrado de la mano, o en su vejez apoyándose en un bastón: cuando aprendemos a erguirnos en solitario sobre la Roca de Sión, es cuando nuestras dos piernas, la de la fe y la de la esperanza, más se fortalecen y más útiles nos resultan.

WILLIAM STRUTHER [1578-1633]
"True happines, or, King David's choice", 1633

Vers. 12. *En Dios haremos proezas, y él hollará a nuestros enemigos.* *[Con Dios haremos proezas, y él hollará a nuestros enemigos.* RVR*] [En Dios haremos proezas, y El hollará a nuestros adversarios.* LBLA*] [¡Con Elohim haremos proezas! Él hollará a nuestros enemigos.* BTX*] [Con Dios obtendremos la victoria; ¡él pisoteará a nuestros enemigos!* NVI*] [Con Dios lograremos triunfar, él humillará a nuestros enemigos.* BLP*] [Con la ayuda de Dios, haremos cosas poderosas, pues él pisoteará a nuestros enemigos.* NTV*]*

Con Dios haremos proezas.[111] Todo el poder procede de Dios, y todo lo que hacemos con éxito lo hacemos bajo la intervención divina; pero ello no quita que nosotros, como corresponde a soldados

[110] En hebreo הָבָה־לָּנוּ עֶזְרָת מִצָּר וְשָׁוְא תְּשׁוּעַת אָדָם *hāḇāh-lānū 'ezrāṯ miṣṣār wəšāw təšū'aṯ 'āḏām*. SCHÖKEL dice al respecto: En el contexto bélico, עֶזְרָת *'ezrāṯ* y תְּשׁוּעַת *təšū'aṯse* especifican respectivamente: "auxilio o refuerzo" y "victoria". La segunda frase no lleva cópula explicita: se puede tomar como enunciado: *"vana es la victoria humana"* o como petición: *"fracase la victoria humana"*. Hay dos palabras que parecen jugar con otras precedentes del versículo nueve (60:9): מָצוֹר *māṣōwr,* fortificada con מִצָּר *miṣṣār,* enemigo; y אֱדוֹם *'ĕḏōwm,* Edom con אָדָם *'āḏām,* Adán. El salmista parte de que la victoria es don de Dios, y entre los muchos textos que lo prueban cito Proverbios 21:31: *"El caballo se apareja para el día de la batalla; mas el Señor es el que da la victoria"*.

[111] En hebreo בֵּאלֹהִים נַעֲשֶׂה־חָיִל *bêlōhîm na'ă-śeh-ḥāyil*. בֵּאלֹהִים *bêlōhîm* es una expresión de confianza que roza la frontera de la invocación: contando con Dios, apelando a él, con él y por medio de él. נַעֲשֶׂה־חָיִל

del gran Rey, debemos luchar y hacerlo con valentía. La acción divina no es argumento ni excusa para el relajo y la inacción humana, sino más bien un estimulo hacia un mayor esfuerzo con más valentía. El hecho de haber recibido ayuda en el pasado es garantía de que la recibiremos también en el futuro, y esta seguridad nos incita a tomar riesgos.

Y él hollará a nuestros enemigos. De él procede el poder, y a él corresponde el honor. Como la paja en la era bajo los pies de los bueyes, pisaremos sobre nuestros abyectos enemigos, pero será más bien su pie el que los empuje hacia abajo que no el nuestro; pues su mano procederá contra ellos a fin de derribarlos y mantenerlos bajo sujeción.[112]

En el caso de los cristianos, hay en la primera cláusula de este versículo un importante estímulo para adoptar una resolución similar: procedamos siempre con valentía, no nos avergoncemos de nuestros colores; jamás nos sintamos temerosos de nuestros enemigos o temerosos de nuestra causa. El Señor está con nosotros, la omnipotencia nos sostiene y jamás vacilaremos, toda debilidad y duda están injustificadas y no nos atrevemos a ser cobardes.[113] ¡Oh, si nuestro Rey, el auténtico David, viniera pronto a reclamar la tierra, porque suyo es el reino, y él es quién gobierna entre las naciones!

C. H. SPURGEON

Con Dios haremos proezas, y él hollará a nuestros enemigos. En todas nuestras acciones, pero de manera especial en los momentos de lucha, es preciso unir estas dos cosas: *"Con Dios ... haremos";* Él ... y nosotros; Dios ... y el hombre. Porque juntos:

1. *"Haremos proezas".* Y las haremos nosotros, aportando nuestro esfuerzo y valentía, porque Dios no ayuda a los descuidados, cobardes, perezosos o negligentes.[114] Sin embargo,

2. *"Él hollará a nuestros enemigos".* Por encima de nuestro aporte y participación, la obra sigue siendo suya: *"El hollará";* el asalto y derrocamiento no debemos atribuírnoslos nosotros, son suyos en exclusiva.

ADAM CLARKE [1760-1832]
"Commentary on the Whole Bible", 1831

---

na'ă-śeh-ḥāyil tiene un sentido genérico según se desprende de los textos en los que חָיִל *ḥāyil* se utiliza aplicado a distintos escenarios: militar, como en este versículo, Salmo 118:14-16 o Ezequiel 37:10; económico como en Deuteronomio 8:17-18 y Ezequiel 28:4-6; moral como Proverbios 31:10, 29.

[112] Dice al respecto SCHÖKEL: «יָבוּס *yāḇūs* como gesto de victoria según se emplea también en el Salmo 44:5; Isaías 63:6: *"con mi ira hollé los pueblos, y los embriagué en mi furor, y derramé en tierra su sangre".* Puede expresarse apoyando un pie sobre el cuello rendido del enemigo. La acción, que en el Salmo 44:6 realizan los israelitas en nombre del Señor, la realiza aquí personalmente Dios, el mismo que pronunció el oráculo, el mismo que gana la victoria».

[113] Dice AGUSTÍN DE HIPONA [354-430]: «Nuestras proezas no son externas, sino internas. No las alcanzamos con caballos, espadas y corazas, *"con ejército, ni con fuerza"* (Zacarías 4:6); y no ante el mundo, sino dentro de nosotros mismos. ¿Cómo? Derrotando al viejo hombre, dominando nuestro espíritu; porque *"mejor es el que tarda en airarse que el fuerte; y el que se enseñorea de su espíritu, que el que toma una ciudad"* (Proverbios 16:32)».

[114] Dice FRANCISCO LACUEVA [1911-2005] en su versión española del "Comentario de Matthew Henry": «Tengamos en cuenta que, aun cuando Dios haga todas las cosas por nosotros, siempre deja una parte que nosotros debemos de hacer. La esperanza en Dios debe ser acicate, no freno, de bravura. Quienes cumplen con su obligación bajo el mando de Dios, pueden hacerlo con valentía, pues ¿qué necesidad tienen de temer los que tienen a Dios de su parte?».

SALMO 61

SALMO DEL EXILIADO

Título: *Al músico principal; sobre Neginot. Salmo de David.* El sentido del original indica que tanto el texto del salmo como el instrumento musical eran de David; él escribió los versos y los cantó acompañado por el son de su instrumento favorito y pulsando el mismo sus cuerdas. Hemos dejado atrás los salmos titulados como *Mictam,* pero, aunque le falte el calificativo de *"áureo"* seguimos caminando sobre una alfombra de oro en lo que hace a enseñanza y reflexión. La indicación בִּנְגִינוֹת *bingînōwṯ, "sobre Neginot"* de este Salmo la hemos visto ya anteriormente en los Salmos 4, 6, 54 y 55, pero con la diferencia que aquí la palabra נְגִינַת *nəḡînaṯ* está en singular: y con razón, pues se trata de un Salmo de carácter muy personal, configurado de manera especial para la devoción privada.[1]

C. H. SPURGEON

La palabra נְגִינַת *nəḡînaṯ* (el singular de *Neginot)* puede interpretarse como sinónimo de כִּנּוֹר *kinnor* o arpa: es decir, el instrumento de ocho cuerdas que probablemente se tocaba con un arco o plectro.

JOHN JESS

Tema y estructura: Este Salmo es una perla: corto pero precioso. Ha infinidad de personas que atravesaban situaciones de duelo les ha proporcionado una forma de expresar sus sentimientos en momentos en los que su mente, saturada por el dolor, no encontraba palabras para hacerlo. Por lo que se desprende del versículo seis: *"Días sobre días añadirás al rey"* (61:6) fue compuesto evidentemente después que David hubo llegado al trono. Y el versículo segundo: *"Desde los confines de la tierra te invoco cuando mi corazón desmaya"* (61:2), nos lleva a pensar que fue escrito durante su exilio forzado del tabernáculo, que era la residencia visible de Dios. Y si este es el caso, lo más probable es que su composición corresponde al período de la rebelión de Absalón.[2] Delitzsch[3] lo titula muy acertadamente: «Oración y acción de gracias de un rey expulsado a su regreso al trono».[4] En lo que hace a su estructura, basta con dividir los versículos según su sentido; aunque es preferible seguir la división del propio autor, haciendo una pausa en cada *Selah.*[5]

C. H. SPURGEON

---

[1] El exégeta jesuita especialista en Salmos Félix Asensio ve una afinidad teológica entre los Salmos 61, 62 y 63. (Teología Bíblica de un Tríptico, Salmos 61, 62, 63. Ed. Verbo Divino, Estudios Bíblicos 21, 1962).

[2] 2 Samuel 15:1-37.

[3] Se refiere a FRANZ DELITZSCH [1813-1890], conocido teólogo y hebraísta alemán, profesor en la universidad de Liepzig. Tradujo el N.T. al hebreo y su traducción es considerada la mejor que existe hasta el día de hoy. Escribió un extraordinario comentario bíblico al libro de los Salmos y colaboró con JOHANN FRIEDRICH KARL KEIL [1807-1888], en un comentario bíblico monumental al texto hebreo del A.T., traducido al español por CLIE con el título de "Comentario al Texto Hebreo del Antiguo Testamento".

[4] ATANASIO DE ALEJANDRÍA [296-373] en su carta a su discípulo Marcelino sobre la naturaleza y valor de los salmos le dice refiriéndose a este salmo: «Si sientes el impulso de expresar tu agradecimiento por una petición concedida y una victoria alcanzada hazlo con el Salmo 61». El Tomo I de "El Tesoro de David" incluye una traducción completa de la Carta de Atanasio a Marcelino. [Tomo I - pp. 50].

[5] Dice FRANCISCO LACUEVA [1911-2005], en su versión española del "Comentario de Matthew Henry": «En este Salmo, como en muchos otros, David comienza con oraciones y lágrimas pero termina con cánticos de alabanza. Probablemente hace referencia al tiempo de la revuelta de Absalón. I. David invoca a Dios ya que antes le había protegido (61:1-3). II. Invoca a Dios porque Dios ha provisto bien para él (61:4,-5). III. Alaba a Dios porque está seguro de que Dios continuará dispensándole su favor (61 6-8)».

Versión poética:

EXAUDI DEUS DEPRECATIONEM MEAN

Oye, Señor, los ruegos que te hago,
escucha la oración que te dirijo,
pues hasta en los desiertos más remotos
acosado me veo, y perseguido.

Angustiado de penas y trabajos
te clamé por socorro con mis gritos,
y tú me has puesto en una piedra firme
para que no resbalen los pies míos.

Como eres mi esperanza, me has guiado
por seguros y sólidos caminos,
y has sido para mí como una torre
que no pueden vencer mis enemigos.

Espero guarecerme siempre en ella,
pues es inexpugnable y fuerte asilo,
y allí me mantendré siempre a la sombra
de tu divino y soberano auxilio.

Porque tú siempre dulce y favorable
todas mis oraciones has oído,
y no dejas sin parte de tu herencia
al que te implora tímido y sumiso.

Tú añadirás al rey días nuevos,
a los días que ya le has concedido
y extenderás los años de su imperio
de raza en razas, y de siglo en siglos.

Siempre se mantendrá firme y constante
ante los ojos del Señor divino;
mas ¿quién, Señor, de tu misericordia
y tu verdad penetrará el abismo?

Yo me contento solo con cantarlo
en dulces Salmos, y con tiernos himnos,
y te repetiré todos los días
con gratitud y amor mis sacrificios.

DEL "SALTERIO POÉTICO ESPAÑOL", SIGLO XVIII

Vers. 1. ***Oye, oh Dios, mi clamor; a mi oración atiende.*** *[Oye, oh Dios, mi clamor; a mi oración atiende.* RVR*] [Oye, oh Dios, mi clamor; atiende a mi oración.* LBLA*] [¡Oh Elohim, oye mi clamor y atiende mi oración!* BTX*] [Oh Dios, escucha mi clamor y atiende a mi oración.* NVI*] [Oye, oh Dios, mi clamor, escucha mi ruego.* BLP*] [Oh Dios, ¡escucha mi clamor! ¡Oye mi oración!* NTV*]*

Oye, oh Dios, mi clamor. Estaba ciertamente en un aprieto; y clama alzando su voz en alto. Pero no se siente satisfecho con simplemente manifestar su necesidad; no le basta con dar rienda suelta a expresar sus males, quiere audiencia real en el cielo, y como resultado de la misma, socorro en todas las áreas. Los fariseos confían en la eficacia de sus oraciones interminables, los verdaderos creyentes permanecen ansiosos y no cejan hasta obtener respuesta a la suyas; los ritualistas suelen sentirse satisfechos cuando han «recitado y cantado» sus letanías y colectas, pero los auténticos hijos de Dios nunca descansan hasta cerciorarse que sus súplicas han penetrado en los oídos del Señor Dios de Sabaot.[6]

Atiende a mi oración. Considérala, y dale la respuesta que tu sabiduría estime conveniente. Cuando una oración sube al cielo humedecida con nuestras lágrimas, no tengamos la menor duda que Dios le prestará atención. Nuestro Padre celestial jamás se endurece ante el clamor de sus hijos. ¡Qué consolador resulta que el Señor escuche siempre el llanto de su pueblo y jamás pase por alto sus oraciones; allí donde cualquier otra cosa fracasaría en motivarlo, el aliento de la oración nunca se exhala en vano!

C. H. SPURGEON

Oye, oh Dios, mi clamor. Tomás de Aquino[7] indica que algunos leen estas palabras del siguiente modo: *"Intende ad cantica mea"*: atiende a mis cánticos. Y efectivamente así puede interpretarse también el verbo hebreo רִנָּתִ֑י *rinnāṯî* de רִנָּה *rinnah* que significa literalmente gritar de gozo; indicando que las oraciones de los santos son como cánticos agradables y deleitosos a los oídos de Dios. No hay música ni cántico capaz de recrear tanto nuestros oídos como recrean al Señor las oraciones de los santos: *"Muéstrame tu rostro, hazme oír tu voz; porque dulce es tu voz, y hermoso tu semblante"*;[8] *"Suba mi oración delante de ti como el incienso"*.[9]

THOMAS BROOKS [1608-1680]
"The Crown and Glory of Christianity or Holiness, the Only Way to Happiness", 1662

Oye, oh Dios, mi clamor. Hay un versículo en Job donde se habla de los *"hipócritas de corazón"* en sentido de condena porque: *"no clamarán ni aún cuando Dios los castiga"*.[10] Me gusta la idea de que al creyente que es castigado no se le exige fortaleza, sino tan solo que sienta la vara, y clame sin un solo pensamiento de rebeldía.

MARY B. M. DUNCAN [1825-1865]
"Under the shadow of the Almighty", 1867

---

[6] 1 Samuel 1:3; 17:45; Salmo 46:7; Malaquías 1:10-14; Romanos 9:29.

[7] Se refiere a TOMÁS DE AQUINO [1225-1274], teólogo, apologista cristiano y principal representante de lo que se conoce como teología escolástica. Fundó su propia escuela de filosofía y teología que lleva el nombre de *Escuela Tomista,* cuyo mayor logro fue la recuperación de la filosofía aristotélica para la fe cristiana. Su principal trabajo fue la *Summa Theologica,* tratado en el cual postula *Cinco Vías* para demostrar la existencia de Dios.

[8] Cantares 2:14.

[9] Salmo 141:2.

[10] Job 36:13.

Vers. 1-2. Una jaculatoria[11] da lugar a otra: *"Oye, oh Dios, mi clamor"*; acto seguido *"atiende a mi oración"*; seguida por: *"desde el confín de la tierra clamo"* (61:2); comienza clamando, y sigue clamando sin cesar, una y otra vez.[12] Puesto que las olas de la tentación le pasaban por encima constantemente, e interrumpían su súplica anegándole la boca una y otra vez; cada vez que consigue sacar la cabeza fuera del agua y agarrar aire, clama con desespero y sin cesar: *"óyeme"*, *"atiéndeme"*, *"llévame"*, *"guíame"*, *"condúceme a la roca que es más alta que yo"*.

THOMAS COBBET [1608-1686]
"Gospel Incense Or a Practical Treatise on Prayer", 1656

Vers. 2. *Desde el cabo de la tierra clamaré a ti, cuando mi corazón desmayare. Llévame a la roca que es más alta que yo.* *[Desde el confín de la tierra clamaré a ti, cuando mi corazón desmaye. Llévame a la roca inaccesible para mí.* RVR*] [Desde los confines de la tierra te invoco, cuando mi corazón desmaya. condúceme a la roca que es más alta que yo.* LBLA*] [Cuando mi corazón desmaya, clamo a Ti desde el extremo de la tierra: ¡Llévame a la Roca que es más alta que yo!* BTX*] [Desde los confines de la tierra te invoco, pues mi corazón desfallece; llévame a una roca donde esté yo a salvo.* NVI*] [Desde el confín de la tierra te llamo mientras mi corazón desfallece; llévame a la roca que se alza inaccesible.* BLP*] [Desde los extremos de la tierra, clamo a ti por ayuda cuando mi corazón está abrumado. Guíame a la imponente roca de seguridad.* NTV*]*

Desde los confines de la tierra clamaré a ti.[13] Había sido excluido del lugar de su deleite, y su mente estaba en unas condiciones deplorables: deprimida y melancólica; era un paria, tanto en sentido figurado como literalmente. No obstante, no abandona la oración sino todo lo contrario, halla en sus dificultades motivos para multiplicar su clamor con súplicas aún más fuertes e importunas. Para los santos de la antigüedad, permanecer alejados del lugar del culto divino era causa de profundo dolor; miraban el tabernáculo como el centro del mundo, y cuando se veían imposibilitados de acudir al santuario sagrado se consideraban relegados a los confines del universo; y si por alguna razón eran proscritos de sus solemnidades, su corazón quedaba entristecido cual si habitaran en tierra extraña. Sin embargo, vemos que incluso en aquella época de revelación limitada, tenían muy claro que no existen limites ni fronteras para la oración; que ningún lugar es impropio o inadecuado para la plegaria. La tierra tiene sus limites, pero la piedad no tiene límites, y jamás debe tenerlos. Desde los mismos

---

[11] Una "jaculatoria" es una oración breve lanzada al cielo invocando la ayuda de Dios. La Real Academia de la Lengua Española acepta la etimología latina de *"iaculatorius"*, en su sentido de lanzar o disparar al cielo una plegaria.

[12] Dice FRANCISCO LACUEVA [1911-2005], en su versión española del "Comentario de Matthew Henry": «La íntima comunión de David mediante la oración en el día de su apuro y angustia (61:2): 'Pase lo que pase, clamaré a ti, como quien no te dejará marchar a menos que le bendigas' (Génesis 33:26). Esto lo hará desde el confín de la tierra, es decir, desde el más remoto y oscuro rincón del país. 'Aunque mi corazón desmaye —viene a decir—, no está tan hundido ni tan cargado como para no levantarse a ti en oración. ¡No! Precisamente porque está desmayado, por eso clamaré a ti, pues por ese medio se sostendrá y será aliviado'. El llanto debe avivar la oración, no matarla».

[13] En hebreo מִקְצֵה הָאָרֶץ *miqṣêh hā'āreṣ* de קָצֶה *qatseh,* "final extremo"; y אֶרֶץ *erets,* "tierra". KRAUS dice al respecto: «designa el lugar más remoto y alejado (ver Deuteronomio 28:49). Es frecuente en el Salterio que los orantes, atribulados, invoquen a Yahvé desde lejanos sitios: Salmo 42:6». SCHÖKEL: «El término מִקְצֵה *miqṣêh* es "vago". Puede ser el extremo horizonte, según Salmo 19:6; 135,7; señala la lejanía en Isaías 5:26; 42:10; 43:6. Teóricamente puede referirse a un extremo del territorio, a un país extranjero, al destierro, y puede ser hipérbole de lejanía».

confines de la creación podemos invocar a Dios, porque allí está él presente y accesible. Ningún lugar es demasiado lúgubre, ninguna condición demasiado deplorable para la súplica: ya sea el fin del mundo o el fin de la vida, la oración siempre está disponible. Solo que, en ciertas circunstancias, orar exige resolución, y así lo expresa el salmista: *"clamaré a ti"*. Una resolución sabia, porque si hubiera cesado de orar habría pasado a ser una víctima de la desesperación; cuando el hombre pone fin a sus oraciones, alcanza sus límites. Fijémonos como David ni sueña siquiera en buscar apoyo en otro Dios; no se plantea ni por un instante que el dominio de Jehová pudiera ser de carácter local: se encontraba en los límites geográficos de la tierra prometida, pero sabía que seguía estando en territorio del Gran Rey, y por tano, a él dirige sus peticiones.

Cuando mi corazón desmaye.[14] Es decir, cuando las olas inmensas de la dificultad me pasen por encima y me vea completamente sumergido, y no solo la cabeza sino también el corazón. Cuando el corazón está ahogándose, orar se hace extremadamente difícil; y sin embargo, el hombre que tiene la gracia en su interior, en tales circunstancias suplica aún mejor y con más ahínco. La tribulación nos acerca a Dios y aproxima a Dios hacia nosotros. Los grandes triunfos de la fe siempre tenido lugar en medio de grandes pruebas. Todo se me viene encima, exclama el salmista: la aflicción me atenaza, una nube negra me circunda rodeándome de la más densa oscuridad; y el mar de la duda me traga y asfixia; con todo, se que Dios está cerca, lo bastante cerca como para escuchar mi voz, y por ello *"clamaré a ti"*. ¿Acaso no es esta una decisión bizarra; un clamor valiente? Convencido de que Dios le estaba escuchando, el salmista le dice al Señor: *"clamaré a ti"*. La angustia puede provocar eventualmente que la oración nos suene como si estuviéramos dirigiéndonos a un amigo muy lejano, pero en lo más hondo de nuestro interior, la fe tranquiliza nuestro corazón susurrándole al Señor nuestra súplica como a alguien cercano, como nuestra ayuda tan asequible como incuestionable.

Llévame a la roca inaccesible para mí.[15] Te contemplo, Señor, como mi alto refugio, poderoso y seguro; ¡pero ay! estoy confundido y no alcanzo a encontrarte; soy débil y no logro escalarte. Guíame, pues, tú que estas firme; remóntame tú que estás en lo alto. En esta breve oración hay todo un mundo de significado. En los acantilados de nuestras costas del norte, solían perderse docenas de vidas debido a que las paredes de roca son inaccesibles para los pobres marineros que naufragan. Lo que llevó a un clérigo de una de las aldeas de la costa, a tallar en la roca, con esfuerzo sobrehumano, unos escalones que permitían subir desde el nivel del agua hasta una caverna que él mismo excavó también en mitad de la pared del acantilado. Estos escalones salvaron la vida de infinidad de marineros, permitiéndoles trepar por la pared rocosa hasta alcanzar la cueva, evitando que las olas furiosas destrozaran

[14] La versión inglesa KJV traduce: *"When my heart is overwhelmed"*. KRAUS nos dice que עָטַף *ataph* en el sentido que se usa: בַּעֲטֹף *ba'ăṭōp̄* (que solo ocurre en este Salmo) expresa la idea de "sentirse débil", estar a punto de sucumbir, la fragilidad de sentirse atrapado e impotente (ver Salmo 77:3; 102:1; 142:3; 143:4; Jonás 2:7).

[15] En hebreo בְּצוּר־יָרוּם מִמֶּנִּי תַנְחֵנִי *bəṣūr-yārūm mimmennî anḥênî*. KRAUS traduce: *"¡Condúceme a la roca, que está demasiado alta para mí"*, al lugar donde no alcanza llegar con sus propias fuerzas. SCHÖKEL ve un paralelismo con el Salmo 27:4-5, y apunta la posibilidad de que este refiriéndose al monte de Sión. AGUSTÍN DE HIPONA [354-430] ve en esta *"roca"* a Cristo, sobre el cual está fundada la Iglesia: «La que clama aquí *"desde los confines de la tierra"* es la que ha sido edificada sobre la roca: *"sobre esta roca edificaré mi Iglesia"* (Mateo 16:13-18). Pero para que la Iglesia pudiera ser edificada sobre la roca, ¿quién se hizo Roca? Escuchad lo que nos dice Pablo: *"y la roca era Cristo"* (1 Corintios 10:4). Sobre él hemos sido edificados. Pero esta Roca sobre la que hemos sido edificados fue previamente azotada por los vientos, socavada por los ríos, batida por la lluvia (Mateo 7:24-25). ¿Cuándo? Cuando fue tentado por el diablo (Mateo 4:1-11). ¿Y por qué? Porque quiso que fuéramos edificados sobre una roca sólida e inquebrantable, habiendo superado todas las pruebas. Por ello, cuando somos tentados, nuestro clamor no es en vano, sino que es escuchado: *"Porque no tenemos un sumo sacerdote que no pueda compadecerse de nuestras debilidades, sino uno que ha sido tentado en todo según nuestra semejanza, pero sin pecado"* (Hebreos 4:15)».

sus cuerpos estrellándolos contra las rocas del acantilado. Sin embargo, las tormentas acabaron erosionando con el tiempo los escalones, haciendo que de nuevo muchos pobres marineros perecieran, esta vez, con la mirada puesta en un refugio que malogradamente no lograban alcanzar porque les era inaccesible; hasta que finalmente decidieron clavar en la pared del acantilado ganchos de hierro, y colgar de los mismos una cadena con eslabones que permitiera nuevamente a los náufragos trepar y alcanzar la cueva. Una ilustración que no hace falta explicar porque se interpreta a si misma. Nuestra propia experiencia personal nos lleva a entender muy bien este versículo; porque hubo un tiempo cuando nuestra alma estaba tan aturdida a causa del pecado, que aunque sabíamos que el Señor Jesús era la salvación segura de los pecadores, con todo, nuestras dudas y presentimientos nos impedían acudir a él.[16] En aquellos trágicos momentos, cual la cueva del acantilado, un Salvador no nos habría sido de ayuda si el Espíritu Santo no nos hubiera conducido dulcemente hasta él y nos hubiera hecho descansar en él. Y aún ahora, si somos sinceros, sentimos a veces que no tan solo queremos una Roca, sino que nos lleven a ella y nos mantengan firmes ella. Tengamos esto muy presente, y en consecuencia, seamos indulgentes con las plegarias cargadas de dudas de las almas que justo han despertado a la verdad; porque en su estado de desconcierto, no cabe esperar que lancen un grito firme y de certeza absoluta propio de un creyente experimentado. Puede darse, sin duda, la circunstancia de que un alma que busca encuentre a Jesús de inmediato y experimente esta certeza por si misma; pero ello no quita la legitimidad de que a otra le sea necesario suplicar ser conducida a Jesús; y el Espíritu Santo está dispuesto para llevarla, y puede hacerlo con éxito aunque su corazón se halle en los límites de la desesperación.[17] La salvación de Dios está infinitamente por encima nosotros; se eleva ante nosotros, que estamos en lo más bajo y rastrero, cual la cueva del acantilado ante los pobres marineros. Y una vez hemos logrado trepar y tomar posesión de ella, esta elevación es precisamente su gloria y nuestro deleite; pero mientras estábamos con el agua el cuello, y éramos trémulos escaladores buscando la manera de subir, esta misma elevación, esta gloria y sublimidad de la salvación, nos aterraba; pues nos sentíamos demasiado indignos como para participar en ella. Por tal razón somos conducidos por el Espíritu a clamar implorando gracia, y con ello, a reconocer lo absolutamente dependientes que somos en todo: no tan solo de un Salvador, sino también de la fuerza y el poder necesarios para creer en él.

C. H. SPURGEON

Desde los confines de la tierra. Esto puede entenderse de varias maneras: *literalmente,* como una alusión a las personas que se encuentran lejos y sin accesibilidad a cualquier ayuda, alivio y consuelo; o bien desde una perspectiva *eclesiológica,* si se me permite decirlo de ese modo, con relación al templo de Dios, que estaba *"In medio terrae",*[18] en mitad del corazón de la tierra; y que era donde Dios se manifestaba dando señales de su presencia y favor. Es como si el salmista hubiera dicho: «Me

---

[16] Spurgeon se está refiriendo sin duda a la experiencia de su propia conversión. Ver al respecto la "Breve biografía de Spurgeon" al comienzo del Tomo I.

[17] Dice FRANCISCO LACUEVA [1911-2005], en su versión española del "Comentario de Matthew Henry": «La petición especial que hace a Dios cuando su corazón desmaya y está próximo a hundirse (61:2b): *"Llévame a la roca inaccesible para mí";* es decir, a la roca que está demasiado alta para mí a no ser que tú me levantes hasta ella; a la roca en cuya cima me hallaré más lejos del alcance de mis apuros y más cerca de la serena y tranquila región. Levántame tú, pues yo no puedo hacerlo por mi propia fuerza o sabiduría. La roca es Cristo; quienes están en ella, están a salvo».

[18] "En medio de la tierra". Expresión latina típica de la Vulgata; ver al respecto Salmo 74:12; Isaías 24:13. Ver al respecto el comentario de Spurgeon a este mismo versículo en el sentido de que: *"los santos de la antigüedad... miraban el tabernáculo como el centro del mundo, y cuando se veían imposibilitados de acudir al santuario sagrado se consideraban relegados a los confines del universo".*

encuentro en los confines de la tierra; lejos de las señales, promesas o manifestaciones del amor y el favor de Dios, y alejado de todo auxilio y ayuda externa».

JOHN OWEN [1616-1683]
sermón titulado *"God the saints' rock"*, 1670

Desde los confines de la tierra. ¿Qué lugar era este, *"los confines de la tierra"*, en relación a las concepciones del autor del Salmo? Sabemos que para todo israelita piadoso el centro de sus afectos y devociones era *la ciudad santa, Jerusalén, donde subían las tribus del Señor conforme al testimonio dado a Israel.*[19] Y el país del cual esta ciudad sagrada era la capital, para el judío de aquella época era su mundo: un mundo dentro del mundo, la tierra dentro de la tierra; pues para él, el resto era territorio era inmundo, un lugar fuera del mundo verdadero, una tierra extraña más allá de los límites establecidos por el Señor todopoderoso Dios de Israel. Con frecuencia en la Sagrada Escritura, lo que se denomina *"mundo"* o *"la tierra"* significa únicamente aquella parte que era la herencia del pueblo elegido. Por tanto, en concepción del salmista, *"los confines de la tierra"* implica cualquier lugar alejado que imposibilitara una presencia física en el templo que la Deidad había convertido en su morada, cualquier sitio desde el cual sus afectos espirituales no pudieran llegar hasta este recinto sagrado. En lo que hace a nosotros, la expresión significa cualquier cosa que se interponga y nos mantenga a distancia de Dios: pues siendo que Dios es el centro de toda esperanza de vida, esperanza, amor y alegría; distanciarse de él, sea cual sea esa distancia, son las antípodas del alma, una región estéril y oscura, la Antártida del espíritu humano.

ALFRED BOWEN EVANS [1816-1878]

Clamaré a ti. En esta expresión se detecta un esfuerzo singular y desesperado para acercarse a Dios; como el de la persona que clama con ansia, a voz en grito, porque ve alguien a cierta distancia que considera que si le oye puede ayudarle, y teme que de un momento a otro pueda alejarse más. La gran obra de la fe consiste en impulsarnos a clamar a Dios con urgencia en la distancia, cuando experimentamos temor a que en breve, en siguiente recodo del camino, podamos perderlo de vista por completo. Clamar al Señor implica temor a que pueda alejarse o retirarse.

JOHN OWEN [1616-1683]
sermón titulado *"God the saints' rock"*, 1670

Clamaré. No importa lo abrupta que sea una oración, siempre y cuando refleje claramente el estado de nuestros corazones. Ese fue el caso de David. ¿Desde donde ora? En el destierro. ¿Cuándo? Cuando su espíritu está abrumado. ¿Y cómo ora? Clama. Eso mismo hizo Ana, oró *"con amargura de alma a Jehová, y lloró abundantemente"*.[20] Recuerda que la aceptación de las circunstancias, la conformidad con la voluntad de Dios y consiguiente renuncia al yo, es obra del Espíritu de Dios; y por tanto, si quieres conseguirla, tienes que clamar pidiéndola.

JOHN SINGLETON [¿?-1706]
"The Morning Exercises at Cripplegate", 1706

Clamaré. Clamar es llorar, y el llorar reemplaza las palabras, porque es la máxima expresión del fervor y sinceridad.

WILLIAM JAY [1769-1853]
"Morning exercises for the closet: for every day in the year - April 23rd", 1842

[19] Salmo 122:4.
[20] 1 Samuel 1:10.

Cuando mi corazón se sienta agobiado. Las dificultades y tribulaciones son de diversos tipos; unas te *provocan*, otras te *roen* el alma, otras te *desconciertan,* y otras te *agobian.* Pero cualquiera que sea la forma que asuman, son tribulaciones y son parte de la realidad y desgaste de la vida ... Las tribulaciones agobiantes son de tal naturaleza que pueden barrer a una persona, exactamente igual las poderosas olas del océano barren y sepultan la arena. Son tribulaciones que, por así decirlo, luchan con nosotros a vida o muerte; que nos dejan cual náufragos indefensos; tribulaciones que nos golpean en la línea de flotación, que minan nuestra salud y fuerzas y amenazan con derribarnos a la brava, no importa cuán valientemente podamos luchar. De tales tribulaciones el salmista sabía un pico.

PHILIP BENNET POWER [1822-1899]
"I wills' of the Psalms", 1862

Cuando mi corazón se sienta agobiado. El salmista describe su corazón como *"agobiado"* o, como traducen otros: *"desmayado"* o *"desfallecido"*, es decir, incapaz de realizar sus función con ritmo adecuado, incapaz de bombear la sangre a las extremidades, de proporcionarles la vitalidad y fuerza necesaria. Cuando la actividad del corazón se paraliza, aunque sea temporalmente, todos las extremidades lo sienten, hay un escalofrío que hace vibrar cada miembro del cuerpo; Satanás lo sabe bien, y por ello todos sus ataques son ataques al corazón, se esfuerza para paralizar la fuente misma de la vida. Seguro que todos lo hemos experimentado en alguna ocasión; hemos sentido la muerte invadiendo nuestro interior, un entumecimiento gradual de nuestro corazón, una disminución progresiva del ritmo de su latido; como un peso sobre el corazón que no sabemos como eliminar: son los síntomas del proceso de *agobio* o *desmayo.*

PHILIP BENNET POWER [1822-1899]
"'I wills' of the Psalms", 1862

Condúceme a la roca que es más alta que yo. La torre del Salmo 18 es una *"torre alta",*[21] y la roca de la que nos habla aquí una *"roca más alta",* más alta que yo, ambas inaccesibles. Pero hay una manera de entrar en las torres más altas y refugios más inexpugnables: trepando por escaleras de asalto se pueden superar los muros de las más altas torres. Tanto la *"torre"* como la *"roca",* ambas eran demasiado altas para que David alcanzara a poder aposentarse en ellas, recurre por tanto a las escaleras de asalto: *"Condúceme a la roca, (y a la torre) más altas que yo; oye mi clamor, atiende mi oración".* Convierte la oración en escalera de asalto para llegar hasta la cima de la roca y de la torre que de otra manera hubieran quedado fuera de su alcance, y consigue de ese modo una seguridad y liberación que, de otro modo, sin la oración, le hubiera sido imposibles de obtener.

JEREMIAH DYKE [1854-1839]
"The Righteous Man's Tower", 1639

Condúceme a la roca que es más alta que yo. El lenguaje peculiar que utiliza aquí el salmista es ciertamente digno de mención. Nos transmite la idea de un hombre en mitad de un naufragio. El barco en el que navegaba se ha hundido tragado por las fauces del poderoso océano; y él ha quedado a merced de las olas gigantescas, luchando por la vida, jadeando para respirar, y casi dispuesto a renunciar a toda esperanza. De repente descubre una roca que se eleva majestuosa muy por encima de él; si lograra encaramarse hasta su cima y aposentarse en ella quedaría a salvo de las olas. La oración en nuestro texto es el grito de ese pobre desgraciado pidiendo ayuda: *"Condúceme a la roca que es más alta que yo".* Su batalla contra las olas le ha dejado tan agotado que se ve incapaz de alcanzar la

[21] Salmo 18:2

cima; y clama a voz en grito en busca de una mano amiga de alguien más fuerte que él, o una cuerda que pudieran arrojársela los que ya están seguros en lo alto de la roca, convencido de que cualquiera de estas ayudas externas sería suficiente para ponerle a salvo. *"Conducidme a la roca",* grita el pobre desdichado. "Oh, llevadme, guiadme, subidme a ella, porque yo no puedo alcanzarla de otra manera, estoy al borde del agotamiento, y si no hay nadie que me ayude me hundiré definitivamente y jamás nadie sabrá de mí. Pide, por tanto, que alguien tire de él, lo rescate del abismo y lo coloque sobre la roca. Pero, ¿qué roca? Sabe que la roca debe ser alta, pues de otro modo no aportaría ninguna seguridad aunque lograra encaramarse a ella. La roca, dice, debe ser *"más alta que yo",* de lo contrario las olas me alcanzarán y me arrastrarían de nuevo; una roca que justo sobresalga del agua, que no tenga cuanto menos una altura superior al cuerpo de un hombre, no sirve para salvar las vidas de los marineros; es suficiente para provocar el naufragio, pero no aporta ninguna ayuda a los náufragos, es una roca que aboca a la destrucción, pero no para estar de pie sobre la misma con seguridad. *"Condúceme a la roca",* o como lo traduce la versión del Libro de Oración Común: *"¡Ponme sobre la roca que es más alta que yo!"* (...) Pero el versículo que comentamos no se limita a mostrarnos el peligro del pecado, no nos deja desamparados; nos muestra la seguridad del refugio. Hemos señalado antes que la oración de David, como la de un náufrago que se hunde, es la petición de *"ser conducido",* ser elevado y puesto sobre *"una roca más alta que yo".* Y esa expresión implica mucho más de lo que parece. Una roca *más alta que él,* debía ser forzosamente más alta que cualquier otro hombre; porque David era un poderoso monarca. Con ello insinúa que el refugio que busca debe estar por encima que lo que cualquier *"brazo de carne";*[22] puede aportarle, y por tanto, de carácter divino.

FOUNTAIN ELWIN [1784-1869]
"Sermons preached at the Octagon Chapel", 1842

Condúceme a la roca que es más alta que yo. La imagen que describe es la de alguien que andando por una playa rodeada de rocas y sorprendido por la marea, se apresura por alcanzar un punto más alto que lo deje fuera de peligro; y, no obstante, a cada paso que da, ve que las olas se le están acercando más de lo que quisiera. Oye su rugido, y la arena comienza hundirse ya bajo sus pies; unos minutos más y las olas le habrán alcanzado. La desesperación hace que *su corazón desmaye* cuando de pronto, en la misma profundidad de su agonía ve una roca que sobresale por encima de las olas. «¡Oh, si pudiera alcanzar esta roca estaría a salvo!». Entonces surge el clamor agónico a Aquel que es *"poderoso para salvar":*[23] *"Condúceme a la roca que es más alta que yo",* a la roca que se me hace inaccesible. ¡Es el clamor del pecador al Salvador de pecadores![24]

BARTON BOUCHIER [1794–1865]
"Manna in the heart or daily comments on the book of Psalms", 1855

Condúceme a la roca que es más alta que yo. Si nos encontramos en la roca y disfrutamos de ello, no debemos olvidar que es gracias a la mano. de otro. Una mano de la que seguimos dependiendo, y que puede hacerlo todo por nosotros, incluso en nuestros peores momentos. Cuando estamos tan cegados por la sal de las olas que se arremolinan en nuestros ojos, tan saturados de mente que tal vez somos incapaces de pensar y menos aún de hacer esfuerzos continuados, hay una mano que nos puede conducir, que puede sacarnos de las aguas, que puede poner nuestros pies sobre la roca. Probablemente ya hayamos experimentado su poder y ternura. Y puede incluso, en el caso del lector, que sean las propias olas furiosas las que en su afán por asegurar su presa, acaben empujándolo de

[22] 2 Crónicas 32:8; Jeremías 17:5.
[23] Hebreos 7:25
[24] Mateo 1:21.

forma sobrenatural fuera de su alcance, para que pueda situarse sobre la Roca inconmovible en mitad de todas las aguas, y protección suficiente en medio de todas las tormentas.

PHILIP BENNET POWER [1822-1899]
"'I wills' of the Psalms", 1862

La roca que es más alta que yo. La *"roca de nuestra salvación"*[25] es *"más alta que nosotros"*. Tenemos aquí una alusión a la Deidad de Cristo, la Roca, que es *"más alta que nosotros"*. Y así debe ser, puesto que si no fuera *"más alta que nosotros"*, siendo como es, Dios, no podría ser Salvador; porque es *"un Dios justo y Salvador"*.[26] Un ser que no estuviera muy por encima de nosotros; o que lo estuviera tan solo un poco, como los ángeles (pues somos *"un poco menores que los ellos")*,[27] podría a lo mucho enseñarnos, advertirnos o consolarnos, pero no podría salvarnos. La víctima está siempre en manos de los poderosos, pero el Todopoderoso es más poderoso que todos ellos.

Pero que una roca sea alta, no es suficiente si no es a la vez firme; no basta con que eleve su cresta por encima de las olas, ha de hundir profundamente su base en el lecho rocoso del océano. *"¿Descubrirás tú las profundidades de Dios? ¿Alcanzarás el límite de la perfección del Todopoderoso? Es más alta que los cielos; ¿qué harás? Es más profunda que el Seol; ¿cómo la conocerás? Su dimensión es más extensa que la tierra, y más ancha que el mar"*.[28] Aquí tenemos revelada la humanidad de Aquel que es la roca;[29] esa humanidad que le permitió descender a las profundidades y cabalgar triunfalmente sobre el seno de las aguas;[30] es decir, esas profundidades a las cuales se refería David hablando de su propia experiencia, y proféticamente de Cristo: las profundidades de nuestra caída y degradación. Fue en esa humanidad en la que descendió a la tumba, hasta los recovecos del estado intermedio y *"predicó a los espíritus encarcelados"*.[31]

Esta es nuestra Roca, tan alta como profunda; la *"roca de nuestra salvación"*; a la cual desean ser conducidos aquellos cuyos pecados les han alejado hasta *"los confines de la tierra"* para encontrar en ella lugar seguro. Que no teman, pues, quienes experimentan la amargura del alejamiento de Dios, porque serán acercados; puede que la orilla a la cual son arrastrados por las olas sea de lo más desolador, pero frente a ella está el Paraíso de Dios; puede que en el pie de esta roca segura rujan las olas, y que este cercada de nubes y tormentas, pero «sobre su pico luce el Sol eterno».[32]

ALFRED BOWEN EVANS [1816-1878]

La roca que es más alta. Un refugio seguro debe ser *"locus exelsissimus"*.[33] Vuestras casas bajas fácilmente se escalan; pero Jesucristo es *"lugar alto"*, tan alto como el cielo. Es la escalera de Jacob

[25] Salmo 89:26; 95:1.

[26] Isaías 45:21.

[27] Salmo 8:5; Hebreos 2:7.

[28] Job 11:17-9.

[29] Juan 1:14; Filipenses 2:6-8.

[30] Salmo 29:10:11; Mateo 14:24-27.

[31] 1 Pedro 3:19.

[32] Cita uno de los poemas del escritor y médico irlandés OLIVER GOLDSMITH [1730-1774], conocido ante todo por su novela *The Vicar of Wakefield* "El vicario de Wakefield (1766), y su poema pastoral *The Deserted Village* "La aldea abandonada" (1770). La cita completa (que procede de *The Vicar of Wakefield*), es: *"As some tall cliff that lifts its awful form, / Swells from the vale, and midway leaves the storm, / Though round its breast the rolling clouds are spread, / Eternal sunshine settles on its head"*.

[33] Un lugar excelso, de gran altura, en la cima, en la cumbre. De *"excélsior"*, ver nota 106 del Salmo 60.

que va de la tierra al cielo.[34] Demasiado alto para los hombres, y demasiado alto para los demonios; ninguna criatura puede escalar sus altos muros.

RALPH ROBINSON [1614-1655]
"Christ All and in All", 1656

Vers. 3. ***Porque tú has sido mi refugio, y torre fuerte delante del enemigo.*** *[Porque tú eres mi refugio, y torre fuerte delante del enemigo.* RVR*]] [Porque tú has sido refugio para mí, torre fuerte frente al enemigo.* LBLA*] [Porque Tú has sido mi refugio, torre fuerte frente al enemigo.* BTX*] [Porque tú eres mi refugio, mi baluarte contra el enemigo.* NVI*] [Porque tú eres para mí un refugio, una fortaleza frente al enemigo.* BLP*] [Porque tú eres mi amparo seguro, una fortaleza donde mis enemigos no pueden alcanzarme.* NTV*]*[35]

Porque tú eres para mí un refugio. Observemos cómo el salmista liga de forma magistral en tiempo pasado del verbo con el tiempo futuro; el *"has sido"* del versículo tres (61:3) con el *"habitaré"* y *"estaré"* del versículo cuatro (61:4). La experiencia nutre la fe más que cualquier otra cosa. De las experiencias pasadas reunimos argumentos para la confianza presente. Las persecuciones de Saúl y los peligros de las batallas habían puesto la vida de David en peligro en numerosas ocasiones, y de muchas había logrado salvar la vida tan solo por milagro, pero seguía vivo e ileso. Recordar esto le llenaba de esperanza.

Y torre fuerte[36] *delante del enemigo*. Cual en un baluarte inexpugnable, David había sobrevivido cercado por la omnipotencia divina. Es inefablemente dulce recordar la bondad del Señor en nuestros días antiguos, porque él es inmutable y, por tanto, es garantía de que seguirá guardándonos de todo mal en los días futuros que están por venir.[37]

C. H. SPURGEON

---

[34] Génesis 28:12.

[35] En hebreo כִּי־הָיִ֣יתָ מַחְסֶ֣ה לִ֑י מִגְדַּל־עֹ֝֗ז מִפְּנֵ֥י אוֹיֵֽב *kî-hāyîṯā maḥseh lî miḡdal-'ōz mippənê 'ōwyêḇ*. La versión griega de los LXX o Septuaginta lee: ὡδήγησάς με, ὅτι ἐγενήθης ἐλπίς μου, πύργος ἰσχύος ἀπὸ προσώπου ἐχθροῦ que la Vulgata traduce al latín como: *"quia factus es spes mea: turris fortitudinis a facie inimici"*, "Me guiaste, porque has sido mi esperanza; torre de fortaleza contra el enemigo". AGUSTÍN DE HIPONA [354-430] hace del mismo un espléndido comentario: «Si no se hubiera hecho nuestra esperanza, no podría ser nuestro guía; pero habiéndose constituido en nuestra Esperanza (Hebreos 6:18-20), nos conduce como Camino que es (Juan 14:6), hasta la Patria eterna (Juan 11:25-26). ¿Cómo? Porque ante todo se hizo nuestra esperanza. ¿Y cómo se hizo nuestra esperanza? Viviendo entre nosotros, siendo tentado como nosotros, padeciendo por nosotros, y resucitando cual haremos nosotros. Así es como vino a ser nuestra esperanza, al garantizarnos que Dios no nos va a condenar porque envió a su Hijo a ser tentado, crucificado, muerto y resucitado por nosotros; haciéndonos saber que Dios no nos rechaza, sino todo lo contrario, nos ama: por cuanto *"no eximió ni a su propio Hijo, sino que lo entregó por todos nosotros, ¿cómo no nos dará también con él todas las cosas?"* (Romanos 8:32)».

[36] En hebreo מִגְדַּל־עֹ֝֗ז *miḡdal-'ōz,* un sintagma raro que tan solo se utiliza en este Salmo y en Proverbios 18:10: *"Torre fuerte es el nombre de Jehová; a él correrá el justo, y será levantado"*.

[37] Dice FRANCISCO LACUEVA [1911-2005], en su versión española del "Comentario de Matthew Henry": «No deja de ser significativo el argumento que emplea para fundamentar su expectación y la apelación que utiliza para reforzar su petición (61:3): 'Porque tú has sido mi refugio; en ti he hallado una roca más alta que yo; por tanto, confío en que me conducirás a esa roca'».

Porque tú eres mi refugio, y torre fuerte, Refugio ante la lluvia de la tribulación, en la tormenta de persecución, de las riadas de la tentación satánica, del calor de la ira divina, frente el golpe fatal de la muerte. Como el arca de Noé,[38] como las montañas a las que escapó Lot,[39] como el dintel de la puerta rociada de sangre en Egipto,[40] como las ciudades de refugio,[41] como la cueva Adulam.[42] Una *"torre fuerte":* permanente y duradera por sí misma, inexpugnable para los enemigos, segura para quién habita en ella.[43]

C. H. SPURGEON

Vers. 4. *Yo habitaré en tu tabernáculo para siempre; estaré seguro bajo la cubierta de tus alas. Selah.* *[Yo habitaré en tu tabernáculo para siempre; estaré seguro bajo el amparo de tus alas. Selah.* RVR*] [Que more yo en tu tienda para siempre; y me abrigue en el refugio de tus alas.* LBLA*] [¡Oh, que yo pueda morar en tu tienda para siempre, refugiado al amparo de tus alas! Selah* BTX*] [Anhelo habitar en tu casa para siempre y refugiarme debajo de tus alas. Selah.* NVI*] [Quisiera morar siempre en tu Tienda, refugiarme al amparo de tus alas.* BLP*] [Permíteme vivir para siempre en tu santuario, ¡a salvo bajo el refugio de tus alas! Interludio.* NTV*]*

Yo habitaré en tu tabernáculo[44] *para siempre.* Permíteme Señor volver a tus atrios, y ya nada más logrará echarme de ellos; pues incluso ahora, en mi destierro, mi corazón sigue allí; y te seguiré

[38] Génesis 7:1.

[39] Génesis 19:17.

[40] Génesis 12:7, 12-13.

[41] Josué 20:1-9.

[42] 1 Samuel 22:1.

[43] Dice al respecto AGUSTÍN DE HIPONA [354-430]: «Cuando tengo que enfrentarme al diablo, que me pone asechanzas a todas horas y en todo lugar, tengo en Cristo mi *"torre fuerte"*, en la cual me refugio y no solo estoy protegido de sus dardos, sino que puedo rebatirle arrojando contra el los dardos de la Escritura y decirle: *"Escritó está"* (Mateo 4:4, 7, 10) ¿Quieres evitar los dardos del diablo? Refúgiate en Cristo, en la "torre fuerte" y jamás te alcanzarán».

[44] En hebreo אָגוּרָה בְאָהָלְךָ עוֹלָמִים *'āgūrāh ḇə'āhāləḵā 'ōwlāmîm;* de גּוּר *guw,* "hospedarse, pasar la noche"; אֹהֶל *ohel,* "tienda" y עוֹלָם *olam*, "perdurable, duradero, eterno". KRAUS traduce: *"Desearía alojarme en tu tienda para siempre";* SCHÖKEL: *"Quiero hospedarme siempre en tu tienda"*. FRANZ DELITZSCH [1813-1890] señala que la expresión: *"morar en tu tienda"* o *"habitar en tu tienda"* no aparece para nada a lo largo del período en que el tabernáculo era transportado de un lugar a otro; tampoco en salmos precedentes durante la época en la que David era perseguido por Saúl, pues la mención que encontramos en el Salmo 52:5, cuando refiriéndose a Doeg exclama: *"te arrancará de tu morada"* no cabe entenderla como relacionada con el tabernáculo. Fue una expresión acuñada por David posteriormente, reflejo de su comunión más estrecha y más íntima con el Dios de la revelación, su deseo de establecer el arca en un lugar permanente y sus esfuerzos en este sentido». AGUSTÍN DE HIPONA [354-430] hace sobre este versículo un peculiar comentario: «*"Seré huésped"*, sí, huésped, y no habitante; porque es este mundo vivimos pocos días y por tanto somos huéspedes; habitantes seremos en el cielo. Pues aquí esperamos siempre escuchar la voz del Señor nuestro Dios diciéndonos: *"Parte, vete, emigra"* (Génesis 12:1); pero de la mansión eterna en los cielos nadie nos mandará partir o emigrar. Por ello dice en otro salmo: *"Porque forastero soy junto a ti, un huésped, como todos mis padres"* (Salmo 39:12); pero allí tenemos reservadas mansiones eternas, pues *"en la casa de mi Padre hay muchas mansiones"* (Juan 14:2) que no nos serán otorgadas en calidad de huéspedes, sino como ciudadanos que residen de forma permanente. Pero aquí en la tierra, hermanos,

adorando en espíritu siempre, donde quiera que sea que caiga mi suerte.[45] Es probable que la palabra בְאָהָלְךָ *bə'āhāləḵā* signifique aquí la morada de Dios; y si es así, el sentido es: moraré junto con el Señor gozando de su hospitalidad sagrada y protección segura:

«En ella encontraría descanso permanente,
mientras los demás vienen y van;
no como un extraño o un invitado,
sino como un hijo en su hogar»[46]

Quién mantiene comunión con Dios está siempre en el hogar. La omnipresencia divina lo rodea exhaustivamente; y su fe contempla constantemente a su alrededor el palacio del Rey, por el cual camina con una seguridad exultante y un deleite desbordante. Bienaventurados aquellos que le sirven dentro de palacio y que no abandonan jamás su presencia. Porque los leñadores y aguadores[47] en las tiendas de Jehová son más de envidiar que los príncipes que se solazan y recrean en los pabellones de los reyes. Y lo mejor de todo es que nuestro morar con Dios no es para un período limitado, sino para siempre; sí, por los siglos de los siglos, por el tiempo y la eternidad; este es nuestro privilegio más elevado y más celestial: *"habitaré en tu tabernáculo para siempre"*.

Estaré seguro bajo el amparo de tus alas. Cabe destacar que el dulce cantor de Israel utiliza esta figura con bastante frecuencia; y con buen acierto, pues mejor es repetir una ilustración adecuada e instructiva que no, en aras de la novedad, forzar la creación de metáforas infaustas y desafortunadas. ¡Que felices, que cómodos y seguros se sienten los polluelos bajo las alas de la gallina![48] ¡Qué cálido es su seno! ¡Que suaves sus plumas acariciadoras! La benevolencia divina nos permite apropiarnos de esta figura haciéndola nuestra; y cuán benditamente instructiva y consoladora nos resulta. ¡Oh si tan solo tuviéramos más confianza, pues no puede quedar más claro: bajo una protección así nuestro reposo es incuestionable y jamás será ininterrumpido!

Selah. Y llegando a este punto, quién cuestiona que se impone una pausa. Incluso el silencio del arpa puede resultar elocuentemente cuando una paz profunda y deliciosa inunda nuestro seno, y el dolor se ha sorbido a si mismo para dar paso a un letargo sosegado y tranquilo.

C. H. SPURGEON

Yo habitaré en tu tabernáculo. Algunos traducen: *"moraré en tu tienda"* o *"pabellón real"*, convirtiéndolo de ese modo en una metáfora de los campamentos militares en la guerra, donde quienes gozan de mayor seguridad son los que están en la propia tienda del rey. Un sentido que se ajusta perfectamente a la frase que sigue: *"Estaré seguro bajo el amparo de tus alas"*.

JOHN TRAPP [1601-1669]
"A commentary or exposition upon the books of Ezra, Nehemiah, Esther, Job and Psalms", 1657

dado que la Iglesia ha de permanecer en ella tan solo por un tiempo, hasta el fin del mundo, exclama: *"Seré huésped en tu tienda"*».

[45] Salmo 16:6; 78:55.

[46] Cita las cuatro líneas finales de la tercera estrofa del himno de ISAAC WATTS [1674–1748]: *"My shepherd will supply my need"*; la estrofa completa dicen así: *"Your sure provisions gracious God / attend me all my days; / oh, may your house be my abode, / and all my work be praise./ Here would I find a settled rest, / while others go and come; / no more a stranger, nor a guest, / but like a child at home"*.

[47] Josué 9:21.

[48] Deuteronomio 32:11; Rut 2:12; Salmo 17:8; 36:7; 57:1; 61:4; 63:7; 91:4; Mateo 23:37; Lucas 13:34.

Bajo el amparo de tus alas. A cualquier persona que hubiera tenido la posibilidad de penetrar en el Lugar Santísimo en el Tabernáculo, el objeto más visible y que más le hubiera llamado la atención eran las alas desplegadas sobre el propiciatorio o trono de misericordia:[49] bajo su amparo y sobre el trono de misericordia, David se sentía con una confianza y tranquilidad absolutas.[50]

C. H. Spurgeon

Vers. 5. ***Porque tú, oh Dios, has oído mis votos; me has dado la heredad de los que temen tu nombre.*** *[Porque tú, oh Dios, has oído mis votos; me has dado la herencia que otorgas a los que temen tu nombre.* RVR*] [Porque tú, oh Dios, has escuchado mis votos; tú me has dado la heredad de los que temen tu nombre.* LBLA*] [Porque Tú, Elohim, has oído mis votos, has dado heredad a los que temen tu Nombre.* BTX*] [Tú, oh Dios, has aceptado mis votos y me has dado la heredad de quienes te honran.* NVI*] [Pues tú, Dios, aceptaste mis promesas, me diste la heredad de quien te honra.* BLP*] [Pues has oído mis votos, oh Dios; me diste una herencia reservada para los que temen tu nombre.* NTV*]*

Porque tú, oh Dios, has oído mis votos. Las pruebas de la fidelidad divina deben quedar grabadas en la memoria, y mencionadas en honra del Señor. La súplica del versículo uno: *"Oye, oh Dios, mi clamor, atiende a mi oración"* (61:1), está segura de obtener respuesta en base a la experiencia del versículo cinco: *"Porque tú, oh Dios, has oído mis votos"* (61:5), puesto que tratamos con un Dios inmutable. Los votos, si son legítimos, bien meditados y verdaderamente para la gloria de Dios, pueden juntarse con las oraciones sin ningún tipo de reserva. Y es una enorme demostración de misericordia de parte de Dios prestar atención a votos y promesas de criaturas tan falsas y engañosas somos como nosotros. Pues aquello que le prometemos ya se lo debemos sobradamente; y sin embargo, se digna aceptar nuestros votos como si no fuéramos tanto sus siervos, sino pretendientes libres de poder dar o retener a nuestro antojo.

Me has dado la heredad[51] que otorgas a los que temen tu nombre. Somos hechos herederos, coherederos con todos los santos, partícipes en la misma porción.[52] Y debemos sentirnos satisfechos y gozosos de ello. De modo que si sufrimos, es la herencia de los santos; si somos perseguidos, vivimos en la pobreza o padecemos tentación, todo ello está incluido, según la escritura, en la herencia de los escogidos. Podemos sentirnos contestos de cenar con aquellos con quienes nos corresponde cenar. Tenemos la misma herencia que tuvo el Primogénito;[53] ¿qué más pretendemos? ¿qué otra cosa cabe

---

[49] Éxodo 25:17-22.

[50] Dice Francisco Lacueva [1911-2005], en su versión española del "Comentario de Matthew Henry": «Cuando pronunció estas palabras David estaba exiliado del santuario y esto era lo que más tristeza le causaba. Pero está seguro de que Dios, en su bondadosa providencia, le hará volver. Y habla de habitar en el santuario para siempre, es decir, eternamente, porque el tabernáculo era tipo y figura del Cielo (Hebreos 9:8-9, 24; Apocalipsis 21:3). Quienes durante su estancia temporal y breve en esta vida viven en el santuario de Dios, que es la casa del deber; vivirán en el tabernáculo del cielo, que es la casa de la gloria, por toda la eternidad».

[51] En hebreo נָתַתָּ יְרֻשַּׁת *nāṯatā yəruššaṯ* de יְרֻשָּׁה *yerushshah,* "posesión, herencia". Schökel señala que יְרֻשָּׁה *yerushshah* es el verbo favorito de los capítulos 2 y 3 del Deuteronomio (aparece siete veces); de Josué (tres veces); en Jueces 21:17; 2 Crónicas 20:11; y Jeremías 32:8, una vez. Dice Franz Delitzsch [1813-1890]: «La "heredad" consiste en una tierra a la que aquellos que temen a Dios tienen legítimo derecho en razón del pacto, pues deja lo suficientemente claro que se otorga *"a los que temen tu nombre"*».

[52] Romanos 8:17; Gálatas 3:29; 4:7; Efesios 3:6; Tito 3:7.

[53] Colosenses 1:15.

concebir? Se describe a los santos como temerosos del nombre de Dios; son adoradores reverentes; respetan con reverencia la autoridad de Dios; temen ofenderle; sienten su nulidad a la vista de Aquel que es infinito. El compartir con tales personas, el ser tratado por Dios con el mismo trato que les da a ellos, es cosa que merece agradecimiento sin fin. Todos los privilegios comunes a todos los santos son también los privilegios individuales de cada uno.

C. H. SPURGEON

Porque tú, oh Dios, has escuchado mis votos. Entonces comencé a constatar que hay un Dios que escucha y responde a la oración.

JOHN NEWTON [1725-1807]
en su diario, *"The Works of the Rev. John Newton"*, 1839[54]

Porque tú, oh Dios, has escuchado mis votos. Es decir, sus oraciones, que siempre deben ir a la par con los votos. De hecho, una oración que no contenga un voto es una oración vacía. ¿Vas a pedir a Dios que te conceda una misericordia? Si eres sincero, te comprometerás a rendirle alabanza por ella, y servirle con ella. ¿Es por causa de un pecado que oras? Salvo que hagas juegos malabares con Dios, si oras sobre él, harás también el voto de no seguir cometiendolo.

WILLIAM GURNALL [1617-1679]
"Christian in complete armour, or, a treatise of the saints war against the Devil", 1655

La heredad. A la vida eterna se le da el hombre de *heredad* o herencia. Teodoreto comenta al respecto: «La verdadera heredad es la vida eterna, acerca de la cual Cristo dice a las ovejas que están a su derecha: *"Venid, benditos de mi Padre, heredad el reino preparado para vosotros antes de la fundación del mundo"*».[55] Esta heredad la otorga el Señor *a los que le temen.* En la carta a los Efesios se nos dice que *"el Espíritu nos es dado como garantía de nuestra herencia"*.[56] A los Colosenses el apóstol les exhorta a proceder: *"con gozo dando gracias al Padre que nos hizo aptos para participar de la herencia de los santos en luz"*.[57] Sobre este versículo tenemos el comentario de oro de Crisóstomo,[58]

---

[54] La cita completa del diario de Newton, donde narra la experiencia de su naufragio y su conversión es como sigue: «Finalmente, el viento cambió. Vimos la isla de Tory y al día siguiente anclamos en Lough Swilly en Irlanda. Era 8 de abril, tan solo cuatro semanas después de los graves daños sufridos en la tempestad. Cuando avistamos este puerto, nuestro corazón dio un vuelco; pues justo dos horas antes de entrar en él, el viento comenzó a soplar con enorme violencia; y si en las condiciones precarias en las que estábamos, con el barco destrozado, hubiéramos tenido que permanecer esa noche en el mar, no cabe duda que hubiéramos ido al fondo irremisiblemente. Entonces comencé a constatar que hay un Dios que escucha y responde a la oración». Recordamos al lector que JOHN NEWTON [1725-1807] antes de ser pastor anglicano, fue capitán de un barco de esclavos. Durante una tormenta, y pensando que el barco se hundiría sin remedio, oró fervorosamente a Dios por salvar su vida. Esta y otra experiencia similar en la que estando a bordo de un barco de esclavos con destino a las Indias Occidentales enfermó con una fiebre violenta, motivaron su conversión y produjeron una inflexión total en su vida. Fue al recordarlas que escribió como parte de su testimonio el extraordinario y conocido himno: *"Amazing Grace"* (Sublime gracia del Señor).

[55] Mateo 25:34.

[56] Colosenses 1:13-14.

[57] Colosenses 1:12.

[58] Se refiere a JUAN DE ANTIOQUÍA [347-404] más conocido como SAN JUAN CRISÓSTOMO, patriarca de Constantinopla. Es considerado por la Iglesia católico-romana uno de los cuatro originales Doctores de la Iglesia del Oriente, y por su propia Iglesia, la Iglesia Ortodoxa Griega, como uno de los más grandes teólogos y

ratificado por Teófilo,[59] afirmando que el apóstol lo llama *"herencia"*, para mostrar que nadie obtiene el reino a través de sus buenas obras; porque nadie ha vivido de tal manera que se haga digno del reino, todo mérito es de la gracia de Dios, por lo cual exclama: «Cuando hayáis hecho todo esto, decid: *"siervos inútiles somos"*,[60] porque nos hemos limitado a hacer aquello que debíamos haber hecho.

John Caspar Suicer [1620-1684]
"Thesaurus Ecclesiasticus, e patribus Graecis ordine alphabetico", 1728

Vers. 6. ***Días sobre días añadirás al rey; sus años serán como generación y generación.*** *[Añade días a los días del rey, que sus años alcancen varias generaciones.* RVR*] [Tú añadirás días a los días del rey; sus años serán como muchas generaciones.* LBLA*] [Añadirás días a los días del rey, sus años serán como generaciones.* BTX*] [Concédele al rey más años de vida; que sean sus días una eternidad.* NVI*] [Concede largos años al rey, que dure su vida por generaciones.* BLP*] [¡Añade muchos años a la vida del rey! ¡Que sus años abunden de generación en generación!* NTV*]*

Tú añadirás días a los días del rey.[61] La muerte fue una amenaza constante en la vida de David, pero Dios preservó en todo momento a su amado.[62] Considerando los muchos peligros a los que se vio sometido, cabe decir que David disfrutó de un reinado largo y próspero.

Sus años serán como muchas generaciones. Vivió para ver personalmente generación tras generación; y en la persona de sus descendientes vivió como rey durante un período muy largo; su dinastía continuó por muchas generaciones; y en Cristo Jesús, llamado *"Hijo de David"*,[63] de su linaje y descendencia, David reina espiritualmente por los siglos de los siglos. Vemos pues como el salmista que comenzó en el versículo dos (61:2) al pie del acantilado medio ahogado y casi muerto; es conducido

---

uno de los tres Pilares de la Iglesia, juntamente con Basilio y Gregorio. Fue un excelso predicador cuyos discursos públicos, denunciando los abusos de las autoridades imperiales y de la vida licenciosa del clero, le ganaron el sobrenombre de *"Crisóstomo"* que proviene del griego chrysóstomos (χρυσόστομος) y significa 'boca de oro' (*"chrysós"*, "oro"; *"stomos"*, "boca").

[59] Se refiere a Teófilo de Alejandría [¿?-412] patriarca ortodoxo que presidió el cuestionado *Sínodo de Quercum* que depuso a Juan Crisóstomo. Escribió un comentario a Los Salmos analizando los distintos elementos retóricos empleados en los mismos.

[60] Lucas 17:10.

[61] En hebreo יָמִים עַל־יְמֵי־מֶלֶךְ *yāmîm 'al-yəmê-meleḵ*. Dice Francisco Lacueva [1911-2005], en su versión española del "Comentario de Matthew Henry": «*"Prolongarás la vida del rey"* (literal: añadirás días a los días del rey). Sin embargo —nota del traductor— es más probable que se trate de una opción o deseo: *"Añade días"* como leen la RVR y también la versión judía inglesa. En todo caso, David esperaba que, así como por la vía del deber había de habitar siempre en el tabernáculo de Dios (v. 4) así había de permanecer por largos días delante de Dios por la vía del consuelo». Schökel indica que el verbo hebreo יָסַף *yasaph* tiene en este contexto el significado de reinar, de sentarse en el trono dinástico, que Dios garantiza כְּמוֹ־דֹר וָדֹר *kəmōw-dōr wāḏōr*, en base a la promesa dinástica del pacto davídico (1 Crónicas 17:11-14; 2 Crónicas 6:16; Salmo 89:4, 29, 36-37; 132:11-12). Dice Franz Delitzsch [1813-1890]: «Aunque pueda dar la impresión que se trata de una intercesión a favor del rey realizada por una tercera persona, quien la hace es el mismo orante de los versículos dos al cinco (61:2-5). Y el tono exaltado en el que se expresa apunta a la posibilidad de que pudiera tratarse de una alusión al "rey-Mesías", sin que, por supuesto, pueda darse como algo conclusivo».

[62] 1 Samuel 13:13-14.

[63] Mateo 1:1; 9:27: 12:23; 15:22; 20:30-31; 21:9, 15; 22:42; Marcos 10:47-48; 12:35; Lucas 18:38-39; 20:41-42.

a la cumbre y canta ahora cual sacerdote que habita en el tabernáculo, cual rey que gobierna con Dios eternamente, y profeta que predice cosas buenas que han de venir (61:7). Tal es el poder propulsor ascendente de la fe y la oración. Puede catapultar de lo más bajo a lo más alto.

C. H. SPURGEON

Tú añadirás días a los días del rey; sus años serán como muchas generaciones. No cabe pensar que David utiliza estas palabras en referencia a si mismo exclusivamente. Es cierto que vivió una vejez prolongada y murió cargado de días, dejando un reino estable en manos de su hijo Salomón que le sucedió;[64] Pero no excedió el período de la vida habitual para cualquier hombre, y la mayor parte de sus días los consumió en medio de peligros y ansiedades continuas. Por tanto, no cabe la menor duda que los *años,* y *generaciones* o épocas a las que hace referencia, se extiende prospectivamente a la venida de Cristo; siendo condición indispensable del reino, como ya he señalado en otros lugares diversos, que fue Dios quién los mantuvo como pueblo bajo una misma cabeza, o cuando los dispersó, juntándolos de nuevo. Y ese mismo mecanismo de sucesión opera también en lo que hace referencia a nosotros. Hemos de contemplar a Cristo como viviendo en sus miembros hasta el fin del mundo. A esto se refiere Isaías cuando exclama: *"y su generación, ¿quién la contar?,*[65] palabras con las que predice que la Iglesia sobrevivirá a través de todas las edades; a pesar del incesante peligro de destrucción al que está expuesta por los ataques de sus enemigos; y de tantas otras tormentas que la zarandean. De modo que David predice aquí la sucesión ininterrumpida del reino hasta la venida de Cristo.

JUAN CALVINO [1509-1564]

Tú añadirás días a los días del rey; sus años serán como muchas generaciones. David en lugar de hablar de sus propios días, habla de *"los días del rey"*, de modo impersonal. ¿Por qué? ¿De qué rey? Es suponer que lo hace con el propósito de diferenciar, demostrando que consideraba que la promesa de dominio eterno, no tenía que ver personalmente con él sino con su familia, la familia real de David de la cual nacería Cristo.

ERNS WILHELM HENGSTENBERG [1802-1869]
"Commentary on the Psalms", 1860

Vers. 7. *Estará para siempre delante de Dios; prepara misericordia y verdad para que lo conserven.* *[Que reine para siempre delante de Dios; que la misericordia y la verdad lo guarden.* RVR*] [El reinará para siempre delante de Dios; concédele misericordia y fidelidad para que lo guarden.* LBLA*] [Se sentará para siempre delante de Elohim, concede piedad y verdad, para que lo guarden.* BTX*] [Que reine siempre en tu presencia, y que tu amor y tu verdad lo protejan.* NVI*] [¡Que él reine por siempre ante Dios! Convoca para protegerlo al amor y a la verdad.* BLP*] [Que reine bajo la protección de Dios para siempre, y que tu amor inagotable y tu fidelidad lo cuiden.* NTV*]*[66]

---

[64] 1 Reyes 2:1-12.

[65] Isaías 53:8.

[66] Un versículo de traducción compleja: יֵשֵׁב עוֹלָם לִפְנֵי אֱלֹהִים חֶסֶד וֶאֱמֶת מַן יִנְצְרֻהוּ׃ yêšêḇ *'ōwlām lip̄nê 'ĕlōhîm ḥeseḏ we'ĕmeṯ man yinṣəruhū.* La versión griega de los LXX o Septuaginta lee: διαμενεῖ εἰς τὸν αἰῶνα ἐνώπιον τοῦ θεοῦ· ἔλεος καὶ ἀλήθειαν αὐτοῦ τίς ἐκζητήσει que la Vulgata traduce al latín como: *"Permanet in aeternum in conspectu Dei: misericordiam et veritatem ejus quis requiret?",* "Permanece eternamente en la presencia de Dios, su misericordia y verdad ¿quién la requerirá?". SCHÖKEL traduce: *"que reine siempre en presencia de Dios, que lealtad y fidelidad le hagan guardia",* enlazándolo con Proverbios 20:28: *"Misericordia y verdad guardan al rey".* KRAUS: *"¡Esté sentado eternamente en el trono ante el rostro*

Que reine para siempre delante de Dios. Aunque esto sea verdad con respecto a David en un cierto sentido, preferimos ver en estas palabras directamente al Señor Jesús, como descendiente del linaje de David y representante de su estirpe real. Jesús ha sido entronizado delante de Dios por toda la eternidad; y en ello tenemos nosotros nuestra seguridad, dignidad y deleite; puesto que reinamos en él, y en él somos hechos aptos para sentarnos en los lugares celestiales.[67] La pretensión personal de David de sentarse en el trono delante de Dios para siempre, según la expresa en este versículo, no es más que una predicción revelada del privilegio concedido a todos los verdaderos creyentes.

Que la misericordia y la verdad lo guarden. Así como los súbditos de un monarca terrenal gritan «¡Viva el rey!», nosotros aclamamos a nuestro Emanuel en su trono y gritamos: *¡Que la misericordia y la verdad lo guarden!* El amor eterno y la fidelidad inmutable son los guardaespaldas del trono de Jesús, y ambos son a la vez sostenedores y protectores de todos aquellos que en él son hechos reyes y sacerdotes para Dios.[68] No podemos sostenernos y protegernos a nosotros mismos, y nada fuera de la misericordia y la verdad divina tuenen capacidad para hacerlo; pero ellas sí pueden y quieren hacerlo, y por tanto, ni aún el más pequeño del pueblo de Dios está expuesto a perecer.

C. H. SPURGEON

Estará delante de Dios para siempre; prepara misericordia y verdad para que lo protejan. Habiendo expuesto el propósito divino de salvación eterna en favor suyo, afirmando que Dios *estaría delante de él para siempre;* ahora considera lo que le queda por delante, y lo mucho que podría requerir guardarle hasta el fin de sus días y *"para siempre";* y añade a su oración una coletilla pidiéndole a Dios que *prepare misericordia y verdad para preservarle.* Como si dijera: «Me queda por recorrer un trecho largo de camino en medio de innumerables peligros; tu promesa es que *"estaré delante de ti para siempre";* por tanto, Señor, tienes que preparar de antemano misericordia y verdad en abundancia para preservarme a lo largo de los tiempos difíciles que aún están por venir».[69]

THOMAS GOODWIN [1600-1679]
"A discourse of Christ the Mediator", 1692

---

de Yahvé, la bondad y la gracia le guarden!" La versión sefardí de Ferrara: *"Eftara fiempre delante Dio, merced y verdad apareja guardarloan".* La versión Caldea o Peshitta lee: *"él estará siempre ante Dios. ¿Quién preservará la misericordia y la verdad?".*

[67] Efesios 2:6.

[68] Apocalipsis 1:6.

[69] Dice FRANCISCO LACUEVA [1911-2005], en su versión española del "Comentario de Matthew Henry": «Con qué santa importunidad suplica a Dios que le guarde siempre bajo su protección (61:): *"Designa a la misericordia y la verdad, para que lo preserven"* (al rey. literal) ¡Que sean ellas algo así como sus ángeles custodios! (Salmo 57:4). David está convencido de que Dios le prolongará la vida y, por tanto, ruega que se la preserve. No pide que le asigne una fuerte guardia personal, ni un castillo fortificado, sino que le prepare la misericordia y la verdad para su preservación. Para sentirnos seguros no necesitamos ninguna otra cosa, sino la protección de la misericordia y de la verdad de Dios». Y AGUSTÍN DE HIPONA [354-430] hace un peculiar comentario: «Los caminos del Señor son misericordia y verdad. Son misericordia porque para perdonar nuestros pecados y darnos acceso a la vida eterna, no lo hace basándose en nuestros méritos sino en su amor; y son verdad porque cumple siempre cuanto promete de manera infalible. Seamos conscientes de esta actitud divina y consecuentes con ella, siendo misericordiosos con los enfermos y necesitados, incluso con nuestros enemigos (Mateo 5:44-48; Romanos 12:10-21); fieles y verdaderos con nuestras promesas, huyendo del pecado y evitando acumular delito sobre delito (Romanos 6:1-2; 12-14).

Vers. 8. ***Así cantaré tu nombre para siempre, pagando mis votos cada día.*** *[Así cantaré tu nombre para siempre, cumpliendo mis votos cada día.* RVR*] [Así cantaré alabanzas a tu nombre para siempre, cumpliendo mis votos día tras día.* LBLA*] [Así cantaré salmos a tu Nombre para siempre, cumpliendo mis votos día tras día.* BTX*] [Así cantaré siempre salmos a tu nombre y cumpliré mis votos día tras día.* NVI*] [Yo cantaré eternamente tu nombre y cumpliré mis promesas día tras día.* BLP*] [Entonces cantaré alabanzas a tu nombre para siempre, mientras cumplo mis votos cada día.* NTV*]*

Así cantaré alabanzas a tu nombre para siempre.[70] Porque mi oración ha sido contestada, mi cántico será perpetuo; porque Jesús está sentado eternamente a tu diestra, será aceptable; y porque estoy en él y preservado por él, será de agradecimiento. David había expresado su súplica mediante un grito: *"a ti clamaré";* ahora expresa a su alabanza con una canción: *"cantaré a tu nombre";* siempre debe haber un paralelo entre nuestras súplicas y nuestras acciones de gracias; no podemos brincar en la oración y cojear en la alabanza. La gracia y la gloria nos permitirán cumplir literalmente el voto de cantar al nombre de Dios *"para siempre",* al pie de la letra; no se trata por tanto de una hipérbole o extravagancia.

Y cumpliré mis votos día tras día. Al Dios *que añade días a nuestros días* (61:6), consagramos todos los días de nuestra existencia. Le prometimos alabanza perpetua, y deseamos rendírsela de forma continuada. Adoraremos a Dios *"de die in diem",*[71] sin interrupción en el transcurso de nuestros días. No pedimos vacaciones de esta labor celestial; ni haremos intermedios en esta vocación sagrada. Dios cumple a diario sus promesas, paguémosle pues diariamente nuestros votos: él guarda su pacto, no olvidemos el nuestro. Bendito sea el nombre del Señor desde ahora, y para siempre.

C. H. SPURGEON

Así cantaré alabanzas a tu nombre para siempre. Aquellos de entre los santos de la Iglesia que son oprimidos y maltratados, lo son con este propósito: que cuando se sientan oprimidos: *clamen;* y cuando clamen: *sean oídos;* y cuando sean oídos: *canten y alaben a Dios.*

AGUSTÍN DE HIPONA [354-430]
"Enarrationes in Psalmos"[72]

---

[70] En hebreo כֵּן אֲזַמְּרָה שִׁמְךָ לָעַד *kên 'ăzammərāh šimkā lā'aḏ* de זָמַר *zamar,* "cantar alabanzas"; y שֵׁם *shem,* "nombre".

[71] Expresión de lenguaje jurídico que significa "día tras día", y que se utilizaba como prueba agravante: cuando se podía demostrar que la infracción había tenido una continuidad, que se había repetido *"de die in diem",* es decir, día tras día, se consideraba una demostración de que había una clara intencionalidad de parte del infractor. También se utiliza en la Vulgata en 1 Crónicas 16:13 y Salmo 96:2: *"cantate Domino benedicite nomini eius adnuntiate de die in diem salutare eius",* "Cantad a al Señor, bendecid su nombre; anunciad de día en día su salvación".

[72] Este comentario de Agustín no pertenece al Salmo 61 sino al Salmo 107: *"Y llegaron hasta las puertas de la muerte. Pero clamaron a Jehová en su angustia, y los libró de sus aflicciones. Envió su palabra, y los sanó, y los libró de su ruina. Alaben la misericordia de Jehová, y sus maravillas para con los hijos de los hombres; ofrezcan sacrificios de alabanza, y publiquen sus obras con júbilo"* (Salmo 107:18-22). Spurgeon lo incorpora al Salmo 61:8 porque encaja dentro del sentido y aplicación.

SALMO 62

Salmo del "solamente"

Título: *Al músico principal; a Jedutún.* Este es el segundo Salmo dedicado a יְדוּתוּן *yəḏūṯūn,* Jedutún[1] o Etán;[2] el primero es el Salmo 39, un Salmo casi gemelo a este en muchos aspectos y que contiene el adverbio hebreo אַךְ *'aḵ,* traducido como *"solamente",* cuatro veces; en el presente salmo aparece seis veces.[3] Nos encontraremos con otros dos salmos similares asignados también a Jedutún o Etan, a saber, el Salmo 77 y el Salmo 89. Los hijos de Jedutún eran porteros o guardianes de las puertas: *"y designó a los hijos de Jedutún para la puerta".*[4] Los mejores cantores son aquellos que tienen espíritu de servicio, y quienes dirigen y ocupan los puestos de mayor privilegio en el coro no deben avergonzarse de esperar en el dintel de las puertas de la casa del Señor.

Salmo de David. Aun cuando el título no indicara específicamente la autoría del poeta regio haciéndola incuestionable, la evidencia interna de que fue él quien escribió estas estrofas es abrumadora; son verdaderamente davídicas. Debido al uso séxtuple del adverbio אַךְ *'aḵ* "solamente", hemos decidido llamarlo: Salmo del "Solamente".5

C. H. Spurgeon

Tema: *Análisis comparativo de los Salmos 62 y 63: "Solamente" y "Temprano".* Comparar los Salmos 62 y 63 nos proporciona una lección dulce y provechosa. Pues el corazón es propenso a dividir siempre su confianza entre Dios y la criatura; y esto jamás funciona. Debemos esperar únicamente en Dios: *"Solamente en Dios descansa mi alma",* pues *"solamente"* él debe ser nuestra *"roca",* nuestra *"salvación"* y nuestro *"refugio"* (62:1-2). Cuando dividimos nuestra confianza, nos sentimos tentados a priorizar y dirigir ante todo nuestra mirada al hombre, al *"brazo de carne",*[6] y tan solo cuando este nos falla miramos a Dios; esto tampoco funciona. Dios ha de ser nuestra prioridad, y nuestro único recurso: *"Solamente en Dios".* Luego está la lección del Salmo 63: *"Oh Dios, mi Dios eres tú;*

---

[1] 1Crónicas 16:41; 25:1-3, 6; 2 Crónicas 5:12; 35:15.

[2] 1 Crónicas 6:44; 15:17, 19. Spurgeon da por hecho de que Jedutún y Etán son la misma persona, aunque muchos de los eruditos modernos no lo ven igual de claro.

[3] Esta es también la opinión de Franz Delitzsch [1813-1890] que empareja el Salmo 39 con el Salmo 62 en base a esta misma razón: en el Salmo 39 el adverbio אַךְ *'aḵ* aparece cuatro veces traducido en la RVR como *"ciertamente"* (39:5, 6, 11)*;* y aquí aparece seis traducido cinco como *"solamente"* (61:1, 2, 4, 5, 6) y una *"por cierto"* (6:2:9): «Aunque admite sentirse en una situación desesperada, prácticamente más allá del punto de no retorno, el salmista no pierde por ello la esperanza, enfrenta la embestida final de sus numerosos enemigos con una calma silenciosa: en reposada sumisión; pero no entregado a una resignación fatalista, sino dejándolo en manos de Dios, cuya intervención y designio vislumbra con claridad detrás de todo cuanto le está sucediendo (2 Samuel 12:7-13). El adverbio אַךְ *'aḵ* (solamente, ciertamente, con seguridad), es el lenguaje de la fe mediante el cual se confiesan y confirman ante cualquier ataque las verdades establecidas; y con el cual son declaradas y afirmadas deliberada y solemnemente las resoluciones que se adoptan durante cualquier conflicto y que deben ser mantenidas firmemente. Por ello el salmista espera דּוּמִיָּה *dūmîyāh,* en reposado silencio, dejando todo a la voluntad de אֱלֹהִים *'ĕlōhîm,* sin acción alguna de su parte. Sabe que su salvación depende exclusivamente de Dios, sí, de Dios en persona, y por tanto, sabe también que mientras Dios siga siendo su Dios, la tiene garantizada; y en virtud de ello, permanece en silencio, pero firme e imperturbable».

[4] 1 Crónicas 16:42.

[5] Dice Schökel: «Por la situación dramática y la motivación a confiar, el Salmo 62 esta emparentado con el Sa1mo 4, del cual se distingue notablemente por el repertorio imaginativo. Y por el diálogo interior del estribillo, esta emparentado con el Salmo 42-43».

[6] 2 Crónicas 32:8; Jeremías 17:5.

de madrugada te buscaré"(63:1). Cuando hacemos nuestra la bienaventuranza de buscar a Dios *"solamente"*, pronto aprendemos también a buscarle *"prioritariamente"*, antes que cualquier otra cosa, temprano, de madrugada. Esta es la manera correcta en que el corazón debe tratar al Dios bendito.[7]

CHARLES HENRY MACKINTOSH [1820-1896]
"Things New and Old", 1858

Estructura: El salmista ha marcado sus propias pausas insertando sus correspondientes: *"Selah"* al final de los versículos cuatro y ocho (62:4, 8). La época y momento en el que fue compuesto no es una cuestión crucial, ya que la verdadera fe siempre es oportuna, y por regla general siempre está sometida a pruebas. Por otra parte, los sentimientos que expresa aquí el salmista son adecuados para situaciones muy habituales y frecuentes en la vida de cualquier creyente, y por tanto, no es indispensable ningún incidente histórico que los aclare y justifique.[8]

C. H. SPURGEON

Versión poética:

NONNE DEO SUBJECTA ERIT ANIMA MEA?

¿Pues qué, alma mía, a tu Señor no quieres
estar siempre sujeta y humillada,
cuando en su mano están todas las dichas,
y que en él está toda mi esperanza?

Él es el Santo Dios que me protege,
y protector piadoso que me ampara,
y si dulce en su seno me recibe,
nadie podrá jamás turbarme en nada.

Y vosotros feroces enemigos,
que os juntáis contra mí, con tanta saña,
¿hasta cuándo queréis a un hombre solo
perseguir tantos con tan fiera rabia?

Vosotros me miráis, por vuestro odio,
como pared ya vieja y desplomada,
y que está para caer, que se desprende,
y ruina por instantes amenaza.

---

[7] En esta misma línea el jesuita español de Palencia Félix Asensio, profesor de la Universidad Pontificia de Comillas y posteriormente en la Gregoriana de Roma, reputado escriturista, tiene un extraordinario trabajo titulado: *"Teología bíblica de un tríptico: Salmos 61, 62 y 63"*, Ed. Verbo Divino *EstBíbl 21* (1962). Ver Salmo 61, nota 1.

[8] Dice FRANCISCO LACUEVA [1573-1631] en su versión española del "Comentario de Matthew Henry": «No hallamos en este salmo ningún detalle por el que podamos colegir cuándo y por qué lo compuso David, pero la circunstancia más apropiada sería la revuelta de Absalón. Aquí David: I. Halla placer en profesar su confianza en Dios y su dependencia de Él (62:1-7). II. Anima grandemente a otros a confiar igualmente en Dios, no en criatura alguna (62:8-12)».

Los tiranos quisieron destrozarme,
y me acometen con violencia tanta,
que aunque ardía de sed, no tuve tiempo
ni de beber siquiera un sorbo de agua.

Lo peor es, que estos pérfidos traidores
en secreto tramaban esta infamia,
y que me bendecían con su boca,
cuando hablaban conmigo cara a cara.

Con todo eso alma mía, está sujeta
a tu Dios, y de él solo alivio aguarda,
él es mi justo Dios, el que me ayuda,
nada puede turbarme, si él me ampara.

En él he puesto mi salud y gloria,
él es el que me anima y me levanta,
el Dios de mi socorro, y en él solo
tiene mi corazón sus esperanzas.

Y tu, pueblo querido, pueblo mío,
que me sigues fiel en mis desgracias,
confía en el Señor, y él a su tiempo
nos sacará de suerte tan infausta.

¡Pero ay! ¡cómo los hijos de los hombres
unos a otros pérfidos se engañan!
¡y cómo se confían en apoyos,
que entre las manos se les desbaratan!

Pero tú, pueblo mío, nunca pongas
en ninguna maldad tu confianza,
no quieras bien injusto, y si eres rico
en tus riquezas no confíes nada.

Una vez habló Dios a nuestros padres,
y dijo solamente dos palabras,
que era piadoso, y es omnipotente,
y que a cada uno, como debe, paga.

DEL "SALTERIO POÉTICO ESPAÑOL", SIGLO XVIII

Salmo completo: No encontramos a lo largo de todo el Salmo 62 una sola palabra en la cual el profeta exprese *temor* o *abatimiento;* ni una sola queja o súplica, lo que no deja de resultar sorprendente, cuando resulta evidente por el contenido de otros salmos, que tan pronto se sentía en peligro jamás dejaba de implorar ... Parece ser que cuando escribió este, el profeta se sentía excepcionalmente dotado en lo referente a lo que el apóstol describe como: πληροφορία, *pleroforía,*[9] es decir, plena seguridad de comprensión, plena certidumbre, plenitud y perfección de la fe; y por tanto, decidió

[9] Colosenses 2:2; 1Tesalonicenses 1:5; Hebreos 6:11; 10:22.

levantar un monumento perenne a su euforia espiritual escribiendo este salmo, con el propósito de estimular a futuros oyentes y lectores a perseguir y alcanzar el mismo logro.[10]

MOÏSE AMYRAUT [1596-1664][11]
"Paraphrases on various books of the N.T. and of the Psalms",1644

---

[10] FRANCISCO LACUEVA [1573-1631] en su versión española del "Comentario de Matthew Henry" hace de el Salmo 62 esta hermosa exposición: «1. DAVID EXPRESA AQUÍ SU DEPENDENCIA DE DIOS, y solo de Dios, para todo bien (62:1): *"Solamente en Dios descansa* (o espera en silencio) *mi alma"*. Por muchas que sean las dificultades o los peligros que me salgan al encuentro, y aunque Dios esté enojado conmigo y sufra yo alguna decepción en las esperanzas que tengo puestas en él, mi alma —no obstante— espera a Dios en silencio; es decir, no me rebelo, refunfuño ni digo nada en contra de lo que él hace, sino que aguardo tranquilamente lo que él hará; yo sé que de él viene mi salvación y, por tanto, aguardo pacientemente hasta que llegue lo que él ha de hacer, pues su tiempo es el mejor tiempo. 2. EL FUNDAMENTO DE ESTA DEPENDENCIA (62:2a): *"Solamente él es mi roca y mi salvación; es mi refugio"*, es mi מִשְׂגָּב *misgab* o torre alta. Como si dijese: 'Todas las criaturas son insuficiente; sin Dios son nada; por tanto, miraré hacia él por encima de ellas'. 3. Y EL PROVECHO QUE SACA DE ELLA (62:2b): Si Dios es mi fuerza y mi poderoso libertador, *"no resbalaré, no vacilaré, mucho"*; quizá sea sacudido, pero no seré hundido. Lo que le conduce a tener en poco todos los intentos de sus enemigos (62:3-4): *¿Hasta cuándo maquinaréis contra un hombre, tratando todos vosotros de aplastarle como pared que se desploma y como cerca que se derrumba?"*. Como si dijese: '¿Cuándo os convenceréis de vuestro error? ¿No se va a acabar nunca vuestra mala voluntad?'. 4. INDICA EL MOTIVO DE LA ACTITUD PERVERSA DE SUS ENEMIGOS: la envidia; les enojaba que él prosperara y, por eso, intentaban obstaculizar su promoción y echaban mano de calumnias (62:4): "*Aman la mentira; con su boca bendicen* (literal: me lisonjean en mi cara), *pero maldicen en su corazón*". Eran unos hipócritas. Es peligroso poner nuestra confianza en hombres tan falsos como éstos; pero Dios es fiel y por ello David se anima a continuar esperando en Dios (62:5-7): 'Si Dios quiere salvar mi alma, puede hacer conmigo cuanto le plazca respecto a todo lo demás y yo me conformaré con lo que Él disponga, ya que sé que todo ha de redundar en mi salvación' (ver al respecto Filipenses 1:19). Por ello repite en (62:6) lo que había dicho de Dios (62:2), como quien tiene fijo el pensamiento en algo: *"Solamente Él es mi roca y mi salvación; no resbalaré"*. Aquí ya no añade el *"mucho"*, porque, con esta confianza en Dios, sabe que no titubearán sus pies ni mucho ni poco. Y, de la misma forma que su fe va ganando grados, también su gozo en Dios aumenta hasta estallar en gritos de victoria (62:7): *"En Dios está mi salvación y mi gloria, etcétera"*. 5. EXHORTANDO A OTROS A QUE SIGUIENDO SU EJEMPLO CONFÍEN EN DIOS y esperen en él por ser él la esperanza de todos los términos de la tierra: *"Esperad en él en todo tiempo, oh pueblos"*; y a *derramar delante de él su corazón* (62:8a); cuando confesamos arrepentidos nuestros pecados, nuestro corazón es derramado como una libación ante Jehová (ver 1 Samuel 7:6). Pero aquí se refiere a la oración, la cual, si es como debe ser, es como derramar el corazón ante Dios, pues ante él hemos de poner nuestros problemas y nuestros deseos, y lo hemos de hacer con humilde libertad y someter pacientemente nuestra voluntad a la suya, porque "*Dios es nuestro refugio"* (62:8b), no solo *"mi refugio"*, como afirma en los versículos 2, 6 y 7, sino "nuestro refugio", refugio para todos cuantos acudan a él buscando amparo bajo la sombra de sus alas. 6. NOS ADVIERTE QUE SEAMOS CAUTOS y no pongamos nuestra confianza donde no es debido. A que no confiemos en los hombres, pues *son como soplo que se desvanece en el aire y como una mentira, pues todo su poder y riqueza son engañosos e inestables* (62:9). Pesándolos a todos juntos en la balanza, serán más leves que un soplo; es decir, el platillo en el que se les ponga subirá enseguida, aun cuando en el otro platillo no haya más que un soplo. Sobre todos ellos puede escribirse: *"TEKEL: Has sido pesado en balanza, y fuiste hallado falto de peso"* (Daniel. 5:27). Ni tampoco confiemos en las riquezas de este mundo, que muchas veces se ganan mediante la violencia y la rapiña; especialmente, no pongamos el corazón en ellas (62:10); este es el mayor peligro, cuando aumentan. 6. Y CONCLUYE CON UNA BUENA RAZÓN para que pongamos en Dios nuestra confianza: *"Una cosa ha dicho Dios; dos veces la he oído yo: Que de Dios es el poder"* (62:11). אַחַת *'aḥaṯ*, una vez; שְׁתַּיִם *šətayim*, dos veces; expresión idiomática para significar repetición; hemos oído, pues Dios lo ha dicho, y lo ha dicho de muchas maneras: por sus obras, su providencia y su palabra. A algunos Dios les habla dos veces y no le oyen ni una; pero a otros les habla una vez y le oyen dos (ver. Job. 33:14). Y ¿qué es lo que Dios ha dicho y lo hemos oído? Que de Dios es el poder; que es Omnipotente, que lo puede todo; con Él, todo es posible, y además, es un Dios de amor infinito. Por lo que concluye el Salmo dirigiéndose a Dios *"Y tuya, oh Señor, es la misericordia"* (62:12a), en hebreo חֶסֶד *ḥāseḏ*. Es misericordioso de una manera especial, pues es el Padre de misericordias (2 Corintios 1:3). Nunca ha hecho, ni hace, ni hará ningún mal a ninguna de sus criaturas: *"Porque tú pagas a cada uno conforme a su obras"* (62:12b). (Ver al respecto Proverbios 24:12)».

[11] También conocido como MOISÉS AMYRALDUS; iniciador de lo que se conoce como *"amiraldismo"*, ver nota 8 en el Salmo 90.

Salmo completo: Atanasio recomienda que: «Frente a todo tipo de ataques, ya sean contra tu alma, cuerpo, estado, bienes, fama; y frente a todas las tentaciones, tribulaciones, maquinaciones, difamaciones: recita este Salmo».[12]

JOHN DONNE [1573-1631]
"Sermon lxv preached at St. Paul's, May 8, 1625: Psalm LXII. *9"*

Vers. 1. *En Dios solamente está acallada mi alma; de él viene mi salvación.* *[Solamente en Dios descansa mi alma; de él viene mi salvación.* RVR*] [En Dios solamente espera en silencio mi alma; de El viene mi salvación.* LBLA*] [¡Solo en Elohim se aquieta mi alma! ¡De Él procede mi salvación!* BTX*] [Solo en Dios halla descanso mi alma; de él viene mi salvación* NVI*] [Solo Dios es mi descanso, de él viene mi salvación.* BLP*] [Espero en silencio delante de Dios, porque de él proviene mi victoria.* NTV*]*[13]

Solamente.[14] Nuestra versión inglesa lo traduce como *"verdaderamente"*,[15] pero está claro que el sentido del hebreo es *"solamente"* o *"únicamente"*. La *sola fide,*[16] la sola fe, tan solo es verdadera si es exclusiva, si descansa solamente en Dios; toda confianza que dependa del Señor solo en parte, es confianza vana. Con todo, el *"verdaderamente"* o *"en verdad"* de la versión inglesa, aunque no es una traducción literal, tampoco está fuera de lugar, cuanto menos nos recuerda el uso tan frecuente que nuestro bendito señor hace de este adverbio.[17]

---

[12] ATANASIO DE ALEJANDRÍA [296-373] en su carta a su discípulo Marcelino sobre la naturaleza y valor de los salmos le dice refiriéndose a este salmo: «Si encuentras que algunos te odian de tal modo que pretenden incluso arrebatarte el alma, limítate a confrontarlos con tu confianza y obediencia al Señor; y cuanto más ellos se envalentonen, tanto más aférrate tú a él, entonando el Salmo 62». El Tomo I de "El Tesoro de David" incluye una traducción completa de la Carta de Atanasio a Marcelino. [Tomo I - pp. 50].

[13] En hebreo אַךְ אֶל־אֱלֹהִים דּוּמִיָּה נַפְשִׁי מִמֶּנּוּ יְשׁוּעָתִי *'ak̲ 'el-'ĕlōhîm dūmîyāh napšî mimmennū yəšū'āṯî.* La versión griega de los LXX o Septuaginta lee: οὐχὶ τῷ θεῷ ὑποταγήσεται ἡ ψυχή μου παρ' αὐτοῦ γὰρ τὸ σωτήριόν μου· que la Vulgata traslada al latín en forma de pregunta: *"Nonne Deo subjecta erit anima mea? ab ipso enim salutare meum"*, "¿Pues no estará mi alma sujeta a Dios? siendo que él es mi salud". Sobre esta versión latina dice AGUSTÍN DE HIPONA [354-430]: «Sabedor de que *"todo el que se enaltece será humillado, y el que se humilla será enaltecido"* (Mateo 23:12), el salmista se dirige a los que le acosan buscando entre todos derribarle cual muro que se inclina y les dice: *"¿Pues no va a estar mi alma sometida a Dios siendo que él es mi salud?"*. Por mucho que él me enaltezca, por mucho que me haga ascender, por mucho que prospere, por muy prominente que sea el lugar que ocupe: mi alma seguirá sometida a él; porque cuanto más sometido estoy a él, más seguro me siento con respecto a todas las demás cosas, siendo que él es en todas las cosas y sobre todas las cosas (Romanos 11:36; Efesios 4:6). ¡No! Por más que tratéis de empujarme *"no resbalaré"* pues él es *"mi roca y mi salvación; mi refugio seguro"* (62:2). ¡¿Cómo no estará, pues, mi alma, a él sujeta y sometida?!».

[14] En hebreo אַךְ *'ak̲,* "solo" o "solamente".

[15] La versión inglesa KJV traduce: *"Truly my soul waiteth upon God"*.

[16] Recordara el lector que la *"sola fide"* o "la fe sola" es el primero de lo que se conoce como "las tres solas" o tres principios fundamentales de la Reforma protestante: *Sola Scriptura*, "sola Escritura"; *Sola fide*, "fe sola"; *Sola gratia*, "gracia sola"; a los que se añadieron dos más: *Solus Christus*, "solo Cristo"; y *Soli Deo gloria* "solo a Dios la gloria", convirtiéndolos en "las cinco solas" o cinco principios básicos de la reforma.

[17] Marcos 3:28; 8:12; 9:1; 9:41; 10:15; 10:29; 11:23; 12:43; 13:30; 14:9; 14;18; 14:25; Lucas 4:24-25; 9:27: 12;44; 21:3; Juan 6:32; 6:17.

En Dios descansa mi alma. Lo más íntimo y profundo de mi ser se aproxima a Dios en obediencia reverente. No soy un hipócrita o un simple fingidor, –dice el salmista. Esperar en Dios, y solo en Dios, es la postura habitual de la fe: esperar en él *verdaderamente,* es sinceridad; esperar en él *solamente,* modestia espiritual. El sentido literal del hebreo es: *"solamente en Dios espera en silencio mi alma".*[18] Tan solo la presencia de Dios era capaz de sosegar su corazón aportándole quietud, sumisión, reposo y aquiescencia; y cuando la experimentaba, ni una sola palabra rebelde o pensamiento díscolo lograban romper la paz de su silencio. Dice un viejo refrán que: «la palabra es plata y el silencio es oro»,[19] y en este caso no puede ser más acertado. No hay elocuencia en el mundo que tenga ni la mitad de significado del silencio paciente del Hijo de Dios.[20] Una de las mayores obras de la gracia consiste en derribar nuestra voluntad y someter de tal modo nuestros impulsos y afectos, que nuestra mente quede ante el Señor como el mar a merced del viento: lista para moverse al menor soplo, a cada aliento de su boca; pero libre de todas las emociones e impulsos internos, o de cualquier otro poder capaz de moverla fuera de la voluntad divina. Debemos ser cera moldeable para el Señor,[21] y acero templado, inflexible a todas las demás fuerzas.

De él viene mi salvación. Por tanto, la persona piadosa controla con paciencia su alma hasta que llega la liberación; y la fe, habiendo aprendido a guardar silencio, puede escuchar los pasos de esa salvación en el camino. Nuestra salvación proviene de Dios, no de cualquier otra fuente inferior en medida alguna; acudamos, pues, tan solo a la fuente verdadera evitando el delito detestable de atribuir a la criatura lo que pertenece solo al Creador. Si bien esperar en Dios es adoración, esperar en la criatura es idolatría; y si bien esperar *"solamente"* en Dios es fe verdadera, asociar con él al *"brazo de la carne"*[22] es de una incredulidad intolerable.

C. H. SPURGEON

Solamente. El adverbio אַךְ *'ak* puede traducirse de diferentes formas: restrictiva, como *solamente;* o afirmativa, como *ciertamente.* Nuestros traductores[23] lo han hecho de tres maneras en los distintos versículos de este salmo: *verdaderamente;*[24] *solamente;*[25] y *ciertamente.*[26] Traducido como *"solamente",* el significado es que Dios es para el salmista el objeto de su confianza en exclusiva; traducido por *"ciertamente",* indica que en su mente se ha reavivado, y con una certeza más bendita que nunca, la convicción de que Dios es su salvación. La primera frase del salmo, traducida literalmente es: *"solamente en Dios espera en silencio mi alma".*

JOHN JAMES STEWART PEROWNE [1823-1904]
"Commentary on the Book of Psalms", 1864

Solamente en Dios descansa mi alma. Es decir, descansa en todo lo referente a elección y uso de los medios, las respuestas a la oración, ejecución de las promesas, liberación de los enemigos,

[18] En hebreo אַךְ אֶל־אֱלֹהִים דּוּמִיָּה נַפְשִׁי *ak 'el-'ĕlōhîm dūmîyāh napšî;* de דּוּמִיָּה *dumiyyah,* "silencio"; y נֶפֶשׁ *nephesh,* "alma". דּוּמִיָּה *dumiyyah* transmite la idea de un silencio reposado, de descanso en la batalla, según se desprende de su uso en el Salmo 22:2: *"clamo de día, y no respondes; y de noche, y no hay para mí reposo".*

[19] En el original: *"speech is silver but silence is gold".*

[20] Salmo 50:21; Isaías 22:14; 53:7; 57:11; Mateo 26:62-63; 27:13-14.

[21] Salmo 68:2; 97:5; Jeremías 18:3-5.

[22] 2 Crónicas 32:8; Jeremías 17:5.

[23] Se refiere a los traductores de la versión inglesa KJV.

[24] *"Truly",* (62:1).

[25] *"Only",* (62:2, 4, 5, 6).

[26] *"Surely",* (62:9).

y en todos los problemas en general. Aunque también puede ser *"espera en silencio mi alma"* o *"guarda silencio"*, como explica el *Targum;*[27] en este caso, no se refiere a silencio de oración sino de murmuración; esperando la salvación en silencio de manera quieta y paciente, hasta que llegue el tiempo del Señor para mandarla; *sometido a él*, como traducen la Septuaginta,[28] la Vulgata,[29] y las versiones árabe y etíope; *resignándose* a su voluntad y aguardando paciente bajo su mano que le aflige: denota una espera en el Señor paciente y silenciosa; no un mero cumplimiento ostentoso de las ordenanzas externas; sino un verdadero marco espiritual interno propio de un alma que espera en el Señor con una certeza y realidad absolutas; en oposición a los meros formulismos, legalismos y demás espectáculos externos.

JOHN GILL [1697-1771]
"Exposition of the Old Testament", 1748

Solamente en Dios descansa mi alma. O como dice el hebreo de forma más literal: *"mi alma permanece en silencio"*. Y de hecho, esperar en Dios en medio de una situación aflictiva, aguardando la liberación, consiste en esto: en un silencio santo. Si ya de hecho, es grande misericordia que logremos en medio de la aflicción controlar nuestros sentidos corporales, evitando que se rebelen y desvaríen; lo es mucho más conseguir que el corazón se mantenga silencioso y paciente; siendo que el corazón se calienta con gran facilidad y se sale de casillas con tanta o más celeridad que la mente. Ahora bien, lo que la esponja es para el cañón cuando por disparar constantes andanadas se pone al rojo vivo;[30] lo es la esperanza para el alma en las aflicciones: refrigera el espíritu haciéndolo más humilde, evitando que

---

[27] Un TÁRGUM (en hebreo תרגום, plural "tárgumim") era una traducción al arameo de la Biblia hebrea compilada desde el período del Segundo Templo hasta principios de la Edad Media. Además de "traducción", también significa "interpretación", por lo cual el Tárgum incluía con frecuencia notas aclaratorias y exegéticas a pie de página o incluso añadidas al texto, convirtiéndolo en una versión parafraseada de la Biblia. Los más conocidos son el "Tárgum de Onquelos" de la Torá y el "Tárgum de Jonathan" de los profetas, que incluía el resto de libros llamados proféticos entre los que se cuentan los Salmos.

[28] Se refiere a BIBLIA DE LOS SETENTA (LXX), también conocida como Septuaginta, o Versión Alejandrina. El nombre de Septuaginta se debe a que solía redondearse a 70 el número total de sus 72 traductores, según cuenta la tradición. Es la principal versión en idioma griego por su antigüedad y autoridad. Su redacción se inició en el siglo III a.C. (c. 250 a.C.) y se concluyó a finales del siglo II a.C. (c. 150 a.C.). Se cree que fue hecha para los judíos que hablaban griego, pues en esa época eran bastante numerosos en Alejandría, aunque la orden provino del rey PTOLOMEO II PHILADELFO [284-246 a.C.] con destino a la biblioteca de Alejandría. El Pentateuco fue traducido en esa época y el trabajo duró dos o tres siglos. Una escuela de traductores se ocupó de los Salmos, en Alejandría, hacia 185 a.C.; después tradujeron Ezequiel, los doce profetas menores y Jeremías. Trataron posteriormente los libros históricos (Josué, Jueces, Reyes), y finalmente el de Isaías.

[29] Se refiere a la traducción de la Biblia al latín vulgar, realizada a principios del siglo V por San Jerónimo, por encargo del Papa Dámaso I en el año 382. La versión toma su nombre de la frase *Vulgata Editio,* "edición para el pueblo", y se escribió en un latín corriente. San Jerónimo tradujo por primera vez directamente del hebreo al latín todo el Antiguo Testamento. En cuanto al libro de los Salmos, revisó la *Vetus Latina* ajustándola a la Septuaginta en lo que se conoce como *Psalterium Romanun.*

[30] El autor recurre a un ejemplo muy propio de su época, siglo XVII, época de las grandes batallas navales, en las que la capacidad y velocidad de fuego de la artillería eran cruciales para salvar el navío; cada cañón contaba con su equipo de artilleros y se premiaba al equipo capaz de disparar repetidamente la pieza en el menor tiempo. Esto exigía refrigerar la pieza, de lo cual se ocupaba un marinero con un cubo y una esponja. Con la esponja, previamente mojada en agua, se refrescaba el interior del ánima y se apagaban los posibles rescoldos encendidos que hubiera en el interior de la recámara. Este refresco había que hacerlo a

se quiebre o deshaga en pensamientos o palabras desquiciadas en contra de Dios: *"Alma mía, espera en silencio solamente en Dios, pues de él viene mi esperanza"* (62:5).

William Gurnall [1617-1679]
"Christian in complete armour, or, a treatise of the saints war against the Devil", 1655

Espera mi alma. El éxito de la *espera* está en una mezcla dilatada y ponderada de *esperanza* y *confianza.*

John Trapp [1601-1669]
"A commentary or exposition upon the books of Ezra, Nehemiah, Esther, Job and Psalms", 1657

Solamente en Dios descansa mi alma. Como si hubiera dicho: En tanto que hombre, Dios ha sometido debajo de mí a todas sus criaturas inferiores;[31] como rey, ha sometido a mí toda Judea, los filisteos, los moabitas, los sirios, los idumeos, los amonitas y otras tribus;[32] habiéndome tomado del redil de las ovejas, me ha favorecido con la corona y el cetro por treinta años, y extendido mi reino desde el mar hasta el gran río Éufrates.[33] Por tanto, no es sin razón ni motivo que ante esta aflicción peculiar en la cual Absalón tiene sed de aplastarme, me someto a Él, y solamente a Él, de manera especial habiéndome revelado, como ha hecho, la liberación que tiene preparada para mí, y que solamente de él es de quién puedo esperar.

Thomas Le Blanc [1599-1669]
"'Psalmorum Davidicorum Analysis' in qua aperte cernitur singulis in Psalmis ordinem esse admirabilem: adjungitur commentarius amplissimus", 1645

En silencio espera mi alma. El término hebreo que utiliza aquí el salmista es דּוּמִיָּה *dūmîyāh,* esto es: en silencio, reposadamente, sosegadamente, esperando, reflexionando, en actitud solicita y observadora. Debemos, ante todo, estar sometidos a Dios cual discípulos silenciosos delante de un maestro ... Sea lo que sea que Dios permita que me suceda, voy a permanecer en silencio delante de él; con mi corazón en una actitud de admiración, soportando por un lado sus golpes y recibiendo por otro su enseñanza ... Y debemos estar, en segundo lugar, sometidos a Dios como corresponde a criaturas que callan delante de su Creador ... *"¡Ay del que pleitea con su Hacedor!"*.[34] En tercer lugar, debemos estar sometidos a Dios como arcilla en manos del alfarero, lista para asumir cualquier forma con la que él desee moldearnos ... *"He aquí que como el barro en la mano del alfarero, así sois vosotros en mi mano, oh casa de Israel"*.[35] En cuarto lugar, debemos estar sometidos a Dios, como la sierva ante su señora, observando su mano para captar sus deseos incluso en las cosas más humildes *"como los ojos de la sierva, a la mano de su señora"*.[36] ... Y en quinto lugar, debemos estar sometidos a Dios,

fondo cada pocos tiros, pues el cañón podía llegar a ponerse al rojo vivo y explotar, o bien deformarse por el calor y sufrir alguna fisura.

31 Génesis 1:28; 2:19-20.

32 2 Samuel 8:3; 1Crónicas 18:1-3; 20:4-8.

33 2 Crónicas 9:26.

34 Isaías 45:9.

35 Jeremías 18:6.

36 Salmo 123:2.

como la esposa a su marido *(sponsa sponso),* que en su amor es solícita y cuidadosa en hacer lo que a él le plazca: *"Mi amado es mío, y yo suya"*;[37] y *"Yo soy de mi amado, y mi amado es mío"*.[38]

Thomas Le Blanc [1599-1669]

"'Psalmorum Davidicorum Analysis' in qua aperte cernitur singulis in Psalmis ordinem esse admirabilem: adjungitur commentarius amplissimus", 1645

En silencio espera mi alma. Después de cada período devocional de oración sosegada y meditación santa en la presencia divina, experimentamos un sentimiento inequívoco de que hay un oído que nos ha escuchado y un corazón que ha captado nuestros suspiros. ¡Y el resultado de un coloquio silencioso con Dios es siempre tan reconfortante! Hubo un tiempo en el que me sorprendían las palabras de Lutero:

«Aguanta paciente y en silencio,
no cuentes a nadie tus miserias;
no cedas en la prueba ni desmayes,
porque Dios te librará en cualquier momento».

Y me sorprendían porque el derramar nuestras penas en el corazón de un amigo es algo tan dulce que casi se nos hace inevitable. Sin embargo, el que habla mucho de sus tribulaciones a otros, es propenso a caer en el error de hablar poco de ellas con Dios; mientras que al contrario, quién ha experimentado con frecuencia el alivio bendito que fluye de la conversación silenciosa con el Eterno, pierde buena parte su anhelo por captar la simpatía de sus prójimos. Ahora me doy cuenta que difundir en exceso nuestras penas ante los demás, solo sirve multiplicarlas y hacerlas más grandes, como dice un viejo refrán: «Contar las penas no hace más que doblarlas».[39] Por el contrario, si en la angustia logramos mantener serenidad de mente, y soportarla siempre con la mirada puesta en Dios, esperando sumisamente su socorro, haciendo nuestras las palabras del salmista: *"Solamente en Dios espera mi alma; de él viene mi salvación"*, la angustia no se extenderá en anchura ni ahondará en profundidad; quedará circunscrita a la superficie del corazón, como la bruma de la mañana, que a medida que el sol asciende y sus rayos la calientan se disipa en nubes vaporosas.

August Friedrich Tholuck [1799-1877]

"Hours of Christian Devotion", 1870

La mente natural siempre es propensa a querer *razonar* las cosas, cuando lo que nos corresponde es simple y llanamente *creerlas;* proclive a *actuar* por nuestra cuenta, cuando deberíamos quedarnos *quietos;* a *debatir,* cuando deberíamos permanecer *callados;* a *seguir nuestro propio camino*, cuando constantemente deberíamos *andar en los caminos de Dios*[40] ... ¿Y qué sucede cuando nos anticipamos a Dios, siguiendo nuestro propio camino? En el mejor de los casos, acumulamos sentimientos de

[37] Cantares 2:16.

[38] Cantares 6:3.

[39] En el original: *"Talking of trouble makes it doublé"*.

[40] Charles E. Cowman [1868-1924], en su ampliamente conocida obra devocional "Manantiales en el Desierto", cuenta sobre el autor de este comentario, George Müller [1805-1898], famoso predicador y misionero inglés nacido en Prusia (apodado De Bristol porque fue en esa ciudad es donde fundó el orfanato o albergue para niños que lo hizo famoso al sostenerlo totalmente sin pedir dinero nunca a nadie sino a través de la fe en Dios), que en su Biblia personal tenía junto al versículo del Salmo 37:23: *"Por el Señor son ordenados los pasos del hombre"* una anotación suya que decía: "Y las paradas también".

culpa en nuestra conciencia; y si no los experimentamos, peor aún, pues debilitamos la fe en lugar de aumentarla: cada vez que nos involucramos en una liberación propia, se nos hace más difícil confiar en Dios, hasta que finalmente acabamos por ceder el timón completamente a nuestra razón natural caída, y la incredulidad prevalece. ¡Qué diferentes nos van las cosas cuando estamos capacitado para esperar el tiempo de Dios, y mirar solamente a él en busca de ayuda y liberación! Pues cuando después de muchas horas de oración, y de mucho ejercitar fe y la paciencia, finalmente llega la ayuda, ¡qué dulce resulta!, ¡y qué recompensa tan grande recibe el alma por haber esperado pacientemente y confiado en Dios su liberación! Querido lector cristiano, si no has andado hasta ahora por este camino de obediencia, hazlo de inmediato, y podrás experimentar la dulzura y la alegría que emana de ella.

GEORGE MULLER [1805-1898]
"A Narrative of some of the Lord's Dealings", 1856

Vers. 2. ***El solamente es mi roca y mi salvación; es mi refugio, no resbalaré mucho.*** *[Solamente él es mi roca y mi salvación; es mi refugio, no resbalaré mucho.* RVR*] [Solo El es mi roca y mi salvación, mi baluarte, nunca seré sacudido.* LBLA*] [Solo Él es mi Roca y mi salvación, mi alto refugio; no resbalaré mucho.* BTX*] [Solo él es mi roca y mi salvación; él es mi protector. ¡Jamás habré de caer!* NVI*] [Solo él es mi roca, mi salvación, mi fortaleza, ¡no sucumbiré!* BLP*] [Solo él es mi roca y mi salvación, mi fortaleza donde jamás seré sacudido.* NTV*]*[41]

Solamente él es mi roca y mi salvación. A veces, una metáfora puede ser más sugerente, expresiva y llena de significado que el mejor de los discursos: de ahí el uso de la figura de una roca, que sin duda despertó efusivos recuerdos en la mente de los salmista. David había estado por largo tiempo huyendo y escondiéndose en cavernas rocosas y en las hendiduras de las peñas; de ahí que compare a su Dios con este de refugio seguro; y, de hecho, declara que él es su única protección real, todo-suficiente por sí misma y que nunca falla. A la vez, cual si quisiera mostrarnos que lo que escribía no era mero sentimiento poético sino una realidad bendita, tras la expresión figurativa coloca el término glorioso יְשׁוּעָה *yeshuah,* salvación: que nuestro Dios es nuestro refugio, no es mera ficción, pues no existe en el mundo un hecho más incuestionable.

Es mi baluarte. Mi defensa, mi ciudadela, alta muralla, mi bastión, mi fortaleza. Aquí tenemos otra imagen de lo más audaz; cuando el creyente es probado, no solo permanece en Dios cual en una caverna rocosa; sino que *mora en él,*[42] cual habita el guerrero con gesto desafiante en una torre fortificada del castillo de su señor.

No resbalaré mucho.[43] Su debilidad personal podría abocarle a resbalar; pero su fe entrará en liza para evitar cualquier desliz importante, en consecuencia, no será grave. Como suele decirse:

[41] Los versículos uno y dos (62:1-2) guardan un paralelismo incuestionable con los versículos cinco y seis (62:5-6), lo que ha llevado a muchos expositores, como Kraus, a cuestionarse: «¿Se trata de un estribillo que encierra en sí ligeras variaciones, o habrá que suponer que hay aquí una variante interna del texto? Sería difícil responder con seguridad a esta pregunta. Situaciones parecidas las encontramos en los Salmos 39; 49; 56; 57; 59; 116 y 144».

[42] Juan 15:7

[43] En hebreo לֹא־אֶמּוֹט רַבָּה *lō-'emmōwṭ rabbāh* de רַב *rab,* mucho, abundantemente, significativamente. La versión griega de los LXX o Septuaginta lee: οὐ μὴ σαλευθῶ ἐπὶ πλεῖον que la Vulgata traduce al latín como: *"non movebor amplius.* El significado y alcance de este "mucho" dice FRANZ DELITZSCH [1813-1890] podemos deducirlo fácilmente del Salmo 37:24: *"Cuando cayere, no quedará postrado, porque Jehová sostiene su mano"*.

«Sacudido, pero no desgajado».[44] Movido, cual barco anclado, unos metros de acá para allá empujado por la marea, pero no arrastrado a la deriva por la tempestad. Cuando la persona sabe con certeza que el Señor es su salvación, no puede sentirse muy abatido; pues todos los demonios del infierno juntos no bastarían para generar inquietud en un corazón que sabe que Dios es su salvación.[45]

C. H. SPURGEON

No resbalaré mucho. La gracia hace que el corazón se mueva pausada y sosegadamente en todas las cosas, excepto en aquello que tiene que ver con Dios. Un cristiano *"crucificado"*,[46] sometido a su Señor, es como un mar sin viento, que no se agita ni fluctúa: canta pero no se alborota; llora pero no se entristece; siente celo por la causa de Dios, pero no sobreactúa. Pues ¡ay!, algunos cuando obran se exceden en su obrar.

ALEXANDER CARMICHAEL [1639-1677]
"The Believer's Mortification of Sin by the Spirit", 1677

Vers. 3. *¿Hasta cuándo maquinaréis contra un hombre, tratando todos vosotros de aplastarle como pared desplomada y como cerca derribada?* *[¿Hasta cuándo maquinaréis contra un hombre, tratando todos vosotros de aplastarle como pared que se desploma y como cerca que se derrumba?* RVR*] [¿Hasta cuándo atacaréis a un hombre, vosotros todos, para derribarlo, como pared inclinada, como cerca que se tambalea?* LBLA*] [¿Hasta cuándo arremeteréis todos juntos contra un hombre, para derribarlo como pared desplomada o tapia ruinosa?* BTX*] [¿Hasta cuándo atacarán todos ustedes a un hombre para derribarlo? Es como un muro inclinado, ¡como una cerca a punto de derrumbarse!* NVI*] [¿Hasta cuándo atacaréis a uno tratando de derribarlo todos juntos como a*

[44] En el original: *"Moved, as one says, 'but not removed"*. Se trata de un juego de palabras en inglés. También podría traducirse por "zarandeado, pero no suprimido" o incluso "empujado, pero no desalojado".

[45] Salmo 118:13. Dice al respecto BASILIO DE CESAREA [326-379]: «Nuestro Dios es el Hijo, que procede del Padre (Juan 5:19-23; 14:19); el cual es a la vez el Salvador de la raza humana, y por tanto, el que suple nuestras debilidades y corrige las turbaciones que brotan en nuestra alma a causa de las tentaciones. *"No resbalare mucho"*, exclama el salmista, con lo cual admite la existencia de esas debilidades, en tanto que es imposible que no broten en nuestra alma turbaciones. Pero la intensidad de las mismas dependerá de hasta donde cedamos y nos dejemos arrastrar por ellas; y en este sentido, puesta su confianza en Dios como Salvador, afirma confiado: *"no resbalare mucho"* … Un muro, mientras se mantiene a plomo, permanece firme; pero en cuanto pierde su vertical, se ladea, se inclina y acaba por caerse. Un roca sólida y compacta, aunque sufra una embestida, difícilmente se ladea, y aunque lo haga no se desploma; pero una pared de ladrillos, formada por multitud de ellos, tan pronto como sufre un impacto en uno o varios pierde la vertical y se desploma. Así es la naturaleza humana, compuesta por numerosos elementos, se desplomó a causa del pecado; pero una vez reconstruida por el artífice que la edificó, adquiere tal solidez y consistencia, que es imposible que vuelva a derribarse de nuevo por completo: *"Porque nosotros somos colaboradores de Dios, y vosotros sois labranza de Dios, edificio de Dios. Conforme a la gracia de Dios que me ha sido dada, yo como perito arquitecto puse el fundamento, y otro edifica encima; pero cada uno mire cómo sobreedifica. Porque nadie puede poner otro fundamento que el que está puesto, el cual es Jesucristo. Y si sobre este fundamento alguno edificare oro, plata, piedras preciosas, madera, heno, hojarasca, la obra de cada uno se hará manifiesta; porque el día la declarará, pues por el fuego será revelada; y la obra de cada uno cuál sea, el fuego la probará. Si permaneciere la obra de alguno que sobreedificó, recibirá recompensa. Si la obra de alguno se quemare, él sufrirá pérdida, si bien él mismo será salvo, aunque así como por fuego"*. (1 Corintios 3:9-15)».

[46] Gálatas 2:20.

un muro que se desploma, como a una pared a punto de caer? BLP] *[¡Cuántos enemigos contra un solo hombre! Todos tratan de matarme. Para ellos no soy más que una pared derribada o una valla inestable.* NTV][47]

¿Hasta cuándo maquinaréis contra un hombre? Siempre es mejor comenzar dirigiéndonos a Dios, y luego enfrentar a nuestros enemigos. Dejemos las cosas seguras en lo que respecta al cielo, y después podremos luchar confiadamente con la tierra y el infierno. David debate con sus insensatos enemigos, y se maravilla de su empecinamiento, de su perseverancia tenaz en la malicia, después de cosechar tantos fracasos y con su derrota cierta en el horizonte. Les dice que sus planes son una falacia, que no tienen la más mínima posibilidad de éxito por mucho que se esfuercen en elaborarlos. No deja de sorprender que los seres humanos sigan de tan buena gana sus cursos vanos y pecaminosos, y sin embargo, el perseverar en la gracia se les haga tan duro y difícil, casi un imposible de no ser por la ayuda divina. La persistencia de los que se oponen al pueblo de Dios es tan extraña que bien podemos altercar con ellos y decir: *"¿Hasta cuándo mostraréis vuestra malicia?"* El redactado aporta una

[47] Un versículo complejo. El texto hebreo masorético lee: עַד־אָנָה תְּהוֹתְתוּ עַל אִישׁ֮ תְּרָצְּח֪וּ כֻ֫לְּכֶ֥ם כְּקִ֥יר נָט֑וּי גָּ֝דֵ֗ר הַדְּחוּיָֽה *'aḏ-'ānāh təhōwṯṯū 'al 'îš tərāṣṣəḥū kulləḵem kəqîr nāṭui gāḏêr haddə-ḥūyāh.* La versión griega de los LXX o Septuaginta lee: ἕως πότε ἐπιτίθεσθε ἐπ' ἄνθρωπον φονεύετε πάντες ὡς τοίχῳ κεκλιμένῳ καὶ φραγμῷ ὠσμένῳ que la Vulgata traduce al latín como: *"Quousque irruitis in hominem? interficitis universi vos, tamquam parieti inclinato et maceriae depulsae"*, "¿Hasta cuándo os arrojaréis contra un hombre? ¿Os juntáis todos para acabarlo, como pared ladeada y cerca empujada?" Pero la versión inglesa KJV traduce: *"How long will ye imagine mischief against a man? ye shall be slain all of you: as a bowing wall shall ye be, and as a tottering fence"*; y en esa misma línea la RVA (Reina-Valera Antigua): *"¿Hasta cuándo maquinaréis contra un hombre? Pereceréis todos vosotros, caeréis como pared acostada, como cerca ruinosa"*. El debate está en el sentido que demos al sintagma hebreo תְּרָצְּחוּ *tərāṣṣəḥū* del verbo רָצַח *ratsach,* "dar muerte, asesinar "(ver su uso en Éxodo 20:13) que la versión griega traduce por φονεύετε. Es decir, si se entiende como vinculado al ataque de los agresores contra la victima (como hacen la mayoría de versiones actuales); o como un castigo infligido a los atacantes (como hacen la versión inglesa KJV y la española RVA), y si la pared que se desploma, por tanto, es la víctima o son sus enemigos. La versión siríaca o Peshitta opta por una posición intermedia y lee: *"¿Hasta cuándo incitarán a un hombre para darle muerte?" Son como una pared inclinada o como cerca removida"*. Sin embargo la vinculación entre las dos partes del texto y la aplicación de תְּרָצְּחוּ *tərāṣṣəḥū* a la víctima, y no a los enemigos que la acosan, parece estar bastante clara, y así lo entienden la mayoría de interpretes actuales. SCHÖKEL traduce: *"¿Hasta cuándo arremeteréis todos juntos contra un hombre, para derribarlo como a una pared que cede o a una tapia ruinosa?,* y comenta: «Los verbos son selectos y descriptivos. Se trata de una operación conjunta כֻּלְּכֶם *kulləḵem*, de arremetidas para derribar un muro que ya se cuartea. No hace falta imaginarlo en contexto bélico, aunque tampoco se excluye, pues la posible imagen bélica nos presenta una ciudad encumbrada cuyas murallas sufren las arremetidas pertinaces de los arietes, que intentan derribarla de su altura. Contrastar con Jeremías 1:18: *"yo te he puesto en este día como ciudad fortificada, como columna de hierro, y como muros de bronce contra toda esta tierra"*». KRAUS traduce: *"¿Hasta cuándo atacaréis a un solo hombre, para arremeter contra él todos vosotros como (contra) una pared que se desploma, un muro que se derrumba?,* y remarca la vinculación y el contraste entre el אִישׁ *'îš* y el כֻּלְּכֶם *kulləḵem,* todos contra uno: «אִישׁ *'îš "un solo hombre"* es una impresionante referencia al aislamiento del salmista, que contrasta vivamente con כֻּלְּכֶם *kulləḵem*, *"todos vosotros"* Muchos enemigos persiguiendo a un solo hombre, arremetiendo contra él como los ejércitos asaltan con ímpetu las murallas de una ciudad. Y el perseguido se parece ya a un muro que se derrumba».

clara indicación de que se trataba de muchos acosando a un solo hombre;[48] nadie hay más propenso a actuar con cobardía y proceder de manera injusta y poco noble que aquellos que persiguen y vituperan al pueblo de Dios por causa de la justicia.[49] Satanás no fue capaz de entrar en combate con Job en un duelo justo de igual a igual, tuvo que recurrir a los sabeos y los caldeos;[50] y aún así no tuvo bastante, y echo mano del relámpago y el viento[51] antes de completar su primer ataque. Si tuviera un mínimo de vergüenza, o la tuvieran sus engendros, se avergonzarían de la manera cobarde en que libran sus batallas contra la simiente de la mujer.[52] Ni aún diez mil contra uno les parece suficiente ventaja; no hay una gota de sangre caballeresca en sus venas.

Todos pereceréis.[53] Sus instrumentos afilados les cercenarán sus propios dedos. *"Todos los que tomaren espada, a espada perecerán"*.[54] No importa lo numerosos ni lo feroces que sean quienes forman la banda de los malos, no escaparán de la justa retribución del cielo, con rigurosidad implacable el gran legislador exigirá la sangre de los hombres que derraman sangre, y adjudicará la muerte como destino de aquellos que persiguen como fin la muerte de los demás.

Seréis como pared que se desploma y como cerca que se derrumba. Los perseguidores fanfarrones se jactan eufóricos y se hinchan de orgullo, pero no son más que un muro tambaleante a punto de caer y convertirse en un montón de escombros; se inclinan hacia adelante para echar mano de su presa, pero son como una cerca vacilante que se ladea hacia la tierra donde muy pronto yacerá derribada. Esperan que los demás se inclinen delante de ellos y tiemblen ante su presencia, pero todos aquellos que se sienten fortalecidos por la fe, no ven en ellos mérito alguno, y sí mucho que despreciar. No es bueno ni nos conviene tener en alta estima a personas inicuas e indignas; no importa cual sea su posición o cargo, pues están próximas a su destrucción, se tambalean y desploman irremisiblemente; por lo que haremos sabiamente de mantenemos a distancia, ya que no hay ventaja alguna en permanecer cerca de una pared que se derrumba; pues aún cuando no alcance a aplastarnos con sus escombros, puede sofocarnos con el polvo que desprenda al caer. Muchos, como es el caso del Dr. Kay de Calcuta,[55] opinan que este pasaje podría traducirse con mayor fidelidad de la siguiente manera: *"¿Hasta cuándo presionaréis a un solo hombre, para lograr aplastar su cuerpo, cual pared que se desploma, o cerca que se hunde?"* Sin embargo, hemos preferido utilizar la versión habitual[56] porque entendemos que su significado es bueno y provechoso. Pero en nuestras exposiciones y meditaciones podemos

---

[48] AGUSTÍN DE HIPONA [354-430] dice al respecto: «Sí, todos contra uno, persiguiéndole, acosándole, tendiendo trampas ocultas en su camino y deslizaderos en sus pasos para lograr que resbale; depositando en sus espaldas cargas pesadas, cuantas más mejor; hasta que no pueda soportarlas y se incline cual pared que cede al peso, y entonces, empujarle todos a una hasta lograr de derribarle. Pero, ¿qué les responde el salmista? ¡No resbalaré, no lograréis que salga fuera del camino, no conseguiréis que me incline ni a uno u otro lado: porque Dios es la Roca sobre la que estoy asentado, él es mi salvación y mi baluarte! Es habitual como los hombres se esfuerzan en colocar pesadas cargas sobre otros hombre, pero ¿acaso pueden ponerlas sobre el Dios que les protege?».

[49] Mateo 5:11.

[50] Job 1:15-17.

[51] Job 1:16, 19.

[52] Génesis 3:15.

[53] Seguimos en este caso la versión inglesa KJV, utilizada por Spurgeon, con el propósito de que el comentario cuadre con el texto. Ver al respecto de las divergencias en la traducción de este versículo explicadas en la nota 47.

[54] Mateo 26:52.

[55] Se refiere a WILLIAM KAY [1820-1886], erudito en lenguas bíblicas por el *Lincoln College* de Oxford, y misionero a la India donde fue Principal en el *Bishop's College* de Calcuta desde 1849 a 1864, donde aparte otras diversas obras de exégesis, llevo a cabo una traducción anotada de los Salmos publicada en 1864.

[56] Se refiere a la versión inglesa conocida como *Authorized King James Version* KJV.

mezclar ambos sentidos: pues si bien es cierto que los enemigos de David lo golpeaban con saña cual pared inclinada con la intención de derribarlo; él, por su parte, anticipa que ellos mismos, por justicia retributiva, serían derribados cual una vieja cerca que cede y se desmorona.

C. H. SPURGEON

¿Hasta cuándo atacaréis a un hombre?

«¿Hasta cuando asediaréis a un hombre?
¿Hasta cuándo trataréis de aplastarlo
cual si fuera una pared inclinada,
o una cerca que se desmorona?»

WILLIAM FRENCH [1786-1849] y GEORGE SKINNER [1784-1871]
"The Book of Psalms from the Original Hebrew: Translation with Explanatory Notes", 1842

¿Hasta cuándo atacaréis a un hombre? Sin duda se trata de una forma poética para referirse a sí mismo, de decir: *"¿Hasta cuándo me atacaréis?"*, esto es, al propio salmista, a David, contra quien las naciones vecinas se habían alzado en guerra, y sus propios súbditos se rebelaron. Así hablaba también Cristo a menudo refiriéndose a si mismo en tercera persona como *"el Hijo del Hombre"*;[57] y el apóstol Pablo cuando dice: οιδα ανθρωπον *"Conozco a un hombre"*[58] hablando indubitablemente de si mismo.

HENRY HAMMOND [1605-1660]
"Paraphrase and Annotations on Book of Psalms", 1659

Seréis como pared que se desploma y como cerca que se derrumba. Cristo no tuvo que dar ningún golpe para derribar a sus enemigos, se limitó a preguntar a sus asesinos a quien buscaban, y bastó para que cayeran postrados en tierra.[59] Por ello el salmista compara adecuadamente a los indignos perseguidores de los piadosos a una pared que se tambalea y desploma. Porque tan pronto como los estallidos de la ira y el juicio de Dios se encienden y arremeten contra ellos, quedan tan temblorosos y desconsolados, que se hacen más dignos de compasión que de otra cosa; como Cristo les dijo acertadamente que vendría el día en que clamarían a los montes rogando que les cayeran encima.[60]

JOHN HOOPER [1495-1555][61]
"Certain Comfortable Expositions of the Constant Martyrs of Christ", 1555

Seréis como pared que se desploma. Debido a fuertes lluvias e inundaciones, y a que los fundamentos son muy débiles, es habitual en Palestina ver numerosas paredes inclinadas, fuera de su

[57] Lucas 18:8.
[58] 2 Corintios 12:2.
[59] Juan 18:4-6.
[60] Lucas 23:30; Apocalipsis 6:16.
[61] Se trata de JOHN HOOPER [1495-1555], obispo anglicano reformista de Gloucester y Worcester, y mártir ejecutado en la hoguera durante el reinado de María I [1516-1588]. Escribió una extraordinaria exposición de este Salmo 62, además de los Salmos 23, 63 y 67.

perpendicular, algunas hasta tal punto que se hace difícil entender como es posible que se mantengan todavía en pie. En Oriente Medio es común escuchar frases como: «El pobre Raman está muy enfermo. –Sí, la pared que se desploma». También: «¡Basta ya, desalmado, eres un" *kuttle chiover"*, es decir, "una pared que se desploma"». O «Por la represión de su líder, la gente de esa aldea son como una pared que se desploma».

JOSEPH ROBERTS [1785-1849]
"Oriental Ilustrations of the Sacred Scriptures", 1835

Seréis como pared que se desploma. Cuando un muro está mal construido, se curva y abulta en su parte central, como si lo hubieran hinchado, dando la apariencia de un tamaño casi el doble de la real; pero como el interior es hueco, pronto se desploma y queda convertido en ruinas. Así también los impíos, henchidos de orgullo, asumen externamente una apariencia formidable; pero David predice que se verán arrastrados a una destrucción inesperada y total, como un muro mal construido y hueco en su parte interior, que cae con un movimiento repentino y se quiebra por su propio peso en mil pedazos.

JUAN CALVINO [1509-1564]

Vers. 4. *Solamente consultan para arrojarle de su grandeza. Aman la mentira; con su boca bendicen, pero maldicen en su corazón. Selah.* *[Solamente consultan para arrojarle de su altura. Aman la mentira; con su boca bendicen, pero maldicen en su corazón. Selah.* RVR*] [Solamente consultan para derribarlo de su eminencia; en la falsedad se deleitan; bendicen con la boca, pero por dentro maldicen. Selah.* LBLA*] [Solo consultan para derribarlo de su eminencia se deleitan en la mentira; bendicen con su boca, pero maldicen en su corazón. Selah.* BTX*] [Solo quieren derribarlo de su lugar de preeminencia. Se complacen en la mentira: bendicen con la boca, pero maldicen con el corazón. Selah.* NVI*] [Solo buscan arrebatarle su grandeza, se complacen en la mentira: mientras bendicen con su boca están maldiciendo en su interior. Pausa.* BLP*] [Piensan derrocarme de mi alta posición. Se deleitan en decir mentiras sobre mí. Cuando están frente a mí, me elogian, pero en su corazón me maldicen. Interludio.* NTV*]*

Solamente consultan para derribarlo de su excelencia.[62] Las perfecciones de los justos son desagradables para los impíos y objeto principal de su furia. Y la eminencia que Dios concede a los piadosos en el devenir de la providencia, o en la controversia, provoca también la envidia de los incultos, que se esfuerzan para bajarlos a su mismo nivel. Observe el lector la concentración de malicia que evidencia aquí el uso del adverbio *"solamente";* y que el salmista contrasta con otro *"solamente"*, el de la dependencia exclusiva de su Señor que tienen los rectos: *"Solamente en Dios descansa mi alma"* (62:1). Si los impíos pudieran arruinar la obra de la gracia en nosotros, darían saltos de alegría; y ese es precisamente su objetivo y la razón de sus *"consultas":* aplastar nuestro carácter, desbancar nuestra influencia.

[62] Así traduce la KJV: *"from his excellency"*. En hebreo אַךְ מִשְּׂאֵתוֹ *'aḵ miśśə'êṯōw,* de שְׂאֵת *seeth.* La versión griega de los LXX o Septuaginta lee: *πλὴν τὴν τιμήν* que la Vulgata traduce al latín como *"Verumtamen pretium meum cogitaverunt"*, "Pensaron desechar mi estima". La versión caldea o Peshitta traduce: *"derribarlo de su eminencia"*. Algunos comentaristas han relacionado este versículo con el consejo de Husai a Absalom en 1 Samuel 17:11-13.

Aman la mentira.[63] Puesto que odian la verdad y a todos aquellos que la practican, se esfuerzan en contrarrestarles y derrocarles mediante todo tipo de falsedades. El mentir ya es bastante malo de por sí, pero el deleitarse en la mentira es el nivel más negro de la infamia.

Con su boca bendicen, pero maldicen en su corazón. Los halagos han sido siempre el arma favorita de los enemigos de personas justas y buenas; no dudan en maldecir puntualmente con saña cuando creen que les es útil; pero entretanto, cuando y como les conviene, disimulan su ira, y hacen ver con palabras suaves que bendicen a quienes en realidad harían pedazos si pudieran. Fue una suerte para David que estuviera tan bien entrenado en guardar silencio, porque con tales embaucadores no hay argumento válido ni respuesta segura.[64]

Selah. Corresponde aquí detenerse para considerar con asombro el rencor inútil de los impíos, frente a la seguridad inefable de aquellos que se apoyan en el Señor.

C. H. SPURGEON

Solamente consultan para derribarlo de su excelencia. De nuevo el adverbio אַךְ *'aḵ "solamente consultan".* ¿Y contra quién consultan? Contra mí, dice el salmista; *ciertamente* yo soy el objetivo de todas sus maquinaciones; la persona a la que quieren *derribar de su excelencia;* sobre la que *mienten* con descaro; a la que *con su boca bendicen, pero maldicen en su corazón.* Es en este sentido que hay que entender la frase, como una amonestación o advertencia del salmista a sus oyentes: «Todo cuanto maquinan estos hombres mundanos, que confabulan todos juntos contra uno solo, pero que pronto se desplomarán; quiero que sepáis que jamás me va a suceder: porque confío en Dios». De otro modo el uso del adverbio tendría poco sentido, pues la cuestión quedaría en el aire.

HERMANN VENEMA [1697-1787]
"Commentarius ad Psalmos", 1762

Derribarlo de su excelencia. Si nos atenemos a la afirmación del versículo anterior: *"aplastarle como pared"* (62:3), el sentido en este caso de la palabra מִשְּׂאֵתוֹ *miśśə'êṯōw* de שְׂאֵת *seeth,* más que excelencia es de elevación o encumbramiento, es decir: dignidad o rango.[65]

"Book of Psalms, with Preface and Explanatory Notes"
publicado por *The Religious Tract Society*

---

[63] Una frase de traducción debatible por la importante divergencia que se plantea entre el texto hebreo masorético y el texto griego. En hebreo יִרְצוּ כָזָב *yirṣū ḵāzāḇ, "aman la mentira"* o *"se complacen en la mentira",* del verbo רָצָה *ratsah,* "apreciar, estimar, sentirse satisfecho"; y כָּזָב *kāzāḇ,* "mentira". Pero la versión griega de los LXX o Septuaginta lee ἔδραμον ἐν ψεύδει que la Vulgata traduce al latín como: *"cucurri in siti",* "corrí sediento". Dice SCHÖKEL al respecto: «Esa lectura ("corrí sediento") ha originado curiosas e ingeniosas explicaciones, refiriendo el correr a la actividad y la sed a la avidez; como las de Atanasio, Teodoreto, Eutimio, Angellius». Algunos lo aplican al propio salmista, en el sentido de: 'Huía yo de ellos corriendo, y aunque estaba sediento, no me daban tregua ni para detenerme a beber'; otros lo aplican a los perseguidores y a su inquina: 'corrían en pos de mí sedientos de beber mi sangre'. Pero tanto la versión caldea o Peshitta, que lee: *"embistieron con mentira",* como la versión sefardí de Ferrara: *"Envoluntáron mentira",* coinciden con el texto hebreo, por lo que todo apunta a que el *"corrí sediento"* de la Septuaginta se trata más bien de un error de transcripción.

[64] Ver Salmo 5:9; 28:3; 55:21; 57:4; Proverbios 26:22-26.

[65] La versión griega de los LXX o Septuaginta lee: πλὴν τὴν τιμήν μου ἐβουλεύσαντο ἀπώσασθαι que la Vulgata traduce al latín: *"Verumtamen pretium meum cogitaverunt repellere",* "Ciertamente pensaron desechar mi estima". La versión caldea o Peshitta lee: *"Aun pensaron también derribarlo de su eminencia".*

Vers. 5. ***Alma mía, en Dios solamente reposa, porque de él es mi esperanza.*** *[Alma mía, reposa solamente en Dios, porque de él procede mi esperanza.* RVR*] [Alma mía, espera en silencio solamente en Dios, pues de El viene mi esperanza.* LBLA*] [Solo en Elohim aquiétate alma mía, porque de Él procede mi esperanza.* BTX*] [Solo en Dios halla descanso mi alma; de él viene mi esperanza.* NVI*] [Solo Dios es mi descanso, de él viene mi esperanza.* BLP*] [Que todo mi ser espere en silencio delante de Dios, porque en él está mi esperanza.* NTV*]*[66]

Alma mía, en Dios solamente reposa. Cuando nos hemos iniciado en una virtud, es preciso ejercitarnos en ella y asegurar su continuidad. El alma es susceptible de ser arrastrada lejos de su anclaje; o si se ve tentada, agregar fácilmente a la única base segura de confianza: Dios, una segunda. Por tanto, debemos esforzarnos en mantener la santidad que al principio logramos asumir.

Espera en silencio. ¡Quieta, alma mía! Permanece inmóvil; sométete completamente, confía con paciencia. Que ninguna de las maquinaciones, confabulaciones, adulaciones o maledicencias de tus enemigos te lleve a quebrantar la paz del Rey. Enmudece como las ovejas delante de sus trasquiladores,[67] y vence, como tu Señor, con resistencia pasiva de paciencia victoriosa; y esto solo puedes conseguirlo cuando estás persuadido interiormente de la presencia de Dios y cuando esperas solamente en él. La fe sola, sin mezcla, nunca desmaya. La fe que concentra su mirada en un solo punto, se siente segura; pero cuando sufre de estrabismo espiritual y cruza la mirada fijándola en dos confianzas distintas, su visión se nubla, y se vuelve ciega e inútil.

Porque de él procede mi esperanza. Esperamos en Dios porque creemos en él. La esperanza es hija de la oración y de la fe, y la recibimos del Señor en calidad de gracia. Nada debemos desear fuera de aquello que sabemos es propio que Dios nos conceda, de ese modo nuestra esperanza estará sintonizada con la voluntad divina; y en lo concerniente a las cosas que consideramos como buenas, no debemos mirar a las causas segundas, sino al Señor *solamente,* y de ese modo nuestra expectativa quedará de nuevo sintonizada con su voluntad. Las esperanzas vanas de las gentes mundanas no se cumplen; prometen, pero no hay desempeño; en cambio, nuestras esperanzas están en camino, y a su debido tiempo llegarán para satisfacer nuestras necesidades. ¡Dichoso el hombre que sabe que todo cuanto tiene, todo lo que ama, y todo lo que espera, procede de su Dios!

C. H. SPURGEON

Alma mía, espera solamente en Dios. Aquellos que no confían en Dios *"solamente"*, es como si no confiaran en nada. Quién está con un pie sobre la roca y otro sobre la arena movediza, acabará pereciendo de la misma manera que si tuviera los dos en la arena.[68] David sabía esto muy bien, y por tanto, hace un ferveroso llamamiento a su alma (la mayor parte del salmo es una reflexión personal interna) para que confíe solamente en Dios: *"Solamente en Dios descansa mi alma; de él viene mi salvación"* (Salmo 62:1).

JOHN TRAPP [1601-1669]
"A commentary or exposition upon the books of Ezra, Nehemiah, Esther, Job and Psalms", 1657

---

[66] En hebreo אַךְ לֵֽאלֹהִים דּוּמִי נַפְשִׁי כִּי־מִמֶּנּוּ תִּקְוָתִי *'aḵ lêlōhîm dōwmmî napšî kî-mimmennū tiqwāṯî*. La versión griega de los LXX o Septuaginta lee: πλὴν τῷ θεῷ ὑποτάγηθι, ἡ ψυχή μου, ὅτι παρ᾽ αὐτοῦ ἡ ὑπομονή μου· que la Vulgata traduce al latín del siguiente modo:" *Verumtamen Deo subjecta esto, anima mea, quoniam ab ipso patientia mea",* "Mas tú, alma mía, estate sujeta a Dios; porque él es mi paciencia". La versión caldea o Peshitta lee: *"En Dios espera mi alma, porque mi salvación proviene de Él"*.

[67] Isaías 53:7.

[68] Lucas 6:48:49.

Alma mía, espera solamente en Dios. Como si hubiera dicho: Dios nunca frustra la espera paciente de sus santos; no hay la menor duda de que mi silencio tendrá su recompensa; me contengo y reprimo cualquier decisión o acción precipitada, que no serviría sino para retardar mi liberación.

JUAN CALVINO [1509-1564]

Alma mía, espera solamente en Dios. El incidente que voy a contar es un caso real ocurrido en el viaje de los primeros misioneros que partieron de Hermannsburg[69] para Sudáfrica: «Después de un período interminable y desesperante de calma chicha, un hermano decidió arrodillarse en la cubierta y orar al Señor pidiéndole que se levantara viento y pudiéramos seguir: 'Señor, tú que concedes a los que te temen los deseos de su corazón,[70] ayúdanos para que no sigamos aquí encalmados, inmóviles en mitad del océano; tú que cabalgas sobre las alas del viento, ayúdanos a proseguir nuestro viaje'. Y se levantó tan gozoso de haber recibido palabra del Señor, que dijo en su corazón: 'Ya tengo aquello por lo que he orado'. Uno de los oficiales, que había escuchado la oración, se acercó entonces al timonel y le dijo en tono burlón, medio en serio medio en broma: '¿Oíste la oración? Pues agarra bien el timón porque tendremos viento' No había transcurrido media hora y el viento soplaba con tal fuerza que las olas saltaban por encima de la proa barriendo la cubierta del barco, con el timonel agarrado al timón con todas sus fuerzas».

WILLIAM FLEMING STEVENSON [1832-1866]
"Praying and Working", 1862

Alma mía, espera solamente en Dios. Quién confía *solamente* en Dios, se evita mucho trabajo inútil y esfuerzo innecesario. Mientras que lidiar *solamente* con el hombre, ignorando a Dios, es un trabajo infinito, tan arduo como estéril. Cuando necesitamos en algo aprobación, consejo o ayuda, poco sentido tiene buscarla en los hombres, pues no hallaremos más que opiniones distintas, en cada uno un criterio diferente; y lo que satisfaga a uno ofenderá a veinte: «tantas cabezas, tantos sombreros».[71] Nadie puede complacer todas las opiniones o adaptarse a todas las modas, porque siempre se enfrentará a discrepancias, críticas y oposición; aunque en apariencia resulte más fácil adaptarse a las modas que adoptar un criterio estable y mantenerlo.

WILLIAM STRUTHER [1578-1633]
"True happines, or, King David's choice", 1633

Vers. 6. *El solamente es mi roca y mi salvación. Es mi refugio, no resbalaré.* *[Solamente él es mi roca y mi salvación. Es mi refugio, no resbalaré.* RVR*] [Solo El es mi roca y mi salvación, mi*

[69] Se refiere a la localidad alemana de Hermannsburg y en especial a la *Missionsanstalt Hermannsburg* o "Misión de Hermannburg", una sociedad misionera independiente asociada a la Iglesia Luterana fundada en 1849 por Louis Harms. Fue muy activa en la evangelización de Australia y posteriormente se extendió a África, llegando a tener su propio barco para el transporte de misioneros, el *Candace,* al que se dio ese nombre por la reina de los etíopes mencionada en Hechos 8:27 y el proyecto de la misión de evangelizar Etiopía. De todos modos, por la época que menciona el autor, es poco probable que el incidente que narra se diera en este barco, fue más bien en un transporte de línea.

[70] Salmo 37:4; 145:19

[71] En el original: *"as many heads, as many wits and fancies"*, "tantas cabezas, tantas ocurrencias y fantasías". Lo hemos sustituido por una versión española aproximada, aunque el verdadero equivalente en castellano castizo es "Tantas seseras, tantas monteras", que proviene del dicho popular catalán *"Tans caps, tants barrets"*, que viene a decir lo mismo.

refugio, nunca seré sacudido. LBLA] *[Solo Él es mi Roca y mi salvación, mi alto refugio: no seré sacudido.* BTX] *[Solo él es mi roca y mi salvación; él es mi protector y no habré de caer.* NVI] *[Solo él es mi roca, mi salvación, mi fortaleza, ¡no sucumbiré!* BLP] *[Solo él es mi roca y mi salvación, mi fortaleza donde no seré sacudido.* NTV]

Solamente él es mi roca y mi salvación. Tan solo en él, en ninguna otra ayuda, se fundamenta y culmina mi seguridad. De nuevo suena aquí el tañido de esa campana colosal del: *"Solamente"*, que no ceja de voltear a lo largo de las estrofas del salmo, no nos cansemos de escucharla. Que repique a toque de difuntos en lo que hace a todas nuestras dependencias carnales, y nos lleve a arrojarnos *solamente* en brazos de Dios.

Es mi refugio. No solo mi defensor, sino también mi protector; un refugio real, seguro y verdadero. Y porque es fiel, me siento protegido e invulnerable.

No resbalaré. No habrá quien logre moverme siquiera un milímetro.[72] Fijémonos cómo crece su confianza. En el versículo dos limita su confianza con un adverbio de cantidad: *"no resbalaré mucho"*; aquí es absoluta: *"no resbalaré"*, y punto. Desafía descaradamente toda la furia de sus adversarios: no vais a lograr moverme un ápice, ni conseguiréis que sienta temor de vosotros en lo más mínimo. La fe, cuando esta viva, se crece; la experiencia desarrolla la musculatura espiritual del creyente y le proporciona una vitalidad muy superior a la que tenemos en nuestra infancia espiritual.[73]

C.H. SPURGEON

Vers. 6-7. Dos veces repite en los versículos seis y siete la frase: *Solamente él es mi roca, mi salvación, y mi refugio;* aunque en el siete se añada: *mi gloria.* Si él es *"mi refugio"*, ¿qué tentación podrá dañarme? Si es *"mi roca"*, ¿qué tormenta alcanzará sacudirme? Si es *"mi salvación"* ¿qué melancolía conseguirá derrotarme? Si es *"mi gloria"*, ¿qué calumnia logrará difamarme?

JOHN DONNE [1573-1631]
"Sermon lxv preached at St. Paul's: Psalm LXIII. 9", 1625

Vers. 6-7. ¡Con qué premura regresa el alma de los fieles al Dios de su confianza! Ved sino como salmista, tras apartarse de él unos instantes para amonestar a los impíos (62:3-4), regresa de inmediato cual la paloma de Noé al arca.[74] Ved también cómo repite, variando unos pocos vocablos, las mismas expresiones de seguridad y certeza, para denotar la santa confianza en Dios que había en su corazón. Lector, pregúntate a ti mismo: ¿hago mías también estas expresiones aplicándolas a Cristo? ¿Le identifico con estas figuras de protección que dimanan del pacto? ¿Es Jesús *mi roca, mí salvación, mí refugio, mí gloria?*

ROBERT HAWKER [1753-1827]
"Poor Man's Commentary on the Old and New Testaments", 1831

---

[72] En hebreo לֹא אֶמּוֹט *lō 'emmōwṭ* de מוֹט *mot,* temblar, sacudir, deslizar, caer. La versión griega de los LXX o Septuaginta lee: οὐ μὴ μεταναστεύσω que la Vulgata traduce al latín como *"non emigrabo"*, "no saldré fuera". FELIPE SCIO DE SAN MIGUEL [1738-1776] en su versión española de la Vulgata lo explica con la siguiente nota: «No saldré o me apartaré de mi estado actual; es decir, viviré sin temor, y ante todo acontecimiento conservaré un espíritu inalterable». La versión caldea o Peshitta lee: *"para que yo no sea sacudido"*.

[73] Juan 16:12; 1 Corintios 3:1-2; 13:11-12; Hebreos 5:12-13.

[74] Génesis 8:8-9.

Vers. 7. ***En Dios está mi salvación y mi gloria; en Dios está mi roca fuerte, y mi refugio.*** *[En Dios está mi salvación y mi gloria; en Dios está mi roca fuerte, y mi refugio.* RVR*] [En Dios descansan mi salvación y mi gloria; la roca de mi fortaleza, mi refugio, está en Dios.* LBLA*] [En Elohim está mi salvación y mi gloria, la Roca de mi fortaleza, mi refugio, está en Elohim.* BTX*] [Dios es mi salvación y mi gloria; es la roca que me fortalece; ¡mi refugio está en Dios!* NVI*] [En Dios está mi salvación, mi gloria y mi fortaleza; en Dios está mi refugio.* BLP*] [Mi victoria y mi honor provienen solamente de Dios; él es mi refugio, una roca donde ningún enemigo puede alcanzarme.* NTV*]*

En Dios está mi salvación[75] *y mi gloria.* ¿En qué habremos de gloriarnos sino en Aquel que nos salva?[76] Todo honor corresponde a Aquel que afianza nuestras almas. Atribuirlo todo a Dios y gloriarse de que así sea es una de las señales indiscutibles de un alma esclarecida.

En Dios está mi roca fuerte, y mi refugio. Multiplica los calificativos porque esta deseoso de rendir honor, en todos los apartados, al Señor a quien había probado, y le había demostrado ser un Dios fiel en todos los aspectos. La ignorancia se contenta con pocas palabras, pero cuando la experiencia nos aporta una mayor riqueza de conocimientos, necesitamos expresiones diversas para servir de arcones donde albergar nuestro tesoro empírico. Dios, nuestra *roca* y *salvación* cuando corremos a refugiarnos bajo su amparo (62:1), es también nuestra *roca fuerte* cuando desde su cima desafiamos con firmeza al enemigo; y debe ser alabado bajo ambos aspectos. Observemos como el salmista marca con sus propias iniciales, mediante un pronombre posesivo, cada uno de los calificativos que se goza en aplicar a su Dios: *mi* roca, *mi* salvación, *mi* refugio, *mi* esperanza, *mi* roca fuerte, *mi* gloria. No se contenta con simplemente saber que el Señor es todas y cada una de estas cosas; lanza el anzuelo de la fe y las atrapa, una a una, reclamándolas como suyas. ¿De que me sirven las minas del Perú[77] o Golconda[78] si no son mías, si no tengo herencia ni parte en ellas? Es precisamente este *"mi"*, el que pone la miel en el panal. Y si nuestra experiencia como cristianos no nos ha permitido aún descubrir al Señor bajo ninguno de estos atributos consoladores, debemos implorar la gracia que nos permita ser partícipes de su dulzura. Las abejas, de una manera o de otra, se introducen en las flores y succionan su polen; aunque a veces no les resulta fácil llegar hasta los encapsulados y bien protegidos estambres de algunas de las favoritas del jardín, pero batallan, insisten, y encuentran la manera de abrirse paso. Y en esto han de ser nuestras instructores, pues es deber de nuestra fe perseverante hallar el pasaje de

[75] En hebreo יִשְׁעִי *yiš'î* de יֶשַׁע *yesha*, salvación, liberación; tanto el וִישׁוּעָתִי *wîšū'āṯî* del versículo seis (62:6),como el יִשְׁעִי *yiš'î* del siete (62:7), proceden de la misma raíz hebrea: יָשַׁע *yasha,* salvación. Y aunque la versión griega de los LXX o Septuaginta lee también aquí claramente σωτήριόν *sōtḗrion,* utilizando el mismo término que en el versículo anterior (62:6) para decir "mi Salvador": θεός μου καὶ σωτήρ (*sōtḗr*) μου; curiosamente la Vulgata traduce distinto, utilizando en el seis (62:6) *"Salvator meus",* "mi Salvador", y aquí (62:7) *"In Deo salutare meum",* "En Dios está mi salud".

[76] Gálatas 6:14.

[77] Se refiere a las minas de oro y plata en las montañas de Los Andes del Perú, que se remontan a la época incaica, famosas en todo el mundo y que llevaron a historiadores de la época, como Francisco López de Gómara [1511-1566] a escribir en su "Historia de las Indias": «Oro y plata hay donde quiera, más no tanto como en Perú...» Algunas explotaciones siguen activas, siendo la mina "Lagunas del Norte" en el distrito de Quiruvilca, la octava del mundo en extracción con cerca de 800.000 onzas anuales.

[78] Se refiere a una zona en el sur de la India que fue capital del sultanato durante la época medieval (1518–1687), y famosa por sus minas de diamantes y piedras preciosas. De sus galerías proceden algunos de los más grandes diamantes conocidos hasta el día de hoy, como el *Kōh-i-Nūr,* "Montaña de Luz" de 108 quilates; el *Nassak,* u "Ojo del Ídolo" de 89 quilates; y el *Hope* o "Diamante Azul" de 45,52 quilates.

acceso a cada uno de los calificativos embelesadores, atributos y oficios de nuestro Dios del pacto, y deleitarse en cada uno de ellos.[79]

C. H. SPURGEON

En Dios está mi salvación y mi gloria. Los griegos llevaban grabada en sus escudos la imagen del dios Neptuno;[80] los troyanos la de Minerva;[81] porque en ellos depositaban su confianza, y bajo

[79] Dice BASILIO DE CESAREA [326-379]: «Dichoso el que no persigue honores terrenales, ni se ufana por vanidades de esta vida, antes bien considerando a Dios como su única gloria y a Cristo por su orgullo; es capaz de exclamar junto con el apóstol: *"Lejos esté de mí gloriarme, sino en la cruz de nuestro Señor Jesucristo"* (Gálatas 6:14). Muchos se glorían en su cuerpo físico, y pasan largas horas de entrenamiento en los gimnasios buscando triunfar en las competiciones. Otros se glorían de sus hazañas militares, considerando un acto laudable y digno de encomio asesinar a sus semejantes, que de hecho piensan exactamente igual que ellos; y así, los laureles y recompensas en la guerra suelen concederse en proporción a la magnitud de la matanza. Otros se glorían de sus construcciones, levantando enormes edificios, murallas alrededor de las ciudades, y diseñando acueductos. Algunos se glorían de sus riquezas, otros de su oratoria, y otros de sus conocimientos y sabiduría terrenal. Hay incluso quienes se glorían de la mera adulación, gastando fortunas en gladiadores y organizando festejos y banquetes; y se enardecen al escuchar el griterío del vulgo que les alaba, creyéndose con ello grandes personajes; sin percatarse de que se están gloriando de su propia vergüenza (Filipenses 3:19), y exhibiendo públicamente su pecado en tablones colocados por todos los puntos estratégicos de la ciudad, donde anuncian los festejos vergonzosos que ellos organizan y de los que tanto se envanecen. De todos ellos conviene compadecernos, y considerar verdaderamente dichosos a los que hacen de Dios su gloria. Siendo que tantos se glorían y envanecen de ser servidores predilectos de un rey terrenal y recibir de él grandes honores, ¡cuánto más no deberíamos gloriarnos nosotros de ser servidores del gran Rey! Porque tras recibir el Espíritu de la promesa, hemos sido llamados por él a su círculo más íntimo, hasta el punto, por el misterio de la Cruz, de venir a ser hechos hijos, *"herederos de Dios y coherederos con Cristo"* (Juan 1:14; Romanos 8:14-17)». AGUSTÍN DE HIPONA [354-430] le da otro enfoque más teológico: «Dios es mi salvación, y él es también mi gloria; no solo me salva, sino que además me glorifica. Es mi salvación porque siendo yo un impío me justificó (Romanos 4:5); y mi gloria, no solo porque me ha justificado sino que me ha cubierto de honra. A los que predestinó, los llamó. ¿Y qué hace con aquellos a los que llama? *"Y a los que predestinó, a éstos también llamó; y a los que llamó, a éstos también justificó; y a los que justificó, a éstos también glorificó"* (Romanos 8:30). La justificación trae consigo la salvación; y la glorificación, el honor. … Pero esto sucederá en el futuro, ¿y ahora? ¿qué hago entretanto? Entretanto, *"en Dios está mi roca fuerte, y mi refugio";* hasta que lo llegue la perfecta justificación y salvación, mi esperanza está puesta en Dios, *"porque en esperanza fuimos salvos; pero la esperanza que se ve, no es esperanza; porque lo que alguien ve, ¿a qué esperarlo?"* (Romanos 8:24). En tanto no llegue aquella justificación perfecta, en la que *"los justos resplandecerán como el sol en el reino de su Padre"* (Mateo 13:43); en tanto tengamos que seguir viviendo en este mundo rodeados de tentaciones, de injusticias, de escándalos, agredidos, difamados, acosados por aquellos que *"con su boca bendicen, pero maldicen en su corazón"* (62:4) buscando la manera de derribarnos, ¿qué hacer? Dios es nuestro refugio y nuestro auxilio, defensa segura. … Hasta que llegue lo prometido, la esperanza subsiste apoyada en una fe que cree lo que aún no se ve. Pero en tanto la promesa no se cumpla y la espera se prolongue, no estamos abandonados: nuestra alma: "*reposa solamente en Dios, porque de él procede mi esperanza. Solamente él es mi roca y mi salvación"* (62:5-6)».

[80] Se refiere al dios de las aguas y de los mares en mitología romana, hijo mayor de Saturno y Ops, hermano de Júpiter y Plutón. El autor lo cita por su nombre romano, ya que su verdadero nombre en la mitología griega es POSEIDÓN.

[81] Se refiere a la diosa de la sabiduría, las artes y la guerra. Nuevamente la cita el autor por su nombre romano, ya que para los griegos era ATENEA.

su protección se consideraban seguros ... La insignia de nuestros escudos es Cristo. David repite a menudo que Dios es su protector utilizando el término hebreo מָגֵן *magen,* esto es: “escudo”, “rodela”.[82]

Thomas Le Blanc [1599-1669]

“‘Psalmorum Davidicorum Analysis’ in qua aperte cernitur singulis in Psalmis ordinem ese admirabilem: adjungitur commentarius amplissimus”, 1645

En Dios está mi salvación y mi gloria; en Dios está mi roca fuerte, y mi refugio. En este versículo se describe a Dios bajo cuatro calificativos distintos, para que así cada alma pueda tomar el que mejor le sirva de consuelo. Para quien se vea acosado por alguna tentación en particular, Dios es *su refugio,* un *santuario;* quien sea golpeado por Satanás, y apaleado por su propia concupiscencia, haga de Dios *su torre fuerte,* su *baluarte;* quien sienta que se hunde en un mar de perplejidades y escrúpulos de conciencia, haga de Dios *su roca* y su *ancla;* quien experimente dudas sobre la libre y plena misericordia divina, que se aferre a Dios como *su salvación;* y el que se ve obligado a caminar en medio del ultraje y desprecio del mundo, contemple a Dios como su *gloria.* Cualquiera de estos calificativos es más que suficiente por si solo para proporcionar seguridad y consuelo a cualquiera; pero Dios es todo esto, y mucho más, infinitamente más de lo que cualquier mente humana pueda alcanzar a imaginar.

Abraham Wright [1611-1690]

“A Practical Commentary or Exposition upon the Book of Psalms”, 1661

Vers. 8. *Esperad en él en todo tiempo, oh pueblos; derramad delante de él vuestro corazón; Dios es nuestro refugio. Selah.* *[Esperad en él en todo tiempo, oh pueblos; derramad delante de él vuestro corazón; Dios es nuestro refugio. Selah.* RVR*] [Confiad en El en todo tiempo, oh pueblo; derramad vuestro corazón delante de El; Dios es nuestro refugio. Selah.* LBLA*] [Oh pueblo, confiad en Él en todo tiempo, derramad vuestro corazón ante Él, Elohim es nuestro refugio. Selah.* BTX*] [Confía siempre en él, pueblo mío; ábrele tu corazón cuando estés ante él. ¡Dios es nuestro refugio! Selah.* NVI*] [Confiad siempre en él los que formáis su pueblo; abrid ante él vuestro corazón, pues Dios es nuestro refugio. Pausa.* BLP*] [Oh pueblo mío, confía en Dios en todo momento; dile lo que hay en tu corazón, porque él es nuestro refugio. Interludio.* NTV*]*[83]

---

[82] Salmo 18:2, 30; 28:7; 33:20; 59:11; 84:9, 11; Proverbios 30:5.

[83] En el texto hebreo: בִּטְח֬וּ ב֨וֹ בְכָל־עֵ֨ת עָ֗ם שִׁפְכוּ־לְפָנָ֥יו לְבַבְכֶ֑ם אֱלֹהִ֖ים מַחֲסֶה־לָּ֣נוּ סֶֽלָה *biṭḥū ḇōw ḇəḵāl-‘ēṯ ‘ām šip̄ḵū-ləpānāw ləḇaḇḵem ’ĕlōhîm maḥăseh-lānū selāh.* La versión griega de los LXX o Septuaginta hace la siguiente lectura: ἐλπίσατε ἐπ᾽ αὐτόν, πᾶσα συναγωγὴ λαοῦ· ἐκχέετε ἐνώπιον αὐτοῦ τὰς καρδίας ὑμῶν· ὁ θεὸς βοηθὸς ἡμῶν. διάψαλμα que la Vulgata traduce al latín como: *“Sperate in eo, omnis congregatio populi; effundite coram illo corda vestra: Deus adjutor noster in aeternum”,* “Esperad em él toda la congregación del pueblo, derramad ante él vuestros corazones; Dios es nuestro ayudador eternamente”. La versión sefardí de Ferrara traduce: *“Confiad en él toda boca; Pueblo derramad delante de él vueftro coraçon; Dio abrigo a nos. Selah”.* La versión caldea o Peshitta: *“Oh pueblo, confíen en Él en todo tiempo y derramen su corazón ante su presencia, porque Dios es nuestro amparo”.* Kraus traduce: *“¡Confiad en él, toda la comunidad de su pueblo! ¡Derramad vuestro corazón ante él! ¡Yahvé es nuestro refugio! Sela”.* Schökel: *“Vosotros confiad siempre en él, desahogaos con él, que él es nuestro refugio”.* La cuestión está en la lectura que demos al término עָם *‘ām,* si leemos “oh pueblo” en singular, o incluso más explícitamente “pueblo mío” como hacen algunas versiones, en cuyo caso habríamos de entender que se está refiriendo a Israel; o bien “oh pueblos”, en plural, como lo traduce la Reina-Valera, y en cuyo caso cabe entender que se esta refiriendo a las naciones en general, es decir, incluyendo los gentiles (ver al respecto el comentario de WILLIAM BINNIE [1823-1886] en el Salmo 57:9 y su correspondiente nota 111). La traducción que

Esperad en él en todo tiempo. La fe es un deber permanente, un privilegio perpetuo. Y nuestra confianza ha de ser la misma tanto cuando podemos ver, como cuando estamos totalmente a oscuras. La adversidad es el momento propicio para la fe; pero la prosperidad no lo es menos. Dios merece nuestra confianza siempre; debemos poner nuestra confianza en él en todo momento. Un solo día sin confianza en Dios, es un día de ira; aunque por otras razones mundanas sea un día de regocijo. ¡Oh santos, recostaos siempre él, gravitad sobre Aquel ante quien mundo se inclina.

Derramad delante de él vuestro corazón, oh pueblo. Vosotros, pueblo suyo, a quienes ha revelado su amor, manifestadle el vuestro descubriendo ante él vuestro interior. Él ha puesto en vosotros su corazón, abridle el vuestro en justa correspondencia. Verted en secreto el recipiente de vuestra alma ante su presencia, y dejad que vuestros pensamientos, deseos, angustias y pecados más íntimos se derramen como agua.[84] No le ocultéis nada, porque de él nada podéis esconder. Abridle al Señor vuestra alma, y que él sea vuestro único padre confesor, porque únicamente él puede absolveros después de escuchar vuestra confesión. Encerrando nuestras angustias en nosotros mismos, no hacemos sino acumular miserias. Si tratamos de obstruir la corriente de un río, se arremolinará y se convertirá en riada: démosle curso libre, y fluirá sin provocar alarma. Si una cosa necesitamos es conmiseración, y si descargamos nuestros corazones a los pies de Jesús, obtendremos una conmiseración tan real como sincera, tan consoladora como ennoblecedora. Los autores de las *Westminster Assembly's Annotations*[85] observan, con buen criterio, que la tendencia obstinada de nuestra naturaleza perversa es a morder la brida,[86] y ocultar nuestra pena en maldad; pero el alma que posee la gracia vencerá esta propensión y expondrá su dolor ante el Señor.

Dios es nuestro refugio.[87] No importa como los demás lo consideren, su pueblo tiene en él una herencia peculiar; para nosotros es, sin lugar a dudas, *un refugio:* y esta es, por tanto, la mejor de las razones para recurrir a él siempre que los pesares atenacen y agobien nuestro pecho. Para aquellos a quienes el Señor se ha revelado de manera especial como su defensa, la oración es un deber prioritario de manera peculiar.

Selah. ¡Preciosa pausa! ¡Silencio oportuno! Es propio que las ovejas se detengan y recuesten delante de tan delicados pastos.

C. H. SPURGEON

---

hace la versión sefardí de Ferrara por: *"toda boca"*, parece indicar más bien esto último. Así lo interpreta Basilio de Cesarea (ver nota 110 en este salmo). Y pasajes como Hechos 10:1-4 lo apoyan.

[84] Salmo 24:14.

[85] Se refiere a las *"Westminster Assembly's Annotations"* de 1651-1657, y cuyo título completo es *"Annotations upon all the Books of the Old and New Testaments, by the Assembly of Divines"*. Notas y comentarios a todo el texto de la Biblia realizado por un conjunto de exegéticas y teólogos muchos de los cuales habían sido miembros de la *Westminster Assembly of Divines,* creada para reestructurar y unificar la Iglesia de Inglaterra y Escocia de 1643 a 1653.

[86] Salmo 32:9; 39:1; Proverbios 26:3.

[87] En hebreo מַחֲסֶה־לָּנוּ *maḥăseh-lānū*. Es interesante observar como el מִשְׂגַּבִּי *miśgabbî* de los versículos dos, seis y siete (62:2, 6, 7) *"mi refugio"*, se transforma aquí repentinamente en מַחֲסֶה־לָּנוּ *maḥăseh-lānū, "nuestro refugio"*, refugio para todos cuantos acudan a él buscando amparo bajo la sombra de sus alas. Ver al respecto en la nota 10 el comentario de FRANCISCO LACUEVA [1573-1631] en su versión del "Comentario de Matthew Henry". FRANZ DELITZSCH [1813-1890] dentro del contexto histórico, partiendo de la idea de que este Salmo 62 lo escribió David cuando huía de Absalón, ve en esta afirmación: "nuestro refugio", a David dirigiéndose al pueblo que le había seguido, y que se hallaba en la misma situación desesperada que él, invitándoles a derramar sus corazones ante Dios, el único con capacidad de proteger a ambos, a ellos y a su rey, ante la situación crítica en la que se encontraban y de disipar el pesimismo que embargaba su corazón.

Esperad en él. Esperar en Dios consiste en arrojar nuestras cargas sobre el Señor cuando se hacen demasiado pesadas para sobrellevarlas con nuestros propios hombros: *"Echa sobre Jehová tu carga, y él te sustentará";*[88] es *"habitar al abrigo del Altísimo y morar bajo la sombra del Omnipotente",*[89] cuando en la tierra no tenemos donde recostar nuestra cabeza;[90] es *"mirar a nuestro Hacedor y contemplar con nuestros ojos al Santo de Israel";*[91] es *"recostarnos sobre nuestro Amado";*[92] y cuando nos hundimos, apoyarnos en el Señor nuestro Dios, que nos *"guarda en completa paz".*[93] En una palabra, esperar en Dios es ese acto o ejercicio sublime de la fe, por el cual el alma, mirando a su Dios y aferrándose a su bondad, poder, promesas, fidelidad y providencia, se eleva por encima de los temores y desalientos terrenales; por encima de las dudas e inquietudes desconcertantes; bien sea para obtener y preservar aquello que es bueno, o para la prevenir y eliminar lo que es malo.

En todo tiempo. El santo deber de esperar en Dios nunca esta fuera de lugar o temporada; este es el sentido de la expresión hebrea בְּכָל־עֵת *bəkāl- 'ēṯ* en el texto original. Ciertamente, nuestro Salvador dice, y con propiedad: *"Mi tiempo",* es decir, el momento de revelarme a mí mismo como un Dios que obra maravillas, *"aún no ha llegado".*[94] Pero en lo que hace a confiar y esperar en Dios, todo tiempo es apropiado y aceptable. El sabio predicador, autor del Eclesiastés, nos dice que: *"Todo tiene su tiempo, y todo lo que se hace debajo del cielo tiene su hora: tiempo de nacer, y tiempo de morir; tiempo de plantar, y tiempo de arrancar lo plantado; tiempo de matar, y tiempo de curar; tiempo de destruir, y tiempo de edificar; tiempo de llorar, y tiempo de reír; tiempo de endechar, y tiempo de bailar; tiempo de esparcir piedras, y tiempo de juntar piedras; tiempo de abrazar, y tiempo de abstenerse de abrazar; tiempo de buscar, y tiempo de perder; tiempo de guardar, y tiempo de desechar; tiempo de rasgar, y tiempo de coser; tiempo de callar, y tiempo de hablar; tiempo de amar, y tiempo de aborrecer; tiempo de guerra, y tiempo de paz".*[95] Pero la confianza en Dios, no es como la nieve en la cosecha, engorrosa pero necesaria y temporal. De hecho, pueden darse momentos en los que Dios no sea hallado,[96] pero no hay un solo momento en el cual no debamos confiar en él. *"Nullum tempus occurit regi",*[97] para el rey el tiempo no cuenta, dice la ley; permitidme agregar: *"nec fiducae",* y tampoco cuenta para la confianza, y eso es sana teología. El tiempo de confiar y esperar en Dios no transcurre, no caduca, no está sujeto a límites. Hay, sin duda ciertos momentos especialmente indicados para ejercitar nuestra confianza, como son:

1. *Los tiempos de prosperidad.* Cuando nos sentamos bajo los cálidos rayos de un sol meridiano que nos calienta y favorece; cuando bañamos nuestros pies en leche, y las piedras nos derraman ríos de aceite;[98] cuando la lámpara del Señor brilla con intensidad en nuestra tienda iluminando toda oscuridad;[99]

[88] Salmo 55:22.
[89] Salmo 91:1.
[90] Mateo 8:20.
[91] Isaías 17:7.
[92] Cantares 8:5; Isaías 36:6.
[93] Isaías 26:3.
[94] Juan 7:6.
[95] Eclesiastés 3:1-9.
[96] Juan 7:34.
[97] Frase utilizada en lenguaje jurídico antiguamente en Inglaterra para decir que "El tiempo no es impedimento ni transcurre para los reyes", y que se entiende en el sentido de que los derechos de la corona no caducan y son inviolables en todo tiempo y circunstancia. Ver al respecto los comentarios al Salmo 55:17 sobre las palabras "Tarde y mañana y a mediodía oraré", particularmente en de ZACHARY BOGAN [1625-1659].
[98] Job 26:9. Job utiliza esta figura poética de lenguaje para referirse a su anterior prosperidad.
[99] Salmo 18:28.

cuando el favor divino permite que *"nos afiancemos como monte fuerte"*.[100] Entonces es tiempo indicado para la confianza, pero no en nuestro propio monte (porque nuestro monte es de hielo y pronto se disolverá), sino en nuestro Dios. Los tiempos felices, para algunos son tiempos propensos al orgullo, a la tentación de confiar en si mismos; para los santos son el tiempo apropiado para ejercitar la confianza en Dios.

2. *Los tiempos de adversidad.* También cuando el viento sopla en contra es tiempo adecuado para ejercitar la confianza. Cuando no tenemos otro pan que comer que el de la *"angustia"*;[101] otro vino para beber que el de *"aflicción"* y *"aturdimiento"*;[102] ni agua sino la del *"espanto"*.[103] Ese es el momento, no para expresar dolor, murmuración, derrumbe, desesperación, sino para confiar en Dios. En medio de la tempestad es cuando mayor impulso experimenta el creyente a lanzar un ancla hacia arriba. Así hizo el bueno de Josafat: *"¡Oh Dios nuestro!, ¿no los juzgarás tú? Porque en nosotros no hay fuerza contra tan gran multitud que viene contra nosotros; no sabemos qué hacer, y a ti volvemos nuestros ojos"*.[104] Así lo hizo David: *"En el día en que tengo miedo, yo en ti confío"*.[105] Los tiempos de tribulación son especialmente apropiados para la confianza, bien sea que tal adversidad proceda de un problema de carácter espiritual o material.

Pero nuestra confianza ha de ser constante e ininterrumpida. Hemos de esperar y confiar en Dios *"en todo tiempo"*.

1. *Quando.* ¿Cuándo debemos confiar? *"En todo tiempo"*; *"omni ora"*, a todas horas, como traduce la versión siríaca. Así como el deber de un amigo verdadero es amar en todo tiempo, pues: *"en todo tiempo ama el amigo"*;[106] el de un creyente verdadero es *confiar en todo tiempo*.

2. *Quamdiu.* ¿Cuánto ha de durar esta confianza? *"Todo el día"*.[107] Esto es, a lo largo de toda nuestra vida: a lo largo todos y cada uno de los días de su tiempo señalado, los "Job" de Dios, no tan solo deben *"esperar"*, sino *"confiar"*, hasta que se produzca el vuelco. Sí, o mejor aún, *"perpetuamente"*, por los siglos de los siglos, *"porque en Jehová JAH está la Roca de los siglos"*.[108]

THOMAS LYE [1621-1684]
"The Morning Exercises at Cripplegate"

Esperad en él en todo tiempo, oh pueblos; derramad delante de él vuestro corazón. Según sea nuestro amor, así será nuestra fe y confianza en Dios; y según sea nuestra confianza, así será nuestra libertad ante el trono de la gracia. Confía en él y derrama tu corazón delante de él; derrámalo como el agua, en lágrimas de gozo. Porque cuando la piedra de tu corazón sea derretida por la misericordia, tus ojos van a manar como una fuente de lágrimas.[109] Los santos tienen espíritus derramados; ello es una consecuencia del pacto y deriva de la efusión del Espíritu de gracia. Los expertos en química nos aseguran que ningún *menstruum* o disolvente es tan eficaz a la hora de derretir los minerales más duros, como los compuestos sulfurosos y aceitosos; y en este mismo sentido pero en un entorno moral

[100] Salmo 37:7.
[101] Ezequiel 12:19.
[102] Salmo 60:3.
[103] Ezequiel 12:19.
[104] 2 Crónicas 20;12.
[105] Salmo 56:3.
[106] Proverbios 17:17.
[107] Salmo 44:8.
[108] Isaías 26:4.
[109] Jeremías 9:1; 13:17; Salmo 119:136.

y espiritual, nada hay tan poderoso a la hora de disolver un corazón de hierro, como el aceite de la misericordia.[110]

Samuel Lee [1625-1691]
"The Triumph of Mercy in the Chariot of Praise", 1677

Esperad en él en todo tiempo. Podría mencionar infinidad de ocasiones en las que podemos esperar y confiar en el Señor, pero todas ellas quedan comprendidas en esta expresión, tan preciosa como breve: *"en todo tiempo"*. Cuando os sintáis llenos de miedos, recordadla en vuestra mente y exclamad: No cuento con nada que me anime a lanzarme en brazos de Dios salvo esta breve expresión, pero es más que suficiente.

John Berridge [1716-1793]
"The Last Farewell Sermon preached April 1", 1792

Derramad delante de él vuestro corazón. El término *"derramar"* significa claramente que el corazón está rebosante de dolor, y a la vez temeroso de vaciarse ante el Señor. ¿Pero qué te dice el salmista que hagas? *"Delante de él expongo mi queja; delante de él manifiesto mi angustia"*.[111] Dios nunca se cansa de escuchar las quejas de su pueblo; por tanto, debes acudir ante él y derramar tu corazón entero, sin guardarte nada, sin mantener nada en oculto. Cuéntale todo lo que te pasa, dile todo lo que te duele, vierte todas tus quejas en su seno misericordioso. No hay palabra más preciosa: *"Derramad delante de él vuestro corazón"*. Haz de él tu consejero y amigo; pues nada hay que le complazca más que cuando tu corazón confía plenamente en él. Puedes decirle, si quieres, que has sido tan necio como para ir en busca de consuelo y alivio de amigo en amigo terrenal, a este y a aquél, pero que no lo has hallado en ninguno, y que ahora acudes a él, porque te ordena: *"derrama ante mí tu corazón"*.

John Berridge [1716-1793]
"The Last Farewell Sermon preached April 1", 1792

Derramad delante de él vuestro corazón. Derrámalo como agua; no como leche, cuyo color cuando se derrama permanece; ni como el vino, que mantiene su olor; o como la miel, que sigue sabiendo a dulce; sino como agua, la cual, cuando se derrama, no queda de ella nada. Así es como debes derramar el pecado fuera de tu corazón, para que no quede de él ningún color ni mancha externa; ningún olor en tus palabras, ningún sabor en tus afectos. *"Y raeré de Babilonia el nombre y el remanente, hijos y nietos, dice Jehová"*.[112] Y si os preocupa que no haya en vuestro corazón nada que se derrame,

---

[110] Basilio de Cesarea [326-379] hace sobre este *"derramad vuestros corazones"* un interesante y peculiar comentario: «Habiendo experimentado personalmente los beneficios que aporta el confiar en Dios y esperar en él, invita el salmista a todos los pueblos a seguir su ejemplo diciéndoles: *"Esperad en él en todo tiempo, oh pueblos; derramad delante de él vuestro corazón"*. Antes de que pueda albergar la gracia de Dios en su interior, es imprescindible vaciar nuestro corazón de todas las pasiones malignas que lo saturan. Hay médicos que jamás administran sus pociones salutíferas sin antes haber vaciado con eméticos y purgantes el organismo del paciente de cuantas sustancias nocivas que lo ocupan, fruto de abusos intemperantes y una dieta nociva. Un frasco que ha sido ocupado por un líquido putrefacto y maloliente es inapropiado para contener perfume, sin ser previamente vaciado por completo y lavado a conciencia. Para ser capaces de contener la gracia de Dios, debemos vaciar nuestro corazón de todo cuanto contiene derramándolo ante él».

[111] Salmo 142:2.

[112] Isaías 14:22.

traed el corazón entero y arrojadlo ante los ojos del Señor a sus pies, y sacrificadlo a él, para que pueda así crear en vosotros un corazón nuevo.[113]

THOMAS LE BLANC [1599-1669]
"'Psalmorum Davidicorum Analysis' in qua aperte cernitur singulis in Psalmis ordinem esse admirabilem: adjungitur commentarius amplissimus", 1645

Vers. 9. ***Por cierto, vanidad son los hijos de los hombres, mentira los hijos de varón; pesándolos a todos igualmente en la balanza, serán menos que nada.*** *[Por cierto, como un soplo son los hijos de los hombres, mentira los hijos de los notables; pesándolos a todos juntos en la balanza, serán más leves que un soplo.* RVR*] [Los hombres de baja condición solo son vanidad, y los de alto rango son mentira; en la balanza suben, todos juntos pesan menos que un soplo.* LBLA*] [Solo vanidad son los del vulgo, mentira son los nobles. Puestos en balanza, suben, pero serán más livianos que un soplo.* BTX*] [Una quimera es la gente de humilde cuna, y una mentira la gente de alta alcurnia; si se les pone juntos en la balanza, todos ellos no pesan nada.* NVI*] [Solo un soplo es el ser humano, solo un espejismo son los mortales; todos puestos en una balanza, todos juntos, pesan menos que un soplo.* BLP*] [La gente común no vale más que una bocanada de viento, y los poderosos no son lo que parecen ser; si se les pesa juntos en una balanza, ambos son más livianos que un soplo de aire.* NTV*]*[114]

Los hombres de baja condición[115] *solo son vanidad.*[116] Y de nuevo nos encontramos con el adverbio אַךְ *'aḵ: "solamente"*. Una traducción más literal sería: *"Solamente vanidad son los hijos de Adán"*. Son multitud, y se entusiasman fácilmente, pero son volubles y no se puede depender de ellos; porque son tan inestables como las olas del mar, dispuestas a moverse en una u otra dirección según sople el viento; hoy claman: *"Hosanna"*,[117] y mañana gritan: *"Crucificale"*.[118] Lo mudable y cambiante del aplauso popular es proverbial: mejor edificar una casa con humo que hallar consuelo en la

[113] Salmo 51:10.

[114] La versión griega de los LXX o Septuaginta hace de este versículo la siguiente lectura: πλὴν μάταιοι οἱ υἱοὶ τῶν ἀνθρώπων, ψευδεῖς οἱ υἱοὶ τῶν ἀνθρώπων ἐν ζυγοῖς τοῦ ἀδικῆσαι αὐτοὶ ἐκ ματαιότητος ἐπὶ τὸ αὐτό que la Vulgata traduce al latín como: *"Verumtamen vani filii hominum, mendaces filii hominum in stateris, ut decipiant ipsi de vanitate in idipsum"*, "Ciertamente vanos son los hijos de los hombres, mentirosos los hijos de los hombres en balanzas; de manera que ellos juntos engañan sobre la vanidad". FELIPE SCIO DE SAN MIGUEL [1738-1776] en su versión española de la Vulgata lo explica en nota al pie del siguiente modo: «Puestos en balanza, o si se ponen en balanza, se hallará que son muy faltos y defectuosos en todas sus cosas. O también: Vanos son los hijos de los hombres, mentirosos en sus balanzas o pesos, sorprendiéndose unos a otros en su trato con engaños y mentiras. Pero el texto hebreo dice: *"Solamente vanidad son los hijos de Adam"*, es decir, los hombres plebeyos, *"mentira los hijos de ish* (varón)*"*, esto es, los ilustres (Salmo 4:2), *"puestos en balanza pesan todos juntos menos que la vanidad"*, o son más ligeros que la vanidad. Es como si dijera, son tan vanos y de tan poca sustancia los hijos de los hombres, que si todos ellos juntos se pusieran en una balanza, y la vanidad en otra, se encontraría que pesan menos que la vanidad. La versión sefardí de Ferrara dice: *"Todos ellos juntamente pesan menos que nada"*. El sentido de la Vulgata se puede reducir a esto mismo: Son tan vanos los hijos de los hombres, que puestos todos juntos en balanza, se encontrará que son más vanos de lo que se puede creer o pensar. Aunque otros lo explican de las balanzas engañosas o pesos falsos de los comercios y contratos».

[115] En hebreo אַךְ הֶבֶל בְּנֵי־אָדָם *'aḵ heḇel bənê-'āḏām,* el sentido es: "hombres degradados" o "de bajo nivel".

[116] Comparar con Salmo 39:5, 11.

[117] Mateo 21:8-9.

[118] Mateo 27:22.

adulación de la multitud. Así como el primer hijo de Adán fue llamado Abel, que significa vanidad,[119] aquí se nos enseñan que todos los hijos de Adán son *"Abeles"*: y ello no sería tan grave si lo fueran no solo de nombre, pero lo son también en su proceder; ¡aunque ay!, en este sentido, y por desgracia, una buena parte son más bien *"Caínes"*.

Y los de alto rango son mentira.[120] Eso es todavía peor. Poco ganamos confiando en la *aristocracia,* porque no es ni un ápice mejor que la *democracia,* más bien son peor, porque esperamos de la alcurnia algo más sustancial y concreto, pero no conseguimos nada. ¿No podemos confiar en la *élite?* ¿Acaso no son gente formada, caballerosa, inteligente? En esto mismo consiste su mentira; pues prometen mucho, y al final, después de haber confiado en ellos, solo cosechas desengaños. ¡Qué mísera es la suerte del desdichado que confía en los príncipes![121] Cuanto más confiemos en Dios, tanto más percibiremos la futilidad y el vacío absoluto de toda otra confianza.

Pesándolos a todos juntos en la balanza, serán más leves que un soplo.[122] Hagamos una apreciación equitativa: no los valoremos por su número ni por su apariencia, sino por su peso, y así no nos defraudarán. Hagamos una deliberación sosegada, reflexionemos en silencio, y sin duda nuestro veredicto honesto será el mismo que el de la inspiración divina en este versículo. Más banales que la vanidad misma son todas las seguridades y confianzas humanas: sean en nobles o plebeyos, sean en grandes o insignificantes, los hombres son indignos por igual de nuestra confianza. Una pluma, puesta en la balanza, tiene un cierto peso; la vanidad ninguno; y la confianza en las criaturas menos todavía. Y sin embargo, la infatuación universal es de tal calibre que la humanidad prefiere un *brazo de carne*[123] visible, al poder del Creador invisible pero todopoderoso; y lo grave es que incluso los propios hijos de Dios son propensos a tragarse esta locura.

C. H. Spurgeon

Los hombres de baja condición solo son vanidad, y los de alto rango son mentira. Podemos leer, estudiar y aprender muchas filosofías, normas, doctrinas e instrucciones, morales o civiles, de carácter similar; y probablemente muchas de ellas sean buenas y creíbles. Pero la verdad que nos es revelada en este versículo las supera a todas, porque es de carácter indubitable, irrefutable, incuestionable, e irrefragablemente cierta. Podremos, como mucho, comparar a los hombres entre sí, y debatir si las leyes de Dios son violadas por los de baja condición en mayor o menor cuantía que los de alto grado; o en otras palabras, si la adversidad o la prosperidad inducen al pecado en mayor o menor medida. Pero cuando los comparamos no entre sí, sino con Dios, la afirmación del salmista se aplica a ambos por igual: *"Los hombres de baja condición solo son vanidad, y los de alto rango son mentira"*. Y aunque alguien pueda decir que la afirmación deja un hueco de esperanza para las clases medias, alegando que entre lo alto y lo bajo siempre hay un punto medio aceptable; lo cierto es que no hay tal cosa, ya que afirma que *"en la balanza suben todos"*, y este *"todos"* es en sentido absoluto, no suben solo los de *baja condición* y los de *alto rango,* sino que suben juntos todos los hombres, y *"pesan menos que un soplo"*.

Los hombres de baja condición solo son vanidad. Eso no significa, sin embargo, que el ser humano esté desahuciado; puesto que la capacidad del hombre para confiar en algo, su sentimiento de esperanza, jamás se extingue o elimina por completo; simplemente que necesita rectificar el curso de esta confianza dirigiéndola hacia el lugar correcto: dejar de confiar en cosas vanas, en cosas

---

[119] Génesis 4:2. En hebreo הֶבֶל *hābel,* "soplo, aliento, transitoriedad, vanidad".

[120] En hebreo כָּזָב בְּנֵי אִישׁ *kāzāḇ bənê 'îš,* "hombres en renombre", ver Génesis 6:4.

[121] Salmo 118:9; 146:3.

[122] Compárese con Isaías 40:15-17.

[123] Es decir, al hombre, a lo humano y perecedero. Ver nota 6.

terrenales, y confiar en las espirituales y eternas; dejar de mirar hacia abajo para mirar hacia arriba;[124] olvidarse de buscar ayuda en brujas y espíritus infernales, ni tan siquiera en los santos ángeles, y buscarla en Aquel que tienen asequible más cerca que sus propias almas: el Dios de la gracia, bendito y poderoso, y que en este salmo precioso se nos presenta bajo tan diversos y sublimes calificativos de seguridad y confianza como: *"mi esperanza, mi salvación, refugio, mi roca, mi baluarte, mi gloria, mi torre fuerte"*.

Los hombres de alto rango son mentira. Al Espíritu Santo le complació variar aquí el calificativo, y etiquetar a los hombres de alto rango no como *"vanidad"*, sino como *"mentira"*. Y no por capricho, sino porque son distintos. Los hombres de *"baja condición"*, es decir, los pobres, no prometen nada, más bien buscan. Y no prometen porque no cuentan con nada que puedan prometer; de modo que no alimentan la esperanza de otros, y por tanto, no mienten. Pero los hombre de *"alto rango"* ocupan el poder, y el poder lleva inherente una promesa tácita, un deber de protección y ayuda a otros que brota del mero hecho de su condición. El magistrado no puede decir que nunca prometió justicia y protección, porque su cargo lleva inherente esta función, y por tanto, cuando lo asume toma ese compromiso. Yo mismo, no puedo decir que no he prometido a mis feligreses el servirles, porque al asumir mis funciones pastorales les hice directa o indirectamente la promesa de estar a su servicio; y si no la cumplo, soy un mentiroso. La palabra hebrea כָּזָב *kāzāḇ* que utiliza aquí el salmista y que traducimos por *"mentira"*, se usa con frecuencia en la Escritura para identificar aquello que es defectuoso en el cumplimiento de su función, deber u obligación: *"Serás como manantial"* dice el Señor en Isaías *"cujus aquae non mentiuntur"* "cuyas aguas no mienten", es decir no defraudan, o como traducen algunos: *"nunca faltan"*.[125] Así pues, cuando los hombres de alto rango no cumplen con los deberes propios de su cargo, son en si mismos una mentira; y si yo les adulo, ensalzo y magnifico en su posición, confiando y esperando de ellos más de lo que están dispuestos a darme y pueden darme, entonces, me hago partícipe de su mentira.

Pesan menos que un soplo. Un soplo no es nada, pero hay algo que es menos todavía que nada: la confianza en las cosas o las personas de este mundo; y peor aún, la confianza en nosotros mismos, que nos abocará finalmente a aquel estado terrible en el que desearemos ser nada, y no lo conseguiremos.[126]

En la balanza, todos juntos. Nuestro texto nos habla de una *"balanza"* en la que los hombres son puestos *"todos juntos"* en uno de los platos.[127] Pero una balanza tiene dos platos, y para que pueda llevar a cabo su función de pesar, es preciso poner algo en el otro plato. ¿Qué hay en ese otro plato de esta balanza, para que todos los hombres y todas las cosas de este mundo pesen en comparación, *"menos que un soplo"*? Antes hemos dicho que Dios no deja a los seres humanos desahuciados, no permite que nuestras nobles facultades de la esperanza y la confianza queden sin la posibilidad de rectificar su curso errado, sin un objetivo al que dirigirse o lugar donde puedan agarrarse. No, no hace tal cosa. Pues en el versículo anterior se nos dice que Dios es un *"refugio"* al que podemos acudir. Y refugiados en él, la balanza se equilibra; porque comparado con él, todo lo demás *"pesa menos que un soplo"*.

JOHN DONNE [1573-1631]
"Sermon lxv preached at St. Paul's, May 8, 1625: Psalm lxii. 9"

---

[124] Colosenses 3:2.
[125] Isaías 58:11. El autor lo transcribe en latín de la Vulgata. En hebreo אשר לא־יכזבו מימיו *'ăšer lō yəḵazzəḇū mêmāw* de כָּזָב *kazab,* "mentira", la misma palabra que utiliza aquí el salmista para decir *"son mentira"*.
[126] Mateo 13:41-42; Lucas 23:30; Apocalipsis 6:16; 19:20.
[127] Job 31:6; Daniel 5:27.

Los hombres de baja condición solo son vanidad.

Quien anhela reinar sobre las masas,
¡Irracionales, volubles, banales y feroces!
Banales cual hoja que arrastra el arroyo,
Volubles cual sueño que transmuta,
Irracionales cual temperamento de mujer,
Y feroces cual la sangre febril de Frenesí.128
Oh monstruo de múltiples cabezas,
¡Quien podría desear de ser tú rey!

WALTER SCOTT [1771-1832][129]

Los hombres de baja condición solo son vanidad. En el original בְּנֵי־אָדָם *bənê-'āḏām,* hijos de Adán; es decir, del hombre terrenal, hecho de arcilla; del Adán caído, uno de cuyos primeros hijos fue llamado Abel, que significa vanidad.[130] Y ciertamente, vanidad son todos sus hijos, aunque aquí solo haga referencia a un tipo de ellos; a los humildes y considerados por el mundo como de *"baja condición";* hombres comunes que se han *"inclinado"* hacia la vanidad pecaminosa, según leemos en Isaías: *"Y se ha inclinado el hombre";*[131] cuyos pensamientos son banales, sus afectos vanidosos, sus mentes triviales, y su comportamiento frívolo, necio, falaz, voluble y depravado.

JOHN GILL [1697-1771]
"Exposition of the Old Testament", 1748

Los hombres de alto rango son mentira. Una doble mentira; activa: porque engañan a otros; y pasiva, porque ellos mismos son engañados por otros. Y los más involucrados en la mentira activa, los que más engañan a otros; son por regla general y merecidamente los más afectados por la mentira pasiva, los que más sufren por las mentiras de otros.

JOSEPH CARYL [1602-1673]

Pesan menos que un soplo. Si alguno hubiera entre los hombres que fuera inmortal, es decir, no sometido al pecado, a cambio o variación; y al que nadie pudiera vencer porque fuera fuerte como un ángel; quizá el tal podría ser considerado algo. Pero en tanto que todo hombre es pecador, mortal, débil, sujeto a la enfermedad y la muerte; expuesto al dolor y al miedo, incluso de los animales más

[128] En el original *"Frenzy's fevered blood".* Se trata probablemente de una alusión al héroe de la mitología celta Cúchulainn, conocido como "el Aquiles irlandés", y del cual parte el fenómeno conocido como *"battle frenzy"*, "frenesí de la batalla", que sería el equivalente celta a "la cólera de Aquiles".

[129] Spurgeon cita aquí un poema del famoso escritor y poeta escocés del romanticismo SIR WALTER SCOTT [1771-1832] concretamente *"The Lady of the Lake"*, "La dama del lago",1810; Canto V *The Combat,* stanza 30: *"Who over the herd would wish to reign, / Fantastic, fickle, fierce, and vain! / Vain as the leaf upon the stream, / And fickle as a changeful dream; / Fantastic as a woman's mood, / And fierce as Frenzy's fevered blood, / Thou many headed monster thing, / O, who would wish to be thy king!".*

[130] Génesis 4:2. En hebreo הֶבֶל *hāḇel,* "soplo, aliento, transitoriedad, vanidad".

[131] Isaías 2:9.

insignificantes, como Faraón;[132] y sometido a muchas miserias que sería largo de enumerar y detallar, la conclusión ha de ser forzosamente esta: *"El hombre es menos que un soplo"*.

JOHANN ARNDT [1655-1621]

Vers. 10. ***No confiéis en la violencia, ni en la rapiña; no os envanezcáis; si se aumentan las riquezas, no pongáis el corazón en ellas.*** *[No confiéis en la violencia, ni en la rapiña; no os envanezcáis: Si se aumentan las riquezas, no pongáis el corazón en ellas.* RVR*] [No confiéis en la opresión, ni en el robo pongáis vuestra esperanza; si las riquezas aumentan, no pongáis el corazón en ellas.* LBLA*] [No confiéis en la opresión, ni en el dolo pongáis vuestra esperanza, aunque aumenten las riquezas, no pongáis el corazón en ellas.* BTX*] [No confíen en la extorsión ni se hagan ilusiones con sus rapiñas; y aunque se multipliquen sus riquezas, no pongan el corazón en ellas.* NVI*] [No confiéis en la violencia, no os ilusionéis con el robo; si aumenta vuestra riqueza, no le prestéis atención.* BLP*] [No te ganes la vida mediante la extorsión ni pongas tu esperanza en el robo. Y si tus riquezas aumentan, no las hagas el centro de tu vida.* NTV*]*

No confiéis en la opresión, ni en el robo pongáis vuestra esperanza.[133] La riqueza injustamente conseguida es la confianza de los necios; porque está infectada de muerte, esta llena de podredumbre, huele a maldición de Dios. Pisar al pobre y silenciar sus gritos de protesta clamando por justicia, es el deleite de muchos desalmados bravucones, que en su arrogancia imaginan que puede desafiar a Dios y al hombre; pero quedan advertidos por estas palabras del salmista, y harían bien en tomar buena nota de su advertencia, porque el Juez de toda la tierra vindicara con toda certeza, pidiendo cuentas a los hombres, la opresión de los inocentes y el robo de los pobres; cosas que pueden hacerse legalmente y quedar impunes en los tribunales humanos, pero ante el tribunal del Cielo no habrá prescripciones, subterfugios legales, trucos ni evasivas que valgan.

Si se aumentan las riquezas, no pongáis el corazón en ellas.[134] Si de una manera honesta y providencial, crecen como resultado de la laboriosidad, la industria y el éxito comercial, no os aferréis a la circunstancia; que no os deslumbren el entusiasmo y la euforia, no pongáis vuestro amor en las bolsas de dinero. Doblegar el espíritu inmortal a la constante contemplación de posesiones materiales que pasan y se desvanecen, es una locura extrema. ¿Acaso quienes llaman al Señor *"su gloria"* (62:7), pueden a la vez gloriarse en el metal amarillo? ¿Puede la imagen acuñada y el lema grabado del César[135] privarles de la comunión con Aquel que es la imagen del Dios invisible? De la misma manera que no debemos apoyarnos en el hombre, tampoco hemos de hacerlo en el dinero.[136] La ganancia y la fama

---

[132] Éxodo 8:16-32.

[133] En hebreo אַל־תִּבְטְח֣וּ בְעֹ֗שֶׁק וּבְגָזֵ֥ל אַל־תֶּ֫הְבָּ֥לוּ *'al-tiḇṭəḥū ḇə'ōšeq ūḇəgāzêl 'al-tehbālū.* SCHÖKEL indica que el verbo תֶּהְבָּלוּ *tehbālū* de הָבַל *habel,* poner vana esperanza; juega con el sustantivo וּבְגָזֵל *ūḇəgāzêl,* de גָּזֵל *gazel,* "robo", como en español envanecerse viene de vano: «El hombre, que ya es vano por naturaleza, se confirma en ello por el robo: se envanece y se desvanece; pero ni la opresión y la violencia ni las riquezas injustas no confieren peso auténtico al hombre (Isaías 30:12; Ezequiel 22:7,12, 29)».

[134] Dice SCHÖKEL al respecto: «La segunda cláusula del versículo puede referirse a un prosperar legítimo y honesto de las riquezas, pues el verbo יָנוּב *yānūḇ* de נוּב *nub* tiene valor positivo las otras tres veces que se lee en el A.T. (Salmo 92:15; Proverbios 10:31 Zacarías 9:17), significando vitalidad. El salmista no parece condenar la riqueza creciente y honrada, sino el entregarse y confiar en ellas. Compárese con Proverbios 11:28: *"El que confía en sus riquezas se marchita; mas los justos reverdecerán como ramas"*.

[135] Lucas 20:21-25.

[136] 1 Corintios 7:30-31.

son tan solo espuma del mar. Toda la riqueza y todos los honores del mundo trenzados, seguirían siendo un hilo demasiado delgado para soportar el peso de la felicidad de un alma inmortal.

C. H. Spurgeon

Ni en el robo pongáis vuestra esperanza. Ahora bien, este robo se lleva a cabo de dos maneras: robando a Dios y al hombre. Porque aquel que deposita su confianza para salvación en cualquier otro, fuera de Dios, no tan solo pierde su oportunidad de salvarse, sino que además le está robando a Dios la gloria que le corresponde, agraviándole en gran manera; como aquellos inicuos y desalmados entre los judíos que se atrevieron a decir que todas las cosas les prosperaban y les iban bien mientras rendían culto a la reina del cielo; pero que en cuanto prestaron atención a los verdaderos predicadores de la palabra de Dios, todo les fue a peor y se vieron abrumados por la escasez y la tribulación.[137] Asimismo, quién pone su confianza en la ciencia y la filosofía, o en cualquier doctrina que se aleja de la Palabra de Dios; no solo cae en el error apartándose de la verdad divina, sino que le roba al Libro Santo de Dios su autoridad como revelación veraz y suficiente, adscribiéndola al libro de los decretos de los hombres; lo cual es una gravísima ofensa a Dios y a su Palabra. En esta modalidad de robo, que más bien deberíamos llamar sacrilegio, como tan acertadamente afirma el salmista-profeta, *nadie debería poner su esperanza.*

John Hooper [1495-1555]

"Exposition to certain Psalms – Psalm LXII", 1562

Ni os envanezcáis en el robo.[138] ¿Qué? ¿Acaso el robo es algo de lo que alguien se pueda jactar o envanecer? No, el significado es más bien este: no confiéis o pongáis vuestra esperanza en una cosa vana; porque quienes roban, oprimen, engañan o maltratan a otros, confían en algo vano –algo insustancial– que no les aportará ningún bien: porque jamás lograrán retener y beneficiarse de lo que hayan conseguido a través de semejantes métodos. Cuando buscas la manera de obtener riquezas mediante tratos fraudulentos, o engañando a otros sea cual sea el procedimiento, te estas *envaneciendo en el robo.*

Joseph Caryl [1602-1673]

Si se aumentan las riquezas, no pongáis el corazón en ellas. Amamos las riquezas por instinto, y en consecuencia, dedicamos buena parte de nuestros pensamientos a la manera de obtenerlas y mantenerlas. Si alguien posee riquezas, es ilícito que piense en ellas (eso sí, sin olvidar que la generalidad y prioridad de nuestros pensamientos han de ser siempre para Dios), pero lo que el salmista prohíbe es que tales pensamientos se instalen y apoderen de nuestros corazones. Como si hubiera dicho: «No permitáis que los pensamientos sobre vuestras riquezas se alojen indefinidamente en vuestro corazón». Las riquezas son cosas transitorias, por tanto nuestros pensamientos relativos a ellas han de ser igualmente transitorios. No permitas que se apoderen de tu corazón y se instalen en él, porque lo llenarán de ansiedad. Samuel se dirigió a Saúl en términos similares en referencia a las asnas de su padre: *"deja de pensar en ellas"*.[139] Le habla como si Saúl estuviera obsesionado por ese tema: «¿Qué

[137] Jeremías 44:15-30; Oseas 2:1-23.

[138] Así traduce la versión inglesa KJV: *"become not vain in robbery"*.

[139] 1 Samuel 9:20 BLP. La traducción literal sería *"no pongas tu corazón en ellas"*.

ha sido de las asnas de mi padre? ¿Qué debo hacer con respecto a ellas?» «Despreocúpate de ellas –le responde Samuel— ya que tienes cosas mucho más importantes en las que pensar».[140]

JOSEPH CARYL [1602-1673]

Si se aumentan las riquezas, no pongáis el corazón en ellas. Consideremos cuidadosamente qué hemos de entender aquí por *"riquezas"*. Muchos dirán que es innecesario, pues confundir el significado de un término tan común es prácticamente imposible. Y sin embargo, son miles los que lo confunden, y muchos de buena fe, con total inocencia. Hace unos años, me topé con un caballero de buena posición social, que mientras escuchaba un sermón que prediqué sobre este mismo tema, impulsado mitad por la sorpresa y mitad por su indignación, no pudo contenerse y me interrumpió gritándome: «¿No se por qué viene usted aquí a hablarnos de riquezas, cuando sabe perfectamente que en todo Whitehaven[141] no hay una sola persona que merezca el calificativo de rico fuera del Sir James L–r.?» Y efectivamente, fuera de él, nadie en el pueblo contaba con una renta superior a las cuarenta mil libras por año, o disponía de unos cuantos millones en efectivo. Pero una persona puede considerarse inmensamente rica con menos de cien libras al año y mil libras en efectivo. Quien dispone de comida para alimentarse y algo de ropa con la que vestirse, ya es rico. Quien cuenta con lo esencial, las comodidades básicas para él y su familia, y algo de dinero para compartir con aquellos que tienen menos que él, es propiamente una persona rica, a menos que sea un avaro que amé el dinero más que cualquier otra cosa, y acumule sin pensar en los pobres. Porque en tal caso, seguirá siendo un pobre aunque disponga de millones en el banco; sí, el más pobre y miserable de todos los hombres, pues:

> *«Aquello que los mendigos en común más deploran,*
> *es la suerte miserable del rico enfáticamente pobre»*[142]

¡Oh! ¿Quién es capaz de convencer a un rico de que no ponga su corazón en las riquezas? Por más de cincuenta años he disertado sobre este tema con la mayor claridad de la que he sido capaz; pero prácticamente sin resultados. Dudo que en todo ese tiempo haya logrado convencer a cincuenta avaros de que abandonaran su codicia. Pese a mis arduos esfuerzos por describir al amante del dinero con toda riqueza de detalles, y pintarlo con los más vivos colores, ¿cuál de ellos se lo aplicó a sí mismo? ¿Cuál escuchó en su interior la voz de Dios, y la de todos aquellos que le conocían diciéndole: *"¡Tú eres ese hombre!"*[143]? ¡Y si estas palabras resuenan hoy en el interior de alguno de los aquí presentes, que no se tapone los oídos endureciendo su corazón! Que diga más bien como Zaqueo: *"Mira, Señor, voy a dar a los pobres la mitad de mis bienes; y si en algo he defraudado a alguno, se lo devuelvo cuadruplicado"*.[144] No que lo hubiera hecho en el pasado; pero había tomado la firme determinación de hacerlo en adelante. Delante de Dios, oh amante del dinero, te desafío y encarezco de *"ir y hacer tú lo mismo"*.[145] Tanto si quieres escucharlo como soslayarlo, oh rico, tengo un mensaje de Dios para ti:

---

140 Lucas 10:38-42.

141 Se refiere a WHITEHAVEN, un pueblo costero en Cumbria, en la costa noroeste de Inglaterra, importante puerto comercial en el siglo XVIII y famoso por sus productivas minas de carbón

142 Cita las palabras del poeta inglés ABRAHAM COWLEY [1618-1667] en uno de sus ensayos, concretamente *"Of Avarice"* "Sobre la avaricia". La cita completa es: *"And, oh, what man's condition can be worse / Than his, whom plenty starves, and blessings curse? / The beggars but a common fate deplore, / The rich poor man's emphatically poor"*.

143 2 Samuel 12:7.

144 Lucas 19:8.

145 Lucas 10:37.

Si tus riquezas se han incrementado, con grave peligro para tu alma, *"no pongas el corazón en ellas"*. Sé agradecido con quién que te ha otorgado ese talento, concediéndote tantas posibilidades de obrar el bien. Pero en modo alguno te atrevas a regocijarte en las riquezas, antes bien adminístralas con temor y temblor. *«Cave ne inhaereas* –dice el piadoso Kempis–[146] *ne capiaris et pereas»,*[147] es decir: «Guárdate de apegarte a ellas, no sea que te encadenen y perezcas». ¡No las conviertas en tu fin existencial, tu principal deleite, tu felicidad, tu dios! Jamás busques la felicidad en el dinero, ni en nada que se pueda comprar con él; en gratificar los deseos de la carne, los deseo de los ojos o el orgullo de la vida.

JOHN WESLEY [1703-1791]

"On the Danger of Increasing Riches – Sermon 126", 1790

Si se aumentan las riquezas, no pongáis el corazón en ellas. «El afán por las riquezas –dice Valerio–[148] subyuga con sus estímulos los corazones de los hombres de tal manera, que se comportan cual yunta de bueyes que arara perpetuamente el suelo». Hugo,[149] comentando el libro de Isaías,[150] se expresa en los siguientes términos: «Cuanto más profundamente arraigan las riquezas en el corazón del hombre incitándole al amor a ellas, más profundamente se verá este atravesado por la pena».

THOMAS LE BLANC [1599-1669]

"'Psalmorum Davidicorum Analysis' in qua aperte cernitur singulis in Psalmis ordinem esse admirabilem: adjungitur commentarius amplissimus", 1645

Si se aumentan las riquezas. En hebreo יָנוּב *yānûḇ* de נוב *nub,* el sentido literal es: "brotan, florecen"; es decir, riquezas justas, que aumentan por sí mismas a través de su propio rendimiento;

---

[146] Se refiere a THOMAS HEMERKEN más conocido como TOMÁS DE KEMPIS [1380-1471], monje alemán nacido en Colonia de la orden de los canónigos regulares de San Agustín, y miembro de la asociación conocida como *Hermanos de la Vida Común,* fundada por GEERT GROOTE [1340-1384], y FLORENTIUS RADEWIJNS [1350-1400], que practicaban lo que se identificó como *"devotio moderna",* y que buscaba una autenticidad perfeccionamiento en la vida religiosa, muy degradada durante la Edad Media. Conocido mundialmente por su obra devocional *"De Imitatione Christi",* (La Imitación de Cristo), un libro de consejos breves sobre la piedad, cuyo propósito, como él mismo expresa en el prólogo es: «instruir al alma en la perfección cristiana, proponiéndole como modelo a Jesucristo». La *"devotio moderna"* y la "Imitación de Cristo" de Tomás Kempis ejercieron una influencia clave sobre *Philipp Jacob Spener* [1635-1705] y el pietismo alemán, y a través de este sobre John Wesley y el metodismo en Inglaterra.

[147] *"De Imitatione Christi"*, Liber Secundus: *Admonitiones ad interna trahentes;* Capitulum I: *De interna conversatione;* 4. "La Imitación de Cristo", Libro II: *Advertencias para el trato interior;* Capítulo I: *De la conversación interior;*

[148] Se refiere a al escritor romano VALERIUS MAXIMUS [siglo I a siglo II a.C.] en su *"Factorum et dictorum memorabilium",* un conjunto de nueve libros escritos en Roma en el año 31 a.C., y dedicados am emperador Tiberio en los que recopila, refranes, pensamientos, anécdotas y relatos de la tradición popular o extraídos de otros escritos de historiadores y filósofos

[149] Lo más probable es que se refiera a su contemporáneo HUGO VAN GROOT [1583-1645], también conocido como HUGO GROCIO y HUGO GROTIUS, jurista, escritor y poeta holandés que participó activamente en los debates religiosos de la Universidad de Leiden sobre la predestinación entre los teólogos Gomaus y Arminio, en su *Annotationes in Vetus Testamentum,* 1644. Aunque también podría referirse a HUGO DE SAN CARO [1200-1263] también conocido como HUGH OF ST. CHER y HUGO CARDINALIS, un monje dominico que fue elevado a la dignidad de cardenal (de ahí el apodo de Cardenalis), y que trabajó intensamente en la traducción y exposición bíblica; escribió un comentario completo a toda la Biblia latina y elaboró la primera concordancia de la Biblia en latín, *"Concordantiae Sacrorum Bibliorum"*.

[150] Isaías 30:6; 45:3.

distinguiéndolas de ese modo de las riquezas injustas conseguidas mediante procedimientos ilícitos como la *"opresión"* o el *"robo"* (62:9).

ANDREW ROBERT FAUSSET [1821-1910]
"A Commentary, Critical, Experimental, and Practical", 1866

Si se aumentan las riquezas, no pongáis el corazón en ellas. Las riquezas van ligadas de forma inherente a la incertidumbre y el engaño. Y nunca han sido fieles a los que confiaron en ellas, antes por el contrario, siempre han demostrado ser *"pura mentira en mi mano derecha"*.[151] Por esto se les califica de *"vanidades ilusorias"*,[152] y se las compara con una bandada de pájaros que se posan sobre un campo, pero que al menor ruido levantan el vuelo y se alejan. Las riquezas tienen *"alas"*, dice Salomón, y en lugar de permanecer estables, ellas mismas *"se hacen alas"*.[153] Sí, y aunque a la hora de volar hacia ti lo hacen poco a poco, con las alas de un insignificante gorrión; a la hora de abandonarte lo hacen velozmente, con las alas poderosas de una enorme águila. ¡Cuántas riquezas no han sido para sus poseedores como la mula de Absalón, que dio la espalda a su amo y se fue, abandonándole en su momento de mayor necesidad, colgando entre el cielo y la tierra cual rechazado por ambos![154] Una chispa puede hacerlas arder y convertirlas en humo; un ladrón hurtarlas con facilidad; un administrador infiel puede desviarlas y hacerlas suyas; un mal pagador disminuirlas; un pirata sustraerlas o un naufragio hundirlas para siempre en el mar. Sí, hay un centenar de razones distintas que las amenazan constantemente y mantienen en jaque. Son como las manzanas de Sodoma,[155] que parecen hermosas pero se desvanecen al tacto, ilusiones áureas, un mero esquema matemático, una fantasía del cerebro del hombre; semblanzas vacías de algo bueno y deseable, pero sin ninguna consistencia ni realidad sólida. Porque las riquezas son pájaros que vuelan de uno a otro lugar, de árbol en árbol, sin morada estable; y buscan ansiosamente la manera de escapar de aquel que trata de poseerlos. Un fraude descarado y un engaño amargo; y no obstante, nuestro corazón, más engañoso aún que las propias riquezas, nos insta a buscarlas y a poseerlas, nos engaña constantemente con las riquezas engañosas *"a quo aliquid tale est, illius est magis tale"*;[156] , es decir, a cada cual de distinta manera porque sus circunstancias así lo determinan. Por ello recomienda el apóstol: *"los que disfrutan de este mundo, como si no lo disfrutasen; porque la apariencia de este mundo se pasa"*.[157]

CHRISTOPHER LOVE [1618-1651]
"A Crystal Mirror, or Christian Looking glass", 1679

---

[151] Isaías 44:20.
[152] Jonás 2:8.
[153] Proverbios 23:5.
[154] 2 Samuel 18:9.
[155] La leyenda de las "MANZANAS DE SODOMA" parte de las palabras de FLAVIO JOSEFO [37-100] en sus "Guerras de los judíos" (publicado por CLIE en español) donde refiriéndose a Sodoma y las ciudades colindantes dice: «Se tiene por cierto haber sido destruida por la impiedad de los que allí habitaban, con rayos y con fuego del cielo, pues aun hoy hay señales y reliquias de este fuego enviado por Dios, y aún se pueden ver las señales de los cinco lugares o ciudades. *Los frutos que nacen en aquellas cenizas son de los colores de ellas, por su apariencia parecen buenos para comer, pero cuando son tocados se resuelven en ceniza y en humo».* La imaginación popular hizo el resto creando las "Manzanas de Sodoma". De hecho, se aplica el nombre de «Manzanas del Mar Muerto» a la fruta del *Solanum Sodomaean* un arbusto espinoso que da un fruto semejante de un pequeño tomate amarillo, y que muchos opinan se trata de los frutos mencionados por Josefo. De hecho el historiador romano TÁCITO [55-120 d.C.] en su *"Historiæ"* hace una mención a este fruto en términos muy similares a los de Josefo.
[156] Literal: "por quien algo es tal, de él es más tal". Una paráfrasis del autor sacada de la *"Metaphysica Demonstrativa, Sive Scientia Rationum Universalium"* (1648) de HONORATUS FABRIUS [1608-1668].
[157] 1 Corintios 7:31.

No pongáis el corazón en ellas. El verbo hebreo תָּשִׁיתוּ *tāšîṯū* de שִׁית *shith,* que la mayoría de nuestras versiones traducen como *"pongáis",* significa propiamente colocar algo de manera estable y firme, y se utilizaba de manera especial en relación a las piedras colocadas en los fundamentos de una muralla o edificio, que se ubican e instalan con todo esmero de la manera más firme y sólida que sea posible ... Por tanto, *poner el corazón en las riquezas* equivale a concentrar en ellas la mayor parte de nuestros pensamientos de manera sólida y estable, y dedicarles la casi totalidad de nuestros esfuerzos; y al propio tiempo, como indica Schultens,[158] envanecernos por la confianza y arrogancia que poseerlas nos proporciona.

HERMANN VENEMA [1697-1787]
"Commentarius ad Psalmos", 1762

Vers. 9-13. Nuestra evaluación del hombre dependerá de la estima en que tengamos a Dios. David sabía que en este mundo los hombres, tanto los de baja condición como alto rango, separados de la fuente primaria de todo bien, no valen nada, no pesan nada, y son menos que un soplo (62:9). Tampoco las riquezas son de ningún valor, particularmente las adquiridas con procedimientos injustos; por tanto, no debe el hombre enorgullecerse cuando sus riquezas aumentan (62:10). Sin embargo, en este mundo las cosas son tan paradójicas y contradictorias, que cuanto más ricos y generosos son los dones de Dios a los hombres, más confían los hombres en los propios dones, en vez de ser agradecidos y confiar en su generoso y rico dador. Pero el santo David tenía otro concepto, estaba mejor instruido; y habiendo escuchado *una y otra vez* la voz divina en el interior de su alma exclama: *"que Dios es el poder"* (62:11). La misma experiencia tuvo el santo Job y le llevó a escribir: *"Ciertamente Dios habla una vez, y otra vez, pero nadie se da cuenta de ello"*.[159] Pero este Dios poderoso, es también misericordioso, pues, ¿cabe atribuir valor o mérito alguno a nuestras propias obras míseras e imperfectas? Y sin embargo el Señor paga a los santos *conforme a sus obras*, imperfectas, pero santas (62:12).

AUGUST FRIEDRICH THOLUCK [1799-1877]
"Hours of Christian Devotion", 1870

Vers. 11. ***Una vez habló Dios; dos veces he oído esto: Que de Dios es el poder.*** *[Una cosa ha dicho Dios; dos veces la he oído yo: Que de Dios es el poder.* RVR*] [Una vez ha hablado Dios; dos veces he oído esto: Que de Dios es el poder.* LBLA*] [Una vez habló Elohim, dos veces he oído esto: Que la fortaleza está con Elohim.* BTX*] [Una cosa ha dicho Dios, y dos veces lo he escuchado: Que tú, oh Dios, eres poderoso.* NVI*] [Solo una cosa ha dicho Dios, dos cosas yo he oído: que de Dios es el poder.* BLP*] [Dios ha hablado con claridad, y yo lo he oído muchas veces: el poder, oh Dios, te pertenece a ti.* NTV*]*[160]

---

[158] Se refiere a ALBERT SCHULTENS [1686-1750] erudito orientalista holandés autor de importantes obras en la materia como *"Fundumenta Linguæ Hebraicæ"* (1737) y *"Origines Hebraeae"* (1724).

[159] Job 33:14.

[160] En hebreo: אַחַת דִּבֶּר אֱלֹהִים שְׁתַּיִם־זוּ שָׁמָעְתִּי כִּי עֹז לֵאלֹהִים *'aḥaṯ dibber 'ĕlōhîm šətayim-zū šāmā'ətî kî 'ōz lêlōhîm.* La versión griega de los LXX o Septuaginta hace la siguiente lectura: ἅπαξ ἐλάλησεν ὁ θεός, δύο ταῦτα ἤκουσα [ὅτι τὸ κράτος τοῦ θεοῦ] que la Vulgata traduce al latín como: *"Semel locutus est Deus; duo haec audivi: quia potestas Dei est"*, "*Una vez habló Dios; estas dos cosas oí: que el poder es de Dios*". La versión sefardí de Ferrara traduce: *"Una (vez) fablo el Dio dos efto oí: que fortaleza al Dio"*. La versión caldea o Peshitta: *"Una vez habló Dios, y dos veces escuché esto: que el poder pertenece a Dios"*. KRAUS traduce: "*Habló una vez Yahvé, dos cosas escuché: que hay protección en Yahvé*". SCHÖKEL:*" Una cosa ha dicho Dios, dos cosas le he escuchado: Que de Dios es el poder"*.

Una vez ha hablado Dios.[161] Dios es tan inmutable que no necesita hablar dos veces, porque no cambia; es tan infalible que le basta con un solo enunciado, porque no puede errar; es tan omnipotente que una sola palabra le basta para cumplir todos sus designios. Nosotros hablamos a menudo y en demasía, pero al final no hemos dicho nada; Dios habla una vez y proclama verdades eternas. Nuestras palabras suelen quedar reducidas a meros sonidos; pero Dios habla, y se hace; ordena, y se cumple.

Dos veces he oído esto. Nuestra alma debe escuchar en meditación el eco de la voz de Dios una y otra vez. Lo que Dios ha dicho una sola vez en la revelación, nosotros debemos permanecer escuchándolo y meditándolo constantemente. La creación y la providencia son ecos permanentes de la voz de Dios: *"El que tiene oídos para oír, oiga"*.[162] Hemos sido dotados de dos orejas, para que escuchemos todo atentamente sin que se nos escape nada; y quienes son espirituales cuentan además con oídos internos con los cuales, ciertamente, también oyen. Cabe decir, por tanto, y en el mejor sentido, que aquel que como el salmista oye *dos veces,* con su sus oídos y con su corazón, es quién oye mejor.

Que de Dios es el poder. Es su verdadera fuente, y en él es donde realmente permanece. Por tanto, si queremos ser preservados de poner nuestra confianza en criaturas en las que por mucho que aparenten no hay en ellas poder alguno, debemos escuchar *solamente* la voz de Dios, porque todo poder está en Él. ¡Qué razón tan poderosa para la fe! Descansar en exclusiva sobre el brazo omnipotente nunca podrá ser calificado de imprudencia. Puede liberarnos de todos los problemas que nos acosan, y sostener todas las cargas que nos hunden; en tanto que los hombres, no tan solo acabarán finalmente

[161] Cabría deducir que esta afirmación contradice el texto de Hebreos 1:1: *"Dios, habiendo hablado muchas veces y de muchas maneras en otro tiempo…"*, pero no es así, por lo que FELIPE SCIO DE SAN MIGUEL [1738-1776], en su versión española de la Vulgata, lo aclara en una nota: «Al decir: *"una vez ha hablado"*, no excluye que hablara otras mil veces a los santos, significa más bien que no se contradice, que la palabra de Dios es inmutable, y que por tanto, aquello que dijo una vez en el Sinaí es irrevocable». No deja de resultar significativo que en la versión griega o Septuaginta el texto final del versículo once (62:11) según lo leemos en el TM: ὅτι τὸ κράτος τοῦ θεοῦ, "que el poder es de Dios", va situado al comienzo del doce (62:12), lo que da pie a concluir que ambos versículos forman un mismo bloque, y por tanto, que las dos cosas que el salmista afirma haber oído son las que menciona a continuación: el poder y la misericordia de Dios. Viene a ser como si David dijera: «Aquello que Dios reveló en el Sinaí a nuestros padres una sola vez, y ha causado una profunda impresión en mi alma, son dos cosas: (1) *que Dios es omnipotente ("de Dios es el poder"),* por lo que es deber del hombre confiar solamente en él; y (2) *que Dios es misericordioso ("suya es la misericordia"),* y asiste con su gracia a todos cuantos le aman y le temen; y que en base a estas dos cosas, retribuirá en su justicia perfecta a los buenos y a los males según a cada uno corresponda». AGUSTÍN DE HIPONA [354-430] opta por un enfoque cristológico y lo aplica al Verbo divino: «Viene a ser como si el salmista nos dijera: 'podría deciros muchas cosas, cosas que ahora no alcanzaríais entender (Juan 16.12); por tanto, me limitare a deciros solo una, que no es razonamiento ni conclusión mía, porque la ha dicho Dios y dos veces la he escuchado yo: *"Que de Dios es el poder, y tuya, oh Señor, es la misericordia"'*. Dios habló una única vez a través del Verbo: su Unigénito Hijo que es también Dios. En esa Palabra están todas las cosas, ya que por esa Palabra *"todas las cosas fueron hechas, y sin él nada de lo que ha sido hecho, fue hecho"* (Juan 1:3), y en ella "*están escondidos todos los tesoros de la sabiduría y del conocimiento"* (Colosenses 2:3). … *"De Dios es el poder, y tuya, oh Señor, es la misericordia"*. Una declaración de importancia vital en tanto que contiene casi todo cuanto se dice en las Escrituras; pues gracias a estas dos realidades: el poder de Dios y su misericordia, es que vinieron los patriarcas, la ley y los profetas, nuestro Señor Jesucristo, los apóstoles y en Evangelio … Temed, por tanto, su poder; y amad su misericordia. No presumáis y abuséis de la misericordia hasta el punto de olvidar y despreciar de su poder; pero tampoco temáis tanto su poder que perdáis la esperanza en la misericordia».

[162] Mateo 13:9; Marcos 4:23.

por fallarnos, sino que es más que probable que nos engañen. ¡Que nuestras almas oigan el trueno de la voz de Jehová reclamando para sí todo poder, y en adelante, sepamos esperar únicamente en Dios!

C. H. SPURGEON

Una vez ha hablado Dios; dos veces he oído esto. Nada tiene la capacidad para restablecer nuestra confianza en Dios, fuera del poderoso impacto que nos produce escuchar su palabra. *"Dos veces he oído esto"* dice el salmista. ¿Y cómo oyó esto dos veces si dice que Dios habló una vez? Una en la voz de *la creación;* y de nuevo en la voz legislativa o *de gobierno*. Después que el hombre pecara, la misericordia dejó de ser oída en la voz de la creación, lo fue en la voz legislativa, la voz de gobierno. Pero del poder de Dios nosotros hemos escuchado dos veces: una en la creación; y de forma mucho más gloriosa aún, de nuevo en la obra de redención, donde se juntaron el poder y la misericordia divina obrando conjuntamente. *"Dos veces he oído esto"*, dice el salmista. ¿Y qué oyó? Una verdad incuestionable: que el poder es inherente a la naturaleza divina. Y lo oyó dos veces porque la repetición de una cosa confirma la certeza de la misma. ¿Pero por qué menciona el poder y no la misericordia? Pues también la misericordia es inherente a la naturaleza divina. Pero el poder lo es más, porque sin poder, no habría posibilidad de llevar a cabo ningún acto de misericordia. Aunque *Dios ha hablado esto una vez,* David dice que *lo oyó dos veces,* lo que probablemente signifique *con frecuencia.* Es decir, habiéndolo escuchado una vez, recapacitó y reflexionó con frecuencia en aquello que Dios había hablado una vez, y fue como si lo hubiera oído dos veces. En este sentido, cabe decir que toda persona que tiene la gracia, oye dos veces aquello que Dios habla solamente una vez; o más bien que lo oye con frecuencia, porque lo que Dios ha hablado una vez, le ha sido repetido e inculcado muchas veces, y a menudo aclarado y confirmado repetidamente por su propia experiencia, proporcionándole la certeza de ello, y permitiéndole creer con un mayor fervor y firmeza aquellas cosas que le fueron inculcadas y explicadas repetidamente, en las que él mismo ha reflexionado frecuentemente, pero que Dios ha hablado *una sola vez*.

WILLIAM WISHEART [1657-1727]
"Theologia, or Discourses of Goddelivered in CXX sermons", 1787

Una vez ha hablado Dios; dos veces he oído esto. Es decir, lo ha dado a conocer de modo irrevocable y con gran solemnidad, de manera que no necesita repetirlo. Los romanos solían decir que las decisiones se toman una sola vez, que no hay necesidad de repetirlas, y que una vez tomadas no tienen vuelta atrás.[163] También era así con los hebreos, y en general con todos los orientales. Schultens[164] nos hace notar que el adjetivo אַחַת *'aḥaṯ* de אֶחָד *echad* que utiliza aquí el salmista, y que traducimos por *"una vez"*, es el mismo que utiliza Abisai para proponerle a David cuando encontraron a Saúl durmiendo en la cueva: *"Hoy Dios ha entregado a tu enemigo en tu mano; ahora pues, déjame clavarlo a la tierra de un solo golpe; no tendré que darle por segunda vez"*[165] Del igual modo en el Salmo 89 en boca de Dios: *"Una vez he jurado por mi santidad; no mentiré a David"*.[166] Dios habla *"una vez"*;

[163] Probablemente se trate de una alusión a las palabras de GAIUS IULIUS CAESAR O CAYO JULIO CÉSAR [100-44 a.C.] que al regresar a Roma después de vencer en las Galias, y tras cruzar el río Rubicón, pronunció la famosa frase *"Alea iacta est"*, "La suerte esta echada", para indicar que había tomado la decisión de entrar con sus legiones en Roma, y que no había ya posibilidad de negociación o marcha atrás. La frase pasó a la historia como ejemplo de todo tipo de decisiones irrevocables.

[164] Se refiere a ALBERT SCHULTENS [1686-1750] erudito orientalista holandés autor de importantes obras en la materia como *"Fundumenta Linguæ Hebraicæ"* (1737) y *"Origines Hebraeae"* (1724).

[165] 1 Samuel 26:8.

[166] Salmo 89:35.

pero ¿dónde está el sentido y la importancia de escucharlo dos veces? Puede interpretarse de diversas maneras. Y una de ellas es en sentido genérico de "frecuentemente" o "a menudo"; lo que le da el siguiente significado: «Dios ha hablado una sola vez; pero lo que el ha hablado una sola vez, yo he tenido ocasión de constatarlo en mi propia experiencia muchas veces, y sé que es verdadero».

HERMANN VENEMA [1697-1787]
"Commentarius ad Psalmos", 1762

Una vez ha hablado Dios; dos veces he oído esto. Una forma peculiar de la lírica para expresarse y que equivaldría al *"semel atque iterum"*[167] de los latinos. Entre los escritores latinos, particularmente entre los poetas, es habitual utilizar un número determinado para dar a entender algo indeterminado,: *"felice ter et amplius"*[168] dice Horacio.

JOHN TILLOTSON [1630-1694]
"Remaining Discourses, On The Attributes of God", 1700

Una vez ha hablado Dios; dos veces he oído esto. Las interpretaciones de esta frase son tan numerosas como diversas. Bajo mi punto de vista, la más acertada es la que traduce: *"escuche lo dicho una sola vez, pero lo escuche dos veces"*. Es decir, lo escuche precipitadamente, pero lo creí desde el primer momento en que lo escuche sin cuestionarlo; tan pronto como la palabra llegó a mis oídos, la recibí; y no solo con mis oídos, sino también con mi corazón. Esta es una forma bendita de escuchar; y de los que escuchan de esa manera, creyendo desde el momento mismo en que oyen, puede decirse propiamente que oyen dos veces lo que Dios ha dicho una sola vez.

JOSEPH CARYL [1602-1673]

Que de Dios es el poder. Sobre esto, es conveniente hacer las siguientes consideraciones:

1. *Creer en el poder de Dios es difícil.* ¿Pero como puede ser eso? ¿Acaso no es un axioma de la teología natural que Dios es todopoderoso? ¿Qué necesidad hay entonces de presionar a la gente para que lo crea? La hay, y mucha; porque la omnipotencia divina es lo primero que solemos cuestionar cuando atravesamos momentos difíciles. Y si no, ¿por qué oramos con tanto entusiasmo y alegría cuando vemos que las cosas van según nosotros queremos, pero desmayamos en la oración cuando no marchan como querríamos? ¿Y por qué exclamamos en épocas tristes: *"mis ojos no volverán a ver el bien"*.[169]

2. *La firme creencia en el poder de Dios es crucial para la fe.* La fe jamás está en verdadero peligro hasta el momento en que el alma cuestiona el poder de Dios. Hasta que no exclama: «¡Oh, no estoy tan convencido que pueda perdonarme, no estoy seguro que me pueda salvar!» Cuando llega este momento, el alma estalla, no aguanta más. La realidad y el vigor de la fe dependen en gran manera de la creencia de la persona en el poder de Dios. De hecho, es uno de sus pilares fundamentales. Esta es la razón por la que el Credo comienza diciendo: *«Creo en Dios Padre, todopoderoso...»*. Porque a la persona que acepta, asimila y cree firmemente en el primer artículo del Credo, que Dios es todopoderoso, no tiene dificultad para creer el resto.

---

[167] Frase latina que significa "una y otra vez".

[168] HORACIO [65-17 a.C.] en *"Carmina", Liber I "Cum tu, Lydia"*. Oda 13, Estrofa V: *"felice ter et amplius"*[168] (Dichosos por tres veces, y por muchísimas más). El sentido de "dichosos tres veces y muchísimas" es "dichosísimos" o "indefinidamente dichosos".

[169] Jon 7:7.

3. *A Dios le desagrada, de manera especial en sus propios hijos, que cuestionen y pongan en duda su poder.* Por ello reprendió a Moisés diciéndole: *"¿Acaso se ha acortado el brazo de Jehová?"*;[170] lo que equivale a decir «¿Qué pasa Moisés? ¿Piensas que mi poder esta limitado, que se agota o debilita?» Y Cristo reprendió a Marta: "¿No te he dicho que si crees, verás la gloria de Dios?".[171] Sí, Dios es tan celoso de la gloria de su poder, que siempre ha disciplinado severamente a sus amados hijos cuando ve que su fe ha vacilado en este punto; como podemos comprobar en el caso de Zacarías, quien, por dudar del poder de Dios se quedó mudo en aquel mismo instante hasta que se cumplió lo que le había sido anunciado.[172]

Tengamos, pues, sumo cuidado en reconfirmar nuestra fe en el poder omnipotente de Dios. Y para ello, nos conviene reflexionar en las declaraciones verbales que sobre el mismo nos aportan las Sagradas Escrituras; como la que encontramos en este Salmo; considerar las numerosas pruebas y manifestaciones que tenemos del mismo, tanto en épocas pasadas como en nuestra propia experiencia; y orar sin cesar para que Dios fortalezca y aumente nuestra fe.[173]

WILLIAM WISHEART [1657-1727]
"Theologia, or Discourses of Goddelivered in CXX sermons", 1787

Vers. 11-12. Con la excepción de unas pocas versiones antiguas, afirma el doctor Adam Clarke,[174] casi todas las versiones, traducciones y comentarios, han pasado por alto el sentido y verdadero significado de estos versículos. Del versículo once (62:11) el doctor Clarke hace la siguiente traducción: *"Una vez ha hablado Dios; y yo, estas dos cosas he escuchado"*. Pero, ¿cuáles son estas dos cosas que el salmista dice haber escuchado?

1. כִּי עֹז לֵאלֹהִים *kî 'ōz lêlōhîm: "Que de Dios es el poder"*; es decir: que Dios es el origen de todo poder.
2. וּלְךָ־אֲדֹנָי חָסֶד *ūləkā-'ădōnāy ḥāsed: "Y tuya, oh Señor, es la misericordia"*; es decir: que Dios es la fuente de la misericordia.

Estas son las dos grandes verdades que la ley, mejor dicho, toda la revelación de Dios proclama en todas y cada una de sus páginas: Que: *«Dios es el todopoderoso»*, y que: *«Dios es misericordioso»*. Y la inferencia, por tanto, es que ese Dios poderoso, justo y santo; sumamente misericordioso y compasivo; a su debido tiempo, juzgará al mundo, y *retribuirá a cada uno según sus obras* (62:12). Resulta difícil de entender –añade el doctor Clarke– cómo este hermoso significado haya pasado desapercibido a casi todos los intérpretes; pero de lo que no cabe la menor duda es que estos dos versículos contienen una de las verdades más instructivas de toda la Biblia.

WILLIAM CARPENTER [1797-1874]
"An Explanation of Scripture Difficulties", 1828

---

[170] Números 11:23.

[171] Juan 11:40.

[172] Lucas 1:5-23; 57-65. Y podríamos añadir la pregunta hecha a Pedro cuando se hundía en las aguas: *"Oh hombre de poca fe, ¿ por qué dudaste?"* (Mateo 14:31).

[173] Dice SCHÖKEL al respecto: «En los versículos anteriores el salmista justificaba sus exhortaciones con reflexiones de su experiencia, pero no lo considera suficiente, por lo que al final las refrenda con un oráculo divino. Como pasando de predicador a profeta».

[174] Se refiere al teólogo metodista inglés ADAM CLARKE [1760-1832], ampliamente conocido como expositor y comentarista. Su apreciado comentario a toda la Biblia ha sido traducido a diversos idiomas, incluyendo el español.

Vers. 11-12. Confieso que me asombra el hallar que los escritores inspirados pongan en las Escrituras con tanta frecuencia y asiduidad los adjetivos *"misericordioso y poderoso"*; *"grande y temible"*; juntos uno al lado de otro. Así leemos en Nehemías: *"Oh Jehová, Dios de los cielos, fuerte, grande y temible, el que guarda el pacto y la misericordia..."*.[175] Y también en Daniel *"Ah, Señor, Dios grande y temible, que guardas el pacto y la misericordia"*.[176] Así pues, misericordioso, grande y temible, son términos casi inseparables, van unidos constantemente.

THOMAS GOODWIN [1600-1679]
"A discourse of Christ the Mediator", 1692

Vers. 12. ***Y tuya, oh Señor, es la misericordia; porque tú pagas a cada uno conforme a su obra.*** *[Y tuya, oh Señor, es la misericordia; porque tú pagas a cada uno conforme a su obra.* RVR*] [Y tuya es, oh Señor, la misericordia, pues tú pagas al hombre conforme a sus obras.* LBLA*] [En Ti, Adonai, hay misericordia, Tú pagas a cada uno conforme a su obra.* BTX*] [Que tú, Señor, eres todo amor; que tú pagarás a cada uno según lo que merezcan sus obras.* NVI*] [Y tuyo el amor, mi Señor; que tú pagas a cada uno como merecen sus obras.* BLP*] [El amor inagotable, oh Señor, es tuyo; ciertamente tú pagas a todos de acuerdo a lo que hayan hecho.* NTV*]*

Y tuya, oh Señor, es la misericordia. Con este suave y delicado atributo divino endulza el salmista toda la masa densa y gravosa del pensar en su poder: la fuerza divina no nos aplastará, antes por el contrario, será usada para nuestro bien. Dios está tan lleno de misericordia que por derecho le pertenece, cual si toda la misericordia en el universo viniera de Dios, y aún siguiera reclamándola como su posesión. Su misericordia, como su poder, permanecen para siempre,[177] y está siempre presente en él, dispuesta para ser revelada.

Porque tú pagas a cada uno conforme a su obra.[178] Cabría decir que esto tiene que ver más con la justicia que con la misericordia. Pero si entendemos que Dios recompensa generosamente las obras humildes e imperfectas de su pueblo, en ello vemos una clara demostración de misericordia. ¿Y no puede significar también que según la obra que nos asigna es la fuerza que nos proporciona? No es un amo duro; no nos exige que hagamos ladrillos sin paja,[179] sino que nos asigna y reparte la fuerza necesaria para el día. Pero en cualquiera de ambas interpretaciones o significados tenemos la *misericordia* y el *poder* entremezclados, y con ello, una doble razón para esperar *solamente* en Dios. El hombre no nos ayudará ni nos recompensará; Dios hará ambas cosas. Y en él residen eternamente el poder y la gracia; nuestra fe debe esperar pacientemente y esperar en silencio, porque veremos ciertamente la salvación de Dios. *Soli Deo gloria. Solamente* a él sea toda la gloria.

C. H. SPURGEON

[175] Nehemías 1:5.
[176] Daniel 9:4.
[177] Salmo 136:1-36.
[178] Dice SCHÖKEL al respecto: «El salmista no se contenta con esta respuesta [*"el hombre no es más que un soplo"* (62:9-10)] que significaría abandonar al hombre a sí mismo. Clausura su enseñanza apelando a la retribución divina. Toca a Dios señalar el peso de cada uno y pagarle según sus acciones, pues para ello es *"poderoso y misericordioso"* (62:11). Y por ello nos habla Pablo de *"un eterno y abundante peso de gloria"* a cambio de *"esta leve tribulación momentánea"* (2 Corintios 4:17). Dios es el final porque es el comienzo; es el único punto de apoyo en nuestra contingencia: es roca, alcázar, salvación, refugio. En el podemos confiar, y para el debemos reservar el corazón. Esta es la enseñanza que propone el salmista, sacada de su experiencia espiritual» [*Salmos, Tomo I, 1-72,* Editorial Verbo Divino, Estella, Navarra, 1992].
[179] Éxodo 5:7-8.

Y tuya, oh Señor, es la misericordia. Para lograr que nosotros dependamos de Dios de una manera exclusiva, total y absoluta, hace falta algo más que su mero poder y capacidad para ayudarnos. Es preciso convencernos de la prontitud y firme disposición de su voluntad para utilizar ese poder en nuestro favor; y esto lo tenemos en otro de sus atributos: *su misericordia* ... *"Tuya, oh Señor"* y tuya *solamente,* de nadie más, es la misericordia. La más tierna y compasiva de las misericordias que pueda darse en cualquiera de las criaturas creadas, es nada, comparada con la misericordia divina. Por ello dice el salmista: *"Y tuya"*, es decir, te pertenece de un modo inherente como prerrogativa y excelencia tuya en particular. La misericordia de Dios es una joya peculiar de su corona: *"Tuya, oh Señor, es la misericordia"*, nada que pueda hacer la criatura merece el nombre de misericordia, porque es *"suya"* solamente, y nada es digno de ser llamado por ese nombre, fuera de lo que es propio y peculiar de Dios. En él *"está la misericordia"* leemos en el Salmo 130:4, 7; es decir, es parte inseparable de su naturaleza: Dios es misericordioso de una manera peculiar a sí mismo, y *"Padre de misericordias"*.[180]

WILLIAM WISHEART [1657-1727]

"Theologia, or Discourses of Goddelivered in CXX sermons", 1787

Porque tú pagas a cada uno conforme a sus obras. A saber: juicio condenatorio a los impíos, y misericordia a los justos.[181] La versión siríaca incluye aquí la siguiente nota: *"Est gratia Dei ut reddat homini secunda opera bona, quia merces bonorum operum est ex gratia"*; es decir: «Es un don de la gracia de Dios que él considere buenas las obras del hombre, ya que la recompensa de las buenas obras procede de la gracia», como leemos en Éxodo: *"hago misericordia a millares, a los que me aman y guardan mis mandamientos"*.[182]

JOHN TRAPP [1601-1669]

"A commentary or exposition upon the books of Ezra, Nehemiah, Esther, Job and Psalms", 1657

Porque tú pagas a cada uno conforme a sus obras. Aprendamos a admirar la gracia sublime de Dios al recompensar nuestras obras; puesto que si ya resulta admirable que las acepte; que maravilla tan grande no habrá de ser que las recompense. Mucho es ya que no nos maldiga por causa de ellas, al ver que todas están contaminadas y albergan algo pecaminoso en su misma naturaleza; pero ¿qué no cabrá decir de que las premie y condecore? Sin duda que nos admiraría la generosidad y munificencia de un hombre que nos otorgara un reino a cambio de depositar a sus pies un manojo de paja; o que nos diera cien mil libras en metálico por haberle devuelto un penique del alquiler que le debíamos. Entonces, ¡cuánto más no debería admirarnos y provocar nuestra adoración, la riqueza de la gracia y trascendente generosidad de Dios, que ciñe en nuestras cabezas una corona de gloria, en pago a unas acciones que ni aún nuestro propio corazón se atreve a llamar buenas! Llegará el día en que nos vamos a sonrojar de vernos tan egregiamente honrados, por algo de lo que nosotros mismos nos avergonzamos, y somos conscientes que no merecíamos a cambio absolutamente nada. Entonces nos asombrara el ver a Dios recompensándonos por haber hecho aquello que era nuestro deber de hacer; y que en realidad, no era más que su propia obra en nosotros; concediéndonos su gracia y coronando esa misma gracia; permitiéndole hacer cosas aceptables a él, y recompensándonos después por haberlas hecho.

EDWARD VEAL [1632-1708]

"The Morning Exercises at Cripplegate"

[180] 2 Corintios 1:3.

[181] Ver Job 34:11; Jeremías 17:10; 32:19; Mateo 16:27; Romanos 2:6; 2 Corintios 5:10; Apocalipsis 2:23; 22:12

[182] Éxodo 20:6.

SALMO 63

SALMO DEL MADRUGADOR

Título: *Salmo de David, cuando estaba en el desierto de Judá.* Este salmo fue escrito probablemente cuando huía de Absalón; pues ciertamente cuando lo escribió ya era rey (63:11), y se veía acosado por los que procuraban matarle. No por verse exilado en el desierto dejó David de cantar; ni tampoco recurrió por desidia a la repetición de Salmos escritos paras otras ocasiones; adaptó su adoración a las circunstancias, y como estaba en el desierto presentó a su Dios un himno propio del lugar. Pues a pesar de lo árido y reseco del lugar dónde se hallaba, no había desierto en su corazón.[1] También nosotros hemos de anticipar que seremos arrojados eventualmente a lugares áridos; y cuando nos suceda, plazca al Eterno Consolador permanecer a nuestro lado y llevarnos como el salmista a bendecir al Señor en todo tiempo, convirtiendo así cualquier lugar, por árido y solitario sea, en un templo para Jehová. La palabra clave de este Salmo es *"temprano"*. Cuando la cama es blanda, nos sentimos tentados de levantamos tarde; pero si estamos incómodos y la cama es dura, nos levantaremos más temprano para buscar al Señor, y eso lo tenemos que agradecer a la aspereza y aridez del desierto.[2]

C. H. SPURGEON

Título: *Cuando estaba en el desierto de Judá.*[3] Incluso en Canaán, a pesar de ser una tierra que fluía leche y miel,[4] fructífera y densamente poblada, había desiertos (…) Y así es también en el mundo, y en la iglesia, aunque no en el cielo (…) Pero ni todas las penurias y dificultades de un desierto deben impedirnos de entonar cánticos sagrados; pues aún en tales circunstancias difíciles, no tan solo es un deber, sino que nos interesa particularmente mantener una comunión alegre y sosegada con Dios. Hay salmos apropiados para entonar mientras atravesemos desiertos; y tenemos razones sobradas para agradecer al Señor que el desierto donde nos encontramos es el de Judá, y no el desierto del pecado.[5]

MATTHEW HENRY [1662-1714]
"Commentary on the Whole Bible", 1811

---

[1] SCHÖKEL afirma que el Salmo 63 es una oración de confianza que hace compañía a los Salmos 4, 16, 61 y 62: «Si bien el Salmo 61 se pronunciaba *"desde el confín de la tierra"* (61:2) y con deseos de hospedarse *"en tu tabernáculo para siempre"* " (61:4); el orante de este salmo se encuentra en él como en casa (63:2). Si bien en el Salmo 62 buscaba en Dios punto de apoyo para *"no resbalar mucho"* (62:2); aquí siente claramente que la mano de Dios le sustenta (63:8)». En esta misma línea se expresa el también jesuita y reputado escriturista español de Palencia FÉLIX ASENSIO, profesor de la Universidad Pontificia de Comillas y posteriormente en la Gregoriana de Roma, que tiene un excelente trabajo titulado: *"Teología bíblica de un tríptico: Salmos 61, 62 y 63"*, Ed. Verbo Divino *EstBíbl 21* (1962).

[2] ATANASIO DE ALEJANDRÍA [296-373] en su carta a su discípulo Marcelino sobre la naturaleza y valor de los salmos le dice refiriéndose a este salmo: «Y si la persecución te obliga a tener que huir al desierto, no temas la soledad, pues Dios permanecerá a tu lado, y puedes cantarle de madrugada el Salmo 63». El Tomo I de "El Tesoro de David" incluye una traducción completa de la Carta de Atanasio a Marcelino. [Tomo I - pp. 50].

[3] FRANZ DELITZSCH [1813-1890] advierte que este título, *"Cuando estaba en el desierto de Judá"* no debe confundirnos y llevarnos a pensar que David lo escribió en la época cuando huía de Saúl. De ser este el caso en versículo once: *"Pero el rey se alegrará en Dios"*, carecería de sentido pues en esta época en modo alguno David se hubiera llamado a si mismo rey. Los Salmos 61, 62 y 63 forman una trilogía y van estrechamente relacionados, escritos los tres en la época en la que David huía de Absalón, y en la que también deambuló por el desierto de Judá (2 Samuel 15:23, 28; 16:2; 17:16).

[4] Éxodo 33:3.

[5] Ver en nota 11 la versión de Francisco Lacueva del mismo comentario de Matthew Henry.

Título: *Cuando estaba en el desierto de Judá*. Una región inhóspita que abarca toda la parte desértica del territorio de la tribu de Judá. Delimitaba al norte con el territorio de la tribu de Benjamín; al sur con el extremo suroeste del Mar Muerto; hacia el oeste de nuevo con el Mar Muerto y el Jordán; y al este con los montes de Judá.

ERNS WILHELM HENGSTENBERG [1802-1869]
"Commentary on the Psalms", 1860

Título: *Cuando estaba en el desierto de Judá*. Usa la expresión hebrea בְּמִדְבַּר *bəmiḏbar* de מִדְבָּר *midbar* para diferenciarlo de עֲרָבָה *arabah*[6], desierto estepario o arenoso totalmente inhabitable. La palabra מִדְבָּר *midbar* se aplicaba a zonas no cultivadas ni habitadas regularmente, pero utilizadas para la práctica del pastoreo o נָהַל *nahal* (Salmo 23:2); zonas sin árboles de ningún tipo y prácticamente sin agua, pero no desprovistas totalmente de vegetación.

JOHN PETER LANGE [1802-1884]
"Commentary on the Holy Scriptures: critical, doctrinal, and homiletical", 1862

Título: A *Cuando estaba en el desierto de Judá*. Agar vio a Dios en el desierto y dio a un pozo el nombre derivado de la visión: לַבְּאֵר בְּאֵר לַחַי רֹאִי *labbə'êr bə'êr laḥay rō'î,* "pozo del Viviente-que-me-ve".[7] Moisés vio a Dios en el desierto.[8] Elías vio a Dios en el desierto.[9] Y David vio a Dios *"cuando estaba en el desierto"*. La Iglesia cristiana verá a Dios en el desierto.[10] Y toda alma piadosa que se haya deleitado contemplando a Dios en su casa, recibirá el refrigerio de visiones renovadas de Dios, en el desierto de la soledad, la aflicción, la enfermedad y la muerte.[11]

CRISTOPHER WORDSWORTH [1807-1885]
"Commentary on the Whole Bible", 1856

Estructura: En los versículos del uno al ocho (63:18) expresa el autor su anhelo santo de buscar a Dios, y su confianza en él. En los tres restantes, del nueve al once (63:9-11), profetiza el derrocamiento de todos sus enemigos. Este Salmo es peculiarmente adecuado para quienes están confinados al lecho por enfermedad, o en cualquier otra circunstancia en que la persona se ve impedida de participar en actos públicos.[12]

C. H. SPURGEON

---

[6] Término que se utiliza para describir lugares realmente desérticos, como *"los llanos de Moab"* (Números 22:1) o el propio desierto de Arabá frente al Mar Rojo (Deuteronomio 1:1).

[7] Génesis 16:13, 14.

[8] Éxodo 3:1-4.

[9] 1 Reyes 19:4-18.

[10] Apocalipsis 12:6-14.

[11] Dice FRANCISCO LACUEVA [1911-2005] en su versión española del "Comentario de Matthew Henry": «El título nos dice cuándo fue redactado el salmo: cuando David estaba en el desierto de Judá; esto es, probablemente, en los vados de que se nos habla en 2 Samuel 15:28. Incluso en Canaán, a pesar de ser una tierra fértil y bien poblada, había desiertos, lugares menos fértiles y menos poblados que otros. Así pasa en el mundo, y aun en la Iglesia, pero no en el Cielo; allí el desierto florecerá como la rosa. Los mejores y más amados hijos de Dios pueden, a veces, estar confinados en un desierto. Hay salmos apropiados para un desierto y hemos de dar gracias a Dios de que el desierto en que nos hallemos sea el desierto de Judá, no el desierto del pecado».

[12] Dice FRANCISCO LACUEVA [1911-2005] en su versión española del "Comentario de Matthew Henry": «Este salmo, en su brevedad, expresa tanto fervor y tan viva devoción como cualquier otro de los salmos

Versión poética:

Deus, Deus meus ad te de luce vigilo

¡Oh Dios! mi dulce Dios, desde que el alba
despliega sus primeros rosicleres,
y despunta la luz madre del día,
mi corazón que vela, a ti se vuelve.

Mi alma ardiendo de sed, beber desea,
y en tus divinas aguas beber quiere,
¡pero ay! ¡cuánto mi carne te ha ofendido,
y cuánto todavía vil te ofende!

En tierra yerma, en tierra cenagosa,
sin agua, sin caminos, sin que viese
medio para salir de sus horrores,
yacía triste, mísero y doliente.

Mas tú me entraste en tu santuario augusto,
mi alma a tus santos ojos se aparece,
para que sienta tu virtud divina,
y de tu gracia los prodigios cuente.

Porque tu gracia misericordiosa
es mejor que la vida, si la viertes,
y por eso mis labios encendidos
cantarán tu alabanza ahora y siempre.

¡Oh mi Dios Salvador! En bendecirte
la vida ocuparé que me concedes,
y en tu bendito nombre, hacia tu trono
levantaré mis manos reverentes.

Haz que mi alma fiel y agradecida,
de fe, de luz y amor toda se llene,
y que mi boca de entonar no acabe
himnos gozosos, cánticos alegres.

---

de David. Así como las cartas más dulces de Pablo fueron las redactadas en prisión, así también los salmos más dulces de David fueron lo que, como este, se redactaron en el desierto. I. Su deseo hacia Dios (63 1-2). II. Su estima de Dios (63:3-4). III. Su satisfacción en Dios (63:5). IV. Su secreta comunión con Dios (63:6). V. Su gozosa dependencia de Dios (63:7-8). VI. Sus victorias obtenidas, por medio de Dios, contra sus enemigos; y su seguridad de quedar a salvo a pesar de la malignidad de sus adversarios (63:9-11)».

Si de mi lecho en el retiro oculto
de ti me recordaba algunas veces,
ahora meditaré por las mañanas
en tu inmensa bondad perennemente.

Bajo la sombra de tus santos brazos,
que como alas de amor dulce me tiendes,
en esa cruz sangrienta mi esperanza
renace, y nuevas dichas me promete.

Mi alma tan fría, tan descaminada
ahora vuelve a tu voz, y tras ti viene,
y tu diestra piadosa y favorable
me recibe, me acoge y me protege.

Pero los enemigos que me insultan,
y que con tan fiera rabia me acometen,
ya buscan muy en vano la pobre alma,
que yo les entregue tan imprudentemente.

Entrarán en el seno de la tierra,
sufrirán de la espada los reveses,
de las raposas que en el lazo caen,
tendrán la triste y desdichada suerte.

Pero mi alma feliz como un monarca
que mano superior guarda y defiende,
se alegrará en su Dios, y sus bondades
harán que con él reine eternamente.

Lo mismo hará con todos, si de veras
se fían en su amor, y se convierten,
si el pecador reforma sus costumbres,
y si el impío sus labios enmudece.

DEL "SALTERIO POÉTICO ESPAÑOL", SIGLO XVIII

Salmo completo: Este salmo es, sin duda, uno de los más hermosos y conmovedores de todo el Salterio. Donne[13] dice de él: «Así como todo el Libro de los Salmos en general es: *"oleum effusun"*[14]

[13] Se refiere a JOHN DONNE [1572-1631], clérigo, escritor y poeta inglés de la época de ISABEL I [1559-1603], considerado como el más importante de los poetas metafísicos ingleses. Escribió numerosos poemas religiosos, himnos y sermones.

[14] Cita del Cantar de los Cantares 1:3 en la Vulgata: *"fraglantia unguentis optimis oleum effusum nomen tuum"*, "Exquisitos de aspirar son tus suaves perfumes. Tu nombre es como un ungüento que se vierte" o "ungüento que se derrama".

(como dice la esposa del nombre de Cristo): un ungüento que se derrama sobre todo tipo de llagas, una parche de lino que alivia todos los hematomas, un bálsamo aplicable a todas las heridas, así también algunos Salmos son salmos *Imperiales,*[15] sirven para todas las ocasiones y se aplican a todas las circunstancias: son los llamados salmos católicos o universales,[16] que se ajustan a todas las necesidades. Este Salmo 63 es uno de ellos, puesto que en una de las llamadas *Constituciones Apostólicas,*[17] se establece que la Iglesia debe reunirse todos los días para cantar este Salmo; y Juan Crisóstomo[18] da testimonio de ello cuando afirma que: 'Fue decretado y ordenado por los Padres apostólicos, que ningún día transcurra sin el canto público de este Salmo'».[19]

John James Stewart Perowne [1823-1904]
"Commentary on the Book of Psalms", 1864

Salmo completo: Una de las descripciones más acertadas de este salmo es la de Clauss[20] cuando afirma que es: «La confesión preciosa de un alma sedienta de Dios y de su gracia, que hallándose vivificada en su parte interior por una estrecha comunión con Dios, desea también entregar y poner en sus manos su parte externa».[21] Su mensaje central es que en los momentos de dificultad, la conciencia de una plena comunión con Dios constituye una promesa segura de liberación. Esta es la fuente peculiar

---

[15] En el original inglés: *"imperial Psalms";* el sentido es de ámbito o categoría superior.

[16] La palabra "católico" procede del término griego καθολικός *katholikós,* del cual pasó al latín como *catholĭcus* y al castellano como *católico;* su significado es literalmente, "universal". Aunque etimológicamente no es exclusivo de la Iglesia Católica Romana, esta se lo aplicó para definirse a sí misma como Iglesia Universal.

[17] Se refiere a las llamadas *"Constitutiones Apostolorum"* un conjunto de ocho escritos del siglo IV sobre normas cristianas, supuestamente redactadas por los apóstoles y transmitidas a través de Clemente de Roma [siglo I] entre los que se encuentran la *Didascalia apostolorum* (conocida como "Los Primeros Seis Libros") y la *Didaché* (conocida como "La Doctrina de los Doce").

[18] Se refiere a Juan de Antioquía [347-404] más conocido como San Juan Crisóstomo, patriarca de Constantinopla. Es considerado por la Iglesia católico-romana uno de los cuatro originales Doctores de la Iglesia del Oriente, y por su propia Iglesia, la Iglesia Ortodoxa Griega como uno de los más grandes teólogos y uno de los tres Pilares de la Iglesia, juntamente con Basilio y Gregorio. Fue un excelso predicador cuyos discursos públicos, denunciando los abusos de las autoridades imperiales y de la vida licenciosa del clero le ganaron el sobrenombre de "Crisóstomo" que proviene del griego χρυσόστομος, *chrysóstomos* y significa "boca de oro" (*chrysós*, "oro"; *stomos*, "boca").

[19] Atanasio de Alejandría [296-373] afirma exactamente lo mismo en *"De virginitate"*. El venerable Tomás de Kempis [1380-1471], en su famosa obra devocional "Soliloquio del alma" (que escribió como segunda parte de "La imitación de Cristo") y basada en su mayor parte en textos de los Salmos, destaca la importancia de este "himno matutino"; y de manera especial el versículo ocho (63:8): *"A ti se aferra mi alma"*. Teodoro de Beza [1519-1605], el más reconocido académico reformado del siglo XVI y pieza clave en la consolidación de la Reforma puesto que sustituyó a Juan Calvino [1599-1564] al frente de la Iglesia Reformada de Ginebra, dedicó los mejores años de su vida a una versión poética los Salmos en francés, y a traducirlos al latín en prosa y en verso; y aunque su versión poética del Salmo 68, que se convirtió en himno de batalla de los Hugonotes, es la más famosa y conocida, se cuenta su preferida era la del Salmo 63, "himno matutino" de las iglesias orientales y favorito de Juan Crisóstomo [347-404]: *"Dios, Dios mío eres tú; de madrugada te buscaré"*, y que solía recitar durante las noches de insomnio.

[20] Se refiere a exégeta alemán Ludwig Clauss en su obra *"Beitrage zur Kritik und Exegese der Psalmen"*, 1831.

[21] En este mismo sentido Kraus estima que la declaración del versículo tres: *"Porque mejor es tu misericordia que la vida"* (63:3) es la clave de todo el Salmo. Ver comentario en nota 78.

de consolación que aporta el Salmo 63 para todo aquel que sufre. La *Biblia de Berleb*[22] lo describe como un salmo «que brota de un espíritu verdaderamente fervoroso». Era el Salmo favorito de Schade,[23] el famoso predicador de Berlín, que lo leía y recitaba diariamente aplicándoselo a sí mismo con tal fervor, que se hacía imposible escucharle sin sentirse emocionado.

ERNS WILHELM HENGSTENBERG [1802-1869]
"Commentary on the Psalms", 1860

Vers. 1. ***Dios, Dios mío eres tú; de madrugada te buscaré; mi alma tiene sed de ti, mi carne te anhela, en tierra seca y árida donde no hay aguas.*** *[Oh Dios, mi Dios eres tú; de madrugada te buscaré; mi alma tiene sed de ti, mi carne te anhela, cual tierra seca y árida donde no hay aguas.* RVR*] [Oh Dios, tú eres mi Dios; te buscaré con afán. Mi alma tiene sed de ti, mi carne te anhela cual tierra seca y árida donde no hay agua.* LBLA*] [¡Oh Elohim, Tú eres mi DIOS! Te buscaré ansiosamente; mi alma tiene sed de Ti, mi carne desfallece por Ti, en tierra seca y yerma, donde no hay agua.* BTX*] [Oh Dios, tú eres mi Dios; yo te busco intensamente. Mi alma tiene sed de ti; todo mi ser te anhela, cual tierra seca, extenuada y sedienta.* NVI*] [Oh Dios, tú eres mi Dios y al alba te busco; de ti tengo sed y por ti desfallezco en una tierra árida, seca y sin agua.* BLP*] [Oh Dios, tú eres mi Dios; de todo corazón te busco. Mi alma tiene sed de ti; todo mi cuerpo te anhela en esta tierra reseca y agotada donde no hay agua.* NTV*]*

Oh Dios, mi Dios eres tú.[24] O también: *"tu eres mi Poderoso"*. El salmo anterior dejó resonando en nuestros oídos el eco del poder (Salmo 62:11); y aquí nos es recordado. Una confianza a toda prueba invita al poeta fugitivo a confesar su lealtad al único Dios vivo; y la firmeza de su fe le permite reclamarlo como suyo. No tiene la menor duda a la hora de considerar a su Dios como algo propio; ¿por qué han de tenerla otros creyentes? El lenguaje directo, claro y simple de la primera frase de este salmo sería mucho más propio y convincente para los cristianos que ciertas expresiones tímidas y dudosas que tan a menudo escuchamos. ¡Qué dulce manera de expresarse! ¿Hay otra palabra comparable o forma más deleitosa de hacerlo? *Meus Deus.* ¿Acaso los ángeles pueden decir más?

De madrugada te buscaré.[25] El sentido de propiedad alimenta el deseo; y la plena seguridad no es obstáculo para la diligencia, sino todo lo contrario, es el resorte principal de la misma. ¿Cómo podría

---

[22] Se refiere a la *Berleburger Bijbel* o "Biblia de Berleburg" una traducción de la Biblia del hebreo y el griego al alemán llevada a cabo por el erudito pietista de Estrasburgo JOHANN CHRISTOPH FRIEDRICH HAUG [1761-1829] con el apoyo de otros estudiosos y académicos de Berleburg, con abundantes notas y comentarios explicativos, en ocho volúmenes, un trabajo que les llevó casi veinte años de vida.

[23] Se refiere a JOHANN KASPAR SCHADE [1666-1698] cuya predicación enérgica contra la frialdad y anquilosamiento litúrgico del luteranismo oficial, influenció de manera decisiva a PHILIPP JAKOB SPENER [1635-1705], fundador el movimiento pietista.

[24] En hebreo: אֱלֹהִים אֵלִי אַתָּה *'ĕlōhîm 'ēlî 'attāh*. La versión griega de los LXX o Septuaginta lee ὁ θεὸς ὁ θεός μου que la Vulgata traduce al latín como: *"Deus, Deus meus"*, "Dios, Dios mío". La versión sefardí de Ferrara lee: *"Dio mío tu"*. Y la versión caldea Peshitta: *"Dios mío, tú eres mi Dios"*. KRAUS: *"'Yahvé, Dios mío"*, indicando que «por estar en la parte del Salterio revisada elohísticamente, habrá que leer aquí probablemente יְהוָה *yhvh* en vez de אֱלֹהִים *'ĕlōhîm*». Y SCHÖKEL: *"Oh Dios, tú eres mi Dios"*

[25] En hebreo אֲשַׁחֲרֶךָ *'ăšaḥărekā* de שָׁחַר *shachar.* La versión griega de los LXX o Septuaginta lee πρὸς σὲ ὀρθρίζω que la Vulgata traduce al latín como: *"ad te de luce vigilo"*, "estoy en vela desde que amanece". FRANZ DELITZSCH [1813-1890] nos hace observar que el sentido de שָׁחַר *shachar*, como verbo (Strong 7836): "anhelar o buscar algo con avidez y diligencia", no guarda la relación que se pretende con שַׁחַר *shachar,* vocablo (Strong 7837), que significa "aurora" (ver al respecto: Job 8:5; Salmo 78:34; Proverbios 1:28

buscar al Dios de otro? Pero a Aquel que sé que es mío, lo busco con el deseo más ardiente. Observemos el afán implícito en la expresión hebrea אֲשַׁחֲרֶךָּ *'ăšaḥărekā* que algunos traducen *"con diligencia"* y otros *"de madrugada"*. No puede esperar al mediodía o la brisa fresca del crepúsculo; se levanta al canto del gallo para encontrarse con su Dios. Tan dulce es la comunión con su Dios que le hace olvidar el frío de la mañana, y despreciar la comodidad del cálido lecho. La mañana es el momento del rocío y la frescura, y el salmista lo consagra a la oración y la comunión piadosa. Los grandes hombres de Dios todos ellos han estado de rodillas temprano en la mañana.[26] Aquí la palabra "temprano" va más allá del sentido simple de madrugar, tiene una connotación de impaciencia, de inmediatez. Aquel que verdaderamente anhela a Dios, lo anhela de inmediato. Los deseos santos están entre las influencias más poderosas que agitan nuestra naturaleza interior; de ahí la frase que viene a continuación:

Mi alma tiene sed de ti.[27] La sed es un anhelo insaciable hacia algo, y es uno de los pilares más esenciales de la vida; no hay modo de razonar con ella, ni de obviarla, ni de olvidarla, ni de despreciarla, ni vencerla con indiferencia estoica. La sed se hace notar; y la naturaleza entera se ve obligada a ceder ante su poder; lo mismo sucede con el deseo de Dios que la gracia produce en el creyente regenerado; y tan solo Dios mismo puede saciar el ansia de un alma que ha sido espoleada y despertada por el Espíritu Santo.

Mi carne te anhela.[28] Con estas dos expresiones: *"mi alma"* y *"mi carne"*, denota toda su naturaleza por entero. En el sentido neotestamentario la *"carne"*, nunca anhela al Señor, sino todo lo contrario, tiene un deseo intenso contra el Espíritu;[29] por tanto, a lo que David se refiere es tan solo a esa simpatía que a veces se produce en nuestro marco corporal por las emociones vehementes del alma. Por regla general nuestra naturaleza física tira en otra dirección, pero cuando el espíritu arde

---

Isaías 26:9; Oseas 5:15). Pero admite una conexión del versículo uno (63:1) con lo expresado en el versículo seis *"Cuando me acuerdo de ti en mi lecho, cuando medito en ti en las vigilias de la noche"* (63:6), es decir, justo cuando comienza a despuntar la aurora, como vemos claramente en Isaías 26:9: *"Con mi alma te he deseado en la noche, y en tanto que me dure el espíritu dentro de mí, madrugaré* (en hebreo אֲשַׁחֲרֶךָּ *'ăšaḥărekā* de שָׁחַר *shachar*) *a buscarte"*, y por tanto considera un acierto que la Septuaginta utilice el mismo verbo ὄρθρος tanto en el versículo uno: πρὸς σὲ ὀρθρίζω (63:1) como en el seis (63:6): ἐν τοῖς ὄρθροις. La versión inglesa KJV traduce: *"Early will I seek thee"*, "temprano te buscaré". La versión sefardí de Ferrara lee: *"Amañaneartee"*. SCHÖKEL hace una hermosa traducción que a nuestro modo de ver fusiona magistralmente ambas ideas: *"Oh Dios, tú eres mi Dios, por ti madrugo"*. KRAUS se aparta por completo de ambos conceptos, tanto de "madrugar" como de "anhelo", y se inclina por el sentido de "diligencia" por lo que traduce: *"yo te busco"*. La versión caldea Peshitta se aparta de todo ello y traduce: *"en ti esperaré"*. Ver la nota 118 en el versículo siete (63:7).

[26] Lucas 21:38.

[27] En hebreo צָמְאָה לְךָ נַפְשִׁי *ṣāmə'āh ləkā napšî.* La versión griega de los LXX o Septuaginta lee: ἐδίψησέν σοι ἡ ψυχή μου que la Vulgata traduce al latín como: *"sitivit in te anima mea"*, "sedienta de ti mi alma". La versión sefardí de Ferrara: *"afedecio por ti mi alma"*. La versión caldea o Peshitta: *"mi carne espera en ti"*. KRAUS: *"Languidece por ti mi cuerpo"*. SCHÖKEL traduce: *"mi carne desfallece por ti"*.

[28] En hebreo כָּמַהּ לְךָ בְשָׂרִי *kāmah ləkā bəśārî* de בָּשָׂר *basar,* "carne". La versión griega de los LXX o Septuaginta lee: ποσαπλῶς σοι ἡ σάρξ μου que la Vulgata traduce al latín como: *"quam multipliciter tibi caro mea"*, "de muchas maneras mi carne a ti". La versión sefardí de Ferrara: *"deffeò a ti mi carne"*. La versión caldea o Peshitta: *"mi carne espera en ti"*. KRAUS: *"Languidece por ti mi cuerpo"*. SCHÖKEL traduce: *"mi carne desfallece por ti"*, y remarca el hecho peculiar de que el verbo כמה *kāmah* es un caso único en todo el AT, no aparece en ninguna otra parte; algo que ya detectó SAMUEL CHANDLER [1693-1766] en la cita que transcribe Spurgeon más delante de *"A Critical History of the Life of David"*, 1766, y cuya lectura recomendamos. Ver también la nota 58.

[29] Gálatas 5:17.

en deseo puede obligarla a derivar el poder que tiene hacia el otro lado.[30] Y cuando el desierto llevó a David a experimentar cansancio, sed y malestar, su carne clamó al unísono con el deseo de su alma.[31]

Cual tierra seca y árida donde no hay aguas.[32] Lo inhóspito del lugar y el cansancio del corazón hacen que la presencia de Dios se nos haga más deseable: cuando no hay nada debajo de nuestros pies, y nada en nuestro interior que nos infunda aliento y nos proporcione alegría, alzar la mirada y encontrar arriba cuanto necesitamos vale como mil misericordias. ¡Cuán a menudo atraviesan los creyentes en su experiencia personal, esta *"tierra seca y árida"*, donde las alegrías espirituales parecen ser cosa del pasado! ¡Y con cuánta certeza pueden testificar que en ese territorio inhóspito, la única necesidad verdadera es la presencia cercana de su Dios! Cuando caminamos con Dios, todo tipo de privaciones se nos hacen soportables; y cuando él se retira, aún la más prodigiosa multiplicación de comodidades materiales de nada nos aprovecha. Por tanto, pongamos nuestros anhelos tan solo en Dios. Que todos nuestros deseos se concentren en uno: buscar primeramente el reino de Dios, y todo lo demás nos vendrá por añadidura.[33]

C. H. Spurgeon

Oh Dios, mi Dios eres tú; de madrugada te buscaré. O también: *"te buscaré con diligencia"*, como buscan los mercaderes las piedras preciosas de más alto valor.[34]

Mi alma tiene sed de ti. No dice que su alma tenga sed de agua, sino *"sed de ti"*; tampoco que esté sediento de la sangre de sus enemigos, sino: *"mi alma tiene de ti"*. Ni afirma que su alma tenga sed de verse libre de deambular por una *"tierra seca y árida, donde no hay aguas"*; ni que tenga sed de la corona, o del reino, sino: *"mi alma tiene sed de ti, mi carne te anhela"*. Son palabras que

---

[30] Romanos 8:5-8.

[31] Agustín de Hipona [354-430] hace de estas palabras una peculiar interpretación: «No se contenta el salmista con decir que su alma tiene sed de Dios, sino que añade: *"mi carne te anhela"*. ¿Y cómo puede ser que la carne sienta la misma sed que el alma? Cuando el alma experimenta sed es de sabiduría de lo alto (Santiago 3:17), de *"saciarse de la abundancia de tu casa y abrevarse en el torrente de tus delicias"* (Salmo 36:9); pero cuando el cuerpo tiene sed, es meramente sed de agua. ¿Tiene sentido decir *"mi carne te anhela"*. Sí lo tiene, porque la carne también tiene sed de inmortalidad; y se le ha prometido resurrección; tiene sentido porque *"aún no se ha manifestado lo que hemos de ser; pero sabemos que cuando él se manifieste, seremos semejantes a él, porque le veremos tal como él es"* (1 Juan 3:2). Así como a nuestra alma se le promete felicidad eterna, así también a nuestro cuerpo se le promete la resurrección y vida eterna. (…) Arrastrándose por el desierto de este mundo, esta tierra árida y seca donde nuestros cuerpos se corrompen, desfallecen, enferman y desfallecen de tantas maneras, nuestra carne está sedienta, ansiosa de esta incorrupción prometida (1 Corintios 15:53-57), y suspira anhelante por su Creador».

[32] En hebreo בְּאֶרֶץ־צִיָּה וְעָיֵף בְּלִי־מָיִם *bə'ereṣ-ṣîyāh wə'āyêp̄ bəlî-māyim*. La versión griega de los LXX o Septuaginta lee: ἐν γῇ ἐρήμῳ καὶ ἀβάτῳ καὶ ἀνύδρῳ que la Vulgata traduce al latín como: *"in terra deserta, et invia, et inaquosa"*, "en tierra yerma, y sin camino, y sin agua". La versión sefardí de Ferrara: *"en terra de fecura y fequiofa fin aguas"*. La versión caldea o Peshitta: *"cual tierra sedienta y árida, anhelante de agua"*. Kraus: *"como tierra seca y árida"*. Schökel traduce: *"en un páramo reseco, sin agua"*. Sobre las diferencias entre versiones al traducir esta frase: *"en tierra seca"* (como traducen la RVA, la RVR 1960 y algunas otras versiones) o *"cual tierra seca"* (como traducen la RVR y otras) es importante leer el comentario del propio Spurgeon al final de los comentarios a este versículo así como la nota 59. Ver al también Salmo 42:1-2; 143:6; Jeremías 31:25.

[33] Mateo 6:33.

[34] Mateo 13:45.

encierran una hermosa metáfora tomada de las mujeres que están encinta,[35] y que denotan la intensidad y fervor de sus afectos enérgicos y ardientes hacia su Dios.

THOMAS BROOKS [1608-1680]
en un sermón titulado *"An Ark For All God's Noahs in a Gloomy Stormy Day"*, 1666

Dios mío. Una expresión particularmente solemne; lástima que algunos la usen como una simple exclamación, sin darle ningún sentido.

MATTHEW HENRY [1662-1714]
"Commentary on the Whole Bible", 1811

Dios mío. En hebreo אֵלִי *'êlî* la misma palabra con la cual el Señor se expreso sobre la cruz para dirigirse al Padre a la hora novena: *"Dios mío, Dios mío, ¿por qué me has desamparado?"*.[36] En hebreo, el Salmo 63 comienza con un אלהים אלי *'ĕlōhîm 'êlî.* Ahora bien, אֱלֹהִים *'ĕlōhîm* está en plural, y אֵלִי *'êlî* es singular, para expresar así el misterio de la Trinidad, el misterio de la Unidad, la subsistencia distinta de las (tres) hipóstasis y a la vez su consustancialidad.

JACOBUS FABER STAPULENSIS [1455-1536][37]
"Psalterium Quincuplex: gallicum, romanum, hebraicum, vêtus, conciliatum", 1513

Oh Dios, mi Dios eres tú. En David tenemos un ejemplo notable de un alma equilibrada: sensible, tierna, que se analiza a sí misma, viviendo en constante comunión con Dios; pero a la vez consciente y asequible a las exigencias políticas de la sociedad civil y religiosa de Israel; y, además, entregada al estricto cumplimiento de todas las ordenanzas externas y deberes públicos. Pero en este Salmo vemos cómo el infortunio político le fuerza a concentrarse en obtener su fuerza exclusivamente de la vida en el espíritu. Su corona, su palacio, sus honores, el corazón de su pueblo; el amor de su hijo al que amaba, como sabemos, con una ternura extraordinaria; todo se desvanece. El salmista se queda circunstancialmente solo con Dios. Y en esa, su hora de desolación, en el desierto, levanta los ojos al cielo y exclama:" *Oh Dios, mi Dios eres tú"*. En el texto original la palabra que traducimos por Dios, no se repite, son dos palabras distintas: אֱלֹהִים אֵלִי אַתָּה *'ĕlōhîm 'êlî 'attāh.* En el término אֱלֹהִים *'ĕlōhîm*, el sentido de su raíz אֱלוֹהַּ *elo'ah* es la de "temor", mientras que la forma adjetival implica "permanencia". En אֵלִי *'êlî,* la segunda palabra empleada aquí para referirse a Dios, que procede de אֵל *el,* la idea etimológica es la de "poder, fuerza"; por lo que fácilmente podríamos hacer la siguiente paráfrasis: *"¡Oh Eterno, mi Fortaleza!",* o bien incluyendo el pronombre אַתָּה *'attāh*: *"¡Oh Eterno, mi Dios fuerte eres tú!".* Pero esta segunda palabra: אֵלִי *'êlî,* es por sí misma nada menos que una revelación separada de un aspecto completo y peculiar del Ser divino. De hecho, se utiliza como un nombre propio y distinto de Dios. Como bien indica Gesenius,[38] para el término אֵל *el* no aparecen en ninguna parte sufijos pronominales para segunda y tercera personas; mientras que la primera persona:

---

[35] Durante el embarazo se produce un aumento de la sed debido a que la madre precisa mayor cantidad de fluidos, y el cuerpo trata de conservar más líquidos para incrementar el volumen sanguíneo y cubrir las necesidades del proceso de gestación.

[36] Mateo 27:46.

[37] También conocido como JACQUES LEFÈVRE D'ÉTAPLES, teólogo y humanista francés contemporáneo y amigo personal de ERASMUS DE ROTTERDAM [1466-1536], favorable a una reforma de la Iglesia y, en este sentido, precursor ideológico de la Reforma en Francia.

[38] Se refiere a HEINRICH FRIEDRICH WILHELM GESENIUS [1786-1842], famoso erudito alemán de las lenguas orientales, profesor de teología en la Universidad de Halle. Escribió numerosas obras sobre los textos

אֵלִי *'êlî,* ocurre con mucha frecuencia, pero casí exclusivamente en el Salterio.[39] Todos lo recordamos en la conocida frase pronunciada por nuestro Señor en la cruz, que él tomó de la versión siríaca[40] del Salmo 22: *"Dios mío, Dios mío, ¿por qué me has desamparado?"*.[41] El término אֵלִי *'êlî* desvela una verdad desconocida más allá de los límites de la revelación. Nos enseña que el Todopoderoso y Eterno se entrega en la plenitud de su Ser al alma que lo busca convirtiéndose para ella en *"Mi Dios"*. Ciertamente el paganismo, con sus cultos y supersticiones a divinidades domésticas y locales, sus *Lares* y *Penates,*[42] nos da claro testimonio del profundo anhelo del corazón humano por el amor personalizado de un poder superior. Conocer al Dios verdadero era, por tanto, tener constancia de que tal anhelo había quedado satisfecho: *"Mi Dios"*. La expresión no es el resultado de especulaciones humanas, de deseos o presunciones; sino que revela una verdad teológica, un aspecto o necesidad propio de la naturaleza divina. De hecho, el ser humano puede entregarse por segmentos y amar por mitades; puede conferir a otro tan solo una parte limitada de su pensamiento, de su corazón, de su esfuerzo. En otras palabras, el hombre puede ser imperfecto en sus actos, porque es imperfecto y finito en su naturaleza. Pero cuando Dios, el Ser perfecto, ama a la criatura creada por su mano, no puede dividir su amor de ese modo. Debe forzosamente amar con una entrega total y una sinceridad absoluta, con toda la fuerza e intensidad de su Ser; porque es Dios, y por tanto incapaz de una acción parcial e imperfecta. Tiene que darse individualmente a cada alma con una plenitud tan absoluta como si no existiera otro ser creado fuera de ella. Y el hombre, por su parte, consciente que esa entrega que Dios hace de sí mismo es total y completa; movido no por un egotismo ambicioso, sino asiéndose de algo que entiende como un hecho real y natural, responde exclamando, *"Mi Dios"*. Esta es la razón por la cual esta palabra אֵלִי *'êlî* es tan frecuente en la composición de los nombres hebreos;[43] porque les encantaba reflexionar sobre esa relación maravillosa y tan notablemente manifiesta del Creador con su vida personal. Por ello, una vez que Dios *"amó de tal manera al mundo, que dio a su Hijo unigénito, para que todo aquel*

---

bíblicos, siendo especialmente apreciada y quizás su obra más conocida el *"Thesaurus philologico-criticus linguae Hebraicae et Chaldaicae V. T."*

[39] De las doce veces que ocurre diez es en los Salmos: 18:2; 22:1 (2); 22:10; 63:1; 68:24; 89:26; 102:24; 118:28; 140:6. Las otras dos son Éxodo 15:2; Isaías 44:17.

[40] Existen cuatro versiones siríacas importantes: la *Siríaca antigua* (s. II); la *Siríaca Curetoniana,* una copia de la siríaca antigua producida en el siglo V que se conserva en el Museo Británico de Londres desde 1842; la *Siríaca Peshitta* (s. IV), la más conocida, una revisión de la versión siríaca antigua que llegó a ser la "versión autorizada" de la iglesia siríaca; y la *Siríaca Filoxenia* (principios del s. VI), conocida también como *Heracleana* porque algunos creen que fue reeditada por Tomás de Heraclea. Lo más probable es que se refiera a la Peshitta.

[41] Mateo 27:46.

[42] Los Lares y Penates eran los genios, dioses y diosas romanos encargados de velar, juntamente con los Manes (almas de los antepasados), por los asuntos cotidianos, especialmente por la protección de la casa y la familia. Los romanos sentían una gran veneración por los "Lares y Penates" representados mediante pequeñas estatuillas que colocaban dentro y fuera de la casa, según su función, en unos pequeños altares llamados *lararium,* donde les brindaban ofrendas y oraciones. Al parecer los judíos practicaron un tipo de idolatría muy similar con los llamados *terafines*; en Génesis 31:17-35, los "ídolos" que Raquel y Lea hurtaron de la tienda de su padre se entiende que eran terafines, dioses protectores de la familia; en el libro de Jueces 17:5; 18:14,17-20 se refiere concretamente a ellos; en 2 Reyes 23:24 se dice que el rey Josías *"barrió a los encantadores, adivinos y terafines, y todas las abominaciones que se veían en la tierra de Judá"*. En tradición cristiana, con la conversión de Constantino y convertida la fe cristiana en religión oficial del Imperio Romano, muchas familias continuaron con la costumbre de las oraciones y peticiones a *Lares y Penates,* hasta que sus antiguas funciones fueron asumidas por santos y patronos cristianos con el beneplácito de la Iglesia.

[43] Elí, Elisabeth, Elías, Eliseo, Eliab, Eliazar, Eliú, etc.

que en él cree, no se pierda, más tenga vida eterna", vemos a San Pablo escribiendo a los gálatas en unos términos cual si su alma hubiera sido la única redimida por el sacrificio del Calvario: *"el cual me amó y se entregó a sí mismo por mí"*.[44]

HENRY PARRY LIDDON [1820-1890]

"Some Words for God: being Sermons preached before the University of Oxford" 1863-1865

Oh Dios, mi Dios eres tú. Hay en esta frase mucho más de lo que los seres humanos alcanzan a discernir. Exclamar: *"Oh Dios, mi Dios eres tú"*, en este orden y conjunción, es excelente, pero también complejo; es más provechoso de lo que parece, pero a la vez, más difícil de lo que aparenta. Afirmarlo, nunca es en vano; pero no es fácil. Confiere una enorme cantidad de beneficios; pero requiere una dosis enorme de gracia, que de hecho pertenece a la verdad y realidad de la propia afirmación. Los beneficios son extraordinarios, superan a todas las demás cosas: decir que Dios es algo nuestro, equivale a decir que todo el mundo es nuestro, y aún más; nos otorga el título de propiedad de todo aquello que pueda sernos necesario o conveniente. Todo cuanto podamos desear o necesitar va incluido en: *"mi Dios eres tú"*. Pero entraña a su vez dificultades (como sucede siempre con las cosas excelentes). Pues no se dice con propiedad tan fácilmente como el mundo piensa. De hecho, decirlo con la boca es cosa fácil; pero no es tan fácil para el corazón. Afirmarlo sin más, en un éxtasis emocional, no es complicado; pero tener la fe suficiente para decirlo a conciencia y razonadamente, es otra cosa: porque lleva implícitos compromisos importantes que conllevan serias dificultades, y en consecuencia, la mente humana tiende a rechazarlo sistemáticamente. Hay dos estados en los cuales es muy difícil decir *"Oh Dios, mi Dios eres tú"*: uno es el estado natural no regenerado;[45] y el otro el estado de deserción y consiguiente ocultamiento del rostro de Dios al alma.[46]

THOMAS HORTON [¿?-1673]

"Choice and Practical Exposition upon the 4, 47, 51, and 63 Psalms", 1675

Oh Dios, mi Dios eres tú; de madrugada te buscaré. La relación de Dios con su pueblo no se basa en normas estáticas, sino que lleva implícita una dosis de actividad, tanto de Dios hacia ellos, como de ellos también correspondiendo a su Dios. A todos aquellos para quienes *Dios es "su Dios"*, les otorga favores especiales; y ellos le devuelven a cambio servicios especiales. Así lo encontraremos a lo largo de toda la Escritura, como afirma David en otro Salmo: *"Mi Dios eres tú, y te alabaré; Dios mío, te ensalzaré"*.[47] Y aquí es el mismo caso: *"mi Dios eres tú; de madrugada te buscaré"*. Siempre que los siervos de Dios le han expuesto sus necesidades y reclamado sus derechos, a la vez han ratificado también sus deberes para con él. Este versículo no es tan solo una manifestación de la fe del salmista, sino también de su sentido de obediencia, y así es como debemos verlo.

THOMAS HORTON [¿?-1673]

"Choice and Practical Exposition upon the 4, 47, 51, and 63 Psalms", 1675

De madrugada te buscaré. Debemos buscar a Dios antes de todas las demás cosas, de lo contrario le buscaremos en vano: pues sucede como con el maná, que a menos que fuera recogido de madrugada, temprano al amanecer se derretía.[48]

SIMÉON MAROTTE DE MUIS [1587-1644]

"Commentarius litteralis et historicus in omnes Psalmos", 1630

[44] Gálatas 2:20.

[45] 1 Corintios 2:14.

[46] Salmo 27:9; 44:24; 69:17; 102:2; 143:7.

[47] Salmo 118:28.

[48] Éxodo 16:21.

Mi alma tiene sed de ti. ¡Oh, si Cristo se me acercara en persona, y se mantuviera estático, y me diera permiso para contemplarle! Pues dicen que mirar es el privilegio del pobre, puesto que puede contemplar el sol sin pagar nada en absoluto. Mi vida sería digna de un rey si no tuviera otra cosa que hacer que mirar y mirar constantemente a mi hermoso Señor Jesús; y más aún, suponiendo que ante mí cerraran las puertas del cielo y me prohibieran la entrada, me conformaría con mirar por un agujero de la puerta, y con solo ver el rostro de mi amado y hermosísimo Señor, me sentiría satisfecho y feliz por toda la eternidad. ¡Oh gran Rey! ¿Por qué te mantienes alejado?[49] ¿Por qué permaneces más allá de las montañas?[50] Oh bien amado, ¿por qué apesadumbras a esta pobre alma con retrasos y demoras? Permanecer por largo tiempo lejos de tu gloriosa presencia es gustar doblemente la muerte y padecer un doble infierno. Hemos de unirnos ya el uno con el otro. No es simplemente que lo desee, es que preciso verle; que me desvivo, no soy capaz de sobrevivir sin él; pues el hambre y el afán que siento por Cristo han creado en mí tal necesidad de gozar de él, que soy incapaz de dominar el amor que siento por él.

SAMUEL RUTHERFORD [1600-1661]
"Joshua redivivus, or, Three hundred and fifty-two religious letters", 1796

Mi carne te anhela. Es decir, te anhela todo el conjunto de mis sentidos físicos corporales, que están sedientos, que ansían ardientemente el consuelo que reciben de la abundancia del consuelo espiritual del alma. Esta interpretación me complace sobremanera. Dios nos da *"las fuentes de arriba, y las de abajo"*.[51] Rebeca, después de haber extraído con su cántaro agua para Eliezer, siervo de Abraham, añadió: *"También para tus camellos sacaré agua, hasta que acaben de beber"*.[52] Jacob cavó un pozo[53] cerca de Siquem,[54] en el territorio conocido después como Samaria, y como dijo la mujer samaritana,: *"de él bebió él mismo, y sus hijos, y sus ganados"*.[55] Cuando Moisés golpeó con la vara la peña por dos veces, *"salieron muchas aguas, y bebió la congregación, y sus bestias"*.[56] De igual modo Dios satisface con sus consuelos tanto nuestro espíritu como nuestra carne, tanto nuestra naturaleza superior como la inferior.

THOMAS LE BLANC [1599-1669]
"'Psalmorum Davidicorum Analysis' in qua aperte cernitur singulis in Psalmis ordinem esse admirabilem:adjungitur commentarius amplissimus", 1645

Mi carne te anhela. El verbo hebreo כָּמַהּ *kāmah,* que traducimos por "anhela", ocurre tan solo en este pasaje, y por tanto su significado es bastante incierto; aunque es posible obtener un poco de luz sobre el mismo a través de los dialectos árabes. En el Léxico de Golius[57] se describe como: *"caligavit oculus, alteratus colore, et mente debilitatus fuit"*; es decir: su ojos se ofuscaron, su piel palideció y su mente se debilitó. Por tanto, el sentido que le da el salmista implica una intensidad y efervescencia

[49] Salmo 10:1, LBLA.
[50] Salmo 121:1.
[51] Josué 15:19.
[52] Génesis 24:19.
[53] Juan 4:6.
[54] Génesis 33:18-20. Aunque el Pozo de Jacob no se menciona específicamente, se supone que fue en este lugar y en esta ocasión cuando lo excavó.
[55] Juan 4:12.
[56] Números 20:11.
[57] Se refiere a orientalista y matemático holandés JACOBUS GOLIUS [1693-1766] y su *"Lexicon Arabico-Latinum"* publicado en Leiden en 1653.

máximas del deseo hasta el punto de afectar sus condiciones físicas y mentales: debilitarle la vista, extenuar su cuerpo hasta alterar la tonalidad de su piel; e incluso lesionar su entendimiento; consecuencias físicas típicas del ansia causada por la insatisfacción de deseos intensos.[58]

SAMUEL CHANDLER [1693-1766]
"A Critical History of the Life of David", 1766

Cual tierra seca y árida.[59] Aquí debemos leer *"cual tierra seca"* en lugar de *"en tierra seca"*. El sentido es: «mi alma esta sedienta, deseosa cual la tierra sedienta y agotada de esta región seca y sin agua, de ver tu poder y gloria, tal como te contemplaba en el santuario (63:1-2)».[60] Traducir *"en esta tierra"*, lo cual da un sentido de lugar más que de condición, carece de fuerza y significado. Tal es la opinión de BENJAMÍN WEISS, en su *"New Translation of the Book of the Psalms, with Critical Notes"*, 1858. Parece ser que Weiss cuenta para ello con la autoridad de varios manuscritos, aunque rara vez se equivoca cuando se decide a dogmatizar.

C. H. SPURGEON

Vers. 1-2. *Oh Dios, mi Dios eres tú.* Lo primero que hace el salmista es darle a Dios un abrazo, como hacemos con los amigos cuando nos encontramos. Después le dice: *"de madrugada te buscaré; mi alma, tiene sed de ti, mi carne* (es decir, todo mi ser) *te anhela, cual tierra seca y árida donde no hay aguas"*. Seguramente David tenía entre manos algún trato extraordinario con Dios, dada la manera como se expresa en el versículo siguiente: *"Como te contemplaba en el santuario, para ver tu poder y tu gloria"* (63:2); pues allí es donde Dios se le había manifestado (…) Encontrarse con un amigo y contemplar su rostro siempre es motivo de gozo: *"Hierro con hierro se aguza; y así el hombre aguza el rostro de su amigo"*.[61] La simpatía de los espíritus hace que brote la alegría; y por tanto, es característica peculiar al pueblo de Dios el buscar su rostro, es decir, a Dios mismo, porque este es el significado de *"su rostro"*: *"No tendrás dioses ajenos delante de mi rostro"*, leemos literalmente

[58] Ver al respecto la nota 28.

[59] En hebreo בְּאֶֽרֶץ־צִיָּ֖ה וְעָיֵ֣ף בְּלִי־מָֽיִם *bə'ereṣ-ṣîyāh wə'āyêp̄ bəlî-māyim.* La versión griega de los LXX lee: ἐν γῇ ἐρήμῳ καὶ ἀβάτῳ καὶ ἀνύδρῳ que la Vulgata traduce al latín como: *"In terra deserta, et invia, et inaquosa"*, "En tierra desierta, y sin camino, y sin agua". La versión sefardí de Ferrara lee: *"en terra de fecura y fequiofa fin aguas"*. La versión caldea o Peshitta: *"cual tierra sedienta y árida"*. La versión inglesa KJV traduce *"in a dry and thirsty land"*, y así lo traducen también la RVA *"en tierra de sequedad y transida"*; la RVR 1960: *"En tierra seca y árida"*; la BTX: *"en tierra seca y yerma"*; la NTV: *"en esta tierra reseca y agotada"*; la BLP: *"en una tierra árida"*; y SCHÖKEL: *"en un páramo desierto"*. Pero muchas otras versiones españolas actualizadas (RVR; NVI; LBLA, KRAUS) traducen: *"cual tierra seca"* o *"como tierra seca"*. Resulta interesante ver que ya Spurgeon y otros comentaristas se plantearon esta cuestión muchos años antes:

– AGUSTÍN DE HIPONA [354-430] partiendo de la versión latina de la Vulgata que lee: *"En tierra desierta, y sin camino, y sin agua"*, hace este comentario: «En el desierto sin camino y sin agua de este mundo, Jesucristo se hizo él mismo Camino (Juan 14:6); y nos dio a beber agua de vida llenando a sus predicadores con la plenitud del Espíritu Santo (Hechos 1:5; 2:4) para que brotara de ellos *"una fuente de agua que fluya para vida eterna"* (Juan 4:14)».

[60] En este mismo sentido KRAUS considera que el salmista compara su "cuerpo" y "alma" a una tierra que languidece abrasada por un verano sin lluvias, una tierra que anhela vivamente la humedad, y que tan solo puede sentirse satisfecha contemplando al Señor, empapándose de Dios. Ver al respecto Salmo 42:2; 143:6.

[61] Proverbios 27:17.

en Éxodo,[62] esto es, no tendrás a nadie fuera de mí mismo, o bien, a nadie más que yo. La comunión personal con Dios es el fin de todas nuestras virtudes; pues si razonar y comunicar con otras personas hace que los seres humanos se vuelvan sociables unos con otros, la comunión con la naturaleza divina nos hace sociables con Dios mismo: nuestra vida no es sino un motor, un recipiente para traer a Dios hasta nosotros.

THOMAS GOODWIN [1600-1679]
"A discourse of Christ the Mediator", 1692

Vers. 2. ***Para ver tu poder y tu gloria, así como te he mirado en el santuario.*** *[Como te contemplaba en el santuario, para ver tu poder y tu gloria.* RVR*] [Así te contemplaba en el santuario, para ver tu poder y tu gloria.* LBLA*] [Así te he buscado en el santuario, para ver tu poder y tu gloria.* BTX*] [Te he visto en el santuario y he contemplado tu poder y tu gloria.* NVI*] [Te contemplé en tu santuario, vi tu poder y tu gloria.* BLP*] [Te he visto en tu santuario y he contemplado tu poder y tu gloria.* NTV*]*

Para ver tu poder y tu gloria, así como te contemplaba en el santuario. Su anhelo no era tanto ver el santuario como ver a su Dios; mas allá del velo de las ceremonias su mirada se dirigía al Invisible. Con frecuencia su corazón se había llenado de gozo en la comunión con Dios a través de las ordenanzas externas, y suspira nuevamente por esta bendición. No debería extrañarnos, pues para el cristiano perder conscientemente la presencia de su Dios del pacto es la más dolorosa de todas las aflicciones. Recuerda y menciona explícitamente los dos atributos divinos que más impresionaron su mente cuando fue arrebatado en adoración en el lugar santo: *poder* y *gloria*.[63] A ellos se había referido en el Salmo anterior, y resulta evidente que la impresión de tal contemplación seguía muy viva en su corazón estando en el desierto, por lo que anhela contemplarlos de nuevo en el lugar de su destierro. Es, ciertamente, un pensamiento precioso que el poder y la gloria divina no estén limitados en su manifestación a ningún lugar en concreto: se escuchan por encima del rugido del mar, resplandecen en medio del fragor la tempestad, se sienten en el bosque o en la pradera, y es posible disfrutar de ellos dondequiera que haya un corazón sediento que anhele contemplarlos. Nuestra miseria es que tenemos muy poca sed de estas cosas sublimes y mucha de las bagatelas insulsas y pasajeras de ese mundo. Vivimos verdaderamente en un desierto, una tierra agotada que no es nuestro lugar de reposo; y lo sorprendente es que los creyentes no experimenten y manifiesten con mayor asiduidad su anhelo constante por aquella porción más allá del río, donde no padecerán ya más hambre, ni más sed;[64] porque verán el rostro de Dios y su nombre estará en sus frentes.[65] David no tenía sed de agua ni de nada terrenal, tan solo de manifestaciones espirituales; la visión de Dios le era suficiente, pero no se contentaba con ninguna otra cosa. ¡Qué amigo tan extraordinario es Aquel cuya mera contemplación basta para llenarnos de consuelo! Imita al salmista, oh, alma mía, y deja que todos tus deseos se concentren elevándose hacia el bien supremo; anhela ver a tú Dios mientras estás aquí en la tierra, y haz de ello el objetivo de tu máximo gozo por toda la eternidad.

C. H. SPURGEON

[62] Éxodo 20:3.

[63] El arca era considerada como representación visible del *"poder"* y la *"gloria"* del Señor: *"Y entregó a cautiverio a sus valientes, y su gloria en manos del enemigo"* (Salmo 78:61). Ver al respecto: 1 Samuel 4:21; 2 Crónicas 6:41; Salmo 132:8.

[64] Apocalipsis 7:16.

[65] Apocalipsis 22:4.

Para ver tu poder y tu gloria, así como te contemplaba en el santuario. De ello sacamos las siguientes conclusiones:

1. Que es el deseo de todo cristiano, o al menos debería serlo, contemplar y gozar más y más de la gloria de Dios.
2. Que debemos llevar a cabo la realización de este deseo mediante una asistencia y participación diligente y piadosa en la adoración en el santuario. ¿Cómo se manifiesta a los creyentes el carácter de Dios en el santuario?
   a. Mediante el ministerio de la reconciliación: la predicación y exposición del evangelio de la verdad.
   b. Mediante la aplicación y observancia de las grandes doctrinas de ese evangelio al alma por la influencia y el poder del Espíritu Santo. Así es como los creyentes crecen en el santuario en su conocimiento del carácter divino.
3. Que los efectos que resultan para el creyente, en su vida y experiencia, de un conocimiento creciente del poder y la gloria de Dios son importantes y múltiples.
   a. Una contemplación fresca y renovada de la gloria divina, hace que el creyente se desencante de la fascinación del mundo
   b. Un conocimiento cada vez mayor de Dios y de la gloria divina hace que la mente se desprenda de los cuestionamientos en los que a veces se ve lanzada por el devenir de la providencia.
   c. Una contemplación mayor del poder y la gloria divina en el santuario, renueva nuestras fuerzas capacitándonos para seguir adelante en el curso de nuestra vida cristiana.
4. Una simple mirada a la gloria divina crucifica nuestros deseos carnales y da muerte a las corrupciones de nuestro corazón.
5. Una mayor contemplación de la gloria divina nutre y refuerza nuestra propia humildad.
6. Una mayor contemplación de la gloria divina en el santuario nos capacita para nuestra lucha contra el postrer enemigo.[66]

De todo lo cual concluimos:

1. Que una de las características primordiales de toda persona buena y piadosa es participar de manera devota en las solemnidades del culto público.
2. Que su motivación para acudir al santuario es personal, definida y distintiva.

JOHN ANGELL JAMES [1600-1679]
"Christian Fellowship, Or The Church Members Guide", 1822

Para ver tu poder y tu gloria, así como te contemplaba en el santuario. La gloria de Dios está en el firmamento,[67] en todas las criaturas creadas, pero de manera especial y más plenamente en la Iglesia. *"En su templo todo proclama su gloria"*;[68] es allí donde es más visible, conmovedora y provocativa. En la naturaleza pocos la perciben, pero en el templo todos la ven y hablan de ella. En la naturaleza Dios es desvelado y se muestra glorioso; en la Iglesia Cristo es revelado, y por tanto mucho más glorioso. Esto hizo que David, encontrándose en el desierto, deseara estar en el santuario. Y ¿por qué?: *"Para ver tu poder y tu gloria"*. ¿No podía David haberlos contemplado en los cielos, en los montes, en los frondosos cedros, y en otras tantas de las muchas obras de Dios? Sí, pero no como en el santuario; y por ello exclama: *"Para ver tu poder y tu gloria, así como te contemplaba en*

[66] 1 Corintios 15:26.
[67] Salmo 19:1
[68] Salmo 29:9.

el santuario"; pues allí le había visto de una manera distinta a cómo le había visto en cualquier otra parte; había visto al Rey sobre su trono y en su gloria.

William Greenhill [1591-1677]
"An Exposition of the Five First Chapters of the Prophet Ezekiel with Useful Observations Thereupon Delivered in Several Lectures in London", 1649

Así como te contemplaba en el santuario. Participar de las ordenanzas y no mantener una comunión personal con Dios; cumplir con los preceptos y no cumplir con Dios; ¡ay! es como los pechos enjutos y la matriz abortiva de la que nos habla Oseas:[69] nunca producirá frutos de santidad. Las ordenanzas sin Dios, son como huesos secos que no tienen médula en su interior;[70] como cáscaras sin nuez. Vuestras súplicas serán en vano y vuestras oraciones caerán en vacío: no habrá Espíritu que sople,[71] ni voz que responda,[72] ni consejo en el corazón,[73] ni refresco para el alma,[74] ni encuentro con Dios.[75]

William Strong [¿?-1654]
"The Saints Communion with God, and Gods Communion with them in Ordinances", 1650

Vers. 3. *Porque mejor es tu misericordia que la vida; mis labios te alabarán.* *[Porque mejor es tu misericordia que la vida; mis labios te alabarán.* RVR*] [Porque tu misericordia es mejor que la vida, mis labios te alabarán.* LBLA*] [Porque tu misericordia es mejor que la vida. Mis labios te alabarán.* BTX*] [Tu amor es mejor que la vida; por eso mis labios te alabarán.* NVI*] [Tu amor es mejor que la vida, mis labios cantarán tu alabanza.* BLP*] [Tu amor inagotable es mejor que la vida misma, ¡cuánto te alabo!* NTV*]*

Porque mejor es tu misericordia que la vida. El salmista nos da una razón de lo expuesto anteriormente, y todo lo que expondrá a continuación. La vida es valiosa, pero el amor de Dios lo es muchísimo más. El privilegio de vivir con Dios es mejor que la mejor vida: sosegada y llena de comodidades, en un palacio, con salud, honores, riquezas y placeres; sí, ni mil vidas de ese tipo son comparables a la vida eterna que mora en la sonrisa de Jehová. En él es en quien verdaderamente vivimos, y nos movemos, y tenemos nuestro ser;[76] y la retirada de la luz de su rostro es para nosotros como

---

[69] Oseas 9:14.
[70] Ezequiel 37:1-6.
[71] Juan 3:8.
[72] Isaías 1:15; Jeremías 14:12.
[73] Job 33:16.
[74] Jeremías 31:25.
[75] Deuteronomio 31:17-18; 32:20; Salmo 104:29; Miqueas 3:4.
[76] Hechos 17:28. Recordamos al lector que cuando el apóstol Pablo dice en este texto: *"como algunos de vuestros propios poetas también han dicho"*, se refiere concretamente al escritor griego Arato [310-240 a.C.] en la quinta línea de su poema Φαινόμενα, *Phainómena* (traducida al castellano como "Fenómenos"): τοῦ γὰρ καὶ γένος ειμέν, "porque ciertamente linaje suyo somos"; y a Epiménides de Cnosos [siglo vi a.C.) en la cuarta línea de Κρητικά *Cretica*: Ἐν γὰρ σοὶ ζῶμεν καὶ κινύμεθ' ἠδὲ καὶ ἐσμέν "porque en él vivimos, y nos movemos, y tenemos el ser". Pablo cita de nuevo a Epiménides de Cnosos, en su carta a Tito 1:12, cuando dice: εἶπέν τις ἐξ αὐτῶν ἴδιος αὐτῶν προφήτη, Κρῆτες ἀεὶ ψεῦσται κακὰ θηρί γαστέρες ἀργαί, "Uno de ellos, su propio profeta, dijo: Los cretenses son siempre mentirosos, malas bestias, glotones, ociosos". No cabe duda, en base a ello, que Pablo era lector y buen conocedor de los escritores filosóficos griegos y romanos, epicúreos y estoicos y conocía bien sus cosmovisiones, como la del poeta y filósofo

sombra de muerte;[77] por tanto, no podemos sino suspirar constantemente por la presencia gloriosa del Señor. Para muchos la vida es un bien dudoso, mientras que la misericordia es un bien incuestionable; la vida es transitoria, la misericordia es eterna: la vida es algo que compartimos con los animales inferiores, pero la misericordia del Señor es la porción peculiar de los elegidos.[78]

Mis labios te alabarán. Para que tu gloria sea dada a conocer, hablaré amplia y abiertamente de tu bondad. Incluso cuando nuestro corazón se halle en un estado más proclive al anhelo que al gozo, debemos seguir magnificando al Altísimo; porque su amor sigue siendo algo precioso e inefable a pesar de que nosotros estemos personalmente atravesando circunstancias que no invitan al regocijo. No debemos permitir que nuestras alabanzas a Dios dependan de nuestro estado emocional, y menos aún de nuestra percepción personal de los beneficios recibidos; esto sería puro egoísmo. Incluso los publicanos y los pecadores se muestras agradecidos para aquellos que les dan regalos, los ayudan y benefician;[79] el creyente verdadero va más allá: bendice al Señor aún cuando le quite sus dones o esconda de él su rostro.[80]

C. H. SPURGEON

Porque mejor es tu misericordia que la vida. Sí, mejor que muchas vidas juntas como dice literalmente el texto hebreo מֵחַיִּים *mêḥayyîm.* El favor divino es mejor que la vida con todos sus beneficios, todas sus pertenencias, todos sus honores, riquezas, placeres, aplausos; sí, mejor que muchas vidas juntas. Sabemos hasta qué punto tan elevado valoran los hombres sus vidas; y para preservarlas están dispuestos a todo: a sufrir, sangrar, sudar, vomitar, entregar sus posesiones, incluso alguna de sus extremidades si es preciso. Como alguien gritó en su desespero: «Dadme cualquier deformidad,

---

romano TITO LUCRECIO CANO [99-55 a.C.] en su famosa obra *De rerum natura,* "Sobre la naturaleza de las cosas", defendiendo la filosofía de EPICURO DE SAMOS [341-270 a.C.], y que Pablo cita y rebate indirectamente en 1 Corintios 15:32 cuando dice: *"Si los muertos no resucitan, comamos y bebamos, que mañana moriremos".* (Ver al respecto la nota 212 en el Salmo 73:28 y la nota 68 en el Salmo 123:4).

[77] Job 10:21; Salmo 23:4.

[78] KRAUS dice al respecto: «Lo que constituye el bien supremo que el hombre puede recibir, no es la vida como tal, en su intensidad feliz y en su extensión duradera, sino la comunión con Yahvé –esa comunión concedida bondadosamente» Y añade citando al teólogo alemán GERHARD VON RAD [1901-1971] que esta confesión de fe del salmista: *"Porque mejor es tu misericordia que la vida"*: «nos hace comprender la honda trasformación respecto a los valores de la vida que había tenido lugar, pues la vida física y su prolongación por Yahvé había sido siempre para Israel el mayor de los bienes. La distinción entre la gracia y la vida era algo completamente nuevo en Israel; significaba el descubrimiento de lo espiritual como una realidad más allá de la caducidad de los bienes corporales». Y concluye finalmente: «Para el salmista la comunión con Dios, concedida por la misericordia divina: חֶסֶד *checed,* es lo más excelso y lo mejor que hay (Salmo 73:21-28). Incluso la vida, que en el Antiguo Testamento es "el supremo de los bienes", palidece ante el fulgor de la חֶסֶד *checed* o misericordia, que es lo único que proporciona contento y satisfacción plenos. Esta confesión de fe, sobrepasando lo que se dice en Salmo 73:25-26, apunta ya hacia el nuevo testamento (2 Corintos 4:16-18) e indica que, por encima de todos los bienes y dones que aparecen en la vida, hay un solo poder que lo determina y lo sustenta todo: la חֶסֶד *checed*, la cual eleva al hombre y le hace reconocer un nuevo valor en su existencia. Como afirma BERNHARD DUHM [1847-1928]: 'Todo lo que una persona puede tener y experimentar en la vida es inferior a la gracia'. Esta profunda y altísima estimación de la comunión con Dios constituye el verdadero centro de este profundo salmo». [Los Salmos, Vol. II, Sal. 60-150 Ediciones Sígueme, Salamanca, 1993].

[79] Mateo 5:46; Lucas 6:32.

[80] Job 13:15; 27:5.

cualquier tormento, cualquier miseria, con tal de conservar la vida».[81] Pues bien, aunque la vida sea algo tan preciado para los seres humanos, un alma abandonada valora las recompensas del favor divino por encima de la vida, incluso por encima de muchas vidas. Muchos son los hombres que se han sentido hastiados de sus vidas, como es evidente en la Escritura y en la historia, pero ningún hombre se ha cansado jamás del amor y del favor de Dios. No hay persona que valore tanto el privilegio de poder contemplar el sol como aquella el que ha languidecido encerrada por largos años en un oscuro calabozo.

Thomas Brooks [1608-1680]
"A Mute Christian Under the Rod & Apples of Gold", 1657

Porque mejor es tu misericordia que la vida. El apego a la vida es una trampa muy frecuente y perniciosa, de la cual el sentido del amor a Dios debe librarnos. ¿Qué tiene de deseable la vida de un hombre para el cual no hay lugar en el corazón de Dios? El favor divino es la mayor de las bendiciones, nada hay que se le puede comparar y menos aún que lo pueda superar. ¿Pues cómo podríamos comparar nuestro aliento con el favor del Dios eterno? Sería como comparar la luz eterna con un vapor que se desvanece *"¿Qué es vuestra vida?* –pregunta el apóstol Santiago– *Ciertamente es un vapor que aparece por un poco de tiempo, y luego se desvanece"*.[82] En cambio el profeta Isaías afirma con rotundidad: *"El sol nunca más te servirá de luz para el día, ni el resplandor de la luna te alumbrará, sino que Jehová te será por luz perpetua, y el Dios tuyo por tu gloria"*.[83] Por tanto, ¿quién no renunciaría a su propia vida, que pende de un hilo constantemente y de la que no tiene seguridad alguna, sabiendo que el Dios vivo está de su parte? ¿Quién no estaría dispuesto a entregar una tras otra, no una sino diez mil vidas si las poseyera, con tal de evitar que la ira de Dios se encendiera en lo más mínimo contra él?

Timothy Cruso [1657-1697]
"Twenty Four Sermons Preached at the Merchants Lecture at Pinners Hall", 1696

Porque mejor es tu misericordia que muchas vidas.[84] ¿Qué vidas? Aquellas que los hombres eligen vivir por sí mismos. Uno elige ser comerciante y emprender negocios, otro ser agricultor y cultivar la tierra; uno se dedica a las finanzas y la usura, otro a la carrera militar; cada uno elige la clase de vida que desea vivir. Y las hay muy diversas; pero la misericordia divina vale más que todas ellas juntas. Pues mejor es lo poco que Dios otorga a los creyentes, que lo mucho que eligen los perversos. La vida que Dios nos da, debemos anteponerla a todas las que el mundo pueda ofrecernos.

Agustín de Hipona [354-430]
"Enarrationes in Psalmos"

[81] No hemos logrado averiguar de dónde sacó Brooks esa cita.

[82] Santiago 4:14.

[83] Isaías 60:19.

[84] En hebreo כִּי־טוֹב חַסְדְּךָ מֵחַיִּים *kî-ṭōwḇ ḥasdəḵā mêḥayyîm*. La versión griega de los LXX o Septuaginta lee: ὅτι κρεῖσσον τὸ ἔλεός σου ὑπὲρ ζωάς que la Vulgata traduce al latín como: *"Quoniam melior est misericordia tua super vitas"*, "Mejor es tu misericordia que muchas vidas". Y Agustín de Hipona basa evidentemente su comentario en ese plural del texto de la Vulgata, aunque Felipe Scio de San Miguel [1738-1776] en su versión española explica en una nota al pie que a pesar de que el latín, así como también el sintagma hebreo מֵחַיִּים *mêḥayyîm,* "vidas", están en plural, su significado es singular.

Porque mejor es tu misericordia que la vida. La *vida* es un bien impuro. Un bien contaminado con abundancia de males. Porque la vida del hombre está sujeta a muchas cruces, angustias y calamidades; y aun gozando en ella de ciertos consuelos, estos vienen siempre mezclados y perturbados por el mal. Pero la misericordia Dios es intrínsecamente buena, puro bien. Como se dice de su bendición, no añade tristeza,[85] no plantea inconveniente, ni hay mal que la acompañe.

THOMAS HORTON [¿?-1673]
"Choice and Practical Exposition upon the 4, 47, 51, and 63 Psalms", 1675

Mis labios te alabarán. ¿Cabe imaginar que un hombre ame a otro y no le alabe o no hable bien de él? ¿Te jactas de poseer un halcón o un sabueso al que tienes en gran estima, por lo que cuentas a los demás sus proezas; y eres capaz de decir que amas a Cristo sin hablar nunca o raramente de él o de su amor? ¿Sin alabarlo ante los demás para que también ellos se enamoren de él? Fíjate como responde la Esposa en el Cantar de los Cantares cuando le preguntan: *"¿Qué es tu amado más que otro amado?*[86] Lo describe con toda riqueza de detalles y concluye diciendo: *"todo él es un encanto"*.[87] *"Porque mejor es tu misericordia que la vida;* –exclama David– *mis labios te alabarán. Así te bendeciré durante toda mi vida"*. ¿Y tú, disfrutando como disfrutas de esta misma vida de amor, eres capaz de permanecer hablando constantemente de asuntos mundanos, o de las noticias en el mejor de los casos, cada día de la semana incluyendo el día de reposo, día y noche, en buena compañía y a veces no tan buena, en casa y fuera de casa? Puedo asegurarte que una de las razones principales por la que deberías desear vivir es la de dar a conocer al Señor Jesús a tus hijos, a tus amigos y conocidos, de modo que en la edad venidera su nombre pueda resonar y su memoria ser un olor suave de generación en generación. Dice el salmista: *"Aun en la vejez y las canas, oh Dios, no me desampares, hasta que anuncie tu poder a la posteridad, y tu potencia a todos los que han de venir"*.[88] Si antes de tu conversión contaminaste a otros con tu conversación vana y corrupta; después de tu conversión debes buscar la manera de sazonar su corazón mediante una conversación virtuosa, dulce y sabia, de palabras benditas y provechosas, compartiendo con quienes amas lo que te ha enseñado el Señor.

THOMAS SHEPPARD [1605-1649]
"The sound believer, or, A treatise of evangelicall conversion", 1653

Vers. 3-6. David exalta la misericordia como reina sobre todas las bendiciones preciosas que le han sido otorgadas, incluso las más preciadas, como su propia existencia: *"Porque mejor es tu misericordia que la vida"*. Por tanto, coloca alrededor de su trono los siete sentidos de su cuerpo y facultades de su mente para que la alaben y admiren, cual los siete ángeles principales[89] (…) que están de pie delante del Señor, a saber: sus labios, su lengua, sus manos, su voluntad, su boca, su memoria,

[85] Proverbios 10:22.
[86] Cantares 5:9.
[87] Cantares 5:16.
[88] Salmo 71:18.
[89] Probablemente una alusión a la tradición de los siete ángeles o arcángeles que parte del llamado "Libro de Enoc", aparentemente citado en el carta de Judas 14-15, pero que no forma parte del Canon Masorético pese a estar muy arraigado en la tradición judía. En él se habla de siete arcángeles principales, uno para cada día de la semana: GABRIEL (Domingo), MIGUEL (Lunes), RAFAEL (Martes), URIEL (Miércoles), RAGUEL (Jueves), REMIEL (Viernes) caído y al parecer sustituido por FANUEL; y SARIEL (Sábado). El Canon Masorético solo menciona a dos: Miguel (Daniel 10:13, 12; 12:1; Judas 1:9; Apocalipsis 12:7) y Gabriel (Daniel 8:16; 9:21; Lucas 1:19, 26) y; pero en el libro deuterocanónico de Tobías se menciona a Rafael: *"Yo soy Rafael, uno de los siete ángeles que están siempre presentes y tienen entrada a la Gloria del Señor"*

y su intelecto. En primer lugar exalta la misericordia de Dios con sus labios: *"mis labios te alabarán"* (63:3); en segundo lugar con su lengua: *"te bendeciré mientras viva"* (63:4); en tercer lugar con sus manos: *"en tu nombre alzaré mis manos"* (63:4); en cuarto lugar con su voluntad *"será saciada mi alma"* (63:5); en quinto lugar con su boca: *"te alabará mi boca"* (63:5); en sexto lugar con su memoria: *"cuando me acuerdo de ti"* (63:6); y en séptimo y último lugar con su intelecto: *"cuando medito en ti*" (63:6).

Thomas Le Blanc [1599-1669]
"'Psalmorum Davidicorum Analysis' in qua aperte cernitur singulis in Psalmis ordinem esse admirabilem:adjungitur commentarius amplissimus", 1645

Vers. 4. ***Así te bendeciré en mi vida; en tu nombre alzaré mis manos.*** *[Así te bendeciré durante toda mi vida; en tu nombre alzaré mis manos.* RVR*] [Así te bendeciré mientras viva, en tu nombre alzaré mis manos.* LBLA*] [Te bendeciré mientras viva, en tu Nombre alzaré mis palmas.* BTX*] [Te bendeciré mientras viva, y alzando mis manos te invocaré.* NVI*] [Te bendeciré mientras viva, por tu nombre alzaré mis manos.* BLP*] [Te alabaré mientras viva, a ti levantaré mis manos en oración.* NTV*]*

Así te bendeciré durante toda mi vida. Así como ahora te bendigo lo seguiré haciendo siempre; o quizá mejor: según me vayas revelando tu misericordia, te seguiré alabando permanentemente. Mientras viva te amaré. Y aún cuando no vea en mi heredad motivo alguno para regocijarme, siempre tendré razones sobradas para regocijarme en el Señor. Si nadie bendice a Dios, su pueblo lo hará; pues su naturaleza misma, la de un Dios infinitamente bueno, es argumento suficiente para permanecer alabándole mientras existamos.

En tu nombre alzaré mis manos.[90] Ya sea que levantemos nuestras manos en adoración, como expresión de alegría, en acción de gracias, en actividad, o en confianza; cualquiera que sea el motivo una cosa hemos de tener clara: las levantaremos única y exclusivamente en el nombre de Señor.[91] Nuestras manos no tienen por qué colgar inertes cuando Dios se nos acerca y nos atrae en amor. A menudo el nombre de Jesús ha hecho brincar a un cojo como si fuera un ciervo,[92] y que el más triste y deprimido prorrumpiera en aplausos de alegría.

C. H. Spurgeon

Así te bendeciré durante toda mi vida. Hay dos aspectos en los que Dios es particularmente bendito por sus criaturas. Uno es indirecto, por representación; y el otro directo, por comunicación. Indirectamente todas las criaturas lo bendicen: *"Los cielos cuentan la gloria de Dios, y el firmamento*

(Tobías 2:15). Y en Apocalipsis, aunque se habla claramente de "los siete ángeles" (Apocalipsis 8:2-6) no se mencionan sus nombres.

[90] En hebreo בְּשִׁמְךָ אֶשָּׂא כַפָּי *bəšimkā 'eśśā kappāy*. Dice Kraus citando al exégeta alemán Oskar Grether [1902-1949] en su obra *"Name und Wort Gottes im Alten Testament"*: «La frase señala el hecho de que el שֵׁם *shem,* "nombre", interviene como medio o mediación: Yahvé hace eficaz la oración por medio del שֵׁם *shem,* nombre».

[91] Dice Francisco Lacueva [1911-2005] en su versión española del "Comentario de Matthew Henry": «Todas nuestras oraciones han de comenzar, como nos enseñó el propio Señor, con un: *"Santificado sea tu nombre"* (Mateo 6:9); y terminar con la afirmación: *"tuya es la gloria"* (Mateo 6:13)».

[92] Hechos 3:1-8.

anuncia la obra de sus manos";[93] *el sol* y *la luna, las estrellas resplandecientes, el fuego* y *el granizo, la nieve y la niebla;*[94] todos lo bendicen de ese modo. Pero solo los benditos ángeles y las personas lo hacen exhaustivamente de manera activa e intencionada: *"Te alaban, oh Jehová, todas tus obras, y tus santos te bendicen. La gloria de tu reino divulgan, y hablan de tu poder".*[95]

THOMAS HORTON [¿?-1673]
"Choice and Practical Exposition upon the 4, 47, 51, and 63 Psalms", 1675

En tu nombre alzaré mis manos. La costumbre de levantar en la oración las manos hacia el cielo, supuesta residencia de Aquel al que se va dirigida la súplica, es habitual entre los creyentes desde los tiempos más antiguos, según se demuestra por varios pasajes en el Antiguo Testamento;[96] y también entre los paganos, como se desprende de numerosas menciones en los escritores clásicos. Parkhurst,[97] señala que la "mano" es el órgano o instrumento principal ejecutor de la voluntad, poder y capacidades del hombre, y en este sentido entiende el uso amplio y frecuente del término כַּף *kaph,* "mano", por los hebreos para simbolizar el poder, la potencia, el dominio, la ayuda, etc. Y en este sentido explica el simbolismo de levantar las manos en la oración como reconocimiento emblemático del poder de la divinidad implorando su ayuda.[98] ¿Acaso el gesticular levantando las manos no es un comportamiento instintivo y natural, no estudiado, que acompaña habitualmente en cualquier conversación a toda súplica vehemente y sincera?

RICHARD MANT [1776-1849]
"The Book of psalms in an English metrical version, with notes", 1842

Vers. 5. ***Como de meollo y de grosura será saciada mi alma, y con labios de júbilo te alabará mi boca.*** *[Como de meollo y de enjundia será saciada mi alma, y con labios de júbilo te alabará mi boca.* RVR*] [Como con médula y grosura está saciada mi alma; y con labios jubilosos te alaba mi boca.* LBLA*] [Como con médula y grosura será saciada mi alma, y mi boca te alabará con labios de júbilo.* BTX*] [Mi alma quedará satisfecha como de un suculento banquete, y con labios jubilosos te alabará mi boca.* NVI*] [Me saciaré de aceite y de grasa, te ensalzará mi boca con gozo.* BLP*] [Tú me satisfaces más que un suculento banquete; te alabaré con cánticos de alegría.* NTV*]*

---

[93] Salmo 19:1.

[94] Salmo 148:3, 8.

[95] Salmo 135:10-11.

[96] 1 Reyes 8:38; 2 Crónicas 6:13; Salmo 28:2; 63:4; 134:2; 141:2; Isaías 1:15; Lamentaciones 2:19; 1 Timoteo 2:8.

[97] Se refiere a al erudito en lenguas bíblicas JOHN PARKHURST [1728-1797], discípulo de JOHN HUTCHINSON [1674-1737], y autor de numerosas obras de exégesis bíblica, incluyendo sus obras más difundidas y conocidas *"An Hebrew English Lexicon without points, with Hebrew and Chaldee Grammars"* y *"A Greek and English Lexicon of the New Testament"*, publicado en 1769. Parkhurst es ampliamente citado por numerosos comentaristas.

[98] Dice AGUSTÍN DE HIPONA [354-430]: «Nuestro Señor extendió sus manos sobre la cruz para que nosotros podamos levantarlas en acción de gracias y extenderlas en buenas obras, siendo que en su cruz hallamos misericordia. Con sus manos extendidas, se ofreció a sí mismo en sacrificio a Dios por nosotros, borrando con ello todos nuestros pecados, y haciendo posible que nosotros, en su nombre, podamos levantar a Dios *"manos santas, sin ira ni contienda"* (1 Timoteo 1:8)».

Como de meollo y de grosura será saciada mi alma. Aunque no pueda celebrar el sacrificio ante tu altar, mi alma estará rebosante de alegrías espirituales y poseerá un contentamiento doble y completo. Hay en el amor de Dios una abundancia, una riqueza, una suntuosidad, una plenitud de alegría que llena de tal modo el alma, que solo es comparable al alimento más rico con el que el cuerpo pueda ser alimentado. Los hebreos eran mucho más aficionados a las grasas que nosotros, y por tanto, su máxima expresión de provisión festiva está encarnada en estas dos palabras: חֵלֶב *cheleb* y דֶּשֶׁן *deshen,* "meollo" y "grosura"; por lo que el salmista describe al alma esperanzada en Dios y llena de su favor como alimentándose de lo mejor de lo mejor, lo más exquisito y delicado de un banquete real.[99]

Y con labios de júbilo te alabará mi boca. Simplemente: más alegría y más alabanza. Cuando nuestra boca se siente llena de misericordia debe estar llena también de acción de gracias. Cuando Dios nos da el meollo de su amor, debemos ofrecerle el meollo de nuestros corazones. Debemos rendirle a Dios alabanza vocal tanto como adoración mental; que todos aquellos que vean nuestras misericordias escuchen también las voces de nuestro agradecimiento.

C. H. Spurgeon

Como con médula y grosura será saciada mi alma. Es decir, mi alma quedará igual de satisfecha que si hubiera recibido todas las partes suculentas que se establecen en la ofrenda de paz: *"Y del sacrificio de paz ofrecerá por ofrenda encendida a Jehová la grosura, la cola entera, la cual quitará a raíz del espinazo, la grosura que cubre todos los intestinos, y toda la que está sobre las entrañas. Asimismo los dos riñones y la grosura que está sobre ellos, y la que está sobre los ijares; y con los riñones quitará la grosura de sobre el hígado".*[100]

Andrew Alexander Bonar [1810-1892]
"Christ and His Church in the Book of Psalms", 1859

Como con médula y grosura será saciada mi alma. Esto es: *"Mi alma se saciará de grosura y de grosura"*, ya que esto es lo que dice literalmente el texto hebreo, pues חֵלֶב *cheleb* y דֶּשֶׁן *deshen* tiene prácticamente el mismo significado. Es decir: mi alma quedará saciada de consuelos, se llenará hasta el borde de satisfacción y deleite cuando me acuerde y disfrute de Dios en mi lecho (63:6), o mejor dicho: en mis lechos, puesto que יְצוּעָי *yəṣū'āy* de יָצוּעַ *yatsua,* "lechos" está en plural. Mientras le tocó deambular por el desierto, David tuvo que acostarse a menudo en camas duras y alojarse en condiciones particularmente difíciles; a menudo no tenía más que el áspero suelo por lecho, las piedras de almohada, los arbustos por cortinas, y los cielos como dosel. Y embargo, en tales condiciones adversas, la comunión con Dios le era más dulce y enjundiosa que *la médula y la grosura;* pues aunque su cama nunca había sido tan dura, el consuelo y satisfacción que experimentaba en Dios nunca había sido tan intenso.[101]

Thomas Brooks [1608-1680]
en un sermón titulado *"An Ark For All God's Noahs in a Gloomy Stormy Day"*, 1666

Como con médula y grosura será saciada mi alma. En un Dios misericordioso, hay consuelos ilimitados: *"Serán completamente saciados de la abundancia de tu casa, Y tú los abrevarás del torrente*

[99] Salmo 36:8; 63:5; Isaías 25:6; 55:2; Jeremías 31:14.
[100] Levítico 3:9-10.
[101] Ver al respecto Jeremías 14:1-22; Filipenses 4:9.

de tus delicias";[102] *"Seremos saciados del bien de tu casa, de la santidad de tu templo"*.[103] Y el alma que por medio de la gracia mantiene una plena comunión con él, los hace suyos, aprovechándolos plenamente y saciándose hasta los límites.

MATTHEW HENRY [1662-1714]
"Commentary on the Whole Bible", 1811

Como de meollo y de enjundia será saciada mi alma, y con labios de júbilo te alabará mi boca. El conocimiento santificado me dice que en Cristo hay una plenitud sin límites, la plenitud de una fuente inagotable. La fe me dice que esta plenitud inagotable me pertenece, porque él es mi Esposo. Entonces la oración me dice: "si todo esto es tuyo y te pertenece, iré a reclamarlo para ti". Y la gratitud añade: "pues yo entonaré alabanzas a Dios por ello" (lo cual es aún mejor que la propia recepción de las misericordias): *"Como de meollo y de enjundia será saciada mi alma, y con labios de júbilo te alabará mi boca"*.

MATTHEW LAWRENCE [1596-1652]
"The use and practice of faith: or, Faiths universal usefulness, and quickning influence into every kinde and degree of the Christian life", 1657

Como de meollo y de grosura será saciada mi alma. En el texto que he elegido como base de mi discurso, el salmista expresa su humilde expectativa de que su alma festejará y será saciada en el santuario. Pretendo pues, en primer lugar, mostrar cómo el Señor satisface las almas de los hombres *con meollo y grosura;* y, en segundo lugar, señalar la razón por la cual los creyentes deben concluir que serán así satisfechos en las ordenanzas del culto divino.

En primer lugar, me esforzaré en mostrar cómo el Señor santifica las almas *de meollo y de grosura*. Puede observarse que imparte, en general, esta satisfacción condescendiendo a mantener una comunión con ellos. Esta es la fiesta que nuestro Señor promete a cada pecador que abre su corazón para recibirle: *"He aquí, yo estoy a la puerta y llamo; si alguno oye mi voz y abre la puerta, entraré a él, y cenaré con él y él conmigo"*.[104] Este es también el banquete al cual la esposa de Cristo es llevada cuando dice: *"El me ha traído a la sala del banquete, y su estandarte sobre mí es el amor"*.[105] Más particularmente, el Señor satisface las almas de su pueblo como con médula y gordura al comer la carne y la sangre de Jesucristo.[106] El Hijo de Dios se encarnó, derramó su sangre, y cumplió toda justicia, para que fuera alimento para nuestras almas: *"Y el Verbo se hizo carne, y habitó entre nosotros"*.[107] Y en su persona encarnada él es para nosotros el pan de vida, el pan que da vida espiritual y eterna a nuestras almas, y las preserva de perecer.[108] (…)

1. El Señor satisface las almas de su pueblo *de meollo y de grosura*, mostrándoles su gloria en la faz de Cristo. Así es como esperaba el salmista festejar su alma, como aprendemos del segundo versículo de este Salmo: *"Para ver tu poder y tu gloria como te contemplaba en el santuario"* (63:2). Una visión salvífica de la gloria de Dios en nuestro Emmanuel ha de ser inexpresablemente consoladora; es un festejo para el alma, y produce un gozo inefable y lleno de gloria (…)

[102] Salmo 36:8.
[103] Salmo 65:8.
[104] Apocalipsis 3:20.
[105] Cantares 2:4.
[106] Juan 6:53-56.
[107] Juan 1:14.
[108] Juan 6:47-51.

2. El Señor satisface las almas de su pueblo *de meollo y de grosura*, derramando su amor en sus corazones. Esta es otra de las vías en las que David esperaba que su alma festejara. Había sentido la dulzura del amor divino, había gustado en qué manera el Señor es amoroso; sabía por la feliz experiencia que su misericordia era más dulce que todas las comodidades de la vida; y esperaba ser bendecido con una experiencia renovada de su amor, una experiencia más profunda que calentara su corazón proporcionándole el material para un cántico nuevo de alabanza a Dios: dejándole satisfecho como *de meollo y grosura*. Por ello dice en el versículo tres: *"Porque mejor es tu misericordia que la vida; mis labios te alabarán"* (63:3).

3. El Señor satisface las almas de su pueblo *de meollo y grosura,* cuando las alimenta con nuevas promesas del pacto. Nos ha dado grandes y preciosas promesas, llenas de toda la plenitud de Dios, y que están todas en Cristo, sí, y amén, para la gloria de Dios. Estas promesas nos son anunciadas en el evangelio, para que podamos abrazarlas por fe. ¡Pero ay! Tan grande es la necedad de los hombres, que son capaces de pasar por alto estas palabras de gracia, y juzgarse a sí mismos indignos de la vida eterna. Una necedad tan común en el pueblo de Dios como en otros (…) Pero cuando un día la Roca de Israel[109] les habla de estas promesas con poder en sus corazones, dejan de rechazarlas, y las reciben amorosamente y de buen grado en Cristo, deleitándose en ellas. Entonces *son halladas sus palabras, y las comen; y sus palabras son para ellos un gozo y la alegría de sus corazones.*[110]

4. El Señor satisface las almas de su pueblo *de meollo y grosura*, llenándolas del Espíritu Santo. Mientras permanecemos en nuestro estado natural, cual *"mundanos, que no tienen el Espíritu"*,[111] seguimos hambrientos. Porque sin el Espíritu, estamos también sin Cristo. Pero cuando el Señor instala su Espíritu dentro de nosotros, nuestras almas hambrientas comienzan a sentirse festejadas; porque este Espíritu bendito nos muestra las cosas de Cristo, y las aplica a nosotros; con lo cual podemos comer su carne y beber su sangre. Y cuando el Espíritu Santo nos es dado de ese modo, jamás nos es retirado (…) La promesa de nuestro Redentor es que si alguien cree en él *"de su interior correrán ríos de agua viva. Esto dijo del Espíritu que iban a recibir los que creyesen en él"*.[112]

5. El Señor satisface también las almas de su pueblo *de meollo y grosura*, cuando recuerdan y reviven experiencias anteriores de su bondad. Ello les proporciona, por así decirlo, una nueva fiesta sobre una experiencia antigua. (…)

Y ahora procedo a señalar algunas de las razones por las que los creyentes deben concluir que sus almas serán así saciadas en las ordenanzas del culto divino.

1. Los creyentes pueden llegar razonablemente a tal conclusión basándose en la bondad divina. Pueden fundamentar la expectativa de serán satisfechos *de meollo y grosura*, con la encarnación, con la humillación y la muerte de Cristo. Y la plenitud depositada en Cristo es un buen fundamento para esta esperanza

2. Los creyentes pueden también concluir de la promesa divina que sus almas serán satisfechas como *con meollo y grosura* por el hecho de haber sido bendecidos con apetito espiritual.

---

[109] Salmo 19:14. La idea de Dios como צור ישראל, *tzur yisrael,* "la Roca de Israel" es un concepto muy arraigado en el judaísmo como herencia histórica y cultural del pueblo judío. Hasta el punto de ser considerado como un factor determinante en la fundación del Estado de Israel y mencionado en su Declaración de Independencia proclamada el 14 de Mayo de 1948. Lo cual que provocó una enconada controversia entre los judíos conservadores, que abogaban por una mención aún más clara y ajustada al Salmo 19:14: *"La Roca de Israel y su Redentor"*, y los laicos que rehusaban que hubiera cualquier mención a Dios. Finalmente DAVID BEN-GURION [1886-1973], hombre clave como fundador y futuro primer ministro, logró el compromiso entre ambos para que figurara como "la Roca de Israel".

[110] Jeremías 15:16.

[111] Judas 1:19.

[112] Juan 7:38-39.

3. Y sus experiencias previas de cómo el Señor les ha satisfecho en otras ocasiones, también pueden asimismo alentar a los creyentes a esperar que los satisfaga nuevamente *de meollo y grosura.*

JOHN FRASER [1745-1818]
en uno de sus sermones

Como de meollo y de grosura será saciada mi alma. El verdadero creyente está permanentemente satisfecho, pero sigue constantemente hambriento, pues sigue deseando aquello que ya tiene; nunca experimenta aversión por empacho ni tampoco el tormento del hambre: Hambriento, sigue comiendo; y cuanto más come más anhela seguir comiendo el manjar sagrado.

PEDRO DAMIÁN [1007-1072][113]

Vers. 5-6. David degustaba sus dulces manjares y viandas celestiales en la noche, cuando los ojos de los demás estaban ya cerrados y no podían ver la mesa suculenta que le era enviada desde arriba para su refresco espiritual. Sus meditaciones solitarias le traían más consuelo y solaz de lo que la creación entera podía aportarle: *"Cuando me acuerdo de ti en mi lecho, cuando medito en ti en las vigilias de la noche (...) mi alma queda satisfecha como con meollo y gordura"* (63:5-6). La comunión con Dios en secreto es como un cielo sobre la tierra. ¿Qué alimento es comparable al *"maná escondido"*?[114] Algunos creyentes guardan escondidos en sus armarios espirituales nutritivos y suntuosos banquetes. Ese pan que los santos comen en secreto, ¡qué agradable es! ¡Ah! ¡No hay extraño a la fe capaz de imaginar la alegría, el gozo y la melodía que encierran, incluso las lágrimas secretas de los santos! Los creyentes encuentran en lugares solitarios ricas minas de oro y plata; extraen joyas preciosas de agujeros secretos; del fondo del océano donde nadie habita. Los naturalistas afirman que los peces que se esconden en agujeros o sepultan en la arena son más dulces y sabrosos. Y los santos tienen a menudo gozo y refrigerio más dulce en secreto, donde tienen para comer carne de la cual el mundo ignora por completo. El olivo, la higuera y la vid no renunciarían a su honra, su dulzura o su alegría para reinar sobre los demás árboles.[115] Y quienes saben lo que es disfrutar de Dios en secreto, no lo abandonarían ni renunciarían a ello para ser reyes o comandantes del mundo entero.

GEORGE SWINNOCK [1627-1673]
"The Christian Man's Calling", 1665

Vers. 6. *Cuando me acuerde de ti en mi lecho, cuando medite en ti en las vigilias de la noche.* *[Cuando me acuerdo de ti en mi lecho, cuando medito en ti en las vigilias de la noche.* RVR*] [Cuando en mi lecho me acuerdo de ti, en ti medito durante las vigilias de la noche.* LBLA*] [Cuando en mi lecho me acuerde de Ti, cuando te susurre en las vigilias de la noche.* BTX*] [En mi lecho me acuerdo de ti; pienso en ti toda la noche.* NVI*] [Si acostado te recuerdo, no duermo pensando en ti.* BLP*] [Recostado, me quedo despierto pensando y meditando en ti durante la noche.* NTV*]*

---

[113] Monje benedictino nacido en Rávena y proclamado cardenal. Impulsor de la reforma de la vida monástica y de la reforma de toda la Iglesia en el siglo XI junto con su amigo el también monje y cardenal HILDEBRANDO ALDOBRANDESCHI [1020-1085], quien fue proclamado posteriormente papa Gregorio VII.

[114] Apocalipsis 2:17.

[115] Jueces 9:8-13.

Cuando me acuerdo de ti en mi lecho. Acostado en su cama, pero despierto, el salmista se dedicó a la meditación, y luego comenzó a cantar. Celebró una fiesta nocturna, y entonó un salmo nocturno.[116] Transformó su dormitorio en oratorio, consagró su almohada, y su alabanza fue un anticipo de aquel lugar del cual está escrito: *"no habrá allí más noche"*.[117] Puede que el desierto fuera el causante de su insomnio, y en tal caso todas las edades están en deuda con él por este Salmo deleitoso. Si las cuitas y afanes del día nos tientan a olvidar a Dios, bueno es que la quietud de la noche nos lleve a recordarle. Si la oscuridad nos lleva a contemplar mejor al Señor, entonces, bendita oscuridad; pues viendo a Dios es como más claro y mejor vemos.

Cuando medito en ti en las vigilias de la noche.[118] Es decir, manteniendo vivo en mi corazón el culto sagrado tal y como lo celebraban los sacerdotes y levitas en el santuario. Tal vez David se había unido en alguna ocasión al grupo de *"los que servís por la noche en la casa del Señor"*,[119] y al no poder estar ahora con ellos en persona, recordando cómo pasaban las horas, se une a los coristas en espíritu, bendiciendo a Jehová como hizo cuando estuvo con ellos. Es probable, además, que desde su tienda real escuchara las voces de los centinelas haciendo el cambio de guardia, y cada vez que las oyera, regresara con solemnidad renovada a sus meditaciones acerca de su Dios. El silencio y oscuridad de la noche resultan agradables al alma deseosa de olvidarse del mundo y elevarse a una esfera superior.[120] Estar absorto en el más sagrado de todos los temas hace que los relojes, que de otra manera siempre resultan lentos y tediosos, se deslicen con increíble rapidez; y que un lecho duro y solitario proporcione un descanso más agradable y sosegado que incluso el propio sueño. Leemos sobre camas de marfil,[121] pero las camas de piedad y devoción son infinitamente mejores. Algunos malgastan la noche en sus deleites, pero no son un ápice de lo felices que son aquellos que por las noches meditan en su Dios.

C. H. SPURGEON

---

[116] Salmo 42:8; 77:4-6; 119:55; 147-148; 149:5

[117] Salmo 22:5.

[118] En hebreo בְּאַשְׁמֻרוֹת *bə'ašmurōwṯ* de אַשְׁמֻרָה *ashmurah,* "vigilia". La versión griega de los LXX o Septuaginta lee ἐν τοῖς ὄρθροις que la Vulgata traduce al latín como *"in matutinis"*, "en las madrugadas". Ver al respecto la nota 25 en el versículo uno (63:1).

[119] Salmo 134:1.

[120] Dicen al respecto los Padres de la Iglesia:

– JUAN CRISÓSTOMO [347-407]: «Hemos de tener a Dios presente en nuestros pensamientos en todo momento, pero de manera especial en aquellos en los que nuestra mente permanece más tranquila porque el cuerpo está en reposo, lo cual nos brinda una mayor oportunidad para recordar los hechos y recriminarnos por nuestras propias acciones. Porque ciertamente, a lo largo del día, las numerosas cuitas y preocupaciones impiden que nos detengamos a meditar; pero durante la noche, cuando nuestra alma permanece sosegada, es el momento propicio para recordar y analizar los hechos; como leemos en otro salmo: *"de lo que decís en vuestros corazones, compungíos en vuestros lechos"* (Salmo 4:4 Vulgata)».

– AGUSTÍN DE HIPONA [354-430]: «Si ni aún tumbados en la cama, en la tranquilidad y silencio de la noche, somos capaces de acordarnos de Dios, ¿qué esperanza hay de que lo hagamos a lo largo del día en medio de la desazón y dificultades del trabajo? ¿rodeados de tensiones y problemas? Pero cuando nos acordamos de Dios durante las horas de descanso, y meditamos en él, nos sentimos protegidos, nos invade un sentimiento de paz, nos levantamos regenerados, y acudimos al trabajo cantando, con nuestras reservas espirituales a rebosar. Es por ello que exclama el salmista a continuación: *"Porque tú has sido mi socorro, y a la sombra de tus alas canto gozoso"*».

[121] Amós 6:4.

Cuando en mi lecho me acuerdo de ti, (y) *en ti medito durante las vigilias de la noche.*[122] Así, la versión en inglés conecta este versículo con el anterior (63:5). Pero la división de las estrofas hace preferible la siguiente traducción, que además evita la necesidad de suplir la "y": *"Siempre que me acuerdo de ti en mi lecho, medito en ti en las vigilias de la noche"*. Es decir, estando en mi cama, el recuerdo de ti me absorbe tanto que soy incapaz de apartar mi mente de ti para para caer en el olvido del sueño; por lo que menudo medito en ti durante toda la noche. Una idea que parecen confirmar otros pasajes: *"Me acordé en la noche de tu nombre, oh Jehová, y guardé tu ley"*.[123] En el original hebreo es יְצוּעָי *yəṣû'āy,* "lechos" en plural; probablemente aludiendo al hecho de que en su desordenada vida en el exilio, rara vez dormía durante muchas noches en la misma cama, sino que por temor sus adversarios dormía en distintos lugares. Había tres vigilias en la noche: la llamada *primera;*[124] la de *medianoche;*[125] y la *tercera* o *vigilia de la mañana;*[126] En el Nuevo Testamento prevalece la costumbre romana de cuatro vigilias.

ANDREW ROBERT FAUSSETT [1821-1910]
"Studies in the cl Psalms their undesigned coincidences with the independent Scripture histories, confirming and illustrating both", 1876

Cuando me acuerdo de ti en mi lecho, cuando medito en ti en las vigilias de la noche. El salmista *"recuerda"* y *"medita"*. Siempre la meditación de cualquier cosa aporta mayor dulzura que el simple recuerdo descarnado. La memoria es el cofre donde guardar una verdad, pero la meditación es el paladar para nutrirse de ella. El recuerdo es como el arca en la que estaba guardado el maná;[127] la meditación es como Israel paladeando ese maná.[128] Cuando David comenzó a meditar en Dios, le resultó dulce como médula. Entre una verdad simplemente recordada y una verdad meditada hay la misma diferencia que pueda haber entre una porción de licor reconstituyente en un vaso y un borracho de licor.[129]

JOHN WELLS [1623-1676]
"The practical Sabbatarian, or, Sabbath-holiness crowned with superlative happiness", 1668

En mi lecho. La cama puede ser un lugar apropiado para el recuerdo de Dios en tres aspectos:

1. Como LUGAR DE LIBRE ELECCIÓN. Allí donde me siento en plena libertad. Cuando tenía intención de recordar a Dios, David elegía su lecho como el lugar más agradable y más conveniente. Cuando el cuerpo se encuentra excesivamente cansado, pero nuestro espíritu cargado de problemas desea entablar comunión con el Señor, lo más adecuado es relajar el cuerpo y "meditar en nuestro corazón sobre nuestro lecho".[130]

---

[122] En la versión inglesa KJV: *"When I remember thee upon my bed, and meditate on thee in the night watches"*.
[123] Salmo 119:55.
[124] Lamentaciones 2:19.
[125] Éxodo 12:29; Jueces 7:19.
[126] Salmo 130:6.
[127] Hebreos 9:4.
[128] Éxodo 16:35.
[129] Dice FRANCISCO LACUEVA [1911-2005] en su versión española del "Comentario de Matthew Henry": «Cuando el sueño huye de nuestros ojos (ya sea por dolor del cuerpo o por preocupación del alma), si pensamos en Dios nuestro espíritu descansa. Una hora de piadosa meditación puede, a veces, hacernos más bien y aportarnos mayor descanso que una hora de sueño (ver al respecto Salmo 4:4; 16:7; 17:3; 119:62)».
[130] Salmo 4:4.

2. Como LUGAR NECESARIO. ¡Al menos en mi cama! dice el salmista. Si debido a las dificultades que atravieso no me es posible hacerlo en ningún otro lugar. Cuando se veía privado del culto público; bien fuera por circunstancias difíciles como las que vivía cuando escribió este Salmo, por enfermedad, o por otro impedimento que lo limitara, David no se olvidaba de su Dios. Lo recordaba incluso en su cama. Una lección que deberíamos aprender.

3. Como LUGAR ADICIONAL. Es decir, en mi cama además de en cualquier otro lugar. No solo me acordaré de ti durante el día en los lugares y horarios habituales, sino también en mi lecho. Aprovecharé toda ocasión y oportunidad para recordarte también allí. Cuando me acuesto para descansar, me encomiendo a ti; y te reconozco y alabo cuando despierto.

THOMAS HORTON [¿?-1673]
"Choice and Practical Exposition upon the 4, 47, 51, and 63 Psalms", 1675

Cuando medito en ti en las vigilias de la noche. En el Tabernáculo se guardaban vigilias nocturnas de alabanza a Dios;[131] y es más que probable que en circunstancias normales David se uniera ocasionalmente a los levitas para guardarlas. Pero ahora no podía hacerlo; por tanto, las guardaba en privado en su lecho, recordando y deseando poder estar entre ellos.

MATTHEW HENRY [1662-1714]
"Commentary on the Whole Bible", 1811

Vers. 7. ***Porque has sido mi socorro, y así en la sombra de tus alas me regocijaré.*** *[Porque has sido mi socorro, y así en la sombra de tus alas me regocijaré.* RVR*] [Porque tú has sido mi socorro, y a la sombra de tus alas canto gozoso.* LBLA*] [Porque Tú has sido mi socorro, así en la sombra de tus alas canto jubiloso.* BTX*] [A la sombra de tus alas cantaré, porque tú eres mi ayuda.* NVI*] [Pues tú eres mi socorro, bajo tus alas me regocijo.* BLP*] [Como eres mi ayudador, canto de alegría a la sombra de tus alas.* NTV*]*

Porque tú has sido mi socorro. La meditación le había refrescado la memoria llevándole a recordar las grandes liberaciones de las que había sido objeto en el pasado. Merece la pena leer más menudo nuestros diarios personales, señalando en particular las ocasiones en las que la mano del Señor nos ha ayudado en medio del sufrimiento, la necesidad, el trabajo o el dilema. Esta es la gran utilidad de la memoria, nos proporciona pruebas de la fidelidad del Señor y nos guía a progresar hacia una confianza creciente en él.

Y así en la sombra de tus alas me regocijaré.[132] Aún la sombra misma de Dios es dulce para el creyente. Nos protegemos de todo temor bajo las alas de águila de Jehová[133], y eso es algo que

---

[131] Salmo 134:1.

[132] En hebreo וּבְצֵל כְּנָפֶיךָ אֲרַנֵּן *ūḇəṣêl kənāp̄eḵā 'ărannên.* Se trata de una expresión hebrea frecuente en los Salmos (17:8; 36:7; 57:1; 61:4; 91:4), pero que no aparece en ningún otro lugar del A.T., excepto en Rut 2:12. La versión griega de los LXX o Septuaginta lee: καὶ ἐν τῇ σκέπῃ τῶν πτερύγων σου ἀγαλλιάσομαι que la Vulgata traduce al latín como: *"Et in velamento alarum tuarum exultabo"*, "Y en la cubierta de tus alas me regocijaré". La versión sefardí de Ferrara lee: *"y en fombra de tus alas cantaré"*. Y la versión caldea o Peshitta: *"cantaré alabanzas a la sombra de tus alas"*.

– FRANCISCO LACUEVA [1911-2005] en su versión española del "Comentario de Matthew Henry" nos dice que: «Su sentido es el de los polluelos que se refugian y resguardan bajo las alas de la gallina. Es deber nuestro el regocijarnos en la sombra de las alas de Dios, es decir, en recurrir a él por medio de la fe y de la oración, de la misma manera que los polluelos recurren, por instinto, a la madre en momentos de peligro».

[133] Éxodo 19:4; Deuteronomio 32:11.

hacemos de modo natural e instintivo porque con anterioridad hemos probado y demostrado tanto su amor como su poder. En Dios estamos no tan solo seguros, sino también felices: nos *regocijamos* tanto como reposamos.

C. H. SPURGEON

Porque has sido mi socorro. El método más seguro y asequible para asirse de Dios es recordando y considerando todo aquello que él ha hecho ya por nosotros; y es el que utiliza aquí David. Su razonamiento es el siguiente: puesto que Dios me ha tratado anteriormente de ese modo esperaré ahora en él del mismo modo. El lenguaje en que Dios habló al hombre, el hebreo, no tiene tiempo verbal presente. Los hebreos no conjugaban los verbos, como hacemos en nuestras lenguas occidentales, en base al tiempo presente, sino que partían del pasado. Dios, en la lengua en que se expresó, parte siempre del pasado, de lo que ya ha hecho. Y ciertamente, qué mejor seguridad puedo tener para el presente o el futuro, que aquella que me aportan las misericordias que Dios ya me ha concedido en el pasado.

ABRAHAM WRIGHT [1611-1690]
"A Practical Commentary or Exposition upon the Book of Psalms", 1661

Porque has sido mi socorro. De esta afirmación, "que Dios ha sido mi socorro en el pasado", saco la siguiente conclusión: Que Dios no me ha dejado abandonado a mi propia suerte, ha acudido a mi socorro y me ha prestado ayuda. No se ha olvidado de mí, me ha socorrido. Pero a la vez ha dejado algo para que yo colabore con él y con su ayuda. Mi seguridad para el futuro se basa en considerar lo que Dios ha hecho por mí en el pasado, cómo me ha liberado, cómo ha acudido en mi ayuda. Pero toda ayuda implica esfuerzo y cooperación entre el Ayudador y el que es ayudado. Dios no me eligió para ser su colaborador; ni me creó, redimió y convirtió para que yo participara en ello; porque todo lo hizo él sin ninguna participación de mi parte. Dios infunde su gracia inicial, el primer impulso, simplemente como un dador; enteramente, todo por sí mismo. Pero luego vienen las gracias subsecuentes en las que yo he de colaborar; que llamamos gracias auxiliares, gracias ayudadoras, y que recibimos cuando nos esforzamos en hacer un buen uso de su gracia inicial.

JOHN DONNE [1573-1631]
"Sermon iv on Psalm 63:7. Preached at St. Paul's January 29", 1625

Porque has sido mi socorro. ¿Cómo y cuándo socorre Dios a los suyos?

1. Socorre a los suyos en el cumplimiento del deber. No hay nada que Dios exija de su pueblo que esté fuera de sus posibilidades; y si lo está, él mismo les ayuda a llevarlo a cabo. No es como los capataces egipcios, que exigían el ladrillo y no les daban paja con que hacerlo.[134]

2. Socorre a los suyos en el conflicto. Cuando Moisés vio a uno de los egipcios que golpeaba a uno de los hebreos, sus hermanos, intervino en su ayuda.[135] Así hace también Dios con nosotros, cuando estamos batallando y luchando con Satanás, que es nuestro enemigo espiritual: el Señor está siempre cerca para ayudarnos. Lo cual debe infundirnos ánimo en nuestra resistencia y oposición, al saber que tenemos un aliado tan poderoso para defendernos y asumir nuestra pelea si es preciso.

3. Socorre a los suyos en la aflicción. Esto es, a sobrellevar con paciencia las cruces que pone sobre ellos. Sufre en sus sufrimientos y se aflige en sus angustias.[136] No les impone cargas que él

[134] Éxodo 5:4-21.
[135] Éxodo 2:11-12.
[136] Isaías 63:9.

mismo no les ayude a llevar y los capacite para soportar. Les ayuda a prevenirlas, a soportarlas y a salir de ellas rescatándoles, rediméndoles y liberándoles.

THOMAS HORTON [¿?-1673]
"Choice and Practical Exposition upon the 4, 47, 51, and 63 Psalms", 1675

Mi socorro. No se limita a enviarnos socorro, sino que él mismo se hace nuestro socorro. Porque nunca hubiéramos podido socorrernos a nosotros mismos, como tampoco ninguna criatura hubiera podido ser nuestro socorro fuera de él.

MATTHEW HENRY [1662-1714]
"Commentary on the Whole Bible", 1811

Mi socorro. Hallamos más aliento en la menor de las bendiciones otorgada a nosotros, que en la más portentosa liberación concedida a un extraño. Por tanto, podemos decir con absoluta certeza que una biblioteca entera de libros biográficos, todos ellos sobre las vidas extraordinarias de los justos, no alcanzaría a proporcionar a un creyente ni una ínfima parte de la seguridad que le pueden aportar los recuerdos de su propia memoria. Está claro, pues, que todos los creyentes, ya sean ricos o pobres, deben dedicarse a recordar y meditar en sus propias experiencias, haciendo lo mismo que hacía David. No hay duda que David conocía bien las historias de Noé, de Abraham, de Jacob, de José, de Moisés; y las biografías de todos de estos eminentes siervos de Dios están llenas de liberaciones extraordinarias y sorprendentes; de demostraciones indubitables de la realidad de las promesas divinas ante las necesidades humanas. Sin embargo, encontrándose él mismo en el desierto, David no recurre a estas historias portentosas en busca de aliento, sino que apela a su propia experiencia. Sus palabras son: *"Porque has sido mi socorro, y así en la sombra de tus alas me regocijaré"*.

HENRY MELVILL [1798-1871]
"Sermons", 1839

En la sombra de tus alas me regocijaré. Como el pájaro se cobija en el follaje frondoso del calor del sol y desde allí canta alegremente, también el creyente entona sus cantos de alabanza a la sombra de las alas de Dios.[137]

AUGUST FRIEDRICH THOLUCK [1799-1877]
"A Translation and Commentary of the Book of Psalms for the Use of the Ministry and Laity of the Christian Church", 1856

Vers. 8. *Está mi alma apegada a ti; tu diestra me ha sostenido.* *[Está mi alma apegada a ti; tu diestra me sostiene.* RVR*] [A ti se aferra mi alma; tu diestra me sostiene.* LBLA*] [Mi alma está apegada a Ti y te sigue, tu diestra me sostiene con vigor.* BTX*] [Mi alma se aferra a ti; tu mano derecha me sostiene.* NVI*] [Estoy adherido a ti, tu diestra me sostiene.* BLP*] [Me aferro a ti; tu fuerte mano derecha me mantiene seguro.* NTV*]*

[137] Salmo 17:8; 57:1; 61:4; Mateo 23:37.

Está mi alma apegada a ti.[138] El sentido literal del hebreo es de "encolada" o fijada con pegamento.[139] Seguimos los talones del Señor, porque somos uno con él. ¿Quién nos separará de su amor?[140] Y si bien no podemos caminar con él a su ritmo, con pasos iguales, iremos cuanto menos detrás suyo, todo lo cerca que nos permitan nuestras limitadas fuerzas, jadeando ardientemente para alcanzarlo y permanecer en su compañía. Quienes ponen sus anhelos en seguir al mundo, acaban hundiéndose en una zanja; pero no hay ansia excesiva cuando de lo que se trata es de buscar la comunión con el Señor.

Tu diestra me sostiene. De otra manera le hubiera sido imposible seguir al Señor con tal constancia; es más, y ni tan siquiera habría experimentado el anhelo de hacerlo. Aquí menciona el poder divino, al que con tanta frecuencia se refiere en este Salmo y los precedentes, como la verdadera fuente del apego del creyente a Dios. ¡Cuán fuertes nos sentimos cuando el Señor obra en nosotros y nos sostiene con su diestra, y cuán totalmente desamparado si no contamos con ella!

C. H. SPURGEON

A ti se aferra mi alma; tu diestra me sostiene. Este es el lenguaje propio del justo en las peores circunstancias: porque cuando pierde su proximidad a Dios, su alma queda desasosegada hasta que se acerca de nuevo y se aferra a él con todas sus fuerzas. Es también su lenguaje en las mejores circunstancias: porque cuando saborea y goza al máximo de Dios, su alma quiere conocerle aún más y gozar de él más profundamente. Pero en especial puede considerarse como el lenguaje de un alma afligida y que busca; no hundiéndose bajo el peso de su carga, sino anhelando fervorosamente su liberación y apoyándose en la perspectiva de conseguirla; lo que se deduce de las palabras que siguen a continuación: *"Tu diestra me sostiene"* (...) Analizaremos, por tanto, qué implica que el alma se aferre a Dios, y luego nos preguntaremos los motivos.

1. Aferrarse a Dios supone:
   a. UNA RELACIÓN ANTERIOR. Un bien desconocido, pese a ser deseable en sí mismo, no puede ser objeto del deseo. Por tanto, cuando Dios brilla en el corazón es para darle la luz del conocimiento de su gloria en el rostro de Jesucristo, como fundamento de todas las acciones de la gracia, y de manera especial, como fuente de todos los deseos fervientes de aferrarse a él.
   b. UN DESEO INTENSO Y ARDIENTE. Aferrarse a Dios no parte de deseos fríos y lánguidos, sino de anhelos insaciables de comunión con él y de conformarse a su voluntad.

[138] En hebreo דָּבְקָה נַפְשִׁי אַחֲרֶיךָ *dāḇəqāh napšî 'aḥăreḵā* de דָּבַק *dabaq,* "pegado, aferrado". La versión griega de los LXX o Septuaginta lee: ἐκολλήθη ἡ ψυχή μου ὀπίσω σου que la Vulgata traduce como: *"Adhaesit anima mea post te",* "Mi alma se apego a ti". SCHÖKEL traduce: *"Mi aliento se pega a ti".* KRAUS: *"Mi alma se aferró a ti".* La versión sefardí de Ferrara: *"Pegofe mi alma empos ti".* La versión Caldea o Peshitta se aparta bastante del texto masorético: *"Mi alma ha ido en pos de ti".* FELIPE SCIO DE SAN MIGUEL [1738-1776] en su versión española de la Vulgata lo explica con la siguiente nota: «Por medio de la fe mi alma esta unida a ti tan inseparablemente que depende completamente de ti, y te busca siempre con amor y constancia a cada instante».

[139] Dice AGUSTÍN DE HIPONA [354-430]: «*"Pegada a Dios"* ¿Con qué pegamento? Con el del amor. Exhala amor y tu alma permanecerá adherida a Dios, porque *"Dios es amor"* (1 Juan 4:8). No en igualdad con Dios, sino en pos de Dios, de modo que sea él quien lidere y tu le sigas. No trates de adelantarte y preceder a Dios, viviendo según tu propio albedrío, porque serás rechazado, como Pedro cuando pretendió darle consejos a Cristo (Mateo 22:23); ni tampoco rezagado, no sea que te apartes y caigas en las trampas del enemigo: detrás de él, sí, pero aferrado a él, para que así: *"su diestra te sostenga"*».

[140] Romanos 8:35.

c. UN ESFUERZO CONSIDERABLE. *"A ti se aferra mi alma"*, dice el salmista: *"a ti"*. El objeto de su afán no es ni el cielo ni la tierra, sino Dios mismo. Pone su listón al máximo. Los deseos de un alma verdaderamente renovada no son lentos ni ineficaces; la llevan a emplear todos los medios a su alcance, y cuantos sacrificios y esfuerzos sean necesarios para la consecución de su objetivo.

2. Analicemos ahora los motivos por los que David esta decidido a aferrarse a su Dios.
   a. Se sentía acosado por la culpa y la angustia.
   b. Se sentía acosado por sus enemigos. Y por Satanás, que había logrado hacerle resbalar y caer en más de una ocasión.
   c. Se sentía acosado por su apego natural a otras cosas carentes de propósito.
   d. Pero por encima de todo ello, contaba con en sentido de atracción poderosa que le aportaba la gracia divina.

BENJAMIN BEDDOME [1717-1795]
en un sermón titulado *"The Christian's Pursuit"* en *"Short Discourses"*, 1809

Está mi alma apegada a ti. En hebreo דָּבְקָה נַפְשִׁי אַחֲרֶיךָ *dāḇəqāh napšî 'aḥărekā.* El sentido primario del verbo hebreo דָּבַק *dabaq* en latín es *"agglutinavit"*, "pegarse"; y de ahí pasa a los otros sentidos figurados como "adherirse, aferrarse, asociarse"; y de modo particular "estar unido firmemente a alguien con un afecto intenso": *"Por tanto, dejará el hombre a su padre y a su madre, y se unirá a su mujer, y se harán una sola carne"*;[141] el verbo hebreo es דָּבַק *dabaq:* וְדָבַק בְּאִשְׁתּוֹ *wəḏāḇaq bə'ištōw, "se unirá a su mujer"*, es decir, unido y adherido a su esposa con el afecto más sólido y permanente. Por tanto, lo que está diciendo el salmista es que su alma se adhería a Dios con el afecto más estrecho y cálido, suspirando por ofrecerle sacrificio de alabanza en su santuario.[142]

SAMUEL CHANDLER [1693-1766]
"A Critical History of the Life of David", 1766

Está mi alma apegada a ti. En hebreo דָּבַק *dabaq*, "aderida". La Vulgata traduce: *"adherescit anima mea post te"*, "Mi alma se adhiere a ti", como hacen las cosas que cuelgan de otra. Según nos dicen los eruditos se trata de una raíz hebrea bastante frecuente en la Escritura;[143] y en este caso lo que nos importa es el mensaje que nos transmite acerca de la actitud del espíritu de David y la intensidad de su relación con Dios: su apego era de tal naturaleza, que nada lograría separarle de él: ni la sutileza de Satanás, ni la crueldad de Saúl, ni sus propias crisis personales; pues nada de ello contaba con la fuerza y destreza suficiente como para cortar o desatar el nudo gordiano[144] que le ataba a su Señor. Su espíritu estaba literalmente pegado al de su Dios en un matrimonio indisoluble hecho en el cielo,

---

141 Génesis 2:24.

142 Dice FRANCISCO LACUEVA [1911-2005] en su versión española del "Comentario de Matthew Henry": «*"Está mi alma apegada a ti"* (expresión fuerte; el mismo verbo hebreo de Génesis 2:24), como en un arrobamiento espiritual o mística unión contigo, mientras tu diestra me sostiene, en respuesta al fervor con que me uno a ti».

143 De Génesis 2:24 a Ezequiel 24:9 el verbo דָּבַק *dabaq* ocurre 54 veces.

144 Se refiere a leyenda griega según la cual Gordias, un simple labrador elegido como rey de Frigia, al fundar la ciudad de Gordio ofreció como agradecimiento al templo de Zeus sus antiguas, posesiones de labrador: su carreta, su yugo y su lanza; atando la lanza y el yugo a la carreta con un complicado nudo cuyos cabos se escondían en el interior, y que nadie era capaz de deshacer, asegurando que quien lo consiguiese conquistaría toda Asia. Cuando ALEJANDRO MAGNO [356–323 a.C.] se dirigía a conquistar el Imperio persa, conquisto Frigia, y enfrentado al reto de desatar el nudo gordiano, lo resolvió cortándolo con su espada.

que no puede disolver el diablo. No es de extrañar que sus palabras revelen un nivel tan alto de consagración, siendo que el propio aliento con que hablaba procedía de Dios: *"Tu diestra me sostiene"*.

ALEXANDER PRINGLE
"A Stay in Trouble; or the Saint's Rest in the Evil Day", 1657

A ti se aferra mi alma. El texto original es דָּבְקָה נַפְשִׁי *dāḇəqāh nap̄šî*: *"A ti se adhiere mi alma"*. Como si dijera: ¡Venga, adelante, Dios mío; que yo te sigo de cerca, tan cerca como me es posible: *"e vestigio"*; de inmediato, sin dejar espacio, ni un milímetro de distancia. Sigo tus pisadas una tras otra, apoyado en tus brazos eternos que me sostienen, fijo en la ruta tu me abres![145]

JOHN GIBBON [1629-1718]
"The Morning Exercises at Cripplegate", 1661

A ti se aferra mi alma. El alma apegada a Dios y siguiéndole de cerca. ¿Qué significa esto? Sin duda mucho más que un simple anhelo, una inclinación lánguida y pasiva; o *"el deseo del perezoso, que le mata, porque sus manos no quieren trabajar"*.[146] Evidencia una intensidad de preocupación que lo aguijonea y propulsa con un fervor indescriptible; arrastrando su alma y todo su ser; que justifica todo esfuerzo y sacrificio necesarios, por duros que sean; y que le insta a perseverar en su camino por encima de cualquier dificultad o desaliento. Porque a menudo la distancia es larga, la ruta empinada, la senda agreste, el clima hostil, y los enemigos nos hacen retroceder con fuerza. Por ello a veces perdemos de vista el objetivo, y preguntamos a los que encontramos: *"¿Habéis visto al que ama mi alma?"*.[147] Y cuando lo vislumbramos de nuevo, parece avanzar y avanzar en la misma medida que nosotros, y cuando le ganamos terreno y nos aproximamos, nos da la sensación de que frunce el ceño, y nos dice que nos retiremos. Seguro que los avatares y sentimientos de todo fiel cristiano en el curso de su vida espiritual, le permitirán entender estas alusiones y hacerlas suyas. ¿Quién no ha experimentado como los israelitas *desánimo por el camino*?[148] ¿Quién se ha sentido, como los seguidores de Gedeón, *cansado, mas todavía persiguiendo*?[149] ¿Quién no ha exclamado con frecuencia: *"A ti se aferra mi alma"*?

WILLIAM JAY [1769-1853]
"Morning exercises for the closet: for every day in the year 'January 16th", 1832

Vers. 9. *Pero los que para destrucción buscaron mi alma caerán en los sitios bajos de la tierra.* *[Pero los que buscan mi vida para destruirla, caerán en las honduras de la tierra.* RVR*] [Pero los que buscan mi vida para destruirla caerán a las profundidades de la tierra.* LBLA*] [Pero los que buscan mi alma para destrucción, bajarán a las partes más profundas de la tierra.* BTX*] [Los que buscan mi muerte serán destruidos; bajarán a las profundidades de la tierra.* NVI*] [Quienes desean*

El "nudo gordiano" ha quedado como símbolo tanto de atadura indisoluble, de una dificultad o problema imposible de resolver, como también de la determinación y decisión precisa a la hora de hacerlo.

[145] TOMÁS DE KEMPIS [1380-1471], en su famosa obra devocional "Soliloquio del alma" (que escribió como segunda parte de "La imitación de Cristo") y basada en su mayor parte en textos de los Salmos, hace un énfasis muy especial en este versículo ocho (63:8): *"A ti se aferra mi alma"*.

[146] Proverbios 21:25.

[147] Cantares 3:3.

[148] Números 21:4.

[149] Jueces 8:4.

destruirme acabarán bajo la tierra. BLP*]* *[Pero los que traman destruirme acabarán arruinados; descenderán a las profundidades de la tierra.* NTV*]*

Pero los que buscan mi vida para destruirla.[150] Igual que David buscaba fervientemente a su Dios, así también había en otro orden quienes buscaban su sangre con las mismas ansias. A ellos es a quienes se refiere: *"los que buscan mi vida para destruirla"*. Tenían puesta la mira en su vida, en su honor, en su bienestar; y no meramente para perjudicarle, sino para destruirle por completo. El diablo es un destructor nato, y toda su simiente está ansiosa de cometer el mismo mal; pero así como él lo único que ha logrado con sus astucias ha sido malograrse a sí mismo, así les ocurrirá también a ellos. Los destructores serán destruidos. Aquellos que buscan atrapar las almas caerán víctimas de ellos mismos.

Caerán a las profundidades de la tierra.[151] En las fosas que cavaron para otros se hundirán ellos mismos.[152] Los asesinos caerán asesinados, el sepulcro los cubrirá; y el infierno, que en su maldición invocaron para otros, cerrará sobre ellos sus fauces. Todo golpe dirigido contra el piadoso repercute sobre el perseguidor; quien hiere a un creyente clava un clavo en su propio ataúd.

C. H. SPURGEON

Vers. 9-10. Así como el anhelo del salmista por su Dios era tenaz e inquebrantable, así era también su fe, que en la última parte del Salmo le lleva a predecir, con total seguridad, la derrota final de sus enemigos. Y sus predicciones se cumplieron con bastante exactitud, incluso en la batalla inminente de la cual dependía su propia liberación. Los ejércitos se encontraron en el bosque de Efraín, al otro lado del Jordán, *"y fue derrotado el pueblo de Israel delante de los siervos de David, y la matanza aquel día allí fue grande: veinte mil hombres… y el bosque devoró más gente aquel día que la que devoró la espada"*.[153] Las palabras de David anunciando que *"caerán en las honduras de la tierra. Los destruirán a filo de espada; serán pasto de los chacales"* no habían sido imaginaciones ociosas: las trampas excavadas en el bosque, las espadas de los perseguidores y las numerosas bestias salvajes que tenían allí sus guaridas, todas hicieron con diligencia su trabajo, cada una por su lado. Y el destino fatal del ejército rebelde fue compartido por su líder, que, atrapado en las espesas ramas de un roble, acabó con el corazón traspasado por Joab, y sus jóvenes escuderos acabaron de rematarle;[154]

[150] En hebreo וְהֵמָּה לְשׁוֹאָה יְבַקְשׁוּ נַפְשִׁי *wəhêmmāh ləšōw'āh yəḇaqšū nap̄šî*. La versión griega de los LXX o Septuaginta lee: αὐτοὶ δὲ εἰς μάτην ἐζήτησαν τὴν ψυχήν μου que la Vulgata traduce al latín como: *"Ipsi vero in vanum quaesierunt animam meam"*, "Mas ellos en vano buscaron mi alma". La versión sefardí de Ferrara lee: *"Y ellos para deffolacion bufcaron mi alma"*. La versión caldea o Peshitta: *"los que procuran destruir mi vida"*. SCHÖKEL: *"Los que buscan mi perdición"*. KRAUS: *"los que sin razón buscan mi vida"*.

[151] En hebreo יָבֹאוּ בְּתַחְתִּיּוֹת הָאָרֶץ *yāḇō'ū bəṯaḥtîyōwṯ hā'āreṣ* de תַּחְתִּי *tachti,* "bajo, profundo". La versión griega de los LXX o Septuaginta lee: εἰσελεύσονται εἰς τὰ κατώτατα τῆς γῆς que la Vulgata traduce al latín como: *"introibunt in inferiora terrae"*, "entrarán en lo mas bajo de la tierra". La versión sefardí de Ferrara lee: *"Entraron en baxuras de la tierra"*. La versión caldea o Peshitta: *"entrarán a las partes más bajas de la tierra"*. KRAUS traduce: *"Irán a las profundidades de la tierra"*. SCHÖKEL: *"Entrarán en lo profundo de la tierra"*.

[152] Salmo 7:15; Proverbios 26:27.

[153] 2 Samuel 18:7-8.

[154] 2 Samuel 18:9-15.

no recibió más honores funerarios que ser echado *"en un gran hoyo en el bosque, y levantaron sobre él un montón muy grande de piedras".*[155]

JOSEPH FRANCIS THRUPP [1827-1867]
"An Introduction to the Study and Use of the Psalms", 1860

Vers. 10. *Los destruirán a filo de espada; serán porción de los chacales.* *[Los destruirán a filo de espada; serán pasto de los chacales.* RVR*] [Serán entregados al poder de la espada; presa serán de las zorras.* LBLA*] [Serán entregados al poder de la espada, y vendrán a ser presa de chacales.* BTX*] [Serán entregados a la espada y acabarán devorados por los chacales.* NVI*] [Quedarán a merced de la espada, serán presa de chacales.* BLP*] [Morirán a espada y se convertirán en comida de chacales.* NTV*]*

Los destruirán a filo de espada.[156] Así acabaron los enemigos de David. Todos los que empuñan espada a espada perecerán;[157] cuando llegue su día malo los hombres sanguinarios sentirán cómo la vida se les escapa brotando desde su interior, experimentarán en propia persona los horrores de la muerte.

Serán pasto de los chacales.[158] Porque ni siquiera merecen ser comida de los leones, los zorros husmearán sus cadáveres y los chacales festejarán devorando sus despojos. Sin sepultura y sin honra, serán carne para los perros de la guerra.[159] Es frecuente ver como algunos entre los malvados tienen un final tan horrible que evidencia la realidad de la justicia retributiva. Y aunque la gran retribución

[155] 2 Samuel 18:17.

[156] En hebreo יַגִּירֻהוּ עַל־יְדֵי־חָרֶב *yaggîruhû 'al-yəḏê- ḥāreḇ.* La versión griega de los LXX o Septuaginta lee: παραδοθήσονται εἰς χεῖρας ῥομφαίας que la Vulgata traduce al latín como: *"Tradentur in manus gradii",* "Serán entregados en manos de espada". La versión sefardí de Ferrara lee: *"Haran correr (fu fangre) por tajos de efpada".* La versión caldea o Peshitta: *"serán exterminados a espada".* KRAUS aclara que el sentido es: *"serán abandonados a merced de la espada"* (Jeremías 18:21; Ezequiel 35:5). SCHÖKEL: *"Serán entregados a la espada".* La versión inglesa KJV traduce: *"They shall fall by the sword",* "Caerán por la espada".

[157] Mateo 26:52.

[158] En hebreo מְנָת שֻׁעָלִים יִהְיוּ *mənāṯ šu'ālîm yihyû* de שׁוּעָל *shual,* "zorro, chacal". La versión griega de los LXX o Septuaginta lee: μερίδες ἀλωπέκων ἔσονται que la Vulgata traduce al latín como: *"partes vulpium erant",* "ración serán de raposas". La versión sefardí de Ferrara lee: *"parte de rapofos feran".* La versión caldea o Peshitta: *"y serán alimento para los zorros".* KRAUS traduce: *"Presa serán de los chacales".* SCHÖKEL: *"y echados como pasto a las raposas".* Respecto a este versículo dice FRANZ DELITZSCH [1813-1890]: «Habiéndose visto obligado a tener que abandonar Jerusalén y refugiarse en el desierto con los chacales, David predice aquí el fin de sus enemigos en condiciones paralelas: él había sido obligado a huir y convivir con los chacales; ellos serían *"pasto de los chacales",* algo confirmado en 2 Samuel 18:7».

[159] En el original *"the dogs of war",* "los perros de la guerra", una expresión procedente de la obra de WILLIAM SHAKESPEARE [1564-1616] en el Acto III, Escena I, línea 273, de la obra *"The Tragedie of Julios Cesar",* "La tragedia de Julio César", donde Marco Antonio ante el cadáver del emperador asesinado exclama: *"Cry 'Havoc!', and let slip the dogs of war",* "Grita 'Havoc' y suelta los perros de la guerra". La palabra *"Havoc",* que significa "caos, devastación, estrago", hace referencia a una ley militar romana que autorizaba el saqueo y pillaje después de la victoria. La frase shakesperiana guarda un paralelismo con otra escena de *"Henry v",* Enrique v, en la que el rey tiene listos y esperando sus órdenes unos perros llamados "Hambre, Espada y Fuego". El sentido que le da Spurgeon es de que tras la batalla y la derrota los cuerpos abandonados y sin sepultura de los hombres sanguinarios serán pasto para el pillaje, la suerte más triste y deplorable para un ser humano.

equitativa está reservada para la vida venidera, ya en esta, algunas de las actuaciones comunes de la providencia evidencian ocasionalmente ante los ojos de todo el pueblo la acción implacable de la espada vengadora.

C. H. SPURGEON

Los destruirán a filo de espada. El verbo hebreo יַגִּירֻהוּ *yaggîruhū* de נָגַר *nagar* se aplica normalmente al agua que se derrama, que cae de una fuente o una cascada: *"somos como el agua derramada en tierra que no se vuelve a recoger";*[160] o *"mis ojos destilan y no cesan",*[161] utilizan el mismo verbo. Pero aquí, por la mención inmediata a la espada, entendemos que se refiere al derramamiento no de agua sino de sangre, y pese a estar en la tercera persona del plural, en sentido activo, es propio del idioma hebreo que se interprete en sentido pasivo: *"se derramarán por mano de espada",* es decir, serán derramados por el filo de la espada, entendiendo en este caso que con el termino יְדֵי *yəḏê* de יָד *yad,* "mano" se refiere al filo de la espada.

HENRY HAMMOND [1605-1660]
"Paraphrase and Annotations on Book of Psalms", 1659

Presa serán de las zorras. Los animales fueron dados al hombre para su alimento, pero aquí vemos que los hombres son dados a las bestias como presa.[162] Lamentable espectáculo el de contemplar a las criaturas más viles festejar devorando la carne de los más nobles, despedazando los cuerpos que albergaron la más valiosa de las joyas de la naturaleza. ¿Acaso no contraviene las leyes de la propia naturaleza que el hombre sea carne para las fieras? ¿No es la carne de estos animales la que debe ser considerada como carroña en lugar de la del hombre? Sin lugar a dudas, pero circunstancialmente la naturaleza da su consentimiento a esta clase de castigo por crímenes cometidos contra ella. Porque es conforme a razón, que la ley de la naturaleza sea alterada y quebrantada como castigo de aquellos que la quebrantan con su pecado; que los que devoran a los hombres como fieras sean devorados por las fieras; que aquellos que con sus manos causan violencia antinatural quebrantando las leyes de su Soberano, sufran el desgarro y las dentelladas de las bestias salvajes, en principio sometidas a ellos;[163] y que aquellos que albergan un chacal en su corazón durante toda su vida sean devorados por un chacal a la hora de su muerte. San Agustín, en su exposición de toda esta profecía aplicándola a Cristo, plantea una razón peculiar para este justo juicio de Dios, por el cual los judíos fueron condenados a los chacales. «Los judíos –dice Agustín- mataron a Cristo para evitar perder su país; pero en realidad hicieron todo lo contrario: perdieron su país; porque mataron a Cristo; porque rehusaron al Cordero de Dios prefiriendo por encima de él a Herodes, un zorro;[164] por lo que en justa retribución del Todopoderoso fueron entregados a los zorras como su porción». Aunque a pesar de esta alusión de San Agustín a los zorros en particular, Jansenius[165] y otros expositores extienden, como yo, que la profecía abarca todas las bestias salvajes y aves carroñeras, que son coetáneas con el zorro, y tienen pleno poder y libertad de apoderarse de los cadáveres de los traidores a Dios y a su patria; pero el salmista

---

[160] 2 Samuel 14:14.
[161] Lamentaciones 3:49.
[162] Génesis 1:30.
[163] Génesis 2:19-20.
[164] Lucas 13:32.
[165] Se refiere al exégeta católico holandés CORNELIUS JANSENIUS [1510-1576] y su obra *"Commentarius in omnes Psalmos Davidicos",* 1569.

menciona las zorras porque abundaban en aquellas tierras, puesto que Sansón en un santiamén agarró trescientas.[166]

DANIEL FEATLEY [1582-1645]
"Clavis Mystica", 1636

Serán pasto de los chacales. Si el cuerpo de un ser humano fuera abandonado en el campo, ciertamente los chacales dejarían poco del mismo; y no es de extrañar que antiguamente, en tiempo de guerra, después de las batallas estos animales celebraban verdaderos festines una vez los ejércitos se habían retirado. Es a esta propensión depredadora del chacal a la que se refiere David, dado que probablemente él mismo, un hombre de guerra que había combatido en muchos campos de batalla, contempló en más de una ocasión centenares de cadáveres mutilados por esos merodeadores nocturnos.

JOHN GEORGE WOOD [1827-1889]
"Bible Animals", 1869

Presa serán de las zorras. Qué sentencia tan terrible la que pronuncia David sobre los que buscan el alma de los justos para destruirla: *"Presa serán de las zorras"*; o lo que es igual, de los chacales. Estos animales, cuando se ven acuciados por el hambre, escarban alrededor de las tumbas, y cuando devoran sus presas luchan entre sí. Su banquete máximo son los despojos que quedan sobre el campo después de la batalla. ¡Oh!, no quiero imaginar siquiera al pobre que habiendo caído herido por la espada, queda tirado en el suelo y es despedazado, roído y descuartizado por estos repugnantes animales, ¡ni en mis peores pesadillas![167]

WILLIAM MCCLURE THOMSON [1806-1894]
"The Land and the Book or, Biblical illustrations drawn from the manners and customs, the scenes and scenery, of the Holy Land", 1886

Vers. 11. ***Pero el rey se alegrará en Dios; será alabado cualquiera que jura por él; porque la boca de los que hablan mentira será cerrada.*** *[Pero el rey se alegrará en Dios; será alabado cualquiera que jura por él; porque la boca de los que hablan mentira será cerrada.* RVR*] [Mas el rey se regocijará en Dios; y todo el que por Él jura se gloriará, porque la boca de los que dicen mentiras será cerrada.* LBLA*] [Pero el rey se regocijará en Elohim, y cualquiera que jura por Él será alabado, porque la boca de los que hablan mentiras serán tapadas.* BTX*] [El rey se regocijará en Dios;*

[166] Jueces 15:4-5.

[167] Observará el lector que algunas versiones traducen שֻׁעָלִים *šu'ālîm* de שׁוּעָל *shual* por "chacales" mientras que otras lo hacen por "zorros" o "raposas". Se trata de un vocablo poco usual que ocurre solo siete veces: Jueces 15:4; Nehemías 4:3; Salmo 63:10; Cantares 2:15; Lamentaciones 5:18; y Ezequiel 13:4, y cuyo significado exacto se desconoce, por lo que es preciso deducirlo del contexto. En algunos casos, como es el de Sansón en Jueces 15:4 o el de Cantares 2:15, parece evidente que se trata de zorras o raposas; pero en otros casos como Lamentaciones 5:18 o Ezequiel 13:4 el contexto parece favorecer más bien la idea de chacales. A los interesados en profundizar sobre las costumbres de las zorras y los chacales en los tiempos bíblicos, les aconsejamos la obra del biólogo cristiano Dr. ANTONIO CRUZ *"Gran Enciclopedia Ilustrada de Animales y Plantas de la Biblia"*, publicada por CLIE.

todos los que invocan a Dios lo alabarán, pero los mentirosos serán silenciados. NVI*] [Y el rey se alegrará en Dios, se gozará quien juró por él y enmudecerán los mentirosos.* BLP*] [Pero el rey se alegrará en Dios; todos los que juran decir la verdad lo alabarán, mientras que los mentirosos serán silenciados.* NTV*]*[168]

Mas el rey se regocijará en Dios. Los usurpadores se desvanecerán, pero el ungido del Señor florecerá y su prosperidad será públicamente reconocida como don divino. El rey no fallará en ofrecer su acción de gracias alegre y gozosa: su trono, bien establecido, será parte del señorío superior del Rey

[168] Un versículo difícil. En hebreo וְהַמֶּלֶךְ֮ יִשְׂמַ֪ח בֵּאלֹ֫הִ֥ים יִ֭תְהַלֵּל כָּל־הַנִּשְׁבָּ֣ע בּ֑וֹ כִּ֥י יִ֝סָּכֵ֗ר פִּ֣י דֽוֹבְרֵי־שָֽׁקֶר *wəhammelek yiśmaḥ bêlōhîm yiṯhallêl kāl-hannišbā‘ bōw kî yissākêr pî ḏōwḇrê-šā-qer.* La versión griega de los LXX o Septuaginta lee: ὁ δὲ βασιλεὺς εὐφρανθήσεται ἐπὶ τῷ θεῷ, ἐπαινεσθήσεται πᾶς ὁ ὀμνύων ἐν αὐτῷ, ὅτι ἐνεφράγη στόμα λαλούντων ἄδικα que la Vulgata traduce al latín como: *"Rex vero laetabitur in Deo; laudabuntur omnes qui jurant in eo: quia obstructum est os loquentium iniqua"*, "Mas el Rey se alegrará en Dios, alabados serán todos los que juran por él; pues fue tapada la boca de los que hablan cosas inicuas". La versión sefardí de Ferrara lee: *"Y el Rey fe alegrarà en el Dio, alabarfea todo juràn en el, porque fera cerrada boca de hablantes falfedad"*. La versión caldea Peshitta: *"Pero el rey se regocijará en Dios, y se gloriará todo el que jure por Él, pues la boca de los engañadores será cerrada"*. KRAUS traduce: *"¡Gócese el rey en Yahvé, gloríese el que jura por él! ¡Sí, a los embusteros se les cerrará la boca!"*. SCHÖKEL: *"Pero el rey celebrará a Dios, se gloriarán los que juran por él, cuando tapen la boca a los mentirosos"*.

¿Cómo hemos de entender la segunda frase cuando dice: *"será alabado cualquiera que jura por él"*? ¿Jura por Dios o jura por el rey? El tema ha sido objeto de discrepancias e intensos debate, hasta el punto que algunas versiones actuales, como la NVI, han optado por obviar toda mención al juramento y traducir: *"El rey se regocijará en Dios; todos los que invocan a Dios lo alabarán"*. Pero ni el הַנִּשְׁבָּע *hannišbā‘* de שָׁבַע *shaba* del texto hebreo masorético, que significa textualmente "jurar", ni el ὀμνύων griego de la Septuaginta lo apoyan. Eso es lo que dicen los exégetas:

– FRANZ DELITZSCH [1813-1890] indica que desde una perspectiva de sintaxis lingüística se puede entender legítimamente de cualquiera de las dos maneras; pero dentro del contexto cultural y religioso de Israel jurar por el rey sería inaceptable: *"A Jehová tu Dios temerás, y a él solo servirás, y por su nombre jurarás"* (Deuteronomio 6:13. Ver también Isaías 65:16; Amós 8:14)) y menos aún dentro del Salmo. Por tanto, la única interpretación que cabe es: 'Cualquiera que se vuelva hacia Elohim y jure por él, por el Dios de Israel, el Dios de David su ungido, y lo reconozca como el Ser exaltado sobre todas las demás cosas *"se gloriará"*, porque el tiempo y hechos demostrarán lo acertado de tal decisión'. Así es como lo entendieron los Padres de la Iglesia extrayendo de ello una clara y abundante interpretación cristológica.

– FRANCISCO LACUEVA [1911-2005] en su versión española del "Comentario de Matthew Henry", dice lo siguiente: «La vuelta de David había de ser el consuelo de sus amigos: *"Será alabado cualquiera que jura por él"* (por David), esto es, que le presta juramento de pleitesía y vasallaje; o, más probable, *"cualquiera que jura por Él"* (Dios), con lo que se compromete solemnemente en algo que es digno de tal juramento y se hace con la más pura intención; ese tal será alabado, al ser premiado con una manifestación de la salvación que Dios otorga. Los que de todo corazón abrazan la causa de Cristo, se gloriarán también en su victoria. Si sufrimos con Él, también reinaremos con Él (Romanos 8:17)».

de reyes; se regocijará únicamente en su Dios; y cuando sus súbditos le griten *"Io triumphe"*,[169] les ordenará que entonen un *"Te Deum"*.[170]

Y todo el que por él jura se gloriará. Sus fieles seguidores disfrutarán de sobrados motivos de triunfo; jamás tendrán que ruborizarse por el juramento de su lealtad. Es posible también que *"jurar por él"*, significara adhesión a Dios, invocación, o adoración. Los paganos juraban por sus dioses, y los israelitas invocaban a Jehová para que testificara de su aseveración. Por tanto, todos cuantos tuvieran al Señor como su Dios tendrían razones para glorificarse cuando se demostrara que era Defensor de la causa justa del rey y Destructor de los traidores.

Porque la boca de los que dicen mentiras será cerrada. Cuanto antes mejor. Y si no por la vergüenza, el temor, o la razón, sea cerrada por las paladas de tierra del sepulturero; porque el mentiroso es un diablo humano, una maldición para los hombres y maldito por Dios que ha dicho que: *"todos los mentirosos tendrán su herencia en el lago que arde con fuego y azufre"*.[171] Ved aquí la diferencia entre la boca que alaba a Dios y la que fragua mentiras; la primera jamás será cerrada, sino que cantará para siempre; la segunda será taponada ante el tribunal de Dios. ¡Oh Señor, a ti, y a tu verdad buscamos; líbranos de toda malicia y difamación, y revélate a nosotros tal y como eres, por amor de Jesús. Amén.

C. H. SPURGEON

Y todo el que por él jura se gloriará. Básicamente el significado es que todos aquellos que se presentarían ante David, como rey, para prestarle juramento de lealtad, se gloriarán en su victoria. Aunque también puede significar *"quien jura por él"*, es decir, por el bendito nombre de Dios, y no por los ídolos: *"A Jehová tu Dios temerás, y a él solo servirás, y por su nombre jurarás"*.[172] En este último caso se estaría refiriendo a toda gente piadosa que en el futuro hiciera una profesión pública y sincera del nombre de Dios: se gloriarán en Dios; y se gloriarán en David y en sus victorias y progresos en la fe: *"Los que te temen me verán, y se alegrarán, porque en tu palabra he esperado"*.[173] Aquellos que abrazan la causa de Cristo, se gloriarán por fin en su victoria: *"Si sufrimos con él, también reinaremos con él"*.[174]

MATTHEW HENRY [1662-1714]
"Commentary on the Whole Bible", 1811

[169] IO TRIUMPHE es un grito de aclamación en latín, que procede de los poemas del escritor romano HORACIO [65-27 a.C.], aunque algunos creen que su verdadero origen está en la obra de EURÍPIDES [480-406 a.C.], *"Ifigénia en Tauris"*. Significa "Salve, triunfadores" o "Saludamos a los vencedores", y se utilizaba para aclamar tanto a los conquistadores militares como a los atletas en los juegos cuando desfilaban victoriosos. Algunas universidades modernas lo adoptaron para aclamar a los estudiantes que terminan su carrera.

[170] TE DEUM son las dos primeras palabras latinas de uno de los primeros himnos cristianos de acción de gracias, que comienza diciendo: *"Te Deum laudamus te Dominum confitemur"*, "A Ti, oh Dios, te alabamos, a Ti Señor, te reconocemos". Es un canto alegre y festivo, que suele entonarse en las grandes celebraciones, fiestas litúrgicas, coronación de reyes, bodas, etc. Compuesto originalmente en latín, se atribuye a SAN AMBROSIO DE MILÁN [340-397], por lo que se suele denominar como "Himno Ambrosiano". Dice la leyenda que lo compusieron en común San Ambrosio y San Agustín en el año 387, cuando Agustín fue bautizado por Ambrosio, pero es probable que sea mucho más antiguo y tenga sus orígenes en la Iglesia Primitiva.

[171] Apocalipsis 21:8.

[172] Deuteronomio 6:13-15.

[173] Salmo 119:74.

[174] 2 Timoteo 2:12.

SALMO 64

Súplica pidiendo protección

Título: *"Al músico principal.* De entrada el cántico queda bajo la responsabilidad de líder del coro. Bueno sería que todos los *músicos principales* de nuestras congregaciones llevaran a cabo su labor con solemnidad y la valoraran como un deber y un privilegio; el llamamiento a dirigir el canto sagrado del pueblo de Dios es una función muy importante, y la responsabilidad no es en modo alguno baladí.

Salmo de David. Su vida estaba llena de conflictos,[1] y raramente terminaba un Salmo sin mencionar a sus enemigos.[2] En este caso concreto la súplica en su contra ocupa prácticamente todo el salmo.[3]

C. H. Spurgeon

Estructura: En los versículos uno al seis (64:1-6), describe las crueldad y las artimañas de sus enemigos: del siete al diez (64:7-10), profetiza su derrocamiento.[4]

C. H. Spurgeon

---

[1] Incluso entre los comentaristas y exégetas de la antigüedad no hay un consenso respecto a qué etapa en la vida de David cabe aplicar este Salmo, razón por la que Hilario de Potiers [316-367] en su *"Tractatus super Psalmos i-ixi"*, renuncia a encajarlo y lo etiqueta como: *"Salmi superscriptio historiam non continet"*. (Ver al respecto la nota 11 al comentario de John Gill [1697-1771]). Franz Delitzsch [1813-1890] puntualiza sin embargo que solo porque no podamos encajarlo con absoluta certeza en algún momento concreto de la vida de David, de la cual conocemos tan solo una pequeña parte y desconocemos la mayoría de detalles, no es base suficiente para dudar que fuera escrito por David, tal como se establece en el título.

[2] Atanasio de Alejandría [296-373] en su carta a su discípulo Marcelino sobre la naturaleza y valor de los salmos le dice refiriéndose a este salmo: «Si aún al desierto te siguen los enemigos sin darte tregua, y persisten en sus conjuras contra ti, buscándote sin descanso día y noche, no te amedrantes, por muchos que ellos sean y tenaces en su empeño, ya que sus mismos dardos se volverán contra ellos, y simples flechas de juguete te bastarán para derribarlos si entonas confiado el Salmo 64». El Tomo I de "El Tesoro de David" incluye una traducción completa de la Carta de Atanasio a Marcelino. [Tomo I - pp. 50].

[3] Schökel lo describe en estos términos: «En este Salmo el proceso de situación peligrosa y subsecuente liberación está estilizado como una batalla, con un ataque bien preparado y un contrataque fulminante, que tienen lugar ante un público sobrecogido. La batalla incluye tácticas de ocultamiento y de agresión. Y un juego de correspondencias indican que el contrataque sucede en el mismo terreno y con las mismas armas empleadas por el enemigo. (…) Al final todo se hace público: וַיַּגִּידוּ *wayyaggîḏū "anunciarán la obra"* (64:9), reconociendo los espectadores al protagonista de la victoria. Al orante no le ha sido necesario actuar, tan solo confiar y contemplar; tomar como lema lo que formuló Isaías 30:15: *"En la serenidad y la confianza está vuestra fuerza"*, o bien Éxodo 14:14: *"El Señor peleará por vosotros mientras vosotros esperáis en silencio"*». [*Salmos, Tomo I, 1-72,* Editorial Verbo Divino, Estella, Navarra, 1992].

[4] Francisco Lacueva [1911-2005] en su versión española del "Comentario de Matthew Henry" hace el siguiente resumen: «Todo el salmo hace referencia a los enemigos de David, a sus perseguidores y calumniadores. I. Ora a Dios que le preserve de los malvados planes que tramaban contra él (64:1-2). II. Los presenta tales cuales son: malvados, perversos (64:3-6). III. Predice, mediante el espíritu de profecía, su destrucción.(64:7-10).

Versión poética:

EXAUDI DEUS ORATIONEM MEAM CUM DEPRECOR

Oye, Señor, el ruego que te hacen
de mi acerbo dolor los alaridos,
y líbrame del miedo que me causan
tantos y tan terribles enemigos.

No hay más que tú que pueda protegerme
contra la magnitud de estos inicuos,
que se coligan todos en mi daño,
arrebatados con furor maligno.

Su venenosa lengua está aguzada
como una espada de cortante filo,
y me quieren herir por todas partes
con calumnias, con mofas y artificios.

Siempre tienen el arco preparado,
y de mortales flechas guarnecido,
enarboladas para dispararlas
contra el pobre inocente de improviso.

Cuando menos se piensa le disparan
de un golpe solo sus violentos tiros,
sin que temor alguno los contenga,
porque tan tercos son, como atrevidos.

Entre sí se consultan sobre el modo
de tenderme sus redes escondidos,
y para sostenerse en su malicia
dicen ¿quién podrá nunca descubrirnos?

Con tal trabajo me han escudriñado,
por el ansia de hallarme algún delito,
que llegaron por fin hasta cansarse
de su examen inútil y prolijo.

El hombre vano y ciego se consume
por poder alcanzar a lo divino,
y exalta más a Dios, pues que se burla
de su loco insensato desvarío.

Las heridas que me hacen son tan leves
como flechas tiradas por los niños,

más tú harás que los golpes de su lengua
vengan a recaer sobre ellos mismos.

Y aquellos que los vean castigados
contentos quedarán, aunque aturdidos,
y temerán al Dios omnipotente,
que contra ellos volvió sus propios tiros.

Conocerán la mano poderosa
de que todos sus males han salido,
y extenderán la gloria de su nombre,
publicando sus obras y prodigios.

El justo alegre de dará las gracias,
en su esperanza más fortalecido,
y por fin cantarán sus alabanzas
los corazones rectos y sencillos.

DEL "SALTERIO POÉTICO ESPAÑOL", SIGLO XVIII

Salmo completo: El rabino Abdías[5] aplica este salmo a Amán y Mardoqueo. El enemigo es Amán, el hombre justo al que este dispara sus dardos es Mardoqueo; respecto al cual Amán se confabulo con sus amigos para ponerle lazos y encontrar diligentemente causas contra él y contra su pueblo,[6] pero que se volvieron contra él propiciando su propia destrucción.[7] El antiguo *Midrash*[8] judío lo aplica a Daniel, cuando fue arrojado a foso de los leones;[9] y Jarchi[10] supone que David, arrebatado por un espíritu de profecía, ora en favor de Daniel, que era de su simiente; puesto que todo el salmo encaja maravillosamente con ese relato. Daniel es en este caso el hombre justo; los enemigos son los príncipes de la corte de Darío, que confabularon contra él, se esforzaron en tenderle lazos, y se salieron aparentemente con la suya, pero su éxito demostró ser su propia ruina. Pero en cualquier caso, no

[5] Se refiere a al rabino OBADIAH BEN ABRAHAM BARTENURA [1445-1515], bien conocido por su comentario popular a la *Misná,* comúnmente conocido como "El Bartenura" o Bertinoro, nombre de la pequeña población en la ciudad italiana donde ejerció su ministerio, en la provincia de Forlì-Cesena, y que se le añadió a sus apellidos como sobrenombre.

[6] Ester 3:5-15; 5:10-14.

[7] Ester 6:10-13; 7:9-10.

[8] Se refiere probablemente a la MIDRASH TEHILIM O MIDRÁS DE LOS SALMOS, una midrás haggádica conocida desde el siglo XI cuando fue citada por el rabino NATHAN BEN JEHIEL [1035-1106], también conocido como Nathan de Roma. La palabra tiene su origen del verbo hebreo דָּרַשׁ *darash,* que en hebreo bíblico significa "buscar, inquirir, investigar, estudiar". Una *Midrás* es una exégesis, explicación o reflexión sobre el texto bíblico, por regla general hechas por grandes rabinos de distintas épocas, y la mayoría de ellas son sobre la Torá.

[9] Daniel 6:11-24.

[10] Se refiere a SALOMÓN BEN ISAAC JARCHI O YARJI, más conocido como SOLOMON BAR ISAAC RASHI [1040-1105], famoso rabino judío nacido en Francia y considerado uno de los más reconocidos comentaristas hebreos de las Escrituras y el Talmud. Escribió numerosos comentarios del texto bíblico y otras muchas obras.

hay tampoco la menor duda que el Salmo es aplicable literalmente y por entero al propio David, que fue quién lo compuso.[11]

John Gill [1697-1771]
"Exposition of the Old Testament", 1748

Salmo completo: Este Salmo expresa el clamor de los elegidos de Dios a su Libertador y vengador seguro cuando son perseguido por causa de la justicia.[12] El principio general expuesto es muy claro. El Salmo se ajusta, como enunciado aplicable, a los labios de todo aquel que profesando la fe cristiana entra en contacto con las fuerzas malignas del príncipe de este mundo y padece aflicción por causa del Evangelio, pues expresa la condición y la esperanza de una persona realmente en peligro por causa de la verdad. Y ni que decir tiene lo muy apropiadamente que una parte del mismo aplica también a la Verdad misma hecha carne, sufriente en los días de su aflicción, cuando herido en su espíritu por palabras mentirosas, soportó la confrontación de los pecadores.

Arthur Pridham [1815-1879]
"Notes and Reflections on the Psalms", 1869

Vers. 1. *Escucha, oh Dios, la voz de mi queja; guarda mi vida del temor del enemigo.* *[Escucha, oh Dios, la voz de mi lamento; guarda mi vida del terror del enemigo.* RVR*] [Escucha mi voz, oh Dios, en mi queja; guarda mi vida del terror del enemigo.* LBLA*] [Oh Elohim, escucha la voz de mi queja; preserva mi vida del terror del enemigo.* BTX*] [Escucha, oh Dios, la voz de mi queja; protégeme del temor al enemigo.* NVI*] [Escucha, oh Dios, mi amargo clamor, guarda mi vida del terror del enemigo.* BLP*] [Oh Dios, escucha mi queja; protege mi vida de las amenazas de mis enemigos.* NTV*]*

Escucha, oh Dios, la voz de mi lamento.[13] Expresarnos en voz alta y exponer nuestros sentimientos de manera audible ayuda a nuestra devoción; pero Dios escucha perfectamente incluso la voz de

---

[11] Como indica Schökel en su interpretación cristiana de este Salmo, los Padres de la Iglesia hacen del mismo una hermosa interpretación cristológica, clara y contundente:

– Agustín de Hipona [354-430] aplica en Salmo entero a la Pasión de Cristo, ilustrando punto por punto las distintas escenas con versículos del mismo: Ve en el *"exacuerunt ut gladius linguas suas"* del versículo tres, *"Afilan su lengua como espada"* (64:3), el *"¡Crucifícale, crucifícale!"* de Lucas 23:21: *«Cual espada afilasteis vuestras lenguas y lo heristeis gritando ¡crucifícale, crucifícale!»*; o el *"Inventan maldades y ocultan sus intenciones"* (64:6) *"scrutati sun iniquitates"*, del versículo seis, ve Agustín el complot para sobornar a la guardia del sepulcro convenciendo a los soldados para que dijeran que se habían dormido y los discípulos habían robado el cuerpo (Mateo 28:11-15).

[12] Mateo 5:10; 1 Pedro 3:14.

[13] En hebreo שְׁמַע־אֱלֹהִים קוֹלִי בְשִׂיחִי *šəma-'ĕlōhîm qōwlî ḇəśîḥî*. La versión griega de los LXX o Septuaginta lee: εἰσάκουσον, ὁ θεός, τῆς φωνῆς μου ἐν τῷ δέεσθαί με que la Vulgata traduce al latín como: *"Exaudi Deus orationem meam, cum deprecor"*, "Escucha Dios, mi oración, cuando ruego". La versión sefardí de Ferrara: *"Oye Dio mi voz en mi habla"*. La versión caldea o Peshitta: *"Escucha, oh Dios, mi voz cuando te ruego"*. Kraus traduce: *"Escucha, oh Dios, la voz de mi lamento"*. Schökel traduce: *"Escucha, oh Dios, mi voz cuando se queja"*, y explica que בְשִׂיחִי *ḇəśîḥî* de שִׂיחַ *siach* (que nuestras versiones traducen por "*queja, lamento*" está en infinitivo y tiene, efectivamente, el sentido de queja. pero en un susurro casi imperceptible; todo lo contrario del "*clamor*" que es una queja a voz en grito, «lo escondido frente a lo patente», dice. El término aparece con frecuencia en el Salterio: Salmo 55:2; 102:1; 104;34; 142:2.

la oración mental, que nadie más que nosotros puede oír. No leemos que Moisés abriera la boca o pronunciara una sola palabra con sus labios cuando Israel era perseguido por los egipcios frente al Mar Rojo, y sin embargo el Señor le dijo: *"¿Por qué clamas a mí?"*.[14] Las oraciones no audibles en la tierra pueden estar entre las mejor escuchadas en el cielo. Nuestro deber es fijarnos en la manera tan asidua y constante con que David recurre a la oración: es su hacha de combate y su arma de guerra. Y la usa en todo tipo de situaciones, ya sean de pecado personal o de acoso externo; de invasión por ejércitos extranjeros o de traición y rebelión de su propio pueblo. Hacer de la oración nuestro primer y primordial recurso en los momentos de necesidad, es la más sabia decisión que podemos adoptar.

Guarda mi vida del terror del enemigo. Protégeme de sufrir daños y del temor a sufrirlos; o puede también ser leído como una expresión de su seguridad de la siguiente manera: *"A causa del terror del enemigo tú me guardarás"*.[15] Todos nuestros sacrificios de oración deben ir sazonados con la sal de la fe.

C. H. SPURGEON

Guarda mi vida. En el texto hebreo חַיָּי *ḥayyāy,* es un plural, mis vidas; por lo que su significado abarca no solo de la vida física sino todo lo relacionado con ella: facultades, aptitudes, posibilidades, opciones, etc.

JOHN TRAPP [1601-1669]

"A commentary or exposition upon the books of Ezra, Nehemiah, Esther, Job and Psalms", 1657

Vers. 2. *Escóndeme del consejo secreto de los malignos, de la conspiración de los que hacen iniquidad.* *[Escóndeme de la conjuración de los malvados, de la conspiración de los que hacen iniquidad.* RVR*] [Escóndeme de los planes secretos de los malhechores, del asalto de los obradores de iniquidad.* LBLA*] [Ocúltame de la conjura de los perversos, del tumulto de los que obran iniquidad.* BTX*] [Escóndeme de esa pandilla de impíos, de esa caterva de malhechores.* NVI*] [Protégeme de la conjura de los malvados, de la conspiración de los malhechores.* BLP*] [Escóndeme de las conspiraciones de esta turba malvada, de esta pandilla de malhechores.* NTV*]*

Escóndeme de los planes secretos de los malhechores. Protégeme de sus trampas ocultas. Desbarata su consejo; que sus planes secretos choquen con el obrar secreto de tu providencia; que sus métodos de malicia queden neutralizados por los tuyos de amor.

De del asalto de los obradores de iniquidad.[16] Cuando sus planes secretos estallen en tumultos clamorosos, sigue siendo tú mi protector. Cuando piensen el mal, que tus pensamientos divinos los

---

[14] Éxodo 14:15.

[15] AGUSTÍN DE HIPONA [354-430] coincide con esta última interpretación: «*"Libra mi alma del temor al enemigo"*, es decir, no de lo que me pueda hacer el enemigo sino del propio enemigo: no del temor a que el enemigo me mate, sino a sentir miedo del enemigo que mata. Lo que suplica el salmista es lo que el Señor nos manda: *"no temáis a los que matan el cuerpo, mas el alma no pueden matar; temed más bien a aquel que puede destruir el alma y el cuerpo en el infierno"* (Mateo 10:28). ¡Líbrame Señor del temor al enemigo y lléname de temor a ti! Que deje de sentir miedo de aquellos que matan el cuerpo y lo sienta de Aquel que tiene poder para destruir el cuerpo el alma. ¡No, no es mi pretensión ser inmune al temor, lo que quiero es ser libre del temor al enemigo y, como siervo, vivir bajo el temor del Señor!».

[16] En hebreo מִפַּחַד אוֹיֵב תִּצֹּר חַיָּי *mippaḥaḏ 'ōwyêḇ tiṣṣōr ḥayyāy*. La versión griega de los LXX o Septuaginta lee: ἀπὸ φόβου ἐχθροῦ ἐξελοῦ τὴν ψυχήν μου que la Vulgata traduce al latín como: *"à timore inimici eripe animam meam"*, "del temor del enemigo libra mi alma". La versión sefardí de Ferrara lee: *"del temor*

detengan; y cuando obren el mal, que tu justicia poderosa los derroque: pero en ambos casos, mantenme fuera del alcance de su mano cruel, e incluso fuera de la mirada de sus ojos perversos. Derrotar a enemigos maliciosos es buena cosa; pero mejor es evitar todo tipo de relación y conflicto con ellos, permanecer escondido al margen de la lucha. El Señor sabe cómo otorgar paz a su pueblo, y cuando decide acallar a sus perturbadores, no son para él ningún reto o desafío: puede desbaratar sus tramas más elaboradas y neutralizar sus hostilidades manifiestas en un abrir y cerrar de ojos.

C. H. SPURGEON

Vers. 3. *Que afilan como espada su lengua; lanzan cual saeta suya, palabra amarga.* *[Que afilan como espada su lengua; lanzan cual saetas sus palabras amargas.* RVR*] [Que afilan su lengua como espada, y lanzan palabras amargas como saeta.* LBLA*] [Que afilan la lengua como espada, y la emplean como saeta envenenada.* BTX*] [Afilan su lengua como espada y lanzan como flechas palabras ponzoñosas.* NVI*] [Ellos afilan su lengua como espada, lanzan como flechas palabras envenenadas.* BLP*] [Afilan su lengua como espada y apuntan como flechas sus palabras amargas.* NTV*]*

Que afilan como espada su lengua. La calumnia ha sido siempre el arma principal y preferida de los enemigos del justo, y grande el esfuerzo que ponen en utilizarla con eficacia. Así como los soldados afilan sus espadas para lograr un filo más cortante y que la herida sea más profunda y mortífera; así también los poco escrupulosos inventan falsedades calculadas para causar el máximo dolor posible, apuñalar la reputación, cercenar de un tajo el honor y buen nombre de los justos. ¿Qué es lo que no dirá una lengua maligna? ¿Qué miseria no tratará de infligir?

Lanzan cual saetas sus palabras amargas.[17] Cual los arqueros tensan el arco para proyectar sus flechas envenenadas lo más lejos posible, así disparan los inicuos sus calumnias. Preparan

---

del enemigo guardarás mis vidas". Y la versión caldea o Peshitta: *"y guárdame del terror de mis adversarios".* SCHÖKEL traduce: *"protege mi vida del terrible enemigo",* y puntualiza que el sintagma hebreo מִפַּחַד *mippaḥaḏ* de פַּחַד *pachad* «en su vertiente subjetiva es el terror que siente uno ante el enemigo, en la vertiente objetiva es la amenaza que el enemigo constituye. Libre del enemigo, el orante quedará libre del terror. Por tanto, no se anima a la valentía, no busca sobreponerse al miedo, sino que cuenta con él y pide que sea eliminada la causa». Una actitud diametralmente opuesta al וְלֹא יִירָאוּ *wəlō yîrā'ū,* la ausencia de temor del enemigo que se nos describe el en versículo cuatro (64:4): el salmista siente temor y permanece quieto, emitiendo un susurro casi imperceptible de queja confiando en el Señor; todo lo contrario del enemigo, que es intrépido y activo, no siente temor y asaeta sin descanso.

[17] En hebreo דָּרְכוּ חִצָּם דָּבָר מָר *dārəḵū ḥiṣṣām dāḇār mār*. La traducción literal del Texto Masorético hebreo sería: *"tensan sus saetas, palabras amargas".* SCHÖKEL explica que: «La construcción es elíptica, aplicando a las flechas el verbo propio del arco: *"tensan las flechas"* en vez de *"tensan el arco, encajan la flecha";* compárese con la formulación precisa de Isaías: *"Sus saetas estarán afiladas, y todos sus arcos tensados"* (Isaías 5:28)». La versión griega de los LXX o Septuaginta lee: ἐνέτειναν τόξον αὐτῶν πρᾶγμα πικρὸν que la Vulgata traduce como: *"intenderunt arcum rem amaram",* "entensaron el arco, cosa amarga"; FELIPE SCIO DE SAN MIGUEL [1738-1776] en su versión española de la Vulgata lo explica con esta nota: «La "*cosa amarga*" es porque las saetas que lanzan están impregnadas de veneno mortal; esto es, se armaron de palabras amargas, calumnias y acusaciones, como de saetas». La versión sefardí de Ferrara lee: *"armaron su saeta palabra amarga".* Y la versión caldea o Peshitta cambia por completo el sentido prescindiendo del *"amargo"* y traduce: *"que afilan su lengua como espada y sus palabras como flecha",* pero en el texto hebreo el adjetivo מַר *mar,* amargo, esta muy claro. FRANZ DELITZSCH [1813-1890] indica que la raíz de מַר *mar* o *marah* puede significar también "áspero, agrio, astringente", por lo que cabría traducirse como *"palabra agria";* y su raíz: מָרַר *marar* se utiliza en algunos casos en el sentido de provocar, como en Éxodo 23:21,

meticulosamente su discurso forzando el encaje de sus mentiras, cual arco que se dobla, y luego fría y deliberadamente, dejan volar el dardo que previamente han sumergido en amargura. Solo para herir, angustiar, destruir, es su único propósito. El insulto, el sarcasmo, la mordacidad, la burla irónica, el mote, el apodo socarrón, todo ello se practicaba entre los orientales como una especie de arte; y en estas tierras occidentales, aunque somos algo más refinados, menos adictos al uso insulto verbal, no por ello el veneno de las lenguas es menos doloroso y mortífero. En todos estos casos, acudamos al Señor en busca de ayuda. David no tenía para defenderse de las lenguas de doble filo de los malvados más que un recurso: la oración; para protegerse de los dardos envenenados de la mentira y la espada aguzada de la calumnia, utilizaba la única defensa posible: su fe en Dios.

C. H. SPURGEON

Que afilan como espada su lengua. El verbo hebreo שָׁנְנוּ *šānənū* de שָׁנַן *shanan* según indica Parkhurst[18] significa *afilar, amolar,* o *aguzar* algo; una acción que se realiza mediante la fricción persistente y reiterada del objeto que se quiere afilar con otro más duro. El salmista, hace una hermosa metáfora con la forma en que se afila una espada y lo aplica a la lengua de los malvados.[19] Sin embargo, algunos lo han traducido como *"oscilar"*, lo cual no deja también de tener su sentido, pues la lengua de la serpiente oscila dentro de su boca moviéndose incesantemente.

RICHARD MANT [1776-1849]
"The Book of psalms in an English metrical version, with notes", 1842

Que afilan como espada su lengua; lanzan cual saetas sus palabras amargas. Si en algo el ingenio del hombre se ha esforzado y aplicado particularmente de un modo sorprendente ha sido en dos cosas: en inventar máquinas de guerra, cuanto más destructivas mejor; y en ingeniar métodos diversos de calumniar y destruir a su prójimo con palabras malignas. La lista completa de las primeras se halla catalogada y bien descrita en los numerosos tratados bélicos y publicaciones militares. Pero las formas infinitas de la segunda, las maneras incontables de hablar mal de otro, son imposibles de catalogar. Los calumniadores disponen de flechas agudas y penetrantes con la punta mojada en veneno. Tienen «espadas flamígeras, espadas de dos filos, espadas desenvainadas y arremolinadas en ira, con las cuales hieren, rajan y aniquilan el buen nombre de su prójimo».[20] Los pecados de la lengua son crueles, muy crueles. Pues cuando calumnian en secreto, como suelen hacer comúnmente, nadie puede defenderse contra tales ataques. Sus cañones son infernales. Uno de ellos es: «Si una

---

que a pesar de que nuestras versiones traducen como: *"no te rebeles"*, su sentido es más bien el de *"no le amargues"* o mejor aún *"no le provoques"*, por lo que en este caso cabría también el sentido de: *"lanzan cual saetas sus palabras provocadoras"*.

[18] Se refiere a al erudito en lenguas bíblicas JOHN PARKHURST [1728-1797], discípulo de JOHN HUTCHINSON [1674-1737], y autor de numerosas obras de exégesis bíblica, incluyendo sus obras más difundidas y conocidas *"An Hebrew English Lexicon without points, with Hebrew and Chaldee Grammars"* y *"A Greek and English Lexicon of the New Testament"*, publicado en 1769. Parkhurst es ampliamente citado por numerosos comentaristas.

[19] Comparar la lengua a una espada afilada o a un arco y flechas es bastante habitual en las Escrituras y particularmente en los libros poéticos: Salmo 52:2; 57:4; 59:7 64:3; 11:2; Proverbios 12:8; 25:18; 30:14; Jeremías 9:3.

[20] La frase figura entre comillas porque se trata de una cita que Plumer hace de MATTHEW HENRY [1662-1714] en su comentario al Salmo 64.

mentira es más provechosa que la verdad, di la mentira»;[21] y el otro es: «¡Calumnia, calumnia, que algo queda!»[22].

WILLIAM SWAN PLUMER [1802-1880]
"Studies on the Book of Psalms", 1867

Vers. 3-4. En el Museo de Venecia tuvimos ocasión de ver un instrumento con el que uno de los tiranos de Italia[23] solía lanzar agujas envenenadas a las personas que convertía en objetivo de su odio y malignidad. Ello nos llevó a pensar en las murmuraciones y calumnias lanzadas en oculto; y a desear que tales artefactos malévolos, ya sean físicos o morales, tengan pronto un punto y final. Las armas del embuste, la insinuación solapada y la habladuría, parecen tan insignificantes como agujas; pero su veneno instilado es mortal para la reputación de muchos.

C. H. SPURGEON
"Feathers for Arrows; or, Illustrations for Preachers and Teachers", 1870

Vers. 3-4. David, como fruto de su dilatada y amarga experiencia, compara la lengua difamadora con tres armas mortíferas: una *navaja;*[24] una *espada;*[25] y *una flecha.*[26] A una *navaja,* que rasura los cabellos más cortos: así una lengua viperina saca provecho no solo de los pecados evidentes y aparatosos que otros hayan cometido, sino también que los pecadillos,[27] de esas pequeñas debilidades que ni aún los más calificados alcanzan a discernir. En segundo lugar, a una *espada* que hiere; así las lenguas calumniadoras penetran profundamente en el honor y reputación de sus víctimas. Pero la espada es un arma de corto alcance, eficaz solo en el cuerpo a cuerpo, y, por lo tanto, en el tercer lugar compara la lengua con una *flecha,* que puede herir a distancia; y así los insidiosos no limitan su nefasta labor a los miembros de la congregación o parroquia, o conocidos en la ciudad donde viven, sino que tratan por todos los medios de llegar cuan lejos les sea posible. ¡Cuánto nos conviene, por tanto, andar con circunspección; para no proporcionarles causa justa de reproche, para no convertirnos en escarnio de los necios del mundo;[28] pero si nos reprochan (y sin duda que lo harán), que sea por andar en rectitud por los caminos de Dios, y no por nuestros pecados, para que así el reproche caiga sobre sus propias cabezas y su palabras escandalosas se les atraganten en sus propias gargantas.

JEREMIAH BURROUGHS [1599-1646]
"The Saint's Inheritance and the Worldling's Portion", 1657

Vers. 3, 7-8. Las armas más ponzoñosas son las palabras malignas: *"sus palabras amargas"* (64:3). Contra ellas, la principal arma defensiva del Espíritu Santo es la Palabra de Dios.[29] Fue con

[21] En el original: *"If a lie will do better than the truth, tell a lie"*.
[22] En el original: *"Heap on reproach; some of it will stick"*.
[23] Se refiere a FRANCESCO II DI CARRARA [1359-1405] también conocido como FRANCESCO NOVELLO DA CARRARA, tirano de Padua, al cual se atribuye también, entre las lindezas de su ingenio, la invención del llamado cinturón de castidad. Tras ser capturado por los venecianos fue ejecutado y varios de sus instrumentos de tortura se conservan en el museo de Venecia.
[24] Salmo 52:2.
[25] Salmo 55:21; 57:4; 59:7; 64:3.
[26] Salmo 58:7; 64:3; Proverbios 25:18.
[27] En el original *"peccadilloes"*.
[28] Salmo 39:8; Proverbios 23:9.
[29] Efesios 6:17; Hebreos 4:12; Apocalipsis 1:16.

esta arma que nuestro gran Capitán frustró al tentador en el desierto;[30] y así también nosotros podemos derrotar a los *"obradores de la iniquidad"*[31] con la *auténtica hoja de Jerusalén.*[32]

DALMAN HAPSTONE
"The Ancient Psalms in appropriate metres: A strictly literal translation from the Hebrew, with explanatory notes", 1867.

Vers. 4. ***Para asaetear a escondidas al íntegro; de repente lo asaetean, y no temen.*** *[Para asaetear a escondidas al inocente; le tiran de improviso y nada temen.* RVR*] [Para herir en oculto al íntegro; lo hieren repentinamente, y no temen.* LBLA*] [Para dispararla en oculto al inocente, disparan presto sus saetas, sin temor alguno.* BTX*] [Emboscados, disparan contra el inocente; le tiran sin temor y sin aviso.* NVI*] [Disparan a escondidas contra el inocente, le disparan por sorpresa sin temer nada.* BLP*] [Le tiran a los inocentes desde una emboscada, los atacan de repente y sin temor.* NTV*]*

Para asaetear a escondidas al inocente. Se apostan en una emboscada, con los arcos preparados, apuntando de manera cobarde a un hombre íntegro. La conducta sincera y recta no nos es una garantía contra los ataques de la calumnia. El diablo asaeteó al mismo Señor, y podemos estar seguros que tiene también sus saetas ardientes dispuestas para nosotros. Jesús era perfecto en todo, nosotros tan solo en sentido relativo, admitamos por tanto que hay en nosotros abundancia de material combustible para que sus dardos encendidos prendan el fuego. Reparemos en la mezquindad de los inicuos: evitan el combate justo y noble a campo abierto; se esconden detrás de los arbustos acechando a quienes por no estar familiarizados con las artimañas del engaño, no sospechan siquiera de su traición, y son incapaces de prevenir o imitar sus métodos despreciables de combate.

Le tiran de improviso y nada temen. Al ocultamiento añaden el factor sorpresa. No dan a su víctima desprevenida ninguna posibilidad de defenderse; se abalanzan sobre ella cual bestias salvajes saltándole encima de improviso. Y forjan sus planes tan cautelosamente y en secreto que no temen que nadie pueda detectarlos. En la vida diaria contemplamos con frecuencia como los dardos de la calumnia caen sorpresivamente sobre sus víctimas, hiriéndolas de gravedad; pero difícilmente logramos descubrir el lugar desde el cual fueron disparadas, ni averiguar cuál fue la mano que forjó la saeta o la mojó con veneno. ¿Cabe pensar que la justicia humana sea capaz de establecer un castigo lo suficientemente severo como para compensar el daño que causan estos villanos que manchan el buen nombre

[30] Mateo 4:10.

[31] Mateo 7:23.

[32] La expresión "auténtica hoja de Jerusalén" es una alusión a la segunda parte de la obra de JOHN BUNYAN [1628-1688] *"The Pilgrim's Progress"*, "El Progreso del Peregrino". En el Capitulo XIX, donde el personaje Valiente-por-la-verdad explica cómo un hombre puede triunfar en todas las dificultades, Gran-Corazón le dice: «'Te has portado dignamente. ¿Me dejarás ver tu espada?' Valiente-por-la-verdad se la enseñó. El guía, después de haberla examinado atentamente, dijo: '¡Ah! Es una auténtica hoja de Jerusalén'. A lo que Valiente-por-la-verdad replicó: 'Lo es. Tenga un hombre en su mano una de estas hojas para blandirla y emplearla con destreza, y podrá aventurarse al combate contra un ángel. No ha de temer su acierto, con tal que sepa manejarla. Sus filos no se embotarán nunca. Penetra carne y huesos, alma, espíritu y todo'» en alusión a los textos de Hebreos 4:12: *"la palabra de Dios es viva y eficaz, y más cortante que toda espada de dos filos; y penetra hasta la división del alma y del espíritu, de las coyunturas y de los tuétanos"*; y de Isaías 2:3: *"Porque de Sión saldrá la ley, y de Jerusalén la palabra de Jehová"*. *"The Pilgrim's Progress"* fue publicada originalmente el año 1678, y Editorial CLIE ha publicado tanto la primera como la segunda parte de la obra bajo los títulos "El Peregrino" y "La Peregrina".

de una persona y permanecen ocultos? Cualquier mentiroso que da la cara es un ángel comparado con estos demonios. Las víboras y las cobras son criaturas inofensivas y pacíficas al lado de estos reptiles. El mismísimo diablo debería sonrojarse de ser el padre[33] de una descendencia tan ruin.

C. H. SPURGEON

Para asaetear a escondidas al inocente. Afirma el salmista que los perversos disparan sus saetas al justo a escondidas, y luego se preguntan: *"¿Quién podrá verlo?"* (64:5). Así también Satanás lanza a menudo sus tentaciones tan secretamente, que apenas nadie sospecha de ellas. A veces para cumplir su cometido utiliza la lengua de la esposa; otras se viste con el disfraz del marido, de un amigo íntimo, de un colaborador, de un sirviente, etc, de tal modo que nadie percibe en que forma lleva a cabo su labor ¿Quién podría haber pensado que en el interior de Pedro hubiera un diablo empeñado en tentar al Maestro?[34] ¿O sospechado que Abraham fuera el instrumento para abocar a su amada esposa a que cometiera un pecado?[35] Con todo, fue así. Sí, a veces la sutileza y ocultamiento de Satanás es de tal magnitud que dispara sus saetas con el arco de Dios, y el pobre cristiano es trastornado y confundido, pensando que es Dios el que le reprende y está airado contra él, cuando no es más que el diablo imitando fraudulentamente la voz de Dios, tentándole para que así lo crea.

WILLIAM GURNALL [1617-1679]

"Christian in complete armour, or, a treatise of the saints war against the Devil", 1655

Vers. 5. *Obstinados en su inicuo designio, tratan de esconder los lazos, y dicen: ¿Quién los ha de ver?* *[Obstinados en su inicuo designio, calculan para tender lazos ocultos, Y dicen: ¿Quién podrá verlo?* RVR*] [Se aferran en propósitos malignos; hablan de tender trampas en secreto, y dicen: ¿Quién las verá?* LBLA*] [Se animan entre sí en sus malas obras; planean en secreto tender trampas, y dicen: ¿Quién las verá?* BTX*] [Unos a otros se animan en sus planes impíos, calculan cómo tender sus trampas; y hasta dicen: «¿Quién las verá?»* NVI*] [Entre ellos se animan a hacer el mal, hablan de tender trampas ocultas diciendo: "¿Quién se dará cuenta?".* BLP*] [Se animan unos a otros a hacer el mal y maquinan cómo tender sus trampas en secreto. «¿Quién se dará cuenta?», preguntan.* NTV*]*

Unos a otros se animan en sus planes impíos.[36] Los personas buenas se desalientan fácilmente, y no es raro que se desanimen unos a otros; por contra los hijos de las tinieblas son astutos en su

[33] Juan 8:44.
[34] Mateo 16:23; Marcos 8:33.
[35] Génesis 20:1-18.
[36] En lugar del texto de la Reina-Valera que lee aquí: *"Obstinados en su inicuo designio"* hemos utilizado el texto de la NVI porque es el que más se aproxima a la versión inglesa KJV *"They encourage themselves in an evil matter"*, y por tanto la versión que mejor encaja con el comentario de Spurgeon. El texto hebreo masorético lee: יְחַזְּקוּ־לָמוֹ דָּבָר רָע *yəḥazzəqū-lāmōw dāḇār rā'*. Se trata de un versículo de traducción compleja; y además la Vulgata reparte el texto de los versículos cuatro y cinco (64:4-5) de forma distinta. La Septuaginta lee aquí: ἐκραταίωσαν ἑαυτοῖς λόγον πονηρόν que la Vulgata traduce al latín como: *"firmaverunt sibi sermonem nequam"*, "se aferraron a cosa perversa". La versión sefardí de Ferrara lee: *"Esfuerzan a ellos palabra mala"*; y la versión caldea o Peshitta: *"Refuerzan su malvado hablar"*.

– AGUSTÍN DE HIPONA [354-430] hace al respecto este interesante comentario: «*"Se aferraron a una cosa perversa"*, es decir "se obstinaron en su mala intención" y su propia maldad los destruyó. Los que gritando

generación, consistentes y persistentes en su estado de ánimo, y se animan los unos a los otros; y todos tienen una palabra de aliento para su compañero, tan villano como él. Juntan sus esfuerzos en un propósito común y colaboran en cualquier cosa que sirva para fortalecerse mutuamente; ponen en su labor funesta todo el fervor de su negro corazón.

Calculan para tender lazos ocultos. Conocen bien los beneficios de la cooperación; suman sus experiencias en común y aprenden unos de otros a fin de diseñar nuevos métodos magistrales.

Y dicen: ¿Quién podrá verlo?[37] Tan sutilmente enmascaran sus ataques, que desafían el ser descubiertos; creen que sus trampas y artimañas están lo suficientemente ocultas y meticulosamente planeadas como para que no salgan a la luz pública. Y dicen: *¿quién podrá verlas?* Olvidan que hay un ojo que todo lo ve y una mano que todo lo descubre, que caerá sobre ellos, y será dura. Las grandes conspiraciones casi siempre tienen un eslabón débil. Como sucedió en el *Complot de la Pólvora*[38] siempre hay una fisura en un lugar u otro. La verdad encuentra un aliado entre los propios conspiradores, y si no, las piedras claman contra ellos.[39] Que ningún cristiano viva aterrorizado por temor a los planes jesuíticos hábilmente diseñados, porque ciertamente *"no hay brujería que valga contra Jacob, ni funcionan las hechicerías contra Israel".*[40] Los hilos de la red se rompen; las flechas del arco se quiebran; los planes y artificios de los malvados se frustran. Por tanto, no temáis vosotros que tembláis aterrorizados, porque el Señor está a vuestra mano diestra, y el enemigo no podrá causaros daño alguno.

C. H. SPURGEON

Vers. 6. *Inquieren iniquidades, hacen una investigación exacta; y el íntimo pensamiento de cada uno de ellos, así como su corazón, es profundo.* *[Inventan maldades y ocultan sus intenciones, pues la mente y el corazón del hombre son un abismo.* RVR*] [Traman injusticias, diciendo: Estamos listos con una trama bien concebida; pues los pensamientos del hombre y su corazón son profundos.* LBLA*] [Traman cosas perversas, diciendo: ¡Hemos completado un plan bien concebido! Y el íntimo pensamiento de cada uno de ellos, se corrompe en lo recóndito de su corazón.* BTX*] [Maquinan*

"¡Crucifícale! ¡Crucifícale!" se obstinaron en dar muerte al Señor en lugar de dar muerte a su propia maldad, se destruyeron a sí mismos, porque el Señor dio muerte a la muerte, y la maldad los destruyó a ellos. Y así es ciertamente, hermanos, o das muerte a tu maldad o la maldad acaba matándote. Pero cuando hablamos de dar muerte a nuestra maldad, no miremos a nuestro alrededor, cual si la maldad fuera algo que está fuera de nosotros; miremos a nuestro interior y descubramos qué es lo que en nuestro interior lucha contra nosotros mismos (Romanos 7:7-25), prestemos mucha atención a lo que pelea contra nosotros en nuestro interior, porque nuestro enemigo está ahí en nuestra propia alma, y en tanto no le derrotemos estamos en peligro».

[37] SCHÖKEL observa que esta pregunta desafiante que se hacen los obradores de iniquidad: *"¿Quién podrá verlos?"* (Ver al respecto Job 22:13-14; 24:15; Salmo 10:11; 73:11; 94:7; Eclesiástico 16:20-21; 23:18) sugiere que son conscientes del mal que hacen, que ellos mismos lo consideran como delito, pero no les importa porque confían en poder llevarlo a cabo en total impunidad.

[38] Se refiere a lo que se conoce como CONSPIRACIÓN DE LA PÓLVORA, un complot organizado por católicos ingleses liderados por ROBERT CATESBY [1572-1605] y GUY FAWKES [1570-1606] para hacer saltar por los aires el Parlamento durante la apertura de la legislatura el 5 de Noviembre de 1605 y acabar con el Rey Jacobo I y todos los parlamentarios protestantes. Además habían planeado secuestrar a los infantes reales, no presentes en el Parlamento, y utilizarlos para incitar una rebelión en las *Midlands.* La conspiración se descubrió a tiempo, al parecer por una carta anónima enviada a William Parker, un noble católico cuñado de Francis Tresham, uno de los conjurados, en la que se le advertía del peligro que corría al asistir a la ceremonia del rey. Fue abortada y todos los conspiradores ejecutados.

[39] Lucas 19:40.

[40] Números 23:23.

injusticias, y dicen: «¡Hemos tramado un plan perfecto!» ¡Cuán incomprensibles son la mente y los pensamientos humanos! NVI*] [Andan maquinando crímenes: "Llevemos a cabo nuestro plan, que el interior del ser humano y su corazón son insondables".* BLP*] [Dicen mientras traman sus delitos: «¡Hemos orquestado el plan perfecto!». Es cierto, el corazón y la mente del ser humano son astutos.* NTV*]*[41]

Inventan maldades. Diligentemente maquinan, inventan y diseñan artilugios para dar rienda suelta a su malicia. No son villanos comunes, sino verdaderos ingenieros del mal, inventores y diestros conspiradores de malicia. Entristece ver como ponen los inicuos en conseguir la ruina de un hombre bueno, mayores esfuerzos y diligencia que si estuvieran buscando un tesoro. La Inquisición hubiera podido presumir en su época del mérito nefasto de diseñar instrumentos de tortura tan sofisticados, que podrían rivalizar con nuestras exposiciones de maquinaria moderna. Es en los momentos más oscuros de la historia cuando se pone de manifiesto la creatividad maligna de la mente humana, aquellos en los que habiendo el deseo venganza superado la diplomacia, recurre a la intriga para imponer sus diabólicos propósitos.

Hacen una investigación exacta. Perfeccionan su diseño, lo completan y lo ponen en funcionamiento. Gritan *"Eureka"*,[42] han buscado y creen haber encontrado el método seguro de venganza. ¡Los refinamientos de su malicia son exquisitos! Las musas del infierno inspiran a los artistas que

[41] Un versículo complicado como podrá comprobar el lector por las divergencias de traducción en las distintas versiones. El texto hebreo masorético dice: יַֽחְפְּשׂוּ־עוֹלֹ֗ת תַּ֭מְנוּ חֵ֣פֶשׂ מְחֻפָּ֑שׂ וְקֶ֥רֶב אִ֝֗ישׁ וְלֵ֣ב עָמֹֽק *yaḥpəśū-ʻōwlōṯ tamnū ḥêpeś məḥuppāś wəqereḇ ʼîš wəlêḇ ʻāmōq*. La versión griega de los LXX o Septuaginta lee: ἐξηρεύνησαν ἀνομίας, ἐξέλιπον ἐξερευνῶντες ἐξερευνήσει. προσελεύσεται ἄνθρωπος, καὶ καρδία βαθεῖα, que la Vulgata traduce al latín como: *"Scrutati sunt iniquitates; defecerunt scrutantes scrutinio. Accedet homo ad cor altum"*, "Escudriñaron iniquidades; desfallecieron los escudriñadores en el escudriñamiento. Se acerca el hombre a lo profundo del corazón". La versión sefardí de Ferrara lee: *"Efcudriñan torturas, atemaron efcudriñamiento efcudriñando, y entraña de cada uno y coraçon profundo"*. La versión caldea o Peshitta: *"Los inicuos hacen maquinaciones, pero son exterminados al escudriñar la iniquidad que existe en el interior del hombre y en lo profundo de su corazón"*. Kraus considera que el texto hebreo está corrompido y lo reconstruye enlazándolo con el versículo anterior: *"¿Es capaz (Dios) de escrutar nuestros planes secretos? El golpe ha sido meditado a fondo; pero el interior de la persona, el corazón ¡insondable!"*. Schökel suponiendo un error auditivo en la transcripción traduce *"Traman crímenes, ocultan la trama tramada; se corrompe por dentro su mente recóndita"*; y añade: «hablaríamos de una mente tortuosa, de un interior reservado. En la hondura recóndita de sus mentes se esconde y no se averigua lo que tramaron». Felipe Scio de San Miguel [1738-1776] en su versión española de la Vulgata da la siguiente explicación: «Buscaron y pesquisaron con afán delitos de los cuales poder acusarme: y no hallaron ninguno; por lo que se fatigaron en sus pesquisas y averiguaciones inútiles (...) algo de lo que David se quejó a Saúl: *"¿Por qué escuchas las palabras de los hombres, que dicen: "Mira que David procura tu mal"* (1 Samuel 24:9).

[42] Del griego en griego εὕρηκα, *héurēka,* "¡Lo he encontrado!" Se dice que Arquímedes de Siracusa [287-212 a. C] pronunció esta palabra repetidamente al percibir que el volumen de agua que ascendía era igual al volumen del cuerpo sumergido en ella mientras estaba en su bañera. El principio de Arquímedes establece que "un cuerpo total o parcialmente sumergido en un fluido en reposo, recibe un empuje de abajo hacia arriba igual al peso del volumen del fluido que desaloja", lo que le permitió averiguar si la corona del rey Hierón II estaba hecha o no de oro puro, y su alegría fue tal que salió por las calles de Siracusa desnudo gritando "¡Eureka! ¡Eureka!". La palabra ha quedado tradicionalmente como un modismo de satisfacción y alegría que se utiliza cuando alguien encuentra algo que no esperaba o imaginaba encontrar.

diseñan engaño. Saquean la superficie de la tierra y los lugares debajo de ella buscando materiales útiles para la guerra, y su prolífera habilidad hace que todo les resulte aprovechable.

Pues los pensamientos del hombre y su corazón son profundos.[43] Ni uno solo de sus planes y artificios para el mal son simples o rudimentarios; todo en él es sagacidad agudizada por el intenso odio. Los inicuos suelen contar con la habilidad de no apresurarse, van paso a paso, lentamente, empleando técnicas de inversión que desconciertan a su víctima por completo: antes de destruir, ayudan; antes de difamar, halagan; antes de devorar, alimentan; no les importa doblar primero la rodilla con tal que finalmente pueden aplastar bajo su pie. Quien se ve en la contingencia de tener que tratar con la simiente de la serpiente,[44] necesita en gran manera de la sabiduría que viene de lo alto.[45] La generación de víboras es sutil, se retuercen y escabullen, se enroscan y contornean, pero jamás pierden de vista su propósito, y van directos a él tan pronto se les presenta una ocasión. ¡Ay! Que delicada es la condición del creyente, y cuán fácilmente puede ser superado por poco que baje la guardia. Sin embargo, este epílogo pesimista al que nos conduce inevitablemente la razón, arrancando de nosotros un gemido de desesperanza, es fruto de la incredulidad, y el creyente tiene poco recorrido. Porque tan pronto la fe entra en escena, descubrimos que incluso en tales situaciones estamos protegidos y seguros, porque estamos en las manos de Dios.

C. H. SPURGEON

Inventan maldades, hacen una investigación exacta. Cuando una persona se muestra particularmente activa y diligente en buscar acusaciones y causas contra su prójimo, es clara señal de que en su corazón hierve la malicia hasta los bordes. Porque amor prefiere no ver o escuchar los fallos de los demás; y si ello es inevitable, se ocupa en disimularlos y corregirlos dentro de lo que está en sus posibilidades.[46]

JOHN MILWARD [1619-1688]
"Morning Exercises at Cripplegate", 1684

Vers. 7. *Mas Dios los herirá con saeta; de repente serán sus plagas.* *[Mas Dios los herirá con saeta; de repente serán heridos.* RVR*] [Pero Dios les disparará con saeta; repentinamente serán heridos.* LBLA*] [Pero Elohim les dispara una saeta: de pronto, ya están malheridos.* BTX*] [Pero Dios les disparará sus flechas, y sin aviso caerán heridos.* NVI*] [Pero Dios les lanza una flecha y caen heridos de repente.* BLP*] [Pero Dios mismo les lanzará sus flechas y los herirá de repente.* NTV*]*[47]

[43] Dice al respecto FRANZ DELITZSCH [1813-1890]: «El corazón del hombre es profundo y recóndito, pero no lo bastante como para lograr ocultarse de Dios, que escudriña los corazones. (Jeremías 17:9-10)».

[44] Génesis 3:15.

[45] Santiago 3:17-18.

[46] 1 Corintios 13:7. El amor *"todo lo excusa"* (RVR 1977); *"todo lo disculpa"* (NVI); *"disculpa sin límites"* (BLP); *"todo lo cubre"* (LBLA). Del griego στέγει *stegei* de στέγω *stegó,* "tapar o poner un techo". Lamentablemente algunas versiones, como la RV1960, traducen *"todo lo sufre"*, pero es una traducción muy alejada del verdadero sentido del texto griego.

[47] El versículo plantea una importante discrepancia entre el texto hebreo y el texto griego. El texto masorético lee: וַיֹּרֵם אֱלֹהִים חֵץ פִּתְאוֹם הָיוּ מַכּוֹתָם *wayyōrêm 'ĕlōhîm ḥêṣ piṯ'ōwm hāyū makkōwṯām* que a versión sefardí de Ferrara traduce como: *"Afaetearlos ha Dio (con) faeta, fubito feran fus heridas";* mientras que la versión griega de los LXX o Septuaginta lee: καὶ ὑψωθήσεται ὁ θεός. βέλος νηπίων ἐγενήθησαν αἱ πληγαὶ αὐτῶν que la Vulgata traduce al latín como: *"et exaltabitur Deus. Sagittae parvulorum factae sunt*

Mas Dios los herirá con saeta. Dispararon primero, pero caerán fulminados; porque un arquero más poderoso y más hábil que ellos ha fijado el punto de mira en sus corazones. Y una sola de sus flechas será suficiente, porque nunca falla el blanco. El Señor cambia las tornas a sus adversarios, y los derrota con sus propias armas.

Repentinamente serán heridos. Buscaban sorprender al santo, pero, ¡ay! es él quien los toma de improviso; deseaban infligir heridas mortales, y han caído fulminados con heridas que nadie puede curar. Mientras ellos tensaban sus arcos, el gran Señor de los cielos ya había dispuesto el suyo, y soltó el proyectil cuando menos esperaban, enviándoles a un mensajero tan imparable como la justicia divina. *"Mía es la venganza, yo pagaré, dice el Señor"*.[48] Los justos no necesitan aprender técnicas de ataque ni artes marciales de autodefensa, porque su venganza está en manos mejores que las suyas.

C. H. Spurgeon

Pero Dios les disparará con saeta; repentinamente serán heridos. Igual que lo hizo con Acab[49] y con el rico insensato:[50] mientras estaba pavoneándose de si mismo cantando sus grandezas cual pájaro sobre frágil rama, la muerte vino de repente en su busca, le disparó y cayó fulminado: *"Cuando estén diciendo: Paz y seguridad, entonces vendrá sobre ellos destrucción repentina"*.[51]

John Trapp [1601-1669]

"A commentary or exposition upon the books of Ezra, Nehemiah, Esther, Job and Psalms", 1657

Vers. 8. ***Sus propias lenguas los harán caer; se espantarán todos los que los vean.*** *[Sus propias lenguas los harán caer; se asombrarán todos los que los vean.* RVR*] [Vuelven su lengua tropezadero contra sí mismos; todos los que los vean menearán la cabeza.* LBLA*] [Los hace tropezar su lengua; los que asisten se espantarán.* BTX*] [Su propia lengua será su ruina, y quien los vea se burlará de ellos.* NVI*] [Su lengua se vuelve contra ellos, cuantos los ven agitan la cabeza.* BLP*] [Su propia lengua los arruinará, y quienes los vean, menearán la cabeza en señal de desprecio.* NTV*]*

---

plagae eorum", "Y será Dios ensalzado. Las llagas de ellos son como flechas de pequeñuelos". Tratando de explicarlo los comentaristas y exégetas argumentan:

– Felipe Scio de San Miguel [1738-1776] en su versión española de la Vulgata da por sentado que se trata de un error de lectura de los traductores de la Septuaginta que sin lugar a dudas confundieron dos términos hebreos similares: פִּתְאֹום *piṯ'ōwm*, "súbito, repentino"; por פְּתַיּוּת *pethiyyuth*, "infantil, simple, ignorante", y dedujeron que el vocablo griego adecuado era νηπίων. Un error que confirman tanto la versión sefardí de Ferrara que lee: *"Afaetearlos Dio (con) faeta, fubito feran fus heridas"*; como la versión caldea o Peshitta: *"Dios se levantará y súbitamente les disparará la flecha"*.

– Agustín de Hipona [354-430] por su parte, dando por correcta la traducción de la Septuaginta y la Vulgata, comenta: «*"Sus golpes han venido a ser como flechas de niños"*. ¿Dónde ha quedado aquel rugido atronador de león que bramaba *"¡Crucifícale! ¡Crucifícale!?* ¿Qué ha sido de las confabulaciones y las insidias que tensaban el arco y lanzaban flechas envenenadas? ¿Acaso no ha quedado todo reducido a saetas de pequeñuelos que fabrican sus espadas, arcos y flechas con pedazos de caña?»

[48] Deuteronomio 32:35; Romanos 12:19.

[49] 1 Reyes 22:34-38.

[50] Lucas 16:19-31.

[51] 1 Tesalonicenses 5:3.

Sus propias lenguas los harán caer.[52] Sus calumnias retrocederán a su punto de partida. Sus maldiciones volverán a ellos cual las gallinas vuelven siempre para dormir en el corral.[53] Su lengua cercenará sus propias gargantas. Y tanto su espada, como su arco y sus flechas, se volverán contra ellos infligiéndoles un castigo total y completo.

Se asombrarán todos los que los vean. Asustados tanto por su despotismo como de contemplar su repentino derrocamiento, los amigo de esos tiranos les darán la espalda para evitar hundirse junto a ellos. ¿A quién le apetece estar junto al lecho de Herodes cuando es roído por los gusanos?[54] ¿O montado en el carro de Faraón cuando se lo tragan las olas del mar?[55] Aquellos que se apiñan alrededor de un tirano y se arrastran a sus pies adulándole, son los primeros en abandonarle cuando llega el día de la ira. ¡Ay de vosotros mentirosos! ¿Quién deseará vuestra compañía cuando os consumáis en el lago de fuego?[56]

C. H. SPURGEON

Sus propias lenguas los harán caer.

«¡Si con darle el golpe bastara,
se atajaran aquí las consecuencias,
y todo terminase aquí, y solo aquí,
en este escollo y bajío del tiempo;
con gusto arriesgaría mi alma y la otra vida.
Pero en tales casos, nos condenamos aquí,
¿pues cómo acallar a la razón
que incesante nos recuerda sus máximas importunas,
lecciones de sangre que aprendimos en la infancia
y que regresan ahora atormentando al maestro?

[52] En hebreo וַיַּכְשִׁילֻוהוּ עָלֵימוֹ לְשׁוֹנָם *wayyak̲šî-ūhū ʻālêmōw ləšōwnām*; literal: "tropezaran con sus mismas lenguas". SCHÖKEL señala que como en el caso del versículo tres: *"tensan sus saetas"* (64:3), la traducción literal da una frase imposible. Ver nota 17. La versión griega de los LXX o Septuaginta lee: καὶ ἐξησθένησαν ἐπ᾽ αὐτοὺς αἱ γλῶσσαι αὐτῶν que la Vulgata traduce al latín como: *"Et infirmatae sunt contra eos linguae eorum"*, "Y quedaron sin fuerza contra ellos mismos sus lenguas". La versión sefardí de Ferrara lee: *"Hacerlaàn tropeçar, fobre ellos fu lengua"*. La versión caldea o Peshitta: *"Sus lenguas desfallecerán"*. FELIPE SCIO DE SAN MIGUEL [1738-1776] en su versión española de la Vulgata sugiere como explicación al redactado del texto hebreo «la imagen es la de una persona que en sus ansias y avidez de morder un bocado apetitoso, este se le escapa de la boca y acaba mordiéndose su propia lengua con los dientes, partiéndola en dos». SCHÖKEL traduce: *"Los ha hecho tropezar su lengua"*. KRAUS: *"Les hizo caer a causa de sus lenguas"*.

[53] En el original inglés: *"Their curses shall come home to roost"* "sus maledicencias regresaran a casa a cobijarse". Parte de un antiguo y conocido refrán inglés: *"Chickens always come home to roost"*, "Las gallinas siempre regresan al corral a cobijarse". Aunque pasen el día alejadas picoteando en el campo, las gallinas siempre regresan por la noche al corral para cobijarse y dormir en grupo; y del mismo modo, las malas acciones siempre regresan tarde o temprano para arremeter contra la persona que las ha cometido. La término *"roost"*, se utiliza en inglés como sustantivo para describir el lugar de descanso de las aves, y que puede ser el palo de un gallinero, la rama de un árbol, nido, roca, cueva etc; y también como verbo, en cuyo caso describe la costumbre que tienen las aves de congregarse por la noche para pernoctar en grupo.

[54] Hechos 12:23.

[55] Éxodo 14:27; Salmo 136:15.

[56] Apocalipsis 21:8.

La implacable justicia nos hace apurar
hasta las heces la copa de nuestro propio veneno».

WILLIAM SHAKESPEARE [1564-1616]
"Macbeth"[57], 1606

Sus propias lenguas los harán caer. Es decir, sus propias palabras serán presentadas como prueba testimonial en el juicio contra ellos, y les condenarán. *"La lengua* –dice el apóstol Santiago– *es un miembro pequeño",*[58] y por lo tanto un miembro liviano; sin embargo, cuando cae sobre alguien, cae pesado como el plomo. En este sentido, mejor le sería a una persona que le cayera encima la casa entera, que una lengua calumniadora. Algunos han sido torturados hasta la muerte intentando que hablaran, y han preferido morir mudos ante sus verdugos; pero muchísimos más son los arrastrados a la muerte por su locuacidad pecaminosa, o más bien por su promiscuidad verbal; que les ha llevado a juicio, y acarreado condena ... Parecería extraño decir que el peso de la lengua pueda llegar a colapsar el cuerpo y todo en entorno de una persona; y no obstante así es, el peso de la lengua cae con tal fuerza sobre un hombre que lo cruje y aplasta hasta convertirlo en polvo.

JOSEPH CARYL [1602-1673]

Sus propias lenguas los harán caer. Las flechas dispersas de las palabras ociosas, aunque disparadas en oculto y probablemente olvidadas, caerán sobre las cabezas de aquellos que las colocaron en el arco. Un conocido refrán afirma que «las palabras son como el viento»;[59] pero son un viento que tanto puede soplar para llevar al alma a un cielo de reposo: si son santas, salutíferas, espirituales y edificantes; como para arrastrarla hacia el Mar Muerto hundiéndola en la fosa sin fondo de la miseria eterna: si son profanas y necias, mera espuma carente de utilidad y provecho.

EDWARD REYNER [1600-1668]
"Rules for the Government of the Tongue", 1656

Vers. 9. *Entonces temerán todos los hombres, y anunciarán la obra de Dios, y entenderán sus hechos.* *[Entonces temerán todos los hombres, y anunciarán la obra de Dios, y comprenderán sus acciones.* RVR*] [Entonces todos los hombres temerán, y declararán la obra de Dios, y considerarán sus hechos.* LBLA*] [Y temerán todos los hombres, entonces proclamarán la obra de Elohim, y entenderán sus hechos.* BTX*] [La humanidad entera sentirá temor: proclamará las proezas de Dios y meditará en sus obras.* NVI*] [Todos, entonces, sienten miedo y pregonan la obra de Dios, comprendiendo su proceder.* BLP*] [Entonces todos temerán; proclamarán los poderosos actos de Dios, y se darán cuenta de todas las cosas asombrosas que él hace.* NTV*]*

---

[57] *"Macbeth",* Acto I, Escena VII. Shakespeare pone estas palabras al comienzo de la escena 7, en el que Macbeth, en un magistral soliloquio, reflexiona y duda sobre su propósito de asesinar a Duncan, su soberano y rey de Escocia, para convertirse él mismo en monarca de los escoceses.

[58] Santiago 3:5.

[59] En el original inglés: *"Words are but wind".* Un probable equivalente en el refranero español sería: "Las palabras se las lleva el viento". Pero hemos mantenido una traducción más literal porque encaja mejor con la idea del autor. El poeta y compositor de himnos ISAAC WATTS [1754-1748] se expresó años después en términos similares en la tercera estrofa de una de sus composiciones sobre la misericordia de Dios (Himno 45), muy citada por Spurgeon: *"Words are but air, and tongues but clay; / But thy compassion's all divine",* "Las palabras no son más que viento, y las lenguas barro; pero tus misericordias son todas divinas".

Entonces temerán todos los hombres. Los juicios justos de Dios les llenarán de temor, como les sucedió a los cananeos que fueron amedrentados por la derrota de Faraón en el Mar Rojo.[60] Quienes fueron desafiantes y atrevidos en el pecado, serán cobardes y temerosos ante el justo Juez.

Y anunciarán la obra de Dios. Será tema de conversación general. Tan súbito y asombroso, tan decisivo será el derrocamiento de los malvados por el Señor, que en todas partes se hablará de ello. Pecaron en secreto, pero su castigo será hecho ante la faz del sol.

Y comprenderán sus acciones. Los juicios de Dios son transparentes, tan claros y manifiestos que se hace imposible que los hombres puedan malinterpretarlos; si los consideran, no les queda sino extraer de ellos la verdadera enseñanza. Algunos de los juicios divinos son muy profundos, pero en lo que atañe a los perseguidores de los justos, el tema es tan evidente que hasta los más analfabetos los pueden entender.

C. H. SPURGEON

Vers. 10. *Se alegrará el justo en Jehová, y confiará en él; y se gloriarán todos los rectos de corazón.* *[Se alegrará el justo en Jehová, y confiará en él; y se gloriarán todos los rectos de corazón.* RVR*] [El justo se alegrará en el Señor, y en El se refugiará; y todos los rectos de corazón se gloriarán* LBLA*] [El justo se alegrará en YHVH, y se refugiará en Él, y todos los rectos de corazón se gloriarán.* BTX *[Que se regocijen en el Señor los justos; que busquen refugio en él; ¡que lo alaben todos los de recto corazón!* NVI*] [Que el justo se alegre en el Señor, que en él ponga su confianza, que se enorgullezcan los rectos.* BLP*] [Los justos se alegrarán en el Señor, y en él encontrarán refugio. Y los que hacen lo correcto lo alabarán.* NTV*]*

El justo se alegrará en el Señor. Admirando su justicia y asintiendo plenamente en sus juicios y demostraciones de su poder; se regocijarán también en la vindicación de la inocencia ultrajada; aunque su gozo no será egoísta o visceral, sino totalmente en el Señor.

Y confiará en él. Su observación de las acciones justas de la divina providencia potenciará su fe; dado que resulta evidente que quien cumple sus amenazas no olvidará sus promesas.

Y se gloriarán todos los rectos de corazón. La victoria de los oprimidos será la victoria de todos los justos; la hueste entera de los elegidos se regocijará en el triunfo de la virtud. Mientras los extraños temen, los hijos de Dios se alegran ante el poder y la justicia de su Padre. Aquello que aterroriza a los malos, alegra a los buenos. Señor Dios de misericordia, concédenos que seamos preservados de todos nuestros enemigos, y salvos en tu Hijo con una salvación eterna.

C. H. SPURGEON

Se alegrará el justo en Jehová, y confiará en él. Es decir, si por alguna razón había cuestionado los planes y designios divinos, y al dejar de confiar plenamente en Dios no le había tributado el honor que como tal se merece, estas acciones asombrosas de la justicia divina (las que describe en el Salmo) cimentarán de nuevo su confianza en él.

JOSEPH CARYL [1602-1673]

Y se gloriarán todos los rectos de corazón. El calificativo hebreo que utiliza aquí el salmista para referirse a esos sujetos que "se gloriaran", y que en español traducimos por "rectos de corazón", tiene un sentido peculiar: יִשְׁרֵי *yišrê* "rectos" deriva de la raíz יָשָׁר *yashar*, "llano, alisado, sin obstáculos ni

[60] Éxodo 15:14-16; 23:27; Deuteronomio 2:25; Josué 2:9.

rodeos".[61] Es decir, aquellos que siguen un camino directo; porque el camino del diablo es circular, y rodea la tierra;[62] pero el camino de los ángeles hacia el cielo ascendiendo por la escalera de Jacob es un camino directo.[63] El sentido del hebreo es de un camino lineal, directo; un camino sin llano y obstáculos, liso y uniforme. Y así es el camino de nuestra fe, un camino que ha sido previamente allanado, pues han transitado por él con anterioridad los padres y la Iglesia; no es un descubrimiento reciente y novedoso, fruto de nuestra curiosidad y afán de aventurarnos en propias opiniones, o de nuestra predisposición para abrazar nuevas doctrinas y propuestas ajenas. Las personas a las que Dios plantea hacer partícipes de sus retribuciones son, ante todo: *"recti"* (es decir, personas directas, sencillas y llanas), y después *"recti corde"*, rectas de corazón,[64] una cualidad peculiar que las hace mansas y asequibles, con esta rectitud dócil que se alberga en el corazón, y que todos los rectos de corazón poseen. Pero, ¿existen personas con un proceder y comportamiento tal como para ser calificadas de "rectos de corazón? Aquí en la tierra, dar un solo paso en línea recta es imposible; porque la propia tierra es redonda, y cada paso que damos sobre ella, es necesariamente un segmento del arco de su círculo. Y además de que el círculo geométrico no tenga una sola línea recta, cuando examinamos sus segmentos, o no, mejor el círculo entero, descubrimos que tampoco tiene esquinas, pues no hay en todo el círculo un solo ángulo. Por ello, es preciso admitir que en este mundo es imposible alcanzar una rectitud perfecta; cada paso que damos viene con tentaciones inevitables que lo deforman. Pero, que no haya en nuestro círculo moral y espiritual una sola línea recta (algo imposible dada nuestra fragilidad humana), no quiere decir que no podamos recorrerlo evitando ángulos y esquinas; es decir, sin hipocresías y disfraces en nuestra profesión de fe, sin complejidades y falsedades, sin elusión en nuestros deberes. La brújula es en un barco un instrumento imprescindible, marcando siempre el norte le ayuda a mantener el rumbo y llegar a puerto seguro; y sin embargo, sabemos que esa brújula no es exacta, tiene ligeras variaciones, y no señala al norte con exactitud absoluta. Tampoco esa estrella que conocemos como Estrella Polar señala exactamente el polo norte; pero la llamamos así, y basamos en ella nuestros cálculos como si lo hiciera, porque es la estrella más cercana a ese polo. Así también, la persona que vive tan apegada a la rectitud como sus debilidades humana le permiten, puede ser considerado un hombre recto, a pesar de que haya en su proceder y comportamiento humano en el presente ligeras oblicuidades.

John Donne [1573-1631]
"Sermon LXVII preached at St. Paul's November 5: on Psalm LXIV 10", 1626

Y se gloriarán todos los rectos de corazón. El Salmo comienza en primera persona del singular: *"Escucha, oh Dios, mi voz"*; pero termina en un plural amplio, que abarca a todos los justos. Quien mayores inquietudes tiene respecto a su propia salvación, es quien más se volcará hacia los demás, mostrando hacia ellos un amor más real, más amplio y auténtico; por contra, el que más seguro de si mismo pretende estar o mayor desinterés muestra hacia la fe, suele ser por lo general más egoísta. No hallaremos mejor método de beneficiar a nuestros semejantes que el de comenzar por pedir para nosotros mismos, mostrarnos fervorosos en orar pidiendo ser preservados de nuestro propio pecado. Nuestro ejemplo les será útil en si mismo, y nuestra santidad, al potenciar nuestro testimonio, aumentará el valor de cualquier advertencia, reprensión, exhortación o aliento que podamos proferir.

---

[61] En latín en el original: *"rectitudinem"* y *"planitiem"*.

[62] Job 1:7.

[63] Génesis 28:12.

[64] Salmo 97:11; 125:4.

Nuestro pecado es, o será, causa de dolor de toda la Iglesia; el camino para alegrar a todos los rectos de corazón, pasa por ser nosotros mismos rectos.

C. H. SPURGEON

Y se gloriarán todos los rectos de corazón. Esta recompensa para los justos la expresa el salmista en el texto hebreo utilizando el verbo הָלַל *halal,* brillar, resplandecer: וְיִתְהַלְלוּ *wəyiṯhallū.* Los compiladores y traductores originales de nuestro *Libro de Oración Común,*[65] lo tradujeron como *"se alegrarán",* y así es figuraba en el mismo. Sus revisores lo cambiaron a: *"se regocijarán";* y posteriormente, considerando que más bien quería decir *"gloria"*, se tradujo como: *"se gloriarán"*.[66] Pero antes de todo esto, en la primera traducción de la Biblia que se hizo a nuestra lengua inglesa (muy anterior a cualquiera de estas), partiendo de que הָלַל *halal* significa también alabanza, lo tradujeron en forma pasiva como: *"Y todos los rectos de corazón serán alabados"*.[67] Ciertamente, esto es lo que significa ese וְיִתְהַלְלוּ *wəyiṯhallū* en sentido literal. No se refiere a la alabanza que los rectos de corazón darán a Dios, sino más bien a la que ellos mismos recibirán por haber servido a Dios con un corazón recto. Y no porque sirviendo a Dios de ese modo le hayan rendido alabanza (que también), sino para que todos los demás santos lo reconozcan y les alaben por haberlo hecho. Aunque a decir verdad, incluso esta interpretación se aparta un tanto de la raíz auténtica del verbo hebreo הָלַל *halal,* que es *"lucere", "splendere",* es decir: *"brillar, resplandecer"*. Y que aplicada a este texto, hace que su sentido sea todavía más hermoso: los rectos de corazón *"brillarán"* ante los ojos de los hombres despertando en ellos una santa y reverencial admiración; como Juan el Bautista, que *"era una lámpara encendida y brillante"*.[68] Visto así, el sentido del texto es que los rectos de corazón, viviendo una vida santa y ejemplar, harán que los demás hombres tengan la santidad en más alta estima, que la valoren, y en razón de ello rindan a los santos que la practican un merecido y debido respeto.

JOHN DONNE [1573-1631]

"Sermon LXVII preached at St. Paul's November 5: on Psalm LXIV 10", 1626

[65] En el original inglés *"The Book of Common Prayer",* conocido en español como "Libro de Oración Común" y libro oficial de oraciones de la Iglesia de Inglaterra y otras iglesias de la Comunión Anglicana. *"The Book of Common Prayer"* sustituyó otros textos diversos más antiguos en Latín agrupándolos en un solo volumen en inglés. Editado por primera vez en 1549, fue revisado en 1552, en 1559 y 1662. Traducido y publicado en numerosos idiomas, se mantiene en derecho como el libro oficial de oración de la liturgia de la Iglesia Anglicana, aunque en la práctica haya sido reemplazado en muchas iglesias por textos más modernos.

[66] Así es como figura en la versión inglesa KJV de 1611: *"and all the upright in heart shall glory"*.

[67] En el original: *"All men of rightful heart shall be praised"*. Así es como lo traduce la *Wycliffe Bible* de 1395, que es a la que probablemente se refiere.

[68] Juan 5:35, NVI.

SALMO 65

ACCIÓN DE GRACIAS POR LA COSECHA

Título y tema: *Al músico principal.* Un título muy similar al de otros salmos y que hemos comentado ya con amplitud. El Salmo va consignado a la custodia del supervisor habitual de la música. Cuando una persona hace bien su trabajo, no hay motivos para encomendarlo a otro por el mero gusto de variar.

Salmo y cántico de David. El texto hebreo identifica este Salmo como שִׁיר *šîr* y מִזְמוֹר *mizmōwr*, una combinación de salmo y cántico,[1] de la cual la mejor descripción que podemos hacer en nuestro idioma es la de: «un poema lírico». Significa que el Salmo es adecuado tanto para ser recitado como cantado. Hemos encontrado ya anteriormente dos salmos de este tipo: el Salmo 30 y el Salmo 48. El Salmo 65 es el primero de una corta serie de cuatro que siguen a continuación.[2] Por lo que parece el criterio de los compiladores del Salterio fue que los salmos de súplica y anhelo debían ir seguidos por cánticos de alabanza.[3]

C. H. SPURGEON

Título y tema: *Salmo de Jeremías y Ezequiel.*[4] El realidad no es que se asigne el Salmo a estos profetas como sus autores, sino porque se supone que lo entonaron a menudo al iniciar el regreso del cautiverio, con el propósito de enseñar al pueblo que debía ser cantado de manera especial con motivo de esa feliz restauración que tanto habían anunciado. Pero esta parte del título que incluye la Septuaginta no figura en el texto hebreo masorético, ni tampoco en algunas traducciones; tan solo en ciertas

---

[1] No deja de ser significativo que el Salmo abre (65:1) con la palabra תְּהִלָּה *ṯəhillāh*, que se inclina hacia la idea de oración; y se cierra (65:13) con el verbo שִׁיר *shir,* que significa "cántico".

[2] FRANZ DELITZSCH [1813-1890], considera que este Salmo fue colocado en el Salterio justo al lado del anterior (Salmo 64) porque ambos comparten de forma preminente el sintagma וַיִּֽרְאוּ *wayyîrə'ū* de יָרֵא *yare',* "temor, miedo": *"temerán todos los hombres"* (64:9); *"los habitantes de los fines de la tierra temen de tus maravillas"* (65:8); en un escenario en el que, como ocurre también con los Salmos 8, 19, y 29, se entrecruzan la naturaleza y la historia.

[3] ATANASIO DE ALEJANDRÍA [296-373] en su carta a su discípulo Marcelino sobre la naturaleza y valor de los salmos le dice refiriéndose a este salmo: «Siempre que sientas el llamado a cantar alabanzas por las maravillas de Dios en la naturaleza el Salmo 65 cubrirá todas tus necesidades». El Tomo I de "El Tesoro de David" incluye una traducción completa de la Carta de Atanasio a Marcelino. [Tomo I - pp. 50].

[4] En la Septuaginta*:* εἰς τὸ τέλος ψαλμὸς τῷ Δαυιδ ᾠδή Ιερεμιου καὶ Ιεζεκιηλ ἐκ τοῦ λόγου τῆς παροικίας ὅτε ἔμελλον ἐκπορεύεσθαι que la Vulgata, siguiendo a la Septuaginta, traduce al latín como: *"In finem, Psalmus David. Canticum Jeremiae et Ezechielis populo transmigrationis, cum inciperent exire"*, "Cántico de Jeremías, y de Ezequiel para el pueblo de la transmigración, cuando comenzaba a salir".

– FELIPE SCIO DE SAN MIGUEL [1738-1776] en una nota a su traducción de la Vulgata indica que: «Muchos creen que este Salmo fue añadido al Salterio en tiempos muy posteriores. Pero otros piensan que David pudo haberlo compuesto, con espíritu profético, para que fuese cantado por los israelitas al tiempo de su salida de Babilonia, y vuelta de su cautiverio, conforme a las profecías de Jeremías y de Ezequiel (…) Hay quien opina que David lo compuso en acción de gracias por alguna copiosa lluvia después de una prolongada sequía, como la referida en 2 Reyes 21:10-14, que se cantó en el tabernáculo con música del mismo David, y que muchos años después, habiéndose perdido aquella música, Jeremías y Ezequiel, no los profetas sino músicos principales, lo adaptaron y cantaron, y por eso sus nombres figuran en el título. Pero todo ello no son más que conjeturas».

versiones. En realidad, Jeremías no fue llevado a Babilonia;[5] y de hecho, tanto él como Ezequiel murieron antes del retorno del cautiverio.[6]

MATHEW POOLE [1624-1679]
"Synopsis Criticorum Aliorumque S. Scripturae Interpretum", 1669

A partir del Salmo 65 nos encontramos con una serie reducida de salmos (65-68), en los que con ligeras variaciones en el orden de los términos, coinciden en incluir en el título מִזְמוֹר *mizmōwr* y שִׁיר *šîr;* que significan un salmo y un cántico. La serie, como es habitual en el Salterio, sigue un orden basado en la ocurrencia de términos prominentes: en el Salmo 65:1 leemos: *"A ti se cumplirán los votos"*, y en el Salmo 66:13: *"Te cumpliré mis votos";* en el Salmo 66:20: *"Bendito sea Elohim"*, y en Salmo 67:6: *"Nos bendecirá Elohim"*. Y aparte de esto, los Salmos 66 y 67, tienen en común que el término לַמְנַצֵּחַ *lamnaṣṣêaḥ, "al músico principal"*, que ocurre cincuenta y cinco veces en el Salterio y en todos los casos se acompaña con el nombre del autor, en este caso se omite, son la excepción, ya que son anónimos. Y el uso frecuente del סֶלָה *selāh,* en ambos salmos, indica también que estaban destinados ser interpretados con acompañamiento musical.[7]

FRANZ JULIUS DELITZSCH [1813-1890]
"Biblical commentary on the Psalms", 1859

Estructura: En las estrofas de este Salmo David canta la gloria de Dios tanto en su Iglesia como en las maravillas de naturaleza descritas en el fruto de los campos: es un cántico doble de la gracia y de la providencia. Es probable que su propósito fuera conmemorar una cosecha extraordinariamente abundante, o simplemente componer un himno útil a través de las edades para agradecer y celebrar la cosecha. Las palabras del versículo siete (65:7) referentes al *"alboroto de las naciones"*, parecen dar a entender que fue escrito después de una invasión o rebelión violenta que había sido sofocada, y que los enemigos extranjeros habían acabado subyugados y sometidos tras una sonada victoria: *"los habitantes de los fines de la tierra temen de tus maravillas"* (65:8). Un himno maravilloso y encantador en cualquier idioma. Los versículos del uno al cuatro (65:1-4) nos muestran el camino de acercamiento a Dios; del cinco al ocho (65:5-8) nos muestran al Señor haciendo maravillas en respuesta a la oración

---

[5] Jeremías 39:11-14.

[6] AGUSTÍN DE HIPONA [354-430] en su *"Enarrationes in Psalmos"*, aprovecha esta mención que hace la Septuaginta a Jeremías, Ezequiel y la cautividad en Babilonia, para establecer un peculiar enlace comparativo entre las ciudades de Babilonia y Jerusalén, y sobre el mismo hace pivotar todo su comentario a al Salmo 65, en clara similitud al argumento de su obra clave: *"De civitate Dei"*, "La Ciudad de Dios": «Corresponde analizar ante todo nuestra cautividad, para poder entender nuestra liberación; debemos conocer la Babilonia en la que estamos cautivos, para valorar la Jerusalén por cuyo regreso suspiramos … Babilonia significa *"confusión"* (Génesis 11:1-9 –Babilonia y Babel son la misma raíz hebrea בָּבֶל *babel*), y Jerusalén significa *"visión de paz"* (Ezequiel 13:16; Apocalipsis 3:12; 21:2). Poned pues vuestra atención en la "Ciudad de confusión" para que podáis entender la "Visión de la paz"; soportad la una y suspirad por la otra. ¿Cómo reconocer estas dos ciudades? ¿Es posible separar la una de la otra? No, porque están entremezcladas desde los orígenes de la humanidad, y lo estarán hasta el fin del mundo … Pero es bajo la figura de estas dos ciudades que se entona este salmo, en cuyo título se cita a los profetas Jeremías y Ezequiel».

[7] Basada en el texto del Salmo 65 JUAN SEBASTIÁN BACH [1814-1870] compuso la cantata BWV 120, *"Gott, man lobet dich in der Stille"*, para la constitución del Consejo Municipal de Liepzig.

de su pueblo, así como la alabanza tributada en razón de ellas; y finalmente, los versículos del nueve al trece (65:9-13) constituyen un poema dedicado particularmente a la cosecha.[8]

C. H. SPURGEON

[8] Los exégetas modernos comentan al respecto:

– FRANZ DELITZSCH [1813-1890] hace el siguiente resumen: «Reunida la congregación israelita alrededor del santuario en Sión, alaba a su Dios, por cuya misericordia ha sido rescatada de una situación de peligro inminente en relación con otras naciones, y por cuya bondad se encuentra nuevamente en paz, rodeada de campos fructíferos y abundantes. Por ello, sin menospreciar la importancia de la bendición recibida en las bondades de la naturaleza, no pierde de vista la respuesta divina a sus plegarias, que ha contemplado y experimentado de una manera clara y portentosa frente a la amenaza de otras naciones. Para ellos, el control ejercido por Dios sobre la historia humana, y su control y gobierno de la naturaleza, son equivalentes, de modo que uno se refleja en el otro. Ven por igual, en uno y otro, la mano todopoderosa y misericordiosa de Aquél que responde la oración y expía pecados, y que mediante un justo juicio abre el camino de su amor. La liberación portentosa que han experimentado, redunda en un reconocimiento del Dios de su salvación aún por parte de los pueblos más lejanos; pues los resultados beneficiosos de la intervención de Yahvé en los eventos que suceden en el mundo se extienden, tanto en el orden temporal como el espiritual, más allá de los límites de Israel: la liberación del poder opresor concreto al que se hace referencia, obrada de manera portentosa, es aparentemente un alivio no solo para Israel sino para todos los pueblos en general. El escenario histórico más adecuado en el que encajar el Salmo dentro del contexto bíblico es la primavera del tercer año del que se habla en Isaías 37:30, en el cual el derrocamiento de Asiria era ya para Judá cosa del pasado, y de nuevo se extendían ante sus ojos los campos repletos de mieses madurando para la cosecha» Ver nota 157 en este mismo Salmo.

– HANS-JOACHIM KRAUS [1918-2000], aporta también una síntesis magistral que hemos creído conveniente transcribir: «El Salmo 65 alaba a Dios, que tiene su trono en Sión. Él es el אֱלֹהֵי יִשְׁעֵנוּ *'ĕlōhê yiš'ênū*, *"Dios de nuestra salvación"* (65:5). En tres secciones, que temáticamente pueden definirse con precisión, se glorifica el poder de Dios y sus actividad salvífica. Al principio se describe el prodigio que revela como incesantemente actual el poder salvífico de Yahvé: שֹׁמֵעַ תְּפִלָּה *šōmêa' təpillāh,* es un Dios que *"escucha las oraciones"* (65:2). Las acciones de gracias con las que los individuos cumplen sus votos (65:1), y el testimonio de la comunidad entera, testifican que Yahvé no tan solo escucha sino que: תַּעֲנֵנוּ *ta'ănênū* de עָנָה *anah,* también *"responde"* (65:5). Es muy significativo que esta acción salvífica del Dios que tiene su trono en Sión no solo vaya dirigida al pueblo elegido, sino: כָּל־בָּשָׂר *kāl-bāśār "a toda carne"* (65:2), en: כָּל־קַצְוֵי־אֶרֶץ *kāl-qaṣwê-'ereṣ, "todos los términos de la tierra"* (65:5). Y también el segundo prodigio, que se describe en los versículos siete al nueve (65:7-9), el prodigio de la creación del mundo y de la victoria sobre el caos, llega en su amplitud hasta: קְצָוֹת *qəṣāwōṯ, "los extremos más distantes"* (65:8). En la tercera parte del Salmo se describe de manera impresionante la vida. Todos estos actos prodigiosos de salvación y poder dimanan del: אֱלֹהֵי יִשְׁעֵנוּ *'ĕlōhê yiš'ênū*, el *"Dios de nuestra salvación"*. A él se le deben tributar alabanzas. La comunidad del Nuevo Testamento cree y confiesa con fe que Jesucristo es el *"Dios de nuestra salvación"*, que: εν αυτω εκτισθη τα παντα εν τοις ουρανοις και επι της γης *"en él fueron creadas todas las cosas, las que hay en los cielos y las que hay en la tierra* (Colosenses 1:16); y que en él: παν το πληρωμα κατοικησαι *"habita toda plenitud"* (Colosenses 1:19. Ver también Colosenses 2:9) [Los Salmos, Vol. II, Sal. 60-150 Ediciones Sígueme, Salamanca, 1993].

– LUIS ALONSO SCHÖKEL [1920-1998], facilita un resumen no menos magistral que trataremos de resumir: «Dividido el Salmo en tres partes, y guiado por el triple אֱלֹהִים *elohim* que encabeza cada sección (65:1, 5, 9), el estilo va variando adaptándose a los cambio de tema y demostrando con ello la maestría del poeta La primera parte (65:1-4) se puede titular: *"La atracción de Sión";* la segunda parte (65:5-8): *"El Señor del universo y de la historia";* y la tercera parte (65:9-13): *"Dios es el labrador"* [...] Sión es un centro de culto al que convergen hombres de muchas partes; en Sión contemplan y cantan la soberanía universal de Dios [...] El monte Sión es centro de atracción; atrae la alabanza y la suplica (65:1), atrae a todos los mortales, especialmente a los que Dios acerca a sí (65:4) [...] pues a Sión acuden los hombres abrumados por el pecado, Dios los escucha y les perdona (65:2), y ellos cumplen lo prometido (65:1) [...] Desde ese centro encumbrado, la mirada del salmista se extiende abarcando inmensos horizontes de

Versión poética:

Te decet himnus Deus in Sion

Siempre, Señor, cantamos nuestros himnos,
pero en Sión serían más alegres,
o en Jerusalén, donde nuestra alma
debe cantar tu gloria, y encenderse.

---

naturaleza e historia; pero el poeta no alinea naturaleza e historia en sucesión obediente, sino que los mezcla a sabiendas, fundiendo en su contemplación ambos escenarios que un mismo Señor controla […] En la historia, Dios escucha las reclamaciones de un pueblo esclavo y oprimido, y le contesta con prodigios que hacen resplandecer la justicia *"portentos de justicia"*. La salvación es acción de la justicia, y la justicia es una victoria Ahora bien, ese Dios que intervino prodigiosamente a favor de su pueblo, es el Dios con el que pueden contar todos desde el extremo oriental de la tierra al extremo occidental del mar. Todos pueden clamar y "confiar" en la respuesta salvadora del Señor (65:5). […] En la creación, Dios, constructor gigantesco del orbe, se ajusta el ceñidor de su potencia, toma en sus manos montañas enteras y las coloca aplomadas y resistentes en el puesto elegido (65:6) […] silencia el estruendo de los mares, acalla el alboroto de las naciones (65:7) y alegra las salidas de la aurora y del ocaso (65:8), lo próximo y lo lejano: atrios-casa-templo vs. montes-mar-aurora-ocaso […] un hermoso contraste entre el poder del pecado que abruma al hombre (65:3-4) y el poder del Dios creador que maneja las montañas […] El mar concentra las fuerzas rebeldes y levantiscas que intentan en vano contrastar el poder de Dios. En lo cósmico: שְׁאוֹן יַמִּים *šəʼōwn yammîm,* el océano con su oleaje; en lo histórico: וַהֲמוֹן לְאֻמִּים *wahămōwn ləʼummîm,* el tumulto de las naciones con sus ejércitos; con un solo verbo: מַשְׁבִּיחַ *mašbîaḥ* de שָׁבַח *shabach,* una sola acción, Dios los mantiene a raya a todos (65:7) […] Sión, centro del culto, se convierte en centro de contemplación universal (65:8) […] A partir de aquí el poeta pasa de lo macro a lo micro, de Creador al Labrador. En vez de visiones gigantescas, abarcando inmensidades en cada versículo, aproxima la mirada para sorprender lo menudo, para desmenuzar un proceso en sus acciones. Lluvias, surcos, terrones, renuevos (65:9-10), no tiene prisa por avanzar, cualquier detalle lo detiene captando su atención. Solo al final, al coronarse el año (65:11), ensancha un poco la mirada a los pastos del páramo, a los collados, los valles y los llanos (65:12-13) […] ¿Se refiere al mismo Dios de antes? o ¿es el mismo poeta quien nos habla? Desde luego, y en eso está la maravilla: que el Dios que deposita a plomo y afianza las montañas se agache a desmenuzar unos terrones; que el Todopoderoso que reprime océanos e imperios se disponga a regar y esponjar un campo. El Dios de la naturaleza y la historia es presentado ahora como un *pater familias* que al coronarse el año tiene que llevar trigo para alimentar a los suyos hasta la próxima cosecha. El cariño se afana por detalles, y el poeta se contagia de cariño […] En cierto modo, todo el salmo gravita hacia este final sencillo y jugoso. El Salmo 136 realiza algo parecido aunque en un estilo totalmente distinto: canta la acción del Dios creador (136:4-6); del Dios salvador (136:10-24): y del Dios que nos da el pan de cada día (136:25) […] Esta parte final del Salmo 65 es uno de los fragmentos descriptivos más notables de la poesía bíblica y podría servir para medir su distancia de otras técnicas descriptivas (como las *Geórgicas* de Virgilio y poemas similares)» [*Salmos, Tomo I, 1-72,* Editorial Verbo Divino, Estella, Navarra, 1992].

– Francisco Lacueva [1911-2005] en su versión española del "Comentario de Matthew Henry" comenta: «El salmista alude a una reciente liberación del país de un peligro inminente (Isaías 37:1-38). Según el jesuita Ricardo Arconada, el Salmo 65 es 'un himno a Dios próvido' y opina que no hay motivo para negar que fue compuesto por David. Sus estrofas nos exhortan a dar a Dios la gloria por su poder y bondad que se nos muestran claramente, I. En el reino de la gracia (65:1): al escuchar la oración (65:2), al perdonar el pecado (65:3), al saciar de bien a los suyos (65:4), al protegerlos y sostenerlos (65:5). Y II. En el reino de la providencia: al afianzar las montañas (65:6), al calmar el mar (65:7), al preservar la sucesión normal del día y de la noche (65:8) y al hacer fértil la tierra (65:9-13)».

Pero ya que tu justicia soberana
en la cautividad tenernos quiere,
escucha nuestra voz, que en todas partes
toda carne a tu culto vendrá alegre.

Las palabras, Señor, de los inicuos
contra nosotros fueron muy urgentes,
mas tu perdonarás con tu clemencia
nuestras iniquidades y altiveces.

Dichoso aquel mortal que tú elegiste,
mil veces más dichoso el que prefieres,
y que habita en los atrios de tu templo,
en donde de continuo a ti se vuelve.

En el sitio feliz en que quisiste
establecer morada permanente,
en tu adorable casa, en que te dignas
de repartirnos pródigo tus bienes.

En este templo excelso y admirable,
porque tu alta presencia le engrandece,
y que también es santo y religioso
por su culto sagrado y reverente.

Escúchame, Dios mío, tú que solo
nuestras cadenas desatarnos puedes,
tú en quien toda la tierra se confía,
y aún las islas lejanas que el mar tiene.

Tú que con fuerte y vigoroso brazo
los montes y las rocas fortaleces,
tú que turbas el seno de los mares
agitando sus olas cuando quieres.

Si a tu pueblo redimes con asombro,
tu fuerza y tu poder verán las gentes,
y llenarás de gozo a los que te aman
y habitan del ocaso hasta el oriente.

Visita ya la tierra que escogiste,
embriágala, Señor, con tus placeres,
refréscala con lluvias deliciosas,
y que su abundancia próvidas aumenten.

Que el río que feliz la fertiliza,
nunca turbe su plácida corriente,
y prepare comidas agradables
con las que todos sus pueblos se sustenten.

Riega sus surcos, y haz crecer sus plantas,
que nazcan de su seno las simientes,
y se animen los brutos y los hombres,
viendo los bienes que al rocío deben.

Bendícela, Señor, y todo el año
hazle sentir tu bendición celeste,
y que los campos llenos de riquezas
con mano liberal frutos presenten.

Que hasta sus mismos hórridos desiertos
se hagan hermosos, fértiles y alegres,
y sus secas y estériles montañas
se revistan de hierbas florecientes.

Que multipliquen mucho sus rebaños
de ovejas, de corderos y de reses,
que el trigo abunde, que prospere el vino,
y que cantemos himnos reverentes.

Del "Salterio Poético Español", Siglo xviii

Salmo completo: De este Salmo se menciona el autor, pero no la fecha o época en que fue escrito. Sin embargo, un examen minucioso de su contenido indica que fue concebido como cántico para el *"día de la expiación"*, y la *"fiesta de los tabernáculos"* que seguía después.[9] En ellas *"eran cubiertos"* los pecados de todo año, y se llevaba a cabo una purificación completa del santuario mediante un servicio especial de expiación. Las labores agrícolas anuales habían concluido y sus frutos estaban garantizados; Israel podía contemplar en toda su extensión la bondad de Dios hacia ellos; por lo que el Salmo fue escrito para ser utilizado como expresión adecuada de sus sentimientos. Se abre con una referencia al *"silencio"*[10] del santuario (65:1-3), a la quietud solemne, profunda y constante que reinaba en sus dependencias; mientras en el exterior el pueblo, en profunda humillación, esperaba expectante el regreso del sumo sacerdote desde la presencia inmediata de Dios.[11] Prosigue con la bienaventuranza de aquellos que son hechos aceptos ante Dios (65:4-5), admitidos a la comunión con Aquel tan indescriptiblemente grande y poderoso. Y concluye con una descripción de los diversos

[9] Números 29:7-11, 12-39.

[10] De las versiones españolas solo LBLA y la NBLA (Nueva Biblia Latinoamericana de Hoy) traducen: *"Silencio habrá delante de Ti, y alabanza en Sión"*, es decir traducen el término hebreo דֻּמִיָּה *dumîyāh* de דּוּמִיָּה *dumiyyah,* que en sentido primario significa "silencio", por silencio. La versión inglesa KJV traduce: *"Praise is awaiting You, O God, in Zion"*, "La alabanza te espera a ti, oh Dios en Sión".

[11] Levítico 16:17.

procesos a través de los cuales el Todopoderoso ha previsto que la tierra produzca las provisiones que su pueblo precisa para todo un año.

DALMAN HAPSTONE
"The Ancient Psalms in appropriate metres: A strictly literal translation from the Hebrew, with explanatory notes", 1867

Salmo completo: Estamos ante un salmo de acción de gracias, escrito para ser cantado en el Templo durante una festividad pública en la que se ofrecerían los sacrificios prometidos durante una larga y prolongada sequía (65:1-2). Sin embargo, a la acción de gracias por una lluvia copiosa y la esperanza de una abundante cosecha (65:9-14), se agrega un toque de gratitud por la liberación de un tiempo de angustia y conmoción profunda que afecta a todas las naciones de alrededor (65:7-8). Lo que hace del Salmo 65 un canto de alabanza a Jehová, tanto como el Dios de la historia como el Dios de la naturaleza.[12]

FOUR FRIENDS[13]
"The Psalms Chronologically Arranged: With Historical Introductions and a General Introduction to the Whole Book", 1867

Salmo completo: Un Salmo encantador que después de los anteriores, todos ellos tristes, simula el resurgir de la mañana en mitad las tinieblas de la noche. Encontramos en él la frescura del rocío; y a partir del versículo nueve hasta el final (65:9-10), una sucesión dulce de escenas de paisajes que nos recuerdan la hermosura de la primavera. Una descripción magistral, con imágenes sacadas de la naturaleza, de ese estado mental y espiritual feliz en la mente del hombre que deriva del día primaveral en el que *"nos visitó un amanecer del sol desde lo alto"*.[14]

OLIVER PRESCOTT HILLER [1814-1870]
"Sermons, doctrinal, miscellaneous, and occasional", 1860

Vers. 1. *Tuya es la alabanza en Sion, oh Dios, y a ti se pagarán los votos.* *[A ti es debida la alabanza en Sión, oh Dios, y a ti se cumplirán los votos.* RVR*] [Silencio habrá delante de ti, y alabanza en Sion, oh Dios; y a ti se cumplirá el voto.* LBLA*] [¡Oh Elohim, aún te aguarda la alabanza en Sión! A Ti se pagarán los votos.* BTX*] [A ti, oh Dios de Sión, te pertenece la alabanza. A ti se te deben cumplir los votos.* NVI*] [Tú mereces la alabanza, oh Dios que estás en Sión, mereces que se te*

[12] Se ha dicho que en el Salmo 65 el poeta sacro sigue la misma pauta que en el Salmo 19 pero invirtiendo los términos. En lugar de comenzar describiendo los portentos de la naturaleza: *"Los cielos cuentan la gloria de Dios, y el firmamento anuncia la obra de sus manos"* (19:1-6), para terminar con los de la gracia: *"¿Quién podrá descubrir sus propios errores? Absuélveme de los que me son ocultos"* (19:7-14); aquí comienza con los de la gracia: *"Las iniquidades prevalecen contra mí; mas nuestras rebeliones tú las perdonas"* (65:1-5), para concluir con los de la naturaleza: *"Tú, el que afianza los montes con su poder, ceñido de valentía"* (65:6-13).

[13] Se trata, según el Diccionario de Anónimos y Pseudónimos en la Literatura Inglesa, de ALEX W. POTTS, FRANCIS E. KITCHENER y dos autores más no identificados. [HALKETT, Samuel; LAING, John. *Dictionary of Anonymous and Pseudonymus English Literature.* Haskell House Publishers Limited. Nueva York, 1926]

[14] Lucas 1:78.

cumplan las promesas. BLP] *[Qué poderosa alabanza, oh Dios, te pertenece en Sión. Cumpliremos los votos que te hemos hecho.* NTV][15]

Silencio[16] *habrá delante de ti, y alabanza en Sión, oh Dios.* Aunque Babilonia adore al Anticristo, Sión permanece fiel a su Rey; a él, y solo a él, trae su ofrenda perpetua de adoración. Aquellos que han contemplado en Sión la sangre rociada,[17] y saben que pertenecen a la Iglesia del primogénito,[18] jamás pueden pensar en ella sin presentar humildes alabanzas al Dios de Sión. Sus misericordias son demasiado numerosas y preciosas para ser olvidadas. Las alabanzas de los santos esperan, aguardan la señal del Señor divino, y cuando él muestra su rostro, estallan todas a la vez. Cual compañía de músicos reunida para agasajar a un príncipe, que esperan pacientemente hasta que el homenajeado haga acto de presencia; así también nosotros reservamos nuestras mejores alabanzas hasta que el Señor se revele en la asamblea de sus santos; y, ciertamente, hasta que descienda del cielo en el día de su venida.[19] La alabanza aguarda paciente cual aguarda un sirviente o cortesano en las salas reales; la gratitud es humilde y obediente. La alabanza busca complacer a su Señor, y continúa bendiciéndole tanto si este le da muestras inmediatas de su favor como si no; jamás se cansa fácilmente, antes bien canta durante toda la noche con la esperanza segura de que pronto vendrá la mañana. Seguiremos, pues, esperando; afinando nuestras arpas en medio de las lágrimas de este mundo; pero, ¡oh!, ¡qué armonías serán aquellas que entonaremos cuando llegue el momento y el Rey aparezca en su gloria!

El texto puede traducirse también como: *"para ti la alabanza es silenciosa"*; es decir, sosegada, pacífica y dispuesta para adorarte en quietud y silencio. Puede significar también: «toda nuestra alabanza, oh Señor, no es más que silencio comparada con tus méritos». También: «En silencio solemne te adoramos porque nuestra alabanza es inexpresable; acepta, por tanto, nuestro silencio a modo de

---

[15] El texto hebreo masorético y el texto griego de la Septuaginta presentan aquí notables diferencias. El texto hebreo lee: לְךָ דֻמִיָּה תְהִלָּה אֱלֹהִים בְּצִיּוֹן וּלְךָ יְשֻׁלַּם־נֶדֶר *ləḵā ḏumîyāh ṯəhillāh 'ĕlōhîm ūləḵā yəšullam-neḏer.* La versión griega de los LXX o Septuaginta lee: σοὶ πρέπει ὕμνος, ὁ θεός, ἐν Σιων, καὶ σοὶ ἀποδοθήσεται εὐχὴ ἐν Ιερουσαλημ que la Vulgata traduce al latín como: *"Te decet hymnus, Deus, in Sion, et tibi reddetur votum in Jerusalem"*, "A ti corresponde un himno, oh Dios, en Sion; y a ti se pagarán los votos en Jerusalén". La versión sefardí de Ferrara lee: *"A Ti filencio y loor Dio en Zion, y a ti fera pagada promeffa"*. La versión caldea Peshitta: *"A ti es propia la alabanza en Sión, oh Dios, y a ti se cumplirá el voto"*. SCHÖKEL traduce: *"Oh Dios, tú mereces un himno en Sión y a ti se te cumplen los votos"*.

[16] En hebreo דֻמִיָּה *ḏumîyāh* de דּוּמִיָּה *dumiyyah*. Ocurre solo cuatro veces en el A.T. y todas ellas en el Salterio: Salmo 22:2; 39:2; 62:1; 65:1; significa *"silencio"* en el sentido de una espera quieta y resignada. La versión inglesa KJV traduce: *"Praise waiteth for thee, O God, in Sion"*, "La alabanza espera por ti, oh Dios, en Sión". FRANZ DELITZSCH [1813-1890] sugiere la posibilidad de: *"Para ti la resignación que es alabanza"*, es decir, que la resignación silenciosa es ofrecida o presentada ante Dios y considerada como alabanza. MARTÍN LUTERO [1483-1446] tradujo al alemán: *"Gott, man lobt dich in der Stille zu Zion"*, *"Dios, tu eres alabado en silencio en Sión"*. Dice al respecto MATTHEW HENRY [1662-1714]: «De la misma forma que hay clamores santos tan profundos que no pueden ser expresados con palabras sino tan solo con gemidos inaudibles (Romanos 8:26) pero que son escuchados por aquel que escudriña los corazones; hay también alabanzas y adoraciones santas tan intensas que no pueden ser cantadas, tan solo se pueden expresar en silencio; pero que son oídas y aceptadas por aquel que conoce lo que se esconde en la mente y el espíritu». FELIPE SCIO DE SAN MIGUEL [1738-1776] en su versión española de la Vulgata lo explica con la siguiente nota: «Esto es, que el silencio era la mejor alabanza que se podía dar a Dios, puesto que su bondad excede todos los elogios y encarecimientos de los hombres».

[17] Hebreos 12:24.

[18] Colosenses 1:15.

[19] 2 Pedro 3:10-12.

alabanza». O también: «Estamos tan absortos en alabarte que permanecemos mudos ante todas las demás cosas; tan solo tenemos lengua para ti». Aunque puede quizá que quién mejor interpretó el sentir del salmista fuera el poeta cuando escribió aquellos versos que dicen:

> *«Una sagrada reverencia sondea nuestros cánticos,*
> *silenciando la alabanza en nuestras lenguas».*[20]

Ciertamente, cuanto más llena se siente el alma de adoración reverente, menos contenta está con la forma en que la expresa, y más profundamente siente lo inadecuados que son todos los cánticos mortales para proclamar la bondad divina. Una iglesia en adoración silenciosa, amorrada por un profundo sentido de la misericordia divina, ofrecería ciertamente una alabanza más real y auténtica que no las voces más dulces acompañadas por tubos de órganos y cuerdas de violines. Con todo, no debemos descuidar el canto vocal, en tanto que el propio himno sagrado que comentamos fue concebido y destinado específicamente para ser cantado. Pero antes de cantar debemos situar el alma en una actitud de espera silenciosa; y ser conscientes, con toda humildad, de que aún nuestra mejor alabanza no es más que silencio comparada con la gloria de Jehová.

Y a ti se cumplirán los votos. Tal vez se tratara de un voto especial hecho durante una época de sequía y peligro bélico. Tanto las naciones como las iglesias deben ser honestas y rápidas en redimir sus promesas al Señor, que no puede ser burlado con impunidad.[21] Y lo mismo aplica a los individuos. Jamás nos olvidemos de nuestros votos; y no los redimamos para ser vistos de los hombres; sino únicamente *"a ti"*, puestos nuestros ojos en su aceptación. Todos los creyentes estamos bajo el pacto que hicimos el día de nuestra conversión, y que renovamos al ser bautizados, uniéndonos a la iglesia y participando de la mesa del Señor. Pero algunos están además bajo compromisos particulares que hicieron en circunstancias puntuales; éstos compromisos deben ser cumplidos con exactitud de manera piadosa. Debemos ser muy parcos a la hora de prometer, y muy puntillosos en la ejecución; puesto que un voto desatendido nos quemará la conciencia como un hierro candente. Los votos de servicio, de ofrendas y donaciones, de alabanza, o de lo que sean; no son nimiedades triviales, y debemos cumplirlos sin falta, en el día de la acción de gracias, hasta el límite de nuestras capacidades.

C. H. SPURGEON

Silencio habrá delante de ti, y alabanza en Sión, oh Dios. A veces al creyente le faltan palabras para exaltar a Dios y proclamar su grandeza: es como si su mente se atascara, sus pensamientos anhelan vocablos para expresarse, pero no los encuentran. Cuando se da esta circunstancia, la alabanza debe esperar y guardar silencio ante Dios; guardar silencio respecto a otras cosas, y esperar a ser utilizada por Dios. Cuando un alma esta deseosa de proclamar la gracia de Dios, se sitúa al límite de sus posibilidades intelectuales, el *nonplus*,[22] porque se ve ante la imposibilidad de corresponder a la elevación de sus pensamientos ya que no encuentra palabras suficientes ni adecuadas para expresar la grandeza divina. El corazón compone un cántico de alabanza, pero se ve incapaz de sintonizarlo con

[20] Cita uno de los himnos de ISAAC WATTS [1674-1748], *Hymn 38,* que comienza diciendo: *"Eternal Power! whose high abode"*, y que concluye en la quinta y última estrofa diciendo: *"God is in heaven, but man below; / Be short our tunes; our words be few / A sacred reverence checks our songs / And praise sits silent on our toungues"*. "Dios está en el cielo, el hombre abajo / que nuestras tonadas sean cortas, y nuestras palabras pocas / Una sagrada reverencia escudriña nuestros cánticos, / y la alabanza se queda silenciosa en nuestras lenguas".

[21] Gálatas 6:7.

[22] Expresión latina que significa: "no más", es decir, el límite.

la lengua. Esto le sucedió al salmista, y por ello recurre, por así decirlo, a la admiración silenciosa, al *silentium intellectus,*[23] porque cuando la mente alcanza sus límites y es incapaz de seguir elevándose, silencia el razonamiento y procede a la admiración; por ello algunos afirman que Dios siempre es mejor exaltado cuantas menos palabras.

Alexander Carmichael [1639-1677]
"The Believer's Mortification of Sin by the Spirit", 1677

La alabanza espera por ti, oh Dios, en Sión. La misericordia aún esta por llegar, pero la esperamos; por tanto, mientras Dios prepara la misericordia, nosotros preparamos la alabanza.

Edward Leigh [1602-1671]
"Annotations on the Five Poetical Books of the Old Testament", 1657

La alabanza espera por ti. Como hace el siervo, cuyo deber es esperar ordenes y cumplir puntualmente lo que se le ordena, cuando se le ordena. O también puede traducirse *"para ti"*, es decir, lista para ser ofrecida en tus atrios por favores especiales. Pienso que en esta frase hay una clara alusión al servicio diario en el que Dios era alabado en el tabernáculo o el templo.

Benjamin Boothroyd [1768-1836]
"Biblia Hebraica", 1813

La alabanza espera por ti, oh Dios. "Te decet hymnus", así lo traduce la Vulgata del griego; es decir: A ti, oh Señor, pertenecen nuestros himnos, nuestros salmos, nuestras alabanzas, nuestras aclamaciones gozosas; y es en conformidad a eso que traducimos a nuestro idioma: *"La alabanza espera por ti, oh Dios"*. Pero una traducción literal ajustada al texto hebreo debería ser: *"tibi silentium laus est", "Tu alabanza, oh Señor, es guardar silencio"*. La mejor forma que tiene el hombre de alabar a Dios es guardando silencio; como mejor le ensalza es cuanto menos dice de él; de su misteriosa esencia, de su voluntad no revelada y de sus propósitos secretos.

Abraham Wright [1611-1690]
"A Practical Commentary or Exposition upon the Book of Psalms", 1661

Silencio habrá delante de ti, y alabanza en Sión, oh Dios. Otra traducción posible es *"A ti, oh Dios el silencio y la alabanza"*.

Johannes Piscator [1546-1625]
"Anhang des herbonischen biblischen Wercks", 1610

Silencio habrá delante de ti, y alabanza en Sión, oh Dios. El texto hebreo puede traducirse del siguiente modo: *"Alabanza silenciosa para ti"*. Como si el salmista hubiera dicho: «Señor, aguardo en silencio el momento de alabarte; mi alma no está inquieta ni alborotada porque tu te demores en responder. No estoy murmurando, sino más bien encordando mi arpa y afinándola con paciencia y confianza, a fin de estar preparado para irrumpir en cánticos tan pronto lleguen las alegres noticias de mi liberación».

William Gurnall [1617-1679]
"Christian in complete armour, or, a treatise of the saints war against the Devil", 1655

[23] Silencio del intelecto.

A ti corresponde la alabanza silenciosa. Es decir, alabanza sin alboroto, así lo entiende Alexander.[24] Alguien ha dicho: «El sentimiento sereno y calmado, aunque menos expresivo es el más intenso; porque al contener la emoción, condensa el ímpetu». Hooker[25] dice de la oración: «El propio silencio que nos provoca nuestra indignidad, es el que presenta la súplica por nosotros agarrándose a la confianza que nos otorga su gracia». Si miramos a nuestro interior, nos quedamos atónitos y mudos; pero cuando miramos hacia arriba, la confianza hace que broten las palabras y prevalecemos. Horsley[26] lo traduce de la siguiente manera: *"En ti la oración reposa"*.

ANDREW ALEXANDER BONAR [1810-1892]
"Christ and His Church in the Book of Psalms", 1859

Silencio habrá delante de ti, y alabanza en Sión, oh Dios. La versión Caldea[27] lo interpreta en el sentido de que nuestra alabanza no es lo suficientemente digna como para ser presentada ante Dios; pues ni aún las alabanzas de los ángeles se consideran de valor delante de él.[28] Por tanto, lo traduce del siguiente modo: *"Ante ti, oh Dios, cuya majestad mora en Sión, la alabanza de los ángeles es considerada como silencio"* (…) La Vulgata[29] o versión latina de Jerónimo traduce: *"Para ti el silencio es alabanza, oh Dios, en Sión"* Ateneo[30] dice que el silencio es algo divino; y Thomas de Kempis[31] define el silencio como el alimento o nutrición de la devoción.

THOMAS LE BLANC [1599-1669]
"'Psalmorum Davidicorum Analysis' in qua aperte cernitur singulis in Psalmis ordinem esse admirabilem: adjungitur commentarius amplissimus", 1645

---

[24] Se refiere a JOSEPH ADDISON ALEXANDER [1809-1860] lingüista y exégeta. Nacido en Philadelphia, Estados Unidos, fue profesor de lenguas bíblicas y orientales del Princeton Theological Seminary, donde fue ayudante del famoso teólogo CHARLES HODGE [1797-1878], y ocupó su lugar después de su muerte. Se especializó en el hebreo bíblico, aunque dominaba más de treinta idiomas. Escribió numerosas obras, siendo la principal *"The Psalms Translated and Explained"*, publicada en 1850 en 3 volúmenes.

[25] Se refiere a RICHARD HOOKER [1554-1600] clérigo anglicano profesor de hebreo en Oxford, y que colaboró con su amigo JOHN SPENCER [1559-1614] en la traducción y revisión de la King James Version.

[26] Se refiere al obispo y erudito anglicano SAMUEL HORSLEY [1733-1806]. Escribió numerosas obras, entre ellas *"The Book of Psalms, translated with Notes"* (1815),

[27] Existen cuatro versiones caldeas o siríacas importantes: la SIRÍACA ANTIGUA (S. II); la SIRÍACA CURETONIANA, una copia de la siríaca antigua producida en el siglo V que se conserva en el Museo Británico de Londres desde 1842; la SIRÍACA PESHITTA (S. IV), la más conocida, una revisión de la versión siríaca antigua que llegó a ser la "versión autorizada" de la iglesia siríaca; y la SIRÍACA FILOXENIA (principios del S. VI), conocida también como *Heracleana* porque algunos creen que fue reeditada por Tomás de Heraclea. Lo más probable es que se refiera a la Peshitta.

[28] Job 4:15-18; 15:15.

[29] Traducción de la Biblia al latín vulgar realizada a principios del siglo quinto por JERÓNIMO DE ESTRIDÓN [c.342-420] por encargo del papa Dámaso I en 382. La versión toma su nombre de la frase *"vulgata editio"*, "edición para el pueblo" y se escribió en un latín corriente. San Jerónimo tradujo por primera vez directamente del hebreo al latín todo el Antiguo Testamento. En cuanto al libro de los Salmos, revisó la *Vetus latina* ajustándola a la Septuaginta en lo que se conoce como *Psalterium Romanun.*

[30] Se refiere a ATENEO DE NÁUCRATIS [siglo II-III d.C.] retórico y gramático griego. La principal de sus obras entre las pocas que se han conservado es *Deipnosofistas,* "El banquete de los eruditos", un compendio de diálogos sobre los más diversos temas

[31] Se refiere a THOMAS HEMERKEN más conocido como TOMÁS DE KEMPIS [1380-1471], monje alemán nacido en Colonia de la orden de los canónigos regulares de San Agustín, y miembro de la asociación conocida como Hermanos de la Vida Común, fundada por GEERT GROOTE [1340-1384], y FLORENTIUS RADEWIJNS [1350-1400], que practicaban lo que se identificó como *"devotio moderna"*, y que buscaba una

A ti corresponde sumisión, alabanza, oh Dios, en Sión. Así traduce la versión de la *"American Bible Union"*. El sentido es: Tú demandas sometimiento en épocas de aflicción, y alabanza en épocas de alegría.

THOMAS JEFFERSON CONANT [1802-1891]
"The Psalms, with occasional notes", 1871

Y a ti se cumplirán los votos. El *"voto"* es una promesa voluntaria y deliberada hecha a Dios en circunstancias extraordinarias. Un escritor moderno, Szegedinus,[32] lo define como «Una promesa hecha a Dios de una manera santa». Bucanus[33] lo explica como: «Una promesa santa, hecha a Dios libre y deliberadamente, sobre algo en concreto que hacerlo u omitirlo en nuestra vida le complacerá y será interpretado por él como un acto de agradecimiento». No comparto ni estoy de acuerdo con la definición de Tomás de Aquino.[34] Y si estas definiciones que os he proporcionado sobre lo que es un voto os parecen insuficientes, atended entonces a las palabras de Pedro Mártir,[35] un hombre altamente admirado y reconocido en nuestro país desde los días de Eduardo VI,[36] y siempre de bendita memoria: «Es una santa promesa mediante la cual nos obligamos a ofrecer algo a Dios». Tan solo voy a citar una más, la de Perkins,[37] un hombre cuyo buen criterio, sabiduría y santidad han perfumado su nombre;

autenticidad y perfeccionamiento en la vida religiosa, muy degradada durante la Edad Media. Conocido mundialmente por su obra devocional *"De Imitatione Christi"*, "La Imitación de Cristo", un libro de consejos breves sobre la piedad, cuyo propósito, como él mismo expresa en el prólogo es «instruir al alma en la perfección cristiana, proponiéndole como modelo a Jesucristo». La *"devotio moderna"* y la "Imitación de Cristo" de Tomás Kempis ejercieron una influencia clave sobre PHILIPP JACOB SPENER [1635-1705] y el pietismo alemán, y a través de este sobre John Wesley y el metodismo en Inglaterra.

[32] Se refiere a STEPHANUS KIS [1515-1572] más conocido como STAPHANUS SZEGEDINUS por haber nacido en Szeged (Hungría). Probablemente el mayor erudito entre los reformadores húngaros. Escribió numerosas obras conocidas en toda Europa, siendo una de las principales *"Theologiae sincerae loci comunes"*, 1585. Resulta un tanto chocante la calificación de "moderno", entendemos que lo dice en relación a los Padres de la Iglesia de los siglos I al V.

[33] Se refiere a GUILLAUME BUCANUS [¿?-1613], teólogo calvinista suizo-francés, pastor y profesor de teología en el *Collège de Lausanne* en 1564. Su principal aportación fue *"Institutiones Theologiae"*, una obra de la que por orden real se quemaron en teoría todos los ejemplares existentes en 1620.

[34] Se refiere a TOMÁS DE AQUINO [1225-1274], teólogo, apologista cristiano y principal representante de lo que se conoce como teología escolástica. Fundó su propia escuela de filosofía y teología que lleva el nombre de Escuela Tomista, cuyo mayor logro fue la recuperación de la filosofía aristotélica para la fe cristiana. Su principal trabajo fue la *Summa Theologica,* tratado en el cual postula Cinco Vías para demostrar la existencia de Dios.

[35] Se refiere a PEDRO MÁRTIR VERMIGLI [1499-1562] teólogo italiano que influenciado por JUAN DE VALDÉS [1509-1541] se interesó por las ideas de la Reforma y acabó uniéndose a ella. Visitó Inglaterra en 1547, participando en importantes controversias sobre la eucaristía y ejerció una importante influencia en la redacción del *"Book of Common Prayer"* o "Libro de Oración Común" de la Iglesia Anglicana. De regreso a Europa fue profesor de Teología en Estrasburgo y de hebreo en Zúrich. Calvino lo tuvo como uno de los grandes intérpretes de la doctrina de la eucaristía desde una perspectiva reformada.

[36] Se refiere a EDUARDO VI DE INGLATERRA [1537-1553], hijo de Enrique VIII y tercer monarca de la dinastía Tudor, primer rey inglés netamente protestante, aunque su reinado duró tan solo 6 años, pues murió con 15 de edad debido a una insuficiencia respiratoria provocada por un resfriado.

[37] Se refiere a WILLIAM PERKINS [1558-1602], uno de los más destacados líderes del movimiento puritano en la Iglesia de Inglaterra, aunque nunca llegó a dejar la iglesia oficial. Profesor de teología en la Universidad de Cambridge y prolífico autor, habiendo sido algunas de sus obras traducidas a numerosos idiomas en su propia época. La obra citada es: *"A case of conscience : the greatest that euer was; how a man may know*

y que en su obra: *"Cases of Conscience"* (Casos de Conciencia), dice así: «Un voto es una promesa hecha a Dios sobre cosas lícitas y posibles».

HENRY HURST [1629-1690]
"Morning Exercises at Cripplegate"[38]

Y a ti se cumplirán los votos. La referencia en este caso es a los votos o promesas que el pueblo había hecho en vista de los juicios y portentos obrados por Dios, y las demostraciones de su bondad. Esos votos estaban ahora listos para ejecutarse con expresiones de alabanza.

ALBERT BARNES [1798–1870]
"Notes, critical, explanatory, and practical, on the book of Psalms", 1868

Vers. 2. ***Tú oyes la oración; a ti vendrá toda carne.*** *[Tú oyes la oración; a ti vendrá toda carne, a causa de sus culpas.* RVR*] [¡Oh tú, que escuchas la oración! Hasta ti viene todo hombre.* LBLA*] [Oh, Tú, que escuchas la oración: A Ti vendrá toda carne.* BTX*] [Porque escuchas la oración. A ti acude todo mortal.* NVI*] [Pues tú escuchas las oraciones y todos los humanos acuden a ti.* BLP*] [Porque tú respondes a nuestras oraciones. Todos nosotros tenemos que acudir a ti.* NTV*]*[39]

¡Oh tú, que escuchas la oración! En ello está la grandeza de tu nombre, oh Dios, de tu naturaleza, de tu gloria. No solo has escuchado la oración sino que la sigues escuchando, ahora mismo la estás escuchando, y la escuchas sin cesar, constantemente, puesto que eres un Ser inmutable y nunca cambias en sus atributos. *"Tú, que escuchas la oración"* ¡Qué descripción tan admirable y deleitosa del Dios y Padre de nuestro Señor Jesucristo![40] Toda oración justa y sincera es escuchada, y de ello tenemos tanta o más seguridad que del hecho mismo de haberla presentado. Invitamos al lector a prestar especial atención a la frecuencia con la que utiliza el salmista el pronombre personal *"tú"*; a cuántas veces aparecen en este precioso himno: *"tú"*, *"ti"*, *"tus"*, *"tuya"*. Es evidente que David creía en un Dios personal, no adoraba una mera abstracción o idea filosófica.

A ti vendrá toda carne. La certeza de que Dios escucha la oración, y hace patente su Deidad respondiendo a todos los que buscan su rostro, alentará a los habitantes de todas las naciones a convertirse

whether he be the child of God or no. Resolued by the word of God. Whereunto is added a briefe discourse, taken out of Hier. Zanchius", 1592.

[38] Los *"Morning Exercices"*, fueron iniciados por THOMAS CASE [1598-1682] como devocionales para los soldados puritanos durante la Guerra Civil de Inglaterra (1642-1651) a las 7 de la mañana para orar y escuchar la palabra de Dios. Se convirtieron en costumbre en la mayoría de iglesias de Londres y del resto de Inglaterra con asistencia del pueblo. En ellas hacían sus exposiciones los más famosos predicadores puritanos de la época. Después de la Guerra Civil, esta costumbre continuó y fue conocida como *"Morning Exercises at Cripplegate"* y los sermones fueron recopilados y publicados por SAMUEL ANNESLEY [1620-1696], lo que ha permitido que hayan llegado hasta nosotros algunas de las mejores exposiciones de los predicadores puritanos.

[39] El texto hebreo lee: שֹׁמֵעַ תְּפִלָּה עָדֶיךָ כָּל־בָּשָׂר יָבֹאוּ *šōmêa' təpillāh 'āḏeḵā kāl-bāśār yāḇō'ū*. La versión griega de los LXX o Septuaginta lee: εἰσάκουσον προσευχῆς μου· πρὸς σὲ πᾶσα σὰρξ ἥξει, que la Vulgata traduce al latín como: *"Exaudi orationem meam; ad te omnis caro veniet"*, "Oye mi oración; a ti vendrá toda carne". La versión sefardí de Ferrara lee: *"Oyên oración, hafta ti toda criatura vendran"*. La versión caldea Peshitta lee: *"Escucha mi oración. Hasta ti vendrá toda carne"*. SCHÖKEL traduce: *"porque escuchas las súplicas. A ti acude todo mortal"*.

[40] 2 Corintios 1:3; Efesios 1:3; 1 Pedro 1:3.

en suplicantes del Dios único. Carne son, y por tanto débiles, frágiles y pecadores; necesitan orar, y tú, oh Señor, eres el Dios que necesitan, porque eres compasivo, y condesciendes cuando escuchas los gemidos tristes de la carne y sangre. Muchos son los que acuden ya a ti con fe humilde, y son llenos de bien; pero muchos más acudirán atraídos por el atractivo de tu amor, hasta que finalmente toda la tierra se incline a tus pies. El acudir a Dios es la esencia de la fe y la religión verdaderas; acudimos a él llorando en la conversión, esperando en la súplica, regocijándonos en la alabanza y deleitándonos en el servicio. A su debido tiempo los dioses falsos perderán a todos sus engañados seguidores, porque cuando el hombre es iluminado no puede seguir siendo embaucado; y todo aquel que entra en contacto con el Dios verdadero, se siente alentado por el éxito de su propia experiencia a persuadir a otros. Así es como el reino de Dios llega a los hombres, y los hombres acuden a él.

C. H. Spurgeon

¡Oh tú, que escuchas la oración! Uno de los más importantes atributos de Dios es que escucha la oración; y se le aplica con la misma seguridad y certeza que su misericordia o su justicia.[41] Dios oye todas las oraciones, y por lo tanto: *"a ti vendrá toda carne"*. Nunca rechaza a nadie que le invoque, por muy débil o indigno que sea el peticionario. ¡Toda carne! Entonces –dice la fe– ¿rechazara la mía?¡Decididamente no! Porque en el: *"no hay diferencia entre judio y griego, pues uno mismo es el Señor de todos, que es rico para con todos los que le invocan";*[42] es *"bueno y perdonador, y grande en amor para con todos los que te invocan";*[43] y *"galardonador de los que le buscan".*[44] Esto es algo que debemos creer con la misma certeza con la que creemos que Dios existe; pues tan seguro como que es el Dios verdadero, así lo es también que ninguno de los que le invocan con diligencia y de veras quedará sin respuesta y recompensa.[45] Otorga su recompensa sin excepción a todos los que le buscan, en tanto que *"indefinita in materia necessaria aequipollet universali"*, "en aquello que es preciso, lo indefinido equivale a lo universal".[46] Y si recompensa a todos, ¿por qué yo debería ser distinto? Antes podríais dudar de que Dios exista, que dudar de que escucha la oración y recompensa a todos cuantos le invocan. Por tanto, como dice el apóstol: *"Si alguno de vosotros tiene falta de sabiduría, que la pida a Dios, el cual da a todos abundantemente y sin reproche, y le será dada".*[47]

David Clarkson [1621-1686]

[41] Dice Francisco Lacueva [1911-2005] en su versión española del "Comentario de Matthew Henry": «Tú oyes la oración –dice el salmista. Tú puedes responder toda petición que te hagamos, y puedes hacer por nosotros mucho más de lo que podemos pedir o imaginar (Efesios 3:20), y respondes a toda oración de fe, ya sea al conceder lo pedido o al cambiarlo por otra cosa mejor. Por ello, porque eres un Dios que escucha las oraciones, *"a ti vendrá toda carne"*, es decir, toda la humanidad».

[42] Romanos 10:12.

[43] Salmo 86:5.

[44] Hebreos 11:6.

[45] Salmo 145:18.

[46] Se trata de un axioma conocido como *"brocardum"*, nombre otorgado a los axiomas y aforismos jurídicos de Burcardo de Worms [965-1025] en su extenso tratado de derecho eclesiástico en veinte tomos conocido como *Decretum*, e incorporado como término jurídico al lenguaje actual como "brocardo" para definir todo veredicto, dicho, axioma legal o máxima jurídica, normalmente escrita en latín, que expresa concisamente un concepto o regla evidente. El razonamiento tiene su origen en el *Digestum,* o tratado jurídico recopilado en el año 533 por el emperador bizantino Justiniano I [483-565]. El geográfo y teólogo francés Pierre d'Ailly [1351-1420] lo cita de la siguiente manera: *"secundum philosophos morales et iuristas, in materia morali indefinita aequipollet universali"*, "según los filósofos morales y juristas, en cuestiones de moral lo indefinido equivale a universal".

[47] Santiago 1:5.

¡Oh tú, que escuchas la oración! A ti vendrá toda carne. ¿De qué serviría la oración, si no fuera escuchada? Pero el pueblo de Dios no tiene motivos para preocuparse respecto a esto; porque el salmista deja muy claras en este texto dos cosas:

1. Que escuchar la oración es uno de los atributos de Dios confirmado unánimemente por todos los hijos de Sión, que son los que oran: *"¡Oh tú, que escuchas la oración!"* El salmista afirma que se comunican con Dios en Sión, o con el Dios de Sión, que expresado en el lenguaje del Nuevo Testamento es Dios en Cristo. Difícil resultaría mantener una comunicación fluida con el Dios en el Sinaí, con el Dios de la ley, un Dios absoluto que truena sobre los pecadores. Pero en Sión, en el Propiciatorio, desde el trono de la misericordia; es decir, en Cristo, Dios escucha las oraciones de los fieles; los pecadores presentan sus súplicas, y él las oye por su gracia. Y tan seguros están de ello, tanta es la fe que tienen de que recibirán respuesta, que la alabanza aguarda en silencio a que Dios haya escuchado la oración.

2. La consecuencia de este atributo de Dios, una vez difundido y conocido en el mundo, es que: *"A ti vendrá toda carne"*. No solo los judíos, sino también los gentiles. Los pobres gentiles, que por largo tiempo habían estado implorando la ayuda de sus ídolos, al saber y creer que Dios escucha la oración, acudirán a él, y le presentarán sus peticiones. Se apiñarán alrededor de su puerta, donde por las palabras del evangelio entienden que los mendigos son bien atendidos.[48] Pero no se quedarán en la puerta, pues texto hebreo dice literalmente: עָדֶ֗יךָ כָּל־בָּשָׂ֥ר יָבֹֽאוּ *'āḏeḵā kāl-bāśār yāḇō'ū* de בּוֹא *bo,* "venir, acudir"; es decir: *"vendrán hasta ti"*. Esto es, entrarán y llegarán hasta su trono, trono de gracia; llegarán hasta Dios mismo a través del Mediador. (…)

Que Dios escucha la oración, y escuchará las oraciones de su pueblo, es evidente por las siguientes consideraciones:

a. *El instinto sobrenatural a orar.* Presente en todos aquellos que han nacido de Dios: *"Y por cuanto sois hijos, Dios envió a vuestros corazones el Espíritu de su Hijo, el cual clama: ¡Abbá, Padre!"*.[49] En los creyentes, cuando la gracia de Dios ha tocado sus corazones, orar es algo tan natural como para los niños llorar cuando nacen, o desear los pechos de su madre al sentir hambre. Al comparar las palabras del profeta Zacarías: *"Y derramaré sobre la casa de David, y sobre los moradores de Jerusalén, espíritu de gracia y de oración; y mirarán a mí, a quien traspasaron, y llorarán como se llora por hijo unigénito, afligiéndose por él como quien se aflige por el primogénito"*;[50] con lo que el Señor dice a Ananías después de la conversión de Pablo: *"Levántate, y ve a la calle que se llama Recta, y busca en casa de Judas a uno llamado Saulo, de Tarso; porque mira, está orando"*;[51] reparamos particularmente en esta expresión: *"porque mira, está orando"* De ello deducimos que la transformación salvadora habida en un alma, pivota por entero en este instinto: *"A lo menos desde ahora, ¿no me llamarás a mí: Padre mío, tú eres el amigo de mi juventud?"*.[52]

b. *La intercesión de Cristo. "Cristo es el que murió; más aún, el que también resucitó, el que además está a la diestra de Dios, el que también intercede por nosotros"*.[53] Buena parte de la obra intercesora de Cristo es presentar ante el Padre las oraciones de su pueblo, adoptando como propias las peticiones expresadas en sus súplicas: *"si alguno peca, abogado tenemos para con el Padre, a*

[48] Hechos 3:1-10.
[49] Gálatas 4:6.
[50] Zacarías 12:10.
[51] Hechos 9:11.
[52] Jeremías 3:4, 19.
[53] Romanos 8:34.

Jesucristo el justo";[54] *"Y de la mano del ángel subió a la presencia de Dios el humo del incienso con las oraciones de los santos"*.[55]

c. *Las promesas del pacto.* Por las cuales la fidelidad de Dios queda comprometida a escuchar las oraciones de los escogidos: *"Y antes que me llamen, responderé yo; mientras aún estén hablando, yo habré oído"*;[56] *"Pedid, y se os dará; buscad, y hallaréis; llamad, y se os abrirá"*.[57]

d. *Los numerosos estímulos a ello dados en la Palabra.* En las páginas de la Escritura se alienta constantemente al pueblo de Dios a que acuda al Señor en oración para presentarle sus problemas y dificultades. Nos invita a que acudamos ante su trono de gracia con nuestras peticiones de acuerdo con nuestras necesidades. Les invita de la manera más dulce para que acudan: *"Paloma mía, que estás en los agujeros de la peña, en lo escondido de escarpados parajes, muéstrame tu rostro, hazme oír tu voz"*.[58] Les envía aflicciones para presionarles: *"En su angustia me buscarán"*.[59] Les da esperanzas claras y concisas: *"Invócame en el día de la angustia; te libraré, y tú me honrarás"*.[60] Les garantiza el éxito sin importar la gravedad de la situación: *"Los pobres y menesterosos buscan las aguas, y no las hay; seca está de sed su lengua; yo Jehová los oiré, yo el Dios de Israel no los desampararé"*.[61] Les muestra que por mucho que se demore el juicio, por larga que pueda parecerles la prueba a la que se ven sometidos, orar y no desmayar traerá a la larga sus frutos: *"¿Y no hará Dios justicia a sus escogidos, que claman a El día y noche? ¿Se tardará mucho en responderles?"*[62]

e. *La naturaleza benevolente de Dios.* De manera especial en las relaciones entrañables que mantiene con su pueblo: *"Y será que cuando él clame a mí, yo le oiré, porque soy clemente"*.[63] No escatima poder y capacidad a la hora de cumplir los deseos santos de su pueblo; es misericordioso, y no les negará nada de lo que realmente necesitan. Tiene las entrañas de un padre que le impulsan a apiadarse de ellos, los sentimientos de una madre hacia el hijo que amamanta. Comparte todas sus aflicciones con una empatía inigualable, y cualquiera que los toque es como si tocara la niña de su ojo;[64] nunca les niega una petición si es para su bien: *"Y sabemos que todas las cosas cooperan para bien de los que aman a Dios, de los que son llamados conforme a su propósito"*.[65]

f. *La experiencia de los santos.* Los creyentes de todas las épocas han constatado la realidad de que Dios responde a la oración. Su fe en esa respuesta segura que Dios da a la oración es lo que los lleva hasta a él en la conversión, como indica el texto en este salmo: *"A ti vendrá toda carne"*, y aquellos que creen jamás quedan decepcionados. Y finalmente, el alivio y descanso que el mero hecho de orar les proporciona, entretanto que la respuesta completa y definitiva está en camino: *"El día en que te invoqué, me respondiste; fortaleciste el vigor en mi alma"*.[66]

Thomas Boston [1676-1732]
"Discourses on Prayer" En un sermón sobre el Salmo 65:2 predicado en Ettrick, 1728

[54] 1 Juan 2:1.
[55] Apocalipsis 8:4.
[56] Isaías 65:24.
[57] Mateo 7:7.
[58] Cantares 2:14.
[59] Oseas 5:15.
[60] Salmo 50:15.
[61] Isaías 41:17.
[62] Lucas 18:7-8.
[63] Éxodo 22:27.
[64] Zacarías 2:8.
[65] Romanos 8:28.
[66] Salmo 138:3.

¡Oh tú, que escuchas la oración! A ti vendrá toda carne. De estas palabras del salmista podemos sacar dos consecuencias:

1. Que Dios escucha las oraciones con carácter universal, porque no hace distinción ni acepción de personas,[67] oye todas las oraciones piadosas, no solo de los judíos, sino también de los gentiles; como podemos comprobar en el caso de Cornelio.[68] Y el resultado lógico de ello es que: *"A ti vendrá toda carne"*.

2. Que ese *"A ti vendrá toda carne"* no consiste simplemente acercarse a Dios, adorarle, invocarle y rendirle culto en cualquier lugar, sino venir a Sión. Porque se dice que Dios debe ser alabado en Sión; esto es lo que significa *"A ti vendrá toda carne"* en el contexto. Por esta razón es que el salmista no utiliza el adverbio limitativo לֹא *lo,* sino la preposición inclusiva y amplia עַד *ad,* es decir: עָדֶ֗יךָ כָּל־בָּשָׂ֥ר יָבֹֽאוּ *'āḏeḵā kāl-bāśār yāḇō'ū* de עַד *ad,* lo que implica llegar derecho hasta el propio Dios, hasta el lugar mismo de su habitación o morada, para adorarle.

HERMANN VENEMA [1697-1787]
"Commentarius ad Psalmos", 1762

A ti vendrá toda carne. A Cristo *"vendrá toda carne"*, esto es:

1. Todo pecador y hombre carnal. Pues el mismo dice: *"Porque no he venido a llamar a justos, sino a pecadores al arrepentimiento"*.[69] En la antigua Grecia, cuando alguien se acercaba al altar para ofrecer sacrificio, el sacerdote solía exclamar: «¿Quién viene?»; y la respuesta era: «Muchos y buenos».[70] Pero nuestro Dios recibe en su casa a publicanos y pecadores, los invita a su banquete,[71] y come con ellos con el solo propósito de librarlos del pecado: *"Y verá toda carne la salvación de Dios"*.[72]

2. Este *"toda carne"* puede interpretarse también como el cuerpo físico, es decir: todo el cuerpo, todos sus miembros y sentidos, vendrán a Dios y le pagarán tributo, consagrándose a él como su Rey.

THOMAS LE BLANC [1599-1669]
"'Psalmorum Davidicorum Analysis' in qua aperte cernitur singulis in Psalmis ordinem esse admirabilem: adjungitur commentarius amplissimus", 1645

A ti vendrá toda carne. Por *"carne"* hay que entender aquí al hombre con todas sus debilidades y necesidades.

JOHN JAMES STEWART PEROWNE [1823-1904]
"Commentary on the Book of Psalms", 1864

Vers. 3. *Las iniquidades prevalecen contra mí; mas nuestras rebeliones tú las perdonarás.* *[Las iniquidades prevalecen contra mí; mas nuestras rebeliones tú las perdonas.* RVR*] [Las iniquidades prevalecen contra mí; mas nuestras transgresiones tú las perdonas.* LBLA*] [La suma de mis*

[67] Deuteronomio 10:17; Romanos 2:11.

[68] Hechos 10:34-35.

[69] Mateo 9:13; Lucas 5:23.

[70] Una tradición que pasó a incorporarse a los rituales en las logias masónicas del siglo xix hasta el día de hoy, donde cuando alguien solicita entrada pregunta el venerable Maestro: "¿Quién pide entrada?", a lo que el guardián de la puerta del templo responde en nombre del solicitante: "Un hombre libre y de buenas costumbres".

[71] Mateo 22:1-10.

[72] Lucas 3:6.

iniquidades es demasiado pesada para mí, pero Tú mismo harás expiación por nuestras transgresiones. BTX*] [A causa de sus perversidades. Nuestros delitos nos abruman, pero tú los perdonaste.* NVI*] [Las culpas nos tienen abrumados, pero tú perdonas nuestros pecados.* BLP*] [Aunque nuestros pecados nos abruman, tú los perdonas todos.* NTV*]*[73]

Las iniquidades prevalecen contra mí. Muchos son los que me acusan y calumnian, lo que sumado a mis propios pecados, que prevalecen y me atormentan, me mantendría sumido en constante confusión, de no ser por el recuerdo de la expiación que cubre todas y cada una de mis iniquidades. Si no fuera por la gracia, nuestros pecados prevalecerían contra nosotros en el tribunal de la justicia divina, en el juicio de la conciencia y en la batalla de la vida. ¡Desdichado el hombre que desprecia a estos enemigos, y peor aún el que los considera como sus amigos! Mucho más sabio es aquel que conociendo su poder mortal, huye de ellos buscando refugio en Aquel que perdona toda iniquidad.[74]

Mas nuestras rebeliones tú las perdonas.[75] Las cubres todas, porque has provisto para ellas una cobertura propiciatoria, un trono de misericordia que las cubre totalmente ante tu ley.[76] Reparemos aquí en el uso del plural: *"nuestras";* la fe del penitente, que en la primera cláusula habla de si mismo en primera persona, abarca aquí a todos los fieles en Sión; y tan convencido está de la amplitud del

---

[73] De nuevo el texto hebreo masorético y el griego presentan notables diferencias. El texto hebreo lee: דִּבְרֵי עֲוֹנֹת גָּבְרוּ מֶנִּי פְּשָׁעֵינוּ אַתָּה תְכַפְּרֵם *dib̲rê ʽăwōnōṯ gāb̲ərū mennî pəšāʽênū ʼattāh ṯəḵappərêm*. El término hebreo עֲוֹנֹת *ʽăwōnōṯ* de עָוֹן *avon*, es claramente: "iniquidad, culpa, pecado"; mientras que גָּבְרוּ *gāb̲ərū* de גָּבַר *gabar,* significa "fuerte, poderoso, abrumador, sobrecogedor", y no resulta fácil de encajar en el contexto de la frase. La traducción más coherente y que adoptan numerosos exégetas es: «Mis iniquidades me abruman, se me hacen difíciles de soportar, son para mi una carga excesivamente pesada, difícil de llevar, pero tú las perdonas». Felipe Scio de San Miguel [1738-1776] en su versión española de la Vulgata lo explica con la siguiente nota: «El peso de nuestras maldades que arrastrábamos sobre nosotros por nuestros pecados, nos tenía abrumados». Tanto Schökel como Kraus juntan este versículo con el final del anterior convirtiéndolo en una sola frase; Schökel traduce: *"A ti acude todo mortal a causa de sus culpas: nuestros delitos nos abruman, tú los perdonas"*; Kraus: *"A ti lleva toda carne el peso de los pecados. Cuando nuestras trasgresiones son muy grandes para nosotros, tú concedes graciosamente perdón".* Por su parte la versión griega de los LXX o Septuaginta lee: λόγοι ἀνομιῶν ὑπερεδυνάμωσαν ἡμᾶς, καὶ τὰς ἀσεβείας ἡμῶν σὺ ἱλάσῃ que la Vulgata traduce al latín como: *"Verba iniquorum praevaluerunt super nos, et impietatibus nostris tu propitiaberis"*, "Palabras de inicuos prevalecieron contra nosotros, y tu perdonarás nuestras impiedades". La versión sefardí de Ferrara lee: *"Palabras de delictos fe mayorgaron de mí, nueftros rebellos tu los perdonaras".* La versión caldea Peshitta: *"Los dichos de los inicuos prevalecen contra mí, pero mis pecados tu los perdonas".*

[74] Miqueas 7:18.

[75] La traducción que hace aquí la BTX (Biblia Textual): *"pero Tú mismo harás expiación por nuestras transgresiones"* es un tanto sorprendente. Ciertamente el verbo hebreo כָּפַר *kaphar* de donde parte el sintagma תְּכַפְּרֵם *ṯəḵappərêm,* abarca claramente la idea de expiación y es una constante en los libros del Éxodo y Levítico: *"expiación por vuestras almas"* לְכַפֵּר עַל־נַפְשֹׁתֵיכֶם *ləḵappêr ʽal-nap̄šōṯêḵem*, leemos en Éxodo 30:15-16. Y de hecho la versión inglesa KJV traduce: *"as for our transgressions, thou shalt purge them away"*, "en lo que hace a nuestras transgresiones, tu las purgarás". De hecho el texto griego de la Septuaginta lee καὶ τὰς ἀσεβείας ἡμῶν σὺ ἱλάσῃ, que parece apoyat esta idea; pero concluir si el texto hebreo da lo suficiente como para traducir: *"tú mismo harás expiación"*, o si es forzar un tanto el sentido, es una cuestión opinable que dejamos a criterio del lector.

[76] Romanos 3:25; 1 Juan 2:2; 4:10.

amor perdonador de Dios, que invita y lidera a todos los santos a cantar esta bendición.[77] ¡Qué consuelo tan grande que las iniquidades que prevalecen contra nosotros, no prevalezcan ante Dios! Porque nos mantendrían alejados de él, pero él las barre de delante de su presencia y de nosotros. Nuestras rebeliones son demasiado para libraros de ellas por nosotros mismos; pero no para nuestro Redentor, que es poderoso, sí, y todopoderoso para salvar.[78] Merece la pena que reparemos en la forma como David, antes de entrar en el servicio del canto, nos lleva también al igual que el sacerdote se lavaba en el lavatorio antes de ofrecer sacrificio, a obtener purificación del pecado. Cuando hemos lavado nuestras vestiduras y las hemos emblanquecido en la sangre del Cordero,[79] entonces nuestro cántico es aceptado por Dios: *"Digno es el Cordero que fue inmolado"*.[80]

C. H. SPURGEON

Las iniquidades prevalecen contra mí. Hay dos maneras en que las iniquidades pueden prevalecer contra el cristiano: (1) por un sentido creciente de su culpa, y (2) en el poder de sus hechos. Y aunque esta prevalencia en modo alguno puede ser absoluta, en tanto que el pecado no puede ya enseñorearse de nosotros;[81] sí lo es de forma ocasional y parcial. Según la Escritura, hay dos maneras a través las cuales Dios purifica nuestras transgresiones, y ambas operan siempre juntas. Una es la misericordia perdonadora; y así vemos que David ora diciendo: *"Purifícame con hisopo, y seré limpio"*,[82] pues*" la sangre de Jesucristo su Hijo nos limpia de todo pecado"*.[83] Y la segunda es la gracia santificante: *"Entonces os rociaré con agua limpia y quedaréis limpios de todas vuestras inmundicias"*.[84] Y esta segunda es tanto obra y acción de Dios como la primera, pues él subyuga nuestras iniquidades lo mismo que las perdona.

WILLIAM JAY [1769-1853]
"Morning exercises for the closet: for every day in the year – August 29th", 1842

Las iniquidades. Literalmente en hebreo דִּבְרֵי עֲוֹנֹת *diḇrê ʻăwōnōṯ* de דָּבָר *dabar*, "palabra"; por tanto la traducción literal sería: *"palabras de iniquidad"*. Algunos lo consideran como un pleonasma[85] para referirse a las propias iniquidades. Sin embargo, lo más probable es que en este caso el דָּבָר *dabar* es indicativo del cargo o acusación de iniquidad.

JOSEPH ADDISON ALEXANDER [1809-1860]
"The Psalms Translated and Explained", 1850

---

77 SCHÖKEL señala que el protagonismo que da aquí el salmista al tema del pecado es insólito: «Dios cede un momento la iniciativa al pecado, y los pecados se convierten en agentes de acceso al templo. La visión tradicional es que las iniquidades: הָיוּ מַבְדִּלִים *hāyū maḇdilîm, "han hecho separación entre vosotros y vuestro Dios"* (Isaías 59:2); pero aquí, oh paradoja, se nos dice que crean acercamiento. Una paradoja que se resuelve pronto, sin embargo, al aclararnos el poeta que se trata del pecado sentido como carga, como una fuerza superior y aplastante, que obliga a acudir a alguien más poderoso para librarse de ella. En la oración de Salomón en ocasión de la dedicación del templo (l Reyes 8:38-40), encontramos esta misma visión del pecado como motivo de acudir al templo del Señor».

78 Hebreos 7:25 LBLA.

79 Apocalipsis 7:14.

80 Apocalipsis 5:12.

81 Romanos 6:14.

82 Salmo 51:7.

83 1 Juan 1:7.

84 Ezequiel 36:25.

85 El PLEONASMO es una figura retórica o de lenguaje consistente en añadir a una frase, con el fin de embellecerla, más palabras de las necesarias para su comprensión.

Las iniquidades prevalecen contra mí. Las obras de iniquidad *prevalecen contra nosotros,* en la medida en que son demasiado evidentes, fuertes y ostentosas como para que podamos negarlas o refutarlas, y no tenemos otra opción que la de someternos a las penas que exige el pecado cometido. En consecuencia, no nos queda otro refugio que el de acogernos a la gracia y clemencia de Dios como Juez: *"Y no entres en juicio con tu siervo; porque no se justificará delante de ti ningún ser humano"*;[86] *"si miras a los pecados, ¿Quién, oh Señor, podrá mantenerse en pie? Pero en ti hay perdón, para que seas reverenciado"*.[87]

HERMANN VENEMA [1697-1787]
"Commentarius ad Psalmos", 1762

Mas nuestras rebeliones tú las perdonas. El verbo que traducimos por "perdonas" en el texto hebreo es: תְּכַפְּרֵם *təḵappərêm* de כָּפַר *kaphar,* "cubrir"; es decir, las tapas, las escondes debajo de una cubierta.[88] Se trata de una referencia al propiciatorio que servía de cubierta del arca y estaba el mismo cubierto por las alas de los querubines.[89] Así quedan también los pecados de los creyentes cuando se arrepienten, cubiertos con las alas de la misericordia y el favor divino.

THOMAS WATSON [1620-1686]
"Saint's Spiritual Delight", 1660

Mas nuestras rebeliones tú las perdonas. Más literalmente *"tú las cubres"*. En este caso el pronombre אַתָּה *'attāh, "tú",* es enfático, como queriendo expresar la convicción de que Dios, y únicamente Dios, es quien puede hacerlo.

JOHN JAMES STEWART PEROWNE [1823-1904]
"Commentary on the Book of Psalms", 1864

Mas nuestras rebeliones tú las perdonas. Ni los santos profetas ni demás autores de la Escritura tenían para el perdón de los pecados otros motivos de esperanza que aquellos comunes a todo el pueblo de Dios en general, incluido el último y más insignificante de sus miembros. Por ello en su confesión, al exponer sus pecados, David habla a título individual, de si mismo: *"Las iniquidades prevalecen **contra mí.*** Pero cuando habla de la esperanza del perdón, se une con el resto del pueblo de Dios, exclamando: *"Mas **nuestras rebeliones** tú las perdonas"*.

DAVID DICKSON [1583-1663]
"A Brief Explication of the Psalms from L to C", 1655

Vers. 3-4. Y ahora, alma mía, que te sientes tan molesta con las muchas concupiscencias que te asedian y obstruyen tu relación con el cielo; que te has quejado amargamente a tu Dios porque has sufrido intensamente a causa de ello; ¿no esperas que él te ayude? ¿que te rescate de su poder para puedas servir sin temor a quién es tu Señor supremo? Cuentas con el precedente de los santos de tiempos

---

[86] Salmo 140:2.
[87] Salmo 130:3-4.
[88] Algo parecido sucede en el N.T, con el texto de 1 Corintios 13:7, donde la versión Reina-Valera 1960 traduce *"todo lo sufre"*, pero no es este en absoluto el sentido del verbo griego στέγω *stégō* que usa el apóstol, que viene de la raíz "techo", y el significado es el de tapar, poner una cubierta, por lo que debe traducirse "todo lo cubre" o como mucho "todo lo excusa", como hacen la RVR1977 o LBLA mediante nota al pie.
[89] Éxodo 25:17-22.

antiguos; que al entrar en combate con sus corrupciones, sí, y viéndose asediados por ellas, ejercieron su fe en Dios y esperaron pacientes la destrucción de aquellos enemigos que, por un momento, les habían acorralado. *"Las iniquidades prevalecen contra mí"*, significa sus propios pecados. Pero fíjate en su fe; pues al mismo tiempo que admite que las iniquidades prevalecen contra él, contempla ya a Dios destruyéndolas; como se desprende de la frase siguiente: *"Mas nuestras rebeliones tú las perdonas"*. Y date cuenta, oh buen cristiano, que piensas que nunca saldrás a flote, como esa fe del santo David, no tan solo alcanza a si mismo, sino a todos los demás creyentes, en cuyo número se supone que tú estás incluido: *"nuestras rebeliones"*. Y fíjate en el versículo siguiente las bases en las que apoya esta confianza, la elección de Dios: *"Bienaventurado el que tú escoges y atraes a ti, para que habite en tus atrios"* (65:4). Como si dijera: «Dios no va a permitir que aquellos a quienes ha escogido y colocado a su lado, permanezcan bajo el poder del pecado, o que les falte su auxilio misericordioso». Ese mismo argumento es el que emplea Cristo contra Satanás en favor de su pueblo: *"Y dijo el Señor a Satanás: Jehová te reprenda, oh Satanás"*.[90]

WILLIAM GURNALL [1617-1679]

"Christian in complete armour, or, a treatise of the saints war against the Devil", 1655

Vers. 4. ***Bienaventurado el que tú escogieres y atrajeres a ti, para que habite en tus atrios; seremos saciados del bien de tu casa, de tu santo templo.*** *[Bienaventurado el que tú escoges y atraes a ti, para que habite en tus atrios; seremos saciados del bien de tu casa, de la santidad de tu templo* RVR*] [Cuán bienaventurado es el que tú escoges, y acercas a ti, para que more en tus atrios. Seremos saciados con el bien de tu casa, tu santo templo.* LBLA*] [¡Cuán bienaventurado es aquél a quien Tú escoges, y haces que se acerque a Ti para que more en tus atrios! Seremos saciados del bien de tu Casa, de tu santo templo.* BTX*] [¡Dichoso aquel a quien tú escoges, al que atraes a ti para que viva en tus atrios! Saciémonos de los bienes de tu casa, de los dones de tu santo templo.* NVI*] [Felices a quienes escoges y llevas a que habiten en tus atrios. Nos saciaremos de los bienes de tu casa, de los dones sagrados de tu Templo.* BLP*] [¡Cuánta alegría para los que escoges y acercas a ti, aquellos que viven en tus santos atrios! ¡Qué festejos nos esperan dentro de tu santo templo!* NTV*]*

Bienaventurado el que tú escoges y atraes a ti. Una vez hemos sido limpiados, viene la bienaventuranza.[91] Y ciertamente, una bienaventuranza amplia y abundante, puesto que abarca la elección, el

---

[90] Zacarías 3:2; Judas 1:9. La versión siríaca, según indica LBLA lo traduce como: *"Y el ángel del Señor dijo a Satanás: El Señor te reprenda, Satanás"*. Es evidente que Gurnall lo entiende como una teofanía, y de ahí la afirmación: *«ese mismo argumento es el que emplea Cristo contra Satanás en favor de su pueblo»*.

[91] Dice en este sentido FRANCISCO LACUEVA [1911-2005] en su versión española del "Comentario de Matthew Henry": «Primero debe ser purgada la iniquidad (65:3), y después ya podemos tener comunión con Dios y habitar en sus atrios (65:4). Fijémonos en lo selectivo de la bienaventuranza: *"el que tú escoges y atraes a ti"*. No se trata de una bendición de carácter nacional como en el caso del Salmo 33:12; sino de carácter personal, al individuo que tú escoges y atraes a ti, para que habite en tus atrios. Entrar en comunión con Dios es conversar con él como con alguien a quien amamos y nos relacionamos directamente. Equivale a habitar en sus atrios, como habitaban los sacerdotes y los levitas, quienes vivían en los atrios del templo como en su propia casa; también equivale a ser constantes en los ejercicios de devoción. Entramos en comunión con Dios, no por recomendación de algún mérito nuestro, sino por libre elección de Dios: *"el que tú escoges"*». En este mismo sentido SCHÖKEL indica que la expresión: וּתְקָרֵב *ūṯəqārêḇ* que traducimos por *"atraes a ti"*, es también un tanto insólita, pues el verbo קָרַב *qarab* es un verbo cúltico del cual el sujeto solía ser por regla general el sacerdote. Aquí da la sensación de que el salmista elimina toda mediación humana y abre esta aproximación a cuantos Dios elija, sin hacer distinciones.

llamamiento eficaz, el acceso, la aceptación y la filiación. Primero, somos elegidos por Dios según el buen deseo de su voluntad; y esto ya es de por sí una bienaventuranza. Después, dado que no podemos ni deseamos acudir a Dios por nosotros mismos, él obra en nosotros por medio de su gracia y nos atrae con su poder; subyuga nuestra falta de voluntad y elimina nuestra incapacidad mediante la acción todopoderosas de su gracia transformadora; y también esto no es poca bienaventuranza. Además, por sus designios divinos, somos hechos cercanos por la sangre de su Hijo, y llevados por su espíritu a una comunión íntima con él; de modo que tenemos amplio y libre acceso, ya no somos como aquellos que por sus obras malvadas permanecen alejados; y esto es otra bienaventuranza sin igual. Y como corona de todo ello, no nos acercamos arriesgándonos a una pavorosa destrucción, como fue el caso de Nadab y Abiú,[92] sino que nos acercamos como elegidos y aceptos,[93] para convertirnos en habitantes de la casa de Dios; y esto es otra bienaventuranza acumulada más allá de lo concebible. Pero una vez moramos en la casa de Dios, somos tratados como hijos; porque *"el esclavo no queda en la casa para siempre; el hijo sí queda para siempre"*.[94] Hasta tal punto alcanza el amor y bienaventuranza que el Padre nos ha concedido: que podamos morar en su casa y permanecer en ella para siempre. ¡Felices aquellos que habitan juntamente con Dios en su casa! Que tanto el que escribe estas líneas como el que las lea sean de los tales.

Para que habite en tus atrios. La aceptación nos lleva a la permanencia: Dios no hace una elección temporal, o quita aquello que previamente ha otorgado. Jamás de arrepiente de su llamamiento o nos priva de sus dones: quien ha sido admitido en los atrios del Señor, permanecerá en ellos para siempre:

«Ya no será más un extranjero o un huésped,
sino como un hijo de la casa».[95]

Y esa permanencia añade valor a la bienaventuranza convirtiéndola en algo precioso. Las bienaventuranzas y bendiciones temporales, que tienen principio y fin, son bienaventuranzas a medias. El mero hecho de habitar en la corte del Gran Rey ya es de por si un privilegio enorme que ennoblece; pero morar allí para siempre, es el más grande privilegio a que se pueda aspirar: lo máximo. Y sin embargo, esa es la porción que corresponde a todos aquellos a quienes Dios ha escogido y ha hecho que se acercarán a él, aunque anteriormente sus iniquidades prevalecieran contra ellos.

C. H. SPURGEON

Bienaventurado el que tú escoges y atraes a ti. Las bendiciones del salterio avanzan en su espiritualidad indicando un crecimiento progresivo. La primera bienaventuranza (Salmo 1) es para el hombre piadoso y fiel lector de la Palabra santa: "*Bienaventurado el varón que no anduvo en consejo*

[92] Levítico 10:1-11.
[93] Efesios 1:6.
[94] Juan 8:35.
[95] Cita aquí las dos últimas líneas de la paráfrasis del Salmo 23 versificado por ISAAC WATTS [1674-1748]: *"The sure provisions of my God / Attend me all my days; / O may Thy house be mine abode, /And all my work be praise! / There would I find a settled rest / (While others go and come), / **No more a stranger or a guest, / But like a child at home**"*. "La provisión segura de mi Dios / me suplirá a lo largo de todos mis días / Oh, que tu casa pueda ser mi morada / y que todo mi obrar sea alabanza / En ella encontraré descanso definitivo / mientras otros van y vienen / ya no seré más un extranjero o un huésped / sino como un hijo de la casa".

de malos".[96] La segunda (Salmo 32) describe al hijo perdonado: *"Bienaventurado aquel a quien es perdonada su transgresión, y cubierto su pecado"*.[97] En la tercera (Salmos 34/40) se pronuncia una bendición sobre la fe: *"Bienaventurado el hombre que puso en Jehová su confianza"*.[98] La cuarta bienaventuranza (Salmo 41) es para el creyente activo y generoso, pródigo en obras de caridad: *"Bienaventurado el que se preocupa del pobre"*.[99] Y finalmente (Salmo 65) alude al origen o fuente de toda bienaventuranza, bendiciendo a los elegidos de Dios: *"Bienaventurado el que tú escoges y atraes a ti"*.

C. H. SPURGEON

Bienaventurado el que tú escoges y atraes a ti. Cristo, a quien Dios escogió, y de quien dijo: *"Este es mi Hijo, el amado, en quien he puesto mi complacencia"*,[100] es ciertamente bienaventurado *"sobre todas las cosas, bendito por los siglos"*.[101] Pero en él, son también bienaventurados sus escogidos. Por amor a él, no a nosotros, es que hemos sigo escogidos; por él, y no por nosotros mismos, hemos sido recibidos por Dios y hechos aceptos en el Amado;[102] y, por tanto, en él somos bienaventurados; él es nuestra bienaventuranza. Con este Sumo Sacerdote que ha ascendido al lugar santo y penetrado a través del velo,[103] entramos nosotros en la casa de Dios; aprendemos a morar en ella; somos llenos de gozos espirituales; participamos de sus santos misterios y de los sacramentos de gracia y amor.

WILLIAM FRASER [1824-1877]
"A plain commentary on the Book of Psalms, the prayer-book version / chiefly founded on the Fathers", 1857

Seremos saciados del bien de tu casa, de tu santo templo.[104] Quedaremos saciados de tal manera que nada podrá decirse que nos falte, pues no tendremos necesidad de buscar nada fuera. ¡Qué puede faltar en la casa de Aquel que lo hizo todo, que es el dueño de todo, que será todo en todos,[105] y en quién hay un tesoro inagotable del bien! Del cual se dice que: *"colma de bien tu boca"*,[106] y nos sacia con su semblante.[107]

ROBERTO BELLARMINO [1542-1621]
"A Commentary on the Book of Psalms", 1615

---

[96] Salmo 1:1.
[97] Salmo 32:1.
[98] Salmo 34:8; 40:4.
[99] Salmo 41:1.
[100] Mateo 3:17.
[101] Romanos 9:5.
[102] Efesios 1:6. Traducción literal de la KJV: *"wherein he hath made us accepted in the beloved"*.
[103] Hebreos 10:19-22.
[104] Hay división entre los exégetas sobre el significado de las dos palabras finales: קְדֹשׁ הֵיכָלֶךָ *qəḏōš hêḵāleḵā* de קָדוֹשׁ *qadosh*, "santo"; y הֵיכָל *hekal*, "templo, palacio". Algunos piensan que van ligadas a la frase anterior, mientras que otros consideran que se trata de una expresión aislada, a modo de colofón. La versión griega de los LXX o Septuaginta lee: ἅγιος ὁ ναός σου que la Vulgata traduce al latín como *"sanctum est templum tuum"*, "santo es tu templo". La versión sefardí de Ferrara lee: *"de fancto tu palacio"*. La versión caldea Peshitta: *"y de la santidad de tu templo"*. KRAUS: *"¡santo es tu templo!"*. SCHÖKEL: *"de los dones sagrados de tu templo"*.
[105] 1 Corintios 15:28.
[106] Salmo 103:5.
[107] Salmo 17:5 RVR1977/LBLA/BLP.

Seremos saciados del bien de tu casa. Probablemente se trate de una alusión a las ofrendas y oblaciones dedicadas a Dios, de las cuales participaban los sacerdotes.[108]

HERMANN VENEMA [1697-1787]
"Commentarius ad Psalmos", 1762

Vers. 5. *Con tremendas cosas nos responderás tú en justicia, oh Dios de nuestra salvación, esperanza de todos los términos de la tierra, y de los más remotos confines del mar.* *[Con portentos de justicia nos respondes, oh Dios de nuestra salvación, esperanza de todos los términos de la tierra, y de los más remotos confines del mar.* RVR*] [Con grandes prodigios nos respondes en justicia, oh Dios de nuestra salvación, confianza de todos los términos de la tierra, y del más lejano mar.* LBLA*] [¡Nos responderás con terribles proezas de justicia, oh Elohim de nuestra salvación! ¡Esperanza de todos los confines de la tierra, y de las más lejanas islas del mar!* BTX*] [Tú, oh Dios y Salvador nuestro, nos respondes con imponentes obras de justicia; eres la esperanza de los confines de la tierra y de los más lejanos mares.* NVI*] [Tu justicia salvadora nos responde con prodigios, oh Dios, salvador nuestro, esperanza del confín del mundo y de los mares más remotos.* BLP*] [Fielmente respondes a nuestras oraciones con imponentes obras, oh Dios nuestro salvador. Eres la esperanza de todos los que habitan la tierra, incluso de los que navegan en mares distantes.* NTV*]*[109]

Con portentos de justicia nos respondes,[110] *oh Dios de nuestra salvación.* El honor de Dios está en que escucha nuestras oraciones; y su gloria en que las responde de forma adecuada para infundir temor en los corazones de su pueblo. Al comienzo de este Salmo se nos dice que los santos ofrecieron alabanza en silencio reverente; y ahora, siguiendo en ese mismo espíritu humilde, vemos que reciben la respuesta a sus oraciones. La alusión más directa es, con toda probabilidad, a la derrota que el Señor causó de forma minuciosamente calculada en los enemigos de su pueblo para atemorizar a cuantos la contemplaran; sus juicios, basados en la severidad de su justicia, fueron deliberados para

[108] Levítico 6:16, 26; 7:6, 31; Números 5:9, 10; 18:8-20, 31; Deuteronomio 18:1; 1 Corintios 9:13.

[109] Un versículo complejo por las diferencias entre los textos hebreo y griego. El texto hebreo masorético lee: נֽוֹרָאוֹת בְּצֶדֶק תַּעֲנֵנוּ אֱלֹהֵי יִשְׁעֵנוּ מִבְטָח כָּל־קַצְוֵי־אֶרֶץ וְיָם רְחֹקִים *nōwrā'ōwṯ bəṣeḏeq ta'ănênū 'ĕlōhê yiš'ênū miḇṭāḥ kāl-qaṣwê-'ereṣ wəyām rəḥōqîm*. La versión griega de los LXX o Septuaginta lee: θαυμαστὸς ἐν δικαιοσύνῃ. ἐπάκουσον ἡμῶν, ὁ θεὸς ὁ σωτὴρ ἡμῶν, ἡ ἐλπὶς πάντων τῶν περάτων τῆς γῆς καὶ ἐν θαλάσσῃ μακράν que la Vulgata traduce al latín como: *"mirabile in aequitate. Exaudi nos, Deus, salutaris noster, spes omnium finium terrae, et in mari longe"*, "Maravilloso en equidad. Óyenos, Dios, Salvador nuestro, esperanza de todos los términos de la tierra, y en el mar lejos". La versión sefardí de Ferrara: *"En temoridades con juftedad nos refponderás, Dio de nueftra falvación, confiança de todos los fines de la tierra, y del mar alexado"*. La versión caldea Peshitta: *"Temido eres a causa de tu justicia. Respóndenos, oh Dios, salvador nuestro, esperanza de todos los términos de la tierra, y de los pueblos distantes"*. SCHÖKEL: *"Con portentos de justicia nos respondes, Dios Salvador nuestro; tú, esperanza del confín de la tierra y del océano remoto"*. KRAUS: *"Con acciones terribles nos respondes en justicia, ¡oh Dios de nuestra salvación! ¡Tú que eres la esperanza de todos los confines de la tierra y de las islas lejanas!"*. FELIPE SCIO DE SAN MIGUEL [1738-1776] en su versión española de la Vulgata lo explica con la siguiente nota: «En los mares más distantes o en las más remotas islas. Aquí descubrimos una profecía de la vocación de los gentiles: en todas las naciones, y en todas las islas, aún las más remotas y desconocidas, todos fundan su esperanza de salvación en la gracia del Dios Salvador».

[110] Para una mejor comprensión del comentario de Spurgeon a este versículo, es conveniente que el lector tenga presente la versión inglesa del mismo en la KJV, que es la que él comenta: *"By terrible things in righteousness wilt thou answer us"*, "Con cosas terribles tú nos responderás en justicia".

infundir miedo, tanto en los amigos como en los enemigos. ¿Quién no temerá a un Dios cuyos golpes son de tal modo aplastantes? A veces cuando oramos a Dios no somos plenamente conscientes de las consecuencias de lo que estamos pidiendo; y cuando viene la respuesta, la verdadera respuesta, es posible que nos deje aterrorizados. Pedimos santificación, y la respuesta es prueba; suplicamos más fe, y redunda en más aflicción; oramos por la expansión del evangelio, y nos viene una persecución que nos dispersa. Y no obstante, merece la pena que sigamos pidiendo, porque nada de lo que el Señor nos concede en su amor podrá causarnos daño, y cuando es en respuesta a la oración, tengamos plena seguridad de que aquello que de entrada pueda parecernos una catástrofe, al final redundará en bendición. Este versículo nos muestra la manera maravillosa en que la justicia y la salvación van juntas, unidas indisolublemente la una con la otra: lo aterrador con lo justo, la severidad con la gracia. ¿Dónde, sino en Cristo Jesús, cabe una combinación tan peculiar? El Dios que nos salva, puede responder eventualmente a nuestras oraciones de una manera terrible, que ponga en jaque nuestra fe; pero cuando esa fe contempla al Salvador, recuerda que no siempre las cosas son lo que aparentan,[111] y ello nos infunde buen ánimo. Porque Aquel que por un lado puede que nos responda con portentos aterradores, es también nuestro refugio contra el terror cuando lo contemplamos a través del Amado.

Esperanza de todos los términos de la tierra.[112] Los habitantes de las islas más lejanas confían también en Dios; los más alejados de Sión confían en Jehová que vive ara siempre. Y los que habitan

---

[111] Eclesiastés 5:8-15; Isaías 55:8-9.

[112] Estas palabras del salmista: *"¡Esperanza de todos los confines de la tierra, y de las más lejanas islas del mar!"* es uno de los textos clave utilizado por CRISTÓBAL COLÓN [1451-1506], primer almirante del mar Océano, en lo que se conoce como su "Libro de las profecías", donde cita numerosos textos de las Escrituras, en especial de los Salmos y del libro del profeta Isaías, buscando probar que su descubrimiento había sido profetizado en la Biblia y presentándose él mismo como elegido por Dios para el cumplimiento de tales profecías. Se trata de uno de los escritos más importantes de Colón, pero a la vez uno de los más desconocidos para el público en general y menos estudiados por los investigadores. Se conserva en la Biblioteca Capitular y Colombina de la Catedral de Sevilla y su título exacto es: *"Libro o colección de auctoridades, dichos, sentencias y profecías de la recuperación de la sancta ciudad y del monte de Dios, Sión, y acerca de la invención y conversión de las islas de la India y de todas las gentes y naciones, a nuestros reyes hispanos, Fernando e Isabel"*, con una anotación marginal que dice: *"Profecías que juntó el Almirante Don Cristóval Colón de la Recuperación de la santa Ciudad de Hierusalem y del descubrimiento de las Indias, dirigidas a los Reies Cathólicos"*. Se cree que lo comenzó a escribir en 1502 y lo concluyo en 1504, mientras esperaba la orden que le permitiera emprender su cuarto viaje; viene escrito en castellano de la época, salvo las citas bíblicas de la Vulgata y las de los Padres de la Iglesia que están en latín; consta de 84 hojas de las que faltan 14. En los 70 hojas que se conservan hay unas 385 referencias explícitas o implícitas de textos la Biblia desde Génesis 10:5: *"De éstos se poblaron las costas, cada cual según su lengua"* hasta Apocalipsis 16:20: *"Y toda isla huyó, y los montes no fueron hallados"*. De las mismas 326 son del Antiguo Testamento y 59 de Nuevo Testamento; con más de un centenar largo procedentes del libro de los Salmos, y poco más de medio centenar del libro del profeta Isaías. Los textos claves en los que el Almirante fundamenta su tesis son las palabras de David en el Salmo 65:5: *"¡Esperanza de todos los confines de la tierra, y de las más lejanas islas del mar!"* y del Salmo 72:8-10: *"Dominará de mar a mar ... todas las naciones le servirán"*, corroboradas por el profeta Isaías cuando dice: *"Cantad a Jehová un cántico nuevo, su alabanza desde los confines de la tierra; los que descendéis al mar, y cuanto hay en él, las islas y los moradores de ellas"*, y: *"a las islas lejanas que no oyeron de mí, ni vieron mi gloria; y publicarán mi gloria entre las naciones"* (Isaías 42:10; 66:19). El libro es ciertamente un enigma, ya que se hace difícil de explicar como en una época en la que la lectura de la Biblia estaba prohibida a los laicos, Cristóbal Colón, un simple marino sin preparación teológica podía tener un conocimiento semejante de los textos sagrados, a menos que aceptemos como cierta la teoría, defendida por algunos, de su origen judío, y que por tanto, fue educado y enseñado desde niño en su lectura. Editorial CLIE publico en 1992

en países congelados o tórridos, donde la naturaleza muestra constantemente la magnitud y diversidad de su poder temible; y aquellos que en las profundidades de la tierra contemplan maravillas pavorosas y perturbadoras, huyen de los terrores de Dios depositando su confianza en el Dios de los terrores. Su brazo es fuerte para golpear, pero también fuerte para salvar.

Y de los más remotos confines del mar.[113] Ambos elementos, tierra y mar, cuentan con su propio grupo de creyentes elegidos. Si bien la tierra dio a Moisés ancianos, el mar dio a Jesús apóstoles.[114] Cuando todo el orbe era un pavoroso océano, Noé, confiando en Dios, permanecía flotando a merced de las aguas tan tranquilo y sosegado como lo estuviera Abraham sentado en su tienda con las estacas firmemente clavadas en el suelo. Todos los seres humanos dependen por igual de Dios; el marino suele ser más consciente de esta realidad, pero de hecho, no más que el labrador; ni el labrador más que cualquier otro. No hay motivo ni lugar donde confiar en nosotros mismos, ni en la tierra ni en el mar; Dios es la única confianza verdadera a la que podemos acogernos, ya sea en las cumbres de las montañas o las profundidades del océano La fe es una planta de arraigo universal, acuática y terrestre; es *árbol de vida*[115] en la orilla, y *planta de renombre*[116] en el mar; y, bendito sea Dios, los que ponen su fe en él, hallarán que en cualquier lugar y circunstancia, es rápido y poderoso en responder a sus oraciones. Recordar esto debería incentivar nuestra devoción cuando nos acercamos al Señor nuestro Dios.

C. H. Spurgeon

Con cosas terribles nos responderás en justicia. La razón por la cual Dios responde de ese modo, es porque todo lo que hace por su pueblo, sea lo que sea, va siempre encaminado a la crucifixión de la carne. ¿Y qué hay más terrible que la muerte? Oramos pidiendo cosas agradables, o que imaginamos agradables; pero como somos carne a la vez que espíritu, la carne participa en cada oración, y pide cosas carnales convirtiendo nuestra oración en parcialmente carnal; hasta el punto que no sabemos lo que pedimos.[117] Ahora bien, la respuesta que viene de Dios, es espiritual, y va dirigida a crucificar la carne pecaminosa; y ahí viene lo terrible ... Pedimos perdón; y esto es agradable a Dios, pero no es agradable a la carne puesto que: mortifica la corrupción, quebranta el corazón, conlleva una vida santa; y hemos de ser conscientes que toda respuesta que recibamos de Dios irá en esa dirección. Por el lado espiritual, Dios suele dar a sus hijos cosas buenas, como se daría a sí mismo; y a mostrarles su gloria celestial en todo lo que hace (…) Ahora bien, para la carne pecaminosa, Dios es terrible; pues allí donde él hace acto de presencia, la carne muere. Jacob, venció a Dios en oración, pero él mismo

---

una traducción anotada al español y al inglés, fruto de la exhaustiva labor de investigación llevada a cabo por la historiadora estadounidense Kay Brigham [1935-2014]: *"Cristóbal Colón. Libro de las profecías. Introducción, traducción y notas de Kay Brigham"*, junto con una biografía ilustrada del almirante por la misma autora titulada: *"Cristóbal Colón: su vida y su obra a la luz de sus profecías"*.

113 En hebreo וְיָ֣ם רְחֹקִ֑ים *wəyām rəḥōqîm.* Kraus sugiere que el sentido es *"incluso de las islas lejanas"* como en Isaías 66:19, pues aunque en este último caso el texto hebreo es distinto: הָאִיִּ֣ים הָרְחֹקִ֗ים *hā'îyîm hārəḥōqîm* la raíz רָחוֹק *rachoq* es la misma; y comenta: «Es notable la extensión y amplitud universal con que el salmista describe los efectos del poder del Dios de Sión».

114 Es posible que el simbolismo de la frase consista en que los ancianos que eligió Moisés por mandato divino para ayudarle a dirigir el pueblo (Éxodo 18:25; Números 11:16) eran hombre con oficios terrestres, probablemente pastores; mientras que los primeros discípulos elegidos por Jesús eran pescadores (Marcos 1:16-20; Lucas 6:13-16; Juan 1:35-51). Pero no deja de ser una conjetura. Spurgeon era muy dado a buscar este tipo de contrastes y juegos de palabras.

115 Génesis 2:9; Apocalipsis 2:7; 22:2, 14.

116 Ezequiel 34:28.

117 Santiago 4:3.

fue vencido, lo cual viene indicado por el toque en su muslo que resultó dislocado cuando mayor tensión había en la lucha.[118] Cuando somos débiles, nos hacemos fuertes; porque cuando Dios aparece, morimos a nosotros mismos y vivimos en él.[119]

WILLIAM CARTER [1605-1658]
en un sermón titulado, *"Light in Darkness"*, 1648

Con cosas terribles nos responderás en justicia. Los juicios de Dios son *"terribilia"*, cosas terribles, sobrecogedoras, intensas, fuera de lo habitual; porque él es fiel a su pacto, y por tanto, sus juicios con los que nos responde son terribles; es decir, nos sobrepasan, colman nuestras expectativas por encima de lo anticipado. Este es el modo adecuado de entender aquí las palabras del salmista. Pero además, el sintagma hebreo que traducimos como *"en justicia"*, בְּצֶדֶק *bəṣeḏeq* de צֶדֶק *tsedeq,* en su raíz hebrea צָדוֹק *tsadoq,* no es fidelidad, sino "santidad"; por tanto, estas *"cosas terribles"* son cosas santas, reverenciales; así es como lo traduce Tremellius[120] correctamente: *"Per res reverendas"*, mediante cosas sagradas, cosas dignas de la mayor reverencia, nos responderás. El sentido, por tanto, es que el Dios de nuestra salvación (es decir, el Dios que obra en la Iglesia cristiana) nos llama a la santidad, a la justicia, mediante *"cosas terribles"*; pero no terribles en el sentido de destrucción y naturaleza de venganza, sino *terribles* en el sentido de portentosas: sobrecogedoras, misteriosas, reverenciales, santas; para que no hagamos de la práctica religiosa algo vulgar, de poca monta; sino que participemos siempre en los actos y ejercicios de la fe con sobrecogimiento y reverencia, con santo temor y temblor, estableciendo la debida distinción que corresponde entre las ceremonias civiles y las religiosas.

JOHN DONNE [1573-1631]
"Sermon XII preached at St. Paul's on Ianuary 28: Psalm LXV, 5", 1626

Con cosas terribles nos responderás en justicia. Dios protege y libera a su pueblo y su Iglesia mediante *"cosas terribles"*, hechos portentosos de justicia. El significado es el siguiente: En todas las liberaciones que lleva a cabo de su pueblo mediante cosas terribles, Dios hace manifiesta su justicia; es decir, hace exclusivamente aquello que es conforme a rectitud y justicia. Para dejar esto más claro, debemos considera que hay una doble justicia divina: la justicia de su palabra, que es la justicia de su fidelidad en el cumplimiento de aquello que ha dicho o prometido que haría; y la justicia de sus obras, que son acciones de orden justas por si mismas. Y en la liberación de su pueblo, hace que ambas sean manifiestas mediante *cosas terribles.*

JOHN BEWICK
en un sermón titulado: *"Confiding England under Conflicts, triunphing in the midts of her Terrors"*, 1644

Con cosas terribles nos responderás en justicia. ¿Qué quiere decir el salmista cuando dice que *"con cosas terribles nos responderás"*? ¿A nosotros, habitantes de Sión, que somos tu pueblo y te adoramos en verdad? ¿A nosotros, que tenemos que enfrentarnos constantemente con enemigos que nos provocan y asedian buscando nuestro mal? ¿A nosotros, que no anhelamos ni perseguimos otra

[118] Génesis 32:22-31.

[119] 2 Corintios 12:9-10.

[120] Del latín *"terribilis"*, "impresionante, portentoso, sobrecogedor, tremendo, terrible". La Vulgata traduce Génesis 28:17 del siguiente modo: *"pavensque quam terribilis inquit est locus iste non est hic aliud nisi domus Dei et porta caeli"*, "Cuán terrible es este lugar. No es otra cosa que casa de Dios, y puerta del cielo".

cosa que el bien del Reino y la estabilidad de la Iglesia? ¿Nos responderás con *"cosas terribles"?* Sí, porque tales cosas son para nuestro bien y provecho, conforme a nuestros votos. Porque benefician nuestra causa, obran a nuestro favor y cumplen finalmente nuestros deseos, proporcionándonos estabilidad y alegría, a la vez que someten y confunden a nuestros enemigos.

HERMANN VENEMA [1697-1787]
"Commentarius ad Psalmos", 1762

Esperanza de todos los términos de la tierra. ¿Cómo podría ser Dios la confianza de todos los confines de la tierra, si no reinara y obrara en ellos constantemente? *La estabilidad de las montañas* (65:6) no puede de ser adscrita en última instancia a leyes físicas, sino al poder de Dios. *El estruendo de los mares* (65:7) no se apacigua por las leyes sin un agente material, sino por la influencia directa del gobernante Todopoderoso. Asimismo las leyes humanas pueden ser el instrumento para contener la persecución, pero son mediáticas; pues es Dios quien *sosiega el alboroto de las naciones* (65:7). Es Dios quien *alegra las salidas de la mañana y de la tarde* (65:8), haciendo que *toda la naturaleza cante* (65:13). Nnte los portentos que Dios obra a través de medios naturales, las Escrituras jamás pierden de vista a Dios mismo. *Dios visita y riega la tierra, Dios prepara el grano* (65:9). Sin el poder directo de Dios, las leyes de la naturaleza jamás lograrían sus efectos. Qué consoladora y satisfactoria resulta la Providencia divina vista de esse modo; comparada con la visión de la filosofía incrédula que nos prohíbe ir más allá del poder de las propias leyes físicas; y que si bien concede hasta cierto punto que en principio fueran establecidas por un Creador, afirma que ahora funcionan por si mismas y pueden llevar a cabo su cometido con total independencia de él.[121]

ALEXANDER CARSON [1776-1884]
"History of providence, as manifested in Scripture, or, Facts from Scripture Ilustrative of the Government of God", 1840

Todos los términos de la tierra. Dios, que es *poder por si mismo,* es *la confianza de todos los términos de la tierra.* Por tanto, será reconocido como tal por todos sus habitantes; de los cuales la reina de Sabá, que vino para ver a Salomón *"de los confines de la tierra"*[122] es un tipo.

ANDREW ROBERT FAUSSETT [1821-1910]
"Studies in the cl Psalms their undesigned coincidences with the independent Scripture histories, confirming and illustrating both", 1876

Y de los más remotos confines del mar. Debemos utilizar las palabras de este Salmo para suplicar a Dios, que permanece de pie en la orilla[123] y contempla el peligro en que nos encontramos en medio de un mar embravecido, nos proteja por amor a su nombre,[124] nos permita mantener el curso medio

[121] El autor se está refiriendo a las teorías filosóficas del DEÍSMO que tuvieron su auge entre los siglos XVII y XIX en Inglaterra y los Estados Unidos, principalmente entre aquellas personas educadas como cristianas que vieron que ante los nuevos descubrimientos científicos resultaba difícil conjugar ciencia y fe. Uno de los sus principales postulados filosóficos está basado en la creencia de que Dios existe y creó el universo físico, pero que una vez lo puso en marcha y lo sujetó a leyes de la física, se alejó del mismo y no interfiere con él en nada. Hay que tener en cuenta la época en la que esto se escribe, 1840.

[122] Mateo 12:42; 1 Reyes 10:1; 2 Crónicas 9:1.

[123] Juan 21:4.

[124] Salmo 106:8; Ezequiel 20:9.

entre Escila y Caribdis,[125] escapando del peligro de acercarnos en exceso a uno u otro acantilado, y podamos llegar a puerto seguro con la embarcación incólume y nuestra carga intacta.

AGUSTÍN DE HIPONA [354-430]
citado por JOHANNES LORINUS DE AVIGNON [1569-1634]
en *"Commentariorum in librum Psalmorum"*, 1616

Vers. 5-8. El irrigación divina de la tierra por medio de la lluvia (65:9), simboliza obviamente el descenso del Espíritu Santo después de la ascensión de Cristo; cuando en el gran día de Pentecostés, judíos devotos *"procedentes de todas las naciones bajo el cielo"*[126] escucharon al apóstol explicarles las obras maravillosas de Dios en sus diversas lenguas; lo cual fue un testimonio de que Dios había comenzado a alegrar espiritualmente *las salidas de la mañana y de la tarde* (65:8). Los apóstoles en su primer conflicto con las autoridades judías; que fue el primer choque de la comunidad cristiana naciente con los poderes de este mundo; se dirigieron en oración al Dios *"que sosiega el estruendo de los mares el bramido de sus olas, y el tumulto de las naciones"* (65:7). Y su súplica diciendo: *"Soberano Señor, tú eres el Dios que hiciste el cielo, la tierra y el mar, y todo lo que en ellos hay"*,[127] emula las palabras del salmista en versículo cinco de este Salmo: *"Oh Dios de nuestra salvación, esperanza de todos los términos de la tierra, y de los más remotos confines del mar"* (65:5). Y en cuanto acabaron de orar, el Dios de su salvación, *les respondió con portentos de justicia,* obrando *cosas terribles,* porque *"el lugar en que estaban congregados tembló; y todos fueron llenos del Espíritu Santo, y hablaban con denuedo la palabra de Dios"*.[128] Con todo esto no pretendo más que aportar algunos ejemplos ilustrativos la armonía interior de las Escrituras; pero, como tales, no dejan de tener su valor.

JOSEPH FRANCIS THRUPP [1827-1867]
"Introduction to the Psalms", 1860

Vers. 6. *Tú, el que afirma los montes con su poder, ceñido de valentía.* *[Tú, el que afianza los montes con su poder, ceñido de valentía.* RVR*] [Tú, el que afirma los montes con su poder, ceñido de potencia.* LBLA*] [Tú, el que afirma las montañas con su fortaleza, ceñido de valentía.* BTX*] [Tú, con tu poder, formaste las montañas, desplegando tu potencia.* NVI*] [Con su fuerza afianza los montes revestido todo él de poder.* BLP*] [Con tu poder formaste las montañas y te armaste de una fuerza poderosa.* NTV*]*

Tú, el que afianza los montes con su poder. Él, por así decirlo, los fijó en sus bases, preservándolos de verse afectados por los terremotos o las tormentas. Las cosas más firmes deben a él su

[125] Según la mitología griega, SCILLA y CARIBDIS eran dos monstruos que estaban situados uno a cada lado de los dos extremos del estrecho de Messina, en la costa italiana entre Sicilia y Calabria. Scilla era una criatura de siete cabezas con largos cuellos, y Caribdis un remolino que se tragaba las embarcaciones arrastrándolas a las profundidades. Se hallaban a tal distancia uno del otro, que el paso del estrecho resultaba imposible para los navegantes sin enfrentarse a uno de ellos, pues al intentar alejarse de uno caían irremisiblemente en las garras del otro. En "La Odisea" de Homero, Ulises se ve obligado a elegir cuál de los dos enfrentar, elige Scilla, y consigue atravesar el estrecho perdiendo solo unos pocos marineros. La frase "entre Ecilla y Caribdis" ha quedado en la literatura como un símbolo de todo aquel que tratando de alejarse de un extremo cae irremisiblemente en el otro.

[126] Hechos 2:5.

[127] Hechos 4:24.

[128] Hechos 4:31.

estabilidad.[129] Los filósofos y científicos de la escuela del "olvídate de Dios" están tan absortos en encontrar las leyes acerca de cómo se elevaron los montes, que se olvidan de Aquel que mandó que se elevaran. A menudo utilizan sus teorías sobre la acción volcánica y los glaciares, etc., etc., como barrotes y cerrojos para cerrar el paso al Señor en un mundo que le pertenece. Nuestro poeta salmista es de otra mentalidad; ve la mano de Dios estableciendo los Alpes y los Andes en sus bases, y en consecuencia canta alabanzas a su nombre. Permitid, pues, que me exprese no como filósofo o científico moderno, sino como un simple, como David; porque a decir verdad, él estaba más cerca de Salomón que ninguno de nuestros científicos modernos.

Ceñido de potencia.[130] El Señor es todopoderoso, y por tanto, circunda los montes con un cinturón de poder, y allí se quedan quietos; ceñidos, y sujetados por su fuerza. La poesía es de tal naturaleza que sugiere que el poeta estaba familiarizado con el paisaje montañoso, donde la majestuosidad y el poder da la impresión de rodearte completamente; la sublimidad y la enorme grandeza están por todas partes; y Dios está allí presente, porque es el autor y la fuente de todo ello. Si de veras queremos que nuestros planes y proyectos prevalezcan y sean establecidos, aprendamos primero que somos seres insignificantes, y que, por tanto, debemos acudir al Fuerte en busca de fuerza.[131] Sin él, incluso los montes eternos se desmoronarían; ¡cuánto más nuestros planes, proyectos y labores! Apóyate pues y descansa, oh creyente, allí donde los montes tienen sus bases, esto es, en la potencia incólume e inagotable del Señor Dios.

C. H. SPURGEON

Tú, el que afianza los montes con su poder. Fue la potencia divina la que hizo que se levantaran, y su poder es el que los afianza y mantiene. El salmista describe las montañas como formadas y

---

[129] Dice FRANCISCO LACUEVA [1911-2005] en su versión española del "Comentario de Matthew Henry": «Dios es quien establece la tierra para que se mantenga firme (Salmo 93:1; 119:90). Los הָרִים *hārîm,* los הַרְרֵי־עַד *harrê-'aḏ* y los גִּבְעוֹת עוֹלָם *giḇ'ōwṯ 'ōwlām*; los montes antiguos y collados perpetuos de los que habla Habacuc (Habacuc 3:6), permanecen firmes; pero el pacto de Dios con su pueblo es todavía más firme: *"Porque los montes se apartarán, y los collados serán sacudidos, pero no se apartará de ti mi misericordia, ni el pacto de mi paz se quebrantará"* (Isaías 54:10)».

[130] En hebreo נֶאְזָר בִּגְבוּרָה *ne'zār biḡḇūrāh,* de אָזַר *azar,* "ceñir"; aunque la versión caldea Peshitta traduce estas palabras como: *"y prevalece en su poderío".* Con referencia a este versículo y a los que le siguen (65:6-8) KRAUS hace esta interesante exposición: «Yahvé se ciñe de fortaleza (ver al respecto Isaías 51:9-15); entabla la lucha contra los mares primordiales del caos y apacigua las aguas rugientes y espumosas del océano primordial (comparar 65:8 con Génesis 1:1-10)» Y cita a propósito de este versículo y otros pasajes similares, como Jeremías 5:22: *"¿No os amedrentaréis ante mí, que puse arena por término al mar, por orden eterna, la cual no puede ser traspasada? Se levantarán tempestades, mas no prevalecerán; bramarán sus ondas, mas no lo pasarán",* las palabras del teólogo alemán LUDWIG KÖHLER [1880-1956] en su obra *"Der hebräische Mensch",* 1953, refiriéndose a estos hechos portentosos que describe el salmista: «no son ni mitología anticuada ni meras imágenes poéticas, sino que en la conciencia del hebreo son hechos reales. Para él, la tierra en que viven los hombres se halla amenazada y atacada constantemente por los poderes destructivos del caos; y si Dios no estuviera allí constantemente para intervenir, el caos se adueñaría de la tierra, y se produciría el desastre. Así, en lo profundo de la conciencia del hebreo dormita una constante inseguridad, que de vez en cuando se despierta y activa. Sea sospecha o clara conciencia, sea un eco del pasado o anticipo de un temor que alguna vez se hará vivo, esa vaga conciencia de la inseguridad cósmica constituye la base del sentimiento cósmico del hebreo». Con lo que KRAUS concluye que para el fiel israelita: «La acción de Dios que impone silencio al fragor del mar es un acto del Creador del mundo que tiene efecto sobre el tiempo actual».

[131] Salmo 92:10

colocadas en sus lugares apropiados por la mano poderosa de Dios; y afirma que si no se desgajan, se hunden y desvanecen, es gracias al cinturón de poder divino que las rodea y mantiene. Una imagen poética particularmente hermosa: subsisten envueltas en el poder divino.

ADAM CLARKE [1760-1832]
"Commentary on the Whole Bible", 1831

Vers. 7. ***El que sosiega el estruendo de los mares, el estruendo de sus ondas, y el alboroto de las naciones.*** *[El que sosiega el estruendo de los mares, el bramido de sus olas, y el tumulto de las naciones.* RVR*] [El que calma el rugido de los mares, el estruendo de las olas, y el tumulto de los pueblos.* LBLA*] [El que sosiega el estruendo de los mares, el estruendo de sus olas, y el alboroto de las naciones.* BTX*] [Tú calmaste el rugido de los mares, el estruendo de sus olas, y el tumulto de los pueblos.* NVI*] [Calma el fragor de los mares, serena el fragor de sus olas y el estruendo de los pueblos.* BLP*] [Calmaste los océanos enfurecidos, con sus impetuosas olas, y silenciaste los gritos de las naciones.* NTV*]*[132]

El que sosiega el estruendo de los mares. Su aliento apacible tranquiliza el mar como si fuera el agua de un vaso, y las olas montañosas se convierten en atractivas ondulaciones. Dios hace esto. Las calmas proceden del Dios de paz; y cuando él se manifiesta de ese modo, no hay huracán que se le resista. En el principio paseaba por el jardín del Edén en el fresco del día;[133] y ahora reposa en el día séptimo,[134] porque su gran día séptimo no ha concluido aún, y es en todo momento el Señor y el dador de la paz.[135] Que los marinos magnifiquen al Dios que gobierna las olas.[136]

El bramido de sus olas. En medio del fragor de la tormenta, cada cresta furiosa es individualmente apaciguada por la voz divina.

Y el tumulto de las naciones. Los pueblos son tan difíciles de gobernar como las olas, igual de impredecibles, traicioneros, inquietos y furiosos; no atienden a la brida ni se sujetan a las leyes. El trono de Canuto[137] no estaba en mayor peligro ante las olas de lo que está el de cualquier rey o

---

[132] El texto hebreo masorético lee מַשְׁבִּיחַ שְׁאוֹן יַמִּים שְׁאוֹן גַּלֵּיהֶם וַהֲמוֹן לְאֻמִּים *mašbîaḥ šə'ōwn yammîm šə'ōwn gallêhem wahămōwn lə'ummîm*. La versión griega de los LXX o Septuaginta lee: ὁ συνταράσσων τὸ κύτος τῆς θαλάσσης, ἤχους κυμάτων αὐτῆς. ταραχθήσονται τὰ ἔθνη que la Vulgata traduce al latín como: *"qui conturbas profundum maris, sonum fluctuum ejus. Turbabuntur gentes"*, "Que mueves lo hondo del mar, y el estruendo de sus olas. Se turbarán las gentes". La versión sefardí de Ferrara: *"Affofegan fonido de mares, fonido de fus ondas, y muchedumbre de naciones"*. La versión caldea Peshitta: *"el que sosiega la tempestad de los mares y el estruendo de sus olas. Se turbarán las naciones"*.

[133] Génesis 3:8.

[134] Génesis 2:2-3.

[135] Juan 14:27; 16:33; Romanos 15:13; 16:20.

[136] Dice FRANCISCO LACUEVA [1911-2005] en su versión española del "Comentario de Matthew Henry": «El mar, cuando se alborota, produce gran estruendo, pero cuando le place a Dios, impone silencio a las olas y las sosiega como en plácido sueño (Salmo 107:29). Así dio el Señor Jesús una prueba de su divino poder al mandar a los vientos y al mar y ellos le obedecieron (Mateo 8:23-37). Y con el mismo poder con que calma el bramido de las olas, calma también Dios el tumulto de las naciones. Como dice ROBERT MURRAY M'CHEYNE [1813-1843]: 'El Dios de la naturaleza y el Dios de la historia es uno mismo'».

[137] Se refiere a CANUTO II [995-1035] también conocido como CANUTO EL GRANDE, rey vikingo de Dinamarca, Noruega, Inglaterra y Polonia. Según una leyenda narrada por HENRY OF HUNTINGDON [1088-1157] en su *Historia Anglorum,* Historia de Inglaterra, Canuto colocó su trono junto a la orilla del mar y ordenó a la marea entrante que se detuviera y no le mojara los pies y su manto real. Sin embargo, como era de esperar,

emperador cuando la multitudes se giran en su contra, y se cansan de su señorío. Tan solo Dios es Rey de las naciones. El mar le obedece, y mantiene en jaque a las naciones, más tumultuosas todavía que el propio mar. La raza humana debe su preservación al poder constante de Dios que controla y pone límites a las pasiones más viles; y que dejadas a su aire, darían por resultado su disolución instantánea: la envidia, la ambición y la crueldad darían paso de inmediato a una anarquía destructora si Dios no lo impidiera; y de ello tenemos evidencias muy claras a lo largo de la Historia. Gloria sea a Dios que preserva el tejido del orden social, y mantiene a raya a los impíos que desearían destruirlo todo. En situaciones de angustia, los hijos de Dios deben volar de inmediato al que apacigua los mares: nada hay demasiado difícil para él.

C. H. Spurgeon

Vers. 8. *Por tanto, los habitantes de los fines de la tierra temen de tus maravillas. Tú haces alegrar las salidas de la mañana y de la tarde.* *[Por tanto, los habitantes de los confines de la tierra se sobrecogen ante sus señales portentosas. Tú haces alegrar las puertas de la aurora y del ocaso.* RVR*] [Por eso los que moran en los confines de la tierra temen tus obras, tú haces cantar de júbilo a la aurora y al ocaso.* LBLA*] [Por eso los que habitan en los últimos confines temen delante de tus portentos. ¡Tú haces alegrar las puertas de la aurora y la entrada del ocaso!* BTX*] [Los que viven en remotos lugares se asombran ante tus prodigios; del oriente al occidente tú inspiras canciones de alegría.* NVI*] [Cuantos viven en el confín del mundo te veneran por tus prodigios, tú alegras a oriente y occidente.* BLP*] [Los que viven en los extremos de la tierra quedan asombrados ante tus maravillas. Desde donde sale el sol hasta donde se pone, tú inspiras gritos de alegría.* NTV*]*

Por tanto, los habitantes de los confines de la tierra se sobrecogen ante sus señales portentosas. Las señales de la presencia de Dios no son pocas, ni se limitan a ninguna región de la tierra. En *Zembla*[138] son tan visibles como en Sión, y en la *Terra del Fuego*[139] tan manifiestas como en la Tierra Santa.[140] A veces estas señales son fenómenos terribles de la propia naturaleza, tales como terremotos, pestilencias, tornados o tormentas; y cuando estos aparecen, incluso los pueblos más bárbaros tiemblan delante de Dios. Otras veces son intervenciones portentosas de la mano divina: como la

---

la marea siguió su curso habitual empapando su manto, mojando sus pies y empapando todo su trono sin el menor respeto a su autoridad real. Entonces, Canuto le dio la vuelta al hecho exclamando: «Que esto sirva esto para que todos los hombres sepan cuán limitado, vano e inútil, es el poder de los reyes de la tierra. Ninguno de ellos es digno de este nombre, pues únicamente al Rey eterno, rey de cielos y tierra, que establece leyes eternas, es a quien las olas obedecen». Dicho esto, colgó su corona en un crucifijo en honor a Dios, el Rey todopoderoso, y jamás volvió a ceñirla sobre su cabeza.

[138] Se refiere a lo que actualmente se conoce como Nueva Zembla, un archipiélago emplazado en el ártico de Rusia que consta principalmente de dos grandes islas separadas por el estrecho de Matochkin y una cuantas islas menores. Un clima inhóspito, con un cielo encapotado de color plomizo casi todo el año y un viento helado que penetra hasta el tuétano las hacen prácticamente inhabitables, hasta el punto que en 1955 la Unión Soviética deportó forzosamente al continente a todos sus habitantes y las declaró zona de pruebas nucleares.

[139] Se refiere a la Isla Grande de Tierra del Fuego, ubicada en el extremo sur del continente americano, del que está separada por el estrecho de Magallanes. Es compartida por Argentina y Chile, países a los que les corresponde respectivamente la parte oriental y occidental, de la misma.

[140] En latín en el original, *Terra Sacra*.

destrucción de Sodoma[141] y el derrocamiento de Faraón.[142] El rumor de estos juicios llega hasta los confines de la tierra impresionando a todos sus habitantes con temor y temblor ante un Dios tan justo y santo. Bendigamos a Dios porque nosotros no tenemos motivos para experimentar ese sentimiento, antes por el contrario, nos regocijamos ante tales juicios justos y nos alegramos con temor reverente cuando contemplamos sus señales portentosas. Lo que no significa que no sintamos ante ellos temor, pero no un temor servil.

Tú haces alegrar las puertas de la aurora y del ocaso.[143] Todos los habitantes de la tierra, tanto los que habitan en Oriente como en Occidente, experimentan la felicidad del favor divino.[144] Él es quién ilumina nuestras horas tempranas haciéndolas brillar de esperanza; y quien suaviza nuestros momentos de ocaso con los colores anaranjados de la acción de gracias. Ya sea que salga el sol o que se ponga, bendecimos a Dios regocijándonos en los portales de cada nuevo día. Cuando la mañana ruboriza nuestro entorno con sus tonalidades rosadas: nos regocijamos; y cuando la tarde cae suavemente convirtiendo en púrpura cuanto nos rodea; seguimos regocijándonos. No creemos que el rocío llore la muerte del día;[145] tan solo vemos en él joyas legadas a su sucesor en el ocaso, y que este recogerá presto para lucirlas con la siguiente aurora. Cuando la fe contempla a Dios, redondea el día con gozo. No puede ayunar, porque el novio está con ella.[146] Y para ella, noche y día, día y noche, son lo mismo; porque fue el mismo Dios quien los hizo y los bendijo.[147] Poco regocijo tendría el alma si Dios no la alegrara; mas, ¡bendito sea su nombre! nunca cesa de infundir gozo a los que encuentran su gozo en él.[148]

C. H. SPURGEON

Tú haces alegrar las salidas de la mañana y de la tarde. Es decir, haces que los seres humanos se alegren y regocijen a, o por, la salida del sol en la mañana. Y al atardecer, haces que se regocijen de nuevo cuando agotados por el trabajo del día, llega la hora de su descanso. También cabe entenderlo del siguiente modo: *"Tú haces que los hombres que viven pendientes de la aurora, y pendientes del ocaso, se regocijen"*. Como si dijera: Haces que tanto los habitantes de Oriente como los de Occidente; es decir, todos los pueblos desde los confines del Este a los del Oeste, se regocijen. Y naturalmente, lo que les lleva a regocijarse es el surgir de la luz en el Este, y su curso de continuidad hacia el Oeste.

JOSEPH CARYL [1602-1673]
"An Exposition with Practical Observations upon Chapters 4-7 of the Book of Job", 1651

---

[141] Génesis 19:23-25.
[142] Éxodo 14:26-31.
[143] La mayoría de intérpretes coinciden en que no se trata propiamente de la salida y el ocaso del sol, sino de un paralelismo poético para reforzar la idea de los extremos más alejados de la tierra. La versión sefardí de Ferrara hace una peculiar traducción: *"Y temieron pobladores de cabos tus feñales, falidas de mañana y tarde harás cantar"*. Y la versión caldea Peshitta vincula ambas frases de la siguiente manera: *"Los habitantes de la tierra se estremecerán debido a tus señales, desde el alba hasta el ocaso"*.
[144] En este mismo sentido dice JERÓNIMO DE ESTRIDÓN [347-420]: «Con tus inmensos beneficios das motivos de alegría a todos los habitantes de la tierra, desde allí donde sale la mañana, hasta donde termina la tarde; y con ello haces que todos te alaben».
[145] Probablemente se trate de una alusión al poema *"Virtue"* de GEORGE HERBERT [1593-1633]: *"Sweet day, so cool, so calm, so bright, / The bridal of the earth and sky, / The dew shall weep thy fall tonight; / For thou must die"*, y en cada una de las tres estrofas que siguen va describiendo las maravillas de la naturaleza al despertar la aurora, concluye del mismo modo: *"For thou must die"*.
[146] Mateo 9:15.
[147] Génesis 1:3-5;14-19.
[148] Salmo 118:15; Juan 15:11.

Tú haces cantar de júbilo a la aurora y al ocaso. ¡Cuan opuestas son entre sí la luz y las tinieblas, y cuán inviolable la separación entre ellas![149] No obstante, ambas son bienvenidas al mundo por igual en su momento oportuno. Y difícil resulta decir cuál de las dos lo es más: si la luz de la mañana, que hace posibles los afanes del día; o las sombras de la noche, que favorecen el reposo. ¿Acaso no espera el centinela ansioso la luz de la mañana?;[150] pero con igual o mayor ansia aguarda el jornalero las sombras de la noche. Algunos expositores aplican estas palabras a los sacrificios de la mañana y de la tarde en el Templo, en los cuales los israelitas piadosos se regocijaban porque Dios era constantemente honrado.[151] La afirmación *"Tú haces cantar de júbilo"* parece una clara alusión al canto de los levitas, que cada mañana y cada noche entonaban himnos de alabanza en cumplimiento de sus deberes cotidianos.[152] Así también deberíamos considerar nuestras devociones y adoración diaria, tanto personal como en familia, como la más importante y necesaria de nuestras obligaciones cotidianas, y la más deleitosa y agradable de todas ellas. Porque si somos fieles en mantener nuestra comunión diaria con Dios; tanto la aurora como el ocaso, las salidas de la mañana y de la tarde; serán ciertamente para nosotros un motivo de verdadero regocijo.

Matthew Henry [1662-1714]
"Commentary on the Whole Bible", 1811

Por tanto, los habitantes de los confines de la tierra se sobrecogen ante sus señales portentosas. Tú haces alegrar las salidas de la mañana y de la tarde. Nicolás de Lira,[153] Dionisio Cartujano,[154] Tomás Cayetano,[155] Plácido de Parma[156] (que siguió las pisadas de Cayetano aunque no lo menciona), todos ellos coinciden en afirmar que la primera cláusula de este versículo: *"Por tanto, los habitantes de los confines de la tierra se sobrecogen ante sus señales portentosas"* hace referencia al asombro

[149] Génesis 1:4.
[150] Salmo 130:6.
[151] Éxodo 29:38-42; Ezequiel 46:13-15.
[152] 1 Crónicas 12:28-30.
[153] Se refiere a Nicolás de Lyra o Nicolaus Lyranus [1270-1349], monje franciscano francés, profesor en la Universidad de La Sorbona y erudito comentarista bíblico, conocido especialmente por su comentario bíblico *"Postillae perpetuae in universam S. Scripturam"*, publicado en Roma en el 1471. Fue el primer comentario bíblico impreso, con el texto bíblico ilustrado situado en un recuadro y el comentario a su alrededor.
[154] Se refiere a Denys van Rijkel [1402-1471], místico, teólogo y monje cartujo nacido en Lieja y más conocido como Dionyius Carthusianus, Denys van Leeuwen o Dionisio el Cartujano. Uno de los mas grandes ascetas de todos los tiempos, pasó su vida entregado a la oración y el estudio. Es el autor más prolífico de la Iglesia cristiana después de Orígenes.
[155] Se refiere a Tomás Cayetano [1469-1534] también conocido como Tomás de Vio y más conocido como Cardenal Cayetano. Monje dominicos del monasterio de Gaeta, en Italia (de donde le viene el apodo latino de Gaetanus o Cayetano en español). Profesor de teología en las universidades de París y Roma. León X lo hizo cardenal en 1517 y lo nombró arzobispo de Palermo. Enviado por el Papa a Alemania en 1519 para conseguir que Lutero se retractara, volvió a Roma sin haber logrado convencerle, por lo cual ayudó al papa a redactar la famosa bula de escomunión *Exsurge Domine*, que consagró el cisma de la Iglesia. Hizo una traducción comentada de Los Salmos publicada en Verona en 1530 e incluída posteriormente en su *"Opera omnia quotquot in Sacrae Scripturae expositionem reperiuntur - Tomus Tertius, Psalmi"* Lyon, 1639.
[156] Se refiere a Placido Bechigni [¿?-1558] más conocido como Placidus Parmensis, o Plácido de Parma, monje dominico autor de un comentario a los salmos titulado: *"Sacra ac recens psalmorum omnium Davidis interpretátio"*.

de la humanidad entera ante las maravillas de Dios en la tierra y el mar (65-5-7).[157] Y explican la segunda: *"Tú haces alegrar las salidas de la mañana y de la tarde"*, relacionándola con los sacrificios que se ofrecían en el Templo por la mañana y por la tarde;[158] que Dios tenía a bien considerar como aceptables para sí mismo, y por tanto resultaban deleitosos para todos aquellos que los ofrecían, especialmente después del regreso de la cautividad. Al comienzo de este mismo Salmo, como hemos visto, se apunta ya el tema de los sacrificios en relación a la *alabanza* y los *votos* (65:1-4); y en el libro de Esdras se nos dice que aquellos que regresaron de Babilonia *ofrecieron al Señor los holocaustos de la mañana y de la tarde;*[159] y que cuando se acercaban al altar para entregar sus ofrendas entonaban alabanzas a Dios.[160] Por tanto, lo que aquí se nos dice al hablar de *las salidas de la mañana y de la tarde,* es que cuando participaban en cualesquiera de estos sacrificios, de la mañana o de la tarde, salían llenos de gratitud y regocijo entonando alabanzas; y Dios se complacía en ellos, aceptando con deleite sus alabanzas y llenándoles a su vez de gozo y alegría.

JOHANNES LORINUS DE AVIGNON [1569-1634]
"Commentariorum in librum Psalmorum", 1616

Tú haces alegrar las salidas de la mañana y de la tarde. En sentido figurado, *la salida de la mañana,* o aurora, es la luz de la gracia en la conversión; *la salida de la tarde,* u ocaso, es la luz final de la gracia en la hora de la muerte.

THOMAS LE BLANC [1599-1669]
"'Psalmorum Davidicorum Analysis' in qua aperte cernitur singulis in Psalmis ordinem esse admirabilem: adjungitur commentarius amplissimus", 1645

Vers. 9. *Visitas la tierra, y la riegas; en gran manera la enriqueces; con el río de Dios, lleno de aguas, preparas el grano de ellos, cuando así la dispones.* *[Cuidas de la tierra, y la riegas; en gran manera la enriqueces; con el río de Dios, lleno de aguas, preparas el grano de ellos, cuando así la dispones.* RVR*] [Tú visitas la tierra y la riegas en abundancia, en gran manera la enriqueces; el río de Dios rebosa de agua; tú les preparas su grano, porque así preparas la tierra.* LBLA*] [Visitas la tierra, y la riegas abundantemente, la colmas de tus riquezas con el torrente de Elohim lleno de aguas, reparas sus trigales cuando la has aparejado.* BTX*] [Con tus cuidados fecundas la tierra, y la colmas de abundancia. Los arroyos de Dios se llenan de agua, para asegurarle trigo al pueblo. ¡Así preparas el campo!* NVI*] [Cuidas la tierra y la riegas, la colmas de bienes sin fin; la acequia de Dios rebosa de agua, pones a punto la tierra para el grano.* BLP*] [Cuidas la tierra y la riegas, la*

[157] Dice FRANCISCO LACUEVA [1911-2005] en su versión española del "Comentario de Matthew Henry": «Dios regula la marcha del sol de forma que todos los habitantes de la tierra tengan ocasión de cantar las proezas de Dios; en especial, cuando Dios humilla a los arrogantes y protege a los débiles. Este versículo es el que mejor encaja con la hipótesis de FRANZ DELITZSCH [1813-1890] que el Salmo 65 ha de ser interpretado con el fondo histórico de Isaías 37 (Ver nota 8 en este mismo Salmo), especialmente la segunda parte: *"Tú haces alegrar las puertas* (literal: salidas) *de la aurora y del ocaso"*, es decir, el recorrido entero del sol en su marcha diaria (Ver Isaías 38:8). Dios es quien esparce la luz del amanecer y el que corre las cortinas del ocaso, para que, al desaparecer la luz del sol, brillen las estrellas y la luna».

[158] Éxodo 29:38-42; Ezequiel 46:13-15.

[159] Esdras 3:3.

[160] 2 Crónicas 29:27.

enriqueces y la haces fértil. El río de Dios tiene agua en abundancia; proporciona una exuberante cosecha de grano, porque así ordenaste que fuera. NTV*]*[161]

Tú visitas la tierra y la riegas en abundancia,[162] Las visitas de Dios siempre dejan detrás una estela bendición; y esto es más de lo que se puede decir de todos los demás huéspedes. Cuando el Señor en su misericordia visitas su creación, dispone de abundancia de cosas necesarias para todas sus criaturas necesitadas. Aquí se nos presenta al Dios infinito recorriendo la tierra cual jardinero que recorre su jardín, regando toda planta que lo necesita, y no en pequeñas cantidades, sino hasta que el suelo queda empapada y saturado con una rica provisión líquido refrescante. ¡Oh Señor! Visita de igual modo a tu Iglesia, irrigando mi piedad reseca y marchita. Haz que tu gracia me inunde y rebose en gracias para con aquellos que me rodean; riégame, Señor, porque no hay planta en tu jardín que más lo necesite.

> *«Mi ganado yace muerto, no incrementa.*
> *Mejora lo escaso de mi magra cosecha.*
> *oh, deja caer tus gracias vivificantes*
> *desde arriba y sin cesar».*[163]

---

[161] El texto hebreo lee פָּקַדְתָּ הָאָרֶץ וַתְּשֹׁקְקֶהָ רַבַּת תַּעְשְׁרֶנָּה פֶּלֶג אֱלֹהִים מָלֵא מָיִם תָּכִין דְּגָנָם כִּי־כֵן תְּכִינֶהָ *pāqaḏtā hā'āreṣ wattəšōqəqehā rabbaṯ ta'šərennāh peleḡ 'ĕlōhîm mālê māyim tāḵîn dəḡānām kî-ḵên təḵînehā.* La versión griega de los LXX o Septuaginta lee: ἐπεσκέψω τὴν γῆν καὶ ἐμέθυσας αὐτήν, ἐπλήθυνας τοῦ πλουτίσαι αὐτήν· ὁ ποταμὸς τοῦ θεοῦ ἐπληρώθη ὑδάτων· ἡτοίμασας τὴν τροφὴν αὐτῶν, ὅτι οὕτως ἡ ἑτοιμασία σου que la Vulgata traduce al latín como: *"Visitasti terram, et inebriasti eam; multiplicasti locupletare eam. Flumen Dei repletum est aquis; parasti cibum illorum: quoniam ita est praeparatio ejus"*, "Visitaste la tierra, y la embriagaste; la enriqueciste de muchas maneras. El río de Dios muy lleno está de aguas, preparaste la comida de ellos; porque tal es la preparación de ella". La versión sefardí de Ferrara lee: *"Vifitafte la tierra e hiziftela deffear, mucho la enriquecifte, pielago del Dio lleno de aguas, aparejafte fu civera, porque affi la aparejafte"*. La versión caldea Peshitta: *"Con esplendidez recuerdas la tierra; la haces tranquila y la enriqueces abundantemente. Los torrentes de Dios rebosan de agua. Tú preparaste su sustento cuando la estableciste"*. Schökel: *"Tú cuidas de la tierra, la riegas y la enriqueces sin medida. La acequia de Dios va llena de agua. Preparas sus trigales"* Kraus: *"Tú visitaste la tierra, la regaste en abundancia, la hiciste extraordinariamente rica. Lleno de agua está el arroyo de Dios; les proporcionas grano. Ciertamente, así lo preparas"*.

[162] Según Thomas Brett [1667-1743] en su obra *"A Collection of the Principal Liturgies Used by the Christian Church"*, 1720, publicada con la idea de dar soporte a las reformas litúrgicas solicitadas por los obispos llamados "*nonjurors*" en el cisma anglicano de comienzos del siglo xviii; basada en este versículo y los siguientes (65:9-13) había una antigua oración cuyo origen remonta a los comienzos mismos de la cristiandad en la iglesia de Alejandría en Egipto (Hechos 18:24), y citada por Orígenes [185-254]: «Abre Señor tus tesoros y envía la lluvia a los lugares que la necesitan. Alegra con su descenso la faz de la tierra y rejuvenécela, para que regocijándose en sus gotas pueda traer fruto abundante. Eleva el nivel de las aguas del río a su altura justa (se refiere a las crecidas del Nilo); y regenera con su ascenso la faz de la tierra. Riega abundantemente los surcos y hazlos más fructíferos. Bendice, Señor, el año y corónalo con las riquezas de tu bondad, por amor de los pobres, de las viudas, del huérfano y del extranjero».

[163] Cita aquí la primera estrofa de otro poema de George Herbert [1593-1633], en este caso el titulado *"Grace"*, 1633. En el sus estrofas el poeta suplica insistentemente a Dios para que mande desde el cielo su agua refrescante al alma extremadamente necesitada de revivificarse: *"My stock lies dead and no increase / Doth my dull husbandry improve; / O let thy graces without cease / Drop from above"*.

En gran manera la enriqueces. Millones y millones de dinero en metálico no alcanzarían a enriquecer la humanidad ni siquiera una sombra lo que la enriquecen las lluvias que descienden de arriba. Con el agua de lluvia el suelo se enriquece sobremanera, proporcionando al hombre todas sus riquezas; pero el dador primigenio de toda esta riqueza, y de quién parte todo: es Dios. ¡Cuán inmensa y verdaderamente ricos son aquellos que han sido enriquecidos con la gracia, que es la mejor riqueza! Porque beben directamente del río de Dios,[164] que lleva agua perpetua y en abundancia. Porque los arroyos de la tierra pronto se secan, y todos los recursos terrenales, por ser finitos, son propensos al fracaso; pero la provisión divina para el suministro de lluvia es inagotable; su río no tiene ni fondo ni orilla. Al diluvio que las nubes dejaron caer ayer, puede sucederle otro mañana, y pese ello, las aguas en el firmamento no se agotarán. Y cuánto más cierto es esto en el reino de la gracia; donde el río de Dios está rebosante de agua, y *"de su plenitud todos hemos recibido, y gracia sobre gracia"*.[165] Los antiguos hablaban en sus fábulas mitológicas de Pactolo,[166] cuyas aguas corrían sobre arenas de oro; pero este río de Dios que fluye desde arriba y que alimenta la lluvia, es todavía mucho más enriquecedor; ya que, en realidad, la riqueza del hombre parte básicamente de los campos, sin los cuales no habría trigo, ni hortalizas, ni ganado; y sin ellos, ni aún el oro sería de valor.

Preparas el grano de ellos. El maíz y el trigo han sido especialmente designados para ser alimento del hombre. En sus diversas especies constituyen la provisión divina para nutrir a la raza humana, y con razón son llamados en alimento básico o pilar de la vida. En los comercios se nos ofrecen miles de combinaciones de productos hechos con haría amasada y preparada, pero lo cierto es que Dios la preparó mucho antes de que el hombre llegara a tocarla. Con la misma seguridad con la que el maná era preparado por Dios para las tribus de Israel,[167] así también el trigo que precisamos para nuestro alimento diario nos lo envía Dios. ¿Qué diferencia hay en recoger vasijas de maná o segar gavillas de trigo? Y ¿qué importa si viene desde arriba o crece desde debajo? Dios está tan presente arriba como abajo, tanto en lo uno como en lo otro; tan grande maravilla es que surja del seno de la tierra como que descienda desde los cielos.

Cuando así la dispones. Cuando todo está listo para producir el trigo, el Señor pone el toque final, y aparece el grano; pues por mucho que se haya labrado y abonado la tierra, el trigo no surgirá y alcanzará su madurez sin la intervención constante y perfeccionadora del Altísimo. Bendito sea el divino y gran Labrador; que no permite que las cosechas fracasen, antes por el contrario, suministra a las fértiles miríadas de campos de cultivo el toque preciso para que haya pan suficiente de año en año. Y de igual modo proporciona alimento celestial a sus redimidos: *"Ha dado alimento a los que le temen; para siempre se acordará de su pacto"*.[168]

C. H. SPURGEON

---

[164] Salmo 36:8; 46:4; Apocalipsis 22:1.

[165] Juan 1:16.

[166] Se refiere al río PACTOLO, un pequeño río de Frigia (actualmente en Turquía) que desde la antigüedad arrastra importantes yacimientos de oro, y que era la fuente de riqueza del rey CRESO, último rey de Lidia en el 560 a.C. Según la mitología griega, la presencia de oro del río parte de la leyenda del rey Midas, quien tenía la capacidad de convertir en oro todo aquello que tocara; pero se dio cuenta que ello le llevaría a morir de hambre, pues cuando tocaba los alimentos se convertían en oro, por lo que se le concedió eliminar ese poder lavándose en las aguas del río, que quedó impregnado del mismo. En recuerdo de la leyenda del rey Midas y de la riqueza histórica de Creso todavía suele decirse «es un Midas» de aquel que tiene éxito de todos los negocios que comienza; o «rico como Creso» de quien posee una importante fortuna.

[167] Éxodo 16:11-31.

[168] Salmo 111:5.

Cuidas de la tierra, y la riegas;[169] *en gran manera la enriqueces; con el río de Dios, lleno de aguas, preparas el grano de ellos, cuando así la dispones.* ¡Qué hermosas suenan estas palabras del poeta inspirado, leídas en este mes de cosecha, casi tres mil años después de haber sido escritas! Durante casi tres mil años, desde que el poeta real contemplara las llanuras de Judea cubiertas con la generosidad divina y prorrumpiera en este magistral himno de alabanza, la tierra ha seguido su curso, y la mano de Dios la ha continuado bendiciendo con gozo y abundancia, a ella, y con ella a todos sus hijos, tanto en el tiempo de la siembra como en el de la de cosecha.[170] La amplitud y constancia tenaz de la generosidad del Todopoderoso, que fluye como un océano incontenible a través de la inmensidad infinita del universo, hace que a menudo sus criaturas se olviden de admirarse ante semejante maravilla, y dejen de sentir verdadera gratitud por su inmensurable bondad. El sol se levanta y se pone con regularidad; las estaciones se suceden las unas a las otras con fidelidad, y finalmente, damos todo

---

[169] Con respecto a la manera en que Dios riega la tierra y la gobierna resultan significativos dos verbos hebreos utilizados en este versículo: פֶּלֶג *pelеḡ*, "canal, surco"; y מַיִם *māyim*, "agua". El vocablo hebreo פֶּלֶג *peleg* procede del verbo פָּלַג *palag,* "dividir", verbo que se utiliza únicamente en Génesis 10:25; 1 Crónicas. 1:9; Job 38:25 y Salmo 55:9. Al patriarca Peleg se le dio este nombre «porque en sus días fue repartida la tierra». La expresión עַל־פַּלְגֵי מָיִם 'al-*palḡê-mayim,* que encontramos en el Salmo 1:3 y Proverbios 21:1, nos vierte un poco de luz sobre cómo se regaban los campos en Palestina. Es un término técnico que se utilizaba para designar los surcos que dividían los huertos orientales en pequeños cuadrados de unos cuatro metros cada uno, al objeto de facilitar así el riego. De aquí que se usara para designar también los pequeños canales mediante los cuales se regaba un huerto o jardín. En el caso del Salmo 1:3, se nos dice que el varón que medita en la Ley de Dios es como un árbol plantado junto a los *peleg mayim*, donde hallará riego constante y diligente por parte del hortelano. Estos pequeños canales, o surcos de riego se llenaban del agua procedente del pozo, aljibe o fuente que todo huerto o jardín debía tener. El hortelano o jardinero distribuía el agua en los surcos; primero, en uno; después, en otro; y lo hacía mediante un sencillo movimiento del pie. No usaba ningún otro utensilio, ni siquiera se agachaba para repartir el agua con la mano. Con un simple movimiento del pie obstruía o abría el paso de un surco o de otro, haciendo que el agua fluyese por uno de los surcos, mientras que con el mismo pie tapaba la entrada del otro. Esto queda muy claro en Deuteronomio 11:10, donde dice: «*La tierra a la cual entras para tomarla, no es como la tierra de Egipto, de donde habéis salido, donde sembrabas tu semilla, y regabas con tu pie, como huerto de hortaliza*». La misma expresión se utiliza en Proverbios 21:1: «*Como los repartimientos de las aguas, así está el corazón del rey en la mano de Jehová; a todo lo que quiere lo inclina*» donde la elipsis *palḡê-mayim* encierra una hermosa lección: justamente igual que el hortelano con un simple movimiento del pie cambia el riego de un surco a otro, así también Dios cambia con la misma facilidad el corazón de los gobernantes de este mundo, inclinándolos a todo lo que Él quiere. Meditemos por un momento en lo que esto significa. ¡Qué consuelo para los hijos de Dios! ¿Qué nos cuenta la historia de Ester? «*Aquella misma noche se le fue el sueño al rey*» (Ester 6:1) ¡Una noche de insomnio! Aquella noche, el corazón del rey Asuero fue inclinado por Dios para dejar sin efecto la ley de los medos y los persas, y para libertar a Israel. ¡Qué sencillo! ¡No pongamos jamás, con nuestra incredulidad, límites a la omnipotencia de nuestro Dios! Sabemos lo difícil que resulta, a veces, convencer a un amigo o a un vecino de las verdades más sencillas. Pero recordemos que para Dios no hay imposibles, y aún el corazón de un déspota oriental es cambiado por Él con la misma facilidad que un hortelano cuando, con un sencillo movimiento del pie, cambiaba el curso del agua en los *palḡê-mayim.*

[170] Matthias Claudius [1740-1815], poeta, periodista y pastor luterano alemán plasmó estas hermosas ideas en un bello poema publicado en 1782: *"Wir pflügen und wir streuen"* y convertido en himno en 1800; traducido posteriormente al inglés en 1861 por Jane M. Campbell [1817-1878] como: *"We plough the fields, and scatter";* y al español por el pastor mexicano Ernesto Barocio [1876-948] como: *"Aramos nuestros campos"*. La letra de la primera estrofa y coro en español dice así: *"Aramos nuestros campos, / sembramos la semilla, / más Dios es el que riega / y el crecimiento da: / envía él la lluvia / que ayuda al sembrador, / el viento y el rocío, / el frío y el calor. / Coro: Toda buena dádiva / proviene del buen Dios / pues démosle las gracias / por todo su amor"*.

ello por un hecho, tomándolo como algo natural, por más que resulte asombroso a toda comprensión humana, y un bien gratuito que supera aún de los más inauditos sueños y deseos del corazón más noble. ¡Si tan solo por un instante faltara el poder omnipotente de Dios, si flaquearan su vigilancia o voluntad de hacer el bien, una ráfaga súbita de muerte y aniquilación recorrería en un instante todos los confines del universo! ¡Las estrellas vacilarían, los planetas expirarían, las naciones perecerían! Pero, transcurren miles de años, y pasan las edades, sin que semejante catástrofe suceda, a pesar de los crímenes indignantes que la humanidad comete día tras día, y del ateísmo galopante, capaz de negar la existencia de la mano que lo alimenta. Dios sigue regando la tierra para que la semilla germine, y esparciendo los rayos de su Sol para que crezca, a fin de que los hombres puedan recogerla en el momento más propicio; hace que madure el alimento de los pueblos y les concede el tiempo suficiente para juntarlo y recogerlo. De siglo en siglo, a través de sus infinitas criaturas de formas y poderes más diversos; en la belleza vivificante del sol; en la magnificencia de toda la naturaleza creada; el Creador sigue entonando el canto glorioso de su propia alegría y naturaleza divina: su inmortalidad en cada primavera que se renueva; su omnipotencia en fenómenos que superan las posibilidades del hombre; su eternidad en las órbitas inalterables de infinitos mundos y estrellas; su paciencia en la regularidad de los frutos de la tierra, que no se alteran por la maldad del ser humano; y su amor, en la abundancia inconmensurable que beneficia a buenos y malos, a justos e injustos.[171] La vida brota ininterrumpidamente con un poder siempre renovado; el alimento brota constantemente en abundancia para poder sostenerla, y el sol, se derrama indiscriminadamente sobre todos, esparciendo esa alegría que brota del propio trono invisible de Dios. Si vienen épocas de escasez, o de fracaso, vienen tan solo a modo de advertencia, para recordar al hombre orgulloso y tiránico su pequeñez e insignificancia. El grano se echa a perder para recordar que una nación no puede ser oprimida para siempre; y las cosechas disminuyen para que el hombre afloje sus leyes antinaturales de avaricia. Aunque poco después, el sol brilla de nuevo, la lluvia cae, y la tierra se regocija en una belleza renovada, y una abundancia redoblada; porque Dios *"cuida de la tierra, la riega; y en gran manera la enriquece"*.

WILLIAM HOWITT [1792-1879]
"The Year Book of the Country", 1850

Tú visitas la tierra y la riegas en abundancia.[172] Dios parece visitar la tierra con la llegada de cada una de las estaciones del año. En cierto modo, durante el invierno, aparenta ser como el hombre que viaja a un país lejano: la creciente oscuridad, la esterilidad de la tierra y el frio intenso, simulan una ausencia de Dios. Pero la primavera viene a ser su regreso: el cambio enorme que experimenta la naturaleza nos susurra con alegría que *"ciertamente no está lejos de cada uno de nosotros"*[173]. En días más largos, con una atmósfera más cálida y una tierra revivida, Dios visita la tierra; pues tales cosas no son fortuitas, sino fruto de la divina providencia. Ciertamente, actúa por medio de causas segundas, pero sobre todas ésas causas segundas, está la Causa Primera, inteligente, amorosa y libre: el Dios que lo rige todo y que está por encima de todo. No es desplazado o suplantado por las fuerzas

[171] Mateo 5:45.

[172] Dice FRANCISCO LACUEVA [1911-2005] en su versión española del "Comentario de Matthew Henry": «Fácil es de observar lo mucho que depende la fertilidad de la tierra de la influencia de los cielos; cuando el cielo se vuelve de bronce, la tierra se vuelve de hierro. Así también nuestro corazón está seco y estéril a menos que Dios lo visite con la lluvia de sus bendiciones y el rocío de su gracia. Se llama a la lluvia el río de Dios (65:9b), porque desciende de una fuente celestial. Este río de Dios es el que enriquece la tierra, la cual sería sin él muy pobre cosa. Las riquezas de la superficie de la tierra son mucho más provechosas para el hombre que las que se hallan en sus entrañas, pues podemos vivir sin plata ni oro, pero no sin pan ni verduras».

[173] Hechos 17:27.

y agentes que utiliza; no es absorbido por el imperativo de cuidar y atender las necesidades de tantos otros mundos: no es indiferente hacia la tierra. La atención personalizada en nada merma su grandeza y dignidad divina, antes por el contrario, la engrandece y magnifica. Como Supremo Hacedor, como Dador de la Vida, y como Padre Celestial *"tú visitas la tierra y la riegas en abundancia"*.

SAMUEL MARTIN [1817-1878]
"Rain upon the Mown Grass, and other Sermons", 1871

Cuidas de la tierra, y la riegas; en gran manera la enriqueces; con el río de Dios, lleno de aguas, preparas el grano de ellos, cuando así la dispones. Con estas palabras el salmista está anticipando el derramamiento del Espíritu Santo[174] y la conversión a Cristo de las naciones de la tierra.

ORÍGENES [185-254]
"Fragmenta, Homiliae y Selecta in Psalmos"

Cuidas de la tierra, y la riegas. Los antiguos rabinos y expositores judíos atribuían a Dios cuatro cosas clave que realiza personalmente y nunca confía o delega en ningún ángel o serafín. Y como primera de ellas situaban el control de la lluvia. En el libro de Job se nos habla de *"cuando él dio su ley a la lluvia"*,[175] y de que *"ata las aguas en sus nubes"*.[176]

THOMAS LE BLANC [1599-1669]
"'Psalmorum Davidicorum Analysis' in qua aperte cernitur singulis in Psalmis ordinem esse admirabilem: adjungitur commentarius amplissimus", 1645

Con el río de Dios, lleno de agua. Una manera figurada de describir en lenguaje poético lo que son las nubes.

EDWARD LEIGH [1602-1671]
"Annotations on five poetical Books of the Old Testament", 1657

Con el río de Dios, lleno de agua. En contraste con lo que son los ríos y manantiales de la tierra; en tanto que estos últimos se agotan y se secan; mientras que los recursos divinos son inagotables.

JOSEPH ADDISON ALEXANDER [1809-1860]
"The Psalms Translated and Explained", 1850

Con el río de Dios, lleno de aguas, preparas el grano de ellos. La versión Caldea[177] hace la siguiente paráfrasis: *"De la fuente de Dios que está en los cielos, rebosante de lluvias de bendición, tú prepararás sus campos de trigo"*.

JOHANNES LORINUS DE AVIGNON [1569-1634]
"Commentariorum in librum Psalmorum", 1616

---

174 Isaías 32:15; 44:3; Ezequiel 39:29; Joel 2:28.

175 Job 28:26.

176 Job 26:8.

177 Existen cuatro versiones caldeas o siríacas importantes (ver nota 27 en este mismo Salmo 65). No sabemos con exactitud a cuál de ellas concretamente se refiere LORINUS DE AVIGNON [1569-1634], pero a juzgar por el texto inglés en el original de Spurgeon parece evidente que no se trata de la Peshitta. Job 4:15-18; 15:15.

Cuando tú les preparas su grano, porque así preparas la tierra. Es decir, *"con este fin"* o *"con este propósito"* les preparas la tierra. En hebreo כִּי־כֵן תְּכִינֶהָכֵן *kî-ḵên təḵînehā*. *"Porque de ese modo tú preparas a ella"*, en referencia a la tierra, que en hebreo es femenino, mientras que el grano es masculino. El sentido y significado de תְּכִינֶהָ *təḵînehā* de כּוּן *kun,* no puede en este caso expresarse de otro modo que aplicado el término אֶרֶץ *erets,* "tierra".

THOMAS JEFFERSON CONANT [1802-1891]
"The Psalms, with occasional notes", 1871

Cuando tú les preparas su grano, porque así preparas la tierra. El grano es un don peculiar de Dios al hombre. Hay varias ideas interesantes e instructivas relacionadas con este punto de vista. Todas las demás legumbres y verduras que utilizamos como alimento resultan inapropiadas para el consumo humano en su condición primaria o salvaje; para que adquieran sus cualidades nutritivas precisan de una transformación que se consigue a través de proceso gradual de cultivo humano. No hay una sola planta en nuestros campos y huertos que sea útil para el consumo en su estado primario; ha sido necesario que el hombre, con trabajo y esfuerzo, fuera encontrando la manera de convertir tales crudezas de la naturaleza en verduras nutritivas. Pero con el grano no es así. Su proceso de cultivo ha sido distinto desde el principio. Y tenemos todos los motivos para creer que Dios lo entregó a Adán en el mismo estado perfecto y útil como alimento en que lo utilizamos actualmente. Fue creado expresamente para servir de alimento del hombre,[178] y entregado directamente en sus manos. *"He aquí, yo os he dado toda planta que da semilla que hay en la superficie de toda la tierra"* es decir, todos los cereales, como el maíz, trigo, cebada, arroz, etc., cuya característica peculiar es producir semilla ... Otra prueba de que el grano fue creado expresamente para uso del hombre está en el hecho de que nunca se han encontrado cereales en estado salvaje. Las especies originales de plantas de las cuales derivan las demás frutas y verduras comestibles, todavía a día de hoy, crecen en algunos países en su estado natural o salvaje. La remolacha salvaje y la col o repollo, aún crecen en nuestras costas; la manzana silvestre y la endrina, progenitoras de nuestras deliciosas manzanas y ciruelas, siguen entre los árboles del bosque. Pero ¿dónde están las especies originales de nuestros cereales o plantas de grano? ¿Dónde están las hierbas silvestres que, según pretenden algunos, se han convertido en maíz, trigo y cebada por el proceso transformador acumulativo que la agricultura del hombre ha llevado a cabo a través de edades sucesivas? Mucho se ha escrito sobre ello, y se han intentado muchos experimentos para determinar el origen natural de los cereales, pero hasta este momento todos los esfuerzos han resultado en vano. Una y otra vez diarios sensacionalistas han afirmado que en algunas partes de Persia y las estepas de Tartaria, aparentemente lejos de la influencia del cultivo humano, se ha encontrado maíz y trigo en estado silvestre. Pero cuando se han analizado científicamente las características botánicas de este maíz y trigo supuestamente en estado silvestres, estos hallazgos han resultado infundados en todos los casos. Los cereales nunca se han conocido en otro estado que como una planta cultivada. La historia y la observación botánica demuestran que el grano es incapaz crecer espontáneamente. Jamás se esparce y difunde por sí mismo, como sucede con otras plantas. Cuando deja de ser cultivado y atendido por la mano del hombre, desaparece rápidamente y se extingue. No regresa a su condición silvestre o natural, como sucede con otras variedades de plantas cultivadas que se tornan inútiles como alimento, sino que se extingue al ser constitucionalmente incapaz de superar la lucha por la supervivencia con el resto de vegetación aborigen del suelo. Todo ello apunta a que tuvo que haber sido creado milagrosamente; o, en otras palabras, dado directamente por Dios al hombre en la misma condición en la que ahora lo encontramos; pues la naturaleza por si misma jamás hubiera logrado conservarlo como especie vegetal hasta el día de hoy. Y en este sentido, resulta sintomático que en

[178] Génesis 3:19.

todas las antiguas mitologías de distintos lugares y naciones, se afirma con absoluta certeza que el grano tuvo un origen sobrenatural. Los griegos y los romanos creyeron que había sido un regalo de la diosa Ceres,[179] que enseñó a Triptólemo[180] a cultivarlo y esparcirlo sobre toda la tierra; y en honor a su nombre "Ceres" es que se asignó a las plantas de grano el nombre de "cereales". Y nosotros, como cristianos, cuando repetimos con el salmista, dirigiéndonos a Dios: *"Preparas el grano de ellos, cuando así la dispones"*, no hacemos sino sumarnos a esta misma verdad, que los paganos expresaban ya a su manera dentro de su ignorancia. Permitidme, sin embargo, añadir una prueba más sobre la creación y propósito especial del grano, y que nos ayudará a reconocer, sin lugar a dudas, la mano de Dios en esta misericordia. El cultivo de cereales está difundido de modo universal. Son la única especie vegetal capaz de crecer en todas partes, en prácticamente todos los terrenos, en casi cualquier situación. De una forma u otra, las plantas de grano se adaptan a las diversas modificaciones climáticas que se producen en los distintos países; su cultivo se extiende sobre una superficie del globo terráqueo tan extensa como la que ocupa la propia raza humana ... El arroz se cultiva en zonas tropicales, países en los que se producen lluvias periódicas e inundaciones seguidas por un calor sofocante; y proporciona la base de su dieta a la mayor parte de la raza humana. Lo mismo cabe decir del sorgo y el mijo que abundan en las extensas planicies semiáridas de África. El trigo, cuyo cultivo sería inapropiado en climas cálidos, florece en toda la zona templada, y en diversos niveles de elevación, adaptándose de un modo admirable a las necesidades alimenticias de las comunidades occidentales. El maíz se extiende sobre una inmensa área geográfica de lo que llamamos Nuevo Mundo, donde ha sido conocido desde tiempos inmemoriales, constituyendo la base principal de alimentación de sus civilizaciones, algo que sorprendió a los españoles en México y Perú. La cebada se cultiva en aquellas partes de Europa y Asia donde el suelo y el clima no están adaptados para el trigo; mientras que la avena y el centeno extienden su cultivo en zonas remotas del norte, y tan solo desaparece en las regiones árticas y desoladas donde tampoco el hombre es capaz de existir en su estructura social convencional. Mediante esta sorprendente adaptación de las diferentes variedades de cereales, pero que todas contienen los mismos ingredientes esenciales, a diferentes suelos y climas, la divina Providencia ha proporcionado el alimento básico indispensable para el sustento de la raza humana en cualquier zona habitable de la tierra; haciendo posible que todas las tribus y naciones, pueblos y lenguas, puedan regocijarse juntos como una gran familia, compartiendo en común el gozo y alegría de la siega.

HUGH MACMILLAN [1833-1903]
"Bible Teachings in Nature", 1868

Vers. 9-13. No conozco ningún trabajo literario sobre la vida rural comparable en su belleza poética con esta descripción exquisita que nos aporta aquí el salmista, y que nuestro corazón reconoce de inmediato como de lo más fiel a los procesos de la naturaleza en todas sus facetas. En un breve manojo de cinco versículos nos dibuja toda la escena en los colores más vívidos: la preparación de la

[179] Se refiere a CERES, diosa de la agricultura, las cosechas y la fecundidad en la mitología romana, hija de Saturno y hermana de Juno, Vesta, Neptuno, Plutón y Júpiter. Su equivalente en la mitología griega es DEMÉTER. Fue la encargada de enseñar a los hombres a cultivar la tierra, sembrar, recoger el trigo, molerlo en harina y elaborar pan.

[180] Se refiere al héroe de la mitología griega TRIPTÓLEMO, hijo del rey Céleo y de Metanira de Eleusis (actualmente Elefsina, a unos 16 Km de Atenas). Deméter (Ceres) visitó la ciudad de Eleusis disfrazada de anciana buscando a su hija Perséfone, que había sido raptada por Hades, y quedó al cuidado de los hijos de Céleo y Metanira. Según la mitología griega Triptólemo fue el "primer agricultor", pues Ceres le enseñó personalmente las artes de la agricultura y a través de él, el resto de Grecia aprendió a plantar y segar cultivos. Deméter entregó a Triptólemo los primeros granos de trigo y un carro alado tirado por dragones para que esparciera las semillas por toda la tierra.

tierra o suelo; la provisión del grano para el sembrador (65:9); la lluvia estacional, temprana y tardía,[181] empapando los surcos, deshaciendo terrones, igualando la tierra, haciendo que la semilla fructifique, brote y florezca (65:10); y después la coronación del año con bienes en las semanas señaladas para la siega, y los corazones de los hombres alegrándose delante de Dios con el gozo de la cosecha, con sus huellas destilando grosura, y los montes y valles, collados y praderas cantando de júbilo (65:11-13). Nuestras celebraciones de la cosecha siguen siendo igualmente tiempos de alegría y regocijo, pero ojalá nuestros segadores y recolectores de la tierra fueran la mitad de piadosos de lo que era David a la hora de atribuir a Dios todos los beneficios de la cosecha: *"Cuidas de la tierra, y la riegas; en gran manera la enriqueces; con el río de Dios, lleno de aguas, preparas el grano de ellos, cuando así la dispones. Haces que se empapen sus surcos, igualas sus terrones; la ablandas con lluvias, bendices sus renuevos. Tú coronas el año con tus bienes"* (65:9-11). Ni una sola palabra de elogio al hombre, a la habilidad del hombre, o el trabajo del hombre; ni un solo pensamiento de encomio a sí mismo. Cuán distinto de aquel cuyos campos produjeron una abundante cosecha, y cuyo único pensamiento fue: *"diré a mi alma: Alma, tienes muchos bienes en reserva para muchos años; descansa, come, bebe, diviértete"*.[182]

BARTON BOUCHIER [1794–1865]
"Manna in the heart or daily comments on the book of Psalms", 1855

Vers. 10. *Haces que se empapen sus surcos, haces descender sus canales; la ablandas con lluvias, bendices sus renuevos.* *[Haces que se empapen sus surcos, igualas sus terrones; la ablandas con lluvias, bendices sus renuevos.* RVR*] [Riegas sus surcos abundantemente, allanas sus camellones, la ablandas con lluvias, bendices sus renuevos.* LBLA*] [Inundas sus surcos; haces descender el agua en sus canales; igualas los terrones; con la llovizna los vuelves esponjosos, y bendices sus brotes.* BTX*] [Empapas los surcos, nivelas sus terrones, reblandeces la tierra con las lluvias y bendices sus renuevos.* NVI*] [Inundas los surcos, deshaces los terrones, con lluvia la ablandas, bendices su semilla.* BLP*] [Con lluvias empapas la tierra arada, disuelves los terrones y nivelas los surcos. Ablandas la tierra con aguaceros y bendices sus abundantes cultivos.* NTV*]*[183]

Haces que se empapen sus surcos, igualas sus terrones. Surcos y terrones quedan igual de empapados. Las crestas de los surcos se derrumban y se asientan, y los terrones, inundados al máximo, se allanan.

La ablandas con lluvias. La sequía había convertido los terrones pedazos de hierro, pero las lluvias abundantes los disolvieron y ablandaron el terreno.

[181] Deuteronomio 11:14; Joel 2:23; Santiago 5:7.
[182] Lucas 12:19.
[183] En el texto hebreo תְּלָמֶ֣יהָ רַ֭וֵּה נַחֵ֣ת גְּדוּדֶ֑יהָ בִּרְבִיבִ֥ים תְּמֹגְגֶ֗נָּה צִמְחָ֥הּ תְּבָרֵֽךְ *təlāmehā rawwêh naḥêṯ gəḏūḏehā birḇîḇîm təmōḡəḡennāh tə-mōḡəḡennāh təḇārêḵ*. La versión griega de los LXX o Septuaginta lee: τοὺς αὔλακας αὐτῆς μέθυσον, πλήθυνον τὰ γενήματα αὐτῆς, ἐν ταῖς σταγόσιν αὐτῆς εὐφρανθήσεται ἀνατέλλουσα que la Vulgata traduce al latín como: *"Rivos ejus inebria; multiplica genimina ejus: in stillicidiis ejus laetabitur germinans"*, "Embriaga sus arroyos, multiplica sus frutos; en sus lloviznas se alegrará dando frutos". La versión sefardí de Ferrara: *"Sus fulcos harta, haz decender fus valles, con gotas la harás defleyr, fu hermollo bendeziras"*. La versión caldea Peshitta: *"Regaste sus surcos para que produzcan sus frutos; harás frondosa su vegetación con rocio y será bendecida"*. SCHÖKEL: *"Así la preparas: riegas los surcos, igualas los terrones, tu llovizna los deja esponjosos; bendices sus brotes"*. KRAUS: *"riegas sus surcos, allanas sus terrones; lo ablandas con lluvia, bendices sus renuevos"*.

Bendices sus renuevos. Alentada por la humedad, la vegetación se vigoriza, las semillas germinan y producen brotes verdes, y el olor es el de un campo que el Señor ha bendecido. Todo ello puede proporcionarnos una hermosa figura de cómo opera el Espíritu Santo allanando y deshaciendo pensamientos de soberbia, satisfaciendo nuestros deseos humildes, ablandando el alma, y haciendo que todo lo santo germine, crezca y se expanda.

C. H. SPURGEON

Haces que se empapen sus surcos, igualas sus terrones; la ablandas con lluvias. La lluvia tiene en primer lugar (1) *un efecto ablandante* que suaviza las cosas. Cuando la tierra que pisamos es dura como el hierro por causa de prolongadas sequías o heladas intensas, unos buenos chaparrones la flexibilizan y vuelven suave. David, refiriéndose a esto exclama: *"la ablandas con lluvias"*. Jesucristo tiene esa mismo efecto ablandante. El corazón se endurece a menudo a causa del engaño del pecado ... pero solo con que Cristo dejara caer desde el cielo unas pocas gotas, aún el corazón más seco y desértico de los corazones en esta congregación se convertiría en un manantial de agua…

La lluvia tiene (2) *un efecto fructificante.* Todo el esfuerzo del labrador se quedaría en nada si no contara con la lluvia temprana o tardía. El salmista describe estos efectos de la lluvia en los versículos nueve al trece (65:9-13). La ausencia de lluvias acarrea hambre sobre la tierra ... Y si Cristo no manda sus lluvias de bendición, no habrá frutos; pero si deja caer su rocío fructificador, pronto los pastos serán verdes. Todos los esfuerzos y afanes del labrador espiritual quedan asimismo en nada si Cristo no manda sus lluvias; pero cuando a él le complace derramarlas, no diga el eunuco: *"He aquí, yo soy un árbol seco";*[184] pues por mucho que tu corazón esté tan seco y marchito como la vara de Aarón, en cuanto Cristo llueva sobre ella, brotará, florecerá y dará almendras.[185] ...

Finalmente, la lluvia tiene (3) *un efecto regocijante.* Provoca gozo y alegría en los corazones de los hombres, y en las demás criaturas: los pájaros gorjean, el ganado muge de contento, todas las bestias del campo se animan; e incluso las cosas inanimadas parecen cobrar vida. El salmista habla de esto: *" Las praderas se visten de rebaños, y los valles se cubren de grano; dan voces de júbilo, y aún cantan"* (65:13). Cuando después de una larga sequía cae la lluvia, es como si todas las criaturas de la escala inferior entonaran una melodía. Jesucristo produce ese mismo efecto regocijante; cuando cae sobre un alma la llena de alegría; cuando sus lluvias caen sobre un corazón hastiado y malhumorado lo inundan de alegría. Jesús trae alegría a las almas: *"Se alegran en Tu presencia como con la alegría de la cosecha, como se regocijan los hombres cuando se reparten el botín"*.[186]

RALPH ROBINSON [1614-1655]
"Christ All and in All", 1656

Haces que se empapen sus surcos, igualas sus terrones; la ablandas con lluvias, bendices sus renuevos. Tú eres Señor el gran Labrador, que cultiva la tierra con mayor esmero y destreza que el mejor que de los granjeros. Pues el granjero, lo único que hace es quebrar el terreno, arar y sembrar, dejando luego que la semilla repose dentro de la tierra. Pero tu, Señor, sigues atendiéndola constantemente, día y noche le proporcionas la lluvia y el calor que necesita, y haces todo lo necesario para que fructifique y crezca; mientras el granjero duerme plácidamente bajo el techo de su casa.

MARTÍN LUTERO [1536-1546]

184 Isaías 56:3.
185 Números 19:8.
186 Isaías 9:3.

Vers. 11. ***Tú coronas el año con tus bienes, y tus nubes destilan grosura.*** *[Tú coronas el año con tus bienes, y tus nubes destilan abundancia.* RVR*] [Tú has coronado el año con tus bienes, y tus huellas destilan grosura.* LBLA*] [Coronas el año con tus bondades, y tus sendas destilan abundancia.* BTX*] [Tú coronas el año con tus bondades, y tus carretas se desbordan de abundancia.* NVI*] [Tú coronas el año con tus bienes, y tus decisiones son fuente de abundancia.* BLP*] [Coronas el año con una copiosa cosecha; hasta los senderos más pisoteados desbordan de abundancia.* NTV*]*[187]

Tú coronas el año con tus bienes. La cosecha es la muestra más clara de la generosidad divina, y la corona del año. El Señor en persona dirige la ceremonia de coronación y ciñe sobre la frente del año una corona dorada. También podemos entender que la frase significa que el amor de Dios rodea el año como una corona en la que cada mes tiene encastadas sus gemas peculiares, y cada día su perla. La bondad ininterrumpida lo ciñe todo con un cinturón de amor. La providencia de Dios hace en sus visitaciones un circuito completo, y cubre el año rodeándolo por entero.

Y tus nubes destilan abundancia.[188] Las huellas de Dios, cuando visita la tierra con lluvia, traen fertilidad. Se dice que por donde pasaban las hordas de los tártaros no volvía a crecer la hierba allí donde quedaban las marcas de las herraduras de sus caballos;[189] en sentido contrario, puede decirse que allí por donde ha pasado Jehová, es fácil rastrear la abundancia que se produce. Y para las cosechas espirituales debemos mirar también a él, porque solo él puede dar *"tiempos de refrigerio"*[190] y fiestas de Pentecostés.

C. H. SPURGEON

Tú coronas el año con tus bienes. El Dr. William Whewell,[191] en su *"Bridgewater Treatise"*, señala la evidencia del diseño divino a lo largo de todo el año, y aunque tal vez no pueda considerarse un comentario directo al texto bíblico del Salmo 65, creo oportuno citarlo, ya que puede despertar una

---

[187] En el texto hebreo עִטַּרְתָּ שְׁנַת טוֹבָתֶךָ וּמַעְגָּלֶיךָ יִרְעֲפוּן דָּשֶׁן *'iṭ-ṭar-tā šə-naṯ ṭōwḇāṯeḵā ūma'gāleḵā yir'ăpūn dāšen*. La versión griega de los LXX o Septuaginta lee: εὐλογήσεις τὸν στέφανον τοῦ ἐνιαυτοῦ τῆς χρηστότητός σου, καὶ τὰ πεδία σου πλησθήσονται πιότητος que la Vulgata traduce al latín como: *"Benedices coronae anni benignitatis tuae, et campi tui replebuntur ubertate"*, "Bendecirás la corona del año de tu benignidad; y tus campos se rellenarán de abundancia". La versión sefardí de Ferrara: *"Coronafte año de tu bien, y tus nuves gotearan groffura"*. Y la caldea Peshitta: *"Con tu bondad bendices la consumación del año. Tus becerros se saciarán de pasto tierno"*. SCHÖKEL: *"Coronas el año con tus bienes y tus carriles rezuman abundancia"*. KRAUS: *"Coronas el año con tu bondad, tus huellas destilan grosura"*.

[188] Estando JOHN WESLEY [1703-1791] ante las puertas de la muerte el 2 de Marzo de 1791, y viéndole exhausto y con los labios resecos, uno de los amigos que rodeaban su cama se acercó y le mojó los labios, a lo que el gran predicador e iniciador del movimiento metodista respondió agradecido con una sonrisa y susurrando con dificultad las palabras de este versículo: *"Y tus nubes destilan abundancia"*.

[189] La frase: «Soy el martillo del mundo, donde pisa mi caballo no vuelve a crecer la hierba» se atribuye a ATILA [¿?-453], rey de los Hunos y su último y más poderoso caudillo, conocido en el Imperio como "Azote de Dios", lo que revela el temor y respeto que sentían los romanos por sus hordas bárbaras procedentes de Asia. El sentido de la frase es que por donde pasaban todo quedaba arrasado.

[190] Hechos 3:19.

[191] Se refiere al teólogo, filósofo y científico británico WILLIAM WHEWELL [1794-1866], famoso por haber sido el primero en emplear el término "científico" en lugar de "naturalista" o "filósofo natural" para identificar a las personas dedicadas a investigar la naturaleza. Se especializó en el estudio y análisis de la historia y filosofía de la ciencia, siendo sus principales y más conocidas obras *"History of the Inductive Sciences"*, 1837; y *"Philosophy of the Inductive Sciences"*, 1840.

corriente de pensamiento que haga más visible la bondad de Dios en el transcurrir de las estaciones des año:

«Si por alguna razón se produjeran cambios en la duración del año, las funciones de las plantas quedarían alteradas por completo y todo el reino vegetal colapsaría, entrando en una decadencia caótica que le llevaría a su pronta extinción Lo cual se desprende de innumerables evidencias. Por ejemplo, la mayoría de nuestros árboles frutales requieren que el año tenga su longitud actual; si el verano y el otoño fueran más cortos, la fruta no alcanzaría maduraría; y si fueran más largos, el árbol se protegería del calor con un traje fresco de hojas y flores, que perecerían al llegar el invierno. Si el año tuviera el doble de su longitud actual, no habría una segunda cosecha de fruta, por falta, entre otras cosas, de una estación intermedia de descanso y consolidación, como es el invierno. De igual manera, los árboles del bosque parecen necesitar de las cuatro estaciones del año actual para mantenerse: la primavera, el verano y el otoño, para desarrollar sus hojas, la consecuente formación de savia, y desarrollo del tronco; y el invierno para el endurecimiento y solidificación de la sustancia así formada ... Los procesos de bombeo de la savia, de formación de los jugos apropiados, del despliegue de las hojas, de la apertura de las flores, de fecundación del fruto, de maduración de la semilla, su disposición adecuada para la reproducción de una nueva planta; todas estas operaciones requieren su tiempo, y no podrían comprimirse en un tiempo inferior a un año, o al menos no adecuadamente. Y, por otra parte, si el invierno fuera mucho más largo de lo que ahora es, muchas semillas no germinarían al llegar la primavera; pues las semillas que se han mantenido demasiado tiempo, para volverlas fértiles requieren estimulantes. Por tanto, la duración de las estaciones cambiara, los procesos de la vida vegetal quedarían seriamente alterados, y colapsaría. ¿Qué sería, por ejemplo, de nuestra flora, si el año se alargara o acortara en seis meses? El primer año sería un año de confusión, y si ello se repitiera y continuara, llegaría un año de muerte ... El mismo tipo de argumento podría aplicarse al mundo animal. Las parejas, el anidamiento, la eclosión, migración de las aves, por ejemplo, cada una se produce en una época determinada del año; con su período de descanso adecuado dentro del conjunto de los doce meses. Las transformaciones de la mayoría de los insectos tienen una referencia similar en las estaciones en lo que hace a su progreso y duración. «En todas las especies, con excepción del hombre, –dice Flemming, una autoridad en el mundo animal–, hay un período particular del año en que el que su sistema reproductivo despierta. Y la estación de emparejamiento y el período de la gestación, están dispuestos de modo que las crías nazcan en el momento en que las condiciones de temperatura son más adecuadas para el comienzo de la vida. No nos corresponde analizar aquí los detalles de cada uno de estos procesos, hermosos y sorprendentes como son. Pero la preeminencia de la gran ley de la periodicidad en las funciones vitales de los seres vivos y organizados, debe ser considerada a la luz de la astronomía, en tanto que su constitución periódica deriva de la periodicidad de los movimientos de los planetas alrededor del sol; y la duración de los ciclos de existencia de animales y plantas mantiene una relación directa con los movimientos del sistema solar, una relación inexplicable e ininteligible, a menos que admitamos en nuestras concepciones que todo ello es obra de un mismo Autor inteligente, tanto de lo orgánico como del universo inorgánico».

C. H. SPURGEON

Tú coronas el año con tus bienes. Dios ha rodeado el año con su bondad, lo ha *"envuelto y circundado"* por todos los costados. Porque el verbo hebreo עִטַּרְתָּ *'iṭṭartā* de עָטַר *atar* es exactamente el mismo que utiliza en el Salmo 5 cuando dice: *"como con un escudo lo rodeas de tu favor"*.[192] Dios nos ha dado ejemplos de su bondad en todo aquello que nos concierne; y no importa hacia donde nos volvamos, nos encontramos siempre con evidencias de su amor. Cada estación del año la ha enriquecido

[192] Salmo 5:12 (Ver los comentarios y notas correspondientes).

con sus bendiciones del cielo, y rodeado de su atención y cuidado particular, sin dejar un solo resquicio por el cual algún juicio desolador pueda infiltrarse.

MATTHEW HENRY [1662-1714]
"Commentary on the Whole Bible", 1811

Tú coronas el año con tus bienes. Una cosecha plena y abundante es la corona del año; y proviene de la inmerecida bondad de Dios. Es la diadema que corona la tierra, pues el texto hebreo dice literalmente: עִטַּרְתָּ *'iṭṭartā "tú la rodeas"* como con una diadema. Una expresión poética peculiarmente elegante para describir el movimiento del sol a lo largo de los doce signos del Zodíaco, produciendo las estaciones, y proporcionando una alternancia adecuada de luz y calor a los distintos lugares de la superficie del globo terráqueo, por los 23,5º grados de inclinación del eje de la Tierra en relación con el plano de órbita. No pudo el salmista escoger una imagen más bella que la de esa franja imaginaria de 9º que denominamos Zodíaco, por la que se desplazan el Sol, la Luna y los principales planetas, y que permite dividir la esfera celeste en doce partes iguales, mostrándonos lo apropiada que resulta la idea del inimitable poeta sacro al concebir la manera en que Dios rodea el año con sus bienes como con una diadema.

ADAM CLARKE [1760-1832]
"Commentary on the Whole Bible", 1831

Tú coronas el año con tus bienes. Las distintas hierbas, frutas y flores que tan generosamente produce la tierra, las describe aquí el salmista como formando una hermosa corona abigarrada, colocada por las manos del gran Creador sobre su globo.

SAMUEL BURDER [1773-1836]
"Scripture Expositor: "A New Commentary, Critical and Practical, on the Holy Bible", 1809

Tú coronas el año con tus bienes. Coronar el año de bienes es elevarlo al pináculo más alto de prosperidad, felicidad y gloria. A lo largo del año, Dios despliega constantemente su bondad; pero se corona, cuando los efectos o bienes que esta bondad aporta se muestran en mayor escala, produciendo gozo y alegría. Es el tiempo cuando Creador brilla de manera especial, y *sus nubes destilan abundancia,* y toda la tierra se llena de fertilidad ... Las nubes, también llamadas *"el río de Dios, lleno de aguas"* son en realidad los caminos de Dios: *"construye sus aposentos sobre las aguas, pone las nubes por su carroza";*[193] caminos por los que transita para inundar la tierra con la lluvia que emana de su río, que destila abundancia, una abundancia copiosa de todo lo mejor y más dulce, que lo llena todo de gozo y alegría.

HERMANN VENEMA [1697-1787]
"Commentarius ad Psalmos", 1762

Y tus huellas destilan grosura. Cuando un conquistador feroz recorre naciones, sus huellas son de sangre; su curso resta impregnado de fuego y muerte, y el eco de su paso son lágrimas y suspiros. Pero allí donde el Señor visita, *sus huellas destilan gordura.* Cuando los reyes y emperadores de la antigüedad avanzaban a través de sus dominios, provocaban hambre y carencias dondequiera que permanecieran por un tiempo; porque los cortesanos avaros y codiciosos que acechaban en su campamento, devoraban como langostas cuanto encontraban, tan voraces como las orugas y carcomas.

[193] Salmo 104:3.

Pero donde el gran Rey de reyes va de visita, *enriquece la tierra, y sus huellas destilan grosura.* Una metáfora hebrea audaz describe las nubes como los carros de Dios: *"pone las nubes por su carroza"*.[194] Y cuando el Señor Jehová cabalga a través de los cielos en esa carroza, desplegando la grandeza de su poder, llenando el firmamento de su excelencia, caen lluvias sobre la tierra; y así, las huellas de las ruedas de la carroza de Jehová *destilan grosura* que alegra a la tierra. Felices y dichosos aquellos que adoran a un Dios semejante, cuya visitas a sus criaturas son siempre visitas de gracia y de bondad.

C. H. SPURGEON

Y tus huellas destilan grosura. El sentido del termino hebreo וּמַעְגָּלֶיךָ *ūma'gāleḵā* de מַעְגָּל *magal,* es el del "rastro" o "huella" que dejan las ruedas de un carro.[195]

HENRY AINSWORTH [1571-1622]
"Psalms, The Book of Psalmes: Englished both in Prose and Metre with Annotations", 1612

Vers. 12. ***Destilan sobre los pastizales del desierto, y los collados se ciñen de alegría.*** *[Destilan sobre los pastos del páramo, y los collados se ciñen de alegría.* RVR*] [Destilan los pastos del desierto, y los collados se ciñen de alegría.* LBLA*] [El desierto se viste de hierba, y los collados resplandecen de alegría.* BTX*] [Rebosan los prados del desierto; las colinas se visten de alegría.* NVI*] [Los pastos del desierto rezuman, tú ciñes de alegría los montes.* BLP*] [Las praderas del desierto se convierten en buenos pastizales, y las laderas de las colinas florecen de alegría.* NTV*]*[196]

Destilan sobre los pastos del desierto. Las lluvias descienden no solo donde habita el hombre, sino que alcanzan los lugares más solitarios, donde únicamente los animales salvajes tienen su guarida. Allí hace el Señor que la lluvia refrescante y vivificante caiga en abundancia; y diez mil oasis sonríen cuando el Señor de toda misericordia pasa por ellos y los llena a rebosar. Los pájaros que pueblan los aires, las cabras monteses que trepan por las peñas, y los ciervos que cruzan veloces el prado, se regocijan cuando beben de los estanques rellenados desde el cielo. Dios visita con amor hasta la más solitaria y desolada de sus criaturas.

[194] Salmo 104:3.

[195] FELIPE SCIO DE SAN MIGUEL [1738-1776] en su versión española de la Vulgata lo explica con la siguiente nota: «Por "huellas" se entienden las señales o surcos que dejan los carruajes cuando pasan. En las Escritura las nubes reciben el calificativo de "carroza de Dios" (Salmo 104:3); y así como cuando pasa un carruaje deja sobre el terreno el rastro o señal de sus ruedas; del mismo modo las nubes cuando pasan derraman la lluvia que fertiliza los campos: *"Tu traes la abundancia y la bendición por dondequiera que pasas"* (Salmo 85:14 Vulgata)».

[196] En hebreo יִרְעֲפוּ נְאוֹת מִדְבָּר וְגִיל גְּבָעוֹת תַּחְגֹּרְנָה *yir'ăpū nə'ōwṯ miḏbār wəğîl gəḇā'ōwṯ tahgōrənāh.* La versión griega de los LXX o Septuaginta lee: πιανθήσονται τὰ ὡραῖα τῆς ἐρήμου, καὶ ἀγαλλίασιν οἱ βουνοὶ περιζώσονται que la Vulgata traduce al latín como: *"Pinguescent speciosa deserti, et exsultatione colles accingentur"*, "Será pingüe (abundante) lo hermoso del desierto; y se ceñirán de regocijo los collados". La versión sefardí de Ferrara: *"Gotearàn moradas de defierto; y gozo collados fe ceñiran"*. La versión caldea Peshitta: *"más que los rebaños que están en el desierto se saciarán. Las colinas se ceñirán con esplendor"*. KRAUS: *"Las praderas de la estepa gritan de júbilo, las alturas se ciñen de alegría"*. SCHÖKEL: *"rezuman los pastos del páramo y las colinas se orlan de alegría"*.

Y los collados se ciñen de alegría. En todas partes las cotas elevadas muestran su alegría.[197] Languidecieron por un tiempo bajo los efectos de la sequía, pero después de una temporada de lluvias, sonríen de nuevo con un verdor incomparable.

C. H. SPURGEON

Destilan sobre los pastos del desierto. Por desierto no debe entender aquí el lector un territorio completamente estéril, sin agua y desprovisto de cualquier tipo de vegetación; sino una zona predesértica, terrenos jamás sembrados y cultivados, o tan solo ocasionalmente; que si bien no producen cosechas de cereales u otros frutos comestibles para el hombre, cuentan con manantiales de agua, aunque más escasos y dispersos que en otros lugares, y producen hasta cierto punto pastos para el ganado.[198]

C. H. SPURGEON

Vers. 13. ***Se visten de manadas los llanos, y los valles se cubren de grano; dan voces de júbilo, y aun cantan.*** *[Se cubren de manadas los llanos, y los valles se cubren de mieses; dan voces de júbilo, y aun cantan.* RVR*] [Las praderas se visten de rebaños, y los valles se cubren de grano; dan voces de júbilo, sí, cantan.* LBLA*] [Los prados se adornan de rebaños, los valles se cubren de grano, dan voces de júbilo, y cantan.* BTX*] [Pobladas de rebaños las praderas, y cubiertos los valles de trigales, cantan y lanzan voces de alegría.* NVI*] [Los prados se revisten de rebaños y los valles se cubren de grano y cantan gritando de alegría.* BLP*] [Los prados se visten con rebaños de ovejas, y los valles están alfombrados con grano. ¡Todos gritan y cantan de alegría!* NTV*]*[199]

[197] Salmo 98:8; 114:4, 6; Isaías 44:23; 49:13; 55:12.

[198] Isaías 35:1-10; 41:18-19; 51:3; Ezequiel 36:35. Es probable que Spurgeon hubiera sido mucho más explícito en su interpretación literal de este texto y otros relacionados, de haber tenido la oportunidad de contemplar la manera maravillosa en la que en nuestros días el Estado de Israel (no deja de resultar sorprendente que en Spurgeon anticipaba ya en 1870 el retorno de del pueblo judío a Palestina: ver al respecto su comentario al Salmo 69:35 y notas correspondientes), aprovechando la abundante luz solar y la alta temperatura de la tierra; mediante avanzados sistemas de "fertirriego" computarizado en los que la irrigación por goteo aporta a la planta solo el agua que necesita, y controlando la temperatura, humedad y nutrientes, se encargan de fertilizar a través del propio sistema de riego, está transformando el Néguev en tierra fértil de cultivo, y obteniendo de este y otros desiertos rendimientos agrícolas muy superiores a los conseguidos por otros países de tierras supuestamente fecundas.

[199] El texto hebreo לָבְשׁוּ כָרִים הַצֹּאן וַעֲמָקִים יַעַטְפוּ־בָר יִתְרוֹעֲעוּ אַף־יָשִׁירוּ *lāḇəšū ḵārîm haṣṣōn wa'ămāqîm ya'aṭpū-ḇār yiṯrōw'ă'ū 'ap̄-yāšîrū.* La versión griega de los LXX o Septuaginta lee: ἐνεδύσαντο οἱ κριοὶ τῶν προβάτων, καὶ αἱ κοιλάδες πληθυνοῦσι σῖτον· κεκράξονται, καὶ γὰρ ὑμνήσουσιν que la Vulgata traduce al latín como: *"Induti sunt arietes ovium, et valles abundabunt frumento; clamabunt, etenim hymnum dicent"*, "Vestidos están los carneros de las ovejas, y los valles abundarán de trigo; gritarán, porque cantarán himno". La versión sefardí de Ferrara: *"Viſtieronſe llanuras de las ovejas, y valles ſe cubriran de civera, aublarán, también cantarán"*. Y la versión caldea Peshitta: *"con lo mejor de las ovejas se vestirán, y los valles rebosarán de alimento; rebosarán de júbilo y cantarán"*. KRAUS: *"Los pastizales se visten de rebaños, los valles se cubren de grano. Gritan de júbilo el uno al otro, sí, cantan"*. SCHÖKEL: *"las praderas se cubren de rebaños y los valles se visten de mieses que aclaman y cantan"*.

Se cubren de manadas los llanos. La prendas que cubren al hombre, cubren primero los campos. Cuando la hierba es abundante, los pastos se llenan con numerosos rebaños que los convierten en un vestido multicolor

Y los valles se cubren de grano.[200] Tanto las tierras de cultivo como las de pastoreo fructifican de un modo extraordinario. Las nubes de Dios, cual los cuervos a Elías, nos traen el pan y la carne.[201] Tanto los rebaños que se mueven de un prado a otro; como las mieses que se agitan según sopla el viento; son por igual regalos del Preservador de los hombres, y por ambas cosas debemos rendirle alabanza. Tanto el esquilado de las ovejas como la siega de las espigas, deben ser santificadas: Santidad al Señor.[202]

Dan voces de júbilo. La abundancia divina hace que la tierra vocalice su alabanza, entonando un cantico alegre, audible para cuantos quieran escucharlo con oídos abiertos. Los mugidos graves del ganado cantan las alabanzas divinas, y el susurrar del grano crujiente entona una suave melodía al Señor.

«Inclinaos ante él vosotros bosques,
y vosotras mieses saludadle;
henchid en el corazón del segador
vuestra canción silente,
cuando bajo los rayos alegres de la luna
a su casa regrese cantando himnos sacros.
...
Por las praderas y las altas cumbres,
balad de ovejas los útiles rebaños,
y que retengan las musgosas rocas
sus alegres, dulces y sonoros cantos.
Y vosotros, fértiles valles, alzaos y responded al eco,
que el Gran Pastor impera soberano,
que su reino de paz ya se aproxima,
y en él no habrá más dolor, ni sufrimiento aciago».[203]

[200] Dice Francisco Lacueva [1911-2005] en su versión española del "Comentario de Matthew Henry": «Entre los incontables beneficios que la tierra proporciona al hombre que habita ella, esta el alimento de cada día (Job 28:5). Cada grano de cereal que sale de la tierra ha sido preparado por Dios para beneficio del hombre. Y el Señor Jesús no duda en comparar este milagro al de la resurrección de los muertos (Juan 12:24), enfatizando con ello el poder de Dios. El grano y el ganado son los grandes bienes del campo, y ambos se mantienen de la divina bondad que riega la tierra. Dice al respecto Ricardo Arconada: 'Las metáforas de este versículo trece (65:13) son bellísimas, y se hacen aún más vívidas en la hipotiposis, (es decir, descripción de una cosa por medio del lenguaje) de exultación y alegría con que los prados se visten de rebaños y los valles se cubren de mieses, para vitorear y cantar al Dador de tal belleza».

[201] 1 Reyes 17:6-7.

[202] Zacarías 14:20-21.

[203] La cita procede del poema *"The Seasons"* del poeta y dramaturgo escocés James Thomson [1700-1748], en su conclusión o parte final "*A Hymn on the Seasons*", aunque suprimiendo algunas líneas para abreviar. Comenzando con: *"Ye forests, bend; ye harvests, wave to Him; / Breathe your still song into the reaper's heart / As home he goes beneath the joyous moon"*; y siguiendo diez líneas más adelante: *"Bleat out afresh, ye hills; ye mossy rocks, / Retain the sound; the broad responsive low, / Ye valleys, raise; for the Great Shepherd reigns, / And his unsuff'ring kingdom yet will come"*. Benito Gómez Romero hizo una

Y aun cantan. La voz de la naturaleza alabando a Dios es articulada; no es un mero grito, sino un cántico. Los sonidos de la creación animada están bien dispuestos y ordenados, y combinan perfectamente con la onda igualmente afinada de las aguas, y los suspiros del viento. En la naturaleza no hay discordancias. Sus arias son melodiosas; sus coros llenos de armonía. Todo, todo es para el Señor; el mundo entero es un himno al Eterno. Bienaventurado aquel que, oyéndolo, se une al mismo y pasa a ser un cantor adicional en tan nutrido y vigoroso coro.[204]

C. H. SPURGEON

Las praderas se visten de rebaños. La frase: *"las praderas se visten de rebaños"* no puede ni debe ser considerada como mero lenguaje figurado y poético. Resulta peculiarmente hermosa y apropiada para cuantos han tenido oportunidad de contemplar los numerosos rebaños que blanquean las llanuras de Siria y Canaán en contraste con un verde intenso. En los países orientales las ovejas son mucho más prolíficas que en occidente, su nombre deriva precisamente de su extraordinaria fecundidad,[205] ya que como dice en otro salmo: *"se multiplican a millares y decenas de millares en nuestros campos"*.[206] Constituían, por tanto, una parte significativa de la riqueza del país.

JAMES ANDERSON [1804-1863]
en una nota editorial en su traducción al inglés del
"Comentario a los Salmos" de JUAN CALVINO [1509-1564]

Las praderas se visten de rebaños, y los valles se cubren de grano. Las colinas no cultivadas eran de un verde intenso y coloreadas por numerosos rebaños; los valles amplios y cubiertos con una rica cosecha de trigo; los campos, en plena cosecha, llenos de segadores y espigadores cargando las gavillas en asnos y camellos; y con el grano maduro, la alimentación abundante y sin restricciones.

EDWARD ROBINSON [1794-1863]
"Biblical Researches in Palestine: Mount Sinaï and Arabia Petraea", 1841

Dan voces de júbilo, y aun cantan.[207] Puede parecer un tanto extraño que el salmista nos diga primero que *"dan voces de júbilo"*, para añadir a continuación una expresión un tanto menos efusiva y decirnos que *"cantan"*; interponiendo entre ambas la conjunción אַף *aph*. En texto hebreo es: יִתְרוֹעֲעוּ אַף־יָשִׁירוּ *yiṯrōw'ă'ū 'ap̄-yāšîrū.* Y es preciso tener en cuenta que la expresión verbal יָשִׁירוּ *yāšîrū* de שִׁיר *shir,*

traducción completa al español en 1801, que hemos cotejado, aunque finalmente hemos optado por una nueva traducción más afín.

204 Isaías 55:12-13.

205 El término hebreo צֹאן *tson,* "oveja, rebaño de ovejas"; se utiliza también con frecuencia para referirse a algo que se multiplica con rapidez y exponencialmente formando multitud o gran número. Tal es el caso en el Salmo 107:41: *"Y hace multiplicar las familias como rebaños de ovejas";* o en Ezequiel 37:38: *"multiplicaré los hombres como se multiplican los rebaños. Como las ovejas consagradas, como las ovejas de Jerusalén en sus fiestas solemnes, así las ciudades desiertas serán llenas de rebaños de hombres; y sabrán que yo soy Jehová"*.

206 Salmo 144:13.

207 AGUSTÍN DE HIPONA [354-430] hace un peculiar comentario a estas palabras que la Vulgata traduce como *"gritarán, pero entonarán un himno"*: «Una cosa es gritar y otra cantar; una cosa es gritar contra Dios, y otra muy distinta es entonarle un himno; una cosa es gritar sacrilegios, y otra cantar alabanzas al Señor. Si gritas blasfemias, cosecharas espinas; pero si gritas de júbilo cantando alabanzas, es porque tu cosecha ha sido abundante».

admite ser entendida en tiempo futuro: *"cantarán"*, lo cual denota una continuidad del gozo: *"Dan voces de júbilo, y aún cantarán"* o *"seguirán cantando"*. En tal caso, el significado sería que seguirán regocijándose no solo en la presente cosecha, o a lo largo del año, sino año tras año en la interminable sucesión de las estaciones. Y en este particular, puedo añadir algo que es bien sabido: que en hebreo el orden de expresión se invierte con mucha frecuencia de esta manera o parecida.[208]

JUAN CALVINO [1509-1564]

Y aún cantan. Cantan con ardor, con intensidad, efusivamente. Tal es el verdadero significado de אף *aph* cuya raíz primaria es "calor o alta temperatura"; de ahí: "ardor, fogosidad, brío, pasión, ira", Y finalmente "nariz o fosas nasales", como el supuesto conducto por donde se expulsa la ira, como es el caso en los Salmos 18:8 y 103:8[209].

JOHN MASON GOOD, [1764-1827]
"An Historical Outline of the Book of Psalms", 1837

---

[208] Los exégetas se muestras divididos con respecto a si el sujeto del verbo son en sentido poético propiamente las praderas y los valles; o bien si se refiere a las personas que los contemplan:

– FRANZ DELITZSCH [1813-1890] defiende esta segunda opción con el siguiente argumento: «Las palabras que cierran el Salmo (65:13), mantienen una vinculación directa con aquellas con las que comienza: *"A ti es debida la alabanza"* (65:1), pues hablan de gritos de júbilo y cantos alegres, que se extienden en el tiempo y continúan en el presente. Resulta evidente que el sujeto del verbo שִׁיר *shir,* es decir, los emisores de tales cantos y gritos alegres, no pueden ser las praderas y los valles, de los cuales no cabe decir propiamente que "canten"; como tampoco el rumor apagado que producen las mieses cuando oscilan. Para que el verbo tenga sentido se requiere la participación de seres humanos, y a ellos precisamente es a quienes se refiere el salmista en el sentido más amplio y general. Lo que está diciendo es que ante la escena resuenan por doquier gritos de júbilo que brotan de lo más hondo de los pechos de los hombres, y cánticos de alegría que surgen de las lo más profundo de las almas, entonando todos ellos esa *"debida alabanza"* (65:1); esto es lo que implica aquí el uso del verbo שִׁיר *shir»*.

[209] El sentido literal del hebreo en el Salmo 103:8: אֶרֶךְ אַפַּיִם *'erek̲ 'appayim* de אַף *aph,* "nariz", o "fosas nasales", que cita aquí Mason Good a modo de ejemplo, resulta chocante, incluso ridículo, en el marco de nuestra cultura occidental. Pero para las antiguas culturas orientales era una expresión habitual. Para ellos la ira era algo físico, representada por fuego y humo, que se canalizaba por la nariz en forma de resoplidos. Este concepto es utilizado repetidamente en la Biblia, no solo en el Salmo 103, sino también en otros pasajes como Salmo 18:8, Job 41:20 y 2 Samuel 22:9, que echan mano de la misma descripción. Fisiológicamente, la idea tiene su origen en el hecho demostrado que cuando una persona (o animal) se enfada y se dispone a atacar, todos los músculos de su cuerpo entran en tensión y al contraerse los músculos respiratorios, se produce un bufido. Y no solamente esto, se dice también que cuando la persona se enfada algunas glándulas sueltan toxinas a la sangre y la envenenan, lo que ha dado origen a la expresión popular "no te hagas mala sangre". Por tanto, ser "largo de narices", como en el caso del Salmo 103:8, para los orientales implicaba que en la persona (que tenía la nariz larga) el resoplido del fuego de ira, al tener que recorrer un trayecto más largo tardaba más tiempo en salir y posiblemente cuando salía, salía ya medio apagado, lo que en nuestras Biblias se ha traducido, correctamente y en una adaptación cultural como *"lento para la ira"*.

SALMO 66

Salmo de aclamación

Título: *Al músico principal.* Quien cantó este salmo debía de ser ciertamente un *"músico principal",* un hombre de gran destreza digno de cantarlo; pues no hay duda que la mejor música del mundo se sentiría honrada de juntar sus sonidos con tan bellas expresiones.

Cántico. Salmo. O también: *un cántico y un salmo.* Tanto puede ser cantado como recitado, puesto que simplemente leído ya es un poema maravilloso; pero acoplado a una música adecuada, tuvo que ser, sin duda, una de las más bellas y nobles armonías jamás escuchada por el pueblo judío. Desconocemos el autor, pero no vemos razón alguna para dudar que fue David quién lo escribió. Tiene todo el estilo davídico, y no contiene ninguna expresión inadecuada para su época. Es cierto que menciona la *"casa"* de Dios (66:13), pero el tabernáculo tenía todo el derecho a esa designación, lo mismo que el templo.[1]

C. H. Spurgeon

Tema y estructura: El tópico central es la alabanza. Y los motivos para el canto son las obras portentosas del Señor; lo generoso de sus beneficios; su fidelidad en las liberaciones; y en general sus relaciones con el pueblo por él escogido; a lo que se suma el testimonio personal del propio compositor, bardo y profeta, con respecto a los beneficios particulares por el mismo recibidos.[2] Los versículos del uno al cuatro (66:1-4) son una suerte de himno introductorio, llamando a todas las naciones a alabar a Dios y dictándoles las palabras de un canto adecuado. Los versículos del cinco al siete (66:5-7) invitan al oyente: *"Venid, y ved",* a contemplar las obras del Señor, centrando su atención en el cruce del Mar Rojo, y probablemente el paso del Jordán. Y todo ello se utiliza como base precedente para fundamentar la predicción de un feliz desenlace para las aflicciones presentes (66:8-12). A partir de aquí, el cantor da un giro y se encamina por la vía de lo personal:[3] confiesa sus compromisos y

---

[1] Franz Delitzsch [1813-1890], nos recuerda que este salmo forma parte de una mini serie (Salmos 65-68) en la que en figuran el título los términos מִזְמוֹר *mizmōwr* y שִׁיר *šîr,* que significan "Salmo-Cántico" o "un Salmo y un Cántico", y añade que: «la serie gira sobre un conjunto de conceptos clave encadenados entre sí: en el Salmo 65:1 leemos: *"Y a ti se cumplirán los votos",* en salmo siguiente (66:13): *"Te cumpliré mis votos";* en el Salmo 66:20: *"Bendito sea Elohim",* y en el salmo siguiente (67:8): *"Nos bendecirá Elohim".* Además, el Salmo 66 y el Salmo 67 comparten una característica en común: que el término לַמְנַצֵּחַ *lamnaṣṣêaḥ, "Al músico principal",* que ocurre cincuenta y cinco veces en el Salterio, va acompañado siempre del nombre del poeta con la excepción de estos dos salmos que son anónimos. Y por la frecuencia con la que aparece en ambos el término סֶלָה *selāh,* indica que ambos fueron compuestos con la idea de ser cantados con acompañamiento musical; lo cual refuerza la vinculación al templo y evidencia que se trata de salmos anteriores al exilio. Ambos son estrictamente *elohísticos;* tan solo en el Salmo 66 se sustituye en término אֱלֹהִים *elohim* por אֲדֹנָי *'ăḏōnāy* en el versículo dieciocho (66:18), algo bastante habitual en los salmos *elohísticos.*

[2] Es en este sentido que Agustín de Hipona [354-430] vincula este salmo con el anterior: «El Salmo 65 nos explica como el Señor nos bendice a nosotros, en el Salmo 66 somos nosotros quienes bendecimos al Señor. En el sesenta y cinco es Dios quien en forma de divino Labrador desciende sobre nosotros y nos cultiva; aquí somos nosotros que nos elevamos para entregarle agradecidos el fruto en forma de alabanza».

[3] Este cambio súbito hizo pensar a los exégetas de la escuela crítica que podría tratarse de dos salmos distintos, un himno comunitario y un canto individual de acción de gracias, que posteriormente fueron juntados en uno solo. Pero las marcadas similitudes entre algunos versículos de la primera y segunda parte, como es el caso del cinco: *"Venid, y ved las obras de Dios"* (66:5); y dieciséis: *"Venid, oíd todos los que teméis*

obligaciones con el Señor (66:13-15); y estalla en un vehemente: *"Venid, oíd"*, testimoniando con gratitud los favores que el Señor le ha otorgado personalmente (66:16-20).[4]

C. H. SPURGEON

Versión poética:

JUBILATE DEO OMNIS TERRA

Oh pueblos de la tierra, cantad todos,
al Señor con placer, con alegría,
su nombre celebrad con vuestros himnos,
y dadle la alabanza que es debida.

Decid a Dios, Señor, ¡cuánta es tú gloria!
¡qué asombro con tus obras nos inspiras!
tu más ligero rasgo manifiesta
que será loco aquel que te resista.

¡Oh, Señor! que los pueblos de la tierra
te conozcan, te adoren y bendigan,
y que entonen cánticos de gloria
en honor de tus altas maravillas.

Venid y ved los que habitáis el mundo
las obras del Señor, las obras dignas
de este Dios poderoso; más terrible,
cuando sus altos juicios ejercita.

---

a Dios" (66:16); así como la estructura de las estrofas, aboga por la opinión de que fue escrito como un solo Salmo.

[4] Los exégetas comentan al respecto:

– FRANCISCO LACUEVA [1911-2005] en su versión española del "Comentario de Matthew Henry" hace el siguiente resumen: «Este es un salmo de acción de gracias. Se invita aquí a todos a alabar a Dios, I. por las pruebas generales de su poder soberano en toda la creación (66:1-7). II. Por las señales especiales de su favor para con el pueblo (66:8-12). III. Finalmente, el salmista alaba a Dios por sus personales experiencias de la bondad de Dios hacia él, especialmente por contestar a sus oraciones (66:13-20)».

– FRANZ DELITZSCH [1813-1890]: «El Salmo 66 surge de alguna liberación portentosa experimentada por Israel, en base a la cual se convoca a toda la tierra a que eleve un grito de alabanza a Dios. Hasta el versículo doce (66:12) es la congregación la que habla; del trece en adelante (66:13) es el poeta quien se coloca en primer plano y toma la palabra; pero lo que le vincula a cumplir sus votos presentando sus ofrendas y acción de gracias es la misma liberación experimentada en conjunto con toda la congregación. Difícil sería describir el evento de forma más minuciosa a como lo hace. Esta convicción de poseer un Dios ante quien todo el mundo debía inclinarse, bien fuera de buen grado o a la fuerza, y la preponderancia derivada de la misma, cuajó y se fortaleció entre en pueblo judío, de manera especial después de la victoria sobre Asiria en el reinado de Ezequías (2 Crónicas 32:1-23). Pero no hay base para conjeturar que Isaías o Ezequías sean los compositores de este Salmo».

Él es quien secar hizo en otro tiempo
el mar, para que halláramos salida,
y el que otra vez atravesar nos hizo
a pie enjuto el Jordán de orilla a orilla.

Este es el Dios que reina omnipotente,
que manda al universo y lo domina,
y está mirando a las naciones todas,
para hacer castigar las atrevidas.

Naciones, bendecid al Señor nuestro,
tomad arpas, y templad las liras,
y haced que todo el mundo oiga en su aplauso
vuestra dulce agradable melodía.

Después de tantos males, tantas penas,
nuestras angustias ya por fin respiran;
pero en el medio mismo de las ansias
dejarnos perecer no permitían.

Porque tú, Señor mío, nos probaste
con fuertes pruebas, refinadas y exquisitas,
como la plata al fuego se acrisola
tú nos probaste al fuego de tus iras.

Tú nos has entregado a las cadenas
de manos vencedoras, pero inicuas,
y nos cargaste de tribulaciones
haciéndonos sufrir su tiranía.

Pasamos por el fuego, y por el agua;
pero al fin tu piedad siempre benigna
nos trajo a este lugar de refrigerio,
en que ya nuestra suerte se suaviza.

Entraré pues en tu sagrado templo
a ofrecerte las gracias más rendidas,
y en él ferviente cumpliré los votos,
que mis humildes labios te ofrecían.

En lo más triste de mi infausta suerte
yo te dije con alma enternecida,
te ofreceré, Señor, en holocausto
las víctimas más puras, y más limpias.

Yo las haré quemar en tus altares
con incienso, con ámbar y con mirra,
y sacrificaré los animales,
que presentarse puedan a mi vista.

Oh justos, que al Señor teméis humildes,
venid todos a mí, venid aprisa
a escuchar los inmensos beneficios,
y ver mi voluntad agradecida.

Yo alabé, y con amor, su santo nombre
en la carrera larga de mis días,
y a pesar de mis míseros quebrantos,
en medio le alabé de mis desdichas.

Si alguna inclinación hacia el pecado
hubiera conservado todavía,
el Señor, que es tan santo, no se hubiera
dignado de escuchar mi voz indigna.

Mas mi arrepentimiento, y mis dolores
ya lavado a sus ojos me tenían,
y por eso escuchó mi triste llanto
con atención benévola y propicia.

Sea bendito, amado y adorado
este Dios de bondad tan compasiva,
cuya misericordia siempre dulce
no desechó mis lágrimas tardías.

DEL "SALTERIO POÉTICO ESPAÑOL", SIGLO XVIII

Salmo completo: La Iglesia Ortodoxa Griega entona este Salmo en el día de la Pascua, porque Biblia griega lo describe como: ᾠδὴ ψαλμοῦ ἀναστάσεως que la Vulgata traduce como *"Canticum psalmi resurrectionis"*, "Cántico salmo de Resurrección". Y sin duda que, en sentido profético, puede entenderse de ese modo, como referente a la regeneración del mundo a través de la conversión de los gentiles.[5]

DANIEL CRESSWELL [1776-1844]
"The Psalms of David according to the Book of Common Prayer: with Critical and Explanatory Notes", 1843

[5] La versión griega de los LXX o Septuaginta lo titula ψαλμοῦ ἀναστάσεως que la Vulgata traduce al latín como: *"Psalmi resurrectionis"*, "Salmo de la resurrección". Los comentaristas y exégetas antiguos y modernos comentan:

– FRANZ DELITZSCH [1813-1890], sugiere que probablemente la idea surja del versículo doce (66:12) donde el texto de la Septuaginta dice: καὶ ἐξήγαγες ἡμᾶς εἰς ἀναψυχήν "y nos reavivaste", o más literal, "y nos sacaste a refrigerio". Pero la mayoría de comentaristas antiguos lo vinculan más bien al versículo nueve que leen como: *"El que volvió mi alma a la vida"* (66:9); o al doce: *"y nos sacaste a un lugar de refrigerio"* (66:12 Vulgata). Ver notas 67 y 97.

– FELIPE SCIO DE SAN MIGUEL [1738-1776] en una nota a su traducción de la Vulgata da la siguiente explicación: «Este Salmo contiene las más vivas expresiones con que el pueblo de Israel da gracias al

Vers. 1. ***Aclamad a Dios con alegría, toda la tierra.*** *[Aclamad a Dios con alegría, toda la tierra.* RVR*] [Aclamad con júbilo a Dios, toda la tierra.* LBLA*] [¡Aclamad a Elohim, tierra toda!* BTX*] [¡Aclamen alegres a Dios, habitantes de toda la tierra!* NVI*] [Aclamad a Dios, tierra entera.* BLP*] [¡Griten alabanzas alegres a Dios todos los habitantes de la tierra!* NTV*]*[6]

Aclamad a Dios con alegría.[7] *"En Sión"* (Salmo 65:1), donde los fieles estaban más acostumbrados a la meditación profunda, la alabanza a Dios era en silencio,[8] y el Señor la aceptó de ese modo; pero en las grandes asambleas populares lo más propio y natural es que hubiera un jolgorio alegre, y lo aceptaba de igual modo. Si la alabanza ha der ser multitudinaria, debe ser vocal; puesto que los sones exultantes conmueven el alma y provocan un contagio santo de acción de gracias. Los compositores de melodías para el canto congregacional deben velar para que sus aires sean siempre alegres; lo que verdaderamente necesitamos no es intensidad y volumen, sino *alegría.* Dios debe ser alabado con la voz, y el corazón debe acompañarla en santa exultación.

Toda la tierra.[9] Toda alabanza en todas las naciones de la tierra debería ser rendida única y exclusivamente al Señor. Feliz el día en que ya nadie lanzará gritos estridentes a *Juggernaut*[10] o

---

Señor por haber sido librado de la esclavitud. El título de la Vulgata manifiesta un simbolismo misterioso, ya que bajo la figura de la liberación de los judíos se tipifica la gloriosa resurrección de Jesucristo, y se anuncia la vocación de los gentiles. Esta opinión viene de muy antiguo en la Iglesia».

– ATANASIO DE ALEJANDRÍA [296-373] en su carta a su discípulo Marcelino sobre la naturaleza y valor de los salmos ya le dice refiriéndose a este salmo: «Si quieres predicar sobre la resurrección, entona el Salmo 66». El Tomo I de "El Tesoro de David" incluye una traducción completa de la Carta de Atanasio a Marcelino. [Tomo I - pp. 50].

6 En hebreo הָרִיעוּ לֵאלֹהִים כָּל־הָאָרֶץ *hārî'ū lêlōhîm kāl-hā'āreṣ.* La versión griega de los LXX o Septuaginta lee: ἀλαλάξατε τῷ θεῷ πᾶσα ἡ γῆ que la Vulgata traduce al latín como: *"Jubilate Deo omnis terra"*, "Festejad a Dios toda la tierra".

7 Lo que nuestras versiones traducen como "aclamad con alegría" en el hebreo es una sola expresión הָרִיעוּ *hārî'ū* de רוּעַ *rua*, "aclamad, ovacionad, gritad, dad vítores". Dice:

– AGUSTÍN DE HIPONA [354-430]: «El júbilo se hace imposible de expresar con palabras, solo se puede exteriorizar con gritos; impulsos de alegría que nacidos en lo más hondo del corazón, resultan imposibles de convertir en vocablos, y por tanto, se transforman en voces y ademanes de alborozo».

8 Ver al respecto los comentarios al versículo uno en el salmo anterior: Salmo 65:1.

9 Los exégetas modernos comentan al respecto:

– FRANZ DELITZSCH [1813-1890] indica que «la expresión כָּל־הָאָרֶץ *kāl-hā'āreṣ*, "toda la tierra", en el versículo uno (66:1), así como las invitaciones de los versículos cinco (66:5) y dieciséis (66:16) expresan un sentido de universalidad, el más amplio posible: van dirigidas a toda persona temerosa de Dios doquiera que se encuentre sobre la faz de la tierra».

– SCHÖKEL comenta al respecto: «El israelita es un ser social que comparte con otros su experiencia espiritual, que provoca círculos concéntricos de alabanza al Dios del grupo, que ofrece humildemente un ejemplo esperanzador. De modo proporcional, Israel es un pueblo en una comunidad de naciones, que no puede encerrarse gustando y consumiendo sus privilegios, sino que debe abrirse para compartir con otros su experiencia religiosa, haciéndose así mediador en la historia. En lo cual se revela un presupuesto teológico: el Dios del individuo lo es de la comunidad, y el Dios de la comunidad lo es de todo el mundo» [*Salmos, Tomo I, 1-72,* Editorial Verbo Divino, Estella, Navarra, 1992].

10 Vocablo que deriva de la transliteración o adaptación al inglés del término sánscrito YÁGANAT O YAGANATHA, uno de los nombres por los que se conoce en el hinduismo al dios KRISNA O KRISHNA.

Buda,[11] sino que toda la tierra adorará al Creador. ¡Vosotras naciones paganas –dice el salmista– que hasta ahora no habíais conocido a Jehová, regocijaos unánimes y ante el Señor! Muchas son las lenguas de los distintos países y territorios en el mundo, pero su alabanza debe ser unánime y dirigida a un único Dios.

C. H. SPURGEON

Aclamad a Dios con alegría, vosotras todas las tierras.[12] En hebreo כָּל־הָאָרֶץ *kāl-hā'āreṣ, "toda la tierra"*. Lanzad gritos de júbilo y que vibre toda la tierra y tiemble, como hizo el pueblo cuando el arca entró en el campamento de Israel.[13] Dios se manifestará a sí mismo como el Dios no solo de los judíos, sino también de los gentiles; y también ellos aclamarán a *Cristo,* lanzarán gritos de júbilo a *Jesús,* dirán *Padre,* y exclamarán *Abba.* Así como hubo gran gozo en Samaria cuando el evangelio fue predicado;[14] así será también en todos los confines de la tierra.[15]

JOHN TRAPP [1601-1669]
"A commentary or exposition upon the books of Ezra, Nehemiah, Esther, Job and Psalms", 1657

Toda la tierra. De lo cual deducimos que aquel que pretende cantar a Dios en solitario, no le esta cantando alabanzas correctamente.

THOMAS LE BLANC [1599-1669]
"'Psalmorum Davidicorum Analysis' in qua aperte cernitur singulis in Psalmis ordinem esse admirabilem: adjungitur commentarius amplissimus", 1645

Vers. 2. *Cantad la gloria de su nombre; poned gloria en su alabanza.* *[Cantad la gloria de su nombre; dadle gloria en la alabanza.* RVR*] [Cantad la gloria de su nombre; haced gloriosa su alabanza.* LBLA*] [Salmodiad la gloria de su Nombre; dadle gloria con la alabanza.* BTX*] [Canten salmos a su glorioso nombre; ¡ríndanle gloriosas alabanzas!* NVI*] [Cantad la gloria de su nombre, tributadle gloria y alabanza.* BLP*] [¡Canten de la gloria de su nombre! Cuéntenle al mundo lo glorioso que es él.* NTV*]*

Cantad la gloria de su nombre.[16] El estruendo de la alabanza debe ser modulado y regulado en melodía y compás, formado un cántico armonioso, porque adoramos al Dios del orden y la armonía. Cuando cantamos, el tema central debe ser inequívocamente el honor divino, y honrarle es nuestro

---

[11] En el original inglés *"Boodh"*, termino popular utilizado en el siglo XIX, especialmente en ambientes y publicaciones misioneras, para referirse a Buda.

[12] Así traduce la versión inglesa KJV: *"Make a joyful noise unto God, all ye lands"*. Aunque viene a decir lo mismo, hemos respetado el plural de la versión inglesa haciendo una traducción literal porque añade un énfasis que encaja muy bien con el comentario.

[13] 1 Samuel 4:5.

[14] Hechos 8:8.

[15] Los Padres de la Iglesia, en su interpretación cristológica, ven en estas primeras palabras del Salmo 66 el canto de victoria de la resurrección, una aclamación universal a Cristo vencedor. En ello coinciden ORÍGENES [185-254], EUSEBIO DE CESAREA [267-338], ATANASIO [296-373] y CIRILO DE ALEJANDRÍA [370-444].

[16] En hebreo זַמְּרוּ כְבוֹד־שְׁמוֹ *zammərū kəḇōwḏ-šəmōw,* de זָמַר *zamar*. SCHÖKEL indica que: «el verbo זָמַר *zamar* puede significar tanto el "acompañamiento instrumental" como "todo el conjunto de canto acompañado" (de la misma raíz semítica procede la palabra española "zambra"). El latín la ha traducido como *"psallite"*, de donde se originan los vocablos españoles "salmo", "salterio" y "salmodia"» (Ver notas 38 y 39.

propósito. Dar gloria a Dios no es sino devolverle aquello que le pertenece; y hacerlo redunda en nuestra propia gloria, pues toda gloria debemos atribuirla exclusivamente a él, porque es suya. «Sea toda adoración únicamente a Dios»,[17] ha de ser el lema de todos los verdaderos creyentes, porque el nombre, naturaleza y la persona de Dios, son dignos del más alto honor.[18]

Haced gloriosa su alabanza. Que nuestra alabanza a él no sea ni mezquina ni rastrera, antes bien ascienda del corazón con grandeza y solemnidad delante de su presencia. Bajo la presente dispensación del Espíritu, no es nuestra misión imitar la pompa y circunstancia de las fiestas en el antiguo Israel; pero sí enriquecer nuestra alabanza poniendo en ella todo nuestro corazón y reverencia. La adoración sincera salida del corazón y la alegría espiritual brotando del alma, hacen la alabanza más gloriosa que las vestiduras levíticas, el incienso y la música.

C. H. SPURGEON

Haced gloriosa su alabanza.[19] Otra traducción alternativa es la de *"dar gloria"*, es decir, *"dadle gloria en la alabanza"*. Cuando alabes a Dios, hazlo plenamente convencido de que hacerlo redundará en tu propia gloria, por tanto, considéralo como tu propia gloria. Alábalo de tal forma que todas tus alabanzas vayan encaminadas a glorificar a Dios; o, que tu propia gloria tienda en esta dirección para que únicamente él sea alabado. No desees ni ambiciones la gloria de la bienaventuranza eterna, a menos que sea para alabar eternamente a Dios, como los espíritus bienaventurados que ante el trono en el templo celestial no hacen otra cosa que dar gloria a Dios entonando eternamente el himno de su gloria: *"Santo, Santo, Santo, es el Señor"*.[20]

JOHANNES LORINUS DE AVIGNON [1569-1634]
"Commentariorum in librum Psalmorum", 1616

Vers. 3. *Decid a Dios: ¡Cuán asombrosas son tus obras! Por la grandeza de tu poder se someterán a ti tus enemigos.* *[Decid a Dios: ¡Cuán asombrosas son tus obras! Por la grandeza de tu poder se someterán a ti tus enemigos.* RVR*] [Decid a Dios: ¡Cuán portentosas son tus obras! Por la*

---

17 En el original *"All worship be to God only"*, un *motto* o lema bastante común en la heráldica inglesa, utilizado por algunas instituciones y familias nobles en su escudo de armas.

18 Dice AGUSTÍN DE HIPONA [354-430]: «¡A su nombre! No al nuestro. El salmista dirige todo su caudal de alabanza a Dios, sin dejar un resquicio por el cual glorificarnos a nosotros mismos. Cantad salmos, pero cantadlos al Señor, de él y para él. Démosle gloria, pues, intensamente, y alegrémonos en él; unámonos estrechamente a él, y sea a él nuestra alabanza. ¿Recordáis las palabras del apóstol?: *"Pues mirad, hermanos, vuestro llamamiento, que no sois muchos sabios según la carne, ni muchos poderosos, ni muchos nobles; sino que escogió Dios lo necio del mundo, para avergonzar a los sabios; y escogió Dios lo débil del mundo, para avergonzar a lo fuerte; y lo vil del mundo y lo menospreciado escogió Dios, y lo que no es, para anular lo que es"* (1 Corintios 1:26-28). ¿Y por qué? Porque el Señor nuestro Jesucristo vino a este mundo para redimir al género humano impartiendo su gracia a cuantos fueran capaces de aceptar que la redención es exclusivamente obra de su gracia, que no se debe a sus propios méritos; y por ello escogió a los sencillos y débiles, para que nadie pudiera gloriarse en sus méritos ni de su persona (…) *"a fin de que nadie se jacte en su presencia"* (1 Corintios 1:29). ¡Mirad cómo nos arrebata gloria para darnos gloria! Nos quita la nuestra para darnos la suya; dos despoja de la vacía para infundirnos la plena; nos priva de la vacilante para otorgarnos la sólida; nos desnuda de la perecedera para vestirnos con la eterna. *"Cantad gloria a su nombre"*, y retirad el vuestro; pues cuanto más retirado esté, mayor será vuestra gloria. "*Si alguien ha de gloriarse, que se glorie en el Señor*" (2 Corintios 10:17 NVI)».

19 En hebreo שִׂימוּ כָבוֹד תְּהִלָּתוֹ *śîmū kāḇōwḏ təhillāṯōw.*

20 Isaías 6:1-3; Apocalipsis 4:8.

grandeza de tu poder, tus enemigos fingirán obedecerte. LBLA*] [Decid a Elohim: ¡Cuán admirables son tus obras! Por la grandeza de tu poder, se someterán a Ti tus enemigos.* BTX*] [Díganle a Dios: «¡Cuán imponentes son tus obras! Es tan grande tu poder que tus enemigos mismos se rinden ante ti.* NVI*] [Decid a Dios: "¡Son admirables tus obras!". Por tu gran poder tus enemigos se rinden.* BLP*] [Díganle a Dios: ¡Qué imponentes son tus obras! Tus enemigos se arrastran ante tu gran poder.* NTV*]*

Decid a Dios. Sí *"a Dios"*, pues solo a él y para él ha de ser toda alabanza. A menos de que vaya dirigida directa y exprofeso al Señor, por hermosa que resulte una alabanza, no es mejor que silbar al viento.

¡Cuán asombrosas son tus obras![21] Por regla general la mente humana se siente atraída en primer lugar por aquellos atributos divinos que causan temor y temblor. Y aun cuando el corazón ha llegado a amar a Dios y descansar en él, siempre hay un incremento en la adoración cuando el alma queda impresionada por un despliegue extraordinario de las acciones divinas más terribles. Al contemplar terremotos y convulsiones que han sacudido los continentes, huracanes que han devastado naciones, pestes que han asolado ciudades enteras, y otras demostraciones portentosas de la acción divina, los hombres se inclinan a exclamar: *"¡Cuán terribles son tus obras!"* Hasta que no contemplamos a Dios en Cristo, en todas nuestras apreciaciones y concepciones de la divinidad predomina siempre un sentido de lo terrible.

Por la grandeza de tu poder se someterán a ti tus enemigos.[22] Sí, se someterán, pero como tan claramente lo indica el texto hebreo, será una sumisión forzada y fingida.[23] El poder pone al hombre de rodillas, pero solo el amor gana su corazón. Faraón, consternado, dijo que dejaría partir a Israel, pero mentía ante Dios;[24] se sometió a su voluntad, pero forzado, no de forma gustosa y voluntaria. Tanto en la tierra como en el infierno, hay decenas de millares que rinden al Todopoderoso un homenaje forzado; tan solo se someten porque no pueden hacer otra cosa; esto no es lealtad, sino mero sometimiento al poder divino que los mantiene bajo su dominio sin límites.

C. H. SPURGEON

---

[21] En hebreo מַה־נּוֹרָא מַעֲשֶׂיךָ *mah-nōwrā ma'ăśeḵā* de יָרֵא *yare'*, "temor, asombro". SCHÖKEL indica que el sentido de יָרֵא *yare'* es de algo impresionante y sobrecogedor, que conlleva temor reverencial. Un término muy utilizado en el Salterio para referirse a Dios y sus obras (Ver Salmos 47:2; 52:6; 64:9; 65:5; 67:7; 68:35; 72:5; 76:7, 8, 12; 89:7; 96;4; 99:3; 102:15; 106:22; 111:9; 130:4; 145:6).

[22] En hebreo בְּרֹב עֻזְּךָ יְכַחֲשׁוּ לְךָ אֹיְבֶיךָ *bərōḇ 'uzzəḵā yəḵaḥăšū ləḵā 'ōyəḇeḵā* de כָּחַשׁ *kachash,* "mentir, falsear, engañar, adular". La versión griega de los LXX o Septuaginta lee: ψεύσονταί σε οἱ ἐχθροί σου que la Vulgata traduce al latín como: *"mentientur tibi inimici tui"*, "mentirán a ti tus enemigos". La versión sefardí de Ferrara: *"negaràn à ti tus enemigos"*. Y la caldea Peshitta: *"Por tu inmenso poder descubrirás la falsedad de tus adversarios"*. KRAUS traduce: *"tus enemigos tienen que rendirte homenaje"*. SCHÖKEL traduce: *"tus enemigos te adulan"*, y explica que el sentido de יְכַחֲשׁוּ *yəḵaḥăšū* es de adulación servil como consecuencia de un sentimiento forzado. Ante el poder inmenso de Dios, a los enemigos no les queda más remedio que rendirse y fingir sometimiento. Y cita al respecto el comentario de TEODORO DE MOPSUESTIA [350-428] en su *"Expositio in Psalmos"*: «Cuando la luz del conocimiento de Dios ilumina el mundo, convierte a la mayoría a la piedad. Entonces, los que siguen atrapados en las tinieblas de la incredulidad fingen piedad aparente».

[23] En hebreo יְכַחֲשׁוּ לְךָ אֹיְבֶיךָ *yəḵaḥăšū ləḵā 'ōyəḇeḵā* de כָּחַשׁ *kachash,* "fingir, falsear, engañar". Según se usa en otros pasajes: *"Los extranjeros me fingen obediencia"* (2 Samuel 22:45 LBLA); *"Los que odian al Señor lo adularían"* (Salmo 81:15/16 BLP).

[24] Éxodo 12:15.33; 14:5-9.

Decid a Dios. "Dicite"[25] exclama David, *"decid a Dios"*. ¿Y qué le tenemos que decir? *"¡Cuán asombrosas son tus obras!"*. ¿Acaso no lo sabe? ¿Se lo hemos de decir nosotros? Sí, porque este *"dicite"* va mucho más allá de lo que en principio podamos imaginar. De entrada, al decírselo ya estamos haciendo nosotros mismos un reconocimiento de ellas. Pero este *"dícite"* va aún más allá de un simple reconocimiento, de la mera aceptación de la existencia de Dios por la contemplación, consideración, o meditación en sus obras; que como todas las cosas, tienen su tiempo y lugar.[26] Este *"dicite"* es más que todo esto; más incluso que sentir admiración. Porque todo esto: reconocimiento, admiración; puede acabar en simple éxtasis y divagación, en imaginaciones inútiles y frívolas. Este *"dícite"* es experimentar lo portentoso de las obras de Dios en lo más hondo de nuestros corazones; es sentir la necesidad de hablar de ellas; este *"dícite"* es: hablad de Dios, con Dios, y para Dios; publicadlo, declaradlo, manifestad vuestro celo; este *"dicite"* es: *"deleitaos en hablar con Dios, y hablad de Dios con deleite"*.

JOHN DONNE [1573-1631]
"Sermon lxix preached upon St Paul's: Psalm lxvi. 3" (Adaptado)

Decid a Dios. Decid *"a Dios"*, no *"de Dios"*, concerniente a Dios o respecto a Dios, como algunos interpretan, sino a Dios mismo: dándole a él toda alabanza con nuestras mentes elevadas a él y cantándole directamente a él, como leemos en el versículo cuatro: *"Toda la tierra te adorará, y cantará a ti; cantarán a tu nombre"* (66:4). Gejerus[27] señala también, acertadamente, que lo que sigue va dirigido directamente a Dios en primera persona: *"Por la grandeza de tu poder se someterán a ti tus enemigos"* (66:3). Además, es a nuestro Dios a quien debemos dirigirnos, como leemos en el versículo ocho (66:8): *"Bendecid, oh pueblos, a nuestro Dios"*, porque es Dios absoluto, y solo él es el Dios verdadero.

HERMANN VENEMA [1697-1787]
"Commentarius ad Psalmos", 1762

¡Cuán asombrosas son tus obras! Quitad de la Biblia sus doctrinas asombrosas; y de la providencia sus acciones portentosas; y todo el sistema bajo el cual Dios nos ha colocado, quedaría desvirtuado.

WILLIAM SWAN PLUMER [1802-1880]
"Studies on the Book of Psalms: A Critical and Expository Commentary with Doctrinal and Practical Remarks", 1867

Por la grandeza de tu poder se someterán a ti tus enemigos. De lo cual deducimos, como nuestra primera consideración, que incluso Dios tiene enemigos; y siendo así, ¿cómo podemos esperar no tenerlos nosotros? Solo que Dios mantiene la supremacía, y obtiene gloria incluso de sus propios

[25] JOHN DONNE utiliza aquí en latín el texto de la Vulgata: *"dicite"–"decid"*, para remarcar el énfasis. Es algo que solían hacer con frecuencia los autores y predicadores ingleses en los siglos XVII, XVIII y XIX. Hemos estimado conveniente respetarlo para conservar la belleza literaria teniendo en cuenta que resulta lo suficientemente inteligible para el lector de habla hispana.

[26] Eclesiastés 3:1-11.

[27] Se refiere al erudito profesor y exegeta bíblico alemán MARTÍN GEIER [1614-1680], también conocido por Martín Geiger, Martino Geiero, Martíni Geieri, y/o simplemente GEJERUS, prolífico autor de obras de espiritualidad y numerosos comentarios bíblicos, entre ellos el *Commentarius in Psalmos Davidis, y el In Psalmos Davidis praelectiones publicae et collectanea,* publicado en 1668; a los que hace referencia la cita.

enemigos; y nosotros también sacamos ventaja de nuestros enemigos, cuando en el camino a la gloria, obtenemos de ellos gloria ejercitando nuestra paciencia.[28] Aquellos a quienes Dios había creado primero y por los cuales más había hecho, los ángeles, fueron los primeros en rebelarse y transformarse en sus enemigos; no te asombres, por tanto, ni aflijas si aquellos por quienes más has hecho se convierten en tus peores enemigos, pues Dios pasó por esa misma experiencia. … Dios tiene enemigos; pero el texto que comentamos afirma rotundamente que esos enemigos: *"se someterán"* a él; y esto nos aporta gran consuelo respecto a nuestros enemigos; porque Dios considera a *nuestros enemigos* como *sus enemigos. "Nolite tangere christos meos et in prophetis meis nolite malignari"* leemos en el Salmo 105 con respecto a todo el pueblo de los santos: *"No toquéis a mis ungidos, ni hagáis mal a mis profetas"*,[29] pues si tocáis a uno solo de ellos, es como si me tocarais a mí, porque son *"la niña de mis ojos"*.[30] Cristo, nuestro Salvador, no se defendió en ningún momento; no dijo: «¿Por qué me azotáis? ¿Por qué me escupís? ¿Por qué me crucificáis?» Mientras sus verdugos descargaban sobre él toda su furia, enmudeció y no abrió su boca;[31] pero cuando Saulo perseguía a la iglesia azotándola con violencia, es decir, a sus seguidores, sí que respondió de inmediato, preguntando: *"Saulo, Saulo, ¿por qué me persigues?"*.[32] Hay en este particular establecida una Santa Liga[33] de naturaleza tanto defensiva como ofensiva: no tan solo nos protegerá Dios de nuestros enemigos, sino que peleará por nosotros contra ellos, porque nuestros enemigos son sus enemigos.

JOHN DONNE [1573-1631]
"Sermon lxix preached upon St Paul's: Psalm lxvi. 3" (Adaptado)

Tus enemigos fingirán obedecerte. En hebreo יְכַחֲשׁוּ *yəḵaḥăšū* de כָּחַשׁ *kachash,* "engañar, fingir, mentir", es decir, literalmente *"te mentirán"*. Este comportamiento fue evidente en el caso de Faraón y los egipcios; que prometieron una y otra vez dejar salir al pueblo cuando la mano del Señor les atenazaba; pero después faltaron reiteradamente a su palabra.[34]

ADAM CLARKE [1760-1832]
"Commentary on the Whole Bible", 1831

Tus enemigos fingirán obedecerte. En momentos difíciles, todos los hipócritas, –infames y rastreros, verdadera escoria–, se muestran dispuestos a someterse a Dios y hacer una profesión de fe superficial; no obstante, y por regla general, la sumisión a Dios en tales circunstancias esta muy lejos de ser auténtica. Por eso dice el salmista: *"Por la grandeza de tu poder se someterán a ti tus enemigos";*

[28] Romanos 8:18; 2 Corintios 4:17.
[29] Salmo 105:15.
[30] Salmo 17:5.
[31] Isaías 53:7; Mateo 27:12-14; Marcos 14:61, 15:5; Lucas 23:9; Juan 19:9.
[32] Hechos 9:4.
[33] En términos tanto históricos como filológicos se define como "Santa Liga" a cualquier tipo de alianza o coalición cuyo objetivo sea defender la fe cristiana o los intereses Iglesia Católica; la más conocida es la coalición militar promovida en 1571 por el Papa Pío V contra los turcos de Selim II, en respuesta a la toma de Chipre en 1570 en la que participaron España, Venecia y los Estados Pontificios. Pero las alianzas de este tipo son numerosas y diversas. En este caso Donne utiliza la expresión en sentido espiritual.
[34] Éxodo 8:15; 25-32; 9:27-35; 10:10-11; 16-20; 12:30-36; 14:5-9.

que en el texto original es: *"te mentirán tus enemigos"*. Así lo traducen Arias Montanus,[35] y algunos otros eruditos interpretes, indicando con ello que una sumisión a Dios forzada, rara vez es sincera.

JEREMIAH BURROUGHS [1599-1646]
"The Saint's Inheritance and the Worldling's Portion", 1657

Por la grandeza de tu poder se someterán a ti tus enemigos. Los terremotos en Nueva Inglaterra provocaron un pánico y fervor religioso inusitado.[36] Un conocido escritor, que en aquella época era pastor en Boston, cuenta que inmediatamente después del terremoto un gran número de personas se pusieron en contacto con él expresándole su deseo unirse a la iglesia; pero al mantener con cada uno de ellos una conversación personal, no detectó la menor evidencia de cambio en sus concepciones espirituales, ninguna convicción de su propia pecaminosidad; es decir, nada positivo, fuera de una especie de miedo supersticioso ocasionado por la creencia de que el fin del mundo estaba cercano. Sus reacciones y respuestas demostraban que no habían tenido en absoluto un encuentro personal con Dios, aunque hubieran visto en el terremoto la grandeza de su poder.

EDWARD PAYSON [1783-1827]
en un sermón sobre 1 Reyes 19:11-13 titulado *"God heard in the still small Voice"*

Vers. 4. *Toda la tierra te adorará, y cantará a ti; cantarán a tu nombre. Selah.* *[Toda la tierra te adorará, y cantará a ti; salmodiarán a tu nombre. Selah.* RVR*] [Toda la tierra te adorará, y cantará alabanzas a ti, cantará alabanzas a tu nombre. Selah.* LBLA*] [¡Toda la tierra se postrará ante Ti y te cantarán alabanzas! ¡Cantarán salmos a tu Nombre! Selah.* BTX*] [Toda la tierra se postra en tu presencia, y te cantan salmos; cantan salmos a tu nombre». Selah.* NVI*] [Ante ti se postra la tierra entera cantándote, cantando tu nombre. Pausa.* BLP*] [Todo lo que hay en la tierra te adorará; cantará tus alabanzas aclamando tu nombre con cánticos gloriosos. Interludio.* NTV*]*

Toda la tierra te adorará,[37] y cantará a ti.[38] Incluso ahora, a los hombres no les queda finalmente otra alternativa que postrarse ante Dios quieran o no. Pero vendrá un tiempo en que lo harán de buena gana y con gozo; al culto temeroso se añadirá el cántico amoroso. ¡Qué cambio tan maravilloso tendrá lugar cuando el canto desplace a los suspiros y sollozos, y la música expulse nuestra miseria!

---

[35] Se refiere a BENITO ARIAS MONTANO [1527-1598], teólogo y humanista español experto en hebreo bíblico y en lenguas orientales. FELIPE II le encomendó la confección de la Biblia Políglota de Amberes. Escribió numerosas obras sobre los nombres, animales y costumbres de la Biblia. El filólogo MARCELINO MENÉNDEZ PELAYO [1856-1912] le describe como "un gran filósofo, eminente escriturario, sabio humanista y dulcísimo poeta".

[36] El territorio de *New England* o Nueva Inglaterra en la costa Este de los Estados Unidos es una zona propensa a los terremotos, algo que los peregrinos puritanos llegados en el "Mayflower" tuvieron ocasión de experimentar ya en el 1638, y de nuevo en 1717. En este caso se refiere al importante terremoto ocurrido en 1755, de una magnitud 6.0, que produjo importantes daños materiales con el derrumbe de numerosos edificios y chimeneas en la ciudad de Boston y otras poblaciones.

[37] En hebreo יִשְׁתַּחֲווּ *yištaḥăwū* de שָׁחָה *shachah,* "inclinarse, doblarse en reverencia". La versión sefardí de Ferrarra traduce: *"Toda la tierra fe encorvaràn á ti"*.

[38] En hebreo וִֽיזַמְּרוּ־לָךְ *wîzammərū-lāḵ*, nuevamente del verbo זָמַר *zamar*. Una traducción más literal sería "y harán música a ti". La versión sefardí de Ferrarra traduce: *"y pfalmearàn á ti"*. SCHÖKEL lo traduce de la siguiente manera: *"tañendo para ti, tañendo en tu honor"*. Ver nota 16.

Cantarán[39] *a tu nombre*. La naturaleza y las obras de Dios serán entonces el tema central del canto universal que entone toda la tierra; y objeto de la gozosa adoración de nuestra raza emancipada. La adoración aceptable a Dios,[40] no como un Ente misterioso, sino por el conocimiento, en cierta medida, de su nombre o carácter, se hace fragante por ese mismo conocimiento.[41] Dios nunca ha querido ser adorado como un Dios desconocido, ni jamás ha dicho de su pueblo escogido como Jesús dijo a la mujer samaritana: *"adoráis lo que no conocéis"* (Juan 4:22). ¡Que el conocimiento del Señor cubra pronto toda la tierra, para que sea posible la universalidad de la adoración inteligente y culto racional! No hay duda que el autor de este salmo esperaba y anhelaba esta consumación; y, de hecho, en todos los escritos del Antiguo Testamento hallamos indicios de esta futura difusión universal de la adoración a Dios. Cuando los judíos se enfurecieron contra la predicación del evangelio a los gentiles,[42] no fue sino un ejemplo de obstinación, ignorancia voluntaria y fanatismo. El judaísmo corrompido podrá atrincherarse en el exclusivismo, pero ni Moisés, ni David ni Isaías opinaban de ese modo.

Selah. Después de tan grande profecía, corresponde insertar una pequeña pausa para elevar el corazón en la dirección correcta. Pues ninguna reflexión puede resultar más gozosa que la inspirada por la perspectiva de un mundo reconciliado con su Creador.

C. H. SPURGEON

Vers. 5. *Venid, y ved las obras de Dios, temible en hechos sobre los hijos de los hombres.* *[Venid, y ved las obras de Dios, formidable en su obrar entre los hijos de los hombres.* RVR*] [Venid y ved las obras de Dios, admirable en sus hechos a favor de los hijos de los hombres.* LBLA*] [Venid, contemplad las obras de Elohim, terrible en sus acciones para con los hijos del hombre.* BTX*] [¡Vengan y vean las proezas de Dios, sus obras portentosas en nuestro favor!* NVI*] [Venid y contemplad las obras de Dios, su prodigiosa actuación con los humanos.* BLP*] [Vengan y vean lo que nuestro Dios ha hecho, ¡los imponentes milagros que realiza a favor de la gente!* NTV*]*

Venid, y ved las obras de Dios. Tales acontecimientos gloriosos: como la partición de las aguas del Mar Rojo y la destrucción de Faraón,[43] son maravillas evidentes que trascienden al tiempo, y siempre hay una voz al respecto que sigue resonando y diciendo: *"Venid, y ved"*. Hasta el fin de los tiempos, las obras portentosas de Dios en el Mar Rojo seguirán siendo motivo de reflexión y alabanza; porque sobre el *"mar de vidrio mezclado con fuego"*,[44] los ejércitos triunfales del cielo siguen cantando *"el cántico de Moisés siervo de Dios, y el cántico del Cordero, diciendo: Grandes y maravillosas son tus obras, Señor Dios Todopoderoso"*.[45] Las *"obras de Dios"* siempre ha sido tema favorito de los bardos inspirados, y su elección es más que natural.

Temible en hechos[46] *sobre los hijos de los hombres*. En defensa de su Iglesia y derrocamiento de sus enemigos, Dios propina golpes terribles, y zarandea los poderosos de forma terrible. Oh enemigo del Altísimo, ¿de qué te jactas? Deja de expresarte con orgullo y acuérdate de las plagas que

---

[39] En hebreo יְזַמְּרוּ *yəzammərū* nuevamente de זָמַר *zamar.* Ver notas 16 y 38.

[40] Romanos 12:1-2; Hebreos 12:28;

[41] 2 Corintios 12:14.

[42] Hechos 14:1-7; Romanos 11:11-24.

[43] Éxodo 14:1-31.

[44] Apocalipsis 12:2.

[45] Apocalipsis 15:2-3.

[46] El mismo sintagma hebreo נוֹרָא *nōwrā* del mismo verbo יָרֵא *yare'* utilizado en el versículo tres (66:3). Ver nota 21.

doblegaron la voluntad de Faraón,[47] de los carros de Egipto sepultados bajo las aguas del Mar Rojo,[48] de la derrota terrible de Sehón y Og de Basán,[49] de la desbandada y dispersión de los cananeos ante las tribus de Israel. Este mismo Dios sigue vivo, y debe ser adorado con reverencia temblorosa.

C. H. SPURGEON

Venid, y ved las obras de Dios. Estas palabras encierran un reproche o censura indirecta ante la irreflexión y obstinación prácticamente universal que lleva a los hombres a descuidar la alabanza a Dios.

JUAN CALVINO [1509-1564]

Venid, y ved. La Iglesia apela constantemente al mundo diciéndole: *"Venid, y ved"*, como dijo Jesús a dos de los discípulos de Juan el Bautista: Felipe y Natanael.[50] Las maravillas de Dios deben ser contempladas por todos, ya que verlas es el primer paso para creer en su autor divino.

ANDREW ROBERT FAUSSETT [1821-1910]
"Studies in the cl Psalms their undesigned coincidences with the independent Scripture histories, confirming and illustrating both", 1876

Vers. 6. *Volvió el mar en seco; por el río pasaron a pie; allí en él nos alegramos.* *[Convirtió el mar en tierra seca; por el río pasaron a pie seco; alegrémonos, pues, en él.* RVR*] [Convirtió el mar en tierra seca; cruzaron el río a pie; regocijémonos allí en El.* LBLA*] [Convirtió el mar en tierra seca, por el río pasaron a pie, ¡regocijémonos allí en Él!* BTX*] [Convirtió el mar en tierra seca, y el pueblo cruzó el río a pie. ¡Regocijémonos en él!* NVI*] [Convirtió el mar en tierra seca y andando atravesaron el río. Allí, con él, nos llenamos de gozo.* BLP*] [Abrió un camino seco a través del mar Rojo, y su pueblo cruzó a pie. Allí nos alegramos en él.* NTV*]*

Convirtió el mar en tierra seca.[51] No fue un milagro exiguo abrir un camino por mitad del mar y acondicionarlo para que cruzara por él toda una nación. El que fue capaz de hacer esto puede hacer cualquier cosa, tiene que ser Dios, digno de adoración. Y la inferencia que como cristianos sacamos de ello es que no existe obstáculo capaz de interferir en nuestro viaje al cielo, pues ni aún el mar pudo obstaculizar a Israel: la propia muerte nos abrirá paso a la vida, y el mar será tierra seca cuando sentimos la presencia de Dios.

Por el río pasaron a pie enjuto. Las tribus cruzaron a través del río calzadas y con los pies secos, el Jordán les tuvo miedo.[52]

¿Qué te hirió, mar proceloso;
para que así temblaran tus olas?

---

[47] Éxodo 11:1.
[48] Éxodo 14:23-31.
[49] Números 21:21-35.
[50] Juan 1:39-46.
[51] No deja de resultar significativo que la expresión verbal לְיַבָּשָׁה *ləyabbāšāh*, que utiliza aquí el salmista para decir: *"Convirtió el mar en tierra seca"*, parta del mismo verbo hebreo que se utiliza en Éxodo para describir el paso por el Mar Rojo (Éxodo 14:16, 22, 29), que es a su vez el mismo que se utiliza en el relato de la creación: יַבָּשָׁה *yabbashah* (Génesis 1:9-10).
[52] Josué 3:1-17; 4:17-24.

¿Qué detuvo tu corriente,
oh Jordán, para que huyeras,
descalzando tu lecho más profundo?

Y tú, oh tierra, no dejes de temblar
delante del Señor, Dios de Jacob;
que transforma los desiertos
en campos fértiles de regadío;
y hace del pedernal un arroyuelo.[53]

Alegrémonos, pues, en él. Participemos hogaño de esa alegría de antaño; regocijémonos hoy con este júbilo que viene de tan lejos. Tan vívida está la escena delante de nosotros, que da la impresión como si estuviéramos allí presentes cantando al Señor por haber triunfado tan gloriosamente. La fe se arroja de lleno en brazos de las alegrías pasadas de los santos y las asimila en provecho propio, con la misma facilidad con la que se proyecta hacia la felicidad futura, convirtiéndose en la *firme seguridad de las realidades que esperamos, la prueba convincente de lo que no alcanzamos a ver.*[54] Fijémonos en que el gozo de Israel estaba *"en él"*, en su Dios, y allí está también el nuestro. No es tanto lo que ha hecho en el pasado, sino lo que él es, lo que debe provocar en nosotros un regocijo santo: *"Este es mi Dios, y lo alabaré; Dios de mi padre, y lo enalteceré"*.[55]

C. H. SPURGEON

Convirtió el mar en tierra seca. El salmista parece referirse aquí al paso por el Mar Rojo y el Jordán, no como a hechos que tuvieron lugar en un momento determinado en el tiempo y pasaron a la historia, sino como una constante, algo actual que se repite de nuevo en cada época. Dios guía constantemente a su pueblo con poder; y por tanto, en cada época ha habido y seguirá habiendo, en sentido figurado, un Mar Rojo que se convierte en tierra seca, y un Jordán que detiene sus aguas para que su pueblo lo pueda atravesar; y la alegría que deriva de tales acciones portentosas se renueva sin cesar con nuevos motivos y razones.

ERNS WILHELM HENGSTENBERG [1802-1869]
"Commentary on the Psalms", 1860

Allí nos alegraremos en él. Allí mismo, donde sucedieron estas cosas, se regocijaron en él; no se alegraron como si se tratara de sus propios logros, sino que se alegraron en Dios y lo alabaron; como podemos constatar en el capítulo 15 del libro des Éxodo y el capítulo 3 del libro de Josué. No deja de resultar peculiar que el profeta utilice un futuro para referirse a un hecho del pasado, y diga

---

[53] Spurgeon cita aquí las dos últimas estrofas un poema de GEORGE BURGESS [1809-1866] convertido posteriormente en himno, y que lleva por título *"When forth from Egypt's trembling strand"*. En el original: *"What ailed thee, O thou mighty sea, / And rolled thy waves in dread? / What bade thy tide, O Jordan, flee, / And bare its deepest bed? / O earth, before the Lord, the God / Of Jacob, trembling still; / Who makes the waste a watered sod, / The flint of gushing rill"*. Las dos últimas líneas hacen referencia evidentemente a los pasajes de Isaías 35:1 41:18; y Número 20:11; Salmo 76:16; Isaías 48:21.

[54] Hebreos 11:1.

[55] Éxodo 15:2 RVR. La versión inglesa KJV lo traduce del siguiente modo: *"He is my God, and I will prepare him an habitation; my father's God, and I will exalt him"*, "Este es mi Dios, y le prepararé una morada; el Dios de mis padres, y le exaltaré". Así es como figura en el original.

enfáticamente: *"Allí nos alegraremos en él"*; a menos que su intención fuera la de insinuar que estos milagros serían sucedidos por otros infinitamente mayores, y de los cuales estos eran tan solo tipos y figuras. Pues no deja de ser un milagro más extraordinario todavía que haya hombres que atraviesen el mar aciago y amargo de esta vida, y crucen el río de la muerte que nunca cesa de fluir y a tantos anega en sus aguas; sanos y salvos para alcanzar la tierra de la promesa eterna y regocijarse en Dios contemplándole cara a cara. Y no obstante, este milagro extraordinario, el mayor de los milagros realizados por Dios, sucede constantemente, día tras día, y muchos somos los que atravesamos este mar como si fuera tierra seca y cruzamos este río con los pies secos; es decir: dispuestos a despreciar las cosas temporales de este mundo, sean buenas o malas; es decir: sin apegarse a las buenas y sin temer a las malas; hasta alcanzar en seguridad la Jerusalén celestial donde *"nos alegraremos en él"*; no ya en la esperanza, como hacemos ahora, sino en la completa posesión por toda la eternidad.

ROBERTO BELLARMINO [1542-1621]
"A Commentary on the Book of Psalms", 1615

Vers. 7. *El señorea con su poder para siempre; sus ojos atalayan sobre las naciones; los rebeldes no serán enaltecidos. Selah.* *[Él señorea con su poder para siempre; sus ojos atalayan sobre las naciones; los rebeldes no levantarán cabeza. Selah.* RVR*] [El domina con su poder para siempre; sus ojos velan sobre las naciones; no se enaltezcan los rebeldes. Selah.* LBLA*] [Él señorea con su poder para siempre, sus ojos atalayan sobre las naciones: No se enaltezcan los rebeldes. Selah.* BTX*] [Con su poder gobierna eternamente; sus ojos vigilan a las naciones. ¡Que no se levanten contra él los rebeldes! Selah.* NVI*] [Con su poder gobierna por siempre, sus ojos vigilan a los pueblos, no podrán sublevarse los rebeldes. Pausa.* BLP*] [Pues con su gran poder gobierna para siempre. Observa cada movimiento de las naciones; que ningún rebelde se levante desafiante. Interludio.* NTV*]*

Él señorea con su poder para siempre. No ha muerto, ni abdicado, ni ha sido derrotado. Las proezas que llevo a cabo en el Mar Rojo no son cosa del pasado: el dominio divino perdura por toda la eternidad.

Sus ojos vigilan a las naciones.[56] Igual que miró a los egipcios desde la nube desconcertándolos,[57] vigila también actualmente a sus enemigos y descubre sus conspiraciones. Su mano gobierna con firmeza y su ojo observa constantemente; y ni su mano se ha debilitado, ni su ojo se ha oscurecido. Desde lo alto contempla al pueblo y las tribus como si fueran langostas,[58] y con una simple mirada se hace cargo de todos sus andares y caminos. Lo supervisa todo y nada pasa por alto.

No se enaltezcan los rebeldes. Los orgullosos carecen de motivos para estarlo. Si pudieran verse como Dios los ve, se encogerían hasta desaparecer. Cuando la rebelión alcanza su clímax y espera un triunfo seguro, es razón suficiente para desvanecer nuestros temores, ya que el Omnipotente que todo lo gobierna, es también un observador omnisciente, y no cabe duda que actuará. ¡Oh rebeldes orgullosos, no olvidéis que el Señor dirige sus flechas a las águilas que vuelan altivas y las hace caer de sus

[56] En hebreo עֵינָיו בַּגּוֹיִם תִּצְפֶּינָה הַסּוֹרְרִים *'ênāw baggōwyim tiṣpenāh hassōwrrîm* de צָפָה *tsaphah,* "otear, observar, vigilar". La versión sefardí de Ferrara traduce: *"fus ojos en gentes atalayan"*. SCHÖKEL indica que צָפָה *tsaphah* significa "vigilar oteando desde una altura, desde una torre o atalaya"; y cita a EUTIMIO EL GRANDE [377-473] que dice comentando este versículo: «Entendemos el señorío de Dios como su poder ilimitado y no sometido a otro; Dios es dueño del presente y del futuro, pues su reinado no tiene limites».

[57] Éxodo 14:19-25.

[58] Números 13:33.

nidos entre las estrellas![59] *"Ha quitado a los poderosos de sus tronos; y ha exaltado a los humildes"*.[60] Después de contemplar lo sucedido en el Mar Rojo y el Jordán, los rebeldes, si están en sus cabales, no tendrán ya estómago para proseguir en la lucha, se humillarán a los pies del Conquistador.

Selah. De nuevo *"pausa:* tomémonos un respiro para inclinarnos humildemente ante el trono del Eterno.

C. H. SPURGEON

Sus ojos velan sobre las naciones. El sentido estricto del verbo hebreo תִּצְפֶּינָה *tispenāh* de צָפָה *tsaphah* es αὐγάζω "brillar", y por metonimia: "escrutar con un ojo brillante" o "examinar con el brillo de los ojos"; es decir, inspeccionar con mirada penetrante para contemplar los recovecos del bien o mal, como leemos en proverbios:" *Los ojos de Jehová están en todo lugar, mirando a los malos y a los buenos"*.[61] Aquí se toma en un sentido adverso, y significa observar retador desde una torre de vigilancia, amenazar desde un lugar elevado de manera similar a la que *"el malvado acecha a los justos"*.[62] O como leemos en el libro de Job, que es esperado: *"desde la torre de vigilancia para la espada"*,[63] es decir: *la espada pende amenazante desde la torre de vigilancia de Dios sobre la cabeza de los impíos*. Pero hay en esta frase también, al mismo tiempo, una alusión a la mirada de Dios sobre el ejército de Faraón frente al Mar Rojo desde la columna de fuego y nube: *"Jehová miró el campamento de los egipcios desde la columna de fuego y nube"*.[64]

HERMANN VENEMA [1697-1787]
"Commentarius ad Psalmos", 1762

Sus ojos velan sobre las naciones. Esto debería poner freno a tanta iniquidad como hay en este mundo. ¿Cómo puede la conciencia del hombre asumir y neutralizar de manera tan fácil e imperturbable que todo aquello que hace, dice y sabe, es conocido por Dios y aborrecible ante los ojos de su santidad; y que por tanto, detesta sus acciones?" Job se preguntaba: *¿No ve él mis caminos, y cuenta todos mis pasos?"*.[65] ... Meditar en la omnisciencia y omnipresencia de Dios debería hacernos humildes. ¡Cuán abatida estaría cualquier persona que supiera con certeza que todos los ángeles en el cielo, y todos los hombres sobre la tierra, conocen hasta el más mínimo detalle de sus andanzas, de todos sus delitos y agravios! Pero ¿acaso puede el conocimiento creado alcanzar a concebir y entender lo que una censura infinita y justa significa? Si fuéramos capaces de asumir y considerar que Dios conoce todas nuestras acciones por miles de miles que sean; y todos nuestros pensamientos aunque se multipliquen por millones; que ve todas las bendiciones que nos han sido inmerecidamente concedidas y todos los golpes que nosotros hemos devuelto; que conoce exactamente la magnitud de su misericordia comparada con nuestra ingratitud; que tiene un registro de toda idolatría, blasfemia y enemistad secreta albergada contra él en el corazón de cada hombre; de todas las opresiones tiránicas, lujurias ocultas, omisiones de deberes necesarios, violaciones de preceptos sencillos, y de todo pensamiento absurdo; con todas las circunstancias agravantes y atenuantes de cada caso; y sabe perfectamente

[59] Abdías 1:4.
[60] Lucas 1:52.
[61] Proverbios 15:3.
[62] Salmo 37:32. En la versión inglesa KJV *"The wicked watcheth the righteous"*.
[63] Job 15:22. El autor hace aquí su propia versión de este texto de Job, que la mayoría de versiones españolas traducen como: *"y descubierto está para la espada"* o *"indefenso para la espada"*; y la inglesa KJV: *"and he is waited for of the sword"*, "es esperado para la espada".
[64] Éxodo 17:24.
[65] Job 32:4.

donde se encuentra en nuestra anatomía cada ácaro de indignidad y de maldad en cualquier circunstancia; tal consideración debería derretir nuestros corazones en humildad delante de él, y conducirnos a implorar de inmediato su perdón.

STEPHEN CHARNOCK [1628-1680]
"The Sinfulness and Cure of Thoughts", 1667

Vers. 8. ***Bendecid, pueblos, a nuestro Dios, y haced oír la voz de su alabanza.*** *[Bendecid, pueblos, a nuestro Dios, y haced oír la voz de su alabanza.* RVR*] [Bendecid, oh pueblos, a nuestro Dios, y haced oír la voz de su alabanza.* LBLA*] [Bendecid, pueblos, a nuestro Elohim, y haced oír la voz de su alabanza.* BTX*] [Pueblos todos, bendigan a nuestro Dios, hagan oír la voz de su alabanza.* NVI*] [Pueblos, bendecid a nuestro Dios, haced resonar su alabanza.* BLP*] [Que el mundo entero bendiga a nuestro Dios y cante sus alabanzas a viva voz.* NTV*]*

Bendecid, pueblos, a nuestro Dios. Vosotros simiente escogida, peculiarmente amados,[66] vuestro es el privilegio de bendecir prioritariamente a vuestro Dios, el Dios del Pacto, cosa que otras naciones no pueden hacer. A vosotros os corresponde encauzar el flujo universal de alabanza, porque es peculiarmente vuestro Dios. Habiendo sido los primeros beneficiados por su amor, os corresponde ser los primeros en su alabanza.

Y haced oír la voz de su alabanza. Por más que otros le alaben con desgana, a hurtadillas o reteniendo el aliento, vosotros aseguraos de dar a vuestra voz todo el volumen de que seáis capaces. Haced que a los oídos de los poco dispuestos a oír les resulte inevitable escuchar vuestras alabanzas al Dios del Pacto. Que montes y collados, la tierra, el mar y el cielo, se hagan eco de vuestros gritos de júbilo.

C. H. SPURGEON

Vers. 9. ***El es quien preservó la vida a nuestra alma, y no permitió que nuestros pies resbalasen.*** *[Él es quien preservó la vida a nuestra alma, y no permitió que nuestros pies resbalasen.* RVR*] [El es quien nos guarda con vida, y no permite que nuestros pies resbalen.* LBLA*] [Él dio vida a nuestra alma, y no permite que nuestro pie resbale.* BTX*] [Él ha protegido nuestra vida, ha evitado que resbalen nuestros pies.* NVI*] [Él es quien nos hace vivir, quien evita que nuestros pies tropiecen.* BLP*] [Nuestra vida está en sus manos, él cuida que nuestros pies no tropiecen.* NTV*]*

Él es quien preservó la vida a nuestra alma.[67] Conservar la vida, y en especial preservar el alma, es razón suficiente para la gratitud en todo momento, pero en especial cuando nos vemos enfrentados

---

[66] 1 Pedro 2:9.

[67] En hebreo: הַשָּׂם נַפְשֵׁנוּ בַּחַיִּים *haśśām napšênū baḥayyîm*. La versión griega de los LXX o Septuaginta lee: τοῦ θεμένου τὴν ψυχήν μου εἰς ζωὴν que la Vulgata traduce al latín como: *"Qui posuit animam meam ad vitam"*, "el cual asentó mi alma en vida". La versión sefardí de Ferrara lee: *"El ponièn nueftra alma en vidas"*. Y la caldea Peshitta: *"Al que nos mantiene con vida"*. SCHÖKEL traduce: *"Él vivifica nuestro aliento"*. KRAUS: *"Él dio vida a nuestra alma"*. FELIPE SCIO DE SAN MIGUEL [1738-1776] en una nota a su traducción de la Vulgata indica que una de las paráfrasis caldeas (no indica cuál pero evidentemente no la Peshitta) traduce: *"El que volvió mi alma a la vida"* y añade: «lo cual hay que entender de la resurrección de Jesucristo; y asimismo de la nuestra a la vida eterna, habiendo sido la de Jesucristo causa y modelo de la nuestra (1 Corintios 15)».

a pruebas extremas que fácilmente podrían aplastarnos. Bendito sea Dios, que habiéndonos concedido la vida, se ha complacido en preservar del poder destructor del enemigo esa vida otorgada desde el cielo.

Y no permitió que nuestros pies resbalasen. Esta es otra bendición preciosa. Si Dios nos ha permitido no solo conservar la vida, sino afirmarnos en nuestra posición, tenemos la obligación de darle doble alabanza. Seguir con vida y mantenerse firmes es privilegio de los santos otorgado por la gracia divina. Aquellos a quienes Dios preserva son inmortales e inconmovibles. Y ello avergüenza a Satanás, que se ve impotente; pues en lugar de conseguir acabar con la vida de los santos, como era su propósito, ni tan siquiera logra hacerles tropezar. Dios puede hacer que aún el más débil se mantenga firme, y lo hará.

C. H. SPURGEON

Él es quien preservó la vida a nuestra alma. A las obras de la creación habidas en el principio, cuando el *poder* y la *providencia* de Dios se juntaron para crearlo y sostenerlo todo; se unen ahora otras obras tanto o más asombrosas, en las que la *regeneración* y la *perseverancia,* obran también en conjunto: *"En estos últimos días nos ha hablado en el Hijo, a quien designó heredero de todo, por medio del cual hizo también el universo; el cual, siendo el resplandor de su gloria, y la fiel representación de su ser real, y el que sostiene todas las cosas con la palabra de su poder, habiendo efectuado la purificación de nuestros pecados por medio de sí mismo, se sentó a la diestra de la Majestad en las alturas".*[68] Y así, el apóstol Pedro, consciente de que somos: *"engendrados de nuevo", "preservados por el poder de Dios mediante la fe, para alcanzar la salvación",*[69] *"llamados, santificados en Dios Padre, y guardados para Jesucristo",*[70] exclama: *"Bendito sea el Dios y Padre de nuestro Señor Jesucristo, quien según su gran misericordia, nos ha hecho nacer de nuevo para una esperanza viva, mediante la resurrección de Jesucristo de los muertos".*[71] Palabras que coinciden plenamente con las del salmista en los versículos ocho y nueve de este salmo: *"Bendecid, pueblos, a nuestro Dios, y haced oír la voz de su alabanza. Porque él es quien preservó la vida en nuestra alma"*[72] (66:8-9). Cuando analizamos estas palabras del salmista más detalladamente y las comparamos con las del apóstol Pedro, descubrimos que ambos bendicen a Dios por los mismos motivos. En el caso de Pedro por *"hacernos nacer de nuevo",* y *"preservarnos por el poder de Dios"* En el caso del salmista, por los mismos conceptos, incluidos en único sintagma hebreo: הַשָּׂם *haśśām,* y que puede entenderse como:

1. *El es quién puso la vida en nuestras almas* (así es como figura en una nota marginal explicando el sentido del texto hebreo),[73] es decir, él es quien pone en nuestra alma la vida por primera vez, como lo hizo con Adán cuando sopló en su nariz aliento de vida y vino a ser un *alma viviente.*[74] O también:

[68] Hebreos 1:2-3.
[69] 1 Pedro 1:3, 5.
[70] Judas 1:1.
[71] 1 Pedro 1:3.
[72] La versión inglesa KJV traduce: *"Which holdeth our soul in life".*
[73] Se refiere a una anotación marginal en la KJV, King James Version o *Authorized Version* en su edición de 1611, que según un estudio llevado a cabo por FREDERICK H.A. SCRIVENER [1813-1891] contaba con 6637 notas marginales explicativas en el Antiguo Testamento, 1018 en los libros Deuterocanónicos (entonces incluidos), y 767 en el Nuevo Testamento: un total de 8422.
[74] Génesis 2:7; 1 Corintios 15:45.

2. *Él es quien preserva la vida en nuestras almas,* es decir, quien sostiene y mantiene en nuestras almas esa vida que puso, haciendo que sigan con vida. Así es como lo traducen algunos otros intérpretes.

Nuestra opinión es que salmista, en una visión amplia, incluye en esa expresión verbal los dos conceptos y bendice al Señor por ambos.

Thomas Goodwin [1600-1679]
"A discourse of Christ the Mediator", 1692

Él es quien preservó la vida a nuestra alma. No hay afirmación más cierta que la que proclama que todo cuanto tenemos está en la mano de Dios. Pero no más de la que afirma que su mano sostiene de manera especial nuestra vida por encima de todas las demás cosas. Pues aunque el alma prosiga su existencia, ello no significa que siga con vida; hay un momento en el que el alma queda privada de vida, puesto que la vida surge de la unión entre el alma y el cuerpo. *"Él es quien preserva la vida a nuestra alma",* es decir: mantiene juntos el alma y el cuerpo para que siga habiendo vida. Así es como describe Daniel a Dios ante el rey Belsasar: *"pero al Dios que tiene en su mano tu propio aliento y es dueño de todos tus caminos, no has glorificado".*[75] El aliento de los príncipes está en la mano de Dios, en la misma manera que lo está el aliento del más ignorado, humilde e insignificante de sus súbditos. Lo cual no deja de ser para nosotros un motivo de consuelo en momentos de amenaza y peligro de muerte: cuando el hombre levante contra ti su mano con intención de quitarte la vida, recuerda que tu vida está en la mano de Dios; y como dijo Dios a Satanás: *"su cuerpo está en tu mano, pero preserva su vida";*[76] es decir, dejo que aflijas su cuerpo pero no tocar su vida. Y eso mismo sigue diciendo Dios a todos los opresores y perseguidores sanguinarios de nuestros días, que son acólitos de Satanás: los cuerpos de fulano y de mengano, de tales y cuales, están en tu mano; sus bienes están en tu mano; pero preserva sus vidas.

Joseph Caryl [1602-1673]
"An Exposition with Practical Observations upon of the Book of Job", 1651

El es quién puso la vida en nuestras almas. Una declaración hermosa, elegante y enfática, que únicamente alcanzamos a entender analizando en profundidad el sentido y fuerza exacta de cada palabra hebrea. El alma: נֶּפֶשׁ *nephesh* es la vida, como es bien sabido; y el verbo שׂוּם *sum* es poner, colocar, introducir; por tanto: הַשָּׂם *haśśām,* significa propiamente juntar, ligar una cosa con la otra. El sentido literal sería: él es quien ató o junto las facultades y poderes mediante los cuales la naturaleza hizo posible la vida y los mantiene unidos para que se mantenga y preserve.

Hermann Venema [1697-1787]
"Commentarius ad Psalmos", 1762

Él es quien preserva la vida a nuestra alma. Sí, él es quien la sostiene con su mano para evitar que caiga y se haga añicos; pues de estar exclusivamente en nuestras manos, se nos deslizaría entre los dedos.

Matthew Henry [1662-1714]
"Commentary on the Whole Bible", 1811

[75] Daniel 5:23 LBLA.

[76] Job 2:6.

Y no permite que nuestros pies resbalen. Es gran misericordia ser guardados de caminos y decisiones equivocadas en los momentos de tristeza, angustia y desesperación; sostenidos cuando soportamos pesadas cargas para evitar que no nos hundamos; y preservados de negar a Dios o su verdad en tiempos de persecución.

David Dickson [1583-1663]
"A Brief Explication of the Psalms from L to C", 1655

Vers. 10. ***Porque tú nos probaste, oh Dios; nos ensayaste como se afina la plata.*** *[Porque tú nos probaste, oh Dios; nos refinaste como se afina la plata.* RVR*] [Porque tú nos has probado, oh Dios; nos has refinado como se refina la plata.* LBLA*] [Tú nos probaste, oh Elohim, nos acrisolaste como se acrisola la plata.* BTX*] [Tú, oh Dios, nos has puesto a prueba; nos has purificado como a la plata.* NVI*] [Tú, Dios, nos pusiste a prueba, purificándonos como a la plata.* BLP*] [Nos pusiste a prueba, oh Dios; nos purificaste como se purifica la plata.* NTV*]*

Porque tú nos probaste, oh Dios. A Israel lo probó con pruebas dolorosas. David tuvo que soportar sus tentaciones. Todos los santos sin falta deben pasar por la prueba: Dios tuvo un Hijo sin pecado, pero ninguno que no pase por pruebas. ¿Por qué, entonces, vamos a quejarnos de ser sometidos a una norma común a todos los componentes la familia divina, y que tantos beneficios ha proporcionado a otros? Siendo el propio Señor el que nos prueba, ¿quién se atrevería a cuestionar la sabiduría y el amor manifiesto en el proceso? Llegará el día en que de nuestras aflicciones haremos himnos, y habiendo sido nuestras bocas purificadas con tragos amargos cantaremos con mayor dulzura.

Nos refinaste como se afina la plata.[77] Escrutadora y repetitiva, severa y exhaustiva ha sido la prueba; nos ha sido aplicado el mismo procedimiento que a los metales preciosos, hasta separar toda la escoria, consumir el estaño, y sacar a la luz únicamente el mineral puro. Y puesto que la prueba está santificada y encaminada a un fin tan deseable, ¿no deberíamos someternos a ella con total resignación?

C. H. Spurgeon

Porque tú nos has probado. Resulta imposible saber cuál será la cosecha real del maíz hasta que no sale del molino; ni el vino que darán las uvas hasta que su jugo no destila de la prensa. La gracia se esconde en la naturaleza humana como el agua dulce en las hojas de las rosas;[78] pero la aflicción

[77] En hebreo צְרַפְתָּנוּ כִּצְרָף־כָּסֶף *ṣəraptānū kiṣrāp̄-kāsep̄* de צָרַף *tsaraph,* "refinar, acrisolar". La versión griega de los LXX o Septuaginta lee: ἐπύρωσας ἡμᾶς, ὡς πυροῦται τὸ ἀργύριον que la Vulgata traduce al latín como: *"igne nos examinasti sicut examinatur argentum"*, "Con fuego nos examinaste, como se examina la plata". La versión sefardí de Ferrara traduce: *"purificafte nos como purificar plata"*. Una figura muy común en el Salterio y en los libros de Isaías y Jeremías, que hallamos también en Zacarías 3:9: *"Y meteré en el fuego a la tercera parte, y los fundiré como se funde la plata, y los probaré como se prueba el oro"*. (Ver Salmos 12:6; 17:3; 18:30; 26:2; 105:19; 119:140; Isaías 1:25; 40:19; 41:7; 46:6; 48:10; Jeremías 6:29; 9:7; 10:9).

[78] La llamada "agua de rosas" es muy apreciada. Se obtiene a partir de la destilación de pétalos de rosa en un alambique, donde se obtienen separadamente el aceite esencial de rosas y el agua de rosas o agua resultante en el proceso de destilación, y que contiene las moléculas hidrosolubles de la flor. Tiene la misma consistencia que el agua, pero con el aroma característico de la rosa, es comestible y se utiliza en gastronomía, cosmética y medicina dermatológica.

la exprime y extrae. *"Nos refinaste como se afina la plata"*. Los impíos también serán probados,[79] pero prueban ser plata corrupta,[80] o en el mejor de los casos, como en la alquimia del oro, no pasan la prueba del séptimo fuego.[81]

JOHN TRAPP [1601-1669]
"A commentary or exposition upon the books of Ezra, Nehemiah, Esther, Job and Psalms", 1657

Nos refinaste como se afina la plata. Convencido de la importancia de esta ilustración, dado el uso frecuente que de la misma se hace en la Escritura; y entendiendo que algo particularmente instructivo debe haber en el proceso de purificación de oro y la plata para que los autores sagrados recurran al mismo tan a menudo, he recopilado algunos datos al respecto. La tan trillada anécdota del refinador que mientras funde la plata en el fuego contempla en la refulgente burbuja de metal líquido su propia imagen, siempre nos ha encantado tanto, que no hemos investigado más allá. Y no obstante, con un estudio más profundo y cuidadoso, es mucho lo que se puede sacar de esta ilustración:

1. *Para refinar plata se requiere mucha habilidad y atención personal por parte del artesano.* Según la Enciclopedia Británica: «El principio de purificar la plata, en teoría es muy simple, pero en la práctica se requiere una gran experiencia para garantizar el éxito; cabría decir que pocos procesos de manufactura requieren una mayor atención y vigilancia. El resultado puede verse influido por un número tan enorme y diverso de variables, que ningún refinador que estime su reputación va a delegar los pasos principales del proceso en otro del que no tenga la absoluta certeza que posee los mismos conocimientos y habilidades que él. Además del resultado básico, determinable en peso, hay un sin fin de otras alteraciones y compensaciones, que solo son conocidas por un obrero experimentado, y que si no se toman en cuenta, como podría suceder en el caso de un novato, podrían hacer que el resultado final de evaluación no sea el esperado. Pagnini[82] en su versión de la Biblia traduce este versículo (66:10) de la siguiente forma: *"Nos has derretido al soplar sobre nosotros"*. Y de hecho, en los monumentos de antiguo Egipto, a los artesanos fundidores se les representa sentados, soplando con un tubo o caña en pequeñas chimeneas, con las mejillas rojas para reflejar el calor intenso, y mirando fijamente el material que están refinando con gran atención; algo que nos confirma un texto de Malaquías: *"Y se sentará para refinar y purificar la plata"*.[83]
2. *Para refinar plata se requiere un horno construido con mucha habilidad.* Describir con detalle este horno no haría sino aburrir al lector: pero es bueno que sepa que el propio horno

[79] Apocalipsis 3:10.
[80] Jeremías 6:28.
[81] Job 23:10. Las antiguas tradiciones en el arte de refinar metales arrancan al parecer en Mesopotamia y la cultura egipcia. Los antiguos egipcios llamaban a su país "Kemet", que tiene su origen en el vocablo de raíz jeroglífica *"kem"* asignado a los limos o barros negros del Nilo: "país de los limos negros". De ahí parte el vocablo árabe ٱلْكِيمِيَاء (*al-kīmiyā'*), transliterado al latín como *alchēmia* y al español como alquimia, una técnica de refinamiento según la cual la plata y el oro eran sometidos al fuego siete veces para convertirlos en metales puros; y que en la Edad Media se unió con la doctrina filosófica derivando en metafísica.
[82] Se refiere a SANTES PAGNINUS O PAGNINO [1470-1536], erudito monje dominico nacido en Lucca, Italia. Fue discípulo de JERÓNIMO SAVONAROLA [1452-1498] en Florencia, especializándose en lenguas orientales. Elocuente predicador, después de vivir por un tiempo en Roma como profesor en la Escuela Vaticana de Lenguas Orientales, se trasladó a Avignon y posteriormente a Lyon, Francia, donde publicó su traducción de la Biblia al latín, caracterizada por su literalidad y que para muchos fue la base de la mayoría de traducciones protestantes a lenguas vernáculas. Al parecer fue la primera traducción de la Biblia que presenta divisiones numeradas en capítulos y versículos.
[83] Malaquías 3:3.

de refinar es por si mismo una obra de arte. Y así es también en *la prueba de nuestra fe, mucho más preciosa que el oro, el cual perece.*[84] Dios nos refina, pero no en un horno de refinar plata, sino en el horno de la aflicción,[85] diseñado y preparado de forma mucho más maravillosa aún.

3. *Para refinar plata es preciso controlar la temperatura a la perfección.* Durante el proceso, la atención principal del refinador debe estar centrada en la temperatura del horno, que no debe ser ni excesiva ni insuficiente: si la temperatura es demasiado alta, se perderá una porción de la plata que se juntará con el plomo y el proceso se echará a perder; además, al estar los poros de la copela más abiertos, se produce una mayor absorción y existe también la posibilidad de pérdida por esa causa. Una clara indicación de un exceso de temperatura en el horno, es el aumento rápido y perpendicular de los humos hasta la campana o respiradero del horno. Por el contrario, cuando el artesano observa que los humos se acumulan en al fondo del horno, es señal de que está frío y, si no hace nada al respecto, la copelación será imperfecta, y la plata no se habrá liberado por completo de los metales básicos (Enciclopedia Británica).
4. *Para refinar plata es necesario hacer no uno sino varios intentos.* Por regla general se hacen dos o más refinos de la misma pieza, a fin de asegurar la pureza y exactitud. Se dice que la plata de calidad se purifica siete veces. Y así también, es a través de diversas pruebas que los santos alcanzan el reposo prometido.

C. H. SPURGEON

Vers. 11. ***Nos metiste en la red; pusiste sobre nuestros lomos pesada carga.*** *[Nos metiste en la red; pusiste sobre nuestros lomos pesada carga.* RVR*] [Nos metiste en la red; carga pesada pusiste sobre nuestros lomos.* LBLA*] [Nos metiste en la red, echaste sobre nuestros lomos una carga muy pesada.* BTX*] [Nos has hecho caer en una red; ¡pesada carga nos has echado a cuestas!* NVI*] [Nos dejaste caer en una trampa, descargaste un gran peso en nuestra espalda.* BLP*] [Nos atrapaste en tu red y pusiste sobre nuestra espalda la carga de la esclavitud.* NTV*]*

Nos metiste en la red.[86] En los tiempos antiguos el pueblo de Dios se veía a menudo sometido al poder de sus enemigos, como peces o pájaros atrapados en una red; No tenían forma de escapar de ellos. Su única esperanza y consuelo era el mismo Dios los había puesto allí, pero ello no significaba liberación inmediata, pues eran conscientes de que los había arrojado allí encolerizado, como castigo por sus transgresiones; en Egipto Israel era como un pájaro en la red del cazador.

Pusiste sobre nuestros lomos pesada carga.[87] Se vieron presionados por sus cargas y dolores hasta los límites de la angustia. No tan solo tenían que soportar la carga sobre sus espaldas, sino que

[84] 1 Pedro 1:7.

[85] Isaías 48:10.

[86] En hebreo: הֲבֵאתָנוּ בַמְּצוּדָה *hăḇêṯānū ḇamməṣūḏāh* de מָצוּד *matsuwd*, "red, lazo". SCHÖKEL traduce: *"nos metiste en una prisión"*. KRAUS: *"tú nos llevaste a la red del cazador"*.

[87] En hebreo: שַׂמְתָּ מוּעָקָה בְמָתְנֵינוּ *śamtā mū'āqāh ḇəmāṯənênū*. La versión griega de los LXX o Septuaginta lee: ἔθου θλίψεις ἐπὶ τὸν νῶτον ἡμῶν que la Vulgata traduce al latín como: *"prosuisti tribulationes in dorso nostro"*, "echaste tribulaciones sobre nuestra espalda". La versión sefardí de Ferrara: *"pufifte aprieto en nueftros lomos"*. La caldea Peshitta: *"y pusiste angustia en nuestros lomos"*. KRAUS indica que el significado del sintagma hebreo מוּעָקָה *mū'āqāh* es incierto puesto que es el único lugar donde aparece en todo el A.T. y lo traduce como *"tribulación"*. SCHÖKEL como *"pesada carga"*. FRANCISCO LACUEVA [1911-2005] en su versión española del "Comentario de Matthew Henry" indica que: «No se dice expresamente cuál es

también sus lomos se veían presionados y estrujados por las dificultades y el peso de la adversidad. El pueblo de Dios y la aflicción suelen ser compañeros íntimos e inseparables. Así como en Egipto todo israelita era porteador de carga,[88] así es también todo creyente mientras permanece en esta tierra extranjera que es el mundo. Y como Israel clamó a Dios implorando liberación de su penosa esclavitud, así hacen también los santos. Olvidamos que Dios pone también sobre nosotros aflicciones con frecuencia; si lo recordáramos, nos someteríamos a ellas más pacientemente y soportaríamos mejor la presión que nos aflige. Tiempo vendrá cuando, por cada onza de carga presente, recibamos un más excelente y eterno peso de gloria.[89]

C. H. SPURGEON

Nos metiste en la red; pusiste sobre nuestros lomos pesada carga. Nuestros enemigos nos han perseguido (cual animales perseguidos por un cazador) obligándonos a transitar por lugares estrechos y gravosos.[90] Nos han utilizado como bestias de carga, y han puesto sobre nosotros cargas pesadas, atándolas a nuestra espalda. *"Tú pusiste aflicción sobre nuestros lomos"*.[91] *Coarctationenem in lumbis;* es decir, no solo estamos atrapados como en una red, sino también encadenados, atados con cadenas; como en manos del carcelero o del verdugo.

JOHN TRAPP [1601-1669]
"A commentary or exposition upon the books of Ezra, Nehemiah, Esther, Job and Psalms", 1657

Vers. 12. *Hiciste cabalgar hombres sobre nuestra cabeza; pasamos por el fuego y por el agua, y nos sacaste a abundancia.* *[Hiciste cabalgar a hombres vulgares sobre nuestra cabeza; pasamos por el fuego y por el agua, pero nos sacaste a abundancia.* RVR*] [Hiciste cabalgar hombres sobre nuestras cabezas; pasamos por el fuego y por el agua, pero tú nos sacaste a un lugar de abundancia.* LBLA*] [Hiciste cabalgar hombres sobre nuestras cabezas, pasamos por el fuego y por las aguas, pero luego nos sacaste a la abundancia.* BTX*] [Las caballerías nos han aplastado la cabeza; hemos pasado por el fuego y por el agua, pero al fin nos has dado un respiro.* NVI*] [Permitiste que sobre nosotros cabalgaran, tuvimos que atravesar agua y fuego, pero tú nos llevaste a la abundancia.* BLP*] [Luego colocaste un líder sobre nosotros. Pasamos por el fuego y por la inundación, pero nos llevaste a un lugar de mucha abundancia.* NTV*]*

Hiciste cabalgar hombres sobre nuestras cabezas.[92] Irrumpieron como una tromba, se mofaron nosotros y nos trataron como estiércol. Hombres mezquinos, montando el caballo de su arrogancia,

el apuro al que el salmista se refiere, pero es probable que aluda a la invasión de Senaquerib relatada en 2 Crónicas 32:1-23 porque encaja perfectamente con lo descrito en el Salmo: *"Nos metiste en la red, como una prisión merecida por nuestros pecados, pusiste sobre nuestros lomos pesada carga, un peso que nos aplastaba"*. (Ver también al respecto Isaías del capítulos 36-37).

[88] Éxodo 1:13-14.

[89] 2 Corintios 4:17.

[90] 1 Samuel 13:6.

[91] Así lo traduce la versión inglesa KJV: *"Thou laidest affliction upon our loins"*.

[92] En hebreo: הִרְכַּבְתָּ אֱנוֹשׁ לְרֹאשֵׁנוּ *hirkaḇtā ’ĕnōwōš lərōšênū* de רָכַב *rakab*, "cabalgar", y ראשׁ *rosh*, "cabeza". La versión griega de los LXX o Septuaginta lee: ἐπεβίβασας ἀνθρώπους ἐπὶ τὰς κεφαλὰς ἡμῶν que la Vulgata traduce al latín como: *"Imposuisti homines super capita nostra"*, "Pusiste hombres sobre nuestras cabezas". La versión sefardí de Ferrara: *"Hizifte cavalgar varon fobre nueftra cabeça"*. Y la caldea Peshitta: *"hiciste cabalgar hombres encima de nuestra cabeza"*. SCHÖKEL traduce: *"hiciste nuestro cuello*

pisotearon al pueblo del Señor con insolencia, cual si fuera lo más bajo y ruin de la tierra. Utilizaron a los cautivos como bestias de carga, y como dice literalmente el texto hebreo, "cabalgaron sobre sus cabezas". No hay límites en la humillación a que se ven sometidos los siervos de Dios cuando caen en manos de perseguidores altivos y orgullosos.

Pasamos por el fuego y por el agua.[93] Israel tuvo que soportar en Egipto muchas y muy diversas pruebas; y esta sigue siendo la porción de los santos. Los fuegos de los hornos donde cocían los ladrillos, y las aguas del Nilo, hicieron cuanto estuvo a su alcance para mermar al pueblo escogido; las ordenes del Faraón tirano incluyeron el trabajo hasta la extenuación,[94] y el asesinato de todos los niños varones;[95] pero Israel superó ambas pruebas indemne. Así también la Iglesia de Dios ha sobrevivido, y sobrevivirá, todos los intentos de destrucción, artificios y crueldades del hombre. Tanto el fuego como el agua son implacables en su acción destructora; pero un simple decreto divino basta para mantener su furia a raya e impedirles, a ellos o a cualquier otro elemento de la naturaleza, destruir totalmente la simiente escogida. Muchos entre los herederos del cielo han pasado por experiencias de tribulación terribles: el fuego moral que han tenido que afrontar ha sido más devastador aún que el físico que consume la carne y los huesos, porque se ha ensañado con la médula de su espíritu y quemado el núcleo de su corazón; las riadas de aflicción que han venido sobre ellos más pavorosas que un mar

---

montura de hombres". Un versículo complejo cuya interpretación no es nada fácil, como verá el lector por los distintos comentarios que aporta el propio Spurgeon. La interpretación literal sería que los utilizaron como caballos humanos, que se subieron a sus espaldas, aunque contextualmente eso parece poco probable. Algunos expositores han tratado de explicarlo en base a Isaías 51:23: *"Inclínate, y pasaremos por encima de ti. Y tú pusiste tu espalda* (en hebreo גֵּו *gev) como suelo, y como camino, para que pasaran",* pero la mención específica del salmista al término ראש *rosh,* "cabeza", aporta poco fundamento para tal explicación. Los comentaristas y exégetas comentan al respecto:

– FRANCISCO LACUEVA [1911-2005] en su versión española del "Comentario de Matthew Henry" considera que: «la imagen describe al soldado caído en el campo de batalla, mientras caballos y jinetes le pasan por encima pisoteándolo y atropellándolo». Pero diversos comentaristas de prestigio discrepan de esa idea, como:

– FRANZ DELITZSCH [1813-1890] que rechaza esta interpretación y propone otra: «Dios hizo que como cautivos tuvieran que caminar medio arrastrándose atados detrás de los caballos y jinetes de sus opresores, sin poder levantar la cabeza, lo cual implicaba una herida muy profunda en su autoestima».

– SCHÖKEL dice al respecto: «No creo que se trate de jinetes que cabalgan sobre cadáveres, sobre los cuerpos destrozados e inertes de los vencidos, porque más adelante nos habla de la liberación. Tampoco se refiere a la costumbre de poner el vencedor el pie sobre el cuello del vencido, pues eso no es cabalgar». Y coincide con FRANZ DELITZSCH en que se trata más bien de una situación humillante y servil, parecida a la que se describe en Lamentaciones 5:13.

– FELIPE SCIO DE SAN MIGUEL [1738-1776] en una nota a su traducción de la Vulgata comenta: «Nos pusiste bajo el yugo de ùnos señores crueles e inexorables que nos gobernaban como si fuésemos bestias, haciéndonos servir en lugar de bestias para tirar de los carros, y llevar pesadas cargas».

[93] En hebreo: בָּאנוּ־בָאֵשׁ וּבַמַּיִם *bānū-ḇā'êš ūḇammayim*. Todos los comentaristas coinciden en que *"pasamos por el fuego y por el agua"* es una figura simbólica de las pruebas y peligros más duros, algo que queda demostrado en numerosos textos no solo de Israel sino de otros pueblos de la época, y que han persistido en algunas costumbres y tradiciones simbólicas hasta el día de hoy. FELIPE SCIO DE SAN MIGUEL [1738-1776] en una nota a su traducción de la Vulgata comenta: «Se trata de una expresión proverbial para expresar que habían sido afligidos con todo género de calamidades».

[94] Éxodo 1:8-14; 5:6-14.

[95] Éxodo 1:15-22.

encrespado, porque han arrasado su alma y arrastrado su naturaleza interior hacia abismos horribles; algo imposible de imaginar siquiera sin echarse a temblar. Y no obstante, los santos enfrentados a tales calamidades han salido más que vencedores, y continuarán siéndolo. Porque no hay fuego encendido que pueda abrasar la simiente de la mujer, ni dragón capaz de vomitar un río de agua lo bastante caudaloso como para arrastrarla y lograr que se ahogue.[96]

Pero tú nos sacaste a un lugar de abundancia.[97] Un final feliz y bienaventurado para una historia triste y lúgubre. Canaán era, sin duda, un lugar amplio y de abundancia para las tribus esclavizadas en Egipto: el mismo Dios que los llevó a Egipto cuando lo consideró conveniente, los sacó también de allí en el momento oportuno y los condujo a una tierra que fluía con leche y miel;[98] la estancia en Egipto formaba parte de sus propósitos divinos en el camino hacia Canaán. El camino al cielo pasa siempre por la tribulación:

> *Tan solo el camino de la tristeza, y únicamente el,*
> *conduce a la tierra donde la tristeza es desconocida.*[99]

Cuán abundante es ese *lugar de abundancia* para cada creyente, y cuán doblemente siente esa abundancia al contrastarla con su antigua esclavitud: no hay cánticos que alcancen a expresar nuestro agradecimiento y gozo por tan gloriosa liberación y abundante herencia. Y la más sobreabundante aún que nos aguarda.[100] La profundidad de nuestras penas no mantiene relación con la altura de nuestra bienaventuranza: para vergüenza nuestra es el doble, y más del doble. Como sucedió con el patriarca José, iremos directos de la cárcel al palacio;[101] como Mardoqueo, escaparemos de la horca preparada por la malignidad, y vestiremos la túnica real designada por la benignidad cabalgando un caballo blanco.[102] En lugar de red, libertad plena; en lugar de carga sobre nuestros lomos, una corona ceñida en nuestras cabezas; en lugar de que los hombres cabalguen sobre nosotros, gobernaremos sobre las naciones: el fuego ya no volverá a probarnos, porque estaremos en gloria sobre el mar de vidrio mezclado con fuego;[103] y el agua ya no podrá dañarnos, porque el mar de agua habrá dejado de existir.[104] ¡Que conclusión tan brillante y esplendorosa para tan lúgubre y triste historia! Gloria sea a Aquel que sabe ver en el mal aparente, el camino verdadero hacia el bien real. Soportemos pues con paciencia

---

[96] Apocalipsis 12:15-16.

[97] En hebreo: וַתּוֹצִיאֵנוּ לָרְוָיָה *wattōwṣî'ênū lārəwāyāh*. Otra frase compleja. La versión griega de los LXX o Septuaginta lee: καὶ ἐξήγαγες ἡμᾶς εἰς ἀναψυχήν que la Vulgata traduce al latín como: *"et eduxisti nos in refrigerium"*, "y nos sacaste a refrigerio". La versión sefardí de Ferrara: *"y facaftenos a la (tierra) harta"*. La caldea Peshitta: *"nos sacaste a un lugar amplio"*. SCHÖKEL traduce: *"nos sacaste a la abundancia"*. KRAUS: *"¡pero nos sacaste a la libertad!"*. Los Padres de la Iglesia ven en este versículo una clara alusión a la resurrección de Cristo, encajándolo con la idea de "Salmo de la Resurrección". Ver notas 5 y 67.

[98] Éxodo 33:3.

[99] La cita procede de un poema de WILLIAM COWPER [1731-1800] titulado *Epistle to an afflicted protestant lady in France,* "Carta a una dama protestante afligida en Francia" líneas 9 y 10. La carta-poema fue escrita por Cowper en 1783 a petición de Lady Ann Austen y dirigida a la Madam Billacoys, una amiga que Lady Austen había conocido en Francia.

[100] 2 Corintios 4:17.

[101] Génesis 41:14; 37-43.

[102] Ester 6:3-12.

[103] Apocalipsis 15:2.

[104] Apocalipsis 21:1.

nuestra tribulación presente, porque viene ya la mañana; y sobre las colinas asoma ya el día bajo cuya luz entraremos en nuestro lugar de abundancia.

C. H. SPURGEON

Hiciste cabalgar hombres sobre nuestras cabezas. Reparemos en la peculiaridad de que en este caso los agentes ejecutores de la acción divina son *"hombres"*. El hombre es una criatura sociable, y se supone que debería convivir y conversar con los demás hombres en amor y en paz. Siendo que el hombre debería ser por naturaleza un partidario y benefactor del propio hombre; ¿se ha convertido en su destructor? Debería ayudarle a levantarse y mantenerse en pie; ¿y cabalga sobre él pisoteándole? ¡Oh apostasía, no solo de los principios religiosos, sino incluso de todo sentido de humanidad! *"Quid est homini inimicissimum? alter homo"* dice Séneca.[105] (¿Quién es el peor enemigo del hombre? el hombre). El mayor peligro que enfrenta el ser humano viene de donde menos debería venir: de sus propios congéneres. Los leones no pelean con leones; las serpientes no usan su veneno en otras serpientes; pero el hombre es el principal causante de las tribulaciones y aflicciones de su propia raza.

1. *Cabalgan.* ¿No tienen bastante con cabalgar sobre las bestias, sino que tienen además malicia suficiente como para pisotearnos y patalearnos también a nosotros? Sí, porque tienen *"el pie del orgullo"*,[106] de cual David suplicó a Dios ser liberado; tienen un talón presuntuoso, que se atreven a levantar contra Dios; y una punta tiránica, con la que patalean a sus congéneres abatidos. No necesitan caballos ni mulas, para pisotear y patalear les basta con el pie de la maldad y la venganza.[107]

2. *Sobre nosotros.* El camino por el que transitan es lo suficientemente ancho, porque es el camino del diablo.[108] Podrían dejar tranquilos a los pobres, pues gozan de espacio más que suficiente; no tienen necesidad de cabalgar sobre nosotros. Mostrarían más gallardía batiéndose con otros adversarios a su nivel que les intercepten el paso en su camino. Porque nosotros nunca peleamos por su camino; pueden disfrutarlo a sus anchas libres de nuestra envidia, aunque con nuestra compasión. ¿Por qué se empeñan en cabalgar sobre nosotros

3. *Sobre nuestras cabezas.* ¿No les basta para satisfacer su orgullo el *cabalgar?* ¿No es suficiente para su maldad cabalgar *sobre nosotros?* ¿Necesitan deleitarse hasta la sangre cabalgando sobre *nuestras cabezas?* ¿No alcanza complacer su crueldad la fractura de nuestros brazos y piernas, de las extremidades inferiores? ¿Lo les resulta suficiente acaso torturar nuestro cuerpo, menguar nuestras fuerzas, burlarse de nuestra inocencia, despojarnos de nuestras haciendas; sino que también tienen sed de nuestra sangre y desean arrebatarnos la vida? *"Quo tendit saeva libido?"* ¿Hasta donde llegará su locura?

Pero no debemos atarnos a la interpretación literal. Porque hay también una interpretación mística o metafórica gradual de su crueldad: su caballo simboliza su orgullo; su cabalgar sobre nosotros su malicia; y el que lo hagan sobre nuestras cabezas su opresión sangrienta.

THOMAS ADAMS [1583-1653]
en un sermón predicado en *St. Gregories*, Londres, titulado *"The happines of the church, or, A description of those spirituall prerogatiues vvherewith Christ hath endowed her considered in some contemplations vpon part of the 12. chapter of the Hebrewes"*, 1618

[105] Se refiere al filósofo romano nacido en Córdoba, Hispania, LUCIO ANNEO SÉNECA [4-65], conocido también como SÉNECA EL JOVEN, famoso por sus obras de carácter moralista. Fue tutor y consejero del emperador Nerón.

[106] Salmo 36:11.

[107] Salmo 32:9.

[108] Mateo 7:13.

Hiciste cabalgar hombres sobre nuestras cabezas. Hubo una época cuando los Bonners's[109] y otros carniceros, cabalgaron sobre las cabezas de los santos de Dios, y humedecieron la tierra con su sangre; pero cada gota derramada engendró a un nuevo creyente.

THOMAS ADAMS [1583-1653]
en un sermón predicado en *St. Gregories,* Londres, titulado *"The happines of the church"*, 1618

Hiciste cabalgar hombres sobre nuestras cabezas. Como el mar proceloso por el que navegaban los discípulos,[110] este versículo se nos hace igual de tempestuoso, y por un momento las olas cubren la barca; pero la reprensión de Cristo apaciguó los elementos, y sobrevino una gran calma. Describe, ni más ni menos, que a crueles Nimrods[111] cabalgando sobre cabezas inocentes con la misma tranquilidad con que lo harían sobre tierras en barbecho; y habla de travesías peligrosas en medio del fuego y del agua. Pero la tormenta acaba pronto, o digamos más bien que el navío toca puerto y los pasajeros son felizmente desembarcados; pues termina diciendo: *"pero nos sacaste a un lugar de abundancia"*. Digamos pues que esta estrofa de salmodia o cántico de David, consiste de dos notas: una triste, y otra alegre; un toque de angustia, y otro de reparación; y que conduce el curso de nuestra observación a un contraste entre aflicción y misericordia: desde la más dolorosa aflicción a la más generosa misericordiosa. Hay en este versículo desolación y consuelo: un profundo abatimiento del que se encuentra tendido bajo las pezuñas de los caballos; y una feliz liberación cuando es llevado a un lugar de abundancia. Y en ambas situaciones es Dios quien tiene la palabra; en este concierto él es el director. Participa como *actor,* y como *autor;* como *actor* causante de la persecución, y como *autor* de la liberación: *"tú hiciste cabalgar" – "tú nos sacaste a"*. En el primer caso es el elemento causante; en el segundo la una única fuerza obrante. En uno obra delegando; en el otro obra en solitario. En el primer caso lo hace con un dedo; en el segundo emplea la mano completa. Es necesario comenzar con la aflicción antes de llegar a la misericordia. Si no experimentáramos dificultades, no tendríamos idea del valor de la liberación. Sin duda que la presión a que se ven sometidos los santos, según se describe en este versículo, es muy gravosa; pero comienza advirtiendo que fue el Señor quién la causó: *"Hiciste cabalgar"*. De ello se desprende que un libertino malvado puede, circunstancialmente, convertirse en instrumento útil, y restregando su inmundicia sobre la pureza de Dios, descargar toda su villanía contra los santos del Señor; aunque, eso sí, con el debido consentimiento divino: *"Hiciste cabalgar"*. Corresponde aclarar, sin embargo, en honor a la verdad, que cuando Dios ordena a los malignos las persecuciones que azotan a veces a sus hijos, lo hace sin concesión especial alguna para con el instrumento utilizado, el que ejecuta el golpe. Dios implica en sus acciones a distintas personas pero no trata con ellas de la misma manera. En las aflicciones de Job intervinieron tres agentes: Dios, Satanás y los sabeos. El diablo actuó sobre su cuerpo, los sabeos sobre sus bienes; y a pesar de todo, Job atribuye la acción a un tercer agente que entiende por encima de los otros dos: *"El Señor dio y el Señor quitó"*.[112] En este versículo se nos dice que los opresores pisotean al justo, y que Dios es la causa de ello. Ciertamente, Dios provoca aflicción a su pueblo para probarlo *"Tú nos has probado"*

---

[109] Se refiere a EDMUND BONNER [1500-1569] obispo de Londres, que fue destituido y encarcelado por oponerse a la reforma religiosa de ENRIQUE VIII. Tras el triunfo de los Estuardo, en 1555 fue restituido a su diócesis y puso en marcha una persecución feroz contra los protestantes, por lo que es conocido como *"Bloody Bonner"*, "Bonner el Sanguinario".

[110] Mateo 8:24-25.

[111] Génesis 10:9.

[112] Job 1:21.

(66:10); y para ello se vale de los inicuos; pero ello no quita que proceden y actúan *motu proprio,* por propia malicia y de propia voluntad; por tanto, ni Dios puede ser acusado, ni ellos excusados.

THOMAS ADAMS [1583-1653]
en un sermón predicado en *St. Gregories,* Londres, titulado *"The happines of the church",* 1618

Has puesto hombres sobre nuestras cabezas. Así lo traduce Jerónimo;[113] aunque el término hebreo אֱנוֹשׁ *'ĕnōwōš* es un singular que se toma como indicativo genérico, su sentido literal es el de un hombre "oscuro", de carácter cuestionable, un ser maligno, que se menciona con un sentido de indignidad, y por tanto debe ser enterrado en el olvido. Así eran los egipcios y babilonios, a quienes el pueblo de Israel sirvió en esclavitud. *Colocarse sobre la cabeza de otro,* o como indica literalmente la expresión verbal לְרֹאשֵׁנוּ *lərōšênū* de ראשׁ *rosh,* "cabalgar sobre su cabeza"; equivale a considerarse superior, a subyugar anulando la voluntad, a sentarse encima y ordenar insultando; tal como hace el jinete, que gobierna su montura con las riendas, espoleando, insultando y azotando a la bestia sobre la que cabalga.

ROBERTO BELLARMINO [1542-1621]
"A Commentary on the Book of Psalms", 1615

Hiciste cabalgar hombres sobre nuestras cabezas. Se trata de una alusión a las bestias de carga, y particularmente a los camellos, en los que el jinete se sienta prácticamente encima de la cabeza, pues así es como lo domina dirigiéndolo hacia donde quiere.

THOMAS FENTON [1686-¿?]
"Annotations on the Book of Job and the Psalms", 1732

Pasamos por el fuego y por el agua. Tan pronto hubieron escapado del mar Rojo y visto a sus enemigos los Egipcios sepultados por el agua, los hijos de Israel se consideraron totalmente a seguros, y entonaron cánticos de regocijo y de victoria.[114] Pero, ¿qué sucedió poco después? El Señor suscitó contra ellos otro enemigo, salido –por así decirlo–, de sus propias entrañas: el hambre; y que les puso en tal aprieto que según ellos, era todavía peor que los Egipcios.[115] Pero, ¿era esta la última prueba de ese tipo? No, después del hambre vino la sed,[116] que les llevó a murmurar tanto o más que el hambre y los egipcios; y después de la sed vinieron serpientes venenosas;[117] y fuego; y pestilencia; y los Amalecitas,[118] y los Madianitas,[119] y ¿cuántas cosas más? Así ha sido siempre con la congregación de los santos, y no solo bajo la ley, sino también en la Iglesia bajo Cristo, como es fácil de constatar por la historia. Tampoco a sus miembros les ha ido mucho mejor; han padecido también igual que

[113] Se refiere a JERÓNIMO DE ESTRIDÓN O EUSEBIO HIERÓNIMO DE ESTRIDÓN [c.342-420], nacido en Dalmacia, más conocido como San Jerónimo, Padre de la Iglesia, uno de los cuatro grandes Padres Latinos. Gran conocedor del griego y el hebreo y gran latinista, tradujo la Biblia del griego y el hebreo al latín, traducción conocida como la Vulgata (del latín *"vulgo",* "pueblo"; *"vulgata editio",* "edición para el pueblo"), que fue hasta la promulgación de la Neovulgata en 1979, el texto bíblico oficial de la Iglesia católica romana. Afirmó que las Epístolas de Pablo contienen la quintaesencia del mensaje del Evangelio.

[114] Éxodo 15:1-21.

[115] Éxodo 16:1-3.

[116] Éxodo 17:1-3.

[117] Números 21:6.

[118] Éxodo 17:8.

[119] Números 31:1-12.

el Cuerpo y la Cabeza. ¿Cuántas pruebas y tentaciones no tuvo que soportar Abraham? ¿Y Jacob, y José, y los demás patriarcas, y los profetas? Sí, todos aquellos que han vivido piadosamente en Cristo Jesús, aunque su dolor se haya transformado al final en alegría, sin embargo, primero han tenido que lamentar y llorar copiosamente. A pesar de que finalmente fueran *llevados a un lugar de abundancia,* antes tuvieron que atravesar *por el fuego y por el agua.*

MILES SMITH [¿?-1624]

"Sermons of the Right Reverend Father in God Miles Smith, late Lord Bishop of Glocester", 1624

Pasamos por el fuego y por el agua. Afrontaron una gran diversidad de peligros; no unos pocos, sino muchos; y de características opuestas: *"Pasamos por el fuego y por el agua"* y ambas cosas, cada una por si sola, implica males extremos.[120] El agua: *"Sálvame, oh Dios, porque las aguas me llegan hasta el cuello. Estoy hundido en cieno profundo, donde no puedo hacer pie; he venido al fondo de las aguas, y me arrastra la corriente"*.[121] O el fuego *"Y pondré mi rostro contra ellos; del fuego se escaparon, y el fuego los consumirá; y sabréis que yo soy Jehová, cuando ponga mi rostro contra ellos"*.[122] Pero cuando hay que pasar por ambas sucesivamente, y varias veces, denota una acumulación impresionante de aflicciones o pruebas; como se desprende de la promesa hecha por Dios a su pueblo para tales circunstancias:" *"Cuando pases por las aguas, yo estaré contigo; y si por los ríos, no te anegarán. Cuando pases por el fuego, no te quemarás, ni la llama prenderá en ti"*.[123] Una promesa que el salmista da en este texto como real y cumplida: pues Dios estuvo con los hijos de Israel cuando atravesaron las aguas del Mar Rojo; y con los tres jóvenes cuando fueron echados al horno de fuego,[124] en los mismos términos y condiciones exactas como describe Isaías.

THOMAS GOODWIN [1600-1679]

"A discourse of Christ the Mediator", 1692

Pasamos por el fuego y por el agua. Probablemente, una alusión a las pruebas rituales del fuego y el agua, que vienen de tiempos ancestrales. En el debate sobre quién había enterrado el cuerpo de Polinices dice así:

> *«Todos negaban, diciendo que no sabían nada:*
> *estaban ya dispuestos a la prueba de inocencia: agarrar*

---

[120] Sobre estas palabras AGUSTÍN DE HIPONA [354-430] hace un peculiar comentario: «Tanto el fuego como el agua son elementos muy peligrosos y destructores: el fuego quema, el agua corrompe, y ambos son temibles; pero juntos se compensan: el agua apaga el fuego, el fuego seca el agua. Así es también con las tentaciones que tanto abundan en esta vida; tanto el fuego abrasador de la tribulación como el agua corrupta de la abundancia son temibles en extremo, pero se compensan. ¡Vigila pues que el fuego no te queme ni el agua te corrompa! Permanece firme ante el fuego de la aflicción, pues conviene que tu vida espiritual sea cocida por él, cual vaso de arcilla recién hecho, que es puesto en el horno para que tome consistencia y, una vez cocido, sea impermeable y ya no tema al agua. Y no te apresures a sumergirte en el agua de la prosperidad, sin antes asegurarte de haber sido hecho impermeable, cocido, fortalecido y bien consolidado en el fuego de la aflicción».

[121] Salmo 69:1-2.

[122] Ezequiel 15:7.

[123] Isaías 43:2.

[124] Daniel 3:20-30.

> *un hierro candente con las manos, caminar sobre el fuego, y prestar juramento solemne por los dioses de que no sabían nada de los hechos»*[125]

SÓFOCLES [496-406 a.C.]
citado por THOMAS STREET MILLINGTON [1821-1906]
en *"Testimony of the Heathen to the Truths of Holy Writ."*, 1863

Pasamos por el fuego y por el agua. La ley judía requería para la purificación de un botín en la guerra ambas cosas: fuego y agua: *"Ciertamente el oro y la plata, el bronce, hierro, estaño y plomo, todo lo que resiste el fuego, por fuego lo haréis pasar, y será limpio, bien que en las aguas de purificación habrá de purificarse; y haréis pasar por agua todo lo que no resiste el fuego"*.[126] Por tanto, los santos de Dios están sujetos a ambas pruebas.

C. H. SPURGEON

Pero tú nos trajiste a un lugar de abundancia. Cada palabra de esta frase rebosa dulzura de manera significativa, y amplifica la misericordia de Dios hacia nosotros. Cuatro destacan en especial:

1. El *libertador;*
2. La *liberación;*
3. Los *liberados;* y,
4. Su *felicidad;* o bendita abundancia.

Está en primer lugar el *libertador: "Tú", aliquid celsitudinis* (la superioridad); en segundo lugar la *liberación*: *"nos trajiste", certitudinis* (la certeza); en tercer el destino de los *liberados: "a un lugar", solitudinis* (la exclusividad); y finalmente su *felicidad: "de abundancia", plenitudinis* (la plenitud). En la frase encontramos lo alto y lo bajo; superioridad y debilidad; seguridad y plenitud: el libertador es grande; la liberación es cierta; la aflicción dolorosa; la exaltación gloriosa. Hay, sin embargo, una palabra previa, que a modo de llave, abre la puerta áurea de esta misericordia; un *veruntamen* (un "sin embargo", "a pesar"), el: *"Pero"* con el que la frase comienza. Es la *vox respirationis*, un suspiro, un simple jadeo, pero que nos devuelve la vida misma llenándonos de consuelo y bienestar. ***"Pero"*** *tú nos trajiste a un lugar de abundancia.* Estábamos en grave peligro y atemorizados por la furia de nuestros enemigos; que cabalgando sobre nosotros doblaban con su mano nuestras cabezas; y nos sentíamos perplejos en gran manera. *"Pero"*, tú nos liberaste, y *"nos trajiste a un lugar de abundancia"*. Si nuestra miseria se hubiera prolongado un segundo más, el abismo de la persecución nos hubiera tragado por completo, toda nuestra esperanza de consuelo y bienestar se hubiera desvanecido, y con razón hubiéramos podido exclamar llorando *"se ha perdido nuestra esperanza; y estamos cortados del todo"*.[127] Cualquiera que en tales circunstancias se hubiera limitado a decirnos: «Tened buen ánimo», se habría burlado de nosotros. Pero no… *"tú nos trajiste"*; ¡ah este *"Pero"*, este sublime

---

[125] La cita es del poeta griego SÓFOCLES [496-406 a.C.] en su tragedia Antígona, Acto II, líneas 236-239. Sófocles pone estas palabras en boca de un Mensajero que dirigiéndose a Creonte, rey de Tebas, le comunica que alguien, burlando la guardia, había sepultado el cadáver de Polinice que él a modo de ejemplo había ordenado mantener insepulto.

[126] Números 31:22, 23.

[127] Ezequiel 37:11, en latín en el original: *"Periit spes nostra, si, periit salus nostra"*, "Hemos perdido nuestra esperanza, nuestra ayuda ha desaparecido".

"Pero"!, es cual remo bendito que aparta nuestra embarcación de las rocas de la desesperación y la hace llegar a un puerto celestial de bienestar y consuelo.

THOMAS ADAMS [1583-1653]

en un sermón predicado en *St. Gregories,* Londres, titulado *"The happines of the church"* 1618

Pasamos por el fuego y por el agua, pero tú nos sacaste a un lugar de abundancia.
1. *El final de la dificultad es un final feliz.* Atravesaron el fuego y el agua, pero salieron indemnes: ni las llamas los abrasaron ni las corrientes lograron arrastrarlos. Cualesquiera que sean las dificultades y problemas de los santos; bendito sea Dios, siempre hay un camino a través.

2. *Y el inicio de un estado mejor es mucho más feliz todavía: "Tú nos sacaste a un lugar de abundancia";* es decir, a un lugar de regadío; porque la Palabra es refrescante, como *los huertos del Señor,*[128] y por lo tanto fructífera.

MATTHEW HENRY [1662-1714]

"Commentary on the Whole Bible", 1811

Pero tú nos sacaste a un lugar de abundancia. Tú, oh Señor, mediante la tentación lograste lo que pretendías, porque:

1. Tú nos *"probaste"*, y tú nos *"sacaste"*.
2. Tú nos hundiste en la angustia, y tú nos libraste de ella. Y nos diste una amplia recompensa llevándonos a un lugar refrescante, agradable, hermoso, fértil, y abundante; a una situación de consuelo, un estado feliz y floreciente en todas las cosas, que nos ha hecho olvidar todas las angustias pasadas.

WILLIAM NICHOLSON [1591-1672]

"David's harp strung and tuned, or, An easie analysis of the whole book of Psalms", 1662

Pero tú nos sacaste a un lugar de abundancia. Sin duda la mano de Dios los guió en medio del fuego y el agua de aflicción que tuvieron que atravesar. Pero ¿quién los sacó de ella? El salmista nos dice a continuación: *"Pero tú nos sacaste a un lugar de abundancia"* Una nota marginal[129] indica: *"a un lugar refrescante".* Venían del fuego y del agua: el fuego implica lo extremo de calor y sequedad; el agua lo extremo de húmedo y frío. Un lugar refrescante es un lugar con una temperatura equilibrada entre calor y frío, entre húmedo y seco, y por tanto describe con elegancia esa condición o estado de comodidad al cual la mano bondadosa de Dios les había traído, y que nuestras traducciones expresan significativamente diciendo *"un lugar abundante",* es decir, un lugar donde no falta de nada, donde todo es perfecto; ni seco ni húmedo; donde no hay ni frio ni calor; sino que todo es admirable y fecundo.[130]

JOSEPH CARYL [1602-1673]

"An Exposition with Practical Observations upon of the Book of Job", 1651

Vers. 13. *Entraré en tu casa con holocaustos; te pagaré mis votos.* *[Entraré en tu casa con holocaustos; te cumpliré mis votos.* RVR*] [Entraré en tu casa con holocaustos; a ti cumpliré mis votos.* LBLA*] [Entraré en tu Casa con holocaustos, te pagaré mis votos.* BTX*] [Me presentaré en tu templo*

128 Isaías 51:3 LBLA.

129 Ver al respecto las notas 5, 67 y 97 en este mismo Salmo.

130 Apocalipsis 21:1-4.

con holocaustos y cumpliré los votos que te hice. NVI*]* *[Yo iré a tu casa con holocaustos, cumpliré lo que te había prometido.* BLP*]* *[Ahora vengo a tu templo con ofrendas quemadas para cumplir los votos que te hice.* NTV*]*

Entraré. El verdadero hijo de Dios es tan consciente de su deuda de gratitud personal con la gracia, que siente la necesidad de entonar un canto propio. Participa en la acción de gracias comunitaria, pero siendo que ni aún la mejor acción de gracias comunitaria puede satisfacer cada caso individual, se asegura de que las misericordias recibidas a título personal no caigan en el olvido anotándolas con su pluma y cantándolas con sus propios labios.

Entraré en tu casa con holocaustos. Los sacrificios habituales de los santos. Ni aún el corazón más agradecido se atreve a presentarse ante Dios sin una víctima de alabanza agradecida; pues de esta, así como de cualquier otra forma de adoración, podemos decir: *"la sangre es la vida"*.[131] Lector, no intentes presentarte ante Dios sin Jesús, que es el holocausto divinamente aceptado, prometido y concedido.

Te pagaré mis votos.[132] No piensa presentarse ante el Señor con las manos vacías, pero tampoco jactándose de lo que ofrece, puesto que todo lo debía por votos hechos anteriormente. De hecho, incluso nuestras mayores ofrendas no son más que pago debido; y después de haberlo entregado todo, debemos confesar: *"Pues todo es tuyo, y de lo recibido de tu mano te damos"*.[133] Debemos ser pausados y prudentes la hora de prometer y hacer votos, pero pagarlos rápida y puntualmente. Una vez estemos libres de la angustia y podamos acudir de nuevo a la casa del Señor, debemos cumplir nuestras promesas de forma inmediata. De lo contrario ¿cómo podemos esperar ayuda en otra ocasión, si demostramos que no somos fieles a los pactos y promesas que hemos hecho voluntariamente en momentos de necesidad?

C. H. Spurgeon

Entraré en tu casa con holocaustos; te cumpliré mis votos. Ved aquí las distintas las partes de este cántico; un concierto completo o armonía de todo alabando a Dios. Ved el lugar,[134] dónde: *"en tu casa"*; el modo,[135] cómo: con holocaustos; y el propósito,[136] por qué: *"cumpliré mis votos"*.

Thomas Adams [1583-1653]

en un sermón predicado en *St. Gregories,* Londres, titulado *"The happines of the church"* 1618

Con holocaustos. En lo que respecta a nosotros, tengamos la seguridad de que el mejor sacrificio que podemos ofrecer a Dios es la obediencia, no un animal muerto, sino un alma viva. El Señor no se deleita en la sangre de animales. Es nuestra mente, nuestra vida, nuestra alma, nuestra obediencia, lo que demanda: *"¿Se complace Jehová tanto en los holocaustos y víctimas, como en que se obedezca a las palabras de Jehová? Ciertamente el obedecer es mejor que los sacrificios, y el prestar atención*

[131] Génesis 9:4; Levítico 17:10-14; Deuteronomio 12:23.

[132] Dice Francisco Lacueva [1911-2005] en su versión española del "Comentario de Matthew Henry": «Hay quienes opinan que estas frases aluden a la enfermedad y recuperación del rey Ezequías relatada en 2 Reyes 20:1-11; 2 Crónicas 32:24-26; Isaías 38:1-22»

[133] 1 Crónicas 29:14.

[134] En latín en el original, *quo loco* "en qué lugar".

[135] En latín en el original, *quo modo* "en qué forma", "de qué manera".

[136] En latín en el original, *quo animo* "con qué deseo", "con qué fin".

que la grosura de los carneros".[137] Que este sea nuestro holocausto, un cuerpo santificado y una mente limpia entregados al Señor.[138] Ante todo el corazón: *"Dame, hijo mío, tu corazón".*[139] ¿No basta con el corazón? No, las manos también: *"Lavad vuestras manos de sangre y de iniquidad".*[140] ¿Tampoco basta con las manos? No, los pies también: *"Aparta tu pie del mal".*[141] ¿No basta con los pies? No, los labios también: *"Guarda la puerta de mis labios",*[142] y la lengua: *"Guarda tu lengua del mal".*[143] ¿No basta con la lengua? No, también el oído: *"El que tiene oídos para oír, oiga".*[144] ¿No basta con el oído? No, los ojos también: *"Tus ojos miren lo recto".*[145] ¿No basta con todo esto? No, dale todo tu cuerpo y espíritu *"Porque habéis sido comprados por precio; glorificad, pues, a Dios en vuestro cuerpo y en vuestro espíritu, los cuales son de Dios".*[146] Cuando los ojos aborrecen mirar con lujuria y deseo carnal; el oído se niega a escuchar calumnias; los pies detestan andar por caminos desviados; las manos hacer violencia y entuertos; la lengua participar en adulación y blasfemia; y el corazón rehuye el orgullo y la hipocresía: esto es, ciertamente, tu holocausto verdadero.[147]

THOMAS ADAMS [1583-1653]

en un sermón predicado en *St. Gregories,* Londres, titulado *"The happines of the church",* 1618

Vers. 13-15. En los *holocaustos* (66:13), le vemos aproximarse al altar con el sacrificio habitual y común; después, en el *cumpliré mis votos* (66:13-14), le vemos traer sus *ofrendas de paz.* Y de nuevo le vemos aproximándose al altar para ofrecer *holocaustos de animales engordados* (66:15) Esta era la ofrenda general, pero elegida entre lo mejor de sus rebaños y manadas. Luego siguen ofrendas de paz: *con sahumerio de carneros* (en hebreo קְטֹ֫רֶת *qəṭōreṯ,* "humo perfumado" o "incienso"); y finalmente *"te ofreceré en sacrificio bueyes y machos cabríos. Selah".* No obstante, después de haber traído sus ofrendas, no se apresura a partir; porque su corazón está lleno a rebosar. Y cuando abandona el santuario, se expresa en el lenguaje propio de un alma que siente en paz con Dios (66:16-20). Tal es verdaderamente el proceder de la persona a quien el Dios de paz ha santificado por completo, *y todo su ser, espíritu, alma y cuerpo, será guardado irreprensible para la venida de nuestro Señor Jesucristo.*[148]

ANDREW ALEXANDER BONAR [1810-1892]

"Christ and His Church in the Book of Psalms", 1859

Vers. 13-15. En estos versículos el salmista nos cuenta que encontrándose en angustia hizo votos; y que prometió al Señor ofrecer en sacrificio lo mejor de su ganado que pudiera ofrecerse en base

---

[137] 1 Samuel 15:22.
[138] Romanos 12:1-2.
[139] Proverbios 23:26.
[140] Isaías 1:16. (Traducción libre del autor).
[141] Proverbios 4:27.
[142] Salmo 141:3.
[143] Salmo 34:13.
[144] Mateo 11:15.
[145] Proverbios 4:25.
[146] 1 Corintios 6:20.
[147] Para ampliar sobre este tema recomendamos el excelente libro de LEROY KOOPMAN [1935-], "Salón de belleza para el cristiano", Editorial CLIE, Barcelona, 2000.
[148] 1 Tesalonicenses 5:23.

a la ley, es decir, tres cosas: carneros, bueyes y machos cabríos.[149] Los carneros incluían corderos; los bueyes incluían novillos; y los machos cabríos también sus crías.

ROBERTO BELLARMINO [1542-1621]
"A Commentary on the Book of Psalms", 1615

Vers. 14. ***Que pronunciaron mis labios y habló mi boca, cuando estaba angustiado.*** *[Los que pronunciaron mis labios y profirió mi boca, cuando estaba angustiado.* RVR*] [Los que pronunciaron mis labios y habló mi boca cuando yo estaba en angustia.* LBLA*] [Los que pronunciaron mis labios, los que habló mi boca cuando estaba angustiado.* BTX*] [Los votos de mis labios y mi boca que pronuncié en medio de mi angustia.* NVI*] [Lo que te prometieron mis labios, lo que dije estando angustiado.* BLP*] [Sí, los votos sagrados que hice cuando me encontraba en graves dificultades.* NTV*]*

Los que pronunciaron mis labios.[150] Es decir: *dichos irreflexivamente*, o que se nos han *"escapado"* como solemos decir en lenguaje común. Sus votos habían sido provocados por una situación de angustia y desasosiego extremo, que fácilmente abre las compuertas de los labios y cual torrente desbordado retenido por una presa, encuentra finalmente un orificio de salida. Aquello que tan ansiosos y dispuestos a prometer estamos cuando nos hallamos en apuros, deberíamos cumplirlo ávidamente con la misma disposición y apremio; pero, ¡ay!, infinidad de votos salen brincando en cuanto a palabras, pero cojean a la hora de los hechos.

Y habló mi boca. Había hecho la promesa pública y no tenía intención de retractarse; la persona honesta está dispuesta siempre a reconocer y cumplir sus compromisos.

Cuando yo estaba en angustia. La angustia provocó el voto; en respuesta al voto Dios quitó la angustia, y ahora el salmista desea cumplir su promesa. Bueno es hacer memoria de los problemas que hemos tenido que afrontar y los momentos difíciles que hemos atravesado: los orgullosos suelen expresarse como si para ellos el camino hubiera sido siempre llano; como si ningún perro se hubiera atrevido a ladrar a su nobleza y escasamente una gota de lluvia se aventurara a salpicar su esplendor; y sin embargo, seguro que han atravesado momentos bajos en los que se hubieran alegrado de que aquellos a los que ahora desprecian les hubieran echado una mano. Incluso el gran César, cuya mirada hacía temblar al mundo, tenía sus problemas y debilidades como todos los demás hombres, hasta el punto que su enemigo dijera de él: «cuando la fiebre hizo presa de él, pude observar cómo temblaba».[151]

---

[149] Génesis 15:9.

[150] En hebreo: אֲשֶׁר־פָּצוּ שְׂפָתָי *'ăšer-pāṣū śəp̄āṯāy* de פָּצָה *patsah*, "abierto de par en par". Una traducción más literal y ajustada al sentido sería quizá: *"que se escaparon de mis labios al abrirlos de par en par"*. Se trata del mismo verbo utilizado en Jueces 11:35-36 para describir el voto de Jefté: פָּצִיתִי־פִי אֶל־יְהוָה *pāṣîṯî-pî 'el-Yahweh*, *"he abierto mi boca al Señor, y no me puedo retractar"*. El sentido es de algo dicho de forma insensata (Job 35:16) o que se escapa involuntariamente de los labios ante una situación de extrema necesidad. La versión griega de los LXX o Septuaginta lee: ἃς διέστειλεν τὰ χείλη μου que la Vulgata traduce al latín como: *"quae distinxerunt labia mea"*, "que expresaron con claridad mis labios", es decir, abriendo la boca de par en par y enfatizando cada palabra pronunciada. La versión sefardí de Ferrara: *"que abrieron mis labios"*. La caldea Peshitta: *"los que expresaron mis labios"*. SCHÖKEL traduce: *"los que pronunciaron mis labios"*. KRAUS: *"para los que mis labios se abrieron"*.

[151] La cita procede de la comedia de WILLIAM SHAKESPEARE [1564-1616]: *"Julius Caesar"*, Acto I, Escena II. Shakespeare pone estas palabras en boca de Casio (cabecilla del atentado y asesinato de Julio Cesar) conversando con Bruto (otro de los participantes y ahijado de Cesar) sobre sus debilidades y flaquezas: «Cuando se hallaba en España tuvo fiebres, y *al hacer presa en él observé cómo temblaba*. ¡Es verdad, ese dios temblaba! *De sus labios cobardes había huido el color*, y esos mismos ojos, *cuya mirada atemoriza al*

Del hombre más fuerte y vigoroso puede contar su enfermera escenas sorprendentes de debilidad y flaqueza; y de cualquier jactancioso su esposa podría decir: «Le escuché gemir, sí, de sus labios cobardes había huido el color». Todos los seres humanos sufren crisis y atraviesan por momentos de aflicción, pero no todos reaccionan igual: el profano jura; el creyente piadoso ora. Tanto las personas malas como las buenas recurren al juramento en momentos de dificultan; pero las unas mienten a Dios; las otras cumplen sus compromisos a conciencia.

C. H. SPURGEON

Los que pronunciaron mis labios y profirió mi boca. En hebreo אֲשֶׁר־פָּצוּ *'ăšer-pāṣū* de פָּצָה *patsah,* "abrir"; esto es: "lo que dije con los labios abiertos"[152]. Dice Vatablus:[153] *"Videmus qualiter vota nuncupari soleant"*, "Vemos aquí de que modo solían pronunciarse los votos". Cuando estamos bajo alguna aflicción apremiante, solemos hacer votos con mucha facilidad; pero una vez llega el alivio, muchos son los que olvidan el compromiso con igual facilidad.

JOHN TRAPP [1601-1669]
"A commentary or exposition upon the books of Ezra, Nehemiah, Esther, Job and Psalms", 1657

Los que pronunciaron mis labios y profirió mi boca. Menciona exprofeso que hizo esos votos *"con labios abiertos"* אֲשֶׁר־פָּצוּ *'ăšer-pāṣū* para indicar que los hizo con gran vehemencia y bajo presión de la mente, en un estado de necesidad y ansiedad; que rompió el silencio de sus labios haciendo que se abrieran de par en par. La raíz פָּצָה *patsah* transmite el sentido de abrir cualquier cosa con violencia, en latín es: *rumpere labios.*[154]

HERMANN VENEMA [1697-1787]
"Commentarius ad Psalmos", 1762

Vers. 15. *Holocaustos de animales engordados te ofreceré, Con sahumerio de carneros; te ofreceré en sacrificio bueyes y machos cabríos. Selah.* *[Holocaustos de animales engordados te ofreceré, con sahumerio de carneros; te ofreceré en sacrificio bueyes y machos cabríos. Selah.* RVR*]* *[Te ofreceré holocaustos de animales engordados, con sahumerio de carneros; haré una ofrenda*

---

mundo, habían perdido su brillo. *Le escuché gemir*, sí, y esa su voz, que invitó a los romanos a que le distinguieran y a escribir en los libros sus discursos, ¡oh vergüenza!, gritaba: 'Dadme algo de beber, Titinio', igual que una niña quejumbrosa. ¡Por los dioses! Maravíllame que un hombre de constitución tan débil pueda marchar a la cabeza del majestuoso mundo y llevar él solo la palma».

[152] En latín en el original, *diductis labiis.*

[153] Se refiere a FRANCISCUS VATABLUS o también FRANÇOIS VATABLO [c.1493-1547] nacido en Gamaches, Francia. Fue profesor de hebreo y de Antiguo Testamento en el *Collêge Royal* de París. Puesto que Vatablo no publicó nada, suponemos que la cita se refiere a una de sus notas recopiladas por ROBERT ÉSTIENNE [1503-1559], alumno suyo, en su edición de la traducción latina de la Biblia y conocida como "Biblia de París", 1545, y de manera especial sus notas en los salmos incorporadas en el *"Liber Psalmorum Davidis"* e impresas por Éstienne en 1557. Las notas de Vatablo fueron condenadas por la Facultad de Teología de París por incluir demasiados autores protestantes.

[154] Una locución latina que al igual que su gemela *"rumpere vocem"* significa "romper el silencio" y se utiliza para expresar la idea de alguien que comienza a hablar violentamente porque ya no aguanta más; en español equivaldría a "espetar" o "irrumpir con palabras". Una ilustración del sentido, aunque en circunstancias totalmente distintas, podría ser el προσωπον αυτω αντεστην de Pablo en Gálatas 2:1: *"le resistí en la cara"*, que bien podríamos parafrasear como: *"le espeté porque ya no aguantaba más"*.

de toros y machos cabríos. Selah. LBLA*] [Te ofreceré holocaustos engordados, con sahumerio de carneros, sacrificaré bueyes y machos cabríos. Selah.* BTX*] [Te ofreceré holocaustos de animales engordados, junto con el humo de ofrendas de carneros; te ofreceré toros y machos cabríos. Selah.* NVI*] [Te ofreceré animales en holocausto y humeantes sacrificios de carneros, te ofreceré bueyes y machos cabríos. Pausa.* BLP*] [Por eso sacrifico ofrendas quemadas a ti, lo mejor de mis carneros como aroma agradable, y un sacrificio de toros y chivos. Interludio.* NTV*]*

Te ofreceré holocaustos de animales engordados. Ofrece a Dios lo mejor que tiene. No se presentará ante el altar con cabritos de las colinas, flacos y medio muertos de hambre; sino con bueyes bien alimentados en pastos exuberantes que asciendan en humo abundante del fuego sagrado. Quien es avaro con Dios es, ciertamente, un miserable. Pocos se comportan con generosidad, pero los pocos que lo hacen encuentran en ello una rica y abundante recompensa.

Con sahumerio de carneros. También debía elevarse del altar humo de carneros; había prometido ofrecer a Dios la flor y nata de sus manadas y rebaños. De todo lo que tenemos, debemos darle al Señor su porción, y debe ser lo más selecto que podamos seleccionar. Quemar la grasa de bueyes y carneros en el altar de Jehová;[155] o derramar perfume precioso sobre los pies de Jesús,[156] no es ningún desperdicio. Por grandes y generosas que sean las ofrendas que una persona haga a la iglesia de Dios, jamás redundan en merma o disminución de sus bienes, pues no hace más que depositarlo a un interés beneficioso en un lugar *donde la polilla y el orín no corrompen, y donde ladrones no minan y hurtan.*[157]

Te ofreceré en sacrificio bueyes y machos cabríos. Un sacrificio perfecto, completando el círculo de ofrendas, para mostrar el amor intenso de su corazón. Debemos magnificar al Señor en lo grande y en lo pequeño. Ni una sola de sus ordenanzas ha de ser desatendida; no debemos omitir ni los bueyes ni los machos cabríos. En estos tres versículos que van del trece al quince (65:13-15) vemos la gratitud en acción; el salmista no se contenta con palabras, antes bien demuestra su sinceridad mediante hechos, con sacrificio obediente.

Selah. Mientras el humo de las víctimas asciende a los cielos, es conveniente que hagamos una pausa en el cántico; que los holocaustos sirvan de alabanza mientras meditamos en el sacrificio mayor infinitamente obrado en el Calvario.

C. H. SPURGEON

Holocaustos de animales engordados te ofreceré. Esto es: tendrás lo mejor de mis rebaños y manadas.

ADAM CLARKE [1760-1832]
"Commentary on the Whole Bible", 1831

Animales engordados te ofreceré. No me presentaré en tu casa con las manos vacías, ni te traeré una ofrenda mezquina o cicatera; sino que te ofreceré sacrificios de toda clase, y lo mejor y más selecto de cada clase.

SYMON PATRICK [1626-1707]
"A commentary upon the Old and New Testaments, with the Apocrypha", 1809

[155] Levítico 3:14-17; 7:1-5.
[156] Mateo 26:6-13.
[157] Mateo 6:19.

Te ofreceré en sacrificio bueyes y machos cabríos. Esto es, libre y voluntariamente proveeré para todas las clases de sacrificios en el tabernáculo.

THOMAS SCOTT [1747-1821]
"Commentary on the Holy Bible: The Holy Bible with Explanatory Notes, Practical Observations, and copious Marginal References", 1807

Vers. 16. ***Venid, oíd todos los que teméis a Dios, y contaré lo que ha hecho a mi alma.*** *[Venid, oíd todos los que teméis a Dios, y contaré lo que ha hecho a mi alma.* RVR*] [Venid y oíd, todos los que a Dios teméis, y contaré lo que El ha hecho por mi alma.* LBLA*] [Venid, oíd, todos los que teméis a Elohim, y relataré lo que ha hecho a mi alma.* BTX*] [Vengan ustedes, temerosos de Dios, escuchen, que voy a contarles todo lo que él ha hecho por mí.* NVI*] [Venid y oídme; yo os contaré a cuantos veneráis a Dios, lo que él ha hecho por mí.* BLP*] [Vengan y escuchen todos los que temen a Dios, y les contaré lo que hizo por mí.* NTV*]*

Venid y oíd. Anteriormente dijo *"Venid, y ved"; ahora "venid y oíd".* El oír es el ver de la fe.[158] La misericordia nos viene siempre por la puerta del oído: *"Oíd, y vivirá vuestra alma".*[159] Vieron lo terrible que era Dios; pero escucharon cuan misericordioso es su proceder.

Todos los que teméis a Dios. Una audiencia adecuada para cuando una persona justa y buena está a punto de contar su experiencia. Cuando el tema son las cuestiones internas de nuestra alma, es bueno y conveniente seleccionar a los oyentes; puesto que se nos manda no echar nuestras perlas delante de los cerdos.[160] No queremos proporcionar a las mentes burlonas y descaradas material para sus chirigotas, por tanto, lo sabio es reservar los temas espirituales de carácter personal para compartir con aquellas personas que puedan entenderlos, no donde serán motivo de mofa y escarnio. Todas las personas temerosas de Dios pueden escucharnos, pero los profanos: lejos.

Y os contaré lo que él ha hecho por mi alma. Contaré, una y otra vez, las misericordias de Dios para conmigo y para con mi alma, para cuanto soy y cuanto tengo. Es conveniente que los creyentes experimentados compartan sus testimonios, a fin de que los más nuevos y débiles resulten alentados por sus palabras a poner su confianza en el Señor. Contar nuestros logros humanos no es necesario; son demasiado triviales, y además sobran pregoneros y trompetistas siempre dispuestos proclamar los hechos del hombre; pero testimoniar de las acciones misericordiosos de Dios es instructivo, consolador, inspira y beneficia en muchos aspectos. Y debe hacerlo cada uno personalmente, porque el testimonio personal es el más directo, creíble y eficaz; las experiencias contadas de segunda mano son como el "caldo recalentado"[161] carecen del sabor y aroma que tienen las de primera mano. Que ninguna falsa modestia impida al creyente agradecido hablar de sus experiencias, o más bien de las cosas que Dios ha hecho por él; porque esto es precisamente lo que le debe a Dios en agradecimiento; ni evite tampoco el uso del "yo" o el hablar en primera persona, porque es lo más correcto al detallar los

[158] Romanos 10:17.
[159] Isaías 55:3.
[160] Mateo 7:6.
[161] En el original: *"cauld kale het again"*, una frase de origen escocés que literalmente se refiere a la comida sobrante del día anterior, que ha sido recalentada y servida nuevamente.

caminos de amor del Señor para con cada uno de nosotros. En modo alguno debemos ser egotistas,[162] y menos aún ególatras,[163] pero sí debemos ser egotistas cuando testificamos para el Señor.

C. H. SPURGEON

Venid, oíd todos los que teméis a Dios. Una razón por la cual los santos invitan a menudo a todos aquellos que temen a Dios a juntarse con ellos, es porque conocen lo mucho que les pueden aportar. Los hijos de las tinieblas, dentro de su generación, son lo suficientemente astutos como para buscar mayor familiaridad y relación con aquellos que intuyen les reportaran mayores beneficios y ventajas, y procuran trabar amistad con ellos para sacar de esa amistad el mayor partido posible. No es de extrañar, pues, que los santos, hijos de luz, deseen y busquen asociarse con aquellos que temen a Dios, porque saben el bien que tal relación les proporcionará. Ni tampoco es de extrañar que la compañía de aquellos que temen a Dios sea tan solicitada, puesto que es indudablemente una opción ganadora y ventajosa. O que tengan numerosas invitaciones, ya que son invitados que siempre aportan; y, de hecho, de entre todas las personas que habitan en este mundo, los que temen a Dios son los más útiles y enriquecedores.

SAMUEL HESKINS [¿?-17091]
"Soul Mercies Precious in the Eyes of Saints, Or The Great Things the Lord Doth for the Souls of His Beloved Ones: By Them Made Known and Declared Unto Others. Set Forth in a Little Treatise on Psalm 66:16", 1654

Venid, oíd todos los que teméis a Dios. Pues solo ellos escucharán atentamente y de buena gana, los demás, no pueden hacerlo o no les interesa. *"Y os contaré lo que él ha hecho por mi alma".* Compartiré con vosotros mis secretos y las experiencias íntimas de mi alma. Y el bien que podemos obtener de tales experiencias no es en absoluto desdeñable. Bilney,[164] percibiendo que Latimer[165] tenía *celo más no conforme a conocimiento,*[166] fue a visitarle y le imploró por el amor de Dios que escuchar su testimonio. «Así lo hice –dice Latimer– y, a decir verdad, de su testimonio aprendí más de lo que había aprendido en muchos años. A partir de entonces empecé a husmear en la palabra de Dios, y me olvide de los eruditos doctores de la facultad y sus necedades».

JOHN TRAPP [1601-1669]
"A commentary or exposition upon the books of Ezra, Nehemiah, Esther, Job and Psalms", 1657

Venid, oíd todos los que teméis a Dios. Observemos que la invitación es únicamente para aquellos que temen a Dios, porque *"el temor del Señor es el principio de la sabiduría"*. Es el temor del

---

[162] El término egotismo, del latín *ego*, "yo", e *ismo,* "práctica de", se utiliza para definir la tendencia de algunas personas a darse una excesiva importancia a sí mismos y sus logros y experiencias.

[163] Vocablo procedente el griego *"ego"*, "yo" y *"latreis"*, "adoración, culto", y que se aplica a la persona envanecida hasta el extremo de considerarse superior a los demás en todo y espera despertar en ellos admiración en todo lo que hace; es decir, la persona que se adora si mismo o rinde culto a si mismo.

[164] Se refiere a TOMAS BILNEY [1542-1631], ejecutado en tiempos de ENRIQUE VIII por disentir de las doctrinas de la Iglesia Oficial y promover las ideas de MARTÍN LUTERO [1483-1546] en Inglaterra.

[165] Se refiere a HUGH LATIMER [1487-1555], obispo de Worcester antes de que la Iglesia de Inglaterra se separa de la Iglesia de Roma, y posteriormente capellán del rey EDUARDO VI [1537-1553]. Murió quemado en la hoguera durante el reinado DE MARÍA I [1516-1558] al ser restaurado el catolicismo como religión oficial. Fue amigo de TOMAS BILNEY [1542-1631] durante su época de estudiante.

[166] Romanos 10:2.

Señor el que *aligera* los pies para *venir,* y abre los oídos para *oír;* por tanto, invitar a quien no tiene temor de Dios no tendría sentido, pues ni *vendrá* ni *oirá.*

ROBERTO BELLARMINO [1542-1621]
"A Commentary on the Book of Psalms", 1615

Y os contaré lo que él ha hecho por mi alma. Consideremos ahora los objetivos del creyente al cumplir con su deber de testimoniar su experiencia cristiana. El principal es la gloria de Dios, que en su bondad nos ha acogido y tratado con tanta generosidad y abundancia. Queremos, sin duda, que el Señor sea exaltado por su fidelidad y bondad para con nosotros; y por tanto, buscaremos proclamar su nombre para que sea engrandecido; para que todos los pecadores sepan que es fiel a su palabra; y que no tan solo se ha comprometido a ser *"nuestro pronto auxilio en las tribulaciones"*, sino que lo es realmente, y nosotros lo hemos comprobado personalmente en nuestra vida. Y sabiendo que los enemigos de Dios están siempre prestos para acusarle de negligencia con respecto a su pueblo, a causa a las muchas pruebas y aflicciones que siempre atraviesa; les rebatiremos testificando con nuestra propia experiencia, de su gran fidelidad para con todos aquellos a quienes ama. ¡Con cuánto más esplendor no brillaría la gloria de Dios si sus hijos estuvieran más dispuestos a reconocer que él nunca les ha exigido un solo deber que cumplir a menos que les haya dado la gracia suficiente para llevarlo a cabo! ¡Que jamás les ha sometido a tribulación alguna, sin que, al mismo tiempo, les haya proporcionado todo el soporte que necesitaban? Digo yo, pues, ¿qué hace falta para que los cristianos se levanten en el momento apropiado y den testimonio de la fidelidad y bondad de Dios? ¿qué se necesita para que proclamen el nombre del Señor, que ha sido su torre fuerte,[167] glorioso en medio de la tierra?[168] ¿Cómo puede ser que tomemos parte en tantas y tantas conversaciones mundanas sin ruborizarnos y avergonzarnos y hablemos tan poco de lo que Dios ha hecho por nuestras almas?[169] Muy mala señal es para nuestra generación, que las cosas de Dios sean por regla general relegadas y dejadas para otro momento más propicio, mientras que otros temas mucho menos importantes acaparan por entero nuestras conversaciones. ¿Cómo puede ser? ¿Sentimos vergüenza de hablar del tema más noble y más interesante? Poco demuestra que hayamos experimentado la gloria de Dios, que no sintamos la necesidad imperiosa de compartirla cuanto menos con nuestros hermanos en la fe. ¿Cómo lo veis? Supongamos que alguien fuera a parar a una orilla apartada en un lugar extraño, donde no entiende el lenguaje ni las costumbres de los habitantes, y fuera tratado por ellos con crueldad. ¿No pensáis que le sería de gran alivio y una dicha inmensa el poder compartir sus dificultades y penas con otro en su misma situación? ¿Y a caso no es esta la situación en la que nos encontramos los creyentes en este mundo, una tierra extraña, y muy alejada de la casa de nuestro Padre? ¿Descuidaremos el conversar y compartir los unos con los otros? De ninguna manera; no aguardemos a conversar de Dios cuando estemos en el cielo; empecemos a conversar de las cosas del cielo ya aquí en la tierra, hablando entre nosotros con salmos, con himnos y cánticos espirituales.[170]

SAMUEL WILSON [1703-1750]
"Sermons on Various Subjects and Occasions", 1752

---

[167] Salmo 61:3; Proverbios 18:10.

[168] Habacuc 2:14; 3:3.

[169] Un conocido himno de JOSEPH GRIGG [1720-1760] traducido al español por JOSÉ M. DE MORA [¿?-1862] lo expresa poéticamente del siguiente modo: "Jesús, mi Salvador, ¿será posible / que un día me avergüence yo de ti, / y que olvidando tus sublimes hechos, / yo niegue lo que has sido para mí? / ¡Avergonzarme de Jesús"! Más pronto / repudiaría el firmamento al sol; / y se avergonzaría la mañana / del suave, fresco y nítido arrebol. / ¡Avergonzarme del mejor amigo, / mi apoyo, mi esperanza, mi sostén! / No, mi vergüenza es que aunque le amo tanto / no le amo siempre como el sumo bien".

[170] Efesios 5:19.

Y os contaré lo que él ha hecho por mi alma. Una vez somos liberados de terror a la ira venidera de Dios,[171] nos corresponde proclamar públicamente nuestro agradecimiento. Redunda en la gloria de nuestro Sanador que demos testimonio de las heridas profundas que nos laceraban, de lo mucho que nos dolían; y del poder y magnanimidad de la mano que nos rescató cuando estábamos hundidos. Y redunda en la gloria de nuestro Piloto que testifiquemos de las numerosas rocas y escollos que había a nuestro alrededor; de los muchos peligros y calamidades que nos amenazaban; y de los que él nos libró con su sabio proceder, guiándonos a salvo hasta la orilla. Proclamándolo públicamente puede que consigamos alentar a otros, que siguen todavía afligidos y zarandeados por la tempestad, a que acudan a él en busca de ayuda; porque él es capaz y está dispuesto a salvarlos a ellos igual que nos salvó a nosotros. Como suelen hacer los soldados cuando se licencian de una guerra sangrienta y tediosa, hemos de contar con deleite a otros creyentes nuestros combates, nuestros temores, nuestros peligros; darles a conocer nuestras experiencias a todos aquellos que siguen afligidos y atenazados por la duda, o que no han soportado todavía pruebas y tribulaciones largas y severas, de la magnitud que nosotros hemos soportado y superado.[172]

TIMOTHY ROGERS [1660-1729]
"A Discourse on Trouble of Mind, and the Disease of Melancholy", 1691

Vers. 17. *A él clamé con mi boca, y fue exaltado con mi lengua.* *[A él clamé con mi boca, y fue ensalzado con mi lengua.* RVR*] [Con mi boca clamé a El, y ensalzado fue con mi lengua.* LBLA*] [A Él clamé con mi boca, y fue exaltado con mi lengua.* BTX*] [Clamé a él con mi boca; lo alabé con mi lengua.* NVI*] [Mi boca lo invocó, mi lengua lo alababa.* BLP*] [Pues clamé a él por ayuda, lo alabé mientras hablaba.* NTV*]*

A él clamé con mi boca, y fue ensalzado con mi lengua.[173] Cuando la oración y la alabanza van juntas es una combinación excelente, comparable al tiro de caballos en los carros de Faraón[174].

---

[171] 1 Tesalonicenses 1:10.

[172] JOHN BUNYAN [1628-1688] utiliza este versículo dieciséis (66:16): *"Venid, oíd todos los que teméis a Dios, y contaré lo que ha hecho a mi alma"* como lema de su famosa obra autobiográfica *"Grace Abounding to the Chief of Sinners"*, en español "Gracia abundante para el mayor de los pecadores", donde cuenta su rechazo de la verdad cristiana, su conversión, y su llamado al servicio cristiano. Publicada por CLIE en la colección "Grandes Clásicos Cristianos".

[173] En hebreo: וְרוֹמַ֗ם תַּ֣חַת לְשׁוֹנִֽי *wərōwmam taḥaṯ ləšōwnî* de תַּחַת *tachath,* "debajo". La traducción literal es *"y exaltación debajo de mi lengua"*. Ver el paralelismo de esta figura con la del Salmo 10:7 donde se usa la misma palabra. KRAUS traduce: *"A él clamó mi boca, pero un cántico de alabanza se hallaba (ya) bajo mi lengua";* y comenta al respecto: «Bajo la lengua que se lamentaba, estaba ya a punto la acción de gracias». JOHANN PETER LANGE [1802-1884] lo ve de la siguiente manera: «Estaba tan seguro de que mi oración sería escuchada, que ya tenía el himno de gratitud y alabanza debajo de la lengua». FELIPE SCIO DE SAN MIGUEL [1738-1776] en una nota a su traducción de la Vulgata da esta explicación: «El sentido parece ser este: al tiempo que le rogaba en alta voz, tácitamente dentro de mi mismo iba concibiendo y forjando las alabanzas que le había de cantar». Ver sobre esta frase el excelente comentario de ANDREW ROBERT FAUSSETT [1821-1910] incluido por Spurgeon.

[174] Cantares 1:9. La comparación que hace Spurgeon se diluye en algunas de nuestras versiones españolas. La RVR 1960 traduce: *"A yegua de los carros de Faraón te he comparado, amiga mía";* y LBLA: *"A mi yegua, entre los carros de Faraón, yo te comparo, amada mía"*. Pero la versión inglesa KJV (que utilizaba Spurgeon) traduce: *"I have compared thee, O my love, to a company of horses in Pharaoh's chariots"*, "Te he comparado, oh amor mío, al tiro de caballos en los carros de Faraón". Es decir, carros de guerra que

Algunos lloran porque no pueden cantar; y otros cantan porque no tienen motivos para llorar: pero juntos aportan lo mejor. Dado que las respuestas del Señor casi siempre pisan los talones de nuestras súplicas, e incluso las superan avanzándose a ellas, nos conviene que nuestras alabanzas agradecidas vayan a la par con nuestras súplicas humildes. Observemos que el salmista dice *clamé* y *hablé,* ambas cosas; el Señor ha expulsado de sus hijos todo espíritu mudo,[175] y por tanto, aquellos que tienen mayor dificultad para expresarse con la lengua suelen ser, con frecuencia, los más elocuentes en sus corazones.

C. H. SPURGEON

A él clamé con mi boca, y fue ensalzado con mi lengua. Este versículo puede traducirse también del siguiente modo: *"A él clamé con mi boca, y su exaltación estaba debajo de mi lengua"*. Es decir: clame cuando estaba a punto de engrandecerle y exaltar su nombre glorificándole con alabanza. Cuando estamos a punto de contar o expresar una cosa decimos tenerla: *debajo de la lengua.*

JOSEPH CARYL [1602-1673]
"An Exposition with Practical Observations upon of the Book of Job", 1651

Y fue ensalzado con mi lengua. Cuando las bendiciones que provienen de una súplica no son agradecidas con el mismo fervor con que fueron originalmente imploradas, es una prueba irrefutable que la tal súplica tenía detrás motivos ocultos poco dignos.[176] Los diez leprosos imploraron todos misericordia, y todos la obtuvieron; pero solo uno regresó para expresar su gratitud.[177]

JOHN MORISON [1791-1859]
"An Exposition of the Book of Psalms", 1829

Y fue ensalzado con mi lengua. Literal: *"su exaltación estaba debajo de mi lengua"*, implicando con ello plenitud de alabanza, como cuando dice en sentido negativo: *"Llena está su boca de blasfemia, engaño y opresión; bajo su lengua hay malicia e iniquidad"*,[178] utilizando la misma palabra hebrea תַּחַת *tachath.* El sentido metafórico es como si debajo de la lengua tuviera un almacén de alabanzas, del cual tomaba la porción indicada según la ocasión.[179] En lo que respecta al versículo completo, podría entenderse del siguiente modo: *Tan pronto clamé, me libró, dándome sobradas razones para exaltarle;* tal como leemos en otro pasaje paralelo: *"Este pobre clamó, y el Señor le oyó, y lo salvó de todas sus angustias"*.[180]

ANDREW ROBERT FAUSSETT [1821-1910]
"Studies in the cl Psalms their undesigned coincidences with the independent Scripture histories, confirming and illustrating both", 1876

---

eran tirados por dos o más caballos que se movían siempre al unísono. En este caso la versión española que mejor se adapta (y más correctamente traduce) es la NVI: *"Tú y tus adornos, amada mía, me recuerdan a las yeguas enjaezadas de los carros del faraón"*.

175 Marcos 9:17.

176 Dice JUAN CALVINO [1509-1564]: «La gloria de Dios se ve injustamente menospreciada, si habiendo permanecido él a nuestro lado en los momentos de infortunio y aflicción, nuestra liberación no va seguida de inmediato por una solemne acción de gracias».

177 Lucas 17:11-19.

178 Salmo 10:7.

179 Dice FRANCISCO LACUEVA [1911-2005] en su versión española del "Comentario de Matthew Henry": «Cuando tenemos oración en la boca, debemos tener alabanza en el corazón».

180 Salmo 34:6.

Y fue ensalzado con mi lengua. Que la alabanza de Dios esté en tu lengua, debajo de tu lengua, y encima tu lengua; para que brille delante de los hombres, y vean que tu corazón es bueno.[181] El bejel o lucerna tiene una lengua que brilla,[182] y de ahí viene su nombre; de modo que en las profundidades del mar, la luz de su lengua revela su especie y naturaleza: así también, si tu corazón posee una lengua que brilla con las alabanzas de Dios, revelará su especie y naturaleza. De ahí el antiguo refrán: «Habla, para que yo te vea».[183]

THOMAS LE BLANC [1599-1669]
"'Psalmorum Davidicorum Analysis' in qua aperte cernitur singulis in Psalmis ordinem esse admirabilem: adjungitur commentarius amplissimus", 1645

Vers. 18. ***Si en mi corazón hubiese yo mirado a la iniquidad, el Señor no me habría escuchado.*** *[Si en mi corazón hubiese acariciado yo la iniquidad, el Señor no me habría escuchado.* RVR*] [Si observo iniquidad en mi corazón, el Señor no me escuchará.* LBLA*] [Si en mi corazón hubiera yo mirado la iniquidad, Adonai no me habría escuchado.* BTX*] [Si en mi corazón hubiera yo abrigado maldad, el Señor no me habría escuchado.* NVI*] [Si yo hubiese apreciado el mal, mi Señor no me habría escuchado.* BLP*] [Si no hubiera confesado el pecado de mi corazón, mi Señor no me habría escuchado.* NTV*]*

Si en mi corazón hubiese acariciado yo la iniquidad. Si teniendo conciencia que la iniquidad está ahí, sigo contemplándola sin sentir aversión; o peor aún, si le tengo aprecio, si la miro de soslayo con amor, la justifico y excuso, entonces:

El Señor no me habría escuchado. ¿Cómo podría hacerlo? ¿Puedo acaso pretender que conociendo mi pecado, me acepte mientras me aferro al mal camino? No hay nada que estorbe tanto a la oración como la iniquidad alojada en el pecho; así fue con Caín,[184] y lo mismo aplica a cada uno nosotros: *"el pecado está a la puerta"*,[185] barrándote el paso. Si escuchas al diablo, Dios no te escuchará. Si rehúsas escuchar los mandamientos de Dios, sin duda él rehusará escuchar tus peticiones. Una petición imperfecta será escuchada por Dios por amor a Cristo, pero no una que haya sido tergiversada a propósito por la mano de un traidor. Que Dios aceptara nuestras devociones y escuchara nuestras peticiones mientras seguimos deleitándonos en el pecado, sería hacer de él el Dios de los hipócritas, lo cual es un calificativo adecuado para Satanás, pero no para el Santo de Israel.

C. H. SPURGEON

---

[181] Mateo 5:16.

[182] Se refiere al pez conocido en inglés como *tub gurnard* y en algunas zonas de España como BEJEL O RUBIO, cuyo nombre científico es *Chelidonichthys lucerna*. La información de que tiene una lengua que brilla es científicamente incorrecta, por lo que ya Spurgeon incluyó en el texto original la siguiente nota: «Uno de los revisores nos recrimina por citar este texto con una información sobre historia natural que es falsa. Pero entendemos que todo lector inteligente entenderá que se trata simplemente de una cita y no será conducido a error por la misma». Aunque este pescado sí presenta reflejos brillantes o fosforescentes cuando abre las aletas, la información incorrecta de que su lengua brilla como una antorcha se publicó originalmente en *Naturalis Historia* de PLINIO EL VIEJO [siglo I], obra muy prolífica en la descripción de animales míticos y fantásticos.

[183] En el original: *"Speak, that I may see thee"*. La frase tiene su origen en el dramaturgo y poeta inglés BEN JONSON [1572-1637] y concretamente en *"Timber: or, Discoveries made upon men and matter"*, 1640, obra publicada tras su muerte en la que refleja las experiencias prácticas de su vida, y de manera especial su supuesta rivalidad con WILLIAM SHAKESPEARE [1564-1616].

[184] Génesis 4:1-16.

[185] Génesis 4:7.

Si en mi corazón hubiese acariciado yo la iniquidad, el Señor no me habría escuchado. La reflexión que se hace aquí el salmista de que: *"si en mi corazón hubiese acariciado yo la iniquidad, el Señor no me habría escuchado"* implica la posibilidad de que tal situación pueda darse en los creyentes; y tenemos sobradas razones para sospechar que cuando a veces nuestras oraciones resultan ineficaces, se ven obstaculizadas y nuestras súplicas quedan sin respuesta, sea por esta razón. Y no se hace difícil admitir y entender que cuando oramos los creyentes podamos albergar iniquidad en nuestros corazones, a pesar de lo solemne que es ponerse en oración delante de presencia de Dios, y dirigirnos directamente a él en un lenguaje de súplica. Pues cabe la posibilidad de que acudamos a Dios en oración en un estado de ánimo poco propicio y adecuado para tan santa actividad; debido a que mundo siga ejerciendo en nuestros corazones su predominio de una u otra forma; o bien que en la confesión de nuestros pecados haya habido mera formalidad, y en nuestras súplicas tanta indiferencia, que cuando acabamos de orar seamos incapaces de discernir con claridad qué es exactamente lo que hemos confesado y lo que hemos pedido. Ningún cristiano puede sentirse satisfecho de permanecer en un estado de letargo como este; y cuando se despierte de él, algo que tarde o temprano sucederá, no le quedará más remedio que recordarlo con humillación y vergüenza. Y no obstante, puede suceder, en numerosas ocasiones, que incluso buenos creyentes se hallen muy próximos esta situación. Y en tal caso, ¿cuál es la autenticidad y el sentido de nuestras oraciones en un estado así? Pues lo que en realidad estamos diciendo es que, por el momento, hay cosas de este mundo por las que sentimos mayor atracción que por aquello que tan formalmente estamos pidiendo a Dios; y que no nos importa demasiado si por causa de ello la bendición que imploramos es obstaculizada o se demora: porque hallaremos compensación en el disfrute de las otras cosas mundanas, que por el momento están acaparando nuestros afectos. Por lo cual, en realidad, en este mismo instante, no estamos particularmente deseosos de que la bendición que formalmente pedimos nos sea concedida, y que se nos sea impartida una revelación que al encauzar toda la marea de nuestros afectos hacia las cosas espirituales, haría que estos objetos mundanos, que tanto apreciamos, nos resulten menos valiosos. … Por tanto, puede darse la paradoja de que un cristiano acuda a Dios en oración para pedir el consejo sobre alguna cuestión de fe que le tiene perplejo; o para buscar la dirección divina en algún punto dudoso de sus deberes cristianos; pero que en lugar de hacerlo con una mente abierta, preparada para asumir la respuesta, sea la que sea, de una manera justa y equilibrada; lo haga con la esperanza de que la respuesta divina apoye sus opiniones y criterios preconcebidos; y consienta deliberadamente que sus inclinaciones mundanas influyan en su juicio de la respuesta divina inclinándola hacia el lado del error, o a favor de la línea de conducta que de antemano deseaba seguir; que simplemente acuda a Dios en busca de consejo con la esperanza de confirmar su propia opinión... Hay, sin embargo, otro motivo más grave, y por desgracia no menos frecuente, me temo, por el cual un creyente puede ser acusado de albergar iniquidad en su corazón. Cuando hay en su vida algo respecto a lo cual es plenamente consciente que no debería estar ahí: algún apego terrenal injustificable, o conformidad con ciertos principios y prácticas del mundo que se hacen difíciles de conciliar con sus principios cristianos; y respecto a los cuales, la lucha aparente que sostiene de vez en cuando, no es sino un alarde de ingenio para justificarlos y mantenerlos sin violentar su propia conciencia, una laboriosa elucubración de argumentos sobre como poder practicarlos legítimamente; mientras oculta por otro lado la verdadera razón, llana y simple, de su apego: su amor al mundo.[186] La demostración práctica de lo débiles y poco concluyentes que son tales argumentos justificantes, y a su vez de lo poco dispuestos que estamos a renunciar a nuestros apegos favoritos; la hallaremos en que cuando confesamos nuestros pecados, estos los dejamos fuera de la lista, más por el deseo oculto de pasarlos por alto, que por la convicción consciente de que no necesitan estar allí. Simplemente sentimos que no podemos, ni nos atrevemos, a convertirlos en un tema de debate inmediato en nuestra solemne y deliberada comunión con Dios; pues en nuestro

[186] 1 Juan 2:15-16.

interior, algo nos dice que a pesar de todos nuestros argumentos pueriles y defensa a ultranza, la única forma de poder mantenerlos es eliminándolos del debate, obviando en nuestra comunión con Dios, la delicada cuestión de si son legítimos o no.

Robert Gordon [1786-1843]
"Sermons – Sermon XX on Psalm lxvi 18: 'Iniquity in the Heart a Hinderance to Prayer", 1825

Si en mi corazón hubiese acariciado yo la iniquidad, el Señor no me habría escuchado. ¿Cuál es la razón por la que el amor al pecado de un hombre en el corazón impide que sus oraciones sean aceptadas por Dios?

1. Porque en tales circunstancias no puede orar en el Espíritu. Las oraciones aceptables a Dios son los gemidos de su propio Espíritu en nosotros: *"porque no sabemos orar como debiéramos, pero el Espíritu mismo intercede por nosotros con gemidos indecibles.*"[187] De igual manera que sin la intercesión de Cristo nuestras oraciones no serían aceptadas, así también sin la intercesión del Espíritu estamos incapacitados de orar.

2. Porque mientras el hombre alberga iniquidad en su corazón, no puede orar con fe; es decir, no puede fundamentar sobre las promesas divinas una confianza racional de que Dios lo aceptará. La fe siempre se agarra a la promesa; y la promesa de aceptación solo se hace a los rectos: por tanto, mientras un hombre mantenga en su corazón el amor al pecado, es porque o bien no ha entendido las promesas, o bien las entiende pero las aplica a si mismo incorrectamente, y en consecuencia ora con presunción: y en ambos casos tienen poco fundamento para esperar la aceptación.

3. Porque mientras acariciamos iniquidad en nuestros corazones, no podemos orar con fervor, que, junto con la sinceridad, es condicionante básico de toda oración a la que Dios ha concedido promesa de aceptación: *"el reino de los cielos se hace fuerza, y los esforzados lo arrebatan"*;[188] y también: *"pedid, y se os dará; buscad, y hallaréis; llamad, y se os abrirá"*;[189] solo los buscan hallan, y solo a los que llaman se les abre; expresiones todas ellas que denotan fervor, vehemencia e importunidad. Ahora bien, la causa de la vehemencia y fervor en todo aquello que tratamos de conseguir es el amor que sentimos hacia ello; el fervor y diligencia que ponemos en conseguir algo, es proporcional a nuestro deseo de obtenerlo. En la medida en que nuestro amor al pecado predomina en nuestros corazones, nuestro amor a las cosas espirituales es débil, lánguido, apático; esta apatía se refleja en nuestras oraciones, y por tanto, han de ser puestas en entredicho. ¡Oh, miserable falacia con la que el alma se engaña sí misma! Ama el pecado y al mismo tiempo ora contra él; suplica pidiendo la gracia mientras alberga el deseo de que esta no prevalezca: como alguien que con respecto a la castidad, confesaba que oraba pidiéndola con una reserva mental oculta en sus deseos de que Dios no se la concediera. Tales son las misteriosas e intrincadas paradojas por medio de las cuales el amor al pecado hace que el alma engañe y se burle de si misma. ¡Cuán lánguida y apáticamente orará implorando misericordias espirituales; sabiendo que detrás de cada petición se oculta una mentira! En tales circunstancias, un alma no puede orar en serio contra el pecado; lucha contra él, pero sin la esperanza ni la intención de prevalecer; como hacen los amantes, que se resisten y uno trata de escapar del otro pero con el deseo de perder. Así pues, mientras acariciemos iniquidad en nuestro corazón, ¿cómo podremos afirmar legítimamente que las cosas espirituales son el único propósito de nuestras oraciones? Y, si no

[187] Romanos 8:26 LBLA.
[188] Mateo 11:12 RVA.
[189] Mateo 7:7.

los son, ¿qué base tenemos para urgir a Dios con fervor que nos conceda aquello que le pedimos? Y si no hay fervor de nuestra parte, no debe extrañarnos si no hay respuesta de parte de Dios.

ROBERT SOUTH [1634-1716]
"Sermons", 1715

Si en mi corazón hubiese acariciado yo la iniquidad, el Señor no me habría escuchado. Aún cuando nuestras oraciones estén sólidamente fundamentada en la Palabra, con todo, si el fin que perseguimos no es justo y recto, este es un filtro donde nuestra oración quedará detenida: *"Pedís y no recibís, porque pedís con malos propósitos, para gastarlo en vuestros placeres"*.[190] Pongamos por caso a un cristiano de conducta intachable, que ora fervientemente y cuya petición apunta realmente a la gloria de Dios. No obstante, puede sucederle cual sucede con la aguja imantada de una brújula: que otra fuerza magnética próxima la aparta temporalmente de marcar al Norte, haciendo que circunstancialmente oscile de un lado a otro; aunque finalmente acabe recuperando las propiedades que la naturaleza le ha otorgado y vuelva a marcar el Norte. De igual modo, es posible que en un momento dado, el objetivo de nuestras oraciones se vea afectado por la influencia perturbadora de Satanás a través de una fuerza más inmediata y cercana: alguna de sus propias debilidades aún no mortificadas.[191] ¿Acaso no creéis posible que un creyente presionado y sometido a angustia de cuerpo y espíritu, ore por la sanidad del uno y el consuelo del otro, con un propósito excesivamente egoísta en lo que hace a su propio bienestar personal? ¡Sin lugar a dudas! ¿Que un ministro del evangelio ore implorando sabiduría, dones y asistencia para alguna labor o evento importante para el Señor, pero con un ojo puesto en su propio éxito y aplausos? ¿O que unos padres oren por su hijo con el deseo desordenado de realizarse ellos a través de retoño y conseguir a través de él aquellos logros y aplausos que a ellos se les negaron? Todo esto puede entenderse como incluido dentro la declaración del salmista:*" Si en mi corazón hubiese acariciado yo la iniquidad, el Señor no me habría escuchado"*. Pedir en oración nuestra salud, paz y éxito, no es en modo alguno iniquidad mientras lo hagamos dentro de los límites que Dios ha establecido. Pero cuando sobrepasamos estos límites, cuando nuestros propios objetivos prevalecen por encima de la gloria de Dios buscando codearse con ella, entonces, son abominación. Lo que en pequeñas dosis es una medicina curativa, se convierte en veneno mortal cuando superamos la dosis apropiada. Por tanto, cristiano, antes de orar examínate y pruébate a ti sí mismo,[192] preguntándote: Dime, oh, alma mía, ¿qué hay detrás de lo que pides? ¿cuál es el fin verdadero que persigues? Cuando oras, analiza en tu propia mente los verdaderos propósitos de aquello por lo cual oras, y pronto sabrás como procederá al respecto la mente de Dios. Asegúrate de priorizar la gloria de Dios, y verás como Dios prioriza también tus peticiones.

WILLIAM GURNALL [1617-1679]
"Christian in complete armour, or, a treatise of the saints war against the Devil", 1655

Si en mi corazón hubiese acariciado yo la iniquidad, el Señor no me habría escuchado. Y ¿de quiénes puede decirse que *acarician iniquidad en su corazón?:*

1. *Acarician iniquidad en su corazón,* aquellos que la practican en secreto. Que aparentan haberse apartado del mundo, pero que no tienen un auténtico temor del Dios omnisciente, el que escudriña los corazones, y de cuyos ojos no hay cobertura en oscuridad, que es donde los obradores de

[190] Santiago 4:3 NVI
[191] Colosenses 3:5.
[192] 2 Corintios 13:5.

iniquidad tratan inútilmente de esconderse: *"¿Se ocultará alguno, dice Jehová, en escondrijos que yo no lo vea? ¿No lleno yo, dice Jehová, el cielo y la tierra?".*[193]

2. *Acarician iniquidad en su corazón,* quienes sienten y suspiran por pecar, por más que en el curso de la providencia es posible que se vean impedidos de cometer realmente los pecados por los cuales suspiran. Estoy persuadido de que no son raros los casos de personas que alimentan deseos pecaminosos, aunque por falta de oportunidad, por temor a las propias leyes humanas, o por algún freno parcial de su conciencia, no se atrevan a consumarlos y ponerlos en práctica.

3. *Acarician iniquidad en su corazón,* quienes rememoran los pecados pasados con deleite, o sin una humillación sincera de la mente. Nuestras actitudes y disposición, tanto hacia el pecado como hacia el cumplimiento del deber; fácilmente quedan al descubierto por nuestras reacciones, y no tan solo inmediatas sino también diferidas. Lo intenso y repentino de una tentación pueden traicionar incluso a una persona santa y buena llevándola a la comisión de pecado; la falta de madurez del corazón y el poder de la corrupción interior pueden hacer que el deber resulte oneroso y ocasionar muchos errores y defectos en su desempeño; pero todo cristiano verdadero recuerda sus pecados pasados con una contrición de espíritu sincera y un profundo sentido de indignidad ante Dios; y en lo que hace al cumplimiento de su deber, por muy pesado y difícil que haya resultado en su momento, cuando lo recuerda le proporciona deleite. Lo mismo sucede respecto a los pecados: hay quienes pueden rememorarlos sin sentir dolor; hablar de ellos sin experimentar vergüenza, y a veces incluso con una mezcla de jactancia y vanagloria. ¿Nunca habéis escuchado a alguien recordar sus locuras pasadas y hablar de ellas con tal placer, que más parece que se deleita en recordarlas que no se lamenta por los pecados implícitos en ellas? Aún suponiendo que hayan abandonado la práctica de esos pecados, si al rememorarlos lo hace mirándolos con una complacencia interior, su aparente reforma es probable que sea debida a una causa muy distinta a la conversión y renovación de su corazón.

4. *Acarician iniquidad en su corazón,* quienes miran los pecados de los demás con aprobación; o, ciertamente, quienes se muestran capaces de contemplarlos sin dolor. El pecado es algo tan abominable, tan deshonroso para Dios y tan destructivo para las almas de los hombres, que ningún cristiano verdadero puede presenciarlo sin profunda preocupación Por ello en la Escritura, al valorar el carácter de un siervo de Dios, se toma tanto en cuenta la frecuencia con la que se lamenta de los pecados de los demás: *"Ríos de agua descendieron de mis ojos, por los que no guardan tu ley";*[194] *"Veo a los prevaricadores, y me disgustan, porque no guardan tus palabras".*[195] Finalmente, intuyo que:

5. *Acarician iniquidad en su corazón,* quienes demoran enjuiciarse a si mismos, y aún están menos dispuestos a que Dios los escudriñe y pruebe.[196] Por tanto, si alguno no está dispuesto a ser juzgado, si retrasa su autoexamen, es clara evidencia de un apego al pecado intenso y fuerte. Puesto que semejante reacción no puede proceder de otra cosa que de un temor secreto a descubrimientos desagradables o la detección de alguna concupiscencia que no esta dispuesto a abandonar ... Son muchos, demasiados, los que pese a vivir practicando el pecado y *acariciando iniquidad en sus corazones,* continúan asistiendo a los cultos y aparentando un cumplimiento exterior de las ordenanzas de la institución divina, y en el momento oportuno se agarran a las prerrogativas del pacto con Dios. ¿Cabe pensar que serán aceptados por él? No. Considera su actitud una burla profana, una usurpación sacrílega: *"Pero al malo le dice Dios: ¿Qué tienes tú que hablar de mis leyes, y tomar mi pacto en tu boca? Pues tú aborreces la corrección, y echas a tu espalda mis palabras".*[197] ¿Tendrán algún consuelo? No, a menos que en justo juicio Dios permita que vivan engañados; y si viven engañados son los mayores infelices y desdichados, porque al permanecer por más tiempo bajo el engaño peor

[193] Jeremías 23:24. (Ver también Salmo 139:11-12).
[194] Salmo 119:136.
[195] Salmo 119:158.
[196] Salmo 26:2; 139:23-24.
[197] Salmo 50:16-17.

será su desilusión: *"Estas cosas hacías, y yo he callado; ¿Pensabas que de cierto sería yo como tú? Pero te redargüiré, y las pondré delante de tus ojos"*.[198] ¿Sacarán de ello algún provecho? No. Puesto que con su proceder, en lugar de aplacar la ira divina lo que hacen es provocar su venganza; y en vez de iluminar sus mentes, ciega sus ojos; en lugar de santificar su naturaleza, endurece sus corazones, como sucedió con los judíos que no quisieron creer: *"Por esto no podían creer, porque también dijo Isaías: Ha cegado los ojos de ellos, y endureció su corazón; para que no vean con los ojos, y entiendan con el corazón, y se conviertan, y yo los sane"*.[199] De modo para acercarnos a Dios y ser aceptados al cumplir con nuestros deberes en su adoración; establecer comunión con él; y particularmente a la hora de hacer nuestras las arras y prerrogativas de su pacto, nada hay más esencial que una separación absoluta, total y completa de todo pecado del que tengamos conciencia y conocimiento: *"Si tú diriges tu corazón a Dios, y extiendes a él tus manos; si alguna iniquidad hay en tu mano, y la echas de ti, y no consientes que more en tu casa la injusticia, entonces levantarás tu rostro limpio de mancha, y serás fuerte, y nada temerás"*.[200]

JOHN WITHERSPOON [1722-1749]
"Sermon xiv – Psalm lxvi 18 - The Petitions of the Insincere Unavailing", 1804

Vers. 19. ***Mas ciertamente me escuchó Dios; atendió a la voz de mi súplica.*** *[Mas ciertamente me escuchó Dios; atendió a la voz de mi súplica.* RVR*] [Pero ciertamente Dios me ha oído; El atendió a la voz de mi oración.* LBLA*] [Pero ciertamente me escuchó Elohim, y atendió a la voz de mi súplica.* BTX*] [Pero Dios sí me ha escuchado, ha atendido a la voz de mi plegaria.* NVI*] [Pero Dios me ha escuchado, Dios ha atendido mi súplica.* BLP*] [¡Pero Dios escuchó! Él prestó oídos a mi oración.* NTV*]*

Mas ciertamente me escuchó Dios. Lo cual señala claramente que el peticionario no era un amante secreto del pecado. Que su oración fuera contestada aporta una nueva evidencia de que su corazón era sincero ante el Señor. Fijémonos en la seguridad con la que el salmista afirma haber sido escuchado: no se trata de una vaga esperanza, conjetura o fantasía, pues ratifica y rubrica su afirmación con un *"ciertamente"*. Cuando los hechos testifican tanto del amor del corazón de Dios, como de la sinceridad del nuestro, son una bendición.

Atendió a la voz de mi súplica. Es decir, se dignó a considerar mi clamor, a interpretarlo, aceptarlo y responderlo; evidenciando con ello tanto su gracia, como también la rectitud de mi corazón. El amor al pecado es una mancha indicativa de la peste, una marca de condenación, una señal de muerte; pero las oraciones que viven y prevalecen ante Dios salen obviamente de un corazón que está libre de cualquier trato con el maligno. Asegúrate lector de que lo más íntimo y secreto de tu alma esté libre de cualquier alianza con la iniquidad, tolerancia con lujurias encubiertas, y de todo mal oculto.

C. H. SPURGEON

Vers. 20. ***Bendito sea Dios, que no echó de sí mi oración, ni de mí su misericordia.*** *[Bendito sea Dios, que no rechazó mi oración, ni me retiró su misericordia.* RVR*] [Bendito sea Dios, que no ha desechado mi oración, ni apartado de mí su misericordia.* LBLA*] [¡Bendito sea Elohim, que no desechó mi oración, ni apartó de mí su misericordia!* BTX*] [¡Bendito sea Dios, que no rechazó mi plegaria ni me negó su amor!* NVI*] [Bendito sea Dios que no ignoró mi ruego, ni apartó su amor de mí.* BLP*] [Alaben a Dios, quien no pasó por alto mi oración ni me quitó su amor inagotable.* NTV*]*

---

198 Salmo 50:21.
199 Juan 12:37-40.
200 Job 11:13.15.

Bendito sea Dios. Esto es: que su nombre sea amado y honrado.

Que no rechazó mi oración, ni me retiró su misericordia.[201] Él no me ha retirado su amor, ni mi libertad para orar. No me ha desechado, ni a mí ni a mi oración. Su misericordia y mi clamor siguen en contacto. El salmo termina con la misma nota clave con la que comienza: alabanza. Una alabanza que lo impregna por entero desde el principio al final; que constituye la esencia misma de su espíritu y concepción. ¡Permítanos en señor ser parte de ella! Amén.

C. H. SPURGEON

Vers. 18-20. David, genio y figura, concluye el Salmo 66 con un silogismo[202] entre dos premisas a las que había llegado y perfeccionado a través de su experiencia personal: Por un lado: *"Si en mi corazón hubiese acariciado yo la iniquidad, el Señor no me habría escuchado"* (66:18). Y por el otro: *"Mas ciertamente me escuchó Dios; atendió a la voz de mi súplica"* (66:19). Siguiendo, por tanto, la lógica del silogismo, cabría esperar que concluyera diciendo: «De lo cual deduzco que no hay maldad alguna en mi corazón». ¡Pues no! Concluye de manera muy distinta: *"Bendito sea Dios, que no rechazó mi oración, ni me retiró su misericordia"* (66:20). Tengo que admitir, pues, que David ha logrado confundirme; aunque para bien. Yo hubiera apostado a que partiendo de una conclusión lógica tan clara, buscaría de inmediato el aplauso personal colocando el laurel sobre su propia cabeza. ¡Pero no! Lo pone en la de Dios. Pienso adoptar, por tanto, esta lógica tan excelente de David, pues me satisface más que los silogismos de Aristóteles; porque en ella, cualesquiera que sean las premisas, la conclusión es siempre la misma: la gloria pertenece a Dios.[203]

THOMAS FULLER [1608-1661]
"Good thoughts in bad times; and Good thoughts in worse times", 1649

[201] En hebreo: אֲשֶׁר לֹא־הֵסִיר תְּפִלָּתִי וְחַסְדּוֹ מֵאִתִּי *'ăšer lōhêsîr təpillāṯî wəḥasdōw mê'ittî.* MARTÍN LUTERO [1483-1546] traduce: *"der mein Gebet nicht verwirft noch seine Güte von mir wendet"*, "que no ha rechazado mi oración ni me ha arrebatado su gracia".

[202] El SILOGISMO es un razonamiento filosófico formado por dos premisas y una conclusión, a la que se llega a través del resultado lógico que se deduce de contrastar las dos premisas. El primero en formularlo fue el filósofo griego Aristóteles [364-322 a.C.] al que se reconoce como el padre de la lógica.

[203] Los comentaristas y exégetas comentan al respecto:

– FRANZ DELITZSCH [1813-1890] dice al respecto: «En la doxología final encontramos dos expresiones תְּפִלָּתִי וְחַסְדּוֹ *təpillāṯî wəḥasdōw,* "mi oración, su misericordia"; una al lado de la otra y conectadas entre sí, que juegan un papel cardinal como binomio inseparable. La oración y la misericordia guardan la misma relación entre sí que el eco y su respuesta. Cuando Dios rechaza la oración de una persona y le retira su misericordia, le manda permanecer en silencio y rehúsa darle una respuesta favorable. Por ello el poeta alaba a Dios por no haberle sustraído ni la alegría de la oración ni las demostraciones de su favor».

– AGUSTÍN DE HIPONA [354-430], comentando este pasaje hace una aseveración tan lógica como contundente: «Si no se aparta de ti la oración, si eres constante y persistente en la plegaria, puedes estar tranquilo, porque no se apartará de ti su misericordia».

– JOHANN PETER LANGE [1802-1884], recogiendo este sentir, concluye su comentario a este salmo con una frase demoledora: «Hay algo mucho peor a que el Señor se demore en sus respuestas a nuestras oraciones y aparentemente no sean contestadas: la falta de motivación y ausencia del deseo de orar».

SALMO 67

Exhortación a las naciones

Título: *Al músico principal.* Quien fuese ese *"músico principal"* poco importa; como poco importa también quién seamos nosotros con tal de que el Señor sea glorificado.

En Neginoth. O con instrumentos de cuerda. Este es el quinto Salmo titulado de este modo, y como los otros, se supone que era cantado con acompañamiento de *"arpistas que tocaban sus arpas"*.[1] No se da el nombre de su autor, pero muy atrevido sería quién intentara negar que fue escrito por David. Mucho tendrían que demostrarnos y presionarnos para inducirnos a buscar para estas odas anónimas, situadas justo al lado de otras atribuidas a David, y con una semejanza a ellas incuestionable, cualquier otro autor fuera del pastor, salmista y rey.

Salmo. Cántico. Aquí se fusionan lo solemne y lo vivaz; lo sublime y lo brillante. Un salmo es un cántico, pero no todas los cánticos son salmos: este es ambas cosas.[2]

C. H. Spurgeon

Estructura: Aquí tenemos una oración por la prosperidad de Israel (67:1); una oración por la conversión de los gentiles (67:2-5);[3] y una perspectiva feliz de tiempos gloriosos cuando Dios se digne llevar a cabo tal obra (67 6-7).[4]

Matthew Henry [1662-1714]
"Commentary on the Whole Bible", 1811

---

[1] Apocalipsis 14:2.

[2] Dice Franz Delitzsch [1813-1890]: «Si bien el Salmo 65 contemplaba el grano y los frutos todavía en el campo; el Salmo 67, por lo que parece, contempla ya la cosecha recogida, a la luz de la historia de la redención. Para Israel, cada cosecha abundante era el cumplimiento de lo prometido en Levítico 26:3.5: *"Si andáis en mis decretos y guardáis mis mandamientos, y los ponéis por obra, yo daré vuestra lluvia en su tiempo, y la tierra rendirá sus productos, y el árbol del campo dará su fruto. Vuestra trilla alcanzará a la vendimia, y la vendimia alcanzará a la sementera, y comeréis vuestro pan hasta saciaros, y habitaréis seguros en vuestra tierra";* es decir, una prueba palpable de que Dios estaba con su pueblo, y de que su misión al resto de las naciones (o pueblos) tendría también su cumplimiento».

[3] El Salmo 67, particularmente el versículo dos: *"Para que sea conocido en la tierra tu camino, en todas las naciones tu salvación"* (65:2); así como los dos anteriores (Salmos 65 y 66) forman parte de los salmos clave utilizados por el almirante don Cristóbal Colón [1451-1506] en su "Libro de las profecías" para demostrar que su descubrimiento y la evangelización de las Indias había sido profetizada en las Escrituras. Ver al respecto la nota 112 en el Salmo 65.

[4] Francisco Lacueva [1911-2005] en su versión Española del "Comentario de Matthew Henry" aporta el siguiente resumen: «Aquí el salmista es elevado a recibir el espíritu de profecía acerca del ensanchamiento del Reino de Dios.

– I. Comienza con una oración por el bienestar y la prosperidad del pueblo escogido (67:1): *"Dios tenga misericordia de nosotros y nos bendiga"*. Nuestro Salvador, al enseñarnos a decir *"Padre nuestro"*, dio a entender que debíamos pedir con otros y por otros así el salmista no dice: 'Dios tenga misericordia de mí y me bendiga', sino *"de nosotros y nos bendiga"*. Aquí se nos enseña: 1.*"Dios tenga misericordia de nosotros"*, que toda nuestra felicidad procede del favor de Dios y con Él se incrementa; por eso, lo primero que pide es el favor de Dios. 2. *"Y nos bendiga";* es decir, nos otorgue interés en sus promesas y nos conceda todos los bienes contenidos en ellas. 3. *"Haga resplandecer su rostro hacia nosotros"*, es una petición basada en la bendición sacerdotal de Números 6:24, con la diferencia de que allí la preposición es

Versión poética:

Deus misereatur nostri, et benedicat nobis

Que Dios se compadezca de nosotros,
que nos bendiga, y que la luz celeste

"sobre", mientras que aquí la preposición es *"hacia",* lo que da la impresión de un contacto más próximo con el resplandor de la luz divina. Aunque también podría traducirse por *"con"*.

– II. De ahí pasa a una oración por la conversión de los gentiles (67:2): *"Para que sea conocido en la tierra tu camino"*, es decir, la forma en que te conduces con nosotros, a fin de que también ellos te alaben y glorifiquen. Es como si añadiese: *"Santificado sea tu nombre. Venga a nosotros tu reino"*. 1. Estos versículos, que apuntan a la conversión de los gentiles, pueden tomarse: (A) Como oración que expresa el deseo de los santos del Antiguo Testamento, quienes desearían así que se extendieran a todos los privilegios de que ellos disfrutaban. Obsérvese entonces cuán diferente del de sus padres era el espíritu de los judíos en tiempo de Cristo y de sus apóstoles, pues aquellos pedían que el nombre de Dios fuese conocido en todas las naciones, mientras que éstos se enfurecían al ver predicado a los gentiles el evangelio de la salvación (ver Hechos 13:45). (B) Como profecía de que había de suceder lo que pide. 2. Y tres son las cosas que aquí pide con referencia a los gentiles: (A) Que se extienda a ellos la revelación divina (67:2): *"Para que sea conocido en la tierra tu camino, en todas las naciones tu salvación"*. Que sepan ellos, como lo sabemos nosotros, lo que es bueno y lo que pide Jehová de nosotros (Miqueas 6:8); que sean bendecidos y honrados con los mismos estatutos y preceptos justos, que son la alabanza de nuestra nación y la envidia de nuestros vecinos (Deuteronomio 4:8). Si Dios nos da a conocer su camino y andamos en él, nos mostrará su salud salvífica (Salmo 50:23). Quienes conocen por experiencia propia lo agradable de los caminos de Dios y los consuelos de su salvación, no pueden menos de desear y orar que sean conocidos por otros en todas las naciones. (B) Que sea establecido entre ellos el culto divino, como sucede donde se recibe y abraza la revelación divina (67:3) *"Te alaben* (literal "te den gracias") *los pueblos, oh Dios"*. Que tengan materia para la alabanza y corazón para la gratitud; no solo algunos pueblos, sino todos ellos». Tanto interés tiene el salmista en esto, que lo repite en el versículo cinco (67:5): *"Te alaben los pueblos, oh Dios; todos los pueblos te alaben"*. Es una oración: (a) Para que les sea predicado el Evangelio y entonces tendrán motivo suficiente para alabar y dar gracias a Dios, como por un día de primavera tras una larga y oscura noche. (b) Que se conviertan y sean traídos a la Iglesia de Dios, donde tendrán disposición y oportunidad para alabar a Dios. (c) Que puedan ser incorporados a las asambleas solemnes, a fin de que puedan alabar a Dios con una sola mente y una sola boca. (C) Que sea reconocido entre ellos el gobierno de Dios (67:4): *"Alégrense y gócense las naciones, porque juzgas los pueblos con equidad, y pastoreas las naciones de la tierra"*. El gozo que desea a las naciones es un santo gozo, porque se han de gozar en que Dios juzga a los pueblos con equidad y guía (תַּנְחֵם *tanḥêm* de נָחָה *nachah* el mismo verbo del Salmo 78:14) las naciones de la tierra (literal: "en la tierra"). Se alegrarán al ver que el Dios de Israel es un juez justo, cuyos juicios son todos conforme a la más estricta verdad y justicia, no como los juicios de los jueces humanos.

– III. Concluye con una gozosa perspectiva de todos los bienes que han de sobrevenir cuando Dios lleve a cabo esto, cuando las naciones se conviertan y alaben a Jehová con gratitud. 1. El mundo de aquí abajo les sonreirá y ellos disfrutarán de los productos de la tierra (67:6a): *"La tierra dará su fruto"*. Es cierto que Dios da lluvia de los cielos y estaciones fructíferas a las naciones, incluso cuando estas yacen en las tinieblas (Hechos. 14:17); pero cuando se convierten, la tierra incrementa sus frutos en mayor medida. 2. El mundo de arriba les sonreirá también, lo cual es mucho mejor: "*Nos bendecirá Dios el Dios nuestro",* (67:6b). Y de nuevo (67:7a): *"Nos bendecirá Dios"*. Recibimos de veras el fruto de la tierra como un favor cuando, con él, nos da nuestro Dios la bendición. 3. Con eso, todo el mundo se sentirá inclinado a seguir el ejemplo de ellos (67:7b): *"Y le temerán todos los confines de la tierra",* es decir, le rendirán culto (Este sentido –profético– es más probable que el *"témanlo"* es decir, el de petición)».

de su rostro divino nos alumbre,
y de nosotros su piedad se acuerde.

Para que conozcamos los caminos,
porque en la tierra conducirnos quiere,
y para que esta luz que ha prometido
a todas las naciones presto llegue.

Que te celebren, oh mi Dios, los pueblos,
que los pueblos del mundo te celebren,
que las naciones todas te conozcan,
que las gracias te rindan, y se alegren.

Porque tú juzgas dulce y compasivo
a los mortales que a tu juicio vienen,
y los asistes, guías y diriges
cuando sobre la tierra permanecen.

Que te celebren, oh mi Dios, los pueblos
que los pueblos del mundo te celebren,
y entonces con su amor y su obediencia
dará la tierra el fruto que te debe.

Que nos bendiga Dios, que nos bendiga
el Dios nuestro, y el Dios dulce y clemente,
y que hasta los confines de la tierra,
todos lo amen, adoren y respeten.

DEL "SALTERIO POÉTICO ESPAÑOL", SIGLO XVIII

Salmo completo: ¡Que equilibrio tan admirable hay entre las distintas partes de este cántico misionero! El pueblo de Dios desea ver a todas las naciones participando de sus privilegios, *"visitadas con la salvación de Dios y alegradas con la alegría de su nación"*.[5] Los creyentes anhelan escuchar a todas las naciones dando gracias al Señor, y santificando su nombre; para así poder contemplar toda la faz de la tierra, por tanto tiempo ennegrecida por el pecado, sonriendo con el resplandor de un segundo Edén. Y no se trata de un sentimiento vago o anodino, sino de un deseo firme, expresado en conexión con el sentido del deber y la responsabilidad misionera.[6] ¿Cómo esperan los creyentes que se alcance este momento feliz? En primer lugar, confiando en la expansión universal del conocimiento de Dios, y en la difusión de la verdad respecto al camino de salvación. Y en base a ello, claman por un despertar, un tiempo de avivamiento de la presencia del Señor, alentándose con la oración

[5] Salmo 106:5. (Traducción libre del autor).

[6] El carácter misionero de este Salmo queda claramente reflejado en las tres estrofas del famoso himno escrito por MARTÍN LUTERO [1483-1546] conocido como *"Es woll uns Gott genädig sein"*, que no son sino las palabras del primer versículo en alemán. El himno fue posteriormente armonizado y convertido por JOHAN SEBASTIAN BACH [1483-1546] en hermoso coral incluido en la cantata (BWV 76).

de este Salmo redactada bajo los términos de la propia bendición divinamente diseñada. Viene a ser como si dijeran: «¿Acaso no ordenaste a los hijos de Aarón que invocaran tu nombre sobre nosotros diciéndonos: *"El Señor te bendiga y te guarde; el Señor haga resplandecer su rostro sobre ti y tenga de ti misericordia"?*[7] Recuerda pues, Señor, esta promesa, garantizada porqué es tú propia palabra, y: ten misericordia de nosotros, bendícenos y haz resplandecer sobre nosotros tu rostro.[8] Bendícenos tú, oh Señor, de ese modo; y nosotros seremos foco de bendición para otros; y todas las familias de la tierra conocerán por medio de nosotros tu salvación».[9] Tal es la expectativa de la iglesia; ¿y quién dice que sea irrazonable? Si un pequeño grupo de ciento veinte discípulos reunidos en un aposento alto en Jerusalén,[10] todos ellos de posición social humilde y talentos discretos, fueron por el bautismo del Espíritu Santo[11] dotados de tal poder que al cabo de trescientos años el paganismo del Imperio Romano caía derribado,[12] no es descabellado afirmar que para la evangelización del mundo entero, no hace falta más que las iglesias de la cristiandad sean bautizadas con una nueva efusión del mismo Espíritu de poder.

WILLIAM BINNIE [1823-1886]
"The Psalms: Their History, Teachings, and Use", 1870

[7] Números 6:24-25.

[8] ATANASIO DE ALEJANDRÍA [296-373] en su carta a su discípulo Marcelino sobre la naturaleza y valor de los salmos le dice refiriéndose a este salmo: «¿Precisas implorar la misericordia del Señor?, hazlo con el Salmo el 67». El Tomo I de "El Tesoro de David" incluye una traducción completa de la Carta de Atanasio a Marcelino. [Tomo I - pp. 50].

[9] HANS-JOACHIM KRAUS [1918-2000] forja a partir del sentido cultual de esta bendición Aarónica: *"Y pondrán mi nombre sobre los hijos de Israel, y yo los bendeciré"* (Números 6:24-27), una notable reflexión: «Es digno de tenerse en cuenta el hecho de que la comunidad que habla en el Sal 67, no refiera a sí misma esa *"bendición"*, no la reclame y limite para sí, satisfecha de sí misma, sino que se imploran los efectos de la bendición de Yahvé sobre Israel, para que ello sirva de señal a las naciones (67:2). Todo el mundo debe conocer *"el camino de Yahvé"*. *"Tu camino"* דַּרְכֶּךָ *darkeḵā*, es la huella visible de *"tu salvación"*, יְשׁוּעָתֶךָ *yəšû'āṯeḵā*, que hace que Yahvé sea conocido en el mundo, cuando él se manifiesta *"bendiciendo"* en Israel y *"haciendo resplandecer su rostro"* (67:1). Todas las naciones deben ver la salvación que se va efectuando progresivamente en Israel … Y esa bendición de Yahvé, que se implora al comienzo del Salmo (67:1), es ya visible y observable; las naciones pueden reconocer ya la acción salvífica de Dios en Israel (67:2). Garantía de la בְּרָכָה *berakah* "bendición", y la יְשׁוּעָה *yeshuah* "salvación", son los יְבוּל *yebul,* frutos de la tierra (67:6) … La tierra da su fruto *("rendimiento")* porque Yahvé concede (indirectamente) su don dando una bendición que fecunda a la tierra (Génesis 1:11-12). Toda cosecha es, por tanto, cumplimiento de la promesa divina (Levítico 26:4). Y en vista de estas muestras de la bendición conseguida, se exhorta de nuevo a todas las naciones *("todos los confines de la tierra")* a conocer y reconocer con temor y reverencia la realidad del Dios de Israel (67:7) … Pero el salmo no habla solo de la בְּרָכָה *berakah,* de *"bendición"* que se manifiesta en el fruto de la tierra (67:7), sino que habla también de יְשׁוּעָה *yeshuah,* de *"salvación"* en el pleno sentido de la palabra: de la acción de Dios al juzgar, salvar y conducir (67:4). Las naciones deben reconocer que Yahvé tiene en Israel su דֶּרֶךְ *derek "camino";* y aceptar con agradecimiento la presencia y el reinado de Yahvé, que en Israel se manifiestan como un hecho. La comunidad del pueblo de Dios aprende así, en este Salmo, a romper todas las estrecheces de un disfrute limitado de la salvación» [Los Salmos, Vol. II, Sal. 60-150 Ediciones Sígueme, Salamanca, 1993].

[10] Hechos 1:12-15.

[11] Hechos 2:1-6.

[12] Se refiere a la conversión del emperador CONSTANTINO EL GRANDE [272-337] poco antes en la batalla del Puente Milvio, en el año 312 y el Edicto de Milán en el 313.

Este salmo tiene siete versículos o estrofas; dos bloques de tres estrofas de dos líneas, con una de tres líneas en el centro que constituye el broche o adorno de la *septiada.*[13] Ello hace que algunos de los antiguos expositores lo llamen el *«Vetus Testamentum Paternoster»* o Padrenuestro del Antiguo Testamento.[14]

FRANZ JULIUS DELITZSCH [1813-1890]
"Biblical commentary on the Psalms", 1859

Vers. 1. *Dios tenga misericordia de nosotros, y nos bendiga; haga resplandecer su rostro sobre nosotros; Selah.* *[Dios tenga misericordia de nosotros, y nos bendiga; haga resplandecer su rostro sobre nosotros; Selah.* RVR*] [Dios tenga piedad de nosotros y nos bendiga, y haga resplandecer su rostro sobre nosotros; (Selah).* LBLA*] [Elohim tenga misericordia de nosotros y nos bendiga, haga resplandecer su rostro sobre nosotros, Selah.* BTX*] [Dios nos tenga compasión y nos bendiga; Dios haga resplandecer su rostro sobre nosotros, Selah.* NVI*] [Que Dios tenga piedad y nos bendiga, que haga brillar su rostro sobre nosotros, Pausa.* BLP*] [Que Dios tenga misericordia y nos bendiga; que su rostro nos sonría con favor. Interludio.* NTV*]*

Dios tenga misericordia de nosotros.[15] Un estribillo o refrán muy apropiado para la bendición en el nombre del Señor del Sumo Sacerdote, según la encontramos en Números 6: *"El Señor te bendiga y te guarde; el Señor haga resplandecer su rostro sobre ti y tenga de ti misericordia"*.[16] El salmo comienza con un grito implorando misericordia. El perdón del pecado siempre es el primer eslabón en la cadena de misericordias que nos atañen, pues la misericordia divina es un elemento esencial en nuestra salvación. Los mejores entre los santos y los peores pecadores, ambos por igual, pueden unirse en suscribir esta petición. Va dirigida al Dios de misericordia por aquellos que sienten necesidad de misericordia, e implica la completa renuncia a toda esperanza legal o aportación de méritos propios.

Y nos bendiga. Acto seguido, la Iglesia pide bendición mediante una oración amplia y de largo alcance. Cuando nosotros bendecimos a Dios es poco lo que hacemos, porque nuestras bendiciones no son sino palabras; pero cuando Dios nos bendice a nosotros, realmente nos enriquece, porque sus bendiciones son dones y hechos concretos.

Haga resplandecer su rostro sobre nosotros.[17] Con todo, no es únicamente su bendición el anhelo de quienes forman su pueblo, van más allá: desean una conciencia personal de su favor, y oran suplicando una sonrisa de su rostro.

---

[13] En teoría de la música los acordes de dos notas iguales se denominan *unísonos;* los de tres notas son *diadas;* los de tres notas son *triadas;* los de cuatro notas son *cuatriadas;* los de cinco notas son *quintiadas;* los de seis son *sextiadas* y los de siete son *septiadas.*

[14] La comparación parte del hecho que la oración del Señor conocida como *Padrenuestro* que encontramos en Mateo 6:9-13, consta también de siete peticiones: las tres primeras relacionadas con Dios y las otras cuatro con nosotros.

[15] Dice SCHÖKEL: «El salmo 67 en cierto modo democratiza la bendición de Números 6:24-25. Aunque supongamos que lo pronuncia un sacerdote, lo hace en nombre de la comunidad, incluyéndose en ella en el plural *"nosotros"*. Y por otra parte, universaliza el alcance, que en Números 6 era estrictamente israelita».

[16] Números 6:24-25.

[17] En hebreo: יָאֵר פָּנָיו אִתָּנוּ *yā'êr pānāw 'ittānū* del verbo אוֹר *or,* ser o dar luz, como en Génesis 1:15, 17. La versión griega de los LXX o *Septuaginta* lee: ἐπιφάναι τὸ πρόσωπον αὐτοῦ ἐφ' ἡμᾶς que la *Vulgata* traduce al latín como: *"illuminet vultum suum super nos"* (esclarezca su rostro sobre nosotros). Siguiendo la interpretación cristológica de los Padres de la Iglesia, FELIPE SCIO DE SAN MIGUEL [1738-1776] en una nota a su traducción de la *Vulgata* da la siguiente explicación: «El sentido es: 'Haz, Señor, que resplandezca sobre

Estas tres peticiones incluyen todo cuanto necesitamos, aquí ahora, o en el futuro. Por lo cual este versículo puede considerarse como la oración modelo de Israel; y en sentido espiritual, de la iglesia cristiana. Este Salmo expone los deseos más amplios de misericordia, pero comienza recordándonos, como nos recuerda también el refrán, que la caridad bien entendida comienza por uno mismo, en casa.[18] Tanto la Iglesia universal; como cada iglesia local; o cualquier grupo de hermanos, por pequeño que sea;[19] está en su pleno derecho de orar a Dios diciendo: *"y nos bendiga"*. Sería un grave error, sin embargo, que nuestro sentido de la misericordia comenzara y concluyera en casa, que nuestra caridad se quedara allí donde comienza, como sucede con algunos: nuestro amor debe recorrer kilómetros, y nuestras oraciones han de ser de largo alcance; en nuestras intercesiones debemos abrazar el mundo entero.

Selah. Hagamos una pausa. Levantemos el corazón, y elevemos también el tono de nuestra voz. Pues a partir de aquí seguimos en clave más elevada, y precisamos, por tanto, de una nota más aguda, pero más dulce.

C. H. SPURGEON

Dios tenga misericordia de nosotros, y nos bendiga. Dios primero perdona y después bendice. Hasta no haber perdonado nuestros pecados en su misericordia por los méritos de Cristo, no puede bendecirnos ni mirar con agrado a pecadores. Todos nuestros goces son meras bendiciones en lingote, monedas sin acuñar, hasta que la gracia del evangelio y la misericordia del perdón no les ponen su sello, legitiman y convierten en moneda corriente. Hasta que Cristo no obra la paz por nosotros, Dios no puede mostrar hacia nosotros buena voluntad: *"en la tierra paz, buena voluntad para con los hombres"*.[20] ¿Y qué alegría puede aportar a un pecador ser agraciado aún con un reino entero, si no puede disfrutarlo con el beneplácito divino? *"Dios tenga misericordia de nosotros, y nos bendiga"*.

WILLIAM GURNALL [1617-1679]

"Christian in complete armour, or, a treatise of the saints war against the Devil", 1655

Dios tenga misericordia de nosotros, y nos bendiga; haga resplandecer su rostro sobre nosotros. Hugo[21] pone la palabras de la primera parte de este versículo: *"Dios tenga misericordia de nosotros"* en boca de los penitentes en su conversión; *"y nos bendiga"*, en la de aquellos que justo han comenzado la vida cristiana; y la tercera: *"haga resplandecer su rostro sobre nosotros"*, en la de aquellos que

---

nosotros la luz de tu rostro en la persona de Jesucristo'» AGUSTÍN DE HIPONA [354-430] hace al respecto este peculiar comentario: «¿Y qué quiere decir *"esclarezca su rostro sobre nosotros"?* Podría significar: "Ilumina tu imagen en nosotros". Pues llevamos grabada en nosotros la imagen de Dios, ya que fuimos creados *"a su imagen y semejanza"* (Génesis 1:27). Fuimos acuñados cual moneda con el rostro de Dios. Pero esa imagen quedó empañada y oscurecida por la acción del pecado. Por tanto, puede significar: 'Derrama sobre nosotros la luz de tu sabiduría, para que disipando nuestras tinieblas tu imagen, esto es, tu rostro, resplandezca de nuevo en nosotros».

[18] 2 Corintios 9:5; Gálatas 6:10.

[19] Mateo 18:20.

[20] Lucas 2:14.

[21] Se refiere a HUGO DE SAN CARO [1200-1263] también conocido como HUGH OF ST CHER y HUGO CARDINALIS, un monje dominico que fue elevado a la dignidad de cardenal (de ahí el apodo de Cardenalis), y que trabajó intensamente en la traducción y exposición bíblica; escribió un comentario completo a toda la Biblia latina y elaboró la primera concordancia de la Biblia en latín, *"Concordantiae Sacrorum Bibliorum"*.

han sido ya santificados. Los primeros buscan el perdón, los segundos la paz justificadora, los terceros la edificación y la gracia de la contemplación.

JOHANNES LORINUS DE AVIGNON [1569-1634]
"Commentariorum in librum Psalmorum", 1616

Vers. 1-2. Cuando enlazamos la última cláusula del versículo primero (67:1): *"haga resplandecer su rostro sobre nosotros"*; con la primera del versículo segundo (67:2): *"para que sea conocido en la tierra tu camino"*; y tomamos en cuenta que Dios hizo resplandecer su rostro sobre Moisés y le dio a conocer sus caminos: *"A Moisés dio a conocer sus caminos, y a los hijos de Israel sus obras"*;[22] da la sensación cual si al pueblo en general se le hubiera concedido ver tan solo las obras del Señor; pero sus caminos, sus planes y sus secretos, se revelaron únicamente a Moisés, sobre quien la luz Del rostro de Dios había resplandecido.[23]

C. H. SPURGEON

Vers. 2. *Para que sea conocido en la tierra tu camino, en todas las naciones tu salvación.* *[Para que sea conocido en la tierra tu camino, en todas las naciones tu salvación.* RVR*] [Para que sea conocido en la tierra tu camino, entre todas las naciones tu salvación.* LBLA*] [Para que tu camino sea conocido en la tierra, y tu salvación entre todas las naciones.* BTX*] [Para que se conozcan en la tierra sus caminos, y entre todas las naciones su salvación.* NVI*] [Para que en la tierra se conozcan sus designios y en todas las naciones su salvación.* BLP*] [Que se conozcan tus caminos en toda la tierra y tu poder salvador entre los pueblos por todas partes.* NTV*]*

Para que sea conocido en la tierra tu camino.[24] Como las lluvias, que primero caen sobre las colinas para descender luego hacia los valles en forma de arroyos y fructificar la tierra, así la bendición del Altísimo desciende sobre el mundo por medio de la Iglesia. Somos bendecidos para nuestro propio bien, pero para bien de los demás. Dios se relaciona con sus santos por el camino de la misericordia; y ellos dan a conocer el nombre del Señor a lo largo y a lo ancho hasta que se hace famoso en la tierra. El peor enemigo de la humanidad es la ignorancia de Dios, y en este sentido, el testimonio experimental y agradecido de los santos, es el que vence a este enemigo mortal. Dios ha dispuesto un camino y un método para conceder a los seres humanos misericordia, y es la obligación y privilegio de una Iglesia reavivada hacer que ese camino sea conocido en todas partes.

En todas las naciones tu salvación.[25] Todas las naciones la necesitan, pero muchas no lo conocen, no la desean o no la buscan. Nuestra oración y nuestra labor ha de ir encaminada a que el

---

[22] Salmo 103:7.

[23] Éxodo 34:29-35.

[24] No deja de llamar la atención el cambio de tercera persona a segunda que se produce entre los versículos uno y dos (67:1, 2): *"su rostro"* – *"tu camino"*; y que se invierte de nuevo en los versículos cinco y seis (67:5, 6): *"te alaben"*. *"el Dios nuestro"*. SCHÖKEL sugiere que podría responder a un cambio de recitadores.

[25] La versión griega de los LXX o *Septuaginta* lee: τοῦ γνῶναι ἐν τῇ γῇ τὴν ὁδόν σου, ἐν πᾶσιν ἔθνεσιν τὸ σωτήριόν σου que la *Vulgata* traduce al latín como: *"ut cognoscamus in terra viam tuam, in omnibus gentibus salutare tuum"* (Para que conozcamos en la tierra tu camino; en todas las gentes tu salud). Los Padres de la Iglesia hacen una interpretación cristológica unánime de este versículo. Y el propio JERÓNIMO DE ESTRIDÓN [347-420], traductor de la *Vulgata* dice al respecto: «'Para que conozcamos en la tierra a tu Mesías, que es el camino por el cual podemos llegar a ti (Juan 14:16); para que conozcamos al Salvador que por tu misericordia nos enviarás para beneficio y redención de todas las naciones'».

conocimiento de la salvación de Dios llegue a ser tan universal como la luz del sol. Y a pesar de las sombrías premoniciones y perspectivas de algunos, nosotros seguimos aferrados a la creencia de que el reino de Cristo abarcará todo el globo habitable y que toda carne verá la salvación de Dios. Y agonizamos en oración[26] implorando esta consumación gloriosa.

C. H. SPURGEON

Para que sea conocido en la tierra tu camino. El salmista da por sentado que hay ciertas reglas o principios en base a los cuales Dios concede bendiciones a la humanidad; y ora para que tales reglas y principios sean conocidos en todos los términos de la tierra.

ALBERT BARNES [1798-1870]
"Notes, critical, explanatory, and practical, on the book of Psalms", 1868

Para que sea conocido en la tierra tu camino. Lo que sabemos de Dios por nuestra propia naturaleza es muy poco, y sobre Cristo y el camino de salvación a través de él, nada. Por tanto, antes de que alcancemos a vislumbrar el camino de la vida y podamos entrar en él por medio de la fe, es necesario que sean abiertos nuestros ojos. Dios no conduce las almas al cielo confinadas en la ignorancia; cual pasajeros que navegan en la bodega de un barco con todas las escotillas cerradas, y no ven nada hasta llegar al puerto de destino. De ser así, bien podría haberse ahorrado la oración divinamente inspirada del salmista en favor de los gentiles ignorantes: *"Para que sea conocido en la tierra tu camino, en todas las naciones tu salvación"*. Así como la fe no es un asentimiento desprovisto de compromiso e entrega[27] en Cristo; tampoco es un asentimiento ciego, sin ningún tipo de conocimiento. Por tanto, si estás todavía en tu ignorancia burda, sin saber quién es Cristo, y lo que él ha hecho para la salvación de los pobres pecadores; si no has experimentado un encuentro personal con él; estás muy lejos todavía de creer. Si en tu alma siquiera ha amanecido, pocas posibilidades tienes de que en ella resplandezca el Sol de justicia.[28]

WILLIAM GURNALL [1617-1679]
"Christian in complete armour, or, a treatise of the saints war against the Devil", 1655

Para que sea conocido en la tierra tu camino. Obstinados en su incredulidad, los judíos vieron y odiaron.[29] Vieron la salvación de los gentiles, y se enfurecieron.[30] Pero nosotros hemos de ver y *conocer*, es decir, amar. Porque a menudo *conocer* es equivalente a *amar*, como cuando dice: *"Mis ovejas oyen mi voz, y yo las conozco… conozco mis ovejas y las mías me conocen"*,[31] es decir, *amo* a mis ovejas, y ellas *me aman* a mí ... Observamos también que del versículo uno (67:1) al dos (67:2) da un salto repentino de la tercera persona a la segunda persona; había dicho *"él nos bendiga"* y *"haga resplandecer su rostro"*; pero ahora no dice: *"su camino"* y *"su salvación"* sino *"tu camino"*, y *"tu salvación"*. En ello tenemos una confirmación tanto del ardor y vehemencia de la súplica, como de la misericordia y la gracia de Dios, que se revela de un modo personal al suplicante incluso antes de haber concluido de presentar su petición.

GERHOH DE REICHERSBERG [1093-1169]
"Commentarius Aureus in Psalmos et Cantica Ferialia", 1728

[26] Romanos 15:30; Colosenses 4:12.
[27] En el original *"innitency"*, apoyarse o descansar sobre algo.
[28] Malaquías 4:2.
[29] Mateo 27:20-23; Hechos 3:14.
[30] Hechos 21:27-30.
[31] Juan 10:27-42.

Para que sea conocido en la tierra tu camino, en todas las naciones tu salvación.[32] Como sucede con la luz física que se esparce por doquier; así es también con la luz de Dios, es dispersiva: no debemos orar solo por nosotros mismos, sino también por todos los demás: *para que sea conocido en la tierra tu camino, en todas las naciones tu salvación*. Tu *camino:* esto es, tu voluntad, tu palabra, tus obras. La voluntad de Dios debe ser conocida en la tierra, para que sea hecha así en la tierra como en el cielo.[33] Pues a menos que conozcamos la voluntad de nuestro Maestro, ¿cómo la cumpliremos? *Ergo*[34], lo primero es suplicar junto con David: *"Alégrense y canten con júbilo las naciones, porque tú juzgarás a los pueblos con equidad, y guiarás a las naciones en la tierra"* (67:4); y después: *"Te alaben los pueblos, oh Dios; todos los pueblos te alaben"* (67:5). La voluntad de Dios se revela en su palabra, y su palabra es *su camino,* por donde debemos andar sin desviarnos a la derecha ni a la izquierda.[35] O también, *tu camino;* entendiendo por *camino*: tus obras; como hace David en otro pasaje cuando dice: *"Todos los caminos del Señor son misericordia y verdad"*.[36] O como afirman la mayoría de los Padres de la Iglesia: Agustín,[37] Jerónimo,[38] Hilario,[39] que al decir *"Tu camino"*, se refiere a Cristo: *"Tu Cristo"*, *"tu salvación"* o *"tu salud salvadora"*[40] es decir, *"tu Jesús"*; puesto que él afirmó *"Yo soy el camino... nadie viene al Padre, sino por mí"*;[41] por tanto, lo entienden de la siguiente manera: *"Para que sea conocido tu Hijo en la tierra; tu Jesús en todas las naciones"*.

John Boys [1571-1625]
"The Works of John Boys: Exposition of Psalm 67", 1626

Vers. 3. *Te alaben los pueblos, oh Dios; todos los pueblos te alaben.* *[Te alaben los pueblos, oh Dios; todos los pueblos te alaben.* RVR*] [Te den gracias los pueblos, oh Dios, todos los pueblos te den gracias.* LBLA*] [¡Alábente los pueblos, oh Elohim! ¡Alábente los pueblos, todos ellos!* BTX*] [Que te alaben, oh Dios, los pueblos; que todos los pueblos te alaben.* NVI*] [Oh Dios, que te alaben*

[32] Fray Luis de León [1527-1591] agustino profesor de la Universidad de Salamanca y encarcelado por la Inquisición Española por traducir la Biblia sin licencia a la lengua del pueblo, concretamente "El Cantar de los Cantares", en su insigne obra *"De los nombres de Christo"* cita este versículo del Salmo 67 y se expande demostrando con cuanta propiedad aplican a Cristo los nombres de "Camino" y "Salvación".

[33] Mateo 6:10.

[34] Ergo, es una expresión latina que se utiliza para dar paso a una consecuencia, su equivalente sería: "Por tanto..."

[35] Deuteronomio 5:32; 28:14; Proverbios 4:27.

[36] Salmo 25:10.

[37] Se refiere a Aurelius Augustinus [354-430], más conocido como San Agustín o Agustín de Hipona uno de los cuatro más importantes Padres de la Iglesia latina y uno de sus más eminentes doctores. Gran apologista cristiano, sus escritos suponen la primera gran síntesis entre el cristianismo y la filosofía platónica.

[38] Se refiere a Jerónimo de Estridón o Eusebio Hierónimo de Estridón [c.342-420], nacido en Dalmacia, más conocido como San Jerónimo, Padre de la Iglesia, uno de los cuatro grandes Padres Latinos. Gran conocedor del griego y el hebreo y gran latinista, tradujo la Biblia del griego y el hebreo al latín, traducción conocida como la *Vulgata* (del latín *"vulgo"*, "pueblo"; *"vulgata editio"*, "edición para el pueblo"), que fue hasta la promulgación de la Neovulgata en 1979, el texto bíblico oficial de la Iglesia católica romana. Afirmó que las Epístolas de Pablo contienen la quintaesencia del mensaje del Evangelio.

[39] Se refiere a Hipólito de Roma [170-235] uno de los más prolíficos escritores eclesiásticos de los primeros siglos, según pudo comprobarse por primera vez a mediados del siglo XIX con el descubrimiento en el Monte Athos en Gracia de su *Philosophumena* o *Refutación de todas las herejías.* Entre sus numerosas obras cuenta un comentario a los Salmos titulado *Fragmenta in Psalmos.*

[40] Así lo traduce la versión inglesa KJV: *"thy saving health"*.

[41] Juan 14:6.

los pueblos, que todos los pueblos te alaben. BLP*] [Que las naciones te alaben, oh Dios, sí, que todas las naciones te alaben.* NTV*]*

Te alaben los pueblos, oh Dios. Haz Señor que sean conscientes de tu bondad, y te den gracias por ella de todo corazón; que todas las naciones lo hagan, y lo hagan constantemente, siendo instruidas en tu camino de gracia.

Todos los pueblos te alaben. Que cada ser humano traiga su propia música, cada ciudadano su cántico, cada campesino su alabanza, cada príncipe su salmo. Pues todos están en deuda contigo; agradecer lo que has hecho por ellos beneficiará a todos; y la alabanza de todos te glorificará en gran manera. Por tanto, Señor, concede a todos la gracia de adorar tu gracia, y la bondad de ver tu bondad. Este versículo que en nuestra traducción se expresa como una oración, en el texto hebreo puede leerse como una profecía.

C. H. Spurgeon

Te alaben los pueblos, oh Dios; todos los pueblos te alaben. Tomemos nota de lo particularmente dulce del orden que sigue aquí el Espíritu Santo: primero; *misericordia* (67:1); después: *conocimiento* (67:2); y por último: *alabanza* a Dios (67:3). No podemos contemplar su semblante sin que él se haya mostrado primero misericordioso con nosotros; y no podemos alabarle a menos que su camino sea conocido en la tierra. Su *misericordia* engendra *conocimiento;* y el *conocimiento,* trae la *alabanza.*

John Boys [1571-1625]
"The Works of John Boys: Exposition of Psalm 67", 1626

Te alaben los pueblos, oh Dios; todos los pueblos te alaben. ¿Y después? Después: *"La tierra incrementará su fruto;*[42] *nos bendecirá Dios, el Dios nuestro"* (67:6). Cuanto más alabamos a Dios y oramos dándole gracias por aquello que ya hemos recibido, más aumentan nuestros dones y consuelos. Cuanto más vapores suben del mar, más lluvias caen sobre la tierra; más agua reciben los ríos, cuanta más reciben más reparten, y regresa finalmente de nuevo al mar. Hay un constante curso circular en el agua que sale del mar y regresa de nuevo a él; y lo mismo hay entre Dios y nosotros: cuanto más le alabamos, más bendiciones descienden; y cuantas más bendiciones descienden, más alabanzas ascienden; de modo que bendecimos a Dios, pero tanto como le bendecimos nos estamos bendiciendo a nosotros mismos. Cuando el nivel de agua está bajo, añadimos un poco de agua a la cañería, no para enriquecer el caudal del pozo, sino para cebar la bomba, y con ello, atraer más agua hacia nosotros.

Thomas Manton [1620-1677]
"One hundred and ninety sermons on the hundred and nineteenth Psalm", 1681

Te alaben los pueblos, oh Dios; todos los pueblos te alaben. Este versículo es particularmente enfático:

1. En primer lugar, por el apóstrofe[43] a Dios: יוֹדוּךָ עַמִּים *yōwḏūḵā ʻammîm* y que nuestras versiones resuelven con el pronombre personal átono *"Te"*. Como si dijera: *Te alaben los pueblos,* porque no hay dioses ajenos a ti, pues tú eres el único Dios verdadero.

---

[42] Así lo traduce la versión inglesa KJV: *"Then shall the earth yield her increase"*.

[43] El apóstrofe es una figura retórica o de lenguaje que consiste en interrumpir el discurso para dirigirse con vehemencia a otra persona o a cosas personificadas, por lo general con un tono dramático.

2. En segundo lugar por la amplitud, pues no dice: *"Te alabamos, oh Dios"*; sino *"Te alaben los pueblos, oh Dios; todos los pueblos te alaben"*. Con ello expresa el anhelo de un corazón piadoso, y su deseo ardiente de que Dios sea alabado y magnificado en todas las tierras y por todas las personas que habitan el globo terráqueo.

3. En tercer lugar, por la iteración,[44] en la cual el יוֹדוּךָ *yōwḏūḵā* se repite entre este y el versículo cinco (67:5) nada menos cuatro veces; como si el deber de alabar a Dios jamás pudiera considerarse excesivamente reiterado o suficientemente inculcado. Considera que no basta con decirlo una vez; se deleita en repetirlo de nuevo.

WOLFGANG MUSCULUS [1497-1563]
"In Sacrosanctum Davidis Psalterium Commentarii", 1573

Vers. 4. *Alégrense y gócense las naciones, porque juzgarás los pueblos con equidad, y pastorearás las naciones en la tierra. Selah.* *[Alégrense y gócense las naciones, porque juzgas los pueblos con equidad, y pastoreas las naciones de la tierra. Selah.* RVR*] [Alégrense y canten con júbilo las naciones, porque tú juzgarás a los pueblos con equidad, y guiarás a las naciones en la tierra. (Selah)* LBLA*] [¡Regocíjense y canten con júbilo las naciones! Porque Tú juzgarás a los pueblos con equidad, y guiarás a las naciones de la tierra. Selah.* BTX*] [Alégrense y canten con júbilo las naciones, porque tú las gobiernas con rectitud; ¡tú guías a las naciones de la tierra! Selah.* NVI*] [Que se alegren, que se gocen las naciones porque juzgas con rectitud a los pueblos, y gobiernas las naciones de la tierra. Pausa.* BLP*] [Que el mundo entero cante de alegría, porque tú gobiernas a las naciones con justicia y guías a los pueblos del mundo. Interludio.* NTV*]*

Alégrense y canten con júbilo las naciones. O también: *"se regocijarán y triunfarán las naciones"*. Cuando los seres humanos conocen el camino de Dios y descubren su salvación, sus corazones se llenan de gozo. No hay nada que tan rápidamente produzca alegría y con tal seguridad y permanencia como la salvación de Dios. Jamás las naciones estarán contentas y satisfechas en tanto no se pongan bajo el liderazgo del gran Pastor: podrán cambiar sus sistemas de gobierno de monarquías a repúblicas; y de repúblicas a colonias o comunidades libertarias;[45] pero seguirán en sus miserias hasta que se inclinen ante el Señor de todos. ¡Qué expresión tan dulce esta: *"y canten con júbilo las naciones"*. Algunos cantan por costumbre, otros para exhibirse, otros por obligación, otros por diversión; pero el verdadero cantar es el del corazón cuando rebosa de gozo y necesita hallar salida, esto es verdaderamente cantar. Y cuando Jesús reine sobre ellas en el poder de su gracia, naciones enteras cantarán de ese modo. Hemos tenido el privilegio de escuchar cantar a coros compuestos por centenares e incluso miles de voces, pero ¿qué será escuchar a naciones enteras elevar sus voces, como estruendo de muchas aguas, y como sonido de fuertes truenos.[46] ¿Cuándo comenzará la era de ese cántico? ¿Cuándo los gemidos y murmullos serán sustituidos por himnos santos y melodías alegres?

Porque tú juzgarás a los pueblos con equidad. La arbitrariedad y desafuero de parte de los gobernantes es causa de descontento y constante aflicción en las naciones, pero allí donde el Señor

---

[44] Acción de repetir varias veces un proceso con la intención de alcanzar un objetivo.

[45] En el original inglés *"communes"*. Se refiere con toda probabilidad a las colonias libertarias de inspiración socialista/comunista implantadas por ROBERT OWEN [1771–1859] en Escocia; y en Inglaterra por el pastor unitario JOHN GOODWYN BARMBY [1820–1881], el primero en introducir la palabra "comunismo" y "comunista" al idioma inglés; y que marcaron la historia del socialismo inglés, aunque Spurgeon no mencione directamente a ninguno de los dos.

[46] Apocalipsis 19:6.

gobierna, la rectitud es suprema. No hay injusticias ni mal alguno para nadie; sus leyes son la justicia misma. Él deshace todos los entuertos y libera a todos los oprimidos. La justicia en el trono es motivo sobrado para la exultación nacional.[47]

Y guiarás a las naciones en la tierra. Las guiará cual pastor que conduce su rebaño, y debido a su gracia le seguirán de buen grado; entonces habrá paz y prosperidad en abundancia.[48] Es de gran condescendencia por parte de Dios acceder a convertirse en el Pastor de las naciones y gobernarlas para su bien: y un crimen execrable cuando un pueblo que conoce la salvación de Dios, apostata y dice al Señor: *"Apártate de nosotros".*[49] Hay razones para ponerse a temblar solo con pensar que nuestra nación pudiera caer en tal condenación. ¡No lo quiera Dios!

Selah. Antes de repetir el estribillo, sube de nuevo la clave y vuelve a elevar el tono, para que el acompañamiento de las arpas alcance su plenitud y el cántico estalle en toda su fuerza.

Cuerdas y voces, manos y corazones,
ejecutad todos en el concierto vuestro papel;
que todo cuando respira, a su Señor adore:
¡Alabadle! ¡Alabadle por siempre jamás![50]

C. H. SPURGEON

Alégrense y canten con júbilo las naciones, porque tú juzgarás a los pueblos con equidad.[51] El salmista da aquí la sensación aparente de contradecirse a sí mismo: puesto que si bien la misericordia hace que los hombres se regocijen, el juicio les hace temblar. Por lo que es preciso aclarar y entender que todos aquellos a quienes se refiere han conocido los caminos del Señor, y se regocijan en el poder de su salvación (67:2); todos los que tienen el perdón de sus pecados asegurado y garantizado, no temen ese juicio terrible porque saben que el propio Juez es a la vez su defensor. O, como lo expresa Jerónimo: «Que se alegren y canten con júbilo todas las naciones, porque Dios juzga con justicia, siendo tanto el Dios de los gentiles como el de los judíos».[52] O también: «Que se regocijen todas las naciones, porque ahora Dios las gobierna; y si bien hasta ahora divagaban en las creaciones imaginarias de sus propios corazones, caminando por sendas erróneas y atajos torcidos; ahora son guiadas por el Espíritu de verdad para andar en el camino de Dios que conduce a la Jerusalén celestial; ahora conocen a Cristo, *el Camino, la verdad y la vida.*[53]» El verbo hebreo שָׁפַט *shaphat*, "juzgar"; se utiliza

[47] JOHANN PETER LANGE [1802-1884] indica que en este caso el sentido no es tanto de juicio divino, de condena y castigo, sino más bien de una equidad que surge como resultado del gobierno justo ejecutado por el legislador real, como en el Salmo 72:1-17 o Isaías 11:1-9.

[48] Job 36:11; Salmo 122:7; Isaías 2:1-4; 11:1-9; Miqueas 4:1-5.

[49] Job 22:17; Isaías 30:9-11.

[50] Cuarta estrofa del himno de HENRY FRANCIS LYTE [1793-1847] *"Praise the Lord, His glories show, Alleluia!".* En el original: *"Strings and voices, hands and hearts, / In the concert bear your parts; / All that breathe, your Lord adore, / Praise him, Praise him, evermore!".*

[51] CLIVE STAPLES LEWIS [1793-1847], mas conocido como C. S. LEWIS, en su obra *"Reflections on the Psalms"*, 1958, en el capitulo II dedicado a "Juicio en los Salmos", cita este versículo: *"Alégrense y canten con júbilo las naciones, porque tú juzgarás a los pueblos con equidad"* (67:4), y cuenta su sorpresa al descubrir que el salmista contemplaba ya el juicio divino como una ocasión de alegría y regocijo universal, y exclama: «La gente vive ansiosa de una justicia equitativa, la demanda, y se alegra cuando Dios la imparte».

[52] Hechos 10:34.

[53] Juan 14:6.

a menudo para referirse a gobernar;[54] por lo que cabe la posibilidad que al decir: *"tú juzgarás a los pueblos con equidad"*, David estuviera diciendo: *"tú gobernarás a los pueblos con equidad"*, lo cual concuerda perfectamente con la frase siguiente: *"y guiarás a las naciones en la tierra"*.

JOHN BOYS [1571-1625]
"The Works of John Boys: Exposition of Psalm 67", 1626

Y gobiernas a las naciones en la tierra. Las guía y conduce como un pastor a su rebaño.[55]

BENJAMIN BOOTHROYD [1768-1836]
"Biblia Hebraica", 1813

Y gobiernas a las naciones en la tierra. No hay duda que en última instancia es Dios quien *domina* sobre las naciones; no obstante, están por el momento en primera instancia bajo la *guía* de otro líder. Tienen en sus quijadas una brida o freno que las lleva errar; son retenidas en vanidad y zarandeadas con criba de destrucción,[56] hasta que venga Aquel a quien verdaderamente corresponde gobernarlas.[57]

ARTHUR PRIDHAM [1815-1879]
"Notes and Reflections on the Psalms", 1869

Vers. 5. *Te alaben los pueblos, oh Dios; todos los pueblos te alaben.* *[Te alaben los pueblos, oh Dios; todos los pueblos te alaben.* RVR*] [Te den gracias los pueblos, oh Dios, todos los pueblos te den gracias.* LBLA*] [¡Alábente los pueblos, oh Elohim! ¡Alábente los pueblos, todos ellos!* BTX*] [Que te alaben, oh Dios, los pueblos; que todos los pueblos te alaben.* NVI*] [Oh Dios, que te alaben los pueblos, que todos los pueblos te alaben.* BLP*] [Que las naciones te alaben, oh Dios, sí, que todas las naciones te alaben.* NTV*]*

Te alaben los pueblos, oh Dios; todos los pueblos te alaben. No se trata de una repetición innecesaria del versículo tres, sino de un estribillo digno de ser cantado una y otra vez. El tema clave del salmo es la participación de los gentiles en la adoración a Jehová; y ello hace que el salmista se sienta tan eufórico que apenas puede contener su alegría y la reitera, porque advierte que no alcanza a expresarla.

C. H. SPURGEON

Vers. 5-6. *"Te alaben los pueblos, oh Dios; todos los pueblos te alaben"* (67:5) ¿Y entonces qué? Entonces: *"La tierra incrementará su fruto; y nos bendecirá Dios, el Dios nuestro"* (67:6). La

---

[54] Tal es el caso en 1 Samuel 7:15; o 2 Crónicas 1:10.

[55] La versión inglesa KJV traduce: *"and govern the nations upon earth"*, lo que justifica la aclaración de Boothroyd en su "Biblia Hebraica" respecto al significado del verbo hebreo תַּנְחֵם *tanḥêm* de נָחָה *nachah,* que el salmista utiliza también en el los Salmos 5:8; 23:3; 27:11; 31:3; 43:3; 69:9; 61:2; 67:4; 73:24; 77:20; 78:14, 53, 72; 107:30; 108:10; 139:10, 24; 143:10; aunque en esta forma, como תַּנְחֵם *tanḥêm,* lo encontramos únicamente aparte de en este versículo del Salmo 67 en Job 38:32 y Proverbios 11:3. Significa guiar, conducir, como un pastor conduce sus ovejas. Y de hecho algunas versiones españolas, como es el caso de la RVR1960 y la RVR1977, lo traducen directamente por "pastorearás" o "pastoreas".

[56] Isaías 30:28.

[57] Isaías 9:6; Ezequiel 21:27.

causa de la improductividad de la tierra es nuestra ingratitud. Cuando el hombre bendice a Dios *por* sus misericordias, Dios bendice al hombre *con* sus misericordias.

WILLIAM SECKER [¿?-1681]
"The nonsuch professor in his meridian splendor: or, The singular actions of santified christians",1660

Vers. 6. *La tierra dará su fruto; nos bendecirá Dios, el Dios nuestro.* *[La tierra dará su fruto; nos bendecirá Dios, el Dios nuestro.* RVR*] [La tierra ha dado su fruto; Dios, nuestro Dios, nos bendice.* LBLA*] [La tierra ha dado su fruto, Elohim, nuestro Elohim, nos bendecirá.* BTX*] [La tierra dará entonces su fruto, y Dios, nuestro Dios, nos bendecirá.* NVI*] [La tierra ha dado su cosecha; Dios, nuestro Dios, nos bendice.* BLP*] [Entonces la tierra dará sus cosechas, y Dios, nuestro Dios, nos bendecirá en abundancia.* NTV*]* [58]

Entonces la tierra incrementará su fruto.[59] En el principio el pecado provocó una maldición de la tierra que únicamente la gracia puede eliminar.[60] Bajo gobiernos tiránicos las tierras se vuelven improductivas;[61] pues incluso la tierra que fluía leche y miel[62] ahora, bajo el dominio turco, es prácticamente un desierto.[63] Pero, cuando los principios de la religión verdadera hayan elevado a la humanidad, y el

[58] En hebreo אֶרֶץ נָתְנָה יְבוּלָהּ *'ereṣ nāṯənāh yəḇūlāh.* La versión griega de los LXX o *Septuaginta* lee: γῆ ἔδωκεν τὸν καρπὸν αὐτῆς que la *Vulgata* traduce al latín timo: *"Terra dedit fructum suum"* (La tierra dio su fruto). La versión sefardí de *Ferrara*: *"tierra dara fu hermollo"*. La caldea Peshitta: *"La tierra produjo sus frutos"* La versión inglesa KJV: *"Then shall the earth yield her increase"*. Como podrá comprobar el lector en las versiones españolas actuales tampoco hay unanimidad respecto a si el verbo debe ir en pasado o en futuro: la Reina-Valera (tanto la RVR1960 como RVR1977), así como la NVI, traducen en futuro; mientras que la BLP y LBLA lo hacen en pasado. Dice JERÓNIMO DE ESTRIDÓN [347-420], traductor de la *Vulgata* «El profeta usa el verbo en pasado en lugar de futuro porque en espíritu profético daba por cumplido lo que nos anuncia que habría de suceder».

[59] En hebreo אֶרֶץ נָתְנָה יְבוּלָהּ *'ereṣ nāṯənāh yəḇūlāh,* de יְבוּל *yebul,* producir, dar fruto. Una traducción literal sería *"la tierra dará su incremento"*. KRAUS indica que יְבוּל *yebul,*, (en acádico: *"babâlu"*; en ugarítico: *"ylb"*) es un término muy antiguo en relación al cultivo de la tierra. Aparece 13 veces en el A.T.: Levítico 26:4, 20; Deuteronomio 11:17; 32:22; Jueces 6:4; Job 20:28; Salmos 67:6; 78:46; 85:12; Ezequiel 34:27; y Habacuc 3:17; Hageo 1:10; Zacarías 8:12; todas ellas relacionadas con el fruto de la tierra. En Levítico 26:4, 20 se utiliza en un contexto de promesa y amenaza a la desobediencia: *"Si andáis en mis decretos y guardáis mis mandamientos, y los ponéis por obra, yo daré vuestra lluvia en su tiempo, y la tierra rendirá sus productos, y el árbol del campo dará su fruto"*; si no lo hacéis: *"Vuestra fuerza se consumirá en vano, porque vuestra tierra no dará su producto, y los árboles de la tierra no darán su fruto"*; una promesa y amenaza que se reitera en boca tanto de Ezequiel (34:27) como de Zacarías (8:12).

[60] Génesis 3:17-19.

[61] Bajo la dictadura comunista de IÓSIF STALIN [1878-1953] Rusia pasó de ser el primer país productor y exportador de trigo del mundo a tener que importarlo. Las colectivizaciones y "neo-servidumbre" estatal impuesta los propietarios fue un desastre económico. En las granjas colectivas, la dirección burocrática fracasó estrepitosamente; y los pequeños campesinos individuales, obligados a vender sus productos a un precio nominal fijado por el Estado, perdieron todo interés por los cultivos. Más de cinco millones de campesinos murieron de hambre debido, en gran parte, al proceso de colectivización.

[62] Éxodo 3:8, 17; 13:5; 33:3; Números 13:27; Deuteronomio 8:7-9.

[63] Recordamos al lector que el territorio de Israel estuvo bajo dominio otomano cuatrocientos años, desde 1517 en que el Sultán SOLIMÁN EL MAGNÍFICO [1494-1566] derrotó a los mamelucos y lo anexó

dominio de Jesús sea universalmente reconocido, la ciencia de la agricultura y cultivo será perfeccionada, los hombres serán alentados a trabajar, la industrialización eliminará la penuria de la labranza, y la tierra será restaurada por encima incluso de sus condiciones más elevadas de fertilidad. Leemos que el Señor convierte *"la tierra fértil en estéril, por la maldad de los que moran en ella"*,[64] y la realidad de los hechos confirma lo cierto de esa amenaza divina; lo que no impide que aún bajo la ley se promete que: *"Y te hará Jehová tu Dios abundar en toda obra de tus manos, en el fruto de tu vientre, en el fruto de tu bestia, y en el fruto de tu tierra, para bien"*.[65] Hay ciertamente una relación íntima y directa entre el mal moral y el físico, y entre el bien espiritual y el físico. Alexander[66] observa que el texto hebreo está en tiempo pasado, y concluye que contradice toda norma gramatical traducirlo en tiempo futuro; pero nosotros creemos que el bardo profeta, al oír a las naciones alabar al Señor, asocia esta cosecha abundante como algo dado en consecuencia: en el supuesto que todos los pueblos alaben a Jehová, la tierra habrá dado su incremento. En inglés el futuro parece interpretar con mayor claridad el sentido del hebreo.[67]

Y Dios, nuestro Dios, nos bendecirá. Hará que el incremento del fruto de la tierra sea una verdadera bendición. Los hombres verán en sus dones la mano del mismo Dios a quien Israel adoraba desde la antigüedad; e Israel, de manera especial, se regocijará en esa bendición y se alegrara exultante en su propio Dios. No podemos decir que amamos a Dios propiamente hasta tomar conciencia de que es nuestro, y cuanto más le amamos, más anhelamos estar plenamente seguros de que es nuestro. ¡Qué nombre más dulce podemos otorgarle a Dios que el de *"Dios mio"!* La esposa del Cantar los Cantares no encuentra manera más dulce para expresar su amor que diciendo: *"Mi amado es mío y yo suya"*.[68] Todo judío creyente experimenta, sin duda, una santa alegría al pensar que las naciones serán bendecidas por el Dios de Abraham; pero todo creyente gentil se regocija asimismo de saber que el mundo entero adorará al Dios y Padre de nuestro Señor y Salvador Jesucristo, que es nuestro Padre y nuestro Dios.

C. H. SPURGEON

Entonces la tierra incrementará su fruto.[69] La justa combinación de una mayor piedad con la inteligencia resulta en un incremento natural de la riqueza. La prosperidad temporal exige de ciertas cualidades esenciales como: laboriosidad, ahorro, moderación, buena administración; y esas cualidades las engendra la piedad. … Por tanto, no constituye ninguna expectativa irracional esperar que bajo el reinado de la justicia, nuestro globo produzca todo aquello de lo que es capaz. La ciencia, favorecida por la piedad, puede incrementar considerablemente la fecundidad de la tierra; y el ingenio

administrativamente a la provincia de Damasco gobernándolo desde Estambul; hasta 1917 cuando tras la II Guerra Mundial y derrota de los turcos como aliado de Alemania paso a ser un protectorado del Imperio Británico.

64 Salmo 107:34.

65 Deuteronomio 30:11.

66 Se refiere a JOSEPH ADDISON ALEXANDER [1809-1860] lingüista y exégeta. Nacido en Philadelphia, Estados Unidos, fue profesor de lenguas bíblicas y orientales del *Princeton Theological Seminary*, donde fue ayudante del famoso teólogo CHARLES HODGE [1797-1878], y ocupó su lugar después de su muerte. Se especializó en el hebreo bíblico, aunque dominaba más de treinta idiomas. Escribió numerosas obras, pero suponemos que a la que hace referencia Spurgeon es *"The Psalms Translated and Explained"*, publicada en 1850 en 3 volúmenes.

67 Ver al respecto las notas 58 y 59.

68 Cantares 2:16.

69 En hebreo אֶרֶץ נָתְנָה יְבוּלָהּ *'ereṣ nāṯənāh yəḇūlāh* de יְבוּל *yebul,* "producir, dar fruto". La KJV lo traduce como "incrementar".

mecánico puede facilitar enormemente el trabajo humano mejorando las condiciones de vida. Los grandes inventos y descubrimientos de la ciencia, por medio de los cuales se disminuye la necesidad de esfuerzo físico y se incrementa el confort, son producto de mentes cristianas ... ¿Cabe dudar, entonces, que en la era gloriosa que esperamos, el trabajo humano dejará de ser una carga? ¿Tendría sentido imaginar que en ella la vida de las clases obreras va a seguir siendo una ronda incesante de fatiga y vejación: un perpetuo extender la mano para obtener algo que necesitan, o para alejar algo que temen? La Escritura predice que la maldición de la tierra será mitigada; y en los actuales descubrimientos de la ciencia e invenciones de la mecánica, empezamos a vislumbrar los medios por los cuales tal predicción va a convertirse en realidad. Puede que la total consumación se halle todavía en un futuro lejano; pero si no malogramos sus avances con nuestros odios y resentimientos,[70] la gloria que ha de ser revelada es digna, con toda certeza, de culminar en un proceso gradual.[71]

WILLIAM REID [1814-1681]
"Things to Come Practically Considered", 1871

Y nos bendecirá Dios, el Dios nuestro. ¡Qué expresión tan eufórica y entusiasta: *"el Dios nuestro"*! Enlaza con las palabras de Isaías cuando dice: *"Tu Dios, tu gloria"*.[72] Pues por encima de su interés en la bendición divina, estaba su interés en la gloria de Dios; que les era tanto o más preciada y valiosa que la suya propia, puesto que su propia gloria dependía de la gloria de su Dios. El salmista afirma que serán bendecidos por *"su Dios"*, su propio Dios: *"el Dios nuestro"*; es decir, que: *"beberán del agua de su propia cisterna"*.[73] ¡Que entrañable es aquello que tenemos en propiedad, que nos pertenece porque es nuestro! El hijo del vecino podrá ser simpático, cariñoso, listo; y puede incluso llegar provocarnos envidia; pero jamás será como nuestro hijo, porque el nuestro es propio, es *"nuestro"*, y en consecuencia nos llena de gozo y satisfacción más que ningún otro. Leí de un noble en Francia, Monsieur de Renti, hombre muy piadoso, que tras recibir una carta de un amigo en la que figuraban como encabezamiento las palabras: *"Deus meus et omnia"*, "Mi Dios, y mi todo", le contestó en los siguientes términos: «Ignoro cuál fue tu intención al encabezar tu carta con estas palabras *"Dues meus et omnia"*; pero las entiendo como una invitación a desearte que sea lo mismo para ti y para todas las criaturas creadas, y que todos las repitan sin cesar: *"Mi Dios, y mi todo; mi Dios, y mi todo; mi Dios, y mi todo"*. Si tal vez las colocaste ahí como tu lema personal, y las utilizas para expresar lo lleno que está tu corazón de él, ¿pensabas acaso que me pasarían desapercibidas? ¿Qué iba a ignorarlas y permanecer en silencio ante ellas sin expresar mis sentimientos? Ten la certeza, por tanto, de que las comparto plenamente: *"mi Dios, y mi todo"*, y si lo dudas, las repetiré cien veces más. No añado, por tanto, otra cosa, porque todo lo demás es superfluo para quien esta plenamente convencido de que *"su Dios"* es *"su todo"*. Me despido deseándote que sigas disfrutando de este feliz estado de júbilo; y te emplazo a rogar a Dios por mí, para que estas palabras *"mi Dios, y mi todo"* sean

---

[70] En el original inglés: *"do not grudge the oak years"*.

[71] En lector ha de leer este y otros estos comentarios sobre el versículo seis (Salmo 67:6) a la luz de la circunstancias político sociales de la época en la que fueron escritos. Fascinados por los avances de la ciencia y la mecánica, estos autores veían ya en ello los albores de un mundo mejor. Poco imaginaban entonces, en la segunda mitad del siglo xix que los "odios y resentimientos" del ser humano acabarían por malograrlo todo, y que la primera mitad del siglo xx se vería oscurecido por dos sangrientas guerras mundiales en las que todas estas invenciones y descubrimientos serían utilizados como armas de destrucción. Pero los planes y los tiempos de Dios son a menudo muy distintos de los nuestros: *"mis pensamientos no son vuestros pensamientos, ni vuestros caminos mis caminos* (Isaías 55:8-9), y por tanto, la reflexión no deja de ser válida.

[72] Isaías 60:19.

[73] Proverbios 5:15.

una realidad en mi vida en su sentido más sólido y profundo». ¿Pensamos acaso que estas palabras: *"mi Dios, y mi todo"*, o *"mi Dios, y mi gloria"*, van a perder su sentido y énfasis en el cielo? ¿O que serán menos significativas entre las almas regeneradas y glorificadas? Siendo que allí van a seguir coincidiendo en lo que hace a la excelencia y permanencia divina del objeto: *"nuestro Dios"* ¿cómo podrían dejar de ser motivo de satisfacción?

JOHN HOWE [1630-1705]
"The Blessedness of the Righteous Opened, and Further Recommended from the Consideration of the Vanity of this Mortal Life", 1668

Y nos bendecirá Dios, el Dios nuestro. ¡Cuán inexpresable es el sentimiento de aquiescencia interior con que es de suponer que el salmista pronunció estas palabras finales: *"el Dios nuestro"!* ¡Qué apropiación tan deleitosa! Es como si tratara de decirnos que la bendición en sí misma, era lo menos significativo, ya que su valor sería relativo si no procediera de: *"el Dios nuestro"*. Exhortemos, por tanto, a nuestros espíritus a contemplar a Dios de ese modo, a fin de que podamos deleitarnos en él por ambos motivos: por ser el más excelente; y por ser *"nuestro";* sabiendo que tenemos no solo la posibilidad, sino la obligación de mirarlo, aceptarlo y regocijarnos en él de esa manera, como: *"el Dios nuestro"*.

JOHN HOWE [1630-1705]
"The Blessedness of the Righteous Opened, and Further Recommended from the Consideration of the Vanity of this Mortal Life", 1668

Vers. 6-7. Las promesas de bendición y fertilidad de la tierra que encontramos en estos dos versículos: *"Entonces la tierra incrementará su fruto; y nos bendecirá Dios, el Dios nuestro"* se refieren primordialmente a la fertilidad visible de la tierra renovada en tiempos de la restauración de Israel. Pero incluyen también, de un modo más amplio, una referencia a cosas más elevadas; porque el verdadero *"incremento"* en cualquiera de las obras de Dios es motivo de alabanza que redunda en honor a su santo nombre. Esta promesa es la promesa que deseo presentar ante vosotros. En su sentido más amplio, la creación inferior está ahora mismo maldita y sujeta a vanidad por causa del pecado del hombre;[74] pero en el reino de Cristo esta maldición será quitada y todas las obras de Dios darán su pleno rendimiento como tributo de puro honor y alabanza a su nombre.[75] Consideremos pues: (1) la preparación para este incremento; (2) el incremento en si mismo; y (3) la bendición de Dios que lo coronará.

I. *La preparación de este incremento.* ¿Cuáles son los medios? ¿Cuál es el camino de su realización? ¿De dónde procede? Nuestro Salmo está lleno de enseñanza al respecto. Considerémosla:

1. *Su origen,* A saber: la libre misericordia de Dios. El Salmo comienza diciendo: *"Dios tenga misericordia de nosotros, y nos bendiga; haga resplandecer su rostro sobre nosotros"*. Cualesquiera que sean los pasos y detalles de la obra de la redención, todos ellos han de ser atribuidos a su fuente original: la gracia soberana y la misericordia de nuestro Dios. … La misericordia eterna, gratuita, inmutable, inagotable de nuestro Dios, revelada por medio de su amado Hijo Jesucristo: este es el verdadero manantial del bendito "incremento" que aquí se predice.
2. *Su ordenamiento.* En segundo lugar tenemos el orden en que es concedido este *"incremento"*. La salvación es dada al judío primeramente, y también al griego.[76] La oración

[74] Génesis 3:17-19; 5:29.
[75] Romanos 8:20-22.
[76] Romanos 1:16.

de este Salmo es: *"Haz resplandecer tu rostro sobre nosotros; para que sea conocido en la tierra tu camino, en todas las naciones tu salvación"* (67:1-2). El plan divino es elegir primero a su pueblo y bendecirlo, para luego convertirlo en bendición a otros: como vemos en el caso de Abraham,[77] el padre de los creyentes.[78] Es a través de su Iglesia que Dios bendice al mundo ... Y ese mismo principio es aplicable a todo avivamiento de la fe pura y verdadera ... Aunque todo este orden de la misericordia divina será revelado más plenamente en lo que está por venir y delante de nosotros: en la restauración de Israel, y sus efectos sobre el mundo en general.

3. *Sus antecedentes.* El precursor inmediato de este *"incremento"* es el regreso de nuestro Señor desde los cielos: la segunda venida de Cristo para juzgar la tierra y reinar sobre todas las naciones. El Salmo invita a todas las naciones a regocijarse en esto: *"Alégrense y canten con júbilo las naciones, porque tú juzgarás a los pueblos con equidad, y guiarás a las naciones en la tierra"* (67:4). ... El mundo anhela, y aún anhelará más, un gobierno justo. El Señor ha prometido proporcionar esta necesidad natural del corazón humano, aunque él se vengue de sus enemigos endurecidos. Aun en la venida del Señor para juicio, la bondad va a triunfar finalmente en las naciones, de modo que estén alegres y canten con júbilo. Es el Señor juzgando con equidad a su pueblo y gobernando las naciones, y todos los pueblos alabándole (67:5) lo que preparará de manera directa e inmediata la bendición prometida: *"Entonces la tierra incrementará su fruto"* (67:6).

II. *El incremento en si mismo.* El incremento tiene en si mismo diversos aspectos. Veámoslos en base al clímax de sus beneficios:

1. *Fertilidad natural.* La sentencia original de maldición y esterilidad de la tierra, de dar cardos y espinos, se pronunció en la caída de Adán,[79] y se ratificó en el asesinato de Caín.[80] Y parece haber sido parcialmente levantada después del diluvio.[81] ... Ahora mismo tercios de nuestro mundo son océanos; la mitad de lo restante es prácticamente desiertos; y de lo que hay cultivado, la mayor lo es de forma muy deficiente. Por tanto, las posibilidades de *"incremento"* son enormes, pues incluso en las zonas actualmente cultivadas hay posibilidades de un gran *"incremento"*, cuando toda la tierra se transforme en huerto plantado por el Señor.[82]
2. *La redención del arte.* Su actividad, talento y descubrimientos son ya ahora grandes y maravillosos; pero van encaminados principalmente a la autosuficiencia y la vanidad humanas, y llevan poco fruto para la gloria de Dios y mayor bienestar del hombre. Pero en el período predicho en este Salmo, cuando el hombre sea redimido en todas sus facetas, toda creación humana será a la gloria de Dios.[83]

[77] Génesis 12:3; 18:18; 22:18; 26:4; 28:14; Hechos 3:25; Gálatas 3:8.
[78] Romanos 4:11.
[79] Génesis 3:17-18.
[80] Génesis 4:11-12.
[81] Génesis 8:21-22.
[82] Génesis 2:8-9.
[83] En este sentido creemos interesante mencionar que JUAN SEBASTIÁN BACH [1685-1750] creaba su música para Dios. La mayoría de sus obras son explícitamente sobre pasajes bíblicos, lo que llevó al insigne médico, teólogo y misionero ALBERT SCHWEITZER [1875-1965] virtuoso organista y experto en Bach, a identificarlo como "el quinto evangelista". Es sabido que solía comenzar muchas de sus partituras con un "J.J" significando: *"Juva Jesu"* (Ayúdame Jesús); y concluirlas con un "S.D.G", *"Soli Deo Gloria"*.

3. *La redención de la ciencia. …*[84]
4. *La sociedad dará su incremento a Dios.* Por muchas que sean las pruebas de la sabiduría y el amor divino, los hombres siguen viviendo el en mundo sin Dios. ... Qué cambio tan radical tendrá lugar cuando cada círculo social sea una comunidad de santos, y todos estén abocados a un único y gran propósito: proclamar la gloria divina y bendecirse los unos a los otros.
5. *El alma aportará también su incremento.* La tierra es solo una figura del corazón humano, que es un terreno siempre fértil para el bien o el mal. Así lo considera el apóstol en su Epístola a los Hebreos: *"Porque la tierra que bebe la lluvia que muchas veces viene sobre ella, y produce hierba provechosa a aquellos por los cuales es labrada, recibe bendición de parte de Dios; pero la que produce espinos y abrojos es desechada, está próxima a ser maldecida, y termina por ser quemada. Pero en cuanto a vosotros, oh amados, estamos persuadidos de cosas mejores, y que comportan salvación, aun cuando hablemos de esta manera"*.[85] Entonces cesarán cardos y espinos de una generación torcida y perversa. ... Abundaran los frutos de justicia[86] en toda la raza humana para gloria de Dios. Y sus siervos se distinguirán por su abundante alabanza, su notable celo, su temerosa reverencia y su profunda humildad. La fe, la esperanza y el amor se hallarán en su ejercicio más pleno.[87] Cristo será el todo en todos,[88] y todo poder será consagrado a él. Este será el mejor *"incremento"* que dará la tierra para su Dios.
6. *El gran número de verdaderos siervos de Dios.* Entregados completamente a él, como parte adicional de esta bienaventuranza.
7. *La perpetuidad de este incremento.* Ha de ser agregado a su gloria. Esto es en conformidad con la promesa hecha al Admirable, Consejero, Dios fuerte, Padre eterno y Príncipe de paz: *"Lo dilatado de su imperio y la paz no tendrán límite, sobre el trono de David y sobre su reino, disponiéndolo y confirmándolo en juicio y en justicia desde ahora y para siempre"*.[89]

Edward Bickersteth [1825-1906]
"Sermon in the 'Bloomsbury Lent Lectures'", 1848

Vers. 6-7. Vemos en estos versículos una doble bendición de Dios: temporal y espiritual; bendiciones peculiares para los judíos; y bendiciones apropiadas para los cristianos. Oh Señor, no rechazo las bendiciones temporales que tengas a bien enviarme; las recibiré con humilde gratitud como un don de tu bondad. Pero te suplico de manera especial por las bendiciones espirituales; y que me trates más bien como a cristiano que como a judío.

Pasquier Quesnel [1634-1719]
"Les Pseaumes, avec des Reflexions Morales", 1700

Vers. 7. *Bendíganos Dios, y témanlo todos los términos de la tierra.* *[Bendíganos Dios, y témanlo todos los confines de la tierra.* RVR*] [Dios nos bendice, para que le teman todos los términos de la tierra.* LBLA*] [¡Bendíganos Elohim, y témanlo todos los confines de la tierra!* BTX*] [Dios nos*

[84] En el original Spurgeon incluye este apartado pero no transcribe el texto.
[85] Hebreos 6:7-10.
[86] Salmo 72:2-3; Proverbios 11:30; Isaías 32:17; Filipenses 1:11; Santiago 3:18.
[87] 1 Corintios 13:3.
[88] 1 Corintios 15:28.
[89] Isaías 9:6-7.

bendecirá, y le temerán todos los confines de la tierra. NVI*] [Que Dios nos bendiga, que lo venere la tierra entera.* BLP*] [Así es, Dios nos bendecirá, y gente de todo el mundo le temerá.* NTV*]*[90]

Dios nos bendecirá. La oración del primer versículo se convierte en el cántico del último. Encontramos el mismo verbo dos veces: *"y nos bendiga"* (67:1); *"y nos bendecirá"* (67:7).[91] Y, ciertamente, la bendición del Señor es múltiple: nos bendice; sigue bendiciéndonos; y nos vuelve a bendecir. ¡Cuán numerosas son sus bienaventuranzas! ¡Cuán selectas sus bendiciones! Son la herencia peculiar de sus elegidos. Es el Salvador de todos los hombres, pero en especial de los que creen. En este versículo encontramos un cántico para todas las épocas futuras. Que Dios nos bendecirá es una certeza que tenemos garantizada: podrá probarnos, golpearnos, despojarnos de nuestras posesiones materiales, o incluso quitarnos la vida; pero no dejar de bendecirnos, ya que no puede dejar de hacer el bien a sus elegidos.

Y le temerán todos los confines de la tierra. Los pueblos más alejados le temerán. Los términos de la tierra abandonarán su idolatría y le adorarán como su Dios. Todas las tribus, sin excepción, experimentarán un sagrado temor del Dios de Israel. La ignorancia desaparecerá, la insolencia será subyugada, la injusticia desterrada, la idolatría aborrecida; y sobre todos, y en todos, serán el amor, la luz, la vida y la libertad del Señor, Rey de reyes y Señor de señores.[92] Amén y Amén.

C. H. SPURGEON

Bendíganos Dios, y témanlo todos los confines de la tierra. Es importante que reparemos en la manera como se combinan en este versículo el regocijarse en Dios, con el temor de Dios. El gozo excluye la tristeza y ansiedad de la desconfianza; pero el temor sirve para desterrar el menosprecio y la falsa seguridad. Así lo expresa el Salmo 2: *"Servid a Jehová con temor, y alegraos con temblor"*.[93]

WOLFGANG MUSCULUS [1497-1563]
"In Sacrosanctum Davidis Psalterium Commentarii", 1573

[90] Observando que el Salmo concluye de forma un tanto abrupta, SCHÖKEL hace esta interesante observación: «Un rasgo formal del Salmo 67 es el estribillo: *"Te alaben los pueblos, oh Dios; todos los pueblos te alaben"* repetido en los versículos tres y cinco (67:3, 5). No es infundado sospechar que, en la cadena de copistas, alguno descuidase la repetición del estribillo al final del salmo, donde todo hace pensar que debería aparecer de nuevo. Hagamos la prueba de añadirlo, y el salmo quedará redondeado. Pero no tenemos apoyo documental para ello».

[91] En 67:1 es: וִֽיבָרְכֵ֫נוּ *wîḇārəḵênū;* en 67:7 es: יְבָרְכֵ֫נוּ *yəḇārəḵênū*; ambos dl verboe בָּרַךְ *barak,* "bendecir".

[92] 1 Timoteo 6:15; Apocalipsis 19:16.

[93] Salmo 2:11.

SALMO 68

SALMO DE LA GLORIOSA EPOPEYA

Título: *Al músico principal. Salmo de David. Cántico.* Hemos dicho lo suficiente sobre estos títulos al comentar los Salmos 65 y 66. El presente Salmo obviamente es un cántico compuesto para el traslado del arca; y con toda probabilidad fue cantado cuando David la trajo rebosante de gozo santo desde la casa de Obed-edom al lugar preparado para ella en el monte Sión.[1] Es un cántico estimulante y enardecedor. Los primeros versículos de este Salmo eran a menudo el cántico de batalla[2] de los *Covenanters*[3] y los *Ironsides;*[4] y el Salmo en conjunto describe a la perfección el camino del Señor Jesús entre sus santos y su ascenso a la gloria. Una composición sublime pero difícil de interpretar; pues la oscuridad que plantean algunas de sus estrofas es absolutamente impenetrable.[5] Uno de los

---

[1] 2 Samuel 6:1-23; 1 Crónicas 13:1-14; 15:1-29. No todos los comentaristas coinciden con esta visión; las menciones al templo en los versículos veintinueve y treinta y cinco (68:29, 35), y la hostilidad de Egipto expuesta en el treinta: *"reprende a esa bestia de los juncos"* (68:30) no encajan en tiempos de David y parecen abogar por una época más tardía. FRANZ DELITZSCH [1813-1890] indica que en el caso de aceptar a David como su legítimo autor encajaría más en el período de las batallas con los sirios y amonitas descritas en 2 Samuel 10 en que el Arca acompañó al ejército (2 Samuel 11:11). Pero la propuesta de Spurgeon es unánimemente la tradicional y no deja de ser una de las que mejor encaja con el contenido del Salmo.

[2] Los HUGONOTES fueron los primeros en adoptarlo como "Himno de Batalla", y lo entonaron antes y después de numerosos combates sangrientos. De hecho, fue la persecución de los Hugonotes lo que desencadenó las llamadas "Guerras de Religión". Y una vez desenfundada la espada, en las filas del almirante GASPAR DE COLINGNY [1519-1572] y de ENRIQUE DE NAVARRA [1553-1610] el canto de salmos como el Salmo 75 y el Salmo 118 para alentar a las tropas se convirtió en algo habitual, pero de manera especial el Salmo 68 en la versión poética realizada por TEODORO DE BEZA [1519-1605]: *"Que Dieu se montre seulement / Et l'on verra soudainement / Abandonner la place, / Le camp des emiemis épars, / Et ses haineux, de toutes parts / Fuir devant sa face"*. Cuando en Agosto de 1589 cayó en poder de los Hugonotes la ciudad de Dieppe, entraron en ella marchando al son de la melodía del Salmo 68 mientras el estruendo de los cañones marcaba el compás de cada estrofa. Fue el salmo que entonaron GIROLAMO SAVONAROLA [1452-1498] y algunos de sus compañeros dominicos del convento de San Marcos el 13 de Mayo de 1497 mientras eran conducidos a la Piazza della Signoria de Florencia para enfrentarse a un juicio eclesiástico en el que fueron excomulgados. Fue el Salmo entonado por los rusos después que NAPOLEÓN BONAPARTE [1769-1821] decidiera retirarse de Moscú al encontrar la ciudad en llamas, lo que significó el fin de su invasión.

[3] Los llamados COVENANTERS o COVENANTS, (en español "covenantarios") eran los integrantes de un movimiento religioso nacido en el seno del presbiterianismo escocés y partidarios del llamado Pacto escocés de 1638. Su propósito era oponerse a la imposición en Escocia de la Iglesia de Inglaterra. Su nombre deriva de la palabra inglesa *"Covenant"*, (Pacto) un término bíblico muy común y muy utilizado por el calvinismo. Se constituyeron en ejército y se enfrentaron a las tropas gubernamentales en la famosa Batalla de BOTHWELL BRIGG o Batalla del Puente de Bothwell el 22 de Junio de 1679 en Lanarkshire (Escocia) en la que fueron derrotados. Ver nota 96 del Salmo 34.

[4] IRONSIDES era el mote aplicado a los partidarios de OLIVER CROMWELL [1599-1658], líder estadista y militar inglés, famoso por haber fomentado la ejecución del rey Carlos I y convertido a Inglaterra en una república denominada "Mancomunidad de Inglaterra" (en inglés, *Commonwealth of England).* Era conocido como *"Ironside"*, "costado de hierro", apodo que desde la Edad Media se daba a todas las personas implacables y de carácter férreo.

[5] En su interpretación en clave cristológica los Padres de la Iglesia ven en los treinta y cinco versículos del Salmo 68 toda la vida de Cristo según la expresamos en el Credo Apostólico: desde el anuncio de su venida, ministerio, pasión y muerte, su descenso a los infiernos, su resurrección, su ascensión; y siguiendo

con la venida del Espíritu Santo, la predicación del evangelio en el mundo, la Iglesia, y la vida futura en el cielo. Hagamos un breve repaso:

– ATANASIO DE ALEJANDRÍA [296-373] y TEODORETO DE CIRO [393-458] ven en el versículo cuatro: *"abrid paso al que cabalga por los desiertos"* (68:4 LBLA) el mensaje preparatorio de Juan el Bautista.

– ORÍGENES [185-254], EUSEBIO DE CESAREA [267-338], HILARIO DE POTIERS [316-367], ven en el cinco: *"Padre de huérfanos y defensor de viudas"* (68:5) su ministerio público socorriendo a pobres y desvalidos.

– JERÓNIMO DE ESTRIDÓN [347-420], TEODORETO DE CIRO [393-458] y CASIODORO [485-583] ven en el temblor y derramamiento de los cielos del versículo ocho (68:8) una conexión evidente con los sucesos de la crucifixión y los acontecimientos de Mateo 27:45-54.

– CIRILO DE ALEJANDRÍA [370-444] entiende el versículo seis: *"saca a los cautivos a prosperidad"* como una clara alusión a Efesios 4:9 y 1 Pedro 3:19-20; 4:6, es decir, al descenso a los infiernos, tal es la opinión de

– EUSEBIO DE CESAREA [267-338] y ATANASIO DE ALEJANDRÍA [296-373] van todavía más lejos y ven el versículo veintiuno: *"ciertamente Dios herirá la cabeza de sus enemigos"* (68:21) como un cumplimiento de Génesis 3:15: Cristo aplastando la cabeza de la serpiente. A la resurrección aplican varios versículos del Salmo, desde el primero: *"Levántese Dios"* (68:1); pasando por el cuatro: *"Aquel que surge por encima del Ocaso* (la muerte)*"* (68:4b Vulgata); o el veinte: *"del Señor es librar de la muerte"* (68:20). Sobre la Ascensión, la cita directa que hace Pablo en Efesios 4:8 deja el tema zanjado; y a ella se agarran EUSEBIO DE CESAREA [267-338], ATANASIO DE ALEJANDRÍA [296-373], AGUSTÍN DE HIPONA [354-430] y otros.

– ORÍGENES [185-254], HILARIO DE POTIERS [316-367], CIRILO DE ALEJANDRÍA [370-444] y ARNOBIO EL JOVEN [siglo V] tienen clara la conexión entre la ascensión y el versículo treinta y tres: *"Al que cabalga sobre los cielos de los cielos"* (68:33).

– AMBROSIO DE MILÁN [340-397] considera que la venida del Espíritu Santo y Pentecostés los anticipa el versículo nueve al hablarnos de *"lluvia abundante para reanimar la heredad exhausta"* (68:9).

– EUSEBIO DE CESAREA [267-338], ATANASIO DE ALEJANDRÍA [296-373], HILARIO DE POTIERS [316-367], y muchos otros encuentran en el versículo once: *"El Señor ha dado palabra, y una gran multitud la proclama"* (68:11 Vulgata) un anticipo de la predicación del evangelio a las naciones; ven a la Iglesia con sus congregaciones locales en las *"asambleas"* mencionadas en el versículo veintiséis (68:26), y vislumbran con claridad la resurrección final de los muertos, como es de esperar, en el versículo veinte: *"del Señor son las salidas de la muerte"* (68:20).

– JERÓNIMO DE ESTRIDÓN [347-420] dice al respecto: «Cristo es el primogénito de la muerte (1 Corintios 15:20, 23; Colosenses 1:18) y ha abierto la puerta de *"las salidas de la muerte"*», y CIRILO DE ALEJANDRÍA [370-444] y afirma tajante que: «Cristo, al resucitar de los muertos tomo la posesión y el control de las *"salidas de la muerte"*».

– ORÍGENES [185-254], HILARIO DE POTIERS [316-367] y CASIODORO [485-583] ven anticipada la vida venidera y perdurable en el cielo, en el versículosseis: *"Dios da un hogar a los desamparados"*; y el treinta y cinco: *"Maravilloso es Dios en compañía de sus santos"* (68:35 Vulgata). Podríamos llenar páginas y más páginas con transcripciones de textos de los Padres, muchos de ellos excesivamente densos y farragosos. Confiamos que este breve resumen haya sido suficiente para que el lector pueda hacerse una idea de la abundancia y magnitud de sus comentarios. Nos limitaremos, pues, a cerrarlo con un broche de oro, la frase de:

– HILARIO DE POTIERS [316-367] con la que SCHÖKEL cierra su transposición cristiana y que en muy pocas palabras lo dice todo: «El Salmo 68 esta entretejido de ley y evangelio».

críticos alemanes lo compara a un Titán,[6] imposible de dominar.[7] Hemos de reconocer que nuestra limitada erudición nos ha resultado insuficiente, y se nos ha hecho indispensable recurrir a una Guía más fiable.[8] Con todo, nos queda la esperanza de que nuestras reflexiones y pensamientos sobre sus estrofas no resulten del todo inútiles al lector.

C. H. SPURGEON

---

[6] Se refiere a FERDINAND HITZIG [1807-1875]. En la mitología griega los TITANES eran una raza de semidioses que precedieron y gobernaron durante la era previa a los dioses olímpicos, quienes, guiados por Zeus, terminaron derrocándolos en la *Titanomaquia* (o 'guerra de los titanes'). La mayoría de ellos fueron encarcelados en el Tártaro, la región más profunda del inframundo o condenados a tormentos terribles. Se les atribuía una fuerza extraordinaria, razón por la cual la palabra "titán, titánico" a quedado ligada a todo aquello que requiere un esfuerzo desmesurado.

[7] Dice FRANZ DELITZSCH [1813-1890]: ¿No es de admirar la perspicacia y sensibilidad de los compiladores del Salterio al situar justo a continuación de un מִזְמ֥וֹר שִֽׁיר *mizmōwr šîr*, un cántico-salmo tan breve y exquisito como el Salmo 67, otro מִזְמ֥וֹר שִֽׁיר *mizmōwr šîr*, un cántico-salmo epopéyico de la magnitud del Salmo 68? Cuando resuena todavía en nuestros oídos el eco poético de la dulce bendición de paz que Moisés pone en boca de Aarón y sus hijos: *"Dios tenga misericordia de nosotros, y nos bendiga; haga resplandecer su rostro sobre nosotros"* (Salmo 67:1- Números 5:24-26); nos vemos sacudidos por un grito de guerra que repite las palabras memorables que se pronunciaban en el campamento de Israel en el desierto, pidiendo a Dios que avanzara al frente: *"Levántese Dios, sean dispersados sus enemigos"* (Salmo 68:1 – Números 10:35). Un salmo épico en el más puro estilo del cántico Deborah (Jueces 5:1-31), pero que lo trasciende y supera con creces para ocupar el punto más elevado del pináculo epopéyico, tanto en lo que hace a la lírica como al sentimiento. Sus estrofas concentran lo más glorioso de la literatura sagrada del período precedente: las palabras memorables de Moisés (Números 10:35), la bendición de Moisés (Deuteronomio 33), las profecías de Balaam (Números 23-24), los acontecimientos del Deuteronomio, el cántico de Ana (1 Samuel 2:1-10). Pero más allá de esto, el lenguaje del Salmo 68 es tan audaz y peculiar, tan "propio", que nos encontramos con no menos de trece palabras que no aparecen en ningún otro lugar del A.T. Y su estilo tan claramente *elohímico*, que el término אֱלֹהִים *'ĕlōhîm* ocurre nada mas de veintitrés vece (68:1, 2, 3, 4, 5, 6, 7, 8, 9, 10, 15, 16, 17, 18, 21, 24, 26, 28, 31, 32, 34, 35). Pero en realidad parece como si en sus estrofas se derramara toda la cornucopia de nombres divinos: אֲדֹנָי *'ăḏōnāy* seis veces (68:11, 17, 19, 20, 22, 32); יְהוָה *Yahweh* tres (68:16, 20, 26); הָאֵל *hā'êl* dos (68:19, 20); אֵל *'êl* tres (68:20, 24, 25); יָהּ *Yah* dos (68:4, 18); שַׁדַּי *šadday* una (68:14); אֱלֹהִים אֱלֹהֵי *'ĕlōhîm 'ĕlōhê* (68:8); וְלֵיהוִה אֲדֹנָי *Yahweh 'ăḏōnāy* (68:20); יָהּ אֱלֹהִים *yāh 'ĕlōhîm* (68:18); llegando al punto de coincidir varios nombres en un mismo versículo (68:20). Entre todos los Salmos elohímicos, el Salmo 68 es el más resplandeciente.

– SCHÖKEL ve una clara relación entre el Salmo 68 y algunos pasajes en los libros históricos: «El Salmo 68 es un epinicio o canto de victoria, y como tal hace compañía al cántico de Moisés de Éxodo 15:1-18; al de Débora de Jueces 5:1-31; y en parte a Habcuc 3:1-19 El epinicio es un subgénero del himno, del cual toma las invitaciones a la alabanza y las motivaciones. Con Jueces 5 comparte casi a la letra algunos versículos, como se puede apreciar en la siguiente cita: *"Cuando saliste de Seir, oh Jehová, cuando te marchaste de los campos de Edom, la tierra tembló, y los cielos destilaron, y las nubes gotearon aguas. Los montes temblaron delante de Jehová, aquel Sinay, delante de Jehová Dios de Israel"*(Jueces 5:4.5 – comparar con Salmo 68:7-9). Con Éxodo 15 comparte el tema de los pueblos enemigos y el instalar al pueblo elegido en su heredad; también la participación musical de las mujeres en la celebración y los títulos emblemáticos de jefes enemigos. Con Habacuc 3 comparte, aunque en lenguaje muy diverso, la teofanía y la derrota y dispersión de los paganos» [*Salmos, Tomo I, 1-72,* Editorial Verbo Divino, Estella, Navarra, 1992].

[8] En el original *"we have had to follow a surer Guide"*. Recordamos al lector que en inglés el artículo indeterminado carece de género, por lo que igual podría traducirse "un Guia más fiable", en cuyo caso cabría entender el Espíritu Santo en su función divina de iluminar (Juan 16:13; 14:26; 1 Corintios 2:10-13) o también "una Guia más fiable", dando a entender en tal caso la propia Escritura como mejor intértprete de sí misma (Salmo 19:7-11;119:105,130; 2; Timoteo 3:16; 2 Pedro 1:19-21).

Estructura: Mientras pronuncian las palabras de los dos primeros versículos (68:1-2), levantan el arca y la procesión se pone en marcha. En los versículos del tres al seis (68:3-6), se exhorta a los piadosos en la asamblea a entonar canciones alegres, y se les proporcionan los argumentos para provocar su alegría. A continuación se canta la epopeya gloriosa de Jehová en el desierto (68:7-10), y en los versículos del once al catorce (68:11-14) se cantan sus victorias. Cuando aparece Sión en el horizonte, los cánticos redoblan su fuerza y entusiasmo mientras el arca asciende por la colina (68:5-19). Desde la cumbre, los sacerdotes entonan un himno sobre la bondad y justicia del Señor; la seguridad que disfrutan quienes le temen y la ruina de sus enemigos (68:20-23). Mientras tanto, la procesión prosigue su ascenso (68:24-27). El poeta anticipa un tiempo de futuras conquistas (68:28-31); y concluye con un estallido eufórico de canto a Jehová (68:32-35).[9]

C. H. SPURGEON

Versión poética:

EXURGAT DEUS ET DISIPENTUR INIMICI EJUS

Que el Señor se levante, y que a su aspecto
se disipen sus fieros enemigos,
que los que le aborrecen, aterrados,
se pongan a huir despavoridos.

Que como el humo se desaparece,
sin que quede ni rastro ni vestigio,
así desaparezcan los malvados,
que a su Dios y Señor se han atrevido.

[9] FRANCISCO LACUEVA [1911-2005] en su versión española del "Comentario de Matthew Henry" hace el siguiente resúmen: «De este salmo dice SAMUEL DAVIDSON [1806-1898]: 'Cuando quiera fuese compuesto, insirado por cualesquiera reminiscencias de historia del pasado o expectaciones de renovada prosperidad, el Salmo 68 permanece como un monumento de la fe invencible y de las esperanzas inextinguibles de Israel, y como una profecía de glorias espirituales, en parte realizadas y en parte por venir'. Y el doctor ABRAHAM COHEN [1887-1957] añade: 'El tema básico es la marcha triunfal de Dios a través de la historia pasada de Israel como esperanza de su Realeza sobre todo el mundo en el futuro'. MATTHEW HENRY [1662-1714] opina que lo compuso David con ocasión de traer el Arca desde casa de Obed-edom hasta el tabernáculo que le había preparado en Sión, 'pues las primeras palabras son la oración que usaba Moisés cuando se trasladaba el Arca' (Números 10:35). Y el jesuita RICARDO ARCONADA da como posible eso mismo: 'La ocasión podría ser la traslación del Arca a Sión (2 Samuel 6:1), o quizá su vuelta, después de la victoria contra los ammonitas y los sirios (2 Samuel 10:1-10)'. Aquí David, I. comienza con una oración contra los enemigos de Dios (68:1-2) y a favor de su pueblo (68:3). II. De ahí procede a alabar a Dios, lo que se lleva el resto del salmo. Alaba: 1. La grandeza y bondad de Dios (68:4-6). 2. Las portentosas obras que Dios había llevado a cabo por su pueblo antiguamente, cuando les guió a través del desierto (68: 7-8), y los asentó en Canaán (68:9-10), les dio la victoria sobre sus enemigos (68:11-12) y los libró de las manos de sus opresores (68:13-14). 3. La presencia especial de Dios en medio de su pueblo (68:15-17). 4. Se predice la Ascensión de Cristo (68:18) y la salvación de su pueblo por medio de Él (68:19-20). 5. Las victorias que Cristo había de obtener sobre sus enemigos y los favores que había de otorgar a su Iglesia (68:21-28). 6. El ensanche de su Iglesia al entrar en ella los gentiles (68:29-31). III. Concluye el salmo con humilde reconocimiento de la gloria y de la gracia de Dios (68:32-35)».

Que así como la cera se derrite
al ardiente calor del fuego activo,
así cuantos ultrajan su respeto,
por sus iras se sientan derretidos.

Pero los justos como en una fiesta
vivan siempre felices y tranquilos,
y en la presencia de su Dios se alegren,
transportados en júbilos continuos.

Cantad pues de este Dios las alabanzas,
resuenen en el aire dulces himnos,
que publiquen la gloria de su nombre,
de ese nombre inmortal, nombre divino.

Ya se asoma viniendo del poniente,
id pues a prepararle los caminos,
su nombre es el Señor, y de este nombre
no hay nadie, sino él, que sea digno.

Que los impulsos del contento vuestro
tan alegres se vean, y tan vivos,
como será terrible el sobresalto
que a su vista tendrán sus enemigos.

De los huérfanos es padre amoroso,
de las viudas juez, y siempre activo,
siempre presente en su lugar sagrado
es para todos soberano asilo.

En su propia mansión habitar hace
a los que con su espíritu han vivido,
y libra con la fuerza de su brazo
a los que estaban en prisión cautivos.

Así otras veces ha librado a muchos
que su cólera habían encendido,
que ya habitaban muertos en sepulcros,
y que por su piedad se vieron vivos.

¡Oh Dios eterno! Cuando tú marchabas
delante de tu pueblo preferido,
y que con él pasabas el desierto
el seco suelo y los adustos sitios.

Se estremeció la tierra, y hasta el cielo,
a su Dios del Sinaí habiendo visto,
al que es Dios de Israel, ante sus pasos,
en aguas refrescantes se ha fundido.

Así harás separar, oh Dios clemente,
con destino a ese pueblo preferido,
que ya es tu propia herencia, lluvias dulces,
que puedan refrescarlo en el camino.

Porque cuando lo ves debilitado,
y de tanta fatiga enflaquecido,
tu divina piedad que lo protege,
próvida lo socorre con alivios.

Hasta los animales que le siguen,
disfrutan de tu amor los beneficios,
porque tu mano liberal a todos
los que han de menester ha socorrido.

El Señor de su pueblo soberano
enviará por delante sus ministros,
que lo anuncien a todo el universo,
y dará a sus palabras mucho brío.

Los reyes más terribles de la tierra
se rendirán a este otro Rey querido
de Dios, y de las naciones, sus despojos
le adornarán su propio domicilio.

Y vosotros también, que de sus triunfos
seréis los instrumentos y testigos,
cuando os miréis en el mayor estrecho,
cuando estéis más cercados de peligros,

Tened valor, porque saldréis gloriosos,
como palomas que en su airoso giro
van ostentando plateadas alas,
y en su espalda del oro todo el brillo.

Castigará el Señor los potentados,
que su nueva heredad han invadido,
y nadarán en aguas de alegría
sus habitantes antes tan marchitos.

Amarillos estaban por el miedo,
pero ahora están tan blancos y lucidos
como la nieve que el Salmón ostenta
el Salmón que es de Dios monte querido.

El monte de Sión es todavía
mucho más pingue y fértil, porque es visto,
que entre todos los montes de la tierra
Ninguno es comparable al de este sitio.

Pero qué mucho, si el Señor del cielo
para morada suya lo ha escogido,
y quiere hacer en él su mansión santa
más allá de los siglos de los siglos.

El carro del Señor anda tirado
por millones de espíritus divinos,
que ponen su contento y alegría
en amarlo, adorarlo y conducirlo.

Sobre estos genios bienaventurados
vino el Señor, cuando a Sinaí vino,
y así también ascenderá triunfante
cuando conduzca al cielo sus cautivos.

Entonces les dará con abundancia
los dones que les tiene prometidos,
y para iluminar los no creyentes
hará milagros, dispondrá prodigios.

Bendigámosle pues todos los días,
porque el Señor benévolo y propicio
será quien finalmente nos conduzca
a la patria feliz por sus caminos.

Porque el es nuestro Dios, nuestra esperanza,
y no fiamos más que en sus auxilios,
al Señor, al Señor toca salvarnos,
y de la muerte eterna redimirnos.

Pero castigará los obstinados
que a buscarle no vengan compungidos,
no dejará cabello en la cabeza
al que dejar no quiera los delitos.

El Señor de Israel dijo a su pueblo,
sepultaré en el mar a los egipcios,
y haré que victoriosos retornéis
de Basán, a pesar de sus peligros.

Las manos y los pies podréis bañaros
con la sangre de vuestros enemigos,
y la lengua también de vuestros perros
se podrá saciar como en un ríos.

Y el pueblo vio también que este Dios santo,
el Dios del universo, y el Rey mío
marchó con él en su sagrada arca,
que ha combatido, y victorioso vino.

Los príncipes del pueblo le seguían,
de músicas y cantos precedidos,
otros coros de jóvenes doncellas
tocaban tiorbas y cantaban himnos.

Y decían, venid viejos y mozos,
juntaos todos de Israel los hijos
a dar gracias al Dios omnipotente,
que peleó por nosotros y ha vencido.

Al majestuoso triunfo acompañaba
la tribu fiel de Benjamín el niño,
y parecía extática y suspensa
de ver tantos portentos y prodigios.

Venían luego de Judá las gentes,
seguidas de varones escogidos,
de Zabulón, de Neftalí, y de otras
los principales jefes y caudillos.

Seas bendito, oh Dios, que así triunfaste;
mas da buen fin a tan feliz principio,
renueva ahora lo que en otro tiempo
hiciste con tu pueblo preferido.

Los reyes de la tierra iluminados,
y de tu alto poder ya convencidos,
de tu Jerusalén vendrán al Templo,
para adorarte humildes y sumisos.

Pero, Señor, reprime la violencia
de las fieras, peores que asesinos
que salen de los bosques, y se arrojan
sobre los que te adoran sometidos.

De esa terrible multitud de toros,
que quieren despedir de tus dominios
a los que como plata acrisolada,
tu amor y tu piedad han merecido.

Disipa en fin, Señor, esas naciones
que quieren guerra, y son tus enemigos:
el Egipto, la Etiopia y todo el mundo
a ofrecerte vendrán sus sacrificios.

Oh reinos de la tierra, uníos todos
para cantarle reverentes himnos,
que del Señor resuene la alabanza
en todas las regiones y distritos.

Y celebrad la gloria del excelso,
que por la parte del oriente vino,
y que ha subido al cielo de los cielos,
para poner en él su solio digno.

De allí extender hará su voz terrible,
en cualesquier región por sus ministros,
rendid pues gloria a Dios tan soberano
que tanto a su pueblo ha socorrido.

Su majestad y su poder exceden
todas nuestras potencias y sentidos;
admirable el Señor es con sus siervos,
el gran Dios de Israel es infinito.

Y pues que tanta fuerza dio a su pueblo,
que pudo superar sus enemigos,
sea bendito el Señor omnipotente
sea bendito el Señor, sea bendito.

DEL "SALTERIO POÉTICO ESPAÑOL", SIGLO XVIII

Salmo completo: Tenemos en este Salmo sobrados motivos para condenar la cortedad, o admirar la cautela, según como se mire, de los traductores de nuestra versión inglesa por la manera en que han traducido los diversos nombres del Todopoderoso que aparecen en el texto hebreo de este Salmo;

indiscriminadamente como *"Dios"* o *"Señor"*. Cuando tenemos en el versículo uno (68:1): אֱלֹהִים *'ĕlōhîm;* en el versículo once (68:11): אֲדֹנָי *ădōnāy;* en el catorce (68:14): שַׁדַּי *šadday*; en el dieciséis (68:16): יְהוָה *Yahweh;* en el cuatro y el dieciocho (68:4, 18): יָהּ *yāh;* y en el diecinueve (68:19): אֵל *el.* Cada uno de los distintos nombres hebreos dados a Dios tiene un significado peculiar; y no existe ninguna palabra comodín que pueda utilizarse como equivalente a todos ellos; razón por la cual sustituirlos, como hace nuestra traducción, por *"Dios"* o *"Señor"*, queda muy lejos de transmitir al lector los importantes conceptos asociados a cada uno de los nombres hebreos empleados en el original. Con ello se pierde la importante confirmación adicional de la deidad de Mesías que la atribución de cada uno de los diversos títulos peculiares de Dios daría a esta gran verdad, y que podía haberse preservado simplemente con conservar intactos los nombres originales transliterándolos.[10]

Richard Hopkins Ryland [1788-1866]
"The Psalms Restored to Messiah", 1853

Salmo completo: Así como el Salmo 67 comienza con una alusión a la fórmula de bendición sacerdotal registrada en Números: *"El Señor te bendiga y te guarde; el Señor haga resplandecer su rostro sobre ti, y tenga de ti misericordia"*;[11] el Salmo 68 lo hace con una clara referencia a la oración utilizada cuando la columna de nube convocaba el campamento para iniciar la marcha: *"¡Levántate, oh Señor! y sean dispersados tus enemigos, huyan de tu presencia los que te aborrecen"*.[12] En Números el sintagma לִפְנֵיהֶם *lipnêhem* de פָּנִים *panim* nos dice como la presencia de Dios iba delante de su pueblo derramando luz salvadora;[13] aquí מִפָּנָיו *mippānāw,* también de פָּנִים *panim,* como los enemigos huían delante de ella. Este Salmo 68 se entona en las solemnidades judías de Pentecostés, fiesta de la siega y aniversario de la entrega de la ley; [14] y en la fiesta de la cosecha a la salida del año.[15] El carácter peculiar de este Salmo queda claramente reflejado en el hecho insólito de que hay en el mismo no menos de trece términos hebreos que le son exclusivos, es decir, que no aparecen en ningún otra pasaje de la Escritura; y ciertamente, para exponerlo en profundidad hace falta el don de lenguas pentecostal.

William Kay [1820-1896]
"The Psalms Translated From the Hebrew, with Notes Chiefly Exegetical", 1871

Salmo completo: Para muchos expositores y exégetas el Salmo 68 es la efusión más excelsa de la musa lírica de David.

William Binnie [1823-1886]
"The Psalms: Their History, Teachings, and Use", 1870

---

[10] Incluimos este comentarios referente a la versión inglesa KJV por su interés, aunque es preciso decir, en honor a la verdad, que las versiones españolas han sido bastante más precisas y exactas.
[11] Números 6:24-25.
[12] Números 10:35.
[13] Éxodo 13:21-22; 33:9-10; Números 9:15-23; 14:14
[14] O *Shauvot,* en el paso del invierno a la primavera: Éxodo 32:22; Deuteronomio 16:10-15; 31:10-13.
[15] O *Sucot* en el umbral del otoño: Éxodo 23;16; 34:22; Levítico 23: 15-21;34; Números 28:26-31 Deuteronomio 16:13-15.

Salmo completo: A juzgar por la antigüedad de los términos utilizados; su lenguaje y descripción concisa; así como por sus expresiones potentes y a veces candorosamente irónicas de su poesía; podemos considerar el Salmo 68 como uno de los monumentos más antiguos de la lírica hebrea.[16]

JULIUS FRIEDRICH BÖTTCHER [1801-1863]
"Exegetisch-kritische Aehrenlese zum Alten Testament", 1849

Salmo completo: Hay que reconocer que en este Salmo hay tantos precipicios, vericuetos y laberintos, como versículos o incluso palabras. No en vano ha sido calificado de cruz de los exégetas y penuria de los intérpretes.[17]

SIMEON MAROTTE DE MUIS [1587-1644]
"Commentarius litteralis et historicus in omnes Psalmos", 1630

Salmo completo: La manera como empieza este Salmo 68, indica con claridad que la inspiración divina concedió a David el privilegio de contemplar en visión a Israel marchando por el desierto, y el arca del pacto avanzando delante del pueblo para encontrar su lugar de reposo (68:1-2; 7-15). Y el salmista se llena de regocijo y alabanza (68:3-4) al constatar como Dios reveló en medio de ello su amor paternal, con la mirada puesta en todo momento sobre el huérfano y la viuda, el desamparado y el afligido (68:5-6). Pero más allá de esto, David es arrebatado también por el Espíritu al Monte de los Olivos donde ve al Señor ascendiendo a los cielos; contempla los carros triunfales con una compañía innumerable de ángeles; y al Señor acogido en gloria como poderoso Conquistador (68:16-17). Y más aún, le contempla habiendo tomado o comprado dones para los hombres, incluso los rebeldes, para que JAH Dios habite entre ellos (68:18), o *"dentro de ellos"*. Por lo que el mandamiento paternal es: *"Salid de en medio de ellos, y apartaos, dice el Señor, y no toquéis lo inmundo; y yo os recibiré, y*

[16] El insigne político, historiador y escritor español EMILIO CASTELAR [1532-1899], concluía su famoso discurso en defensa de la libertad religiosa y la separación entre la Iglesia y el Estado, en la sesión del Congreso de los Diputados del día 12 de abril de 1869, un discurso considerado como un verdadero monumento a la oratoria, con unas palabras que parecen extraídas del Salmo 68: *«Grande es Dios en el Sinaí; el trueno le precede, el rayo le acompaña, la luz le envuelve, la tierra tiembla, los montes se desgajan; pero hay un Dios más grande, más grande todavía, que no es el majestuoso Dios del Sinaí, sino el humilde Dios del Calvario, clavado en una cruz, herido, yerto, coronado de espinas, con la hiel en los labios, y sin embargo, diciendo: «¡Padre mío, perdónalos, perdona a mis verdugos, perdona a mis perseguidores, porque no saben lo que se hacen!». Grande es la religión del poder, pero es más grande la religión del amor; grande es la religión de la justicia implacable, pero es más grande la religión del perdón misericordioso; y yo, en nombre del Evangelio, vengo aquí, a pediros que escribáis en vuestro Código fundamental la libertad religiosa, es decir, libertad, fraternidad, igualdad entre todos los hombres».*

[17] FELIPE SCIO DE SAN MIGUEL [1738-1776] en una nota a su traducción de la Vulgata lo describe con estas palabras: «Este Salmo es reconocido por la mayoría de exégetas como el más oscuro y difícil que hay en todo el Salterio, y no falta quien lo ha calificado como "La cruz de los ingenios" y "La confusión de los interpretes». Recordamos al lector que en el español castizo se denominaba "ingenio", del latín *"ingenium"* a la persona con facultades y talento excepcionales para la intuición y la creatividad, lo que se diría un experto; a LOPE DE VEGA [1562-1635] se le dio el apodo de "El Fénix de los ingenios" por haber creado y escrito más de 1.500 comedias. Con ello podrá el lector deducir fácilmente el significado de la expresión "La cruz de los ingenios". KRAUS dice al respecto: «Apenas habrá otro cántico en el Salterio que, por la corrupción de su texto y por su falta de coherencia, cause tan graves problemas al intérprete como el Salmo 68. Desde hace ya muchísimo tiempo, hay opiniones muy divergentes acerca de este salmo» [Los Salmos, Vol. II, Sal. 60-150 Ediciones Sígueme, Salamanca, 1993].

seré para vosotros por Padre, y vosotros me seréis hijos e hijas, dice el Señor Todopoderoso".[18] La doxología del pueblo de Dios es: *"Bendito el Señor; cada día nos colma de beneficios"*; nuestro bendito Maestro nos asiste día tras día supliendo todas nuestras necesidades, y hace que su amor fluya hacia nosotros, porque él es: *"el Dios nuestra Salvación. Selah"* (68:19). ¡Qué consuelo nos aporta saber esto, sean cuales sean las circunstancias! Porque el Señor Jesús avanza delante de nosotros en el desierto (68:1-2); y es sensible a nuestras enfermedades y debilidades, pues la viuda y el huérfano, el desamparado y el afligido, son objeto de su cuidado y amor personal. Jesús ha ido por delante de nosotros a preparar nuestro reposo eterno en los cielos;[19] su obra ha concluido; y ahora, día tras día, nos llena de bendiciones (68:19) hasta que finalmente nos conduzca con seguridad a través de la muerte para reunirnos con él en la vida y gloria eterna;[20] porque *"de Jehová el Señor es el librar de la muerte"*(68:19). Entonces: *"¿Dónde está, oh muerte, tu victoria? ¿Dónde está, oh sepulcro, tu aguijón?".*[21] Por tanto: *"cantad alabanzas al Señor; al que cabalga sobre los cielos de los cielos"*; porque: *"he aquí dará él su voz, voz poderosa"* (68:33).[22]

Ridley Haim Herschell [1807-1864]
"Strength in Weakness. Meditations on some of the Psalms in time of Trial", 1860

Vers. 1. *Levántese Dios, sean esparcidos sus enemigos, y huyan de su presencia los que le aborrecen.* *[Levántese Dios, sean esparcidos sus enemigos, y huyan de su presencia los que le aborrecen.* RVR*] [Levántese Dios; sean esparcidos sus enemigos, y huyan delante de El los que le aborrecen.* LBLA*] [¡Levántese Elohim y sean esparcidos sus enemigos! ¡Huyan de su presencia quienes lo aborrecen!* BTX*] [Que se levante Dios, que sean dispersados sus enemigos, que huyan de su presencia los que le odian.* NVI*] [Dios se pone en acción, sus enemigos se dispersan, sus adversarios huyen de su presencia.* BLP*] [Levántate, oh Dios, y dispersa a tus enemigos; que todos los que odian a Dios corran por sus vidas.* NTV*]*[23]

Levántese Dios.[24] Palabras que pronunciaba Moisés cuando la nube se levantaba y avanzaba, y el arca iniciaba su marcha hacia delante.[25] El arca habría sido un pobre líder de no ser porque el Señor

[18] 2 Corintios 6:17-18.
[19] Juan 14:2.
[20] Juan 14:3.
[21] 1 Corintios 15;55.57.
[22] 1 Corintios 15:51.52.
[23] [Dada la complejidad exegética de este Salmo hemos estimado conveniente incluir en notas al pie el texto griego completo de la Septuaginta así como el latino de la Vulgata para todos sus versículos; completándolos con el de la versión sefardí de Ferrara de 1553, y la versión caldea conocida como Peshitta]. El Texto Masorético: יָקוּם אֱלֹהִים יָפוּצוּ אוֹיְבָיו וְיָנוּסוּ מְשַׂנְאָיו מִפָּנָיו *yāqūm 'ĕlōhîm yāpūṣū 'ōwyḇāw wəyānūsū məśan'āw mippānāw.* La versión griega de los LXX o Septuaginta lee aquí: ἀναστήτω ὁ θεός, καὶ διασκορπισθήτωσαν οἱ ἐχθροὶ αὐτοῦ, καὶ φυγέτωσαν οἱ μισοῦντες αὐτὸν ἀπὸ προσώπου αὐτοῦ que la Vulgata traduce al latín como: *"Exsurgat Deus, et dissipentur inimici ejus; et fugiant qui oderunt eum a facie ejus"*. "Levántese Dios, y sean dispersos sus enemigos, y huyan de su presencia los que le aborrecen". La versión sefardí de Ferrara traduce: *"Levantefe el Dio y efparzanfe fus enemigos, y huygà fus aborrecientes delante del"*. La caldea Peshitta: *"Dios se levantará, y se dispersarán todos sus adversarios; huirán de su presencia los que lo aborrecen"*.
[24] Atanasio de Alejandría [296-373] en su interpretación cristológica del Salmo (Ver nota 5) es el más directo entre los Padres de la Iglesia en la aplicación de estas palabras a la resurrección de Cristo: «Levántese de la muerte Cristo, y sean dispersos sus enemigos, y huyan de su presencia aquellos que le crucificaron».
[25] Números 10:35.

estaba presente con el símbolo. Antes de movemos, debemos desear ver al Señor frente a nosotros, dirigiendo el camino. La expresión *"Levántese Dios"* supone de manera implícita que Señor había permanecido pasivo durante un tiempo, soportando las embestidas de sus enemigos sin echar mano de su poder; y por ello Israel le suplica *"Levántate"*, o como en otros pasajes *"Despierta"*,[26] "ciñe tu espada",[27] y expresiones similares. También nosotros tenemos el derecho de importunar al Señor gritándole del mismo modo, implorándole que tenga a bien desnudar su santo brazo[28] y defender su propia causa.[29]

Sean esparcidos sus enemigos.[30] Cuando nuestro glorioso Capitán va en vanguardia, esclarece el camino fácilmente por numerosos que sean los que traten de obstruirlo; tan pronto como él se levanta, huyen. Derrotó a sus enemigos en el pasado, y seguirá haciéndolo en las edades futuras. El pecado, la muerte y el infierno conocen el terror de su brazo; sus filas caen desbaratadas tan pronto como él se les aproxima. Nuestros enemigos son sus enemigos, y en esto se apoya nuestra confianza en la victoria.

Y huyan de su presencia los que le aborrecen. Aborrecer al Dios infinitamente bueno, es una infamia; por tanto, aún el peor de los castigos se queda corto y poco severo. Él es quien realmente viene, ve, y vence.[31] ¡Qué oración tan apropiada la de este versículo para el inicio de un avivamiento! Define los tres aspectos clave del mismo: el Señor lidera el camino; su pueblo le sigue, los enemigos huyen.

C. H. Spurgeon

Levántese Dios, sean esparcidos sus enemigos, y huyan de su presencia los que le aborrecen. El arca avanzando por el desierto,[32] es un tipo del Señor Jesús avanzando para expulsar a los enemigos rebeldes. Y no deja de ser motivo de inmensa alegría trazar como antitipo sus avances victoriosos. ¡Cuán poderosamente avanzó el Señor! El poder de Dios estaba en su brazo; su espada era la divinidad; sus dardos punzantes e hirientes con toda la fuerza de Jehová: *"Y en su vestidura y en su muslo escrito este nombre: REY DE REYES Y SEÑOR DE SEÑORES"*.[33] De hecho, sus enemigos se esforzaron cuanto pudieron, empleando contra él todo su poder. No fue tarea fácil rescatar almas de las garras de Satanás o cautivar la cautividad (65:16) arrasando la cárcel de las tinieblas. El enemigo

---

[26] Salmo 44:23.

[27] Salmo 45:3.

[28] Isaías 52:10.

[29] Dice Francisco Lacueva [1911-2005] en su versión española del "Comentario de Matthew Henry": «Levántese Dios, como Juez que va a pronunciar sentencia y, tras ocupar el campamento como un general, la va a ejecutar, y sean esparcidos sus enemigos. Levántese Dios como el sol cuando resplandece con toda su fuerza y serán esparcidos los hijos de las tinieblas, como huyen las sombras de la noche delante del sol naciente. De esta forma comenta David la oración de Moisés, y no solo la repite aplicándola a sí mismo y a su tiempo, sino que la amplía para enseñarnos el modo de hacer buen uso de las oraciones de la Biblia. Aunque hemos de orar por nuestros enemigos en cuanto que son nuestros enemigos, hemos de orar contra los enemigos de Dios en cuanto tales, esto es, contra la enemistad de ellos hacia Dios y contra los intentos con que se oponen al Reino de Dios».

[30] Agustín de Hipona [354-430] ve en estas palabras una clara alusión profética a la llamada diáspora o dispersión de los judíos entre las naciones después de la caída y destrucción de Jerusalén en el año 77.

[31] Se trata de una alusión a la famosa locución latina *"Vini, vidi, vinci"*, que significa "Llegué, vi, vencí", y que pronunció el entonces todavía general y cónsul romano Julio César [100-44 a.C.] ante el Senado Romano al referirse a su reciente victoria sobre Farnaces II del Ponto [97-47 a.C.] rey del Bósforo en la Batalla de Zela.

[32] Números 10:35-36.

[33] Apocalipsis 19:16.

se lanzó contra él con toda la astucia de la que era capaz, cubierto con su armadura más poderosa y espumeando de rabia y furor. Forjó toda una batería de tentaciones para disparar contra él y hacerlo caer.[34] Pero el Arca verdadera jamás se detuvo, y el enemigo mordió el polvo. Las pasiones malévolas enloquecían los pechos de sus enemigos: las gentes se amotinaron,[35] los reyes se levantaron; los gobernantes tomaron consejo;[36] se emplearon contra él todos los mecanismos posibles, planeando y ejecutando una muerte ignominiosa. Pero el Arca siguió adelante. Por encima de todo ello. La cruz más que un obstáculo fue un incentivo, la tumba no consiguió retenerla; y las huestes combinadas de ambas no lograron vencerla. Las puertas del infierno se abrieron de par en par, y el glorioso Conquistador entró abriéndose paso. Y así como en Canaán el arca ascendió a la colina de Sión en medio de gritos de triunfo; así también Jesús ascendió a lo alto. Los cielos de los cielos le recibieron con regocijo; el Padre acogió al Salvador llevando de la mano sus conquistas; y las huestes angelicales adoraron al glorioso Dios-hombre. La antigua oración de "levantamiento" del arca tuvo su pleno cumplimiento: *"Levántese Dios, sean esparcidos sus enemigos, y huyan de su presencia los que le aborrecen"*. Y ahora, desde el trono de gloria, alienta a sus humildes seguidores en su marcha por el desierto de este mundo, pues sus trabajos, conflictos y temores siguen siendo muchos; y a menudo no parecen más que pobres gusanos bajo el pie que los aplasta. Pero sobreviven, prosperan, y levantan la cabeza. Porque así como antaño el arca era la victoria, así también ahora la victoria es Jesús. Sí, y con él avanzando en cabeza, aún los niños en la fe pueden sentirse conquistadores y poner su pie sobre el ejército de sus enemigos. Escuchad esto, enemigos necios, locos rebeldes, y desistid. ¿Qué ha sido de las naciones que se resistieron a Israel? ¿Dónde están los faraones, los reyes sitiados, los Herodes, los principales sacerdotes, los Pilatos? Guardaos de compartir su maldad, no sea que compartáis también su fin. Leed más bien en estas palabras el anuncio de su destrucción cercana: *"Levántese Dios, sean esparcidos sus enemigos, y huyan de su presencia los que le aborrecen"*. Y recordad que así como la "oración de levantamiento" del arca nunca falló en su propósito; asimismo la "oración de su reposo": *"Vuelve, oh Señor"*,[37] que ahora para los creyentes es: *¡Maranata! "Ven Señor Jesús"*,[38] está llena de vida. Jesús está presto a volar de vuelta. Los *millares de millares de Israel* le esperan con ansia, y no esperarán en vano: *"Porque aún un poquito, y el que ha de venir vendrá, y no tardará"*.[39] ¡Día feliz aquel, tiempo de alegría, visión triunfal! ¡Qué éxtasis, qué gritos, qué gloria! El Señor y autor de nuestra Salvación regresa. ¡Aprestémonos a darle la bienvenida!

Henry Law [1797-1884]
"'Christ is All'. The Gospel of the Old Testament", 1858

Levántese Dios. La expresión *"Levántese Dios"* refleja la paciencia y misericordia divina hacia los impíos; puesto que al decir: *"Levántese"* parece asumir implícitamente la idea de que *"duerme"*,[40] en lugar de atajar el mal de inmediato. El Señor es paciente y no quiere que nadie perezca, sino que todos los hombres lleguen al arrepentimiento.[41] Tardó más en destruir una ciudad como Jericó,[42] de lo

[34] Mateo 4:1.11.
[35] Salmo 2:1; Lucas 23:21.
[36] Salmo 22:2; Lucas 23:6-12.
[37] Números 10:36.
[38] 1 Corintios 16:22; Apocalipsis 22:20.
[39] Hebreos 10:37.
[40] Salmo 44:23.
[41] 1 Timoteo 2:4; 2 Pedro 3:9.
[42] Josué 6:4-5.

que se tardó en crear el mundo entero;[43] porque es lento a la ira y presto para perdonar,[44] no deseando la muerte del pecador,[45] sino que se enmiende. No se *"levanta"* para castigar a nadie en particular, y mucho menos para el juicio general, sino después un largo período de clemencia y bondad: *"¡Jerusalén, Jerusalén,* –exclamo el Señor– *¡Cuántas veces quise juntar a tus hijos, como la gallina junta sus polluelos debajo de las alas, y no quisiste!*[46]

John Boys [1571-1625]

"The Works of John Boys: Exposition of Psalm 68", 1626

Levántese Dios, sean esparcidos sus enemigos, y huyan de su presencia los que le aborrecen. Estas palabras podemos tomarlas como una oración o como una profecía: como una oración: *"sean esparcidos";* como una profecía: *"serán esparcidos".* O también podemos leerlo como: *"Surgente Domino"*, esto es: *"tan pronto como el Señor se levante sus enemigos serán esparcidos"*, y convertirlo así en un axioma teológico; en una afirmación de validez perpétua: *aeternae veritatis,* "verdadera eternamente": verdadera en el principio del mundo, verdadera a lo largo de la historia del mundo, y verdadera en su final. Podemos hacer nuestra la oración del salmista y pedir que sean destruidos, o profetizar que serán destruidos. *"Sermo votorum est, non ex incerto poscentis, sed ex cognitione scientiaque sperantis",*[47] dice Hilario,[48] es decir: "La declaración de las promesas procede, no de la incertidumbre de quien realiza la petición, sino de la noción y el conocimiento de quien tiene esperanza". La oración del salmista no procede de un corazón dudoso y vacilante, como si unas veces Dios librara a su iglesia y otras la dejara abandonada en manos de sus enemigos; sino que se fundamenta en la certeza inequívoca y garantías infalibles de que se levantará *"y no callará",*[49] y se vengará de sus enemigos. En toda oración hay siempre una suerte de presagio y profecía: pues si oramos como es debido, Dios ha prometido concedernos nuestras peticiones;[50] lo que constituye una garantía mucho más segura de la que pueda darnos cualquier profeta. Entre *"Dios se levanta"* y *"Se levantará Dios"*, no hay más diferencia que la de tiempo verbal, y los hebreos lo utilizaban indiscriminadamente.

En esta oración o profecía contemplamos, como en un cristal, la providencia de Dios sobre su pueblo y el destino fatal y destrucción de los malos; nos permite concebir a Dios sentado en el cielo mirando a los hijos de los hombres,[51] y riéndose con desprecio de todas las intenciones y proyectos

---

[43] Génesis 1:31.

[44] Éxodo 34:6; Salmo 103:8; 145:8.

[45] Ezequiel 18:32.

[46] Mateo 23:37.

[47] *"Tractatus Psalmi – Psalmus lxvii 2"* En su comentario al Salmo 68:1 (67:2) Hilario lo aplica a la resurrección de Cristo, presentándolo como una victoria sobre la muerte y el pecado.

[48] Se refiere a Hilario de Potiers [315-367], Obispo, Padre y doctor de la Iglesia conocido como el «Atanasio de Occidente», porque junto con Atanasio combatió ardientemente el arrianismo y participó en las polémicas teológicas defendiendo la ortodoxia. Nacido en una familia pagana, poco después de su conversión, hacia el 353, fue nombrado obispo de Poitiers con la aprobación de todo el pueblo, pero tuvo que exilarse en Asia Menor debido a su rechazo de las tendencias arrianas que había en la Iglesia de las Galias (Francia). Durante el destierro, adquirió conocimientos de primera mano sobre la teología oriental. Después de cuatro años de destierro, volvió a su patria y "la Galia entera –dice San Jerónimo–, abrazó al héroe que volvía del combate victorioso y con la palma en la mano".

[49] Salmo 50:3; Isaías 62:1.

[50] Mateo 7:7; Juan 14:13.

[51] Salmo 53:2.

de sus enemigos[52] en espera de su "*exsurgat*", su levantamiento como una torbellino para esparcirlos,[53] y como un fuego para derretirlos.[54] Este "*exsurgat –levántese*" y "*dissipabuntur – sean esparcidos*", el levantamiento de Dios y la destrucción de sus enemigos, dividen el versículo en dos partes presentándolo ante nuestros ojos como dos bloques opuestos entre sí. Ahora bien, el "*exsurgat*" o levantamiento, va por delante del "*dissipabuntur*", antes de esparcir a sus enemigos Dios ha de levantarse; lo cual parece indicar que es preciso que haya quien lo "*despierte*" antes de que se "*levante*" para "*esparcirlos*" y destruirlos. Consideraremos en primer lunar, la naturaleza de aquellos que son enemigos de Dios y respecto a los cuales nos corresponde orar para que Dios se levante y los esparza. Son: (1) *enemigos;* (2) *odian a Dios;* (3) *personas impías.*

Lo que mueve a Dios a "*levantarse*" no es odio a la persona sino al hecho; no está contra la persona, sino en contra de lo que hace; y si está en contra de la persona es únicamente en razón del hecho. Debemos, por tanto, descubrir el hecho que impulsa a Dios a levantarse contra estas personas; y lo encontramos envuelto y secretamente escondido en el "*dissipabuntur*", en su castigo; porque todo "*esparcimiento*" o dispersión presupone de hecho de una reunión, como la de una generación corrupta.[55] Esto es lo que movió a Dios a levantarse: sus *enemigos,* los *que le aborrecían,* los *impíos,* estaban reunidos consultando contra Dios y su Iglesia, como vemos nosotros que sucede hoy en día. Y ante esto, estamos hoy aquí reunidos para suplicar Dios, con toda humildad, que *se levante* y *los esparza.* Este es "*nunc opportunitatis*", el momento oportuno y tiempo designado para que Dios se levante. Como hemos mencionado antes, la idea de "*levantarse*" lleva implícita la idea de pausa o deliberación, como si Dios no hubiera estado dispuesto a ejecutar su juicio de inmediato. Lo cual pone de manifiesto:

1. *Su paciencia para con los impíos:* no siempre está "levantado", como el que dice, para destruir a sus enemigos.
2. *Su justicia.* Que llega finalmente y de un modo irremisible, aunque no llegue tan pronto como desearían y anhelan los que padecen injusticia.
3. *Su misericordia para con sus hijos.* Aunque por un tiempo pareciera dormitar y no atender la voz de su clamor;[56] finalmente se levanta y les ayuda.

Por último, analizaremos los efectos o el propósito de este "*levantamiento*" divino. Y este no es otro que la destrucción de sus enemigos, que desaparecen de nuestra vista, y que el Salmo describe en cuatro expresiones distintas, tantas como colores básicos:

1. "*Dissipabuntur*", serán "*esparcidos*" (68:1)
2. "*Fugient*", "*huirán*" (68:1).
3. "*Deficient*", como el humo se "*disiparán*" (68:2).
4. "*Liquefient*", como la cera se "*derritiran*" (68:1). Quedando todas ellas concentradas y expresadas en una sola:
5. "*Peribunt*", "*perecerán*": "*perecerán los impíos delante de Dios*" (68:2).

ANTHONY FARINDON [1598-1658]
"*Forty sermons preached at the parish-church of St. Mary Magdalene, Milk-street*", 1663

[52] Salmo 2:4.
[53] Jeremías 23:19.
[54] Deuteronomio 4:24; Hebreos 12:19.
[55] Isaías 1:4; Mateo 16:4; Lucas 9:41.
[56] Salmo 5:2; 86:6.

Vers. 1-2. De estos dos versículos sacamos las siguientes conclusiones:

1. La iglesia de Dios ha tenido, y tendrá, enemigos y oponentes; contra ellos el salmista se pertrecha a sí mismo con esta oración, y la Iglesia debe hacerlo de igual modo.
2. Los enemigos de la Iglesia son enemigos de Dios; quienes odian a la Iglesia, odian a Dios. *"Sus enemigos"*, son aquellos que *"le aborrecen"*.
3. A veces nos da la sensación como si Dios durmiera o permaneciera impasible dejando que sus enemigos y los que le aborrecen hagan por un tiempo cuanto les apetexca. Esto va implícito en la expresión: *"Levántate"*, pues decimos "levántate" a quién esta dormido o permanece inmóvil.
4. Pero llega un momento en el que Dios se levanta.
5. Cuando Dios se levanta, ha llegado el momento de dispersión de sus enemigos, es decir, de que salgan huyendo.
6. Es deber del pueblo de Dios clamar a él cuando permanece impasible, y exaltarlo con alabanzas cuando acude en su rescate y redención; estas palabras son una oración tanto como un cántico de triunfo, ya que fueron utilizadas por igual tanto por Moisés como por David.

THOMAS CASE [1598-1682]
"A Fast Sermon, preached before the House of Commons, entitled, 'God's Rising, his Enemies' Scattering'", 1644

Vers. 1-3. Ya sea que el pueblo de Israel entendiera o no el significado de las profecías que encontramos en estos tres versículos, lo que sí es absolutamente seguro es que a sus componentes se les enseñó con claridad, y no solo en este pasaje sino en más de uno, a orar fervorosamente por un segundo advenimiento del Mesías.. Quiero, pues, centrar vuestra atención en: I *La Oración de Israel por EL segundo advenimiento del Mesías;* y II. *El deber de la Iglesia Cristiana de unirse a ella.*

I. *La Oración de Israel por un segundo advenimiento del Mesías.* El Salmista, movido por el Espíritu de Dios, adopta para comenzar su cántico las palabras usadas por Moisés en el desierto cuando el arca, en la cual Dios habitó entre los querubines, avanzaba: *"Cuando el arca se movía, Moisés decía: Levántate, oh Jehová, y sean dispersados tus enemigos, y huyan de tu presencia los que te aborrecen. Y cuando ella se detenía, decía: Vuelve, oh Jehová, a los millares de millares de Israel"*. Pero en la época en la que se escribió el Salmo 68, las peregrinaciones de Israel habían terminado, y el arca del Señor había encontrado ya su lugar de reposo. El pueblo de Dios estaba aposentado en la tierra prometida a sus padres; sus enemigos habían sido sometidos; y el arca ya no salía al frente de los ejércitos de Israel. En evidente, por tanto, que no es a los movimientos del arca a lo alude que el profeta en su oración. El contexto del Salmo, y las expresiones utilizadas, nos llevan mucho más allá de los días de David, y nos remiten a tiempos todavía futuros. David ora por el regreso de Aquel de quien el arca era un tipo, y cuyo glorioso advenimiento había contemplado por el espíritu de la profecía. Las palabras de estos versículos son una oración para la Segunda Venida del Señor Jesucristo. Se trata por tanto de una oración que no ha sido contestada aún en su plenitud. El Señor ha intervenido a menudo en defensa de su pueblo; o para despertar a los impíos al arrepentimiento. Pero estas intervenciones o "levantamientos" han sido de carácter temporal, quedando el mundo tras ellos de nuevo bajo el gobierno ordinario de su providencia. Aunque algunas de estas intervenciones temporales hayan servido para mostrar lo que Dios hará cuando llegue el día de su ira... Sin embargo, tanto en el mundo como en la Iglesia siguen abundando la maldad, y lloran por causa del pecado. Los que odian al Señor no *huyen* de su presencia, antes por el contrario abren su boca pronunciando blasfemias; y los impíos no *han perecido delante de él...* No hay la menor duda que este *"levantamiento"* por el que ora el salmista, está relacionado con lo que más adelante describe en la segunda parte del Salmo (68:22, 29, 30-31), a saber: la futura restauración de Israel, el establecimiento de la paz universal y la conversión de todas las naciones.

II. *El deber de la Iglesia Cristiana de unirse a ella.* Como miembros de la Iglesia Cristiana, constantemente profesamos nuestra fe en la segunda venida de Cristo; y ocasionalmente es posible que incluso reflexionemos sobre su gloriosa aparición. Pero ¿hemos hecho de ella, como hizo David, tema de nuestras oraciones y apelaciones ante el trono de la gracia? ¿Ha sido nuestra fe suficiente como para hacer nuestras las palabras del salmista y exclamar: *"Levántate Dios, sean esparcidos tus enemigos, y huyan de tu presencia los que te aborrecen"?* Esto me lleva a exponer, en segundo lugar, el deber e importancia de unirnos a la petición del salmista. Si se tratara de una oración apropiada únicamente para el caso individual de David, nada nos obligaría a hacerla nuestra; pero se trata de una oración para la toda Iglesia universal, para todo aquel que ama al Salvador, y desea ver *"al Rey en su hermosura";*[57] para todo aquel que se lamenta y viste luto por el estado deplorable del mundo y de la Iglesia. Es una oración repetida con frecuencia en la Sagradas Escrituras del Antiguo Testamento;[58] enseñada por nuestro Señor,[59] y ofrecida por los santos que ya están en gloria ante la presencia de Dios,[60] y con la cual concluyen las Escrituras del Nuevo Testamento... Es sobresaliente que de entre todas las oraciones y peticiones que los santos que están en gloria presentan ante el trono, tan solo se nos haya dado a conocer una y vaya precisamente en esta dirección. En el capítulo 6 de Apocalipsis, el Señor se complace en ofrecernos por la pluma del apóstol Juan una visión del estado de las almas de aquellos que han muerto como mártires: *"vi debajo del altar las almas de los que habían sido muertos por causa de la palabra de Dios y por el testimonio que tenían. Y clamaban a gran voz, diciendo: ¿Hasta cuándo, Señor, santo y verdadero, no juzgas y vengas nuestra sangre de manos de los que moran en la tierra?",*[61] Aunque alejados ya de los escenarios de desgracia y miseria, a salvo de todos los intentos de los impíos, y en el goce de la presencia de Dios, su felicidad no es aún completa, y sienten que encuentran todavía razones para la oración y la súplica. Todavía anhelan el día en que el Señor se levante para juicio y ponga fin al triunfo de los impíos. Con esta oración es que concluye el Nuevo Testamento[62]... No podemos, por tanto, dudar, por un momento, que es nuestro deber unirnos a una oración que el Espíritu Santo ha dictado, que nuestro Señor ha enseñado, que los santos en el cielo utilizan, y que el discípulo amado presenta. Pero hay además otro argumento que dimana de la oración misma y que nos insta cumplir este deber: tenemos la obligación de orar por aquellas cosas que promueven el honor de Cristo y la felicidad eterna de su pueblo. Y nunca el honor de Cristo será completo, su pueblo plenamente feliz, ni *los justos se alegrarán y regocijarán rebosando de alegría* (68:3), hasta que Dios se *"levante"* y sus enemigos sean *"dispersados"*.

ALEXANDER MCCAUL [1799-1863]
"Plain Sermons on Subjects Practical and Prophetic", 1840

Vers. 2. *Como es lanzado el humo, los lanzarás; como se derrite la cera delante del fuego, así perecerán los impíos delante de Dios.* *[Como se desvanece el humo, los barrerás; como se derrite la cera delante del fuego, así perecerán los impíos delante de Dios.* RVR*] [Como se disipa el humo, disípalos; como la cera se derrite delante del fuego, así perezcan los impíos delante de Dios.* LBLA*] [Disípense como se disipa el humo! Como la cera se derrite ante el fuego, así perezcan los malvados ante la presencia de Elohim.* BTX*] [Que desaparezcan del todo, como humo que se disipa con el viento; que perezcan ante Dios los impíos, como cera que se derrite en el fuego.* NVI*] [Tú los disipas*

[57] Isaías 33:17.
[58] Salmo 94:1; Zacarías 1:12.
[59] Mateo 6:10; Lucas 18:7.
[60] Apocalipsis 6:10;
[61] Apocalipsis 6:9-10.
[62] Apocalipsis 20:4.

como se disipa el humo; como cera que se derrite ante el fuego, así se desvanecen los malvados ante Dios. BLP*] [Sóplalos y disípalos como si fueran humo; derrítelos como la cera en el fuego; que los malvados perezcan en la presencia de Dios.* NTV*]*[63]

Como se desvanece el humo.[64] Como el humo, que el viento disipa hasta no quedar rastro de él; así haz, Señor, con los enemigos de tu pueblo. Humean orgullo hasta oscurecer el cielo con su malicia; ascienden más y más en su arrogancia; contaminan el lugar por donde pasan. Señor, que tu aliento, tu Espíritu y tu Providencia hagan que se desvanezcan como el humo de delante de tu pueblo. El escepticismo filosófico es tan etéreo y repulsivo como el humo; que el Señor libre a su Iglesia de semejante peste.

Como se derrite la cera delante del fuego, así perecerán los impíos delante de Dios. La cera es dura en si misma, pero cuando se la pone al fuego se vuelve blanda y se derrite. Los malvados son altivos, pero cuando entran en contacto con el Señor desmayan temerosos; sus corazones se derriten como cera cuando sienten el poder de su ira. La cera, arde y desaparece; la llama acaba consumiéndola por completo; y así también todo el poder jactancioso de los opositores al evangelio será como nada. Roma se disolverá como los cirios de sus altares; y con igual certeza desaparecerá la impiedad. Los israelitas vieron, en el arca, a Dios en el trono de la misericordia,[65] y se regocijaron en la omnipotencia de tal manifestación; más clara y evidente todavía es la confianza de la Iglesia del Nuevo Testamento, porque contemplamos a Jesús, nuestra propiciación y expiación designada,[66] vestido de gloria y majestad,[67] y ante su avance imparable toda oposición se derrite cual nieve expuesta a los rayos del sol; pues *la voluntad de Jehová será en su mano prosperada.*[68]. Cuando viene por medio de su Santo Espíritu, el resultado es conquista; pero cuando se levanta en persona, sus enemigos perecen por entero.

C. H. SPURGEON

Como se desvanece el humo... como se derrite la cera delante del fuego. El salmista añade aquí dos figuras impactantes para ilustrar cuan fácilmente puede Dios derrocar las maquinaciones de nuestros enemigos: las compara con el humo que desaparece cuando es llevado por el viento, o la cera que se deshace cuando se la aproxima al fuego. A nosotros se nos hace difícil creer que un flujo de oposición tan formidable vaya a desaparecer de pronto en un instante. Pero el Espíritu Santo utiliza estas figuras peculiares para reprocharnos el temor infundado de nuestras mentes carnales y enseñarnos que no hay en nuestros enemigos tanta fuerza como les suponemos; que nuestro problema radica más bien

---

63 La versión griega de los LXX o Septuaginta lee: ὡς ἐκλείπει καπνός, ἐκλιπέτωσαν· ὡς τήκεται κηρὸς ἀπὸ προσώπου πυρός, οὕτως ἀπόλοιντο οἱ ἁμαρτωλοὶ ἀπὸ προσώπου τοῦ θεοῦ que la Vulgata traduce al latín como: *"Sicut deficit fumus, deficiant; sicut fluit cera a facie ignis, sic pereant peccatores a facie Dei"*, "Como se desvanece el humo, así se desvanezcan; como se derrite la cera delante del fuego, así perezcan los pecadores delante de Dios". La versión sefardí de Ferrara traduce: *"Como fe empuxa humo los empuxaràs, como defleyrfe cera delante fuego fe deperderan malos delante el Dio"*. La caldea Peshitta: *"Como se desvanece el humo, así se desvanecerán ellos, y como se derrite la cera ante el fuego dejarán de ser los impíos ante Dios"*.

64 En hebreo כְּהִנְדֹּף עָשָׁן תִּנְדֹּף *kəhindōp̄ 'āšān tindōp̄*. KRAUS traduce: *"Como el humo evanescente se disipa"*.

65 En el original *"mercyseat"*. Así traduce la versión inglesa KJV Éxodo 25:17 y Hebreos 9:5; y otros textos en los que aparece la palabra hebrea כַּפֹּרֶת *kappōreṯ* o la griega ἱλαστήριον *hilastérion*. Las versiones españolas traducen *"propiciatorio"*.

66 1 Juan 2:1-2; 4:10.

67 Salmo 104:1.

68 Isaías 53:10.

en permitir que el humo que provocan ciegue nuestros ojos, y consentir que el bloque de resistencia que nos oponen para lograr engañarnos, aparentemente sólido pero en realidad tan etéreo como el humo y frágil como la cera, nos lleve a olvidar la verdad incuestionable de que ante la presencia del Señor aún las montañas se desmoronan.[69]

JUAN CALVINO [1509-1564]

Como se desvanece el humo... como se derrite la cera delante del fuego. «Su final es acerbo, negro y acre como el humo», –comentó un anciano maestro. «¿Qué quieres decir, oh maestro?» –le preguntó un joven discípulo. «Estaba pensando en el final de los impíos –le respondió el anciano– y las muchas veces en las que yo, como el salmista, he sentido envidia de ellos cuando los he visto en prosperidad. Sus vidas me parecían tan brillantes que llegué a compararlas al resplandor de una cálida hoguera en una noche invernal. Pero al observarlos con mayor detalle me di cuenta de como desaparecen súbitamente, como la llama de fuego que de pronto se transforma en humo negro y acre; y dejé de envidiarlos. No confíes, alumno mío, en aquello que luce brillante en apariencia, observa también su final, para que no caigas en engaño».

HUBERT BOWER
"Parables and Similitudes of the Christian Life", 1871

Vers. 3. Mas los justos se alegrarán; se gozarán delante de Dios, y saltarán de alegría. *[Mas los justos se alegrarán; se gozarán delante de Dios, y saltarán de alegría.* RVR*] [Pero alégrense los justos, regocíjense delante de Dios; sí, que rebosen de alegría.* LBLA*] [Pero regocíjense los justos, y sean exaltados ante Elohim, ¡Sí, salten de alegría!* BTX*] [Pero que los justos se alegren y se regocijen; que estén felices y alegres delante de Dios.* NVI*] [Pero los justos se alegran y regocijan, se llenan de gozo ante Dios.* BLP*] [Pero que los justos se alegren; que se gocen en la presencia de Dios; que estén llenos de alegría.* NTV*]*[70]

Mas los justos se alegrarán. La presencia de Dios en el trono de la gracia es una fuente desbordante de deleite para los piadosos; por tanto, no deben cesar de beber de los arroyos designados para alegrarles.

Se gozarán delante de Dios.[71] Los cortesanos del Dios de alegría deben vestir atuendos de regocijo, porque en su presencia hay plenitud de gozo.[72] Esa misma presencia divina, que es causa de temor y muerte para los impíos, es el anhelo y el deleite de los santos.[73]

[69] Habacuc 3:6.

[70] La versión griega de los LXX o Septuaginta lee: καὶ οἱ δίκαιοι εὐφρανθήτωσαν, ἀγαλλιάσθωσαν ἐνώπιον τοῦ θεοῦ, τερφθήτωσαν ἐν εὐφροσύνῃ que la Vulgata traduce al latín como: *"Et justi epulentur, et exsultent in conspectu Dei, et delectentur in laetitiai"*, "Y los justos banqueteen, y regocíjense en la presencia de Dios, y deléitense en alegría". La versión sefardí de Ferrara traduce: *"Y juftos fe alegraràn y agozarfean delante el Dio, y gradarfean con alegría"*. La caldea Peshitta: *"Pero los justos se regocijarán y se fortalecerán ante Dios; en su dulzura se regocijarán"*.

[71] En hebreo לִפְנֵי אֱלֹהִים *lip̄nê 'ĕlōhîm* de פָּנִים *paneh*, "rostro"; lo que lleva a KRAUS a traducir más literalmente: *"delante del rostro de Yahvé"*. Ver Deuteronomio 12:12; 16:14.

[72] Salmo 16:11.

[73] Job 22:26; Salmos 37:4; 94:19; Isaías 58:14.

Y saltarán de alegría. Dejad que bailen con todas sus fuerzas, como lo hizo David,[74] por cada raíz de gozo y cada brizna de alegría. No hay que poner límites a la alegría en el Señor. *"Otra vez digo: ¡Regocijaos!"*[75] exclama el apóstol, como si su deseo fuera que añadiéramos alegría a cada alegría sin mesura ni pausa. Cuando vemos que Dios resplandece propicio desde lo alto del trono de misericordia en la persona de nuestro Emmanuel, si verdaderamente nos contamos entre aquellos que han sido hechos justos en su justicia y santificados por su Espíritu,[76] nuestros corazones deben saltar en nuestro interior con exultación. Avanza oh ejército del Dios vivo, sigue adelante exhalando gritos abundantes de triunfo, porque Jesús es quien lidera la marcha.

C. H. SPURGEON

Pero alégrense los justos, regocíjense delante de Dios. Los impíos huyen de la presencia de Dios, porque les inspira terror. Con los justos es todo lo contrario, se regocijan en ella, porque nada les deleita más que pensar que Dios está cerca de ellos.

JUAN CALVINO [1509-1564]

Vers. 4. *Cantad a Dios, cantad salmos a su nombre; exaltad al que cabalga sobre los cielos. JAH es su nombre; alegraos delante de él.* *[Cantad a Dios, cantad salmos a su nombre; exaltad al que cabalga sobre los cielos. JAH es su nombre; alegraos delante de él.* RVR*] [Cantad a Dios, cantad alabanzas a su nombre; abrid paso al que cabalga por los desiertos, cuyo nombre es el Señor; regocijaos delante de El.* LBLA*] [Cantad a Elohim, cantad salmos a su Nombre. preparad camino al que cabalga las nubes. ¡YH es su Nombre! ¡Regocijaos en su presencia!* BTX*] [Canten a Dios, canten salmos a su nombre; aclamen a quien cabalga por las estepas, y regocíjense en su presencia. ¡Su nombre es el Señor!* NVI*] [Cantad a Dios, alabad su nombre, glorificad al que cabalga sobre las nubes; su nombre es el Señor, regocijaos ante él.* BLP*] [¡Canten alabanzas a Dios y a su nombre! Canten alabanzas en alta voz al que cabalga sobre las nubes. Su nombre es el Señor; ¡alégrense en su presencia!* NTV*]*[77]

Cantad a Dios, cantad alabanzas a su nombre.[78] A tiempo y con melodía, con orden y cuidado, celebrad y proclamad el carácter y las obras de Dios, el Dios de su pueblo. Hacedlo una y otra vez; y que la alabanza sea dirigida, con un corazón resoluto, exclusivamente a él. No cantéis por ostentación, sino por devoción; no para ser oídos por los hombres, sino por el Señor; no cantéis para la congregación, sino *" cantad a Dios"*.[79]

---

[74] 2 Samuel 6:14.

[75] Filipenses 4:4-7.

[76] 1 Corintios 1:30.

[77] La versión griega de los LXX o Septuaginta lee: ᾄσατε τῷ θεῷ, ψάλατε τῷ ὀνόματι αὐτοῦ· ὁδοποιήσατε τῷ ἐπιβεβηκότι ἐπὶ δυσμῶν, κύριος ὄνομα αὐτῷ, καὶ ἀγαλλιᾶσθε ἐνώπιον αὐτοῦ. ταραχθήσονται ἀπὸ προσώπου αὐτοῦ que la Vulgata traduce al latín como: *"Cantate Deo; psalmum dicite nomini ejus: iter facite ei qui ascendit super occasum. Dominus nomen illi; exsultate in conspectu ejus. Turbabuntur a facie ejus"*, "Cantad a Dios, salmead el nombre de él; aparejad el camino a Aquel que sube sobre el Ocaso; su nombre es Señor. Regocijaos delante de él; turbados quedarán en la presencia de él". La versión sefardí de Ferrara traduce: *"Cantad al Dio, pfalmead fu nombre, exalçad al cavalgàn fobre cielos en YAH fu nombre, y alegradvos delante del"*. La caldea Peshitta: *"Canten salmos a Dios, y den gloria a su nombre; alaben al que cabalga hacia occidente; Yahweh es su nombre. Fortalézcanse en su presencia"*.

[78] FRANZ DELITZSCH [1813-1890] traduce זַמְּרוּ שְׁמוֹ *zammᵊū šᵊmōw* como: *"tañed su nombre"*.

[79] AGUSTÍN DE HIPONA [354-430]: «Canta a Dios quien vive para él constantemente, las venticuatro horas del día; y entona alabanzas a su nombre quién en todo cuanto hace obra siempre para su honra y gloria».

Exaltad al que cabalga sobre los cielos por su nombre: JAH.[80] Recordad su nombre más grandioso, incomprensible y asombroso; reflexionad sobre el hecho de que existe por si mismo y meditad en su dominio absoluto; elevaos al grado máximo de reverencia gozosa en adorarlo. El cielo lo contempla cabalgando sobre las nubes en medio de la tormenta;[81] y la tierra lo ha visto marchar sobre sus llanuras con majestad. Parece ser que una traducción más literal y ajustada al texto hebreo sería esta: *"abrid paso al que cabalga por los desiertos"*,[82] en alusión a las peregrinaciones de las tribus en el desierto.[83] Las marchas de Dios en la nube fueron a través de un desierto yermo y salvaje. Y su eterno poder y divinidad se hicieron más que evidentes en la forma en que alimentó, dirigió y protegió a las vastas huestes que había sacado de Egipto. Contemplar el arca trajo todo esto al recuerdo en la mente del salmista, y de ello brotó el tema para un cántico. El nombre יָהּ *Yah,* que nuestras versiones traducen como JAH, es una abreviatura de Jehová; pero no lo minimiza, rebaja o desmerece en absoluto, sino todo lo contrario, lo intensifica y potencia, concentrando en tres letras toda la esencia del título más

---

[80] En hebreo שִׁירוּ לֵאלֹהִים זַמְּרוּ שְׁמוֹ סֹלּוּ לָרֹכֵב בָּעֲרָבוֹת בְּיָהּ שְׁמוֹ וְעִלְזוּ לְפָנָיו *šîrū lêlōhîm zammərū šəmōw sōllū lārōḵêḇ bā'ărāḇōwṯ bəyāh šəmōw wə'ilzū ləpānāw*. La expresión לָרֹכֵב בָּעֲרָבוֹת *lārōḵêḇ bā'ărāḇōwṯ* es un tanto misteriosa y ha sido un enigma para los intérpretes por muchos años. La versión inglesa KJV traduce: *"extol him that rideth upon the heavens by his name JAH"*. KRAUS traduce: *"¡Gozaos por el que cabalga sobre las nubes!* SCHÖKEL basándose en el sentido de los términos en algunos textos ugaríticos hace una traducción totalmente distinta: *"apisonad un cammo para el que cabalga por la estepa"*, y alude a Isaías 57:14; 62:10; la NVI le sigue casi por completo y LBLA, la BTX y BLP le siguen en parte. Y FRANZ DELITZSCH [1813-1890] hace una traducción muy similar: *"pavimentad un camino para el que cabalga por las estepas"*. Como podrá comprobar el lector en los comentarios incluidos por Spurgeon, el debate entre "cielos" o "desiertos", "nubes" o "estépas", viene de muy antiguo. Los Padres de la Iglesia, como hemos indicado en la nota 5, ven en este *"aparejad camino"* a Juan el Bautista. FELIPE SCIO DE SAN MIGUEL [1738-1776] en una nota a su traducción de la Vulgata da la siguiente explicación: «El significado primario es: 'Abrid paso o allanad el camino por donde tiene que ascender el arca' (…) pero en lenguaje profético representa la venida del Mesías a este mundo, que es un verdadero desierto, vacío de toda justicia y de todo fruto de paz. Es como si el salmista anticipando la venida de Cristo, adoptara el papel de un santo precursor, exhortando a los fieles israelitas a que se prepararan para recibir al Dios de la gloria que debía visitarlos; como haría mucho tiempo después Juan el Bautista amonestando a los judíos que debían preparar el camino del Señor (Isaías 40:3; Malaquías 3:1; Mateo 3:3). Algunos, como GILBERTO GENEBRARDO [1535-1597], ven en las palabras *"aparejad el camino a Aquel que sube sobre el Ocaso"* una profecía de la extensión del reino de Cristo, que desde las regiones de Oriente se extendió a las de Occidente, y afirma que 'este texto es de mucha consolación para nosotros que vivimos en Occidente, al anunciar que hasta nuestras tierras se extendería la gloria de su nombre'. Pero la mayoría de los Padres de la Iglesia lo aplican a Jesucristo, que ascendió sobre el Ocaso cuando vencida y hollada la mortalidad de la carne, se revistió de inmortalidad y de gloria en su resurrección».

[81] Salmo 18:9-13; 104:3; Isaías 19:1.

[82] Así lo traduce al español LBLA. La NVI traduce: *"aclamen a quien cabalga por las estepas"*. En el original: *"Cast up a highway for him who marches through the wilderness"*.

[83] AGUSTÍN DE HIPONA [354-430] siguiendo la traducción de la Vulgata: *"aparejad el camino a Aquel que asciende sobre el Ocaso*", hace su interpretación cristológica de las palabras del salmista: «Aparejad el camino a Cristo, para que por medio de los pies hermosos de aquellos que anuncian el evangelio (Isaías 52:8; Romanos 10:15), se rindan a él los corazones. Puesto que se hace evidente que es de él de quien se afirma que: *"asciende sobre el ocaso"*, porque al resucitar convirtió en victoria la destrucción de su cuerpo, y ahora, quienes ascienden juntamente con él agarrados de su mano, lo hacen ya con una nueva vida, habiendo dado muerte a la vieja (Romanos 6:4:9; 2 Corintios 5:17)».

largo y augusto. En nuestra versión de la Biblia tan solo ocurre de ese modo en este versículo, las demás veces es en relación con otras palabras como *Aleluya.*[84]

Alegraos delante de Él. Es más que apropiado que todo su pueblo manifieste un deleite santo presencia de Aquel que marchó tan gloriosamente al frente de la nación escogida. Si algo debemos evitar particularmente en la adoración es la monotonía. Nuestros cánticos deben estar impregnados de solemnidad, pero no cargados de tristeza; hieráticos pero no aburridos. Los ángeles permanecen más próximos al trono que nosotros,[85] y sin embargo, su más profunda reverencia no brota del pavor sino que va en consonancia con el éxtasis más puro.[86] Nuestro sentido de la grandeza divina no debe imponer en nuestras almas el temor, sino más bien la alegría; debemos regocijarnos delante de él. Nuestra oración y más ferviente deseo ha de ser que en este mundo desértico sea abierto un camino al Dios al de la gracia. El grito de los heraldos del evangelio es: *"preparad el camino a Jehová; enderezad calzada en el desierto a nuestro Dios";*[87] y todos debemos coadyuvar a esto celosamente en obediencia; porque donde se manifiesta el Dios del trono de misericordia, los hijos de los hombres son objeto de bendiciones innumerables.

C. H. Spurgeon

Exaltad al que cabalga sobre los cielos. Símaco,[88] Jeronimo,[89] el obispo Lowth,[90] Merrick,[91] y otros lo traducen de la siguiente manera: *"abrid paso al que cabalga por los desiertos"*:[92] סֹלּוּ לָרֹכֵב בָּעֲרָבוֹת *sōllū*

---

[84] En realidad ocurre 2 veces como בְּיָהּ *bəyāh* (Salmo 68:4; Isaías 26:4); y 46 como יָהּ *Yah,* todas en los Salmos excepto dos en Éxodo y tres en Isaías: Éxodo 15:2; 17:16; Salmo 68:18; 77:11; 89:8; 94:7; 94:12; 102:18; 104:35; 105:45; 106:48; 111:1; 112:1; 113:1; 113:9; 115:17; 115:18; 116:19; 117:12; 118:5(2), 14, 17, 18, 19; 112:4; 130:3; 135:1, 3, 4, 21; 146:1, 10; 147:1, 20; 148:1, 14; 149:1, 9; 150:1, 6(2); Isaías 12:2; 38:11(2).

[85] Apocalipsis 5:11; 7:11.

[86] Isaías 6:2-3; Apocalipsis 4:8.

[87] Isaías 40:3. Traducción de la KJV.

[88] Se refiere a Símaco el Ebionita, según afirma Eusebio de Cesarea o más probablemente Símaco el Samaritano según afirma Epifanio, opinión que comparten de la mayoría de los eruditos hoy en día. Realizó en la segunda mitad del siglo II una traducción al griego de los escritos sagrados del Antiguo Testamento menos literal y más elegante que la de su antecesor Aquila. Se considera especialmente valiosa su traducción del "Libro de los Salmos". Jerónimo de Estridón o San Jerónimo [c.342-420] se apoyó masivamente la versión griega de Símaco en su traducción al latín en la Vulgata, cotejando la versión de Símaco con la Septuaginta.

[89] Se refiere a Jerónimo de Estridón o Eusebio Hierónimo de Estridón [c.342-420], nacido en Dalmacia, más conocido como San Jerónimo, Padre de la Iglesia, uno de los cuatro grandes Padres Latinos. Gran conocedor del griego y el hebreo y gran latinista, tradujo la Biblia del griego y el hebreo al latín, traducción conocida como la Vulgata (del latín *vulgo,* "pueblo"; *vulgata editio,* "edición para el pueblo"), que fue hasta la promulgación de la Neovulgata en 1979, el texto bíblico oficial de la Iglesia católica romana. Afirmó que las Epístolas de Pablo contienen la quintaesencia del mensaje del Evangelio.

[90] Se refiere al erudito obispo anglicano y doctor en divinidades por la Universidad de Oxford Robert Lowth [1719-1787], famoso por su traducción de la Biblia al inglés, que incluye una de las mejores traducciones a ese idioma del Libro del Profeta Isaías. Fue uno de los primeros eruditos en observar y estudiar la estructura poética de Salmos y la literatura profética del Antiguo Testamento y en establecer las formas y categorías de los paralelismos: sinónimo, antitético y sintético.

[91] Se refiere al poeta, biblista y erudito inglés James Merrick [1720-1769]. Tradujo del griego numerosas obras clásicas e hizo una versificación anotada de los Salmos: *"The Psalms Translated or Paraphrased in English Verse"*, 1765, a la cual posteriormente se puso música; y una *"Annotations on the Psalms"*, 1768, muy citada por Spurgeon y otros autores.

[92] Así traduce también al español LBLA.

lārōḵêḇ bā'ărāḇōwṯ de עֲרָבָה *arabah,* desierto. Es decir, al que cabalga por el desierto sobre los querubines; aludiendo con ello al paso del arca.

SAMUEL BAGSTER [1772-1851]
"Comprehensive Bible", 1826

Exaltad al que cabalga sobre los cielos. Probablemente en alusión al querubín sobre el que en otro Salmo se nos dice que cabalgaba: *"Cabalgó sobre un querubín, y voló"*.[93] Aquí describe a Dios como Líder y Capitán de su pueblo, cabalgando sobre un queribín a la cabeza de sus huestes, como un capitán terrenal sobre un caballo de guerra.

JOHN JAMES STEWART PEROWNE [1823-1904]
"Commentary on the Book of Psalms", 1864

Sobre los cielos. Las versiones antiguas traducen en general el término בָּעֲרָבוֹת *bā'ărāḇōwṯ* de עֲרָבָה *arabah* como *"super occasus"*, o *"occasum"*. Pero su verdadero significado es desierto o solitud, y no hay base alguna para traducirlo por *"cielos"*, aparte de la opinión de unos pocos rabinos, y que en realidad es poco o nada. La paráfrasis Caldea dice עַל כּוּרְסֵיהּ יְקָרֵיהּ בְּעֲרָוֹת *"super thronam gloriae ejus in nono caelo"*, es decir: *"el que se sienta sobre el trono de su gloria en el noveno cielo"*.[94] Según yo lo entiendo, el salmista hace referencia aquí al paso de los israelitas por el desierto en su ruta a la tierra prometida, y de hecho, en los versículos siguientes describe diversas de las circunstancias principales de su peregrinaje. Lo que aquí afirma, por tanto, es que Dios cabalga o marcha a través del desierto, en alusión al arca de su presencia, que fue transportada a través del mismo y acompañó a los israelitas en todas sus diversas etapas de peregrinaje.

SAMUEL CHANDLER [1693-1766]
"A Critical History of the Life of David: 'An Exposition of Psalm 68'", 1762

Exaltad al que cabalga sobre los cielos. Dios siempre va a la cabeza de su pueblo cuando este atraviesa los desiertos de sufrimiento y necesidad; y en los desiertos de la dificultad encuentran en él un verdadero líder.

ERNS WILHELM HENGSTENBERG [1802-1869]
"Commentary on the Psalms", 1860

JAH es su nombre. בְּיָהּ *bəyāh* de יָהּ *Yah* es una abreviación o concentración del nombre Jehová, y en opinión de Stier,[95] es el término más enfático para referirse a él. Ocurre por primera vez en el libro del Éxodo: עָזִּי וְזִמְרָת יָהּ *'āzzî wəzimrāṯ yāh*, *"Jehová es mi fortaleza"*.[96]

FREDERICK FYSH [1807-1880]
"A Lyrical, Literal Version of the Psalms", 1850

[93] Salmo 18:10.

[94] No indica a que versión Caldea se refiere concretamente.

[95] Se refiere a RUDOLF EWALD STIER [1800-1862] clérigo luterano y místico alemán publico numerosos comentarios entre ellos a los Salmos.

[96] Éxodo 15:2. Ver nota 84.

JAH es su nombre. Aquí tenemos:

1. El nombre que inspira el cántico: *JAH.*
   a. Que existe por si mismo.
   b. Inmutable.
   c. Eterno.
2. El cántico que inspira el nombre.
   a. De exultación.
   b. De confianza.
   c. De alegría.

GEORGE ROGERS [1799-1891]

Vers. 5. ***Padre de huérfanos y defensor de viudas es Dios en su santa morada.*** *[Padre de huérfanos y defensor de viudas es Dios en su santa morada.* RVR*] [Padre de los huérfanos y defensor de las viudas es Dios en su santa morada.* LBLA*] [Padre de huérfanos y protector de viudas, es Elohim en la morada de su santuario.* BTX*] [Padre de los huérfanos y defensor de las viudas es Dios en su morada santa.* NVI*] [Padre de los huérfanos, defensor de las viudas es Dios en su santa morada.* BLP*] [Padre de los huérfanos, defensor de las viudas, este es Dios y su morada es santa.* NTV*]*[97]

Padre de huérfanos y defensor de viudas es Dios en su santa morada. En el desierto, el pueblo de Israel era como una nación huérfana, pero Dios era para ellos más que un padre. A medida que la generación que salió de Egipto se fue apagando poco a poco, en el campamento fueron aumentando las viudas y los huérfanos, pero no tuvieron ninguna carencia ni sufrieron ningún mal, porque las leyes justas de Dios y los administradores justos que él había designado, se preocuparon celosamente de los necesitados. El tabernáculo era Palacio de Justicia; el arca estrado del gran Rey. Y ser gobernados por Aquel que no toleraba que los pobres y los necesitados fueran oprimidos, fue motivo de profunda alegría para todo Israel. Hasta el día de hoy, y eternamente, Dios es, y será, el guardián y protector peculiar de los indefensos. Él es el verdadero Presidente de los orfanatos y el Letrado Defensor de las viudas. Es tan glorioso que cabalga sobre los cielos, pero tan compasivo que se acuerda de los pobres de la tierra. ¡Cuán celosamente no debería entregarse su Iglesia al cuidado y protección de aquellos que aquí se mencionan y especifican como la preocupación personal de Jehová! ¿Acaso con estas palabras no nos está diciendo realmente: *"Apacienta mis corderos"*[98] Bendito deber, y enorme privilegio el nuestro de poder llevar a cabo como una de las prioridades de nuestra vida aquello que Dios estima como uno de los objetivos primordiales. Advertimos al lector que evite citar erróneamente este versículo; pues algunos lo alteran diciendo: *"el esposo* de la viuda", pero la Escritura siempre es mejor dejarla tal y como Dios la dio.[99]

C. H. SPURGEON

Padre de huérfanos y defensor de viudas es Dios en su santa morada. ¿Acaso el apóstol Santiago no se refiere a este versículo cuando dice: *"La religión pura y sin mácula delante de Dios el Padre es*

---

[97] La versión griega de los LXX o Septuaginta lee: τοῦ πατρὸς τῶν ὀρφανῶν καὶ κριτοῦ τῶν χηρῶν· ὁ θεὸς ἐν τόπῳ ἁγίῳ αὐτοῦ que la Vulgata traduce al latín como: *"patris orphanorum, et judicis viduarum; Deus in loco sancto suo"*, "Padre de huérfanos y juez de viudas. Dios está en su lugar santo". La versión sefardí de Ferrara traduce: *"Padre de huérfanos y juez de biudas, Dio en morada de fu fanctidad"*. La caldea Peshitta: *"Porque Él es padre para los huérfanos, Juéz de las viudas, Dios en su morada santa"*.

[98] Juan 21:15.

[99] No hemos logrado identificar ninguna versión de la Biblia que traduzca de ese modo. Probablemente Spurgen se refiere simplemente a la forma de interpretarlo y citarlo erróneamente de este modo.

esta: Visitar a los huérfanos y a las viudas en sus tribulaciones, y guardarse sin mancha del mundo"?[100] Tenemos aquí los mismos elementos clave: huérfanos, viudas, y la santidad del Dios al que servimos?[101]

ANDREW ALEXANDER BONAR [1810-1892]
"Christ and His Church in the Book of Psalms", 1859

Dios en su santa morada. Aunque el Señor sea infinito e inabarcable, imposible de limitar o contener en ningún en lugar determinado,[102] con todo, ha designado por su propio mandato un lugar de encuentro donde su pueblo puede hallarlo,[103] a saber, la asamblea de sus santos, que es sombra del Cristo encarnado que está ahora en el cielo como Dios-hombre, sentado a la diestra del Padre, y en el cual habita la plenitud de la Deidad.[104] Este es el lugar donde está Dios para ser hallado.[105]

DAVID DICKSON [1583-1663]
"A Brief Explication of the Psalms from L to C", 1655

Vers. 6. ***Dios hace habitar en familia a los desamparados; saca a los cautivos a prosperidad; mas los rebeldes habitan en tierra seca.*** *[Dios hace habitar en familia a los desamparados; saca a los cautivos a prosperidad, mientras los rebeldes habitan en tierra calcinada.* RVR*] [Dios prepara un hogar para los solitarios; conduce a los cautivos a prosperidad; solo los rebeldes habitan en una tierra seca.* LBLA*] [Elohim, que hace habitar en familia a los desamparados, que saca los cautivos a prosperidad, y los rebeldes quedan solos en la tierra seca.* BTX*] [Dios da un hogar a los desamparados y libertad a los cautivos; los rebeldes habitarán en el desierto.* NVI*] [Dios acoge en su casa a los desamparados y libra a los cautivos entre cantos de júbilo, mientras los rebeldes habitan en árido yermo.* BLP*] [Dios ubica a los solitarios en familias; pone en libertad a los prisioneros y los llena de alegría. Pero a los rebeldes los hace vivir en una tierra abrasada por el sol.* NTV*]*[106]

Dios hace habitar en familia a los desamparados.[107] En Egipto el pueblo había sido despedazado y esparcido; ignorados los lazos familiares y aplastados los afectos.[108] Pero cuando escaparon de

---

[100] Santiago 1:27.

[101] WILLIAM SHAKESPEARE [1564-1616] hace referencia a este versículo en su drama histórico "Ricardo II" cuando pone en boca de John de Gaunt, duque of Lancaster, dirigiéndose a la duquesa de Gloucester, estas palabras: *"To God, the widow's champion and defense"*. (*Richard II,* Act I, Scene 2, Líne 45).

[102] 1 Reyes 8:27; 2 Crónicas 6:18.

[103] Juan 14:16-23.

[104] Colosenses 2:9.

[105] Mateo 18:20.

[106] La versión griega de los LXX o Septuaginta lee: ὁ θεὸς κατοικίζει μονοτρόπους ἐν οἴκῳ ἐξάγων πεπεδημένους ἐν ἀνδρείᾳ, ὁμοίως τοὺς παραπικραίνοντας τοὺς κατοικοῦντας ἐν τάφοις que la Vulgata traduce al latín como: *"Deus qui inhabitare facit unius moris in domo; qui educit vinctos in fortitudine, similiter eos qui exasperant, qui habitant in sepulchris"*, "Dios que hace morar los de una sola costumbre en casa; que saca los presos con Fortaleza, como también a aquellos que le irritan, los cuales moran en sepulcros". La versión sefardí de Ferrara traduce: *"Dio hazien habitar folos en casa, facàn encarcelados en harropeas, de cierto rebelladores moran en fecura"*. La caldea Peshitta: *"Dios hace que el solitario habite en familia, y a los cautivos saca a prosperidad, pero los rebeldes moran en los sepulcros"*.

[107] En hebreo אֱלֹהִים מֹושִׁיב יְחִידִים בַּיְתָה *'ĕlōhîm mōwōšîḇ yəḥîḏîm bayṯāh*. El término יָחִיד *yachid* del que procede יְחִידִים *yəḥîḏîm* significa "único, exclusivo" (Ver Génesis 22:2, 12, 16; Jueces 11:34), y como señala SCHÖKEL es extraña encontrarlo en plural como si hablara de un montón de "únicos". Por tanto, más que *"desamparado"*, como traducen algunas versiones, la traducción más correcta es "solitario", como hacen la LBLA, la NTV, y la Peshitta. SCHÖKEL traduce: *"Dios da un hogar a los que están solos"*. KRAUS: *"quien lleva a casa a los abandonados"*.

[108] Éxodo 1:8-22.

Faraón, las familias volvieron a reunirse y se restauraron todas las relaciones afectuosas de la vida doméstica; lo cual fue motivo de gran alegría.[109]

Saca a los cautivos a prosperidad.[110] Muchos habían sido encadenados y encarcelados, pero el divino Emancipador los condujo a todos a la perfecta libertad. Y el que hizo esto en tiempos antiguos sigue obrando de la misma manera en el día de hoy. Corazones desamparados, convictos de pecado y obligados a padecer y sufrir solos, son recibidos en la familia del Primogénito;[111] cuando sus pecados son perdonados, los espíritus encadenados son puestos en libertad,[112] y su prisión desmantelada. Y Dios ha de ser particularmente alabado por ello: por haberlo hecho, y por haber engrandecido con ello la gloria de su gracia.

Solo los rebeldes habitan en una tierra seca. Si algunos encuentran que las normas y reglas de Jehová les son gravosas, es porque sus espíritus rebeldes patalean contra su poder. Israel no padeció sed en el desierto ni lo encontró seco, porque de la roca hendida brotaron arroyos de agua refrescante;[113] pero ello no impidió que en Canaán, tierra de leche y miel, muchos se consumieran de hambre por haber abandonado su alianza con Dios.[114] Aun cuando Dios se revele en el trono de la misericordia, algunos persisten en su rebelión; y éstos no deben extrañarse de no encontrar paz, consuelo o gozo aun allí donde abundan para los demás. La norma en el reino del Señor es la justicia, y por tanto, no hay ninguna disposición para que los injustos puedan deleitarse y complacerse en sus perversas lujurias: una tierra perfecta, e incluso el mismísimo cielo, seguirían siendo tierra seca para aquellos que no están dispuestos a beber de otras aguas que las aguas del pecado. Para estos desdichados rebeldes, las ordenanzas de Dios más sagradas y consoladoras para el alma carecen de sentido, y gritan: *"!Oh, qué fastidio es esto!"*,[115] y ante el ministerio cristiano más vivo y sustentador protestan, se quejan y lamentan hablando de: *"la locura de la predicación"*.[116] Cuando una persona tiene el corazón rebelde, encuentra necesariamente que todo lo que esta a su alrededor es tierra seca y calcinada.

C. H. SPURGEON

Dios hace habitar en familia a los desamparados. Esto puede aplicarse a la fecundidad y crecimiento de la Iglesia mediante nuevos conversos bajo la dispensación del evangelio, albergando a los gentiles que estaban antes abandonados, solitarios y desamparados, *"sin Cristo, excluidos de la ciudadanía de Israel y extranjeros en cuanto a los pactos de la promesa, sin esperanza y sin Dios*

---

[109] Dice FRANCISCO LACUEVA [1911-2005] en su versión española del "Comentario de Matthew Henry": «El versículo seis (68:6) puede entenderse de dos maneras: (a) En sentido general, alude a la providencia de Dios que protege a los débiles y confunde a los agresores; (b) en sentido especial, alude a los israelitas, que estaban desamparados en Egipto y Dios proveyó para ellos casa en Canaán, mientras los rebeldes egipcios vieron su país devastado por las plagas. Así lo entienden autores como el rabino ABRAHAM COHEN [1887-1957] y el jesuita Ricardo Arconada».

[110] En hebreo מוֹצִיא אֲסִירִים בַּכּוֹשָׁרוֹת *mōwṣî ʼăsîrîm bakkōwōšārōwṯ*. Este último sintagma בַּכּוֹשָׁרוֹת *bakkōwōšārōwṯ* al parecer de la raíz כּוֹשָׁרָה *kosharah* es único en todo el A.T. y ha sido también objeto de extenso debate. KRAUS traduce: *"el que conduce a los cautivos hacia lo fértil"*, alegando que es lo que mejor encaja con la frase final: *"solo los rebeldes quedan en tierra seca"*. Pero SCHÖKEL traduce: *"saca de la prisión a los cautivos"*.

[111] Romanos 8:29.

[112] Salmo 146:7; Juan 8:36; 1 Pedro 3:19.

[113] Números 20:6-15; Deuteronomio 8:15; Nehemías 9:15; Salmo 78:15; 105:41; 114:8; 1 Corintios 10:4.

[114] 2 Samuel 21:1; 1 Reyes 18:1-5; 2 Reyes 4:38; 6:24-25; Jeremías 14:1-6.

[115] Malaquías 1:13.

[116] 1 Corintios 1:21.

en el mundo";[117] pero que siendo llamados y convertidos por el ministerio de la palabra, fueron introducidos y acogidos en iglesias cristianas como en familias... Porque las iglesias cristianas, como las familias, tienen sobre ellas una Cabeza,[118] que es Cristo, el Hijo y primogénito, en razón del cual reciben ese nombre. En ellas habitan santos de diversas edades y niveles en familia: unos padres, otros jóvenes y algunos niños en la fe;[119] en ellas hay provisiones adecuadas para todos, y mayordomos para darles su porción de leche o de carne a su debido tiempo, que son los ministros de la palabra; y hay normas y reglas por las cuales son dirigidos, para que todo sea hecho con el debido orden y decoro.[120]

JOHN GILL [1697-1771]
"Exposition of the Old Testament", 1748

Vers. 7. *Oh Dios, cuando tú saliste delante de tu pueblo, cuando anduviste por el desierto, Selah.* *[Oh Dios, cuando tú saliste al frente de tu pueblo, cuando anduviste por el desierto, Selah.* RVR*] [Oh Dios, cuando saliste al frente de tu pueblo, cuando marchaste por el desierto. Selah.* LBLA*] [Oh Elohim, cuando salías al frente de tu pueblo, cuando avanzabas por el desierto, Selah.* BTX*] [Cuando saliste, oh Dios, al frente de tu pueblo, cuando a través de los páramos marchaste, Selah.* NVI*] [Oh Dios, cuando saliste delante de tu pueblo, cuando marchaste a través del desierto. Pausa.* BLP*] [Oh Dios, cuando sacaste a tu pueblo de Egipto, cuando marchaste a través de las áridas tierras baldías. Interludio.* NTV*]*[121]

Oh Dios, cuando tú saliste al frente de tu pueblo. ¡Qué asociación de términos tan dulce y apropiado: *"tú"* y *"tu pueblo";* tú delante abriendo camino y tu pueblo siguiéndote detrás! El Señor marchaba delante, y, por lo tanto, poco importaba si el Mar Rojo o la arena ardiente interceptaban su camino; la columna de nube y fuego los guiaba siempre por un camino correcto.

Cuando marchaste a través del desierto. Dios era el comandante en jefe de Israel, habían recibido de él todas las ordenes e instrucciones, avanzaban al unísono con él, y por tanto: *«La región contempló consternada su paso majestuoso».*[122] Podemos referirnos y hablar, si así nos place, de las *"deambulaciones"* de los hijos de Israel vagando errantes por el desierto,[123] pero no debemos pensar que iban errantes sin propósito, se trataba en realidad una marcha bien organizada y bien planeada.

Selah. Parece un lugar extraño y poco apropiado para introducir una pausa o instrucción de cambio musical; pero más vale romper una frase que malograr la alabanza. El sentido del texto y sentimiento del poeta habían elevado su nivel y estaban a punto de entrar en una fase de grandiosidad

---

[117] Colosenses 2:12.

[118] 1 Corintios 12:27; Efesios 5:23.

[119] 1 Corintios 3:1-2; Efesios 4:14; Hebreos 5:13.

[120] 1 Corintios 14:33, 40.

[121] La versión griega de los LXX o Septuaginta lee: ὁ θεός, ἐν τῷ ἐκπορεύεσθαί σε ἐνώπιον τοῦ λαοῦ σου, ἐν τῷ διαβαίνειν σε ἐν τῇ ἐρήμῳ διάψαλμαque la Vulgata traduce al latín como: *"Deus, cum egredereris in conspectu populi tui, cum pertransires in deserto",* "Dios, cuando salias a la vista de tu pueblo, cuando pasabas por el desierto". La versión sefardí de Ferrara traduce: *"Dio, en tu falir delante tu pueblo, en tu paffear en el defierto. Selah".* La caldea Peshitta: *"Oh Dios, cuando saliste al frente de tu pueblo, cuando cruzaste por el desierto".*

[122] Cita aquí la segunda línea de la primera estrofa (Parte II) del Salmo 68 en la versión poética: *"The Psalter or Psalms of David in English Verse";* hecha por un autor anónimo: *"A member of the University of Oxford"* en 1839: *"Lord, Thou didst go before Thine own, / Thy stately step the región dear beheld; / The earth did quake and groan, / The watery heavens were bow'd fear".*

[123] Números 32:13

superlativa; el *"Selah"*, por tanto, es una indicación a los músicos y cantores que podían emplearse a fondo y ejecutar cada uno su parte con la solemnidad adecuada que la situación exigía. Nunca está por de más recordar a una congregación que la alabanza y adoración a Dios debe llevarse a cabo reflexivamente y con el corazón.

C. H. SPURGEON

Vers. 7-8. De ellos aprendemos que:

1. Dios tiene su propio calendario y reloj en lo que respecta a librar a su pueblo de sus tribulaciones: *"Cuando tú saliste... cuando anduviste"* (68:7).
2. Cuando decide hacerlo los efectos son fulminantes: *"La tierra tembló... destilaron los cielos..."* (68:8). Todo cede ante él.
3. Cuanto mayor es la demora mayor es la liberación.
   a. En sí misma.
   b. En el aprecio y agradecimiento que produce: como en el caso de Job, Abraham, Israel en el Mar Rojo; los tres jóvenes en el horno, etc.

GEORGE ROGERS [1799-1891]

Vers. 8. ***La tierra tembló; también destilaron los cielos ante la presencia de Dios; aquel Sinaí tembló delante de Dios, del Dios de Israel.*** *[La tierra tembló; también destilaron los cielos ante la presencia de Dios; aquel Sinay tembló delante de Dios, del Dios de Israel.* RVR*] [Tembló la tierra; también se derramaron los cielos ante la presencia de Dios; el Sinaí mismo tembló delante de Dios, el Dios de Israel.* LBLA*] [La tierra tembló y los cielos diluviaron ante el Elohim del Sinai, ante la presencia de Elohim, el Elohim de Israel.* BTX*] [La tierra se estremeció, los cielos se vaciaron, delante de Dios, el Dios de Sinaí, delante de Dios, el Dios de Israel.* NVI*] [Tembló la tierra, se desbordaron los cielos en presencia de Dios, el del Sinaí, en presencia de Dios, el Dios de Israel.* BLP*] [La tierra tembló y los cielos derramaron lluvia a raudales delante de ti, el Dios del Sinaí, delante de Dios, el Dios de Israel.* NTV*]*[124]

La tierra tembló. Bajo la pisada sublime del Altísimo aún el suelo más firme se estremecía. Los cielos se desbordaron ante la presencia de Dios, y las nubes, cual si se inclinaran ante su Creador, descendieron y *«unas pocas gotas oscuras de lluvia hicieron acto de presencia».*[125] Incluso el imponente Sinaí se tambaleaba ante la presencia de Dios; Moisés nos dice que: *"todo el monte se estremecía en gran manera"*.[126] Aquella cumbre, tan elevada y solitaria, se inclinó ante el Dios manifestado.

Del Dios de Israel. El único Dios vivo y verdadero, a quien Israel adoraba, y que había escogido esa nación para ser suya entre todas las naciones de la tierra. Este pasaje es de naturaleza tan sublime

[124] La versión griega de los LXX o Septuaginta lee: γῆ ἐσείσθη, καὶ γὰρ οἱ οὐρανοὶ ἔσταξαν, ἀπὸ προσώπου τοῦ θεοῦ τοῦτο Σινα, ἀπὸ προσώπου τοῦ θεοῦ Ισραηλ que la Vulgata traduce al latín como: *"terra mota est, etenim caeli distillaverunt, a facie Dei Sinai, a facie Dei Israel"*, "La tierra se movió; y los cielos destilaron a la vista del Dios del Sinaí, a la vista del Dios de Israel". La versión sefardí de Ferrara traduce: *"Tierra tembló, también cielos gotearon delante el Dio, efte Sinay delante el Dio, Dio de Ifrael"*. La caldea Peshitta: *"La tierra tembló y aún los cielos destilaron abundantemente ante Dios; este monte Sinaí ante Dios, el Dios de Israel"*.

[125] Cita la segunda línea de la estrofa siguiente en *"The Psalter or Psalms of David in English Verse"*, a que hace referencia la nota 122.

[126] Éxodo 19:18.

que difícil resulta encontrar otro igual. Que el corazón del lector adore a Dios, ante el cual cielos y tierra reaccionan, reconociendo a su Hacedor, y se estremecen con un temblor reverencial.

C. H. SPURGEON

Del Dios de Israel. El Sinaí era la sede no solo de Dios, sino del *Dios del pacto* con Israel. Del Sinaí fue proclamada la ley, y establecido el pacto entre Dios y su pueblo.[127]

HERMANN VENEMA [1697-1787]
"Commentarius ad Psalmos", 1762

Vers. 9. ***Abundante lluvia esparciste, oh Dios; a tu heredad exhausta tú la reanimaste.*** *[Abundante lluvia esparciste, oh Dios; a tu heredad exhausta tú la reanimaste.* RVR*] [Tú esparciste lluvia abundante, oh Dios, tú fortaleciste tu heredad cuando estaba extenuada.* LBLA*] [Una lluvia generosa derramaste, oh Elohim; Tú reanimaste tu heredad exhausta.* BTX*] [Tú, oh Dios, diste abundantes lluvias; reanimaste a tu extenuada herencia.* NVI*] [Tú, oh Dios, derramaste una lluvia generosa, tú reconfortaste a tu agotada heredad.* BLP*] [Enviaste lluvia en abundancia, oh Dios, para refrescar la tierra agotada.* NTV*]*[128]

Abundante lluvia esparciste, oh Dios. El avance de Dios a través del desierto no fue marcado únicamente por manifestaciones de terror; su bondad y misericordia también se hicieron notorias. Sobre la arena del desierto cayeron lluvias abundantes como jamás se habían visto; el pan del cielo bajaba puntualmente cada día; y las aves se agolparon alrededor de tan distinguida hueste;[129] ríos brotaban de las peñas y se derramaron sobre ellos dones en abundancia.[130] La tierra tembló de miedo al verle; y en respuesta, el Señor, como desde una cornucopia, desparramó bendiciones sobre ella. Este es probablemente el sentido del texto original.

A tu heredad exhausta tú la reanimaste.[131] Cuando al final de cada etapa se detenían agotados por la marcha, encontraban aguardándoles verdaderas lluvias de cosas agradables y buenas que les refrescaban y reanimaban. A lo largo de estos cuarenta años ni envejecieron sus vestidos ni se hincharon sus pies.[132] Cuando experimentaban cansancio, Dios permanecía vigilante porque no sentía fatiga; si estaban exhaustos y extenuados, Dios no lo estaba. Eran su herencia escogida, y, por tanto, aunque permitiera que se extenuaran para su propio bien, los cuidó exquisitamente y atendió sus angustias

[127] Éxodo 19:3-8; 15:26; Deuteronomio 5:2-3.

[128] La versión griega de los LXX o Septuaginta lee: βροχὴν ἑκούσιον ἀφοριεῖς, ὁ θεός, τῇ κληρονομίᾳ σου, καὶ ἠσθένησεν, σὺ δὲ κατηρτίσω αὐτήν que la *Vulgata* traduce al latín como: *"Pluviam voluntariam segregabis, Deus, haereditati tuae; et infirmata est, tu vero perfecisti eam"*, "Lluvia voluntaria segregarás, Dios, para tu heredad; la que ha estado debilitada, más tú la perfeccionaste". La versión sefardí de Ferrara traduce: *"Lluvia de voluntades hizifte mecer Dio, tu heredad, y fi canfada, tu la compufifte"*. La caldea Peshitta: *"La lluvia anhelada, oh Dios, concediste a tu heredad. Estaba extenuada y tú la restauraste"*.

[129] Éxodo 16:13-16.

[130] Números 20:11.

[131] Dice FRANCISCO LACUEVA [1911-2005] en su versión española del "Comentario de Matthew Henry": «Esto podría referirse a las ocasiones en que la tierra de Canaán se vio afectada por la sequía. Obsérvese cómo el Salmo 78:24, 27 habla del maná y de las codornices como de algo que Dios hizo llover. Esto puede aplicarse también a todo en sentido espiritual: El Espíritu de gracia y el Evangelio de la gracia son la lluvia abundante con la que Dios reanima su heredad y de la que se espera el fruto debido (Isaías 45:8)».

[132] Deuteronomio 8:4.

con ternura. Y así ha sido también en el desierto de este mundo hasta el día de hoy; los escogidos de Dios son propensos al cansancio y a desmayar; pero su Señor, siempre amoroso, les aporta el socorro necesario en el momento oportuno: alegra a los tristes, fortalece a los débiles, alimenta a los hambrientos; y de nuevo, como en los tiempos antiguos, al son de las trompetas de plata,[133] los que militan en la Iglesia avanzan con audacia y paso firme hacia *"el reposo que permanece"*.[134] Es por medio de esta fidelidad divina que la fe del pueblo de Dios es constantemente confirmada y sus corazones fortalecidos; si la fatiga y la necesidad les llevan a temblar por un instante, el oportuno suministro de la gracia los establece de nuevo, manteniéndoles firmes sobre los fundamentos eternos.[135]

C. H. SPURGEON

Tú, oh Dios, derramaste una lluvia generosa. En el texto hebreo este אַתָּה *attah: "Tú"*, es absolutamente enfático: *"Tú"* mandaste abundante lluvia; *"Tú"* heredad, aun cuando estaba cansada (es decir, extenuada, exhausta) *"Tú"* la *"reanimaste"* o *"fortaleciste"*. *"Tú"* el único que podía hacerlo, el único que podía mandar lluvia, el único que podía fortificar a su pueblo; *"Tú"* lo hiciste por tu pueblo.

ANDREW ROBERT FAUSSET [1821-1910]

"Studies in the CL Psalms their undesigned coincidences with the independent Scripture histories, confirming and illustrating both", 1876

Tú esparciste lluvia abundante. Las términos que traducimos como: *"lluvia abundante"*, en el texto hebreo son גֶּשֶׁם נְדָבוֹת *gešem nəḏāḇōwṯ* de נְדָבָה *nedabah,* y su sentido es el de *"lluvia generosa"*. Coincido, por tanto, con los intérpretes que piensan que el salmista alude a la bendición como algo que había descendido sobre ellos generosamente de forma inmerecida, y que Dios, en su bondad, proveyó con esplendidez para todas las necesidades de su pueblo. Algunos leen: *lluvia deseable;* otros: *lluvia que fluye sin violencia*, o también *lluvia suave;* pero ninguna de estas interpretaciones me parece adecuada. Otros lo traducen por *lluvia copiosa;* pero ya he dejado claro cual es el sentido que me parece preferible.

JUAN CALVINO [1509-1564]

---

[133] Números 10:1-10.

[134] Hebreos 4:1-11.

[135] Dice AGUSTÍN DE HIPONA [354-430] basándose en la traducción que hace la Vulgata: *"Lluvia voluntaria derramaste, Dios, para tu heredad; que estaba debilitada, más tú la perfeccionaste"*: «Esto hay que entenderlo de la ley y la gracia. La *"heredad"* estaba debilitada por su incapacidad para cumplir con la ley, como nos dice el apóstol: *"era débil por causa de la carne"* (Romanos 8:3); pues *"la ley se introdujo para que el pecado abundase"*, pero cuando la heredad estaba exahusta: *"donde el pecado abundó, sobreabundó la gracia"* (Romanos 5:20). Cuando la heredad estaba seca, incapaz de valerse por si misma: *"tú la perfeccionaste"* derramando sobre ella la lluvia de la gracia (...) Por ello habla de *"lluvia voluntaria"*, puesto que se otorga como un don gratuito, sin méritos precedentes: *"Y si por gracia, ya no es a base de obras; de otra manera, la gracia ya no es gracia"* (Romanos 11:6); he aquí la *"lluvia voluntaria"*, lluvia de gracia abundante; por lo cual leemos en otro pasaje que no somos: *"engendrados de sangre, ni de voluntad de carne, ni de voluntad de varón, sino de Dios"* He aquí la *"lluvia voluntaria"* ... Con la ley debilita al que presume de sus fuerzas humanas, y con la gracia libera a todo aquel que pone su esperanza en él. Por eso, oh Dios, tú perfeccionaste a tu heredad, porque se debilitó en sí misma, para ser perfeccionada por ti».

Tú esparciste lluvia abundante. Se trata de una referencia al maná.[136]

EDMUND LAW [1703-1787]
citado por RICHARD WARNER [1763-1857]
en *"The Psalter, with Notes"*, 1828

Tú esparciste lluvia abundante. «Hay un único manantial que riega y abastece el Paraíso, –dice Cirilo—,[137] y el agua de lluvia que riega la tierra procede de él; hace que en su floración el Espino Blanco sea blanco, las Rosas sean rojas, y el Jacinto morado; y así en cada una de las muchas y diversas especies; pero el agua que las riega es la misma y procede del mismo lugar... Así también el Espíritu Santo, aunque es uno solo e indivisible, divide su gracia otorgando a cada uno distintos dones según su voluntad.[138]

THOMAS LE BLANC [1599-1669]
"'Psalmorum Davidicorum Analysis' in qua aperte cernitur singulis in Psalmis ordinem esse admirabilem: adjungitur commentarius amplissimus", 1645

Tú esparciste lluvia abundante. ¡Tu amor ha sido como un chubasco! Lo que nosotros te devolvemos es una simple gota de rocío, y aún una gota de rocío mancillada por el pecado.

JAMES HARRINGTON EVANS [1785-1849]
"Checks to Infidelity", 1840

Abundante lluvia esparciste, oh Dios; a tu heredad exhausta tú la reanimaste.

1. La misericordia de Dios comparada a la lluvia:
   a. Cae directamente del cielo, no a través de sacerdotes.
   b. Es pura y sin mezcla.
   c. Nadie tiene el monopolio de la misma.
   d. No tiene alternativa.
   e. Se otorga de manera soberana cuando;
      1. Tiempo
      2. Lugar
      3. Forma
      4. Medida
   f. Resulta eficaz.[139]
   g. Se consigue por medio de la oración.
2. Cae según tiempos y sazones:[140]
   a. En la casa de Dios.
   b. En los medios de gracia.

[136] Éxodo 16:13-36.

[137] Se refiere a CIRILO DE ALEJANDRÍA [370-444], nacido en Egipto Patriarca de Alejandría desde el 412 hasta su muerte. Se opuso enérgicamente a la herejía de NESTORIO [370-444], que preconizaba una total separación entre las dos naturalezas de Cristo: la humana y la divina; escribió numerosas obras, entre ellas varios comentarios, siendo en más importante al evangelio de Juan.

[138] 1 Corintios 12:4-11.

[139] Isaías 55:10.

[140] Hechos 1:7.

c. En la oración.
d. En la aflicción.
e. Cuando los santos de encuentran agotados y abatidos:
    1. Por el intenso trabajo,
    2. Por enfermedad.
    3. Por el fracaso.
f. A través del Espíritu Santo que refresca el corazón.
g. Su objetivo es confirmar al pueblo de Dios (68:28).
h. Las deseamos *ya*.

C. H. SPURGEON

Vers. 10. ***Los que son de tu grey han morado en ella; por tu bondad, oh Dios, has provisto al pobre.*** *[Los que son de tu grey han morado en ella; por tu bondad, oh Dios, has provisto para el pobre.* RVR*] [Los de tu pueblo se establecieron en ella; en tu bondad, oh Dios, proveíste para el pobre.* LBLA*] [Los de tu grey han habitado en ella, en tu bondad, oh Elohim, has provisto al pobre.* BTX*] [Tu familia se estableció en la tierra que en tu bondad, oh Dios, preparaste para el pobre.* NVI*] [Tu grey se estableció en la tierra que preparaste bondadoso para el pobre.* BLP*] [Finalmente allí se estableció tu pueblo y, con una abundante cosecha, oh Dios, proveíste para tu pueblo necesitado.* NTV*]*[141]

Los que son de tu grey han morado en ella.[142] Esto es: *cercada como por una valla de fuego, la Iglesia de los elegidos ha encontrado su en el desierto su hogar;* o quizá mejor: *tu rebaño ha reposado ceñido por la lluvia de la libre gracia caída alrededor del campamento.* La congregación de los fieles encuentra en el Señor su morada y *"refugio de generación en generación"*.[143] Allí donde no había lugar habitable según los hombres, Dios se hizo morada para su pueblo.

Por tu bondad, oh Dios, has provisto para el pobre.[144] Dentro del círculo divinamente protegido y preservado había abundancia para todos; en realidad, por si mismos, todos eran pobres, y a pesar de ello, en el campamento no había mendigos, porque todos tenían acceso a las provisiones celestiales y podían recogerlas libremente. Así también nosotros nos hallamos dentro de la protección del Altísimo que nos circunda; y también encontramos por doquier sus bondades dispuestas; aunque por naturaleza seamos pobres y necesitados, somos enriquecidos por la gracia; las disposiciones del decreto divino, el pacto, la expiación, la providencia, y la obra del Espíritu Santo, nos han proporcionado plenitud de

---

[141] La versión griega de los LXX o Septuaginta lee: τὰ ζῷά σου κατοικοῦσιν ἐν αὐτῇ· ἡτοίμασας ἐν τῇ χρηστότητί σου τῷ πτωχῷ, ὁ θεός que la Vulgata traduce al latín como: *"Animalia tua habitabunt in ea; parasti in dulcedine tua pauperi, Deus"*, "En ella morarán tus animales, oh Dios, la preparaste para el pobre en tu dulzura". La versión sefardí de Ferrara traduce: *"Tu compaña eftuvieron en ella, aparejavas por tu bondad al pobre, Dio"*. La caldea Peshitta: *"Tus criaturas vivientes han habitado en ella. Con tu bondad, oh Dios, restauraste a los pobres"*.

[142] En hebreo חַיָּתְךָ יָשְׁבוּ־בָהּ *ḥayyāṯəḵā yāšəḇū-ḇāh* de חַי *chay* un término genérico que significa "seres vivos" o "criaturas vivientes"; y que aparece por primera vez en Génesis 1:20. SCHÖKEL traduce: *"Tu rebaño habitó en ella"*. KRAUS: *"tu pueblo predilecto se asentó en ella"*.

[143] Salmo 90:1.

[144] En hebreo תָּכִין בְּטוֹבָתְךָ לֶעָנִי אֱלֹהִים *tāḵîn bəṭōwḇāṯəḵā le'ānî 'ĕlōhîm*. SCHÖKEL lo traduce como: *"la que bondadosamente, Dios, habías preparado para el desgraciado"*. KRAUS: *"en tu bondad reconfortaste al pobre, ¡oh Yahvé!"*.

la bendición del Señor.[145] Los cristianos somos la gente más dichosa y feliz de la tierra,[146] incluso en mitad del desierto, porque todas las cosas son nuestras en tanto que estamos en posesión del favor y la presencia de nuestro Dios.

C. H. SPURGEON

Los que son de tu grey. Palabras precisas, profundamente expresivas y cuidadosamente elegidas. Dirigiéndose a Dios, el salmista llama intencionadamente y de manera enfática al pueblo de Israel: חַיָּתְךָ *ḥayyāṯəḵā* tu *congregación unida* o *unificada.* Es una forma de decir que en contraste con las divisiones y disensiones que había previamente, ahora el pueblo estaba cohesionado, formando en un solo cuerpo; lo que implica que estaba bien organizado como sociedad constituida bajo las leyes de Dios, y en la cual se observaban y se cumplían.

HERMANN VENEMA [1697-1787]
"Commentarius ad Psalmos", 1762

Los que son de tu grey. La versión griega de los LXX lo traduce como: ὁ ζῷον, *"Tus criaturas vivas";* que la Vulgata traduce al latín como *"animalia tua"*. Es probable que se trate de una referencia al inmenso número de codornices que milagrosamente fueron atraídas al campamento de los israelitas, y que, de alguna manera, permanecieron por un tiempo alrededor de él.[147]

Nota en la *"Congregational Bible"*

Los que son de tu grey. O también: *"Tus criaturas vivas"*. Aquel lugar desértico y desolado, en el que solo podían vivir las bestias salvajes, por medio de las lluvias de maná (68:9), se había convertido en un lugar habitable donde podían permanecer y alimentarse una multitud de seres vivos, no solo los seres humanos que formaban el pueblo, sino también todos sus animales, rebaños y manadas.

HENRY HAMMOND [1605-1660]
"Paraphrase and Annotations on Book of Psalms", 1659

Los que son de tu grey han morado en ella. Una traducción más propia podría ser: *"Y en lo que era tu alimento (maná y codornices) moraban en medio de él"*.

EDMUND LAW [1703-1787]

Los que son de tu grey han morado en ella. O también: *"Y en cuanto a comida, moraban en medio de ella"*. La ambigüedad del sintagma hebreo חַיָּתְךָ *ḥayyāṯəḵā* de חַי *chay,* ha dado lugar a muy diversas interpretaciones de este versículo. Parkhurst[148] considera que el sentido radical de חָי *chay* es "vigoroso, fuerte", por lo cual el sustantivo significa un grupo de personas, una fuerza o hueste, como cuando dice: *"la tropa –* וְחַיַּת *wəḥayyaṯ* también de חָי *chay – de los filisteos acampaba en el valle";*[149]

---

[145] Efesios 1:3-12.

[146] Salmo 144:15; Santiago 1:25. La versión inglesa KJV traduce en ambos caso *"Happy"*, "feliz", que equivale al *"bienaventurado"* o *"dichoso"* de nuestras versiones.

[147] Éxodo 16:13; Números 11:31-32.

[148] Se refiere al erudito clérigo y lexicógrafo inglés JOHN PARKHURST [1728-1797] y su más conocida obra *"A Hebrew and English lexicon without points: in which the Hebrew and Chaldee words of the Old Testamentare explained in their leading and derived senses"*, 1762.

[149] 2 Samuel 23:13.

pero también puede significar algo que aporta fuerzas, es decir los medios de sustento o alimento: *"y no dejaban sustento – מִחְיָה miḥyāh* también de la raíz חַי *chay – alguno en Israel"*;[150] *"el vestido y la comida"*;[151] Nuestros traductores tomaron el término en el primer sentido; yo tomo en el segundo, porque la conexión parece requerirlo, y porque חַי *chay* se refiere siempre a un cuerpo de hombres, soldados, realmente involucrados en algún tipo de contienda. Así, lo que en 2 Samuel se identifica como *"la tropa de los filisteos"* se identifica como campamento חָנָה *chanah* en 1 Crónicas: *"mientras el ejército de los filisteos acampaba en el valle"*[152] (1Crónicas 11:15). Y, por último, porque en la versión común: *"tu grey ha morado"* la preposición בָּהּ *ḇāh: "en ella"* o *"en medio de ella"* se queda huérfana, no se sabe exactamente a qué pueda referirse; pero con versión que se establece utilizando el sustantivo *"comida"* o *"alimento"*, adquiere todo su sentido: *"moraban en medio de ella"*. Creo, por tanto, que se trata de una referencia no solo al maná, sino a las codornices, que Dios trajo en abundancia alrededor del campamento.[153] Así es como mostró su bondad proveyendo para el pobre.

BENJAMIN BOOTHROYD [1768-1836]
"Biblia Hebraica", 1813

En tu propia bondad, oh Dios, has provisto para el pobre. Sí, *"en tu propia bondad"*, no por mis propios méritos. Pobre porque había sido debilitado para ser perfeccionado; se declara a si mismo necesitado, para ser así reabastecido.

AGUSTÍN DE HIPONA [354-430]
"Enarrationes in Psalmos"

Vers. 11. *El Señor daba palabra; había grande multitud de las que llevaban buenas nuevas.* *[El Señor daba palabra; había gran multitud de mujeres que transmitían las buenas nuevas.* RVR*] [El Señor da la palabra; las mujeres que anuncian las buenas nuevas son gran multitud.* LBLA*] [Adonai daba palabra, una multitud anuncia la noticia.* BTX*] [El Señor ha emitido la palabra, y millares de mensajeras la proclaman.* NVI*] [Mi Dios ha dado la orden, un inmenso tropel difunde la noticia.* BLP*] [El Señor da la palabra, y un gran ejército trae las buenas noticias.* NTV*]*[154]

El Señor daba palabra. En este versículo no cantamos sobre marchas, sino de batalla y victoria. El enemigo rondaba cerca, y la trompeta de plata de la puerta del tabernáculo era la boca de Dios para advertir al campamento: tan pronto sonaba la noticia corría de un lado a otro, y en breve el aviso de advertencia era de conocimiento general; porque el número de los que lo difundían era grande *Había gran multitud de mujeres que transmitían las buenas nuevas.*[155] Las mujeres corrían de tienda en tienda y alertaban a los hombres de la batalla inminente. Siempre dispuestas para cantar la

---

150 Jueces 6:4.
151 Jueces 17:10.
152 1 Crónicas 11:15.
153 Éxodo 16:13; Números 11:31-32.
154 La versión griega de los LXX o Septuaginta lee: κύριος δώσει ῥῆμα τοῖς εὐαγγελιζομένοις δυνάμει πολλῇ que la Vulgata traduce al latín como: *"Dominus dabit verbum evangelizantibus, virtute multa"*, "El Señor dará habla con grande poder a los que dan buenas nuevas". La versión sefardí de Ferrara traduce: *"Adonay dara dicho de albriciantes fonfado grande"*. La caldea Peshitta: *"Yahweh dará palabra de buenas nuevas con gran poder"*.
155 Un versículo complejo y muy debatido. En hebreo אֲדֹנָי יִתֶּן־אֹמֶר הַֽמְבַשְּׂרוֹת צָבָא רָב *'ăḏōnāy yitten-'ōmer hamḇaśśərōwṯ ṣāḇā rāḇ*. Todo depende de si leemos o no en femenino el término צָבָא *ṣāḇā* de צָבָא *tsaba*,

victoria, eran igualmente eficaces y veloces cuando se trataba de anunciar que había sonado el toque de batalla. Las diez mil doncellas de Israel,[156] como buenas siervas del Señor, despertaban a los dormidos, alentaban a los inseguros y daban prisa a los valientes para entrar en el combate. ¡Oh, si en la Iglesia de hoy en día hubiera un celo semejante cuando el evangelio es predicado, y tanto hombres como mujeres esparcieran ávidamente las buenas nuevas de gran gozo![157]

C. H. SPURGEON

El Señor daba palabra; había grande multitud de las que llevaban buenas nuevas. Una vez los los enemigos de la iglesia son destruídos, el Señor tiene muchos predicadores que enseñan sus alabanzas. En el texto hebreo las palabras usadas por el salmista son muy significativas, y nos llevan a reparar en dos cosas:

1. En primer lugar el término hebreo צָבָא *ṣāḇā* que algunas versiones traducen por "multitud", significa en realidad *"ejército"*, es decir, *un gran ejército de predicadores.* Y un ejército de predicadores es cosa importante; pues contar con siete u ocho buenos predicadores ya es mucho, pero todo un ejército de predicadores es algo glorioso.

---

que significa "hueste, tropel, multitud", como se hace en otros pasajes (Isaías 40:2); pero en este caso el femenino parece aún más evidente por el hecho de que el adjetivo רַב *rab,* muchas, sí está claramente en femenino. Y así lo ven los más acreditados intérpretes, como es el caso de FRANZ DELITZSCH [1813-1890], que traduce tajantemente: *"Un gran ejército de mujeres proclama la victoria".* KRAUS traduce: *"El Señor emitió una sentencia: ¡Mensajeras de alegrías! ¡Gran ejército!".* Como femenino lo traduce nuestra querida Reina-Valera desde siempre, y así lo traducen también LBLA y la NVI. Pero como observará el lector, no hay unanimidad entre las versiones, y algunas prefieren obviar el femenino y adentrarse en otros derroteros. En este sentido, no deja de resultar interesante que a pesar de la aversión de la Iglesia Católica Romana al ministerio de las mujeres, en una nota a su traducción de la Vulgata, FELIPE SCIO DE SAN MIGUEL [1738-1776] de la siguiente explicación: «'Pondras tu palabra en la boca de tus predicadores y profetas, y los llenarás de fuerza para anunciar la grandeza de tu poder y de tu gloria'. Este parece ser el sentido de la Vulgata, fundado en el griego de los LXX, en donde se lee en el género masculino τοῖς εὐαγγελιζομένοις δυνάμει πολλῇ. Pero en el hebreo se halla en femenino, a lo cual se dan diversas explicaciones: (1) una alusión a que las doncellas acostumbraban a ser las primeras en comunicar y celebrar una victoria, cantando canciones por las calles y plazas (Jueces 11:34;1 Samuel 18:6); (2) una alusión al numeroso coro de mujeres que después del paso del Mar Rojo, y con María al frente, cantaron la victoria (Éxodo 15:20); o (3) a las doncellas que en las asambleas acompañaban las comitivas tocando panderos (Salmo 68:25)». De entrada, para un biblista escolapio del siglo xvii, admitir que el hebreo está en femenino, nos parece un acto de honestidad profesional loable; y el intento de encontrarle una explicación es muy de agradecer; pero se nos queda corto. ¿Por qué en el caso del masculino, es decir, en referencia a los hombres, se da una aplicación distinta (predicadores y profetas) a la que se da en el caso del femenino para las mujeres? No queda muy claro. Dice FRANCISCO LACUEVA [1911-2005] en su versión española del "Comentario de Matthew Henry": «Hombres y mujeres reciben por igual los beneficios de la redención y son por igual profetas para cantar las proezas de Dios (Joél 2:28-32; Hechos 2:17-21; 21:9; Gálatas 3:28; 1 Pedro 2:9)».

[156] En el original *"The ten thousand maids of Israel".* Es difícil saber a qué se refiere concretamente Spurgeon o qué tenía en mente al escribir esta frase. Podría tratarse de una referencia al poema *"The Imperfect Enjoyment"* de JOHN WILMOT [1647-1680], cuando dice: *"This dart of love, whose piercing point, oft tried, / With virgin blood ten thousand maids has dyed",* pero nos parece improbable que Spurgeon citara a este autor y a tan controvertido poema; a menos que fuera a modo de alusión irónica; pero aín así lo vemos poco probable. Dejamos la especulación al lector.

[157] Lucas 2:10.

2. En segundo lugar destaca el fervor de este ejército de predicadores, pues la palabra hebrea אֹמֶר *'ōmer,* debe entenderse en el mismo sentido que en Eclesiastés donde dice דִּבְרֵי *dibrê* de דָּבָר *dabar: "Palabras del predicador"*, y que género femenino supone נֶפֶשׁ *nephesh,* es decir, "alma"; y como traduce el título Vatablus:[158] «Palabras (o libro) de aquel *que tiene alma de predicador* o *corazón predicador»,* o *«palabras de un alma o corazón que predica».* De modo que cuando aquí afirma el salmista que *"la hueste o ejército de predicadores era grande",* y estando el término צָבָא *ṣāḇā,* en el género femenino,[159] es como si dijera: *"grande es el ejército de almas que predican, cuyos corazones anunciarán de las obras del Señor".* Ahora bien, mis hermanos, contar con un ejército de predicadores, ya es mucho; pero si este ejército predica las buenas nuevas y la alabanza a Dios con toda su alma y corazón, ¡es una inmensa bendición! Y no obstante, así será cuando los enemigos de Dios sean destruidos; y puesto que Dios no está dispuesto a que muchos más sermones proclamando sus alabanzas sigan siendo menospreciados y resulten inútiles para muchos, a su debido tiempo, los enemigos de su Iglesia serán esparcidos.

William Bridge [1600-1670]
"The True Soldier's Conroy", 1640

El Señor daba palabra. Es únicamente por la palabra, por el llamamiento y el poder de Dios, que una persona es impulsada o capacitada para predicar el evangelio.

John Newton [1725-1807]
"Messiah : fifty expository discourses, on the series of scriptural passages, which form the subject of the celebrated oratorio of Handel: preached in the years 1784 and 1785, in the Parish Church of St. Mary, Woolnoth", 1803

Había gran multitud de mujeres que transmitían las buenas nuevas. Este relato de las victorias de Israel es aplicable a las victorias obtenidas por el Redentor exaltado en gloria, cuando los enemigos de la salvación del hombre fueron vencidos por la resurrección de Cristo y las naciones paganas impelidas a reconocer su poder. Esta victoria fue notificada a los discípulos antes que nada por las mujeres.

Mrs. Thompson[160]
"A Practical Illustration of the Book of Psalms", 1826

---

[158] Se refiere hebraísta y teólogo francés nacido en Gamaches, François Vatable, también conocido como Francisco Vatablo y Franciscus Vatablus [1493-1547] al cual Francisco I de Francia [1494-1547] designó como Abad de Bellozane y profesor de hebreo en el colegio de Francia. Publicó una Biblia Hebraica anotada *"Biblia sacra, Hebraice, Graece, et Latine"* que se considera una verdadera obra maestra de la cristiandad, publicada en Paris en 1545, y de la cual se publicó posteriormente una edición española en Salamanca en 1584, *"Biblia Sacra Cum Duplici Translatione",* conocida como *"Biblia española de Vatablo",* en cuyas anotaciones defendía ya la libertad y el derecho a pensar libremente en plena época de Felipe II. Publico también un comentario a los Salmos titulado: *"Liber Psalmorum Davidis",* 1557, del cual Spurgeon transcribe varias porciones.

[159] Ver al respecto la nota 155.

[160] No hemos conseguido dar con el nombre completo de esta autora, aunque Spurgeon la recomienda tanto en *"Lectures to my Students",* "Discursos a mis estudiantes"; como también en *"Commenting and Commentaries: A Reference Guide to Book Buying for Pastors, Students, and Christian Workers".* Sabemos que escribió un comentario al Nuevo Testamento publicado bajo el título de *"Family Commentary on the New Testament";* y un comentario a los Salmos en dos volumenes publicado en 1826 con el título de *"A Practical Illustration of the Book of Psalms",* pero en el mismo no se indica el nombre del autor, tan solo: *"by the autor of the 'Family Commentary on the New Testament".* Spurgeon lo cita y recomienda aunque no indica tampoco el nombre completo del autor sino tan solo "Mrs. Thompson"; y el *"Lowndes' British*

Vers. 11-12. El Señor *"dio palabra"* en su ascensión, y hubo *"una multitud"* que la pregonaron 68:11); por medio de ella *"huyeron reyes de ejércitos"* (68:12) conquistados por la palabra: no hay otra manera de derrotar a los reyes y sus ejércitos que por medio de su palabra.

WILLIAM STRONG [¿?-1654]
"The Saints Communion with God, and Gods Communion with them in Ordinances", 1650

Vers. 12. ***Huyeron, huyeron reyes de ejércitos, y las que se quedaban en casa repartían los despojos.*** *[Huyeron, huyeron reyes de ejércitos, y las que se quedaban en casa repartían los despojos.* RVR*] [Los reyes de los ejércitos huyen; sí huyen, y la que se queda en casa repartirá el botín.* LBLA*] [Reyes y ejércitos huyen precipitadamente, y la que se queda en casa reparte despojos.* BTX*] [«Van huyendo los reyes y sus tropas; en las casas, las mujeres se reparten el botín.* NVI*] [Los reyes de los ejércitos huyen, la mujer de la casa reparte el botín.* BLP*] [Los reyes enemigos y sus ejércitos huyen, mientras las mujeres de Israel reparten el botín.* NTV*]*[161]

Huyeron, huyeron reyes de ejércitos. Los señores de la guerra huyeron despavoridos delante del Señor de los Ejércitos. Tan pronto como el arca avanzó el enemigo le dio la espalda; ni aún los jefes principescos se detuvieron para ver qué sucedía, sino que huyeron. La derrota fue completa, y la retirada presurosa y desordenada: *"huyeron y huyeron"*[162] o como diríamos nosotros: en desbandada y tropel.[163]

¿Dónde están los reyes de tan poderosas huestes?
Huyeron todos en tropel y desbandada.
Su triunfos y el botín del que tanto se jactaban
se lo reparten las damiselas en sus tiendas.[164]

Y las que se quedaban en casa repartían los despojos.[165] Las mujeres que habían colaborado transmitiendo el grito de guerra, compartieron el botín. En Israel incluso al más débil correspondía

---

Librarian" de 1842, lo cataloga en la categoría de comentarios, pero tampoco da más información que: "Mrs. Thompson". En aquella época era habitual que una mujer escritora ocultara su identidad bajo el anonimato o un seudónimo.

[161] La versión griega de los LXX o Septuaginta lee: ὁ βασιλεὺς τῶν δυνάμεων τοῦ ἀγαπητοῦ, καὶ ὡραιότητι τοῦ οἴκου διελέσθαι σκῦλα que la Vulgata traduce al latín como: *"Rex virtutum dilecti, dilecti; et speciei domus dividere spolia"*, "El rey de los ejércitos será del amado, amado; y de la hermosura de la casa es el repartir los despojos". La versión sefardí de Ferrara traduce: *"Reyes de fonsados huyrán, huirán, y moradora de cafa partirá defpojo"*. La caldea Peshitta: *"Y los reyes de los ejércitos se reunirán, y la hermosura de tu casa repartirá el botín"*.

[162] Este es el sentido literal del texto hebreo donde el verbo de נָדַד *nadad*, "huir, escapar", se repite: יִדֹּדוּן יִדֹּדוּן *yiddōḏūn yiddōḏūn.* Y solo ocurre de este modo en el Salmo 68:12.

[163] En el original *"helter skelter, pell mell"*. Se trata de dos modismos ingleses *"helter skelter"* y *"pell mell"* que vienen a decir lo mismo: precipitación, confusión, turbación, desorden; y que ocasionalmente se dicen juntos para enfatizar el sentido de precipitación y desorden.

[164] Cita de nuevo *"The Psalter or Psalms of David in English Verse"*, al que hace referencia la nota 122. En el original: *"Where are the kings of mighty hosts? / Fled far away, fled far and wide. / Their triumph and their trophied boasts / The damsels in their bowers divide"*.

[165] En hebreo וּנְוַת בַּיִת תְּחַלֵּק שָׁלָל *ūnəwaṯ bayiṯ təḥallêq šālāl*, de נָוֶה *naveh*, "habitáculo", un vocablo incierto con diversas opciones de significado y que complica bastante la traducción, pues se utiliza prioritariamente como aprísco: נְוֵה רֹעִים *nəwêh rō'îm: "aún habrá cabañas de pastores"* (Jeremías 33:12); o incluso como

una porción de la presa. Los guerreros lanzaban con gallardía parte del botín a los pies de las mujeres instándolas a que se engalanaran para la celebración, tomando cada una *"vestiduras bordadas de colores; la ropa de color bordada de ambos lados"*.[166] Cuando el Señor concede el éxito a la proclamación su evangelio, los mejores entre sus santos se alegran y se sienten partícipes de la bendición.

C. H. SPURGEON

Huyeron, huyeron reyes de ejércitos. El verbo hebreo נָדַד *nadad,* "huir", se repite dos veces: יִדֹּדוּן יִדֹּדוּן *yiddōḏūn yiddōḏūn,* "huyeron, huyeron". ¿Por qué? El sentido es de huyeron apresuradamente, descontroladamente, huyeron como pudieron; enfatizando lo bochornoso de su huida.

WILLIAM BRIDGE [1600-1670]
"The True Soldier's Conroy", 1640

Huyeron, huyeron reyes de ejércitos. El vocablo hebreo צָבָא *tsaba* significa "ejércitos", numerosos y bien equipados que los reyes paganos conducen a la batalla contra el pueblo de Dios. Pero la expresión peculiar que utiliza aquí el salmista מַלְכֵי צְבָאוֹת *malḵê ṣəḇā'ōwṯ "reyes de ejércitos"*, suena intencional, como una antítesis irónica y despectiva de la expresión habitual: לַיהוָה צְבָאוֹת *Yahweh ṣəḇā'ōwṯ "Jehová de los ejércitos"*.[167]

JULIUS FRIEDRICH BÖTTCHER [1801-1863]
citado por FRANZ JULIUS DELITZSCH [1813-1890]
en *"Biblical commentary on the Psalms"*, 1859

Las que se quedaban en casa repartían los despojos. Es decir, todos aquellos que no habían participado en el combate, dice Kimchi.[168] O puede también que las mujeres *(domi portae)* acudieron una vez finalizada la batalla para participar en el saqueo del botín. Nuestra época actual, era de la gracia y del evangelio, abunda con muchas matronas piadosas y santas vírgenes. Y es fácil observar que el Nuevo Testamento ofrece un repertorio mucho más amplio de buenas mujeres que el Antiguo.

JOHN TRAPP [1601-1669]
"A commentary or exposition upon the books of Ezra, Nehemiah, Esther, Job and Psalms", 1657

Repartían los despojos. No meramente: *"recibían su porción del botín"*, como sugiere Hupfeld,[169] sino más bien que repartían entre sus hijas y siervas la parte del botín que su marido ha traído a casa.

JOHN JAMES STEWART PEROWNE [1823-1904]
"Commentary on the Book of Psalms", 1864

---

paraje o pradera שְׁתוּלָה בְנָוֶה *šəṯūlāh ləhōwṣî*: *"plantado en pradera hermosa"* (Oseas 9:4 LBLA) *"* KRAUS traduce por *"zaguán"*: *"En el zaguán de la casa se distribuye el botín"*. SCHÖKEL toma una vía intermedia: *"Finca y casa se reparten como botín"*.

[166] Jueces 5:30.

[167] 1 Samuel 1:3.

[168] Se refiere al rabino DAVID O DOVID KIMCHI [1157-1236], también conocido por el nombre de DAVID KIMHI o el acrónimo hebreo RADAK. Nacido en Narbona, Francia, hijo de un famoso rabino y filólogo judío Yosef Kimchi, DAVID KIMCHI fue uno de los más prestigiosos eruditos en el hebreo bíblico de la Edad Media y autor de uno de los más prestigiosos comentarios al texto del A.T.

[169] Se refiere a HERMANN HUPFELD [1796-1866], teólogo, orientalista y comentarista alemán nacido en Marburg, donde cursó sus estudios y ejerció como profesor de teología hasta su traslado a Halle para suceder a WILHELM GESENIUS [1786-1842]. Autor de numerosas obras de teología y exégesis, su principal

Vers. 13. ***Bien que fuisteis echados entre los tiestos, seréis como alas de paloma cubiertas de plata, y sus plumas con amarillez de oro.*** *[Mientras reposabais entre los apriscos, eran como alas de paloma cubiertas de plata, y sus plumas con amarillez de oro.* RVR*] [Cuando os acostáis en los apriscos, sois como alas de paloma cubiertas de plata, y sus plumas de oro resplandeciente.* LBLA*] [Mientras dormís entre los apriscos, las alas de la paloma se cubren de plata y el oro refulge en sus plumas.* BTX*] [Alas de paloma cubiertas de plata, con plumas de oro resplandeciente. Tú te quedaste a dormir entre los rebaños».* NVI*] [Mientras vosotros reposáis entre fogones, se cubren de plata las alas de la paloma y de un pálido oro su plumaje.* BLP*] [Hasta los que vivían entre los rediles encontraron tesoros, palomas con alas de plata y plumas de oro.* NTV*]*[170]

Pese a que fuisteis echados entre las ollas.[171] ¿Qué quiere el salmista decir con esto? ¿Que las mujeres que se habían quedado en casa entre fogones, mal vestidas mientras hacían sus tareas domésticas, irían tan magníficamente ataviadas con el botín que serían como palomas con alas de plata y plumaje de oro? ¿Que Israel que se había forjado en esclavitud en los hornos de ladrillo de Egipto,[172] saldría victorioso, feliz y resplandeciente, en triunfo y libertad? ¿O significa quizá que el arca debía ser trasladada desde su humilde morada en la casa de Obed-edom[173] a un lugar más digno y apropiado para ella? Se trata de un pasaje muy difícil, una nuez pétrea en la que los expertos puedan mellarse los dientes. Si conociéramos el contexto y todo cuanto se sabía en el momento en que se compuso este antiguo cántico, probablemente la alusión nos parecería del todo apropiada; pero dado que lo desconocemos, lo mejor es dejarlo aparcado entre los enigmas sin explicación. Alexander[174] lo traduce de la siguiente manera: "*Cuando os tumbeis en las fronteras, seréis como alas de paloma cubiertas de*

---

contribución fue su *"Übersetzung und Auslegung der Psalmen"*, comentario crítico y exegético al libro de los Salmos que comenzó a aparecer en 1855 y se completo en 1861.

[170] La versión griega de los LXX o Septuaginta lee: ἐὰν κοιμηθῆτε ἀνὰ μέσον τῶν κλήρων, πτέρυγες περιστερᾶς περιηργυρωμέναι, καὶ τὰ μετάφρενα αὐτῆς ἐν χλωρότητι χρυσίου. διάψαλμα que la Vulgata traduce al latín como: *"Si dormiatis inter medios cleros, pennae columbae deargentatae, et posteriora dorsi ejus in pallore auri"*, "Si durmieres entre medio de las suertes, seréis como alas de paloma argentadas, y lo posterior de la espalda de ella con amarillez de oro". La versión sefardí de Ferrara traduce: *"Si yazieredes entre treudes, (feredes como) alas de paloma cubierta con plata, y fus plumas con amarillez de oro"*. La caldea Peshitta: *"Aunque ustedes duerman entre espinos, serán semejantes a alas de paloma cubiertas de plata, y sus plumas cubiertas de oro puro"*.

[171] En hebreo אִם־תִּשְׁכְּבוּן֮ בֵּ֤ין שְׁפַתָּ֥יִם *'im-tiškəḇūn bên šəp̄attāyim* de שָׁפָת *shaphath,* vocablo de muy difícil traducción que solo ocurre en este versículo y en Ezequiel 43:40, donde se traduce por ganchos o garfios. La mayoría de interpretes modernos, ven una similitud con Jueces 5:16 (Ver nota 186) y lo traducen por "apriscos": *"¿Queréis acampar entre los apriscos?"*. SCHÖKEL: *"¿Y os quedáis tumbados en los apriscos?*. Pero la palabra que se utiliza en Jueces 5:16 aunque guarde cierta similitud es distinta: הַמִּשְׁפְּתַ֔יִם *hammišpəṯayim* de מִשְׁפָּת *mishpethayim* y también bastante dudosa. La RVR1960 traduce *"entre los tiestos"*; y versión inglesa KJV: *"Though ye have lien among the pots"*, "entre las ollas", traducción que hemos utilizado para que encaje con el comentario.

[172] Deuteronomio 4:20; 1 Reyes 8:51; Jeremías 11:4.

[173] 2 Samuel 6:11.

[174] Se refiere a JOSEPH ADDISON ALEXANDER [1809-1860] lingüista y exégeta. Nacido en Philadelphia, Estados Unidos, fue profesor de lenguas bíblicas y orientales del *Princeton Theological Seminary*, donde fue ayudante del famoso teólogo CHARLES HODGE [1797-1878], y ocupó su lugar después de su muerte. Se especializó en el hebreo bíblico, aunque dominaba más de treinta idiomas. Escribió numerosas obras, pero suponemos que a la que hace referencia Spurgeon es *"The Psalms Translated and Explained"*, publicada en 1850 en 3 volúmenes.

plata, y sus plumas con amarillez de oro", que según él, significa: *"cuando se establezca la paz, la tierra gozará de prosperidad";* pero semejante versión no nos parece en absoluto que sea más clara que la versión autorizada.[175] De conjeturas pueden hacerse hasta el infinito; digamos pues, tan solo, que el sentido general más congruente parece ser de que el Señor elevaría a su pueblo desde la condición más humilde a una situación de libertad, gozo, riqueza y esplendor. Es posible que sus enemigos los hubieran calificado de parias o fogoneros entre las ollas, en alusión a su esclavitud en Egipto; o que tal vez se burlaran de ellos llamándoles pinches de cocina del Faraón; pero el Señor los reivindicaría convirtiendo la negrura del hollín en belleza y la suciedad en esplendor.

Seréis como alas de paloma cubiertas de plata, y sus plumas con amarillez de oro.[176] Las alas de la paloma reflejan la luz como si fueran de plata, y de pronto resplandecen con una intensidad asombrosa cual si fueran "de oro puro".[177] Bien podrían los hermosos y cambiantes colores de la paloma reflejar la belleza suave y brillante de la nación, ataviados con ropajes blancos para la fiesta, adornados con sus gemas, joyas y adornos de oro. Los santos de Dios han permanecido en lugares peores que entre las ollas, pero ascienden ahora para sentarse en los lugares celestiales con Cristo Jesús.[178]

C. H. SPURGEON

Bien que fuisteis echados entre los tiestos, seréis como alas de paloma cubiertas de plata, y sus plumas con amarillez de oro. Sería humanamente imposible, y además de ningún provecho, tratar de dar al lector todas las conjeturas con las que los eruditos han ilustrado o a veces oscurecido este versículo. Por tanto, mi propósito es tan solo aportar una selección, quizás no lo que se pueda llamar juiciosa, sino más bien ecléctica, de fragmentos con muestras de los diversos criterios de interpretación. Hammond,[179] al que considero una gran autoridad en la materia, hace su propia lista con lo que el entiende como las mejores sugerencias; y nos limitaremos a transcribir la sustancia de su extensa nota sobre este versículo. Salomón Jarchi[180] y otros interpretes, ven en la palabra hebrea שְׁפַתָּיִם *šəpattāyim* de שְׁפַתָּיִם *shaphath*, y que nuestra versión traduce como *"ollas"* o *"tiestos"*, la idea de límites de término: caminos o sendas que servían como divisorias del territorio, y por tanto lo entiende como heredad o porción: *"mientras reposabais en vuestra heredad"*. Pero la versión griega de los LXX o Septuaginta traduce κλῆρος, que significa más bien las vallas o muros de separación, lo que contradice la idea de heredad o porción; porque estas vallas solían hacerse generalmente con montones de piedras, trozos de ladrillo, desechos de ollas y tiestos rotos, o simplemente basura. En las cocinas al aire libre de los orientales se utilizaban a menudo piedras y ladrillos para apoyar ollas, lo que encaja con nuestra versión que traduce *"entre las ollas"* o *"entre los tiestos"*. Se nos dice que Job, se sentó

---

[175] Se refiere a la *King James Version* (KJV) llamada también *Authorized Version* (AV).

[176] En hebreo כַּנְפֵי יוֹנָה נֶחְפָּה בַכֶּסֶף וְאֶבְרוֹתֶיהָ בִּירַקְרַק חָרוּץ *kanpê yōwnāh neḥpāh ḇakkesep̄ wə'eḇrōwṯehā bîraqraq ḥārūṣ*. SCHÖKEL traduce: *"alas de paloma recubiertas de plata con las plumas irisadas de oro"*. KRAUS: *"Alas de paloma cubiertas de plata, y sus plumas de oro verde"*.

[177] Nuevamente Spurgeon recurre al *"The Psalter or Psalms of David in English Verse"*, al que hace referencia la nota 122. En el original: *"In clam ye rest, the troughs between. / The folds beside; _a Dove behold, / His plumes inlaid with silver sheen, / His pinions os the pale pure gold"*.

[178] Efesios 2:6.

[179] Se refiere a HENRY HAMMOND [1605-1660], clérigo anglicano, autor de *"Paraphrase and Annotations on the New Testament"*, y *"Paraphrase and Annotations on the Old Testament"* aunque esta segunda obra no llegó a terminarla.

[180] Se refiere a SALOMON BEN ISAAC JARCHI, o ZARCHI o YARJI, más conocido como SOLOMON BAR ISAAC RASHI [1040-1105], famoso rabino judío nacido en Francia y considerado uno de los más reconocidos comentaristas hebreos de las Escrituras y el Talmud. Escribió numerosos comentarios del texto bíblico y otras muchas obras.

en un estercolero y se rascaba con trozo de olla,[181] y es posible que sentarse *"entre tiestos"*, en la basura entre trozos de ollas, tiestos y ladrillos rotos, sea una imagen conspicua de la condición exhausta y desanimada del pueblo a la que hace referencia el versículo nueve (68:9). En lo que respecta a las *"alas de paloma"*, Hammond[182] ve en ello una alusión a las alas de oro de los querubines que cubrían el arca con la cual era mostrada al pueblo la presencia de Dios, y que garantizaba su prosperidad. Su explicación del conjunto del versículo es la siguiente: «Los israelitas habían estado por largo tiempo oprimidos en Egipto, en unas condiciones deplorables, masacrados y despreciados; pero abandonaron finalmente su esclavitud para dirigirse hacia la prosperidad, esplendor y gloria; dejando el hollín de los hornos de Egipto; y salieron enriquecidos con las joyas y alhajas de los propios egipcios para encaminarse a la tierra prometida, al disfrute permanente de Canaán. Así también en el reino de Cristo, los paganos idólatras, que habían caído a las peores condiciones entre todas las criaturas, adorando madera y piedra, entregados por sus pasiones a las lujurias más viles y despreciables, y a una mente reprobada;[183] pasaron de esta condición detestable al servicio de Cristo, y a practicar todas las virtudes cristianas de amor, mansedumbre, etc.,[184] las más hermosas y valiosas alhajas que hay en el mundo para adornar el hombre interior».

C. H. SPURGEON

Bien que fuisteis echados entre los tiestos. Lo más probable es que se trata de una referencia a como habían trabajado y dormido entre los hornos de ladrillo de Egipto como pueblo esclavizado y oprimido; pero que fue ascendiendo gradualmente en dignidad, prosperidad y esplendor; igual que una paloma abatida, manchada por el barro del arroyo al que acude para lavarse sus heridas arrancándose sus plumas alrededor; pero que poco a poco va recuperando su serenidad, la brillantez de su color y el esplendor de su apariencia.

WILLIAM GREENFIELD [1799-1831]
"Comprehensive Bible", 1839

Bien que fuisteis echados entre las ollas. O también: *"entre dos hileras de piedras"* (entiéndase piedras para encender fuego), como suelen colocarse aún hoy en día en los campamentos y otros lugares, donde se disponen dos hileras de piedras entre las cuales se enciende el fuego y se cuelgan de ellas la carne, o bien las ollas o teteras. Algunos traducen entre bandejas o vasijas de barro (¿tiestos o recipientes de barro?) que se utilizaban para recoger la grasa que goteaba de la carne mientras se asaba al fuego. Sea lo que sea, el sentido es el mismo: mientras estuvisteis sometido a la más ignominiosa esclavitud (como en Egipto), una condición vil y despreciable, en la que todos ibais constantemente tiznados y ennegrecidos como pinches de cocina; pero el Señor os sacó de ella, y con su bendición os hizo resplandecer de nuevo cual resplandece una paloma en vuelo, cuyo plumaje refleja los rayos del sol y reluce como si fuera de plata y oro.

THEODORE HAAK [1606-1690]
"Translation of the Dutch Annotations, as ordered by the Synod of Dort in 1618", 1657

---

[181] Job 2:8. La RVA 1909 traduce *"una teja"*; la NVI: *"un pedazo de teja"*; la RVR 1960/1977 *"un trozo de tiesto"*; LBLA *"un tiesto"*; la BLP: *"una tejuela"*; y la versión inglesa KJV: *"a potsherd"*, que se puede entender como un trozo de olla.

[182] Sobre HENRY HAMMOND [1605-1660], ver nota 178.

[183] Romanos 1:28-32.

[184] Gálatas 5:22-23.

Mientras estuvisteis echados entre los apriscos.[185] Aunque fuisteis tratados por los egipcios como una chusma de pastores despreciables, y como tales considerados por ellos abominación: *"entonces diréis: Hombres de ganadería han sido tus siervos desde nuestra juventud hasta ahora, nosotros y nuestros padres; a fin de que moréis en la tierra de Gosén, porque para los egipcios es abominación todo pastor de ovejas"*.[186]

WILLIAM GREEN [1714-1794]
"A New Translation Of The Psalms: From The Original Hebrew, With Notes Critical And Explanatory", 1762

Mientras estuvisteis reposando entre los apriscos.[187] Una aguda ironía recriminatoria: ¿Acaso seréis capaces de quedaros reposando en la quietud de vuestra vida pastoril, cual la paloma de lustroso plumaje descansa en su apacible nido, mientras vuestros hermanos están envueltos en el polvo y fragor de la batalla? Se trata, sin duda, de una alusión al cántico de Débora en el libro de Jueces: *"¿Por qué te sentaste entre los apriscos, escuchando los toques de flauta para los rebaños? Entre las divisiones de Rubén había gran escudriñamiento de corazón. Galaad se quedó al otro lado del Jordán. ¿Y por qué se quedó Dan en las naves? Aser se sentó a la orilla del mar, y se quedó junto a sus puertos?"*.[188]

THOMAS JEFFERSON CONANT [1802-1891]
"The Psalms. The common version revised for the American Bible union, with an introduction and occasional notes", 1871

Bien que fuisteis echados entre las ollas. Estamos ante un término hebreo intrincado y de muy difícil traducción: שְׁפַתָּ֑יִם *šəpattāyim.*[189] Se trata de una palabra que se presta a múltiples significados y muy diversas interpretaciones. Suele traducirse como: (1) límites o vallas divisorias de término; (2) lotes, porciones o heredades; (3) ollas, vasijas o recipientes de barro.

1. Algunos la interpretan como límites duales, entre dos líneas (la palabra tiene un sentido de número dual), es decir, entre las líneas divisorias de fronteras o costas con sus enemigos, siempre dispuestos a traspasarlas para expoliarlos, masacrarlos y afligirlos. O también entre muros fortificados

---

[185] Dice FRANCISCO LACUEVA [1911-2005] en su versión española del "Comentario de Matthew Henry": «Desde una baja y mísera condición en Egipto los israelitas habían sido elevados a gran esplendor y prosperidad: *"Mientras reposabais en los apriscos"*. Es la descripción de una escena idílica de tranquilidad tras la conquista de Canaán, no una reprensión como se desprende de las mismas palabras en Jueces 5:16. Por ello, aludiendo a esta paz y sosiego, añade que las alas de la paloma estaban cubiertas de plata, y sus plumas con la amarillez del oro. Este difícil versículo halla buen comentario en la prestigiosa pluma de FRANZ DELITZSCH [1813-1890]: 'Todo brillará y resplandecerá con plata y oro. Israel es la tórtola de Dios (Salmo 74:9) y, conforme a ello, la nueva prosperidad es comparada al reverbero del sol en las alas de una paloma'. Así también, el doctor HENRY HAMMOND [1605-1660] aporta su aplicación cristiana con estas palabras: 'Bajo el reinado de Cristo, los idólatras paganos que adoraban la madera y la piedra y se entregaban a las más viles concupiscencias, habían de ser elevados de tan detestable condición al servicio de Cristo y a la práctica de las virtudes cristianas, que son las mayores bellezas interiores en este mundo'».

[186] Génesis 46:34.

[187] SCHÖKEL observa también que las palabras de este versículo son casi idénticas a las Jueces 5:16: *"¿Por qué te quedaste entre los rediles, para oír los balidos de los rebaños?* Pero observa que si bien en Jueces 5:16 tiene sentido, en el Salmo 68 suenan un tanto extrañas.

[188] Jueces 5:16-17.

[189] Viene de שְׁפַתַּיִם *shaphath* y solo se encuentra en dos pasajes de la Escritura: en el Salmo 68:13 como שְׁפַתָּ֑יִם *šəpattāyim*; y en Ezequiel 40:43 como וְהַשְׁפַתַּיִם *wəhašpattayim.* Ver nota 170.

levantados con el propósito de mantener a raya a tales enemigos. Esta interpretación la asumen algunos importantes exégetas, como es el caso de Ainsworth,[190] aunque no como primera opción. Mi criterio es que semejante interpretación resulta inadecuada, en tanto que destruye completamente la elegancia y contraste entre las dos metáforas, que representan las diferentes condiciones de Israel: antes del reinado de David, y bajo del reinado de David.

2. Otros ven en ella la idea de porciones o heredades. La versión griega de los LXX o Septuaginta traduce: ἐάν κοιμάω ἀνά μέσος ὁ κλῆρος es decir: entre los lotes o heredades; como se repartió la tierra de Canaán por heredades.[191] Está es la opción que sigue Jerónimo[192] en la Vulgata traduciendo "si durmieres entre medio de las suertes",[193] y hace al respecto este curioso comentario: «Cuando uno cree firmemente en la unidad de ambos Testamentos en ambos encuentra por igual el Espíritu Santo como fuente de su revelación. Por lo cual, pese a lo intrincado de la belleza poética y que las propias palabras dificulten a veces saber exactamente lo que uno lee, la fuerza de toda esa hermosura está en el sentido. Por tanto, aquí la palabra *"plata"* se refiere al ornamento exterior de las palabras; mientras que los misterios más secretos del sentido están ocultos y descritos con la palabra *"oro"*... Deducimos, por tanto, que los dos lotes o *"heredades"* a los que hace referencia este versículo, son los dos Testamentos; y la paloma es el Espíritu Santo, que tiene sus alas recubiertas de plata en lo que hace a la envoltura exterior de su revelación: la letra escrita la que la transmite su mensaje en ambos Testamentos; pero sus plumas, que significan el sentido profundo de ese mensaje revelado, lo interior, espiritual y misterioso son de oro amarillo». Se trata, sin embargo, de una interpretación alegórica ingeniosa, más que de una exposición juiciosa y sólida. Agustín[194] también va en esa misma

[190] Se refiere a HENRY AINSWORTH [1571-1622], teólogo inglés no conformista, nacido en Swanton Morley, Norfolk, educado en el *Caius College* de Cambridge y posteriormente exilado y afincado en Ámsterdam. Erudito y reconocido especialista en hebreo bíblico, fue autor de numerosas obras, entre las que destacan sus traducciones anotadas o comentarios a Génesis (1616); Éxodo (1617); Levítico (1618); Números (1619); Deuteronomio (1619); Salmos (incluyendo una versión métrica, 1612); y el Cantar de los Cantares de Salomón (1623). Su obra *Psalms, The Book of Psalms: Englished both in Prose and Metre with Annotations* [Ámsterdam, 1612], que incluye en una separata treinta y nueve melodías monofónicas de salmos, es conocida como el *Ainsworth Psalter,* "El Salterio de Ainsworth", único libro de música que los peregrinos puritanos llevaron a Nueva Inglaterra en 1620, posteriormente revisado y convertido en el *Bay Psalm Book,* y que tuvo una influencia fundamental en la primitiva salmodia norteamericana.

[191] Josué 13:15-32; 14-1-5.

[192] Sobre JERÓNIMO DE ESTRIDÓN O EUSEBIO HIERÓNIMO DE ESTRIDÓN [c.342-420], ver nota 89 en este mismo Salmo.

[193] Cita en latín el Salmo 68:14 /67:14) en el texto de la Vulgata: *"si dormiatis inter medios cleros pinnae columbae deargentatae et posteriora dorsi eius in pallore auri"*, "si durmieres entre medio de las suertes, seréis como alas de paloma argentadas, y lo posterior de la espalda de ella con amarillez de oro". FELIPE SCIO DE SAN MIGUEL [1738-1776] en una nota a su traducción de la Vulgata da la siguiente explicación: «El término hebreo שְׁפַתָּיִם *šəpattāyim* según la puntuación puede significar "ollas" o también "lotes, porciones, heredades, suertes" o términos como traduce la Septuaginta: ἐάν κοιμάω ἀνά μέσος ὁ κλῆρος. Así, cuando os viereis ya acabados y muertos, en los mayores peligros, seréis como palomas de alas argentadas, en cuyas plumas de la espalda se representa la hermosa amarillez del oro. Y visto en tiempo pasados: Cuando estuvisteis en grades apuros, fuisteis felices bajo la protección omnipotente de vuestro Dios, y recobrasteis prontamente vuestro primer esplendor, como el de la paloma, cuyas alas al reflejo del Sol presenta los colores más esplendorosos, como son el oro y la plata».

[194] Se refiere a AURELIUS AUGUSTINUS [354-430], más conocido como SAN AGUSTÍN O AGUSTÍN DE HIPONA uno de los cuatro más importantes Padres de la Iglesia latina y uno de sus más eminentes doctores. Gran apologista cristiano, sus escritos suponen la primera gran síntesis entre el cristianismo y la filosofía platónica.

línea, y su exposición es igualmente insatisfactoria. No siempre los Padres de la Iglesia resultan ser los mejores expositores.

3. Sin embargo, la mayoría de intérpretes la traducen como *"ollas, tiestos o recipientes de barro"*. Así: *"Aunque que fuisteis echados entre los tiestos* (o *"entre las ollas"*; o "entre las dos hileras de piedra utilizadas para colgar ollas en el campamento), *seréis como alas de paloma cubiertas de plata, y sus plumas con amarillez de oro"*. Y distinguen en estas palabras una doble metáfora:

a. Que Israel estuvo entre ollas y recipientes de barro, entre calderos y vasijas manchadas, deformadas por el fuego y ennegrecidas por el humo, simbolizando una condición abyecta y deplorable; en épocas anteriores: mientras estuvo sometido a privaciones y aflicciones como pueblo esclavo y oprimido en Egipto; pero también en el desierto; y batallando después con sus enemigos en Canaán en tiempo de los Jueces.

b. Pero la otra cara de Israel es como alas de paloma (de vuelo muy veloz para escapar), de plata refulgente y hermoso color dorado; simbolizando su huida y liberación final de todas sus aflicciones que por tanto tiempo le estuvieron ennegreciendo y deformando; para asumir finalmente un estado hermoso, próspero y feliz bajo el reinado de David; y de manera especial bajo el de Jesucristo, el verdadero David. Las ollas o vasijas de barro, ennegrecidas por el humo, simbolizan: aflicción extrema, desesperación y miseria; las alas de paloma simbolizan: huida, escape; el color plateado refulgente y el hermoso color dorado amarillento simboliza: prosperidad y felicidad. De ese modo, las metáforas se yuxtaponen en elegante contraste describiendo de manera significativa las diversas etapas de Israel; Primero, en medio de las ollas ennegrecidas de las profundas aflicciones de antaño; pero con la esperanza garantizada de que vendrían días de liberación, días mejores en los que sería como una paloma de alas de plata con plumas de oro, refulgente por su belleza, y llena de hermosura, prosperidad y felicidad. Así es como lo interpretan el rabino Kimchi,[195] Pagnini,[196] Calvino,[197] Muis,[198] Foord,[199] Ainsworth,[200] y otros expositores.

Francis Roberts [1609-1675]
en un sermón titulado: *"The Checquer-Work of God's Providences, towards His Own People, made up of Blacks and Whites"*, 1657

---

[195] Sobre el rabino David o Dovid Kimchi [1157-1236] ver nota 167 en este mismo Salmo.

[196] Se refiere a Santes Pagninus o Pagnino [1470-1536], erudito monje dominico nacido en Lucca, Italia. Fue discípulo de Jerónimo Savonarola [1452-1498], en Florencia, especializándose en lenguas orientales. Elocuente predicador, después vivir por un tiempo en Roma como profesor en la Escuela Vaticana de Lenguas Orientales, se trasladó a Avignon y posteriormente a Lyon, Francia, donde publicó su traducción de la Biblia al latín, caracterizada por su literalidad. Al parecer fue la primera traducción de la Biblia que presenta divisiones numeradas en capítulos y versículos.

[197] Se refiere al reformador Juan Calvino [1509-1564].

[198] Se refiere a Simeonis de Muis o Simeón de Muis [1587-1644], nacido en Orléans. Reconocido erudito de la lengua hebrea y profesor en la Real Academia de París, autor numerosas obras sobre los Salmos, aunque la más conocida es su comentario: *Commentarius Literalis et Historicus in Omnes Psalmos Davidis, et Selecta Veteris Testamenti Cantica,* publicado en 1630 y considerado como una de las mejores obras filológicas escritas sobre el Libro de lo Salmos.

[199] Se refiere a John Foord [¿?-1627] en *"Expositio libri psalmorum: ostendens cuiusque psalmi ... authorem, tempus, occasionem, et argumentum in suas partes analytice distributum"*, (1646). Muy citado por Francis Roberts [1609-1675] en *"Clavis Bibliorum: The Key of the Bible, Unlocking the Richest Treasury of the Holy Scriptures"*, 1675.

[200] Sobre Henry Ainsworth [1571-1622], ver nota 189 en este mismo Salmo.

Bien que fuisteis echados entre las ollas, seréis como alas de paloma cubiertas de plata, y sus plumas con amarillez de oro. La señorita Whately en su obra *"Ragged Life in Egypt"* describe algunas de las peculiaridades que observó en los tejados planos de las casas de El Cairo, entre otras cosas interesantes: «Los techos suelen estar en un estado de suciedad impresionante, y si no fuera porque Hasna, el vendedor del zoco, de cuando en cuando hace una limpieza del suyo con una escoba de palma, lo más probable es que el techo cedería bajo la acumulación de basura. Pero había algo que jamás limpiaban: los montones de vasijas, jarros ollas y tiestos rotos, que siempre apilan en algún rincón; y observé algo interesante en relación a esto. Poco antes de la puesta del sol, de detrás de estas ollas, tiestos y jarros, surgía repentinamente un enjambre de palomas que habían permanecido durmiendo durante el día protegiéndose del sol y del calor, o picoteando entre la basura en busca de comida. De pronto remontaban el vuelo y maniobraban en el aire trazando grandes círculos, con sus alas desplegadas reflejando los rayos amarillentos del sol en su ocaso, hasta el punto que realmente parecía que fueran de *"oro amarillo"*. Pero cambiaban repentinamente de dirección quedando a la sombra, en posición contraria a la la luz, y entonces cambiaba su color convirtiéndose en plata fundida, pues la mayoría son de un color blanco puro o bien de color muy claro. Esto podrá parecer fantasioso, pero los efectos de la luz del sol en estas regiones son difíciles de describir a quienes no los han contemplado; y noche tras noche, ocaso tras ocaso, observábamos el vuelo de las palomas y siempre con la misma apariencia. Era hermoso ver a estas aves elevándose limpias e inmaculadas, como siempre, pese a haber pasado el día escondidas en medio de la suciedad, y cruzar el cielo hasta casi desaparecer entre las nubes brillantes y coloreadas del atardecer. ¡Así es también con el creyente, deja tras de sí las corrupciones del mundo y se vuelve resplandeciente porque los rayos del Sol de Justicia iluminan su alma, se eleva más y más, cerca y más cerca de la luz, hasta que se pierde de la vista de los que quedan debajo, hasta fundirse en el brillo desconocido de lo que esta por encima de él!

MARY LOUISA WHATELY [1824-1889]
"Ragged life in Egypt", 1863

Seréis como alas de paloma cubiertas de plata, y sus plumas con amarillez de oro. "Plata" y *"oro amarillo"*. El salmista describe aquí los colores cambiantes del plumaje de la paloma. He tenido la oportunidad de observar los destello de las alas de las palomas cruzando frente a la ventana de mi estudio, y a menudo el reflejo me ha llevado a imaginar que en el cielo había brillado súbitamente una luz inusual: en todos los casos suave y plateada. Con respecto a los diversos matices del plumaje de las aves, el Sr. Gosse,[201] citando el viaje de Sonnerat[202] a Nueva Guinea dice: «En referencia a los colores metálicos brillantes del *epimachus fastuosus*[203] y otras aves, lo que más llama la atención al viajero es el efecto iridiscente que se produce en su plumaje dependiendo del ángulo con el que la luz del sol cae sobre él. Por ejemplo, el verde esmeralda, a menudo se descompone en sus dos colores primarios, de forma que por un momento lo ves verde-azulado, y al cabo de un instante verde amarillo; mientras que según sea el ángulo de incidencia, hay momentos en los que todo color se desvanece y los ves de

---

[201] Se refiere a PHILIP HENRY GOSSE [1810-1888] historiador y naturalista británico que llevo a cabo profundas investigaciones encaminadas a conjugar la literalidad bíblica con los modernos descubrimientos científicos de su época, incluyendo el problema de la edad de la tierra que abordó en su libro *"Omphalos: An Attempt to Untie the Geological Knot"*. 1857. Era un afamado ornitólogo y publico numerosas y reconocidas obras en esta disciplina.

[202] Se refiere a PIERRE SONNERAT [1824-1889] naturalista y explorador y dibujante ilustrador francés, en su libro *"Voyage à la Nouvelle-Guinée"*, 1776.

[203] Se refiere a el ave del paraíso fastuosa o pico corvo negro, una especie de ave paseriforme nativa de Nueva Guinea. Actualmente es especie protegida clasificada como vulnerable en la Lista Roja de Especies Amenazadas.

un negro aterciopelado» Me parece una explicación muy natural y coherente al respecto del lenguaje poético utilizado aquí por el salmista.

C. H. SPURGEON

Vers. 14. ***Cuando esparció el Omnipotente los reyes allí, fue como si hubiese nevado en el monte Salmón.*** *[Cuando esparció el Omnipotente los reyes allí, fue como si hubiese nevado en el monte Salmón.* RVR*] [Cuando el Omnipotente dispersó allí a los reyes, nevaba en el monte Salmón.* LBLA*] [Cuando El-Shadday desbarataba a los reyes, hizo caer nieve en Har-Tsalmón.* BTX*] [Cuando el Todopoderoso puso en fuga a los reyes de la tierra, parecían copos de nieve cayendo sobre la cumbre del Zalmón.* NVI*] [Cuando el Todopoderoso dispersó a los reyes, nevaba en el monte Salmón.* BLP*] [El Todopoderoso esparció a los reyes enemigos como una tormenta de nieve que sopla en el monte Salmón.* NTV*]*[204]

Cuando esparció el Omnipotente los reyes allí, fue como si hubiese nevado en el monte Salmón. La victoria se debió únicamente al brazo del Todopoderoso: dispersó a los soberbios que vinieron contra su pueblo, y lo hizo con la misma facilidad con que la nieve resbala por las laderas sombrías del monte Salmón. Un viajero ha descrito que en un día ventoso y de fuertes ráfagas vio la ladera de lo que se supone era el monte Salmón barrida por el viento con tal violencia, que la nieve flotaba en el aire y era llevada de un lugar a otro, como el polvillo de los cardos o la espuma del mar; así es como el Omnipotente esparció a los poderosos que desafiaron a Israel.[205] Si hemos de dar por buena la traducción que hace nuestra versión autorizada,[206] las conjeturas de algunos que ven una alusión simbólica a los huesos esparcidos de los enemigos blanqueando el campo de batalla; o a los mantos blancos y túnicas inmaculadas de los reyes enemigos volando por los aires; nos parecen desproporcionadas y poco apropiadas para la poesía sagrada. Otra teoría es que el monte Salmos estaba cubierto de densos bosques, por lo que en época de verano se veía de un color oscuro intenso, pero cuando nevaba se convertía en un lienzo blanco; y que el poeta parte de este cambio súbito de oscuro sombrío a blancura reluciente para establecer su figura poética del cambio entre guerra y paz, amenaza y victoria. Sea cual sea el significado preciso, la intención del salmista no era otra que describir la gloria y plenitud del triunfo divino sobre sus enemigos. Y en ello se gozan todos los creyentes.

C. H. SPURGEON

Cuando esparció el Omnipotente los reyes allí, fue como si hubiese nevado en el monte Salmón. En hebreo צַלְמוֹן *Tsalmōwn,* una colina boscosa cercana a Siquem.[207] Se discute si es a esto a lo que hace referencia este versículo. Algunos intérpretes toman צַלְמוֹן *Tsalmōwn* en su significado etimológico

[204] La versión griega de los LXX o Septuaginta lee: ἐν τῷ διαστέλλειν τὸν ἐπουράνιον βασιλεῖς ἐπ᾽ αὐτῆς χιονωθήσονται ἐν Σελμων, que la Vulgata traduce al latín como: *"Dum discernit caelestis reges super eam, nive dealbabuntur in Selmon",* "Mientras que a los reyes juzga el Celestial sobre ella, se emblanquecerán como la nieve en el Selmon". La versión sefardí de Ferrara traduce: *"En eftender el abaftado Reyes en ella, enblaquecerás en tiniebla"*. La caldea Peshitta: *"Cuando Dios apartó rey para sí, cubrió de nieve al Salmón"*.

[205] Según el rabino ABRAHAM COHEN [1887-1957]: «Es posible que hubiese allí una fuerte tempestad de nieve que condujo a la derrota del enemigo, similar a la granizada que esparció el ejército en Bet-jorón (Josue 10:11)».

[206] Se refiere a la *King James Version* (KJV) llamada también *Authorized Version* (AV).

[207] Jueces 9:47-49.

de "sombrío, oscuro": צֶלֶם *tselem;* lo que llevó a Lutero a traducir: *"so wird es helle, wo es dunkel ist"*, (por tanto resplandece allí donde está oscuro), y entiende el texto como una referencia mesiánica.[208] Ewald[209] adopta la misma interpretación. Sin embargo, la mayoría de exégetas conserva el nombre Salmón como nombre propio, aunque aportan una gran diversidad de explicaciones del pasaje. Hengstenberg[210] piensa que la frase *"como si nevara en el monte Salmón"* es equivalente a *"resplandeció donde había tinieblas"*, en el sentido de que la colina, por lo general de color oscuro por los muchos árboles, ahora estaba blanca por la nieve. Ludovici de Dieu[211] propone lo siguiente: El monte Salmón ha quedado blanco con los huesos de los reyes muertos, cual si estuviera nevado. Muchos suponen que se trata de una mera referencia a la época del año: era invierno, y la nieve cubría el monte Salmón; como como sugiere Herder.[212] Y Hupfeld[213] considera que la frase tiene un sentido irónico y burlón en referencia a los que no asistieron al gran acontecimiento por el cual fue escrito el Salmo quedándose en casa disuadidos por la nieve del invierno; piensa que los versículos del doce al catorce (68:12-14) son la transcripción de un fragmento de una antigua canción celebrando algunas de las primeras conquistas de Israel en Canaán, y burlándose de aquellos que, por la indolencia o el miedo, se encogieron ante la empresa. Lo traduce así

Reyes de ejércitos, huyen, huyen,
¡y las amas de casa comparten el botín!
¿Te tumbarás tú entre los apriscos?
¡Plumas de paloma adornadas con plata,
y sus alas con oro amarillo!
Mientras el Todopoderoso dispersaba los reyes,
nevaba en el monte Salmón.

William Lindsay Alexander [1808-1884]
"A Cyclopaedia of Biblical Literature", 1866

Cuando esparció el Omnipotente los reyes allí, fue como si hubiese nevado en el monte Salmón. El verbo puede entenderse en segunda persona: *"¡Tú, oh Dios, lo hiciste de manera justa e inmaculada como la nieve del monte Salmón"*. El lector puede adoptar cualquiera de las dos formas, porque el significado es el mismo. Es evidente que David sigue insistiendo aquí en la figura de la blancura de la plata, que había introducido ya en el versículo anterior (68:13). El país había quedado ennegrecido o

---

208 Isaías 9:2-6.

209 Se refiere a Rudolf Ewald Stier [1800-1862] clérigo luterano y místico alemán publico numerosos comentarios entre ellos a los Salmos.

210 Se refiere a Ernst Wilhelm Herrmann Hengstenberg [1802-1869], teólogo y lingüista alemán, escribió y publicó numerosas obras, entre ellas un famoso comentario a los salmos *"Commentar über die Psalmen"*, 1842.

211 Se refiere a Ludovici de Dieu [1590-1642] en *"Grammatica linguarum Orientalium Hebraeorum, Chaldaeorum et Syrorum inter se collatarum"*, 1628.

212 Se refiere a Johann Gottfried von Herder [1744-1803]. Pastor, filósofo y escritor alemán nacido en en Mohrungen (Prusia). Escribió numerosas obras sobre el sentido y la interpretación de la poesía, entre ellas *On the Spirit of Hebrew Poetry. An Instruction for Lovers of the Same and the Oldest History of the Human Spirit* (1782-83), con toda probabilidad la misma a la que hace referencia el autor.

213 Sobre Hermann Hupfeld [1796-1866] ver nota 168 en este mismo Salmo.

manchado por la confusión hostil en la que se había visto envuelto,[214] y ahora afirma que había recuperado su apariencia hermosa y era semejante al monte Salmón, que como es sabido esta por lo general cubierto de nieve. Algunos discrepan afirmando que el término Salmón no es el nombre de un lugar, sino un apelativo, y que significa sombra oscura. Yo me inclino por conservar la lectura habitual del texto recibido.[215] Admito, sin embargo, la conexión etimológica y no niego que צֶלֶם *tselem* significa sombra, oscuridad, y que el monte Salmón probablemente se llamaba así debido a su aspecto negruzco. Pero esto no hace sino que la comparación sea aún más llamativa; pues sugiere que así como las nieves blanquearon esta negra montaña, el país había regresado a su belleza anterior y se había revestido de un aspecto gozoso cuando Dios disipó las tinieblas que lo habían mantenido postrado durante la opresión de sus enemigos.

JUAN CALVINO [1509-1564]

Fue como si hubiese nevado en el monte Salmón. Es decir, esta heredad tuya, tu pueblo escogido y peculiar, apareció ante la mirada de sus vecinos tan brillante y glorioso como la cumbre nevada del monte Salmón, resplandeciendo por el reflejo de los rayos del sol.

THOMAS FENTON [1686-¿?]
"Annotations on the Book of Job and the Psalms", 1732

Fue como si hubiese nevado en el monte Salmón. La expresión utilizada aquí por el salmista parece indicar que en la mente del pueblo de Dios todo era alegría, todo resplandecía, como el monte Salmón que brillaba reluciente ante sus ojos cuando estaba nevado. La nieve es un fenómeno mucho menos frecuente y duradero en Judea que en Inglaterra; no es de extrañar, por tanto, que fuera mucho más admirado, y que el hijo de Sirá hable de ella en el libro del Eclesiástico con una suerte de arrebato. *"Como pájaros que se posan esparce la nieve, que baja como langosta que salta al suelo. Admira el ojo la belleza de su blancura, y al verla caer se pasma el corazón… el viento frío del norte sopla y se forma el hielo sobre el agua; sobre toda masa de agua se posa, y el agua se reviste como de coraza. Devora los montes, quema el desierto, y consume como fuego el verdor"*.[216]

SAMUEL BURDER [1773-1837]
"Oriental Customs or An illustration of the Sacred Scriptures", 1804

Fue como si hubiese nevado en el monte Salmón. El dean Stanley[217] conjetura que Salmón es otro nombre aplicado el monte Ebal;[218] Ciertamente estaba cerca de Siquem,[219] pero es imposible el

[214] 2 Samuel 2:8-32; 3:1-39: 4:1-12.

[215] En el original *"received reading"*. En este caso no debemos confurnirnos con lo que conocemos como *Textus Receptus* recopilado por de ERASMO DE RÓTERDAM [1466-1536] y publicado en 1516, que solo contenía el Nuevo Testamento. Calvino escribió sus comentarios en latín basándose en su propia traducción del texto hebreo masorético.

[216] Eclesiástico 43:18, 20-21 (BJ).

[217] Se refiere a ARTHUR PENRHYN STANLEY [1815-1881] dean de Westminster, erudito historiador y autor de numerosas obras, algunas dedicadas a la historia y geografía de Palestina, como *"Sinai and Palestine in Connexion with their History"*, 1858, que es la citada por el autor.

[218] Deuteronomio 11:29; 27: 1-8; 13-26; Josué 8:30-35.

[219] Jueces 9:48.

pretender identificarlos con certeza, dado que el erudito Sr. Mills,[220] en su elaborada y documentada obra: *"Nablus and the modern Samaritans"*, reconoce no haber dado con nadie sobre el terreno que conociera o recordara el nombre Salmón, ni logró descubrir ninguna tipo de tradición o alusión al mismo en la literatura samaritana. El término hebreo significa "oscuro, sombrío", por lo que es probable que se trata de un toponímico popular, igual que nosotros solemos decir la "Selva Negra".[221]

C. H. SPURGEON

Vers. 15. ***Monte de Dios es el monte de Basán; monte alto el de Basán.*** *[Monte de Dios es el monte de Basán; monte alto el de Basán.* RVR*] [Monte de Dios es el monte de Basán; monte de muchos picos es el monte de Basán.* LBLA*] [Monte de Elohim es el monte de Basán; monte alto el de Basán.* BTX*] [Montañas de Basán, montañas imponentes; montañas de Basán, montañas escarpadas.* NVI*] [Un monte altísimo es el monte Basán, un monte escarpado es el monte Basán.* BLP*] [Las montañas de Basán son majestuosas, con muchas cumbres altas que llegan al cielo.* NTV*]*[222]

Monte de Dios es el monte de Basán. Los sacerdotes comienzan a exaltar al Señor por su elección de Sión como su morada y exclaman: *"El monte de Dios es como el monte de Basán"*,[223] o más literalmente: *"monte de Dios es Basán"*, es decir: Basán es una montaña eminente que excede en mucho a Sión. Entre los hebreos era costumbre designar de ese modo todas las cosas lo grandes e importantes: relacionándolas con Dios. Nosotros hablamos del «Puente del Diablo», «Desfiladero del Diablo», «Cuenco del Diablo», etc.; pero en el idioma hebreo, más sublime y solemne, se hablaba más bien del: «Monte de Dios» (68:15), los «Arboles del Señor»,[224] el «Río de Dios»,[225] etc.

Monte alto el de Basán, o más literalmente: *"monte de muchos picos es el monte de Basán"*. No parece que fuera el propósito del salmista comparar Sión con Basán, sino más bien contrastarlos. Sión no era un monte alto, más bien una simple colina; por tanto admite que Basán era un monte mucho más alto; pero no tan glorioso, porque el Señor, al escoger a Sión como su morada, la había exaltado por encima de todas las demás cumbres por elevadas que estas fueran. La elevación de la naturaleza es poco menos que nada para el Señor. Él elige aquello que le agrada; y en el consejo de su voluntad seleccionó a Sión por encima de los picos más elevados y orgullosos de Basán. Así es como Dios actúa también en este mundo: elige lo bajo de este mundo, las cosas débiles y menospreciadas, para convertirlas en monumentos de su gracia y soberanía: *"no sois muchos sabios según la carne, ni muchos poderosos, ni muchos nobles; sino que escogió Dios lo necio del mundo, para avergonzar a los sabios; y escogió Dios lo débil del mundo, para avergonzar a lo fuerte; y lo vil del*

[220] Se refiere al pastor JOHN MILLS [1812–1873] y su obra: *"Three months' residence at Nablus, and an account of the modern Samaritans"*, 1864.

[221] En alemán *"Schwarzwald"* un macizo montañoso al suroeste de Alemania al que se de ese nombre por la densidad y espesor de sus bosques.

[222] La versión griega de los LXX o Septuaginta lee: ὄρος τοῦ θεοῦ ὄρος πῖον, ὄρος τετυρωμένον, ὄρος πῖον que la Vulgata traduce al latín como: *"Mons Dei, mons pinguis: mons coagulatus, mons pinguis"*, "El monte de Dios monte pingüe; monte cuajado, monte pingüe". La versión sefardí de Ferrara traduce: *"Monte de Dio, monte de Baffan, monte de alturas, monte de Baffan"*. La caldea Peshitta: *"Monte de Dios. Montes de Basán, montes de muchos picos"*.

[223] Así traduce la versión inglesa KJV: *"The hill of God is as the hill of Bashan"*.

[224] Salmo 104:16.

[225] Salmo 65:9.

mundo y lo menospreciado escogió Dios, y lo que no es, para anular lo que es, a fin de que nadie se jacte en su presencia" [226]

C. H. SPURGEON

Monte de Dios es el monte de Basán; monte alto el de Basán. La importancia y grandeza física del mundo debe ceder ante la grandeza espiritual de la Iglesia. Aquí *"monte de Dios"* es un símbolo de los reinos de este mundo, que si en algo son grandes es tan solo por la gracia de Dios, pues él es quién: *"afirma los montes con su poder, ceñido de potencia"*.[227] Un monte alto e imponente nos recuerda el poder creador de Dios; por lo tanto, הַר־אֱלֹהִים *har-'ĕlōhîm,* el *"Monte de Elohim"* (que es el nombre hebreo que se utiliza habitualmente para mencionar a Dios como el Creador) está en contraste con en monte donde אַף־יְהוָה יִשְׁכֹּן לָנֶצַח *'ap̄-Yahweh yiškōn lāneṣaḥ, "Jehová habitará en él para siempre"* (68:16). El monte de Basán estaba en el norte, en la región al este del Jordán, o la tierra de Hermón, el reino de Og, el enemigo más formidable que Israel encontró en su marcha hacia Canaán.[228] Dice Hengstenberg:[229] «El monte Basán es el pico nevado más alto del ante-Líbano, o Hermón, el límite extremo de Basán. Su situación geográfica era peculiar, en la frontera entre la Judea y el mundo pagano, y solía mencionarse como símbolo del poder de este mundo: *"Dios mío, mi alma está abatida; por eso me acuerdo de ti desde la tierra del Jordán, y desde las cumbres del Hermón, desde el monte Mizar"*;[230] *"El norte y el sur, tú los creaste; el Tabor y el Hermón aclamarán con gozo a tu nombre"*;[231] *"Dijo el Señor: De Basán los haré volver; los haré volver de las profundidades del mar"* (68:22)». La identificación que encontramos en Deuteronomio del חֶרְמוֹן *hermōwn* como שִׂיאֹן *śî'ōn:*[232] *"hasta el monte Sion, es decir, Hermón"*;[233] y que coincide fonéticamente con צִיּוֹן *ṣîyōwn;* sugiere este contraste aquí entre *los montes del mundo* y el *monte del Señor.*

ANDREW ROBERT FAUSSET [1821-1910]

"Studies in the CL Psalms their undesigned coincidences with the independent Scripture histories, confirming and illustrating both", 1876

Vers 15-16.

Monte de Dios es el monte Basán,
monte de picos es el monte Basán,
¿Por qué os picáis, vosotros, oh montes de picos

226 1 Corintios 1:27-28.
227 Salmo 65:6.
228 Deuteronomio 3:1-11; Josué 13:1-13.
229 Se refiere a ERNST WILHELM HERRMANN HENGSTENBERG [1802-1869], teólogo y lingüista alemán, escribió y publicó numerosas obras, entre ellas un famoso comentario a los salmos *"Commentar über die Psalmen"*, 1842.
230 Salmo 42:6.
231 Salmo 89:12.
232 Un término hebreo, שִׂיאֹן *śî'ōn* que únicamente aparece en Deuteronomio 4:48. Las versiones inglesas hacen una distinción entre Sion y Zion; pero las versiones españolas traducen ambos términos como Sión, lo que se presta a confusión.
233 Deuteronomio 3:9; 4:48.

con el monte en el que Dios desea morar?
Sí, Jehová morará allí para siempre.

FREDERICK FYSH [1807-1880]
"A Lyrical, Literal Version of the Psalms", 1850

Vers. 16. ***¿Por qué observáis, oh montes altos, al monte que deseó Dios para su morada? Ciertamente Jehová habitará en él para siempre.*** *[¿Por qué estáis celosos, oh montes altos, del monte que deseó Dios para su morada? Ciertamente Jehová habitará en él para siempre.* RVR*] [¿Por qué miráis con envidia, oh montes de muchos picos, al monte que Dios ha deseado para morada suya? Ciertamente el Señor habitará allí para siempre.* LBLA*] [Por qué, oh montes altos, miráis con envidia, al monte que Elohim escogió para su morada? Ciertamente YHVH habitará en él para siempre.* BTX*] [¿Por qué, montañas escarpadas, miran con envidia al monte donde a Dios le place residir, donde el Señor habitará por siempre?* NVI*] [¿Por qué, montes escarpados, envidiáis la montaña que Dios quiso por morada? El Señor vivirá por siempre en ella.* BLP*] [Oh montañas empinadas, ¿por qué miran con envidia al monte Sión, donde Dios decidió vivir, donde el Señor vivirá para siempre?* NTV*]*[234]

¿Por qué estáis celosos, oh montes altos. ¿Por qué tenéis envidia? Envidiad cuanto queráis, pero la elección del Señor es inamovible. No importa que os encumbréis hasta saliros de vuestras bases, jamás lograréis alcanzar la sublimidad que la presencia de Jehová ha otorgado a la pequeña colina de Moria.

Al monte que Dios ha deseado para morada suya. Elohim hace de Sión su morada; Jehová reside allí; sí:

Ciertamente el Señor habitará allí para siempre. En sentido espiritual, el Señor habita eternamente en su Iglesia escogida, la Sión espiritual; y la gloria de la antigua Sión material venía de ser un tipo de ella. ¿Qué eran el Carmelo[235] y Sirión,[236] con toda su altura, comparados con Sión, *el gozo de toda la tierra?*[237] La elección de Dios es una carta patente de nobleza.[238] Son elegidos aquellos a quienes Dios ha escogido; y el lugar que Dios tiene a bien honrar con su presencia es ennoblecido y honrado en modo superlativo.

C. H. SPURGEON

---

[234] La versión griega de los LXX o Septuaginta lee: ἵνα τί ὑπολαμβάνετε, ὄρη τετυρωμένα, τὸ ὄρος, ὃ εὐδόκησεν ὁ θεὸς κατοικεῖν ἐν αὐτῷ καὶ γὰρ ὁ κύριος κατασκηνώσει εἰς τέλος que la Vulgata traduce al latín como: *"Ut quid suspicamini, montes coagulatos? mons in quo beneplacitum est Deo habitare in eo; etenim Dominus habitabit in finem"*, "¿Mas por qué pensáis en montes cuajados? Monte es este en el que se agradó Dios de morar; porque el Señor morará en él hasta el fin". La versión sefardí de Ferrara traduce: *"Por que faltades montes altos? El monte cubdició el Dios para ſu affiento, también. Adonay morara para ſiempre"*. La caldea Peshitta: *"¡Oh montes de Basán! ¿Qué pretenden ustedes, oh montes de muchos picos? Monte escogido por Dios para sí para habitar en él; Yahweh habitará en él para siempre"*.

[235] Josué 12:22; 1 Reyes 18:19; Cantares 7:5; Isaías 33:9; 35:2; Jeremías 46:18; 50:19; Amós 1:2; Nahúm 1:4.

[236] Salmo 29:6.

[237] Salmo 48:2. Ver Deuteronomio 3:9.

[238] La "carta patente" conocida también como "patente real" es un tipo de documento legal en forma de carta abierta entregada por un monarca o un gobierno concediendo un cargo, un derecho, un monopolio, título, o estatus, a una persona o institución.

¿Por qué brincáis, oh montes altos?[239] ¿Por qué os erguís en señal de triunfo, y haciendo gala de vuestras ventajas naturales sobre Sión? ¿O bien para insultarla, comparándoos y equiparándoos a ella, y mostrando los honores y privilegios de vuestra altura por encima de ella? Se trata evidentemente de lenguaje poético. Algunos lo traducen: *"¿Por qué miráis estupefactos, como si estuvieras cautivos de admiración?"*

GIOVANNI DIODATI [1576-1649]
"Annotationes in Biblia", 1607

El monte que Dios ha deseado para morada suya. Sión, una colina poco elevada, yerma y maltrecha. Pero la elección de Dios es lo que hace la diferencia; como se diferenció la vara de Aarón de las demás;[240] y la Iglesia sigue diferenciándose del resto del mundo: porque Cristo, el Cordero, está en el monte Sión: *"Después miré, y he aquí que el Cordero estaba en pie sobre el monte de Sión"*.[241]

JOHN TRAPP [1601-1669]
"A commentary or exposition upon the books of Ezra, Nehemiah, Esther, Job and Psalms", 1657

Vers. 17. *Los carros de Dios se cuentan por veintenas de millares de millares; el Señor viene del Sinaí a su santuario.* *[Los carros de Dios se cuentan por veintenas de millares; millares y millares; el Señor viene del Sinay a su santuario.* RVR*] [Los carros de Dios son miríadas, millares y millares; el Señor está entre ellos en santidad, como en el Sinaí.* LBLA*] [Los carros de Elohim son miríadas, y millares de millares, Adonai avanza entre ellos desde el Sinai al santuario.* BTX*] [Los carros de guerra de Dios se cuentan por millares; del Sinaí vino en ellos el Señor para entrar en su santuario.* NVI*] [Miles y miles son los carros de Dios, está mi Señor en medio de ellos, viene desde el Sinaí al santuario.* BLP*] [Rodeado de incontables millares de carros de guerra, el Señor llegó del monte Sinaí y entró en su santuario.* NTV*]*[242]

Los carros de Dios se cuentan por veintenas de millares. Las demás naciones, a las que figuradamente hace referencia el versículo anterior al decir: *"¿Por qué estáis celosos, oh montes altos?"*, se gloriaban en sus carros de guerra; pero Sión, aunque mucho más humilde, era más fuerte que todas ellas porque la omnipotencia de Dios era para ella como dos miríadas de carros. El Señor de los ejércitos podía juntar en el campo de batalla más fuerzas que todos los insignificantes señores de la guerra que tanto se jactaban de sus ejércitos; sus vigorosos corceles y carros herrados resplandecientes no eran adversario para los carros[243] y caballos de fuego del Señor. En texto original es grandilocuente:

[239] Así es como lo traduce la versión inglesa KJV: *"Why leap ye, ye high hills?"*. La RVA traduce al español: *"¿Por qué os levantáis, oh montes altos?*

[240] Éxodo 7:8-12.

[241] Apocalipsis 14:4.

[242] La versión griega de los LXX o Septuaginta lee: τὸ ἅρμα τοῦ θεοῦ μυριοπλάσιον, χιλιάδες εὐθηνούντων· ὁ κύριος ἐν αὐτοῖς ἐν Σινα ἐν τῷ ἁγίῳ que la Vulgata traduce al latín como: *"Currus Dei decem millibus multiplex, millia laetantium; Dominus in eis in Sina, in sancto"*, "El carro de Dios con muchas decenas de millares, millares de los que se alegran; el Señor entre ellos en el Sinaí, en el Santuario". La versión sefardí de Ferrara traduce: *"Quatregua del Dio dos millares de miles de Angeles, Adonay en ellos, Sinay en la fanctidad"*. La caldea Peshitta: *"Dios cabalga con un ejército de miríadas y millares. Yahweh está entre ellos en el Sinaí, en su santuario"*.

[243] 2 Reyes 2:11; 6:11-17; Isaías 66:15; Jeremías 4:13; Habacuc 3:8.

"los carros de guerra de Elohim son miríadas, millares y millares".[244] En nuestras Biblias la nota marginal: *"y muchos miles"* es más correcta que la propia traducción: *"y miles de ángeles".*[245] No es fácil ver de dónde sacaron nuestros venerables traductores estos *"ángeles"*, porque no están en el texto hebreo; sin embargo, como siempre es una bendición contar con ellos, nos alegramos de encontrarlos en el texto inglés, a pesar de que el texto hebreo los ignore; ya que no cabe la menor duda de que constituían un escuadrón noble y aguerrido de las miríadas de ejércitos de Dios. Leemos en Deuteronomio que el Señor *"vino de en medio de diez millares de santos";*[246] y en Hebreos encontramos sobre el monte de Sión una *"asamblea festiva de miríadas de ángeles";*[247] y lo más probable es que nuestros dignos traductores, juntando estos textos, dedujeron lo de los ángeles, y la cláusula es tan explicativa en si misma que no tenemos problema con ella.

El Señor está entre ellos, como en el Sinaí, en el lugar santo.[248] O más literal *"el Señor está entre ellos en santidad, como en el Sinaí"*. Dios está en Sión como comandante en jefe de sus innumerables huestes, y donde él está, hay santidad. El trono de gracia en Sión es tan santo como el trono de justicia en el Sinaí. Las manifestaciones de su gloria no pueden ser tan terribles en el Nuevo Pacto como fueron en el Antiguo; pero cuando se miran con los ojos espirituales son todavía más maravillosas. La gloria del Sinaí no excede en nada la gloria de Sión, más bien su limitada luz a través de la ley se desvanece ante los esplendores del cenit de la gracia y la verdad de Sión. ¡Qué alegría y consuelo era para todo piadoso israelita saber que Dios estaba con su pueblo en el tabernáculo y el templo de una manera tan real y auténtica como entre los terrores del monte de Horeb! Pero más aún alegra y enardece nuestro corazón tener la seguridad de que el Señor permanece en su Iglesia, y la ha elegido para que sea su reposo eterno.[249] Seamos celosos por mantener la santidad en la casa espiritual que Dios condesciende en habitar; que un sentido de su presencia consuma en ella, como con llamas de fuego,[250] todo camino errado. La presencia del Señor es la fuerza de la Iglesia; cuando Dios es nuestro, todo poder es nuestro. Veinte mil carros llevarán el evangelio hasta los confines de la tierra; y miríadas de agentes trabajarán por su éxito. La Providencia está de nuestro lado, y «tiene criados en todas partes».[251] No hay lugar para la duda o el desánimo, sino al contrario, todo tipo de motivos de alegría y confianza.

C. H. SPURGEON

---

[244] En hebreo רֶכֶב אֱלֹהִים רִבֹּתַיִם אַלְפֵי שִׁנְאָן *reḵeḇ 'ĕlōhîm ribbōṯayim 'alp̄ê šin'ān.* SCHÖKEL traduce: *"Los carros de Dios son miles y miles, millares los arqueros"*. KRAUS: *"¡Carros de Dios! ¡Diez mil veces mil en majestad!*.

[245] La versión inglesa KJV traduce este versículo del siguiente modo: *"The chariots of God are twenty thousand, even thousands of angels: the Lord is among them, as in Sinai, in the holy place"*.

[246] Deuteronomio 33:2 LBLA. Literal: *"de en medio de miríadas de santidad"*.

[247] Hebreos 12:22.

[248] Así lo traduce la versión inglesa KJV: *"The Lord is among them, as in Sinai, in the holy place"*.

[249] Salmo 132:13-14; Juan 14:16-18; Efesios 2:19-22.

[250] Hebreos 12:28-29.

[251] Una frase favorita de Spurgeon: *"Omnipotence has servants everywhere";* la utiliza en varios de sus sermones y en su devocional "Lecturas Matutinas" (5 de Agosto - edición en inglés). La frase procede de la primera estrofa de un poema del irlandés JOHN JOSEPH LYNCH [1816-1888]: *"Say not, my soul, "From whence / Can God relieve my care' / Remember that Omnipotence / Hath servants everywhere"*.

Los carros de Dios se cuentan por veintenas de millares. ¿Qué son estos *"carros de Dios"*? No es mi pretensión analizar el tema en profundidad, simplemente mirad a vuestro alrededor y veréis todos estos *innumerables* carros y ángeles de los nos habla este versículo; porque cuantas sean las criaturas creadas que contempléis a vuestro alrededor, tantos son los ángeles y carros de Dios. Todas ellas son parte de su ejército, son sus carros sobre los que cabalga; y, lo veamos o no, *el Señor está entre ellos en santidad, como en el Sinaí*, (68:17). La gloria del Señor los llena a todos; y si tuviéramos los ojos un poco más abiertos, los veríamos, pues todos están bajo su mandato y no hay una sola de esas criaturas que no ejecute su voluntad. ¡Oh, hermanos! Que cosa tan gloriosa y bendita es esta: que cuanto contemplamos a nuestro alrededor, cuantas criaturas, visibles o invisibles, nuestros ojos son capaces de distinguir o nuestra mente capaz imaginar, acatan los mandatos de Dios. Tengámoslo muy en cuenta, abramos bien nuestros ojos para que a partir de ahora, nuestra alma sea capaz de contemplar los millares de millares de carros y jinetes aguerridos que hay a nuestro alrededor para nuestra defensa, protección y preservación. Pero no olvidemos tampoco que *"¡Horrenda cosa es caer en manos del Dios vivo!"*,[252] que cuenta también con todos estos carros y jinetes a su mando para ejecutar su voluntad y vengarse de aquellos que le descuidan, le aborrecen y se le oponen.

JOHN EVERARD [1584-1641]
"Militia Caelestis, or the Heavenly Host", 1653

Los carros de Dios se cuentan por veintenas de millares

En derredor de su carro, un séquito innumerable
de querubines, serafines, potestades,
tronos, virtudes, espíritus alados,
y carros de prolongadas alas
sacados a millones del arsenal de Dios.
Carros prontos a volar en un instante,
y que colocados entre dos montañas de bronce
esperaban ansiosos el día solemne
desde la más remota antigüedad.
Comenzaron entonces espontáneamente
a moverse y avanzar veloces por sí solos,
porque en ellos mora un espíritu de vida,
que les impulsa a acompañar siempre a su Señor.

JOHN MILTON [1608-1674]
"Paradise Lost", 1667. Libro VII, líneas 198-205

Los carros de Dios se cuentan por veintenas de millares; millares y millares, En hebreo רֶכֶב אֱלֹהִים רִבֹּתַיִם אַלְפֵי שִׁנְאָן *reke̱b ’ĕlōhîm ribbōṯayim ’alpê šin’ān.* Literalmente "veinte miles de miles y

[252] Hebreos 10:31.

miles", es decir muchos miles, según lo interpretan Bythner,[253] Gesenius,[254] y otros. La mención a los ángeles no está en el texto hebreo, y lo más probable es que fue sugerida por la referencia al Sinaí en la siguiente cláusula relacionándola con Deuteronomio donde se dice que *"vino de en medio de diez millares de santos"*[255] El término רֶכֶב *rekeḇ,* "carros", se utiliza en sentido colectivo incluyendo a sus respectivos jinetes.

William De Burgh [1801-1866]
"A Commentary on de Book of Psalms", 1860

Vers. 18. *Subiste a lo alto, cautivaste la cautividad, tomaste dones para los hombres, y también para los rebeldes, para que habite entre ellos JAH Dios.* *[Subiste a lo alto, condujiste cautivos, tomaste dones para los hombres, y también para los que se resistían a que habitara entre ellos JAH Dios.* RVR*] [Tú has ascendido a lo alto, has llevado en cautividad a tus cautivos; has recibido dones entre los hombres, y aun entre los rebeldes, para que el Señor Dios habite entre ellos.* LBLA*] [Subiste a lo alto, cautivaste la cautividad, tomaste dones y los diste a los hombres, incluso a los rebeldes, para habitar entre ellos, ¡Oh YH Elohim* BTX*] [Cuando tú, Dios y Señor, ascendiste a las alturas, te llevaste contigo a los cautivos; tomaste tributo de los hombres, aun de los rebeldes, para establecer tu morada.* NVI*] [Subiste a la altura, tomaste cautivos; recibiste tributos de los seres humanos, incluso de los mismos rebeldes, hasta tener, Señor Dios, una morada.* BLP*] [Cuando ascendiste a las alturas, llevaste a una multitud de cautivos; recibiste regalos de la gente, incluso de quienes se rebelaron contra ti. Ahora el Señor Dios vivirá allí, en medio de nosotros.* NTV*]*[256]

---

[253] Se refiere a Victorinus Bythner [1605-1670], erudito gramático y profesor de las lenguas bíblicas, autor de numerosas obras entre ellas (y una de las más importantes) *"Lyra prophetica Davidis Regis sive Analysis critico-practica Psalmorum"*, además de otros comentarios gramaticales al texto bíblico. Spurgeon utilizaba y citaba habitualmente la traducción al inglés de la obra [Bythner, Victorinus. *Lyre of David. New edition.* N. L. Benmohel. Londres, 1847].

[254] Se refiere a Heinrich Friedrich Wilhelm Gesenius [1786-1842], famoso erudito alemán de las lenguas orientales, profesor de teología en la Universidad de Halle. Escribió numerosas obras sobre los textos bíblicos, siendo especialmente apreciada y quizás su obra más conocida el *"Thesaurus philologico-criticus linguae Hebraicae et Chaldaicae V. T."*

[255] Deuteronomio 33:2. Literal: *"en medio de diez miríadas de santidad"*.

[256] En el Texto Masorético hebreo עָלִ֣יתָ לַמָּר֨וֹם ׀ שָׁ֤בִ֣יתָ שֶּׁ֗בִי לָקַ֣חְתָּ מַ֭תָּנוֹת בָּאָדָ֑ם וְאַ֥ף ס֝וֹרְרִ֗ים לִשְׁכֹּ֤ן ׀ יָ֬הּ אֱלֹהִֽים *'ālîṯā lammārōwm šāḇîṯā še-ḇî mattānōwṯ bā'āḏām wə'ap̄ sōwrrîm liškōn yāh 'ĕlōhîm.* Schökel traduce: *"Subiste a la cumbre llevando cautivos, recibiste como tributo hombres, incluso rebeldes; y te instalaste, Señor Dios"*. Kraus: *"¡Has ascendido a la altura, has hecho cautivos, has recibido dones entre los hombres!"*. Y así traduce también Franz Delitzsch [1813-1890]: *"has recibido dones entre los hombres"*. La versión griega de los LXX o Septuaginta lee: ἀνέβης εἰς ὕψος, ᾐχμαλώτευσας αἰχμαλωσίαν, ἔλαβες δόματα ἐν ἀνθρώπῳ, καὶ γὰρ ἀπειθοῦντες τοῦ κατασκηνῶσαι. κύριος ὁ θεὸς εὐλογητός que la Vulgata traduce al latín como: *"Ascendisti in altum, cepisti captivitatem, accepisti dona in hominibus; etenim non credentes inhabitare Dominum Deum"*, "Subiste a lo alto, cautivaste a la esclavitud; tomaste dones para los hombres, aún los que no creían, que moraba el Señor Dios". La versión sefardí de Ferrara traduce: *"Subifte al cielo, captivafte captiverio, tomafte dadivas en el hombre, y también rebelladores para morar YAH Dio"*. La caldea Peshitta: *"Ascendiste a lo alto y llevaste cautivos a los cautivos. Recibiste dones para los hombres. Ciertamente los rebeldes no morarán ante Dios"*.

Tú has ascendido a lo alto.[257] El arca fue conducida hasta la cumbre de Sión; Dios mismo tomó posesión de los lugares altos de la tierra,[258] siendo exaltado y muy en alto. Y asimismo el antitipo del arca, el Señor Jesús, ascendió también a los cielos con las marcas del triunfo. Había dejado su trono y descendido para pelear contra nuestros enemigos;[259] pero una vez concluida la lucha, regresó a su gloria donde es exaltado por encima de todas las cosas.

Has llevado en cautividad a tus cautivos. Los cautivos voluntarios del poder del Mesías son multitud entre los hijos de los hombres. Como los grandes conquistadores de antaño llevaban naciones enteras en cautividad, así también Jesús se lleva del territorio de su enemigo una inmensa compañía como trofeo de su gracia poderosa. La naturaleza de su reinado de gracia hace que ser conducidos por él en cautiverio implique el cese de nuestro propio cautiverio, o dicho en otras palabras: que nuestro propio cautiverio quede cautivo y su cautividad nos cautive; un resultado ciertamente glorioso. El Señor Jesús destruye a sus enemigos con sus propias armas; da muerte a la muerte, sepulta el sepulcro, entierra a la tumba y lleva cautiva la cautividad.[260]

Tomaste dones para los hombres.[261] O también *"Has recibido dones entre los hombres"*.[262] Te han rendido tributo, oh poderoso Conquistador, y seguirán haciéndolo de buen grado, deleitándose en tu reino a lo largo de todas las edades. La interpretación que hace Pablo es la del evangelio: Jesús *"tomó dones para los hombres"*, los cuales distribuye en abundancia enriqueciendo a su Iglesia con los inestimables frutos de su ascensión tales como: apóstoles, evangelistas, pastores y maestros,[263] y todas sus ramificaciones.[264] En él, el Hombre que recibió dones para el hombre, somos dotados de tesoros inestimables; y movidos por la gratitud le devolvemos también dones, sí, nos damos a nosotros mismos, le entregamos todo nuestro ser.

---

[257] Dice FRANCISCO LACUEVA [1911-2005] en su versión española del "Comentario de Matthew Henry": «Una clara alusión a la ascensión de Cristo según se desprende de la cita en Efesios 4:9 (Comparar con Salmo 47:5-7). Se habla de la Ascensión de Cristo como de un gran honor que se le confirió. Entonces se rubricó su triunfo sobre las puertas del Infierno. *"Condujiste cautivos"* (68:a); es decir, trajo en triunfo los cautivos que había tomado; así solían hacer los grandes conquistadores y los generales victoriosos (Colosenses 2:15). Condujo los que habían estado bajo miserable cautividad, para que, hechos cautivos de Cristo, disfrutaran de la verdadera libertad (Gálatas 5:1, 13). Tras quebrantar completamente el poder de Satanás y del pecado, Cristo nos ha hecho más que triunfadores (Romanos 8:37). La frase siguiente: *"Tomaste dones entre* (literal: בָּאָדָם *bā'āḏām) los hombres"* (68:18b), que da a entender el tributo que los cautivos depositaban a los pies del conquistador, parece ir en cierto modo en contra de la cita correspondiente en Efesios 4:8, donde Pablo se aparta tanto del texto hebreo para seguir el de los LXX. Pero es de notar que el verbo hebreo לָקַח *laqach* significa también 'recibir para dar'. Así Cristo nos da lo que ha recibido: al haber recibido el poder de dar la vida eterna, la da a todos aquellos que el Padre le ha dado a Él (Juan 17:2). La referencia a los *"rebeldes"*, o que se resistían (68:18c) podría aludir según ABRAHAM COHEN [1887-1957] a las naciones paganas en general; o más concretamente según RICARDO ARCONADA a los jebuseos citados en 2 Samuel 5:6; 1 Crónicas 11:5».

[258] Isaías 33:13-17.

[259] Efesios 4:10; Filipenses 2:6-8.

[260] Efesios 4:8.

[261] Así traducen la RVA1909, la RVR1960 y la RVR1977: *"tomaste dones para los hombres"*. La versión inglesa KJV es aún más explícita: *"thou hast received gifts for men"*, (has recibido dones para los hombres).

[262] Así lo traduce LBLA.

[263] Efesios 4:7-11; 1 Corintios 12:28.

[264] Efesios 4:13.

Y también para los rebeldes.[265] Sí, también a los rebeldes se les permite compartir estos dones; en tanto que subyugados por amor, se benefician con los dones peculiares concedidos a los elegidos. El original dice literalmente, *"incluso los rebeldes"*, o *"incluso de los rebeldes"*,[266] de lo cual el sentido es que los rebeldes vienen a ser cautivos al poder del Señor, y tributarios a su trono.

Gran Rey de la gracia, mi corazón subyuga,
y llévame también en triunfo;
cual cautivo dispuesto a mi Señor,
para poseer las conquistas de su palabra.[267]

Para que el Señor Dios habite entre ellos. En el territorio conquistado residirá יָהּ אֱלֹהִים *Jah Elohim* como Señor de todos, bendiciendo de ese modo con su proximidad benevolente incluso a los que otrora fueron sus enemigos. Después que Canaán fuera conquistada, y la fortaleza de Sión arrebatada, el arca de Dios encontró finalmente su un lugar de reposo; y de igual modo cuando las armas victoriosas de la gracia vencen en los corazones de los hombres, el Señor Dios habita en ellos en toda la gloria de su nombre, y los convierte en sus templos vivientes.[268] Es más, la ascensión de Jesús es la razón para el descenso del Señor Dios, el Espíritu Santo.[269] Es debido a que Jesús mora con Dios, que Dios mora con los hombres. El Cristo en el lo Alto es la causa de que el Espíritu esté aquí abajo. Era indispensable que el Redentor ascendiera, para que el Consolador descendiera.

C. H. SPURGEON

Tú has ascendido a lo alto, has llevado en cautividad a tus cautivos; has recibido dones entre los hombres, y aun entre los rebeldes, para que el Señor Dios habite entre ellos. Algunos opinan que esto se refiere literalmente a cuando Dios salía al frente de los ejércitos de Israel[270] conduciéndolos a la victoria, llevando a sus enemigos cautivos y enriqueciéndoles con el botín. Sin embargo, incluso asumiendo que el sentido original pudiera ser este, debemos aplicarlo en referencia a Cristo, puesto que así es como lo aplica el apóstol: *"Subiendo a lo alto, llevó cautiva la cautividad, y dio dones a los hombres"*.[271] Y no solo lo aplica a Cristo, sino que además lo razona y demuestra el porqué lo aplica:

---

[265] JOHN BUNYAN [1628-1688] en su famosa obra autobiográfica *"Grace Abounding to the Chief of Sinners"*, (en español publicado por CLIE como "Gracia abundante") explica como estas palabras iluminaron su mente, cuando sumido en la depresión imaginaba que Dios no perdonaría sus muchos y graves pecados. Al leer en la KJV (1611): *"and received gifts for men, yea, even for thine enemies"*, reflexionó: «Si tiene dones incluso para los rebeldes, ¿por qué no va a tenerlo también para mí?». (Ver el comentario de Bunyan completo incluido por Spurgeon)

[266] En hebreo וְאַף סוֹרְרִים *wə'ap̄ sōwrrîm* de סָרַר *sarar,* "obstinado, rebelde, insumiso", como el Deuteronomio 21:18: *"Si alguno tiene un hijo contumaz y rebelde, que no obedeciere la voz..."*.

[267] Cita la sexta y última estrofa de la versificación de los Salmos de ISAAC WATTS [1674-1748] que comienza diciendo: *"Great was the day, the joy was great"*. En el original de Spurgeon: *"Great King of grace my heart subdue, / I would be led in triumph too; / As willing captive to my Lord, / To own the conquests of his Word"* Al parecer Spurgeon hizo un cambio en la última línea que en el original de Watts es: *"And sing the vict'ries of his Word" (Y cantar las victorias de su Palabra);* y de hecho el propio Spurgeon en uno de sus sermones: "2196. Hosanna!" sobre el texto de Mateo 21:9, y predicado el 22 de Marzo de 1891, lo cita de esa manera.

[268] 1 Corintios 3:16-17; 6:19; 2 Corintios 6:16; Efesios 2:21.

[269] Juan 14:16-20; 15:26.

[270] Salmo 44:9; 60:10; 108:11.

[271] Efesios 4:8.

"Y eso de que subió, ¿qué es, sino que también había descendido primero a las partes más bajas de la tierra?[272] La cautividad que llevó cautiva fue básicamente nuestro enemigo espiritual que nos había hecho cautivos: Satanás, la muerte;[273] y, habiendo alcanzado la victoria, procedió a repartir el botín: *"dones a los hombres"* –como David repartía el botín a sus allegados.[274] Y de ahí vienen nuestras ordenanzas y dones: *"dio a algunos el ser apóstoles, a otros profetas, a otros evangelistas, a otros pastores y maestros".*[275] De esto hubo un glorioso cumplimiento inmediato después de su ascensión, en la rica profusión de dones y gracias repartidas a su Iglesia; igual que David repartió también dones a los que habían acompañado el arca,[276] y repartió el botín de los amalecitas.[277] En el texto del Salmo (68:18) se nos dice que *"recibió dones";* en Efesios que *"dio dones":* primero recibió para después poder dar; se hizo con el botín para poder distribuirlo. Pero, dados los motivos por los que estamos aquí, tan solo deseo llamar vuestra atención sobre algunas peculiaridades de este pasaje que voy a resumir en dos puntos:

1. LAS GRANDES BENDICIONES DEL MINISTERIO CRISTIANO.

a. Los ministros y pastores son *recibidos por* Cristo, y *dados a vosotros por* Cristo. Siendo como son hombres, y hombres pecadores, los pastores no son nada, y no desean ni pretenden en sí mismos ser nada; pero en su calidad de dones de Dios, nos corresponde a nosotros el privilegio de valorarlos y respetarlos.

(a) Si *amamos a Cristo,* amaremos a nuestros pastores por el hecho de ser *"su don",* un don designado a suplir, en cierto sentido, la ausencia de Cristo. Él se fue, "ascendió" a los cielos; pero nos ha dado a sus siervos. Un día esperamos estar junto a él, pero entretanto, somos cual ovejas en el desierto; y por ello nos da un pastor.

(b) Si *tememos a Dios*, temeremos tratar mal a nuestros pastores, siendo como son el don de Cristo. Dios tomó a mal que Israel despreciara a Moisés: *"¿Por qué, pues, no temisteis hablar contra mi siervo, contra Moisés?*[278]

b. Los ministros y pastores no son solo *dados* a nosotros, sino también *recibidos por nosotros* como un don del Dios Padre, como una de las bendición peculiar del pacto, contada entre las bendiciones espirituales en los lugares celestiales en Cristo.[279] Con respecto a este punto, considerad que Cristo no recibió nada de manos de su Padre sino aquello que le costó muy caro: le costó su vida. O, si aludimos al reparto del botín, suponed que decimos que lo recibió cual un conquistador recibe el botín de mano del enemigo vencido. Así pues, considerad que vuestro pastor es uno más entre los que como vosotros mismos, se consumían cual tizones en el fuego.[280] Y Cristo lo arrebató de manos de vuestros enemigos y os lo entregó a vosotros. En base a esto, valorad este don como le corresponde: *"te doy una parte… la cual tomé de mano del amorreo".*[281]

c. Considerad vuestra indignidad, que hace que tal bendición sea inmerecida. No somos más que simples seres humanos, y peor aún, rebeldes que se habían unido a Satanás. ¿Y pretendemos repartir el botín? No es costumbre distribuir el botín entre los rebeldes… Pero incluso a los que le

---

[272] Efesios 4:9;

[273] 1 Corintios 15:55-57; Colosenses 2:13-15.

[274] 1 Samuel 30:20-26.

[275] Efesios 4:11.

[276] 2 Samuel 6:19.

[277] 1 Samuel 30:20-26.

[278] Números 12:8.

[279] Efesios 1:3.

[280] Zacarías 3:1-2.

[281] Génesis 48:22.

crucificaron les fueron otorgados estos dones; y nosotros no estamos lejos de ellos; algunos habíamos sido es personas viles y despreciables, y sin embargo, aquí estamos, compartiendo dones.

d. Finalmente está el propósito de todo ello: *"Para que el Señor Dios habite entre ellos"*. Pero, ¿de veras morará Dios con los hombres? Mientras el pecado era la norma, Dios no habitó con el mundo, ni en él mundo; pero la mediación de Cristo fue para que esto se produjera. *"¿Es verdad que Dios habitará con el hombre en la tierra?"*.[282] ¿Y cómo? Pues por medio de ordenanzas y de ministros. Toda iglesia, congregación o comunidad de Cristo es casa de Dios;[283] y allí donde alguien edifica una casa es señal de que desea morar. ¡Qué bendición tan grande para un pueblo, un país, que Dios construya el él una morada! Es por ello que podemos esperar una bendición especial sobre los medios que colaboran a la conversión de nuestros hijos y amigos, y en la edificación de los creyentes.

2. SEÑALANDO ALGUNAS OBLIGACIONES COMO CONTRAPARTIDA A ESTOS PRIVILEGIOS.

a. Asistir de manera constante y diligente a la casa de Dios. Si la casa de Dios es la morada de Dios, que sea también la tuya, hazla tu casa. Y si Dios te concede el privilegio de un pastor, recíbelo con gratitud, valóralo y respétalo debidamente. Pues no ha hecho así con todos los pueblos.

b. Contribuye de manera alegre y generosa a su sostenimiento. Cristo nos ha dado de gracia, y debemos dar de gracia.[284] Consideradlo no como un don, sino como el pago de una deuda, y no con el pastor, sino con Cristo.

c. Participad en todo aquello que contribuya a la paz,[285] con la cual la presencia y la bendición de Dios están conectadas.

d. Evita todas aquellas las cosas que tienden a provocar al Señor a retirar sus dones, y dejar de morar entre nosotros.[286]

ANDREW FULLER [1754-1815]
"Sermons and Sketches", 1833
sermón predicado el 1 de Agosto de 1787 en *"Church at Moulton"*,
en la ordenación de WILLIAM CAREY [1761-1834]

Tú has ascendido a lo alto, has llevado en cautividad a tus cautivos; has recibido dones entre los hombres, y aun entre los rebeldes, para que el Señor Dios habite entre ellos. Pero, ¿quién es este de quien está escrito que *"ascendió a lo alto"*? No es serio ni realista empeñarse en aplicar literalmente el Salmo 68, en el cual figuran por primera vez estas palabras, a ninguna victoria o triunfo terrenal: a la matanza y destrucción del ejército de Senaquerib[287] (como especulan algunos comentaristas judíos), porque esta tuvo lugar en tiempos del rey Ezequías, y el título mismo de este Salmo, que lo atribuye a David, refuta del todo semejante fantasía; tampoco a ninguna de las victorias que David obtuvo contra sus enemigos limítrofes, los amonitas, los moabitas, los idumeos y los filisteos[288] (como algunos pretenden); es evidente que aplica al acontecimiento glorioso cuando el rey David, con la mayor pompa, triunfo y alegría, trajo el arca del pacto al monte Sión.[289] Por tanto, estas palabras: *"Tú has ascendido a lo alto"*, aplican en primera instancia al arca, que habiendo permanecido en un lugar inhóspito y

[282] 1 Crónicas 6:18.
[283] Génesis 28:17; Mateo 18:20; 1 Corintios 5:4; 1 Timoteo 3:15.
[284] Mateo 10:8.
[285] Romanos 14:19.
[286] Efesios 4:20.32.
[287] 2 Reyes 19:35-37.
[288] 2 Samuel 8:1-14; 1 Crónicas 18:1-13; 19:1-19.
[289] 2 Samuel 6:1-19.

oscuro,[290] fue transportada y *"ascendida"* a otro lugar de dignidad,[291] colocada en un sitio ilustre y conspicuo junto al palacio real. Y las palabras: *"has llevado en cautividad a tus cautivos"*, aluden a los enemigos que hasta entonces habían arrasado y expoliado el país, pero que ahora, vencidos por David, fueron llevados cautivos en la procesión (porque así es como solía hacerse en aquellos tiempos, como tan excelentemente explica el historiador Plutarco[292] en *"Paulus Aemilius")*.[293] Lo que resta del texto: *"has recibido dones entre los hombres"* se refiere a los tributos que ofrecieron voluntariamente algunos de los enemigos para pactar la paz, y que fueron también mostrados de forma triunfal en este espectáculo pomposo para darle mayor realce y solemnidad; y que tras el acontecimiento (como era costumbre de los jefes que habían salido victoriosos: *"bellica laudatis dona dedisse viris"*, otorgar parte del botín a los que habían batallado dignamente), fueron repartidos a modo de dones de varias maneras; tal y como indica Sigonius[294] que era la costumbre. Con todo, yo mantengo que este Salmo 68 es un ἐπινίκιον,[295] un cántico triunfal escrito por David desde una perspectiva mística; con una visión anticipada de Jesucristo levantándose de entre los muertos y ascendiendo a los cielos entre aclamaciones triunfales de victoria y regocijo; y desde donde reparte dones enviando su Santo Espíritu a sus apóstoles y discípulos. Y, una vez vencidos todos sus enemigos, recogiendo el tributo por medio del ministerio de sus predicadores, sus iglesias y su pueblo escogido, y guiándolos y defendiéndolos aquí en esta vida hasta que los acoja en su gloria eterna.

Griffith Williams [1589-1672]
"The Right Way to the Best Religion", 1636

Cautivaste la cautividad. La expresión es enfática. Ha conquistado y triunfado sobre todos los poderes que nos mantuvieron en cautiverio, de modo que el cautiverio mismo es llevado cautivo. Su poder y su fuerza han sido destruidos; y su pueblo, una vez puesto por él en libertad, y andando en sus caminos, no tienen más que temer de aquellos que antes les mantuvieron cautivos que un conquistador tiene que temer de un prisionero encadenado. La frase: *"Cautivaste la cautividad"*, tiene la misma fuerza, el mismo vigor y energía que la del apóstol Pablo cuando exclama: *"Sorbida es la muerte con victoria"*.[296]

John Newton [1725-1807]
"Messiah : fifty expository discourses, on the series of scriptural passages, which form the subject of the celebrated oratorio of Handel: preached in the years 1784 and 1785, in the Parish Church of St. Mary, Woolnoth", 1803

---

290 1 Samuel 7:1; Salmo 132:6.
291 1 Crónicas 13:5-6.
292 Se refiere a Mestrio Plutarco 50 [a.C-120 d.C], historiador, biógrafo y ensayista griego. Sus obras más conocidas son *Moralia*, y *Vidas paralelas,* una serie de biografías de personajes griegos y romanos famosos, elaborada en forma de parejas con el propósito de comparar las virtudes y defectos de cada uno.
293 Se refiere al general y estadista romano Lucio Emilio Paulo [230-160 a.C] apodado Paulus Macedonicus y también Paulus Aemilius, uno de los personajes incluidos por Plutarco en las *Vidas paralelas* y que compara con el estadista y general griego Timoleón de Corinto [411-337 a.C].
294 Se refiere a Carolus Sigonius [1524-1584] erudito humanista italiano nacido de Módena, que se especializó en investigar la vida y costumbres entre los romanos y escribió diversas obras al respecto.
295 Epinikion o epinicio, un estilo literario dentro de la poesía lírica de la Grecia clásica, a modo de himno u oda, que se componía para ensalzar y glorificar a los vencedores en los juegos olímpicos.
296 1 Corintios 15:54.

Has llevado en cautividad a tus cautivos. La profecía ancestral de David tuvo su cumplimiento al pie del monte de los Olivos.[297] Llevar *"cautiva la cautividad"*, significa que Cristo venció a los principados y potestades confabuladas, al diablo, el pecado, la muerte y el infierno; y que les despojó de los instrumentos con que habían estado esclavizando a los hombres. No solo silenció, en sentido espiritual, el cañón del Gibraltar,[298] sino que se apoderó por entero de La Roca, incluidas sus fortificaciones. No solo acalló las horribles y destructivas andanadas disparadas desde las almenas de principados y potestades,[299] tenebrosos y poderosos enemigos espectrales conjurados, sino que derribó sus torres, arrasó sus castillos, liberó los prisioneros y se llevó las llaves de las mazmorras; convirtiéndose en Señor absoluto, desde entonces y para siempre. Al propio tiempo, salvó a su pueblo. ¿Dónde, oh Jesús, está el ejército del cual tú eres el Capitán? «¡Aquí! Todos los nombres de sus combatientes están escritos sobre perlas en el pectoral que visto como Sumo Sacerdote».[300] Apenas se había levantado de la tumba, que empezó ya a distribuir sus dones, lo hizo a lo largo del camino de retorno a la casa de su Padre; pero de manera especial después de haber entrado en los cielos de los cielos, *"dio dones a los hombres"*, como poderoso conquistador cargado de tesoros con los que enriquecer y adornar a sus fieles seguidores. Fueron dones de misericordia, distribuidos *"incluso entre los rebeldes"*, entre todos los que se arrojaron a sus pies en sumisión penitente, *"para que el Señor Dios habite entre ellos"*. El apóstol nos dice que una porción de estos dones son dones de ministerio, en consecuencia, siempre que Dios condesciende a morar entre un pueblo y en un país, otorga a ese pueblo y país el don de este ministerio: les envía su evangelio por boca de siervos fieles; establece allí su casa; la mesa y el candelero;[301] y entonces, por medio de su Espíritu, hace allí morada[302] y bendice su herencia.

CHRISTMAS EVANS [1766-1838]
sermón titulado *"The Ascension"*, Sermón xiv sobre Hechos 3:21
en *"Sermons of Christmas Evans: A New Translation from the Welsh by Joseph Cross"*, 1857

Tú has ascendido a lo alto, has llevado en cautividad a tus cautivos; has recibido dones entre los hombres, y aun entre los rebeldes, para que el Señor Dios habite entre ellos. El apóstol Pablo en su carta a los Efesios no cita estas palabras literalmente, sino partiendo de su significado: *"Por lo cual dice: Subiendo a lo alto, llevó cautiva la cautividad, y dio dones a los hombres"*.[303] Porque las palabras literales del Salmo: *"has recibido dones"*, aplicadas a Cristo en su glorificación, solo podían entenderse en referencia al propósito de distribución y, por ello, el apóstol la cita en este sentido *"y dio dones a los hombres"*. Pero el texto hebreo puede traducirse también de la siguiente manera: *"Recibiste dones en la naturaleza humana"*, o *"recibiste dones por amor a los hombres"*.[304] El apóstol lo cita refiriéndose al propósito para el cual estos dones fueron recibidos, y, por tanto, no hay contradicción alguna entre el Salmista y el apóstol. De modo que las dificultades de esta cita desaparecen

---

[297] Hechos 1:9-12.

[298] Se refiere al famoso cañón inclinado conocido como "el cañón de Koehler" diseñado en 1782 por el ingeniero militar británico GEORGE FREDERICK KOEHLER [1758-1800], y montado sobre un modelo de carro en el que el cañón podía inclinarse en un ángulo de setenta grados, lo que permitió durante el gran asedio de Gibraltar de 1779-1783 que los cañones defensores pudieran aprovechar la altura del Peñón de Gibraltar para disparar desde las fortificaciones directamente sobre las tropas de asedio. Uno de estos cañones se conserva todavía en Gibraltar en *Casemates Square*, y puede visitarse turísticamente.

[299] Efesios 6:12.

[300] Apocalipsis 2:17; 9:9.

[301] Éxodo 25:23-40.

[302] Juan 14:23; Apocalipsis 21:3.

[303] Efesios 4:8.

[304] Ver al respecto Génesis 18:28; 22 Reyes 14:6.

cuando las examinamos de cerca, pues el Antiguo Testamento y el Nuevo Testamento están en perfecta armonía. Rosenmuller[305] expone el Salmo 68 sin mencionar el nombre de Cristo una sola vez; por lo general los neologistas[306] no ven ningún Mesías en todo el Antiguo Testamento. Pero si tuvieran un mínimo de dignidad y modestia, se darían cuenta de que la cita del apóstol en Efesios 4:8 constituye un obstáculo insalvable en esta vía. Pues Pablo afirma rotundamente y con la mayor claridad que el Salmo 68 es profético y referente a Cristo; por mucho que ellos insistan en que Pablo estaba equivocado, que erró en su aplicación del texto –De Wette–[307] confundiendo el significado. Pretenden que לַמָּרוֹם *lammārōwm "a lo alto"* significa "lo alto" del monte Sión, y que Pablo se confundió y tergiversó el sentido afirmando que se refiere al cielo. ¿Quién tiene razón? Sin duda que Pablo, pues la utilización que se hace de este término hebreo en el resto de la Escritura es aplastante. En la mayoría casos significa las mansiones celestiales,[308] lo que justifica sobradamente la aplicación enfática del apóstol.

WILLIAM GRAHAM [1810-1883]

"Lectures on St. Paul's Epistle to the Ephesians", 1870

Has recibido dones entre los hombres, y aun entre los rebeldes, Tan pronto como Cristo fue instalado en su trono, repartió su riqueza y dio dones. Mejor dicho, dones o el dador de los dones, el don del Espíritu Santo. *"Si conocieras el don de Dios"*,[309] dijo Cristo a la mujer samaritana, ese don era el agua de vida,[310] y esa agua de vida era el Espíritu; según el propio apóstol Juan, que conocía mejor su mente, lo interpretó: *"Esto dijo del Espíritu que iban a recibir los que creyesen en él"*.[311] ¡Oh, alma mía, considera este don principesco de Cristo! Pues nunca antes había existido semejante don, hasta que Dios dio a su Hijo: *"Porque de tal manera amó Dios al mundo, que dio a su Hijo"*,[312] y Cristo amó al mundo de tal manera que dio su Espíritu. Pero considera, oh alma mía, de manera especial, a quien fue dado este Espíritu; porque el destinatario del don eres tu, tu propia alma: *"un Hijo nos es dado"*[313] dice el profeta; y a nosotros dice el apóstol que *"Espíritu Santo nos fue dado"*[314]. Pero considera, por encima de todo, las razones de este don con referencia a sí mismo: ¿Acaso no fue dado para

---

305 Se refiere a ERNST FRIEDRICH KARL ROSENMÜLLER [1768-1835], teólogo y orientalista alemán, profesor de lenguas orientales en Leiepsig y autor de numerosas e importantes obras de exégesis bíblica del Antiguo Testamento, entre las que destacan sus *"Annotatios on some of the Messianic Psalms"*, 1841 que es a la que hace referencia Graham; y su monumental obra póstuma *"Scholia in Vetus Testamentum"*, 1836.

306 Un NEOLOGISMO es toda palabra nueva que aparece y se incorpora a una lengua o idioma, o la inclusión de un significado nuevo en una palabra ya existente. Los neologismos se producen la mayoría de las veces por razones culturales: modas, costumbres; o para razones técnicas: la informática ha sido un verdadero manantial de neologismos y EXTRANJERISMOS, que son palabras que se incorporan a un idioma procedente de otro. Lo contrario de los NEOLOGISMOS con los ARCAÍSMOS por alguna razón caen en desuso y acaban prácticamente por desaparecer.

307 Se refiere a WILHELM MARTIN LEBERECHT DE WETTE [1780-1849]. Teólogo y erudito bíblico alemán, profesor en las universidades de Heidelberg, Berlín y Basilea. Reconocido promotor del criticismo bíblico, sus obras escritas en latín *"Dissertatio criticoexegetica, qua Deuteronomium a prioribus Pentateuchi libris diversum"*, 1805, y especialmente su *"Commentar ueber die Psalmen"*, 1811, causaron un gran revuelo entre los estudiosos de la época. Con el paso de los años adoptó posturas más conservadoras.

308 Ver Salmo 7:7; 18:16; 93:4; 102:19; Jeremías 25:30.

309 Juan 4:10.

310 Juan 4:14.

311 Juan 7:37-39.

312 Juan 3:16.

313 Isaías 9:6.

314 Romanos 5:5.

hacer de ti un templo y receptáculo del Espíritu Santo? ¡Piensa un poco en esto! ¡Admira, oh alma mía, la condescendencia y el amor glorioso e inefable de Cristo en esto! Que descendiera a nuestra naturaleza humana cuando se encarnó,[315] ya fue un acto de amor infinito; pero más glorioso aún es el que descienda a tu corazón por medio de su Espíritu Santo. Cuando se humano se nos acercó; pero, por si esto no fuera suficiente, ahora se te acerca mucho más, porque ahora penetra en tu propia persona y reside en tu alma por medio del Espíritu Santo.

ISAAC AMBROSE [1592-1674]
"Looking unto Jesus: A View of the Everlasting Gospel, or, The Soul's Eyeing of Jesus", 1763

Tú has ascendido a lo alto. La gloriosa ascensión de Dios desde el monte Sinaí, después de la entrega de la ley,[316] fue un tipo y representación de su *"ascensión mucho más arriba de todos los cielos, para poder llenarlo todo"*.[317] Y, así como entonces Dios *"llevó cautiva la cautividad"* tras la destrucción de Faraón y los egipcios, que habían mantenido a su pueblo en cautiverio y bajo cruel servidumbre; así hizo también Cristo tras la destrucción del cautiverio de Satanás y todos sus poderes: *"despojando a los principados y a las potestades, los exhibió públicamente, triunfando sobre ellos en la cruz"*.[318] Tan solo que en el Salmo 68 se dice que *"recibió dones para los hombres"*, y en Efesios que *"dio dones a los hombres"*,[319] Lo cual encierra un misterio considerable; pues siendo que Cristo es Dios, y ello queda gloriosamente reflejado en el Salmo, se dice también que "recibirá dones", lo que constituye una clara indicación de que asumiría una condición en la que pudiera recibir de otro, como fue en este caso.[320]. La frase en el texto hebreo original es esta: לָקַחְתָּ מַתָּנוֹת בָּאָדָם *lāqaḥtā mattānōwṯ bā'āḏām*, literalmente: *"Tú has recibido dones en Adán"*, es decir, en el hombre, de naturaleza humana. El verbo לָקַח *laqach* significa tanto "dar" como "recibir", en especial cuando lo que se recibe es algo para darlo a otros. Cristo recibió este don, en su naturaleza humana, para otorgarlo a otros. Ahora bien, ¿cuál es el fin o propósito de preparar todo este escenario glorioso, y de llamar a todos los hombres a colaborar a su preparación? Exponer la grandeza del don que él otorgaría, y la gloria de la obra que llevaría a cabo: proveer a la Iglesia con ministros, y ministros con dones para desempeñar con efectividad su oficio y misión. Llegará el día en que será evidente que hay más gloria, y más excelencia, en situar a un humilde ministro a cargo de una pequeña congregación, otorgándole los dones espirituales precisos para ejercer su ministerio; que en la pomposa instalación de mil Papas, Cardenales o Metropolitanos. Porque esto último, aún los peores de entre los hombres, mediante unos cuantos ritos y ceremonias exteriores, pueden hacerlo; pero solo Cristo puede hacer lo primero; y este es el propósito para el cual ascendió a lo alto: *dar dones a los hombres*.

JOHN OWEN [1616-1683]
"Two Discourses concerning the Holy Spirit and his Work: The One in the Spirit as a Comforter, and the other, as He is the Author of Spiritual Gifts", 1693

Tomaste dones para los hombres. Dado que el pasaje que consideramos lo aplica Pablo en un sentido más espiritual a Cristo[321] es preciso mostrar cómo esto concuerda con el significado y alcance de las palabras del salmista. Que David, al reinar sobre el pueblo de Dios en la antigüedad,

---

[315] Filipenses 2:6-11.
[316] Éxodo 20:18.
[317] Efesios 4:10.
[318] Colosenses 2:15.
[319] Efesios 4:8.
[320] Hechos 2:33.
[321] Efesios 4:8.

anticipaba en sombra el comienzo del reino eterno de Cristo, podemos considerarlo como una verdad incontrovertible. A todo el que tenga en mente la promesa que Dios le hizo de una sucesión perdurable que no se interrumpiría nunca,[322] le resulta evidente que esta promesa fue autentificada en la persona de Cristo. Y que así como Dios manifestó su poder en David al exaltarlo con miras a la liberación de su pueblo; así también ha exaltado su nombre en su Hijo unigénito. Analicemos, sin embargo, el paralelismo con mayor detalle para ver como se sostiene. Cristo, antes de ser exaltado, se despojó de su gloria, y no solo asumió la forma de siervo, sino que se humilló hasta la muerte y muerte de cruz.[323] Y Pablo, para demostrar el paralelismo, afirma que lo que David había predicho se cumplió en la persona de Cristo al descender a las partes más bajas de la tierra, es decir, en el reproche y la ignominia a la que fue sometido;[324] para posteriormente ascender a la diestra del Padre. Al pensar en la ascensión, no podemos limitar nuestra perspectiva al cuerpo físico de Cristo, sino que debemos ahondar en el propósito, resultado y fruto de la misma: someter al cielo y la tierra bajo su dominio.[325] A los que antes eran sus enemigos inveterados, les impuso sumisión convirtiéndoles en tributarios. Este es el propósito y el efecto de la palabra del Evangelio: conducir a los hombres a renunciar a su orgullo y obstinación; derribar todo pensamiento de exaltación de si mismos y reconducir sus sentidos y afectos a la obediencia a Cristo. En cuanto a los demonios y los hombres reprobados, instigados a rebelión y oposición contínua por malicia obstinada, los mantiene sujetos mediante control secreto, y les impide ejecutar la destrucción que pretenden. Hasta aquí el paralelo encaja perfectamente y queda completo. Tampoco hay inconsistencia real entre lo que afirma el Salmo: *"recibió dones para los hombres"*, y lo que Pablo nos dice que Cristo *"dio dones a los hombres"*, aunque las palabras no coincidan debido a que con el propósito de facilitar la lectura a todos, utilizó la versión griega. No fue Dios quien se enriqueció con el botín de sus enemigos, sino todo su pueblo; Cristo ni buscó ni tenía por qué buscar beneficio o ventaja alguna, simplemente hizo tributarios a sus enemigos para poder adornar a su iglesia con el despojo. Dada la unión íntima y estrecha subsistente entre la Cabeza y los miembros,[326] decir que Dios manifestado en carne recibió dones de los cautivos, es lo mismo que decir que los distribuyó a su Iglesia. Y lo que se dice al final del versículo: *"para que habite entre ellos JAH Dios"*, no es menos aplicable a Cristo: pues el objetivo de sus victorias era *que Dios pudiera morar en nosotros.* Aunque ascendió y se fue, no se fue con la intención de alejarse de nosotros, sino, como dice Pablo, *"para llenarlo todo"*.[327] Con su ascensión al cielo, la gloria de su divinidad ha sido desplegada de un modo más amplio e ilustre; y aunque ya no está presente entre nosotros en la carne, nuestras almas reciben alimento espiritual de su cuerpo y sangre, y hallamos, a pesar de la distancia en cuanto al lugar, que *su carne es verdadera comida y su sangre verdadera bebida.*[328]

JUAN CALVINO [1509-1564]

Tomaste dones para los hombres. «En hebreo בָּאָדָם *bā'ādām,* en el hombre, es decir: "en la naturaleza humana"; –dice el Dr. Adam Clarke–, y Dios, manifestado en carne humana, mora entre los mortales. Los dones que Jesucristo distribuye *al hombre* los ha recibió *en el hombre,* en decir: en y en virtud de su *encarnación;* y por tanto, es como consecuencia de que se hiciera hombre, que puede

[322] Salmo 132:11-12.
[323] Filipenses 2:6-11.
[324] Salmo 22:7-8.
[325] Mateo 28:18; 1 Corintios 15:27-28; Efesios 1:19-23; Hebreos 2:8.
[326] Romanos 12:4-5; 1 Corintios 12:12-13, 27.
[327] Efesios 4:10.
[328] Juan 6:55.

decirse: *"el Señor Dios mora entre ellos"*, porque Jesús fue llamado *"Emmanuel, Dios con nosotros"*,[329] como consecuencia de su encarnación».

Adam Clarke [1760-1832]
citado en una nota editorial por los editores del
"Comentario a los Salmos" de Juan Calvino [1509-1564]

Y también para los rebeldes.[330] Temía también que esta era la señal que el Señor había puesto en Caín, a saber, temor y temblor permanentes bajo la pesada carga de culpa que había caído sobre él por causa de la sangre de su hermano Abel.[331] Así que me encogía y acurrucaba bajo la carga que estaba sobre mí, carga que me oprimía tanto que no lograba mantenerme en pie, ni andar; ni estar tumbado, ni en reposo, ni quieto. Sin embargo, venían a mi mente de cuando en cuando las palabras del salmista: *"Tomaste dones para los hombres, y también para los rebeldes"*(68:18) *"Rebeldes"* reflexionaba yo; porque, habiendo estado por un tiempo sometidos a su príncipe, es decir, habiendo jurado sumisión a su gobierno, habían tomado las armas contra él. Y esta, pensaba yo, era precisamente mi condición: por un tiempo le amaba, le temía, le servía; pero ahora soy un rebelde, le he traicionado. Y me decía: Pues bien, que se vaya si quiere; pero luego reflexionaba: Si a pesar de todo, dice que tiene dones incluso para los rebeldes, entonces, ¿por qué no para mí?

John Bunyan [1628-1688]
"Grace Abounding to the Chief of Sinners",[332] 1666

Y aun para los rebeldes, para que el Señor Dios habite entre ellos. No tuviste en cuenta su anterior desobediencia, sino que aún viendo su rechazo, continuaste haciéndoles el bien hasta convertirlos en *tu propia morada:* οἰκητήριον *oikétérion.*[333]

Teodoreto de Ciro [393-458]
"Interpretatio in omnes Davidis psalmos"

Y aun para los rebeldes, para que el Señor Dios habite entre ellos. La paráfrasis Caldea[334] lo traduce del siguiente modo: "Y en los rebeldes que se convierten en prosélitos y regresan por medio del arrepentimiento, mora la *Shekinah*[335] de la gloria del Señor Dios".

C. H. Spurgeon

---

[329] Isaías 7:14; Mateo 1:23.

[330] O mejor aún *"los que se resistían"*, como traduce la RVR1977

[331] Génesis 4:13-15.

[332] Publicado por CLIE en español con el título *"Gracia abundante"*.

[333] 2 Corintios 5:2, Judas 1:6.

[334] Lo que se conoce como paráfrasis caldea o Tárgum (en hebreo מוגרת , plural "tárgumim") era una traducción al arameo de la Biblia hebrea compilada desde el período del Segundo Templo hasta principios de la Edad Media. Además de "traducción", también significa "interpretación", por lo cual el Tárgum incluía con frecuencia notas aclaratorias y exegéticas a pie de página o incluso añadidas al texto, convirtiéndolo en una versión parafraseada de la Biblia. Los más conocidos son el *"Tárgum de Onquelos"* de la Torá y el *"Tárgum de Jonathan"* de los profetas, que incluía el resto de libros llamados proféticos entre los que se cuentan los Salmos-

[335] Aunque la palabra שכינה *shekinah:* "la gloria de Dios", no aparece como tal en nuestras versiones de la Biblia, es la palabra hebrea que se utiliza para identificar la presencia de Dios. Éxodo 40:35.

Para que el Señor Dios habite entre ellos. Cuando contemplamos su *inmensidad, grandeza, independencia, santidad* y *soberanía;* no deja de ser causa de admiración y asombro, a la par que un motivo de piedad y devoción, que Dios habite entre los hombres. Y no obstante lo hizo y lo sigue haciendo:

1. Cuando Cristo vino al mundo.[336]
2. Cuando el Espíritu Santo mora en el corazón de cada creyente.[337]
3. Cuando Dios se manifiesta en las congregaciones.[338]

WILLIAM STAUGHTON [1770-1829]

Vers. 19. ***Bendito el Señor; cada día nos colma de beneficios el Dios de nuestra salvación. Selah.*** *[Bendito el Señor; cada día nos colma de beneficios el Dios de nuestra salvación. Selah.* RVR*]* *[Bendito sea el Señor, que cada día lleva nuestra carga, el Dios que es nuestra salvación.* LBLA*]* *[¡Bendito sea Adonai! ¡Día tras día lleva nuestra carga el DIOS de nuestra salvación! Selah.* BTX*]* *[Bendito sea el Señor, nuestro Dios y Salvador, que día tras día sobrelleva nuestras cargas. Selah.* NVI*]* *[Bendito sea mi Señor día tras día, que Dios nuestro salvador nos sostenga. Pausa,* BLP*]* *[¡Alaben al Señor, alaben a Dios nuestro salvador! Pues cada día nos lleva en sus brazos. Interludio.* NTV*]*[339]

Bendito el Señor. Al mencionar la presencia de Dios entre los hombres, los cantores prorrumpen en una aclamación sincera surgida del amor reverencial, y devuelven bendiciones a Aquel que tan abundante bendice a su pueblo.

Cada día nos colma de beneficios. Al traducir *"nos colma de beneficios"* nuestra versión transmite aquí una verdad grande y preciosa, aunque probablemente no la que pretendía el salmista.[340] Los beneficios de Dios no son pocos ni livianos; son muchos y enormes; tampoco son intermitentes, sino que nos vienen *"cada día";* ni están confinados a unos pocos favoritos, puesto que todo Israel puede exclamar: *"nos colma de beneficios"*.[341] Pero Delitzsch[342] lo traduce de otro modo: *"que cada día lle-*

---

[336] Isaías 7:14; Mateo 1:21-23; Filipenses 2:6-11.

[337] 1 Corintios 3:16; 6:19, 16; Efesios 2:21-22.

[338] Mateo 18:20.

[339] La versión griega de los LXX o Septuaginta lee: εὐλογητὸς κύριος ἡμέραν καθ' ἡμέραν, κατευοδώσει ἡμῖν ὁ θεὸς τῶν σωτηρίων ἡμῶν. διάψαλμα que la Vulgata traduce al latín como: *"Benedictus Dominus die quotidie: prosperum iter faciet nobis Deus salutarium nostrorum"*, "Bendito el Señor, un día y todos los días; próspero nos hará el camino el Dios de nuestras saludes". La versión sefardí de Ferrara traduce: *"Bendito Adonay dia (cada) día, cargarà à nos el Dio de nueftra falvación. Selah"*. La caldea Peshitta: *"Bendito es Yahweh día tras día, que nos ha elegido como su heredad"*.

[340] En el texto hebreo בָּר֥וּךְ אֲדֹנָ֗י י֤וֹם ׀ י֥וֹם יַעֲמָס־לָ֑נוּ הָאֵ֥ל יְֽשׁוּעָתֵ֣נוּ סֶֽלָה *bārūḵ 'ăḏōnāy yōwm yōwm ya'ămās-lānū hā'êl yəšū'āṯênū*. SCHÖKEL traduce: *"Bendito el Señor cada día: Dios carga con nuestra salvación"*. KRAUS: *"¡Alabado sea el Señor día tras día! ¡El carga con nosotros, Dios es nuestra salvación!* FRANZ DELITZSCH [1813-1890] traduce: *"¡Alabado sea el Señor: día tras día el soporta nuestra carga! Él, Dios, es nuestra salvación"*. FRANCISCO LACUEVA [1911-2005] en su versión española del "Comentario de Matthew Henry" traduce: *"Bendito sea el Señor; día tras día lleva nuestra carga, el Dios que es nuestra salvación"*.

[341] Salmo 103:4.

[342] Se refiere a FRANZ DELITZSCH [1813-1890], conocido teólogo y hebraísta alemán, profesor en la universidad de Liepzig. Tradujo el N.T. al hebreo y su traducción es considerada la mejor que existe hasta el día de hoy. Escribió un extraordinario comentario bíblico al libro de los Salmos y colaboró con JOHANN FRIEDRICH

va nuestra carga";[343] y Alexander:[344] *"De quien quiera que ponga sobre nosotros una carga, el Dios fuerte es nuestra salvación"*. Si es él mismo quien nos carga de dolor, nos da la fuerza suficiente para soportarlo; y si otros tratan de oprimirnos, no tenemos porque temer, pues el Señor vendrá a rescatar a su pueblo. ¡Feliz la nación sometida por un rey cuyo yugo es fácil y ligera su carga,[345] y que garantiza a su pueblo que no tiene motivo alguno para temer a las cargas extrañas que sus enemigos podrían tratar de obligarles a soportar.

El Dios de nuestra salvación. Un nombre radiante, rebosante de gloria para él, y de consuelo para todos nosotros. No importa cuán fuerte sea el enemigo, seremos liberados de sus garras; porque Dios mismo se compromete, como Rey, a salvar a su pueblo de todo mal.[346] ¡Qué estrofa tan gloriosa! Solo la oscurece su excesiva luz. Todo un mundo de significado condensado en pocas palabras. Su yugo es fácil, y su carga es ligera, por tanto, bendito sea el nombre del Salvador por siempre jamás. ¡Que todos te alaben tres veces bendito Príncipe de la Paz! Todos los que han sido salvos te adoran y te llaman bienaventurado.

Selah. Bien que precisan las cuerdas afinación, pues con este cántico potente han soportado una tensión inigualable. ¡Músicos, elevad más y más el tono! ¡Dadle otra vuelta a la tuerca, extremad la tensión! ¡Danzad delante del arca, vosotras doncellas de Israel! (68:25) ¡Agitad los panderos y cantad al Señor que ha triunfado de manera gloriosa![347]

C. H. SPURGEON

Bendito el Señor; cada día nos colma de beneficios el Dios de nuestra salvación. Creo que el dulce cantor de Israel busca elevar aquí su nota para emular la de los coros celestiales en la melodía de sus aleluyas; sí, y permitidme que os que ni aún ahora, que canta ya desde lo alto formando parte de la bendita cohorte de espíritus gloriosos, cabe pensar que sus estrofas alcancen a superar estas palabras que entonó mientras estaba aún aquí en la tierra; y que deseo exponer ante vosotros. Preparad pues, os lo ruego, vuestros oídos para escuchar el canto de David, y vuestros corazones y lenguas para entonar los vuestros.

Lo primero que nos llama la atención al analizar esta alocución angélica, son su esencia y fundamento:

1. La *esencia* es un alarde de gratitud envuelto en una explosión de regocijo: *"Bendito sea el Señor";* y en la misma, el aplauso y el entusiasmo priman por igual; un aplauso a la bondad de Dios, a la vez que una invitación entusiasta a otros para que le den el mismo aplauso.
2. El *fundamento* es un triple reconocimiento: *de lo que Dios es* en sí mismo: *Dios y Señor;* de *lo que es* en si mismo *y hace por* nosotros: *cada día nos colma de beneficios;* y de *lo que es* si mismo y *es para* nosotros: *el Dios de nuestra salvación;* y este último (como suele hacerse con algunas piedras preciosas) nos lo presenta el salmista envuelto en un paño de terciopelo oscuro para potenciar su realce: *"de Jehová el Señor es el librar de la muerte* (68:20). Así pues, reconocimiento, en primer lugar por su propio bien; en segundo lugar para nuestro bien; y en tercer lugar para el suyo y el nuestro; como Dios, como Señor, como benefactor, y como Salvador y libertador; cantemos: *"¡Bendito sea el Señor!"*.

KARL KEIL [1807-1888], en un comentario bíblico monumental al texto hebreo del A.T., traducido al español por CLIE con el título de *Comentario al Texto Hebreo del Antiguo Testamento.*

[343] Así lo traducen también al español la NVI y LBLA.

[344] Sobre JOSEPH ADDISON ALEXANDER [1809-1860] ver nota 173 en este mismo Salmo.

[345] Mateo 11:28-30.

[346] Salmo 41:2; 91:10-12; 121:7.

[347] 2 Samuel 6:5.

No es difícil observar que los *"Aleluyas"* de David son más que sus *"Hosannas"*, sus acciones de gracias más numerosas que sus alabanzas. A menudo alaba a Dios sin pedir nada; pero rara vez pide sin que su alma estalle en una acción de gracias en anticipación del favor que sabe le será concedido; y el cántico universal que concentra y resume todos su cánticos celestiales no es otro que este: *"¡Bendito sea el Señor!"* Porque decir *"Alabado sea"* (según figura en nuestra anterior versión)[348] es insuficiente: la honra es más que la alabanza; y la bendición es más que la honra. Tampoco es casual que el verbo hebreo בָּרַךְ *barak,* "bendecir", derive de בֶּרֶךְ *berek,* "rodilla", significando que uno se arrodilla para bendecir o recibir bendición; así el pregonero que iba delante del carro de José en Egipto proclamaba: אַבְרֵךְ *'aḇrêḵ;* pidiendo a todos los que había en el camino que doblaran su rodilla ante él.[349]. Todo reconocimiento de un mérito, por superficial y trivial que sea, es alabanza; pero la bendición va mucho más allá, ocupa en la escala de la gratitud un nivel que conlleva el arrebato del corazón en una especie éxtasis divino. La alabanza es una simple cuestión de cumplido; la bendición es devoción sincera. La norma que establece el apóstol es que *"sin discusión alguna, el menor es bendecido por el mayor",*[350] como Abraham fue bendecido por el Rey de Salem;[351] pero el salmista parece indicar lo contrario, que *el mayor debe ser bendecido por el menor;* es decir, el superior por los inferiores: Dios por el hombre. Y en ello no hay contradicción alguna, puesto que la bendición es un acto que implica siempre reciprocidad: Dios bendice al hombre imperativamente; y el hombre bendice a Dios optativamente. Dios bendice al hombre en sus acciones de misericordia, el hombre bendice a Dios con sus nociones y expresiones de agradecimiento; Dios bendice al hombre cuando lo hace bueno y feliz, el hombre bendice a Dios reconociendo y confesando lo bueno, misericordioso y glorioso que es. De modo que la bendición se toma por entero en agnación (reconocimiento) y celebración: por un lado reconocemos la gracia y misericordia de Dios para con nosotros; por el otro lo engrandecemos explícitamente por tal generosidad. Ved, pues, hasta que punto valora Dios el afecto y reconocimiento de sus pobres, necias y execrables criaturas, que les otorga la facultad de poder bendecirle, y considera un honor ser bendecido por ellas. David se preguntaba por qué razón debería Dios bendecir al hombre: *"Qué es el hombre, para que de él te acuerdes?";*[352] ¡cuánto más no deberíamos preguntarnos nosotros por la inmensidad de misericordia divina al permitir que el hombre, un gusano, un átomo, un nada, le bendiga! Y sin embargo, tanto el apóstol Santiago, que afirma: *"con la lengua bendecimos a Dios, nuestro Señor y Padre";*[353] como el salmista al decir *"Bendito sea el Señor",* lo plantean como algo aceptado, valorado y apreciado por Dios. Si ni aún nosotros los hombres vivimos del viento de los elogios; ni crecemos o engordamos de las alabanzas; ¡cuánto menos nuestro Hacedor! Oh Dios, somos conscientes de que sin importar cuanto los hombres o los ángeles hagan o dejen de hacer, jamás vas a ser tú ni más ni menos infinitamente bendecido en ti mismo; pues antes de que existiera criatura alguna, tu ya eras bendito y bienaventurado desde toda la eternidad. ¿Qué puede, por tanto, esta vil criatura de carne y hueso, carente de valor alguno, añadir o disminuir a tu bienaventuranza infinita? Pero tú, oh Señor, que te dignas contemplar las cosas que suceden en el cielo y en la tierra;[354] te dignas también en aceptar el débil aliento de nuestras alabanzas, enviadas

348 Lo más probable es que se refiera a lo que conocemos como "Biblia de Ginebra" o *"The Geneva Bible"*, que fue la más ampliamente utilizada en Inglaterra desde su publicación en 1576, y de manera especial por los puritanos, hasta la publicación de la *"Authorized Versión"* o *"Kin James Version"* en 1611. De hecho la *"Geneva Bible"* traduce *"Praised be the Lord",* en lugar del *"Blessed be the Lord"* que traduce la KJV.

349 Génesis 41:43.

350 Hebreos 7:7.

351 Génesis 14:17-20; Hebreos 7:4-10.

352 Salmo 8:4.

353 Santiago 3:9.

354 Salmo 53:2.

a ti desde la tierra al cielo. ¡Cuánto debería alentar esto nuestros votos, nuestras acciones y esfuerzos de agradecimiento: ver que son aceptados con tamaña benevolencia y misericordia! Si los hombres se conformaran con buenas palabras, intenciones y deseos; o con meras expresiones de agradecimiento, sin duda, nadie estaría en deuda. Pues esta peculiar forma de pago es una realidad con el Dios de la misericordia. Y si él nos honra, hasta el extremo de permitir que le bendigamos; honrémosle nosotros a él, bendiciéndole hasta el extremo.

JOSEPH HALL [1574-1656]
"A Sermon of Public Thanksgiving for the Wonderful Mitigation of the late Mortality", 1625

Bendito el Señor; cada día nos colma de beneficios el Dios de nuestra salvación. No deja de asombrarnos contemplar a los santos tan agobiados y sobrecargados con el sagrado deber de la alabanza, que:

1. Se sienten impelidos a ofrecer más y más, a redoblarla; lo que les lleva a ofrecerla, por así decirlo, en bruto, tal y como la encuentran, sin añadir más, para no malograrla. Pues en Apocalipsis leemos que:*" El Cordero que fue inmolado es digno de tomar el poder, las riquezas, la sabiduría, la fortaleza, la honra, la gloria y la alabanza"*,[355] aunque yo no sea digno o capaz de dársela.
2. Apremiados por el deseo profundo de expresar su amor, recurren con frecuencia a las elipsis, dejando frases sin terminar. En el texto hebreo de este versículo dice simplemente: *"Bendito el Señor; día a día nos carga"*,[356] una elipsis que nuestros traductores han completado diciendo *"Bendito el Señor; cada día nos carga* (o colma) de beneficios*"*.

JOHN SPALDING [siglo XV]
"Sintaxis Sacra, or a Collection of Sermons, 1703

Que cada día nos carga de beneficios. Aunque puede que a algunos les cargue más que a otros, con todo, cada cual tiene la carga que le corresponde, toda la que puede sobrellevar con seguridad y garantías. No todos los navíos tienen el mismo desplazamiento,[357] por tanto, para evitar el peligro que supone un exceso de carga, Dios estiba sobre cada uno la cantidad que le corresponde, a fin de que pueda navegar con seguridad hasta el cielo, nuestro puerto anhelado de destino.

EZEKIEL HOPKINS [1633-1690]
"Discourses"

El que cada día nos carga de beneficios. El egoísmo y egocentrismo del hombre es de tal magnitud, que ningún beneficio interno alcanza a motivar sus alabanzas, como pueden hacerlo los beneficios externos. Todos hablarán bien de ti si las cosas que haces te benefician; ¡cuánto más si por añadidura les benefician también a ellos! Y aquí parece como si Dios aplicara este principio. No quiero confundiros hablando de la múltiple diversidad de perspectivas desde las que se pueden entender estas palabras del salmista, tan solo señalaros que yo he observado en ellas una gradación cuádruple de la generosidad divina. En primer lugar: *los beneficios.* Digamos de entrada que la palabra *"beneficios"* no figura en el texto hebreo. Aunque necesariamente se entiende como implícita en el sentido, porque hay solo tres tipos de *"cargas"* que los hombres reciben de Dios: beneficios, preceptos y castigos; y

[355] Apocalipsis 5:12.
[356] En hebreo בָּרוּךְ אֲדֹנָי יוֹם יוֹם יַעֲמָס־לָנוּ *bārūḵ 'ăḏōnāy yōwm yōwm ya'ă-mās- lānū.*
[357] El DESPLAZAMIENTO de un navío el peso del agua desalojada en su flotabilidad según el Principio de Arquímedes, y que condiciona el volumen de carga que puede admitir sin hundirse.

en este caso las dos últimas quedan fuera del caso. Cuando lo que cabía esperar eran juicios, he aquí tenemos beneficios; y éstos, no distribuidos a migajas, sino en abundancia, hasta el punto de que nos carga con ellos: entregados a manojos, sacos o gavillas. ¿Y quienes son los que reciben esta carga? No seres que se lo tenían bien ganado y merecido, sino nosotros que éramos nada menos que סוֹרְרִים *sōwrrîm,* rebeldes. Y además, no ocasionalmente (como hacen los potentados que invitan muy de cuando en cuando a sus inferiores a un banquete más o menos abundante para quedar bien con ellos) sino יוֹם יוֹם *yōwm yōwm "cada día",* continuamente, de forma perpetua. Cuando incluso un simple favor hubiera sido ya inmerecido nos otorga: *beneficios;* cuando una simple migaja hubiera sido más que suficiente, *"nos carga";* y cuando una sola vez hubiera sido ya mucho nos los da *"cada día".* Fijémonos bien en esta triple manifestación de la incomparable misericordia divina: ¿el sujeto? "indigno" como nosotros; ¿la medida? "una carga"; ¿la periodicidad? "cada día": *"El que cada día nos carga de beneficios".* ¿Por dónde vamos a empezar a considerar esta gran cantidad de misericordias? Si no nos hubiera dado más que un mundo en que vivir, una vida que gozar, aire para respirar, la tierra que pisamos, fuego para calentamos, agua para refrescamos y limpiamos, vestidos con que cubrimos, alimento para nutrimos, campos que cultivamos, casas para cobijamos, variedad de criaturas para servirnos y deleitamos: ¡ya sería toda una carga completa de beneficios! Pero añadamos a ella la crianza, los amigos, la herencia, el honor, la honradez o dignidad de nuestra vocación, el favor de los príncipes, el éxito en los empleos, las comodidades domésticas, la paz exterior, la buena reputación, la protección de los peligros, el rescate de los males; y la carga crecerá sustancialmente. Sumemos a ello el cuerpo físico, la integridad de sus partes, la perfección de sus sentidos, la salud, el apetito, el vigor, el temperamento sano: la carga de beneficios se volverá gigantesca. Añadimos nuestras capacidades y facultades internas de sabiduría, de experiencia, de capacidad de aprendizaje, unidas a la capacidad para expresarnos y comunicar con otros; ¿acaso no debería el tronco del árbol de nuestra alma doblarse y quebrarse ante una carga tan inmensa de beneficios? Pero si, partiendo de lo que Dios ha hecho por nosotros como hombres, consideramos lo que ha hecho por nosotros como cristianos, veremos como nos ha abrazado en su amor eterno, nos ha modelado de nuevo, nos ha dado vida por su Espíritu, nos ha alimentado con su palabra y sacramentos, vestido con sus méritos, comprado con su sangre, pasando a ser de viles a gloriosos, de estar sujetos a maldición a revestirnos de bendiciones; en un palabra, hasta el punto de entregar a su propio Hijo por nosotros; no podremos por menos que exclamar con el apóstol *¡Oh la anchura, la longitud, la profundidad y la altura*[358] de las ricas misericordias de nuestro Dios! ¡Oh la *"carga"* ilimitada, sin fondo y sin tope, de los beneficios divinos, cuya inmensidad alcanza desde el mismo centro de esta Tierra en que vivimos hasta la extensión ilimitada de los mismísimos cielos empíreos! *"¡Oh, si los hombres alabaran a Dios por su bondad, y por las obras maravillosas que ha hecho en favor de los hijos de los hombres".*[359]

JOSEPH HALL [1574-1656]
"A Sermon of Public Thanksgiving for the Wonderful Mitigation of the late Mortality", 1625

Vers. 20. *Dios, nuestro Dios ha de salvarnos, y de Jehová el Señor es el librar de la muerte.* *[Dios, nuestro Dios ha de salvarnos, y de Jehová el Señor es el librar de la muerte.* RVR*] [Dios es para nosotros un Dios de salvación, y a Dios el Señor pertenece el librar de la muerte.* LBLA*] [Ha-El es para nosotros DIOS Salvador, de YHVH Adonai es el librar de la muerte.* BTX*] [Nuestro Dios es un Dios que salva; el Señor Soberano nos libra de la muerte.* NVI*] [Nuestro Dios es un Dios de*

[358] Efesios 3:18.
[359] Salmo 107:31. Traducción directa de la versión inglesa KJV: *"Oh that men would praise the LORD for his goodness, and for his wonderful works to the children of men!"*

salvación, el Señor Dios puede librarnos de la muerte. BLP*]* *[*¡Nuestro Dios es un Dios que salva! *El Señor Soberano nos rescata de la muerte.* NTV*]*[360]

Dios, nuestro Dios ha de salvarnos.[361] El Todopoderoso que ha suscrito un pacto con nosotros es la fuente de nuestra seguridad y el artífice de nuestras liberaciones. De la misma manera que es nuestro Dios es también nuestro Salvador, y nos salvará. Ser suyo es estar a salvo.

Y de Jehová el Señor es el librar de la muerte.[362] Tiene infinitos medios y maneras de rescatar a sus hijos de la muerte: cuando están al límite de sus posibilidades y no ven ninguna vía de escape, Dios puede abrirles fácilmente una puerta de liberación. Solo él puede abrir las puertas del sepulcro, y nosotros las traspasaremos a su mandato; pero ha abierto para su pueblo de par en par, al otro lado, las puertas del cielo que atravesaremos triunfantes sobre la muerte. Jesús, nuestro Dios, salvará a su pueblo de sus pecados,[363] y de todo mal relacionado con ellos, tanto en esta vida como en la muerte.

C. H. SPURGEON

Dios es para nosotros un Dios de salvación, y a Dios el Señor pertenece el librar de la muerte. Es decir: el que nos libra de nuestros enemigos en esta vida y en la muerte, porque *"al Señor Dios pertenecen las cuesriones de la muerte"*,[364] o *"las salidas de la muerte"*. Dios tiene controlados todos los caminos de la muerte, y guarda bajo su custodia la llave de la puerta que nos permite salir de la muerte. Cuando un hombre está en el valle de la sombra de la muerte, ¿por dónde puede a salir? ¿dónde está la vía de escape? En ninguna parte, dice el hombre, no hay salida, no hay escape. Pero Dios controla todos los caminos y todas *"las cuestiones de la muerte"*; y cuando los hombres piensan que nos tienen cercados y encerrados en las mismísimas fauces de la muerte, Dios puede abrirlas y liberarnos. *"A él pertenecen las cuestiones de la muerte"*; es una alusión a alguien encargado de guardar o controlar un pasaje o una puerta; y Dios es un guardián fiel, y un guardián amoroso, que abrirá esa puerta para que su pueblo escape cuando clamen a él.

JOSEPH CARYL [1602-1673]
"An Exposition with Practical Observations upon Chapters 4-7 of the Book of Job", 1651

Dios es para nosotros un Dios de salvación, a Jehová Dios pertenecen las cuestiones de la muerte. Los edificios necesitan para sostenerse sus *cimientos:* sobre los que se apoyan y descansan;

[360] La versión griega de los LXX o Septuaginta lee: ὁ θεὸς ἡμῶν θεὸς τοῦ σῴζειν, καὶ τοῦ κυρίου κυρίου αἱ διέξοδοι τοῦ θανάτου que la Vulgata traduce al latín como: *"Deus noster, Deus salvos faciendi; et Domini, Domini exitus mortis"*, "Nuestro Dios es Dios de hacer salvos; y del Señor Señor son las salidas de la muerte". La versión sefardí de Ferrara traduce: *"El Dio á nos Dio fara falvaciones, y à el Dio Adonay, a la muerte falidas"*. La caldea Peshitta: *"Dios es nuestro Salvador; Dios es nuestro libertador. Yahweh Dios es Señor de la muerte y de la liberación"*.

[361] En hebreo הָאֵ֤ל לָנ֡וּ אֵ֣ל לְמוֹשָׁ֫עוֹת *hā'êl lānū 'êl ləmōwōšā'ōwṯ*. SCHÖKEL traduce: *"Dios es para nosotros el Dios Salvador"*. FRANZ DELITZSCH [1813-1890] traduce: *"Él, Dios, para nosotros es un Dios que obra salvación"*

[362] En hebreo וְלֵיהוִ֥ה אֲדֹנָ֑י לַ֝מָּ֗וֶת תּוֹצָאֽוֹת *Yahweh 'ăḏōnāy lammāweṯ tōwṣā'ōwṯ* de תּוֹצָאָה *totsaah*, "salida, escape, límite". SCHÖKEL traduce: *"al Señor mío toca librar de la muerte"*. KRAUS: *"y Yahvé, el Señor, dispone de los caminos hacia la muerte"*. FRANZ DELITZSCH [1813-1890] traduce: *"Y Yahvé, el Señor, tiene caminos de escape para la muerte"*.

[363] Mateo 1:21; Hechos 13:38-39.

[364] Traducción literal de la versión inglesa KJV: *"unto God the Lord belong the issues from death"*.

sus *contrafuertes:* que los estriban proveyéndoles de firmeza; y del *trabazón* o entramado de vigas que los atan dándoles una consistencia compacta. Los *cimientos* evitan que se hundan; los contrafuertes impiden que se deformen; y el *trabazón* que se desplomen. Así, el cuerpo (paredes y techo) de nuestro edificio de fe, está en la primera parte del versículo: *"Dios es para nosotros un Dios de salvación",* o mejor aún: *"ad salutes",* de salvaciones, en plural, porque así es como está en el original: el Dios que nos brinda salvaciones tanto espirituales como materiales. Pero los cimientos, los contrafuertes, y el trabazón de vigas, están en la segunda parte: *"a Jehová Dios pertenecen las cuestiones de la muerte",* y en las tres distintas conclusiones que de esta afirmación sacan nuestros expositores.

1. En primer lugar, los *cimientos*. Todo este edificio de fe que afirma que *"Dios es para nosotros un Dios de salvación"*, descansa sobre la certeza de que a ese Dios que es nuestra salvación: *"pertenecen las cuestiones de la muerte"*. Es decir, cuenta con todo el poder para librarnos de ella incluso cuando nos tiene acorralados entre sus dientes y atrapados en las mismas fauces de ese torbellino que es el sepulcro. Y así, de la afirmación del salmista: *"a Jehová Dios pertenecen las cuestiones de la muerte",* en latín: *exitus mortis,* concluimos el: *liberatio a morte;* liberación de la muerte; que es la conclusión más obvia y general a la que nos llevan: el Señor Dios nos libra ***de la muerte.***

2. En segundo lugar, *los contrafuertes.* Lo que estriba y apuntala toda su estructura es que el Dios que *"es para nosotros un Dios de salvación"*, controla las puertas de la muerte: *"A Jehová Dios pertenecen las cuestiones de la muerte",* es decir, que en su mano está la forma de nuestra muerte; decidir el tipo de emigración o tránsito que tendremos a la hora de salir de este mundo: ya sea lenta o súbita, violenta o natural; en plena conciencia y capacidad de nuestros sentidos o trastornados por la enfermedad. En sus manos están las puertas de nuestra salida de esta vida, por cuanto *"a él pertenecen las cuestiones de la muerte"*. Y en cuanto a esto, queda fuera de toda discusión o debate que sea cual sea la forma y las condiciones de nuestra muerte, será *"preciosa"* porque: *"preciosa es ante él la muerte de sus santos".*[365] De lo cual concluimos que para nosotros el *exitus mortis,* es: *liberatio in morte*, nuestra salida por la muerte es liberación en la muerte. Lo cual no significa que nos libre de pasar por ella, pero sí que cuando esta haga su aparición, estará a nuestro lado; dispondrá la forma de nuestro tránsito y nos acompañará a través de él a la vida eterna;[366] el Señor Dios nos libra de la muerte ***en la muerte.***

3. Por último, el *trabazón.* El entramado de vigas consiste en que el Dios que *"es para nosotros un Dios de salvación",* siendo que *"a él pertenecen las cuestiones de la muerte",* decidió ligar el edificio uniendo ambas naturalezas en una: y se hizo hombre en su encarnación. Siendo Dios, asumió la naturaleza humana para así librarnos de la muerte venciéndola;[367] pues no tenía otra forma de vencerla que enfrentándose a ella en la naturaleza humana. Y en este sentido, el *exitus mortis,* la cuestión de la muerte, se convierte para nosotros en *liberatio per mortem,* liberación por medio de la muerte: la muerte y resurrección de nuestro Señor y Dios hecho hombre: Cristo Jesús.[368] Esta es la interpretación que hace de las palabras del salmista San Agustín, y que suscriben la mayoría de los grandes interpretes: el Señor Dios nos libra de la muerte ***por la muerte.***

Sacamos, por tanto, de las palabras del salmista tres conclusiones: en primer lugar, que el Dios de poder, *el Padre omnipotente,* decidió rescatarnos de las fauces de la muerte; en segundo lugar, que el Dios de misericordia, *el Hijo glorioso,* nos libró del poder de la muerte tomando naturaleza humana y venciéndola con su resurrección; y en tercer lugar, que el Dios consolador, *el Espíritu Santo,* se ocupa de darnos consuelo en nuestro tránsito por la muerte, para que nuestro *exitus mortis* sea *introitus in vitam,* nuestro paso por la muerte sea una entrada a la vida eterna. Estas tres conclusiones, nuestra

[365] Salmo 116:15.

[366] 1 Corintios 15:53.57.

[367] Filipenses 2:6-11.

[368] 1 Corintios 15:13-26.

liberatio a morte, in morte, per mortem, nuestra liberación de la muerte, en la muerte y por la muerte, constituyen los cimientos, contrafuertes, y trabazón de todo nuestro edificio de fe cuando afirmamos que: *"Dios es para nosotros un Dios de salvación"* porque *"a Jehová Dios pertenecen las cuestiones de la muerte"*.

JOHN DONNE [1573-1631]
"Sermon clviii preached at Whitehall on Psalm lxviiii. 20", 1630

A Jehová Dios pertenecen las cuestiones de la muerte. Es decir, la cuestión de la salida o escape de la muerte, tanto en la resurrección como en los diversos peligros de nuestra vida presente.

THOMAS LE BLANC [1599-1669]
"'Psalmorum Davidicorum Analysis' in qua aperte cernitur singulis in Psalmis ordinem esse admirabilem: adjungitur commentarius amplissimus", 1645

Vers. 21. *Ciertamente Dios herirá la cabeza de sus enemigos, la testa cabelluda del que camina en sus pecados.* *[Ciertamente Dios herirá la cabeza de sus enemigos, la testa cabelluda del que camina en sus pecados.* RVR*] [Ciertamente Dios herirá la cabeza de sus enemigos, la testa cabelluda del que anda en sus delitos.* LBLA*] [Ciertamente Elohim herirá la cabeza de sus enemigos, la testa cabelluda del que ufano se pasea entre sus pecados.* BTX*] [Dios aplastará la cabeza de sus enemigos, la testa enmarañada de los que viven pecando.* NVI*] [Solo Dios rompe la cabeza de sus enemigos, el cráneo del que camina entre sus crímenes.* BLP*] [Pero Dios aplastará las cabezas de sus enemigos, aplastará los cráneos de los que aman sus caminos perversos.* NTV*]*[369]

Ciertamente Dios herirá la cabeza de sus enemigos. El Preservador es a su vez el Destructor, que hiere a sus enemigos en la corona de su orgullo. La semilla de la mujer aplastará la cabeza de la serpiente.[370] No hay defensa posible contra el Señor; en un momento puede herir con destrucción total las altivas crestas de sus enemigos más encumbrados.

La testa cabelluda del que camina en sus pecados. Podrán vanagloriarse de su aspecto externo, y hacer de su apariencia el objeto de su orgullo, como hizo Absalón con su cabello;[371] pero la espada del Señor lo encontrará y derramará su alma.[372] Los pecadores obstinados y duros de cerviz hallarán que la Providencia divina los vence a pesar de su obstinación y cabeza dura. Los que se empeñan en pecar se encontrarán con que les llueven juicios; y puede darse el caso que el objeto mismo de su orgullo sea el instrumento de su condenación.[373] Protege la cabeza de sus siervos,[374] pero aplasta la cabeza de sus

---

[369] La versión griega de los LXX o Septuaginta lee: πλὴν ὁ θεὸς συνθλάσει κεφαλὰς ἐχθρῶν αὐτοῦ, κορυφὴν τριχὸς διαπορευομένων ἐν πλημμελείαις αὐτῶν que la Vulgata traduce al latín como: *"Verumtamen Deus confringet capita inimicorum suorum, verticem capilli perambulantium in delictis suis"*, "Ciertamente Dios quebrantará las cabezas de sus enemigos; la mollera cabelluda de los que pasean en sus pecados". La versión sefardí de Ferrara traduce: *"De cierto Dio el herirá la cabeça de fus enemigos, meollera de cabello, andan en fus culpas"*. La caldea Peshitta: *"No obstante, Dios cortará la cabeza de sus adversarios, la coronilla del que camina en sus pecados"*.

[370] Génesis 3:15.

[371] 2 Samuel 14:25-27.

[372] En lenguaje bíblico "derramar el alma" equivale a quitar la vida. Ver al respecto Isaías 53:12 LBLA

[373] 2 Samuel 18:9.

[374] Salmo 140:7.

enemigos. Cuando tenga lugar la segunda venida del Señor Jesús, sus enemigos hallarán sus juicios terribles y más allá de toda concepción.

C. H. SPURGEON

La testa cabelluda. Es decir, incluso de los enemigos más temibles, que con su rostro feroz y su cabello intimidante infunden terror en el corazón de cuantos los contemplan.

EDWARD LEIGH [1602-1671]
"Annotations on five poetical Books of the Old Testament", 1657

La testa cabelluda. En la antigüedad era costumbre entre algunos de los pueblos de arabia dejarse crecer el cabello de manera exuberante en la parte superior de la cabeza, y afeitarse las demás partes alrededor, para tener así un aspecto más fiero y sobrecogedor.

FRANCES HARE [1671-1740]
"The Psalms", 1736

Vers. 22. *El Señor dijo: De Basán te haré volver; te haré volver de las profundidades del mar.* *[El Señor dijo: De Basán te haré volver; te haré volver de las profundidades del mar.* RVR*] [Dijo el Señor: De Basán los haré volver; los haré volver de las profundidades del mar.* LBLA*] [Adonai ha dicho: De Basán los haré volver, los haré volver de las honduras del mar.* BTX*] [El Señor nos dice: «De Basán los regresaré; de las profundidades del mar los haré volver,* NVI*] [Mi Señor ha dicho: "Los haré volver de Basán, los haré volver de las profundidades del mar,* BLP*] [El Señor dice: «Haré descender a mis enemigos desde Basán; los levantaré desde las profundidades del mar.* NTV*]*[375]

Dijo el Señor: De Basán los haré volver; los haré volver de las profundidades del mar. Aunque sus enemigos se esforzarán tratando de escapar, no lo conseguirán. Porque así ha dicho el Señor por boca de Amós: *"Aunque caven hasta el Seol, de allí los tomará mi mano; y aunque suban al cielo, de allí los haré bajar. Aunque se escondan en la cumbre del Carmelo, allí los buscaré y los tomaré; aunque se oculten de mis ojos en el fondo del mar, allí ordenaré a la serpiente que los muerda"*.[376] Así como no hay manera de resistir al Dios de Israel, tampoco hay forma de escapar de él; ni las alturas de Basán ni las profundidades del gran mar pueden escondernos de su ojo escudriñador y de su mano justiciera. Los poderes del mal pueden huir hasta los confines de la tierra, pero el Señor los apresará y los conducirá encadenados para adornar su triunfo.

C. H. SPURGEON

Dijo el Señor: De Basán los haré volver; los haré volver de las profundidades del mar. ¿De quién esta hablando: de Israel o de sus enemigos? Tanto el versículo precedente (68:21) como el

[375] La versión griega de los LXX o Septuaginta lee: εἶπεν κύριος ἐκ Βασαν ἐπιστρέψω, ἐπιστρέψω ἐν βυθοῖς θαλάσσης que la Vulgata traduce al latín como: *"Dixit Dominus: Ex Basan convertam, convertam in profundum maris"*, "Dijo el Señor: De Basán los haré volver; los haré volver al profundo de la mar". La versión sefardí de Ferrara traduce: *"Dijo Adonay, de Baffan hare tornar, hare tornar de profundinas de la mar"*. La caldea Peshitta: *"Dice Yahweh; De entre las rocas te haré retornar, y te haré volver de lo profundo del mar"*.

[376] Amos 2:2-3.

que sigue (68:23) demuestran que está refiriéndose a los enemigos, y no al pueblo de Israel, como tantos intérpretes han entendido erroneamente. Basán estaba al este de Judea, y el mar al oeste; por lo que el significado es el siguiente: Dios haría venir de todas partes a sus enemigos para que su pueblo los aniquilara.

Benjamin Boothroyd [1768-1836]
"Biblia Hebraica", 1813

Vers. 23. ***Porque tu pie se enrojecerá de sangre de tus enemigos, y de ella la lengua de tus perros.*** *[Porque tu pie se enrojecerá de sangre de tus enemigos, y de ella la lengua de tus perros.* RVR*] [Para que tu pie los aplaste en sangre, y la lengua de tus perros tenga la porción de tus enemigos.* LBLA*] [Para que tu pie los aplaste en sangre, y la lengua de tus perros tenga la porción de tus enemigos.* BTX*] [para que se empapen los pies en la sangre de sus enemigos; para que, al lamerla, los perros tengan también su parte».* NVI*] [para que hundas tus pies en sangre enemiga y sea lamida por la lengua de tus perros".* BLP*] [Ustedes, pueblo mío, se lavarán los pies en la sangre de ellos, ¡y hasta los perros tendrán su porción!* NTV*]*[377]

Porque tu pie se enrojecerá de sangre de tus enemigos. Al pueblo oprimido le será otorgada venganza, la más absoluta y terrible.

Y de ella la lengua de tus perros. Tan abrumadora será la derrota del enemigo que los perros lamerán su sangre.[378] «El júbilo profundo que invade al guerrero»[379] se describe aquí en un lenguaje familiar y más natural para los oídos orientales. Para nosotros, fuera de su sentido espiritual, el versículo suena áspero y difícil de digerir; debemos leerlo, por tanto, con un sentimiento interior que nos lleve a desear la derrota y total destrucción de todo mal, y que el error y el pecado sean objeto del desprecio más profundo. Terrible es el Dios de Israel cuando él sale como poderoso guerrero;[380] y más espantoso aún el Cristo de Dios cuando él desnuda su brazo para herir a sus enemigos. Leed Apocalipsis 19 y reparad en los detalles: *"Entonces vi el cielo abierto; y he aquí un caballo blanco, y el que lo montaba se llama Fiel y Verdadero, el cual con justicia juzga y pelea. Sus ojos son como llama de fuego, y sobre su cabeza hay muchas diademas; y tiene un nombre escrito que ninguno conoce sino él mismo. Está vestido de una ropa teñida en sangre; y su nombre es: El Verbo de Dios. Y los ejércitos celestiales, vestidos de lino finísimo, blanco y limpio, le seguían en caballos blancos. De su boca sale una espada aguda, para herir con ella a las naciones, y él las pastoreará con vara de hierro; y él pisa el lagar del vino del furor y de la ira del Dios Todopoderoso. Y en su vestidura y en su muslo tiene escrito este nombre: REY DE REYES Y SEÑOR DE SEÑORES. Y vi a un ángel que estaba de pie en el sol, y gritó a gran voz, diciendo a todas las aves que vuelan en medio del cielo: Venid, y congregaos para la gran cena de Dios, para que comáis carnes de reyes y carnes de tribunos, y carnes de*

[377] La versión griega de los LXX o Septuaginta lee: ὅπως ἂν βαφῇ ὁ πούς σου ἐν αἵματι, ἡ γλῶσσα τῶν κυνῶν σου ἐξ ἐχθρῶν παρ᾽ αὐτοῦ que la Vulgata traduce al latín como: *"ut intingatur pes tuus in sanguine; lingua canum tuorum ex inimicis, ab ipso"*, "Para que se tiña tu pie de sangre de tus enemigos; y la lengua de tus perros, de la misma" La versión sefardí de Ferrara traduce: *"Por que enbermecejera tu pie en fangre lengua de tus perros, de los enemigos del"*. La caldea Peshitta: *"para que empapes tu pie en sangre, y la lengua de tus perros en la sangre de tus enemigos"*.
[378] Ver 2 Reyes 9:10, 36.
[379] Cita aquí un famoso poema de Sir Walter Scott [1777-1832] *"The Lady of the Lake"* Canto V: *The Combat,* Parte X: *"An the stern joy that warriors feel / In foemen worthy of they steel"*.
[380] Éxodo 15:3; Sofonías 3:17.

valientes, carnes de caballos y de sus jinetes, y carnes de todos, libres y esclavos, pequeños y grandes. Y vi a la bestia, a los reyes de la tierra y a sus ejércitos, reunidos para guerrear contra el que montaba el caballo, y contra su ejército. Y la bestia fue apresada, y con ella el falso profeta que había hecho delante de ella las señales con las cuales había engañado a los que recibieron la marca de la bestia, y habían adorado su imagen. Estos dos fueron lanzados vivos dentro de un lago de fuego que arde con azufre. Y los demás fueron muertos con la espada que salía de la boca del que montaba el caballo, y todas las aves se saciaron de las carnes de ellos".

C. H. SPURGEON

Porque tu pie se enrojecerá de sangre de tus enemigos, y de ella la lengua de tus perros. La sangre de sus enemigos sería derramada en tamaña abundancia, que los perros la beberían y se revolcarían en ella; sería cual un mar que tendrían que atravesar, y el color rojo de la sangre probablemente un tipo o figura alusiva. Tal será también, proporcionalmente, la destrucción que caerá sobre los enemigos de Cristo y de los cristianos en la era del Mesías.[381]

HENRY HAMMOND [1605-1660]
"Paraphrase and Annotations on Book of Psalms", 1659

Vers. 24. *Vieron tus caminos, oh Dios; los caminos de mi Dios, de mi Rey, en el santuario.* *[Aparece tu cortejo, oh Dios; el cortejo de mi Dios, de mi Rey, hacia el santuario.* RVR*] [Ellos han visto tu procesión, oh Dios, la procesión de mi Dios, mi Rey, hacia el santuario.* LBLA*] [¡Aparece tu cortejo, oh Elohim! El cortejo de mi DIOS y Rey hacia el santuario.* BTX*] [En el santuario pueden verse las procesiones de mi Dios, las procesiones de mi Dios y rey.* NVI*] [Ahí están, oh Dios, tus comitivas, las comitivas de mi Dios en el santuario.* BLP*] [Ya asoma tu procesión, oh Dios, la procesión de mi Dios y Rey mientras él entra en el santuario.* NTV*]*[382]

Han visto tu procesión, oh Dios. El cántico ha descrito hasta aquí las idas y venidas del Señor; amigos y enemigos han sabido de sus movimientos con el arca y su pueblo. Imaginamos que la comitiva estaba ahora ascendiendo por la colina y entrando en el recinto donde estaba el tabernáculo del arca; era el momento oportuno para proclamar con cánticos que las tribus habían visto el glorioso avance del Señor guiando a su pueblo.

La procesión de mi Dios, mi Rey, hacia el santuario. La espléndida procesión del arca, que simbolizaba el trono del gran Rey, ascendiendo hacia el lugar santo, estaba a la vista ante los ojos de hombres y ángeles; y el salmista habla de ella con exultación, antes de proceder a describirla. Todo en la naturaleza y la providencia, por así decirlo, es una procesión espléndida que acompaña al gran Señor en sus visitas a este globo inferior. Invierno y verano, sol y luna, tormenta y calma; todos los

[381] Dice FRANCISCO LACUEVA [1911-2005] en su versión española del "Comentario de Matthew Henry": «Estas freses pueden resultarnos ofensivas y repugnantes vistas desde nuestra cultura actual, pero en el contexto bélico de la época en que fueron escritas, no son más que conceptos proverbiales para expresar la idea de una justa venganza».

[382] La versión griega de los LXX o Septuaginta lee: ἐθεωρήθησαν αἱ πορεῖαί σου, ὁ θεός, αἱ πορεῖαι τοῦ θεοῦ μου τοῦ βασιλέως τοῦ ἐν τῷ ἁγίῳ que la Vulgata traduce al latín como: *"Viderunt ingressus tuos, Deus, ingressus Dei mei, regis mei, qui est in sancto"*, "Ellos vieron tus entradas, oh Dios, las entradas de mi Dios; de mi Rey, que está en el santuario". La versión sefardí de Ferrara traduce: *"Vieron tus andaduras Dio, andaduras de mi Dio, mi Rey en la fanctidad"*. La caldea Peshitta: *"Ellos vieron tu procesión, oh Dios, la procesión de mi Dios y de mi Rey Santo"*.

fenómenos y glorias diversas de la naturaleza, no son sino un cortejo que arropa la pompa del Rey de reyes, cuyo dominio no tiene fin.

C. H. Spurgeon

Vers. 25. ***Los cantores iban delante, los músicos detrás; en medio las doncellas con panderos.*** *[Los cantores iban delante, los músicos detrás; en medio las doncellas con panderos.* RVR*] [Los cantores iban delante, los músicos detrás, en medio de las doncellas tocando panderos.* LBLA*] [Los cantores van delante, y los músicos detrás, en medio de doncellas que tocan panderetas.* BTX*] [Los cantores van al frente, seguidos de los músicos de cuerda, entre doncellas que tocan panderetas.* NVI*] [Van delante los cantores, los músicos detrás, en medio las doncellas tocando panderos.* BLP*] [Los cantores van adelante, los músicos van detrás; en medio hay jovencitas que tocan panderetas.* NTV*]*[383]

Los cantores iban delante, los músicos detrás; en medio las doncellas con panderos.[384] Este era el orden de la marcha; y nos indica que Dios debe ser adorado para siempre con el debido decoro. Los cantores delante, y los músicos detrás, para que el canto sobresalga y predomine sobre la música, y no que la música ahogue el canto. Y en medio del cortejo vocal e instrumental, o a su alrededor, las doncellas tocando panderos. Algunos han imaginado que este orden indica la superioridad del canto vocal sobre la música instrumental: para esto no necesitamos ir tan lejos en busca de argumentos, siendo una verdad que se nos enseña ya en la simplicidad y espiritualidad del evangelio. La procesión descrita en este salmo sublime era un cortejo de gozo y alegre, y se utilizaron en ella todos los medios para expresar el regocijo y deleite de la nación en el Señor su Dios.

C. H. Spurgeon

Vers. 26. ***Bendecid a Dios en las congregaciones; al Señor, vosotros de la estirpe de Israel.*** *[Bendecid a Dios en las asambleas; al Señor, vosotros de la estirpe de Israel.* RVR*] [Bendecid a Dios en las congregaciones, al Señor, vosotros del linaje de Israel.* LBLA*] [¡Bendecid a Elohim en las congregaciones, a YHVH, los que sois de la estirpe de Israel!* BTX*] [Bendigan a Dios en la gran congregación; alaben al Señor, descendientes de Israel.* NVI*] [En las asambleas alabad a Dios, al*

---

[383] La versión griega de los LXX o Septuaginta lee: προέφθασαν ἄρχοντες ἐχόμενοι ψαλλόντων ἐν μέσῳ νεανίδων τυμπανιστριῶν que la Vulgata traduce al latín como: *"Praevenerunt principes conjuncti psallentibus, in medio juvencularum tympanistriarum"*, "Fueron delante los Príncipes juntos con los que tañían salmos, en medio de las mocitas, que tocaban panderos". La versión sefardí de Ferrara traduce: *"Adelantaronfe cantores tras tañedores, entre moças adusleantes"*. La caldea Peshitta: *"Los príncipes al frente, detrás los cantores, en medio las doncellas que tocan panderos en las congregaciones"*.

[384] Partiendo de la traducción sumamente cuestionable que hace la Vulgata de este versículo leyendo שִׁיר *shir* como "príncipes": *"Fueron delante los Príncipes juntos con los que tañían salmos"*, Atanasio de Alejandría [296-373] y otros Padres de la Iglesia ven en estos "Príncipes" que iban delante a los apóstoles (Lucas 22:29-30). Y Teodoreto de Ciro [393-458] va todavía más allá identificando al Benjamín mencionado un poco más adelante (68:27) con el apóstol Pablo: «Pablo, era de la tribu de Benjamín (Filipenses 3:4); fue llamado al apostolado después que los demás (1 Corintios 1:1) mucho, era por tanto el apóstol "más joven" o reciente; y se le describe también como "joven" cuando apedrearon a Esteban (Hechos 7:58; 22:20); pero fue el quien abió el mensaje del evangelio a los gentiles y lideró la expansión de la iglesia instruyéndola en los misterios divinos».

Señor desde el origen de Israel. BLP*] [Alaben a Dios todos los del pueblo de Israel; alaben al Señor, la fuente de vida de Israel.* NTV*]*[385]

Bendecid a Dios en las congregaciones. ¡Que la asamblea en pleno magnifique al Dios cuya arca habían venido acompañando! La alabanza unida, en congregación, es como el perfume mezclado que hizo Aarón,[386] debe ser ofrecida y presentada a Dios en su totalidad.[387] Él nos ha bendecido: bendigámosle nosotros a él.

Al Señor desde la fuente de Israel.[388] Un pasaje paralelo lo encontramos en el cántico de Débora: *"Lejos del ruido de los arqueros, en los abrevaderos, allí repetirán los triunfos de Jehová"*.[389] El lugar de reposo del arca sería la fuente restauradora para todas las tribus, y allí estaban para celebrarlo con sus alabanzas. «Bebe, –dice una antigua inscripción–bebe, cansado viajero, bebe y ora».[390] Podemos alterar una palabra, y leerla como: *"bebe y alaba"*. Pues si el Señor desborda de gracia, nosotros debemos desbordar de gratitud. Ezequiel vio un manantial que brotaba de debajo del altar, que fluía constantemente, cada vez con mayor fuerza, salía por debajo del umbral del santuario, y dondequiera que se esparcían sus aguas daban vida:[391] que todos aquellos que han bebido de esta corriente de vida, glorifiquen a *"la fuente de Israel"* (68:26).

C. H. SPURGEON

Vers. 26-28. Lo más probable es que este Salmo fue entonado durante el traslado del arca en la Ciudad de David, una solemnidad en la que sonaron las trompetas de plata.[392] Fue a partir de entonces que el arca reposó, y las tribus se reunían tres veces al año en Jerusalén, el lugar que Dios había escogido para su morada. Y estos versículos son una viva descripción de su culto.

---

385 La versión griega de los LXX o Septuaginta lee: ἐν ἐκκλησίαις εὐλογεῖτε τὸν θεόν, τὸν κύριον ἐκ πηγῶν Ισραηλ que la Vulgata traduce al latín como: *"In ecclesiis benedicite Deo Domino de fontibus Israel"*, "Bendecid en las Iglesias al Señor Dios; los de las fuentes de Israel". La versión sefardí de Ferrara traduce: *"En compañas bendezid a Dio, Adonay de manantial de Ifrael"*. La caldea Peshitta: *"Bendigan a Yahweh, el Dios de el manantial de Israel"*.

386 Éxodo 30:22-26; 37:29.

387 Éxodo 30:31-33.

388 Así es como lo traduce la versión inglesa KJV: *"Even the Lord, from the fountain of Israel"*. En hebreo מִמְּקוֹר יִשְׂרָאֵל *mimməqōwr yiśrā'êl* de מָקוֹר *maqor,* "fuente". Ver Levítico 12:7; Salmo 36:9; Isaías 48:1. Y tanto el texto griego πηγῶν como todas las versiones antiguas (Vulgata, Ferrara, Peshitta) corroboran esta traducción. En Números 24:5-7 encontramos una alegoría muy similar en boca de Balaam.

389 Jueces 5:11.

390 Se refiere a una inscripción en el pozo conocido como *"Sybil's Well"* al noroeste de Flodden Hill, donde hubo una importante batalla en 1513 entre ingleses y escoceses. Pero al parecer su origen es mucho más antiguo, pues lo mencionada por primera vez el Abad de Croyland, Ingulphus, quien afirma que cuando los daneses arrasaron el territorio en el año 870, y masacraron cruelmente a todos los monjes en Peterborough, el Abad Godric mandó enterrarlos junto al camino al lado de fuente y erigir sobre la misma una cruz de piedra con la intención de que cuantos pasaran por allí recordaran el luctuoso hecho e hicieran una oración por el alma de los monjes enterrados, SIR WALTER SCOTT [1777-1832] menciona *"Sybil's Well"* en su poema *"Marmion"* (1808) en la siguiente estrofa del *Canto VI,* y cuya primera línea es la que cita Spurgeon: *"Drink, weary traveler, drink; and pray / for the kind soul of Sybil Gray / who built this cross and well"*.

391 Ezequiel 47:1-9.

392 Números 10:1-10.

1. *Unas breves observaciones:*
   (a) Israel se congregaba en *asambleas menores* cada día sábado, y en *asambleas nacionales* tres veces al año. El propósito en todas ellas era exclusivamente bendecir a Dios.
   (b) Pero en esta ocasión debía participar *todo Israel,* empezando por su cabeza; es decir, la fuente de Israel (68:28) y todos sus arroyos. Dios ha bendecido a Israel; que bendiga Israel a su Dios.
   (c) Se entiende que estaban presentes todas las tribus aunque solo se mencionen cuatro en representación por ser las que habitaban los confines de la tierra. Su unión era un motivo de alegría; habían estado divididas por guerras civiles, pero ahora estaban de nuevo unidas.
   (d) Las tribus que se nombran tenían algo en particular cada una. El pequeño Benjamín una tribu que casi fue extinguida y extirpada de Israel,[393] pero ahora marchaba en cabeza acaudillando. Judá había estado en guerra con Benjamín: pues Saúl era benjaminita y David de la tribu de Judá; sin embargo, adorando juntos a Dios lograron felizmente resolver sus conflictos y borrar sus antipatías. Zebulón y Neftalí eran las tribus más distantes; pero ¡allí estaban! Opacas y olvidadas, pero estaban presentes.
   (e) Los príncipes marchando junto con el pueblo en armonía y colaboración.
   (f) Se habían hecho fuertes. Pero se les recuerda que su fuerza dependía de Dios, puesto que él era quién estaba al mando. Su unión y sus éxitos, así como el alto nivel de su justicia[394] que enaltecía a la nación por encima las demás, venía de Dios. Por tanto, no eran tan fuertes como se creían; por ello se les invita a fortalecerse mediante la oración y la alabanza: *"Confirma, oh Dios, lo que has hecho en favor nuestro"*.

2. *Unas pocas aplicaciones.* Todo ello ejemplifica dos cosas: la diligencia y la unión fraternal. De lo cual aprendemos otras tres: la importancia de la alabanza conjunta; la importancia de la acción conjunta, están en deuda con Dios por lo que son en su conjunto: su pueblo; y la importancia de la oración conjunta: por las misericordias futuras. Y cada una de estas tres cosas nos da una regla.
   (a) *Hay que adorar a Dios con diligencia.* Se nos dice que: *"Allí estaban los príncipes de Zabulón y de Neftalí"* (68:27). Cada uno de ellos tenía que desplazarse más de 350

---

[393] Jueces 21:1-23.

[394] En el Antiguo Testamento el concepto de justicia es distinto y va mucho más allá de la idea de justicia que tenemos nosotros en nuestra sociedad occidental: un concepto abstracto de justicia retributiva consistente en dar a cada uno lo que le corresponde. En Israel la idea de justicia iba ligada a todo un entramado de percepciones morales y religiosas de carácter político y social que incluían conceptos como la lealtad, equidad, integridad, fidelidad, y que eran los pilares de la convivencia social. En la Biblia encontramos tres palabras clave referentes a la justicia que es importante conocer y distinguir entre sí: צֶדֶק *tsedeq;* צְדָקָה *tsedaqah;* y מִשְׁפָּט *mishpat* (las versiones inglesas suelen traducir las dos primeras por *"righteousness"* y la tercera por *"justice")*. En Génesis 18:19 se mencionan juntas וּמִשְׁפָּט *ṣəḏāqāh* y צְדָקָה *ūmišpāṭ,* que la RVR1960 traduce como: *"justicia y juicio"* y la NVI por *"lo que es justo y recto"*. צֶדֶק *tsedeq* se refiere más bien a la justicia desde una perspectiva social y comunitaria (Levítico 19:36: *"Balanzas justas, pesas justas y medidas justas tendréis")*, es corregir y enderezar aquello que no es propio y correcto. צְדָקָה *tsedaqah* tiene más con la misericordia, bondad y compasión (1 Samuel 12:7: *"los hechos de salvación que Jehová ha hecho con vosotros")*, es aliviar la situación del que sufre, liberar al oprimido (Isaías 5:23: *"justifican al impío mediante cohecho, y al justo quitan su derecho")*. מִשְׁפָּט *mishpat* en más la idea de justicia tal y como nosotros la entendemos, la aplicación de la ley, el derecho (Éxodo 24:3: *"estas son las leyes"),* y su idea matriz es la justicia de Dios. Israel tenía en este sentido un entramado de leyes justas que estaba muy por encima de aquel de las naciones a su alrededor en la misma época. Es a esto es a lo que refiere el autor cuando habla del orgullo que podían sentir por el nivel de su justicia. A quienes deseen profundizar más sobre el tema de la justicia en la Biblia les aconsejamos leer los artículos relacionados con "justicia" así como el de "derecho y ley" en el *"Gran Diccionario Enciclopédico de la Biblia"* publicado por CLIE.

kilómetros tres veces al año de ida y vuelta, es decir, más de 2000 kilómetros anuales, casi cuarenta por semana. Quienes descuidan la asistencia a la iglesia y la adoración a Dios, a menudo por razones triviales, demuestran que su corazón no está en ella, y por tanto, cuando asisten no pueden esperar obtener beneficios; en ellos la llama de la lámpara de Dios: *"se ha extinguido"*.[395] Solo aquellos cuyos corazones están en ella, y participan a menudo de ella, cosechan sus importantes ventajas. Dios bendecía en abundancia a los peregrinos que viajaban a Jerusalén, tanto a lo largo del camino como mientras permanecían allí; *"transformando sus lágrimas en manantiales, y llenando con la lluvia los estanques"*.[396] Y así hace también con los cristianos; hay una promesa peculiar para aquellos que lo buscan temprano y con diligencia: *"Y me hallan los que temprano me buscan"*.[397]

(b) *Hay que adorar a Dios en amor fraternal.* Todas las tribus debían subir conjuntamente a Jerusalén. El culto en común es una ordenanza social provechosa; nos necesitamos mutuamente para estimularnos los unos a los otros: *"Engrandeced a Jehová conmigo, y exaltemos a una su nombre"*.[398] Dios nos ha hecho para que nos influenciemos mutuamente, tanto para el bien como para el mal; y debemos preocuparnos de cultivar ese espíritu de comunión. Con tal fin debemos mantener un comportamiento amable y cariñoso en nuestras relaciones: soportar, tolerar y perdonar a los demás; y, cualesquiera que sean las diferencias que haya entre nosotros, jamás han de convertirse en un obstáculo para nuestra adoración en común. Como hemos visto, las tribus tenían sus diferencias; sin embargo, allí estaban presentes. De haber estado nosotros allí cuando todo Israel se reunió en Hebrón para ungir a David como rey, ¿cómo hubiéramos reaccionado de ver que algunos se marchaban al ver que otros con quienes estaban en desacuerdo participaban?

(c) *Hay que adorar a Dios para bendecirle.* El objetivo de nuestras reuniones y asambleas debe ser siempre el de bendecir a Dios; y hacerlo es un deleite. Israel tenía buenas razones y motivos para hacerlo; y nosotros los cristianos aún más. Démosle gracias por su don inefable;[399] bendigámosle por los medios de la gracia y la esperanza de la gloria.[400] Bendigámosle porque *"perdona todas tus iniquidades y sana todas nuestras enfermedades"*.[401] Este es un propósito que encaja incluso en el cielo. En la casa de Dios se suponía que incluso las lágrimas de alguien en luto contaminaban el altar.[402] Podemos llorar por nuestros pecados; pero un espíritu desazonado, descontento e ingrato, contamina el altar de Dios todavía más que las lágrimas de un enlutado.

(d) *Hay que adorar a Dios para reconocer lo que ha hecho por nosotros.* Otra faceta de nuestro propósito al reunirnos es reconocer que cuanto somos lo debemos exclusivamente a Dios: *"Confirma, oh Dios, lo que has hecho en favor nuestro"* (68:28) Tanto individualmente como en comunidad tenemos un cierto nivel de fuerza. ¿Eres fuerte como persona en la fe, en la esperanza, en el celo cristiano? Recuerda que lo eres en él y gracias a él. ¿Somos fuertes como comunidad? Es Dios quien prospera nuestra comunidad y la

---

395 1 Samuel 3:3.
396 Salmo 84:6. Ver al respecto el excelente comentario de SIR RICHARD BAKER [1568-1645] a este versículo en el Tomo I de "El Tesoro de David".
397 Salmo 63:1; Proverbios 8:17.
398 Salmo 34:3.
399 2 Corintios 9:15.
400 Efesios 1:18; 1 Pedro 1:3.
401 Salmo 103:1-5.
402 Hageo 2:13; Oseas 9:4; Malaquías 1:7.

incrementa, haciendo que crezca en almas como un rebaño; él es quien nos mantiene en la unidad, y nos concede todos los éxitos.

(e) *Y finalmente, hay que adorar a Dios para implorarle misericordias futuras.* El propósito de nuestras reuniones y asambleas ha de ser el de orar juntos por las misericordias futuras. No somos tan fuertes como imaginamos que somos, ni como creyentes individuales, ni como comunidad cristiana; tenemos aún mucho potencial de crecimiento, y este ha de ser el objetivo de nuestra oración. Dios ha obrado en nosotros poderosamente en la regeneración. Nos ha bendecido como comunidad cristiana otorgándonos un crecimiento importante, por lo que somos reconocidos y respetados en la tierra; oremos por un crecimiento todavía mayor, tanto a nivel individual como comunitario, haciendo nuestras las palabras del salmista: *"Confirma, oh Dios, lo que has hecho en favor nuestro"*.

Andrew Fuller [1754-1815]
"Sermons and Sketches, xlviii Public Worship, on Psalm lxviii 26-28", 1833

Vers. 27. *Allí estaba el joven Benjamín, señoreador de ellos, los príncipes de Judá en su congregación, los príncipes de Zabulón, los príncipes de Neftalí.* *[Allí estaba el joven Benjamín, abriendo marcha, los príncipes de Judá con sus escuadras, los príncipes de Zabulón, los príncipes de Neftalí.* RVR*] [Allí va Benjamín, el más joven, dirigiéndolos, los príncipes de Judá con su grupo, los príncipes de Zabulón, los príncipes de Neftalí.* LBLA*] [Allí acaudilla Benjamín, el más pequeño, a los príncipes de Judá con su multitud; a los príncipes de Zabulón, a los príncipes de Neftalí.* BTX*] [Los guía la joven tribu de Benjamín, seguida de los múltiples príncipes de Judá y de los príncipes de Zabulón y Neftalí.* NVI*] [Allí va el joven Benjamín a la cabeza, los príncipes de Judá con sus arqueros, los príncipes de Zabulón, los príncipes de Neftalí.* BLP*] [Miren, la pequeña tribu de Benjamín va al frente; le sigue una gran multitud de gobernantes de Judá y todos los gobernantes de Zabulón y Neftalí.* NTV*]*[403]

Allí va Benjamín, el más joven, dirigiéndolos.[404] La tribu de Benjamín era pequeña, había quedado muy reducida en número, pero tuvo el honor de incluir a Sión en su territorio. *"De Benjamín, dijo: Habite el amado del Señor en seguridad junto a aquel que le protege todo el día, y entre cuyos hombros mora"*.[405] El pequeño Benjamín había sido el hijo amado de Jacob,[406] y ahora su tribu encabeza la procesión, y mora más cerca del lugar santo.

Los príncipes de Judá con su grupo. Judá era una tribu grande y poderosa, no con su legislador como la de Benjamín, pero sí con muchos príncipes *"y sus escuadras"*, porque así lo aclara una nota

[403] La versión griega de los LXX o Septuaginta lee: ἐκεῖ Βενιαμιν νεώτερος ἐν ἐκστάσει, ἄρχοντες Ιουδα ἡγεμόνες αὐτῶν, ἄρχοντες Ζαβουλων, ἄρχοντες Νεφθαλι que la Vulgata traduce al latín como: *"Ibi Benjamin adolescentulus, in mentis excessu; principes Juda, duces eorum; principes Zabulon, principes Nephthali"*, "Allí el mancebito Benjamín, el rapto de la mente. Los Príncipes de Judá, sus caudillos; los Príncipes de Zabulón, los Príncipes de Neftalí". La versión sefardí de Ferrara traduce: *"Allí Binyamin pequeño feñoreanlos; feñores de Yehudah en fu congregación, feñores de Zebulun, feñores de Naphtali"*. La caldea Peshitta: *"Allí está Benjamín el menor, en quietud; los príncipes de Judá y sus gobernantes; los príncipes de Zabulón y los príncipes de Neftalí"*.

[404] Ver nota 383. Kraus traduce aquí: *"Allí está Benjamín, ¡pequeño, (pero) dominador de ellos!"*.

[405] Deuteronomio 33:12.

[406] Génesis 42:4,38.

marginal.[407] *"De allí es el Pastor, la Roca de Israel"*;[408] y ciertamente, la tribu era una verdadera cantera de piedras con las que edificar las naciones; una verdad que parece insinuarse en el propio texto hebreo.[409]

Los príncipes de Zabulón, y los príncipes de Neftalí.[410] Allí marchaba Israel juntamente con Judá; no había cisma entre el pueblo. El norte envió un contingente representativo lo mismo que el sur, por lo que la extensa y prolongada procesión era un reflejo de la lealtad ferviente de todas las tribus a su Señor y Rey. ¡Oh, feliz el día cuando todos los creyentes sean una sola cosa[411] alrededor del arca del Señor; batallando únicamente en favor de la gloria del Dios de la gracia!

A partir de aquí, el profeta pone en la boca de la asamblea un cántico prediciendo las futuras conquistas de Jehová.

C. H. SPURGEON

Benjamín, Judá… Zabulón, Neftalí. Las dos tribus reales,

1. La de *Benjamín,* de la cual salió el primer rey.[412]
2. La de *Judá,* de donde salió el segundo.[413]
3. Y las dos tribus eruditas, *Zabulón* y *Neftalí.*[414]

Todo ello nos recuerda que al reino del Mesías se someterán todos los potentados y sabios de este mundo (68:31).[415]

HENRY HAMMOND [1605-1660]
"Paraphrase and Annotations on Book of Psalms", 1659

Benjamín, Judá… Zabulón, Neftalí. Las mismas tribus resultan también prominentes en el Nuevo Testamento, en la batalla de la Iglesia contra el mundo. Pablo, *"el más pequeño de los apóstoles"*[416] era en origen como Saúl/Saulo de la tribu de Benjamín.[417] Cristo, el *"León de la tribu de Judá"*,[418] los

[407] Las ediciones de la versión inglesa autorizada, conocida como *King James Version,* contaban con numerosas notas marginales, aclaraciones y traducciones alternativas, que en su edición de 1611, según las contó el erudito FREDERICK HENRY AMBROSE SCRIVENER [1813-1891], sumaban 6.637 en el Antiguo Testamento, 1.018 en los libros Deuterocanónicos (que llevaba incluidos), y 767 en el Nuevo Testamento, esto es 8.422 en total. Es a estas notas marginales es a las que hace referencia Spurgeon.

[408] Génesis 49:24.

[409] En hebreo רִגְמָתָם *rigmāṯām* de רִגְמַת *rigmah,* que significa también "montículo de piedras".

[410] Según el rabino ABRAHAM COHEN [1887-1957] esta mención y orden guarda una relación directa con el cántico de Débora en Jueces 5:18.

[411] Juan 17:21-23.

[412] 1 Samuel 9:1-2; 21; 10:1.

[413] 1 Samuel 16:11; 17:11-12.

[414] En el *Cántico de Débora* se menciona a la tribu de Zabulón como: *"los que manejan la vara del escriba"* (Jueces 5:14 LBLA; en hebreo בְּשֵׁבֶט סֹפֵר *bəšêḇeṭ sōp̄êr*) razón por la cual la tradición judía siempre ha considerado a la tribu de Zabulón como una tribu de eruditos. En cuanto a la tribu de Neftalí, es descrita por Jacob en su bendición como *"una cierva en libertad, que pronuncia palabras hermosas"* (Génesis 49:21); Hiram de Tiro *"lleno de sabiduría, inteligencia y pericia para hacer cualquier obra en bronce … era hijo de una viuda de la tribu de Neftalí"* (1 Reyes 7:13-14; 2 Crónicas 2:13-14).

[415] Isaías 19:19-21; Sofonías 3:,10

[416] 1Corintios 15:8-10.

[417] Filipenses 3:5.

[418] Apocalipsis 5:5.

hermanos Jacobo y Juan,[419] el otro Jacobo, Tadeo y Simón, eran de Judá. Y los demás apóstoles eran de Zabulón y Neftalí, es decir de Galilea.[420]

ANDREW ROBERT FAUSSET [1821-1910]
"Studies in the CL Psalms their undesigned coincidences with the independent Scripture histories, confirming and illustrating both", 1876

Allí estaba el joven Benjamín, señoreador de ellos.[421] Es decir, el príncipe de esa tribu. La versión griega de los LXX o Septuagínta dice ἐν ἔκστασις, *"en trance"* o *"en éxtasis"*, que la Vulgata traduce *"in mentis excessu"*, "como fuera de sí". Todo esto aplicado a los tiempos de Cristo y posteriores, es de carácter místico. A Benjamín, el menor, se le sitúa en primer lugar;[422] y en la Jerusalén celestial, el primer fundamento es de jaspe,[423] que fue la última piedra preciosa en el pectoral de Aarón, y sobre la cual fue grabado el nombre de Benjamín.[424] Pablo era de esa tribu y sobresalió como un príncipe de Dios, aunque fuera *"el más pequeño de los apóstoles"*,[425] y su conversión tuvo lugar estando en trance o éxtasis;[426] y fue en éxtasis que él y otros apóstoles contemplaron en visión los misterios del reino de Cristo.[427]

HENRY AINSWORTH [1571-1622]
"Psalms, The Book of Psalmes: Englished both in Prose and Metre with Annotations", 1612

Los príncipes de Judá en su congregación.[428] O también, *"con su piedra"*, es decir, la *"piedra angular"*,[429] el Mesías, que salió de Judá.[430]

JOHN GILL [1697-1771]
"Exposition of the Old Testament", 1748

Vers. 27-28. En el traslado del arca de Dios al monte Sión en el cual deseaba morar,[431] estaban presentes las doce tribus de Israel con sus respectivos gobernantes. Pues aunque no se mencionan todas las tribus, las que se nombran simbolizan a las demás, ya que Zabulón y Neftalí eran las más lejanas, y Judá y Benjamín las tribus más cercanas a Sión. Benjamín era una tribu menguada por la difícil situación que atravesó en época de los Jueces, y de la que nunca llegó a recuperarse por completo.[432]

EDWARD GARRARD MARSH [1783-1862]
"The Book of Psalms translated into English Verse... with Practical and Explanatory Notes", 1832

---

419 Mateo 4:21.
420 Mateo 4:13.
421 La versión inglesa KJV traduce: *"There is little Benjamin with their ruler"*. En hebreo רֹדֵם *rōḏêm.*
422 Mateo 20:16; 19:30.
423 Apocalipsis 21:19.
424 Éxodo 28:10, 20-21.
425 1Corintios 15:8-10.
426 Hechos 9:3-4.
427 Hechos 10:10; 22:17.
428 La versión inglesa KJV traduce: *"the princes of Judah and their council"*. En hebreo רִגְמָתָם *rigmāṯām* de רִגְמָה *rigmah,* que significa también un montículo de piedras.
429 Salmo 118:22; Mateo 21:42; Hechos 4:11.
430 Génesis 49:24; Salmo 118:22.
431 Salmo 132:13.
432 Jueces 20:43-48 1Crónicas 12:29.

Vers. 28. ***Tu Dios ha ordenado tu fuerza; confirma, oh Dios, lo que has hecho para nosotros.*** *[Manda, oh Dios, conforme a tu poder; confirma, oh Dios, lo que has hecho en favor nuestro.* RVR*]* *[El Dios tuyo ha mandado tu fuerza; muestra tu poder, oh Dios, tú que has obrado por nosotros.* LBLA*]* *[Elohim ha ordenado tu fuerza. ¡Confirma, oh Elohim, lo que has hecho por nosotros!* BTX*]* *[Despliega tu poder, oh Dios; haz gala, oh Dios, de tu poder, que has manifestado en favor nuestro.* NVI*]* *[Tú, oh Dios, impón tu poder, el poder con el que nos favoreces.* BLP*]* *[Oh Dios, haz que tu poder se presente; despliega tu poder, oh Dios, como lo has hecho en el pasado.* NTV*]*[433]

El Dios tuyo ha mandado tu fuerza. Su decreto había ordenado a la nación fuera fuerte, y su brazo los había hecho así. Como comandante en jefe, el Señor dispuso a los valientes en formación batalla, y les pidió que fueran fuertes en el día del conflicto. Una frase breve pero muy rica en su significado, y, tanto si se aplica a un creyente a título personal, como a toda la Iglesia en general, destila consuelo.

Confirma, oh Dios, lo que has hecho en favor nuestro. Así como todo poder proviene en su origen de Dios, así también su mantenimiento constante le pertenece a él. Nosotros, que disfrutamos de la vida, debemos orar para tenerla más *"en abundancia"*,[434] y si nos sentimos fuertes, debemos anhelar ser más sólidamente establecidos. Confiamos que Dios bendecirá su propia obra porque jamás ha dejado ninguna incompleta sin terminar, y nunca lo hará. *"Cuando* aún éramos *débiles, a su tiempo Cristo murió por los pecadores"*,[435] y ahora, habiéndonos reconciliado con Dios, podemos esperar en él para que perfeccione lo que comenzó en nosotros, puesto que él nunca abandona la obra de sus manos.[436]

C. H. SPURGEON

El Dios tuyo ha ordenado tu fuerza. Unas palabras estimulantes particularmente apropiadas para la ocasión para la cual fueron escritas. El arca de Dios había permanecido en casas particulares durante años. David preparó un tabernáculo para albergarla transitoriamente, con el propósito de construirle otro santuario mucho mejor. Reúne treinta mil hombres escogidos de Israel, una gran multitud del pueblo, y juntos van a la vivienda donde arca había permanecido guardada con la intención de trasladarla. Todo el pueblo podía y debía participar, de modo que *"David y toda la casa de Israel danzaban delante de Jehová con toda clase de instrumentos de madera de haya; con arpas, salterios, panderos,*

---

433 La versión griega de los LXX o Septuaginta lee: ἔντειλαι, ὁ θεός, τῇ δυνάμει σου, δυνάμωσον, ὁ θεός, τοῦτο, ὃ κατειργάσω ἡμῖν que la Vulgata traduce al latín como: *"Manda, Deus, virtuti tuae; confirma hoc, Deus, quod operatus es in nobis"*, "Oh Dios, manda a tu fortaleza; confirma, oh Dios, lo que has hecho en nosotros". La versión sefardí de Ferrara traduce: *"Encomendò tu Dio tu fortaleza, enfortece Dio lo que obrafte à nos"*. La caldea Peshitta: *"Ordena, oh Dios, tu poder; oh Dios afirma lo que nos has preparado"*.

434 Juan 10:10.

435 Romanos 5:6.

436 FRANCISCO LACUEVA [1911-2005] en su versión española del "Comentario de Matthew Henry": «El poder del que dispone el pueblo de Dios ha sido mandado (no *"enviado"*, sino *"ordenado"*) por Dios, y a Dios pide el salmista que corrobore lo que ha hecho por su pueblo (Ver Filipenses 1:6). Toda nuestra fuerza viene de Dios, y su gracia completa lo que comenzó. El que esto sea un hecho no obsta para que pidamos a Dios que corrobore lo que ya está hecho. Los versículos veintiocjho y veintinueve (68:28-29) deben leerse del modo siguiente: "Tu Dios ha mandado tu fuerza; corrobora esa fuerza, oh Dios, que has producido a favor nuestro desde tu templo en Jerusalén, adonde los reyes te llevarán presentes". Desde su templo, donde se manifiesta especialmente su poder, Dios obra a favor de su pueblo, y allí se le presentan tributos en reconocimiento de sumisión (ver Salmo 76:12)».

flautas y címbalos".[437] La temeridad cometida por Uzá lo retrasó tres meses;[438] pero David emprende de nuevo el proceso y con alegría, con holocaustos y ofrendas de paz, con banquetes, baile y sonido de trompeta, traslada el arca del Señor colocándola en el lugar donde le correspondía en el tabernáculo que le había dispuesto. Proporciona al arca de su Dios un alojamiento sagrado, y *su Dios ordena su fuerza:* treinta mil hombres escogidos para la ocasión, y una gran multitud de Israel. ¿Acaso había algún impedimento para que participaran? ¡Nadie debía quedarse en casa! Era una ocasión extraordinaria que exigía la presencia de todos, y *"el Dios tuyo ha ordenado tu fuerza"*. En Israel había dotados cantores y hábiles músicos, ¿por qué debían permanecer en silencio? No, la ocasión requería alabanzas extraordinarias, y por tanto: *"el Dios tuyo ha ordenado tu fuerza"*. En las colinas de Canaán había abundancia de ganado, ¿y no se harían sacrificios? La ocasión demandaba oblaciones extraordinarias, y el *"el Dios tuyo ha ordenado tu fuerza"*. Había en Canaán una montaña hermosa y memorable por sus acontecimientos históricos donde situar el arca. Y debía ser trasladada de inmediato a ella, porque *el Dios de Israel ha ordenado la fuerza de Israel.* Había en Israel doce tribus que podían unirse para trasladar conjuntamente el arca de Dios, y debían hacerlo sin demora, porque *"el Dios tuyo ha ordenado tu fuerza"*. *"Tu fuerza"*, significa lo mejor que hay en ti: todo lo que está dentro de ti; todo lo que puedes hacer, y ser, y llegar a ser; y todo cuanto tienes: dos blancas, si es todo lo que posees;[439] o un frasco de alabastro repleto de perfume de nardo costosísimo, si esta es tu posesión[440]... Por lo que Dios es en sí mismo, por lo que Dios es en nosotros, por la ley en el corazón y por la ley oral y escrita, por el nuevo reino de su amor, y por todos sus beneficios: *"el Dios tuyo ha ordenado tu fuerza"*. Habla desde el principio y desde el fin de los tiempos,[441] desde el caos[442] y desde los nuevos cielos y la nueva tierra,[443] desde Betel y de Getsemaní, desde el Sinaí y desde el Calvario, y nos dice: *"Dame, hijo mío, tu corazón"*,[444] conságrame lo mejor que hay en ti y dedícame: *"toda tu fuerza"*.

SAMUEL MARTIN [1817-1878]
"Gladness in the Prospect of Public Worship - Westminster Chapel Pulpit", 1860

Vers. 29. ***Por razón de tu templo en Jerusalén los reyes te ofrecerán dones.*** *[Por razón de tu templo en Jerusalén los reyes te ofrecerán dones.* RVR*] [Por causa de tu templo en Jerusalén te traerán presentes los reyes.* LBLA*] [A causa de tu templo en Jerusalén, los reyes te traerán tributo.* BTX*] [Por causa de tu templo en Jerusalén los reyes te ofrecerán presentes.* NVI*] [A tu Templo en Jerusalén los reyes te llevan presentes.* BLP*] [Los reyes de la tierra traen tributo a tu templo en Jerusalén.* NTV*]*[445]

[437] 2 Samuel 6:5.
[438] 2 Samuel 6:6-11.
[439] Marcos 12:41-44.
[440] Marcos 14:3-9.
[441] Isaías 46:10; Apocalipsis 1:8; 22:13.
[442] Génesis 1:1-3.
[443] Apocalipsis 21:1.
[444] Proverbios 23:26.
[445] La versión griega de los LXX o Septuaginta lee: ἀπὸ τοῦ ναοῦ σου ἐπὶ Ιερουσαλημ σοὶ οἴσουσιν βασιλεῖς δῶρα que la Vulgata traduce al latín como: *"A templo tuo in Jerusalem, tibi offerent reges munera"*, "Desde tu templo en Jerusalén, te ofrecerán a ti dones los reyes". La versión sefardí de Ferrara traduce: *"De tu palacio fobre Yerufalaim, à ti llevaran Reyes prefente"*. La caldea Peshitta: *"Por causa de tu templo en Jerusalén, reyes te traerán presentes"*.

Por razón de tu templo en Jerusalén[446] *los reyes te ofrecerán dones.* El salmista profetiza aquí que el palacio para Dios, elevándose sobre Jerusalén, se convertiría en una maravilla admirada por todas las tierras; y cuando el tabernáculo de David se convirtió en templo de Salomón, así fue. Tan espléndido era aquel edificio que la reina de tierras lejanas vino de Seba con sus dones;[447] y muchos príncipes vecinos, sobrecogidos por la riqueza y el poder que allí se exhibían, acudieron con tributos al Dios de Israel.[448] La iglesia de Dios, cuando es verdaderamente espiritual, obtiene para su Dios el homenaje de las naciones. Y en la gloria de los postreros días, esta verdad será mucho más literal y ampliamente verificada.

C. H. SPURGEON

Vers. 30. *Reprime la reunión de gentes armadas, la multitud de toros con los becerros de los pueblos, hasta que todos se sometan con sus piezas de plata; esparce a los pueblos que se complacen en la guerra.* *[Reprime la reunión de gentes armadas, a la manada de toros, y a los becerros de los pueblos, hasta que todos se sometan trayendo sus tributos en piezas de plata; dispersa a los pueblos que se complacen en la guerra.* RVR*] [Reprende las fieras de las cañas, la manada de toros con los becerros de los pueblos, pisoteando las piezas de plata; El ha dispersado a los pueblos que se deleitan en la guerra.* LBLA*] [Reprende las bestias de las cañadas, la manada de toros, con los becerros de los pueblos, que pisotean las piezas de plata. ¡Esparce a las naciones que se complacen en la guerra!* BTX*] [Reprende a esa bestia de los juncos, a esa manada de toros bravos entre naciones que parecen becerros. Haz que, humillada, te lleve barras de plata; dispersa a las naciones belicosas.* NVI*] [Castiga a la bestia del cañaveral, a la manada de toros, a los novillos de los pueblos, a quienes yacen entre lingotes de plata; dispersa a los pueblos que fomentan la guerra.* BLP*] [Reprende a estas naciones enemigas, a estos animales salvajes que acechan entre los juncos, a esta manada de toros en medio de los becerros más débiles. Hazlos traer barras de plata como humilde tributo. Dispersa a las naciones que se deleitan en la guerra.* NTV*]*[449]

---

[446] Varios exégetas modernos juntan esta frase referente al templo con la última del versículo anterior (68:29) formando una sola frase. KRAUS traduce: *"¡Despliega, oh 'Yahvé, tu poder, el poder de Dios, que tú mostraste...* (68:29) *desde tu templo sobre Jerusalén!* (68:30)". SCHÖKEL: *"Manda, Dios, según tu autoridad, confirma, Dios, lo que has hecho por nosotros* (68:29) *desde tu templo de Jerusalén* (68:30)". Pero si como hace Spurgeon aceptamos el Salmo como de David, escrito para el traslado del arca a Sión, no tiene sentido, porque el templo aún no había sido edificado.

[447] 1 Reyes 10:1-10; 2 Crónicas 9:1-12.

[448] 1: Reyes 10: 14-15; 2 Crónicas 10:13-14

[449] La versión griega de los LXX o Septuaginta lee: ἐπιτίμησον τοῖς θηρίοις τοῦ καλάμου· ἡ συναγωγὴ τῶν ταύρων ἐν ταῖς δαμάλεσιν τῶν λαῶν τοῦ μὴ ἀποκλεισθῆναι τοὺς δεδοκιμασμένους τῷ ἀργυρίῳ· διασκόρπισον ἔθνη τὰ τοὺς πολέμους θέλοντα que la Vulgata traduce al latín como: *"Increpa feras arundinis; congregatio taurorum in vaccis populorum: ut excludant eos qui probati sunt argento. Dissipa gentes quae bella volunt",* "Reprende a las fieras del cañaveral, congregación de toros entre vacas es la de los pueblos, para echar fuera a los que están probados como la plata. Disipa las gentes que quieren guerras". La versión sefardí de Ferrara traduce: *"Deftruyendo compaña de lança, compaña de fuertes, con feñores de pueblos, efpandienfe por pedaços de plata, efparzio pueblos que peleas envoluntan".* La caldea Peshitta: *"Reprende a la bestia del cañaveral, a la manada de becerros, a los becerros de las naciones que están recubiertos de plata, esparce a las naciones que desean la guerra".*

Reprime la reunión de gentes armadas.[450] O mejor *"las fieras de las cañas"*, más de acuerdo con el texto hebreo como indica una nota marginal.[451] Reprende a Egipto: que su poder creciente y su envidia pujante queden bajo control con una palabra tuya. Israel recuerda a su ancestral enemigo, que ya en esa época gestaba la invasión que estallaría tiempo después con Jeroboam,[452] y pide de su Amigo Omnipotente una palabra de reprensión para esas fieras del Nilo. También el Anticristo, ese gran dragón rojo,[453] necesita palabra del Señor que reprenda su insolencia.

La manada de toros. Los enemigos más fuertes y violentos: toros orgullosos y cabezones, desenfrenados, cebados y rugientes, que buscaban hollar a la nación escogida. Necesitaban también la reprensión del Señor y la tendrían; porque todos los toros sagrados de Egipto carecían de poder contra un *"así ha dicho Jehová"*.[454] Como todas las bulas papales y edictos imperiales que han sido promulgados contra la Iglesia del Señor, no han prevalecido contra ella, y jamás prevalecerán.

Y a los becerros de los pueblos. No solo naciones sino también las turbas, lo más bajo y envilecido, se habían levantado para obrar el mal: pero la voz divina podía controlarlos con facilidad; pues las multitudes no son amenaza para el Señor cuando obra con poder. Ya sean toros o becerros, cuando el Omnipotente hace acto de presencia, no son más que ganado en desbandada. El evangelio, como el arca del pacto, no tiene porque temer a nada ni a nadie, grande o pequeño: es la piedra sobre la cual todo aquel que tropieza será hecho pedazos.[455]

Hasta que todos se sometan trayendo sus tributos en piezas de plata. Pide al Señor que someta a los enemigos de Israel hasta que paguen tributo en lingotes de plata.[456] Bendita esa reprensión, que no rompe sino más bien dobla: porque la sumisión al Señor de los ejércitos es libertad, y el tributo pagado a él enriquece al que lo paga. Los gravámenes del pecado son infinitamente más gravosos que los tributos de la fe. El dedo meñique de la concupiscencia es más pesado que los lomos de la ley. Las piezas de plata entregadas a Dios son reemplazadas con piezas de oro.

Dispersa a los pueblos que se complacen en la guerra. A pesar de la lo bélico y sangriento de las declaraciones que encontramos en el versículo veintitrés (68:23), el pueblo de Dios eran gentes de paz, y su deseo de aplastar a las naciones opresoras era tan solo con el propósito de conseguir que cesaran definitivamente las guerras. Que sean las batallas tan feroces como sea preciso si han de servir para lograr una paz duradera; amontonemos carbones encendidos sobre la cabeza de nuestros enemigos y matemos de ese modo su enemistad.[457] Que aquel que esclaviza a otros acabe cautivo, y

---

[450] Un texto ciertamente difícil. En hebreo גְּעַר חַיַּת קָנֶה עֲדַת אַבִּירִים בְּעֶגְלֵי עַמִּים מִתְרַפֵּס בְּרַצֵּי־כָסֶף *gə'ar ḥayyaṯ qāneh 'ăḏaṯ 'abbîrîm bə'eḡlê 'ammîm miṯrappês bəraṣṣê-ḵāsep̄*. KRAUS traduce: *"¡Amenaza a la fiera del cañaveral, a la multitud de los fuertes, a los señores de las naciones! ¡Aplasta con tus pies a los que tienen su deleite en la plata!"* SCHÖKEL: *"Reprime a la fiera del cañaveral, a la banda de los toros, a los novillos de los pueblos: que se te postren con lingotes de plata"*. Algunos interpretes han visto en *"la fiera del cañaveral"*, al cocodrilo, que se esconde entre las cañas en las riberas del Nilo, simbolizando al Faraón de Egipto.

[451] Se refiere a una anotación marginal en la KJV (King James Version o *Authorized Version*) en su edición de 1611, que según un estudio llevado a cabo por FREDERICK H.A. SCRIVENER [1813-1891] contaba con 6637 notas marginales explicativas en el Antiguo Testamento, 1018 en los libros Deuterocanónicos (entonces incluidos), y 767 en el Nuevo Testamento: un total de 8422 notas marginales.

[452] 1 Reyes 11:26-40; 12:2-3; 14:25-28; 2 Crónicas 12:2-12.

[453] Apocalipsis 12:3.

[454] Ezequiel 30:1-18;

[455] Lucas 20:18.

[456] CLEMENTE DE ALEJANDRÍA [150-215] en "El Pedagogo", Libro II. Cap 11. sugiere que pudiera tratarse de una alusión a los egipcios, que adornaban su calzado con plata y decoraban sus muebles con láminas de plata y oro. Ver Ester 1:6; Job 22:24-25.

[457] Romanos 12:20.

que el que mata a espada sea muerto a espada,[458] es una norma justa para establecer y garantizar la paz y la tranquilidad en la tierra. ¿Qué paz puede haber mientras subsistan y proliferen tantos tiranos rodeados de mirmidones[459] sedientos de sangre? Con toda piedad y devoción podemos hacer nuestra esta súplica, y con igual piedad bendecir a Dios por la seguridad de que será contestada, porque él: *"quiebra el arco, rompe las lanzas y quema los carros en el fuego"*.[460]

C. H. SPURGEON

Reprende las fieras de las cañas. Esta es la traducción literal según indica en nuestra versión una nota al margen,[461] y es la correcta. La mayoría de los críticos actuales consideran que se refiere al león, que con frecuencia hace su guarida en la maleza, ya sean juncos o matorrales. En la espesura de las orillas de los ríos de Mesopotamia merodeaban entre juncos y matorrales numerosos leones; y el río Jordán estaba infestado de ellos.[462] Por tanto, *"las fieras de la cañas"* puede significar los reyes sirios, que a menudo mantenían escaramuzas y contiendas con David.

BENJAMIN BOOTHROYD [1768-1836]
"Biblia Hebraica", 1813

Reprende las fieras de las cañas, la manada de toros con los becerros de los pueblos. De un modo enigmático el salmista menciona aquí al faraón idólatra de Egipto, habitando como el cocodrilo, entre las cañas del Nilo; y con él los toros y los becerros, que eran los dioses de Egipto, ante los cuales bailaban en orgías supersticiosas. El sentido sería: «Reprime tales insultos sobre tu majestad y abate no tan solo la idolatría y superstición de Egipto, sino también toda su parafernalia militar; para que los gentiles se conviertan a ti y los ídolos sean totalmente abolidos».

EDWARD GARRARD MARSH [1783-1862]
"The Book of Psalms translated into English Verse... with Practical and Explanatory Notes", 1832

Reprende las fieras de las cañas, la manada de toros con los becerros de los pueblos. Cuando los enemigos de Dios alzan su mano contra la Iglesia, es hora de que la Iglesia se postre de rodillas ante Dios para implorar su ayuda contra ellos. Las oraciones santas son mucho más poderosas y efectivas que las espadas profanas.

THOMAS WALL
"A comment on the times, or, A character of the enemies of the church", 1657

Reprende las fieras de las cañas, la manada de toros con los becerros de los pueblos, hasta que todos se sometan trayendo sus tributos en piezas de plata; dispersa a los pueblos que se complacen

[458] Jeremías 15:2; Mateo 26:52; Apocalipsis 13:10.

[459] En el original: *"myrmidons"*. Básicamente el nombre de MIRMIDONES corresponde a un pueblo legendario de feroces guerreros que según la mitología griega luchó en la guerra de Troya bajo el mando de Aquiles. No obstante, parece ser que el maniqueísmo llamaba mirmidones a unas supuestas huestes de soldados demoníacos que luchan a favor de las tinieblas contra la luz. Aunque es improbable que Spurgeon se refiriera a esto último dado que los papiros conocidos como *Coptic Manichaean Psalm-books,* en los que figura este concepto, fueron encontrados por los arqueólogos en *Medinet Maadi*, Egipto, en 1920. Lo más probable es que utilizó el término simplemente como sinónimo de "esbirros, sicarios o secuaces".

[460] Salmo 46:9.

[461] Se refiere a la versión inglesa KJV.

[462] Jeremías 4:7; 49:19.

en la guerra. Estas palabras contienen en primer lugar una declaración enfática de quienes son los enemigos de Dios; y en segundo lugar, una imprecación contra ellos. Los enemigos se califican en cuatro categorías:

1. Una compañía de lanceros; o como algunos lo traducen: *"las fieras de las cañas"*.
2. La manada de toros.
3. Los becerros de los pueblos.
4. Los que se deleitan en la guerra.

Que podemos identificar como:

1. El legalismo.[463]
2. La envidia.
3. La ignorancia.
4. La ambición u orgullo.

Cada una de estas cuatro fieras salvajes descarga su animosidad contaminando la Iglesia; *las fieras de las cañas* la atacan con el *legalismo;* los *toros* con la *envidia;* los *becerros* con la *ignorancia;* y los que *se deleitan en la guerra* con el *orgullo.*[464]

Por su parte la imprecación es también de un doble sentido; en primer lugar más suave: *repréndelos: "Reprende las fieras de las cañas"*, es decir: *reprende a los lanceros,* con una limitación: *"hasta que todos se sometan trayendo sus tributos en piezas de plata"*. Pero con los que no quieren someterse, *"a los que se deleitan en la guerra"*, con estos sé más duro y tajante: *dispérsalos.* A la iglesia de Dios nunca le han faltado enemigos, y nunca le faltarán. *"No hay paz para los malvados – dice el Señor";*[465] a lo que los malvados replican: «no habrá paz para los piadosos». Los malvados no tendrán la paz que viene Dios;[466] los santos no disfrutarán la paz que los malvados pueden arrebatar.

THOMAS WALL

"A comment on the times, or, A character of the enemies of the church", 1657

Vers. 31. ***Vendrán príncipes de Egipto; Etiopía se apresurará a extender sus manos hacia Dios.*** *[Vendrán príncipes de Egipto; Etiopía se apresurará a extender sus manos hacia Dios.* RVR*] [De Egipto saldrán mensajeros; Etiopía se apresurará a extender sus manos hacia Dios.* LBLA*] [Príncipes vendrán de Egipto, Etiopía se apresurará a extender sus manos a Elohim.* BTX*] [Egipto enviará embajadores, y Cus se someterá a Dios.* NVI*] [Y vendrán los magnates desde Egipto, exten-*

[463] En el texto original *"Scrupulosity"*. Un término que deriva del latín *scrupulus,* y que se daba a una piedra pequeña que se metía en el zapato y acababa por causar una lesión en el pie. En castellano se aplica al sentimiento de duda, inseguridad y meticulosidad de una persona con respecto a una acción concreta por miedo a ensuciarse, contaminarse, etc. En este caso es preciso entender en término en su connotación teológica-religiosa. Y dado el contexto hemos considerado que el equivalente más apropiado era el de "legalismo".

[464] Spurgeon inserta aquí la siguiente nota personal: «Esta espiritualización extrema del texto bíblico debemos verla más bien como un faro de alerta que como un ejemplo a seguir. El autor era un teólogo altamente capacitado, pero en este sermón le da más cabida a su imaginación que a su sentido común».

[465] Isaías 48:22; 57:21. El director de cine español Enrique Urbizu utilizó este texto para titular su película estrenada en 2001:, "No habrá paz para los malvados"; en la que un inspector de policía y una juez encargada de la investigación del triple crimen, avanzan poco a poco, meticulosamente pero de manera implacable en la búsqueda y persecución del asesino.

[466] Filipenses 4:7, 9. Ver también: Isaías 26:3; Juan 14:27; Colosenses 3:15.

derá Etiopía sus manos hacia Dios. BLP] *[Que Egipto venga con regalos de metales preciosos; que Etiopía le lleve tributo a Dios.* NTV][467]

Vendrán príncipes de Egipto.[468] Los viejos enemigos se convertirán en los nuevos amigos: Salomón encontraría esposa en la casa de Faraón.[469] Cristo juntará un pueblo procedente del reino del pecado; los más grandes pecadores se entregarán al cetro de la gracia, y los hombres poderosos se transformarán en hombres buenos al acudir a Dios.

Etiopía se apresurará a extender sus manos hacia Dios.[470] Cus se adelantará en presentar ofrendas de paz: la reina de Saba vino del lejano sur;[471] el eunuco de Candace inquiriría con afán acerca de Aquel fue llevado como oveja al matadero.[472] Abisinia se convertiría al Señor, y toda África buscaría voluntariamente de la gracia, deseando y abrazando con ansia al Cristo de Dios.[473] ¡Pobre Etiopía! Por muchos años las manos de tus hijos han sido esposadas injustamente y endurecidas por trabajo duro y cruel,[474] pero esa esclavitud ha servido para que millones de tus hijos encontraran en la esclavitud la libertad con la que Cristo hizo libres a los hombres;[475] y así tu cruz, como la cruz de Simón de Cirene,[476] ha sido la cruz de Cristo, y Dios ha sido tu salvación. ¡Apresura, Señor, este día en el que tanto la civilización como la barbarie de la tierra te adorarán por igual! ¡Egipto y Etiopía se juntaran con gozo para alabarte! Y esta es la confianza de tus santos, a saber: tu promesa. ¡Apresúrala, oh buen Dios, de acuerdo con tu propio calendario!

C. H. SPURGEON

---

467 La versión griega de los LXX o Septuaginta lee: ἥξουσιν πρέσβεις ἐξ Αἰγύπτου, Αἰθιοπία προφθάσει χεῖρα αὐτῆς τῷ θεῷ que la Vulgata traduce al latín como: *"Venient legati ex Ægypto; Æthiopia praeveniet manus ejus Deo"*, "Vendrán legados de Egipto; la Etiopía anticipará sus manos hacia Dios". La versión sefardí de Ferrara traduce: *"Vendrán principales de Egypto, Ethiopia hara correr fus manos al Dio"*. La caldea Peshitta: *"Embajadores llegarán desde Egipto, y Cus se rendirá ante Dios"*.

468 En hebreo יֶאֱתָיוּ חַשְׁמַנִּים מִנִּי מִצְרָיִם *ye'ĕṯāyū ḥašmannîm minnî miṣrāyim*. En problema está en el sintagma חַשְׁמַנִּים *ḥašmannîm* de חַשְׁמַן *chashman* un término que tan solo aparece aquí en todo el A.T. y cuyo significado exacto se desconoce. La mayoría de versiones lo han traducido como "príncipes", "magnates", "legados", "embajadores", pero el significado no es seguro. SCHÖKEL traduce: *"Lleguen los magnates de Egipto"*. Pero KRAUS lo traduce como: *"Tráiganse vasijas de bronce de Egipto"*.

469 1 Reyes 3:1.

470 Algunos comentaristas de la antigüedad ven en cumplimiento de esto en la visita a Salomón de la Reina de Saba según leemos en 1 Reyes 10:1-13 y posteriormente la conversión den eunuco etíope (Hechos 8:26-39).

471 1 Reyes 10:1-10.

472 Hechos 8:26-39.

473 Cuando Spurgeon escribía estas palabras las misiones en África estaban en pleno auge: 1752-1914. Fue la época de la fundación de la *"London Missionary Society"* (1795), de los grandes exploradores misioneros: DAVID LIVIGNSTONE [1813-1873], de ROBERT MOFFAT [1795-1883], de MARY SLESSOR [1848-1915], etc.

474 Entendemos que se refiere de manera simbólica al problema de la esclavitud en toda África. Spurgeon fue un convencido abolicionista y sus denuncias contra la esclavitud eran tan duras que algunos de sus sermones fueron censurados en los Estados Unidos en la edición impresa, se boicotearon sus libros y en algunos estados del Sur se llegaron a organizar piras para quemarlos públicamente.

475 Juan 8:31-36.

476 Mateo 27:32; Marcos 15:21-22; Lucas 23:26.

Vendrán príncipes de Egipto; Etiopía se apresurará a extender sus manos hacia Dios.[477] Es un hecho probado y conocido por todo lector ilustrado, que nuestra versión inglesa suele sustituir por *"Etiopía"* y *"Etíope"* el término hebreo כּוּשׁ *kūš;* y que cuando se aplica de ese modo en la Escritura tiene un sentido mucho más amplio, abarca no tan solo el territorio africano al sur del Nilo sino también las tierras de Arabia en Asia.

CHARLES FORSTER [1822-1887]
"The historical geography of Arabia; or, The patriarchal evidences of revealed religion", 1844

Vers. 32. ***Reinos de la tierra, cantad a Dios, cantad al Señor; Selah.*** *[Reinos de la tierra, cantad a Dios, cantad al Señor; Selah.* RVR*] [Cantad a Dios, oh reinos de la tierra; cantad alabanzas al Señor. Selah.* LBLA*] [¡Oh reinos de la tierra, cantad a Elohim, cantad salmos a Adonai! Selah.* BTX*] [Cántenle a Dios, oh reinos de la tierra, cántenle salmos al Señor; Selah.* NVI*] [Reinos de la tierra, cantad a Dios, tañed instrumentos para el Señor. Pausa.* BLP*] [Canten a Dios, reinos de la tierra, canten alabanzas al Señor. Interludio.* NTV*]*[478]

Cantad a Dios, oh reinos de la tierra.[479] Glorioso será ese cántico al que imperios enteros juntarán sus voces entonándolo. Felices los hombres para los cuales Dios es un objeto único y constante

---

[477] FRANCISCO LACUEVA [1911-2005] en su versión española del "Comentario de Matthew Henry": «Menciona en especial a Egipto y Etiopía como enemigos ancestrales de Israel y por tanto de los que menos podía esperarse tributo y sumisión. Pero Egipto vendrá a rendir tributo a la soberanía del Dios de Israel (ver Isaías 19:25); y Etiopía, que antaño extendió sus manos contra el Israel de Dios (2 Crónicas 14:9), ahora se apresurará a extender sus manos hacia el Dios de Israel en oración, y le pedirá perdón y benignidad: paz con Dios».

[478] La versión griega de los LXX o Septuaginta lee: αἱ βασιλεῖαι τῆς γῆς, ᾄσατε τῷ θεῷ, ψάλατε τῷ κυρίῳ. διάψαλμα que la Vulgata traduce al latín como: *"Regna terrae, cantate Deo; psallite Domino; psallite Deo"*, "Reinos de la tierra, cantad a Dios; tañed salmos al Señor; tañed salmos a Dios". La versión sefardí de Ferrara traduce: *"Reynos de la tierra cantad al Dio, pfalmead a Adonay.* Selah*"*. La caldea Peshitta: *"Canten alabanzas a Dios reinos de la tierra, canten salmos a Yahweh"*.

[479] Comentando estos versículos finales del Salmo 68 dice FRANCISCO LACUEVA [1911-2005] en su versión española del "Comentario de Matthew Henry": «Después de orar por los gentiles, el salmista los invita ahora a venir y unirse a los devotos israelitas en alabanzas a Dios, e insinúa que su incorporación a la Iglesia será para ellos motivo de gozo y de alabanza (68:32): *"Reinos de la tierra, cantad a Dios"*. ¿Por qué? 1. Porque su dominio es supremo y soberano (68:33): "Al que cabalga sobre los cielos de los cielos, que son desde la antigüedad" (comparar con 68:4). Desde antiguo, más aún, desde la eternidad, ha preparado su trono; se sienta en el circuito de los cielos y dispensa al mundo de abajo los beneficios de su poder y de su bondad. 2. Porque su majestad es terrible y pavorosa: *"He aquí dará su voz, poderosa voz"*. Esto puede entenderse en general, referido al trueno, que es llamado voz de Jehová con potencia y con gloria (Salmo 24:3, 4) o, en particular, al trueno con que habló Dios a Israel en el monte Sinaí. 3. Porque su poder es infinito (68:34): *"Reconoced el poder de Dios"*. Tuyo es el reino y el poder y, por tanto, tuya es la gloria. Hemos de reconocer su poder: (A) En el reino de la gracia: *"Sobre Israel es su magnificencia"*; muestra su cuidado soberano en salvar y proteger a su pueblo. (B) En el reino de la providencia: *"Y su poder está en los cielos"*, de donde viene el trueno de su poder. 4. Porque allí resplandece la gloria de su santuario y por los prodigios que lleva a cabo allí (68:35): *"Temible eres, oh Dios, desde tu santuario"*. Dios debe ser adorado y admirado con reverencia y santo temor por todos los que le rinden culto en sus santos lugares y reciben allí sus oráculos. Y no hay ninguna otra perfección divina tan temible para los pecadores como su santidad. 5. Por la gracia que otorga a su pueblo: El Dios de Israel, Él da fuerza y vigor a su pueblo», algo

de culto gozoso, porque no es así con los ídolos los paganos. Tan dulce es el canto que ha de ser dedicado por entero al Señor; un concierto pagano parece casi un sacrilegio; una canción licenciosa una traición.

Cantad alabanzas al Señor.[480] Una y otra vez sea engrandecido. Pecar contra Dios en exceso es un objetivo fácil de lograr; pero no tenemos la menor posibilidad de cantarle alabanzas en exceso.

Selah. Bien merecemos un descanso siendo que nuestras contemplaciones han alcanzado ya la era gloriosa del milenio. ¡Qué corazón se negaría a enardecerse y elevarse ante tal perspectiva!

C. H. SPURGEON

Vers. 33. ***Al que cabalga sobre los cielos de los cielos, que son desde la antigüedad; he aquí dará su voz, poderosa voz.*** *[Al que cabalga sobre los cielos de los cielos, que son desde la antigüedad; he aquí dará su voz, poderosa voz.* RVR*] [Cantad al que cabalga sobre los cielos de los cielos, que son desde la antigüedad; he aquí, El da su voz, voz poderosa.* LBLA*] [Al que cabalga sobre los cielos de los cielos, que son desde la antigüedad, ¡Mirad! Él emite su voz, su poderosa voz.* BTX*] [Al que cabalga por los cielos, los cielos antiguos, al que hace oír su voz, su voz de trueno.* NVI*] [Que cabalga sobre el alto y eterno cielo. Él ha alzado su voz, su voz poderosa.* BLP*] [Canten al que cabalga por los cielos antiguos; su poderosa voz truena desde los cielos.* NTV*]*[481]

Al que cabalga sobre los cielos de los cielos, que son desde la antigüedad.[482] Al comienzo del salmo ha descrito al Señor en sus manifestaciones terrenales: marchando a través del desierto; ahora lo hace en su gloria celestial: cabalgando sobre los cielos antiguos. Antes de que este cielo y tierra furran formados, las moradas superiores de la Deidad se mantuvieron firmes; antes de que fueran creados hombres o ángeles, los esplendores del Gran Rey eran tan grandes como ahora, y sus triunfos igual de gloriosos. Nuestro conocimiento alcanza tan solo a un corto fragmento de la eternidad de Dios, *"cuyas idas y venidas se remontan a días antiguos, a un tiempo inmemorial"*.[483] Bien podía la asamblea judía entonar himnos al Dios eterno, y bien podemos nosotros unirnos a ella en adoración del Gran Primogénito:[484]

---

que los dioses de las naciones, al ser vanidad y mentira, no podían dar a sus adoradores; ¿cómo podían ayudarles cuando no se podían ayudar a sí mismos? Pero, si es el Dios de Israel el que da fuerza y vigor a su pueblo, hay que decir: *"Bendito sea Dios"*. Si todo procede de Él, todo debe ir a Él».

[480] FRANZ DELITZSCH [1813-1890] traduce: *"Alabad al Señor con instrumentos de cuerda"*.

[481] La versión griega de los LXX o Septuaginta lee: αἱ ψάλατε τῷ θεῷ τῷ ἐπιβεβηκότι ἐπὶ τὸν οὐρανὸν τοῦ οὐρανοῦ κατὰ ἀνατολάς· ἰδοὺ δώσει ἐν τῇ φωνῇ αὐτοῦ φωνὴν δυνάμεως que la Vulgata traduce al latín como: *"Qui ascendit super caelum caeli, ad orientem: ecce dabit voci suae vocem virtutis"*, "Que ha subido hacia el cielo del cielo hacia el Oriente. He aquí que a su voz dará voz de fuerza". La versión sefardí de Ferrara traduce: *"Al cavalgan en cielos de cielos de antigüedad, he dara con fu voz, voz de fortaleza"*. La caldea Peshitta: *"Que cabalga por los cielos de los cielos; Él emite su voz, potente voz, desde el oriente"*.

[482] En hebreo לָרֹכֵב בִּשְׁמֵי שְׁמֵי־קֶדֶם הֵן יִתֵּן בְּקוֹלוֹ קוֹל עֹז *lārōḵêḇ bišmê šəmê-qeḏem hên yittên bəqōwlōw qōwl 'ōz.* SCHÖKEL traduce: *"que cabalga por los cielos de los cielos antiquísimos; que hace tronar su voz potente"*. KRAUS: *"¡A aquel que cabalga sobre los cielos, los cielos del tiempo primordial! ¡Ved, él eleva su voz, su poderosa voz!"*. FRANZ DELITZSCH [1813-1890] se une a esta idea y traduce: *"A Aquel que cabalga sobre los cielos de los cielos de los tiempos primigenios. Ved, se hizo escuchar con su voz, voz poderosa"*.

[483] Miqueas 5:2. En hebreo וּמוֹצָאֹתָיו מִקֶּדֶם מִימֵי עוֹלָם *ūmōwṣā'ōṯāw miqqeḏem mîmê 'ōwlām* de עוֹלָם *olam,* "para siempre, eternamente".

[484] Salmo 89:27; Romanos 8:29; Hebreos 1:6; Apocalipsis 1:5.

> *Antes que naciera el pecado, o cayera Satanás,*
> *conducía la hueste de estrellas matutinas.*
> *Tu generación, ¿quién la conoce?*
> *¿O puede enumerar tus años y tus días?*[485]

He aquí dará su voz, poderosa voz. ¿Acaso hubo en ese preciso instante un estruendo en el cielo? O quizá la mente del poeta retrocedió hasta los tiempos en que, desde los cielos de los cielos, la voz de Jehová rompió el prolongado silencio y dijo: *"Sea la luz; y fue la luz"*.[486] Hasta el día de hoy, la voz de Dios siempre ha sido y sigue siendo poder. El evangelio, que expresa y revela su palabra, es *"poder de Dios para salvación a todo aquel que cree"*.[487] Y corresponde en propiedad a nuestras voces alabar a Aquel cuya voz nos dio el ser; y nos otorga la gracia eficaz[488] que garantiza nuestro bienestar eterno.

C. H. SPURGEON

He aquí dará su voz, poderosa voz. O también *"su vos potente"*. Una voz poderosa y potente, como la voz del evangelio cuando va acompañado del poder y el Espíritu de Dios. Una voz que hace temblar el alma y la despierta; que funde el corazón y lo quebranta; que aviva e ilumina; que reanima a los pecadores muertos en sus delitos y pecados y dándoles vida eterna;[489] que al penetrar en la mente oscurecida la ilumina, atrae al alma, y llevándola a Cristo, enciende hacia él sus afectos llenándola de deleite y placer inefables.

JOHN GILL [1697-1771]
"Exposition of the Old Testament", 1748

Al que cabalga sobre los cielos de los cielos. Que maneja el universo dirigiendo su curso e influencia. Que formó uno a uno cada orbe determinando su movimiento, trazando con exactitud la órbita que debe seguir en relación a los demás cuerpos celestes del mismo sistema. Con la misma facilidad y destreza que un jinete hábil maneja su caballo, maneja Dios el sol, la luna, los planetas, y todo el ejército del cielo.

WILLIAM GREENFIELD [1799-1831]
"Comprehensive Bible", 1839

Cantad al que cabalga sobre los cielos de los cielos.[490] La Iglesia canta alabanzas al que habiendo descendido de los cielos, y después de padecer aquí en la tierra, ascendió de nuevo a los cielos para

---

[485] Cita un himno de ISAAC WATTS [1674-1748] basado en los pasajes de Juan 1:1; 3:14; Colosenses 1:16; Efesios 3:9-10; que comienza diciendo *"Ere the blue heav'ns were stretch abroad, fron everlasting was the Eord"*. Cita la tercera estrofa que en el original dice así: *"Ere sin was born, or Satan fell, / He led the host of morning stars. / Thy generation who can tell? / Or count the number of thy years?"*.

[486] Génesis 1:3.

[487] Romanos 1:16.

[488] La *"gracia eficaz"*, también llamada a veces *"gracia efectiva"* y las más de las veces *"gracia irresistible"*, es uno de los cinco puntos clave del calvinismo. Significa que Dios conduce a su pueblo escogido a la salvación de una manera eficaz o efectiva. Si no fuera por esta "gracia irresistible", nuestra naturaleza pecaminosa y depravada resistiría la salvación aún a pesar de haber sido escogidos.

[489] Efesios 2:1, 5; Colosenses 2:13.

[490] Así traduce LBLA aunque el *"cantad"* no figura en el texto hebreo que dice simplemente: לְרֹכֵב בִּשְׁמֵי שְׁמֵי־קֶדֶם *lārōḵēḇ bišmê šəmê-qeḏem;* aunque se desprende sin duda del versículo anterior.

tomar posesión de su trono que está en lo más alto, sobre los cielos los cielos. Y habla desde allí al mundo con su evangelio glorioso, poderoso, y potente cual voz de trueno en los corazones de los hombres: *"Voz del Señor sobre las aguas. el Dios de gloria truena, el Señor está sobre las muchas aguas. La voz del Señor es poderosa, la voz del Señor es majestuosa. La voz del Señor rompe los cedros; sí, el Señor hace pedazos los cedros del Líbano; y como becerro hace saltar al Líbano; y al Sirión como cría de búfalo. La voz del Señor levanta[d] llamas de fuego. La voz del Señor hace temblar el desierto; el Señor hace temblar el desierto de Cades. La voz del Señor hace parir a las ciervas, y deja los bosques desnudos, y en su templo todo dice: ¡Gloria!".*[491] El poder de la voz de Cristo, mientras permaneció en la tierra, se manifestaba por los efectos que seguían a sus palabras, como cuando dijo: *"Joven, a ti te digo, ¡levántate!";*[492] *"¡Lázaro, sal fuera!";*[493] o al viento y al mar: *"¡Calla, y enmudece!".*[494] Y se manifestará todavía más claramente cuando *"todos los que están en los sepulcros oirán su voz; y los que hicieron lo bueno, saldrán a resurrección de vida".*[495]

GEORGE HORNE [1730-1792]
"A Commentary on the Psalms in which Their Literal Or Historical Sense, as They Relate to King David, is Illustrated", 1825

Vers. 34. *Atribuid poder a Dios; sobre Israel es su magnificencia, y su poder está en los cielos.* *[Reconoced el poder de Dios; sobre Israel es su magnificencia, y su poder está en los cielos.* RVR*] [Atribuid a Dios fortaleza; su majestad es sobre Israel, y su poder está en los cielos.* LBLA*] [¡Reconoced el poder de Elohim! ¡Sea sobre Israel su magnificencia, y su poder en los cielos!* BTX*] [Reconozcan el poder de Dios; su majestad está sobre Israel, su poder está en las alturas.* NVI*] [Reconoced el poder de Dios: su grandeza está sobre Israel, en los cielos está su fuerza.* BLP*] [Cuéntenles a todos acerca del poder de Dios. Su majestad brilla sobre Israel; su fuerza es poderosa en los cielos.* NTV*]*[496]

Atribuid a Dios fortaleza. Si su voz basta para quebrar las peñas y desgajar los cedros,[497] ¿qué puede hacer su mano? Su dedo sacude la tierra;[498] ¿quién puede concebir el poder de su brazo? Que nunca nuestras dudas y vacilaciones, o la arrogancia de nuestras elucubraciones, nos lleven a conclusiones en las que parezca que minimizamos el poder de Dios o le restamos importancia. Por el contrario, cediendo ante él y confiando en él, reconozcamos su poder en nuestros corazones. Una vez nos hemos reconciliado con Dios, su omnipotencia es un atributo del cual cantamos con deleite.

Sobre Israel es su magnificencia. La majestad divina se hace extensiva sobre la nación favorecida: para ella su grandeza es bondad, y su gloria es su defensa.

[491] Salmo 29:3-9.
[492] Lucas 7:14.
[493] Juan 11:43.
[494] Marcos 4:39.
[495] Juan 5:28-29.
[496] La versión griega de los LXX o Septuaginta lee: δότε δόξαν τῷ θεῷ· ἐπὶ τὸν Ισραηλ ἡ μεγαλοπρέπεια αὐτοῦ, καὶ ἡ δύναμις αὐτοῦ ἐν ταῖς νεφέλαις que la Vulgata traduce al latín como: *"Date gloriam Deo super Israel; magnificentia ejus et virtus ejus in nubibus"*, "Dad gloria a Dios sobre Israel, su magnificencia, y su poder en las nubes". La versión sefardí de Ferrara traduce: *"Dad fortaleza al Dio, fobre Israel fu loçanía, y fu fortaleza en los cielos"*. La caldea Peshitta: *"Den gloria a Dios, belleza magnífica sobre Israel, cuyo poder es sobre los cielos de los cielos"*.
[497] Salmo 29:3-9; 114:4.
[498] Job 9:6; 12:26

Y su poder está en los cielos. No confina su poder a los hijos de los hombres, sino que lo extiende como un dosel cubriendo los cielos. La lluvia, la nieve, el granizo y la tempestad son su artillería; gobierna toda la naturaleza con una majestuosidad impresionante. Nada hay tan encumbrado como para estar por encima de él, o demasiado bajo como para estar por debajo de él; alabémosle por tanto en las alturas.

C. H. SPURGEON

Y su poder está en las nubes.[499] Esto se refiere a los fenómenos naturales de truenos y relámpagos; puesto que todos los pueblos y culturas en todas las épocas han observado que tales descargas eléctricas son una fuerza imparable que destruye cuanto encuentra en su paso: desmorona torres y hace pedazos castillos, desgaja los robles más fuertes y quebranta las rocas más sólidas. Y las naciones más iluminadas las han considerado, justamente, como una manifestación especial del poder y la soberanía de Dios.

WILLIAM GREENFIELD [1799-1831]
"Comprehensive Bible", 1839

Vers. 35. *Temible eres, oh Dios, desde tus santuarios; el Dios de Israel, él da fuerza y vigor a su pueblo. Bendito sea Dios.* *[Temible eres, oh Dios, desde tu santuario; el Dios de Israel, él da fuerza y vigor a su pueblo. Bendito sea Dios.* RVR*] [Imponente eres, oh Dios, desde tu santuario. El Dios mismo de Israel da fortaleza y poder al pueblo. ¡Bendito sea Dios!* LBLA*] [¡Oh Elohim, Tú eres formidable desde tus Santuarios! El DIOS de Israel es quien da vigor y poder a su pueblo. ¡Bendito sea Elohim!* BTX*] [En tu santuario, oh Dios, eres imponente; ¡el Dios de Israel da poder y fuerza a su pueblo! ¡Bendito sea Dios!.* NVI*] [Magnífico es Dios desde su santuario,* él es el Dios de Israel *que da poder y fuerza al pueblo. ¡Bendito sea Dios!* BLP*] [Dios es imponente en su santuario; el Dios de Israel le da poder y fuerza a su pueblo. ¡Alabado sea Dios!* NTV*]*[500]

Temible eres, oh Dios, desde tu santuario. Infundes temor y sobrecogimiento. Tus santos te obedecen con temor y temblor,[501] y tus enemigos huyen de ti con desaliento.[502] De tus tres atrios,[503] y

[499] Así traduce la versión inglesa KJV: *"and his strength is in the clouds"*. El texto hebreo dice וְעֻזּוֹ בַּשְּׁחָקִים *wə'uzzōw baššəḥāqîm* de שַׁחַק *shachaq,* "cielos", aunque en algunos casos se traduzca poéticamente como "nubes" (Job 36:28; 37:16; Salmo 78:23; Isaías 45:8).

[500] La versión griega de los LXX o Septuaginta lee: θαυμαστὸς ὁ θεὸς ἐν τοῖς ἁγίοις αὐτοῦ· ὁ θεὸς Ισραηλ αὐτὸς δώσει δύναμιν καὶ κραταίωσιν τῷ λαῷ αὐτοῦ. εὐλογητὸς ὁ θεός que la Vulgata traduce al latín como: *"Mirabilis Deus in sanctis suis; Deus Israel ipse dabit virtutem et fortitudinem plebi suae. Benedictus Deus!"*, "Maravilloso Dios en sus santos, el Dios de Israel, él dará virtud y fortaleza a su pueblo. Bendito sea Dios". La versión sefardí de Ferrara traduce: *"Temerofo Dio en sus fanctuarios, Dio de Ifrael el dan fortaleza, y fortalezas al pueblo, bendito el Dio"*. La caldea Peshitta: *"Formidable eres tú, oh Dios, desde tu santuario; el Dios de Israel otorgará fuerza y poder a los pueblos. ¡Bendito es Dios!"*.

[501] 2 Corintios 7:15; Filipenses 2:12.

[502] Isaías 31:9; Jeremías 46:5.

[503] El Tabernáculo estaba compuesto de tres partes: una abierta y de acceso general que era propiamente el Atrio (Éxodo 17:9-19); y dos cubiertas con cortinas el lugar Santo al que solo accedían los sacerdotes (Éxodo 26:1-30; Hebreos 9:2); y el lugar Santísimo, donde estaba el arca y al que solo accedía el sumo sacerdote (Éxodo 26:31-34).

especialmente del lugar santísimo, destella tu majestad y hace que los hijos de los hombres se postren con temor.

El Dios mismo de Israel da fortaleza y poder al pueblo. Tú, que eres Dios de Israel por el pacto, te muestras terrible para con tus enemigo haciendo que tu pueblo sea particularmente fuerte, de modo que uno persiga a mil, y dos pongan a diez mil a la fuga.[504] Todo el poder de los guerreros de Israel derivaba del Señor, la fuente de todo poder. Él es fuerte, y fortalece; dichosos quienes sacan de él sus recursos,[505] porque renovarán sus fuerzas.[506] Mientras los autosuficientes desmayan, el Todo-suficiente sostendrá incluso al creyente más débil.

Bendito sea Dios. Una conclusión breve pero dulce. Que nuestras almas digan a ella *"amén"*, y, una vez más: *"¡Amén!"*.

C. H. SPURGEON

[504] Deuteronomio 32:30.
[505] Salmo 84:5.
[506] Isaías 40:31.

SALMO 69

SALMO DEL NÁUFRAGO

Título: *Al músico principal; sobre Lirios. Salmo de David.*[1] Este es el tercer salmo donde encontramos el término שׁוֹשַׁנִּים *šōwōšannîm* o *"sobre Lirios"*.[2] En el Salmo 45 había lirios dorados desprendiendo un suave olor a mirra y que florecían en hermosos jardines bordeando palacios de marfil;[3] en este tenemos el Lirio entre espinas, el lirio de los valles[4] hermoso y radiante, floreciendo en el jardín de Getsemaní.[5]

Salmo de David.[6] Si alguno se pregunta: «¿De quién dice el salmista estas cosas? ¿De sí mismo o de otro?», contestamos: «De sí mismo y de otro». Y no tardaremos mucho en descubrir quién es este

---

[1] En la versión griega de loa LXX o Septuaginta este Salmo lleva un título distinto y un tanto misterioso: εἰς τὸ τέλος, ὑπὲρ τῶν ἀλλοιωθησομένων· τῷ Δαυιδ que la Vulgata traduce al latín como: *"In finem, pro iis qui commutabuntur. David"*, "Para el fin; para los que serán transformados; a David". Sobre este título en la Septuaginta y la Vulgata AGUSTÍN DE HIPONA [354-430] comenta: «*"Para los que serán transformados"*. Se entiende que en este caso la transformación es a mejor, pues cuando algo se transforma puede ser a mejor o a peor, como fue en el caso de Adán y Eva que fueron a peor; pero los que nacen de nuevo en Cristo son transformados a mejor: *" Porque ya que la muerte entró por un hombre, también por un hombre la resurrección de los muertos. Porque así como en Adán todos mueren, también en Cristo todos serán vivificados* (1 Corintios 15:21-22). Por causa de su pecado, Adán fue transformado de tal como Dios lo había formado, a una situación mucho peor; pero los creyentes en Cristo, por la gracia de Dios, somos transformados de la esclavitud del pecado en la que nacemos a una situación infinitamente mejor. Nuestra propia maldad fue la causante de que nos transformáramos a peor; pero el transformarnos a mejor no lo debemos a nuestra justicia, nos viene dado por la gracia de Dios. … Y, ¿dónde se origina esta transformación sino en la Pasión de Cristo de la que nos habla este Salmo? Reconozcamos pues la Pasión del Señor descrita en el texto de este Salmo, y descubramos en ella el origen de nuestra transformación: de lo terrenal a lo celestial, de lo corruptible a lo incorruptible, de una vida miserable llena de peligros y sufrimientos al descanso seguro y eterno (1 Corintios 15;51-58)». Ver al respecto la nota 44.

[2] Otros salmos relacionados en su título con los lirios o algún tipo de flor similar: שׁוּשַׁן *shushan,* son el Salmo 45: עַל־שֹׁשַׁנִּים *'alōšō-šannîm*; el Salmo 60: עַל־שׁוּשַׁן *'al-šūšan;* y el Salmo 80: אֶל־שֹׁשַׁנִּים *'el-šōšannîm.* JOHANN PETER LANGE [1802-1884] menciona que algunos traductores y comentaristas antiguos en su interpretación cristológica del Salmo hacen de este עַל־שׁוֹשַׁנִּים *'al-šōwōšannîm*, que traducen como: *"sobre rosas"*, una peculiar interpretación: «El Salmo de la *"rosa blanca"* (Salmo 45), trata de la santidad y pureza de Cristo; y el de la *"rosa roja"* (Salmo 69), de su preciosa sangre». Ver comentarios y notas al título de los Salmos 45, 60, y 80.

[3] Salmo 45:8.

[4] Cantares 2:1-2.

[5] Lucas 22:39-46.

[6] La mayoría de exégetas actuales, incluidos los más conservadores, cuestionan que el Salmo 69 fuera escrito realmente por David. En su versión española del "Comentario de Matthew Henry" FRANCISCO LACUEVA [1911-2005] dice al respecto: «A pesar del título, es poco probable que David mismo compusiera este salmo. La hipótesis más aceptable es la que ve en él la mano de Jeremías, quien pudo usar un núcleo davídico, del que forma parte la porción citada por Pablo en Romanos 11:9-10 … Pero todos los detalles cuadran bien en la historia de Jeremías. Si el celo por la casa de Dios se entiende con relación a Israel, (a pesar de la cita de Juan 2:17), ejemplos sobrados tenemos en Jeremías 11:15; 12:7; 23:11». Y SCHÖKEL: «Aunque el título adventicio del salmo lo atribuya a David, varios comentaristas pensaron que el autor era Jeremías, por la coincidencia de situaciones, por parentesco de estilo y lenguaje. Notamos en Jeremías la denuncia y defensa celosa del templo, el profeta hubo de sufrir el desvío de los suyos, la persecución de los rivales, fue echado a una cisterna donde se hundía en el lodo, se ensañaron con su debilidad; vio

otro, puesto que solo del crucificado se puede decir: *"en mi sed me dieron a beber vinagre"* (69:21). A lo largo de este cántico doliente vemos con caridad sus pisadas reveladas por el Espíritu Santo en el Nuevo Testamento, por tanto, afirmamos y estamos convencidos que de quién aquí se habla es del Hijo del Hombre.[7] Con todo, aun cuando el Espíritu Santo nos da tipos y paralelismos personales muy claros mostrándonos en sus estrofas las semejanzas con el primogénito de los herederos de salvación;[8] su intención es resaltar a la vez las diferencias entre el Hijo de Dios y el mejor entre los hijos de los hombres; porque hay versículos en este Salmo que no son aplicables a nuestro Señor; y nos estremece cuando vemos que algunos hermanos intentan hacerlo. Tal es el caso, a modo de ejemplo, del versículo cinco: *"Dios, tú conoces mi insensatez, y mis pecados no te son ocultos"* (69:5). Las diferencias entre David y el Hijo de Dios son marcadas, y se hacen evidentes en las imprecaciones de David contra sus enemigos contrastadas con las oraciones de Jesús por ellos.[9] Iniciamos pues la exposición de este Salmo con temor y temblor, porque somos conscientes de que estamos entrando junto con nuestro gran sumo sacerdote en el lugar santísimo.[10]

C. H. SPURGEON

---

amenazada Sión y destruidas muchas ciudades de Judá. Jeremías es el más lírico de los profetas y despliega la viveza imaginativa que volvemos a encontrar en el Salmo 69. Con todo, hoy preferimos hablar de hipótesis de lectura: sea de quien sea, escuchemos el salmo como pronunciado por Jeremías cuando estaba en el aljibe, y la súplica adquiere una concreción impresionante … Se trata de hipótesis de lectura, para cuya comprobación no tenemos datos seguros. Pero en conclusión podemos decir: el orante se encuentra en una situación semejante a la de Jeremías o de un desterrado en Babilonia» [*Salmos, Tomo I, 1-72,* Editorial Verbo Divino, Estella, Navarra, 1992]. Por su parte FRANZ DELITZSCH [1813-1890], indica que este Salmo fue colocado por los compiladores a continuación del Salmo 68 porque el versículo treinta y cinco (69:35) expresa en lenguaje figurativo el mismo mensaje que el 68:11: *"Los de tu pueblo se establecieron en ella"* – *"Y habitarán allí, y las poseerán"* (69:35); pero en todos los demás aspectos el Salmo 68 y el Salmo 69 difieren como la noche del día. Su contrapartida hay que buscarla más bien en el Salmo 40; aquí sí que nos encontramos con unos paralelismos asombrosos: el pozo de lodo cenagoso (40:2 – 69:2); los enemigos y los males abundantes descritos como *"más que los cabellos de mi cabeza"* (40:12 – 69:4); el gozo de los oprimidos al contemplar la victoria (40:17 – 69:32), etc. Y pocos cuestionan la autoría davídica del Salmo 40. Pese a ello, no cabe la menor duda de que el Salmo 69 encaja mucho mejor en la vida de Jeremías que en la de David; lo cual indujo ya a JOHANNES CLERICUS [1657-1736], y J. L. VOGEL en su *"Inscriptiones Psalmorum serius demum additas videri,* 1767, a optar por esta posibilidad a la cual nosotros nos sumamos gustosamente».

[7] La opinión de los Padres de la Iglesia a este respecto es determinante. ATANASIO DE ALEJANDRÍA [296-373] en su carta a su discípulo Marcelino sobre la naturaleza y valor de los salmos le dice refiriéndose a este salmo: «El Salmo 69 predice y anticipa la Cruz, así como todos los sufrimientos y padecimientos que el bendito Salvador que tuvo que soportar por nosotros». El Tomo I de "El Tesoro de David" incluye una traducción completa de la Carta de Atanasio a Marcelino. [Tomo I - pp. 50]. Y AGUSTÍN DE HIPONA [354-430] afirma tajante en su introducción expositiva del mismo: «De quien se habla aquí es de Cristo, y cuanto de él se dice en este Salmo se cumplió al pie de la letra en su Pasión; esto queda al margen de toda duda. Y no solo porque Cristo lo confirmó con sus propias palabras, sino porque también los apóstoles, hablando de Cristo, citaron el testimonio de este Salmo». (Ver nota 20).

[8] Romanos 8:29; Hebreos 1:14; 6:12.

[9] Lucas 23:34.

[10] Hebreos 4:14-16.

Al músico principal; sobre Lirios; de David. La indicación en el título: *"sobre Lirios"*, pone de manifiesto la belleza del tema expuesto en este Salmo.

Erns Wilhelm Hengstenberg [1802-1869]
"Commentary on the Psalms", 1860

Estructura: Este Salmo tiene dos partes bien marcadas de dieciocho versículos cada una; y ambas pueden subdividirse respectivamente en tres. Vemos en la primera parte como el sufriente expone su lamento ante Dios (69:1-4); explica a continuación la causa de sus sufrimientos: su celo por la casa de Dios (69:5-12); lo cual le anima a implorar ayuda y liberación (69:13-18). En la segunda parte detalla la conducta injuriosa de sus adversarios (69:19-21); demanda el castigo que merecen (69:22-28); y finaliza en oración agradecida y gozosa al anticipar la interposición divina y sus resultados (69: 29-36).

C. H. Spurgeon

Versión poética:

Salvum me fac Deus

Socórreme, Señor, porque me ahogo,
mira, piadoso Dios, como las aguas
me atropellan, me anegan, me sofocan,
y que ya me penetran hasta el alma.

Sumergido me veo en un obscuro
lago de lodo, y en su esfera vasta
no hallo lugar en que mis pies se sienten,
no veo dónde asegurar mis plantas.

Me siento descender a los profundos
abismos que en su seno el mar recata,
la horrible tempestad me ha sumergido,
y no diviso un rayo de esperanza.

Ya me siento cansado de dar gritos,
ya tengo enronquecida la garganta,
y los ojos los tengo fatigados
de ver si viene al fin el Dios que aguardan.

Ya los que me aborrecen sin motivo,
y que tenaces con furor me atacan,
tan numerosos son, que a los cabellos
de mi cabeza mucho sobrepasan.

Y ya mis enemigos implacables
refuerzan contra mí su feroz rabia,
y redoblan su ardor, aunque mi mano
lo que nunca ha debido se lo paga.

Oh mi Dios, tu conoces mis locuras,
mis delirios y culpas insensatas,
pues a la luz divina de tus ojos
mis enormes pecados no se escapan.

Mas pues eres el Dios del universo,
el soberano Dios de las armadas,
haz por lo menos que los que te adoran,
no se avergüencen de mis graves faltas.

Santo Dios de Israel, haz que los justos
que fieles te buscan, que te aman,
y que con tanto ardor de solicitan,
no sean confundidos por mi causa.

Tú no ignoras, Señor, que por tu gloria
tantos oprobios ha sufrido mi alma,
y que solo por ella se ha cubierto
de vergüenza y rubor mi triste cara.

Mis hermanos me ven como extranjero,
mi familia también de mí se extraña,
todos huyen de mí, me desconocen
los hijos de mi madre, y de mi patria.

Porque sabes, Señor, que me devora
el celo de la gloria de tu casa,
y que cayeron sobre mí las piedras,
que contra ti los bárbaros disparan.

Me cubrí con un saco en mis ayunos,
y esto mismo aumentó su saña amarga,
me vestí de un cilicio, y fue el silicio
objeto de sus mofas, y sus chanzas.

Los que estaban sentados a sus puertas
discurriendo de mí, mi honor maltratan,
y los que vino beben, con sus voces
de mi se burlan, y mi oprobio cantan.

En cuanto a mí, Señor, yo te ofrecía
mi ruego humilde, mi oración sagrada,
yo te decía, oh Dios, este es el tiempo
de que tu alta bondad parecer hagas.

Oye mi triste voz con la grandeza
de tu misericordia soberana,
y según la verdad de las promesas,
que tu me hiciste con la boca santa.

Retírame del medio de este lodo,
Que me ahoga en sus horridas entrañas,
libértame de aquellos que me odian,
y sácame del fondo de las aguas.

Que tanta tempestad no me sumerja,
no dejes sepultada aquí mi alma,
ni la boca del pozo en que he caído,
permitas que para mí quede cerrada.

Escúchame, Señor, con la dulzura
de tu misericordia siempre blanda,
mírame con favor, según lo pide
de tus muchas piedades la abundancia.

No me separes pues tus dulces ojos,
no desvíes de mi tu amable cara,
apresúrate, oh Dios, que ya no puedo
sufrir tanto dolor, aflicción tanta.

Yo imploro tu piedad, líbrame presto
del peligro cruel que me amenaza,
sácame de un estado tan horrible,
y confunde a los malos que me dañan.

Tú miras la vergüenza que me cubre,
tú sabes los oprobios que me cargan,
y conoces sus malas intenciones,
porque nada se esconde a tus miradas.

Mi corazón se había preparado
a todos los oprobios y desgracias,
pero creí que no me faltaría
piedad alguna en suerte tan infausta.

Pero ¡ay! nadie me ayuda o compadece;
de todos los consuelos que esperaba
uno solo no he visto, pues no tengo
quien se interese, ni me alivie en nada.

Por el contrario, aumentan mis desdichas,
por hacerme las penas más amargas;
cuando sufría el hambre, hiel me dieron,
y vinagre en la sed que me abrasaba.

¡Ah mi Dios! que la mesa que les sirven
sea como una red, y todos caigan,
que este sea el castigo de su culpa,
y piedra del escándalo que causan.

Que sus ojos se cieguen de tal modo,
que a la luz no le dejen una entrada,
y que tanto se doblen, que a la tierra
se lleguen a acercar con sus espaldas.

Que sobre ellos desprendas al instante
todas las flechas que hay en tus aljabas,
y que en todo lugar, en todo tiempo
queden expuestos a tu fiera saña.

Que sus lugares queden asolados,
y sus casas desiertas y arrasadas,
sin que persona alguna jamás quiera
habitar en sus tiendas o cabañas.

Porque endurecieron los inicuos
el urgente veneno de mis llagas,
y añadieron dolores más acerbos
al dolor con que tú me castigabas.

Déjales pues aglomerar delitos,
que iniquidad a iniquidad añadan,
y que tu indignación lo les permita
entrar jamás en tu divina gracia.

Que los borres del libro de los vivos,
que escribirse no puedan en las planas
en que se escribe el nombre de los justos,
ni hallen lugar en sociedad tan santa.

Yo no soy más que un pobre, un miserable
punzado de dolor, lleno de ansias,
más tu poder, oh Dios, me ha libertado,
y espero me liberte mi confianza.

Yo cantaré tu nombre soberano
con un rendido cántico de gracias,
y exaltaré tu gloria con ardientes,
continuas y amorosas alabanzas.

Yo creo que esta acción, aunque tan justa,
a tu buen corazón será más grata
que los sacrificios de terneras,
a quienes cuernos y pezuñas solo amagan.

Que los pobres, Señor, vean y admiren
la dulce dignación con que me tratas,
para que se consuelen. ¡Ah mortales!
buscad a Dios, y vivirá vuestra alma.

Porque el Señor escucha favorable
a los pobres humildes que le claman,
y no abandona a sus fieles siervos
que por amor entre las prisiones se hallan.

Que le alaben los cielos y la tierra,
que le alaben el mar, y cuanto alcanza,
con todo lo que vive y lo que existe,
pues todo lo creó su mano sabia.

Dios salvará a Sión, y las ciudades
de Judá se verán reedificadas;
los hijos que nacieren en sus cercos,
las vivirán como en su propia patria.

La raza de sus buenos servidores
gozará de esta tierra y su comarca,
y los que amaren su bendito nombre
tendrán en ella la mansión más grata.

DEL "SALTERIO POÉTICO ESPAÑOL", SIGLO XVIII

Salmo completo: El tema de esta Salmo son los sufrimientos de una persona tipo, representando a todos aquellos que padecen por causa de su fe.[11] Y la única persona a la cual son aplicables los

[11] JOHN HOOPER [1495-1555], Obispo de Gloucester y Worcester, en sus exposiciones de los Salmos, clasifica el Salmo 69 en el apartado de: «salmos que fortalecen la paciencia y aportan consuelo cuando nuestra

diversos rasgos que se describen es Cristo. Aunque no sea, sin embargo, el destinatario exclusivo y ni tan siquiera inmediato, como se desprende de la confesión que encontramos en el versículo cinco (69:5). Con todo, no hay otro salmo, con la excepción del Salmo 22, que en el Nuevo Testamento le sea aplicado de forma más clara y distintiva.

JOSEPH ADDISON ALEXANDER [1809-1860]
"The Psalms Translated and Explained", 1850

Salmo completo: Este Salmo ha sido considerado siempre de forma mayoritaria un salmo mesiánico. No hay otra porción de las Escrituras del Antiguo Testamento que se cite en el Nuevo con mayor asiduidad, a excepción del Salmo 22. Cuando Jesús expulsó a los mercaderes del templo, sus discípulos recordaron las palabras de este Salmo: *"el celo de tu casa me consume"* [12] (69:9). Cuando afirma que sus enemigos le aborrecen sin causa, y lo considera como el cumplimiento de la Escritura,[13] la referencia es probablemente al versículo cuatro de este Salmo (69.4). Es a Cristo y a los improperios y reproches que tuvo que soportar por causa de Dios, que San Pablo aplica las palabras del versículo nueve:[14] *"los denuestos de los que te insultaban cayeron sobre mí"* (69:9). En el versículo doce (69:12) tenemos un presagio de las burlas de las que fue objeto nuestro Señor por los soldados en el pretorio;[15] y en el versículo veintiuno (69:21) encontramos la hiel y el vinagre que tiene su contrapartida indubitable en las escenas de la crucifixión.[16] En Juan tenemos probablemente una alusión a este mismo versículo veintiuno (69:21): "*Tengo sed*".[17] La imprecación del versículo veinticinco (69:25) se menciona en el libro de Hechos: *"Quede desierta su morada, y no haya quien habite en ella"*,[18] que se cumplió en el caso de Judas Iscariote, aunque, como el salmo lo expresa el plural, la cita es hecha con cierta libertad. Según afirma Pablo en Romanos, la mejor manera de describir el rechazo de Israel, es con las palabras de este Salmo: *"Conviértase su mesa en trampa y en red, en tropezadero y en retribución; sean oscurecidos sus ojos para que no vean, y agóbieles la espalda para siempre"*,[19] (69:22-23).[20]

JOHN JAMES STEWART PEROWNE [1823-1904]
"Commentary on the Book of Psalms", 1864

---

mente no alcanza a comprender el obrar divino y nuestro corazón es incapaz de hallar consuelo en sus promesas». Murió como mártir 9 de febrero de 1555 ejecutado en la hoguera por orden de la reina María I de Inglaterra [1516-1558]. Escribió *"Exposition to certain Psalms"*, 1562, y *"Certain Comfortable Expositions of the Constant Martyrs of Christ"*, 1555, obras profusamente citadas por Spurgeon en "El Tesoro de David".

[12] Juan 2:17.

[13] Juan 15:25.

[14] Romanos 15:3.

[15] Mateo 27:27-30.

[16] Mateo 27:34.

[17] Juan 19:28.

[18] Hechos 1:20.

[19] Romanos 11:9-10.

[20] Sobre estas premisas huelga decir que la interpretación cristológica que hacen los Padres de la Iglesia de este Salmo aplicándolo a la Pasión y muerte del Señor es exhaustiva. SCHÖKEL en su transposición cristiana del Salmo cita a modo de ejemplo un hermoso pasaje de HILARIO DE POTIERS [316-367] que transcribimos a continuación: «No hay duda de que el Salmo 69 contiene en figura la pasión de Cristo. Pues el apóstol Juan, al decir que bebiendo vinagre se cumplen las Escrituras y al citar el recuerdo de los apóstoles del dicho *"el celo de tu casa me devoró"*, quita toda duda y confirma que dichos y hechos se refieren a él. Al penetrar las aguas hasta el alma, se sometía a muerte de cruz, cuando la violencia de los sufrimientos se abría paso

Salmo completo: Este salmo mesiánico enlaza de manera impactante con el que le precede (Salmo 68), contrastando la gloria del reino de Cristo con sus sufrimientos en el Calvario. Ambos han sido comparados al monte de la transfiguración, donde tras la manifestación de Jesús en su gloria, aparecieron Moisés y Elías hablando de su muerte y de los acontecimientos que tendrían lugar en Jerusalén.[21] Ni aún la más clara anticipación de la gloria futura debe llevarnos a perder jamás de vista que fue por medio de mucho sufrimiento y tribulación que entramos en el reino.

WILLIAM WILSON [1783-1873]
"The Book of Psalms: With an Exposition, Evangelical, Typical, and Prophetical, of the Christian Dispensation", 1860

Salmo completo: Recordemos que este es el cuarto salmo donde se describe con detalle la pasión y resurrección de nuestro Señor.[22] Quien habla a lo largo y ancho de sus estrofas es Cristo mismo. Comienza implorando del Padre liberación porque ha padecido de los judíos muchas aflicciones y persecuciones sin causa. Suplica luego en favor de los suyos para que la esperanza de los fieles, que se fundamenta en su resurrección, no sea decepcionada. Y finalmente, anticipa mediante el poder de su presciencia los sucesos futuros que acontecerán a sus enemigos.

MAGNUS AURELIUS CASSIODORUS SENATOR [485-583][23]
"Expositio Psalmorum"

Vers. 1. *Sálvame, oh Dios, porque las aguas han entrado hasta el alma.* *[Sálvame, oh Dios, porque las aguas me llegan hasta el cuello.* RVR*] [Sálvame, oh Dios, porque las aguas me han llegado hasta el alma.* LBLA*] [Sálvame Elohim, porque las aguas han entrado hasta el alma.* BTX*]*

---

hasta el alma (69:1). No tiene apoyo (*substantia*) al hundirse en fango profundo (69:2). Pues el primer hombre fue hecho del fango de la tierra; el segundo Adán, bajando del cielo, como llegando de la altura, se hundió en este fango profundo... El fondo del mar es lo más profundo de la tierra ... por eso se indica en él el lugar de la muerte... Bajando a lo profundo de la muerte, naufragó en la tormenta de la muerte, se hundió en las borrascas de las potencias enemigas. Cuando da testimonio de la majestad del nombre del Padre, cuando emprende la obra de salvar al hombre, se multiplican los odios sin motivo... Le exigían que pagara lo que no había robado; pues aunque no era deudor del pecado y de la muerte, lo detenían como tal (69:4) … Y así realizaba el gran proyecto de la sabiduría divina, la muerte en cruz, necedad a los ojos de los paganos (69:12). Entrando en alta mar y hundiéndose en la tormenta, ahora pide no hundirse. Cuando más arriba decía que se hundía, profesaba la debilidad nuestra que había tomado; ahora, pidiendo no hundirse, es consciente de su confianza en su salvación (69:14-18)... El pozo significa el lugar de la muerte. Hay una herida saludable y una persecución perversa del herido... Fue herido el Señor al tomar nuestros pecados y sufrir por nosotros; para que, al ser herido él hasta la debilidad de la muerte de cruz, recobráramos nosotros la salud por la resurrección de la muerte... A este herido de Dios, lo persiguieron, añadiendo al dolor de las heridas el dolor de la persecución (69:26). Pena proporcionada de la injusticia es que no incurran en la justicia de Dios, es decir, que no sean miembros de Cristo y partícipes con él, pues como dice el apóstol, Dios lo ha constituido justicia nuestra y santificación y redención. Y al no tener acceso a la justicia, son borrados del libro de los vivos (69:28)» [*Salmos, Tomo I, 1-72,* Editorial Verbo Divino, Estella, Navarra, 1992].

[21] Lucas 9:30-31.

[22] Aunque sobre esto puede haber criterios muy diversos, en nuestra opinión los tres principales salmos de Pasión comprendidos entre el Salmo 1 y el Salmo 69 serían los salmos 22, 31 y 35.

[23] FLAVIUS MAGNUS AURELIUS CASSIDORUS SENATOR [485-583], más conocido simplemente como CASIODORO, político y escritor latino. Fue cuestor, senador, cónsul, prefecto del pretorio y secretario particular de Teodorico; después de su conversión abandono su carrera política y la vida pública y se retiró al monasterio de Vivarium que él mismo había fundado, aunque se desconoce si llego a ser monje. Escribió numerosas obras de política y religión, entre las cuales se considera como la principal un completo comentario a lo Salmos, su *"Expositio Psalmorum",* que comenzó a escribir en Rávena en 538.

[Sálvame, Dios mío, que las aguas ya me llegan al cuello. NVI*] [Oh Dios, sálvame, que estoy con el agua al cuello.* BLP*] [Sálvame oh Dios, porque las aguas de la inundación me llegan al cuello.* NTV*]*

Sálvame, oh Dios. Ante los gritos de: *"A otros salvó, a sí mismo no se puede salvar";*[24] ofreció *"ruegos y súplicas con gran clamor y lágrimas al que le podía librar de la muerte, y fue oído a causa de su temor reverente".*[25] Así oró David; y su Hijo[26] y Señor[27] clamó pronunciando las mismas palabras. Este es el segundo de los salmos que comienzan con un *"Sálvame, oh Dios";*[28] el primero es el Salmo 54, que no es sino un breve resumen del clamor de súplica más extenso que encontramos aquí en el Salmo 69. No deja de sorprendernos que inmediatamente después del himno jubiloso de ascensión que tenemos en el Salmo anterior (Salmo 68) se nos presente una escena tan luctuosa. Pero ello nos demuestra cuan estrechamente van entretejidas las glorias y las aflicciones de nuestro siempre bendito Redentor: la misma cabeza ahora coronada de gloria y majestad en los cielos es la que ciñó las espinas; y el mismo Cristo a quién nosotros clamamos ahora diciéndole «Sálvanos, oh Dios» tuvo que exclamar: *"Sálvame, oh Dios".*

Porque las aguas me han llegado hasta el alma.[29] Aflicciones abundantes, profundas, mortales, habían penetrado hasta lo más hondo de su naturaleza. Su lamento primordial no es por el dolor intenso que experimentaba su cuerpo; no se queja de la hiel que amargaba sus labios, sino de la angustia inenarrable que le partía el corazón. Toda la inmensidad de agua del océano que circunda el exterior de una embarcación, es mucho menos de temer que unos pocos galones inundando la bodega: *"El ánimo del hombre le sostiene en su enfermedad; mas ¿quién sostendrá al animo angustiado?".*[30] Este versículo nos presenta al Señor en la misma situación que Jonás gritando: *"Las aguas me rodearon hasta el alma".*[31] Cumpliendo la voluntad de su Padre, se había adentrado por causa de nosotros en aguas profundas; el viento tempestuoso encrespaba las olas, y se veía arrastrado a los abismos de tal modo que su alma se derritió a causa de la angustia. Mas fue precisamente esta experiencia la que le capacitó para empatizar con nosotros y socorrernos cada vez que al comenzar a hundirnos gritamos como Pedro: *"¡Señor, sálvame, que perezco!".*[32]

C. H. SPURGEON

Sálvame, oh Dios. A pesar que la distancia entre ambos nunca había sido tan enorme, está convencido de que con tal que logre sacar la cabeza unos centímetros por encima de las aguas, el Señor le escuchará, y por tanto, resuelto a clamar a Él con todas sus fuerzas. Una situación tan desesperada como la suya era más que propicia para caer en el desánimo, tirar la toalla y dejar de clamar: *"las aguas me han llegado hasta el alma. me he hundido en cieno profundo, y no hay donde hacer pie; he llegado a lo profundo de las aguas, y la corriente me anega. Cansado estoy de llorar; reseca está mi garganta"* (69:1-3). Pero no es así como reacciona, sino todo lo contrario; a pesar de la gravedad de la situación exclama: *"Pero yo elevo a ti mi oración, oh Señor, en tiempo propicio"* (69:13). Y cada vez que logra sacar un instante la cabeza y recuperar el aliento, exhala nuevas súplicas al Señor. Ya sean hombres o

---

[24] Mateo 27:42.

[25] Hebreos 5:7.

[26] 2 Samuel 7:12-16; Mateo; 15:22; 20:30; 21:15; Marcos 10:47; 12:35-37.

[27] Salmo 110:1; Mateo 22:44.

[28] Salmo 54:1.

[29] KRAUS traduce: *"el agua me llega a la garganta".* SCHÖKEL: *"me llega el agua al cuello".* DELITZSCH: *"las aguas amenazan mi vida".*

[30] Proverbios 18:14.

[31] Jonás 2:5.

[32] Mateo 14:30.

demonios los que nos increpan tratando de impedir que elevemos nuestras súplicas; como aquellos que entre la multitud reprendieron al pobre ciego que gritaba detrás Jesús tachándole de suplicante inoportuno; hagamos lo que hizo él: *"gritó mucho más fuerte: ¡Jesús, Hijo de David, ten misericordia de mí!*[33]

THOMAS COBBET [1608-1686]

"Gospel Incense Or a Practical Treatise on Prayer", 1656

Porque las aguas me han llegado hasta el alma. ¿Qué quiere decir el salmista con esto de *"las aguas me han llegado hasta el alma"*? Que los temores oprimían su espíritu, y por así decirlo, penetraban en su conciencia suscitando en ella, a causa de sus pecados, perplejidades; cuestionando su fe y su esperanza; y con ello, impidiéndole vislumbrar el final de su aflicción. Como aquel que sumergido en el agua y aprisionado su pie en el cieno, no viendo salida posible a su situación desesperada exclamaba: *"Estoy hundido en cieno profundo, donde no puedo hacer pie"* (69:2). Se compara con alguien atrapado en un lodazal, hundiéndose cada vez más y sin lograr tocar fondo. Es importante, pues, que analicemos las causas que le llevaron a una situación semejante, y sepamos en que momento las aguas comenzaron a inundar su alma: *"Dios, tú conoces mi insensatez, y mis pecados no te son ocultos"* (69:5). Resulta evidente que este hombre santo, una vez más, se sentía oprimido bajo un sentimiento de culpa; y ello, en medio de su aflicción, lo colocaba en una posición muy incómoda: consciente de su pecado, intuía el disgusto de Dios por causa del mismo, y ello hacía su hundimiento mucho más amargo. Pero una vez se hubo humillado y confesando su falta, vislumbra de nuevo la costa con claridad, recupera la esperanza de acceso al cielo, y confirmado con ello el perdón de su pecado recupera la esperanza de buenas noticias de parte de Dios; con lo cual regresa a su temperamento dulce, y pese a seguir todavía en la aflicción, canta con gozo desde el mismo lugar donde antes se hundía.

WILLIAM GURNALL [1617-1679]

"Christian in complete armour, or, a treatise of the saints war against the Devil", 1655

Vers. 2. *Estoy hundido en cieno profundo, donde no puedo hacer pie; he venido a abismos de aguas, y la corriente me ha anegado.* *[Estoy hundido en cieno profundo, donde no puedo hacer pie; he venido al fondo de las aguas, y me arrastra la corriente.* RVR *[Me he hundido en cieno profundo, y no hay donde hacer pie; he llegado a lo profundo de las aguas, y la corriente me anega.* LBLA*] [Estoy hundido en el cieno profundo, y no hallo donde asentar el pie; he entrado en aguas profundas, y la corriente me ha anegado.* BTX*] [Me estoy hundiendo en una ciénaga profunda, y no tengo dónde apoyar el pie. Estoy en medio de profundas aguas, y me arrastra la corriente.* NVI*] [Que me hundo en un profundo cenagal y no tengo dónde apoyar el pie; me encuentro en el seno de las aguas y me arrastra la corriente.* BLP*] [Me hundo cada vez más en el fango; no encuentro dónde apoyar mis pies. Estoy en aguas profundas, y el torrente me cubre.* NTV*]*

Estoy hundido en cieno profundo.[34] En el agua es posible nadar y mantenerse a flote; pero en el cieno todos los esfuerzos son inútiles: el lodo acaba por tragarse a su víctima.

Donde no puedo hacer pie.[35] Todo cedía bajo los pies del Siervo sufriente; no lograba hacer pie ni agarrarse a parte alguna: tal es la situación desesperada de quién se ahoga. Nuestro Señor describe con

[33] Marcos 10:47-48.

[34] KRAUS traduce: *"estoy hundido en cieno profundo"*. SCHÖKEL: *"me hundo en cieno profundo"*. DELITZSCH: *"estoy hundido en el lodo del abismo"*.

[35] En hebreo וְאֵין מָעֳמָד *wə'ên mā'omāḏ* de מָעֳמָד *moomad*, apoyar el pie. La versión griega de los LXX o Septuaginta lee: καὶ οὐκ ἔστιν ὑπόστασις que la Vulgata traduce al latín como: *"Veni in altitudinem maris, et tempestas demersit me"*, "y no hay consistencia".

estas palabras la desazón agónica que había invadido su corazón: *"comenzó a entristecerse y a angustiarse en gran manera".*[36] El pecado es cual lodo inmundo, y el alma santa de nuestro Salvador detestaba toda conexión con él, pese a ser indispensable para llevar a cabo la expiación. A su naturaleza pura y sensible le daba la impresión de hundirse; porque a diferencia de nosotros que nacemos en este pantano sombrío y nos aclimatamos a su inmundicia, para él no era su elemento natural. El salmista describe a nuestro redentor en la misma situación que Jeremías, del cual leemos que sus enemigos lo arrojaron a una cisterna en la que *"no había agua, sino cieno, y se hundió Jeremías en el cieno".*[37] Al contemplar, pues, en este símil la profunda humillación que padeció nuestro Señor, dejemos que las emociones, tanto de contrición como de gratitud, invadan profundamente nuestros corazones.

He venido al fondo de las aguas, y me arrastra la corriente.[38] La aflicción aumenta en intensidad; ahora se ve como alguien arrojado al mar, y con las aguas cubriendo su cabeza.[39] Sus angustias comenzaron dentro, se expandieron a su alrededor, y ahora le cubren por encima. Nuestro Señor no era un pusilánime lastimero o plañidero en modo alguno; sus dolores eran reales, y aunque los soportaba heroicamente, se le hacían insoportables incluso para él. Porque sus sufrimientos eran distintos en grado y naturaleza a todos los demás, las aguas que le rodeaban empapaban hasta lo más hondo de su alma; el cieno que amenazaba tragarle era cieno del mismísimo abismo, y la riada que le arrastraba caudalosa y desbordante. Nosotros contamos con la promesa de que *"cuando pases por las aguas, yo estaré contigo, y si por los ríos, no te anegarán",*[40] pero a él no le fue concedida una sola palabra de consuelo. Sí, alma mía, tu bien Amado soportó todo esto por ti. Las muchas aguas no lograron apagar su amor, ni los ríos ahogarlo;[41] y gracias a ello dispones tú de los incomparables beneficios que te brinda la certeza y seguridad del pacto: *"como en los días de Noé, cuando juré que las aguas de Noé nunca más inundarían la tierra; así he jurado que no me enojaré contra ti, ni te reprenderé".*[42] Cristo detuvo el torrente desbordado de la ira del Omnipotente, para que pudiéramos nosotros reposar en el amor del Señor eternamente.

C. H. SPURGEON

Estoy hundido en cieno profundo. Caminaba tranquilamente a lo largo de las orillas del Nilo, cuando de pronto me vi atrapado en un lodazal, y con cada paso que daba me hundía cada vez más... Grite a los guías que me acompañaban para que se sacaran de allí y me llevaran de nuevo a bordo. Mandaron un hombre en un bote pequeño, pues en la orilla Este el río no era lo suficientemente profundo como para que el barco pudiera aproximarse. Como es habitual en tales casos, saltó por la borda para tratar de llevarme al bote cargándome sobre su espalda. Pero tan pronto como abandonó el bote le escuché gritar; me di la vuelta para ver qué sucedía, y lo vi luchando también con el barro. Se estaba hundiendo en arenas movedizas; y cuanto más luchaba más rápido y más profundo se hundía. Sus compañeros del barco no se quedaron inmóviles. Dos de ellos se lanzaron al agua y nadaron hasta alcanzar el bote. Yo estaba aterrorizado y comencé a jadear y respirar con dificultad. ¿Conseguirán llegar hasta él y sacarlo a tiempo? –me preguntaba – ¡de lo contrario el barro se lo va a tragar vivo! Alcanzaron el bote, se aproximaron a él y, ¡alabado sea el Señor! logró asirse firmemente de la borda, pero no si antes haberse hundido casi totalmente. Tiraron de él hasta subirlo al bote y al verlo seguro,

---

[36] Mateo 26:37.

[37] Jeremías 38:6.

[38] La versión griega de los LXX o Septuaginta lee: ἦλθον εἰς τὰ βάθη τῆς θαλάσσης, καὶ καταιγὶς κατεπόντισέν με que la Vulgata traduce al latín como: *"et non es substantia",* "He llegado a alta mar y la tempestad me ha anegado".

[39] Lamentaciones 3:54. (Ver también Salmo 42:7; Jonás 2:3).

[40] Isaías 43:2

[41] Cantares 8:7.

[42] Isaías 54:9.

respiré más tranquilo Pero aún ahora, solo con recordarlo, la angustia me invade el corazón. ¡Cómo pensé en el pobre David! ¿Habría presenciado literalmente alguna escena similar a esta cuando refiriéndose a los sentimientos espirituales de su alma escribió: *"me he hundido en cieno profundo, y no hay donde hacer pie; he llegado a lo profundo de las aguas, y la corriente me anega"*? ¡Qué situación tan agónica! Y sin embargo, muchos de mis lectores, pese a no haber contemplado jamás literalmente tal escena, en sentido espiritual, saben muy bien lo que quería decir el salmista cuando escribió estas palabras, bien sea que él hubiera presenciado la escena real o no. A David, en medio de las continuas luchas y tribulaciones de su alma, no le faltaban razones para exclamar: *"Sácame del cieno y no dejes que me hunda"* (69:14). ¡Deja que me agarre firmemente al arca y sea llevado con seguridad a bordo! ¡Pues bien! Una y otra vez, justo en el momento preciso, antes de que sus brazos de fe cedieran y se hundiera definitivamente, el Señor tiró él y fue liberado.

JOHN GADSBY [1809-1893]
"My Wanderings", 1860

Me he hundido en cieno profundo, y no hay donde hacer pie.[43] Percibí con claridad que para todos cuantos se agarran de la mano de Jesús había motivos de esperanza y regocijo; pero yo me sentía incapaz de hacerlo a causa de mis numerosas transgresiones. Percibía que me había quedado sin lugar donde asirme o estribar el pie entre los múltiples apoyos que brinda la preciosa Palabra de vida. Y reparaba como me iba hundiendo en lo profundo, como una casa cuyos cimientos han sido minados y destruidos; comparé mi condición a la de un niño que ha caído en una acequia de molino, y aunque patalea con fuerza y con sus brazos golpea el agua desesperadamente, no hace más que salpicar, porque no halla donde agarrarse o poner el pie, y por mucho que salpique, en su triste condición, acaba pereciendo irremisiblemente.

JOHN BUNYAN [1628-1688]
"Grace Abounding to the Chief of Sinners",[44] 1666

Me he hundido en cieno profundo. Si el abismo fuera solo de agua, un experto nadador tendría aún esperanza de alcanzar de nuevo a la superficie; pero en el cieno no hay esperanza.[45]

"The Berleburg Bible",[46] 1742

---

[43] KRAUS plantea la posibilidad de que estas palabras de clamor desde las profundidades, más allá de una simple figura para ilustrar su situación moral, respondan a una descripción real de la situación física en la que el salmista se encontraba. Era habitual que a un acusado (69:4) se le arrojara a una cisterna cenagosa: *"Entonces tomaron ellos a Jeremías y lo hicieron echar en la cisterna de Malquías, hijo del rey, que estaba en el patio de la cárcel; y metieron a Jeremías con sogas. Y en la cisterna no había agua, sino cieno, y se hundió Jeremías en el cieno"* (Jeremías 38:6)» Y en época de lluvias, es posible que hubiera incluso corrientes de agua ascendentes.

[44] Publicado en español por CLIE bajo el título "Gracia Abundante".

[45] AGUSTÍN DE HIPONA [354-430] hace de estas palabras una peculiar interpretación: «*"Estoy hundido en cieno"*. ¡Barro, lodo, cieno! ¿A quién llama *"cieno"*? ¿A los que le persiguieron? ¿A los que le condenaron y crucificaron? En realidad, el hombre fue hecho del polvo de la tierra, pero se transformo en lodo al perder por causa del pecado todo sentido de justicia; y estos, crucificando al Justo, más que lodo se habían convertido en cieno profundo. Pero Cristo vino para convertir el cieno el oro, pues todo aquel que cual el ladrón crucificado al lado suyo, rechazando la infamia de sus perseguidores, se aferra a él como Redentor y exclama: *"acuérdate de mí"* (Lucas 23:39-43) hace oro de su cieno, puesto que su cuerpo de lodo se transformara en un cuerpo celestial transformado (1 Corintios 15:47-49), formando parte de aquellos que se mencionan en el título de este Salmo: *"para aquellos que serán transformados"* (Vulgata)». (Sobre el título de la Vulgata ver nota 1).

[46] La BERLEBURGER BIBEL o Biblia de Berleburg es una traducción de la Biblia al alemán partiendo de los originales hebreo y griego, con abundantes notas y comentarios, y promovida por diversos pastores y

Y la corriente me anega. La súplica viene a ser esta: «Señor, estoy a punto de ahogarme; si por ventura quieres dignarte a salvar a un pobre siervo tuyo que perece, hazlo: mis tribulaciones y tentaciones son demasiado profundas para que pueda superarlas por mi mismo, y estoy al borde de hundirme en ellas definitivamente; por tanto, Señor, extiende tu mano amorosa, y saca mi cabeza fuera del agua, pues de otro modo sucumbiré». Cuando una situación extrema y desesperada persiste, justifica una súplica persistente y desesperada.

Thomas Cobbet [1608-1686]
"Gospel Incense Or a Practical Treatise on Prayer", 1656

Y la corriente me anega. El sintagma hebreo que utiliza aquí el salmista y que solemos traducir por *"la corriente"* procede de שִׁבֹּל *shibbol* o *shibboleth,* y significa espigas o gavillas; la palabra que los efraimitas eran incapaces de pronunciar: שִׁבֳּלִים *shibboleth, "entonces le decían: Ahora, pues, di Shibolet. Y él decía Sibolet; porque no podía pronunciarlo correctamente. Entonces le echaban mano, y le degollaban junto a los vados del Jordán. Y murieron entonces de los de Efraín cuarenta y dos mil".*[47] Ocurre diecinueve veces y en todos los casos significa espigas y gavillas de trigo; excepto en Jueces 12:6 donde no se especifica pero se supone; en este Salmo (69:2) donde וְשִׁבֹּלֶת *wəšibbōleṯ* se traduce por "corriente" de aguas; y en Isaías 27:12 donde מִשִּׁבֹּלֶת *miššibbōleṯ* se traduce en ese mismo sentido: *"Y sucederá en aquel día que el Señor trillará desde la corriente del Eufrates hasta el torrente de Egipto, y vosotros seréis recogidos uno a uno, oh hijos de Israel".*[48]

John James Stewart Perowne [1823-1904]
"Commentary on the Book of Psalms", 1864

Vers. 3. *Cansado estoy de llamar; mi garganta se ha enronquecido; han desfallecido mis ojos esperando a mi Dios.* *[Cansado estoy de llamar; mi garganta se ha enronquecido; han desfallecido mis ojos esperando a mi Dios.* RVR*] [Cansado estoy de llorar; reseca está mi garganta; mis ojos desfallecen mientras espero a mi Dios.* LBLA*] [Estoy cansado de llamar, mi garganta ha enronquecido, mis ojos desfallecen esperando a mi Elohim.* BTX*] [Cansado estoy de pedir ayuda; tengo reseca la garganta. Mis ojos languidecen, esperando la ayuda de mi Dios.* NVI*] [Estoy cansado de gritar, tengo seca la garganta y se consumen mis ojos mientras espero a mi Dios.* BLP*] [Estoy agotado de tanto gritar por ayuda;tengo la garganta reseca. Mis ojos están hinchados de tanto llorar, a la espera de la ayuda de mi Dios.* NTV*]*

Cansado estoy de llorar. No tanto "del hecho", como "por el motivo", la razón que lo provocaba.[49] Había orado hasta sudar grandes gotas de sangre,[50] y era natural que el cansancio físico cobrara su precio.

teólogos pietistas bajo la dirección de Johann Friedrich Haug [1680-1753]. Fue llevada a cabo en la ciudad de Berleburg entre 1726-1742, de ahí su nombre de Berleburger Bibel. Juntamente con la Piscator-Bibel [1602-1604] es una de las primeras traducciones directas al alemán tras la de Lutero.

[47] Jueces 12:6.

[48] Isaías 27:12 LBLA.

[49] Ver sobre esto el comentario de Hermann Venema un poco más adelante, al final del de C. H. Spurgeon.

[50] Lucas 24:44.

Reseca está mi garganta.[51] Ronca e inflamada. Había permanecido largo tiempo suplicando con tan enérgico fervor le había quedado la garganta abrasada como con llamas de fuego.[52] Pocos, muy pocos, son los creyentes que alcanzan imitar a su Señor en la oración hasta este punto. Por desgracia, es bastante más probable que nos quedemos roncos charlando de frivolidades que no clamando a Dios; y sin embargo, nuestra naturaleza pecaminosa demanda mucha más oración que lo que su envoltorio humana aparenta necesitar. Las oraciones de nuestro Señor deberían avergonzarnos y conducirnos a un mayor fervor en la plegaria. Las súplicas de nuestro Salvador fueron *"saladas con fuego"*,[53] ardientes de agonía, y en consecuencia debilitaron sus fuerzas haciendo de él: *"un hombre fatigado y lleno de dolores"*.[54]

Han desfallecido mis ojos esperando a mi Dios. En su angustia agónica tan solo buscaba a su Dios, no anhelaba otra cosa. Muchos hemos experimentado en carne propia la desazón que acarrea mirar al cielo con ansia y tener que seguir esperando; y comprobado como nuestros ojos desfallecen cuando la espera se prolonga y la esperanza parece desvanecerse; pero en esto Jesús se llevó la palma,

---

[51] En hebreo יָגַ֥עְתִּי בְקָרְאִי֮ נִחַ֪ר גְּר֫וֹנִ֥י *yāga'tî ḇəqārə'î niḥar gərōwnî.* Ver al respecto el caso de Baruc en Jeremías 45:3. SCHÖKEL señala que נִחַ֪ר גְּר֫וֹנִ֥י *niḥar gərōwnî* es una expresión única que describe la irritación o ardor interior de la garganta. KRAUS traduce literalmente: *"mi garganta arde"*.

[52] AGUSTÍN DE HIPONA [354-430] hace una interpretación parecida: «Si nos dice el otro profeta que Cristo en su pasión *"enmudeció, y no abrió su boca"* (Isaías 53:7); si calló ante el sumo sacerdote (Mateo 26:62-63) y ante el gobernador Pilato (Mateo 27:12, 17); si el propio salmista nos dice en otro pasaje que vino a ser *"como el que no oye, como mudo que no abre la boca"* (Salmo 38:13), ¿cómo dice aquí que se cansó de gritar y se le quedo ronca la garganta? ¿Fue de gritar: *"Dios mío, Dios, mío, ¿por qué me has desamparado?* (Salmo 22:1; Mateo 27:46)). ¿Cuán fuerte y prolongado fue ese grito para que su garganta quedara abrasada? No, no fue ese clamor en la cruz el que le dejó ronco, fue su grito de censura contra los escribas y fariseos hipócritas, ciegos y guías de ciegos (Mateo 23:1.36); fue su lamento sobre Jerusalén, *"que matas a los profetas, y apedreas a los que te son enviados"* (Mateo 23:37-39). Por largo tiempo había estado clamando, y sobradas razones tenía para decir: *"mi garganta se ha enronquecido"*».

[53] Marcos 9:49. Spurgeon cita aquí uno de los textos más difíciles y enigmáticos de todo el Nuevo Testamento: πας γαρ πυρι αλισθησεται *"porque todo con fuego será salado";* pues el resto del versículo: *"y todo sacrificio será salado con sal"*, no figura en los manuscritos más antiguos y acreditados aunque forme parte del *Textus Receptus* de Erasmo. Las explicaciones que los eruditos han tratado de dar a estas palabras de Jesús son muchas y diversas, y las traducciones en las versiones modernas casi tantas como explicaciones, aunque evidentemente interpretando y alejándose del texto literal griego. La KJV traduce *"For every one shall be salted with fire";* la RVR1960/1977 y LBLA traducen literalmente: *"Porque todos serán salados con fuego"*. La NVI interpreta: *"La sal con que todos serán sazonados es el fuego";* la BLP: *"Todo ha de ser salado al fuego";* y la NTV: *"Pues cada uno será probado con fuego"*. Curiosamente se trata de un texto griego un tanto entrecortado y que puede ser traducido del griego al hebreo literalmente sin cambiar el orden de las palabras: כָּל אִישׁ בָּאֵשׁ יֻמְלַח *kol ish baesh yumlakh,* lo que ha inducido a especular sobre si Cristo pronunció estas palabras originalmente en hebreo y Marcos se limito simplemente a transliterarlas al griego perdiéndose su verdadero significado. Dado el simbolismo purificador y de pacto de ambos elementos: el "fuego" y la "sal", la utilización de la sal en los sacrificios en el Tabernáculo (Levítico 2:13), y posteriormente en el templo donde la *Mishná* nos habla de ambos elementos juntos como elementos de purificación, muchos eruditos se inclinan por aplicarles un sentido de purificación o prueba, mientras que otros prefieren enlazar su significado con el versículo anterior (Marcos 9:48) donde habla del fuego del infierno. A quienes deseen profundizar más en este versículo les recomendamos el *"Comentario exegético al texto griego del Nuevo Testamento: Marcos"* de Samuel Pérez Millos, publicado por CLIE.

[54] En el original: *"a weary man and full of woes"*. Spurgeon cita aquí la cuarta línea de la segunda estrofa del himno *"The Lord shall come! the earth shall quake"* de REGINALD HEBER [1783-1826] más conocido por otro de sus himnos, el famoso *Holy, holy, holy, Lord God Almighty!*, "Santo, Santo, Santo, Señor omnipotente".

pues jamás nuestros ojos han desfallecido como los suyos y por razones tan apremiantes y profundas. No hay pintor capaz de dibujar la expresión de esos ojos; de hecho, sus paletas y pinceles fracasan al intentar transferir sobre un lienzo cualquiera de los rasgos indescriptibles de aquel rostro amoroso, sufriente y contraído; pero su impotencia alcanza los límites cuando se aventura a perfilar el brillo de aquellos ojos convertidos en manantiales de lágrimas. Nuestro Señor sabía muy bien como como mirar[55] y como orar,[56] y su deseo es que aprendamos a hacer lo mismo. Hay ocasiones en que deberíamos orar hasta que la garganta haya enronquecido y nuestros ojos desfallezcan. Solo así podremos aspirar a mantener comunión con él en sus sufrimientos. Pero, ¿cómo? ¡Si no somos capaces de velar a su lado ni una hora¡[57] ¡Si nuestra carne se retrae y retrocede! ¡Oh carne cruel, tan sensible y generosa para ti misma y tan tacaña para con tu Señor!

C. H. SPURGEON

Cansado estoy de llorar. El verbo hebreo יָגַעְתִּי *yāga 'tî* de יָגַע *yaga* significa propiamente, boquear y jadear hasta quedar agotado por cansancio... pero en este caso *"cansado de llorar"* no aduce tanto al esfuerzo físico por la vehemencia del llanto, sino a las causas o razones que lo motivan, es decir, su situación peligrosa y desventurada.

HERMANN VENEMA [1697-1787]
"Commentarius ad Psalmos", 1762

Cansado estoy de llorar. Había clamado a Dios a causa de los caminos del hombre; y había proclamado al hombre los caminos de Dios. Desde el instante mismo en que inició su ministerio[58] hasta que exclamó en la cruz: *"Tengo sed"*,[59] no había cesado de llamar. Sus ojos habían desfallecido y su carne estaba débil y agotada debido a los padecimientos de su larga pasión y a una existencia llena de privaciones aquí en la tierra. Tras vivir en la pobreza había soportado el insulto, la traición, la flagelación y el dolor extremo, hasta que finalmente clamó: *"Dios mío, Dios mío, ¿por qué me has desamparado?"*.[60]

JOHN WILLIAM BURGON [1813-1888]
"A Plain Commentary on the Four Holy Gospels: Intended Chiefly for Devotional Reading, 1859

Cansado estoy de llamar; mi garganta se ha enronquecido; han desfallecido mis ojos esperando a mi Dios. David es comparable al correo que dejó sus tres caballos sin aliento:[61] su *corazón,* su *garganta,* y sus *ojos*... *Objeción:* Pero yo no consigo derramar lágrimas de ningún tipo, ni de alegría ni de tristeza, ni dulces ni amargas. *Respuesta:* Entonces, levanta los ojos y mira al cielo, ora según te enseña el Libro de Dios: *"De mañana presentaré mi oración a ti, y miraré hacia arriba"*.[62] *"Mis*

---

[55] Mateo 14:19; 19:26; Marcos 7:34; 10:21; Lucas 4:42-43 22:61; Juan 1:42.

[56] Mateo 14:23; Marcos 1:35; Lucas 5:16; 6:12; 22:39-4.

[57] Mateo 26:40.

[58] Mateo 4:17; Lucas 3:23.

[59] Juan 19:28.

[60] Salmo 22:1; Mateo 27:46; Marcos 15:34.

[61] Se trata sin duda de una alusión a los antiguos correos que viajaban transportando las cartas y paquetes en diligencias tiradas por tres caballos que se intercambiaban en las llamadas casas de postas.

[62] Traducción literal de la KJV: *"in the morning will I direct my prayer unto thee, and will look up"*

ojos desfallecen mirando hacia arriba· (69:3).[63] En primer lugar, la oración es derramar el alma ante Dios;[64] y la fe, cuando no halla otra puerta por donde expresarse, recurre a los ojos: cuando oramos y la puerta de nuestra mente está cerrada, los afectos del corazón salen por los ojos, como el humo sale por la ventana cuando la chimenea está obstruida. Se nos dice de Esteban que cuando las circunstancias le impedían hacer otra cosa *"fijó los ojos en el cielo"*[65]; envió a través de la ventana de los ojos, el conducto más directo y cercano, un mensaje triste y angustioso, pero directo al seno de Cristo, para avisarle de que un amigo afligido estaba próximo a encontrarse con él. Y en segundo lugar, porque si me hallara en el infierno no desearía otra cosa sino poder enviar una mirada al cielo. En el seno de Cristo, delante del trono, hay apostadas muchas miradas de amor de los santos. Y al Señor jamás le pasa desapercibido el brillo de tus ojos mientras derramas tu alma ante él en oración; de lo contrario, la mirada de Esteban, o la mirada de David, no hubieran quedado registradas a lo largo de tantos siglos en su Testamento escrito: la Biblia.

Samuel Rutherford [1600-1661]
"The Trial and Triumph of Faith", 1645

Cansado estoy de llamar. La manera en que David se expresa en este Salmo, nos muestra cómo los santos, sometidos a vicisitudes y siendo inocentes, no son pétreos ni permanecen insensibles a lo que sucede a su alrededor: no ignoran ni menosprecian los peligros que les amenazan. En medio de sus tentaciones se angustian, lloran, claman, suspiran y jadean.

Wolfgang Musculus [1497-1563]
"In Sacrosanctum Davidis Psalterium Commentarii", 1573

Han desfallecido mis ojos. ¡Oh situación insólita y lamentable! ¿Cómo podían desfallecer aquellos ojos con los cuales Jesús contemplaba a las multitudes;[66] y viéndolas subió al monte para darles los preceptos del Nuevo Testamento;[67] aquellos ojos con los que viendo a Pedro y Andrés los llamó;[68] y viendo a un recaudador de impuestos lo reclutó para hacer de él un evangelista.[69] Aquellos ojos con los cuales contempló la ciudad de Jerusalén y lloró sobre ella...[70] Los ojos que contemplaron a Simón cuando le dijo: *"Tú eres Simón, hijo de Jonás; tú serás llamado Cefas"*;[71] los ojos que se posaron sobre la mujer que había pecado cuando le dijo: *"Tu fe te ha salvado, ve en paz"*.[72] ¡Señor, vuelve estos ojos hacia nosotros, y nunca los apartes de nuestras constantes oraciones!

Gerhoh de Reichersberg [1093-1169]
"Commentarius Aureus in Psalmos et Cantica Ferialia", 1728

[63] Traducción del autor: *"Mine eyes fail with looking upward"*.
[64] 1 Samuel 1:15; Salmo 42:4; 62:8; Lamentaciones 2:19.
[65] Hechos 7:55.
[66] Mateo 9:36; 14:14; 15:32; Marcos 6:34; 8:2.
[67] Mateo 5:1.
[68] Mateo 4:18.
[69] Mateo 9:9-13, Lucas 5:27-32.
[70] Mateo 23:37-39; Lucas 19:41-44.
[71] Juan 1:42.
[72] Lucas 7:50.

Mientras espero a mi Dios. Se acerca la hora fatídica en la que nuestros ojos desfallecerán, y se cerrarán definitivamente; pero aun así: *"Esperemos a nuestro Dios",* muramos la muerte del Justo, que murió por nosotros, *"y sea nuestro fin como el suyo".*[73]

GEORGE HORNE [1730-1792]
"A Commentary on the Psalms in which Their Literal Or Historical Sense, as They Relate to King David, is Illustrated", 1825

Vers. 4. ***Se han aumentado más que los cabellos de mi cabeza los que me aborrecen sin causa; se han hecho poderosos mis enemigos, los que me destruyen sin tener por qué. ¿Y he de pagar lo que no robé?*** *[Se han aumentado más que los cabellos de mi cabeza los que me aborrecen sin causa; se han hecho poderosos mis enemigos, los que me destruyen sin tener por qué. ¿Y he de pagar lo que no robé?.* RVR*] [Más que los cabellos de mi cabeza son los que sin causa me aborrecen; poderosos son los que quieren destruirme, sin razón son mis enemigos, me hacen devolver aquello que no robé.* LBLA*] [Más que los cabellos de mi cabeza son los que sin causa me aborrecieron. Los que intentan destruirme son fuertes, se han hecho mis enemigos sin tener por qué, y ahora tengo que pagar lo que no robé.* BTX*] [Más que los cabellos de mi cabeza son los que me odian sin motivo; muchos son los enemigos gratuitos que se han propuesto destruirme. ¿Cómo voy a devolver lo que no he robado?* NVI*] [Más numerosos que mis cabellos son los que me odian sin motivo; son fuertes quienes quieren destruirme, quienes me detestan sin razón alguna. ¿Tendré que devolver lo que no robé?* BLP*] [Los que me odian sin motivo suman más que los cabellos de mi cabeza. Muchos enemigos tratan de destruirme con mentiras, me exigen que devuelva lo que no robé.* NTV*]*

Se han aumentado más que los cabellos de mi cabeza los que me aborrecen sin causa. Por si no fuera pecado sorprendente y más que suficiente que los hombres odiaran al *"dulcísimo, y todo él, deseable"*,[74] a fin de recalcar la insensatez de tan absurda enemistad, el salmista agrega: *"sin causa"*. Jamás blasfemó, ni injurió a persona alguna. Lo que alegaba el profeta Samuel: *"atestiguad si he tomado el buey de alguno, si he tomado el asno de alguno, si he calumniado a alguien, si he agraviado a alguno, o si de alguien he tomado cohecho"*,[75] aún con mayor razón podía afirmarlo Jesús. Pues además de no haber causado ningún mal había otorgado a muchos innumerables e inestimables beneficios; bien que podía demandar: *"Muchas buenas obras os he mostrado de mi Padre; ¿por cuál de ellas me vais a apedrear?"*.[76] Y si embargo, desde el pesebre hasta la cruz, comenzando por Herodes hasta llegar a Judas y más, tuvo enemigos sin número y no le faltaba razón al afirmar que eran *"más que los cabellos de mi cabeza"*. Tanto civiles como militares, clérigos y laicos , borrachos o doctores de la Ley, los príncipes y la plebe, no dudaron en juntarse contra del ungido del Señor: *"Este es el heredero. ¡Venid, matémosle, y la herencia será nuestra!"*,[77] fue la resolución unánime de los labradores de la viña judía; en tanto que los gentiles, desde el otro lado de los muros del huerto, proporcionaron los instrumentos para el homicidio, y de hecho lo llevaron a cabo. Las huestes de la tierra y del infierno confabuladas constituían vastas legiones de antagonistas, sin que ninguno de ellos tuviera la menor base justa para odiarlo.

---

73 Números 23:10, LBLA.
74 Cantares 5:16 LBLA.
75 1 Samuel 12:3.
76 Juan 10:32.
77 Marcos 12:7.

Se han hecho poderosos mis enemigos, los que me destruyen sin tener por qué.[78] Si malo era que fueran muchos, peor aún que fueran *poderosos.* Todos los poderes y fuerzas vivas, tanto eclesiásticos como militares de su país, estaban predispuestos contra él. El poder legislativo del Sanedrín, la alarma social de las muchedumbres enfurecidas, y la prepotencia militar de las legiones romanas represoras, se combinaron en una misma fuerza dirigida a su completa destrucción: *"Quita de la tierra a tal hombre, porque no conviene que viva",*[79] era el grito feroz de sus enemigos. Los adversarios de David ocupaban el trono mientras él tenía que esconderse en las cuevas;[80] y los enemigos de nuestro Señor eran los grandes de la tierra, mientras él, del cual el mundo no era digno,[81] fue reprochado por los hombres y despreciado del pueblo.[82]

¿Y he de pagar lo que no robé? A pesar de ser inocente, fue declarado culpable y tratado como tal. Aunque David no tuvo parte ni suerte en las conspiraciones contra Saúl, se le hizo responsable de ellas. Y respecto a nuestro Señor, se puede con razón afirmar que reintegró lo que no hurtó y restauró lo que no quitó; porque pagó al honor ultrajado de Dios su rescate, y devolvió al hombre su felicidad perdida; aunque la ofensa a uno y la caída del otro no fueran en modo alguno actos cometidos ni atribuibles a él. Cuando un gobernante peca, es el pueblo el que sufre;[83] pero aquí el proverbio queda invertido: fueron las ovejas las que se descarriaron, y sin embargo, su desvarío achacado al Pastor.

C. H. SPURGEON

Los que me aborrecen sin causa. Cuando sufras, que no se confunda tu mente ni se angustie: ten por seguro que la injusticia que se comete contra los inocentes que sufren no es imputada al que sufre sino al que inflige el sufrimiento... Es bien conocido lo que Tertuliano[84] refiere de Sócrates[85] cuando después de ser condenado se encontró con su esposa que le abrazó con lágrimas en los ojos diciéndole: «Sócrates, es una infamia, te han condenado injustamente» Su respuesta fue: «¿Acaso desearías que me hubieran condenado justamente?»

JOHANNES LORINUS DE AVIGNON [1569-1634]
"Commentariorum in librum Psalmorum", 1616

---

[78] En hebreo שֹׂנְאַי חִנָּם עָצְמוּ מַצְמִיתַי אֹיְבַי שֶׁקֶר *śōnə'ay ḥinnām 'āṣəmū maṣmîṯay 'ōyəḇay šeqer*. KRAUS traduce: *"poderosos son los que buscan mi perdición, mis enemigos embusteros"*. SCHÖKEL: *"son más fuertes que mis huesos mis enemigos mendaces"*. DELITZSCH: *"numerosos son mis destructores, mis enemigos falsos"*.

[79] Hechos 22:22.

[80] 1 Samuel 22:1.

[81] Hebreos 11:38.

[82] Salmo 22:6.

[83] Proverbios 29:2.

[84] Se refiere a QUINTO SEPTIMIO FLORENTE TERTULIANO, más comúnmente conocido como TERTULIANO [160-220], escritor y apologista cristiano cuya obra, escrita en latín, destaca por su vigor, suave sarcasmo, expresión epigramática y espíritu aguerrido. Escribió numerosas obras de apologética (la mayoría publicadas por CLIE) y son suyas diversas frases famosas como la conocida: *"La sangre de los mártires es semilla de cristianos"*.

[85] Se refiere al filósofo griego SÓCRATES [470-399 a.C.] fundador de la filosofía ática, considerado uno de los maestros tanto de la filosofía occidental como universal. Fue precursor de Platón y Aristóteles, representantes fundamentales de toda la filosofía griega. Su mayor mérito fue crear la mayéutica, método inductivo que le permitía llevar a sus alumnos a la resolución de los problemas que se planteaban, por medio de hábiles preguntas cuya lógica iluminaba el entendimiento. Sócrates pensaba que el conocimiento y el autodominio habrían de permitir restaurar la relación entre el ser humano y la naturaleza. Fue acusado en el 399 a.C. de despreciar a los dioses y corromper la moral de la juventud, alejándola de los principios de la democracia. Murió a los 70 años de edad ese mismo año aceptando serenamente la condena y eligiendo ingerir veneno (cicuta), entre los métodos que el tribunal que lo juzgó le ofrecía para morir.

Me hacen devolver aquello que no robé. La inmensa y bendita obra de nuestro Señor Jesús aquí en la tierra, fue restaurar lo que él no había robado. Y analizándolo descubrimos: (1) Qué es lo que fue robado, y de quién. (2) Donde aparece y se demuestra que Cristo no lo robó. (3) Cómo restituyó Cristo lo que no había robado. (4) Por qué lo hizo.

1. *Qué fue robado, y de quién.*
   a. De Dios: gloria. No su gloria esencial, ni ninguna otra perfección de su ser, porque eso no puede ser sustraído; pero sí esa gloria que resplandece en el gobierno moral de sus criaturas, y la gloria que nosotros debemos tributarle.
   b. Del hombre: justicia, santidad y felicidad. (1) Justicia para el pecador culpable; (2) santidad al pecador contaminado; y (3) felicidad al pecador atribulado.
2. *Donde aparece y se demuestra que Cristo no lo robó.*
   a. En lo que refiere a Dios está absolutamente claro que nunca le quitó gloria alguna, porque jamás hizo nada ofensivo o deshonroso a Dios: *"Y el que me envió, está conmigo; no me ha dejado solo el Padre, porque yo hago siempre lo que le agrada";*[86] *"Jehová el Señor me abrió el oído, y yo no me resistí, ni me volví atrás";*[87] *"El Espíritu Santo vendrá sobre ti, y el poder del Altísimo te cubrirá con su sombra; por lo cual también lo santo que va a nacer será llamado Hijo de Dios".*[88]
   b. En cuanto al hombre esta claro también que no le quitó justicia, santidad o felicidad. No, Cristo no fue en modo alguno un conducto de culpa, contaminación y miseria, como lo había sido el primer Adán, sino todo lo contrario.[89]
   c. Por consiguiente, las Escrituras hablan de que Cristo fue *"cortado de la tierra de los vivientes",*[90] pero no por razón de si mismo ni de sus propias transgresiones.[91]
   d. La inocencia de Cristo fue manifiesta y conspicua en sus mismos sufrimientos: Aunque no hallaron en él causa para darle muerte, pidieron a Pilato que le diera muerte.[92]
3. *Cómo restituyo Cristo lo que no había robado.* Básicamente por medio de su obediencia, activa y pasiva.
   a. Haciendo la voluntad de Dios de manera tan perfecta como lo hizo, lo que redundó en un mayor honor de Dios del que jamás hubiera o pudiera haber habido.
   b. Sus sufrimientos, cumpliendo la voluntad de Dios, sumaron de manera importante a su gloria, que había sido empañada por el pecado del hombre: *"Ahora es glorificado el Hijo del Hombre, y Dios es glorificado en El".*[93]
   c. Con su perfecta obediencia, Cristo proveyó justificación para el pecador: *"Mas Dios muestra su amor para con nosotros, en que siendo aún pecadores, Cristo murió por nosotros".*[94]
   d. Cristo aporta asimismo la gracia necesaria para nuestra santificación.
   e. Sus méritos han logrado para nosotros una bendición presente, ya en este mundo.
   f. Y nos ha procurado una bendición mucho más plena y absoluta en la vida venidera.

---

[86] Juan 8:29;
[87] Isaías 50:5.
[88] Lucas 1:35.
[89] Romanos 5:12-20; 1 Corintios 15:21-22.
[90] Isaías 53:8.
[91] Daniel 9:26; 1Pedro 3:18; Isaías 53:4-5.
[92] Hechos 13:28.
[93] Juan 13:31; 17:4: Hebreos 5:8.
[94] Romanos 5:8.

4. *Por qué llevo a cabo la obra de restituir aquello que no había robado.*
   a. Era una obra necesaria, indispensable para ser el Salvador.
   b. Era una obra imposible de realizar por cualquier otro que fuera una mera criatura; de modo que si Cristo no la hubiera hecho, nadie fuera de él podía hacerla.

TIMOTHY CRUSO [1657-1697]
"Twenty Four Sermons Preached at the Merchants Lecture at Pinners Hall", 1696

Y restituí lo que no me había llevado.[95] Rosenmueller[96] cree que esta frase era un proverbio de uso común que se aplicaba, en términos generales, a cualquier persona inocente tratada de manera injusta. Según la ley, si alguien hurtaba un buey u oveja, y lo degollaba o vendía, tenía que pagar por el buey cinco bueyes, y por la oveja cuatro ovejas; y si el buey o la oveja eran hallados vivos, debía restaurar dos.[97] Obligar, pues, a una persona a restituir algo que no había robado, era considerado de las mayores injusticias. Ainsworth[98] observa que aún siendo la frase aplicable a todo tipo de acusaciones y criminalizaciones injustas, y en este sentido aplicable tanto David como Cristo en tanto que ambos eran inocentes acusados injustamente, en el caso de Cristo la injusticia fue flagrante y particularmente grave, puesto que *"siendo en forma de Dios, no tuvo por usurpación ser igual á Dios"*;[99] Y sin embargo, por haber dado testimonio de si mismo como Hijo de Dios fue condenado a muerte por los judíos.[100]

BENJAMIN BOOTHROYD [1768-1836]
"Biblia Hebraica", 1813

Me hacen devolver aquello que no robé. El diablo trató en su arrogancia de usurpar en los cielos aquello que no le pertenecía, jactándose de que era como el Altísimo, y por ello paga una condena justa...[101] También Adán intentó usurpar lo que no le pertenecía cuando cediendo a la seducción del

---

[95] Traducción de la KJV: *"then I restored that which I took not away"*.

[96] Se refiere a ERNST FRIEDRICH KARL ROSENMÜLLER [1768-1835], teólogo y orientalista alemán, profesor de lenguas orientales en Leipzig y autor de importantes obras de exégesis bíblica sobre el Antiguo Testamento, entre las que destaca su monumental obra póstuma *"Scholia in Vetus Testamentum"*, 1836.

[97] Éxodo 21:1-5.

[98] Se refiere a HENRY AINSWORTH [1571-1622], teólogo inglés no conformista, nacido en Swanton Morley, Norfolk, educado en el *Caius College* de Cambridge y posteriormente exilado y afincado en Ámsterdam. Erudito y reconocido especialista en hebreo bíblico, fue autor de numerosas obras, entre las que destacan sus traducciones anotadas o comentarios a *Génesis* (1616); *Éxodo* (1617); *Levitíco* (1618); *Números* (1619); *Deuteronomio* (1619) *Salmos* (incluyendo una versión métrica, 1612); y el *Cantar de los Cantares de Salomón* (1623). Su obra *Psalms, The Book of Psalms: Englished both in Prose and Metre with Annotations* [Ámsterdam, 1612], que incluye en una separata treinta y nueve melodías monofónicas de salmos, es conocida como el *Ainsworth Psalter,* "El Salterio de Ainsworth", único libro de música que los peregrinos puritanos llevaron a Nueva Inglaterra en 1620, posteriormente revisado y convertido en el *Bay Psalm Book,* y que tuvo una influencia fundamental en la primitiva salmodia norteamericana.

[99] Filipenses 2:6 RVA. Utilizamos en este caso la Reina-Valera Antigua, porque al traducir *"no tuvo por usurpación ser igual á Dios"* es la que más se ajusta a versión inglesa KJV, que es todavía más explícita: *"who, being in the form of God, thought it not robbery to be equal with God"* "el cual, siendo en forma de Dios, no consideró un hurto ser igual a Dios". Ello permite al autor jugar con el paralelismo del término "robbery", y que se pierde en nuestras revisiones y versiones castellanas actuales, que en lugar de *"usurpación"* traducen: *"cosa a que aferrarse"* o *"algo a qué aferrarse"*.

[100] Juan 19:7.

[101] Isaías 14:12-15.

diablo que le dijo: *"Seréis como dioses"*, trató de asemejarse a Dios.[102] Pero en el caso del Señor Jesús, a pesar de que *no tuvo por usurpación ser igual á Dios...*[103] sus enemigos dijeron: *Crucifícale, porque se ha hecho Hijo de Dios.*[104]

GERHOH DE REICHERSBERG [1093-1169]
"Commentarius Aureus in Psalmos et Cantica Ferialia", 1728

Me hacen restituir aquello que no robé. ¡Qué bendición de versículo! En medio de la oposición y afrentas de los pecadores, pone de manifiesto ese carácter y función peculiar de Jesús en razón de la cual, según sabemos por boca del profeta, Jehová lo había enviado: *"edificarás las ruinas antiguas; los cimientos de muchas generaciones levantarás, y serás llamado reparador de portillos, restaurador de calzadas para poblados"*.[105] Pero, ¿qué fue lo que Cristo reparó, restauró o restituyo? ¡Lo que se había perdido![106] Adán, con su pecado, hizo cuanto pudo para sustraer gloria a Dios malogrando su propia gloria y felicidad. Sustrajo de Dios gloria que merecía, y de la ley de Dios obediencia que debía, y con ello se sustrajo a si mismo la imagen y el favor de Dios. El pecado trajo consigo la muerte, espiritual y eterna; y como consecuencia tanto él como todos sus descendientes quedaron sujetos a perdición eterna. Todo esto, y más, fue lo que Jesús restituyó. Hecho nuestra Seguridad y constituido por la autoridad de Jehová en Representante de la raza human, Cristo restituyo a Dios su gloria y al hombre la imagen y favor de Dios; y habiendo destruido el pecado, la muerte, el sepulcro y el infierno, restituyo a sus redimidos un paraíso mejor del que habíamos perdido en razón de nuestra naturaleza pecadora. ¡Salve, oh, bendito Restituidor de todos nuestros privilegios perdidos desde el principio!

ROBERT HAWKER [1753-1827]
"Poor Man's Commentary on the Old and New Testaments", 1831

Vers. 5. *Dios, tú conoces mi insensatez, y mis pecados no te son ocultos.* *[Dios, tú conoces mi insensatez, y mis pecados no te son ocultos.* RVR*] [Oh Dios, tú conoces mi insensatez, y mis transgresiones no te son ocultas.* LBLA*] [Oh Elohim, Tú conoces mi insensatez, y mis pecados no te son ocultos.* BTX*] [Oh Dios, tú sabes lo insensato que he sido; no te puedo esconder mis transgresiones.* NVI*] [Oh Dios, tú conoces mi necedad, no se te ocultan mis pecados.* BLP*] [Oh Dios, tú sabes lo necio que soy; de ti no puedo ocultar mis pecados.* NTV*]*

Dios, tú conoces mi insensatez.[107] David podía decir esto de si mismo, pero no el Señor de David.[108] A menos que lo entendamos en sentido inverso como una alegación ante Dios, que todo lo ve y conoce, de su completa ausencia de esa insensatez y locura[109] que los hombres le imputaban.[110]

---

[102] Génesis 3:1-6.
[103] Filipenses 2:6 RVA. Ver al respecto la nota 99.
[104] Juan 19:6-7.
[105] Isaías 58:12. La versión inglesa KJV es más explícita en este sentido: *"Thou shalt raise up the foundations of many generations; and thou shalt be called, the repairer of the breach, the restorer of paths to dwell in"*.
[106] Mateo 18:11; Lucas 19:10.
[107] SCHÖKEL traduce: *"tu conoces mi ignorancia"*.
[108] Salmo 110:1; Mateo 22:44.
[109] Ver en este mismo sentido el comentario de GEORGE RAPALL NOYES [1798-1868] transcrito por Spurgeon un poco más adelante.
[110] Mateo 11:19; Marcos 3:21; Juan 10:20.

Pues aquello considerado como locura por los hombres es sabiduría suprema delante de Dios.[111] ¡Con cuánta frecuencia deberíamos aplicarnos estas palabras en su sentido literal! En realidad, si no fuera porque nuestra propia insensatez nos hace tan necios como ciegos, esta cruda confesión del salmista debería estar en nuestros labios casi constantemente. Cuando nos damos cuenta de que hemos obrado de manera insensata, en modo alguno abandonemos la oración, antes por el contrario, entreguémonos a ella con mayor fervor y redobladas ansias; pues como necios que somos, si una cosa necesitamos, es consultar sin cesar[112] con la sabiduría infinita.

Y mis pecados no te son ocultos. No hay forma de esconderlos, no importa lo esmerado del delantal que podamos fabricarnos con hojas de higuera;[113] únicamente la cobertura que Dios nos proporciona puede tapar la desnudez, tanto la de nuestros primeros padres como la nuestra. Saber que Dios conoce sobradamente todo cuanto hemos hecho, facilita nuestra confesión. Toda oración que no incluya confesión, podrá complacer el orgullo farisaico, pero no aportará justificación.[114] Quienes no tienen consciencia de la omnisciencia divina, y por tanto, jamás han contemplado sus pecados a la luz de la misma, son incapaces de apelar a ella implorando su piedad; tan solo quién tiene la valentía de exclamar: *"tú conoces mi insensatez"*, está en condiciones de añadir: *"Señor, tú lo sabes todo; tú sabes que te amo".*[115]

C. H. SPURGEON

Dios, tú conoces. Para los piadosos, el conocimiento que Dios tiene de todas las cosas es beneficioso por partida doble. En primer lugar, y como es en este caso, para consuelo de los inocentes. Y en segundo lugar, para hacerlos más prudentes y circunspectos al saber que todos sus pensamientos, palabras y hechos, están bajo la mirada de Dios.

WOLFGANG MUSCULUS [1497-1563]
"In Sacrosanctum Davidis Psalterium Commentarii", 1573

Dios, tú conoces mi insensatez, y mis pecados no te son ocultos. Lo cual hay que entenderlo en sentido apologético, es decir: tu sabes que no soy un transgresor. Este versículo no es una confesión de pecado, sino un alegato de inocencia.[116] El argumento del salmista parte de que padece no en razón sus pecados, sino a causa de su piedad: *"Porque por amor de ti he sufrido afrenta; la vergüenza ha cubierto mi rostro"* (69:7).

GEORGE RAPALL NOYES [1798-1868]
"A New Translation of the Book of Psalms, with Notes", 1846

Y mis pecados no te son ocultos. No hay la menor duda que los pecados de aquellos por quienes Cristo murió, al serle imputados a él, ante los ojos de la ley pasaron a ser considerados como suyos en el sentido de hacerle responsable de ellos. Sin embargo, es interesante observar que las Escrituras,

---

[111] 1 Corintios 1:18-20; 3:19.

[112] 1 Tesalonicenses 5:17-18.

[113] Génesis 3:7.

[114] Lucas 18:9-14.

[115] Juan 21:17.

[116] SCHÖKEL dice al respecto: «Frente a la «falsedad» del enemigo, el orante invoca a Dios como testigo de su conciencia... confesando su culpa ante él. Si la alternativa es confesar la culpa o protestar inocencia, introduce antre ambas una distinción: soy culpable ante Dios, pero de otras cosas, de lo que me acusan soy inocente, pues mis culpas verdaderas las conoce Dios».

a pesar de que hablan de Cristo como *"herido por **nuestras** transgresiones, molido por **nuestros** pecados"*,[117] y le describen como *"quien llevó él mismo **nuestros** pecados en su cuerpo sobre el madero"*,[118] por otro lado, como si quisieran evitar cualquier expresión que diera pie a cuestionar ni aún someramente su pureza inmaculada, nunca hablan de los pecados de aquellos por quienes murió como pecados *propiamente suyos*.

JAMES ANDERSON [1804-1863]
en una nota editorial en su traducción al inglés del
"Comentario a los Salmos" de Juan Calvino [1509-1564]

Y mis pecados no te son ocultos. Esto es: No escondo *mis pecados* ante los ojos de Dios como hizo el primer Adán,[119] sino que en mi calidad de segundo Adán,[120] levantado sobre la cruz sufro pública y abiertamente por ellos; y deseo que *mis pecados* sean conocidos y conspicuos a toda criatura en el cielo, en la tierra y en el infierno; puesto que *-mis pecados*, en lo que atañe a mi propia persona, no existen, ya que en mí no hay mácula;[121] y aquellos que pertenecen a mi pueblo que cree en mí, son borrados por mi sangre.[122]

GERHOH DE REICHERSBERG [1093-1169]
"Commentarius Aureus in Psalmos et Cantica Ferialia", 1728

Vers. 6. *No sean avergonzados por causa mía los que en ti confían, oh Señor Jehová de los ejércitos; no sean confundidos por mí los que te buscan, oh Dios de Israel.* *[No sean avergonzados por causa mía los que en ti confían, oh Señor Jehová de los ejércitos; no sean confundidos por mí los que te buscan, oh Dios de Israel.* RVR*] [¡No se avergüencen de mí los que en ti esperan, oh Señor, Dios de los ejércitos! ¡No sean humillados por mí los que te buscan, oh Dios de Israel!* LBLA*] [No sean avergonzados por mi causa los que en Ti esperan, oh Adonai YHVH Sebaot, no sean confundidos por mi causa los que te buscan, oh Elohim de Israel.* BTX*] [Señor Soberano, Todopoderoso, que no sean avergonzados por mi culpa los que en ti esperan; oh Dios de Israel, que no sean humillados por mi culpa los que te buscan.* NVI*] [Que no se avergüencen por mi culpa quienes ponen en ti su esperanza, Dios mío, Señor del universo; que no se sonrojen por mi culpa quienes te buscan, Dios de Israel.* BLP*] [No dejes que los que confían en ti sean avergonzados por mi culpa, oh Señor Soberano de los Ejércitos Celestiales. No permitas que sean humillados por mi causa, oh Dios de Israel.* NTV*]*

No sean avergonzados por causa mía los que en ti confían, oh Señor Jehová de los ejércitos. Si él hubiera sido abandonado y olvidado, todos cuantos le seguían en el camino de la fe hubieran resultado defraudados, desalentados y decepcionados. Los no creyentes aprovechan cualquier cosa a la que puedan agarrarse con tal de ridiculizar la fe humilde; por tanto, oh Jehová de los ejércitos de Israel, no permitas que mi situación de motivos al enemigo para blasfemar. Este es el espíritu del versículo. En cualquier circunstancia nuestro bendito Salvador mantuvo una preocupación tierna y profunda

[117] Isaías 53:5.
[118] 1 Pedro 2:24.
[119] Génesis 3:7, 10.
[120] Romanos 5:14; 1 Corintios 15:45.
[121] Hebreos 4:15.
[122] Efesios 1:7; 1 Juan 1:7.

por su pueblo, y quería evitar que la opresión que su espíritu experimentaba en aquellos momentos se convirtiera de algún modo en fuente de desánimo para los que creían y habían de creer en él.[123]

No sean confundidos por mí los que te buscan, oh Dios de Israel. Primero apela al *"Señor Jehová de los Ejércitos"*, en evocando su poder para ayudarle; y ahora apela al *"Dios de Israel"* invocando su fidelidad al pacto para que acuda a rescatarle. Si el capitán de la hueste sucumbe, ¿qué sucederá con las clases de tropa? Si David huye, ¿qué harán sus seguidores? Si el Rey de los creyentes encuentra que su fe no es recompensada, ¿cómo la mantendrán los débiles a lo largo el camino? Las reacciones emocionales de nuestro Señor durante su agonía no son debilidad y no constituyen para nosotros excusa y menos aún causa o motivo de vergüenza: lloró porque era hombre, pero no murmuró, porque era hombre sin pecado; dijo: *"Padre mio, si es posible, que pase de mí esta copa"*[124] porque era humano, pero agregó: *"más no se haga mi voluntad, sino la tuya"*[125] porque su humanidad era sin mancha de rebelión. En las profundidades de la tribulación no escapó de sus labios una sola palabra de queja porque no había queja en su corazón. El Señor de los mártires fue un ejemplo excelente de testimonio. Fue fortalecido en la hora del peligro[126] y salió más que vencedor; como saldremos también nosotros si nos asimos firmemente a nuestra confianza hasta el fin.[127]

C. H. SPURGEON

No sean avergonzados por causa mía los que en ti confían, oh Señor Jehová de los ejércitos. Esto significa que el proceder y conducta de un creyente, a menos que redunde en beneficio de los demás, redunda, de alguna manera, en descrédito para todos. Y en tal caso, cuando un creyente tiene un desliz o no se comportan adecuadamente; y eso todos estamos en peligro de que nos suceda; es motivo de aflicción general. Pues el creyente que no anda como debe avergüenza a los demás: se avergüenzan de haber mantenido comunión o incluso relación con él; se avergüenzan de que una persona de tal proceder y causante de semejante bochorno haya sido por un tiempo profesante del evangelio. Y además, se debilitan por causa de él sus propias esperanzas de perseverancia. En otras palabras, el creyente que cae, avergüenza a todos los demás y pone en peligro su firmeza, llevándolos preguntarse sobre lo perentorio de la promesa divina en lo que hace a su propia perseverancia hasta el fin. Y si tal influencia negativa no es debidamente compensada a tiempo con otras de positivas y renovada su esperanza, tristemente, queda todavía en nuestro interior corrupción suficiente como para manipular, neutralizar y aniquilar las reservas de gracia.

WILLIAM GUTHRIE [1620-1655]
Sermón IX sobre el Salmo 69:6
publicado en "A Collection of Lectures and Sermons Preached upon Several Subjects, Mostly in the Time of the Late Persecution", 1779

No sean avergonzados por causa mía. Ruego para que *no sean turbados* por las burlas, insultos y reproches de enemigos externos, al tener que presentarse ante ellos aparentemente como

[123] FELIPE SCIO DE SAN MIGUEL [1738-1776] en una nota a su traducción de la Vulgata ofrece la siguiente explicación cristológica: «No permitas, Padre, que mi muerte sea motivo de confusión a mis discípulos; antes bien resucitándome les harás saber que no he quedado en el sepulcro, porque no he muerto ni padecido sino por tu gloria y por satisfacer tu justicia: *"por tu causa"* (69:7)*;* y de este modo quedarán para siempre fortificados frente el tropezadero de mi cruz (1 Corintios 1:23)».

[124] Mateo 26:39.

[125] Lucas 22:42.

[126] Lucas 22:43.

[127] Mateo 10:22; 2 Timoteo 4:7-8.

adoradores de un Dios crucificado y muerto; y ellos mismos se vean cual cadáveres pudriéndose en su sepulcro y en consecuencia borrado su nombre.[128] Antes bien, que todos estos enemigos que desean arrebatarme la vida, caigan aterrorizados al contemplar mi rostro angélico y sean ellos los que queden como muertos.

GERHOH DE REICHERSBERG [1093-1169]
"Commentarius Aureus in Psalmos et Cantica Ferialia", 1728

No sean avergonzados por causa mía. El texto hebreo incluye la preposición בִּי *bî,* de modo que una traducción más literal y exacta sería: *"no sean avergonzados en mí"*. En estas palabras se hace claramente audible la voz del Guardador de la paz de su pueblo[129]. La oración del Sufriente tuvo su respuesta en el testimonio declarativo que ahora constituye la base fundamental del evangelio: *"el que crea en él, no será avergonzado".*[130]

ARTHUR PRIDHAM [1815-1879]
"Notes and Reflections on the Psalms", 1869

No sean avergonzados por causa mía. Puesto que yo he soportado ignominia, vituperio y vergüenza por causa de ellos; Señor, líbrales a ellos de soportarla en tanto que ya la descargaste sobre mí. Así lo expresa claramente en el versículo que sigue: *"Porque por amor de ti he sufrido afrenta; la vergüenza ha cubierto mi rostro"* (69:7).

THOMAS GOODWIN [1600-1679]
"A discourse of Christ the Mediator", 1692

Vers. 7. *Porque por amor de ti he sufrido afrenta; confusión ha cubierto mi rostro.* *[Porque por amor de ti he sufrido afrenta; la vergüenza ha cubierto mi rostro.* RVR*] [Pues por amor de ti he sufrido vituperio; la ignominia ha cubierto mi rostro.* LBLA*] [Porque por tu causa he sufrido afrenta, y la confusión ha cubierto mi rostro.* BTX*] [Por ti yo he sufrido insultos; mi rostro se ha cubierto de ignominia.* NVI*] [Pues por ti soporto la humillación y la vergüenza cubre mi rostro.* BLP*] [Pues yo soporto insultos por amor a ti; tengo la humillación dibujada en todo mi rostro.* NTV*]*

Porque por amor de ti he sufrido afrenta.[131] Por haberse propuesto hacer la voluntad de su Padre y enseñar su verdad el pueblo se enfureció; por haber declarado ser el Hijo de Dios los sacerdotes se indignaron. Y no logrando hallar en él delito alguno, tuvieron que recurrir al perjurio, inventando una acusación falsa para someterle a proceso ante el Sanedrín.[132] El fondo de la disputa giraba en torno a que Dios estaba con él, y él con Dios, en tanto que los escribas y fariseos buscaban tan solo su propio beneficio. Para cualquier persona íntegra, verse reprobado es muy hiriente y doloroso, y en el caso de una persona tan inmaculada como era nuestro Señor debió de caer como una lanza. Vemos, no obstante, cómo se vuelve de inmediato hacia su Dios y encuentra consuelo en el hecho de que todo

[128] Salmo 109:13; Proverbios 10:7.
[129] Salmo 121:4; Juan 14:27; 16:33; Filipenses 4:7.
[130] 1 Pedro 2:6.
[131] KRAUS traduce: *"por amor a ti soporto yo el oprobio"*. SCHÖKEL: *"por ti aguanté injurias"*.
[132] Mateo 26:59-68; Marcos 14:55-65; Lucas 22:66-71.

cuanto está soportando es por amor y voluntad de su Padre. Y ese mismo consuelo hallan cuantos son menospreciados y perseguidos por causa de su nombre.[133]

La vergüenza ha cubierto mi rostro. Como sucedió con el malvado Amán,[134] era costumbre habitual cubrir el rostro de los condenados a muerte mientras eran arrastrados ante el estrado del juez. Así cubrieron también el rostro de nuestro Señor con un velo de acusaciones falsas,[135] antes de crucificarle con el mayor apresuramiento.[136] Además, le hicieron objeto de las peores burlas, le escupieron, lo llenaron de moratones,[137] hasta el punto que el *"Ecce Homo"* - *"He aquí el hombre"* con que Pilatos trató de lograr la piedad del pueblo y la atención del mundo, era un espectáculo sin parangón de ignominia y vergüenza. Y la desnudez en la cruz debió impregnar el rostro del Redentor con el rubor de la modestia, viéndose expuesto de tal modo a la mirada de una multitud tan desagradable como desagradecida ¡Oh, bendito Señor, fue nuestra vergüenza la que tuviste que soportar! Pues nada merece mayor reprobación y menosprecio que el pecado, y he aquí, cuando fuiste hecho pecado por nosotros, te obligaste a soportar toda clase de abusos y desprecios. Bendito sea tu nombre, porque todo aquello ya terminó; pero nosotros te debemos ahora, por tu asombrosa demostración de amor, más de lo que el corazón humano puede concebir.

C. H. SPURGEON

La vergüenza ha cubierto mi rostro. A veces resulta difícil establecer qué cosa es peor: si la vergüenza o la muerte. Muchos han sido a lo largo de la historia los que eligieron la muerte, borrando de ese modo una afrenta con su sangre. Saúl prefirió morir antes que caer en manos de los filisteos que lo habían retado, insultado y se burlaban de él[138] como lo hicieron con Sansón.[139] Así también el rey Sedequías prefirió perder su país y todo cuanto poseía, incluyendo su propia vida, antes que ser entregado a los judíos súbditos suyos que se habían pasado a los caldeos para objeto de su burla.[140] ... La vergüenza que cubre el rostro de los condenados es uno de los peores suplicios del infierno. No hay nada que un carácter noble aborrezca más que la vergüenza, porque el honor es una chispa de la imagen de Dios; y cuanto más clara es la imagen de Dios en la persona, más teme y aborrece la vergüenza. Para un espíritu corrupto y depravado la vergüenza significa poco o nada; pero en un espíritu noble y elevado como el de David, ver *su honra convertida en deshonra*,[141] era lo más grave que le podía suceder. Y cuanta mayor sea el honor y la gloria que uno pierde, mayor es su vergüenza. Por tanto, ¡qué debió significar para Cristo el que para restituir a Dios el honor arrebatado por el pecado del hombre, como añadidura a todos los castigos, tuviera además que padecer vergüenza, uno de los más horrendos suplicios del infierno como ya he mencionado. Al asumir las debilidades de nuestra humana naturaleza, Cristo se hizo susceptible al hambre,[142] sed,[143] sueño,[144] dolores físicos,[145] crueldа-

[133] Mateo 5:11-12; 10:16-23.
[134] Ester 7:8.
[135] Lucas 23:1-2.
[136] Mateo 27:20-26.
[137] Marcos 15:16-20; Lucas 22:63-65; Juan 19:1-3.
[138] 1 Samuel 31:4.
[139] Jueces 16:25-30.
[140] Jeremías 38:19.
[141] Salmo 4:2.
[142] Mateo 4:2; Juan 21:5.
[143] Juan 19:28.
[144] Mateo 8:24.
[145] Lucas 24:44.

d,[146] desprecio, desgracia y vergüenza.[147] Quedó sujeto a todas las debilidades e impotencias humanas incluido el miedo[148] y a la vergüenza, y aunque como nos dice el autor de Hebreos tenía fortaleza para soportarla y superarla,[149] con todo, nadie ha habido más sensible a ella. Así como la ternura extrema de su carácter hizo que fuera particularmente sensible a cualquier necesidad humana,[150] así también la grandeza de su espíritu le hizo experimentar mayor aprensión a la vergüenza que cualquier otro ser humano. Su amor infinito hacia la humanidad hizo más extremo y contundente el dolor por la ignominia, injurias y afrentas que se amontonaron sobre él.

THOMAS GOODWIN [1600-1679]
"A discourse of Christ the Mediator", 1692

Vers. 8. ***Extraño he sido para mis hermanos, y desconocido para los hijos de mi madre.*** *[He venido a ser un forastero para mis hermanos, y un desconocido para los hijos de mi madre.* RVR*] [Me he convertido en extraño para mis hermanos, y en extranjero para los hijos de mi madre.* LBLA*] [He venido a ser extraño para mis hermanos, y extranjero para los hijos de mi madre.* BTX*] [Soy como un extraño para mis hermanos; soy un extranjero para los hijos de mi madre.* NVI*] [Soy un desconocido para mis hermanos, un extraño para los hijos de mi madre.* BLP*] [Hasta mis propios hermanos fingen no conocerme, me tratan como a un extraño.* NTV*]*

Me he convertido en extraño para mis hermanos. Los judíos, sus hermanos de raza, le rechazaron;[151] la familia, sus hermanos de sangre, se mostraron ofendidos por su actitud dimanante de su ministerio;[152] y sus discípulos, sus hermanos en espíritu, le abandonaron y huyeron,[153] hasta el punto que uno de ellos le vendió y otro le negó[154] entre juramentos y maldiciones.[155] ¡Ay, Señor mío!, qué dolor tan horrendo debió de traspasar tu amoroso corazón al ser de ese modo abandonado por aquellos debían haberte amado, defendido, e incluso haber muerto por ti de ser ello necesario.

Y un extranjero para los hijos de mi madre.[156] David se refiere con estas palabras a sus parientes más cercanos; cuando un padre tenía diversas esposas la relación de consanguinidad entre los hermanos en general era un tanto fría y distante, pero los hijos de la misma madre mantenían un lazo estrecho de amor fraternal. Sin embargo nuestro Señor se encontró con sus parientes más cercanos y queridos avergonzados de él.[157] Así como los hermanos de David lo envidiaron y hablaron mal de él,[158] los parientes terrenales de nuestro Señor por nacimiento, se mostraron celosos de él; y sus mejores y

[146] Juan 19:1-6.
[147] Marcos 15:16-20; 29-32.
[148] Mateo 26:39.
[149] Hebreos 12:2-4.
[150] Mateo 9:36; 14:14.
[151] Juan 1:11.
[152] Marcos 3:31-32.
[153] Juan 6:66-67.
[154] Mateo 26:14-16;
[155] Mateo 26:69-75.
[156] En hebreo וְנָכְרִי לִבְנֵי אִמִּי *wanākərî libnê 'immî* de אֵם *em,* "madre". La versión griega de los LXX o Septuaginta lee καὶ ξένος τοῖς υἱοῖς τῆς μητρός μου que la Vulgata traduce al latín como: *"et peregrinus filiis matris meae"*, "y forastero a los hijos de mi madre". La versión sefardí de Ferrara: *"y extraño a hijos de mi madre"*.
[157] Marcos 3:21-22; Juan 7:3-5.
[158] 1 Samuel 17:28.

más amados seguidores, sintiendo miedo en la hora de su agonía de ser identificados como seguidores suyos o de mantener siquiera con él relación alguna, huyeron todos despavoridos.[159] En el alma de Jesús, el más emotivo y tierno de todos los amigos,[160] estas deserciones fueron cual flechas afiladas. Que en nuestra relación con él, ninguno de nosotros proceda jamás como si fuéramos desconocidos; que nunca le tratemos como un extraño; antes por el contrario, mostrémonos dispuestos a ser crucificados junto con él,[161] y que la gracia haga de nuestra resolución un hecho.

C. H. SPURGEON

Me he convertido en extraño para mis hermanos. Es evidente que este rechazo y aversión de parte de sus hermanos le causó dolor, de lo contrario no se habría quejado. De no haber sentido hacia ellos un afecto especial, no los habría mencionado.

WOLFGANG MUSCULUS [1497-1563]
"In Sacrosanctum Davidis Psalterium Commentarii", 1573

He venido a ser un forastero para mis hermanos, y un desconocido para los hijos de mi madre. En tierras de Oriente, donde impera la poligamia, el marido suele ser un déspota severo e insensible; y su harén un grupo de esclavas temblorosas; de modo que los hijos contemplan al padre común con terror e indiferencia, a la vez que se aferran a su propia madre con un cariño y amor especial, como la única persona que les ama y protege y, por tanto, la única por la que sienten interés y afecto. Ello explica por qué la aflicción de David se agravó en gran manera al verse convertido en un extraño para los hijos de su madre: la enemistad de otros hermanos, hijos de otras esposas de su padre, le preocupaba menos; pero el rechazo de parte de los demás hijos de su propia madre era algo extremo.

WILLIAM GREENFIELD [1799-1831]
"The comprehensive Bible; containing the Old and New Testaments ... with the various readings and marginal notes", 1827

Vers. 9. *Porque me consumió el celo de tu casa; y los denuestos de los que te vituperaban cayeron sobre mí.* *[Porque me devora el celo de tu casa; y los denuestos de los que te insultaban cayeron sobre mí.* RVR*] [Porque el celo por tu casa me ha consumido, y los vituperios de los que te injurian han caído sobre mí.* LBLA*] [Porque el celo de tu Casa me consume, y los vituperios de los que te vituperaban cayeron sobre mí.* BTX*] [El celo por tu casa me consume; sobre mí han recaído los insultos de tus detractores.* NVI*] [Me consume la pasión por tu Templo, me abate el desprecio de quienes te desprecian.* BLP*] [El celo por tu casa me ha consumido, y los insultos de aquellos que te insultan han caído sobre mí.* NTV*]*

Porque el celo por tu casa me ha consumido. Su celo ardiente, cual llama de una vela, se alimentaba de su sustancia y consumía sus fuerzas. Como espada minuciosamente afilada, su corazón cortaba incluso enfundado en su vaina. Hay personas a las cuales consume la lujuria; a otras la codicia, y a otras el orgullo. Pero la pasión esencial que devoraba a nuestro gran líder era la gloria de Dios;

[159] Marcos 14:50.
[160] Juan 11:33-38.
[161] Gálatas 2:20.

el celo por su nombre y su amor por la familia divina.[162] El *celo por Dios* es un concepto tan poco entendible por las gentes de este mundo que siempre acarrea oposición sobre cuantos son inspirados por él; acusados de motivaciones siniestras, de hipocresía, o de estar fuera de sus cabales. Cuando el celo por Dios nos devora, los impíos procuran devoramos a nosotros; y esto fue preeminente el caso de nuestro Señor, porque su santo celo era preeminente. Su celo por Dios brilló y resplandeció en él, consumiéndole en su fervor, con mayor intensidad que el celo de la llama de un serafín.[163]

Y los vituperios de los que te injurian han caído sobre mí. Aquellos que habitualmente blasfemaban el nombre de Dios, ahora me maldicen a mi; me he convertido en blanco de las flechas dirigidas al Señor mismo. De ese modo y en este aspecto, el Gran Mediador se convirtió en sustituto tanto de Dios como del hombre: soportó tanto los reproches dirigidos a uno, como los pecados cometidos por el otro.

C. H. SPURGEON

Porque me devora el celo de tu casa. Quienes tengan presente que las Escrituras hablan de una *"paz que sobrepasa entendimiento"*,[164] y de un *"gozo inefable y lleno de gloria"*,[165] serán más propensos a lamentarse del bajo nivel de sus propios sentimientos espirituales que a cuestionar la legitimidad de los sentimientos de otros, simplemente porque esos sentimientos de otros se elevan a un nivel que ellos no han sido capaces de alcanzar. Los Oráculos sagrados[166] no apoyan en modo alguno la conclusión arbitraria de que ciertas manifestaciones espirituales entusiastas y de carácter eufórico de algunos creyentes, mientras sean correctas y procedan de fuentes legítimas, meramente por su intensidad y vehemencia, deban ser condenadas como visionarias y exaltadas. Y menos aún la sospecha de que deban ser tachadas de ir demasiado lejos y consideradas ilegítimas. David danzaba delante del Señor con el mayor entusiasmo imaginable, y cuando le recriminaron diciéndole que se había degradado a sí mismo dando brincos como un cualquiera ante los ojos de su pueblo respondió: *Si danzar delante del Señor es vil, aún pienso hacerme más vil.*[167] Que los objetivos y propósitos espirituales que inundan el corazón del creyente son infinitamente más importantes y permanentes que cualquier otro, y están en consecuencia por encima de todo lo demás, es algo fuera de cualquier cuestionamiento. Entonces, ¿por qué hemos de considerar impropio o irracional dejarnos arrebatar por ellos en un grado proporcional a su intensidad y valor?

ROBERT HALL [1764-1831]
"Preface to Janeway's Life", 1816

[162] Efesios 3:15. En el original *"the divine family"*, una expresión que la mayoría entiende como referente a todas las cosas de Dios.

[163] Isaías 6:2, 6. La palabra *"serafín"* deriva del término hebreo שָׂרָף *saraph*, que significa en primera acepción "arder" o " fuego ardiente". Y la tradición judía afirma que los serafines arden en su celo por Dios, un celo que enciende el propio amor de Dios. En la Escritura se nos dice que los destellos del amor son *"destellos de fuego, la llama misma del Señor"*; y puesto que los serafines están en la presencia de Dios, absorben el amor puro y radiante de la divinidad que enciende su celo santo por el mismo Dios.

[164] Filipenses 4:7.

[165] 1 Pedro 1:8.

[166] Decir "Los Oráculos Sagrados" el lenguaje literario-poético equivale a decir "Las Escrituras".

[167] 1 Samuel 6:21-22.

Porque me devora el celo de tu casa. Consideremos los ejemplos de los santos de la antigüedad, hombres y mujeres valientes que arrebataron el cielo con violencia.[168] David se privó del sueño para dedicarse a la meditación: *"Se anticipan mis ojos a las vigilias de la noche, para meditar en tus mandatos";*[169] y su violencia en pro del cielo le hacía hervir en celo: *"Mi celo me ha consumido, porque mis enemigos se olvidaron de tus palabras".*[170] Y Pablo decía *"extendiéndome a lo que está delante";*[171] el verbo griego que utiliza: επεκτεινομενος de ἐπεκτείνομαι *epekteinomai* significa estirar el cuello, una metáfora tomada de los atletas en las carreras, que tensan a cada músculo y se doblan hacia adelante para agarrar el premio. Leemos de Ana, la profetisa que *"no se apartaba del templo, sirviendo de noche y de día con ayunos y oraciones".*[172] ¿Y Calvino? ¡Qué diligente era en la viña del Señor! Cuando sus amigos querían persuadirle de que por motivos de salud aflojara un poco su ritmo trabajo, contestó: «¿Quisierais que el Señor me encontrara ocioso cuando venga?». Lutero pasaba tres horas al día orando. Se dice de ese gran hombre de Dios que era Bradford[173] que tan solo leía, oraba y predicaba, leer y orar era toda su vida. Y el obispo Jewel[174] exclamó: «Me gozo en que mi cuerpo esté exhausto por las labores de mi santa vocación». ¿Acaso no hacían violencia por el Reino de Dios los santos mártires? Arrastraban sus cadenas con tal valentía que se les convertían en ornamentos, se ceñían a los tormentos cual si fueran coronas, y se abrazaban a las llamas cual si fueran el carro de fuego al que se subió Elías y que vino a buscarle para arrebatarle al cielo. Ignacio[175] exclamó: «Bienvenidos sean potros y fuegos, poleas y toda clase de tormentos, con tal de que pueda ganar a Cristo». Estas almas piadosas *"resistieron hasta la sangre.*[176] ¡Cuánto no debería estimularnos a nosotros su celo! Tratemos de imitar su ejemplo.[177]

THOMAS WATSON [1620-1686]
"The Christian Soldier, or. Heaven Taken by Storm", 1669

---

[168] El texto original dice: *"who have taken heaven by force".* Mateo 11:12 RVA. La versión inglesa KJV lo traduce: *"kingdom of heaven suffereth violence, and the violent take it by force".*
[169] Salmo 119:148.
[170] Salmo 139:138.
[171] Filipenses 3:13.
[172] Lucas 2:37.
[173] Se refiere a JOHN BRADFORD [1510-1555], reformador y mártir inglés que fue quemado vivo el 15 de Julio de 1555, durante el reinado de María Estuardo. Murió en la hoguera exclamando: *"Oh, Inglaterra, Inglaterra, arrepiéntete".*
[174] Se refiere a JOHN JEWEL [1522-1571], obispo de Salisbury. Discípulo de JOHN PARKHURST [1512-1575], fue brazo derecho de la reina Elisabeth I en su luchas con la Iglesia de Roma y a pesar de sus muchas obligaciones sacó tiempo para escribir una extensa obra en latín para justificar la separación de Roma titulada *Apologia ecclesiae Anglicanae,* 1562, (Apología de la Iglesia Anglicana) que traducida al inglés fue difundida por todas las iglesias anglicanas y considerada como manual de referencia.
[175] Se refiere a IGNACIO DE ANTIOQUÍA [35-98], obispo de Antioquía y uno de los llamados padres apostólicos por su cercanía cronológica con el tiempo de los apóstoles, ya que su arresto, traslado a Roma y posterior ejecución, tuvieron lugar en tiempos del emperador TRAJANO [18-117] a finales del siglo I.

Autor de siete cartas que redactó mientras era conducido desde Antioquía a Roma para ser ejecutado como él mismo explica en una de ellas: «…para ser trigo de Dios, molido por los dientes de las fieras y convertido en pan puro de Cristo…» (Carta a los Romanos. 4, 1).
[176] Hebreos 12:4.
[177] KRAUS llega a una conclusión parecida: «El Salmo resalta la figura de un entusiasta y "celoso", comparable con Elías y con otros varones de Dios del Antiguo Testamento, quienes actuaron con radicalismo y dureza –para horror de generaciones enteras– y que a muchos les parecieron destructores. Los que sienten celo no se alzan por propia decisión. Se sienten llamados a hacerlo, y sienten la orden de realizar este servicio, que excluye todos los intereses puramente personales. Pesa sobre ellos una carga insoportable». Y cita

Porque me devora el celo de tu casa. El celo en y por la fe verdadera es digno de toda alabanza. David sentía *celo,* por tanto, es un sentimiento propio de la realeza. Cristo nuestro Salvador sentía *celo,* por tanto, es un sentimiento heroico. Y sin embargo, el *celo* es tristemente el gran desconocido para muchísimos creyentes que se quedan cómodamente sentados, que les encanta permanecer pasivos; cuando el sentir que *el celo por la casa de Dios nos devora,* es corona de honra para todo espíritu regenerado. Llamar al *celo por la casa de Dios* "necedad", es una vil calumnia, por no decir infamia. ¿Acaso no alcanzó el *celoso* David más sabiduría que sus enemigos, mayor discernimiento que sus maestros, y más cordura que los viejos?[178] Los tibios y displicentes lo llaman furia o violencia; el Espíritu de Dios lo llama *"carbón encendido",*[179] que arde con llama vehemente en celo por su casa. ¿Por qué el *celo cristiano* arrastra la imputación ignominiosa de intromisión, temeridad, puritanismo o cabezonería? ¿Fue acaso el celo de David temeridad? No, era fervor espiritual. ¿Fue la irrupción de Cristo en los atrios del templo expulsando mercaderes una intromisión?[180] No, era la sabiduría de su Padre. Después que Pablo pronunciara palabras de verdad y de cordura, Festo le increpó dando un grito: *"Estás loco, Pablo; las muchas letras te están llevando a la locura".*[181] Los parientes de Cristo creyeron que estaba fuera de sí.[182]¿Acaso no fue el juicio de tales necios una reacción de menosprecio al celo de nuestro Salvador? Sin duda, pero ante Dios fue más bien un elogio. Erradicar el mal e imponer el bien en la casa de Dios siempre es acertado: *"Bueno es mostrar celo en lo bueno siempre, y no solamente cuando estoy presente con vosotros".*[183]

THOMAS WILSON [1601-1653]
"A Sermon preached before sundry of the Honourable House of Commons, 'entitled, 'David's Zeal for Zion'", 1641

Porque me devora el celo de tu casa; y los denuestos de los que te insultaban cayeron sobre mí. Nunca la gracia alcanza cotas tan elevadas como en tiempos de persecución. Las épocas de sufrimiento son tiempo de cosecha para los cristianos. Permitidme un ejemplo de este *celo* en la gracia: Recuerdo que Moulin,[184] dirigiéndose a los protestantes franceses les dijo: «Cuando los papistas nos

---

al respecto las palabras del teólogo alemán GERHARD VON RAD [1901-1971] en *"Predigt-Meditationen":* «En el Salmo 69, particularmente en el versículo nueve (69:9), tenemos esbozado algo así como el retrato de un celoso y entusiasta: ha llegado a ser un extraño para sus propios hermanos; un desconocido para los hijos de su propia madre. Las injurias que van dirigidas contra Dios, recaen sobre él. Su alma está atormentada. Se halla desgarrado en su interior, y se convierte en el hazmerreír de los que viven vida liviana. Pero Dios tiene que hacer quizás que de vez en cuando se alcen tales personas para que sean señal, y para que –como por ejemplo Elías– en medio de su fracaso den testimonio de Dios, un testimonio que ya no se olvidará nunca». SCHÖKEL observa que hay algunos casos en la Escritura donde se habla de celo *por Dios* o *la causa de Dios*, como el de Finees: *"por cuanto tuvo celo por su Dios"* (Números 25:11, 13); o el de Jehú: *"Ven conmigo y verás mi celo por el Señor"* (2 Reyes 10:16). Pero *"celo por la casa",* o templo, es caso único, y por ello da pie a vanas conjeturas que imaginan a un levita o sacerdote, a un desterrado que piensa en el templo destruido, alguien que al retorno del destierro trabajaba en la reconstrucción del templo, etc. Cabe también citar el discurso de Jeremías (Jeremías 7:1-34) como un ejemplo de celo por la casa de Dios.

178 Salmo 119:98-100.

179 Isaías 6:6.

180 Marcos 11:15-18; J:13-17.

181 Hechos 26:24-25

182 Marcos 3:21.

183 Gálatas 4:18.

184 Se refiere a PETER DU MOULIN [1601-1684] pastor, teólogo y escritor inglés de origen francés: nacido en París, autor de varias obras teológicas controversiales, entre ellas *The Anatomy of Arminianism,* (Nathaniel

impedían leer las Escrituras y nos perseguían si lo hacíamos, ardíamos en celo por leerlas aún más; pero ahora que la persecución ha terminado, nuestras Biblias, cual viejos almanaques, han quedado abandonadas acumulando polvo en lo alto de un estante». Los denuestos, insultos, vituperios, reproches, amenazas, oposiciones y persecuciones que enfrenta un cristiano en su camino de santidad, no hacen sino aumentar su celo y elevar su valentía a cotas mucho más altas. Mical se burló de David, pero sus burlas no lograron sino encender aún más su celo elevándolo de nivel: *Si danzar delante del Señor es vil, aún pienso hacerme más vil.*[185] Fíjate como en invierno el fuego arde más caliente debido al efecto de antiperístasis[186] que genera la frialdad del aire; así también, en el invierno de la aflicción y de la persecución, ese fuego divino, el celo cristiano, arde con más fuerza, con mayor intensidad y vehemencia. En los tiempos de la mayor aflicción y persecución por causa de la santidad, el cristiano cuenta, ante todo, con un gran Capitán que le guía y le anima; en segundo lugar, con una causa justa para impulsarle y enardecerle; en tercer lugar, con un Dios misericordioso para aliviarle y socorrerle; y en cuarto lugar, con un cielo glorioso para recibirle y premiarle; y, ciertamente, tales cosas no pueden por menos que enardecerle y levantarle el ánimo por muy fuerte que sea la oposición y persecución. Tales cosas le evitaran sentir temor, condescender, desmayar, hundirse y claudicar en el día de la tormenta. Sí, harán que su frente sea dura como el diamante, como Dios prometió a Ezequiel[187] y su corazón como el del Leviatán: *"duro como piedra de molino"*.[188] Y el diamante es la más dura de las piedras, más que el pedernal. El naturalista Plinio[189] afirma que su dureza es indescriptible: el fuego no puede consumirla, ni tan siquiera calentarla; el martillo no puede romperla; el agua no puede disolverla; por ello los griegos la llamaban ἀδάμας *adámas,* indomable, porque nada la inmuta ni altera. Sean cuales sean las tormentas el diamante es inflexible: no se encoge, no se achica, no teme, no cambia su tonalidad; continua siendo el mismo. En tiempos de persecución, saber que sufre por una causa justa y que cuenta con el amparo de un Dios bueno, sumado a una buena conciencia, harán al cristiano inmutable, inconmovible e invencible. Se cuenta de un escritor que deseaba plasmar en pocas palabras la figura de Basilio[190] pero no acababa de encontrar la manera, hasta que finalmente tuvo un sueño en el que vio una columna de fuego donde había inscrito este lema: *"Talis est Basilius",* (así es Basilio) todo el fuego, un fuego encendido de celo de Dios. Las persecuciones transforman al cristiano en un fuego encendido para Dios.

THOMAS BROOKS [1608-1680]
"The Unsearchable Riches of Christ", 1655

Newbury, London, 1620), *A Treatise of the Knowledge of God,* 1634, y otras diversas.

185 1 Samuel 6:21-22.

186 Término de origen griego: ἀντιπερίστασις, de ἀντί (contra), περίστασις (circunstancia) y utilizado en filosofía para referirse a las reacciones opuestas. Con el se describe como una cualidad determinada de una cosa potencia la opuesta, como el frio eleva la temperatura del cuerpo.

187 Ezequiel 7:9.

188 Job 41:24.

189 Se refiere a PLINIO EL VIEJO [23-79], autor de una famosa historia natural en 37 volúmenes dedicada al emperador TITO [39-81] conocida como *Naturalis historia,* en la que afirma haber recopilado prácticamente todos los conocimientos sobre el tema hasta su época: 20.000 hechos recolectados de unos 2.000 libros y de 100 autores selectos, aunque buena parte de ellos no son más que fábulas y leyendas.

190 Se refiere a BASILIO DE CESAREA [329-379], conocido también como BASILIO MAGNO O BASILIO EL GRANDE, obispo de Cesarea de Capadocia y uno de los más cuatro Padres de la Iglesia Griega. Brillante orador y teólogo, se enfrentó abiertamente emperador bizantino VALENTE [328-378], que reinaba en esa época en Constantinopla y que profesaba el arrianismo, queriendo introducirlo en su diócesis. Entre su importante obra escrita, además de sus numerosas cartas (se conservan unas 365) y textos litúrgicos como la excelente exposición "Homilías sobre los Salmos", destacan su "Hexámeron" sobre Dios Creador, su "Tratado sobre el Espíritu Santo" y sus libros apologéticos contra el arriano Eunomio.

Me devora el celo de tu casa. El verbo hebreo אֲכָלָתְנִי *'ăḵālāṯənî* de אָכַל *akal* no solo significa "comer, devorar", sino también "corroer o consumir", destruir algo separando las partículas unas de otras y esparciéndolas, como hace el fuego.[191] Por otro lado, el sentido básico de la palabra קִנְאָה *qinah,* que traducimos por "celo", es también el de arder, devorar, corroer, y consumir. Parkhurst,[192] afirma que en la Biblia hebrea el término se aplica por lo general, en sentido figurado, al ardor devorador de los afectos humanos, que es sabido que arden, corroen y consumen como el fuego.[193] Por consiguiente, los poetas, tanto antiguos como modernos, abundan en descripciones de los efectos ardientes y consumidores de los celos, asociándolos y comparándolos al fuego como referente.

RICHARD MANT [1776-1849]
"The Book of psalms in an English metrical version, with notes", 1842

Porque el celo por tu casa me ha consumido. En todas las culturas, la persona celosa de su fe o ardiente en practica, suele decirse que "se consume por ella". Los hinduistas dirían: «El viejo Mutto decidió abandonar su casa definitivamente y caminar descalzo al Ganges para obtener la salvación de su alma: su celo lo ha consumido».

JOSEPH ROBERTS [1795-1849]
"Oriental Illustrations of the Sacred Scriptures", 1835

Y los vituperios de los que te injurian han caído sobre mí. Suponiendo que fuera posible, deberíamos tratar de interceptar todo reproche dirigido Cristo y asumirlo nosotros, a fin de que el mundo nos despreciara, insultara y escupiera a nosotros, y no a Él. Ejemplar y particularmente valiente fue, en este sentido, el proceder de Ambrosio; al pedir en oración que si era la voluntad de Dios, todos los adversarios de la Iglesia se volvieran contra él y descargaran contra él sus iras hasta satisfacer su sed con su sangre. Esta es la actitud de un verdadero corazón cristiano. Si algo tenemos que ver nosotros en aquello que se le reprocha a Cristo, debemos estar dispuestos a sacrificarnos nosotros mismos para que Cristo no sea vituperado. Como Jonás, que cuando vio que la tempestad arreciaba exclamó: *"Tomadme y echadme al mar"*;[194] o Gregorio Nacianceno[195] que cuando surgió entre los obispos reunidos en concilio una disputa sobre la validez de su elección, después de aclarar que en modo alguno había anhelado el cargo sino que le habían forzado a aceptarlo contra su deseo, percibiendo que no todos quedaban satisfechos con su explicación, y temiendo que la paz de la Iglesia pudiera estar en peligro, se levantó dirigiéndose a la asamblea y exclamó: «Pastores del rebaño de Cristo, siendo que vuestro oficio es exhortar a otros a la paz, sería muy indecoroso para vuestra dignidad que surgiera entre vosotros desunión y contienda: ¿Soy yo la causa de vuestra discordia? En tal caso, no me considero mejor que el profeta Jonás: lanzadme al mar si ello ha de servir para calmar la tempestad de vuestro

---

[191] BENJAMIN FRANKLIN [1706-1790], *Essays: Moral, Social and Scientific, To John Ingenhousz,* 1927.

[192] Se refiere al erudito en lenguas bíblicas JOHN PARKHURST [1728-1797], discípulo de JOHN HUTCHINSON [1674-1737], y autor de numerosas obras de exégesis bíblica, incluyendo sus obras más difundidas y conocidas *"An Hebrew English Lexicon without points, with Hebrew and Chaldee Grammars"* y *"A Greek and English Lexicon of the New Testament"*, publicado en 1769. Parkhurst es ampliamente citado por numerosos comentaristas.

[193] Jeremías 20:9; Salmo 119:139

[194] Jonás 1:12.

[195] Se refiere a GREGORIO NACIANCENO [330-390], uno de los cuatro grandes Doctores de la Iglesia Griega llamado el Demóstenes cristiano por el encanto de su elocuencia y "el teólogo" por la profundidad de su doctrina. Es uno de los Padres Capadocios, y cooperó con San Basilio y San Gregorio de Nicea para derrotar la herejía arriana.

ánimo; pues aunque soy inocente de vuestras acusaciones, si ello ha de servir para que se restablezca la unidad entre vosotros, lo sufriré sin murmurar ».

JEREMIAH BURROUGHS [1599-1646]
"The Saint's Inheritance and the Worldling's Portion", 1657

Vers. 10. *Lloré afligiendo con ayuno mi alma, y esto me ha sido por afrenta.* *[Lloré afligiendo con ayuno mi alma, y esto se me vuelve en pretexto de insulto.* RVR*] [Cuando lloraba afligiendo con ayuno mi alma, eso se convirtió en afrenta para mí.* LBLA*] [Lloré afligiendo con ayuno mi alma, y esto me ha sido por afrenta.* BTX*] [Cuando lloro y ayuno, tengo que soportar sus ofensas.* NVI*] [Yo me mortifico con el ayuno y soy por esto motivo de burla.* BLP*] [Cuando lloro y ayuno, se burlan de mí.* NTV*]*

Cuando lloraba afligiendo con ayuno mi alma, eso se convirtió en afrenta para mí.[196] Habiendo resuelto odiarle en todos los aspectos, cualquier cosa que hacía se transformaba en una nueva razón para injuriarle.[197] Si comía y bebía como los demás, era un hombre glotón y un bebedor de vino;[198] si lloraba y se desgastaba en ayunos, decían que tenía un demonio y estaba loco.[199] Nada hay peor ni más cruel que el prejuicio, sus ojos lo colorean todo con el cristal con que lo quieren ver, y su lengua lo critica y despelleja todo indistintamente. Nuestro Salvador lloró mucho en secreto por nuestros pecados, y sin duda las aflicciones de su alma en favor nuestro eran frecuentes. Los montes solitarios y el desierto contemplaron repetidamente sus luchas y agonías, que, si alcanzáramos a comprenderlas, nos dejarían asombrados. La huella que estos ayunos y sollozos dejaron en nuestro Señor, hizo que aparentara tener cincuenta años cuando tenía poco más de treinta; y esto, que debía ser en su honor, fue utilizado como motivo de reproche contra él.

C. H. SPURGEON

Cuando lloraba afligiendo con ayuno mi alma, eso se convirtió en afrenta para mí. Ved aquí lo que sucede: la virtud es considerada un vicio; la verdad, blasfemia; la sabiduría, locura. Ved como el pacificador del mundo es juzgado por sedicioso; el cumplidor de la ley como si la hubiera quebrantado; nuestro Salvador como un vil pecador; y nuestro Dios como un diablo. ¡Oh miserable corazón atribulado! ¿Por qué gimes y lloras ante cualquier herida o abuso que te sea infligido? Dios no te trata a ti en este mundo de manera distinta a la que trató a su Hijo único, que ocupó tu lugar bebiendo esta poción amarga; y no un sorbito, como se te da a beber a ti, sino el recipiente completo. Piensa que no tan solo es un consuelo, sino un pedazo de gloria, ser partícipe y un compañero con Cristo en sus sufrimientos, pues él se complace de ver en nosotros una muestra de sí mismo.[200] Los perros no ladran a los que conocen y aquellos con quienes están familiarizados; ladran generalmente a los extraños; y no siempre por que sientan o teman algún mal del extraño que se acerca sino por naturaleza o instinto.

---

[196] KRAUS traduce: *"Me encorvé a mí mismo con ayunos, solo reproches me proporcionó"*. SCHÖKEL: *"Cuando me aflijo con ayunos, se burlan de mí"*.

[197] Dice FRANZ DELITZSCH [1813-1890]: «El vestirse de saco así como el ayuno eran una muestra de dolor y solidaridad en las dificultades de otros o de dolor por las calamidades públicas (Salmo 35:13). Pero en este caso era una reacción aparentemente injustificada, y en consecuencia, motivo de burla».

[198] Mateo 11:19; Lucas 7:34.

[199] Marcos 3:21; Juan 10:20.

[200] Mateo 20:22-23. 1 Corintios 111; Filipenses 3:17

¿Cómo podrías decir con propiedad que eres peregrino y extranjero en el mundo[201] si sus perros no te ladraran, si no te molestaran y acosaran?[202]

SIR JOHN HAYWARD [1560-1627]
"The Sanctuary of a Troubled Soul", 1616

Cuando lloraba afligiendo con ayuno mi alma, eso se convirtió en afrenta para mí. Incluso lo más santo, justo y bien intencionado; será fácilmente mal interpretado.

SIMON PATRICK [1626-1707]
"The Books of Psalms paraphrased", 1680

Cuando lloraba afligiendo con ayuno mi alma, eso se convirtió en afrenta para mí. Que Cristo fue objeto de burlas y mofas en diversas ocasiones queda absolutamente claro por el relato de los evangelistas. Cuando refiriéndose a la hija de Jairo dijo: *"La niña no está muerta, sino que duerme", se burlaron de él;*[203] y cuando habló de la necesidad de dar limosna *"los fariseos, que eran avaros, se burlaban de él"*.[204] Y a lo largo de su pasión se burlaron de él los soldados,[205] Herodes,[206] los sumos sacerdotes[207] y muchos otros.[208]

ROBERTO BELLARMINO [1542-1621]
"A Commentary on the Book of Psalms", 1615

Vers. 11. *Puse además cilicio por mi vestido, y vine a serles por proverbio.* *[Me vestí de saco, y les fue un motivo más de burla.* RVR*] [Cuando hice de cilicio mi vestido, me convertí en proverbio para ellos.* LBLA*] [Puse además cilicio por vestido, y vine a serles por proverbio.* BTX*] [Cuando me visto de luto, soy objeto de burlas.* NVI*] [Me visto con tela de saco y soy para ellos motivo de risa.* BLP*] [Cuando me visto de tela áspera en señal de dolor, se ríen de mí.* NTV*]*

Me visto con tela de saco. Esto es algo que David hizo literalmente,[209] pero no tenemos razón para pensar que Jesús lo hiciera; aunque en sentido espiritual, como varón de dolores y experimentado en quebranto,[210] estuviera siempre vestido de cilicio.[211]

---

[201] Salmo 39:12; Hebreos 11:13; 1 Pedro 2:11

[202] Dice al respecto CASIODORO [485-583]: «*"Eso se convirtió en afrenta para mí"*. Para los impíos y malvados la presencia de los justos es siempre una afrenta y amenaza, porque se niegan a condescender y transigir con sus delitos; antes por el contrario, los reprenden con celo santo y se apartan de su compañía. De ello dan fe las bofetadas, escupitajos, puñetazos y golpes que nuestro Señor y Salvador tuvo que soportar por parte de la turba enfurecida (Mateo 26:66)».

[203] Marcos 5:39-40.

[204] Lucas 16:14.

[205] Marcos 15:16-20.

[206] Lucas 23:11.

[207] Mateo 26:67-68.

[208] Mateo 27:39-44.

[209] 2 Samuel 1:11-12; 1 Crónicas 21:16.

[210] Isaías 53:3.

[211] De hecho AGUSTÍN DE HIPONA [354-430] ve en este "vestido de saco" la carne mortal de la cual se revistió el divino Redentor al hacerse hombre para nuestra salvación.

Me convertí en proverbio para ellos. Como *"varón de dolores"* fue ridiculizado, y como *"experimentado en quebranto"* mencionado cual paradigma. Bien podía haber hecho suyo con propiedad aquello de: «aquí nos sentaremos juntos yo y mi pena».[212] Pero tan triste y lamentable situación, que debiera haberle servido para granjearse la piedad de todos, tan solo le valió para acumular más desprecio. Vincular el nombre de una persona atribulada a un proverbio burlón es perverso; mofarse de sus actos de piedad y devoción es rematar esa perversidad con vileza.

C. H. SPURGEON

Me vestí de saco, y les fue un motivo más de burla. En ningún pasaje leemos de alguna ocasión concreta en que Jesús vistiera de saco, aunque nada tendría de extraño que lo hiciera; pero lo más probable es que la frase se refiera a que hubo ocasiones en las que lloró y se entristeció profundamente,[213] como acostumbraban a hacer quienes se vestían de saco. Además, siendo que la indumentaria habitual de su precursor era un vestido de pelo de camello, y un cinto de cuero;[214] es muy probable que la suya fuera también bastante austera, adecuada a su condición, pues siendo rico por amor a nosotros se hizo pobre.[215]

Me convertí en proverbio para ellos. Una especie de mote o refrán; de modo que cuando veían a alguien vestido de saco o con una indumentaria particularmente miserable solían decir: «Mira, por ahí va un Jesús de Nazaret».

JOHN GILL [1697-1771]
"Exposition of the Old Testament", 1748

Me convertí en proverbio para ellos. Se dice de una persona que se ha convertido en proverbio, cuando se dan dos circunstancias:

1. Que su condición social es muy baja. Las lenguas burlonas se guardan bien de encaramarse al pedestal que ocupan los que están encumbrados; pero cuando el seto es bajo, todo el mundo se atreve a saltarlo por encima.

2. Que su condición es despreciada. Ser un proverbio lleva implícita la desventura. Cuando se habla mucho de una persona lo más probable es que se hable mal;[216] por tanto, quien se convierten en el foco de las habladurías de todos esta definitivamente perdido ... Las personas que sufren calamidades y padecen tribulaciones suelen convertirse fácilmente en tema de conversación general, y con frecuencia el tema es la desgracia. Es habitual que sean muchos quienes comenten grandes desgracias que pocos han vivido o experimentado. Y los grandes sufrimientos de algunos, especialmente si se trata de personajes públicos y famosos, se convierten en estribillos cantados por muchos, pues la poesía siempre juega su parte en las peores calamidades ... El Santo David experimento en sus momentos de angustia esta norma generalizada: *"Me vestí de saco, y les fue un motivo más de burla, me convertí en*

[212] Se trata de una cita de la obra la obra de WILLIAM SHAKESPEARE [1564-1616] *"The Life and Death of King John"*, 1598; Acto III, Escena I. Shakespeare pone estas palabras en boca de Constanza madre del rey Arturo.

[213] Lucas 19:41; Juan 11:33.35.

[214] Mateo 3:4

[215] 2 Corintios 8:9.

[216] Dice un viejo refrán: «Que hablen bien o hablen mal, lo importante es que hablen de mi». La frase se atribuye al pintor español SALVADOR DALÍ [1904-1989] pero al parecer es bastante más antigua en diferentes versiones. El sentido en este caso es que lo peor que puede suceder a una persona es ser ignorado. Pero en este caso, la conclusión a la que llega el autor es que se cuando se habla mucho de una persona, por regla general es siempre mal.

un proverbio". En el versículo siguiente nos cuenta con detalle quién hizo esto: *"Hablaban contra mí los que se sentaban a la puerta"*, es decir los grandes e importantes; *"y me zaherían en sus canciones los bebedores"*, es decir, la gente común.

Joseph Caryl [1602-1673]

"Sermon at Westminster at the Convention ordered by the Honorable House of Commons for the taking of the Covenant. Friday, October 6", 1643

Vers. 12. *Hablaban contra mí los que se sentaban a la puerta, y me zaherían en sus canciones los bebedores.* *[Hablaban contra mí los que se sentaban a la puerta, y me zaherían en sus canciones los bebedores.* RVR*] [Hablan de mí los que se sientan a la puerta, y soy la canción de los borrachos.* LBLA*] [Los que se sientan a la puerta murmuran de mí, y he venido a ser copla de borrachos.* BTX*] [Los que se sientan a la puerta murmuran contra mí; los borrachos me dedican parodias* NVI*] [Me critican los que se sientan en la plaza y también los bebedores en sus cantos.* BLP*] [Soy el blanco de los chismes de la ciudad, y todos los borrachos cantan de mí.* NTV*]*

Hablan de mí los que se sientan a la puerta. Los chismosos profesionales que solían concentrarse donde entraban y salían viajeros para conocer novedades e intercambiar habladurías, lo convirtieron en tema preferido de sus conversaciones; los mercaderes que acudían puntualmente para ofrecer su mercancía, dejaron de lado la venta para dedicarse a calumniarle; e incluso los mendigos que esperan allí sentados unas pocas monedas de los transeúntes, contribuyeron con su parte de insultos a reforzar la infamia.

Y soy la canción de los borrachos.[217] Los impíos no conciben burla más jocosa y divertida que la de vilipendiar el nombre de los santos. El sabor picante de la calumnia añade un toque de regocijo a la copa que apura el disoluto. Y los creyentes son tema preferencial para la sátira. Por ello las andanzas del Nazareno eran aperitivo ideal para acompañar bebidas fuertes; su peculiar carácter y ejemplar comportamiento estaba tan por encima de la capacidad de comprensión de los beodos y tan lejos de sus convicciones, que no es de extrañar que les parecieran ridículos, y por tanto, tema adecuado para corear con unas cuantas carcajadas sus jarras de vino. El famoso *Hudibrás,*[218] debe su éxito y popularidad mucho más al sarcasmo anti-religioso de sus estrofas que a su ingenio y calidad literaria. Desde épocas ancestrales hasta el día de hoy, la diversión preferida en las tabernas es burlarse del tabernáculo, y la silla predilecta de los escarnecedores[219] la barra de las cervecerías. ¡Que paradoja tan asombrosa de la divina condescendencia que Aquel a quién los ángeles adoran, se rebajara hasta el punto[220] de convertirse en tonadilla de los borrachos! ¡Y qué pecado tan descomunal que Aquel ante

---

[217] Kraus traduce: *"Hablan sobre mí los que se sientan a la puerta y las coplas de los borrachos."*. Schökel: *"sentados a la puerta cuchichean, mientras beben vino me sacan coplas"*. En su interpretación cristológica, este versículo enlaza con Mateo 26:57-75, es decir el Sanedrín por lo que hace a los magistrados que impartían justicia: *"los que se sentaban en la puerta"* (69:12a); y Mateo 27:27-31, los soldados y verdugos romanos, en lo que respecta a la segunda parte (69:12b).

[218] Se refiere a la obra literaria Hudibras, del poeta satírico inglés Samuel Butler [1612-1680], una parodia satírica sobre los calvinistas y puritanos, los *Covenanters,* los *Ironsides,* y demás grupos presbiterianos que participaron en la revolución liderada por Oliver Cromwell [1599-1658]. Publicado tras la restauración de la monarquía, su contenido es todo menos imparcial, puesto que Butler era un ferviente monárquico y hecha todo el agua a su molino.

[219] Salmo 1:2.

[220] Job 30:9; Filipenses 2:5-11.

quien los serafines se inclinan cubriendo sus rostros[221] fuera proverbio de escarnio entre los hombres más degenerados![222]

Refrán de peregrinos y caminantes,
burla de los gobernantes,
y estribillo en las coplas de borrachos.[223]

C. H. SPURGEON

Hablaban contra mí los que se sentaban a la puerta. Es decir, los jueces o gobernantes, según suele interpretarse por lo general, porque las puertas de las ciudades eran los lugares de la judicatura. Pero Hilario[224] lo interpreta como los mendigos que solían sentarse a mendigar en las puertas de las ciudades; lo cual parece una interpretación más probable, más de acuerdo con el contexto y estilo del salmista, y que cuadra mejor con la alusión a los borrachos en la cláusula siguiente.

SAMUEL BURDER [1773-1836]
"Oriental Customs or An illustration of the Sacred Scriptures", 1804

Y soy la canción de los borrachos. Andar en santidad se convierte en motivo de canción para el borracho, como fue en el caso de David; y comportarse de manera íntegra, es decir, estricta y rigurosa, también suele serlo. El mundo no tolera el ardor y lucidez de la conducta diferencial de algunos creyentes, porque se siente avergonzado por ella, y por tanto la afrentan y abochornan; como hacen los insensatos que maldicen al sol porque con sus rayos les quema y escalda. No es ninguna novedad: la simiente de la serpiente siempre ha perseguido a la simiente de la mujer;[225] *"el que había nacido según la carne perseguía al que había nacido según el Espíritu"*[226] dice el apóstol: *"así como entonces... así también ahora"*. Ismael se burló de Isaac,[227] ¿y acaso no sigue siendo así todavía? Por supuesto, y si no de una manera tan descarada como antes, es porque los tiempos y las costumbres han

[221] Isaías 6:2.
[222] Lamentaciones 3:14-15;
[223] En el original: *"The byword of the passing throng, The ruler's scoff, the drunkard's song"* Cita el texto del versículo en la versión métrica de RICHARD MANT [1776-1848] *"The Book of Psalms in an English Metrical Version: Founded on the Basis of the Authorized Bible Translation and compared with the Original Hebrew with Notes Critical and Ilustrative"*, 1824, basándose en las propuestas de RICHARD LOWTH [1776-1848] sobre la estructura de la poesía hebrea en el Antiguo Testamento.
[224] Se refiere a HILARIO DE POTIERS [315-367], Obispo, Padre y Doctor de la Iglesia conocido como «El Atanasio de Occidente», porque junto con Atanasio combatió ardientemente el arrianismo y participaron en las polémicas teológicas defendiendo la ortodoxia. San Jerónimo dice que era "un hombre de gran elocuencia; la trompeta de Dios contra los arrianos". Nacido en una familia pagana, poco después de su conversión, hacia el 353 ue nombrado obispo de Poitiers con la aprobación de todo el pueblo, pero tuvo que exilarse en Asia Menor debido a su rechazo de las tendencias arrianas que había en la Iglesia de las Galias (actual territorio de Francia). Durante el destierro, adquirió conocimientos de primera mano sobre la teología oriental. Después de cuatro años de destierro, volvió a su patria y "la Galia entera –dice San Jerónimo–, abrazó al héroe que volvía del combate victorioso y con la palma en la mano". Escribió un comentario a algunos Salmos conocido como *Tractatus super Psalmos.*
[225] Génesis 3:15.
[226] Gálatas 4:29.
[227] Génesis 21:9.

cambiado, no el corazón de los pecadores, los impíos siguen gritando de igual modo: *"¡Denunciadle, denunciémosle!"*.[228]

JOHN MURCOT [1625-1654]
"Several works of Mr John Murcot", 1657

Y soy la canción de los borrachos. Cuando los gobernantes y magistrados se avergüenzan de la verdadera fe y la desaprueban, esta se convierte en motivo de burla entre los villanos, tema de conversación en la mesa de los bribones, y causa de animado debate en las barras de los bares. El oprobio y vergüenza de la cruz[229] es la más penosa de todas las tribulaciones; fijémonos que en estos cuatro versículos esta es la cuarta vez que presenta ante Dios el mismo tema: *Soy la canción de los borrachos* –dice– después de quejarse de haber sido insultado, mofado, reprochado y convertido en un proverbio.

DAVID DICKSON [1583-1663]
"A Brief Explication of the Psalms from L to C", 1655

Y soy la canción de los borrachos El santo David se convierte en tema favorito de conversaciones exaltadas y cánticos eufóricos las tabernas, antros de profano regocijo en los que se da rienda suelta a las pasiones, y los hombres vociferan y rugen como animales. Al parecer tampoco los filisteos lograban animarse sin que Sansón les hiciera de bufón.[230] Como dijo Greenham:[231] «Da la impresión cual si los necios no supieran cómo divertirse a menos que se burlen y mofen de los caminos de Dios y de sus siervos». Y no es de extrañar, pues cuando lo hacen es cuando el diablo se encuentra más a gusto a su lado.

ANTHONY TUCKNEY [1599-1670]
"A Good Day Well Improved", 1654

Vers. 13. *Pero yo a ti oraba, oh Jehová, al tiempo de tu buena voluntad; oh Dios, por la abundancia de tu misericordia, por la verdad de tu salvación, escúchame.* *[Pero yo a ti oraba, oh Jehová, al tiempo de tu buena voluntad; oh Dios, por la abundancia de tu misericordia, por la verdad de tu salvación, escúchame.* RVR*] [Pero yo elevo a ti mi oración, oh Señor, en tiempo propicio; oh Dios, en la grandeza de tu misericordia, respóndeme con tu verdad salvadora.* LBLA*] [Pero yo elevo mi oración a Ti, oh YHVH, en el tiempo de tu buena voluntad; oh Elohim, por la abundancia de tu misericordia, respóndeme con la verdad de tu salvación.* BTX*] [Pero yo, Señor, te imploro en el tiempo de tu buena voluntad. Por tu gran amor, oh Dios, respóndeme; por tu fidelidad, sálvame.* NVI*] [Pero yo, Señor, te dirijo mi oración en el momento propicio. Oh Dios, por tu inmenso amor, respóndeme; por tu fidelidad, sálvame.* BLP*] [Pero sigo orando a ti, Señor, con la esperanza de que esta vez me muestres tu favor. En tu amor inagotable, oh Dios, responde a mi oración con tu salvación segura.* NTV*]*

Pero yo elevo a ti mi oración, oh Señor. Cuando las cosas se ponen difíciles, la reacción más natural de los piadosos es dirigirse al Señor en oración. ¿A quién recurre un niño sino a su padre?

[228] Jeremías 20:10.
[229] Hebreos 12:2. Ver también 1 Corintios 1:18, 23.
[230] Jueces 16:25.
[231] Se refiere a RICHARD GREENHAM [1531-1591], teólogo y escritor puritano y autor de comentarios a diversos salmos: *Greenham's Works,* London , 1612.

Delante de sus adversarios, Cristo enmudeció y no abrió su boca, como oveja delante de sus trasquiladores.[232] Pero la abrió para apelar al Señor su Dios, porque sabía él le escucharía y libraría.

En tiempo propicio. Ante los hombres era tiempo de rechazo,[233] pero para Dios era tiempo aceptable.[234] El pecado se impuso en la tierra, pero la gracia imperó en el cielo. Para cada uno de nosotros hay un tiempo aceptable establecido, y ¡ay de nosotros si lo desaprovechamos! El tiempo aceptable de Dios debe ser también el nuestro, o nos sucederá que una vez haya transcurrido buscaremos en vano la posibilidad de arrepentimiento. Las oraciones de nuestro Señor siempre estaban sincronizadas al tiempo oportuno, y eran siempre aceptadas y contestadas.

Oh Dios, por la abundancia de tu misericordia. Si aún Aquel que era perfecto en todo,[235] apeló a la rica misericordia de Dios, ¡cuánto más no debemos hacerlo nosotros! Ninguno de los atributos divinos se hace tan dulce a la miseria humana como el de la misericordia; y si nuestras penas se duplican, redunda en el mayor consuelo que la misericordia se cuadruplique. A veces nuestros enemigos son más que los cabellos de nuestra cabeza (69:4), tantos que se nos hace imposible contarlos; pero tampoco debemos olvidar que las misericordias de Dios son infinitas,[236] y que cada una de ellas es un arma poderosa en manos de la fe.

Por la verdad de tu salvación, escúchame.[237] La fidelidad de Jehová es otro recurso de apelación extraordinario. Su salvación no es una quimera, una burla, o algo transitorio y mutable; por tanto, le pide que la haga manifiesta para que todos los hombres constaten la fidelidad de su promesa. Aquí nuestro Señor nos da una lección magistral del sagrado arte de lidiar en oración planteando adecuadamente los argumentos en apoyo a nuestra causa; nos recuerda que la apelación a la propia naturaleza de Dios es un tesoro inconmensurable de razones poderosas a las que constantemente podemos recurrir en soporte de nuestras súplicas.

C. H. SPURGEON

Pero yo a ti oraba. En el texto hebreo la frase es muy explícita: וַאֲנִי תְפִלָּתִי־לְךָ *wa'ănî ṯəp̄illāṯî-ləḵā*, *"en cuanto a mí oraba a ti"*, es decir, pasando por alto todo cuanto los demás pudieran hacerme o decirme, mi única preocupación, la ocupación primordial en la que concentraba todo mi ser, era la de "orar a ti". En el Salmo 109 encontramos exactamente la misma frase: *"Mas yo oraba"*.[238] Esta era mi meta, mi único refugio, fi fuente exclusiva de ayuda y amparo.

HERMANN VENEMA [1697-1787]
"Commentarius ad Psalmos", 1762

En tiempo propicio. No todos los tiempos son iguales. No siempre somos admitidos por Dios al mismo ritmo y con la misma facilidad. Así como no somos constantemente reprendidos, tampoco cabe esperar que seamos constantemente mimados y bien recibidos. Puede suceder, por tanto, que llamemos una y otra vez, y no haya más respuesta que el silencio. Y a veces, prolongado; tan prolongado que nuestras rodillas adoloridas y nuestros ojos amarados de lágrimas nos aconsejan que lo mejor es abandonar; tan prolongado que nuestras expectativas se desmoronan y nuestros corazones quedan al borde de quebrarse en pedazos al comprobar que, aparentemente, nadie escucha ni atiende nuestras

[232] Isaías 53:7.
[233] Isaías 53:3; Jeremías 8:9; Hechos 2:36.
[234] Isaías 49:8; 2 Corintios 6:2.
[235] Efesios 4:13.
[236] Lamentaciones 3:22-23.
[237] DELITZSCH traduce: *"respóndeme con la verdad de tu salvación"*.
[238] Salmo 109:4.

súplicas. Debiéramos haber llamado con anterioridad, o dispuesto nuestra llegada en tiempo más propicio. David nos habla explícitamente y en repetidas ocasiones de un *"tiempo propicio"* para presentar nuestras oraciones. *"Si oyereis hoy su voz"*[239] dice el salmista; y el apóstol lo parafrasea añadiendo *"entre tanto que se dice: Hoy"*,[240] dejando claro que hay un día, o días, determinados de audiencia con Dios, en los cuales él, por así decirlo, se predispone a escucharnos y ayudarnos de una manera especial; un tiempo propicio y aceptable.[241] ¿Os preguntáis qué provoca este *"tiempo propicio"*? Dos cosas: Que Dios esté en disposición buena y propicia hacia nosotros, o nosotros en disposición buena y propicia hacia él. Siempre que nos acerquemos a él en cualquiera de estas dos circunstancias habremos acertado el momento propicio; y podemos tener plena seguridad ser aceptados.

MARK FRANK [1613-1664]

"Course of Sermons for all the Sundays and Festivals throughout the Year", 1672

Pero yo, Señor, te imploro en el tiempo de tu buena voluntad. Por tu gran amor, oh Dios, respóndeme; por tu fidelidad, sálvame

Cuanto más pesada la cruz, más sentida la oración;
las hierbas restregadas son las más fragantes.
Si el cielo y el viento le fueran siempre favorables,
el marinero nunca buscaría la estrella polar;
y los Salmos de David no existirían
si la pena nunca le hubiera oprimido el corazón.

BENJAMIN SCHMOLCK [1672-1737][242]

Vers. 14. *Sácame del lodo, y no sea yo sumergido; sea yo libertado de los que me aborrecen, y de lo profundo de las aguas.* *[Sácame del lodo, y no sea yo sumergido; sea yo libertado de los que me aborrecen, y de lo profundo de las aguas.* RVR*] [Sácame del cieno y no dejes que me hunda; sea yo librado de los que me odian, y de lo profundo de las aguas.* LBLA*] [Sácame del lodo, y no dejes que me hunda; sea yo libertado de los que me aborrecen, y de las profundidades de las aguas.* BTX*] [Sácame del fango; no permitas que me hunda. Líbrame de los que me odian, y de las aguas profundas.* NVI*] [Sácame del barro, que no me hunda; líbrame de mis enemigos y del seno de las aguas.* BLP*] [Rescátame del lodo, ¡no dejes que me hunda aún más! Sálvame de aquellos que me odian y sácame de estas aguas profundas.* NTV*]*

---

239 Salmo 95:7.

240 Hebreos 3:13.

241 Isaías 49:8; 2 Corintios 6:2.

242 Spurgeon cita aquí la cuarta estrofa de este himno del pastor luterano, teólogo y compositor alemán BENJAMIN SCHMOLCK [1672-1737], traducido y adaptado al inglés por el también escritor de himnos JAMES DRUMMOND BURNS [1823-1864], y que comienza en ingles diciendo: *"The heavier the cross, the nearer God; / No cross without, no God within!"*. El texto inglés en el original es el siguiente: *"Heavier the cross, the heartier prayer; / The bruised herbs most fragrant are. / If sky and wind were always fair, / The sailor would not watch the star; / And David's Psalms had never been sung / If grief his heart had never wrung"*.

Sácame del lodo y no dejes que me hunda.[243] Convierte aquí las palabras de su clamor (69:1-2) en oración; y buena cosa es, pues jamás deberíamos decir cuando nos quejamos nada que no estaríamos dispuestos a proferir en oración ante el Señor. No solo tenemos libre acceso a pedir el ser librados de las dificultades, sino también a suplicar el necesario soporte bajo nuestros pies para poder afrontarlas; y aquí se combinan ambas peticiones. ¡Pero qué extraño nos suena escuchar tal lenguaje en labios del Señor de la gloria!

Sea yo libertado de los que me aborrecen, y de lo profundo de las aguas.[244] Sí, pide liberación de ambas cosas: tanto de sus enemigos, como de las aflicciones que ellos le causaban. Dios puede ayudarnos en todo tipo de circunstancias y de maneras inimaginables; por tanto, nos es absolutamente lícito presentar ante él la más amplia variedad de súplicas y peticiones sin temor a excedernos en nuestros límites al pedir, y menos aún superar su capacidad para responder.

C. H. SPURGEON

Vers. 15. *No me anegue la corriente de las aguas, ni me trague el abismo, ni el pozo cierre sobre mí su boca.* *[No me anegue la corriente de las aguas, ni me trague el abismo, ni el pozo cierre sobre mí su boca.* RVR*] [No me cubra la corriente de las aguas, ni me trague el abismo, ni el pozo cierre sobre mí su boca.* LBLA*] [No me anegue la corriente de las aguas, ni me trague el abismo, ni la fosa cierre sobre mí su boca.* BTX*] [No dejes que me arrastre la corriente; no permitas que me trague el abismo, ni que el foso cierre sus fauces sobre mí.* NVI*] [Que no me arrastre la corriente, que no me trague el abismo, que no se cierre sobre mí el brocal del pozo.* BLP*] [No permitas que el torrente me cubra, ni que las aguas profundas me traguen, ni que el foso de la muerte me devore.* NTV*]*[245]

No me anegue la corriente de las aguas. Sigue recapitulando las expresiones y términos de su lamento. Afirma estar dispuesto a soportar el sufrimiento, pero suplica de la gracia que no permita que este le supere y logre sobre él la victoria. Y fue oído a causa de su temor reverente.[246]

Ni me trague el abismo. Así como Jonás volvió a la superficie, haz que yo me levante también del abismo de la aflicción. También en esto fue escuchado nuestro Señor, y lo seremos nosotros. Como el pez escupió a Jonás,[247] la muerte tendrá que vomitarnos y dejarnos libres.

Ni el pozo cierre sobre mí su boca.[248] Cuando antiguamente se hacia rodar sobre la fosa o pozo utilizado como mazmorra una enorme piedra, el desdichado prisionero quedaba sepultado y enterrado en vida, olvidado y aislado totalmente del mundo de los vivos, tal era el caso en los famosos *oubliettes*

[243] SCHÖKEL señala el paralelismo con Jeremías 38:6: *"Entonces tomaron ellos a Jeremías y lo hicieron echar en la cisterna de Malquías hijo de Hamelec, que estaba en el patio de la cárcel; y metieron a Jeremías con sogas. Y en la cisterna no había agua, sino cieno, y se hundió Jeremías en el cieno"*; y Lamentaciones 3:53-54: *"Ataron mi vida en cisterna, pusieron piedra sobre mí; aguas cubrieron mi cabeza; yo dije: Muerto soy. Invoqué tu nombre, oh Jehová, desde la cárcel profunda"*.

[244] SCHÖKEL traduce: *"de las aguas sin fondo"*.

[245] KRAUS traduce: *"¡No me arrastre la corriente de las aguas, no me trague la profundidad! ¡No cierre sobre mí el pozo sus fauces!* SCHÖKEL: *"Que no me arrastre la corriente, que no me trague el torbellino, que no se cierre la poza sobre mí"*.

[246] Hebreos 5:7.

[247] Jonás 2:10.

[248] FELIPE SCIO DE SAN MIGUEL [1738-1776] en su interpretación cristológica del Salmo ve en este pozo el sepulcro en que fue depositado el cuerpo de Cristo y en su boca la muerte. La idea es: sálvame mediante una gloriosa resurrección antes de que la muerte me retenga en el sepulcro.

de la Bastilla.[249] Lo que describe aquí el salmista es el cuadro perfecto del estado mental de un hombre enterrado vivo en el dolor y abandonado sin remedio; fue con respecto a esto que el siervo sufriente suplicó al Padre y fue escuchado. Tuvo que ser bautizado en agonía, pero no se ahogó en ella; la tumba lo encerró, pero antes de que alcanzara a cerrar sobre él sus fauces, hizo que su prisión saltara en pedazos. Se dice que la verdad habita en un pozo,[250] pero ciertamente debe ser un pozo abierto, porque se pasea con poder por todas partes; y así fue también con nuestro gran Sustituto en el pozo de la aflicción y la de muerte, del cual se levantó como triunfador sobre la muerte y el infierno.[251] Cuán apropiada resulta esta oración a muchos de nosotros. No merecemos otra cosa que ser arrastrados como por un diluvio hasta lo más hondo del abismo, ahogados en nuestros pecados, confinados al infierno; por tanto, debemos implorar por los méritos de nuestro Salvador que tales cosas no nos sucedan.

C. H. SPURGEON

No me anegue la corriente de las aguas, ni me trague el abismo, ni el pozo cierre sobre mí su boca. La fe en Dios confiere la esperanza de recibir ayuda; y esa esperanza en mitad de la angustia, es prácticamente como media liberación, antes que llegue la liberación completa. Aunque todavía sumergido, el salmista se ve ya con la cabeza por encima del agua, lo que evita que experimente el mismo nivel de miedo y angustia que cuando comenzó el Salmo.[252]

DAVID DICKSON [1583-1663]
"A Brief Explication of the Psalms from L to C", 1655

---

[249] OUBLIETTES era el nombre que se daba en Francia a un tipo de mazmorras utilizado entre los siglos XIV al XIX, accesibles únicamente a través de una entrada en el techo a gran altura, lo que sumado a las paredes completamente lisas hacía técnicamente imposible escapar o salir de ellas. Su nombre deriva de la palabra francesa *"oublie"*, "olvido", y podría traducirse por "lugares olvidados" en el sentido de que los arrojados a ellas quedaban allí confinados y olvidados por el resto de los mortales. En *"La Bastille"*, una fortaleza construida a partir de 1357 para defender París; transformada en prisión en 1417; y convertida por el rey Luis XIV en la más famosa prisión de Francia hasta ser tomada y arrasada por las multitudes revolucionarias enfervorecidas el 14 de Julio de 1789 y demolida por orden del las autoridades revolucionarias, había numerosas mazmorras de este tipo donde además de prisioneros políticos fueron recluidos también muchos protestantes hugonotes.

[250] Se trata de una alusión a las palabras atribuidas al filósofo griego DEMÓCRITO DE ABDERA [460-370 a. C.] afirmando que *«Nada sabemos con absoluta certeza, porque la verdad habita en el fondo de un pozo»*. Basándose en esta frase de Demócrito el pintor francés JEAN-LÉON GERÔME [1824-1904] pintó en 1896 un famoso cuadró al óleo con el lema «La Verdad saliendo de su pozo para avergonzar a la humanidad». Gerôme pintó a la verdad saliendo del pozo totalmente desnuda y con un látigo en la mano; ¿Por qué desnuda y con un látigo? Representa a la verdad desnuda porque no tiene nada que ocultar, la palabra griega *alétheia* (ἀλήθεια), que traducimos por verdad, significa en realidad "descubrimiento", "sin tapujos", compuesta del prefijo negativo *a-* "no" y *létheia-* "oculto", y por lo tanto, quiere decir desvelar o quitar los velos; y con un látigo en la mano para flagelar la mentira y ocultación. Dos años después, 1898, otro pintor francés, ÉDOUARD DEBAT-PONSAN [1847-1913] pinto otra obra de características muy similares que titulo: *Nec Mergitur,* (un lema tomado de la frase latina *"Fluctuat nec mergitur"* "Sacudida pero no hundida", que es el *motto* o lema de la ciudad de París) pero representando a la verdad semi-desnuda, que parcialmente cubierta con un velo se esfuerza para salir del pozo con una antorcha en la mano, pero un clérigo y un noble tratan con todas sus fuerzas de hundirla en el pozo de nuevo.

[251] Apocalipsis 1:18.

[252] AGUSTÍN DE HIPONA [354-430] hace de estas palabras la siguiente interpretación: «*"ni me trague el abismo, ni el pozo cierre sobre mí su boca"* ¿Qué significa esto? ¿Qué pide exactamente? Grande es el pozo del pecado y profundo el abismo de la maldad humana. El que cae en él se precipita sin remedio. Pero mientras

Ni el pozo cierre sobre mí su boca. De acuerdo con el deán Stanley,[253] el término hebreo בְּאֵר *bəʼêr,* se traduce indefectiblemente por pozo de agua en el sentido literal,[254] excepto en este y otros dos casos.[255] Cuando los pozos dejaban de manar agua y quedaban secos, se utilizaban como mazmorras y prisiones, sin preocuparse de limpiar el cieno que pudiera haber en el fondo. En el apéndice de su obra *"Sinai and Palestine",* nos aclara que «estos pozos tienen alrededor de su boca una parte elevada hecha de mampostería, y a menudo una piedra que cubre el orificio». Cuando eran utilizados como mazmorra, la acción de rodar esa piedra sobre la boca del pozo era conocida como *"el cierre de la boca"* del pozo, y era temible, porque en la mayoría de los casos significaba que el desdichado prisionero quedaba enterrado vivo.

C. H. SPURGEON

Vers. 16. ***Respóndeme, Jehová, porque benigna es tu misericordia; mírame conforme a la multitud de tus piedades.*** *[Respóndeme, Jehová, porque benigna es tu misericordia; mírame conforme a tu gran compasión.* RVR*] [Respóndeme, oh Señor, pues buena es tu misericordia; vuélvete a mí, conforme a tu inmensa compasión.* LBLA*] [Respóndeme, oh YHVH, porque tu misericordia es benigna, vuélvete a mí conforme a la multitud de tus misericordias.* BTX*] [Respóndeme, Señor, por tu bondad y tu amor; por tu gran compasión, vuélvete a mí.* NVI*] [Respóndeme, Señor, por la bondad de tu amor; por tu gran misericordia vuélvete hacia mí.* BLP*] [Contesta a mis oraciones, oh Señor, pues tu amor inagotable es maravilloso; cuida de mí, pues tu misericordia es muy abundante.* NTV*]*

Respóndeme, oh Señor. No rechaces a tu Hijo suplicante. A quien clama intensamente es a Jehová, el Dios del pacto, el Dios que vive para siempre.[256]

Por la bondad de tu amor. En base a la grandeza de tu amor benevolente, ten piedad de tus hijos afligidos. Para el alma angustiada siempre es un excelente recurso apoyarse en la preeminencia y excelencia de la misericordia del Señor. Agarrarse a esa vieja palabra sajona que utiliza aquí nuestra versión: *"lovingkindness",*[257] diseccionarla y sacarle cuanto jugo contiene, ha devuelto la alegría a muchísimas almas tristes. Pues se trata de una palabra que forma con los dos conceptos más dulces y

---

está aún en el proceso la caída, si cambia de actitud y confiesa a Dios sus pecados, como leemos en otro Salmo: *"Desde lo más profundo, oh Señor, he clamado a ti. ¡Señor, oye mi voz!"* (Salmo 130:1) evitará que el pozo cierre sobre él su boca».

[253] Se refiere a ARTHUR PENRHYN STANLEY [1815-1881] secretario de la comisión universitaria de la Universidad de Oxford, 1850, y canónigo de Canterbury, 1851. Apasionado viajero, después de un viaje a Tierra Santa escribió *"Sinai and Palestine In Connection with their History",* 1856.

[254] Génesis 29:2-3.

[255] Génesis 14:10; Salmo 55:23; Proverbios 23:27.

[256] Isaías 26:4; Jeremías 10:10.

[257] Se refiere a la versión inglesa KJV que traduce el hebreo עֲנֵנִי יְהוָה כִּי־טֹוב חַסְדֶּךָ *ʻănênî Yahweh kî-ṭōwḇ ḥasdeḵā* de חֶסֶד *checed,* un término hebreo que entraña un sentido de alusión al Pacto, por lo que la traducción literal sería: "conforme a lo establecido en el Pacto" o "conforme a lo pactado", al inglés como: *"Hear me, O Lord; for thy lovingkindness is good".* La traducción al español por "misericordia" pierde la fuerza del término inglés *"lovingkindness"* compuesto de dos palabras: *"love",* amor; y *"kindness",* amabilidad, bondad, ternura, y que no tiene un equivalente propio en español, pues la palabra "misericordia" que utilizan nuestra Reina-Valera y LBLA, no nos parece suficiente. En este caso la más acertada nos parece la BLP que traduce *"Por la bondad de tu amor".* Sugerimos al lector la lectura de los comentarios al Salmo 51:1; y de manera especial las notas a pie de página 18 a 22.

fragantes que se puedan concebir a la hora de infundir fortaleza en medio del desánimo, y hacer que los corazones desolados canten de alegría.[258]

Vuélvete a mí, conforme a tu inmensa compasión. Cuando el Señor guiña el ojo de su compasión y mueve la mano de su poder, el espíritu del sufriente revive. Lo verdaderamente insoportable es apurar la hiel de la amargura privados de la sonrisa consoladora de Dios; y en el caso de nuestro Señor el clímax de su dolor culminó con un *"lamá sabactani"*,[259] su grito más amargo clamando a un Dios ausente. Observemos sin embargo cómo pronto vuelve a disfrutar de la ternura divina, y mora de nuevo en la abundancia de sus misericordias: *"conforme a la multitud de tus piedades"*.[260]

C. H. SPURGEON

Vers. 17. ***No escondas de tu siervo tu rostro, porque estoy angustiado; apresúrate, óyeme.*** *[No escondas de tu siervo tu rostro, porque estoy angustiado; apresúrate, óyeme.* RVR*] [Y no escondas tu rostro de tu siervo, porque estoy en angustia; respóndeme pronto.* LBLA*] [No escondas tu rostro de tu esclavo, porque estoy en angustia, apresúrate a responderme.* BTX*] [No escondas tu rostro de este siervo tuyo; respóndeme pronto, que estoy angustiado.* NVI*] [No apartes tu rostro de tu siervo; estoy angustiado, respóndeme pronto.* BLP*] [No te escondas de tu siervo; contéstame rápido, ¡porque estoy en graves dificultades!.* NTV*]*

No escondas de tu siervo tu rostro. Un buen siervo desea y busca la luz del rostro de su amo constantemente; por tanto el *"servus servorum"*,[261] que era a la vez *"rex regum"*,[262] no podía soportar la ausencia de la presencia de su Dios; cuanto más amaba a su Padre, más severamente experimentaba el dolor del ocultamiento de su rostro.

Porque estoy angustiado. Detén tu viento recio en el día de tu viento solano;[263] no añadas aflicción sobre aflicción. Cuando está en angustia es cuando más necesita el ser humano la presencia

[258] El término inglés *"lovingkindness"* fue acuñado y utilizado por primera vez en ese idioma por el erudito obispo y filólogo inglés MYLES COVERDALE [1488-1569] en su traducción de la Biblia conocida como *"Coverdale Bible"* de 1535, como un equivalente en inglés para la palabra hebrea חֶסֶד *checed* que la versión griega Septuaginta traduce como ἔλεος y la Vulgata como *"misericordia"*, y que define una forma distinta de compasión basada en el amor de Dios y en el Pacto.

[259] Salmo 22:1.

[260] La versión inglesa KJV traduce: *"according to the multitude of thy tender mercies"*, aunque la mayoría de versiones españolas modernas traducen רַחֲמֶיךָ *raḥămeḵā* como "tu compasión".

[261] Expresión latina que significa "siervo de los siervos", basada en el pasaje evangélico de Mateo 20:25-28 y utilizada como título papal por los Papas de la Iglesia Católica Romana: *"Servus servorum Dei"* (Siervo de los siervos de Dios) desde la época de GREGORIO I MAGNO [574-580], que fue el primero en utilizarlo como aparente lección de humildad a Juan el Ayunador, que en su calidad de Patriarca de Constantinopla JUAN IV [582-595] se había otorgado el pomposo título de "Patriarca Ecuménico". Sigue utilizándose debajo del nombre del Papa en bulas y otros escritos papales hasta el día de hoy. Spurgeon lo aplica aquí a Cristo, el Siervo sufriente, como el único que propiamente lo merece.

[262] Expresión latina que significa "Rey de reyes". Ver al respecto Daniel 2:37 en el texto de la Vulgata: *"tu rex regum es et Deus caeli regnum"*; "eres rey de reyes; porque el Dios del cielo te ha dado reino".

[263] En el original: *"Stay thy rough wind in the day of thine east wind"*. Se trata de una alusión al texto de Isaías 27:8, un texto difícil debido a que la Septuaginta y la Vulgata se distancian sensiblemente del texto hebreo masorético. La versión inglesa KJV lo traduce como: *"he stayeth his rough wind in the day of the east wind"*; y la RVA (1909) traduce: *"Él reprime su recio viento en el día del aire solano"*, ambas más apegadas al sentido literal del texto hebreo masorético que dice: הָגָה בְּרוּחוֹ הַקָּשָׁה בְּיוֹם קָדִים *hāḡāh bərūḥōw*

reconfortante de Dios; la angustia es motivo predilecto para invocar a un Dios misericordioso que jamás nos abandonará. Oremos para que nuestra huida no tenga lugar en invierno,[264] y Dios no añada la deserción espiritual a todas nuestras demás tribulaciones.

Apresúrate, óyeme. La situación era urgente, desesperada; y todo retraso extremadamente peligroso, por no decir mortal. Nuestro Señor era un dechado de paciencia, y, a pesar de ello, clama pidiendo misericordia con premura; lo que nos otorga a nosotros la libertad de hacer lo mismo, siempre y cuando antepongamos un: *"no se haga mi voluntad, sino la tuya"*.[265]

C. H. Spurgeon

No escondas de tu siervo tu rostro, porque estoy angustiado. Un siervo recto y aprobado,[266] aunque padezca por la causa de Dios y eche de menos el consuelo divino, con todo, no duda de su Maestro ni desespera al faltarle su favor.

David Dickson [1583-1663]
"A Brief Explication of the Psalms from L to C", 1655

No escondas de tu siervo tu rostro. El sentido correcto del verbo hebreo תַּסְתֵּר *tastêr* de סָתַר *sathar,* que la mayoría de versiones traducen simplemente como *"escondas"*, pero que en el contexto significa ocultar o cubrir el rostro detrás de un velo (ver su uso en Éxodo 3:6) aporta a la frase toda su coherencia: *"no escondas de tu siervo tu rostro <u>detrás de un velo</u>"*. Sobre esto contamos con referencias históricas de reyes y emperadores que tan solo se comunicaban con los demás desde detrás de un velo, y únicamente su primer ministro, la persona de mayor confianza, tenia acceso directo a ellos cara a cara.[267] En el Salmo 31 leemos: *"En lo secreto de tu presencia los esconderás de la conspiración del hombre; los pondrás en un tabernáculo a cubierto de contención de lenguas"*.[268] El rostro de Dios equivale a su majestad, implica su presencia favorable y benevolente; el *siervo* de Dios es su ministro, y como tal disfruta de acceso libre e íntimo a él;[269] *ocultarle el rostro detrás de un velo* equivale a privarle de ese acceso directo a su presencia; y por supuesto, corresponde al siervo de Dios como tal un trato muy distinto.

Hermann Venema [1697-1787]
"Commentarius ad Psalmos", 1762

No escondas de tu siervo tu rostro, porque estoy angustiado. No escondas tu rostro, dice, *"de tu siervo"*; lo que equivale a decir: *"de mí"*, pues yo soy: *"tu siervo"*. Corresponde al Señor, en su propio beneficio, cuidar de sus siervos si están en peligro; y en este caso el salmista afirma *"estoy angustiado"*; y en el versículo siguiente (69:18) añade que su vida está en peligro.

Wolfgang Musculus [1497-1563]
"In Sacrosanctum Davidis Psalterium Commentarii", 1573

---

haqqāšāh bəyōwm qāḏîm de הָגָה *hagah,* cuyo significado es claramente el de suspender, quitar, detener, suprimir.

[264] Mateo 24:20.

[265] Lucas 22:42.

[266] 2 Timoteo 2:15.

[267] Tal era el caso de algunos de los antiguos emperadores de China y Japón.

[268] Salmo 31:20.

[269] 2 Corintios 3:18.

Vers. 18. ***Acércate a mi alma, redímela; líbrame a causa de mis enemigos.*** *[Acércate a mi alma, rescátala; líbrame a causa de mis enemigos.* RVR*] [Acércate a mi alma y redímela; por causa de mis enemigos, rescátame.* LBLA*] [¡Acércate a mi alma y redímela! ¡Rescátame por causa de mis enemigos!* BTX*] [Ven a mi lado, y rescátame redímeme, por causa de mis enemigos.* NVI*] [Acércate a mí y redímeme, rescátame porque tengo enemigos.* BLP*] [Ven y rescátame, líbrame de mis enemigos.* NTV*]*

Acércate a mi alma.[270] Todo cuanto necesita el que sufre es sentir que su Dios se halla cerca; una sonrisa del cielo sofoca toda la furia del infierno.

Redímela. Si haces acto de presencia para consolarme, será para mí redención. Una oración profundamente espiritual y muy adecuada para toda alma solitaria y desolada. Es en la recuperación de nuestra comunión con Dios que hallaremos la redención realizada.

Líbrame a causa de mis enemigos. Para que no blasfemen tu nombre, y se jacten de que no puedes rescatar a los que en ti confían. Condescendiendo a utilizar tales súplicas, Jesús cumple la petición de sus discípulos cuando le dijeron: *"Señor, enséñanos a orar"*.[271] Tenemos aquí una triste recapitulación de las aflicciones con una referencia directa y particular a las personas implicadas en infligirla.

C. H. SPURGEON

Vers. 19. ***Tú sabes mi afrenta, mi confusión y mi oprobio; delante de ti están todos mis adversarios.*** *[Tú sabes mi afrenta, mi confusión y mi oprobio; delante de ti están todos mis adversarios.* RVR*] [Tú conoces mi afrenta, mi vergüenza y mi ignominia; todos mis adversarios están delante de ti.* LBLA*] [Tú conoces mi afrenta, mi confusión y mi oprobio, delante de Ti están todos mis adversarios.* BTX*] [Tú bien sabes cómo me insultan, me avergüenzan y denigran; sabes quiénes son mis adversarios.* NVI*] [Tú conoces mi humillación, mi vergüenza y mi deshonra; todos mis rivales te son conocidos.* BLP*] [Tú conoces mi vergüenza, mi desprecio y mi deshonra; ves todo lo que hacen mis enemigos.* NTV*]*

Tú bien sabes cómo me afrentan, me avergüenzan y denigran. No se trata de una novedad o primicia, sino de algo habitual que ha sucedido de continuo; tú, oh Dios, lo has visto y lo sabes bien; y ver como los inocentes padecen es una garantía de ayuda de tu parte. Encontramos aquí tres palabras que se acumulan en su intento de expresar el sentimiento lacerante del Redentor respecto al desprecio vertido sobre su persona: *afrentan, avergüenzan y denigran;* y que revelan con absoluta certeza que ninguna de las formas maliciosas de que fue víctima le pasaron desapercibidas.

Delante de ti están todos mis adversarios. Toda la cohorte obscena y escandalosa está ahora desplegada delante de tus ojos: Judas y su traición; Herodes y su astucia; Caifás y su corrupto sanedrín; Pilato y su vacilación: judíos, sacerdotes, pueblo llano, gobernantes; todos están ahí; tú los ves y juzgas.

C. H. SPURGEON

---

[270] KRAUS traduce: *"Ven a mi encuentro"*. SCHÖKEL: *"Acércate a mí"*. DELITZSCH: *"Acércate a mi alma"*.
[271] Lucas 11:1.

Tú conoces mi afrenta, mi vergüenza y mi ignominia.[272] Saber que Dios toma nota de las afrentas y reproches de que somos objeto es de mucho consuelo. Este era el consuelo del salmista. Si eventualmente somos objeto de oprobio, deshonra y aflicción por causa de nuestros amigos, ¿no es de esperar que en cuanto tengan constancia de ello busquen la manera de consolarnos? Cristo conoce todos tus padecimientos por su causa, los tuyos y los de cada creyente; no digas, por tanto: ¡estoy solo! ¡me siento abandonado! Porque Cristo toma nota de todos y cada uno de tus sufrimientos mejor incluso de como tu mismo serías capaz de hacerlo.

JEREMIAH BURROUGHS [1599-1646]
"The Saint's Inheritance and the Worldling's Portion", 1657

Vers. 20. ***El escarnio ha quebrantado mi corazón, y estoy acongojado. esperé quien se compadeciese de mí, y no lo hubo; y consoladores, y ninguno hallé.*** *[El escarnio ha quebrantado mi corazón, y estoy acongojado. esperé quien se compadeciese de mí, y no lo hubo; y consoladores, y ninguno hallé.* RVR*] [La afrenta ha quebrantado mi corazón, y estoy enfermo; esperé compasión, pero no la hubo; busqué consoladores, pero no los hallé.* LBLA*] [El oprobio ha quebrantado mi corazón, y estoy acongojado, esperé compasión, y no la hubo, y consoladores, pero ninguno hallé.* BTX*] [Los insultos me han destrozado el corazón; para mí ya no hay remedio. Busqué compasión, y no la hubo; busqué consuelo, y no lo hallé.* NVI*] [El insulto ha roto mi corazón y no tiene cura alguna; esperé consuelo pero no lo tuve, no encontré quien me confortara.* BLP*] [Sus insultos me han destrozado el corazón, y estoy desesperado. Si al menos una persona me tuviera compasión; si tan solo alguien volviera y me consolara.* NTV*]*[273]

El escarnio ha quebrantado mi corazón. No hay mazo más pesado que el escarnio ni martillo que lo iguale. Nuestro Señor murió a causa de un corazón quebrantado, la afrenta hizo bien su trabajo. La calumnia provoca un sufrimiento mental intenso; y en el caso de la conciencia inmaculada y naturaleza sensible del Hijo del Hombre, bastó para lacerar su corazón hasta hacerlo saltar en pedazos: «¡Entonces estalló su poderoso corazón!».[274]

---

[272] En hebreo אַתָּה יָדַעְתָּ חֶרְפָּתִי וּבָשְׁתִּי וּכְלִמָּתִי *attāh yāḏa'tā ḥerpāṯî ūḇāšətî ūḵəlimmāṯî*. Dice al respecto FRANZ DELITZSCH [1813-1890]: «La acumulación de sinónimos en un mismo versículo: *"afrenta, vergüenza, ignominia"* es típica de Jeremías: ver Jeremías 13:14; 21:5, 7; 32;37».

[273] KRAUS traduce: *"El oprobio quebranta mi corazón, desesperada es mi deshonra y desgracia! ¡Esperé compasión inútilmente! ¡Consoladores, pero no los encontré!"*. SCHÖKEL: *"La afrenta me destroza el corazón y desfallezco. Espero compasión y no la hay, consoladores, y no los encuentro"*. DELITZSCH: *"El reproche me ha roto el corazón, y he enfermado hasta la muerte. Anhelé compasión, pero en vano; y esperé por consoladores, pero no encontré ni uno"*.

[274] Spurgeon cita aquí las palabras que WILLIAM SHAKESPEARE [1564-1616] pone en su tragedia "Julio Cesar", 1623, *Acto III, Escena II,* en boca de Marco Antonio dirigiéndose a un grupo de ciudadanos de Roma ante el cadáver del emperador vilmente asesinado: «¡Si tenéis lágrimas, disponeos ahora a verterlas! ¡Todos conocéis este manto! Recuerdo cuando César lo estrenó. Era una tarde de estío, en su tienda, el día que venció a los de Nervi. ¡Mirad: por aquí penetró el puñal de Casio! ¡Ved qué brecha abrió el implacable Casca! ¡Por esta otra le hirió su muy amado Bruto! ¡Y al retirar su maldecido acero, observad cómo la sangre de César parece haberse lanzado en pos de él, como para asegurarse de si era o no Bruto el que tan inhumanamente abría la puerta! ¡Porque Bruto, como sabéis, era el ángel de César! ¡Juzgad, oh dioses, con qué ternura le amaba César! ¡Ése fue el golpe más cruel de todos, pues cuando el noble César vio que él también le hería, la ingratitud, más potente que los brazos de los traidores, le anonadó completamente! ***¡Entonces estalló su poderoso corazón,*** y, cubriéndose el rostro con el manto, el gran César cayó a los pies

Y estoy acongojado.[275] La calumnia y el insulto lo doblaron hasta el polvo; y su corazón enfermo. La congoja de nuestro Señor en el huerto la describen los cuatro evangelistas en términos categóricos y tajantes, y cada expresión que utilizan viene a demostrar que la agonía fue terrible; estaba de aflicción a rebosar cual vaso lleno hasta el borde.

Esperé quien se compadeciese de mí,[276] *y no lo hubo.* «Abandonado en sus momentos de mayor necesidad por aquellos a quienes su anterior generosidad alimentó».[277] Ni uno solo hubo dispuesto a decirle una palabra bondadosa o derramar con él una lágrima de empatía. Entre diez mil enemigos no hubo quien se sintiese movido a compasión por el espectáculo de su miseria; ni con un corazón capaz de generar sentimientos humanitarios hacia él.

Y consoladores, y ninguno hallé.[278] Priorizando su propia seguridad, sus fieles y seres más queridos, dejaron a su Señor solo.[279] La persona enferma necesita consoladores, y el perseguido precisa de empatía; pero nuestro Salvador y Seguridad bendita, no tuvo aquella noche oscura y dolorosa, cuando los poderes de las tinieblas disfrutaron de su momento, ni una cosa ni otra. Para un espíritu sensible como el de nuestro Señor, la punzada de verse abandonado por amados y amigos íntimos fue una punzada particularmente dolorosa, que despertó en el un anhelo de fidelidad y simpatía auténtica, algo que se refleja claramente en la escena de Getsemaní:

Tres veces se levantó a despertarlos ansioso
cual si buscara ayuda o compasión humana,
o deseara al menos su empatía y condolencia,
que era cuanto podían aportar... a su alma torturada.

Pero por más que buscó, no encontró a nadie;
nuestro Capitán se batió en el campo solo.

de la estatua de Pompeyo, que se inundó de sangre! ¡Oh, qué caída, compatriotas! ¡En aquel momento, yo, y vosotros y todos ; caímos, y la traición sangrienta triunfó sobre nosotros! ¡Oh, ahora lloráis y percibo sentir en vosotros la impresión de la piedad! ¡Esas lágrimas son generosas! ¡Almas compasivas! ¿Por qué lloráis, cuando aún no habéis visto más que la desgarrada vestidura de César? ¡Mirad aquí! ¡Aquí está él mismo, acribillado, como veis, por los traidores!».

275 En hebreo una sola expresión: וַאֲנוּשָׁה *wā'ānūšāh* de נוּשׁ *nush,* enfermo. Solo aparece en Salmo 69:20.

276 JOHN JAMES STEWART PEROWNE [1823-1904] indica que este es el único lugar en el Salterio donde aparece en sintagma hebreo לָנוּד *lānūḏ* que la mayoría de nuestras versiones traducen como *"compasión"*. De hecho solo ocurre en el A.T. dos veces más: Job 2:11 y Proverbios 26:2. Y nos explica que no se trata en realidad de un sustantivo sino de un verbo נוד *nud,* en infinitivo. Nos explica que más que *"compasión"*, el sentido es el de "alguien que se lamentara conmigo" o "que se uniera a mi lamento" (Lamentaciones 1:12, 18); es decir, lo que actualmente expresamos por medio del vocablo "empatía", sentir como el otro siente, y que tanto es aplicable al gozo como a la tristeza. Ver: Job 42:11; Jeremías 15:5; 16:5; 48:17.

277 Se trata de una cita del poeta inglés JOHN DRYDEN [1631-1700] *"Alexander's Feast, or the Power of Music"*, 1697, posteriormente convertida en obra musical por GEORG FRIEDRICH HÄNDEL [1685-1759] y estrenada en el *Covent Garden Theatre* de Londres el 19 de febrero de 1736. Cita las líneas 15/16 de la cuarta estrofa: *"Deserted, at his utmost need / By those his former bounty fed"*.

278 FELIPE SCIO DE SAN MIGUEL [1738-1776] en su interpretación cristológica del Salmo ve en estas palabras una profecía de la deserción de los discípulos, según la hallamos relatada en Mateo 26:31, 40; Juan 16:32.

279 Juan 6:66-67.

Pues tan pronto como el Jefe entró en combate,
los soldados huyeron en desbandada.[280]

C. H. SPURGEON

El escarnio ha quebrantado mi corazón. Es sabido y aceptado que las tensiones y emociones que soporta la mente afectan el corazón y repercuten en el mismo en forma de palpitaciones, desmayos, etc. Y que cuando estas tensiones alcanzan un nivel abrumador, pueden incluso causar ocasionalmente lesiones físicas fatales; algo aceptado por la mayoría de autoridades médicas que han escrito sobre este órgano de nuestro cuerpo. Nuestros poetas aluden a ello como un hecho establecido:

El dolor que no sale por la boca,
susurrará en tu corazón
hasta hacerlo saltar en pedazos.[281]

Asumiendo, pues, como plausible que un corazón humano puede llegar a romperse por la agonía mental acumulada que se vea obligado a soportar, podemos argumentar, *a priori,* que el de nuestro Redentor, durante esas horas oscuras y espantosas en la cruz cuando *"hecho maldición por nosotros"*,[282] *"llevó nuestras enfermedades, y sufrió nuestros dolores"*;[283] cuando padeció por causa del pecado la maldición de Dios y de los hombres, cargado de angustia y *"afligido hasta la muerte"*,[284] debió estallar literalmente en pedazos. Hay argumentos tanto teológicos como médicos a favor de que Cristo murió, en realidad, de un corazón roto o destrozado. Y si muchas de las profecías y minuciosas predicciones del Salmo 22 y el Salmo 69, relativas a las circunstancias relacionadas con la muerte de Cristo, las consideramos en justicia como verdaderas en su sentido literal, como cuando afirma: *"Horadaron mis manos y mis pies"*;[285] *"sobre mi ropa echaron suertes"*;[286] etc., ¿por qué nos empeñamos en considerar como meramente simbólicas y metafóricas, y no también literales y verdaderas, otras

---

[280] Spurgeon cita aquí las estrofas 8 y 9 de un extenso himno de 14 estrofas sobre el drama de Getsemaní, escrito por JOSEPH HART [1612-1768], pastor presbiteriano en Londres y que comienza diciendo *"Come, all ye chosen saints of God / That long to feel the cleansing blood, / In pensive pleasure join with me, / To sing of sad Gethsemane"*. Las estrofas citadas dicen: *"Backwards and forwards thrice he ran, / As if he sought some help from man; / Or wished at least they would condole / ('Twas all they could) his tortured soul. / Whate'er he sought for, there was none; / Our Captain fought the field alone; Soon as the chief to battle led, / That moment every soldier fled"*. Y el himno concluye diciendo: *"In Eden's garden, there was food / Of every kind for man, while good; / But banished thence, we fly to thee, / O Garden of Gethsemane"*.

[281] Palabras que pone WILLIAM SHAKESPEARE [1564-1616] en boca de Malcom dirigiéndose a Macduff en su obra trágica: *Macbeth,* Acto IV, Escena III. El texto original de Shakespeare (completo) es el siguiente: *"What, man! Ne'er pull your hat upon your brows. / Give sorrow words. The grief that does not speak / Whispers the o'erfraught heart and bids it break"*.

[282] Gálatas 3:13.

[283] Isaías 53:4.

[284] Mateo 26:38; Marcos 14:34; Juan 12:27.

[285] Salmo 22:16.

[286] Salmo 22:18.

afirmaciones que encontramos en esos mismos salmos, como: *"Mi corazón fue como cera, derritiéndose en medio de mis entrañas"*;[287] o *"el escarnio ha quebrantado mi corazón"* (69:18).

SIR JAMES YOUNG SIMPSON [1811-1870]
en colaboración en la obra del médico WILLIAM STROUD [1798-1858]
"Treatise on the Physical Cause of the Death of Christ", 1846

Esperé quien se compadeciese de mí, y no lo hubo. Incluso en circunstancias normales anhelamos la simpatía de otros. Sin ella, nuestro corazón se contrae y se cierra cual flor en una atmósfera adversa; pero se abre de nuevo cuando respira aires de sinceridad y escenas de amor. Y esto se agranda de manera exponencial cuando atravesamos dificultades, haciendo la necesidad de simpatía todavía más apremiante. Para un corazón angustiado, sentirse solo, implica un dolor por encima de lo que la naturaleza puede soportar. En tales circunstancias, una simple mirada de simpatía es más apreciada y de mayor ayuda que un legado de riquezas incalculables; la caricia amorosa de alguien que se apiada de nosotros, aunque sea de un niño, o una escueta palabra amable de algún amigo cercano, nos lleva a recobrar ánimo recuperando una vida que parecía ya casi en las garras de la muerte.

CHARLES STANFORD [1823-1886]
"Central Truths", 1859

Vers. 21. *Me pusieron además hiel por comida, y en mi sed me dieron a beber vinagre.* *[Me pusieron veneno por comida, y en mi sed me dieron a beber vinagre.* RVR*] [Y por comida me dieron hiel, y para mi sed me dieron a beber vinagre.* LBLA*] [Me pusieron además hiel por comida, y en mi sed me dieron a beber vinagre.* BTX*] [En mi comida pusieron hiel; para calmar mi sed me dieron vinagre.* NVI*] [Pusieron veneno en mi comida y apagaron mi sed con vinagre.* BLP*] [En cambio, de comida, me dan veneno y me ofrecen vino agrio para la sed.* NTV*]*[288]

Me pusieron hiel[289] *por comida.* Este fue el único refrigerio que la crueldad le había dispuesto. Muchos hay que hacen de la comida su deleite, pero en su caso el paladar vino a ser un elemento adicional de dolor y amargura.

Y para mi sed me dieron a beber vinagre. Al Señor inocente le ofrecieron el trago que daban a los criminales, al dulce Maestro moribundo una poción amarga. Triste agasajo el hecho por la tierra a su Rey y Salvador. Pero, ¿acaso nuestros pecados no contribuyen también con frecuencia a llenar la copa de hiel de nuestro Redentor? ¡No tratemos irónicamente de exculparnos nosotros acusando a los judíos!

---

[287] Salmo 22:14.

[288] En hebreo וַיִּתְּנוּ בְּבָרוּתִי רֹאשׁ וְלִצְמָאִי יַשְׁקוּנִי חֹמֶץ *wayyittənū bəḇārūṯî rōš wəliṣmā'î yašqūnî ḥōmeṣ*. KRAUS traduce: *"Me dieron veneno como alimento y vinagre como bebida para mi sed"*. SCHÖKEL: *"Me echaron veneno en la comida y en mi sed me dieron vinagre"*.

[289] El vocablo hebreo רֹאשׁ *rōš* de ראשׁ *rosh,* significa extracto o jugo de una planta amarga y venenosa, según se desprende de su uso en Oseas 10:4 y Amós 6:12. El rabino ABRAHAM COHEN [1887-1957], citado por FRANCISCO LACUEVA [1922-2005] en su versión española del "Comentario de Matthew Henry", indica que se trata de lenguaje figurado, y por tanto la frase completa hay que entenderla como una frase hecha para indicar la manera infame de agravar el dolor de alguien, como cuando en español decimos "echarle sal a la herida".

A partir de este versículo, si hemos de aceptar la traducción del Salmo que hace nuestra versión, David y nuestro Señor se distancian en su proceder y siguen derroteros distintos: en tanto que David aferrándose al espíritu duro y severo de la ley exhala imprecaciones, el corazón tierno de Jesús ofrece oraciones por sus asesinos.[290] Aunque también es cierto que estos versículos (69:22-28), pueden considerarse en su conjunto como predicciones proféticas, y vistos de ese modo, sí aplican ciertamente a nuestro Señor, pues encontramos de los mismos porciones citadas en este sentido por el apóstol Pablo: *"Conviértase su mesa en trampa y en red, en tropezadero y en retribución; Sean oscurecidos sus ojos para que no vean, y agóbieles la espalda para siempre"*[291] (69:22-23); y por el propio Jesús: *"He aquí que vuestra casa os es dejada desierta"*[292] (69:25).

C. H. SPURGEON

Me pusieron además hiel por comida, y en mi sed me dieron a beber vinagre. Tales son los consuelos que suele administrar el mundo al alma afligida y desolada.

GEORGE HORNE [1730-1792]
"A Commentary on the Psalms in which Their Literal Or Historical Sense, as They Relate to King David, is Illustrated", 1825

Me pusieron además hiel por comida, y en mi sed me dieron a beber vinagre.[293] El salmista menciona ambas cosas: la hiel y el vinagre, en un intento de destacar las formas más desagradables de comida y bebida. La pasión de nuestro Señor fue dispuesta y manejada por la providencia divina para que se ajustara a lo expresado en este versículo. Los romanos tenían por costumbre dar un vino avinagrado con una dosis de mirra a los ajusticiados en la cruz con el propósito de amortiguar en algo el intenso dolor; y en el caso de nuestro Salvador esta práctica, que no era un proceder cruel sino todo lo contrario, y que formaba parte del ritual propio de ese dilatado proceso de ejecución, fue respetada; por tanto, en lo que respecta a la soldadesca romana puede calificarse como un acto de bondad; y así lo refleja en evangelista Marcos que escribía para los romanos.[294] Pero ante los ojos de los judíos, dar hiel y vinagre a quien estaba ya abrumado de angustia era visto como una vejación adicional; por ello Mateo, que escribía para los judíos, lo presenta como una verificación de este pasaje del Salmo 69.[295] Con ello no contradice en absoluto el relato de Marcos; simplemente indica que el vino y la mirra ofrecidos habitualmente a los crucificados, debían en este caso ser considerados equivalentes a la hiel y al vinagre predichos en el Salmo 69 . Y además, para asegurarse que la coincidencia quedara clara y no pasara por alto, el propio Señor, antes de morir, se quejó de sed y le dieron a beber vinagre.[296]

JOSEPH ADDISON ALEXANDER [1809-1860]
"The Psalms Translated and Explained", 1850

[290] Lucas 23:34.
[291] Romanos 11:9-10.
[292] Mateo 23:38.
[293] Dice FRANZ DELITZSCH [1813-1890]: *"Hiel por comida" y "vinagre por bebida"* es otra expresión típica de Jeremías. Ver Jeremías 8:14; 9:15; 23:15.
[294] Marcos 15:23.
[295] Mateo 27:34.
[296] Juan 19:28-29.

Me pusieron además hiel por comida. Puesto que el pecado comenzó en el paladar, al comer y degustar el fruto prohibido, violando con ello la obediencia debida a Dios;[297] quiso el Redentor de los pecadores al ser obediente hasta la muerte en la cruz cumplir la profecía en todos y cada uno de sus detalles, y por tanto, entregó su vida con el sabor amargo en su boca de la hiel y el vinagre. De ese modo nosotros, al considerar nuestra perdición en su origen y naturaleza y nuestra redención en su desenlace final, podemos sentirnos perfectamente redimidos y completamente sanados en todos los aspectos.

Fray Thomé de Jesus298 [1529-1582]
"Trabalhos de Jesus", 1606
citado por Spurgeon en su edición inglesa titulada *"The Sufferings of Jesus"*, 1869

Y en mi sed me dieron a beber vinagre. Siendo que los comentaristas señalan con frecuencia la cualidad refrescante del vinagre oriental, no voy a repetir sus observaciones; antes bien quiero preguntarme por qué razón se queja, por tanto, el salmista proféticamente de que cuando experimentó esa sed letal que en otro salmo describe en términos tan explícitos como: *"Y mi lengua se pegó a mi paladar"*,[299] le dieran a beber vinagre. ¿Acaso no era una bebida refrescante? La cualidad refrescante del vinagre no cabe ponerla en duda; pero sí matizar que además de la hiel que menciona el salmista, y que no debemos olvidar, el vinagre, que no era lo que nosotros entendemos por vinagre sino más bien vino picado o avinagrado mezclado con agua, y conocido como *posca,* aunque de por sí refrescante, era una bebida considerada de baja estofa, utilizada por las clases más bajas y marginadas. Cuando a un ciudadano de clase alta le ofrecían *posca* como bebida para apagar su sed, brebaje propio de un esclavo o de un desdichado prisionero, tenía razones para sentirse extremadamente ofendido y quejarse por el ultraje particularmente deshonroso y amargo. Los vinos dulces eran altamente valorados, como dan a entender los antiguos traductores orientales de la Septuaginta,[300] que traducen el pasaje que nuestra versión leemos como: *"y vino real en abundancia, conforme a la liberalidad del rey"*, por: *"abundante vino dulce, como el que el propio rey solía beber"*.[301] Quizá fuera con esto en mente que los soldados ofrecieron a nuestro Señor *posca* (vino picado o avinagrado que se

[297] Génesis 3:6.

[298] Fray Thomé de Jesús o Frei Tomé de Jesu [1529-1582] fue un monje eremita de la orden de los *Agustinos Recoletos.* En 1578 mientras viajaba a África fue hecho cautivo por los corsarios bereberes y llevado a Alcazarquivir, donde permaneció prisionero hasta su muerte en 1582/1583. Allí escribió esta famosa obra místico-devocional: *"Trabalhos de Jesus"*, que resultó ser un éxito editorial y se tradujo a numerosos idiomas.

[299] Salmo 22:15.

[300] Se refiere a la llamada Biblia de los Setenta (LXX), también conocida como Septuaginta, o Versión Alejandrina. El nombre de Septuaginta se debe a que solía redondearse a 70 el número total de sus 72 traductores, según cuenta la tradición. Es la principal versión en idioma griego por su antigüedad y autoridad. Su redacción se inició en el siglo III a.C. (c. 250 a.C.) y se concluyó a finales del siglo II a.C. (c. 150 a.C). Se cree que fue hecha para los judíos que hablaban griego, pues en esa época eran bastante numerosos en Alejandría, aunque la orden provino del rey Ptolomeo II Philadelfo [284-246 a.C.], monarca griego de Egipto, con destino a la biblioteca de Alejandría. El Pentateuco fue traducido en esa época y el trabajo duró dos o tres siglos. Una escuela de traductores se ocupó de los Salmos, en Alejandría, hacia 185 a.C; después tradujeron Ezequiel, los doce profetas menores y Jeremías. Trataron posteriormente los libros históricos (Josué, Jueces, Reyes), y finalmente de Isaías.hacia 185 a.C; después tradujeron Ezequiel, los doce profetas menores y Jeremías. Trataron posteriormente los libros históricos (Josué, Jueces, Reyes), y finalmente de Isaías.

[301] Ester 1:7. La versión griega de los LXX o Septuaginta lee: οἶνος πολὺς καὶ ἡδύς, ὃν αὐτὸς ὁ βασιλεὺς ἔπινεν que la Vulgata traduce al latín como: *"Vinum quoque, ut magnificentia regia dignum erat, abundans,*

ha vuelto amargo), en contraposición a los vinos dulces que solían beber los príncipes, puesto que Lucas nos aclara que lo hicieron en son de burla: *"También los soldados le escarnecían, acercándose y ofreciéndole vinagre, y diciendo: Si tú eres el Rey de los judíos, sálvate a ti mismo"*.[302] Se nos dice que a los condenados a muerte, con el propósito de mitigarles el dolor, se les administraba vino medicado; pero a nuestro Señor le dieron vinagre, y además en sentido de burla y mofándose (como hicieron con tantas otras cosas) de su reclamo a la realeza. Pero el sentido de mofa desaparece si lo desvinculamos del tipo y la calidad de los vinos que antiguamente solían beber los príncipes, que, según parece, eran de tipo dulce.

THOMAS HARMER [1715-1788]
"Observations on various Passages of Scripture", 1774

Vers. 22-28. A lo largo de los siguientes versículos que van del veintidós al veintiocho (69:23-28) el salmista anuncia diez plagas, o efectos de la ira de Dios, que caerán sobre sus enemigos a causa de su maldad:[303] (1) *que su mesa se convierta en una trampa;* (2) *lo que es para bien les sea por tropiezo;* (3) *sean oscurecidos sus ojos para que no vean;* (4) *haz temblar continuamente sus lomos;* (5) *derrama sobre ellos tu ira y el furor de tu enojo los alcance;* (6) *sea su palacio asolado y en sus tiendas no haya morador;* (7) *pon maldad sobre su maldad;* (8) *no entren en tu justicia;* (9) *sean borrados del libro de la vida;* (10) *y no sean inscritos con los justos.*

DAVID DICKSON [1583-1663]
"A Brief Explication of the Psalms from L to C", 1655

Vers. 22. *Sea su convite delante de ellos por lazo, y lo que es para bien, por tropiezo.* *[Que se convierta su mesa en una trampa, y sus banquetes festivos, en tropiezo.* RVR*] [Que la mesa delante de ellos se convierta en lazo, y cuando estén en paz, se vuelva una trampa.* LBLA*] [Sea su mesa delante de ellos por lazo, y lo que es para bien, por trampa.* BTX*] [Que se conviertan en trampa sus banquetes, y su prosperidad en lazo.* NVI*] [Que su mesa se convierta en su red, en una trampa para sus amigos.* BLP*] [Que la abundante mesa servida ante ellos se convierta en una trampa, y que su prosperidad se vuelva un engaño.* NTV*]*[304]

---

et praecipuum ponebatur", "Se servía asimismo vino abundante, y excelente, como correspondía a la magnificencia de un rey".

302 Lucas 22:37.

303 SCHÖKEL señala al respecto: «El planteamiento es judicial: la víctima inocente no se toma la venganza por su mano, sino que apela al Juez competente, el Juez supremo». Así lo entiende JUAN CALVINO [1509-1564] en el contexto judicial retributivo del A.T. de "ojo por ojo y diente por diente": privaron al salmista de legítima comida y bebida buscando eliminarle; y ahora, en justa retribución, su propia comida se convierte en nociva, en lazo y trampa. Y ese mismo criterio comparte FRANCISCO LACUEVA [1911-2005] en su versión española del "Comentario de Matthew Henry" ampliándolo a la visión cristológica: «Estas imprecaciones no son oraciones de David contra sus enemigos, sino profecías de la destrucción de ellos, aplicables a los enemigos de Cristo, como lo profetizó él mismo entre sollozos (Mateo 23:37; Lucas 19:41-44) y se cumplió en menos de cuarenta años después de su muerte. Los dos primeros versículos de esta sección son aplicados expresamente por Pablo a los juicios de Dios sobre los judíos incrédulos (Romanos 11:9, 10), por lo que toda la sección apunta por ese lado».

304 En hebreo יְהִֽי־שֻׁלְחָנָ֣ם לִפְנֵיהֶ֣ם לְפָ֑ח וְלִשְׁלוֹמִ֥ים לְמוֹקֵֽשׁ *yəhî-sulḥānām lip̄nêhem ləpāḥ; wəlišlōwmîm ləmōwqêš.* La versión griega de los LXX o Septuaginta lee: γενηθήτω ἡ τράπεζα αὐτῶν ἐνώπιον αὐτῶν εἰς παγίδα καὶ εἰς ἀνταπόδοσιν καὶ εἰς σκάνδαλον· que la Vulgata traduce al latín como: *"Fiat mensa eorum coram ipsis in laqueum, et in retributiones, et in scandalum"*, "Sea su mesa delante de ellos en lazo, y en retornos, y en

Que la mesa delante de ellos se convierta en lazo. Colocaron lazos, y donde los colocaron los encontrarán. De sus opíparas fiestas no fueron capaces de ofrecer a su víctima inocente más que ajenjo, y ahora sus banquetes serán su propia ruina. Las provisiones diarias de la misericordia fácilmente pueden convertirse en tentaciones al pecado. Así como las aves y las bestias caen en las trampas atraídos por cebos que estimulan su apetito, así también los seres humanos caen a menudo atrapados fácilmente por comidas y bebidas. Quienes desprecian los manantiales superiores de la gracia, encuentran en los manantiales subterráneos del placer mundano su porción de veneno. Pero la mesa no se utiliza solamente para alimentarse, sino también para conversar, para negocios, consejo, diversión, e incluso observancia religiosa; y en el caso de los enemigos del Señor Jesús, puede convertirse en trampa en todos estos aspectos. Esta primera condena es terrible, y la segunda es parecida.

Y sus banquetes festivos,[305] *en tropiezo.* Lo que debería haber sido para su bienestar y deleite, se convierte en trampa. Si nos atenemos al original hebreo[306] y a la versión de Pablo en Romanos,[307] vemos que se trata simplemente de una repetición de la primera frase. Pero no nos equivocaremos si añadimos que para aquellos que rechazan a Cristo, incluso aquellas cosas calculadas para obrar en su bien espiritual y eterno, se convierten en ocasiones para un pecado todavía mayor. Rechazan a Cristo, y son condenados por no creer en él; tropiezan en la piedra, y son hechos pedazos por ella.[308] Desdichados aquellos que encuentran maldición no solo en sus bendiciones comunes, sino también sobre sus oportunidades espirituales de salvación.

A quienes incluso bálsamos y ungüentos matan,
¿qué pócima los puede curar?[309]

Visto de ese modo, esta segunda condena excede a la primera.

C. H. SPURGEON

---

tropiezo". SCHÖKEL traduce: *"Que su mesa se vuelva una trampa y sus banquetes un lazo".* KRAUS: *"¡Que su mesa se convierta en trampa delante de ellos, su festín sacrificial, en lazo!*

305 KRAUS hace aquí una interesante traducción: *"su festín sacrificial"* dando a estos banquetes una connotación litúrgica o religiosa, y comenta al respecto: «En el Salmo 69 las sentencias finales son extraordinariamente complicadas y difíciles de comprender. Los *"enemigos"* celebran (evidentemente en el ámbito del santuario) un festín sacrificial, con el cual quieren demostrar públicamente su comunión con Dios, su justicia צְדָקָה *tsedaqah,* y a su vez hacer ostensible con esta ceremonia religiosa suya la culpabilidad del orante. Si lo consiguen, cae por tierra entonces la esperanza de los que esperan, de todos los oprimidos (69:6). Por eso expresa el salmista encarecidamente la petición de que Yahvé haga acto de presencia como Juez en estos festines sacrificiales de sus enemigos, y que los אֹיְבַי שֶׁקֶר *'ōyəḇay šeqer*, enemigos embusteros (69:4) sean desenmascarados. De ahí el deseo de que por medio de achaques (69:23), mediante la destrucción de sus viviendas (69:25), por medio de la persecución y el dolor (69:26), se dé señal evidente de que la cólera de Dios ha caído sobre tales malvados (69:24). Debe hacerse bien patente la culpa de los enemigos (69:27). No deben lograr penetrar sin obstáculo alguno en la esfera salvífica de la comunión con Dios, de la צְדָקָה *tsedaqah*» [Los Salmos, Vol. II, Sal. 60-150 Ediciones Sígueme, Salamanca, 1993].

306 Ver el texto en la nota 304.

307 El texto griego en Romanos 11:9-10 es: και δαυιδ λεγει γενηθητω η τραπεζα αυτων εις παγιδα και εις θηραν και εις σκανδαλον και εις ανταποδομα αυτοις σκοτισθητωσαν οι οφθαλμοι αυτων του μη βλεπειν και τον νωτον αυτων δια παντος συγκαμψον que la *Vulgata* traduce al latín como: *" Et David dicit: Fiat mensa eorum in laqueum, et in captionem, et in scandalum, et in retributionem illis. Obscurentur oculi eorum ne videant: et dorsum eorum semper incurva"*. En lector podrá comparar si es de su interés con el texto original hebreo, griego y latín del Salmo 69:22-23 en las notas 304 y 325.

308 Mateo 21:44; Isaías 8:14-15.

309 Spurgeon cita aquí un poema de GEORGE HERBERT [1593-1633] poeta y predicador inglés titulado: *"The Temple – The Church Porch"*, 1623, Estrofa 75. Línea 3; *"Whom oils and balsams kill, what salve can cure?"*.

Que se convierta su mesa en una trampa, y sus banquetes festivos, en tropiezo.[310] Las imprecaciones de este versículo y los que le siguen nos causarán estupor y rechazo tan solo si las contemplamos como la expresión de un egoísmo humano maligno. Pero pronunciadas por Dios no perturban la sensibilidad del lector; como tampoco si son consideradas como lenguaje de una persona tipo representando en general a todas las víctimas de la injusticia; y particularmente en labios de Aquel que a pesar de haber rogado al Padre por sus verdugos mientras entregaba su vida,[311] no tuvo reparo en aplicar las palabras de este mismo pasaje a los judíos incrédulos;[312] como hizo también Pablo tiempo después.[313] Lejos de quedar confinada al Antiguo Testamento, la doctrina de la retribución providencial se explica y enseña de un modo claro en muchas de las parábolas de nuestro Salvador: *"A los malos destruirá sin misericordia, y arrendará su viña a otros labradores, que le paguen el fruto a su tiempo"*.[314]

JOSEPH ADDISON ALEXANDER [1809-1860]
"The Psalms Translated and Explained", 1850

Que se convierta su mesa en una trampa. En este caso *"su mesa"* significa figuradamente su prosperidad, la abundancia en todas las cosas. Al propio tiempo describe también la confabulación y pacto perverso, pues sobre la mesa se trazan los planes: *"En cuanto a los dos reyes, en sus corazones maquinarán el mal, y en la misma mesa se hablarán mentiras; pero esto no tendrá éxito, porque el fin aún ha de venir en el tiempo señalado"*.[315]

HERMANN VENEMA [1697-1787]
"Commentarius ad Psalmos", 1762

Que se convierta su mesa en una trampa. Alguien ha dicho con razón: *"In licitis perimus omnes"*;[316] los hombres perecen por cosas lícitas, siendo las más peligrosas aquellas que mas inofensivas e inocuas parecen. Hay en todas las cosas, pero de manera especial en la abundancia, un fruto prohibido que de entrada parece apetitoso y bueno, de sabor dulce y agradable a los ojos,[317] pero que debemos guardarnos de tocar.

HENRY WILKINSON [1610-1675]
"Morning Exercises at Cripplegate"

---

310 SCHÖKEL dice al respecto: «Un lector moderno seguro que se pierde la imagen del este versículo: *"Que se convierta su mesa en una trampa"*, porque imagina una mesa de cuatro patas. Pero debe imaginar más bien una piel curtida o un paño fuerte que se extiende en el suelo alrededor del cual los comensales se sientan o recuestan. Como un tapete o mantel de una comida campestre. Véase Ezequiel 23:41: *"y te sentaste sobre suntuoso estrado, y fue preparada mesa delante de él"*, Pero de repente, el mantel cede, porque esconde debajo una trampa, –curiosamente שֻׁלְחָן *shulchan* viene del verbo שָׁלָה *shalah*, engañar, defraudar– que atrapa la mano o el pie al confiado comensal. Las trampas para animales se esconden o consisten en esto, en fosos o zanjas tapadas y disimuladas. El poeta ha captado eficazmente la sorpresa y se la depara al lector: el invitado ha caído en la trampa, literalmente».

311 Lucas 23:24.

312 Mateo 23:38.

313 Romanos 11:9-10.

314 Mateo 21:41. Ver también Mateo 22:7; 24:51.

315 Daniel 11:27.

316 La frase es del filosofo romano LUCIO ANNEO SÉNECA [4 a.C.-85 d.C.] en sus *Epistulae Morales*.

317 Génesis 3:6.

Que se convierta su mesa en una trampa. En la parábola de la la gran cena,[318] muchos excusaron su asistencia, esto es, seguir a Cristo, por diversas razones aparentemente justificadas: unos habían comprado tierras y necesitaban verlas, otros habían comprado yuntas de bueyes y querían probarlos; otros se habían casado y no podían asistir. Sus excusas se basaban en causas legítimas, pero que ellos habían convertido en su prioridad, en sus ídolos; su problema era su amor desaforado a las cosas de este mundo, las amaban y adoraban con mayor intensidad que a Dios, y en consecuencia no estuvieron dispuestos a abandonarlas para acudir al llamado divino. Lo cual nos muestra el enorme poder que ejerce el yo sobre el hombre mundano; y el peligro que deriva del abuso de las cosas lícitas. ¿Tú esposa es más importante para ti que tu Salvador? ¿Tus tierras y tus bueyes tienen preferencia por encima de la salvación de tu alma? ¡Ten mucho cuidado! Tus bendiciones materiales pueden fácilmente convertirse en trampas y luego en maldiciones: sobrevalorarlas es provocar a Aquel que las concedió a que te las arrebate. ¡Coloca en primer lugar al que te salvó y ha dado vida eterna a tu alma!

WILLIAM PENN [1644-1718][319]
"No Cross, No Crown", 1682

Que se convierta su mesa en una trampa. Esto es, como justa retribución por su crueldad y falta de humanidad hacia mí. Michaelis[320] muestra de qué modo tan exacto se cumplieron estas conminaciones y predicciones en el último sitio de Jerusalén por los romanos en el año 70. Cuando Tito[321] lanzó sorpresivamente el ataque sobre la ciudad, se habían juntado en ella millares y millares de judíos para compartir mesa comiendo el cordero pascual. La mayor parte perecieron de la manera más cruel.[322]

WILLIAM WALFORD [1773-1850]
"The Book of Psalms. A New Translation, with Notes", 1837

Vers. 22-23. Observemos en estos dos versículos la retribución divina a los judíos. Dieron a Cristo hiel y vinagre como comida y bebida, y su propia comida y bebida espiritual se convirtió para

[318] Lucas 14:16-20.

[319] Se refiere a WILLIAM PENN [1583-1663] Con quince años conoció a un misionero cuáquero que le puso en contacto con la "Sociedad Religiosa de los Amigos", más conocidos como *Cuáqueros,* donde tuvo un encuentro con Cristo. Tras estudiar por un tiempo en la Universidad de Oxford, convertido en filósofo y próspero empresario inmobiliario, debido a su fe, fue encarcelado varias veces en la torre de Londres donde escribió famosa su obra *"No Cross, No Crown"* (Sin cruz no hay corona), publicada en 1669 y considerada un clásico en la literatura cristiana; finalmente, ante la persecución decidió emigrar a Nueva Inglaterra, donde fundó la Provincia de Pensilvania, una colonia inglesa norteamericana y futuro Estado de Pensilvania. Hombre de profundas convicciones exhortó a todos los colonos a regresar a los principios del cristianismo primitivo y puso en marcha un proyecto político-social conocido como el *"Holy Experiment",* en el que se promovieron las igualdades sociales, los derechos individuales y el pacifismo.

[320] Se refiere a JOHANN HEINRICH MICHAELIS [1668-1738], ilustrado hebraísta alemán, filólogo de lenguas orientales, autor de una "Bíblia Hebrea Anotada" y otras muchas obras de exégesis bíblica.

[321] Se refiere a TITO FLAVIO SABINO VESPASIANO [39-81], hijo del emperador VESPASIANO [9-79], y comúnmente conocido con el nombre de Tito. General y Comandante militar romano durante la campaña contra Judea y destrucción de Jerusalén en los años (67-70). Posteriormente fue proclamado emperador a la muerte de su padre Vespasiano desde el 79 al 81. En Roma, al sureste del Foro, se conserva aún el llamado "Arco de Tito" construido poco después de su muerte por su hermano DOMICIANO [51-96], para conmemorar sus victorias, y en el que vienen representadas diversas escenas del sitio y caída de Jerusalén.

[322] FLAVIO JOSEFO [37-101]*"Las Guerras de los judíos",* Capítulo IX, 3-4. Publicado por CLIE en español.

ellos en trampa: Sus ojos, que se empeñaron en mantener vendados,[323] fueron oscurecidos; sus lomos, orgullosos y soberbios,[324] azotados hasta temblar continuamente.

CRISTOPHER WORDSWORTH [1807-1885]
"Commentary on the Whole Bible", 1856

Vers. 23. ***Sean oscurecidos sus ojos para que no vean, y haz temblar continuamente sus lomos.*** *[Sean oscurecidos sus ojos para que no vean, y haz temblar continuamente sus lomos.* RVR*] [Núblense sus ojos para que no puedan ver, y haz que sus lomos tiemblen continuamente.* LBLA*] [Sean oscurecidos sus ojos para que no vean, y haz que sus lomos tiemblen continuamente.* BTX*] [Que se les nublen los ojos, para que no vean; y que sus fuerzas flaqueen para siempre.* NVI*] [Que se queden ciegos y no vean, que sin cesar tiemble su espalda.* BLP*] [Que sus ojos queden ciegos para que no puedan ver, y haz que sus cuerpos tiemblen continuamente.* NTV*]*[325]

Sean oscurecidos sus ojos para que no vean.[326] Deambularán en unas tinieblas tan densas que se pueden palpar. Amaron más las tinieblas que la luz,[327] y en las tinieblas permanecerán. Sobre Israel cayo una sentencia de ceguera tras la muerte de nuestro Señor y posterior persecución de sus apóstoles; quedaron cegados por una luz que no aceptaban. Los ojos que se niegan a ver en el Señor Jesús hermosura alguna, antes bien derraman sobre él su ira, tendrán su visión cada vez más tenue hasta que la muerte espiritual les conduzca a la muerte eterna.

Y haz temblar continuamente sus lomos.[328] Tan inquieta y desazonada quedará su conciencia que temblarán constantemente; su espalda se doblará hasta tocar la tierra (así lo traducen algunos) arrastrándose con deshonra, y su vigor se desvanecerá de tal modo que no podrán caminar erguidos con firmeza sino que se tambalearán a cada paso.[329] Contemplad las consecuencias aterradoras, degradantes

---

[323] Mateo 15:14; 23:14, 24.
[324] Juan 8:33.
[325] En hebreo תֶּחְשַׁכְנָה עֵינֵיהֶם מֵרְאוֹת וּמָתְנֵיהֶם תָּמִיד הַמְעַד *teḥšaḵnāh 'ênêhem mêrə'ōwṯ ūmāṯənêhem tāmîḏ ham'aḏ.* La versión griega de los LXX o Septuaginta lee: σκοτισθήτωσαν οἱ ὀφθαλμοὶ αὐτῶν τοῦ μὴ βλέπειν, καὶ τὸν νῶτον αὐτῶν διὰ παντὸς σύγκαμψον· que la Vulgata traduce al latín como: *"Obscurentur oculi eorum, ne videant, et dorsum eorum semper incurva"*, "Oscurézcanse los ojos de ellos, para que no vean; y encorva siempre su espinazo".
[326] En hebreo תֶּחְשַׁכְנָה עֵינֵיהֶם מֵרְאוֹת *teḥšaḵnāh 'ênêhem mêrə'ōwṯ*. El verbo חָשַׁךְ *chashak,* "oscurecer", aplicado a los ojos, solo se utiliza aquí y en Lamentaciones 5:17.
[327] Juan 3:19.
[328] En hebreo וּמָתְנֵיהֶם תָּמִיד הַמְעַד *ūmāṯənêhem tāmîḏ ham'aḏ*, de מֹתֶן *mothen,* "riñones"; y מָעַד *maad,* "temblar, perder el equilibrio". KRAUS traduce: *"haz que sus lomos tiemblen para siempre"*. Pero la versión griega de los LXX o Septuaginta lee la segunda parte de este versículo de manera distinta: καὶ ὁ θυμὸς τῆς ὀργῆς σου καταλάβοι αὐτούς que la Vulgata traduce al latín como: *"et dorsum eorum semper incurva"*, "Y encorva siempre su espinazo". La caldea Peshitta traduce: *"y sus lomos estén siempre encorvados"* Y así lo encontramos también citado por el apóstol Pablo en Romanos, que sigue la versión griega: *"y dobla sus espaldas para siempre"* (Romanos 11:10 LBLA). SCHÖKEL traduce: *"haz que su espalda flaquee"*. AGUSTÍN DE HIPONA [354-430] hace de ello su peculiar interpretación: «Aquellos a quienes se les han oscurecido los ojos, es natural que anden con la espalda encorvada, porque no miran hacia las cosas de arriba, sino constantemente hacia abajo, hacia las de la tierra (Colosenses 3:1-2). Pero el que escucha bien las palabras *"sursum corda"*, levantemos el corazón, y las pone en práctica, no va con la espalda encorvada, porque vive mirando al cielo, pues allí tiene su tesoro y allí tiene también su corazón (Mateo 6:21)».
[329] Daniel 5:6; Nahúm 2:10.

y debilitantes de la incredulidad; y ved también la ecuánime represalia de la justicia divina: quienes no quisieron ver, no verán; y quienes no anduvieren en rectitud serán incapaces de mantenerse en pie.

C. H. SPURGEON

Vers. 24. ***Derrama sobre ellos tu ira, y el furor de tu enojo los alcance.*** *[Derrama sobre ellos tu ira, y el furor de tu enojo los alcance.* RVR*] [Derrama sobre ellos tu indignación, y que el ardor de tu ira los alcance.* LBLA*] [Derrama sobre ellos tu ira y alcánzalos con la furia de tu indignación.* BTX*] [Descarga tu furia sobre ellos; que tu ardiente ira los alcance* NVI*] [Derrama sobre ellos tu furor, que los alcance tu cólera ardiente.* BLP*] [Derrama tu furia sobre ellos, consúmelos en el ardor de tu enojo.* NTV*]*

Derrama sobre ellos tu ira. ¿Hay castigo que puede considerarse demasiado severo para aquellos que rechazan al Dios encarnado y rehúsan obedecer los mandamientos de su misericordia? Merecen ahogarse en la ira divina, y así será; pues para todos aquellos que se rebelan contra el Salvador, Cristo el Señor, *"la ira vendrá sobre ellos hasta el extremo"*.[330] Y la indignación de Dios no es una nimiedad o bagatela; la ira de un Ser justo, santo, omnipotente e infinito hay razones para temerla por encima de todas las cosas; si una sola gota de ella consume, que sea *derramada* tiene que ser algo espantoso hasta límites inconcebibles. ¡Oh Dios!, *"¿Quién conoce la fortaleza de tu ira, y tu indignación según que debes ser temido?"*.[331]

Y el furor de tu enojo los alcance. Atrapándolos, encarcelándolos y permaneciendo sobre ellos constantemente. Si huyen, que los alcance, se apodere de ellos, y los arroje cargados de grilletes a la mazmorra de los condenados para que no puedan escapar la ejecución. Así será con todos los impenitentes, y así debe ser. Dios no puede ser vejado e insultado con impunidad, y su Hijo, nuestro siempre bendito Salvador, el mejor regalo del amor infinito, no puede ser despreciado y escarnecido impunemente. Aquel que transgredió la ley de Moisés murió sin piedad; ¿Cuánto mayor castigo pensáis que merecerá el que ha hollado bajo sus pies al Hijo de Dios?[332]

C. H. SPURGEON

Derrama sobre ellos tu ira. Fijémonos bien en lo que implica este *"derrama"*. En primer lugar, nos muestra la facilidad con la que Dios puede destruir a sus enemigos, sin ningún esfuerzo, de forma tan fácil como es inclinar un frasco lleno de líquido y derramarlo. En segundo lugar, el sentido mismo de *"derramar"* denota lo copioso y abundante de su ira, transmite la idea de haber rebasado los limites del recipiente que la contiene, y por tanto, se derrama. En tercer lugar, que su ira es algo súbito y repentino, inevitable e irreversible; cuando algo se *derrama* es muy difícil, por no decir imposible, revertirlo o evitar sus consecuencias; cuando un pantano se desborda arrastra todo lo que encuentra en su paso; así es con la ira de Dios, cuando se derrama cruje a todos los insensatos irreflexivos.

THOMAS LE BLANC [1599-1669]
"'Psalmorum Davidicorum Analysis' in qua aperte cernitur singulis in Psalmis ordinem esse admirabilem: adjungitur commentarius amplissimus", 1645

330 1 Tesalonicenses 2:16.
331 Salmo 90:11.
332 Hebreos 10:28-29.

Vers. 25. ***Sea su palacio asolado; en sus tiendas no haya morador.*** *[Su morada quede desierta; en sus tiendas no habite nadie.* RVR*] [Sea desolado su campamento, y nadie habite en sus tiendas.* LBLA*] [Sea su palacio asolado y en sus tiendas no haya morador.* BTX*] [Quédense desiertos sus campamentos, y deshabitadas sus tiendas de campaña.* NVI*] [Que su campamento sea arrasado, que no quede nadie en sus tiendas.* BLP*] [Que sus casas queden desoladas y sus carpas, desiertas.* NTV*]*

Su morada quede desierta;[333] *en sus tiendas no habite nadie.* Esto puede significar que su posteridad será cortada de en medio de los vivientes, y la casa que ahora ocupan abandonada y en ruinas; o, tal y como nuestro Señor lo citó[334] lo más probable es que se refiera al templo, que abandonado por su divino ocupante se convirtió en un lugar de desolación.[335] Y lo que a gran escala ocurre con las naciones y las familias, se cumple a menudo en los individuos, como fue notorio el caso de Judas, a quien Pedro relaciona con esta profecía: *"Porque está escrito en el libro de los Salmos: Quede desierta su morada, y no haya quien habite en ella".*[336] La proclamación tajante y feroz hecha por Nabucodonosor: *"Por lo tanto, decreto que toda persona, de cualquier pueblo, nación o lengua, que*

---

[333] En hebreo תְּהִי־טִירָתָם נְשַׁמָּה *təhî-ṭîrāṯām nəšammāh*. El término טִירָתָם *ṭîrāṯām* de טִירָה *tirah,* que algunas versiones traducen por *"palacio",* es un término debatido que significa en realidad asentamiento o campamento, y de manera especial en referencia a un asentamiento militar. Tan solo aparece siete veces en el A.T. y en escenarios muy diversos: Génesis 26:16; Números 31:10; 1 Crónicas 6:54; Salmo 69:25; Cantares 8:9; y Ezequiel 25:4; 46:23. KRAUS traduce: *"¡Conviértase en desierto su campamento, no habite ya nadie en sus tiendas!".* SCHÖKEL: *"Que sus tierras se vuelvan un desierto y que nadie habite sus tiendas".* DELITZSCH: *"Que su poblado quede desolado, y en sus tiendas no haya morador".*

[334] Mateo 23:38.

[335] Daniel 9:27; 11:31; 12:11; Mateo 24:15; Marcos 13:14. Así es como lo ve también FRANCISCO LACUEVA [1911-2005] en su versión española del "Comentario de Matthew Henry": «Su nación y su ciudad habían de quedar completamente desolados (69:25), precisamente lo que más temían y motivo por el cual perseguían a Cristo tratando de evitarlo (Juan 11:48). También esto se cumplió cuando los romanos asolaron el país y, por culpa de ellos (los judíos incrédulos), Sión fue arada como un campo (Miqueas 3:12). El templo era el lugar del que, más que de otra cosa, estaban orgullosos, pero les fue dejado en desolación: *"He aquí que vuestra casa os es dejada desierta"* (Mateo 23:38). Esta profecía se cumplió literalmente de un modo misterioso en toda Palestina durante muchos años». En 1844, WILLIAM MAKEPEACE THACKERAY [1811-1863] en su libro: *"Notes of a Journey from Cornhill to Grand Cairo",* en el capítulo xii *"From Jaffa to Jerusalem"* lo describía del siguiente modo: «Las montañas que circundan este pasaje, tienen sobre sus laderas terrazas de cultivo hasta la cima; y en ellas hay aún algo de suelo verde que hace pensar que cuando aquí fluía el agua, y el país era habitado por esa extraordinaria población que, según las Sagradas Escrituras, era numerosa en la región, estas terrazas de montaña deben haber sido huertos y viñedos, como los que vemos hoy a lo largo de las costas del Rin. Pero ahora todo es completamente desértico. No vimos animales, escasamente una docena de pequeñas aves durante todo el recorrido». Y unos años más tarde, en 1869, después de haber realizado un viaje a Tierra Santa, MARK TWAIN [1835-1910] escribía en *"The Innocents Abroad",* el más famoso libro de viajes de todos los tiempos: «Por treinta millas en cualquier dirección no hay en el valle de Jezreel ni una aldea solitaria a través de toda la extensión …uno puede recorrer diez millas en la región sin ver un alma viva. Para experimentar el tipo de soledad que causa tristeza, ven a Galilea … Nazaret es abandono … Jericó yace en desolada ruina … [Belén] y Betania, en su pobreza y humillación … desposeídas de toda criatura viviente … Una región desolada cuyo suelo es rico, pero completamente despojado de todo … una expansión silenciosa, lúgubre … una desolación … No vimos un ser humano en todo el recorrido … difícilmente se ve un árbol o un arbusto en algún lado. Incluso el olivo y el cactus, aquellos amigos del suelo árido e indigno, han desertado … Palestina yace en silicio y cenizas … desolada».

[336] Hechos 1:20.

hable sin respeto del Dios de Sadrac, Mesac y Abed-negó, sea descuartizada, y su casa convertida en muladar",[337] no es más que un anticipo de aquella hora terrible en la que los que contienden con el Señor serán quebrantados,[338] y barridos de la tierra.[339]

C. H. SPURGEON

Sea desolado su campamento, y nadie habite en sus tiendas. El término hebreo טִֽירָתָם *ṭîrāṯām* de טִירָה *tirah* tiene un sentido amplio: no solo su morada, campamento o lugar donde habitan, sino que todo lo relacionado con ellos, es decir, sus proyectos e intenciones, queden anuladas y vacías de contenido al ser ellos raídos de entre los hombres. Y que ninguno de sus descendientes, nadie de su simiente, habite en sus tiendas; lo que equivale a decir: que mueran sin descendencia.

THOMAS WILCOCKS [1549-1608]
"A Right Godly and Learned Exposition upon the whole Booke of Psalmes", 1586

Y nadie habite en sus tiendas. Después que el templo fuera tomado, saqueado y reducido a cenizas, el desdichado remanente de pueblo judío que quedaba con vida, suplicó a Tito que les permitiera pasar con sus esposas e hijos a través de las brechas y boquetes abiertos en el muro y adentrarse en el desierto. Petición a la que, según Josefo, el general romano se negó indignado. De modo que, literalmente, no quedó nadie que habitara en sus tiendas.

JOHN MASON GOOD [1764-1827]
"An Historical Outline of the Book of Psalms", 1837

Vers. 26. *Porque persiguieron al que tú heriste, y cuentan del dolor de los que tú llagaste.* *[Porque persiguieron al que tú heriste, y comentan el dolor del que tú llagaste.* RVR*] [Porque han perseguido al que ya tú has herido, y cuentan del dolor de aquellos que tú has traspasado.* LBLA*] [Porque persiguen al que Tú has herido y comentan el dolor de los que Tú llagaste.* BTX*] [Pues al que has afligido lo persiguen, y se burlan del dolor del que has herido.* NVI*] [Porque persiguen al que tú hieres, pregonan el sufrimiento de tus víctimas.* BLP*] [A quien tú has castigado, agregan insultos; añaden dolor a quienes tú has herido.* NTV*]*

Porque persiguieron al que tú heriste. Proceden con crueldad en aquello que debían haber sido compasivos. Cuando la providencia divina asesta un golpe a una persona, lo normal es que sus amigos le apoyen, le visiten y expresen su condolencia; pero estos desalmados dan cazan a los heridos y atormentan a los enfermos. Sus corazones despiadados no cesan de concebir nuevos golpes contra Aquel que ha sido ya *"herido de Dios y afligido"*.[340]

Y comentan el dolor del que tú llagaste.[341] Con sus lenguas ásperas descarnaron sus llagas; satirizaron al sufriente, burlándose de sus dolores y ridiculizando sus aflicciones. Contemplaron las heridas del Salvador, clavaron en ellas sus ojos y lanzaron contra él acusaciones vergonzosas. Y siguiendo su

---

337 Daniel 3:29.

338 1 Samuel 2:20.

339 Salmo 10:16.

340 Isaías 54:3.

341 La versión griega de los LXX o Septuaginta lee: καὶ ἐπὶ τὸ ἄλγος τῶν τραυματιῶν σου προσέθηκαν que la Vulgata traduce al latín como: *"et super dolorem vulnerum meorum addiderunt"*, "y sobre el dolor de mis llagas acrecentaron". La caldea Peshitta: *"agravaron el dolor del que estaba herido de muerte"*. En

ejemplo, así es como sigue tratando el mundo a los miembros del cuerpo de Cristo: *"¡Denunciadle, denunciémosle!"*.[342] Si ven a una persona piadosa un tanto hundida, disfrutan acabándola de hundir por entero; y en tanto lo hacen, aprovechan para difamarle en todas partes. Dios toma nota de esto,[343] y les pasará factura; consiente por un tiempo en utilizarlos de vara estimular a sus santos, pero ello no implica que dejará de vengar el daño infligido a sus elegidos. *"Así dice Jehová de los ejércitos: Estoy celoso con gran celo por Jerusalén y por Sión. Y estoy muy airado contra las naciones que se sienten seguras de sí mismas; porque cuando yo estaba enojado un poco, ellos agravaron el mal"*.[344]

C. H. SPURGEON

Porque persiguieron al que tú heriste, y comentan el dolor del que llagaste.[345] Cuando David se encontró en una situación difícil y merecedora de toda compasión, la boca nefanda de Simeí arremetió contra él con la mayor crueldad, cargada de malicia y virulencia;[346] es de esto de lo que se queja el salmista: *"persiguieron al que tú heriste, y comentan el dolor del que tú llagaste"*.[347] La gravedad de la situación que en aquellos momentos atravesaba David, duplicó la malicia y el rencor de Simeí; las mismas palabras dichas en circunstancias distintas, le hubieran amargado pero nada más; pero en el momento peculiar en el fueron pronunciadas eran mortíferas. Una flecha lanzada contra el viento no es de esperar que quede detenida en posición vertical; sigue avanzando contra el viento perforándolo en su trayectoria. Mientras tu enemigo sigue en pie, puede tratar de parar tus golpes; pero una vez derribado, está a tu merced. ¡Cuan mezquino y perverso es ensañarse con los que han caído! Incluso los niños, en su inocencia, tienen un sentido del honor y la justicia que les hace llamar cobarde al que golpea a su adversario cuando este ha caído al suelo. Insultar a quienes Dios ha humillado, y hacer sangre en una espalda todavía azulada por las marcas del látigo de su Hacedor, es equivalente a asesinar con la lengua; y nadie debe extrañarse que tal proceder sea equiparado al de asesinato en el día del juicio, pues quienes hacen tal cosa de buen grado matarían si se atrevieran, y de hecho ya lo hacen, aunque solo sea moralmente; necio sería confiar en su mano, cuando su boca no es de fiar. Balaam hubiera acabado pronto con todo Israel, si su lengua y espada hubieran obedecido su voluntad.[348]

THOMAS ADAMS [1583-1653]

Y comentan el dolor del que tú llagaste. Las conversaciones poco edificantes, habladurías, chismes y comidillas en perjuicio de la causa de Cristo y la santidad de sus verdaderos seguidores, de

---

hebreo וְאֶל־מַכְאֹוב חֲלָלֶיךָ יְסַפֵּרוּ *wə'el-mak̲'ōwb̲ ḥălāleḵā yəsappêrū*. SCHÖKEL lo traduce como: *"y cuentan las llagas del que tu has lacerado"*. KRAUS: *"y multiplican el sufrimiento de quien tú has golpeado"*.

342 Jeremías 20:10.

343 Salmo 33:13.

344 Zacarías 1:14-15.

345 Dice KRAUS al respecto: «Las calumnias y acusaciones de los enemigos deben atribuirse a que los adversarios del orante han husmeado una causa para sus padecimientos. ¿Por qué el que se halla gravemente enfermo ha sido golpeado por Dios? Tal es la pregunta que los enemigos airean constantemente. En el marco de la comprensión sintética de la vida que existía en el mundo antiguo, la conexión causal entre la culpa y el sufrimiento funciona como dogma religioso de primer orden que trata de explicar el escándalo de innumerables desgracias y conflictos» [Los Salmos, Vol. II, Sal. 60-150 Ediciones Sígueme, Salamanca, 1993]. Ver al respecto Juan 9:1-4; Lucas 13:2.

346 2 Samuel 16:5-13.

347 En una interpretación profética de carácter cristológico ver Isaías 53:1 y Zacarías 13:7.

348 Números 31:16; 1 Pedro 2:15-16; Judas 1:11; Apocalipsis 2:14.

manera especial cuando estos atraviesan situaciones difíciles de sufrimiento y aflicción; es provocar la ira de Dios de una manera flagrante y descarada.

DAVID DICKSON [1583-1663]
"A Brief Explication of the Psalms from L to C", 1655

Y comentan el dolor del que tú llagaste. Sería de esperar y desear que la aflicción del penitente humillado y herido bajo un sentimiento de culpa, jamás fuera objeto de ironía, mofa o desprecio por parte de otros que se dicen también cristianos.

GEORGE HORNE [1730-1792]
"A Commentary on the Psalms in which Their Literal Or Historical Sense, as They Relate to King David, is Illustrated", 1825

Vers. 27. ***Pon maldad sobre su maldad, y no entren en tu justicia.*** *[Pon maldad sobre su maldad, y no entren en tu justicia.* RVR*] [Añade iniquidad a su iniquidad, y que no entren en tu justicia.* LBLA*] [¡Añádeles iniquidad sobre su iniquidad y no entren ellos en tu justicia!* BTX*] [Añade a sus pecados más pecados; no los hagas partícipes de tu salvación* NVI*] [Impútales todas sus culpas y que no les alcance tu perdón.* BLP*] [Amontona sus pecados en una enorme pila, y no los dejes en libertad.* NTV*]*

Pon maldad sobre su maldad.[349] Los incrédulos añadirán pecado tras pecado y, con ello, castigo tras castigo. Esta es la imprecación o profecía más severa de todas. Pues dejar que los seres humanos procedan a su antojo para llenar la medida de su iniquidad, es lo más equitativo, pero a su vez, lo más terrible.

Y no entren en tu justicia. Si rechazan y resisten tu evangelio, que la puerta de acceso les sea cerrada.[350]

Quien no agarra las cosas cuando puede,
no las tendrá cuando las desee.[351]

---

349 En hebreo תְּנָה־עָוֺן עַל־עֲוֺנָם וְאַל־יָבֹאוּ בְּצִדְקָתֶךָ *tənāh-'āwōn 'al-'ăwōnām wə'al-yāḇ-'ū bəṣiḏqāṯeḵā*. KRAUS traduce: *"¡Acumula sobre ellos culpa sobre culpa, para que no entren en tu salvación!"*. SCHÖKEL: *"Impútales delito a delito, que no gocen de tu indulto"*. FRANZ DELITZSCH [1813-1890] lo interpreta del siguiente modo: «Que Dios les retire por completo su gracia, y en consecuencia, caigan de un pecado a otro, –este es el significado de: *"da culpam super culpam eorum"*– para que el juicio acumulado se corresponda con la culpa acumulada. Ver Jeremías 16:8: *"pagaré al doble su iniquidad y su pecado"*». Compárese también con el Salmo 81:12: *"Por eso los entregué a la dureza de su corazón, para que anduvieran en su propio consejo"*; y Jeremías 18:23: *"no perdones su maldad, ni borres su pecado de delante de tu rostro; sino deja que tropiecen delante de ti"*; y Mateo 23:35: *"para que venga sobre vosotros toda la sangre justa derramada sobre la tierra, desde la sangre de Abel el justo hasta la sangre de Zacarías"*.

350 Hebreos 12:17.

351 En el original: *"He that will not when he may, / When he would he shall have nay"*, un antiguo proverbio inglés recopilado por primera vez por JOHN HEYWOOD [1497-1589] en *"Proverbs"*, 1546.

Quienes prefieren el mal tendrán lo que han elegido. Los que desprecian la misericordia divina no serán forzados a aceptarla, sino que (a menos que la gracia soberana se interponga) serán abandonados a su propio deseo a fin de agravar su culpa y certificar su perdición.[352]

C. H. SPURGEON

Añade iniquidad a su iniquidad. Una justa retribución del pecado con la que Dios paga a los que lo fomentan y se revuelcan en él: *"Amó la maldición; recaiga sobre él; y no quiso la bendición; retírese, pues, de él".*[353] A eso se refiere David cuando exclama: *"Añade iniquidad a su iniquidad";* no hay en ello *"precantis votum"*, sino *"profhetantis vaticinium"*, es decir, no hay en David deseo de que esto suceda, simplemente profetiza que sucederá. *"Añade maldad"* no significa que Dios inyecte maldad en el corazón de los impíos, se limita a retirar de ellos su Espíritu, lo cual es suficiente para que por si mismos sumen maldad sobre maldad. Actúa como *causa deficiens,* no *causa efficiens:* no infunde, simplemente retira; y el resultado es el mismo que cuando el sol se retira por el horizonte: se produce oscuridad. La ausencia de la gracia crea prevalencia de la impiedad. *Non peccatum sed judicum,* Dios no es causa de pecado pero sí de juicio; pues cuando se retira dejándonos a nuestro albedrío caemos en pecados increíbles y horrendos. *"Peccatum est malum in se: effectum prioris mali, et causa subsequentis: est et supplicium, et causa supplicii"*, "El pecado es intrínsecamente malo; proviene de un mal anterior y es causa del mal futuro: es en si mismo un castigo y a su vez causa de castigo". No hay en todo el arsenal de las plagas divinas otro mal peor; pues con otros castigos es el cuerpo el que padece y se duele; con este es el alma la que sufre y gime. Lo que les viene a decir el salmista es: que sus pecados proliferen y se multipliquen ilimitadamente para que sus castigos no tengan fin. Todo aquello que ofende resulta doloroso; el pecado es horrendo porque ofende a Dios. Por ello les anticipa un doble castigo por activa y por pasiva; sufren pecando y sufren porque pecan: pecando se castigan *a si mismos;* por causa de su pecado sufren el castigo *de Dios.*

THOMAS ADAMS [1583-1653]

Añade iniquidad a su iniquidad. El sentido del término עָוֹן *'āwōn* en el texto hebreo es el de perversidad; por lo que una traducción más literal sería: retribuye su perversidad con perversidad; aplícales en tus juicios hacia ellos la misma ruindad que ellos han aplicado otros y han mostrado en todo momento hacia ti. Sean tratados en la hora del castigo en la misma manera que ellos han tratado a otros en la hora de la opresión.

ADAM CLARKE [1760-1832]
"Commentary on the Whole Bible", 1831

Añade iniquidad a su iniquidad. Llegando a cierto punto, el pecado se convierte en su propio castigo. El glotón que sentado frente a una mesa bien provista traspasa todos los límites tolerables, al cabo de un par de horas de haber abarrotado su estómago estará padeciendo un castigo doloroso. El

---

352 Dice al respecto FRANCISCO LACUEVA [1911-2005] en su versión española del "Comentario de Matthew Henry": *«"Pon maldad sobre su maldad, que sus infamias se acumulen hasta que no puedan soportar su peso, y no entren en tu justicia"*, esto es, que no participen en los beneficios de la divina gracia que otorga perdón a los pecadores arrepentidos. No es que Dios excluya a nadie, de antemano, de la gracia y del perdón, pero hay un pecado imperdonable: «el rechazo del perdón», como lo define el teólogo HANS KUNG [1928-]. El Evangelio de Cristo no excluye a nadie, sino únicamente a los que, por su incredulidad, se niegan a recibirlo, con lo que se excluyen a sí mismos».

353 Salmo 109:17.

borracho que incentivado por la compañía de otros que beben más que él traga alcohol hasta exceder sus límites de su tolerancia, se convierte en vergüenza de si mismo y burla de sus propios compañeros. El perezoso que por su indolencia se queda tres días en cama, paga un alto precio por esa cama; porque la ociosidad produce aburrimiento y mayor cansancio que el trabajo.

SAMUEL ANNESLEY [1620-1696]
"The Morning Exercises"[354]

Vers. 28. ***Sean raídos del libro de los vivientes, y no sean escritos entre los justos.*** *[Sean borrados del libro de la vida, y no sean inscritos con los justos.* RVR*] [Sean borrados del libro de la vida, y no sean inscritos con los justos.* LBLA*] [¡Sean borrados del rollo de la vida y no sean inscritos con los justos!* BTX*] [Que sean borrados del libro de la vida; que no queden inscritos con los justos.* NVI*] [Que sean borrados del libro de los vivos, que no sean inscritos con los justos.* BLP*] [Borra sus nombres del libro de la vida; no dejes que sean incluidos entre los justos.* NTV*]*

Sean borrados del libro de la vida. Pese a que en su presunción se inscribieron como pueblo de Dios, e indujeron a otros a considerarlos como tales, serán desenmascarados y sus nombres quitados del registro. Se enrolaron con honor, pero serán degradados y borrados con vergüenza. La muerte disipará todo recuerdo de ellos; y dejarán de ser objeto de estima incluso de aquellos que ahora les rinden homenaje. Primero Judas, después Pilato, seguidos de Herodes y Caifás, cada uno a su debido tiempo, desaparecieron rápidamente del mundo de los vivos; fueron borrados de la existencia y sus nombres han permanecido tan solo como referencia negativa, pero después de su partida dejaron de utilizarse entre las personas cabales.[355]

Y no sean inscritos con los justos. Esta cláusula, paralela a la primera, nos muestra que el significado real de *"ser borrado del libro de la vida"* está en evidenciar que el tal nombre en cuestión jamás fue inscrito en él. En la copia imperfecta y adulterada del libro de la vida de Dios que alegan mantener en su poder, podrán los hombres hacer enmiendas a su antojo, tanto de inserción como de borrado; pero las inscripciones que hace el Señor en el suyo, son únicas, fijas, inalterables y eternas. Guárdate bien, oh mortal, de despreciar a Cristo y a su pueblo; si quieres evitar que tu alma sea excluida de la justicia de Dios sin la cual todos los hombres están condenados de antemano.

Aquí terminan las imprecaciones, profecías y lamentos, para dar paso en un tono más suave a la oración, mezclada con ráfagas de canto agradecido, alentando por la anticipación del bien venidero.

C. H. SPURGEON

[354] Los *"Morning Exercices"*, "Ejercicios Matutinos", fueron iniciados por THOMAS CASE [1598-1682] como devocionales para los soldados puritanos durante la Guerra Civil de Inglaterra (1642-1651) a las 7 de la mañana para orar y escuchar la palabra de Dios. Se convirtieron en costumbre en la mayoría de iglesias de Londres y del resto de Inglaterra con asistencia del pueblo. En ellas hacían sus exposiciones los más famosos predicadores puritanos de la época. Después de la Guerra Civil, esta costumbre continuó y fue conocida como *"Morning Exercises at Cripplegate"*, y los sermones fueron recopilados y publicados por SAMUEL ANNESLEY [1620-1696], lo que ha permitido que hayan llegado hasta nosotros algunas de las mejores exposiciones de los predicadores puritanos.

[355] De hecho es bastante insólito, cuanto menos dentro de la cultura cristiana, encontrar alguien que se llame Judas, Pilato, Herodes o Caifás.

Sean borrados del libro de la vida. Los nombres de todos los israelitas que salieron de Egipto fueron inscritos en un registro llamado *"el libro de la casa de Israel"*, y *"libro de la vida"*. De ese registro eran excluidos anualmente los nombres de todos los que habían muerto; quedando consignados al olvido.[356] El *"libro de la vida"* del antiguo Israel fue utilizado, por tanto, como un símbolo del libro divino de los predestinados a la vida eterna: *"en tu libro se escribieron todos los días que me fueron dados, cuando no existía ni uno solo de ellos"*.[357] No hay dos libros de la vida, en realidad *"el libro de la vida"* es uno solo; lo que sí hay son dos perspectivas distintas del mismo: la humana y la divina. *Bajo la perspectiva humana* y criterio terrenal, el *libro de la vida* tiene escritos los nombres de muchos que pretenden vivir pero están muertos, y que tan solo figuran en él supuestamente, en su propia apreciación y la de otros. Pero *bajo la perspectiva de Dios*, contiene únicamente los nombres de aquellos que han sido elegidos para vida eterna. Del primero una persona puede ser borrada, como lo fue Judas;[358] del segundo nadie puede ser borrado jamás.[359]

ANDREW ROBERT FAUSSET [1821-1910]
"Studies in the CL Psalms their undesigned coincidences with the independent Scripture histories, confirming and illustrating both", 1876

Sean raídos del libro de los vivientes. Este versículo hace referencia la antigua práctica judía de inscribir los nombres de los habitantes de cada demarcación, tribu, o del pueblo en general en un registro similar al *Dom-boc*[360] de los sajones.[361] Los nombres de los que iban muriendo eran tachados o borrados, y dejaban de aparecer en el registro de los vivos. A Dios se atribuye un registro similar;[362] por lo que en este sentido la frase paralela de Moisés diciendo: *"bórrame del libro que has escrito"*,[363] es equivalente de manera figurada a decir "quítame la vida".

RICHARD WARNER [1763-1835]
"The Psalms of David according to the Version of the Book of Common Prayer: illustrated, explained, and adapted to general use in public and private worship", 1828

Sean borrados del libro de la vida, y no sean inscritos con los justos. Llegamos aquí a la cuestión crucial de si tener el nombre escrito en el cielo comporta una seguridad de salvación infalible y definitiva; o bien si alguno de los nombres allí inscritos puede ser eventualmente borrado. La verdad es que nadie, absolutamente nadie cuyo nombre haya sido inscrito en el cielo puede acabar jamás en perdición, en modo alguno.[364] Hay, sin embargo, quienes amparándose precisamente en lo que afirma

---

356 Proverbios 10:7.

357 Salmo 139:16. Ver también: Salmo 32:32; 87: 6; Daniel 12:1; Lucas 10:20; Filipenses. 4:3; Apocalipsis 13;8; 17:8; 21:27.

358 Éxodo 32:33; Apocalipsis 3:5.

359 Juan 10: 28-29; Hechos 13:48; Apocalipsis 20:12,15.

360 Se refiere al *Dom-boc* o *Doom-book* o "Código de Leyes de Alfredo", un compendio de legislación hecho por ALFREDO EL GRANDE [847/49-899], en el que además de recopilar y unificar los diversos códigos de leyes desarrollados por los antiguos reyes sajones, la mayor parte de ellas basadas en los diez mandamientos y otras leyes levíticas, estableció también un censo y registro de todos los habitantes por tribus y familias.

361 Lucas 2:1.

362 Salmo 139:16.

363 Éxodo 32:32.

364 El debate sobre la seguridad de la salvación y la perseverancia de los santos viene de muy antiguo, y aunque tiene su epicentro en la polémica entre Calvino y Arminio sobre la elección y el libre albedrío, la

este versículo, objetan a esta seguridad alegando inferir de las palabras inspiradas del salmista que algunos de los nombres inscritos en el *libro de la vida* pueden, eventualmente, ser borrados del mismo. Pasan por alto que tal afirmación proyecta serios cuestionamientos nada menos que sobre la imagen misma de Dios y sus atributos: bien sea por achacarle ignorancia de las cosas futuras al hacerle incapaz de anticipar el final de aquella persona que habiendo sido elegida ha tenido que ser reprobada, y en consecuencia, errando al decretar que sería salvo alguien que acaba finalmente no siéndolo; o bien asumiendo que su decreto eterno es mutable, y que muchos que en principio habían sido elegidos van siendo excluidos paulatinamente del mismo debido sus pecados ulteriores. El apóstol Pablo sale al paso de estas hipotéticas deficiencias divinas inferidas inevitablemente del supuesto en cuestión, estableciendo con rotundidad que: *"El fundamento de Dios está firme, teniendo este sello: El Señor conoce a los que son suyos"*.[365] Primero: *"El Señor conoce a los que son suyos"*; lo cual no sería cierto si la presciencia de Dios fuera limitada o pudiera ser de algún modo burlada. Segundo: *"el fundamento de Dios está firme"*, una firmeza de la cual no cabría hablar si aquellos que él ha decretado que serían suyos dejaran de serlo al caer. La conclusión, por tanto, nos lleva de una manera clara e inequívoca al *imposibilis est deletio,* es decir, a la imposibilidad absoluta de destrucción, que la inscripción pueda ser suprimida o el nombre borrado: aquellos cuyos nombres están *"escritos en los cielos"*[366] jamás podrán acabar en el infierno. Y con el propósito de acabar de afianzar esta verdad evidente ante posibles dudas que puedan suscitar los argumentos de quienes la cuestionan, voy a transcribir, entre muchas, tres exposiciones que la confirman, aunque planteada cada una de forma distinta y con diferentes matices:

1. Nicolás de Lira[367] sostiene que la persona puede tener su nombre escrito en los cielos de dos maneras distintas: *simpliciter* y *secundum quid,*[368] es decir, de manera absoluta o bien de manera

---

controversia sigue abierta en nuestros días. Es una cuestión debatible y sumamente compleja. Spurgeon, al comentar este versículo veinticinco del Salmo 69, adopta, como es de suponer, la interpretación calvinista tradicional; quizás no con la contundencia que cabría esperar, pero la refuerza con exposiciones de otros dos expositores en la misma línea: un contemporáneo suyo, Andrew Robert Fausset [1821-1910]; y uno de los pesos pesados entre los teólogos puritanos primigenios: Thomas Adams [1583-1653], calificado por poeta inglés Robert Southey [1774-1843] como "el Shakespeare de los Puritanos", que recurre también en busca de apoyo a su postura a uno de los principales Padres de la Iglesia: Agustín de Hipona [354-430], y a dos eminentes autores del siglo xiii, un escolástico: Tomás de Aquino [1225-1274], y un exégeta: Nicolás de Lyra [1270-1349]. Con todo, la ecuanimidad y amplitud de miras de Spurgeon en "El Tesoro de David" nunca deja de sorprendernos, y buena prueba de ello es la transcripción que hace del comentario de Richard Warner [1763-1835], que apunta la posibilidad de que el salmista podría estar refiriéndose no al *"libro de la vida"* en el sentido de la vida eterna o salvación, sino simplemente a un *"libro de los vivientes"* en el sentido de la vida terrenal. A los interesados en profundizar en el tema de la seguridad de la salvación y su debate actual, recomendamos le lectura del libro de J, Matthew Pinson, publicado por CLIE: "¿La seguridad de la salvación?: cuatro puntos de vista".

[365] 2 Timoteo 2:19.

[366] Lucas 20:20.

[367] Se refiere a Nicolás de Lyra o Nicolaus Lyranus [1270-1349], monje franciscano francés, profesor en la Universidad de La Sorbona y erudito comentarista bíblico, conocido especialmente por su comentario bíblico *"Postillae perpetuae in universam S. Scripturam"*, publicado en Roma en el 1471. Fue el primer comentario bíblico impreso, con el texto bíblico ilustrado situado en un recuadro y el comentario a su alrededor.

[368] Se trata de dos expresiones latinas que en teología escolástica van ligadas entre sí, significando la una lo contrario de la otra. *Simplíciter* es algo que tiene un valor absoluto, causa y efecto implícito en sí mismo, desligado de todo lo demás; un término utilizado ante todo para referirse a los atributos o perfecciones exclusivas de Dios, que no dependen ni entran en contradicción con nada igual o mayor. *Secumdum quid,*

relativa y condicionada a algo en particular. El que ha sido inscrito *in quantum praedestinatus ad vitam,* esto es, en tanto que predestinado para vida, jamás puede ser borrado. Los inscritos de otro modo sí pueden serlo, porque han sido inscritos *non secundum Dei praescientiam, sed secundum praesentem justitiam,* es decir, no según el decreto de Dios en su presciencia, sino conforme a su propia justicia presente. Por tanto, cuando se dice que son borrados, no implica que sean borrados en lo que atañe a la presciencia o pre-conocimiento de Dios –puesto que él sabe que en este sentido jamás llegaron a estar inscritos– sino en base a su propia condición actual, su apostasía de la gracia para entregarse al pecado.

2. TOMÁS DE AQUINO[369] dice que algunos son borrados, pero *non secundum rei veritatem, sed hominum opinionem,* no según la realidad verdadera y eterna, sino únicamente en según la opinión y criterio humano. En la Escritura es habitual que cuando una cosa se dice que se hará, *innotescat fieri,* se de por hecha. Los hipócritas simulan santidad exterior con una habilidad sorprendente, lo que induce a muchos que los juzgan con la benevolencia propia del amor cristiano, a pensar que sus nombres han sido escritos en el cielo. Pero cuando se descubre que tales estrellas fulgurantes en apariencia, no eran más que *ignes fatui,* fuegos fatuos, estrellas fugaces, meteoritos errantes que caen del firmamento de la Iglesia, entonces se dice que sus nombres han sido borrados. La inscripción *ex existentia*, es decir, basada en la naturaleza interior y realizada por un ser perfecto, jamás puede ser borrada; pero la *ex apparentia,* es decir, basada en el disimulo humano, sí puede. Dios inscribe a unos *in se ut simpliciter habituri vitam,* es decir, por sí mismos, ya que en sí mismos y de forma perfecta y absoluta hay en ellos vida, aunque esa vida no proceda de ellos mismos. A otros los inscribe, *ut habeant non in se, sed in sua causa*; es decir, no por si mismos, pues en ellos no hay vida en modo algun, sino para que la tengan por su causa. De estos últimos, cuando caen, se dice que *son borrados.*

3. AGUSTÍN DE HIPONA[370] afirma que no cabe entender en modo alguno que Dios inscribe primero y borra después. Porque si un vulgar Pilato pudo decir: *"Quod scripsi, scripsi"*, es decir: *"Lo que he escrito, he escrito"*,[371] y quedó en firme, ¿dirá Dios acaso: «Lo que he escrito, lo voy a borrar, y no permanecerá en firme?». Los nombres supuestamente borrados es porque habían sido "inscritos": *secundum spem ipsorum, qui ibi se scriptos putabant,* es decir, únicamente en la esperanza propia de aquellos que consideraban haber sido allí inscritos; y son "borrados": *quando ipsis constet illos non ibi fuisse,* es decir, cuando queda de manifiesto, incluso para los propios interesados, que a pesar de su falsa esperanza, sus nombres jamás tuvieron el honor de haber sido inscritos. Un conclusión que surge del propio Salmo, si tomamos en cuenta la manera como aclara la afirmación: *"Sean borrados del libro de la vida"*, mediante el paralelismo que añade a continuación: *"y no sean inscritos con los justos"*. Esto es, los supuestamente *"borrados"*, lo son, porque en realidad nunca llegaron a estar

---

(que en realidad es la contracción de *"secundum aliquid")* es todo lo contrario, algo dependiente, relacionado y condicionado irremisiblemente a otra cosa.

[369] Se refiere a TOMÁS DE AQUINO [1225-1274], teólogo, apologista cristiano y principal representante de lo que se conoce como teología escolástica. Fundó su propia escuela de filosofía y teología que lleva el nombre de Escuela Tomista, cuyo mayor logro fue la recuperación de la filosofía aristotélica para la fe cristiana. Su principal trabajo fue la *Summa Theologica,* tratado en el cual postula Cinco Vías para demostrar la existencia de Dios.

[370] Se refiere a AURELIUS AUGUSTINUS [354-430], más conocido como SAN AGUSTÍN O AGUSTÍN DE HIPONA uno de los cuatro más importantes Padres de la Iglesia latina y uno de sus más eminentes doctores. Gran apologista cristiano, sus escritos suponen la primera gran síntesis entre el cristianismo y la filosofía platónica. Autor de uno de los más extensos y completos comentarios a los Salmos a través de sermones transcritos *Enarrationes in Psalmos,* el comentario de Thomas Adams es un resumen del del comentario de Agustín a este versículo del Salmo 69.

[371] Juan 19:22.

inscritos; en este caso, la expresión *"sean borrados"*, no es más que una forma poética de constatar que sus nombres jamás alcanzaron a estar allí.

THOMAS ADAMS [1583-1653]

Vers. 29. ***Mas a mí, afligido y miserable, tu salvación, oh Dios, me ponga en alto.*** *[Mas en cuanto a mí, afligido y miserable, tu salvación, oh Dios, me ponga en alto.* RVR*] [Pero yo estoy afligido y adolorido; tu salvación, oh Dios, me ponga en alto.* LBLA*] [Pero a mí, afligido y adolorido, ¡póngame en alto tu salvación, oh Elohim!* BTX*] [Y a mí, que estoy pobre y adolorido, que me proteja, oh Dios, tu salvación.* NVI*] [Pero a mí, humilde y sufriente, que tu poder salvador, oh Dios, me proteja.* BLP*] [Estoy afligido y dolorido; rescátame, oh Dios, con tu poder salvador.* NTV*]*

Mas en cuanto a mí, afligido y adolorido. El salmista estaba profundamente afligido, pero su fe seguía firme en Dios. Bajo el evangelio tanto los pobres en espíritu como los que lloran ambos son objeto de bendiciones especiales, por lo que se nos plantea una doble razón para que el Señor sonría al suplicante y se muestre propicio con él. No ha habido persona más pobre ni más adolorida que Jesús de Nazaret, y no obstante, su clamor desde el profundo fue escuchado,[372] y fue levantado a lo más alto de la gloria.

Tu salvación, oh Dios, me ponga en alto.[373] Cuan plenamente fue contestada esta oración en el caso de nuestro bendito Maestro, pues no tan solo escapó personalmente de las garras de sus enemigos, sino que vino a ser el autor de salvación eterna para todos los que le obedecen; y esto sigue añadiéndole peso de gloria. Oh vosotros, tristes y afligidos, levantad vuestras cabezas, porque así como fue con vuestro Señor, así será también con vosotros. Hoy en día sois pisoteados cual el cieno de las calles pero dentro de poco vais a cabalgar en las alturas, en breve ocuparéis los lugares altos de la tierra. E incluso ahora somos espiritualmente levantados juntamente con él, pues como dice el apóstol: *"juntamente con él nos resucitó, y asimismo nos hizo sentar en los lugares celestiales con Cristo Jesús"*.[374]

C. H. SPURGEON

Vers. 30. ***Alabaré yo el nombre de Dios con cántico, lo exaltaré con alabanza.*** *[Alabaré yo el nombre de Dios con cántico, lo ensalzaré con himnos de alabanza.* RVR*] [Con cántico alabaré el nombre de Dios, y con acción de gracias le exaltaré.* LBLA*] [Yo alabaré el nombre de Elohim con cántico y lo exaltaré con acción de gracias.* BTX*] [Con cánticos alabaré el nombre de Dios; con acción de gracias lo exaltaré.* NVI*] [Alabaré con canciones el nombre de Dios, con himnos de gratitud lo ensalzaré.* BLP*] [Entonces alabaré el nombre de Dios con cánticos, y lo honraré con acción de gracias.* NTV*]*

---

[372] Salmo 130:1.

[373] En hebreo יְשׁוּעָתְךָ אֱלֹהִים תְּשַׂגְּבֵנִי *yəšū'āṯəḵā 'ĕlōhîm təśaggəḇênî* de שָׂגַב *sagab,* "elevar, poner en alto". SCHÖKEL lo traduce como: *"tu salvación, Dios, me encumbrará"*. Pero la versión griega de los LXX o Septuaginta lee: καὶ ἡ σωτηρία τοῦ προσώπου σου, ὁ θεός, ἀντελάβετό μου que la Vulgata traduce al latín como: *"salus tua, Deus, suscepit me"*, "tu salud, oh Dios, me ha amparado". La versión sefardí de Ferrara traduce: *"tu salvación Dio me ampara"*. Y la caldea Peshitta: *"que tu salvación me auxilie"*. Y como podrá comprobar el lector, algunas versiones españolas siguen esta línea. En una interpretación cristológica el sentido del texto hebreo de elevar o poner en alto encaja mucho mejor con la idea de la resurrección y ascensión de Cristo.

[374] Efesios 2:6.

Alabaré yo el nombre de Dios con cántico. El que cantó tras celebrar la Pascua,[375] canta ahora más alegre aún después de su resurrección y la ascensión. Él es, en verdad, *"el dulce cantor de Israel"*.[376] Él es quien dirige las melodías eternas, y todos sus santos se unen en coro.

Y con acción de gracias le exaltaré. ¡Cuán seguro no estaría nuestro Redentor de la victoria final que entona ya un cántico mientras seguía aún en el horno de la aflicción! También en nuestro caso la fe prevé la feliz resolución de todas las aflicciones, y nos lleva a iniciar ya ahora la música de gratitud que seguirá aumentando de volumen por siempre jamás. En este versículo y posteriores tenemos un sol resplandeciente brillando después de la tormenta. Las tinieblas se han desvanecido, y la luz de la gloria fulgura en todo su esplendor. Todo honor es dado a Aquel a quien la oración había sido presentada; pues únicamente él podía librar, y lo hizo, por tanto, solo para él es la alabanza.

C. H. Spurgeon

Vers. 31. *Y agradará a Jehová más que sacrificio de buey, o becerro que tiene cuernos y pezuñas.* *[Y agradará a Jehová más que sacrificio de buey, o becerro con cuernos y pezuñas.* RVR*] [Y esto agradará al Señor más que el sacrificio de un buey, o de un novillo con cuernos y pezuñas.* LBLA*] [Y agradará a YHVH más que el sacrificio de bueyes, o novillo con cuernos y pezuñas.* BTX*] [Esa ofrenda agradará más al Señor que la de un toro o un novillo con sus cuernos y pezuñas.* NVI*] [Y esto complacerá a Dios más que un toro, más que un novillo astado con pezuñas.* BLP*] [Pues al Señor esto le agradará más que el sacrificio de ganado o que presentar un toro con cuernos y pezuñas.* NTV*]*

Y agradará a Jehová más que sacrificio de buey, o becerro con cuernos y pezuñas.[377] No hay sacrificio mejor y más aceptable a Dios, que es Espíritu, que el sacrificio espiritual. Bajo una dispensación empañada y simbólica aceptó bueyes; pero no se complacía en tales ofrendas por si mismas: *"¿Acaso he de comer carne de toros, o beber sangre de machos cabríos?"*.[378] Vemos aquí como resalta el poco valor y deshonra de las meras ofrendas exteriores mencionando los cuernos y pezuñas, que eran los despojos de la víctima. El *opus operatum*,[379] que en tanta estima tienen nuestros ritualistas, el

[375] Mateo 26:30. Hay diversas opiniones sobre cual pudiera ser este salmo que cantó Jesús en la Pascua. Algunos opinan que podía tratarse de lo que identifican como el *«Gran Hallel»* o Salmo 136. Pero lo más probable es que fuera el *«Hallel»* u oración de alabanza formado por los salmos 113 al 118, y que eran cantados en bloque en las grandes solemnidades.

[376] 2 Samuel 23:1.

[377] La versión griega de los LXX o Septuaginta lee: ὑπὲρ μόσχον νέον κέρατα ἐκφέροντα καὶ ὁπλάς.que la Vulgata traduce al latín como: *"cornua producentem et ungulas"*, "cuando le salen las astas y las pezuñas". La mención a los *"cuernos"* y *"pezuña hendida"* no es fortuita ni busca meramente añadir epítetos poéticos; menciona los *"cuernos"* para asegurar que el animal tenía por lo menos tres años de edad según lo establecido por la ley (1 Samuel 1:24, Septuaginta y Peshitta), y la *"pezuña hendida"* para garantizar que pertenecía al listado de animales "limpios" según Levítico 11:3-4. La idea del salmista es que ni aún lo más excelente y apropiado para los sacrificios es comparable a la alabanza de un corazón agradecido. Agustín de Hipona [354-430] hace de nuevo una interpretación muy particular: «Los creyentes, y de manera especial los jóvenes o nuevos en la fe, necesitan cuernos y pezuñas: pezuñas para clavarlas en el suelo de la verdadera fe afirmándose en su postura; y cuernos para lanzar al aire al adversario que trata de confundirles y desviarles con herejías».

[378] Salmo 50:13.

[379] Expresión latina acuñada por el teólogo escolástico alemán Gabriel Biel [1410-1495], y utilizada en teología sacramental para expresar la eficacia mecánica de los sacramentos en virtud de la cual una acción

Señor lo pasa por alto, no lo tiene en cuenta. Los cuernos y pezuñas, aunque para los ritualistas judíos eran elementos clave, materia de profundo debate y examen crítico, para Dios no significaban nada; y que diremos de nuestros rabinos actuales, que mezclan el agua con el vino con la misma precisión con la que cuecen sus obleas, que cambian y adornan sus vestiduras según la festividad, y ejecutan sus genuflexiones siempre en la dirección correcta de la brújula.[380] ¡Oh insensatos y tardos de corazón para percibir todo lo que el Señor ha declarado![381] *"Ofrece a Dios sacrificio de acción de gracias"*,[382] es la rúbrica eterna del verdadero ritual o manual de adoración. Las profundidades de aflicción en que el suplicante había estado hundido le proporcionaron, en su salvación, una experiencia más rica del poder y gracia divina; y ello le capacitó para cantar más dulcemente el *"cántico de los amores"*.[383] Esta música es siempre la más aceptable para el infinito Jehová.

C. H. Spurgeon

Vers. 32. ***Lo verán los oprimidos, y se gozarán. Buscad a Dios, y vivirá vuestro corazón.*** *[Lo verán los oprimidos, y se gozarán. Buscad a Dios, y vivirá vuestro corazón.* RVR*] [Esto han visto los humildes y se alegran. Viva vuestro corazón, los que buscáis a Dios.* LBLA*] [Lo verán los oprimidos y se regocijarán. Vosotros, que buscáis a Elohim: ¡Anímese vuestro corazón!* BTX*] [Los pobres verán esto y se alegrarán; ¡reanímense ustedes, los que buscan a Dios!* NVI*] [Que se alegren los humildes cuando lo vean, que se reanime el corazón de los que a Dios buscáis.* BLP*] [Los humildes verán a su Dios en acción y se pondrán contentos; que todos los que buscan la ayuda de Dios reciban ánimo.* NTV*]*

---

litúrgica válida, llevada a cabo por el ministro ejecutor sobre el receptor con la debida exactitud y precisión, resulta efectiva aunque este último ignore el sentido de lo que está haciendo o adopte al respecto una actitud pasiva. Después del Concilio de Trento (sesión VII, cánones vi-vii), se convirtió en dogma para la Iglesia Católica Romana. En palabras del cardenal Roberto Belarmino [1542-1621]: «Dios concede la gracia de manera mediata a través del sacramento. El acto externo llamado sacramento confiere al recipiente pasivo gracia por virtud de la acción sacramental misma, en lo que se llama *ex opere operatum*. Dios se sirve del signo sacramental como de un instrumento físico para producir mediante el mismo la gracia sacramental en el alma del que recibe el sacramento». Es decir, tanta es la importancia que se da al rito y tan estrechamente ligada al mismo se considera la gracia, que se entiende que la mera administración del rito, debidamente ejecutado, confiere necesariamente la gracia. A la doctrina católica romana del *opus operatum,* afirmando que la gracia necesaria es inherente al rito y fluye automáticamente a través del mismo si es válidamente ejecutado, haciendo así de los sacramentos y del rito de su ejecución instrumentos mediatos por los cuales Dios actúa y sin los cuales no actúa; se enfrentó el *opus operantis* defendido por la Reforma protestante, que considera los sacramentos meramente como una ayuda para la mente del receptor que le capacita para acercarse a Dios y recibir de él la gracia, por tanto, la gracia no es inherente al sacramento, sino que depende de la disposición espiritual del receptor.

[380] Es posible que se trate de una alusión irónica a las ceremonias litúrgicas de la Misa católica-romana en el rito pre-conciliar o tradicional y que ahora se conoce como "rito extraordinario", donde además de mezclar el agua con el vino, el sacerdote celebra de espaldas, se hacen numerosas genuflexiones, se utilizan distintas vestiduras, etc., etc. Pero en realidad puede entenderse de cualquier ceremonia religiosa en la que el ritualismo predomine por encima de la espiritualidad.

[381] Lucas 24:25.

[382] Salmo 50:14 LBLA.

[383] En el original: *"the song of loves"*. Se refiere al Salmo 45, pues de ese modo traducen del hebreo יְדִידֹת שִׁיר *šîr yəḏîḏōṯ* en el título de este salmo algunas versiones inglesas como la KJV.

Lo verán los oprimidos, y se gozarán. Los corazones agradecidos están siempre a la busca de imitadores, y el salmista contempla con regocijo el que otros colectivos de personas humildes y oprimidas, al observar los tratos del Señor con sus siervos, se sientan alentados a buscar una solución similar para sus propias tribulaciones. Para los piadosos, la experiencia de su Señor es un consuelo permanente pues somos en este mundo lo que él fue; su triunfo ha garantizado el nuestro, y ello hace que podamos regocijarnos partiendo de argumentos sólidos. Y anticipar los consuelos que su batalla y su victoria nos aportarían a nosotros fue, para nuestro gran Líder, uno de los principales motivos de satisfacción y aliento en su propia lucha.

Buscad a Dios, y vivirá vuestro corazón. Una declaración de garantías prácticamente idéntica a la que encontramos en el Salmo 22: *"Comerán los humildes, y serán saciados; alabarán a Jehová los que le buscan; vivirá su corazón para siempre"*.[384] Toda búsqueda por nuestra parte habría sido inútil si las victorias de Jesús no hubieran despejado el camino y abierto una puerta de esperanza; pero en tanto que *"el que abre caminos"*[385] sube delante de nosotros y el Rey marcha al frente como nuestra Cabeza,[386] nuestra esperanza es viva, nuestra fe es viva, nuestro amor es vivo, y nuestra naturaleza renovada está llena de una vitalidad que desafía al toque gélido de la mano de la muerte.

C. H. SPURGEON

Buscad a Dios, y vivirá vuestro corazón. Como pobres en espíritu[387] viven en humildad[388] de la limosna de Dios; y mendigan a diario ante su puerta para poder aliviar sus necesidades implorando su comunión y su gracia; por ello prosperarán y les irá bien.[389]

DAVID DICKSON [1583-1663]
"A Brief Explication of the Psalms from L to C", 1655

Buscad a Dios, y vivirá vuestro corazón. En el lenguaje de las Escrituras se dice que el *corazón*, o *el alma: vive*, y *se convierte*, cuando es reavivado y sanado de sus dolores y penas. En este sentido se dice que: *"el corazón de Jacob se afligió"* pero al escuchar las buenas noticias y ver los carros que José enviaba para llevarlo *"su espíritu revivió"* ... Al contrario, se dice que cuando Nabal escuchó las malas noticias, *"su corazón se quedó como muerto dentro de él, y se puso como una piedra"*.[390]

JOHANNES LORINUS DE AVIGNON [1569-1634]
"Commentariorum in librum Psalmorum", 1616

Vers. 33. *Porque Jehová oye a los menesterosos, y no menosprecia a sus prisioneros.* *[Porque Jehová oye a los menesterosos, y no menosprecia a sus cautivos.* RVR*] [Porque el Señor oye a los necesitados, y no menosprecia a los suyos que están presos.* LBLA*] [Porque YHVH oye a los menesterosos y no menosprecia a sus prisioneros.* BTX*] [Porque el Señor oye a los necesitados, y no desdeña a su pueblo cautivo.* NVI*] [Porque el Señor escucha a los oprimidos, no desprecia a los cautivos.* BLP*] [Pues el Señor oye el clamor de los necesitados; no desprecia a su pueblo encarcelado.* NTV*]*

---

[384] Salmo 22:26.
[385] Miqueas 2:13.
[386] Colosenses 1:18.
[387] Mateo 5:3.
[388] Proverbios 29:13; Mateo 23:12; Lucas 1:52, 14:11; 18:14; Santiago 4:10.
[389] Job 22:21-30; Isaías 3:10-11.
[390] 1 Samuel 25:37.

Porque Jehová oye a los menesterosos. Los ejemplos de David, del Señor de David, y los de decenas de miles de santos, todos apuntan en probar esto. Los monarcas de las naciones son sordos para los pobres, pero el Soberano del Universo tiene oído sensible y agudo para los necesitados. Nadie puede ser arrastrado más abajo de lo que fue el Nazareno, pero no perdamos de vista hasta que punto fue después exaltado:[391] no importan cuan hondo descendamos, el Dios que escucha la oración puede sacarnos y exaltarnos.

Y no menosprecia a sus cautivos Los menesterosos, aunque pobres, disfrutan de libertad; pero aquí habla de presos. Pero son prisioneros de Dios, y, por tanto, prisioneros de esperanza. Quien está preso en una mazmorra es considerado por los hombres como el más vil y despreciable; pero el Señor ve las cosas de modo distinto: visita a los que están atados con cadenas y proclama la libertad para sus afligidos.[392] Dios no desprecia a ningún ser humano, y no deja de escuchar una sola oración que sea honesta y sincera. Para él las distinciones de rango no cuentan; a los pobres es predicado el evangelio,[393] y los prisioneros son desatados por su gracia.[394] ¡Que todos los pobres y menesterosos se apresuren a buscar su rostro y entregarle su amor!

C. H. Spurgeon

Porque el Señor oye a los necesitados. Tenemos mucho más consuelo en que diga *"el Señor oye a los necesitados"* del que tendríamos si dijera simplemente: *"el Señor oyó a David"*.

Wolfgang Musculus [1497-1563]
"In Sacrosanctum Davidis Psalterium Commentarii", 1573

Vers. 34. ***Alábenle los cielos y la tierra, los mares, y todo lo que se mueve en ellos.*** *[Alábenle los cielos y la tierra, los mares, y todo lo que se mueve en ellos.* RVR*] [Alábenle los cielos y la tierra, los mares y todo lo que en ellos se mueve.* LBLA*] [¡Alábenlo los cielos y la tierra, los mares y cuanto se mueve en ellos!* BTX*] [Que lo alaben los cielos y la tierra, los mares y todo lo que se mueve en ello.* NVI*] [Que lo alaben los cielos y la tierra, los mares y cuanto se mueve en ellos.* BLP*] [Alábenlo el cielo y la tierra, los mares y todo lo que en ellos se mueve.* NTV*]*

Alábenle los cielos y la tierra, los mares, y todo lo que se mueve en ellos.[395] La doxología de un corazón radiante. El escritor había descendido a las profundidades y ascendido a las alturas; y en

[391] Filipenses 2:6-9.
[392] Isaías 42:7; 49:9; 61:1; Lucas 4:18; 1 Pedro 3:19.
[393] Mateo 11:5; Lucas 7:22.
[394] Lucas 4:18.
[395] En hebreo וְכָל־רֹמֵשׂ בָּם *wəḵāl rōmêś bām* de רָמַשׂ *ramas,* el mismo verbo que en Génesis 1:21, 26, 28, 30. Schökel traduce: *"y cuanto bulle en ellos"*. La versión griega de los LXX o Septuaginta lee: καὶ πάντα τὰ ἕρποντα ἐν αὐτοῖς que la Vulgata traduce al latín: *"et omnia reptilia in eis"*, "y todos los reptiles en ellos". La versión sefardí de Ferrara traduce: *"todo removien en ellos"*. La caldea Peshitta: *"cuanto se mueve en ellos"*. El sentido de este versículo lo encontramos en las palabras del apóstol Pablo en Romanos 8:20-22 cuando nos dice que *"toda la creación gime a una, y a una está con dolores de parto hasta ahora"* a causa del pecado, pero *"será liberada de la servidumbre de la corrupción, a la gloriosa libertad de los hijos de Dios*". Felipe Scio de San Miguel [1738-1776] en una nota a su traducción de la Vulgata ofrece esta interesante explicación: «Todo el universo, que ha tenido su parte de castigo por el pecado del hombre, será también partícipe de la gloria de su renovación en Cristo Jesús (Isaías 49:13; Apocalipsis 21:1)».

consecuencia invita a todo el ámbito de la creación a bendecir al Señor. Nuestro Amado[396] nos incita a la adoración agradecida: ¿quién de nosotros se abstendrá? El amor de Dios a Cristo acarrea beneficios a todas las formas de vida creadas; la exaltación de la Cabeza favorece a los miembros y a todo lo relacionado con él por mínima que sea tal relación. En la medida en que la creación misma ha de ser también liberada de su esclavitud por la obra de Cristo,[397] es propio que todo lo que tiene vida y movimiento alabe y magnifique al Señor. ¡Gloria sea dada a ti, oh Señor, por el triunfo de Aquel que es nuestra seguridad y certeza; porque en él vemos la exaltación de todos tus menesterosos y afligidos, y nuestro corazón se alegra!

C. H. SPURGEON

Vers. 35. *Porque Dios salvará a Sion, y reedificará las ciudades de Judá; y habitarán allí, y la poseerán.* *[Porque Dios salvará a Sión, y reedificará las ciudades de Judá; y habitarán allí, y las poseerán* RVR*] [Porque Dios salvará a Sion y edificará las ciudades de Judá, para que ellos moren allí y la posean.* LBLA*] [Porque Elohim salvará a Sión, y reedificará las ciudades de Judá, y habitarán allí y la poseerán.* BTX*] [Porque Dios salvará a Sión y reconstruirá las ciudades de Judá. Allí se establecerá el pueblo y tomará posesión de la tierra.* NVI*] [Pues Dios salvará a Sión, reconstruirá las ciudades de Judá, habitarán allí y la heredarán.* BLP*] [Pues Dios salvará a Jerusalén y reconstruirá las ciudades de Judá. Su pueblo vivirá allí y se establecerá en su propia tierra.* NTV*]*

Porque Dios salvará a Sión, y reedificará las ciudades de Judá. Israel, caído y menesteroso, tendrá su porción en la misericordia del Señor; pero, sobre todo, la Iglesia, tan amada en el corazón de su Esposo glorioso, será reavivada y fortalecida. En tiempos antiguos los santos de Israel amaban tanto a Sión que ni aun en medio de sus angustias la olvidaron;[398] con el primer rayo de luz que los visitó se entregaron a suplicar por los fieles, y de ello hemos visto ejemplos notables en otros salmos que ya hemos comentado: *"¡Oh, quién nos diese que de Sión saliera la salvación de Israel! Cuando Jehová haga volver a los cautivos de su pueblo, se gozará Jacob, y se alegrará Israel"*.[399] Para nosotros, en estos tiempos actuales, es motivo de alegre esperanza que para el pueblo elegido de Dios vienen días mejores, y por este objetivo oraremos constantemente. ¡Oh dulce Sión, aunque otros recuerdos se desvanezcan, jamás podremos olvidarte!

Para que ellos moren allí y la posean. Por más cautividades a que pueda verse sometida o desolaciones se hayan apoderado de ella, la tierra de Canaán pertenece a Israel por un pacto de sal,[400] y la recuperarán con absoluta certeza;[401] lo que será a nosotros por señal de que mediante la expiación

---

396 En el original: *"Well Beloved" (bien-Amado* o muy-Amado*).* La versión inglesa KJV utiliza esta expresión en nueve ocasiones: Cantares 1:13; Isaías 1:5; Daniel 10:11, 19; Marcos 12:6; Romanos 16:5; Efesios 5:1; Colosenses 3:12; 3 Juan 1:1. No hay un equivalente en español. Las versiones españolas se limitad a traducir el término hebreo דּוֹדִי *dōwḏî* de דוד *dod;* y el griego ἀγαπητός por amado o estimado.

397 Jeremías 12:4; Romanos 8:19-23.

398 Salmo 137:1-6.

399 Salmo 14:7. Ver también Salmos 5:11; 14:7; 22:23; 51:18.

400 2 Crónicas 13:5. En el lenguaje bíblico la idea es de un acuerdo bilateral cuya inviolabilidad era simbolizada por la sal, símbolo de la vida y por tanto del carácter perdurable e indisoluble del pacto entre Dios e Israel (Levítico 2:13; Números 18:19). Entre los orientales la frase «Haya pan y sal entre nosotros» significaba que una trato había sido confirmado compartiendo una comida, dándolo así por cerrado de manera indisoluble.

401 Es conveniente recordar que Spurgeon escribía estas palabras por el año 1870, estando *Eretz Israel,* la tierra de Israel todavía bajo dominio otomano; 78 años antes de establecerse el actual estado de Israel en 1948. ¡Palabras proféticas!

obrada por el Cristo de Dios, todos los pobres de espíritu disfrutarán de las misericordias prometidas en el pacto de gracia. Las misericordias garantizadas a David serán herencia de toda la simiente.[402]

C. H. SPURGEON

Vers. 36. ***La descendencia de sus siervos la heredará, y los que aman su nombre habitarán en ella.*** *[La descendencia de sus siervos la heredará, y los que aman su nombre habitarán en ella.* RVR*]* *[Y la descendencia de sus siervos la heredará, y los que aman su nombre morarán en ella.* LBLA*]* *[La descendencia de sus esclavos la heredará y los que aman su Nombre habitarán en ella.* BTX*]* *[La heredarán los hijos de sus siervos; la habitarán los que aman al Señor.* NVI*]* *[La poseerá la estirpe de sus siervos, los que aman su nombre vivirán en ella.* BLP*]* *[Los descendientes de quienes lo obedecen heredarán la tierra, y los que lo aman vivirán allí seguros.* NTV*]*

La descendencia de sus siervos la heredará. Bajo esta visión, que en absoluto nos atrevemos a considerar como meramente simbólica sino que encierra en si misma un significado literal, hemos expuesto el enriquecimiento de los santos como resultado de la agonía de su Señor. La conclusión de este Salmo 69 nos recuerda muy estrechamente la del Salmo 22: *"Vendrán, y anunciarán su justicia; a generaciones que no han nacido aún, anunciarán que él hizo esto"*.[403] La *simiente* yace cercana al corazón del Salvador, y que disfrute de todo el bien prometido es la mayor preocupación de su alma benevolente y desinteresada. Se regocija en el bienestar de su siervos porque son siervos de su Padre.[404] *Y los que aman su nombre habitarán en ella.* Tiene puesta su mirada en la gloria del Padre, porque es la alabanza del Padre lo que deben perseguir aquellos que le aman, disfrutando eternamente de la felicidad suprema. Y ello hace que un Salmo que comienza hundido en cieno profundo, termine asentado en la ciudad que tiene cimientos.[405] ¡Qué maravilloso es el cambio operado por la gracia! ¡Aleluya!

C. H. SPURGEON

---

[402] Romanos 1:1-6.
[403] Salmo 22:31.
[404] Juan 12:26; 14:3, 23; 17:24.
[405] Hebreos 11:10; Apocalipsis 21:14-15. Ver al respecto en la nota 1 el comentario de Agustín de Hipona al título de la Vulgata.

Salmo 119

El Salmo más largo

SALMO 119

El salmo más largo

1. Sobre el autor, el tema y el título del Salmo 119

Introducción de C.H. Spurgeon al autor y tema del Salmo 119: Este salmo no lleva título ni menciona tampoco el nombre de su autor.[1] Es El salmo más largo y ello le sirve y basta como título y distintivo de identificación. Su tamaño equivale a veintidós salmos de la extensión media de los *Cánticos Graduales*. Pero no es únicamente por su longitud que destaca: su riqueza de pensamiento, profundidad de significado y nivel de fervor, son también sobresalientes.[2] Es como la ciudad celes-

[1] Dice Juan Calvino [1509-1564]: «Con respecto al autor no afirmo nada porque resulta imposible determinar quién era, ni siquiera por conjetura probable; y la mayoría de expositores concuerdan en lo tocante a este asunto que no es posible alcanzar a ninguna conclusión satisfactoria. Como sea que David superó a todos los demás en talento poético y devocional, no voy a sentir escrúpulos a la hora de insertar su nombre». Y una nota al pie en la edición inglesa se expresa en los siguientes términos: «Algunos comentaristas consideran que este salmo, como todos los demás salmos acrósticos, son composiciones mucho más recientes a la época de David y los sitúan en tiempos de exilio o cautividad en Babilonia. Pero muchos otros, como Hermann Venema [1697-1787], Johann Heinrich Michaelis [1668-1738], etc., lo atribuyen a David y consideran que lo escribió con anterioridad a su instauración en el trono. Y de hecho su contenido parece favorecer esta última opinión, en tanto que refleja perfectamente la dilatada persecución y acoso a que fue sometido por la malicia y venganza de Saúl. Si realmente David fue su autor, se trata del más intrincado y elaborado de sus salmos en lo tocante a estructura y composición, pues en la exposición y tratamiento del tema – la excelencia y perfección de la ley de Dios y la dicha de todos aquellos que la obedecen– demuestra una fecundidad de expresión extraordinaria, cual si uno de sus propósitos primordiales hubiera sido demostrar en cuántas formas distintas, y con qué copiosidad de las palabras, resulta posible enunciar e ilustrar un mismo tema. Los anhelos de instrucción, consuelo y protección que salen a relucir en casi cada estrofa tienen un efecto relajante y deleitoso, en tanto que el lenguaje general resulta de largo impactante por su peculiar elegancia y armonía estructural. No obstante resulta cuestionable el exaltarlo, como han hecho algunos, por encima de los demás salmos. El doctor Adam Clarke [1760-1832] señala con justicia: "Al igual que todas las demás pociones de la revelación divina, es elegante, importante y útil; pero a pesar de que admiro la fecundidad del genio del salmista, el flujo inagotable de su vena poética, su destreza en el uso de sinónimos, y su *copia verborum* o riqueza de vocabulario a la hora de exponer, diversificar, e ilustrar la misma idea: presentando a sus lectores la misma idea desde todos los puntos de vista posibles con el fin de hacerla agradable, instructiva e impresionante; no puedo, en justicia, sustraer del resto del salterio el honor y justa alabanza que le corresponde situando esta composición en particular por encima de las demás. Con mucho, reconocer que es el más largo, el más elaborado y el más diversificad; sin embargo, hay que decir que en proporción a su longitud, contiene menos ideas que cualquier otro en el libro de los salmos"». Y Francisco Lacueva [1911-2005] en su versión española del "Comentario de Matthew Henry" dice al respecto: «No se conoce su autor. Pero como afirma el rabino Abraham Cohen [1887-1957], probablemente vivió en el siglo quinto y era un ardiente discípulo de la escuela de Esdras» Y la práctica totalidad de expertos judíos actuales, como es en caso del profesor Avi Hurvitz del departamento de lengua hebrea de la Universidad Hebrea de Jerusalén comparten esta misma opinión. En su libro בין לשון ללשון (ver *"Wisdom Language in Biblical Psalmody"*) Hurvitz señala importantes similitudes entre la terminología del Salmo 119 y la de los libros escritos en época del segundo templo, como Esdras, a la vez que importantes diferencias con el hebreo utilizado en el llamado período clásico de la narrativa profética.

[2] Dice Schökel al respecto: «El autor de los Salmos 111-112 mostró su habilidad comprimiendo las 22 letras del alfabeto en el espacio de once versos o 22 hemistiquios: el triunfo de la brevedad. El autor del

tial, que establecida en forma cúbica, su longitud, su anchura y su altura son equivalentes.[3] Algunos lectores superficiales lo han tachado de monótono alegando que extrae los acordes de su música rasgando una sola cuerda,[4] abusando de repeticiones y redundancias piadosas. Pero tal percepción no tiene más fundamento que la trivialidad de la mente que lo juzga, pues quienes estudian a fondo este himno divino analizado meticulosamente cada una de sus líneas, quedan maravillados ante la pluralidad y el calado de su mensaje.[5] Con un número limitado palabras, pero recurriendo a permutaciones y combinaciones que evidencian su familiaridad piadosa con el tema, el escritor sagrado logra evidenciar holgadamente, con sus estrofas, la magnitud del ingenio creativo y santificado de su mente. Nunca se repite, y cuando lo hace, es para establecer una nueva vía de conexión entre dos líneas de pensamiento introduciendo un nuevo matiz. Cuanto más uno lo estudia y más profundiza en él, más fresco y vigoroso lo encuentra. Como se suele decir con respecto a las aguas del Nilo: que cada nuevo sorbo que uno bebe le sabe mejor que el anterior,[6] así es también con este Salmo sin par: cuanto más a menudo lo lees y estudias, más perfecto y fascinante lo encuentras; no contiene una sola palabra ociosa; las uvas de su racimo están al punto de estallar en mosto de vino nuevo para el reino.[7] Cuanto más contemplamos este espejo de un corazón tocado por la gracia, más cosas vemos en él. Pues cual el mar de cristal que hay delante trono eterno,[8] aunque apacible y sosegado en su superficie, sus profundidades ocultan un océano de fuego; y aquellos que lo contemplen con devoción, más allá del simple resplandor de su reflejo, experimentan intensamente el ardor de la llama sagrada. Todo él está henchido de santo significado: cabe decir que es tan denso como extenso. Por ello mientras lo

---

Salmo 119 quiere demostrar su habilidad dedicando a cada letra del alfabeto ocho versos seguidos: el triunfo de la longitud».

[3] Apocalipsis 21:16.

[4] Todo el versa sobre un mismo tema: las excelencias de la ley divina.

[5] El afamado escritor y apologista CLIVE STAPLES LEWIS [1898-1963], más conocido como C. S. Lewis, comparte este mismo sentimiento de Spurgeon. En su obra *"Reflections on the Psalms"* (1958) escribe sobre el Salmo 119: «no es, ni pretende ser, un efluvio repentino del corazón, como por ejemplo el Salmo 18. Estamos ante una pieza de artesanía cuidadosamente elaborada siguiendo pautas de un patrón establecido; un complejo entramado transido cual bordado puntada a puntada a lo largo de incontables horas silenciosas de recogimiento y sosiego, tan solo explicable por el amor apasionado de su autor al tema, que le aportaba el necesario deleite a una labor artesanal tan intrincada y trabajosa».

[6] Es probable que esta alusión de Spurgeon a las aguas del río Nilo guarde relación con un antiguo proverbio egipcio que dice: *«Una vez has bebido agua del Nilo sentirás el deseo irresistible de volver».* Frase muy citada y utilizada aún hoy en día por los guías turísticos y agencias de viajes en El Cairo, pero de la cual no hemos logrado encontrar constatación histórica ni fuente literaria, como tampoco de la variante sobre la misma que parece ser la cita de Spurgeon. En realidad las aguas del Nilo nunca han destacado por su pureza, y aunque para los antiguos egipcios eran su única fuente de agua dulce, (y lo siguen siendo todavía) parece ser que el agua que bebían la hervían antes de beberla o la filtraban excavando pozos y cisternas alrededor del río para que resultara potable, una práctica constatada por el texto bíblico de Éxodo 7:24. Hoy en día una de las recomendaciones más importantes que se dan a todos los que visitan Egipto es precisamente todo lo contrario de lo que dice la frase, evitar por todos los medios posibles beber agua del Nilo dado que presenta altos niveles de contaminación, una recomendación difícil, porque toda el agua que se bebe en El Cairo, mejor o peor depurada, procede del Nilo. Es posible que Spurgeon sacara la idea de alguna fuente antigua que nosotros no hemos conseguido localizar, o puede que surja de alguna interpretación peculiar de textos bíblicos como el de Jeremías 2:18: *"Ahora, pues, ¿qué te va a ti en el camino de Egipto, para que bebas agua del Nilo? ¿Y qué te va a ti en el camino de Asiria, para que bebas agua del Eufrates?"*.

[7] Proverbios 3:10; Joel 2:24; 3:18; Amós 9:13; Marcos 2:22.

[8] Apocalipsis 4:6; 15:2.

estudiábamos hemos exclamado extasiados en más de una ocasión, emocionados y con lágrimas en los ojos: «¡Oh! ¡Que profundidad tan asombrosa¡» Sin embargo, como tan sabiamente observa Agustín en su comentario,[9] esta profundidad sublime viene encriptada bajo una capa de aparente simplicidad, lo que dificulta sustancialmente su exposición. Su opacidad se oculta bajo un velo de luz, y por tanto, únicamente alcanzan a descubrirla y penetrar en ella quienes además de acercarse con fervor a la Palabra, anhelan, como los ángeles, contemplar lo que hay dentro de ella.[10]

Entre los eruditos modernos está de moda el arrancar de los dedos de David su pluma y descalificarle como autor de cuantos más salmos les sea posible. Y siendo que los críticos que forman esta escuela suelen pecar, por lo general, de poca solidez en cuanto a lo doctrinal, y de una evidente falta de espiritualidad en lo referente a su carácter personal, preferimos gravitar en la orilla opuesta y poner en cuarentena toda afirmación que proceda de fuentes tan cuestionables; afirmándonos en la convicción de que fue David quien escribió este Salmo. Es davídico tanto en su tono como en su expresión, y se corresponde con las experiencias personales de David en muchos puntos concretos. Siendo yo joven mi mentor me lo describió como: *"El diario personal de David"*, y sigo inclinándome por esa misma opinión. Pues lo que hallamos en Salmo 119 no es otra cosa que el diario personal de David, redactado en base a sus incontables experiencias como rey a lo largo de una dilatada vida. No estamos dispuestos, en modo alguno, a rendirnos pasivamente en lo tocante a la autoría de tan precioso salmo, entregándolo sin resistencia en manos del enemigo: *"Este es botín de David"*.[11] Después de años y años leyendo a un autor, acaba uno familiarizándose tanto con su estilo, que desarrolla un sexto sentido capaz de detectar si un texto ha salido o no de su pluma, aunque de entrada haya ocultado su nombre. Y en el caso concreto del Salmo 119, siento en mi interior una certeza irrefutable de que la mano de David está detrás de sus estrofas: es davídico y punto, suyo de principio al fin.[12]

---

[9] Se refiere a AURELIUS AUGUSTINUS [353-429], más conocido como SAN AGUSTÍN O AGUSTÍN DE HIPONA uno de los cuatro más importantes Padres de la Iglesia latina y uno de sus más eminentes doctores. Gran apologista cristiano, sus escritos suponen la primera gran síntesis entre el cristianismo y la filosofía platónica. Ver la introducción completa de Agustín al Salmo 119 en la nota 142 de estas introducciones.

[10] 1 Pedro 1:12.

[11] 1 Samuel 30:20.

[12] Respetando esta afirmación categórica de Spurgeon, hemos considerado oportuno facilitar también al lector alguna de las opiniones de los exégetas del siglo XX en lo que respecta al autor del Salmo 119. Y la que nos ha parecido más ecuánime y apropiada para figurar junto a la del "príncipe de los predicadores" es la del exégeta reformado HANS-JOACHIM KRAUS [1918-2000], que transcribimos a continuación: «Se ha querido saber quién fue el autor del Salmo 119. FRANZ DELITZSCH [1813-1890] piensa por lo que se desprende de (119:9) que debió de ser un hombre joven. GEO WIDENGREN [1907-1996] en *"Sakrales Königtum im Alten Testament und im Judentum"* (1955) cree incluso que no es imposible que el compositor haya sido un rey que describa sus relaciones con la תּוֹרָה *torah*. Pero la cuestión no se ha planteado adecuadamente. Si el Salmo 119 contiene una recopilación, entonces tendremos que investigar de qué círculos procede esa peculiar piedad de la תּוֹרָה *torah*. ALPHONSE DEISSLER [1914-2005]en sus comentarios, se limita a indicar las interpretaciones que se han dado hasta ahora. En opinión de este autor, el Salmo 119 procede del círculo de los maestros sapienciales. La obra estaría bastante cerca de la manera de pensar y de la época de *Jesús ben Sirá* (siglo II a.C.). DEISSLER escribe: "El Salmo es una oración personal cuajada de ideas, compuesta por un escriba y maestro de sabiduría, que constituye al mismo tiempo un legado para sus discípulos y compañeros. En el proceso, el salmo o alguna parte de él pudo haberse convertido a veces en la común confesión de fe del maestro y de los discípulos, cada vez que finalizaba la enseñanza en la 'casa del estudio'. Como tal, el Salmo era adecuado para encender el amor al Dios que se revelaba en cada 'palabra', y para situar bajo la dirección divina, con verdadera sabiduría, la forma de vida que se hallaba tan hostilizada y combatida. Resulta indudable, por tanto, que nuestro salmo nació en el terreno de la escuela sapiencial de la época tardía posterior al destierro" (A. Deissler, *"Psalm 119 und seine Theologie"*). Pero ¿será cierto que el salmo deba

El tema único de este salmo es la Palabra del Señor. El salmista coloca su argumento bajo numerosas luces y lo somete a diversos enfoques, pero rara vez omite mencionar la *Palabra del Señor* en cada versículo bajo alguno de los diversos nombres por los que es conocida. Y si alguno hay donde no aparezca explícitamente, ello no quita que siga siendo el tema central expuesto con el mayor entusiasmo. Quién quiera que fuese el autor de este cántico maravilloso, estaba ciertamente empapado del conocimientos de los libros sagrados que tuviera en posesión en su época.[13] Andrew Bonar[14] cuenta la historia de un cristiano sencillo que viviendo aislado en una granja, había leído y meditado en profundidad la Biblia entera de principio a fin, versículo a versículo, tres veces. Esto mismo había hecho, sin duda, el autor del Salmo 119: ir más allá de la simple lectura para adentrarse en la meditación. Como Lutero,[15] David había también sacudido y zarandeado exhaustivamente en el jardín de Dios cada árbol frutal, uno tras otro, recolectando de cada cual sus frutos de oro. «Muchos hay –dice Martin Boos–,[16] que cuando leen la Biblia hacen como las vacas: mientras pastan buscando la hierba más crecida y lozana pisotean con sus pezuñas las flores y plantas más delicadas que hay debajo». Todos lo hacemos, lamentablemente, y con mucha frecuencia, demasiada; lo que no quita que sea una manera desgraciada de manejar las páginas inspiradas. ¡Que el Señor nos libre de caer de nuevo en ese pecado al leer este preciosísimo salmo!

---

atribuirse de manera tan clara al ambiente de las enseñanzas sapienciales? Klaus Koch [1926-2019], en una recensión del libro de Deissler, menciona la posibilidad de que el Salmo 119 procediera de los círculos deuteronómicos de la época del destierro. Con ello, Koch enfoca más nítidamente la cuestión acerca de las peculiaridades de la piedad de la תּוֹרָה *torah*. Y este debe ser nuestro punto de partida. ¿Qué concepción de la תּוֹרָה *torah* o del דָּבָר *dabar* tiene el Salmo 119? ¿dónde se hallan las raíces de esta concepción? ¿qué complejo de tradiciones permitirá comprender las manifestaciones que se hacen en el conjunto de la obra? La tendencia didáctica del salmo, reconocida acertadamente y acentuada con énfasis por Deissler, y que conduce a la escuela sapiencial, no debe oscurecer la cuestión acerca de la comprensión específica de la תּוֹרָה *torah* que aparece en este salmo» [*Los Salmos,* Vol. II, Sal. 60-150 Ediciones Sígueme, Salamanca, 1993].

[13] Un erudito especialista en los Salmos del siglo xx, Michael Douglas Goulder [1927-2020] desarrollo la teoría de que el Salmo 119 fue probablemente compuesto como una liturgia final para la fiesta de la Pascua. Siendo la Pascua celebración de la libertad sobre la esclavitud padecida en Egipto; y la siguiente festividad la de: שבועות *Shavuot,* Fiesta de las Semanas o de las Primicias (Éxodo 34:22; Levítico 23:10-21; Números 28:26; Deuteronomio 16:10), y también llamada Pentecostés (Hechos 2:1; 20:16; 1 Corintios 16:8), segunda de las tres fiestas de peregrinaje; tradicionalmente también una celebración de la llegada de Israel al Sinaí y su recepción de la Ley, el Salmo 119 se erige según él como un puente entre ambas festividades. El pueblo que acaba de celebrar la Pascua aguarda la Ley que está por venir mientras exclama: *"Me deleitaré en tus mandamientos ... hacia ellos alzaré mis manos"* (119:47-48 BLP). Referente a la conexión entre el Salmo 119 y el peregrinaje ver el comentario de Kraus en la nota 107 de estas Introducciones, y en la nota 63 del comentario a la tercera octava del Salmo 119:19.

[14] Se refiere a Andrew Alexander Bonar [1810-1892] pastor de la Iglesia de Escocia y posteriormente de la Iglesia Libre. Se unió a la Iglesia Libre en 1843 y fue su coordinador en 1878. Se identificó con los movimientos evangélicos de avivamiento y se adhirió a la doctrina premilenialista. En 1839 visitó Palestina en compañía de Robert Murray McCheyne [1813-1843] para investigar la situación de los judíos. Pese a las críticas de otros ministros calvinistas en la Iglesia Libre, fue un gran anfitrión del pastor y evangelista norteamericano Dwight L. Moody [1837-1899] durante sus visitas a Gran Bretaña en 1874 y 1875.

[15] Sin duda se refiere a la conocida frase de Lutero con referencia a la exégesis bíblica que dice: «Primero zarandeo todo el árbol para que caigan los frutos más maduros. Después me encaramo en el y sacudo cada extremo, luego cada rama y cada tallo, y finalmente miro debajo de cada hoja».

[16] Se refiere a Martin Boss [1762-1825] teólogo católico romano alemán muy próximo a las ideas del luteranismo.

Se detecta lo largo de todo el Salmo una progresión o crecimiento gradual evidente. Los primeros versículos abonan por su naturaleza y enfoque la hipótesis de que el autor era un hombre joven; pero muchos de los pasajes posteriores solo podrían haber surgido de una persona curtida por la edad y templada por la sabiduría que acumulan los años. En todos se detecta una experiencia espiritual profunda, una percepción primorosa y meditación ferviente. Si no fue David quien escribió este salmo, será porque existió otro creyente con la misma mentalidad y línea de pensamiento que él, adicto a la salmodia con el mismo ardor y análogo en su aprecio y entusiasmo por la Sagrada Escritura.

La mejor forma de aprovechar esta hermosa composición sagrada y sacar de ella el mejor partido, es sincronizar nuestras mentes con el tema que expone. Y para ello nada mejor que memorizarla.[17] La hija de Philip Henry,[18] una mujer profundamente piadosa y de gran sensibilidad, escribió en su diario: *«Me he propuesto aprender todo el Salmo 119 de memoria, entero, del versículo uno al ciento setenta y seis, y he logrado ya importantes progresos en este sentido»*. Y una vez memorizado, el próximo paso es recapacitar sobre la plenitud, certeza, claridad y dulzura de la Palabra de Dios, tal como el propio salmo nos encarece; pues haciéndolo desarrollaremos un cálido afecto hacia ella en nuestro interior. Siendo criaturas tan dichosas y afortunadas como para que el Dios eterno Dios nos haya escrito una carta autógrafa de su puño y letra: ¡Por ventura el elogio de este testimonio divino no habría de suscitar el ardor devoto mas ferviente y el más sofisticado esmero en composición poética! Y en este sentido, si algo cabe decir que haya salido jamás de pluma humana, es, sin lugar a dudas, el Salmo 119, que bien cabe definir como: 'el soliloquio de un alma santa ante una Biblia abierta'.

Pues que otra cosa es esta oda sagrada sino una Biblia en miniatura, la Palabra entera condensada en un Salmo, pura *Biblina* concentrada,[19] las Sagradas Escrituras al completo reescritas en forma de emociones y expresiones santas. ¡Bienaventurados quienes saben leer y entender propiamente estos aforismos[20] sagrados, porque son el auténtico jardín de las Hespérides[21] donde encontrarán las autén-

[17] Una costumbre bastante habitual en el siglo XIX: el insigne explorador y misionero DAVID LIVINGSTONE [1813-1873], con tan solo nueve años de edad se hizo en la Escuela Dominical de su iglesia con el premio de un Nuevo Testamento por haber logrado recitar el Salmo 119 de memoria.

[18] Se refiere a PHILIP HENRY [1631-1696] eminente predicador puritano y padre del conocido MATTHEW HENRY (1662-1714). Philip Henry tuvo dos hijos (John y Mathew) y cuatro hijas, una de las cuales, de nombre Sara que es la que llevaba el diario que posteriormente fue publicado y que Spurgeon menciona aquí. De ella se escribió también una biografía como ejemplo de una buena madre puritana.

[19] El texto original dice *"a mass of Bibline"*. En este sentido cabe recordar que Spurgeon afirmaba con respecto a JOHN BUNYAN [1628-1668] autor de *"El Progreso del Peregrino"*, que tenía tenía *"Biblina"* en la sangre en lugar de hemoglobina: *"This man [Bunyan] is a living Bible! Prick him anywhere, and you will find that his blood is Bibline, the very essence of the Bible flows through him. He cannot speak without quoting a text, for his soul is full of the Word of God." (¡Este hombre [Bunyan] es una Biblia en carne y hueso! Pinchadle donde queráis y podréis comprobar que su sangre es Biblina, por sus venas corre la esencia misma de la Biblia. No alcanza a abrir la boca sin citar un texto, su alma está repleta de la Palabra de Dios).*

[20] Un AFORISMO es una frase o sentencia breve y doctrinal que se propone como regla en alguna ciencia o arte.

[21] Según la mitología griega las HESPÉRIDES eran unas ninfas que habitaban un jardín cercano al océano, (que algunos autores, como el historiador y geógrafo ESTRABÓN [64-19 a.C.] situaban en Tartessos, algún lugar cercano a la desembocadura del río Guadalquivir en las actuales provincias españolas de Sevilla y Huelva). En el "Jardín de las Hespérides" había un manzano que daba manzanas doradas que proporcionaban la inmortalidad a quien las comía. Y a las Hespérides se les encomendó la tarea de proteger ese manzano, con la ayuda de un dragón de cien cabezas llamado Ladón, para que nadie robara su fruto y lograra la inmortalidad.

ticas manzanas de oro! Sus estrofas, al igual que el conjunto completo de la Sagrada Escritura que sus rimas tanto ensalzan, son una isla de perla,[22] o mejor aún: un jardín de flores fragantes.[23]

C. H. SPURGEON

Introducción de Matthew Henry al Salmo 119: En la constelación de los salmos, el Salmo 119 resplandece con luz propia destacando claramente por su intensidad. Es el salmo más largo, superando en más de dos veces la longitud de cualquier otro; lo que nos lleva a concluir que no son las oraciones largas lo que Cristo censuró, sino más bien alargarlas por vanidad de manera hipócrita,[24] pues las oraciones largas, si son sinceras, son beneficiosas y encomiables. Mi opinión es que el Salmo 119 recopila el conjunto de las invocaciones más pías y devotas de David: suspiros breves y súbitos dirigidos a Dios desde el fondo de su alma, que a medida que acudían a su mente de forma diseminada iba anotando día tras día, y que finalmente recopiló y transcribió en las postrimerías de su vida, añadiendo otros y convirtiéndolo todo en este precioso Salmo. Lo cual explicaría la desconexión o falta de continuidad que detectamos en algunos de sus numerosos versículos. Igual que sucede con los proverbios de Salomón, el Salmo 119 no es un collar uniforme de eslabones ensamblados, sino más bien un arcón repleto de anillos de oro.[25] En sus estrofas el salmista nos estimula a seguir su ejemplo y recurrir a invocaciones piadosas como el medio más excelente para mantener una comunión permanente con Dios y preservar nuestro corazón en la fe; invitándonos a que hagamos nuestras sus palabras a la hora de expresar nuestros propios sentimientos piadosos. Del Salmo 119 se dice que todo aquel que lo lea solícitamente terminará o bien enfervorizado o bien avergonzado. Y es una gran verdad.[26]

Su composición es singular y muy precisa. Se estructura en veintidós bloques según el número de letras del alfabeto hebreo, y cada bloque viene formado por ocho versos: todos los del primer bloque comienzan con א ALEF, los del segundo con ב BET, y así sucesivamente, a lo largo de todo el salmo. El Arzobispo Tillotson[27] dice al respecto: 'Da la impresión de que el autor gozaba de un ingenio y habilidad poéticas muy por encima de lo que nosotros siglos después, hoy en día, somos capaces de asumir y comprender'. Algunos lo han calificado como: "El Abecedario de los santos";

---

[22] El siglo XVII fue el siglo de los grandes descubrimientos de islas paradisíacas en el océano Pacífico y por la Inglaterra victoriana del siglo XIX circulaban todo tipo de leyendas acerca de las mismas. De hecho existe unas islas denominadas concretamente Islas de las Perlas o Archipiélago de las Perlas el Golfo de Panamá, pero no creemos que Spurgeon se refiera a ninguna isla en concreto sino más bien a la imagen abstracta de las mismas como lo más preciado y deseable.

[23] Cantares 5:13. La KJV traduce el texto como: *"as sweet flowers"*.

[24] Mateo 6:5-8.

[25] Dice ALEXANDER MACLAREN [1826-1910]: «Es tiempo perdido y esfuerzo inútil empeñarse en buscar en este salmo una línea de continuidad o de progresión, ya que en él prevalece un único pensamiento que lo impregna de principio a fin: la excelencia abrumadora de la Ley de Dios. Toda su fuerza y belleza surgen de la reiteración incansable de esta misma idea. No obstante, de esta aparente monotonía brota una música sutil y seductora. Sus rimas son como las ondas en un mar soleado, impresionantes en su curso de continuidad como un todo uniforme, y sin embargo, reflejando cada una la luz de un modo distinto y rompiendo contra orilla en un estilo propio y un rumor particular».

[26] FRANCISCO LACUEVA [1911-2005], en su versión española del "Comentario de Matthew Henry" añade «Es un excelente termómetro para medir la temperatura espiritual del lector: si se entusiasma buena señal; si se aburre es que tiene frío el corazón».

[27] Se refiere a JOHN TILLOTSON [1630-1694], dean y arzobispo anglicano de Canterbury. La cita procede de la introducción al Salmo en un sermón de Tillotson sobre el Salmo 119:96. Sermón XLII en *"The Works of the Most Reverend Dr. John Tillotson: Two Hundred Sermons and Discourses en Several Ocasions"*, 1722, aunque evidentemente Matthew Henry [1662-1714] no lo cita sobre esta edición.

y en este sentido sería de desear que tuviéramos sus estrofas tan indeleblemente grabadas en nuestra memoria y tan accesibles para su uso como tenemos las letras del alfabeto, el ABC. Es posible que el escritor encontrara de utilidad creativa seguir este método acróstico, ya que le obligaba a buscar nuevas palabras y pensamientos con los que llenar la cuota de versos de cada octava; y descubriera como cada letra con la que se veía obligado a comenzar el dístico le llevaba a una palabra que le sugería una excelente frase, capaz de hacer germinar una semilla espiritualmente fructífera en el terreno estéril de nuestros corazones. Más que otra cosa, sin embargo, el acróstico era útil para los estudiantes, una ayuda eficaz tanto para memorizar los versos como para recordarlos fácilmente cuando era necesario: la letra conduce a la primera palabra, y esta al versículo completo; esto ayudaba mucho a los jóvenes a memorizarlo y recordarlo con soltura incluso en la vejez. Y si alguien lo critica tachando la forma acróstica de recurso poético vulgar y pueril, porque en nuestra época los acrósticos ya no están de moda, sepa que el salmista no hubiera prestado la menor atención a tales críticas; porque se tenía ante todo por maestro de niños,[28] y por tanto, si entendía que este método acróstico podía ser beneficioso en su instrucción, se inclinaba abiertamente por él; y si al hacerlo era calificado de vulgar y ramplón, estaba dispuesto a ser todo lo ramplón que fuera necesario con tal de alcanzar su propósito.

La enorme estima y afecto apasionado de David hacia la palabra de Dios es ciertamente admirable, considerando lo poco que tenía de ella a su disposición comparado con lo que tenemos nosotros, probablemente tan solo los primeros libros de Moisés, que no eran más que el despuntar del alba de ese día brillante y esclarecedor de las Escrituras; algo que debería hacer que a nosotros, que gozamos de la revelación divina completa, se nos caiga la cara de vergüenza al reconocer la trivialidad con la que la manejamos. Dado lo copioso y variado de su contenido, hay en las estrofas de este Salmo recursos apropiados para expresar todos los afectos devotos de un alma santificada. Encontramos en sus versos las palabras adecuadas con las que debemos glorificar a Dios como nuestro gobernante y gran benefactor; enseñanzas con las que instruirnos y amonestarnos a nosotros mismos (las instrucciones que aporta sobre la práctica de la fe son incontables); y palabras para consolarnos y animarnos unos a otros, en su mayoría surgidas de las dulces experiencias personales del autor. Hay material adaptable al caso particular de cada creyente. *"¿Está alguno entre vosotros afligido? Haga oración. ¿Está alguno alegre? Cante alabanzas"*.[29] En el Salmo 119 cada uno encontrará lo que es más apropiado para él. Lejos de ser una repetición tediosa del mismo concepto, como podrá parecerles a quienes lo contemplan superficialmente y con suspicacia, si meditamos debidamente en él, descubrimos que casi todos los versículos contienen algún pensamiento novedoso y vivificante. Lo cual, como en muchos otros salmos de David, nos enseña a ser concisos y sentenciosos en nuestras adoración y devociones, tanto a solas como cuando las llevamos a cabo conjuntamente con otros en grupo; ya que por lo general, pero de manera especial en el caso de los cristianos más débiles, es mucho más probable que el amor y los afectos surjan y prosperen mediante expresiones cortas que actúan orientando cual pequeña brújula, que no con frases prolongadas y grandilocuentes cuyo sentido es más fácil que confunda y se pierda.

MATTHEW HENRY [1662-1714][30]
"Commentary on the Whole Bible", 1811

[28] Salmo 34:11: *"Venid, hijos, oídme; en el temor del Señor os instruiré"*.
[29] Santiago 5:13.
[30] En el original inglés Spurgeon solo incluye el primer párrafo de la introducción de Matthew Henry. Hemos estimado conveniente incluirla completa traducida directamente del comentario original de Matthew Henry.

Introducción de William Alexander al Salmo 119: El Salmo 119 ha sido menospreciado por uno de los más distinguidos críticos racionalistas de nuestra época, el profesor Reuss,[31] que lo ha calificado de: «negación total de la poesía, un conjunto de meras repeticiones a modo de letanía, una suerte de rosario monótono». Pero la opinión de los santos ángeles de Dios no parece coincidir en modo alguno con semejante afirmación; como tampoco la de los espíritus redimidos a quienes este extraordinario poema proporciona el lenguaje adecuado para sus alabanzas a Dios en su himno de victoria: *"Justos y verdaderos son tus caminos"*.[32] El clamor del ángel de las aguas: *"¡Justo eres tú, oh Señor!"*;[33] la voz de una gran multitud en el cielo: *"Porque sus juicios son verdaderos y justos"*:[34] ¿donde encajan sino con las palabras del Salmo 119 fuera quien fuera que lo escribió?: *"Justo eres tú, oh Señor, y rectos son tus juicios"* (119:137).

WILLIAM ALEXANDER [1824-1911]
"The Quiver", 1880

Introducción de John Mason Good al Salmo 119: Este singular poema ha llegado hasta nosotros sin nombre o título, y con bastantes dificultades en lo referente a la fijación de su fecha. Buena parte de los exégetas suponen que fue escrito por el rey David, y ciertamente en sus estrofas abundan los giros de lenguaje y expresiones de sentimiento características de sus composiciones poéticas. Refleja a la perfección ese oscilar entre situaciones favorables y desfavorables, épocas de adversidad y de prosperidad tan propio del pastor, salmista y rey de Israel; con claridad suficiente como para concluir que se trata de una colección de poemas compuestos por David en diferentes épocas, momentos y circunstancias de su vida; o cuanto menos, recopilados y dispuestos por él en su forma actual a partir de fragmentos sueltos de otros bardos y poetas que le precedieron, y que probablemente corrían peligro de quedar definitivamente olvidados y perdidos en el tiempo. Si está teoría es correcta, podría tratarse de uno de los poemas que David ofreció al pueblo, según relata Josefo,[35] al restablecerse la tranquilidad después de la derrota del traidor Seba[36] y el regreso de las diez tribus rebeldes en actitud leal al rey. Se trata de un poema, o mejor deberíamos decir colección de poemas, pensado y escrito exclusivamente para la devoción personal, pues en el mismo no hay ninguna referencia a personajes, hechos históricos, acontecimientos de carácter nacional, festividad pública o lugar concreto de adoración: aunque algunas de sus invocaciones y consejos puedan entenderse eventualmente como alusivos a alguno de estos lugares.[37] No dice nada de David o Salomón, sobre Moisés y Aarón, de la salida de

[31] Se refiere a EDOUARD GUILLAUME EUGÈNE REUSS [1804-1891], profesor de criticismo bíblico, lenguas orientales y Antiguo Testamento en el la Universidad de Strasbourg. Miembro de la Iglesia Protestante Luterana de Augsburgo - Confession of Alsacia y Lorraine, adoptó las posiciones críticas radicales que posteriormente defenderían KARL HEINRICH GRAF [1815-1869] de quién fue profesor, y JULIUS WELLHAUSEN [1844-1918].

[32] Apocalipsis 15:3.

[33] Apocalipsis 16:5.

[34] Apocalipsis 19:2.

[35] Se refiere al historiador judío-romano FLAVIO JOSEFO [37-94]. Ver *"Antigüedades de los Judíos"*, Libro VII: *"De la muerte de Saúl a la muerte de David"*. Capitulo XII Apartado 3: «Libre David de guerras y peligros, y gozando en lo futuro de una profunda paz, compuso himnos y canciones a Dios de distintos metros; algunos eran trímetros y otros pentámetros. Hizo también instrumentos musicales y enseñó a los levitas a cantar himnos a Dios, durante los días llamados del *sabbat* y en otros festivales».

[36] 2 Samuel 20:1-22.

[37] Aunque no faltan especulaciones en este sentido y algunos llegan incluso a jugar con el significado de la letra hebrea ב *bet* en la segunda sección del salmo (119:9-16) y el vocablo בַּיִת *bayith,* "casa"; probablemente

Egipto o de la travesía por el desierto; nada de Jerusalén o del Monte Sión, de Efrata,[38] del templo, del altar o de los sacerdotes, ni tan siquiera del pueblo. Tan solo expresiones santas e invocaciones fervientes salidas de un alma pía en meditación devota, en estado de éxtasis y embeleso; entregada por entero a su Dios en confianza bienaventurada, entonando el ciclo sagrado de los atributos divinos y aferrándose a los consuelos de su voluntad revelada, cualquiera que sea la situación o prueba a la que pueda verse sometida.

Su estructura acróstica es un tanto peculiar y no tiene paralelo en ningún otro salmo. Una colección de cánticos o poemas breves formando cada uno por una octava con rango de ocho rimas pareadas. La primera octava comienza con la primera letra del alfabeto hebreo como letra de apertura de todas sus líneas, la segunda octava con la segunda letra, y así sucesivamente hasta completar las veintidós letras que forman el alfabeto de la lengua hebrea, esto es: veintidós octavas o poemas de ocho líneas cada uno. Las composiciones poéticas con este tipo de estructura son bastante comunes en Oriente, especialmente entre los poetas persas que identifican este tipo de poemas o cánticos aislados con el nombre de *Gazal,*[39] y el conjunto o poemario de todos ellos con el de *Diwan.*[40] El poeta árabe Temoa les aplica el simbolismo afortunado de "collares de perlas", una idea que hicieron suya también los poetas persas ilustrándola grácilmente de diversas maneras. Es debido a esta peculiaridad en la construcción de sus estrofas que el Salmo 119 resulta más fácil de memorizar en lengua hebrea que en cualquier otro idioma moderno: cada versículo de una misma octava comienza con la misma letra y las octavas van siguiendo el orden del alfabeto; de tal modo que la letra de cabecera se convierte en una ayuda importante a la memoria del estudiante permitiéndole recordar el conjunto sin excesivas vacilaciones.

JOHN MASON GOOD [1764-1827]
"An Historical Outline of the Book of Psalms"

Introducción de Franz Julius Delitzsch al Salmo 119: Al Salmo 118, salmo *hodu,*[41] escrito en estilo *gnómico-críptico,*[42] le sigue, el Salmo 119 *gnómico-didáctico,* que consta de ciento setenta y seis versos dísticos o versículos masoréticos, que agrupados en base a las veintidós letras del alfabeto hebreos forman las veintidós octavas (llamadas por los antiguos expositores ὀγδοάδες u *octonarii)* de este "*Psalmus literatus s. alphabetites*". En cada octava de ocho versículos (dísticos), cada uno de ellos comienza con la misma letra consecutiva (8 x 22 = 176). Los salterios latinos (como el *Psalterium Veronense*, y originalmente quizás todos los antiguos Salterios griegos) tienen el nombre de la letra antes cada octava; el Siríaco tiene los signos de las letras; y en la "Biblia Complutense", como también en otras, con cada grupo comienza una nueva línea. El Talmud de Babilonia (*Tractate*

---

la relación más clara, y con todo indirecta, sea entre el versículo ciento treinta y nueve (119:139) y texto de Juan 2:17 cuando Jesús expulsó los mercaderes del templo.

[38] Salmo 132:6.

[39] Los poemas árabes *Gazal* (o gacela) comienzan con un pareado cuya rima es repetida en todas las líneas pares subsiguientes, mientras que las líneas impares no tienen rima. Suelen ser poemas amorosos, aunque pueden ocasionalmente versar sobre otros temas.

[40] En la poesía árabe, especialmente en la persa, un *Diwan* (diván) era un conjunto o recopilación de poemas por un mismo autor. Uno de los más importantes contribuyentes a la tradición del *Diwan (o diván)* es el poeta turco *Mehmet Sulaymān Fuzuli* (1483-1556) que los escribió en tres idiomas diferentes: turco azeri, persa y árabe, y una de sus obras más conocidas es *El diván de gazales.*

[41] Los salmos llamados *hodu* o de acción de gracias porque comienzan con un הוֹדוּ *hōwḏū,* dad gracias, son los Salmos 105, (106), 107, 118 y 136.

[42] El estilo gnómico es un género de poesía que consiste en un conjunto de máximas puestas en verso como auxilio a la memoria.

Berachot) dice de este Salmo: "consiste de ocho Alephs", etc. La *Masora* lo define como אלפא ביתא רבא; la *Midrash* lo llama מדרש אלפא ביתא y la *Pesikta de-Rab Kahana* פסיקתא דתמניא אפי. En nuestra versión alemana tiene la inscripción apropiada *"Das güldene ABC"* el ABC de oro para el cristiano en la acción de gracias, el amor, el poder y el uso de la palabra de Dios, porque en él se expone la plenitud inagotable de lo que la palabra de Dios es para el ser humano, y cómo un hombre debe comportarse en relación con ella. La Masora observa que hay tan solo un versículo, el ciento veintidós (119:122) en el cual no encontremos alguna referencia o término concreto alusivo a Palabra revelada, como sucede en los restantes ciento setenta y cinco, y que son una cadena de sinónimos enlazados que recorre todo lo largo el Salmo. Y en una disposición tan ingeniosa y hábilmente diseñada y realizada, puede que no sea meramente casual que la invocación a *Yahve* ocurra, como ha observado Bengel:[43] *"bis et vicesies pro numero octonariorum"* veintidós veces, conforme al número de octavas.[44]

Sin embargo, el Salmo 119 ha sido víctima de todo tipo de comentarios y puntos de vista erróneos. Koster,[45] von Gerlach,[46] Hengstenberg,[47] y Hupfeld,[48] renuncian a todo intento de demostrar que haya en el mismo alguna concordancia o plan establecido, no viendo en el Salmo 119 más que una recopilación de máximas sin progresión ni conexión interna alguna. Ewald[49] parte del error de que se trata meramente de una oración, extensa y prolongada, de un anciano y experimentado maestro. Pero el versículo nueve (119:9) y sucesivos dejan muy claro que el poeta mismo es un *"joven"*, algo que corroboran los versículos noventa y nueve y cien: *"Poseo más cordura que los viejos"* (119:99-100). Definitivamente el poeta es un hombre joven que atraviesa una situación difícil claramente descrita: ridiculizado, oprimido y perseguido por aquellos que desprecian la palabra divina (afirma estar rodeado de apostasía), y más particularmente por un gobierno hostil a la

---

[43] Se refiere a Johann Albrecht Bengel [1687-1752] renombrado teólogo y exégeta luterano alemán especialmente conocido por su *"Gnomon Novi Testamenti"* (Tubinga, 1742) con un *"Apparatus criticus"*, que fue el punto de partida de la moderna crítica textual del Nuevo Testamento.

[44] En realidad el término יְהוָה *Yhvh* ocurre veinticuatro veces –119:1, 12, 31, 33, 41, 52, 56, 57, 64, 65, 75, 89, 107, 108, 126, 137, 145, 149, 151, 156, 159, 166, 169, 174– pero en 119:1 y 57, no es propiamente una invocación o apelación; la Reina-Valera traduce todas las invocaciones como "oh Jehová" con la excepción de 119:145, aunque es clarísimo que se trata también de una invocación.

[45] Se refiere a Friedrich Burchard Köster [1791-1878], pastor, teólogo y exégeta alemán, profesor en la Universidad de Kiel.

[46] Se refiere a Otto von Gerlach [1801-1849], teólogo y exégeta alemán, pastor en Berlín y conocido por el apodo de " el Wesley de Berlín", por haber traducido al alemán los sermones de John Wesley. Escribo un elaborado comentario a toda la Biblia en seis volúmenes que fue muy popular en su época.

[47] Se refiere a Ernst Wilhelm Herrmann Hengstenberg [1802-1869], teólogo y lingüista alemán. Escribió y publicó numerosas obras, entre ellas un famoso comentario a los salmos *"Commentar über die Psalmen"*, 1842, al que hace referencia Delitzsch.

[48] Se refiere a Hermann Hupfeld [1796-1866], teólogo, orientalista y comentarista alemán nacido en Marburg, donde cursó sus estudios y ejerció como profesor de teología hasta su traslado a Halle para suceder a Wilhelm Gesenius [1786-1842]. Autor de numerosas obras de teología y exégesis, su principal contribución fue su *"Übersetzung und Auslegung der Psalmen"*, comentario crítico y exegético al libro de los Salmos que comenzó a aparecer en 1855 y se completo en 1861.

[49] Se refiere a Georg Heinrich August Ewald [1803-1875] teólogo y hebraísta alemán nacido en Göttingen, y que junto con Gesenius y el propio Delitzsch formó parte del grupo de grandes hebraístas del siglo xix. Su gramática hebrea *"Hebrew Grammar"* inauguró una nueva era en la filología bíblica. Escribió numerosas obras de teología e interpretación bíblica, entre ellas la conocida como *"Essay on Hebrew Poetry"* que posteriormente formó parte de su Comentario a los Salmos y fue editada en inglés en 1848.

verdadera fe: (119:23, 46, 161). Rodeado de lazos y trampas (119:61), en las perores condiciones (119:83) amenazado de muerte (119:109); pero ciertamente, reconoce su aflicción y humillación como una acción saludable de la mano de Dios, y encuentra consuelo y sabiduría en su palabra, aunque anhela liberación, y ora fervientemente por ella. El Salmo entero es una oración implorando resolución y fortaleza en medio de una raza impía y degenerada; ante el agobio provocado por enormes dificultades, que se agravan por el dolor que causa al orante la apostasía prevaleciente, y que desemboca, en la octava (**כ Kaf**), en una apelación dramática pidiendo liberación urgente: ¿Hasta cuándo? *"¿Cuándo me consolarás? ¿Cuántos son los días? ¿Cuándo harás juicio?* (119:82, 84). Si admitimos esta fisonomía y esquema bien definido, la progresión interna del Salmo 119 se esclarece y se hace más fácil de discernir:

Después ponderar la fidelidad a la Palabra de Dios (**א Alef**) y describirla como virtud suprema entre todas las virtudes útiles y necesarias para un joven, motivo por el cual se entrega a ella plena e incondicionalmente (**ב Bet**); sometido a persecución por parte de aquellos que le rodean, el poeta ora a Dios implorando que la gracia le ilumine (**ג Guímel**), le fortalezca (**ד Dálet**), le preserve (**ה Hei**), y le conduzca a una confesión clara y gozosa (**ו Vav**) de que la palabra de Dios es todo cuanto persigue y anhela (**ז Zain**). Se aferra, por tanto, a los piadosos y temerosos de Dios que guardan sus mandamientos (**ח Jet**), reconociendo los efectos salutíferos de la humillación a la que se ve sometido (**ט Tet**); pero entiende que precisa consuelo (**י Yod**), por lo que suspira diciendo: ¿Hasta cuando? (**כ Kaf**). Si no contara con la firmeza, el sustento y seguridad que le aporta la palabra de Dios, desfallecería (**ל Lámed**); pero ella es la que le proporciona sabiduría en circunstancias difíciles (**מ Mem**), por lo que ha jurado serle fiel, y mantener su fidelidad a ella aún en medio de la más dura persecución (**נ Nun**); lo cual le lleva a aborrecer y despreciar a los hipócritas que apostatan de la ley (**ס Sámaj**). Se ve oprimido a pesar de haber obrado con justicia, pero Dios no permitirá que lo aplasten (**ע Ayin**); y por tanto, aunque las acciones crueles de los impíos arranquen de sus ojos un torrente de lágrimas, no prevalecerán contra él (**פ Pei**), pese a ser él pequeño (todavía joven) y despreciado, porque le consume el celo contra todos aquellos que respiran impiedad (**צ Tzadi**). ¡Oh, si Dios se dignara a escuchar su clamor con que derrama ante él su corazón día y noche (**ק Qof**), si asumiera su causa y lo librara, vivificándole conforme a su misericordia (**ר Resh**). Entonces, pese a verse perseguido por príncipes y magnates, se aferraría a él y sentiría paz (**ש Shin**). Si su clamor llega a la presencia de Yahveh, sus labios rebosarán alabanza ¡pues Él lo buscará y rescatará cual oveja extraviada en grave peligro! (**ת Taf**). Es preciso decir que este esquema no agota en absoluto las numerosas verdades fundamentales que brotan individualmente de las diversas octavas, y que cabrían muchos más y probablemente más adecuados; pero basta para demostrar que el Salmo 119 no está falto de coherencia y esquema progresivo; que no es un efluvio espontáneo fruto de una situación idílica, sino que la múltiple y compleja aclamación de la palabra divina que reflejan sus estrofas, es producto de una enseñanza paciente forjada en circunstancias difíciles.

Lo más lógico es suponer que la composición del Salmo 119 data de la época de dominación griega, en la que el gobierno era radicalmente hostil al judaísmo ortodoxo, y había entre los propios judíos un grupo de colaboradores con la autoridad establecida influyente y numeroso, que actuaban implacablemente como perseguidores de cuantos habían optado por mantenerse fieles a la Torá. Hitzig[50] dice al respecto: «Se puede afirmar con seguridad profusa que el Salmo 119 fue escrito en la época de los macabeos por algún fiel y renombrado israelita encarcelado por las autoridades gentiles». Las incontables horas de trabajo que implica la composición de un salmo tan largo y de tan compleja

[50] Se refiere a FERDINAND HITZIG [1807-1875] teólogo y erudito hebraísta alemán especializado en Antiguo Testamento y de manera especial en el Salterio sobre los que publico un extenso y apreciado comentario que fue ampliando paulatinamente hasta alcanzar dos volúmenes: *"Die Psalmen"* (1935-1965).

estructura, tan elaborado y entretejido de principio a fin, nos lleva a intuir detrás de tan insigne labor el semblante afligido de un mártir o confesor de la fe; la labor paciente de un prisionero, que para olvidarse del largo y tedioso transcurrir de las horas, las empleaba trenzando sus quejas y lamentos con dulces pensamientos consoladores».[51]

FRANZ JULIUS DELITZSCH [1813-1890]
"Biblical commentary on the Psalms", 1859

Comentario de Andrew Robert Fausset al Salmo 119: El Salmo 119 es el sermón adecuado para después del *Hallel*[52] ya que versa por entero sobre la afirmación de su epítome:[53] *"Bienaventurado el varón que no anduvo en consejo de malos, ni estuvo en camino de pecadores, ni en silla de escarnecedores se ha sentado; sino que en la ley de Jehová está su delicia, y en su ley medita de día y de noche"*.[54] Sus estrofas ensalzan la ley de Jehová de forma expresa y continuada en cada versículo salvo en dos de ellos: el ciento veintidós y el ciento treinta y dos (119:122; 119:132).[55]

ANDREW ROBERT FAUSSET [1821-1910]
"Studies in the CL Psalms their undesigned coincidences with the independent Scripture histories, confirming and illustrating both", 1876

Comentario de William Cowper al Salmo 119: Cada estrofa del Salmo 119 contiene bien **una alabanza** concreta a la Palabra de Dios ensalzando alguna de sus excelencias; **una aseveración** o declaración enfática de David exponiendo su amor y sincero afecto hacia ella; o **una oración** pidiendo la gracia de ser como ella manda que seamos. Todos y cada uno de sus versículos encajan en una de estas tres cosas: alabanza, aseveración u oración.

WILLIAM COWPER [1566-1619]
"A Commentary upon CXIX Psalm", 1613

Comentario de Jonathan Edwards al Salmo 119: No conozco ninguna otra parte de la Escritura donde la santidad sincera esté mejor expuesta y remarcada que en el Salmo 119. El salmista traza desde los primeros versículos su propósito con absoluta claridad, y lo persigue hasta el final del salmo sin perderlo de vista un solo instante. Describe por activa y por pasiva las excelencias y la hermosura de la santidad[56] como medio de deleite espiritual. La ley de Dios –que como efluvio y expresión

[51] Probablemente por su discrepancia en lo que refiere al posible autor y fecha de composición del Salmo 119, en el original inglés Spurgeon transcribe tan solo el último párrafo de esta extensa y elaborada introducción de FRANZ JULIUS DELITZSCH [1813-1890]. Hemos considerado necesario y conveniente incluirla completa.

[52] Se denomina HALAL o HALLEL (del hebreo הלל *halal, alabanza*) a una liturgia judía compuesta para algunas festividades y formada por seis salmos, los comprendidos del 113 al 118, que son recitados o cantados en voz alta juntos o parcialmente según el caso, pero como una unidad.

[53] Un *epitome,* del griego ἐπιτομή, es un resumen o compendio de una obra extensa que resume sus temas principales o rasgos fundamentales. En este caso da entender que el texto del Salmo 1:1-2 es el resumen (epítome) de toda la liturgia del Hallel.

[54] Salmo 1:1,2.

[55] Algunos comentaristas entienden que son tres los versículos: 90, 122 y 132, al no considerar el termino *"verdad"* o *"fidelidad"* en el versículo 90 como mención directa a la palabra. Tal es el caso FRANCISCO LACUEVA [1911-2005], en su versión española del "Comentario de Matthew Henry".

[56] 2 Crónicas 20:21; Salmo 29:2; 96:9; 110:3.

suprema de la santidad de la naturaleza divina prescribe la santidad en sus criaturas– es glosada en sus estrofas como objetivo supremo del amor y complacencia de toda naturaleza transformada por la gracia. Los mandamientos de Dios son su gloria, y por tanto los valora como lo más deseable: *"más que el oro, y más que mucho oro afinado"*, y los encuentra: *"dulces más que miel, y que la que destila del panal"*.[57]

JONATHAN EDWARDS [1703-1758]
"A Treatise Concerning Religious Affections", 1746

Comentario de Isaac Barrow al Salmo 119: Un salmo precioso tan excelente en virtudes como extenso en versículos. Recopila múltiples reflexiones sobre la naturaleza, propiedades y consecuencias de la ley divina ligadas con profusas y alegres declaraciones sobre sus excelencias. Pródigo en sus formas diversas de expresión: peticiones, acciones de gracias, resoluciones y de manera especial aseveraciones y aforismos.[58] Repleto de instrucciones útiles y celosas exhortaciones a la observancia de la Palabra de Dios. Pero no estructuradas de forma metódica, sino dispersas, cual hierbas medicinales en un campo hermoso, según iban brotando en la primavera del corazón de su autor o surgían libremente de su espíritu devoto, sin más coherencia entre ellas que el que brota de sí mismas.

ISAAC BARROW [1630- 1677]
"Sermons on various subjects", 1823

Comentario de Armand De Mestral al Salmo 119: Este salmo es una meditación prolongada sobre las excelencias de la Palabra de Dios y sus efectos positivos: la fortaleza y felicidad que aporta al ser humano en cualquier tipo de situación. Sus reflexiones, se entremezclan con peticiones en las que el salmista, sintiéndose profundamente afectado por la enfermedad moral tan característica del ser humano, implora la ayuda de Dios para poder andar rectamente y sin desviarse por el camino trazado especialmente para él en los oráculos divinos. Viene a ser como una especie de test o piedra de toque para la vida espiritual de todos aquellos que lo leen. Para entender propiamente este salmo destacado y disfrutarlo en toda su amplitud, evitando que su longitud y repeticiones se nos hagan tediosas, precisaríamos haber atravesado, en alguna medida, las mismas experiencias que su autor y aprendido, como él, a amar la Palabra Sagrada y ponerla en práctica por encima de todas las demás cosas. Los sentimientos expresados en sus rimas, concuerdan a la perfección con hechos que leemos tanto en los libros históricos como en los demás salmos, acerca de la obediencia de David y su celo por la gloria de Dios. Sin embargo, hay en el trasfondo de sus estrofas expresiones y palabras que respiran una piedad

[57] Salmo 19:10.

[58] Un AFORISMO, de griego ἀφορίζειν, es una frase corta que expresa una verdad de manera concisa y coherente; suele utilizarse como regla de alguna ciencia o arte. Se distingue del AXIOMA en que los aforismos suelen ser fruto de la experiencia, mientras que los axiomas son verdad obvias y evidentes que no precisan de demostración: "Quién mal anda mal acaba" es un aforismo; "La línea recta es la distancia más corta entre dos puntos" es un axioma.

tan sublime, que solo pueden entenderse en su sentido pleno y veracidad categórica, puestas en boca de Aquel del cual David, como profeta y rey, era el tipo: Cristo.

ARMAND DE MESTRAL [1815-1873]
"Commentaire Sur Le Livre Des Psaumes", 1856

Comentario de Salomon Gesner al Salmo 119: Tanto Hilario[59] como Lutero,[60] así como muchos otros comentaristas excelentes afirman que este salmo es un compendio breve de toda la teología cristiana. Porque cuanto dice sobre la Palabra de Dios revelada en las Sagradas Escrituras es vital para su estudio y aplicable a todo tipo de cuestiones doctrinales:

1. Habla del Autor de la doctrina.
2. Afirma su autoridad y certeza.
3. Declara que la doctrina contenida en los escritos apostólicos y proféticos es perfecta: contiene todo las instrucciones necesarias y útiles para llevarnos a la salvación eterna.
4. Asevera categóricamente la perspicuidad de la Escritura: su claridad y transparencia.
5. Establece su utilidad.
6. Concreta la veracidad de su conocimiento e interpretación salvadora.
7. Define su praxis, esto es, la aplicación práctica de esa doctrina. De como las cosas que nos enseña la Palabra de Dios han de ser analizadas y puestas en práctica en las tentaciones y las adversidades mediante la piedad, la moderación, la obediencia, la fe y la esperanza.

SALOMON GESNER [1559-1605]
"Christliche Betrachtung des Psalters", 1599

2. SOBRE LA ESTRUCTURA DEL SALMO 119 COMO SALMO ACRÓSTICO O ALFABÉTICO

Estructura: Este salmo es acróstico. Cada bloque de ocho versículos comienza con una letra del alfabeto. El conjunto viene estructurado en octavas de ocho[61] siguiendo las veintidós letras del alefato

[59] Se refiere a HILARIO DE POTIERS [315-367], Obispo, Padre y Doctor de la Iglesia conocido como «El Atanasio de Occidente», porque junto con Atanasio combatió ardientemente el arrianismo y participaron en las polémicas teológicas defendiendo la ortodoxia. San Jerónimo dice que era "un hombre de gran elocuencia; la trompeta de Dios contra los arrianos" que es a la frase a la que alude Boys al referirse a "la trompeta de plata de Hilario". Nacido en una familia pagana, poco después de su conversión, hacia el 353 fue nombrado obispo de Poitiers con la aprobación de todo el pueblo, pero tuvo que exilarse en Asia Menor debido a su rechazo de las tendencias arrianas que había en la Iglesia de las Galias (actual territorio de Francia). Durante el destierro, adquirió conocimientos de primera mano sobre la teología oriental. Después de cuatro años de destierro, volvió a su patria y "la Galia entera –dice San Jerónimo–, abrazó al héroe que volvía del combate victorioso y con la palma en la mano".

[60] Se refiera al reformador alemán MARTÍN LUTERO [1483-1546].

[61] Según CARL FRIEDRICH KEIL [1807-1888] y FRANZ JULIUS DELITZSCH [1813-1890] en su *"Biblical Commentary on the Old Testament"* los autores de la antigüedad (los Padres de la Iglesia) lo llamaban ὀγδοάδες u *octonario*.

o alfabeto hebreo.[62] Abunda además en aposiciones[63] de sentido y otras licencias de estilo propias de la poesía oriental, similares a las que se permitían también nuestros poetas clásicos. Lo que demuestra que el Espíritu Santo a la hora de llamar la atención de sus oyentes y ayudarles a retener su mensaje en la memoria, no tiene reparo en utilizar, si lo cree oportuno, formas de comunicación particularmente atractivas. Pues aunque por lo general emplea métodos de expresión más bien sencillos, no descarta lo original y complejo cuando estima que puede colaborar positivamente al proceso de instrucción. Jamás desecha una sola de las múltiples formas de locución, ni siquiera las más sofisticadas, si con

---

[62] Dice Kraus al respecto: «Aunque el Salmo 119, por su extensión nada habitual, rompe todos los moldes, sin embargo posee una estructura que es muy fácil de analizar. El arte de la ordenación alfabética (o alefática) ha producido una obra singular, que, por su esquematismo y por lo obligado de su forma, no tiene paralelos en el Antiguo Testamento. Las 22 letras del alfabeto hebreo introducen grupos sucesivos de ocho versículos cada uno. Teniendo en cuenta esos ocho versículos, sometidos en cada caso al dictado de la correspondiente letra del alfabeto, podríamos hablar de "estrofas". En cada "estrofa" experimenta una variación el gran tema fundamental del Salmo 119. Se trata casi siempre de ocho términos que se van sucediendo unos a otros, como distintas expresiones para designar la "ley" o la "palabra de Dios": תּוֹרָה *torah;* עֵדָה *edah;* פִּקּוּדֵי *piqqud;* חֹק *choq;* מִצְוָה *mitsvah;* מִשְׁפָּט *mishpat;* דָּבָר *dabar;* אִמְרַת *imrah.* Pero sería probablemente un procedimiento exageradamente crítico querer reconstruir en un perfecto orden sistemático la variación en que se van sucediendo esos términos. A veces en una "estrofa" aparecen repetidos varios de los ocho términos. La crítica textual debe considerar aquí con toda reserva las posibilidades, sin pretender completar el esquema. Ahora bien, ¿cómo habrá que entender el Salmo 119 en su forma tan excepcional? En la contestación a esta pregunta difieren ya las opiniones. ¿Será el Salmo 119 'un corolario abigarrado de aforismos sapienciales' como afirma Gerhard von Rad [1901-1971] en *"'Justicia' y 'vida' en el lenguaje cúltico de los salmos"* [*'Estudios Bíblicos 3'* Ediciones Sígueme, Salamanca]? ¿pretenderá ser un "poema didáctico" como afirma Rudolf Kittel [1853-1929)? ¿habrá que considerarlo como un "poema mixto" como lo considera Hermann Gunkel [1861-1932]? Hans Schmidt [1877-1953] explica: "Difícilmente podremos llamarlo 'poema' y mucho menos aún poema lírico; lleva el carácter de la erudición, de la habilidad artística para el manejo del lenguaje, de la palidez de los pensamientos, y con ello y por su extensión revela ser una obra de época tardía". Alphonse Deissler [1914-2005] en su detallado estudio sobre el Salmo 119, trata de caracterizar el género de este gran complejo sálmico diciendo que se trata de una "antología". Entiende por ella un procedimiento literario que presupone la existencia de un conjunto de libros sagrados. El autor del Salmo 119, por tanto, habría recopilado extractos y reunido sentencias aisladas, enlazándolos con arreglo a un sistema, perfectamente calculado, de disposición alfabética. En realidad, habrá que designar el Salmo 119 como "recopilación" o "antología", como una colección compleja de índole muy especial. El Salmo 119 se halla próximo a la categoría de los poemas didácticos. Teniendo en cuenta el tema dominante del conjunto, se podrá hablar también de un salmo de la תּוֹרָה *torah* (como son el Salmo 1, o el Salmo 19:7-14). A la pregunta acerca del género de la obra completa responde ahora el análisis de las formas de las distintas sentencias recopiladas en ella. Habrá que ofrecer primeramente, en la perspectiva de la historia de las formas, una vista de conjunto de la peculiaridad de los diversos componentes. … En el Salmo 119 encontramos los siguientes géneros: el macarismo, el "cántico individual de lamentación", el cántico de confianza, el cántico individual de acción de gracias con sus confesiones nítidamente perfiladas, el himno y la máxima sapiencial. El tema de la recopilación es –como ya se indicó anteriormente– el misterio y el milagro de la revelación que Yahvé hizo de su voluntad. Se expresa en el salmo una piedad de la תּוֹרָה *torah* con unas conexiones históricas e intelectuales que requieren un estudio preciso». [*Los Salmos,* Vol. II, Sal. 60-150 Ediciones Sígueme, Salamanca, 1993].

[63] Una "aposición" en el sentido estricto del término, es la yuxtaposición o colocación de dos sustantivos en el mismo caso uno al lado del otro, con el propósito de que uno complete o defina más exactamente el sentido del otro. Se da con bastante frecuencia en las lenguas semíticas, especialmente en el hebreo bíblico, y puede ser también de una palabra y una frase, o bien de dos frases con idéntica categoría gramatical, en la que la segunda desempeña una función explicativa o especificativa de la primera.

ello logra que la enseñanza penetre mejor en las mentes receptoras. Algo que Isaac Taylor[64] expresa de un modo magistral: «Visto meramente como composición poética, cabe decir que este salmo viene muy condicionado por las limitaciones que impone su forma estructural; pero su propósito es muchísimo más elevado: transmitir el éxtasis de la experiencia espiritual. Y es precisamente en la búsqueda de un equilibrio entre ambos elementos, en apariencia opuestos pero entremezclados a lo largo de todo el Salmo, donde hallamos una lección silente, pero repleta de significado, que cala en la mente de sus lectores: la transmisión del mensaje divino al espíritu humano no se obstruye en modo alguno, ni tampoco su contenido resulta alterado o cercenado, por el uso de formas diversas de expresión más originales y emancipadas. Todo lo contrario, sirven para poner de relieve su capacidad para adaptar, cuando es preciso, ese mensaje elevado a las mentes más infantiles y limitadas de sus destinatarios».

C. H. Spurgeon

Estructura: El Salmo 119 viene estructurado en base a las letras del alfabeto hebreo con el propósito de darnos a entender, con toda probabilidad, que cuando los niños comienzan a leer aprendiendo el alfabeto debemos también comenzar a enseñarles este Salmo.

Nathanael Hardy [1618-1670]
en un sermón predicado en 1653

Estructura: En latín,[65] los versículos del Salmo 119 no empiezan con las letras correspondientes del alfabeto; pero sí en hebreo que es la lengua en la que David lo ideó y escribió. La voluntad y propósito del Espíritu Santo al asociarlo con el alfabeto es darnos a entender que la enseñanza doctrinal que contiene no va dirigida exclusivamente a grandes eruditos que han estado diez o veinte años en una academia, sino también a las personas más sencillas, para que nadie pueda excusarse alegando ignorancia.

Juan Calvino [1509-1564]
"Twenty-two Sermons upon the 119th Psalm", 1580

Estructura: Es probable que en la afirmación de que el nombre otorgado a Cristo de: *"el Alfa y la Omega"*,[66] equivale a declarar que Cristo es por si mismo todo cuanto pueda expresar cada una de las letras del alfabeto, haya algo más que simple conjetura o fantasía.[67] Puede que tal afirmación guarde una relación con la peculiaridad de este Salmo 119, donde con la excepción del versículo ochenta y cuatro (119:84) y el ciento veintidós (119:122), que no hacen sino confirmar la regla, cada versículo del mismo menciona la revelación que Dios hace de si mismo al hombre mediante: la Palabra, el Verbo.[68]

Andrew Alexander Bonar [1810-1892]
"Christ and His Church in the Book of Psalms", 1859

[64] Se refiere a Isaac Taylor (1787-1865), escritor y filósofo inglés en *"The Spirit of the Hebrew Poetry"*, 1862.
[65] Y evidentemente, tampoco en español.
[66] Apocalipsis 1:8, 11; 21:6; 22:13.
[67] William MacDonald [1917-2007] comenta citando al también expositor de las Asambleas de Hermanos Samuel Ridout [1855-1930], que al emplear el alfabeto de esta forma acróstica, es posible que el autor del Salmo 119 quisiera sugerir que: «al exponer la plenitud y la perfección de la Palabra de Dios, se agotan todas las posibilidades del lenguaje».
[68] Juan 1:1-4.

Estructura: El Salmo 119 es alfabético porque contiene los elementos o principios fundamentales de todo conocimiento y sabiduría. Y porque en él cada letra se repite ocho veces, siendo el número ocho número el número de perfección en el sentido de la obra ya acabada.[69]

ORÍGENES [185-254]

Estructura: Al analizar la estructura de este salmo es fácil constatar que a pesar de que los pensamientos en rima de cada octava comienzan con la misma letra, la afinidad que mantienen entre ellos es poca, hasta el punto que en algunos casos no guardan siquiera relación alguna: las alabanzas al Señor y excelencias de su ley, se entremezclan con súplicas y ruegos, sin ningún orden predeterminado. Lo que me lleva a concluir que probablemente no fue pensado como una sola oda unificada y destinada ser entonada de una sola vez[70] como un solo cantico; sino más bien una colección ordenada alfabéticamente de estrofas sueltas de oración y alabanza, de la cual la persona piadosa seleccionaba porciones según mejor convenía a su situación y circunstancias personales, eligiendo una o varias líneas de cada estrofa y juntándolas entre sí para crear su propia composición, más relacionada y coherente según cada caso.

STEPHEN STREET [1756-¿?]
"A new literal Version of the Book of Psalms, with a Preface and Notes", 1790

Estructura: Ante la disposición alfabética o acróstica de este salmo, el doctor Adam Clarke[71] aventura en su comentario la siguiente afirmación: «Como cabría esperar, el autor sacrifica toda conexión ideológica en favor de una estructura métrica un tanto artificial». Pero como el propio doctor Clarke reconoce al adentrarse en un análisis más profundo encaminado a: «demostrar la conexión entre sí de los ocho versos de cada estrofa u octava» es poco probable que fuera así[72]. Cada bloque de

[69] Número íntimamente ligado a Jesús como el Verbo o Palabra, tema central del Salmo 119; consumador de la obra redentora (Juan 19:30). Para profundizar en el significado de los números en la Biblia recomendamos la obra de WILLIAM ETHELBERT BULLINGER [1837-1913] *"Cómo entender y explicar los números en la Biblia"*, publicado por CLIE.

[70] Curiosamente el autor utiliza aquí en el original una expresión francesa: *"tout de suite"*.

[71] Se refiere al teólogo metodista ADAM CLARKE [1760-1832], ampliamente conocido como expositor y comentarista. Su apreciado comentario a toda la Biblia ha sido traducido a diversos idiomas, incluyendo el español.

[72] ADAM CLARKE [1760-1832] concluye su introducción al Salmo 119 de la siguiente manera: «Habiendo presentado el Salmo a la atención del lector, me corresponde hablar ahora en términos generales sobre la elegancia de su composición y la importancia y utilidad de su contenido. Como todas las demás partes de la revelación divina, en Salmo 119 no tan solo es elegante, sino importante y útil; aunque si bien admiro la fecundidad del genio creador del salmista, el flujo incesante de su vena poética, y su habilidad en el manejo de los sinónimos: su riqueza léxica o *"copia verborum"* que le faculta para expandirse y diversificarse a la hora ilustrar la misma idea y presentarla al lector desde todos los puntos de vista posibles haciendo que resulte no solo agradable sino también impactante e instructiva; sería injusto detraer del resto del libro de los Salmos la alabanza que merece situando como muchos han hecho, a este en particular por encima de los demás. Es con creces el salmo más largo, el más artesanalmente elaborado y diversificado; no obstante, en proporción a su longitud, contiene menos conceptos que los demás salmos del Salterio. Algunos de los comentaristas de la antigüedad, particularmente los padres griegos, lo consideraron un compendio de la vida de David en el que se expresan todos su estadios emocionales: pruebas, persecuciones, socorros y liberaciones de las que fue objeto. Los padres latinos perciben en sus estrofas toda la enseñanza moral del evangelio y las reglas de conducta para ser humano en cada una de las etapas y situaciones de la vida.

ocho versículos parece seguir un tema o asunto concreto; y a pesar de que la estructura acróstica y un tanto peculiar del salmo oscurece un tanto esta disposición temática haciéndola difícil de rastrear, no hay base suficiente para afirmar que ello anule o destruya su conexión y coherencia.

FREDERICK G. MARCHANT DE HITCHIN [1839-1899]

Estructura: Este salmo ha sido llamado *"Psalmus literatus* o *alfabetites"*,[73] y la *Masora*[74] lo denomina: *"alpha beta rabba"*. El nombre de יְהוָה *Yahweh* o Jehová aparece veintidós veces. Su tema es la Palabra de Dios que se menciona repetidamente bajo alguno de estos diez términos: *ley,*[75] *camino,*[76] *testimonio,*[77] *precepto,*[78] *estatuto,*[79] *mandamiento,*[80] *juicio,*[81] *palabra,*[82] *dicho,*[83] *fidelidad,*[84] en cada uno de sus versículos con la excepción del ciento veintidós (119:122). Y aunque el último de estos términos (fidelidad) es cuestionable como sustantivo válido para para identificar la Palabra, afecta solo al caso del versículo noventa (119:90).[85] En bloques de ocho estrofas se afirma en esta oda alfabética que la Palabra de Dios es fuente de: felicidad para los que caminan en ella ***(Alef);*** santidad a los que le prestan atención ***(Bet);*** verdad para aquellos cuyos ojos el Señor abre por medio de su Espíritu ***(Guímel);*** y ley para los de corazón renovado ***(Dálet).*** Engendra perseverancia a través de sus promesas ***(Hei);*** revela la misericordia y la salvación del Señor ***(Vav);*** despierta el consuelo de

---

CASIODORO [485-583] afirma en su *"Expositio Psalmorum"* que expresa la suma de las convicciones de los profetas, apóstoles, mártires y todos los santos. He conjeturado en mi introducción al Libro de los Salmos que muchos de ellos fueron compuestos a base de notas recopiladas en momentos distintos y circunstancias muy diferentes; de ahí los diferentes estados emocionales reflejados en un mismo Salmo que en modo alguno podrían ser la experiencia de una misma persona en un mismo momento. Es más que probable que el Salmo 119 fuera compuesto de ese modo, lo que sumado a su disposición acróstica, explicaría en términos generales su aparente desconexión o falta de cohesión. Aunque los intérpretes más eruditos lo asignan a los tiempos del cautiverio babilónico; con todo, hay en él tantas cosas que encajan con las experiencias de David, con sus reacciones características y estados emocionales, que me llevan a pensar que bien podría haber salido de su pluma; o incluso, caso de haber sido compuesto en época del cautiverio, forjado en base a notas y memorandos suyos».

[73] La cita procede de CARL FRIEDRICH KEIL [1807-1888] y FRANZ JULIUS DELITZSCH [1813-1890] que en su *"Biblical Commentary on the Old Testament"* dicen en el prólogo al Salmo 119 que los comentaristas de la antigüedad (básicamente los Padres de la Iglesia) lo llamaban así.

[74] LOS MASORETAS eran escribas, la mayor parte de ellos rabinos, que tenían la responsabilidad de hacer copias fidedignas de las Sagradas Escrituras. Compilaron y anotaron en notas marginales las tradiciones rabínicas relativas al texto bíblico, en los márgenes superior e inferior de cada página de un manuscrito. De ahí su nombre de "masoretas", que deriva del término hebreo "masora", tradición.

[75] En hebreo תּוֹרָה *torah.*

[76] En hebreo דְּרָכִים *derek.*

[77] En hebreo עֵדָה *edah.*

[78] En hebreo פִּקּוּדֵי *piqqud.*

[79] En hebreo חֹק *choq.*

[80] En hebreo מִצְוָה *mitsvah.*

[81] En hebreo מִשְׁפָּט *mishpat.*

[82] En hebreo דָּבָר *dabar.*

[83] En hebreo אִמְרַת *imrah.*

[84] En hebreo אֱמוּנָה *emunah.*

[85] En hebreo לְדֹר וָדֹר אֱמוּנָתֶךָ *ləḏōr wāḏōr 'ĕmūnāṯeḵā.* Murphy traduce aquí אֱמוּנָתֶךָ *'ĕmūnāṯeḵā* de אֱמוּנָה *emunah* por *"verdad"* en lugar de *"fidelidad"*, como hace RVA que traduce: *"Por generación y generación es tu verdad"*. Pero todas las demás versiones españolas actuales traducen אֱמוּנָה *emunah* por *"fidelidad"*.

la esperanza en Dios ***(Zain);*** presenta al Señor como la porción del alma que en él confía ***(Jet);*** hace que la aflicción resulte instructiva y ejemplarizante ***(Tet);*** engendra comunión fraternal en el temor de Dios ***(Yod);*** y un anhelo por la paz que en plenitud otorga la salvación ***(Kaf).*** Es fiel e inmutable ***(Lámed);*** ordena los pensamientos del corazón ***(Mem);*** es luz en el camino **(Nun);** del cual desviarse es fatídico ***(Sámaj);*** justifica la declaración de inocencia ***(Ayin);*** testimonia el carácter y la voluntad de Dios ***(Pei);*** es ley de rectitud y justicia ***(Tzadi);*** garantiza el clamor de la salvación ***(Qof).*** Intercede por la liberación de la aflicción ***(Resh);*** y de la persecución injustificada ***(Shin);*** garantizando a su debido tiempo una respuesta contundente ***(Taf).*** Sus rimas cubren sobradamente todo el entramado ideológico que cabría esperar de un salmo alfabético-acróstico de tamaña longitud.[86]

JAMES G. MURPHY [1808-1896]
"A critical and exegetical commentary on the book of Psalms", 1875

Estructura: Las cosas reveladas en las Escrituras y enseñanzas que sacamos de ellas reciben en este salmo los siguientes nombres:

1. *Ley de Dios:* תּוֹרָה *torah,* ya que son promulgadas por él como nuestro Soberano (119:1,18, 29, 34, 44, 51, 53, 55, 61, 70, 72, 77, 85, 92, 97, 109, 113, 126, 136, 142, 150, 153, 163, 165, 174).[87]
2. *Su camino:* דְּרָכִים *derek,* porque son la norma tanto de su providencia como para nuestra obediencia (119:3, 14, 27, 30, 32, 33, 37).
3. *Sus testimonios:* עֵדָה *edah,* porque son solemnemente revelados al mundo, y fehacientemente demostrados más allá de toda réplica (119:2, 14, 22, 24, 31, 36, 46, 59, 79, 88, 95, 99, 111, 119, 125, 129, 138, 144, 146, 152, 157, 167, 168).
4. *Sus mandamientos:* מִצְוָה *mitsvah,* porque son dados con autoridad y (como la propia palabra significa)[88] implantados en nosotros como deber (119:6, 10, 19, 21, 32, 35, 47, 48, 60, 66, 73, 86, 96, 98, 115, 127, 131, 143, 151, 166, 172, 176).
5. *Sus preceptos:* פִּקּוּדֵי *piqqud,* porque nos fueron prescritos y no nos dejan indiferentes (119:4, 15, 27, 40, 45, 56, 63, 69, 78, 87, 93, 94, 100, 104, 110, 128, 134, 141, 159, 168, 173).
6. *Su palabra* o *sus dichos:* אִמְרַת *imrah,* porque son la revelación de su mente; y la esencia de Cristo, el Verbo eterno, está en ellos (119:9, 11, 16, 17, 25, 28, 38, 41, 42, 43, 49, 50, 57, 65, 67, 74, 81, 82, 89, 101, 103, 105, 107, 114, 130, 133, 139, 140, 147, 148, 154, 158, 160, 161, 162, 169, 170, 172).

[86] Dice ALEXANDER MACLAREN [1826-1910]: Los ciento setenta y seis versículos de esta salmo no son más que un mosaico de combinaciones gnómicas de unos pocos conceptos sinónimos utilizados comunmente para referirse a la ley de Dios. Los términos: *"ley, palabra, testimonio, precepto, estatuto, mandamiento, juicio"* aparecen, ya sea uno o varios de ellos, en cada versículo con la excepción de los versículos 122 y 132. Las súplicas: *"Enséñame, vivifícame, presérvame – según tú Palabra,"* y las promesas de: *"Guardaré, observaré, meditaré, me deleitaré, esperaré – en tu Ley"*, se repiten con frecuencia. Son como cristales de un caleidoscopio que el salmista va girando y combinando de formas distintas creando con ellos múltiples formaciones de extraordinaria belleza; y aunque todas sus estrofas y rimas se moldean conforme a una estructura poética establecida y giran en torno a un mismo tema global, la diversidad que logra dentro de tan estrechos límites es una demostración palpable del poder de la poesía a la hora de transformar las ataduras de una estructura acróstica en un elemento de ayuda a la memorización, evidencia de un amor extraordinario, genuino y sincero por la Ley de Jehová».

[87] La selección de citas la hemos hecho siguiendo la LBLA (La Biblia de las Américas) por ser la que más se ajusta en sus traducciones de palabras a la KJV utilizada por Matthew Henry.

[88] מִצְוָה *mitsvah* de צָוָה *tsavah;* o mejor חֹק *choq (estatutos)* de חָקַק *chaqaq,* "grabar".

7. *Sus juicios:* מִשְׁפָּט *mishpat,* porque están enmarcados en la sabiduría infinita, y por ellos debemos juzgar y a la vez ser juzgados (119:7, 39, 75, 120, 121, 137).
8. *Su justicia:* צְדָקָה *tsedaqah,* porque en ella todo es santo, justo y bueno, la regla y norma de toda rectitud (119:40, 121, 123, 138, 142, 172).
9. *Sus estatutos:* חֹק *choq,* porque han sido establecidos y determinados y son de obligado y perpetuo cumplimiento. (119:5, 8, 12, 16, 23, 26, 33, 48, 54, 64, 68, 71, 80, 83, 112, 117, 118, 124, 135, 145, 155, 171).
10. *Su verdad* o *fidelidad:* אֱמוּנָה *emunah,* ya que los principios sobre los que se fundamente la ley divina son verdades eternas. (119:30, 43, 75, 90, 138, 142, 151, 160).

Matthew Henry [1662-1714]
"Commentary on the Whole Bible", 1811

Estructura: Una de las peculiaridades de este salmo, y que merece tener en cuenta de manera especial, es la recurrencia periódica a nueve palabras clave de las cuales una u otra se encuentran siempre en cada dístico,[89] con una sola excepción: el segundo dístico de la división doceava. Son los términos: *ley, testimonios, preceptos, estatutos, mandamientos, juicios, palabras, dichos;* y una palabra que solo ocurre dos veces: *caminos.* Todos son calificaciones o designaciones de la Ley Divina. Sin embargo, sería menoscabar la grandeza de la verdad revelada afirmar que se trata de meros sinónimos. O dicho en otras palabras: que los sentimientos expresados en este compendio de sabiduría celestial no van más allá de una cadena de tautologías o repeticiones de lo mismo. No deja de ser cierto, –tal y como algunos críticos tanto judíos como cristianos han observado–, que todos ellos designan la misma ley de Dios; pero cada uno lo hace de modo distinto, incidiendo en aspectos diferentes de su promulgación o recepción. Examinemos por tanto cada uno de estos términos con mayor detalle y veamos en qué se diferencian:[90]

1. *"Ley":* תּוֹרָה *torah.* Ocurre 25 veces. Esta palabra procede en su raíz de un verbo hebreo que significa *dirigir, guiar, apuntar hacia un objetivo, disparar hacia delante.*[91] Su sentido etimológico es de una regla o norma de conducta. Significa la ley de Dios en general: bien sea como la regla universal conocida como ley natural o ley de la naturaleza; o bien el compendio de lo revelado a su Iglesia por medio de Moisés y perfeccionado por Cristo. Así pues, en sentido estricto, "la ley" es simplemente una norma de comportamiento o conducta colocada con claridad a la vista del hombre más que impuesta por mandamiento. Es decir, que el término no incluye necesariamente sus sanciones.
2. *"Testimonios":* עֵדָה *edah.* Ocurre 23 veces. Viene de una palabra que significa *testimoniar* o *testificar.* Con este término se identifica el *"Arca del Testimonio"* y las dos tablas de piedra,[92] así como al propio *"Tabernáculo del Testimonio".*[93] Por "testimonios" se entiende también de manera más particular la ley revelada por Dios así como los testimonios y confirmación de sus promesas hecha a su pueblo y garantía de su futura salvación.

[89] El Dístico es una forma de composición poética muy común en la poesía antigua y que consta de una estrofa de dos versos que riman entre si, parecido a lo que en poesía española llamamos pareado.

[90] Si desea al lector un análisis más amplio de estos términos, con la opinión no ya de uno sino de varios autores, le sugerimos ver la introducción al Salmo de William Swan Plumer [1802-1880] en el apartado final de: Otras Introducciones.

[91] En hebreo יָרָה *yara.*

[92] Éxodo 25:16: En hebreo הָעֵדֻת אֲשֶׁר אֶתֵּן אֵלֶיךָ *hā'ēdut 'ăšer 'ettēn 'ēlekā.*

[93] Hechos 7:44. En hebreo מִשְׁכַּן הָעֵדֻת *miškan hā'ēdut.*

3. *"Preceptos"*: פִּקּוּדֵי *piqqud.* Ocurre 21 veces. Término que arranca de una palabra hebrea[94] que significa *"colocar en fideicomiso"*: entregar algo a alguien en confianza para que lo guarde celosamente. Como dice el apóstol respecto a la palabra de Dios *"que les ha sido confiada"*.[95] Básicamente, aquellos designios de Dios que consecuentemente tienen que ver con la conciencia y respecto a los cuales el hombre, como ser inteligente, es responsable,.
4. *"Estatutos"*: חֹק *choq.* Ocurre 22 veces. El verbo hebreo del que procede esta palabra[96] tiene el sentido de grabar o inscribir algo en algún lugar. Significa una ley concreta, escrita y ordenada o preceptuada. Se aplica, por ejemplo, a la ley establecida por José respecto la parte de los sacerdotes en Egipto,[97] a la ley sobre la Pascua,[98] etc. Pero en este Salmo 119 tiene un sentido más profundo: Que la ley moral de Dios grabada en las tablas de carne del corazón humano, es decir, la capacidad de comprensión íntima y espiritual de su voluntad, no es tan obvia como la ley escrita y los testimonios, y precisa por tanto de una comunicación espiritual más directa que sus preceptos. Los *"estatutos"* tienen que ser más trabajados con el esfuerzo de la propia mente, aunque por supuesto guiada por la mano divina, pero posiblemente de forma más directa e instrumental, menos pasiva.
5. *"Mandamientos"*: מִצְוָה *mitsvah.* Ocurre 22 veces. Término derivado claramente del verbo mandar u ordenar.[99] Tal fue el mandamiento de Dios a Adán acerca del árbol: *"Y mandó Jehová Dios al hombre, diciendo: De todo árbol del huerto podrás comer; mas del árbol de la ciencia del bien y del mal no comerás; porque el día que de él comieres, ciertamente morirás"*[100] o a Noé acerca el arca.[101]
6. *"Juicios"*: מִשְׁפָּט *mishpat.* Ocurre 23 veces. Procede de un término que significa gobernar, administrar, decretar, juzgar o determinar;[102] significa disposiciones y decisiones judiciales. Implica sanciones legales.
7. *"Palabra"*. En hebreo hay dos términos distintos que nuestras versiones suelen traducir igualmente por "palabra": דָּבָר *dabar;* e אִמְרַת *imrah,* aunque el segundo unas veces lo traducen como *"palabra"* y otras como *"dichos"*.[103] Y esta divergencia en las traducciones evidencia que no se trata de sinónimos. El término דָּבָר *dabar,* traducido por "palabra", es más cercano al griego λόγος *lôgos,* es decir, "Palabra" en su sentido más divino: el anuncio de la voluntad misma revelada de Dios, su mandato, su oráculo, y a veces la comunicación especial a los profetas. A los diez mandamientos se los identifica en Éxodo con este término,[104] así como al oráculo en el templo.[105] En este salmo דָּבָר *dabar* se puede entender como: (1) Los mandamientos revelados por Dios en general. (2) La promesa de ciertas bendiciones puntuales

---

[94] En hebreo פָּקַד *paqad.*
[95] Romanos 3:2.
[96] En hebreo חָקַק *chaqaq.*
[97] Génesis 47:26.
[98] Génesis 12:43,49.
[99] En hebreo צָוָה *tsavah.*
[100] Génesis 2:16,17. En hebreo וַיְצַו֙ יְהוָ֣ה אֱלֹהִ֔ים עַל־הָֽאָדָ֖ם *wayṣaw Yahweh 'ĕlōhîm 'al-hā'āḏām,* de צָוָה *tsavah.*
[101] Génesis 6:14.
[102] En hebreo שָׁפַט *shaphat.*
[103] En español la traducción de אִמְרַת *imrah* por *"dichos"* ocurre en el caso de la RVA (Reina-Valera Antigua) en: 119:11, 41, 50, 123, 148, 154, 170, 172. En la RVR1960, RVR1977 y RVR1995 en 119:11, 41, 50; 170, 172. La NVI solo en 119:11.
[104] Éxodo 34:28: דִּבְרֵי הַבְּרִית עֲשֶׂרֶת הַדְּבָרִים *diḇrê habbərîṯ 'ăśereṯ haddəḇārîm.*
[105] 2 Samuel 16:23: בִּדְבַר הָאֱלֹהִים *biḏḇar hā'ĕlōhîm;* 1 Reyes 6:5: וְלַדְּבִיר *wəladdəḇîr.*

revelada a los justos. (3) Algo comprometido o prometido al salmista en particular como ministro de Dios. (4) Una regla de conducta; un medio o canal de la iluminación.

8. *"Camino": דְּרָכִים derek.* Ocurre en el salmo solo dos veces[106] como palabra característica, y los lugares donde ocurre hay que considerados como excepciones a la regla general.[107] De modo que no estoy dispuesto a considerarlo como una expresión al mismo nivel que las anteriores. En todo caso, su significado es tan simple y directo que no precisa explicación alguna: se refiere a una regla común de conducta; y en un sentido más elevado al auxilio de la gracia de Dios a través de Cristo nuestro Señor, que es el Camino, la Verdad y la Vida.[108]

JOHN JEBB [1805-1886]

"A literal translation of the book of Psalms: intended to illustrate their poetical and moral structure: to which are added dissertations on the word Selah, and on the authorship, order, titles, and poetical features of the Psalms", 1846.

3. BOSQUEJOS DEL SALMO 119

Bosquejo: Dada su estructura acróstica no existen bosquejos estructurales del Salmo 119. Lo más que se ha hecho ha sido añadir títulos temáticos al argumento de cada una de las octavas. Spurgeon incluye en el texto original el siguiente:

א ALEF	Expresa la bienaventuranza de andar en los caminos de la Palabra de Dios.[109]
ב BET	La Palabra de Dios se plantea como salvaguarda de los jóvenes contra el pecado.[110]
ג GUÍMEL	Glosa las virtudes piadosas de aferrarse a la Palabra de Dios a pesar de las burlas del mundo.[111] Y en consecuencia:
ד DÁLET	Revela un anhelo ferviente del consuelo que proporciona la Palabra de Dios a fin de permanecer firme en las buenas resoluciones adoptadas.[112]
ה HEI	Expone un deseo ferviente de la gracia divina para poder obedecer la Palabra de Dios.[113]
ו VAV	Manifiesta una firme confianza y un intenso deleite en la Palabra de Dios junto con un deseo sincero de ver su pleno cumplimiento.[114]

[106] De nuevo estamos ante un problema de versiones y traducciones en el que no merece la pena entrar. En hebreo דְּרָכִים *derek* aparece en: 119:3, 14, 27, 30, 32, 33, 37. Nos limitamos a traducir lo dicho por el autor, aplicable a la KJV, dejando el resto a criterio del lector.

[107] KRAUS ve una posible conexión entre el Salmo 119 y los salmos de ascenso o de peregrinaje: «Entre los temas determinantes del Salmo 119 se encuentra la *peregrinatio.* El salmista sabe muy bien que es extranjero en la tierra (119:19). Se halla en camino. La piedad de la torá, de este salmo, es una *theologia viatorum*. Está en consonancia con ello la comprensión de la תּוֹרָה *torah* como enseñanza, cosa que se expresa clarísimamente en el versículo 105: *"Lámpara es para mis pies tu palabra, y luz para mi camino"*. Referente a la conexión entre el Salmo 119 y el peregrinaje ver el comentario de GOULDER en la nota 13 de estas Introducciones, y la del mismo KRAUS en la nota 62 del Salmo 119:19.

[108] Juan 14:6.

[109] Salmo 27:11; 86:11; Proverbios 22:6.

[110] 1 Reyes 2:4; 8:25; 2 Crónicas 6:16; Salmo 132:12; Eclesiastés 12:1.

[111] Salmo 1:1-2; 42:3; 79:10; 115:2; Proverbios 14:9; Jeremías 20:7-9; Joel 2:17; Miqueas 7:10; Mateo 5:11; 10:22; 27:29-31; Lucas 21:17; 26:63-65; Hechos 4:17; 1 Pedro 4:14; Judas 16-17; Apocalipsis 2:3.

[112] Job 6:10; Romanos 15:4; 2 Corintios 1:4.

[113] 2 Samuel 7:25; Salmo 20:2; 71:20; 143:11; Juan 8:51; 14:15, 23; 15:10; 1 Juan 2:5; 5:3; 2 Juan 1:6.

[114] Proverbios 27:11; Juan 15:3; 17:17.

ז ZAIN Describe el bendito consuelo que proporciona la Palabra de Dios en los días malos y situaciones de angustia.[115]

ח JET Articula la alegría que infunde saber que Dios es nuestra porción, la comunión que sentimos con aquellos que aman su Palabra y el convencimiento de que todas las cosas ayudarán a bien a los que a Dios aman.[116]

ט TET Habla de los resultados beneficiosos de la aflicción según se describen en la Palabra de Dios, destetando el alma del mundo y conduciéndola más cerca de Dios.[117]

י YOD Aporta un ejemplo de la resignación y piedad de los fieles, en especial cuando se encuentran en medio de tribulaciones, y de como reaccionan atrayendo a otros a Dios.[118]

כ KAF Expresa un deseo intenso por el advenimiento del reino de Dios y el sometimiento de todas las cosas a él en base a las promesas de su Palabra.[119]

ל LÁMED Declara que la Palabra de Dios es eterna, inmutable e infinitamente perfecta.[120] Y por tanto en la estrofa siguiente:

מ MEM Afirma que la Palabra de Dios es el único tesoro donde buscar la verdadera sabiduría.[121] Y que:

נ NUN La Palabra de Dios es el único faro en medio de la oscuridad y las tormentas de este mundo.[122]

ס SÁMAJ Explica que todos los intentos de los incrédulos por socavar la fe en la Palabra de Dios son odiosos y mortales, y los que tal hacen perecerán en confusión.[123]

ע AYIN Es una oración pidiendo fortaleza y perseverancia de corazón y de mente en medio de la impiedad y la incredulidad de un mundo sin Dios.[124] A lo que sigue la certeza de que:

פ PEI La Palabra de Dios genera su propia luz y trae consuelo a todos aquellos que con sinceridad lo piden en oración, llenándoles el corazón de compasión por aquellos que la desprecian.[125]

צ TZADI Es una declaración adirmando que incluso el alma de un joven puede permanecer fuerte y firme, si cuenta con la pureza, la verdad y la justicia que la Ley de Dios le proporciona.[126] Y por tanto:

ק QOF Es una ferviente oración suplicando la gracia de la fe.[127] De manera especial en las situaciones que a continuación se describen:

ר RESH En tiempos de aflicción, de desolación, y de persecución.[128] Y también, como añade a continuación:

---

[115] Jeremías 31:19; Hebreos 12:5-11.

[116] Salmo 16:5; 42:8; 92:2; 101:6; 149:5; Jeremías 18:22; Lamentaciones 3:24; Romanos 8:28.

[117] Salmo 62:1; 132:2.

[118] Salmo 34:2; 35:27; 107:42.

[119] Salmo 42:3; 69:3; Isaías 38:14; Lamentaciones 2:11; Apocalipsis 6:10.

[120] Salmo 89:2; Isaías 40:8; Mateo 24:35; 1 Pedro 1:25.

[121] Deuteronomio 4:6; Salmo 19:10; Proverbios 8:11; 24:13-14; Isaías 60:20.

[122] 1 Reyes 11:36; 15:4; 2 Reyes 8:19; 2 Crónicas 21:7; Salmos 18:28; 27:1; Proverbios 6:23.

[123] Salmo 6:8; 139:19; Proverbios 29:25; Mateo 7;23; Santiago 1:8.

[124] Salmo 5:8; 27:11; 69:18; 109:26.

[125] Números 6:25; Salmo 4:6; 31:16; 67:1; 80:3,7, 19; Proverbios 6:23; Jeremías 14:17; Mateo 5:44; Lucas 23:34; Romanos 12:20.

[126] Salmo 12:6; 19:7-9; 116:15; 129:4; 145:17; Jeremías 12:1; Jeremías 1:7-9;Lamentaciones 1:18; Daniel 9:7.

[127] Salmo 5:3; 27:14; 33:20: 40:1; 62:1, 5; 130:5; 145:18; Isaías 8:17; 26:8; 50:8.

[128] 1 Samuel 24:15; Salmo 35:1; Lamentaciones 5:1; Miqueas 7:9.

ש SHIN	Ante el proceder de los poderosos de este mundo;[129] pero incluso en tales situaciones extremas los que aman la Palabra de Dios disfrutarán de paz y alegría exultantes.[130] Por tanto el salmo concluye con:
ת TAF	Una fervorosa oración implorando el don de entendimiento, y suplicando auxilio y gracia divina para el alma que sintiéndose débil, se apoya y descansa únicamente en él Señor.[131]

CRISTOPHER WORDSWORTH [1807-1885]
"Commentary on the Whole Bible", 1856

4. BOSQUEJOS QUE NO FORMAN PARTE DEL TEXTO ORIGINAL DE SPURGEON.

Las notables diferencias entre los siguientes bosquejos demuestran holgadamente la amplitud de posibilidades, sin otro límite que la imaginación y el ingenio del redactor.

Bosquejo de Frederick William Grant:

א ALEF (1-8)	LA DICHA DE OBEDECER A LA PALABRA.
ב BET (9-16)	LA LIMPIEZA POR LA PALABRA.
ג GUÍMEL (17-24)	EL DISCERNIMIENTO POR LA PALABRA.
ד DÁLET (25-32)	EL SENTIDO DE INSUFICIENCIA PERSONAL QUE LA PALABRA DA.
ה HEI (33-40)	EL PODER DE LA PALABRA.
ו VAV (41-48)	LA VICTORIA MEDIANTE LA PALABRA.
ז ZAIN (49-56)	EL DESCANSO Y EL CONSUELO A TRAVÉS DE LA PALABRA.
ח JET (57-64)	EL PERSEVERAR EN LA PALABRA.
ט TET (65-72)	EL GRAN VALOR DE LA PALABRA EN TIEMPOS BUENOS MALOS.
י YOD (73-80)	EL ENTENDIMIENTO POR MEDIO DE LA PALABRA.
כ KAF (81-88)	EL AFLIGIDO QUE ES SOSTENIDO POR LA PALABRA.
ל LÁMED (89-96)	LA ETERNIDAD DE LA PALABRA.
מ MEM (97-104)	LA SABIDURÍA OBTENIDA EN LA PALABRA.
נ NUN (105-112)	LA PALABRA: LÁMPARA Y LUMBRERA EN TODO MOMENTO.
ס SÁMAJ (113-120)	LOS MALOS Y LA PALABRA.
ע AYIN (121-128)	LA SEPARACIÓN Y EL RESCATE MEDIANTE LA PALABRA.
פ PEI (129-136)	EL GOZO Y LA COMUNIÓN EN LA PALABRA.
צ TZADI (137-144)	EL CELO POR LA PALABRA.
ק QOF (145-152)	LA EXPERIENCIA A TRAVÉS DE LA PALABRA.
ר RESH (153-160)	LA SALVACIÓN POR LA PALABRA.
ש SHIN (161-168)	LA PERFECCIÓN DE LA PALABRA.
ת TAF (169-176)	LA ORACIÓN Y LA ALABANZA POR LA PALABRA.

FREDERICK WILLIAM GRANT [1834–1902][132]
"The Numerical Bible", Vol. 3, Psalms

[129] Salmo18:17; 35:10; 39:18; 56:6; 59:3; 142:6.

[130] Salmo 37:11; Proverbios 3:2, 23; Isaías 26:3; 32:17; 1 Juan 2:10.

[131] Salmo 18:6; 28:2; 31:2; 51:15; 63:3; 102:1; 130:2; 140:6; 143:1; Isaías 53:6.

[132] Expositor de las Asambleas de Hermanos. Este bosquejo fue incluido por WILLIAM MACDONALD [1917-2007] en su *"Beliver's Bible Commentay"*, y ha sido publicado en español por editorial CLIE.

Bosquejo de autor anónimo:

- א ALEF (1-8) — LOS PERFECTOS Y SU BIENAVENTURANZA.
- ב BET (9-16) — LA INFLUENCIA SANTIFICANTE DE LA PALABRA.
- ג GUÍMEL (17-24) — SUSPIROS DE UNA ALMA SANTA.
- ד DÁLET (25-32) — CLAMANDO POR VIVIFICACIÓN.
- ה HEI (33-40) — FIDELIDAD: FRUTO DE LA OBRA DIVINA EN NUESTRO INTERIOR.
- ו VAV (41-48) — LAS DIVINAS MISERICORDIAS Y SUS EFECTOS.
- ז ZAIN (49-56) — CONSUELO EN LA AFLICCIÓN.
- ח JET (57-64) — DIOS NUESTRA PORCIÓN.
- ט TET (65-72) — RECOPILANDO LOS BENEFICIOS DE LAS ACCIONES DIVINA.
- י YOD (73-80) — APELACIÓN DE LA CRIATURA AL CREADOR.
- כ KAF (81-88) — ESPERANZA EN MEDIO DEL DESALIENTO.
- ל LÁMED (89-96) — LA INMUTABILIDAD DE LA PALABRA.
- מ MEM (97-104) — BENEFICIOS DE LA MEDITACIÓN SANTIFICADA.
- נ NUN (105-112) — LUZ EN UNA SENDA OSCURA Y PELIGROSA.
- ס SÁMAJ (113-120) — PENSAMIENTOS HUMANOS CONTRASTADOS CON LA LEY DIVINA.
- ע AYIN (121-128) — APELACIÓN DE LOS OPRIMIDOS.
- פ PEI (129-136) — SED DEL DIOS VIVO.
- צ TZADI (137-144) — LA JUSTICIA DE DIOS.
- ק QOF (145-152) — ASPIRANDO LA PALABRA CON AFÁN.
- ר RESH (153-160) — APELANDO A LA JUSTICIA DIVINA.
- ש SHIN (161-168) — ELEGÍA DEL CREYENTE A LA PALABRA DE DIOS
- ת TAF (169-176) — APELACIÓN FINAL

ANÓNIMO

5. ELOGIOS AL SALMO 119

Elogio: *"Velut inter ignes luna minores"*.[133] *Cual luna cuyo fulgor destaca entre las lumbreras menores,* en el firmamento de los salmos, el Salmo 119 es estrella de primera magnitud. Algo evidente al considerar el tema que desarrolla y su peculiar composición: su estructura poética es de una elegancia sublime, y su contenido ideológico de una profundidad y excelencia supremas. Su métrica es una auténtica obra de arte, un alarde de norma y método a la hora presentar material teológico en forma poética: un verdadero abecedario espiritual encajado en el alfabeto hebreo. Y sus enseñanzas y reflexiones aún más extraordinarias: cargadas de sublimidades insólitas, misterios profundos y acciones de la gracia. Un compendio de éxtasis gloriosos en el que destacan tres cosas en particular: oraciones, alabanzas y aseveraciones. Oraciones *a Dios*, alabanzas *de Dios*, y aseveraciones *sobre Dios*.[134]

WILLIAM SIMMONS
sermón en *"Morning Exercises"*, 1661

Elogio: Este salmo ha sido calificado como: *«Alfabeto del amor divino», «Paraiso de todas las doctrinas», «Almacén del Espiritu Santo», «Escuela de la verdad»,* y mucho más.[135] También de:

[133] Cita una de las odas de Horacio (1.XII.46) y significa *"Cual brilla la Luna entre las lumbreras menores"*
[134] En el original: *"Prayers to God; praises of God; protestations unto God"*.
[135] THOMAS DE KEMPIS [1380-1471] utilizó el Salmo 119 como base de su regla para el comportamiento de los Canónigos Regulares y utilizó su modelo de estructura alfabética para redactar su: *"Alfabeto del*

«Profundo misterio de las Escrituras», donde la disciplina moral de todas las virtudes resplandece con intensidad. Y como sea que toda instrucción moral es siempre deseable de por sí, justo es llamar a este Salmo, que en este tipo de instrucción sobresale a todos los demás: deseable en gran manera. Ciertamente todos los salmos brillan cual estrellas menores cada uno con su propio fulgor limitado; pero el Salmo 119, brilla en intensidad máxima ardiendo en su cenit meridiano. Todo él resplandece rebosando encanto y belleza moral.[136]

JOHANNES PAULUS PALANTERIUS [1540-1606]
"Illvstris Psalmorvm Davidicorvm Nusquam à recepto Sacrae Scripturae sensu recedens, mireq[ue] veluti Gemma clarissima resplendens", 1600

Elogio: En nuestra versión alemana de la Biblia este salmo tiene el siguiente título que juzgo particularmente adecuado: *El ABC de oro para el cristiano sobre la alabanza, el amor, el poder, y el uso de la Palabra de Dios».*[137]

FRANZ JULIUS DELITZSCH [1813-1890]
"Biblical commentary on the Psalms", 1859

Elogio: San Agustín, que nos legó entre sus numerosas y voluminosas obras una excelente exposición al libro de los Salmos, nos cuenta que se abstuvo de comentar el Salmo 119 hasta que no hubo completado el resto del salterio. Solo entonces, y ante la insistencia vehemente de sus amigos, accedió a comentarlo: «Cuantas veces traté de hacerlo sentí que excedía mis capacidades sobrepasando todos los límites de mi comprensión».[138] Otro de los padres[139] lo describe como: *"la perfección de*

---

monje que quiere estudiar y aprender en la escuela de Nuestro Señor Jesucristo", del cual transcribimos aquí, a modo de ejemplo, su oración introductoria y las dos primeras y últimas letras: «Señor, mostradme vuestros caminos, y enseñadme vuestras sendas. Os suplico, Señor Dios mío, que me enseñéis los caminos de la vida buena para la salvación del alma mía. Mostradme, Señor, los caminos de vuestros mandamientos, para andar y correr por ellos. Enseñadme las sendas de vuestros consejos, para andar por el camino sin pecado. Quitad de mí la ceguera; y porqué no basta con habérmela mostrado, infundid en mi la gracia de vuestro Espíritu, el cual me conducirá por el camino recto» a lo que Dios responde: «Te daré entendimiento y te instruiré en este camino que quieres andar, y pondré sobre ti mis ojos». A continuación sigue el "Alfabeto del monje": «**(A) A**ma el ser ignorado, y el que nadie te elogie porque nadie sepa de ti; aspira a ser tenido en poco, porque si quieres seguir la vida verdadera y ser considerado y alabado por Dios, esto te será más saludable y provechoso que ser conocido y alabado por muchos hombres. **(B) B**enévolo y apacible trata de ser con todos, no solamente con los buenos sino también con los malos, y no te comportes rudamente con nadie. … **(Y) Y**mnos y Psalmos debes cantar a Dios, porque ello es deber de todo buen monje y de todos los clérigos, los cuales, junto con los coros de ángeles deben estar alabando continuamente a Dios en el reino de los cielos… **(Z) Z**aqueo carísimo, hermano, baja del árbol de la ciencia secular, desciende de las alturas, y aprende en la escuela de Dios el camino de la humildad, de la mansedumbre y de la paciencia, mediante la cual, teniendo a Cristo por Maestro, podrás llegar seguro a la bienaventuranza de la gloria eterna. Amén».

[136] Probablemente la idea original de esta frase proceda de AMBROSIO DE MILÁN [340-397] que como indica FRANCISCO LACUEVA [1911-2005] en su versión española del "Comentario de Matthew Henry": «en su latín castizo lo describe como: *"veluti plenis lumini solem meridiano fervemtem calore",* (un sol a plena luz que hierve con el calor del mediodía)».

[137] Ver al respecto la introducción completa de Franz Julius Delitzsch en el apartado de AUTOR Y TEMA.

[138] Ver la introducción completa de Agustín de Hipona al Salmo 119 en la nota 142 de estas Introducciones.

[139] Se refiere a HILARIO DE POTIERS [315-367], Obispo, Padre y Doctor de la Iglesia conocido como «El Atanasio de Occidente», porque junto con Atanasio combatió ardientemente el arrianismo y participaron en las

la enseñanza y la instrucción divina", y un tercero[140] afirma que es: *«aplicable a todo pues contiene la medicina que cura todas las enfermedades espirituales de los hombres: útil para perfeccionar a los que anhelan la virtud perfecta, despertar a los perezosos, alentar a los desanimados, y poner en vereda a los disolutos y relajados»*. A lo que cabría añadir otros muchos testimonios de grandes comentaristas tanto antiguos como modernos.[141]

WILLIAM DE BURGH [1801-1866]

"A commentary on the book of Psalms: critical, devotional, and prophetical", 1860

Elogio: En la medida en que este salmo aparenta mayor sencillez que otros, a mí se me hace más insondable, hasta el punto de declararme incapaz de explorar sus profundidades. Hay otros salmos que son declaradamente difíciles, cuyo sentido más profundo permanece oculto en tinieblas; pero en todos ellos tal oscuridad es patente y manifiesta. En este, sin embargo, no se percibe; y su aparente sencillez es tan desconcertante, que de entrada no parece precisar siquiera de un expositor, sino tan solo de lectores u oyentes.[142]

AGUSTÍN DE HIPONA [353-429]

"Enarrationes in Psalmos"

---

polémicas teológicas defendiendo la ortodoxia. San Jerónimo dice que era "un hombre de gran elocuencia; la trompeta de Dios contra los arrianos" que es a la frase a la que alude Boys al referirse a "la trompeta de plata de Hilario". Nacido en una familia pagana, poco después de su conversión, hacia el 353 fue nombrado obispo de Poitiers con la aprobación de todo el pueblo, pero tuvo que exilarse en Asia Menor debido a su rechazo de las tendencias arrianas que había en la Iglesia de las Galias (actual territorio de Francia). Durante el destierro, adquirió conocimientos de primera mano sobre la teología oriental. Después de cuatro años de destierro, volvió a su patria y "la Galia entera –dice San Jerónimo–, abrazó al héroe que volvía del combate victorioso y con la palma en la mano".

[140] Se refiere a TEODORETO DE CIRO [393-458], Obispo de Ciro en Siria y el último teólogo destacado de la escuela de Antioquía. Duro apologista contra los movimientos heréticos, en especial del apolinarismo y de la herejía eutiquiana. Participo activamente en el "Concilio de Efeso" en defensa de su amigo Nestorio y criticó duramente a Cirilo. Fue depuesto de su sede episcopal en el año 449 prohibiéndole predicar en Alejandría, pero reivindicado y admitido entre los "doctores ortodoxos" por el "Concilio de Calcedonia" prosiguió con su labor pastoral y literaria. Escribió numerosas obras apologéticas y de exégesis bíblica, entre ellas *Interpretatio in Psalmos,* un comentario completo a los Salmos.

[141] El Salmo 119 era el favorito del gran matemático, físico, filósofo y teólogo francés BLAISE PASCAL [1623-1662], según cuenta su hermana Gilberte, más conocida como Madame Périer, autora de su biografía: *"La Vie De Monsieur Pascal":* «El Salmo 119 le atraía de manera especial, lo leía asiduamente y hablaba con tal entusiasmo de él que cuando lo hacía parecía transformarse: *"qu'il parissait hors de lui même"* (cual si estuviera fuera de sí mismo). Solía afirmar que el Salmo 119 'contenía la suma de todas las virtudes cristianas'; y su versículo favorito era el cincuenta y nueve (119:59): *"Consideré mis caminos, y volví mis pies a tus testimonios"* que interpretaba como el punto de inflexión del carácter y destino del hombre».

[142] En el original inglés Spurgeon transcribe tan solo este fragmento de la introducción de Agustín de Hinopa al Salmo 119. Hemos creído oportuno que los lectores dispongan de la misma completa, que es la siguiente: «Con la ayuda de Dios y en la medida que me fue posible, parte predicando y parte escribiendo, expuse, siguiendo la costumbre de la Iglesia, todos los Salmos incluidos en el libro que llamamos Salterio, con la excepción el Salmo 119 (118). Postergué su exposición, no tanto por su extensión, conocida por casi todos; sino más bien por la profundidad que encierra, conocida por muy pocos. Mis hermanos han lamentando reiteradamente que faltase en mis escritos la exposición de este Salmo para completar así la de todo el del Salterio; y me han insistido en que lo hiciera, considerándolo como una deuda pendiente. Pero

Elogio: Dice Matthew Henry en su relato biográfico de la vida y muerte de su padre Philip Henry:[143] «Solía insistirnos en la importancia del estudio de las Escrituras, y en cierta ocasión nos aconsejó que cada mañana leyéramos un versículo del Salmo 119 y meditáramos en él exhaustivamente, al objeto de leer y meditar el salmo completo dos veces al año. *"Esto,* –nos dijo– *pondrá a tono vuestro amor y aprecio hacia el resto de las Escrituras"*. Y con frecuencia solía exclamar: *"Cuando el amor a la Palabra de Dios se agranda, toda gracia aumenta"*».

C. H. SPURGEON

Elogio: No deja de llamarme la atención que de todas las porciones de la Escritura que de niño mi madre me enseñó a memorizar; aquella que más me costaba de aprender y se me hacía más revulsiva a mi mente infantil: el Salmo 119; ahora de adulto, me resulte en su amor y pasión desbordante por la ley de Dios, las más preciosa.[144]

JOHN RUSKIN [1819-1900]

"Fors Clavigera", cartas a los obreros ingleses escritas entre 1871 y 1884[145]

---

no accedí por largo tiempo a sus ruegos y súplicas, pues cuantas veces traté de emprender la labor sentí que excedía mis capacidades sobrepasando todos los límites de mi comprensión; no solo experimentaba una férrea oposición de mi voluntad, sino también la percepción de que excedía a mis fuerzas. Pues este Salmo, en la medida en que aparenta mayor sencillez que otros, a mí se me hace más insondable; hasta el punto de declararme incapaz de explorar sus profundidades. Hay otros salmos que son declaradamente difíciles, cuyo sentido más profundo permanece oculto en tinieblas; pero en todos ellos tal oscuridad es patente y manifiesta. En este, sin embargo, no se percibe; y su aparente sencillez es tan desconcertante, que de entrada no parece precisar siquiera de un expositor, sino tan solo de lectores u oyentes. Incluso ahora, adentrándome ya en su exposición, ignoro todavía cuanto alcance a decir sobre él. Me limito a pedir a Dios que me ilumine, y confío en que me ayude a poder decir algo al respecto, pues así lo hice en todas las demás exposiciones de pasajes que me parecían difíciles y casi imposibles de entender y explicar. He decidido exponerlo mediante sermones predicados al pueblo, eso que los griegos llaman "homilías", pues me pareció justo que los fieles que acuden a la iglesia no se vean defraudados en lo que hace al conocimiento de las verdades profundas de este Salmo, con cuyo cántico tanto se deleitan».

[143] Se refiere a PHILIP HENRY [1631-1696] eminente predicador puritano y padre del conocido MATTHEW HENRY (1662-1714). Philip Henry tuvo dos hijos (John y Mathew) y cuatro hijas

[144] Uno de los himnos más populares y conocidos en lengua ingresa hablándonos del cielo: *"We speak of the Realms of the blest"*, fue compuesto por ELIZABETH KING MILLS [1805-1869], poco antes de su muerte a la temprana edad de veinticuatro años, después de haber leído el libro de del conocido teólogo y predicador anglicado CHARLES BRIDGES [1794-1829] *"Exposition of Psalm 119"* (1827). Aunque el tema del himno es el cielo, lo que inspiró a la autora, ya enferma, fue la descripción del salmista acerca de lo perfecto, puro y santo de la ley divina y su anhelo por seguirla y alcanzarla, razón por la cual concluye cada una de sus estrofas con un: *"But what must it be to be there!"*. Traducido al español existen distintas versiones por lo cual transcribimos lo más antigua (1895): «Contemplamos del mundo dichoso / las delicias que Dios nos dará; / el lugar lo creemos hermoso, / más hallarnos allí, ¿qué será?». Hay dos versiones más recientes, una que comienza como: «Siempre hablamos del mundo dichoso»; y otra: «Presentimos del mundo dichoso», siendo esta última la más conocida por haber sido publicada en "Himnos de Gloria y Triunfo" (186); la temática es similar y la frase final de cada estrofa idéntica en todas las versiones: *"más hallarnos allí, ¿qué será?"* (*"The Psalms in History and Biography"* John Ker, 1888).

[145] Ver nota 193 en el apartado de OTRAS INTRODUCCIONES.

6. ANÉCDOTAS PERTINENTES AL SALMO 119

Anécdota: Encontrándose en Londres durante la crisis política de 1819,[146] y envuelto casualmente en el núcleo de una revuelta callejera, William Wilberforce[147] escribe en su Diario Personal: *«Desde "Hyde Park Corner" comencé a caminar apresuradamente a la vez que recitaba el Salmo 119, y me fue de gran alivio y consuelo».*

WILLIAM ALEXANDER [1824-1911]
"The Witness of the Psalms to Christ and Christianity"

Anécdota: GEORGE WISHART [1599-1671], capellán y biógrafo del gran marqués de Montrose,[148] autor del libro *"Memoirs of the most renowned James Graham, marquis of Montrose"*, habría seguido el mismo destino funesto que su ilustre amo de no haberse dado la siguiente circunstancia: Hallándose ya en el cadalso para ser ejecutado, requirió, según costumbre de la época, que se le permitiera cantar un salmo de su elección. Escogió el Salmo 119. Y antes de haber cantado dos tercios del mismo, llegó un mensajero con el indulto que le salvó la vida. No está por demás aclarar que el GEORGE WISHART [1599-1671], al que nos referimos era obispo de Edinburgo, y no debe ser confundido, como sucede con frecuencia, con GEORGE WISHART [1513-1546],[149] piadoso mártir del mismo nombre que vivió y murió un siglo antes que él.

C. H. SPURGEON

---

[146] En 1919 se inició en Europa lo que se conoce como *Ciclo Revolucionario* que agito el continente entero como reacción al fracaso y derrota de la Francia revolucionaria y la *Restauración Europea.* Para inicios de 1819, la presión generada por las malas condiciones económicas, junto con la ausencia de sufragio en el Norte de Inglaterra aumentó el interés por el radicalismo. En respuesta, el *Sindicato Patriota de Manchester,* un grupo que hacía campaña a favor de una reforma parlamentaria, organizó una manifestación dirigida por el conocido orador radical HENRY HUNT. Las revueltas desembocaron en lo que se conoce como *Masacre de Peterloo* en Manchester el 16 de Agosto de 1919, cuando la caballería cargó contra la multitud que se manifestaba con los sables desenvainados y quince personas murieron y cerca de setecientas resultaron. heridas.

[147] Se refiere a WILLIAM WILBERFORCE [1759-1833], político, filántropo y abolicionista inglés que dedicó su vida a luchas contra la esclavitud. Su proyecto fue aprobado por el Parlamento Británico en 1807. En 2006 se hizo una película basada en su vida titulada *"Amazing Grace"*.

[148] Se refiere a JAMES GRAHAM [1612-1650], primer MARQUÉS DE MONTROSE, militar escocés perteneciente a la nobleza que se unió al bando de los *covenanters* o *"partidarios del Pacto"* (como se identificaba a los Presbiterianos) en la *"Guerras de los Tres Reinos"*, y posteriormente apoyo a Carlos I. Derrotado en la *Batalla de Carbisdale,* fue juzgado, sentenciado a muerte y ahorcado 21 de mayo de 1650, colocándole alrededor de su cuello durante su ejecución la elogiosa biografía que GEORGE WISHART [1599-1671], había escrito de él.

[149] Se refiere a GEORGE WISHART [1513-1546], reformador escocés y mártir. Desde joven tuvo problemas con la iglesia oficial por enseñar a sus alumnos el Nuevo Testamento el griego y simpatizar las ideas luteranas y calvinistas, predicando que no hay imputación de los méritos de Cristo al hombre, de lo que tuvo que retractarse públicamente en Canterbury, marchándose a vivir por un tiempo (1539-1542) a Suiza y Alemania. Regresando de nuevo a Escocia, continuó su labor de difundir las ideas reformadas, que culminó con la conversión de JOHN KNOX [1514-1572]. A principios de 1546 fue arrestado bajo presiones del cardenal Beaton, siendo juzgado en juicio sumarísimo y condenado a ser quemado vivo el día siguiente 28 de Febrero.

7. OTRAS INTRODUCCIONES DE GRANDES COMENTARISTAS AL SALMO 119 NO INCLUIDAS EN EL TEXTO ORIGINAL DE SPURGEON.

Introducción de Matthew Poole al Salmo 119: Este salmo es de David; y eso nadie lo cuestiona porque no hay motivos razonables para hacerlo. Su contenido, estructura y propósito, se centra en un elogio reiterado y estudio diligente y concienzudo de la palabra de Dios como algo de incomparable valor; partiendo de una fe inquebrantable en que las palabras que ella contiene son el más sabio consejero y el más eficaz consolador en este mundo, único camino a la verdadera bienaventuranza. Algo que el salmista confirma con su propio ejemplo, que nos propone como modelo a imitar, testimoniando repetidamente de sus experiencias personales con la palabra divina y constatando su admirable dulzura y múltiples beneficios en todas las condiciones y situaciones de la vida, pero de manera especial en tiempos de angustia. Y puesto que entender correctamente la Palabra en todos sus detalles y pormenores le resulto difícil, y más difícil aún ponerla en práctica; intercala con los elogios numerosas súplicas y oraciones a Dios implorando su ayuda, a la vez que invita y anima a otros a seguir el mismo curso. Viendo que el Salmo 119 sería el más extenso y el tema a tratar el de mayor importancia, a fin de evitar que resultara tedioso y facilitar su retención en la memoria, consideró el salmista oportuno dividirlo en veintidós partes, de acuerdo con el número de las letras del alfabeto hebreo. Además, va mencionando la palabra divina en base a una diversidad de nombres aplicados a la ley: *estatutos, preceptos o mandamientos, juicios, ordenanzas, fidelidad, testimonios, camino, dichos*; que utiliza hábilmente para expresar su naturaleza y su incuestionable perfección en todas sus partes y sus múltiples facetas y aplicaciones. Llama a la Palabra de Dios: *su palabra,* porque sale de su boca y nos es revelada a nosotros, nos descubre su naturaleza, y nos dice como él es; su *camino,* porque nos indica lo que él ha prescrito para que lo sigamos y andemos en ello; su *ley,* porque todo cuanto en ella se nos manda estamos vinculados a obedecerlo; sus *estatutos,* porque en ella se pone de manifiesto su poder y autoridad para dictar leyes; sus *preceptos,* porque en ella se prescriben las obligaciones y deberes que debemos asumir; sus *ordenanzas,* porque cuanto en ella se nos ordena es dictado y establecido por él; su *justicia,* porque todo lo que en ella se dice es conforme a su naturaleza y voluntad; sus *juicios,* porque procede del gran Juez del mundo, y por tanto, cuanto en ella se dice son sentencias a las que todos los seres humanos deben someterse; y sus *testimonios* porque en ella se expresa el sentir de la mente divina y su voluntad, que todo hombre debe obedecer. De los 176 versículos que tiene el salmo, pocos hay en los que no aparezca uno o varios de estos nombres. Este salmo es un reconocimiento exprofeso del valor de la palabra de Dios; del amor que David le profesaba; y una oración implorando la gracia necesaria para vivir en conformidad con ella.

MATHEW POOLE [1624-1679]
en *"Synopsis Criticorum Aliorumque Sactae Scripturae Interpretum"*, 1669,
resumida y conocida como: *"Matthew Poole's Commentary on the Holy Bible"*.

Introducción de John Gill al Salmo 119: Por lo general se considera que este salmo fue escrito por David, pero en qué época lo escribió, es incierto; probablemente en el declive de su vida; y, según algunos piensan, como legado para su hijo Salomón. Da la sensación de ser una conjunto de máximas y reflexiones sobre la palabra de Dios y sus preceptos, su utilidad y excelencia, recopiladas en el transcurso de su vida; a las que se intercalan diversas peticiones a Dios implorando la gracia necesaria para poder cumplirlos. Se trata de un salmo de características extraordinarias; en parte debido a su longitud inusual: más del doble que la del salmo más largo en el resto del Salterio; y en parte por su peculiar estructura poética. Consta de veintidós divisiones o bloques siguiendo el número de las letras en el alfabeto hebreo, separados entre sí por el grafismo de la letra correspondiente; cada uno de ocho versos que comienzan todos con la misma letra: los primeros ocho con la letra א *Alef,* los siguientes ocho con la letra ב *Bet,* y así sucesivamente; motivo por el que la *Masora* lo etiqueta como *"El Gran Alfabeto"*. Esta estructura acróstica la utilizó probablemente el salmista para atraer la atención del lector, y a su vez ayudar a la memorización. Destaca el hecho de que hay muy pocos versículos, de hecho tan solo dos, que no contengan algún vocablo relacionado con la palabra de Dios, sus preceptos y ordenanzas. Utiliza unas nueve o diez palabras distintas para mencionarla, todas ellas con significados similares o relacionados: leyes, estatutos, juicios, testimonios, etc. Lutero afirma que ni Cicerón,[150] ni Virgilio,[151] ni Demóstenes,[152] son comparables con David en su elocuencia, como se demuestra en el Salmo 119, donde estructura la exposición de una misma idea y sentido de veintidós maneras distintas. Llama también la atención que en todas sus estrofas no haya nada relacionado con la adoración en el tabernáculo, o mención alguna a los ritos y ceremonias de la antigua dispensación de la Ley; más bien parece calculado y diseñado para centrarse en la Palabra de Dios y sus ordenanzas tal como nosotros la conocemos, en su plenitud perfecta. Su intencionalidad y propósito, de principio a fin, es evidenciar el afecto ferviente del salmista a la palabra de Dios, y a su vez, engendrarlo o estimularlo en otros.

JOHN GILL [1697-1771]
"Exposition of the Old Testament", 1748

Introducción de William Swan Plumer al Salmo 119: Este salmo es alfabético. Viene dividido en tantas partes como letras hay en el alfabeto hebreo (22), adoptando cada parte el nombre de la letras hebrea que le corresponde en su respectivo orden. Cada parte tiene ocho versículos formando una octava. Y todos los versículos de cada octava comienzan con la letra que a esta corresponde. Sin embargo, a pesar de esta forma ingeniosa y un tanto artificial de composición poética, la oda carece de irregularidades sustanciales. Los nombres que se utilizan en este poema para referirse al Altísimo son יְהֹוָה *Yahweh* (que algunas versiones traducen por Jehová o Señor) y que ocurre veinticuatro veces: (119:1, 12, 31, 33, 41, 52, 55, 57, 64, 65, 75, 89, 107, 108, 126, 137, 145, 149, 151, 156, 159, 166, 169, 174);[153] y אֱלֹהִים *elohim* (que se traduce como Dios) y ocurre solo una vez (119:115). Hay octavas en las que no se mencionan el nombre del Señor en absoluto: (119:17-24; 81-88; 97-104; 129-136); las hay donde se menciona una sola vez: (119:1-8; 9-16; 25-32; 33-40; 41-48; 65-72; 73-80; 113-120; 121-128; 137-144; 161-168); otras dos veces: (119:49-56; 57-64; 89-94; 105-112; 153-160; 169-176); y alguna hasta tres veces: (119:145-152). En general, los dísticos o versos constan de dos líneas, sin embargo, observa Street:[154] 'hay nueve que tienen una sola línea; y dos que constan de tres líneas'.[155]

[150] Se refiere a MARCO TULIO CICERÓN [106- 43 a.C.], jurista, político, filósofo, escritor y orador romano. Es considerado uno de los más grandes retóricos y estilistas de la prosa en latín.

[151] Se refiere a PUBLIO VIRGILIO MARÓN [70-19 a.C.] poeta romano, autor de las *Bucólicas*, las *Geórgicas* y la *Eneida,* obra escrita por encargo del emperador Augusto con el fin de glorificar el Imperio Romano atribuyéndole un origen mítico, por lo que Virgilio, tomando como punto de partida la guerra de Troya y su destrucción, hace de la fundación de Roma un acontecimiento similar y conexo a los legendarios mitos griegos. El escritor italiano Dante Alighieri, en su obra *La Divina Comedia* lo sitúa como su guía a través del infierno y del purgatorio.

[152] Se refiere a DEMÓSTENES (384-322 a. C.) político griego de Atenas. Considerado el más grande orador que el mundo haya conocido. La tradición antigua nos ha transmitido bastantes detalles de su vida, algunos de los cuales rayan en la leyenda, como su tartamudeo, que aparentemente habría corregido ejercitándose en hablar con un pequeño guijarro introducido en la boca. Sea esto realidad o leyenda, lo cierto es que Demóstenes, con fuerza de voluntad, logró superar los defectos físicos que lo afligían y convertirse en el famoso orador de todos los tiempos.

[153] Ver notas 44 y 191.

[154] Se refiere a STEPHEN STREET [1756-¿?] en *"A New Literal Version of the Book of Psalms: With Preface and Notes"*, 1790.

[155] Una observación peculiar que aplica en todo caso a la versión inglesa KJV.

Muchos son los exégetas que han observado en el poema ausencia de conexión lógica. Calvino[156] dice al respecto: 'El profeta salta con frecuencia de un tópico a otro sin más, sin alcanzar a desarrollar de forma continuada ninguno en particular'; Matthew Henry:[157] 'el Salmo 119 no es un collar uniforme de eslabones ensamblados, sino más bien un arcón repleto de anillos de oro'. Hengstenberg:[158] 'El Salmo 119 consiste de una colección de dichos aislados que no dan pie a intentar descubrir entre ellos conexión alguna o rastrear un hilo de pensamiento consecutivo que los enlace, algo que se evidencia *a priori* de su forma estructural'. Ello no quita, embargo, que esté impregnado de lo que Tholuck[159] define como una: 'corriente profunda de sentimiento'. Y Jebb[160] afirma que: 'Sin duda, es posible hallar ejemplos de pasajes que mantienen una hermosa secuencia y conexión entre sus diversos elementos'. A pesar de que el contenido del Salmo 119 es ciertamente exuberante, no sería justo exaltarlo situándolo por encima de otras composiciones en el Salterio. Adam Clarke[161] dice al respecto: 'Es el salmo más largo con creces, el más artesanalmente elaborado y diversificado; no obstante, en proporción a su longitud, contiene menos conceptos que los demás salmos del Salterio', y en lo referente a su contenido añade: 'Algunos de los comentaristas de la antigüedad, particularmente los padres griegos, lo consideraron un compendio de la vida de David en el que se expresan todos su estadios emocionales: pruebas, persecuciones, socorros y liberaciones de las que fue objeto. Los padres latinos perciben en sus estrofas toda la enseñanza moral del evangelio y las reglas de conducta para ser humano en cada una de las etapas y situaciones de la vida'.[162] Lutero:[163] 'Contiene plenitud de oraciones, consuelos, doctrinas, y acciones de gracias, diversas y variadas, pero que repite de forma reiterativa; y el propósito de tales repeticiones es tan profundo como bendito: exhortarnos a escuchar diligentemente los consejos de la palabra de Dios y atesorarlos en nuestro corazón'. Tholuck: 'Sus estrofas van impregnadas de un sentimiento profundo de la sublimidad de la ley divina, en contraste con un sentimiento de indignidad personal'. Barrow:[164] 'Este Salmo, no menos excelente en virtud que extenso en contenido,

[156] Se refiere al Reformador JUAN CALVINO [1509-1564] en su exposición de los Salmos.

[157] Se refiere al comentarista puritano MATTHEW HENRY [1662-1714]. Ver la introducción completa de Matthew Henry al Salmo 119 en el apartado de AUTOR Y TEMA.

[158] Se refiere a ERNST WILHELM HENGSTENBERG [1802-1869], pastor y teólogo luterano alemán, experto en lenguas bíblicas y profesor en la Universidad de Berlín, autor de numerosas obras y especialmente conocido por su *"Christologie des Alten Testaments"*, aunque en esta ocasión la obra citada es su comentario a los Salmos, *"Commentar über die Psalmen*" publicada entre 1842 y 1847.

[159] Se refiere a FRIEDRICH AUGUST GOTTREU THOLUCK [1799-1877], más conocido por AUGUST THOLUCK, teólogo y exégeta alemán especialista en lenguas orientales. Entre muchas otras obras, llevó a cabo una excelente traducción comentada del libro de los salmos, posteriormente traducida al inglés por el Rev. J. Isidor Mombert, titulada *"A Translation and Commentary of the Book of Psalms"*, obra muy apreciada y que se sigue comercializando a el día de hoy, que suponemos es a la que se refiere el Plumer.

[160] Se refiere al erudito canonigo anglicano HEREFORD JOHN JEBB [1805-1886], escritor y autor de diversas obras litúrgicas, entre ellas: *"A literal translation of the book of Psalms: intended to illustrate their poetical and moral structure: to which are added dissertations on the word Selah, and on the authorship, order, titles, and poetical features of the Psalms"*. 1846.

[161] Se refiere al teólogo metodista inglés ADAM CLARKE [1760-1832], ampliamente conocido como expositor y comentarista. Su apreciado comentario a toda la Biblia ha sido traducido a diversos idiomas, incluyendo el español.

[162] Se refiere entre los llamados Padres de la Iglesia los que se conoce como el grupo de los cuatro grandes padres latinos: AMBROSIO DE MILÁN [340-397], JERÓNIMO DE ESTRIDÓN [347-420], AGUSTÍN DE HIPONA [354-430] y GREGORIO DE NISA [330-394]. Ver el final completo de la introducción de Adam Clarke al Salmo 112 en la nota 72.

[163] Se refiere al Reformador alemán MARTÍN LUTERO Dice WILLIAM SWAN PLUMER [1802-1880]:].

[164] Se refiere a ISAAC BARROW [1630-1677], teólogo, profesor y matemático británico, cuyos obras teológicas y eruditos sermones sobre los Salmos fueron publicadas en seis volúmenes en Oxford como: *"The*

nos aporta variadas reflexiones sobre la naturaleza, características, efectos y pormenores de la ley de Dios; así como numerosas preces sublimes y jaculatorias vivaces relacionadas con la misma, concebidas de manera ingeniosa mediante distintas técnicas de lenguaje: algunas en forma de petición, otras como acción de gracias, las hay a manera de resolución, y también de afirmación o aforismo; muchas instrucciones útiles, y no pocas exhortaciones celosas respecto a su observancia'.

Su objetivo y diseño son bastante evidentes. Dice al respecto Hammond:[165] 'Se dedica por completo a la consideración de la ley divina: su excelencia, su importancia, sus beneficios; disertando ampliamente sobre cada uno de los nombre diversos que se le aplican; exhortándonos a una vida piadosa: a reflexionar sobre sus enseñanzas, y, de manera especial, apegarnos a ella en los momentos de dificultad'. Poole:[166] 'Su contenido, estructura y propósito, se centra en un elogio reiterado y estudio diligente y concienzudo de la palabra de Dios como algo de incomparable valor; partiendo de una fe inquebrantable en que las palabras que ella contiene son el más sabio consejero y el más eficaz consolador en este mundo, único camino a la verdadera bienaventuranza'. Bridges:[167] 'Podemos considerar este Salmo como el diario de una persona instruida profundamente en las cosas de Dios, enseñada en la manera práctica de caminar por fe en el transcurso de una vida larga y dilatada. Expone la anatomía de la religiosidad experimental, los rasgos distintivos de la familia de Dios en su intimidad. Es apropiado para creyentes de todas las edades a modo de piedra de toque de la piedad vital. Y muchos han observado la manera excepcional en que se adapta y es particularmente bien acogido por los jóvenes'; hasta el punto que Hengstenberg no duda en etiquetarlo de: 'un sermón infantil'. Pero lo cierto es que se adapta fácilmente a todas las necesidades. Por su carácter alfabético la *Masora* lo llama: "El Gran Alfabeto"; y por su peculiar excelencia muchos lo califican de: "El Alfabeto de los santos". El obispo Cowper[168] lo describe como: 'Un alfabeto sagrado, tan claro y sencillo que hasta los niños pueden entenderlo; pero tan profundo y enjundioso que incluso los más sabios y experimentados tienen que aprender de él'. Y Adam Clarke: 'Al igual que todas las demás pociones de la revelación divina, es elegante, importante y útil'. Jebb: 'Es evidente que ninguna otra parte de las Sagradas Escrituras acumula tantas reflexiones y amonestaciones prácticas como en el Salmo 119. A lo largo de la historia de la iglesia ha sido considerado siempre como un depósito de sabiduría espiritual'. Ciertamente una de sus principales excelencias es la variedad de instrucciones que aporta sobre la naturaleza de la fe práctica y experimental. En este Salmo, dice Venn:[169] 'se refleja por entero la naturaleza del hombre interior, pues tanto la fragilidad inestable y mutante de nuestros miserables corazones, como la diversidad de acciones e inspiraciones del Espíritu Santo, se exponen en sus estrofas de manera particularmente

---

Theological Works of Isaac Barrow", 1818.

[165] Se refiere a HENRY HAMMOND [1605-1660], clérigo anglicano, autor de *"Paraphrase and Annotations on the New Testament"*, y *"Paraphrase and Annotations on the Old Testament"* aunque esta segunda obra no llegó a terminarla. En este caso se refiere concretamente a la parte de esta última conocida como *"Paraphrase and Annotations on Book of Psalms"*, 1659.

[166] Se refiere al teólogo puritano MATTHEW POOLE [1624-1679] y su famosa obra *"Synopsis Criticorum Aliorumque Sactae Scripturae Interpretum"*, 1669. Ver su introducción completa al Salmo 119 al comienzo de este apartado 7 de OTRAS NTRODUCCIONES DE GRANDES COMENTARISTAS.

[167] Se refiere a CHARLES BRIDGES [1794-1869] teólogo y predicador anglicano, autor de una extraordinario comentario expositovo al Salmo 119. *"Exposition of Psalm 119"* (1827) y respecto al cual Spurgeon no duda en afirmar que «vale su peso en oro».

[168] Se refiere al obispo anglicano WILLIAM COUPER O WILLIAM COWPER [1568-1619] prolífico autor de obras teológicas entre las que figura la titulada: *"The Holy Alphabet of Zion's Scholars; by way of Commentary on the CXIX. Psalm"*, 1613.

[169] Se refiere a HENRY VENN [1796-1773], clérigo anglicano y reconocido estratega de la obra misionera, secretario de la *"Church Missionary Society"* de 1841 a 1873, en una carta escrita a la señora Riland (esposa del Rev. John Riland) el 4 de Enero de 1785 en la que le explica que está preparando una serie de exposiciones sobre el Salmo 119. Publicada en *"The Life and a Selection from the Letters of the late Rev. H. Venn"*, 1834.

afectiva. Es el Salmo al que recurro con frecuencia cuando me veo incapaz de hallar en mi propio corazón un espíritu de oración genuino: sus estrofas encienden el fuego y gracias a ellas finalmente consigo orar'. En su ensayo sobre los afectos religiosos, el presidente Edwards[170] dice lo siguiente: 'No sé de otra parte de las Sagradas Escrituras donde la naturaleza y evidencias de la piedad genuina y verdadera hayan sido expuestas y delimitadas de una manera tan amplia y plena'. Y los anales de la biografía religiosa, de la vida y obra de los grandes hombres de fe, abundan en evidencias de ello, pues difícil resulta abrir un buen libro de ese género sin encontrar pruebas de esta verdad.

Algunos exégetas relacionan el Salmo 119 con otros salmos. Hengstenberg lo considera: 'el canto principal de la fiesta, el himno clave en la dedicación, tras la decena que ha servido de introducción'.[171] Por su parte Jebb afirma que: 'se puede considerar que con el Salmo 119 comienza la colección de salmos compuestos durante el período de la cautividad'. Pero un escrutinio cuidadoso difícilmente sostiene ni uno ni otro de estos puntos de vista. Como tampoco el criterio de Fry[172] defendiendo que quién habla a lo largo del Salmo 119 es Cristo; ya que algunos versículos son extremadamente negativos a este punto de vista: (119:67, 71, 176). Hengstenberg hace una observación sumamente importante: 'Un rasgo característico del Salmo 119, es la profunda convicción que muestra el salmista de que el guardar los mandamientos de Dios no depende ni guarda relación directa con la voluntad y esfuerzo humano; es Dios el que crea en nosotros la voluntad observarlos y nos concede el poder para cumplirlos'.

Desconocemos tanto autor como la fecha en que se escribió. Tanto la versión árabe,[173] así como Teodoreto[174] y la gran mayoría de comentaristas actuales lo atribuyen a David. Patrick[175] parece no tener dudas sobre ello. Dodd[176] dice al respecto: 'Se supone que este salmo fue escrito por David'. Vene-

---

[170] Se refiere a JONATHAN EDWARDS [1703-1758] pastor, teólogo y misionero durante seis años entre los indios housatonic en Stockbridge en Norteamérica. Es considerado como uno de los principales teólogos de los Estados Unidos. de presidente de la Universidad de Nueva Jersey (actualmente Universidad de Princeton), donde se estableció el 16 de febrero de 1758, siendo apodado *"President Edwards"*. Sus numerosas e importantes obras de teología, filosofía, sociología, que incluyen ensayos tan importantes como *"A Dissertation Concerning the End for Which God Created the World"; "Contains Freedom of the Will and Dissertation on Virtue, slightly modified for easier Reading", "The Freedom of the Will"., "The Nature of True Virtue";* fueron publicadas junto con otras en una colección de varios volúmenes y son conocidas como: *"The Works of President Edwards"*.

[171] Ver al respecto la nota 13 en estas introducciones.

[172] Se refiere a JOHN FRY [1792-1822] Rector de Desford en Leicestershire y autor de *"Lyra Davidis: a new translation and exposition of the Psalms"*, 1819; y de *"A Translation and Exposition of the Psalms on the principles adopted in the posthumous work of Bishop Horsley"*, 1842.

[173] Aunque hay estudiosos que piensan que quizá pudo existir una traducción de la Biblia al árabe en época pre-islámica no hay pruebas sólidas de ello. Y las traducciones posteriores son de la Septuaginta o de las versiones siríacas. Es posible que se refiera a la versión árabe de VAN DYCK CORNELIUS VAN ALEN VAN DYCK [1818-1895], la más conocida y popular, que se completó en 1865. Pero lo más probable es que por *"The Arabic"* se refiera a la versión siríaca o *Phesitta.*

[174] Se refiere a TEODORETO DE CIRO [393-458 d.C.] Nacido en Antioquía, fue obispo de Ciro, donde desarrolló una amplia actividad. Mantuvo una enconada controversia con San Cirilo. Enérgico adversario de la herejía eutiquiana, fue depuesto de su sede episcopal hacia el 449. El 451 fue admitido entre los «doctores ortodoxos» por el Concilio de Calcedonia -que condenó a Nestorio y Eutiques- tras haberle exigido una explícita declaración contra Nestorio y su doctrina. Tras Calcedonia, Teodoreto continuó su labor pastoral y literaria. Fue autor de numerosas obras, entre ellas comentarios a diversos libros de la Biblia, incluidos los Salmos.

[175] Se refiere probablemente a SYMON PATRICK [1626-1707], Obispo de Ely y autor de un extenso comentario sobre los salmos titulado *"Commentary on the Historical and Poetical Books of the Old Testament"*.

[176] Lo más probable es que se refiera a PHILIP DODDRIDGE [1702-1751], autor de un extenso comentario sobre los salmos titulado *"Commentary on the Historical and Poetical Books of the Old Testament"*.

ma,[177] Michaelis[178] y Dickson[179] comparten esa misma opinión. Poole es contundente: 'Este salmo es de David; y nadie lo cuestiona porque no hay motivos razonables para hacerlo'. Matthew Henry: 'Mi opinión es que el Salmo 119 recopila el conjunto de las invocaciones más pías y devotas de David'. Horne:[180] 'No cabe la menor duda que David tuvo que haber sido el autor'. Adam Clarke: 'Aunque los intérpretes más eruditos lo asignan a los tiempos del cautiverio babilónico; con todo, hay en él tantas cosas que encajan con las experiencias de David, con sus reacciones características y estados emocionales, que me llevan a pensar que bien podría haber salido de su pluma; o incluso, caso de haber sido compuesto en época del cautiverio, forjado en base a notas y memorandos suyos'. Scott:[181] 'Por lo general se supone que fue David quien compuso este Salmo altamente instructivo –y lo data en el 1017 a.C'. Pero a pesar de este consenso general y la evidencia interna, Jebb dice al respecto: 'Hay razones de más peso para asignar este Salmo a uno de los profetas de la cautividad, ya sea Jeremías o Daniel, cuyas circunstancias eran similares en muchos aspectos a las que se describen; y me inclino por este último como el más probable'. Semejante razonamiento es sutil y tiene, sin duda, sus elementos de valor, pero en un examen profundo difícilmente puede considerarse como concluyente.

Según la Masora, hay un solo versículo, el ciento veintidós (119:122) en el cual no encontramos un solo un vocablo que describa o refiera a la palabra de Dios. En los restantes se utilizan los términos siguientes:

LEY: תּוֹרָה *torah.* Ocurre veinticinco veces en el Salmo 119; y once veces más en los salmos anteriores: 1:2; 19:7; 37:31; 40:8; 78:1, 5, 10; 89:30; 94:12; 105:45; después del Salmo 119 no ocurre de nuevo en todo lo que resta del Salterio. Kimchi[182] la define como: 'La fijación o establecimiento de obligaciones y deberes, lo que se debe hacer y cómo debe hacerse". Jebb: 'procede en su raíz de un verbo hebreo que significa *"dirigir, guiar, apuntar hacia un objetivo, disparar hacia delante"*.[183] Su sentido etimológico es de una regla o norma de conducta'. Poole: 'La palabra de Dios recibe el nombre de *"su ley"*, porque todo cuanto en ella se nos manda estamos vinculados a obedecerlo'. Dickson: 'La voluntad revelada de Dios recibe el nombre de ley o doctrina, que significa la voluntad divina enseñada por Dios mismo, para que todos los hombres la conozcan y aprendan'. Matthew Henry: 'Se denomina ley de Dios a lo que se dice en las Escrituras, porque son cosas promulgadas por él como Soberano'. Clarke: 'Se denomina ley porque guía, dirige e instruye en el camino de la justicia: hace que nuestro camino sea recto, nos muestra lo que es correcto y lo incorrecto, y nos posiciona para que

---

[177] Se refiere a al celebre teólogo y filólogo HERMANNUS O HERMANNI VENEMA [1697-1787], pastor en Dronrijp, profesor en la Universidad de Franeker en West Frisia (actualmente Holanda) y autor de diversas obras teológicas, entre ellas su "*Commentarius ad Psalmos*", 1762.

[178] Se refiere a JOHANN HEINRICH MICHAELIS [1668-1738], docto e ilustrado hebraísta alemán, especializado en las lenguas orientales. Autor de una *Biblia Hebrea Anotada* y otras muchas obras de exégesis bíblica.

[179] Se refiere a DAVID DICKSON [1583-1662], pastor, predicador, escritor y poeta escocés; escribió numerosas obras de exégesis y poemas; entre ellas un comentario a todos los Salmos; otro al Evangelio de Mateo; uno a las Epístolas (en latín y en inglés); un libro de *Terapéutica Sacra*: cuestiones de conciencia resueltas (en latín); y un *Treatise of the Promises* (Tratado de las Promesas).

[180] Se refiere al obispo anglicano GEORGE HORNE [1730–1792], de Magdalen College y posteriormente Vicerrector de la Universidad de Oxford. Autor de numerosas obras entre las que destaca *"A Commentary on the Psalms in which Their Literal Or Historical Sense, as They Relate to King David, is Illustrated"*, 1825.

[181] Se refiere a comentarista anglicano THOMAS SCOTT [1747-1821] en *"Commentary on the Holy Bible: The Holy Bible with Explanatory Notes, Practical Observations, and copious Marginal References"*, 1807

[182] Se refiere al rabino DAVID O DOVID KIMCHI [1157-1236], también conocido por el nombre de David Kimhi o el acrónimo hebreo RaDak. Nacido en Narbona, Francia. Hijo de Yosef Kimchifue, un famoso rabino y filólogo judío, fue uno de los más prestigiosos eruditos del hebreo bíblico en la Edad Media y autor de uno de los más prestigiosos comentarios al texto del Antiguo Testamento.

[183] En hebreo יָרָה *yara.*

avancemos hacia la verdad, la paz y la felicidad. La ley fue nuestro ayo, nuestro maestro de escuela para llevarnos a Cristo y ser justificados por medio de la fe;[184] pues por medio de la ley es el conocimiento del pecado[185]'.

TESTIMONIOS: עֵדָה *edah.* Un término que encontramos en dos formas, que tienen la misma derivación y significado en las veintitrés veces que ocurre. Una de ellas es: עֵדוּת *eduth,* que ocurre por primera vez en singular: עֵדוּת *'ēḏūṯ* en el Salmo 19:7: *"el testimonio";* la otra es: עֵדָה *edah* y ocurre por primera vez para referirse a la palabra de Dios en el Salmo 25:10: וְעֵדֹתָיו *wə'ēḏōṯāw, "sus testimonios".* Kimchi, lo explica como los preceptos básicos que nosotros consideraríamos fundamentos constitucionales. Jebb: 'Los testimonios son particularmente la ley de Dios revelada: las pruebas y confirmaciones de las promesas hechas a su pueblo, demostración anticipada de sus salvaciones futuras'. Poole: "Se llama a las Escrituras: *"testimonios"*, en tanto que atestiguan acerca de la mente y voluntad de Dios, y de las obligaciones y deberes que corresponden del hombre'. Dickson: 'El término *"testimonios"* significa que la voluntad divina revelada en las Escrituras pone en evidencia tanto nuestros deberes como nuestras acciones, sean estas últimas en conformidad o discrepancia con la norma establecida; y a su vez evidencian lo que cabe esperar de nuestra actitud según seamos creyentes o incrédulos, obedientes o desobedientes'. Matthew Henry: 'Las verdades que contienen las Escrituras se llaman *"testimonios de Dios",* porque son verdades declaradas solemnemente al mundo atestiguando que se cumplirán irremisiblemente por encima de cualquier oposición'. Adam Clarke, afirma que el término *"testimonios":* עֵדָה *edah* proviene de verbo: יָעַד *yaad,* y este de una raíz que significa: señalar hacia, apuntar más lejos, más allá; lo que guarda una relación con los ritos y ceremonias de la ley, porque todos ellos apuntan o señalan a temas que van más allá de ellos mismos, no siendo más que tipos y representaciones de las cosas buenas que estaban por venir'. Su observancia demanda una mente espiritual.

PRECEPTOS: פִּקּוּדֵי *piqqud.* Ocurre veinticuatro veces en la Escritura, todas ellas en el Salterio: veintiuna en el Salmo 119, y tres veces en los Salmos 19:8, 103:18; 111:7. Kimchi considera que hace referencia a los principios que la razón nos enseña por ley natural, es decir, que desde el principio fueron grabados en nuestra naturaleza. Jebb dice que: 'el término arranca del verbo: פָּקַד *paqad,* que significa *"depositar en fideicomiso":* entregar algo a alguien en confianza a para que lo guarde celosamente; y en este sentido se refiere a la conciencia, dada por Dios al hombre y de la cual el hombre es responsable'. Poole afirma que: 'los *"preceptos"* declaran e indican nuestras obligaciones'. Dickson: 'Los *"preceptos"* son normas de la voluntad divina impuestas por su autoridad como soberano Legislador". Mathew Henry: 'Se les llama *"preceptos"* porque nos prescriben lo que debemos y no debemos hacer, y no nos dejan indiferentes'. Adam Clarke: 'Se les llama *'preceptos'* el término tiene su origen en el verbo פָּקַד *paqad,* que significa: tomar cuenta, cuidar algo, atender, respetar, asistir. Los preceptos divinos toman en cuenta nuestro camino, atienden a nuestra manera de comportarnos, y nos asisten en nuestras decisiones y deberes de la vida'.

ESTATUTOS: חֹק *choq.* Ocurre en el Salmo 119 veintiuna veces en masculino (119:5, 8, 12, 23, 26, 33, 48, 54, 64, 68, 71, 80, 83, 112, 117, 118, 124, 135, 145, 155, 171); y una vez en femenino: חֻקָּה *chuqqah* (119:16). Kimchi piensa que apunta a aquellos preceptos cuyo motivo o razón no se conoce, como pueda ser, a modo de ejemplo, la prohibición de vestir שַׁעַטְנֵז *shaatnez,* es decir, de ponerse *"un vestido con mezcla de dos clases de material"* (Levítico 19:19), o *"de lana y lino juntamente"* (Deuteronomio 22 11). Jebb: 'El verbo hebreo del cual procede la palabra *"estatutos":* חָקַק *chaqaq,* tiene el sentido de grabar o inscribir algo en algún lugar; significa una ley concreta, escrita y ordenada o preceptuada'. Poole: 'Los estatutos de Dios ponen de manifiesto su autoridad y poder para prescribirnos leyes'. Dickson: 'La palabra *"estatutos"* significa que la voluntad de Dios revelada en su Palabra

[184] Gálatas 3:24.
[185] Romanos 3:20.

contiene los deberes y obligaciones que él ha establecido y prescrito para nuestro justo gobierno'. Matthew Henry: 'Se dice *"sus estatutos"* porque son leyes y obligaciones fijas, determinadas y de perpetuo cumplimiento'. Adam Clarke: 'es un vocablo hebreo que significa marcar, trazar, describir y ordenar; porque los *"estatutos divinos"* marcan nuestro camino, trazan la línea de conducta que debemos seguir y describen y ordenan lo que debemos observar'. Alexander:[186] 'Promulgaciones definitivas y permanentes'.

Mandamientos: מִצְוָה *mitsvah.* Ocurre en este Salmo veintidós veces: 119:6, 10, 19, 21, 32, 35, 46, 48, 60, 66, 73, 86, 96, 98, 115, 127, 131, 143, 151, 165, 172, 176). Según Jebb: 'Los mandamientos son las leyes de Dios, no solo expuestas, reveladas y recomendadas, sino también impuestas forzosamente'. Dickson: 'Son la voluntad de Dios revelada y puesta bajo nuestra confianza para que la cumplamos". Matthew Henry: 'Los *"mandamientos de Dios*" reciben este nombre porque son dados con autoridad y (como la propia palabra significa) alojados en nosotros a modo de fideicomiso'. Adam Clarke: 'Se les da el nombre de "mandamientos" porque nos muestras aquello que debemos hacer, y aquello que no debemos hacer; y requieren nuestra obediencia'.

Juicios: מִשְׁפָּט *mishpat.* Ocurre en el Salmo 119 veintitrés veces: (119:7, 13, 20, 30, 39, 43, 52, 62, 75, 84, 91, 102, 106, 108, 120, 121, 132, 137, 149, 156, 160, 164, 175). Lo encontramos por primera vez aplicado a la palabra de Dios en el Salmo 19:9. Kimchi considera que su origen está en los pleitos y juicios habituales entre un hombre con su prójimo. Jebb: 'Procede de un término: שָׁפַט *shaphat,* que significa gobernar, administrar, decretar, juzgar o determinar; tiene que ver con disposiciones y decisiones judiciales, e implica sanciones legales'. Poole: 'Los *"juicios de Dios"* reciben ese nombre porque proceden del gran Juez del mundo, y son sus sentencias, a las que toda criatura está sujeta inevitablemente'. Dickson: 'La expresión *"sus juicios"* significa que las Escrituras son el decreto judicial de Dios con el cual ordena cómo han de ser nuestros pensamientos, palabras y acciones, y cuál será la ejecución de su voluntad en base a ello, porque por ellos debemos juzgar y ser juzgados'. Matthew Henry: 'Se les llama *"juicios de Dios",* porque van enmarcados en su infinita sabiduría, y porque es en base a ellos que hemos de juzgar y seremos juzgados'. Adam Clarke cree que reciben este nombre: 'porque juzgan todo cuanto tiene que ver con nuestras palabras y acciones, mostrándonos las normas por las cuales debemos regularlas; nos llevan a discernir entre aquello que es correcto y lo incorrecto, y a decidir en consecuencia'.

Palabra. El hebreo utiliza dos términos distintos para referirse a: *"su palabra":* דָּבָר *dabar;* e אִמְרַת *imrah;* y para distinguirlos los interpretes suelen traducir דָּבָר *dabar,* como "palabra" e אִמְרַת *imrah* como *"dichos".* El primero: דָּבָר *dabar,* ocurre en el Salmo 119 veinticuatro veces. El verbo del cual procede se traduce como: hablar, decir, contar, prometer, declarar, pronunciar, comunicar; es decir todo aquello que se dice o pronuncia. El segundo: אִמְרַת *imrah* ocurre diecinueve veces y se centra más en el sentido de palabras pronunciadas. Y en ningún caso encontramos ambos términos en el mismo versículo del Salmo. No resulta posible definir o precisar con exactitud la distinción entre ellos, aunque Jebb sostiene que 'no son términos sinónimos';[187] pero son cuanto menos paralelos y se utilizan en el mismo sentido general, y con la misma aplicación. Poole dice al respecto: 'Llama a la Palabra de Dios: *"su palabra",* porque sale de su boca y nos es revelada a nosotros, nos descubre su naturaleza y nos dice como él es' Dickson: 'Al decir: *"su palabra",* significa que Dios nos revela

---

[186] Se refiere a Joseph Addison Alexander [1809-1860] lingüista y exégeta. Nacido en Philadelphia, Estados Unidos, fue profesor de lenguas bíblicas y orientales del *Princeton Theological Seminary*, donde fue ayudante del famoso teólogo Charles Hodge [1797-1878], y ocupó su lugar después de su muerte. Se especializó en el hebreo bíblico, aunque dominaba más de treinta idiomas. Escribió numerosas obras, entre ellas *"The Psalms Translated and Explained",* publicada en 1850 en 3 volúmenes.

[187] Ver al respecto el termino *"Palabra"* en el comentario completo de John Jebb [1805-1886] incluido en estas mismas introducciones en el apartado de: Estructura como Salmo Acróstico o Alfabético.

su mente, cual si nos estuviera hablando'. Matthew Henry: 'A la Escritura se la llama *"la palabra de Dios"* o *"sus dichos"*, porque es la declaración de su mente; y porque Cristo, el Verbo, esencia de la Palabra Eterna, está en todo y por todo en ella'. Adam Clarke: 'En la Revelación, Dios habla al hombre: le muestra de manera clara, concisa, inteligible y racional, sus intereses, sus deberes, sus privilegios y, dicho en pocas palabras: la actitud y respuesta razonable que requiere y espera de él'.

CAMINO: דְּרָכָיִם *derek.* Ocurre en este salmo trece veces. En algunos casos se refiere claramente al cariz de la vida o conducta del individuo, como en (119:5, 26, 29, 59, 168); pero en otros (119:1, 3, 14, 27, 30, 32-33, 37) apunta directamente a las Escrituras. En el mismo modo y sentido ocurre también en otros salmos del Salterio, pero mayormente para referirse a la vida que uno lleva, como es en el caso típico del Salmo 1:1, 6. Kimchi piensa que el termino: דְּרָכָיִם *derek,* cuando va aplicado como nombre al volumen sagrado, es la regla sobre la cual se basan las Escrituras. Jebb dice al respecto: 'su significado es tan simple y directo que no precisa explicación alguna: se refiere a una regla común de conducta; y en un sentido más elevado, al auxilio de la gracia de Dios a través de Cristo nuestro Señor que es el Camino, la Verdad y la Vida'. Poole: 'A la palabra de Dios se la llama *"su camino"*, porque Dios ha prescrito que andemos de acuerdo con lo que ella nos revela y enseña'. Dickson: 'El camino de Dios: *"su camino"*, significa que el Señor nos facilita direcciones concretas en cada una de nuestras encrucijadas respecto a como debemos proceder, y guía cada uno de nuestros pasos hacia el reino de los cielos'. Matthew Henry: 'A las Escrituras se las llama *"el camino de Dios"*, porque son la regla establecida tanto de su providencia como de nuestra obediencia'. Adam Clarke: 'A la revelación que Dios había otorgado se la denominó *"camino"*, porque desvelaba la manera en que Dios iba a instruir y salvar ser humano; la senda por la que el hombre debe transitar para sentirse seguro, mantenerse en santidad y ser feliz'.

VERDAD O FIDELIDAD: אֱמוּנָה *emunah,* Nuestros traductores utilizan dos términos: *"verdad"* y *"fidelidad"*, para verter a nuestro idioma el sentido del vocablo hebreo: אֱמוּנָה *emunah,* que en el Salmo 119 ocurre cinco veces: (119:30, 75, 86, 90, 138), termino relacionado con: אֱמוּן *emun*, y אָמַן *aman*, que significan confirmación, aprobación, y con אָמֵן *'āmên*, que en el mismo sentido significa *"así sea"*. Se utiliza también en los Salmos 33:4 y 36:5 en relación con la Palabra. Expresa la certeza, estabilidad y fidelidad con que Dios ejecuta todo cuanto dice. Comenta al respecto Matthew Henry: 'Los principios sobre los que se fundamenta la ley divina son verdades eternas'.[188]

JUSTICIA: צֶדֶק *tsedeq.* Esta palabra aparece en el Salmo 119 dos veces en forma femenina: צְדָקָה *tsedaqah* (119:40, 142) y doce veces en la forma masculina: צֶדֶק *tsedeq* (119: 7, 62, 75, 106, 121, 123, 138, 142, 144, 160, 164, 17) Y en la mayoría de los casos (119: 7, 62, 75, 106, 123, 138, 144, 160, 164, 172) se trata de una clara referencia a la palabra de Dios. En 119:142, encontramos ambas formas, tanto la masculina como la femenina. Dickson dice que en la manera como se aplica a las Escrituras: 'significa que la palabra de Dios es la que nos muestra el camino por el cual el ser humano es justificado, a saber, por medio de fe; así como la manera en la que el hombre justificado debe presentarse a sí mismo ante Dios y ante los demás hombres: como justificado por la fe; lo que hace que todo hombre cabal considere la palabra de Dios como la medida de la justicia perfecta'. Matthew Henry afirma que las Escrituras reciben este nombre 'porque cuanto hay en ellas es justo, santo y bueno, pues son la regla y el estándar de la justicia'. Y Poole: 'porque cuanto hay en ellas está en completa y absoluta concordancia con la naturaleza y voluntad justas de Dios'.

Algunos consideran que a esta lista debe agregarse también la palabra NOMBRE: שֵׁם *shem.* De hecho, resulta innegable que en el Salmo 138, y puede que en otros pasajes, el termino שֵׁם *shem,* como nombre de Dios, incluye también su palabra: *"Porque has engrandecido tu palabra conforme a todo tu nombre"* – שְׁמֶךָ *məḵā* de שֵׁם *shem* (Salmo 138:2 LBLA), esto es, engrandecido sobre todo aquello

[188] La RVR 1960 la traduce dos veces como *"verdad"* (119:30, 86); dos veces cono *"fidelidad"* (119:75, 90); y una vez como *"fieles"* (119:138).

por lo cual te das a conocer. Pero en el Salmo 119, tal y como como el שֵׁם *shem* ocurre, solo en dos lugares: שִׁמְךָ *šimkā* y שְׁמֶךָ *šəmekā* (119:55, 132), parece bastante claro que en ambos casos se refiere al Señor mismo. Por nuestra parte no hay más que añadir al respecto, salvo la reflexión que se desprende del texto citado del Salmo 138:2: que Dios es mucho más conocido y mejor conocido por su palabra, y en su palabra, que en todas las demás cosas.

Aunque estos diez términos se emplean por lo general como sinónimos para referirse a las Escrituras, en su sentido básico, cada uno de ellos tiene significados distintos que conviene olvidar, y que en algunos casos se ha preservado. A pesar de que Calvino no duda en afirmar: 'Casi todos estos términos son sinónimos'; las diferencias que los distinguen no son superfluas, y menos todavía inútiles. Como tan acertadamente puntualiza Jebb: 'Es bueno que aprendamos de este Salmo 119 a ver y considerar la ley de Dios como guía que nos dirige, como lámpara que nos ilumina; como objeto por el cual sentirnos agradecidos, y como fuente de paz y alegría; bien sea contemplada como verdad objetiva, como revelación sobrenatural, como discurso a la conciencia, como mandamiento, como ordenanza judicial, o como una comunicación directa salida de la mismísima boca de Dios'.

La longitud del Salmo 119 contrasta con la brevedad del Salmo 117 y de otros: su extensión dobla la del más largo entre todos los demás. Si bien es cierto que en la práctica devocional las Escrituras no solo autorizan la brevedad, sino que incluso las recomiendan,[189] tampoco desalientan las oraciones y discursos extensos. Matthew Henry dice sobre este particular: "no es la longitud de las oraciones lo que Cristo censuró,[190] sino más bien alargarlas por vanidad de manera hipócrita, pues las oraciones largas, si son sinceras, son beneficiosas y encomiables'.

WILLIAM SWAN PLUMER [1802-1880]
"Studies on the Book of Psalms", 1867

Introducción de Charles John Ellicott al Salmo 119: Toda composición acróstica se ve obligada a recurrir a formas artificiosas, y en el caso de una tan extensa y elaborada como el Salmo 119, era ineludible sacrificar la secuencia lógica a la forma prescrita. ¿Por qué escogió el autor el número ocho para formar cada bloque de versos? ¿Por qué habiendo logrado con éxito encontrar sinónimos para mencionar de algún modo la Ley en 174 versículos falló en dos, 119:122 y 119:132? Todo lo que podamos decir al respecto no son más que conjeturas. La invocación al nombre יְהוָה *Yahweh*, Jehová, que ocurre exactamente veintidós veces,[191] ha de ser intencionada;[192] pero en el uso indiscriminado de los sinónimos empleados para referirse a la Ley, no hay evidencia alguna de diseño. Los aforismos con los que se elogia incesantemente a la Ley exponiendo sus virtudes no fueron recopilados y dispuestos de forma mnemotécnica como en un libro de meros pensamientos devocionales, y eso lo vemos en la corriente subterránea de pensamiento que cohesiona todo el Salmo. Al mismo tiempo, sería bastante inconsistente con el habitual desarrollo de una obra literaria suponer que semejante composición, artificial y mecanicista, es la respuesta emocional de un acontecimiento histórico prominente; es más bien el reflejo posterior de una o, más probablemente, de numerosas mentes en el transcurso dilatado en el tiempo de múltiples eventos pasados, pero retenidos en la memoria; reflexiones organizadas de este modo con el propósito expreso no solo de recordar experiencias de días pasados, sino para aportar enseñanza espiritual y apoyo dogmático en circunstancias similares. Este enfoque múltiple al contemplar el Salmo en su conjunto explica la aparente inconsistencia que hace que unos comentaristas

[189] Eclesiastés 5:2-3; Mateo 6:9-13.
[190] Mateo 6:5-8.
[191] Ver notas 44 y 153.
[192] Ver sobre esto la introducción completa de Franz Julius Delitzsch incluida en estas mismas introducciones en el apartado de AUTOR Y TEMA.

lo asignen a un hombre joven (119:9; 99-100), y otros a un hombre de edad madura, si no avanzada (119:33; Salmo 119:52, 96). Y si bien se detecta una cierta monotonía en frases recurrentes que expresan las mismas verdades en términos muy similares, hay que entenderla bajo el prisma de la importancia que la Palabra de Dios implica, no solo para un judío, sino también para un cristiano. «No deja llamarme la atención, –escribe Ruskin–,[193] que de todas las porciones de la Escritura que de niño mi madre me enseñaba a memorizar; aquella que más me costaba de aprender y se hacía más revulsiva a mi mente infantil: el Salmo 119; ahora de adulto, en su amor y pasión desbordante por la ley de Dios, me resulte las más preciosa».

CHARLES JOHN ELLICOTT [1819–1905]
"An Old Testament Commentary for English Readers", 1897

Introducción de William Kelly al Salmo 119: Un Salmo no menos admirable por su peculiar estructura que por su belleza moral. Es la expresión escrita de la ley, grabada por Dios en el corazón de Israel, tras su divina intervención, aunque con anterioridad a su completa liberación, para restaurarlo como pueblo en su tierra prometida. Consta de veintidós secciones de ocho versículos acrósticos, siguiendo las letras del alfabeto hebreo en su debido orden correlativo. Y en cada una se glosan las características y virtudes de la revelación divina según la nomenclatura dada a conocer al pueblo elegido: Ley, Testimonios, Camino, Preceptos, Estatutos, Mandamientos y Palabra.

א ALEF (1-8). Todo aquí es introductorio y de carácter general: glosa el retorno tras una experiencia dolorosa vagando errantes; y la ley o doctrina de Jehová es grabada en su interior bajo un nuevo pacto.

ב BET (9-16). El lavamiento en agua a través de la palabra. Dios purificando el corazón por medio de la fe: desde un estado de muerte moral, vivificándole con vigor natural, justo en donde pueda ser más fuerte.

ג GUÍMEL (17-24). Implora aquí la bondad de Jehová, según y en su palabra: que es guía y deleite del Israel de Dios, no importa quien lo desprecie.

ד DÁLET (25-32). El corazón prefiere ser humillado por Dios, pero con Dios, antes que solazarse fuera de él. Pide, no obstante, ser ensanchado, para poder hacer su voluntad con mayor eficacia y diligencia.

ה HEI (33-40). Expone ante Jehová la necesidad de ser enseñado, con el propósito de alcanzar una mayor obediencia y mantenerse resguardado.

ו VAV (41-48). Según aquí se expresa, saborear las misericordias de Jehová y gustar de su salvación, impulsa un sentido de fidelidad y desarrolla un anhelo de valentía.

ז ZAIN (49-56). Sentirse poseedor de "la Palabra" confiere esperanza y consuelo, incluso en medio del orgullo y la impiedad. Y "el nombre" de Jehová, aporta motivos para obedecerla.

ח JET (57-64). El corazón se eleva hasta la presencia misma de Jehová; con lo cual las manos de los hombres malvados se ven impotentes para conseguir que la ley sea olvidada, o evitar que su misericordia se haga visible por doquier.

ט TET (65-72). Para el alma piadosa, extraer de la aflicción el beneficio de incrementar su confianza en Jehová y aprender sus estatutos, es mejor que millares de oro y plata.

[193] Se refiere a JOHN RUSKIN [1819-1900], artista y escritor británico considerado como uno de los grandes maestros de la prosa inglesa; economista, sociólogo y reformador social que abogó por un socialismo cristiano. Sus cartas a los obreros ingleses escritas entre 1871 y 1884: *"Fors Clavigera"*, influyeron notablemente en los reformadores sociales, entre ellos el líder independentista indio MOHANDAS KARAMCHAND GANDHI [1869-1948], más conocido como Mahatma Gandhi. Spurgeon incluye el comentario de Ruskin sobre el Salmo 119 en el apartado de ELOGIOS del original inglés.

י YOD (73-80). Jehová, como Creador, es fiel; por tanto, todos cuantos le temen pueden confiar en él plenamente: pues en la misma manera en que les afligió para bien, así será también de abundante en sus misericordias.

כ KAF (81-88). A mesura que la iniquidad gana terreno, y la debilidad afronta su prueba mas severa, la oración brota de forma más espontánea. Para el cristiano, que ha de ser arrebatado a lo alto como Cristo, la vindicación humana no es esperanza ni objetivo. Pero Israel espera su liberación terrenal, y la tendrá, mediante juicios ejecutados sobre sus enemigos de forma manifiesta.

ל LÁMED (89-96). La inmutabilidad de Jehová es manifiesta en lo alto; y desde allí emana su propósito infalible. Pero su dominio se establece también en la tierra, puesto que todo el universo es siervo suyo y ejerce un poder moral sobre todas las cosas. De ahí su convicción de que el alma le pertenece, y por tanto, incluso en medio de la peor malicia contra sus testimonios; y un sentido personal de abatimiento y fracaso; valora la supremacía de cuanto en esos testimonios se expresa: el sentir de la mente divina que lo abarca todo.

מ MEM (97-104). Una elegía de amor a la ley de Jehová, que conduce a la meditación; y a través de ella aporta resultados benditos: tanto en lo tocante a sabiduría como a conducta moral.

נ NUN (105-112). Describe en esta octava la Palabra como luz para sí mismo, reconociendo en sus juicios un elemento referencial contra los malos.

ס SÁMAJ (113-120). Rechaza la hipocresía, y desprecia el mal obrar de los impíos con el mismo fervor y tenacidad con que ama la ley de Jehová; aunque expresa la necesidad de ser en ello sustentado. Por otro lado, ve en el proceder de Jehová contra los engañosos y malvados, razones evidentes por las que debe ser temido.

ע AYIN (121-128). Busca, pues, que Jehová actúe. No tan solo interponiéndose como fiador por su siervo y ocupando su lugar, sino en justa vindicación de su propia ley.

פ PEI (129-136). Describe la eficacia intrínseca y demostrada de la revelación de Jehová, así como el deseo espiritual que emana de ella.

צ TZADI (137-144). Predomina aquí la rectitud de los juicios y testimonios de Jehová; de los cuales él no se ha olvidado, por más que otros lo hicieran.

ק QOF (145-152). El gran recurso en el día malo, y de hecho en todo momento, es la dependencia total: una confianza ciega en Jehová, pero siempre, según su palabra.

ר RESH (153-160). Si los perseguidores se sienten fuertes y numerosos, más lo son los juicios de Jehová en favor de la fidelidad y la vida vivificada con su poder.

ש SHIN (161-168). Esta estrofa es de altos vuelos: se asombra y estremece ante la palabra de Jehová, pero se regocija de cuanto en ella se dice. El fruto de un amor apasionado a la palabra como expresión de la autoridad divina, resulta en un brotar de alabanza con plenitud, en paz y sin tropiezo. Y al constatar que todos nuestros caminos están delante de él, nuestra obediencia se fortalece

ת TAF (169-176). Un final digno y apropiado para un salmo tan cuajado de experiencias y particularmente instructivo, tanto a nivel personal como para todo el pueblo como Nación: recopila de manera concisa todo cuanto ha dicho.

WILLIAM KELLY [1821-1906][194]
"Notes on Psalms", 1904.

[194] Sabido es que C. H. Spurgeon no congeniaba teológicamente con las ideas dispensacionalistas de JOHN NELSON DARBY [1800-1882], ni del grupo de los *"Plymouth Brethren"*, conocido en español como "Asambleas de Hermanos Libres". Sin embargo, según indicamos en la introducción a esta versión española ampliada de "El Tesoro de David", las transcripciones de otros autores recopiladas por el propio Spurgeon, son muy diversas y ecuánimes. No se limitó a los autores con cuyas posiciones teológicas y doctrinales coincidía, sino que abarcó también aquellos con los que se hallaba en franco desacuerdo. Algo que se esfuerza en advertir y reiterar en sus prólogos originales: «Para mi es muy importante que el lector entienda claramente

Introducción de Frank Ely Gaebelein al Salmo 119: Empeñarse en trazar un bosquejo progresivo o encontrar una continuidad ideológica en el Salmo 119 es un esfuerzo inútil. Todo él gira en torno a un pensamiento único que lo impregna de principio a fin: la excelencia suprema de la ley divina; y tanto su belleza poética como ingenio creativo brotan de la reiteración incansable de esta idea única. Hay, sin embargo, en su monotonía, una música sutilmente heterogénea y variada. Sus versos son como las olas de un mar que resplandece bajo los rayos del sol: impresionantes en la uniformidad de su incesante movimiento conjunto; y sin embargo, cada una atrapa y refleja la luz individualmente de manera distinta, y rompe en la orilla con un dibujo y rumor personalizado. Sus ciento setenta y seis frases gnómicas surgen de la combinación de unos pocos vocablos, puesto que en cada versículo, con la excepción de dos: 119:122, 132; ocurren uno o varios de los sinónimos habituales de la Ley, a saber: *"palabra, dichos, mandamientos, preceptos, estatutos, testimonios, juicios..."*; y las frases de súplica: *"enséñame, vivifícame, presérvame... según tu palabra"*; así como las de promesa: *"guardaré, observaré, meditaré, me deleitaré... en tu ley,"* se repiten con notable frecuencia. Los cristales de color que rotan en el caleidoscopio del salmista no son muchos, pero la belleza de formas múltiples en las que caen es ciertamente sublime; y aunque todas las frases vienen moldeadas siguiendo un mismo plan general, la variedad que consigue dentro de unos límites tan estrechos es testimonio evidente del genio poético del autor, capaz de convertir, a la hora de expresar su amor sincero y devoto por la ley de Jehová, las cadenas rutinarias de la estructura acróstica en una ayuda.

El salmo es probablemente de fecha tardía; pero sus alusiones a las circunstancias particulares del compositor, bien sean entendidas como autobiográficas o como referencias a la nación, son demasiado vagas para ser utilizadas como pistas que permitan establecer el período de su composición. Es poco probable que un poeta arcaico hubiera adoptado un plan acróstico tan elaborado, y los elogios que hace a la Ley sugieren más bien un período en que la aproximación total a la misma fuera algo natural y familiar. Es posible que los príncipes o gobernantes mencionados en los versículos veintitrés y cuarenta y seis (119:23, 46), fueran extranjeros, pero la mención es demasiado generalizada para extraer conclusiones. Puede ser que los *"hipócritas"* o con doble mente del versículo ciento trece (119:113), que se *"desvían de los estatutos de Dios"* (119:118), y *"abandonan su ley"* (119:53), fueran israelitas que habían cedido a la tentación de apostatar, algo que sucedió realmente durante el período temprano de dominio griego, al que Baethgen,[195] Cheyne[196] y otros asignan el salmo. Pero tales expresiones son también de una naturaleza excesivamente generalizada como para aportar un testimonio claro de la fecha.

FRANK ELY GAEBELEIN [1899–1983]
"The Expositor's Bible Commentary", 1976

y tenga muy en cuenta en todo momento que no es mi propósito suscribir o respaldar todo aquello que transcribo de otros autores … cada cita lleva el nombre de su autor anotado al pie, a fin de que el mérito o responsabilidad recaiga sobre cada uno». Y esa ecuanimidad queda probada en el hecho de incluye diversos comentarios a los Salmos transcritos de la obra *"Practical Reflections on the Psalms"* de John Nelson Darby. En esa misma línea, hemos creído que entre las diversas introducciones al Salmo 119 que hemos elegido adicionar como ampliación, no había razón para excluir la hermosa exposición de WILLIAM KELLY [1821-1906], cuyos excelentes comentarios y exposiciones Spurgeon incluye y recomienda en *"Commenting and Commentaries"* 1876, describiéndolo como: «una eminencia teológica de la escuela de los Hermanos capaz de desarrollar buenas exposiciones». Pese a que añada que: «es una lástima que una mente privilegiada como la suya se vea limitada por los prejuicios doctrinales de su vinculación a un grupo».

[195] Se refiere a FRIEDRICH BAETHGEN [1849-1905] en *"Die Psalmen, übersetzt und erklärt"* (1897).

[196] Se refiere a THOMAS KELLY CHEYNE [1841-1915] en *"Encyclopaedia Biblica"*, (1907).

א Alef[1]

Versículos del 1 al 8

Versión poética

Beati immaculate in via: qui ambulant in lege Domini[2]

Alef

¡O felices aquellos que no salen
del camino real de la inocencia,
y que en la ley divina siempre marchan,
porque constantes con fervor la observan.

Felices los que exploran cuidadosos
cual es de Dios la voluntad suprema,
porque todo su ardor, toda su gloria
es penetrarla, y ajustarse a ella.

Los pecadores duros y obstinados
no toman tanto afán ni tanta pena,
y cuanto más de Dios ciegos se apartan
más de su felicidad también se alejan.

Y tú, Señor, que tierno y amoroso
nuestra felicidad solo deseas,
con razón nos prescribes que guardemos
de tu ley santa las divinas sendas.

Ojalá que tu mano soberana
siga mis pasos, y mis pies detenga,
si acaso las pasiones impetuosas
empujarme quisieran hacia fuera.

[1] Dice Felipe Scio de San Miguel [1738-1776] en una nota a su traducción de la Vulgata: «*Aleph,* primera letra del alfabeto hebreo, inicial de estos ocho primeros versículos, significa en este caso "doctrina"». El ideograma representa un buey, animal de carga particularmente útil, y por tanto símbolo de la idea de bendición con la que comienza el Salmo: אַשְׁרֵי *'ašrê,* "Bienaventurados". Los cabalistas ven un toro, y el él la potencia creadora de Dios contenida antes de la creación, y que precede a la *Bet,* letra clave de la segunda estrofa y del primer versículo de la Biblia: בְּרֵאשִׁית בָּרָא *bərêšî bārā*. *Alep* es la trascendencia absoluta en el espacio y tiempo, el punto de partida de todas las cosas.

[2] Lo más probable es que la estructura alfabética o acróstica de este salmo en veintidós divisiones siguiendo las letras del alfabeto hebreo se hizo para facilitar su memorización. Se cree que David lo compuso mientras permaneció escondido en el desierto huyendo de la persecución de Saúl. Nota del *"Salterio Poético Español",* siglo XVII.

Y entonces podré ver tus ordenanzas
sin que me causen pena ni vergüenza,
pues no tendré el dolor de haberlas roto,
y encontraré el valor de obedecerlas.

Te daré gracias por haberme dado
un puro corazón, un alma buena,
pues que a la luz de tus preceptos santos
me añadiste el placer de la obediencia.

Los seguiré, Señor, si tú piadoso
de tu divina mano no me dejas,
si tu bondad amante y compasiva
quiere fortalecer a mi humana flaqueza.

DEL "SALTERIO POÉTICO ESPAÑOL", SIGLO XVIII

Comentario general de los versículos 1-8: Los ocho primeros versículos contemplan la bienaventuranza que resulta de guardar los estatutos del Señor.[3] El salmista trata el tema con un enfoque piadoso más que didáctico. La comunión franca y sincera con Dios se alcanza a través del amor a su Palabra, que es la vía que él utiliza para comunicarse con el alma por medio de su Espíritu Santo. A la luz de estos versículos, la oración, la alabanza y todo tipo de acciones y sentimientos piadosos, brillan de manera especial cual rayos de sol entrecruzándose en una plantación de olivos.[4] Con ellos no solo se nos instruye, sino que se nos influencia a una emotividad santa y se nos ayuda a expresarla.

Aquellos que aman la santa Palabra de Dios son bienaventurados porque siguen el camino perfecto, y eso les mantiene aislados de toda contaminación (119:1); haciéndoles poco menos que santos (119:2-3); pues les conduce a buscar a Dios con sinceridad y ardor (119:2). Andar en tal santidad es algo muy deseable puesto que el Señor así lo ordena (119:4); y por tanto las almas piadosas lo piden fervorosamente en oración (119:5); pues sienten que todo su consuelo y valentía depende de ello (119:6). Y así, en la confianza de que su oración será contestada, ya en el proceso de ser contestada su corazón se llena de gratitud (119:7); y adopta la resolución solemne de no perderse esta bendición, si el Señor les concede la gracia suficiente que le capacite para ello (119:8).

Todo pivota en torno a dos palabras: *"CAMINO"*[5] – *"perfectos de camino"* (119:1), *"andan en sus caminos"* (119:3), *"¡Ojalá fuesen ordenados mis caminos!"* (119:5)–; y *"GUARDAR"*:[6]

---

[3] Dice MARTÍN LUTERO [1598-1682] comentando esta octava: «Donde no se enseñan claramente la verdadera palabra de Dios, no hay auténtica verdad de Dios. Podrá haber mucho ruido externo, mucha apariencia de santidad y formas rocambolescas de piedad hipócrita; hallaréis canto de salmos, oraciones, declaraciones doctrinales, todo tipo de acciones de gracias y todas las formas posibles de adoración a Dios sacadas de las más extravagantes interpretaciones de las Escrituras. Agregaré que podréis encontrar sufrimiento e incluso el martirio. Pero todo es parte de un mero espectáculo externo; formulismos de piedad aparente; todo es falso y fingido, tan solo mentiras; pues todo está plagado del veneno del diablo».

[4] El maravilloso efecto óptico de los rayos de sol filtrados por el espeso follaje de los olivos en los amaneceres o atardeceres, dando la sensación de proceder de múltiples ángulos, siempre han llamado la atención de pintores y fotógrafos que los han convertido en tema favorito de numerosas obras artísticas. Es a esto a lo que hace referencia aquí Spurgeon.

[5] En hebreo דְּרָכִים *derek.*

[6] En hebreo שָׁמַר *shamar.*

"guardan tus testimonios" (119:2); *"muy guardados tus mandamientos"* (119:4); *"guardar tus estatutos"* (119:5); *"tus estatutos guardaré"* (119:8). Pero no hay en ello tautología[7] o repetición de la misma idea, aunque al lector superficial pueda darle esta sensación. A partir del versículo tres (119:3) se produce un cambio desde la tercera persona del plural, es decir de las afirmaciones colectivas en la relación con el Señor; a la primera persona del singular con declaraciones personalizadas de trato individual y directo con Dios; que se hace más claro e intenso a medida que avanzamos en la lectura hasta convertirse en los versículos finales (119:5-8), en una comunión estrecha y conmovedora. Es de desear que el lector perciba, a medida que avance en la lectura, ese mismo fervor que el salmista derramó sobre estos versículos y lo haga también suyo. De ser así, pronto dejará de ser un simple lector para doblar sus rodillas como suplicante; convertirá su lugar de lectura en oratorio, y su contemplación enfervorizará su adoración.[8]

C. H. SPURGEON

---

[7] Figura retórica que consiste en repetir una idea o pensamiento expresándolo con las mismas o similares palabras.

[8] FRANCISCO LACUEVA [1802-1880] en su versión española del "Comentario de Matthew Henry" hace de esta estrofa en torno a la letra א ALEF el siguiente resumen: «Esta estrofa nos muestra que la felicidad consiste en cumplir el primer mandamiento de la ley. 1. El salmista muestra quiénes son los verdaderamente dichosos (129:1-3): *"los perfectos de camino",* es decir, los de conducta intachable, que caminan en *"la ley":* תּוֹרָה *torah;* el primero y más significativo de los sinónimos empleados en el salmo. Su verdadero significado, con frecuencia tan mal entendido, es *"enseñanza, dirección"* de Jehová. Esto equivale a *"guardar sus testimonios"* (119:2) עֵדָה *edah:* segundo sinónimo, es decir, las normas de conducta que atestiguan la voluntad de Dios. Vemos, pues, la correlación que hay entre "felicidad" y "obediencia", y la tremenda equivocación que sufren los mundanos cuando piensan que una conducta santa es necia o aburrida. ¡Es todo lo contrario! No hay nada tan sabio y entretenido como cumplir con amor la voluntad de Dios (Romanos 12:1-2), pues la obediencia es el vínculo con que la impotencia se une a la omnipotencia: el que hace lo que Dios quiere todo lo puede. Pero es menester concentrar el esfuerzo mental y cordial: *"transformaos por medio de la renovación de vuestra mente",* y buscar de todo corazón el conocimiento de Dios (ver Juan 17:3; 1 Corintios 8:1-3). Quienes tal hacen, no cometen iniquidad, pues el objetivo primordial de la ley: תּוֹרָה *torah,* es prevenir al hombre para que no marche por las sendas del mal, sino por los caminos de Dios (119:3). *"Camino",* דֶּרֶךְ *derek,* como "modelo de rectitud", es el tercer sinónimo de la *"ley"* en el salmo; de modo que *"andar en la ley de Jehová"* (119:1) equivale a *"andar en sus caminos"* (119:3). 2. Fruto de esta consideración, y del encargo que Dios ha hecho (119:4) de que *"sean diligentemente guardados sus preceptos":* פִּקּוּד *piqqud,* tercer sinónimo, que denota normas particularizadas de conducta para la vida ordinaria, el salmista expresa su deseo vehemente de guardar los *"estatutos":* חֹק *choq,* cuarto sinónimo de ley (el autor parece haberse inspirado en el Salmo 19:7-11, aunque en el Salmo 19 el término חֹק *choq* no aparece) y que significa leyes divinas puestas por escrito para ser observadas permanentemente (119:5). Pero para tal observancia es menester una conducta firme, estable, afianzada; y el salmista sabe que si adquiriese esta firmeza, no se vería avergonzado (119:6) en el proceso de alcanzar su ideal: considerar todos los *"mandamientos divinos":* מִצְוָה *mitsvah,* sexto sinónimo, un término general para indicar leyes divinas en la esfera de la vida religiosa. 3. El salmista promete ahora dar gracias a Dios con corazón recto (119:7) cuando aprenda los מִשְׁפָּט *mishpat,* séptimo sinónimo de ley, los justos juicios de Dios, ordenanzas o veredictos del Juez Supremo que regulan las rectas relaciones del hombre con su prójimo; con lo cual confiesa que no domina la asignatura, que le queda aún mucho por aprender de la ley de Dios. Durante toda la vida debemos ser buenos estudiantes de la escuela de Cristo, sentados a sus pies, sin tenernos jamás por maestros consumados. A esta acción de gracias, añade el salmista una ferviente oración (119:8) a Dios, a fin de que no le abandone hasta el extremo. Las personas más santas y piadosas son las que más temen la tentación, pues son las que más odian el pecado; y solo con la protección constante de Dios, se sienten capaces de guardar sus estatutos: חֹק *choq,* (primera repetición de uno de los sinónimos); es debido a que

Comentario general de los versículos 1-8: Cada línea de estos ocho versículos comienza con una א ALEF, letra a la cual los antiguos judíos atribuían el significado de un buey,[9] un animal extremadamente útil y que hacía sentir dichoso a todo el que lo poseía. La clave de esta primera octava es: *"Oh las bendiciones (o bienaventuranzas)"*.

FREDERICK G. MARCHANT DE HITCHIN [1839-1881]

Comentario general de los versículos 1-8: Estos ocho versículos enseñan que la verdadera piedad es sincera, coherente, práctica, afable, inteligente, seria, activa, emotiva, diligente, humilde, precavida y desconfiada de sí misma; sistemática, honesta, confiable, sin mancha ni contaminación del mundo; sacrificada, altruista y segura en Dios. Se deleita en la acción de gracias, está siempre tan decidida a guardar la ley como dispuesta a admitir que sin la gracia divina no es capaz de hacer nada. También nos enseñan la enormidad del pecado de no creer en la palabra de Dios. Por tratarse de una *ley,* los incrédulos se niegan a caminar por ella; al ser un *testimonio*, se niegan a creer en su Hacedor; puesto que exige la *justicia,* se niegan a buscarla; ya que establece *preceptos,* no quieren obedecerlos; como sea que ordena *estatutos*, se rebelan contra ellos; siendo que establece *mandamientos* excelentes, se oponen a ellos; y pues que está llena de *juicios* justos, rehúsan admitirlos. No oran pidiendo gracia; no alaban a Dios por las misericordias recibidas; no tienen sentido de su dependencia o impotencia; y por tanto, nunca miran hacia el Padre de las luces de quien desciende todo don bueno y perfecto.[10]

WILLIAM SWAN PLUMER [1802-1880]
"Studies on the Book of Psalms", 1867

Vers. 1. *Bienaventurados los perfectos de camino, los que andan en la ley de Jehová.* *[Bienaventurados los perfectos de camino, los que andan en la ley de Jehová.* RVR*] [¡Cuán bienaventurados son los de camino perfecto, los que andan en la ley del Señor!* LBLA*] [¡Cuán bienaventurados son los perfectos de camino, los que andan en la ley de YHVH!* BTX*] [Dichosos los que van por caminos perfectos, los que andan conforme a la ley del Señor.* NVI*] [Felices los de conducta intachable, los que caminan en la ley del Señor.* BLP*] [Felices son los íntegros, los que siguen las enseñanzas del Señor.* NTV*]*[11]

---

aquí el vocablo es muy apropiado, ya que el término hebreo procede de una raíz que significa "grabar en piedra", y él desea tener siempre ante los ojos esos estatutos, a fin de no correr la suerte fatídica de Israel que volvían a caer en lo mismo y eran culpables constantemente de transgredir los estatutos de Dios».

[9] El alfabeto hebreo antiguo nos ayuda mucho a entender la cultura hebrea de la época. Tiene sus raíces en los antiguos alfabetos pictográficos, cuando las ideas se expresaban con dibujos de las cosas representadas, mantiene mucho de los mismos. Y mucho se ha especulado en esto. Por ejemplo, hay quienes afirman que la raíz para identificar a Dios que era *"El"* o *"la"*, a saber dos letras la *"Alef"* y la *"Lamed":* una significaba "buey" y la otra "cayado de pastor". El buey por su enorme fuerza representaba el poder; y el cayado de pastor la autoridad. La combinación de ambas letras significaba la autoridad unida al poder, esto es, la autoridad máxima: *Dios.* FELIPE SCIO DE SAN MIGUEL [1738-1776] en una nota a su traducción de la Vulgata indica que: «*Aleph* significa *doctrina*».

[10] Santiago 1:17.

[11] La versión griega de los LXX o Septuaginta lee: μακάριοι οἱ ἄμωμοι ἐν ὁδῷ οἱ πορευόμενοι ἐν νόμῳ κυρίου que la Vulgata traduce al latín como: *"Beati immaculati in via, qui ambulant in lege Domini"* "Bienaventurados los que están sin mancilla en el camino; los que andan en la ley del Señor". La versión sefardí de Ferrara traduce: *"Bienaventurados los perfetos de carrera, los andantes en ley de Adonay"*. La caldea Peshitta: *"Benditos los de camino irreprensible, que andan en la ley de Yahweh"*. KRAUS

"Bienaventurados".[12] El salmista se siente tan embelesado al examinar la palabra de Dios que la coloca como su más alto ideal de santidad, el modelo al que considera su vida debe ajustarse. Ha contemplado la hermosura de la ley perfecta, y cual si este versículo fuera la suma y resultado de todas la emociones que ello le ha originado, exclama extasiado:

"Bienaventurados los perfectos de camino, los que andan en la ley de Jehová". El cristianismo auténtico no es frío ni adusto; tiene sus emociones, sus éxtasis y arrobamientos. No solo creemos que guardar la ley de Dios es sabio y apropiado, sino que estamos enamorados con ardor de su santidad y exclamamos con asombro y adoración: *"¡Bienaventurados los perfectos!"*, confesando con ello que también nosotros estamos ansiosos de llegar a ser perfectos y no deseamos mayor felicidad que alcanzar esta santidad perfecta. Es posible que el salmista trabajara bajo un sentimiento de su propia imperfección, y por tanto, envidiara la bienaventuranza de aquellos cuyo caminar había sido más puro y limpio que el suyo. La mera contemplación de la ley perfecta del Señor, en la que se introduce al comenzar este salmo, fue suficiente para llevarle a lamentar sus propias imperfecciones y suspirar por la bendición de un camino perfecto.

El cristianismo auténtico tiene siempre una connotación práctica, en tanto que nos impide deleitarnos en la contemplación de un estado perfecto sin despertar en nosotros el deseo de conformar al mismo nuestra vida cotidiana.[13] El mero hecho de escuchar, leer y entender la Palabra del Señor, ya es bienaventuranza; pero mucho mayor bienaventuranza es la de ser realmente obedientes a ella, y conformar nuestro obrar y nuestras conversaciones a lo que aprendemos en las Escrituras. La mejor y más auténtica de todas las bienaventuranzas reside en la pureza de nuestro camino y de nuestro andar.

Más allá de ser un prefacio a todo el salmo, este versículo puede considerarse como el texto sobre el cual gira todo el discurso del salmista. Se trata de una bienaventuranza similar a la que encontramos al comienzo del Salmo 1, abriendo, por tanto, todo el libro entero de los salmos a modo de introducción. Entre el Salmo 119 y el Salterio completo hay un paralelismo evidente: ambos comienzan con una bienaventuranza. También en esto vemos una cierta prefiguración al Hijo de David, que comenzó el más grande de sus sermones, el *Sermón del Monte,* en la misma manera como David comienza este salmo: *"Y abriendo su boca les enseñaba, diciendo: Bienaventurados..."*.[14] Cuando abrimos la boca es bueno y conveniente hacerlo con bienaventuranzas; pues aún cuando no nos es dado a nosotros otorgarlas, sí podemos mostrar a otros el camino para obtenerlas; y aún cuando nosotros mismos no las poseamos, contemplarlas nos será provechoso para incentivar nuestros deseos de conseguirlas e impulsar nuestras almas a buscarlas.

¡Señor, si todavía no soy tan bienaventurado como para poder considerarme entre los *"perfectos de camino"*, prometo cuanto menos meditar seriamente en esa dicha de la que ellos gozan, y ponerla delante de mí como objetivo de mi vida! De igual manera a como David empieza este Salmo 119, deberían los jóvenes comenzar sus vidas; los nuevos convertidos iniciar su discipulado; y todos los cristianos empezar cada nuevo día: estableciendo en su corazón como primer postulado, y en su mente como regla segura de ciencia práctica, que la santidad es felicidad; y que nuestra sabiduría primordial

---

traduce: *"¡Salvación para aquellos cuyo camino es intachable, que andan en las instrucciones de Yahvé!"*. SCHÖKEL: *"Dichosos los de conducta intachable, que siguen la voluntad del Señor"*.

[12] FRANZ DELITZSCH [1813-1890] destaca que: «El salmo alfabético por excelencia, un acróstico a gran escala, comienza no con un simple אַשְׁרֵי *'ašrê,* "dichoso, bienaventurado", como hacen los Salmos 1:1; 32:1; 41:1; 112:1: 128:1; sino con un doble אַשְׁרֵי *'ašrê,* una doble bienaventuranza, tal y como corresponde a su categoría».

[13] Dice MATTHEW HENRY [1662-1714]: «De nada nos va a servir hacer de la palabra de Dios el objeto de nuestros discursos y elucubraciones; tenemos que hacer de ella nuestro *"camino"*, la regla de nuestro andar diario».

[14] Mateo 5:2-3.

parte de buscar primero el Reino de Dios y su justicia.[15] Un buen comienzo, es la mitad del logro.[16] Comenzar nuestros proyectos con una idea clara de aquello que nos traerá bienaventuranza es crucial. El ser humano comenzó en el Paraíso siendo bienaventurado en su inocencia,[17] y si nuestra raza caída quiere ser de nuevo bienaventurada, debe encontrar su bienaventuranza en el mismo lugar donde la perdió al principio, es decir, en la conformidad con los mandamientos del Señor.

"Los perfectos de camino" Están en el camino, el camino correcto, el camino del Señor; y se mantienen así, caminando con santa precaución y lavando sus pies cada día,[18] no sea que fueran hallados contaminados por la carne.[19] Gozan de bienaventuranza en sus almas; una bienaventuranza que es, ciertamente, un anticipo del cielo, donde la bienaventuranza consiste en ser absolutamente inmaculados; y si les fuera posible continuar totalmente sin mancha, cosa improbable, alcanzarían el cielo en la tierra. Poco daño podría hacernos el mal que procede del exterior, si lográramos deshacernos por completo del mal del pecado y alcanzar metas que en la mayoría de nosotros, y en el mejor de los casos, siguen todavía en la región de deseo y estamos lejos de alcanzar plenamente; aunque sí disponemos de una clara visión de que alcanzarlas implica la felicidad misma, y en consecuencia, nos apresuramos con ansia hacia ellas.

Aquel cuya vida está libre de toda mácula, en el sentido que establece el evangelio, es indudablemente bienaventurado, pues jamás lo hubiera alcanzado de no ser porque han sido derramadas sobre él un millar de bendiciones. Por naturaleza, somos imperfectos, impuros, y desviados del camino; hemos de ser, por tanto, lavados en la sangre expiatoria para eliminar toda impureza, y transformados por el poder del Espíritu Santo; de lo contrario jamás lograríamos caminar por el camino de la paz y menos aún mantenernos puros y perfectos en él. Y aún eso no es todo, pues para mantener a un creyente en el camino recto hace falta el poder constante de la gracia que le guarde y proteja de contaminación. Sobre aquellos capacitados para vivir de día en día en el temor del Señor y en santidad perfecta, han de haber sido derramadas, en cierta medida, todas las bendiciones del Pacto. Su propio andar es la evidencia de que son los bienaventurados y benditos del Señor.

David habla aquí de un nivel elevado de bienaventuranza. Porque no faltan quienes andan ciertamente en el camino y son verdaderos siervos de Dios, pero siguen deficientes en muchos aspectos, contaminándose a si mismos. Otros, en cambio, caminan en la luz de una manera más plena, mantienen una comunión más íntima con Dios, y están mejor capacitados para mantenerse en este mundo sin mancha; éstos disfrutan de una paz y alegría muy superior a la de sus hermanos menos atentos y cuidadosos. Cuanto más intensa y completa es nuestra santificación más completa e intensa es, sin duda, nuestra bienaventuranza. Cristo es nuestro camino, y no tan solo somos vivificados por Cristo, sino que hemos de vivir en Cristo; pero lo triste es que constantemente salpicamos su camino, santo y perfecto, con nuestro egoísmo, nuestra propia exaltación, nuestra obstinación y mundanalidad; lo que nos lleva a perder buena parte de la bienaventuranza que hay en él como nuestro Camino. Un creyente que yerra, sigue siendo salvo, pero no experimenta el gozo de la salvación;[20] es rescatado, pero no enriquecido; es sustentado en gran medida, pero no en tan gran medida bendecido.

¡Cuán fácilmente nos contaminamos, aún estando en *"el camino"*. Puede darse incluso la circunstancia de que regresemos del culto, ya sea público o privado, habiendo contaminado nuestra conciencia en el preciso momento mientras estábamos de rodillas. El tabernáculo no tenía otro suelo que

---

[15] Mateo 6:33.

[16] Se trata de una cita del filósofo griego Aristóteles (384-322 a. C.) que a su vez cita un antiguo proverbio en *La Política* Libro V Parte IV. En inglés *"Well begun is half done"*.

[17] Génesis 2:15-25.

[18] Juan 13:4-10.

[19] Judas 1:23.

[20] Salmo 51:12.

la arena del desierto, y en consecuencia, los sacerdotes que ministraban en el altar se veían obligados a lavarse los pies con frecuencia; y por atenta previsión de su Dios, el lavatorio estaba siempre dispuesto para su limpieza; así es también para con nosotros: el señor Jesús esta siempre dispuestos a lavar nuestros pies para que seamos totalmente limpios.[21] Por tanto, nuestro texto establece la bienaventuranza de los apóstoles en el Aposento Alto cuando Jesús les hubo dicho: *"Vosotros limpios estáis"*.[22]

¡Qué bienaventuranza tan grande aguarda a los que siguen al Cordero dondequiera que va y son preservados del mal que hay en el mundo por la concupiscencia! *"En aquel día"*[23] serán la envidia de toda la humanidad. A pesar de que ahora sean marginados y despreciados por fanáticos y puritanos, el más próspero de los actualmente pecadores dirá *"en aquel día"*: –¡quién pudiera ocupar su lugar! ¡Busca, oh alma mía, con tenacidad tu bienaventuranza en seguir a tu Señor, que era santo, inocente y manso; porque en él has hallado la paz ahora y la mantendrás eternamente!

Los que andan en la ley de Jehová. En ellos hay santidad habitualmente. Su andar, su vida cotidiana es obediencia constante al Señor. Viven bajo una sola norma, y esa es cumplir los mandatos de Dios el Señor. Ya sea que coman o beban, o cualquier cosa que hagan, lo hacen todo en el nombre de su gran Maestro y ejemplo.[24] Para ellos la práctica cristiana consiste en no hacer nada fuera del camino marcado, ni que pueda apartarlos de él; día tras día se mantienen firmes en su caminar en la ley de Dios, porque la ley de Dios se ajusta por igual tanto a sus hechos u acciones cotidianas como a sus devociones íntimas. Y esto les garantiza la bienaventuranza. El que anda en la ley de Dios anda en compañía de Dios, y cuenta con sobrados motivos para sentirse bienaventurado pues: disfruta de la sonrisa de Dios,[25] cuenta con la fortaleza de Dios,[26] y tiene el secreto de Dios con él.[27] ¿Cómo no va a sentirse bienaventurado?

La vida santa es un constante caminar, un progreso firme, un avance tranquilo, una continuidad persistente. Enoc caminó con Dios.[28] Las personas buenas siempre tratan de mejorar; anhelan hacer las cosas con excelencia; y ello les lleva a progresar, a seguir siempre hacia adelante; nunca están ociosas, no se duermen en los laureles, no se recuestan a la sombra de algo o alguien, ni caminan errantes en círculos, sino que avanzan en línea recta hacia la meta deseada.[29] No tienen prisa, no se desazonan, no se desconciertan, antes por el contrario mantienen siempre el paso firme y acompasado, marchando seguros hacia el cielo; y no se sienten perplejos sobre cómo hacer las cosas o de que manera han comportarse, porque tienen una regla segura, una norma perfecta, y están dispuestos a caminar por ella.

---

[21] Juan 13:4-9.

[22] Juan 13:10.

[23] Mateo 7:22.

[24] 1 Corintios 10:31; Colosenses 3:17; 1 Pedro 4:11.

[25] Números 6:25. Algunas versiones como la NTV traducen: *"Que el Señor sonría sobre ti"*. La DHH o NVI: *"el Señor te mire con agrado"*.

[26] Salmo 18:2; 27:1; 46:1; 59:17.

[27] Deuteronomio 29:29; Amós 3:7. Efesios 3:5.6.

[28] Génesis 5:24.

[29] Algunas culturas antiguas como la egipcia, griega o hindú, concebían el tiempo y la historia como un círculo, un ciclo que se repite una y otra vez, sin muchos cambios e innovaciones. Los judíos entendían el tiempo y la historia, y con ello la vida del hombre, de forma distinta: una línea recta en constante progresión y con una direccionalidad determinada, que parte de un punto establecido por Dios y avanza hasta la meta fijada por él. Fue esta concepción del tiempo y de la historia avanzando en constante progresión el hacia algo mejor: el advenimiento del Mesías y la felicidad futura (Isaías 11:1-9), asumida por la escolástica cristiana de la Edad Media, lo que estableció las bases para la idea de progreso. Para la fe cristiana el hombre es un ser trascendente, y por tanto, la vida no es un mero divagar sin objetivo. El tiempo lineal proporciona al creyente una meta de esperanza, pues sabe con certeza que detrás de las vicisitudes e injusticias de este mundo está siempre Dios y la eternidad.

La ley del Señor jamás se les hace pesada o molesta; sus mandamientos no se les hacen gravosos, y no ven sus prohibiciones y limitaciones como algo esclavizador. No les parece una ley de imposible cumplimiento, admirable en su teoría pero absurda en la práctica, antes bien la asumen y hacen suya, caminando por ella y en ella. No se limitan a consultarla de tanto en tanto, cual mero instrumento ratificador o rectificador de sus andanzas y devaneos, sino que la utilizan constantemente como carta de navegación para su derrotero, como hoja de ruta en el viaje de la vida. Jamás se lamentan de haber tomado el camino de la obediencia, pues en tal caso lo abandonarían y fácilmente, ya que no les faltan mil tentaciones que les brindan la oportunidad de volver atrás. Su constancia y permanente caminar en la ley del Señor, es su mejor testimonio de que están en posesión de la bienaventuranza que este estilo de vida proporciona. Sí, son bienaventurados incluso en este mundo, aquí y ahora; y el propio salmista da testimonio de ello: era algo que él mismo había probado y demostrado, y lo escribe como un hecho verificado y más allá de todo cuestionamiento. ¡He aquí el frontispicio de la *opus magnum*[30] de David, grabado en la primera línea del más grande de todos sus salmos: "BIENAVENTURADOS LOS QUE ANDAN EN LA LEY DEL SEÑOR"! Puede que el camino sea agreste, la norma severa, la disciplina, estricta –todo esto lo sabemos, y más aún–, pero a una vida de piedad se le amontonan mil y una bienaventuranzas por las cuales bendecir al Señor, unas esperadas y otras ya presentes y efectivas.

Este versículo nos habla de personas bienaventuradas que disfrutan de cinco bienaventuranzas distintas, aunque conexas entre sí; un quinteto de cosas dichosas: (1) *un camino bienaventurado,* (2) *una pureza bienaventurada,* (3) *una ley bienaventurada*; concedido todo ello por (4) *un Señor bienaventurado;* que nos guía y nos ayuda en nuestro (5) *caminar bienaventurado*. A todo lo cual es preciso añadir el *testimonio bienaventurado* del Espíritu Santo, testificando en este pasaje que son personas bienaventuradas y bendecidas por el Señor.

Es a esta bienaventuranza que con tanta claridad despliega aquí el salmista ante nosotros a la que debemos aspirar, situándola como meta central de nuestra vida. Aunque no imaginemos que vamos a lograrlo sin una importante dosis de esfuerzo de nuestra parte. David tenía mucho que decir acerca de esto y lo demuestra a lo largo de su discurso en este salmo extenso y solemne; y con ello nos da una pista de que el camino de la obediencia perfecta no se aprende en un día, sino que se forja a base de precepto sobre precepto, renglón tras renglón, línea sobre línea;[31] y que es posible incluso que después de los más arduos esfuerzos de nuestra parte, tengamos que exclamar como el salmista tras escribir los ciento setenta y seis versículos de este salmo: *"Yo anduve errante como oveja extraviada; busca a tu siervo, porque no me he olvidado de tus mandamientos"* (119:176).

Con todo, el guardar la palabra del Señor constantemente en nuestras mentes ha de ser nuestro plan maestro; porque todo este discurso sobre la bienaventuranza tiene como estrella polar el testimonio del Señor, y solo mediante una comunión diaria con él a través de su Palabra podemos aspirar a conocer su camino, ser purificados de corrupción y hechos aptos para andar en su Estatutos. Comenzamos por tanto la exposición a este Salmo con la bienaventuranza delante de nosotros; contemplamos con claridad el camino hacia ella, y sabemos donde encontrar las leyes por las que se rige: oremos pues para que podamos crecer en el hábito de escudriñarlas y andar por ellas en obediencia, para que muy pronto podamos hacer la bienaventuranza nuestra.

C. H. SPURGEON

Bienaventurados. El salmista comienza describiendo el camino a la legítima bienaventuranza. Así es como comienza también Jesús su Sermón del Monte, y así comienza también el propio *Libro*

[30] Locución latina que significa "gran obra" y puede entenderse en este caso como la creación principal de David como salmista en el sentido de su composición sálmica más extensa y mejor elaborado.

[31] Isaías 28:10.

de los Salmos. Todos aspiramos a ser dichosos y vivir en la bienaventuranza, pero en lo que hace al camino que conduce a ella, unas veces vivimos en la ignorancia y otras actuamos con negligencia. Razón por la que en santo salmista se ve en la necesidad de establecer claramente sus principios y recordarnos la auténtica definición de una persona bienaventurada: *"Bienaventurados los perfectos de camino, los que andan en la ley de Jehová"*.

THOMAS MANTON [1620-1677]
"One hundred and ninety sermons on the hundred and nineteenth Psalm"

Bienaventurados. El Señor, que en el día final dirá a algunos *"venid benditos"* y a otros *"apartaos malditos"*,[32] nos dice quienes son estos. ¿Qué puede consolar a aquellos a quienes el Señor dice: *"apartaos de mí, malditos?* ¿A dónde irán una vez el Señor les haya dicho que se aparten de él? ¿Qué mayor gozo cabe para un ser humano que el de escuchar de labios del Juez de todos decirle *"venid a mi, benditos"?* ¡Ojalá seamos lo bastante sabios y prudentes para meditar en esto a su debido tiempo, a fin de que nos esforcemos en pertenecer al grupo de aquellos a quienes el Señor en su palabra llama *"bienaventurados"*, es decir, *"benditos"!*

WILLIAM COWPER [1566-1619]
"Sermons on Psalms", 1618

Bienaventurados. En la Escritura el concepto de bienaventuranza se utiliza en dos maneras distintas.

1. *Indirecta:* para referirse al origen o causa que nos aporta el derecho a la misma; y en este sentido, la bienaventuranza se atribuye a la fe en Cristo, el perdón de nuestros pecados, y la justificación que tenemos en él para vida eterna: una fe bienaventurada. Y,

2. *Directa:* en lo referente a su realización o ejecución práctica y real; y en este caso, el salmista declara bienaventurados a los perfectos en su camino, pues habla de la ejecución de esta bienaventuranza como hecha efectiva en nosotros.

Pero no debemos olvidar que en el proceso de ejecución y consumación de esa bienaventuranza en nosotros, en nuestro andar en la ley del Señor, los bienaventurados son: *los que perseveran pacientemente,*[33] *los pobres de espíritu, los mansos, los misericordiosos, los pacificadores, etc.*[34] Si refiriéndome a una persona enferma digo que se siente dichosa porque ha encontrado un médico excelente, estoy diciendo que la tal persona es bienaventurada *de manera indirecta,* por haber dado con alguien capaz restablecer su salud. Pero si digo de esa misma persona que habiendo sido ya tratada por ese médico, se siente feliz porque digiere mejor las comidas, duerme bien, y puede viajar al extranjero, estoy afirmando que es bienaventurada, *de manera directa,* porque ha recuperado de manera real y efectiva la salud de su cuerpo. Es en el resultado final de las cosas donde se consuma el fin de las mismas, y por ello, es en el fin donde se encuentra lo bueno de cada cosa. Alcanzar ese nivel de perfección en sus acciones del que nos habla el salmista, con un cierto grado de libertad, hace que una persona se sienta forzosamente bienaventurada. Es por ello que atribuye la bienaventuranza al hábito de andar en los caminos del Señor. Si no tenemos el hábito de hacer una cosa, la hacemos con desgana y la predisposición de dejar de hacerla en cuanto sea posible; igual que un caballo pierde el paso y abandona fácilmente el ritmo constante que se le impone si antes no ha sido propiamente domado y habituado a él. De ahí que haya creyentes que hasta no haber desarrollado el hábito de andar por los caminos de Dios con soltura y constancia, se sientan desdichados, ya que no cabe mayor desgracia que la de tener que cumplir obligaciones de mala gana y acabar desistiendo de ellas abandonándolas

[32] Mateo 25:34, 41.
[33] Santiago 1:12.
[34] Mateo 5:3-12.

al poco de tomarlas. Por el contrario, los que han alcanzado un cierto nivel en el hábito de la santidad, lo consideran una de las cosas más bienaventuradas. La bienaventuranza de la que nos habla aquí el salmista es bienaventuranza *de manera directa:* la ejecución real y efectiva de la misma en nosotros, que nos llega por la fe en Cristo.

Paul Bayne [1573-1617]
"Entire commentarie upon the whole epistle of the apostle Paul to the Ephesians", 1645

Los perfectos. Preguntáis: ¿y por qué quiere Dios que seamos perfectos y libres de toda contaminación? Respondo: Porque nos ha escogido para sí:[35] como siervos[36], como conyugues,[37] como templos.[38] Estos tres privilegios o calificativos implican que debemos *evitar* toda contaminación alejándonos cuanto podamos ella.

Thomas Le Blanc [1599-1669]
"'Psalmorum Davidicorum Analysis' in qua aperte cernitur singulis in Psalmis ordinem esse admirabilem: adjungitur commentarius amplissimus", 1645

Bienaventurados los perfectos de camino. En el primer salmo era *"Bienaventurado el hombre que no anduvo en consejo de malos"*.[39] Pero aquí es *"los que no se contaminan en el camino"*[40] ¿Y quién es capaz de andar por un camino sin ensuciarse los pies? ¡Los que no se contaminan en el camino! *"¿Andará el hombre sobre las brasas sin que sus pies se quemen?"*[41] La advertencia o condición para acceder a la bienaventuranza que nos hace aquí el salmista es mucho más sorprendente que la del Salmo 1: se nos insta a permanecer atentos en el camino y procurar no contaminarnos con polvo o *"corrupción,"* y no en cualquier camino, sino ¡en el camino del Señor![42] ¡Oh! ¡Que descripción tan clara nos proporciona esto de las muchas trampas y ardides que nos acosan a lo largo de nuestro camino; del cúmulo de plagas y males de todo tipo que alberga nuestro propio corazón, hasta el punto que incluso mientras andamos sobre baldosas sagradas corremos el peligro de mancharnos y contaminarnos.

Barton Bouchier [1794-1865]
"Manna in the heart or daily comments on the book of Psalms", 1855

Los que no se contaminan en el camino. ¿Cómo conseguir que nuestros pies permanezcan en el camino libres de contaminación? ¿Cómo lograr que nuestras vestiduras no se impregnen de polvo?

[35] Efesios 1:4.
[36] Isaías 41:9.
[37] Efesios 5:27.
[38] 1 Corintios 3:16.
[39] Salmo 1:1.
[40] Así traduce la versión inglesa KJV *"Blessed are the undefiled in the way",* que en español equivaldría a *"Bienaventurados los que no se contaminan en el camino"* o *"los no contaminados en el camino"*. La mayoría de versiones españolas traducen: *"los perfectos de camino",* y algunas traducen: *"de conducta perfecta"* (RVC) o *"de conducta intachable"* (BLP). Viene a decir más o menos lo mismo pero no exactamente lo mismo; y el lector debe tener en cuenta que los antiguos comentaristas ingleses juegan mucho sobre este *"undefiled",* es decir *"no contaminados"* en el camino.
[41] Proverbios 6:28.
[42] En el Salmo 2:12 encontramos el mismo vocablo hebreo דֶּרֶךְ *derek* en otro contexto, pero su uso nos ayuda a comprender el concepto que tenían los hebreos de "camino": *"y perezcáis en el camino"*. Para el israelita había un único *"camino"* de paz y seguridad, que el salmista identifica aquí por paralelismo con *"la ley de Jehová"*.

Intentarlo guiándonos a nosotros mismos es imposible; puesto que sin ayuda tropezamos inevitablemente de inmediato cayendo en cenagales de contaminación. Pero la ayuda está cerca. Jesús está siempre accesible y dispuesto a guardarnos con la fuerza de su poder.[43] En cada paso que demos apoyémonos en su brazo sostenedor, y si tropezamos y caemos, levantémonos y lavemos nuestras ropas en su preciosa sangre que nos limpia de todo pecado.[44] Tan solo de ese modo podremos estar siempre entre *"los que no se contaminan en el camino"* y dejar que la ley del Señor: admirable en su pureza, magnífica en su santidad, perfecta en amor; sea la senda por la cual avancen nuestros pies. Jesús es nuestro modelo y nuestro todo; y la ley de Dios estaba en su corazón.

HENRY LAW [1797-1884]
"Family Devotion: the Book of Psalms arranged for Worship", 1878

El camino. El texto dice que son bienaventurados los que están en *"**el** camino"*. No *"**un** camino"*, o *"**cualquier** camino"*. Es decir, no siguiendo cualquier opción al azar o por una ruta incierta, sino en el *"Camino Real"*, que nuestro propio Señor y Rey nos mostró y ofreció para que anduviéramos por el cuando nos dijo: *"Yo soy el camino"*.[45]

HILARIO DE POTIERS [316-367] y TEODORETO DE CIRO [393-458]
citados por JOHN MASON NEALE [1818-1866] y RICHARD FREDERICK LITTLEDALE [1833-1890]
en *"Commentary on the Psalms from Primitive and Mediæval Writers"*, 1869

El camino. En esto del camino hay mucha confusión. Ya que muchos se preguntan: ¿Cual es el camino? Y otros afirman convencidos: «Este es el camino». No os equivoquéis, preguntad directamente por *"la senda antigua, el camino de santidad"*,[46] y jamás pereceréis. Algunos preferirían un camino nuevo, otros un camino más corto, otros un camino más fácil. Pero vosotros, id por el camino santo.

JOHN SHEFFIELD [1608-1680]
"Cripplegate Morning Exercises"[47]

Los que andan. Andan, porque en este camino no es posible detenerse ni permanecer parado, sentado o tumbado, hemos de estar constantemente *"andando"*, tratando de coordinar y

[43] Isaías 41:10, 13.

[44] 1 Juan 1:7.

[45] Juan 14:6. En este mismo sentido dice ATANASIO DE ALEJANDRÍA [296-373]: «Así como Cristo al resucitar de entre los muertos fue hecho *"primicia de los que durmieron"* (1 Corintios 15:20), así también. –siendo que convenía que en todo tuviera la preeminencia (Colosenses 1:18)– como primogénito entre muchos hermanos (Romanos 8:29), fue hecho principio de caminos (Proverbios 8:22-23); para que nosotros, entrando por Aquel que dice: *"Yo soy la puerta"*, y caminando por el que afirma: *"Yo soy el camino"* (Juan 10:9; 14:6), hechos partícipes del conocimiento del Padre, podamos escuchar también: *"Bienaventurados los perfectos de camino"* (119:1), y *"Bienaventurados los de limpio corazón, porque ellos verán a Dios"* (Mateo 5:8)».

[46] Jeremías 6:16; Isaías 35:8.

[47] Los *"Morning Exercices"*, fueron iniciados por THOMAS CASE [1598-1682] como devocionales para los soldados puritanos durante la Guerra Civil de Inglaterra (1642-1651) a las 7 de la mañana para orar y escuchar la palabra de Dios. Se convirtieron en costumbre en la mayoría de iglesias de Londres y del resto de Inglaterra con asistencia del pueblo. En ellas hacían sus exposiciones los más famosos predicadores puritanos de la época. Después de la Guerra Civil, esta costumbre continuó y fue conocida como *"Morning Exercises at Cripplegate"* y los sermones fueron recopilados y publicados por SAMUEL ANNESLEY [1620-1696], lo que ha permitido que hayan llegado hasta nosotros algunas de las mejores exposiciones de los predicadores puritanos.

acompasar todos nuestros movimientos para que ayuden y colaboren a un mismo fin: el de *la perfección. "La constancia debe llevar a feliz término la obra, para que sean perfectos e íntegros, sin que les falte nada".*[48]

MARTIN GEIER [1614-1681]
"Commentarius in librum Psalmorum, ad usum Seminarii Brugensis", 1695

Los que andan en la ley de Jehová. Avanzar en las cosas santas con firmeza y energía es alcanzar un punto de perfección bienaventurada. La persona incapaz de dar más de un par o tres de vueltas alrededor de su propia habitación, no se puede decir con propiedad que *"anda"*, a lo mas podrá alcanzar a caminar durante un cuarto de hora por terreno llano; pero en cuanto el camino comience a ascender será incapaz de remontar con soltura una colina de terreno escarpado y desigual. Así hay también cristianos que solo progresan mientras Dios les ponga las cosas fáciles y quite de su camino todo obstáculo que pueda dificultar su avance; pero abandonan la ruta ante el más leve montículo, incapaces de aguantar el ritmo firme, enérgico y acompasado que exige andar por caminos de perfección. Fijaos en los obesos, con el corazón graso, que respiran con dificultad y convulsivamente, faltos de aliento (como solemos decir); y en los que cojean, ya sea por motivos somáticos internos, porque les duelen las articulaciones, o por razones externas, porque se les ha clavado una espina; todos ellos caminan con dificultad. O en aquellos cuyas extremidades son tan débiles que no pueden emprender el más leve paseo porque enseguida se vienen abajo. Todo ese colectivo de impedidos, contempla con envidia, suspirando, como los demás viajeros son felices andando con soltura a cualquier lugar que se les antoje; y a menudo, para justificar su incapacidad y quedar bien, suelen recurrir a la mentira inventando excusas. De igual modo, hay creyentes que cuando se topan con obstáculos, se sienten fatigados, o bien tropiezan, son propensos a sentir dentera y juzgar de manera impropia a otros bienaventurados que, pase lo que pase, avanzan acompasadamente y con persistencia por la senda de santidad, les vayan las cosas mejor o peor, en la alegría o en la aflicción, en la abundancia y en necesidad, en la salud o en la enfermedad, sea cual sea su situación o condición. Deberíamos ser menos críticos y esforzarnos un poco más en proseguir y avanzar por este camino bienaventurado.

PAUL BAYNE [1573-1617]
"Commentarie upon the first and second chapters of Saint Paul to the Colossians", 1634

Los que andan en la ley de Jehová. Es decir, que caminan hacia el cielo por los caminos del cielo, evitando la corrupción que hay en el mundo por causa de la concupiscencia.

JOHN TRAPP [1601-1669]
"A commentary or exposition upon the books of Ezra, Nehemiah, Esther, Job and Psalms", 1657

Vers. 2. *Bienaventurados los que guardan sus testimonios, y con todo el corazón le buscan.* *[Bienaventurados los que guardan sus testimonios, y con todo el corazón le buscan.* RVR*] [¡Cuán bienaventurados son los que guardan sus testimonios, y con todo el corazón le buscan!* LBLA*] [¡Cuán bienaventurados son los que guardan sus testimonios, y con todo el corazón lo buscan!* BTX*] [Dichosos los que guardan sus estatutos y de todo corazón lo buscan* NVI*] [Felices los que guardan sus mandatos y los buscan con todo el corazón.* BLP*] [Felices son los que obedecen sus leyes y lo buscan con todo el corazón.* NTV*]*[49]

[48] Santiago 1:4. Mateo 5:48; 1 Corintios 14:20; Hebreos 6:1.

[49] La versión griega de los LXX o Septuaginta lee: μακάριοι οἱ ἐξερευνῶντες τὰ μαρτύρια αὐτοῦ· ἐν ὅλῃ καρδίᾳ ἐκζητήσουσιν αὐτόν que la Vulgata traduce al latín como: *"Beati qui scrutantur testimonia*

Bienaventurados los que guardan sus testimonios. ¿Cómo? ¿Una segunda bendición? Sí, son doblemente bienaventurados aquellos cuya vida externa es sostenida por un celo interno por la gloria de Dios. En el primer versículo se nos habla de un camino perfecto, inmaculado, y se da por sentado que la pureza en el camino no es meramente algo superficial, sino que brota de la presencia de la verdad en el interior y de la vida que procede de la gracia divina. Es este segundo versículo se amplia y aclara lo que ello implica. Se adscribe la bienaventuranza a aquellos que atesoran los testimonios del Señor; lo cual implica que escudriñan las Escrituras, que llegan a comprenderlas, que las aman, y que persisten en la práctica de las mismas.[50]

En primer lugar, antes de que podamos guardar una cosa debemos poseerla y agarrarla con firmeza: no podemos atesorar en el corazón aquello que no hemos abrazado antes con entusiasmo mediante nuestra voluntad y afectos. La Palabra de Dios es el testigo o testimonio de las grandes e importantes verdades eternas que atañen a Dios y nuestra relación con él. Y esto es algo que deberíamos desear conocer con ahínco; y al conocerlo, deberíamos creerlo; y al creerlo, deberíamos amarlo; y al amarlo, deberíamos defenderlo contra todo aquel que osara atacarlo.

Hay dos maneras de guardar la Palabra: una es mediante una disposición doctrinal: cuando estamos dispuestos a morir en su defensa; y otra una disposición práctica: cuando estamos dispuestos a vivir realmente bajo su poder. Las verdades reveladas son preciosas cual diamantes, y debemos mantenerlas atesoradas en la memoria y en el corazón cual joyas en un cofre, como se mantuvo la ley guardada en el arca.[51] No basta, sin embargo, con atesorarla, puesto que la Palabra está destinada a un uso práctico, y por tanto debe ser guardada también de otra manera, en otra de las acepciones del verbo: respetándola, poniéndola en practica, siguiendo sus instrucciones, de la misma manera como los empresarios siguen un programa o plan de negocio. Si guardamos los testimonios de Dios ellos nos guardarán a nosotros: nos mantendrán dentro de criterios adecuados, confortarán nuestro espíritu, santificarán nuestra conversación, y nos infundirán esperanza en cuanto al futuro. Si merece la pena conocerlos, y eso no hay persona sensata que lo cuestione, entonces merece también la pena guardarlos; pues sus efectos positivos no fluyen de un mero conocimiento y aplicación puntual, sino por un mantenimiento y aplicación perseverante: *En guardarlos hay grande galardón".*[52]

Estamos obligados a guardar la Palabra cuidadosamente y con la mayor exactitud, porque son *sus testimonios.* Dios nos los dio, pero siguen siendo suyos. Y nos corresponde protegerlos como protege el vigilante la casa de su amo; administrarlos con sabiduría como administra el mayordomo los bienes de su señor; cuidarlos amorosamente como cuida el pastor los rebaños de su patrono. Recordando que tendremos que rendir cuentas, puesto que nos ha sido confiado el evangelio y, ¡ay de nosotros si somos hallados infieles![53] No podemos pelear la buena batalla, ni acabar la carrera con éxito, a menos que guardemos la fe.[54]. Y para ello el Señor ha de sostenernos: solo aquellos que son guardados por el poder de Dios para salvación[55] serán capaces de guardar sus testimonios. ¡Qué bienaventuranza

ejus; in toto corde exquirunt eum", "Bienaventurados los que escudriñan los testimonios de él; los que de todo corazón le buscan". La versión sefardí de Ferrara traduce: *"Bienaventurados los obfervantes de fus teftamentos, con todo su coraçon lo requieren".* La caldea Peshitta: *"Benditos son los que guardan su testimonio y lo buscan con todo su corazón".* Kraus traduce: *¡Salvación para aquellos que guardan sus testimonios, los que de todo corazón le buscan!".* Schökel: *"Dichosos los que guardan sus preceptos y lo buscan de todo corazón".*

[50] Hechos 8:39; 17:11.

[51] Éxodo 25:16; 40:20; Deuteronomio 10:2; 31:16; 1 Reyes 8:9: Hebreos 9:4.

[52] Salmo 19:11.

[53] 1 Corintios 9:16.

[54] 2 Timoteo 4:7.

[55] 1 Pedro 1:5.

tan real y evidente hay en creer y guardar celosamente la palabra de Dios obedeciéndola en todo, en todo momento! A los que tal hacen, Dios los ha bendecido, los está bendiciendo, y los bendecirá eternamente. David observó esta bienaventuranza en otros y la hizo suya, puesto que exclama: *"Guardo tus mandamientos y tus testimonios"* (119:168); y recordando los alegres cánticos y felices memorias de su observancia de la ley, confiesa: *"Esta es la gran bendición que he tenido: Que he guardado tus mandamientos"* (119:54-56). Los principios doctrinales que enseñamos a los demás debemos experimentarlos por nosotros mismos.

Y con todo el corazón le buscan.[56] Los que guardan los testimonios del Señor es evidente que le buscarán; pues si para ellos la palabra del Señor es preciosa, podemos estar seguros que él Señor mismo lo será aún mucho más. La recompensa de aquellos que han accedido a que la Palabra del Señor ejerciera en ellos todos sus efectos positivos, es un trato personal con un Dios personal. Una vez tomamos conciencia del poder del evangelio, debemos buscar al Dios del evangelio. *"¡Quién me diera saber dónde encontrarle!"*[57] será nuestro grito sincero. Ved el crecimiento progresivo que encierran estas cláusulas: Primero: *el camino* (119:1a); luego: *andando en él* (119:1b); después: *hallando los tesoros de la verdad y guardándolos* (119:2a), y a modo de remate y corona de todo: *buscando al propio Señor del camino* (119:2b). Y fijémonos también que cuanto más el alma avanza en la gracia, más espirituales y divinos son sus anhelos: un simple caminar no satisface el alma renovada por la gracia; ni siquiera el atesorar sus preciados testimonios; sino que a su debido tiempo se lanza a la búsqueda de Dios mismo, y aún cuando lo encuentra en cierto modo, anhela más de él, y le sigue buscando.

Buscar a Dios implica el deseo de compartir más íntimamente con él; de seguirlo con mayor exactitud y ahínco para entrar en una comunión más estrecha con él, y una unión más perfecta con su mente y voluntad; promover su gloria, y hacer real y efectivo todo cuanto él es para los corazones santificados. El hombre bienaventurado ya tiene a Dios, y precisamente por ello le busca con mayor intensidad. Podrá parecer una contradicción: pero en realidad es solo una paradoja.

A Dios no se le busca en verdad[58] mediante frías pesquisas de la razón y sofisticadas elucubraciones del entendimiento humano; hemos de buscarle con el corazón: *"Y con todo el corazón le buscan".* El amor solo se revela al amor: Dios abre su corazón al corazón de su pueblo. Es en vano que nos esforcemos en captarle por medio de la razón; hemos de asimilarle a través de los afectos. Pero si de veras queremos buscar al Señor, nuestro corazón no puede estar dividido en múltiples afectos. Dios es uno, y es imposible que alcancemos a conocerle hasta que nuestro corazón sea uno. Y ningún corazón quebrantado tiene en ello motivos para el desánimo, porque no hay corazón tan entero en su búsqueda de Dios como un corazón quebrantado, fragmentado, hecho pedazos, pero en el cual cada pedazo, cada fragmento suspira y clama buscando el rostro del gran Padre. Lo que la enseñanza de este versículo censura al decirnos *"con todo el corazón",* no es el corazón quebrantado, sino el corazón dividido en sus afectos. Y por extraño que nos pueda parecer, en la terminología paradójica de la Escritura, un corazón puede estar dividido y no estar quebrantado; y por el contrario, puede quebrantado y fragmentado y permanecer entero, y tanto más entero cuanto más quebrantado. Pero cuando nuestro corazón quebrantado busca por entero al santo Dios en Cristo Jesús en todos y cada

---

[56] KRAUS indica que el uso que hace aquí el salmista de la expresión deuteronómica בְּכָל־לֵב *bəḵāl-lêḇ, "con todo tu corazón"* (Deuteronomio 6:5), identifica a un colectivo determinado de personas, en tanto que se trata de una expresión empleada para medir la intensidad de entrega de quien procura evitar todo acto de maldad.

[57] Job 23:3 BLA

[58] Salmo 145:18.

uno de sus fragmentos, ha llegado por fin a Aquel de quien está escrito: *"y todos cuantos le tocaban eran hechos perfectamente enteros"*.[59]

Lo que el salmista tanto admira de otros en este versículo, lo afirma de si mismo en el décimo (119:10) cuando exclama: *"Con todo mi corazón te he buscado"*. Bueno es cuando nuestra admiración por una virtud nos conduce a la consecución de la misma. Quienes no creen en la bienaventuranza que hay en buscar al Señor, es improbable que desarrollen en sus corazones el deseo de hacerlo; pero aquel que la reconoce, y admira a otros llamándoles bienaventurados por la gracia que ve en ellos, está en camino de obtener esa misma gracia. Y si los que meramente por buscar al Señor son ya bienaventurados, ¿qué decir de aquellos que realmente habitan con él y saben que él es el suyo?

"Con los que caen, ¡cuan benevolente!
Con los que buscan, ¡eres todo bondad!
Pero ¿y con los que te encuentran? Ah, con estos
no hay lengua ni pluma que pueda describirlo.
Lo que es realmente el amor de Jesús,
nadie, fuera de sus amados, puede contarlo".[60]

C. H. SPURGEON

Bienaventurados. La duplicación o repetición del término *"Bienaventurados"*[61] al comenzar los versículos uno y dos, tiene el propósito recalcarnos la certeza de la bienaventuranza otorgada a los piadosos. La palabra de Dios, por ser la verdad en si misma, es igual de cierta y verdadera tanto si dice las cosas una sola vez como si las repite. En consecuencia, cuando repite es meramente para confirmación de nuestra débil fe. Las palabras de Isaac sobre Jacob, *"Yo le bendije, y será bendito"*,[62] reflejan el decreto seguro y garantizado de Dios para con todos sus hijos. Satanás tratará infructuosamente de maldecir a Israel por boca de personajes como Balaam,[63] pero jamás lo conseguirá, porque Dios nos ha bendecido y declarado *"bienaventurados"*, y esto es irreversible.

WILLIAM COWPER [1566-1619]
"A Commentary upon CXIX Psalm", 1613

Bienaventurados los que guardan sus testimonios, y con todo el corazón le buscan. El primer versículo describe al hombre como bienaventurado en base al curso de sus acciones: *"Bienaventurados los perfectos de camino"* (119:1). Aquí se le describe en base a los sentimientos de su corazón.

THOMAS MANTON [1620-1677]
"One hundred and ninety sermons on the hundred and nineteenth Psalm", 1681

[59] Mateo 14:36. Así traduce la KJV: *"and as many as touched were made perfectly whole"*. El juego de palabras de Spurgeon se pierde al utilizar la Reina-Valera 1960 que traduce: *"y todos los que lo tocaron, quedaron sanos"*.

[60] La cita es de un antiguo poema al amor de Jesús, escrito en el Siglo XII por BERNARDO DE CLARAVAL (1090-1153), y traducido al inglés por EDWARD CASWALL (1814-1878), famoso por sus traducciones de himnos y poemas antiguos. Se titula en inglés *"Jesus, the very thought of Thee"*; Spurgeon cita las dos últimas líneas de la tercera estrofa y la cuarta completa: *"To those who fall, how kind Thou art! / How good to those who seek! / But what to those who find? Ah, this / Nor tongue nor pen can show; / The love of Jesus, what it is, / None but His loved ones know"*.

[61] En hebreo אַשְׁרֵי *'ašrê* de אַשְׁרֵי *esher.*

[62] Génesis 27:33.

[63] Números 22:1-14:25.

Los que guardan sus testimonios. Hay gran bienaventuranza en guardar celosamente los testimonios de Dios en nuestra mente; como la hay también en guardarlos en nuestras acciones, según se desprende del versículo anterior. Pero aquí se nos habla de algo distinto, aunque ambas cosas estén conexas entre sí: Quién cuida celosamente de este brote o semilla santa, guardándola en su corazón y evitando que el diablo logre arrancarla de él, es necesaria y particularmente feliz. El sentido del verbo hebreo נֹצְרֵי *nōṣərê* de נָצַר *natsar* es de prestar un cuidado especial y atención esmerada, parecido al que damos a las semillas que acaban de brotar.[64]

PAUL BAYNE [1573-1617]
"Commentarie upon the first and second chapters of Saint Paul to the Colossians", 1634

Los que guardan sus testimonios. El termino *"testimonios"*[65] transmite un sentido global que es utilizado para referirse a la palabra de Dios como un todo, y abarca la voluntad divina por entero con respecto a doctrina, mandatos, ejemplos, advertencias, y promesas. Su *"Palabra"* es en conjunto su *"Testimonio"*, que Dios ha establecido para dejar claro al mundo el camino de salvación. Y siendo que la propia palabra de Dios se bifurca en dos partes: la Ley y el Evangelio, esta concepción de *"Testimonios"* es aplicable a ambos por igual, ya sea en conjunto o individualmente. En este sentido el Arca fue llamada *"el Arca del Testimonio"*[66] porque se depositaron en ella las dos tablas de la Ley; y al Evangelio se le describe asimismo como: *"el testimonio con que Dios ha testificado acerca de su Hijo"*.[67] Pero hay pasajes en los se establece una cierta diferenciación y el testimonio se menciona separado de la ley: *"¡A la ley y al testimonio"*.[68] En este sentido se llama al Evangelio *"testimonio"* porque en él Dios ha testificado de cómo el hombre puede ser perdonado, reconciliado, y logra obtener el derecho a la vida eterna; y esto requiere de un *"testimonio"*, pues se trata de una materia completamente desconocida por nosotros: la ley fue grabada de principio en el corazón humano; pero el evangelio es algo nuevo, ajeno a nuestra naturaleza, y nos resulta extraño. Algunas cosas de la ley podemos alcanzar a discernirlas por medio de la luz que aporta nuestra razón humana, y penetrar así en ciertas cuestiones de implicación y preocupación moral; pero las verdades del evangelio son un misterio, y dependen exclusivamente del testimonio de Dios acerca de su Hijo.

THOMAS MANTON [1620-1677]
"One hundred and ninety sermons on the hundred and nineteenth Psalm", 1681

Los que guardan sus testimonios A la Palabra de Dios se la llama *"sus testimonios"*, porque da testimonio no solo de su voluntad con respecto a su ley, sino también de su favor y buena voluntad con respecto a Cristo Jesús. Si la Palabra de Dios no fuera más que una ley, con todo, tendríamos el deber de obedecerla, porque somos sus criaturas; pero como es también un testimonio de su amor, de aquello que Dios hace como un padre en favor de sus hijos, somos doblemente inexcusables si no la abrazamos gozosamente.

WILLIAM COWPER [1566-1619]
"A Commentary upon CXIX Psalm", 1613

---

[64] Ver al respecto Isaías 27:3, donde el mismo verbo נָצַר *natsar* se utiliza en relación a una viña: *"Yo, Jehová, la guardo; a cada momento la riego. Para que nadie la dañe, la guardo noche y día"*.

[65] En hebreo עֵדֹתָיו *'ēḏōṯāw* de עֵדָה *edah*

[66] Éxodo 25:16.

[67] 1 Juan 5:9.

[68] Isaías 8:20.

Bienaventurados los que guardan sus testimonios, y con todo el corazón le buscan. El salmista declara *"bienaventurados",* no a los que se hagan sabios en su propia opinión,[69] o a los que asuman una suerte de santidad irreal y fantástica; sino a los que se entregan al pacto de Dios y prestan obediencia a los dictados de su ley. Más aún, con estas palabras nos dice que Dios no se complace ni satisface con el mero servicio externo, sino que exige el afecto sincero y honesto del corazón.[70] Y ciertamente, siendo que Dios es el único Juez y Señor de nuestras vidas, su verdad debe ocupar el lugar primordial en nuestro corazón, puesto que las meras acciones externas, con tener nuestras manos y pies implicados en su servicio, no es suficiente.

Juan Calvino [1509-1564]

Y con todo el corazón le buscan. Quien quiera alcanzar una felicidad auténtica debe contar con un corazón auténtico. Pues según sea nuestra autenticidad, dependiendo del nivel de nuestra sinceridad, así será el nivel de nuestra bienaventuranza; y según sea nuestra falsedad, dependiendo del grado de nuestra hipocresía, así será también la medida de nuestra miseria.

Richard Greenham [1535-1594]
"Very Godly Meditations on the 119 Psalm", 1605[71]

Y con todo el corazón le buscan. Los hombres han buscado a Dios en los bosques, en las colinas, en los planetas, en las estrellas. Le han buscado a semejanza de su propia su imagen desfigurada. Le han buscado en los misteriosos engranajes de la Providencia. Pero todas estas búsquedas han sido infructuosas, porque eran meramente el fruto de las inquietudes del intelecto, y no han aportado sino una luz tenue y fría. Le han buscado también en la Ley, que este salmo tan efusivamente exalta, pero la Ley no ha hecho más que llevarles a los picos del Sinaí: brillantes, sin duda, pero cubiertos de humo.[72] Han seguido buscando, y a muchos su búsqueda les ha conducido bajo los olivos de Getsemaní, donde han presenciado una lucha tan descomunal como misteriosa, hasta el punto de arrancar sudor y sangre de angustia;[73] y después hasta el Calvario, donde en el lugar llamado de la Calavera,[74] la vida y la muerte se enfrentaron y la inmortalidad vio de nuevo la luz por la resurrección.[75] Pero ni aún allí la búsqueda finaliza, antes todo lo contrario, no hace más que comenzar. Porque la vida cristiana sigue siendo una búsqueda constante y perpétua. Aunque eso sí, una búsqueda bajo la guía y dirección del Espíritu Santo; por lo que esa búsqueda, aunque siga siendo búsqueda, es una búsqueda bienaventurada.

William Anderson [1769-1852]
"Reading", 1882

Y con todo el corazón le buscan. ¿Y cómo debemos buscar a Dios?

1. Debemos buscarle en Cristo el Mediador.[76]

[69] Proverbios 3:7; Isaías 5:21; Romanos 12:6.
[70] Salmo 34:18; 51:17
[71] Spurgeon en *"Commenting and Commentaries"* lo tiene como *"An Exposition to the 119 Psalme",* 1612, Greenham, Richard, *Puritan,* 1531-1591. Se trata de una edición posterior.
[72] Éxodo 19:18.
[73] Lucas 22:44.
[74] Lucas 23:33.
[75] 1 Corintios 15:55-57.
[76] Juan 14:6.

2. Debemos buscarle en espíritu y en verdad.[77]
3. Debemos buscarle en santidad.[78]
4. Debemos buscarle por encima de todas las cosas.[79]
5. Debemos buscarle a la luz de su propia Palabra.[80]
6. Debemos buscarle con diligencia y perseverancia, sin descansar hasta que le encontremos, como la esposa del Cantar de los Cantares.[81]

William Cowper [1566-1619]
"A Commentary upon CXIX Psalm", 1613

Y con todo el corazón le buscan. Buscar a medias, sin poner en ello *"todo el corazón"*, nunca da resultados. Dios no se revelará a nade que lo busque a medias, pues sería premiar la indiferencia. En la búsqueda de Dios la ciencia sucumbe, y la razón fracasa. Tan solo el amor y la confianza tienen éxito. Porque el amor es capaz de ver allí donde la razón no distingue, y de hallar donde la percepción no encuentra nada. Y quien busca a Dios impulsado por el amor, y lo busca con todo su corazón, se siente motivado a guardar sus testimonios. Y el fervor que ese amor imprime a la búsqueda, es un incentivo que impulsa a Dios a revelarse.[82]

Frederick G. Marchant de Hitchin [1839-1899]

Vers. 2-3. Observemos los distintos verbos utilizados aquí por el salmista: *guardan, buscan, hacen, andan,*[83] todos ellos encaminados a definir y aclarar el concepto de quién es el sujeto de la bienaventuranza.

Henry Hammond [1605-1660]
"Paraphrase and Annotations on Book of Psalms", 1659

Vers. 3. ***Pues no hacen iniquidad los que andan en sus caminos.*** *[Pues no hacen iniquidad los que andan en sus caminos.* RVR*] [No cometen iniquidad, sino que andan en sus caminos.* LBLA*] [En verdad no hacen iniquidad, porque andan en sus caminos.* BTX*] [Jamás hacen nada malo, sino que siguen los caminos de Dios* NVI*] [Los que no han cometido mal alguno y marchan por sus caminos.* BLP*] [No negocian con el mal y andan solo en los caminos del Señor.* NTV*]*[84]

---

[77] Juan 4:24.

[78] 2 Timoteo 2:19; Hebreos 12:14.

[79] Mateo 6:33.

[80] 1 Samuel 3:21.

[81] Cantares 3:2.

[82] Dice Agustín de Hipona [354-430]: «No basta con buscar al Señor, hay que buscarle *"con todo el corazón"*. ¿Acaso no buscaba al Señor y escudriñaba sus testimonios el joven rico que dijo a Jesús: *"Maestro bueno, ¿qué cosa buena haré para tener la vida eterna?"* (Mateo 19:16). ¡Sin duda! Pero no le buscaba *"con todo el corazón"* porque prefirió sus riquezas al consejo que le dio el Señor de desprenderse de ellas, y en consecuencia, se apartó de él entristecido (Mateo 19:21-22)».

[83] En hebreo נֹצְרֵי *nōṣərê* de נָצַר *natsar,* "guardan"; יִדְרְשׁוּהוּ *yiḏrəšûhū* de דָּרַשׁ *darash,* "buscan"; פָּעֲלוּ *pā'ălū* de פָּעַל *paal,* "hacen"; הָלָכוּ *hālāḵū* de הָלַךְ *halak,* "andan".

[84] La versión griega de los LXX o Septuaginta lee: οὐ γὰρ οἱ ἐργαζόμενοι τὴν ἀνομίαν ἐν ταῖς ὁδοῖς αὐτοῦ ἐπορεύθησαν que la Vulgata traduce al latín como: *"Non enim qui operantur iniquitatem in viis ejus ambulaverunt"*, "Porque los que obran maldad, no anduvieron en los caminos de él". La versión sefardí de Ferrara traduce: *"Tambien los que obraron tortura, en fus carreras anduvieron"*. La caldea

Pues no hacen iniquidad. Bienaventurados son, sin duda, aquellos de quienes pueda afirmarse esto sin miramientos ni reservas: pues habrán alcanzado la región de la bienaventuranza pura, en la que el pecado ha cesado su actividad por completo.[85] Los que siguen las normas de la palabra de Dios no hacen iniquidad; puesto que la Regla es perfecta, y si es aplicada y seguida con fidelidad y constancia, acaba por eliminar todos los fallos. Para el que la mira desde fuera, la vida consiste en aquello que hacemos, más que otra cosa; y aquel que en sus acciones es capaz de no desviarse jamás en nada de la equidad, ni para con Dios ni para con los hombres, ha encontrado el camino de la perfección, y puede tener la certeza absoluta de que su corazón va en la dirección correcta. Fijémonos en la manera como salmista entiende que un corazón pleno tiende siempre a evitar mal; en el versículo anterior dice: *"y con todo el corazón le buscan"* (119.2); y cuando le buscan ¿qué ocurre? Pues que: *"no hacen iniquidad"* (119:3). Nadie esta en condiciones de afirmar que está libre totalmente de pecado, no obstante, confiamos que muchos puedan afirmar que no han cometido deliberadamente nada malo, impío o injusto; a sabiendas, intencionadamente o con asiduidad. En lo que respecta a su manera externa de proceder y de actuar, la gracia mantiene la vida del cristiano por cauces justos y rectos, aún cuando tenga que lamentarse por las transgresiones internas de su corazón. A tenor del tipo de juicio con el que los hombres pueden juzgar a los demás hombres, y en base a las leyes de justicia que los seres humanos han creado para valorar a sus congéneres, aquellos que son verdaderamente pueblo de Dios, *no hacen iniquidad:* los creyentes sinceros son honestos, íntegros y decentes, y en lo que hace a la justicia humana y la moralidad terrenal son irreprensibles. Por tanto son felices.[86]

Los que andan en sus caminos. No tan solo se mantienen dentro de los límites amplios de esa carretera principal de preceptos generales que es la ley, sino que recorren también las sendas más estrechas de los preceptos particulares. Puesto que no tienen intención de caer en pecado de comisión, se esfuerzan también en evitar todo pecado de omisión. No les basta con ser irreprensibles, desean también participar de manera activa en ser justos. Un ermitaño puede refugiarse fácilmente en su aislamiento para eludir la maldad; pero el creyente tiene más mérito, porque vive en medio de la sociedad, y ello le hace la vida más difícil, pero le permite servir mejor a su Dios andando en sus caminos. Hemos de obrar con rectitud tanto en sentido positivo como negativo; ser justos no tan solo en aquello que hacemos, sino también en aquello que deberíamos hacer y no hacemos. No cabe suspirar por una cosa a menos que cumplamos con la otra, pues los seres humanos nos movemos en ambas direcciones, y quien no sigue el camino de la ley de Dios, no tarda mucho en cometer iniquidad. La manera más segura de evitar el mal es mantenernos ocupados plenamente en obrar el bien. Este versículo hace referencia a creyentes vulgares y corrientes, como nosotros; hombres y mujeres que pese a sus defectos y debilidades, odian el mal y no se permiten el lujo de cometerlo, pues aman los caminos de la verdad y la piedad, de lo correcto y lo verdadero, y caminan habitualmente en ellos. No tienen la pretensión

---

Peshitta: *"No han cometido iniquidad, sino que han andado en los caminos de Él".* KRAUS traduce: *"¡Que no cometen tampoco iniquidad, que andan en sus caminos!".* SCHÖKEL: *"Que no cometen iniquidad y siguen sus caminos".*

[85] 1 Juan 3:9.

[86] Dice WILLIAM SWAN PLUMER [1802-1880]: «¿Existe esta santidad genuina de la que nos habla el salmista en este versículo? ¿Es asumible? Sí existe. Hay personas sobre las que el pecado no ejerce dominio (Romanos 6:16). De vez en cuando nos encontramos con un Natanael: *"en quien no hay engaño"* (Juan 1:14); y a Zacarías y Elisabet: *"rectos delante de Dios, y caminando irreprochablemente en todos los mandamientos y ordenanzas del Señor"* (Lucas 1:6). En el proceder de algunas personas buenas y justas, hay claras evidencias de que se rigen por unos principios de conducta para los cuales no hay explicación humana, solo queda admitir que les han sido enseñados desde el cielo y su espíritu se ha impregnado de ellos».

de ser totalmente perfectos, excepto en sus deseos; y en estos son, ciertamente, pura verdad, porque buscan jadeantes[87] la manera de guardarse de todo pecado y ser guiados a toda santidad.

C. H. SPURGEON

Pues no hacen iniquidad. Más de uno se preguntará: ¿y cómo es posible que los que andan en los caminos de Dios no hagan iniquidad? ¿Acaso hay alguien que habite en este mundo y no peque? Y pues si nadie está libre de pecado, ¿cómo pueden ser bienaventurados? La respuesta está en lo que nos dice el apóstol respecto a nuestro conocimiento: *"en parte conocemos",*[88] y así es también en lo que hace a nuestra felicidad aquí en la tierra: somos bienaventurados pero solo en parte. Felicidad completa es la de los ángeles, que no han pecado jamás; la de los santos de la Iglesia triunfante en el cielo, que si bien fueron pecadores ya no pecan. Pero la felicidad de los santos de la Iglesia militante aquí en la tierra, radica en que a pesar de que pecamos, nuestros pecados son perdonados, y que a pesar de que el pecado permanece en nosotros, no reina sobre nosotros; obra en nosotros pero no con nuestro consentimiento: *"De manera que ya no soy yo quien hace aquello, sino el pecado que mora en mí".*[89]

Para poder decir propiamente que una persona *hace iniquidad,* deben concurrir estas tres cosas: Primero, *propósito* de hacerlo; seguidamente, *placer* en hacerlo; y en tercer lugar la reincidencia, *continuidad* en hacerlo. Y en los hijos de Dios nunca coinciden las tres; pues aunque el viejo hombre comete pecado en ellos, el hombre nuevo presenta sus alegaciones y protestas en contra. *"No soy yo",* alega con rotundidad, y tan lejos está de deleitarse en ello, que su alma se duele y entristece; pues aún cuando Lot habitó entre los sodomitas, se indigno y enojó al escuchar sus palabras y contemplar sus acciones indignas.[90] Dicho de otro modo, los hijos de Dios son más bien víctimas del pecado en contra de su voluntad, que no actores del mismo por propia voluntad: son hombres y mujeres oprimidos espiritualmente bajo el poder de su enemigo, por lo cual gimen y claman a Dios diciendo: *"¡Miserable de mí! ¿Quién me librará de este cuerpo de muerte?"*[91] Y es en este sentido que el apóstol dice: *"Todo aquel que es nacido de Dios, no practica el pecado"*[92]

WILLIAM COWPER [1566-1619]
"A Commentary upon CXIX Psalm", 1613

Pues no hacen iniquidad. He aquí la bienaventuranza de los que andan en la ley de Jehová: *no hacen,* –o no han hecho– *iniquidad*, sino que *andan* –han andado siempre– *en sus caminos.* A lo largo del Salmo 119 es habitual que el salmista utilice a veces el tiempo presente para indicar la acción presente; y otras el tiempo perfecto para indicar la acción pasada y presente a la vez: *"Con todo mi corazón te **he buscado**; no me dejes **desviarme** de tus mandamientos. En mi **corazón he guardado** tus dichos, para **no pecar** contra ti"* (119:10,11). Otros ejemplos similares los encontramos en los versículos: 119:13-14; 119;21; 119: 51-61; 119:101-102; 119:131; 119:145; 119:147.

"The Speaker's Commentary",[93] 1873

[87] Salmo 42:1 NVI – RVR1977.

[88] 1 Corintios 13:9.

[89] Romanos 7:17.

[90] 2 Pedro 2:7.

[91] Romanos 7:24.

[92] 1 Juan 3:9.

[93] Se refiere a *"The Speaker's Commentary"*, o "Comentario del predicador", publicado en 10 volúmenes entre 1871 y 1882 con el mecenazgo de EVELYN DENISON [1800-1873], Primer Vizconde de Ossington. El objetivo de la obra era responder apologéticamente a la teología liberal y en especial a la obra crítica

Pues no hacen iniquidad. Esto es, la hacen pero no se recrean en ella ni le sacan provecho. De resbalar, resbalan, a causa de la debilidad de la carne, la sutileza de Satanás y las seducciones del mundo; pero no es en ellos un hábito o deseo constante, no siguen sistemáticamente caminos pecaminosos e ilegítimos. El salmista establece que es parte de la bienaventuranza (y por supuesto no pequeña) el que no hagan iniquidad y anden en sus caminos. La enseñanza que nos corresponde aprender aquí es la del enorme privilegio y maravillosa prerrogativa que implica vernos libres de la esclavitud del pecado.

"The Speaker's Commentary", 1873

Pues no hacen iniquidad. A quienes han sido renovados por la gracia y reconciliados con Dios por medio de Cristo Jesús, Dios no les atribuye ningún pecado para condenación, y por tanto a tales efectos *no hacen iniquidad.* Y en este aspecto en particular resulta destacable el caso del propio David, del cual Dios afirma que: *"guardó mis mandamientos y anduvo en pos de mí con todo su corazón, haciendo solamente lo recto delante de mis ojos"*.[94] ¿Cómo es eso posible? Pues si una cosa hay fácil de rastrear en la Escritura son los numerosos pecados, defectos y faltas de David, copiosamente reflejados con detalle; y sin embargo en este versículo parece como si Dios hubiera corrido un velo sobre ellos, no se los imputa ni tiene en cuenta. Hay una doble razón por la cual las faltas de los creyentes no les son imputadas o tenidas en cuenta:

1. En primer lugar, por su condición o estado de cristianos: están en Cristo, favorecidos por él, y *"ninguna condenación hay para los que están en Cristo Jesús"*,[95] por tanto sus errores y resbalones personales no alteran su condición general de cristianos. Cosa que no debemos entender en el sentido de no tener que sentirse humillados por sus errores y pedir a Dios perdón por sus debilidades; no, en absoluto, porque en tal caso se convertirían en iniquidades y sí figurarían en su contra en el expediente. La pretensión de los valentinianos,[96] que afirmaban no contaminarse con el pecado aún cuando lo cometieran, y que por muy rebajado y obsceno que fuera su comportamiento seguían siendo tan puros como pueda ser el oro debajo de una capa de barro, no es más que una burda fantasía. Nada de eso; nuestra obligación es restaurarnos a nosotros mismos por medio del arrepentimiento y presentarnos humillados ante Dios para implorar su favor. No fue sino después de haberse arrepentido y humillado que Natán le dice a David: *"El Señor ha remitido tu pecado"*.[97]

2. En segundo lugar, porque su inclinación y disposición interior es a obrar lo contrario al pecado. Su intención es cumplir la voluntad de Dios, buscar al Señor y servirle, a pesar de verse obstaculizados en ello por múltiples debilidades, errores y defectos. El que *hace iniquidad* es porque peca deliberadamente y encuentra deleite en ello; está voluntariamente inclinado hacia el mal; hace

---

"Essays and Reviews". FREDERIC CHARLES COOK [1810-1889] dirigió la redacción, en la que participaron los más destacados exégetas y teólogos conservadores de la Inglaterra del siglo XIX.

[94] 1 Reyes 14:8.

[95] Romanos 8:1.

[96] Se refiere a los seguidores de las doctrinas y teorías del hereje VALENTÍN [siglo II], probablemente el más destacado de todos los promotores del gnosticismo en el seno de la Iglesia cristiana, buscando de mezclar el cristianismo con diversos conceptos mitológicos de la filosofía griega y la gnosis egipcia. Las herejías de VALENTÍN fueron refutadas con firmeza por diversos Padres de la Iglesia, en especial por IRENEO DE LYON [130-202] en su *"Adversus haereses"; HIPÓLITO DE ROMA* [siglo II] en su *"Philosophumena"* o "Refutación de todas las herejías"; y TERTULIANO [160-220] en *"Adversus Valentinianos"*. Se le atribuyen diversas obras entre ellas el llamado "El Evangelio Apócrifo" o "El Evangelio de la Verdad" que le atribuyen Ireneo y Tertuliano.

[97] 2 Samuel 12:13.

"provisión para satisfacer la carne y sus concupiscencias"[98] y las sirve cual esclavo con sumisión voluntaria.[99] Pero los que han sido renovados por la gracia ya no son *"deudores"* a la carne;[100] pues han aceptado otra deuda y obligación: la de servir al Señor.

3. En tercer lugar, porque el curso o camino que siguen va en dirección contraria al pecado. Es sabido que en la naturaleza las cosas siguen siempre el curso natural que tienen establecido. Por tanto, en la nueva criatura en Cristo, sus acciones van siempre de acuerdo con la gracia. A una persona se la conoce, más que otra cosa, por sus hábitos y costumbres, pues el curso de sus esfuerzos muestra cuales son sus objetivos e intereses. Cuando una persona se deja arrastrar fácilmente y con frecuencia por el pecado, pone al descubierto el hábito de su alma y el temple de su corazón. Las praderas pueden inundarse de agua circunstancialmente y permanecer inundadas por un tiempo, pero su curso natural es secarse, y se secan; los terrenos pantanosos se mantiene siempre húmedos, y aunque circunstancialmente el agua baje de nivel o incluso desaparezca del todo, se inundan de nuevo en cuanto vuelve a subir la marea. Un hijo de Dios puede verse ocasionalmente arrastrado y obrar en dirección contraria a la inclinación de su nueva naturaleza; pero reacciona de inmediato hacia el bien y se mantiene en él; cuando alguien se deja arrastrar por la tentación y se hunde cada vez más en ella, no se trata de una caída ocasional, se trata de un hábito de pecado.

4. Y en cuarto lugar, porque el pecado nunca llega a vencerles ni dominarles por completo, antes por el contrario, permanece siempre en oposición con su nueva naturaleza. Los hijos de Dios hacen todo lo que está en su mano para evitar el pecado: se mantienen vigilantes, oran, se sacrifican: *"Yo dije: Velaré sobre mis pasos, para no pecar con mi lengua; guardaré mi boca con freno"*,[101] y por tanto, desarrollan una resistencia constante al pecado. Dios ha introducido la gracia en sus corazones: el santo temor a su Majestad actúa de resistencia, de modo que no hay en aquello que hacen un pleno consentimiento. Y a menudo esa resistencia es tan fuerte que logra vencer la tentación: *"¿cómo, pues, haría yo este grande mal, y pecaría contra Dios?*.[102] Otras veces es más débil, y entonces el pecado vence, aunque en contra de la voluntad del creyente: *"pues no hago lo que quiero, sino lo que aborrezco, eso hago"*.[103] Para los creyentes el pecado es un mal que odian; contra el cual protestan y se rebelan cual pueblo esclavizado y oprimido bajo el poder del enemigo. Y cuando caen en él, siempre se produce remordimiento y arrepentimiento; tras su pecado el corazón de David se sintió sucio y herido.[104] Cuando los creyentes pecan se avergüenzan y entristecen de haber hecho el mal. La nueva naturaleza crea un sentimiento de ternura: Pedro pecó vilmente, pero saliendo fuera, lloró amargamente.[105]

THOMAS MANTON [1620-1677]
"One hundred and ninety sermons on the hundred and nineteenth Psalm", 1681

Pues no hacen iniquidad. Aquellos que habiendo crucificado sus pecados[106] viven en la gracia, adoptan una actitud de constante oposición a los mismos. Es por ello que el salmista dice que: *"No cometen iniquidad, sino que andan en sus caminos"*. En primer lugar porque habiendo crucificando

[98] Romanos 13:14.
[99] Tito 3:3.
[100] Romanos 8:12.
[101] Salmo 39:1.
[102] Génesis 39:9.
[103] Romanos 7:15,18.
[104] Salmo 51:10.
[105] Lucas 22:62.
[106] Romanos 6:6.

todos sus pecados ya *"no hacen iniquidad";* y en segundo lugar porque al no hacer iniquidad *"andan en todos los caminos de Dios",* que son opuestos a todo tipo de maldad: el abandonar los caminos del pecado les permite andar con plenitud por los caminos de la gracia. Es un axioma teológico que la gracia no elimina o destruye en el hombre su naturaleza anterior, ni suprime sus afectos; pero los redirecciona elevándolos y dirigiéndolos hacia arriba.

WILLIAM FENNER [1600-1640]
"A Treatise of Affections, or the Soul's Pulse", 1641

Pues no hacen iniquidad. La Palabra de Dios reprende a quienes confían en los negativismos. Como se dijo de cierto emperador romano: que era menos vicioso que virtuoso.[107] Para muchos, la suma de toda su práctica cristiana se reduce a un conjunto de «noes», no hago, no digo, no voy: *"No soy como este publicano".*[108] Pero todo campo que no produzca buenas cosechas, carece de utilidad y valor, a pesar de que tampoco crezcan en él zarzas ni espinos. No solo el siervo infiel que golpeaba con crueldad a sus compañeros, que comía, bebía y se embriagaba es azotado duramente;[109] también lo es el siervo inútil que envolvió su mina en un pañuelo.[110] Meroz es objeto de maldición por no haber combatido cuando debía haberlo hecho, por no ayudar cuando debió haber ayudado.[111] Dives[112] no le quitó a Lázaro su comida, pero tampoco quiso darle de la suya, siquiera las migajas. Muchos alegarán: *"Yo no tengo dioses ajenos";*[113] bien, pero dime: ¿amas, obedeces y reverencias de manera incuestionable al Dios verdadero? Porque si no lo haces, has quebrantado el primer mandamiento igual que aquellos que forjan sus propios dioses. Y en cuanto al segundo mandamiento, dirás que no adoras imágenes y aborreces a los ídolos, pero ¿te deleitas en las ordenanzas del Señor? Y así sucesivamente. Yo no presto juramentos ni tomo el nombre de Dios en vano, dirás; sí, pero ¿glorificas a Dios, y le rindes culto debidamente? Yo jamás profano el día de reposo; pero ¿lo santificas? Puede que en día de reposo no salgas a arar y sembrar los campos, o te pases el día bailando; pero te quedas ocioso y malgastas el tiempo del *Sabbath,* que deberías emplear en adorar a Dios. No haces ningún mal a tus padres, pero ¿les reverencias como se merecen? No cometes homicidio, pero ¿haces el bien a tu prójimo? No cometes adulterio, pero ¿practicas la templanza y la santa sobriedad en todas las cosas? No calumnias; pero ¿defiendes la reputación y el honor de tu vecino como si fuera el tuyo? Por lo general, los hombres reducen el importe de la factura que les corresponde a la mitad, como hizo el mayordomo infiel con los deudores de su señor, dejándoles la cuenta en cincuenta cuando debían cien.[114] Prestamos muy poca atención a los pecados de omisión y fácilmente los pasamos por alto. Pues si bien cuidamos

[107] Si nos atenemos al "Diccionario Filosófico" de Voltaire, probablemente se refiere al emperador ANTONINO PÍO (86-161), aunque algunos opinan que se refiere a su sucesor MARCO AURELIO (121-128), el emperador estoico.
[108] Lucas 18:11.
[109] Lucas 12:45-47.
[110] Lucas 19:20.
[111] Jueces 5:23.
[112] El nombre DIVES, que viene del latín *dives,* "rico"; o su equivalente español: EPULÓN, que deriva del adjetivo opulento; no existen en el texto bíblico como nombre propio, pero en la tradición de la Edad Media (siglo XIV) aplicó esos nombres al hombre rico mencionado en la Parábola de "El Rico y Lázaro" de Lucas 16:19-31. En las afueras de Jerusalén existe todavía una casa que se conoce como "La Casa de Dives" o "Casa de Epulón", aunque no hay base alguna histórico ni arqueológica alguna para pensar que pueda tratarse de la casa original, que suponiendo que hubiera existido realmente, pues se trata de una parábola, es evidente que no seguiría en pie.
[113] Éxodo 20:3.
[114] Lucas 16:5-6.

celosamente de no ser borrachos, adúlteros y blasfemos, no nos acordamos de que omitir el respeto a Dios y rendir a su santa Majestad la reverencia que le es debida, también es pecado.

THOMAS MANTON [1620-1677]
"One hundred and ninety sermons on the hundred and nineteenth Psalm", 1681

Los que andan en sus caminos. No en los caminos de los enemigos de Dios; ni tampoco en sus propios caminos; sino: en los caminos *de Dios*.[115]

JOSEPH ADDISON ALEXANDER [1809-1860]
"The Psalms Translated and Explained", 1850

Los que andan en sus caminos. No de forma ocasional sino permanentemente: de una manera habitual, constante, característica. La frase no aplica a innumerables personas buenas, honradas, justas, honestas en sus tratos humanos con los demás; sino a las que *"andan en los caminos de Dios"*, esto es: cristianas.

ALBERT BARNES [1798-1870]
"Notes, critical, explanatory, and practical, on the book of Psalms", 1868

Vers. 4. *Tú encargaste que sean muy guardados tus mandamientos.* *[Tú encargaste que sean muy guardados tus mandamientos.* RVR*] [Tú has ordenado tus preceptos, para que los guardemos con diligencia.* LBLA*] [Tú nos has encomendado tus preceptos para que sean muy guardados.* BTX*] [Tú has establecido tus preceptos, para que se cumplan fielmente.* NVI*] [Tú estableciste tus preceptos para que se cumplieran fielmente.* BLP*] [Nos has ordenado que cumplamos cuidadosamente tus mandamientos.* NTV*]*[116]

[115] La Vulgata traduce este versículo de forma distinta: *"Non enim qui operantur iniquitatem in viis ejus ambulaverunt"*, "los que obran maldad, no anduvieron en los caminos de él". Sobre esta traducción comenta:

– AGUSTÍN DE HIPONA [354-430]: «Cabría deducir que si *"los perfectos de camino"* son los que *"escudriñan los testimonios del Señor"* y *"le buscan con todo su corazón"*; aquellos que *"obran iniquidad y no andan en sus caminos"* es porque los ignoran y no los escudriñan. ¡Todo lo contrario! Los obradores de maldad conocen bien los testimonios del Señor (Santiago 2:19) y los escudriñan; solo que los escudriñan para mal, con un propósito envilecido, para presentarse como más doctos que los justos a fin de poder tentarles y rebatirles (Mateo 4:5-7) … Los escribas y fariseos se sentaban *"en la cátedra de Moisés"*, y escudriñaban los testimonios del Señor de la manera más meticulosa, pero no los cumplían, antes por el contrario obraban iniquidad; no escudriñaban los preceptos divinos buscando la voluntad de Dios, sino el ser alabados por los hombres (Mateo 23:6-7); buscaban la manera de justificar sus propósitos y enriquecerse (Mateo 23:14-23); de ellos nos dice Jesús: *"todo lo que os digan que guardéis, guardadlo y hacedlo; mas no hagáis conforme a sus obras, porque dicen, y no hacen* " (Mateo 23:2-4)».

[116] La versión griega de los LXX o Septuaginta lee: σὺ ἐνετείλω τὰς ἐντολάς σου φυλάξασθαι σφόδρα que la Vulgata traduce al latín como: *"Tu mandasti mandata tua custodiri nimis"*, "Tú ordenaste, que tus mandamientos fueses guardados exactísimamente". La versión sefardí de Ferrara traduce: *"Tu encomendafte tus encomendaças para guardar mucho"*. La caldea Peshitta: *"Tú les mandaste que tus ordenanzas fueran guardadas cuidadosamente"*. KRAUS traduce: *Tú mismo anunciaste tus ordenanzas, para que se observen diligentemente"*. SCHÖKEL: *"Tú mandaste que tus decretos se observen exactamente"*.

Tú has ordenado tus preceptos,[117] *para que los guardemos*[118] *con diligencia.* De modo que una vez hemos hecho todo lo que debíamos, siervos inútiles somos,[119] tan solo hemos cumplido con nuestro deber al cual estábamos obligados por mandato. Los preceptos de Dios exigen una estricta obediencia: no se trata de guardarlos a la ligera o mantenerlos fortuitamente. Hay quienes rinden a Dios una observancia relativa, prestan un servicio despreocupado, una suerte de acertar o fallar en la obediencia; pero eso no es lo que el Señor ha mandado, y por tanto no va a aceptarlo. Su ley exige el amor cabal de todo nuestro corazón, alma, mente y fuerzas físicas;[120] y una práctica cristiana descuidada no tiene nada de esto. Así mismo, somos llamados a una obediencia celosa. Debemos mantener sus preceptos plenamente y con exactitud: los vasos de obediencia deben llenarse hasta el borde,[121] y cada mandamiento cumplimentado hasta el límite de su significado. Los empresarios diligentes y prósperos en sus negocios se levantan temprano, se acuestan tarde, y se niegan a sí mismos mucho reposo y tiempo libre, tratan de ejecutar todo cuanto les sea posible, cuanto más mejor. No se cansan con facilidad, y si se cansan perseveran, aunque los ojos les escuezan y les duela la cabeza. Así es como debemos servir al Señor; sin escatimar esfuerzos, porque una obediencia diligente siempre será laboriosa y abnegada. Un Amo de semejante nivel exige de sus siervos una diligencia al mismo nivel; demanda un servicio a su altura, y no se contentará con menos. ¡Pero que pocas son las veces que se la prestamos! Y así, por nuestra negligencia, nos perdemos la doble bienaventuranza de la que se nos habla en este Salmo. Algunos pueblos paganos son extremadamente diligentes en la práctica de sus supersticiones, y las cumplen con una exactitud pasmosa y notable sacrificio;[122] seamos nosotros diligentes en guardar los preceptos de Dios.

Pero de nada aprovecha avanzar con rapidez si no se camina en la dirección correcta. Hay quienes se esfuerzan con la mayor abnegación y diligencia tratando de remontar un negocio que decididamente no funciona, porque tiene una baja rentabilidad y arroja pérdidas, con lo cual, cuanto más volumen de negocio realizan, más pierden; y si tal proceder es malo en los negocios, menos podemos permitírnoslo en la práctica de nuestra fe. Dios no nos manda que seamos diligentes en fabricar preceptos, sino en guardarlos. Hay quienes son especialistas en fabricar yugos y colocarlos encima de sus propios cuellos, con la idea de enyugar también con ellos a los demás, sometiéndolos a sus propias normas y reglas. Ese no es el camino. El camino correcto pasa por sentirnos alegres y satisfechos de cumplir las reglas de la Sagrada Escritura y atenernos a ellas; esforzándonos en cumplirlas todas, en todo lugar, respecto a todos los hombres, y en todos los aspectos. Si no hacemos esto, puede que lleguemos a ser eminentes en nuestros propios conceptos y prácticas cristianas, pero no habremos cumplido los mandamientos de Dios, y no seremos aceptados de él.

---

[117] SCHÖKEL que «entre las tres partículas iniciales y una interjección, destaca pronombre אַתָּה *'attāh,* "tú". Es la primera vez que el salmista se dirige a Dios y lo hace entrar como autor de toda la ley que se va a desmenuzar en el salmo: *"Tú has ordenado"*». Dios *"ordenando"* está presente en los libros de Éxodo, Levítico, Números y sobre todo en Deuteronomio; aunque puntualmente lo haga a través de Moisés. Y no deja de resultar curioso que dicha función divina, así expresada: צִוִּיתָה *ṣiwwîṯāh*, se lea solo en este versículo y en el ciento treinta y ocho (119:138).

[118] En hebreo לִשְׁמֹר *lišmōr* de שָׁמַר *shamar,* un verbo de sentido amplio, que en este caso significa: guardar, preservar, mantener, tomar en cuenta; y que en sus distintos sentidos y formas ocurre más de veinte veces en este Salmo.

[119] Lucas 17:10.

[120] Lucas 10:27.

[121] 2 Timoteo 2:19-21.

[122] Lo más probable es que tuviera en mente a los faquires y otros ritos diversos de mortificación en la India, país muy cercano a Inglaterra en la época victoriana: dormir en camas de clavos, caminar sobre brasas encendidas, morder sables o traspasarse brazos y labios con agujas.

El salmista comenzó el salmo hablando en tercera persona del plural: *"los que son", "los que andan"*. Pero en este versículo cuatro, sintiéndose ya un poco más en casa, adopta la primera persona del plural: *"para que los guardemos"* (119:4).[123] Y pronto le escucharemos expresarse abiertamente en primera persona del singular para referirse a si mismo. En la medida en que nuestro corazón resplandece en su amor a la santidad, vamos desarrollando un interés más y más personal por ella. La Palabra de Dios es un libro que habla directamente al corazón, y cuando empezamos a cantar sus alabanzas, pronto se convierte en nuestro huésped y habita con nosotros, induciéndonos a orar para que nuestra vida se ajuste a sus enseñanzas.

C. H. Spurgeon

Tú has ordenado tus preceptos, para que los guardemos con diligencia. Prestar la debida atención a los preceptos sagrados, lecturas teológicas y exposiciones del Libro Santo, no es una cuestión trivial, algo intrascendente, αδιάφορος, y que por tanto puede quedar nuestro criterio y discreción. Dios ha ordenado de forma concreta y tajante en su Palabra que guardemos sus mandamientos con diligencia: מְאֹד *mə'ōḏ,* es decir, a fondo, de manera estricta y ferviente, no a la ligera o de paso al tocar otros temas. Deberíamos, pues, grabar en nuestras mentes las palabras que leemos en Deuteronomio: *"Y estas palabras que yo te mando hoy, estarán sobre tu corazón"*;[124] en Mateo: *"a él oíd"*;[125] y en Juan: *"Escudriñad las Escrituras"*.[126] Y por encima de todo, los estudiantes de teología deben recordar la regla paulina: *"Toda la Escritura es inspirada por Dios, y útil para enseñar, para redargüir, para corregir, para instruir en justicia, a fin de que el hombre de Dios sea perfecto, enteramente preparado para toda buena obra"*,[127] y por tanto *"ocúpate en la lectura"*.[128]

Salomon Gesner [1559-1605]
"Christliche Betrachtung des Psalters", 1599

Tú has ordenado tus preceptos, para que los guardemos con diligencia. Si Dios nos ordena observar sus preceptos de manera tan concreta, cuidadosa y diligente, entonces, que nada nos aparte de ellos en modo alguno. Sean cuales sean las circunstancias, jamás estimemos como innecesaria, frívola o superflua, la más insignificante de las ordenanzas o advertencias que proceda de su Palabra; ni consideremos nada de lo que en ella se nos diga como excesivamente complejo o meticuloso. Si el Señor exige una cosa, aunque el mundo entero diga lo contrario y nos ridiculice y se burle de nosotros por llevarla a cabo, sigamos firmes en el curso de nuestra obediencia.

Richard Greenham [1535-1594]
"Very Godly Meditations on the 119 Psalm", 1605

Tú has ordenado tus preceptos, para que los guardemos con diligencia. Tres son las razones por las que debemos guardar los mandamientos del Señor con diligencia:

---

[123] Franz Delitzsch [1813-1890] indica que el verbo לִשְׁמֹר *lišmōr* de שָׁמַר *shamar,* "guardar, observar, preservar": tiene en este versículo cuatro (119:4): *"para que los guardemos con diligencia"*, un sentido de disfrute, algo que se hace con agrado y proporciona satisfacción; mientras que en el versículo siguiente: *"para guardar tus estatutos"* (119:5), tiene un sentido de necesidad para dirección y salvaguarda.

[124] Deuteronomio 6:6.

[125] Mateo 17:5.

[126] Juan 5:39.

[127] 2 Timoteo 3:16-17.

[128] 1 Timoteo 4:13.

1. Porque nuestro adversario, que trata de atraparnos y engañarnos para que los transgredamos, es sumamente diligente en sus tentaciones, no duerme nunca, anda de noche y de día tratando de devorarnos.[129]

2. Porque somos débiles y enfermos, y tenemos que prestar atención y cuidarnos a nosotros mismos con la mayor diligencia.

3. Por el enorme daño que nos produce cada embate de Satanás, que nos deja en una posición de clara desventaja; pues sabemos por experiencia que lo mismo que una herida tarda mucho menos en producirse que en curarse, así también la culpabilidad de conciencia es fácil de contraer, pero no tan fácil librarnos de ella.

WILLIAM COWPER [1566-1619]
"A Commentary upon CXIX Psalm", 1613

Diligencia. En este versículo el salmista recuerda al lector con la palabra *"diligencia"*[130] que el estudio de la ley divina debe ser necesariamente algo grave, (serio), puesto que Dios ha declarado que es preciso observar sus preceptos con diligencia, es decir, mediante el estudio más profundo y concienzudo de los mismos; cual si se tratara de lo único bueno que existe, y nada hubiera de bueno fuera de lo que él ordena.

ANTONIO BRUCIOLI [1498-1566]
"Psalmi di David nuovamente dalla Hebraica verità, tradotti in lingua Toscana", 1531

Vers. 4-5. En el versículo cuatro (119:4): *"Tú has ordenado tus preceptos, para que los guardemos con diligencia"* tenemos el modo imperativo de Dios. En el versículo cinco (119:5): *"¡Ojalá fuesen firmes mis caminos para guardar tus estatutos!"*, tenemos el modo optativo nuestro.

THOMAS ADAMS [1583-1653]
"Mystical bedlam, or the world of mad-men", 1615

Vers. 4-5. Digno es de observar que cuando David ora con tanto fervor exclamando: *"Ojalá fuesen firmes mis caminos para guardar tus estatutos"* (119:5), lo hace en razón de la premisa expresada en el versículo anterior: *"Tú has ordenado tus preceptos, para que los guardemos con diligencia"* (119:4), dando a entender con ello que la base de su obediencia a los preceptos de Dios es el sello de la autoridad divina que se los impone. Por esa misma razón exclama también en el versículo noventa y cuatro (119:94): *"Voy buscando tus mandamientos"* dando a entender que lo que buscaba en su obediencia era el cumplimiento estricto de la voluntad de Dios. Pues, en efecto, tan solo esto puede considerarse como obediencia genuina, la que se realiza *intuitu voluntatis divinae*, es decir, con la mirada puesta en la voluntad de Dios; con un *total respeto hacia*, y con los *ojos puestos en* la voluntad divina. Así como la fe que nos lleva a la verdad es exclusivamente de origen divino, no parte de la razón humana sino que nos viene por revelación divina; únicamente es verdadera obediencia aquella que se ajusta al mandamiento no porque persiga un fin egoísta, sino porque en ella se refleja la imagen de la autoridad de Cristo.

NATHANAEL HARDY [1618-1670]

[129] 1 Pedro 5:8.

[130] En hebreo מְאֹד *mə'ōḏ*.

Vers. 5. ***¡Ojalá fuesen ordenados mis caminos para guardar tus estatutos!*** *[¡Ojalá fuesen firmes mis caminos para guardar tus estatutos!* RVR*] [¡Ojalá mis caminos sean afirmados para guardar tus estatutos!* LBLA*] [¡Cómo anhelo que sean ordenados mis caminos, para poder guardar tus estatutos!* BTX*] [¡Cuánto deseo afirmar mis caminos para cumplir tus decretos!* NVI*] [¡Ojalá mi conducta fuera firme en el respeto a tus normas!* BLP*] [¡Oh, cuánto deseo que mis acciones sean un vivo reflejo de tus decretos!* NTV*]*[131]

¡Ojalá[132] *fuesen ordenados*[133] *mis caminos para guardar tus estatutos!* Los mandatos y preceptos divinos deberían hacernos de guía en lo que atañe al tema y contenido de nuestras oraciones. A pesar de que anhelamos y suspiramos por guardar los mandamientos de Dios tal como él desea que sean guardados, somos incapaces de hacerlo. ¿Qué recurso nos queda para lograrlo? La oración. Debemos pedirle al Señor que obre en nosotros, que él nos guarde a nosotros para que nosotros podamos guardar sus mandamientos. Este versículo expresa el suspiro de pesar del salmista al reconocer que no ha guardado los mandamientos divinos con la necesaria diligencia; es un grito de impotencia implorando la ayuda de Aquel que ciertamente puede ayudar; una solicitud perpleja y desconcertada de quien ha perdido su camino y precisa de dirección; una súplica encendida fruto de la fe de alguien que ama a Dios y confía en él por la gracia.

Por naturaleza nuestros caminos discurren opuestos al camino de Dios, y deben ser enderezados por la mano del Señor hacia una nueva ruta, o nos llevarán a la destrucción. Dios puede dirigir nuestra mente y voluntad sin violentar nuestro libre albedrío, y lo hará, en respuesta a nuestras oraciones. De hecho, ya lo está haciendo, ya ha iniciado esta obra en todos aquellos que tras la lectura de este comentario están orando fervientemente al Señor, implorando que les ayude a guardar sus caminos. Lo que el corazón del salmista anhela es la santidad presente, santidad aquí y ahora: ¡Oh si fuera capaz de alcanzarla! -exclama. Pero anhela también una santidad perseverante, cara al futuro; aspira por medio de la gracia a guardar fielmente, desde ahora y para siempre, los mandamientos del Señor. Un suspiro que emana de su alma, y reflejado en el texto, que es en realidad una oración, aunque no adopte necesariamente esta forma. La esencia de toda plegaria siempre son sus deseos y anhelos, poco importa

---

[131] La versión griega de los LXX o Septuaginta lee: ὄφελον κατευθυνθείησαν αἱ ὁδοί μου τοῦ φυλάξασθαι τὰ δικαιώματά σου que la Vulgata traduce al latín como: *"Utinam dirigantur viae meae ad custodiendas justificationes tuas"*, "¡Ojalá que mis caminos sean enderezados, para guardar tus justificaciones!". La versión sefardí de Ferrara traduce: *"Oxalá fe compongan mis carreras, para guardar tus fueros"*. La caldea Peshitta: *"¡Ojalá que mis caminos fueran ordenados para que guarde tus mandamientos!"*. KRAUS traduce: *"¡Ojalá mis caminos sean firmes, para guardar tus estatutos!"* SCHÖKEL: *"Ojalá estén firmes mis caminos para cumplir tus órdenes"*.

[132] En hebreo אַחֲלַי *'aḥălay*, una interjección que implica "anhelo, deseo, ansia de algo". Ocurre únicamente en otro pasaje y es el de 2 Reyes 5:3 en boca la criada de Naamán: אַחֲלֵי אֲדֹנִי *'aḥălê 'ădōnî*, *"Si tan solo mi señor (fuera) al profeta que está en Samaria…"*. FELIPE SCIO DE SAN MIGUEL [1738-1776] en una nota a su traducción de la Vulgata lo explica en los siguientes términos: «Señor, concédeme la gracia de ser tú mismo el que encamine mis pasos, para que no ponga el pie donde resbale y me precipite».

[133] La KJV traduce aquí *"O that my ways were directed to keep thy statutes"*, "Oh que mis caminos fueran dirigidos a guardar tus estatutos", una traducción que se aparta bastante de nuestras versiones españolas que en lugar de *"dirigidos"* traducen *"firmes, afirmados, o establecidos"*, y de hecho, una traducción más fiel y cercana a verdadero sentido de del verbo hebreo יִכֹּנוּ *yikkōnū* de כּוּן *kûn.* Es preciso tener esto en cuenta al leer los comentarios a este versículo, ya que la mayoría de comentaristas de los siglos VI a XIX juegan con el concepto de *"dirigidos"*. Calvino, por ejemplo, se inclina por *"dirigidos"*, como puede comprobar el lector en su comentario más adelante.

la forma que adopten: *"Ojalá fuesen ordenados mis caminos"* es una oración tan legítima y aceptable como: *"Padre nuestro que estás en los cielos"*.[134]

Y sin embargo, lo último que uno hubiera esperado en este versículo es una oración pidiendo guía y dirección: *"¡Ojalá fuesen ordenados mis caminos!"*. Más bien cabía esperar una oración implorando capacitación y posibilitación. ¿Acaso no somos capaces de guiarnos a nosotros mismos? Si por falta de fuerzas no podemos remar, ello no nos impide agarrar el timón. Pero el salmista confiesa que incluso para ejecutar la parte más sencilla de su deber, la que menos esfuerzo requiere, se siente incapaz y falto de gracia. Anhela que el Señor influya en su voluntad y fortalezca sus manos. Necesitamos de la vara que nos señale el camino, tanto como del cayado donde apoyarnos.[135]

El anhelo expresado en este versículo viene impulsado por el deseo de la bienaventuranza fruto de la santidad, por la contemplación de la belleza del carácter del hombre justo y recto, y por el temor reverente a los mandatos y preceptos de Dios. No es sino una aplicación al caso personal del escritor de las verdades que ha estado exponiendo y considerando: "*¡Ojalá fuesen ordenados mis caminos*". A cuantos escuchamos y leemos la Palabra nos convendría imitar su ejemplo y transformar todo aquello que escuchamos en una oración. Habría muchos más *"guardadores"* de los estatutos divinos, si fueran muchos más los que anhelan, suspiran e imploran la gracia de poder guardarlos.

C. H. SPURGEON

¡Ojalá fuesen ordenados mis caminos para guardar tus estatutos! Al establecer la conexión de este versículo con el anterior, no podemos dejar de señalar la precisión tan admirable con la que el salmista mantiene el término medio, situándonos en un punto equidistante entre el concepto de auto-suficiencia para guardar los estatutos del Señor, y la auto-justificación por desatenderlos. Nuestro primer intento de prestar obediencia espiritual bastará para convencernos de nuestra impotencia y total incapacidad para hacerlo. Más fácil nos sería crear un nuevo planeta que originar un solo hálito de vida espiritual en nuestros propios corazones. Y, con todo, nuestra incapacidad no anula nuestra obligación de hacerlo. Es la debilidad de nuestro corazón, incapaz de *"someterse a la ley de Dios"* por la simple razón de que es *"carnal"*, y por lo tanto en *"enemistad contra Dios,*[136] lo que nos incapacita para someternos a sus mandatos. Y nuestra incapacidad es nuestro pecado, nuestra culpa, nuestra condenación; pues en lugar de excusar nuestra condición, lo que hace es ponernos en evidencia y taparnos la boca dejándonos sin descargo alguno que alegar en nuestra defensa delante de Dios. De modo que nuestra obligación permanece intacta. Estamos obligados a obedecer los mandamientos de Dios tanto si podemos como si no. ¿Qué nos queda pues, fuera de devolver el mandato al cielo acompañado de una ferviente oración, pidiendo que el Señor grabe en nuestros corazones esos estatutos a los que exige obediencia, esto es, a su Palabra? Señor, tú nos ordenas guardar tus estatutos con diligencia. Lo reconocemos, Señor, admitimos nuestra obligación; pero a la vez sentimos nuestra impotencia. Por tanto, ayúdanos, Señor, miramos a ti, grábalos tú en nuestros corazones: *¡Ojalá fuesen ordenados mis caminos para guardar tus estatutos!*[137]

CHARLES BRIDGES [1794-1869]
"Exposition of Psalm CXIX", 1850

---

[134] Mateo 6:9-13.

[135] Salmo 23:4.

[136] Romanos 8:7.

[137] Dice AGUSTÍN DE HIPONA [354-430]: «Ese *"Ojalá"*, voz suplicante que anhela, lleva implícita una renuncia a cualquier amago de soberbia o autosuficiencia presuntuosa. Pues, ¿quién suspiraría por aquello que considera a su alcance y puede lograr por si mismo sin que nadie le ayude? Pero no, si el hombre quiere de todo corazón alcanzar aquello que Dios ordena, no le queda otro remedio que rogar al Dios que lo ordena,

¡Ojalá fuesen ordenados mis caminos para guardar tus estatutos! En el versículo anterior el profeta David examina la obligación que Dios le impone: *guardar con diligencia sus mandamientos.* En este expone su debilidad e incapacidad para cumplir con ese gran deber, y por tanto, con un espíritu deseosos de cumplir con su obligación, pero reconociendo que su carne es incapaz de lograrlo, exclama: *"¡Ojalá fuesen dirigidos mis caminos aguardar tus estatutos!"*. Como le sucede a un niño al que se le ordena levantar un peso excesivo: está dispuesto a hacerlo, pero no es capaz de hacerlo; o a un paciente gravemente enfermo al que se recomienda caminar dando numerosas vueltas a su habitación: siente en su corazón el deseo de hacerlo, pero las fuerzas no le acompañan.

RICHARD GREENHAM [1535-1594]
"Very Godly Meditations on the 119 Psalm", 1605

¡Ojalá fuesen ordenados mis caminos para guardar tus estatutos! Es costumbre y deber del pueblo de Dios transformar los preceptos en oraciones. Y que ello es práctica habitual de los hijos de Dios se demuestra por el texto siguiente: *"Conviérteme, y seré convertido, porque tú eres Jehová mi Dios"*.[138] Dios les había dicho: *"Volveos y viviréis"*, y ellos le responden de acuerdo con su demanda: *"Vuélvenos tú" - "Conviértenos, y seremos convertidos"*. San Agustín[139] oraba diciendo: *«Da quod jubes, et quod vis jube» (Dame lo que me pides y pídeme lo quieras).*[140] Y ese es el deber de los santos porqué:

1. Se ajusta al pacto del Evangelio, donde preceptos y promesas van de la mano; Dios nos da aquello que nos exige, realizando todas la obra en nosotros y por nosotros. No todo el Pacto son condiciones, solo parte del mismo. Lo que Dios requiere de nuestras manos se corresponde con lo que nosotros podemos pedir de las suyas. Dios no es el Faraón para exigir ladrillos sin dar paja.[141] *Lex jubet, gracia juvat,* lo que la ley exige la gracia lo proporciona. Las condiciones del Nuevo Pacto no vienen únicamente en forma de preceptos, sino también de promesas. La ley no aporta la fuerza precisa para cumplir sus preceptos, pero el Evangelio sí; para ello está la gracia.

2. Con ello se cumplen los propósitos de Dios. ¿Por qué nos exige Dios aquello que no podemos realizar con nuestras propias fuerzas? (1) Para mantener su derecho. (2) Para convencernos de nuestra

---

a Aquel del cual como Padre de las luces desciende: *"toda buena dádiva y todo don perfecto"* (Santiago 1:17), que le conceda aquello que él manda. Con estas palabras el salmista deja muy clara su postura a todos cuantos afirman que Dios tan solo nos ayuda a obrar con justicia dándonos a conocer sus preceptos, para que una vez conocidos, ya sin ayuda de la gracia, los cumplamos únicamente con la fuerza de nuestra voluntad. El salmista, habiendo recibido los mandamientos de Dios, y el mandato de cumplirlos celosamente, no procede manifestando su compromiso de hacerlo, sino que exclama anhelante: *"¡Ojalá fuesen ordenados mis caminos para guardar tus estatutos!"*. Viene a ser como si dijera: 'Señor, me diste tu ley, la he escudriñado y la conozco, porque *"ordenaste que tus preceptos sean guardados con diligencia"*; y tu ley *"a la verdad es santa, y el mandamiento santo, justo y bueno"*. Pero el pecado que obra en mí, *"para mostrarse pecado, produjo en mí la muerte por medio de lo que es bueno, a fin de que por el mandamiento el pecado llegase al extremo de la pecaminosidad"* (Romanos 7:12-13); a no ser que tu lo impidas ayudándome con tu gracia'. Por ello exclama: *"¡Cómo anhelo que sean ordenados mis caminos, para poder guardar tus estatutos!'»*.

[138] Jeremías 31:18 RVR1977

[139] Se refiere a AURELIUS AUGUSTINUS [353-429], más conocido como SAN AGUSTÍN O AGUSTÍN DE HIPONA uno de los cuatro más importantes Padres de la Iglesia latina y uno de sus más eminentes doctores. Gran apologista cristiano, sus escritos suponen la primera gran síntesis entre el cristianismo y la filosofía platónica.

[140] *Confesiones,* Libro Décimo, Cap. 29. El texto completo de las "Confesiones" de Agustín de Hipona ha sido publicadas por CLIE en español.

[141] Éxodo 5:7.

impotencia y demostrar que sin su gracia no podemos hacer nada. (3) Para que como criaturas humanas podamos expresar nuestra disposición a obedecer. (4) Para conducirnos humillados a sus pies impulsados por la gracia.

THOMAS MANTON [1620-1677]
"One hundred and ninety sermons on the hundred and nineteenth Psalm", 1681

¡Ojalá fuesen ordenados mis caminos para guardar tus estatutos! Dice Agustín: «La vida entera de todo buen cristiano no es otra cosa que un constante deseo santo».[142] Y este deseo ha de ir acompañado siempre del esfuerzo, sin el cual todo afecto es como Raquel, hermosa, pero estéril.[143]

JOHN TRAPP [1601-1669]
"A commentary or exposition upon the books of Ezra, Nehemiah, Esther, Job and Psalms", 1657

¡Ojalá fuesen dirigidos mis caminos a guardar tus estatutos! El verbo hebreo כּוּן *kûn* que traducimos por *"fueses dirigidos"* יִכֹּנוּ *yikkōnū,* tiene también el sentido de *"afirmar, establecer"*, y así se traduce en otros pasajes. Tomado en este sentido podría dar la impresión de que el profeta estuviera pidiendo para sí la virtud de la perseverancia. Pero me inclino más bien por entender que significa *"dirigir"*, porque a pesar de que Dios nos instruye claramente en su ley, la torpeza de nuestro entendimiento y la perversidad de nuestros corazones hace necesaria la dirección constante de su Espíritu.

JUAN CALVINO [1509-1564]

---

[142] Cita de AGUSTÍN DE HIPONA [354-430], *Homilias sobre 1 Juan; Homilia IV: 1 Juan 2:27-3:9.* Comentando 1 Juan 3:2: *"seremos semejantes a él, porque le veremos tal como él es"*. La cita completa de Agustín dice: «Puesto que ahora no podéis verlo, ocupaos en desearlo. La vida entera de todo buen cristiano no es otra cosa que un constante deseo santo. Deseas algo que todavía no ves, pero deseándolo, te capacitas para que cuando lo veas puedas llenarte más de ello; porque el deseo extiende tu capacidad. Es como cuando has de llenar un saco, un odre o cualquier otro recipiente; si intuyes el volumen de lo que deseas introducir, y ves que la capacidad del recipiente es limitada e insuficiente, tratarás de extenderla. Así hace Dios con nosotros, mediante el deseo extiende nuestro espíritu, y al extenderlo aumenta su capacidad; pues lo que extiende o ensancha el ánimo es el deseo de la cosa anhelada, no la alegría de lo conseguido. Por tanto, hermanos, si queremos ser llenos en plenitud, ejercitémonos en el deseo. Ved sino cómo el apóstol Pablo extiende su deseo a fin de poder acoger más de aquello que ha de venir: *"No que lo haya alcanzado ya, ni que ya haya conseguido la perfección total; sino que prosigo, por ver si logro darle alcance, puesto que yo también fui alcanzado por Cristo Jesús. Hermanos, yo mismo no considero haberlo ya alcanzado; pero una cosa hago: olvidando lo que queda atrás, y extendiéndome a lo que está delante, prosigo hacia la meta, para conseguir el premio del supremo llamamiento de Dios en Cristo Jesús"* (Filipenses 3:12-13). Dice *"extendiéndome a lo que está delante"* con toda la intención. Se sentía poco capacitado para albergar *"cosas que ojo no vio, ni oído oyó, ni han subido en corazón de hombre"* (1 Corintios 3:9), pero las desea, y deseándolas se *"extiende"* para poder albergarlas cuando sea el momento. En esto consiste la vida del cristiano, en *"extenderse a lo que está delante"*, en capacitarse constantemente mediante el deseo santo para lo que ha de venir. No olvidemos, sin embargo, que el deseo santo nos capacita únicamente en la medida en que apartamos nuestro deseo de lo mundano. Como he dicho en otras ocasiones: hemos de vaciar primero el recipiente si queremos llenarlo de otra cosa; si quieres llenarte del bien, vacíate del mal. Dios quiere llenarte de miel; pero, ¿cómo podrá llenarte de miel si estás lleno de vinagre? ¿dónde vas a depositar esa miel? Vacía primero el contenido del recipiente; límpialo a fondo, frótalo bien aunque te cueste esfuerzo, extiéndelo mediante el deseo, y hazlo apto para lo que ha de venir».

[143] Génesis 19:17,31.

Vers. 6. *Entonces no sería yo avergonzado, cuando atendiese a todos tus mandamientos.* *[Entonces no sería yo avergonzado, cuando considerase todos tus mandamientos.* RVR*] [Entonces no seré avergonzado, al considerar todos tus mandamientos.* LBLA*] [Entonces no me avergonzaría al contemplar todos tus mandamientos.* BTX*] [No tendré que pasar vergüenzas cuando considere todos tus mandamientos.* NVI*] [Entonces no me sonrojaría al ver todos tus mandamientos.* BLP*] [Entonces no tendré vergüenza cuando compare mi vida con tus mandatos.* NTV*]*[144]

Entonces no sería yo avergonzado. Había conocido la vergüenza[145] y se regocija ante la esperanza de ser librado de ella. El pecado trae vergüenza, y cuando el pecado desaparece, los motivos para sentirnos avergonzados desaparecen. ¡Que liberación tan tremenda esta, pues la vergüenza es algo tan terrible que algunos han preferido la muerte!

Cuando considerase todos tus mandamientos.[146] Cuando respetamos a Dios, nos respetamos a nosotros mismos, y somos respetados. Cada vez que cometemos un error nos preparamos para que nuestra cara enrojezca y nuestro corazón se desplome. Si cometo iniquidad, aunque nadie me avergüence, sentiré vergüenza de mi mismo. Nuestros primeros padres nunca conocieron la vergüenza hasta que trabaron amistad con la serpiente antigua, y esa vergüenza permaneció con ellos hasta que su Dios bondadoso los hubo cubierto con pieles sacrificiales.[147] La desobediencia les dejó desnudos y avergonzados. También nosotros tenemos motivos de constante vergüenza hasta que logramos vencer cada pecado y cumplir con todo deber. Por muy ansiosos que estén en su malicia, hombres y demonios, de presentar cargos en nuestra contra; si rendimos un respeto absoluto y constante a la voluntad del Señor, podremos mirarnos la cara en el espejo de la ley sin tener que sonrojarnos.

Este versículo aporta una cura para muchos apocados que padecen de timidez excesiva: una mayor conciencia de nuestro sentido del deber nos hará más osados, llevándonos a desarrollar un miedo a sentir miedo. Cuando el temor de Dios toma posesión plena de nuestras mentes, no hay en presencia de los hombres vergüenza capaz de importunarnos. Si caminamos por el camino del Rey a plena luz del día, y nos dedicamos a los negocios del Rey, no necesitamos pedir permiso a nadie. Para un rey sería deshonroso tener que avergonzarse de sus lacayos y sirvientes; jamás tal vergüenza debería enrojecer la mejilla de un solo cristiano, y jamás lo hará si mantiene la debida reverencia al Señor su Dios. En una vida santa no hay nada de que avergonzarse: un hombre puede llegar a tener que avergonzarse de su orgullo, de sus riquezas, de sus propios hijos, pero nunca tendrá que avergonzarse de guardar y atenerse a la voluntad del Señor su Dios, en todas las cosas.

---

144 La versión griega de los LXX o Septuaginta lee: τότε οὐ μὴ ἐπαισχυνθῶ ἐν τῷ με ἐπιβλέπειν ἐπὶ πάσας τὰς ἐντολάς σου que la Vulgata traduce al latín como: *"Tunc non confundar, cum perspexero in omnibus mandatis tuis"*, "Entonces yo no seré avergonzado, cuando remiraré todos tus preceptos". La versión sefardí de Ferrara traduce: *"Entonces no me regiftrarè en mi catar à todos tus mandamientos"*. La caldea Peshitta: *"Entonces no seré confundido cuando guarde todos tus mandamientos"*. KRAUS traduce: *"Entonces no seré avergonzado, al considerar todos tus mandamientos"*. SCHÖKEL: *"Entonces no quedaré defraudado al fijarme en tus mandatos"*.

145 Salmo 69:19.

146 En hebreo בְּֽהַבִּיטִ֗י אֶל־כָּל־מִצְוֺתֶֽיךָ *bəhabbîṭî 'el-kāl-miṣwōṯeḵā*. La versión inglesa KJV traduce *"when I have respect unto all thy commandments"*, entendiendo בְּֽהַבִּיטִ֗י *bəhabbîṭî* de נָבַט *nabat,* como "respetar", con lo cual el sentido es: "cuando respete" o "cuando muestre respeto (consideración o estima) a tus mandamientos". Aunque esta interpretación es posible, la mayoría de exégetas coinciden en que el sentido del verbo נָבַט *nabat* es más bien el de "mirar" o "contemplar". Una fórmula mixta podría ser: *"cuando contemple con respeto tus mandamientos"*. Ver sobre esto el comentario de ALBERT BARNES.

147 Génesis 3:21.

Digno es de señalar, sin embargo, que David no se promete a sí mismo inmunidad a la vergüenza hasta no haber rendido homenaje a todos los preceptos divinos: *"Cuando considerase todos tus mandamientos"*. Debemos prestar una especial atención a ese *"todos"*, y no dejar ni uno solo de los preceptos fuera de nuestro acatamiento. La obediencia parcial nos deja en falso, susceptibles a ser llamados para rendir cuentas por los preceptos que hemos descuidado. Un hombre puede tener mil virtudes, y sin embargo, un solo fallo cubrirle de vergüenza.

A un pobre pecador hundido en la desesperación, que alguna vez llegue a verse librado de la vergüenza, le podrá parecer algo muy poco probable. Se sonroja, se siente confundido e incapaz de levantar la mirada. Si esta es tu situación, te conviene leer bien las palabras del salmista: *"Entonces no sería yo avergonzado"*. David no está soñando, ni tampoco imaginando algo imposible. Ten la seguridad, querido lector, que el Espíritu Santo puede renovar en ti la imagen de Dios de tal modo que puedas volver a levantar la mirada sin miedos ni sonrojos. ¡Que anhelo poder contar con la santificación para que nos guíe en el camino de Dios, porque entonces experimentamos esa audacia santa tanto para aproximarnos a Dios como a su pueblo, y nunca más tendremos que sonrojarnos ni sentirnos confundidos.

C. H. SPURGEON

Entonces no sería yo avergonzado. A nadie le gusta sentir vergüenza o ser avergonzado, por tanto, es conveniente evitar todas aquellas cosas puedan sernos causa de vergüenza y nos lleven a tener que exclamar: *"Y dije: Dios mío, confuso y avergonzado estoy para levantar, oh Dios mío, mi rostro a ti"*;[148] *"Yazcamos en nuestra confusión, y que nuestra afrenta nos cubra; porque hemos pecado contra Jehová nuestro Dios"*,[149] *"A ti, Señor, la justicia, y a nosotros la vergüenza en el rostro"*;[150] *"Al Señor, nuestro Dios, pertenece el tener compasión y el perdonar, aunque contra él nos hemos rebelado"*.[151] Como el artesano mantiene su mirada fija en su modelo, y el estudiante en la pizarra o encerado donde ha escrito su maestro; así también los santos de Dios no deben apartar su mirada ni por un instante de la Palabra de su Señor.

MARTIN GEIER [1614-1681]
"Commentarius in librum Psalmorum, ad usum Seminarii Brugensis", 1695

Entonces no sería yo avergonzado. Hay dos clases de vergüenza: la que es fruto de una mala conciencia; y la que emana de una conciencia delicada y sensible. La primera es consecuencia del pecado, la segunda es obra de la gracia. La vergüenza a la que se refiere aquí el salmista no debemos entenderla como una propia recriminación por la omisión de acciones buenas, sino más bien como una justa turbación y sonrojo por comisión de las indebidas.

THOMAS MANTON [1620-1677]
"One hundred and ninety sermons on the hundred and nineteenth Psalm", 1681

Entonces no sería yo avergonzado. Cuando pueda decir de mí mismo que mi obediencia es total, absoluta y completa, sin un solo pecado secreto que ocultar, sin un solo precepto o mandamiento

[148] Esdras 9:6.
[149] Jeremías 3:25.
[150] Daniel 9:7.
[151] Daniel 9:9.

descuidado, o quebrantado voluntariamente y a plena conciencia; entonces me sentiré seguro y confiado, tanto ante Dios, ante los demás hombres, y ante mi propia alma.[152]

HENRY HAMMOND [1605-1660]
"Paraphrase and Annotations on Book of Psalms", 1659

Entonces no sería yo avergonzado. Preguntáis: ¿Por qué dice que no es avergonzado el que respeta todos los mandamientos de Dios? Respondo: El sentido de la afirmación del salmista es más o menos este: Los mandamientos de Dios son tan perfectos, tan puros y excelentes, que aunque los examines minuciosamente en todos sus detalles, ya sea de conjunto o cada uno individualmente, no encontrarás en ellos nada cuestionable, nada que te haga enrojecer. Las leyes de Licurgo,[153] fueron motivo de los mayores elogios, pero permitieron el expolio. Las normas y estatutos de Platón[154] son muy apreciados y sumamente alabados, pero permitían la mancomunidad de mujeres.[155] En cambio *"La ley del Señor es perfecta, que reconforta el alma"*. Es un espejo que refleja la luz hermosa de las estrellas sobre el rostro de todo el que se contemple en él.

THOMAS LE BLANC [1599-1669]
"'Psalmorum Davidicorum Analysis' in qua aperte cernitur singulis in Psalmis ordinem esse admirabilem: adjungitur commentarius amplissimus", 1645

Entonces no sería yo avergonzado.

«Puedo soportar del escorpión la picadura;
pisar brasas, yacer en hielo eterno;
precipitarme en el vacío dando tumbos,
pero no puedo vivir en la vergüenza»

JOANNA BAILLIE [1762-1851]
"Basil: A Tragedy" Acto v, Escena II

Entonces no sería yo avergonzado, cuando considerase todos tus mandamientos. La bienaventuranza de la que nos habla aquí el salmista es la liberación de la vergüenza que conlleva mirar *a todos*

[152] Santiago 2:11.

[153] Se refiere a LICURGO DE ESPARTA, en teoría importante legislador en la ciudad de Esparta al que se atribuyen buena parte de las leyes y constitución de la sociedad espartana. Es citado por importantes historiadores antiguos como Heródoto, Jenofonte y Plutarco, aunque desde muy antiguo se ha debatido si llegó a existir realmente o era un mero símbolo de la legislación espartana.

[154] Se refiere al filósofo griego PLATÓN [427-347 a.C.], alumno de Sócrates y maestro de Aristóteles, fundador de la *"Academia de Atenas"*. Junto con su discípulo Aristóteles, definió la mayor parte de los postulados del pensamiento occidental, y es considerado juntamente con su maestro Sócrates y su Discípulo Aristóteles como uno de los padres de la filosofía. Escribió numerosas obras en forma de *"diálogos"* estudiados y leídos hasta el día de hoy, como *"La República"*, en la cual plantea la filosofía política de un estado ideal; *"Fedro"*, sobre el comportamiento humano; *"Timeo"*, un ensayo de cosmogonía influido por las matemáticas pitagóricas; y *"Teeteto"*, sobre la naturaleza del saber.

[155] Se refiere al dialogo de Platón sobre *Las Leyes,* en él expone sus teorías acerca de la política y la organización social y donde da la impresión de defender un cierto concepto de mancomunidad de mujeres e hijos. *Las Leyes, Libro VI.*

los mandamientos de Dios y confrontarlos con nuestro propio comportamiento.[156] Si Dios escucha su oración expresada en el versículo anterior: *"¡Ojalá fuesen ordenados mis caminos, para guardar tus estatutos!* (119:5), y establece en su alma el hábito de guardar sus mandamientos, al poder mirar *a todos* los mandamientos sin tener que sentir vergüenza, la bienaventuranza expresada en los versículos uno y dos (119:1-2) será aún mayor. Muchos hay, afortunadamente, que pueden mirar algunos mandamientos sin tener que sentir vergüenza. Si nos centramos, por ejemplo, en los diez mandamientos: el hombre honesto podrá mirar sin duda al séptimo y octavo sin tener que avergonzarse; el hombre puro se sentirá libre de reproche leyendo el sexto; el que es reverente y odia la blasfemia no se sentirá reprendido ni acusado de haber violado el segundo o tercero; mientras que el espíritu filial se deleita más atraído por el cuarto que por el quinto. Pero hasta aquí la comparación. La mayor parte de personas tal vez puedan mirar a algunos de los preceptos divinos con relativa libertad de reproche. Pero, ¿quién puede mirarlos todos? Y no obstante, esto es precisamente lo que el corazón piadoso aspira a hacer. En este versículo vemos como el salmista anticipa conscientemente la gran verdad expresada en un texto del Nuevo Testamento: *"Cualquiera que guarda toda la ley, pero ofende en un punto, se hace culpable de todos"*.[157]

FREDERICK G. MARCHANT DE HITCHIN [1839-1899]

Cuando considerase todos tus mandamientos. Literal: *"En mi mirar a todos tus mandamientos"*.[158] Es decir, en su relación con ellos, en su sentimiento de que para él todos eran igualmente obligatorios, y en tener su conciencia tranquila de no haber descuidado deliberadamente, quebrantado o descartado uno solo de ellos. No puede hablarse de auténtica piedad a menos que una persona tenga el propósito de guardar todos los mandamientos de Dios.[159] Si elige y selecciona entre ellos, guardando este sí y aquél no, según mejor le convenga, o según se le antoje, o según quede mejor o peor visto, tal proceder es una clara demostración de que no tiene idea de la naturaleza de la verdadera praxis cristiana. No se puede decir de un hijo que guarda el debido respeto a su padre si le obedece tan solo en aquello que le acomoda o le gusta; y nadie puede considerarse piadoso si no se propone con total sinceridad guardar todos los mandamientos de Dios, sometiéndose a su voluntad en todo.

ALBERT BARNES [1798-1870]
"Notes, critical, explanatory, and practical, on the book of Psalms", 1868

[156] Dice AGUSTÍN DE HIPONA [354-430]: «Cuando escudriñamos los mandamientos de Dios debemos hacerlo cual si nos miráramos en un espejo, atendiendo a lo que nos dice el apóstol Santiago: *"Porque si alguno es oidor de la palabra pero no hacedor de ella, este es semejante al hombre que considera en un espejo su rostro natural. Porque él se considera a sí mismo, y se va, y luego olvida cómo era. Mas el que mira atentamente a la ley perfecta, la de la libertad, y persevera en ella, no siendo oidor olvidadizo, sino hacedor de la obra, este será dichoso en lo que hace"* (Santiago 1:23-25). Al contemplar así los mandamientos de Dios, cual si se mirara en un espejo, el salmista quiere verse no solo como *"oidor"*, sino como *"hacedor"*; y por ello anhela *"ordenar mis caminos para guardar tus estatutos"*. ¿Y de qué otra manera podrá ordenar sus caminos si no es con la gracia de Dios? Sin ella, ciertamente, dispondría de la ley divina pero no se regocijaría en ella, antes bien *"sería avergonzado"* al contemplar unos mandamientos que sabe debía haber cumplido, pero que no puso por obra».

[157] Santiago 2:10.

[158] En hebreo בְּהַבִּיטִ֗י אֶל־כָּל־מִצְוֹתֶֽיךָ *bəhabbîṭî el-kāl-miṣwōṯeḵā.*

[159] Dice JUAN CALVINO [1509-1564] en su exposición a este versículo: «Rodeados por las trampas de Satanás, sumidos en una densa oscuridad y con un carácter tan voluble como el nuestro, si de veras queremos ser intachables, debemos mantener una vigilancia férrea, pues todas las precauciones son pocas».

Todos tus mandamientos. Los motivos y razones de obediencia a uno u otro mandamiento son exactamente las mismas: la autoridad de Dios, que es el dador de la ley.[160] Por tanto, cuando los hombres priorizan una obligación pasando por alto las otras, no están obedeciendo la voluntad de Dios; se trata de una obediencia condicionada a sus propios intereses y caprichos: obedecerle tan solo en aquello que les interesa y en la medida en que ello pueda a su vez proporcionarles satisfacción a sí mismos. Y esto no es aceptable ni razonable, pues nunca podremos decir que le rendimos *"culto racional"*[161] si no es con carácter universal, y ello implica una obediencia total y absoluta.

Edward Veal [1632-1708]
"The Morning Exercises"

Todos tus mandamientos. Una obediencia parcial jamás va a satisfacer plenamente a un hijo de Dios. La exclusión de cualquier mandamiento en el ámbito de consideración establecido por nuestro propio corazón, es clara evidencia de hipocresía. Herodes cuando escuchaba a Juan se quedaba perplejo, parcialmente convencido, y *"hacía muchas cosas";*[162] no obstante, su atracción irresistible hacia un mal camino en concreto, y en consecuencia, su incapacidad para renunciar a él, bastaron para evidenciar el enorme el volumen de pecado que se enseñoreaba de su interior. Saúl mató a todos los amalecitas menos a uno; y esta sola excepción bastó para evidenciar lo endeble de su concepto de obediencia: le situó bajo el desagrado terrible de su Dios le costó la pérdida del trono.[163] Así es como un solo pie, la mano, o el ojo derecho, un solo miembro corrupto y no crucificado, arrastra todo el cuerpo al infierno.[164] Las excepciones y reservas son la llaga gangrenosa de la sinceridad cristiana.

Charles Bridges [1794-1869]
"Exposition of Psalm CXIX", 1850

Todos tus mandamientos. Basta con permitir que uno solo de los mandamientos de Dios sea transgredido, para que el próximo paso sea la descalificación y anulación del decálogo entero.

Adam Clarke [1760-1832]

Todos tus mandamientos. Muchos son los que cumplen en algunas cosas, pero fallan en otras, y por regla general fallan en las más importantes y necesarias. De la práctica cristiana abrazan solo las prácticas más simples y menos costosas, siempre que no resulten contrarias a sus deseos e intereses. Nunca disfrutaremos de una paz auténtica hasta que no prestemos obediencia a *todos* los mandamientos. *"Entonces no sería yo avergonzado"* exclama el salmista, es decir, cuando atienda y preste obediencia a *todos* tus mandamientos. La vergüenza es el miedo a un reproche justo. Y este reproche puede venir de parte del Juez supremo o del juez delegado. El juez supremo de todos nuestros actos es Dios; y esta debe ser nuestra principal preocupación, en lo que hemos de tener mayor cuidado a fin de que *"en su venida no seamos avergonzados de parte de él"*,[165] ni hallados faltos en su juicio.[166] Pero hay un juez delegado que todo hombre lleva en su interior: su propia conciencia. Nuestra conciencia nos condena o absuelve dependiendo de lo sinceros o parciales que seamos en nuestras obligaciones

[160] Santiago 2:11.
[161] Romanos 12:1.
[162] Marcos 6:20. (KJV-RVA)
[163] 1 Samuel 15:1-11.
[164] Mateo 5:29, 30.
[165] 1 Juan 2:28.
[166] Daniel 5:27.

para con Dios, y es mucho lo que de ello depende: *"Pues si nuestro corazón nos reprocha algo, mayor que nuestro corazón es Dios, y él conoce todas las cosas. Amados, si nuestro corazón no nos reprocha algo, tenemos confianza ante Dios".*[167] Bien, entonces, para que nuestros corazones no pueden reprocharnos, nuestra obediencia a la voluntad de Dios ha de ser completa; de otro modo, nunca contaremos con la evidencia de nuestra sinceridad.

THOMAS MANTON [1620-1677]

"One hundred and ninety sermons on the hundred and nineteenth Psalm", 1681

Entonces no sería yo avergonzado, cuando considerase todos tus mandamientos. La misericordia de Dios en Cristo otorgada a sus hijos, es de tal magnitud, que acepta en buena fe sus débiles esfuerzos, sumados a su sinceridad y perseverancia en servirle, como si se tratara de una obediencia total y completa... ¡Oh, quién no está dispuesto a servir a un Señor semejante! Con frecuencia escuchamos de criados y siervos que se quejan de la rigidez y exactitud exigida por sus amos, afirmando que hagan lo que hagan nunca alcanzan a agradarles, ni logran su beneplácito por más que se esfuercen en cumplir sus ordenes. Este no es el caso de Dios. Si te esfuerzas fielmente en hacer lo mejor que puedas, Dios es tan misericordioso que te perdonará lo peor que hagas. David intuía, sin duda, esta benevolencia del Evangelio cuando exclamó: *"Entonces no sería yo avergonzado, cuando considerase todos tus mandamientos"*. El viajero tiene puesta su mirada en el lugar al que se dirige pese a que se halle todavía lejos del mismo: pero es su objetivo, el sitio al que pretende llegar, y pone consecuentemente todo su interés y esfuerzo en alcanzarlo; así ha de proceder también el corazón del cristiano con respecto a todos los mandamientos de Dios: esforzándose más y más, hasta alcanzar la plena obediencia. El alma que procede de ese modo, nunca será avergonzada.

WILLIAM GURNALL [1617-1679]

"Christian in complete armour, or, a treatise of the saints war against the Devil", 1655

Vers. 7. *Te alabaré con rectitud de corazón cuando aprendiere tus justos juicios.* *[Te alabaré con rectitud de corazón cuando aprenda tus justos juicios.* RVR*] [Con rectitud de corazón te daré gracias, al aprender tus justos juicios.* LBLA*] [Te alabaré con rectitud de corazón, cuando aprenda tus justos juicios.* BTX*] [Te alabaré con integridad de corazón, cuando aprenda tus justos juicios.* NVI*] [Te daré gracias sinceramente cuando aprenda tus justos decretos.* BLP*] [A medida que aprendo tus justas ordenanzas, te daré las gracias viviendo como debo hacerlo.* NTV*]*[168]

Te alabaré. Vemos aquí como el salmista va de la oración a la alabanza: un viaje largo y a veces difícil. Pero tengamos por seguro que todo aquel que hoy ora pidiendo santidad, mañana alabará henchido de felicidad. En cuanto desaparece la vergüenza, se rompe el silencio, y el que permanecía sumido en un mutismo prudente, abre la boca para exclamar: *"Te alabaré"*. Y es que en tanto que

---

[167] 1 Juan 3:20-21.

[168] La versión griega de los LXX o Septuaginta lee: ἐξομολογήσομαί σοι, κύριε, ἐν εὐθύτητι καρδίας ἐν τῷ μεμαθηκέναι με τὰ κρίματα τῆς δικαιοσύνης σου que la Vulgata traduce al latín como: *"Confitebor tibi in directione cordis, in eo quod didici judicia justitiae tuae"*, "Te alabaré con rectitud de corazón; porque he aprendido los juicios de tu justicia". La versión sefardí de Ferrara traduce: *"Loarrehe con rectitud de coraçon, en mi aprender juizios de tu juftedad"*. La caldea Peshitta: *"Te alabaré en la integridad de mi corazón, cuando haya aprendido los juicios de tu justicia"*. KRAUS traduce: *"Quiero darte gracias con corazón sincero, al aprender tus justas disposiciones"*. SCHÖKEL: *"Te daré gracias con sincero corazón cuando aprenda tus mandamientos"*.

busca la santificación no puede por menos que prorrumpir en alabanzas. Fijémonos bien en su certeza, en lo claro que tiene sobre qué cabeza debe depositar la corona: la de Dios: *"Te alabaré"*. Según como se mire, también él es digno, en cierto modo, de alabanza, pero se olvida por completo de sus méritos para centrarse en Dios: *"Te alabaré"*. Mide sus obligaciones para con el Señor en base al dolor y la vergüenza experimentada a causa del pecado, y en consecuencia, se deshace en alabanzas hacia Aquel que le enseña el arte de vivir de tal modo que pueda escapar ileso y permanecer alejado de su miseria anterior.

Con rectitud de corazón. Si es el Señor quién le enseña, no hay la menor duda que su corazón obrará con rectitud; y por tanto, su deber es alabar a su Maestro. Hay un tipo de alabanza falsa y fingida: esta el Señor la aborrece; pero no hay música más dulce que la procedente de un alma pura elevándose en su integridad. La alabanza de corazón exige que en ese corazón haya rectitud, y esa rectitud exige enseñanza que lo transforme en un corazón recto. Un corazón recto bendecirá al Señor, eso es seguro, porque la adoración agradecida es parte de su rectitud. Nadie puede considerarse a si mismo recto a menos que esté en rectitud para con Dios, y ello implica rendirle la alabanza que le es debida.

Cuando aprenda tus justos juicios. Debemos aprender a alabar: comenzando por aprender que tenemos vía libre para alabar; y a rendir alabanzas cuando lo hayamos aprendido. Y la única forma de aprenderlo es que el Señor nos enseñe, de manera especial en un tema tan fragoso como el de sus juicios, que son un abismo profundo. Y mientras sus juicios desfilan ante nuestros ojos y aprendemos acerca de ellos, debemos alabar al Señor. En sentido correcto de la expresión verbal hebrea בְּלָמְדִ֗י *bəlāmədî,* del verbo לָמַד *lamad:* aprender, ejercitarse, no es el de un pasado perfecto sino de un presente continuo; no dice: *"cuando haya aprendido"*, sino *"mientras sigo aprendiendo"*. Aunque cante de solista seguiré siendo corista; aunque me haya convertido en maestro seguiré siendo alumno: mi corazón recto alabará tu rectitud, y mis juicios purificados admirarán tus juicios. La providencia de Dios es un libro repleto de enseñanzas, y para aquellos que tienen un corazón recto, es un libro de música en el cual hallan incontables alabanzas que cantar a Jehová. La palabra de Dios está repleta de relatos y registros de los hechos y acciones justas de su justa providencia, y al leerlos, sentimos la necesidad de estallar en expresiones de santa alegría y fervorosa alabanza. Y cuando al leer y aprender sobre los juicios de Dios nos convertimos en partícipes gozosos de los mismos, nuestro impulso a cantar brota por partida doble, y prorrumpimos en un cántico en el que no caben ni la formalidad, ni la hipocresía, ni la tibieza; porque el corazón obra con rectitud en la presentación de su alabanza.

C. H. SPURGEON

Te alabaré con rectitud de corazón cuando aprenda tus justos juicios. En tanto no aprendamos a conocer la voluntad de Dios y ejecutarla sin reservas, es absurdo pretender agradarle plenamente y alabarle con sinceridad. La alabanza que Dios busca es alabanza práctica.[169]

THOMAS MANTON [1620-1677]
"One hundred and ninety sermons on the hundred and nineteenth Psalm", 1681

Te alabaré. ¿Por qué razón dice el salmista que alabará a Dios? ¡*"Cuando aprenda"*! Porque ha sido enseñado de Dios y por Dios entre los hombres. Haber cursado una carrera, aprendido alguna disciplina, idioma o teoría científica en una institución académica determinada, nos vincula a su *alma mater*[170] con un vínculo de gratitud. Tampoco dudamos en encomiar a quienes son capaces de educar

[169] Dice JUAN CALVINO [1509-1564] en su exposición a este versículo: «El profeta declara aquí acertadamente y en justicia, que el fruto de la piedad genuina consiste en rendir alabanza a Dios sin hipocresía».

[170] Expresión latina muy popular en el mundo académico y que significa literalmente *«madre que nutre»* o *«madre que alimenta»*. Se utiliza para referirse simbólicamente a una institución académica, por regla

a un perro, domar un caballo o entrenar otros animales. ¿Y qué diremos de nosotros mismos, asnos testarudos y potros rebeldes? Ser instruidos en cumplir la voluntad de Dios y andar en sus caminos, agradándole a él, es un entrenamiento formidable y en extremo meritorio, que nos corresponde reconocer como una enorme misericordia divina digna de las mayores alabanzas.[171]

Paul Bayne [1573-1617]

"Entire commentarie upon the whole epistle of the apostle Paul to the Ephesians", 1645

Te alabaré con rectitud de corazón cuando aprenda tus justos juicios. ¿En qué circunstancias dice David que se sentirá agradecido y prorrumpirá en alabanzas a Dios? Cuando *aprenda,* es decir, cuando Dios le enseñe. En lo que atañe a la alabanza y adoración, tanto la materia como la gracia proceden de Dios. Es él quien hace con todos sus hijos como hizo con Abraham: le ordenó adorarle ofreciendo un sacrificio, pero a su vez le provisionó con la víctima sacrificial.[172] Dios no se limita a darnos cosas buenas por las cuales debemos estarle agradecidos, nos proporciona además la gracia que nos capacita para agradecérselas.

William Cowper [1566-1619]

"A Commentary upon CXIX Psalm", 1613

Te alabaré con rectitud de corazón cuando aprenda tus justos juicios. Por *"aprenda"* el salmista quiere decir no solo el conocimiento teórico de la Palabra, sino también su puesta en práctica. La revelación de Dios no es una concepción teórica, una mera luz especulativa que conduce a una idea vaga y abstracta de las cosas divinas; es una relación directa entre causa y efecto: *"todo aquel que oyó al Padre, y aprendió de él, viene a mí"*.[173] Es un tipo de aprendizaje práctico donde el efecto conduce irremediablemente al conocimiento de la causa, como la luz a la lámpara que la emite; y la consecuencia es que transforma nuestro proceder: convierte el alma y enmarca nuestros corazones dentro de los caminos que siguen la voluntad de Dios. Si nos limitamos a una mera comprensión teórica de la Palabra, aunque consigamos grabarla en nuestra memoria y diseccionarla en nuestro intelecto, si de ella no brota una aplicación práctica, no nos hará ningún bien. Entre los siervos de Dios, los mejores no son los más eruditos y académicos, maestros eminentes en el conocimiento teórico de la Palabra; sino los aprendices en su obediencia práctica. David dice: *"cuando aprenda"*. En la iglesia apostólica

general una universidad, como proveedora de alimento intelectual. Así, preguntar a un estudiante ¿cuál es tu *alma mater?* equivale a decirle ¿en qué universidad cursas tus estudios? Su uso como símbolo representativo de una universidad data de la fundación de la Universidad de Bolonia, la más antigua del mundo occidental (1088) como *«Alma Mater Studiorum»,* madre proveedora de estudios.

[171] Dicen los comentaristas:

– Matthew Henry [1662-1714]: «Debemos ser alumnos de la escuela de Cristo y sentarnos a sus pies a lo largo de todos los días de nuestra vida. Y además, no conformarnos con ser meros alumnos, sino alumnos destacados, aspirando a ocupar en la clase los mejores puestos».

– Juan Calvino [1509-1564]: «Nadie puede pretender alabar a Dios sin fingimiento y de forma aceptable, a menos que haya pasado por su escuela y adquirido las competencias para moldear su vida en sujeción a él».

[172] Génesis 22:13.

[173] Juan 6:45.

los maestros eran llamados μαθητής, alumnos, discípulos o aprendices: το πληθος των μαθητων, *"la multitud de los discípulos"*.[174]

THOMAS MANTON [1620-1677]
"One hundred and ninety sermons on the hundred and nineteenth Psalm", 1681

Te alabaré con rectitud de corazón cuando aprenda tus justos juicios. David deseaba ante todo aprender; es decir, instruirse en la Palabra y la voluntad de Dios. Y aspiraba alcanzar en esa escuela el grado de erudito, por lo que día tras día, ponía todo su empeño en escalar posiciones. Quería aprender y saber cada día más y más, para que ese saber le permitiera recordar, el recordar le llevara a creer, el creer a deleitarse, el deleitarse le condujera a admirar, el admirar le inspirara a adorar, el adorar a practicar, y el practicar a permanecer firme en el camino de los estatutos de Dios. Este *"aprender"* al que hace referencia el salmista, es ciertamente el aprender antiguo y verdadero[175], un arte que dominaba al nivel de virtuoso: convertir la Palabra de Dios en obras prácticas.[176]

RICHARD GREENHAM [1535-1594]
"Very Godly Meditations on the 119 Psalm", 1605

Tus justos juicios. Se refiere a las decisiones concernientes al bien y el mal que dan expresión y forma a la justicia de Dios.[177]

FRANZ JULIUS DELITZSCH [1813-1890]
"Biblical commentary on the Psalms", 1859

Vers. 8. *Tus estatutos guardaré; no me dejes enteramente.* *[Tus estatutos guardaré; no me abandones del todo.* RVR*] [Tus estatutos guardaré; no me dejes en completo desamparo.* LBLA*] [Guardaré tus estatutos, ¡no me abandones del todo!* BTX*] [Tus decretos cumpliré; no me abandones del todo.* NVI*] [Yo quiero respetar tus normas, ¡no me abandones por completo!* BLP*]] [Obedeceré tus decretos; ¡por favor, no te des por vencido conmigo!* NTV*]*[178]

Tus estatutos guardaré. Una resolución sosegada. Cuando la alabanza baja el ritmo para dejar paso a la reflexión; y la emotividad se transforma en determinación y propósitos firmes, el alma sale

[174] Hechos 6:2.

[175] El original utiliza el aforismo inglés *"old and true"*, "antiguo y verdadero"; que también puede entenderse como "conocido y confiable"; o como una alusión al "camino antiguo" en el sentido espiritual: *"preguntad por las sendas antiguas, cuál sea el buen camino, y andad por él, y hallaréis descanso para vuestras almas"* (Jeremías 6:6).

[176] Santiago 1:22-25.

[177] En este sentido indica también que בְּלָמְדִ֗י *bəlāmədî* de לָמַד *lamad,* se refiere a la comparación de la Escritura con la historia y la naturaleza. Viene a ser como si dijera: «cuando aprenda lo justo de tus juicios a la luz de los acontecimientos». Ver al respecto Salmo 68:8-14; Salmo 19:1-4.

[178] La versión griega de los LXX o Septuaginta lee: τὰ δικαιώματά σου φυλάξω· μή με ἐγκαταλίπῃς ἕως σφόδρα que la Vulgata traduce al latín como: *"Justificationes tuas custodiam; non me derelinquas usquequaque"*, "Guardaré tus justificaciones; no me desampares enteramente". La versión sefardí de Ferrara traduce: *"Tus fueros guardarè, no me dexes hafta mucho"*. La caldea Peshitta: *"Tus mandamientos he guardado, no me dejes por siempre"*. KRAUS traduce: *"¡Tus estatutos quiero observar, no me abandones por completo!"*. SCHÖKEL: *"He de guardar tus normas: no me abandones del todo"*.

beneficiada. Pues si todo el celo y fervor se consumen en el canto, y se extinguen sin dejar ningún residuo práctico que cristalice en una vida santa, es de poco valor. El *"te alabaré"* debe ir siempre acompañado del *"y guardaré"*. En este caso corresponde decir que nada hay de jactancioso en la resolución, como lo había en la de Pedro cuando exclamó: *"Aunque me sea necesario morir contigo, no te negaré"*;[179] porque va seguida de una oración humilde implorando la ayuda divina:

No me abandones del todo.[180] Consciente de su incapacidad, si una cosa teme David es ser abandonado a su propia suerte, un temor que se agrava por el miedo a caer en pecado. El grito entusiasta de *"guardaré"*, suena un tanto eclipsado y relativamente débil al lado de este clamor humilde, pero intenso, implorando: *"no me abandones"*. Sin embargo, forman entre ambos una combinación tan acertada como dichosa: resolución y dependencia. Pues no faltan quienes oran humildemente en apariencia, pero les falta la decisión y firmeza de carácter necesarias para que su anhelo tome forma en la vida real. Ni tampoco aquellos que toman abundantes decisiones y las ejecutan con premura, pero apoyándose exclusivamente en si mismos, obviando toda dependencia de Dios; y esto limita y empobrece su labor y los resultados tanto o más que en el caso de los primeros. ¡Quiera el Señor concedernos una personalidad equilibrada, con tal combinación de excelencias que seamos *"perfectos y cabales, sin que os falte cosa alguna"*![181]

Esta oración del salmista tiene garantizado ser escuchada, pues si algo hay que agrade a Dios es la disposición de una persona a obedecer su voluntad, y se complace de habitar en ella y ayudarla en sus esfuerzos.[182] ¿Cómo podríamos pensar que abandonará a quién está dispuesto a cumplir su ley o no abandonarla jamás? La oración con la que el salmista cierra esta octava, luce impregnada de un tinte sombrío, por el miedo que expresa al abandono definitivo. Y bien hace el alma de clamar contra semejante calamidad. Que Dios nos abandone temporalmente para evidenciar nuestras debilidades y llevarnos a descubrirlas mejor, ya es suficiente tribulación; pero un abandono definitivo implicaría la ruina total y la muerte. Que en un momento de santa ira el Señor esconda su rostro de nosotros,[183] basta para dejarnos abatidos y hundidos; un abandono total nos llevaría directos al más profundo de los infiernos. Pero el Señor nunca ha abandonado completamente sus siervos, y nunca lo hará, ¡bendito sea su nombre! Si suspiramos por guardar sus estatutos, él nos guardará a nosotros: sí, su gracia nos guardara capacitándonos para guardar su ley.

Desde el monte de las bienaventuranzas donde arranca el versículo primero del Salmo 119, hasta el valle de lágrimas que cierra la primera octava, hay, que duda cabe, un descenso en pendiente muy pronunciado. Pero se trata de un descenso que aporta crecimiento espiritual. De admirar la perfección en otros; el salmista pasa a un ardiente deseo personal de Dios y de comunión íntima con él; y un temor horrendo ante la posibilidad de verse privado de ella. El suspiro del versículo cinco: *"¡Ojalá fueran firmes mis caminos para guardar tus estatutos!"* (119:5) se ve aquí reemplazado por una súplica que emana de lo más hondo de un corazón consciente de sus limitaciones, y dependiente por

---

179 Mateo 26:35

180 En hebreo אַל־תַּעַזְבֵנִי עַד־מְאֹד *'al-ta'azḇênî 'aḏ-mə'ōḏ*. Los comentaristas dicen al respecto:

– JUAN CALVINO [1509-1564]: «La expresión אַל־תַּעַזְבֵנִי *'al-ta'azḇênî, "no me abandones"* es susceptible a dos interpretaciones: o bien que Dios retira su Espíritu; o que permite que su pueblo sucumba a la adversidad cual si los hubiera abandonado. En este caso la segunda interpretación encaja mejor en el contexto, y está más de acuerdo con la lo que sigue: עַד־מְאֹד *'aḏ-mə'ōḏ*, "del todo"».

– ADAM CLARKE [1760-1832]: «No me dejes a merced de mis propias fuerzas, ni a voluntad de mi propio corazón».

181 Santiago 1:4.

182 Juan 14:23.

183 Salmo 27:9; 69:17; 102:2; 143:7.

entero del amor divino: *"No me abandones del todo"* (119:8). Los dos compromisos del salmista en tiempo futuro: *"alabaré"* y *"guardaré"*, precisaban ser sazonados con un toque de humildad, con una oración sumisa y dependiente: *"no me abandones"*. De lo contrario, fácilmente cabría pensar que tales promesas se apoyaban únicamente en su propia determinación. Presenta sus resoluciones, cual sacrificio puesto sobre el altar, pero clama al cielo implorando el fuego divino que lo encienda.

C. H. SPURGEON

Tus estatutos guardaré; no me abandones del todo. Por ser el último de esta primera octava, entendemos que este versículo ocho (119:8) resume las conclusiones del salmista sobre la utilidad de la ley de Dios y la necesidad de observarla puntualmente. Y ello nos lleva a considerar dos aspectos fundamentales:

1. Su determinación: *"Tus estatutos guardaré"*.
2. Su oración: *"No me abandones del todo"*.

Su determinación es guardar la ley. Y sin embargo, consciente de sus muchas debilidades, ora pidiendo ayuda contra un posible fracaso. En realidad, su oración pretende mucho más de lo que expresa: *"No me abandones"*, equivale a decir: *«Señor, permanece a mi lado, fortaléceme constantemente en mi propósito; y Señor; y si por alguna razón tuvieras que dejarme solo, que tu ausencia sea temporal, no me abandones del todo»*.

De ello resaltamos cuatro puntos:

1. Que tomar la decisión de seguir el camino de la piedad siempre es altamente provechoso.
2. Que los que adoptan esta decisión de seguir el camino de la obediencia, necesitan acudir a Dios en busca de ayuda.
3. Que aunque contamos con la ayuda de Dios, cabe la posibilidad de que en el curso del camino Dios nos abandone de forma temporal.
4. Que pese a la sensación de que Dios nos ha abandonado, y de hecho así lo hace en parte, debemos orar para que su abandono no sea total y definitivo.

THOMAS MANTON [1620-1677]
"One hundred and ninety sermons on the hundred and nineteenth Psalm"

Tus estatutos guardaré. La resolución de guardar los estatutos del Señor: *"tus estatutos guardaré"*, es el resultado natural de haber *"aprendido sus justos juicios"* (119:7). Con respecto a este punto David ilustra muy claramente la conexión inseparable y dichosa entre el *"candor"* de la dependencia, y la *"sinceridad santa"* de la obediencia. Tan pronto ha expresado su resolución, toma conciencia de que el desempeño de la misma está más allá de toda capacidad humana; y en consecuencia, añade de inmediato una súplica implorando del auxilio divino indispensable para cumplirla: *"Tus estatutos guardaré; no me abandones del todo"*.

CHARLES BRIDGES [1794-1869]
"Exposition of Psalm CXIX", 1850

Tus estatutos guardaré. Con esto David establece un ejemplo personal de santidad: Si el rey de Israel guardaba los estatutos de Dios, para su pueblo hubiera sido una vergüenza descuidarlos o abandonarlos. Se dice de César que afirmaba: «Los príncipes nunca deben decir a sus soldados *"Ite"* sino

"Venite"», esto es, no *"Id vosotros"* sino *"Venid conmigo".* Así dijo Gedeón a sus hombres *"como veis que yo haga, así haréis vosotros".*[184]

RICHARD GREENHAM [1535-1594]

"Very Godly Meditations on the 119 Psalm", 1605

No me abandones del todo. Hay un abandono total y un abandono parcial. Y este último están sujetos a padecerlo incluso quienes están prestos a obedecer a Dios, que pueden verse ocasionalmente abandonados por un tiempo a sus propias limitaciones y debilidades. Y de este abandono no hay fórmula que pueda garantizarnos inmunidad: de lo único que podemos estar seguros es de que por amor a su gran nombre: *"Jehová no desamparará a su pueblo, por su gran nombre";*[185] y por la promesa: *"De ningún modo te desampararé, ni te dejaré",*[186] no será un abandono total. Es evidente que Dios nunca abandona a sus hijos de manera total, pero sí pueden verse sujetos un abandono parcial y temporal. Elías experimentó un abandono parcial y temporal;[187] pero no como el de Acab.[188] Pedro se ganó a pulso un abandono parcial y temporal;[189] pero no como el de Judas que fue abandonado por completo y el diablo hizo presa de el.[190] David, con el propósito de que se humillara y mejorara, fue abandonado de forma parcial y temporal,[191] pero Saúl fue abandonado por completo y ello significó su completa destrucción.[192] Dice Teofilacto:[193] *«A veces, con la saludable intención de que su nivel espiritual mejore, de quebrantar su pecado, y hacer que se sienta indigno, Dios abandona temporalmente a su pueblo cerrando la puerta a sus oraciones,*[194] *cortando la paz y alegría de su corazón, y abatiendo su fuerza. Pero ello no implica en absoluto que nos haya abandonado del todo: de una u otra manera sigue presente a nuestro lado; presente como luz que nos ilumina y pone de manifiesto la indignidad de nuestro estado, llevándonos con ello al arrepentimiento y a gemir por causa del mismo; presente para despertar nuestros deseos de mejora, aunque ausente para concedernos la satisfacción y deleite que buscamos. Dios jamás no nos abandona del todo mientras subsista en nuestro interior un solo resquicio de amor hacia él; sigue presente, mantiene vivo en nosotros un haz luz y un soplo de amor que se manifiestan en nuestros deseos de comunión con él».*

THOMAS MANTON [1620-1677]

"One hundred and ninety sermons on the hundred and nineteenth Psalm", 1681

No me abandones del todo. Los abandonos de Dios a sus elegidos son:

1. *De carácter parcial:* Dios no los abandona completamente sino tan solo en parte.

---

184 Jueces 7:17.
185 1 Samuel 12:22.
186 Hebreos 13:5.
187 1 Reyes 19:3-18.
188 1 Reyes 22:34-38.
189 Marcos 14:66-72.
190 Lucas 22:3; Mateo 27:3-5.
191 Salmo 51:11-12
192 1 Samuel 16:14; 28:6; 31:1-13.
193 Se refiere a TEOFILACTO HEFESTO [1050-1109] también conocido como TEOFILACTO DE OCRIDA (ciudad ubicada en la actual República de Macedonia) en su *"Commentary on the Greek text of the Psalms and on the Prophets".*
194 Salmo 80:4.

2. *De carácter temporal:* por un tiempo limitado, y nunca más allá del horizonte de la vida presente. *"Por un breve momento te abandoné, pero te recogeré con gran compasión. En un arranque de ira escondí mi rostro de ti por un momento; pero con misericordia eterna tendré compasión de ti, dice Jehová tu Redentor"*.[195]

Esta es la razón por el cual David, que era ducho en la materia, ora diciendo: *"No me abandones por mucho tiempo"*.[196] Estos abandonos temporales son parte integral de la vida cristiana; nadie se libra de ellos; y a menudo se aposentan en lo más profundo del corazón y permanecen por largo tiempo. David, después de su caída, permaneció en esta situación peligrosa de abandono cerca de un año entero. Lutero, refiriéndose a sí mismo, confiesa que después de su conversión estuvo tres años sumido en la desesperación. Y analizando otros casos diversos, hemos podido constatar situaciones de abandono espiritual incluso más prolongadas.

RICHARD GREENHAM [1535-1594]
"Very Godly Meditations on the 119 Psalm", 1605

No me abandones del todo. Esta oración brota del corazón del salmista de manera espontánea. Es un grito de pavor ante la reflexión y súbita constatación de haber pecado posiblemente de presuntuoso al expresar la resolución precedente: *"Tus mandamientos guardaré"*. Deseoso de guardar los estatutos divinos a toda costa, hace como Pedro, empeña en ello su honor.[197] Pero de pronto, consciente de su debilidad, reflexiona, se retracta de su atrevimiento, y siente la necesidad de orar al respecto: «Acabo de hacer un voto solemne. Pero ¿acaso no me habré extralimitado en mis posibilidades? ¿Y si como consecuencia de ello Dios decide ponerme a prueba y me abandona a mi suerte?» Esta idea le aterroriza. Y se derrumba. Lo cual le lleva a implorar al Señor que no le ponga a prueba, y menos aún le abandone por completo siquiera por un instante. Verse desamparado por Dios es la peor de cuantas pesadillas puedan apoderarse de la mente incluso del más deprimido y melancólico de los creyentes. Pero nunca nos sucederá, gracias a Dios, porque ninguna promesa resulta más clara y tajante que esta: *"De ningún modo te desampararé, ni te dejaré"*.[198] Promesa que no implica, en absoluto, que nuestras oraciones al respecto sean innecesarias; ni las desincentiva, sino todo lo contrario, nos alienta a ellas. Es precisamente porque Dios ha prometido no abandonar jamás a los suyos, que nos atrevemos en la agonía de nuestra debilidad a clamar a él implorando: *"No me abandones del todo"*.[199]

C. H. SPURGEON

---

[195] Isaías 54:7-8.

[196] Traducción literal del texto del autor: *"forsake me not overlong"*. Así lo traduce la Biblia de Ginebra (*Geneva Bible,* 1599) y así figura en el comentario de Calvino a este versículo.

[197] Lucas 22:33

[198] Hebreos 13:5.

[199] AGUSTÍN DE HIPONA [354-430] cierra su exposición de esta primera octava con un breve resumen: «*"Tú ordenaste que guardemos tus preceptos con diligencia"* (119:4), por tanto, no me puedo excusar amparándome tras la ignorancia; pero como soy débil: *"ojalá sean ordenados mis caminos para guardar tus estatutos"* (119:5), pues de esta manera: *"no seré avergonzado, al considerar todos tus mandamientos"* (119:6), y podré: *"alabarte con rectitud de corazón al haber aprendido tus juicios justos"* (119:7); *"guardaré tus estatutos"*, y si a caso me tienes que desamparar eventualmente para que no me envanezca y me gloríe en mi mismo: *"que no sea del todo"* (119:8), y así, justificado por ti, me gloriaré únicamente en ti».

ב Bet[1]

Versículos del 9 al 16

Versión poética

Bet

Mas ¿cómo corregir podrá sus faltas
la juventud ligera e inexperta?
El remedio es muy fácil, que es asirse
de tu divina ley, y no perderla.

Por eso yo solícito procuro
con incesante ardor vivir en ella,
porque mi único objeto es agradarte,
y hacer exactamente lo que ordenas.

En mi fiel corazón está grabada
con buril de amor letra por letra,
y sin cesar mis ojos la repasan
para no hacerte la menor ofensa.

Que otros, mi Dios, tus muchos beneficios
con afecto ferviente te agradezcan,
mas yo te pido solo que te ame,
que me enseñes tu ley, y yo la aprenda.

Que mis labios gustosos la publiquen,
que mi sensible corazón la sienta,
que mi alma la guste, le aproveche,
y que a todos también instruya en ella.

Que tenga más placer en adorarla,
que observarla exacto y entenderla,
que no en tener delicias, alegrías,
ni en conseguir honores y riquezas.

[1] Felipe Scio de San Miguel [1738-1776] en una nota a su traducción de la Vulgata indica que *"Bet"* significa "casa", y por tanto el propósito de esta octava es instarnos a que hagamos de nuestro corazón una casa o habitación para guardar la Palabra de Dios, que es la que puede limpiarlo y mantenerlo puro: *"En mi corazón he guardado tus dichos, para no pecar contra ti"* (119:11), Los cabalistas afirman que es la letra de la dualidad, el espacio que separa las cosas para que puedan desarrollarse adecuadamente, pues así se llevó a cabo la creación, en seis etapas. *Alef* representa al Creador, mientras que *Bet* representa el proceso de creación; *Alef* es la fuerza creadora, *Bet,* es la "casa", el receptáculo que la canaliza y la reparte haciéndola efectiva.

¡Ay, Señor! tus preceptos soberanos
serán mi único ardor, mi única escuela,
y pasaré los días y las noches
en meditar su espíritu y su esencia.

Dichoso yo mil veces si consigo
a fuerza de admirarla comprenderla,
no permitas, mi Dios, que nunca olvide
ni una sola palabra, ni una letra.

DEL "SALTERIO POÉTICO ESPAÑOL", SIGLO XVIII

Comentario general a los versículos del 9-16: Cada línea en esta octava comienza en hebreo con una ב BET, letra a la cual los antiguos judíos atribuían el significado de *una casa.*[2] El tema es: *"La Ley de Jehová purifica la vida"* La clave de esta segunda octava es el verbo hebreo זָכָה *zâkâh,* "ser puro, purificar, limpiar".[3]

FREDERICK G. MARCHANT DE HITCHIN [1839-1881]

[2] El simbolismo podría ser el de hacer de nuestro corazón una "casa" para la ley de Dios, que es la única capaz de limpiarlo y mantenerlo puro.

[3] FRANCISCO LACUEVA [1620-1677] en su versión Española del "Comentario de Matthew Henry" hace el siguiente resumen: «Esta estrofa podría llevar por título: "RECETA PARA UNA BUENA LIMPIEZA". La pregunta y la respuesta están de acuerdo con la enseñanza de los Libros Sapienciales. 1. Pregunta el salmista (119:9): "¿*Con qué limpiará* (o mejor, conservará puro) *el joven su camino*, es decir, su conducta?" Pregunta de enorme transcendencia para todo joven, de tantas maneras tentado cuando aún no ha adquirido experiencia de la vida. La respuesta es muy sencilla: *"Con guardar tu palabra",* דָּבָר *dabar,* octavo sinónimo de *"ley";* un término general para expresar la voluntad de Dios declarada a su pueblo. El Decálogo (del griego: diez palabras) es encabezado en Éxodo 20:1 con la expresión וַיְדַבֵּר *way̱dabbêr* de דָּבָר *dabar: "Y habló Dios todas estas palabras...",* por lo que a los diez mandamientos, les suelen llamar los judíos *"las diez palabras".* Sin embargo, el gran mandamiento de Deuteronomio 6:4-5, es llamado מִצְוָה *mitsvath,* singular de מִצְוֹתֶיךָ *miṣwōṯeḵā.* Por eso, todo israelita llegado a la mayoría de edad religiosa –13 años– es llamado בר מצווה *bar mitsvath,* hijo del mandamiento, esto es, obligado a cumplirlo. Vemos, pues, que solo la Palabra de Dios puede conservar puro el corazón de los jóvenes. No sirven para ello ni las leyes de los reyes (aunque sean necesarias para la observancia del orden y de la moral exterior) ni los principios morales de los filósofos. 2. El salmista quiere predicar ahora con el ejemplo, y confiesa (A) que él ha guardado: צָפַנְתִּי *ṣāp̄antî,* un verbo hebreo que significa "guardar a buen recaudo y en lugar seguro un objeto precioso", (mucho más fuerte que el שָׁמַר *shamar* empleado en el versículo nueve (119:9), donde significa observar, cuidar, vigilar) en su corazón, es decir, en lo más íntimo de su ser: אִמְרָתֶךָ *'imrāṯeḵā*, los dichos, o mejor, *"el dicho"* Este אִמְרָה *imrah* es el noveno y último de los sinónimos usados en el salmo para referirse a la ley divina. Aunque suele interpretarse comúnmente como "consigna" o algo parecido, el rabino ABRAHAM COHEN [1887-1957], afirma que es «una variante poética de דָּבָר *dabar*», con lo que alude al paralelismo que encontramos en Isaías 5:24, de תּוֹרַת *tōwraṯ* e אִמְרַת *'imraṯ.* (B) Agrega el salmista que ha dado testimonio público (*"he contado",* es decir, referido) de las ordenanzas de la boca de Dios (119:13), que medita y considera los mandamientos y caminos de Dios (119:15), y en ellos se complace y regocija (119:14-16a), y promete (119:16b), no olvidar la *"palabra"* (lit.) de Dios. ¡Estupenda experiencia! ¡Si cada uno de nosotros buscáramos así a Dios, si así lleváramos en el corazón y en la mente los mandamientos de Dios, atesorándolos y cumpliéndolos, como quien se complace en ellos más que en todas las riquezas (119:14b), bien podríamos, como el salmista, decirle entusiasmados a Dios: «¡Bendito tú, Jehová!» (119:12)!».

Vers. 9. *¿Con qué limpiará el joven su camino? Con guardar tu palabra.* *[¿Con qué limpiará el joven su camino? Con guardar tu palabra.* RVR*] [¿Cómo puede el joven guardar puro su camino? Guardando tu palabra.* LBLA*] [¿Cómo podrá el joven mantener puro su camino? ¡Guardando tu Palabra*! BTX*] [¿Cómo puede el joven llevar una vida íntegra? Viviendo conforme a tu palabra.* NVI*] [¿Cómo podrá un joven portarse rectamente? Viviendo de acuerdo a tu palabra.* BLP*] [¿Cómo puede un joven mantenerse puro? Obedeciendo tu palabra.* NTV*]*[4]

¿Con qué limpiará[5] *el joven su camino?*[6] ¿Qué hará para alcanzar la santidad un joven lleno de pasiones ardientes, y limitado en conocimientos y experiencia? ¿Cómo asumirá la rectitud? Y más difícil aún, ¿cómo logrará mantenerse en ella?[7] ¿Con qué limpiará su camino? No hay para el ser humano pregunta más importante que esta; ni momento más adecuado para hacérsela que al comienzo de su vida. Pero el reto que plantea a todo joven prudente no es fácil de asumir. Elige un camino limpio por el cual andar; se propone mantenerlo limpio de toda futura inmundicia; se fija el objetivo de seguir un rumbo nítido desde el primer paso hasta el último. Pero ese camino, por desgracia, alberga

---

– KRAUS dice al respecto: «El versículo nueve (119:9) comienza con el estilo característico de las preguntas sapienciales. La vida del joven no será pura sino en obediencia a la palabra de Yahvé. En el versículo diez (119:10) se escucha la forma del cántico de lamentación y del cántico de petición (ver Jeremías 29:13-14). La confesión de lealtad del orante en el versículo once (119:11) nos recuerda primeramente las exigencias fundamentales de la teología deuteronómica (Deuteronomio 6:6; 30:14). La תּוֹרָה *torah* de Yahvé hay que acogerla en lo más íntimo. La predicación deuteronómica quiere superar el formalismo de la piedad nomística o legalista. Esta intención forma parte de la promesa escatológica de la salvación, anunciada por el profeta Jeremías (Jeremías 31:33). La piedad de la *torá* contenida en los salmos vive de esa tendencia a la interiorización (ver también al respecto Salmos 37:31; 40:8). Desde el centro mismo de su existencia, el orante se enfrenta con todos los poderes que son contrarios a Dios».

[4] La versión griega de los LXX o Septuaginta lee: ἐν τίνι κατορθώσει ὁ νεώτερος τὴν ὁδὸν αὐτοῦ ἐν τῷ φυλάσσεσθαι τοὺς λόγους σου que la Vulgata traduce al latín como: *"In quo corrigit adolescentior viam suam? in custodiendo sermones tuos"*, "¿De qué modo corrige el adolescente su camino? Guardando tus palabras". La versión sefardí de Ferrara traduce: *"Con qué alimpiara moço fu camino, para guardar como tu palabra"*. La caldea Peshitta: *"¿Con qué limpiará el joven su camino? Guardando tus mandamientos"*. KRAUS traduce: *"¿Cómo mantiene pura el joven su senda? Cuando él guarda tu palabra"*. SCHÖKEL: *"¿Cómo limpiará un joven su senda? -observando tu consigna"*.

[5] En hebreo יְזַכֶּה *yəzakkeh* de זָכָה *zakah,* purificar, limpiar, abrillantar. FELIPE SCIO DE SAN MIGUEL [1738-1776] en una nota a su traducción de la Vulgata indica que SÍMACO EL EBIONITA [siglo II], autor de una de las versiones en griego del A.T. incluida por ORÍGENES [185-254] en su *Hexapla,* hace una traducción bellísima de este versículo: *"¿con qué cosa abrillantará el joven su camino?"*

[6] WILLIAM SWAN PLUMER [1802-1880] indica en sus *"Studies on the Book of Psalms"*, 1877, que: «las versiones Caldea y Siríaca no hacen de la segunda parte del versículo una respuesta a la pregunta de la primera, sino que convierten en pregunta todo el versículo: *"Con qué limpiará el joven su camino para poder guardar tu palabra?"*. HENRY HAMMOND [1605-1660], SYMON PATRICK [1626-1707], y DANIEL WATERLAND [1683-1740], siguen ese mismo formato de traducción.

[7] Las palabras de este versículo impactaron de tal modo en el corazón de HENRY SCOUGAL [1839-1881] en los años de su infancia que decidió entregar su vida a Dios y servirle en el ministerio cristiano. Ingresó en *King's College,* donde obtuvo su maestría en filosofía siendo posteriormente profesor hasta 1672, en que se ordenó para el ministerio siendo destinado a una pequeña parroquia rural, pero al cabo de un año fue llamado de nuevo a King's College, esta vez como profesor de teología. Aunque murió joven, a su pluma debemos el clásico: *" The Life of God in the Soul of Man"*, entre otros libros importantes. Es considerado como uno de los prohombres de la iglesia de Escocia.

en su propia naturaleza una tendencia irresistible hacia todo lo contaminado; viene ya manchado, sucio del pecado cometido anteriormente. Y en eso consiste precisamente la dificultad: elegir el camino correcto; saber distinguir en todo momento entre lo bueno y malo; y permanecer en rectitud hasta alcanzar la meta final de la perfección completa. De por si, cosa difícil de asumir para cualquier persona, ¿cabe esperar que un joven pueda lograrlo? El camino de todo ser humano debe limpiarse de pecados pasados: los cometidos en su juventud y que arrastra consigo;[8] y evitar pecados futuros: aquellos que las tentaciones le ponen por delante manteniéndose al margen de ellos. Este es el reto, y a la vez la dificultad.[9]

No hay para un joven ambición más noble ni vocación más gratificante que esta; pero no pasemos por alto que es precisamente la que mayores dificultades le va a plantear. Procurad no asustarlo, a fin de que no baje el listón en su proyecto glorioso de vivir una vida pura y llena de gracia. Dejad que su ilusión de superar todos los obstáculos le lleve a esforzarse; pero tampoco dejéis que se engañe creyendo que la victoria es cosa fácil o imagine que podrá mantenerse en el camino recto confiando tan solo en sus habilidades; más bien encaminadle en seguir los pasos del salmista y convertirse, como él, en un inquiridor nato, dispuesto a preguntarse con sinceridad y objetividad, qué hacer para limpiar su camino. Dirigidle al discipulado práctico del Dios santo, el único que puede enseñarle la manera de vencer al mundo, la carne y el diablo; esa trinidad de contaminadores cuyas artimañas han frustrado y echado a perder más de una vida esperanzada. Tened en cuenta que joven, y por tanto, poco acostumbrado a inquirir sobre las dificultades del camino; ayudadle a superar su timidez para que no sienta temor ni vergüenza de preguntar a Aquel que puede, y está siempre dispuesto, a enseñarle hacia dónde debe dirigirse.

Determinar el *"camino"* a seguir es una cuestión personal que a todos nos preocupa profundamente; mejor es preguntar que especular por nuestra cuenta y aventurarnos por terrenos pantanosos de enigma y misterio, que más que iluminar nuestra mente lo que harán es intrigarla y confundirla todavía más. Entre las numerosas preguntas que se plantea un joven, y que no son pocas, esta ha de ser la primordial: *"¿Con qué voy a limpiar mi camino?"*. Una pregunta que brota del sentido común acuciado por numerosos incidentes de la vida diaria, pero que no puede ser contestada con la mera razón; y tampoco, cuando es contestada, las indicaciones recibidas pueden ser aplicadas exclusivamente por la capacidad humana sin contar con otra ayuda. A nosotros nos corresponde hacer la pregunta; a Dios es a quién corresponde contestarla y capacitarnos para poner en práctica su respuesta.

Con guardar tu Palabra. Joven, tu hoja de ruta ha de ser la Biblia; y tu deber permanecer alerta para que tu camino se ajuste a sus enseñanzas. En tu vida diaria has de vigilar cuidadosamente cada paso que das leyendo tu Biblia y estudiándola de manera que te aporte luz sobre como ajustar tu andar diario a la voluntad divina. Por mucho que sea el esmero de un caminante en consultar el mapa, si el mapa que consulta no es el adecuado o refleja una ruta errónea, se extraviará irremisiblemente; aunque tampoco es menos cierto que por muy fiel y detallado que sea el mapa de que disponga, si no lo sigues puntualmente, se extraviará de igual modo. El camino estrecho[10] no ruta que uno encuentra casualmente; como tampoco una persona indiferente, superficial e irreflexiva, alcanza jamás a vivir una vida santa. Pecar es relativamente fácil, pues existe la posibilidad de hacerlo involuntariamente, incluso sin pensarlo o darse cuenta, pues para echar a perder nuestras almas basta con menospreciar

---

[8] Salmo 25:7.

[9] Dice al respecto Johann Peter Lange [1802-1884]: «Cuanto mayores son los peligros y más fuertes las tentaciones que acechan a un joven en el mundo (2 Timoteo 2:22), mayor necesidad tiene de aferrarse a la palabra de Dios, cuya sabiduría compensará su inexperiencia, y cuyo poder suplirá su debilidad. Cuanto antes comienza a amarla y obedecerla, mayores garantías tiene de éxito (Proverbios 8:17; Lamentaciones 3:27)».

[10] Mateo 7:13-14.

y tener en poco una salvación tan grande.[11] Obedecer al Señor y andar rectamente exige la mayor cautela, y en ello debemos involucrar nuestro corazón, alma y mente. Que lo tengan muy presente los imprudentes y ligeros de cascos.

Por ello se nos hace absolutamente indispensable la luz de la *"Palabra"*, de lo contrario, el temor nos ofusca convirtiéndose en ansiedad mórbida, la ansiedad conduce a la obsesión y esta a una meticulosidad extrema que derive en superstición. Profundamente preocupado por las dificultades de la ruta, podrá un capitán permanecer de guardia en el puente toda la noche, pero si desconoce los arrecifes que tiene delante y no cuenta con la ayuda de un piloto experto, lo más probable es que su preocupación y esfuerzos no hagan sino precipitar el momento del naufragio. No basta con el simple deseo de obrar rectamente, pues la ignorancia puede hacernos creer que estamos haciendo un servicio a Dios cuando en realidad estamos provocándole; y nuestra ignorancia no va a revertir el carácter fatal de nuestras acciones, y menos aún mitigar nuestra responsabilidad.[12] Supongamos el caso de una persona que mide con la mayor exactitud, pero bajo su propio criterio, la dosis que estima correcta de un elixir que supone es el medicamento apropiado para su dolencia. Si resulta que estaba equivocado y el elixir que tan cuidadosamente ha medido porque creía el medicamento adecuado era un veneno mortal, ¿evitará esa meticulosidad su muerte? Su ignorancia no alterará ni evitará el fatal desenlace. El joven que rechaza la instrucción de la Palabra de Dios, prefiriendo dirigir su vida según sus propios criterios, que considera el más acertado y correcto, se verá involucrado en diez mil peligros y padecerá estrepitosos fracasos. La ignorancia intencional es en sí misma pecado voluntario, y el mal que deriva de ella no tiene excusa. Todo aquel que desea vivir en santidad, sea joven o anciano, más le vale instalar en su corazón la brújula santa de la Santa Palabra: la Biblia; y escudriñarla constantemente con ojos bien abiertos. En ella encontrará señalizadas todas las encrucijadas a lo largo del camino; encontrará las debidas advertencias ante cada pantano cenagoso, marisma y lodazal; y descubrirá debidamente indicado el camino a seguir, puro e inmaculado. Encontrará asimismo luz con la que iluminar su oscuridad (119:105); descanso y refrigerio para atemperar su cansancio (119:25-28); y compañía para mitigar la soledad (119:141-144). Con su ayuda no le será difícil apropiarse de la bienaventuranza versículo uno (119:1), que es en realidad la que condujo al salmista a plantearse esta pregunta despertando su deseo.

No dejemos de observar la relación estrecha entre la primera y segunda octava del Salmo 119 en torno a la palabra *"camino"*. La primera octava comienza diciendo: *"Bienaventurados los perfectos de camino"* (119:1); mientras que la segunda discurre en paralelo preguntándose: *"¿Con qué limpiará el joven su camino?"* (119:9). La bienaventuranza que tenemos por delante es una promesa condicional, que necesitamos rastrear de manera práctica, siguiendo el camino designado. No en vano dice el Señor: *"Aún seré solicitado por la casa de Israel, para hacerles esto"*.[13]

C. H. SPURGEON

---

[11] Hebreos 2:3.

[12] *"Ignorantia legis neminem excusat"* es un principio jurídico basado en el derecho romano que establece que el desconocimiento o ignorancia de la ley no sirve de excusa a su incumplimiento, porque rige la necesaria presunción legal de que, habiendo sido promulgada, todo el mundo tiene la obligación de conocerla.

[13] Ezequiel 36:37. La traducción al inglés de la KJV encaja mejor que nuestras versiones españolas con el juego de palabras y conceptos que pretende aquí Spurgeon: *"I will yet for this be enquired of by the house of Israel, to do it for them"*. La idea de *"be enquired"* cuya traducción literal al español sería *"me preguntarán"* o *"seré preguntado"* encaja mejor con la idea de la pregunta que se hace el salmista: *"¿Con qué limpiará el joven su camino?"* que el *"seré solicitado"*, de nuestras versione españolas. La idea sería mas o menos así: *"Pues esto me preguntará aún la casa de Israel* [*"¿Con qué limpiará el joven su camino?"*] *para que haga esto para ellos"*.

¿Con qué limpiará el joven su camino? Con guardar tu palabra. En este versículo vislumbramos: (1) Una pregunta, y (2) una respuesta. En la pregunta se nos habla de un *"joven"* y su *"camino"*: *"¿Con qué limpiara ese camino?"*. Y de ella sacamos las siguientes conclusiones:

1. Que nacemos contaminados por el pecado, puesto que necesitamos ser limpiados. No habla directamente del *"camino"* como lo más importante, sino de qué hacer para limpiarlo: *"con qué limpiará el joven su camino"*.
2. Que debemos prestar especial atención al mal que deriva de la contaminación. Es conveniente atajarla cuanto antes, preferentemente al comienzo de la vida. Nos habla de limpiar el camino de un *"joven"*.
3. Que a la contaminación debemos buscarle cuanto antes un remedio; una manera de contener ese río de pecado que corre en nuestro interior desde el momento mismo en que nacemos.

Estas son las suposiciones que derivan de la pregunta y que podemos resumir en la siguiente conclusión: ¿Cómo puede el ser humano, que nace impuro y contaminado de forma natural por el pecado, transformar de tal modo su naturaleza hasta ser capaz de enfrentar esa tendencia al pecado tan pronto alcanza uso de razón? ¿Cómo logrará deshacerse de esa corrupción natural para vivir una vida pura y santa ante Dios? O dicho en otras palabras: ¿Qué remedio hay para este mal? ¿Cuál es el curso que debe seguir el joven que desea limpiar su camino? La respuesta es: *"Con guardar tu palabra"*. Y también en esa respuesta hay dos supuestos a considerar: (1) el remedio, y (2) la manera de aplicarlo y el uso que hacemos del mismo.

1. El remedio es la Palabra. Las instrucciones y direcciones facilitadas por Dios mismo y que el salmista llama propiamente *"tu Palabra"*. Pues de no ser porque es Dios mismo quien da las instrucciones, el mal no tendría solución y el camino acabaría irremisiblemente en destrucción completa.
2. La manera de aplicar ese remedio es guardando esa Palabra: *"con guardar tú palabra"*. Es decir, mediante el estudio de la misma y procurando ajustar nuestra vida en santa conformidad a la voluntad de Dios que en ella se expresa.

THOMAS MANTON [1620-1677]
"One hundred and ninety sermons on the hundred and nineteenth Psalm", 1681

¿Con qué limpiará el joven su camino? Aristóteles,[14] el gran genio de la filosofía, perdió finalmente toda esperanza de completar con éxito la difícil empresa de lograr que algún joven asimilara y aplicara su Ηθικὰ Νικομάχεια,[15] sus rigurosas y estrictas normas de ética y moral; dado que los jóvenes tienen por naturaleza un temperamento errático, liviano e imprudente, y además son testarudos y difíciles de manejar. Situad sin embargo a ese mismo joven de alumno en la escuela del Espíritu Santo con el libro de texto de la Sagrada Escritura, y por más que esté en el punto álgido de su ardor juvenil, con la sangre hirviendo y todas las pasiones desatadas, veréis como acabará ajustándose a las directrices de los oráculos benditos y convenciéndose, tanto en base a su propia experiencia como por sus constantes progresos en sabiduría celestial, de la virtud increíble y el poder maravilloso de la Palabra de Dios para transformar con éxito su vida.

JOHN GIBBON [1629-1718]
"The Morning Exercises at Cripplegate", 1661

---

[14] Se refiere al filosofo griego ARISTÓTELES [384-322 a.C.], uno de los hombres cuyas ideas han ejercido más influencia sobre la historia intelectual de Occidente.

[15] Se refiere a la más famosa obra de Aristóteles: *"Ética a Nicómaco"*, o *"Ética nicomáquea"*, un voluminoso tratado en el que después de analizar los cuatro caminos por los que los hombres persiguen a la felicidad: *riquezas, honores, fama* o *placer,* concluye el filósofo que no se alcanza por ninguno de los cuatro, sino practicando la virtud.

El joven. Es interesante observar como el Salmo 119 concede a los jóvenes un lugar prominente dentro del orden de las veintidós secciones que lo integran: la segunda. Y no es algo casual sino intencionado, pues es conveniente que sea así. La juventud es una época de apropiación, asimilación y mejora de todo conocimiento; los jóvenes de hoy son los futuros pilares de la sociedad de mañana, y el temor del Señor, que es el principio de la sabiduría,[16] debe comenzar desde la más tierna juventud. El mundo busca por todos los medios captar el ímpetu, las ilusiones, las expectativas y legítimas aspiraciones de los jóvenes haciéndolas suyas. Ojalá que no sea así, antes por el contrario sean consagradas al Señor.

JOHN STEPHEN [1800-1881]
"The Utterances of the CXIX Psalm; Expounded in a Series of Lectures", 1861

El joven. La raíz del término hebreo נַ֫עַר *na'ar* de נָ֫עַר *naar,* tiene el sentido de algo que ha sido *"sacudido y arrancado";* la idea que transmite, por tanto, es de un muchacho que acaba de ser "arrancado",[17] es decir, arrebatado a la fuerza del dulce y tierno cuidado de sus padres.[18] Mercerus[19] y Savailerius,[20] le dan esta interpretación. Aunque también se puede aplicar la idea de *"sacudir",* en el sentido de autoridad y disciplina, es decir, un joven que comienza a "sacudirse de encima" o desligarse de la autoridad y disciplina de su madre, pero principalmente de la de su padre que interpreta como un yugo o esclavitud.[21]

THOMAS LE BLANC [1599-1669]
"'Psalmorum Davidicorum Analysis' in qua aperte cernitur singulis in Psalmis ordinem esse admirabilem:adjungitur commentarius amplissimus", 1645

---

[16] Salmo 111:10; Proverbios 9:10.

[17] Se le da este sentido en Zacarías 11:16: לֹא־יְפַקֵּד הַנַּעַר *lō-yip̄qōḏ hanna'ar* de נָ֫עַר *naar,* "dejará abandonadas las jóvenes", pero la mayoría de expertos alegan que se trata de texto corrupto.

[18] Como se dice que hacen las águilas con sus polluelos, que los echan del nido y los empujan al vacío del precipicio para que aprendan a volar, aunque luego los recojan en plena caída si ven que ello es necesario.

[19] Se refiere al famoso hebraísta francés JOHANNES MERCERUS (1510-1570) también conocido como JEAN MERCIER, alumno de FRANÇOIS VATABLUS (¿?-1547) y su sucesor como profesor de hebreo en el prestigiosa *"Escuela de las Tres Lenguas",* posteriormente *Collêge Royal* y *Collêge de France.*

[20] Se refiere al hebraísta francés ANTONIUS CEVALLERIUS (1507-1572), más conocido como ANTOINE RODOLPHE CHEVALIER. Fue también alumno de FRANÇOIS VATABLUS (¿?-1547), profesor de hebreo en la Academia de Ginebra, y posteriormente en Cambridge. Autor de numerosas obras sobre gramática hebrea.

[21] En este mismo sentido AGUSTÍN DE HIPONA [354-430] sugiere una curiosa interpretación de este versículo asociándolo con la Parábola del hijo pródigo en Lucas 15:11-32, y que pese a que adolece de ausencia de base hermenéutica hemos estimado oportuno transcribir por lo curioso de la misma: «Cabe la posibilidad de entender también este versículo en relación al hijo menor de la parábola, el cual habiendo abandonado la casa del padre para marcharse a una provincia apartada, desperdició todo lo que tenía viviendo perdidamente y malgastando sus bienes con rameras; hasta que habiendo pasado hambre y apacentado puercos volvió en si y exclamó: *"Me levantaré e iré a mi padre"* (Lucas 15:18). ¿Cómo limpio su camino? Guardando la palabra de Dios, que sintiéndose hambriento deseo cual pan de la casa de su padre. El hermano mayor consideraba que no tenia nada por limpiar, y lo dice ampulosamente: *"He aquí, tantos años te sirvo, no habiéndote desobedecido jamás"* (Lucas 15:29). En cambio el hermano pequeño sabía que tenía mucho que limpiar, y así lo expresa a su padre: *"he pecado contra el cielo y contra ti. Ya no soy digno de ser llamado tu hijo"* (Lucas 15:18-19)».

¿Con qué limpiará el joven su camino? El sentido de la pregunta no da a entender en modo alguno que el joven en cuestión sea un corrupto que sigue un camino vergonzoso que exige limpieza; aunque en esencia tal afirmación sea cierta respecto a todos los seres humanos: *"Todos nosotros nos descarriamos como ovejas, cada cual se apartó por su camino"*.[22] Pero el texto que sigue a continuación demuestra que su corazón no se halla en absoluto en estado de corrupción. Lo que expresa es el deseo de no contaminarse, y lo que suplica es dirección. La pregunta es: *¿Con qué limpiará el joven su camino?* Es decir: ¿cómo podrá seguir un camino puro y evitar contaminarse en medio de este mundo de inmundicia y corrupción? Se trata de una pregunta angustiosa, de eso no me cabe la menor duda, que brota de la ansiedad que satura la mente de todo nuevo convertido tan pronto despierta en él por primera vez un sentido de pecado: ¿cómo lograr mantenerse al margen del pecado, evitar amistades peligrosas, y librarse por completo de los placeres y prácticas propias de este mundo pestilente y esclavizador? Y cuanto más avanza en su línea de la honestidad, más son las tentaciones que se cruzan en su camino, y mayor la dosis de corrupción interna que emerge buscando controlarle y llevarle a la misma crisis angustiosa que acosaba a Pablo: *"!Miserable de mí! ¿quién me librará de este cuerpo de muerte?"*[23] Y quien lo vea de otra manera es porque está haciendo una falsa valoración de sus propias fuerzas; y esa valoración falsa se hundirá irremisiblemente al enfrentarse con la realidad. ¿Decidme si no, mis queridos amigos jóvenes que habéis sido llevados a Cristo, como os sentisteis el día que tomasteis la resolución de pertenecer a él? ¿No experimentasteis esa misma ansiedad? No obstante, por encima de toda esta ansiedad, nuestro versículo ofrece una respuesta:

Con guardar tu palabra. No creo que el problema de los jóvenes de nuestros días sea falta de información: lo que precisan es inclinación al bien. Y en el joven que vive en la gracia coinciden ambas cosas: la misma Palabra divina que comenzó la obra en él,[24] alimenta también sus aspiraciones y motivos legítimos. Las Escrituras, con sus amenazas terribles pero a la vez con sus dulces estímulos, le sitúan en la dirección equilibrada y correcta. La respuesta que en la segunda parte del versículo se nos ofrece a la pregunta angustiosa que formula la primera, es lo suficientemente clara, simple y práctica: Se remite al joven en cuestión a la Palabra de Dios como fuente de dirección, y más aún: fuente de toda la ayuda prometida. Sin embargo, bajo mi punto de vista, este enfoque al texto, con todo y ser correcto, no pone suficientemente de manifiesto el mensaje global del pasaje: que más allá de verlo como una pregunta y su respuesta, en mi opinión, plantea todo el versículo como una sola pregunta que subsiste a lo largo de todo el pasaje: *"¿Cómo podrá el joven limpiar su camino guardando tu palabra?* opinión que comparte también Cowles.[25] Lo que hace el salmista es implorar limpieza en su camino a fin de que este se mantenga siempre conforme a los mandatos de la Palabra Divina. La pregunta viene planteada en términos exhaustivos, por tanto, solo puede haber sido planteada por alguien que se halle en condiciones de poder afirmar, con toda sinceridad, que él mismo se ha situado en ese camino; alguien que como leemos en los versículos siguientes pueda decir de si mismo: *"Con todo mi corazón te he buscado; no me dejes desviarme de tus mandamientos. En mi corazón he guardado tus dichos, para no pecar contra ti"* (119:10-11). Y tan solo puede ser contestada por un corazón que aprovecha toda la fuerza que le proporciona el Dios bendito, según se desprende del versículo doce *"Enséñame tus estatutos"* (119:12). En el versículo nueve (119:9) salmista plantea su pregunta y de inmediato su respuesta; acto seguido expone con cuanto fervor ha tratado el mismo de permanecer en ese camino (119:10-11); y de inmediato reconoce que toda la fuerza que le ha permitido lograrlo proviene de Dios (119:12). No se trata, por tanto, de una pregunta planteada para encontrar información;

---

[22] Isaías 53:6.

[23] Romanos 7:24.

[24] Filipenses 1:6.

[25] Se refiere a HENRY COWLES [1803-1881] citado a continuación, en su obra *"The Psalms: With Notes, Critical, Explanatory, And Practical designed for both pastors and people"*, 1872.

sino de todo lo contrario: una información expuesta en forma de pregunta. Viene a ser como si dijera: «¿Acaso hay otra forma en la que un joven pueda limpiar su camino fuera de guardar tú Palabra?» La pregunta con la que el salmista abre esta octava del salmo, se extiende a lo largo de toda ella planteada a modo de ejemplo para otros. Y demuestra que está habilitado y capacitado para formularla, porque él mismo eligió ese camino adecuado; sigue andando por él en rectitud en el presente; y lo seguirá haciendo en el futuro.

JOHN STEPHEN [1800-1881]
"The Utterances of the CXIX Psalm; Expounded in a Series of Lectures", 1861

¿Con qué limpiará el joven su camino? Con guardar tu palabra. El hebreo, en lugar de formular pregunta y respuesta en el mismo versículo, exige la construcción de la frase completa en pregunta, dejando la respuesta en el aire como algo que el oyente o lector deberá inferir de la lectura del resto del salmo. Más o menos así: *«¿Con qué limpiará el joven su camino para poder mantenerlo conforme a tú Palabra?»* De este modo el énfasis recae mayormente e la última cláusula: *"conforme a tú Palabra"*. El hebreo carece de signo de interrogación, por lo que no contamos con otra pista para decidir dónde termina la pregunta que la forma de la frase y su sentido.

HENRY COWLES [1803-1881]
"The Psalms: With Notes, Critical, Explanatory, And Practical designed for both pastors and people", 1872

Su camino. El término hebreo אֹרַח *'ôrach* que traducimos por *"camino"*, significa una senda o ruta marcada, o una *rodada* como la que dejan las ruedas de un carro o carroza. El joven que elige el pecado no sigue un camino marcado, labra su propio camino por vías de ofensa, con corrupciones y contaminaciones secretas. Y ¿qué puede hacer para limpiarlas? ¿Cómo librarse de algo que acabará por destruir su mente, cuerpo y el alma? Prestando atención al consejo que sigue, porque procede de Dios:

1. Debe admitir que su camino es impuro; y darse cuenta de lo abominable que esto le hace aparecer ante los ojos de Dios.
2. Debe examinar su camino a la luz de la Palabra de Dios, y escuchar atentamente lo que Dios ha dicho de él y de su camino.
3. Debe aferrarse a ella para: לִשְׁמֹר *lišmōr* de שָׁמַר shâmar *guardar, mantener, preservar* su camino; esto es, el curso general de su vida de toda contaminación.

ADAM CLARKE [1760-1832]
"Commentary on the Whole Bible", 1831

Con guardar tu palabra. Entenderíamos mucho mejor este versículo, y en especial esta última clausula, si lo leyéramos a la luz de lo que la propia Palabra nos muestra respecto a cómo un pecador ha de ser purificado de sus pecados por la sangre de Cristo, justificado a través de su justicia y limpio a través de su Palabra. De cómo y por quien la obra de la santificación se forja en el corazón: por el Espíritu de Dios mediante la palabra; y también qué es lo que ha de regir y dirigir el andar y el comportamiento del ser humano. Descubriríamos que la Palabra de Dios es provechosa para informarnos en lo que atañe a las doctrinas de la justificación y el perdón; darnos a conocer la naturaleza de la regeneración y la santificación; y enmendar nuestra vida y costumbres instruyéndonos en todas las ramas del comportamiento: *"Toda la Escritura es inspirada por Dios, y útil para enseñar, para redargüir, para corregir, para instruir en justicia, a fin de que el hombre de Dios sea perfecto, enteramente preparado para toda buena obra".*[26]

JOHN GILL [1697-1771]
"Exposition of the Old Testament", 1748

Con guardar tu palabra. Este *"guardar"* o mejor aún *"prestar atención"*[27] se hace particularmente necesario debido a la propensión de los jóvenes al descuido, falta de atención, presunción y excesiva confianza en si mismos.[28] Y hay también una especial necesidad de *"prestar atención"* a causa a las dificultades que entraña camino:

«Presta atención a tu camino, porque es angosto;
presta atención a tu camino, porque es nuevo;
presta atención a tu camino, porque es resbaladizo;
presta atención a tu camino, esta lleno de imprevistos»[29]

JAMES HARRINGTON EVANS [1785-1849]

Con guardar tu palabra. La palabra de Dios es el espejo que pone al descubierto toda nuestra suciedad espiritual; así como también el agua y jabón que la lavan y restriegan hasta eliminarla.

PAUL BAYNE [1573-1617]
"Entire commentarie upon the whole epistle of the apostle Paul to the Ephesians", 1645

Con guardar tu palabra. No digo que no haya otras guías, ni otras señales indicadoras. No digo que la conciencia no sirva para nada, y en este caso es preciso señalar que la conciencia de los jóvenes es particularmente sensible y tierna. No digo que la oración no sea una valiosa valla protectora; pero la oración, sin prestar atención, no es más que un sinónimo de presunción: la oración y el descuido irresponsable no pueden caminar agarrados de la mano. Por eso afirmo que no hay valla protectora más eficaz para mantener todos los enemigos a raya, que la lectura de la Palabra de Dios en espíritu de oración, convirtiéndola en piedra de toque a la que someter todas las proposiciones del mundo, todas las invitaciones de nuestros compañeros y todas las sugerencias de nuestros propios corazones y pasiones. Todo ello debe pasar la prueba de la Palabra de Dios preguntándonos: *¿Qué dice la Biblia al respecto?* La respuesta que obtengamos de la enseñanza de la Biblia, junto con la iluminación del

[26] 2 Timoteo 3:16-17.

[27] Es importante señalar que la versión inglesa KJV traduce *"taking heed"*, que tiene un sentido más amplio que nuestro *"guardar"*, pues implica *"observar, hacer caso, prestar atención"*. La NVI traduce *"viviendo conforme"*, y la BLP *"viviendo de acuerdo"*.

[28] Dice AGUSTÍN DE HIPONA [354-430]: «Por *"guardar tu palabra"* ha de entenderse la puesta en práctica de lo que en ella se nos ordena, pues de nada sirve guardar celosamente los preceptos divinos en la memoria si no de cumplen en la vida diaria. Hay personas que leen y releen los mandatos del Señor, y los graban en su memoria para no olvidarlos; pero su comportamiento guarda poca relación con lo que en ellos se expone. El salmista no dice: "¿Con qué ejercitará el joven su memoria?" sino *"¿Con qué limpiara el joven su camino?"*. Y en modo alguno cabe decir que ese camino ha sido limpiado si en la vida diaria subsiste un comportamiento impropio y pecaminoso».

[29] Mateo 7:14; 1 Tesalonicenses 5:15.

Espíritu Santo, serán lámpara a nuestros pies y luz en nuestro camino,[30] no importa cuantas sean las encrucijadas ni lo complejas y oscuras que puedan ser.

BARTON BOUCHIER [1794-1865]
"Manna in the heart or daily comments on the book of Psalms", 1855

Tu palabra. La Palabra de Dios (como la espada de Goliat que no había *"ninguna como ella")*[31] es la única arma de doble filo cortante,[32] eficaz para abrirse paso y hacer estragos entre las filas de ese enemigo obstinado que son nuestros deseos carnales. La Palabra puede dominar nuestras pasiones aun cuando se hallen en pleno apogeo de su soberbia; pues si una etapa hay en la vida en la que la lujuria y la concupiscencia rugen con más ardor, es cuando la sangre joven hierve en nuestras venas. La juventud es atolondrada y voluble, sus concupiscencias ardientes e impetuosas; el sol de su vida justo acaba de amanecer, va en ascenso, y considera que para el anochecer queda mucho todavía. Para apartar al joven de sus deseos en el momento en que su paladar mejor los saborea, hace falta un brazo muy poderoso. Pues bien, dejemos que la Palabra de Dios se enfrente con este joven gallardo y desafíe su bravura justo en el momento en que tenga delante suyo el festín de deleites sensuales; pues bastará con el susurro en sus oídos de unas pocas sílabas para que su conciencia despierte cual herida de una punzada y salga huyendo a toda prisa, cual hicieron los hermanos de Absalón en la fiesta, cuando vieron a Amnón, su hermano asesinado y tendido sobre la mesa.[33]

WILLIAM GURNALL [1617-1679
"Christian in complete armour, or, a treatise of the saints war against the Devil", 1655

¿Con qué limpiará el joven su camino? Con guardar tu palabra Las Sagradas Escrituras nos enseñan la manera más provechosa de vivir, la manera más noble de sufrir, y la manera más consoladora de morir.

JOHN FLAVEL [1627-1691]
"Divine Conduct or The Mystery of Providence Opened", 1678

Vers. 10. ***Con todo mi corazón te he buscado; no me dejes desviarme de tus mandamientos.*** *[Con todo mi corazón te he buscado; no me dejes desviarme de tus mandamientos.* RVR*] [Con todo mi corazón te he buscado; no dejes que me desvíe de tus mandamientos.* LBLA*] [Con todo mi corazón te he buscado, no permitas que me desvíe de tus mandamientos.* BTX*] [Yo te busco con todo el corazón; no dejes que me desvíe de tus mandamientos.* NVI*] [De todo corazón te busco, no dejes que incumpla tus mandatos.* BLP*] [Me esforcé tanto por encontrarte; no permitas que me aleje de tus mandatos.* NTV*]*[34]

---

[30] Salmo 119:105.

[31] 1 Samuel 17:51; 21:9.

[32] Hebreos 4:12.

[33] 2 Samuel 13:28-29.

[34] La versión griega de los LXX o Septuaginta lee: ἐν ὅλῃ καρδίᾳ μου ἐξεζήτησά σε· μὴ ἀπώσῃ με ἀπὸ τῶν ἐντολῶν σου que la Vulgata traduce al latín como: *"In toto corde meo exquisivi te; ne repellas me a mandatis tuis"*, "De todo corazón te he buscado, no me rechaces de tus mandamientos". La versión sefardí de Ferrara traduce: *"Con todo mi coraçon te requeri, no me hagas errar de tus mandamientos"*. La caldea Peshitta: *"Con todo mi corazón te he buscado, no permitas que me desvie de tus mandamientos"*. KRAUS traduce: *"De todo corazón te busco, ¡no dejes que me desvíe de tus mandamientos!"* SCHÖKEL: *"Te busco de todo corazón: no me desvíes de tus mandatos"*.

Con todo mi corazón te he buscado. Su corazón había buscado a Dios en persona; no solo había deseado obedecer sus leyes, sino estar en plena comunión con él. Dios es la búsqueda suprema, por lo que bien hace el salmista de llevarla a cabo con todo su corazón. El método más seguro de limpiar el camino de nuestra vida, es buscar a Dios mismo y esforzarnos para permanecer en comunión con él. Hasta no encontrar el momento feliz y afortunado de poder dialogar con su Señor, el salmista permanecía buscando a su Dios ansiosamente, y proseguía sin desmayo anhelando su presencia. Y de no haber sido porque buscaba al Señor, no se habría mostrado tan ansioso por limpiar su camino. Pero resulta gratificante ver cómo el corazón del escritor se vuelve clara y directamente hacia Dios. En el versículo anterior había estado meditando y considerando una verdad importante, y ahora, siente aquí la presencia de su Dios de una manera tan poderosa, que le habla y ora a él como a alguien a quién se tiene muy cerca. El corazón que permanece verdaderamente en la gracia, no subsiste mucho tiempo sin una comunión íntima con Dios. Su petición parte del propósito de su vida: busca al Señor, y por tanto, ora al Señor para evitar desviarse en su búsqueda, ya sea de ella o en ella. Y a Dios le seguimos a través de la obediencia, por tanto, no debe extrañarnos su oración:

No me dejes desviarme[35] *de tus mandamientos.* Porque si nos desviamos de los caminos trazados por Dios, jamás encontraremos al Dios que los ha trazado. Cuanto más el corazón se aproxima a la santidad, más teme caer en el pecado. Y no tanto porque tenga miedo de cometer transgresiones deliberadas, sino más bien extravíos involuntarios; no puede soportar una sola mirada perdida o un mero pensamiento errante que pudieran llevarle más allá del vallado del precepto. Debemos ser buscadores de Dios sinceros e íntegros, de todo corazón; y poner en ello tal ahínco que no nos quede ni el tiempo ni el deseo de dejarnos llevar por ideas vagabundas; antes por el contrario, cultivar en nuestro corazón un temor sano y un celo precavido para que ni aún en tales circunstancias lleguemos a desviarnos del camino de la santidad. Hay aquí dos conceptos que podrán parecer similares pero son muy distintos: los santos son *«forasteros»* pero no son *«errabundos»*.[36] *"Forastero soy en la tierra"* afirma en el salmista (119:19); atravesamos un país enemigo, pero nuestra ruta es clara y directa; y mientras caminamos apresurados cruzando esa tierra extraña, vamos buscando al Señor. Nuestro camino permanece oculto a los hombres, pero lo seguimos con certeza y no nos extraviamos. El cristiano se esfuerza todo lo que puede, pero no confía en sí mismo; su corazón está fijo en su propósito: caminar con Dios; pero sabe que ni aún todos sus esfuerzos bastarán para mantenerlo en pie a menos que su Rey sea su guardador, ni evitarán que se desvíe a menos que Aquel que dictó los mandatos le otorgue la constancia necesaria para obedecerlos. Por tanto, su oración es: *"No me dejes desviarme de tus mandamientos"*. Sin embargo, este sentido de dependencia jamás se convirtió para el salmista en excusa ni argumento para la ociosidad, pues a la par que oraba pidiendo ser guardado en el camino recto, ponía de su parte cuantos esfuerzos eran precisos para buscar al Señor con todo su corazón.

Resulta curioso observar cómo de nuevo la segunda octava del salmo mantiene un paralelismo con la primera: en el versículo dos proclama una bienaventuranza para el hombre que busca al Señor

---

[35] En hebreo תַּשְׁגֵּנִי *tašgênî* de שָׁגָה *shagah*, extraviarse, errar. En Números 15:22 y Job 6:22; 19:4 se utiliza en este último sentido: *"hacedme entender en qué he errado ... aun si fuese verdad que yo haya errado, Sobre mí recaería mi error"*. Isaías lo utiliza para describir el aturdimiento, el desvarío y el deambular causado por la embriaguez: *"También estos se tambalean por el vino y dan traspiés por el licor: el sacerdote y el profeta por el licor se tambalean, están ofuscados por el vino, por el licor dan traspiés; vacilan en sus visiones, titubean al pronunciar juicio"* (Isaías 28:7). En el Salmo 119 ocurre tres veces (119:10, 21, 118).

[36] En el original inglés: *"saints are 'strangers' but they are not 'wanderers'*. Spurgeon hace un juego de palabras en tanto que que la KJV traduce la segunda parte del versículo diez (119:10) como: *"O let me not wander from thy commandments"*. En inglés el verbo *"to wander"* tiene un significado amplio y se utiliza tanto para decir "errar, deambular" como "desviarse". (Ver nota 35).

"con todo su corazón" (119:2), aquí (119:9) la reclama aquí para si mismo alegando su actitud: *"Con todo mi corazón te he buscado".*[37]

C. H. SPURGEON

Con todo mi corazón te he buscado. Muy pocos de nosotros pueden decir con el profeta David que han buscado a Dios con todo su corazón, a saber, con tal integridad y pureza que no se han apartado un ápice de ello, cual si se tratara de lo primordial para nuestra salvación.

JUAN CALVINO [1509-1564]

Con todo mi corazón te he buscado. En este versículo cada palabra, cada expresión destila sinceridad; el corazón del salmista permanece abierto delante de Dios de par en par. ¡Que manera tan insólita para un joven de hablar con el Dios que escudriña los corazones! Consideremos la franqueza de esta conversación con Dios. Por regla general, cuando nos acercamos a Dios somos propensos a los subterfugios y rodeos; no decimos *"con todo mi corazón te he buscado"* sino *"con todo mi corazón te buscaría si..."*; tenemos miedo a ser sinceros y francos porque estamos inseguros. Ved lo mucho que contrasta nuestra manera de actuar con la franqueza, apertura y confianza que demuestra el joven salmista. Una sinceridad y apertura de mente es fácil constatar repetidamente a lo largo de todo el Salmo en múltiples expresiones similares. Declara ante el Omnisciente haberlo buscado con todo su corazón. Su deseo sincero era descubrir y encontrar a Dios en todas las cosas.

JOHN STEPHEN [1800-1881]

"The Utterances of the CXIX Psalm; Expounded in a Series of Lectures", 1861

Con todo mi corazón te he buscado. Solo Dios ve el corazón; solo el corazón ve a Dios.

JOHN DONNE [1573-1631]

No me dejes desviarme de tus mandamientos. Tras haber proclamado que buscaba a Dios con todo su corazón, David ruega al Señor que no le deje desfallecer y desviarse de sus mandamientos. Que sirva ello de ejemplo para hacernos entender la gran necesidad que tenemos de invocar a Dios pidiendo que nos sostenga con su mano fuerte y poderosa. Sí, pues a pesar de saber que ha puesto ya sobre nosotros poderosamente su mano sanadora, y ha derramado también sobre nosotros grandes y manifiestos favores, con todo, no es suficiente; ya que nuestra naturaleza esta tan plagada de vicios e imperfecciones, y somos tan frágiles y débiles, que tenemos una necesidad perentoria de orar a él diariamente; sí, más y más, para que no permita que desfallezcamos y nos desviemos de sus mandamientos.

JUAN CALVINO [1509-1564

No me dejes desviarme de tus mandamientos. Cuanta más experiencia tenemos en los caminos de Dios, tanto más conscientes somos de nuestra propensión a desviarnos de ellos involuntariamente,

---

[37] Los versículos 10, 11, y 13 definen el proceder de todo cristiano piadoso: buscar, atesorar y compartir con otros: *"Con todo mi corazón te he buscado"* (119:10); *"En mi corazón he atesorado"* (119:11); *"Con mis labios he contado"* (119:13). Los tres siguientes el beneficio que obtiene con ello: gozo, sabiduría y regocijo: *"En el camino de tus testimonios me he gozado"* (119:14); *"En tus mandamientos meditaré"* (119:15); *"En tus estatutos me regocijare"* (119:16).

ya sea por ignorancia o por descuido. Al soldado joven e inexperto le encanta correr riesgos; es propenso a buscar los peligros: pasea libremente por el campamento enemigo y dialoga con la tentación confiado y seguro de si mismo, convencido de que nada malo va a sucederle. Esta muy lejos todavía del santo temor que hacía estremecer a David cuando imploraba diciendo: no me dejes divagar errabundo, *no permitas que me desvíe.*

David Dickson [1583-1663]
"A Brief Explication of the the Last Fifty Psalms", 1655

Vers. 11. ***En mi corazón he guardado tus dichos, para no pecar contra ti.*** *[En mi corazón he guardado tus dichos, para no pecar contra ti.* RVR*] [En mi corazón he atesorado tu palabra, para no pecar contra ti.* LBLA*] En mi corazón he guardado tus dichos, para no pecar contra Ti.* BTX*] [En mi corazón atesoro tus dichos para no pecar contra ti.* NVI*] [Guardo tus palabras en mi corazón para así no pecar contra ti.* BLP*] [He guardado tu palabra en mi corazón, para no pecar contra ti.* NTV*]*[38]

Cuando un creyente pide a Dios que le ayude a conseguir algo, debe sumar a ese empeño cuantos recursos y medios tenga él a su alcance, aunque, eso sí, utilizándolos con cautela. Siendo que el salmista había implorado a Dios que le impidiera desviarse de sus mandamientos, nos muestra ahora las precauciones por él adoptadas para evitar caer en pecado.

En mi corazón he guardado tu palabra. Se muestra seguro que Palabra guardaría su corazón, porque él había guardado la Palabra. Toda Palabra: tanto la escrita que tuviera a su alcance; como aquella que le había sido revelada directamente por la voz de Dios; –toda sin excepción– la había guardado en lo más hondo de sus afectos cual tesoro que se guarda en un cofre o semilla escogida para ser enterrada en suelo fértil. ¿Y que suelo puede haber más fructífero y fértil que un corazón renovado que busca al Señor con todo su corazón? La Palabra es la propia voz de Dios, y por tanto, preciosa para su siervo. David no llevaba un texto bíblico colgado sobre su corazón a modo de amuleto, lo llevaba dentro como norma de vida. Depositó cuidadosamente la Palabra santa en el lugar del cual brotan el amor y la vida: su corazón, y este se llenó de luz y de dulzura. Debemos imitar a David en este proceder, calcando su disposición a guardar la Palabra: tanto en lo que atañe a depositarla en el interior del corazón, como a aplicarla en nuestro obrar externo. Ante todo debemos asegurarnos que aquello que creemos es realmente la Palabra de Dios; constatado esto, debemos esconderla o atesorarla[39] cuidadosamente y de manera personal en el corazón; y finalmente asegurarnos de que no lo hacemos de manera rutinaria, como un mero ejercicio de memorización, sino como un acto gozoso de nuestros afectos.

---

[38] La versión griega de los LXX o Septuaginta lee: ἐν τῇ καρδίᾳ μου ἔκρυψα τὰ λόγιά σου, ὅπως ἂν μὴ ἁμάρτω σοι que la Vulgata traduce al latín como: *"In corde meo abscondi eloquia tua, ut non peccem tibi"*, "En mi corazón escondí tus palabras, para no pecar contra ti". La versión sefardí de Ferrara traduce: *"En mi coraçon guardé tus dichos, por que no peque a ti"*. La caldea Peshitta: *"En mi corazón he atesorado tus palabras para no pecar contra ti"*. Kraus traduce: *"En mi corazón atesoro tu sentencias, para no pecar contra ti"*. Schökel: *"Guardo en el corazón tu promesa para no pecar contra ti"*.

[39] La versión inglesa KJV lo traduce como: *"Thy word have I hid in mine heart"*. El verbo inglés *"to hid"*, *ocultar, esconder,* tiene un significado distinto y mucho más fuerte que el español *"guardar"* que utiliza nuestra Reina-Valera. Nos inclinamos por la traducción que utilizan la NVI y LBLA: *"atesorar"*, mucho mas exacto al sentido del verbo hebreo צָפַ֣נְתִּי *ṣāp̄antî* de צָפַן *tsâphan* "acumular algo muy celosamente y con precaución". Es importante tener en cuenta este detalle, de lo contrario algunos de los juegos de palabras que hacen Spurgeon y otros autores en sus comentario a este versículo pierden parte de su significado.

Para no pecar contra ti. Este es el objetivo que persigue. Como alguien dijo comentando este pasaje: «Tenemos lo mejor: *"Tu Palabra"*; depositado en el mejor lugar: *"en mi corazón"*; con el mejor de los propósitos: *"para no pecar contra ti"*». Algo que el salmista hace con el mayor esmero y atención personal, cual hombre precavido que esconde celosamente su dinero cuando teme la visita de ladrones, –en este caso el ladrón a quién David tanto temía era pecado. La expresión *"pecar contra Dios"*[40] define claramente la visión que tiene el creyente del mal moral: pues a los no creyentes tan solo les importa lo que puedan pensar los demás hombres. Y la palabra de Dios es la mejor prevención contra el ofender a Dios, porque nos revela su mente y voluntad, y tiende a colocar nuestro espíritu en conformidad con el espíritu divino. No hay en esta vida otra cura preventiva del pecado que iguale en eficacia a la Palabra atesorada en el corazón; ni escondedero para el pecado a menos que tengamos la verdad divina depositada en nuestras almas.

Haciendo hincapié en los pronombres de la primera y segunda clausula: el posesivo *"tu"*, y el personal *"ti"*, podemos crear una variante de significado singular. El salmista se dirige a Dios diciéndole que ama la Palabra porque es: *"tu palabra"*, a saber, la palabra de Dios; y odia el pecado porque el pecado es: *"contra ti"*, a saber, contra Dios. Ofender a otros no le preocupaba tanto como el ofender ofender a su Dios. Y si no queremos desagradar a Dios, debemos atesorar su Palabra.

También es digna de mención la manera efusiva y personal en que lo hace : *"Con todo mi corazón te he buscado"* (119:10). Decidieran lo que decidieran los demás, hicieran lo que hicieran los demás, él había tomado ya su decisión, había hecho su elección situando la Palabra de Dios en lo más hondo de su alma como su más preciado deleite. Y si otros decidían transgredir, le daba lo mismo, su objetivo seguiría siendo la santidad: *"Para no pecar contra ti"*. No esta hablando de algo que se proponía o que tenía intención de hacer, sino de algo que ya había hecho. Muchos son grandilocuentes a la hora hacer promesas; el salmista lo había sido en los hechos, en el desempeño de las mismas, de ahí sus esperanzas de lograr un resultado seguro. Cuando tenemos la Palabra de Dios oculta en nuestro corazón nuestra vida permanece oculta al pecado.

Y finalmente, fijémonos como prosigue el paralelismo entre las octavas (o secciones) primera y segunda del salmo. En el versículo tres de la primera octava se nos habla de aquellos que *"no hacen iniquidad"* (119:3); el tercero de la segunda (119:11) versa sobre el método o manera de lograrlo: *"para no pecar"*. Cuando adoptamos como modelo a una persona santa y bienaventurada, *que no hace iniquidad y anda en sus caminos* (119:3), nos sentimos incentivados a cuantos esfuerzos sean precisos para alcanzar ese mismo nivel de santidad y bienaventuranza, de sagrada inocencia y divina felicidad; algo asequible tan solo a través de la piedad del corazón basada en las Escrituras: *guardando tus dichos en el corazón para no pecar contra ti* (119:11).

C. H. SPURGEON

En mi corazón he atesorado tu palabra, para no pecar contra ti. Allí precisamente, depositada en el corazón, es donde la Palabra surte su mayor efecto. Pues si los jóvenes se limitan a leer lo escrito en el Libro, la palabra de la promesa y la instrucción sagrada se ve despojada de buena parte de su poder. Tampoco el hecho de memorizarla sin mas vale de mucho. La Palabra debe ser aprendida, apreciada, amada *y atesorada* en el corazón; debe ser objeto de afecto tanto o más que de comprensión; debe saturar la mente por completo, de modo que todos los sentidos queden impregnados de la Palabra de Dios. Hemos de contemplar las cosas reveladas como algo real. Tan solo con la palabra de Dios en el corazón, –sus condenas y amenazas, sus promesas, sus virtudes– y Dios mismo hecho realidad a

[40] Salmo 51:4.

través de ella; con su naturaleza interior fortificada, su entendimiento y comprensión iluminado, y su conciencia despertada y fustigada; tan solo de esa manera el joven cristiano evita pecar contra su Dios.

JOHN STEPHEN [1800-1881]
"The Utterances of the CXIX Psalm; Expounded in a Series of Lectures", 1861

En mi corazón he atesorado tu palabra, para no pecar contra ti. En la medida en que la palabra del Rey está presente en el corazón, *"hay poder"*[41] contra el pecado: *"Pues la palabra del rey es soberana, ¿y quién le dirá: Qué haces?"*[42]. Utilicemos esta fuente de poder absoluto más plenamente y con mayor frecuencia y gozaremos de una mayor santidad y una vida más plena.

FRANCES RIDLEY HAVERGAL [1836-1879]
"My King and His service", 1896

En mi corazón he atesorado tu palabra. Es apropiado que la Palabra, siendo como es: *"deseable más que el oro; sí, más que mucho oro fino"*;[43] y una *"perla de gran precio"*,[44] no sea guardada en la portería, es decir, meramente escuchada con el oído externo, sino atesorada celosamente en el cofre de la mente.[45]

JAMES FORD [1820-18771]
citando JOHN BOYS [1560-1643] *Dean of Canterbury*

En mi corazón he atesorado tu palabra. La diferencia entre los cristianos y los mundanos es mucha. El mundano tiene sus tesoros en joyas que guarda lejos de él; el cristiano las atesora en su interior. En realidad, fuera del corazón no hay otro receptáculo apropiado donde atesorar la Palabra de consolación. Si la tienes solo en la boca, te la quitarán; si la tienes únicamente en forma de Libro, no la encontrarás cuando más la necesites; pero si la guardas en tu corazón, como María las palabras del ángel,[46] la tendrás guardada de un modo inaccesible a los enemigos, ninguno podrá arrebatártela jamás; y accesible a ti, pues hallarás que es un tesoro consolador en tiempo de necesidad.[47]

WILLIAM COWPER [1566-1619]
"A Commentary upon CXIX Psalm", 1613

En mi corazón he atesorado tu palabra. Esta curiosa expresión *"atesorado, ocultado, escondido"* no quiere decir que David estudiara la Palabra santa exhaustivamente y en profundidad con la ambición de poder ufanarse de ello a través de una brillante exposición, dando ante los hombres un espectáculo glorioso de conocimientos bíblicos; sino que tenía a Dios por testigo de su deseo secreto de albergarla en su interior.[48] Poco le importaba el parabién de las criaturas terrenales; satisfecho de estar en posesión de tan grande tesoro, tenía la seguridad de que Dios, que era quien se lo había

---

[41] Hechos 4:11-12.
[42] Eclesiastés 8:4.
[43] Salmo 19:10.
[44] Mateo 13:46.
[45] Job 23:12,
[46] Lucas 2:19
[47] Dice ERNST WILHELM HERRMANN HENGSTENBERG [1802-1869]: «Cuando un cristiano atesora de veras la palabra de Dios en su corazón, se le hace inevitable que brote constantemente de sus labios».
[48] FRANZ DELITZSCH [1813-1890] señala que צָפַן *tsaphan,* este *"atesorar"* la palabra de Dios en el corazón, consiste en tenerla presente de una manera constante en todas nuestras acciones y decisiones, no como un

otorgado, lo guardaría y protegería, pues en modo alguno debía quedar al descubierto y expuesto ante Satanás dándole ocasión de arrebatárselo. San Pablo nos recuerda también que el cofre donde hay que guardar este tesoro es *"una buena conciencia"*,[49] y que por haberla desechado algunos naufragaron en cuanto a la fe. Como sucede con el hombre que descuida sus posesiones terrenales y las pone en peligro dejando la puerta abierta, y facilitando con ello la entrada a los ladrones para robarle y destrozarle todo. De igual modo, si dejamos los tesoros que Dios nos ha confiado en su Palabra al alcance de Satanás, sin protegerlos escondiéndolos en el interior de una buena conciencia y en lo mas hondo nuestro corazón, como nos aconseja aquí David, nos exponemos a sufrir daños considerables.

JUAN CALVINO [1509-1564]

En mi corazón he atesorado tu palabra. Es decir, la he recordado, elogiado y me he deleitado en ella.

WILLIAM NICHOLSON [1591-1672]
"David's harp strung and tuned, or, An easie analysis of the whole book of Psalms", 1662

Tus dichos. La expresión hebrea אִמְרָתֶךָ *'imrāṯeḵā* de אִמְרָה *imrah, "tus dichos"*,[50] entraña la idea de un mensaje directo y distinto, y se aplica a cualquier comunicación de carácter más directo de Dios al alma, ya sea en forma de promesa, mandato o incluso de respuesta a la oración. Mientras que el término *"Palabra"* es de carácter más general, y se aplica a toda la revelación completa. *"Tus dichos"*, es la novena de las diez palabras que se aplican en este Salmo a la revelación de Dios.[51]

JAMES G. MURPHY [1808-1896]
"A critical and exegetical commentary on the book of Psalms", 1875

En mi corazón. Bernardo[52] observa que el pan material guardado en la alacena es probable que se lo coman los ratones, o bien enmohezca y se eche a perder. Pero cuando lo tragamos y es asimilado en el cuerpo, este peligro desaparece. Si Dios te capacita para depositar el alimento de tu alma en tu corazón, allí está a salvo de todo riesgo.

GEORGE SWINNOCK [1627-1673]
"The Christian Man's Calling", 1665

---

mero precepto externo, sino como un poder interior que se opone a toda acción egoísta: *"Del mandamiento de sus labios nunca me separé; guardé las palabras de su boca más que mi comida"* (Job 23:12)».

[49] 1 Timoteo 1:19.

[50] En hebreo אִמְרָתֶךָ *'imrāṯeḵā* de אִמְרַת *imrah.*

[51] Ver al respecto los comentarios sobre *"Nombres dados a la Ley de Dios"* en las introducciones generales a este Salmo.

[52] Se refiere a BERNARDO DE CLARAVAL [1091-1153], doctor de la Iglesia, abad del monasterio de Claraval y reformador monástico francés, impuso el estilo que pronto se extendería a toda la Orden del Císter: disciplina, austeridad, oración y simplicidad. Tales ideales lo enfrentaron con PEDRO EL VENERABLE [1092-1156], abad de Cluny, pues suponían un ataque directo contra la riqueza de los monasterios, la pompa de la liturgia y el lujo de las iglesias cluniacienses. Luchó contra las incipientes tendencias laicistas de su tiempo, haciendo condenar el racionalismo de Pedro Abelardo, quien mantenía que se debían buscar los fundamentos de la fe con similitudes basadas en la razón humana. Creía en la revelación verbal del texto bíblico, y se declaró fiel discípulo de san Ambrosio y de san Agustín, a quienes llamó "las dos columnas de la Iglesia". Rebatió también las propuestas de Arnaldo de Brescia y dejó tras su muerte numerosos escritos.

En mi corazón he atesorado tu palabra. Entre las muchas y excelentes virtudes de la Palabra de Dios, destaca especialmente esta: Que si la guardamos en nuestro corazón, nos guarda del pecado, tanto del que es contra Dios como contra nosotros mismos. Por experiencia podemos afirmar que la Palabra es sustraída de la mente o cuanto menos de los afectos de una persona, y la reverencia hacia ella se desvanece, antes de que esa persona pueda verse abocada a cometer pecado. Mientras Eva mantuvo su fe en la palabra del Señor, se resistió a Satanás; pero en cuando comenzó a dudar de lo que Dios había determinado y proclamado como incuestionable mediante su palabra, al instante cayó en la trampa.[53]

WILLIAM COWPER [1566-1619]
"A Commentary upon CXIX Psalm", 1613

En mi corazón he atesorado tu palabra, para no pecar contra ti. El salmista nos plantea en este versículo los elementos fundamentales del plan perfecto:

El mejor talismán:	*"Tu palabra".*
La mejor estrategia:	*"he atesorado".*
El mejor lugar:	*"en mi corazón".*
El mejor propósito:	*"para no pecar contra ti".*

ANÓNIMO

Vers. 12. *Bendito tú, oh Jehová; enséñame tus estatutos.* *[Bendito tú, oh Jehová; enséñame tus estatutos.* RVR*] [Bendito tú, oh Señor; enséñame tus estatutos.* LBLA*] [¡Bendito Tú, oh YHVH! ¡Enséñame tus estatutos!* BTX*] [¡Bendito seas, Señor! ¡Enséñame tus decretos!* NVI*] [Bendito seas, Señor, enséñame tus normas.* BLP*] [Te alabo, oh Señor; enséñame tus decretos.* NTV*]*[54]

Bendito tú, oh Jehová. Son palabras de adoración que surgen de una admiración intensa del carácter divino que el escritor está humildemente tratando de imitar. Bendice a Dios por todo lo que le ha revelado y ha obrado en él; lo alaba con un amor cálido, reverente, y profundamente impregnado de santa admiración. Son también palabras de aprecio salidas del recuerdo que hay en su interior de la felicidad infinita del grande Jehová. El Señor es y debe ser bendecido porque es la perfección de la santidad, y esta es probablemente la razón por la cual la bendición va acompañada aquí de una súplica. Es como si David dijera: «Veo que mi camino a la felicidad debe situarse en conformidad a ti porque tú eres superlativamente bendito; y si me ajusto a ti en santidad en la medida que me corresponde, participaré de tu bendición».

Tan pronto como la Palabra está en el corazón, surge el deseo de hacerle caso y aprenderla. Tan pronto ingerimos alimento iniciamos una digestión; y cuando la Palabra entra en el alma la primera oración es: «Señor, enséñame su significado».

---

[53] Génesis 3:1-6.

[54] La versión griega de los LXX o Septuaginta lee: εὐλογητὸς εἶ, κύριε· δίδαξόν με τὰ δικαιώματά σου que la Vulgata traduce al latín como: *"Benedictus es, Domine; doce me justificationes tuas"*, "Bendito eres, Señor, enséñame tus justificaciones". La versión sefardí de Ferrara traduce: *"Bendito tu, Adonay, abezame tus fueros"*. La caldea Peshitta: *"¡Bendito eres tu, oh Yahweh! Instruyeme en tus mandamientos"*. KRAUS traduce: *"¡Bendito seas, oh Yahvé! ¡Enséñame tus estatutos!"*. SCHÖKEL: *"¡Bendito eres, Señor!, enséñame tus normas"*.

Enséñame tus estatutos. Porque únicamente de ese modo aprenderé el camino y alcanzaré la dicha. Tú eres tan bienaventurado que estoy seguro de que te deleitas en bendecir a otros, y ansío que me concedas ese bien, que me enseñes en tus mandatos. Por regla general las personas dichosas se deleitan en hacer dichosas a otras; y sin duda el Dios bienaventurado se deleitará en impartir a otros la santidad que es fuente de la felicidad. La fe es la impulsora de esta oración, fundamentándola no en algo que el orante tuviera o hubiera hecho, sino exclusivamente en la perfección del Dios a quien la suplica va dirigida: «Señor, tú eres bendito; por tanto, bendíceme enseñándome».

Necesitamos ser discípulos, o mejor aún aprendices: *"enséñame"*. ¡Pero que honor tan grande es tener al propio Dios como maestro! ¡Que atrevimiento tan grande el de David: pedir al Dios bendito que le enseñe! Sin embargo, fue el Señor mismo quién puso ese deseo en su corazón tan pronto tuvo atesorada en él la palabra sagrada. Podemos, por tanto, estar seguros de que su audacia no es desmesurada. ¿Quién no desearía matricularse en la escuela de semejante Maestro para aprender de él el arte de vivir en santidad? Es a este Instructor a quien debemos someternos si queremos guardar de manera práctica los Estatutos de justicia y rectitud. El propio Rey que promulgó esos Estatutos es quien mejor conoce su significado, y puesto que emanan de su naturaleza misma, él es quien mejor puede inspirarnos con su espíritu. La petición se hace por si misma extensible a todos los que desean limpiar su camino, ya que es sumamente práctica, y demanda enseñanza no en tradiciones recónditas y oscuras, sino en la ley de los Estatutos divinos. Si conocemos los Estatutos del Señor contamos con la educación más esencial. Por tanto, repitamos todos: *"Enséñame tus estatutos"*. Es una oración dulce, adecuada para el uso diario; situada un escalón por encima del versículo diez: *"No me dejes desviarme de tus mandamientos"* (119:10); y que a su vez esta por encima del versículo ocho: *"No me abandones del todo"* (119:8). La respuesta a esa petición la encontramos en los versículos noventa y ocho al cien: *"Me has hecho más sabio que mis enemigos con tus mandamientos, porque siempre están conmigo. Más que todos mis enseñadores he entendido, porque tus testimonios son mi meditación. Más que los viejos he entendido, porque he guardado tus mandamientos"* (119:98-100). Pero antes de alcanzar este nivel de respuesta, el: *"Enséñame tus estatutos"* se repite tres veces más, en los versículos treinta y tres, sesenta y cuatro, y sesenta y ocho: *"Enséñame, oh Jehová, el camino de tus estatutos, y lo guardaré hasta el fin"* (119:33); *"Enséñame tus estatutos"* (119:64, 68). Y avanzando en el salmo la súplica se repite de nuevo con las mismas palabras, en los versículos ciento veinticuatro (119:124); y ciento treinta y nueve (119:139); hasta que el deseo se da por satisfecho finalmente poco antes de concluir el salmo, en el versículo ciento setenta y uno, cuando exclama: *"Mis labios prorrumpen en alabanza porque me enseñas tus estatutos"* (119:171).

C. H. SPURGEON

Bendito tú, oh Jehová; enséñame tus estatutos. Este versículo comparte una oración juntamente con el motivo que la origina. La oración es: *"Enséñame tus estatutos"*; el motivo que le lleva a pedir esto es su meditación en la bondad infinita de Dios: *"Bendito tú, oh Jehová"*. Un Dios bendito, fuente de toda felicidad; sin el cual no habría bienestar ni felicidad para ninguna criatura. Por eso David, deseoso de entablar una relación directa de amistad y comunión con Dios, y sabiendo nadie puede alcanzar esa relación a menos que sea enseñado por el propio Dios a conocer sus caminos y andar en ellos, eleva una oración suplicando fervorosamente que el Señor le enseñe sus estatutos. ¡Oh que nosotros consideremos también esto con la misma sabiduría, y entendamos que nuestra felicidad está en la comunión con Dios!

WILLIAM COWPER [1566-1619]
"A Commentary upon CXIX Psalm", 1613

Bendito tú, oh Jehová; enséñame tus estatutos. En este versículo tenemos dos cosas:

1. *Un reconocimiento* de Dios como poseedor de la bendición suprema: *"Bendito tú, oh Jehová"*. Es decir: Estando tú en posesión de toda plenitud, sientes infinita complacencia en tu propia dicha. Es tan solo en la plenitud de tu dicha es donde puedo yo obtener bendición y felicidad. Y tú estas deseoso y dispuesto a dar de tu plenitud, en tanto que eres la fuente de bendición para todas tus criaturas.

2. *Una solicitud* o petición: *"Enséñame tus estatutos"*. Es decir: viendo que tienes por ti mismo toda plenitud y que eres más que suficiente en tu propia bendición, entiendo que dispones sobradamente para mí. Cuentas con lo suficiente para sentirte tu mismo satisfecho, por tanto, suficiente para satisfacerme a mi. Y esto me anima en mi petición.

De nuevo: *"Enséñame"* para que sepa donde buscar mi bienaventuranza y felicidad, incluso en tu propio ser bendito; para que sepa como gozar de ti y pueda ser bendecido en ti. Y aún más: Bendito eres en el principio, Fuente de toda bendición, tu felicidad es una fuente eterna, una fuente plena y abundante derramando bendiciones constantemente. ¡Oh, déjame participar de la bendición que hay en ti! ¡Otórgame una gota de esa fuente!

WILLIAM WISHEART [1657-1727]
"Theologia, or, Discourses of God", 1716

Bendito tú, oh Jehová; enséñame tus estatutos. Puesto que Dios es eternamente bendecido, no podemos dejar de desear el aprender sus caminos. Cuando vemos a cualquier otra criatura terrenal feliz, sentimos un enorme deseo de aprender su secreto, averiguar cual es el curso que sigue, porque intuimos que siguiendo su mismo curso podríamos ser también felices. Todo el mundo esta dispuesto a navegar con el viento de la persona que prospera; y aunque en lo que atañe a las cosas terrenales esto no siempre funcione así, en lo que respecta a un Dios bendito, no puede ser de otro modo, pues no puede traer a los que están a su vera otra cosa que bienaventuranza. Por tanto, Aquel que en sí mismo es bendición y bienaventuranza, estará siempre dispuesto a enseñar sus caminos a otros:[55] las cosas más excelentes son las que con más facilidad se comunican.

PAUL BAYNE [1573-1617]
"Entire commentarie upon the whole epistle of the apostle Paul to the Ephesians", 1645

Enséñame. David tenía al profeta Natán para enseñarle, tenía sacerdotes para instruirle, él mismo era profeta. Pero todas sus enseñanzas eran nada sin la bendición de Dios, y por tanto, ora diciendo: *"Enséñame"*.

WILLIAM NICHOLSON [1591-1672]
"David's harp strung and tuned, or, An easie analysis of the whole book of Psalms", 1662

Enséñame. Estas palabras van más allá del simple concepto de impartir conocimiento, pues el conocimiento ya lo tenía en tanto que afirma en el versículo once que había *"atesorado los dichos de Dios en su corazón"* (119:11); y en el siete que había *"aprendido los juicios de tu justicia"* (119:7). Esta claro, por tanto que este *"enséñame"* va más allá, incluye una solicitud de gracia para poder cumplir su ley.

ROBERTO BELLARMINO [1542-1621]
"A Commentary on the Book of Psalms", 1615

[55] Una antigua oración latina utilizada en los colegios y universidades anglosajones para bendecir la mesa y conocida como el *"Benedictus benedictat"*, parte de este mismo principio: *"Benedictus benedictat, per Iesum Christum Dominum nostrum. Amen"*, "Que Aquel que es bendecido lo bendiga, por Jesucristo Señor nuestro. Amén".

Enséñame. Si hiciéramos lo que hace el salmista en este versículo: juntar el oír con el pedir en oración; y cuando nos disponemos ser enseñados por otros hombres a través del ministerio de la predicación, eleváramos Dios una oración *antes* de la predicación, *durante* la predicación y *después* de la predicación, pronto demostraríamos ser más genuinos e instruidos como cristianos de lo que ahora somos.

WILLIAM COWPER [1566-1619]
"A Commentary upon CXIX Psalm", 1613

Enséñame tus estatutos. Quien lee este Salmo 119 con atención de inmediato detecta una tónica dominante: la afirmación categórica de que en lo referente a guardar los mandamientos de Dios, nada es viable por medio de la capacidad y fuerza humana; ha de ser Dios mismo quien cree en nosotros la voluntad necesaria para la ejecución de ese derecho. Es por ello que el salmista suplica al Señor que abra sus ojos para que pueda ver las cosas maravillosas de su ley; que le enseñe sus estatutos; que extirpe en él todo camino de mentira; que incline su corazón a sus testimonios y no a la codicia; que aparte sus ojos de toda vanidad; y que la Palabra de verdad esté siempre en su boca. Cada una de estas peticiones demuestra cuan profundamente impresionado estaba ante su impotencia manifiesta para alcanzarlas por sí mismo; así como también su total y absoluta dependencia de Dios para todo progreso en el conocimiento de la verdad. Sabía bien que su instrucción en la ley divina, y todas sus aspiraciones de santidad en la vida, jamás podrían cumplirse con relativo éxito a menos que la gracia de Dios participara en ello, implantando en su corazón un deseo de rectitud y actuando como guía infalible. Tan solo de ese modo lograría las condiciones precisas para captar el verdadero sentido de la Sagrada Escritura, desencadenando su acción correctora en todos los movimientos de su diario caminar delante de Dios y de los hombres.

GEORGE PHILLIPS [1804-1892]
"The Psalms in Hebrew with a Critical, Exegetical and Philological Commentary", 1846

Enséñame tus estatutos. La respuesta a la pregunta capciosa de por qué el salmista pide a Dios que le enseñe sus Estatutos cuando momentos antes había afirmado que los conocía: *"En mi corazón he atesorado tu palabra"* (119:11), es que lo que está pidiendo, en realidad, son instrucciones para la aplicación práctica de aquellos principios que había aprendido y conocía teóricamente.

MICHAEL AYGUAN [1340-1416]
citado por JOHN MASON NEALE [1818-1866] y RICHARD FREDERICK LITTLEDALE [1833-1890]
en *"Commentary on the Psalms from Primitive and Mediæval Writers"*, 1869

Vers. 13. *Con mis labios he contado todos los juicios de tu boca.* *[Con mis labios he contado todos los juicios de tu boca.* RVR*] [He contado con mis labios de todas las ordenanzas de tu boca.* BLA*] [He contado con mis labios todos los juicios de tu boca.* BTX*] [Con mis labios he proclamado todos los juicios que has emitido.* NVI*] [Yo proclamo con mis labios todos los decretos de tu boca.* BLP*] [Recité en voz alta todas las ordenanzas que nos has dado.* NTV*]*[56]

[56] La versión griega de los LXX o Septuaginta lee: ἐν τοῖς χείλεσίν μου ἐξήγγειλα πάντα τὰ κρίματα τοῦ στόματός σου que la Vulgata traduce al latín como: *"In labiis meis pronuntiavi omnia judicia oris tui"*, "Con mis labios pronuncié todos los juicios de tu boca". La versión sefardí de Ferrara traduce: *"Con mis labios contè todos juzios de tu boca"*. La caldea Peshitta: *Todos los juicios de tu justicia he repetido con mis labios"*. KRAUS traduce: *"Con mis labios voy contando todas las disposiciones de tu boca"*. SCHÖKEL: *"Mis labios recitarán todo lo que manda tu boca"*.

Con mis labios he contado[57] *todos los juicios de tu boca.* El mismo salmista que en el versículo anterior suplicaba ser enseñado *"Enséñame tus estatutos"* (119:12), asume ahora el papel de maestro *"Con mis labios he contado"*. Aquello que aprendemos en secreto debemos proclamarlo desde las azoteas.[58] Y así lo hizo el salmista: todo lo que aprendido lo transfirió a otros. La voz de Dios ha revelado mucho acerca de sus juicios en revelación franca y abierta; y es nuestro deber repetirlo a otros, convirtiéndonos de ese modo, y por así decirlo, en un eco exacto de su voz única e infalible. Ciertamente, algunos de los juicios de Dios son un abismo insondable que no nos ha sido revelado con total claridad; y con respecto a estos lo más sabio es no inmiscuirse, pues lo que el Señor ha dejado velado sería presunción de nuestra parte intentar descubrirlo. Pero no es menos cierto que aquello que ha puesto de manifiesto, sería vergonzoso de nuestra parte dejar de proclamarlo. Y en tiempo de angustia, para un cristiano es de gran consuelo cuando al mirar hacia atrás, a su vida pasada, puede decir que ha cumplido con su deber de proclamar la palabra de Dios; y puede afirmar con gozo haber sido como Noé, un predicador de la justicia[59] en un entorno en el que las aguas están subiendo y el mundo impío está al borde a ser arrasado. Los labios que han sido utilizados en la proclamación de los estatutos de Dios, tienen plena garantía de que serán escuchados cuando invoquen sus promesas. Si nos hemos interesado y ocupado de todo aquello que sale de la boca de Dios,[60] hasta el punto de haberlo difundido a lo largo y ancho del planeta; tengamos la plena seguridad de que Dios se interesará y ocupará también de las oraciones que salen de nuestras bocas.

Un método particularmente eficaz para que un joven cristiano limpie su camino es que decida dedicar su vida a la predicación del evangelio; pues aquel cuya alma está ocupada constantemente en la proclamación de los juicios del Señor, difícil será que yerre en demasía al cumplir sus mandatos. Enseñando: aprendemos; educando nuestra lengua para el discurso sagrado: controlamos todo nuestro ser; y familiarizándonos con los procedimientos divinos: la justicia y la rectitud se nos hacen un deleite; y de ese modo, a la vez que proclamamos los caminos del Señor, nuestro propio camino se va limpiando por vía triple.

C. H. SPURGEON

Con mis labios he contado todos los juicios de tu boca.[61] Procura por encima de todas las cosas compartir con los demás lo que aprendes del Señor día tras día; y cuenta a otros con tu boca las muchas cosas buenas que brotan de la abundancia de tú corazón.[62]

RICHARD GREENHAM [1535-1594]
"Very Godly Meditations on the 119 Psalm", 1605

---

[57] FRANZ DELITZSCH [1813-1890] señala que en este caso el verbo סָפַר *saphar*, aunque significa en primer término contar en el sentido de enumerar: *"Mira ahora los cielos, y cuenta las estrellas"* (Génesis 15:5), en este caso significa más bien *"contar"* en el sentido de relacionar, como en Deuteronomio 6:7, o mejor aún de comunicar o narrar, tal y como se utiliza el verbo en el Salmo 19:1: *"Los cielos cuentan la gloria de Dios"*.
[58] Mateo 10:27.
[59] 2 Pedro 2:5.
[60] Deuteronomio 8:2; Mateo 4:4.
[61] Dice AGUSTÍN DE HIPONA [354-430]: «Lo que dice el salmista en este versículo es consecuencia natural de lo que leemos en el versículo once (119:11). Quien *"atesora la palabra"* de Dios en su corazón, es de esperar que *"cuente sus juicios"*, pues *"con el corazón se cree para justicia, pero con la boca se confiesa para salvación"* Romanos 10:10)».
[62] Lucas 6:45.

Con mis labios he contado todos los juicios de tu boca. Habiendo el salmista atesorado en su corazón la Palabra purificadora, la declara ahora públicamente con sus labios. Y siendo de principio a fin tan pura como es, expone todo lo que dice sin excepciones ni reservas. Cuando el manantial que hay en el corazón ha sido purificado, los arroyos que corren por los labios son completamente puros. Reparemos en que *los labios* del salmista proclamando la Palabra hacen de antítesis a *la boca* de Jehová por medio de la cual fueron en principio pronunciados los juicios.[63]

FREDERICK G. MARCHANT DE HITCHIN [1839-1881]

Con mis labios he contado todos los juicios de tu boca. Así como la consciencia de haber comunicado a los demás nuestros conocimientos y dones espirituales se convierte en un incentivo a buscarlos en mayor ahínco; se convierte también en evidencia de la honestidad y fecundidad de tales conocimientos: *"Enséñame tus estatutos" "Con mis labios he contado todos los juicios de tu boca"* (119:12-13).

DAVID DICKSON [1583-1663]
"A Brief Explication of the the Last Fifty Psalms", 1655

Con mis labios he contado todos los juicios de tu boca. La lengua, cuando es utilizada para gloria de Dios y edificación de los demás, es uno de los miembros más útiles y excelentes del cuerpo. Y sin embargo, la lengua es incapaz de articular una sola palabra sin la ayuda de los labios. El Señor ha diseñado el cuerpo humano con tan maravillosa sabiduría, que ningún miembro puede decir a otro, no tengo necesidad de ti.[64] Pero la estupidez del ser humano es de tal magnitud, que no repara en lo utilidad de ese miembro, el más pequeño de la cuerpo, hasta que le lo pierde. Si nuestros labios fueran sellados o cosidos por un tiempo, y con ello quedara nuestra lengua inutilizada, cuando de nuevo la tuviéramos suelta, valoraríamos mucho más el don de poder utilizarla. Como cuando el cojo de nacimiento en la puerta llamada La Hermosa recuperó la fuerza en los pies y los tobillos: de un salto se puso en pie y comenzó a andar, y entró en el templo alabando y glorificando a Dios.[65]

WILLIAM COWPER [1566-1619]
"A Commentary upon CXIX Psalm", 1613

He contado todos los juicios de tu boca En otro pasaje dice: *"Tus juicios son como profundo abismo"*;[66] y el apóstol recalca *"¡Oh profundidad de las riquezas de la sabiduría y del conocimiento de Dios! ¡Cuán inescrutables son sus juicios, e insondables sus caminos! Porque ¿quién penetró en el pensamiento del Señor? ¿O quién fue su consejero?"*[67] Y si son inescrutables, ¿cómo podemos conocerlos y menos aún contarlos? Contestamos: hay juicios de Dios que no son *los juicios de su boca,* sino juicios de su corazón o simplemente de su mano. Por tanto, se impone una distinción, pues no cabe la posibilidad de que la Sagrada Escritura se debilite a si misma con contradicciones. El Salmo 36 no dice que ***"los juicios de tu boca** son un profundo abismo"*, sino ***"tus juicios".*** Tampoco el apóstol dice que ***"los juicios de su boca** son inescrutables e insondables"*, sino ***"sus juicios".*** En

[63] SCHÖKEL dice al respecto: «El versículo trece (119:13) relaciona los *"labios"* del orante con la *"boca"* de Dios: Dios inicia el diálogo enseñando con su boca al hombre los mandamientos; el hombre aprende a recitarlos con sus labios. Esquema de una enseñanza y aprendizaje oral (Ver Deuteronomio 31:22).

[64] 1 Corintios 12:21.

[65] Hechos 3:7-9.

[66] Salmo 36:6.

[67] Romanos 11:33-34.

consecuencia corresponde discernir los juicios de Dios entre aquellos no nos han sido revelados y por tanto permanecen ocultos *"sus juicios inescrutables"*; y aquellos que nos han sido dado a conocer y ha hablado por boca de los profetas:[68] *"los juicios de su boca"*.

AMBROSIO DE MILÁN [340-397]

Vers. 14. ***Me he gozado en el camino de tus testimonios más que de toda riqueza.*** *[Me complazco en el camino de tus testimonios más que en todas las riquezas.* RVR*] [Me he gozado en el camino de tus testimonios, más que en todas las riquezas.* LBLA*] [Me he regocijado en el camino de tus testimonios, más que sobre todas las riquezas.* BTX*] [Me regocijo en el camino de tus estatutos más que en todas las riquezas.* NVI*] [Al seguir tus mandatos me alegro más que en todas las riqueza.* BLP*] [Me alegré en tus leyes tanto como en las riquezas.* NTV*]*[69]

Me he gozado en el camino de tus testimonios. Cuando una persona encuentra deleite en la palabra de Dios, es prueba indubitable de que esta ha penetrado en su corazón y ha sido puesta en vigor en su vida, y por tanto, está limpiando su camino. El salmista no dice tan solo que se goza, sino que se ha gozado. Por años su mayor gozo y bendición había consistido en entregar su alma a la enseñanza de la Palabra. Un gozo originado no solo en la propia Palabra de Dios, sino en sus características prácticas. Para él, *el Camino* era algo tan valorado, querido y apreciado como *la Verdad* y *la Vida.*[70] David no era de los que se dedican a seleccionar y escoger de aquí y de allá; y de hacer una selección, siempre eligió ante todo lo más práctico.[71]

Más que en todas las riquezas.[72] Compara su profunda satisfacción en la voluntad de Dios con la de un hombre que disfruta de importantes y diversas posesiones materiales y el ánimo para disfrutarlas. David tenía sobrada experiencia en el tema las riquezas súbitas ligadas a la soberanía y fruto de la

---

[68] Hebreos 1:1.

[69] La versión griega de los LXX o Septuaginta lee: ἐν τῇ ὁδῷ τῶν μαρτυρίων σου ἐτέρφθην ὡς ἐπὶ παντὶ πλούτῳ que la Vulgata traduce al latín como: *"In via testimoniorum tuorum delectatus sum, sicut in omnibus divitiis"*, "En el camino de tus testimonios me he deleitado, como en todas las riquezas". La versión sefardí de Ferrara traduce: *"En carrera de tus teftamentos me agozè como fobre toda fuftancia"*. La caldea Peshitta: "*Me he deleitado en el camino de tus testimonios más que en cualquier riqueza"*. KRAUS traduce: *"Me gozo caminando en tus testimonios más que en todas las posesiones"*. SCHÖKEL: *"En el camino de tus preceptos disfruto más que con cualquier fortuna"*.

[70] Juan 14:6.

[71] En su interpretación cristológica de este versículo AGUSTÍN DE HIPONA [354-430] lo expone de la siguiente manera: «Los testimonios de Dios son aquellos a través de los cuales pone de manifiesto cuanto nos ama, y *"Dios muestra su amor para con nosotros, en que siendo aún pecadores, Cristo murió por nosotros"* (Romanos 5:8). De ahí que el salmista diga: *"Me he gozado en el camino de tus testimonios, más que en todas las riquezas"*, porque en Cristo: *"están escondidos todos los tesoros de la sabiduría y del conocimiento"* (Colosenses 2:3). Pues al afirmar respecto a si mismo: *"Yo soy el camino"* (Juan 14:6), y siendo la humildad de su nacimiento y su pasión testimonios evidentes del amor que Dios muestra para con nosotros, Cristo se hace camino de los testimonios de Dios. Y el ver cumplidos en él los testimonios establecidos en el pasado, nos lleva a vivir en la esperanza que han de cumplirse también los futuros y eternos que a nosotros han sido prometidos; pues *"el que no escatimó ni a su propio Hijo, sino que lo entregó por todos nosotros, ¿cómo no nos dará también con él todas las cosas?* (Romanos 8:32)».

[72] Dice JUAN CALVINO [1509-1564]: «Aunque las riquezas atraen hacia sí los corazones de todos los seres humanos, he hallado yo un deleite más placentero en mis progresos en la doctrina de la santidad, que si abundara en todo tipo de riquezas».

conquista; valoraba adecuadamente la riqueza que procede del trabajo, y la que se obtiene por herencia: en cierto sentido, cabe decir que era ducho todo tipo de riquezas.[73] Se había alegrado en ver como el oro y la plata aumentaban constantemente en las arcas de su tesoro, cosa que le permitía dedicar importantes sumas a la construcción del templo de Jehová sobre el monte Sión. Se había regocijado en todo tipo de riquezas consagradas y guardadas para los usos más nobles. Y con todo, declara que la Palabra de Dios le había aportado más alegría y satisfacción que todas ellas. Es importante señalar que su alegría y regocijo eran de carácter netamente personal, distinto, abundante y digno de ser recordado. No debería sorprendernos, por tanto, que en el versículo anterior se jacte de haber proclamado con denuedo lo que tanto disfrute le había proporcionado: el ser humano tiene todo el derecho a hablar de aquello en lo que se deleita.

C. H. SPURGEON

Me he gozado en el camino de tus testimonios, más que en todas las riquezas. El salmista no se limita a decir: *"me he gozado en tus testimonios"*, sino que exclama: *"en el camino de tus testimonios"*. Y el término *"camino"* es uno de los utilizados para identificar y expresar el concepto de la ley de Dios. A menudo al curso y acciones de un hombre en la vida, su carrera, sus objetivos, lo denominamos: *su camino.* Las leyes divinas son caminos que nos llevan a Dios; y en este caso ese es el sentido: *el camino que tus testimonios indican y señalan.* La alegría del salmista no surge de la especulación o la palabrería, sino de la obediencia y la práctica: *"en el camino de tus testimonios"*. Y describe con detalle el grado o nivel de su alegría: *"más que todas las riquezas"*, no con la intención de equiparar ambas cosas en un sentido de posible igualdad de valor; o como si fuera viable tener a la Palabra de Dios un afecto parecido que tenemos a las cosas de este mundo; sino en un sentido de establecer un nivel de referencia para comparación superlativa, situando las riquezas como la cota más alta de lo que el mundo puede ofrecer, y con todo, imposibles de comparar a la Palabra de Dios. Como si dijera: «Las riquezas son la aspiración máxima de los mundanos, en ellas se deleitan en gran manera. Pues bien, muy por encima de lo que ellos se regocijan en sus posesiones y que implica su clímax máximo de regocijo, me regocijo yo en el camino de tus testimonios». David no compara aquí su deleite en la Palabra con su deleite en las riquezas, sino más bien al deleite que otros encuentran en ellas. Con todo, de ser así, la referencia a sí mismo tanto con respecto a una cosa como a la otra, situaría el listón muy alto. David fue elegido para ceñir una corona, tenía capacidad para disfrutar de lo máximo que el mundo puede ofrecer: oro, plata, posesiones, bienes, dominio de territorio; un compuesto de todo aquello a lo que los hombres, ya sea conjunta o individualmente, pueden aspirar a poseer. Y sin embargo, se declara más satisfecho con la santidad de los caminos de Dios que con poseer el mundo entero: *"Porque ¿qué aprovechará al hombre si ganare todo el mundo, y perdiere su alma?"*[74]

THOMAS MANTON [1620-1677]
"One hundred and ninety sermons on the hundred and nineteenth Psalm", 1681

Me he gozado en el camino de tus testimonios, más que en todas las riquezas. Los *"testimonios"* de Dios son su Palabra, pues ella testifica de su voluntad; por tanto *"el camino de tus testimonios"* es la puesta en práctica de su Palabra, hacer lo que él ha declarado como su voluntad; y en lo cual ha prometido demostrarnos su amor. David no alcanzó ese gozo y deleite del que nos habla por el mero hecho de escuchar, leer y profesar la Palabra, sino al ponerla en práctica. Y la única razón por la que

[73] 1 Crónicas 29:28.
[74] Marcos 8:36.

nosotros estamos tan lejos de alcanzar el consuelo que hay en la Palabra de Dios, es porqué no la practicamos, no andamos por sus caminos. Es cierto que de principio, a la naturaleza humana le sabe amarga, porque que ama las cosas de la carne;[75] y sujetarse a ella le aparenta un cautiverio: *laboriosa virtutis vía,* el camino de la virtud se le hace pesado, y someter el corazón a la Palabra requiere esfuerzo y sacrificio. Pero una vez iniciado su proceso purificador, aporta como recompensa tal abundancia de alegría y regocijo que todo el esfuerzo y sacrificio anterior se da por bien empleado.

WILLIAM COWPER [1566-1619]
"A Commentary upon CXIX Psalm", 1613

Más que en todas las riquezas. Las riquezas son adquiridas con dificultad, disfrutadas con temor, y perdidas con amargura.

BERNARDO DE CLARAVAL [1091-1153]

Más que en todas las riquezas. Cuando en época de en persecución fueron confiscadas todas las Biblias, una mujer de condición humilde exclamó: *«No puedo separarme de mi Biblia, no sé vivir sin ella».* Cuando un alma piadosa ha escuchado un sermón provechoso, suele decir: *«Me ha hecho mucho bien, me ha llenado el corazón, me siento alimentado».* Lo que equivale a decir: *"Me he gozado en el camino de tus testimonios, más que en todas las riquezas"*.

OLIVER HEYWOOD [1629-1702]
"Sure Mercies of David", 1670

Vers. 15. ***En tus mandamientos meditaré; consideraré tus caminos.*** *[En tus mandamientos meditaré; consideraré tus caminos.* RVR*] [Meditaré en tus preceptos, y consideraré tus caminos.* LBLA*] [Meditaré en tus preceptos, consideraré tus caminos.* BTX*] [En tus preceptos medito, y pongo mis ojos en tus sendas.* NVI*] [Meditaré tus preceptos y contemplaré tus sendas.* BLP*] [Estudiaré tus mandamientos y reflexionaré sobre tus caminos.* NTV*]*[76]

En tus preceptos meditaré. Quién experimenta en su interior deleite en algo no logra apartar su mente de ello. Así como el avaro que se extasía contemplando asiduamente su tesoro, así también el creyente piadoso se goza en contemplar reiteradamente, a través de la fe y la meditación, las riquezas incalculables que ha descubierto en el Libro del Señor. A muchos la meditación se les hace tediosa; pero para la persona de camino purificado es un deleite. El salmista afirma haber meditado y confirma que piensa seguir haciéndolo; tras exclamar: *"me he gozado meditando"* añade *"consideraré tus caminos"*, que equivale a decir *voy a seguir meditando.* Y es que para el para el alma piadosa no hay otra actividad espiritual más provechosa que la meditación. ¿Por qué, pues, la abandonamos y descuidamos con tanta facilidad justificando su abandono con todo tipo de excusas? Merece la pena destacar que el eje central de la meditación de David en la Palabra de Dios, era precisamente la parte

[75] Romanos 12:2; 1 Juan 2:15-16.

[76] La versión griega de los LXX o Septuaginta lee: ἐν ταῖς ἐντολαῖς σου ἀδολεσχήσω καὶ κατανοήσω τὰς ὁδούς σου que la Vulgata traduce al latín como: *"In mandatis tuis exercebor, et considerabo vias tuas"*, "En tus mandamientos me ejercitaré, y consideraré tus caminos". La versión sefardí de Ferrara traduce: *"En tus encomendanças hablarè, y catarè tus caminos"*. La caldea Peshitta: *"En tus mandamientos he meditado, y he conocido tus sendas"*. KRAUS traduce: *"Meditaré acerca de tus ordenanzas, consideraré tus sendas"*. SCHÖKEL: *"Voy a meditar tus decretos y a fijarme en tus sendas"*.

prescriptiva: *"en tus preceptos"*. Lo cual resulta lógico y natural si tenemos en cuenta que la pregunta clave de esta octava del salmo, y que sin duda seguía latente en la mente del salmista es *"con qué limpiara el joven su camino"* (119:9). La devoción verdadera y auténtica es práctica.

Consideraré tus caminos. Es decir, reflexionaré profundamente en ellos para averiguar en que consisten. Los tendré en mente de manera constante para prestarles la máxima atención y estima. Investigaré tus designios respecto a mi persona para someterme a ellos con reverencia y acogerlos con gratitud y amor. Analizaré cuanto has prescrito; buscaré las sendas por las cuales quieres que te siga, y estudiaré cada una de sus particularidades procurando obedecerlas con el mayor esmero. De este modo podré demostrarme a mi mismo que soy un siervo digno de tal Maestro. Fijémonos cómo a medida que el salmo avanza los versículos se van haciendo cada vez más personales, volcándose hacia el interior: desde la proclamación a otros del versículo trece: *"con mis labios he contado"* (119:13); avanzamos hasta la alegría y deleite manifiesto del catorce: *"me he gozado en el camino de tus testimonios"* (119:14); para llegar a la meditación en privado con un espíritu feliz: *"en tus mandamientos meditaré"* (119:15). Las gracias más valiosas son aquellas que moran en lo más hondo.

C. H. SPURGEON

En tus preceptos meditaré. En la primera parte de la octava el salmista se ocupa del pasado, de demostrar sus logros en su relación con Dios; y relaciona cuanto ha llevado a cabo hasta el presente: *"Te he buscado"* (119:10); *"he atesorado"* (119:11); *"he contado"* (119:13); *"me he gozado"* (119:14). Los dos versículos finales los dedica a fijar sus objetivos para el futuro: *"meditaré"*, *"consideraré"*, *"me regocijaré"*, *"no me olvidaré"* (119:15-16). Un cristiano jamás se duerme en los laureles, no se relaja confiando en sus logros pasados, en lo hecho y conseguido: avanza, prosigue con la misma solicitud hacia delante perseverando hasta el fin.[77] David establece aquí sus propósitos y adopta una resolución firme: seguir en la misma línea hasta alcanzar la meta final.[78] Habrá quienes digan: «Meditar en la Palabra lo hice de joven, cuando tenía tiempo para el estudio y la recapacitación» ¡No basta! Debemos seguir avanzando en el camino de la santidad sin pausas ni interrupciones. Dejar las cosas a medias, empezándolas con ímpetu para abandonarlas al cabo de un tiempo, además de no conducir a ninguna parte, es una insensatez.

THOMAS MANTON [1620-1677]
"One hundred and ninety sermons on the hundred and nineteenth Psalm", 1681

En tus preceptos meditaré. No en lo relacionado con tus preceptos o relativo a ellos, sino en ellos: *"en tus preceptos"*. Es decir, en el ejercicio y aplicación práctica de cuanto ellos prescriben y ordenan.

JOSEPH ADDISON ALEXANDER [1809-1860]
"The Psalms Translated and Explained", 1850

En tus preceptos meditaré. Tomemos nota de este *"meditaré"*, que se repite a lo largo de todo el salmo una y otra vez: *"Meditaré en tus maravillas"* (119:27); *"Meditaré en tus estatutos"* (119:48); *"Meditaré en tus mandamientos"* (119:78). A veces, cuando meditamos en la Palabra, se hace nos difícil concentrar nuestra mente de manera exclusiva en ese sagrado deber, apartando otros pensamientos, asuntos y compromisos que la saturan. Mas difícil aún profundizar en la investigación de aquello en lo que meditamos. Todavía más difícil lograr que se mantenga en nuestra mente el tiempo

[77] Mateo 24:13.
[78] Filipenses 3:12-14.

necesario para sacar conclusiones: descomponerlo, analizarlo y debatirlo con calma y serenidad; seguir dándole vueltas y vueltas hasta obtener savia nueva y jugo fresco de aquello que en apariencia nos da la sensación de estar ya caducado, viejo y seco. Y lo más difícil de todo: aplicar de manera práctica las conclusiones de esa meditación a nuestra vida diaria. A menos que hayamos desarrollado la infrecuente habilidad de espolearnos a nosotros mismos, por lo general albergamos la tendencia a un esquema mental plano y una notoria propensión al abandono de las cosas. Persistir, proseguir en algo de manera constante y decidida se nos hace difícil; a menos que desarrollemos hacia ello un interés afectivo de carácter peculiar, un amor cálido que nos lleve a una resolución firme y resoluta; y en lo tocante a lo espiritual, a menos que elevemos con frecuencia el alma a Cristo para obtener de él nuevos contingentes de esa fuerza peculiar que nos permite resistir y seguir adelante. Por ello David, que era un experto en el arte de andar por los caminos de Dios, se fija como meta la reflexión constante en su Palabra: *"meditaré"*; y se la repite a sí mismo con frecuencia a modo de recordatorio y estímulo. Pues no dice *"meditaré"* en un sentido de intención o propósito futuro, con la idea de iniciar algo que anteriormente no había hecho; sino en el sentido de continuidad, de voluntad de persistir en algo que ya venía haciendo habitualmente; y va repitiendo y recordando su intención inicial para evitar que su corazón desmaye hasta no haber completado el trabajo propuesto. Su idea de *"meditar"* no es la de rascar en esa mina de oro que es la Palabra vetas superficiales de manera casual, sino perforar túneles con tenacidad y ahínco durante largo tiempo hasta dar con todas las vetas profundas y extraer de ella todo su tesoro. No es un mero zambullirse en el mar para agarrar una perla y regresar de inmediato a la superficie, sino descender a las profundidades y permanecer allí el tiempo que sea preciso para extraer cantidad de ellas. Tirar del hilo dorado de la meditación en toda su longitud hasta alcanzar la medida espiritual deseada. Un proceder poco frecuente, pero dichoso y bienaventurado.[79]

NATHANIEL RANEW [1602-1672]
"Solitude improved by divine meditation, or, A treatise proving the duty and demonstrating the necessity, excellency, usefulness, natures, kinds and requisites of divine meditation", 1670

En tus preceptos meditaré. ¡Cuánto no mejoraría nuestro regocijo en el curso de nuestro andar por el camino de los testimonios y preceptos de Dios (119:14), si nos involucráramos con más frecuencia en la meditación! Pero inducir nuestra mente carnal a que adopte esta resolución es imposible; y tristemente, incluso la mente renovada se muestra a menudo reacia debido al grado de depravación que permanece en ella. Sin embargo, se trata de una actividad bendecida, que cuando la practicamos nos compensa devolviéndonos mil veces en deleite el esfuerzo que exige doblegar y comprometer en ella nuestro corazón renuente.

CHARLES BRIDGES [1794-1869]
"Exposition of Psalm CXIX", 1850

Meditaré. La felicidad que nos aporta la meditación en la Palabra acarrea una influencia positiva que lo abarca todo: hace a la mente más sabia, los afectos más cálidos, el alma más vigorosa y floreciente, y la conversación más fructífera y fecunda.

NATHANIEL RANEW [1602-1672]
"Solitude improved by divine meditation, or, A treatise proving the duty and demonstrating the necessity, excellency, usefulness, natures, kinds and requisites of divine meditation", 1670

[79] Dice WILLIAM NICHOLSON [1591-1672]: «Del mismo modo que la comida que no es debidamente masticada y digerida no nutre adecuadamente el cuerpo, la lectura de la Palabra de Dios que no va acompañada de la correspondiente meditación y estudio profundo, no alimenta el alma».

En tus preceptos meditaré. Estudia asiduamente las Escrituras. Cuando un escritor famoso publica un nuevo libro, ¡que ansias sentimos de leerlo! Supón que te digo que en Francia o Alemania acaban de poner a la venta un libro escrito por Dios. Estoy convencido que sacarías el dinero de tu bolsa o de donde fuera para hacerte con él. Pues mira, guarda la bolsa, porque ese libro lo tienes a tu disposición en tu propio hogar. ¡Ojalá te dieras cuenta, y comenzaras a leerlo y estudiándolo profundamente! Cuando el eunuco etíope viajaba en su carro intentando leer el libro del profeta Isaías, y Felipe le preguntó atrevido: *"¿Entiendes lo que lees?"*,[80] nos se nos dice que estallara en cólera, como cabría esperar que hubiera hecho; todo lo contrario, se mostró contento y agradecido. El objetivo primordial del llamado *"año de la remisión"* era que la Ley fuera leída y repetida a oídos de todo el pueblo.[81] Lo que se nos comunica a través de las Escrituras es la sabiduría misma de Dios,[82] por tanto, lee y estudia la Biblia con la mayor atención por encima de todo lo demás que puedas hacer y desear.

SAMUEL JACOMB [1629-1659]

"Divine Authority of the Scriptures" en *"The Morning Exercises at Cripplegate"*.

Y respetaré tus caminos. Una cosa lleva a la otra: *"Meditaré"*, por tanto, *"respetaré"*, tendré en estima.[83] La meditación conduce a la praxis; y llevada a cabo adecuadamente engendrará respeto hacia los caminos de Dios. No meditamos para quedarnos absortos en la teoría, divagando en la contemplación de los preceptos divinos, sino para generar obediencia: *"Recita siempre el libro de la ley y medita en él de día y de noche; cumple con cuidado todo lo que en él está escrito. Así prosperarás y tendrás éxito"*.[84]

THOMAS MANTON [1620-1677]

"One hundred and ninety sermons on the hundred and nineteenth Psalm", 1681

Y fijo mis ojos en tus sendas. Como un arquero los fija en su diana.

JOHN TRAPP [1601-1669]

"A commentary or exposition upon the books of Ezra, Nehemiah, Esther, Job and Psalms", 1657

Y consideraré tus caminos. Contemplar el paisaje cuando viajamos no deja de ser un peculiar deleite: los espléndidos edificios, los jardines, las fortificaciones; o los museos y galerías de arte. Pero, ¿qué son todos estos lugares comparados con la contemplación de los caminos de Dios que él mismo ha recorrido o trazado para el hombre? ¡Y cuánta necesitad tenemos de considerarlos atentamente, y fijarnos en cada detalle de su trazado! De lo contrario seremos como el cochero somnoliento que da cabezadas y no permanece atento constantemente a la carretera: él y todos sus pasajeros acaban súbitamente en la cuneta.

MARTIN GEIER [1614-1681]

"Commentarius in librum Psalmorum, ad usum Seminarii Brugensis", 1695

---

80 Hechos 8:27-30.

81 Deuteronomio 31:9-13.

82 Lucas 11:49.

83 La versión inglesa KJV traduce verbo hebreo וְאַבִּיטָה *wəʼabbîṭāh* de נָבַט *nâbaṭ,* como: *"and have respect unto thy ways"*, respetaré, tendré en estima. Todas las revisiones de Reina-Valera, así como LBLA traducen *"consideraré tus caminos"*, con la excepción de la Reina-Valera Contemporánea que traduce *"fijo mi atención en tus sendas"*. La NVI traduce: *"pongo mis ojos en tus sendas"*. KRAUS traduce: *"Meditaré acerca de tus ordenanzas, consideraré tus sendas"*. SCHÖKEL: *"Voy a meditar tus decretos y a fijarme en tus sendas"*.

84 Josué 1:8.

Consideraré tus caminos. Tras la *meditación,* la segunda acción que David pone en marcha en relación a la Palabra de Dios es su *consideración.* Fijémonos en como la describe de la manera más propia y adecuada llamándola: *"tus caminos".* En parte porque es a través de ella que Dios se aproxima a los hombres y se revela; de otro modo no tendríamos constancia alguna de él puesto que habita en luz inaccesible.[85] Pero también porque la Palabra es el camino que conduce a los hombres hasta Dios. Por cuanto a través de ella Dios desciende hasta los hombres; y por ella los hombres ascienden a Dios y aprenden cómo acceder a él; resulta de lo más propio y adecuado que sea denominada: *"Camino".*

WILLIAM COWPER [1566-1619]
"A Commentary upon CXIX Psalm", 1613

Vers. 15-16. Los dos últimos versículos de esta octava nos presentan una triple acción interior del alma de David en relación a la Palabra de Dios. En primer lugar: *la meditación;* en segundo lugar: *la consideración*; y en tercer lugar: *el deleite.* Cada uno de estos conceptos procede del anterior y se refuerzan mutuamente. La *meditación* trae la Palabra a la mente; la *consideración* la contempla y examina con detalle; todo lo cual resulta en *deleite.* Lo que introducimos en la mente jamás sería de provecho si no fuera debidamente considerado, se iría como ha venido sin dejar huella, instrucción. ni gozo de ningún tipo; pero cuando aquello que descubrimos en la *meditación,* es ponderado mediante *consideración,* entonces genera *deleite,* que es el perfeccionamiento de la piedad en lo que refiere a su acción interna.

WILLIAM COWPER [1566-1619]
"A Commentary upon CXIX Psalm", 1613

Vers. 16. *Me regocijaré en tus estatutos; no me olvidaré de tus palabras.* *[Me regocijaré en tus estatutos; no me olvidaré de tus palabras.* RVR*] [Me deleitaré en tus estatutos, y no olvidaré tu palabra.* LBLA*] [Me deleitaré en tus estatutos, no me olvidaré de tu palabra.* BTX*] [En tus decretos hallo mi deleite, y jamás olvidaré tu palabra.* NVI*] [En tus normas me deleitaré, no he de olvidar tu palabra.* BLP*] [Me deleitaré en tus decretos y no olvidaré tu palabra.* NTV*]*[86]

Me deleitaré en tus estatutos. Este versículo nos muestra cuan estrechamente ligado va el deleite la meditación de la cual es vástago y flor verdadera. Cuando privados de todo solaz nos sentimos completamente solos, para el corazón no hay mayor deleite que susurrarse con dulzura a sí mismo: *"me deleitaré en tus estatutos".* Que importa si no hay trovador que cante en mi sala, *"me deleitaré en tus estatutos".* Y aún cuando no haya llegado el tiempo del cantar de las aves, y la voz de la tórtola no se escucha en nuestra tierra,[87] con todo, *"me deleitaré en tus estatutos".* Porque deleitarse en la Palabra es el más noble y selecto de todos los deleites, de hecho *"la buena parte"* la cual jamás nos

[85] 1 Timoteo 6:16.

[86] La versión griega de los LXX o Septuaginta lee: ἐν τοῖς δικαιώμασίν σου μελετήσω, οὐκ ἐπιλήσομαι τῶν λόγων σου que la Vulgata traduce al latín como: *"In justificationibus tuis meditabor: non obliviscar sermones tuos",* "En tus justificaciones meditaré, no olvidaré tus palabras". La versión sefardí de Ferrara traduce: *"En tus fueros me folazarè, no olvidarè tu palabra".* La caldea Peshitta: "*he meditado en tu ley para no olvidar tus palabras".* KRAUS traduce: *"Me deleito en tus estatutos, no olvidaré tu palabra".* SCHÖKEL: *"Tus órdenes son mi delicia, no me olvido de tu palabra".*

[87] Cantares 2:12.

será quitada.[88] En nada encontraremos auténtico deleite fuera de aquello que Dios ha establecido para satisfacción eterna del alma; y el libro de los Estatutos ha sido designado para ser deleite de todo súbdito leal. Una vez el creyente ha comenzado a examinar con detalle las páginas sagradas, y en la medida que su meditación transita de una a otra de las palabras regias pronunciadas por el gran Rey, palabras plenas y firmes, inmutables y divinas, su alma arde dentro de él.[89]

No me olvidaré de tus palabras. No es habitual que los humanos olviden con facilidad aquello que previamente han atesorado con esfuerzo, antes por el contrario, meditan en ello (119:15), y hablan de ello (119:13). Sin embargo, y dado que nuestra memoria es traicionera, el salmista prefiere dejarlo todo bien atado con cordón de tres dobleces[90] y exclama: *"No me olvidaré"*.

Es importante reparar en cómo todas sus resoluciones en tiempo futuro, los *"yo haré":*[91] *"meditaré, "consideraré", "me regocijaré", "no me olvidaré"* (119:15.16), cuentan siempre con una contrapartida en tiempo pasado, un *"yo he": "he buscado, "he guardado", "he contado"* (119:10-11,13). No es de recibo prometer para el futuro aquello que no hemos sido capaces de cumplir en el pasado o hemos fracasado en su ejecución; pero aquello en lo que la gracia nos ha otorgado logros y victorias, cabe esperar que nos concederá ampliarlas.

También resulta curioso observar el paralelismo de este versículo dieciséis (119:16) con el versículo ocho (119:8), en torno al cual parece moldearse y encajar a la perfección. Juega con las mismas palabras: *"estatutos – olvido"*, pero su significado es completamente distinto, por lo que no cabe crítica de tautología o sospecha de vana repetición. No hay lugar en todo el salmo donde un mismo pensamiento se repita dos veces, y los que así lo creen, son unos necios. Pese a utilizar las mismas palabras, algo hay de especial en cada versículo que altera su significado de tal modo que el sentido es siempre distinto. Si no somos capaces de ver en el Salmo 119 una variedad y riqueza de matices casi ilimitada, cabe concluir que somos daltónicos;[92] y si no escuchamos en sus estrofas una sutil multiplicidad de dulces armonías, será porque estamos sordos como una tapia. Pero jamás nos atrevamos a sospechar que el Espíritu de Dios se repita o actúe con monotonía.

C. H. SPURGEON

Me deleitaré en tus estatutos, y no olvidaré tu palabra. Antes ha declarado que se gozaba y complacía en los testimonios de Dios (119:14); ahora afirma que se deleitará en ellos (119:16). La persona auténticamente piadosa cuanto más hace el bien, más desea hacerlo; más se deleita en él y mayor es su voluntad y resolución de llevarlo a cabo. Por el contrario, los contemporizadores que ceden con facilidad ante la opinión dominante, que no albergan más que una atisbo de piedad y el amor no ha echado raíces en su corazón, ¡que pronto se cansan de hacer el bien! En cuanto han llevado a cabo el más insignificante servicio en pro de la fe, se detienen para descansar, plenamente satisfechos de si mismos y convencidos de que ya no necesitan hacer nada más. La verdadera praxis cristiana es bien

[88] Lucas 10:42.

[89] Salmo 39:3; Jeremías 20:9.

[90] Eclesiastés 4:12.

[91] La idea de los *"I will"*, "Yo haré" de Dios era un tema favorito de Spurgeon, de quien se afirma que exclamó en cierta ocasión *"I love the I wills of God"*, "me encantan los 'yo haré' de Dios"; y lo utiliza repetidamente en sus sermones y comentarios. (Ver al respecto los comentarios de Spurgeon al Salmo 132:15: *"A sus pobres saciaré de pan"*; y al Salmo 145:2: *"Y alabaré tu nombre eternamente y para siempre"*). Aquí hace el mismo juego de palabras con los *"I will"* o "yo haré" de David en el Salmo 119. Lamentablemente la construcción verbal del tiempo futuro en español es distinta del inglés, por lo que la idea pierda buena parte de su belleza basada en la expresión.

[92] El DALTONISMO es un defecto genético de la vista que impide a la persona afectada distinguir ciertos colores y sus matices, o confundir algunos de los que percibe.

conocida por su hambre y sed de justicia,[93] por su perseverancia en hacer el bien,[94] y su ferviente deseo de ir siempre un paso más allá.[95]

Y a esto añade el salmista *"no olvidaré tus palabras"*. Las gracias del Espíritu se apoyan y fortalecen la una a la otra: la *meditación* ayuda a la *consideración* (119:15). ¿Quién puede *considerar* aquello en lo que no ha *meditado* previamente? La *consideración* trae el *deleite,* y ese *deleite* fortalece el *recuerdo.* Por ello el salmista afirma *"y no olvidaré tu palabra"*, porque *se deleita* en ella; ese *recuerdo* fomenta la *meditación,* y así se cierra en círculo en que las gracias del Espíritu se apoyan la una a la otra. Por contra, descuidar una sola de ellas, desencadena un proceso inverso de acelerado deterioro y decadencia de todas las demás.

WILLIAM COWPER [1566-1619]
"A Commentary upon CXIX Psalm", 1613

Me deleitaré en tus estatutos. Cuando la rectitud deja de ser una imposición, algo obligado, para convertirse en decisión voluntaria, su propia naturaleza cambia y asciende a un rango moral superior, mucho más elevado.[96] Incluso Dios mismo, al cual resultaría imposible sujetar bajo la autoridad de la ley por imposición, actúa según el camino de rectitud y justicia de esa ley de propia voluntad e inclinación. Así también nosotros, en la medida en que somos creados a semejanza a Dios,[97] subsistimos paradójicamente en virtud de esa misma ley en base de cuyas terribles condenas deberíamos estar muertos. Pero ya no estamos bajo el ayo de la ley;[98] nuestra obediencia ha pasado de ser algo forzoso y obligatorio a ser un acto de buena voluntad, adquiriendo con ello un carácter y rango superior al que tenía anteriormente: no somos atraídos por y nos sujetamos a la ley por temor a un Dios autoritario; ahora somos atraídos a ella por un corazón dispuesto y deseoso, que se deleita en toda excelencia moral y espiritual.

THOMAS CHALMERS [1780-1847]
"Lectures on the Epistle of Paul the apostle to the Romans", 1838

Me deleitaré en tus estatutos. La meditación en la Palabra no debe ser algo aburrido y triste, pesado y dificultoso en su avance; como los carros de Egipto cuando sus ruedas fueron atascadas, arrancadas y entorpecidas,[99] sino como los carros de Amminadab,[100] veloces como el viento. Oremos

---

[93] Mateo 5:6.
[94] Gálatas 6:9.
[95] Mateo 5:42, 46-47.
[96] Dice AGUSTÍN DE HIPONA [454-430] en sus *"Confesiones"*, Libro Noveno, Capitulo 1.1; refiriéndose al momento a su conversión: «¡Oh, qué dulce fue para mí sentirme repentinamente libre de la atracción a la dulzura de aquellas bagatelas que por largo tiempo tanto me atraían, y tanto temía perder; y descubrir que ahora, cuanto más me apartaba de ellas tanto mayor era mi gozo! Porque tú, oh Señor, las arrojabas de mí, ¡oh verdadera y sana dulzura!; tú las arrojabas y en su lugar entrabas tú, más dulce que todo deleite».
[97] Génesis 1:26; 5:1; 9:6; Santiago 3:9.
[98] Gálatas 3:24-25.
[99] Éxodo 14:25.
[100] Cantares 6:12. Un texto de difícil traducción que la KJV la RVA y las revisiones 1960, 1995 y *Contemporánea,* traducen como *"los carros de Aminadab";* pero otras versiones y revisiones de la propia RV traducen como *"la carroza de mi príncipe!"* (RVR 1977); *"los carros de mi noble pueblo"* (BLA); o *"las carrozas reales de mi pueblo"* (NVI). Históricamente la mayoría interpretes han visto en el contexto *"antes de darme cuenta me puse entre los carros"* un elemento comparativo que parece dar a entender la idea de velocidad y rapidez; pero los exégetas modernos consideran que texto hebreo no parce ir en esa dirección.

diciendo: *«Señor, en nuestra meditación en tu Palabra haznos como los carros de Aminadab, para que nuestros rápidos avances puedan evidenciar nuestro deleite en ella»* El santo David hace de ese *"deleite"* un ingrediente tan fundamental, que a veces llega incluso a identificar la meditación con el *"deleite"*, como se desprende de comparar el versículo anterior: *"meditaré en tus mandamientos"* (119:15) con el presente *"me deleitaré en tus estatutos"* (119:16). Vienen a decir lo mismo, pero sobreañadiendo este excelente calificativo que debido a su noble concomitancia[101] de satisfacción y gozo santo, merece y debe tener la meditación en la Palabra: deleite.

NATHANIEL RANEW [1602-1672]
"Solitude improved by divine meditation, or, A treatise proving the duty and demonstrating the necessity, excellency, usefulness, natures, kinds and requisites of divine meditation", 1670

Me deleitaré. El verbo hebreo es muy enfático: אֶשְׁתַּעֲשָׁע *'ešta'ăšā'* de שָׁעַע *shâ'a'*, brincar o saltar de alegría.[102]

ADAM CLARKE [1760-1832]
"Commentary on the Whole Bible", 1831

Me deleitaré en tus estatutos, no me olvidaré de tus palabras. El *"deleite"* evita el *"olvido"*, pues la mente recuerda y recrea aquello en lo que el corazón se deleita, y el corazón está donde está nuestro tesoro.[103] Obsesionadas como están en sus intereses materiales, las gentes de este mundo olvidan la Palabra porque no es su deleite. De hecho, cuando una cosa nos resulta desagradable y finalmente conseguimos olvidarla experimentamos satisfacción, pues apartar de la misma nuestros pensamientos es en cierto modo una liberación; pero si además de olvidarla logramos sustituirla por algo agradable y que nos encanta recordar, la satisfacción es doble. En el mundo académico, cuando un estudiante, ya sea por su aversión el estudio o por excesiva severidad y poca habilidad pedagógica de su maestro, acaba desarrollando animosidad a los libros, todo cuanto aprenda en ellos será en vano, pues acabará olvidándolo: lo que entra por una oreja le sale por la otra. El arte de enseñar consiste en lograr que los alumnos se deleiten en aquello que aprenden. Lo que aprendemos con dulzura lo atesoramos, y nuestra mente lo recuerda procesándolo día y noche. Esto es lo que dice David en este versículo: «Puesto que me deleitaré en tus estatutos… no me olvidaré de tus palabras».

THOMAS MANTON [1620-1677]
"One hundred and ninety sermons on the hundred and nineteenth Psalm", 1681

Me regocijaré en tus estatutos; no me olvidaré de tus palabras. Jamás he escuchado de un avaro que haya olvidado dónde tiene enterrado su tesoro.

MARCO TULIO CICERÓN [106- 43 a.C.]

---

[101] Acción y efecto de acompañar una cosa a otra u obrar juntamente con ella.

[102] El autor basa su comentario en el sentido que se le aplica en Isaías 11:8: *"el niño de pecho jugará dando brincos sobre la guarida de la cobra"*. Pero se trata de un verbo complejo y poco frecuente que solo se utiliza nueve veces exclusivamente en los Salmos y el libro de Isaías y con significados muy diversos: Salmo 94:19; 119:16; 119:47; 119:70: *"alegrar, deleitar"*; Isaías 6:10: *"cegar, nublar, o hacer pesados los ojos"*; 11:8: *"jugar, brincar"*; 29:9 (2): *"ofuscarse, cegarse"*; 66:12: *"mimar, acariciar"*.

[103] Mateo 6:21.

ג Guímel[1]

Versículos del 17 al 24

Versión poética

Guímel

Ve, Señor, con piedad a tu fiel siervo,
vivifica mi alma que está muerta,
y para que siga tus preceptos santos
inspírame confianza, dame fuerza.

Haz que me raye de tu luz brillante
el lúcido esplendor para que pueda
penetrar sus conceptos escondidos,
y admirar sus magníficas ideas.

Ya ves que soy un ciego, un miserable
extranjero infeliz sobre la tierra,
enséñame el camino de mi patria,
y ponme con tus manos en las sendas.

Mi corazón anhela, solicita,
y con ansias ardientes no desea
mas que observarlas bien en todo tiempo,
y con exactitud la más severa.

Castigas al injusto, al orgulloso,
que a tus leyes infiel no se sujeta;
pero más desgraciados los inicuos,
que locos e insensatos las desprecian.

[1] Los comentaristas afirman:

– Felipe Scio de San Miguel [1738-1776] en una nota a su traducción de la Vulgata afirma que: «*"Guímel"* es "retribución" o "plenitud"». Y el sentido propio del verbo "retribuir" en diversos pasajes de la Escritura es el de liberalidad: "hacer el bien".

– Agustín de Hipona [354-430] nos dice que: «Dios, en su gracia inmerecida, retribuye males con bienes» (Ver el comentario de Agustín en la nota 10). Sin embargo, algunos interpretan este "retribuir" como "vengar": *"Venga los agravios hechos a tu siervo",* pues tal es el sentido que se le dá en el Salmo 138:8: *"Dominus retribuet pro me…".* Pero los cabalistas coinciden en que el significado de *Guímel* es el de benevolencia, la letra de la caridad y la misericordia, la letra que socorre al pobre, lo cual coincide plenamente no solo con el criterio de Agustín sino con las palabras con las que comienza la octava: *"Haz esta merced a tu siervo"* (119:17).

Límpiame del oprobio que me cubre,
sácame de la infamia y de la afrenta,
pues sabes que no sufro estas injurias,
sino es porque mi pecho las respeta.

Sabes que ciertos hombres poderosos,
furiosos contra mí se desenfrenan,
porque yo me ejercito cuidadoso
en cumplir los preceptos que me enseñas.

Y no los dejaré, pues que mi estudio
es consultar tus ordenanzas rectas,
para aprender el modo de portarme
en cualquier estado en que me vea.

Del "Salterio Poético Español", Siglo xviii

Comentario general a los versículos del 17-24: En esta octava surgen en la mente del salmista las dificultades y pruebas del camino, y en consecuencia, ora pidiendo ayuda para hacerles frente. En los ocho versículos anteriores oraba cual joven que por primera vez se enfrenta al mundo; aquí lo hace en calidad de siervo y peregrino que se siente cada vez más como un extraño en país enemigo.[2] Apela únicamente a Dios, y su oración es particularmente directa y personal: habla con el Señor cual si hablara con un amigo íntimo.[3]

C. H. Spurgeon

[2] Dice William Swan Plumer [1802-1880]: «Cada uno de estos ocho versículos nos invita, de una u otra forma, a preservar y fortalecer nuestro amor por cada porción de las Escrituras. Nunca infravaloremos ni tomemos a la ligera los oráculos de Dios. Cuidémonos bien de evitar ese egolatrismo que dirigido por los impulsos humanos nos lleva a despreciar la Palabra escrita. Huyamos de nuestras propias especulaciones. Guardémonos celosamente de todos los engaños del mundo, la carne y el diablo. Aferrémonos a las doctrinas, las promesas, los preceptos y las advertencias de las Escrituras; evitando el apoyarnos en la sabiduría humana. Quién tiene a los profetas y apóstoles como consejeros, y cuenta con una buena disposición a aprender, caminará a su lado más seguro que siguiendo los consejos de todos los sabios de la tierra. Para aquellos que cuentan con la merced del compromiso divino, nada es imposible; y esto para el cristiano es una realidad cotidiana en la obra de la salvación. Es débil por naturaleza y necesita apoyo (119:17); aquejado de ceguera en cosas espirituales (119:18); un extraño en la tierra (119:19); y a menudo se le parte el alma viendo el poco interés y desprecio por las cosas de Dios (119:20); sintiéndose tentado por el orgullo (119:21). Sus amistades lo llenan de desprecios y le cubren de reproches (119:22); y en ocasiones incluso los príncipes se vuelven contra él (119:23). Pero saldrá vencedor y más que vencedor por medio de Aquel que lo amó si obedece los consejos de su palabra (119:24)».

[3] Francisco Lacueva [1911-2005] en su versión española del "Comentario de Matthew Henry" hace la siguiente exposición: «Esta octava podría titularse: 'Las delicias de la experiencia devota'. Aunque esta experiencia no está exenta de sombras, el versículo veinticuatro (119:24) marca la pauta general de la estrofa. 1. El salmista pide a Dios que le conserve la vida a fin de guardar su Palabra (119:17), ya que en ella tiene sus delicias (119:24). Quiere que Dios le quite el velo que le cubre los ojos, a fin de ir hallando, como quien ahonda en una mina de oro, más y más maravilla que extraer de la Ley de Dios (119:18), pues se siente como un extranjero que necesita conocer bien las leyes del país (119:19). ¿Quién sino Dios se las

El deseo de la generosidad Divina.

1. El propósito de la vida es servir a Dios: *"viviré y respetaré tu palabra"* (119:17).
2. Él es quien la ilumina: *"abre mis ojos para que vea"* (119:18).
3. Guía nuestros pasos en tierra extraña: *"no me ocultes tus mandamientos"* (119:19).
4. Nos protege de los soberbios que se apartan del camino: *"deseo sin cesar tus juicios... que se desvían de tus mandamientos"* (119:20-21).
5. Y de los que se burlan y nos afrentan por guardar sus mandatos: *"Aparta de mí el oprobio... se sentaron y hablaron contra mí... pues tus testimonios son mis delicias"* (119:22-24).

C. A. DAVIS
"Outlines Upon Keywords of the Psalm CXIX"

Vers. 17. *Haz bien a tu siervo; que viva, y guarde tu palabra.* *[Haz esta merced a tu siervo: que viva, y guarde tu palabra.* RVR*] [Favorece a tu siervo, para que viva y guarde tu palabra.* LBLA*] [Haz bien a tu esclavo, para que viva y guarde tu Palabra.* BTX*] [Trata con bondad a este siervo tuyo; así viviré y obedeceré tu palabra.* NVI*] [Favorece a tu siervo: viviré y respetaré tu palabra.* BLP*] [Sé bueno con este siervo tuyo, para que viva y obedezca tu palabra.* NTV*]*[4]

Favorece a tu siervo. Convencido de que estar al servicio de Dios es la alegría de su corazón el salmista se complace en sus deberes para con él. Basa su súplica en su condición de siervo,[5] pues el siervo tiene un cierto ascendente sobre su señor; pero la fraseología descarta todo concepto de reclamación legal, pues busca generosidad en lugar de recompensa: Que mi salario sea conforme a tu bondad, y no a mis méritos. Recompénsame conforme a la grandeza de tu liberalidad, y no de acuerdo a

---

puede descubrir, ya que Él las oculta a los que son sabios en su propia opinión, pero las revela a los que las reciben con sencillez infantil? (Mateo 11:25). Somos, por naturaleza, ciegos para las cosas de Dios, hasta que la gracia divina hace que caigan de nuestros ojos las escamas. Y cuanto más nos abre los ojos, mayores son las maravillas que hallamos en su ley. Tal es el anhelo que tiene el salmista de conocer los veredictos de Dios, que ese continuo deseo le consume el alma (119:20). 2. Pasa a continuación a exponer ante Dios un obstáculo que ensombrece sus alegrías. Los magnates influyentes del país se sentaban a murmurar de él (119:23), mientras él meditaba en los estatutos divinos siempre dispuesto a cumplirlos, no solo porque los amaba, sino porqué en ellos encontraba los mejores consejos para frustrar los planes de sus enemigos (119:24). Unos soberbios (119:21), pecadores presuntuosos a los que Dios reprocha y resiste; pero no solo ellos son malditos, sino todos los que se desvían: הַשֹּׁגִים *haššōḡîm,* "yerran", de los mandamientos de Dios, pues también éstos sufren su castigo correspondiente, lo cual ya es una maldición. Al ser el oprobio y el menosprecio como un manto que cubre a la persona (ver Salmo 109:29), el salmista pide; (utilizando el mismo verbo hebreo גַּל *gal,* del versículo dieciocho (119:18) para pedir que le sea quitado el velo de los ojos); que le sean retiradas tales ignominias (119:22), ya que no quiere compartirlas con sus enemigos, puesto que él es fiel a Dios, mientras que ellos son rebeldes».

[4] La versión griega de los LXX o Septuaginta lee: ἀνταπόδος τῷ δούλῳ σου ζήσομαι καὶ φυλάξω τοὺς λόγους σου que la Vulgata traduce al latín como: *"Retribue servo tuo; vivifica me, et custodiam sermones tuos"*, "Retribuye a tu siervo; dame vida, y guardaré tus palabras". La versión sefardí de Ferrara traduce: *"Gualardona fobre tu fiervo, bivire y guardarà tu palabra"*. La caldea Peshitta: *"Responde a tu siervo para que viva y guarde tus palabras"*. KRAUS traduce: *"¡Haz bien a tu siervo, para que yo viva, y guardaré tu palabra!"*. SCHÖKEL: *"Cuida de tu siervo, y viviré para cumplir tu palabra"*.

[5] El término hebreo עֶבֶד *ebed,* "siervo", aparece trece veces a lo largo del Salmo 119. Ocho como עַבְדְּךָ *'aḇdəḵā,* (17, 23, 65, 84, 122, 124, 125, 176); tres como לְעַבְדֶּךָ *lə'aḇdəḵā* (38, 49, 76); una como בְּעַבְדֶּךָ *bə'aḇdeḵā* (135); y una como וְעַבְדְּךָ *wə'aḇdəḵā* (140).

la escasez de mi servicio. Los siervos de nuestro Padre celestial todos cuentan con pan de sobra, pues él no dejará jamás que su casa perezca de hambre. Si el Señor nos trata como al menor de sus siervos, podemos darnos por satisfechos, pues todos sus siervos verdaderos son hijos, *príncipes de la sangre,*[6] herederos de la vida eterna. David era consciente de que sus carencias y necesidades eran importantes, requerían de una disposición generosa; y que en el limitado desierto en que se movía jamás alcanzaría a cubrirlas; se lanza por tanto en brazos de la gracia de Dios para obtener de la generosidad ilimitada del Señor las cosas importantes que necesita. Pide, pues, una total liberalidad de gracia en un estilo que nos recuerda el de una conocida oración: «Oh Señor de misericordia, dame gran misericordia o no me des ninguna; porque un poco de misericordia no me arregla nada».[7]

Para que viva. Sin misericordia en abundancia no hubiera subsistido. Para mantener vivo a un creyente se precisa de gracia abundante; pues dado lo indignos que somos, incluso la vida es un don de la generosidad divina. Suplica por su vida física, pues solo el Señor puede mantenernos el ser, y su gracia poderosa es la que preserva en nosotros una vida que justamente perdimos a causa de nuestro pecado.[8] Sentir deseos de vivir es correcto, orar implorando vida es acertado, y atribuir a Dios el favor una larga vida es justo. Pero también por la vida espiritual, sin la cual esta vida natural es un mero existir, y debemos buscarla de la generosidad del Señor, porque es la obra más noble de la gracia divina, y donde la generosidad de Dios se manifiesta de manera más gloriosa. Ningún siervo del Señor puede pretender servirle contando solo con sus propias fuerzas, pues si su gracia no abundara en nosotros ni tan siquiera alcanzaríamos a subsistir.

Y guarde tu palabra. Esta debe ser la regla general, el objeto y la alegría de nuestra vida. No cabe el desear que Dios nos conceda vida y pecar; pero sí orar implorando vivir y mantener la palabra de Dios. Vivir sin sentido carece de sentido.[9] Tan solo merece la pena preservar la vida mientras podamos preservar la palabra de Dios. De hecho, fuera de la santidad no hay vida, en el sentido más elevado de lo que puede entenderse por vida: vivir quebrantando la ley no merece el nombre de vida, es mera existencia.

La oración de este versículo nos muestra que es únicamente por la generosidad o gracia divina, que nos es dado vivir como siervos fieles de Dios en obediencia manifiesta a sus mandatos. Y que, si de algún modo le servimos, es porque él nos concede la gracia necesaria: obramos para él porque él obra en nosotros. Digamos, por tanto, que con los versículos iniciales de las tres primeras octavas del Salmo 119 cabe formar una cadena: El de la primera (119:1) declara bienaventurados a los santos: *"Bienaventurados los perfectos de camino"*; el de la segunda (119:9) se pregunta cómo lograr a esa santidad *"¿Con qué limpiará el joven su camino?*; y el de la tercera (119:17) rastrea la santidad hasta su fuente secreta mostrándonos cómo alcanzar la bienaventuranza: *"Haz esta merced a tu siervo: que viva, y guarde tu palabra"*. Cuanto más valoramos la santidad y más intensamente nos esforzamos en obtenerla, más atraídos nos sentimos hacia Dios en busca de ayuda, puesto que percibimos claramente

---

[6] En el original inglés *"princes of the blood"*. Proviene del francés *"prince du sang"* o *"princes du sang de France"* una expresión creada en el siglo XV y establecida como título por Enrique III de Francia en 1576, para distinguir a todos los miembros de linaje de la Casa Real francesa descendientes de san Luis y por tanto cualificados para la sucesión en el trono.

[7] El propio Spurgeon atribuye esta frase al puritano RICHARD BAXTER [1615-1691] al citarla en un sermón titulado: *"Done in a day, but wondered at forever"*, predicado en el *"Metropolitan Tabernacle"*, el 25 de Septiembre de 1870. En el original: *"O Lord of mercy, give me great mercy or no mercy, for little mercy will not serve my turn"*.

[8] Génesis 3:19.

[9] Spurgeon hace aquí uno de sus habituales juegos de palabras imposible de trasladar al español: *"Being is a poor thing if it be not well being"*. Una posible alternativa sería: "Ser sin bien vivir es un mero existir".

que nuestras propias fuerzas son insuficientes, y que sin la ayuda abundante del Señor nuestro Dios, ni tan siquiera alcanzaríamos a subsistir.[10]

C. H. SPURGEON

Trata generosamente a tu siervo.[11] Igualmente puede traducirse *"a tu siervo"* que *"con tu siervo"*. El significado es profundo. El salmista, en su criterio, asume que no será tratado meramente como un pecador, sino como alguien en el camino señalado para la reconciliación. Algo que adquiere su sentido en base al versículo anterior (119:16) donde leemos: *"Me regocijaré en tus estatutos; no me olvidaré de tus palabras"*. Puesto que los estatutos del Señor hacían clara referencia a los sacrificios por el pecado y las limpiezas y purificaciones prescritas en la Ley, hemos de imaginar aquí al salmista en mitad del ritual levítico y haciendo todos los preparativos correspondientes para el mismo.[12] Y así, en plenos rituales de purificación, hemos de entender que ora al Señor para que le trate conforme a los mismos; o, como diríamos nosotros en términos del Nuevo Testamento: aferrándose a la gran expiación obrada en Calvario, el creyente ora al Señor para que le trate de acuerdo a su status en Cristo, es decir, con benevolencia y favor. Pues, así como el Señor es justo, y sin la expiación sería justo al condenarnos, justo es también para perdonarnos por medio de la expiación; sí, Dios es justo, *"y el que justifica al que es de la fe de Jesús"*.[13]

JOHN STEPHEN [1800-1881]
"The Utterances of the CXIX Psalm; Expounded in a Series of Lectures", 1861

Favorece a tu siervo. Señor, estoy resuelto a obedecer constantemente tu voluntad revelada y cumplir tus mandatos todos los días de mi vida: Concédeme pues la recompensa benevolente que has prometido a todos aquellos que tal hagan.

HENRY HAMMOND [1605-1660]
"Paraphrase and Annotations on Book of Psalms", 1659

---

[10] AGUSTÍN DE HIPONA [354-430] cita como ejemplo de esto la conversión de Saulo de Tarso en apóstol Pablo: «Las formas de retribución podemos resumirlas en cuatro: males con males (Éxodo 21:34; Mateo 5:38); bienes con bienes (Lucas 6:32-34; males con bienes, como hace Cristo justificando al impío por su gracia (Romanos 5:8; 1 Pedro 3:18); y finalmente bienes con males, como hicieron los judíos con Cristo (Hechos 3:14-15). De estas cuatro clases de retribución, las dos primeras: el retribuir males con males o bienes con bienes, pertenecen a área de la justicia; la tercera pertenece a la misericordia; y la cuarta, el retribuir bienes con males, es ajena totalmente Dios, que jamás paga a nadie mal por bien (Salmo 145:9; Mateo 5:45). Ved sino el caso de Saulo convertido en Pablo: *"no en virtud de obras de justicia que nosotros hubiéramos hecho, sino conforme a su misericordia, mediante el lavamiento de la regeneración y la renovación por el Espíritu Santo"* (Tito 3:5); o según lo expresa en otro pasaje: *"habiendo yo sido antes blasfemo, perseguidor e injuriador; mas fui recibido a misericordia"* (1 Timoteo 1:13); y también: *"mas doy mi parecer, como quien ha alcanzado misericordia del Señor para ser fiel"* (1 Corintios 7:25), es decir, para ser vivificado, porque: *"el justo por la fe vivirá"* (Romanos 1:17). Antes de alcanzar la vida por la gracia de Dios, reconoce que estaba muerto a causa de su propia injusticia: *"Y yo vivía en un tiempo sin la ley; pero venido el mandamiento, el pecado revivió y yo morí. Y hallé que el mismo mandamiento que era para vida, a mí me resultó para muerte; porque el pecado, tomando ocasión por medio del mandamiento, me engañó, y mediante él me mató"* (Romanos 7:9-11). Está claro, pues, que Dios le retribuyo males con bienes, es decir, vida por muerte. Este es el tipo de retribución que pide aquí el salmista cuando dice: *"Retribuye a tu siervo; dame vida, y guardaré tus palabras"* (119:17)». (Ver al respecto la nota 1 sobre la letra ג *Guímel*).

[11] En hebreo גְּמֹל עַל־עַבְדְּךָ *gəmōl 'al-'aḇdəḵā*.

[12] 1 Crónicas 22-24.

[13] Romanos 3:26.

Favorece a tu siervo, para que viva y guarde tu palabra. Un siervo fiel, debe considerar los servicios prestados en el pasado como abundantemente recompensados, en el hecho de que le sean confiados nuevos servicios para el futuro. Eso es lo que aprendemos de esta oración: David suplica larga vida para poder seguir guardando la palabra de Dios.

DAVID DICKSON [1583-1663]
"Explication upon the Last Fifty Psalms", 1655

Favorece a tu siervo. Ciertamente, al considerar que aún el creyente más experimentado es por si mismo una criatura pobre, débil, vacía y desamparada; no se concibe que nada, fuera de un suministro abundante de gracia, pueda satisfacer sus necesidades perentorias.

CHARLES BRIDGES [1794-1869]
"Exposition of Psalm 119", 1827

A tu siervo. Que el salmista se describa a sí mismo con tanta frecuencia como siervo de Dios denota la estimación reverente que sentía por su Dios; asume como mucho más honroso ser llamado siervo del Dios que estaba por encima de él, que no rey del pueblo pujante y temido que tenía bajo su mando. Y, ciertamente, siendo que a los ángeles se les describe como ministros suyos, ¿deberían los hombres considerar vergonzoso servirle, cuando en su bondad ha hecho de los ángeles servidores nuestros: "*ministradores, enviados para servicio a favor de los que serán herederos de la salvación*?[14] ¿No debemos servir con alegría a Aquél que creo todas sus criaturas para que nos sirvan[15] mientras a nosotros nos eximió de servir a nadie excepto a él mismo?

WILLIAM COWPER [1566-1619]
"A Commentary upon CXIX Psalm", 1613

Que viva. Siendo que el hombre para poder obrar necesita "vivir", la primera petición del salmista es que Dios trate a su siervo con benevolencia, conforme a la medida de su gracia y misericordia, y le otorgue "vida"; para así poder vivir la vida de la fe y fortalecer su hombre mediante la acción del Espíritu de poder.

GEORGE HORNE [1730-1792]
"A Commentary on the Psalms in which Their Literal Or Historical Sense, as They Relate to King David, is Illustrated", 1825

Para que viva y guarde tu palabra. David une aquí dos conceptos inseparables, y quien los desuna no puede ser bendecido.[16] Desea vivir; pero vivir para poder guardar la palabra de Dios.[17] Al

---

[14] Hebreos 1:14.

[15] Génesis 1:28; Salmo 8:6-9.

[16] KRAUS observa que la obediencia a la palabra de Dios se describe aquí como un acto de gratitud, un concepto típico de la teología deuteronómica; en tanto que la ley conecta la vida con la obediencia (Levítico 18:5; Deuteronomio 6:24): «De la תּוֹרָה *torah* se esperan maravillas (119:18); en la piedad de la torá del Salmo 119 vemos que la torá es la palabra vivificadora; y para contemplar sus efectos misteriosos deben ser abiertos los ojos del hombre (119:18)».

[17] Ver 119:107, 116. El verbo hebreo חָיָה *chayah,* "vivir", ocurre dieciseis veces a lo largo del Salmo 119. Una como אֶחְיֶה *'eḥ-yeh* (17); nueve como חַיֵּנִי *ḥayyênî,* (25, 37, 40, 88, 107, 149. 154, 156, 159); una como חִיָּתְנִי *ḥîyāṯənî* (50); una como וְאֶחְיֶה *wə'eḥyeh* (77); una como חִיִּיתָנִי *ḥîyîṯānî* (93); dos como וְאֶחְיֶה *wə'eḥyeh* (116, 144); y una como תְּחִי־נַפְשִׁי *təḥî-napšî* (175).

réprobo, que vive en rebelión contra su Hacedor, como dijo nuestro Salvador de Judas más le valdría no haber nacido;[18] pues cuanto más corta es su vida, menos son sus pecados y menores sus juicios y su condenación. Pero para el elegido, la vida es un enorme beneficio; puesto que a través de ella pasa de la elección a la glorificación por el camino de la santificación. Cuanto más vive, tanto mayor es el bien que tiene oportunidad de hacer para gloria de Dios y edificación de los demás; y de constatar su propia salvación confirmándola mediante la lucha y la victoria contra las tentaciones, y su perseverancia en obrar el bien.[19]

WILLIAM COWPER [1566-1619]
"A Commentary upon CXIX Psalm", 1613

Vers. 18. ***Abre mis ojos, y miraré las maravillas de tu ley.*** *[Abre mis ojos, y miraré las maravillas de tu ley.* RVR*] [Abre mis ojos, para que vea las maravillas de tu ley.* LBLA*] [Abre mis ojos, y contemplaré las maravillas de tu ley.* BTX*] [Ábreme los ojos, para que contemple las maravillas de tu ley.* NVI*] [Abre mis ojos para que vea las maravillas de tu ley.* BLP*] [Abre mis ojos, para que vea las verdades maravillosas que hay en tus enseñanzas.* NTV*]*[20]

Abre mis ojos. Lo que pide aquí es parte del trato generoso y benevolente solicitado en el versículo anterior: *"Favorece a tu siervo, para que viva"*. No hay mejor ni mayor favor que aquel que beneficia nuestro propio ser como personas: nuestra alma; nuestra mente, nuestro cuerpo físico, y en particular un órgano tan vital como es el ojo. Disponer de ojos sanos y bien abiertos es mucho mejor que vivir rodeado de las perspectivas más nobles pero ciegos a su belleza.[21]

Y contemplaré las maravillas de tu ley. Hay quienes son incapaces de percibir una sola maravilla en el evangelio; y sin embargo David se muestra convencido que en la ley estaba rebosante de hechos gloriosos. Disponía de menos de la mitad de la Biblia, pero la valoraba mucho más de lo que algunos la aprecian teniéndola entera. Sentía que Dios había dispuesto en su Palabra grandes recompensas, y pide la facultad de percibirlas, hacerlas suyas y disfrutarlas. Lo que en realidad más necesitamos no es más revelación, sino más visión para discernir la que nos ha sido dada; lo que más falta nos hace no son mayores beneficios, sino más capacidad para asimilar los que Dios nos ha concedido ya y puesto a nuestro alcance.[22]

---

[18] Mateo 26:24.

[19] Dice JUAN CALVINO [1509-1564]: «Lo que pide el profeta, como favor principal, es que mientras viva pueda permanecer enteramente consagrado a Dios».

[20] La versión griega de los LXX o Septuaginta lee: ἀποκάλυψον τοὺς ὀφθαλμούς μου, καὶ κατανοήσω τὰ θαυμάσιά σου ἐκ τοῦ νόμου σου que la Vulgata traduce al latín como: *"Revela oculos meos, et considerabo mirabilia de lege tua"*, "Quita el velo de mis ojos, y consideraré las maravillas de tu ley". La versión sefardí de Ferrara traduce: *"Defcubre mis ojos y catarè maravillas de tu Ley"*. La caldea Peshitta: *"Descubre mis ojos y cataré maravillas de tu Ley"*. KRAUS traduce: *"¡Abre también mis ojos para que contemple las maravillas de tus instrucciones!"*. SCHÖKEL: *"Despeja mis ojos, y contemplaré las maravillas de tu ley"*.

[21] Dice al respecto JOHANN PETER LANGE [1802-1884]: «La palabra de Dios es tanto el alimento básico que sustenta como la luz que guía a sus siervos que en calidad de peregrinos y advenedizos transitan por este mundo camino a su patria celestial. Entre todos los dones y maravillas de Dios, destaca su santa Palabra, que brillando con poder y luz propia, aporta con sus rayos ayuda y bendición (…) Pero para poder discernir las verdades que contiene y contemplar las maravillas que esconde, no nos basta con el don de la vista, necesitamos que Dios abra de par en par los ojos de nuestro entendimiento (Efesios 1:18-23)».

[22] Lucas 24:45.

Esta oración lleva implícito un sentimiento de ofuscación consciente por parte del salmista: el reconocimiento de una visión espiritual limitada, la admisión de su incapacidad para corregir tal defecto, y la plena seguridad de que Dios podía solucionarlo. Demuestra, a su vez, que el escritor sagrado era consciente de que había en la Palabra inmensos tesoros ocultos a los que aún no había tenido acceso en su totalidad, maravillas que todavía no había contemplado, y misterios que apenas había desentrañado y creído. Las Escrituras están cuajadas de maravillas; la Biblia es un mundo de portentos: no solo relata milagros, sino que es un prodigio en sí misma. No obstante, ¿de qué sirve esto a unos ojos cerrados? ¿Y cómo puede el ser humano abrir sus ojos habiendo nacido ciego? Es Dios mismo quien tiene que hacer la revelación visible a cada corazón. Necesitamos, que duda cabe, que muchas cosas de la Biblia nos sean desveladas; pero ni la mitad de lo que necesitamos que sean abiertos nuestros ojos: el velo no está en el libro, sino en nuestros corazones. ¡Qué preceptos tan perfectos, qué promesas tan preciosas, qué privilegios tan inestimables desperdiciamos a causa de nuestro torpe divagar por en medio de ellos, haciendo que nos resulten cual paisaje oculto en la oscuridad, como son las bellezas de la naturaleza para un ciego que las percibe palpando! El salmista no era completamente ciego, disponía de una cierta visión espiritual limitada, de lo contrario nunca hubiera concebido la existencia de cosas maravillosas para ser vistas, ni hubiera orado diciendo: *"Abre mis ojos"*; pero lo poco que había contemplado era más que suficiente para inducirle a anhelar una visión más amplia y más clara. Y ese anhelo demuestra lo genuino de la visión limitada que poseía, pues las ansias de un conocimiento más profundo de Dios, son clara indicación de estar el la senda de un verdadero conocimiento de él.

La oración de David en este versículo es una excelente secuela de su correspondiente en la octava anterior, el versículo diez (119:10). Allí suplica *"No dejes que me desvíe"*, y ¿quién más propenso a desviarse que un ciego?; allí exclama: *"con todo mi corazón te he buscado"*, y aquí expresa el deseo de poder ver con mayor claridad el objeto de su búsqueda: *"Abre mis ojos"*. Los vínculos y confluencias entre las ramas frondosas de este árbol gigantesco que es el Salmo 119, son ciertamente singulares; y si abrimos bien los ojos descubriremos incontables maravillas, no solo en la Palabra en general, sino incluso dentro del propio Salmo.

C. H. SPURGEON

Abre mis ojos. ¿Quién es capaz de conocer las cosas secretas y ocultas de las Escrituras a menos que Cristo le abra los ojos? Ciertamente, nadie; pues *"nadie conoce al Hijo, sino el Padre, ni nadie conoce al Padre, sino el Hijo, y aquel a quien el Hijo se lo quiera revelar"*.[23] Por tanto, nos acercamos a él como suplicantes diciendo: *"Abre mis ojos, y miraré las maravillas de tu ley"*. La palabra de Dios no puede ser guardada a menos que nos sea conocida; pero tampoco podemos pretender conocerla a menos que nos sean abiertos los ojos. Es por ello que tras decir: *"para que viva y guarde tu palabra"*; el salmista exclama a continuación: *"abre mis ojos"*.[24]

JOHANNES PAULUS PALANTERIUS [1540-1606]
"Illvstris Psalmorvm Davidicorvm Nusquam a recepto Sacrae Scripturae sensu recedens, mireq[ue] veluti Gemma clarissima resplendens Explanatio", 1600

[23] Mateo 11:27.

[24] Dice WILLIAM SWAN PLUMER [1802-1880]: «La ceguera espiritual es una de las tristes consecuencias de carácter universal que derivan de la caída de la raza humana (Isaías 9:2; 42:7; Juan 12:40; 2 Corintios 3:14). Por tanto, todo conocimiento del Dios salvador es puramente por revelación (Mateo 11:25; 16:17). Sin la enseñanza divina, las Escrituras son un libro cerrado y sellado».

Abre mis ojos. "¿Qué quieres que te haga?", fue la pregunta misericordiosa de un Jesús amoroso y compasivo a un pobre y anhelante ciego aquí en la tierra. Y su respuesta inmediata: *"Señor, que recobre la vista".* [25] De igual modo, en el mismo espíritu y dirigiéndose al mismo Señor amoroso y compasivo, el salmista ora aquí diciendo: *"Abre mis ojos"*. Tanto en lo que respecta a la solicitud hecha en este versículo: *Abre mis ojos"* (119:18); como a la súplica expresada en el anterior: *"favorece a tu siervo"* (119:17), el pasaje de Lucas 18 nos da la clave acerca de quién es el que da pie a la petición: el Señor.

BARTON BOUCHIER [1794–1865]
"Manna in the heart or daily comments on the book of Psalms", 1855

Abre mis ojos. Siendo David un hombre regenerado, y tan avanzado y esclarecido en su concepción de las cosas espirituales por lo que atañe a su época, ¿qué le indujo a orar pidiendo que le fueran abiertos los ojos? La respuesta es fácil: porque nuestra regeneración se forja a través de un proceso gradual. Los primeros destellos de luz en su mente le llevaron a desear más; nadie es consciente del valor de una cosa fuera de aquel que la posee. La poca luz que poseía bastó para llevarle a tomar consciencia de su oscuridad, y, en consecuencia, despertar en él deseos de más luz. Y pide al Señor que se la proporcione.

WILLIAM COWPER [1566-1619]
"A Commentary upon CXIX Psalm", 1613

Abre mis ojos. Los santos del Antiguo Testamento no se quejan de la oscuridad de la ley, sino de su propia ceguera. El salmista no dice: "Señor, haz una ley más clara", sino: *"Señor, abre mis ojos"*. Lo contrario sería tan absurdo como si los ciegos se quejaran a Dios por no haber hecho un sol más brillante a fin de que ellos lo puedan ver. La Palabra de Dios es cual *"antorcha que alumbra en lugar oscuro"*.[26] No hay falta de luz en la Escritura: lo que hay es un velo de oscuridad en nuestros corazones; si no somos capaces de ver su luz tan clara, el defecto no está en la Palabra, sino en nosotros.

Hay quienes constantemente oran por nuevas revelaciones, quieren más luz. Olvidan que esa luz que piden está ya en la Palabra. Cuando pedimos a Dios que nos ilumine, no implica que debamos esperar nuevas revelaciones, sino que podamos ver y discernir claramente las maravillas en su Palabra, y tener una visión más clara de lo que ya ha sido revelado. Aquellos que dan a conocer sus propios sueños y elucubraciones bajo el nombre de "revelación del Espíritu" o "iluminación divina", no aportan *mysteria* sino *monstra,* no ofrecen nuevas revelaciones sino mero espectáculo, opiniones y criterios personales, opiniones portentosas, eso sí, pero a fin de cuentas simples opiniones. No nos muestran las maravillas de la ley de Dios, sino los devaneos y desatinos de su propia mente; verdaderos abortos doctrinales, tan desafortunados que en la mayoría de los casos mueren tan pronto como ven la luz. *"¡Aténganse a la ley y al testimonio! Si no dijeren conforme a esto, es porque no les ha amanecido"*.[27] La luz que tenemos no subsiste fuera de la Palabra, únicamente por medio de la Palabra.

La expresión hebrea גַּל־עֵינַי *gal-'ênay* de גָּלָה *galah* significa *"descubre mis ojos"* quítales la venda o aparta el velo.[28] Implica una acción en doble sentido, negativo y positivo: apartar el velo, y proporcionar de luz. La cura de la ceguera natural de Pablo es un símbolo de la cura de nuestra

[25] Lucas 18:41.
[26] 2 Pedro 1:19.
[27] Isaías 8:20, NVI.
[28] Así traducen la Vulgata y la versión sefardí de Ferrara: *"quita el velo"*, *"defcubre"*. Ver la nota 20.

ceguera espiritual: *"Y al momento le cayeron de los ojos como escamas, y recibió al instante la vista"*[29]. Primero caen las escamas de nuestros ojos, y luego recibimos la vista

THOMAS MANTON [1620-1677]
"One hundred and ninety sermons on the hundred and nineteenth Psalm", 1681

Abre mis ojos, para que vea las maravillas de tu ley. El salmista no pide nueva revelación. Estaba en la mano de Dios el dársela, y en su momento lo hizo ocasionalmente con algunos de los santos de la antigüedad; pero a cada uno y en cada época lo justo para los propósitos de su vida. La petición del salmista no persigue más revelación de la que tenía ya a su alcance, lo que busca es sacarle un mejor partido. Una petición que encaja plenamente, y aún mejor en aquellos creyentes en quienes la vida y la inmortalidad han sido sacadas a la luz en Cristo por medio del evangelio.[30] Si no somos capaces de hallar en la revelación que nos ha sido otorgada materia suficiente para ejercitar nuestros pensamientos, refrescar nuestras mentes, y alimentar nuestra alma con los temas más sublimes y atractivos, es porque pretendemos mirarla con ojos materiales y no con los del entendimiento espiritual.[31] Es de suma importancia que seamos conscientes y estemos plenamente convencidos de esta realidad: en la Biblia quedan infinidad de cosas por descubrir, y si nos acercamos a ella con espíritu recto, podemos aspirar a convertirnos en descubridores de algunas de ellas. Pues son revelaciones que se hacen asequibles por sí mismas; no tanto a la erudición y preparación académica, aunque esta no sea de despreciar, sino a la visión espiritual de un corazón humilde y lleno de amor cristiano. Con todo, una cosa es segura: siempre que estudiemos la Palabra vamos a encontrar en ella cosas nuevas; por mucho que hayamos trillado sus campos y recorrido sus galerías, siempre recogeremos trigo fresco y surgirá ante nuestra mirada un nuevo filón de oro. Y nos preguntaremos atónitos cómo es posible que nuestros ojos estuvieran tan velados como parar no haberlo visto con anterioridad; pues siempre estuvo allí, esperándonos, y lamentamos no habernos dado cuenta, pues de haber tenido la suficiente visión hubiéramos visto además que a su lado había otros tantos, y más, a la espera de ser descubiertos.

Detrás de ello está el Espíritu Santo, que se complace en conducir nuestra alma a lugares más y más profundos cada vez. Algo fácil de constatar en el hecho de que el salmista no pide ninguna facultad nueva o poder especial. Los ojos están ahí, tan solo precisan ser abiertos. Lo que capacita a una persona para leer la Biblia con provecho es el propio beneficio que saca de su lectura; no es la otorgación de un poder nuevo, sino el despertar de un poder que ya tiene. En parte sobrenatural, puesto que es Dios quién ilumina la mente por la acción directa de su Espíritu; pero natural por la otra, ya que opera a través de las facultades existentes en el alma. Dios da *"espíritu de sabiduría y de revelación en el conocimiento de él"*[32], es decir, de Cristo, para que los ojos de la comprensión humana sean esclarecidos. Algo importante y que debemos tener muy presente, ya que nuestra responsabilidad radica precisamente en el hecho de que la facultad ya la poseemos, y constituye la base y punto de partida de la acción que se lleva a cabo con la ayuda de Dios. Ningún cristiano crecerá jamás en el conocimiento de la Palabra quedándose con los brazos cruzados, inactivo a la espera de que le sea concedido un nuevo don de discernimiento; crecerá empleando con diligencia aquello que Dios ya le ha concedido, y aprovechando todas las ayudas y herramientas de estudio que estén a su alcance. Ciertamente, a veces hay maestros, y libros, que parecen estar en posesión de un poder superior a los demás en cuanto a su capacidad para iluminar a otros. Y todos hemos experimentado en alguna ocasión su capacidad particular que les convierte en nuestra mejor ayuda; son la arcilla puesta sobre nuestros ojos por medio

[29] Hechos 9:18.
[30] 2 Timoteo 1:10.
[31] Efesios 1:18.
[32] Efesios 1:17.

de la cual el gran Iluminador corrige nuestra ceguera.[33] Busquemos a estas personas y esos libros, y si los encontramos, utilicémoslos como herramienta que potencie nuestro propio esfuerzo, pero sin recostarnos ni abusar en ellas. Y por encima de todo, volquemos toda nuestra mente y capacidades en el estudio paciente y amoroso del Libro santo, y allí donde no alcancemos, si es parte esencial, tengamos la certeza de que Dios nos enviará un Felipe en nuestra ayuda,[34] o nos instruirá él mismo. Pero recordemos que es nuestro esfuerzo, nuestra dedicación y estudio paciente, lo que nos hace acreedores de ayuda divina. Dios podría habernos hecho partícipes de todo el conocimiento inoculándolo en nuestra mente como ciencia infusa, pero no, exige de nosotros la dedicación y el estudio, puesto que tan solo mediante la investigación y búsqueda sincera puede la Palabra convertirse en tesoro del alma.[35]

Pero en tal caso, cabe preguntarnos cuál es el sentido de la oración del salmista, y por qué la propia Biblia insiste tan a menudo en la necesidad indispensable de que el Espíritu Santo nos enseñe. Esta segunda parte es tan cierta como primera, sin que por ello sean contradictorias, inconsistentes ni incompatibles. Pues si bien la oración sin esfuerzo resultaría presuntuosa, el esfuerzo sin oración sería vano. La razón por la que los seres humanos no alcanzan a descubrir y experimentar el poder y la hermosura de la Biblia, es de naturaleza espiritual. No tienen conciencia del gran mal que la Biblia ha venido a curar, y en consecuencia no abren su corazón a las bendiciones que ella les ofrece. Leen, pero con sus ojos cubiertos por la venda de una naturaleza caída: *"Los ojos de su entendimiento son entenebrecidos, estando excluidos de la vida de Dios"*.[36] Y hasta que los conceptos de pecado y redención no penetran en su corazón y pasan a ser vistos como el centro del mensaje del Libro santo, no hay esperanza alguna de que la mente natural descubra las verdaderas claves de la Revelación. Corresponde al Padre de las luces[37] conceder esto al alma por medio de su Espíritu, y lo hará, si el alma se le acerca humildemente con esta petición, Estudiemos por tanto la Palabra, cual estudiaríamos un libro con el autor presente para exponer y aclarar los intríngulis de su argumento; o como quien contempla una fascinante obra de arte al lado de su artista, dispuesto a verter en nosotros parte de su alma para que alcancemos a sentirnos en el centro de sus armonías de forma y de color. Y quienes de vosotros habéis meditado y orado en lo que respecta a la Biblia, sabéis que cuanto digo no son ideas vanas ni promesas vacías.

JOHN KER [1819-1886]
en un sermón titulado
"God's Word Suited to Man's Sense of Wonder", 1877

Abre mis ojos, para que vea las maravillas de tu ley. Jamás olvidemos que las cosas maravillosas que forman parte de la ley divina no pueden ser descubiertas ni disfrutadas por el *"hombre natural"*,[38] cuyas capacidades de percepción y gozo están limitadas a los objetos temporales y sensoriales. Tan solo el Espíritu divino puede mitigar la oscuridad de nuestro estado pecaminoso y permitirnos percibir la gloria, la armonía y la belleza moral que resplandece por doquier en las páginas de la verdad revelada.

JOHN MORISON [1791-1859]
"An Exposition of the Book of Psalms", 1829

---

[33] Juan 9: 6.
[34] Hechos 8: 26-40.
[35] Hechos 17:10-11.
[36] Efesios 4:18.
[37] Santiago 1:17.
[38] 1 Corintios 2:14.

Abre mis ojos, para que vea las maravillas de tu ley. La última cláusula: *"las maravillas de tu ley"*, viene a ser una suerte de exclamación posterior que anticipa el que sus ojos hayan sido abiertos o mejor aún descubiertos. Una figura que con frecuencia se utiliza para denotar inspiración o comunicación especial de origen divino. El sentido de la expresión hebrea מִתּוֹרָתֶךָ *mittōwrāṯeḵā,* que la mayoría de nuestras versiones meramente traducen por *"de tu ley",* significa en realidad *"salidas de tu ley"* o *"extraídas de tu ley",* es decir, sacadas a la luz y expuestas para que sean vistas, como si hubieran permanecido ocultas en algún lugar.

JOSEPH ADDISON ALEXANDER [1809-1860]
The Psalms Translated and Explained", 1850

Las maravillas. Muchas fueron las señales y milagros físicos que Dios obró en medio del pueblo de Israel y que el pueblo no entendió en absoluto. ¿Por qué? Moisés nos cuenta expresamente el motivo: *"Pero hasta hoy Jehová no os ha dado corazón para entender, ni ojos para ver, ni oídos para oír".*[39] Tenían ojos y oídos físicos capaces de percibir, sí; tenían un corazón o mente capaz de razonar, sí; pero carecían de oído espiritual para escuchar, y mente espiritual para aprehender y valorar esas obras maravillosas de Dios; porque Dios no les había dado ese tipo de ojos, oídos y corazones. Las maravillas sin la gracia son insuficientes para abrirnos los ojos plenamente; pero la gracia sin maravillas, sí puede hacerlo. Y así como el hombre carece de ojos espirituales para ver siquiera las maravillas físicas de Dios, hasta que le son dados; mucho menos tiene ojos para vislumbrar las maravillas de la Palabra de Dios hasta que no le sean otorgados de arriba. Por ello David ora diciendo: *"Abre mis ojos, y miraré las maravillas de tu ley* Y si las maravillas de la ley no son visibles hasta que Dios otorgue ojos para verlas, menos aún las maravillas del Evangelio. La luz de la naturaleza nos muestra algo de la ley; pero nada del Evangelio. Muchos que habían visto y admirado algunas excelencias en la Ley, ridiculizaron la excelencia del Evangelio, hasta que Dios abrió su corazón para que entendieran.[40]

JOSEPH CARYL [1602-167]

Abre mis ojos, y contemplaré las maravillas de tu ley. La Palabra está *"muy cerca de nosotros".*[41] Sosteniendo, pues, en la mano un documento que rebosa maravillas, la pregunta es: ¿Tenemos ojos para ver sus maravillas, y corazón para comprender sus misericordias? He aquí el propósito del Espíritu Santo. El Espíritu no añade nada nuevo a la Biblia; solo ilumina y fortalece nuestras facultades para que podamos discernir y admirar las maravillas que ya está en ella. No es el telescopio quien extrae del lienzo azabache del espacio el brillo fulgurante de las estrellas que a simple vista parecen meros puntos de luz; no es el microscopio quien condensa el bullicio de una agitada población bacteriana en la circunferencia de una gota de agua; o viste de mil colores el ala traslúcida y casi imperceptible de un insecto efímero. No, las estrellas siguen brillando en todo su esplendor tanto si nosotros contamos con los instrumentos necesarios para observar el firmamento como si no; los diminutos arrendatarios de una gota de agua siguen en su ajetreo habitual tanto si disponemos de un microscopio para observar sus piruetas como si no, y la textura del insecto continua ricamente adornada, tanto si una lente poderosa capaz de transformar un átomo en un mundo, convierte para nosotros lo casi imperceptible en algo tan espectacular como el plumaje de un ave del paraíso, como si no. De igual manera, en la

[39] Deuteronomio 29:4.

[40] Un claro ejemplo de esto sería el apóstol Pablo: fiel cumplidor de la ley pero perseguidor del evangelio. Pero sin duda el autor tiene en mente muchos otros casos a lo largo de la historia de grandes filósofos y pensadores, gobernantes, que alabaron el código moral basado en la ley, pero ridiculizaron el evangélio hasta que Dios les abrió los ojos.

[41] Deuteronomio 24:14; Romanos 10:8.

Biblia hay maravillas incontables, tanto si nosotros las percibimos como si o no. No se trata de que el Espíritu Santo, quien de principio las escribió, nos las traiga ahora de nuevo, convertidas en nuevas revelaciones a través de un individuo en particular; sino que disipando las neblinas de nuestros perjuicios carnales, arrancando las escamas de nuestro orgullo y autosuficiencia, y doblegando el barrote de nuestra obstinación causante de que contemplemos la verdad de un modo distorsionado; influya en nuestro corazón para que los afectos carnales dejen de cegar nuestro entendimiento. El Espíritu Santo capacita a los hombres para reconocer lo que está escondido, para que puedan apreciar belleza y percibir esplendor allí donde antes todo les hubiera parecido carente de forma y hermosura. Y con ello les conduce a redescubrir la Biblia, colocando en sus labios la maravillosa oración del salmista inspirada por el propio Espíritu: *"Abre mis ojos, y contemplaré las maravillas de tu ley"*.

HENRY MELVILL [1798-1871]
"Sermons", 1839

Y miraré las maravillas de tu ley. Por *"cosas maravillosas"* parece referirse el salmista a las grandes verdades espirituales y eternas: había recorrido con ojos inquisitivos todas las maravillas de la naturaleza: el sol, la luna y las estrellas, las montañas, los árboles y los ríos.[42] Había contemplado muchas maravillas naturales y físicas; pero ahora su deseo era ver las maravillas espirituales contenidas en la Biblia. Quería saber acerca de Dios mismo en toda su majestad, pureza y gracia. Quería aprender el camino de la salvación mediante un Redentor crucificado, y la gloria que estaba por venir. *"Abre mis ojos"*, exclama. David no era ciego, sus ojos jamás se oscurecieron. Podía leer la Ley de principio a fin, y sin embargo, sentía que necesitaba más luz. Sentía la necesidad de ver más profundamente, de que se abrieran los ojos de su entendimiento.[43] Percibió que limitado a sus ojos y entendimiento natural, jamás alcanzaría a descubrir las maravillas que tanto jadeaba por ver. Quería enseñanza divina, anhelaba el colirio del Espíritu; y por tanto, se dijo a si mismo que no abriría la ley sin pronunciar antes esta oración: *"Abre mis ojos"*.

ROBERT MURRAY M'CHEYNE [1813-1843]
"Memoir and remains of the Rev. Robert Murray M'Cheyne, Minister of St. Peter's Church, Dundee by Andrew A. Bonar", 1878

Las maravillas. ¿Por qué utiliza el término hebreo נִפְלָאוֹת *niplā'ōwt* de פָּלָא *pala*: *"maravillas"?* Es como si hubiera dicho: «Aunque el mundo tiene la ley de Dios como algo trivial, y considera que es propia de almas simples y niños de corta edad; a pesar de ello, estoy convencido que hay en la ley una sabiduría tal que sobrepasa toda la sabiduría de este mundo, y que yacen escondidos en ella secretos maravillosos».[44]

JUAN CALVINO [1509-1564]

---

[42] Salmos 8:3-9; 19:1; 136:5-9.

[43] Efesios 1:18.

[44] FRANZ DELITZSCH [1813-1890] señala la expresión נִפְלָאוֹת *niplā'ōwt,* de פָּלָא *pala,* "maravilloso, extraordinario, fuera de lo común", se aplica siempre a todo aquello que por su carácter sobrenatural y misterioso resulta incomprensible para la mente natural y requiere por tanto la percepción de la fe (ver Éxodo 34:10; Josué 3:5; Job 5:9; 37:5; 42:3; Salmo 72:18; 88:19; 98:1; 106:22; 136;4; Daniel 11:36; Miqueas 7:15). Debajo de la capa superficial, la torá contiene abundancia de ellas, en las que únicamente los ojos en los que ha sido corregida su miopía natural alcanzan a penetrar.

De tu ley. El objeto por el cual el salmista oraba pidiendo ser iluminado en su conocimiento, es: מִתּוֹרָתֶךָ *mittōwrāṯeḵā* de תּוֹרָה *torah*. Un término cuya raíz significa primordialmente "instrucción"; y hace referencia a Dios, quien nos enseña o instruye por la revelación de sí mismo, que es básicamente lo que hace la Escritura. Cuando se terminaron de escribir los libros del Antiguo Testamento, para distinguirlos, fueron distribuidos en tres partes: תּוֹרָה *torah* o la "Ley", תְּהִלָּה *təhillāh* o "Salmos", y los נְבִיאָה *nebiah* o "Profetas"[45]. En esta distribución, *Torá* significa "los cinco libros de Moisés". Pero al ser estos libros de Moisés, por así decirlo, la base o fundamento de todas las revelaciones en el Antiguo Testamento, a todos los demás escritos se les aplicaba el nombre de *"la Ley"*.[46] Por tanto, el salmista entiende aquí como *"ley"* todos los libros que fueron dados por revelación a al pueblo de Israel, la asamblea o iglesia del Antiguo Testamento, como regla de gobierno de su fe y obediencia. Y resulta obvio que en el libro de los Salmos cuando se habla de "la ley" se refiere a la ley escrita, algo evidente a partir ya del Salmo 1, donde se declara bendito aquel que: *"en su ley medita de día y de noche"*,[47] una clara referencia al libro de Josué donde leemos: *"Nunca se apartará de tu boca este libro de la ley, sino que de día y de noche meditarás en él, para que guardes y hagas conforme a todo lo que en él está escrito; porque entonces harás prosperar tu camino, y todo te saldrá bien"*.[48] Es evidente, pues, que al utilizar esta palabra: מִתּוֹרָתֶךָ *mittōwrāṯeḵā,* lo que pretende el salmista es aludir a toda la revelación escrita de la voluntad de Dios, dada a la iglesia como regla de fe y obediencia, es decir, la Sagrada Escritura. Esta ley nos dice el salmista que debemos נִפְלָאוֹת *wə'abbîṭāh,* contemplar; porque en ella descubriremos נִפְלָאוֹת *niplā'ōwṯ,* cosas maravillosas, cuya raíz procede de פָּלָא *pala* que significa "maravilloso", "oculto", "elevado" "inaccesible", aquello que los hombres no alcanzan a entender mediante la razón (נִפְלָאוֹת *niplā'ōwṯ* son cosas que tienen tal impronta del poder y sabiduría divina que se convierten justamente en objeto de nuestra admiración); aquello a nosotros se nos hace peculiarmente difícil, como leemos en Deuteronomio: כִּי יִפָּלֵא מִמְּךָ דָבָר *kî yippālê mimməḵā ḏāḇār "Si te enfrentas a casos demasiado difíciles de juzgar"*[49], porque en ello hay algo יִפָּלֵא *yippālê* de פָּלָא *pala,* misterioso que te queda oculto. Y para referirse a las obras maravillosas de Dios se utiliza el mismo término: פָּלָא *pala.*[50] Por tanto, estas *"cosas maravillosas de la ley"* son las expresiones y manifestaciones en la Escritura de la sabiduría divina, que están por encima de la razón natural y la comprensión de los hombres para poder conocerlas y entenderlas. Tales son los misterios de la verdad divina en la Escritura, en especial porque Cristo, cuyo nombre es פֶּלֶא *pele "maravilloso"*[51] está en ellos, ya que su persona reúne todos los efectos beneficiosos y maravillosos de la infinita sabiduría.

JOHN OWEN [1616-1683]

"An Exposition to the Epistle to the Hebrews", 1668

Las maravillas de tu ley. En la palabra de Dios hay promesas que nadie ha buscado jamás. Hay tesoros de oro y plata que ningún hombre se ha tomado la molestia de excavar. Hay medicamentos para una ignorancia que provoca la muerte de miles de personas. Podríamos compararla a una hermosa finca señorial en el campo, heredada por alguien que vive en un apartamento en la ciudad, y considera que no merece la pena molestarse en visitar esa antigua y venerable mansión que ahora le pertenece. Pasan los años, uno tras otro, y el actual propietario sigue sin prestarle atención, pues ni

[45] Lucas 24:44.

[46] Isaías 8:20.

[47] Salmo 1:2.

[48] Josué 1:8.

[49] Deuteronomio 17:8, NVI.

[50] Salmos 77:11; 78:11.

[51] Isaías 9:6.

de lejos imagina los valiosos tesoros que contiene. Hasta que alguien le pregunta: «¿Has estado en tu finca? ¿Por qué no le echas un vistazo?» La cual le incentiva finalmente a visitarla. A medida que atraviesa el porche comienza a sorprenderse al ver la dimensión y talla noble de las impresionantes columnas; y mientras recorre los anchos pasillos se maravilla cada vez más. Entra en un inmenso salón, y queda asombrado al contemplar la riqueza de pinturas colgadas de las paredes, entre las que destacan retratos de muchos de sus venerables antepasados. Se detiene ante algunos de los cuadros para contemplarlos con detalle y queda atónito: un Tiziano,[52] un Rafael,[53] un Correggio[54] y Giorgione.[55] «Jamás tuve tuve la menor idea de esto», –exclama. «Bueno –le aclara el mayordomo–, hay muchas otras cosas en esta mansión de las que seguro no tiene usted idea». Y lo lleva de una habitación a otra mostrándole cuberterías talladas en oro y plata, muebles de todos los estilos y esculturas maravillosas. Hasta que finalmente admite: «¿Por veinte años he sido el dueño de esta finca sin tener la menor noción de lo que había en ella?». Así es con la palabra de Dios. Ningún arquitecto ha concebido jamás una finca tan suntuosa y perfecta como la palabra de Dios; ningún pintor o escultor ha plasmado jamás imágenes como las suyas, ni forjado enseres como los que adornan sus aposentos. Contiene tesoros incomparables, al lado de los cuales la plata, el oro, o las piedras preciosas, son menos que nada. Y miles la poseen, pero la tienen abandonada.

HENRY WARD BEECHER [1813-1887]
"Royal Truths", 1862

Y contemplaré las maravillas de tu ley. Tanto en los tiempos del salmista como ahora, la finalidad primordial de la palabra de Dios es esencialmente práctica: revelación. Pero tiene también una virtud secundaria, a la que se hace aquí mención, y que es digna de tener en cuenta: su poder para colmar el deseo y facultad innata del ser humano de asombrarse al contemplar maravillas. Y puesto que fue Dios quién diseñó nuestra constitución, y la conoce bien, debió haber adaptado la Biblia a ella en todos sus aspectos y matices. Si logramos demostrar esto, sería una prueba adicional de que la Biblia procede directamente de Aquel que hizo al hombre a su imagen y semejanza.[56] … Que Dios ha otorgado al hombre la facultad de asombrarse, todos lo sabemos; asombrarse es una de las emociones primarias y más frecuentes de la naturaleza humana. La observamos ya en los niños, y en todos aquellos cuyos sentimientos permanecen frescos y naturales porque no han sido contaminados aún por las hipocresías y conveniencias sociales.[57] Es precisamente esa predisposición innata al asombro lo que

[52] Se refiere a TIZIANO VECELLIO [1477-1576] más conocido simplemente como TIZIANO. Uno de los más versátiles pintores italianos y de los mayores exponentes de la Escuela veneciana del Renacimiento. Sus obras más conocidas son notables"Cristo coronado de espinas" y "Venus de Urbino".

[53] Se refiere a RAFFAELLO SANZIO [1483-1520] más conocido simplemente como RAFAEL. Pintor y arquitecto italiano del Renacimiento. Estuvo al servicio del Papa Julio II y decoró su biblioteca privada y otras estancias de los palacios vaticanos. Sus obras más notables son notables "La Fornarina", "La escuela de Atenas" y las ya citadas "Estancias vaticanas."

[54] Se refiere a ANTONIO ALLEGRI DA CORREGGIO [1489-1534] más conocido simplemente como CORREGGIO. Otro famoso pintor italiano del Renacimiento de la escuela de Parma. Sus obras más conocidas son "Júpiter", "La Asunción de la Virgen", y "El rapto de Ganimedes".

[55] Se refiere a GIORGIO BARBARELLI DA CASTELFRANCO [1477-1510] más conocido como GIORGIONE. Pintor italiano del Alto Renacimiento perteneciemnte a la escuela veneciana. Sus obras más conocidas son *"Los tres filósofos"* y *"La tempestad"*.

[56] Génesis 1:26-27.

[57] Es probable que el autor tuviera en mente a poblaciones indígenas aisladas que no han mantenido ningún contacto con lo que nosotros llamamos civilización, y que en los siglos XVIII-XIX, época de las grandes exploraciones, eran descubiertas contantemente.

desata en el ser humano el deseo de conocimiento, y provoca a lo largo de toda la vida el anhelo de inquirir y aprender.

JOHN KER [1819-1886]
en un sermón titulado
"God's Word Suited to Man's Sense of Wonder", 1877

Las maravillas de tu ley. El Salmo 118 nos habla del las *"maravillas"* de la Redención;[58] en el Salmo 119 encontramos las *"maravillas"* de la Revelación.[59]

WILLIAM KAY [1820-1896]
"The Psalms Translated From the Hebrew, with Notes Chiefly Exegetical", 1871

Verse 18-19. Dijo san Agustín: «Si no puedo tener a mi lado a Moisés para que me aclare el significado; dame, Señor, el Espíritu que diste a Moisés». Y esta es la oración que toda persona ávida de conocimiento debe hacer suya. Por ello David ora diciendo *"Abre mis ojos, para que vea las maravillas de tu ley"*; y *"no me encubras tus mandamientos"*.[60] Y Cristo dice: *"Pues si vosotros, siendo malos, sabéis dar buenas dádivas a vuestros hijos, ¿cuánto más vuestro Padre que está en los cielos dará cosas buenas a los que le piden"*,[61] a fin de que podamos contemplar los secretos y las maravillas de Dios.

RICHARD STOCK [1569-1626]
"A stock of divine knowledge, being a lively description of the divine nature, or, The divine essence, attributes, and Trinity particularly explained", 1641

Vers. 19. *Forastero soy yo en la tierra; no encubras de mí tus mandamientos.* *[Forastero soy yo en la tierra; no me encubras tus mandamientos.* RVR*] [Peregrino soy en la tierra, no escondas de mí tus mandamientos.* LBLA*] [Estoy de paso en la tierra, no encubras de mí tus mandamientos.* BTX*] [En esta tierra soy un extranjero; no escondas de mí tus mandamientos.* NVI*] [Soy extranjero en esta tierra, no me ocultes tus mandamientos.* BLP*] [No soy más que un extranjero en la tierra. ¡No escondas de mí tus mandatos!* NTV*]*[62]

Forastero soy yo en la tierra.[63] Esta frase, aunque es una declaración tiene el trasfondo de súplica. Los seres humanos están obligados por voluntad divina a ser amables con los extranjeros, y aquello que Dios ordena a los demás lo ejemplifica en sí mismo. Era por la gracia y amor de Dios que

[58] Salmo 118:20-23.
[59] Salmo 119:18, 27, 129.
[60] Salmo 119:19.
[61] Mateo 7:11; Lucas 11:13.
[62] La versión griega de los LXX o Septuaginta lee: πάροικος ἐγώ εἰμι ἐν τῇ γῇ· μὴ ἀποκρύψῃς ἀπ᾽ ἐμοῦ τὰς ἐντολάς σου que la Vulgata traduce al latín como: *"Incola ego sum in terra: non abscondas a me mandata tua"*, "Peregrino soy yo en la tierra; no escondas de mi tus mandamientos". La versión sefardí de Ferrara traduce: *"Peregrino yo en la tierra, no encubras de mi tus mandamientos"*. La caldea Peshitta: *"Soy morador contigo; no escondas de mí tus ordenanzas"*. KRAUS traduce: *"¡Soy (únicamente) extranjero en la tierra, no escondas de mí tus mandamientos!"*. SCHÖKEL: *"Soy peregrino en la tierra: no me ocultes tus mandatos"*.
[63] Numerosos exégetas utilizan las palabras de este versículo para establecer una conexión entre el Salmo 119 y los salmos de ascenso o peregrinaje, o cuanto menos con la idea de la vida en esta tierra como un

el salmista se sentía un forastero en este mundo; de lo contrario se habría sentido en su casa, como se sienten los mundanos: para Dios no era ningún extraño, pero en el mundo era forastero; lejos de los cielos era un un exilado, y por ello ora diciendo:

No encubras de mí tus mandamientos. Sin ellos, ¿qué me queda? Siendo que nada a mi alrededor me pertenece, ¿qué puedo hacer si pierdo tu Palabra? Dado que en esta tierra nadie sabe ni le importa saber el camino hacia ti, ¿cómo voy a subsistir sin tus mandatos que me permitan guiar mis pasos a la tierra donde moras? David evoca como los mandamientos de Dios habían sido su consuelo durante el exilio: le recordaban su casa, y le mostraron el camino a ella; suplica, por tanto, que nunca le sean encubiertos, impidiéndole con ello entenderlos u obedecerlos. Cuando la luz espiritual se retrae, el mandamiento queda oculto, y a eso un corazón tocado por la gracia le desespera.[64] ¿De qué sirve tener los ojos abiertos si el objeto principal que busca nuestra mirada queda oculto a nuestro ángulo de visión? Podemos soportar con paciencia todos los males que implica permanecer como forasteros en esta tierra extraña, mientras la palabra de Dios siga siendo aplicada por el Espíritu a nuestros corazones; pero si aquellas cosas celestiales que nos infunden paz y fortaleza se esconden de nuestros ojos, estamos en un grave aprieto; como quien está en medio del mar sin brújula, en un desierto sin un guía, o sin amigo en un país enemigo.[65]

Esta oración es complementaria al *"Abre mis ojos"*, del versículo anterior (119:18). En una suplica ver; en la otra recurre contra toda posibilidad de dejar hacerlo, es decir, de que los mandamientos pudieran quedar ocultos a su mirada. Hacemos bien en contemplar la bendición divina que anhelamos desde todos los ángulos, y en abogar para que la acción divina actúe en ambos flancos: positivos y negativos. Cada oración del salmista es la adecuada a la situación y función específica que en ella menciona: como siervo, pide que le sean abiertos los ojos para poder mirar siempre hacia su Señor,

---

peregrinaje. (Ver al respecto nota 13 y 107 de las Introducciones al Salmo 119 sobre las teorías de MICHAEL DOUGLAS GOULDER [1927-2020] y HANS-JOACHIM KRAUS [1918-2000] en este particular).

– KRAUS abunda al final de su comentario en este mismo sentido: «Entre los temas determinantes del Salmo 119 se encuentra la *peregrinatio*. El salmista sabe muy bien que es extranjero en la tierra (119:19). Se halla en camino. La piedad de la torá, de este Salmo, es una *theologia viatorum*. Está en consonancia con ello la comprensión de la תּוֹרָה *torah* como enseñanza, cosa que se expresa clarísimamete en el versículo ciento cinco (119:105): *"Lámpara es para mi pie tu palabra y luz para mi senda"*. Sobre la correspondencia entre la *peregrinatio* y la *lex* escuchemos a DIETRICH BONHOEFFER [1906-1945]: 'Como extranjero, estoy sometido a las leyes del sitio donde me alojo. La tierra que me alimenta tiene derecho a mi trabajo y a mi esfuerzo. No tengo ninguna razón para despreciar la tierra en la que estoy viviendo. A ella le debo fidelidad y gratitud. No puedo escapar de mi suerte de ser necesariamente forastero y extranjero ni debo eludir el llamamiento divino a esta condición de advenedizo, evadiéndome en sueños de mi vida terrena para pensar en el cielo. Hay una nostalgia muy poco divina del otro mundo, una nostalgia que no lleva aparejado, ciertamente, ningún retorno (…) Tengo que esperar pacientemente a que se cumpla la promesa divina, sin querer arrebatarla de antemano a fuerza de deseos y ensueños' (D. Bonhoeffer, *Gesammelte Schriften* / herausgegeben von Eberhard Bethge. Vol. 4 *Auslegungen-Predigten,* 1931-1944)» [*Los Salmos,* Vol. II, Sal. 60-150 Ediciones Sígueme, Salamanca, 1993].

[64] Dice MARTÍN LUTERO [1483.1546]: «No tengo otra herencia es esta tierra fuera de tu Palabra, de modo que ¡no me abandones! No encubras de mí tus mandamientos».

[65] Dice al respecto MATTHEW HENRY [1662-1714]: «*"Forastero soy en la tierra",* y por tanto necesitado de guía, de protección, de compañía que me sirva de consuelo: *"No encubras de mí tus mandamientos",* has que estén constantemente delante de mí, porque ellos son todo cuanto un pobre forastero puede alcanzar a desear».

como corresponde que hagan los ojos de un siervo;[66] como forastero, ruega que no le sea encubierto el camino que debe llevarle de vuelta a casa. En ambos casos su dependencia de Dios es absoluta.

Es de observar cómo el tercer versículo de la segunda octava (119:11) pivota sobre el mismo verbo clave que el tercero de la tercera octava (119:19): *"esconder"*. En uno afirma: *"Tu palabra he atesorado* (escondido) *en mi corazón"* (119:11); en el otro suplica: *"no escondas de mí tus mandamientos"* (119:19). Lo cual nos invita a una reflexión sobre en paralelismo entre: *"esconder en"* y *"esconder de"*.[67]

C. H. SPURGEON

Forastero soy yo en la tierra.[68] David tenía sobrada experiencia tanto en la paz como en la guerra, en la riqueza y en la pobreza, en el placer y en el dolor.[69] Había sido un desconocido y un personaje público: pastor, soldado; cortesano, héroe nacional, proscrito, desterrado; reunía en la misma persona las cualidades y características propias del amo y el esclavo; de caballero y plebeyo; de guerrero y trovador. Y además era rey: un personaje glorioso, lleno de temores y preocupaciones. Había pasado por todo; y ciertamente, había encontrado menos reposo estando en la corte que en el desierto, menos satisfacción en el trono que en los rediles. Era un buen observador, recordaba todas sus experiencias; y esta confesión: *"Forastero soy yo en la tierra"*, viene a ser un epítome, un resumen de todas ellas. Con ella nos hace saber que a pesar de lo mucho que había visto, de las muchas cosas de las que había disfrutado, no había encontrado nada seguro; nada cierto; nada a lo que agarrarse con certeza; nada permanente o que le diera a él garantías de permanecer; por lo que seguía siendo un transeúnte, un peregrino, un *"forastero en la tierra"*.

ANTHONY FARINDON [1598-1658]
"Forty sermons preached at the parish-church of St. Mary Magdalene, Milk-street", 1663

Forastero soy yo en la tierra. Como *peregrino*[70] había renunciado al mundo, que en consecuencia se había convertido en su enemigo; como *forastero* sentía miedo de extraviarse en el camino. Por tanto, solicita de Dios que compense su pérdida de comodidades terrenales concediéndole la luz del cielo; que no le *"oculte sus mandamientos,"* antes por el contrario le muestre y enseñe con claridad los pasos a seguir para ascender al cielo, gozándose a lo largo del camino en la esperanza de la gloria futura.[71]

GEORGE HORNE [1730-1792]
"A Commentary on the Psalms in which Their Literal Or Historical Sense, as They Relate to King David, is Illustrated", 1825

---

[66] Salmo 132:2.

[67] Recordamos al lector lo dicho al comentar el versículo 119:11: La versión inglesa KJV lo traduce como: *"Thy word have I hid in mine heart"*. El verbo inglés *"to hid", ocultar, esconder,* tiene un significado distinto y más fuerte que el español *"guardar"* que utiliza nuestra Reina-Valera. Nos inclinamos por la traducción que utilizan la NVI y LBLA: *"atesorar"*, mucho mas cercano al sentido del verbo hebreo צָפַנְתִּי *ṣāpantî* de צָפַן *tsâphan* "acumular algo muy celosamente y con precaución". Es importante tener en cuenta este detalle, de lo contrario algunos de los juegos de palabras que hacen Spurgeon y otros autores en sus comentario a este versículo pierden parte de su significado.

[68] 1 Crónicas 29:15: Salmo 39:12. Esta es la razón, señala FRANZ DELITZSCH [1813-1890], por la que pide que el Señor mantega vivos en su mente sus mandamientos, que son las normas de conducta para nuestro viaje por este mundo en calidad de peregrinos y extranjeros.

[69] Filipenses 4:11-13.

[70] Levítico 24:35; 1 Crónicas 2:15.

[71] Dice AGUSTÍN DE HIPONA [354-430]: «En otro salmo leemos: "*Porque forastero soy junto a ti, un huésped, como todos mis padres*" (39:12) Reparemos que no dice: "como todos los demás hombres", sino *"como*

Forastero soy yo en la tierra. Si esta confesión hubiera salido de labios de un marginado, un vagabundo postergado y excluido, tendría poco valor comparativo. Pero en boca de alguien que probablemente vivía rodeado de todas las fuentes del disfrute mundano accesibles en su época, es una clara demostración de la vanidad de los *"mejores goces de este mundo"*, y la tendencia ineludible hacia el cielo que emana de la fe proclamada en la Biblia.

CHARLES BRIDGES [1794-1869]
"Exposition of Psalm 119", 1827

Forastero soy yo en la tierra.

1. Todos los seres humanos (en especial los creyentes) no son en este mundo más que peregrinos y forasteros.
2. Un forastero se preocupa por buscar una patria mejor y más duradera. Y el ser humano debería preocuparse ante todo por el lugar donde vivirá por más tiempo; y por tanto, debería tener la eternidad como objetivo, como la tiene el creyente. Quienes alejan su corazón de las cosas terrenales, disfrutarán del cielo. Cuanto más alejados estén sus afectos de lo terreno, más aferrados los tendrán al cielo[72]; pues cielo y tierra son como dos platos de balanza en equilibrio permanente, lo que se quita de uno se añade en el otro.
3. Fuera de la palabra de Dios no hay otras directrices claras sobre cómo alcanzar este estado de felicidad duradero. Sin ella no somos más que peregrinos y extranjeros en un país extraño, incapaces de discernir el camino al hogar. El estado de verdadera bendición solo se revela adecuadamente en la

---

todos mis padres". Con ello quiere darnos a entender que está hablando de los justos que le precedieron y suspiraron piadosamente a lo largo de esta peregrinación terrenal por la patria eterna; de los cuales se nos dice en la epístola a los Hebreos que: *"Conforme a la fe murieron todos éstos sin haber recibido lo prometido, sino mirándolo de lejos, y creyéndolo, y saludándolo, y confesando que eran extranjeros y peregrinos sobre la tierra. Porque los que esto dicen, claramente dan a entender que buscan una patria; pues si hubiesen estado recordándose de aquella de donde salieron, ciertamente tenían tiempo de volver. Pero aspiran a una mejor, esto es, celestial; por lo cual Dios no se avergüenza de llamarse Dios de ellos; porque les ha preparado una ciudad"* (Hebreos 11:13-16). Y cuando el apóstol Pablo nos recuerda que "*entretanto que habitamos en el cuerpo, estamos ausentes del Señor"*, resulta evidente que no se dice de todos los hombres, sino de los creyentes, *"porque la fe no es de todos"* (2 Tesalonicenses 3:2) … a fin de que entendamos que cuando habla de esta peregrinación se refiera a la de aquellos que andan por la fe (2 Corintios 5:7). Los incrédulos, a quienes Dios de antemano no conoció ni predestinó a ser conformes con la imagen de su Hijo (Romanos 8:29), no son peregrinos en la tierra, ya que están en el lugar que les corresponde, donde nacieron según la carne; y no tienen en otro lugar una ciudad a la que se dirigen, por tanto, no están en la tierra como peregrinos sino como ciudadanos, como hijos nativos de la misma; de ahí que digan: *"Tenemos hecho un pacto con la muerte, e hicimos un convenio con el Seol; cuando pase el turbión del azote, no llegará a nosotros, porque hemos puesto nuestro refugio en la mentira, y en la falsedad nos esconderemos"* (Isaías 28:15)». En realidad, también ellos son forasteros y extraños, más no en lo tocante a la tierra, sino al pueblo de Dios, donde son extraños y advenedizos. De ahí que diga el apóstol a los creyentes de Éfeso que comenzaban a participar de los dones de la ciudad santa, que no es de este mundo: *"así que ya no sois extranjeros ni advenedizos, sino conciudadanos de los santos, y miembros de la familia de Dios"* (Efesios 2:19). Concluimos, por tanto, que los que son ciudadanos en la tierra, son forasteros en el pueblo de Dios; y los que son ciudadanos del pueblo de Dios son peregrinos en la tierra, porque entretanto habitan en el cuerpo peregrinan hacia su Señor. Digamos pues con el salmista: *"Forastero soy yo en la tierra; no encubras de mí tus mandamientos"*».

[72] Colosenses 3:2.

Palabra: *"La vida y la inmortalidad son traídas a la luz por medio del evangelio"*.[73] Los paganos no hicieron más que intuirlo, pero tenían un concepto oscuro y velado del estado de las almas después de esta vida; sin embargo, a medida que la Palabra fue revelada, vimos que únicamente ella señala con claridad el camino. La palabra de Dios nos hace sabios conforme a la salvación,[74] es nuestro camino y hoja de ruta para llegar a la Canaán celestial; y por tanto, quienes desean alcanzar este estado duradero deben consultar la Palabra.

4. No es posible entender la palabra de Dios si no es bajo la luz del Espíritu. *"Hay un espíritu en el hombre, y el soplo del Omnipotente le hace que entienda"*[75]. Aunque la Palabra es luz en sí misma, el espíritu del hombre es incapaz de aprovecharla hasta que Dios la ilumina con esa luz viva que esclarece la verdad en nuestros corazones. Esta es la luz que David suplica cuando dice: *"No me encubras tus mandamientos"*. David no ignoraba los Diez Mandamientos, conocía de memoria cada una de sus palabras; pero ruega le sea revelado su sentido y uso espiritual.

5. Si queremos tener el Espíritu debemos pedírselo a Dios en oración; porque Dios da el *"Espíritu Santo a los que se lo piden"*[76]; y por tanto, debemos suplicar como David: *"Envía tu luz y tu verdad; estas me guiarán; me conducirán a tu santo monte, y a tus moradas"*[77].

THOMAS MANTON [1620-1677]
"One hundred and ninety sermons on the hundred and nineteenth Psalm", 1681

Forastero soy yo en la tierra; no encubras de mí tus mandamientos. Cuando nace un niño en un hogar, a veces, en lenguaje familiar y coloquial, solemos referirnos a él como "el pequeño forastero".[78] Y los amigos que vienen de visita preguntarán si, como un privilegio, podrían ver al "pequeño forastero". ¡Sí, un forastero, ciertamente, eso es lo que es, pues viene de muy lejos! De las inmensidades eternas. ¡De la presencia, el toque y el ser de Dios! Y está destinado a regresar de nuevo a las inmensidades eternas en un ciclo sin fin, que se repite a lo largo de todas las edades. Pero el pequeño forastero crece rápidamente, y pronto comienza a echar raíces vigorosas. Estudia, trabaja, gana, construye, planta, compra, vende, retiene, y, en su propio criterio cree que "se establece", hasta tal punto de considerar impropio que alguien se refiera a él llamándole *forastero.* Y así, "el pequeño forastero" va siguiendo el curso de la vida, profundizando y ampliando sus objetivos cual un río que fluye, reteniendo aquello que considera de interés y multiplicándolo. Y cuantas más cosas retiene más

[73] 2 Timoteo 1:10.
[74] 2 Timoteo 3:15.
[75] Job 32:8.
[76] Lucas 11:13.
[77] Salmos 43:3.
[78] En el original *"the little stranger"*. Una expresión habitual en el lenguaje coloquial de la época victoriana para referirse a un bebe recién nacido. En museos se conservan elaboradas fundas de ganchillo para almohada procedentes de esa época con la inscripción: *"Welcome Little Stranger"* y que era habitual regalar a las madres que esperaban un bebe; así como cunas y otros objetos con la inscripción grabada: *"Health to the Little Stranger"*, "Salud al pequeño forastero". Una teoría sobre el origen de esta expresión y costumbre de llamar a los recién nacidos *"Little stranger"*, "Pequeño forastero" la atribuye al deseo de no establecer con el recién nacido lazos afectivos excesivamente fuertes y que tuvierar que quebrarse prematuramente, dado el alto índice de mortalidad infantil que había en la época. Con todo, la expresión ha trascendido plenamente al lenguaje actual en el mundo anglosajón y figura en los diccionarios como uno de los muchos sinónimos para referirse a un bebé recién nacido: *"kid cherub"*, ***"little stranger"***, *"little new comer"*, *"bundle from heaven"*, *"bundle of joy"*, etc. (WordReference English Thesaurus). En español tenemos docenas de expresiones similares. Hay incluso diversas empresas dedicadas a la fabricación y distribución de objetos para bebes recién nacidos con el nombre "The Little Stranger".

amarrado a ellas se siente, cual ancla que sujeta un barco en alta mar. Lucha con los que luchan, se regocija con los que están alegres, siente el estímulo y espoleo del honor, compite por adquirir cosas, toma decisiones: duras y difíciles algunas, agradables y benevolentes otras. Multiplica sus proyectos, sus empresas, sus compromisos, sus relaciones, sus amigos. Y tras todo este esfuerzo, justo cuando pensaba que su vida estaba por alcanzar todo su esplendor desplegándose ante él cual pradera soleada verde y resplandeciente; ¡zas! las sombras comienzan a alargarse indicando con cruel certeza que el curso de su vida está tocando rápidamente a su fin. Suenan los primeros murmullos de esa voz tétrica, que tarde o temprano todos tenemos que escuchar, llamando al "pequeño forastero", que en realidad no hace tanto que nació, para decirle que su primera lección ha terminado, y que debe ser transferido a otra escuela entrando por el portal llamado muerte. Pero el "pequeño forastero" no está preparado. Ha echado tantas anclas en este mundo, que le cuesta admitir que debe levarlas todas. Está sólidamente asentado. No lleva en la mano su cayado de peregrino, lo abandonó hace tiempo; y sus ojos, familiarizados con las cosas que lo rodean, no están acostumbrados a mirar en la distancia, hacia la ruta ascendente que tiene por delante, por lo que son incapaces de calcular las distancias y medir bien la altitud de las montañas. El tiempo ha transcurrido más rápido de lo que han progresado sus pensamientos, y ¡ay!, ha cometido un grave error: ha mirado *"las cosas que se ven"*, y se ha olvidado de *"las que no se ven"*. Y *"las cosas que se ven son temporales"*, por lo que se extinguen con el tiempo; mientras que *"las cosas que no se ven, son eternas"*.[79] Y así, cuando se percata de que debe partir, en sus últimas horas hay prisas y confusión, angustia y consternación. Y sin embargo, podía haber evitado tal desazón y obviar por completo el desespero tan solo con exclamar a tiempo: *"Forastero soy yo en la tierra; no encubras de mí tus mandamientos"*.

ALEXANDER RALEIGH [1817-1880]
"The Little Sanctuary and other Meditatios", 1872

Forastero soy yo en la tierra; no encubras de mí tus mandamientos. En la ley, Dios encomienda los forasteros bajo el cuidado y compasión de su pueblo: *"No oprimirás al extranjero, porque vosotros conocéis los sentimientos del extranjero, ya que vosotros también fuisteis extranjeros en la tierra de Egipto"*.[80] David utiliza aquí el mismo argumento para persuadir a Dios de que lo trate a él con misericordia.

ROBERT LEIGHTON [1611-1684]
"Meditations Critical and Practical on Psalm IV Psalm XXXII and Psalm CXXX", 1825

Forastero soy yo en la tierra. El salmista no hace una sola excepción: considera toda la tierra como su lugar de peregrinación. No dice haberse sentido un forastero cuando estuvo desterrado entre los moabitas y filisteos;[81] sino que se siente un extraño incluso en su residencia en Canaán disfrutando de paz y sosiego. Fue esta consideración la que llevó al piadoso Basilio[82] a desatender las advertencias

[79] 2 Corintios 4:18.

[80] Éxodo 23:9: Ver también: Éxodo 22:21; Levítico 19:33-34; Deuteronomio 24:17-18; 27:19.

[81] 1 Samuel 21:10-14; 22:3-5; 27:1-12.

[82] Se refiere a BASILIO DE CESAREA [329-379], conocido también como Basilio Magno o Basilio el Grande, obispo de Cesarea de Capadocia y uno de los más cuatro Padres de la Iglesia Griega. Brillante orador y teólogo, se enfrentó abiertamente emperador bizantino VALENTE [328-378], que reinaba en esa época en Constantinopla y que profesaba el arrianismo, queriendo introducirlo en su diócesis. Entre su importante obra escrita, además de sus numerosas cartas (se conservan unas 365) y textos litúrgicos como la excelente exposición "Homilías sobre los Salmos", destacan su "Hexámeron" sobre Dios Creador, su "Tratado sobre el Espíritu Santo" y sus libros apologéticos contra el arriano Eunomio.

de Modesto, prefecto del emperador Valente, cuando lo amenazaba con desterrarlo al destierro. «No hay ningún lugar al que pueda ser desterrado, porque ninguna parte de este mundo considero mi patria. Todo lo considero un paraíso porque todo pertenece a mi Dios; pero en todas partes soy forastero porque para mi toda la tierra es un desierto».[83] Recordar que en nuestras propias casas, en nuestros propios salones, y en nuestras propias camas, no somos más que forasteros, porque son lugares de los que pronto seremos relegados para dar paso a otros, nos ayudará a mantener la sobriedad espiritual en medio de los placeres mundanos.

WILLIAM COWPER [1566-1619]
"A Commentary upon CXIX Psalm", 1613

No me encubras tus mandamientos. Este es el razonamiento de David: Aquí en la tierra soy un extraño y desconozco el camino, por tanto, Señor, guíame tú.[84] El símil proviene de los viajeros de la antigüedad, que al llegar a un país extraño donde desconocían los caminos, buscaban de inmediato los servicios de un guía. La diferencia radica, sin embargo, que en cualquier país sus habitantes puede guiar a un extranjero hasta su lugar de destino; pero los habitantes de la tierra no pueden mostrar el camino al cielo, pues lo desconocen; es por ello que David no busca un guía entre ellos, sino que ora al Señor pidiendo que sea él quien lo dirija.

WILLIAM COWPER [1566-1619]
"A Commentary upon CXIX Psalm", 1613

No escondas de mí tus mandamientos. Podemos hablar de una ocultación de la palabra de Dios en tanto que, para ser escuchada, requiere de la participación de predicadores.[85] Y hay una ocultación de la luz vivaz y consoladora del Espíritu Santo cuando precisamos que active sus efectos en nuestros corazones.[86] Sobre ambas cosas debemos orar al Señor pidiendo que nos libre.

DAVID DICKSON [1583-1663]
"Explication upon the Last Fifty Psalms", 1655

Vers. 20. *Quebrantada está mi alma de desear tus juicios en todo tiempo.* *[Consumida está mi alma de desear tus juicios en todo tiempo.* RVR*] [Quebrantada está mi alma anhelando tus ordenanzas en todo tiempo.* LBLA*] [Mi alma se quebranta anhelando tus preceptos en todo tiempo.* BTX*] [A toda hora siento un nudo en la garganta por el deseo de conocer tus juicios.* NVI*] [Me consumo anhelando sin cesar tus decisiones.* BLP*] [Siempre me conmueve el deseo de conocer tus ordenanzas.* NTV*]*[87]

---

[83] En latín en el original: *"Ab metu exilii suma liber, hominum unam cognoscens patram esse, paradisum omnem autem Terram comuna naturae exilium.*

[84] Salmo 25:4-5; 32:8.

[85] Romanos 10:14.

[86] Hechos 26:18; 2 Corintios 4:6; Efesios 1:18; Hebreos 6:4.

[87] La versión griega de los LXX o Septuaginta lee: ἐπεπόθησεν ἡ ψυχή μου τοῦ ἐπιθυμῆσαι τὰ κρίματά σου ἐν παντὶ καιρῷ que la Vulgata traduce al latín como: *"Concupivit anima mea desiderare justificationes tuas in omni tempore"*, "Mi alma codició el desear en todo tiempo tus justificaciones". La versión sefardí de Ferrara traduce: *"Quebrantofe mi alma por deffear à tus juizios en toda hora"*. La caldea Peshitta: *"Complacida está mi alma; siempre ha anhelado ardientemente tus juicios"*. KRAUS traduce: *"Mi alma desfallece de tanto ansiar tus disposiciones en todo momento"*. SCHÖKEL: *"Mi aliento se consume deseando continuamente tus mandamientos"*.

Quebrantada[88] *está mi alma de desear tus juicios en todo tiempo.* La verdadera piedad va estrechamente ligada a los deseos. Pues no somos aún lo que habremos de ser,[89] ni tan siquiera lo que ahora podríamos ser.[90] Quienes han recibido un atisbo de la gracia, anhelan la santidad con una intensidad y avidez tan arrolladora, que el deseo consume su corazón y agota su mente hasta el punto que parecen prontos a quebrarse arrastrados por el tirón celestial. Tener en alta estima los mandamientos del Señor conlleva un deseo acuciante de conocerlos y acatarlos, y esto pesa sobre el alma de un modo tal que la deja al borde de romperse en pedazos bajo la presión de sus propios anhelos. ¡Pero qué bendición tan grande que todos nuestros deseos giren alrededor de las cosas de Dios! Merece sobradamente la pena suspirar por tales anhelos.

Los *juicios* a los que hace referencia el salmista son pronunciamientos divinos sobre cuestiones que de otro modo hubieran sido controvertidas y debatidas. Cada precepto divino es una sentencia dictada por el más alto tribunal sobre una acción concreta, una decisión infalible e inmutable sobre una cuestión moral o espiritual. La Palabra de Dios es un código de justicia contra el cual no hay apelación:

Es el Juez que zanja la disputa
cuando fallan el ingenio y la razón;
nuestro guía en las sendas tortuosas de la vida,
y nuestro escudo cuando nos asedian las dudas.[91]

La reverencia de David por la Palabra y su deseo de conocerla y ser modelado por ella y conforme a ella, era de tal magnitud que sus anhelos le causaban una gran desazón: es en ella y por ella que ruega aquí ante Dios. El anhelo es el alma de la oración, y cuando un alma anhela hasta el punto de quebrarse, es clara señal de que la bendición esta cercana. El procedimiento descrito en este versículo nos revela el mecanismo secreto de la comunión más íntima entre el alma y su Señor: Dios revela su voluntad, y nuestro corazón anhela ser conformado a ella; Dios juzga, y nuestro corazón se regocija en el veredicto. En esto consiste la comunión más efectiva y completa del corazón.

Tengamos en cuenta que el deseo de ser conforme la mente de Dios[92] debería ser constante; deberíamos experimentar anhelos santos *"en todo tiempo"*.[93] Aquellos deseos pasajeros que podamos tener a voluntad, que adoptamos o nos quitarnos de encima como si fueran prendas de vestir, como mucho merecen el calificativo de antojos, y probablemente no sean dignos siquiera de tal apelativo: son emociones temporales, nacidas del entusiasmo, y condenadas a morir tan pronto se enfríe el calor que las creó. Solo aquel que anhela conocer y obrar el bien en todo tiempo merece en verdad el calificativo de persona justa y buena. Su juicio es sólido, pues ama todos los juicios de Dios, y los sigue con perseverancia. Y su devenir será bueno, porque anhela lo bueno, y hacer lo bueno en todo momento y circunstancia.

---

[88] En hebreo גָּרְסָה *gārəsāh* de גָּרַס *garas*. FRANZ DELITZSCH [1813-1890] indica que el sentido es el de "desmenuzar, hacer pedazos" (Lamentaciones 3:16).

[89] 1 Juan 3:2.

[90] Romanos 12:2; Efesios 4:20-32.

[91] Cita unl himno de ISAAC WATTS [1674-1748]. En el original inglés: *"This is the Judge which ends the strife / Where wit and reason fail; / Our guide through devious paths of life, / Our shield when doubts assail"*.

[92] Romanos 12:2; Efesios 4:23.

[93] Salmo 34:1; 62:8.

Observemos cómo este cuarto versículo de la tercera octava:[94] *"Mi alma se quebranta"* (119:20); suena acorde con el cuarto versículo de la cuarta octava: *"Mi alma se deshace"* (119:28). Hay en ello, sin duda, un flujo poético recóndito que es bueno que nos esforcemos en descifrar, pues merece la pena investigar todo cuanto nos sea posible de lo que el salmista compuso con tanto esmero.

C. H. SPURGEON

Quebrantada está mi alma de desear tus juicios en todo tiempo. Una clara manifestación del ferviente deseo de obediencia a la palabra de Dios que tenía el salmista, y que amplifica describiéndolo en una doble vertiente: En primer lugar, no era un deseo superficial, estaba tan profundamente arraigado en su corazón que hacía que *"su alma se quebrara"* al ver que no podía cumplir en obediencia perfecta aquello que tanto deseaba. Y en segundo lugar, no era una antojo pasajero, como el rocío de la mañana; sino algo permanente: *"omni tempore"*, lo tenía *"en todo tiempo"*.

WILLIAM COWPER [1566-1619]
"A Commentary upon CXIX Psalm", 1613

Quebrantada está mi alma anhelando tus ordenanzas en todo tiempo El deseo le partía el alma, como sucede con quienes por hipertensión arterial se les quiebra una vena.

WILLIAM GURNALL [1617-1679]
"Christian in complete armour, or, a treatise of the saints war against the Devil", 1655

Quebrantada está mi alma de desear tus juicios en todo tiempo. Este quebrantamiento o rotura del alma es provocado por la presión del roce. Sus *ansias* por saber más de aquello que Jehová había revelado estaban erosionado su espíritu en tal manera que finalmente se quebró. Su *anhelo* por conocer y desentrañar las maravillas ocultas en la Palabra era casi insoportable; un anhelo constante, que no cesaba, que no lograba contener, que le asediaba *"en todo tiempo"*. Y ni la prosperidad material lograba hacérselo olvidar; ni la adversidad conseguía apagarlo. Ya fuera en salud o en enfermedad, en la felicidad o la tristeza, solo o acompañado, nada alcanzaba a nautralizar su deseo acuciante. Las *"maravillas de tu ley"* (119:18) eran algo tan portentoso que le mantenían en constante desasosiego; y aún así, seguían escondidas. Contemplar un atisbo de *"la hermosura del Señor"* nos lleva a tomar conciencia de cuánto hay de ella que no alcanzamos a ver, lo cual nos aboca a anhelarlo con un mayor empeño. Quien busca ardientemente las maravillas de la palabra del Señor, jamás se librará de ese anhelo mientras permanezca aquí en la tierra. Tan solo cuando seamos *"semejantes él"* porque *"le veremos como él es"*[95] gritaremos como Elías: "¡Basta ya, Señor!",[96] y exclamaremos como el salmista: *"me saciaré cuando contemple tu imagen"*.[97]

FREDERICK G. MARCHANT DE HITCHIN [1839-1881]

---

[94] Por octavas Spurgeon se refiere a los bloques de ocho versículos en los que está dividido el Salmo 119. La tercera octava es ג *Guímel*, que comprende los versículos del 17 al 24. La cuarta octava es ד *Dálet*, que comprende los versículos del 25 al 32. Aquí establece una conexión entre los versículos 20 y 28 del mismo Salmo 119.

[95] 1 Juan 3:2.

[96] 1 Reyes 19:4.

[97] Salmo 17:15.

Quebrantada está mi alma anhelando tus juicios en todo tiempo". Una sensación agobiante en su alma de anhelo constante por la ley y los mandamientos de Dios; no irregular, ni espasmódica, sino habitual y permanente. El salmista sentía que no había alcanzado a contemplar de la belleza y la gloria de la ley de Dios lo suficiente como para dar por satisfechos sus deseos; que era muy poco lo que había visto y conocido de cuanto había por ver y conocer al respecto. Tan solo lo necesario para despertar en él un ardiente deseo de saber más, de familiarizarse más plenamente con todo lo que la ley de Dios contiene.

ALBERT BARNES [1798–1870]
"Notes, critical, explanatory, and practical, on the book of Psalms", 1868

Quebrantada está mi alma de desear tus juicios en todo tiempo. Los síntomas que experimentaba el alma del salmista eran: un deseo tan intenso por conocer los tiempos señalados por Dios que se le hacía dolorosamente insoportable; y un anhelo tan insaciable de sus juicios que saturaba por completo sus capacidades. Su mente estaba fijada por completo en las cosas de Dios *en todo tiempo*. Por tanto, ora pidiendo que le sea concedido poder contemplar las maravillas de la ley de Jehová, y que sus mandamientos no le sean encubiertos. Pero finalmente su alma se rompe de añoranza por *"sus juicios en todo tiempo"*. El estado de ánimo del salmista no debería llevarnos a suponer que esos juicios del Señor, que tanto anhelaba, fueran una reivindicación de su causa contra los impíos; como tampoco que su anhelo fuera una oportunidad de cumplir con todas las obras de justicia hacia sus semejantes que establecía la ley; porque esto ya lo estaba haciendo en lo máximo que le era posible. Evidentemente, lo que perseguía era más luz sobre el verdadero sentido y significado de las ordenanzas, llamadas en este caso "juicios"; y la oportunidad de cumplirlas plenamente de acuerdo con las sanciones solemnes con que fueron instituidas. Tanto era el anhelo de ese hombre de Dios de unirse a su pueblo, el pueblo del Señor, y cumplir esas ordenanzas juntamente con él, que al haberse visto sin oportunidad hacerlo, obligado a vagar de un lugar a otro en el desierto, su corazón estaba a punto de quebrarse. Clara señal de un corazón genuinamente renovado. Otro hubiera deseado verse libre de la persecución, tener un poco de reposo, regresar al hogar y disfrutar de sus comodidades. Cosas que, sin duda no dejaba de desear por ley natural; pero, por encima de ello, lo que su mente santa deseaba con mayor ardor era el poder celebrar la adoración de Jehová.

JOHN STEPHEN [1800-1881]
"The Utterances of the CXIX Psalm; Expounded in a Series of Lectures", 1861

Tus juicios. Al referirnos a los juicios de Dios es preciso distinguir dos tipos o facetas. En primer lugar, sus mandamientos: llamados también juicios porque en ellos se discierne y juzga el mal. Y a continuación sus castigos: ejecutados sobre los transgresores de sus mandamientos en base a lo establecido en su Palabra. David se refiere aquí a la primera. Pero que recuerden todos cuantos no comparten el mismo deseo que David expresa, que aquellos cuyo corazón es incapaz de quebrarse al transgredir los mandamientos de Dios, porque disfrutan en infringirlos; verán cómo los castigos divinos llenan sus cuerpos de moratones y acaban quebrando su corazón de igual manera. Deleitémonos en la primera faceta de estos juicios, para que la segunda no caiga jamás sobre nuestras cabezas.

WILLIAM COWPER [1566-1619]
"A Commentary upon CXIX Psalm", 1613

En todo tiempo.[98] Prestad atención a esas palabras: *"en todo tiempo"*. Los malos tienen sus momentos lúcidos, como los buenos sus momentos lamentables; la diferencia la hace el *"tiempo"*. Una mala persona puede ocasionalmente, espoleada por su conciencia, por un severo castigo divino, por la proximidad de la muerte, por temor al infierno, o incluso por el impacto de un sermón; clamar a Dios implorando su gracia, actuar con justicia, buscar la santidad: *"por un tiempo"*. Pero tan solo el hombre bienaventurado tiene hambre y sed de justicia[99] *"en todo tiempo"*.

THOMAS BROOKS [1608-1680]
"A cabinet of choice jewels, or, A box of precious ointment", 1669

En todo tiempo. Algunos se aferran y alaban la Palabra en la adversidad, cuando no tienen otro consuelo por el que vivir; entonces se dedican a leerla y estudiarla para que los conforte en sus aflicciones; pero cuando todo les va bien, la abandonan y desprecian. David hacía uso de ella *"en todo tiempo"*: en la prosperidad para que lo humillara; y en la adversidad para que lo consolara; en un caso para doblegar el orgullo; en el otro para evitar la desesperación. En la aflicción, cuando todo parecía hundirse, la Palabra era su bálsamo y cordial;[100] en la abundancia, cuando presionaba lo mundano, era su flagelo y antídoto; de ese modo su corazón era atraído y controlado por la Palabra *"en todo tiempo"*, ya fuera por una razón u por la otra.

THOMAS MANTON [1620-1677]
"One hundred and ninety sermons on the hundred and nineteenth Psalm", 1681

En todo tiempo. ¡Cuán pocos, incluso entre los siervos de Dios, entienden la profundidad e intensidad del sentimiento expresado en estas palabras! ¡Oh si nuestros corazones, fríos y obstinados, fueran avivados y atraídos por la gracia divina hasta el punto de quebrarse por el anhelo de los juicios de nuestro Dios *"en todo tiempo"*! ¡Cuán efímeros y volubles son nuestros sentimientos, incluso los mejores! Hoy ascendemos el monte de la transfiguración[101] y nos sentimos eufóricos en comunión con Dios, y mañana descendemos al valle y nos hundimos de nuevo arrastrados por las cosas de este mundo. ¡Felices aquellos cuyo corazón rebosa del anhelo de estar en comunión con su Señor *"en todo tiempo"*!

JOHN MORISON [1791-1859]
"An Exposition of the Book of Psalms", 1829

Quebrantada está mi alma de desear tus juicios en todo tiempo. Cuando leemos las biografías de grandes hombres, justos y buenos, y que además han sido grandes pensadores, nos quedamos atónitos y un tanto sorprendidos al descubrir que al final de sus vidas, la valoración que hacen de si mismos y de sus logros es de imperfectos y poco experimentados en las grandes lecciones de la vida. El doctor Chalmers,[102] tras haber avivado numerosas congregaciones y despertado naciones enteras a la luz del

[98] En hebreo בְּכָל־עֵת *bəkāl-'êṯ*. Una expresión amplia cuyo sentido no se limita a la idea de tiempo sino que incluye la circunstancia. Ver Salmo 10:5; 34:1; 106:3; Proverbios 17:17; Eclesiastés 9:8.

[99] Mateo 5:6.

[100] Bebida reconfortante que solía darse a los enfermos.

[101] Mateo 17:1-8.

[102] Se refiere a THOMAS CHALMERS [1780-1847] pastor, eminente teólogo, matemático y reformador escocés nacido en Anstruther. Estudió en *St. Andrews* y se ordenó presbítero en 1803, ejerciendo como pastor en Glasgow donde su brillante oratoria conmocionó la ciudad. Fue profesor de filosofía moral en St. Andrews

evangelio, resumió todos sus logros con una palabra sorprendente: "*anhelante*"[103], añadiendo que el versículo bíblico que mejor describía su estado interior, era esta declaración apasionada del salmista, ese grito desgarrado y un tanto doloroso de David cuando exclama: *"Quebrantada está mi alma de desear tus juicios en todo tiempo"*. Pero, ¿cabe aspirar a un logro mayor? ¿Se puede pedir mayor dicha que llegar a la vejez anhelando los juicios del Señor en todo tiempo? ¿Hay algo más satisfactorio que cumplir los ochenta y sentirse con ganas de seguir aprendiendo? ¡Qué excepcionales resultan todos estos grandes hombres en su simplicidad y modestia!

ALEXANDER RALEIGH [1817-1880]

"The Little Sanctuary and other Meditatios", 1872

Vers. 21. ***Reprendiste a los soberbios, los malditos, que se desvían de tus mandamientos.*** *[Reprendiste a los soberbios, los malditos, que se desvían de tus mandamientos.* RVR*] [Tú reprendes a los soberbios, los malditos, que se desvían de tus mandamientos.* LBLA*] [Reprendiste a los soberbios: ¡Malditos los que se desvían de tus mandamientos!* BTX*] [Tú reprendes a los insolentes; ¡malditos los que se apartan de tus mandamientos!* NVI*] [Tú reprendes a los soberbios, maldito quien se aparte de tus mandatos.* BLP*] [Tú reprendes al arrogante; los que se alejan de tus mandatos son malditos.* NTV*]*[104]

Reprendiste a los soberbios, los malditos. Contra ellos va uno de los más severos juicios de Dios: tened por seguro que la porción de juicio divino que corresponderá a los de ojos altivos será terrible. Dios reprendió a Faraón por su soberbia con dolorosas plagas, y hasta tal punto llegó su reprensión que se nos dice que en el Mar Rojo: *"quedaron al descubierto los cimientos del mundo"*.[105] Se valió de un Faraón altivo y perverso para enseñar a todos los soberbios una importante lección: que acabarán humillados hasta hundirse en la tierra. Los soberbios son seres malditos, despreciados por todos, nadie los bendice; y pronto se convierten en una carga incluso para ellos mismos. Pues la soberbia es por sí misma una plaga que atormenta sin cesar a quienes la practican. Aún cuando no les caiga encima alguna maldición concreta de la ley divina, hay una ley natural ineludible que los hace desgraciados. Lo cual llevó a David a experimentar una verdadera aversión al orgullo; pues temía la reprensión de Dios y la maldición de la ley. Sus enemigos eran en extremo soberbios, por lo que se sentía afortunado, ya que ello los convertía automáticamente en enemigos de Dios, haciendo que el Altísimo estuviera también en pugna con ellos tanto como lo estaba él.

Que se desvían de tus mandamientos. Tan solo los corazones humildes son obedientes, pues únicamente ellos están dispuestos a ceder ante las normas y dejarse gobernar. La mirada de los orgullosos

---

y de teología en Edimburgo. En 1843 lideró a 470 pastores que se separaron de la Iglesia Oficial en Escocia para fundar la *Iglesia Libre de Escocia.*

[103] En el original inglés es *"desirousness"* un término favorito de Chalmers y que no tiene un equivalente concreto en español. Procede de *"desirous"*, "anhelante, deseoso", y quizá lo más aproximado sería "un estado de ansiedad anhelante".

[104] La versión griega de los LXX o Septuaginta lee: ἐπετίμησας ὑπερηφάνοις· ἐπικατάρατοι οἱ ἐκκλίνοντες ἀπὸ τῶν ἐντολῶν σου que la Vulgata traduce al latín como: *"Increpasti superbos; maledicti qui declinant a mandatis tuis"*, "Reprendiste a los soberbios: malditos los que se desvían de tus mandamientos". La versión sefardí de Ferrara traduce: *"Reprehendifte fovervios malditos, los errantes de tus mandamientos"*. La caldea Peshitta: *"Tú reprendiste a las naciones. Malditos son los que se desvían de tus mandamientos"*. KRAUS traduce: *"¡Tú has amenazado a los malvados; son malditos los que se desvían de tus mandamientos!"*. SCHÖKEL: *"Has increpado a los arrogantes: ¡malditos los que se desvían de tus mandatos!"*.

[105] Salmo 18:15.

es altiva, demasiado elevada para mirar a sus propios pies y seguir el camino del Señor. El germen del orgullo esta presente en la raíz de todo pecado: si los hombres no fueran tan arrogantes no serían tan desobedientes.

Pero Dios abomina y reprende el orgullo, por más que las multitudes lo admiren y le rindan homenaje; porque ve en el orgullo el deseo oculto de rebelión contra su majestad, y la semilla de rebeliones futuras. Y es la suma del pecado. Los hombres hablan de un orgullo sano; pero si fueran sinceros admitirían que es el más hipócrita y deshonesto de todos los pecados, inapropiado en cualquier criatura creada, y menos en una criatura caída. Y sin embargo, tan poco es lo que saben los orgullosos sobre su verdadera condición bajo la maldición divina, que incluso se atreven censurar a los piadosos y mostrarles su desdén, como se desprende del versículo siguiente: *"aparta de mí oprobio y menosprecio"* (119:22). Pasando por alto que ellos mismos son de lo más despreciable, se atreven a mirar con desprecio a quienes están moralmente por encima. Bien que nos corresponde anhelar los juicios de Dios, siendo que van dirigidos tan certeramente contra semejante caterva de altivos que con tamaña alevosía se enseñorearían de los justos; y bien que podemos declararnos justos ante tales reproches impíos, siendo que el Señor mismo los desautoriza y aniquila su poder para causarnos daño. Exclamar: *"el Señor te reprenda"*[106] es para nosotros respuesta suficiente a cuantas acusaciones puedan lanzarnos hombres o demonios.

En el versículo cinco de la octava anterior: ***Bet,*** el salmista escribe: *"con mis labios he contado todos los juicios de tu boca"* (119:13); y aquí sigue hablando de esos juicios del Señor, concretamente contra la soberbia y altivez. En las dos octavas siguientes ***Dálet*** y ***Hei*** los versículos cinco de cada una van en la misma dirección, hablan de los juicios contra la mentira[107] y la vanidad;[108] y todo guarda su relación, pues la soberbia no deja de ser una de las formas más comunes de ambos males.

C. H. SPURGEON

Reprendiste a los soberbios, los malditos. Si bien en este mundo los orgullosos escapan con frecuencia indemnes, en el más allá no escaparán, porque: *"Abominación es a Jehová todo altivo de corazón"*[109]. Dios no los soporta, y ¿qué hace?, *"Tu perdes superbos"*, los destruye.[110] Los propios paganos admitían en sus mitos y leyendas que los orgullosos gigantes fueron derribados con un rayo del cielo.[111] Y si Dios no eximió a los propios ángeles, a quienes creó y colocó en lo alto de los cielos, sino que por causa de su orgullo los precipitó a lo más profundo de los infiernos,[112] ¡cuánto menos va a eximir a ese polvo y ceniza orgulloso que son los hijos de los hombres: los arrojará directamente desde el pedestal de su altivez terrena al fondo de la mazmorra infernal! Como dijo uno de los santos Padres: «La humildad hace de los hombres ángeles; el orgullo hace de los ángeles demonios».[113] Y

[106] Isaías 14:12-15; Ezequiel 28:12-19; Zacarías 3:2; Judas 1:9.

[107] Salmo 119:29, *"Aparta de mí el camino de la mentira, y en tu misericordia concédeme tu ley"* [RVR].

[108] Salmo 119:37, *"Aparta mis ojos de ver vanidades; avívame en tu camino"* [RVR].

[109] Proverbios 16:15.

[110] Salmo 101:5.

[111] Se refiere al mito de los gigantes o hijos de Gea (Tierra) en la mitología griega. Probablemente al caso concretro de Tifón, un gigante colosal cuya estatura era tal que podía alcanzar las estrellas. Se enfrentó a Zeus (Júpiter) por haber destruido a los Titanes y según cuenta el poeta romano VIRGILIO [70-15 a.C.] en su *Enedida* "fue derribado con un rayo del cielo".

[112] 2 Pedro 2:4.

[113] La frase en latín: *"Humilitas homines sanctis angelis similes facit, et superbia ex angelis demones facit"*, se atribuye a AGUSTÍN DE HIPONA [354-430], aunque no se encuentra ninguna de sus obras conocidas. Procede de citas en otras obras antiguas como es el caso de *"Manipulus Florum"* (1306) de THOMAS HIBERNICUS [1295-1338] más conocido como Tomás de Irlanda; o la conocida "Guía de pecadores" (1556)

bien que cabe añadir que: hace demonios de los hombres. «Jamás una sola alma ha logrado escapar de la venganza del orgullo» dijo el poeta pagano Menandro,[114] y ciertamente, jamás escapará de ella. Tan cierto como que Dios es justo, el orgullo no quedará sin castigo. Sé que cuando se menciona la palabra orgullo todos estamos prestos a pedir un lebrillo, como Pilatos,[115] y lavarnos las manos de este infame pecado. Pero no nos engañemos, honorables amados, porque se trata de un vicio muy próximo, que se nos pega con mayor rapidez y firmeza de lo que somos capaces de percibir; sí, tan cercano que ni aún somos capaces de discernir entre el vicio y vuestro propio carácter, cosa que agrava su peligro. Pues, como tan acertadamente señala Tomás de Aquino,[116] algunos pecados son peligrosos por *"propter vehementiam impugnationis",* "por la virulencia de su ataque", como el pecado de la ira; otros, por la propensión inherente de la naturaleza humana, como el de la lujuria; y otros, *"propter latentiam sui"*, "por su proximidad latente", porque anidan en nuestro interior, como el pecado de orgullo. Examinemos con minuciosidad las rendijas de nuestros corazones hipócritas a la luz de ese faro que es la ley de Dios, y seguro que descubriremos agazapado en ellas al sutil diablo del orgullo; ¡no le demos tregua hasta haberlo desalojado por completo! ¡Abatid vuestros penachos y encoged vuestras plumas, oh altivos y soberbios pavos reales de este mundo! ¡Mirad vuestras patas negras y vuestras cabeza pequeña y sinuosa que asemeja la de una serpiente! ¡Reconoced vuestras debilidades y avergonzaos de vuestras miserias ruines! De otro modo, Dios lidiará con ellas, os abatirá y ejecutará en vosotros dura venganza. Ni aún el más santo entre nosotros se libra por completo de este pecado infame que es el orgullo: dejemos que el arrepentimiento nos humille ahora, para evitar ser arrastrados más tarde a confusión eterna; caigamos doblados sobre nuestras rodillas, para no tener que ser abatidos de bruces sobre nuestros rostros. Porque Dios que hará que su palabra se cumpla irremisiblemente y: *"El orgullo del hombre le abatirá"*[117].

JOSEPH HALL [1574-1656]
"Sermons: The Fall of Pride, on Proverbs XXIX 23", 1609

Reprendiste a los soberbios, los malditos. Que las historias de Caín, Faraón, Amán, Nabucodonosor y Herodes, sirvan de ejemplo a los soberbios sobre lo que implica ser objeto de la reprensión y

de FRAY LUIS DE GRANADA [1504-1558]. A partir de estas citas fue considerada extensamente como frase de Agustín.

[114] Se refiere a MENANDRO DE ATENAS [342-292 a.C.] poeta y escritor de comedias, considerado como el comediógrafo griego más importante después de ARISTÓFANES [444-385 a.C.] y el máximo representante de la llamada *Comedia Nueva.* Resulta difícil identificar a cual de sus obras pertenece la frase citada, tal como la cita el autor, dado que hasta principios del siglo XX tan solo se conservaron de la numerosas obras de Menandro algunos fragmentos, y lo que se conoce como sus *Sentencias* o *Proverbios Griegos,* una antología de frases de carácter moral y pedagógico atribuidas a él, buena parte extraídas de sus obras, y el resto de procedencia desconocida. Lo que sí sabemos con certeza es que este libro de las *Sentencias* de Menandro era utilizado hasta finales del siglo XIX como texto educativo en la formación de los niños, que debían aprenderlas de memoria. Se sigue utilizando en las universidades como texto en los cursos de letras, por lo que existen diversas traducciones y ediciones del mismo.

[115] Mateo 27:24.

[116] Se refiere a TOMÁS DE AQUINO [1225-1274], teólogo, apologista cristiano y principal representante de lo que se conoce como teología escolástica. Fundó su propia escuela de filosofía y teología que lleva el nombre de Escuela Tomista, cuyo mayor logro fue la recuperación de la filosofía aristotélica para la fe cristiana. Su principal trabajo fue la *Summa Theologica,* tratado en el cual postula *Cinco Vías* para demostrar la existencia de Dios

[117] Proverbios 29:23.

maldición de Dios. Les aborrece como personas y abomina sus ofrendas: *"los mantiene a distancia"*;[118] se *"les resiste"*;[119] *"desbarata sus planes"*.[120] Pero cuando más particularmente odiosos resultan a sus ojos es cuando se encubren bajo un manto de espiritualidad, cuando dicen a otros: *"'Quédate donde estás, no te acerques a mí, porque soy más santo que tú'. Estos son humo en mi nariz,[121] fuego que arde todo el día"*.[122] David y Ezequías, son faros de advertencia para que el pueblo de Dios tenga muy claro que si consiente que la simiente del orgullo asome en su corazón, no espere escapar a sin reprensión. *"Oh Señor, Dios nuestro, tú les respondiste; fuiste para ellos un Dios perdonador, mas también vengador de sus malas obras"*[123].

CHARLES BRIDGES [1794-1869]
"Exposition of Psalm 119", 1827

Reprendiste a los soberbios. David añade una razón adicional respecto al motivo que le lleva a enardecerse tanto al orar a Dios suplicando aprender más su Palabra: ver la dureza con la que había *"reprendido a los soberbios"*. El castigo y represalias que Dios ejecuta sobre los infieles y rebeldes debe servirnos de lección; pues cuando hay juicios de Dios en la tierra, *los moradores del mundo aprenden justicia.*[124] No sin razón afirma el profeta Isaías que Dios utiliza métodos múltiples y diversos para atraernos hacia él,[125] de manera especial cuando nos enseña a temer su majestad.[126] Sin ello no tardaríamos, por desgracia, en ser semejantes a las bestias del campo: Dios nos mantiene la brida en el cuello para que las consecuencias de cualquier licencia que nos tomemos nos enseñen y sirvan de lección. Y viendo lo propensos que somos a desmadrarnos, nos enseña mediante ejemplos que nos induzcan a caminar con más temor y mayor cuidado.

JUAN CALVINO [1509-1564]

---

[118] Salmo 138:6; 139:2.

[119] Santiago 4:6; 1 Pedro 5:5.

[120] Lucas 1:51.

[121] Los hebreos utilizaban indistintamente la palabra אַף *'aph* para identificar "nariz, fosas nasales, cara, ira", etc., como podemos comprobar también en el Salmo 103:8: *"largo de nariz"* o *"de nariz prolongada"* que equivale a: *"lento para la ira"*. Para nosotros, en nuestra cultura occidental, este antropomorfismo, es decir, esta descripción de Dios con formas humanas, puede parecernos inapropiado e incluso irreverente. Pero no debemos olvidar que para los orientales la ira era algo gráfico, representada por un fuego interior que se canalizaba por la nariz en forma de resoplidos. Por tanto, ser *"largo de nariz"* implicaba de forma metafórica que el fuego de la ira surgida en el interior aminoraba y se extinguía en su camino hacia el exterior, cuyo resultado era la aparición de humo en las fosas nasales en lugar de fuego. Es decir, ser *"largo de nariz"* significaba ser pacífico, porque la ira generada en el interior se calmaba antes de salir al exterior. Este es un concepto utilizado repetidamente en la Biblia: el Salmo 18:8 describe la ira de Dios diciendo que *"humo subió de su nariz"*, y lo mismo encontramos en pasajes como 2 Samuel 22:9, entre otros. Desde una perspectiva fisiológica, la idea parte del hecho demostrado que cuando una persona (o animal) se enfada y se dispone a atacar todos los músculos de su cuerpo entran en tensión y al contraerse los músculos respiratorios suelta un bufido. Y no solamente esto, se dice también que cuando la persona se enfada algunas glándulas sueltan toxinas a la sangre y la envenenan, lo que en opinión de algunos ha dado origen a la expresión popular *"no te envenenes"* o *"no te hagas mala sangre"* para decir no te acalores o no te enfades.

[122] Isaías 65:5.

[123] Salmo 99:8.

[124] Isaías 26:9.

[125] Isaías 40:5; 41:18-20.

[126] Isaías 2:19.

Los soberbios. Entre los impíos la soberbia es un mal común y extendido; pues al traterse del más antiguo de los vicios,[127] es el más fuerte y el primero que pugna en nuestra naturaleza corrupta por llevarnos a transgredir los límites establecidos por el Señor. A partir del instante mismo en que el orgullo hizo presa del corazón de Adán y pretendió llegar más alto de lo que Dios había estipulado, no dudó en comer del árbol prohibido. ¿Y cuál es la causa de toda transgresión sino el orgullo ignorante que hace creer al hombre que verá cumplida su voluntad por encima de la voluntad de Dios?

WILLIAM COWPER [1566-1619]
"A Commentary upon CXIX Psalm", 1613

Los soberbios. El apóstol Pedro habla de los soberbios cual si desafiaran a Dios como hacen los púgiles, provocándolo y retándolo en rebeldía, de modo que si no los resistiera,[128] acabarían por arrebatarle el gobierno del universo; como trataron de hacer Coré, Datán y Abiram cuando se levantaron contra Moisés.[129]

Porque el hombre orgulloso dice, *"seré semejante al Altísimo"*[130], y, si pudiera, trataría de subir incluso más alto que él. He aquí el proceder intolerable de una criatura mezquina y aviesa, formada del polvo de la tierra,[131] y que tan pronto fue creada se enfrento contra la Majestad divina que los ángeles adoran, los tronos honran, los demonios temen y los cielos obedecen. ¡Cuántos pecados hay en este mundo pecador! Y sin embargo, como dijera Salomón de la buena esposa, que *"muchas mujeres se mostraron virtuosas; mas tú las sobrepasas a todas"*[132]; sí se me permite aplicar sus mismas palabras al orgullo, diré que muchos pecados en el mundo han causado mucho mal, pero el de la soberbia los supera a todos. Pues el hombre iracundo, el pendenciero, el lascivo, el glotón o el perezoso, son más bien enemigos de sí mismos que de Dios; pero el orgulloso se enfrenta a Dios abiertamente, porque se considera a sí mismo igual a Dios y por tanto sin obligación de acatar sus leyes; porque prescinde de Dios en todo lo que hace, y no anhela de él ninguna ayuda; porque se rebela abiertamente contra Dios, desobedeciendo su voluntad, convencido de que por encima de la voluntad de Dios está la suya propia. Así como el hombre humilde exclama *"No a nosotros, Señor, no a nosotros, sino a tu nombre da gloria"*,[133] el orgulloso dice: «No a Dios, no a Dios, sino sea la gloria para a nosotros mismos». Así lo hizo Herodes, a quien todos aclamaron como un dios, excepto los gusanos que acabaron demostrando que no era tal dios sino un mero hombre.[134] Por tanto, los orgullosos ocupan la cabecera entre los enemigos de Dios, pues así como el codicioso hurta las riquezas de los hombres, así el orgulloso le roba a Dios el honor y la gloria que en justicia le corresponde. Y paradójicamente, el orgulloso no tiene motivos para estar orgulloso, como los tienen otros pecadores: el codicioso se enorgullece de sus riquezas, el ambicioso de sus títulos y honores, el voluptuoso de sus placeres, el envidioso de sus

[127] Génesis 3:5-6.

[128] 1 Pedro 5:5. El verbo griego que utiliza es ἀντιτάσσομαι, y tiene el sentido de plantar cara, entablar batalla.

[129] Números 16:1-33.

[130] Isaías 14:12-15.

[131] Génesis 2:7.

[132] Proverbios 31:29.

[133] Salmo 115:1.

[134] Hechos 12:21-23.

críticas, el perezoso de su vida fácil; pero orgulloso no tiene motivos para estar orgulloso de nada fuera del orgullo en sí, de empecinarse y decir como Faraón, *"¿Quién es el Señor para que yo escuche su voz"*.[135]

HENRY SMITH [1560-1591]
en un sermón sobre 1 Pedro 5:5 titulado
"A diffwafion from Pride, and Exhortation to Humility", 1657

Los soberbios, los malditos. Los soberbios soportan la maldición de no tener jamás amigos, en ninguna circunstancia: no los tienen en la prosperidad porque no admiten ni toleran a nadie; y no los tienen en la adversidad porque entonces nadie les admite ni tolera.

JOHN WHITECROSS
"Instrictive Anecdotes illustrative of the Old Testament and New Testament"

Reprendiste a los soberbios, los malditos, que se desvían de tus mandamiento. Los juicios de Dios sobre otros debemos aplicárnoslos a nosotros mismos. En primer lugar, para que nos lleven a descubrir nuestras propias carencias, y con ello a temer. Y en segundo lugar, para que contemplar su justicia sobre los orgullosos refuerce nuestra certeza de su misericordia para con los humildes. Y esto no es fácil en seres de carne y hueso como nosotros; pues algunos fácilmente caen en el error de regocijarse en la destrucción de los demás, sin sentir ellos temor; y otros, cuando sienten temor, son incapaces de sentir consuelo. Pero lo que Dios ha juntado, no vamos a separarlo nosotros:[136] hagamos por tanto un uso correcto de los juicios de Dios en todo cuanto entrañan: temor y consuelo.

RICHARD GREENHAM [1535-1594]
"Very Godly Meditations on the 119 Psalm", 1605

Vers. 22. ***Aparta de mí el oprobio y el menosprecio, porque tus testimonios he guardado.*** *[Aparta de mí el oprobio y el menosprecio, porque tus testimonios he guardado.* RVR*] [Quita de mí el oprobio y el desprecio, porque yo guardo tus testimonios.* LBLA*] [Aparta de mí el oprobio y el menosprecio, pues he guardado tus testimonios.* BTX*] [Aleja de mí el menosprecio y el desdén, pues yo cumplo tus estatutos.* NVI*] [Aleja de mí la burla y la mofa, que yo guardo tus mandamientos.* BLP*] [No permitas que se burlen de mí y me insulten, pues he obedecido tus leyes.* NTV*]*[137]

Aparta de mí el oprobio y el menosprecio. Cosas muy dolorosas para las personas sensibles. David las soportaba en nombre de la justicia, pero se le hacían un yugo pesado y anhelaba librarse de ellas. Ser calumniado, y posteriormente menospreciado como consecuencia de la vil acusación, es una prueba muy dura. A nadie le gusta ser calumniado, y menos aún menospreciado. Quien dice: «No

---

[135] Éxodo 5:2.

[136] Marcos 10:9.

[137] La versión griega de los LXX o Septuaginta lee: περίελε ἀπ' ἐμοῦ ὄνειδος καὶ ἐξουδένωσιν, ὅτι τὰ μαρτύριά σου ἐξεζήτησα que la Vulgata traduce al latín como: *"Aufer a me opprobrium et contemptum, quia testimonia tua exquisivi"*, "Quita de mí el opróbio, y menosprecio; porque he inquirido tus mandamentos". La versión sefardí de Ferrara traduce: *"Defcubre de fobre mí repudio y menofprecio, que tus teftamentos obfervè"*. La caldea Peshitta: *"Quita de mí el oprobio pues he guardado tu testimonio"*. KRAUS traduce: *"¡Aparta de mí el oprobio y el desprecio, porque yo he prestado atención a tus testimonios!* SCHÖKEL: *"Retira de mí afrenta y desprecio, porque guardo tus preceptos"*.

me importa mi reputación, me tiene sin cuidado» no es persona cabal, pues como afirma Salomón, *"Mejor es la buena fama que el buen perfume"*[138]. La mejor manera de afrontar la calumnia es orar al respecto: Dios la eliminará por completo, o cuanto menos arrancará su aguijón. Nuestros intentos de justificarnos y reivindicarnos por nosotros mismos suelen acabar en el fracaso; como el niño empeñado en borrar una mancha de su cuaderno de escuela, y que con sus intentos no tan solo la extendió sino que acabó perforando el papel. Cuando padecemos una difamación, es mucho mejor orar que acudir a los tribunales para exigir el retracto y responsabilidades al que la inventó.[139] Si os veis en esta situación, llevad vuestro caso al más alto tribunal y dejadlo en manos del Juez de toda la tierra. Y veréis como Dios reprenderá la soberbia de vuestro acusador; quedaos quietos y dejad que vuestro defensor celestial abogue vuestra causa.

Porque tus testimonios he guardado. La inocencia puede exigir con absoluta justicia ser reivindicada de todo reproche. Pues si algo hay de cierto en los cargos alegados contra nosotros, ¿podemos apelar ante Dios? Pero si somos acusados injustamente, nuestra apelación está legitimada ante el tribunal divino y no nos puede ser denegada. Si por temor al reproche y menosprecio terrenal nos apartamos de los testimonios de Dios, merecemos la condenación del cobarde; nuestra seguridad reside en ceñirnos a la verdad, a lo que es justo y recto. Dios guardará a quienes guardan sus testimonios. Una buena conciencia es la mejor garantía de un buen nombre: contra aquellos que permanecen en Cristo jamás prevalecerá afrenta alguna; ni subsistirá un ápice de menosprecio o desdén sobre los que se mantienen fieles a los caminos del Señor.

Este versículo, sexto de la tercera octava: *"Aparta de mí el oprobio y el menosprecio, porque tus testimonios he guardado"* (119:22), juega en paralelo tanto por su posición como por su sentido con el versículo seis de la primera: *"Entonces no sería yo avergonzado, cuando considerase todos tus mandamientos"* (119:6); y su palabra clave es *"testimonios"* lo mismo que en el versículo catorce, que es el sexto de la segunda octava: *"Me complazco en el camino de tus testimonios más que en todas las riquezas"* (119:14).

C. H. SPURGEON

Aparta de mí el oprobio y el menosprecio. David ora aquí contra el oprobio y menosprecio de los hombres; pide que le sean retirados, o como lo expresa el verbo hebreo,[140] apartados, separados de él; con lo cual da a entender que los tenía literalmente encima. Ni su grandeza como rey ni su bondad como persona le habían librado de ser difamado y satirizado: unos lo menospreciaban esforzándose en acusarle de mezquino; otros le llenaban de oprobio calificándole de odioso. Es cosa habitual que la recompensa de aquellos que obran el bien sea que se hable mal de ellos. Y David da a entender que ese era su caso. El oprobio y el menosprecio son duros de sobrellevar, y de hecho, aunque las acusaciones falsas y repugnantes no quiebren físicamente ningún hueso, para un espíritu sensible son tanto o más gravosas. Es por ello que David ora al Señor pidiendo que los *"aparte"* de él, para que no le sean causa de distracción, ni tampoco le desalienten de perseverar en su deber.

MATTHEW HENRY [1662-1714]
"Commentary on the Whole Bible", 1811

Aparta de mí el oprobio y el menosprecio, porque tus testimonios he guardado. En estas palabras (como en la mayoría de los demás versículos), encontramos una PETICIÓN: *"Aparta de mí el oprobio y*

[138] Eclesiastés 7:1.

[139] 1 Corintios 6:1-3.

[140] En hebreo גַּל מֵעָלַי *gal mê'ālay* de גָּלַל *galal.* Según FRANZ DELITZSCH [1813-1890] el sentido es de algo que es "quitado o apartado" cual si se tratara un velo (ver Salmo 69:7).

el menosprecio"; y una razón o argumento para que tal petición sea satisfecha: *"porque tus testimonios he guardado"*.

En primer lugar, la petición: *"Aparta de mí el oprobio y el menosprecio"*. El verbo hebreo גָּלַל *galal,* significa literalmente "quítamelos de encima; no permitas que se me acerquen; o, no dejes que permanezcan sobre mí".

Después, la razón: *"porque tus testimonios he guardado"*, y no es una sino varias:

1. Se declara inocente de aquello de lo que se le acusa, argumentando que no merecía tales calumnias.
2. Da a entender que el motivo por el cual padece oprobio es por su obediencia, por haber guardado la Palabra.
3. Alega que su reverencia hacia la Palabra no se vio mermada en absoluto por este menosprecio, antes por el contrario, se mantuvo fiel guardando en todo momento los testimonios de Dios, por odioso que ello le hiciera parecer ante los ojos del mundo.

Esto es, una declaración de inocencia; una aclaración del motivo por el que este oprobio vino sobre él; y una alegación de que su relación con Dios y su servicio no disminuyeron un ápice a pesar del menosprecio que ambas cosas le acarrearan. De modo que las conclusiones prácticas son también diversas:

a. No debe sorprendernos que quienes preservan y mantienen los testimonios de Dios sean calumniados y menospreciados.
b. Aunque sea cosa habitual que el pueblo de Dios sea menospreciado, ello no implica que el menosprecio no le resulte doloroso y se le haga pesado de sobrellevar.
c. Siendo, como es, una carga dolorosa, estamos legitimados para pedir a Dios que nos sea quitada. Así lo hizo David, y así lo podemos hacer también nosotros, sin olvidar someternos siempre a la voluntad divina.[141]
d. Para librarnos del oprobio y el menosprecio, lo mejor es apelar a Dios; él es el gran testigo de nuestra sinceridad e inocencia, puesto que sabe todas las cosas. Debemos pedir su ayuda ante todo. Repito, Dios es el más poderoso testigo y valedor de nuestra inocencia; tiene controlados los los corazones y las lenguas de los hombres, y puede: tanto evitar que el calumniador siga profiriendo oprobios, como que el oyente no se sienta atraído ni afectado por la calumnia. Cuenta con poder absoluto sobre las conciencias de los hombres y puede limpiar de inmediato nuestra inocencia. Por tanto, lo mejor es poner la cuestión del oprobio y menosprecio en manos de Dios; una oración es siempre mejor defensa que una alegación.
e. Buscar alivio de este mal en Dios es de enorme consuelo en todos los casos. Cuando somos inocentes de lo que se nos acusa, Dios es un baluarte de confianza. Hay, sin embargo, ocasiones en las que debemos humillarnos porque somos culpables; también en este caso Dios se ocupará de nuestra reputación. Cuando hemos dado motivo a las calumnias de los impíos, debemos declararnos culpables y exclamar: *"Quita de mí el oprobio que he temido"*[142]. Pues cuando decimos que "tememos" es porque somos conscientes de que en parte lo "merecemos"; y ese temor a las tristes consecuencias debe llevarnos a humillarnos ante Dios y aceptar sus juicios, como bien dice David: *"Quita de mí el oprobio que he temido: porque buenos son tus juicios"*.

Thomas Manton [1620-1677]
"One hundred and ninety sermons on the hundred and nineteenth Psalm", 1681

---

[141] Lucas 22:42.
[142] Salmo 119:39.

Vers. 23. *Príncipes también se sentaron y hablaron contra mí; mas tu siervo meditaba en tus estatutos.* *[Aunque los magnates se sentaron y hablaron contra mí, tu siervo meditaba en tus estatutos.* RVR*] [Aunque los príncipes se sienten y hablen contra mí, tu siervo medita en tus estatutos.* LBLA*] [Aunque los príncipes se sienten y hablen contra mí, tu esclavo medita en tus estatutos.* BTX*] [Aun los poderosos se confabulan contra mí, pero este siervo tuyo medita en tus decretos.* NVI*] [Aunque conspiren contra mí los poderosos, tu siervo medita tus normas.* BLP*] [Hasta los príncipes se sientan y hablan contra mí, pero yo meditaré en tus decretos.* NTV*]*[143]

Príncipes también se sentaron y hablaron contra mí. David era un jugador de élite, y como tal los grandes de la tierra se lanzaban cual halcones contra de él. Los príncipes vieron en él una grandeza que envidiaban, y en consecuencia lo reprochaban y menospreciaban. Sin duda que en sus propios territorios acumulaban ante sus mismos tronos problemas más importantes que resolver, pero les era mas rentable arremeter contra David convirtiendo sus cátedras de juicio en sitiales de arrogancia. La mayoría de personas suspira por el respaldo y elogio de un príncipe, y el menosprecio de una "persona importante" les abate profundamente; pero el salmista soportaba su juicio crítico con santa resignación. Tenía muchos enemigos en las clases dirigentes, y no dudaron en difamarle y hacer de ello su ocupación primordial: celebraron sesiones dedicadas a debatir sus supuestos escándalos, consejos para mancillar su buen nombre, parlamentos para inventar falsedades. Y no obstante, David lo soportó y sobrevivió a todos sus intentos.

Mas tu siervo meditaba en tus estatutos. Todo un alarde de valentía. Era siervo de Dios,[144] y consideró que su prioridad absoluta era ocuparse de las cosas de su Señor;[145] era siervo de Dios, y en consecuencia estaba seguro de que su Señor lo defendería. Por tanto, hizo caso omiso a sus calumniadores principescos; ni siquiera dejó que sus pensamientos y meditaciones resultaran perturbados por las intrigas y maquinaciones de tan siniestro cónclave. ¿Quiénes eran estos magnates maliciosos para hurtarle a Dios la atención de su siervo o privar al ungido del Señor de un solo momento de piadosa comunión con él? ¡Todo la canalla principesca en su conjunto no valían cinco minutos de la meditación santa del siervo del Señor! Imaginar la escena y reparar en el contraste resulta tan hermoso como particularmente alentador: por un lado los príncipes sentados en cónclave debatiendo acaloradamente para confabular contra David; por el otro David sentado plácidamente con su Dios y su Biblia, dándoles a sus calumniadores la mejor respuesta que les podía dar: el silencio. Los que se alimentan de la Palabra se hacen fuertes y experimentan paz en su interior, porque saben que la gracia de Dios los mantendrá *a cubierto de las trifulcas de lenguas pendencieras*.[146]

---

[143] La versión griega de los LXX o Septuaginta lee: καὶ γὰρ ἐκάθισαν ἄρχοντες καὶ κατ᾽ ἐμοῦ κατελάλουν, ὁ δὲ δοῦλός σου ἠδολέσχει ἐν τοῖς δικαιώμασίν σου que la Vulgata traduce al latín como: *"Etenim sederunt principes, et adversum me loquebantur; servus autem tuus exercebatur in justificationibus tuis"*, "También se sentaron los Príncipes, y hablaban contra mí; mas tu siervo se ejercitaba em tus justificaciones". La versión sefardí de Ferrara traduce: *"También fe affentaron feñores, contra mi hablaron, tu fiervo hablará en tus fueros"*. La caldea Peshitta: *"Los inicuos se han sentado y han conspirado contra mí; pero yo he meditado en tus mandamientos"*. KRAUS traduce: *"Aunque altos dignatarios se sienten y conspiren contra mí, tu siervo medita en tus estatutos*". SCHÖKEL: *"Aunque unos nobles se sienten a criticarme, tu siervo medita tus órdenes"*.

[144] Salmo 89:20

[145] Mateo 6:33.

[146] Salmo 31:20.

Fijémonos como al cierre de octava anterior[147] dice: *"meditaré"*[148], y aquí demuestra haber dado fiel cumplimiento a su promesa: *"tu siervo meditaba"* (119:23). A pesar de la intensa presión exterior de oprobio y menosprecio a la que estaba sometido, y que fácilmente podía haber convertido en excusa para olvidarla. Digno es de elogio cuando somos capaces de cumplir en las horas de aflicción, duras y difíciles, las promesas y resoluciones adoptadas en los momentos favorables y felices.

C. H. SPURGEON

Príncipes también se sentaron (en apariencia bajo la sombra de la justicia) *y hablaron contra mí.* Haber sido no tan solo difamado y calumniado en las calles y plazas de mercado; burlado y escarnecido en las tabernas por impúdicos disolutos; sino incluso reprochado y menospreciado en el sitial mismo de la justicia (que debe ser santo) fue sin duda una prueba y tentación muy dura para David.[149] No le quedaba otra elección que asumir que sería difamado, calumniado por completo, y condenado cual si fuera, por decirlo de algún modo, el hombre más infame y maldito de la tierra. Y al verse tan injustamente tratado se queja a Dios diciéndole: «¡Oh Señor, aún los príncipes y gobernadores se sientan para hablar mal de mí, y con todo, yo he guardado tus testimonios». De ello nos corresponde aprender que si hemos caminado en integridad y buena conciencia, seremos falsamente calumniados y acusados de cosas que jamás hubiéramos tan siquiera imaginado; y que nuestro deber es soportarlo con resignación y paciencia, como hizo David. Pues por muy cimentadas que sean las alegaciones de integridad y pureza que nos atrevamos a hacer, y fundamentadas nuestras protestas al cuestionamiento de nuestra honorabilidad; no podemos considerarnos a nosotros mismos, ni por asomo, mejores que David.

JUAN CALVINO [1509-1564]

Mas tu siervo meditaba en tus estatutos. Cuando un terreno se inunda, los labradores abren zanjas en él para que el agua se escurra; y lo mismo vale para con nuestra mente cuando por causa de la tribulación se ve saturada por un exceso de impulsos contradictorios: es necesario drenarla encauzándolos debidamente. Pero no todas las zanjas son buenas, pues no todos los desagües conducen a la santidad; precisamos de una canalización adecuada a nuestra condición de cristianos: *"En la multitud de mis preocupaciones dentro de mí,* –exclama el salmista en otra situación similar a la descrita en el presente versículo– *tus consolaciones alegran mi alma"*.[150] Se había juntado *"el trono de iniquidades"*, con la intención de causarle agravio y atentar contra su vida, valiéndose para tal propósito nada menos que de la propia ley.[151] Y esto le había dejado perplejo y desconcertado, lleno de dudas y saturado de pensamientos contradictorios respecto al posible uso y abuso de la ley de manera indebida. ¿Qué hacer para aliviar la tensión de su mente? ¿Hacia adónde canalizar sus pensamientos? ¿A cualquier cosa? ¡No! La canalización adecuada son: *"tus consolaciones";* aquellos consuelos que Dios permite y que él mismo proporciona, consuelos idóneos para los santos. Cuando los impíos se sienten agobiados recurren al alcohol, al tabaco y la pipa[152], al juego, a las distracciones mundanas

[147] Se refiere a la segunda octava del Salmo 119, ב BET, que comprende del versículo 9 al 16.

[148] Salmo 119:15: *"En tus mandamientos meditaré; consideraré tus caminos"*.

[149] Salmo 69:7-12. Recomendamos al lector la lectura en el Salmo 69 de los comentarios correspondientes a estos versículos.

[150] Salmo 94:19.

[151] Salmo 94:20-21.

[152] En el original inglés: *"Wicked men in trouble run to their pot and pipe"*. No debemos olvidar que según el relato del cronista FRAY BARTOLOMÉ DE LAS CASAS [1474-1566], el tabaco no era conocido por los europeos hasta la llegada de CRISTÓBAL COLÓN [1471-1506] al Caribe en 1492; no llegó a Europa hasta 1560;

y compañías de vida alegre; convencidos de su eficacia en alejar de su mente las preocupaciones y derrotar así los designios de la providencia. Y que lamentablemente, en lugar de mejorar su situación lo que hacen es empeorarla. Pero David, siervo de Dios, recurre a los consuelos de Dios. Ya en otra ocasión en la que se turbaron sus pensamientos a causa del poder de los malvados exclamó: *"entrando en el santuario de Dios, comprendí el fin de ellos"*.[153] De modo que apacigua su mente meditando en las ordenanzas de Dios, con lo cual asume un doble objetivo: diversificar sus pensamientos, y su vez, protegerse de la tentación.

THOMAS MANTON [1620-1677]
"One hundred and ninety sermons on the hundred and nineteenth Psalm", 1681

Mas tu siervo meditaba en tus estatutos. Percibid aquí la armadura con la que David se protege para enfrentarse a sus enemigos: *"Arma justi quibus erga adversariorum repellit impetu"*, el arma perfecta es aquella capaz de repeler los golpes de cualquier adversario. ¿Y cuales son las armas de David? La Palabra y la oración. No devuelve mal por mal, ni reproche por reproche.[154] Enfrentarse a Satanás con sus mismas armas es extremadamente peligroso; es ponerle fácil la victoria. Luchemos con las armas de Dios: blandiendo la Palabra y la oración. Con ellas el creyente puede luchar reposadamente desde su cámara secreta, y contemplar el miserable final de todos aquellos que se declaran enemigos de los hijos de Dios.

WILLIAM COWPER [1566-1619]
"A Commentary upon CXIX Psalm", 1613

Tus estatutos. Vivir una vida cristiana saludable sin consultar a diario las Escrituras es totalmente imposible. Se hace indispensable acudir a ellas en busca de dirección para todas las empresas que iniciamos, y cuando las hayamos concluido, acudir de nuevo a ellas en busca de garantía de aprobación, aclarar nuestras dudas y consolarnos de nuestros fracasos. Sin ellas, nuestra conciencia no es más que un guía ciego que nos conduce a una niebla de ignorancia, error y confusión. En ellas escuchamos la voz de Dios dándonos revelando su buena voluntad hacia nosotros en lo referente a la salvación, y el camino de nuestra obediencia para encontrarnos con él en buena voluntad. ¿Qué otro libro podríamos leer que nos reporte tanto beneficio y consuelo? Las Escrituras son en cuanto a contenido: pura sabiduría; en cuanto a autoridad: divina y absoluta; y en cuando a majestad: Dios mismo hecho letras y palabras humanas, emanando un poder indecible para sellar nuestro corazón. ¿Cómo, si no, percibiríamos al leerlas nuestras mentes de tal manera iluminadas, nuestros corazones tan intensamente afectados, y nuestra conciencia tan profundamente conmovida, hasta el punto de sentirnos derribados y levantarnos de nuevo? Entre todos los libros del mundo no hay otro que me hable como lo hace la Escritura, capaz de conquistar con un poder absoluto todos los afectos de mi ser. Quienes rechazan la Escritura carecen de alimento para sus almas, de luz para sus vidas y de armas para su lucha espiritual; mientras que aquellos que la aman disponen de todos estos privilegios con creces. En la Escritura escuchamos la voz de nuestro amado[155], aspiramos sus suaves perfumes,[156] y tenemos acceso diario a la propiciación[157] Si deseamos que nuestros conocimientos tengan toques divinos de excelencia,

---

el botánico flamenco CAROLUS CLUSIUS [1525-1609] lo describe en 1574 como «un remedio universal para enfermedades de todo tipo».

153 Salmo 73:17.

154 Proverbios 20:22; 24:29; Mateo 5:44; Romanos 12:17-21.

155 Cantares 2:8.

156 Cantares 1:3.

157 Romanos 3:25; 1 Juan 2:2.

raigambre y eficiencia, seamos conscientes de que no los encontraremos en ninguna parte fuera de la palabra de Dios, las Escrituras. Ellas son el compendio de sabiduría celestial, que Cristo, el Verbo eterno, trajo directamente del seno de su Padre.

WILLIAM STRUTHER [1578-1633]
"True happines, or, King David's choice", 1633

Príncipes también se sentaron y hablaron contra mí; mas tu siervo meditaba en tus estatutos. Cuando nuestros enemigos se confabulan contra nosotros, meditar en la palabra de Dios es:

1. Nuestra mejor *ocupación* mientras los demás nos calumnian.
2. Nuestro mejor *consuelo* frente a sus calumnias y falsedades.
3. Nuestro mejor *antídoto* contra el sentimiento de venganza.
4. Nuestra mejor *defensa* para repeler y superar sus ataques.

ANÓNIMO

Vers. 23-24. Los dos últimos versículos de esta tercera octava del Salmo 119 contienen dos ejemplos muy peculiares del afecto sincero de David a la Palabra. El primero está en que, a pesar de ser perseguido, calumniado y menospreciado por grandes y honorables personajes de su entorno, como Saúl, Abner y Ahitofel; jamás dejó de meditar en los estatutos de Dios. Que los piadosos sean afligidos por hombres impíos y malvados, no deja de ser una tentación, una prueba dura y difícil de superar; pero cuando esta persecución proviene de hombres de honor y autoridad, la tentación se hace mucho más dura y la prueba más difícil. Por dos razones. En primer lugar, por su posición encumbrada: cuanto mayor el poder del adversario, mayor el peligro de estar enfrentado a él; porque, como dijo Salomón, *"La ira del rey es mensajero de muerte"*[158]. Y en segundo lugar, porque Dios instituyó las autoridades y ordenó los poderes no para que los temieran aquellos que obran bien, sino el que hace el mal.[159] En consecuencia, cuando los piadosos se encuentran con que estos poderes instituidos por Dios obran en sentido inverso; cuando un gobernante que debería ser para los hombres de bien cual la lluvia a los campos recién segados, se convierte en favorecedor de los malos y perseguidor de los buenos, la aflicción a la que se ven sometidos es considerable. Pues la justicia se convierte en ajenjo, y aquello que debería llevar consuelo a quienes temen a Dios los oprime. Por ello, cuando Dios otorga a un pueblo gobernantes buenos y piadosos debemos reconocerlo como un gran don.

WILLIAM COWPER [1566-1619]
"A Commentary upon CXIX Psalm", 1613

Vers. 23, 51. Si tal y como afirman la inmensa mayoría de eruditos, el Salmo 119 salió de la pluma de David, no me extraña que muchos hayan relacionado su composición con su estancia en la escuela de los profetas en Naiot.[160] La calma que allí encontró, y los estudios que probablemente llevó a cabo bajo la dirección de Samuel, le llevaron en sus meditaciones a la redacción de este salmo en clave alfabética; en tanto que en sus estrofas encontramos no pocas expresiones que hacen particular referencia a los peligros de los cuales había escapado recientemente, y que todavía le amenazaban. Un claro ejemplo de ello lo tenemos en versículos como estos: *"Príncipes también se sentaron y hablaron*

[158] Proverbios 16:14.
[159] Romanos 13:3.
[160] 1 Samuel 18:18-24.

contra mí; mas tu siervo meditaba en tus estatutos" (119:23); o *"Los soberbios se burlaron mucho de mí, mas no me he apartado de tu ley"* (119:51).

WILLIAM MACKERGO TAYLOR [1829-1895]
"David, King of Israel; his Life and its Lessons", 1879

Vers. 24. ***Pues tus testimonios son mis delicias y mis consejeros.*** *[Pues tus testimonios son mis delicias y mis consejeros.* RVR*] [También tus testimonios son mi deleite; ellos son mis consejeros.* LBLA*] [Sí, yo me deleito en tus testimonios, porque ellos son los hombres de mi consejo.* BTX*] [Tus estatutos son mi deleite; son también mis consejeros.* NVI*] [Tus mandatos son mi deleite, ellos son mis consejeros.* BLP*] [Tus leyes me agradan; me dan sabios consejos.* NTV*]*[161]

Pues tus testimonios son mis delicias y mis consejeros. Para David los *"testimonios"* divinos no eran simplemente temas para la meditación, sino "también" fuentes de deleite y recursos de orientación. Mientras sus enemigos confabulaban consultando unos con otros, el hombre santo buscaba consejo en los testimonios de Dios. Ni aun con todo su estruendo lograron los cazadores sacar al pájaro de su nido;[162] porque su deleite era la calumnia, mientras que el deleite del santo David era la meditación. La Palabra del Señor nos sirve para muchos propósitos: en los momentos de dolor es nuestro consuelo, y en los de dificultad es nuestra guía; extraemos de ella alegría, y descubrimos en ella sabiduría. Si queremos encontrar consuelo en las Escrituras debemos someternos a su consejo, y seguirlo no de mala gana, sino con deleite. La forma más segura de hacer frente a los que traman nuestra ruina, es prestar mayor atención a los testimonios verdaderos del Señor que al falso testimonio de nuestros enemigos. La mejor respuesta a las acusaciones de los príncipes es la palabra vindicadora del Rey.[163]

En el versículo dieciséis David anticipaba: *"Me regocijaré en tus estatutos"* (119:16); y aquí afirma ya satisfecho: *"tus testimonios son mi deleite"*. Los propósitos y resoluciones adoptadas contando con en poder de Dios dan su fruto, y los deseos espirituales maduran hasta convertirse en logros reales. Ojalá sea esta la experiencia todos cuantos leen estas líneas y puedan dar fe de ello.

C. H. SPURGEON

Pues tus testimonios son mi deleite y mis consejeros. Su *"deleite"* y sus *"consejeros"*, es decir: son su deleite porque son sus consejeros; y son sus consejeros porque en ellos halla deleite. Bien sabemos el deleite que hay en poder contar con un buen consejo cuando lo necesitamos, que nos saque de la confusión y nos aporte perspectiva en las encrucijadas de la vida. Dice Salomón: *"El ungüento y el perfume alegran el corazón, y el cordial consejo del amigo consuela al hombre"*.[164] Esta es la dulzura

---

[161] La versión griega de los LXX o Septuaginta lee: καὶ γὰρ τὰ μαρτύριά σου μελέτη μού ἐστιν, καὶ αἱ συμβουλίαι μου τὰ δικαιώματά σου que la Vulgata traduce al latín como: *"Nam et testimonia tua meditatio mea est, et consilium meum justificationes tuae"*, "Porque tus testimonios son mi meditación, y tus tustificaciones mi consejo". La versión sefardí de Ferrara traduce: *"También tus tus teftamentos, mis folazes, varones de mi cofejo"*. La caldea Peshitta: *"He meditado en tu testimonio y en tu buen consejo"*. KRAUS traduce: *"¡Tú has amenazado a los malvados; son malditos los que se desvían de tus mandamientos!"*. SCHÖKEL: *"¡Sí, tus testimonios son mi deleite, son mis consejeros!"*.

[162] Organizar amplias batidas con todo tipo de sonidos y estruendos para asustar a los animales y hacerles salir de sus nidos y guaridas, es una estrategia de caza muy antigua que aún sigue utilizando hoy en día en algunos casos y zonas.

[163] Romanos 5:1.

[164] Proverbios 27:9.

peculiar de la comunión con Dios, y la meditación en su Palabra; nos aporta el consejo oportuno en el momento oportuno.

THOMAS HORTON [¿?-1673]

Pues tus testimonios son mi deleite. Quienes quieran que los testimonios de Dios sean su deleite, deben hacer de ellos sus consejeros y dejar que les amonesten. Y aquellos que hacen de ellos consejeros en en la dificultad; deben hacer también de ellos su deleite en la prosperidad.

HENRY HAMMOND [1605-1660]
"Paraphrase and Annotations on Book of Psalms", 1659

Pues tus testimonios son mis delicias y mis consejeros. En momentos difíciles David contó con el consuelo y dirección de los testimonios del Señor. ¿Y qué otra cosa se puede desear más allá de estas dos bendiciones? El resultado de haber *"meditado en tus estatutos" (*119:23) fue su *"deleite"* en los momentos de aflicción; en épocas de confusión contó con ellos como *"consejeros"*, para guir sus pasos y dirigir su comportamiento de manera perfecta.[165]

CHARLES BRIDGES [1794-1869]
"Exposition of Psalm 119", 1827

Mis consejeros. En hebreo עֲצָתִי *'ăṣāṯî* de עֵצָה *etsah* "los miembros de mi Consejo", una mención particularmente adecuada puesto que anteriormente había afirmado que *"príncipes se sientan en consejo para habar contra mí"*. Los príncipes no suelen tomar decisiones sin consultarlas con su Consejo privado; y los hijos de Dios cuentan también con su Consejo privado, que son los testimonios del Señor. Por un lado estaban Saúl con sus nobles y consejeros; por el otro David y los testimonios de Dios; pues bien, ¿quién creéis que estaba más preparado y en mejor posición? ¿Los que lo perseguían y menospreciaban? ¿O David contando con esta ayuda excepcional para sobrellevar su menosprecio? Cuando al rey Alfonso de Aragón[166] le preguntaron quiénes eran sus mejores consejeros respondió: «Los muertos (refiriéndose a los libros de autores clásicos), pues no pueden halagar ni ser lisonjeros, sino que cuentan la verdad de una manera cruda y totalmente imparcial»[167]. Pues bien, de entre todos esos consejeros imparciales, los testimonios de Dios tienen la preeminencia. Aún cuando todos lo abandonen y no le quede nadie dispuesto a abogar por él, al creyente piadoso siempre le quedará un amplio senado, un consejo de estado a su alrededor para asesorarle: los profetas, los apóstoles, y otros *"santos hombres de Dios que hablaron siendo inspirados por el Espíritu Santo".*[168] En tales condiciones un hombre nunca está solo, por más solo que esté; porque cuenta a su lado con asesores que le dicen qué debe creer y hacer; y son consejeros que no pueden errar, pues no lo adularán ni le aplaudirán ningún pecado, y jamás le desalentarán o disuadirán de hacer lo bueno a pesar de los riesgos que

[165] Salmo 16:7.

[166] Se refiere a ALFONSO V DE ARAGÓN [1394-1458] llamado también "El Magnánimo". Amante de la cultura, y especialmente de los libros, su devoción hacia los clásicos era excepcional, los leía constantemente y se dice que jamás se separaba de ellos, ni aún estando en campaña bélica. Llevó a cabo un importante mecenazgo de poetas y escritores, y fomentó las bibliotecas en todo el reino, lo que el valió el sobrenombre de "el Sabio".

[167] Hemos traducido literalmente la frase del texto original respetando el sentido que le da el autor. Pero tal y como se conoce en español, la frase de ALFONSO V es la siguiente: «Los libros son, entre mis consejeros, los que más me agradan, porque ni el temor ni la esperanza les impiden decirme lo que debo hacer».

[168] 1 Pedro 1:21.

ello entrañe. Y en verdad, si somos sabios, debemos elegir consejeros como éstos: *"Tus testimonios son los miembros de mi Consejo"*.

THOMAS MANTON [1620-1677]

"One hundred and ninety sermons on the hundred and nineteenth Psalm", 1681

Mis consejeros. Una frase que nos merece la pena valorar y sospesar adecuadamente. David llama a los mandamientos de Dios sus *"consejeros"*. ¿Qué quiere decir con esto? En primer lugar, que podía prescindir de toda la sabiduría humana, de asesores más capaces y expertos en el mundo, porque se regía por la palabra de Dios, y actuaba en consecuencia con ella. En segundo lugar, que cuando uno se rige por la palabra de Dios, no solo actúa de manera verdaderamente sabia, sino que es cual si contara con toda la sabiduría del mundo; sí, toda y aún más.

JUAN CALVINO [1509-1564]

ד Dálet[1]

Versículos del 25 al 32

Versión poética

Dálet

Ya me siento abrumado y abatido
por el peso fatal de mis miserias,
ayúdame, Señor, que no resisto,
ayúdame conforme a tus promesas.

Siempre que te he implorado fervoroso
hiciste fiel lo que mi voz te ruega,
oye ahora la súplica que te hago,
con tu divina ley mi alma penetra.

Enséñame a observarla, y a que admire
tantas sublimes perfecciones bellas,
que descubren los tiernos corazones,
que al tiempo que la siguen la contemplan.

El mio desfallece con el tedio:
le fastidian el ansia y la tristeza
de que alcanzar no puede a penetrarla
con la luz y el ardor con que quisiera.

Apártame, Señor, de los lugares
en que la iniquidad está a la puerta,
mírame, mi Dios, con ojos compasivos,
y si voy a caer haz que me tenga.

Siempre quise ponerme en el camino
de la virtud y la verdad sincera,
y jamás olvidé de tus preceptos
la más ligera parte o más pequeña.

[1] Felipe Scio de San Miguel [1738-1776] en una nota a su traducción de la Vulgata indica que *Dálet* se interpreta como *"puerta"* o *"temor"*. Los cabalistas afirman que este simbolismo de "puerta" significa el imperativo de franquear algo, un traslado de lugar, un cambio de espacio, un traspaso de dimensión: *Dálet* es la puerta que permite pasar de un estado de carencia a un estado de plenitud: *"Abatida hasta el polvo está mi alma; vivifícame según tu palabra"* (119:25).

Al contrario, mi Dios, siempre he querido
tenerlas muy presentes en mi idea,
las amo, las abrazo con el alma,
no arrojes pues, Señor, mi oración tierna.

Que cuando me parece que te amo,
y que cumplo fiel con mi obediencia,
me hallo mejor, pues el que cree que agrada,
corre veloz, y presuroso llega.

DEL "SALTERIO POÉTICO ESPAÑOL", SIGLO XVIII

Comentarios generales a los versículos del 25-32: En mi opinión, estos versículos nos muestran al salmista apesadumbrado, lamentando la esclavitud de las cosas terrenales a las que su mente se halla sujeta. Su alma se abate hasta el polvo, se deshace en ansiedad, y anhela con avidez un desahogo de su prisión espiritual: suplica que su corazón sea ensanchado (119:32). En ellos veremos claramente la influencia de la Palabra divina sobre un corazón que lamenta su tendencia innata hacia lo terreno, y llora de pena a causa del círculo deprimente que le rodea.[2] En tales circunstancias, la Palabra del Señor induce a la oración: *"De mis caminos te conté, y tú me has respondido"* (119:25-29); confirma la decisión tomada: *"Escogí el camino de la verdad"* (119:30); infundiendo una determinación renovada: *"Por el camino de tus mandamientos correré, cuando ensanches mi corazón"* (119:32). En todo tipo de tribulaciones, ya sean del cuerpo o de a mente, la Palabra es la fuente de ayuda más segura.[3]

[2] Dice al respecto JOHANN PETER LANGE [1802-1884]: «Los suspiros, lágrimas y ansiedades de los santos son tan poco comprendidos por el mundo como lo puedan ser sus oraciones, gozos y esperanzas. Pero los testimonios de Dios aportan consuelo, fortaleza y certidumbre, incluso al que viéndose perseguido y acosado por los hombres se encuentra en una situación extrema y desesperada. Quien anda por el camino que los mandamientos de Dios prescriben y señalan, aprende a superar sus vericuetos, y experimenta, por tanto, un deseo más intenso de caminar por él y fuerzas renovadas para poder hacerlo».

[3] Dice FRANCISCO LACUEVA [1911-2005] en su versión española del "Comentario de Matthew Henry": «El salmista pide luz, vigor, fuerzas, *"anchura de corazón"*. La letra inicial (D) del acróstico le obliga a utilizar repetidamente el vocablo hebreo דֶּרֶךְ *derek*, "camino" (119:26, 27, 29, 30, 32). El camino que conduce al Cielo comporta fatigas, desalientos, peligros y tentaciones, como describe JOHN BUNYAN [1628-1688] en su *Pilgrim's Progress* (Progreso del Peregrino). El salmista se siente abatido, hundido (literalmente: דָּבְקָה *dāḇəqāh* de דָּבַק *dabaq,* "apegado") hasta el polvo, a causa de las contrariedades que sufre (119:25) y pide a Dios que le reanime y le sostenga (119:28). Confiesa que ha expuesto ante la mirada de Dios sus caminos (119:26), sus vicisitudes, y que Dios le ha respondido; lo que le anima a pedir que le haga conocer bien sus estatutos, el camino de Dios en sus mandamientos (119:27), a fin de ponderar las maravillosas enseñanzas contenidas en la Ley. *"Se derrite mi alma de pesadez",* dice literalmente: דָּלְפָה *dāləpāh* (119:28). Bajo el peso de la tristeza y de la ansiedad, el corazón se le enternece hasta disolverse en lágrimas. 2. Puesto que abomina el camino de la mentira (119:29), dado que ha escogido el camino de la verdad (lieral: אֱמוּנָה *'ĕmūnāh,* "fidelidad"), y tiene siempre ante los ojos los veredictos de Dios (119:30), hasta el punto de sentirse apegado (el mismo verbo: דָּבַק *dabaq* del versículo veinticinco (119:25) y de Génesis 2:24 *"...se apegará a su mujer"*) a los testimonios divinos, pide a Jehová que no le avergüence, sino que le conceda el favor que le pide, a fin de que no se rían de él sus enemigos como si estuviese dejado de la mano de Dios (119:31). Poner delante de nosotros los veredictos de Dios es como poner delante de nuestros ojos el modelo que hemos de copiar cuando aprendemos a escribir, o como tiene el arquitecto ante sí el plano, maqueta o modelo del edificio que piensa construir. Mirar constantemente al modelo hace que un creyente sea firme

A esta octava del Salmo 119 le corresponde alfabéticamente la letra "D", ***Dálet:*** canta sobre la ***(D)****epresión*, en el espíritu de ***(D)****evoción,* ***(D)****eterminación,* y ***(D)****ependencia.*

C.H. SPURGEON

Los ocho versículos dispuestos en orden alfabético:[4]

25. (D)eprimida *"hasta el polvo está mi alma: Reanímame según tu palabra".*
26. (D)eclarado (te he) *"mis caminos, y me has respondido; enséñame tus estatutos".*
27. (D)eclárame Señor *"el camino de tus mandamientos, para que medite en tus maravillas".*
28. (D)esháceme *"el alma de ansiedad; susténtame según tu palabra".*
29. (D)esvía *"de mí el camino de la mentira, y en tu misericordia concédeme tu ley."*
30. (D)elante *"de mí he puesto tus juicios; escogí el camino de la verdad."*
31. (D)eliberadamente *"me he apegado a tus testimonios; oh Jehová, no me avergüences".*
32. (D)ía tras día *"por el camino de tus mandamientos correré, cuando ensanches mi corazón".*

THEODOR KÜBLER [1832-1905]

"Psalm 119 Alphabetically Arranged", 1880

Vers. 25. ***Abatida hasta el polvo está mi alma; Vivifícame según tu palabra.*** *[Abatida hasta el polvo está mi alma; reanímame según tu palabra.* RVR*] [Postrada está mi alma en el polvo; vivifícame conforme a tu palabra.* LBLA*] [Postrada en el polvo está el alma mía, vivifícame conforme a tu Palabra.* BTX*] [Postrado estoy en el polvo; dame vida conforme a tu palabra.* NVI*] [Estoy postrado en el polvo, dame la vida según tu promesa.* BLP*] [Estoy tirado en el polvo; revíveme con tu palabra.* NTV*]*[5]

---

y estable. 3. Especialmente notable es el versículo treinta y dos (119:32) donde el salmista habla de *"correr"* por el camino de los mandamientos, es decir, obedecer con el mayor gusto, con la mayor prontitud y alegría, la voluntad de Dios, cuando (o, porque) Dios *"ensanche su corazón".* No se trata de una frase condicional *("si Dios me ensancha el corazón")*; sino que se muestra absolutamente convencido y seguro de que ello va a suceder. Este: *"Ensanchar el corazón"* (comparar con Isaías 60:5; 2 Corintios 6:11) se entiende mejor si lo confrontamos con la metáfora opuesta: *"encogerse el corazón".* Indica primordialmente verse libre de apuros y problemas, a fin de tener mayor espacio para concentrar las energías y gozar de la libertad necesaria en orden a llevar a cabo lo que amamos. El verdadero cristiano es optimista, pues sabe que Dios le da sabiduría (que en 1 Reyes 4:29 se equipara a *"anchura de corazón")* y el amor que, por su Espíritu, derrama en nuestros corazones (Romanos 5:5). El amor de Dios y el gozo en el cumplimiento de su Ley son las ruedas y el motor de nuestra obediencia».

[4] Para respetar la regla mnemotécnica de KUBBER, hemos adaptado el texto inglés lo máximo posible al español. El mayor cambio ha sido sustituir *"(D)eceitful ways remove from me; and grant me thy law graciously"* por "(D)esvía *de mí el camino de la mentira, y en tu misericordia concédeme tu ley.*"

[5] La versión griega de los LXX o Septuaginta lee: ἐκολλήθη τῷ ἐδάφει ἡ ψυχή μου ζῆσόν με κατὰ τὸν λόγον σου que la Vulgata traduce al latín como: *"Adhaesit pavimento anima mea: vivifica me secundum verbum tuum",* "Se apegó al suelo mi alma; dame vida según tu palabra". La versión sefardí de Ferrara traduce: *"Pegofe a polvo mi alma, abiviguame como tu palabra".* La caldea Peshitta: *"Mi alma está pegada al polvo; vivifícame según tu palabra".* KRAUS traduce: *"¡Mi alma está pegada al polvo, vivifícame según tu palabra!".* SCHÖKEL: *"Mi aliento está pegado al polvo: dame vida por tu palabra".*

Abatida hasta el polvo está mi alma.[6] Con estas palabras quiere expresar el salmista que estaba a rebosar de dolor.[7] Y la imagen gráfica que utiliza tiene mucho de real, puesto que en oriente los dolientes solían arrojarse polvo sobre la cabeza y sentarse sobre ceniza.[8] El salmista se sentía cual si estas demostraciones de aflicción se hubieran pegado a su cuerpo, y su alma, incapaz de superar su dolor, se hubiera aferrado a ellas. ¿Significa también que se sentía al borde de la tumba? ¿Qué notaba como su vida iba siendo absorbida con fuerza hacia el moho del sepulcro ahogándose el polvo de la muerte? No creo que sea preciso forzar en exceso la imaginación, ni el sentido de las palabras, para concluir que probablemente eran ambas cosas: se lamentaba de sus preocupaciones terrenales, y de su agonía espiritual. Gime, más que por otra cosa, por la obsesión de su alma de aferrarse a las cosas terrenales. Pero fuera cual fuera la razón de su lamento, es evidente que no se trataba de algo superficial, sino que afectaba lo más íntimo y profundo de su espíritu: su alma se hundía en el polvo. Y que cayera en él no fue casual ni accidental, dado que su tendencia a inclinarse sobre la tierra era inherente, continua y de largo alcance. Pero, ¡qué inmensa misericordia demuestra el hecho de que tuviera consciencia de su situación! ¡Que fuera capaz de sentir y deplorar cuanto había de malo en tal abatimiento! Aquellos

---

[6] Diferentes comentaristas interpretan:

– WILLIAM SWAN PLUMER [1802-1880] observa que estas palabras del salmista suelen tener una traducción bastante uniforme en todas las versiones. Sin embargo, las interpretaciones y aplicaciones son muy distintas.

– JOHN FRY [1792-1822] lo aplica a la humillación y aflicciones de Cristo.

– DAVID DICKSON [1583-1662], lo aplica al estado mental de David, aflicciones forjadas en su propio corazón que oprimían su espíritu. Otros que se refiere a sus pecados y transgresiones. Y otros creen que habla de sus tribulaciones en sentido general, y que le llevaron a sentarse en el polvo, echarlo sobre su cabeza y hundir en el su rostro, como era costumbre de los orientales (Ver Job 1:20; 2:12; Ezequiel 27:30; Lamentaciones 2:10).

– GIOVANNI DIODATI [1576-1649] hace la siguiente paráfrasis: «Estoy acabado más allá de toda esperanza de ayuda, a menos que tú me levantes y me restaures la vida».

[7] Estas palabras del salmista fueron las que pronunció el emperador TEODOSIO I EL GRANDE [340-397] postrado sobre el suelo de la catedral de Milán al ser recibido de nuevo en el seno de la Iglesia por el obispo AMBROSIO [347-395], que le había excomulgado en el 390 por haber ordenado la masacre de 7000 habitantes de Tesalónica como represalia por el asesinato del gobernador militar que él había nombrado. TEODORETO DE CIRO [393-458] lo cuenta en su "Historia Eclesiástica" con estas palabras: «Y así, el piadoso emperador, tras atreverse a entrar en el templo, no permaneció de pie para orar, ni se puso de rodillas, sino que postrándose sobre el suelo se limito a repetir las palabras de David en el Salmo: *"Pegada está al suelo mi alma; dame vida según tu palabra"*». Y el escritor italiano DANTE ALIGHIERI [340-397], en su inmortal poema "La Divina Comedia", en la que hace numerosas citas y alusiones a los Salmos, al describir el cuarto círculo del infierno donde han sido confinados los avaros, y entre ellos numerosos clérigos, papas, y sacerdotes que se adueñaron de bienes que nos les correspondían, los representa condenados a permanecer eternamente con la cara pegada al suelo: «Dije al maestro: 'Por favor te pido, me digas, si esas sombras tonsuradas acaso sacerdotes en vida han sido' … Me respondió: 'Estos sin pelo que de un lado vemos, fueron clérigos, papas, cardenales, que la avaricia llevó a sus extremos'. Y pregunte al maestro: 'Entre los tales, ¿puedo quizá reconocer alguno de los manchados con tan inmundos males?' Y el: 'No podrás reconocer ninguno: su mala vida, si antes fueron albos, los cubre a todos con su tinte bruno, y con el rostro vuelto hacia el suelo, eternamente permanecerán no salvos'» [ALIGHIERI, DANTE. La Divina Comedia: Infierno, Canto Séptimo].

[8] Génesis 37:34; Josué 7:6; 2 Samuel 4:12; 13:19; Nehemías 9:1; Ester 4:1-3; Job 42:6; Jeremías 6:26; Ezequiel 27:30; Jonás 3:6.

que son simiente de la serpiente encuentran en el polvo su alimento y se revuelcan en él; pero los que son simiente de la mujer jamás se degradarán a tal extremo.[9] La mayoría de seres humanos proceden de la tierra, pertenecen a ella, tienden a ella, y jamás se lamentan de vivir pegados a ella; tan solo los nacidos del arriba y cuyos espíritus suspiran por el cielo,[10] se lamentan ante la idea de verse anclados a este mundo y atollados en sus penas y placeres.

Vivifícame según tu palabra. Más vida, es la cura de todos nuestros males. Y solo el Señor puede infundirla, concederla, otorgarla en un instante; y además "según su Palabra", sin apartarse un ápice del curso normal de su gracia de acuerdo con lo trazado en las Escrituras. Cuando oramos es importante tener muy claro sobre qué oramos o para qué: David busca ser vivificado: *"vivifícame"*. Podía haber aprovechado –dirán algunos– para pedir otras cosas: consuelos, o ascender a un nivel superior; pero sabía que todo esto le vendría como añadidura a una vida vivificada,[11] y por tanto, va directo al manantial, busca aquella bendición que es origen de todas las bendiciones: *"vivifícame"*. Cuando alguien está deprimido, y sintiéndose débil tiene tendencia a perder el equilibrio y caer al suelo, es esencial vitalizarle, potenciar su resistencia, infundirle ánimo; con ello su cuerpo se reanima y su espíritu se vivifica. Cuando se reactiva la vida, todo el ser se renueva por entero. Sacudirse el polvo del suelo, es una acción que por sí misma vale de poco; pero cuando va acompañada de la vivificación, se transforma en una bendición inmensa; de igual manera que un espíritu alegre y animoso, que deriva de una salud fuerte y sana, está entre las mejores misericordias. La coletilla: *"según tu palabra"*, significa "según la manera revelada en que tú vivificas a tus santos". La palabra de Dios nos dice que Aquel que nos hizo y nos creó, nos vivifica[12]; y que el Espíritu de Dios, por medio de las ordenanzas, infunde vida en nosotros;[13] roguemos, por tanto, al Señor, para que emplee en nosotros su método habitual de gracia. Tal vez David tuviera en mente las palabras del Señor en Deuteronomio, donde Jehová habla de matar y de dar vida: *"Ved ahora que yo, yo soy el Señor, y fuera de mí no hay dios. Yo hago morir y hago vivir. Yo hiero y yo sano, y no hay quien pueda librarse de mi mano"*[14], y suplica al Señor que ejerza sobre su siervo, próximo a expirar, ese poder de otorgar vida. Ciertamente, David no contaba ni de lejos con la abundancia de promesas con que contamos nosotros a la hora de apoyar nuestras súplicas; pero una sola palabra le bastaba para fundamentar su ruego sobre una justa confianza y exclamar: *"según tu palabra"*. No hay escena más grandiosa que ver a un creyente abatido hasta el polvo invocando la promesa: *"según tu palabra"*; y nada más solemne que contemplar a un hombre al borde de la tumba implorando: *"vivifícame"*, con la firme esperanza de que así será.

Este versículo veinticinco del Salmo 119, primero de la cuarta octava, coincide con el primero de los *"vivifícame"*.[15] La tercera octava[16] empezaba con un *"Haz... que viva"*[17] (119:17); y aquí exclama: *"vivifícame"* (119:25). En situación bienaveturada pedía un trato favorable y generoso (119:17);

[9] Génesis 3:15. Apocalipsis 12:17.

[10] Colosenses 3:1-2.

[11] Mateo 6:33.

[12] Efesios 2:1, 5

[13] Juan 6:63; 2 Corintios 3:6.

[14] Deuteronomio 32:39.

[15] La expresión verbal hebrea חַיֵּנִי *ḥayyênî* de חָיָה *chayah,* aparece nueve veces a lo largo del Salmo 119: (25, 37, 40, 88, 107, 149, 154, 156, y 159). La versión inglesa KJV la traduce por *"quicken me"*, con la excepción del versículo 37 donde traduce *"revive me"*. La RVR 1960 hace exactamente lo mismo que la KJV traduciendo *"vivifícame",* con la excepción del versículo 37 donde traduce *"avívame"*. La NVI traduce los nueve por *"dame vida"*. LBLA traduce los nueve por *"vivifícame"*.

[16] Se refiere al primer versículo de la tercera octava, ג GUÍMEL, que comprende los versículos del 17 al 24.

[17] En hebreo אֶחְיֶה *eḥyeh,* aunque la raíz verbal es la misma חָיָה *chayah.*

ahora sintiéndose en condiciones desoladoras ora pidiendo ser vivificado (119:25). Pero en ambos casos el objetivo que persigue es el mismo: *que tenga vida, y la tenga en abundancia.*[18]

C.H. SPURGEON

Abatida hasta el polvo está mi alma; vivifícame según tu palabra. La expresión verbal hebrea que traducimos como *"abatida"*: דָּבְקָה *dāḇəqāh* de דָּבַק *dabaq* significa "unido a", "pegado", "adherido", "aferrado" "atrapado". Nuestra alma es como el pólipo marino que adhiere firmemente sus tentáculos a las rocas: se pega a esta tierra, y difícilmente puede ser arrancada del lugar al que se ha aferrado. Aunque tu alma creyente sea ahora más perfecta, y escapando de las aguas del pecado haya logrado convertirse en un ave de los cielos,[19] no bajes la guardia ni corras riesgos; porque las cosas terrenales son trampas pegajosas,[20] y tan solo con que frotes tus alas contra ellas quedarás atrapado y ligado a la tierra.

THOMAS LE BLANC [1599-1669]

"'Psalmorum Davidicorum Analysis' in qua aperte cernitur singulis in Psalmis ordinem esse admirabilem: adjungitur commentarius amplissimus", 1645

Abatida hasta el polvo está mi alma; vivifícame según tu palabra. La expresión hebrea דָּבְקָה *dāḇəqāh* de דָּבַק *dabaq* que traducimos como *"abatida"* significa en realidad "estar pegado a algo", o "fijarse a algo con solidez". Tiene el sentido de adherirse firmemente a cualquier cosa de tal modo que no se pueda separar fácilmente de ella.[21] La palabra לֶעָפָר *le'āpār* de עָפָר *aphar* traducida por *"polvo"* puede significar en este caso tanto "la tierra", y las cosas terrenales, consideradas como bajas, viles, indignas, mundanas; como también puede significar "la tumba",[22] en el sentido de estar cerca de ella y en inminente peligro de muerte.[23] De Wette[24] la entiende en este último sentido. Sin embargo, el verbo

---

[18] Juan 10:10.

[19] Aunque la figura que utiliza el autor del pólipo marino o medusa que escapando de las aguas se transforma en ave es exclusivamente simbólica y en sentido espiritual, y no cabe por tanto intuir relación alguna con las teorías de CHARLES DARWIN [1809-1882] que encontramos en "El origen de las especies" que en realidad no hicieron su aparición hasta doscientos años después (1859); la idea no deja de resultar sorprendente en un autor del siglo XVII. En Génesis leemos que primero fueron creados los seres marinos, y después las aves del cielo (Génesis 1:20-21).

[20] En el original inglés *"birdlime and glue"*. Se refiere a un antiguo método de trampa para capturar aves pequeñas vivas mediante las llamadas "trampas pegajosas", actualmente ilegales y prohibidas en numerosos países. Consisten en colocar un cebo (por regla general un gusano, aunque también grano o cualquier otro tipo de alimento para pájaros) sobre en dos varas cruzadas llamadas "brisellas" o "pechas", o bien sobre una rama de un árbol, untadas con una sustancia altamente pegajosa elaborada desde tiempos ancestrales a partir de las bayas de muérdago *(Viscum Album)* y conocida como "vese" o "liga". Las aves quedan *"enganchadas"* en ella y son fácilmente capturadas. Ocasionalmente, para capturar gorriones y aves muy pequeñas, los cazadores solían untar también las hojas alrededor de las varillas, a fin de que pajarillo acabara de quedar enganchado también por sus plumas.

[21] Se utiliza en Rut 1:14; Job 19:20; 29:10; Salmo 44:25; 63:8: 102:5; 119:25. Procede del verbo דָּבַק *dabaq* que es el utilizado Génesis 2:24 para decir: *"y se unirá* (en hebreo וְדָבַק *wəḏāḇaq,* "apegará") *a su mujer"*.

[22] En este sentido se utiliza en Job 7:21; 20:11; 21:26; Isaías 26:19; Daniel 12:2.

[23] Ver Salmo 22:15: *"Y me has puesto en el polvo de la muerte"*; o 44:25: *"Porque nuestra alma está hundida hasta el polvo, nuestro cuerpo está postrado hasta la tierra"*.

[24] Se refiere a WILHELM MARTIN LEBERECHT DE WETTE [1780-1849]. Nacido en Ulla, cerca de Weimar (Alemania) e hijo de un pastor, fue alumno de Gottfried von Herder. Profesor de Teología en la *Universidad de Heidelberg* y posteriormente en la *Universidad de Basilea.* Escribió numerosas obras de exégesis, entre

דָּבְקָה *dāḇəqāh,* "estar pegado a" difícilmente puede sugerir esta idea; y la fuerza del mismo quedaría mejor expresada por la idea de que su alma, por así decirlo, se adhirió a las cosas de la tierra hasta el punto que parecía estar atada a ellas, tanto que no lograba separarse de ellas; que sus afectos y pasiones eran bajos, terrenales, se arrastraban por el polvo de la tierra, provocándole una profunda angustia que le llevó a clamar a Dios suplicando ser vivificado y contar nuevamente con la fuerza precisa para romper con ellas.[25]

ALBERT BARNES [1798–1870]
"Notes, critical, explanatory, and practical, on the book of Psalms", 1868

Abatida hasta el polvo está mi alma; vivifícame según tu palabra. La primera cláusula pretende sugerir dos ideas conexas pero distintas: la de una profunda degradación, como: *"nuestra alma está hundida hasta el polvo, y nuestro cuerpo está postrado hasta la tierra";*[26] y la de muerte: *"Comerán y adorarán todos los poderosos de la tierra; se postrarán delante de él todos los que descienden al polvo, puesto que nadie puede conservar la vida a su propia alma".*[27] La primera resulta más evidente en sí misma por el paralelo que establece; pero la segunda parece claramente indicada por la petición en la última cláusula: *"vivifícame",* es decir, sálvame la vida, o restáurame la vida, siendo que en este caso la expresión verbal causativa surge del verbo hebreo חָיָה *chayah,* que es vivir.

JOSEPH ADDISON ALEXANDER [1809-1860]
"The Psalms Translated and Explained", 1850

Abatida hasta el polvo está mi alma; vivifícame según tu palabra. David plantea en este versículo un lamento: *"Abatida hasta el polvo está mi alma";* a la vez que una oración: *"vivifícame según tu palabra".* Y la oración, si la analizamos debidamente, nos aclara la razón del lamento, que no era, como algunos piensan, "un deterioro físico del cuerpo que lo afligía", sino "una opresión espiritual

---

ellas un *Commentar über die Psalmen nebst beigefügter Übersetzung,* con toda probabilidad la misma a la que hace referencia el autor.

[25] AGUSTÍN DE HIPONA [354-430] dice en este mismo sentido: «*"Se apegó al suelo mi alma; dame vida según tu palabra".* En mi opinión esta frase viene a decir: 'Estoy muerto, porque no logro separarme de las miserias de este mundo: vivifícame según tu palabra'. Pues, ¿qué quiere decir por *"suelo"* sino las cosas terrenales; y *"dame vida"* sino el deseo de desligarse de ellas? Si imaginamos la tierra como el suelo de una inmensa casa y el cielo como su techo, está claro que el deseo del salmista es elevarse por encima de todo lo terreno hacia lo que es celestial, como el apóstol cuando decía: *"Mas nuestra ciudadanía está en los cielos, de donde también esperamos al Salvador, al Señor Jesucristo"* (Filipenses 3:20) [...] Algunos interpretan este *"se apegó al suelo mi alma"* en relación a la unión del alma con el cuerpo, y lo aplican a las palabras del apóstol cuando dice: *"¡Miserable hombre de mí!; ¿quién me libertará de este cuerpo de muerte?* (Romanos 7:24)*"*; pero yo no lo veo de ese modo, sino más bien como alusión a los afectos carnales del alma, en razón de los cuales *"el deseo de la carne es contra el espíritu, y el del espíritu es contra la carne; y éstos se oponen entre sí, para que no hagáis lo que querríais"* (Gálatas 5:17)*".* Y visto así, no hay duda que cuando el salmista exclama: *"Se apegó al suelo mi alma; dame vida según tu palabra",* lo que pide no es ser liberado de este cuerpo de muerte por la propia muerte, algo que sin duda tendrá lugar cuando la vida toque a su fin y que teniendo en cuenta la brevedad de la misma no puede estar muy distante; sino que limite y disminuya en él cuanto sea posible el apego a las cosas terrenales que se oponen al espíritu, y aumente su apego a las espirituales, que luchan contra la carne, hasta que esta quede totalmente aniquilada en nosotros, y las otras se perfeccionen por medio del Espíritu Santo que nos ha sido dado. Por ello no dice: "Vivifícame según mis méritos", sino *"Vivifícame según tu palabra"*».

[26] Salmo 44:25.

[27] Salmo 22:29.

profunda y dolorosa" (si se me permite llamarla de ese modo), que aplastaba su alma; que tiraba de él sujetándole hacia abajo, hacia la tierra; que le mantenía trabado en cosas terrenales, en afectos y devociones mundanas, impidiéndole cabalgar hacia lo alto y elevarse en dirección al cielo. No especifica cual era su particular tentación; muchas veces los hijos de Dios se encuentran en un estado tal de abatimiento que no alcanzan contar sus propias penas, y otras tan profundamente afligidos que no sería oportuno que las compartieran.

Y de ello aprendemos que todo cuanto el mundano estima como sabiduría, para el cristiano es necedad;[28] lo que es alegría para el uno, es el dolor para el otro. El deleite de un mundano es apegarse a la tierra, y cuanto más firme logra sujetarse a ella, más estable y feliz se siente, porque esta es su porción: dar prioridad a sus asuntos mundanos, tenerlos siempre en mente, porque en su opinión, es la única sabiduría. Pues la maldición de la serpiente se cierne sobre él,[29] y por ello se arrastra sobre la tierra y lame el polvo todos los días de su vida. Esta es la condición miserable de los impíos: que incluso su alma celestial se convierta terrenal. "*Qui secundum corporis appetentiam vivit caro est, etiam ánima eorum caro est*"[30]; (Quien vive según los apetitos del cuerpo carne es, y su alma es carne) como dijo el Señor de los que perecieron en el Diluvio, que no eran sino carne,[31] sin espíritu en ellos; es decir, no había en ellos ningún movimiento espiritual o celestial. Pero el cristiano, teniendo en cuenta que su alma es de lo alto, fija también sus afectos en cosas elevadas: se deleita en hablar de las cosas del cielo;[32] y se aflige cuando sus pasos descienden y sus afectos se enredan con la tierra. Su vida es aferrarse al Señor; y cuando se ve forzado a doblegar su alma inclinándose bajo el yugo del mundo, para él es como la muerte.

WILLIAM COWPER [1566-1619]
"A Commentary upon CXIX Psalm", 1613

Abatida hasta el polvo está mi alma; vivifícame según tu palabra. "Mira ahora los cielos"[33], dijo Dios a su amigo Abraham, y así nos dice también a nosotros. ¡Ay! ¿por qué siempre que alcanzamos a conocernos a nosotros mismos, aunque sea solo un poco, acabamos siempre con este triste suspiro en los labios: *"abatida hasta el polvo está mi alma"*? ¡Ah! Es el dolor profundo del alma que habiendo comprobado que el Señor es misericordioso, a pesar de su deseo de elevarse hacia lo alto, siente que por desgracia es atraída hacia la tierra. El corazón de todo ser humano alberga mucho dolor oculto, incluso el de aquellos que disfrutan de una vida espiritual sana; pero ¿qué puede afligirnos más que la percepción de que estamos encadenados con bolas de plomo a cosas que sabemos que además de agotarnos, no van a satisfacernos? Cuando leímos por primera vez el Salmo del Pastor, ¿hubiéramos pensado que un cántico como este pudiera salir de un corazón que suspiraba por su Dios tan a menudo y con tanta amargura? ¿Hubiéramos imaginado que un corazón que se había gozado hasta tal punto en el cuidado de su Señor, pudiera volverse tan frío, seco y oscuro? ¿Acaso no le hemos visto alardear previamente, en este mismo salmo, de que *"me complazco en el camino de tus testimonios más que en todas las riquezas"?* (119:14). Y sin embargo, poco después… ¡Oh tristes horas aquellas en las que los rayos del sol interior parecen apagarse y no resta de ellos sino un disco rojizo difuminado! Aquel fervor del primer amor se ha enfriado; las cuitas de este mundo y los pecados han puesto plomo, como si dijéramos, en las alas de aquella alma que se elevaba rauda hacia el cielo, bien que lo sabe Dios.

[28] 1 Corintios 1:20; 3:19.
[29] Génesis 3:15.
[30] La cita es de AMBROSIO DE MILÁN [340-397] en *"Commentarius in Cantica Canticorun"*, IV.20.
[31] Génesis 6:3, 12-13, 17-18.
[32] Colosenses 3:1-3.
[33] Génesis 15:5.

Queremos cantar, y apenas alcanzamos a orar; queremos orar, y apenas podemos suspirar. Nuestro tesoro está en el cielo, pero nuestra alma se abate sobre la tierra; o al menos la tierra se le pega por todos los costados, abatiéndola de tal forma que los ojos apenas alcanzan a ver las nubes y la lengua no puede sino exhalar lamentos. Tan fuerte nos puede encadenar la tierra, y tan vigorosamente, que los cielos más que en aliciente se nos conviertan más en un problema, y nuestro viejo hombre[34] siga el ciclo del temible gigante de la mitología,[35] que derribado al suelo en singular y agotador combate, el contacto con su madre la tierra le proporcionaba vigor y fuerzas renovadas. ¡Ah, de no ser por ello, cuán distintas serían las cosas! ¿Y acaso no deseáis que así fueran, vos que salís de las quejumbrosas profundidades de vuestra alma, y apenas lográis encontrar más lágrimas para verter llorando el profundo dolor de vuestro corazón? Pero bendito sea ese dolor si ha de servir para enseñarnos a clamar a Dios diciendo: *"Vivifícame según tu palabra"*. Sí, este es el mejor consuelo para todo aquel que sabe bien lo que es estar agobiado por el dolor; esta es la única esperanza para un corazón que se hunde en el pantano del desaliento.[36] Por encima de este polvo que fluye hacia nosotros por todos lados, que penetra hasta la mazmorra más oscura, hay una atmósfera respirable, pura y cristalina: hay aliento de vida. Hay un manantial vivificador donde el alma agotada puede reanimarse; y la entrada a este manantial está abierta, a pesar de múltiples nubes de polvo que la oscurecen aquí este valle de sombras. Hay un poder de vida capaz de poner fin incluso a nuestro estado mortal, llevarnos a caminar de nuevo con Dios[37] en la tierra de los vivientes,[38] y con un cántico nuevo de alabanza en nuestros labios[39] en lugar de lamentos.[40] ¿Acaso no esta vivo el Príncipe de la vida[41] para repetirnos *"¡Despertad y regocijaos, los que moráis en el polvo!"?*[42] ¿Acaso el Espíritu que sopla donde quiere,[43] no soplará a su debido tiempo con su aliento de vida sobre nuestras alas quitándoles todo el polvo que las abate? Ciertamente, el dolor punzante del alma causado por la rutina y falta de espiritualidad en nuestra vida diaria, no deja de ser un signo alentador de que la buena obra[44] ha comenzado en nuestro corazón: pues aquello que ha muerto definitivamente ya no se estremece ante su propia frialdad. ¿Con lágrimas decís *"Abatida hasta el polvo está mi alma"*? No pronunciaríais tales palabras de no ser porque entre

---

[34] Romanos 6:6; 7:19-25. Efesios 4:22-24.

[35] Se refiere al temible gigante ANTEO, hijo de Poseidón, dios de los mares y de Gea, la tierra. Habitaba en el estrecho de Gibraltar y fue el fundador de la ciudad de Tingis (actual Tánger). Desafiaba a todos los que intentaban atravesar sus dominios y siempre vencía, pues aunque fuera derribado al entrar en contacto con la tierra (Gea) su madre, le infundía vigor y reanimaba sus fuerzas. Finalmente Hércules se dio cuenta de ello y lo levantó en el aire impidiéndole tocar la tierra y recibir así el aliento de su madre, logrando asfixiarlo. DANTE ALIGHIERI [1265-1321] en su "Divina Comedia" lo sitúa como guardián del noveno círculo del infierno, donde se hallan los traidores.

[36] Otra alusión a la alegoría de JOHN BUNYAN [1628-1688] *The Pilgrim's Progress* (El Peregrino) publicada en español por CLIE. En el capitulo 2, tras iniciar su viaje, Cristiano y Flexible se ven atrapados en un pantano cenagoso llamado "Pantano del Desaliento"; Flexible se niega a seguir avanzando, se volviendo atrás logra alcanzar la orilla de la que habían partido y regresa a la Ciudad de Perdición; Cristiano sigue luchando contra el fango hasta que es rescatado por Auxilio.

[37] Génesis 5:22.

[38] Salmo 116:9.

[39] Salmo 40:3; Job 8:21.

[40] Salmo 30:11.

[41] La referencia es a Hechos 3:15. Nuestras versiones españolas traducen "el Autor de la vida", pero la versión inglesa KJV traduce "the Prince of life". Lo hemos traducido literalmente para respetar el estilo.

[42] Isaías 26:19. La Reina-Valera traduce: *"¡Despertad y cantad, moradores del polvo!"*. Hemos respetado la traducción del autor.

[43] Juan 3:8.

[44] Filipenses 1:6.

el alma y este polvo de la tierra se ha interpuesto ya una mano más alta y poderosa y hendido un hueco que antes no lo había. Nadie tiene menos razones para caer en la desesperación que aquel que habiendo perdido toda esperanza en sí mismo, aprende a buscar en Dios aquello que más desea en lo más hondo de su ser, y que no puede proporcionarse a si mismo. Sí, este es el camino que procura el mejor consuelo a todo aquel que persevera en humildad y sinceridad: que Aquel que vive eternamente vivificará nuestras almas, y continuará aumentando en ellas la vida hasta que, libres finalmente de toda aridez, sequedad y falta de vida espiritual, y arrancados del polvo de la tierra, ascendamos al monte de luz eterna, desde donde contemplaremos por fin todas las nubes terrenales por debajo de nuestros pies. Tan solo el Dios de la vida puede obrar esto; pero sabemos que está dispuesto a hacerlo, o mejor dicho, ¡tenemos su propia palabra como prenda, que nos promete y nos otorga la vida verdadera! Tan solo que no olvidemos que nos vivificará: "*según su palabra*", aunque también lo hace *mediante* de su palabra. ¡Bebamos por tanto de la fuente que fluye eternamente, y en adelante, dejemos todo incondicionalmente en sus manos, en la seguridad de que escuchará nuestro lamento, aunque eventualmente nos conduzca por sendas oscuras y tenebrosas! Puesto que Dios puede valerse incluso de la propia muerte para vivificarnos y mantenernos con vida. ¡Henos aquí, Señor, haz con nosotros como bien te pareciere![45] ¡Tan solo permite a nuestras almas vivir, para que puedan alabarte, ahora y para siempre!

Jan Jacob van Oosterzee [1817-1882]
"The Year of Salvation Words of Life for Every Day", 1875

Abatida hasta el polvo. Es decir, lastrado por la carne que es polvo.

James G. Murphy [1808-1896]
"A critical and exegetical commentary on the book of Psalms", 1875

Abatida hasta el polvo está mi alma; vivifícame según tu palabra. El *"polvo"* es el lugar de los afligidos, de los heridos y de los muertos. *Vivifícame*, a saber: a la vida, la paz y la alegría.

Andrew Robert Fausset [1821-1910]
"Studies in the cl Psalms their undesigned coincidences with the independent Scripture histories, confirming and illustrating both", 1876

Vivifícame. Siendo que estaba vivo, ¿por qué razón ora a Dios pidiendo que lo vivifique? Respondo: lo que Dios valora de la vida no es en el cuerpo sino en el alma. Si el alma carece de vida espiritual, de todo sentido de la piedad, y de un deseo celestial por las cosas espirituales, hay tantos motivos para lamentarse como si estuviera muerta: pues lo está, ya que para los creyentes las deserciones y ausencias divinas temporales son más duras que la propia muerte.

Conforme a tu palabra. Una fe extraordinaria: pese a reconocer que experimentaba la sensación de estar muerto, mantiene viva la esperanza de aquello que Dios le ha concedido conforme a su promesa. Así era la fe de Abraham, que *"creyó en esperanza contra esperanza"*[46] Y, ciertamente, los hijos de Dios se encuentran a menudo en situaciones parecidas, en las que no tienen ya nada que los sostenga salvo la Palabra de Dios; no cuentan con sentimiento alguno de alcanzar misericordia, ni de disposición espiritual; sino todo contrario, les rodea una gran oscuridad, miedos y temores horribles.

[45] 1 Samuel 3:18.
[46] Romanos 4:18.

Tan solo se sostienen mirando a las promesas de Dios, y ello les mantiene en la esperanza de que los vivificará y restaurará de nuevo a la vida, porque juega en su honor acabar la obra que ha comenzado.[47]

WILLIAM COWPER [1566-1619]
"A Commentary upon CXIX Psalm", 1613

Vivfícame. Esta expresión verbal hebrea חַיֵּנִי *ḥayyênî,* aparece nueve veces en este Salmo.[48] Y es de suma importancia, puesto que expresa el cambio espiritual por el cual un hijo de Adán pasa a ser un hijo de Dios. Su fuente es Dios; el instrumento por el cual se lleva a cabo es la Palabra; *"Este es mi consuelo en la aflicción: que tu palabra me ha vivificado"* (110:50).

JAMES G. MURPHY [1808-1896]
"A critical and exegetical commentary on the book of Psalms", 1875

Vivifícame según tu palabra. Donde hay vida habrá esfuerzo y voluntad de elevarse: el creyente no se queda postrado en sus aspiraciones de comunión de Dios. El lenguaje de la fe asciende desde las profundidades del abismo hasta el trono del Dios Altísimo,[49] quien satisface todas sus necesidades.[50] Un verdadero hijo de Dios no puede dejar de mirar hacia el Padre amoroso, que es a su vez todopoderoso y todosuficiente. ¿No lo has descubierto aún? Percátate de la intuición sutil que brilla en la oración de un creyente fiel: ora para que el Señor lo *vivifique según su palabra.* El salmista plantea la Palabra como guía o norma a la luz la cual ha de ser vivificado; es probable que tuviera en mente los requisitos contenidos en la Palabra respecto al progreso del creyente; o puede que estuviera pensando en las promesas de alivio que contiene para pobres y necesitados, como era su caso. De hecho, la expresión *"según tu palabra"* abarca todos estos supuestos: la norma de perfección, los requisitos, y las promesas. Actualmente el modelo y ejemplo supremo del creyente es Cristo; en aquella época era el Cristo de la profecía. Por tanto, los requisitos de la voluntad del Señor están dispersos a lo largo de la Palabra. Con todo, lo más probable es que el salmista tuviera en mente las grandes promesas hechas por el Señor a efectos de perfeccionar a su pueblo. Ved, pues, a lo que la naturaleza espiritual tiende y aspira.[51] Al hombre natural o legalista le basta en su práctica religiosa el ser como los demás: cumplir adecuadamente y en consecuencia ser apreciado y bien considerado entre los demás profesantes; el hombre espiritual va más allá: aspira a mucho más: a ser *vivificado según la palabra de Dios.* ¡Juzgad por vosotros mismos!

JOHN STEPHEN [1800-1881]
"The Utterances of the CXIX Psalm; Expounded in a Series of Lectures", 1861

Vivifícame según tu palabra. Con tu providencia has vivificado mis intereses, con tu gracia has vivificado mis afectos; cúrame ahora de mi muerte espiritual, haz que mi piedad sea más intensa, más auténtica y más viva: *"Vivifícame según tu palabra"*

MATTHEW HENRY [1662-1714]
"Commentary on the Whole Bible", 1811

---

[47] Filipenses 1:6.
[48] Ver al respecto el comentario de Spurgeon al versículo 25 y la nota 15.
[49] Salmo 130:1.
[50] Salmo 71:20; 85:6-7.
[51] Isaías 1:17-18; Colosenses 3:1-2.

Vivifícame según tu palabra. A pesar de que el Señor permite que los suyos padezcan crisis espirituales profundas y se abatan hundidos a veces en condiciones tan críticas que puede dar la sensación de que están muertos; con todo, la fe en su Palabra mantiene en su interior vida suficiente como para impulsarles a echar mano de la oración y suplicar a Dios en busca de consuelo: "*Vivifícame según tu palabra*".

DAVID DICKSON [1583-1663]
"Explication upon the Last Fifty Psalms", 1655

Vivifícame. ¿Hacia donde habrán de volar los piadosos cuando les falta la vida sino hacia el Manantial de la vida?[52] Así como la solución para sacudirnos el frío es acercarnos al fuego, la solución definitiva para el temor a la muerte es mirar a Aquel que es nuestro origen, por el cual y en el cual vivimos esta vida física.[53] Todos los demás reconstituyentes y elixires reparadores no valen para nada; todas las escuelas de medicina son vanidad comparadas con él. En cambio, aún cosas que en sí mismas carecen de vida, se vuelven transmisoras de vida cuando actúan como instrumentos de Aquel que es la vida misma; como el fuego que quema porque actúa como instrumento del calor. *"Mi carne y mi corazón pueden desfallecer, pero Dios es la fortaleza de mi corazón y mi porción para siempre"*.[54] Así como podemos dejar que un fuego prendido se extinga casi por completo, y reavivarlo posteriormente soplando y añadiendo combustible, hasta hacer que sus llamas se levanten y resplandezca más que nunca, así también Dios puede reavivar a su voluntad la llama de la vida que ha prendido en nosotros.

PAUL BAYNE [1573-1617]
"Entire commentarie upon the whole epistle of the apostle Paul to the Ephesians", 1645

Vivifícame según tu palabra.

1. Las razones por las que debemos buscar la vivificación son muchas:
   a. Debido a la influencia decadente del mundo.
   b. Por la influencia de la vanidad (119:37).
   c. Porque estamos rodeados de embusteros (119:87-88).
   d. Por el efecto de las temporadas de aflicción que nos abruman (119:7).
2. Algunos de los motivos para buscar la vivificación:
   a. Por lo que eres: un Cristiano; la vida busca más vida.
   b. Por lo que deberías ser.
   c. Por lo que seremos.
   d. Para obedecer (119:88).
   e. Por tu consuelo (119:50, 107).
   f. Como la mejor salvaguarda ante los ataques de tus enemigos (119:87-88).
   g. Para dar vigor a nuestras memorias (119:93).
   h. Considera (como motivo de buscar este avivamiento) las terribles consecuencias de perder la vida espiritual; o, en otras palabras, carecer de ella en la manera en que se manifiesta.

[52] Salmo 36:9; Juan 4:14. El autor emplea en el original inglés una expresión procedente de la traducción al inglés de la de la Peshitta o Biblia aramea de Proverbios 4:23: *"Wellspring of all life"*. A nuestro modo de ver, resulta de más difícil aplicación, aunque cabe.
[53] Job 12:10; Daniel 5:23; Hechos 17:29.
[54] Salmo 73:26.

3. Algunas de las maneras en las que se nos puede dar la vivificación:
   a. Debe venir del Señor mismo: *"Señor, vivifícame"* (119:93).[55]
   b. Al apartar los ojos (143:11).
   c. A través de la Palabra (119:37).
   d. A través de sus preceptos (119:50).
   e. A través de la aflicción (119:93).
   f. A través del consuelo divino.
4. De dónde vienen nuestros ruegos cuando nos presentamos ante Dios pidiendo vivificación:
   a. De nuestra necesidad (119:107).
   b. De nuestro deseo sincero (119:40).
   c. Apelamos a la justicia de Dios (119:40).
   d. Apelamos a su misericordia (119:88; 149:156).
   e. Apelamos al ruego del texto *"según tu Palabra"* (119:29, 107).

C.H. SPURGEON

Según tu palabra. La Palabra ablanda la dureza de nuestra conciencia y subsana su esterilidad.[56] ¿No es esta Palabra un martillo para quebrantar el corazón,[57] y no es a su vez la semilla incorruptible por la cual somos nacidos de nuevo?[58] David, por tanto, viendo que su conciencia se hallaba encajada en un marco estéril, ora diciendo: "*Abatida hasta el polvo está mi alma; vivifícame según tu palabra*". La Palabra es la piedra esmeril básica y esencial donde nuestra conciencia se purifica y endereza.

JOHN SHEFFIELD
"A Good Conscience the Strongest Hold", 1650

Según tu palabra. ¿A qué palabra se refería David? Podía referirse a cualquiera de las promesas generales en los libros de Moisés,[59] del libro de Job o de Proverbios, que sugieren salvación para los fieles observadores de la ley de Dios, o ayuda a los abatidos y angustiados;[60] o quizá alguna promesa en particular dada a él por Natán u otros profetas. Crisóstomo[61] dice al respecto: *«"Vivifícame según tu palabra":* no una orden o palabra de mando, sino palabra de promesa». Fijémonos bien en que el salmista no dice *"secundum meritum meum"*, vivifícame según mis méritos, sino *"secundum verbum tuum"*, vivifícame según tu palabra. Toda esperanza o ayuda que podamos esperar de Dios se basa en su Palabra; es en ella donde reside nuestra seguridad, en sus promesas, no en nuestros méritos: *"Prommittendo se fecit debitorem"*, lo prometido es deuda.

---

[55] Salmo 143:11.
[56] Romanos 4:18-22.
[57] Jeremías 23:29.
[58] 1 Pedro 1:23.
[59] Levítico 18:5; Ezequiel 20:13, 21; Romanos 10:5
[60] Job 11:13-19; 36:11; Proverbios 4:4; 7:2.
[61] Se refiere a JUAN DE ANTIOQUÍA [347-404] más conocido como SAN JUAN CRISÓSTOMO, patriarca de Constantinopla. Es considerado por la Iglesia católico-romana como uno de los cuatro originales Doctores de la Iglesia del Oriente, y por su propia Iglesia, la Iglesia Ortodoxa Griega como uno de los más grandes teólogos y uno de los tres Pilares de la Iglesia, juntamente con BASILIO y GREGORIO. Fue un excelso predicador cuyos discursos públicos, denunciando los abusos de las autoridades imperiales y de la vida licenciosa del clero, le ganaron el sobrenombre de *"Crisóstomo"* que proviene del griego χρυσόστομος, chrysóstomos y significa "boca de oro" (*chrysós,* "oro"; *stomos,* "boca").

A pesar de que en tiempos de David las Escrituras disponibles eran muy pocas, a él le bastaban para encontrar en ellas una palabra de promesa en la que apoyarse. Mientras que a nosotros, ¡ay! cargados de problemas y aflicciones, no nos viene a la mente ni una sola. Nos sucede lo que a muchos en las cosas de la vida, que a veces los que menos tienen viven mejor que aquellos que nadan en la abundancia porqué: la necesidad agudiza en ingenio. Tal es la extensión de Escrituras que tenemos disponibles y tanta la abundancia de promesas en ellas, que nos hemos vuelto menos diligentes, y como resultado, pese a contar con tantas, somos propensos a desmayar incapaces de encontrar una en la que apoyarnos.

Fijémonos también como David, a pesar de la promesa, estuvo por un tiempo abatido y sumido en un estado de frustración, hasta el punto de verse a si mismo como muerto. Hay quienes tan pronto encuentran palabra de promesa, lo primero que piensan es en agotarla disfrutando de inmediato del consuelo que les proporciona. ¡Grave error! Lo primero que debemos hacer es aportar de nuestra parte paciencia y esfuerzo. Si hacemos con las promesas de la Palabra como hacen los niños con su asignación, que tan pronto la reciben la gastan y agotan en chucherías y caramelos, jamás nos deleitaremos plenamente en los consuelos de Dios. Él cumplirá su palabra, pero nosotros debemos superar la prueba. David, pese a su abatimiento, aún sintiéndose como muerto, su fe en la palabra de Dios lo mantuvo vivo. Cuando agotamos todos nuestros recursos, cuando hemos puesto todo de nuestra parte y no nos queda ya nada, entonces es cuando la Palabra nos apoya: *"Y no se debilitó en la fe al considerar su cuerpo, que estaba ya como muerto (siendo de casi cien años), o la esterilidad de la matriz de Sara. Tampoco vaciló, por incredulidad, ante la promesa de Dios, sino que se fortaleció en fe, dando gloria a Dios, plenamente convencido de que era también poderoso para hacer lo que había prometido* .[62] La mejor forma de obtener consuelo es asirnos a la promesa y esgrimirla ante Dios en oración diciendo: *"Chirographa tua injiciebat tibi Domine"* , Señor, es de tu puño y letra. Dios es postor de su Palabra, pero a nosotros corresponde trabajar con paciencia y esfuerzo los argumentos de la promesa esgrimiéndolos en oración, no quedarnos de brazos cruzados esperando que nos la traiga en bandeja.

Thomas Manton [1620-1677]

"One hundred and ninety sermons on the hundred and nineteenth Psalm", 1681

Abatida hasta el polvo está mi alma; vivifícame según tu palabra. No deberíamos asombrarnos de las fluctuaciones en el carácter, sentimientos y experiencias de un hijo de Dios: arrastrado en pocos momentos desde la cumbre del monte de la transfiguración, cercano a Dios y en comunión él; al valle más profundo y tenebroso. Todos estamos familiarizados con estos altibajos, y hemos experimentado en carne propia épocas alternativas de tristeza y regocijo. Sin abandonar el Salmo 119, basta con recordar las palabras de David cuando nos encontramos con él por última vez en el versículo anterior (119:24), ¿qué nos contaba el salmista sobre sus experiencias? ¡Que los testimonios de Dios eran su delicia, y sus consejeros! ¿Qué ha sucedido? ¿Cómo es posible que prosiga con una música tan diferente? De repente, todo su regocijo se disipa, y nos habla de su alma pegada al polvo. La vida de David fue azarosa, y sin duda debió haber en ella temporadas de profunda depresión y abatimiento en su corazón: fugitivo y errante por el desierto,[63] cazado cual perdiz por los montes,[64] siempre con la vida pendiente de un hilo.[65] Creo, sin embargo, que en esta parte del Salmo 119 refleja algo que va más allá de esto, hay evidencias de un dolor más hondo en su corazón del que pueda brotar del mero sufrimiento terrenal, sea cual sea. Su situación era grave, sin duda; tan grave que le había llevado a

---

[62] Romanos 4:18-22.

[63] 1 Samuel 23:13-14.

[64] 1 Samuel 26:20.

[65] Salmo 31:15.

exclamar: "un día de éstos voy a morir a manos de Saúl".[66] Pero, incluso en ese momento de extrema debilidad y fe tambaleante, contaba con la certeza interna de que era el ungido de Dios que un día habría de sentarse en el trono de Israel. Sin embargo, aquí hay una clara indicación de pecado, de algún pecado grave que había abatido su alma hasta el polvo; y creo que la petición que hace en el versículo veintinueve (119:29) nos da una pista sobre qué pecado había sido: *"Aparta de mí el camino de la mentira"*. Y puede que te preguntes con asombro ¿tenemos constancia de que David mintiera? ¿Se desvió a conciencia del camino recto y honorable de la verdad? Es preciso reconocer que llegó tan cerca de los confines de la falsedad, que quien pretendiera defender al salmista de la imputación, sería un pobre casuista y un peor moralista. Resulta imposible leer en el capítulo veintisiete del libro primero de Samuel[67] sus andanzas como mercenario, sin admitir la triste trama de fraude y engaño en la que, por desgracia, David se vio seducido e involucrado. Bien podía su alma abatirse hasta el polvo mientras revisaba ese oscuro y amargo período de su vida; y aunque la gracia hizo por él lo que posteriormente hizo por Pedro,[68] y fue librado cual tizón arrebatado del fuego,[69] ello no quita, como es de suponer, que al igual que hizo el apóstol, al meditar en lo que había hecho lloró amargamente.

BARTON BOUCHIER [1794–1865]

"Manna in the heart or daily comments on the book of Psalms", 1855

Vers. 26. ***Te he manifestado mis caminos, y me has respondido; enséñame tus estatutos.*** *[Te he manifestado mis caminos, y me has respondido; enséñame tus estatutos.* RVR*] [De mis caminos te conté, y tú me has respondido; enséñame tus estatutos.* LBLA*] [Te he expuesto mis caminos, y me has respondido; enséñame tus estatutos.* BTX*] [Tú me respondiste cuando te hablé de mis caminos. ¡Enséñame tus decretos!* NVI*] [Te conté mis avatares y me escuchaste, enséñame tus normas.* BLP*] [Te conté mis planes y me respondiste. Ahora enséñame tus decretos.* NTV*]*[70]

Te he manifestado mis caminos. La confesión abierta es muy beneficiosa para el alma. Nada proporciona un mayor descanso ni restablece mejor la vitalidad que la franca admisión y reconocimiento del mal que nos ha causado la tristeza. Las palabras del salmista demuestran que era muy consciente de su condición, y había dejado de estar cegado por el orgullo. Nuestras confesiones no tienen como finalidad prioritaria dar a conocer a Dios nuestros pecados, que conoce bien, sino a nosotros mismos; llevarnos a admitirlos y reconocerlos.

Y me has respondido.[71] Y su confesión fue aceptada; no había sido una labor perdida; pues en razón de ella Dios se le había acercado. Nunca deberíamos abandonar un deber hasta tener plena conciencia de que hemos sido declarados aceptos en él. Detrás de la confesión penitente sigue siempre

---

[66] 1 Samuel 27:1, LBLA.

[67] 1 Samuel 27:1-12.

[68] Mateo 26:69-75; Juan 21:15-19.

[69] Zacarías 3:2; 1 Pedro 1:7; Judas 23.

[70] La versión griega de los LXX o Septuaginta lee: τὰς ὁδούς μου ἐξήγγειλα, καὶ ἐπήκουσάς μου· δίδαξόν με τὰ δικαιώματά σου que la Vulgata traduce al latín como: *"Vias meas enuntiavi, et exaudisti me; doce me justificationes tuas"*, "Te expuse mis caminos, y me oíste; enséñame tus justificaciones". La versión sefardí de Ferrara traduce: *"Mis carreras reconté y refpondifteme abezafteme tus fueros"*. La caldea Peshitta: *"Mis caminos te declaré y me respondiste. Instrúyeme en tu ley."*. KRAUS traduce: *"Mis destinos conté. Tú me oíste. ¡Enséñame tus estatutos!"*. SCHÖKEL: *"Te conté mis andanzas, y me respondiste: enséñame tus estatutos"*.

[71] En hebreo וַתַּעֲנֵנִי *watta'ănênî* de עָנָה *anah,* "responder". KRAUS indica que este וַתַּעֲנֵנִי *watta'ănênî,* del versículo veintiséis: *"y me has respondido"* (119:26), y que encontramos en otros Salmos como cántico de

el perdón, y David sintió que lo había alcanzado. Cuando confesamos de corazón el mal que hemos cometido, es propio del proceder de Dios perdonar nuestro proceder pecaminoso .

Enséñame tus estatutos. Sinceramente arrepentido, y habiendo alcanzado el perdón por completo, el salmista se muestra inquieto ante la posibilidad de cometer una nueva ofensa, y ruega ser instruido en la escuela de la obediencia. No está dispuesto a pecar de nuevo por ignorancia, desea ser enseñado por el mejor de los maestros y conocer exhaustivamente los pensamientos de Dios. Languidecía buscando la santidad. Quienes han sido justificados anhelan ser santificados. Cuando Dios perdona nuestros pecados, el temor a pecar de nuevo es todavía mayor. La misericordia, que perdona nuestras transgresiones, nos deja anhelantes de la gracia que las previene. Cuando Dios nos ha dado mucho, debemos ser audaces y pedir más; Aquel que ha lavado nuestras manchas pasadas[72] no se negará a preservarnos de contaminaciones presentes y futuras. Este grito pidiendo instrucción es frecuente en este Salmo; en el versículo doce (119:12) iba colocado tras una contemplación de Dios: *"Bendito seas, Señor, enséñame tus normas";* aquí tras una contemplación de sí mismo: *"Te he manifestado mis caminos, y me has respondido; enséñame tus estatutos"* (119:26). Así es como toda experiencia debe llevarnos a implorar instrucción divina.

C.H. SPURGEON

Te he manifestado mis caminos. Este versículo contiene una oración de súplica razonada de la siguiente forma: «Señor, numerosas veces he expuesto ante ti mi situación y el devenir completo de mi vida: mis desatinos, mis aciertos, mis deseos, mis dudas, mis penas. Jamás escondí nada de ti, y, de acuerdo a mi necesidad, tú siempre me escuchaste. Ahora, pues, Señor, te ruego que me enseñes: que tu luz me ilumine a conocer mejor tus estatutos y reciba la gracia de andar en ellos». Un buen argumento cuando de negociar con el Señor se trata: «He conseguido de ti innumerables misericordias y respuestas favorables; por tanto, Señor, te ruego que concedas más». Porque Aquel que nos ama, nos ama hasta el extremo;[73] y cuando comienza a mostrarnos su misericordia, no cesa hasta que somos coronados con plena misericordia. Y es que tan misericordioso es el Señor, que cuantas veces lo alabamos por los consuelos que nos ha concedido se siente honrado, y en consecuencia, desea que le pidamos más.

Finalmente debemos resaltar la manera cómo dice: "Te he manifestado mis caminos, y me has respondido". La misericordia y verdad son inseparables, se llevan bien. Y aquí tenemos la verdad en el corazón del hombre que confiesa; y la misericordia en Dios que escucha y perdona; ¡dichosa el alma en la que ambas van siempre juntas! Muchos son, tristemente, los que deambulan desprovistos de este consuelo inefable, que no pueden decir "Dios me ha respondido"; y todo porque cuando exponen *y manifiestan al Señor sus caminos* les falla la verdad, les falta sinceridad, no abren su corazón de par en par de forma transparente y verdadera.

WILLIAM COWPER [1566-1619]
"A Commentary upon CXIX Psalm", 1613

Te he manifestado mis caminos. En el versículo cincuenta y nueve: *"He investigado mis caminos"* (119:59) el salmista afirma escrutar y analizar su proceder, es decir, meditar en sus imperfecciones internas y aberraciones externas, en la manera como se apartó de las sendas rectas y estrechas de

acción de gracias: 3:4; 22:21; 34:4; 118:5, 21; 120:1; 138:3; confirma que la petición del versículo anterior (119:25): חַיֵּנִי *ḥayyênî, "vivifícame",* había sido escuchada.

[72] Salmo 51:7; 1 Juan 1:9; Apocalipsis 7:14; 22:14.

[73] Juan 3:16; 1 Juan 3:1.

Dios.[74] Aquí no se avergüenza de reconocerlo y confesarlo abiertamente, es decir, de admitir que todo esto le sobrevino porque se olvidó de hacer la voluntad de Dios. Fijémonos en la conexión de este versículo veintiséis (119:26) con el que le precede: *"Abatida hasta el polvo está mi alma"* (119:25). Dicho en otras palabras: *«Mi alma está postrada en el polvo, porque yo no estoy postrado ante ti»*

RICHARD GREENHAM [1535-1594]
"Very Godly Meditations on the 119 Psalm", 1605

Te he manifestado mis caminos. En hebreo דְּרָכַי סִפַּרְתִּי *dərāḵay sippartî* de סָפַר *saphar,* contar, enumerar, revisar. Una traducción más literal sería: *"He revisado mis caminos";* es decir, he rebuscado en ellos, los he investigado.[75] Y además, es evidente que también había orado fervientemente implorando el perdón de todo lo que estuviera mal en ellos, puesto que agrega *"y me has respondido"*.

ADAM CLARKE [1760-1832]
"Commentary on the Whole Bible", 1831

Te he manifestado mis caminos, y me has respondido; enséñame tus estatutos. A quien has escuchado en humilde confesión de sus pecados, debes enseñarle ahora tus estatutos. En su afán de liberación, los santos vuelcan ante Dios todo lo que encuentran en su corazón, tanto lo bueno como lo malo; anhelan de él una palabra de provisión, de fortaleza, de dirección: igual que los pacientes enfermos hacen con su médico, haciéndole partícipe tanto de lo bueno como de lo malo que perciben en el curso de su dolencia; o los clientes de un buen abogado ponen al descubierto tanto lo que esta claro, como lo que no está tan claro en los hechos del caso que pretenden que asuma en su defensa.

Manifestado. El sentido es el de contarlo como si lo estuviera leyendo en un libro. Los santos conocen bien sus caminos, pues cuentan con la luz de la Palabra y los ven con claridad (119:105), por tanto, pueden narrar todos sus detalles. Quienes no tienen la luz de la Palabra viven en la oscuridad, no ven nada, no saben nada: los unos observan constantemente su camino; los otros ni aún saben que camino siguen.

Y me has respondido. La bondad de Dios se hace patente en el hecho de que escucha lo que exponemos ante él, y nos responde. Cuando un magnate deja que un inferior le cuente su historia con toda riqueza de detalles, y le escucha atentamente sin interrumpirle, lo alabamos considerándole acreedor de una paciencia honrosa; pero Dios va más allá, se complace y se gloría en prestar atención a nuestras necesidades, nuestras debilidades a causa el pecado, nuestra incapacidad para vencer el mal, y nuestra impotencia total para enmendar nuestro camino. Una situación tan lamentable nos llevaría perder de inmediato el favor de cualquier hombre; y no obstante, paradójicamente, nos consigue el favor de Dios. Cuanto más humildemente confesamos nuestras necesidades, más confiados podemos estar de que Dios nos escuchará. Dios se complace en el humilde y le enseña, porque el alumno humilde da a su maestro el justo honor de cuanto aprende.

Enséñame. En privado he susurrado mis andanzas cual si me las contara a mi mismo: y tú *"has escuchado"* mi confesión. Públicamente he proclamado con mis labios a otros tus caminos, que yo estoy determinado a seguir: y tú *"has escuchado"* mi proclamación. De modo que ahora *"enséñame"*, pues solo puedo comunicar a otros aquello que recibo de ti.

---

[74] Mateo 7:13-14; Lucas 13:24.

[75] Como en Job 14:16 donde se usa el mismo verbo hebreo: *"Pero ahora me cuentas los pasos, y no cesas de observar mis pecados"*.

Su oración deriva de su interés y esmero para aprender, y se apoya en el buen uso que había hecho de lo aprendido. Los santos son como las velas, una enciende la otra y se iluminan entre sí.

PAUL BAYNES [1573-1617]
"A Counterbane against Earthly Carefulnes", 1619

Te he manifestado mis caminos. Aquellos a quienes tanto gustaría que las respuestas de Dios fueran más rápidas, deberían aprender esta lección de sinceridad y humildad cristiana, y abrir ante él su corazón por entero, exponiendo su caso sin fingimientos. Es decir, contarle con detalle la naturaleza de sus preocupaciones, el estado de su corazón, lo bueno y lo malo que encuentran en sí mismos: sus conflictos, provisiones, angustias, esperanzas. En esto consiste *"manifestar nuestros caminos"*: en hablar tanto del bien como del mal del que seamos conscientes. Si queremos encontrar misericordia, debemos actuar con Dios como hace un paciente enfermo con su médico: le cuenta sin reservas todo cuanto le pasa. Manifestar nuestros caminos es algo que debemos percibir como:

1. Un acto de fe y dependencia.
2. Un acto de santa amistad.
3. Un acto de contrición espiritual, y quebrantamiento del corazón: pues la naturaleza y amplitud de este *manifestar* debe ser explicado en base a lo que David quiso decir con la expresión *"mis caminos"*.
   a. *Primero*, por *caminos* pudo haberse referido a sus proyectos, negocios o empresas: Te los he dado a conocer, y los entregué a la dirección de tu Providencia. En tal caso la declaración es *un acto de fe y dependencia:* consultar con Dios, y darle a conocer todos nuestros deseos.
   b. *Segundo*, por *caminos* pudo referirse a sus dificultades, aprietos, penas y peligros. En tal caso la declaración es *un acto de amistad santa,* como cuando una persona acude a un amigo para compartir con el sus problemas. David familiariza a Dios con su situación, la expone delante del Señor con amplitud y transparencia, sin tapujos, con la esperanza de recibir compasión y alivio.
   c. *Tercero*, por *caminos* puede dar a entender también sus tentaciones y pecados. En tal caso la declaración es *un acto de connotación espiritual,* de quebrantamiento de corazón. Nuestros caminos son propiamente caminos de pecado: *"Y vosotros decís: El camino del Señor no es recto. Oid ahora, casa de Israel: ¿Es mi camino el que no es recto? ¿No son vuestros caminos los que son torcidos?"*.[76]

THOMAS MANTON [1620-1677]
"One hundred and ninety sermons on the hundred and nineteenth Psalm", 1681

Y me has respondido. Las respuestas que nuestras oraciones han recibido en el pasado nos deben animar a acudir más confiadamente al trono de la gracia: Jacob nunca olvidó la noche que pasó en Betel.[77]

WILLIAM SWAN PLUMER [1802-1880]
"Studies on the Book of Psalms: A Critical and Expository Commentary with Doctrinal and Practical Remarks", 1867

[76] Ezequiel 18:25.
[77] Génesis 28:10-22; 31:13; 35:1-8.

Enséñame tus estatutos. De la frecuencia con que esta petición se repite a lo largo de este Salmo 119 aprendemos:

1. La necesidad de este conocimiento.
2. El deseo que tenía el salmista de obtenerlo.
3. Que la repetición de ese deseo no es en absoluto una frivolidad cuando procede de un corazón íntegro, un amor sincero a la Palabra, y una necesidad perentoria de lograr aquello por lo que uno ha orado.
4. Que incluso aquellos creyentes que tienen más luz, tienen muy poca en relación a la que en realidad deberían tener.
5. Así como los hombres codiciosos piensan que nunca tienen suficiente oro, así los cristianos deben pensar que nunca tienen suficiente conocimiento de la Palabra.

RICHARD GREENHAM [1535-1594]
"Very Godly Meditations on the 119 Psalm", 1605

Enséñame. Nunca podemos prescindir de la enseñanza, ni aún en la vejez. Pero a menos que el Espíritu de Dios nos enseñe, aprendemos en vano.

MARTIN GEIER [1614-1681]
"Commentarius in librum Psalmorum, ad usum Seminarii Brugensis", 1695

Te he manifestado mis caminos, y me has respondido; enséñame tus estatutos. Tres pilares básicos de la vida cristiana: Confesión: *"Te he manifestado mis caminos"*; Absolución: *"y me has respondido"*; Instrucción: *"enséñame tus estatutos"*.

C.H. SPURGEON

Vers. 26-27. En estos versículos encontramos el deseo ferviente de David de progresar en esa intimidad que se había establecido entre él y su Dios; no a través de visiones o voces del cielo, sino de la manera habitual, por medio de la Palabra y el Espíritu: *"enséñame tus estatutos"*, es decir, *"hazme entender el camino de tus preceptos"* (119:27). Tan pronto tuvo constancia que tras *"manifestarle sus caminos"* Dios le había escuchado y *"respondido"*, no dice: «Pues ahora, Señor, revélame el futuro, anticípame mi destino, dime que va a ser de mí»; sino: «Ahora, Señor, enséñame mis obligaciones, hazme saber, en la situación en la que me encuentro, qué quieres que yo haga».[78] Quienes reconocen a Dios en todos los aspectos, y están dispuestos a seguir sus caminos sin reservas, pueden orar con fe para que él dirija sus pasos por el camino correcto. La manera más segura de mantenernos en comunión con Dios, es mediante el aprendizaje de sus estatutos, y caminando con diligencia en el camino de sus preceptos.

MATTHEW HENRY [1662-1714]
"Commentary on the Whole Bible", 1811

Vers. 26-30. *"Te he manifestado mis caminos"* (119:26); *"enséñame tus estatutos"* (119:26); *"Hazme entender el camino de tus mandamientos"* (119:27); *"Aparta de mí el camino de la mentira"* (119:29); *"Escogí el camino de la verdad"* (119:30). Al leer este pasaje es importante prestar la debida atención a los dos contrastes mediante los cuales el profeta nos enseña qué cosas debemos evitar y qué debemos potenciar, tanto en lo que hace a la vida cristiana como a sus aspectos doctrinales. El primer

[78] Hechos 9:6.

contraste tiene que ver con la vida cristiana, pues el profeta establece el camino de los mandamientos de Dios por encima de su propio camino; y confiesa que siguiendo su propio camino el resultado ha sido acabar con su alma abatida hasta el polvo y afligido en gran manera; pero que siguiendo el camino de los mandamientos de Dios ha sido vivificado y levantado de nuevo. Por *"mis caminos"* se refiere a una naturaleza depravada, al los deseos de la carne y la mente carnal, que son enemistad contra Dios;[79] mientras que *"los caminos del Señor"* indican la voluntad de Dios expresada en su Palabra. Por tanto, las jactancias de los papistas[80] sobre la obediencia perfecta[81] de los regenerados están vacías de contenido; pues David, del cual tenemos la certeza de haber sido regenerado, expresa con amargura y abundantes lágrimas que su alma, bajo el peso intolerable de sus pecados, había quedado abatida hasta el polvo de la muerte, casi asfixiada por completo; pero que Dios había escuchado sus oraciones y lo había traído de vuelta al camino de sus mandamientos. De ello deducimos que en esta vida todos los santos experimentan la lucha constante y el combate feroz entre la carne y el espíritu, y de continuo se ven obligados a llorar porque su carne los aleja del camino del Señor llevándolos por caminos de pecado; como Pablo exclamó: *"Veo otra ley en mis miembros, que hace guerra contra la ley de mi mente, y que me lleva cautivo a la ley del pecado que está en mis miembros. ¡Miserable hombre de mí!; ¿quién me libertará de este cuerpo de muerte?"*[82].

El segundo contraste concierne a la doctrina; David opone el camino de la verdad al camino de la mentira. Este contraste nos enseña que debemos evitar la falsa doctrina y adherirnos firmemente a la verdad divina. Para esto debemos aplicar el precepto de Pablo, *"Por lo cual, desechando la mentira, hablad verdad cada uno con su prójimo"*.[83]

Finalmente aprendemos que si rechazamos nuestros propios caminos, es decir, si confesamos nuestros pecados al Señor y, confiando plenamente en el Mediador, imploramos el perdón, Dios nos escucha y perdona misericordiosamente nuestros pecados; como está escrito: *"Si confesamos nuestros pecados, él es fiel y justo para perdonarnos nuestros pecados, y limpiarnos de toda iniquidad"*.[84]

SALOMON GESNER [1559-1605]
"Commentationes in Psalmos Davidis", 1605

Vers. 27. ***Hazme entender el camino de tus mandamientos, para que medite en tus maravillas.*** *[Hazme entender el camino de tus mandamientos, para que medite en tus maravillas.* RVR*] [Hazme entender el camino de tus preceptos, y meditaré en tus maravillas.* LBLA*] [Hazme entender el camino de tus preceptos, y meditaré en tus maravillas.* BTX*] [Hazme entender el camino de tus preceptos, y meditaré en tus maravillas.* NVI*] [Enséñame la senda de tus preceptos, que yo meditaré*

[79] Romanos 8:7.
[80] En la época de SALOMON GESNER [1559-1605], en plena Reforma y en mitad de sangrientas guerras de religión, era habitual utilizar este término despectivo para referirse a los católicos romanos.
[81] Entendemos que se refiere al concepto imperante aquella época de que siguiendo al pie de la letra las normas y preceptos de la Iglesia, o mediante aportaciones y compra de indulgencias, la persona podía alcanzar y mantenerse en una obediencia perfecta, algo contra lo que MARTÍN LUTERO [1483-1546] y demás reformadores arremetieron con dureza. La "obediencia perfecta" es un tema muy controvertido que TOMÁS DE AQUINO [1225-1274] menciona en su *"Suma Teológica"* distinguiendo varios casos: la "obediencia suficiente" para la salvación eterna, que obedece en lo que está mandado; otra, la "obediencia perfecta", que obedece en todo lo que es lícito; otra, la "obediencia indiscreta", que obedece incluso en las cosas ilícitas. En relación a la vida religiosa, la idea es que el religioso renuncia a sus criterios y valoraciones propias cuando estos no concuerden con los de su superior.
[82] Romanos 7:23-24.
[83] Efesios 4:25
[84] 1 Juan 1:9.

tus maravillas. BLP*] [Ayúdame a comprender el significado de tus mandamientos, y meditaré en tus maravillosas obras.* NTV*]*[85]

Hazme entender el camino de tus preceptos. Dame una percepción profunda del significado práctico de tu Palabra; deja que me haga una idea clara del tono y el tenor de tu ley. La obediencia ciega tiene poco de virtud; Dios no quiere que le sigamos a ciegas sino con los ojos bien abiertos. Obedecer la letra de la Palabra es propio de ignorantes; si queremos guardar los preceptos de Dios, en su espíritu, debemos aspirar a entenderlos plenamente, y eso no se consigue si no de las manos del Señor. Nuestra comprensión necesita iluminación y dirección: Aquel que creo nuestro entendimiento, es quien puede y debe hacernos entender. La última frase del versículo anterior fue: *"enséñame tus estatutos"* (119:26); y aquí el *"hazme entender"* no es sino una ampliación y excelente aclaración de la misma: necesitamos ser enseñados de manera que entendamos aquello que aprendemos. Reparemos en que el salmista no ansía entender las profecías, sino los preceptos; y que no se preocupa por los detalles y sutilezas de la ley, sino por sus normas prácticas y corrientes, sus reglas cotidianas, que describe como *"el camino de tu preceptos"*.

Para que hable.[86] Hablar de aquello que no entendemos es grave y arriesgado. Debemos ser enseñados por Dios hasta que entendamos, pues solo así estaremos en condiciones de transmitir nuestros conocimientos a otros confiando que les sean de provecho. Hablar sin sentido, sin un contenido inteligente, es hablar por hablar, mera charlatanería; pero las palabras de los instruidos son como perlas que adornan los oídos de aquellos que les escuchan. Cuando nuestro corazón se abre al entendimiento, nuestros labios deber abrirse para impartir a otros ese conocimiento; cuando sentimos en nuestros corazones el deseo de enseñar el camino del Señor a los que nos rodean, tenemos mas motivo para aspirar que se nos enseñe a nosotros. Algunos en lugar de *"hable"*, traducen aquí *"medite"* o *"reflexione"*.[87] No deja de resultar curiosa la relación que guardan estos términos entre sí, pues para hablar con propiedad, es preciso meditar y reflexionar; solo la gente necia habla sin pensar. Si leemos el versículo a la luz de estos términos, nos da a entender que David, en la medida que iba asimilando la palabra de Dios, iba meditando y reflexionando en ella cada vez más. Y así es como debe ser; los superfluos se limitan a leer la Escritura y no se preocupan por adentrarse en su significado más profundo; tan solo aquellos que las conocen bien y están más familiarizados con ellas se esfuerzan en analizar su contenido más a fondo y reflexionar sobre ellas.[88]

De tus maravillas. Fijémonos como un entendimiento más amplio y claro no implica que dejemos de asombrarnos ante los caminos y las obras de Dios. De hecho, cuanto más sabemos de las

[85] La versión griega de los LXX o Septuaginta lee: ὁδὸν δικαιωμάτων σου συνέτισόν με, καὶ ἀδολεσχήσω ἐν τοῖς θαυμασίοις σου que la Vulgata traduce al latín como: *"Viam justificationum tuarum instrue me, et exercebor in mirabilibus tuis"*, "Instrúyeme en el camino de tus justificaciones, y me ejercitaré en tus maravillas". La versión sefardí de Ferrara traduce: *"Carrera de tus encomendanças, hazme entender, y hablaré en tus maravillas"*. La caldea Peshitta: *"Dame a conocer el camino de tus ordenanzas y meditaré en tus proezas"*. KRAUS traduce: *"¡Hazme entender el camino de tus ordenanzas, para que medite acerca de tus maravillas!"*. SCHÖKEL: *"Instrúyeme en la dirección de tus decretos, y meditaré tus maravillas"*.

[86] Traducción literal de la versión inglesa KJV: *"so shall I talk of thy wondrous works"*. Todas las versiones españolas traducen "para que medite" o "meditaré". El verbo hebreo es וְאָשִׂיחָה *wə'āśîḥāh* de שִׂיחַ *siach,* y su significado predominante es "meditar" aunque en algunos caso puede significar también hablar o contar, como es en el caso Jueces 5:10 o del Salmo 105:2. Ver el comentario del propio Spurgeon sobre esto al final del párrafo.

[87] En el original *"muse"*.

[88] Hechos 17:11.

obras de Dios tanto más las admiramos, y más preparados estamos para hablar sobre ellas. La mitad del asombro que se da en este mundo nace de la ignorancia, pero nuestro asombro ante la Maravilla santa es hija del entendimiento.[89] Quién conoce y entiende los preceptos divinos, jamás habla de sus propias obras, y como sea que la lengua necesita hablar de algo, se dedica a ensalzar las obras del Señor que es perfecto en todo.

Observemos como el mensaje del versículo tres de la tercera octava:[90] *"Forastero soy yo en la tierra; no me encubras tus mandamientos"* (119:19), encaja a la perfección con el de este: *"Hazme entender el camino de tus mandamientos, para que hable de tus maravillas"* (119:27 KJV). En uno se considera un extraño en la tierra, en el otro ora pidiendo entender el camino; allí suplica que los mandamientos no le sean encubiertos, aquí se compromete a hablar de ellos y no encubrirlos de los demás.

C.H. SPURGEON

Hazme entender el camino de tus preceptos. La ceguera física es una enfermedad grave, difícilmente curable: por tanto debemos orar una y otra vez como el salmista: *"abre mis ojos"*;[91] *"enséñame tus estatutos"*;[92] *"hazme entender el camino de tus preceptos"*. Nuestra ignorancia es grande, incluso cuando logramos curarla en parte; pues las nubes de la tentación y el apego a las cosas materiales hacen que se apodere nuevamente de nosotros, incapacitándonos para saber ni aún qué es lo que sabemos. Por ello el salmista grita, *"abre mis ojos; hazme entender."* Sí, cuanto más sabemos, más descubrimos nuestra ignorancia: *"Ciertamente más rudo soy yo que ninguno, ni tengo entendimiento de hombre. Yo ni aprendí sabiduría, ni conozco la ciencia del Santo"*[93]; *"De oídas te conocía; mas ahora mis ojos te ven. Por tanto, retracto mis palabras, y me arrepiento en polvo y ceniza"*.[94] Por desgracia un conocimiento de oídas, escaso, superficial no es útil; cuanto más conocen los seres humanos de su interior, más se detestan a sí mismos. De jóvenes creemos sentirnos seguros de nosotros mismos y alardeamos de las pocas verdades que conocemos de manera débil e imperfecta; pero a medida que pasan los años, ciertamente, cuanto más sabemos, más conscientes somos de nuestra ignorancia, y de lo extremadamente vulnerables que somos a los errores, por lo que cada vez confiamos menos en nosotros mismos.

THOMAS MANTON [1620-1677]

"One Hundred and Ninety Sermons on the Hundred and Nineteenth Psalm", 1681

Enséñame la senda de tus preceptos, que yo hablaré de tus maravillas. Cuando entendemos el camino de los preceptos de Dios y caminamos por sus senderos, estamos más capacitados para hablar

[89] Spurgeon hace aquí uno de sus típicos juegos de palabras con la palabra "wonder", que en inglés tanto puede significar maravilla como asombro. La idea es que en este mundo el asombro de mucha gente ante muchas cosas en el mundo físico se da porque desconocen el trasfondo de leyes que lo gobiernan: ignorancia; pero el asombro ante las maravillas espirituales, el plan divino de la salvación, es al contrario, cuanto más lo conocemos más nos asombramos.

[90] Por octavas u octetos, Spurgeon se refiere a los bloques de ocho versículos en los que está dividido el Salmo 119. La tercera octava es la anterior a esta: ג *Guímel*, que comprende los versículos del 17 al 24.

[91] Salmo 119:18.

[92] Salmo 119:27.

[93] Proverbios 30:2-3.

[94] Job 24:5-6.

con propiedad y autenticidad de las *"maravillas"* de Dios, las maravillas de la providencia, y especialmente de las maravillas del amor redentor.

MATTHEW HENRY [1662-1714]
"Commentary on the Whole Bible", 1811

La senda de tus preceptos. Su deseo es que Dios, ya fuere en parte por medio de su Espíritu, en parte a través de sus ministros, en parte por la aflicción, en parte por su propio estudio y esfuerzo, le proporcionara un conocimiento profundo y certero no solo de sus preceptos, sino también de la senda de sus preceptos, es decir, de la manera de vivir y encaminar sus pasos de acuerdo con las cosas que Dios establecido en su ley. Aprendamos de ello lo difícil que es para el hombre, arrogante por naturaleza y valedor de su propia sabiduría, entender la voluntad y la sabiduría de Dios hasta que Dios mismo se la da a conocer.

RICHARD GREENHAM [1535-1594]
"Very Godly Meditations on the 119 Psalm", 1605

Para que hable de tus maravillas. Consciente de las maravillas que hay en la palabra de Dios, el salmista se propone hablar de ellas a otros por dos motivos: (1) porque siente el deseo de hacerlo; y (2) porque así debe ser.

1. *Por el deseo de hacerlo.* Cuando el corazón está profundamente emocionado, la lengua no puede contenerse, y agota todas las expresiones para referirse a lo que el corazón siente: *"Porque de la abundancia del corazón habla la boca"*.[95] Cuando los creyentes son vivificados en medio de profundas aflicciones y arrebatados por la visión de las excelencias y misericordias de Dios, experimentan la necesidad de contarlo a otros. *"Ven, y te diré lo que Dios ha hecho a mi alma."*[96] La mujer que encontró la dracma perdida, reunió a sus vecinas para que se regocijaran con ella.[97] Quien se limite a un conocimiento frío y meramente académico de la Palabra, difícilmente sentirá la necesidad de hablar de sus maravillas .

2. *Porque así debe ser,* y ello en un aspecto triple: para gloria de Dios; para edificación de los demás; y para nuestro propio beneficio.

   a. Para gloria de Dios, con quien estamos tan profundamente en deuda, debemos compartir nuestra experiencia con aquellos que nos rodean. Lo que ha sucedido en nuestras vidas es algo tan grande que es digno de darlo a conocer a los demás; cuando has encontrado al Mesías, ve a buscar a otro para que también lo conozca: *"Andrés llamó a Pedro, y le dijo: Hemos hallado al Mesías; y Felipe halló a Natanael, y le dijo: Hemos hallado a aquel de quien escribió Moisés en la ley, así como los profetas: a Jesús, el hijo de José, el de Nazaret."* [98]

   b. Para edificación de los demás: *"y tú, cuando te hayas vuelto, fortalece a tus hermanos."*[99] La gracia verdadera es contagiosa, se esparce como el fuego.[100]

---

[95] Mateo 12:34.
[96] Salmo 66:15.
[97] Lucas 15:8-10
[98] Juan 1:41-45.
[99] Lucas 22:32.
[100] En la década de 1960 se popularizó en el mundo cristiano un himno del conocido compositor KURT KAISER [1934-] con el título de *"Pass it on"* que desarrollaba esta misma idea: *"It only takes a spark / To get a fire going / And soon all those around / Can warm up in its glowing / That's how it is with God's love / Once you've experienced it / You spread His love to ev'ryone / "You want to pass it on"*; y traducido a numerosos

c. Para nuestro propio beneficio. Quien más ahonda en el conocimiento de la Palabra más conocimiento recibe. Por contra, los pechos repletos de leche, si no son succionados, llegan a secarse. En la multiplicación de los panes y peces, cuantos más había más se iban incrementando.[101] Todas las habilidades y dones mejoran a base de ejercitarlos, pero de manera especial los dones los espirituales, que son los más enriquecedores.

THOMAS MANTON [1620-1677]
"One hundred and ninety sermons on the hundred and nineteenth Psalm", 1681

Para que hable. El deseo de obtener conocimientos no debe tener como objetivo satisfacer la curiosidad, ostentarlo, ni obtener ganancias mundanas, sino nutrirnos a nosotros mismos y edificar a otros en sabiduría (...).

De tus maravillas. Las obras de la creación, de la redención, y de la providencia divina, ya sea que leamos de ellas en las Escrituras, las contemplemos en el mundo físico, o las experimentemos en nuestro interior, trascienden toda capacidad de comprensión y sumergen a cuantos las observan en el más profundo asombro y admiración.

DAVID DICKSON [1583-1663]
"Explication upon the Last Fifty Psalms", 1655

Para que hable. Sucede a muchos cristianos que al verse enfrascados en conversaciones teológicas profundas y complejas, se sienten incapaces de hablar *"para edificación según la necesidad, a fin de dar gracia a los oyentes."*[102] El salmista nos revela aquí un secreto para protegernos contra el peligro que supone debatir sobre verdades que no sentimos en el corazón, pues *"de lo que rebosa el corazón habla la boca."*[103] Procuremos que nuestro corazón sea escudriñado,[104] limpiado,[105] y lleno con las gracias del Espíritu.[106] La humildad, el deseo de aprender, la sencillez, traerán luz a nuestro entendimiento, influirán en nuestro corazón, *"abrirán nuestros labios"*[107], y juntaran todas nuestras capacidades en el servicio y alabanza a Dios.

CHARLES BRIDGES [1794-1869]
"Exposition of Psalm 119", 1827

Para que hable de tus maravillas. Los deberes diversos de la vida cristiana pivotan todos sobre un mismo eje: la Palabra, y guardan todos una estrecha relación con ella. Meditamos en sus verdades, oramos basándonos en sus promesas, y hablamos de ella a otros. Reflexionamos en la majestad y las excelencias de Dios; clamamos a él en oración humilde; estudiamos su Palabra hasta

idiomas. En castellano es conocido como "Tú debes compartir": «Con una sola chispa se enciende un gran fuego / y todo alrededor comienza a quemar luego / Así es con el amor de Dios, cuando en el corazón: / se esparce así, es un amor, que debes compartir».

[101] Mateo 14:14-21.

[102] Efesios 4:29.

[103] Mateo 12:34.

[104] Salmo 26:2; 139:23.

[105] Salmo 24:4; 51:10; Mateo 5:8; Hechos 15:9.

[106] Hechos 11:24.

[107] Job 32:20.

que nuestras almas se llenan de gozo y admiración; y entonces ¿qué podemos hacer sino hablar de sus maravillas?

WILLIAM SWAN PLUMER [1802-1880]
"Studies on the Book of Psalms: A Critical and Expository Commentary with Doctrinal and Practical Remarks", 1867

Vers. 28. *Se deshace mi alma de ansiedad; susténtame según tu palabra.* *[Se deshace mi alma de ansiedad; susténtame según tu palabra.* RVR*] [De tristeza llora mi alma; fortaléceme conforme a tu palabra.* LBLA*] [Mi alma se deshace de tristeza, ¡Susténtame con tu Palabra!* BTX*] [De angustia se me derrite el alma: susténtame conforme a tu palabra.* NVI*] [Me estoy consumiendo de pena, confórtame según tu promesa.* BLP*] [Lloro con tristeza; aliéntame con tu palabra.* NTV*]*[108]

Se deshace mi alma de pesadumbre.[109] El salmista se deshacía en lágrimas.[110] Su constitución física, robusta y resistente, se derretía cual si el calor del horno de la aflicción la estuviera fundiendo. La pesadumbre del corazón es un mal que mata, y cuando abunda, amenaza con hacer de la vida una agonía interminable, una muerte prolongada en la cual el hombre parece deshacerse en un goteo perpetuo de pena y dolor. Las lágrimas se destilan del corazón; y cuando un hombre llora, su alma se deshace. Algunos sabemos bien lo que conlleva estar bajo esa tristeza abrumadora, porque nos hemos visto bajo su poder una y otra vez,[111] y nos hemos sentido cual agua que se esparce por el suelo y que

[108] La versión griega de los LXX o Septuaginta lee: ἔσταξεν ἡ ψυχή μου ἀπὸ ἀκηδίας· βεβαίωσόν με ἐν τοῖς λόγοις σου que la Vulgata traduce al latín como: *"Dormitavit anima mea prae taedio: confirma me in verbis tuis"*, "Se adormeció mi alma de hastío; fortificame con tus palabras". La versión sefardí de Ferrara traduce: *"Goteó mi alma de anfia, confirmame como tu palabra"*. La caldea Peshitta: *"Agitada está mi alma por la ansiedad; vivificame según tu palabra"*. KRAUS traduce: *"¡Mi alma se deshace en tristezas, restáurame conforme a tu palabra!"*. SCHÖKEL: *"Mi aliento desfallece de pena: confórtame con tu palabra"*.

[109] Así lo traduce la versión inglesa KJV: *"My soul melteth for heaviness"*. Las versiones españolas traducen: *"se deshace mi alma de ansiedad* [RV] / *angustia* [NVI] / *tristeza* [LBLA] / *pena* [BLP]*"*.

[110] Esta es también la opinión de JOHANN PETER LANGE [1802-1884] partiendo de que el verbo hebreo דָּלַף *dalaph* del que deriva דָּלְפָה *dāləpāh* significa gotear, y que en Job 16:20 la misma expresión se traduce como: *"ante Dios derramaré mis lágrimas"*. Y la versión sefardí de Ferrara: *"Goteó mi alma de anfia"* confirma esta traducción. Pero דָּלְפָה *dāləpāh* es una expresión poco frecuente que se presta a distintos significados y no resulta de fácil traducción.

[111] El 19 de octubre de 1856 diez mil personas se apretujaban en la platea y galerías del *Surrey Music Hall* de Londres para escuchar a Spurgeon predicar, y otras diez mil esperaban pacientemente fuera en los jardines; al poco de comenzar. Mientras Spurgeon estaba orando, alguien gritó malintencionadamente: "¡Fuego!". La gente comenzó a correr enloquecida, y en la estampida se produjeron siete muertes y veintiocho personas tuvieron que ser hospitalizadas. La prensa londinense se ensañó con el joven predicador, que cayó en depresión y se recluyó por varias semanas, aunque pronto se recuperó comenzando a predicar de nuevo. Pero a partir de este acontecimiento por diversas causas: la dolencia física que le aquejaba, la difamación, calumnia, y otros problemas de toda índole como las enormes presiones derivadas de su intenso ministerio, los altos y bajos, depresiones y abatimientos, fueron frecuentes en la vida del gran predicador. Sobre ello se ha debatido extensamente, escrito numerosos artículos en revistas, tanto teológicas como médicas, e incluso tesis doctorales como la de William Brian Albert, Ph.D en el Southern Baptist Theological Seminary *"When the wind blows cold!" the spirituality of suffering and depression in the life and ministry of Charles Spurgeon"*, considerado como lo mejor para todos aquellos que deseen profundizar en este tema.

ya no hay forma de recoger.[112] Hay sin embargo, un lado bueno, un punto positivo de este estado de abatimiento: mejor es ser derretido por la pena que endurecido por la falta de arrepentimiento.

Susténtame según tu palabra. Tras descubrir la promesa ancestral garantizando que los santos serán fortalecidos,[113] David la implora. En su estado de depresión, su esperanza no reside en sí mismo sino en su Dios; está convencido de que si pudiera recibir fuerzas de lo alto aún podría sacudirse la pesadumbre y emerger de nuevo a la alegría. Observad cómo invoca la promesa escrita en la palabra, y no pide otra cosa que ser tratado por el Señor de la misericordia en base a ella. ¿Acaso Ana no había cantado *"fortalecerá a su rey y enaltecerá el poder de su ungido"*?[114].

Dios nos fortalece infundiéndonos gracia a través de su Palabra; ¡quién duda del poder de la Palabra creadora para sostener![115] La gracia nos capacita para soportar el desgaste continuo de una tristeza permanente, puede reparar todo el deterioro causado por el goteo perpetuo de lágrimas, y vestir al creyente con *"manto de alabanza en vez de espíritu abatido"*.[116] En tiempos de desaliento recurramos siempre a la oración, es la manera más segura y la más rápida de salir de las profundidades; y en esta oración no pidamos otra cosa que lo escrito en la Palabra de Dios; porque no hay argumento mejor que una promesa, ni apelación más segura que una palabra de nuestro Dios del pacto.

Fijaos en la variedad de expresiones que emplea David para describir la situación interior de su alma, su deterioro, y su recuperación. En el versículo veinte dice: *"quebrantada está mi alma"* (119:20), en el veinticinco: *"postrada está mi alma en el polvo"* (119.25); y aquí: *"se deshace mi alma"*. Más adelante, en el versículo ochenta y uno clama: *"desfallece mi alma"* (119:81); en el ciento nueve: *"de continuo está mi alma en mi mano"* (119:109); pero en el ciento sesenta y siete afirma: *"mi alma ha guardado tus testimonios"*(109:167) ,[117] y por último en el versículo ciento setenta y cinco, *"viva mi alma"* (119:175).[118] Hay quienes ni siquiera saben que tienen un alma; otros ni lo creen ni les interesa; pero David, no tan solo lo cree, sino que se proclama todo él alma. ¡Que abismal es la diferencia entre vivir en el espíritu[119] y estar espiritualmente muerto![120]

C.H. Spurgeon

Se deshace mi alma en pesadumbre. En el verbo hebreo que traducimos por *"deshace"* es דָּלְפָה *dāləpāh* de דָּלַף *dalaph* y significa "derramarse".[121] La versión griega de los LXX o Septuaginta traduce: *"Mi alma se durmió en el hastío"*;[122] probablemente se trate de un error de los transcriptores, que confundieron una palabra por otra. Partiendo de "mi alma *se derrama"* cabe relacionarlo con:

1. La abundancia de sus lágrimas, una figura que se utiliza repetidamente en la Escritura: *"mis amigos se burlan de mí; mas ante Dios derramaré mis lágrimas"*,[123] donde Job utiliza el mismo verbo

---

[112] 2 Samuel 14:14.

[113] Spurgeon no concreta cual tenía en mente, quizá se refiere a Deuteronomio 1:29; 31:6-8; 33:25 Josué 1:9. O bien a la promesa específica recogida en el cántico de Ana que menciona a continuación (1 Samuel 2).

[114] 1 Samuel 2:10.

[115] Juan 1:1-5, 10; Colosenses 1:16;

[116] Isaías 61:3.

[117] Salmo 119:167 [RVA].

[118] Salmo 119:175.

[119] Gálatas 5:25.

[120] Efesios 2:1-5.

[121] En el original inglés *"dropeth away"*.

[122] En la Septuaginta: ἔσταξεν ἡ ψυχή μου ἀπὸ ἀκηδίας que la Vulgata traduce como *"Dormitavit anima mea prae taedio"*, "Se adormeció mi alma de hastío".

[123] Job 16:20.

hebreo para recalcar su profunda tristeza y la gravedad de su condición. O en el libro de Josué cuando dice que: *"el corazón del pueblo desfalleció y vino a ser como agua"*[124]

2. A su languidecer y derretirse bajo un dolor extremo; como las pomadas y aceites se desperdician al derretirse y derramarse, así era su alma. Se utiliza una expresión parecida en el Salmo 107: *"sus almas se derretían con el mal"*;[125] y de Jesucristo, cuyas fuerzas se consumieron bajo la magnitud de sus penas, se dice en el Salmo 22: *"estoy derramado como agua, y todos mis huesos se descoyuntaron; mi corazón se torna como cera, derritiéndose en medio de mis entrañas"*.[126]

Ya se trate de alusión a una cosa o a la otra, derramar o derretir; al derramamiento de sus lágrimas, o a que todo él se derretía como lo graso o untuoso, la conclusión es la misma: un dolor vehemente y el tormento del corazón que se quebranta. Lo que está claro es que su alma se iba derritiendo, y a menos que Dios lo ayudara, se veía incapaz de resistir por más tiempo.

THOMAS MANTON [1620-1677]
"One hundred and ninety sermons on the hundred and nineteenth Psalm", 1681

Se deshace mi alma. Las versiones más antiguas lo traducen como "sueño, duermevela"[127] La Septuaginta como ἔσταξεν *enustaqen*, que la Vulgata traduce como "dormitavit", lo que haría que este versículo coincidiera notablemente con Lucas 22:45.[128]

JOSEPH ADDISON ALEXANDER [1809-1860]
"The Psalms Translated and Explained", 1850

Se deshace mi alma en pesadumbre. David disfrutaba de cuantas ventajas y comodidades podía aspirar un ser humano en su época; y sin embargo ninguna logró protegerle de esa pesadumbre, que como atestigua el caso del apóstol Pedro,[129] tarde o temprano invade el corazón de los hijos de Dios a causa de sus múltiples tentaciones y caídas. Los mundanos andan lejos de esta experiencia, pues para ellos con tener salud y riquezas se consideran satisfechos y no aspiran a más; y se asombran de que un creyente pueda afligirse por cosas que para ellos carecen de sentido: no están familiarizados con una conciencia sensible; no saben nada de las crisis de la vida espiritual y no se afligen por ellas: al

---

[124] Josué 7:5. Aunque en este caso para decir que el corazón del pueblo se "deshizo" no utiliza el mismo verbo hebreo sino וַיִּמַּס *wayyimmas* de מָסַס *masas.*

[125] Salmo 107:26 LBLA (Ver nota lingüística). La RVA la traduce directamente de ese modo. La RVR1977 traduce "desleían".

[126] Salmo 22:14.

[127] En el original inglés, *"slumber"*.

[128] *"Cuando se levantó de la oración, y vino a sus discípulos, los halló durmiendo a causa de la tristeza"* [RVR].

– AGUSTÍN DE HIPONA [354-430] hace al respecto la siguiente interpretación: «*"Se adormeció mi alma de hastío; fortifícame con tus palabras"*. Acaba de decir: *"Hazme entender el camino de tus justificaciones, y me ejercitaré en tus maravillas"*; y no hay duda que en ese "ejercitar" puso todo su empeño y no poco esfuerzo; hasta el punto que se agotó en el intento y se entibió su esperanza de que llegara a conseguirlo. Algunas de las *"justificaciones"* divinas son tan maravillosas, pero tan complejas de discernir, que muchos se sienten a menudo incapaces de llegar a ellas, en su esfuerzo para alcanzarlas se fatigan, pierden la esperanza, y finalmente se adormecen de hastío. Por ello dice: *"fortifícame con tus palabras"*, es decir, consolida en mí aquello que he logrado entender, que he podido discernir y practico, para que fortificado en aquello que he logrado entender, no me adormezca, antes por el contrario me sienta estimulado y con fuerzas para para acometer la empresa de discernir aquello que aún no he logrado entender».

[129] Lucas 22:61-62.

estar muertos en el pecado no sienten el deseo de la vida en el Espíritu; todos sus objetivos se centra en comer, beber y divertirse.[130] Pero que vida tan mísera viven, pues en el mejor de los casos no hacen más que engordar cual los bueyes para la matanza.[131] ¡Ay de los que ahora ríen, pronto llorarán;[132] pero bienaventurados los que ahora lloran, porque serán consolados![133]

WILLIAM COWPER [1566-1619]
"A Commentary upon CXIX Psalm", 1613

Susténtame según tu palabra. Dame fuerzas para cumplir con mis deberes, para resistir las tentaciones, y para sobrellevar la carga de la aflicción; a fin de que mi espíritu no desfallezca.

MATTHEW HENRY [1662-1714]
"Commentary on the Whole Bible", 1811

Susténtame según tu palabra. ¿Cuál es esta "palabra" en la que David pide ser sustentado? Las promesas en el libro de Deuteronomio, tales como: *"Y como tus días serán tus fuerzas"* [134]. Y probablemente en el libro de Job: *"¿Contendería conmigo con grandeza de fuerza? No; antes él me atendería."*[135]

CHARLES BRIDGES [1794-1869]
"Exposition of Psalm 119", 1827

Susténtame. Gesenius[136] traduce קַיְּמֵנִי *qayyəmênî* de קוּם *qum* por *"mantenme con vida"*. Por lo tanto, el קַיְּמֵנִי *qayyəmênî* de este versículo se corresponde con el חַיֵּנִי *ḥayyênî,* o "vivifícame" del versículo veinticinco (119:25). Esta oración pidiendo ser sustentado, bien la entendamos como pedir nuevas fuerzas o directamente vida, es una súplica para que la Palabra que infunde vida restaure en él el desgaste de vida que ha sufrido derramando lágrimas.[137]

FREDERICK G. MARCHANT DE HITCHIN [1839-1881]

Vers. 29. ***Aparta de mí el camino de la mentira, y en tu misericordia concédeme tu ley.*** *[Aparta de mí el camino de la mentira, y en tu misericordia concédeme tu ley.* RVR*] [Quita de mí el camino de la mentira, y en tu bondad concédeme tu ley.* LBLA*] [Aparta de mí el camino de la mentira, y concédeme el favor de tu ley.* BTX*] [Mantenme alejado de caminos torcidos; concédeme las bondades*

[130] Isaías 22:13; 56:12; Lucas 17:26-29.
[131] Salmo 49:12-14.
[132] Lucas 6:25;
[133] Mateo 5:4.
[134] Deuteronomio 33:25. Ver también Deuteronomio 31:6-8.
[135] Job 23:6.
[136] Se refiere a HEINRICH FRIEDRICH WILHELM GESENIUS [1786-1842], famoso erudito alemán de las lenguas orientales, profesor de teología en la *Universidad de Halle.* Escribió numerosas obras sobre los textos bíblicos, siendo especialmente apreciado por la que es quizás su obra más conocida, el *Thesaurus philologico-criticus linguae Hebraicae et Chaldaicae V. T."*
[137] MAINE DE BIRAN [1776-1824], eminente filósofo y metafísico francés, que en 1818 llegó a la aceptación la fe cristiana a través de la lectura y estudio de las obras del arzobispo y teólogo FRANÇOIS FÉNELON [1651-1715], en uno de sus *Pensees*, cita este versículo diciendo: «La Palabra que puede darme vida, jamás procederá de mi interior ni de mi voluntad, como tampoco de nada que pueda escuchar o absorber del exterior en el mundo».

de tu ley. NVI] *[Aparta de mí el camino falso y dame la gracia de tu ley.* BLP] *[Líbrame de mentirme a mí mismo; dame el privilegio de conocer tus enseñanzas.* NTV][138]

Aparta de mí el camino de la mentira. Se refiere al camino del pecado, el error, la idolatría, la locura, la justificación por méritos propios, el legalismo, la hipocresía. David no tan solo se mantuvo lejos de ese camino, sino que pide que el propio camino sea apartado de él; pues no podía soportar tenerlo cerca, deseaba que fuera barrido del alcance su vista. Quería ser recto y vivir en rectitud; verdadero y vivir en la verdad; pero temeroso de que un tanto de falsedad permaneciera aferrada a su alma, llora con honestidad para que el Señor la aleje de él. A veces nos vemos influenciados por motivaciones falsas que nos llevan a dar bandazos; y otras arrastrados por nociones erróneas sobre nuestra condición espiritual delante de Dios, que surgen de tendencias y prejuicios arraigados en nuestra naturaleza carnal, y que nos llevarían a fundamentarnos en un engaño consciente, de no ser porque la gracia acude en nuestro rescate. Ningún corazón honesto puede descansar en una visión falsa de sí mismo, porque no encuentra ningún anclaje; y va por un tiempo al garete dando bandazos de un lado a otro hasta que alcanza la verdad y la verdad le alcanza a él. Todo aquel que es verdaderamente un hijo nacido del cielo, llora y suspira ante cualquier mentira, deseando que la aparten de él, con las mismas ansias que cualquier persona sensata se aparta y mantiene a distancia cuanto puede de una serpiente venenosa o un león enfurecido.

Y en tu misericordia concédeme tu ley. Quién ve en la ley misma un don de la gracia, está ciertamente en estado de gracia. David desea tener la ley abierta a su entendimiento, grabada en su corazón, y practicarla en su vida; y lo implora al Señor como una misericordia, se lo pide como una concesión de su gracia.[139] Llegó, sin duda, a la conclusión de que este era el único medio que le permitiría librarse del poder de la mentira, y no estaba equivocado: si la ley no está en nuestros corazones la mentira se introduce en ellos con una facilidad pasmosa. Es probable que David tuviera en mente las diversas ocasiones en las que haciendo gala un hábito arraigado entre los orientales, había practicado el engaño buscando su propia protección;[140] y dándose cuenta de que había sido débil, que había errado, doblega su espíritu y pide ser vivificado y librado de caer nunca más en una transgresión semejante. Los santos son incapaces de recordar sus pecados sin derramar abundantes lágrimas; ni orar al respecto sin pedir ser librados de nuevas caídas

---

[138] La versión griega de los LXX o Septuaginta lee: ὁδὸν ἀδικίας ἀπόστησον ἀπ' ἐμοῦ καὶ τῷ νόμῳ σου ἐλέησόν με que la Vulgata traduce al latín como: *"Viam iniquitatis amove a me, et de lege tua miserere mei"*, "Aparta de mí el camino de la iniquidad, y de tu ley hazme misericordia". La versión sefardí de Ferrara traduce: *"Carrera de falfedad aparta de mí, y de tu Ley apiadame"*. La caldea Peshitta: *"Quita de mí el sendero de los inicuos, e instrúyeme en tu ley"*. KRAUS traduce: *"¡Del camino de la mentira mantenme alejado; bendíceme con tus instrucciones!"*. SCHÖKEL: *"Aparta de mí el camino falso y dame la gracia de tu voluntad"*.

[139] Dice AGUSTÍN DE HIPONA [354-430]: «*"Aparta de mí el camino de iniquidad, y de tu ley hazme misericordia"*. ¿Y qué ley es esta que hace misericordia sino la ley de la fe? ¿qué ley, sino aquella *"que se introdujo para que el pecado abundase; mas donde el pecado abundó, sobreabundó la gracia?"* (Romanos 5:20). Escuchemos al apóstol: *"¿Dónde, pues, está la jactancia? Queda excluida. ¿Por cuál ley? ¿Por la de las obras? No, sino por la ley de la fe"* (Romanos 3:27). La ley de la fe es aquella que nos permite pedir, y creer, que por gracia nos será concedida la facultad obrar aquello de otro modo seríamos incapaces de alcanzar por nosotros mismos, y con ello, evitar que soslayando la justicia de Dios pretendamos establecer nuestra propia justicia. De este modo, en la ley de las obras se revela la justicia de Dios, que condena; y en la ley de la fe, su misericordia, que redime".

[140] 1 Samuel 21:2-15; 27:5.12.

Entre la mentira y el poder de la ley de Dios hay una oposición marcada y evidente. La única forma de extirpar la mentira es aceptar plenamente la verdad. Y la gracia mantiene una relación clara con la verdad: apenas oigamos pronunciar la palabra "gracia", sabremos que estamos escuchando el sonido de las pisadas de la verdad: *"Escogí el camino de la verdad"* (119.30). La gracia y la verdad van siempre de la mano, y creer firmemente las doctrinas de la gracia[141] es el antídoto más eficaz contra el error mortal.

En el quinto versículo de la octava anterior,[142] David clama contra el orgullo: *"Reprendiste a los soberbios"* (119:21); aquí lo hace en contra de la mentira: *"Aparta de mí el camino de la mentira"*(119:29). Son la misma cosa. ¿Acaso no es el orgullo la más grande de todas las mentiras?

C.H. SPURGEON

Aparta de mí el camino de la mentira. Fijémonos que dice "aparta *de mí* el camino" y no "apártame *a mí* del camino". Porque nacemos con la iniquidad dentro de nuestro ser; somos hijos de ira,[143] y nuestras pasiones innatas corren libremente en nuestro interior trazando caminos de mezquindad y mentira en nuestras almas.

THOMAS LE BLANC [1599-1669]
"'Psalmorum Davidicorum Analysis' in qua aperte cernitur singulis in Psalmis ordinem esse admirabilem: adjungitur commentarius amplissimus", 1645

Aparta de mí el camino de la mentira. David reconoce aquí que a pesar de haberse instruido y ejercitado en la ley de Dios y en su conocimiento, a pesar de ser el mismo profeta apto para enseñar a otros, a pesar de todo ello, se vio asediado por una serie de ideas y pensamientos inicuos que fácilmente podían haberlo llevado con su malicia lejos del camino correcto, de no ser porque Dios lo sostuvo con su mano fuerte y poderosa. Y este es un punto que, con razón, debemos remarcar; pues sorprende la facilidad y la frecuencia con que nos engañamos a nosotros mismos. Cuando por la misericordia de Dios hemos tenido un buen comienzo, de inmediato pensamos estar ya en la cumbre; y tan pronto como Dios nos otorga el favor que anhelábamos y sirve a nuestros propósitos, dejamos de orar; y basta que nosotros hayamos aportado algo, por insignificante que sea, para que poco a poco nos vayamos encumbrando a nosotros mismos maravillados de nuestras grandes capacidades y virtudes, convencidos de que el diablo ya no tiene posibilidad alguna de derrotarnos. Esta necia arrogancia de nuestra parte, hace que Dios nos suelte de la mano, permita que extraviemos el camino, y nos peguemos el batacazo, sí, un batacazo tan enorme que nos quebramos brazos y piernas, quedándonos a un tris de partirnos también el cuello. Y no me refiero a nuestro cuerpo natural, sino a nuestra alma. Fijémonos en David, que es la mejor demostración de esto. Vilmente, con premeditación y alevosía, cometió un grave error tomando a Betsabé, esposa de su fiel súbdito Urías; en principio tan solo para divertirse con ella un rato de manera libertina; pero las cosas se complicaron y derivaron en un asesinato sumamente execrable; y no uno sino muchos, pues al pretender que Urías se acostara con su mujer para disimular su falta, provocó que todo el ejército del Señor y todo el pueblo de Israel fueran derrotados.[144]

---

[141] Las llamadas "doctrinas de la gracia" conocidas también como "Los 5 Puntos del Calvinismo" son: La Depravación total; La Elección incondicional; La Expiación limitada; La Gracia irresistible; y la Perseverancia de los santos.

[142] Se refiere a la tercera octava, ג GUÍMEL, que comprende los versículos del 17 al 24.

[143] Efesios 2:1-3.

[144] 2 Samuel 11:14-25.

He aquí la gran negligencia y terrible arrogancia en que cayó David; y el motivo por el cual exclamó: «¡Ay, mi buen Dios! Te ruego que me guíes para que pueda abandonar el camino de la mentira».

JUAN CALVINO [1509-1564]

De la mentira. Un pecado en el cual David, debido a su desconfianza, cayó con bastante frecuencia. Veamos 1 Samuel 21:1-15, donde miente vilmente en tres o cuatro ocasiones; y como lo hace de nuevo en 1 Samuel 27:5-12. Es respecto a este proceder impropio, del cual se acusa a si mismo, y contra el cual ora aquí y pide ser apartado.

JOHN TRAPP [1601-1669]
"A commentary or exposition upon the books of Ezra, Nehemiah, Esther, Job and Psalms", 1657

El camino de la mentira. Fuera de los mandamientos de Dios, los demás caminos son caminos de mentira: la razón, la tradición, las costumbres, el sentido común, los impulsos lascivos; todos ellos son embaucadores que le dicen al hombre que el camino es seguro; que en su momento podrá arrepentirse y salir indemne; y todos prometen satisfacciones que jamás alcanzan a cumplir. El deseo santo de obedecer a Dios debe mantenernos alejados de los malos caminos: no es tanta la gracia que hemos recibido como para llevarnos a imaginar que la tentación no pueda causarnos daño. Al igual que un fuego mortecino, sin llama, puede ser apagado fácilmente con un poco de agua, así también nuestra santidad puede ser fácilmente sofocada por la tentación. En nuestro interior hay una propensión natural a los caminos de la mentira, como las velas recién apagadas con un soplo tienen la tendencia a encenderse de nuevo. De modo que, igual que los niños que se han quemado y temen al fuego, así hemos de temer nosotros los caminos de la mentira. Hay personas a las que Dios no tolera que la tentación se les aproxime; y otras en las que en cuanto se les aproxima hace que su corazón sienta aversión al pecado. Pero una cosa esta clara en general: antes de que podamos andar en los caminos de Dios, debemos abandonar los caminos del pecado.

PAUL BAYNE [1573-1617]
"A Counterbane against Earthly Carefulnes", 1619

El camino de la mentira. La vida de pecado es una constante mentira de principio a fin. La palabra *"mentira"* aparece ocho veces en este salmo.[145]

WILLIAM SWAN PLUMER [1802-1880]
"Studies on the Book of Psalms: A Critical and Expository Commentary with Doctrinal and Practical Remarks", 1867

El camino de la mentira. Por *"camino de la mentira"* debemos entender aquí el pecado, es decir, cuanto hay en la naturaleza del hombre no conforme a la Palabra, ya se trate de razonamientos y conclusiones del corazón, o de las acciones prácticas a las que estos conducen. Y es etiquetado como *"camino de la mentira"*, porque la naturaleza humana promete una recompensa por seguirlo que luego el hombre jamás encuentra sino todo lo contrario.

WILLIAM COWPER [1566-1619]
"A Commentary upon CXIX Psalm", 1613

[145] El termino hebreo שֶׁקֶר *sheqer,* "falsedad o mentira", aparece en 119:29, 69, 78, 86, 104, 118, 128 y 163. Total 8 veces.

El camino de la mentira. El profeta desea ser inmunizado por Dios contra toda posible corrupción en la interpretación de la ley, y todo tipo de desorden en sus propias actuaciones, es decir, de todo cuanto Satanás con sus instrumentos ingeniosos y procedimientos astutos trata de inocularnos. Y lo llama *"camino de la mentira":*

1. Porque son invenciones de Satanás, padre de la mentira.[146]
2. Porque son aceptadas y toleradas por la mente humana, un almacén de mentiras.[147]
3. Porque aparentan ser aquello que no son, algo muy propio de toda mentira.[148]
4. Porque son contrarias a Dios y su verdad, descubridora de mentiras.[149]

RICHARD GREENHAM [1535-1594]
"Very Godly Meditations on the 119 Psalm", 1605

En tu misericordia concédeme tu ley. En salmista opone la ley de Dios al camino de la mentira:

1. En primer lugar, porque la Palabra es la única regla verdadera tanto en aquello que tiene que ver con la fe, como el lo tocante a la moral y costumbres: aquello que no es aceptable para Dios no es más que una mentira que engañará a los hombres.

2. En segundo lugar porque la Palabra destruye y destruirá a la larga cuantos errores se opongan a ella. Así como la vara de Aarón devoró las varas de los hechiceros egipcios,[150] así la Palabra, que es vara de la boca de Dios,[151] devorará y consumirá todas las falsedades.

3. En tercer lugar, porque por la Palabra y cuanto en ella dice serán juzgados y sentenciados todos los seres humanos: ella no engaña a nadie. Unos descubrirán para su desespero que todo aquel que camina de forma opuesta a lo que dice la Palabra llega indudablemente a un final desgraciado.[152] Y, por el contrario, a todos cuantos viven conforme a sus mandatos, les irá bien.[153]

WILLIAM COWPER [1566-1619]
"A Commentary upon CXIX Psalm", 1613

En tu misericordia concédeme tu ley. David siempre tuvo accesible el libro de la ley; pues todos los reyes de Israel debían tenerlo; y según afirman los rabinos, copiarlo de puño y letra con con propia mano.[154] Y sin embargo dice: *"concédeme tu ley"*, es decir, que deseaba no solo tenerla sobre una mesa copiada por él mismo, sino que Dios la escribiera con su mano divina sobre su corazón, dejándola en el impresa para observarla y obedecerla.[155] Esa es la bendición que pide: *"la ley"*; y la pide de: *"su misericordia"*, es decir, en términos de gracia, en base a su favor y buena voluntad. De ello aprendemos:

1. Que menosprecia el pecado *"Aparta de mí el camino de la mentira"*.
2. Que busca e implora lo bueno: *"y en tu misericordia concédeme tu ley"*

---

[146] Juan 8:44.
[147] Romanos 1:25.
[148] Proverbios 21:6.
[149] Proverbios 12:22.
[150] Éxodo 7:8-12.
[151] Isaías 11:4.
[152] Proverbios 14:12; 16:25.
[153] Job 22:21-28.
[154] Deuteronomio 17:18-20.
[155] Jeremías 31:33.

En la primera cláusula describe su enfermedad: David había sido atraído hacia un camino de mentiras. En la segunda describe la medicina: la ley de Dios.

THOMAS MANTON [1620-1677]
"One hundred and ninety sermons on the hundred and nineteenth Psalm", 1681

Vers. 30. ***Escogí el camino de la verdad; he puesto tus juicios delante de mí.*** *[Escogí el camino de la verdad; he puesto tus juicios delante de mí.* RVR*] [He escogido el camino de la verdad; he puesto tus ordenanzas delante de mí.* LBLA*] [He escogido el camino de la fidelidad, me he propuesto tus ordenanzas.* BTX*] [He optado por el camino de la fidelidad, he escogido tus juicios.* NVI*] [Escogí el camino de la fidelidad, he tenido presentes tus decisiones.* BLP*] [He optado por ser fiel; estoy decidido a vivir de acuerdo con tus ordenanzas.* NTV*]*[156]

Escogí el camino de la verdad. Y al aborrecer el camino de la mentira, eligió el camino de la verdad: el ser humano ha de elegir forzosamente entre uno u otro, no hay términos medios o neutralidad posible. No vamos a parar al camino recto fortuitamente: hemos de elegirlo; [157] y una vez en él seguir tomando decisiones correctas, de lo contrario muy pronto nos desviaríamos.[158] Aquellos a quienes Dios eligió en su debido tiempo, eligen a su vez el camino de Dios. Hay camino de verdad doctrinal que debemos elegir, rechazando todos los dogmas fruto de la imaginación humana; hay una camino ceremonial de esa verdad que debemos seguir, detestando todas las formas que las iglesias apostatas han inventado; y finalmente, hay también un camino para la práctica de esa verdad, el camino de la santidad, al que debemos atenernos sin importar cuan grande sea nuestra tentación de renunciar a él. Hagamos nuestra propia elección, y hagámosla con carácter irrevocable. Respondamos a todos los embaucadores: «he decidido, y aquello que he decidido, decidido está y decidido queda». Oh, Señor, por medio tu gracia, condúcenos con un libre albedrío desbordante a elegir el hacer tu voluntad; y así la eterna elección que tu hiciste de nosotros cumpla el propósito que tiene establecido.

He puesto tus juicios delante de mí.[159] El salmista tenía muy en cuenta aquello que había elegido, colocándolo delante de los ojos de su entendimiento.[160] Los seres humanos no se transforman en santos por simple deseo emocional irreflexivo; hace falta la reflexión deliberada, el examen ferviente, el estudio profundo y análisis exhaustivo de la Palabra; o extraviarán el camino de la verdad. Los mandamientos de Dios deben estar delante de nosotros constantemente, cual hito o señal que nos indique hacia donde ir, como modelo sobre el cual trabajar, como meta a la que proseguir. Si colocamos los juicios de Dios a nuestra espalda, pronto estaremos apartándonos de ellos.

---

[156] La versión griega de los LXX o Septuaginta lee: ὁδὸν ἀληθείας ᾑρετισάμην, τὰ κρίματά σου οὐκ ἐπελαθόμην que la Vulgata traduce al latín como: *"Viam veritatis elegi; judicia tua non sum oblitus"*, "El camino de la verdad he escogido; tus juicion no he olvidado". La versión sefardí de Ferrara traduce: *"Carrera de fè efcogi, tus juizios pufe"*. La caldea Peshitta: *"He elegido la senda de tu verdad, y me he complacido en tus juicios"*. KRAUS traduce: *"He escogido el camino de la fidelidad, tus disposciones anhelo"*. SCHÖKEL: *"He escogido el camino seguro disponiendo tus mandamientos"*.

[157] Proverbios 12:15, 28; 16:25; Isaías 55:7; Mateo 7:13-14.

[158] 2 Pedro 2:15; Judas 1:11.

[159] En hebreo מִשְׁפָּטֶיךָ שִׁוִּיתִי *mišpāṭeḵā šiwwîṯî*. JOHANN PETER LANGE [1802-1884] considera que este שִׁוִּיתִי *šiwwîṯî, "delante de mí"*, va más allá de una simple actitud mental frente a un conocimiento que condiciona y obliga; más bien describe un acto de sujeción voluntaria y gozosa a la norma puesta literalmente delante de sus ojos por deseo personal.

[160] Efesios 1:18.

De nuevo encontramos que el sexto versículo de las octavas tercera[161] y cuarta[162] resuenan con una nota similar: *"tus testimonios he guardado"* (119:22); *"he puesto tus juicios delante de mí"* (119:30). Es una confesión grata y feliz, por tanto, no es de extrañar que la repita.

C.H. SPURGEON

Escogí el camino de la verdad; he puesto tus juicios delante de mí. En nuestra vida cristiana y ejercicio práctico de la fe, hagamos que la reflexión y el estudio precedan siempre a nuestras resoluciones, y que la meditación marque el inicio de la determinación. David así lo hizo; y por ello exclama: *"he elegido el camino de la verdad: tus juicios he puesto delante de mí"*. Habiendo puesto los juicios de Dios *"delante de sus ojos"* y reflexionado en ellos, ciertamente, no podía escoger otro camino que el de la piedad y la rectitud, convencido de lo agradable que resulta ese camino y los muchos beneficios que aporta. Fue después de reflexionar, hambriento, sobre lo bien alimentados que estaban los sirvientes en la casa de su padre, que el hijo pródigo tomó la determinación de volver al hogar diciendo: *"Me levantaré e iré a mi padre"*.[163]

ABRAHAM WRIGHT [1611-1690]
"A Practical Commentary or Exposition upon the Book of Psalms", 1661

Escogí el camino de la verdad. Aquí tenemos un ejemplo de cómo reacciona un alma bajo la acción de la gracia: va mucho más allá de un mero sentarse y escuchar la Palabra sin analizarla ni presentar objeción a lo que escucha.[164] Lamentablemente, este mero "escuchar" sin reflexionar, es la actitud mayoritaria de cuantos acuden al evangelio: limitarse a decir amén a todo cuanto les dicen y les inculcan, lo cual les convierte en presa fácil para los depredadores, candidatos predilectos a ser captados por caminos de salvación falsificados y erróneos.

El verdadero hijo de Dios va más allá, es más selectivo, se mueve a un nivel espiritual más elevado: reflexiona y *escoge* el camino de la verdad. Y no le queda sino elegirlo, puesto que se ve inclinado a ello por su naturaleza renovada; hacerlo es consecuencia de cuanto ha estado pidiendo. ¿Y cómo reacciona? Abrazando el camino de la verdad, que consiste en aquello que Dios ha revelado referente a su Hijo Jesús.

El corazón dispuesto escoge este camino y todo cuanto seguirlo implica: lo que hay en él de amargo, y lo que hay de consuelo; la negación del yo,[165] y la libertad de la gracia.[166] Escoge un Salvador tanto del pecado como del infierno; un Salvador cuyo Espíritu pueda guiarle desde un total desconocimiento de la piedad, a la devoción santa; de una completa ignorancia de la oración, a la comunión con Dios; desde un quebrantamiento del día de reposo, a guardarlo santamente; desde una ambición personal desmesurada, a tan solo procurar el honor y la gloria de Cristo; desde una conducta desenfrenada e inconsecuente, a la observancia concienzuda de la voluntad del Señor. Y allí donde se juntan los verdaderos hijos de Dios, allí encuentra su deleite. ¡Ojalá hubiera entre nosotros mayor abundancia de ellos!

JOHN STEPHEN [1800-1881]
"The Utterances of the CXIX Psalm; Expounded in a Series of Lectures", 1861

---

[161] Se refiere al sexto versículo (119:22); de la tercera octava, ג GUÍMEL, que comprende los versículos del 17 al 24.

[162] Se refiere al sexto versículo (119:30); de la cuarta octava, esta misma, ד DÁLET, que comprende los versículos del 25 al 32.

[163] Lucas 15:18.

[164] Hechos 17:11

[165] Mateo 16:24; Lucas 14:27.

[166] Juan 8:32-36.

Escogí el camino de la verdad. La fe no es una cuestión de azar, sino de elección. Sospesamos las cosas en la balanza, y, tras una deliberación madura y sosegada, tomamos una decisión a conciencia: «escogemos a Dios sea cual sea el coste». Nos sentamos tranquilamente y valoramos el precio a pagar. Lo que nuestra fe nos va a costar: ¿abandonar muchos deseos y quizá muchos proyectos actuales? Y lo que nos puede llegar costar: ¿quizá la vida? ¿Hemos decidido que con la ayuda de la gracia, nos mantendremos al lado de Cristo cuando las espadas y los palos se alcen contra nosotros por causa de él? ¿Estamos dispuestos a navegar con él no solo en la embarcación de recreo, sino también en el buque de guerra? Escoger el camino de Dios implica afirmar que él es y será nuestro Dios no importa cuales sean las circunstancias. Los hipócritas profesan a Dios solo de palabra, con la boca chica y cuando les conviene, no por haberlo elegido libremente ni por convencimiento de su fe. El creyente exclama: "*Escogí el camino de la verdad*"... sean cuales sean las circunstancias, y sea cual sea el coste.

THOMAS WATSON [1620-1686]
"The Morning Exercises at Cripplegate"

Escogí el camino de la verdad. La elección que hace aquí David de la verdad de Dios, parte de la elección hecha por el Señor desde el principio de los tiempos[167] cuando escogió a David en Cristo,[168] como uno de sus elegidos. Pues el verdadero amor no consiste *"en que nosotros hayamos amado a Dios, sino en que él nos amó a nosotros"*.[169] Nunca nosotros le hubiéramos amado, si primero él no nos hubiera amado a nosotros.[170] Por tanto, se trata ciertamente de una elección doble, pues si él no nos hubiera elegido como su pueblo antes de la fundación del mundo, jamás nosotros hubiéramos podido elegirlo a él para que fuera nuestro Dios. Y esto es algo que remarco a todos aquellos que aman la palabra de Dios, y se deleitan en ella: pueden decir propiamente y con todo su corazón que el Señor es su porción y la alegría de su alma:[171] porque llevan el sello que garantiza su elección, grabado por el dedo de Dios en el lo más profundo de su corazón.

WILLIAM COWPER [1566-1619]
"A Commentary upon CXIX Psalm", 1613

Escogí el camino de la verdad. Jamás hombre alguno ha servido al Señor sin antes escogerlo para que sea su Maestro. Todo ser humano, tras alcanzar la necesaria madurez que avale sus decisiones como responsables por ser dueño de si mismo, decide por sí mismo qué curso tomará, si el de servir a Dios o al mundo. Y todos los santos de Dios han hecho al respecto esta marcada elección: *"serviremos al Señor"*,[172] y a nadie más. Cuando Moisés tuvo que elegir entre los deleites de Egipto por un lado; y por el otro Dios y su pueblo con todas sus aflicciones, escogió lo segundo por encima de lo primero.[173] David asegura haber hecho lo mismo: *"Escogí el camino de la verdad: tus juicios he puesto delante de mí"*; y la segunda parte es tan importante como la primera, pues escoger es decidir por algo que tenemos delante tras valorarlo y considerarlo debidamente. Así lo hizo Josué: *"yo y mi casa serviremos a al Señor."*[174]

JOHN PRESTON [1587-1628]
"The Golden Sceptre held forth to the Humble", 1638

[167] 2 Tesalonicenses 2:13.
[168] Efesios 1:3-4.
[169] 1 Juan 4:10.
[170] 1 Juan 4:19.
[171] Salmo 16:5-6.
[172] Josué 24:15.
[173] Hebreos 11:25.
[174] Josué 24:15.

Escogí el camino de la verdad. Lo cual se demuestra en tres maneras: la verdad en el corazón,[175] la verdad en las palabras,[176] y la verdad en los hechos.[177]

MICHAEL AYGUAN [1340-1416]
citado por James Edward Vaux [1828- ¿?]
en *"The preacher's storehouse: a collection of pithy sayings and choice passages on religious and moral subjects, from the works of authors of various ages and countries, alphabetically arranged"*

He puesto tus juicios delante de mí. A la palabra de Dios se la llama también *"sus juicios"*, porque discierne el bien del mal; y no se limita a sentenciar; sino que a la vez que señala el mal, decreta también las condenas que merece, y que serán ejecutadas de acuerdo con su sentencia.

WILLIAM COWPER [1566-1619]
"A Commentary upon CXIX Psalm", 1613

He puesto tus juicios delante de mí. Una sólida convicción de que la palabra de Dios es a su vez decreto o juicio de Dios, protege al creyente ante las amenazas y temores infundidos por los hombres, y lo ancla sólidamente en su elección correcta, como hace en este caso David.

DAVID DICKSON [1583-1663]
"Explication upon the Last Fifty Psalms", 1655

He puesto tus juicios delante de mí. Quienes desean escoger para su viaje el camino correcto, se sientan primero a examinar el mapa con detalle. Y así hace también David; habiendo tomado la decisión firme de seguir los caminos de la verdad, pone ante sus ojos el mapa de la ley, como el navegante tiene siempre ante sus ojos la carta de navegación y la brújula.

PAUL BAYNES [1573-1617]
"A Counterbane against Earthly Carefulnes", 1619

Vers. 30-31. *"Escogí"* – *"me he apegado"*. El cristiano que *"escoge"* el rumbo y se *"apega"* a él, es un cristiano que persiste; en tanto que los que los cristianos oportunistas, viran la nave según sopla el viento.

MATTHEW HENRY [1662-1714]
"Commentary on the Whole Bible", 1811

Vers. 31. *Me he apegado a tus testimonios; oh Jehová, no me avergüences.* *[Me he apegado a tus testimonios; oh Jehová, no me avergüences.* RVR*] [Me apego a tus testimonios; Señor, no me avergüences.* LBLA*] [Me he apegado a tus testimonios, ¡oh YHVH, no permitas que sea avergonzado!* BTX*] [Yo, Señor, me apego a tus estatutos; no me hagas pasar vergüenza.* NVI*] [Me he adherido a tus mandamientos, Señor, no me defraudes.* BLP*] [Me aferro a tus leyes. Señor, ¡no dejes que pase vergüenza!* NTV*]*[178]

[175] 2 Reyes 20:3.

[176] Zacarías 8:16.

[177] Hebreos 10:22.

[178] La versión griega de los LXX o Septuaginta lee: ἐκολλήθην τοῖς μαρτυρίοις σου· κύριε, μή με καταισχύνῃς que la Vulgata traduce al latín como: *"Adhaesi testimoniis tuis, Domine; noli me confundere"*, "Me he apegado a tus testimonios, Señor; no me avergüences". La versión sefardí de Ferrara traduce:

Me he apegado a tus testimonios. O también *aferrado*, porque el verbo hebreo es el mismo que en el versículo veinticinco (119:25).[179] Aunque abatido al polvo de la tristeza y de la muerte, con todo, se mantiene firmemente aferrado a la palabra divina. Este fue su consuelo, su fe se apegó a su Dios, su amor y su obediencia se aferraron a él, y su mente y corazón permanecieron meditando su Palabra. Hizo su elección tan deliberadamente, de manera tan firme y de buen grado, que se apegó a la Palabra para toda la vida, de tal manera que ni aún los reproches de cuantos despreciaban el camino del Señor lograron apartarlo de el. ¿Acaso abandonando los testimonio sagrados tenía algo a ganar? O mejor dicho, ¿de haber cesado de aferrarse a la Palabra divina acaso no se arriesgaba a perderlo todo? No deja de ser gratificante mirar hacia atrás, a la perseverancia del pasado, y aguardar la gracia necesaria para continuar firmes de la misma manera cara al futuro. Aquel que ha permitido que nos apegáramos a él, no hay duda que se apegará a nosotros.

Oh Jehová, no me avergüences. Es lo que hubiera sucedido de incumplirse las promesas divinas, permitiendo que el corazón del siervo de Dios fallara. Pero no tenemos la mínima razón para temer que suceda, ya que el Señor es fiel a su palabra.[180] Aunque sí puede suceder, sin embargo, el propio creyente actúe de manera irresponsable, como hizo David en alguna ocasión, cuando cayó en el camino de la mentira y se hizo pasar por loco.[181] Si no somos fieles a lo que profesamos, puede que el Señor nos suelte de la mano para que cosechemos el fruto de nuestra locura; eso sería el trago amargo al que David se refiere como "vergüenza". Resulta evidente que un creyente no tiene motivos para avergonzarse y jamás debe hacerlo, antes por el contrario, en todo lo referente a la fe en su Dios, debe proceder siempre con dignidad, como aquel que no tiene de que avergonzarse,[182] y nunca adoptar una actitud cobarde en presencia de los enemigos del Señor. Si pedimos al Señor que no nos avergüence, no debemos nosotros avergonzarnos sin causa.

La petición de este versículo: *"no me avergüences"* (119:31), la encontramos también en el versículo correspondiente a su misma posición en la siguiente octava:[183] *"Aleja de mí la burla que me inquieta"* (119:39). Se trata, por tanto, de una petición que brotaba con bastante frecuencia en el corazón del salmista. Al corazón valiente le causa más daño la vergüenza que cualquier arma que pueda empuñar la mano de un adversario.

C.H. SPURGEON

Me he apegado a tus testimonios. No deja de ser particularmente significativo que en la misma manera que dice *"mi alma está apegada al polvo"*[184] (119:25), diga aquí: *"me he apegado a tus*

"Pegueme en tus teftamentos, Adonay no me averguences". La caldea Peshitta: *"Oh Yahweh, me he apegado a tu testimonio, no me avergüences"*. KRAUS traduce: *"Me aferro a tus testimonios, oh Yahvé, ¡que no me sienta avergonzado!"*. SCHÖKEL: *"Me adhiero a tus preceptos, Señor, no me defraudes"*.

179 En el original *"'have stuck unto thy testimonies', –or I have cleaved for the word is the same as in Psalm 119:25"*. La misma expresión verbal hebrea que traducimos en el versículo veinticinco (119:25) como *"abatida"*: דָּבְקָה *dāḇəqāh* de דָּבַק *dabaq* significa "unido", "pegado", "adherido", "aferrado" "atrapado". Ver al respecto los comentarios al versículo veinticinco (119:25) en especial el de Albert Barnes y sus notas correspondientes.

180 Salmo 33:4; 119:90.

181 1 Samuel 21:10-15.

182 2 Timoteo 2:15.

183 Se refiere al séptimo versículo de la quinta octava, la siguiente, ה HEI, que comprende los versículos del 33 al 40.

184 Salmo 119:25. Así traduce la versión inglesa KJV, que en lugar de *"abatida"* o *"postrada hasta el polvo"* utiliza *"cleaveth"*, *"my soul **cleaveth** unto the dust"* del verbo inglés *"to cleave"*: "adherirse", "pegarse", "aferrarse". Ver nota 179.

testimonios"; ya que el texto hebreo utiliza la misma expresión verbal en ambos casos.[185] Pero es algo lógico y del todo compatible con la experiencia del creyente; ya que en su interior luchan tanto el pecado que mora en él,[186] como el principio inmortal de la gracia divina.[187] Y hay una contienda encarnizada entre ambos *"porque el deseo de la carne es contra el espíritu, y el del espíritu es contra la carne"*,[188] hasta que finalmente se ve forzado a exclamar: *"¡Miserable hombre de mí!"*.[189] Una situación que todos los creyentes enfrentan con frecuencia y sin excepción: mientras por un lado alma se siente abatida hasta polvo y pegada a él; el espíritu se esfuerza por apegarse a los testimonios de Dios. Razón por la cual el salmista ora diciendo: *"no me avergüences"*. Pero si nos mantenemos cerca de Cristo, hermanos, jamás seremos avergonzados.

JOHN STEPHEN [1800-1881]
"The Utterances of the CXIX Psalm; Expounded in a Series of Lectures", 1861

Me he apegado a tus testimonios. Se apegó a ellos a pesar de que sus intereses terrenales aconsejaban una línea de conducta distinta; a pesar de que la incredulidad hacía todo lo posible por obstaculizar y bloquear la senda del deber; a pesar de que las circunstancias eran enormemente desalentadoras para la fidelidad, y todos a su alrededor estaban prestos a burlarse de su determinación absurda.

JOHN MORISON [1791-1859]
"An Exposition of the Book of Psalms", 1829

Me he apegado a tus testimonios. La verdadera santidad siempre ciñe en su frente la diadema de la perseverancia: *"Bienaventurado el hombre que persevera bajo la prueba, porque una vez que ha sido aprobado, recibirá la corona de la vida que el Señor ha prometido a los que le aman"*.[190]

WILLIAM COWPER [1566-1619]
"A Commentary upon CXIX Psalm", 1613

No me avergüences. En tanto que David se esforzaba, en buena conciencia, en servir a Dios, implora que el Señor no lo confunda. Lo cual puede suceder de dos maneras: bien cuando el Señor abandona a sus hijos dejando que en su angustia no sientan los consuelos de las promesas, por lo que su mente se ve invadida de una tremenda confusión; o bien cuando permite que caigan en manos de sus enemigos, que despreciando su vida santa y sincera, se regocijan burlándose de ellos al ver que toda su piedad y sus oraciones no logran mantenerlos fuera del alcance de sus manos. *"Ha puesto su confianza en Dios; líbrele"*[191] Suplica, pues, que el Señor lo mantenga libre de semejante confusión, y que nunca tenga que soportar el trance doloroso de aquellos que se avergüenzan al sentirse decepcionados de aquello en lo que habían confiado.

WILLIAM COWPER [1566-1619]
"A Commentary upon CXIX Psalm", 1613

[185] En este caso דָּבַקְתִּי *dābaqtî* de דָּבַק *dabaq* que significa "unido", "pegado", "adherido", "aferrado" "atrapado".
[186] Romanos 7:17.
[187] Romanos 7:21; 2 Timoteo 1:14.
[188] Gálatas 5:17.
[189] Romanos 7:24.
[190] Santiago 1:12 LBLA
[191] Mateo 27:43.

Vers. 32. *Por el camino de tus mandamientos correré, cuando ensanches mi corazón.* *[Por el camino de tus mandamientos correré, cuando ensanches mi corazón.* RVR*] [Por el camino de tus mandamientos correré, porque tú ensancharás mi corazón.* LBLA*] [Correré por el camino de tus mandamientos, porque Tú habrás ensanchado mi corazón.* BTX*] [Corro por el camino de tus mandamientos, porque has ampliado mi modo de pensar.* NVI*] [Correré por la senda de tus mandatos y tú alegrarás mi corazón.* BLP*] [Perseguiré tus mandatos, porque tú aumentas mi comprensión.* NTV*]*[192]

Por el camino de tus mandamientos correré. Estaba dispuesto a cumplir la voluntad de Dios con energía, prontitud y celo; pero necesitaba de la mano de Dios más vida y más libertad de corazón.

Cuando ensanches mi corazón. Sí, el corazón es la clave; cuando el corazón se siente libre y lleno de energía, los pies corren veloces.[193] Pongamos todo nuestro entusiasmo y afectos en las cosas divinas, y nuestras acciones piadosas cobrarán impulso, tomarán celeridad, y nos traerán deleite. Dios es quien tiene que obrar primeramente en nosotros, para que surja en nuestro interior el deseo de cumplir sus mandatos. Debe cambiar nuestro corazón,[194] darnos un solo corazón,[195] confortar nuestro corazón,[196] fortalecer nuestro corazón,[197] y *ensanchar* nuestro corazón. Y a partir de aquí nuestras actitudes frente la vida cambian radicalmente, se transforman en acciones llenas de gracia, sinceras, alegres y fervorosas; que nos elevan desde un estado bajo y deplorable en la gracia: *"abatidos hasta quedar pegados al polvo"* (119:25); hasta el más encumbrado: *"corriendo por el camino de los mandamientos"* (119:32); y esto es atribuible exclusivamente al favor libre y espontáneo de nuestro Dios. Hay, sin embargo, una parte que requiere de nuestra iniciativa: tomar la decisión, que digamos *"correré"*, que nos pongamos en marcha. La gracia no es una fuerza dominante y abrumadora que obliga a las mentes no dispuestas a ponerse en marcha en contra de su voluntad. La acción de *correr en sus mandamientos* es el salto hacia delante, libre y espontáneo, de una mente que habiendo sido liberada por la mano de Dios, se deleita en mostrar su libertad levantándose de un brinco y tomando carrerilla.

¡Qué cambio tan radical desde el versículo veinticinco (119:25) al presente (119:32)! De sentirse abatido y apegado al polvo; a brincar y correr por el camino de los mandamientos. Es el fruto excelente de la tristeza santa que es según Dios,[198] y que obra en nosotros la vivificación que anhelamos, llevándonos después a mostrar la sinceridad de nuestro tristeza y la realidad de nuestra vivificación a través de nuestro correr en los caminos del Señor, y nuestro celo en guardar sus mandamientos.

---

[192] La versión griega de los LXX o Septuaginta lee: ὁδὸν ἐντολῶν σου ἔδραμον, ὅταν ἐπλάτυνας τὴν καρδίαν μου que la Vulgata traduce al latín como: *"Viam mandatorum tuorum cucurri, cum dilatasti cor meum"*, "Corrí el camino de tus mandamientos, cuando ensanchaste mi corazón". La versión sefardí de Ferrara traduce: *"Carrera de tus mandamientos correré, cuando enfancháras mi coraçón"*. La caldea Peshitta: *"He andado en la senda de tus mandamientos, pues me has regocijado"*. KRAUS traduce: *"Corro por el camino de tus mandamientos, porque tú me ensanchas el corazón"*. SCHÖKEL: *"Por el camino de tus mandatos correré cuando me ensanches el corazón"*.

[193] Dice AGUSTÍN DE HIPONA [354-430]: «Cuando tú, Señor, ensanchas este estrecho corazón y lo confortas con tu Espíritu, se reaviva mi ánimo, siento alegría y adquiero velocidad en mi correr por el camino de tus santos mandamientos».

[194] Ezequiel 36:26.

[195] Jeremías 32:39; Ezequiel 11:19. RVR1977, LBLA.

[196] 2 Tesalonicenses 2:17.

[197] 2 Tesalonicenses 3:13.

[198] 2 Corintios 7:10.

Esta es la tercera octava del Salmo que cierra con un *"Yo haré".*[199] Estos *"Yo haré" (I will)* de los Salmos merecen ser estudiados y expuestos cada uno en particular.

Reparemos también en los cuatro términos utilizados hasta aquí por el salmista para referirse al corazón: ***sinceridad*** de corazón –*"con todo el corazón le buscan"* (119:2); ***integridad*** de corazón –*"con rectitud de corazón"* (119:7); ***fiabilidad*** de corazón– *"En mi corazón he guardado"* (119:11); y, ***amplitid*** de corazón *"cuando ensanches mi corazón"* (119:32). A medida que avanza el Salmo se dan muchas más alusiones, y todas ellas muestran que la fe y la piedad de David eran absolutamente obra del corazón. Uno de los peores males de nuestra época actual en que la cabeza predomine por encima el corazón, y que los seres humanos estén mucho más predispuestos a pensar que no a amar; aunque a decir verdad, no es que estén demasiado ansiosos ni de una cosa ni de la otra.

C.H. SPURGEON

Por el camino de tus mandamientos correré, cuando ensanches mi corazón. Tengamos en cuenta que el salmista no era un inconverso, llevaba mucho tiempo en la fe. Esta no es la resolución espontánea de un creyente nuevo, sino de alguien experimentado en la gracia y bregado en los avatares de la vida cristiana; y que expresa, por tanto, de una manera singularmente descriptiva, la influencia que tiene el corazón sobre todo el resto del ser humano. Desea que su corazón sea ensanchado; es decir, que todo el conjunto de su ser pueda actuar al unísono con su corazón en un mismo propósito y llegue a ser, como solemos decirlo y por expresarlo de algún modo: "todo corazón" en el sentido más amplio de la expresión, fundiendo su corazón con su cuerpo y alma hasta que el corazón controle por entero las facultades y poderes de ambos. Cuando el corazón está lleno del amor de Dios, poseído y motivado por un principio tan noble, induce al resto del ser a una paulatina consagración de energías y facultades, ya sean mentales o físicas, unificándolas y fusionándolas en ese mismo propósito.

Pedir a Dios que nos *"ensanche el corazón",* es expresarle el deseo de que todas las facultades de nuestro cuerpo, sin excepción, queden sujetas a su voluntad; y que así como Dios es amor, –siendo que el amor es la esencia de Dios más que un atributo divino, de modo que se mezcla y está presente en todos sus atributos– el amor de nuestro corazón impregne también todas nuestras capacidades; no en el sentido de anular sus características particulares, pero sí perfeccionándolas en él.

Esto es lo que anhelaba el salmista al decir *"Por el camino de tus mandamientos correré, cuando ensanches mi corazón".* Pues en realidad ya estaba andando por el camino de los mandamientos de Dios. Lo que quería era un cambio de velocidad, un ritmo más firme, más constante y acelerado, una obediencia más inquebrantable, un progreso más rápido; no simplemente andar, sino *"correr".* Y para ello necesitaba más amplitud, más pista, más terreno, más facultades; necesitaba que el Señor *"ensanchara su corazón".* Pues si logramos que todas nuestras facultades de cuerpo y mente se mantengan concentradas en seguir con paso firme, constante y vigoroso, el camino que conduce al cielo, el éxito en la ruta está garantizado. Mientras nuestra dedicación sea parcial, en el mejor de los casos; y a pesar de que el reino de Dios se haya establecido en nuestro interior, el mundo siga reteniendo en él una fracción de su imperio; no podemos aspirar a otra cosa que a un progreso lento y torpe, un caminar interrumpido por constantes pausas cuando no retrocesos; a un continuo divagar en la ruta cuando no a un extravío total. Pero si todo nuestro ser se concentra en un solo propósito,

[199] En inglés, *"I will" "Yo haré".* Se refiere a *"Tus estatutos guardaré" (I will keep thy statutes)* (119:8) en la primera octava א ALEF; y, *"Me deleitaré en tus estatutos, y no olvidaré tu palabra" (I will delight myself in thy statutes: I will not forget thy Word)* (119:16) en la segunda ב BET. Con el *"correré" (I will run the way of thy commandments)* (119:32) de la presente ד DÁLET, son tres que cierran con una determinación en tiempo futuro, un *"I will".* Al respecto de los *"I Will"* ver la nota correspondiente en el versículo dieciséis (119:16).

cuando somos "todo corazón", el fervor, el calor, la energía, el celo de esta entrega total de nuestra vida a Dios, hace que se haga realidad en nosotros lo anunciado proféticamente por Isaías: *"los que esperan a Jehová tendrán nuevas fuerzas; levantarán alas como las águilas; correrán, y no se cansarán; caminarán, y no se fatigarán"*.[200]

HENRY MELVILL [1798-1871]

Por el camino de tus mandamientos correré. Por correr se entiende aquí la observancia grata, dispuesta y celosa de los preceptos de Dios: no habla de simplemente dirigirse o caminar hacia ellos, sino de *correr* hacia ellos. Aquellos que verdaderamente desean llegar al final de su viaje, deben *correr* en el camino de los mandamientos de Dios. La idea de *"correr"* denota varias cosas:

Denota anhelo. Un deseo acelerado y sin demoras. Debemos iniciar el camino de Dios cuanto antes y transitar por él lo más deprisa que podamos.[201] ¡Pero ay! muchos de nosotros escasamente hemos empezado cuando en realidad deberíamos estar ya en la meta.

Denota fervor. Cuando nuestro corazón anhela una cosa fervorosamente, toda espera se le hace larga, todo esfuerzo le parece poco, y la velocidad en la ruta para conseguirlo siempre le parece lenta: necesita correr hasta alcanzarlo Así es también cuando corremos por el camino de la obediencia, no nos basta con andar: deseamos correr.

Denota disposición. El salmista ofrece su corazón a Dios libremente. Este correr es fruto del llamamiento eficaz.[202] Cuando el Señor llama con el "llamamiento eficaz", la consecuencia es correr; como podemos comprobar cuando habla de la conversión de los gentiles, *"gentes que no te conocieron correrán a ti"*;[203] y, *"Atráeme; en pos de ti correremos"*.[204] Cuando Dios nos llama se produce un movimiento rápido y sincero del alma que se ve impulsada a correr. Y este correr, siendo fruto del llamamiento eficaz, es muy necesario; pues los movimientos fríos y poco enérgicos están prontos a verse sobrecargados por la dificultad y la tentación: *"corramos con paciencia la carrera que tenemos por delante."*[205] Cuando una persona toma la determinación de llevar a término una cosa, por más que se la estorbe y obstaculice, lo aceptará con paciencia, pero sigue en su propósito, y no está dispuesta a detenerse para debatir la cuestión. Un movimiento lento es fácil de obstaculizarlo y detenerlo; un movimiento rápido derriba al que se le ponga por delante; y así ocurre también con aquellos que corren y no se fatigan en el servicio de Dios.[206]

Y finalmente, está el estimulo a correr, el premio: *"¿No sabéis que los que corren en el estadio, todos a la verdad corren, pero uno solo se lleva el premio? Corred de tal manera que lo obtengáis"*.[207]

THOMAS MANTON [1620-1677]

"One hundred and ninety sermons on the hundred and nineteenth Psalm", 1681

Por el camino de tus mandamientos correré. David no se contentaba con andar por *"el camino de los mandamientos de Dios"*, deseaba *"correr"*. El texto no guarda relación con el supuesto de un

[200] Isaías 40:31.

[201] Salmo 63:1.

[202] Recordamos al lector que la doctrina del "llamamiento eficaz" conocida también como "gracia irresistible", o acción por la que Dios llama a una persona a sí mismo, es uno de los cinco puntos fundamentales del calvinismo. Para más información ver al respecto la nota 109 del Salmo 51.

[203] Isaías 55:5.

[204] Cantares 1:4.

[205] Hebreos 12:1.

[206] Isaías 55:5.

[207] 1 Corintios 9:24.

cambio de curso, de una persona que iba en dirección equivocada y de repente decide cambiar y seguir por otra; hace referencia exclusivamente al ritmo al que uno debe desplazarse sobre el camino recto (...) Puede que nos cause cierta sorpresa que al decir *"correré"*, el texto parezca dar a entender que *"el dulce cantor de Israel"*,[208] del que se dice enfáticamente que era un varón *"conforme al corazón de Dios"*,[209] no estuviera *"corriendo por el camino de los mandamientos"* todavía. Pero, queridos hermanos, cuanto mayor es la santidad de una persona, más intenso será comparativamente su anhelo de santidad absoluta. Visto desde fuera, puede darnos la sensación que David estaba corriendo el camino de la vida de forma maravillosa, a la velocidad del viento; y sin embargo, viéndose él a si mismo, consideraba que sus avances eran muy lentos. Su propia humildad es una de las evidencias de su santidad.

Hugh B. Moffat, 1871

Por el camino de tus mandamientos correré. Su intención era seguir el curso de ese camino y avanzar por él corriendo. Permanecer en el camino de los mandamientos de Dios, es conveniente y beneficioso incluso cuando nuestros movimientos son lentos; allí donde por alguna razón seamos incapaces de caminar, el amor nos llevará a gatear; y si ni aún gatear podemos, nos arrastraremos, pero lo importante es seguir avanzando. Si ya estas avanzando, pero con lentitud, si cojeas y has de detenerte con frecuencia, pide ser fortalecido para poder avanzar más fácilmente; y si andas, pero el ritmo no te satisface, expresa tu deseo de correr. Por largo tiempo David había andado de ese modo: a trancas y barrancas; pero desea fervientemente aumentar el ritmo, y se muestra dispuesto a correr, aunque para ello desea que su corazón sea ensanchado.

Hay personas propensas a debatir en exceso si avanzan no avanzan; a cada paso que dan se detienen y hablan extensivamente de lo mucho han avanzado, y cuentan a los demás sus progresos, como hacen los niños; con ello se entretienen y matan el tiempo discutiendo sus avances, cuando en realidad deberían emplearlo en hacer camino. Así es también con muchos creyentes: olvidando que lo más sabio y racional es esforzarse en seguir adelante, se lamentan de sus limitados progresos, y se frustran, sintiéndose insatisfechos con cualquiera de las metas alcanzadas; olvidando que lo que deberían estar haciendo es orar, pidiendo al Señor que ensanche su corazón, para así poder correr y avanzar mucho más rápido. Jamás consintamos que semejante insatisfacción nos abata y nos lleve a sentarnos o a quedar parados; antes por el contrario, mantengamos nuestro entusiasmo y prosigamos siempre adelante.[210]

Robert Leighton [1611-1684]

Por el camino de tus mandamientos correré, cuando ensanches mi corazón. En este versículo encontramos:

1. El requisito previo indispensable. Antes de que se pueda dar en nuestro corazón cualquier movimiento de aproximación a Dios, necesitamos que Dios lo ensanche: *"cuando ensanches"*.
2. Los beneficios. Un corazón ensanchado capacita para: *"correr"*.
3. La disposición del participante. Compromiso, prontitud y rigor del espíritu: *"correré"*.
4. La resolución posterior. Una vez Dios ha ensanchado el corazón, el compromiso es de correr: *"por el camino de los mandamientos"*.

Thomas Manton [1620-1677]
"One hundred and ninety sermons on the hundred and nineteenth Psalm", 1681

[208] 2 Samuel 23:1.
[209] Hechos 13:22.
[210] Filipenses 3:13-14.

Por el camino de tus mandamientos correré, cuando ensanches mi corazón.

1. El camino de la obediencia: *"tus mandamientos"*.
2. El deber de la obediencia: *"correré"*. No estaré de pie, parado; ni holgazaneando; tampoco me arrastraré o gatearé; no tan solo andaré si no que correré.
3. La vida de obediencia.
   a. Dónde reside: en el corazón.
   b. De donde procede: de Dios *"cuando tu"*.
   c. Qué hace Dios: ensanchar nuestro corazón.

GEORGE ROGERS [1799-1891]

Cuando ensanches mi corazón.[211] Es decir, hagas que se dilate de gozo y satisfacción. Una expresión en sentido figurado particularmente apropiada a lo expresado en la cláusula anterior *"Por el camino de tus mandamientos correré"*: pues cuando el corazón se dilata el pulso se acelera y adopta un ritmo más intenso.[212]

RICHARD MANT [1776-1849]
"The Book of psalms in an English metrical version, with notes", 1842

---

[211] En hebreo תַּרְחִ֥יב לִבִּ֑י *tarḥîḇ libbî* de רָחַב *rachab.* JOHANN PETER LANGE [1802-1884] indica que este *"ensanchar el corazón"* no se refiere a ensanchar la comprensión o entendimiento, como es el caso en 1 Reyes 4:29 cuando: *"Dios dio a Salomón sabiduría y prudencia muy grandes, y anchura de corazón";* sino más bien a un sentimiento de paz interior, de satisfacción, de gozo y bienestar, como en Isaías 60:5: *"Entonces verás, y resplandecerás; se maravillará y ensanchará tu corazón";* o el sentimiento de Pablo de haber hecho lo correcto expresado en 2 Corintios 6:11 cuando exclama: *"Nuestra boca se ha abierto a vosotros, oh corintios; nuestro corazón se ha ensanchado"*.

[212] Dice AGUSTÍN DE HIPONA [354-430]: «Jamás el salmista hubiera alcanzado a correr *"por el camino de tus mandamientos"*, si Dios no le hubiera *"ensanchado el corazón"*. Este versículo viene a ser como un resumen explicativo de los logros que afirma haber asumido en los dos versículos anteriores: *"Escogí el camino de la verdad; he puesto tus juicios delante de mí"* (119:30); *"me he apegado a tus testimonios"* (119:31). Y todo esto, ¿cómo? Porque: *"ensanchaste mi corazón"* (119:32). Más que una exposición de sus propios méritos lo que hace es enaltecer la gracia de Dios; cual si se preguntara a sí mismo: ¿Cómo he conseguido correr por el camino de los mandamientos? Escogiendo el camino de la verdad, colocando los juicios divinos delante de mis ojos, y apegándome a sus testimonios. Y todo esto, ¿como lo lograste? ¿por ti mismo? ¿con tus propios méritos? ¡No!, –responde. Entonces ¿cómo? ¡Dios ensanchó mi corazón! No es algo que hiciera de propia voluntad, ni que lograra con mis propios méritos; tan solo porque Dios *"ensanchó mi corazón"*. Este "ensanchamiento del corazón" nos lleva a deleitarnos en la justicia; y es un don que Dios nos otorga para que lejos de sentirnos azorados ante sus preceptos por el temor al castigo, los amemos y sintamos en ellos complacencia. Es el ensanchamiento que se nos promete cuando dice que somos *"santuario del Dios viviente"* por que Dios ha dicho: *"habitaré y andaré entre ellos"* (2 Corintios 6:16). ¡Qué amplio ha de ser, pues, el lugar en donde Dios habita! En esta anchura se hace evidente: *"el amor de Dios que ha sido derramado en nuestros corazones por medio del Espíritu Santo que nos fue dado"* (Romanos 5:5). De ahí que se diga: *"Se derramarán tus fuentes por las calles, y tus corrientes de aguas por las plazas"* (Proverbios 5:16 Vulgata). La palabra "plaza", del latín *"platĕa"*, y a su vez del griego πλατεῖα *plateia* significa anchura. Estas son las aguas a las que se refiere el Señor cuando exclama: *"Si alguno tiene sed, venga a mí y beba. El que cree en mí, como dice la Escritura, de su interior correrán ríos de agua viva"*(Juan 7:37-38); y sobre lo cual el propio evangelista nos aclara: *"Esto dijo del Espíritu que iban a recibir los que creyesen en él; pues aún no había sido dado el Espíritu Santo, porque Jesús no había sido aún glorificado"* (Juan 7:39)».

Cuando ensanches mi corazón. Dios ensanchara el corazón, sede de la vida de su débil siervo, fortaleciéndole de manera que ya no tendrá razón para seguir abatido y boca abajo, pegado al polvo luchando por levantarse; antes bien su fuerza será tal que podrá correr en el camino de la verdad. De modo que el mismo que en el versículo anterior oraba preocupado implorando: *"Señor, no me avergüences"*(119:31), descubre ahora por sí mismo la verdad expresada en un salmo anterior: *"Los que miraron hacia él fueron alumbrados, y sus rostros no fueron avergonzados"*.[213]

FREDERICK G. MARCHANT DE HITCHIN [1839-1881]

Cuando ensanches mi corazón. De Salomón, se dice que Dios le dio *"anchura de corazón* (la misma raíz רָחַב *rachab* que se utiliza aquí) *como la arena que está a la orilla del mar"*:[214] es decir, una sabiduría y capacidad de comprensión por encima de los demás.[215] De ello deduzco que la idea de ensanchar el corazón comprende la iluminación del entendimiento. Dotarlo de una luz más clara para poder discernir las cosas espirituales de una manera más espiritual; para ver la marcada diferencia entre las glorias vanas que el mundo persigue (119:25), y el deleite sólido y verdadero que está en el camino de los mandamientos de Dios; para evitar ser deslumbrado por el falso brillo de los placeres del pecado y distinguir la enorme deformidad que se oculta bajo su máscara pintada, a fin de no ser atraído por ella; para captar con mayor amplitud la imagen de Dios en toda su excelencia, grandeza y bondad, y vislumbrar cuán digno es de ser obedecido y servido. Esto es lo que verdaderamente dignifica y hace feliz al alma; y comparado con ello, todas las demás pretensiones son exiguas, viles y limitadas. Lo que pide el salmista es que Dios ensanche su corazón para que pueda alcanzar a comprender la pureza y hermosura de su ley, su carácter justo y razonable; sí, ver cuanto de bueno, agradable y favorable hay en ella; y que sus mandamientos no son gravosos, sino todo lo contrario, un parterre de especies aromáticas,[216] por lo que cuanto más andamos en ellos, más intensa y profunda es la fragancia que desprenden.

ROBERT LEIGHTON [1611-1684]

Por el camino de tus mandamientos correré, porque tú ensancharás mi corazón. El camino que lleva a la vida es angosto,[217] pero ningún hombre puede correr por él si no es con el corazón ensanchado.

PRÓSPERO DE AQUITANIA [403 – 463][218]
citado por JOHN MASON NEALE [1818-1866] y RICHARD FREDERICK LITTLEDALE [1833-1890]
en *"Commentary on the Psalms from Primitive and Mediæval Writers"*, 1869

Cuando ensanches mi corazón. No hay duda que un templo para el gran Dios[219] (como han de ser nuestros corazones) debe ser hermoso y amplio. Si queremos que Dios habite en nuestros corazones y prodigue en nosotros su influencia, debemos hacer lugar para él en nuestras almas ensanchando

[213] Salmo 34:5.
[214] 1 Reyes 4:29.
[215] Ver la opinión de JOHANN PETER LANGE [1802-1884] al respecto en la nota 211.
[216] Cantares 5:13.
[217] Mateo 7:14.
[218] Se refiere a PRÓSPERO DE AQUITANIA [403-463], discípulo de AGUSTÍN DE HIPONA [454-430], y primer continuador de la *Crónica* iniciada por EUSEBIO DE CESAREA [263-339], y traducida y ampliada por JERÓNIMO [342-420], una historia universal desde Abraham hasta Constantino.
[219] 1 Corintios 3:16; Gálatas 4:6;

nuestra fe y esperanza. El rico de la parábola, cuando aumentaron sus cosechas, pensaba ensanchar sus graneros;[220] así deberíamos ensanchar nosotros las estacas de nuestra tienda y morada de Cristo:[221] si queremos recibir más de Dios, debemos tener expectativas más amplias de él.[222] Nos falla la vasija antes de que se multiplique el aceite.[223] No somos ensanchados en Dios por causa de nosotros mismos; debido a lo escaso y mezquino de nuestros propios pensamientos, somos incapaces de ensanchar el espacio que le corresponde, de engrandecerle como hizo María: *"Engrandece, alma mía, al Señor".*[224] Nuestra fe engrandece a Dios. ¿Cómo podemos hacer a Dios más grande de lo que es? En cuanto al ente declarativo,[225] podemos tener mayor captación de su grandeza, bondad y verdad. Pero para ello necesitamos:

1. *Un corazón grande*. Porque el mandamientos es muy amplio: *"de todo lo perfecto he visto un límite; pero ¡cuán inmenso es tu mandamiento!".*[226] Una ley amplia nunca se adaptará a un corazón estrecho; precisamos ampliar el amor, la fe, el conocimiento, y todo lo necesario para tan magna obra, de tan vasta longitud y latitud.

2. *Un corazón ensanchado.* Para superar las dificultades y obstáculos dentro de nosotros mismos. Hay un deseo innato que nos aleja de Dios y nos arrastra a las cosas sensuales: *"cada uno es tentado, cuando es atraído y seducido por su propia concupiscencia".*[227] Necesitamos que algo nos atraiga en la dirección opuesta, que nos arrastre con ímpetu y energía al otro camino, que nos inste en el servicio a Dios. La lujuria se sitúa sobre nosotros como una losa, y el peso del pecado que tan fácilmente nos envuelve impide que corramos con agilidad la carrera que tenemos por delante;[228] retarda todos nuestros movimientos, nos frustra, se nos opone, rompe la inercia de nuestros impulsos espirituales, cuando no nos obstaculiza por completo.[229] Siendo, pues, que la lujuria nos atrae con tanta fuerza hacia un camino, es preciso que Dios nos atraiga aún con mayor fuerza hacia el otro. Cuando hay un peso que nos desequilibra inclinándonos hacia las cosas mundanas y sensuales, necesitamos una fuerza que nos compense, inclinando el alma hacia Dios con movimientos vivos y vigorosos; algo que doblegue con fuerza nuestras almas. En esto consiste el ensanchamiento del corazón.

THOMAS MANTON [1620-1677]

"One hundred and ninety sermons on the hundred and nineteenth Psalm", 1681

Cuando ensanches mi corazón. Cuando el gran Médico ve algo extraño en el comportamiento de su pueblo, sabe bien dónde buscar la causa. Sabe que el foco de toda enfermedad espiritual es la insuficiencia cardíaca, y conoce bien los remedios que es preciso aplicar al corazón. De entrada detecta los síntomas violentos por su propia naturaleza; y al cabo de poco los de languidez y debilidad; y sabe que ambos proceden del corazón; por lo que actúa directamente sobre el corazón para curarlos. La participación intensa del corazón en todas las cosas santas, no es sino fruto de la constante y bendita

[220] Lucas 12:17-18.
[221] Isaías 54:2-3
[222] 1 Crónicas 4:10.
[223] 1 Reyes 17:14-16.
[224] Lucas 1:46.
[225] En teología el concepto del ente o "ser declarativo" aparece por primera vez en HILARIO DE POTIERS [315-367], que afirma en su obra principal *"De Trinitate"* que: «La verdad es lo declarativo o manifestativo del ser», en el sentido de que puesto que la verdad expone y declara las cosas, es el ente o ser según es captado por el intelecto humano.
[226] Salmo 119:96.
[227] Santiago 1:14
[228] Hebreos 12:1.
[229] Gálatas 5:17.

intervención del Espíritu Santo en el corazón, *"ensanchándolo"* de tal modo que sienta solo deseos de "ejecutar" los mandamientos de Dios, generando un entusiasmo en su cumplimiento

Porque un corazón ensanchado es entusiasmo en acción. Y el tema es de suma importancia, pues son muchos los creyentes que por falta de ensanchar su corazón van renqueando por el camino de los mandamientos, y se mantienen en una posición delicada en la iglesia de Dios. Confían en Jesús para su salvación, y en esto no serán defraudados; pues él es fiel a su palabra de que *"el que creyere, será salvo"*.[230] Pero ¡por desgracia! siguen encerrados en sí mismos en un estado deplorable; sus corazones permanecen contraídos; mantienen una percepción muy estrecha de las demandas de Dios, de sus propios privilegios, y de la posición que les corresponde en el mundo; y aunque pueda decirse que en cierto modo se yerguen, se sientan, o incluso caminan por el camino de los mandamientos de Dios, no puede decirse que *"corren"* por el en absoluto. Correr es una acción vigorosa del cuerpo que demanda energía; un ejercicio saludable, pero que precisa de un corazón sano. Nadie podría correr por el camino de los mandamientos de Dios, de no ser porque Dios mismo nos imparte la fuerza y vigor necesarios para hacerlo. Afortunadamente los cristianos que se *paran* y detienen en el camino de los mandamientos no son muchos; los más habituales son aquellos que *caminan* y se sientan; pero de cristianos que *corran,* hay tan pocos, que a menudo los que lo hacen se siente casi marginados. Expongamos pues nuestras observaciones sobre este tema en los siguientes puntos:

1. *Qué es ese entusiasmo.* El entusiasmo que invade al creyente cuando Dios *"ensancha su corazón"* es la alegría que brota de hacer la voluntad de Dios (y por "voluntad" entendamos también "amor"), atrayendo nuestros afectos hacia sus mandamientos (haciendo que sintamos un peculiar interés por ellos). Aunque en realidad, es esto y mucho más; puesto que no es cosa fácil de describir o definir.

2. *Qué hace ese entusiasmo.* Cuando Dios ensancha el corazón, se produce en él un enardecimiento que traspasa todos los límites del egoísmo propio de la naturaleza caída. En la caída el corazón se contrajo; al entrar el pecado en él se encogió y deformó, quedando incapacitado para albergar pensamientos nobles y generosos; quedó como esclavizado. ¡Cierto! las responsabilidades del deber no pudo eludirlas, como tampoco las directrices de la conciencia; pero los afectos son voluntarios. Y tras la caída, el corazón retiró todo su afecto a Dios; sintió que contaba con poder suficiente para obviarle, a él y a sus mandamientos; y se regocijó en demostrar su enemistad retrayendo su simpatía, donde no pudo soslayar su obediencia ...

3. *De dónde procede ese entusiasmo.* Como ya hemos dicho, cuando en el corazón obra el Espíritu revertiendo su deformación natural, se produce un enardecimiento que traspasa todos los límites del egoísmo propio de la naturaleza caída. Le es incrustado el amor fusionándolo con el sentimiento; y esa nueva identidad de intereses que el amor inspira, impregna todas sus acciones en lo relativo a Dios, porque viene de Dios. Y así, el corazón deja de sentirse esclavizado por simples normas y reglas; o dicho con más propiedad: se eleva por encima de ellas y siente –pues ya no meramente "sabe" sino que "siente"– la belleza de los mandamientos de Dios; hasta tal punto que se deleita de *"correr"* por ellos; y abundar en ellos; porque sus intereses y sus afectos están en ellos.

PHILIP BENNET POWER [1822-1899]
"The I Wills' of the Psalms", 1862

Cuando ensanches mi corazón. Las inquietudes del corazón nos incapacitan para el servicio cristiano, en tanto que obstaculizan nuestra actividad en el cumplimiento del deber. Nuestra adoración ha ser *"con todo tu corazón, con toda tu alma y con toda tu fuerza"*;[231] pero los problemas que saturan

[230] Juan 3:16, 36; Hechos 16:31.
[231] Deuteronomio 6:5; 10:12; Marcos 12:30; Lucas 10:27.

el corazón son como zuecos que ralentizan el andar, bolas de hierro que encadenan y entorpecen el movimiento. El gozo y la alegría dilatan el alma, la ensanchan y capacitan para cuanto quiera emprender; pero el dolor encoge el corazón, lo achica y contrae limitando con ello todas las facultades. Por ello David pide un *"ensanchamiento de corazón"* como requisito previo al inicio de su carrera por el camino de los mandamientos: *"Por el camino de tus mandamientos correré, cuando ensanches mi corazón"*. ¿Pues que otra cosa cabe esperar de una mente conturbada por el miedo y la tristeza, sino que reaccione de manera irregular, vacilante, débil, y confusa? Si se involucra en cualquier actividad procede de manera irregular y disruptiva; ejecuta las cosas con mucha dificultad y pesadez; y además, consume enormes recursos para alcanzar logros muy exiguos. Con todo, cabría decir que la incapacidad no sería tan grave si al menos lo poco que hace estuviera bien hecho; pero la mente está tan descontrolada que a menudo, incluso cuando ora, comienza bien y de pronto se interrumpe porque ha perdido el hilo, no sabe donde está y no se atreve a continuar, se traga sus propias palabras: *"estoy tan turbado que no puedo hablar."*[232]

RICHARD GILPIN [1625-1699]
"Daemonologia Sacra: Or, A Treatise of Satan's Temptations", 1677

[232] Salmo 77:4, LBLA.

ה Hei[1]

Versículos del 33 al 40

Versión poética

Hei

Enséñame, Señor, tus mandamientos,
haz que conozca todas sus veredas,
a fin de que mis pasos asegure,
y que extravío padecer no puedan.

Haz que medite tus divinas leyes,
y dame su perfecta inteligencia,
a fin de que su espíritu penetre,
y en la letra que mata no me tenga.

Guíame por las vías que me enseñes,
y gobierna mis pies solo por ellas,
porque no quiero caminar por otras,
ni saber más camino, ni más senda.

Haz que mi corazón solo se agrade
en los caminos rectos que tú apruebas,
y que sea insensible a las delicias,
a los bienes, honores y riquezas.

Haz que cierre los ojos a los vanos,
a los caducos bienes de la tierra,
y que solo abra paso apresurado,
para ver los que al cielo nos acercan.

Que vuestra ley delante de mi vista
todos mis malos ímpetus contenga,
y se fije mi alma con el miedo
de hacer nada que pueda ser tu ofensa.

De mí aparta, Señor, esta desgracia,
de mí aparta el oprobio y la vergüenza

[1] Felipe Scio de San Miguel [1738-1776] en una nota a su traducción de la Vulgata indica que *Hei* se significa *"Ese"* o *"El que es"*, o también: *"vivo"*. Los cabalistas interpretan el ideograma de ה *Hei* como una "ventana", con un significado de respiración, del aire que circula: "soplo, aliento"; y por tanto representa el Espíritu: *"Vivifícame por tu justicia"* (119:40).

de quebrantarla, como algunas veces
mi vacilante corazón reza.

Ya sabes que mi espíritu la adora,
y ya ves que aguardarla solo anhela;
es justo pues, Dios mío, que me ayudes,
y que tu fuerte mano me sostenga.

Del "Salterio Poético Español", Siglo XVIII

Comentarios generales a los versículos del 33 al 40: Los ocho versículos de la octava anterior temblaban impregnados de un sentimiento de pecado, agitados por el reconocimiento de una debilidad e insensatez pueril, que induce al salmista a clamar por la única ayuda capaz de preservar su alma de tropezar de nuevo.[2] La presente destila un sentimiento de absoluta dependencia, que sumado a una concienciación de extrema necesidad, cristaliza en una súplica reiterada y constante.[3]

C.H. Spurgeon

---

[2] Dice Kraus al respecto: El tema clave de esta octava (119:33-40) es la recompensa divina (119:33) en vivo contraste con el afán por las ganancias y vanidades terrenales (119:36-37).

[3] Francisco Lacueva [1911-2005] en su versión española del "Comentario de Matthew Henry" hace la siguiente exposición:

«Esta estrofa podía llevar por título: "La necesidad de ser enseñado y guiado". La obligación de usar la letra "H" lleva al salmista a echar mano con bastante frecuencia de la forma *Hiphil* de los verbos hebreos, que tiene un sentido causativo *"Haz que..."*, como iremos viendo a lo largo de la octava:

»1. El salmista pide a Dios que le *"enseñe"* (119:33a), que le haga *"entender"* (119:34) los mandamientos y le haga *"caminar"* (119:35a) por ellos, ya que se complace en ellos (119:35b); pues así los guardará *"hasta el fin"* (119:33b –comparar con 119:112), que me parece mejor traducción del vocablo עֵקֶב *'êqeḇ* que: *"como recompensa"*, aunque esta última idea tampoco puede descartarse, puesto que עֵקֶב *'êqeḇ*, admite ambos significados, y el cumplimiento del deber tiene en sí mismo la recompensa, como el pecado lleva en sí mismo la pena.

»2. Consciente de su incapacidad para obrar el bien por sí mismo, pide a Dios que: הַט־לִבִּי *haṭ-libbî*, *"incline su corazón"*, (del verbo hebreo נָטָה *natah*, "doblegar inclinar"; una expresión similar al ἑλκύω *helkýō* griego de Juan 6:44: *"si el Padre que me envió no* ***le atrae****"*, o arrastra) a sus testimonios (119:36), y a lo que esos testimonios prescriben: un rotundo no a la *"avaricia"*, (en hebreo בֶּצַע *bāṣa'* de בֶּצַע *betsa*, "ganancia injusta y deshonesta", en especial la obtenida por medios violentos). La codicia es raíz de muchos otros pecados, pues es contraria a muchos mandamientos. Quienes deseen tener bien arraigado en el corazón el amor de Dios, han desarraigar de el todo amor al mundo (1 Juan 2:15).

»3. En ese mismo tono, pide que Dios le haga volver (en hebreo הַעֲבֵר *ha'ăḇêr* de עָבַר *abar*, "pasar por alto, ignorar") los ojos de mirar vanidades (119:37), es decir, cosas que no tienen valor real si se las compara con las cosas de Dios; y que le *"avive en el camino"* de Dios, es decir, que le fortalezca y le afiance en la senda de la virtud para vencer las tentaciones que presentan dichas vanidades. Así como la mirada de las vanidades infecta de vanidad el corazón, así también el corazón débil en el servicio de Dios no tiene fuerza para resistir la atracción de las vanidades.

»4. Al profesar ser siervo de Jehová (119:38), le pide que le cumpla en él las promesas (en hebreo אִמְרָתֶךָ *'imrāṯeḵā* de אִמְרָה *imrah*, "el dicho") que pertenecen a los que le reverencian (en hebreo אֲשֶׁר לְיִרְאָתֶךָ *'ăšer ləyir'āṯeḵā*, "para temor a ti"; es decir: "el dicho que es para temor a ti"). No es arrogancia pedir a

Comentarios generales a los versículos del 33 al 40: En esta octava comienza repitiendo la misma petición que había realizado ya anteriormente en diversas ocasiones: *"Enséñame tus estatutos"*.[4] El salmista ora pidiendo ser enseñado, gobernado, fortalecido y defendido contra las calumnias, los reproches y las amenazas de sus enemigos. Y su oración rebosa de los anhelos más ardientes, pues así lo demuestra el que con tanta frecuencia repita la misma resolución. Y es que cuanta más conciencia tenemos de la ignorancia, ofuscación, dudas y necedad de la mente humana, cuanto más claro vemos cómo los hombres tienden a alejarse de la verdad y aceptar errores repugnantes a la palabra divina, o a caer en grandes pecados; con más ardor y vehemencia nos sentimos impulsados a pedir en oración ser divinamente enseñados, gobernados y fortalecidos, para evitar de sumergirnos en la maldad y la vez reconocer la verdad establecida. El salmista nos muestra con su ejemplo que para luchar contra la ceguera con la que nacemos y la insensatez de nuestra carne, para combatir las trampas del averno y la furia demoníaca, también nosotros debemos fortalecernos con las armas adecuadas; concretamente: el conocimiento y estudio de la Palabra divina, y la oración constante. Porque si un hombre tan grande como David, que había logrado éxitos tan preeminentes, oró por esto, ¿cuánto más no debemos hacerlo nosotros que no somos más que unos neófitos ignorantes? Este es el resumen de esta octava.[5]

HENRICUS MOLLERUS [1530-1589]
"Enarrationis Psalmorvm Davidis, ex praelectionibvs", 1639

Comentarios generales a los versículos del 33 al 40: En esta octava el salmista presenta nueve peticiones a Dios, y seis de ellas las acompaña de una razón por la cual ser escuchado. Son expresiones propias de un corazón renovado; y no podía por menos que presentarlas, dado el proceso de vivificación y regeneración que había tenido lugar en él. El bosquejo de peticiones es el siguiente:

1. Instrucción: *"Enséñame, oh Jehová" – "y guardaré"* (119:33).
2. Entendimiento: *"Dame entendimiento" – "y cumpliré"* (119:34).
3. Dirección: *"Guíame por la senda" – "porque en ella encuentro"* (119:35).
4. Inclinación: *"Inclina mi corazón"* (119:36).
5. Santidad: *"Aparta mis ojos"* (119:37).
6. Restauración: *"Vivifícame en tu camino"* (119:37).

Dios las promesas que él mismo ha hecho; no tenemos por qué pedir más, pero tampoco tenemos por qué contentarnos con menos.

»5. Como ya lo había hecho antes (ver 119:22), vuelve a pedir que Dios (119:39) le haga pasar (en hebreo הַעֲבֵר *ha'ăḇêr* de עָבַר *abar,* "pasar por alto, ignorar", el mismo verbo que utiliza en 119:37) del oprobio, la mofa que de él hacen sus enemigos, ya que las ordenanzas divinas son buenas, es decir, benefician a quienes se someten a ellas, como es su caso. Y puesto que él anhela los preceptos (en hebreo לְפִקֻּדֶיךָ *ləpiqquḏeḵā*) "divinos" (119: 40), bien puede pedir que Dios le sostenga, como a siervo fiel, en su justicia (en hebreo בְּצִדְקָתְךָ *bəṣiḏqāṯəḵā*), es decir, como Dios y Dueño justo que es. Aunque cabe un doble sentido: (a) "en tus justos juicios"; (b) "conforme a tus justas promesas"».

[4] Un deseo que hallamos también en 119:12, 26; y que se repite de nuevo en 119:64, 68, 108, 124, 135, y 171.

[5] Dice WILLIAM SWAN PLUMER [1802-1880]: «La mayoría de los versículos de esta octava del Salmo muestran claramente que la salvación es imposible, excepto por la gracia divina. El hombre debe ser *"enseñado"* (119:33); y el entendimiento tiene que serle *"dado"* (119:34); tiene que ser Dios quien le *"guíe"* por la senda correcta (119:35). Su corazón y voluntad han de ser "inclinados" correctamente (119:36); sus ojos *"apartados"* (119:37) y sus propósitos "confirmados" y fortalecidos (119:38). Y todo ello es obra del Espíritu a través de Jesucristo: *"Y sabemos que el Hijo de Dios ha venido y nos ha dado entendimiento a fin de que conozcamos al que es verdadero; y nosotros estamos en aquel que es verdadero, en su Hijo Jesucristo"* (1 Juan 5:20 LBLA). La enseñanza y la ayuda de la gracia divina es necesaria no solo al principio de la experiencia cristiana, sino a lo largo de todo el progreso de la vida espiritual».

7. Confirmación: *"Confirma tu palabra"* – *"porque va dirigida a los que la temen"* (119:38).
8. Reivindicación: *"Quita de mi el oprobio"* – *"pues tus juicios son buenos"* (119:39).
9. Justicia: *"Vivifícame por tu justicia"* – *"porque yo he anhelado"*. (119:40).

¡Que el Espíritu divino nos enseñe a compararnos con cuanto aquí se dice, cual si viéramos la salvación de nuestro Dios.

JOHN STEPHEN [1800-1881]
"The Utterances of the CXIX Psalm; Expounded in a Series of Lectures", 1861

Comentarios generales a los versículos del 33 al 40: Observamos en esta octava algo que no se da en ninguna de las anteriores: cada versículo individual ora planteando una petición: *"Enséñame; Dame; Guíame; Inclina; Aparta; Confirma Quita; Vivifícame"*, seguida, en la mayoría de los casos, de una resolución o compromiso. Comienza con una oración pidiendo ser enseñado (119:33), y a continuación se compromete a cumplir todo cuanto Dios le enseñe. En la anterior había resuelto ya correr por este camino; pero de inmediato experimentó la oposición de las fuerzas subyugantes de su naturaleza humana; y por tanto, recurre ahora para ser enseñado al método de enlazar la petición con la resolución.[6]

RICHARD GREENHAM [1535-1594]
"Very Godly Meditations on the 119 Psalm", 1605

Vers. 33. *Enséñame, oh Jehová, el camino de tus estatutos, y lo guardaré hasta el fin.* *[Enséñame, oh Jehová, el camino de tus estatutos, y lo guardaré hasta el fin.* RVR*] [Enséñame, oh Señor, el camino de tus estatutos, y lo guardaré hasta el fin.* LBLA*] [Enséñame, oh YHVH, el camino de tus estatutos, y lo guardaré hasta el fin.* BTX*] [Enséñame, Señor, a seguir tus decretos, y los cumpliré hasta el fin.* NVI*] [Muéstrame, Señor, el camino de tus normas, que yo las guardaré hasta el fin.* BLP*] [Enséñame tus decretos, oh Señor; los cumpliré hasta el fin.* NTV*]*[7]

Enséñame, oh Jehová, el camino de tus estatutos. Benditas palabras, propias de un niño, pero salidas de los labios de un viejo y experimentado creyente, un rey, y hombre inspirado por Dios. ¡Ay de aquellos que rehúsan ser enseñados! Rinden culto a su propia sabiduría; pero su locura es evidente a todos cuantos les juzgan rectamente. El salmista elige al Señor por su maestro; porque siente que su corazón no aprendería de otro instructor menos eficaz. La sensación de extrema lentitud en el proceso formativo nos impulsa a buscar un gran maestro. ¡Qué gran condescendencia por parte de Jehová que se digna enseñar a los que le buscan! La lección que pide el salmista es de carácter absolutamente práctico: no solo desea aprender los estatutos divinos, sino su forma, su uso diario, su tenor, su espíritu, dirección, hábito, tendencia. Quiere conocer a fondo ese camino de santidad vallado por la ley

[6] Resulta interesante en este sentido la observación de SCHÖKEL: «El sujeto de las acciones es el Señor, y el orante es sujeto de la petición. No es él quien *"inclina la mente"*, sino Dios quien se la inclina; no es él quien entiende, sino que Dios *"le hace entenderr"*. Su observancia es efecto de la acción divina en él».

[7] La versión griega de los LXX o Septuaginta lee: νομοθέτησόν με, κύριε, τὴν ὁδὸν τῶν δικαιωμάτων σου, καὶ ἐκζητήσω αὐτὴν διὰ παντός que la Vulgata traduce al latín como: *"Legem pone mihi, Domine, viam justificationum tuarum, et exquiram eam semper"*, "Ponme por ley, Señor, el camino de tus justificaciones, y lo inquiriré siempre". La versión sefardí de Ferrara traduce: *"Mueftrame Adonay carrera pe tus fueros, y obfervarla he hafta el fin"*. La caldea Peshitta: *"Intrúyeme, oh Yahweh, en la senda de tus mandamientos, y los guardaré"*. KRAUS traduce: *"¡Muéstrame, oh Yahvé, el camino de tus estatutos, para que lo guarde para (mi) recompensa!"*. SCHÖKEL: *"Enséñame, Señor, el camino de tus estatutos, y lo seguiré puntualmente"*.

divina, a lo largo del cual los mandamientos del Señor se alzan como postes de señalización e hitos de información, dirigiendo y marcando nuestro progreso. Y el propio deseo de aprender es por si mismo una garantía de que seremos enseñados, porque Aquel que hizo que anheláramos aprender se asegurará de recompensar nuestro deseo.

Y lo guardaré hasta el fin. Quienes aprenden de Dios jamás olvidan sus lecciones. Cuando la gracia divina pone a una persona en el camino verdadero, se mantendrá fiel. El mero ingenio y voluntad humana no dejan una huella tan perdurable: toda perfección de la carne llega a su fin, pero la gracia celestial no conoce otro final que su propia meta, que es el perfeccionamiento de la santidad en el temor del Señor. La perseverancia hasta el fin es absolutamente predecible en todos aquellos cuyo principio está en Dios, con Dios, y por Dios;[8] pero aquellos que comienzan sin la enseñanza del Señor, pronto olvidan todo lo que aprenden y abandonan el camino tal y como entraron en él. Nadie puede jactarse de haberse aventurado y corrido el camino por sus propias fuerzas, porque eso depende de la enseñanza continua del Señor: si como Pedro confiamos en nuestra firmeza caeremos como él.[9] Si Dios nos guarda, guardaremos su camino; y es un gran consuelo saber que parte del propio camino de Dios el guardar los pasos de sus santos. Ello no quita, sin embargo, que no debemos esforzarnos y velar como si mantenernos en el camino dependiera enteramente de nosotros; porque, según este versículo, nuestra perseverancia no descansa en ninguna fuerza o compulsión, sino en la enseñanza del Señor, y la enseñanza eficaz, quienquiera que sea el maestro, requiere voluntad de aprender por parte del alumno: nadie puede enseñar a una persona que se niega a aprender. De modo que, ¡empapémonos de la instrucción divina a fin de mantener nuestra integridad, y seguir por el camino de la rectitud hasta el último instante de nuestra vida! Si hemos recibido la simiente incorruptible de la palabra de Dios, que vive y permanece,[10] debemos vivir por ella: pues fuera de ella no hay vida eterna, tan solo un nombre y una existencia que consumir.

Ese *"fin"* al que se refiere David cuando dice *"lo guardaré hasta el fin"* no es el final de la vida, sino su propósito: la plenitud de la obediencia. Confió plenamente en que la gracia lo haría fiel en extremo, y jamás trazó una línea diciendo a la obediencia *"Hasta aquí llegarás, pero no más allá"*.[11] Nuestro cumplimiento de la ley llegará a su fin cuando cesemos de respirar; ningún creyente piensa en marcar una fecha y decir: «Basta, a partir de ahora puedo bajar la guardia y vivir como el resto de los hombres». Así como Cristo nos ama hasta el fin,[12] debemos también nosotros servirle hasta el fin. El fin de la enseñanza divina es que podamos perseverar hasta el fin.

---

[8] La *"Perseverancia de los Santos"* es el quinto (5) y último de los llamados "Cinco Puntos del Calvinismo", y establece que los elegidos por Dios y salvos por la expiación llevada a cabo por Cristo, perseverarán hasta el final sean cuales sean las circunstancias. Los otros cuatro son: (1) *"Depravación Total"*, que establece que toda humanidad ha sido afectada y corrompida por la entrada del pecado al mundo y por tanto todos los seres humanos están espiritualmente muertos; (2) *"Elección Incondicional"* que establece que Dios elige entre los seres humanos para vida eterna a quien él desea elegir; (3) *"Expiación Limitada"*, que establece que la muerte de Cristo es suficiente para toda la humanidad pero se aplica únicamente a los pecados de los que creen porque han sido elegidos; (4) *"Llamamiento Irresistible"*, que establece que ninguno de los elegidos se puede negar o resistir a la gracia salvadora de Dios. Con la primera letra de cada uno de estos cinco puntos en inglés se forma el acróstico TULIP, ("tulipán" en inglés), flor típica de Holanda y que recuerda el Sínodo de Dort celebrado en este país en 1618, donde estos cinco puntos fueron debatidos y establecidos en oposición a las doctrinas de JACOBO ARMINIO [1560-1609] afirmando lo contrario: que Jesús murió para salvar a todos los hombres que libremente y por propia voluntad decidan creer en él; a la que posteriormente se adhirió JUAN WESLEY [1703-1791].

[9] Mateo 26: 33-35, 69-75.

[10] 1 Pedro 1:23.

[11] Job 38:11.

[12] Juan 13:1.

Las octavas siguen todavía manteniendo una relación. GUÍMEL, (119:17-24) empieza con una oración por la vida, y pide ser capaz de guardar la Palabra: *"Haz esta merced a tu siervo: que viva, y guarde tu palabra"* (119:17). DALETH (119:25-32) clama por más vida, según la misma Palabra: *"Abatida hasta el polvo está mi alma; vivifícame según tu palabra"* (119:25). Y ahora HEI (119:33-40) abre con una oración pidiendo ser enseñado, para guardar el camino de los estatutos de Dios: *"Enséñame, oh Jehová, el camino de tus estatutos, y lo guardaré hasta el fin"* (119:33). Si afinamos bien la mirada sobre estos versos discernimos una conexión muy cercana.

C.H. SPURGEON

Enséñame, oh Jehová, el camino de tus estatutos. LA PALABRA DE DIOS EXPUESTA ANTE LOS OJOS. En hebreo הוֹרֵנִי *hōwrênî* de יָרָה *yarah* literal: "señálame", "indícame".[13] Un término que según se utiliza aquí, significa "levantar la mano" o "señalar con la mano" en el sentido de "mostrar". El salmista ora pidiendo dirección en su forma más elemental: muchos de los caminos que tenía ante sus ojos conducían a la muerte; solo uno conducía a la vida; y pide al Señor que le indique ese camino. Y cuando el Señor le indique el camino correcto, se compromete a mantenerlo hasta el fin. Esta es la luz que anhelan nuestros ojos. Así como el aborigen[14] sigue con tenacidad, mirada certera y paso firme el rastro del sendero, así también nosotros, observando precavidamente cada desvío que podría descarriarnos, debemos perseguir el camino que conduce a la vida.

FREDERICK G. MARCHANT DE HITCHIN [1839-1881][15]

Enséñame, oh Jehová, el camino de tus estatutos. Para los hijos de Dios las instrucciones que vienen de arriba son muy necesarias mientras siguen en este mundo. Cuanto más sabemos, más deseamos saber; por tanto, roguemos cada día por una provisión de gracia, igual que rogamos por la de pan;[16] pues catar un grano de *"racimo de Escol"* nos hará suspirar por la vendimia de Canaán.[17] La vida de fe es el arte de la vida santa, y por tanto solo se conoce cuando se practica; pues no podemos considerar un virtuoso en la música a quién simplemente es capaz leer notas musicales en un pentagrama, sino a quien habiéndose esforzado en aprender la teoría en el libro es capaz de convertir esas notas en música con su instrumento; y el deleite que le proporciona hacerlo le sirve de estimulo suficiente para esforzarse en aprender más.

GEORGE HORNE [1730-1792]
"A Commentary on the Psalms in which Their Literal Or Historical Sense, as They Relate to King David, is Illustrated", 1825

---

[13] Como en Génesis 46:28 *"Y Jacob envió a Judá delante de sí a José, para indicar delante de él el camino a Gosén";* o Proverbios 6:13; *"el que hace señas con los pies, el que señala con los dedos"*.

[14] En el original: *"Indian"*.

[15] FREDERICK G. MARCHANT [1839-1881], fue pastor en Hitchin y tutor en el *"Pastor's College"* fundado por C. H. Spurgeon desde 1879 hasta su muerte en 1899. La edición inglesa incluye la siguiente nota de Spurgeon: «En esta octava las notas aportadas por el Sr. Marchant, son tan excelentes, que hemos decidido incluirlos en su totalidad».

[16] Mateo 6:11.

[17] Números 13:23. El "racimo de Escol" es el racimo que los espías enviados por Moisés para reconocer la tierra de Canaán trajeron para demostrar lo fructífera que era la tierra, tan enorme que "lo llevaban en un palo entre dos hombres". La idea de Horne es que el catar a través de la gracia un grano de las delicias del cielo, avivará nuestro deseo de estar allí.

Enséñame, oh Jehová, el camino de tus estatutos. Acudid a Dios para recibir sus enseñanzas con corazones sinceros; pues le complace que se lo pidan: *"Da, pues, a tu siervo corazón entendido para juzgar a tu pueblo, y para discernir entre lo bueno y lo malo; porque ¿quién podrá gobernar este tu pueblo tan grande?"*[18] Y al Señor le agradó la petición, le complació que Salomón hubiera pedido esto. Roguemos a Dios pidiéndole que nos enseñe por tres razones:

1. Porque el camino de los estatutos de Dios merece ser hallado por todos.
2. Porque no es fácil que cualquiera lo encuentre y lo mantenga.
3. Porque pasarlo por alto es tan peligroso que debería avivar el fervor de nuestra petición a Dios.

THOMAS MANTON [1620-1677]
"One hundred and ninety sermons on the hundred and nineteenth Psalm", 1681

Enséñame, oh Jehová, el camino de tus estatutos. "Quién es alumno de si mismo", observa San Bernardo, *"tiene por maestro a un necio"*.[19] El soldado que participa en una marcha no decide a su antojo el orden de partida; no comienza el viaje a su voluntad, ni elige atajos fáciles y agradables; a menos que quiera arriesgarse a quedar fuera de su pelotón y alejado del resto de su tropa. Recibe de su general instrucciones precisas y concretas sobre la ruta asignada y se mantiene en ella; avanza según el orden establecido, armado y vigilante, con paso firme hasta llegar al final de cada etapa, donde sabe que encontrará los suministros preparados por la intendencia de su batallón. Sabe muy bien que si va por un camino distinto al asignado se quedará sin avituallamiento: sin raciones de comida, sin cuarteles ni campamentos donde descansar con seguridad; pues su general ha dado órdenes concretas para que tales cosas estén dispuestas en lugares estratégicos para los soldados que sigan la ruta marcada, sin desviarse a derecha ni a izquierda.[20] Quién sigue a su general jamás se extravía ni acaba extenuado, y por una buena razón: el general no piensa únicamente en si mismo, no hace previsiones y dispone contando solo con sus propias necesidades, sino en las de todo su ejército. Y así también Cristo, nuestro general, mientras conduce a su innumerable hueste desde el Egipto espiritual hasta la tierra del Paraíso eterno, sigue un orden de marcha establecido.

AMBROSIO DE MILÁN [340-397] y BERNARDO DE CLARAVAL [1091-1153]
citados por JOHN MASON NEALE [1818-1866] y RICHARD FREDERICK LITTLEDALE [1833-1890]
en *"Commentary on the Psalms from Primitive and Mediæval Writers"*, 1869

Enséñame, oh Jehová, el camino de tus estatutos. Nunca debemos olvidar, como nos enseña esta quinta octava del Salmo 119, que hay un camino marcado por designio de Dios para que su pueblo camine por él y persevere en él. No faltan quienes piensan que trazando cada uno su propio sendero y

[18] 1 Reyes 3:9-10.

[19] No hemos logrado constatar la cita de San Bernardo fuera del propio comentario de Neale & Littledale. Pero se trata de una frase conocida y habitual en inglés. En 1682 aparece en el libro atribuido a William De Britanie *"Humane Prudence, or, The Art by which a Man May Raise Himself and Fortune to Grandeur"* aplicada a la abogacía: *"He who will be his own Counsellour, shall be sure to have a Fool for his Client"* (quien se asesora a sí mismo, tiene por cliente a un necio); y ABRAHAM LINCOLN [1809-1865] solía citarla con frecuencia. Y en 1692 en una colección de fábulas de SIR ROGER L'ESTRANGE [1616-1704] prácticamente en los mismos términos: *"He that Teaches Himself has a Fool to his Master"* y se aplica a con variantes a diversas profesiones como medicina o derecho.

[20] Josué 1:7.

manteniéndose en él, están a salvo. David no confiaba en semejante proceder en absoluto;[21] deseaba sentirse seguro de que se hallaba en el camino de los estatutos de Dios, y que Dios le enseñara cuanto fuera necesario para mantenerse dentro de sus límites hasta el fin; o como dice literalmente el texto hebreo: וְאֶצְּרֶנָּה עֵקֶב *wəʼeṣṣərennāh ʻêqeḇ*, "para mantener el fin"; entendiendo en este caso por fin o propósito su profesión de fe, la salvación de su alma.

WILLIAM WILSON [1783-1873]
"The Book of Psalms: With an Exposition, Evangelical, Typical, and Prophetical, of the Christian Dispensation", 1860

Enséñame, oh Jehová, el camino de tus estatutos, y lo guardaré. «Si permaneces siendo mi maestro, –dice David–, yo permaneceré siendo tu siervo». A menos que el Señor nos proporcione luz y gracia de manera constante, la perseverancia no tiene opción. Así como el árbol que carece de savia en su raíz, podrá florecer por un tiempo pero nada más, no perdura; así es también con el hombre cuyo corazón no es regado continuamente por el rocío de la gracia de Dios; podrá mostrar piedad por un tiempo, pero al final caerá. No somos nosotros quienes sostenemos nuestras raíces, son nuestras raíces que nos sostienen a nosotros, por tanto: temamos y temblemos.[22] Porque si no permanecemos en nuestro Señor, nos convertimos en pámpanos secos, útiles solo para el fuego.[23] Oremos pues para que él permanezca siempre en nosotros, nos ilumine con su luz, y nos conduzca con su poder por el camino que nos lleva a permanecer siempre en él.

WILLIAM COWPER [1566-1619]
"A Commentary upon CXIX Psalm", 1613

Tus estatutos. La palabra hebrea חֻקֶּיךָ *ḥuqqeḵā* de חק *choq* procede de una raíz que significa "lo que está señalado", "trazado" "descrito", "ordenado y decretado"; los "estatutos" divinos señalan nuestro camino, trazan y describen la línea de conducta que debemos seguir, y ordenan o decretan lo que debemos observar.

ADAM CLARKE [1760-1832]
"Commentary on the Whole Bible",1831

---

[21] Dice AGUSTÍN DE HIPONA [354-430]: «Siendo que acaba de afirmar: *"Corrí el camino de tus mandamientos"* (119:32), ¿cómo dice ahora *"Enséñame el camino"* y pide que la ley sea establecida en su corazón, pues de no haberlo estado, jamás hubiera podido correr por el camino de los mandamientos? Habiendo catado sus beneficios, lo que pide es tenerla más segura y sacar mayor provecho de ella, quiere más; cual el sediento al que dan un vaso de agua, y sin haber acabado aún de apurarla, mira con anhelo a su benefactor indicando que necesita más. Quiere que la ley sea establecida en su mente de manera indeleble; la quiere grabada no en tablas de piedra (Éxodo 31:18), sino en tablas de carne del corazón (2 Corintios 3:3); no conforme a la ley del Sinaí, la cual engendra hijos de esclavitud (Gálatas 4:24), sino conforme a lo expresado por el profeta Jeremías: *"He aquí que vienen días, dice el Señor, en los cuales haré nuevo pacto con la casa de Israel y con la casa de Judá. No como el pacto que hice con sus padres el día que tomé su mano para sacarlos de la tierra de Egipto; porque ellos invalidaron mi pacto, aunque fui yo un marido para ellos, dice el Señor. Pero este es el pacto que haré con la casa de Israel después de aquellos días, dice el Señor: Daré mi ley en su mente, y la escribiré en su corazón; y yo seré a ellos por Dios, y ellos me serán por pueblo"* (Jeremías 31:31-33). Así es como quiere el salmista que el Señor le de la ley: no grabada en tablas de piedra, como se la dio a aquellos rebeldes y contumaces del Antiguo Testamento, hijos de esclavitud; sino como la escribe el Espíritu Santo, dedo del Altísimo, en la mente de los hijos libres, los santos del Nuevo Testamento, los hijos de la promesa (Romanos 9:8), ciudadanos de la Jerusalén excelsa (Filipenses 3:20) y partícipes de la heredad incorruptible y eterna (Hebreos 9:15; 1 Pedro 1:4)».

[22] Filipenses 2:12.

[23] Juan 15:4-6.

Tus estatutos. Los "estatutos" de Dios declaran su autoridad y su poder para decretar y dictarnos leyes.

MATHEW POOLE [1624-1679]
"English Annotations on the Holy Bible", 1683

Y lo guardaré hasta el fin. La expresión hebrea וְאֶצְּרֶנָּה עֵקֶב *wə'eṣṣərennāh 'êqeḇ* denota un sentido de compensación, de retorno o recompensa; por lo que podría traducirse: *"lo guardaré agradecido"* o *"en gratitud a ti"*.[24] La misericordia de Dios al dignarse a enseñarnos, debe ser justamente compensada o correspondida con nuestra obediencia y compromiso a seguir y cumplir aquello que él nos enseña. O también, por analogía con el versículo once donde leemos: *"en guardarlos hay gran recompensa"* (119:11) podría entenderse como: *"los guardaré para gozar de la recompensa que hay en ello"*, significando con ello un gozo presente: *"ensanchamiento de corazón"* (119:32), sin excluir la futura corona.[25]

HENRY HAMMOND [1605-1660]
"Paraphrase and Annotations on Book of Psalms", 1659

Y lo guardaré hasta el fin. El término עֵקֶב *eqeb* guarda una relación con el verbo עָקַב *aqab* en el sentido de עָקֵבי *aqeb:* "talón". En este caso la traducción literal sería: *"los guardaré hasta el talón"*, es decir, enteramente, por completo, de la cabeza a los pies.[26]

ZACHARIAH MUDGE [1694-1769]
"An essay towards a new English version of the Book of Psalms from the original Hebrew", 1744

Enséñame, oh Jehová, el camino de tus estatutos, y lo guardaré hasta el fin. En esta oración observamos:

1. La persona a quien ora; a Dios: *"Oh Jehová"*.
2. La persona para quien ora; para si mismo: *"Enséñame"*.
3. La gracia que pide; aprender : *"Enséñame"*.
4. La materia que desea aprender: *"El camino de tus estatutos"*..
5. La obligación que asume: *"Lo guardaré hasta el fin"*.

Lo que persigue no es una enseñanza especulativa, sino práctica, aprender a caminar en el camino de Dios.[27]

THOMAS MANTON [1620-1677]
"One hundred and ninety sermons on the hundred and nineteenth Psalm", 1681

---

[24] El término hebreo עֵקֶב *'êqeḇ* de עֵקֶב *eqeb* tiene un sentido claro de consecuencia: "por cuanto", "a causa de". Y así se usa en casi todos los casos: *"por cuanto obedeciste a mi voz"* (Génesis 22:18); *"en pago de su afrenta"* (Salmo 40:15). De las 15 veces que aparece en el texto del A.T. tan solo en dos se traduce como "fin", y ambas en el Salmo 119 (119:33, 112).

[25] Hay cinco coronas celestiales mencionadas en el N.T. que el creyente debe procurar que nadie le arrebate (Apocalipsis 3:11): *la corona incorruptible* (1 Corintios 9:24-25); *la corona de regocijo* (1 Tesalonicenses 2:19); *la corona de justicia* (2 Timoteo 4:8); *la corona incorruptible de gloria* (1 Pedro 5:4); y *la corona de la vida* (Apocalipsis 2:10). En este caso lo más probable es que el autor se refiera a esta última.

[26] Un modismo similar a cuando nosotros decimos: "al pie de la letra", o "palabra por palabra".

[27] Dice ADAM CLARKE [1760-1832] al respecto: «*"Enséñame, oh Jehová, el camino de tus estatutos, y lo guardaré hasta el fin"*. Es lo que puede definirse como una petición correcta con un propósito correcto. No

Vers. 33-34. El compromiso que asume no será pasajero, lo guardará: *"hasta el fin"* (119:33); y no de manera hipócrita, lo hará: *"de todo corazón"* (119:34).

ADAM CLARKE [1760-1832]
"Commentary on the Whole Bible", 1831

Vers. 33-34. Luz que viene de lo alto.[28]

1. *El poder cegador del pecado. "Enséñame"*, es decir, "muéstrame, indícame". Cualquiera que fuera la cantidad de luz que obtuvieron nuestros primeros padres comiendo del árbol del conocimiento del bien y del mal,[29] fue y sigue siendo insuficiente.
   a. Los seres humanos necesitan luz para discernir el camino correcto del incorrecto.
   b. Necesitan luz para entender correctamente la belleza de las obras de Dios. Tales obras delimitan el camino de la verdad por ambos lados, pero solo la mente que ha sido enseñada por Dios las aprecia. Incluso Jesús, que es en si mismo *"el camino, y la verdad, y la vida",*[30] es descrito humanamente por el profeta *"como una raíz de tierra seca"*[31] hasta que la mente no es enseñada por el Señor. La causa de esta ceguera es el pecado. Cuanto más se adentra el hombre en el camino del pecado, menos alcanza a ver las bellezas de la santidad.
2. *La gracia iluminadora del Señor. "Enséñame"*, es decir: *"hazme entender"*.[32] Esta gracia:
   a. Se puede pedir de forma audaz: *"Si alguno carece de sabiduría, pídasele a Dios"*.[33]
   b. Se otorga libremente: *"Que da a todos los hombres abundantemente"*.[34] *"Pedid, y se os dará"*.[35]
   c. Es amplia y suficiente: *"lo guardaré hasta el fin"*, *"guardaré tus preceptos"*. Tener capacidad para ver nos permite avanzar.
3. *El poder estimulante de la verdad claramente revelada.* El salmista exclama: *"Y la cumpliré de todo corazón"* No basta con ver y avanzar, hay que avanzar con amor y alegría. Por la luz que tendremos cuando estemos ante el trono se dice que: *"Seremos semejantes a él, porque lo veremos como es"*.[36] Oremos pues al Señor diciendo: *"Tú que estás sentado más alto que los querubines; ¡resplandece!"*,[37] incluso aquí en la tierra, para iluminar el camino que conduce a tu presencia.

FREDERICK G. MARCHANT DE HITCHIN [1839-1881]

---

pide la enseñanza divina para jactarse y presumir de ella, sino para discernir mejor sus obligaciones y actuar en consecuencia». Si aquello que pedimos lo pedimos incorrectamente, con un mal propósito, nuestras oraciones se ven obstaculizadas (Santiago 4:3).

[28] Ver al respecto como pasaje paralelo Santiago 1:5, 17: 3:17-18.

[29] Génesis 3:4-7.

[30] Juan 14:6.

[31] Isaías 53:2.

[32] Salmo 119:34, 73, 169. En inglés, *"Give me understanding"*.

[33] Santiago 1:5.

[34] Santiago 1:5.

[35] Mateo 7:7, Lucas 11:9.

[36] 1 Juan 3:2.

[37] Salmo 80:1 LBLA; 1 Pedro 4:10.

Vers. 33-36. Dependencia humana y ayuda divina.

1. Sin la ayuda del Señor es imposible guardar el camino y mantenerse en él de manera constante: *"Enséñame, oh Jehová, el camino de tus estatutos, y lo guardaré hasta el fin* (119:33).

2. Sin la energía divina que estimule nuestra voluntad no puede haber una búsqueda del camino de todo corazón: *"Dame entendimiento, y guardaré tu ley, y la cumpliré de todo corazón"* (119:34).

3. Sin la luz divina que ilumine la mente es imposible vislumbrar el camino: *"Guíame por la senda de tus mandamientos, porque en ella tengo mi complacencia"* (119:35).

4. Sin que el corazón sea doblegado por el amor de Dios no puede haber verdadero amor al camino: *"Inclina mi corazón a tus testimonios, y no a la avaricia"* (119:36).

Para ver con claridad el camino, entender el camino, andar por el camino, y amar el camino, es imprescindible contar con la ayuda de Aquel que dijo: *"sin mí, nada podéis hacer"*.[38]

FREDERICK G. MARCHANT DE HITCHIN [1839-1881]

Vers. 34. ***Dame entendimiento, y guardaré tu ley, y la cumpliré de todo corazón.*** *[Dame entendimiento, y guardaré tu ley, y la cumpliré de todo corazón.* RVR*] [Dame entendimiento para que guarde tu ley y la cumpla de todo corazón.* LBLA*] [Hazme entender, y atesoraré tu ley, y la guardaré con todo el corazón.* BTX*] [Dame entendimiento para seguir tu ley, y la cumpliré de todo corazón.* NVI*] [Instrúyeme para cumplir tu ley, la respetaré de todo corazón.* BLP*] [Dame entendimiento y obedeceré tus enseñanzas; las pondré en práctica con todo mi corazón.* NTV*]*[39]

Dame entendimiento, y guardaré tu ley. La misma oración del versículo anterior ampliada, o quizá mejor un suplemento que la intensifica: pide ser *enseñado*; pero para aprender hace falta *entender*, y para entender se precisa *entendimiento*. ¡Cuán bajo nos ha llevado el pecado! Pues no contamos siquiera con la facultad de entender las cosas espirituales, y hasta que somos dotados de discernimiento espiritual somos del todo incapaces de comprenderlas. ¿Nos dará Dios en verdad ese entendimiento? No deja de ser un milagro de la gracia. Pero que jamás nos será concedido a menos que reconozcamos nuestra necesidad; y no tendremos conciencia de tal necesidad hasta que Dios nos otorgue una cierta dosis de entendimiento para percibirla. Permanecemos en un estado de devastación tan complejo, que tan solo la multiforme gracia de Dios[40] puede sacarnos de él. Y cuantos perciben su necedad deben animarse a orar, siguiendo el ejemplo del salmista, y pedir entendimiento: ¡que todo ser humano exclame movido por la fe: Señor, *"dame entendimiento"*. A otros se lo has concedido, ¿por qué no a mí? Y si en ellos fue un regalo de la misericordia divina; ¿acaso el Señor no me lo concederá también a mí libremente?

No debemos buscar esta bendición para alcanzar la fama mediante la sabiduría, sino para que podamos abundar en nuestro amor a la ley de Dios. El que tiene entendimiento aprenderá,[41]

[38] Juan 15:5.

[39] La versión griega de los LXX o Septuaginta lee: συνέτισόν με, καὶ ἐξερευνήσω τὸν νόμον σου καὶ φυλάξω αὐτὸν ἐν ὅλῃ καρδίᾳ μου que la Vulgata traduce al latín como: *"Da mihi intellectum, et scrutabor legem tuam, et custodiam illam in toto corde meo"*, "Dame entendimiento, y escudriñaré tu ley, y la guardaré de todo corazón". La versión sefardí de Ferrara traduce: *"Hazme entender y obfervarè tu Ley, y guardarla he hafta el fin"*. La caldea Peshitta: *"Dame entendimiento para que guarde tu ley; con todo mi corazón la guardaré"*. KRAUS traduce: *"¡Dame entendimiento para que guarde tus instrucciones y las observe de todo corazón!"*. SCHÖKEL: *"Enséñame a cumplir tu voluntad y a observarla de todo corazón"*.

[40] 1 Pedro 4:10.

[41] Ver 119:7 ,71, 73.

recordará,[42] atesorará[43] y guardará[44] los mandamientos del Señor. El evangelio nos otorga la gracia para guardar la ley, y el don gratuito nos conduce al servicio santo; pues no hay otra manera de alcanzar la santidad que aceptando el don de Dios.[45] Cuando Dios nos concede la gracia, guardamos la ley; no guardamos la ley para alcanzar la gracia. Y la consecuencia segura de la regeneración, o de la concesión del entendimiento, es una reverencia devota hacia la ley, y una resolución firme de mantenerla en el corazón. El Espíritu de Dios nos da a conocer al Señor y a entender algo de su amor, sabiduría, santidad y majestad; y el resultado es que acatamos la ley y rendimos nuestros corazones a la obediencia de la fe.

Y la cumpliré de todo corazón. El entendimiento actúa sobre los afectos: convence al corazón de la hermosura de la ley (119:8), de modo que el alma la ame con todas sus fuerzas; nos revela la majestad del Legislador, y toda nuestra naturaleza se inclina ante su suprema voluntad. Un entendimiento esclarecido sana las divisiones internas del corazón, doblega los afectos y los unifica sometiéndolos a una observancia estricta y vigilante de la única regla de vida posible: la de Dios. Tan solo quien es capaz de exclamar: «Señor, te sirvo únicamente a ti y lo hago con todo mi corazón» puede afirmar que obedece a Dios de veras; y nadie puede decirlo con integridad hasta no haber recibido como libre gracia el entendimiento, la iluminación interior del Espíritu Santo. Acatar la ley de Dios con todo nuestro corazón en todo momento, es una gracia extraordinaria: pocos son los que la alcanzan; y sin embargo, es posible obtenerla si consentimos en ser enseñados por el Señor.

Observemos el paralelismo de este versículo treinta y cuatro (119:34), con los versículos dos (119:2), y diez (119:10), donde habla de poner "todo el corazón" en referencia a la búsqueda: *"Y con todo el corazón le buscan"* (119:2); *"Con todo mi corazón te he buscado"* (119:10); y el cincuenta y ocho (119:58), donde implora misericordia: *"Tu presencia he buscado de todo corazón; ten misericordia de mí según tu palabra"* (119:58); todos ellos versículo segundo de sus respectivas octavas. La frecuencia en la repetición del enunciado: *"con todo mi corazón",* nos muestra la importancia dada por el salmista al amor indiviso: el corazón nunca es perfectamente santo hasta que no es perfectamente uno;[46] y nunca llega a ser uno con Dios hasta no ser uno dentro de sí mismo.[47]

C.H. SPURGEON

Dame entendimiento, y guardaré tu ley, y la cumpliré de todo corazón. LA PALABRA DE DIOS EXPUESTA ANTE LA MENTE. A diferencia del הוֹרֵנִי *hōwrênî* de יָרָה *yarah,* muéstrame, señálame, enséñame,

---

[42] Ver 119:52, 55.

[43] Ver 119:11.

[44] Ver 119:2, 4, 5, 8, 9, 17, 22, 33, 34, 44, 55, 56, 57, 60, 63, 67, 69, 88, 100, 101, 106, 115, 129, 134, 136, 145, 146, 167, 168.

[45] Efesios 2:8-9.

[46] Jeremías 32:39; Ezequiel 11:19; Hechos 4:32. Ver también 2 Crónicas 30:12.

[47] Distintos comentaristas opinan al respecto:

– WILLIAM SWAN PLUMER [1802-1880]: «Después de haber recibido entendimiento para comprender la enseñanza divina (119:33-34), el creyente desarrolla hacia la ley una atracción apasionada, por lo que agrega: *"Y la cumpliré de todo corazón"*».

– ADAM CLARKE [1760-1832]: «No le haré trampas a mi Dios, no le haré compartir los afectos de mi corazón con el mundo, lo tendrá entero».

– JUAN CALVINO [1509-1564]: «El salmista añade: *"de todo corazón",* para decirnos cuan lejos están de la verdadera justicia de la ley aquellos que la obedecen solo de manera literal, pese a que no hagan nada merecedor de culpa ante los ojos de hombres' (Mateo 10:17-22)».

indícame, del versículo anterior, y que denota una acción externa; la forma verbal que utiliza aquí el salmista: הֲבִינֵנִי *hăḇînênî* de נָצַר *natsar,* y que traducimos por *"dame entendimiento",* denota una acción interna; se refiere a la comprensión mental. En este caso el sentido es: *"Hazme percibir",* o *"Hazme discernir",* esto es, captarlo con mi entendimiento. *"La fe viene del oír; y el oír, por medio de la palabra de Dios".*[48] Ante todo, los sentidos externos deben vislumbrar el camino, a continuación la mente debe entenderlo, y después el corazón debe atesorarlo y seguirlo con fe y amor. Esto es lo que dice el salmista: si Dios me indica y me hace entender la ley, me comprometo a guardarla de todo corazón. Y siendo que el corazón es propenso a inclinarse a las cosas terrenales y pecaminosas, considera que también para esto necesita invocar la ayuda divina.

FREDERICK G. MARCHANT DE HITCHIN [1839-1881]

Dame entendimiento, y guardaré tu ley. El salmista va directo al meollo, a la raíz de la cuestión: quiere ser enseñado a guardar la ley por el Espíritu que enseña todas las cosas;[49] y que sabe no se limitaría a enseñarle como un maestro vulgar y corriente, sino que renovará por completo su mente instruyéndola como solo el Creador puede hacerlo. El sentido de la expresión: *"Dame entendimiento"* implica todo esto y más. No se conforma con conocer solo los efectos, quiere saber también las causas; no le basta un conocimiento somero respecto a la naturaleza de las cosas, desea entender su origen, su desarrollo y su propósito, de principio a fin. Quiere la capacidad para distinguir entre el bien y el mal: el discernimiento espiritual necesario para identificar y practicar el bien; a la vez que la facultad para anticipar y detectar el mal evitándolo a tiempo. El entendimiento preciso para conocer y valorar la verdad: auténtico camino hacia Dios, evitando rigurosamente todo cuanto que pudiera apartarle de él.

JOHN STEPHEN [1800-1881]
"The Utterances of the CXIX Psalm; Expounded in a Series of Lectures", 1861

Dame entendimiento, y guardaré tu ley. Y precisamente esto nos mantiene en deuda con Jesús porque: *"el Hijo de Dios ha venido y nos ha dado entendimiento".*[50]

MATTHEW HENRY [1662-1714]
"Commentary on the Whole Bible", 1811

Entendimiento. El entendimiento es el piloto que dirige al ser humano; la facultad que sentada a la popa del alma guía el derrotero de nuestra existencia. Pero así como incluso el piloto más experto puede perder el rumbo en la oscuridad, también el entendimiento puede errar cuando le falta la luz del conocimiento. *"El afán sin conocimiento, no sirve de nada";*[51] pues ni aún la vida y su entorno son seguros:[52] *"Mi pueblo es destruido por falta de conocimiento".*[53]

Es habitual que la Escritura atribuya la impiedad, la irreverencia y numerosos males de todo tipo a la falta de entendimiento. Muchas enfermedades del cuerpo tienen su origen en desequilibrios de la

[48] Romanos 10:17.
[49] Juan 14:16; 16:13-14;1 Juan 2:20; 2:27.
[50] 1 Juan 5:20.
[51] Proverbios 19:2.
[52] Efesios 4:17-18.
[53] Efesios 4:18.

mente;[54] desmanes en la conducta, y errores en el juicio. Y que duda cabe que en el trasfondo de cada pecado hay una cierta dosis de ignorancia y falta de entendimiento; pues de tener los pecadores pleno conocimiento de lo que realmente están haciendo cuando pecan, cabría decir de todo pecado lo que el apóstol dice respecto de aquel gran pecado: *"no habrían crucificado al Señor de gloria"*.[55] Pues de tener conciencia real de que todo pecado es provocar a celos al Señor,[56] una declaración de guerra contra el cielo, un crucificar a Jesús de nuevo,[57] atesorar ira para el día de la ira;[58] y que si llega a ser perdonado no será a menos precio que el de la sangre de Cristo;[59] lo más probable es que en lugar encontrarlo seductor, el pecado les atormentaría; y en vez de tentarles, les asustaría.

"Recommendatory Epistle prefixed to the Westminster Confession and Catechisms"[60]

De todo corazón. El ser humano pertenece a Dios por entero, a todos los efectos, y según todo el derecho de propiedad. Por tanto, cuando Dios nos exige "todo el corazón", no hace sino requerir aquello que le pertenece. Es Dios quien mediante creación, nos dio por entero el cuerpo físico que tenemos; y es él quien lo preserva por entero, lo redime por entero, y promete glorificarlo por entero. Si cuando fuimos creados hubiéramos salido defectuosos y nacido sin manos o sin pies, tendríamos serias dificultades. Si Dios dejara realmente bajo nuestra responsabilidad esa parte que creemos nuestra y le sustraemos de él; si en la muerte hiciera separación de cuerpo y espíritu llevando tan solo lo segundo al cielo;[61] o si Cristo nos hubiese comprado solo en parte, tendríamos serios problemas; pero no, el apóstol nos dice: *"habéis sido comprados por precio; glorificad, pues, a Dios en vuestro cuerpo y en vuestro espíritu, los cuales son de Dios"*.[62] Si algo de bueno hay en nosotros, si alguna buena obra, es porque Dios santificó por entero nuestro ser en el sentido del evangelio, es decir, cada parte: *"Y el mismo Dios de paz os santifique por completo; y todo vuestro ser, espíritu, alma y cuerpo, sea guardado irreprensible para la venida de nuestro Señor Jesucristo"*.[63] No solo la conciencia, sino también la voluntad y los afectos, el cuerpo y todos sus apetitos por entero. Y nosotros se lo entregamos por entero para su uso: *"¡Yo soy de mi amado!"*.[64] No una parte, sino el todo. Dios no soportó que Ananías se quedara con parte del precio; pues le pertenecía a él por entero.[65] Cuando el mundo, el placer, la ambición, el orgullo, el deseo de las riquezas, el amor impuro, demandan una parte de nosotros, debemos recordar que sin el permiso de Dios no tenemos nada que ofrecer, pues nuestros afectos

---

[54] Es interesante observar que esto se escribió en 1658, más de doscientos años antes de que WILHELM WUNDT [1832-1920], pusiera en marcha en 1879 el primer laboratorio de psicología experimental en la Universidad de Leipzig; y SIGMUND FREUD [1856-1939] realizara sus primeros experimentos de psicoterapia.

[55] 1 Corintios 2:8.

[56] 1 Corintios 10:22.

[57] Hebreos 6:4-6.

[58] Romanos 2:5.

[59] Hechos 17:11; 1 Corintios 6:20; 7:23; Gálatas 3:13-15; 1 Pedro 1:19.

[60] También conocido como *"The Preface, by fundry Englifh Divines"* o *"The Epiftle to the Reader"*, una especie de introducción o prefacio a la segunda edición de la *"Confesión de Fe de Westminster"* (1658) dirigido a los cabezas de familia y escrito por cuarenta y cuatro importantes teólogos puritanos de la época como THOMAS GOUGE [1605-1681], RALPH VENNING [1622-1674], MATTHEW POOLE [1624-1679], WILLIAM BATES [1625-1699], algunos de los cuales no formaron parte de la Asamblea pero que escribieron posteriormente un documento de adhesión y recomendación.

[61] Es decir, si no hubiera resurrección y glorificación del cuerpo (1 Corintios 15:35-58).

[62] 1 Corintios 6:20.

[63] 1 Tesalonicenses 5:23.

[64] Cantares 6:3.

[65] Hechos 5:1-11.

le pertenecen por entero. Todo es suyo, y retener una parte de lo que a Dios pertenece, es robarle, y es sacrilegio. ¿Acaso voy a disponer de aquello que pertenece a Dios para satisfacer al mundo, la carne y al diablo?

THOMAS MANTON [1620-1677]
"One hundred and ninety sermons on the hundred and nineteenth Psalm", 1681

Vers. 34, 35. *"Dame entendimiento"*; en otras palabras: ponme en marcha. Porque el entendimiento que pide el salmista conduce a eso, a ponerse en marcha; y lo busca con este fin. La enseñanza divina engendra obediencia, nos muestra el camino de la vida, y nos lleva a entrar en él. Nos infunde fuerzas, espolea nuestra voluntad tardona, y quebranta la influencia de las inclinaciones corruptas; elimina el letargo y oscuridad en que la corrupción y el pecado han inmerso nuestra mente, haciéndonos más flexibles y dispuestos a obedecer. Sí, y no tan solo opera sobre la voluntad, sino también sobre las acciones; en suma, nos compromete a una obediencia vigilante, celosa, constante e inalterable.

THOMAS MANTON [1620-1677]
"One hundred and ninety sermons on the hundred and nineteenth Psalm", 1681

Vers. 35. *Guíame por la senda de tus mandamientos, porque en ella tengo mi voluntad.* *[Guíame por la senda de tus mandamientos, porque en ella tengo mi complacencia.* RVR*] [Hazme andar por la senda de tus mandamientos, porque en ella me deleito.* LBLA*] [Hazme andar por la senda de tus mandamientos, porque en ella me deleito.* BTX*] [Dirígeme por la senda de tus mandamientos, porque en ella encuentro mi solaz.* NVI*] [Guíame por la senda de tus mandamientos, porque en ella me complazco.* BLP*] [Hazme andar por el camino de tus mandatos, porque allí es donde encuentro mi felicidad.* NTV*]*[66]

Hazme andar por la senda de tus mandamientos, porque en ella me deleito.[67] *"Porque el querer está presente en mí, pero el hacer el bien, no"*.[68] Señor, has hecho que ame el camino, haz ahora que avance por él. Es un sendero llano en el que otros están caminando ya por tu gracia, lo veo y lo admiro; haz que también yo viaje por él. Es el grito de un niño que anhela caminar pero todavía se siente con las piernas débiles; de un peregrino agotado e incapaz de dar un paso más pero que jadea porque desea proseguir; de un lisiado que suspira envidiando a los que corren. Deleitarnos en la santidad es de gran bendición, y Aquel que nos la ha otorgado obrará ciertamente en nosotros el gozo superior de

[66] La versión griega de los LXX o Septuaginta lee: ὁδήγησόν με ἐν τρίβῳ τῶν ἐντολῶν σου, ὅτι αὐτὴν ἠθέλησα que la Vulgata traduce al latín como: *"Deduc me in semitam mandatorum tuorum, quia ipsam volui"*, "Guíame a la senda de tus mandamientos, porque esa quise". La versión sefardí de Ferrara traduce: *"Encaminame en fendero de tus mandamientos, por que envoluntè"*. La caldea Peshitta: *"Hazme andar por la senda de tus mandamientos, pues en ella me he complacido"*. KRAUS traduce: *"¡Dirígeme por la senda de tus mandamientos, porque en ella me deleito!"*. SCHÖKEL: *"Encamíname por la senda de tus maclatos, porque la quiero"*.

[67] Al respecto opinan:

– WILLIAM SWAN PLUMER [1802-1880]: «No hay mejor forma de expresar el deleite de un hijo de Dios; todo lo que sea menos de esto se queda corto. Si no encontramos en seguir los caminos de Dios verdadero deleite, nuestra profesión de fe es una farsa».

– CHARLES BRIDGES [1794-1869]: «El *"deleite"* en el servicio es la medula espinal de la vida cristiana».

[68] Romanos 7:18.

asumirla y practicarla: en ello radica nuestra única esperanza, pues jamás caminaremos por la senda angosta[69] si el propio Hacedor no nos empuja a ello con su poder. ¡Señor, tú que me creaste, haz de mí una nueva creación;[70] tú que me has hecho entender el camino, ponme en marcha por él de inmediato; pues nunca seré feliz hasta que lo haga, ya que mi único deleite está en caminar según tus mandatos!

El salmista no pide al Señor que haga por él lo que a él corresponde; al contrario, esta deseoso de *"andar"* por la senda de los mandamientos. No pide que le lleve en volandas, sino que le haga *"andar"*. La gracia no nos trata cual si fuéramos piedras o troncos inertes que deben ser arrastrados por caballos o tractores,[71] sino como a criaturas dotadas de vida, razón, voluntad y potencias activas, deseosas y capaces de andar por su propia cuenta si son inducidas a ello.

Dios obra en nosotros, pero solo para que nosotros sintamos el deseo de hacer conforme a su santa voluntad. La santidad que perseguimos no es un cumplimiento forzado de los mandamientos divinos, sino la secuela de una pasión fervorosa por obrar el bien, y que conforma nuestra vida a la voluntad del Señor. Lector, ¿te sientes en posición de poder exclamar, *"en ella me deleito"*? ¿Es vivir en santidad la joya de tu alma, el codiciado premio que anhela tu mente? Si es así, el sendero externo de tu vida, por áspero que sea, será limpio, y elevará tu alma hacia un deleite inefable. El que se deleita en la ley no tiene porque dudar que se le permitirá correr en sus caminos, porque allí donde el corazón encuentra su alegría, van ciertamente los pies.

Fijémonos que en la octava anterior[72] el versículo correspondiente decía: *"Hazme entender"* (119:27); y aquí: *"Hazme andar"* (119:35); y reparemos en el orden lógico: primero *"entender"*, y a continuación *"andar"*; un entendimiento claro es de gran ayuda para la acción práctica, una mente segura de hacia donde se dirige hace que los pies se muevan más ligeros.

Observamos también que en las dos últimas octavas[73] el versículo cuarto ha sido el versículo del alma y el corazón:[74] *"Se deshace mi alma de ansiedad"* (119:28); *"Consumida está mi alma"* (119:20); y en este sucede exactamente lo mismo: *"Inclina mi corazón a tus testimonios"* (119:36). De hecho, en todos los cuartos versículos de las octavas precedentes se observa un fervor que sale del corazón; lo que prueba la meticulosidad con el que fue compuesto este cántico sagrado.

C.H. SPURGEON

Hazme andar por la senda de tus mandamientos, porque en ella me deleito. LA PALABRA DE DIOS EXPUESTA ANTE LOS PIES. La expresión הַדְרִיכֵנִי *hadrîkênî* procede del verbo דָּרַךְ *darak,* hollar, pisar pisotear. Por lo tanto, el *"hazme andar"* alude literalmente a la acción misma de caminar, más allá de la percepción del camino con los ojos y el entendimiento (119:33-34). Y es precisamente en este andar literal y práctico donde las dificultades reales del camino parecen hacerse más evidentes; de ahí que ya no utilice para referirse al camino el término דֶּרֶךְ *derek* como en el versículo treinta y tres (119:33) que puede significar un camino abierto y amplio, sino בִּנְתִיב *bintîb* de נָתִיב *nathiyb,* senda; que como afirma Gesenius[75] «nunca denota un camino público o camino real: amplio, bien trazado, vallado y

---

[69] Mateo 7:14.

[70] 2 Corintios 5:17; Gálatas 6:15.

[71] El texto original dice: *"by horses or engines"*. Hemos traducido "engines" por "tractores" porque nos parece lo más adecuado, aunque en su época no existieran en el sentido en que nosotros los conocemos.

[72] Se refiere al versículo tres de la cuarta octava ד *Dálet* (119:25-32).

[73] Se refiere a ד *Dálet* (119:25-32) y ג *Guimel* (119:17-24).

[74] El original dice únicamente *"the fourth has been the heart verse"*, hemos incluido "alma" para hacerlo más comprensible.

[75] Se refiere a HEINRICH FRIEDRICH WILHELM GESENIUS [1786-1842], famoso erudito alemán de las lenguas orientales, profesor de teología en la *Universidad de Halle.* Escribió numerosas obras sobre los textos

meticulosamente cuidado, sino un sendero estrecho y serpenteante». Así lo entiende también Buxtorf el joven[76] que la traduce al latín por *Semita.*[77] Cuando los pies alcanzan a pisar literalmente el camino recto de manera práctica, descubren que el camino de la verdad es siempre "la senda angosta".[78]

FREDERICK G. MARCHANT DE HITCHIN [1839-1881]

Hazme andar por la senda de tus mandamientos. En los versículos anteriores ha implorado luz; ahora pide fuerzas para andar de acuerdo con esta luz. No es suficiente con disponer de luz que ilumine y nos de a conocer nuestro camino, necesitamos un corazón presto a andar por él. La guía es necesaria por la ceguera de nuestras mentes; y los empujones de la gracia imprescindibles a causa de la debilidad de nuestros corazones. Pero una noción fría y descarnada de las verdades no bastará para involucrarnos en el deber, es preciso que las abracemos y sigamos puntualmente haciéndolas nuestras. Necesitamos, por tanto, de la ayuda de Dios por partida doble, pues no solo la mente debe ser iluminada, sino también la voluntad doblegada e inclinada. La buena obra de un cristiano no radica en la profundidad de su especulación, sino en la altura de su praxis. La excelencia de la gracia divina consiste en esto: en que Dios nos enseña primero lo que debemos hacer, y nos conduce luego a que pongamos en práctica lo que nos ha enseñado: *"Hazme andar por la senda de tus mandamientos".*

THOMAS MANTON [1620-1677]
"One hundred and ninety sermons on the hundred and nineteenth Psalm", 1681

Hazme andar por la senda de tus mandamientos, porque en ella tengo mi voluntad. Las *"sendas"* suelen ser caminos directos y limpios, pero estrechos, tortuosos y empinados; por lo general inapropiados para carruajes, tan solo transitables para caminantes. Tal es el camino del Señor comparado con los de la carne y del mundo, cuyas calzadas son anchas pero inmundas y engañosas, pisoteadas por bestias brutas como es el hombre natural.[79] Por ello el salmista aporta una razón significativa para ser escuchado cuando dice: *"en ella tengo mi voluntad";* pues equivale a decir: ha sido por la gracia de Dios que he escogido este sendero y he deseado caminar en él, y es propio que quién me ha dado el deseo me dé también la gracia para llevarlo a cabo, como dice San Pablo: *"porque Dios es el que en vosotros produce así el querer como el hacer, por su buena voluntad".*[80]

ROBERTO BELLARMINO [1542-1621]
"A Commentary on the Book of Psalms", 1615

La senda. Esa *"senda"* a la que se refiere aquí el salmista es *"el camino de tus mandamientos"* (119:27,32,33). No un camino novedoso, sino la senda antigua y pateada anteriormente, por

bíblicos, siendo especialmente apreciado por la que es quizás su obra más conocida, el *Thesaurus philologico-criticus linguae Hebraicae et Chaldaicae V. T.*

[76] Se refiere al eminente hebraísta protestante alemán JOHANNES BUXTORF [1599-1664], apodado "el joven" para distinguirlo de su padre JOHANNES BUXTORF [1564-1629], también eminentes hebraístas al que consultaban incluso los propios rabinos, por lo que llegó a ser conocido como "el maestro de rabinos". Nacido en Basilea y educado en su universidad donde su padre era profesor, ocupó su cátedra, y publicó importantes obras especializadas entre las que destacan su *De Linguæ Hebraicæ Origine et Antiquitate* (1643), y *Florilegium Hebraicum Continens Elegantes Sentencias, Proverbia, Apophthegmata* (1648).

[77] Término de origen indoeuropeo y del cual deriva la palabra "senda" en todas las lenguas de origen latino.

[78] Mateo 7:14.

[79] 1 Corintios 1:14; 2 Pedro 2:12; Judas 1:10.

[80] Filipenses 2:13.

ella caminaron todos los siervos de Dios; por lo cual los griegos la llamaron τρίβον[81] (como indica Eutimio[82]) "la senda bien hollada".[83] Pero no importa lo muy hollada que haya sido, como tampoco los muchos que hayan transitado o transiten por ella; el salmista reconoce que es una senda única, sí, y una senda angosta, difícil de seguir sin salirse de ella, por lo que requiere dirección y guía para caminar a lo largo de la misma.

WILLIAM COWPER [1566-1619]
"A Commentary upon CXIX Psalm", 1613

La senda. Definitivamente una *"senda"*, no un camino abierto al público; una senda por la que jamás transita animal alguno, y los hombres muy raramente.

ADAM CLARKE [1760-1832]
"Commentary on the Whole Bible", 1831

Vers. 35, 37. *La senda*. Los hindúes llaman *panth* o camino a la línea doctrinal de cualquier secta religiosa que lleve al practicante a alcanzar el *mukti* o liberación del pecado. Visto de ese modo "camino" o "senda" significa el medio básico lograr un fin, y se aplica a las Escrituras,[84] a los consejos o advertencias de Dios, y a sus obras. Esta senda o camino en el sentido espiritual es:

1. Fácil de encontrar.[85]
2. Limpia, sin barro de pecado.[86]
3. Siempre en perfecto estado.[87]
4. Libre de leones y otras fieras.[88]
5. Costosa: la sangre de Cristo.[89]
6. Concurrida. Van por ella todos los creyentes.[90]
7. Libre de peajes: accesible a todos.[91]
8. Amplia. El *Talmud* afirma que el camino a las ciudades de refugio[92] tenía casi 45 metros de ancho, el doble de no normal para los demás caminos.
9. Con un final agradable.[93]

HEAVEN JAMES LONG [1814-1887]
"Eastern Proverbs and Emblems illustrating old Truths", 1881

---

[81] En griego τρίβος *tribos,* "senda trillada". Ver Mateo 3:3; Marcos 1:3; Lucas 3:4.
[82] Se refiere a EUTIMIO ZIGABENO [¿?- c.1118] monje en Constantinopla en su comentario a los Salmos escrito en griego y traducido al latín en 1530 por PHILIPPUS SAULUS [1493-1528] con el título de *"Euthymii monachi Zigaboni Commentarii in omnes psalmos"*.
[83] En latín en el original, *"quasi viam tritam"*, "la senda bien hollada".
[84] Salmo 119:27.
[85] Marcos 16:15; Juan 14:6; Hechos 1:8.
[86] Isaías 35:8; Efesios 5:27.
[87] Hebreos 13:8.
[88] Isaías 35:9.
[89] Hechos 20:28; 1 Corintios 6:20; 7:23; 1 Pedro 1:18-19; Apocalipsis 5:9.
[90] Hebreos 12:1.
[91] Isaías 55:1; Juan 3:16.
[92] Números 35:6-32; Josué 20:1-9; 1Crónicas 6:57-67.
[93] Apocalipsis 2:7; 3:21.

Vers. 35-36. *En ella me deleito – Inclina mi corazón a tus testimonios.* Por desgracia los hijos de Dios no mantienen su corazón inclinado hacia su Señor de manera fija e indefectible, sino que tienden a regresar de nuevo a su antigua postura y sesgo. Pues incluso los mejores entre los creyentes reconocen lo difícil que les resulta mantener sus afectos alejados del mundo, cuando poseen casas, tierras, y otros bienes terrenales que atraen y doblegan su voluntad. Ni no poseyeran tales cosas –admiten–, les resultaría mucho más fácil. Aún el más sólido de los cristianos descubre sorprendido que su amor a las cosas celestiales mengua en sentido inverso a la medida en que su pasión por las cosas mundanas va en aumento. Se dice del Papa Pio V haber confesado, refiriéndose a si mismo, que cuando recibió las órdenes sagradas tenía esperanzas de salvación; cuando llegó a cardenal dudó de ello; y cuando llegó a Papa cayó en el más absoluto desesperó. Muchos son los que detectan en si mismos un cambio sustancial en sentido negativo, una notable decadencia en su celo por la gloria de Dios, amor a la Palabra, y deseo por las cosas celestiales, en la medida en que las cosas en este mundo les van marchando mejor. Algo que importantísimo de detectar a tiempo, antes de que el mal se incremente. Pues si para evitar que el problema surja son ya necesarios el mayor celo y precaución, que no será para evitar que vaya en aumento. Cuando en nuestros corazones brota un interés desmesurado por el mundo, cuando empieza a seducirnos y apartarnos de Dios, a debilitar nuestro deleite en sus caminos y minar nuestro celo por su gloria, necesitamos con urgencia recordar lo difícil que es para un rico entrar en el reino de los cielos.[94]

THOMAS MANTON [1620-1677]
"One hundred and ninety sermons on the hundred and nineteenth Psalm", 1681

Vers. 36. *Inclina mi corazón a tus testimonios, y no a la avaricia.* *[Inclina mi corazón a tus testimonios, y no a la avaricia.* RVR*] [Inclina mi corazón a tus testimonios y no a la ganancia deshonesta.* LBLA*] [Inclina mi corazón a tus testimonios, y no a la ganancia injusta.* BTX*] [Inclina mi corazón hacia tus estatutos y no hacia las ganancias desmedidas.* NVI*] [Inclina mi corazón a tus mandatos y no hacia la riqueza.* BLP*] [Dame entusiasmo por tus leyes en lugar de amor por el dinero.* NTV*]*[95]

Inclina mi corazón a tus testimonios. ¿Acaso no parece esta oración un tanto superflua, siendo que resulta evidente que el corazón del salmista estaba dispuesto a la obediencia? Estamos convencidos de que jamás hay en las Escrituras una sola palabra superflua. Después de pedir la virtud activa, era propio que el hombre de Dios implorara también que su corazón se involucrara en todo cuanto hiciera. De lo contrario, ¿cuál sería su andar si su corazón no participaba? Es probable que David experimentara algún deseo errante, una inclinación desordenada de su alma hacia las del mundo que quizá se introdujera subrepticiamente incluso en sus más pías meditaciones, y que le llevó a clamar de inmediato por más gracia. La única manera de curar una inclinación incorrecta es doblegar el alma en la dirección opuesta. La santidad del corazón es la mejor cura para la codicia. ¡Qué bendición tan grande que podamos pedirle al Señor que doblegue nuestra voluntad! Somos libres, y, sin embargo,

[94] Mateo 19:23-26.

[95] La versión griega de los LXX o Septuaginta lee: κλῖνον τὴν καρδίαν μου εἰς τὰ μαρτύριά σου καὶ μὴ εἰς πλεονεξίαν que la Vulgata traduce al latín como: *"Inclina cor meum in testimonia tua, et non in avaritiam"*, "Inclina mi corazón a tus testimonios, y no a la avaricia". La versión sefardí de Ferrara traduce: *"Inclina mi coraçon à tus teftamentos, y no à cobdicia"*. La caldea Peshitta: *"Inclina mi corazón a tu testimonio y no a las fábulas"*. KRAUS traduce: *"¡Inclina mi corazón a tus testimonios y no a la ganancia!"*. SCHÖKEL: *"Inclina mi corazón a tus preceptos y no al lucro"*.

sin violar nuestra libertad, la gracia puede inclinarnos en la dirección correcta.[96] ¿Cómo? Iluminando nuestro entendimiento respecto a la excelencia de la obediencia; fortaleciendo nuestros hábitos de virtud; concediéndonos una experiencia de la dulzura de la piedad; y por muchas otras maneras. Si nos encontramos que un deber en particular nos resulta gravoso, conviene prestarle al insurrecto especial atención: nuestro deber es amar todos los testimonios del Señor, y si fallamos en un punto, debemos prestarle doble atención. El aprendizaje del corazón es el pavimento sobre el cual se apoyará la vida: de ahí la intensidad de la petición: *"Inclina mi corazón"*. ¡Dichosos de nosotros cuando nos sentimos inclinados habitualmente a lo bueno! Pues esta no es en absoluto la inclinación habitual de un corazón carnal; cuyas inclinaciones naturales van todas en la dirección opuesta, contrarias a los testimonios divinos.[97]

Y no a la avaricia. Una inclinación habitual de la naturaleza, a la que la gracia debe oponerse. Un vicio tan perjudicial como frecuente y tan vil como ruin. Es idolatría, y como tal destrona a Dios; es egoísmo, y como tal cruel con cuantos están bajo su poder; es sórdida codicia, y como tal capaz de vender al propio Señor por unas monedas de plata.[98] Es un pecado degradante, rastrero, infamante, mezquino, que reseca cuanto haya a su alrededor que sea digno y semejante a Cristo.[99] El que es avaro o codicioso es de la raza de Judas, y con toda probabilidad acabará él mismo como un hijo de perdición.[100] El pecado de codicia es muy común, pero muy pocos lo confesarán; porque cuando un hombre acumula oro en su corazón, el polvo de ese oro le ciega los ojos, y no alcanza a ver su propia culpa. Nuestros corazones necesitan algún objeto de deseo, y la única manera de evitar que se centre en las ganancias de este mundo es poner en su lugar los testimonios del Señor. Si nos inclinamos o doblamos

[96] Dice AGUSTÍN DE HIPONA [354-430]: «La observancia y cumplimiento de la ley es efecto de la gracia; de poco sirve mi voluntad si Dios no me inclina y conduce en lo mismo que deseo. A pesar de que afirma estar corriendo ya por el camino de tus mandamientos (119:32); pide que Dios guíe sus pasos en él (119:34-35), porque sabe que *"no depende del que quiere, ni del que corre, sino de Dios que tiene misericordia"* (Romanos 9:16); puesto que *"Dios es el que en vosotros produce así el querer como el hacer, por su buena voluntad* (Filipenses 2:13); es por ello que ora implorando: *"Inclina mi corazón a tus testimonios"*».

[97] BLAISE PASCAL [1623-1662], tenía la intención de escribir una extensa Apologética de la fe cristiana que no llegó a concluir debido a la enfermedad que le condujo a la muerte. Tan solo llego a escribir a lo largo de su dilatada agonía un conjunto de pensamientos sueltos en hojas y fragmentos, que juntados en 60 fajos por su sobrina, acabó convertido en su más famosa obra *Pensées sur la religion et autres sujets,* con profusión de citas y alusiones a los Salmos. Este versículo del Salmo 119 es uno de los más mencionados: *"Inclina cor meum, Deus"*. En uno de estos papeles redactados durante su agonía escribió: «No os sorprenda que haya personas sencillas e iletradas que asuman la fe cristiana sin necesidad de razonarla, puesto que es Dios quien inclina su corazón a la fe. Si Dios no inclina el corazón, ningún ser humano es capaz de asumir las verdades espirituales y practicar una fe real y verdadera; pero cuando Dios inclina el corazón, no hay nadie capaz de resistirse a la fe. David era muy consciente de esta verdad cuando escribió: *"Inclina mi corazón a tus testimonios"* (119:36)» (*"The Psalms in human Life",* Rowland E. Prothero, Ed. 1907).

[98] Mateo 26:14-16. Dice al respecto AGUSTÍN DE HIPONA [354-430]: «Eva y Adán cayeron engañados y vencidos por la serpiente por ambicionar más de lo que tenían y querer ser más de lo que eran, pues la serpiente les convenció prometiéndoles: *"seréis como Dios, sabiendo el bien y el mal"* (Génesis 3:5). Cayeron, pues, por su πλεονεξία *pleonexia,* "avaricia". Ambicionaron más de lo que les había sido otorgado, y acabaron perdiendo cuanto habían recibido. Una verdad ampliamente debatida en el jurisprudencia, donde se establece que ambicionar más de lo que es justo revierte el pleito; es decir, que aquel que demostradamente reclama más de lo que justamente se le debía, pierda también aquello que se le debía»

[99] 1 Corintios 1:1.

[100] Juan 6:70; 17:12.

hacia un costado, nos apartaremos del otro: la virtud negativa se consigue, no hay duda, asegurando la gracia positiva que inevitablemente la produce.[101]

C.H. SPURGEON

Inclina mi corazón a tus testimonios. Si el corazón no se inclina en la dirección correcta, no queda a los ojos nada que ver, a la mente nada que entender, ni a los pies nada que andar en el camino de la verdad. Pues *con el corazón se cree para justicia.*[102] Carecer de amor, según la carta a los Corintios,[103] es carecer de todo. Ello explica el sentido de estas cuatro peticiones consecutivas en esta octava: *Hazme ver* (119:33), *hacerme entender* (119:34), *hacerme andar* (119:35); y *hazme amar* (119:36) esa senda angosta y trillada de tus testimonios. Según yo lo veo, Lutero le da prácticamente ese mismo sentido, pues traduce las primeras palabras de estos versículos (119:33-36) por términos que significan respectivamente: *"Muéstrame", "Explícame", "Condúceme"* e *"Inclina* (doblega) *mi corazón"*.[104]

FREDERICK G. MARCHANT DE HITCHIN [1839-1881]

Inclina mi corazón a tus testimonios, y no a la avaricia. Es importante que estemos plenamente convencidos de que la codicia, quiero decir nuestra codicia, es un vicio; porque se enmascara con toques de virtud y frugalidad que nos llevan a pensar que no lo es; y fácilmente concluimos que un poco mundanalidad no deja de ser buena, y un poco de codicia nos favorece; lo cual demuestra que de hecho, y de corazón, no la vemos como un pecado. Pues incluso en el supuesto de que el pecado fuera inofensivo, no tenemos base para deducir que poco de pecado es admisible; por la misma regla que nos impide deducir que si poco veneno es saludable, no hay motivos para pensar que mucho pueda resultar dañino. Y así vemos como hay padres que denigran a sus hijos acusándoles de manirrotos y malgastadores, y les amenazan con echarles de casa; pero si les salen tacaños los alaban; y apenas conozco a alguien que no repita a sus hijos reiterativamente que guarden y ahorren. Sé que la juventud está bastante adicta a malgastar, y más propensa a consumir y desperdiciar, que a otra cosa; por lo que hay más temor y preocupación a que los hijos salgan pródigos que no austeros. Pero a lo que me refiero es que en el caso de que ver en nuestros hijos, desde jóvenes, una tendencia a ser codiciosos, no cometamos el error de ensalzar su conducta y nos mostremos complacidos.

Pocos aceptan que la avaricia es un grave pecado ante Dios, y perjudicial para los hombres. Pero la Palabra nos dice de manera clara y tajante que es idolatría,[105] y la idolatría es el primer pecado de la primera tabla de la ley.[106] La raíz de todos los males.[107] No hay maldad de la que un hombre avaricioso no sea capaz con tal de poner a salvo su bolsa. Así dice David: *"Inclina mi corazón a tus testimonios, y no a la avaricia";* no dice a este o aquel testimonio en particular, sino que incluyendo todas las leyes divinas exclama *"testimonios";* para mostrarnos que la codicia nos aleja, no de algunos, sino de todos los mandamientos de Dios.[108] De modo que San Pablo no duda en afirmar que donde está la avaricia,

---

[101] Dice al respecto JOHANN PETER LANGE [1802-1884]: «Por más que el apóstol nos diga que: *"la piedad acompañada de contentamiento es fuente de gran ganancia"* (1 Timoteo 6:6), pocos son los que se declaran satisfechos con las mercedes que Dios les ha otorgado (Génesis 33:11); sin darse cuenta que la avaricia es *"raíz de todos los males"* (1Timoteo 6:10)».

[102] Romanos 10:10.

[103] 1 Corintios 13:1-3.

[104] En alemán: *"Zeige mir"; "Unterweise mich"; "Führe mich" "Neige mein Herz zu deinen Zeugnissen".*

[105] Efesios 5:5; Colosenses 3:5.

[106] Éxodo 20:3.

[107] 1 Timoteo 6:10.

[108] Jeremías 22:17.

hay *"muchos deseos necios y dañosos"*[109] y *"muchos dolores"*,[110] porque *"ahoga a los hombres en perdición y destrucción"*.[111] Y el verbo griego que utiliza aquí el apóstol para decir "destrucción": βυθίζω *bythízō,* significa hundir hasta el fondo, ahogar hasta traspasar todo límite y esperanza de recuperación. Es la plaga que envenena toda la sociedad, y todos claman para que los demás salgan de ella, porque quisieran que nadie en el mundo excepto ellos fuera codicioso, o rico. El avaro odia a la humanidad entera: odia a los pobres, porque teme que le pidan; y odia a los ricos, porque tienen lo que él ambiciona. El codicioso quisiera tener todo cuanto tienen los demás. Así lo afirma uno de los más afamados entre los Padres de la Iglesia:[112] El avaro ni cree en la Palabra, ni confían en el hombre; porque el que no confía en Dios, no puede confiar en el hombre. Le roba a Dios tanto la confianza que debemos tener en él, como la dependencia que debemos tener de él, convirtiéndose así en transgresor de todos los mandamientos. Es por ello que el profeta salmista ora a Dios para que incline su corazón hacia los mandamientos, *"y no a la avaricia"*.[113] Porque no se trata ya de que no deberíamos, sino que como afirma claramente Palabra: ***"no podemos** servir a Dios y a Mamón"*.[114]

RICHARD CAPEL [1586-1656]
"Temptations: their Danger, Cure", 1655

Inclina mi corazón a tus testimonios, y no a la avaricia. Sin una mano que lo contenga, el corazón es propenso a desviarse en busca del vil metal por los atajos mezquinos de las ganancias deshonestas. Y el remedio debe venir de arriba. Por ello el salmista busca la ayuda celestial.

HENRY LAW [1797-1884]
"The Family Devotion: the Book of Psalms arranged for Worship", 1878

Inclina mi corazón. Si estuviésemos inclinados a la justicia de la ley de forma natural y espontánea, no habría lugar para la petición del salmista diciendo: *"Inclina mi corazón"*. Por tanto, queda claro que nuestros corazones están llenos de pensamientos pecaminosos, y son completamente rebeldes, hasta que Dios los transforma por medio de su gracia.

JUAN CALVINO [1509-1564]

Inclina mi corazón. En los versículos anteriores, David había pedido entendimiento y dirección **para conocer** la voluntad del Señor (119:33-35); ahora demanda que incline su corazón **para hacer**

[109] 1 Timoteo 6:9 LBLA. La versión inglesa KJV traduce: *"many foolish and hurtful lusts"*.
[110] 1 Timoteo 6:10.
[111] 1 Timoteo 6:9.
[112] Se refiere a JUAN DE ANTIOQUÍA [347-404] más conocido como SAN JUAN CRISÓSTOMO, patriarca de Constantinopla. Es considerado por la Iglesia católico-romana como uno de los cuatro originales Doctores de la Iglesia del Oriente, y por su propia Iglesia, la Iglesia Ortodoxa Griega como uno de los más grandes teólogos y uno de los tres Pilares de la Iglesia, juntamente con BASILIO y GREGORIO. Fue un excelso predicador cuyos discursos públicos, denunciando los abusos de las autoridades imperiales y de la vida licenciosa del clero, le ganaron el sobrenombre de "*Crisóstomo*" que proviene del griego χρυσόστομος, *chrysóstomos* y significa "boca de oro" (*chrysós*, "oro"; *stomos*, "boca"). Predicó numerosas homilías sobre la 1 Epístola a Timoteo que es con toda probabilidad a lo que hace referencia el autor.
[113] Dice al respecto WILLIAM SWAN PLUMER [1802-1880]: «Para doblegar la voluntad e inclinar un corazón a los testimonios divinos, apartándolo de la avaricia, ciertamente, se necesita la gracia divina obrando en el poder de su omnipotencia».
[114] Lucas 16:13.

su voluntad. No basta con que el entendimiento sea iluminado, sino hay también un impulso y cambio en la voluntad. El corazón humano se opone a Dios y a la santidad por naturaleza, incluso en aquellos que disfrutan de una inteligencia refinada, y acumulan los más eruditos conocimientos sobre el tema; y por ello David no se limita a decir: *"Dame entendimiento"*, sino que añade: *"Inclina mi corazón"*. Podemos ser mundanos *motu proprio,* por propia iniciativa; pero no podemos ser santos y celestiales por nosotros mismos; es necesario pedirlo de Aquel que es Padre de las luces, de quien proviene *toda buena dádiva y todo don perfecto.*[115] Quienes que abogan por el poder de la naturaleza, excluyen el uso de la oración. Pero como dijera acertadamente Agustín: *Natura vera confessione non falsa defensione opus habet;*[116] nos es mas necesario confesar nuestras debilidades que defender nuestras fortalezas. Y así David, como todo cristiano quebrantado de corazón que ha experimentado las inclinaciones de su propia alma, acude a Dios y dice: *"Inclina mi corazón a tus testimonios, y no a la avaricia"*.

THOMAS MANTON [1620-1677]
"One hundred and ninety sermons on the hundred and nineteenth Psalm", 1681

Inclina mi corazón. Y así no me apartare ni a diestra ni a siniestra.[117]

JAMES G. MURPHY [1808-1896]
"A critical and exegetical commentary on the book of Psalms", 1875

A tus testimonios, y no a la avaricia. El contraste no puede resultar más chocante. Por un lado tenemos *los testimonios* divinos, y por el otro *la avaricia*. A un lado: Dios; en el otro: el mundo. El hombre regenerado elige entre los dos; y no precisa de mucho tiempo para pensar: Dios es su elección.

JOHN STEPHEN [1800-1881]
"The Utterances of the CXIX Psalm; Expounded in a Series of Lectures", 1861

Y no a la avaricia. El salmista ora particularmente para que su corazón sea apartado de la avaricia, que no es solo un mal, sino como dice el Apóstol: *"la raíz de todos los males"*.[118] Y David se opone a ella como claro adversario de la rectitud y justicia que surge de los testimonios de Dios; pues la avaricia invierte el orden de la naturaleza y convierte el alma celestial en terrenal. Es la alcahueta de todos los pecados, porque no hay pecado que un hombre avaro o codicioso no esté dispuesto a cometer si en ello hay una ganancia. Debemos evitar y prevenir todos los pecados, pero de manera especial aquellos que son madre y caldo de cultivo de todos los demás.

WILLIAM COWPER [1566-1619]
"A Commentary upon CXIX Psalm", 1613

---

[115] Santiago 1:17.

[116] La frase de Agustín de Hipona procede de la obra *"De natura et gratia"*, "De la naturaleza y la gracia", Cap. liii.62. En español: "Nuestra naturaleza precisa de una confesión auténtica, no de una defensa basada en presupuestos dudosos".

[117] Deuteronomio 17:11. La versión inglesa KJV traduce: *"Thou shalt not decline from the sentence which they shall shew thee, to the right hand, nor to the left"*. El autor juega entre ambos textos con las palabras *"Incline – decline"*.

[118] 1 Timoteo 6:10.

Y no a la avaricia. O más bien, "ganancia injustamente adquiridas". La palabra hebrea בָּצַע *bāṣa'* de בֶּצַע *beh'tsah* significa exclusivamente "saqueo, rapiña, ganancias injustas o adquiridas con violencia".[119]

JOHN JAMES STEWART PEROWNE [1823-1904]
"Commentary on the Book of Psalms", 1864

Y no a la avaricia. Dice San Buenaventura[120] comentando este Salmo que: «La avaricia debe ser aborrecida, evitada, y descartada: Debe ser aborrecida porque daña la vida natural o física; evitada porque perjudica la vida espiritual o en la gracia; y descartada porque obstruye la vida de gloria». Clemente de Alejandría[121] afirma que: «La avaricia es la ciudadela de todos los vicios», y Ambrosio[122] que es: «La pérdida del alma».

THOMAS LE BLANC [1599-1669]
"'Psalmorum Davidicorum Analysis' in qua aperte cernitur singulis in Psalmis ordinem esse admirabilem: adjungitur commentarius amplissimus", 1645

Y no a la avaricia. Quisiera señalar al lector y pedirle que lo considerara debida y seriamente, que a pesar de que el mandamiento de *"No codiciarás"*,[123] es el último en orden numérico, es con demasiada frecuencia el primero que se rompe, pues el corazón avaricioso del hombre se lanza directamente a su transgresión.

WILLIAM CROUCH [1628-1710]
"The Enormous Sin of Covetousness detected", 1708

Y no a la avaricia.. La codicia es un deseo incontenible y desmesurado de riquezas, en el que concurren los siguientes vicios:

1. Amor descomedido a las riquezas; y un corazón obsesionado por ellas.

---

119 El mismo vocablo הַבָּצַע *habbāṣa'* de בֶּצַע *betsa* se utiliza en 1 Samuel 8:3.

120 Se refiere a JUAN DE FIDANZA [1221-1274], más conocido como SAN BUENAVENTURA, nombre que adoptó al entrar como fraile en la Orden de los Franciscanos. Fue teólogo escolástico, místico, cardenal y general de la Orden de los Franciscanos. Escribió un *Comentario al Libro de las Sentencias* o *Maestro de las Sentencias* de Pedro Lombardo, pero su principal producción literaria, a diferencia del también franciscano Escoto o del dominico Tomás de Aquino, fue la de un escolástico místico. Sus escritos principales de ese género son el *Itinerario de la mente hacia Dios* y *Los siete viajes de la eternidad,* en los que está expuesto su pensamiento original, aunque en muchos puntos, su teología es fundamentalmente agustiniana. Con sus escritos, Buenaventura influyó grandemente en el periodo del misticismo de los siglos XIV y XV, en el que surgieron místicos de la talla del Maestro Eckhart, Juan Taulero y Tomás de Kempis.

121 Se refiere a TITUS FLAVIUS CLEMENS, más conocido como CLEMENTE DE ALEJANDRÍA O SAN CLEMENTE. Padre de la Iglesia, uno de los más destacados creyentes de la iglesia de Alejandría y uno de los más destacados maestros de dicha ciudad. Fue alumno de Panteno, al que ayudó en la Escuela de Alejandría, y cuando Panteno murió, tomó las riendas de dicha escuela en la que uno de sus estudiantes fue Orígenes. Escribió numerosas obras; la cita que hace referencia a las fábulas de Orfeo y Anfión procede de su *Stromata* 1.21, 131, 3, también conocida como *"Miescelaneas"*. Las obras de Clemente de Alejandría han sido publicadas por CLIE.

122 Se refiere a AMBROSIO DE MILÁN [340-397], destacado arzobispo de Milán, y un importante teólogo y orador. Es de los cuatro Padres de la Iglesia Latina y dejó un importante legado de escritos teológicos. Convirtió y bautizó a San Agustín y combatió ardientemente el arrianismo.

123 Éxodo 20:17.

2. Determinación de hacerse rico sin importar los medios, sean estos legítimos o ilegítimos.[124]
3. Ansiedad y desazón por acumular, a la par que impaciencia y comezón ante cualquier retraso en conseguirlo.[125]
4. Apetito insaciable por el dinero jamás satisfecho; pues aun cuando tiene en exceso, el avaro desea más y nunca tiene suficiente;[126] igual que la sanguijuela;[127] el hidrópico;[128] y el propio infierno.[129]
5. Tacañería tenaz que no solo le impide compartir con otros, sino incluso disfrutar el mismo de sus posesiones.
6. Crueldad feroz[130] que ejercita tanto en su falta de amor y misericordia como en su opresión de los pobres.

La avaricia es un vicio muy atroz; porque es idolatría y raíz de todos los males.[131] Una espina perniciosa que sofoca toda gracia,[132] y ahoga la semilla de la Palabra;[133] que traspasa a los hombres con muchos dolores[134] hundiéndolos en destrucción y perdición.[135]

JAMES USHER [1580-1655]

Vers. 37. ***Aparta mis ojos, que no vean la vanidad; avívame en tu camino.*** *[Aparta mis ojos de ver vanidades; avívame en tu camino.* RVR*] [Aparta mis ojos de mirar la vanidad, y vivifícame en tus caminos.* LBLA*] [Aparta mis ojos, que no vean la vanidad, vivifícame en tus caminos.* BTX*] [Aparta mi vista de cosas vanas, dame vida conforme a tu palabra.* NVI*] [Aparta mi vista de lo que es vano, haz que viva en tu camino.* BLP*] [Aparta mis ojos de cosas inútiles y dame vida mediante tu palabra.* NTV*]*[136]

---

[124] 1 Timoteo 6:9.
[125] Proverbios 20:21; 28:20, 22.
[126] Eclesiastés 4:8.
[127] Proverbios 30:15.
[128] Persona afectada por la enfermedad que se conoce como hidropesía o edema, y que consiste en una acumulación de líquidos en la barriga o en las piernas debido a un mal funcionamiento del sistema renal, que ya no es capaz de expulsar por la orina todo el líquido acumulado en el cuerpo. Jesús curó a un hidrópico según leemos en Lucas 14:1-6. Los médicos de la antigüedad estaban convencidos que los enfermos de hidropesía tenían una sed insaciable, pero que beber no hacía nada para aliviar su sed sino todo lo contrario, la empeoraba, pues bebían más y más y nunca se sentían satisfechos. Esto llevó a diversos escritores (como el filósofo griego ARÍSTIPO [435-550 a.C.] citado por el historiador PLUTARCO [50-120] en "Sobre el amor a las riquezas") a comparar la avaricia con la hidropesía.
[129] Proverbios 27:20.
[130] Proverbios 1:18-19.
[131] Colosenses 3:5; 1 Timoteo 6:10.
[132] 1 Tesalonicenses 5:19.
[133] Mateo 13:22.
[134] 1 Timoteo 6:10.
[135] 1 Timoteo 6:9.
[136] La versión griega de los LXX o Septuaginta lee: ἀπόστρεψον τοὺς ὀφθαλμούς μου τοῦ μὴ ἰδεῖν ματαιότητα, ἐν τῇ ὁδῷ σου ζῆσόν με que la Vulgata traduce al latín como: *"Averte oculos meos, ne videant vanitatem; in via tua vivifica me"*, "Aparta mis ojos, que no vean la vanidad; en tu camino dame vida". La versión sefardí de Ferrara traduce: *"Faze paffar mis ojos de veer vanidad, en tu carrera abiviguame"*. La caldea Peshitta: *"Aparta mis ojos para que no vean la falsedad; vivifícame en tus sendas"*. KRAUS traduce: *"¡Aparta mis ojos de mirar la vanidad; mediante tu palabra bendíceme!"*. SCHÖKEL: *"Aparta mis ojos de miradas vacías, en tu camino dame vida"*.

Aparta mis ojos de mirar vanidades.[137] Acababa de orar por su corazón, por lo que cabría pensar que metafóricamente los ojos quedaban incluidos y no había necesidad de hacerlos objeto de una petición en particular. Pero el salmista está decidido a cerrar el círculo de seguridad doblándolo hasta hacerlo impenetrable. Ojos que no ven, corazón que no siente, o al menos no desea: si evitamos mirar los cristales de colores,[138] cuanto menos habremos cerrado una de las puertas a la tentación. El pecado entró en la mente del hombre por el ojo, y esa continua siendo la puerta predilecta de Satanás para seducirnos cuando nos tienta: de ahí la necesidad imperiosa de mantenerla doblemente vigilada.[139]

Fijémonos que no pide en oración que sus ojos sean cerrados, sino *"apartados"*. Porque es necesario que los mantengamos abiertos, pero dirigidos a los objetos correctos. Si ahora mismo estamos mirando a la necedad, necesitamos que nuestros ojos sean apartados de ella; y si estamos contemplando cosas celestiales, procederemos con sabiduría rogando que nuestros ojos se mantengan alejados de la vanidad. ¿Por qué miramos vanidades que se evaporan cual humo? ¿Por qué no mirar las cosas eternas? El pecado es vanidad; las ganancia injustas son vanidad; el engreimiento es vanidad; de hecho, todo lo que no viene de Dios cae bajo el mismo calificativo. De todo ello debemos alejarnos.

Que orara pidiendo que sus ojos fueran apartados es una prueba más de la debilidad que experimentaba el salmista y su absoluta dependencia de Dios; no porque pretendiera mantenerse pasivo, sino por su deseo de evidenciar su total impotencia fuera de la gracia de Dios.[140] Es por miedo a olvidarse de sí mismo y mirar con anhelo prolongado objetos prohibidos, que suplica al Señor que aparte cuanto antes sus ojos y lo aleje de tan peligrosa ilación con la iniquidad. Si somos apartados de mirar la vanidad seremos preservados de amar la iniquidad.

Avívame en tu camino. Dame un caudal tan enorme de vida que la vanidad muerta no tenga poder sobre mí. Concédeme viajar tan veloz por el camino al cielo que no pueda detenerme a mirar la vanidad el tiempo suficiente como para que me fascine. La oración indica claramente nuestra principal necesidad: más vida para una mayor obediencia. Muestra el poder preservador de la vida regenerada para protegernos de los males que nos rodean, y nos dice también de dónde debe provenir, esto es, únicamente del Señor. El avivamiento es la cura de la vanidad. Si el corazón está lleno de gracia, los ojos serán santificados y libres de impureza. Pero si queremos ser avivados en lo que atañe a las cosas de Dios, debemos mantenernos alejados del pecado y la necedad, o los ojos no tardarán en cautivar

[137] WILLIAM SWAN PLUMER [1802-1880] indica que el término hebreo שָׁוְא *šāw,* que la mayoría de nuestras versiones traducen como "vanidad", puede significar y traducirse también como "falsedad" o "mentira", y así lo traduce la KJV en Isaías 59:4; Lamentaciones 2:14; Ezequiel 12:24; 13:6; Jonás 2:8. De hecho LBLA sigue esta traducción en algunos casos. Abarca el sentido de cualquier tipo de engaño.

[138] En el original inglés *"painted bauble"*. Hemos utilizado la expresión más castiza de "cristales de colores" como símbolo de lo atractivo pero engañoso. Cuenta la leyenda que cuando los españoles desembarcaron en el continente americano engañaban a los indígenas cambiándoles los adornos de oro que llevaban colgados por cascabeles y cristales de colores.

[139] Dice JUAN CALVINO [1509-1564]: «El ver, oír, andar, sentir, son dones preciosos de Dios; y el entendimiento y voluntad con que hemos sido dotados, todavía más valiosos. En consecuencia, todas las miradas de nuestros ojos, todo movimiento de nuestros sentidos, y todo pensamiento de nuestra mente, deben mantenerse alejados de cuanto tenga que ver con vicio y depravación».

[140] Dice AGUSTÍN DE HIPONA [354-430]: «¿Por qué pide a Dios: *"aparta mis ojos de mirar vanidades"*, tratándose de una acción tan simple que fácilmente podía haber ejecutado por si mismo? Porque cuando pedimos a Dios que nos conceda aquello que aparentemente esta dentro de nuestra capacidades, estamos procediendo con humildad y enalteciendo su gracia. Hay quienes sintiéndose capaces por sí mismos, se glorían de sí mismos; jactándose de sus propias fuerzas y libre albedrío, deciden seguir mirando vanidades convencidos de que pueden superar la tentación a voluntad; se obstinan en demostrar que pueden ser buenos y justos por sí mismos. Pero lo que hacen es *amar más la gloria de los hombres que la de Dios* (Juan 12:43), pues tal proceder no les conduce sino a *"vanidad y aflicción de espíritu"* (Eclesiastés 6:9)».

nuestra mente, y, como Sansón, que podía matar a sus miles,[141] caeremos también superados por las lujurias que entran por el ojo.[142]

Este versículo es paralelo a los quintos versículos de las dos octavas precedentes:[143] *"Reprende"* (119:21), *"Quita"* (119:29), *"Aparta"* (119:37); *"soberbia"* (119:21), *"mentira"* (119:29), *"vanidad"* (119:37).[144]

C.H. SPURGEON

Aparta mis ojos. Literalmente: *"Haz que mis ojos pasen de mirar la vanidad";*[145] es cual si orara diciendo: «haz que todo lo que sea vanidad pase por delante sin verlo». En cierto modo guarda un paralelismo sorprendente con la petición que encontramos en la oración modelo que nos enseñó Jesús: *"No nos metas en tentación"*.[146] Después de haber orado pidiendo ver aquello que quería ver: *"Abre mis ojos, y miraré las maravillas de tu ley"* (119:18), el salmista ora aquí para que el Señor esconda de sus ojos lo que no desea ver: *"la vanidad"* (119:37).

FREDERICK G. MARCHANT DE HITCHIN [1839-1881]

Aparta mis ojos. Habiendo orado por su corazón, ahora pide también por sus ojos: *Omnia a Deo petit, docens, illum omnia efficere.*[147] A menudo la muerte entra en el corazón por los ojos, cual si fueran ventanas; por consiguiente, para mantener el corazón en un buen estado son necesarias tres cosas:

1. El estudio y vigilancia cuidadosa de los sentidos, especialmente de los ojos, porque son obra justa y perfecta del Señor. *Ut qui exteriori oculo negligenter utitur, interiori oculo non iniuste cecetur.*[148] Y quien utiliza su ojos exteriores o físicos de manera negligente, debería ser castigado con ceguera en los ojos interiores de su mente. Por esta razón Nazianzeno,[149] que deploraba las calamidades de su alma, deseaba poder colocar una puerta delante de sus ojos y oídos, para cerrarlos cuando fijaran ante cualquier cosa que no fuera buena: *Malis autem sua sponte utrumque clauderetu.*[150]

---

[141] Jueces 15:12-17.
[142] Jueces 16:4-21.
[143] Se refiere a ד *Dálet* (119:25-32) y ג *Guímel* (119:17-24).
[144] Hemos utilizado LBLA porque queda más poética. En la Reina Valera el paralelismo es exactamente el mismo, pero utiliza el (119:29) el mismo el término *"aparta"* que en (119:37) en lugar del *"quita"* que utiliza LBLA.
[145] En hebreo הַעֲבֵר עֵינַי מֵרְאוֹת שָׁוְא *ha'ăḇêr 'ênay mêrə'ōwṯ šāw* de עָבַר *abar,* "pasar". Ver Éxodo 33:22: *"y cuando pase mi gloria, yo te pondré en una hendidura de la peña, y te cubriré con mi mano hasta que haya pasado"*.
[146] Mateo 6:13.
[147] La cita es de EUTIMIO ZIGABENO [¿?- c.1118] monje en Constantinopla en su comentario a los Salmos escrito en griego y traducido al latín en 1530 por PHILIPPUS SAULUS [1493-1528] con el título de *"Euthymii monachi Zigaboni Commentarii in omnes psalmos"*. La traducción al español es: "Todo lo pide a Dios, porque sabe que él todo lo concluye bien".
[148] La cita es de GREGORIO MAGNO [540-604] en *"Moralia, sive Expositio in Job",* su principal obra que ocupaba 35 volúmenes. La traducción al español es: "De modo que quien utilice con negligencia el sentido exterior de la vista, quede ciego con toda justicia de la visión interior".
[149] Se refiere a SAN GREGORIO NAZIANZENO [329-390] ilustre teólogo, orador y defensor de la fe cristiana y Padre de la Iglesia. En el año 381 fue nombrado Obispo de Constantinopla. Le fascinaban la soledad, el silencio contemplativo y la meditación filosófica y espiritual. Afirmaba que la teología no es una reflexión puramente humana, sino que nace de una vida de oración y de santidad, de un diálogo asiduo con Dios.
[150] La traducción al español es: "Pues ante lo malo, ambos se cerrarían por su propia cuenta".

2. Un sometimiento del cuerpo por medio de disciplina.
3. Y finalmente, oración constante y continuada.

WILLIAM COWPER [1566-1619]
"A Commentary upon CXIX Psalm", 1613

Aparta mis ojos de mirar vanidades. Fijémonos en que no dice: «apartaré mis ojos», sino: *"Aparta mis ojos"*. Lo que demuestra que no hay posibilidad de que nos guardemos nosotros mismos con nuestras precauciones y diligencia, antes bien nos es indispensable la vigilancia y protección divina. En primer lugar, porque dondequiera que en este mundo pongamos la mirada, nos encontramos rodeados de provocaciones. En segundo lugar, porque somos imprudentes y volubles, y los ojos, esclavos de un corazón corrupto, corren prestos tras aquellas cosas que no son más que vanidades. Y en tercer lugar, porque antes de que te hayas dado cuenta, el mal que entra por los ojos se arrastra hasta los recovecos del corazón, sembrando en ellos las semillas de perdición. Esto es algo que el propio Salmista había experimentado, y no sin un dolor intenso tanto de corazón como de consecuencias.

WOLFGANG MUSCULUS [1497-1563]
"In Sacrosanctum Davidis Psalterium Commentarii", 1573

Aparta mis ojos de mirar vanidades. Podrá parecer una oración un tanto extraña que David diga: *"Aparta mis ojos de mirar vanidades"*; como si Dios interfiriera con aquello que miramos; o nosotros no tuviéramos la facultad de poner los ojos en aquello que se nos antoje. Pero ¿acaso lo que deseamos mirar no es aquello en lo que nos deleitamos? ¿Y acaso no nos gusta contemplar aquello que amamos? Por tanto, orar a Dios para que nuestros ojos no miren vanidades, equivale a orar pidiendo gracia para que no sintamos amor por ellas. Pues las vanidades tiene en si mismas un aspecto tan agradable que al hombre natural se le hace difícil dejar de mirarlas, a menos que el aspecto aún más atractivo de la gracia de Dios aparte sus ojos de ellas para situarlos sobre si misma; sabiendo que por ley natural buscarán siempre lo más cautivador. Y así como David eleva aquí su oración en particular contra las tentaciones de la prosperidad; Cristo nos enseña a hacerla con carácter general,[151] contra las tentaciones tanto de prosperidad como de la adversidad, y muy apropiadamente. Porque muchos que pueden soportar con firmeza las tentaciones de un tipo, caen fácilmente superados por las del otro. Así fue con David: pudo soportar sin murmurar la persecución y la calumnia; pero cuando llegó a la prosperidad, no lograba apartar sus ojos de las vanidades.

SIR RICHARD BAKER [1568-1645]

Aparta mis ojos de ver vanidades. Cuando miramos con asiduidad un objeto feo y desagradable, acaba perdiendo ante nuestra mirada buena parte de su deformidad y ya no lo vemos tan feo. El pecado sigue esta ley general, por lo que si queremos estar seguros, es preciso evitarlo del todo, incluida su contemplación. Deberíamos sentirnos agradecido por el hecho de tener párpados; y poder cerrar los ojos cuando nos haga falta, cosa que deberíamos hacer con mayor frecuencia.

ALBERT BARNES [1798–1870]
"Notes, critical, explanatory, and practical, on the book of Psalms", 1868

Aparta (...) avívame. Aparta y después avívame. La primera petición busca eliminar los impedimentos de la obediencia; la segunda elevar los niveles de gracia. Ambas cosas van estrechamente

[151] Mateo 6:13.

unidas, porque tienen una influencia natural la una sobre la otra: a menos que apartemos nuestros ojos de la vanidad, pronto tendremos el corazón infectado de muerte. Y nada provoca tanto ese contagio como una libertad desordenada en lo que respecta a las vanidades carnales. Cuando nuestros afectos viven obsesionados en cosas de este mundo, están muertos para Dios, Por tanto, cuanto menos dejemos que nuestros corazones se aproximen a tales cosas, más vivos y gozosos nos sentiremos en la práctica de la obediencia. Por otro lado, cuanto más se renueva en nosotros el rigor de la gracia, y sus hábitos vivificados en la práctica de la fe, más se verá el pecado mortificado y sometido.[152] De ese modo el pecado muere,[153] y nuestros sentidos son restaurados para su uso apropiado.

THOMAS MANTON [1620-1677]
"One hundred and ninety sermons on the hundred and nineteenth Psalm", 1681

Aparta mis ojos de mirar vanidades. Para poder evitar el pecado debemos evitar todo lo que conduce a él o lo ocasiona. Esto condujo a Job a establecer un pacto con sus ojos;[154] y a David a orar fervientemente por sus ojos diciendo: "Aparta mis ojos (o como dice literalmente el hebreo: *"haz que pasen de contemplar la vanidad")*.[155] El ojo tiene la facultad de detenerse, o fijarse, a voluntad cuando detecta un objeto que le atrapa; por tanto, es nuestro deber apurarlo para que se aparte, o pedir para que Dios lo haga pasar ... Quien teme quemarse debe evitar jugar con fuego; el que teme ahogarse debe mantenerse lejos de aguas profundas; el que teme a la peste no debe ir a una casa infectada. ¿Podrán evitar el pecado quienes ceden constantemente a la contemplación de sus seducciones?

JOSEPH CARYL [1602-1673]

Aparta mis ojos. No vaya a ser que la mirada me lleve al deseo y la lujuria. En hebreo la misma palabra עַיִן *ah'yin* puede significar tanto "ojo" como "manantial";[156] para mostrar con ello que desde el ojo fluye, como desde una fuente, muchísima maldad; y es introduciéndose por esa ventana como Satanás se apodera a menudo del alma. Esto es algo que David lo sabía muy bien por propia experiencia, era un experto en los peligros de mirar indiscretamente y de manera desordenada;[157] y en consecuencia ora aquí diciendo: *"aparta mis ojos"*, es decir: haz que pasen de largo.

JOHN TRAPP [1601-1669]
"A commentary or exposition upon the books of Ezra, Nehemiah, Esther, Job and Psalms", 1657

Aparta mis ojos de mirar vanidades. Para un hijo de Dios situarse dentro del círculo de las tentaciones seductoras es un experimento muy peligroso. Nuestro sentido del deber, el recuerdo de nuestras propias debilidades, y los fallos y caídas de otros, debería inducirnos a distanciarnos lo más que nos sea posible, y cuanto antes, de cualquier escena que conlleve un riesgo innecesario.

JOHN MORISON [1791-1859]
"An Exposition of the Book of Psalms", 1829

---

[152] Romanos 8:13; 1 Corintios 9:27; Colosenses 3:5.
[153] Romanos 6:2, 11; Colosenses 2:20; 3:3; 1 Pedro 2:24.
[154] Job 31:1.
[155] Ver nota 145 en esta misma octava del Salmo 119.
[156] Ver Génesis 49:22: *"rama fecunda junto a un manantial"*, בֵּן פֹּרָת עֲלֵי־עָיִן *bên pōrāṯ 'ălê-'āyin*. Ver también 1 Samuel 29:1: *"acamparon junto a la fuente que está en Jezreel"*.
[157] 2 Samuel 11:2-5.

Aparta mis ojos de mirar vanidades. De contemplar los espejismos ilusorios que tientan al peregrino a salirse de la senda segura.

WILLIAM KAY [1820-1896]
"The Psalms Translated From the Hebrew, with Notes Chiefly Exegetical", 1871

Aparta mis ojos de mirar vanidades; avívame en tu camino. Algunos se preguntan: ¿cuál es el método más eficaz para apartar mis ojos de las vanidades? No la reclusión monástica o el retiro contemplativo; no el abandono de nuestra relación habitual y lícita con el mundo;[158] sino la belleza trascendente de Jesús desvelada ante nuestros ojos y fijada en nuestros corazones.

CHARLES BRIDGES [1794-1869]
"Exposition of Psalm 119", 1827

Aparta mis ojos. La ciudadela fortificada de vuestras almas está en grave peligro de un ataque por sorpresa, si dejáis desprotegidas las entradas de los sentidos corporales. Tus ojos, han de ser compuertas para derramar lágrimas, no ventanas para dejar entrar lujurias y deseos carnales. Un ojo expugnable es una clara indicación de un corazón sin gracia. Recuerda que la humanidad entera pereció por una mirada equívoca.[159] Los ojos del cristiano debería ser como los girasoles, que no se abren ante ninguna llama de antorcha, solo se despliegan y giran siguiendo los rayos del sol.[160]

WILLIAM SECKER [¿?-1681]
"The nonsuch professor in his meridian splendor: or, The singular actions of santified christians", 1660

Vanidades. El término hebreo שָׁוְא *šāw,* que aquí traducimos por *"vanidades",* significa también falsedad, y a menudo guarda una relación particular con los ídolos y todo lo relacionado con la adoración de ídolos.[161] El salmista ora para que Dios aparte sus ojos de mirar siquiera a tales cosas.

HENRY COWLES [1803-1881]
"The Psalms: With Notes, Critical, Explanatory, And Practical designed for both pastors and people", 1872

Aparta mis ojos de mirar vanidades; avívame en tu camino. David ora pidiendo:

1. *Gracia restrictiva,* que frene y contenga sus impulsos manteniéndole prevenido y alejado de todo cuanto fuera un impedimento en el camino de su deber: *"Aparta mis ojos de mirar vanidades"*.
2. *Gracia regeneradora,* que no solo le mantenga alejado de todo lo que obstaculice su progreso hacia el cielo, sino que le renueve y vivifique proporcionándole las fuerzas y el impulso necesario para avanzar: *"Avívame en tu camino"*.

MATTHEW HENRY [1662-1714]
"Commentary on the Whole Bible", 1811

Avívame en tu camino. Todo creyente corre el riesgo de regazarse y volverse un perezoso en su camino al cielo y su trabajo en la obra de Dios. Incluso David, uno de los más grandes y elegidos entre los santos exclama: "*Avívame en tu camino*". Que es tanto como si dijera en términos más simples:

[158] Juan 17:15.

[159] Génesis 3:6.

[160] Malaquías 4:2.

[161] Éxodo 20:7; Deuteronomio 5:11; Salmo 31:6; Jeremías 18:15; Jonás 2:8.

«¡Ay, Señor, soy un jumento remolón, y a menudo necesito de tu espuela, tu Espíritu, que me haga seguir adelante».

La oración de David en este versículo debería sernos prueba suficiente para demostrar esta tendencia; pero si demandáis una confirmación más amplia os plantearé un argumento *instar omnium,* a modo de ejemplo,[162] que nadie se atreverá a negar ni podrá desaprobar. Porque emana de nuestra propia experiencia, y por desgracia, un *argumentum lugubre,* triste, muy triste, casi un cántico fúnebre. ¿Acaso no admitís, para dolor y vergüenza de vuestras almas, que en el orden espiritual: allí donde deberíais llorar, lloráis como si no lloraraís; que de aquello que os debería alegrar, os alegráis cual si no os alegrarais; y que buscáis y compráis lo que más necesitáis cual si no necesitarais nada? Mientras que *inverso ordine*, en el orden inverso: lloráis por vuestras pérdidas materiales hasta cegar vuestros ojos; os regocijáis en vuestras comodidades terrenales cual si ya estuvieras en el cielo; y compráis vanidades superfluas con el mismo afán que si tuvierais que vivir mil años y un día.[163] Cuando oráis lo hacéis con desgana y sin empeño; escucháis el evangelio con la mente en otra parte; y trabajáis para el Señor con apatía, como si todo os diera igual.

Aquí tenéis vuestro argumento *experto credas,* es decir, con la fiabilidad de algo que vosotros mismos habéis admitido y juzgado. El cochero que se queda atascado en una zanja, no necesita argumentos y razones que le demuestren que está atascado, lo que requiere son medios que le ayuden a salir. Y el mejor recurso contra este huésped indeseable, como es la pereza espiritual, es comenzar a plantearnos seriamente cómo libramos de ella: Algo en lo que sin duda todos deberíamos estar interesados, pues ¿dónde está el hombre que no tiene orejas de asno? [164] Todo ser mortal tiene en su interior una dosis de la indolencia y aversión al trabajo propia del pollino.

MR. SIMMONS[165]

"The Morning Exercises at Cripplegate: 'How we may get rid of spiritual Sloth, and know when our Activity in Duty is from the Spirit of God", 1661

Avívame. La oración es fuente de vida. ¿Cuántas veces David ora implorando gracia vivificante? Cinco o seis veces en un Salmo.[166] Inicia muchas de sus oraciones con pesadez en el corazón, y antes de terminar, está ya lleno de vida. Por tanto, debemos orar intensamente, porque toda vida pertenece a Dios y él vivifica a quien el desea. Y permitidme añadir esta advertencia antes de seguir adelante:

[162] Locución latina que significa "a modo de ejemplo".

[163] Salmo 49:11.

[164] En latín en el original: *Auriculas asini quis non habet?,* "¿Quién no tiene orejas de asno?". La cita procede de *Collectanea Adagiorum* o *Adagia* de ERASMO DE ROTTERDAM [1466-1536] un "Diccionario de Adagios y Refranes explicados" recopilado por Erasmo y publicado en Paris en el 1500. Aunque la frese original procede de las sátiras de AULO PERSIO FLACO [34-62] y nos llegó a través es del filosofo griego LUCIO ANNEO CORNUTO [c. siglo I] que se quedó con la biblioteca de su amigo Persio. La frase original de Persio era: *Auriculas asini Mida rex habet,* "El rey Midas tiene orejas de asno", pero Cornuto al entregar las sátiras a Nerón la cambió a: *Auriculas asini quis non habet?,* "¿Quién no tiene orejas de asno?" temeroso de que el tirano intuyera que tan evidente sátira iba dirigida él.

[165] Tanto en *The Treasury of David* como en la recopilación hecha por SAMUEL ANNESLEY [1620-1696] de los sermones de los puritanos en los *Morning Exercises at Cripplegate* aparece simplemente como *Mr. Simmons* o *Rev. Mr. Simmons.* Es posible que se trate de un seudónimo o de que el autor no deseara ser identificado.

[166] La expresión verbal hebrea חַיֵּנִי *ḥayyênî* de חָיָה *chayah,* aparece nueve veces a lo largo del Salmo 119: (25, 37, 40, 88, 107, 149, 154, 156, y 159).

Aseguraos de que vuestro entendimiento y vuestros afectos van juntos en vuestras oraciones, y en cada parte de cada oración, si queréis que sea una oración vivificante.

MATTHEW LAWRENCE
"The Use and Practice of Faith", 1657

Avívame en tu camino. Esto lo añade el salmista remarcando el énfasis: *"tu camino"; en oposición* a todos los demás caminos y exaltándolo por encima de todos ellos. Porque hay un camino cuádruple:

1. *Via mundi,* el camino del mundo; es una vía *spinosa:* llena de espinas.
2. *Via carnis,* el camino de la carne; es una vía *insidiosa:* traidora.
3. *Via Satana,* el camino del diablo; es una vía *tenebricosa:* tenebrosa.
4. *Via Domini,* el camino del Señor; es una vía *gratiosa:* llena de gracia.

MR. SIMMONS
"The Morning Exercises at Cripplegate", 1661

Avívame en tu camino. Esta breve oración:

1. Aborda la necesidad más frecuente y perentoria del creyente *"Avívame"*.
2. Nos dirige al único capaz de vivificar: *"tu - Dios"*
3. Describe el ámbito de la vivificación: *"en tu camino"*.
4. Denota que puede haber motivos y ocasiones especiales para esta oración:
   a. Momentos de tentación.
   b. Situaciones de aflicción.
   c. Llamamiento a algún servicio extraordinario.

GEORGE ROGERS [1799-1891]

Vers. 37-38. La oración no es otra cosa que una promesa invertida, o dicho de otro modo, la propia palabra de Dios convertida en argumento y replanteada de nuevo ante él como petición por medio de la fe. Debes saber, cristiano, que cuentas con la ley de tu parte. Las letras y los pagarés deben ser abonados irremisiblemente. David ora contra los pecados de mirada lasciva y corazón exánime: *"Aparta mis ojos mirar vanidades, y vivificadme en tu camino"* (119:37); "aparta" mis ojos y "vivifica" mi corazón. Y no deja de ser peculiar la manera como apoya su argumento y urge su petición: *"Confirma tu palabra a tu siervo"* (119:38). La honorabilidad de un hombre alcanza hasta donde alcance la veracidad y firmeza de su palabra, un hombre honorable siempre cumple sus promesas ¿y no lo hará Dios? Pero, ¿de dónde saca David ese argumento para utilizarlo al pedir ayuda contra estos pecados? Con toda probabilidad del pacto, que es la *Carta Magna.*[167] En la primera promesa que

[167] En sentido estricto se refiere a un documento firmado en 1215 por el rey JUAN I DE INGLATERRA [1168-1216], también conocido como "Juan sin Tierra" después de largas negociaciones con los nobles ingleses que lo presionaron para que la firmara a fin librarse de la opresión de los normandos; se le dio el nombre de *Magna charta libertatum,* "Carta magna de las libertadas" y desde entonces se utiliza este nombre para identificar el documento donde se relacionan los derechos y deberes de los que disfrutan y deben cumplir los ciudadanos de un país, y define y limita los poderes de sus instituciones. Suele dársele también el nombre de *Constitución* o *Ley de derechos fundamentales,* en tanto que tiene un rango superior a todas las demás leyes.

hallamos en las Escrituras leemos: *"la simiente de la mujer te herirá en la cabeza, y tú le herirás en el talón"*.[168]

WILLIAM GURNALL [1617-1679]
"Christian in complete armour, or, a treatise of the saints war against the Devil", 1655

Vers. 38. *Confirma tu palabra a tu siervo, que te teme.* *[Confirma tu palabra a tu siervo, dirigida a los que te temen.* RVR*] [Confirma a tu siervo tu palabra, que inspira reverencia por ti.* LBLA*] [Confirma tu Palabra a tu esclavo, que es para los que te temen.* BTX*] [Confirma tu promesa a este siervo, como lo has hecho con los que te temen.* NVI*] [Cumple la promesa que hiciste a este tu siervo que te honra.* BLP*] [Confirma a tu siervo tu promesa, la promesa que hiciste a los que te temen.* NTV*]* [169]

Confirma tu palabra a tu siervo. Dame la certeza de que tu Palabra es verdadera: garantízamelo y haz que me sienta seguro de ello.[170] Si poseemos el espíritu de servicio,[171] pero nos vemos turbados por pensamientos escépticos, la mejor solución es orar al Señor pidiendo ser confirmados en la verdad.[172] Vivimos tiempos en los que cada doctrina y cada promesa de la Palabra son cuestionadas y zarandeadas, y en consecuencia nuestra mente asediada: debemos apelar a Dios para que nos confirme en la fe, porque él desea que todos sus siervos sean bien instruidos y confirmados en su Palabra. Pero tengamos presente que debemos ser verdaderamente siervos del Señor, de lo contrario no seremos auténticos en su verdad. La santidad práctica es de gran ayuda para disfrutar de certeza doctrinal, pues si somos siervos de Dios, él confirmará su Palabra en nuestra experiencia. *"Si alguno hiciere su voluntad, conocerá la doctrina"*;[173] y tendremos plena certeza de ella. Para una persona temerosa de Dios, el ateísmo en el corazón es una plaga horrible, trae al alma mayor tormento del que cabe imaginar; y una vez asediada por él, tan solo un destello de la gracia puede liberarla. La vanidad o la falsedad son de por sí dañinas a los ojos; pero cuando contaminan el entendimiento y llenan el alma de dudas cuestionando la veracidad de la palabra del Dios vivo, son lo peor.

[168] Génesis 3:15.

[169] La versión griega de los LXX o Septuaginta lee: στῆσον τῷ δούλῳ σου τὸ λόγιόν σου εἰς τὸν φόβον σου que la Vulgata traduce al latín como: *"Statue servo tuo eloquium tuum in timore tuo"*, "Haz firme en tu siervo tu palabra, mediante tu temor". La versión sefardí de Ferrara traduce: *"Afirma a tu fiervo tu dicho, que a tu temor"*. La caldea Peshitta: *"Afirma a tu fiervo tu dicho, que a tu temo"*. KRAUS traduce: *"Mantén para tu siervo tu palabra, que se aplica a quienes te temen"*. SCHÖKEL: *"Cumple a tu siervo la promesa que hiciste a tus fieles."*.

[170] Dice JUAN CALVINO [1509-1564] es su exposición de este versículo: «El único fin lícito y uso legítimo de la oración es cosechar los frutos de las promesas de Dios. De lo que cabe deducir que cometen pecado quienes oran con deseos vagos y peticiones incoherentes. El profeta no se permite desear nada en absoluto fuera de aquello que Dios ha condescendido a prometer: *"Confirma tu palabra a tu siervo*" (119:38). Si nuestras peticiones coinciden con las promesas divinas, vamos sobre seguro».

[171] Mateo 20:28; Juan 13:13-38.

[172] 2 Pedro 1:12.

[173] Juan 7:17. Hemos utilizado una traducción literal de la versión inglesa KJV porque se ajusta mejor al argumento: *"If any man will do his will, he shall know of the doctrine"*.

El cual es fervoroso en tu temor.[174] O simplemente *"que es tu temor"*, según está en el texto hebreo.[175] Es decir: haz patente tu Palabra al santo temor dondequiera que exista; fortalece por completo el colectivo de aquellos que te reverencian. Confirma tu palabra, no solo a mí, sino a todos los piadosos que hay bajo el sol. También puede significar: *"Confirma tu palabra en tu temor"*, es decir: que todos los hombres sean conducidos a temerte; puesto que una fe segura en la promesa divina es la fuente y fundamento del temor piadoso. Los hombres jamás adorarán a un Dios en quien no creen. Una mayor dosis de fe deriva en un santo temor de Dios más sólido y contundente. No podemos aspirar al cumplimiento de las promesas en nuestra experiencia personal, a menos que vivamos bajo la influencia constante del temor del Señor: la confirmación en la gracia es resultado de una vigilancia santa y oración enérgica. A menos que practiquemos a diario aquello que profesamos creer, nunca nos sentiremos firmemente arraigados en nuestras creencias. La plena seguridad es recompensa a la obediencia. Aquellos cuyos corazones responden a los mandatos del Señor son quienes reciben respuestas a la oración. Si tenemos temor de Dios nos veremos libres de todos los demás temores. Aquel que con santo temor reverencia al Autor de la Palabra, no siente ningún temor a las verdades de la Palabra. El escepticismo es padre de la impiedad y la vez hijo de ella; mientras que una fe a toda prueba engendra piedad y es engendrada por ella. Recomendamos encarecidamente este versículo a toda persona piadosa con tendencia al escepticismo: es una oración admirable que puede utilizar con eficacia en momentos de duda y crisis de recelo.

C.H. SPURGEON

Confirma tu palabra a tu siervo. En base a lo expuesto por el propio salmista en los versículos anteriores, quizá sería más apropiado decir: *"Despliega tu palabra delante de tu siervo"*; es decir, sostenla delante mis ojos, de mi mente, de mis pasos, y de mi corazón. Haz que todo cuanto sea vanidad pase de largo de modo que tan siquiera lo vea; en cambio tu Palabra sea desplegada, confirmada es establecida delante de mi, para que la vea constantemente, y así, a través de ella pueda ver mi camino hacia ti.

FREDERICK G. MARCHANT DE HITCHIN [1839-1881]

Confirma tu palabra a tu siervo. Parece un tanto extraño que un hombre que se declara un *"siervo de Dios"* verdadero y *"fervoroso en su temor"* ore pidiendo confirmación de la Palabra, algo que se supone debía tener sobradamente: la certeza de la Palabra. ¿Cómo podía ser siervo de Dios y vivir en el temor de Jehová si carecía de lo más elemental? Por un lado afirma su consagración personal de forma clara y contundente; y por el otro ora pidiendo aquello que es base fundamental de la consagración.[176] Quien no cuenta con una confirmación absoluta de la certeza de la palabra de Dios no puede en

---

[174] Traducción libre de la KJV *"Stablish thy word unto thy servant, who is devoted to thy fear"* "*Confirma tu palabra a tu siervo, quien es leal a tu temor*". LBLA lo traduce como: *"que inspira reverencia por ti"*.

[175] En hebreo אֲשֶׁר לְיִרְאָתֶךָ *'ăšer ləyir'āṯeḵā.* Esta forma derivada de la palabra יִרְאָה *yiraw'*, "temor", solo aparece en este versículo.

[176] AGUSTÍN DE HIPONA [354-430] dice al respecto: «Habiendo dicho: *"Aparta mis ojos de ver vanidades; avívame en tu camino"* añade: "*Confirma tu palabra a tu siervo, mediante tu temor*" [...] Puesto que no puede decirse que la Palabra de Dios se halle firmemente establecida en aquellos que oscilan constantemente de un lado a otro, arrastrados (en griego por cualquier viento nuevo de doctrina (Efesios 4:14-16), sino en aquellos que temerosos de Dios permanece firmes e inamovibles. Dios establece su palabra a través de su temor en aquellos a quienes concede espíritu de su temor. Pero no ese temor servil sobre cual nos dice el apóstol que engendra: *"espíritu de servidumbre para recaer en el temor"*, sino en *"espíritu de adopción como hijos, por el cual clamamos: ¡Abbá, Padre!"* (Romanos 8:15); pues *"el perfecto amor echa fuera*

modo alguno llamarse siervo del Señor. Y si se declara *"siervo"*, ¿por qué ora diciendo *"confirma tu palabra"*? ¿Y dice también en este mismo Salmo: *"Hazme andar por la senda de tus mandamientos, porque en ella me deleito"*?[177] Afirma que es su senda favorita, elegida por él porque es su deleite; y no obstante exclama: *"hazme andar por ella"*, como si se tratara de algo a lo que debe ser forzado. Esta aparente contradicción o discrepancia solo se puede explicar a través de la experiencia personal, y de hecho, no hay otra manera de explicarla. ¿Acaso la condición del salmista no es común a muchos de nosotros por no decir a todos? *"Confirmados"*, pero zarandeados;[178] *"fervorosos"*, pero inciertos;[179] *"sirviendo"* a Dios con verdadera entrega, pero buscando y anhelando instrucciones más claras, aprobación de más arriba,[180] y una gracia más profunda para mejorar el servicio; *"creyendo"*,[181] pero llorando a lagrima viva[182] y exclamando: *"¡Creo; ayuda mi incredulidad!"*.[183]

ALEXANDER RALEIGH [1817-1880]

"The Little Sanctuary and other Meditations", 1872

Confirma tu palabra a tu siervo. ¿Por qué ora David diciendo: *"Confirma tu palabra"* cuando la palabra de Dios es en si misma lo más cierto y seguro que podamos encontrar? *"Tenemos la palabra profética más segura"*,[184] o más estable, según parece ser el sentido de la palabra original. ¿Cómo puede la Palabra ser más segura y estable de lo que es? Respondo, es segura en cuanto a Dios, del cual procede, y es segura en sí misma. Con respecto a esto no puede ser más segura y estable, no puede haber estira y encoge. Pero en lo que a nosotros se refiere, la cosa es mucho más cuestionable, en tanto que depende de dos cosas:

1. *Por la seguridad interior que proporciona el Espíritu al incrementar nuestra fe.* La debilidad de nuestra fe es enorme, como evidencian nuestros temores, dudas, desconfianzas; lo cual reclama cada vez mayores seguridades y certezas. Necesitamos exclamar con lágrimas como el padre del endemoniado: *"Señor, creo, ayúdame en mi incredulidad;*[185] y clamar con los apóstoles: *"Señor, aumenta nuestra fe"*.[186] Que uno crea, no significa que no pueda creer más. Y es en este sentido que la Palabra puede ser confirmada en nosotros; cuando el Señor confirma nuestra confianza en ella, llevándonos a verla como una base segura sobre la cual apoyar nuestra fe.

2. *Por las acciones externas en cumplimiento de lo prometido.* Cuando la promesa se hace realidad ante nuestros ojos. Cada acontecimiento que sucede según la Palabra es un testimonio evidente de la verdad de misma, un sello de confirmación que fortalece nuestra fe. Y esto en tres maneras:

a. El cumplimiento de una promesas en un momento dado fortalece nuestra fe dando base a la esperanza suficiente de que se cumplirán también en otro. Cristo se enfadó con sus discípulos por no recordar el milagro de la multiplicación de los panes y los peces cuando se

al temor; porque el temor comporta castigo, y el que teme, no ha sido perfeccionado en el amor" (1 Juan 4:18). De lo que habla, por tanto, el salmista, es de ese temor perfecto del cual afirma en otro salmo que: *"es limpio, que permanece para siempre"* (Salmo 19:9); y anticipa el profeta refiriéndose al Mesías que: *"su deleite estará en el temor del Señor"* (Isaías 11:3)».

[177] Salmo 119:35.
[178] Lucas 22:31.
[179] Juan 20:24-29.
[180] Juan 14:8.
[181] 2 Timoteo 1:12
[182] Salmo 126:6.
[183] Marcos 9:24.
[184] 2 Pedro 1:19.
[185] Marcos 9:24.
[186] Lucas 17:5.

encontraron en una situación semejante. *"¿Todavía no entendéis ni recordáis los cinco panes para los cinco mil, y cuántas cestas recogisteis?"*[187] En cada dificultad que enfrentamos debemos recurrir a una experiencia anterior del mismo tipo como medio de confirmación: *"el cual nos libró de tan gran peligro de muerte y nos librará, y en quien hemos puesto nuestra esperanza de que aún nos ha de librar"*.[188] Cuando enseñamos a un niño a deletrear nos molesta si después de haberle mostrado y explicado una letra un par o tres de veces, cuando se la mostramos de nuevo no la reconoce; así también Dios se enoja con nosotros cuando después de haber vivido experiencias del cumplimiento de su Palabra en esto, en aquello y en otras cosas más, nuestras dudas permanecen o reaparecen.

b. El cumplimiento de una promesa confirma otra; pues Dios, según obra en un momento dado, obrará también en otro: *"Fui librado de la boca del león. Y el Señor me librará de toda obra mala, y me preservará para su reino celestial"*.[189] En situación tan delicada como era la del apóstol, Dios no le falló; y de ello deduce que Aquel que le fue fiel entonces lo seguirá siendo hasta el fin. Esta misma certeza podemos tener también nosotros.

c. Cuando la Palabra se cumple en parte, nos garantiza el cumplimiento del todo. Es como un anticipo otorgado sobre todo lo demás: *"porque todas las promesas de Dios son en él Sí, y en él Amén, por medio de nosotros, para la gloria de Dios"*.[190] El cristiano cuenta con numerosas promesas, muchas de ellas se cumplen a diario: Dios está constantemente liberándonos, consolándonos,[191] protegiéndonos,[192] infundiendo paz en nuestros corazones;[193] pero la parte principal está aún pendiente de realizar, aunque las experiencias presentes nos garantizan lo que está por venir. Por tanto, *"Confirma tu palabra"*, equivale a decir: demuéstralo ahora en este asunto que me preocupa; para que en otra ocasión aprenda a confiar, bien sea respecto a lo mismo, u otras promesas y acontecimientos de tu Palabra.

THOMAS MANTON [1620-1677]
"One hundred and ninety sermons on the hundred and nineteenth Psalm", 1681

Confirma tu palabra a tu siervo. Demuéstrala; haz que me parezca firme y verdadera; que mi mente no vacile ni se muestre escéptica con respecto a tu verdad. Una oración contra la influencia de la duda y el escepticismo; una plegaria pidiendo que no surjan cuestionamientos en su mente, ni haya lugar en ella para las objeciones y negaciones del escepticismo. Hay personas con una mente escéptica e incrédula por naturaleza; y para las tales esta oración es peculiarmente adecuada. Aunque ninguno deberíamos considerar impropio orar para que la palabra de Dios resulte fiel y verdadera ante nuestros ojos en todo momento; que jamás nuestras mentes caigan bajo la influencia nociva de la duda y la incredulidad.

ALBERT BARNES [1798–1870]
"Notes, critical, explanatory, and practical, on the book of Psalms", 1868

---

[187] Mateo 16:9.
[188] 2 Corintios 1:10.
[189] 2 Timoteo 4:17-18.
[190] 2 Corintios 1:20.
[191] 2 Corintios 1:3.5.
[192] Salmo 23:4.
[193] Romanos 15:33; 16:20; 2 Corintios 13:11; Filipenses 4:9; 1 Tesalonicenses 3:16; Hebreos 13:20-21.

El cual es fervoroso en tu temor. La partícula hebrea אֲשֶׁר *asher'* es un pronombre relativo, y su relación tanto puede establecerse con la *"Palabra"* como con el *"siervo"*; esto es: *"la cual (es) tu temor"*, o *"el cual (está en) tu temor"*.

1. Relativo a la "Palabra". En este caso sería: *"Confirma tu Palabra a tu siervo, la cual es tu temor"* o mejor dicho *"la cual es dada para que seas temido"*; haciendo así de la propia palabra de Dios el principal argumento y aliciente para temerle, reverenciarle y obedecerle. La palabra de Dios fue designada para infundir el temor de Dios en nuestros corazones y fomentar nuestra reverencia a él; no para que podamos jugar con sus promesas y alimentar con ellas nuestras concupiscencias.[194]

2. Aunque prefiero nuestra traducción,[195] que tiene un sentido parecido al pasaje que dice: *"mas yo oraba"*,[196] en el original hebreo וַאֲנִי תְפִלָּה *wa'ănî ṯəp̄illāh, "yo (soy) oración"*. De igual modo puede traducirse aquí: *"Confirma tu palabra a tu siervo, el cual (está en) tu temor"*. Para hacerlo más comprensible nuestros traductores añaden *"fervoroso en"*, es decir, que adopta como objetivo, como propósito y deseo permanecer en el temor de Dios.

Esto se añade a modo de descripción del auténtico carácter de los siervos de Dios, como algo fundamental en ellos: *"El principio de la sabiduría es el temor de del Señor"*,[197] el punto uno de la lista. Cuando empezamos a ser sabios, el temor de Dios nos hace sabios para salvación. Y se añade también como argumento de oración: *"Te ruego, oh Señor, que tu oído esté atento ahora a la oración de tu siervo, y a la oración de tus siervos, quienes desean temer tu nombre"*.[198] Cuanto más se entregan al temor de Dios, más seguridad tienen del amor de Dios y de su disposición a oírlos desde el trono de la gracia.

THOMAS MANTON [1620-1677]
"One hundred and ninety sermons on the hundred and nineteenth Psalm", 1681

El cual es fervoroso en tu temor. El que ha recibido del Señor la gracia de temerle, puede atreverse a reclamar de él cualquier cosa buena que precise; porque el temor de Dios lleva anexas las promesas de todas las demás bendiciones.

WILLIAM COWPER [1566-1619]
"A Commentary upon CXIX Psalm", 1613

El cual es fervoroso en tu temor. Aquel que elige a Dios queda dedicado a Dios, como fueron los vasos del santuario consagrados y separados de los usos comunes para usos santos;[199] por tanto, quienes han elegido a Dios para ser su Dios, se han consagrado a Dios y no pueden seguir dedicados a usos profanos.

THOMAS WATSON [1620-1686]
"Saint's Spiritual Delight", 1660

El cual es fervoroso tu temor. El temor de Dios se hace evidente en:

1. Miedo a su desagrado.
2. Deseo de su favor.

---

[194] Santiago 4:3.

[195] Se refiere a la versión inglesa KJV: *"who is devoted to thy fear"*.

[196] Salmo 109:4.

[197] Proverbios 9:10.

[198] Nehemías 1:11.

[199] Números 7:1; Esdrás 8:24-30.

3. Admiración de sus excelencias.
4. Sumisión a su voluntad.
5. Gratitud por sus beneficios.
6. Obediencia consciente a sus mandamientos.

CHARLES BUCK [1620-1686]
"A Theological Dictionary", 1802

El cual es fervoroso tu temor. Hay cuatro clases distintas de temor:

1. El temor humano, que nos induce a obrar mal más bien que a padecerlo.
2. El temor servil, por el cual somos inducidos a evitar el pecado únicamente por temor al infierno.
3. El temor inicial,[200] que nos lleva a evitar el pecado en parte por temor al infierno, y en parte por amor a Dios. Es el temor de la mayoría de cristianos comunes y corrientes.
4. El temor filial, que se da cuando sentimos miedo a desobedecer a Dios única y exclusivamente por el amor que le profesamos: *"Haré con ellos un pacto eterno, por el que no me apartaré de ellos, para hacerles bien, e infundiré mi temor en sus corazones para que no se aparten de mí"*.[201]

MICHAEL AYGUAN [1340-1416][202]
citado por JAMES EDWARD VAUX [1828-¿?]
en *"Preacher's Storehouse"*, 1878

Vers. 39. *Quita de mí el oprobio que he temido, porque buenos son tus juicios.* *[Quita de mí el oprobio que he temido, pues tus juicios son buenos.* RVR*] [Quita de mí el oprobio que me causa temor, porque tus juicios son buenos.* LBLA*] [Aleja de mí el oprobio que temo, porque tus preceptos son buenos.* BTX*] [Líbrame del oprobio que me aterra, porque tus juicios son buenos.* NVI*] [Aleja de mí la burla que me inquieta, porque son buenas tus decisiones.* BLP*] [Ayúdame a abandonar mis caminos vergonzosos, porque tus ordenanzas son buenas.* NTV*]*[203]

---

[200] El "amor inicial" es un concepto acuñado por la teología escolástica, especialmente en TOMAS DE AQUINO [1224-1416], y ligado al de "atrición", que es el aborrecimiento del pecado que surge del reconocimiento de su misma aberración y miedo al infierno. Pero la atrición no basta como acto de arrepentimiento por si sola, debe incluir por parte del pecador un amor inicial de Dios como origen de toda justicia. Este amor inicial impulsa el deseo de aumentar el conocimiento de Dios y de amarle cada vez más profundamente.

[201] Jeremías 32:40.

[202] Se refiere a MICHAEL AYGUAN [c.1340-c.1416], famoso comentarista carmelitano del siglo XIV, conocido también por el sobrenombre de *"Doctor Incognitus"*, y que algunos eruditos identifican con el carmelita italiano Miguel Angriani o Miguel de Bolonia, autor entre otras muchas obras de un *"Commentaria in Psalmos Davidicos auctoris incogniti: cum additionibus noviter desumptis ex commentarijs manuscriptis eusdem auctoris"*.

[203] La versión griega de los LXX o Septuaginta lee: περίελε τὸν ὀνειδισμόν μου, ὃν ὑπώπτευσα· τὰ γὰρ κρίματά σου χρηστά que la Vulgata traduce al latín como: *"Amputa opprobrium meum quod suspicatus sum, quia judicia tua jucunda"*, "Corta el oprobio mío, que he sospechado, porque tus juicios son agradables". La versión sefardí de Ferrara traduce: *"Faze paffar mi repudio que temi, por que tus juizios buenos"*. La caldea Peshitta: *"Quita de mí el oprobio, porque tus juizios buenos"*. KRAUS traduce: *"¡Aparta de mí el oprobio, que me estremece, porque tus juicio sons buenos!"*. SCHÖKEL: *"Apártame la afrenta que temo; tus mandamientos son buenos"*.

Quita de mí el oprobio que he temido. Temía el reproche merecido; el solo pensamiento de que el enemigo blasfemara por causa de cualquier inconsistencia notoria de su parte, le hacia temblar.[204] Debemos temer esto, y permanecer vigilantes para evitarlo. La persecución en forma de calumnia es algo sobre lo que también podemos orar, porque es una prueba muy amarga, quizás la más dura de las pruebas a las que se pueda ver sometida una persona de mente sensible. Muchos preferirían arder en la hoguera antes que el escarnio y la burla. David era susceptible a la vez que irascible, y probablemente tenía pánico a la calumnia porque despertaba su ira y le hacía perder el control, era incapaz de anticipar sus reacciones bajo provocación. Si Dios aparta nuestros ojos de la falsedad, también podemos esperar que alejará la mentira que dañe nuestro buen nombre. Si nos apartamos de las mentiras, Dios nos guardará de ellas.

Porque buenos son tus juicios. Por tanto, le preocupa que alguien pueda vilipendiar los caminos de Dios partiendo de una noticia desfavorable que le involucre a él. Cuando somos objeto de calumnias, lloramos dolidos, más por el escarnio que implica de nuestra fe que de nosotros mismos. Si se contentan con atribuirnos el mal, sin ir más lejos, podemos soportarlo, porque reconocemos que somos malos; pero nuestra tristeza es que malogran la Palabra y el carácter de Dios, que es bueno por naturaleza, y con el cual ningún otro bien es comparable.[205] Cuando escuchamos a los hombres criticar la forma en que Dios gobierna el universo, es nuestro deber y privilegio defender sus caminos, y declarar como el salmista enérgicamente delante de él: *"buenos son tus juicios"*; y lo mismo deberíamos hacer cuando atacan su Palabra: la Biblia, el Evangelio, la Ley; o el nombre de nuestro Señor Jesucristo. Pero eso sí, con mucha precaución de que no puedan presentar contra nosotros y nuestra manera de proceder acusaciones verdaderas; pues en tal caso, nuestro testimonio no será más que palabras lanzadas al viento.

Esta oración contra el reproche es paralela a la del versículo séptimo de la octava anterior: *"Me he apegado a tus testimonios; oh Jehová, no me avergüences"* (119:31), y en general a muchos otros versículos séptimos en otras octavas que hablan de oposición externa y paz interna, de ataque por parte de los enemigos frente a una satisfacción santa en su interior.[206] Fijémonos también en aquello que considera como "bueno" en particular: *"Buenos son tus juicios"* (119:39); *"Bueno eres tú, y bienhechor"* (119: 68); *"Bueno me es haber sido humillado"* (119:71); y *"Buen juicio y conocimiento"* (119:66).

C.H. SPURGEON

Quita de mí el oprobio que he temido. También del oprobio, como de la vanidad a la que hace referencia en el versículo treinta y siete (119:37); pide el salmista ser apartado, que el Señor lo quite de delante de su mirada. Deseaba tener su visión inclinada por completo y todo su ser concentrado exclusivamente en la Palabra. El oprobio que teme es al que ya se había referido en los versículos veintiuno y veintidós (119:21-22), y probablemente en el treinta (119:31). Los soberbios habían errado, apartándose de los mandamientos, siendo objeto de reprensión; y es de este oprobio y vergüenza en que habían caído ellos que el salmista desea que el Señor le libre, que lo aparte de su vista.

Pues tus juicios son buenos. Esto lo añade como la razón por la cual pide que el oprobio sea apartado de él. Los soberbios habían valorado a la ligera y hablado despectivamente de los juicios divinos,

[204] En este sentido FRANZ DELITZSCH [1813-1890] aclara que este oprobio o reproche, al que tanto teme el salmista, no es el que otros puedan hacerle en razón de su fidelidad a Dios y apego a su ley, sino todo lo contrario: el derivado de su negación quebrantándola.

[205] Salmo 16:2; 73:25; Lucas 18:18-19.

[206] Salmo 119:23, 31, 39, 71, 87, 95, 143.

y de ahí la reprensión y su oprobio; el salmista afirma que tales juicios *"son buenos"*, y en base a su afirmación, espera no ser objeto de oprobio.[207]

FREDERICK G. MARCHANT DE HITCHIN [1839-1881]

Quita de mí el oprobio que he temido, pues tus juicios son buenos. En estas palabras tenemos tanto una petición, como el argumento sobre el que se apoya.

1. La petición: *"Quita de mí el oprobio que he temido"*. En hebreo הַעֲבֵר *ha'ăḇêr* de עָבַר *abar,*[208] "apártalo, quítamelo de delante, hazlo pasar". Se sentía revestido de oprobio y clama diciendo "quítamelo de encima". Algunos opinan que se refiere a la sentencia condenatoria de Dios,[209] que evidentemente se convertiría para él en oneroso oprobio; o quizá alguna reprensión importante de parte de Dios a causa de algún pecado en concreto.[210] Personalmente pienso que se refiere más bien al reproche de sus enemigos; y que lo llama *"mi oprobio"*,[211] bien por considerar que lo merecía; o por haber recaído sobre él a través de la malicia de sus enemigos, pues era su lote y porción en este mundo: *"el oprobio que he temido";* es decir: el cual tengo sobrados motivos para esperar y soy sensible a sus tristes consecuencias.[212]

2. El argumento: *"Pues tus juicios son buenos"*. Con respecto a la forma del argumento hay diferentes opiniones. Algunos lo entienden del siguiente modo: «No permitas que sufra oprobio por apegarme a tu Palabra, pues tus juicios son buenos». Pero David no habla aquí de padecer oprobio por causa de la justicia, sino de un oprobio que caería sobre él a causa de sus propios fallos y debilidades. El oprobio padecido por causa de la justicia más bien debe ser motivo de *"regocijo"*.[213] Pero lo que dice es: *"que me causa temor"*, lo cual no apoya en absoluto esta teoría. Tampoco acepto el sentido inverso: «¿Por qué he de sufrir reproche y ser visto como un malvado siendo que guardo tu ley y observo tus estatutos? Me juzgan injustamente, pero yo apelo a tu buen juicio».

Por *"juicios"* podemos entender el trato recibido de Dios. *"No nos ha tratado según nuestros pecados, ni nos ha pagado conforme a nuestras iniquidades"*;[214] sus dispensaciones son bondadosas y benevolentes. Mejor aún: por *"juicios"* se entiende los caminos, estatutos y ordenanzas de Dios; llamados *"juicios"*, porque todas nuestras obras, palabras y pensamientos, han ser juzgados de acuerdo con las declaraciones y sentencias de la Palabra. Por tanto, –dice el salmista–, sería lamentable que en mí tuvieran que sufrir oprobio e ignominia. Esto es a lo que temo más que a cualquier otra cosa.

---

[207] KRAUS entiende el מִשְׁפָּטֶיךָ *mišpāṭeḵā*, *"tus juicios"*, como los juicios divinos por medio de los cuales se puso fin la ignominiosa calumnia lanzada contra el orante y su consecuente oprobio. Pero tanto FRANZ DELITZSCH [1813-1890] como JOHANN PETER LANGE [1802-1884] estiman como evidente que no se refiere a ningún juicio o sentencia divina sobre algún caso o circunstancia concreta en particular, sino más bien, como en todo el resto del salmo, a los preceptos de la ley escrita y los juicios implícitos que derivan de su quebrantamiento.

[208] Utiliza el mismo verbo hebreo que en el versículo 37 cuando dice *"Aparta de mí"*, por lo cual el lector habrá bien en leer el comentario de FREDERICK G. MARCHANT [1839-1881], y las correspondientes notas lingüísticas.

[209] 2 Samuel 12:7.

[210] 2 Samuel 24:10-14; 1 Crónicas 21:1-10. Ver también 1 Samuel 21:10-15; 27:1-12.

[211] La versión inglesa KJV es más explícita y traduce: *"Turn away my reproach which I fear"*, utilizando el pronombre personal *"mi oprobio"*. Las versiones españolas traducen todas: *"el oprobio"*, con lo que el argumento del autor no mantiene la misma fuerza.

[212] 2 Samuel 12:10-12.

[213] Mateo 5:10-12; 2 Corintios 4:17-18.

[214] Salmo 103:10 LBLA.

Pienso, pues, que el argumento viene a ser más bien este: «Señor, hay en tu ley, palabra, pacto, muchas promesas para alentar a tu pueblo; y también normas para defender el honor y crédito de tu pueblo.

THOMAS MANTON [1620-1677]

"One hundred and ninety sermons on the hundred and nineteenth Psalm", 1681

Quita de mí el oprobio que he temido. El sentido del hebreo es: *"Quita de mí el reproche o reprensión"*. Como si hubiese dicho: «Oh Señor, si llego a cometer alguna acción grave en contra de tu ley justa y bondadosa, sí, alguna transgresión tan notoria que tienda a mi vergüenza; te ruego que la apartes de mí». O puede también que quiera decir: «Señor, por causa de mis numerosos y graves pecados, por mencionar alguno el de adulterio y homicidio, he traído sobre mi persona vergüenza y reproche entre los hombres; te suplico que la apartes de mí».

De la primera conclusión aprendemos:

1. Que los creyentes están sujetos a pecados notorios.
2. Que en ellos tales pecados son motivo de vergüenza, a pesar de que los impíos no se avergüencen de ellos.
3. Que únicamente Dios puede quitar esta vergüenza.
4. Que podemos orar pidiéndole que nos la quite, incluso delante de los hombres; de manera especial cuando esta vergüenza puede redundar en el descrédito y deshonra de Dios.
5. Que debido a ello los creyentes son más celosos de sí mismos.
6. Que la manera de evitar el pecado es sentir miedo a pecar.

De la segunda conclusión aprendemos que el recuerdo de nuestros pecados anteriores debe servirnos para alentar nuestra oración a Dios; a fin de que no seamos objeto se reprensión y reproche en esta vida, ni confundidos y avergonzados en la vida venidera.

RICHARD GREENHAM [1535-1594]

"Very Godly Meditations on the 119 Psalm", 1605

Quita de mí el oprobio que he temido, porque buenos son tus juicios. Ese oprobio al que hace referencia al salmista es el reproche al que el mundo somete a todos los que tienen temor de Dios. Y debe ser temido porque representa una gran tentación a la apostasía.

JAMES G. MURPHY [1808-1896]

"A critical and exegetical commentary on the book of Psalms", 1875

Porque buenos son tus juicios. Uno habría esperado que dijera más bien: «Quita de mí el oprobio que he temido, porque eres misericordioso». Pero no, no utiliza la misericordia como argumento a su favor, sino que dice: *"buenos son tus juicios"*. Y lo de *"buenos"* todavía nos desconcierta más. Pues de haber dicho: «Quita de mí el oprobio que he temido, porque tus juicios son horrendos» lo captaríamos a la primera. Pero dado que la afirmación es bien clara: *"Porque buenos son tus juicios"* no nos queda sino concluir que se refugia en los *"juicios"* del Señor. A saber: que el juicio justo del Señor lo vindicaría contra todos los juicios injustos de los hombres; y en cuanto al juicio mismo de Dios sobre él, también lo vindicaría, puesto que se había refugiado en la expiación que el Señor había designado.

JOHN STEPHEN [1800-1881]

"The Utterances of the CXIX Psalm; Expounded in a Series of Lectures", 1861

Porque buenos son tus juicios. Los juicios de los impíos son juicios malos, pero los juicios de Dios son buenos; ora contra unos, y apela a los otros: teme a unos, y se encomienda a los otros. Ahora bien, los juicios que Dios pronuncia en su Palabra, ya sean amenazas en la Ley, o consolaciones en el

Evangelio, así como también aquellos que ejecuta en el mundo, ya sean sobre los buenos o sobre los malos, son siempre buenos.

1. Porque Dios es la bondad misma.[215]
2. No puede ser engañado.[216]
3. No puede ser sobornado.[217]
4. No hace acepción de personas,[218] sino que juzga según la obra de cada uno.[219]

RICHARD GREENHAM [1535-1594]
"Very Godly Meditations on the 119 Psalm", 1605

Quita de mí el oprobio que he temido, porque buenos son tus juicios. El *"oprobio"* que el poeta afirma temer en este versículo, no es el reproche por confesar a Dios, sino de negar a Dios.

FRANZ JULIUS DELITZSCH [1813-1890]
"Biblical commentary on the Psalms", 1859

Quita de mí el oprobio que he temido, porque buenos son tus juicios. El argumento que esgrime demuestra cuanto temía a la reprensión de Dios. El *"reproche"* de los hombres –se dice a si mismo– proviene de un juicio corrupto y condena donde Dios absuelve, por tanto, no lo temo ni me preocupa; pero sé, Señor, que tu reprensión es siempre merecida: *"porque buenos son tus juicios"*.

WILLIAM NICHOLSON [1591-1672]
"David's harp strung and tuned, or, An easie analysis of the whole book of Psalms", 1662

Vers. 40. *He aquí yo he anhelado tus mandamientos; vivifícame en tu justicia.* *[He aquí yo he anhelado tus mandamientos; vivifícame por tu justicia.* RVR*] [He aquí, anhelo tus preceptos; vivifícame por tu justicia.* LBLA*] [He aquí, anhelo tus mandamientos, vivifícame en tu justicia.* BTX*] [¡Yo amo tus preceptos! ¡Dame vida conforme a tu justicia!* NVI*] [Siento amor por tus preceptos, por tu justicia dame vida.* BLP*] [¡Anhelo obedecer tus mandamientos! Renueva mi vida con tu bondad.* NTV*]*[220]

He aquí yo he anhelado tus mandamientos. Cuanto menos puede alegar sinceridad. Está profundamente abatido por el sentimiento de su debilidad y necesidad de gracia; pero en todas las cosas quiere ser conforme a la voluntad divina. Allí donde estén nuestros anhelos, es donde realmente estamos

[215] Salmo 31:19; 106:1; 107:1; 118:1 136:1.
[216] Job 13:19; Gálatas 6:7.
[217] Deuteronomio 16:19; 10:17.
[218] Deuteronomio 10:17; 2 Crónicas 19:7; Hechos 10:34; Romanos 2:11; Gálatas 2:6; Efesios 6:9; Colosenses 3:25.
[219] 1 Pedro 1:17.
[220] La versión griega de los LXX o Septuaginta lee: ἰδοὺ ἐπεθύμησα τὰς ἐντολάς σου· ἐν τῇ δικαιοσύνῃ σου ζῆσόν με que la Vulgata traduce al latín como: *"Ecce concupivi mandata tua: in aequitate tua vivifica me"*, "Mira, que yo he codiciado tus mandamientos; en tu justicia vivifícame". La versión sefardí de Ferrara traduce: *"He deffeè à tus encomendanças, en tu juftedad abiviguame"*. La caldea Peshitta: *"He anhelado tus mandamientos; vivifícame conforme a tu justicia"*. KRAUS traduce: *"He aquí que anhelo tus ordenanzas; ¡por medio de tu justicia, vivifícame!"*. SCHÖKEL: *"Mira cómo ansío tus decretos; con tu justicia dame vida"*.

ante los ojos de Dios. Si bien no hemos alcanzado la perfección, sí hemos tenido hambre de ella; y el que nos ha dado el deseo, nos concederá también el logro. Los preceptos divinos son agravios para los impíos; por tanto, cuando el cambio que se da en nosotros es tan radical como para anhelarlos, tenemos pruebas fehacientes de nuestra conversión, y podemos concluir con seguridad que el que comenzó en nosotros la buena obra, la perfeccionará.[221]

Vivifícame por tu justicia. Dame más vida para proseguir guardando tu justa ley; o bien: dame más vida porque has prometido escuchar la oración, y es conforme a tu justicia mantener tu palabra. ¡Con qué constancia y asiduidad pide David ser vivificado![222] Pero jamás es demasiado. Necesitamos ser vivificados cada hora del día porque tristemente somos muy dados a al adormecimiento, lentitud y languidez en lo que respecta a los caminos de Dios.[223] El Espíritu Santo puede derramar nueva vida en nosotros;[224] no cesemos en clamarle. Que la vida espiritual que ya poseemos se manifieste anhelando cada vez más.[225]

Hasta aquí los versos finales de cada octava han presentado por lo general un toque de resolución cara al futuro, de compromiso, esperanza y oración: **Alef:** *"Tus estatutos guardaré; no me abandones del todo"* (119:8); **Bet:** *"Me regocijaré en tus estatutos; no me olvidaré de tus palabras"* (119:16); **Guímel:** *"Pues tus testimonios son mis delicias y mis consejeros"* (119:24); **Dálet:** *"Por el camino de tus mandamientos correré, cuando ensanches mi corazón."* (119:32); En la presente, los frutos anteriores de la gracia se transforman en súplica de mayor bendición: **Hei:** *"He aquí yo he anhelado tus mandamientos; vivifícame por tu justicia."* (119:40). El clamor de este versículo es: ¡Firmes y adelante en la vida celestial!

C.H. SPURGEON

He aquí yo he anhelado tus mandamientos; vivifícame por tu justicia. Viene a ser como una versión más intensa de la declaración que acababa de hacer en el versículo anterior: *"Porque buenos son tus juicios"* (119.39). Tan buenos los consideraba que deseaba más y más. Hasta el punto que ora implorando más vida para poder proseguir en el camino que ellos le señalan:*" vivifícame por tu justicia"*. Quién anhela realmente la verdad divina, lamenta no disponer de más tiempo para practicarla.[226] Cuando en el corazón no hay amor, la mente carece de luz y alcanza tan solo a juzgar los preceptos erróneamente. *"Los de limpio corazón"*[227] poseen una capacidad de visión con la mente muy superior a la de los impuros: *"Resplandeció en las tinieblas una luz para los rectos"*.[228] El amor aumenta el discernimiento de tal modo, que aquel que ama de verdad, encuentra a menudo que su valoración de la bienaventuranza que deriva de esa verdad, supera incluso su anhelo por ella. Por tanto, son los vivificados quienes gritan, *"vivifícame"*; son quienes disfrutan de deseos vivificados los que oran implorando más vivificación; son quienes poseen vida los que oran por más vida en el camino de la rectitud y la justicia.

FREDERICK G. MARCHANT DE HITCHIN [1839-1881]

---

[221] Filipenses 1:6.

[222] La expresión verbal hebrea חַיֵּנִי *ḥayyênî* de חָיָה *chayah, "vivifícame"*, aparece nueve veces a lo largo del Salmo 119: (25, 37, 40, 88, 107, 149, 154, 156, y 159). Ver nota 15 en el versículo 25.

[223] Efesios 5:16; Colosenses 4:5.

[224] Juan 6:63; Romanos 5:5; 2 Corintios 3:6.

[225] Dice AGUSTÍN DE HIPONA [354-430]: «En mí solo hallo muerte, y no hallo donde vivir sino vivo en ti».

[226] Dice al respecto JOSEPH ADDISON ALEXANDER [1809-1860]: «*"Anhelar"* los mandamientos de Dios implica anhelar el entendimiento preciso para conocerlos y anhelar la gracia necesaria para obedecerlos».

[227] Salmos 24:4; Mateo 5:8.

[228] Salmo 112:4.

He aquí yo he anhelado tus mandamientos. Con frecuencia nos vemos arrastrados inconscientemente a *"anhelar"* las promesas de Dios más que sus *"mandamientos"*; olvidando que nuestro privilegio y seguridad está en considerarlos por igual: obedecer los mandamientos en total dependencia de las promesas, y esperar el cumplimiento de las promesas en el camino de la obediencia a los mandamientos.

CHARLES BRIDGES [1794-1869]
"Exposition of Psalm 119", 1827

Mandamientos. La expresión לְפִקֻּדֶיךָ *bəṣiḏqāṯəḵā* de צְדָקָה *tsedaqah* que traducimos aquí por "mandamientos" deriva de una raíz que significa depositar la confianza, entregar algo para su custodia: *"guarda lo que se te ha encomendado.*[229] Implica obligaciones establecidas, compromisos contraídos con Dios, y que por consiguiente tienen que ver con la conciencia de la que el hombre es plenamente responsable como ser inteligente. Los mandamientos no se asimilan de manera tan obvia como la ley y los testimonios. Es preciso buscarlos: *"He aquí yo he anhelado tus mandamientos"* (119:40), *"porque busqué tus mandamientos"* (119:45), *"Porque voy buscando tus mandamientos"* (119:94) […] Y son una ley de libertad: *"Y andaré en libertad, porque busqué tus mandamientos"* (119:45).[230]

JOHN JEBB [1805-1886]
"A literal translation of the book of Psalms: intended to illustrate their poetical and moral structure: to which are added dissertations on the word Selah, and on the authorship, order, titles, and poetical features of the Psalms", 1846

Vivifícame por tu justicia. Antes había dicho *"Vivifícame según tu palabra"* (119:25); aquí, *"vivifícame por tu justicia"*. Viene a ser lo mismo, porque la palabra de Dios, es la justicia de Dios; pues en ella está establecida la voluntad de su justicia.[231] Y en esto el profeta desea ser vivificado, es decir, ser confirmado, que en el gozo y alegría del espíritu pueda confiar en la palabra de Dios.

RICHARD GREENHAM [1535-1594]
"Very Godly Meditations on the 119 Psalm", 1605

Vivifícame por tu justicia. La petición es para ser vivificado en el conocimiento y la práctica de la santidad de acuerdo con el tenor de la palabra de Dios, y por medio de su obrar en el corazón. Pero si alguien prefiere entender por *"justicia"* la fidelidad o rectitud de Dios por la cual se obliga a si mismo a otorgar gracia a los que en él confían, no tengo nada que objetar a tal interpretación. De hecho, está implícita en lo otro. Pues quien pueda utilizar propiamente el lenguaje de este versículo y hacer suya su petición, es una persona regenerada. Antes de la gracia regeneradora, la ley era letra que mata.[232] Es más, era una letra odiada. La mente carnal no está sujeta a la ley de Dios, ni puede estarlo. El pecador no desea ningún freno ni restricción a través de los preceptos divinos.

WILLIAM SWAN PLUMER [1802-1880]
"Studies on the Book of Psalms: A Critical and Expository Commentary with Doctrinal and Practical Remarks", 1867

[229] 1 Timoteo 6:20.
[230] Juan 8:31-38.
[231] Romanos 12:17.
[232] 2 Corintios 3:6.

ו Vav[1]

Versículos del 41 al 48

Versión poética

Vav

Derrama sobre mí, Dios adorado,
de tu misericordia las grandezas,
y ven a socorrerme, que mil veces
nos lo ha ofrecido tu divina lengua.

Y con esto si alguno se atreviere
a propagar que mi esperanza es necia,
yo le responderé, que estoy fiado
en tus santas magníficas promesas.

Y nunca quites de mi humilde labio
esta firme y magnánima respuesta,
porque toda esperanza que en ti fía,
más que esperanza es ya realidad cierta.

Tan seguro estoy yo de tu palabra,
que aunque mis ojos lo contrario vieran,
guardaría tus leyes soberanas
con más tenacidad, con más firmeza.

Y no solo sincero las guardara,
sino con la alegría más entera,
como ahora mi pecho apasionado,
lleno de amor gustoso las observa.

Hablé de ellas delante de los Reyes,
delante de personas muy excelsas,

[1] Felipe Scio de San Miguel [1738-1776] en una nota a su traducción de la Vulgata indica que ו *Vav* corresponde al griego *"καὶ"*, al latín *"Et"*, y en castellano a nuestra letra "Y", razón por la cual en la Septuaginta todos los versículos de esta octava empiezan con *"καὶ"*, en la Vulgata con un *"Et"* y en castellano con la letra "Y". Sin embargo esto último no es válido todas las versiones españolas, como es el caso de nuestra Reina-Valera y otras. (Ver al respecto la nota 3). El ideograma es el de un clavo o gancho, aunque algunos lo interpretan como la figura de un hombre. Los cabalistas ven en este gancho la "y" que une, que aglutina, que liga unas cosas con otras; la letra *Vav*, que aparece ya en el primer versículo de la Torá: הַשָּׁמַיִם וְאֵת הָאָרֶץ *haššāmayim wə'ēṯ hā'āreṣ* vincula *"los cielos y la tierra"*, vincula el ser con la nada, el pasado con el presente, y el presente con el futuro: *"**Venga** a mí tu misericordia ... **y daré** por respuesta a mi avergonzador"* (119:41).

siempre con entusiasmo y alegría,
y jamás con recelo ni vergüenza,

Yo las he meditado cada día,
mi corazón en ellas siempre piensa,
y cuanto más descubre su justicia,
tanto más las admira y las aprecia.

Por eso las practica con más gusto,
por eso las ejerce y las venera,
y por eso también toda mi vida
les dará la más plácida obediencia.

DEL "SALTERIO POÉTICO ESPAÑOL", SIGLO XVIII

Comentario general a los versículos del 41 al 48: En esta octava el santo temor se hace patente y prominente. El hombre de Dios tiembla ante la remota posibilidad de que el Señor pueda retirarle su favor de alguna manera o en algún grado. Los ocho versículos son una súplica continuada implorando que la gracia permanezca en su alma, y la apoya con argumentos tan santos que solo podrían emanar de un espíritu que arde en amor a Dios.[2]

C.H. SPURGEON

[2] Dice FRANCISCO LACUEVA [1911-2005] en su versión española del "Comentario de Matthew Henry": «A esta sección podríamos ponerle por título: 'EL CORAJE NECESARIO PARA DAR TESTIMONIO'. En efecto:

»1. Pide el favor de Dios (119:41) contenido en sus promesas (en hebreo אִמְרָה *imrah,* "el dicho") para sentirse más animado a dar testimonio de la bondad de Dios ante los que pretenden avergonzarle (119:42). Con esta esperanza (119:43), está seguro de que no se apartará de su boca la palabra de verdad, es decir, un testimonio sincero y veraz de lo que Dios ha hecho por él, lo cual le sería difícil de cumplir si le faltase la manifestación del favor de Dios hacia él. Seguro de haber sido escuchado, hace una promesa firme (119:44), utilizando los tres vocablos que indican continuidad permanente: תָּמִיד *tāmîḏ,* siempre o continuamente; לְעוֹלָם *lə'ōwlām* de עוֹלָם *olam,* "para siempre"; y וָעֶד *wā'eḏ* de עַד *ad,* "perpetuamente" (la misma raíz que se utiliza en Isaías 9:6 para decir אֲבִיעַד *ăḇî'ad: "Padre eterno"* o más literal: *"perpetuamente Padre"*.

»2. Se muestra convencido de que esto le infundirá ánimo y coraje (119:45): *"Y andaré en libertad"* (en hebreo בָרְחָבָה *ḇārəḥāḇāh, "en anchura* o *en campo ancho"* de la misma raíz רָחָב *rachab* utilizada en 119:32 para decir: כִּי תַרְחִיב לִבִּי *kî ṯarḥîḇ libbî, "cuando ensanches mi corazón*), es decir, libre de ansiedades porque busqué tus preceptos (comparar con 119:2). Y puesto que el que teme a Dios, no tiene por qué temer a nadie, se siente con el coraje necesario para dar testimonio delante de reyes (119:46), como lo dieron los compañeros de Daniel ante Nabucodonosor (Daniel 3:16); los apóstoles ante las autoridades judías (Hechos 4:20); y el apóstol Pablo ante el rey Agripa (Hechos 26:1-32).

»3. De nuevo repite el amor que profesa a la Ley de Dios y el deleite que siente en cumplirla y meditarla (119:47-48), hasta tal punto que desea (119:48): *"alzar las palmas de las manos"* (en hebreo וְאֶשָּׂא־כַפַּי *wə'eśśā-ḵappay*), hacia los divinos mandamientos que acaba de afirmar que (119:47) *"tanto ama* (en hebreo אֲשֶׁר אָהָבְתִּי *'ăšer 'āhāḇətî),* en actitud de intensa devoción y empeño decidido. Dice el rabino ABRAHAM COHEN [1887-1957] que: 'la expresión: וְאֶשָּׂא־כַפַּי *wə'eśśā-ḵappay, "levantar las manos",* denota de ordinario la actitud de oración'; y RICARDO ARCONADA puntualiza que el salmista: 'Con esta promesa de alzar sus manos a la Ley en gesto de oración, la diviniza' (Ver al respecto los comentarios y notas al Salmo 28:2)».

Comentario general a los versículos del 41 al 48: Una nueva sección del Salmo, en la que cada versículo comienza con la letra ו *Vav.* En hebreo son muy pocas las palabras que comiencen con esta letra, que en sí misma es más bien una conjunción; razón por la cual cada uno de los versículos de esta octava comienza en el original con una conjunción.[3]

ALBERT BARNES [1798–1870]
"Notes, critical, explanatory, and practical, on the book of Psalms", 1868

Toda esta sección consiste en peticiones y promesas.[4] Las peticiones son dos: *"Venga a mí tu misericordia, oh Jehová"* (119:41); y *"No quites de mi boca en ningún tiempo la palabra de verdad"* (119:43). Las promesas son seis: *"Y daré por respuesta a mi avergonzador"* (119:42); *"Guardaré tu ley siempre"* (119:44); *"Y andaré en libertad"* (119:45); *"Hablaré de tus testimonios delante de los reyes"* (119:46); *"Y me regocijaré en tus mandamientos"* (119:47); *"Alzaré asimismo mis manos a tus mandamientos que amé"* (119:48). Ello pone de manifiesto una marcada diferencia entre los verdaderos creyentes y los que no lo son: todos los seres humanos desean conseguir de Dios cosas buenas; tan solo que los impíos tratan de no tener que devolverle a Dios nada, y por tanto, no le prometen nada; lo que hace que sus oraciones resulten inútiles ya que parten del egoísmo, del amor a sí mismos y no al Señor; y si por ventura obtienen aquello que necesitan, no se preocupan de dar gracias al Señor ni atribuirle la gloría que le corresponde. Por contra los piadosos, a la par que buscan cosas buenas dan alabanza a Dios; y cuando las obtienen ponen cuanto han recibido a la gloria de Dios que se lo dio. No se aman a sí mismos para beneficio de sí mismos, sino para el Señor; y lo que buscan de él lo buscan únicamente con este fin, estar más capacitados para servirle. Prestemos mucha atención a esto; porque establece una clara diferencia que distingue a los creyentes verdaderos de los hipócritas y los farsantes.

WILLIAM COWPER [1566-1619]
"A Commentary upon CXIX Psalm", 1613

Vers. 41. ***Venga a mí tu misericordia, oh Jehová; tu salvación, conforme a tu dicho.*** *[Venga a mí tu misericordia, oh Jehová; tu salvación, conforme a tu dicho.* RVR*] [Venga también a mí tu misericordia, oh Señor, tu salvación, conforme a tu palabra.* LBLA*] [Y venga a mí, oh YHVH, tu misericordia, tu salvación, conforme a tu dicho.* BTX*] [Venga a mí tu misericordia, oh Jehová; tu salvación, conforme a tu dicho.* NVI*] [Cólmame, Señor, de tu amor, sálvame según tu promesa.* BLP*] [Señor, concédeme tu amor inagotable, la salvación que me prometiste.* NTV*]*[5]

---

[3] La conjunción equivaldría a nuestra "y". En las traducciones se pierde un poco, pero para orientación del lector transcribimos como quedaría en español utilizando la RVR1960 e indicando con paréntesis los lugares donde añadimos la conjunción: *"(Y) venga a mí tu misericordia..."* (119.41); *"Y daré por respuesta...* (119:42); *"(Y) no quites de mi boca..."* (119:43); *"(Y) guardaré tu ley siempre..."* (119:44); *"Y andaré en libertad..."* (119:45); *"(Y) hablaré de tus testimonios..."* (119:46): *"Y me regocijaré...* (119:47). *"(Y) alzaré asimismo mis manos..."* (119:48).

[4] Dice SCHÖKEL al respecto: «Si bien en la estrofa precedente el sujeto de la acción era Dios (ver 119:33-40 – Nota 6 en las Introducciones generales de la octava anterior), en esta quien toma la iniciativa es el hombre, al menos haciendo propósitos. Pero el primer verso (119:41) señala el protagonismo de Dios con el triple sufijo: «tu misericordia, tu salvación, tu promesa».

[5] La versión griega de los LXX o Septuaginta lee: καὶ ἔλθοι ἐπ' ἐμὲ τὸ ἔλεός σου, κύριε, τὸ σωτήριόν σου κατὰ τὸ λόγιόν σου que la Vulgata traduce al latín como: *"Et veniat super me misericordia tua, Domine; salutare tuum secundum eloquium tuum"*, "Y venga sobre mí tu misericordia, Señor; tu salud según tu palabra". La versión sefardí de Ferrara traduce: *"Y venga a mi tu merced Adonay, tu falvacion como tu*

Vengan a mí tus misericordias, oh Jehová.[6] Se siente culpable e ignorante, y por tanto, pide misericordia y enseñanza. Necesitaba mucha misericordia y variedad de misericordias, de ahí que haga la petición en plural. Necesitaba mucho más la misericordia de Dios que la de los hombres, y por ello suplica: *"tus misericordias"*. A veces le daba la impresión como si el camino de la misericordia estuviera bloqueado, y por tanto ruega a Dios que despeje el camino para que sus misericordias *"vengan"* libremente a él. Aquel que dijo: *"Sea la luz"*,[7] puede decir también: *"Sea la misericordia"*. Puede que abrumado bajo un sentimiento de indignidad, le diera la sensación de que la misericordia era concedida a otros y no a él; lo que le lleva a clamar: *"Bendíceme también a mí, Padre mío"*.[8] Visto bajo esta luz, sus palabras son equivalentes a nuestro conocido himno:

«Señor, oigo de lluvias de bendición
que dispersas plena y libremente;
rocían la tierra seca y la refrescan;
deja que unas gotas por lo menos
caiga también sobre mí, sí, también sobre mí».[9]

Señor, –exclama el salmista– tus enemigos vienen para reprenderme; deja que vengan también tus misericordias a defenderme; las pruebas y tribulaciones abundan, y los afanes y sufrimientos que me agobian son numerosos; Señor, haz que tus misericordias entren también por la misma puerta en gran número y a la misma hora; ¿acaso no eres tú *el Dios de mi misericordia?*[10]

Tu salvación.[11] Esta es la suma y corona de todas las misericordias: la liberación de todo mal, tanto ahora como para siempre. Aquí encontramos la primera mención en el Salmo a la salvación, y unida a la de misericordia: *"Por gracia sois salvos..."*.[12] Y llama a la salvación *"tu salvación"*, atribuyéndola así plenamente al Señor: *"Nuestro Dios es el Dios de salvación"*.[13] ¡Qué cantidad tan

---

dicho". La caldea Peshitta: *"Tus misericordias vengan sobre mí, oh Yahweh, tu salvación de la cual hablaste"*. KRAUS traduce: *"¡Vengan a mí tus favores, oh Yahvé, tu salvación, según tu palabra!"*. SCHÖKEL: *"Y que me llegue tu misericordia, Señor, tu salvación según tu promesa"*.

[6] La versión inglesa KJV traduce: *"Let thy mercies come also unto me, O LORD, even thy salvation, according to thy Word"*, es decir, *"misericordias"* en plural. En castellano todas las versiones traducen *"misericordia"* en singular. Hemos respetado el plural de la KJV para que el texto encaje mejor con los comentarios. FRANZ DELITZSCH [1813-1890] se inclina también por traducir חֲסָדֶךָ *ḥăsādekā* en plural *"misericordias"*, y cita en apoyo de ello el versículo setenta y siete del mismo salmo (119:77) así como Isaías 63:7 A pesar de que la Septuaginta traduzca en singular καὶ ἔλθοι ἐπ' ἐμὲ τὸ ἔλεός σου, tanto el Targum, como la versión caldea Peshitta, como Jerónimo traducen "misericordias" en plural, por lo que se estima que esta es la traducción más correcta.

[7] Génesis 1:3; 2 Corintios 4:6.

[8] Génesis 27:38.

[9] Cita la primera estrofa de un himno de siete estrofas de ELIZABETH HARRIS CODNER [1823-1919], y publicado en 1860, conocido con el título de *"Even me"*. En inglés reza «*Lord, I hear of showers of blessing / Thou art scattering, full and free; / Showers, the thirsty land refreshing; / Let some droppings fall on me, / Even me*».

[10] Cita literalmente el Salmo 59:10 en la versión inglesa KJV: *"The God of my mercy shall prevent me"*. En algunas versiones españolas se pierde un poco este sentido de personalización.

[11] En hebreo תְּשׁוּעָתֶךָ *təšū ʿāṯəkā* de תְּשׁוּעָה *teshuah*. Aparece de nuevo en el versículo ochenta y uno (119:81).

[12] Efesios 2:8-9.

[13] Salmo 68:20. Traducción literal de la versión inglesa KJV: *"He that is our God is the God of salvation"*. LBLA lo traduce como: *"Dios es para nosotros un Dios de salvación"*.

enorme de misericordias se acumulan en la salvación única obrada por nuestro Señor Jesús! Incluye las misericordias que nos libran con anterioridad a nuestra conversión y nos llevan a ella. Luego viene la misericordia del llamamiento, la misericordia regeneradora, la misericordia de la conversión, la misericordia de la justificación, la misericordia de perdón. Y no podemos excluir tampoco de la salvación completa ninguna de las muchas misericordias que son necesarias para guiar al creyente seguro hasta la gloria. La salvación es un conglomerado de misericordias: incalculables en número, inestimables en valor, incesantes en aplicación, eternas en duración. Al Dios de nuestras misericordias sea la gloria, para siempre jamás.[14]

Conforme a tu dicho. El camino de la salvación se revela en la Palabra, la salvación misma se promete en la Palabra, y es traída y hecha manifestada en nuestro interior a través de la Palabra; de este modo la salvación que es en Cristo Jesús[15] está de acuerdo con la Palabra en todos los aspectos. David amaba las Escrituras, pero deseaba conocer la salvación contenida en ellas de manera experimental; no le bastaba con solo leer la Palabra, anhelaba adentrarse en su significado más profundo. Valoraba el campo de las Escrituras en razón del tesoro escondido que había descubierto en ellas.[16] No, no se contentaba con capítulos y el versículos,[17] quería misericordias y salvación.

Fijémonos como en el primer versículo de la octava anterior: ה HEI[18] el Salmista ora pidiendo ser enseñado a guardar la Palabra: *"Enséñame, oh Jehová, el camino de tus estatutos"* (119:33); y aquí en ו VAV suplica al Señor que cumpla su Palabra: *"Conforme a tu palabra"* (119:41). En el primer caso es él quién acude hasta el Dios de las misericordias, aquí pide que las misericordias del Señor vengan a él: primero busca la gracia para perseverar en la fe; ahora busca el propósito de su fe: la salvación del alma.

C.H. SPURGEON

Venga a mí tus misericordias. Tenía el camino bloqueado por pecados y dificultades, pero sabía que las misericordias podían despejarlo todo, encontrar un acceso hasta él, o bien abrir su propio camino: *"vengan a mí"*, es decir, que se realice y cumpla lo que está escrito tal y como está escrito: *"Cúmplase pues tu palabra";*[19] es decir: *"haz que suceda"*. Aquí leemos ***"Vengan a mí"***, para mi consuelo y liberación. David dice en otro pasaje: *"el bien y la misericordia* ***me seguirán*** *todos los*

[14] Romanos 11:36; 16:27; Efesios 3:21; Filipenses 4:20; 1 Timoteo 1:17; 2 Timoteo 4:18; 1 Pedro 4:11; 5:11; 2 Pedro 3:18; Judas 1:25; Apocalipsis 1:6; 5:13; 7:12.

[15] 2 Timoteo 2:10.

[16] Mateo 13:44.

[17] Es preciso aclarar que Spurgeon hablaba aquí retóricamente y en sentido figurado, pues las Escrituras que leía David no tenían capítulos ni versículos. Aunque el texto hebreo masorético viene con espacios en blanco al final (*petuhoth*) o mitad (*setumoth*) de las líneas cuando termina un párrafo, es improbable que los textos de los que disponía David tuvieran siquiera tales particiones. La división de la Biblia en capítulos tal como nosotros la conocemos se atribuye al clérigo anglicano STEPHEN LANGTON [1150-1228] para facilitar la lectura a sus estudiantes cuando estaba de profesor en la *Université de Paris;* y la división en versículos es todavía posterior, fue creada por el impresor ROBERT ESTIENNE [1503-1559] en Ginebra en 1551. También es importante tener en cuenta que David disponía únicamente de la תּוֹרָה *torah* o libros de Moisés que nosotros conocemos como Pentateuco (Génesis a Deuteronomio), y posiblemente algunos de los כְּתוּבִים *kəṯûḇîm* o Escritos, y quizá los libros de Josué, Jueces y Rut. Aunque en esta particular todo son conjeturas y nada puede darse por seguro.

[18] Quinta letra del alfabeto hebreo y quinta octava del Salmo 119, ה *Hei,* que comprende los versículos del 33 al 40.

[19] Jueces 13:12 RVA. En hebreo יָבֹא דְבָרְךָ *yāḇō ḏəḇāreḵā* de בּוֹא *bo,* "suceso, cumplimiento". La versión inglesa KJV lo traduce como: *"Now let thy words come to pass"*

días de mi vida";[20] es decir: irán tras de mí y me encontrarán en mi divagar dondequiera que esté. Por tanto: *"¿Qué daré al Señor por todos sus beneficios para conmigo?"*[21] Sabemos que las misericordias divinas se abrieron paso y encontraron su camino hasta él por más obstruido que estuviera por pecados y peligros.

Thomas Manton [1620-1677]
"One hundred and ninety sermons on the hundred and nineteenth Psalm", 1681

Vengan a mí tus misericordias, oh Jehová. Las misericordias de Dios encuentran al hombre a quien Dios vivifica[22] dondequiera que esté. David entendió que Dios bendice el alma, el cuerpo, el hogar, las ordenanzas, y todo cuanto pertenece a sus siervos ilimitadamente; una bendición enteramente por misericordia, sin mérito alguno, concedida extensamente y de una manera maravillosa.

Martin Geier [1614-1681]
"Commentarius in librum Psalmorum, ad usum Seminarii Brugensis", 1695

Vengan a mí tus misericordias, oh Jehová. Esta oración del salmista es un recordatorio a los ministros de la Palabra y estudiantes de teología, que no tan solo deben predicar a los demás el camino verdadero por el que alcanzar la salvación eterna, sino que deben enseñarles también a clamar a Dios con oraciones fervientes para ser hechos partícipes de las misericordias divinas, y obtener: *"el fin de vuestra fe, que es la salvación de vuestras almas"*.[23] Pablo, ciertamente, estaba muy ansioso con respecto a este asunto, y se sintió constreñido a escribir: *"golpeo mi cuerpo, y lo pongo en servidumbre, no sea que habiendo sido heraldo para otros, yo mismo venga a ser reprobado"*.[24]

Salomon Gesner [1559-1605]
"Christliche Betrachtung des Psalters", 1599

Tu misericordia (...) tu Palabra. Es digno de considerar la manera peculiar en la que el profeta busca la salvación de Dios. En esta oración conjuga dos cosas a modo de columnas fundamentales que sostienen su confianza, a saber: la misericordia de Dios y su Palabra. Estas son las dos columnas centrales que sostienen la esperanza de todo creyente sincero.

Wolfgang Musculus [1497-1563]
"In Sacrosanctum Davidis Psalterium Commentarii", 1573

Tu salvación. No se trata aquí, en modo alguno, de una liberación puntual que el siervo de Dios pida o desee estando en apuros; sino que Dios la concede según él desea y se complace en otorgar de manera santa: *"venga tu salvación"*.[25] La Palabra de promesa no solo es la norma de nuestra petición, sino que es a la vez prenda o arras de lo prometido, y debe ser retenida celosamente hasta que llegue

[20] Salmo 23:6.
[21] Salmo 116:12.
[22] Salmo 119:40.
[23] 1 Pedro 1:9.
[24] 1 Corintios 9:27.
[25] En hebreo תְּשׁוּעָתְךָ֣ *təšū'āṯəḵā* de תְּשׁוּעָה *teshuah*.

su cumplimiento: *"Venga a mí tu misericordia, oh Jehová; tu salvación, conforme a tu dicho"*; es la razón clave en que el salmista basa la petición.[26]

DAVID DICKSON [1583-1663]
"Explication upon the Last Fifty Psalms", 1655

Vers. del 41 al 48. Misericordias prometidas:
1. Deseadas: *"Vengan a mí tus misericordias"* (119:41).
2. En respuesta al enemigo: *"Y daré por respuesta a mi avergonzador"* (119:42-43).
3. De fidelidad: *"Guardaré tu ley siempre"* (119:44).
4. De libertad *"Y andaré en libertad"* (119:45).
5. De audacia: *"Hablaré de tus testimonios delante de los reyes"* (119:46).
6. De deleite: *"Y me regocijaré en tus mandamientos"* (119:47).
7. Anheladas ansiosamente: *"Alzaré asimismo mis manos a tus mandamientos"* (119:18 48).[27]

C. A. DAVIS
"Outlines Upon Keywords of the Psalm 119"

Vers. 42. ***Y daré por respuesta a mi avergonzador, que en tu palabra he confiado.*** *[Y daré por respuesta a mi avergonzador, que en tu palabra he confiado.* RVR*] [Y tendré respuesta para el que me afrenta, pues confío en tu palabra.* LBLA*] [Para dar respuesta al que me afrenta, porque en tu Palabra he confiado.* BTX*] [Así responderé a quien me desprecie, porque yo confío en tu palabra.* NVI*] [Podré así replicar al que me humilla, pues yo confío en tu palabra.* BLP*] [Entonces podré responder a los que se burlan de mí, porque confío en tu palabra.* NTV*]*[28]

[26] AGUSTÍN DE HIPONA [354-430] dice al respecto: «Si queremos saber a que *"misericordia"* se refiere el salmista, fijémonos en lo que dice a continuación: *"tu salvación, conforme a tu palabra"*. Lo cual evidencia que se refiere a la palabra de Aquel: *"que llama las cosas que no son como si fuesen"* (Romanos 4:17); en tanto que los auténticos destinatarios de esta promesa de salvación, aquellos para los cuales fue hecha, todavía no existían, a fin de que nadie pueda gloriarse en sus propios méritos. Y más aún, incluso los propios beneficiados de la promesa, aquellos para los cuales fue hecha, también fueron anticipadamente prometidos (Salmo 22:31; Isaías 53:11), para que todo el Cuerpo de Cristo diga a la una: *"Por la gracia de Dios soy lo que soy"* (1 Corintios 15:10)».

[27] Dice AGUSTÍN DE HIPONA [354-430]: «En los versículos de la octava anterior ה *Hei*, y el primero de esta ו *Vav* (119:33-41), expresa el salmista una oración, o más bien un conjunto de peticiones; los siguientes (119:42-48) son más bien una narración o exposición de lo que piensa hacer una vez sus peticiones han sido contestadas. Primero pide el auxilio de la gracia divina: *"Enséñame el camino; guíame por la senda; inclina mi corazón; aparta mis ojos de mirar vanidades; confirma tu palabra; quita de mi el oprobio; vivifícame en tu justicia; venga a mí tu misericordia"*. Ahora, habiéndole sido otorgada esa misericordia, confiesa en alabanza a Dios cuales han sido los efectos de la misma: *"Daré respuesta a mi avergonzador; esperaré en tus juicios; guardaré tu ley eternamente; andaré en libertad; hablaré de tus testimonios ante los reyes; me regocijaré en tus mandamientos;* y *alzaré a ellos mis manos"*».

[28] La versión griega de los LXX o Septuaginta lee: καὶ ἀποκριθήσομαι τοῖς ὀνειδίζουσί με λόγον, ὅτι ἤλπισα ἐπὶ τοὺς λόγους σου que la Vulgata traduce al latín como: *"Et respondebo exprobrantibus mihi verbum, quia speravi in sermonibus tuis"*, "Y daré por respuesta palabra a los que me zahieren, que he puesto mi esperanza en tu palabra". La versión sefardí de Ferrara traduce: *"Y refpondere a mi repudiador palabra, porque confiè en tu palabra"*. La caldea Peshitta: *"Responderé a los que afrentan, pues he confiado en tus palabras"*. KRAUS traduce: *"Para que yo pueda responder una palabra a quien me afrenta, porque confío en tu palabra"*. SCHÖKEL: *"Y podré responder al que me ultraja que confío en tu palabra"*.

Y tendré respuesta para el que me afrenta. Una respuesta contundente, sin réplica posible. Cuando Dios, al concedernos la salvación, da a nuestras oraciones una respuesta de paz, estamos listos para responder de inmediato a las objeciones de los incrédulos, a las dudas de los escépticos, y a las burlas de los escarnecedores. Que los insidiosos y calumniadores reciban la respuesta que merecen es justo y más que deseable, y por tanto, tenemos motivos para esperar que el Señor salvará a su pueblo y con ello pondrá en sus manos un arma infalible para derrotar a sus adversarios. Cuando aquellos que nos reprochan a nosotros reprochan también a Dios, podemos pedirle que nos ayude a silenciarlos con pruebas firmes de su fidelidad y misericordia.

Pues en tu palabra he confiado. Su fe en la Palabra demostró ser digna de confianza durante la prueba, y ahora la utiliza como razón por cual el Señor debe ayudarle a refutar los reproches de sus adversarios.[29] Cuando buscamos misericordia y salvación, la fe es nuestro principal argumento: fe en el Señor que nos ha hablado en su Palabra. Decir *"en tu palabra he confiado"* es una declaración más digna de ser escuchada y respondida que cualquier otra; pues el que realmente puede hacerla es porque ha recibido potestad de ser hecho hijo de Dios,[30] y en consecuencia heredero de misericordias innumerables. Dios valora más nuestra confianza que todo lo demás que pueda haber en nosotros; porque el Señor ha escogido la fe como la mano sobre la cual depositar sus misericordias y su salvación. Si alguno nos reprocha por confiar en Dios, le estaremos respondiendo con los argumentos más concluyentes si le mostramos como Dios ha cumplido sus promesas, ha escuchado nuestras oraciones, y ha satisfecho nuestras necesidades. Incluso los más escépticos se ven obligados a doblegarse ante la lógica de los hechos.

En este segundo versículo de la sexta octava, el salmista hace una confesión de fe, y la vez una publica exposición de sus creencias y experiencias: *"Y daré por respuesta a mi avergonzador, que en tu palabra he confiado"* (119:42). En los segundos versículos de las octavas siguientes[31] hace prácticamente lo mismo: *"Tu palabra me ha vivificado"* (119:50); *"Tu presencia he buscado"* (119:58); *"Tus mandamientos he creído"* (119: 66) *"En tu palabra he esperado"* (119:74). Un predicador adiestrado puede encontrar en estos versículos una serie magnífica de sermones sobre la experiencia cristiana.

C.H. SPURGEON

Para dar respuesta al que me afrenta, porque en tu Palabra he confiado. Tendré para responder a los que me calumnian: en tu Palabra. Así respondió el Salvador a las insinuaciones del tentador en casi todos los casos, mediante pasajes de la Escritura.[32] Y no hay duda que en la mayoría de los casos la mejor respuesta que se puede dar a los reproches sobre el tema de la fe, se encuentra en las propias Escrituras. Una persona de conocimientos limitados, pero con un buen conocimiento de la Biblia,

[29] Dice al respecto GREGORIO DE NISA [330-394]: «Tengo sobre mis adversarios y detractores la ventaja de que sus ataques hacen que me refugie más en la santidad y me agarre la fe con mayor fuerza».

[30] Juan 1:12.

[31] Se refiere a ז *Zain* (119:49-56), ח *Jet* (119:57-64), ט *Tet* (119:65-72), y י Yod (119:73-80).

[32] Mateo 4:4, 7, 10. En este sentido FRANZ DELITZSCH [1813-1890] señala como significativo que el sintagma וְאֶעֱנֶה *wə'e'ĕneh* con que comienza el versículo, de עָנָה *anah,* un verbo con múltiples significados, adquiere precisamente el sentido de: *"tendré respuesta"* al añadirle: דָבָר *dabar*, exactamente el mismo término que utiliza después para decir: *"en tu palabra",* בִּדְבָרֶךָ *bidḇāreḵā* de: דָבָר *dabar,* que aparece de nuevo en el versículo siguiente en referencia a su deber de dar testimonio de Dios: *"No quites de mi boca en ningún tiempo la palabra de verdad"* (119:43). La petición se basa en que Dios no va a permitir que caiga en una situación límite en la que se vea incapaz de testificar por la verdad, pues la palabra de verdad se desvanecen en la boca de aquellos que son indignos de ella delante de Dios. Pero se muestra convencido de que en su caso no va a suceder tal cosa porque su confianza esta puesta en: לְמִשְׁפָּטֶךָ *ləmišpāṭeḵā "en tus juicios"*.

puede acallar con frecuencia las objeciones y reproches de los escépticos más eruditos y entendidos; un hombre de corazón simple, piedad sincera, sin otra arma que la Palabra de Dios, está mejor armado para la batalla que si tuviera a mano todos los argumentos elaborados por las mejores academias: *"Y tomad el yelmo de la salvación, y la espada del Espíritu, que es la palabra de Dios"*.[33]

ALBERT BARNES [1798–1870]
"Notes, critical, explanatory, and practical, on the book of Psalms", 1868

Y tendré respuesta. Cuando el corazón percibe que tiene la salvación asegurada, se siente dotado con abundantes respuestas para los que desprecian los deleites de la fe.

HENRY LAW [1797-1884]
"The Family Devotion: the Book of Psalms arranged for Worship", 1878

Y tendré respuesta para el que me afrenta, pues confío en tu palabra. Hugo Cardinalis[34] observa que hay tres clases de blasfemos de las cosas divinas: los demonios, los herejes y los calumniadores. Al diablo hay que responderle internamente con palabra de humildad;[35] a los herejes externamente con palabra de sabiduría;[36] y a los calumniadores activamente con la palabra práctica de una vida ejemplar.[37]

RICHARD GREENHAM [1802-1880]
"Very Godly Meditations on the 119 Psalm", 1605

Y tendré respuesta para el que me afrenta. Pues le daré una respuesta tajante y cierta: *"Confío en tu palabra"*. Pongo mi confianza en ti: que puedes cumplir tus promesas porque eres omnipotente; y que lo harás porque eres misericordioso.

WILLIAM NICHOLSON [1591-1672]
"David's harp strung and tuned, or, An easie analysis of the whole book of Psalms", 1662

Y tendré respuesta para el que me afrenta. Y a esto añade la frase: *"pues confío en tu palabra"*. Cuando se trata de oponerse a los reproches y acusaciones falsas de los enemigos de la verdad, todos los cristianos deberían aprender del ejemplo de David. Plantarles cara con su mismo lenguaje y sus propias armas no arregla nada; las armas debemos sacarlas de la palabra de Dios; pues en ella tenemos abundantes pertrechos con los cuales rebatir y derrotar, por medio de la fe en Dios, tanto al propio diablo como a sus instrumentos.[38] Fue con estas armas con las que el Salvador desconcertó a Satanás

---

[33] Efesios 6:17.

[34] Se refiere a HUGO DE SAN CARO [1200-1263] también conocido como HUGH OF ST CHER y HUGO CARDINALIS, un monje dominico que fue elevado a la dignidad de cardenal (de ahí el apodo de Cardenalis), y que trabajó intensamente en la traducción y exposición bíblica; escribió un comentario completo a toda la Biblia latina y elaboró la primera concordancia de la Biblia en latín, *"Concordantiae Sacrorum Bibliorum"*.

[35] 1 Pedro 5:5-11. Ver también: Proverbios 11:2; 29:23; Miqueas 6:8; Mateo 4:10; 11:29; Santiago 4:10.

[36] 1 Corintios 12:8. Ver también Éxodo 28:3; 31:3; 35:31; Deuteronomio 34:9; Salmo 37:30; Proverbios 2:6; 4:6-7; Eclesiastés 2:26; Hechos 6:8-10; 1 Corintios 1:12, 25, 27-31; 2:6; Colosenses 1:9; Santiago 1:5; 1 Pedro 3:15.

[37] 1 Pedro 2:12-15; 3:16; 2 Corintios 8:21; Filipenses 2:15; Tito 2:8. Ver también: Mateo 5:43-47; Efesios 4:1; Colosenses 1:10; 1 Tesalonicenses 2:12.

[38] Dice al respecto WILLIAM SWAN PLUMER [1802-1880]: «Si de algún modo somos capaces de dar respuesta adecuada a los reproches de nuestros enemigos, es enteramente merced a la divina misericordia que refrena

en el desierto;[39] y con las que Pablo se equipa a sí mismo, recomendando al soldado cristiano: el cinto de la verdad divina, la coraza de justicia, el calzado del Evangelio, el escudo de la fe, el yelmo de salvación, y la espada del Espíritu que es la Palabra de Dios.[40]

SALOMON GESNER [1559-1605]
"Commentationes in Psalmos Davidis", 1605

Y tendré respuesta para el que me afrenta. No está prohibido a los creyentes que con la debida modestia, pero la necesaria contundencia, repliquen a quienes les reprochan refutando sus mentiras: *"Responde al necio como merece su necedad, no sea que vaya a creerse que es un sabio"*;[41] *"Sé sabio, hijo mío, y alegra mi corazón, y tendré qué responder al que me agravie"*.[42] Y tener la capacidad para hacerlo hay que considerarlo una bendición de Dios.

MARTIN GEIER [1614-1681]
"Commentarius in librum Psalmorum, ad usum Seminarii Brugensis", 1695

Vers. 42, 43. En el texto hebreo el versículo cuarenta y dos (119:42) juega con el doble sentido del término *"palabra"*: así: *"Tendré **palabra** de respuesta al que me afrenta, porque he confiado en tu **Palabra**"*.[43] Habiendo confiado en tu **Palabra** de promesa, cuando en tu gracia escuches esta mi oración tendré **palabra** de respuesta para dar a los que me reprochan. No quites tu Palabra de verdad (es decir, de promesa) de mi boca; permíteme mantenerla ahí cuando hable delante de mis enemigos para tranquilidad y descanso mi alma. El sentido en el que aquí lo contempla, es que si Dios fallara en el cumplimiento de su Palabra de promesa, sería como arrebatarle la palabra de respuesta de su boca.

HENRY COWLES [1803-1881]
"The Psalms: With Notes, Critical, Explanatory, And Practical designed for both pastors and people", 1872

Vers. 42-43, y 47. Aquí tenemos: *fe, esperanza y amor.*[44] *"Confío"* (119:42); *"espero"* (119.43); *"amo"* (119:47). La fe luchando, la esperanza testificando, el amor obedeciendo.

C.H. SPURGEON

Vers. 43. *No quites de mi boca en ningún tiempo la palabra de verdad, porque en tus juicios espero.* *[No quites de mi boca en ningún tiempo la palabra de verdad, porque en tus juicios espero.* RVR*] [No quites jamás de mi boca la palabra de verdad, porque yo espero en tus ordenanzas.* LBLA*]*

---

nuestro carácter, que nos ha transformado, nos ha perdonado y nos ha enseñado la sabiduría celestial. Y en aquellos casos en los que resulta imposible debatir con ellos, nos queda sufrir por la causa de Dios. Dijo mártir un mártir en cierta ocasión: 'No me permiten debatir por Cristo, pero puedo morir quemado por su causa". Una vida santa sustentada por la gracia divina es la respuesta más contundente, más lógica y justa a cualquier reproche contra la fe. Y esa vida está siempre en una plena dependencia de la palabra de Dios».

[39] Mateo 4:1-11.

[40] Efesios 6:10-18.

[41] Proverbios 26:5.

[42] Proverbios 27:11.

[43] En hebreo וְאֶעֱנֶה חֹרְפִי דָבָר כִּי־בָטַחְתִּי בִּדְבָרֶךָ *wəʼeʻĕneh ḥōrəpî dāḇār kî-ḇāṭaḥtî bidḇāreḵā.* El término דָּבָר *dabar,* "palabra", se repite dos veces. Ver al respecto las traducciones de la Septuaginta, de la Vulgata, y de la versión sefardí de Ferrara en la nota 28.

[44] 1 Corintios 13:13.

[No quites jamás de mi boca la palabra de verdad, porque en tus juicios espero ansiosamente. BTX*]* *[No me quites de la boca la palabra de verdad, pues en tus juicios he puesto mi esperanza.* NVI*]* *[No apartes de mi boca la palabra sincera, que en tus decisiones pongo mi esperanza.* BLP*]* *[No arrebates de mí tu palabra de verdad, pues tus ordenanzas son mi única esperanza.* NTV*]*[45]

No quites jamás de mi boca la palabra de verdad. No obstaculices mi labor de proclamación y defensa de tu verdad dejándome sin liberación; pues ¿cómo podría seguir proclamando la fidelidad de tu Palabra a otros si a mi me falla en la hora de la dificultad ? Sería el fin de mis argumentos. La Palabra de verdad no puede convertirse en mensaje gozoso de nuestras bocas a menos que sea la experiencia de nuestras vidas, y si no estamos en condiciones apoyar nuestros testimonios con el veredicto de nuestra conciencia, lo más sabio es que guardemos silencio. Esta oración puede referirse también a otros motivos diversos que nos pueden dejar incapacitados para hablar en nombre del Señor, como por ejemplo: haber caído abiertamente en pecado, depresión y desaliento; enfermedad o trastorno mental; por incapacidad nuestra a la hora de proclamarlo, o falta de disposición y voluntad de nuestros oyentes a escucharlo. Quien por un tiempo haya estado predicando el evangelio de todo corazón, se horroriza ante la posibilidad de ser apartado ministerio; implorará que se le permita compartir aunque sea una pequeña porción del testimonio santo, y considerará los domingos[46] mudos[47] como días de destierro y castigo.

Porque en tus juicios espero. El salmista aguarda a que Dios haga acto de presencia y reivindique su causa para poder seguir hablando de su fidelidad con firmeza y confianza. Dios es el origen, el promotor de nuestras esperanzas, es propio, por tanto, rogarle encarecidamente que las cumpla. Los juicios de su providencia son fruto de su Palabra; y aquello que afirma en las Escrituras lo lleva a cabo de manera efectiva a través de su gobierno universal. Cabe esperar, pues, que haga notorio el poder de su omnipotencia en la ejecución de sus amenazas y promesas, y no esperaremos en vano.

A veces los ministros de Dios se ven silenciados a causa de los pecados de su pueblo; y en tal caso, a ellos corresponde interceder contra este juicio; pues mejor les sería padecer enfermedad o vivir en la pobreza, que tener que contemplar como la lámpara del evangelio se apaga entre suyos, y con ello abandonados a perecer sin remedio. Quiera el Señor librarnos a todos cuantos somos sus ministros de ser hechos instrumentos para infligir semejante castigo. Hagamos gala en todo momento de una esperanza gozosa en el Señor, para que podamos usarla de argumento ante él en oración cuando amenace con cerrar nuestros labios.

En las palabras finales de este versículo encontramos una declaración de lo que el salmista sentía y experimentaba con respecto a la palabra del Señor: *"pues confío en tu palabra"* (119:43). Y en esto, coinciden también los terceros versículos de diversas octavas:[48] *"porque en ella me*

[45] La versión griega de los LXX o Septuaginta lee: καὶ μὴ περιέλῃς ἐκ τοῦ στόματός μου λόγον ἀληθείας ἕως σφόδρα, ὅτι ἐπὶ τὰ κρίματά σου ἐπήλπισαque la Vulgata traduce al latín como: *"Et ne auferas de ore meo verbum veritatis usquequaque, quia in judiciis tuis supersperavi"*, "Y no quites de mi boca la palabra de verdad hasta el extremo, porque en tus juicios he esperado mucho". La versión sefardí de Ferrara traduce: *"Y no apartes de mi boca palabra de verdad hafta mucho, porque a tu juizio efperè"*. La caldea Peshitta: *"No apartes de mi boca la palabra de verdad, porque he esperado en tus juicios"*. KRAUS traduce: *"¡No retires de mi boca la palabra de la verdad, porque confío en tus juicios!"*. SCHÖKEL: *"No apartes de mi boca la palabra auténtica; que espero en tus mandamientos"*.

[46] En el original inglés *"Sabbaths"*.

[47] En los que no tenga ocasión de predicar.

[48] Se refiere a ה *Hei* (119:33-40), ו *Vav* (119:41-48), ז *Zain* (119:49-56), ח *Jet* (119:57-64), ט *Tet* (119:65-72), כ *Kaf* (119:81-88), מ *Mem* (119:97-104).

deleito" (119:35); *"no me he apartado de tu ley "* (119:51); *"volví mis pies a tus testimonios"* (119:59); *"mas ahora guardo tu palabra"* (119:67); *"no me olvido de tus estatutos"* (119:83); *"tus testimonios son mi meditación"* (119:99), etc. Estos versículos proporcionan material para una serie de admirables meditaciones.

C.H. SPURGEON

No quites de mi boca en ningún tiempo la palabra de verdad, porque en tus juicios espero. Cuando amenaza la persecución habitual que los hombres nieguen la verdad, o la confiesan de manera muy débil y tibia. Y para que este no fuera su caso, David ora diciendo: *"Señor, no quites de mi boca en ningún tiempo la palabra de verdad"*, es decir, dame un espíritu intrépido capaz de confesar en todo momento la verdad revelada con arrojo y valentía.[49] En el texto hebreo la expresión que traducimos por *"en ningún tiempo"*, עַד־מְאֹד *aḏ-mə'ōḏ*, significa literalmente *"muy mucho"*, o, como la entiende San Agustín: *"no enteramente y por completo"*;[50] afirmando que David oró pidiendo esto por si acaso la debilidad humana le llevaba a caer, y en algún momento dejaba de confesar firmemente la palabra; que Dios no le permitiera persistir en su negación, antes por el contrario, le restaurara y restableciera de nuevo; y lo ilustra Agustín con el ejemplo de Pedro. Además, David añade la razón que le ha impulsado a orar así: *"porque espero"*; el verbo hebreo יִחָלְתִּי *yiḥālətî* tiene el sentido de algo que se aguarda con ansia, de un deseo intenso; mientras que לְמִשְׁפָּטֶךָ *ləmišpāṭeḵā* significa *"tus juicios"*. Es

---

[49] GIOVANNI DIODATI [1576-1649] lo traduce de la siguiente manera: «No permitas que por sentirme abatido y defraudado en la esperanza que había puesto tus santas promesas, me falte el poder, ni el valor y coraje necesarios para testificar de ellas».

[50] El texto completo de AGUSTÍN DE HIPONA [354-430] citado por SALOMÓN GESNER dice así: «*"Et ne auferas de ore meo verbum veritatis usquequaque"*, (no quites de mi boca la palabra de verdad **hasta el extremo**). El salmista esta hablando aquí de todo el cuerpo de Cristo, es decir, de la Iglesia universal; y de como de ese Cuerpo no sería quitada la palabra de verdad *"hasta el extremo"*. Porque cuando vino la persecución la mayoría de sus miembros permanecieron firmes luchando por la verdad hasta la muerte. Pero dice: *"no sea quitada de mi boca ... hasta el extremo"*, porque esta hablando de un solo Cuerpo, entre cuyos miembros hubo también quienes en el momento de la prueba desfallecieron y negaron la fe, pero después fueron vivificados por el arrepentimiento y alcanzaron mediante una nueva confesión la palma del martirio que habían perdido con su apostasía; como le sucedió al apóstol Pedro, de cuya boca *"la palabra de verdad"* (Mateo 16:16) no fue quitada: *"hasta el extremo"*, (o, *"no del todo"*, como dicen otros códices). Pedro representaba en este sentido a la Iglesia (Mateo 16:18), puesto que si bien turbado por el miedo negó al Señor unos instantes, al momento se arrepintió llorando amargamente (Mateo 26:69-75); y, confesándole, fue coronado tiempo después en el martirio (Juan 21:18-19). Por tanto, ese: *"no quites de mi boca"*, debe entenderse como: *"no permitas que se aparte de mi boca"*; de la misma manera que cuando oramos diciendo *"Y no nos metas en tentación"* (Mateo 6:13), lo entendemos en el sentido de: *"No permitas que caigamos en la tentación"*; y así también cuando el Señor dice a Pedro: *"he rogado por ti, que tu fe no falle"* (Lucas 22:32), cabe entender: *"he rogado para que tu fe no falte ... **hasta el extremo**"*. Y sigue diciendo el salmista: *"porque he esperado en tus juicios"*, o como traducen algunos con mayor exactitud al texto griego: *"quia in judiciis tuis supersperavi"*, esto es: *"en tus juicio he esperado sobremanera"* o *"he esperado mucho"* ... Juntando ambas frases viene a decir: *"No quites de mi boca la palabra de verdad hasta el extremo, porque en tus juicios he esperado sobremanera"*. Es decir, ni aún *"tus juicios"*, aquellos con los que me corriges y castigas, logran arrebatarme la esperanza, antes por el contrario, me la fortalecen y multiplican, sabiendo que: *"el Señor al que ama, castiga, y azota a todo el que recibe por hijo"* (Hebreos 12:6)». (Ver también al respecto la nota 32).

decir: espero con ansia la sentencia que en el último día pronunciarás abiertamente sobre los herejes, los fanáticos, y todos los tiranos.[51]

SALOMON GESNER [1559-1605]
"Christliche Betrachtung des Psalters", 1599

No quites de mi boca en ningún tiempo la palabra de verdad. La palabra de verdad es literalmente "quitada de la boca" cuando se le dice al pecador: *"¿Qué derecho tienes tú de hablar de mis estatutos, y de tomar mi pacto en boca?"*[52] Pues si la conciencia es mala aún la más refinada elocuencia queda muda; ya que vienen los pájaros del cielo y arrebatan la palabra de tu boca, como se llevaron la simiente de la palabra que cayo junto al camino para que no diera fruto.[53]

AMBROSIO DE MILÁN [340-397]
"Enarrationes in xii Psalmos Davidicos"

No quites de mi boca en ningún tiempo la palabra de verdad. A veces hablar del Salvador se nos hace difícil de por miedo a incurrir en hipocresía. Otras nos avergonzamos de hacerlo por nos falta la necesaria fuerza que nos constriña: *"el amor de Cristo"*.[54] Y así "la palabra de verdad es quitada de nuestras bocas". Es probable que en numerosas ocasiones hayamos deseado tener una palabra de consuelo que compartir con personas que atravesaban tribulaciones o eran tentadas, y no hemos logrado encontrarla; y el recuerdo de tantas y tan preciosas oportunidades perdidas haga apropiada en nuestros labios esta oración: *"No quites la palabra de verdad de mi boca"*. No solo no la quites de mi corazón; sino que mi boca esté lista en todo momento para confesar abiertamente a mi Maestro. Algunos sabemos bien, por propia experiencia, lo muy penosas que resultan las consecuencias de contemporizar con los hábitos y proceder mundano, en aquellas ocasiones en las que la falta de valentía y firmeza de espíritu nos ha impedido levantarnos y dar firme testimonio en favor de nuestro Dios. Podremos alegar como excusa de nuestro silencio, turbación, apocamiento, timidez, prudencia juiciosa; pero en la mayoría de los casos no es más que un autoengaño para enmascarar la causa real de nuestra negación: la ausencia en nuestro interior de un verdadero sentido del temor de Dios y de su misericordia para con las almas.

CHARLES BRIDGES [1794-1869]
"Exposition of Psalm 119", 1827

No quites de mi boca en ningún tiempo la palabra de verdad, porque en tus juicios espero. ¿Será de utilidad en la casa de Cristo un pobre mudo?[55] ¿Qué poder tendrá la palabra de Dios a través de mí cuando está presa?[56] ¿Acaso no soy un árbol seco?[57] ¡Ay de mí, porque no puedo ni plantar ni de regar![58] ¡Si al menos mi Señor tuviera a bien utilizarme como estiércol, para abonar y hacer fértiles sus propios cultivos de grano en el Monte Sión![59] ¡Si tan solo se me concediera la oportunidad de hablar

[51] Mateo 26:33; Lucas 22:54-62; Juan 21:15-17.
[52] Salmo 50:16.
[53] Mateo 13:4.
[54] 2 Corintios 5:14.
[55] Habacuc 2:18.
[56] 2 Timoteo 2:9.
[57] Isaías 56:3.
[58] 2 Corintios 3:7-9.
[59] 1 Samuel 2:8; Salmo 113:7; Filipenses 3:8.

a tres o cuatro de los corderitos de mi digno Pastor y Maestro! Con ser el más inadvertido e ignorado de todos los pastores en la tierra me conformaría; y me contentaría con habitar en cualquier lugar, incluso en la más humilde de las casas de Cristo. Pero ha dicho: «No, indigno, no te enviaré, no te confiaré otra encomienda en mi nombre».[60] Mis ansias por servirle arden en celo, y temeroso estoy de que pudiera decidir dejar de utilizarme definitivamente (…) ¡Se que soy salvo por su misericordia y estoy a salvo en todos los aspectos, por más que en sus libros contables siga apareciendo como deudor eternamente! Pero me mantiene en silencio, y eso es lo que me entristece y mortifica. Por un tiempo, saboreé un gozo celestial cercano casi al de estar con Cristo mi Señor:[61] el de poder predicarle a esta generación infiel. Pero ahora me lo ha sido quitado. Era para mí lo más preciado que tenía, como el ojo sano del tuerto, y ahora… este ojo me ha sido arrebatado.

Samuel Rutherford [1600-1661]
"Joshua redivivus, or, Three hundred and fifty-two religious letters; Written Between 1636 & 1661", 1796

No quites de mi boca en ningún tiempo la palabra de verdad, porque en tus juicios espero. También cabe decir que la palabra es "quitada de nuestra boca" cuando zarandeados por fuertes tentaciones nos da la impresión de que todo cuanto hacemos fracasa, y no alcanzamos descubrir dónde apoyarnos siquiera: *"Me he hundido en cieno profundo, y no hay donde hacer pie; he llegado a lo profundo de las aguas, y la corriente me anega"*.[62]

Martin Geier [1614-1681]
"Commentarius in librum Psalmorum, ad usum Seminarii Brugensis", 1695

Porque en tus juicios espero. El término hebreo לְמִשְׁפָּטֶךָ *ləmišpāṭeḵā* de מִשְׁפָּט *mishpat,* juicio, tanto puede significar la Ley, como la ejecución de la sentencia derivada de la misma.

1. *La Ley* o palabra de Dios en su totalidad. En esta caso la frase: *"en tus juicios espero"* no sería más que: "espero en tu Palabra". Como es el caso en otros pasajes: *"Espero en el Señor; en El espera mi alma, y en su palabra tengo mi esperanza"*.[63]
2. *La sentencia* o ejecución de la ley, cuando se cumpla la promesa o la amenaza.
   a. *Cuando se cumple la promesa.* Puede considerarse como "juicio" cuando Dios cumple lo que prometió para nuestra salvación y liberación. Así se dice que Dios juzga a su pueblo, cuando lo trata conforme a lo establecido en su palabra: *"Tú has visto, oh Señor, mi opresión, juzga mi causa"*.[64]

[60] En el original inglés: *"Sirrah, I will not send you; I have no errands for you there away"*. *"Sirrah"*, es una expresión inglesa arcaica y en desuso utilizada para dirigirse a una persona de rango inferior de manera desplicente y aparece en diversas obras de William Shakespeare [1564-1616] como *"Julius Caesar"* (1599) o *"Antony and Cleopatra"* (1607). John Bunyan [1628-1688] la utiliza en *"The Pilgrim's Progress"* (Capitulo XIII) cuando Cristiano y Fiel son apresados en la Feria de Vanidad, conducidos ante el Juez y Fiel es ejecutado. El Juez le dice: *"Sirrah! Sirrah! thou deservest to live no longer"*; La versión española lo traduce como: *"¡Ah, malvado! No mereces seguir viviendo un instante más"*.

[61] Filipenses 1:23.

[62] Salmo 69:2.

[63] Salmo 130:6LBLA.

[64] Lamentaciones 3:59 LBLA.

b. *Cuando se ejecuta la amenaza sobre los impíos*. Es la noción más común y más frecuente de juicio. Y tratándose de un beneficio para los siervos de Dios fieles a su Palabra, cabe decir que es en realidad lo que David esperaba. Pues la ejecución de juicio sobre ellos es cumplimiento de la promesa hecha a nosotros.

Thomas Manton [1620-1677]
"One hundred and ninety sermons on the hundred and nineteenth Psalm", 1681

Vers. 43-44. Señor, haz que la palabra de verdad siga en *"mi boca"* (119:43) para que pueda transferir este depósito sagrado a la próxima generación;[65] y ellos a su vez puedan transmitirlo a otras en siglos posteriores. De ese modo *"tu ley"* será guardada *"para siempre y eternamente"* (119:44), es decir, de generación en generación,[66] de acuerdo con lo que tu mismo has prometido: *"mis palabras que puse en tu boca, no faltarán de tu boca, ni de la boca de tus hijos, ni de la boca de los hijos de tus hijos, dice Jehová, desde ahora y para siempre"*.[67]

Matthew Henry [1662-1714]
"Commentary on the Whole Bible", 1811

Vers. 44. *Guardaré tu ley siempre, para siempre y eternamente.* *[Guardaré tu ley siempre, para siempre y eternamente.* RVR*] [Y guardaré continuamente tu ley, para siempre y eternamente.* LBLA*] [Así guardaré tu ley continuamente, eternamente y para siempre.* BTX*] [Por toda la eternidad obedeceré fielmente tu ley.* NVI*] [Respetaré tu ley constantemente, por siempre jamás la cumpliré.* BLP*] [Seguiré obedeciendo tus enseñanzas por siempre y para siempre.* NTV*]*[68]

Y así guardaré continuamente tu ley, eternamente y para siempre. Nada vincula más a un hombre al camino del Señor que experimentar la verdad de su Palabra en forma de misericordias y liberaciones. La fidelidad del Señor no tan solo abre nuestras bocas contra sus adversarios, sino que también aferra nuestros corazones a su temor, y hace que nuestra unión con él sea cada vez más intensa. Las grandes misericordias nos llevan a experimentar una gratitud inexpresable que, incapaz de pronunciarse ahora en el tiempo, promete engullir la eternidad con alabanzas. A un corazón abrasado en llamas de gratitud, el *"eternamente y para siempre"*, no le parece en absoluto redundante; y la hipérbole del conocido himno Addison adquiere para él todo el sentido:

A ti por las edades sempiternas
gozoso canto para siempre entonaré;

[65] 2 Timoteo 2:22.

[66] Deuteronomio 4:9; 6:7; 11:19; Salmo 90:1.

[67] Isaías 59:21.

[68] La versión griega de los LXX o Septuaginta lee: καὶ φυλάξω τὸν νόμον σου διὰ παντός, εἰς τὸν αἰῶνα καὶ εἰς τὸν αἰῶνα τοῦ αἰῶνος que la Vulgata traduce al latín como: *"Et custodiam legem tuam semper, in saeculum et in saeculum saeculi"*, "Y guardaré tu ley siempre, por siglo y por siglo de siglo". La versión sefardí de Ferrara traduce: *"Y guardare tu Ley continuo, para fiempre y fiempre"*. La caldea Peshitta: *"Guardaré tu ley por siempre y para siempre"*. Kraus traduce: *"Quiero guardar continuamente tus instrucciones, por siempre y eternamente"*. Schökel: *"Quiero cumplir continuamente tu voluntad, por siempre jamás"*.

mas ¡oh eternidad que corta eres,
para toda la alabanza que mereces![69]

Tan solo la gracia de Dios puede permitirnos guardar sus mandamientos sin interrupción y sin final; el amor eterno nos concederá vida eterna, y ello traerá la obediencia eterna. Fuera de la palabra de verdad que permanece en nosotros, no hay otro medio de asegurar nuestra perseverancia en la santidad, por ello David ora para que permanezca en él.

El versículo comienza con un *"Y así"*, como el versículo cuarenta y dos (119:42).[70] Cuando Dios nos otorga su salvación, somos favorecidos en tal manera que hacemos enmudecer a nuestro peor enemigo y glorificamos a nuestro mejor amigo. La misericordia tiene respuesta para todas las cosas. Si Dios nos concede la salvación podemos conquistar el infierno y comunicarnos con el cielo, responder a todos los reproches y guardar la ley, *"eternamente y para siempre"*.

No podemos pasar por alto un segundo sentido que surge de este pasaje: David ora para que la palabra de verdad no sea quitada de su boca, y pudiera así guardar la ley de Dios; es decir: tanto en su testimonio público como en su vida personal, se compromete a acatar la voluntad divina y confirmar los lazos que le ataban a su Señor para siempre. Indudablemente, la gracia que nos capacita para testificar con la boca es tanta ayuda a otros como a nosotros mismos: sentimos que las promesas del Señor están con nosotros, y que no podemos retroceder.

C.H. SPURGEON

Y así guardaré continuamente tu ley, eternamente y para siempre. Que el Señor guarde nuestro corazón en la fe, así como nuestra boca y todo nuestro hombre exterior en el camino del testimonio y la obediencia,[71] es la razón de nuestra perseverancia.[72]

DAVID DICKSON [1583-1663]
"Explication upon the Last Fifty Psalms", 1655

Y así guardaré continuamente tu ley, eternamente y para siempre. Fijémonos bien en la manera peculiar en la que utiliza su promesa de obediencia a modo de argumento: *"Y así guardaré"*; "Y así", es decir, esto me animará y me permitirá conseguirlo.

---

[69] Cita la treceava y última estrofa del himno de JOSEPH ADDISON [1672-1719] basado en el Salmo 89:1 y titulado *"When all Thy mercies, O my God"*, que es la primera línea de la primera estrofa. La estrofa completa en inglés reza así: *"Through all eternity to thee / A joyful song I will raise; / But oh! eternity's too short / To utter all thy praise"*. Fue traducido parcialmente al español por JUAN BAUTISTA CABRERA [1837-1916], que tradujo las estrofas 1, 5, 10 y 11. La estrofa primera dice así: «Dios mío. cuando pienso en las mercedes / Que tu bondad sin par me prodigó, / Mi espíritu se enciende en alabanzas / En gratitud amor».

[70] Un paralelismo que se pierde un tanto en las versiones españolas. Pero en la versión inglesa KJV el versículo cuarenta y dos (119:42) comienza diciendo: *"So shall I have"*; y el versículo cuarenta y cuatro (119:44): *"So shall I keep"*. Ver al respecto el comentario de ALBERT BARNES [1798–1870] sobre la conjunción hebrea ו *Vav* y su correspondiente nota 3.

[71] 2 Corintios 4:16.

[72] Dice WILLIAM SWAN PLUMER [1802-1880] comentando este versículo: «El cristiano fiel, dispuesto a pelear la buena batalla (1 Timoteo 6:12), no solo desenvaina la espada empuñándola con valentía, además arroja lejos la vaina. El buen marinero que zarpa emprendiendo travesía hacia el puerto celestial de su descanso eterno, debe adentrarse en el mar y olvidar por completo sus costas nativas diciéndoles adiós definitivamente, no tratar de convertir su travesía espiritual en una suerte de navegación costera o de cabotaje».

1. Entiende que al serle otorgada su petición, le infundiría ánimo: cuando Dios responde positivamente a nuestras esperanzas y expectativas, la gratitud nos enardece y nos anima a la obediencia, sea la que sea. Si el Señor nos da un corazón dispuesto y la libertad para servirle y testificar su nombre, no debemos mostrarnos inseguros, dudar o retroceder, sino caminar cerca de él.
2. Anticipa que esto le proporcionará las fuerzas necesarias. Si Dios nos ayuda a diario, nos mantenemos; de lo contrario, vacilamos y caemos. David considera que esta ayuda divina será un factor decisivo para su perseverancia, no solo en el sentido indirecto de compromiso y obligación, sino en el directo de ayudarle a mantenerse hasta el fin.

Reparemos también en la consistencia de esta obediencia a la que se compromete: *"eternamente y para siempre"*. No se compromete a mantenerla mientras duren las circunstancias difíciles, por algunos días, o durante un año, sino para siempre, hasta el final de su vida. El texto hebreo incluye tres palabras que guardan una estrecha relación entre sí, pero con matices distintos: תָּמִיד *tāmîḏ*, "permanentemente, continuadamente, sin interrupción";[73] לְעוֹלָם *lə'ōwlām* de עוֹלָם *olam*, "para siempre";[74] y וָעֶד *wā'eḏ* de עַד *ad*, "y siempre".[75] La Septuaginta lo expresa así: καί φυλάσσω ὁ νόμος σύ διά πᾶς εἰς ὁ αἰών καί εἰς ὁ αἰών ὁ αἰών: guardaré tu ley *continuadamente,* y *por siempre,* y *para siempre, y siempre;* cuatro palabras. Y esta acumulación de términos no es en vano, pues:

1. Muestran las dificultades que entraña la perseverancia: a menos que los creyentes resistan y persistan enfrentando con todas sus fuerzas los embates de la tentación, pronto serán apartados del camino. Es por ello que David ata firmemente su corazón al Señor y lo expresa de la forma más contundente y explícita que le es dado expresarlo. Y nosotros debemos hacerlo también, ahora y *continuadamente,* y *por siempre,* y *para siempre, y siempre.*
2. Revelan la vehemencia de su afecto: quien tiene su afecto depositado profundamente en algo, suele expresarlo con la mayor rotundidad posible. Pablo tenía un profundo sentido del poder de Dios y no duda en exclamar: *"y cuál la supereminente grandeza de su poder para con nosotros los que creemos, según la operación del poder de su fuerza"*.[76] No le importa repetir palabras, como "poder", porque su sentido del poder de Dios era tan grande que las necesitaba para expresarlo; así como también David amontona aquí palabras: *continuadamente,* y *por siempre,* y *para siempre, y siempre.*
3. Algunos piensan que semejante acumulación de términos apunta forzosamente más allá de una mera referencia a esta vida, que más bien se proyecta al futuro, a lo que está por venir: *"guardaré tu ley eternamente y para siempre"*; es decir, todos los días de mi vida, y también

[73] Éxodo 17:20;28:29-30.

[74] Génesis 3:22. *"Para siempre"* o *"por los siglos"* pero en muchos casos con un cierto sentido de temporalidad ligado al mundo y a la existencia humana. Solía decirse a los reyes: *"Viva para siempre"* (1 Reyes 1:31; Daniel 2:4; 3:9).

[75] Añadir וָעֶד *wā'eḏ* a la palabra עוֹלָם *olam,* le confiere el sentido de eternidad, y es aplicable solo a Dios y las cosas de Dios; Éxodo 15:18; Salmo 45:6. Ver el comentario de Francisco Lacueva al respecto en la nota 2.

[76] Efesios 1:19. En la KJV: *And what is the exceeding greatness of his power to us-ward who believe, according to the working of his mighty power"*. En la RVA: *"Y cuál aquella supereminente grandeza de su poder para con nosotros los que creemos, por la operación de la potencia de su fortaleza"*.

en la otra vida. Así lo entiende el Crisóstomo,[77] que lo aplica claramente a la otra vida,[78] donde se guardará de manera pura y exacta de la ley de Dios. Aquí en la tierra estamos a cada hora, cada minuto, cada segundo en constante peligro de quebrantarla: pero allí estaremos resguardados de todo peligro y sin temor a pecar, permaneceremos en una justicia completa y perfecta; aquí esperamos aquello que no hemos alcanzado aún, pero la esperanza futura nos anima en el presente:[79] así lo hace David y así lo expresa.

4. Si de algún modo hemos de distinguir entre estos términos, supongo que debemos hacerlo entre el sentido de continuidad y perpetuidad de la obediencia; la continuidad de la obediencia es que serviría y obedecería a Dios de continuo y sin interrupción; la perpetuidad de la obediencia es que le serviría por los siglos de los siglos, sin deserción ni rebelión, en todo tiempo y hasta el fin. La constancia y perseverancia en la obediencia es su mejor elogio.

THOMAS MANTON [1620-1677]
"One hundred and ninety sermons on the hundred and nineteenth Psalm", 1681

Y así guardaré continuamente tu ley, eternamente y para siempre. Es decir, si no quitas de mi boca la palabra de tu verdad, yo *"guardaré tu ley para siempre"*; sí, *"por el siglo, y hasta el siglo"*, y al añadir esto indica que quiere decir eternamente. Porque a veces al decir "para siempre" se entiende mientras vivamos aquí en la tierra; pero esto no es *"por el siglo, y hasta el siglo"* en el sentido de siglos de vida terrena. Por tanto, es mejor traducirlo, tal y como figura en algunos códices: *"por el siglo y hasta la eternidad"* ya que no podían decir: "*et aeternum aeterni*" de eternidad a eternidad.[80] Por tanto, esta ley a la que se refiere y que se compromete a guardar, debe entenderse como aquella a la que hace referencia el apóstol cuando dice: *"el amor es el cumplimiento de la ley"*.[81] Esta ley es la que guardarán los santos que forman la Iglesia de Cristo, y de cuya boca no es quitada la palabra de verdad, y no solo en este mundo, es decir, hasta que este mundo llegue a su fin; sino también en el mundo venidero que es llamado un mundo sin fin o eternidad. Porque allí no recibiremos mandamientos de la ley, como aquí, para guardarlos, sino que guardaremos la plenitud de la ley misma sin ningún temor a pecar; porque cuando veamos Dios le amaremos más plenamente; así como también a nuestro prójimo; porque Dios será *"todo en todos,"*[82] ni habrá lugar para falsas sospechas acerca de nuestro prójimo, porque todo será evidente y nada estará oculto a nadie.

AGUSTÍN DE HIPONA [354-430]
"Enarrationes in Psalmos"

Y así guardaré continuamente tu ley, eternamente y para siempre. El lenguaje de este versículo es muy enfático. La obediencia perfecta constituirá una inmensa proporción de la felicidad celestial

[77] Se refiere a JUAN DE ANTIOQUÍA [347-404] más conocido como SAN JUAN CRISÓSTOMO, patriarca de Constantinopla. Es considerado por la Iglesia católico-romana uno de los cuatro originales Doctores de la Iglesia del Oriente, y por su propia Iglesia, la Iglesia Ortodoxa Griega como uno de los más grandes teólogos y uno de los tres Pilares de la Iglesia, juntamente con BASILIO y GREGORIO. Fue un excelso predicador cuyos discursos públicos, denunciando los abusos de las autoridades imperiales y de la vida licenciosa del clero, le ganaron el sobrenombre de *"Crisóstomo"* que proviene del griego χρυσόστομος, *chrysóstomos* y significa "boca de oro" (*chrysós,* "oro"; *stomos,* "boca").

[78] Ver el comentario de Francisco Lacueva al respecto en la nota 2.

[79] Filipenses 3:12-14.

[80] 1 Crónicas 16:36.

[81] Romanos 13:10 LBLA.

[82] 1 Corintios 15:28.

por toda la eternidad; por tanto, cuanto más nos acerquemos a ella en la tierra, más gozamos de antemano la felicidad del cielo.

SAMUEL BAGSTER [1772-1851]
"Comprehensive Bible", 1826[83]

Vers. 45. *Y andaré en libertad, porque busqué tus mandamientos.* *[Y andaré en libertad, porque busqué tus mandamientos.* RVR*] [Y andaré en libertad, porque busco tus preceptos.* LBLA*] [Y me encaminaré en lugar espacioso, porque he escudriñado tus preceptos.* BTX*] [Viviré con toda libertad, porque he buscado tus preceptos.* NVI*] [Caminaré sin estorbos, porque busco tus preceptos.* BLP*] [Caminaré en libertad, porque me he dedicado a tus mandamientos.* NTV*]*[84]

Y andaré en libertad,[85] *porque busqué tus mandamientos*. Para los creyentes la santidad no es esclavitud.[86] El Espíritu de santidad es un espíritu libre; hace a los hombres libres y les permite resistir cualquier embate que trate de ponerlos bajo sujeción.[87] El camino de la santidad no es una cuerda de esclavos, sino el camino real para hombres libres y llenos de regocijo en su viaje desde el Egipto de la esclavitud a la Canaán de descanso.[88] Las misericordias de Dios y su salvación, al enseñarnos a amar los preceptos de la Palabra, nos colocan en descanso feliz; y cuanto más buscamos la perfección de nuestra obediencia, más disfrutaremos de la completa emancipación de toda forma de esclavitud espiritual. David durante una época de su vida, y por haber seguido una política errada, estuvo bajo

[83] La *"Comprehensive Bible"* publicada en 1826 por el editor especializado en Biblias políglotas SAMUEL BAGSTER [1772-1851] apodado "the Elder" y fundador de la casa publicadora *"Bagster & Sons"*, bien podría considerarse como precursora de nuestras actuales "Biblias de Estudio". Partiendo del texto de la versión inglesa KJV, contaba con 4,000 notas explicativas, 500,000 referencias marginales, una introducción general, mapas, y una gran variedad de otra información útil sobre la Biblia y el mundo bíblico. Sigue a la venta en el mercado de habla inglesa.

[84] La versión griega de los LXX o Septuaginta lee: καὶ ἐπορευόμην ἐν πλατυσμῷ, ὅτι τὰς ἐντολάς σου ἐξεζήτησα que la Vulgata traduce al latín como: *"Et ambulabam in latitudine, quia mandata tua exquisivi"* (Y andaba en anchura, porque inquirí tus mandamientos). La versión sefardí de Ferrara traduce: *"Y andare en anchura, porque tus encomendanças requeri"*. La caldea Peshitta: *"Andaré en libertad porque me he complacido en tus ordenanzas"*. KRAUS traduce: *"Caminaré así por lugar amplio, porque investigo tus ordenanzas"*. SCHÖKEL: *"Y seguiré un camino ancho porque busco tus decretos"*.

[85] En hebreo וְאֶתְהַלְּכָה בָרְחָבָה *wə'eṯhalləḵāh ḇārəḥāḇāh* de רָחָב *rachab,* "anchura, lugar amplio". SCHÖKEL dice al respecto: «De nuevo suena el tema de la *"anchura"* enunciado en el versículo treinta y dos (119.32). Entre ambos componen un programa sencillo: el corazón / espíritu se ensancha al correr por el camino, el camino se ensancha al consultar los decretos».

[86] En este mismo sentido DAVID BRAINERD [1819-1892], en sus "Memorias", recopiladas de su diario personal por JONATHAN EDWARDS [1703-1758], y conocidas como "El Diario Personal de David Brainerd", llenas citas y alusiones a los Salmos, al hablar de las cinco marcas o distintivos del cristiano verdadero, establece como la quinta el hallar deleite en el cumplimiento de los preceptos y mandamientos divinos, considerando que: «Su estricta observancia no es en absoluto esclavitud sino todo lo contrario, la mas amplia de las libertades. Como dice el salmista: *"Y andaré en libertad, porque busqué tus mandamientos"* (119:45)».

[87] Juan 8:31-36; Romanos 8:2; 2 Corintios 3:17; Gálatas 5:1; Santiago 2:12; 1 Pedro 2:16. Dice al respecto EMIL HEINRICH TAUBE [1819-1892]: «Esa bendita libertad que brota de un apego incondicional a los preceptos divinos (119:45); deriva en un gozo inconmensurable que se manifiesta externamente por medio un testimonio audaz (119:46); y en un deleite interno al observar y cumplirlos sus mandamientos (119:47)».

[88] Deuteronomio 12:9-10; 25:19; Hebreos 4:1-13.

dura esclavitud. Engañó a Aquis con tal alevosía, que para ocultarlo tuvo que recurrir a acciones de una crueldad impropia de él; y ocupar una posición antinatural como aliado de los filisteos y capitán de la guardia personal de su rey.[89] Temía probablemente que por causa de su caída en los caminos torcidos de falsedad, fuera quitada la verdad de su boca; y en consecuencia, ora a Dios para que obre su liberación de algún modo y lo aparte de tal esclavitud. Y Dios le respondió en justicia con cosas terribles en Siclag; pero finalmente el lazo se quebró y pudo escapar.[90]

Este versículo es una prolongación del que le precede: *"Y así guardaré continuamente tu ley, eternamente y para siempre"* (119:44), unido a él por la consabida conjunción "Y" que actúa de eslabón para enlazarlo con los anteriores.[91] Menciona uno más de los beneficios esperados de la solicitada "venida" de las misericordias de Dios: *"Vengan a mí tus misericordias"* (119:41). Se ha referido ya a la de cerrar la boca de sus enemigos: *"tendré respuesta para el que me afrenta"* (119:42); la de poder seguir testificando: *"no quites de mi boca la palabra de verdad"* (119:43); la de perseverancia en la santidad: *"guardaré continuamente tu ley"* (119:44); y ahora la libertad: *"andaré en libertad"* (119:45) que después de la vida es lo más preciado por todos los valientes. No duda en afirmar: *"y andaré,* –indicando con ello su proceder diario a lo largo de la vida– *en libertad"*, como quién ha sido liberado de una prisión, sin impedimentos por parte de adversarios, libre de cargas y servidumbres, sin trabas, con un amplio margen de territorio y moviéndose por él sin temor alguno. Semejante libertad sería muy peligrosa en un hombre que busque su propio interés o sus concupiscencias; pero cuando el único objetivo que se persigue es hacer la voluntad de Dios, no es necesario someter al buscador a restricción alguna. Al hombre que dice: *"busco tus mandamientos"* no hace falta circunscribirle en nada. Fijémonos que en el versículo anterior asegura que guardará la ley: *"Guardaré tu ley siempre"* (119:44); mientras que aquí promete buscarla: *"porque busco tus mandamientos"* (119:45). ¿Qué querrá decir con ese "busco" refiriéndose a algo que se ha comprometido ya a "guardar"? Que obedecerá cuanto sabe, y tratará de saber más. ¿Acaso no es este el camino hacia la libertad suprema: estar siempre ocupado en conocer más de la mente de Dios y ajustarse a ella? Quienes guardan la ley, es seguro que la buscarán y se enardecerán a si mismos en conocerla mejor y cumplirla más y más.

C.H. SPURGEON

Y andaré en libertad. Siempre que Dios perdona el pecado, lo subyuga: *"hollará nuestras iniquidades, y echará en lo profundo del mar todos nuestros pecados"*.[92] Y cuando al pecado se le arrebata el poder de subyugarnos a nosotros, es porque su poder condenador ha desaparecido. ¿Cómo sabe un malhechor en la cárcel que su príncipe le ha perdonado? Cuando llega un carcelero, le quita las cadenas y grilletes, y le deja salir libre de la prisión; entonces tiene la certeza de que ha sido perdonado. ¿Y cómo sabemos nosotros que Dios nos ha perdonado? Si caen las cadenas y grilletes del pecado que nos subyugaba, y andamos en libertad por los caminos de Dios, es señal inequívoca y bienaventurada de que hemos sido perdonados.

THOMAS WATSON [1620-1686]
"A body of practical divinity, in a Series of Sermons", 1692

[89] 1 Samuel 21:10-15; 27:1-12; 28:1-2; 29:1-11.

[90] 1 Samuel 30:1-31; 2 Samuel 1:1; 2:1-4.

[91] En hebreo comienza con וְאַל *wə'al.*

[92] Miqueas 7:19.

Y andaré en libertad, porque busqué tus mandamientos. Así como el que se aparta de confesar la verdad de Dios se arroja al precipicio quedando esclavitud y grave peligro;[93] el que la confiesa anda por la vida como como un hombre libre; pues la verdad lo hace libre.[94]

DAVID DICKSON [1583-1663]
"Explication upon the Last Fifty Psalms", 1655

Y andaré en libertad, porque busco tus mandamientos. Cuando la Biblia afirma que los guiados por el Espíritu no están bajo la ley,[95] no significa que sean libres para pecar sin ser castigados por ello; sino que son libres porque al ser guiados y enseñados por el Espíritu a amar lo que la ley de Dios ordena, ya no se sienten haciéndolo como una obligación o bajo restricción, pues no es la ley quién los guía, sino el Espíritu... Sin embargo, hermanos, hay una situación peculiar que se da cuando reconocemos a Dios pero no le amamos en Cristo. Se trata de un estado singular en cual admiramos lo que es excelente, pero no somos capaces de ejecutarlo; un estado en el que nuestro amor a lo bueno no aporta ningún resultado, limitándose a un mero deseo. Es el estado típico de la naturaleza humana cuando nos hallamos bajo la ley, sin haber sido convertidos al amor de Cristo. Por el contrario, hay otro estado muy distinto: cuando Dios graba su ley en nuestros corazones con amor en vez de temor.[96] En el primer caso la reacción es: «No puedo hacer aquello que quiero y deseo»; en el segundo: *"Andaré en libertad porque busco tus mandamientos"*.[97]

FREDERICK WILLIAM ROBERTSON [1816-1853]
"Victory Over Death",
sermón predicado en *"Trinity Chapel"* de Brighton el 16 de Mayo de 1852

Y andaré en libertad.[98] La mente del salmista abre aquí sus horizontes. Tan solo unos versículos más atrás se sentía como un hombre puesto estrecho,[99] en medio de dos paredes de roca de un desfiladero angosto y peligroso del que lograba salir: *"Abatida hasta el polvo está mi alma"* (119:25-29, 39). Quienes conocen un poco la geografía de Canaán y su orografía, pueden imaginar fácilmente la delicada situación de un viajero midiendo temeroso cada paso a través de alguno de los múltiples

---

[93] Mateo 10:32-33.

[94] Juan 8:31-36; Romanos 8:2; 2 Corintios 3:17; Gálatas 5:1; Santiago 2:12; 1 Pedro 2:16.

[95] Gálatas 5:18; Romanos 8:14-16.

[96] Jeremías 31:33; 32;39; Isaías 59:21; 2 Corintios 3:3: Hebreos 10:16.

[97] FRANZ DELITZSCH [1813-1890] señala que la traducción correcta de בָרְחָבָה *bārəḥāḇāh,* es "espacio ancho", no en el sentido de "andaré a mis anchas" o felizmente como me venga en gana, como lamentablemente lo entienden algunos, sino más bien "andaré sin que nada me intimide", sin miedos, sin reservas, sin que nada me impida testificar de la verdad según lo expresado anteriormente (119:42-43), hasta el punto de sentirse libre para *hablar de tus testimonios ante los reyes sin avergonzarme* (119:46); porque la libertad interior redunda en coraje exterior.

[98] La Vulgata traduce el texto griego καὶ ἐπορευόμην ἐν πλατυσμῷ como: *"Et ambulabam in latitudine"*, "y andaba en anchura". AGUSTÍN DE HIPONA [354-430] dice al respecto: «¿Qué significa *"andaba en anchura"*. Que andaba en amor; en ese amor que inunda nuestros corazones por obra del Espíritu Santo que nos ha sido dado (Romanos 5:5). En esta misma *"anchura"* caminaba también aquel que escribió: *"nuestra boca se ha abierto a vosotros, oh Corintios; nuestro corazón se ha ensanchado"* (2 Corintios 6:11). Y ese amor se concentra de manera total y absoluta en dos mandamientos que resumen toda la ley y los profetas: amar a Dios sobre todas las cosas y a nuestro prójimo como a nosotros mismos (Mateo 22:35-40). De ahí que después de haber dicho que: *"andaba en anchura"*, añada: *"porque inquirí tus mandamientos"*».

[99] Filipenses 1:23.

despeñaderos de montaña. El viajero que lo atravesó antes de nosotros ha logrado ya pisar tierra segura. Y ahora, favorecido por el Altísimo y consciente de estar en su camino, viéndose ya en lugar espacioso y seguro, camina con desenvoltura diciendo: *"andaré en libertad, porque busco tus mandamientos"*. Había investigado diligentemente cuanto el Señor le había ordenado y buscando en todo la conformidad con él; por lo que ahora siente que puede caminar con pleno consuelo, y se recrea en su emancipación espiritual. El hipócrita, que obra el mal en secreto, jamás puede aspirar a esta libertad espiritual. Mientras una persona se mantiene en el camino equivocado, de manera especial si se trata de una persona de conciencia sensible, se siente oprimida por todos los costados, mentalmente deprimida, y circundada por factores negativos. ¡Pero que liberación tan grande se produce en su mente cuando toma conciencia de estar andando por el camino designado por Dios! Se siente de inmediato en plena libertad; porque la providencia favorable de Dios está a su alrededor, y su gracia lo sostiene.

JOHN STEPHEN [1800-1881]
"The Utterances of the CXIX Psalm; Expounded in a Series of Lectures", 1861

Y andaré en libertad, porque busqué tus mandamientos. El que va por el camino recto y trillado no hallará zarzas que le arañen los ojos.

PROVERBIO SAJÓN

Vers. del 45 al 48. Alentado por la fuerza que procede de la gracia de Dios, David promete aquí cinco cosas en el cumplimiento de su deber:

1. Que será libre y franco: *"Caminaré en libertad":* liberado de todo lo malo, sin que las cadenas de sus propias corrupciones le obstaculicen; y libre para lo bueno (119:45).
2. Que será audaz y valiente: *"Hablaré de tus testimonios delante de los reyes"* (119:46).
3. Que será alegre y jovial: *"me deleitaré en tus mandamientos"* (119:47). Amándolos, aprendiéndolos, observándolos, hablando a otros de ellos.
4. Que será diligente y enérgico: *"levantaré mis manos a tus mandamientos"* (119:48). Lo que indica no solo un deseo vehemente de ellos, sino un claro deseo de aplicar toda su mente en cumplirlos.
5. Que será estudioso y aplicado: *"meditaré en tus estatutos"* (119:48).

MATTHEW HENRY [1662-1714]
"Commentary on the Whole Bible", 1811

Vers. del 45 al 48. En estos cuatro versículos el salmista explica, de manera sucesiva, en qué consiste la observancia de la ley; algo que se comprometió a hacer en el cuarto versículo de esta octava, al decir que guardaría la ley de Dios en sus palabras, en su mente y en sus hechos: *"continuamente, para siempre y eternamente"* (119:44). Y da la impresión de que profeta fue escuchado, pues cambia por completo el tono y ahora dice: *"Andaré en libertad"* (119:45). Cuando la misericordia de Dios me visitó, dejé de andar por el camino estrecho del temor para hacerlo en el ancho del amor; es decir, ahora observó la ley de buena gana, alegremente, con todo el deseo y afecto de mi corazón: *"porque busco tus mandamientos"* como lo principal y más importante; y por tanto *"hablaré de tus testimonios"*, hablaré abiertamente y sin temor de la justicia de tu santísima ley, incluso *"delante de los reyes, y no me avergonzaré"* (119:46); haré de ella el motivo de mi deleite (119:47); por lo cual *"alzaré mis manos"* (119:48) para ensalzar tus sublimes mandamientos haciendo de sus misterios tema de mi meditación; porque tus mandamientos son arduos pero perfectos. Y finalmente, en todo tipo de maneras: con el corazón, la mente, y la palabra *"me ejercitaré en tus juicios"*.[100]

ROBERTO BELLARMINO [1542-1621]

"Explanatio in Psalmos", 1615

Vers. 46. *Hablaré de tus testimonios delante de los reyes, y no me avergonzaré;* *[Hablaré de tus testimonios delante de los reyes, y no me avergonzaré;* RVR*] [Hablaré también de tus testimonios delante de reyes, y no me avergonzaré.* LBLA*] [Delante de reyes hablaré de tus testimonios, y no me avergonzaré.* BTX*] [Hablaré de tus estatutos a los reyes y no seré avergonzado,* NVI*] [Proclamaré ante los reyes tus mandatos sin sentir vergüenza alguna.* BLP*] [A los reyes les hablaré de tu ley, y no me avergonzaré.* NTV*]*[101]

Hablaré de tus testimonios delante de los reyes, y no me avergonzaré.[102] Esto es parte de la libertad de la que hablaba en el versículo anterior; se siente libre del temor a los hombres, incluso de los más importantes, orgullosos y tiránicos.[103] Siendo un fugitivo exiliado, David tuvo que presentarse ante los reyes;[104] y después, cuando él mismo fue un poderoso monarca, conoció bien la facilidad con que los hombres sacrifican sus creencias a la pompa de la corte y el privilegio de gobernar. Pero él no estaba dispuesto a nada de esto: santificaría la política y haría que los gobiernos de este mundo supieran que solo el Señor gobierna las naciones.[105] Se compromete, en su calidad de rey, a testificar ante los reyes del Rey de reyes. Y afirma con rotundidad: *"Hablaré"*, cuando lo más probable es que la prudencia y diplomacia aconsejaban otra cosa: que con el testimonio de su vida y conducta era más que suficiente; que mejor sería no abordar el tema de la religión en presencia de otros personajes reales extranjeros que adoraban a otros dioses que tenían como verdaderos. Pero había tomado ya una determinación muy clara respecto a su persona: *"Andaré"*; y no está dispuesto a que su conducta se convierta en excusa que justifique un silencio pecaminoso, por tanto agrega: *"Hablaré"*. David exigía libertad religiosa, y no dudo en aprovecharla, porque habló de sus creencias estando incluso en compañía de los personajes más encumbrados;[106] y en todo cuanto hablo tuvo sumo cuidado de mantener como prioridad la palabra de Dios, porque dice: *"Hablaré de tus testimonios"*. No hay otro

---

[100] En el original inglés: *"exercised in thy justifications"*. Bellarmino utiliza la versión latina Vulgata, que traduce de este modo el final del versículo cuarenta y ocho (119:48). La versión griega de los LXX o Septuaginta dice: καί ἀδολεσχέω ἐν ὁ δικαίωμα σύ.

[101] La versión griega de los LXX o Septuaginta lee: καὶ ἐλάλουν ἐν τοῖς μαρτυρίοις σου ἐναντίον βασιλέων καὶ οὐκ ᾐσχυνόμην que la Vulgata traduce al latín como: *"Et loquebar in testimoniis tuis in conspectu regum, et non confundebar"*, "Y hablaba de tus testimonios delante de los reyes, y no me avergonzaba". La versión sefardí de Ferrara traduce: *"Y hablarà en tus teftamentos, delante de reyes, y no me regiftrarè"*. La caldea Peshitta: *"Hablaré con rectitud ante los reyes, y no seré puesto en oprobio"*. KRAUS traduce: *"Hablaré de tus testimonios en presencia de reyes, y no me avergonzaré"*. SCHÖKEL: *"Y hablaré de tus preceptos ante reyes sin sentir vergüenza"*.

[102] En hebreo וַאֲדַבְּרָה בְעֵדֹתֶיךָ נֶגֶד מְלָכִים וְלֹא אֵבוֹשׁ *wa'ăḏabbərāh ḇə'êḏōṯeḵā neḡeḏ məlāḵîm wəlō 'êḇōwōš.*

[103] Las palabras de este versículo: *"Hablaré de tus testimonios delante de los reyes, y no me avergonzaré"* figuran como lema o *motto* en la portada de la "Confesión de Ausburgo", (Confesión de Fe de la Iglesia Luterana) que fue presentada en Augsburgo por algunos príncipes y ciudades alemanas ante su majestad imperial el emperador Carlos V en el año 1530.

[104] 1 Samuel 17:57; 18:10:11; 19;7, 20; 20:31; 21:10; 27:2-5; 28:1-2; 29:6-11.

[105] Salmo 22:28; 113:4.

[106] 2 Samuel 5:11-12; 8:1-14; 10:1-2, 19.

tema igual, ni mejor manera de tratarlo que mantenerse cerca del Libro y utilizar su pensamiento y lenguaje. El gran obstáculo que coarta nuestro testimonio cristiano, impidiéndonos hablar abiertamente a otros sobre los temas espirituales, es la vergüenza; pero el salmista lo tenía superado, pues dice: *"no me avergonzaré"*. No tenemos nada de que avergonzarnos, ni tenemos excusa para avergonzarnos; y no obstante, muchísimos son los cristianos que permanecen callados como muertos por temor a que alguna criatura terrenal, semejante a ellos, pueda sentirse ofendida. Cuando Dios otorga la gracia, la cobardía desaparece. Quién habla de Dios, en el poder de Dios, jamás se avergonzará: ni cuando comience a hablar, ni mientras habla, ni después de hablar; porque el tema que expone es apropiado incluso para los reyes, necesario para los reyes, y beneficioso para los reyes. Y si los reyes objetan, avergoncémonos de ellos, pero jamás del Maestro que nos ha enviado, de su mensaje, o de su propósito al enviarlo.[107]

C.H. SPURGEON

Hablaré de tus testimonios delante de los reyes. Sus palabras parecen indicar que se considera ya en posesión de aquello por lo que oraba. Había dicho: *"No quites de mi boca en ningún tiempo la palabra de verdad"*, y ahora, como si le hubiera sido otorgado lo que pedía, se levanta y declara que no permanecerá mudo, aunque sea llamado a hablar en presencia de reyes. Afirma estar dispuesto a vindicar la gloria de Dios ante el mundo entero.

JUAN CALVINO [1509-1564]

Hablaré de tus testimonios delante de los reyes. El terror a los reyes y otros personajes poderosos es habitualmente un serio obstáculo para que muchos confiesen libremente la verdad de Dios en tiempos de persecución; pero la fe en la verdad, afirmada y sostenida en el corazón por el poder de Dios, es capaz de arrostrar todos los peligros y originar una confesión incluso en las más difíciles circunstancias.[108]

DAVID DICKSON [1583-1663]
"Explication upon the Last Fifty Psalms", 1655

Hablaré de tus testimonios delante de los reyes. Antes de llegar a la corona, David tuvo que someterse a otros reyes que fueron sus jueces, como Saúl y Aquis; pero si le pedían dar razón de la esperanza que había en él, les hablaría de los testimonios de Dios y profesaría tener su esperanza apoyada ellos, haciendo de ellos su consejo, su guardia, su corona, y su todo.[109] Nunca hemos de

[107] Dice JOHANN PETER LANGE [1802-1884]: «Si actuamos con audacia y sabiduría, incluso nuestras conversaciones terrenales en los tópicos comunes del día a día, pueden convertirse en un canal de testimonio de las cosas celestiales; de modo que nuestra comunicación con los demás, incluso con el mundo, venga a ser como la escalera de Jacob: *"que estaba apoyada en tierra, y su extremo tocaba en el cielo; y he aquí ángeles de Dios que subían y descendían por ella"* (Génesis 28:12)».

[108] Romanos 1:16; 2 Timoteo 1:8, 12; 1 Pedro 4:16. Dice al respecto JOHANN FRIEDRICH FRISCH [1715-1778]: «Cuando tengas que testificar de tu fe en Dios ante reyes u otros altos dignatarios, no dejes que la turbación haga presa de ti. Recuerda que Aquel del cual testificas es mayor y está muy por encima que aquellos ante quien testificas. Preocúpate tan solo de que tu corazón y tu mano, es decir, tus pensamientos y tus acciones, den soporte a lo que dices con tu boca».

[109] WILLIAM SWAN PLUMER [1802-1880] dice con respecto a este versículo: «Algunos comentaristas, como es el caso de ADAM CLARKE [1760-1832], se inclinan por referir esto a Daniel y a otros en su época, quienes se vieron en la necesidad de testificar ante Nabucodonosor, Belsasar y Dario; y sin duda tal aplicación encaja

tener miedo de dar testimonio de nuestra fe, aunque nos exponga a la ira de los reyes, sino hablar de ella como la razón por la cual vivimos y estamos dispuestos a morir, como los tres jóvenes ante Nabucodonosor.[110] Después que David llegó a la corona, los reyes eran a menudo sus iguales, solían visitarle y él les devolvía sus visitas; pero no eludía hablar de su fe por temor a incomodarles: no, el tema principal de su conversación con otros reyes eran los testimonios de Dios, y no solo para mostrar que no se avergonzaba de su religión, sino para instruirlos en ella y llevarlos a ella. Provechoso es para los reyes escuchar los testimonios de Dios, y hablar de ellos adornará la conversación de los príncipes.[111]

MATTHEW HENRY [1662-1714]
"Commentary on the Whole Bible", 1811

Hablaré de tus testimonios delante de los reyes. Quienes han hecho gala de una especial santidad han sido a la vez hombres osados y de tremenda audacia; Nehemías,[112] los tres jóvenes del horno,[113] Daniel,[114] y todos los santos profetas y apóstoles: *"Huye el impío sin que nadie lo persiga; mas el justo está confiado como un león"*,[115] sí, como un león joven, como dice literalmente el hebreo,[116] es decir, de sangre caliente y que no le teme a nada, más audaz que el resto de la manada. La santidad hizo a Daniel no solo tan audaz como un león, sino capaz de amedrentar a los leones con su osadía. Lutero fue un hombre de gran santidad, y a la vez un hombre de gran audacia: dio testimonio de su posición y sus ideas frente al mundo entero; y cuando el emperador lo citó en Worms[117] y sus amigos

---

y resulta justamente merecida, pero no está demostrado que ese sea el caso. Tampoco podemos, como hace PATRICK DELANY [1686-1768], (y también Matthew Henry) suponer que David se refiere con esto a Aquis, rey de Gat; pues aunque sabemos de las relaciones que David mantuvo que ese príncipe (1 Samuel 29:8-9), no tenemos constancia alguna de que le testificara de su fe, de su Dios y de su ley. Todo lo contrario, cuando estuvo en presencia de ese rey David recurrió a una estratagema cobarde para preservar su vida, (1 Samuel 21:10-1), por lo que estas palabras difícilmente pueden referirse a él en esa ocasión. Es mejor, por tanto, tomarlas como una declaración de carácter general en el sentido de que no se avergonzaría de testificar de la causa de Dios ante quien fuera necesario. JUAN CALVINO [1509-1564], dice en este sentido: 'Menciona particularmente a los reyes, porque son considerados personajes más temibles que los demás hombres a la hora de tapar con orgullo la boca de los testigos de Dios'. Y JOSEPH ADDISON ALEXANDER [1809-1860] cree que nuestro Señor tenía en mente este pasaje cuando dijo a sus discípulos: *"seréis llevados delante de gobernadores y reyes por mi causa, como un testimonio a ellos y a los gentiles"* (Mateo 10:18), y añade que 'son palabras muy significativas que expresan una férrea disposición a declarar el testimonio divino contra el pecado ante quien fuera preciso, incluso ante los más augustos personajes si ello era necesario'».

[110] Daniel 3:8-30; Hechos 4:20.

[111] SCHÖKEL entiende que la audacia del salmista se basa en que el mensaje que trae ante los reyes y del cual testifica no es un oráculo, sino un precepto, un decreto divino, al cual también los reyes y gobernantes están sometidos.

[112] Nehemías 2:1-6.

[113] Daniel 3:8-30.

[114] Daniel 6:1-24.

[115] Proverbios 28:1.

[116] En hebreo כְּכְפִ֣יר *kikpîr* de כְּפִיר *kephir.* Ver jueces 14:5; Salmo 17:12, etc.

[117] Ante las presiones de los clérigos y de ciertos príncipes, el emperador Carlos V convocó a Lutero a una dieta o audiencia a celebrar en la ciudad de Worms, donde se esperaba que se retractara de sus supuestas herejías. Para ello le otorgó un salvoconducto para el viaje. El 2 de abril de 1521 Lutero emprendió el viaje a Worms, pero a medida que iba avanzando su recorrido parecía más una marcha triunfal que el acto de contrición que la iglesia esperaba. En todas las ciudades y pueblos por donde pasaba era recibido con

trataban de disuadirle de ir, como hicieron también los de Pablo,[118] dijo: «Dejadme, pues ciertamente iré, ya que voy enviado en nombre de nuestro Señor Jesucristo; y por tanto, aunque hubiera en Worms tantos demonios como tejas hay en los tejados dispuestos a resistirme, igualmente entraría en la ciudad». Y cuando en otra ocasión él y sus colaboradores fueron advertidos y amenazados con muchos peligros de parte de sus opositores, se limitó a pronunciar este corto discurso, tan heroico como apacible: «Venid, cantemos el Salmo 46, y luego dejad que hagan lo peor». Latimer[119] era un hombre de profunda santidad si tenemos en cuenta la liviandad y ofuscación de los tiempos en que vivió; pero también un hombre de gran valor y osadía; valga como testimonio de ello que entregó al rey Enrique VIII como obsequio de Año Nuevo, un Nuevo Testamento, envuelto en un paño donde había grabadas las palabras: *"A los fornicarios y a los adúlteros los juzgará Dios"*.[120]

THOMAS BROOKS [1608-1680]
"The Crown and Glory of Christianity or Holiness, the Only Way to Happiness", 1662

Hablaré de tus testimonios delante de los reyes, y no me avergonzaré. Observemos como en este versículo se nos enseña a evitar cuatro vicios:

1. *El silencio desmesurado.* Por ello el salmista eso dice: *"Hablaré"*.
2. *La locuacidad superflua.* Por ello dice: *"de tus testimonios"*. Los eruditos judíos dicen que de las diez maneras distintas de hablar que en el principio descendieron a la tierra, nueve fueron acaparadas por las mujeres, quedando una solamente para todo el resto de la humanidad. Jerónimo[121] exhorta con razón a todos los cristianos diciéndoles: «Consagra tu boca completamente al Evangelio; resístete a abrirla para hablar de nimiedades o fábulas».
3. *La cobardía.* Por eso dice: *"delante de los reyes"*. Pues como leemos en otro pasaje: *"El que teme a los hombres caerá en el lazo"*.[122]
4. *La timidez.* Por eso dice: *" y no me avergonzaré"*.

THOMAS LE BLANC [1599-1669]
"Psalmorum Davidicorum Analysis : in qua aperte cernitur singulis in Psalmis ordinem esse admirabilem : adjungitur commentarius amplissimus", 1645

---

vítores y gritos de aclamación por multitudes entusiastas. Aprovechó para predicar en Erfurt, Gotha y Eisenach, hasta alcanzar finalmente las puertas de Worms. Sus amigos, como narra el texto, temían por su vida y le aconsejaron que no entrara en la ciudad. Pero Lutero, haciendo caso omiso de las advertencias acudió a la dieta imperial y en lugar de retractarse pronunció el famoso y conocido discurso en el que afirmó que a menos que le demostraran con la Palabra de Dios en la mano que estaba errado, no pensaba retractarse de nada; lo terminó con la famosa frase: *"No puedo ni quiero retractarme de nada, porque hacer algo en contra de la conciencia no es seguro ni saludable. ¡Dios me ayude, amén!"*

[118] Hechos 21:1-14.

[119] Se refiere a HUGH LATIMER [1490-1555] arzobispo de Worcester y capellán de Enrique viii. Fue quemado vivo en la hoguera acusado de hereje el 16 de Octubre de 1555, junto con dos mártires más: NICOLÁS RIDLEY [1500-1555] por orden expresa de MARÍA I TUDOR [1553-1558] conocida en Inglaterra como María la Sanguinaria.

[120] Hebreos 13:4.

[121] Se refiere a JERÓNIMO DE ESTRIDÓN O EUSEBIO HIERÓNIMO DE ESTRIDÓN [c.342-420], nacido en Dalmacia, más conocido como SAN JERÓNIMO, Padre de la Iglesia, uno de los cuatro grandes Padres Latinos. Gran conocedor del griego y el hebreo y gran latinista, tradujo la Biblia del griego y el hebreo al latín, traducción conocida como la Vulgata (del latín *"vulgo"*, "pueblo"; *"vulgata editio"*, "edición para el pueblo"), que fue hasta la promulgación de la Neovulgata en 1979, el texto bíblico oficial de la Iglesia católica romana. Afirmó que las Epístolas de Pablo contienen la quintaesencia del mensaje del Evangelio.

[122] Proverbios 29:25.

Y no me avergonzaré. Es decir: no lograrán derribarme de mi posición ni minar mi esperanza; no tendré miedo; ni tampoco por temor al peligro o al reproche, evadiré o renunciaré a dar testimonio de mi fe; ni seré vencido por terrores o amenazas.

HENRICUS MOLLERUS [1530-1589]
"Enarrationis Psalmorvm Davidis, ex praelectionibvs", 1639

Vers. del 46 al 48. En estos tres últimos versículos David se compromete a un triple deber de gratitud:

1. Con su boca: *"hablaré de tus testimonios"* (119:46).
2. Con sus afectos: *"me deleitaré en tus mandamientos"* (119:47).
3. Con sus acciones: *"alzaré mis manos"* (119:48).

Una buena conciencia siempre es de gran consuelo; y una vida honesta proporciona la audacia necesaria para testimoniar sin temor ni vergüenza; como hizo David ante Saúl;[123] Elías ante Acab;[124] Pablo ante Agripa,[125] Festo[126] y Félix.[127]

WILLIAM COWPER [1566-1619]
"A Commentary upon CXIX Psalm", 1613

Vers. del 46 al 48. Tres elementos claves en la predicación: Labios, corazón, y manos.

1. El testimonio publico y predicación de la Palabra: *"hablaré de tus testimonios"* (119:46).
2. Debe ir avalado por un deleite del predicador en la Palabra: *"me deleitaré en tus mandamientos"* (119:47); que deriva en:
3. Y obediencia práctica a la Palabra: *"alzaré mis manos"* (119:48).

C.H. SPURGEON

Vers. 47. ***Y me regocijaré en tus mandamientos, los cuales he amado.*** *[Y me regocijaré en tus mandamientos, que tanto amo.* RVR*] [Y me deleitaré en tus mandamientos, los cuales amo.* LBLA*] [Me deleitaré en tus mandamientos, los cuales amo.* BTX*] [Pues amo tus mandamientos, y en ellos me regocijo.* NVI*] [Me deleitaré en tus mandamientos porque los amo intensamente.* BLP*] [¡Cuánto me deleito en tus mandatos! ¡Cómo los amo!* NTV*]*[128]

---

[123] 1 Samuel 14:8-15; 26:14-20.
[124] 1 Reyes 18:15-19; 21:20-26.
[125] Hechos 25:13-27; 26:1.32.
[126] Hechos 25:1-12.
[127] Hechos 24:1-27.
[128] La versión griega de los LXX o Septuaginta lee: καὶ ἐμελέτων ἐν ταῖς ἐντολαῖς σου, αἷς ἠγάπησα σφόδρα que la Vulgata traduce al latín como: *"Et meditabar in mandatis tuis, quae dilexi"*, "Y meditaba en tus mandamientos, que amé". La versión sefardí de Ferrara traduce: *"Y folazarmee en tus mandamentes, que amè"*. La caldea Peshitta: *"Meditaré en tus mandamientos, los cuales he amado"*. KRAUS traduce: *"Me deleito en tus mandamientos, que amo"*. SCHÖKEL: *"Y serán mi delicia tus mandatos que tanto amo"*.

Y me deleitaré en tus mandamientos, los cuales amo. Detrás de la libertad y la audacia viene el deleite.[129] Cuando hemos cumplido con nuestro deber, encontramos en él gran recompensa.[130] De no haber testificado de su Maestro ante los reyes, David se hubiera sentido temeroso de haber obviado o desatendido la ley; pero habiendo dado público testimonio de su Señor, siente paz y dulce serenidad en el corazón al meditar en la Palabra. Obedece con fidelidad el mandamiento, y sentirás deleite en él; carga con el yugo y te será fácil, pues te llevará al descanso.[131] Fijémonos en que después de hablar exhaustivamente de la ley a otros, el salmista no dice sentirse cansado y deseoso de cambiar de tema; todo lo contrario, se retira a meditar sobre esa misma ley: pronunció su discurso, y encontró deleite; predicó, y a continuación se retiró al estudio de la Palabra para renovar fuerzas alimentándose de nuevo con su verdad preciosa. Puede que quienes le escucharon se deleitaran en sus palabras, o no; pero de lo que no hay la menor duda es que él nunca dejaba de deleitarse reflexionando en la palabra del Señor. Declara firmemente amar los mandamientos del Señor, y con ello el origen de su deleite: donde esté nuestro amor, allí está nuestro deleite. David no buscó su deleite en la pomposidad de las cortes reales, porque en ellas no encontró más que lugares de tentación para vergüenza; sin embargo, junto a las Escrituras se encontraba en casa, tenía puesto su corazón en ellas, y le proporcionaban un gozo supremo. No es de extrañar que hablara con tanta frecuencia sobre la importancia de observar celosamente esa ley que tanto amaba: Jesús dice: *"el que me ama, mi palabra guardará"*.[132] Como tampoco es de extrañar que hablara de andar por ella en libertad y hablar de ella con audacia, porque el amor verdadero siempre es emancipado y libre de todo temor.[133] El amor es el cumplimiento de la ley:[134] cuando el amor a la ley de Dios reina en el corazón, la vida desborda bienaventuranza. Señor, vengan a nosotros tus misericordias (119:41) para que amemos tu Palabra y tu camino; y encontremos en ellos todo nuestro deleite.

Este versículo gravita en el futuro en tanto que establece no solo lo que David había hecho, sino también lo que pensaba hacer en adelante: se deleitaría en los mandamientos de su Señor. Porque sabía que jamás cambiarían ni dejarían de proporcionarle gozo. Sabia también que la gracia mantendría su corazón volcado hacia los preceptos del Señor, a fin de hallar en la santidad un supremo deleite durante toda su vida. Y tan centrado estaba su amor a la voluntad de Dios, que daba por seguro que la gracia lo mantendría ininterrumpidamente bajo su influencia deleitosa.

Todo el Salmo 119 destila un amor fragante a la Palabra, pero es aquí, en esta sexta octava, donde encontramos la primera referencia explícita al mismo: *"Y me deleitaré en tus mandamientos, que tanto amo"* (119:47). En este caso ligado al deleite; y en el versículo ciento sesenta y cinco ligado a una *"paz abundante"* (119:165). Pero todos los versículos que hacen referencia al amor son de una u otra manera dignos de mención.[135]

C.H. Spurgeon

---

[129] Dice al respecto August Hermann Francke [1663-1727]: «El mundo ve los diez mandamientos como una cosa pasada; y nadie se preocupa de observarlos porque son considerados como algo obsoleto que nadie puede cumplir. Pero no es el caso con los hijos de Dios, que ven en sus mandamientos no una jaula opresora y asfixiante, sino un jardín de delicias».

[130] 2 Crónicas 15:7; Salmo 18:20; 19:11.

[131] Mateo 11:29-30.

[132] Juan 14:23.

[133] 1 Juan 4:18.

[134] Romanos 13:10.

[135] Ver Salmo 119:47, 97, 113, 119, 127, 140, 159, 163, 165, 167.

Y me deleitaré en tus mandamientos, que tanto amo. No deja de ser un pobre consuelo para un creyente hablar a otros de los caminos de Dios (119:46), o incluso soportar el vituperio de su pueblo (119:42),[136] mientras su propio corazón permanece frío, insensible y apático. El salmista anhela experimentar el *"deleite"* que hay en los mandamientos de Dios; y deleitarse plenamente en ellos.

CHARLES BRIDGES [1794-1869]
"Exposition of Psalm 119", 1827

Y me deleitaré en tus mandamientos, que tanto amo. Quién pretende predicar a otros con audacia y osadía, tiene que deleitarse él mismo en la práctica de aquello que predica. Si realmente hay en nosotros un nuevo hombre,[137] una nueva naturaleza, amará los mandamientos de Dios como algo en lo que se deleita en gran manera: en aquello que amamos estaremos pensando y meditando continuamente; y nuestra meditación se convertirá en acción, en: *"levantar las manos caídas y rodillas paralizadas"*, [138] para: *"hacer las obras de Dios entre tanto que el día dura; pues viene la noche, cuando nadie puede trabajar"*.[139]

GEORGE HORNE [1730-1792]
"A Commentary on the Psalms in which Their Literal Or Historical Sense, as They Relate to King David, is Illustrated", 1825

Y me regocijaré en tus mandamientos, que tanto amo. Sobre la palabra *"amo"*, el carmelita[140] cita dos dichos de filósofos antiguos que recomienda como buenos y aceptables para todos aquellos que han aprendido la verdadera filosofía del Evangelio. El primero es la respuesta de Aristóteles[141] a la pregunta sobre qué provecho se saca de la filosofía y a la que contestó: «Me ha enseñado a hacer con agrado y sin coerción lo que otros hacen por temor a la ley».[142] El segundo es un dicho muy similar en este caso de Aristipo:[143] «Si se perdieran todas las leyes, seguiríamos viviendo igual como vivimos ahora que están en vigor».[144] Para nosotros, los cristianos, todo el versículo se resume en

[136] Hebreos 13:3.

[137] Juan 3:6; 2 Corintios 5:17; Efesios 4:24; Colosenses 3:10.

[138] Hebreos 12:12; Isaías 35:3.

[139] Juan 9:4.

[140] Se refiere a MICHAEL AYGUAN [c.1340-c.1416], famoso comentarista carmelitano del siglo XIV, conocido también por el sobrenombre de "Doctor Incognitus", y que algunos eruditos identifican con el carmelita italiano Miguel Angriani o Miguel de Bolonia, autor entre otras muchas obras de un *"Commentaria in Psalmos Davidicos auctoris incogniti: cum additionibus noviter desumptis ex commentarijs manuscriptis eusdem auctoris"*

[141] Se refiere al filosofo griego ARISTÓTELES [384-322 a.C.], uno de los hombres cuyas ideas han ejercido más influencia sobre la historia intelectual de Occidente.

[142] La frase la pone en boca de Aristóteles el historiador griego de la filosofía clásica DIÓGENES LAERCIO [c. siglo III] en su famosa obra Βίοι καὶ γνῶμαι τῶν ἐν φιλοσοφίᾳ εὐδοκιμησάντων - *"Vidas, opiniones y sentencias de los filósofos más ilustres"* Libro 5, dedicado exclusivamente a Aristóteles.

[143] Se refiere a ARÍSTIPO [435-350 a.C.] filósofo griego hedonista nacido en Cirene, y que fue como Aristóteles discípulo de SÓCRATES [470-339 a.C.] fundador de la llamada escuela cirenaica griega que identificaba el bien con el placer.

[144] La cita procede igualmente de καὶ γνῶμαι τῶν ἐν φιλοσοφίᾳ εὐδοκιμησάντων - *"Vidas, opiniones y sentencias de los filósofos más ilustres"* de Diogenes Laercio, pero en este caso del Libro 2, dedicado a Sócrates, sus predecesores y seguidores.

las palabras del gran Maestro mayor que todos los demás maestros, y que dijo: *"el que me ama, mi palabra guardará"*.[145]

MICHAEL AYGUAN [1340-1416]
citado por JOHN MASON NEALE [1818-1866] y RICHARD FREDERICK LITTLEDALE [1833-1890]
en *"Commentary on the Psalms from Primitive and Mediæval Writers"*, 1869

Vers. 47-48. Lo que en la Palabra es un precepto, en el corazón es un acto de amor; lo que en la una es un mandato, es en el otro es libertad: *"el amor es el cumplimiento de la ley"*.[146] La ley del amor en el corazón, es el cumplimiento de la ley de Dios en el Espíritu. Bien puede decirse por tanto que cuando alguien ama la ley, la lleva escrita en el corazón.[147] Solemos decir que aquello que amamos lo llevamos en el corazón, no físicamente, pero sí moralmente; como se dice que Calais estaba grabado en el corazón de la reina María.[148] Por mucho que miraran los médicos y embalsamadores, jamás hubieran encontrado en el corazón de la reina el mapa de las fortificaciones inglesas en Calais; pero el dolor y la pena por su pérdida, que la llevaron a la tumba, estaban allí con toda seguridad. Se trata de un amor que es inexpresable. Y David se deleita en mencionarlo en dos versículos seguidos: *"Me deleitaré en tus mandamientos, los cuales amo. Y levantaré mis manos a tus mandamientos, los cuales amo"* (119:47-48); y repite esa afirmación: *"los cuales amo"*, a menudo a lo largo de todo el Salmo 119. Con anterioridad a la nueva creación,[149] no había por parte del ser humano ningún afecto a la ley; en la concepción y estima del hombre tan solo era letra que mata,[150] una carta diabólica que deseaba fuera extirpada de este mundo para promulgar otra más agradable a la carne, en la cual pudiera ser ley para si mismo. Pero una vez la ley de Dios es grabada en el corazón, se siente tan complacido con ella, que por nada del mundo estaría sin ella, porque experimenta hacia ella y por ella un verdadero amor. La obediencia que anteriormente prestaba, era solo por temor; ahora es por puro afecto; y no tan solo por la autoridad del legislador, sino por la pureza de la propia ley. Y está dispuesto a cumplirla y defenderla con todas sus fuerzas, contra el poder del pecado en su interior, y los poderes de las tinieblas que le asedian desde el exterior. Ama la ley; se regocija en contemplarla; disfruta reflexionando en cada uno de sus preceptos; y se recrea en todos sus puntos de con verdaderos arrebatos de deleite. Y si sus ojos se apartan o se su pie resbala, se deshace en lágrimas, gimiendo y sollozando, hasta recuperar su antiguo afecto por la ley, tenerla de nuevo ante su mirada, y seguirla fielmente con sus pies paso a paso.

STEPHEN CHARNOCK [1628-1680]
"The Doctrine of Regeneration", 1667

[145] Juan 14:23.
[146] Romanos 13:10 LBLA.
[147] Jeremías 31:33; 32;39; Isaías 59:21; 2 Corintios 3:3: Hebreos 10:16.
[148] MARÍA I [1516-1558] de Inglaterra, casada por razones políticas con FELIPE II [1527-1598] de España, la soberana que restauró el catolicismo en Inglaterra y conocida con el triste apodo de *"María la sanguinaria"* por su sangrienta persecución de los líderes protestantes. Se refiere al asedio y posterior caída del emplazamiento de Calais, último territorio que quedaba en manos inglesas en el continente, en manos de ENRIQUE II [1519-1559] de Francia el 7 de Enero de 1558, y que significo para la corona inglesa la pérdida de todo un símbolo. Pocos meses después, en su lecho de muerte, se dice que la reina María exclamo: *"Cuando esté muerta, y abierta en canal* (algo que solía hacerse para la momificación del cadáver) *encontrarán a Felipe y a Calais grabados en mi corazón"*.
[149] Salmo 51:10; Ezequiel 11:19; 18:31; 36:26; Zacarías 7:12; Juan 3:3, 5; 2 Corintios 5:17.
[150] 2 Corintios 3:6.

Vers. 48. ***Alzaré asimismo mis manos a tus mandamientos que amé, y meditaré en tus estatutos.*** *[Alzaré asimismo mis manos a tus mandamientos que amé, y meditaré en tus estatutos.* RVR*] [Levantaré mis manos a tus mandamientos, los cuales amo, y meditaré en tus estatutos.* LBLA*] [Alzaré mis manos hacia tus preceptos, los cuales amo, y meditaré en tus estatutos.* BTX*] [Yo amo tus mandamientos, y hacia ellos elevo mis manos; ¡quiero meditar en tus decretos!* NVI*] [Hacia ellos alzaré mis manos, meditando tus normas.* BLP*] [Honro y amo tus mandatos; en tus decretos medito.* NTV*]*[151]

Alzaré mis manos a tus mandamientos.[152] Tenderá cuanto le sea posible hacia la perfección con la esperanza de alcanzarla algún día; y cuando sus manos estén caídas y sus rodillas paralizadas,[153] se alentará a si mismo combatiendo su desánimo con la perspectiva de glorificar a Dios a través de la obediencia; y las levantará como signo solemne de su asentimiento y consentimiento a todo lo que su Dios le ordena. La frase *"alzaré mis manos"* está repleta de significados, y no hay duda que el dulce cantor de Israel quería decir con ella todo cuanto podamos imaginar, y mucho más.[154]

Los cuales amo. De nuevo hace patente su amor, porque el corazón que ama de verdad siente la necesidad de expresarlo; es como una un fuego que al arder precisa lanzar sus llamas. Era natural que

---

151 La versión griega de los LXX o Septuaginta lee: καὶ ἦρα τὰς χεῖράς μου πρὸς τὰς ἐντολάς σου, ἃς ἠγάπησα, καὶ ἠδολέσχουν ἐν τοῖς δικαιώμασίν σου que la Vulgata traduce al latín como: *"Et levavi manus meas ad mandata tua, quae dilexi, et exercebar in justificationibus tuis"*, "Y alce mis manos a tus mandamientos, que amé; y me ejercitaba en tus justificaciones". La versión sefardí de Ferrara traduce: *"Y alçare mis palmas a tus mandamientos que amè, y hablarè en tus fueros"*. La caldea Peshitta: *"Alzaré mis manos a tus mandamientos, los cuales he amado, y meditaré en tus ordenanzas; me gloriaré en tu verdad"*. KRAUS traduce: *"Alzo mis manos a ti y medito en tus estatutos"*. SCHÖKEL: *"Y alzaré las palmas hacia ti y meditaré tus normas"*.

152 Los comentaristas opinan al respecto:

– DANIEL CRESSWELL [1776-1884] observa que esta frase: *"Alzaré mis manos a tus mandamientos"*, tiene cuatro sentidos posibles: (1) *Juramento:* Génesis 14:22; Deuteronomio 32:40; Salmo 106:26; Ezequiel 36:7; Apocalipsis 10:5-6. (2) *Bendición:* Levítico 9:22; Salmo 134:2. (3) *Oración:* Salmo 28:2; 141:2; Lamentaciones 2:19; 1 Timoteo 2:8. (4) *Instauracion o inicio:* Genesis 41:44; Salmo 10:12; Hebreos 12:12.

– ABEN-EZRA [1092-1167], explica que lo más probable es que: *"levantaré la palma de mis manos a tus mandamientos"* exprese la idea de bienvenida o recepción cordial.

– JUAN CALVINO [1509-1564] dice al respecto: 'Cuando extendemos las manos para acceder a algo, agarrarlo y disfrutarlo, es indicación segura de que lo deseamos ansiosamente'

– JAMES MERRICK [1720-1769] traduce: 'Extenderé mis manos con entusiasmo para recibir tus mandamientos'.

– HERRMANN HENGSTENBERG [1802-1869]: 'Levantar las manos es un símbolo de levantar el corazón'.

– ADAM CLARKE [1760-1832], da una explicación diferente: 'Ofreceré cada víctima y sacrificio que requiera la ley. Presentaré oraciones y súplicas ante ti, levantando manos santas sin ira ni discusión'

153 Hebreos 12:12.

154 FRANZ DELITZSCH [1813-1890] considera que la expresión וְאֶשָּׂא־כַפַּי *wə'eśśā-ḵappay*, de נָשָׂא *nasa,* "alzar, levantar"; y כַּף *kaph,* "palma de la mano" o "mano extendida"; describe un gesto que transmite gráficamente el sentido de deseo ferviente en conexión directa con la oración: Salmo 28:2; 63:4; 134:2; 141:2. Ver también Lamentaciones 2:19; 3:41; 1 Timoteo 2:8.

se expandiera hacia una ley en la que se deleitaba, como el niño extiende sus brazos para recibir el regalo que anhela. Cuando tenemos delante algo tan precioso como es la santidad, estamos obligados a elevarnos y expandirnos hacia ella con toda nuestro ser hasta alcanzarla; y en tanto no lo logremos plenamente debemos levantar nuestras manos en oración.[155] Pues allí hacia donde levantamos ahora manos santas,[156] y santos corazones, subirá un día todo nuestro ser.[157]

Y meditaré en tus estatutos. Al salmista, nunca le cansaba meditar en las cosas de Dios, nunca le parecía tener suficiente. Los súbditos leales desean estar familiarizados con las normas y estatutos de su soberano, pues les preocupa que pudieran quebrantarlas por ignorancia. Orar con las manos levantadas y meditar con los ojos mirando hacia arriba, es una acertada combinación exterior que traerá excelentes resultados a nuestro interior. La oración del versículo cuarenta y uno: *"Vengan también a mí tus misericordias, oh Señor"* (119:41) se cumple en la persona que en su lucha para elevarse y extenderse hacia arriba, medita profundamente en la Palabra. En este versículo ambos verbos están en tiempo futuro: *"alzaré", "meditaré",* y hemos de considerarlo no tan solo una prueba de la determinación de David, sino consecuencia de su certeza que el Señor le enviara sus misericordias y su salvación. Cuando las misericordias descienden, nuestras manos experimentan el deseo de alzarse; cuando Dios piensa en nosotros en su divino favor, no hay duda que nosotros pensaremos en él. Bienaventurado aquel que permanece con sus manos levantadas para recibir la bendición y obedecer el precepto; no esperará en el Señor en vano.[158]

C.H. Spurgeon

Alzaré mis manos a tus mandamientos, los cuales amo. Lo que David promete aquí al Señor es el servicio de sus acciones: que pondrá sus manos en acción para practicar los mandamientos. El reino de Dios no consiste en palabras, sino en poder;[159] somos discípulos de un Maestro que primero comenzó a obrar milagros y luego a enseñar. Pero tristemente, el mundo actual está lleno de cristianos mutilados: o bien les falta el oído, y no pueden escuchar la Palabra de Dios; o la lengua, y no pueden hablar a otros de ella; y si acaso tienen bien ambas cosas, carecen de manos y no pueden practicarla.

William Cowper [1566-1619]
"A Commentary upon CXIX Psalm", 1613

Alzaré mis manos a tus mandamientos, los cuales amo. El levantar las manos aparece en diferentes lugares de la Escritura, en casos diversos y tiene por tanto distintos significados:

---

[155] 1 Reyes 8:22, 54; Esdras 9:5; Nehemías 8:6; Salmo 63:4; 141:2; Lamentaciones 2:19; 3:41.
[156] 1 Timoteo 2:8.
[157] Dice Agustín de Hipona [354-430]: «¿Y qué le llevó a amar tanto los mandamientos? Lo mismo que ensanchó su corazón inundándolo de amor: la obra del Espíritu Santo, que es quién infunde ese amor ensanchando el corazón de los creyentes (Ver al respecto notas 85, 97 y 98). Fue el Espíritu Santo quien le llevó a amar los mandamientos *"en gran manera";* y los amó de pensamiento y de obra. De pensamiento, en tanto que dice: *"meditaba en tus mandamientos"* (119:47)*;* y de obra porque exclama: *"alzaré mis manos a tus mandamientos"* (119:48); y a ambas cosas añade: *"que amo mucho";* porque el fin de todo mandamiento es el amor que procede *"de corazón limpio, y de buena conciencia, y de fe no fingida"* (1 Timoteo 1:5)».
[158] Salmo 40:1.
[159] 1 Corintios 4:20.

1. Para orar: *"Oye la voz de mis ruegos cuando clamo a ti, cuando alzo mis manos hacia tu santo templo";*[160] *"Alza tus manos a él implorando la vida de tus pequeñitos";*[161] *"Levantemos nuestros corazones y manos a Dios en los cielos";*[162] *"A lo alto alzó sus manos".*[163]
2. Para bendecir a otros: *"Después alzó Aarón sus manos hacia el pueblo y lo bendijo";*[164] *"y alzando sus manos, los bendijo".*[165]
3. Para bendecir a Dios: *"Así te bendeciré en mi vida; en tu nombre alzaré mis manos";*[166] *"Alzad vuestras manos al santuario, y bendecid a Jehová".*[167]
4. Como ofrenda: *"el alzar de mis manos como la ofrenda de la tarde".*[168]
5. Como juramento: *"He alzado mi mano a Jehová Dios Altísimo";*[169] *"en la tierra por la cual alcé mi mano jurando que la daría a Abraham".*[170]
6. En ciertos casos especiales: *"y sin ti ninguno alzará su mano ni su pie en toda la tierra de Egipto"*[171] (en señal de autoridad nadie podría hacer nada sin contar con José); *"Levántate, oh Jehová Dios, alza tu mano"*[172] (señal de protección divina contra los adversarios); *"levantad las manos caídas",*[173] (como estímulo para los cristianos decaídos).

Casi la totalidad de estos casos puede acomodarse a este versículo, pues cabe entender en el:

1. Oración: pidiendo la gracia divina para el cumplimiento de los preceptos.
2. Bendición: es decir, alabanza a Dios por ellos y por los muchos beneficios que su obediencia nos ha traído. Reforzando este sentido, la versión siríaca[174] añade: *"y me gloriaré en tu fidelidad".*
3. Juramento: de obediencia constante a los mandatos divinos.
4. Compromiso: de observarlos con fervor y rigurosidad, que sin duda parece ser el significado principal.

HENRY HAMMOND [1605-1660]
citado en la "*"Synopsis Criticorum Aliorumque Sactae Scripturae Interpretum"*,
de MATHEW POOLE [1624-1679], 1669

[160] Salmo 28:2.
[161] Lamentaciones 2:19.
[162] Lamentaciones 3:41.
[163] Habacuc 3:10.
[164] Levítico 9:22.
[165] Lucas 24:50.
[166] Salmo 63:4.
[167] Salmo 134:2.
[168] Salmo 141:2.
[169] Génesis 14:22.
[170] Éxodo 6:8.
[171] Génesis 14:22.
[172] Salmo 10:2. Ver también Miqueas 5:9.
[173] Hebreos 12:12.
[174] Existen cuatro versiones siríacas importantes: la SIRÍACA ANTIGUA (S. II); la SIRÍACA CURETONIANA, una copia de la siríaca antigua producida en el siglo V que se conserva en el Museo Británico de Londres desde 1842; la SIRÍACA PESHITTA (S. IV), la más conocida, una revisión de la versión siríaca antigua que llegó a ser la "versión autorizada" de la iglesia siríaca; y la SIRÍACA FILOXENIA (principios del S. VI), conocida también como Heracleana porque algunos creen que fue reeditada por Tomás de Heraclea. Lo más probable es que se refiera a la Peshitta.

Alzaré asimismo mis manos a tus mandamientos. Es decir, levantaré mis manos a tus mandamientos jurándoles obediencia.[175]

William Kay [1820-1896]
"The Psalms Translated From the Hebrew, with Notes Chiefly Exegetical", 1871

Alzaré mis manos a tus mandamientos, los cuales amo. Presentaré puntualmente todos y cada uno de los sacrificios que la ley requiere. Haré oración y súplica delante de ti alzando manos santas[176] sin ira ni dudas.

Adam Clarke [1760-1832]
"Commentary on the Whole Bible", 1831

Alzaré mis manos a tus mandamientos. Aben Ezra[177] explica (y probablemente con razón) que la metáfora en este versículo procede de la acción o gesto habitual de quienes reciben a una persona a la cual están particularmente contentos y orgullosos de ver.

Daniel Cresswell [1776-1844]
"The Psalms of David according to the Book of Common Prayer: with Critical and Explanatory Notes", 1843

Alzaré mis manos a tus mandamientos, los cuales amo. Levantaré mis manos en admiración de tus preceptos, *"y meditaré en tus estatutos"*.

William Green [1714-1794]
"A New Translation of the Psalms from the original Hebrew, with notes critical and explanatory", 1762

Alzaré mis manos a tus mandamientos. Levantar las manos es un gesto que indica disposición e intención para hacer una cosa en particular. David exclama: *"Alzaré mis manos a tus mandamientos"*, como hace la persona que estando dispuesta a hacer una cosa determinada levanta la mano para indicar su disposición; así también el salmista se describe a si mismo levantando su mano para mostrar su disposición a cumplir los mandamientos de Dios.

Joseph Caryl [1602-1673]

Tus mandamientos. Por mandamientos se entiende aquí la palabra de Dios. Pero tiene un sentido más profundo que va más allá, pues no es simplemente: «he amado tu Palabra», sino «he amado

---

175 Génesis 14:22.

176 Hebreos 12:12.

177 Se refiere al erudito judío español, el rabino Abraham Ben Meir Ibn Ezra [1092-1167] más conocido por el nombre de Aben Ezra, uno de los intelectuales más ilustres de la Edad Media, apodado "El Sabio", "El Grande" y "Doctor Admirable". Nació en Tudela (Navarra, España) en la época de dominio musulmán y salió de la península Ibérica en el 1140 escapando de la persecución desencadenada por los almohades. Mantuvo desde entonces una vida errante que lo llevó al Norte de África, Israel, Francia e Inglaterra. Se desconoce el lugar de su muerte, algunos piensan que en Calahorra y otros afirman que en Roma o Tierra Santa. Sus trabajos intelectuales y literarios abarcan muchos campos del saber: filosofía, astronomía, medicina, poesía, lingüística y de manera especial la exégesis bíblica. Su método de exégesis, basado en la aproximación al sentido del texto partiendo de principios gramaticales, marcó un hito en la exégesis bíblica, por lo que sus comentarios al texto bíblico son especialmente conocidos y apreciados.

aquella parte de tu Palabra que son *"tus mandamientos"»* la parte que obliga. Hay partes de la palabra de Dios que incluso los hombres impíos alaban y se complacen en amar. Hay en ella una parte de promesas; y todo el mundo va detrás de las promesas, por lo que no tienen inconveniente en mostrar con ella su complacencia. Y la razón es fácil de entender: en las promesas hay placer y ganancia, ventajas y beneficios; pero el alma piadosa no va solo detrás de las promesas, sino también de los mandamientos. La verdadera piedad mira a Cristo en su papel de Legislador tanto como de Salvador, y no lo ve únicamente como Mediador, sino también como Señor y Maestro. No vive únicamente de la fe, sino también de la norma; y aunque en la vida cristiana hace de las promesas de Dios su sustento y apoyo,[178] hace también de sus mandamientos el nivel. Un corazón piadoso sabe bien que en el condicionante y cualificación para cada promesa va siempre implícito algún mandamiento; y sabe que el cumplimiento de las promesas corresponde a Dios; pero el cumplimiento de los mandamientos nos corresponde a nosotros. Por tanto, previo al goce de aquello que se promete es preciso cumplir con aquello que se exige. Si no guardamos el precepto, no hay esperanza alguna de alcanzar el consuelo de la promesa. Es por ello que el salmista al decir: «Amo tu palabra», enfatiza que la ama por entero, destacando la parte obligatoria de la misma: *"Amo tus mandamientos"*. Y fijémonos en que utiliza el plural *"tus mandamientos";* es decir, todos tus mandamientos sin excepción; pues de otro modo, si fuera posible elegir los mandamientos a gusto y antojo, incluso los hombres más impíos se avendrían a observar y amar algunos de ellos.

RICHARD HOLDSWORTH [1590-1649]
"The valley of vision, or A clear sight of sundry sacred truths: Delivered in twenty-one sermons", 1651

Que amo. O *"he amado",* como en el versículo anterior (119:47), pues repite con esmero el mismo verbo creando un delicado efecto retórico, que se acentúa aún más por la consabida conjunción copulativa inicial ו *Vav*, haciendo que ambos versículos, por así decirlo, formen una sola oración.[179] Es como si dijera: «Mi felicidad vendrá de tus mandamientos, que amo y he amado; y a estos mandamientos que amo y he amado, alzaré conjuntamente mis manos y mi corazón».

JOSEPH ADDISON ALEXANDER [1809-1860]
"The Psalms Translated and Explained", 1850

Y meditaré en tus estatutos. Es a través de la meditación en la santa palabra de Dios que se manifiestan todas las gracias y frutos del Espíritu.[180] ¿Pues cuál es el principio de la fe sino la confianza del alma en las promesas de la Palabra? ¿Cuál la sensación de santo temor, sino el alma temblando ante las advertencias y amenazas de Dios? ¿Cuál el sentido de la esperanza, sino alcanzar la gloria de Dios? ¿Y cuál la estimulación del deseo o del amor, sino el anhelo de contemplación de nuestro entrañable Salvador y sus bendiciones inefables? De modo que difícilmente podemos concebir las influencia de la gracia separada de la meditación espiritual en la Palabra.

CHARLES BRIDGES [1794-1869]
"Exposition of Psalm 119", 1827

---

178 Isaías 3:1 LBLA /RVR1977.

179 En hebreo אָהָבְתִּי *'āhāḇəṯî* (119:47) y אָהָבְתִּי *'āhāḇəṯî* (119:48). La versión inglesa KJV traduce ambos exactamente igual: *"I have loved"*. De ahí la observación del autor. En las versiones españolas se pierde el efecto dependiendo de la versión.

180 Gálatas 5:22-23.

Alzaré asimismo mis manos a tus mandamientos que amé, y meditaré en tus estatutos. La versión siriaca tiene una adición o *addenda* al versículo cuarenta (119:48), que me sorprende nos haya pasado tan desapercibida. La adición es: *"Y me gloriaré en tu fidelidad"*. Dathe[181] en una de sus notas dice al respecto: «Parece ser que los Setenta[182] tradujeron algo de tal adición, aunque no exactamente lo mismo».[183]

EDWARD THOMAS GIBSON [1819-1880]

[181] Se refiere a JOHANN AUGUST DATHE [1731-1791], profesor de la Universidad de Liepzig desde 1762. Su principal aportación fue una traducción al latín de todo el Antiguo Testamento, a la que incorporó las notas exegéticas de sus clases.

[182] Una manera de referirse a los autores o traductores de la versión griega de la Biblia conocida como BIBLIA DE LOS SETENTA (LXX), y también Septuaginta, o Versión Alejandrina. El nombre de Septuaginta se debe a que solía redondearse a 70 el número total de sus 72 traductores, según cuenta la tradición. Es la principal versión en idioma griego por su antigüedad y autoridad. Su redacción se inició en el siglo III a.C. (c. 250 a.C.) y se concluyó a finales del siglo II a.C. (c. 150 a.C.). Se cree que fue hecha para los judíos que hablaban griego, pues en esa época eran bastante numerosos en Alejandría, aunque la orden provino del rey Ptolomeo II Philadelfo [284-246 a.C.], monarca griego de Egipto, con destino a la biblioteca de Alejandría. El Pentateuco fue traducido en esa época y el trabajo duró dos o tres siglos. Una escuela de traductores se ocupó de los Salmos, en Alejandría, hacia 185 a.C.; después tradujeron Ezequiel, los doce profetas menores y Jeremías. Trataron posteriormente los libros históricos (Josué, Jueces, Reyes); después tradujeron Ezequiel, los doce profetas menores y Jeremías. Trataron posteriormente los libros históricos (Josué, Jueces, Reyes), y finalmente de Isaías.

[183] Ver en la nota 130 las traducciones correspondientes a la Septuaginta y la Peshitta.

ז Zain[1]

Versículos del 49 al 56

Versión poética

Zain

Acuérdate, Señor, de tus piedades
acuérdate, mi Dios, de las promesas
que hiciste a tu siervo, y no te olvides
de que su confianza estriba en ellas.

Ellas son las que calman mis dolores,
las que endulzan mi afán, templan mis penas,
porque me dan esfuerzo en mis desgracias,
y a mi espíritu infunden fortaleza.

Mis fieros enemigos orgullosos
con su poder tiránico no cesan
de perseguirme con injusta rabia,
más yo a tu ley me pego de más cerca.

Traigo siempre delante de mis ojos
de tus juicios la equidad eterna,
y esta vista aumenta mis temores,
al mismo tiempo dulce me consuela.

Mas lo que toda el alma me destroza,
lo que de horros y de pesar me aterra
es ver como esos bárbaros inicuos
violan tu ley divina, y la atropellan.

Por el contrario, yo fiel la adoro,
mis cánticos la cantan y celebran,
y con esto se alivian y se endulzan
de mi infeliz destierro las molestias.

[1] Felipe Scio de San Miguel [1738-1776] en una nota a su traducción de la Vulgata indica que según Jerónimo de Estridón [347-420] el significado de la séptima letra del alefato hebreo: ז *Zain,* es el de "Esta". Los rabinos han barajado diversos significados, y los cabalistas consideran que representa un arma cortante, ya que el ideograma representa el puño listo para agarrarla; por lo que es todo lo contrario de ו *Vav:* mientras que ו *Vav* une, ז *Zain* separa o disgrega; por lo cual representa la lucha o tensión existente en el interior del ser humano. Un significado que encaja muy bien con algunas de las expresiones de esta octava como: *"El furor se apoderó de mí a causa de los inicuos"* (119:53).

En el silencio obscuro de la noche
mi triste corazón en ella piensa,
con su vista se anima a su observancia,
porque mejor la siente y la contempla.

El amor que me enciende su hermosura,
el gusto que me inspira su belleza,
hacen que yo me aplique cuidadoso
a investigar las luces más secretas.

DEL "SALTERIO POÉTICO ESPAÑOL", SIGLO XVIII

Comentario general a los versículos del 49 al 56: Esta octava versa sobre el consuelo de la Palabra. Comienza por buscar el consuelo principal, es decir, el cumplimiento por parte del Señor de sus promesas; y a continuación nos muestra cómo la Palabra nos sostiene en la aflicción, volviéndonos tan impermeables al ridículo que la conducta agresiva de los malvados en lugar de causarnos daño nos conmueve, de tal modo que más que someternos a cualquiera de sus tentaciones hace que nos horroricemos por su pecado. Nos revela cómo la Escritura proporciona cánticos para los peregrinos y recuerdos para quienes guardan las vigilias de la noche. Y concluye finalmente con la declaración solemne de que todas estas gracias y consuelos surgen de guardar fielmente los estatutos del Señor.[2]

C.H. SPURGEON

[2] Dice FRANCISCO LACUEVA [1911-2005] en su versión española del "Comentario de Matthew Henry": «Esta sección puede llevar por título: 'LA FUENTE DEL CONSUELO Y DE LA ESPERANZA'. Basta con fijarse como esta idea se repite a lo largo de la estrofa y el redactado bellísimo del versículo cincuenta y cuatro (119:54): *"Tus estatutos son cantares para mí en la casa de mi peregrinación"*. 1. El salmista comienza con un verbo hebreo זָכַר *zakar,* "recordar", que repetirá tres veces a lo largo de la octava (119:49, 52, 55, –no debemos olvidar que estamos en la letra ז *Zain* del acróstico): זְכֹר־דָּבָר *zəḵōr-dāḇār "Acuérdate de la palabra",* (de nuevo: דָּבָר *dabar,* "palabra", pero en este caso en sentido de *"promesa* (como sucede también en otros lugares con: אִמְרָה *imrah,* "dicho") *dada a tu siervo, en la que me has hecho esperar*" (en hebreo יִחַלְתָּנִי *yiḥaltānî* de יָחַל *yachal,* "esperar, aguardar"), es decir, me has hecho poner la esperanza (119:49). La promesa de Dios le había infundido esperanza; y puesto que su Palabra es fiel y Dios no puede violar su promesa, le pide que la recuerde, para librarle de la decepción que sufriría si no se cumpliera. Esta misma promesa le había reanimado y vivificado en crisis anteriores (119:17, 25, 28, 37, 40); razón por la que cuenta ahora con la certeza de que surtirá el mismo efecto (119:50), en ella, por tanto, halla el consuelo en su aflicción. 2. Y ese consuelo le sustenta (119:52), pues recuerda experiencias pasadas (*"tus juicios de otro tiempo"*), en que Dios le había librado sacado "a campo ancho" cuando sus enemigos se burlaban y hablaban mal de él (119:51 comparar con 119:23). Lo que más le disgusta de sus enemigos, hasta el punto de enfurecerle (119:53) y hacerle derramar ríos de lágrimas (ver 119:136) es el desacato con que estos impíos tratan la Ley de Dios. ¡Ojalá sintiésemos nosotros la misma santa indignación al ver hollada de tantos modos la santa Ley de Dios! Con todo, indignarse cuando son otros los que la huellan, no es tan difícil; ¿nos indignamos también contra nosotros mismos cuando somos nosotros lo que pecamos? 3. El salmista eleva a continuación el consuelo que recibe de las promesas de Dios cuando lo transfiere al cumplimiento mismo de la Ley: obedecer los preceptos de Dios lo estima como lo mejor que tiene (119:56); y ni aún durante la noche le abandona el recuerdo de Dios y de su Ley (119:55). Pero lo más grandioso es que *"los estatutos"* de Dios le infunden tal gozo y consuelo que se convierten en sus cantares, le inspiran a entonar salmos (ver Hechos 16:25), incluso en la casa de su peregrinaje, (en hebreo בְּבֵית מְגוּרָי *bəḇêṯ məḡûrāy* de בַּיִת *bayith,* "casa"; y מָגוֹר *magor,* "peregrinaje, estar de paso"), es decir, en la morada en que se siente como peregrino

Comentario general a los versículos del 49 al 56: Estos versículos nos muestran como la esperanza en la aflicción:

1. Surge de la palabra de Dios: *"La palabra dada a tu siervo, en la cual me has enseñado a poner la esperanza"* (119: 50).
2. Produce consuelo: *"Ella es mi consuelo en mi aflicción"* (119:50); incluso en nuestros conflictos con los inicuos: *"Los soberbios se burlaron mucho de mí* (119:51-53).
3. Alegra la peregrinación del creyente: *"Tus estatutos son cantares para mí"* (119.54); y adereza sus santas noches: *"Me acuerdo por la noche de tu nombre"* (119: 55-56).

C. A. Davis

"Outlines Upon Keywords of the Psalm 119"

Vers. 49. ***Acuérdate de la palabra dada a tu siervo, en la cual me has hecho esperar.*** *[Acuérdate de la palabra dada a tu siervo, en la cual me has enseñado a poner la esperanza.* RVR*] [Acuérdate de la palabra dada a tu siervo, en la cual me has hecho esperar.* LBLA*] [Acuérdate de la Palabra dada a tu esclavo, en la cual me has hecho esperar ansiosamente.* BTX*] [Acuérdate de la palabra que diste a este siervo tuyo, palabra con la que me infundiste esperanza.* NVI*] [Recuerda la promesa hecha a tu siervo, la que mantiene mi esperanza.* BLP*] [Recuerda la promesa que me hiciste; es mi única esperanza.* NTV*]*[3]

Acuérdate de la palabra dada a tu siervo.[4] No pide ninguna nueva promesa, sino que lo establecido desde antaño en la Palabra se cumpla.[5] Se siente agradecido de haber recibido una Palabra tan buena y excelente, la abraza con todo su corazón, y ruega al Señor que lo trate según lo que en ella se establece. No dice, "acuérdate de los servicios que te he prestado", sino *"acuérdate de la palabra que me diste"*. Por lo general los siervos no desean que sus amos mantengan en la memoria aquello que les dicen; porque suelen ser reproches y amonestaciones por no haber cumplido las ordenes con exactitud, o por otros fallos y faltas cometidas. Pero los que tenemos el privilegio de servir al mejor de los amos, deseamos que ni una sola de sus palabras caiga en el olvido, sabiendo que son para consuelo de nuestros corazones, y que el Señor se acordará bondadosamente tanto del mandamiento, como de

---

o extranjero (119:54). Comparar esta idea con la del versículo diecinueve: *"Forastero soy yo en la tierra; no me encubras tus mandamiento"* (119:19), puesto que el sintagma hebreo que utiliza aquí para decir *"peregrinaje"* procede de la misma raíz: גֵּר *gêr*)».

[3] La versión griega de los LXX o Septuaginta lee: μνήσθητι τὸν λόγον σου τῷ δούλῳ σου, ᾧ ἐπήλπισάς με que la Vulgata traduce al latín como: *"Memor esto verbi tui servo tuo, in quo mihi spem dedisti"*, "Acuérdate de tu palabra a favor de tu siervo, en la que me has dado esperanza". La versión sefardí de Ferrara traduce: *"Recuerda palabra á tu fiervo, fobre que me hizifte efperar"*. La caldea Peshitta: *"Trae a la memoria de tu siervo tu palabra, en la cual lo has hecho confiar"*. Kraus traduce: *"¡Acuérdate de tu palabra (dada) a tu siervo, en la cual me hiciste esperar!"*. Schökel: *"Recuerda la palabra que diste a tu siervo, de la que hiciste mi esperanza."*.

[4] Ernst Wilhelm Hengstenberg [1802-1869] indica que el sentido de la expresión זְכֹר־דָּבָר *zəḵōr-dāḇār,* es de cumplimiento de lo prometido, y equivale a lo que nosotros entendemos como "mantener la palabra" o "ser una hombre de palabra".

[5] Felipe Scio de San Miguel [1738-1776] en una nota a su traducción de la Vulgata indica que según Jerónimo de Estridón [347-420], esta *"promesa"* sobre la que el salmista fundamenta su esperanza y le sirve de consuelo da pie a una doble interpretación: (1) la promesa de salvación que has dado a todos los que aman tus mandamientos y los cumplen; y (2) la promesa hecha a mí y a los antiguos patriarcas de que nos enviarías a tu Mesías para nuestra salvación.

su promesa de la gracia necesaria para obedecerlo. Y siendo que la palabra de Dios se nos hace ya tan preciosa en calidad de siervos, ¿qué diremos en calidad de hijos?

La oración del salmista no un recordatorio, es una súplica; sus palabras no surgen del temor que a Dios pudiera fallarle la memoria: simplemente reclama la promesa; y formula su petición en la manera habitual como suelen hacerlo los seres humanos entre ellos: *"Acuérdate"*. Cuando el Señor se acuerda de los pecados de sus siervos y los saca a relucir, el penitente alega en su defensa: «Señor, acuérdate de tu palabra de perdón, y olvida todos mis pecados e iniquidades». La expresión זְכֹר־דָּבָר *zəḵōr-dāḇār "acuérdate de tu palabra"*, dirigida a Dios, encierra todo un mundo de significado. Las Escrituras la utilizan en el sentido más tierno, y es propia de todos los trabajados y cargados, dolientes y afligidos. En otro pasaje el salmista clama: *"Acuérdate, Señor, de David, de toda su aflicción"*.[6] Job también ora para que el Señor le fije un plazo y después se acuerde de él.[7] Aunque en el presente caso, no es un *"Acuérdate"* tan personal y acuciante como el del ladrón en la cruz,[8] ya que su esencia pivota en las palabras que le siguen: *"a tu siervo"*. Si Dios recordara sus promesas a los demás, pero no a nosotros, todo sería en vano; pero no hay temor de que sea así, porque el Señor jamás ha olvidado una sola promesa hecha a ningún creyente.[9]

En la cual me has hecho esperar. El argumento planteado es que Dios, habiéndonos dado la gracia para que esperemos en la promesa, jamás decepcionará esa espera. No cabe pensar que nos habría motivado a esperar sin motivo. Y si esperamos en su Palabra contamos con una base muy sólida: pues nuestro Señor amoroso no se burlaría de nosotros dándonos falsas esperanzas. Sin embargo, una espera prolongada hace que el corazón sucumba, y de ahí la petición angustiosa del salmista para que el Señor recuerde de inmediato la palabra con la que lo alentó a esperar. Además, en este caso es la esperanza de un siervo, y no cabe pensar que un Maestro tan magnífico y bueno decepcione a sus pupilos que dependen de él: en el supuesto improbable de que no cumpliera su palabra, tan solo cabría pensar en un descuido, de ahí el clamor salmista diciéndonos: «Tened la certeza de que nuestro gran Maestro no se olvidará de sus siervos, ni desilusionará las esperanzas que ha fomentado en ellos; y puesto que somos del Señor y nos esforzamos en recordar su Palabra para obedecerla; podemos estar seguros que también él pensará en sus siervos y se acordará de su promesa para cumplirla».[10]

Este versículo es la oración de un amor absoluto, que teme ser olvidado; la súplica de una humildad consciente de su insignificancia, ansiosa de no ser pasada por alto; la invocación de un temor santo, intranquilo de que el pecado logre sofocar la promesa; el clamor de un anhelo esperanzado, deseoso de la bendición prometida y esperada; y la exaltación de una santa confianza, que encuentra en la Palabra todo cuanto desea y necesita. Dejemos que el Señor se acuerde de su promesa, y demos la promesa por cumplida.

C.H. Spurgeon

Acuérdate de la palabra dada a tu siervo. Quien hace de las promesas de Dios su porción; puede humildemente pero con audacia hacer de ellas su garantía. Pues tanto la promesa en la cual esperaba el Salmista, como la esperanza con la que se había aferrado a ella: ambas procedían de Dios.

Matthew Henry [1662-1714]
"Commentary on the Whole Bible", 1811

[6] Salmo 132:1.
[7] Job 14:13.
[8] Lucas 23:42.
[9] Isaías 49:15.
[10] Isaías 44:21.

Acuérdate de la palabra dada a tu siervo. Cuando encontremos en la palabra de Dios una promesa, convirtámosla de inmediato en una oración. Las promesas de Dios son sus cheques firmados. Exijámosle el pago puntual de los mismos. Aunque a Dios le complace que contendamos con él por sus promesas: «Señor, tú has prometido esto y aquello; no puedes negarte a ti mismo, ni obviar tu propia verdad; no puedes dejar de ser Dios, ni puedes negar que eres Dios, y por tanto, no puedes negar tus promesas. *"Señor, acuérdate de tu palabra dada"* Te hago memoria de tus promesas en base a las cuales me infundiste esperanzas. Si acabo engañado, tú me habrás engañado. Porqué tú eres quien me hizo estas promesas, y me hiciste confiar en ti. Y nunca decepcionas a los que en ti confían, por tanto, cumple tu palabra».

RICHARD SIBBES [1577-1635]
"The Successful Seeker"

Acuérdate de la palabra dada a tu siervo. Dios promete la liberación antes de llevarla a cabo para despertar nuestro deseo, ejercitar nuestra fe, probar nuestra sinceridad, y perfeccionar nuestra paciencia. Es por tales razones que a veces nos da la sensación como si hubiera olvidado su palabra y abandonado a quienes previamente se había comprometido a socorrer y aliviar; porque quiere, por así decirlo, que le recordemos su promesa y solicitemos su ejecución. En este versículo el salmista nos instruye sobre como expresar nuestra petición en base a los siguientes fundamentos: Primero, que Dios no puede faltar a su propia palabra, *"Acuérdate de tu palabra"*; segundo, que jamás decepcionará una expectativa que él mismo ha infundido y estimulado: *"sobre la cual me has hecho esperar"*.

GEORGE HORNE [1730-1792]
"A Commentary on the Psalms in which Their Literal Or Historical Sense, as They Relate to King David, is Illustrated", 1825

Dada a tu siervo. Cuando solicitas algo de Dios asegúrate de tus credenciales para hacerlo; David se presenta aquí, en parte como siervo de Dios, y en parte como creyente. Primero, *"Acuérdate de la palabra a tu siervo"*; y luego, *"sobre la cual me has hecho esperar"*. Plantea una doble calificación: en base al precepto de sujeción, y en base a la promesa de dependencia. El precepto precede a la promesa. Quienes se declaran siervos de Dios tienen derecho a sus promesas y pueden aferrarse con propiedad a ellas; pero tan solo aquellos que se esfuerzan en obedecer sus preceptos pueden legítimamente hacerlas suyas. Nadie puede reclamar la gracia gratificante[11] fuera de aquellos que son partícipes de la gracia santificante. Deja claro que eres siervo de Dios, y todas cuantas promesas se ofrecen en general serán tuyas en particular, con la misma certeza que si tu nombre estuviera grabado en la promesa, y escrito en la Biblia.

THOMAS MANTON [1620-1677]
"One hundred and ninety sermons on the hundred and nineteenth Psalm", 1681

En la cual me has hecho esperar. Tú eres quién me has hecho esperar. Al respecto tengamos en cuenta que:

1. Las promesas nos llegan libre y gratuitamente por la misericordia de Dios.
2. Que la gracia de creer, que es la condición de las promesas, viene también de él; porque *"esto no proviene de vosotros, pues es don de Dios"*.[12]

[11] En el original *"rewarding grace"*; gracia gratificante o que recompensa, y que es preciso no confundir con la llamada "gracia preveniente" o gracia que ilumina y capacita del pensamiento arminiano.

[12] Efesios 2:8-9 RVR1977.

3. Que los argumentos por los cuales él confirma nuestra fe en la certeza de nuestra salvación provienen también de él, no de nosotros.

WILLIAM COWPER [1566-1619]
"A Commentary upon CXIX Psalm", 1613

Vers. 49, 52, 55. *"Acuérdate" – "me acordé"*. David pide al Señor que *"se acuerde"* de su promesa (119:49), alegando que él *"se acordó"* de sus juicios y halló en ellos consuelo (119:52); y que *"se acordó"* del nombre del Señor en mitad de la noche y guardó su ley (119:55). Pedir a Dios que se acuerde de las promesas que nos ha hecho cuando nosotros no nos acordamos y cumplimos las promesas hechas a él, es poco más que una burla. Pero por desgracia, así sucede una y otra vez; por nuestra propia inconsistencia, desvirtuamos el consuelo que podríamos tener de las promesas de Dios en el día de nuestra tribulación.

WILLIAM COWPER [1566-1619]
"A Commentary upon CXIX Psalm", 1613

Vers. 50. *Ella es mi consuelo en mi aflicción, porque tu dicho me ha vivificado.* *[Ella es mi consuelo en mi aflicción, porque tu dicho me ha vivificado.* RVR*] [Este es mi consuelo en la aflicción: que tu palabra me ha vivificado.* LBLA*] [Ella ha sido mi consuelo en mi aflicción, porque tu promesa me ha dado vida.* BTX*] [Este es mi consuelo en medio del dolor: que tu promesa me da vida.* NVI*] [Esto me consuela cuando sufro: que tu promesa me da vida.* BLP*] [Tu promesa renueva mis fuerzas; me consuela en todas mis dificultades.* NTV*]*[13]

Ella es mi consuelo en mi aflicción, porque tu dicho me ha vivificado. Es decir: «Tu Palabra es mi consuelo», o bien «que tu Palabra me haya vivificado ha sido mi consuelo». O quizá que la esperanza que Dios le había dado a través de su Palabra le había vivificado aportándole consuelo. Cualquiera que sea el sentido, está muy claro que el salmista estaba atribulado por una aflicción en particular que llama: *"mi aflicción";* que en medio de ella halló un consuelo que consideró particularmente suyo, porque lo llama *"mi consuelo";* y que conocía el origen de ese consuelo, sabía exactamente dónde procedía, porque exclama: *"ella es mi consuelo"*.[14] El avaro agarra su bolsa de dinero y dice: «esto es mi consuelo»; el derrochador señala sus fiestas y placeres gritando: «esto es mi consuelo»; el borracho levanta su copa y canta: «esto es mi consuelo»; más el hombre cuya esperanza está en Dios y viene de Dios, siente en su interior el poder que da la palabra del Señor, se agarra a ella, y testifica diciendo:

[13] La versión griega de los LXX o Septuaginta lee: αὕτη με παρεκάλεσεν ἐν τῇ ταπεινώσει μου, ὅτι τὸ λόγιόν σου ἔζησέν με que la Vulgata traduce al latín como: *"Haec me consolata est in humilitate mea, quia eloquium tuum vivificavit me"*, "Esto me ha consolado en mi abatimiento; porque tu palabra me dio vida". La versión sefardí de Ferrara traduce: *"Efte mi confuelo en mi aflición, porque tu dicho me abiviguò"*. La caldea Peshitta: *"Porque por ella he sido confortado en mi abatimiento, porque tu palabra me ha vivificado"*. KRAUS traduce: *"Este es mi consuelo en mi desgracia, que tu palabra me vivifica"*. SCHÖKEL: *"Este es mi consuelo en la aflicción: que tu promesa me da vida."*.

[14] Dice en este sentido WILLIAM SWAN PLUMER [1802-1880]: «Arrebatad del cristiano el sustento y *"consuelo"* que extrae de las Escrituras, ¿y qué le queda? Perecerá en la aflicción: *"Si tu ley no hubiese sido mi delicia, ya habría perecido en mi desdicha"* (119:92). Sin embargo, con la palabra de Dios en la mano, se ve no solo capaz de soportar todo tipo de burlas y reproches (119:51), sino incluso de las empresas más arriesgadas (119:46)».

"ella es mi consuelo". En este sentido Pablo exclamó: *"Yo sé en quién he creído"*.[15] Tener consuelo siempre es deseable; pero el consuelo en la aflicción es como una lámpara en medio de las tinieblas. En circunstancias difíciles muchos se sienten incapaces de encontrar consuelo en nada; pero no es así con los creyentes, pues su Salvador les ha dicho: *"No os dejaré huérfanos"*,[16] no vais a quedar sin consuelo. Algunos tienen consuelo sin tener aflicción; otros tienen aflicción y no tienen consuelo; pero los santos tienen consuelo en su aflicción.

La Palabra nos consuela potenciando la fuerza y vitalidad de nuestra vida interior hasta llevarnos a exclamar: *"Ella es mi consuelo, tu Palabra me ha vivificado"*. Vivificar el corazón es reanimar al hombre por completo. A menudo, el camino más directo al consuelo es la santificación y revitalización. Si no logramos despejar la niebla, quizá la solución sea subir a una cota más elevada y quedar por encima de ella. Los problemas que nos entierran mientras estamos agonizando se convierten en bagatela cuando nos sentimos de nuevo llenos de vida. Hemos sido resucitados en el espíritu por la gracia vivificante en más de una ocasión, y esto volverá a suceder, porque el Consolador sigue aún con nosotros,[17] la Consolación de Israel vive siempre,[18] y el mismo Dios de paz es cada vez más nuestro Padre.[19] Cuando miramos hacia atrás en nuestras vidas hallamos motivos sólidos de consuelo para testificar: la palabra de Dios nos ha vivificado, y nos ha preservado; y aunque estábamos muertos, ya no lo estamos.[20] De ello deducimos gustosamente que si él hubiera querido destruirnos no nos habría vivificado. Si fuéramos meramente unos hipócritas dignos de escarnio, como pretenden los soberbios (119:51), no nos hubiera revivido por su gracia. Por ello una experiencia de vivificación es una fuente de verdadera alegría.

Fijémonos en cómo las mismas palabras de este versículo adoptan la forma de súplica en el versículo ciento siete: *"Afligido estoy en gran manera; vivifícame, oh Jehová, conforme a tu palabra"* (119:107). La experiencia nos enseña cómo orar, y nos proporciona argumentos para la oración.

C.H. SPURGEON

Ella es mi consuelo en mi aflicción, porque tu dicho me ha vivificado. Es decir, la palabra de promesa era el consuelo de David, porque la Palabra lo había vivificado y capacitado para recibir tal consuelo. Pero el texto hebreo[21] se presta también a otra lectura: *"Mi consuelo es que tu palabra me haya vivificado"*. Había sentido en su interior la feliz experiencia; había experimentado el poder revitalizador, restaurador, vivificador de la Palabra, mientras la leía, mientras la vivía, mientras meditaba en ella, y se entregaba a seguir su camino. El creyente cuenta con todas las promesas incuestionables de Dios de las cuales depender, y en la medida que depende de ellas, se va fortaleciendo a través de sus propias experiencias de la fidelidad de la Palabra.

JOHN STEPHEN [1800-1881]

"The Utterances of the CXIX Psalm; Expounded in a Series of Lectures", 1861

---

[15] 2 Timoteo 1:12.

[16] Juan 14:18.

[17] Juan 14:15-16.

[18] Lucas 2:25: *"esperaba la consolación de Israel"*. Se trata de uno de los nombres dados al Mesías por el pueblo judío, basado probablemente en los textos de Isaías 12:1; 49:13. La palabra griega que utiliza el evangelista en Lucas 2:25: παράκλησις *paraklésis* es casi idéntica a la que se traduce por *"Consolador"* en Juan 14:16: παράκλητος *parakletos*.

[19] 1 Tesalonicenses 3:16; 5:23-24. Ver también: Romanos 15:33; 16:20; 2 Corintios 13:11; Filipenses 4:9.

[20] Efesios 2:1,5.

[21] En hebreo זֹ֣את נֶחָמָתִ֣י בְעָנְיִ֑י כִּ֖י אִמְרָתְךָ֣ חִיָּֽתְנִי *zōṯ neḥāmāṯî ḇəʿānəyî kî ʾimrāṯəḵā ḥîyāṯənî*.

Ella es mi consuelo. Dios nos ha dado las Escrituras, su Palabra; y el consuelo que extraemos de ellas es sólido, porque es un consuelo que parte de su palabra. La palabra de un príncipe en favor nuestro nos aporta consuelo aunque no la pronuncie en presencia nuestra; aunque sea por carta, o a través de un mensajero; quién da valor a la palabra es aquél que la pronuncia. Dios es Señor y Maestro de su palabra; por ello es de consuelo, y cuantas deducciones y razonamientos se desprenden en ella, son fundamento de consuelo, porque son palabra de Dios. Los consuelos que hallamos en la palabra de Dios, son tan diversos como maravillosos: *el consuelo de la libertad*, que le confiere al cristiano libre acceso al trono de la gracia; *el consuelo de sus prerrogativas*, que le hace hijo de Dios, que le justificas convirtiéndole en heredero de del cielo; y *el consuelo de las promesas de la gracia,* de la presencia de Dios, y de la ayuda que brota de su presencia.

RICHARD SIBBES [1577-1635]
"The Successful Seeker"

Ella es mi consuelo. El término hebreo que utiliza aquí el salmista para decir *"mi consuelo"* es נֶחָמָתִי *neḥāmāṯî* de נֶחָמַת *nechamah,* del cual procede el nombre de Nehemías: "el Señor consuela" o "el Señor ha consolado". Únicamente aparece en este mismo formato en el libro de Job: *"Mas aún es mi consuelo, y me regocijo en el dolor sin tregua, que no he negado las palabras del Santo"*.[22]

C.H. SPURGEON

Ella es mi consuelo. La raíz verbal de la cual procede el término hebreo נֶחָמָתִי *neḥāmāṯî* que traducimos como *"consuelo"*: נָחַם *nacham,* significa ante todo "lamentar algo" o "arrepentirse"[23] y en segundo término "consolar". Y así es, ciertamente, pues la alegría más dulce brota siempre de las lágrimas más copiosas. Las lágrimas engendran siempre gozo espiritual. La madre de Samuel, Ana después de llorar no estuvo más triste.[24] Las abejas liban la mejor miel de las hierbas más amargas. Cristo hizo el mejor vino del agua.[25] Los consuelos del evangelio son:

1. Indescriptibles.[26] No bastan las palabras para referirlos.
2. Reales. [27] Todos los demás son aparentes, meros espejismos.
3. Santos.[28] Porque brotan del Espíritu Santo, y nada que no sea santo puede venir de él.
4. Intensos y fuertes.[29] Pocas mentes y corazones pueden soportarlos, pues pocos toleran vinos fuertes.
5. Alcanzan al hombre interior.[30] la parte más noble del ser humano. *"Mi espíritu se regocija en Dios mi Salvador."*[31] Otros consuelos justo llegan al rostro, no penetran hasta el corazón.

---

[22] Job 6:10.

[23] Como en Deuteronomio 32:36: *"Porque Jehová juzgará a su pueblo, y por amor de sus siervos se arrepentirá"* יִתְנֶחָם *yiṯneḥām* de נָחַם *nacham*; o también Génesis 6:7; 1 Samuel 15:29; Salmo 135:14; Jeremías 20:16; Amos 7:3; Zacarías 8:14.

[24] 1 Samuel 1:18.

[25] Juan 2:9-10.

[26] 1 Pedro 1:8; Filipenses 4:4.

[27] Juan 14:27.

[28] Isaías 64:5; Salmos 138:5.

[29] Efesios 6:17.

[30] 2 Tesalonicenses 2:17.

[31] Lucas 1:46-55.

6. Satisfacen el alma.[32] Otros consuelos no pueden alcanzar el alma, y por lo tanto no pueden llenarla ni satisfacerla.

7. Consuelan en la angustia.[33] En las situaciones más tristes, en la noche más oscura, y en el día más tormentoso.

8. Son eternos.[34] La alegría de los impíos es como un cristal, fulgurante pero frágil, en constante y creciente peligro de quebrarse; pero la alegría de los santos es perdurable.[35]

THOMAS BROOKS [1608-1680]

Tu palabra me ha vivificado. La palabra de Dios es para el alma humana un consuelo revitalizante: la vivifica. A veces nos sentimos espiritualmente muertos, nos desalentamos, nuestros afectos se apagan y nuestro gozo desaparece. Pero la palabra de Dios mitiga nuestras mayores angustias infundiendo vida a los muertos.[36] El dolor acarrea muerte, pero el gozo es la vida del alma. Pese a estar muerto espiritualmente en todos los sentidos y afectos, *"el justo por la fe vivirá"*,[37] y la esperanza que nos dan las Escrituras es *"una esperanza viva."*[38] Otros consuelos terrenales no hacen sino tapar superficialmente las heridas, que se gangrenan por dentro haciendo que el dolor sea todavía más intenso; pero la fe que nace de la Palabra penetra hasta el tuétano,[39] sana corazón, y hace que el alma reviva esperando en Dios, que reciba nueva vida y fortaleza.

THOMAS MANTON [1620-1677]
"One hundred and ninety sermons on the hundred and nineteenth Psalm", 1681

Tu palabra me ha vivificado. Tanto en este versículo por el vínculo que se establece con el término *"aflicción"*; como en todo al resto del Salmo, como bien indica Hupfeld,[40] la expresión verbal חִיָּתְנִי *ḥîyāṯənî* de חָיָה *chayah* "vivificar", se utiliza no tan solo en un sentido físico de "preservación del cuerpo de la muerte", sino también en sentido espiritual de "revivir el corazón", "impartir coraje", "infundir un ánimo renovado".

JOHN JAMES STEWART PEROWNE [1823-1904]
"The Book of Psalms: a new translation with introductions and notes, explanatory and critical", 1876

Tu palabra me ha vivificado. Me dio vida cuando estaba muerto en delitos y pecados;[41] me ha reanimado en más de una ocasión estando yo muerto en lo que hace al cumplimiento de mi deber; me

[32] Salmo 16:11; Cantares 4:3.
[33] Salmo 94:19; Hebreos 3:7-8
[34] 2 Tesalonicenses 2:16.
[35] Salmo 30:5.
[36] Ezequiel 37:1-5.
[37] Habacuc 2:4; Romanos 1:17; Gálatas 3:11; Hebreos 10:38.
[38] 1 Pedro 1:3.
[39] Hebreos 4:12.
[40] Se refiere a HERMANN HUPFELD [1796-1866], teólogo, orientalista y comentarista alemán nacido en Marburg, donde cursó sus estudios y ejerció como profesor de teología hasta su traslado a Halle para suceder a WILHELM GESENIUS [1786-1842]. Autor de numerosas obras de teología y exégesis, su principal contribución fue su *"Übersetzung und Auslegung der Psalmen"*, comentario crítico y exegético al libro de los Salmos que comenzó a aparecer en 1855 y se completo en 1861.
[41] Romanos 6:11; Efesios 2:1: Colosenses 2:13.

ha vivificado conduciéndome al bien cuando era reacio y casi le tenía aversión; y me ha revivido en lo bueno cuando estaba frío e indiferente.

MATTHEW HENRY [1662-1714]
"Commentary on the Whole Bible", 1811

Tu palabra me ha vivificado. Si has sentido el poder y la autoridad de la Palabra sobre tu conciencia y puedes exclamar de corazón como David: *"Tu palabra me ha vivificado"*, entonces, adora la gracia distintiva de Dios.[42] Cristiano, bendice a Dios que no tan solo te ha dado su Palabra como regla de santidad, sino también su gracia como un principio de esa santidad. Bendice a Dios que no tan solo ha escrito la Palabra, sino que la ha grabado y sellado en tu corazón haciéndola efectiva. ¿Acaso el haberla sentido viva y operante dentro de ti no te da base suficiente para afirmar con certeza que es divinamente inspirada? ¡Oh inmensa maravilla de la libre gracia de Dios, que Dios te mande a ti su Palabra y te vivifique; que te sane a ti y no a otros! ¡Que esas mismas Escrituras que para ellos son letra que mata,[43] sean para ti elixir de vida!

THOMAS WATSON [1620-1686]
"A body of practical divinity, in a Series of Sermons", 1692

Vers. 51. *Los soberbios se burlaron mucho de mí, mas no me he apartado de tu ley.* *[Los soberbios se burlaron mucho de mí, mas no me he apartado de tu ley.* RVR*] [Los soberbios me insultaron en gran manera, sin embargo, no me he apartado de tu ley.* LBLA*] [Mucho me han escarnecido los soberbios, pero no me he apartado de tu ley.* BTX*] [Los insolentes me ofenden hasta el colmo, pero yo no me aparto de tu ley.* NVI*] [Mucho me insultan los soberbios, pero yo no me aparto de tu ley.* BLP*] [Los orgullosos me tratan con un desprecio total, pero yo no me aparto de tus enseñanzas.* NTV*]*[44]

Los soberbios se burlaron[45] *mucho de mí.* Las personas orgullosas aborrecen a las misericordiosas, y como les temen, ocultan su temor mostrándoles desprecio. En el caso de David este odio

[42] En el original *"distinguishing grace"*, gracia distintiva. La doctrina reformada de la elección entiende como "gracia distintiva" el hecho de que Dios en su soberanía decida salvar aquellos que previamente ha escogido para ser sus suyos; y recibe el nombre de "distintiva" porque distingue, es decir, se confiere a unos sí y a otros no, estableciendo una diferencia entre los escogidos para ser salvos y los que no. La idea que expresa aquí el autor es que todo aquel que puede exclamar como David *"Tu palabra me ha vivificado"*, es porque forma parte de los elegidos, y por tanto le corresponde sentirse agradecido y adorar la gracia distintiva de Dios.

[43] 2 Corintios 3:6.

[44] La versión griega de los LXX o Septuaginta lee: ὑπερήφανοι παρηνόμουν ἕως σφόδρα, ἀπὸ δὲ τοῦ νόμου σου οὐκ ἐξέκλινα que la Vulgata traduce al latín como: *"Superbi inique agebant usquequaque; a lege autem tua non declinavi"*, "Los soberbios obraban inicuamente en gran manera; y no me aparté de tu ley". La versión sefardí de Ferrara traduce: *"Sobervios efcarnecieron de mi hafta mucho, de tu Ley no me acoftè"*. La caldea Peshitta: *"Los inicuos me han afligido, pero yo no me he apartado de tu ley"*. KRAUS traduce: *"Los desvergonzados se burlan de mí muchísimo, pero yo no me aparto de tu ley"*. SCHÖKEL: *"Unos insolentes me insultan gravemente: yo no me aparto de tu voluntad"*.

[45] FRANZ DELITZSCH [1813-1890] indica que la expresión verbal הֱלִיצֻנִי *hĕlîṣunî* de לוּץ *luts,* en latín *ludificantur,* y que nuestras versiones traducen por *"se burlaron"*, condiciona el ámbito y sentido del sujeto o sujetos: זֵדִים *zêḏîm* de זֵד *zed,* que muchas de nuestras versiones traducen como *"soberbios"*, pero que encaja

cristalizó en burla, en un escarnio largo y sonado. Cuando los soberbios quisieron diversión, hicieron de David, por ser siervo de Dios, el objeto de su entretenimiento. Muy insólitos y peculiares han de ser los ojos de los impíos para llegar al punto de ver en la fe una farsa, y en la santidad una comedia; y sin embargo, ese es el caso tristemente: personajes faltos de caletre, son capaces de provocar en otros con todavía menos caletre, una sonora carcajada burlándose de un santo. Los pecadores engreídos juegan con los piadosos como si fueran un balón. Para ellos caricaturizar a un creyente etiquetándole como miembro de "El Club de los Santos"[46] es motivo para estrepitosas risotadas; su modo de vida rigurosa les proporciona materia sobrada para todo tipo de ocurrencias y chirigotas sobre "el Metodismo"; y su evidente odio al pecado les incentiva a que afilen sus lenguas con especial ingenio acusándole de puritanismo huraño y mojigata hipocresía. Si se burlaron de David *"mucho"*, es impensable que nosotros vayamos a escapar de la mofa de los impíos. Sigue habiendo sobre la faz de la tierra verdaderas huestes de soberbios, y si encuentran un creyente sumido en la aflicción, serán lo suficientemente ruines y crueles como para ridiculizarle y bromear a su costa. Forma parte de la naturaleza del hijo de la esclava burlarse del hijo de la promesa.[47]

Mas no me he apartado de tu ley. Pero los esbirros burladores no consiguieron su objetivo: alcanzaron a reírse, pero no ganaron la batalla. El piadoso salmista, lejos de apartarse del camino recto, ni tan siquiera aflojo el paso, no se apartó un ápice de sus costumbres santas. Muchos habrían sucumbido, probablemente la mayoría, pero David no cedió. Capitular ante los necios siquiera medio punto es darles excesiva importancia. Si dejamos de prestar atención a las burlas profanas, no nos afectarán ni causaran daño alguno, igual que la luna no sufre ni se inmuta por que le ladren los perros.[48] La ley de Dios es nuestro camino recto, vallado de paz y seguridad, y quienes desearían apartarnos de ella a base de burlas y chirigotas, no nos quieren ningún bien.

Leyendo el versículo sesenta y uno descubrimos que David tampoco se sintió afectado ni se dejó vencer por el despojo de sus bienes, más de lo que por estas crueles burlas: *"Compañía de impíos me han robado: Mas no me he olvidado de tu ley"*(119:61).[49] Véase también el versículo ciento cincuenta y siete, donde nuevamente declara que la multitud de sus enemigos y perseguidores fracasaron en sus

más bien con la idea de personas frívolas y libertinas, insolentes (Proverbios 21:24); totalmente distinto de los מְרַשְׁעִים *mêrəšā ʽîm* de רָשָׁע *rasha* del versículo cincuenta y tres (119:53), que se traduce como *"inicuos"*, y que son personas perversas, criminales y malvadas.

[46] En el original *"The Holy Club"*. Nombre que daban en 1729, despectivamente y en sentido de burla, los estudiantes de la Universidad de Oxford al grupito de estudiantes creyentes que liderados por los hermanos JOHN WESLEY [1703-1791] y CHARLES WESLEY [1707-1788], que solían reunirse en un salón de la Universidad varios días a la semana para estudiar la Biblia; ayunaban los miércoles y los viernes, visitaban a los enfermos y a los presos, y trataban de practicar las normas del evangelio de una manera práctica en todas las acciones de su vida. Aunque *"The Holy Club"* nunca llegó a sobrepasar los 25 miembros, el propio Wesley reconoció años después que fue el foco que dio origen a la Iglesia Metodista.

[47] Génesis 21:9; Gálatas 4:29.

[48] Alude al hecho de que los perros se encaran a la Luna y ladran, de manera especial en las noches de luna llena. El motivo de esta costumbre instintiva se desconoce; la creencia popular es que la luna llena afecta realmente al carácter de la mayoría de los perros haciéndolos más agresivos; y aunque es evidente que las fases de luna afectan el comportamiento de estos animales, las causas no han sido científicamente comprobadas. Pero la observación de que los perros ladran a la luna viene de muy lejos, pues un antiguo proverbio latino afirmaba: *"quo plus lucet luna, magis ladrat molossus"*, (cuanto más brilla la luna, más le ladra el mastín).

[49] Hemos utilizado el texto de la RVA (Reina-Valera Antigua) para mantener el paralelismo que hace Spurgeon. La versión inglesa KJV traduce: *"The bands of the wicked have robbed me: but I have not forgotten thy law"*; pero tanto las versiones modernas como las revisiones de la Reina-Valera se apartan por completo de esta traducción. La RVR1960 traduce: *"Compañías de impíos me han rodeado"*; la RVR1977:

intentos de lograr que abandonara los caminos de Dios: *"Muchos son mis perseguidores y mis enemigos, mas de tus testimonios no me he apartado"* (119:157).

C.H. SPURGEON

Los soberbios se burlaron mucho de mí. Los santos de Dios se han quejado de esto en todas las épocas: David, de numerosos y activos escarnecedores: incluso los más abyectos se burlaban de él. Job, fue menospreciado por individuos cuyos padres no habría considerado dignos de estar con los perros que vigilaban su ganado.[50] José, fue apodado despectivamente el soñador;[51] Pablo, charlatán;[52] Cristo mismo fue acusado de endemoniado, samaritano y, con sorna, hijo del carpintero...[53] Mical era estéril,[54] pero su actitud y proceder de reproche hacia la santidad tuvo más hijos de los que cabe imaginar. Para un alma inmunda no hay mayor aliciente que burlarse de la fe; los corazones mundanos son incapaces de ver en la práctica cristiana nada que no sea locura y necedad; todo cuanto que tenga sabor a piedad les amarga el paladar.

THOMAS ADAMS [1583-1653]
"Mystical bedlam, or the world of mad-men", 1615

Los soberbios. El escarnio es hijo del orgullo: *"Dios resiste a los soberbios, y da gracia a los humildes"*.[55]

JOHN TRAPP [1601-1669]
"A commentary or exposition upon the books of Ezra, Nehemiah, Esther, Job and Psalms", 1657

Se burlaron mucho. El adverbio מְאֹד *mə'ōḏ* que traducimos por "mucho", tiene en este caso el sentido de "sin cesar" o "continuamente". La versión griega de los LXX o Septuaginta lo traduce por σφόδρα, y el latín de la Vulgata por *"usquequaque"*. Se burlaban de él sin cesar buscando causarle la mayor amargura posible, día tras día, por lo que era una tentación constante y dolorosa.

THOMAS MANTON [1620-1677]
"One hundred and ninety sermons on the hundred and nineteenth Psalm", 1681

Se burlaron mucho. David afirma que se habían burlado por razón de su fe, pero niega que la burla lo apartara de su fe. Se mofaron de él por su oración fervorosa e intensa que calificaron de indolencia; por su mesura que tacharon apatía, y por su rigurosidad que consideraron escrúpulo innecesario.

MATTHEW HENRY [1662-1714]
"Commentary on the Whole Bible", 1811

"Las redes de los impíos me han envuelto"; LBLA: *"Los lazos de los impíos me han rodeado"*. Ver los comentarios y notas a 119:61.

[50] Job 30:1.

[51] Génesis 37:19.

[52] Hechos 17:18.

[53] Mateo 13:55; Juan 8:48.

[54] 2 Samuel 6:23. Recordemos que Mical había reprochado a David danzar delante del arca. En las versiones de Reina-Valera RVA1909 y RVR1960 este texto parece estar en contradicción con 2 Samuel 21:8. Pero se trata simplemente de un nombre mal traducido como aclaran las versiones modernas.

[55] Proverbios 3:34; 1 Pedro 5:5.

Los soberbios se burlaron mucho de mí, mas no me he apartado de tu ley. Que un soldado se comporte con valentía en su bautismo de fuego, es digno de todo encomio; pero que un soldado de la cruz resista impertérrito la prueba de la crítica, lo es todavía mucho más. Al cristiano no debe afectarle que los perros le ladren.[56]

WILLIAM SWAN PLUMER [1802-1880]
"Studies on the Book of Psalms: A Critical and Expository Commentary with Doctrinal and Practical Remarks", 1867

Vers. 50, 51. La fuerza y vigor infundido por la promesa que *"me ha vivificado"*, lograron que *"no me apartara de tu ley"*, a pesar de que *"los soberbios se burlaron mucho de mí"*, utilizando en sus burlas todo en su poder para conseguir disuadirme de observarla.

ROBERTO BELLARMINO [1542-1621]
"Explanatio in Psalmos", 1615

Vers. 52. *Me acordé, oh Jehová, de tus juicios antiguos, y me consolé.* *[Me acuerdo, oh Jehová, de tus juicios de otro tiempo, y me consuelo.* RVR*] [Me acuerdo de tus ordenanzas antiguas, oh Señor, y me consuelo.* LBLA*] [Recordando tus antiguos mandamientos, oh YHVH, quedé consolado.* BTX*] [Me acuerdo, Señor, de tus juicios de antaño, y encuentro consuelo en ellos.* NVI*] [Recuerdo, Señor, tus decretos de antaño, y en ellos encuentro consuelo.* BLP*] [Medito en tus antiguas ordenanzas; oh Señor, ellas me consuelan.* NTV*]*[57]

Me acordé, oh Jehová, de tus juicios antiguos, y encontré consuelo.[58] Había dicho al Señor *"acuérdate de la palabra dada"* (119:49), y ahora es él quien se acuerda de Dios y de sus juicios. Cuando no logramos ver ninguna manifestación presente del poder divino, lo aconsejable es recurrir a los registros de épocas anteriores, cuyos sucesos son tan válidos y a nuestro alcance como si hubieran sucedido ayer, sabiendo que el Señor es siempre el mismo.[59] Debemos hallar nuestro consuelo verdadero en la certeza de lo que nuestro Dios hace en defensa de la verdad y el derecho, y siendo que las historias de tiempos antiguos están llenas de intervenciones divinas en este sentido, es bueno conocerlas a fondo. También, si somos ya de edad avanzada, podemos revisar las acciones de la providencia divina en nuestra vida a lo largo de los años transcurridos, algo que nunca debemos olvidar o excluir de nuestros pensamientos. El argumento del salmista es sólido y convincente: Aquel que a lo largo de la historia ha actuado poderosamente en favor de su pueblo creyente, es el Dios inmutable, y por tanto, podemos esperar liberación en sus manos en el presente del mismo modo. La sonrisa

[56] Dice al respecto MATTHEW HENRY [1662-1714]: «Pocos logros se pueden esperar en su servicio para Cristo del cristiano que no es capaz de soportar un solo reproche por su causa».

[57] La versión griega de los LXX o Septuaginta lee: ἐμνήσθην τῶν κριμάτων σου ἀπ᾽ αἰῶνος, κύριε, καὶ παρεκλήθην que la Vulgata traduce al latín como: *"Memor fui judiciorum tuorum a saeculo, Domine, et consolatus sum"*, "Me acorde de tus juicios de siempre, Señor, y me consolé". La versión sefardí de Ferrara traduce: *"Recordè tus juizios de fiempre, Adonay, y foy confolado"*. La caldea Peshitta: *"He recordado tus antiguos juicios, oh Yahweh, y he sido confortado; ellos han llegado a ser mí instrucción"*. KRAUS traduce: *"Me acuerdo de tus juicios de antaño, ¡oh Yahvé!, y me consuelo"*. SCHÖKEL: *"Recordando tus antiguos mandamientos, Señor, quedé consolado"*.

[58] FRANZ DELITZSCH [1813-1890] indica que וָאֶתְנֶחָם *wā'eṯneḥām* de נָחַם *nacham* tanto puede traducirse por *"me consuele a mí mismo"* como por *"fui consolado"*.

[59] Números 23:19; Malaquías 3:6; Hebreos 13:8; Santiago 1:17.

burlona de los soberbios dejará de inquietarnos tan pronto hagamos memoria de lo que hizo el Señor por nuestros predecesores en épocas pasadas, y como trató a sus enemigos; los destruyó en el diluvio;[60] los confundió en Babel;[61] los ahogó en el Mar Rojo;[62] los expulsó de Canaán;[63] en todas las épocas ha desnudado su brazo contra los altivos,[64] y los ha roto como vasijas de alfarero.[65] Si bien en períodos de quietud bebemos humildemente de las misericordias de Dios en nuestros corazones, no estamos desamparados y sin consuelo en las épocas de conflicto y burla, porque recurrimos a la justicia divina, y recordamos cómo Dios se burla de los escarnecedores: *"El que mora en los cielos se reirá, el Señor se burlará de ellos"*.[66]

Cuando se burlaron de él *"mucho"*, en gran manera (119:51), el salmista no cayo en la desesperación, sino que levantó su ánimo. Sabía que para mantener la fuerza en el servicio y la persistencia en la persecución necesitaba consuelo, y por tanto, se consoló a si mismo. Y para ello, no recurre tanto al lado al amable del Señor como al severo: *"sus juicios"*. Pues si en la justicia divina somos capaces de encontrar dulzura, ¡cuánto más no la percibiremos en el amor y la gracia! ¡Cuál será el nivel de paz con Dios del hombre que encuentra consuelo no solo en sus promesas, sino incluso en sus juicios! Aún las cosas más terribles de Dios infunden ánimo a los creyentes, pues saben que no hay cosa mejor para las criaturas que pueblan el universo que ser gobernados por una mano fuerte que hará justicia. El hombre justo y recto, cumplidor de la ley, no tiene miedo de la espada del gobernante; tan solo infunde terror a los que la violan. Cuando una persona piadosa es tratada injustamente, encuentra consuelo en el hecho de que hay un Juez de toda la tierra que vengará a sus elegidos y reparará todos los desmanes cometidos en estos tiempos de desorden.

C.H. SPURGEON

Me acordé, oh Jehová, de tus juicios antiguos. Es conveniente tener varios ejemplos de los tratos de Dios con sus siervos guardados en el almacén de una memoria santificada, para que en el día de la aflicción, la fe se fortalezca. Esto es lo que nos enseña aquí el salmista.

DAVID DICKSON [1583-1663]
"Explication upon the Last Fifty Psalms", 1655

Me acordé, oh Jehová, de tus juicios antiguos. Se acordó de que Adán, en el principio, debido a su transgresión del orden divino, fue expulsado del paraíso;[67] y que Caín, condenado por la autoridad de la sentencia divina, pagó el precio de su crimen fratricida.[68] Pero también que Enoc, por su piedad, fue arrebatado al cielo y escapó del veneno de la maldad de la tierra;[69] que Noé, por causa de su justicia, superó el diluvio y quedó como único superviviente de la raza humana;[70] que Abraham, a causa de su fe, esparció la semilla de su posteridad por toda la tierra;[71] que Israel, por sobrellevar pacientemente

[60] Génesis 7:6-24.
[61] Génesis 11:1-9.
[62] Éxodo 14:26-31.
[63] Éxodo 23:30.
[64] Salmo 98:1; Isaías 52:10; Lucas 1:51.
[65] Salmo 2:9; Isaías 30:14.
[66] Salmo 2:4.
[67] Génesis 3:22-24.
[68] Génesis 4:9-15.
[69] Génesis 5:24.
[70] Génesis 7:23.
[71] Génesis 15:5; 22:17; 26:4; Éxodo 32:13; Romanos 4:18; Hebreos 11:12.

las tribulaciones, consagró un pueblo creyente con el signo de su propio nombre;[72] y que el propio David, por su dulzura, fue preferido a sus hermanos mayores y elegido para el trono.[73]

AMBROSIO DE MILÁN [340-397]
"Enarrationes in xii Psalmos Davidicos"

Me acordé, oh Jehová, de tus juicios antiguos. Jerónimo[74] menciona a cierta dama romana piadosa llamada Paula,[75] de la que afirma conocía de memoria la mayor parte de las Escrituras. Y el apóstol nos amonesta a que *"la palabra de Cristo more en abundancia en vosotros"*.[76] La Palabra es una joya que adorna al hombre interior: ¿y no haremos un esfuerzo para recordarla? *"¿Se olvida una virgen de sus adornos, o una novia de su atavío?*[77] Quienes padecen la enfermedad conocida como lientería, que hace que depongan los alimentos tan pronto como los ingieren, sin haberlos digerido, de modo que nada les permanece en el estómago, no alcanzan a nutrirse. Y si la Palabra no permanece en nuestra memoria, no puede sernos de provecho. Muchos poseen una habilidad pasmosa para recordar cualquier noticia o trivialidad banal, pero son incapaces de memorizar un solo versículo de la Biblia: por lo que parece su memoria es como esas charcas apestosas donde las ranas croan felices, pero los peces mueren asfixiados.

THOMAS WATSON [1620-1686]
"The Morning Exercises at Cripplegate"

Me acordé, oh Jehová, de tus juicios antiguos, y me consolé. Este versículo nos crea casi un conflicto de conciencia: ¿cómo podía David sentirse consolado por los juicios de Dios? ¿No es una barbaridad que alguien se regocije en la destrucción de otros? ¿Acaso no dice en otro pasaje de la Escritura: *"el que se regocija de la desgracia no quedará sin castigo"*.[78]

Hemos de tener en cuenta que "juicio" implica ambos aspectos de la justa dispensación de Dios: la liberación de los piadosos y el castigo de los impíos. En el primer caso no hay razones para sentir escrúpulos, pues se dice: *"porque el juicio volverá a ser justo"*;[79] los sufrimientos de los buenos se convertirán en mayores ventajas, ya que el contexto demuestra que Dios no desechará a su pueblo, sino que en este caso el juicio traerá rectitud.

En cuanto al "juicio" en su aspecto de castigo de los malvados, puede ser también un consuelo en los siguientes casos:

---

[72] Génesis 35:9-12.

[73] 1 Samuel 16:9-13.

[74] Se refiere a EUSEBIO HIHERÓNIMO DE ESTRIDÓN [342-420], nacido en Dalmacia y más conocido como SAN JERÓNIMO, uno de los cuatro grandes Padres Latinos. Tradujo la Biblia del griego y el hebreo al latín, traducción conocida como la Vulgata (de *vulgo,* "pueblo"; *vulgata editio,* "edición para el pueblo").

[75] Se refiere a PAULA DE ROMA [347-404] una rica dama de familia senatorial, que al quedar viuda decidió consagrarse a la fe y a la vida monástica trasladándose a Oriente. Fue el brazo derecho de San Jerónimo en sus trabajos de traducción de la Biblia, pues dominaba el griego y había aprendido suficiente hebreo como para cantar los Salmos en esa lengua. Su intensa relación en el plano espiritual y exegético con San Jerónimo fue objeto de duras críticas por parte del clero romano de la época, que llegó al extremo de ver una relación amorosa entre ambos y acusar a San Jerónimo de meter una mujer en su cama. La historia ha demostrado que todo fue una calumnia maliciosa y cruel.

[76] Colosenses 3:16.

[77] Jeremías 2:32.

[78] Proverbios 17:5, LBLA.

[79] Salmo 94:15, LBLA.

1. Cuando el impío es castigado, se rompe el lazo que lo ata y su apego al pecado se desvanece, dando paso con ello a la esperanza, pues los hombres al ser castigados se dan cuenta del peligro de pecar contra Dios: *"cuando la tierra tiene conocimiento de tus juicios, aprenden justicia los habitantes del mundo"*.[80] El juicio libera a muchas almas.

2. Cesan en sus burlas y escarnios de la piedad. Dejan de atormentar a los piadosos con su hiriente: *"Ajá, ajá"*;[81] y de herir su corazón diciéndoles: *"¿Dónde está tu Dios?"*.[82] El juicio elimina este mal.

3. Desaparecen los impedimentos para adorar y servir a Dios. Cuando la cizaña, los cardos y ortigas son arrancados de raíz,[83] el trigo dispone de más espacio para crecer.

4. Queda eliminada su capacidad para oprimir a la Iglesia y perseguir a los siervos de Dios. Con lo cual se abre el camino a un mayor crecimiento del reino de Cristo.

5. La justicia de Dios se hace manifiesta a todos. *"Con el bien de los justos, se regocija la ciudad, y cuando perecen los impíos, hay gritos de alegría"*;[84] *"Verán los justos, y temerán; se reirán de él, diciendo: He aquí el hombre que no puso a Dios por su fortaleza"*;[85] *"Regocíjate sobre Babilonia, cielo, y también vosotros, santos, apóstoles y profetas; porque Dios ha pronunciado juicio por vosotros contra ella"*.[86] Cuando la palabra de Dios se cumple, nos corresponde alegrarnos, sin duda, de que su justicia y su verdad sean vindicadas.

THOMAS MANTON [1620-1677]

"One hundred and ninety sermons on the hundred and nineteenth Psalm", 1681

Me acordé, oh Jehová, de tus juicios antiguos, y me consolé. La palabra hebrea מִשְׁפָּטֶיךָ *mišpāṭeḵā* de מִשְׁפָּט *mishpat,* "juicios", se usa en las Escrituras tanto para referirse a las leyes promulgadas, como también a los juicios ejecutados de acuerdo con esas leyes. El primer caso suelen describirse como juicios de su boca: *"Acordaos de las maravillas que él ha hecho, de sus prodigios y de los juicios de su boca"*;[87] en el segundo juicios de su mano: *"cuando afile mi espada flameante y mi mano empuñe la justicia"*.[88] Siendo que ambos reciben el nombre de "sus juicios", de ambos puede decirse que son "antiguos". Dado que todos los decretos y estatutos divinos tienen en si mismos una equidad eterna, y que fueron grabados en el corazón del hombre en su estado de inocencia, bien puede decirse que existen desde la antigüedad; y puesto que Dios ha venido castigando desde el principio del mundo a los impíos por quebrantarlos, y liberando a los justos por guardarlos, igualmente puede decirse que la ejecución de sus sentencias es también desde la antigüedad. Aunque el factor tiempo no cambia en esencia, ya sea que hablemos de sus mandamientos o de sus juicios, porque ambos contienen para el justo elementos de consuelo que le permiten ver anticipadamente la ruina de los impíos en la Palabra, cuando no la contempla efectiva en la providencia. Con todo, de los actos de justicia registrados en las Escrituras, yo interpreto más bien que Dios, como juez justo, ha venido ejecutando puntualmente sus sentencias a lo largo de los tiempos, en todas las edades, conforme a las promesas y amenazas anexadas a sus leyes. Y en este sentido, puedo deciros que los juicios de Dios implican ambas cosas:

[80] Isaías 26:9.

[81] Salmo 40:15.

[82] Salmo 42:10.

[83] Mateo 13:30.

[84] Proverbios 11:10.

[85] Salmo 52:6-7.

[86] Apocalipsis 18:20.

[87] Salmo 105:5.

[88] Deuteronomio 32:41.

sus actos de misericordia en la liberación de sus siervos justos; así como también sus castigos sobre los malvados: sus interposiciones de alivio para unos pese a encontrarse envueltos en las más grandes angustias; así como también su justa venganza sobre los otros a pesar de su aparente prosperidad.

THOMAS MANTON [1620-1677]

"One hundred and ninety sermons on the hundred and nineteenth Psalm", 1681

Me acordé, oh Jehová, de tus juicios antiguos, y me consolé. Su consuelo derivó de una revisión de hechos históricos y sentencias ejecutadas por el Señor contra los impíos y en beneficio de su pueblo desde la antigüedad. Y en base a ello cabe decir que:

1. Los muertos hablan a los vivos.
2. Los vivos deben escuchar a los muertos.

GEORGE ROGERS [1798-1891]

Me acordé, oh Jehová, de tus juicios antiguos, y me consolé. Agua dulce extraída de un pozo tenebroso.

1. Los juicios de Dios tienen el propósito de inspirar terror.
2. Pero demuestran su equidad, su previsión, y supervisión general sobre todas las cosas.
3. Son siempre en contra del pecado, y a favor de la santidad.
4. Cuando acontece el juicio Dios libra a su pueblo: Noé, Lot, etc.
5. Por tanto, los juicios de Dios son una fuente de consuelo para el creyente.

G.A.D.[89]

Vers. 53. *Horror se apoderó de mí a causa de los inicuos que dejan tu ley.* *[El furor se apoderó de mí a causa de los inicuos que dejan tu ley.* RVR*] [Profunda indignación se ha apoderado de mí por causa de los impíos que abandonan tu ley.* LBLA*] [Me domina la indignación a causa de los malvados, que abandonan tu ley.* BTX*] [Me llenan de indignación los impíos, que han abandonado tu ley.* NVI*] [Me invade el furor por los malvados, por aquellos que abandonan tu ley.* BLP*] [Me pongo furioso con los perversos, porque rechazan tus enseñanzas.* NTV*]*[90]

Horror[91] *se apoderó de mí a causa de los inicuos que dejan tu ley*. Estaba horrorizado por su actitud, por el orgullo que los trajo a ella y por el castigo que inexorablemente caería sobre ellos. Al

---

[89] El original inglés no aporta más que estas iniciales. Recordemos que era muy común en esa época que algunos atores de libros y otro material cristiano se negaran a que figurara su nombre y firmaban solo con las iniciales, considerando que toda la gloria debe ser únicamente a Dios.

[90] La versión griega de los LXX o Septuaginta lee: ἀθυμία κατέσχεν με ἀπὸ ἁμαρτωλῶν τῶν ἐγκαταλιμπανόντων τὸν νόμον σου que la Vulgata traduce al latín como: *"Defectio tenuit me, pro peccatoribus derelinquentibus legem tuam"*, "Desfallecimiento se apoderó de mí, por causa de los pecadores, que desamparaban tu Ley". La versión sefardí de Ferrara traduce: *"Temblor me travó por malos, dexantes tu Ley"*. La caldea Peshitta: *"Tristeza se ha apoderado de mí a causa de los pecadores, los cuales han abandonado tu ley"*. KRAUS traduce: *"Se apodera de mí la ira a causa de los impíos, que abandonan tus instrucciones"*. SCHÖKEL: *"Me domina la indignación por los malvados que abandonan tu ley"*.

[91] Con respecto a al término: זַלְעָפָה *zal'āpāh,* en latín *æstus,* que tanto la Reina-Valera como la versión inglesa KJV traducen por *"horror"*, el sentido es de algo que abrasa. Algunos comentaristas la han identificado con el Simún o viento del desierto que levanta tempestades de arena; así HEINRICH MICHAELIS

rememorar los antiguos juicios de Dios, se llenó de terror ante el destino horrendo de los impíos; y bien podía. Sus risotadas no lo habían angustiado, pero la anticipación de su caída le afligió. Pues las verdades eternas que para ellos fueron motivo de diversión a él le causaron estupor. Los vio alejarse totalmente de la ley de Dios, arrinconarla como un camino abandonado, descuidado y cubierto de maleza por falta de transito; y este abandono de la ley de Dios hizo que le invadieran las emociones más terribles: horrorizado de su maldad, consternado ante su presunción, azorado por la expectativa de su repentino derrocamiento, y estremecido ante lo certero de su terrible condena. Si contrastamos este versículo con el ciento seis: *"Juré y ratifiqué que guardaré tus justos juicios"* (119:106); y el ciento cincuenta y ocho: *"Veía a los prevaricadores, y me disgustaba, porque no guardaban tus palabras"* (119:158); no resulta difícil darse cuenta hasta que punto se sintió afectado. Quienes más firmemente creen en el castigo eterno de los impíos, son quienes más profundamente lamentan su condenación. Cerrar los ojos ante la terrible condenación de los impíos, no es ningún acto de ternura. Nuestra compasión hemos de demostrarla más bien tratando por todos los medios de salvar a los pecadores que no procurando pasar por alto sus acciones para hacerles las cosas agradables. ¡Ojalá los creyentes sintiéramos un poco más de aflicción al pensar en la horrible porción de los impíos en el lago de fuego! La reacción más común y generalizada es la de cerrar los ojos y olvidarlo, o bien aparentar que dudamos de ello; pero esta no es la actitud apropiada de un fiel siervo de Dios.

C.H. SPURGEON

Horror se apoderó de mí a causa de los inicuos. He tenido visiones muy claras de la eternidad. Hasta cierto punto, he visto la bienaventuranza de los fieles, y he anhelado compartir su estado dichoso; y también he experimentado la satisfacción consoladora de saber que por la gracia estaré allí y gozaré de ella. Pero, ¡oh, qué angustia tan terrible se apodera de mi mente cada vez que pienso en la eternidad para los que están sin Cristo, para los errados que se van a la tumba con sus esperanzas falsas! La visión fue tan espantosa que en modo alguno la pude resistir: mis pensamientos retrocedieron despavoridos; y me dije (mucho más afectado de lo que jamás me había sentido): «¿Quién puede vivir en un fuego eterno y soportar quemaduras eternas?»

DAVID BRAINERD [1718-1747]
en una de sus cartas (Letter VIII) publicadas en el libro de JONATHAN EDWARDS [1703-1727]
"The Life and Diary of David Brainerd, Missionary to the Indians", 1749

Horror se apoderó de mí. ¡Oh, quién puede expresar de otro modo el estado de un alma en circunstancias semejantes! Todo cuanto se pueda decir al respecto no es más que una sombra, una débil representación de la realidad, que es inexpresable e inconcebible; porque ¿quién conoce el poder de la ira de Dios?[92] ¡Qué espantosa es la situación de aquellos que están a cada momento, cada día, cada hora y minuto, en peligro de esta ira fulminante e infinita caiga sobre ellos! Y no obstante, es el triste caso de toda alma en esta congregación que no ha nacido de nuevo, por moral y estricta que sea su conducta, por muy sobria y religiosa que sea. ¡Ojalá todos cuantos me escucháis considerarais esto seriamente, tanto si eres joven como viejo! Porque tengo motivos para pensar que hay muchos en esta congregación que me están escuchando, y que en realidad son candidatos a esta desgracia por toda la eternidad. No sé quiénes son, o en qué asientos se hallan, o en qué están pensando ahora mismo. Puede que estén muy tranquilos escuchando estas cosas sin que les afecten, y se tranquilizan a si mismos

[1668-1738] que traduce: *"un viento mortífero del este de apoderó de mí"*; JOHANNES COCCEIUS [1603-1669]: *"Se apoderó de mí horror, como el de una tempestad"*. Sugerimos ver también al respecto la nota 130 en el Salmo 2 sobre la expresión *"se inflama pronto su ira"* (2:12).

[92] Salmo 90:11.

alegando que son buenas personas y convenciéndose de que escaparán. Si supiéramos que hay una persona, aunque fuera solo una entre toda la congregación, que tuviera de verse sometida a tamaña desgracia, ¡sería terrible solo el pensarlo! Y si supiéramos quién es, ¡qué trágico sería el contemplarle! ¡Cuántos gemidos y lamentos no debería lanzar el resto de la congregación por ella! Y sin embargo, ¡ay!, ¡no será una, sino muchas las que probablemente recuerden este mensaje en el infierno!

JONATHAN EDWARDS [1703-1727]
en un sermón titulado *"Sinners in the Hands of an angry God"* 1741[93]

Horror se apoderó de mí. El término hebreo זַלְעָפָה *zal'āpāh* de זְלְעָפוֹת *zalaphah* significa en sentido primario el viento cálido y pestilente conocido por los árabes "simún". En este sentido se usa la palabra en otros pasajes: *"Sobre los malos hará llover calamidades; fuego, azufre y viento abrasador será la porción del cáliz de ellos"*.[94] Aquí se usa en sentido figurado para describir la más horrible angustia mental; y enmarca perfectamente la idea que el tenía el salmista de la naturaleza corruptora, pestilente y destructiva del pecado.

SAMUEL BAGSTER [1772-1851]
"Comprehensive Bible", 1826

Horror. La palabra hebrea que traducimos por *"horror"* significa también tempestad o tormenta. Las traducciones varían bastante de unas a otras; Junius[95] traduce: *"me he sentido como en mitad de una tormenta"*; Ainsworth;[96] *"un horror ardiente se ha apoderado de mi"*, y lo expone como refiriéndose a una tormenta de terror y consternación. La versión griega de los LXX o Septuaginta: ἀθυμία καταἔχω ἐγώ, esto es: *"debilidad y abatimiento de la mente me ha poseído"*; y nuestra propia traducción: *"estoy terriblemente asustado"*. Todas las traducciones, así como también la palabra original, coinciden en un sentido de trastorno de la mente, una conmoción vehemente parecida a una tormenta. Así fue la inquietud que se apoderó de David haciéndole temblar.

THOMAS MANTON [1620-1677]
"One hundred and ninety sermons on the hundred and nineteenth Psalm", 1681

---

[93] *Sinners in the Hands of an angry God*, "Pecadores en las manos de un Dios airado" es el más sermón más conocido y leído de Jonathan Edwards, predicado el 8 de julio de 1741 en Enfield, Connecticut, USA. Es considerado por teólogos e historiadores, como el ejemplo más típico de la teología y predicación en la época del llamado "Gran Despertamiento" (1730-1755).

[94] Salmo 11:6.

[95] Se refiere a FRANCISCUS JUNIUS, apodado *"El Viejo"* [1545-1602], erudito teólogo hugonote que colaboró con EMMANUEL TREMELIUS [1510-1580] en la traducción de su versión latina del Antiguo Testamento.

[96] Se refiere a HENRY AINSWORTH [1571-1622], teólogo inglés no conformista, nacido en Swanton Morley, Norfolk, educado en el *Caius College* de Cambridge y posteriormente exilado y afincado en Ámsterdam. Erudito y reconocido especialista en hebreo bíblico, fue autor de numerosas obras, entre las que destacan sus traducciones anotadas o comentarios a Génesis (1616); Éxodo (1617); Levítico (1618); Números (1619); Deuteronomio (1619) Salmos (incluyendo una versión métrica, 1612); y el Cantar de los Cantares de Salomón (1623). Su obra *Psalms, The Book of Psalms: Englished both in Prose and Metre with Annotations* [Ámsterdam, 1612], que incluye en una separata treinta y nueve melodías monofónicas de salmos, es conocida como el *"Ainsworth Psalter"*, "El Salterio de Ainsworth", único libro de música que los peregrinos puritanos llevaron a Nueva Inglaterra en 1620, posteriormente revisado y convertido en el *"Bay Psalm Book"*, y que tuvo una influencia fundamental en la primitiva salmodia norteamericana.

A causa de los inicuos que dejan tu ley. David se indignaba y horrorizaba no porque él mismo se viera atacado, sino porque la ley de Dios era abandonada; y se consternaba ante la condenación de aquellos que tal hacían, porque para Dios estaban perdidos. Así como un buen padre con un hijo enfermo de locura, cuando ese hijo arremete contra él con violencia, no lamenta su propia desgracia sino la del enfermo; y no se lamenta de los agravios e insultos con los que el demente pueda agraviarle, porque sabe que está enfermo y no sabe lo que hace; así también cuando un creyente ve a un pecador que no honra ni reverencia a su Padre celestial, que le insulta en su propio rostro; consciente de que en su locura por pecar no se da cuenta de las cosas indecentes y vergonzosas que hace, se aflige profundamente por él como si se tratara de alguien que agoniza, se lamenta como si hubiera sido desahuciado por los médicos. Y así como un buen médico lo primero que hace es advertir y amonestar, aunque como respuesta tenga que escuchar insultos y palabras duras, aunque sea golpeado por el enfermo; sabiendo que el paciente está enfermo y que no es responsable de sus reacciones, las soporta con paciencia; y por mucho que el paciente le insulte, no se marcha, sino que cualquier medicina que considere que se le puede aplicar se la administra; no lo abandona como haría un obstinado, antes por el contrario, se esfuerza con diligencia en tratar de sanarlo como si se tratara de alguien que lo merece sobradamente, practicando con él no solo toda su habilidad científica, sino también toda su benignidad y disposición. De igual modo, cuando el justo es tratado con desprecio no se aleja, y si es calumniado lo considera como locura, no como depravación; desea poder aplicar su propio remedio a la herida, simpatiza, y no se aflige por sí mismo, sino por su aparente enemigo que sufre aquejado de una enfermedad incurable.[97]

AMBROSIO DE MILÁN [340-397]
"Enarrationes In xii Psalmos Davidicos"

Los inicuos que dejan tu ley. Los impíos que abandonan la ley de Dios, no solo la transgreden como hace el resto de seres humanos en mayor o menor cuantía; sino que la desprecian obstinadamente y se la echan a la espalda, viviendo en constante desobediencia. Aquellos que apostatan de la doctrina de la palabra de Dios, negando voluntariamente la verdad después de haber tenido un atisbo de conocimiento de ella, se hacen merecedores de un castigo sumamente grave: *"una horrenda expectación de juicio, y un fuego airado"*.[98] Y los inicuos, que extienden sus manos contra Dios desafiando al Todopoderoso, y embisten contra él con cuello erguido tras sus escudos macizos;[99] por causa de su atrevida impiedad; por la naturaleza espantosa de su pecado; por el ejemplo lamentable que dan a otros; por el perjuicio que son para ellos mismos; y por el deshonor que traen a Dios; –dice el salmista– por ellos no puedo sino temblar: en parte por el castigo terrible que les será infligido aquí en este mundo; y especialmente después, cuando una horrible tempestad de ira caerá sobre ellos.[100] Este fue el temblor que se apoderó del salmista; y se apodera también a menudo de muchas personas buenas, que tiemblan más por los impíos que por sí mismos: *"Quebrantada está mi alma anhelando tus ordenanzas en todo tiempo"* (119:120).

JOHN GILL [1697-1771]
"Exposition of the Old Testament", 1748

Vers. 54. ***Cánticos fueron para mí tus estatutos en la casa en donde fui extranjero.*** *[Tus estatutos son cantares para mí en mi habitación de forastero.* RVR*] [Cánticos para mí son tus estatutos*

[97] Mateo 5:38-48; Romanos 12:14-21.
[98] Hebreos 10:26-29.
[99] Job 15:15.
[100] Salmo 11:6; Jeremías 30:23.

en la casa de mi peregrinación. LBLA*] [Tus estatutos han venido a ser mis salmos, en la morada de mi peregrinación.* BTX*] [Tus decretos han sido mis cánticos en el lugar de mi destierro.* NVI*] [Tus normas eran cantos para mí cuando vivía en el destierro.* BLP*] [Tus decretos han sido el tema de mis canciones en todos los lugares donde he vivido.* NTV*]*[101]

Cánticos para mí son tus estatutos en la casa de mi peregrinación. Igual que otros siervos de Dios, David sabía bien que este mundo no era su hogar sino que permanecía en él temporalmente, en calidad de peregrino hacia un país mejor. Pero no se lamenta ni suspira, todo lo contrario canta. No dice una palabra sobre los suspiros de su peregrinación, tan solo habla de sus cánticos de peregrinación. Incluso el palacio que habitaba, para él no era más que *"casa de mi peregrinación"*, la posada donde reposar temporalmente, la estación en la que se había detenido unos instantes. Cuando los viajeros llegan a la posada elegida, suelen cantar; y así lo hizo también este piadoso peregrino: entonó los cantos de Sión, los estatutos del gran Rey; pues los mandatos de Dios le eran tan familiares como las baladas de su tierra natal; le encantaba escucharlos y entonarlos, eran la música preferida de sus oídos. ¡Feliz el corazón que encuentra su alegría en los mandamientos de Dios, y hace de la obediencia su solaz! Cuando la fe se transforma en música es una excelente señal. Pues si cantamos recorriendo los caminos del Señor, es una clara señal de que nuestro corazón está por ellos. Nuestros cánticos aquí en la tierra son salmos de peregrinaje, cánticos graduales; pero de tal naturaleza que podremos entonarlos por toda la eternidad; porque los estatutos del Señor son la salmodia del propio cielo.

Los santos contemplan el pecado con horror, mientras que en la santidad ven armonía. Los impíos se desentienden de la ley, los justos cantan sobre de ella. Si en el pasado hemos cantando los estatutos del Señor, en ello encontraremos consuelo para la aflicción presente. Y dado que nuestros cánticos son muy distintos a los cánticos de los soberbios, en el día final podemos aspirar a formar parte de un coro muy distinto al suyo, y a cantar en un lugar muy lejos de su morada.

Fijémonos como en los sextos versículos de sus respectivas octavas, a menudo encontramos resoluciones de bendecir a Dios o afirmaciones de testimonio. En el versículo catorce es *"me he gozado"* (119:14); en el veintidós es *"he guardado"* (119:22); en el treinta es: *"escogí"* (119:30); en el cuarenta y seis es: *"hablaré"* (119:46); aquí es claramente *"entonaré"*.

C.H. SPURGEON

Cánticos para mí son tus estatutos. En los tiempos antiguos era costumbre versificar las leyes para que el pueblo las aprendiera más fácilmente de memoria y las cantara.

WILLIAM WILLIAMS PANTYCELY [1717-1791]

[101] La versión griega de los LXX o Septuaginta lee: ψαλτὰ ἦσάν μοι τὰ δικαιώματά σου ἐν τόπῳ παροικίας μου que la Vulgata traduce al latín como: *"Cantabiles mihi erant justificationes tuae in loco peregrinationis meae"*, "Para cantar me eran tus justificaciones, en el lugar de mi peregrinación". La versión sefardí de Ferrara traduce: *"Pfalmeamiento eran à mi tus fueros, en cafa de mis peregrinaciones"*. La caldea Peshitta: *"Tus ordenanzas han sido un cántico para mí en la casa de mi peregrinación"*. KRAUS traduce: *"Cánticos son para mí tus estatutos en la casa de mi destierro"*. SCHÖKEL: *"Tus normas eran mi música en casa extranjera"*.

Cánticos para mí son tus estatutos. El sentido es que estatutos del Señor fueron sus *"canciones"*; que le proporcionaron refrigerio espiritual y endulzaron las amarguras de su peregrinación, al propio tiempo que medían y apresuraban sus pasos.[102]

FRANZ JULIUS DELITZSCH [1813-1890]
"Biblical commentary on the Psalms", 1859

Cánticos. Los viajeros que andan largos trechos tienen la costumbre de cantar para aliviar lo tedioso del camino. Así lo hizo David; y por lo que nos cuenta, le sirvió para solazarse un tanto del horror que se había apoderado de él y del que habla en el versículo anterior (119:53). Entonar salmos movidos por la gracia siempre es de enorme consuelo para nuestros corazones.

JOHN TRAPP [1601-1669]
"A commentary or exposition upon the books of Ezra, Nehemiah, Esther, Job and Psalms", 1657

Cánticos.

Estos cantos aquietan,
cual una bendición,
el pulso inquieto,
después de la oración.
La noche se llenará de música,
y las cuitas que infectan el día
recogerán sus tiendas, cual beduinos,
y en silencio se irán por otro camino.[103]

HENRY WADSWORTH LONGFELLOW [1807-1882][104]

Cánticos para mí son tus estatutos en la casa de mi peregrinación. ¿Por qué toda demostración de apasionamiento es etiquetada en la iglesia como un arrebato? Se espera pasión del poeta, del músico, del erudito, del amante e incluso del comerciante si cabe, y más aún, se les recomienda. ¿Por qué entonces en las cosas del alma; que exigen apasionamiento y concentración de toda la energía de la mente muy por encima de los demás; el entusiasmo se censura y condena? ¿No se alegraría un preso ante la promulgación de su libertad? ¿Y no se alegrará el pecador redimido de poder salir de su servidumbre? ¿Saldrá de ella indiferente, sin gratitud y sin gozo?

¡No!: *"con alegría saldréis, y con paz seréis conducidos; los montes y los collados prorrumpirán en cánticos de júbilo delante de vosotros, y todos los árboles del campo darán palmadas de*

---

[102] Dice WILLIAM SWAN PLUMER [1802-1880]: «El profeta no fue el primero ni el ultimo en entonar cánticos en los momentos de aflicción y angustia. Las mejores alabanzas y bendiciones que han ascendido al cielo a lo largo de la historia, han salido de la boca de mártires y de labios de creyentes que estaban atravesando situaciones horribles».

[103] Novena estrofa del poema de Longfellow titulado: *"The Day is Done"*. el original *«Such songs have power to quiet / The restless pulse of care, / And come like the benediction / That follows after prayer. // And the night shall be filled with music, / And the cares that infest the day / Shall fold their tents like the Arabs, / And as silently steal away.»*

[104] HENRY WADSWORTH LONGFELLOW [1807-1882] fue un reconocido escritor y poeta estadounidense, cuyas obras más conocidas son *"Paul Revere's Ride"*, *"The Song of Hiawatha"* y *"Évangéline"*. Tuvo a su cargo la primera traducción llevada a cabo en Estados Unidos de *"La Divina Comedia"* de Dante Alighieri.

aplauso".[105] ¿Acaso el criminal condenado no experimenta emociones indecibles cuando en lugar de la ejecución de la sentencia recibe un indulto? ¿Y pretendemos que el absuelto transgresor de las leyes divinas permanezca impávido y silencioso? *"Justificados, pues, por la fe, tenemos paz para con Dios por medio de nuestro Señor Jesucristo; por medio del cual hemos obtenido también entrada por la fe a esta gracia en la cual estamos firmes, y nos gloriamos en la esperanza de la gloria de Dios. Y no solo esto, sino que también nos gloriamos en las tribulaciones... Y no solo esto, sino que también nos gloriamos en Dios por medio de nuestro Señor Jesucristo, por quien hemos recibido ahora la reconciliación".*[106]

Otros viajeros acostumbran a combatir el tedio de su viaje cantando canciones. Cuando los israelitas se juntaban tres veces al año en Jerusalén para adorar, procedentes de todos los extremos del país, tenían cánticos especiales designados para el propósito, y viajaban cantando. Y de los justos se dice: *"Y cantarán de los caminos del Señor...*[107] *volverán los redimidos de Jehová; volverán a Sión cantando, y habrá gozo perpetuo sobre sus cabezas; rebosarán gozo y alegría, y el dolor y el gemido huirán".*[108]

WILLIAM JAY [1769-1853]

"Short Discourses to be Read in Families. Discourse XXIII: 'The Cheerful Pilgrim", 1805

Cánticos (...) en la casa de mi peregrinación. Ved cómo el Señor, en su sabias dispensaciones, se anticipa y atenúa nuestras debilidades. Nuestra vida está sujeta a muchos cambios, y por tanto, Dios nos ha provisto también en su Palabra de muchas instrucciones y remedios. Cada cruz tiene su adecuada medicina, y cada problema de la vida su apropiada instrucción. A veces nuestra pena es tan enorme que somos incapaces de cantar, y cuando nos sucede esto: oramos; otras veces nuestra liberación es tan gozosa que sentimos la necesidad de prorrumpir en acción de gracias, y en este caso: cantamos. *"¿Está alguno entre vosotros afligido? Haga oración. ¿Está alguno alegre? Cante alabanzas".*[109] Por medio de su Santo Espíritu Dios ha escrito para nosotros oraciones para cada cruz y salmos para cada liberación; de modo que si fracasamos en este santo deber, somos poco más que inexcusables.

WILLIAM COWPER [1566-1619]

"A Commentary upon CXIX Psalm", 1613

En la casa de mi peregrinación. De acuerdo con el texto hebreo "*la casa de mis peregrinajes*."Es decir, cualesquiera de los diversos lugares que he estado divagando errante mientras era perseguido por Saúl.

SAMUEL BURDER [1773-1836]

"Oriental Customs or An illustration of the Sacred Scriptures", 1804

[105] Isaías 55:12.
[106] Romanos 5:1-3,11.
[107] Salmo 138:5.
[108] Isaías 51:11.
[109] Santiago 5:13.

En la casa de mi peregrinación. Vatablus[110] asocia estas palabras con el destierro de David entre los filisteos;[111] en el sentido que viéndose alejado su país natal y de su parentela, cuando todos los demás consuelos le fallaron, la palabra del Señor le aportó motivos de alegría. Y ciertamente el destierro puede alejar a los siervos de Dios de sus amigos y seres queridos; pero los acerca más al Señor, y pone al Señor más cerca de ellos. Prueba evidente la tenemos en el caso de Jacob: desterrado y a solas en los campos por la noche, encontró una presencia de Dios más íntima que cuando dormía en la tienda con su padre y su madre.[112]

Pero coincido más con la idea de Basilio,[113] que considera más propio aplicar el concepto de peregrinación a toda la vida de David en general: *"oranera vitam suam peregrinationera vocare arbitror"*.[114] Así lo admitió Jacob ante Faraón: *"Los días de los años de mi peregrinación son ciento treinta años";*[115] y Abraham e Isaac habitaban en este mundo como extranjeros.[116]

En consecuencia, en calidad de extranjeros y peregrinos, el apóstol Pedro nos amonesta a que nos abstengamos de las concupiscencias de la carne;[117] y Pablo nos insta a disfrutar de este mundo, como si no lo disfrutásemos; porque la apariencia de este mundo se pasa.[118] Una lección que se nos repite a lo largo de toda la Escritura de diversas maneras; pero que nosotros somos lentos en aprender. ¡Ay, qué insensatez tan grande es esta, que el hombre esté tan deseoso de seguir morando en la tierra cuando Dios lo invita a ser ciudadano del cielo! Pero grande es el consuelo que tenemos de saber que las casas donde nos alojamos en la tierra no son sino casas de peregrinación. Los fieles israelitas

---

[110] Se refiere a FRANCISCUS VATABLUS o también FRANÇOIS VATABLO [c.1493-1547] nacido en Gamaches, Francia. Fue profesor de hebreo y de Antiguo Testamento en el *Collêge Royal* de París. Puesto que Vatablo no publicó nada, suponemos que la cita se refiere a una de sus notas recopiladas por ROBERT ÉSTIENNE [1503- 1559], alumno suyo, en su edición de la traducción latina de la Biblia realizada por León de Judá y conocida como "Biblia de París", 1545, y de manera especial sus notas en los salmos incorporadas en el *"Liber Psalmorum Davidis"* e impresas por Éstienne en 1557. Las notas de Vatablo fueron condenadas por la Facultad de Teología de París por incluir demasiados autores protestantes.

[111] 1 Samuel 17:1-12.

[112] Génesis 27:41-46; 28:1-22.

[113] Se refiere a BASILIO DE CESAREA [329-379], también conocido como San Basilio Magno, obispo de Cesarea de Capadocia y uno de los más importantes y reconocidos Padres de la Iglesia Griega. Brillante orador y eminente teólogo, combatió el arrianismo. Entre su importante obra escrita, destacan, además de sus numerosas cartas (se conservan unas 365) y textos litúrgicos, su *Hexámeron* (sobre Dios Creador), su *Tratado sobre el Espíritu Santo* y sus libros apologéticos contra el arriano Eunomio.

[114] En español: "Pienso que su vida de oración debe llamarse más bien de peregrinación". Una opinión que comparten:

– JOHANN PETER LANGE [1802-1884]: «No se trata de una referencia al exilio y nada parecido, sino simple y llanamente a la vida sobre esta tierra tal y como es, que en base a la descripción que de la misma se hace en Génesis 47:9, ha de ser vista como: *"la casa de mi peregrinación"*(Salmo 119:54)». Y FRANZ JULIUS DELITZSCH [1813-1890] considera que: «El poeta llama a su vida terrena: בְּבֵית מְגוּרָי *bəḇêṯ məḡûrāy*, *"casa de mi peregrinación"* (ver 119:19), porque ciertamente para los seres humanos el mundo no es más que esto: *"Los cielos son los cielos del Señor; pero la tierra la ha dado a los hijos de los hombres"* (Salmo 115:16 LBLA) para que la habiten, pero no es su lugar de residencia ni descanso permanente: *"porque somos forasteros y peregrinos delante de ti, como lo fueron todos nuestros padres; como una sombra son nuestros días sobre la tierra, y no hay esperanza"* (1 Crónicas 29:15 LBLA); nuestra בֵּית עוֹלָם *bayith olam* está en otra parte (Eclesiastés 12:5; Salmo 39:13)».

[115] Génesis 47:9.

[116] Génesis 23:4.

[117] 1 Pedro 2:11.

[118] 1 Corintios 7:31.

soportaron su esclavitud en Egipto con mayor paciencia, porque sabían que iban a ser liberados de ella. Pues si las casas de nuestra servidumbre fueran mansiones eternas, ¡qué triste sería nuestra condición! Pero gracias a Dios, no son más que cabañas de paso y casas de peregrinación. El vientre de nuestra madre fue casa de peregrinación; pues si nos hubiéramos quedado allí definitivamente, ¡qué carga tan horrible para ella, y qué servidumbre para nosotros! Y el sepulcro será también casa de peregrinación; de la cual debemos decir como Job: *"Si espero que el Seol sea mi casa, hago mi lecho en las tinieblas"*.[119] Si tuviéramos que morar allí para siempre, cuán grande y terrible sería nuestra desesperanza. Pero, alabado sea Dios, nuestra mansión está arriba;[120] y las casas que ocupamos e intercambiamos aquí en la tierra no son sino casas de nuestra peregrinación. ¡Feliz, por tanto, aquel que es capaz de habitar en este mundo, en su propia casa, en su propia cama; sí, en su propio cuerpo como peregrino y extranjero, por sentirse en él ausente del Señor.[121]

WILLIAM COWPER [1566-1619]
"A Commentary upon CXIX Psalm", 1613

Mi peregrinación. Siendo que los seres humanos en general han sido llamados por muchos pensadores y escritores peregrinos, y la vida un viaje; entonces podemos agregar que la peregrinación cristiana supera con creces a todas las demás en los siguientes detalles importantes:

1. En la bondad del camino.[122]
2. En la hermosura de las perspectivas.[123]
3. En la excelencia de la compañía.[124]
4. En la indiscutible superioridad del alojamiento que proporciona al viajero cristiano cuando concluye su peregrinaje.[125]

HENRY GEORGE SALTER
"The Book of Illustrations; or, Scripture truths exhibited by the aid of Similes, original and selected", 1840

Cánticos para mí son tus estatutos en la casa de mi peregrinación. El alegre peregrino.

1. El creyente ve su estancia en este mundo solo como: *"la casa de su peregrinación"*.
2. Su situación, por desventajosa que sea, admite alegría: *"cánticos para mí"*.
3. Las fuentes de esa alegría se derivan de las Escrituras: *"son tus estatutos"*.

WILLIAM JAY [1769-1853]
"The Christian Contemplated", 1826

Vers. 55. *Me acordé en la noche de tu nombre, oh Jehová, y guardé tu ley.* *[Me acuerdo por la noche de tu nombre, oh Jehová, y guardo tu ley.* RVR*] [Por la noche me acuerdo de tu nombre, oh Señor, y guardo tu ley.* LBLA*] [Recuerdo en la noche tu Nombre, oh YHVH, y deseo guardar tu ley.* BTX*] [Señor, por la noche evoco tu nombre; ¡quiero cumplir tu ley!* NVI*] [Señor, de noche recuerdo*

[119] Job 17:13.
[120] Juan 14:2-3; 1 Corintios 5:1.
[121] 1 Corintios 2:6.9.
[122] Juan 14:4-6; Mateo 11:30.
[123] Juan 14:12-14.
[124] Juan 14:15-24.
[125] Juan 14:2; 1 Corintios 5:1.

tu nombre y tengo respeto por tu ley. BLP*] [De noche reflexiono sobre quién eres, Señor; por lo tanto, obedezco tus enseñanzas.* NTV*]*[126]

Me acuerdo por la noche de tu nombre, oh Jehová.[127] Mientras otros dormían, me desperté para pensar en ti, en tu persona, en tus acciones, en tu pacto, en tu nombre; que en última instancia describe el carácter divino hasta donde ha sido revelado. Estaba tan ansioso del Dios vivo que se despertó en la noche para pensar en él. Estos fueron los *"Pensamientos nocturnos"*[128] de David; que si bien no eran *"Memorias al sol"*,[129] sí eran claros recuerdos del *"Sol de Justicia"*.[130] Bueno es cuando la memoria nos aporta consuelo y nos permite exclamar como el salmista: «Habiendo aprendido desde mi juventud a conocerte, me bastó con recordar las lecciones de tu gracia, para que mi corazón sintiera consuelo». Este versículo muestra claramente que el hombre de Dios no solo había aprendido y recordado los juicios antiguos (119:52), sino que seguía pensando en el Señor su Dios y recordándolo a todas horas. Nuestra obligación es santificar el nombre de Dios,[131] y cómo pensamos hacerlo si desaparece de nuestra memoria.

Y guardé tu ley. Encontró la santificación a través de la meditación: sus pensamientos en la noche controlaban sus actuaciones a lo largo del día. Así como determinadas situaciones durante el día derivan a menudo en sueños por la la noche, nuestras reflexiones en la noche dan soporte a las acciones del día. Si no mantenemos el nombre de Dios en nuestra memoria, difícilmente guardaremos su ley en nuestra conducta. El olvido en la mente conduce al descuido en la vida.

---

[126] La versión griega de los LXX o Septuaginta lee: ἐμνήσθην ἐν νυκτὶ τοῦ ὀνόματός σου, κύριε, καὶ ἐφύλαξα τὸν νόμον σου que la Vulgata traduce al latín como: *"Memor fui nocte nominis tui, Domine, et custodivi legem tuam"*, "Me acordé de noche de tu nombre, Señor, y guardé tu ley". La versión sefardí de Ferrara traduce: *"Recordè en noche tu nombre, Adonay, y guardè tu Ley"*. La caldea Peshitta: *"Por la noche he recordado tu nombre, oh Yahweh, y he guardado tu ley"*. KRAUS traduce: *"Por la noche pienso en tu nombre, ¡oh Yahvé!, y obedezco tus instrucciones.* SCHÖKEL: *"De noche pronuncio tu nombre, Señor; y velando, tu voluntad."*.

[127] Las palabras de este versículo: *"Me acuerdo por la noche de tu nombre, oh Señor"* (119:55) unidas a las del anterior: *"Cánticos para mí son tus estatutos en la casa de mi peregrinación"*, mantienen un peculiar paralelismo con la pregunta que plantea Job: *"¿Dónde está Dios mi Hacedor, que da cánticos en la noche?"* (Job 35:10).

[128] En el original inglés *"Night Thoughts"*. Se refiere a un extenso y conocido poema de EDWARD YOUNG [1683-1765] escrito entre 1742 y 1745, dividido en nueve partes o "noches" y titulado *"The Complaint: or, Night-Thoughts on Life, Death, & Immortality"*. Cada una de las noches es un poema por si misma, y en su conjunto descubren las reflexiones nocturnas del poeta sobre la vida, la muerte y la inmortalidad.

[129] En el original *"Sunny Memories"*. Probablemente se refiera a *Sunny memories of foreign lands",* de la escritora norteamericana HARRIET BEECHER STOWE [1811-1897], ferviente abolicionista y mundialmente conocida por su novela *"Uncle Tom's Cabin"* (1852), en español "La Cabaña del Tío Tom". *"Sunny memories of foreign lands",* publicado en 1854, es una recopilación de las cartas escritas por Harriet a sus amigos, y bien conocida por Spurgeon, que era también un activo defensor de la abolición de la esclavitud y un ferviente promotor de las obras de Harriet Beecher Stowe.

[130] Malaquias 4:2. Resulta interesante observar la manera como Spurgeon juega aquí con estos tres conceptos, dos obras literarias y una cita bíblica: *"Night-Thoughts" – "Sunny Memories" – "Sun of Righteousness"*. Algo muy habitual en el "príncipe de los predicadores" y que demuestra la amplitud sus conocimientos, no solo de las Escrituras y sus comentarios, sino también de literatura en general, tanto de los clásicos como de los autores y obras literarias de moda en su propia época; fruto de su profundo amor a la Palabra sumado a su intensa actividad lectora.

[131] Mateo 6:9; Lucas 11:2.

Cuando escuchamos en la noche las canciones bochornosas de los juerguistas tenemos plena evidencia de que no guardan la ley de Dios; en cambio las reflexiones silenciosas de los hombres tocados por la gracia son prueba fehaciente de que aman el nombre del Señor. A las naciones cabe el juzgarlas por sus cánticos, y no digamos a los hombres. Y tanto los canticos como los pensamientos de los justos son el vivo reflejo del amor a Dios: tanto si los entonan elevando sus voces como si se sientan a reflexionarlos en silencio, siguen acordándose de su Señor. Bienaventurados aquellos cuyos *"Pensamientos nocturnos"* son recuerdos de la luz eterna; porque serán recordados por su Señor cuando venga la noche de la muerte. Lector, ¿están tus pensamientos nocturnos en la oscuridad llenos de luz porque están llenos de Dios? ¿Es su santo nombre el tema habitual de tus reflexiones vespertinas? De ser así, irradiarán tus mañanas y tus horas de mediodía. ¿O permites que tu mente se entregue por entero a las cuitas fugaces y placeres de este mundo? En este caso no te extrañe que tu vida cristiana no sea lo que debería, pues nadie es santo por casualidad. Si no recordamos el nombre del Señor, es poco probable que recordemos sus mandamientos; si no pensamos en él en secreto, no le obedeceremos en púbico.

C.H. SPURGEON

Me acuerdo por la noche de tu nombre, oh Jehová, y guardo tu ley. Puesto que la segunda cláusula va ligada a la primera, considero el versículo entero como exponente de una misma verdad: lo que nos dice el profeta es que el recuerdo de Dios le indujo a guardar la ley.[132] Pues el desprecio a la ley tiene su origen en el poco respeto que la mayoría tienen a Dios; por ello la Escritura, al condenar la impiedad de los hombres, declara enfáticamente que se han olvidado de Dios.[133] En cuanto a la palabra *"noche"*, no significa que el recuerdo de Dios en su mente fuera por un período breve o limitado de tiempo, sino que mantenía de él un perpetuo recuerdo; es por ello que menciona en particular la *"noche"*, para enfatizar este sentido de continuidad; pues durante la noche nuestros sentidos son dominados por el sueño: «Mientras los demás duermen, Dios ocupa los pensamientos de mis sueños». Pero hay una razón adicional por la que menciona la noche: para que tengamos constancia de que pese a no haber nadie que le observara, ni que se lo recordara; sí, pese de estar protegido por el manto de la oscuridad, con todo, su disposición y solicitud de acariciar el recuerdo de Dios era el mismo, o más, que si estuviera ocupando un lugar público y visible.

JUAN CALVINO [1509-1564]

Me acordé en la noche de tu nombre, oh Jehová, y guardé tu ley. He recordado tu nombre en la noche; y ello me ha llevado a guardar tu ley durante el día.[134]

MATTHEW HENRY [1662-1714]
"Commentary on the Whole Bible", 1811

[132] Así es como le ve también AGUSTÍN DE HIPONA [354-430]: «Jamás hubiera logrado el salmista guardar la ley de haber confiado tan solo en sus propias fuerzas; su éxito se debe a que desconfiando de sí mismo, invocó el nombre de Dios buscando su auxilio».

[133] Salmo 50:22; 78:10-11; 106:21.

[134] Dice WILLIAM SWAN PLUMER [1802-1880]: «No hay un solo momento que no sea apropiado volverse a Dios y meditar en su nombre: ya sea en las tinieblas de la medianoche, en las tinieblas de la depresión mental, o en las tinieblas de las dificultades de la vida; Dios sigue siendo el tema adecuado en el que pensar. Su nombre, su naturaleza, sus atributos, su palabra, sus obras, todo cuanto tiene que ver con él es tema de meditación adecuado y motivo de alegría para la persona piadosa. Dice GUILIELMUS AMESIUS [1576-1633]: 'De un recuerdo constante del nombre divino brota un gozo espiritual sólido y reconfortante'. ¡Bienaventurado

Me acordé en la noche de tu nombre, oh Jehová. En realidad este versículo no es sino una nueva declaración de su afecto sincero hacia la palabra de Dios. Señalemos, ante todo, su sinceridad: no se mostraba practicante y cumplidor de la ley solo en público, sino también en privado; porque es la práctica privada el testimonio más fidedigno de la fe verdadera. En público, la hipocresía induce a los hombres a simular lo que no son; no así en la devoción privada; pues entonces, al no haber nadie que la vea, la persona que no tiene la adoración a Dios arraigada en su conciencia, la descuida y abandona por completo; mientras que la verdaderamente piadosa, ofrece su corazón a Dios en privado lo mismo que en público, buscando ser aprobado por él;[135] porque *"su alabanza no procede de los hombres, sino de Dios"*.[136] Esto nos muestra de nuevo su fervor en la fe; pues así como en otros pasajes nos dice que amaba más la Palabra que su comida diaria,[137] aquí afirma que sacrifica su descanso nocturno con tal de poder meditar en ella. Pero en nuestros días, el celo de aquellos que profesan ser religiosos ha decaído hasta tal punto, que no están dispuestos a sacrificar ni aún lo superfluo, y mucho menos una sola comida por amor a la Palabra de Dios.

WILLIAM COWPER [1566-1619]
"A Commentary upon CXIX Psalm", 1613

Tu nombre, oh Jehová. El *"nombre"* del Señor es su carácter, su naturaleza, sus atributos, las manifestaciones que ha hecho de su santidad, su sabiduría, su bondad y su verdad.

JOHN STEPHEN [1800-1881]
"The Utterances of the CXIX Psalm; Expounded in a Series of Lectures", 1861

En la noche. La palabra *"noche"* ante todo significa *"ininterrumpidamente"*, porque durante el día también había recordado a Dios (119:52). En segundo lugar significa, *"sinceramente"*, porque indica haber evitado el aplauso público de los hombres. En tercer lugar significa *"voluntariosamente"*, porque prueba que el sopor natural del sueño no pudo vencer su deseo. Todo ello establece su entrega total y absoluta a la Palabra; pues como sabemos, los mundanos dedican parte de la noche a sus deleites. Que sospesara los testimonios de Dios por la noche, revela que en secreto hacía lo mismo que a plena luz; por lo cual condena a los que cubren sus maldades bajo la oscuridad.[138] Examinémonos a nosotros mismos y analicemos las razones por las cuales hemos acortado o interrumpido nuestras horas de descanso: ¿para invocar a Dios? ¿o para dar satisfacción a nuestros placeres?

RICHARD GREENHAM [1802-1880]

En la noche. El pastor Harms[139], de Hermannsburg, acostumbraba en el día de reposo[140] a predicar, orar e instruir a los suyos durante nueve horas Y pese a estar su mente completamente agotada

---

aquel cuyos pensamientos santos se elevan en alas de la fe y conducen su alma a una comunión dulce y provechosa con Aquel que la creó y le otorgó su ley!».

[135] 2 Timoteo 2:15.

[136] Romanos 2:29.

[137] Job 23:12.

[138] Salmo 11:2; 64:4.

[139] Se refiere a LUDWIG HARMS [1808-1865], o LOUIS HARMS, pastor en la pequeña localidad alemana de Hermannsburg en la Baja Sajonia, un hombre de visión y dotado de grandes talentos, que inició un importante avivamiento en el norte de Alemania. Puso en marcha un seminario en su propia iglesia para preparar misioneros destinados a países de África y fundó la *"Hermannsburg Missioninary Society"*, posteriormente transformada en la actual *"Evangelical Lutheran Mission in Lower Saxony"* (ELM).

[140] En el original *"Sabbath"*.

y todo su cuerpo atenazado por el dolor, hasta el punto de darle la sensación de entrar en agonía por falta de reposo, no lograba dormir. Pero le gustaba permanecer tumbado y en silencio en la oscuridad pensando en Jesús. Decía que la noche neutralizaba todos sus demás pensamientos dejándole el corazón libre para comunicarse con Aquel que su alma amaba, que solía visitar y consolar a su agotado discípulo en las vigilias de la noche. Muchos son los hijos de Dios que en diversas épocas han disfrutado de una íntima y particular comunión con su Señor en la soledad del exilio, en la oscuridad de una profunda mazmorra, en la noche forzada y perpetua de la ceguera, o en momentos cuando todas las comunicaciones de este mundo han sido interrumpidas por entero y su alma ha quedado completamente a solas con Dios.

DANIEL MARCH [1816-1909]
"Night unto Night", 1880

En la noche. No hay momento inapropiado para dirigirse a Dios y pensar en su nombre. En la oscuridad de la noche, en la oscuridad de la aflicción mental, en la oscuridad del linchamiento, Dios sigue siendo el tema apropiado de meditación.

WILLIAM SWAN PLUMER [1802-1880]
"Studies on the Book of Psalms: A Critical and Expository Commentary with Doctrinal and Practical Remarks", 1867

Y guardo tu ley. Aunque de manera imperfecta, sin embargo, con todo, espiritualmente, sinceramente, honestamente, fervorosamente y desde una perspectiva de amor y gratitud; y con los ojos puestos en la gloria de Dios, y sin fines ominosos ni egoístas.

JOHN GILL [1697-1771]
"Exposition of the Old Testament", 1748

Y guardo tu ley. Largas horas de comunión íntima con Dios cristalizan sin lugar a dudas en un deseo ferviente de mayor conformidad a su santa voluntad. Es el recuerdo de Dios lo que nos lleva a guardar sus leyes, así como el olvido de Dios el que fomenta todo tipo de transgresión.

JOHN MORISON [1791-1859]
"An Exposition of the Book of Psalms", 1829

¡Quiero cumplir tu ley! El verbo hebreo וָאֶשְׁמְרָה *wā'ešmərāh,* está en futuro, y tal vez sea mejor traducirlo así, convirtiéndolo de ese modo en la expresión de un propósito solemne y deliberado de perseverar en su obediencia.

WILLIAM SWAN PLUMER [1802-1880]
"Studies on the Book of Psalms: A Critical and Expository Commentary with Doctrinal and Practical Remarks", 1867

Vers. 55-56. Según se desprende de estos versículos extraordinarios, al que se deleita en guardar la ley de Dios, Dios infunde mayor gracia para que pueda guardarla: *"Por la noche me acuerdo de tu nombre, oh Señor, y guardo tu ley. Esto se ha hecho parte de mí: guardar tus preceptos"* (119-55-56 LBLA). ¿Con qué contaba David para guardar los preceptos de Dios? Tenía la voluntad de guardar su ley; es decir, de potenciarla y crecer en el cumplimiento de la misma. El profeta Oseas nos habla de buscar el conocimiento de Dios: *"Conozcamos, pues, esforcémonos por conocer al Señor"*;[141] es decir, si trabajamos laboriosamente para conocer a Dios, tendremos la recompensa de ser capacitados para conocerlo cada vez más. Y lo mismo puedo decir de la gracia de Dios: quien se deleita en guardar la ley de Dios, tendrá su recompensa en poder guardarla más perfectamente. Deleitarse profundamente en la palabra de Dios implica gracia creciente. La gracia es la madre del gozo verdadero,[142] el gozo es como su hija, y madre e hija viven y mueren juntas.

Edmund Calamy [1600-1666]
"The Godly Man's Ark Or City Of Refuge In The Day Of His Distress", 1657

Vers. 56. ***Estas bendiciones tuve porque guardé tus mandamientos.*** *[Esta es la gran bendición que he tenido: que he guardado tus mandamientos.* RVR*] [Esto se ha hecho parte de mí: guardar tus preceptos.* LBLA*] [Esto me ha sucedido, porque he guardado tus preceptos.* BTX*] [Lo que a mí me corresponde es obedecer tus preceptos.* NVI*] [A mí me corresponde guardar tus preceptos.* BLP*] [Así paso mis días: obedeciendo tus mandamientos.* NTV*]*[143]

Estas bendiciones tuve[144] *porque guardé tus mandamientos.* David afirma que disfrutaba de estos consuelos: el recuerdo de Dios, el deseo de cantar, el valor para enfrentar al enemigo, la esperanza en la promesa; porque había observado fielmente los mandamientos de Dios y esforzado en caminar por ellos. No somos recompensados por nuestras obras, pero hay recompensa en ellas.[145] Hay consuelos que solo se obtienen observando una vida ejemplar; y de ellos podemos decir como el salmista: *"Estas bendiciones tuve porque guardé tus mandamientos"*. Pues, ¿cómo desafiar a los que se mofan de nuestra fe si vivimos inconsistentemente? ¿cómo recordar con serenidad el nombre del Señor si vivimos descuidadamente? Es posible que David quisiera indicar con estas palabras que había conseguido guardar la ley observado los preceptos uno a uno: cumpliendo sus exigencias con detalle, y así, alcanzado santidad de la vida. O también que guardando algunos de los preceptos, había logrado la fuerza espiritual necesaria para cumplir con los demás: porque Dios concede más gracia a los que la tienen ya en alguna medida, y aquellos que hacen trabajar sus talentos y los incrementan les es dado

---

141 Oseas 6:3 LBLA.
142 Isaías 23:17.
143 La versión griega de los LXX o Septuaginta lee: αὕτη ἐγενήθη μοι, ὅτι τὰ δικαιώματά σου ἐξεζήτησα que la Vulgata traduce al latín como: *"Haec facta est mihi, quia justificationes tuas exquisivi"*, "Esto me vino, porque inquirí tus justificaciones". La versión sefardí de Ferrara traduce: *"Efto fue à mi, por que tus encomendanças obferve"*. La caldea Peshitta: *"He sido confortado por haber guardado tus mandamientos"*. Kraus traduce: *"¡Esto me sucede: que guardo tus ordenanzas!"*. Schökel: *"Esta ha sido mi tarea: he observado tus decretos"*.
144 En hebreo זֹ֥את הָֽיְתָה־לִּ֑י *zōṯ hāyəṯāh-lî.* Literalmente, *"esto me aconteció"* o "esto me ha sucedido". La palabra "bendiciones" que incluye la Reina-Valera, no forma parte del texto hebreo masorético ni tampoco del griego de la Septuaginta. El salmista no especifica qué le sucedió, de qué se trata, aunque se intuye de forma implícita que se trata de un privilegio o beneficio:

– Juan Calvino [1509-1564] lo interpreta como: *"todos los beneficios de Dios"*; no en el sentido de que el profeta reclamara merecer tal bendición, sino como una recompense inmerecida que le había sido otorgada por cumplir los mandamientos; una idea que tiene su base escritural en pasajes como: Deuteronomio 6:25; Salmo 41:2; Isaías 3:10; y concuerda además con lo expresado en los versículos cincuenta y cincuenta y dos (119:50, 52).
145 Mateo 10:41-42; 16:27; Lucas 6:35; Hebreos 6:10.

más.[146] Pero quizá lo mejor sea dejar el pasaje abierto, como hace nuestra versión, para que de las mil bendiciones inestimables que vengan a nosotros podamos decir siempre: «vinieron por el camino de la obediencia». Todo cuanto tenemos son dones de la gracia, aunque hay cosas que vienen en forma de recompensa; pero aún en tal caso jamás hemos de olvidar que la recompensa no es en pago de deuda, sino de gracia. Dios obra primero en nosotros las buenas obras, y luego nos recompensa por ellas.[147]

Una conclusión muy apropiada para tan hermosa octava del salmo, dado que este versículo final es un argumento contundente en apoyo a la oración con la cual el salmista la abre. El dulce cantor tenía claras evidencias de haber guardado los preceptos de Dios, y por tanto, estaba en situación favorable para pedir del Señor el cumplimiento de sus promesas. A lo largo de los ocho versículos los ruegos se equilibran y juegan con los recuerdos: *"Me acordé de tus juicios"* (119:52); y *"me acordé de tu nombre"* (119:55); por tanto: *"Acuérdate de la palabra dada a tu siervo"* (119:49).

C.H. SPURGEON

Estas bendiciones tuve porque guardé tus mandamientos. Así como un pecado es castigo de otro pecado, haciendo que el impío vaya de mal en peor; así también la piedad es recompensa de la piedad. El uso correcto de un talento lo incrementa, y los primeros pasos en la santidad son bendecidos con más santidad. Las buenas prácticas de David le llevaron a recordar a su Dios, y el recuerdo de Dios le hizo más piadoso y ferviente en la fe.

WILLIAM COWPER [1566-1619]
"A Commentary upon CXIX Psalm", 1613

Estas bendiciones tuve porque guardé tus mandamientos. Los rabinos tienen un dicho análogo: «La recompensa de un precepto es otro precepto», es decir, un precepto atrae a otro precepto. El significado es que a quién guarda fielmente un precepto, Dios le concede como recompensa la capacidad de guardar otro precepto aún más difícil. Contrario a este es otro dicho de los rabinos: «El castigo a un pecado es otro pecado»; o dicho de otro modo, cada transgresión deriva en otra transgresión peor.

SIMEON MAROTTE DE MUIS [1587-1644]
"Commentarius litteralis et historicus in omnes Psalmos", 1630

Estas bendiciones tuve porque guardé tus mandamientos. Es decir: «Soporté muchos males y adversidades; aunque por otra parte, degusté los dulces consuelos de la Palabra, y fui coronado con muchas bendiciones de Dios». Otros lo traducen del siguiente modo: *"Me interesa y deseo guardar*

---

[146] Mateo 13:12; 25:28-29; Marcos 4:25; Lucas 8:18.

[147] En este mismo sentido se expresa AGUSTÍN DE HIPONA [354-430] comentando el Salmo 145:7: «Si es gratuitamente, tú no has aportado nada, no es por tus méritos; porque si la salvación fuera en virtud de méritos sería recompensa, no gracia. Por ello el apóstol lo deja tan claro: *"Por gracia sois salvos por medio de la fe; y esto no de vosotros, pues es don de Dios; no por obras, para que nadie se glorie"*. Esto último lo añade pensando en los soberbios, los que se vanaglorian de sí mismos, y que ignorando la justicia de Dios pretenden establecer y cantar la suya propia. A estos les concreta: *"y esto no de vosotros, pues es don de Dios"*. ¿O hemos hecho nosotros algo para merecer la salvación? Atended bien lo que dice: *"No por obras, para que nadie se glorie"*. ¿Entonces? ¿No hacemos nosotros buenas obras? Sí, las hacemos, pero no nosotros, sino Dios en nosotros, pues por medio de la fe habita en nuestro corazón Aquel que obra en nosotros las buenas obras». Ver la Nota 87 del Salmo 145 para el texto completo.

tus preceptos"; es decir, mantenerme firme en la doctrina de manera incorrupta, con fe verdadera y buena conciencia.

HENRICUS MOLLERUS [1530-1589]
"Enarrationis Psalmorvm Davidis, ex praelectionibvs", 1639

Estas bendiciones tuve porque guardé tus mandamientos. Tuve el consuelo de guardar tu ley porque la observé fielmente. La obra de Dios es su propio salario.

MATTHEW HENRY [1662-1714]
"Commentary on the Whole Bible", 1811

Estas bendiciones tuve porque guardé tus mandamientos. ¿Qué significa esto? –responde el salmista. Pues que este alivio que sentí, este apoyo que logré en todas mis aflicciones, este consuelo, esta dulce comunión con Dios; vino a mí: ¿por qué? Porque *"guardé sus preceptos"*, porque obedecí su voluntad. Escuchadme bien, cuánta más obediencia prestamos a los mandamientos de Dios, tanto más consuelo fluye a nuestra alma: Dios nos otorga los consuelos en conformidad a nuestra obediencia. ¡Oh, cuán dulces consuelos encuentran los hijo de Dios cuando andan en sus caminos y hacen su voluntad! Y de manera especial cuando yacen en su lecho de muerte; entonces les serán más dulces que la miel que destila del panal;[148] pues podrán decir como el buen rey Ezequías cuando se recostó en su lecho de muerte: *"Te ruego, oh Señor, que te acuerdes ahora de cómo yo he andado delante de ti en verdad y con corazón íntegro, y he hecho lo bueno ante tus ojos"*.[149] ¡Oh, cuán dulce satisfacción encuentra el alma creyente en Dios cuando le llega la hora de presentarse ante Dios!

JAMES NALTON [1602-1662]
"Twenty sermons preached upon several texts", 1664

Estas bendiciones tuve porque guardé tus mandamientos. O también: *"Esta es la gran bendición que he tenido: que he guardado tus mandamientos"*, así es como figura, poco más o menos, en la versión siríaca, y ciertamente le da un sentido más completo.

SAMUEL BAGSTER [1772-1851]
"Comprehensive Bible", 1826

Estas bendiciones tuve porque guardé tus mandamientos. Cuando escucho a los fieles de Dios hablando gozosos sobre su amor, y diciendo: *"Estas bendiciones tuve"*, y siento que yo no puedo unirme a su alegre coro, porque yo no las tuve, ¿acaso no debería rastrear en mi pasado, escrutar mi manera impropia de andar por los caminos de Dios, y decir: «No, estas bendiciones, yo no las tuve por mi desobediencia a sus preceptos; porque fui despreocupado y auto indulgente; porque menosprecié su amor; porque entristecí al Espíritu Santo,[150] y olvidé de: *preguntar por las sendas antiguas, cuál sea el buen camino, y andar por ellas, para hallar descanso para mi alma?*[151]

CHARLES BRIDGES [1794-1869]
"Exposition of Psalm 119", 1827

---

[148] Salmo 19:10; 119:103.
[149] 2 Reyes 20:3 LBLA.
[150] Isaías 63:10; Efesios 4:30; 1 Tesalonicenses 5:19.
[151] Jeremías 6:6.

Estas bendiciones tuve porque guardé tus mandamientos. David se expresa aquí de una manera generalizada diciéndonos: *"Estas bendiciones tuve",* sin concretar que bendiciones fueron; habla tan solo de un conjunto de beneficios y consuelos que acumuló a lo largo de su vida. Pues no dice: *"Estas bendiciones espero",* sino, *"Estas bendiciones tuve",* por tanto, no habla de la recompensa esperada en la vida venidera, sino aquí. Ciertamente en el cielo recibiremos el cómputo final de la recompensa a nuestra obediencia; pero todo peregrino cristiano que espera humildemente en Dios en constante obediencia, puede contar, para su estímulo, con un adelanto suficiente de recompensa incluso en esta vida. No cabe decir tan solo que *será bendecido,* sino que *ya es bendecido;* además de la esperanza, cuenta con algo concreto en mano; como lo expresa David en este Salmo 119, afirmando claramente que es, lo ha sido, y será bendecido; como aquellos que en su ruta hacia Sión encontraban un pozo en el camino: *"Pasando por el valle de Baca lo convierten en manantial, porque las lluvias tempranas lo cubren de bendiciones".*[152] En medio del desierto árido y seco que tenían que atravesar, no quedaron sin consuelo, sino que encontraron un manantial o una cisterna; es decir, se les otorgó un anticipo de los consuelos futuros antes de que llegaran a disfrutar plenamente de la presencia de Dios en Sión; un refrigerio en el curso del camino. Así como en este mundo los siervos tienen, aparte de su salario, sus gratificaciones ocasionales; también nosotros, además de la recompensa final, contamos con apoyos y consuelos a lo largo de nuestro camino de servicio; suficientes para contrarrestar todos los goces mundanos y exceder los mayores placeres que quepa esperar en el camino del pecado. De los múltiples beneficios y consuelos que al caminar con Dios por el camino de la obediencia encuentra todo creyente, de cada uno en particular, podrá exclamar como el salmista: *"Estas bendiciones tuve porque guardé tus mandamientos".*

THOMAS MANTON [1620-1677]

"One hundred and ninety sermons on the hundred and nineteenth Psalm", 1681

[152] Salmo 84:6.

ח Jet[1]

Versículos del 57 al 64

Versión poética

Jet

Ya lo he dicho, Señor, y lo repito
con toda el alma mía, en tu presencia
ser fiel a tus leyes soberanas
es toda mi fortuna y mi riqueza.

Pero ¿qué puedo yo si no me ayudas?
¿qué lograré si tu favor me niegas?
¡Ay, Señor! ten de mí misericordia,
y haz que tu luz en mi alma resplandezca.

Consideré los rumbos que debía
seguir mi corazón en la carrera,
y dirigí mis pasos al camino,
que tus santos preceptos nos enseñan.

En él estoy, Señor, y nada puede
turbar mis pasos, ni variar mis sendas,
porque mi corazón no se intimida,
y espero que me des constancia y fuerza.

Los inicuos con pérfidos designios
me tienden muchas redes; que las tiendan,
yo hago memoria de tu ley divina,
y ella de sus astucias me preserva.

A media noche de mi lecho salgo
para alabar tu amable providencia,
para admirar las obras de tus manos,
y agradecerte tus bondades tiernas.

Yo busco la amistad y compañía
de todos los que te aman y respetan,

[1] Felipe Scio de San Miguel [1738-1776] en una nota a su traducción de la Vulgata indica que la letra: ח *Jet,* significa “vida” u “solicitud”: *“mi porción es el Señor; he prometido guardar tus palabras”* (119:57). Pero también “pavor, espanto”; y los cabalistas la identifican como un “vallado”, un obstáculo que encierra y que es preciso superar, lo cual encaja perfectamente con el versículo sesenta y uno: *“Las redes de los impíos me han envuelto”* (119:61).

de los que adoran tu divino nombre,
porque también su ejemplo me aprovecha.

¡Oh tú, mi Dios! que en tus misericordias
inundas a los cielos y a la tierra,
extiéndelas a mi alma, y haz benigno,
que lo profundo de tu ley aprenda.

DEL "SALTERIO POÉTICO ESPAÑOL", SIGLO XVIII

Comentario general a los versículos del 57-64: La impresión que obtenemos de esta octava es como si el salmista hubiera decidido agarrarse a Dios mismo de la manera más firme; se lo apropia: *"El Señor es mi porción"* (119:57); implora su presencia: *"Tu presencia he buscado de todo corazón"* (119:58); regresa a él con premura: *"Dirijo mis pies a tus testimonios*" (119:59-60); se solaza en él: *"A medianoche me levanto para alabarte"* (119:61-62); se asocia con los que le temen: *"Compañero soy de todos los que te temen"* (119:63); y suspira por una experiencia personal de su bondad: *"Enséñame tus estatutos"* (119:64). Fijémonos en cómo el primer versículo de esta octava enlaza con el último de la anterior,[2] del cual no es sino una repetición ampliada y detallada. La afirmación imprecisa: *"Estas bendiciones tuve"* (119:56); se va concretando y desvelando: *"El Señor es mi porción"* (119:57).[3]

C.H. SPURGEON

En esta octava, David se concentra en confirmar su fe y consolarse en la certeza de su regeneración. Y lo hace destacando las ocho características clave de todo creyente verdadero; o, dicho de otro

---

[2] Se refiere a ז *Zain* (119:49-56).

[3] Dice FRANCISCO LACUEVA [1911-2005] en su versión española del "Comentario de Matthew Henry": « KYLE MONROE YATES en sus *"Studies in Psalms"* titula esta sección: 'LA DECISIÓN DE SER FIEL'. En ella vemos: 1. Que el autor, (como David en el Salmo 16:5), ha escogido: חֶלְקִי יְהוָה *ḥelqî Yahweh,* por heredad a Jehová (119:57), por lo que busca de todo corazón la presencia de Dios (119:58) y expresa su promesa de fidelidad, en hebreo אָמַרְתִּי לִשְׁמֹר דְּבָרֶיךָ *'āmartî lišmōr dəḇāreḵā*: *"He prometido guardar tus palabras"* (119:57b). Aunque cabe una versión diferente: *"Mi porción, Jehová, me dije, es observar tus palabras"*, pero de cualquier modo el sentido es similar: el salmista hace de la Ley de Dios su norma, se adhiere a ella de todo corazón, y depende de Dios en cuanto a su cumplimiento. 2. Se da cuenta, sin embargo, de que sus caminos dejan algo que desear, por lo que expresa su propósito de hacer volver sus pies (119:59) a los testimonios de Dios. De alguna manera había caído atrapado en las redes de los malvados (119:61), por lo que después de examinar a fondo su propia conducta (119:59), se apresura a abandonar el mal camino que comenzaba a seguir, tratando de no retrasarse, al contrario: וְלֹא הִתְמַהְמָהְתִּי *wəlō hiṯmahmāhətî;* "ganar el tiempo perdido" (119:60). 3. Para ello implora la misericordia (hebreo חָנֵּנִי *ḥānnênî* de חָנַן *chanan*) de Dios, ya que de su amor misericordioso: *"está llena la tierra"* (119:64 - Nótese la diferencia entre el término חָנַן *chanan* que utiliza aquí y חֵסֶד *checed* que utiliza en el versículo 64); y viéndose él acuciado por el peligro de faltar a su propia promesa de fidelidad, le anima a pedir el favor de un Dios que se muestra tan lleno de bondad hacia todas sus criaturas. Alega a su favor que a pesar de la presión que sobre él han ejercido los malvados: (A): no se ha olvidado de la Ley de Jehová (119:61); pues incluso (B): acorta el tiempo de su descanso nocturno y se levanta para darle gracias, en hebreo לְהוֹדוֹת *ləhōwḏōwṯ,* "por sus justos juicios", es decir, por las ordenanzas de la Providencia en cualquier circunstancia (119:62 - comparar con 119: 55); y (C): escoge por compañeros suyos a los que, como él, temen a Dios y guardan sus mandamientos (119:63); haciéndolos amigos no tanto por estar a su favor como por ser temerosos de Dios».

modo: las ocho marcas distintivas de regeneración en la nueva criatura. La primera de las cuales es su firme decisión de escoger a Dios como su porción:

1. De la misma manera como Dios ha elegido y llamado de manera eficaz a los creyentes para que sean suyos; estos obtienen la gracia para hacer a Dios su elección, su deleite y su porción. Y al escoger a Dios como su porción, cuentan con la evidencia de su regeneración y elección por parte de Dios; ya que es evidente que David hace de ello la señal prioritaria demostrativa de su regeneración: *"El Señor es mi porción"* (119:57).

2. La segunda señal demostrativa de nuestra regeneración, tras la de creer en Dios y elegirlo como nuestra porción, es dar los frutos de la fe comprometiéndose a una nueva obediencia. Así lo hizo David: *"He prometido guardar tus palabras"* (119:57).

3. La tercera señal de regeneración es la sinceridad y el consiguiente arrepentimiento. Es común que de cuando en cuando, y por causa del pecado, los hijos de Dios caigan, con el consiguiente desagrado por parte de Dios. En tales circunstancias la sinceridad es señal distintiva de la nueva criatura: no mentir de manera estúpida tratando de ocultarlo, sino buscar a Dios fervorosamente, anhelando restauración y reconciliación; dando lugar a una nueva experiencia de su misericordia. Como hizo el salmista: *"Supliqué tu favor con todo mi corazón"* (119:58). Y cuando implora misericordia, el creyente arrepentido tiene la plena seguridad de que será escuchado, porque cuenta con la gracia y las promesas del pacto de Dios que se lo garantizan: *"Ten piedad de mí conforme a tu promesa"* (119:58).

4. La cuarta señal de regeneración, tras el arrepentimiento, es la voluntad de enmienda; el examen circunspecto de la condición lamentable en que nos encontramos; la confrontación de nuestra conducta con el testimonio de la Palabra, y la decisión firme de cambiar de vida regresando a los caminos de Dios. Es lo que hizo el salmista: *"Consideré mis caminos, y volví mis pasos a tus testimonios"* (119:59). No obstante, sucede con frecuencia que, al constatar nuestro pecado, somos por ley natural reacios y lentos en enmendar nuestras acciones, olvidando que cuanto antes regresemos al camino de la obediencia a Dios, cuanto más rápida sea la reforma de nuestra vida, más firme será la señal de nuestra regeneración. David se dio cuenta de ello y exclama: *"Me apresuré y no me tardé en guardar tus mandamientos"* (119:60).

5. La quinta señal de regeneración es la entereza y perseverancia en aferrarse a la palabra de Dios, sin abandonar su causa, aún en medio de la persecución y el despojo de nuestros bienes. La porción de aquellos que deciden vivir piadosamente como hijos de Dios, es padecer persecución: verse injustamente calumniados, difamados, ultrajados, y despojados de sus bienes temporales. En tales circunstancias resulta de enorme consuelo recordar que la Palabra nos advierte con mucha claridad que esto nos va a suceder;[4] y nos insta a estar dispuestos a desprendernos de nuestros bienes temporales por causa del evangelio.[5] Ello nos ayudará a permanecer firmes en la fe y aferrados a la Palabra. Esta fue la experiencia de David: *"Bandas de impíos me han expoliado, mas no me he olvidado de tu ley"* (119:61).[6]

6. La sexta señal de regeneración es la humildad y modestia; huir del halago y adulación de los hombres para expresar abiertamente nuestro agradecimiento a Dios por su Palabra de gracia, en secreto, a solas, donde nadie puede vernos, donde no hay el menor peligro de ostentación, en la oscuridad de la noche. Así lo hizo David: *"A medianoche me levantaré para darte gracias por tus justos juicios"* (119:62).

7. La séptima señal demostrativa de regeneración es mantener la comunión con otros creyentes, con personas piadosas y verdaderamente temerosas de Dios. Y el temor de Dios, se evidencia por el

[4] Mateo 10:22; 14:9; 24:9-10; Juan 15:20-21; Lucas 21:12-17 Hechos 14:22; 1 Timoteo 3:12; 1 Pedro 4:4.

[5] Mateo 19:29; Marcos 10:29-30; Lucas 18:29-30.

[6] Así traducen la versión inglesa KJV: *"he bands of the wicked have robbed me: but I have not forgotten thy law"*; y la RVA: *"Compañía de impíos me han robado: Mas no me he olvidado de tu ley"*.

amor y obediencia a las Escrituras, no hay otra manera. Así lo entendió David y así lo hizo: *"Compañero soy de todos los que te temen, y de los que guardan tus preceptos"* (119:63).

8. La octava y última señal de regeneración consiste en confiar única y exclusivamente en Dios, desechando cualquier intento personal de mejora por nuestros propios medios. En pedirle a Dios que aumente nuestros conocimientos de su plan divino de salvación, y esforzarnos en someternos a él en una obediencia fructífera. Cuando en creyente ora diciendo: *"Enséñame tus estatutos"*, es la más clara evidencia de que se dan en él todas las demás señales distintivas de regeneración expuestas anteriormente. Pues así como todas las criaturas creadas son testigos de la bondad y generosidad de Dios para con el hombre, y partícipes de esa misma recompensa; son también los peones del deleite divino en otorgar a sus siervos dones aún mayores que éstos: un incremento en su santificación, una mayor claridad de mente y perfeccionamiento en la obediencia; y el salmista echa mano de ello como argumento peculiar para lograr más y más santificación: *"La tierra, oh Señor, está llena de tu misericordia; enséñame tus estatutos"* (119:64).[7]

DAVID DICKSON [1583-1663]
"Explication upon the Last Fifty Psalms", 1655

Vers. 57. ***Mi porción es Jehová; he dicho que guardaré tus palabras.*** *[Mi porción es Jehová; he prometido guardar tus palabras.* RVR*] [El Señor es mi porción; he prometido guardar tus palabras.* LBLA*] [Mi porción es YHVH, he resuelto guardar tus palabras.* BTX*] [¡Mi herencia eres tú, Señor! Prometo obedecer tus palabras.* NVI*] [El Señor es mi heredad, he prometido guardar tus palabras.* BLP*] [El Señor es mi heredad, he prometido guardar tus palabras.* NTV*]*[8]

Mi porción es Jehová.[9] En hebreo חֶלְקִי יְהוָה *ḥelqî Yahweh,* una frase inacabada formada solo por dos vocablos: *"Mi porción Yahweh"*.[10] Nuestros traductores han añadido el verbo: *"Mi porción (es)*

[7] Dice WILLIAM SWAN PLUMER [1802-1880]: «Estos ocho versículos demuestran claramente que la experiencia del pueblo de Dios ha sido sustancialmente la misma en todas las edades: escogen a Dios como su porción (119:57); aman la oración, buscan la presencia de Dios e imploran su misericordia (119:58); examinan y analizan sus propios caminos (119:59); están llenos de entusiasmo y siempre dispuestos (119:60); soportan resignadamente la oposición (119:61); alaban a todas horas (119:62); se encuentran a gusto en compañía de otros santos (119:63); descubren en todas partes misericordias de Dios, y anhelan aprender más de la voluntad divina para poder cumplirla mejor (119:64)».

[8] La versión griega de los LXX o Septuaginta lee: μερίς μου κύριε, εἶπα φυλάξασθαι τὸν νόμον σου que la Vulgata traduce al latín como: *"Portio mea, Domine, dixi custodire legem tuam"*, "Mi porción, Señor, dije, es guardar tu ley". La versión sefardí de Ferrara traduce: *"Mi parte Adonay dixe, para guardar tus palabras"*. La caldea Peshitta: *"He meditado en la porción de Yahweh, para guardar tus mandamientos"*. KRAUS traduce: *"Yahvé es mi porción. He prometido obedecer tus palabras"*. SCHÖKEL: *"Mi porción es el Señor. He resuelto observar tus consignas"*.

[9] Cuatro veces ocurre esta expresión en el Libro de los Salmos: Salmo 16:5; 73:26; 119:57; y 142:5; además de Lamentaciones 3:24. En sentido inverso: Deuteronomio 32:9; Jeremías 10:16. Dice al respecto WILLIAM SWAN PLUMER [1802-1880]: «Tan solo acogiéndose al lenguaje de la fe de manera genuina puede un miserable gusano del polvo de la tierra, como es el hombre, expresarse en semejantes términos». JUAN CALVINO [1509-1564] plantea cuatro posibles traducciones o interpretaciones del versículo completo: «1: *"Jehová es mi porción, por tanto, he resuelto observar su ley"*. 2: *"¡Oh Jehová, mi porción! He resuelto observar tu ley"*. 3: *"He dicho que Jehová es mi porción, para así observar su ley"*. 4: *"He dicho, ¡oh Jehová!, que mi porción es observar tu ley"*, señalando esta última como su preferida.

[10] Salmo 16:5

Yahweh", pero creo que es mejor dejarlo tal cual esta, pues de ese modo se convierte en una exclamación: *¡Mi porción, Jehová!* Cuando el poeta reflexiona el hecho asombroso de que el Dios infinito y glorioso, sea algo suyo; se pierde y le faltan palabras. Y no es de extrañar, porque no hay otra posesión que iguale a Jehová. La forma peculiar de la frase entraña un sentido de gozoso reconocimiento de apropiación, *"¡Mi porción, Jehová!"*. David estaba familiarizado con la escena de repartir el botín, y a menudo había escuchado a los vencedores gritar enloquecidos sobre los despojos; y aquí se regocija cual si agarrara la parte que le corresponde; escogiendo al Señor como su porción del tesoro: *"¡Mi porción, Jehová!"*. Igual que los levitas, que hicieron de Dios su porción, dejando lo demás para aquellos que lo codiciaban.[11] Se trata de una porción enorme y perdurable, porque lo incluye todo, está por encima de todo, y sobrevive a todo; y sin embargo nadie puede escogerla para sí, hasta que Dios lo haya escogido a él y renovado por completo. ¿Quién auténticamente sabio podría vacilar un solo instante teniendo frente a sí como posible objeto de su elección al Dios infinitamente bendecido? Enfrentado a una oportunidad de este calibre, David no duda, inmediatamente agarra de un salto tan inestimable bendición. Y se atreve nada menos que a exhibir los títulos de propiedad de tal porción ante los mismos ojos del Señor, pues con audacia inusitada, dirige su gozosa exclamación directamente a Dios llamándole con osadía: *"suyo"*. Aunque disponía de mucho donde elegir, pues era rey, y hombre de grandes recursos, renuncia deliberadamente a todos los tesoros de este mundo, y declara que el Señor, Jehová, es "su porción".

He dicho que guardaré tus palabras. No siempre podemos recordar con agrado algunas de las afirmaciones que hemos hecho; pero en este caso David había obrado y hablado sabiamente. Había dado a conocer su elección: prefería la palabra de Dios a las riquezas de este mundo. Su firme determinación era el guardar, es decir, atesorar y observar minuciosamente, los mandamientos de su Dios. Así lo había expresado solemnemente en presencia del propio Señor, y aquí reitera la obligación vinculante de su voto. Jesús dijo: *"Si alguno me ama, mi palabra guardará"*,[12] y de haber deseado ilustrar su afirmación bien podía haber citado el caso de David; pues el amor del salmista a Dios como su porción le llevó a guardar fielmente su Palabra. Hizo de Dios su Príncipe a la vez que su parte o Porción.[13] Estaba convencido de su interés en Dios y, en consecuencia, resuelto a obedecerle. La seguridad plena es un manantial inagotable de santidad. Debemos atesorar las palabras de Dios almacenándolas en nuestra memoria; pues bien sea que tengan que ver con la doctrina, la promesa o el precepto, siempre son preciosas. Cuando el corazón está decidido a guardarlas, y ha declarado su propósito ante el tribunal del cielo inscribiéndolo en su registo, está preparado para cuantas tentaciones y pruebas puedan acontecerle; pues, con Dios como heredad, siempre se mantendrá en estado óptimo.

C.H. SPURGEON

Mi porción es Jehová. La sinceridad de esta exclamación se evidencia por el hecho de que vaya dirigida al mismo Dios. No habla en tercera persona diciendo: *"Él es mi porción"*; sino en primera, directamente, desafía a Dios cara a cara: *"Tú eres mi porción, oh Jehová"*. En otro pasaje leemos: *"El*

---

[11] Números 18:20; Deuteronomio 10:9 18:1-2; Josué 13:33; 18;7; Ezequiel 44:28. KRAUS ve esta declaración como una «confesión levítica espiritualizada». Los levitas tenían el privilegio, por encima de todas las demás tribus, de que Yahvé mismo fuera su porción de tierra y la base de su sustento. Esta confesión levítica pasa a labios de los piadosos, que hacen del Señor su sustento.

[12] Juan 14:23.

[13] Ezequiel 34:24; 37:24; 45:7-17; 48:21-22. Dice al respecto MATTHEW HENRY [1662-1714]: «Quienes hacen de Dios *"su porción"*, deben aceptarle como su príncipe y jurarle lealtad; y habiendo prometido *"guardar su palabra"*, mantener viva en su mente esa promesa y hacer suyas las palabras del salmista: *"Bendeciré a Jehová en todo tiempo; su alabanza estará de continuo en mi boca"* (Salmo 34:1)».

Señor es mi porción, dice mi alma";[14] en este caso el profeta no habla dirigiéndose a Dios, pues habla de *"el Señor"* y añade: *"dice mi alma"*; pero en este caso David se lo dice a Dios mismo, que conoce los secretos del corazón. El hablar así de Dios al propio Dios, evidencia nuestra sinceridad; cuando nos atrevemos a confesar y ratificar nuestra confianza en él cara a cara; como hizo Pedro: *"Señor, tú sabes todas las cosas; tú sabes que te amo"*,[15] es clara señal de que en nuestro corazón no quedan resquicios de duda.

THOMAS MANTON [1620-1677]
"One hundred and ninety sermons on the hundred and nineteenth Psalm", 1681

Mi porción es Jehová. Lutero aconsejaba replicar a las tentaciones con estas dos palabras: *"Christianus sum"*: Soy cristiano. Yo aconsejo hacerlo con esta breve frase del salmista: *"El Señor es mi porción"*. Cristiano, cuando Satanás o el mundo te tienten con honores, responde: *"El Señor es mi porción"*; cuando te tienten con riquezas, responde: *"El Señor es mi porción"*; cuando te tienten con importantes prebendas y favores, responde: *"El Señor es mi porción"*. Y si viendo que no sucumbes a las tentaciones las cambia por amenazas; cuando te amenacen con la pérdida de tus bienes, responde: *"El Señor es mi porción"*; y cuando te amenacen con privación de tu libertad, responde: *"El Señor es mi porción"*; cuando te amenacen con la pérdida de amigos, responde: *"El Señor es mi porción"*; y cuando te amenacen con quitarte la vida, responde: *"El Señor es mi porción"*. Escucha bien, si Satanás se te acerca con una manzana, como hizo a Eva,[16] dile: *"El Señor es mi porción"*; o con un racimo de uvas, como hizo a Noé,[17] dile: *"El Señor es mi porción"*; o con vestidos nuevos, como a Giezi,[18] dile: *"El Señor es mi porción"*; o con un montón de oro, como a Acán,[19] dile: *"El Señor es mi porción"*; o con una bolsa repleta de monedas, como a Judas,[20] dile: *"El Señor es mi porción"*; y aunque lo haga con una corona y un reino, como hizo con Moisés,[21] dile: *"El Señor es mi porción"*.

THOMAS BROOKS [1608-1680]
"An Ark for all God's Noahs" 1662

Mi porción es Jehová. Dios es más que suficiente; hazlo tu "porción", y lo tendrás todo:[22] infinita sabiduría para dirigirte, infinito conocimiento para enseñarte, misericordia infinita para compadecerte y salvarte, amor infinito para cuidarte y consolarte, y poder infinito para protegerte y sostenerte. Porque Dios es tuyo, todos sus atributos son tuyos; todas sus criaturas, todas las obras de la providencia obrarán a tu favor cuando las necesites. Es una porción eterna, plena, satisfactoria. Es un amigo que vive eternamente, siempre amoroso, siempre dispuesto; siempre presente. Sin él eres una criatura desahuciada en todo, puesto que todas las cosas obrarán en tu contra; con él, el Infinito *"es tu porción"*.

JOHN MASON [1646-1694]
"Select Remains of the Rev. John Mason, A.M. of London", 1695

---

[14] Lamentaciones 3:24, LBLA.
[15] Juan 21:17.
[16] Génesis 3:1-6.
[17] Génesis 9:20-21.
[18] 2 Reyes 5:20-27.
[19] Josué 7:20-26.
[20] Mateo 26:14-15.
[21] Hebreos 11:24-26.
[22] Este era también el sentir de los místicos del siglo XVI, como podemos ver a través del famoso poema de TERESA DE ÁVILA [1515-1582]: *«Quien a Dios tiene nada le falta: solo Dios basta. Id, pues, bienes del mundo; id dichas vanas; aunque todo lo pierda, mi Dios me basta»*.

Mi porción es Jehová. Si un momento hubo en la vida de David en el cual podríamos sentirnos inclinados a envidiarle, no sería la espectacular victoria de sus años mozos cuando Goliat yacía tendido a sus pies;[23] ni los momentos aún de mayor triunfo cuando las doncellas de Israel cantaban sus hazañas danzando y diciendo: *"Saúl hirió a sus miles, y David a sus diez miles"*;[24] no sería tampoco el día en que se le reconoció como rey absoluto de Israel sobre toda tribu y bando;[25] sino este momento glorioso en que con el corazón amante y confiado, mira a Dios y le dice: *"Tú eres mi porción"*. En el Salmo 142, que lleva por título: *"Masquil de David, cuando estaba en la cueva. Plegaria"*, encontramos de nuevo la misma expresión: *"dije: Tú eres mi refugio, mi porción en la tierra de los vivientes"*.[26] Y en este caso la expresión adquiere un valor inconmensurable, si tenemos en cuenta que la pronunció en unos momentos en que todas sus demás posesiones, bienes y pertenencias, le habían sido arrebatadas; y tan solo el Señor era su porción.

BARTON BOUCHIER [1794–1865]
"Manna in the heart or daily comments on the book of Psalms", 1855

Mi porción es Jehová; he dicho que guardaré tus palabras. Quien diga que Dios no le es suficiente es un avaricioso execrable; y quien diga que con el mundo le basta un loco insensato. Porque Dios es un tesoro inagotable de riquezas suficiente para colmar las ambiciones de cuantos hombres hayan existido y puedan existir; mientras que el mundo no tiene que ofrecer mas que bagatelas y espejismos, que arrastran el alma a la más profunda y dolorosa pobreza.

THOMAS LE BLANC [1599-1669]
"Psalmorum Davidicorum Analysis : in qua aperte cernitur singulis in Psalmis ordinem esse admirabilem : adjungitur commentarius amplissimus", 1645

Mi porción es Jehová; he dicho que guardaré tus palabras. Quienes carecen de patrimonio sustancial en esta vida, tienen la oportunidad de hacerse con una valiosa porción de bienaventuranza celestial en la vida venidera.

SALOMON GESNER [1559-1605]
"Christliche Betrachtung des Psalters", 1599

He dicho que guardaré tus palabras. Esto lo añade como ratificación de lo que afirma en la primera clausula. Pues muchos son los que afirman que el Señor es su porción; pero la cuestión es: ¿cómo lo demuestran? Si Dios fuera su porción, lo amarían; si le amaran, amarían su Palabra; y si amaran su palabra, vivirían conforme a ella y la convertirían en la regla de su vida.[27]

WILLIAM COWPER [1566-1619]
"A Commentary upon CXIX Psalm", 1613

Mi porción es Jehová; he dicho que guardaré tus palabras. Estaba resuelto a guardar sus mandamientos, cumplir sus promesas, observar sus ordenanzas, profesar y creer firmemente en sus doctrinas.

JOHN GILL [1697-1771]
"Exposition of the Old Testament", 1748

---

[23] 1 Samuel 17:51.
[24] 1 Samuel 18:7; 21:11; 29:5.
[25] 2 Samuel 5:1-5.
[26] Salmo 142:5.
[27] Juan 14:23.24.

Mi porción es Jehová; he dicho que guardaré tus palabras.

1. La posesión infinita: *"Mi porción es Jehová"* Con lo cual vemos que el salmista hace:
   a. Una clara distinción entre su parte y la de los impíos, ahora y en el futuro.[28]
   b. Una elección acertada: pues se trata de una *"porción"* ilimitada, permanente, adecuada, satisfactoria, elevadora, toda de gracia.
2. La resolución adecuada: *"he dicho que guardaré tus palabras"* Con lo cual vemos que el salmista hace:
   a. El preámbulo: *"He dicho"*.
   b. El enlace entre la "porción" y la "resolución".
   c. En que consiste guardar sus palabras:
      (1) Fidelidad a Aquel que es "la Palabra": Cristo Jesús.
      (2) Guardar la palabra del Evangelio: doctrinas, preceptos, promesas (guardadas en el corazón para confortar al creyente).
3. Este bendito tema conlleva un solemne contraste: La funesta porción del siervo que no guardó la palabra de su Señor: azotado severamente y puesto con los hipócritas.[29]

C.H. SPURGEON
en un sermón titulado: *"God our Portion, and his Word our Treasure"*.

Mi porción es Jehová; he dicho que guardaré tus palabras. Vemos aquí como el salmista:

1. Demuestra la validez de su afirmación: *"Mi porción"*.
   a. Un don del pacto.[30]
   b. En coheredad con Cristo.[31]
   c. Confirmado por la experiencia de la fe.[32]
2. Analiza el valor superlativo de su posesión: *"El Señor"*.
   a. Absolutamente bueno.[33]
   b. Infinitamente precioso.[34]
   c. Plenamente inagotable.[35]
   d. Totalmente confiable.[36]
3. Sugiere el método para sacar de ella el mayor partido:
   a. Meditar en Dios y en el hecho de que él es nuestra porción: *"guardaré tus palabras"*.
   b. Llevar a él todas nuestras cuitas y arrojar sobre él nuestra carga.[37]
   c. Aprovechar sus riquezas para llenar cualquier necesidad que se nos presente.[38]

JOHN FIELD DE SEVENOAKS,[39] 1882.

[28] Ver Salmo 48:2.
[29] Mateo 24:48-51.
[30] Hebreos 8:10-13.
[31] Romanos 8:17.
[32] Hebreos 11:1.
[33] 1 Crónicas 16:34; Salmo 73:1; 100:5; 103:8; 106:1; 145:9.
[34] Salmo 139:17.
[35] Job 5:9; 11:7; Romanos 11:33.
[36] 2 Samuel 15:29; Salmo 102:12; Malaquías 3:6; Hebreos 13:8; Santiago 1:17.
[37] Salmo 55:22; Mateo 11:28-29; 1 Pedro 5:7.
[38] Romanos 2:4; 9:23; 2 Corintios 8:22; Efesios 1:18; 2:7; 3:16.
[39] Aunque el nombre coincide con el del predicador y teólogo puritano JOHN FIELD [1545-1588] también conocido como John Fielde; por la fecha indicada (1882), y la mención a la población de Sevenoaks en el sureste de Londres, entendemos que no se trata de él sino del contemporáneo de Spurgeon Rev. John

Vers. 58. ***Tu presencia supliqué de todo corazón; ten misericordia de mí según tu palabra.*** *[Tu presencia he buscado de todo corazón; ten misericordia de mí según tu palabra.* RVR*] [Supliqué tu favor con todo* mi *corazón; ten piedad de mí conforme a tu promesa.* LBLA*] [He suplicado tu favor de todo corazón, ten misericordia de mí conforme a tu dicho.* BTX*] [De todo corazón busco tu rostro; compadécete de mí conforme a tu promesa.* NVI*] [Te imploro de todo corazón, apiádate de mí según tu promesa.* BLP*] [Deseo tus bendiciones con todo el corazón; ten misericordia, como lo prometiste.* NTV*]*[40]

Tu presencia he buscado de todo corazón.[41] Una posesión plena y garantizada de Dios no deja de lado la oración, antes todo lo contrario, nos impulsa a ella con más ahínco. Quien conoce a Dios y lo hace su Dios, apropiándose de él, buscará su rostro y deseará su presencia. Buscar la presencia de Dios es la idea transmitida por el sentido la lectura marginal:[42] *"tu rostro",* y se hace evidente en el hebreo.[43] La *"presencia de Dios"* es la expresión más elevada de su favor, y por tanto, el deseo más urgente de las almas regeneradas por la gracia: la luz de su rostro nos proporciona un anticipo del cielo.[44] ¡Ojalá podamos disfrutar de él continuamente! El salmista implora la sonrisa de Dios cual si suplicara por su propia vida, con todo su ahínco y la fuerza del deseo. Tales súplicas ansiosas tienen garantizado su éxito; pues lo que procede de nuestro corazón llega con toda seguridad al corazón de Dios. La plenitud de favores y bondades de Dios están siempre al alcance de aquellos que los buscan con todo su corazón.[45]

Ten misericordia de mí según tu palabra. Habiendo implorado ya el favor divino, considera que la forma en que más lo necesita es de misericordia, en tanto que por encima de cualquier otra cosa se sabe y reconoce pecador. Nada pide más allá de la promesa, solo misericordia tal y como la Palabra

---

Field, pastor en Sevenoaks, y del cual los únicos datos de que disponemos es que estaba casado con Louise Bousquet, hija del Rev. James Bousquet.

[40] La versión griega de los LXX o Septuaginta lee: ἐδεήθην τοῦ προσώπου σου ἐν ὅλῃ καρδίᾳ μου· ἐλέησόν με κατὰ τὸ λόγιόν σου que la Vulgata traduce al latín como: *"Deprecatus sum faciem tuam in toto corde meo; miserere mei secundum eloquium tuum"*, "Rogué en tu presencia de todo mi corazón: apiádate de mí según tu palabra". La versión sefardí de Ferrara traduce: *"Rogue tus fazes con todo coraçon, apiadame con tu dicho"*. La caldea Peshitta: *"Con todo mi corazón he buscado tu rostro; vivificame según tu palabra"*. KRAUS traduce: *"Busco tu bondad de todo corazón, ¡sé clemente conmigo según tu palabra!"*. SCHÖKEL: *"Te aplaco de todo corazón; apiádate de mí según tu promesa"*.

[41] En hebreo חִלִּיתִי פָנֶיךָ *ḥillîṯî pāneḵā* de חָלָה *chalah,* "debilitar, suavizar"; y פָּנִים *panim,* "rostro", por lo cual una traducción más literal sería "*tu rostro he suavizado"* (como indica LBLA) o ya interpretando un poco: *"tu rostro he buscado"*. En 1 Reyes 13:6 encontramos casi la misma expresión: חַל־נָא אֶת־פְּנֵי *ḥal-nā 'eṯ-pənê*. Ver el uso de פָּנִים *panim* en textos como Génesis 3:8; 4:5-6, 16; Jeremías 30:6; Ezequiel 1:6; 10:14; 27:35.

[42] Se refiere a las notas marginales de la KJV. La versión inglesa autorizada, conocida como King James Version, contaba con numerosas notas marginales, aclaraciones y traducciones alternativas, que en su edición de 1611, según las contó el erudito FREDERICK HENRY AMBROSE SCRIVENER [1813-1891], sumaban 6.637 en el Antiguo Testamento, 1.018 en los libros Deuterocanónicos (que iban incluidos), y 767 en el Nuevo Testamento, esto es 8.422 en total. Es a estas notas a las que hace referencia Spurgeon.

[43] En hebreo פָּנֶיךָ *pāneḵā* de פָּנִים *paneh,* rostro. Se utiliza para referirse a la presencia de Dios, como en Génesis 3:8: *"y el hombre y su mujer se escondieron de la presencia de Jehová Dios entre los árboles del huerto"*. La expresión hebrea es מִפְּנֵי *mippənê* de פָּנִים *paneh,* rostro

[44] 2 Corintios 3:1218; 1 Juan 3:2; Apocalipsis 22:4.

[45] Salmo 145:18-19. Ver también Deuteronomio 4:7; Salmo 34:18.

la revela.[46] ¿Y qué más podría querer o desear? La inmensidad de la misericordia que Dios ha revelado en su Palabra es de tal magnitud que se hace imposible concebir más. Ved pues cómo el salmista centra toda su confianza en el favor divino, jamás habla de méritos propios y ni tan siquiera sueña en ellos. No exige, ruega; porque siente su propia indignidad. Y ved también cómo sigue presentándose ante Dios cual solícito suplicante; pese a que acababa de afirmar: *"El Señor es mi porción"*, implora solícito una mirada a su rostro. Jamás cruzó por su mente cualquier otra actitud ni posición delante de su Dios que la de un indigno, aunque favorecido, suplicante. Y aquí tenemos su particular *"Ten misericordia de mí"*,[47] elevándose en ruego humilde con la misma intensidad que si fuera todavía el más penitente y atemorizado de los pecadores. La confianza que nos da la fe nos hace atrevidos en la oración; pero jamás nos enseña a vivir sin oración, ni justifica en nosotros concebir que somos otra cosa que humildes mendigos llamando a la puerta de la divina misericordia.

C.H. SPURGEON

Tu rostro he buscado de todo corazón. En la cultura hebrea buscar el rostro de alguien era acceder a su presencia. Por tanto, cuando deseaban referirse a esta relación íntima y familiar otorgada por Dios a su pueblo, y por la cual le daban a conocer sus necesidades y peticiones decían: *"tu rostro he buscado"*.[48] En realidad equivale a hablar cara a cara con Dios.

FRANCISCUS VATABLUS [1493-1547]
"Liber Psalmorum Davidis", 1545

Tu presencia he buscado de todo corazón. Con frecuencia he observado cuán amorosa y cariñosamente el Señor se complace en dar respuesta a una oración con las mismas palabras que han ascendido hasta él; como para hacernos saber que han llegado a sus oídos, y que desde su presencia han hecho el camino de regreso cargadas con una positiva y abundante respuesta. Si la oración de su pueblo es: *"Tu presencia he buscado de todo corazón"*; escucha la respuesta del Señor con las mismas palabras corregidas y aumentadas: *"Me regocijaré en ellos haciéndoles bien, y ciertamente los plantaré en esta tierra, con todo mi corazón y con toda mi alma"*.[49]

BARTON BOUCHIER [1794–1865]
"Manna in the heart or daily comments on the book of Psalms", 1855

De todo corazón. En hebreo בְּכָל־לֵב *bəkāl-lêḇ* una expresión peculiar que entraña un sentido de enorme fervor y humildad en la súplica.

ANDREW ROBERT FAUSSET [1821-1910]
"Studies in the CL Psalms their undesigned coincidences with the independent Scripture histories, confirming and illustrating both", 1876

[46] Dice GEORGE HORNE [1730–1792]: «La misericordia de Dios es la única fuente de toda dádiva y don perfecto que podamos pedir (Santiago 1:17); y las promesas divinas única base sobre la cual pedirlo. Los ángeles, seres libres de pecado, pueden acudir al trono de la justicia; pero nosotros, pecadores, no podemos sino implorar en el trono de la misericordia».

[47] Salmo 51:1; 57:1; Mateo 9:27; 15:22; 17:15; Marcos 10:47; Lucas 18:13; 27-42.

[48] Salmo 27:8. Ver también: Números 6:25-26; 1 Crónicas 16:11; Salmos 4:6; 31:16; 67:1; 80:19; 105:4; Ezequiel 39:29.

[49] Jeremías 32:41.

De todo corazón. La oración es principalmente una labor del corazón. Dios oye la voz del corazón sin pasar por la boca, pero nunca escucha lo que dice la boca si no sale el corazón.

WALTER MARSHALL [1628-1690]
"The Gospel Mystery of Sanctification", 1692

Ten misericordia de mí. David se había quejado amargamente antes de buscar al Señor de todo corazón, y ahora implora misericordia con el mismo fervor. Y ciertamente, así debe ser: para implorar misericordia de la mano de Dios de una manera osada, hay que hacerlo respaldado por una honestidad absoluta. La misericordia y la verdad van de la mano, abrazadas una a la otra: donde haya verdad en el alma que suplica, allí estará la misericordia de Dios dispuesta a abrazarla. Si hay en nosotros verdad al confesar nuestros pecados y abandonarlos, encontraremos en Dios misericordia para perdonarlos y olvidarlos.

WILLIAM COWPER [1566-1619]
"A Commentary upon CXIX Psalm", 1613

Según tu palabra. David no ora pidiendo aquello que más ambicionaba, sino aquello que el Señor le había prometido. El apóstol Santiago nos dice: *"Pedís y no recibís, porque pedís con malos propósitos, para gastarlo en vuestros placeres"*.[50] La razón por la cual no conseguimos aquello por lo que oramos es porque no oramos según la Palabra. La Palabra debe ser siempre norma la y medida de aquello que pedimos en nuestras oraciones, pues siempre que oremos según su Palabra recibiremos lo que pedimos: así oró Salomón y obtuvo más de lo que pedía.[51] Dios nos ha prometido el perdón de los pecados, el conocimiento de su Palabra, y muchas otras bendiciones. Teniendo esto a disposición, no permitamos que nuestros corazones ambicionen otras cosas.

RICHARD GREENHAM [1802-1880]

Según tu palabra. La palabra de Dios puede dividirse en tres grandes bloques: mandamientos, amenazas y promesas. Y aunque el cristiano no debe en absoluto pasar por alto la parte de la Palabra que ordena y amenaza, con todo, si de algún modo desea hacer de la misma un canal transmisor de los consuelos divinos, debe centrarse en estudiar la parte de promesas; porque las promesas de Dios son su Carta Magna en su peregrinaje al cielo. Todo consuelo debe contar con el apoyo de una promesa de la Escritura, de lo contrario no es más que mera presunción, no un verdadero consuelo. Las promesas son *pabulum fidei, et anima fidei,* alimento de la fe, y alma de la fe. Y dado que la fe es la vida del cristiano, y las promesas son la vida de la fe; sin una promesa que la avive, la fe es muerta. Pues así como las promesas no son de ningún valor si no cuentan con la necesaria fe para aplicarlas; la fe no sirve de nada si no tiene su correspondiente promesa en la que agarrarse.

EDMUND CALAMY [1600-1666]
"Gods Free Mercy to England", 1642

Ten misericordia de mí según tu palabra. El fundamento de su confianza parte de la certeza de que su petición es *"según tu palabra"*. La palabra de Dios es la medida de nuestra seguridad, porque en ella se nos hace explícita su voluntad. Y si aspiramos al favor y la misericordia divina, ha de ser en base sus propios términos. Dios nos acepta en Cristo, si nos arrepentimos, creemos en él, obedecemos

---

[50] Santiago 4:3 LBLA.
[51] 1 Reyes 3:5-15.

sus preceptos, y buscamos su favor con diligencia. Jamás lo niega a quienes buscan, piden, y llaman. Muchos quisieran la misericordia, pero sin cumplir los mandatos; pero la cosa no va por este camino. Hemos de pedir conforme a su voluntad, nunca sin una promesa, ni contra un mandato. Dios se hace deudor voluntario de sus promesas, y él mismo nos insta que las hagamos nuestras, lo cual las convierte en el apoyo fundamental de nuestra fe.[52] Y si no avanzamos más en nuestra percepción del amor de Dios, es porque no las utilizamos con mayor frecuencia.

THOMAS MANTON [1620-1677]
"One hundred and ninety sermons on the hundred and nineteenth Psalm", 1681

Tu presencia he buscado de todo corazón; ten misericordia de mí según tu palabra. En este versículo encontramos el método para conseguir de Dios aquello que anhelamos:

1. El planteamiento: *"Tu presencia he buscado de todo corazón"*.
   a. ¿Qué hizo el salmista? Buscar: *"Tu presencia he buscado"*. En hebreo: "he buscado tu rosto ardientemente". Deseo fervoroso. Suplica importuna. Dolor por el pecado.
   b. ¿Cómo lo hizo? *"de todo corazón"*. Volcó en ello todo su intelecto, los afectos, la voluntad, todo ello comprometido y centrado en un mismo propósito. De lo contrario nuestra búsqueda es una farsa. Tan solo una honestidad absoluta avala nuestro propósito, y resulta aceptable a Dios.
   c. La evidencia de que estamos buscando de todo corazón es: oración frecuente, estudio de la Palabra, inquietud por saber más. El primer y principal resultado: rendirse a Cristo.
2. La petición: *"ten misericordia"*.
   a. El favor de Dios tan solo podemos esperarlo en términos de misericordia.
   b. Esta es una oración que felizmente todo pecador puede y debe hacer suya. Y ciertamente, nunca falla.
3. La argumentación: *"según tu palabra"*.
   a. Un argumento incuestionable que no puede ser denegado.
   b. Hay promesas de Dios que se ajustan a toda súplica.
   c. Nuestro deber es buscarlas, aplicarlas, y pedirlas.

JOHN FIELD DE SEVENOAKS, 1882.[53]

Vers. 59. *Consideré mis caminos, y volví mis pies a tus testimonios.* *[Consideré mis caminos, y volví mis pies a tus testimonios.* RVR*] [Consideré mis caminos, y volví mis pasos a tus testimonios.* LBLA*] [Consideré mis caminos, y volví mis pies a tus testimonios.* BTX*] [Me he puesto a pensar en mis caminos, y he orientado mis pasos hacia tus estatutos.* NVI*] [He reflexionado sobre mi conducta, me comporto según tus mandatos.*BLP*] [Consideré el rumbo de mi vida y decidí volver a tus leyes.* NTV*]*[54]

---

[52] Resulta apropiado recordar aquí el famoso y conocido himno del pastor metodista y prolífico compositor norteamericano RUSELL KELSO CARTER [1849-1928]: *"Standing on the Promises"*, traducido al español por el mexicano VICENTE MENDOZA [1875-1955]: «Todas las promesas del Señor Jesús / son apoyo poderoso de mi fe; / mientras viva aquí cercado de su luz, / siempre en sus promesas confiaré».

[53] Ver nota 39.

[54] La versión griega de los LXX o Septuaginta lee: διελογισάμην τὰς ὁδούς σου καὶ ἐπέστρεψα τοὺς πόδας μου εἰς τὰ μαρτύριά σου que la Vulgata traduce al latín como: *"Cogitavi vias meas, et converti pedes meos in testimonia tua"*, "Consideré mis caminos, y volví mis pies hacia tus testimonios". La versión sefardí de Ferrara traduce: *"Penfe mis carreras, y torne mis pies à tus teftamentos"*. La caldea Peshitta: *"Consideré*

Consideré mis caminos, y volví mis pies a tus testimonios. Mientras estudiaba la Palabra, el salmista se vio arrastrado a un análisis de su propia vida, y esto le causó gran conmoción. Acudió a la Palabra, se miró luego a sí mismo, y ello le impulsó a levantarse para ir a su Padre.[55] La consideración es el inicio de la conversión: primero reflexionamos y luego damos la vuelta. Cuando la mente se arrepiente de los malos caminos, pronto los pies empiezan a caminar por los buenos caminos; pero en tanto no tenga lugar una reflexión seria y profunda, no habrá arrepentimiento. Son muchas las personas adversas a cualquier tipo de reflexión, y en cuanto se les habla de considerar sus caminos, no pueden soportarlo, porque sus caminos no toleran consideración. Los caminos de David no habían sido lo que él habría deseado que fueran, por lo que tan pronto empezó a considerarlos se sintió abrumado y lleno de arrepentimiento. Pero no se quedó atascado en inútiles lamentaciones; puso en marcha de inmediato un plan práctico de enmienda: se dio la vuelta y regreso, buscó los testimonios del Señor, y se apresuró a disfrutar nuevamente del favor y beneplácito de su amigo celestial. La acción sin consideración es locura, y la consideración sin acción es holgazanería; la combinación ganadora es reflexionar cuidadosamente y obrar de inmediato con celeridad. Había suplicado restablecer la comunión, y ahora demuestra la autenticidad de su deseo restableciendo la obediencia. Si sumidos en la oscuridad lamentamos la ausencia de Dios, la solución mejor no es ofuscarnos más pensando en nuestras penas, sino reflexionar sobre nuestros caminos. Pues aunque no podemos cambiar el curso de la providencia, sí podemos cambiar el curso de nuestro caminar, y con ello, nuestra lamentable condición mejorará muy pronto. Si logramos enderezar nuestros pies para que anden en santidad, nuestros corazones obraran con rectitud y pronto viviremos una vida dichosa. Dios se vuelve hacia sus santos cuando sus santos se vuelven a él;[56] pues con solo que consideren la posibilidad de volverse hacia él, ya los favorece con la luz de su rostro

C.H. SPURGEON

Consideré mis caminos, y volví mis pies a tus testimonios. La transición que vemos en este versículo desde el "*consideré mis caminos*" a "*volví mis pies a tus testimonios*" es peculiar, porque su propia simplicidad le confiere un grado de elegancia extraordinario. El salmista no se pierde en extensas y complejas disquisiciones explicándonos que tras revisarlos se dio cuenta de la locura y peligros del pecado, la futilidad de sus placeres, y lo venenoso de sus delicias; o que al profundizar en su análisis de la ley de Dios descubrió que todo aquello que antes le parecía severo, rígido y espantoso, ahora lo veía como amigable y encantador. No, nada de eso; se limita a añadir de inmediato la consecuencia de su reflexión: "*y volví mis pies a tus testimonios*".[57] No alcanzo a concebir, ciertamente, un proceder más noble y rotundo;[58] porque con ello reconoce enfáticamente que tan pronto reflexionó en sus caminos, lo que vio fue tan execrable, que de inmediato renunció a explicarlo. La consecuencia de su deliberación fue tan clara, que le dejó absolutamente convencido de que el pecado jamás prevalece,

---

mis caminos, y volví mis pies a tus sendas". KRAUS traduce: "*Considero mis caminos y guío mis pasos hacia tus testimonios*". SCHÖKEL: "*He calculado mi camino para volver mis pasos a tus preceptos*".

[55] Lucas 15:18.

[56] 2 Crónicas 7:14.

[57] La conclusión del salmista tras reflexionar profundamente sobre sus caminos, va más allá y resulta mucho más esperanzadora que la del poeta español ANTONIO MACHADO [1875-1939] en sus "Proverbios y Cantares": «Caminante, son tus huellas el camino, y nada más; caminante, no hay camino: se hace camino al andar». El salmista nos dice: «Caminante, ¡sí hay camino! Dios es el Camino (Juan 14:6): "*volví mis pies a tus testimonios*" (119:59)».

[58] Dice JUAN CALVINO [1509-1564]: «El comienzo de toda vida santa consiste en que el hombre despierte de su letargo, examine sus caminos, y finalmente, considere con sabiduría la manera adecuada de enmendar su conducta».

excepto donde se enmascara con bellezas falsas; y que el pecador oculta de manera crédula, necia y desconsiderada tales encantamientos, sin preocuparse ni hacer ningún tipo de esfuerzo para investigarlos. Pues un análisis profundo y minucioso pronto descubriría que sus mejores apariencias no son más que vanidades mentirosas; y que todo ser humano cautivado por semejante espectáculo vacío de contenido, está en la misma situación que la persona que sueña: disfruta de su fantasía tan solo mientras duerme, pero tan pronto despierta descubre el engaño. Una consideración seria sobre los caminos de iniquidad y rebelión contra Dios pone siempre de manifiesto la locura fatal de los hombres al seguirlos.

WILLIAM DUNLOP [1692-1720]
"Sermons preached on Several Subjects and Occasions", 1722

Consideré mis caminos, y volví mis pies a tus testimonios. Algunos traducen aquí el texto hebreo[59] como: *"miré a ambos lados en mis caminos"*, es decir, los consideré por todos los costados y de todas las maneras: *"y volví mis pies a tus testimonios"*. Me di cuenta de que estaba vagando cual oveja perdida, y regresé al redil.

GEORGE SWINNOCK [1627-1673]
"The Door of Salvation Opened by the Key of Regeneration", 1671

Consideré mis caminos. El verbo hebreo חִשַּׁבְתִּי *ḥiššaḇtî* de חָשַׁב *chashab*, que traducimos por *"consideré"* significa pensar en los caminos de un modo exhaustivo y juicioso, serio, preciso, minucioso. Este santo varón de Dios examinó con precisión y detalle todos sus propósitos y prácticas, todos sus dichos y hechos, todas sus palabras y obras; y se dio cuenta que la mayor parte quedaban fuera de la norma, sí, incluso contrarios a la norma: lo cual le indujo a volver sus pasos a los testimonios de Dios. Habiendo descubierto sus fallos tras un examen diligente y severo, pasó página, y trazó el curso de su vida de nuevo y de manera más conforme a la palabra de Dios. ¡Oh cristianos!, debéis prestar atención a vuestras carencias espirituales tanto o más que a vuestros goces espirituales; tenéis que mirar a vuestros fracasos tanto o más que a vuestros éxitos y victorias; tenéis que mirar hacia delante, hacia lo que deberíais ser, más que mirar hacia atrás, a lo que sois.[60] Pues el cristiano que se complace mirando a su limitada santidad presente, y no pone la vista en lo que su santidad debería ser realmente, nunca será eminente en ella.

THOMAS BROOKS [1608-1680]
"The Crown and Glory of Christianity or Holiness, the Only Way to Happiness", 1662

Consideré mis caminos, y volví mis pies a tus testimonios. El verbo hebreo חִשַּׁבְתִּי *ḥiššaḇtî* tiene el sentido de algo muy preciso, exacto y minucioso, en este caso, de una "consideración" meticulosa y concienzuda. Algunos lo interpretan como una alusión al trabajo en bordados, que se lleva a cabo con la mayor precisión y exactitud para evitar cualquier defecto. O también al de los economistas y contables, que tienen que revisar varias veces los cálculos para comprobar que no hay ningún error y preguntarse: ¿a cuanto ascienden los activos? ¿cuáles son las deudas? ¿con qué contamos? El salmista exclama: *"Consideré"*; no hablando de riqueza, como hace el avaro o el codicioso, sino: *"mis caminos"*; es decir, no lo que poseo sino lo que hago; porque lo que tenemos lo dejaremos aquí, quedará atrás, pero lo que hacemos nos seguirá al otro mundo.[61] Hay quienes se muestran extremadamente

[59] En hebreo חִשַּׁבְתִּי דְרָכָי *ḥiššaḇtî ḏərāḵāy* de חָשַׁב *chashab*.
[60] Filipenses 3:13.
[61] Salmo 49:11-12.

críticos en su valoración de los caminos de otros, pero jamás escudriñan los suyos como nos recomienda el apóstol: *"cada uno someta a prueba su propia obra"*.[62]

La *"consideración"* que hace David aquí de sus caminos, puede referirse al día a día: es decir, que en mitad de la noche reflexionó sobre sus caminos, y por la mañana dirigió sus pies a los testimonios de Dios sin demora, haciendo cuanto encontró que era bueno; o puede que aluda a su primer contacto con Dios y con la fe, cuando comenzó a desechar las vanidades de la infancia y la juventud para acordarse de su Creador;[63] un cambio bendito forjado por la gracia de Dios y que opera en estas dos fases:

1. La conversión surge de una profunda reflexión: *"consideré mis caminos"*.[64]
2. Esta reflexión debe culminar en un cambio de actitud: *"y volví mis pies a tus testimonios*. ¿Pues cuál sería el propósito y utilidad de haber considerado nuestros caminos, si no volvemos nuestros pies apresuradamente a los testimonios de Dios?

MATTHEW HENRY [1662-1714]
"Commentary on the Whole Bible", 1811

Consideré mis caminos. Algo que debemos hacer asiduamente y con frecuencia puesto que, si pasáramos cuentas a diario de nuestras actividades, nuestras acciones y diligencias en la gracia mejorarían muy sustancialmente. Séneca[65] preguntó a Sextius:[66] *Quod hodie malum sanasti? cui vitio obstitisti?*[67] ¿Cuál de tus defectos has superado hoy? ¿Cuál de tus vicios has corregido? En este sentido tenemos el ejemplo de Dios, que revisaba a diario el trabajo de Adán antes de que se durmiera.[68] Y en el Antiguo Testamento se nos dice que todo aquel que había sido declarado inmundo debía lavar su ropa antes de que cayera la noche.[69]

THOMAS MANTON [1620-1677]
"One hundred and ninety sermons on the hundred and nineteenth Psalm", 1681

Consideré mis caminos. Así como los venenos pueden ser transformados en medicinas; que la reflexión en nuestros pecados pasados provoque en nosotros un ataque de ira y aborrecimiento hacia ellos. Cuando recordamos ocasionalmente alguna poción amarga que en el pasado nos vimos obligados que beber, nos entra un tembleque y se nos hiela la sangre. ¿Por espiritualmente no reaccionamos de igual modo, cuando la propia constitución de nuestro organismo hace que sea esta una reacción natural tan pronto nuestra mente se ve invadida por el pensamiento de algo asqueroso y aborrecible? Los pecados pasados de los creyentes de Roma habían sido perdonados por completo; y sin embargo, el apóstol nos dice que cada vez que pensaban en ellos la vergüenza hacía enrojecer de nuevo sus

[62] Gálatas 6:4.
[63] Eclesiastés 12:1.
[64] Ezequiel 18:28; Lucas 15:17.
[65] Se refiere a LUCIO ANNEO SÉNECA [4 a.C.- 65 d.C.] filósofo, político, orador y escritor romano más conocido como Séneca el Joven. Pasó a la historia como el máximo representante del estoicismo y moralismo romano tras la plena decadencia de la república. Entre sus conocidos *Diálogos morales,* destaca el más extenso: *Sobre la Ira,* que es el que cita aquí Thomas Manton.
[66] Se refiere a QUINTO SEXTIO [siglo I a.C.] filósofo romano de la escuela de los estoicos. Sus discursos fueron mencionados y muy elogiados por Séneca.
[67] *Da Ira,* Liber III, 36.1.
[68] Génesis 2:18-21; 3:8-11.
[69] Deuteronomio 23:11.

mejillas: *"aquellas cosas de los cuales ahora los avergonzáis"*;[70] en vez de rememorarlos con placer, reaccionaban horrorizándose y detestándolos. Así es como debemos reaccionar también nosotros al considerar nuestros pecados pasados: con suspiros más que con alegría; y aprovechar la oportunidad para avanzar unos peldaños en la escalera de nuestra conversión: *"Consideré mis caminos, y volví mis pies a tus testimonios"*. Puede que no sea la victoria definitiva que acabe con la influencia del infierno en nosotros, pero suficiente para arrancarle algunas chispas con las que avivar el fuego de nuestro amor a Dios, renovar nuestro arrepentimiento, elevar nuestra gratitud, y acelerar nuestra obediencia.

STEPHEN CHARNOCK [1628-1680]
"The Sinfulness and Cure of Thoughts", 1667

Volví mis pies a tus testimonios. Philip Henry[71] nos dice comentando este pasaje que el cambio radical que hemos de implementar en nuestros corazones y nuestras vidas parte del abandono de las cosas mundanales y gira en torno a la Palabra de Dios. La conversión nos lleva a la Palabra como piedra de toque en la cual comprobar nuestro estado espiritual, nuestros caminos, nuestro ánimo, nuestras doctrinas, nuestra adoración, y todos nuestros hábitos y costumbres. En ella tenemos el espejo donde vestirnos: *"sed hacedores de la palabra, y no tan solamente oidores"*;[72] la regla por la cual andar y trabajar: *"a todos los que anden conforme a esta regla, paz y misericordia sea a ellos"*;[73] agua para lavamos: *"¿Con qué limpiará el joven su camino? Con guardar tu palabra"*;[74] fuego para calentamos: *"¿No ardía nuestro corazón en nosotros, mientras nos hablaba en el camino, y cuando nos abría las Escrituras?*,[75] alimento para nutrimos: *"guardé las palabras de su boca más que mi comida"*;[76] espada para defendemos; *"y la espada del Espíritu, que es la palabra de Dios"*;[77] consejero en todas nuestras dudas: *"tus testimonios son mis delicias y mis consejeros"*;[78] un reconstituyente para fortalecernos: *"todo lo puedo en Cristo que me fortalece"*;[79] un tónico para consolarnos: *"el cual nos consuela en toda tribulación"*;[80] y una herencia incorruptible para enriquecemos: *"una herencia incorruptible, incontaminada e inmarcesible, reservada en los cielos para vosotros"*.[81]

C.H. SPURGEON

Volví mis pies a tus testimonios. Ningún itinerario a la ciudad celestial puede haber más simple y a su vez más exacto y completo que la respuesta que dio un prelado inglés a un incrédulo burlón que

[70] Romanos 6:21.
[71] Se refiere a PHILIP HENRY [1631-1698] teólogo y predicador puritano, padre del que fue gran comentarista puritano MATTHEW HENRY [1662-1714]. En 1882 se publicaron sus *Diaries and Letters,* que contienen una interesante y detallada recopilación de la historia de los puritanos en ese período.
[72] Santiago 1:19-27.
[73] Gálatas 6:16.
[74] Salmo 119:9.
[75] Lucas 24:32.
[76] Job 23:12.
[77] Efesios 6:13-17.
[78] Salmo 119:24.
[79] Filipenses 4:23.
[80] 2 Corintios 1:3-4.
[81] 1 Pedro 1:4.

le preguntó con sorna hacia donde quedaba el camino al cielo: «Gira primero hacia lo recto, y sigue recto sin desviarte»[82]

JOHN MASON NEALE [1818-1866] y RICHARD FREDERICK LITTLEDALE [1833-1890]
en *"Commentary on the Psalms from Primitive and Mediæval Writers"*, 1869

Volví mis pies a tus testimonios. Vuélvete a Dios, y él se volverá a ti; y a partir de entonces, aunque el mundo entero se vuelva en tu contra, todo obrará a tu favor.

JOHN MASON GOOD, [1764-1827]
"An Historical Outline of the Book of Psalms", 1837

Vers. 60. ***Me apresuré y no me retardé en guardar tus mandamientos.*** *[Me apresuré y no me retardé en guardar tus mandamientos.* RVR*] [Me apresuré y no me tardé en guardar tus mandamientos.* LBLA*] [Me apresuré, no me retardé en guardar tus mandamientos.* BTX*] [Me doy prisa, no tardo nada para cumplir tus mandamientos.* NVI*] [Sin demorarme me he apresurado a respetar tus mandamientos.* BLP*] [Me apresuraré sin demora a obedecer tus mandatos.* NTV*]*[83]

Me apresuré y no me retardé en guardar tus mandamientos. Hizo cuanto estaba en su mano para acelerar su retorno al camino real que había abandonado, y una vez en ese camino cumplir con las normas y los intereses del Rey. Celeridad en el arrepentimiento y premura en la obediencia son dos cosas excelentes.[84] ¡Nos apresuramos al pecado con una frecuencia y celeridad asombrosa; ojalá tuviéramos la misma disposición y premura en obedecer lo bueno! Demorarse en abandonar el pecado es incrementarlo. Retardarse en guardar los mandamientos divinos es quebrantarlos. Cuando de observar los mandamientos de Dios se trata, la lentitud es fatal. Nuestro deber es cultivar en el servicio

---

[82] En el original inglés: *"First turn to the right, and keep straight on"*. En inglés la palabra *"right"* tanto puede significar "derecha" en sentido de dirección, como "recto" en el sentido de lo justo y verdadero; por lo que igual entenderse: "Gira primero a la derecha y sigue todo recto"; como: "Vuélvete a lo recto y mantente en ello", Lamentablemente el juego de palabras se pierde con la traducción.

[83] La versión griega de los LXX o Septuaginta lee: ἡτοιμάσθην καὶ οὐκ ἐταράχθην τοῦ φυλάξασθαι τὰς ἐντολάς σου que la Vulgata traduce al latín como: *"Paratus sum, et non sum turbatus, ut custodiam mandata tua"*, "Pronto estoy, y no me he turbado, para guardar tus mandamientos". La versión sefardí de Ferrara traduce: *"Apreffuree y no oerardee, para guardar tus mandamientios"*. La caldea Peshitta: *"Me apresuré, y no me demoré en guardar tus mandamientos"*. KRAUS traduce: *"Me apresuro y no tardo en guardar tus mandamientos"*. SCHÖKEL: *"Me di prisa, no di largas, para observar tus mandatos"*.

[84] Dice WILLIAM SWAN PLUMER [1802-1880]: «La celeridad y premura son un efecto natural de la obediencia genuina, pues a los que Cristo elige para que le sigan les dice como a Zaqueo: *"Date prisa"* (Lucas 19:5). Cuando vio el Señor a Mateo sentado en la mesa de recaudación de impuestos y le dijo: *"Sígueme"*, el publicano no concertó con él una cita para el día siguiente: *"se levantó y lo siguió"* (Mateo 9:9). Cuando el carcelero de Filipos se postró ante Pablo y Silas implorándoles: *"¿qué debo hacer para ser salvo?"*, no esperó a que despuntara el alba para sacarles y lavarles las heridas de los azotes, lo hizo: *"en aquella misma hora de la noche"* (Hechos 16:33). Por lo general, todos los discípulos de Jesús le siguieron de inmediato, dejándolo todo al primer llamado para ir tras él (Marcos 1:16-20; Lucas 5:11). Comenta JUAN CALVINO [1509-1564] en su exposición a este versículo: '*"Me apresuré y no me retardé"* implica reaccionar de inmediato, correr rápidamente sin dudas ni demoras'. ¿Por qué será que los seres humanos tenemos una tendencia tan marcada a perdernos siempre entre dos opiniones y quedarnos varados, flotando entre el cielo y el infierno?».

una santa prontitud, porque ello forma parte de la obra del Espíritu de Dios; y en los versículos precedentes (119:58-60) se nos describe el método: llamados a reconocer nuestros errores y llorar de arrepentimiento (119:58), llevados de vuelta al camino correcto (119:59); y finalmente impulsados a recuperar el tiempo perdido acelerando nuestros progresos en cumplir con sus preceptos (119:60).

Cualesquiera que sean los deslices y devaneos de un corazón honesto, siempre queda en él vida verdadera suficiente, una vez vivificado por las visitaciones divinas, como para generar piedad fervorosa. El salmista imploró misericordia, y en cuanto la recibió, volvió a los caminos del Señor de manera ávida y vehemente. En realidad nunca dejó de amarlos, y al verse fortalecido por la gracia, mostró en ellos especial efervescencia y deleite: de hecho dobló su velocidad; ya que por un lado *"se apresuró"*, y por el otro *"no se retardó"*, es decir apartó cualquier obstáculo que pudiera retrasarle. Avanzo con celeridad y llevo a término una cuota importante de servicio, cumpliendo así con la resolución adoptada en el versículo cincuenta y siete: *"He prometido guardar tus palabras"* (119.57); pues los mandamientos que tanto anhelaba obedecer no eran ordenanzas humanas, sino preceptos del Altísimo. Muchos actúan como verdaderos fanáticos cuando se trata de observar puntualmente las tradiciones y cumplir con los convencionalismos sociales; y sin embargo, cuando se trata de cumplir con Dios se retardan y se quedan cortos, Resulta ciertamente bochornoso que seamos tan eficientes y tengamos tanto empeño en servir con prontitud a los hombres, y la obra de Dios quede relegada a segundo término, o llevada a cabo con torpe negligencia.

C.H. SPURGEON

Me apresuré y no me retardé. Todo deber del que seamos conscientes debe ser ejecutado con premura. En cada paso que damos esta el peligro inherente de ser tolerantes con algún pecado conocido, o negligentes en cualquier obligación reconocida. Para evitar que el corazón sea endurecido por el engaño del pecado, una conciencia sensible no juguetea con sus convicciones. Dudar a la hora de implementar en nuestra vida los cambios y reformas que nos dicta la conciencia, retrasándolos, no es razonable; es peligroso, y gravemente pecaminoso. Quien se demora cuando el deber le llama, jamás contará con los argumentos necesarios para probar la sinceridad de su contrición por las locuras y negligencias del pasado. *"Me apresuré"*, dice el salmista, *"y no me retardé en guardar tus mandamientos"*; es decir, plenamente convencido de la necesidad y excelencia de la obediencia a Dios, resolví acogerme a ella de inmediato y apremiar su ejecución.

JOHN MORISON [1791-1859]
"An Exposition of the Book of Psalms", 1829

Me apresuré y no me retardé en guardar tus mandamientos. Con frecuencia escuchamos el refrán que recomienda que: «Las cosas siempre es mejor pensarlas dos veces». Pero no es aplicable a la vida cristiana. En su contexto, el salmista dice: *"Me apresuré y no me retardé en guardar tus mandamientos"*, es decir, no esperé a pensarlo dos veces. En las cuestiones espirituales, tomarse un tiempo para reflexionar puede resultar mortal. Hay que darse prisa.

HENRY MELVILL [1798-1871]
"Sermons", 1854

Me apresuré y no me retardé. Cuando una persona se siente legítimamente llamada al estudio de la teología y la enseñanza en la iglesia, no debería vacilar como Moisés, o hacerse el remolón como Jonás, sino dejarlo todo y obedecer a Dios que le llama. Como dice David: *"Me apresuré, y no me retardé"*.[85]

SALOMON GESNER [1559-1605]
"Commentationes in Psalmos Davidis", 1605

Me apresuré y no me retardé. La fe verdadera no es desconfiada ni curiosa: cree lo que Dios dice sin cuestionarlo, sin verlo, sin examinarlo. Dado que *"es imposible que Dios mienta"*[86] (¿cómo podría mentir la Verdad absoluta?), es propio que su Palabra sea acreditada por sí misma; no precisa ser examinada en base a "cómos" y "por qués". Lo que afirma aquí el salmista con respecto a observar la ley, es lo que todo cristiano debe decir con respecto al evangelio: וְלֹא הִתְמַהְמָהְתִּי *wəlō hiṯmahmāhətî* de מָהָה *mahah, "no cuestioné"*, no debatí con Dios. El verbo hebreo מָהָה *mahah* es particularmente grácil, deriva del pronombre interrogativo מָה *mah,* en latín *"quid"*, que significa ¿cómo ¿qué? ¿cuándo? La fe no cuestiona, no busca razonar ni entra en discusiones con Dios, no pregunta *"quids, quares,* ni *quomodos"*, ni qués, ni cómos, ni porqués; simplemente no hace preguntas. Asiente con humildad, y dice «Amén» a cada Palabra que Dios ha pronunciado. Esta es la fe de la cual se maravilló nuestro Salvador al verla en el centurión.[87]

RICHARD CLERKE [1552-1634]

Me apresuré y no me retardé. La expresión hebrea que traducimos por *"y no me retardé"*, es asombrosamente enfática: וְלֹא הִתְמַהְמָהְתִּי *wəlō hiṯmahmāhətî,* y su sentido es el de: «no dude ni un momento» o «no tuve la menor indecisión»; estaba decidido y seguro de lo que hacía. Tanto el texto hebreo, como la versión el inglesa,[88] enfatizan la idea de un descarte rotundo cualquier indecisión o demora propia de una mente vacilante, que no acaba de estar decidida o no sabe exactamente qué elegir.

ADAM CLARKE [1760-1832]
"Commentary on the Whole Bible", 1831

Me apresuré y no me retardé en guardar tus mandamientos. Mucho cuidado con las demoras y aplazamientos en las cosas de Dios, con dejarlo para mañana alegando que ya habrá tiempo; que ya os ocuparéis del cielo cuando hayáis resuelto las cuitas y agotado los placeres de este mundo; que bastará con que lo hagáis el último año de vuestra vida, o el último mes, o la última semana. Sed muy precavidos con las dilaciones; porque postergar el arrepentimiento ha sido la ruina de miles de almas; evitad ese agujero profundo en el que tantos han caído; sortead este escollo que a tantos ha llevado a naufragar; y exclamad con David: *"Me apresuré y no me retardé en guardar tus mandamientos"*.

JAMES NALTON [1602-1662]
"Twenty sermons preached upon several texts", 1664

Me apresuré y no me retardé. En el versículo anterior (119:59) el salmista habla del arrepentimiento como fruto de la reflexión y examen de uno mismo: *"Consideré mis caminos, y volví mis pies a tus testimonios"*. ¿Pero cuándo volvió? Pues por lo general, a pesar de ver el mal en nuestros

[85] Mateo 4:20; Lucas 9:62.

[86] Hebreos 6:18.

[87] Lucas 7:1-10.

[88] La versión inglesa KJV traduce: *"I delayed not"*.

caminos, somos por naturaleza lentos en enmendarlo. No obstante, por lo que se desprende del presente versículo, vemos que David no tan solo volvió a Dios, sino que lo hizo con celeridad: *"Me apresuré y no me retardé en guardar tus mandamientos"*. Y expresa su disposición a la obediencia por partida doble: afirmativa y negativamente. Afirmativamente; *"me apresuré"*; negativamente: *"no me retardé"*. Esta forma de expresión por partida doble es muy propia de los hebreos y la encontramos repetidamente: *"No moriré, sino que viviré"*;[89] es decir: *"no hay la menor duda que viviré"*; así también aquí, *"me apresuré, y no me retardé"*; equivale a decir: *"ciertamente no me retrasé ni un momento"*; tan pronto como consideré mis caminos, tomé la resolución de caminar con Dios, y la puse en práctica.

La versión griega o Septuaginta lo traduce del siguiente modo: *"Estaba dispuesto, ni perturbado ni distraído por miedo al peligro"*.[90] De hecho, además de nuestra lentitud natural en hacer el bien; un motivo habitual de nuestras demoras son nuestros miedos y temores; y cuando Dios nos manifiesta su voluntad en numerosos deberes, decidimos esperar a que vengan tiempos más tranquilos y favorables para llevarlos a cabo, o a que nuestros asuntos particulares estén en mejor posición. No hay duda de que la traducción de este versículo se presta a mejoras, pero el sentido sigue siendo el mismo, y las palabras tal como están pienso que es como mejor encajan a nuestras necesidades; *"me apresuré, y no me retardé"*. David no se demoró.

Cuando no nos atrevemos a dar abiertamente una negativa ¿qué hacemos? la retardamos. *"Non vacat"*, no tengo tiempo o un poco más de tiempo, suele ser el subterfugio cortés del pecador; pero en el fondo la realidad es: *"non placet"*, no quiero o no me viene en gana. Los que fueron invitados a las bodas disfrazaron sus negativas con excusas.[91] La demora es en realidad una negativa; porque si estuvieran dispuestos, no habría excusas. El mal pagador para librarse de los acreedores importunos y molestos, les promete saldar la deuda un poco más adelante: aunque sabe bien que con los activos de que dispone no tiene posibilidad alguna de saldarla ni ahora ni más adelante; pero de momento logra sacárselos de encima. A pesar de que sabemos que con las demoras nuestro estado moral y espiritual será mucho peor, de momento, con la demora nos sacamos a Dios de encima. Para desgracia del pecador, según el corazón camal Dios siempre llega en hora inoportuna. Fue un demonio el que le dijo a Jesús: *"¿Has venido aquí para atormentamos antes de tiempo?"*.[92] Para el corazón mundano las cosas santas son un tormento; y siempre llegan a destiempo. No te confundas, el tiempo oportuno es cuando la Palabra es presentada a tu corazón con evidencias, luz y poder, cuando Dios esta dispuesto a dialogar contigo sobre tu paz eterna.

THOMAS MANTON [1620-1677]
"One hundred and ninety sermons on the hundred and nineteenth Psalm", 1681

Y no me retardé. En hebreo וְלֹא הִתְמַהְמָהְתִּי *wəlō hiṯmahmāhətî* de מָהַהּ *mahah*, el mismo verbo que se utiliza en Génesis para decir que Lot titubeaba y se detuvo al abandonar Sodoma: וַיִּתְמַהְמָהּ *wayyiṯmahmāh: "Y deteniéndose él, los varones asieron de su mano"*.[93]

WILLIAM KAY [1820-1896]
"The Psalms Translated From the Hebrew, with Notes Chiefly Exegetical", 1871

---

[89] Salmo 118:17.

[90] En el texto griego: ἡτοιμάσθην καὶ οὐκ ἐταράχθην que la Vulgata traduce al latín como: *"Paratus sum, et non sum turbatus"*, "Pronto estoy, y no me he turbado".

[91] Mateo 22:5; Lucas 14:16-20.

[92] Mateo 8:29.

[93] Génesis 19:16.

Y no me retardé. Demorarse en atender los mandatos del Señor es en la practica desobediencia y, generalmente, brota de ella, o resulta en ella. *"Dios me ha dicho que me apresure"* le dijo el Faraón Neco al rey Josías.[94] Procuremos contestar: *"Me apresuré, y no me retardé en guardar tus mandamientos"*.

FRANCES RIDLEY HAVERGAL [1836-1879]
"My King and His Service", 1874

Me apresuré y no me retardé en guardar tus mandamientos. Evita toda dilación en la ejecución de esta gran obra que es creer en Cristo. Pues hasta que no la hemos ejecutado por completo, seguimos bajo el poder del pecado, el dominio de Satanás, y bajo la ira de Dios; sin que haya entre el infierno y nosotros más distancia que la que recorre el aliento que sale de nuestra nariz. Para Lot detenerse en Sodoma era extremadamente peligroso, pues el fuego y azufre estaban a punto de llover desde el cielo sobre él.[95] El homicida ha de huir a toda prisa a la ciudad de refugio, no sea que el vengador de la sangre le persiga cuando su corazón arde de pasión y le mate.[96] Deberíamos apresuramos y no demorar un solo instante el guardar los mandamientos de Dios.

WALTER MARSHALL [1628-1690]
"The Gospel Mystery of Santificacion", 1692

Me apresuré y no me retardé en guardar tus mandamientos. Si la convicción de pecado hace mella en tu ánimo, cede a su influencia sin demoras; pero si cualquier deseo mundano o pecaminoso pretende apoderarse de tu conciencia, crucifícalo de inmediato. Si brota en tu interior un afecto irresistible hacia el Salvador bendito, deja que su voz se exprese presto y libremente. Y si la gracia comienza a revivir en ti, aplícate con urgencia en el cumplimiento del deber. Pues este es el mejor método, de hecho el único y más expedito, de controlar los vaivenes del Espíritu que pugnan dentro de tu corazón.[97] ¡Quién sabe si esta oportunidad que ahora se te ofrece sea el momento decisivo de tu victoria sobre dificultades que hasta ahora considerabas insuperables, y despeje tu camino al cielo con menos interrupciones y un progreso más constante! ¡Apresúrate y no tardes!

CHARLES BRIDGES [1794-1869]
"Exposition of Psalm 119", 1827

Vers. 61. *Compañías de impíos me han rodeado, mas no me he olvidado de tu ley.* *[Las redes de los impíos me han envuelto, mas no me he olvidado de tu ley.* RVR*] [Los lazos de los impíos me han rodeado, mas no me he olvidado de tu ley.* LBLA*] [Lazos de impíos me han envuelto, pero no he olvidado tu ley.* BTX*] [Aunque los lazos de los impíos me aprisionan, yo no me olvido de tu ley.* NVI*] [Las redes de los malvados me cercaban, pero yo no he olvidado tu ley.* BLP*] [Gente malvada trata de arrastrarme al pecado, pero estoy firmemente anclado a tus enseñanzas.* NTV*]*[98]

[94] 2 Crónicas 35:21.

[95] Génesis 19:15-25.

[96] Josué 20:1-5.

[97] Romanos 7:14-25.

[98] La versión griega de los LXX o Septuaginta lee: σχοινία ἁμαρτωλῶν περιεπλάκησάν μοι, καὶ τοῦ νόμου σου οὐκ ἐπελαθόμην que la Vulgata traduce al latín como: *"Funes peccatorum circumplexi sunt me, et legem tuam non sum oblitus"*, "Cuerdas de pecadores me han enredado a la redonda: más tu ley no la he olvidado". La versión sefardí de Ferrara traduce: *"Compañas de malos me prearon, tu Ley no olvidee"*. La caldea Peshitta: *"Los lazos de los inicuos me enredaron, pero no me desvié de tu ley"*. KRAUS traduce:

Compañías de impíos me han robado. [99] Antes me han escarnecido, menospreciado, y burlado de mí (119:21-22, 51); ahora me han expoliado. Los inicuos van siempre a más, y se vuelven cada vez más osados y atrevidos: de la palabra pasan a la acción, del insulto al golpe, de la burla al robo.[100] Gran parte de este atrevimiento viene dado por el hecho de juntarse formando pandilla; en grupo, los seres humanos se atreven cosas que jamás harían solos. Cuando se junta la llama de múltiples y diversas antorchas, nadie puede predecir el alcance del fuego. Este hijo de Dios, según parece, fue acosado por bandas enteras capaces de cualquier barbaridad; y aunque no lograron darle muerte, le despojaron de cuanto tenía. Los mastines de Satán inquietarán a los santos cuanto puedan, si bien no les es dado devorarles. Los enemigos de David hicieron todo lo que estaba en su mano: primero silbaron cual serpientes; y luego hincaron el colmillo. Puesto que no les bastaron las palabras, pasaron a los golpes.

"Los lazos de los impíos me rodean, no olvido tus instrucciones". SCHÖKEL: *"Los lazos de los malvados me envolvían; no olvidé tu ley"*.

[99] Para que encaje con algunas de las exposiciones del original inglés utilizamos la traducción de la RVA: *"Compañía de impíos me han robado"* que es idéntica a la de la versión inglesa KJV: *"The bands of the wicked have robbed me"*; y a la de CASIODORO DE REINA [1520-1594] que en el texto original de la "Biblia del Oso" traduce: *"Compañías de impíos me han desvalijado"*. Sin embargo se trata de una traducción cuestionada ya en época del propio Spurgeon, como podrá comprobar el lector por el comentario que hace al respecto el propio Spurgeon y otros expositores; puesto que ya la "Biblia de Ginebra" GNV de 1599, aunque traduce en el texto igual que la KJV indica en nota al pie: *"They have gone about to draw me into their company"*. El texto hebreo dice literalmente חֶבְלֵי רְשָׁעִים עִוְּדֻנִי *ḥeḇlê rəšāʿîm ʿiwwəḏunî* de עוד *uwd.* Los comentaristas indican:

– FRANZ DELITZSCH [1813-1890] indica que a pesar de que el significado de חֶבְלֵי *ḥeḇlê* no está todo lo claro que quisiéramos y fácilmente puede interpretarse de ambas maneras, como se desprende de su uso en singular: חֶבֶל *ḥeḇel* en 1 Samuel 10:5: *"una compañía de profetas"*. Pero considera que en este caso debemos guiarnos por lo expresado en el versículo ciento diez (119:110: *"Me han tendido un lazo los impíos")*. Ver también 2 Samuel 22:6; Salmo 18:4-5; 116:3; donde se utiliza el mismo sintagma.

– JOHANN PETER LANGE [1802-1884] afirma que: «el concepto *"me han robado"*, que introduce aquí la versión inglesa, carece de todo fundamento y no puedo entender en qué lo basan».

– WILLIAM SWAN PLUMER [1802-1880]: «Con respecto a esta cláusula hay dos interpretaciones distintas. La primera y que siguen la mayoría de versiones inglesas es: *"Compañías de impíos me han robado"*, es decir, lo asaltaron y despojaron de sus bienes; y es en este sentido de *"compañía"* como se usa el término en 1 Samuel 10:5, 10. La segunda interpretación lee el término חֶבֶל *ḥeḇel* como *"lazos"*, es decir cuerdas, como en el Salmo 140:5, y en lugar de leer עִוְּדֻנִי *ʿiwwəḏunî* de עוד *uwd* como *"robado"*, leen, rodeado, envuelto, cercado: *"Los lazos de los impíos han sido puestos a mi alrededor"*, y a mi modo de ver, mejor interpretación que la del robo. Pero cabe una tercera interpretación. El verbo עוד *uwd* se usa también con frecuencia para para decir: *"amonestar, advertir"* (Jeremías 6:10; Nehemías 13:15) o *"testificar en contra"* (Iasías 8;2; Jeremías 32:10); con lo que la frase adquiere un sentido distinto y posiblemente aún mejor: *"Compañías de impíos me amonestaron advirtiéndome que no guardara la ley"* o *"testificaron falsamente contra mí porque guardaba la ley"*. Los que datan este Salmo en Babilonia prefieren la primera interpretación, la de robo o asalto, ya que Israel se convirtió en objeto de presa; o en todo caso la tercera, de advertencia o amenaza contra guardar la ley, que encaja perfectamente con los pasajes de Daniel 3:10-18; 6:13».

[100] Es más que probable que JOHN BUNYAN [1628-1688] se inspirara en la traducción que hace de este versículo la KJV: *"me han robado"*, para redactar el capítulo XVII de "El Peregrino", en el que "Esperanza" le cuenta a "Cristiano" la triste historia de "Poca-Fe", que al quedarse dormido y fue asaltado por una banda de tres villanos: "Cobardía, Desconfianza y Culpa". Esto parece haber deducido Spurgeon que, como podrá comprobar el lector más adelante, lo incluye como parte de los comentarios.

¡Cuántas veces han saqueado los impíos a los santos en el curso de los siglos, y cuán a menudo han tenido que soportar los justos, con gozosa resignación, el expolio de sus bienes![101]

Mas no me he olvidado de tu ley. Una reacción acertada y loable. Ni su sentido de la injusticia, ni el dolor provocado por sus pérdidas, ni su instintiva resistencia le desviaron de los caminos de Dios. Decidió que no obraría el mal para evitar el sufrimiento del mal, ni lo injusto para vengarse de la injusticia. Llevaba la ley divina atesorada en su corazón, y por tanto, ninguna perturbación de la mente lograría apartarlo de seguirla. Antes se hubiera olvidado de sí mismo que olvidarse de la ley: todo lo contrario, estaba dispuesto a perdonar y olvidar cuantas injurias le habían hecho, pues su corazón estaba lleno de la palabra de Dios. Las compañías de los impíos le habían robado, pero no habían conseguido arrebatarle su tesoro más preciado: su santidad y su gozo permanecían intactas.[102]

Algunos traducen este versículo como: *"Compañías de impíos me han rodeado"*. Es decir, le cercaron, cortaron su acceso a recibir socorro, cerraron todas sus vías de escape; pero el hombre de Dios mantuvo al lado de su protector celestial; su conciencia limpia confió plenamente en la promesa y se apegó al precepto con una determinación absoluta. No lograrían sobornarle ni tampoco provocarle a cometer pecado. El cerco de los impíos no lograría mantener a Dios alejado de él, ni separarle a él de Dios: porque Dios era *"su porción"*(119:57), y nadie conseguiría arrebatársela, ni con engaño ni por la fuerza. La verdadera gracia es aquella capaz de soportar la prueba: algunos apenas son capaces de mostrar que viven en la gracia dentro del círculo de sus amigos; el salmista obraba en santidad incluso en medio del cerco de sus enemigos.

C.H. SPURGEON

Compañía de impíos me han robado. Tenemos aquí dos lecturas distintas, y cualquiera de ellas es admisible: *"Los lazos de los impíos me aprisionan"*, o, *"Compañías de impíos me han robado"*. Bien sea que adoptemos la una o la otra, lo que el profeta pretende dejar claro es que cuando Satanás asedió los fundamentos de piedad en su alma por medio de graves tentaciones, él se mantuvo con firmeza inquebrantable en el amor y la práctica de la ley de Dios. Sin embargo, *"los lazos"* puede entenderse de dos maneras; o bien, y en primer lugar, denotando las ofertas atractivas pero engañosas por medio

---

[101] Dice WILLIAM SWAN PLUMER [1802-1880]: «Hemos de ser conscientes de que la oposición a la piedad y la vida santa no cesará ni aflojará mientras queden hombres impíos y malvados en el mundo; bien sea que asuma la forma de trampas y seducción, o directamente la de violencia y expolio. Y en este último caso no deberían los santos preocuparse en exceso, pues no en vano se nos pone el ejemplo de algunos que: *sufrieron con gozo el despojo de sus bienes, sabiendo que tenían una mejor y perdurable posesión en los cielos* (Hebreos 10:34)».

[102] Los comentaristas dicen al respecto:

– JUAN CALVINO [1509-1564] en su exposición: «Seguir amando la ley divina y obrando con rectitud y justicia cuando nos damos cuenta que vamos a ser presa de la rapiña de los impíos, sin que percibamos ayuda inmediata de parte de Dios, es la evidencia más genuina de la piedad cristiana».

– MATTHEW HENRY [1662-1714]: «Jamás valoremos erróneamente los planes y caminos de Dios por muchas que sean las dificultades que nos toque enfrentar en ellos, y que circunstancialmente nos de la impresión de que somos los perdedores y más perjudicados; pues al final del camino, todo ayuda a bien a los que a Dios aman (Romanos 8:28)».

– CHARLES BRIDGES [1794-1869]: «No olvidemos que incluso el día del expolio, el más triste y oscuro para el creyente, es mil veces más gozoso y alegre que el más brillante de los días de los impíos».

de las cuales se esforzaban los impíos en convencerle y enredarle a ser como ellos; o bien, en segundo lugar, los fraudes y engaños que ellos mismos practicaban para intentar derribarle y destruirlo.

JUAN CALVINO [1509-1564]

Compañía de impíos me han robado, mas no me he olvidado de tu ley. Algunos traducen: *"Los lazos de los impíos me aprisionan"*. Otros: *"Las redes de los impíos me han envuelto"*. El cualquiera de los casos el significado es que por medio de sus tramas y artificios los malvados lo estaban acosando, como se acorrala y atrapa a un animal salvaje. Y podían, de hecho, cercarle por completo en el desierto; pero no podían aprisionar su mente, que seguiría sintiéndose libre en el espíritu, y no olvidaría la ley de Dios.

JOHN STEPHEN [1800-1881]
"The Utterances of the CXIX Psalm; Expounded in a Series of Lectures", 1861

Compañía de impíos me han robado. Se apoderaron de sus bienes y los expoliaron, bien fuera por saqueo en tiempo de guerra, o mediante confiscaciones manipulando la ley. Saúl (probablemente) se apoderó de cuantas propiedades tenía; Absalón de su palacio;[103] y los amalecitas saquearon Siclag.[104]

MATTHEW HENRY [1662-1714]
"Commentary on the Whole Bible", 1811

Las redes de los malvados me cercaban, pero yo no he olvidado tu ley. Es conveniente evitar la amistad de los inicuos. En primer lugar porque nos ata a ellos, puesto que forman un colectivo y actúan en bandadas: *"compañía de impíos"*. Cada pecador es un gladiador provisto de red y espada, que desciende a la arena y trata de enredar a cualquiera que se acerque a él. Una segunda razón es su crueldad y barbarie, y surge de la interpretación del verbo hebreo עִוְּדֻנִי *'iwwədunî, "me han cercado"*; porque no solo atrapan a sus amigos con sus redes, sino que hacen presa de ellos para despojarles. Son ladrones persuasivos y seductores, que caminan al lado del viajero desprevenido hasta que consiguen llevarlo a bosques espesos y oscuros, donde le despojan de todas sus riquezas celestiales.

THOMAS LE BLANC [1599-1669]
"Psalmorum Davidicorum Analysis : in qua aperte cernitur singulis in Psalmis ordinem esse admirabilem : adjungitur commentarius amplissimus", 1645

Compañía de impíos me han robado. Recuerdo algo que me contaron acerca de un buen hombre por estos alrededores. Se llamaba Poca-Fe, pero era un hombre muy respetable y vivía en la ciudad llamada Sinceridad.[105] Le sucedió lo siguiente: Cerca de la entrada de este paso estrecho, bajo de la puerta del camino ancho, hay una senda llamada Vereda-de-los-muertos, y se llama así por los muchos asesinatos que en ella ocurren. Pues bien, este Poca-Fe, estando en su peregrinación, como nosotros ahora, se sentó casualmente aquí y se echó a dormir. Sucedió entonces que venían vereda abajo desde la puerta del camino ancho tres villanos de categoría: Cobardía, Desconfianza y Culpa, los tres, hermanos, y descubriendo a Poca-Fe dormido, se acercaron a él a todo correr. Cuando llegaron a su lado, él ya se había despertado y estaba preparándose para continuar su viaje.

[103] 2 Samuel 16:15-23.
[104] 1 Samuel 30:1-6.
[105] Ver nota 100.

Pero los tres villanos, con lenguaje amenazador, le mandaron detenerse. Poca-Fe se puso en extremo pálido, y no tuvo fuerzas ni para luchar ni para huir. En esto le dijo Cobardía:

—Entrega tu bolsa— y como fuere que no se daba prisa a hacerlo (porque le dolía perder su dinero), corrió hacia él Desconfianza, y metiendo la mano en su bolsillo, sacó de él una bolsita llena de plata. Poca-Fe, gritó a todo pulmón:

— ¡Que me roban, que me roban! — En este momento, Culpa, que tenía un garrote formidable en su mano, descargó tal golpe en su cabeza que le dejó tendido en el suelo, donde quedó echando sangre a borbotones. Los tres ladrones estaban alrededor de él; pero oyendo de repente pasos que se acercaban, y temiendo que fuese un tal Gran Gracia, que vive en la ciudad de Buena-Esperanza, huyeron a toda prisa y dejaron a este pobre hombre abandonado a su suerte. Al poco rato, Poca-Fe, volvió en sí, y levantándose como pudo, siguió su camino; esto es lo que me han contado.

Esperanza — ¿Pero le quitaron todo lo que tenía?

Cristiano — No; precisamente se les escapó registrar el lugar donde tenía escondidas sus alhajas, pero según me contaron, el buen hombre lamentó mucho su pérdida, porque los ladrones le quitaron casi todo el dinero que tenía para sus gastos ordinarios. Aún le quedaban, es verdad, algunas monedas sueltas; pero apenas le alcanzaban para llegar al fin de su viaje. Me contaron, si no estoy mal informado, que se vio obligado a mendigar, según viajaba, para poder vivir, porque no le estaba permitido vender sus alhajas. Pero mendigando y todo, adelantaba en su camino, si bien casi la mayor parte con el estómago vacío.

Esperanza — Pero, es extraño que no le arrebataron su pergamino, con el cual debía franquear su entrada por la puerta Celestial.

Cristiano — Extraño es, en verdad, pero no se lo quitaron, aunque no fue esto debido a su habilidad, porque el pobre, atemorizado al verlos encima de él, no tenía poder ni habilidad para ocultar cosa alguna; fue cosa de la providencia, más bien que de sus propios esfuerzos, el que se les escapase esa gran prenda.

Esperanza — Debió ser un gran consuelo para él ver que no le habían arrebatado esa joya.

Cristiano — Pudiera haberle sido gran consuelo si se hubiera aprovechado de ella como debía; pero los que me contaron la historia, me dijeron que, a causa del gran susto que recibió cuando le quitaron su dinero, había sacado muy poco partido de ella en todo lo que le quedaba de camino. Se olvidó prácticamente de ella durante lo que le quedaba de viaje, y si alguna vez volvía a su memoria y empezaba a consolarse con ella, nuevos recuerdos del robo y de su pérdida le abrumaban, arrebatándole toda su paz.

Esperanza — ¡Pobre! Debió ser muy grande su aflicción.

Cristiano — ¿Aflicción? Ya lo creo. ¿No lo hubiera sido también para cualquiera de nosotros el que nos hubiera sucedido lo que a él, que nos hubieran robado y además herido, y todo en un lugar extraño? Lo raro es que el pobre no muriera. Me contaron que iba sembrando todo su camino de amargas y dolorosas lamentaciones, contando a todos los que le alcanzaban, o a quienes él alcanzaba, como le habían robado y dónde; quiénes habían sido y cuánto había perdido; cómo había sido herido y cómo a duras penas había escapado con vida.

JOHN BUNYAN [1628-1688]
"The Pilgrim's Progress",[106] 1678

Compañía de impíos me han robado. Para fortalecerse y apoyarse mutuamente en sus objetivos perversos, los impíos se juntan en bandas y compañías, pero de poco les sirve, pues poco daño podrán

[106] Publicado completo por CLIE en español con el título de "El Peregrino" y "La Peregrina". La parte que se cita es el Capítulo XVII.

hacernos. Los constructores de la torre de Babel;[107] los habitantes de Moab, Ammón, Edom, todos conspiraron juntos, y pueden confirmarnos la veracidad del versículo que dice: *"Aunque junte mano con mano, el impío no escapará impune"*.[108] Los impíos son cual los abrojos ante el fuego; su multitud puede amortiguar temporalmente la llama, pero no puede resistirla, y al poco la alienta y envalentona.

WILLIAM COWPER [1566-1619]
"A Commentary upon CXIX Psalm", 1613

Compañías de impíos me han rodeado, mas no me he olvidado de tu ley. No deja de ser una reflexión particularmente saludable tener en cuenta que hay miles de adversarios espirituales vigilándonos constantemente para convertirnos en su presa.

JOHN MORISON [1791-1859]
"An Exposition of the Book of Psalms", 1829

Vers. 62. ***A medianoche me levanto para alabarte por tus justos juicios.*** *[A medianoche me levanto para alabarte por tus justos juicios.* RVR*] [A medianoche me levantaré para darte gracias por tus justas ordenanzas.* LBLA*] [A medianoche me levanto para darte gracias, por tus justos juicios.* BTX*] [A medianoche me levanto a darte gracias por tus rectos juicios.* NVI*] [Me levanto en mitad de la noche para alabarte por tus justos decretos.* BLP*] [Me levanto a medianoche para agradecerte por tus justas ordenanzas.* NTV*]*[109]

A medianoche me levanto para darte gracias.[110] No se levantó a medianoche por miedo a los ladrones, o con la intención de vigilar su casa; sino para alabar a su Dios. Medianoche es una hora propicia para los ladrones, y ciertamente había diversas bandas merodeando a su alrededor; pero no logran copar sus pensamientos, centrados como estaban en el Señor su Dios. No pensaba en ladrones, sino en dar gracias; no le preocupaba lo que podían robarle, sino lo que el Señor su Dios le otorgaría. Un corazón agradecido siente tal bendición que repele el miedo y da lugar a la alabanza. La acción de gracias convierte la noche en día, consagrando las veinticuatro horas a la adoración de Dios. Para un creyente consagrado todas las horas son canónicas.[111]

---

[107] Génesis 11:1-9.

[108] Proverbios 11:21. Utilizamos la traducción literal de la versión inglesa KJV: *"Though hand join in hand, the wicked shall not escape unpunished"*. La RVA traduce: *"Aunque llegue la mano á la mano, el malo no quedará sin castigo"*.

[109] La versión griega de los LXX o Septuaginta lee: μεσονύκτιον ἐξηγειρόμην τοῦ ἐξομολογεῖσθαί σοι ἐπὶ τὰ κρίματα τῆς δικαιοσύνης σου que la Vulgata traduce al latín como: *"Media nocte surgebam ad confitendum tibi, super judicia justificationis tuae"*, "A media noche me levantaba para alabarte, por los juicios de tu justificación". La versión sefardí de Ferrara traduce: *"Media noche me alevantarè para loar a ti, fobre juizios de tu juftedad"*. La caldea Peshitta: *"A media noche me levanté para darte gracias por tus justos juicios"*. KRAUS traduce: *"A media noche me levanto para alabarte por tus justos juicios"*. SCHÖKEL: *"A media noche me levanto para darte gracias por tus justos mandamientos"*.

[110] WILLIAM SWAN PLUMER [1802-1880] indica que este versículo, asociado con todo lo expresado en los anteriores (119:57-62), resulta bastante concluyente en demostrar que el poema no esta hablando del pueblo judío como nación, sino de un individuo como siervo de Dios.

[111] Se trata de una alusión a la llamada "Liturgia de las Horas" (del latín *"liturgia horarum")* u "Oficio Divino" seguida por la Iglesia Católica Romana, las Iglesias Ortodoxas, la Iglesia Anglicana y las Iglesias Luteranas. Se trata de un conjunto de oraciones articuladas en torno a las horas del día: *"Maitines"*,

El Salmista dice *"me levanto"*, adopta la postura apropiada; no se queda tumbado en la cama para alabar a Dios. No es que la posición del cuerpo cuente mucho, pero cuenta, y todo cuanto pueda ayudar a la devoción expresando nuestra humildad y disposición debe ser considerado. Muchos se arrodillan sin orar, otros oran sin arrodillarse; pero lo mejor es arrodillarse y orar; en el caso de David no habría sido virtud levantarse sin dar gracias, como tampoco habría sido pecado dar gracias sin levantarse; pero levantarse y dar gracias es una combinación feliz. En cuanto al momento elegido, era una hora tranquila, solitaria, apropiada para demostrar su celo. A medianoche nadie le observaría ni le molestaría; se quitaba a sí mismo unas horas de sueño que le pertenecían, evitando tener que sacrificar tiempo de sus obligaciones públicas a las devociones privadas. A medianoche termina un día y comienza otro, es por tanto un momento solemne propio para dedicar a la comunión con el Señor. Al punto donde la noche se da la vuelta, él se volvió hacia su Dios. Tenía sobradas gracias que dar por múltiples misericordias que Dios le había concedido; tenía aún en su mente la verdad expresada en el versículo cincuenta y siete: *"El Señor es mi porción"* (119:57); y ciertamente, si alguna cosa hay que pueda hacer cantar a un hombre a medianoche, es esta.

Por tus justos juicios. Las decisiones justas del gran Juez alegraron el corazón de este hombre piadoso. Los juicios de Dios son su lado temible, pero los justos no les tienen terror; todo lo contrario, los admiran, y adoran al Señor por ellos: se levantan a medianoche para bendecir al Dios que vengará a sus elegidos. No faltan quienes odian aún la más somera mención de la justicia divina; y en esto hay que decir que se distancian del salmista cual un polo esta separado del otro; porque el salmista se sentía lleno de gratitud gozosa al recordar las sentencias del Juez de toda la tierra. No hay duda de que con la expresión *"tus justos juicios"*, David se refiere también a los juicios divinos escritos en la Palabra sobre diversos puntos de conducta moral; y de hecho, todos los preceptos divinos pueden mirarse bajo esta perspectiva; pues todos son decisiones jurídicas del Arbitro Supremo del bien y del mal. Y David estaba encantado con estos juicios. Podía exclamar como Pablo: *"según el hombre interior, me deleito en la ley de Dios"*.[112] Le faltaban horas a lo largo del día para estudiar las palabras de la sabiduría divina, o bendecir a Dios por ellas, hasta el punto que renuncia a sus horas de sueño para expresar su gratitud por semejante ley y tal Legislador.

Este versículo es un paso hacia adelante en el sentido del versículo cincuenta y dos: *"Me acordé, oh Jehová, de tus juicios antiguos, y me consolé* (119:52), y contiene además la esencia del versículo cincuenta y cinco: *"Por la noche me acuerdo de tu nombre, oh Señor, y guardo tu ley"* (119:55). Nuestro autor nunca se repite: aunque ascienda y descienda dentro de la misma escala, su música no es monótona, presenta variaciones infinitas. Las permutaciones y combinaciones que pueden formarse partiendo de unas pocas verdades esenciales son incontables.

C.H. SPURGEON

---

a medianoche (cerca de las 00:00h); *"Laudes"*, al amanecer (sobre las 3:00); *"Prima"*, la primera hora después de salir el sol (aproximadamente a las 6:00); *"Tercia"*, la tercera hora después de salir el sol (sobre las 9:00); *"Sexta"*, a mediodía (a las 12:00); *"Nona"*, después de comer (sobre las 15:00); *"Vísperas"*, tras la puesta de sol (sobre las 18:00); *"Completas"*, antes del descanso nocturno (hacia las 21:00). En la Iglesia Católica se sigue observando a día de hoy, especialmente por las comunidades monásticas. La Iglesia Anglicana la recoge en *"Daily Prayer of Common Worship"* y en *"The Book of Common Prayer"*. Ver al respecto las "Constituciones Apostólicas", Libro VIII: *Carismas, vida litúrgica y disciplina eclesiástica,* Capítulo 36. De hecho en todos los monasterios ortodoxos de rito oriental, basándose en estas palabras, se sigue leyendo el Salmo 119 diariamente en el oficio de medianoche.

[112] Romanos 7:22.

A medianoche me levantaré a darte gracias. Aunque no pretendemos que cumpláis con esta particular observancia de David, hay en ella lecciones notables que podemos extraer:

1. El fervor de su devoción y su deseo sincero de alabar a Dios: *"a medianoche"*, cuando el sueño invade con mayor fuerza los ojos de los hombres, entonces va y se levanta. Su corazón estaba tan centrado en alabar a Dios, y el sentido de su justa providencia le había afectado de tal modo, que le motivó y urgió en este deber: no tan solo trataría por todos los medios de mostrar su amor a Dios en todo cuanto hiciera durante el día, sino que se levantaría a medianoche de su cama y entonaría sus alabanzas. Por regla general, lo que roba el sueño de los seres humanos sueles ser las cuitas y afanes de este mundo, el resentimiento reprimido por injurias recibidas, o el aguijón de una mala conciencia; cualquiera de estas razones suele mantener a muchos en vela. Pero a David no le inquietaban, si mantenía los párpados abiertos era por el deseo de alabar a Dios.

2. Para un corazón tocado por la gracia no hay horas intempestivas: expresa abiertamente su amor a Dios mientras los demás descansan. Así leemos que nuestro Señor Jesucristo pasó noches enteras en oración.[113] De los santos en gloria se dice que alaban a Dios ininterrumpidamente: *"están delante del trono de Dios, y le sirven día y noche en su santuario; y el que está sentado sobre el trono extenderá su tabernáculo sobre ellos"*.[114] Y aquí en la tierra, aunque limitados por sus necesidades corporales, los santos tratan de mantenerse tan cerca de esta alabanza continua como su fragilidad humana les permite. Por desgracia, muchos suelen comenzar el día con cierto fervor en oración y alabanza, pero desmayan antes de que llegue la noche.

3. Su sinceridad queda probada en el hecho de que lo hace a solas, en privado. David profesaba su fe en Dios a medianoche, sin testigos; cuando no había oportunidad para la ostentación. Saboreaba la alegría secreta de deleitarse en Dios a solas; cuando no había posibilidad de recibir el aplauso de los hombres, sino tan solo la aprobación de Dios, que ve en secreto. Ved al respecto las palabras de Cristo: *"Pero tú, cuando ores, entra en tu aposento, y a puerta cerrada, ora a tu Padre que está en lo secreto; y tu Padre que ve en lo secreto, te lo recompensará en público"*.[115] Y la práctica del propio Jesús: *"De madrugada, cuando estaba aún muy oscuro, se levantó, salió y se fue a un lugar solitario, y allí se puso a orar"*.[116] Antes que el día amaneciera iba al desierto a orar; es decir, tanto la hora como el lugar implicaban secreto.

4. Aprendemos también lo precioso que es el tiempo: David lo valoraba en extremo, y lo demuestra por la manera cómo lo consume. Leemos en otro pasaje que tras acostarse por la noche y examinar su corazón, regó el lecho con sus lágrimas;[117] por la noche se acordó del nombre del Señor (119:55); se levantó a medianoche para dar gracias (119:62); por la mañana se adelantaba a todos los relojes;[118] y alababa a Dios siete veces al día:[119] consagraba a Dios mañana, mediodía y noche. Todo ello son actos de piedad eminente. No deberíamos contentarnos con un nivel de gracia que alcance justo para salvarnos. ¡Ay! disponemos de mucho tiempo ocioso en nuestras manos: si lo consagráramos a Dios, haríamos bien.

5. Valoraba la práctica de la piedad por encima de las necesidades de su cuerpo físico. La Palabra es más dulce que el alimento: *"he apreciado las palabras de su boca más que mi alimento*

[113] Lucas 6:12.
[114] Apocalipsis 7:15.
[115] Mateo 6:5-6.
[116] Marcos 1:35.
[117] Salmo 6:6.
[118] Salmo 119:147. Ver también Salmo 5:3; 59:15; 83:13; 143:8.
[119] Salmo 119:167.

diario".[120] David prefiere la alabanza a Dios al sueño y descanso de la noche. Esto debería avergonzarnos por nuestra sensualidad. Nos privamos de muchas cosas por vanos placeres: deportes, juegos, tertulias. ¿Escatimaremos a Dios el tiempo que merece?

6. Finalmente la marcada reverencia que aplica en su adoración privada. No solo eleva su espíritu predisponiéndolo para alabar a Dios, sino que se levanta de la cama para doblar sus rodillas ante él. La piedad en privado debe ser llevada a cabo con la misma solemnidad que si fuera en público. La alabanza es un acto muy especial de adoración, y requiere la participación no solo del alma, sino también del cuerpo.

THOMAS MANTON [1620-1677]
"One hundred and ninety sermons on the hundred and nineteenth Psalm", 1681

A medianoche me levantaré a darte gracias. Había alabado en los atrios de la casa del Señor, y sin embargo, lo hace de nuevo en su dormitorio. El culto público no nos exime ni nos excusa de la adoración en privado.

MATTHEW HENRY [1662-1714]
"Commentary on the Whole Bible", 1811

A medianoche me levantaré a darte gracias. ¿Acaso no estaba dispuesto a alabar a Dios al mediodía que tenía que hacerlo a medianoche? Ciertamente que sí; pero dice *"a medianoche"*, para expresar el fervor y anhelo de su alma. Cuando queremos recalcar a nuestros amigos lo mucho que nos preocupa un asunto, les decimos que nos quedamos reflexionando sobre el mismo *"hasta medianoche"*.

WOLFGANG MUSCULUS [1497-1563]
"In Sacrosanctum Davidis Psalterium Commentarii", 1573

Vers. 63. *Compañero soy yo de todos los que te temen y guardan tus mandamientos.* *[Me asocio con todos los que te temen y guardan tus mandamientos.* RVR*] [Compañero soy de todos los que te temen, y de los que guardan tus preceptos.* LBLA*] [Soy compañero de todos los que te temen, y de los que observan tus preceptos.* BTX*] [Soy amigo de todos los que te honran, de todos los que observan tus preceptos.* NVI*] [Soy amigo de cuantos te veneran, de los que respetan tus preceptos.* BLP*] [Soy amigo de todo el que te teme, de todo el que obedece tus mandamientos.* NTV*]*[121]

Compañero soy yo de todos los que te temen. En el versículo anterior (119:62) decía: *"Yo haré"*, y aquí afirma: *"Yo soy"*.[122] Difícilmente podemos aspirar a obrar rectamente en el futuro si no obramos rectamente en el presente. El hombre conforme al corazón de Dios pasaba sus noches con Dios,

---

[120] Job 23:12.

[121] La versión griega de los LXX o Septuaginta lee: μέτοχος ἐγώ εἰμι πάντων τῶν φοβουμένων σε καὶ τῶν φυλασσόντων τὰς ἐντολάς σου que la Vulgata traduce al latín como: *"Particeps ego sum omnium timentium te, et custodientium mandata tua"*, "Participante soy yo de todos los que te temen, y de los que guardan tus mandamientos". La versión sefardí de Ferrara traduce: *"Compañero yo à todos los que te temieren, y a guardantes tus encomendanças"*. La caldea Peshitta: *"Amigo soy de todos los que te temen, de los que guardan tus mandamientos"*. KRAUS traduce: *" Compañero soy de todos los que te temen y guardan tus ordenanzas"*. SCHÖKEL: *"Me junto con todos tus fieles que guardan tus decretos"*.

[122] Juega con los tiempos verbales en futuro y presente de la versión inglesa KJV: *"**I will** rise to give thanks"* (119:62); y *"**I am** a companion"* (119:63). Con la traducción se pierde un tanto el contraste.

y sus días con el pueblo de Dios. Aquellos que verdaderamente temen a Dios aman a todos los demás que también le temen, y hacen pocas distinciones entre ellos con tal de que sean verdaderamente temerosos de Dios.[123] David era rey, no obstante, se reunía y juntaba con *"todos"* los que temían al Señor, sin importarle si eran famosos o desconocidos, pobres o ricos. Se consideraba a si mismo un simple numerario en la *Ilustre Hermandad de todos los Santos.*[124]

No escogió por compañeros a una estrecha selección de santos eminentes dejando al resto de los creyentes marginados. No, se alegró de relacionarse y asociarse con cuantos tenían como principio de la sabiduría *"el temor del Señor"*.[125] Se complació de sentarse a su lado en los grados elementales y niveles básicos de la escuela de la fe. Tan solo esperaba de quienes admitía como socios un temor piadoso en su interior, y una clara demostración de piedad externa; por lo que añade:

Y guardan tus mandamientos. Con tal que estuvieran dispuestos a guardar los mandamientos del Señor, les consideraría compañeros. David era bien conocido por su inclinación a la piedad, en su época era afiliado indiscutible del partido puritano: cosa que encendía el odio de los hombres de Belial, que además, lo despreciaba sin duda por mezclarse con gente humilde, inculta, fanática y estrecha de miras. Pero no se avergüenza de sus compañeros; lejos de esto, se gloría de testificar públicamente de su relación con ellos, digan lo que digan sus enemigos. Encontró en esta asociación deleite y provecho: su vida espiritual crecía más robusta asociada con el bien; y se fortalecía con la compañía de gente honrada y honorable. ¿Qué dices tú lector? ¿Te complace asociarte con gente justa y santa? ¿Te sientes como en casa al lado de personas creyentes y piadosas? Si es así, ten por seguro que sacaras de ello provecho y gran consuelo; pues como dice el refrán, gente con gente: «Dios los cría y ellos se juntan».[126] Cada ser humano es conocido y valorado por las amistades que tiene, o como afirma otro refrán: «Dime con quién andas, y te diré quién eres». Aquellos que no temen a Dios raramente sienten el menor interés por juntarse con creyentes; su amistad se les hace tediosa y aburrida. Sírvanos de consuelo que cuando la muerte nos traslade finalmente de escenario, nos llevará también con el grupo que nos corresponde, y aquellos que amaron y se juntaron a los santos en la tierra serán contados con ellos en el cielo.

C.H. SPURGEON

Compañero soy yo de todos los que te temen. En el primer versículo de esta octava había dicho: *"El Señor es mi porción"* (119.57); y aquí afirma que todos los santos de Dios son sus compañeros. Ambas cosas van juntas y son inseparables: el amor a Dios y el amor a sus santos. Pues el que no ama a su hermano, hecho a imagen de Dios, a quién ha visto, ¿cómo puede amar a Dios a quien no ha

[123] Dice WILLIAM SWAN PLUMER [1802-1880]: «Si alguien no se siente a gusto entre los hijos de Dios es porque no forma parte de ellos. Como bien dice el refrán: *"Amistad de hombres leales, solo perdura entre iguales"*, el que se acompaña de personas buenas obrará con bondad, de la misma manera que sentencia otro refrán que: "quien anda al lado un cojo acabará cojeando"».

[124] En el original: *"a fellow commoner of the College of All saints"*. En este mismo sentido FELIPE SCIO DE SAN MIGUEL [1738-1776] en una nota a su traducción de la Vulgata, considera que estas palabras del salmista: *"compañero soy yo de todos los que te temen"* llevan implícita una alusión a la doctrina de la comunión de los santos (1 Corintios 12:12-31; 1 Juan 1:3).

[125] Salmo 111:10; Proverbios 1:7; 9:10.

[126] En el original: *"Birds of a feather flock together"*, "las aves del mismo plumaje vuelan juntas". Hemos considerado oportuno sustituirlo por el equivalente español, que se aplica por lo general a personas de conducta censurable.

visto?[127] Siendo que nuestra bondad no se extiende al Señor;[128] si cuanto menos la mostramos por su causa a sus santos y excelentes en la tierra,[129] será una manera ideal de mostrar nuestro afecto y amor hacia él.

Una vez muerto Jonatán, el piadoso David ordenó una búsqueda exhaustiva para saber si quedaba alguno de sus descendientes a quien él pudiera mostrar su bondad por amor de Jonatán.[130] Hasta que finalmente hallaron a un desdichado lisiado, a Mefiboset; y David lo puso a comen en su propia mesa.[131] Así pues también deberíamos preguntarnos nosotros con diligencia: «¿Hay alguno en la tierra a quien pueda mostrar yo bondad por amor a Cristo que está en el cielo?». Y no hay duda de que hallaremos a más de uno con quién practicar y ejercer nuestra bondad; y cuanto hagamos por él será considerado como si lo hubiéramos hecho al propio Señor.[132]

También es digna de resaltar su peculiar modestia. No dice: "Compañero soy yo de todos los que te siguen", sino *"de todos los que te temen"*. El temor de Dios es el principio de la sabiduría.[133] David, a pesar de que en cuanto a piedad sobresalía entre los veteranos, en cuanto a humildad se sitúa a si mismo entre los novicios.

WILLIAM COWPER [1566-1619]
"A Commentary upon CXIX Psalm", 1613

Compañero soy yo de todos los que te temen. ¡Qué frágil es la naturaleza humana! Hay momentos en los que la inmensidad de la presencia del Todopoderoso nos agobia; y sentimos la necesidad de contar con alguien limitado, humano, similar nosotros que nos acompañe. Para ello contamos con abundancia de buenos amigos, y de manera especial, con el amigo por excelencia: Cristo Jesús.[134] A medida que vamos avanzando en nuestro peregrinaje, vamos disfrutando de los diversos apoyos humanos que el Señor ha provisto para nosotros, y entablando con ellos una comunión espiritual más íntima.

JOHN STEPHEN [1800-1881]
"The Utterances of the CXIX Psalm; Expounded in a Series of Lectures", 1861

Compañero soy yo de todos los que te temen. «Dios los cría y ellos se juntan» dice un antiguo refrán. Los siervos del mismo Señor, si le son fieles, se juntarán con sus consiervos, no con los siervos de su enemigo. Cuando alguien llega a una posada no es difícil aventurar sus intenciones observando

[127] 1 Juan 4:20.

[128] Salmo 16:2. La versión inglesa KJV lo traduce como: *"my goodness extendeth not to thee"*, "mi bondad no se extiende a ti". Ver comentarios relacionados en el Salmo 16:2.

[129] Salmo 16:3: La versión inglesa KJV lo traduce como: *"to the saints that are in the earth, and to the excellent, in whom is all my delight"*.

[130] 2 Samuel 9:1.

[131] 2 Samuel 9:10.11.

[132] Mateo 25:40-45.

[133] Salmo 111:10; Proverbios 1:7; 9:10.

[134] Proverbios 18:24; Juan 15:13-15. En este aspecto digno es de recordar el famoso himno de MARIANNE NUNN [1778-1847] *One there is above all others, Oh how He loves!* en realidad una adaptación del himno de JOHN NEWTON [1725-1807] *One there is above all others, Well deserves the Name of Friend* y traducido al español con la siguiente letra: *"Un amigo hay más que hermano: Cristo el Señor; / El llevó en Su cuerpo humano nuestro dolor. / Este amigo moribundo, padeciendo por el mundo, / Demostró su amor profundo: ¡Dadle loor!. Hoy, ayer y por los siglos Cristo el Señor; / Es el mismo fiel amigo: ven, pecador. / Es maná en el desierto, nuestro guía, nuestro puerto; / Es su amor profundo y tierno: ¡Dadle loor!"*.

el lugar adonde se dirige y los compañeros que busca para viajar.[135] Si pregunta: «¿Sabéis de alguien que vaya para Londres? Estoy buscando un compañero de viaje» habrá revelado su curso y propósito. Y si escucha a alguien conversando sobre otro destino, no le presta atención; pero si da con algún pasajero honrado que vaya en su misma dirección, le propone de viajar juntos. Este mundo es en realidad una posada en la que todos los seres humanos son en cierto modo peregrinos y extranjeros, pues no tenemos aquí lugar permanente.[136] Y la compañía por la que cada uno se interesa puede variar de los que buscan el *"camino ancho"* del pecado; a la de aquellos que caminan por el *"camino estrecho"* del Espíritu;[137] hacia el cielo o hacia el infierno. Un impío jamás deseará la compañía de quienes caminan en dirección opuesta a la suya; como tampoco un santo se deleitará relacionándose con inicuos que se le cruzan. ¿Andarán dos juntos, si antes no se han puesto de acuerdo?[138] Los polluelos de perdiz incubados por una gallina, pasan un tiempo junto con los polluelos de la gallina, les hacen compañía e incluso escarban la tierra juntos; pero tan pronto les crecen alas y se ajustan a su propósito, remontan el vuelo y buscan la compañía de pájaros de su propia especie. Antes de su conversión, el cristiano es incubado por el príncipe de las tinieblas, y camina en compañía de su estirpe condenada, siguiendo el curso de este mundo; pero cuando el Espíritu Santo transforma su mente y corazón, cambia rápidamente de compañeros, y se deleita únicamente con *"los santos que están en la tierra"*.[139]

GEORGE SWINNOCK [1627-1673]
"The Christian Man's Calling", 1665

Compañero soy yo de todos los que te temen. Analizando esta frase nos hacemos dos preguntas:

1. ¿Quién habla? David, que era un gran profeta además de rey, y dice sin embargo: *"Compañero soy yo de todos los que te temen"*. Cristo habla también de sus compañeros: *"tu Dios, te ha ungido con óleo de alegría más que a tus compañeros"*;[140] por lo que bien podía decir David: *"Compañero soy"*.

2. ¿De quienes habla? De *"todos los que te temen"*. Y es importante prestar especial atención al pronombre indefinido: no "algunos" sino "todos": cualesquiera que se encontrara y dondequiera que los encontrara, para el eran bienvenidos con tal de que fueran temerosos del Señor. ¡Cuán diferente sería este mundo y cuánto no mejoraría si los potentados de la tierra pensaran, dijeran e hicieran esto: "*Me asocio con todos los que te temen*"! Más por desgracia, en la mayoría de los seres humanos prevalece el amor a si mismos; amamos al rico y despreciamos al pobre. Y lo grave es que esto sucede incluso entre los que compartimos una misma fe en Cristo.[141] No debe ser así; debemos de respetar el principio divino de universalidad, relacionarnos y ser compañeros *"de todos"* los que le temen: *"habiendo oído de vuestra fe en el Señor Jesús, y de vuestro amor para con todos los santos"*,[142] tanto a los humildes como a los poderosos; las diferencias sociales no pueden afectar las relaciones en la iglesia.[143]Las diferencias entre unos creyentes y otros en cuestiones de este mundo son muchas; incluso en

---

[135] Antiguamente, cuando era habitual para la mayoría de personas viajar caminando y los caminos estaban plagados de bandidos y salteadores, viajar solo era muy peligroso. Los viajeros solían pasar las noches en una posada, y aprovechaban para dialogar y encontrar a otros viajeros que se dirigieran al mismo lugar o siguieran su misma dirección para proponerles viajar juntos y así protegerse los unos a los otros.

[136] 1 Crónicas 29:15; Hebreos 13:14.

[137] Mateo 7:13-14.

[138] Amos 3:3.

[139] Salmo 16:3.

[140] Salmo 45:7.

[141] Santiago 2:1.

[142] Efesios 1:15.

[143] 1 Corintios 11:20-22; Santiago 2:15-16.

lo relativo a los dones espirituales, hay algunos más débiles y otros más fuertes; pero debemos amar a todos y ser solícitos con todos;[144] porque todos somos hijos de un mismo Padre y todos pertenecemos a Cristo: *"el cual no se avergüenza de llamarnos hermanos"*.[145]

THOMAS MANTON [1620-1677]
"One hundred and ninety sermons on the hundred and nineteenth Psalm", 1681

Compañero soy yo de todos los que te temen y guardan tus mandamientos. Viene a ser como si dijera: Señor, esta es la etiqueta identificativa de que pertenezco a tu familia: que soy *"compañero de todos los que te temen"* con un temor filial, y guardan *"tus mandamientos"*.

JOHANNES PAULUS PALANTERIUS [1540-1606]
"Illvstris Psalmorvm Davidicorvm Nusquam a recepto Sacrae Scripturae sensu recedens, mireq[ue]veluti Gemma clarissima resplendens Explanatio", 1600

Compañero soy yo de todos los que te temen y guardan tus mandamientos. Un *"compañero"* es la persona que elegimos para compartir y conversar en una relación de amistad. Por tanto, tener y ser un "compañero" implica tres cosas: En primer lugar, es una cuestión de elección, no se puede decir propiamente de todos nuestros amigos y conocidos en general, como tales, que sean "compañeros". En segundo lugar, implica un constante caminar y conversar juntos, lo que conlleva una mutua identificación: *"El que anda con sabios, sabio será; mas el que se junta con necios se echa a perder"*.[146] Y, en tercer lugar, ese caminar o conversar habitual con el otro, debe ser en concepto de amistad.

WILLIAM BRIDGE [1600-1670]
"A Lifting Up for the Downcast", 1845

Compañero soy yo de todos los que te temen y guardan tus mandamientos. Evita la compañía de aquellos que se apartan de Dios, y busca la de aquellos en quienes Dios se complace. Considera la relación con mundanos y licenciosos como infecciosa; y ten a las personas piadosas y que oran profusamente como los excelentes en la tierra.[147] Puesto que son quienes reavivarán tu llama cuando te apague y darán calor a tu vida espiritual cuando se enfríe. Haz que tu amistad más íntima y profunda sea siempre con los más vivificados entre el pueblo de Dios, y procura que el motivo principal de tu amistad y amor hacia ellos sea su amor y semejanza a Cristo, más que el amor y cariño que puedan tenerte a ti.

JOHN WILLISON [1680-1750]
"The afflicted man's companion", 1737

Vers. 64. *De tu misericordia, oh Jehová, está llena la tierra; enséñame tus estatutos.* *[De tu misericordia, oh Jehová, está llena la tierra; enséñame tus estatutos.* RVR*] [La tierra, oh Señor, está llena de tu misericordia; enséñame tus estatutos.* LBLA*] [La tierra, oh YHVH, está llena de tu misericordia. ¡Enséñame tus estatutos!* BTX*] [Enséñame, Señor, tus decretos; ¡la tierra está llena de*

[144] Romanos 14:1; 15:1; Gálatas 6:2; 1 Tesalonicenses 5:14.
[145] Hebreos 2:11.
[146] Proverbios 13:20.
[147] Salmo 16:3.

tu gran amor! NVI*] [Tu amor, Señor, llena la tierra, enséñame tus normas.* BLP*] [Oh Señor, tu amor inagotable llena la tierra; enséñame tus decretos.* NTV*]*[148]

De tu misericordia, oh Jehová, está llena la tierra.[149] David había sido un exiliado, pero jamás había quedado fuera del ámbito de la misericordia divina, y pudo constatar que el mundo rebosaba de ella por todas partes. Deambuló por los desiertos y tuvo que esconderse en cuevas, confirmando así que la bondad del Señor estaba por doquier. Aprendió que el amor de Jehová se extendía mucho más allá de los límites de la tierra de la promesa y de la raza judía, y en este versículo expresa claramente esa idea singular que raramente se da en el judío de nuestros días: un Dios de corazón amplio y bondadoso cuya misericordia se extiende a toda la tierra. Qué dulce resulta para nosotros saber que no solo hay misericordia divina, sino que la hay en tal abundancia que la tierra está *"llena"* de ella.[150] No es de extrañar que el salmista, consciente de que el Señor era su porción, esperara obtener de esa misericordia una amplia medida para si mismo, y fue su aliciente para a orar diciendo:

Enséñame tus estatutos. Ser enseñado en la ley por el propio Dios, era para David el *súmmum* de la misericordia, el ideal perfecto.[151] Se declara incapaz de imaginar mayor misericordia que esta. Y ciertamente Aquel que llena el universo con su gracia, no dudará en concederla a sus hijos. Susurremos al Señor infinitamente misericordioso este deseo y no tengamos la menor duda de su cumplimiento.

El primer versículo de esta octava viene perfumado con una seguridad plena y una resolución firme: *"El Señor es mi porción; he prometido guardar tus palabras"* (119:57); este último desborda en su sentido de la plenitud divina, y la dependencia personal que el salmista expresa de ella: *"De tu misericordia, oh Jehová, está llena la tierra; enséñame tus estatutos"* (119:64). Un ejemplo real incuestionable de que la plena seguridad en el creyente no mina su espíritu de oración ni obstaculiza su sentido de humildad. Y no nos equivocaríamos si dijéramos que más bien crea humildad y sugiere súplica. Es propio que: *"El Señor es mi porción"*, vaya seguido por un *"enséñame";* porque el heredero de una gran fortuna debe ser educado con esmero, para que su comportamiento esté acorde con su fortuna. ¿Qué discípulos tan aplicados no habremos de ser en nuestra calidad de herederos del Señor de los ejércitos? Aquellos que tienen a Dios por su porción, desean tenerlo también por su Maestro. Además, quienes han decidido obedecer son los más ávidos de ser enseñados. *"He prometido guardar tus palabras"* (119:57); enlaza primorosamente con *"enséñame tus estatutos"* (119:64).

---

[148] La versión griega de los LXX o Septuaginta lee: τοῦ ἐλέους σου, κύριε, πλήρης ἡ γῆ· τὰ δικαιώματά σου δίδαξόν με que la Vulgata traduce al latín como: *"Misericordia tua, Domine, plena est terra; justificationes tuas doce me"*, "De tu misericordia, Señor, esta llena la tierra: enséñame tus justificaciones". La versión sefardí de Ferrara traduce: *"De tu merced Adonay fe henchio la tierra, tus fueros me abéza"*. La caldea Peshitta: *"Tu misericordia, oh Yahweh, llena la tierra. Instrúyeme en tus mandamientos"*. KRAUS traduce: *"De tu bondad, oh Yahvé, está llena la tierra, ¡enséñame tus estatutos!"*. SCHÖKEL: *"De tu bondad, Señor, está llena la tierra: enséñame tus normas"*.

[149] Esta misma idea vemos expresada en el Salmo 33:5: *"De la misericordia de Jehová está llena la tierra"*. WILLIAM SWAN PLUMER [1802-1880] dice al respecto: «Cuando un corazón se halla prendido y enfervorizado por la gracia redentora, a su alrededor todo canta. Siente como si la naturaleza al completo entonara un canto al Altísimo, y en todas partes ve demostraciones de su misericordia: las estrellas entonan alabanzas; los trinos de los aves resuenan en sus oídos como un canto de gloria al Creador; y al contemplar los bancos de peces moviéndose en toda su belleza y colorido, descubre un orden y majestuosidad que solo puede proceder de una mano sabia y poderosa. Lo cual engendra en su interior un anhelo mas ardiente de aprender, de adquirir un mayor conocimiento de ese Creador, y exclama: *"enséñame tus estatutos"*».

[150] Salmo 33:5.

[151] En el original *"beau ideal"*.

Quienes desean guardar una ley están ansiosos por conocer todas sus cláusulas y disposiciones a fin de no quebrantarla inadvertidamente. Quien no desea ser instruido por el Señor es porque nunca ha decidido con honestidad ser santo.

C.H. SPURGEON

De tu misericordia, oh Jehová, está llena la tierra. El siervo de Dios humilde y piadoso jamás contempla con ojos de amargura y preocupación el escenario por el cual transita camino de su hogar eterno. En mitad de muchas aflicciones y privaciones, fruto inevitable del pecado, mira la naturaleza en su conjunto y ve en el resplandor de la providencia la expresión dulce de la benignidad y misericordia paternal de Dios para con los hijos de los hombres.[152]

JOHN MORISON [1791-1859]
"An Exposition of the Book of Psalms", 1829

De tu misericordia, oh Jehová, está llena la tierra. El mar de bronce,[153] los panes de la proposición,[154] el incienso aromático,[155] el humo de los sacrificios,[156] el pectoral de Aarón,[157] la predicación de la cruz,[158] las llaves del reino de los cielos,[159] ¿acaso todo ello no proclama esa misericordia? ¿Quién podría entrar en un santuario, escrutar su conciencia, mirar hacia el cielo, orar o sacrificar, invocar a Dios, o pensar en el árbol de la vida en medio del paraíso de Dios,[160] si no fuera por su misericordia? ¿Acaso todas las visiones, pactos, promesas, mensajes, misterios, purificaciones de la ley, y el evangelio de la paz,[161] no son una confirmación de esta misericordia que llena toda la tierra? Sí, la misericordia está en el aire que respiramos, en la luz que día tras día brilla sobre nosotros, en la lluvia abundante de gracia que fortalece la heredad de Dios;[162] que es fuente gratuita para todos los sedientos[163] y albergue para todos los necesitados;[164] todas las calles de la Iglesia están pavimentadas con piedras de misericordia. ¿Qué sería de los niños en la fe si no fuese por estos pechos de consolaciones que los amamantan?[165] ¿Cómo se ataviaría la esposa del Cordero, si el esposo no la cubriera con este vestido de misericordia?[166] ¿Cómo subsistiría el Edén como Jardín de Dios, si no fuese regado por los ríos de su misericordia?[167] La misericordia es la que nos saca de la matriz de nuestra madre, nos alimenta a lo largo de los días de nuestro peregrinaje, nos proporciona provisiones espirituales, cierra nuestros ojos

[152] Dice al respecto EMIL HEINRICH TAUBE [1819-1892]: «Las riquezas de la misericordia de Dios, extendidas como están sobre toda la tierra, se hacen evidentes a los ojos de la fe; pero la mayor de todas sus misericordias es su Palabra, que alienta la fe y nos enseña a reconocer a Dios en sus caminos y obras».

[153] 1 Reyes 7:23-39; 2 Crónicas 4:2-6.

[154] Éxodo 35:13; 39:36; 1Reyes 7:48; 2 Crónicas 13:11; Nehemías 10:32, 33.

[155] Éxodo 30:7-9; Números 4:16; 2 Crónicas 13:11.

[156] Éxodo 29:13; Levítico 4:19, 26, 31, 35; 6:12; 7:31; 8:16, 20; 9:10; 16:25; Números 18:17.

[157] Éxodo 28:15-21; 39:8-21.

[158] 1 Corintios 1:18-25.

[159] Mateo 16:19.

[160] Génesis 2:9; Apocalipsis 2:7; 22:2, 14.

[161] Isaías 52:7; Romanos 10:15; Efesios 6:15.

[162] Salmo 68:9.

[163] Isaías 55:1; Juan 4:14; 7:37; Apocalipsis 21:6.

[164] Jeremías 31:25; Mateo 11:28.

[165] Isaías 66:11.

[166] Efesios 5:26-27.

[167] Génesis 2:10-14; Salmo 36:8; 46:4; 65:9; Ezequiel 47:1; Apocalipsis 22:1.

en la paz del Señor en la hora de nuestra muerte, y nos traslada a un lugar seguro de descanso eterno. Es plataforma del suplicante y artículo de primera necesidad para el creyente: las contemplaciones de Enoc,[168] la confianza de Abraham,[169] la carga y esencia de los cánticos proféticos, la gloria de todos los apóstoles, las súplicas de los penitentes, los éxtasis de los reconciliados, los hosannas de los redimidos, los aleluyas de los ángeles; todo gira alrededor de la misericordia. Las ordenanzas, los oráculos o profecías, los altares, los púlpitos, las puertas de la tumba y las del cielo, todos ellos dependen de la misericordia. Es la estrella polar del caminante, el rescate del cautivo, el antídoto del que es tentado; profeta de los vivientes y consuelo efectivo del moribundo. No habría un solo santo regenerado en la tierra ni glorificado en el cielo de no ser por la misericordia de Dios.

GEORGE SEATON BOWES
"Illustrative gatherings, or, Preachers and teachers, a manual of anecdotes", 1860

---

[168] Génesis 5:24; Hebreos 11:5; Judas 14. Aunque probablemente se refiera directamente a lo que se conoce como "contemplaciones de Enoc" recogidas en el llamado "Libro de Enoc" Libro II vers. 1: *"Contemplad todas las cosas que ocurren en el cielo, cómo las luminarias del cielo no cambian su ruta en las posiciones de sus luces y cómo todas nacen y se ponen, ordenadas cada una según su estación y no desobedecen su orden";* y que mantienen un paralelo con diversos pasajes de las Escrituras canónicas: Salmos 19:1; 74:16; 104:19; Job 9:6-9.

[169] Hebreos 11:17-19.

ט TET[1]

Versículos del 65 al 72

Versión poética

Tet

¡Cuántas veces, Señor, de tus bondades
he tenido muy práctica experiencia!
siempre te vi conmigo dulce y bueno,
inspírame también que yo lo sea.

Enséñame a que arregle mi conducta,
hazme aprender la soberana ciencia
de guardar tus preceptos, pues mi dicha
es su observancia rígida y perfecta.

Ya, mi Dios, observarlos deseaba
antes de que tu mano me afligiera,
y después la aflicción ha reforzado
el vigilante ardor de mi obediencia.

¡Qué bueno eres, Señor! Por esas mismas
infinitas bondades que me muestras,
te ruego que me instruyas de tus leyes
en la sublime y necesaria escuela.

Cada día el furor de mis contrarios
contra mi más intrépido se aumenta,
y cada día mas mi alma no aspira
sino a entender mejor tu ley suprema.

Su corazón furioso se endurece,
al modo que la leche se condensa,

[1] Felipe Scio de San Miguel [1738-1776] en una nota a su traducción de la Vulgata indica que la letra: ט *Tet,* significa "bueno, provechoso". Los cabalistas nos explican que ט *Tet* es una letra cerrada en todos sus costados excepto en su parte superior: ט, se abre hacia el cielo, y por tanto, simboliza un receptáculo dispuesto para acumular bondad; una bondad que viene exclusivamente de lo alto, pues la palabra que más plenamente ilustra el significado de la letra ט *Tet* es: טוֹב *towb,* término utilizado repetidamente en el relato de la creación divina según el primer capítulo de Génesis (Génesis 1:4, 10, 12, 18, 21, 25, 31) וַיַּרְא אֱלֹהִים כִּי־טוֹב *wayyar 'ĕlōhîm kî-ṭōwḇ*: *"y vio Dios que era bueno"*. Esa es la palabra con la que el salmista comienza esta octava: טוֹב עָשִׂיתָ עִם־עַבְדְּךָ *ṭōwḇ 'āśîṯā 'im-'aḇdəḵā, "Bondad has usado con tu siervo"* (119:65); y repite asiduamente a lo largo de la misma: *"Buen sentido y sabiduría enséñame"* (119:66); *"Bueno eres tu"* (119:68); *"Bueno es para mí"* (119:71); *"Buena es tu ley"* (119:72).

y se hace un cuerpo duro, pero el mío
se ablanda más cuando tu ley contempla.

¡Qué fortuna! ¡que dicha fue la mía,
cuando humillaste mi feroz soberbia!
gracias te doy, mi Dios, pues de este modo
harán mis males que tu ley aprenda.

Y la observancia de tu ley divina
para mi es más preciosa y halagüeña,
que todos los millones de oro y plata
que la tierra y el mar juntos encierran.

Del "Salterio Poético Español", Siglo xviii

Comentario general a los versículos del 65-72: En esta novena octava todos los versículos empiezan con la letra " ט Tet". Son el testimonio de la experiencia, testifican de la bondad de Dios, la misericordia de sus tratos, y lo precioso de su Palabra. El Salmista proclama de manera especial como la adversidad y la aflicción son particularmente útiles en demostrar la bondad de Dios. El primer versículo es el texto clave de toda la octava: *"Has tratado bien a tu siervo, oh Señor, conforme a tu palabra"* (119.65).[2]

C.H. Spurgeon

[2] Dice Francisco Lacueva [1911-2011] en su versión española del "Comentario de Matthew Henry": «Esta estrofa puede titularse: 'La disciplina de la aflicción'. Aquí el salmista:

»1. Agradece a Dios el favor que le ha dispensado. Aun cuando el verbo "agradecer" no ocurre en esta octava ni una sola, toda ella está llena de agradecimiento: *"Has tratado bien a tu siervo"* (119:65). El favor de Dios hacia nosotros se muestra tanto en aquello que nos agrada como en aquello que nos duele: *"Bueno me es haber sido humillado para que aprenda tus estatutos"* (119:71), afirma después de haber dicho: *"Bueno eres tú y bienhechor"* (119:68). Y así a lo largo de toda la octava.

»2. Reconoce, por tanto que fue un gran bien para él haber sido humillado (119:71, –compárese con 119:67). Su desviación del camino recto (119:59) tuvo como consecuencia la aflicción que Dios le envió, y esta aflicción le hizo volver en sí, como al Hijo Pródigo de Lucas 15:11-32, y dirigir sus pies a someterse de nuevo a las normas divinas (119:59, 67, 71).

»3. Lo que le ayuda siempre a recobrarse es que estima la Ley de Dios más que todas las riquezas del mundo (119:72 - comparar con 119:14); de ahí el deleite que experimenta en el cumplimiento de la Ley (119 66b, 67b, 69b, 70b) y la repugnancia que le causan los calumniadores (119:69) y los que tienen embotado el corazón (en hebreo טָפַשׁ כַּחֵלֶב *ṭāpaš kaḥêleḇ* "gordo como la grasa"), es decir, impermeable a todo ideal ético.

»4. Como todo buen creyente, desea conocer más y mejor la Ley de Dios, por lo que le pide que le enseñe (A) no solo a través de la aflicción (119:67, 71), sino (B) concediéndole buen discernimiento (en hebreo טוּב טַעַם *ṭūḇ ṭa-'am* "bondad de gusto" - como cuando decimos de una persona de buen sentido: «¡Qué buen gusto tiene!») y conocimiento (en hebreo וָדַעַת *wāḏa'aṯ* de דַּעַת *dáath*), en sentido de penetración cordial, experimental, como siempre en las Escrituras (119:66). No todo el que tiene buen conocimiento tiene buen gusto y viceversa. Poseer ambas cosas es un gran favor de Dios: un buen corazón con una buena

Vers. 65. ***Bien has hecho con tu siervo, oh Jehová, conforme a tu palabra.*** *[Has tratado bien a tu siervo, oh Jehová, conforme a tu palabra.* RVR*] [Bien has obrado con tu siervo, oh Señor, conforme a tu palabra.* LBLA*] [Oh YHVH, bien has hecho a tu esclavo, conforme a tu Palabra.* BTX*] [Tú, Señor, tratas bien a tu siervo, conforme a tu palabra.* NVI*] [Fuiste bueno con tu siervo, según tu promesa, Señor.* BLP*] [Señor, has hecho muchas cosas buenas a mi favor tal como lo prometiste.* NTV*]*[3]

Has tratado bien a tu siervo, oh Jehová, conforme a tu palabra. Este versículo es para el salmista el sumario o resumen de su vida, y seguramente también de la nuestra. Comparte con Señor el veredicto de su corazón; no puede callarse, necesita expresar su gratitud en la presencia de Jehová, su Dios. Partiendo de la bondad universal de Dios en la naturaleza tal como la expresa en el versículo anterior: *"De tu misericordia, oh Jehová, está llena la tierra"* (119:64), el paso a esta confesión sincera y agradecida de la constante bondad del Señor para con nosotros no resulta difícil. Ya es mucho que Dios se digne a tratar con seres tan insignificantes e indignos, pero que nos haya tratado bien, y tan bien, tan maravillosamente bien, es algo extraordinario. Pero el Señor hace bien todas las cosas,[4] y esa regla no tiene excepción. Tanto en la providencia como en la gracia, en la prosperidad y en la adversidad, todo lo que el Señor ha hecho con nosotros y por nosotros lo ha hecho bien. Y en consecuencia, es propio que se lo digamos, que lo reconozcamos; porque la alabanza en este sentido es especialmente adecuada y agradable. Con todo, esta bondad del Señor no es algo fortuito: prometió hacerlo, y lo ha hecho *"según su palabra"*. Es particularmente hermoso constatar como la palabra del Señor se ha cumplido en nuestra feliz experiencia; nos alienta a que amemos la Escritura y al Señor de la Escritura. El libro de la providencia concuerda con el Libro de la promesa: aquello que leemos en las páginas inspiradas lo constatamos de manera práctica en las hojas del libro de nuestra vida. Quizá dudábamos que así sería, pero ahora que vemos la misericordia del Señor para con nosotros y su fidelidad a lo prometido en su Palabra, nuestra incredulidad se retira arrepentida: en adelante estamos obligados a mostrar una fe más firme tanto en Dios como en sus promesas. El Señor ha hablado bien, y nos ha tratado bien. Sin duda es el mejor de losSeñores por haber procedido de forma tan bienaventurada con siervos tan indignos e incapaces. ¿No nos lleva esto a deleitarnos cada vez más en su servicio? Nosotros no podemos decir que nos hayamos portado con él como corresponde; porque una vez hecho cuanto nos había ordenado, somos siervos inútiles;[5] pero en cuanto a él, nos ha dado trabajo ligero,[6] paga generosa,[7] y cariñoso estímulo. Es una maravilla que no haya prescindido de nosotros desde tiempo, o cuanto menos reducido nuestras atribuciones, o tratado con dureza; sin embargo, nos ha tratado bien, con la misma consideración que si le hubiéramos prestado una perfecta obediencia. Tenemos alimento suficiente y para guardar, nos ha proporcionado la librea que nos corresponde, y

---

cabeza. (C) De nuevo (119:68b): *"Enséñame tus estatutos"*. Puesto que en sus palabras revela Dios su bondad, el salmista está deseoso de que Dios le instruya en sus preceptos».

[3] La versión griega de los LXX o Septuaginta lee: χρηστότητα ἐποίησας μετὰ τοῦ δούλου σου, κύριε, κατὰ τὸν λόγον σου que la Vulgata traduce al latín como: *"Bonitatem fecisti cum servo tuo, Domine, secundum verbum tuum"*, "De bondad has usado con tu siervo, Señor, según tu palabra". La versión sefardí de Ferrara traduce: *"Bien hizifte con tu fiervo, Adonay, como tu palabra"*. La caldea Peshitta: *"Has hecho bien a tu siervo, oh, Yahweh, según lo que hablaste"*. KRAUS traduce: *"Bien has obrado con tu siervo ¡oh Yahvé!, conforme a tu palabra"*. SCHÖKEL: *"Trataste bien a tu siervo, Señor, según tu palabra"*.

[4] Marcos 7:37.

[5] Lucas 17:10.

[6] Mateo 11:30 : 1 Juan 5:3.

[7] Marcos 10:29-30.

estar a su servicio nos ha ennoblecido y hecho felices como reyes. No tenemos queja alguna. Entreguémonos a su adoración con acción de gracias, y vivamos a su servicio con gratitud renovada.

C.H. SPURGEON

Has tratado bien a tu siervo, oh Jehová. Una acción en la cual tenemos tres cosas:

1. *El dador:* Dios. Toda bondad y todo bien procede de él y debe ser atribuido a él como único autor.

2. *El beneficio: "Has tratado bien".* Algunos lo traducen como *"Bonum fecisti",* has hecho bondad a tu siervo; la versión griega Septuaginta: Χρηστότητα ἐποίησας μετα του δουλου σου, has obrado bondad con tu siervo; la Vulgata traduce: *"Bonitatem fecisti".* Hay quienes lo interpretan en sentido genérico: *"todo cuanto haces por tus siervos es bueno";* pues aunque sea contra los intereses de la carne: para una mente humilde y agradecida la enfermedad es buena, la pérdida de amigos es buena; la pobreza y la pérdida de bienes es buena. Sin embargo, parece evidente que en este caso David hace referencia a algún bien o liberación concreta en la que Dios le había hecho alguna promesa. Los rabinos judíos lo relacionan con su regreso al reino;[8] pero la mayoría de comentaristas cristianos entienden ese *"bien"* como algo de carácter espiritual. Y ciertamente, si algo destilan de estos versículos por todos los costados es beneficio espiritual. La Septuaginta repite el término χρηστότητα, *chrēstotēta,* bondad, dos veces: en este versículo y en el siguiente (119:66); cual si el salmista, reconociendo la importancia de ese *"buen juicio y conocimiento"* que pide, solicitara una doble ración. En realidad una parte ya la había recibido a través de las aflicciones, como constatamos en el versículo setenta y dos: *"Antes que fuera afligido, yo me descarrié, mas ahora guardo tu palabra"* (119:72); por lo que ahora su oración es: «Señor, continúa aumentando esta obra bondadosa que iniciaste en tu siervo por medio de su aflicción».

3. *El receptor: "tu siervo".* Que humilde y agradecido se deleita en su Señor bondadoso y generoso, siempre dispuesto a tratar bien a sus siervos, recompensándoles con la gracia aquí en este mundo, y coronando esa gracia con gloria en el más allá: *"es necesario que el que se acerca a Dios crea que le hay, y que es galardonador de los que le buscan".*[9]

THOMAS MANTON [1620-1677]
"One hundred and ninety sermons on the hundred and nineteenth Psalm", 1681

Has tratado bien a tu siervo, oh Jehová. Si los hijos de Dios tuvieran alguna noción de qué es mejor para ellos, percibirían que Dios siempre hace aquello que más les conviene.

JOHN MASON [1646-1694]
"Select Remains of the Rev. John Mason, A.M. of London", 1695

Has tratado bien a tu siervo, oh Jehová. Sabía que los dones de Dios son irrevocables,[10] y que jamás se cansa de obrar el bien, sino que termina todo aquello que ha comenzado;[11] por tanto, suplica en base a las misericordias concedidas. Porque no hay argumento más fuerte para obtener de Dios misericordias presentes que anteponer las concedidas en el pasado. Y en este sentido recurre a dos hechos evidentes. Primero: si lo trataba con benevolencia incluso antes de regenerarse ¿no lo haría ahora y con mayor razón? Segundo: Dios siempre perfecciona y concluye sus dones, por lo que si había

[8] 2 Samuel 10:1-23.
[9] Hebreos 11:6.
[10] Romanos 11:29.
[11] Filipenses 1:6.

comenzado (119:67) llegaría hasta el final. Aquí es importante distinguir la marcada diferencia entre la fe y la conciencia acusadora: la conciencia que acusa es reticente a pedir más, porque sabe que en ocasiones anteriores ha abusado de la misericordia; pero la fe, firmemente convencida de que cuantos beneficios Dios nos otorga no son sino demostraciones del amor que nos ha concedido conforme a su Palabra, es audaz y se atreve a pedir mucho más.

RICHARD GREENHAM [1802-1880]

Has tratado bien a tu siervo, oh Jehová. «Sin duda he tenido tribulaciones, como todos los demás creyentes –afirma el reverendo John Brown[12] de Haddington–, pero Dios ha sido tan bueno conmigo que creo que si me ofreciera la oportunidad de vivir en este mundo otros tantos años más como los que he vivido, no desearía cambiar ni una sola de las experiencias que he tenido, con la excepción del deseo de que en mi vida hubiera habido menos pecado. De modo que podéis grabar en mi ataúd estas palabras: «Aquí descansa un protegido por la divina Providencia, que a pesar de haberse quedado de muy joven sin padre ni madre nunca le faltó de nada».

KAZLITT ARVINE [1819-1851]
"Cyclopaedia of Moral and Religious Anécdotes", 1848

Has tratado bien a tu siervo, oh Jehová, conforme a tu palabra. La expresión *"conforme a tu palabra"*, se repite con tanta frecuencia en este salmo que corremos el peligro bien de pasarla por alto, o de darle únicamente el significado generalista de *"según tu promesa"*. Pero en realidad implica mucho más. ¿Cabe decir propiamente que Dios había *"tratado bien"* a David de acuerdo con el concepto humano de *"tratar bien"*? ¿Caso de ser así qué sentido tendrían frases como: *"No me abandones del todo"* (119:8); *"Forastero soy yo en la tierra"* (119:19); *"Abatida hasta el polvo está mi alma"* (119:25) – *"Se deshace mi alma de ansiedad"* (119:28); *"Quita de mí el oprobio que he temido"* (119:39); *"Los soberbios se burlaron mucho de mí"* (119:51); *"Horror se apoderó de mí a causa de los inicuos"* (119:53)?

En vista de tales pasajes y partiendo de los criterios humanos, ¿tiene sentido decir que Dios *"trató bien"* a David? Las experiencias de David fueron pruebas tan duras como diversas. No hay uno solo de nuestros sentimientos y experiencias de dolor que no encuentre amplia expresión en sus salmos. Y a pesar de ello afirma: *"Has tratado bien a tu siervo, oh Jehová, conforme a tu palabra"*. ¿Cómo interpretar, pues, este *"has hecho bien a tu siervo"* en base a las amargas realidades y experiencias de la vida espiritual de David?

La clave está en que Dios lo trató bien: *"conforme a su palabra"*. Es decir, según lo que su Palabra explica que es el bien verdadero: no eximiéndolo de toda clase de pruebas y tribulaciones, sino enviándole las pruebas que particularmente le convenían. David se dio cuenta de como Dios lo había tratado bien tan pronto pudo exclamar: *"Antes que fuera afligido, yo me descarrié, mas ahora guardo tu palabra"* (119:67); y de nuevo: *"Bueno es para mí ser afligido, para que aprenda tus estatutos"* (119:71). Esta forma de trato divino es duro y difícil de soportar para la carne y sangre,[13] pero en realidad es *"bueno"* en el sentido de que obtiene resultados espirituales muy bendecidos. Es un trato *"conforme a su palabra"* en el sentido de que está en plena consonancia con su forma revelada de cómo Dios suele tratar con su pueblo, castigándole para su propio beneficio.[14] Y *"conforme a su palabra"*

[12] Se refiere al pastor y erudito teólogo presbiteriano escocés JOHN BROWN DE HADDINGTON (1722-1787). Elocuente predicador y prolífico escritor, entre cuyas obras destacan *"The Self-Interpreting Bible"*, *"The Dictionary of the Bible"*, y *"A General History of the Christian Church"*.

[13] Juan 6:60.

[14] Deuteronomio 8:5; 2 Samuel 7:14; Hebreos 12:6-10; Apocalipsis 3:19.

porque concuerda con lo establecido en el pacto; pues aunque su ejecución presente resulte a veces amarga, es precisa y conveniente para el perfeccionamiento final de la obra, de modo que Dios resulte finalmente glorificado en el cumplimiento de su Palabra por la salvación completa de su siervo. Es *"conforme a tu palabra"* oh Señor, que has tratado bien a tu siervo. Tu palabra es luz y lámpara que muestra las cosas en su verdadero aspecto,[15] y que nos enseña que todas las cosas cooperan para bien a tu pueblo;[16] que Dios hace bien todas las cosas.[17]*" Abre mis ojos, para que vea las maravillas de tu ley".* ¿Y qué puede resultar más maravilloso a nuestros ojos que sus maravillas?

"Según tu palabra", no simplemente *"en base a tu promesa",* sino de la manera y en la medida explícita que tu Palabra lo establece. Ved como entendiendo la expresión de ese modo el versículo cincuenta y ocho *"Ten misericordia de mí según tu palabra"* (119:58), adquiere un sentido y significado mucho más profundo. Todas las dulces promesas y afirmaciones de la misericordia infinita de Dios, vistas de ese modo, se erigen con mucha más fuerza y amplitud, reforzando la súplica. Así con el *"vivifícame conforme a tu palabra"* (119:107); y *"fortaléceme conforme a tu palabra"* (119:28); es decir, hasta la medida completa de lo que tú has prometido y proveído a tu pueblo. Ved también la plenitud en este punto de vista en el versículo setenta y seis: *"Sea ahora tu misericordia para consolarme, conforme la palabra dada a tu siervo"* (119:76); *"Dame entendimiento conforme a tu palabra"* (119:169); y *"Líbrame conforme a tu palabra"* (119:170). En cada una de estas peticiones se expresa claramente el deseo de que todo sea llevado a cabo conforme lo que la Palabra de Dios enseña acerca del tema.

Sean pues nuestras oraciones implorando misericordia, fuerzas, consuelo, conocimiento y liberación, enfocadas siempre en este sentido: *"conforme a tu palabra", es decir,* en la plena conformidad y medida de cuanto nos ha sido revelado y prometido en la Palabra de Dios.

MARY B. M. DUNCAN [1825-1865]
"Under the shadow of the Almighty", 1867

Vers. 66. *Enséñame buen sentido y sabiduría, porque tus mandamientos he creído.* *[Enséñame buen sentido y sabiduría, porque he creído tus mandamientos.* RVR*] [Enséñame buen juicio y conocimiento, pues creo en tus mandamientos.* LBLA*] [Enséñame a discernir y a entender, porque en tus mandamientos he creído.* BTX*] [Impárteme conocimiento y buen juicio, pues yo creo en tus mandamientos.* NVI*] [Enséñame el buen juicio y el saber, que en tus mandatos yo confío.* BLP*] [Creo en tus mandatos; ahora enséñame el buen juicio y dame conocimiento.* NTV*]*[18]

Enséñame buen sentido[19] *y sabiduría.* De nuevo pide enseñanza, igual que en el versículo sesenta y cuatro: *"enséñame tus estatutos"* (119:64); y de nuevo recurre para ello a la misericordia. Dios lo

[15] Salmo 110:105; Proverbios 6:23.
[16] Romanos 8:28.
[17] Marcos 7:37.
[18] La versión griega de los LXX o Septuaginta lee: χρηστότητα καὶ παιδείαν καὶ γνῶσιν δίδαξόν με, ὅτι ταῖς ἐντολαῖς σου ἐπίστευσα que la Vulgata traduce al latín como: *"Bonitatem, et disciplinam, et scientiam doce me, quia mandatis tuis credidi",* "Enséñame bondad, y disciplina y ciencia; porque en tus mandamientos he creído". La versión sefardí de Ferrara traduce: *"Mejoría de razón y fabiduria me abèza, que en tus mandamientos creí".* La caldea Peshitta: *"Enséñame discernimiento, compasión y entendimiento, porque he sido fiel a tus preceptos".* KRAUS traduce: *"Enséñame inteligencia y conocimiento, porque yo confío en tus mandamientos".* SCHÖKEL: *"Enséñame a discernir y entender, porque me fío de tus mandatos".*
[19] En hebreo טוּב טַעַם *ṭūḇ ṭa'am* de טַעַם *taam,* "juicio, gusto". Literal *"buen juicio".* Ver el comentario de JOHN RYLAND [1753-1823] sobre el significado de este término un poco más adelante.

había tratado generosamente, y ello le anima a orar pidiendo *"buen juicio"* para poder apreciar con mejor criterio su bondad infinita. Porque *"buen juicio"* es la misericordia que todo hombre piadoso más desea y más necesita; como también aquella que el Señor más dispuesto está a otorgar. A David le punzaba un remordimiento interno por haber fracasado una y otra vez en sus juicios y valoraciones de los tratos del Señor con él; su limitado conocimiento le había llevado a juzgar erróneamente el proceder de la mano disciplinadora del Padre celestial; y dándose cuenta de la enorme injusticia que había cometido con el Señor por sus conclusiones precipitadas, pide más conocimiento. Viene a decir: «Señor, tú me has tratado bien mientras yo te juzgaba arbitrariamente; concédeme más conocimiento para que jamás vuelva a desconfiar ni dudar de ti». Una mirada retrospectiva a nuestros errores junto con un reconocimiento de nuestra ignorancia deberían servir para hacernos más aptos y deseosos aprender. Nuestro conocimiento de las cosas es tan inexacto e imperfecto que carecemos de capacidad para juzgar, únicamente si el Señor nos enseña y otorga conocimiento podemos aspirar a una mínima capacidad de juicio. Solo el Espíritu Santo puede iluminar nuestra mente y poner nuestra comprensión en la perspectiva adecuada; anhelemos por tanto sus enseñanzas, puesto que es más que deseable que dejemos de ser niños en conocimiento y entendimiento.[20]

Porque he creído tus mandamientos. Sabía que su corazón estaba en lo cierto, y esperaba que su mente estuviera a la altura. Tenía fe, y confiaba por tanto en obtener también sabiduría. Su mente se había afianzado en la convicción de que los preceptos de la Palabra eran del Señor, y en consecuencia: justos, sabios, buenos y provechosos. Había creído firmemente en los mandamientos y la santidad que ellos reclaman; demostración de una labor muy significativa de la gracia divina en su alma, y por tanto, anhela avanzar un paso más en esa gracia y adentrarse en el conocimiento. Quién declara creer firmemente en los mandamientos de Dios, esta en posición óptima para entender las doctrinas y conocer las promesas. Si cuando miramos retrospectivamente nuestros errores constatando nuestra ignorancia, podemos comprobar que a pesar de ellos jamás dejamos de amar de todo corazón los mandamientos del Señor, tenemos buenas razones para afirmar que somos discípulos de Cristo, y confiar en que él nos enseñará para que tales errores no se repitan, haciendo de nosotros hombres y mujeres de buen juicio y conocimiento solido. Cuando un creyente ha aprendido a discernir en base a la experiencia convirtiéndose en persona de *"buen juicio"*, viene a ser un activo muy valioso para una iglesia y un instrumento de mucha edificación para cuantos le rodean. Que todos aquellos que aspiren a ser utilizados por el Señor hagan suya la oración de este versículo: *"Enséñame buen juicio y conocimiento"*.

C.H. SPURGEON

Enséñame buen juicio y conocimiento. David, que había descubierto el sabor agradable de lo santo: *"Deseables son más que el oro, y más que mucho oro afinado; y dulces más que miel, y que la que destila del panal"*;[21] *"Dulce será mi meditación en él"*;[22] *"¡Cuán dulces son a mi paladar tus palabras! Más que la miel a mi boca"*;[23] y lo recomendó a otros: *"Gustad, y ved cuán bueno es Jehová"*,[24] pide en este versículo que le sea incrementado. Pues la palabra hebrea que traducimos por *"juicio"*: טַעַם *ta'am* significa propiamente "el gusto y sabor";[25] y en este caso denota ese gusto

[20] 1 Corintios 3:1-3; Efesios 4:24; Hebreos 5:12-13; 1 Pedro 2:2.

[21] Salmo 19:10.

[22] Salmo 104:34.

[23] Salmo 119:103.

[24] Salmo 34:8.

[25] Ver Éxodo 16:31 donde se utiliza la misma palabra hebrea para referirse al sabor del Maná; o Números 11:8 en relación al sabor de las tortas.

peculiar por la verdad divina, por la bondad divina, y la santidad, propio de los verdaderos santos.[26] Propongo, pues, que meditemos en la naturaleza y objetivos de ese gusto espiritual que todos los verdaderos creyentes poseen y anhelan en mayor grado. La palabra טַעַם *ṭa'am* se aplica por lo general a las cosas que se distinguen por medio del paladar, y se utiliza eventualmente en un sentido metafórico, como vemos en el libro de Job: *"¿No distingue el oído las palabras como el paladar pruébala comida?"*.[27] Nuestros traductores se inclinaron por *"juicio"*, que es prácticamente lo mismo, en tanto que expresa el mismo sentido de distinción. Sin embargo, según nosotros solemos entender y aplicar ambos términos, se dan ciertas diferencias. El paladar o sentido del gusto permite al hombre emitir un dictamen rápido y tajante. El juicio o valoración intelectual es mucho más lento en sus procesos y emite sus decisiones de forma más pausada y compleja. Por ello aplicamos con frecuencia en sentido figurado el término *"gusto"* a la valoración de muchas cosas: a la belleza de un poema; a la excelencia de un estilo literario; a la elegancia de un vestido; a una forma de comportamiento; a la pintura, a la música, etc. Y entendemos que una persona de *"buen gusto"* está capacitada para valorar con tanta rapidez como precisión la belleza, excelencia y cualidades de estas cosas sin necesidad de recurrir a un análisis profundo y laborioso.

De igual manera, los verdaderos creyentes tienen una capacidad peculiar para detectar la belleza de la santidad que resplandece en la palabra de Dios, en el carácter divino, en la ley, en el evangelio, en la cruz de Cristo, en el ejemplo de Cristo, y en la conducta de todos sus verdaderos seguidores en la medida en que se conforman a su imagen.[28] Y con ello no quiero decir que estén dominados o influenciados por un instinto ciego que les impida aplicar el sentido de la razón: todos los sentimientos genuinos de un verdadero cristiano se apoyan y justifican en la razón más sólida; pero tales sentimientos, que se generaron por primera vez en su interior al ser regenerado por la gracia; son fortalecidos a diario por su comunión cotidiana con Dios y su apego a las cosas espirituales, proporcionándole una delicadeza y capacidad de percepción, que nadie puede poseer jamás a menos que haya saboreado la dulzura del amor del Señor. Así como una cuerda vibra únicamente al son de su frecuencia, por así decirlo, tan solo el corazón regenerado detecta esta dulzura peculiar y responde a ella. Todo cuanto tienda a exaltar a Dios, acerque el alma a él y coopere a que el Señor sea verdaderamente glorificado, captará la atención, despertará los afectos e influirá positivamente en la conducta de todo aquel que es nacido de Dios.[29]

JOHN RYLAND [1753-1823]

En un sermón sobre el Salmo 119:66 titulado: *"The Desirableness of a Spiritual Taste"*, 1802

---

[26] Dice WILLIAM SWAN PLUMER [1802-1880]: «Si no experimentamos *"gusto"* por la verdad divina, el aprendizaje se nos hará lento y tedioso; y si no contamos con un claro discernimiento, corremos el riesgo de confundir cosas que son muy distintas y diferentes entre sí. Lo peor para el buen juicio es una conciencia errónea, pues nada hay que lo neutralice con mayor facilidad. Es precisamente una conciencia ignorante y ciega lo que lleva a muchos seres humanos a pensar que están agradando a Dios, cuando en realidad lo están ofendiendo a cada paso que dan. Pero una conciencia excesivamente escrupulosa, no es menos dañina e insegura, pues halla errores y pecados allí donde Dios no los ve, y descubre obstáculos y dificultades donde no hay más que terreno llano. Dice JEREMY TAYLOR [1613-1667]: 'Los escrúpulos son como un guijarro en el zapato; si está en la parte de abajo duele cuando pisas; si está en la parte de arriba te roza a cado paso que das impidiéndote avanzar. El escrupuloso sigue encontrando problemas una vez se han resuelto los problemas; generando dudas cuando ya se han disipado los temores; y ve francotiradores ocultos y patrullas enemigas apostadas por doquier donde el ejército enemigo ha sido ya derrotado y huye en desbandada'».

[27] Job 12:1.

[28] Romanos 8:29; 2 Corintios 3:12-18; 1 Juan 3:2.

[29] Juan 1:12-13; 1 Pedro 1:23; 1 Juan 3:9; 4:7; 5:1, 4, 18.

Enséñame buen juicio y conocimiento, pues creo en tus mandamientos. Una traducción más literal podría ser esta: *"Enséñame bondad, discernimiento y conocimiento; porque he creído (o confiado) en tus mandamientos"*.[30] En nuestro orden de las cosas divinas podríamos sentirnos inclinados a situar en primer lugar el discernimiento y conocimiento como las causas motoras que engendran, o dan lugar a la *"bondad"*. Pero es un hecho comprobado que las facultades intelectuales y morales actúan en sentido recíproco; y que los valores morales y espirituales potencian la capacidad intelectual; ya que únicamente el hombre espiritual puede percibir y discernir las cosas divinas.[31] Contar con un trasfondo espiritual familiarizado con las cosas divinas, aporta al intelecto un rigor y amplitud de miras que siempre ha sido característica evidente de los grandes hombres. Y si algunos ha habido eminentes pese a carecer de cualidades espirituales, nuestra respuesta es: ¡Cuánto más grandes y eminentes habrían sido de haberlas poseído! Según el texto original la petición del salmista sigue este orden: *"Enséñame bondad, discernimiento, y conocimiento"*. Pese a tener afincado en nuestro interior el deseo de agradar a Dios, nuestra mente precisa conocimiento y requiere de constante iluminación sobre como llevar cabo ese deber; y de igual modo: aunque tengamos pleno conocimiento del deber, necesitamos discernimiento espiritual para verlo, sentirlo y ejecutarlo correctamente.

JOHN STEPHEN [1800-1881]
"The Utterances of the CXIX Psalm; Expounded in a Series of Lectures", 1861

Enséñame buen juicio y conocimiento, pues creo en tus mandamientos. En una conferencia de Sir John Lubbock[32] sobre la fertilización de las flores por la acción de los insectos, plantea las notables diferencias en el proceso entre las plantas hermosas y desagradables. Las abejas se sienten atraídas por los colores brillantes y deleitan en olores agradables, dando preferencia en su elección a las mismas plantas que atraen también al hombre. Si observamos el curso de estos insectos en su deambular por un jardín, veremos que se posan sobre rosas, lavanda, y flores similares de tonos brillantes y olor perfumado. En opuesto y marcado contraste está el comportamiento de las moscas, que muestran siempre una preferencia por las plantas de color amarillo lívido o rojizo sucio, y que emiten olor desagradable. La abeja es una criatura sensible de gustos refinados. La mosca asemeja entre los insectos más bien al buitre, siempre atraído por alimento vegetal parecido a la carroña. Situad sobre el césped dos placas separadas entre sí por una pequeña distancia, y colocad en la una hongos hediondos de la familia *Phallaceae;* y la otra un puñado *Portulaca* o rosas de musgo; y pronto veréis la diferencia.

---

[30] El texto hebreo dice literalmente: טֽוּב טַעַם וָדַעַת לַמְּדֵנִי *ṭūḇ ṭa'am wāḏa'aṯ lammədēnî.* La primera palabra es טֽוּב *ṭūḇ:* "bondad". Y así lo traduce la Vulgata: *"Bonitatem, et disciplinam, et scientiam doce me, quia mandatis tuis credidi"*, "Enséñame bondad, y disciplina y ciencia; porque en tus mandamientos he creído". Sobre ello dice:

– AGUSTÍN DE HIPONA [354-430]: «Pide que le sean enseñadas estas tres cosas: bondad, disciplina y ciencia. Y las tres van ligadas entre sí; pues habiendo dicho: *"Has tratado con bondad a tu siervo"* (119:65), ¿con qué propósito pide ahora que le enseñe bondad sino es para entender mejor la gracia de Dios? ¿con qué propósito pide que le enseñe disciplina si no es para mantenerse fiel a sus preceptos en agradecimiento a esa gracia? ¿y con que propósito pide que le enseñe ciencia si no es para aprender a discernir mejor la entre la bondad y la disciplina? Dios nos enseña bondad tratándonos con bondad, nos enseña disciplina corrigiéndonos con tribulaciones, y nos enseña la ciencia del discernimiento haciéndonos experimentar ambas cosas».

[31] Juan 14:17; 1 Corintios 2:14-18.

[32] Se refiere a SIR JOHN LUBBOCK [1734-1913], primer barón de Avebury, político, matemático, astrónomo, y naturalista británico, presidente de la *Linnean Society of London,* la primera sociedad científica del mundo dedicada a la difusión e implantación de una taxonomía biológica sistemática.

La forma antiestética del hongo, con olor desagradable, pronto estará cubierta de moscas; mientras las abejas revolotean alegres sobre las rosas. Es gracias a esta atracción peculiar de las abejas hacia los colores destacados y los perfumes fragantes que podemos contar con nuestras flores más selectas. Pues al trasladar el polvo polínico de una bella flor al estigma de otra, ponen en marcha la fecundación de una variedad mixta todavía más exuberante y hermosa. Es así como siglo tras siglo, muchas flores se han ido volviendo cada vez más hermosas. En contraste, y por extraño que nos parezca, se produce a través de un proceso similar una degradación en sentido inverso de aquellas plantas que son frecuentadas por las moscas, de tal modo que sus características malsanas y repulsivas se van intensificado.

Idéntico proceso se da entre los dos grandes grupos que estructuran la humanidad: los hombres de este mundo y los ciudadanos del cielo. Mientras que los afectos purificados se concentran constantemente en *"todo lo que es verdadero, todo lo respetable, todo lo justo, todo lo puro, todo lo amable, todo lo que es de buena reputación";*[33] los afectos terrenales, viles y depravados de los otros se agolpan alrededor de la corrupción. Así como vuelan las abejas laboriosas de una hermosa flor a otra; no es menos cierto que los cristianos verdaderos buscan siempre por instinto lo más hermoso, lo más dulce y mejor en la tierra. Y su oración es la de David en este versículo: *"Enséñame buen gusto"* (que es la traducción literal); y si en algo encuentran *"virtud, y cualidades dignas de alabanza",* en esto piensan.

JAMES NEIL
"Rays from the Realms of Nature, Or, Or, Parables of Plant Life", 1879

Enséñame buen juicio y conocimiento. No hay bendición más deseable y adecuada que el *"buen juicio y conocimiento". "Conocimiento":* de nosotros mismos, de nuestro Salvador, del camino de la obediencia; y *"buen juicio"* para dirigir y aplicar ese conocimiento a algún fin valioso.[34] Estas dos columnas de nuestro edificio intelectual guardan una muy importante dependencia y estrecha relación entre sí: *"Conocimiento"* es la percepción especulativa de la verdad en general; *"buen juicio"* o "buen gusto" es la aplicación práctica de la misma al corazón y la conducta.

CHARLES BRIDGES [1794-1869]
"Exposition of Psalm 119", 1827

Porque he creído tus mandamientos. Estas palabras merecen particular consideración, dado que en este caso el creer va ligado a algo inusual. Lo lógico es que hubiera dicho: *"porque he obedecido tus mandamientos",* o bien: *"porque he creído tus promesas",* es lo que sonaría adecuado y correcto a cualquier oído común y corriente. Pero eso de *"creer los mandamientos",* suena a primera vista tan extraño como "ver con los oídos", u "oír con los ojos". Pero no, aquí el sujeto central los mandamientos; y no dice de ellos: *"He obedecido";* sino, *"he creído".* Algunos intérpretes, para aclarar la aparente incongruencia de la frase, conciben que en este caso por *"mandamientos"* hemos de entender el conjunto de la Palabra en general; y de ese modo incluyen también las promesas; principalmente aquellas en particular que nos animan a buscar a Dios en las cosas importantes de la vida, tales como el buen juicio y el conocimiento. Pero tal interpretación nos desviaría del peso y la fuerza de estas palabras significativas: *"he obedecido tus mandamientos".* Hemos de considerar, por tanto, que:

1. Ciertamente hay una fe en los mandamientos, como la hay en las promesas. Hemos de creer que Dios es su autor, y que son, por tanto, la expresión de su voluntad legislativa y ordenadora que

[33] Filipenses 4:8.

[34] Dice MATTHEW HENRY [1662-1714]: «Muchos tienen grandes conocimientos pero poco juicio; quien posee ambas cosas esta bien pertrechado contra las trampas de Satanás, y bien equipado para el servicio Cristiano».

estamos obligados a obedecer. La fe ha de discernir entre la soberanía y la bondad del Legislador; y creer que sus mandatos son santos, justos y buenos; y enseñarnos también que Dios ama a los que guardan su ley, y se mantiene airado con aquellos que la traspasan, por lo que finalmente hará que su ley sea reivindicada en el gran día final.

2. La fe en los mandamientos es tan necesaria como la fe en las promesas; porque así como las promesas no son valoradas, asumidas y esperadas a menos que creamos que vienen de Dios; tampoco los mandamientos influyen en nuestra conciencia o doblegan los afectos, a menos que creamos que son divinos.

3. La fe en los mandamientos debe ser tan viva como la fe en las promesas. De igual modo que no cabe afirmar que creemos en las promesas con una fe viva, a menos que logren extirpar de nuestro corazón las diversas vanidades de la carne para centrarnos en buscar la felicidad que ellas nos ofrecen; tampoco creemos en los mandamientos correctamente a menos que estemos resueltos por entero a consentir que se conviertan en la única regla que nos guíe a la consecución de esa felicidad; es decir, a menos que estemos determinados a cumplirlos y obedecerlos. Así como las leyes reales no son respetadas y observadas por el mero hecho de saber que son las leyes del rey; sino por que creemos que el rey cuenta con la autoridad y poder necesario para imponerlas; así también creer en los mandamientos de Dios fomenta nuestra alacridad para escuchar su voz y obedecerla, y gobernar nuestros corazones y acciones de acuerdo con su consejo y dirección en la Palabra.

THOMAS MANTON [1620-1677]
"One hundred and ninety sermons on the hundred and nineteenth Psalm", 1681

Porque he creído tus mandamientos. Los mandamientos de Dios no van solos: cuentan con promesas de gracia a su derecha y amenazas de ira a su izquierda. Es respecto a ambas cosas que ejercitamos nuestra fe; pues sin ella nadie estaría dispuesto ni capacitado para obedecer los mandamientos de Dios.

WOLFGANG MUSCULUS [1497-1563]
"In Sacrosanctum Davidis Psalterium Commentarii", 1573

Vers. 67. *Antes que fuera yo humillado, descarriado andaba; mas ahora guardo tu palabra.* *[Antes que fuera yo humillado, andaba descarriado; mas ahora guardo tu palabra.* RVR*] [Antes que fuera afligido, yo me descarrié, mas ahora guardo tu palabra.* LBLA*] [Antes de ser humillado, yo erraba, pero ahora, guardo tu palabra.* BTX*] [Antes de sufrir anduve descarriado, pero ahora obedezco tu palabra.* NVI*] [Antes de haber sufrido pequé, pero ahora respeto tu palabra.* BLP*] [Yo solía desviarme, hasta que me disciplinaste; pero ahora sigo de cerca tu palabra.* NTV*]*[35]

Antes que fuera afligido, yo me descarrié. En parte, quizá, por la ausencia de pruebas y tribulaciones. Las pruebas que padecemos hacen de seto espinoso que nos mantiene dentro del redil de

[35] La versión griega de los LXX o Septuaginta lee: πρὸ τοῦ με ταπεινωθῆναι ἐγὼ ἐπλημμέλησα, διὰ τοῦτο τὸ λόγιόν σου ἐφύλαξα que la Vulgata traduce al latín como: *"Priusquam humiliarer ego deliqui: propterea eloquium tuum custodivi"*, "Antes de ser humillado, yo delinquí; por esto he guardado tu palabra". La versión sefardí de Ferrara traduce: *"Antes que fueffe quebrantado yo erràn, y agora tu dicho guardee"*. La caldea Peshitta: *"Antes de que fuera humillado, creí y guardé tu palabra"*. KRAUS traduce: *"Antes de que tuviera que sufrir, me descarrié, pero ahora obedezco a tu palabra"*. SCHÖKEL: *"Antes del escarmiento, yo no lo advertía, pero ahora cumplo tu instrucción"*.

pastos delicados, pero la prosperidad es una brecha por la que nos introducimos y nos extraviamos.[36] Si hacemos memoria de las épocas felices en que no tuvimos aparentemente ningún problema, recordaremos también que fueron las épocas en que la gracia estuvo en nosotros a su nivel más bajo y las tentaciones fueron más fuertes. Puede que algún creyente exclame: Ojalá las cosas fueran como aquellos días felices de verano, antes de verme sumido en la aflicción. Pero se trata de un suspiro imprudente que brota de la atracción natural de nuestra carne a las cosas fáciles; el hombre espiritual, que prioriza el crecimiento en la gracia, dirá todo lo contrario: bendecirá a Dios de que tales días peligrosos hayan por fin terminado y llegado el tiempo tormentoso, espiritualmente mucho más saludable.[37] Es bueno que la mente sea abierta y sincera, como vemos en el caso de David: lo más probable es que de no haber sido por el golpe de la vara, jamás hubiera reconocido y confesado su descarrío. Sumémonos por tanto a su agradecimiento humilde; porque sin duda lo hemos imitado en su descarrío en más de una ocasión. ¿Por qué será que el más mínimo desahogo causa en nosotros tanta perturbación? ¿Tan incapaces somos de permanecer por un tiempo en reposo sin que aparezca herrumbre? ¿De saciarnos sin acumular grasa? ¡Nunca conseguimos ascender por un costado sin descender por el otro! ¡Qué criaturas tan endebles como para no digerir propiamente una pizca de placer! ¡Qué corazones tan mezquinos que convierten la abundancia de la bondad de Dios en ocasión de pecado!

Mas ahora he guardado tu palabra.[38] Cuando un corazón saca provecho del castigo, es prueba evidente de que en él está la gracia. De nada sirve arar un terreno estéril. Allí donde no hay vida espiritual la aflicción no provoca reacción alguna, no aporta beneficio; pero donde hay un corazón sano y fértil, despierta la conciencia, se confiesa descarriado, y el alma regresa a la obediencia del mandamiento permaneciendo en ella. Los muchos azotes no convertirán a un rebelde en un niño obediente; pero en un niño, un simple toque de la vara es correctivo seguro y suficiente. En el caso del salmista, la medicina de la aflicción provocó en él una secuencia de cambios: cambio inmediato: *"más ahora"*; cambio permanente: *"he"*; cambio interior: *"guardado"*; y cambio hacia Dios: *"tu Palabra"*. Antes de ser azotado por la angustia se había alejado del redil, pero después de la corrección se mantuvo dentro del seto de la Palabra y encontró allí buenos pastos para su alma; la tribulación le hizo tirar el ancla, lo amarró al lugar apropiado y lo mantuvo seguro, haciendo que guardara la palabra de Dios. Dulces son los métodos de la adversidad, y este es uno de ellos: pone freno a la transgresión y aporta un estímulo para la santidad.

C.H. SPURGEON

Antes que fuera yo afligido, andaba descarriado; mas ahora guardo tu palabra. No se trata de que se hubiera apartado de su Dios voluntariamente: con premeditación, deslealtad o desprecio; pues esto lo niega con rotundidad: *"Porque yo he guardado los caminos de Jehová, y no me aparté impíamente de mi Dios"*;[39] sino que se descarrió por causa de la debilidad de la carne, de la corrupción que

---

[36] Dice JUAN CALVINO [1509-1564]: «La experiencia demuestra que cuanto más benevolente es Dios con nosotros, mayores son las posibilidades de que caigamos en insolencia».

[37] Dijo MARTÍN LUTERO [1483-1546]: «Cuando más claramente he entendido el significado y valor de la Palabra de Dios ha sido en aquellos momentos en me he visto sumido en la aflicción». Y el erudito teólogo hugonote ANDRÉ RIVET [1572-1651] viéndose al final de sus días enfermo y debilitado físicamente exclamó: «He aprendido más teología en estos días difíciles en que la aflicción ha venido a visitarme, que en los cincuenta años anteriores».

[38] Aunque todas las versiones españolas traducen el verbo en tiempo presente *"más ahora guardo tu palabra"*; hemos traducido literalmente de la versión inglesa KJV: *"But now have I kept thy word" "más ahora he guardado tu palabra"* con el propósito de encajarlo al comentario de Spurgeon.

[39] Salmo 18:21.

predominó en él, de la fuerza de la tentación, y de manera especial por un una actitud despreocupada, indiferente, negligente; esto le llevó a salir del camino recto y descarriarse involuntariamente. La palabra hebrea que utiliza: שֹׁגֵג *šōḡēḡ* de שָׁגַג *shagag* es errar por ignorancia, inadvertidamente: *"Si alguno comete una falta y peca inadvertidamente en las cosas sagradas del Señor".*[40] Esto le sucedió en tiempos de prosperidad, cuando se sentía seguro de si mismo y creyó que jamás haría como Jesurún: engordar y cocear, olvidarse y tener en poco la Roca de su salvación;[41] y no previno que sus deseos libidinoso le llevarían a caer en la tentación y extraviarse en la fe, viéndose por ello afligido por muchos dolores. O puede simplemente que actuando con negligencia descuidara sin más sus obligaciones en la práctica de la fe, caso muy común y corriente.

JOHN GILL [1697-1771]
"Exposition of the Old Testament", 1748

Antes que fuera yo afligido. La versión griega Septuaginta y la Vulgata latina traducen: *"Antes que fuera yo humillado".*[42] Aunque el sentido de la palabra hebrea es más bien el de estar afligido, y puede referirse a cualquier tipo de tribulación o prueba.

ALBERT BARNES [1798–1870]
"Notes, critical, explanatory, and practical, on the book of Psalms", 1868

Antes que fuera yo afligido. La prosperidad es una prueba de carácter más sutil y severa que la adversidad; una sola hora bajo el sol ardiente de verano provoca mayor putrefacción que todo un largo día de frío invierno.

ELIZA COOK [1818–1869]
"Dimond Dust", 1865

Antes que fuera yo afligido. Dios, en su infinita sabiduría y misericordia, nos trata de la misma manera que un padre experimentado haría con un hijo rebelde y desobediente que abandona su hogar y causa conflictos con sus tutores y sirvientes: ordena que lo disciplinen, que le traten duramente, que vayan tras él y lo traigan de vuelta al hogar aunque sea a la fuerza y recurriendo a la violencia. Eso mismo hace Dios con nosotros: somos hijos rebeldes y disolutos; reacios a someternos a su voluntad desobedecemos constantemente sus ordenes; nos entregamos a los placeres del mundo y generamos conflictos con las demás criaturas. De tal modo que Dios resuelve disciplinarnos y ordena a todas las criaturas que nos traten rudamente: «Abrasad sus posesiones, inundad sus tierras, hundid sus barcos; acosadle por todos los costados para que se hunda y se de cuenta de su rebelión; volatilizad sus riquezas; fundid su oro; dejadlo empobrecido y desechado, abandonado y solo». Esto ordena Dios a sus servidores y deben obedecer su voluntad. ¿Con qué propósito? Para que viéndonos privados de todo y abandonados por todos decidamos, como el pródigo empobrecido y desesperado, regresar finalmente a los brazos del Padre.

EZEKIEL HOPKINS [1633-1690]
"Treatise on the Vanity of the World", 1668

---

[40] Levítico 5:14.

[41] Deuteronomio 32:15.

[42] Así lo traduce también la versión española Reina-Valera.

Antes que fuera yo afligido. Así como es costumbre recortar las plumas de las aves domésticas cuando empiezan a volar demasiado alto y alejarse, así también Dios disminuye nuestras riquezas y posibilidades para que no traspasemos nuestros límites y nos gloriemos en ellas en demasía.

OTTO WERDMULLERUS [1511-1552]
"A spiritual and most precious pearl", 1550

Antes que fuera yo afligido.

Cual estúpida oveja, el hombre
se descarría con facilidad
por senderos que desconoce.
Avanza ciego, día tras día,
por páramos insólitos
y desiertos de pecado;
sin que nada logre detenerlo,
salvo las aflicciones.
Deambula alegre mientras brilla el sol,
pero tan pronto cae la lluvia
y arrecian las tormentas,
regresa presto al hogar.

Guarda oh Pastor supremo
de tan indigna oveja,
mi alma del extravío.
Y si los bienestares no lo logran,
que los golpes de tu vara
me lleven de nuevo al redil.
Y antes de que perezca en mi error,
tráeme Señor de vuelta con terror;
que más me vale ser castigado con tu vara
y soportar la corrección de tu cayado
que alejarme de ti, oh Dios mío.

Pues por mucho que me aflijan,
los azotes que ahora mismo recibo,
sé que a la larga serán provechosos.
Haz que observe fielmente tu palabra,
que he abandonado y desatendido;
Permítanme regresar al hogar,
en lugar de cargar la cruz dolorosa
que sería una aflicción aún mayor.
Prefiero ingerir una píldora amarga y curarme,

que comer dulces manjares
y estar enfermo para siempre.[43]

THOMAS WASHBOURNE [1606-1687]

"Divine Poems: Affliction Brings Man Hom",[44] 1654

Antes que fuera yo afligido, andaba descarriado; mas ahora guardo tu palabra. En la muchedumbre incontable que está delante del trono y en la presencia del Cordero,[45] podremos escuchar sin duda el eco de estas palabras del salmista: *"Antes que fuera yo afligido, andaba descarriado; mas ahora guardo tu palabra"*; ya que muchos son entre ellos los que nos dirán: *"He aquí, bienaventurado es el hombre a quien Dios corrige"*.[46] Uno nos contará gozoso como sus perspectivas celestiales surgieron de la destrucción de sus proyectos terrenales; y otro cómo la pérdida de todo lo mundano significó la ganancia de *Todo en todos*.[47] Hay multitudes enteras a quienes Dios ha afligido con la ceguera física para que pudieran obtener visión espiritual; y cuantos por causa de dolores corporales y enfermedades de diversos tipos no pueden disfrutar plenamente de la vida transitoria en este mundo, se aferran con mucho más deleite y firmeza a la gloria, a las cosas espirituales y eternas en los cielos.

WILLIAM GARRETT LEWIS [1821-1885]

"Westbourne Grove Sermons", 1872

---

[43] No hemos podido evitar la tentación de incluir también el conocido himno/poema de ELIZABETH CECILIA CLEPHANE [1830-1869] *"There were ninety and nine that safely lay"* que con su melodía original del compositor norteamericano IRA DAVID SANKEY [1840-1908] y en versión española de PEDRO CASTRO IRIARTE [1840-1887], ministro de la "Iglesia Española Reformada Episcopal", destacado escritor y musicólogo, autor del "Primer Himnario Protestante" empleado en España e Hispanoamérica con melodías propias, tanto se ha cantado en nuestras iglesias: *«Noventa y nueve ovejas, sí, / En el aprisco están, / Mas una sola, sin pastor, / Por la montaña va; / La puerta de oro traspasó / Y vaga en triste soledad, / Y vaga en triste soledad. /– Señor, ¿no bastan para Ti / las que a tu lado están? / '¡Oh, no! no bastan' el Pastor / Responde con afán, / 'Y al tenebroso bosque voy / La fugitiva a recobrar. //– ¿De quién, Señor, la sangre es / Que señalando va / Al indeciso viador / La senda celestial? 'Por una oveja la vertí / hasta poderla recobrar'. //– La tierra toda de una voz / El eco alegra da: / 'Mi cara oveja al fin hallé / mi gozo celebrad' / Y en tanto el cielo dice así: 'Lo suyo Dios restaura ya. //»*.

[44] En el original: *"Man like a silly sheep doth often stray, / Not knowing of his way, Blind deserts and the wilderness of sin / He daily travels in; / There's nothing will reduce him sooner tan / Afflictions to his pen. / He wanders in the sunshine, but in rain / And stormy weather hastens home again"*. *"Thou, the great Shepherd of my soul, O keep / Me, my unworthy sheep / From gadding: or if fair means will not do it, / Let foul, then, bring me to it. / Rather then I should perish in my error, / Lord bring me back with terror; / Better I be chastised with thy rod / And Shepherd's staff, than stray from thee, my God"*. *"Though for the present stripes do grieve me sore, / At last they profit more, / And make me to observe thy word, which I / Neglected formerly; / Let me come home rather by weeping cross / Than still be at a loss. / For health I would rather take a bitter pill, / Than eating sweet meats to be always ill"*.

[45] Apocalipsis 7:9.

[46] Job 5:17.

[47] 1 Corintios 15:28; Efesios 4:6; Colosenses 3:11. Spurgeon predicó en el *"Metropolitan Tabernacle"* un memorable sermón sobre estos versículos titulado: *"All and All in All"*, el Domingo 3 de Mayo de 1885.

Antes que fuera yo afligido, andaba descarriado; mas ahora guardo tu palabra. Dios desarraiga por medio de la aflicción el pecado que aborrece del alma a la cual ama.

John Mason Good, [1764-1827]
"An Historical Outline of the Book of Psalms", 1837

Vers. 68. *Bueno eres tú, y bienhechor; enséñame tus estatutos.* *[Bueno eres tú, y bienhechor; enséñame tus estatutos.* RVR*] [Bueno eres tú, y bienhechor; enséñame tus estatutos.* LBLA*] [Bueno eres Tú, y bienhechor, enséñame tus estatutos.* BTX*] [Tú eres bueno, y haces el bien; enséñame tus decretos.* NVI*] [Tú eres bueno y haces el bien, enséñame tus normas.* BLP*] [Tú eres bueno y haces únicamente el bien; enséñame tus decretos.* NTV*]*[48]

Bueno eres tú, y bienhechor. Incluso en la aflicción Dios es bueno y obra el bien. Tal es la confesión de la experiencia. Dios es esencialmente bondad en sí mismo, y esta bondad se hace presente en el sentido más amplio del término en cada atributo de su naturaleza. De hecho ostenta el monopolio de la bondad, porque ninguno hay bueno sino solo uno: Dios.[49] Y sus actos son siempre conforme a su naturaleza: de una fuente pura fluyen corrientes puras. La bondad de Dios no es algo latente y pasivo; se muestra a través de sus acciones, es benefactor activo, obra el bien. ¡Cuánto bien hace no hay lengua capaz de contarlo! ¡Cuán bueno es no hay corazón capaz de concebirlo! Bueno es, por tanto, adorar al Señor como lo describe aquí el poeta: *"Bueno eres tú, y bienhechor!"*. Las propias acciones de Dios son su mejor alabanza; y la mayor gloria que nosotros podemos darle es reflejar su propia gloria, en tanto que es imposible decir o expresar de él mayor bien de lo que realmente es y hace. Creemos en su bondad y le honramos con nuestra fe; admiramos su bondad y le glorificamos con nuestro amor; declaramos públicamente su bondad y le engrandecemos con nuestro testimonio.

Enséñame tus estatutos. La misma oración del versículo sesenta y cuatro (119:64), respaldada por el mismo argumento. Ora diciendo: «Señor, sé bueno y obra conmigo bien, para que también yo sea bueno y obre el bien a través de tus enseñanzas». Era aprendiz y estaba encantado de aprender: atribuía su aprendizaje a la bondad del Señor y confiaba que ella le permitiera seguir en la escuela hasta aprender perfectamente cada lección de manera práctica. Su libro de texto favorito era los Estatutos reales, no deseaba otro. Conocía bien por experiencia propia las deplorables consecuencias de romper esos estatutos, y lo doloroso de regresar al camino de la justicia azuzado por la aflicción; y en consecuencia implora como máxima demostración de la bondad divina ser enseñado en un perfecto conocimiento de la ley y una total conformidad con ella. Se lamenta de no haber guardado la Palabra y anhela ser enseñado en ella; se regocija de que por gracia se le ha enseñado a guardarla, y se muestra no menos ansioso de persistir y progresar en su instrucción.

En el versículo doce del Salmo, que es el cuarto versículo de la octava ב *Bet* (119:9-16): *"Bendito tú, oh Jehová; enséñame tus estatutos"* (119:12), tenemos aproximadamente el mismo mensaje que en este versículo cuarto de la octava ט *Tet* (119:65-72): *"Bueno eres tú, y bienhechor; enséñame tus estatutos"*.

C.H. Spurgeon

[48] La versión griega de los LXX o Septuaginta lee: χρηστὸς εἶ σύ, κύριε, καὶ ἐν τῇ χρηστότητί σου δίδαξόν με τὰ δικαιώματά σου que la Vulgata traduce al latín como: *"Bonus es tu, et in bonitate tua doce me justificationes tuas"*, "Bueno eres tú, y en tu bondad enséñame tus justificaciones". La versión sefardí de Ferrara traduce: *"Bueno tu y beneficiàn, abèzame tus fueros"*. La caldea Peshitta: *"Oh Yahweh, tú eres bueno y bienhechor, instrúyeme en tus ordenanzas"*. Kraus traduce: *"Eres bueno y haces cosas buenas, ¡enséñame tus estatutos!"* Schökel: *"Bueno eres tú y haces el bien: enséñame tus normas"*.

[49] Mateo 19:17; Marcos 10:18; Lucas 18:19.

Bueno eres tú, y bienhechor. Tenemos delante de nosotros un Dios bueno, a un nivel de bondad que se nos hace imposible de comparar, en tanto que se nos plantea como la bondad absoluta. Bueno por propia naturaleza; y su obra acorde con su naturaleza. No hay en él nada ausente, como tampoco nada defectuoso; nada susceptible de ser agregado para hacerlo mejor. Filón[50] afirma al respecto: «Ὁ ὄντως ὢν το πρῶτον αγαθόν: el Ser primero debe ser el primero en bondad». Tan pronto como concebimos que hay un Dios, concebimos que es bueno: bueno de si mismo, bueno en sí mismo, la bondad misma, y tanto la fuente como el patrón de cuanto bueno pueda haber en sus criaturas.

1. En lo que atañe a su naturaleza Dios es: *"bueno"*.
   a. Originalmente bueno: bueno en sí mismo, por si mismo y bueno para con todos los demás; como el sol es luz en sí mismo, y alumbra todas las demás cosas.
   b. Esencialmente bueno: no solo bueno, sino la bondad misma. En nosotros la bondad es una cualidad accesoria o un don sobreañadido; pero en Dios no es una cualidad, sino su propia esencia. En un vaso dorado el brillo de oro es una cualidad añadida; pero en un recipiente de oro macizo es su propia sustancia.
   c. Infinitamente bueno: en las criaturas creadas su bondad es siempre limitada, pero nada hay que limite la perfección de Dios en medida alguna; es un océano ilimitado de bondad sin orillas ni fondo. ¡Qué es nuestra insignificante gota de bondad comparada a este océano!
   d. Inmutablemente bueno: su bondad jamás podrá ser ni mayor ni menor de lo que es; ya que nada se le puede agregar, ni nada se le puede restar. El hombre en su inocencia original era *peccabilis* o expuesto al pecado, y después de pecar fue *peccator,* o pecador consumado; pero Dios ha sido siempre bueno, es bueno, y seguirá siendo bueno. Es el modelo o patrón de bondad que se nos propone. Ahora bien, su naturaleza es de profundidad insondable, por tanto,
2. En lo que atañe a su obra es: "bienhechor". ¿Qué otra cosa ha estado haciendo por miles de años en el escenario de ese gran teatro que es el mundo sino el bien? *"No se dejó a sí mismo sin testimonio, haciendo bien, dándonos lluvias del cielo y estaciones del año fructíferas, llenando de sustento y de alegría nuestros corazones"*.[51] No nos dejó sin testigo de si mismo, καίτοι οὐκ ἀμάρτυρον αὑτὸν ἀφῆκεν ἀγαθουργῶν, no ejecutando su venganza por las idolatrías cometidas sino repartiendo bondades y beneficios. Esto es lo que se nos propone que imitemos, para que nuestra vida por entero no consista en otra cosa que ἀγαθοποιός, en un constante hacer el bien: *"Sed, pues, vosotros perfectos, como vuestro Padre que está en los cielos es perfecto"*.[52] Hace bien, por tanto, el salmista en pedir: *"Enséñame tus estatutos"*.

THOMAS MANTON [1620-1677]
"One hundred and ninety sermons on the hundred and nineteenth Psalm", 1681

Bueno eres tú, y bienhechor. Debemos bendecir al Señor en todo tiempo,[53] y mantener pensamientos positivos acerca de Dios en todo momento,[54] de manera especial en épocas de aflicción. Se

[50] Se refiere a FILÓN DE ALEJANDRÍA [20 a.C.-50 d.C.], llamado también Filón el Judío, uno de los más renombrados filósofos y escritores del judaísmo helénico. Su obra no tuvo gran aceptación entre los judíos ni entre los griegos, pero fue recibida con entusiasmo por los primeros cristianos, que llegaron a tenerle casi por uno de los suyos. Escribió numerosos obras sobre la Ley, tratados filosóficos y otras obras de carácter apologético e histórico.

[51] Hechos 14:17.

[52] Mateo 5:48.

[53] Salmo 34:1.

[54] Efesios 5:20; 1 Tesalonicenses 5:18.

nos manda glorificar a Dios en los fuegos;[55] y esto es lo que hicieron los tres jóvenes judíos en el horno de fuego calentado siete veces más de lo acostumbrado.[56] […] Admito que no podemos dar gracias a Dios por la aflicción en cuanto a aflicción, pero sí como el medio utilizado para conducirnos al bien, o como acción de mano de la gracia divina extendida en algún modo hacia nosotros de manera destacable. Visto de esta manera, no hay motivo ni razón a este lado del infierno para no alabar a Dios aunque nos azote la mayor de las calamidades. De ahí que David, tras hablarnos de su aflicción, añada: *"Bueno eres tú, y bienhechor"*, pese a haber afirmado ya enfáticamente un poco antes: *"Has tratado bien a tu siervo, oh Señor, conforme a tu palabra"* (119:65). Por ello Pablo y Silas alabaron a Dios después de haber sido azotados y encarcelados.[57]

JOHN WILLISON [1680-1750]
"The afflicted man's companion", 1737

Bueno eres tú, y bienhechor. Los resultados positivos y bienaventurados del castigo deberían bastar, como ejemplo peculiar de la bondad del Señor, para llevarnos a un reconocimiento lógico de su bondad: tanto con carácter general, como en su propia naturaleza e incansables dispensaciones de amor. Pero la valoración incrédula y precipitada que hace la fragilidad humana de sus tratos providenciales y bondadosos vislumbra un ceño fruncido allí donde los ojos de la fe disciernen una sonrisa en su rostro; y por tanto, tan solo en la proporción en que nuestra fe sea capaz de analizar las experiencias del pasado, y los hechos del presente, estaremos en condiciones de suscribir esta expresión con un sentimiento de alabanza en los labios: *"Bueno eres tú, y bienhechor"*.

CHARLES BRIDGES [1794-1869]
"Exposition of Psalm 119", 1827

Vers. 69. ***Contra mí forjaron mentira los soberbios, mas yo guardaré de todo corazón tus mandamientos.*** *[Contra mí forjaron mentira los soberbios, mas yo guardaré de todo corazón tus mandamientos.* RVR*] [Los soberbios han forjado mentira contra mí, pero de todo corazón guardaré tus preceptos.* LBLA*] [Los soberbios forjaron mentiras contra mí, pero yo atesoro tus preceptos de todo corazón.* BTX*] [Aunque los insolentes me difaman, yo cumplo tus preceptos con todo el corazón,* NVI*] [Los soberbios me calumnian, pero yo guardo sinceramente tus preceptos.* BLP*] [Los arrogantes me difaman con mentiras, pero la verdad es que obedezco tus mandamientos con todo el corazón.* NTV*]*[58]

---

[55] Isaías 24:15. La versión inglesa KJV traduce este versículo del siguiente modo: *"Wherefore glorify ye the Lord in the fires"*. El hebreo dice literalmente בָּאֻרִים *bā'urîm* de אור *ur,* "fuego"; aunque el sentido parece ser que es *"lugares de luz"* como traduce la RVR1977 o como indica LBLA, y por ello la NVI y otras traducen "en Oriente" que es por donde sale el Sol. Pero el autor hace una interpretación literal.

[56] Daniel 3:12-30.

[57] Hechos 16:22-26.

[58] La versión griega de los LXX o Septuaginta lee: ἐπληθύνθη ἐπ' ἐμὲ ἀδικία ὑπερηφάνων, ἐγὼ δὲ ἐν ὅλῃ καρδίᾳ μου ἐξερευνήσω τὰς ἐντολάς σου que la Vulgata traduce al latín como: *"Multiplicata est super me iniquitas superborum; ego autem in toto corde meo scrutabor mandata tua"*, "Se ha multiplicado sobre mí la maldad de los soberbios; más yo de todo corazón escudriñaré tus mandamientos". La versión sefardí de Ferrara traduce: *"Ayuntaron fobre mi falfedad fobervios, yo con todo coraçon guardare tus encomendanças"*. La caldea Peshitta: *"La iniquidad de los soberbios ha aumentado, pero yo he guardado tus mandamientos con todo mi corazón"*. KRAUS traduce: *"Los desvergonzados forjan mentiras contra mí, pero yo guardo de todo corazón tus ordenanzas"*. SCHÖKEL: *"Me embadurnan de calumnias unos insolentes; yo guardo de todo corazón tus decretos."*.

Contra mí forjaron mentira los soberbios. Primero se burlan de él (119:51); después le expolian (119:61); y ahora le difaman. Para ultrajar su buen nombre recurren a la falsedad, porque con la verdad no pueden hallar nada contra él. Forjan sus mentiras golpe a golpe cual el herrero da forma y temple a una hoja de acero, o bien falsifican la verdad cual los defraudadores acuñan las monedas. El texto hebreo utiliza un término peculiar: טָפְלוּ *ṭāp̄əlū* de טָפַל *taphal, "han parcheado contra mi una mentira"*.[59] Eran soberbios y orgullosos, pero no a la hora de mentir. El orgullo es por sí mismo una mentira, de modo que cuando un orgulloso esparce mentiras *"habla de su propia naturaleza"*.[60] Los orgullosos suelen ser los opositores más amargos y viperinos de los justos: tienen envidia de su buena fama y están deseosos de acabar con ella. La calumnia es un arma asequible y fácil de utilizar si el objetivo es destruir la reputación de un creyente en la gracia; y cuando se juntan en la empresa un grupo de soberbios, sus exageraciones y falsedades malévolas consiguen herir fácilmente a su víctima, y no se retraerían de matarla si pudieran. ¡Oh, qué veneno tan mortífero empapa la lengua de un mentiroso! Cuantas vidas felices y dichosas han sido malogradas por ella, y cuantas reputaciones intachables cruelmente envenenadas con su ponzoña mortal. Nada hay tan estremecedor como escuchar el repique funesto de personas sin escrúpulos martilleando en la forja del demonio una nueva calumnia contra un justo; la única defensa contra ella es la dulce promesa: *"Ningún arma forjada contra ti prosperará, y condenarás toda lengua que se levante contra ti en juicio"*.[61]

Mas yo guardaré de todo corazón tus mandamientos. Mi única inquietud será ocuparme de mis obligaciones y atenerme a los mandamientos del Señor. Si el barro que nos echan encima no alcanza a cegar nuestros ojos ni magullar nuestra integridad poco daño podrá hacernos. Si guardamos los mandamientos divinos, los propios mandamientos nos protegerán de los ultrajes y calumnias. Por ello David ratifica su resolución a guardarlos; echa una mirada fresca a los mandamientos, y viéndolos realmente del Señor: *"tus mandamientos"*, pone en ello todo su ser: *"de todo corazón"*. Cuando las calumnias sirven de instrumento para llevarnos a una obediencia más resuelta y cuidadosa, obran a nuestro favor; toda falsedad arrojada contra nosotros es susceptible de darle la vuelta y convertirla en herramienta para fortalecer nuestra fe en la verdad; y la malicia de los hombres en un medio para potenciar nuestro amor a Dios. Si tratamos de replicar a las mentiras con palabras, vamos a perder la batalla y salir derrotados; pero una vida santa es refutación incontestable a todas las mentiras posibles. Cuando perseveramos en la santidad por encima de toda oposición las calumnias son rechazadas, la insidia retrocede, y el despecho sucumbe.

C.H. SPURGEON

Contra mí forjaron mentira los soberbios. No debería sorprendernos en lo más mínimo que los enemigos de la verdad forjen hoy en día con mentiras sus escritos para oponerse a los maestros

[59] Es decir, con multitud de trozos o parches; con muchas mentiras pequeñas han formado una grande. Ver al respecto Job 13:4; 16:17; únicos dos lugares donde se utiliza el mismo verbo. WILLIAM SHAKESPEARE [1564-1616] en "Antonio y Cleopatra", Acto II, Escena II, pone en boca de César Octavio una frase similar dirigida a Marco Antonio: «Halláis la manera de cubriros de gloria y alabanzas, atribuyéndome a mí defectos y errores de juicio; pero parcheáis mal vuestras excusas». FELIPE SCIO DE SAN MIGUEL [1738-1776] en una nota a su traducción de la Vulgata sugiere traducirlo como: "zurcieron, fabricaron, fraguaron". FRANZ DELITZSCH [1813-1890] indica que según el Targum, el sentido del verbo טָפַל *taphal,* es de untar, embadurnar, cubrir un objeto con una capa falsa de yeso y barniz hasta dejarlo irreconocible. En este caso la traducción de SCHÖKEL resulta la más exacta y acertada: *"Me embadurnan de calumnias"*. La idea que desea expresar es el salmista es que los soberbios cubren su verdadero carácter y naturaleza con una capa tan sutil de mentiras y calumnias que lo dejan irreconocible.

[60] Juan 8:44 LBLA.

[61] Isaías 54:17.

ortodoxos de la Iglesia; se trata de una antigua artimaña del diablo de la que ya David se quejaba en su época.[62]

SALOMON GESNER [1559-1605]
"Christliche Betrachtung des Psalters", 1599

Contra mí forjaron mentira los soberbios. Religan sus mentiras con trazos de verdad; las enmarcan en un lenguaje culto; las impregnan de perfume veraz para que huelan bien; las imprimen y las difunden a mansalva.

WILLIAM GREENHILL [1591-1677]
"An Exposition of the Five First Chapters of the Prophet Ezekiel with Useful Observations Thereupon. Delivered in Several Lectures in London", 1649

Los soberbios. La fe engendra humildad, mientras que la infidelidad da pie al orgullo. La fe nos hace humildes porque nos lleva a reconocer nuestros pecados y sus consiguientes castigos; nos convence de que no tenemos otra vía para acercarnos a Dios fuera de la mediación de Cristo; y que somos incapaces por nosotros mismos de producir nada bueno o eludir la influencia del mal, sino es por medio de la gracia. Pero cuando los seres humanos ignoran esta realidad, se valoran a si mismos en exceso y se vuelven orgullosos; lo que hace que todos los ignorantes, los herejes y mundanos, sean soberbios en extremo. Quienes se humillan bajo la mano de Dios actúan con humildad en el trato con sus semejantes; pero quienes menosprecian a Dios, no tienen reparo en perseguir a sus siervos.

RICHARD GREENHAM [1531-1591]
"An Exposition on the 119 Psalme", 1612

Forjaron mentira. Vatablus[63] traduce: *«concinnarunt mendacia»,* como hace también Tremellius[64]: «pulieron y adornaron sus mentiras». En la misma manera que Satanás se puede disfrazar de

---

[62] Dice WILLIAM SWAN PLUMER [1802-1880]: «¿Qué hacer cuando nos vemos acribillados por calumnias? Muchas cosas, y aquí van unas cuantas. (1) Vive de forma que tus hechos demuestren que son mentiras. (2) No caigas en las garras del desaliento, antes por el contrario, redobla heroicamente tus esfuerzos en cumplimiento de tu deber. (3) Soporta la prueba con paciencia, y por nada caigas en la trampa sutil de responder mentira con mentira o rebatir calumnia por calumnia, ni aún siquiera te muestres agraviado. (4). Confía tu caso al que juzga con justicia. (5). Da gracias de que la calumnia sea el único poder que tus enemigos tienen contra ti. (6). Hazte a la idea de que tales cosas han de suceder y prepárate para ellas: si el Señor nos hace el bien, tenemos razones paras esperar que Satanás nos hará el mal. (7) Pregúntate honestamente si en verdad estas sufriendo por Cristo y su causa, o si de algún modo has dado con tu comportamiento ocasión para que sucediera. (8) Y si tienes la conciencia tranquila, humildemente y en nombre del Señor, desafía a los calumniadores a que aporten pruebas de cuando dicen».

[63] Se refiere al erudito helenista y hebraísta francés del siglo XV FRANÇOIS VATABLE [1495-1547] también conocido como FRANCISCUS VATABLUS. Nacido en Gamaches, al noroeste de París a finales del siglo XIV. Por sus notables conocimientos de lenguas clásicas y antiguas el rey Francisco I le nombró jefe de la cátedra de hebreo en el famoso "Colegio de las Tres Culturas" (1530) donde tradujo diversas obras de Aristóteles. Fue acusado de "luterano" y "protestante" a causa a las notas tomadas en sus clases de hebreo por su alumno Robert Stephens, que este incluyo en su traducción de la Biblia, especialmente en lo que respecta a los salmos, publicado como *Liber Psalmorum Davidis'*(1557) con comentarios de HUGO GROTIUS [1583-1645]. Mantuvo un importante y acalorado debate con el humanista, filósofo, jurista e historiador español de su época IOANNES GENESIUS SEPULVEDA [1490-1573], más conocido como Juan Ginés de Sepúlveda.

[64] Se refiere al hebraísta judío italiano nacido en Ferrara JOHN IMMANUEL TREMELIUS [1510-1580] convertido al catolicismo en 1540 y que posteriormente abrazo la fe de la Reforma. Fue profesor de Nuevo

ángel de luz,[65] también los enemigos de la fe pueden enmascarar sus mentiras bajo una capa de verdad aparente para hacerlas más plausibles a los demás hombres. Y ciertamente, cuando las mentiras contra los piadosos vienen recubiertas con un barniz de verdad, la tentación de creerlas no es tentación pequeña. Los inicuos visten sus acciones injustas con apariencia de justicia; lo cual hace que los creyentes piadosos no tan solo sean perseguidos injustamente, sino que muchos simples e incautos crean que lo tienen bien merecido. En tales circunstancias a los santos no les queda otra opción que la de ampararse en el testimonio de una buena conciencia.

WILLIAM COWPER [1566-1619]
"A Commentary upon CXIX Psalm", 1613

Contra mí forjaron mentira los soberbios, mas yo guardaré de todo corazón tus mandamientos. La idea de *"forjar"* expresa con bastante fidelidad el significado esencial del verbo hebreo טָפַל *taphal;* aunque su sentido real parece ser más bien el de "tejer" o "coser".[66] También cabe compararlo figuradamente a nuestro remendar, aunque en este caso no resulta tan sugerente de la idea de artificio o habilidad intencionada, sino más bien de una ausencia de ella. La conexión entra ambas cláusulas: *"contra mí forjaron – mas yo guardaré"* combina para expresar la idea de que todas las artimañas y malicia de sus enemigos no tan solo fracasaron en su propósito de apartarlo de Dios, sino que operaron en sentido contrario: le llevaron a obedecerle, con un corazón más firme e indiviso que nunca.

JOSEPH ADDISON ALEXANDER [1809-1860]
"The Psalms Translated and Explained", 1850

Forjaron mentira. Una metáfora que probablemente proceda del griego: ῥάπτειν δόλουσ, coser o remendar; en opinión de Delitzsch,[67] Moll,[68] y otros, significa dar una capa de pintura o barniz a una pared u otro objeto de tal modo que no se distinga su deterioro o sustancia real. El sentido sería que el salmista mantiene íntegra y visible su fidelidad a Dios a pesar de las muchas capas de falsedades con que los soberbios tratan de cubrirle o pintarle para que parezca lo contrario, falseando su auténtico carácter.

"The Speaker's Commentary"[69]

Testamento en Haidelberg; tradujo la Biblia del hebreo y el siríaco al latín (1575-1580); y colaboró con TEODORO DE BEZA [1519-1605]. Tradujo al hebreo el Catecismo de Calvino (1551) y redactó una gramática del siríaco (1569).

[65] 2 Corintios 11:14.

[66] El mejor equivalente en español sería "urdir", un vocablo que tiene el doble sentido tanto de preparar los hilos para tejer; como de tramar un plan en secreto.

[67] Se refiere a FRANZ JULIUS DELITZSCH [1813-1890], conocido teólogo y hebraísta alemán, profesor en la universidad de Liepzig. Tradujo el N.T. al hebreo y su traducción es considerada la mejor que existe hasta el día de hoy. Escribió un extraordinario comentario bíblico al libro de los Salmos y colaboró con Johann FRIEDRICH KARL KEIL [1807-1888], en un comentario bíblico monumental al texto hebreo del A.T., traducido al español por CLIE con el título de Comentario al Texto Hebreo del Antiguo Testamento.

[68] Se refiere a CARL BERNHARD MOLL [1806-1878], teólogo alemán nacido en Wolgast, profesor de teología en la *Martin Luther University Halle-Wittenberg,* y autor de numerosas obras entre ellas un importante comentario a los salmos: *Der Psalter,* 1878.

[69] El *"The Speaker's Commentary"*, o "Comentario del predicador", fue publicado en 10 volúmenes entre 1871 y 1882 con el mecenazgo de EVELYN DENISON [1800-1873], Primer Vizconde de Ossington. El objetivo de la obra era responder apologéticamente a la teología liberal y en especial a la obra crítica *"Essays*

Contra mí forjaron mentira los soberbios. Los dos brazos con que Satanás lucha contra los creyentes son la violencia y la mentira: y está demostrado que cuando no puede, o no se atreve a utilizar la violencia, recurre a la mentira buscando causar tanto daño como le sea posible. Sin embargo, el Señor nos deja patente en este versículo la manera maravillosa como protege a sus hijos contra el Maligno y sus orgullosas huestes, en el hecho de que sus corazones soberbios tengan que recurrir a "forjar" mentira para poder atacarles. Su maldad es tan enorme que no pueden hacer otra cosa fuera de causar daño; no obstante, su poder está embridado de tal modo que ni aún "forjando" sus mentiras logran en absoluto ejecutar cuanto desearían.

WILLIAM COWPER [1566-1619]
"A Commentary upon CXIX Psalm", 1613

Mas yo guardaré de todo corazón tus mandamientos. Que venga a nosotros la palabra del Señor, que venga a nosotros y sometámonos a ella; y aún si tuviéramos seiscientos cuellos los colocaríamos todos gustosamente bajo el yugo de sus preceptos.

AGUSTÍN DE HIPONA [354-430]

Mas yo guardaré de todo corazón tus mandamientos. La obediencia a la Palabra de Dios *"de todo corazón"* es el mejor consuelo ante la calumnia; la mejor respuesta para combatirla; y la mejor manera de ganarse a los calumniadores y convertirlos.

C.H. SPURGEON

Vers. 70. *Se engrosó el corazón de ellos como sebo, mas yo en tu ley me he regocijado.* *[Se engrosó el corazón de ellos como sebo, mas yo me he regocijado en tu ley.* RVR*] [Su corazón está cubierto de grasa, pero yo me deleito en tu ley.* LBLA*] [El corazón de ellos está engrosado como sebo, pero yo me deleito en tu ley.* BTX*] [El corazón de ellos es torpe e insensible, pero yo me regocijo en tu ley.* NVI*] [Su corazón es insensible, yo, en cambio, me deleito en tu ley.* BLP*] [El corazón de ellos es torpe y necio, yo, en cambio, me deleito en tus enseñanzas.* NTV*]*[70]

Se engrosó el corazón de ellos como sebo. Se deleitan en la gordura, pero yo me deleito en ti. Su permisividad e indulgencia voluptuosa ha vuelto sus corazones insensibles, toscos y rudos; pero a mi tu mano disciplinadora me ha librado de tan nefasto destino. Los banquetes y deleites de la carne engordan a los soberbios volviéndoles aún más orgullosos. Revientan de prosperidad, y saturan con ella sus corazones hasta volverlos insensibles, pasivos, y autoindulgentes. Un corazón *"engrosado"* es algo terrible, puesto que se refiere a una gordura que hace al hombre fatuo, saturando su corazón

and Reviews". FREDERIC CHARLES COOK [1810-1889] dirigió la redacción, en la que participaron los más destacados exégetas y teólogos conservadores de la Inglaterra del siglo XIX.

[70] La versión griega de los LXX o Septuaginta lee: ἐτυρώθη ὡς γάλα ἡ καρδία αὐτῶν, ἐγὼ δὲ τὸν νόμον σου ἐμελέτησα que la Vulgata traduce al latín como: *"Coagulatum est sicut lac cor eorum; ego vero legem tuam meditatus sum"*, "Se ha cuajado como leche el corazón de ellos; más yo tu ley he meditado". La versión sefardí de Ferrara traduce: *"Engroffofe como fevo fu coraçon, yo (en) tu Ley me folazee"*. La caldea Peshitta: *"Su corazón está cuajado como leche, pero yo he guardado tu ley"*. KRAUS traduce: *"Obtuso como la grasa es su corazón, pero yo me deleito en tus instrucciones"*. SCHÖKEL: *"Su corazón es espeso como grasa; yo me deleito en tu voluntad"*.

con un sebo degenerativo que lo debilita y lo conduce a la muerte. Su grosura les arrebata la vida sin que tan siquiera se den cuenta. En este sentido Dryden[71] escribió:

¡Oh almas en las que no hay presencia del fuego celestial,
mentes obcecadas arrastrándose constantemente por un cenagal![72]

Tales seres, aunque humanos en el sentido físico, no tienen corazón excepto para lo relacionado con el placer y el lujo; nadan en sebo y su ámbito de acción es muy limitado: se mueven tan solo de la cocina al banquete. Y dado que se alimentan únicamente de la sucia grasa de este mundo, su naturaleza adquiere las características propias de aquello con lo que se alimentan: su musculatura desaparece convirtiéndose en una mera bola viscosa y grasienta.

Mas yo me he regocijado en tu ley. ¡Cuánto mejor es el gozo en la ley del Señor que la alegría pasajera en las licencias voluptuosas! La ley de Dios garantiza un corazón sano, y mantiene la mente humilde. Nadie que ame la santidad tiene el menor motivo para envidiar la prosperidad de los mundanos. El deleite en la ley divina eleva y ennoblece, mientras que el placer carnal obstruye el intelecto y degrada los afectos. Entre el creyente y el mundano hay, y debe haber en todo momento, un vivo contraste que se refleja tanto en los afectos del corazón como en las acciones de la vida: su corazón es insensible a las cosas espirituales por la gordura del sebo mundanal que lo envuelve; el nuestro se deleita en la ley del Señor. Y es este deleite, más que cualquier otra cosa, la demostración de nuestro carácter santificado, pues: según sea el corazón así será el hombre.[73] David engrasó los ejes de su vida con su deleite en la ley de Dios, no con el sebo grasiento de la voluptuosidad mundana. Disfrutaba, sin duda, de sus amenidades y exquisiteces, de sus fiestas y deleites, pero todo ello lo encontró haciendo la voluntad del Señor su Dios. Cuando la ley pasa a ser un deleite, la obediencia es una bendición. La santidad en el corazón hace que el alma coma lo mejor de la tierra.[74] Tener la ley como deleite producirá en nuestros corazones lo opuesto a los efectos del orgullo: nuestra voluptuosidad, obstinación e insensibilidad desaparecerán; pasando a ser sensibles, espirituales, y aptos para aprender. ¡Cuánta precaución deberíamos tener de vivir constantemente bajo la influencia de la ley divina, para evitar caer bajo la ley del pecado y la muerte.

C.H. SPURGEON

Se engrosó el corazón de ellos como sebo. La forma verbal טָפַשׁ *tāpaš* de טָפַשׁ *taphash* no aparece en ningún otro pasaje de las Escrituras, pero en el arameo טְפַשׁ significa "engordar, saturar de grasa"; así como también "volverse necio, soso y estúpido", cosa que a veces coincide con la actitud y comportamiento de las personas excesivamente gordas [...] Por esta razón se describe a los orgulloso mencionados en el versículo anterior (119:69) como teniendo una obsesión o resolución fija hacia el mal; porque son prácticamente insensibles al bien;[75] cosa que podemos comprobar en caso de los

[71] Se refiere a JOHN DRYDEN [1631-1700] influyente poeta, crítico literario y dramaturgo inglés, que dominó la vida literaria en la Inglaterra de la Restauración y que usa la misma expresión referente a Absalón en su poema *"Absalón y Ahitofel"*.

[72] *"The Second Satyre of Aulus Persius Flaccus"* línea 110 en *"The Satires of Decimus Junius Juvenalis"*, 1693. En el original: *"O souls! In whom no heavenly fire is found, / Fat minds and ever grovelling on the ground"*.

[73] Proverbios 23:7.

[74] Isaías 1:19.

[75] FELIPE SCIO DE SAN MIGUEL [1738-1776] en una nota a su traducción de la Vulgata sugiere la siguiente explicación: «Engordó su corazón como sebo por los muchos beneficios y comodidades que de Dios habían

cerdos, a los que si los pinchamos ligeramente con una aguja, no sienten nada, porque solo tienen grasa y mientras la aguja se mantenga en la grasa apenas sienten, cuesta llegar a la carne y al nervio para que sientan algo. De modo similar los soberbios, cuya prosperidad es comparada en otros pasajes a la gordura,[76] debido a su enorme acumulación de sebo de naturaleza puramente material y carnal, tienen un corazón totalmente insensible a las reprensiones de la Palabra divina, como también a las cosas santas y sus deleites. A diferencia de los animales delgados, que son veloces y ágiles porque carecen de grasa que les obstaculice; los animales excesivamente gordos se mueven con lentitud y no son aptos para el trabajo; los soberbios de corazón engrosado no son aptos para desarrollar buenos impulsos.

MARTIN GEIER [1614-1681]
"Commentarius in librum Psalmorum, ad usum Seminarii Brugensis", 1695

Se engrosó el corazón de ellos como sebo, mas yo me he regocijado en tu ley. Lo cual les hace:

1. Insensibles y altivos, desprovistos de cualquier sentimiento. En el libro de Isaías encontramos una frase similar: *"Haz insensible el corazón de este pueblo, endurece sus oídos, y nubla sus ojos"*.[77] Dejan de ser sensibles a la enseñanza de la palabra de Dios, y a su vara.
2. Sensuales y voluptuosos: *"Los ojos se les saltan de gordura; se desborda su corazón con sus antojos"*.[78] Se arropan con los placeres de los sentidos y los consideran su bien primordial. Aunque en realidad poco bien pueden aportarles, puesto que el salmista afirma categóricamente no estar dispuesto a cambiar sus condiciones por las de ellos: *"Su corazón está cubierto de grasa, pero yo me deleito en tu ley"*.

MATTHEW HENRY [1662-1714]
"Commentary on the Whole Bible", 1811

Se engrosó el corazón de ellos como sebo, mas yo me he regocijado en tu ley. Viene a decir: Mi corazón está débil y hambriento, pero mi alma ama tu Palabra y se regocija en ella; no tengo otra cosa para llenarlo fuera de tu Palabra y el alimento que encuentro en ella. En cambio los corazones de mis adversarios están saturados de lujurias, engrosados con el sebo de este mundo, gordos de intemperancia, y por ello odian la Palabra. Pues así como un estómago saturado de fruslerías siente nauseas ante un plato de carne, porque esta lleno y no la puede digerir, así también el hombre inicuo aborrece la Palabra; no puede tragarla, no le aporta satisfacción, porque está saturado de concupiscencias.

WILLIAM FENNER [1600-1640]
"The Riches of Grace", 1641

Se engrosó el corazón de ellos como sebo, mas yo me he regocijado en tu ley. Movido por el deseo de conocer más a fondo el significado médico de un corazón engrosado, entré en contacto con un eminente caballero bien conocido por haber sido presidente del Colegio de Médicos.[79] Su respuesta me confirmo que el lenguaje utilizado por el salmista es más bien figurativo que no literal. Me dijo:

recibido, y de las cuales abusaron sin medida, hasta el punto de volverse necios e insensatos (Job 15:27).

[76] Deuteronomio 32:15; Job 15:27; Salmos 17:10; 73:7; Isaías 6:10; Jeremías 5:28; Hechos 28:27.

[77] Isaías 6:10.

[78] Salmo 73:7.

[79] Aunque habla en tercera persona es posible que Ridson se refiera a sí mismo, puesto que era uno de los médicos de más prestigio de su época; en 1850 fue Presidente de la *Medical Society of London* fundado en 1733, uno de los colegios médicos más antiguos del mundo, y *Fellow of the Royal Society*. Aunque también es posible que se esté refiriendo a la opinión de alguno de sus antecesores.

«Hay dos diagnósticos diferentes de lo que se denomina *"corazón graso"*. Uno es cuando hay una acumulación excesiva de tejido graso cubriendo el exterior del órgano, especialmente sobre la base. Algo fácil de observar en los animales con exceso de grasa por haber sido especialmente engordados para el matadero. Esta grasa no interfiere necesariamente con la actividad del corazón, y puede no ser de mucha importancia desde el punto de vista médico. El segundo, sin embargo, es una condición mucho más grave. Se da cuando la estructura muscular del corazón; y de la cual dependen sus funciones principales, como es su capacidad de bombeo; a causa de una acumulación de glóbulos grasos y oleosos que pueden verse fácilmente a través del microscopio, experimenta un trastorno degenerativo que hace que las fibras contráctiles de los músculos se conviertan en una estructura amorfa, perdiendo sus propiedades habituales. Esta condición, de extenderse, hace que la acción del corazón sea débil e irregular, algo muy peligroso, porque frecuentemente es causa de una muerte súbita. Por regla general guarda relación con las condiciones generales de salud de todo el cuerpo, y es evidencia de malnutrición debido a una alimentación poco sana. Está provocada por un modo de vida excesivamente lujoso e indolente, y, en cualquier caso, por el abandono del ejercicio corporal y las normas higiénicas esenciales de una nutrición saludable. Sin embargo, no es en absoluto incompatible con una buena capacidad intelectual y rigor mental, y no está en ligada necesariamente con la demencia ni la estupidez. Aunque sí es cierto que en esta forma de enfermedad, el corazón es literalmente "graso", y en consecuencia puede ser descrito propiamente como *"engrosado"* o *"rodeado de sebo"*, tanto desde el punto de vista fisiológico como patológico. Y en este sentido creo que puedo aventurarme por el territorio sagrado de la exégesis bíblica sin arriesgarme a la acusación de fatuo. ¿Acaso no está el Salmista presentando aquí el vívido contraste entre quienes llevan una vida regalada, de indulgencia y de vicios, entregados a todo tipo de placeres de la carne, en la que cuerpo y mente van quedando paulatinamente incapacitados para sus usos apropiados; frente a la de aquellos que se ejercitan y corren en el camino de los mandamientos del Señor, que se deleitan en hacer su voluntad y meditan en sus preceptos? ¿Describiendo pereza, gordura y estupidez; frente a una actividad sana que redunda en músculos firmes y rigor mental? ¿Cuerpo versus mente? ¿El hombre en su calidad de bruto, frente al hombre que conserva en él la imagen de Dios?

JAMES RISDON BENNETT [1809-1891]

Vers. 71. *Bueno me es haber sido humillado, para que aprenda tus estatutos.* *[Ha sido un bien para mí el haber sido humillado, para que aprendiera tus estatutos.* RVR*] [Bueno es para mí ser afligido, para que aprenda tus estatutos.* LBLA*] [Bueno me es haber sido humillado, para que aprenda tus estatutos.* BTX*] [Me hizo bien haber sido afligido, porque así llegué a conocer tus decretos.* NVI*] [Me vino bien haber sufrido para así aprender tus normas.* BLP*] [El sufrimiento me hizo bien, porque me enseñó a prestar atención a tus decretos.* NTV*]*[80]

Ha sido un bien para mí el haber sido afligido. A pesar de que la aflicción le vino provocada por hombres malvados, fue encauzada para fines buenos: la causa era mala, pero el efecto sobre David

[80] La versión griega de los LXX o Septuaginta lee: ἀγαθόν μοι ὅτι ἐταπείνωσάς με, ὅπως ἂν μάθω τὰ δικαιώματά σου que la Vulgata traduce al latín como: *"Bonum mihi quia humiliasti me, ut discam justificationes tuas"*, "Bueno para mí el haberme tú humillado; para que aprenda tus justificaciones". La versión sefardí de Ferrara traduce: *"Bueno a mi que fuy afligido, para que deprenda tus fueros"*. La caldea Peshitta: *"Me es bueno el haber sido humillado, para que aprendiera tus preceptos"*. KRAUS traduce: *"Fue bueno para mí el ser doblegado para que yo aprendiera tus estatutos"*. SCHÖKEL: *"Bien me estuvo el escarmiento: así aprendí tus órdenes"*.

fue beneficioso en muy diversas maneras, y era consciente de ello.[81] Fuera lo que fuera que pensara mientras estuvo en medio de la tribulación, cuando esta acabó pudo comprobar que para él había sido lo mejor. A los orgullosos su prosperidad no les beneficiaba en nada: vuelve sus corazones más voluptuosos e insensibles; para el salmista en cambio la aflicción fue positiva. Aquello que para nosotros es lo peor, es infinitamente mejor que lo óptimo de los pecadores. Para ellos regocijarse es malo; mientras que para los santos la tristeza es buena.[82] Por la vía de nuestros dolores y quebrantos nos han llegado miles de beneficios, y entre ellos figura este que no es poco importante: el de ser educados en la ley.

Para que aprendiera tus estatutos. Ciertamente si los aprendemos y guardamos es por la presión de la vara. Pedimos al Señor que nos enseñe (119:66), pero nos quejamos de la manera como lo hace. Aunque lo cierto es que nos ha tratado bien, pues ha obrado con nosotros sabiamente. Nuestras pruebas y tribulaciones nos han protegido de la ignorancia y librado de un corazón engrosado e insensible; y tan solo eso ya debe ser motivo de constante gratitud. A los soberbios el sebo de la prosperidad no les aporta ningún bien; aprender en cambio la verdad por la vía de la adversidad es muy provechoso para los humildes. Poco es lo que se aprende sin dolor y sin esfuerzo. Si queremos alcanzar el nivel de expertos, antes hemos de pasar por la dura etapa de sufridores. Como suelen decir los latinos: *"experientia docet",*[83] la experiencia es una buena maestra. Para aprender los estatutos reales, no hay camino real; los mandamientos de Dios, como mejor se leen, es con los ojos humedecidos por las lágrimas.

C.H. SPURGEON

Ha sido un bien para mí el haber sido afligido. La enfermedad sirve para enmendarme, la pobreza me enriquece, la debilidad me da fuerzas; por tanto, no dudo en exclamar como san Bemardo:[84] *"Irascaris mihi Domine";* desata tu ira contra mí, oh Señor. Pues si no me reprendes, es señal de que

[81] Cuando FRANCISCO I DE FRANCIA [1494-1597] que había entrado en guerra con el emperador CARLOS V [1500-1558] por haberse anexionado el ducado de Milán, cayó derrotado en la batalla de Pavia (1525), fue conducido provisionalmente a la Cartuja de Certosa de Pavia, donde permaneció confinado bajo custodia hasta que el emperador decidió su traslado a España. Se cuenta que al entrar en la iglesia del monasterio, los monjes estaban cantando el Salmo 119:65-72; y el rey, al escuchar las palabras del versículo setenta y uno (119:71), emocionado, y con gran sorpresa tanto de comunidad como de los soldados que le custodiaban, recobrando fuerzas, se puso en pie y las repitió en voz alta: *"Bueno me es haber sido humillado, para que aprenda tus estatutos".* Y KATHARINA VON BORA [1499-1552], esposa de Martín Lutero, escribió con referencia a las muchas pruebas y tribulaciones que le fue preciso soportar a su esposo: «Jamás habría comprendido el significado de muchos pasajes de la Escritura; jamás habría entendido las quejas y aflicciones de espíritu reflejadas en numerosos salmos; ni habría captado en toda su profundidad el sentido de muchos deberes cristianos; de no haber sido por las numerosas veces que Dios me ha sometido a la aflicción».

[82] 2 Corintios 7:10. En el original *"to eat the fat of the land".* Ver al respecto Isaías 55:2: *"Oidme atentamente, y comed del bien, y se deleitará vuestra alma con grosura".*

[83] Literal: la experiencia enseña.

[84] Se refiere a BERNARDO DE CLARAVAL [1091-1153], doctor de la Iglesia, abad del monasterio de Claraval y reformador monástico francés, impuso el estilo que pronto se extendería a toda la *Orden del Císter:* disciplina, austeridad, oración y simplicidad. Tales ideales lo enfrentaron con PEDRO EL VENERABLE [1092-1156], abad de Cluny, pues suponían un ataque directo contra la riqueza de los monasterios, la pompa de la liturgia y el lujo de las iglesias cluniacienses. Luchó contra las incipientes tendencias laicistas de su tiempo, haciendo condenar el racionalismo de Pedro Abelardo, quien mantenía que se debían buscar los fundamentos de la fe con similitudes basadas en la razón humana. Creía en la revelación verbal del texto bíblico, y se declaró fiel discípulo de san Ambrosio y de san Agustín, a quienes llamó "las dos columnas de la Iglesia". Rebatió también las propuestas de Arnaldo de Brescia y dejó tras su muerte numerosos escritos.

no me tienes en cuenta; si no tengo medicina amarga que beber, es porque estoy sin médico; y si no me corriges, quiere decir no soy tu hijo. Así fue con Manasés, bisnieto de David: *"Cuando estaba en angustia, imploró al Señor su Dios"*.[85] Los grilletes y cadenas de hierro con que lo aprisionaron y ataron los asirios, resultaron más valiosos y le fueron más provechoso que todo su oro; la mazmorra en que lo arrojaron, un alojamiento más dichoso que su palacio; y el destierro en Babilonia, mejor escuela que Jerusalén. ¡Qué necios somos, pues, cuando fruncimos el ceño ante nuestras aflicciones! Por acerbas que sean, son nuestras mejores amigas. Ciertamente, no están destinadas a proporcionarnos placer, pero sí aportarnos beneficio; y cuando llegan deberíamos darles la más cordial bienvenida. ¿Qué importa lo amarga que sea la poción si beberla nos restablece la salud?

ABRAHAM WRIGHT [1611-1690]
"A Practical Commentary or Exposition upon the Book of Psalms", 1661

Ha sido un bien para mí el haber sido afligido. Los creyentes son siempre los grandes beneficiados de la aflicción, ya que a través de ella se potencia y perfecciona *"la piedad"*, que es *"de gran ganancia"*, y *"provechosa para todo"*.[86] Por un milagro de la gracia, la vara de la corrección florece, como floreció la vara de Aarón ,[87] echando renuevos y flores, trayendo los frutos de justicia que son excelentes.[88] No deja de ser una experiencia admirable ver como un creyente se levanta del lecho de la enfermedad, o sale de cualquier otro horno de aflicción,[89] más parecido a un ángel en su pureza; más como Cristo en santidad, inocencia y distanciamiento del pecado; más como Dios mismo en justicia: más íntegro en sus caminos y ejemplarizante en su conducta y conversación.

NATHANIEL VINCENT [1639-1697]
"The Good Which Comes Out of the Evil of Affliction", 1693

Ha sido un bien para mí el haber sido afligido. Si no tuviéramos una cruz cotidiana que sobrellevar, no avanzaríamos un paso en nuestro peregrinaje al cielo. Una cruz que perturbe nuestra paz y sosiego es el estímulo que necesitamos para vencer nuestra desidia, sin el cual, lo más probable es que permaneceríamos encallados, estacionarios, cegados por vanidades huecas y hundiéndonos cada vez más profundamente en el pecado. Una cruz nos ayuda a proseguir, a superar nuestra apatía y resistencia innatas. Tumbarse plácidamente sobre un lecho de rosas podrá parecernos una existencia fácil y placentera; pero, la facilidad y el descanso placenteros no son la suerte de un cristiano: si en algún modo pretende ascender más y más arriba ha ser forzosamente por un camino empinado y áspero.

---

[85] 2 Crónicas 33:10-13.

[86] 1 Timoteo 4:8; 6:6. Dice al respecto JOHANN PETER LANGE [1802-1884]: «El que se humilla bajo la mano correctora del Todopoderoso, pronto descubre que sus sufrimientos redundan en bendiciones, pues le conducen a reconocer sus propios errores y a engrandecer la misericordia divina. ¡Dichoso el creyente al que Dios otorga el beneficio de adquirir sabiduría mediante la experiencia de tener que admitir sus propias equivocaciones; siendo conducido por medio de ello al abandono de los caminos del mundo y un mayor apego a la palabra santa». Y CHARLES BRIDGES [1794-1869] en su exposición del Salmo 119 añade: «¡Que jamás el corazón me censure cuando no debería; ni deje de censurarme cuando sí debería! La primera señal del toque de la gracia es cuando nuestro corazón se vuelve sensible a su propia insensibilidad, y contrito en razón de su propia dureza».

[87] Números 17:8.

[88] Filipenses 1:11; Santiago 3:18.

[89] Daniel 3:24-27.

¡Ay de aquellos que no tienen su cruz cotidiana que sobrellevar! ¡Ay de aquellos que se quejan, se amotinan y cocean contra ella!

CHARLOTTE MARY YONGE [1823-1901]
"Gold dust : a collection of golden counsels for the sanctification of daily life", 1880

Ha sido un bien para mí el haber sido afligido. Algunas cosas buenas no son afables, como la tristeza y la aflicción. El pecado es placentero, pero no es rentable; el dolor es provechoso, pero es desagradable. Así como como las aguas en constante movimiento son más puras y cristalinas que las estancadas, los creyentes suelen ser más santos cuanto más pasan por aflicción. Algunos cristianos se asemejan a esos niños díscolos que en cuanto la vara se aleja de su espalda, tiran los libros y dejan de estudiar. Es a través de aflicción severa que el Señor imparte las instrucciones más dulces; pues muchos son incapaces de mejorar con los castigos que ven aplicados a otros, tan solo progresan con los que ellos mismos experimentan. El oro más puro es el más maleable. La mejor hoja de acero es aquella que más se dobla, para volver a enderezarse recuperando su forma inicial de inmediato.

WILLIAM SECKER [¿?-1681]
"The nonsuch professor in his meridian splendor; or, The singular actions of aantified christians", 1660

Ha sido un bien para mí el haber sido afligido. La piedad posee la virtud maravillosa de transformar todas las cosas en motivos de consuelo y alegría.[90] A la persona piadosa ninguna situación le resulta desagradable o negativa: sus tristezas le son agradables, sus enfermedades las ve saludables, sus necesidades le enriquecen, sus desgracias le adornan, sus cargas le tranquilizan; sus obligaciones las asume como privilegios, sus caídas una ocasión de avance, sus fracasos una puerta abierta al éxito, y aún sus propios pecados (que asume con profundo arrepentimiento, contrición, humildad, circunspección y vigilancia), lo hacen mejor y lo benefician. La impiedad, en cambio, arruina todo cuanto está a su vera, malogra todas las condiciones, encharca y corrompe todos los bienes, amarga todos los consuelos, y perturba todos los goces de la vida.

ISAAC BARROW [1630-1677]
"Sermons and Expository Treatises: The Profitableness of Godliness", 1823

Ha sido un bien para mí el haber sido afligido. En la interesante biografía publicada por Elizabeth Jane Whately[91] sobre la vida de su padre, arzobispo de Dublín, cuenta un hecho interesante narrado por el propio Dr. Whately, referente a la introducción del alerce[92] en Inglaterra. Cuando llegaron los

---

[90] 1 Timoteo 4:8; 6:6.

[91] Se refiere a la hija de RICHARD WHATELY [1787-1863], arzobispo anglicado, pensador, político, educador y escritor inglés, líder de los derechos civiles, y conocido en todo el mundo por sus máximas. Prolífico escritor, una de sus obras religiosas más conocidas es *"Christian Evidences"*, escrita en 1837 y traducida a numerosos idiomas. Su hija ELIZABETH JANE [1822-1893], escribió y publicó en 1866 su biografía titulada *"Life and Correspondence"* a la que hace referencia Bardsley.

[92] Se refiere al árbol conocido como ALERCE O LAHUÁN, y cuyo nombre científico es *Fitzroya cupressoides*, conocido comúnmente como Ciprés de la Cordillera, Ciprés de Patagonia o simplemente Lahuán. Es un árbol del género *Fitzroya*, de la familia de las *Cupressaceae*, única especie del género, y es nativa de Argentina y Chile, en la zona de bosques entre los 40º y los 43º de latitud Sur, tanto en la Cordillera de los Andes de ambos países como en la Cordillera de la Costa de Chile. En España crece en zonas frías como las montañas de los Pirineos y Euskadi.

primeros arbolitos a tierras británicas procedentes de España, ignorante de que pueden crecer en zona de las nieves, al saber que procedían del sur de Europa, el jardinero entendió que necesitaban calor, y los puso en un invernadero. Pero para su frustre y disgusto vio que día tras día se iban marchitando más y más, hasta que finalmente, dándolos por irrecuperables, arrojó las macetas en un estercolero en el exterior. Más para su sorpresa, allí reverdecieron y crecieron con fuerza hasta convertirse en árboles. Necesitaban frío. Con frecuencia el gran Labrador[93] reaviva sus plantas exponiéndolas al frío. Para que los alerces de Dios crezcan fuertes y vigorosos necesitan las heladas de la aflicción y la tribulación. Es bajo esas duras condiciones que brotan en la mente los pensamientos y sentimientos espirituales, renovados y sanos: cuando el corazón queda cual tronco muerto para el mundo y para el yo egoísta. Es de la noche de la tristeza que surge la aurora de la alegría. El invierno es presagio de la primavera. De la crucifixión de viejo hombre emerge la resurrección del nuevo,[94] como en la naturaleza la vida es hija de la muerte: «La noche es madre del día, y el invierno de la primavera; y siempre los musgos más verdes, brotan de las hojas más secas».[95]

JAMES WAREING BARDSLEY [1837-¿?]
"Illustrated Texts and Texts Illustrated", 1876

Ha sido un bien para mí el haber sido afligido. No deja de ser un fenómeno curioso y remarcable que sea en las montañas más altas donde las plantas lucen sus colores más brillantes, particularmente en los lugares donde están expuestas al clima más duro e inhóspito. Los líquenes y musgos más brillantes, las flores silvestres más hermosas, abundan en lo alto de los picos más sombríos y tempestuosos. El espectáculo más exuberante de colorante orgánico que he contemplado en mi vida fue en una cumbre de más de 3.000 metros justo por encima del albergue-monasterio del Gran San Bernardo,[96] en la frontera entre Italia y Suiza. La superficie de una extensa pared rocosa estaba cubierta por entero del liquen amarillo más vivo e intenso que jamás haya contemplado: brillaba a la luz del sol como la almena dorada de un castillo encantado. Justo en este páramo elevado, en medio de una desolación ceñuda y expuesto a tempestades pavorosas, exhibía este liquen una intensidad de color gloriosa, imposible de contemplar en los valles. Mientras escribo estas líneas tengo ante mí dos especímenes de

[93] Juan 15:1.

[94] Romanos 6:6-9; Efesios 4:22-24; Colosenses 3:9-10.

[95] Cita un himno del poeta cuáquero JOHN GREENLEAF WHITTIER [1807-1892] que comienza con estas palabras: *"The night is the mother of the day, And winter of the spring; And ever upon old decay, The greenest mosses spring"*.

[96] Sin que se conozca exactamente la fecha de su origen, este monasterio a 2.500 metros de altura ocupa el lugar de un antiguo templo romano en honor a Júpiter, en mitad del paso montañoso entre Italia y Suiza conocido hoy como Gran San Bernardo. Destruido por las incursiones sarracenas en el siglo X (alrededor del año 940) fue reconstruido en 1050 por san BERNARDO DE MENTHON [923-1081], también conocido como BERNARDO DE AOSTA, fundando en él la de la «Congregación Hospitalaria de Canónigos Regulares del Gran San Bernardo» según la regla de Canónigos Regulares de San Agustín. Su tarea fundamental era socorrer y albergar a los peregrinos y viajeros que atravesaban el paso montañoso, cubierto de nieves perpetuas, y que a menudo solían quedar perdidos en medio de la niebla y las tormentas de nieve. Para ello se dedicaron a la crianza de unos perros de gran tamaño, amantes de la nieve, y de los que surgió la raza conocida hoy como perros de San Bernardo, la de mayor tamaño entre todas las razas de perros. Los monjes los utilizaban como escolta y de manera especial, por su gran sentido del olfato, como perros de salvamento para encontrar a viajeros hundidos en la nieve. En el monasterio se conserva el cuerpo disecado de uno de ellos, Barry I, por haber salvado más de 40 vidas. Desde los siglos XV y XVI existen crónicas y relatos de viajeros, en diversos idiomas, sobre las numerosas vidas rescatadas de la "muerte blanca" por estos animales y sus cuidadores.

liquen: una procedente del gran San Bernardo y la otra del muro de un castillo escocés, que hallé protegido bajo un sicómoro. Y la diferencia entre ellos, tanto en su forma como en su color, es profunda y sustancial, de lo más sorprendente. El espécimen criado en la cima de la montaña, en medio de vientos huracanados y tormentas furiosas, es de un tono brillante, hermoso y primaveral, con talos crustáceos homogéneos y fuertemente unidos al sustrato, de modo que es prácticamente imposible separarlos de él sin destruirlo; mientras que el espécimen surgido en medio de las brisas suaves y delicadas lluvias del valle de las tierras bajas, tiene un matiz tenue y oxidado, con talos folioso parcialmente despegados del sustrato. ¿Acaso no sucede lo mismo con el cristiano? Mientras no es afligido, azotado por la tempestad y privado de todo consuelo; hasta que las tormentas y vicisitudes de la providencia divina no le golpean una y otra vez; su carácter es gris, vive despreocupado y malogrado por las influencias egoístas y mundanas. Pero las pruebas y tribulaciones hacen que se aferre a la Roca de los siglos,[97] perfeccionan los contornos de su tallo espiritual, y sacan a relucir todo el brillo de su piedad. Por ello, en mi lista de bendiciones destaca por encima de todas la de que mi corazón haya sangrado; pues a pesar de que te bendigo por todas las cosas, si por una te bendigo, Señor, en especial, es por tu severidad.

HUGH MACMILLAN [1833-1903]
"My Comfort in Sorrow", 1891

Para que aprendiera tus estatutos. No se refiere aquí al *"aprender"* que se obtiene meramente escuchando o leyendo la palabra de Dios; sino al aprendizaje que había logrado a través de la experiencia; que le había llevado a comprender que la verdad y el consuelo de la Palabra son mucho más reales y efectivos en medio de las tribulaciones que fuera de ellas; y que había forjado en él un carácter más piadoso, sabio y temeroso de Dios una vez la aflicción había desaparecido.

WILLIAM COWPER [1566-1619]
"A Commentary upon CXIX Psalm", 1613

Para que aprendiera tus estatutos. «Jamás habría llegado a comprender el significado de muchas cosas en muchos salmos, –confesó Martín Lutero a su esposa–: las quejas y lamentos del salmista en la forja de su espíritu; y nunca habría entendido plenamente la práctica de los deberes cristianos; de no ser porque Dios me ha sometido también bajo diversas formas de aflicción».[98] La vara de Dios es para el creyente como el puntero del maestro para el alumno: le señala la letra para que se fije en ella y la vea mejor; la aflicción resalta y hace que prestemos atención a muchas lecciones importantes que de otro modo nos habrían pasado desapercibidas y jamás hubiéramos aprendido.

JOHN SPENCER [1559-1614]
"Things Old and New", 1658

Para que aprendiera tus estatutos. La prosperidad ciega los ojos de los hombres, mientras que la adversidad los abre. Así como que el bálsamo que cura la enfermedad ocular escuece de entrada y arranca abundantes lágrimas, para proporcionar poco después una visión más clara y transparente; así también las dificultades y aflicciones de principio irritan al creyente sobremanera, pero al poco iluminan los ojos de su mente volviéndole más razonable, sabio y circunspecto. Porque los problemas

[97] Isaías 26:4.

[98] Ver nota 81.

aportan experiencia, y la experiencia trae sabiduría.[99] Y cuando la aflicción desaparece, el creyente es más fiel, más piadoso, y más temeroso de Dios.

OTTO WERDMULLERUS [1511-1552]
"A spiritual and most precious pearl", 1550

Para que aprendiera tus estatutos. Los cristianos tenemos razones más que sobradas para agradecer a Dios las contrariedades en muchas cosas que no se han acomodado a nuestros deseos; puesto que cuando las lágrimas nublan nuestros ojos, miramos a la Palabra de Dios y vemos en ella cosas excelentes. Cuando Jonás regresó de las profundidades del océano, quedó claro que finalmente había aprendido los estatutos de Dios. No importa cuánto nos sea necesario descender para obtener ese conocimiento; en el caso de Jonás, hasta lo más hondo de los abismos;[100] pero en cuanto salió, nada podía impedirle ni detenerle de ir a Nínive, fue cual si hubiera traído con él desde las profundidades un ejército de doce legiones de soldados aguerridos.[101] Para él, el poder de la palabra de Dios, asimilada por medio de la fe, equivalía a esto y más. Y si embargo, en la mente de Jonás todavía quedaban lagunas, por lo cual necesitaba de un toque adicional de aflicción; porque había algunos estatutos divinos que no había aprendido aún. Era necesario secar algunas calabazas y hacerle descender hasta a un valle de humillación, todavía más profundo que el abismo de los océanos.[102] Pues a veces ni aún la aflicción más profunda logra enseñárnoslo todo; un error en el que caemos, por desgracia, con mucha frecuencia. ¿Por qué nos empeñamos con nuestra obstinación en obligar a Dios a tener que utilizar con nosotros métodos particularmente duros? ¿Por qué no nos sentamos como María a los pies de Jesús[103] y aprendemos sosegadamente cuanto necesitamos aprender?

GEORGE BOWEN [1816-1888]
"Daily Meditations", 1873

Para que aprendiera tus estatutos.[104] El verbo hebreo חָקַק *chaqaq* del cual procede la palabra חֹק *choq* que traducimos como *"estatutos"*, significa "grabar" o "inscribir". La palabra חֹק *choq, "estatutos"*, significa una ley escrita, prescrita y definida. Se aplica a la ley decretada por José sobre la porción de los sacerdotes en Egipto;[105] a la ley sobre la pascua;[106] etc. Pero en este salmo tiene un significado mucho más íntimo: se refiere a esa ley moral de Dios grabada no en tablas de piedra sino de carne del corazón;[107] a la captación y asimilación más íntima y espiritual de su voluntad divina; no tan obvia como la ley y los testimonios; y fruto de una comunicación más espiritual y directa que sus preceptos, al ser estos últimos algo más elaborado por los esfuerzos de la propia mente, por supuesto divinamente dirigida, pero tal vez más instrumental y empleada de un modo menos pasivo. Se habla de los *"estatutos"* constantemente como de algo *"aún por aprender"*,[108] ya sea total o parcialmente, no como algo aprendido ya objetivamente como es el caso de la ley de Dios ... Y que no se aprende de repente, sino únicamente por medio de la experiencia a través de pruebas ordenadas misericordiosamente

[99] Romanos 5:3-5.
[100] Jonás 2:3-9.
[101] Jonás 3:3.5.
[102] Jonás 4:1-11.
[103] Lucas 10:38-42.
[104] En hebreo לְמַעַן אֶלְמַד חֻקֶּיךָ *ləma'an 'elmaḏ ḥuqqeḵā* de חֹק *choq,* estatutos.
[105] Génesis 47:26.
[106] Éxodo 12:14, 24.
[107] Deuteronomio 11:18; Proverbios 7:3; Cantares 8:6-7; Jeremías 17:1; 31:31-34; 2ª Corintios 3:3.
[108] Salmo 119:12,26,33,64,68,71,99,108,124,135,171.

por Dios; y por tanto, lecciones que quedan profundamente grabadas en el corazón. *"Ha sido un bien para mí el haber sido afligido, para que aprendiera tus estatutos"* (119:71); *"He llegado a tener mayor discernimiento que todos mis maestros, porque tus estatutos son mi meditación"* (119:99).

JOHN JEBB [1805-1886]
"A literal translation of the book of Psalms: intended to illustrate their poetical and moral structure:to which are added dissertations on the word Selah, and on the authorship, order, titles, and poetical features of the Psalms", 1846

Vers. 72. *Mejor me es la ley de tu boca que millares de oro y plata.* *[Mejor me es la ley de tu boca que millares de monedas de oro y plata.* RVR*] [Mejor es para mí la ley de tu boca que millares de piezas de oro y de plata.* LBLA*] [Mejor me es la ley de tu boca que millares de oro y plata.* BTX*] [Para mí es más valiosa tu enseñanza que millares de monedas de oro y plata.* NVI*] [Prefiero la ley de tu boca a miles de monedas de oro y plata.* BLP*] [Tus enseñanzas son más valiosas para mí que millones en oro y plata.* NTV*]*[109]

Mejor me es la ley de tu boca. Una expresión particularmente dulce y significativa para identificar la palabra de Dios: *"la ley de tu boca"*, pues viene con frescura y poder desde la boca misma de Dios a nuestras almas. Las cosas escritas son cual hierbas secas al lado del habla, que tiene la vivacidad y frescura del rocío. Hacemos bien en escuchar la palabra del Señor cual si ahora mismo estuviera en persona pronunciándola directamente a nuestros oídos, puesto que en verdad no decae con el paso de los años, permanece para siempre tan vigorosa y segura como si acabara de ser pronunciada. Y valoramos los mandamientos con un aprecio especial cuando sabemos que han salido de los labios de nuestro Padre que está en los cielos. Los mismos labios que hablaron en el principio para darnos la existencia, hablaron también para darnos la ley por la cual debemos gobernar esa existencia. ¿De dónde sino podría proceder una ley tan dulce y deleitosa sino de la boca de nuestro Dios del pacto? Merece la pena que valoremos por encima de todas las demás cosas algo que procede de tan rica y noble fuente.

Que millares de monedas de oro y plata. Si quien hubiera pronunciado esta frase hubiera sido un pobre, los sabihondos pedantes de este mundo de inmediato le hubieran aplicado la moraleja de la zorra y las uvas verdes,[110] alegando que sin duda cuantos carecen de riqueza son muy dados a despreciarla. Pero no se trata del veredicto de un menesteroso, sino de un millonario que podía juzgar adecuadamente, por propia experiencia, entre el valor del dinero y el valor de la verdad contenida en la Palabra. Habla de grandes riquezas que cuantifica en: *"millares de monedas"*; y menciona también la variedad de sus formas: *"de oro y plata"*; y concluye que la palabra de Dios es muchísimo más

[109] La versión griega de los LXX o Septuaginta lee: ἀγαθόν μοι ὁ νόμος τοῦ στόματός σου ὑπὲρ χιλιάδας χρυσίου καὶ ἀργυρίου que la Vulgata traduce al latín como: *"Bonum mihi lex oris tui, super millia auri et argenti"*, "Mejor es para mí la ley de tu boca, que millares de oro, y de plata". La versión sefardí de Ferrara traduce: *"Mejor à mi Ley de tu boca, mas que mifles de oro y plata"*. La caldea Peshitta: *"La ley de tu boca es mejor para mí que millares de objetos de oro y de plata"*. KRAUS traduce: *"Las instrucciones de tu boca son más queridas para mí que millares de monedas de oro y de plata"*. SCHÖKEL: *"Más vale para mí la ley de tu boca que mil monedas de oro y plata"*.

[110] Una de las muchas fábulas atribuidas a Esopo y recontadas por otros diversos autores en distintos idiomas, en español por el conocido FÉLIX MARÍA DE SAMANIEGO ZABALA [1745-1801]: Cuenta de una zorra que cruzando un campo ve un racimo de uvas y le apetece comerlas; pero al intentar alcanzarlas se da cuenta que el racimo esta demasiado alto y totalmente fuera de su alcance. Entonces, para consolarse exclama: «¡No merece la pena, todavía están verdes!».

valiosa que ellas; y para él indubitablemente lo mejor, aunque los demás opinen de otro modo. La riqueza es buena en algunos aspectos, pero la obediencia es mejor en todos. No hay nada de malo en guardar los tesoros que nos proporcione la vida; pero guardar la ley del Señor es mucho más encomiable. Porque la ley es mejor que el oro y la plata que podemos perder o nos pueden robar, mientras que la Palabra queda con nosotros; las riquezas tienen alas, pero la palabra del Señor permanece; las monedas son inútiles en la hora de la muerte, cuando las promesas del Señor son lo único valioso.[111] Los cristianos formados reconocen el valor de la palabra del Señor, y lo expresan fervorosamente, no solo con su testimonio personal a los que les rodean, sino también directamente a Dios en sus devociones y acciones de gracias. Cuando un corazón sitúa los estatutos de Dios por encima de todas las posesiones terrenales, es una clara señal de que los conoce bien; y cuando considera que los preceptos de la Escritura son tan preciosos como sus promesas, es de igual modo un distintivo seguro de la gracia. Pues es el Señor mismo quien nos lleva a valorar de ese modo *la ley de su boca*.

Destaca la manera peculiar en que esta octava del salmo viene sazonada con la idea de bondad. El trato de Dios para con su siervo es bueno (119:65); el buen juicio y conocimiento santo es bueno (119:66); la aflicción es buena (119:67,71); Dios es bueno en todos los sentidos (119:68); y finalmente su ley no solo es buena, sino mejor que el mayor de los tesoros (119:72). ¡Señor, haznos buenos con tu buena Palabra! Amén.

C.H. SPURGEON

Mejor es para mí la ley de tu boca que millares de piezas de oro y de plata. Valorad las Escrituras por encima de cualquier otra cosa. ¿Acaso podrá quien las desprecie y rechace dominar propiamente cualquier arte o ciencia de este mundo? Tened por tanto este libro de Dios en la más alta estima, más que todos los demás libros. San Gregorio[112] llama a la Biblia «el corazón y alma de Dios». Y los rabinos afirman que de cada *iota* y *tilde* de las Escrituras[113] cuelga toda una montaña de significado: *"La ley de del Señor es perfecta".[114]* Las Escrituras son la biblioteca del Espíritu Santo; un compendio de conocimiento divino que es plataforma y modelo exacto de la verdadera fe: contiene tanto las *credenda,* «cosas que hemos de creer»,[115] como las *agenda,* «cosas que hemos de practicar».[116] Las Sagradas Escrituras nos hacen *"sabios para la salvación por la fe que es en Cristo Jesús"*;[117] son el estándar de la verdad y el juez de todas las controversias;[118] la estrella polar que en medio de la noche nos indica el camino al cielo;[119] *"Porque el mandamiento es lámpara, y la enseñanza luz, y camino de vida las reprensiones de la instrucción".[120]* Las Escrituras son la brújula que nos marca hacia adonde dirigir el timón de nuestra voluntad; el campo en el cual está escondido Cristo, la Perla de gran precio;[121] una mina de diamantes; un colirio sagrado que sana los ojos de todos cuantos las miran;[122] un cristal

[111] Mateo 6:19-21.
[112] Se refiere a GREGORIO DE NISA [335-394], uno de los llamados Padres Capadocios, eminente teólogo y filósofo así como prolífico escritor. Hermano de BASILIO EL GRANDE [330-379].
[113] Mateo 5:18. Ver la explicación completa sobre el significado de la *iota* y el *tilde* en la Nota 1 de la siguiente octava ׳ *Yod,* (119.73), comentario general.
[114] Salmo 19:7.
[115] Hebreos 11:1-3.
[116] Filipenses 4:9: 1 Timoteo 4:15.
[117] 2 Timoteo 3:15.
[118] 2 Timoteo 3:16.
[119] Isaías 8:20-22; Miqueas 3:6.
[120] Proverbios 8:20.
[121] Mateo 13:44-45.
[122] Apocalipsis 3:18.

óptico espiritual en el que la gloria de Dios se descompone y resplandece; la panacea o medicina universal para el alma.[123] Las hojas de las Escrituras son como las *"las hojas del árbol de la vida, para la sanidad de las naciones"*.[124] Las Escrituras son las que producen, cultivan y alimentan la gracia; ¿cómo nace el convertido sino por *"la Palabra de verdad?"*;[125] ¿y cómo se alimenta y crece sino con *"leche pura de la Palabra"*?[126] La Palabra escrita es el libro donde encontramos nuestras evidencias del cielo; el faro que nos señala las rocas del pecado que debemos evitar; el antídoto contra el error y la apostasía, la espada de dos filos[127] que hiere el talón de la serpiente antigua.[128] Las Escrituras son nuestra fortaleza para resistir los embates de la lujuria, cual la Colina Capitolina en Roma, que era a la vez templo, baluarte y arsenal.[129] Las Escrituras son la *"torre de David"* de cuyos muros cuelgan los escudos y emblemas de nuestra fe.[130] «Eliminad la Palabra y será cual si nos hubieran quitado el Sol», exclamó Martín Lutero. La Palabra escrita está por encima de toda embajada angélica o voz del cielo: *"Y nosotros oímos esta voz enviada del cielo, cuando estábamos con él en el monte santo ... pero tenemos como más segura la palabra profética, a la cual hacéis bien en estar atentos como a una lámpara que alumbra en un lugar oscuro, hasta que despunte el día y el lucero de la mañana alboree en vuestros corazones"*.[131] ¡Demos dar prioridad a la Palabra escrita por encima de todas las cosas y aprender a sacar partido de ella! Si Julio Cesar tuvo en tanta estima sus comentarios[132] que para preservarlos perdió su túnica de púrpura:[133] ¡cuánto más no deberíamos nosotros estimar y valorar los oráculos de Dios! No en vano exclama el sabio Job: *"He atesorado las palabras de su boca más que mi comida"*.[134]

THOMAS WATSON [1620-1686]
"The Morning Exercises at Cripplegate", 1677

Mejor es para mí la ley de tu boca que millares de piezas de oro y de plata. Las Sagradas Escrituras son el más preciado tesoro y mayor deleite del alma transformada por la gracia: para David eran mejor que *millares de piezas de oro y de plata*. Una montaña de perlas transparentes, amontonadas

---

123 Salmo 107:20; Proverbios 4: 22.
124 Apocalipsis 22:2.
125 Santiago 1:18.
126 1 Pedro 2:2.
127 Hebreos 4:12; Efesios 6:17.
128 Génesis 3:15; Apocalipsis 12:9.
129 El conjunto de edificios de la llamada COLINA CAPITOLINA en Roma estaba amurallado y había en ella un templo a Júpiter construido como fortaleza y provisto de abundantes armas y munición, que en el año 387 a.C., sirvió de refugio ante la invasión de los galos celtas. Bruto y sus secuaces se refugiaron en ella después de asesinar a Julio Cesar.
130 Cantares 4:4. Ver también: 2 Samuel 5:9-11.
131 2 Pedro 1:18-19.
132 Se refiere a los *Commentarii de bello Gallico,* más conocido como "Las guerras de las Galias", una obra en varios tomos escrita por JULIO CESAR [100-44 a.C.] en la que narra en tercera persona las batallas e intrigas que tuvieron lugar del 58 al 50 a.C. en la guerra de las Galias, la actual Francia.
133 En la famosa Batalla del Nilo en el año 47 a.C., al intentar tomar la isla de Faros frente a la ciudad se Alejandría (donde se hallaba el mítico faro), JULIO CESAR [100-44 a.C.] quedó rodeado de enemigos egipcios viéndose obligado a saltar de su embarcación y escapar a nado para salvar su vida. Se cuenta que lo hizo nadando con un solo brazo y resguardando con el otro sus comentarios, lo cual le llevó a perder en el mar su túnica púrpura. *("Bibliotheca Classica, Or, a Dictionary of All the Principal Names and Terms"* by J. Lempriere, 1838)
134 Job 23:12.

hasta alcanzar el cielo, no es tesoro tan valioso como ellas; de ahí que el salmista las eligiera como su porción y herencia para siempre, y se regocijara en ellas más que en todas las riquezas. Ningún avaro codicioso podrá deleitarse jamás tanto en sus montones de oro, ni un rico heredero en su herencia, como el santo David se deleitaba en la Palabra de Dios.

La palabra hebrea תּוֹרָה *torah,* que traducimos por *"ley"* procede de una raíz יָרָה *yarah* que significa probar y acertar, cosa que hacen los comerciantes cuando buscan con ahínco mercancías de calidad y las prueban primero antes de comprarlas y ponerlas a la venta; de ahí viene también la palabra para comprobar la autenticidad de las gemas y joyas. El cristiano verdadero es cual experimentado mercader buscando perlas auténticas:[135] comprueba y valora cuanto lee o escucha según el estándar o piedra de toque que es la Escritura; y cuando encuentra verdades genuinas, las compra, las pule y enriquece a través de esta suprema y soberana facultad que Dios nos ha otorgado que es el entendimiento.

OLIVER HEYWOOD [1629-1702]
"Sure Mercies of David", 1670

Mejor es para mí la ley de tu boca que millares de piezas de oro y de plata. Debemos tener la Palabra de Dios más cercana que nuestros más íntimos amigos; amarla más que a nuestra propia vida; nos ha de ser más preciada que nuestra libertad; y más dulce que todos los placeres y comodidades de este mundo.

JOHN MASON [1646-1694]
"Select Remains of the Rev. John Mason, A.M. of London", 1695

Mejor es para mí la ley de tu boca que millares de piezas de oro y de plata. Una lección esencial que nos enseña la aflicción santificada es el amor a la palabra de Dios: *"Este es mi consuelo en la aflicción: que tu palabra me ha vivificado"* (119:50). Mientras leía este pasaje del Salmo 119 a Miss Westbrook en su lecho de muerte, me interrumpió y me dijo: «Hasta este momento, jamás había escuchado y repetido estas palabras propiamente; y es que en realidad, no estaba en condiciones hacerlo; pero ahora puedo, y voy a hacerlo: *"Mejor es para mí la ley de tu boca que miles de monedas de oro y de plata"* Pues, ¿qué pueden hacer por mí el oro y la plata en las circunstancias en que me encuentro?».

GEORGE REDFORD MASON [1785-1860]
"Memoirs of the late Rev. John Cooke", 1828

Mejor es para mí la ley de tu boca que millares de piezas de oro y de plata. Las riquezas mundanas se obtienen con gran esfuerzo, se conservan con sumo cuidado, y se pierden con mucho dolor. Son falsos amigos que se alejan de nosotros cuando más los necesitamos; y como todas las cosas terrenales, enfrentan su realidad y se esfuman sin remedio en la hora de la muerte. Porque como la calabaza de Jonás, que le fue arrebatada al despuntar el alba, cuando más la necesitaba para protegerse del sol,[136] así sucede también con las posesiones y comodidades de este mundo. Pero con la palabra de Dios es muy distinto; porque si la atesoramos en nuestros corazones, como lo hizo María,[137] su consuelo permanecerá y nos sostendrá cuando todas las demás cosas se desvanezcan. Lo que nos hace verdaderamente ricos ante Dios es que nuestras almas sean almacenes abarrotados con los tesoros de su Palabra. ¿Y nos consideraremos pobres por estar escasos de plata y oro? Dice Juan Crisóstomo: *"An ideo angelus pauperest, quia non habet jumenta?"*, es decir, "¿consideraremos a los ángeles

[135] Mateo 13:45-46.
[136] Jonás 4:6-9.
[137] Lucas 10:42.

pobres porqué carecen de rebaños?" ¿O diremos que san Pedro era un menesteroso porque no tenía ni plata ni oro para dar al tullido?[138] ¡No, pues contaba con unas reservas de gracia infinitamente más excelentes, y más valiosas que todo el oro y la plata de este mundo! Dejad las monedas de plata y oro para los mundanos, pues en Canaán no son moneda de curso legal, en nuestra patria celestial no se contabilizan. Y si queremos ser allí de alguna estima, lo que debemos hacer es enriquecer nuestras almas con gracias y dones espirituales, que tenemos a disposición y en abundancia en los tesoros inmensos y minas inagotables de la palabra de Dios.

WILLIAM COWPER [1566-1619]
"A Commentary upon CXIX Psalm", 1613

Mejor es para mí la ley de tu boca que millares de piezas de oro y de plata. Las Sagradas Escrituras son una fuente inagotable, siempre desbordante, que no puede ser secada; un tesoro inextinguible que no puede ser vaciado. A dejar clara esta verdad tienden todas las comparaciones que hace David en este Salmo 119 aplicadas a la Ley, y no menos justamente aplicables al evangelio: que no solo es mejor que el *"oro y plata"*, que son metales de gran valor, sino *"a millares de oro y plata"*, lo cual implica la máxima expresión de valor y abundancia. En un versículo anterior lo compara a: *"más que en todas las riquezas"* (119:14); y más adelante a: *"como el que halla un gran botín"* (119:162); en ambos casos se trata de expresiones de género múltiple, que incluyen todo tipo de objetos valiosos: ovejas, bueyes, tierras, casas, vestidos, bienes, dinero, etc. riquezas espirituales: indicando con ello que en la Ley y el Evangelio hay abundancia y variedad de todo tipo de dones y riquezas espirituales. Por ello los padres griegos[139] comparan las verdades de las Escrituras con las piedras preciosas; y nuestro Salvador con una perla de gran precio.[140] Cabe decir en este sentido que un ministro del evangelio merece el calificativo de mercader de joyas inestimables; porque, ciertamente, las verdades del evangelio son gemas selectas y excelentes: tanto como nuestras almas, como el propio cielo, y como la salvación misma. No cabe concebir cosa más preciosa, ni buscar valor más excelente por encima de las riquezas de la gracia divina y de la sangre preciosa de Cristo; y ello es aplicable de forma secundaria al evangelio, que es el que nos descubre y aporta ambas cosas.

ABRAHAM WRIGHT [1611-1690]
"A Practical Commentary or Exposition upon the Book of Psalms", 1661

Mejor es para mí la ley de tu boca que millares de piezas de oro y de plata. Cuando David ve cómo algunos desprecian la ley de Dios, no puede por menos que exclamar: *"Por eso amo yo tus*

[138] Hechos 3:6.

[139] Nombre que se da a los llamados PADRES DE LA IGLESIA que desarrollaron su labor en las iglesias de Oriente, básicamente ATANASIO DE ALEJANDRÍA [295–373]; BASILIO EL GRANDE [329–389]; y GREGORIO DE NISA [335–394]; GREGORIO DE NACIANZENO [¿?-389]; y JUAN CRISÓSTOMO [344–407]. En general el nombre de PADRES DE LA IGLESIA se aplica a un grupo de pastores y escritores cristianos que van desde el siglo I hasta el siglo VIII, y cuyo conjunto de escritos es considerado testimonio de la fe y de la ortodoxia en el cristianismo post apostólico y de la exégesis bíblica de los primeros siglos de cristianismo, en tanto que tuvieron que dar respuesta a problemas emergentes, y sentar bases en cuestiones de moral y doctrina, en una época difícil de persecuciones externas y conflictos internos producidos por herejías y cismas. Se consideran PADRES APOSTÓLICOS a que según la tradición tuvieron contacto con uno o más de los apóstoles. Los PADRES APOLOGISTAS a partir del siglo II se encargaron de defender el cristianismo frente a las acusaciones injustas de los paganos para justificar sus persecuciones; como herejías dentro del seno de la propia Iglesia.

[140] Mateo 13:45-46.

mandamientos más que el oro; más que el oro muy fino" (119:127). Es decir: Me siento inducido a amar tu ley más que el oro fino, porque veo algunos que la tienen como si fuera escoria; desechándola como algo anticuado y sin valor. Y peor aún, con el fin de practicar libremente sus concupiscencias y establecer como ley lo que no son más que vanas imaginaciones suyas, con una audacia insólita, se atreven a cambiar y derogar sus mandamientos. Ver, pues, a tantos incrédulos y supersticiosos, pasar por alto tu ley y despreciarla, hace que brote dentro de mi un amor más profundo y ardiente por ella: la amo más que el oro, ese metal que tiene cautivos de su brillo a la mayoría de los hombres; y la valoro y estimo por encima de lo que los hombres en este mundo más estiman y valoran: *"oro muy fino"*; sí, y no poco sino: *"más que mucho oro afinado"*.[141]

JOSEPH CARYL [1602-1673]

Mejor es para mí la ley de tu boca que millares de piezas de oro y de plata. Algunos versados en los escritos de los Padres recordaréis lo que Jerónimo[142] dice de Nepociano,[143] un joven de Roma: *"qui longs et assidua meditatione Scripturarum pectus suum feterat bibliothecam Christi"*, es decir, "quien mediante una larga y asidua lectura y meditación de las Escrituras, hizo de su pecho la biblioteca de Cristo". Recordad también lo que se dice del Rey Alfonso,[144] que leyó la Biblia catorce veces, junto con los comentarios que se le permitían leer. De Cranmer[145] y Ridley,[146] se sabe que el primero aprendió el Nuevo Testamento de memoria durante su viaje a Roma; y el segundo en Pembroke-Hall, en

[141] Salmo 19:10.

[142] Se refiere a JERÓNIMO DE ESTRIDÓN O EUSEBIO HIERÓNIMO DE ESTRIDÓN [c.342-420], nacido en Dalmacia, más conocido como SAN JERÓNIMO, Padre de la Iglesia, uno de los cuatro grandes Padres Latinos. Gran conocedor del griego y el hebreo y gran latinista, tradujo la Biblia del griego y el hebreo al latín, traducción conocida como la Vulgata (del latín *"vulgo"*, "pueblo"; *"vulgata editio"*, "edición para el pueblo"), que fue hasta la promulgación de la Neovulgata en 1979, el texto bíblico oficial de la Iglesia católica romana. Afirmó que las Epístolas de Pablo contienen la quintaesencia del mensaje del Evangelio.

[143] Se refiere a un joven presbítero de nombre NEPOCIANO, sobrino de su amigo el obispo HELIODORO DE ALTINO [¿?-407], y con el cual Jerónimo trabó una profunda amistad considerándole casi como un hijo. Le escribió una emotiva epístola *(Epístola 52, al presbítero Nepociano)* en la que le da numerosos consejos sobre el comportamiento propio de los pastores y la manera correcta de ejercer el ministerio cristiano; elogiándole por su devoción al estudio y memorización de las Escrituras, y encareciéndole dedicarse a ello todavía más: «Lee con mucha frecuencia las Sagradas Escrituras; que el Libro santo no se aparte nunca de tus manos. Aprende en él todo cuanto tienes que enseñar a otros» *(Epístola 52.7)*.

[144] Se refiere a ALFONSO DE ARAGÓN Y GAZELA [1481-1500], príncipe de Salerno, casado con Lucrecia Borgia [1480-1519], *("Thessalico Olympo, Theologico, Moral, Legal, Militar, Politico y Chronologico"* de Juan Bernardino Roxo, 1733).

[145] Se refiere a THOMAS CRANMER [1489-1556] primer Arzobispo de Canterbury durante el reinado de Enrique VIII. Desempeñó un importante papel en la reforma anglicana y tomó parte en la controversia sobre la anulación del matrimonio este con Catalina. Acusado de herejía, fue quemado durante el reinado de MARÍA TUDOR [1516-1558]. Escribió y compilo el primer *Book of Common Prayer.* Spurgeon hace referencia al viaje que Cranmer realizó a Roma como parte de la embajada enviada en 1530 por Enrique viii [1491-1547], para mediar en el problema de la anulación de su matrimonio.

[146] Se refiere a NICOLÁS RIDLEY [1500-1555], erudito clérigo anglicano que murió mártir en 1555, bajo MARÍA TUDOR [1516-1558]. Curso estudios en *Pembroke-Hall* en la *Universidad de Cambridge,* y en *La Sorbona* en París. De vuelta a Inglaterra participó activamente en la controversia con Roma en la *Universidad de Cambridge* que acabó con la famosa resolución de que: «Que el Obispo de Roma no tiene más autoridad y jurisdicción recibida de parte de Dios en este Reino de Inglaterra que cualquier otro Obispo extranjero».

Cambridge. Recordemos lo que se dice de Tomás de Kempis,[147] que no halló reposo en parte alguna, *"nisi in angulo, cum libello"*, sino en un rincón solitario con las Escrituras en la mano. Y de Beza[148] se dice que con más de ochenta años podía repetir perfectamente de memoria en griego cualquier capítulo de las Epístolas de Pablo. Y vosotras, mujeres, considerad lo que San Jerónimo dijo de Santa Paula,[149] Santa Eustaquia,[150]y otras mujeres particularmente versadas en las Escrituras. Y recordemos finalmente las palabras de Lutero pronunciadas en sentido hiperbólico:[151] «Antes elegiría vivir en el infierno con una Biblia en la mano, que en el Paraíso privado de la santa Palabra».

Edmund Calamy [1600-1666]
"Gods Free Mercy to England", 1642

[147] Se refiere a a Tomás de Kempis [1380-1471], un joven nacido en Colonia que al ver que su hermano mayor había entrado en la Orden de los Agustinos, comenzó a frecuentar reuniones de los "hermanos de la vida común" y a practicar la *devotio moderna.* Finalmente ingresó también en un convento de agustinos y escribió la famosa obra devocional por la que es conocido mundialmente: *"Imitación de Cristo"*.

[148] Se refiere a Teodoro de Beza [1519-1605], el más reconocido académico reformado del siglo xvi, que sustituyó a Calvino al frente de la Iglesia Reformada de Ginebra y fue una pieza clave en la consolidación de la Reforma. Primer Rector de la Academia de Lausanna, trabajó para hacer una edición del Nuevo Testamento en griego con notas explicativas lingüísticas. En 1565 dividió toda la Biblia en versículos, división que hizo imprimir entre 1565 y 1604 en nueve ediciones del Nuevo Testamento griego de Erasmo de Rotterdam y que perdura prácticamente hasta hoy. Localizó un valioso códice bilingüe que data del siglo vi, con los textos griego y latino de los Evangelios Sinópticos y los Hechos.

[149] Se refiere a Paula de Roma [347-404] una rica dama de familia senatorial, que al quedar viuda decidió consagrarse a la fe y a la vida monástica trasladándose a Oriente. Fue el brazo derecho de San Jerónimo en sus trabajos de traducción de la Biblia, pues dominaba el griego y había aprendido suficiente hebreo como para cantar los Salmos en esa lengua.

[150] Se refiere a Eustaquia de Roma [368-420] más conocida como Santa Eustaquia. Hija de Santa Paula en su matrimonio con el senador romano Toxocio, antes del fallecimiento de este y la consagración de Paula a la vida monástica. Heredó de su madre su pasión por la Biblia y se marchó con ella a Oriente para ayudar a Jerónimo. Hablaba latín y griego clásico con fluidez y era capaz de leer las Sagradas Escrituras en hebreo.

[151] La hipérbole es una figura retórica de lenguaje que consiste en exagerar hasta los límites para demostrar la imposibilidad del hecho o bien demostrar la verdad que se pretende. Esto último es lo que hace Lutero con esta frase. Un ejemplo claro de esta técnica de la hipérbole literaria para enfatizar el sentido de lo que se quiere decir mediante una exageración que raya los límites del absurdo, la tenemos en el propio texto bíblico, cuando Pablo dice a los Gálatas: *"Mas si aun nosotros, o un ángel del cielo, os anunciare otro evangelio diferente del que os hemos anunciado, sea anatema"* (Gálatas 1:8).

׳ YOD[1]

Versículos del 73 al 80

Versión poética

Yod

Tus manos me formaron, y no soy
sino lo que tu quisiste que yo fuera;
pero nada me falta ni deseo
sino saber tu ley, y comprenderla.

Me verán los que te aman, observarla,
y lo verán con gusto y complacencia,
porque verán que toda mi esperanza
en tus divinos labios está puesta.

Bien conozco, mi Dios, que tus juicios
están llenos de amor y de terneza,
y que tu castigaste con dulzura
de mi altivo carácter la insolencia.

Más ya es tiempo, Señor, que tus piedades
con semblante halagüeño a mí se vuelvan,
y que algún rayo de misericordia
a mis llorosos ojos resplandezca.

Derrama sobre mí tus dulces gracias,
y mi abatido corazón alienta,
que desfallece ya con las angustias,
y morirá si tu no lo consuelas.

Confunde a los soberbios enemigos,
que tan injustamente me atormentan,
y eso mismo me hará más fervoroso
en guardar tus preceptos sin reserva.

[1] Felipe Scio de San Miguel [1738-1776] en una nota a su traducción de la Vulgata indica que la letra: ׳ *Yod,* se interpreta como "principio", y de hecho así comienza la octava: *"Tus manos me hicieron y me formaron"* (119.73). Los cabalistas corroboran esta idea, afirmando que el ideograma: "una mano con el dedo extendido" significa en principio creador, la mano contraída con el dedo creador extendido antes de que todas las cosas fueran creadas, el origen de todas las cosas. Por ello ׳ *Yod* es la primera letra del tetragrama divino: יְהוָֹה *Yhvh.*

Que se junten conmigo, que se unan
cuantos te aman, te adoran y respetan,
cuantos conocen ya tu ley divina,
y que fieles la siguen toda entera.

Sobre todo conserva generoso
mi humilde corazón en la inocencia,
no sea que sus faltas me retarden
el efecto feliz de tus promesas.

DEL "SALTERIO POÉTICO ESPAÑOL", SIGLO XVIII

Comentario general a los versículos del 73-80: Hemos llegado a la décima octava del Salmo, donde cada estrofa comienza con la letra י *Yod;* pero ciertamente nada tiene que ver su contenido con *iotas* y *tildes,* con insignificancias o bagatelas.[2] Puesto que su tema central es la experiencia personal del salmista y su influencia de arrastre sobre los demás. El profeta se encuentra sumido en profunda aflicción, pero confía en ser liberado y que ello se convierta en bendición para otros. Con tal propósito, enseñar a otros, busca ante todo ser enseñado: *"hazme entender, y aprenderé tus mandamientos"* (119:73); se convence a sí mismo de que su ejemplo será bien recibido: *"los que te temen me verán, y se alegrarán"* (119:74), y esboza el mensaje testimonial que desea comunicarles: *"que tus juicios son justos, y que conforme a tu fidelidad me afligiste"* (119:75). Ora pidiendo para ello la acción divina: *"Sea ahora tu misericordia para consolarme* [...] *vengan a mí tus misericordias"* (119:76-77); el derrocamiento de los soberbios: *"sean avergonzados los soberbios, porque sin causa me han calumniado"* (119:78); y el apoyo de los demás santos: *"vuélvanse a mí los que te temen y conocen tus testimonios"* (119:79). Y suplica ser equipado y respaldado en su comunicación: *"Sea mi corazón íntegro en tus estatutos, para que no sea yo avergonzado"* (119:80). He aquí el clamor, tan angustioso como esperanzado, de quien hallándose extremadamente afligido por crueles adversarios, apela a Dios como su único amigo.[3]

C.H. SPURGEON

[2] La letra י *Yod* o *iot,* décima letra del *Alefato* o alfabeto hebreo, es la más pequeña de las letras, y se escribe en la parte superior de la línea, por lo que a simple vista parece más bien un apóstrofe. Se utilizaba también como símbolo de algo muy pequeño o cantidad insignificante.. El *tilde* es una "extensión" de algunas letras, una especie de "cuerno" que diferencia unas letras de otras. El caso más típico lo tenemos entre las letras ד *dalet* y ר *resh,* que son prácticamente idénticas a excepción de la *"tilde"* o cuerno de prolongación que ד *dalet* tiene en la parte superior derecha. Pero estos trazos insignificantes pueden marcar una diferencia crucial en el significado de las palabras hebreas, pues su omisión *convierte* una palabra en otra. La omisión de una simple י *Yod* puede convertir בַּיִת *bayith,* "casa", en בַּת *bath,* "hija". Y una tilde en el lugar equivocado convierte שָׁמַר *shamar,* "proteger", en שָׁמַד *shamad,* "destruir, exterminar". De ahí las palabras de Jesús en Mateo 5:18: *"Porque de cierto os digo que hasta que pasen el cielo y la tierra, ni una iota ni una tilde pasarán de ningún modo de la ley, hasta que todo se haya realizado"*.

[3] Dice FRANCISCO LACUEVA [1911–2005] en su versión española del "Comentario de Matthew Henry": «Aunque en sus *"Studies on Psalms"*, KYLE MONROE YATES [1918–1972], titula esta sección: «LA JUSTICIA DE LA RETRIBUCIÓN», le iría mejor el título de: «La voz del deseo». Pues la necesidad de encabezar los versículos con la letra *Yod,* lleva al salmista a emplear con mucha frecuencia los imperfectos llamados *yusivos* u optativos, que comienzan por dicha letra.

En esta sección del Salmo 119, cada versículo comienza con la letra hebrea י *Yod,* la letra más pequeña del alfabeto hebreo, mencionada por Jesús en el Sermón del Monte como *jota,* al decir que *"ni una jota ni una tilde pasará de la ley"*.[4]

ALBERT BARNES [1798–1870]
"Notes, critical, explanatory, and practical, on the book of Psalms", 1868

La conclusión generalizada de los teólogos medievales sobre esta octava del Salmo 119 es que refleja la oración de un hombre restaurado a su estado original de inocencia y sabiduría al ser moldeado según la imagen de Cristo. Lo cual concuerda con el significado, evidente, de que es en parte una petición de gracia divina; y en parte una aseveración de que el ejemplo personal de piedad y resignación cristiana en la tribulación tiene un valor y fuerza de atracción enorme para impulsar los corazones de otros hacia Dios. Una verdad demostrada por la propia Pasión de Cristo y por las vidas ejemplares de todos los santos que habiendo decidido seguirle han intentado imitarle[5] a través de los siglos.

JOHN MASON NEALE [1818-1866] y RICHARD FREDERICK LITTLEDALE [1833-1890]
en *"Commentary on the Psalms from Primitive and Mediæval Writers"*, 1869

En estos ocho versículos encontramos diversos paralelismos entre la creación natural y la nueva creación espiritual. El salmista ora al Creador pidiendo vida espiritual: *"hazme entender"* (119:73); para ser bienvenido por los que son espirituales: *"los que te temen me verán, y se alegrarán"* (119:74). Soporta sumisamente la aflicción necesaria para su capacitación espiritual *"que tus juicios son justos, y que conforme a tu fidelidad me afligiste"* (119:75-77); rechaza la hostilidad de los soberbios: *"porque sin causa me han calumniado"* (119: 78); anhela la compañía de los espirituales: *"vuélvanse a mí los que te temen y conocen tus testimonios* (119:79); y ora pidiendo integridad de corazón: *"para que no sea yo avergonzado"* (119:80).

C. A. DAVIS
"Outlines Upon Keywords of the Psalm"

»1. Empieza por una confesión de que debe a Dios el ser (comparar con Job 10:8; Sal. 139:15, 16): *"Tus manos me hicieron y me dieron forma"* (en hebreo יָדֶ֣יךָ עָ֭שׂוּנִי וַֽיְכוֹנְנ֑וּנִי *yāḏeḵā 'āśūnî wayḵōwnnūnî*) lo que le lleva a la necesidad de saber cuál es el objetivo que Dios se ha propuesto al crearlo y cuál es su deber para con Dios (119:73). Se repite así las peticiones hecha de los versículos 119:12, 19, 27, 33, 34, 64, 66, 68: *"Enseñáme, no me encubras, hazme entender..."*.

»2. Renueva también su reconocimiento del bien que le ha hecho la aflicción (119:75; –comparar con 119:71), pues en ella ha mostrado Dios, no solo su justicia en castigar el pecado, sino también su fidelidad en el modo de corregir a su pueblo (comparar con Hebreos 12:10, 11).

»3. Apela al consuelo, al favor y al amor misericordioso de Dios (119:76, 77), puesto que en la Palabra de Dios tiene puesta su esperanza (119:74b), su delicia (119:77b) y su meditación (119:78b). Contando con el favor de Dios: (A) no quedará él avergonzado (119:80b), en cambio caerá la vergüenza sobre los orgullosos que le han calumniado (119:78; –comparar con 119:69, 70); y (B): los que temen a Dios como él, cuando su fe se tambalee como resultado de las actividades de los soberbios, se alegrarán al verle, se animarán más y más a cumplir la Ley (119:74), y se volverán a él (119:79), es decir, seguirán su ejemplo de constancia y fidelidad a Dios y a su Ley».

[4] Mateo 5:18.

[5] Mateo 11:29; 1 Corintios 11:1.

Vers. 73. *Tus manos me hicieron y me formaron; hazme entender, y aprenderé tus mandamientos.* *[Tus manos me hicieron y me formaron; hazme entender, y aprenderé tus mandamientos.* RVR*] [Tus manos me hicieron y me formaron; dame entendimiento para que aprenda tus mandamientos.* LBLA*] [Tus manos me hicieron y me afirmaron; hazme entender, y aprenderé tus mandamientos.* BTX*] [Con tus manos me creaste, me diste forma. dame entendimiento para aprender tus mandamientos.* NVI*] [Tus manos me hicieron y me formaron; hazme entender y aprenderé tus mandatos.* BLP*] [Tú me hiciste; me creaste. Ahora dame la sensatez de seguir tus mandatos.* NTV*]*[6]

Tus manos me hicieron y me formaron.[7] Recordar nuestra creación es provechoso; y agradable rememorar que la mano divina tuvo mucho que ver con nosotros, constatando que tal verdad jamás se aleja del pensamiento divino, según se nos reitera en la propia Palabra.[8] Ver a Dios como nuestro Hacedor, evocando el poder y habilidad de sus manos en nuestra formación y modelaje, alienta nuestra reverencia, gratitud y afecto hacia él.[9] Se involucró personalmente en nuestra creación modelándonos con sus propias manos; y el salmista recoge en sus palabras esta doble consideración recordando que Dios es a la vez quién nos hizo y nos formó, quién nos creó[10] y nos modeló.[11] En ambas cosas, tanto en hacernos dándonos existencia, como en modelarnos soplando en nosotros aliento de vida, manifestó su infinito amor y sabiduría; por tanto, encontramos en ello motivos de alabanza, confianza, y esperanza para nuestra existencia y bienestar.

Hazme entender, y aprenderé tus mandamientos. Igual que me hiciste y me formaste, ahora, enséñame.[12] Aquí tienes, Señor, esa vasija que modelaste: llénala. Me diste alma y cuerpo; concédeme

---

[6] La versión griega de los LXX o Septuaginta lee: αἱ χεῖρές σου ἐποίησάν με καὶ ἔπλασάν με· συνέτισόν με, καὶ μαθήσομαι τὰς ἐντολάς σου que la Vulgata traduce al latín como: *"Manus tuae fecerunt me, et plasmaverunt me: da mihi intellectum, et discam mandata tua"*, "Tus manos me hicieron, y me formaron; dame entendimiento, y aprenderé tus mandamientos". La versión sefardí de Ferrara traduce: *"Tus manos me hizieron y me compufieron, hazme entender y deprenderee tus mandamientos"*. La caldea Peshitta: *"Tus manos me hicieron y me formaron. Instrúyeme en tu ley."*. KRAUS traduce: *"Tus manos me hicieron y me prepararon; ¡dame inteligencia para que aprenda tus mandamientos!"*. SCHÖKEL: *"Tus manos me hicieron y me afirmaron: instrúyeme para que aprenda tus mandatos"*.

[7] En hebreo יָדֶיךָ עָשׂוּנִי וַיְכוֹנְנוּנִי *yāḏeḵā 'āśûnî wayḵōwnnûnî*, de עָשָׂה *asah,* "hacer, crear"; y כּוּן *kun,* "modelar, dar forma". Ver el comentario de HENRICUS MOLLERUS [1530-1589] sobre el posible sentido de estos dos verbos.

[8] Isaías 49:5; Jeremías 1:5; Salmo 22:10; Job 10:8-11.

[9] FELIPE SCIO DE SAN MIGUEL [1738-1776] en una nota a su traducción de la Vulgata hace esta hermosa paráfrasis: «*Tus manos,* tu omnipotencia, tu sabiduría y tu voluntad *me hicieron*, creando mi alma a imagen y semejanza tuya, *y me formaron* el cuerpo: *dame* el don de *entendimiento para aprender* no las ciencias vanas, sino la ciencia importante de *tus mandamientos*».

[10] Génesis 1:27.

[11] Génesis 2:7 RVR1977.

[12] Dice al respecto WILLIAM SWAN PLUMER [1802-1880]: «Nadie, fuera de Dios, esta facultado para enseñarnos de manera eficiente. Como lo expresa INGRAM COBBIN [1777-1851]: 'El que formo nuestros cuerpos es el único que puede iluminar nuestras mentes; y cuando nuestras mentes son iluminadas por el Espíritu, su Palabra nos enseña como hacer su voluntad'. Si algo necesitamos de manera especial es ese colirio del que leemos en Apocalipsis 3:18 que nos capacita: *"para que podamos ver"*. Pues aún el que más sabe entre nosotros, sabe tan solo un poco, de lo muy poco que nos es dado saber acerca de Dios y de las cosas celestiales. Deberíamos, por tanto, como hijos de Dios, hacer nuestra la siguiente oración: "Señor, siendo que tú me creaste colocándome por encima de las bestias irracionales que perecen; en esa forma superior de vida que me tú me diste: ¡Enséñame! Para que pueda vivir entregado a un propósito más noble y elevado: el de

ahora tu gracia para que mi alma conozca tu voluntad, y mi cuerpo pueda unirse en su cumplimiento. El argumento es contundente, una extensión del clamor implorando: *"no abandones las obras de tus manos"*.[13] Sin comprender la ley divina y obedecerla somos seres imperfectos e inútiles; pero tenemos motivos razonables para esperar que el gran Alfarero complete su trabajo y le dé el toque final impartiéndole el conocimiento santo y la práctica sagrada. Si Dios nos hubiese creado bruscamente, sin formarnos y modelarnos de un modo elaborado, este argumento perdería gran parte de su fuerza; pero en base al arte primoroso y habilidad meticulosa que el Señor ha mostrado en la formación del cuerpo humano, podemos inferir que está dispuesto a hacer exactamente lo mismo con nuestra alma hasta que alcance a ser perfectamente a su imagen y semejanza.[14]

Un hombre descerebrado, sin mente, es un idiota; mera burla de lo que se espera de un ser humano; de igual modo, una mente sin gracia es perversa; un desgarro depravado de lo que ha de ser la mente humana. Hemos de orar para no quedarnos sin discernimiento espiritual, como hace el salmista: *"Enséñame buen juicio y conocimiento"* (119.66) y de nuevo en este versículo: *"dame entendimiento para que aprenda tus mandamientos"*. Sin buen juicio no hay un verdadero conocimiento ni mantenimiento posible de los mandamientos. Todos los necios pueden pecar; pero tan solo aquellos que son instruidos por Dios pueden aspirar a santos. A menudo hablamos con admiración de personas superdotadas; pero quien mayores dotes tiene es aquel a quién Dios ha concedido el entendimiento santificado preciso para conocer, entender y valorar correctamente sus caminos. La oración de David suplicando entendimiento no persigue la comprensión académica especulativa o la gratificación de su curiosidad personal; lo que desea es luz, visión y juicio para aprender la voluntad de Dios y poder vivir en consecuencia, de manera santa y obediente; este es el mejor de todos los aprendizajes. Que una persona consuma toda su vida veinticuatro horas diarias en una facultad donde se enseña una disciplina científica determinada, no quita que siga sintiendo la necesidad de aprender más y que clame por más capacidad para ello. Los mandamientos divinos son tan amplios y dilatados que ni aún a la mente más dotada puede aspirar a captarlos enteramente: de hecho, ningún hombre cuenta de manera natural con un entendimiento capaz de abarcarlos; y, por tanto, la oración del salmista diciendo *"dame entendimiento"* equivale a decir: con mi mente puedo aprender muchas otras cosas, pero Señor, tu ley es tan pura, tan perfecta, tan espiritual y sublime, que para entenderla necesito tu ayuda, necesito que abras mi mente y la capacites para poder abarcarla. Apela a su Hacedor, cual si sintiera que ningún otro poder fuera de Aquel que lo formó puede infundirle los conocimientos precisos para hacerlo sabio en santidad. Necesitamos de una nueva creación,[15] y ¿quién nos la puede conceder fuera del propio Creador? El mismo que nos dio la vida es quién puede enseñarnos; el que nos dio la capacidad para erguirnos debe darnos también la gracia para entender. Antes de avanzar un paso más allá, susurremos cada uno quietamente al cielo la oración de este versículo; porque nuestro entendimiento es tan limitado, que incluso en lo que atañe a estas peticiones básicas, corremos el riesgo de ofuscarnos y extraviarnos si no nos abrimos paso a través de ellas orando a Dios por su comprensión.

C.H. SPURGEON

amarte, servirte y disfrutar de ti eternamente. ¡Muéstrame que fui creado para el cielo y no para la tierra". Pues si desde el momento mismo de nuestra creación fuimos ya capaces de razonar de forma tan poderosa, ¿quién es capaz de estimar, en justicia, los límites del potencial que emana del hecho maravilloso de la redención, según lo expresa el apóstol: *"El que no eximió ni a su propio Hijo, sino que lo entregó por todos nosotros, ¿cómo no nos dará también con él todas las cosas?"* (Romanos 8:22)».

[13] Salmo 138:8.

[14] Génesis 1:27.

[15] Salmo 51:10; 2 Corintios 5:17.

Tus manos me hicieron y me formaron; hazme entender, y aprenderé tus mandamientos. Este versículo plantea una petición para mayor entendimiento, y a su vez un argumento contundente que la sustenta: *"tus manos me hicieron y formaron"*, por tanto, *"hazme entender"*. Ningún ser humano deja de atender y favorecer aquello que considera obra de sus manos. ¿Y no favorecerá el Señor a sus criaturas, y de manera especial al hombre, su criatura más excelente? A juzgar simplemente por la hechura de su cuerpo físico, no encontraremos en la tierra un ser más precioso y perfecto; y tomando en cuenta la parte invisible, a saber, su alma, estamos ante una creación sublime. El razonamiento de David es por tanto muy efectivo; similar al que utiliza en otro pasaje: *"No desampares la obra de tus manos"*;[16] tú eres mi autor y creador; busco por tanto tu ayuda, y la de nadie más.

Nadie puede ni pedir ni esperar de Dios favores, sin previamente reconocer y agradecer lo mucho que ha hecho ya en su favor. Y tristemente, los ignorantes en este particular son muchos: gentes que no saben o no quieren saber cuán maravillosamente Dios los hizo y los formó; lo cual les priva de agradecerle, bendecirle y tenerle como su Creador y protector. Nadie puede utilizar propiamente el argumento del salmista, basado en nuestra creación original, si no es a través de la gracia que le hace partícipe de una segunda creación;[17] porque todos los privilegios de nuestra primera creación los perdimos en la caída. De tal modo que ahora, por ley natural, el saber que fuimos creados por Dios no nos aporta esperanza ni consuelo; antes por el contrario, es un motivo de rechazo y desconfianza al constatar en lo que nos hemos convertido, pues habiendo perdido su imagen y semejanza estamos lejos de ser aquello que Dios creó en el principio.

WILLIAM COWPER [1566-1619]
"A Commentary upon CXIX Psalm", 1613

Tus manos me hicieron y me formaron; hazme entender, y aprenderé tus mandamientos. Señalemos aquí dos cosas importantes:

1. Con su petición implorando santo entendimiento, el salmista se acusa a sí mismo y a todos sus congéneres de ceguera; una ceguera que no proviene del Creador, sino de la propia corrupción del hombre.

2. Que ya desde su misma creación y posterior caída el hombre concibió la esperanza de que Dios continuaría y perfeccionaría la obra comenzada en él, porque Dios jamás deja su trabajo a medias; y por tanto, suplica que le conceda nueva gracia y que complete lo que había comenzado en él.[18]

THOMAS WILCOCKS [1549-1608]
"A Right Godly and Learned Exposition upon the whole Booke of Psalmes", 1586

Tus manos me hicieron y me formaron; hazme entender, y aprenderé tus mandamientos. Hugo[19] al comentar este versículo relaciona de manera ingeniosa sus distintos sus verbos con los diferentes pecados o vicios que debemos evitar: INGRATITUD, pues tiene que reconocer: *"Tus manos me hicieron"*; ORGULLO, cuando presume de: *"y me formaron"*; SOBERBIA, por una falsa confianza en su propio

[16] Salmo 138:8.

[17] Efesios 2:15; 4:24; Colosenses 3:10.

[18] Génesis 3:15; 1 Corintios 1:8; Filipenses 1:6.

[19] Se refiere a HUGO DE SAN CARO [1200-1263] también conocido como HUGH OF ST CHER y HUGO CARDINALIS, un monje dominico que fue elevado a la dignidad de cardenal (de ahí el apodo de Cardenalis), y que trabajó intensamente en la traducción y exposición bíblica; escribió un comentario completo a toda la Biblia latina y elaboró la primera concordancia de la Biblia en latín, *"Concordantiae Sacrorum Bibliorum"*.

juicio que le obliga a tener que suplicar: *"hazme entender"*; INJERENCIA, al asegurar: *"y aprenderé tus mandamientos"*.

JOHN MASON NEALE [1818-1866] y RICHARD FREDERICK LITTLEDALE [1833-1890]
en *"Commentary on the Psalms from Primitive and Mediæval Writers"*, 1869

Tus manos me hicieron y me formaron. Hilario[20] y Ambrosio[21] piensan que el uso del plural: *"manos"*, indica que el hombre es la obra de la creación divina más exacta y perfecta, llevada a cabo con mayor esmero y habilidad. Fue formado por propio Dios en su propia imagen y semejanza.[22] Y fuera del hombre no se habla en la Escritura de ninguna otra cosa que fuera hecha por Dios con ambas manos, porque en Isaías leemos: *"Mi mano fundó también la tierra, y mi mano derecha extendió los cielos"*.[23]

JOHANNES LORINUS DE AVIGNON [1569-1634]
"Commentariorum in librum Psalmorum", 1616

Tus manos me hicieron y me formaron. La reina Elisabeth oró en cierta ocasión diciendo: «Señor, mira las heridas de tus manos, y no olvides la obra de tus manos».

JOHN TRAPP [1601-1669]
"A commentary or exposition upon the books of Ezra, Nehemiah, Esther, Job and Psalms", 1657

Tus manos me hicieron y me formaron. Algunos comentaristas relacionan el verbo hebreo עָשׂוּנִי *'āśūnî* de עָשָׂה *asah, "hicieron"*, con el alma; y וַיְכוֹנְנוּנִי *waykōwnnūnî* de כּוּן *kun, "me formaron"* con el cuerpo.

HENRICUS MOLLERUS [1530-1589]
"Enarrationis Psalmorvm Davidis, ex praelectionibvs", 1639

---

[20] Se refiere a HILARIO DE POTIERS [315-367], Obispo, Padre y Doctor de la Iglesia conocido como «El Atanasio de Occidente», porque junto con Atanasio combatió ardientemente el arrianismo y participaron en las polémicas teológicas defendiendo la ortodoxia. San Jerónimo dice que era "un hombre de gran elocuencia; la trompeta de Dios contra los arrianos" que es a la frase a la que alude Boys al referirse a "la trompeta de plata de Hilario". Nacido en una familia pagana, poco después de su conversión, hacia el 353 fue nombrado obispo de Poitiers con la aprobación de todo el pueblo, pero tuvo que exilarse en Asia Menor debido a su rechazo de las tendencias arrianas que había en la Iglesia de las Galias (actual territorio de Francia). Durante el destierro, adquirió conocimientos de primera mano sobre la teología oriental. Después de cuatro años de destierro, volvió a su patria y "la Galia entera –dice San Jerónimo–, abrazó al héroe que volvía del combate victorioso y con la palma en la mano".

[21] Se refiere a AMBROSIO DE MILÁN [340-397], destacado arzobispo de Milán, y un importante teólogo y orador. Uno de los cuatro Padres de la Iglesia Latina que dejó un importante legado de escritos teológicos. Convirtió y bautizó a San Agustín y combatió ardientemente el arrianismo.

[22] Génesis 1:27; 5:1.

[23] Isaías 48:13. Ver también Isaías 40:12 Hebreos 1:10-12. Spurgeon incluye en el original una nota referente a la afirmación "no se habla en la Escritura de ninguna otra cosa que fuera hecha por Dios con ambas manos". La nota dice: «Esto es un error, como señala el propio Agustín, puesto que está escrito: *"y los cielos son la obra de tus manos"* (Salmo 102:25)». Recordemos, no obstante que Hilario y Ambrosio trabajaban con la Septuaginta y la Vulgata, y por tanto las comparaciones con nuestras versiones en lo que respecta al uso del plural son a veces difíciles. La Septuaginta lee: καὶ ἔργα τῶν χειρῶν σού εἰσιν οἱ οὐρανοί. El texto masorético hebreo: וּמַעֲשֵׂה יָדֶיךָ שָׁמָיִם *ūma'ăśêh yāḏeḵā šāmāyim.* Y y el mismo sintagma hebreo יָדֶיךָ *yāḏeḵā* en Josué 10:6 parece indicar "mano" en singular. No deja de ser una curiosidad por lo que consideramos que el debate es irrelevante.

Tus manos me hicieron y me formaron; hazme entender, y aprenderé tus mandamientos. La grandeza de Dios no le es obstáculo para poder relacionarse con nosotros, ya que una virtud particular de la propia grandeza divina está en poder condescender con la pequeñez de los seres creados. Puesto que la criatura debe, en razón de su propio nombre, tener tal pequeñez en la medida en que Dios debe ser siempre Dios, y el hombre debe ser siempre hombre: el océano debe ser siempre el océano, y una gota debe ser siempre una gota. La grandeza de Dios compagina con nuestra pequeñez, como los cielos con la tierra; y encajando en ella por todos lados, como el aire llena todas las partes de la tierra; lo cual hace que la relación sea tan completa como bendita: *"En su mano está el alma de todo viviente, y el hálito de todo el género humano"*.[24] Tal es su cercanía, tal es su intimidad con las obras de sus manos. Es cercanía, no distancia, lo que el nombre Creador implica; y el simple hecho de que nos haya hecho es la garantía de su deseo de bendecirnos y mantener con nosotros una relación estrecha y personal. La comunicación entre el Creador y lo creado está implícita en la idea misma de creación: *"Tus manos me hicieron y me formaron; hazme entender, y aprenderé tus mandamientos"*. Su nombre es *"fiel Creador"*,[25] y como tal, apelamos a él y *"a él encomendamos nuestras almas"; "no desampares la obra de tus manos"*.[26]

HORATIUS BONAR [1808-1889]
"The Rent Veil", 1875

Hazme entender, y aprenderé tus mandamientos. La Biblia, el libro de Dios, es como la tienda de un boticario: no hay herida para la que no exista en ella un remedio. Pero si acude a ella un inexperto, por más que la medicina que necesita esté en los estantes, no la encontrará; precisa del boticario, que sabe donde se encuentra, para que se la facilite. En las Escrituras hay curas para cualquier enfermedad; hay consuelo para todas las penas, pero tan solo cuando las escudriñamos comparando capítulo con capítulo, y confrontamos versículo con versículo, alcanzamos a entenderlas. No son las Escrituras las que nos fallan, nos fallamos a nosotros mismos por nuestra negligencia; seamos buenos conocedores de ellas y las entenderemos y comprenderemos bien; incluso en aquellos casos en que los supuestos grandes intérpretes permanecen por negligentes en la oscuridad.

RICHARD STOCK [1569-1626]
"A stock of divine knowledge, being a lively description of the divine nature, or, The divine essence, attributes, and Trinity particularly explained", 1641

Hazme entender, y aprenderé tus mandamientos. Oremos a Dios pidiéndole que abra los ojos de nuestro entendimiento,[27] que así como nos ha dado la conciencia para que nos guíe, confiera también a esa conciencia ojos iluminados para que pueda dirigirnos correctamente. Ciertamente, tan solo Dios puede iluminar de un modo santo nuestra conciencia; y, por tanto, oremos para que lo haga. Todos nuestros estudios, nuestras lecturas, lo que oímos y platicamos, nunca será suficiente ni logrará hacerlo; porque hacerlo está únicamente está en el poder de Aquel que nos hizo y nos formó. El que hizo nuestras conciencias, es el único que puede otorgarnos esta luz celestial del verdadero conocimiento y del recto entendimiento; y, por tanto, busquémosle fervorosamente para que lo haga.

WILLIAM FENNER [1600-1640]
"Christs Alarm To Drowsie Saints: Or, Christs Epistle to His Churches", 1651

[24] Job 12:10.
[25] 1 Pedro 4:19.
[26] Salmo 138:8.
[27] Efesios 1:18-20.

Y aprenderé tus mandamientos. Quiere aprenderlos para conocer mejor su sentido y significado, su pureza y espiritualidad; y practicarlos como principio de amor, en la fe y la gloria de Dios. No es una mera lectura, un simple aprendizaje de memoria, ni tan siquiera un análisis teórico de lo que esta hablando; sino del deseo de practicarlos en fe y amor.

JOHN GILL [1697-1771]
"Exposition of the Old Testament", 1748

Vers. 73-74. De estos versículos aprendemos:

1. Que a pesar de que nada parece bastante para satisfacer la incredulidad, con todo, la fe verdadera hecha mano del beneficio más elemental de la creación para fortalecerse: *"Tus manos me hicieron y me formaron"*.

2. Que el hecho de haber sido hechos y formados por Dios es buen argumento para razonar con él y pedirle otros dones; que nos concediera de principio beneficios comunes nos da pie para pedirle las gracias particulares de salvación: *"Tus manos me hicieron y me formaron; hazme entender, y aprenderé tus mandamientos"*.

3. Que constatar que Dios es nuestro Creador, y que el propósito de nuestra creación es servirle, nos permite pedirle con confianza cualquier gracia encaminada a este propósito, como hace el salmista: *"hazme entender"*.

4. Que el contemplar como otro creyente que sufre es sostenido y aliviado por Dios, debe ser motivo de alegría para todos los demás creyentes, al ser un testimonio de que Dios los ayudará en situación similar: *"Los que te temen me verán, y se alegrarán"*.

DAVID DICKSON [1583-1663]
"Explication upon the Last Fifty Psalms", 1655

Vers. 74. *Los que te temen me verán, y se alegrarán, porque en tu palabra he esperado.* *[Los que te temen me verán, y se alegrarán, porque en tu palabra he esperado.* RVR*] [Que los que te temen, me vean y se alegren, porque espero en tu palabra.* LBLA*] [Que los que te temen me vean y se alegren, porque yo espero con ansia en tu palabra.* BTX*] [Los que te honran se regocijan al verme, porque he puesto mi esperanza en tu palabra.* NVI*] [Quienes te veneran se alegran al verme, porque en tu palabra pongo mi esperanza.* BLP*] [Que todos los que te temen encuentren en mí un motivo de alegría, porque he puesto mi esperanza en tu palabra.* NTV*]*[28]

Los que te temen me verán, y se alegrarán, porque en tu palabra he esperado. Cuando un hombre de Dios obtiene gracia para sí mismo, de inmediato se convierte en una bendición para cuantos le rodean y dependen de él, de manera especial si esa gracia lo ha convertido en un hombre de sano juicio y santo conocimiento. Las personas temerosas de Dios se sienten alentadas cuando se encuentran con otros creyentes experimentados. Cuando hay peligro o las cosas van en declive, la presencia de un hombre que espera claramente en Dios es como la de un enviado. Cuando las esperanzas de un

[28] La versión griega de los LXX o Septuaginta lee: οἱ φοβούμενοί σε ὄψονταί με καὶ εὐφρανθήσονται, ὅτι εἰς τοὺς λόγους σου ἐπήλπισα que la Vulgata traduce al latín como: *"Qui timent te videbunt me et laetabuntur, quia in verba tua supersperavi"*, "Los que te temen me verán, y se alegrarán; porque esperé mucho en tus palabras". La versión sefardí de Ferrara traduce: *"Tu temientes me veeran y alegrarfehan, por que a tu palabra efperee"*. La caldea Peshitta: *"Para que vean los que te temen y se regocijen, porque he confiado en tu palabra"*. KRAUS traduce: *"Los que te temen me ven y se regocijan, porque espero en tu palabra"*. SCHÖKEL: *"Tus fieles verán con alegría que he esperado en tu palabra."*.

creyente se cumplen, sus hermanos se sienten animados y confiados, aferrándose ellos también a su propia esperanza. Estar con una persona cuyo testimonio personal es que el Señor es fiel y verdadero, es una enorme alegría para los santos, que siempre se gozan de poder compartir con hermanos más maduros y experimentados.[29] El temor de Dios no es "una gracia sombría", como algunos les gusta llamarlo, es absolutamente compatible con la alegría; pues si incluso la presencia de un camarada exitoso y feliz sirve para animar el corazón de otros creyentes ¡cuánto más no les animará y alegrará la presencia de Dios mismo! No nos reunimos en comunidad tan solo para compartir cargas unos de otros, sino también para participar de las mutuas alegrías; y algunos contribuyen en gran medida al acervo de esta mutua alegría, porque viven en esperanza y traen con ellos felicidad implícita. Hay personas toxicas que allí donde estén esparcen el virus de la depresión, y en consecuencia, pocos se alegran de verlos; pero aquellos cuyas esperanzas se basan en la palabra de Dios, reflejan en su rostro la luz del Sol de justicia,[30] y son bien recibidos por todos sus semejantes. Hay creyentes cuya mera presencia desprende tristeza incluso sin que abran la boca; y los piadosos tratan con razón de escabullirse quietamente de su compañía. Jamás debe ser así con nosotros.

C.H. SPURGEON

Los que te temen me verán, y se alegrarán, porque en tu palabra he esperado. Aquellos que *"temen al Señor"* obviamente *"se alegran"* siempre que se encuentran con alguien que piensa y siente como ellos; pero de manera especial cuando se trata de alguien cuya fe y paciencia lo han sostenido en medio de las dificultades y lo han hecho victorioso de las tentaciones; alguien que ha *"esperado en la palabra de Dios"* y no ha sido decepcionado. Porque tales casos son un ejemplo valiosísimo que aporta ánimo y estímulo a todos los demás en el curso de su propia guerra espiritual, cuando padezcan problemas parecidos y enfrenten tentaciones similares. Recordemos, por tanto, en todas nuestras pruebas y tentaciones, que el desenlace es crucial; porque afecta no solo a nosotros mismos sino también a nuestros hermanos, y puede fortalecer o debilitar las fe de multitudes.

GEORGE HORNE [1730-1792]
"A Commentary on the Psalms in which Their Literal Or Historical Sense, as They Relate to King David, is Illustrated", 1825

Los que te temen me verán, y se alegrarán, porque en tu palabra he esperado. Para los herederos de la promesa, el verse, juntarse y compartir, es reconfortante y consolador: *"aspectus boni viri delectat"*, pues la mera presencia de un hombre justo y bueno ya es de por sí motivo de deleite; y

[29] Dice WILLIAM SWAN PLUMER [1802-1880]: «El testimonio de la bondad de Dios en otros creyentes que han atravesado situaciones difíciles y se han visto sumidos en la aflicción es de gran ayuda, en manera especial para los recién convertidos. Por ello es tan importante el leer y conocer bien las historias de los mártires y confesores que sufrieron por la causa de Cristo y afrontaron con el consuelo divino su martirio con entereza y consuelo. No era intención de los apóstoles ni asustar ni afligir a los hermanos, sin embargo, en sus escritos no dejaban de recordarles con bastante frecuencia lo mucho que habían tenido que soportar por Jesús (2 Corintios 1:4-11; 6:8-12). Contemplar la escena de un martirio es algo terrible, pero a menudo ha servido para fortalecer a los tímidos y débiles en la fe. JOHN TILLOTSON [1630-1694] afirmaba que los dos grandes pilares de la causa protestante durante los siglos xvi al xvii habían sido la lectura asidua de la Biblia y la lectura de la vida de los mártires». No deberíamos olvidar en este sentido que la famosa obra de JOHN FOXE [1516-1587], *"The Book of Martyrs"*, está entre los libros históricamente más leídos en lengua inglesa, y considerado por los sociólogos como uno de los factores determinantes en la forja de la cultura anglosajona.

[30] Miqueas 4:2.

siempre es un placer conversar con aquellos que se preocupan de agradar a Dios y temen ofenderle. Pero además, porque las misericordias otorgadas a uno atañen a todos: *"me verán, y se alegrarán"*, pues no deja de ser motivo de gozo y alegría saber que otro ha conseguido aquello que responde a mi propia esperanza. Por tanto, –dice el salmista– vendrán y me contemplarán como un monumento de la fidelidad divina, un testimonio de la misericordia y la verdad de Dios.

Pero ¿qué misericordia concretamente había recibido el salmista? El contexto parece indicar que la de haber sido llevado por gracia a aprender, entender y obedecer los mandamientos de Dios; pues esta había sido la petición del versículo anterior: ser instruido y enseñado en la ley de Dios (119:73); y a continuación (119:74) habla de cuantos se regocijarían al ver su santo comportamiento y cómo se habían beneficiado glorificando a Dios. Los comentaristas hebreos lo aplican a su función real como instructor del pueblo y lo parafrasean de este modo: «porque entonces podré yo enseñar al pueblo en tus estatutos, cuando me vean a mí, a su rey, estudiar la ley divina». Pero en realidad es aplicable a cualquier bendición o beneficio que Dios le hubiera otorgado en base a su esperanza; y personalmente me inclino más bien por entenderlo como que se alegrarían de verlo sostenido, apoyado y confirmado en medio de sus dificultades y sufrimientos, es decir: «Se alegrarán cuando vean en mí un ejemplo notable del de los resultados de esperar en tu gracia».

THOMAS MANTON [1620-1677]

"One hundred and ninety sermons on the hundred and nineteenth Psalm", 1681

Porque en tu palabra he esperado.[31] Y no me ha defraudado.[32] La Vulgata lo traduce como: *"in verba tua supersperavi"*, en tu palabra esperé mucho; y Aben Ezra[33] glosa: *"porque he esperado en*

[31] Dice al respecto AGUSTÍN DE HIPONA [354-430]: «El griego utiliza aquí la palabra ἐπήλπισα, que el traductor latino vierte intencionadamente en la expresión compuesta *"supersperavi"*, es decir, "sobre-esperado", o esperado en gran manera, por considerar que era la que mejor aclara y describe tanto la actitud esperanzada del salmista como el motivo de la admiración y alegría de cuantos la contemplaban. No se limitó a esperar, "sobreesperó", es decir, esperó más allá de lo prometido, consciente, como afirma el apóstol, de que Dios: *"es poderoso para hacer todas las cosas mucho más abundantemente de lo que pedimos o pensamos"* (Efesios 3:20). Lo que Dios promete, es poco esperarlo, hay que "sobreesperarlo"».

[32] CHARLES BRIDGES [1794-1869] comentando las palabras finales de este versículo, pone como ejemplo a MÓNICA DE HIPONA [332-387] más conocida como SANTA MÓNICA, madre de AGUSTÍN DE HIPONA [354-430], afirmando que: «no hizo sino seguir los pasos del salmista cuando pidiendo a Dios por la salud espiritual de su hijo exclamó: 'Señor, si estas promesas fueron válidas y efectivas para otros, ¿por qué no han de serlo para mí? Están escritas de tu propia mano en tu Palabra, y llevan tu sello con la certeza de que son ciertas. Por tanto, estoy dispuesta a seguir siendo inoportuna hasta que me concedas mi petición; y después que me la concedas, agradecida a ti hasta donde mis fuerzas me lo permitan'. Mónica esperó y aguardó, y su petición prevaleció».

[33] Se refiere al erudito judío español, el rabino ABRAHAM BEN MEIR IBN EZRA [1092-1167] más conocido por el nombre de ABEN EZRA, uno de los intelectuales más ilustres de la Edad Media, apodado "El Sabio", "El Grande" y "Doctor Admirable". Nació en Tudela (Navarra, España) en la época de dominio musulmán y salió de la península Ibérica en el 1140 escapando de la persecución desencadenada por los almohades. Mantuvo desde entonces una vida errante que lo llevó al Norte de África, Israel, Francia e Inglaterra. Se desconoce el lugar de su muerte, algunos piensan que en Calahorra y otros afirman que en Roma o Tierra Santa. Sus trabajos intelectuales y literarios abarcan muchos campos del saber: filosofía, astronomía, medicina, poesía, lingüística y de manera especial la exégesis bíblica. Su método de exégesis, basado en la aproximación al sentido del texto partiendo de principios gramaticales, marcó un hito en la exégesis bíblica, por lo que sus comentarios al texto bíblico son especialmente conocidos y apreciados.

todos tus decretos"; incluso en aquellos que me afligen, como se desprende del versículo siguiente: *"Conozco, Señor, que tus juicios son justos, y que conforme a tu fidelidad me afligiste"* (119:75).

John Trapp [1601-1669]

"A commentary or exposition upon the books of Ezra, Nehemiah, Esther, Job and Psalms", 1657

Vers. 75. *Conozco, oh Jehová, que tus juicios son justos, y que conforme a tu fidelidad me afligiste.* *[Conozco, oh Jehová, que tus juicios son justos, y que conforme a tu fidelidad me afligiste.* RVR*] [Yo sé, Señor, que tus juicios son justos, y que en tu fidelidad me has afligido.* LBLA*] [Reconozco, oh YHVH, que tus mandamientos son justos, que con razón me afligiste.* BTX*] [Señor, yo sé que tus juicios son justos, y que con justa razón me afliges.* NVI*] [Yo sé, Señor, que tus decretos son justos, que con razón me hiciste sufrir.* BLP*] [Señor, sé que tus ordenanzas son justas; me disciplinaste porque lo necesitaba.* NTV*]*[34]

Señor, yo sé que tus juicios son justos. Quién este ansioso de aprender más debe estar agradecido por lo que ya sabe y dispuesto a testimoniar de ello para gloria de Dios. El salmista había sido afligido con dureza, pero sometido al juicio de Dios había continuado esperando en él, y confirma ahora que la aflicción padecida había sido justificada y sabiamente castigada. Y esto lo dice no como un mero pensamiento, sino con convicción absoluta; tenía de ello plena certeza y lo afirma sin dudar un instante. Los santos tienen la plena seguridad de lo acertado de la corrección divina, incluso cuando no alcanzan a ver el propósito de la misma.[35] Escuchar de David decir esto sirvió para infundir animo a los temerosos de Dios haciendo que se sintieran alegres (119:74).

Y que conforme a tu fidelidad me afligiste. En este caso el amor requería severidad, y el Señor la ejerció. No fue porque Dios le fuera infiel que el salmista se vio inmerso en una situación tan difícil y dolorosa, sino por la razón opuesta: fue la fidelidad de Dios a su pacto lo que situó al elegido bajo la acción de la vara. Es probable que para otros no fuera necesario en aquel momento que fueran probados; pero sí para él, y en consecuencia, el Señor no retuvo esa bendición. Nuestro Padre celestial no es el sacerdote Eli: y no permitirá que sus hijos pequen sin administrarles reprensión, su amor es demasiado intenso para caer en esto.[36] Cualquier creyente capaz de hacer suya la confesión de este versículo es evidente que está progresando en la escuela de gracia, y aprendiendo los mandamientos. Este tercer versículo de la décima octava del salmo: י *Yod,* guarda una relación directa con el tercero de la novena ט Tet: *"Antes que fuera afligido, yo me descarrié, mas ahora guardo tu palabra"* (119:67), y hasta cierto punto con algunos otros que ocupan el tercer lugar en sus respectivas octavas.[37]

C.H. Spurgeon

---

[34] La versión griega de los LXX o Septuaginta lee: ἔγνων, κύριε, ὅτι δικαιοσύνη τὰ κρίματά σου, καὶ ἀληθείᾳ ἐταπείνωσάς με que la Vulgata traduce al latín como: *"Cognovi, Domine, quia aequitas judicia tua, et in veritate tua humiliasti me"*, "He conocido, Señor, que tus juicios son equidad; y en tu verdad me has humillado". La versión sefardí de Ferrara traduce: *"See Adonay que juftedad tus juizios, y con verdad me afligifte"*. La caldea Peshitta: *"Yo sé, oh Yahweh, que tus juicios son justos, y tu fidelidad me ha humillado"*. Kraus traduce: *"Yo sé, oh Yahvé, que tus juicios son justos y que con tu fidelidad me doblegaste"*. Schökel: *"Reconozco, Señor, que tus mandamientos son justos, que con razón me afligiste"*.

[35] En este mismo sentido afirma Johann Peter Lange [1802-1884]: «Las personas temerosas de Dios descuben que su fidelidad es discernible tanto o más en sus juicios que en su misericordia».

[36] 1 Samuel 2:12-36.

[37] Ver: כ *Kaf* (119:83); נ *Nun* (119:107); ע *Ayin* (119:123).

Conozco, oh Jehová, que tus juicios son justos, y que conforme a tu fidelidad me afligiste. En los días de mi juventud el árbol del conocimiento se erigía majestuoso ante mis ojos y me parecía asequible. ¡Cuántos errores he cometido desde entonces! Y cuántos errores subsisten todavía con respecto lo que tan a la ligera solemos llamar conocimiento en nuestras conversaciones. Quien ha leído los clásicos; sumergido en las ciencias exactas; está versado en historia, gramática y oratoria; preparado para resolver una cuestión complicada y versado en las diversas disciplinas de la ciencia, se tiene a si mismo por una persona de amplios conocimientos. Y no hay duda de que lo es, comparado con las masas ignorantes. Pero ¿qué si lo comparamos con el conocimiento del cual nos habla el salmista en este versículo, y del cual pocos eruditos, según se les llama en el mundo académico, tienen siquiera nociones?

Dime David, tú que sabes, ¿qué sabes? "*Yo sé, Señor, que tus juicios son justos, y que en tu fidelidad me has afligido*" A pesar de mi afición innegable a la investigación en muchas otras materias, ciertamente he de confesar que preferiría, con mucho, poseer aunque fuera un ápice del conocimiento espiritual que este hombre de Dios afirma haber alcanzado en este versículo, que estar familiarizado y al día con todos los más recientes descubrimientos del círculo de las ciencias, como solemos llamarlas con tanto orgullo. [...] Percibo que en la primera cláusula, al decir *"juicios"* el salmista se refiere en general a todas las acciones de Dios: sus ordenanzas y mandatos, designios, providencia, misericordias y castigos; y afirma tener la certeza de que en todo tienen razón, que son equitativos, que son sabios, que son justos, y que jamás deben ser considerados erróneos; por más que los seres humanos en su ignorancia y locura los cuestionen, les agobien, y en consecuencia, sus corazones se rebelen contra de Dios. El salmista, bendecido con un nivel de comprensión superior, no exceptúa nada: *"Sé que todos tus juicios son justos."*Después, en la última parte del versículo, hace de su afirmación una aplicación personal, y eso es lo que le confiere una especial validez. Pues llegar a tal conclusión en calidad de observador, contemplando desde la lejanía las evoluciones y convulsiones de los reinos, el tambaleo de los tronos; las dificultades y angustias de otros mortales, los sufrimientos ajenos, no es difícil. Pero no es eso lo que dice, va mucho más allá: «tengo la misma convicción de equidad y justicia –afirma– con respecto a todas mis tribulaciones y sufrimientos personales: y *"sé que en fidelidad me has afligido"*».

JOHN MARTIN [1741-1820]
"Sermons, taken in shorthand by T. Palmer: sermon xl on Psalm 119:75", 1817

Yo sé, Señor, que tus juicios son justos, y que en tu fidelidad me has afligido. El versículo se plantea como un discurso dirigido a Dios; algo habitual en David, que siempre que deseaba expresar algún sentimiento profundo o experiencia espiritual importante, lo hace de ese modo: dirigiéndose a Dios. Quienes aman a Dios se deleitan en mantener con él una estrecha comunión; y la mente espiritual encuentra un especial consuelo en conversar y compartir directamente con él ciertos sentimientos: *"Yo sé, Señor, que tus juicios son justos"*. Dios es quien ordena todas las cosas, y *"sus juicios"* implican su ordenamiento en general: decisiones y acciones; no solamente aflicciones, aunque por supuesto las incluye. Cuando el salmista dice *"tus juicios"*, se refiere en particular a los juicios de Dios para con él, a sus tratos personales con Dios, y por tanto, a todo lo que le había sucedido y pudiera sucederle. Pues en el credo de convicciones del salmista no había cabida para el azar: Dios era quien ordenaba cuanto le sucedía, y le encantaba verlo de ese modo. Por ello expresa una confianza ciega y feliz en todo cuanto Dios había hecho y haría con respecto a él. Confiaba plenamente en la sabiduría de Dios, en el poder de Dios, y en el amor de Dios. *"Yo sé, Señor, que tus juicios son justos"*, acertados e inmejorables en todos los sentidos, sin un ápice de los mismos que susceptible de mejora o perfeccionamiento, porque son absolutamente sabios y buenos. Y de ello muestra la más firme persuasión: *"Yo sé"* dice, no simplemente pienso o creo, sino que lo sé. Sin embargo, la naturaleza misma de la afirmación, decir: *"Yo sé"*, demuestra con claridad que se trataba de un asunto de fe, no de vista.[38] Porque no dice: *"Veo que tus juicios son justos"*, sino *"Yo sé"*; con lo que está diciendo: «Aunque no alcanzo a verlo todo con claridad; aunque en tus tratos y relaciones conmigo sigue habiendo sombras oscuras, cosas que no logro entender del todo, a pesar de ello, estoy absolutamente persuadido que son para mi bien, y por tanto, *"Yo sé, oh Señor, que tus juicios son justos"*.

"Tus juicios". No algunos, sino todos. David analiza cuantos tratos mantenía con Dios y afirma al respecto sin excepción: *"Yo sé, Señor, que tus juicios son justos"*. Cuando las cosas que nos suceden nos son favorables y nos benefician, aportándonos claramente consuelo; recibimos agradecidos cuanto Dios nos envía y le reconocemos como el Dador de todo, bendiciéndole por su bondad; y así debe ser. Sin embargo, para esto, que es algo natural, no se precisa más fe (aunque admito que alguna hay) que la mera aceptación que Dios existe y trata con nosotros; no hace precisa identificar y valorar las acciones por si mismas y agradecerlas con independencia del Dador. Pero cuando las cosas que nos suceden no nos son aparentemente favorables, se precisa de un nivel de fe mucho más elevado respecto a las acciones de Dios para poder afirmar: *"Yo sé, Señor, que tus juicios son justos"*.

Pero este es el significado o cuanto menos el sentido principal de la afirmación de David. Porque aunque la palabra *"juicios"* significa las acciones de Dios en general, en este caso las palabras que siguen a continuación indican que debe aplicarse a las acciones aflictivas, es decir, a las que aparentemente no nos aportan felicidad: *"Yo sé, Señor, que tus juicios son justos, y que en tu fidelidad me has afligido"*. Los juicios que el salmista tenía básicamente en mente, y de los cuales se sentía tan seguro que eran justos, no eran alegrías, sino penas; no cosas otorgadas, sino cosas arrebatadas: bendiciones disfrazadas de dolor, misericordias paradójicas, bondades veladas; esos regalos vestidos con atuendo de luto que tan a menudo envía Dios a sus hijos. El salmista afirma tener la certeza, contra toda apariencia de lo contrario, que tales juicios o acciones eran *"justos"*. Cualquier cosa que pudiera implicar pérdidas, dolores, desilusiones, sufrimiento, enfermedad; la considera justa; tan justa y correcta como las bendiciones favorables y manifiestas recibidas previamente; perfectamente justas; tan justas que no podrían haber sido mejores; porque eran juicios de Dios. Eso satisfizo la mente del salmista, y neutralizo todas sus dudas. Los acciones, vistas por si mismas, podían haber sido motivo de duda, pero no asociadas la fuente justa y perfecta de la que procedían: *"tus juicios"*. Y con eso lo zanja todo: "*"Yo sé... que en tu fidelidad me has afligido"*. Con ello viene a decir que al asignarle aflicciones como su porción, Dios había procedido con él en total y absoluta fidelidad a su Palabra, con fidelidad a sus propósitos de misericordia, con un amor fiel y particularmente intenso. Le había enviado lo mejor para su bien, aunque no siempre fuera lo más agradable desde la perspectiva humana; y en esto se había mostrado fiel. El Señor trata siempre a sus hijos amorosamente y con dulzura, y jamás les inflige dolor innecesario; pero el necesario no lo se lo evita o contiene en modo alguno.

FRANCIS BOURDILLON [1816-1912]
"Short sermons for family reading", 1879

Yo sé, Señor, que tus juicios son justos. Hay *"judicia oris"*, y *"judicia operis"*; juicios verbales pronunciados por la boca de Dios, y juicios activos ejecutados por la mano de Dios. Los primeros se mencionan en el versículo trece: *"Con mis labios he contado todos los juicios de tu boca"* (119:13). Y por tales *"juicios"* verbales se entiende la ley santa de Dios y toda su Palabra escrita; que en este Salmo se denomina indistintamente sus *"estatutos"*, *"mandamientos"*, *"preceptos"*, *"testimonios"*, y *"juicios"*. Las leyes de Dios reciben, entre otras razones, el nombre de *"juicios"*, porque ellas nos proporcionan un juicio correcto por el cual discernir entre el bien y el mal. De lo contrario no podríamos juzgar con certeza qué debemos hacer y qué nos es necesario evitar. *"A lege*

[38] 2 Corintios 5:7.

tua intellexi" leemos en otro versículo de este mismo salmo: *"De tus mandamientos he adquirido inteligencia; por tanto, he aborrecido todo camino de mentira"* (119:104). San Pablo confiesa a los Romanos que nunca hubiera sabido con justicia qué era el pecado de no haber sido por la ley; y pone como ejemplo de ello el pecado de concupiscencia, que él no hubiera alcanzado a saber que era pecado si la ley no hubiera dicho claramente: *"no codiciarás"*.[39] Y no hay duda que estos *"judicia oris*", juicios verbales, son todos ellos *"justos"*; puesto que no sería razonable pensar que Dios estableciera para nosotros una norma de derecho que en sí misma no fuera justa. En este sentido tanto el termino: *("juicios")* como el calificativo (que son *"justos")* los encontramos en el Salmo 19; donde después de haber elogiado la ley de Dios en extremo y bajo diversas denominaciones: *"ley, testimonios, preceptos y mandamientos"*[40] el profeta concluye que *"los juicios del Señor son verdaderos, todos ellos justos"*.[41]

Pero además de estos *"judicia oris"*, que son juicios de orientación por parte de Dios o juicios directrices; están los *"judicia operi"*, que son sus juicios para corrección. Y estos incluyen irremisiblemente un *"aliquid paenale"*, es decir, castigo implícito, algo que el Dios Todopoderoso nos inflige a modo de corrección; algo que engendra en nosotros aflicción o dolor. En la carta a los Hebreos el apóstol nos recuerda que toda disciplina es dolorosa;[42] y lo es, en más o en menos, de lo contrario no implicaría castigo. Y estos castigos son también de dos clases; aunque no se distinguen tanto en base a lo que son o el instrumento que los inflige, como por la condición de las personas a quienes se les infligen, y de manera especial por el afecto e intención de Dios que es quién los inflige. Y en todos los casos, bien sean calamidades públicas que afectan naciones enteras, ciudades u otros colectivos mayores o menores de seres humanos (como las pestes, hambrunas, guerras, inundaciones y otros desastres naturales); o bien aflicciones particulares que atañen a familias o individuos, (como enfermedad, pobreza, desgracias, lesiones, muerte de amigos, y otras cosas por el estilo;) son susceptibles de una doble consideración; pero no es impropio calificarlos como juicios de Dios, aunque evidentemente con los correspondientes matices y acepciones.

Vistos pues los diferentes tipos de juicios de Dios: ¿cuál de ellos podemos pensar que es al que hace referencia aquí el salmista? Si decimos a todos, la conclusión es válida, y no deja de ser cierta. *"Judicia oris"*, y *"judicia operis"*; juicios verbales y juicios de corrección; colectivos y particulares; plagas con las que castiga con furia a sus enemigos, y varas con las que corrige a sus hijos con misericordia: pues no cabe ni la menor duda de que todos ellos son *"justos"*. No obstante, me inclino por pensar que no es a los *"judicia oris"* a los que se refiere propiamente el salmista en este pasaje, ya que la exégesis de la segunda cláusula del versículo, que parece identificar como *"aflicciones"* lo que anteriormente menciona como *"juicios"*, parece descartarlos y limitar el significado únicamente a los *"judicia operis"*; aunque eso así, a cualquiera de ellos; colectivos o particulares, plagas colectivas o correcciones individuales. Sobre todos ellos se pronuncia el salmista afirmando que son *"justos"*, que es el predicado de la conclusión: *"Yo sé, Señor, que tus juicios son justos"*.

ROBERT SANDERSON [1587-1662]

"Sermons", Vol. II *"Sermon X on Psalm CXIX 75 preached at Whitehall at a public Feast"*, 1640

Conforme a tu fidelidad me afligiste. Reparad en el énfasis: no tan solo reconoce que Dios ha sido fiel a pesar de haberle afligido, sino también fiel al mandarle tales aflicciones. La aflicción y la tribulación no solo son compatibles con el amor que Dios nos promete en el pacto de la gracia, sino

[39] Romanos 7:7.
[40] Salmo 19:6-7.
[41] Salmo 19:9 LBLA.
[42] Hebreos 12:11.

que son parte integrante del mismo, derivaciones en el desarrollo y administración del nuevo pacto. Dios permanece fiel, no solo a pesar de nuestras aflicciones, sino que es fiel al enviárnoslas. Y entre ambas cosas hay una diferencia sustancial; la primera es una excepción de la regla; la segunda es parte integrante de la regla sin posibilidad de excepciones: *"quae firmat regulam in non exceptis"*;[43] pues Dios no sería fiel si dejara de hacer cuanto tienda a nuestro beneficio y bienestar eterno. El proceder de su providencia es parte del compromiso del pacto; como lo es el perdón de nuestros pecados, el santificarnos, y otorgarnos finalmente la gloria; su providencia se adecua según lo requieran nuestras necesidades en nuestro peregrinar hacia el cielo. Y utilizar la disciplina como medio para asegurar el proceso es un acto de su misericordia soberana prometida a su pueblo. En resumen, el cargarnos con una cruz no es una excepción a la gracia del pacto, sino parte integrante de la misma. La causa de todas las aflicciones es el pecado, por tanto, las aflicciones corresponde verlas como una acción de justicia divina; su fin es el arrepentimiento, y por tanto, debemos reconocer en ellas la fidelidad divina. El propósito de las aflicciones que padecemos no es destrucción, pues en tal caso serían actos de justicia, como en el caso de los malvados; sino el de hacernos aptos para recibir las promesas, y en este caso son actos de fidelidad.

THOMAS MANTON [1620-1677]
"One hundred and ninety sermons on the hundred and nineteenth Psalm", 1681

Conforme a tu fidelidad me afligiste. Es decir, con el propósito expreso de hacerme bien. Dios conoce a la perfección nuestra manera de ser y puede discernir entre lo que es nocivo y lo que es beneficioso para nuestro bienestar; y en consecuencia obra *"pro jucundis aptissima quaeque"*,[44] prescribiéndonos a menudo ajenjo en lugar de miel, menos agradable pero mucho más saludable. Los seres humanos vivimos en la más completa ignorancia de aquello que nos es más conveniente, y si se nos permitiera elegir y proceder a nuestro antojo, tomaríamos casi siempre decisiones erradas, absurdas y desventajosas. Si viviéramos constantemente en la abundancia, libres de todo tipo de problemas y dificultades, nos relajaríamos (podéis estar seguros) adoptando una actitud indolente que nos haría perezosos e insensibles (Dios lo sabe); convirtiéndonos en presa fácil de la arrogancia y otras peligrosas tentaciones; olvidándonos de Dios, con graves consecuencias y perjuicios para nosotros mismos.

Es por ello que Dios, en su infinita sabiduría, estima conveniente sumirnos circunstancialmente en la pobreza: madre de la sobriedad, nodriza de la laboriosidad y señora de la sabiduría; que limita nuestra arrogancia y potencia nuestra dependencia del cielo obligándonos a implorar su ayuda. ¿Y acaso no deberíamos sentirnos agradecidos por algo que nos evita por un lado tan graves perjuicios y nos aporta por el otro tan excelentes ventajas?

La naturaleza humana nos empuja a decantarnos siempre por el aplauso y favor de los hombres, cosa que corrompe nuestra mente (también Dios lo sabe) con vana presunción; y nos intoxica con fantasías de vanagloria, haciéndonos caer en la tentación de atribuirnos a nosotros mismos el éxito de nuestros logros, privando sacrílegamente a Dios de la gloria y honor que le corresponde. Para evitarlo, el Señor permite deliberadamente nuestro fracaso y consiente que padezcamos la burla y desprecio de los hombres: así es como nos enseña lo frágil y pasajero de nuestra propia gloria, nos lleva a poner nuestra esperanza únicamente en él, y a buscar con mayor anhelo el deleite más puro

43 En español: *"que confirma la regla allí donde no hay excepciones"*.

44 La frase latina es de DÉCIMO JUNIO JUVENAL [60-128] en sus *Sátiras,* (Sátira x, líneas 349/350): *"Nam pro iucundis aptissima quaeque dabunt di, Carior est illis homo quam sibi"*, "Los dioses en lugar de lo más placentero nos dan siempre lo más adecuado; porque aman al hombre más de lo que el hombre se ama a sí mismo".

de una buena conciencia. ¿Y acaso tal proceder de la providencia divina no merece nuestro más profundo agradecimiento?

Luchamos con desespero por escalar las altas cumbres, sin tener en cuenta los precipicios que las rodean ni el vértigo que nos puede entrar una vez instalados en la cima; sin pensar en los múltiples peligros que conlleva el poder; ignorando la obligación de evitar proyectos por encima de nuestras posibilidades, cuyo fracaso entrañaría un grave perjuicio para otros y nuestra propia ruina. Pero Dios sí lo sabe, y en su bondad infinita nos mantiene protegidos en los humildes valles, asignándonos ocupaciones más acorde con nuestras posibilidades.

Tantos son los beneficios que nos aportan las aflicciones, que no tan solo nos sobran motivos para contentarnos con lo que tenemos, sino para regocijarnos y estar agradecidos por cuantas cruces nos corresponda cargar.[45] Tomémoslas, pues, de la mano del Señor con alegría, cual valiosas medicinas para nuestra alma; instrumentos eficaces de virtud; condimentos necesarios de nuestro carácter cristiano; demostraciones palpables de su buena voluntad; sólidas bases de esperanza, y presagios consoladores de futura alegría.

ISAAC BARROW [1630-1677]
"Sermons on various subjects", 1823

Conforme a tu fidelidad me afligiste. Cuando un padre repudia y deshereda a un hijo, lo da por perdido y deja de corregirle. De igual modo, Dios suprime todo castigo a quienes tiene intención de repudiar y destruir, dejándoles a su libre albedrío; pero jamás procede de ese modo con quienes tiene establecido el pacto.

WILLIAM SWAN PLUMER [1802-1880]
"Studies on the Book of Psalms", 1867

Yo sé, Señor, que tus juicios son justos, y que en tu fidelidad me has afligido.

Sí, Señor, atesoro en mi memoria
también las estaciones llenas de tristeza
cuando, al mirar, tu faz veía
severa pero amable, austera pero tierna.

No me sobra un suspiro, ni una lágrima,
punzada al corazón, nube en la mente;
el castigo más dulce fue el estricto.
¡Cuán dulce es ahora su recuerdo!

Sí, las cicatrices son hermosas;
pruebas son de tu amor las que me quedan;
débil sombra de las de que costado
y tu cabeza coronada de espinas laceran.

Es tu ternura firme la que me refrena
cuando mi pie tropieza o se desvía,

[45] Mateo 16:24.

enderezando mi voluntad díscola
en su camino por la senda estrecha.

JOHN HENRY NEWMAN [1801-1890]
"Verses on Various Occasions. II. *A Thanksgiving"*, 1829[46]

Vers. 76. ***Sea ahora tu misericordia para consolarme, conforme a lo que has dicho a tu siervo.*** *[Sea ahora tu misericordia para consolarme, conforme a lo que has dicho a tu siervo.* RVR*] [Sea ahora tu misericordia para consuelo mío, conforme a tu promesa dada a tu siervo.* LBLA*] [Sea ahora tu misericordia para consolarme, conforme prometiste a tu esclavo.* BTX*] [Que sea tu gran amor mi consuelo, conforme a la promesa que hiciste a tu siervo.* NVI*] [Que sea tu amor mi consuelo, según la promesa hecha a tu siervo.* BLP*] [Ahora deja que tu amor inagotable me consuele, tal como le prometiste a este siervo tuyo.* NTV*]*[47]

Sea ahora tu misericordia para mí consuelo, conforme a tu palabra dada a tu siervo.[48] Habiendo confesado la justicia del Señor, ahora apela a su misericordia; pero no pide que aparte la vara, sino que implora con urgencia consuelo para soportarla. La justicia y fidelidad no nos aportan consuelo si no saboreamos también junto con ellas la misericordia; y, bendito sea Dios, porque esto se nos promete en la Palabra, y por tanto, podemos esperar la misericordia con garantías. La expresión hebrea חַסְדְּךָ *ḥasdəḵā* que nuestra versión traduce por *"misericordiosa bondad"*[49] es una combinación de términos feliz y acertada que expresa con mucha exactitud lo que más necesitamos en la aflicción: la misericordia para perdonar el pecado y la bondad de sostenernos bajo la pena. Entre ambas podemos sentirnos seguros y consolados aún en el día tempestuoso y oscuro; sin ellas estamos indefensos y somos realmente miserables; roguemos por tanto al Señor, a quien hemos agraviado con nuestro pecado, apelando a su promesa de su gracia como nuestra única razón para esperar tal favor. Bendito sea su nombre, que a pesar de nuestras faltas, seguimos siendo sus siervos, y servimos a un Maestro compasivo. Algunos traducen la última cláusula como: "*conforme a lo que has dicho a tu siervo*"; en referencia a algún dicho o promesa del Señor en particular. ¿No podemos recordar algunas de estas *"palabras fieles"*,[50] y convertirlas en la base de nuestras peticiones? Esa expresión *"conforme a tu*

[46] Spurgeon transcribe únicamente las cuatro penúltimas estrofas del poema de Newman basado en el Salmo 119:75, y que tiene un total de nueve.
[47] La versión griega de los LXX o Septuaginta lee: γενηθήτω δὴ τὸ ἔλεός σου τοῦ παρακαλέσαι με κατὰ τὸ λόγιόν σου τῷ δούλῳ σου que la Vulgata traduce al latín como: *"Fiat misericordia tua ut consoletur me, secundum eloquium tuum servo tuo"*, "Sea tu misericordia para consolarme, según tu palabra a tu siervo". La versión sefardí de Ferrara traduce: *"Sea agora tu merced para confolarme, como tu dicho à tu fiervo"*. La caldea Peshitta: *"Sean tus misericordias para confortarme de acuerdo a lo que expresaste a tu siervo"*. KRAUS traduce: *"Tu bondad sea mi consuelo, según tu palabra (dada) a tu siervo"*. SCHÖKEL: *"Sea tu misericordia mi consuelo como lo prometiste a tu siervo"*.
[48] La versión inglesa KJV traduce: *"Let, I pray thee, thy merciful kindness be for my comfort, according to thy word unto thy servant"*.
[49] La versión inglesa KJV traduce: *"thy merciful kindness be for my confort"*, "tu misericordiosa bondad sea para mi consuelo".
[50] 1 Timoteo 1:15; 4:9.

palabra", es una de nuestras favoritas: muestra el motivo y la forma de la misericordia. Nuestras oraciones son conforme *"la mente del Señor"*[51] cuando son conforme a su Palabra.

C.H. SPURGEON

Sea ahora tu misericordia para mí consuelo, conforme a tu palabra dada a tu siervo. En el versículo anterior reconoce que el Señor le había afligido; ahora, en este, ruega que le consuele. No deja de resultar paradójico que alguien recabe consuelo de la misma mano que le hiere: es únicamente obra de la fe, pues la naturaleza humana jamás nos enseñará a hacerlo: *"Venid y volvamos a Jehová; porque él ha desgarrado, y él nos curará; él hirió, y él nos vendará"*.[52] De nuevo vemos que las cruces que Dios carga sobre sus hijos, no tienen el propósito de confundirlos o destruirlos, sino de prepararlos para mayores consuelos. Fueron estas experiencias y reflexiones las que permitieron a David afrontar con entereza las maldiciones de Semeí: *"Quizá el Señor mire mi aflicción y me devuelva bien por su maldición de hoy"*.[53] Y una reflexión similar es la que hace el Señor a sus discípulos para consolarles: *"vuestra tristeza se convertirá en gozo"*.[54] La bendición y postrer estado de Job fue mucho mejor que el primero;[55] así devuelve el Señor a sus hijos multiplicado aquello que primero les quita.[56] Carguemos por tanto con gozo la cruz que ahora nos impone, sabiendo que es anticipo de futuro consuelo.

WILLIAM COWPER [1566-1619]
"A Commentary upon CXIX Psalm", 1613

Sea ahora tu misericordia para mí consuelo. En varios de los versículos anteriores nos habla de aflicción (119:67, 71, 75); y ahora el salmista plantea formalmente su petición para ser aliviado y socorrido en medio de ella. Pero ¿en qué manera? No pide que se eliminada; ni dice: *"tres veces he rogado al Señor, que la quite de mí"*.[57] No, el apoyo recibido y el reconocimiento de los beneficios obtenidos, le habían convencido de las ventajas de someterse a ella y permanecer al lado del Señor fueran cuales fueran las circunstancias. Todo cuanto necesitaba, y pide, es sentir en su alma la *"bondad misericordiosa"* del Señor. Se somete a la justicia de Dios, y en sus pruebas y tribulaciones aguarda consuelo tan solo en base a su favor espontáneo e inmerecido.

CHARLES BRIDGES [1794-1869]
"Exposition of Psalm 119", 1827

Sea ahora tu misericordia para mí consuelo. En otras palabras, que mi consuelo y felicidad derive de la irradiación de tu amor y misericordia: חַסְדְּךָ *ḥasdəḵā;* de la implementación de tu bondad exuberante en mi alma.

ADAM CLARKE [1760-1832]
"Commentary on the Whole Bible", 1831

---

[51] Romanos 11:34; 1 Corintios 2:16
[52] Oseas 6:1.
[53] 2 Samuel 16:22.
[54] Juan 16:20.
[55] Job 42:12.
[56] Mateo 19:28-29; Marcos 10:29-30; Lucas 18:29-30.
[57] 2 Corintios 12:8.

Conforme a tu promesa dada a tu siervo. Pues si la promesa no era de su agrado, ¿por qué la hizo? Y si la confianza depositada en la promesa no le complacía, ¿por qué su bondad la impulsó? Burlarse de su criatura sería inconsecuente con su bondad: y la peor de las burlas proclamar una promesa, y crear en el corazón del suplicante un deseo esperanzado conforme a esa promesa, si jamás tuvo intención de cumplirla. Dios no puede engañar a sus criaturas más de lo que pueda engañarse a si mismo, y por tanto, en modo alguno puede decepcionar la fe de la persona, hecha a su propia imagen y semejanza,[58] acude a él por ser su Hacedor: *"Tus manos me hicieron y me formaron"* (119:73); una fe que impulsada por el mismo, se arroja en brazos de su bondad; una bondad que tan libre y generosamente impartió a la creación irracional, y que por tanto, no retraerá a las criaturas más nobles que ponen su confianza en él. Este razonamiento hace de Dios el foco más apropiado y seguro de su confianza.

Stephen Charnock [1628-1680]
"The Existence and Attributes of God", 1682

Conforme a tu palabra dada a tu siervo. David era beneficiario de una promesa en particular, a saber: el mantenimiento del reino de Israel.[59] Y se la había hecho Dios. Pero no fundamenta su consuelo en esta promesa; pues también Saúl había tenido, antes que él, el reino en sus manos; pero no contaba ya con la misericordia, y por tanto, cuando Dios lo abandonó fue incapaz de gobernarlo y sostenerlo. David se refiere más bien a las promesas generales de misericordia hechas por Dios a sus hijos; y entre ellas distingue una *"palabra"* de misericordia hecha a él en particular. Pues las promesas de gracia y misericordia que hallamos en el evangelio, hechas a todos los creyentes en general, son aplicadas por medio de la fe a cada creyente en particular.

William Cowper [1566-1619]
"A Commentary upon CXIX Psalm", 1613

Conforme a tu palabra dada a tu siervo. Conviene aquí que hagamos nuestra la pregunta del eunuco etíope: *"¿de quién dice el profeta esto; de sí mismo, o de algún otro?"*.[60] De sí mismo, sin lugar a dudas, bajo el calificativo de *"siervo"* de Dios. Pero la pregunta subsiste: ¿se trata de una *"palabra"* de promesa hecha a él en particular y por tanto aplicable únicamente a él, o es aplicable todos los siervos de Dios en general? En base a las promesas hechas a David por boca del profeta Natán[61] muchos expositores se inclinan por lo segundo, y yo me uno a ellos, siendo que de ello aprendemos que solo aquellos que sirven a Dios son aptos para ser receptores de su misericordia y del consuelo de sus promesas. ¿Y qué les hace siervos de Dios?

1. Lo son por derecho de propiedad y conscientes de ello: *"el Dios de quién soy y quien sirvo"*.[62]
2. Lo son porque se entregan enteramente a su Señor renunciando a cualquier otro señor o dueño. Una renuncia indispensable, puesto que anteriormente servíamos a otro dueño: *"aunque erais esclavos del pecado, habéis obedecido de corazón a aquella forma de doctrina a la cual fuisteis entregados"*.[63]

[58] Génesis 1:26-27.
[59] Salmo 132:11-18.
[60] Hechos 8:34.
[61] 2 Samuel 7:4-17.
[62] Hechos 27:23; Romanos 1:9.
[63] Romanos 6:17. Ver también: Mateo 6:24; Romanos 6:13; 2 Crónicas 30:8.

3. Lo son porque se predisponen a sí mismos para llevar a cabo su trabajo para él de manera honesta y sincera: *"el Dios, a quien sirvo en mi espíritu en el evangelio de su Hijo"*;[64] de modo que: *"sirvamos bajo el régimen nuevo del Espíritu y no bajo el régimen viejo de la letra"*;[65] como corresponde a quienes renovados por el Espíritu y: *"rindiendo culto constantemente a Dios de día y de noche"*;[66] *"sin temor, en santidad de vida y rectitud de conducta ante sus ojos, todos nuestros días"*;[67] esperan de su Señor la gracia necesaria para lograr su objetivo: *"Porque la ley constituye sumos sacerdotes a débiles hombres; pero la palabra del juramento, posterior a la ley, al Hijo, hecho perfecto para siempre"*.[68] Tales son las personas aptas para recibir consuelo. El Libro divino no aporta palabra de consuelo a quienes viven en pecado, tan solo conforta a los que sirven a Dios; que han dejado de vivir para si mismos para vivir entregados a su Señor; que cuando él les dice: Id; van; que se vacían a si mismos para ser y hacer únicamente aquello que Dios quiere que sean y hagan.[69]

THOMAS MANTON [1620-1677]

"One hundred and ninety sermons on the hundred and nineteenth Psalm", 1681

Conforme a tu palabra dada a tu siervo. Nuestro Señor ha dado palabra a todos cuantos le sirven de que les tratará con bondad y misericordia, y que pueden acudir libremente a él para suplicarle cuanto necesiten.

MATTHEW HENRY [1662-1714]

"Commentary on the Whole Bible", 1811

Vers. 77. *Vengan a mí tus misericordias, para que viva, porque tu ley es mi delicia.* *[Vengan a mí tus misericordias, para que viva, porque tu ley es mi delicia.* RVR*] [Venga a mí tu compasión, para que viva, porque tu ley es mi deleite.* LBLA*] [Alcáncenme tus misericordias, para que viva, porque tu ley es mi delicia.* BTX*] [Que venga tu compasión a darme vida, porque en tu ley me regocijo.* NVI*] [Que tu piedad venga a mí y viviré, pues tu ley hace mis delicias.* BLP*] [Rodéame con tus tiernas misericordias para que viva, porque tus enseñanzas son mi deleite.* NTV*]*[70]

Vengan a mí tus tiernas misericordias,[71] *para que viva.* Tan apurado estaba que se veía en las puertas de la muerte si Dios no le prestaba ayuda de inmediato. No le bastaba ya con simple

---

[64] Romanos 1:9.
[65] Romanos 7:6.
[66] Hechos 26:7.
[67] Lucas 1:74-75.
[68] Hebreos 7:28.
[69] Gálatas 2:20; 5:54; 2 Corintios 5:15.
[70] La versión griega de los LXX o Septuaginta lee: ἐλθέτωσάν μοι οἱ οἰκτιρμοί σου, καὶ ζήσομαι, ὅτι ὁ νόμος σου μελέτη μού ἐστιν que la Vulgata traduce al latín como: *"Veniant mihi miserationes tuae, et vivam, quia lex tua meditatio mea est"*, "Vengan a mí tus misericordias, y viviré; porque tu ley es mi meditación". La versión sefardí de Ferrara traduce: *"Vengan à mi tus piedades y bivire, por que tu Ley mis folazes"*. La caldea Peshitta: *"Venga sobre mí tu misericordia para que yo viva, porque he sido instruido en tu ley"*. KRAUS traduce: *"¡Llegue a mí tu misericordia para que yo viva, porque tus instrucciones son mi deleite!"*. SCHÖKEL: *"Que me alcance tu compasión, y viviré, porque tu ley es mi delicia"*.
[71] Así traduce la versión inglesa KJV el término hebreo רַחֲמֶיךָ *raḥămeḵā* *"your tender mercies"*, "tus tiernas misericordias". Es importante tenerlo en cuenta dado que la práctica totalidad de autores puritanos, así como el propio Spurgeon, juegan mucho al hablar de la misericordia de Dios con estas expresiones

misericordia, necesitaba múltiples *"misericordias"*, y de un tipo particularmente bondadoso y considerado: *"tiernas misericordias"*, porque estaba magullado y dolorido a causa de las heridas recibidas; y exclama: *"Vengan a mí"*. Sí, necesitaba misericordias procedentes directamente de la mano del Señor, porque de cualquier otra hubieran sido insuficientes; y debían *"llegar"* por si mismas hasta lo más hondo de su corazón dolorido, porque él se veía incapaz de ir en su busca, a lo más que alcanzaba era a suspirar por ellas: *"Oh, vengan a mí tus tiernas misericordias"*. Si no llegaba la liberación de inmediato le quedaba muy poco tiempo; y sin embargo, tres versículos antes nos dice: *"en tu palabra espero"* (119:74). ¡La esperanza subsiste incluso cuando la muerte parece impregnarlo todo! Un personaje pagano dijo en cierta ocasión: *"dum spiro spero"*, mientras respiro espero; pero el cristiano puede exclamar: *"dum expiro spero"*,[72] incluso cuando expiro, sigo esperando la bendición. Con todo, el verdadero hijo de Dios es incapaz de subsistir sin las tiernas misericordias del Señor, ya que para él, la displicencia divina, es peor que la muerte misma. Observemos aquí de nuevo la acertada combinación de palabras que hace nuestra versión inglesa. ¿Hay acaso algo que suene más dulce que *"tiernas misericordias"?* Tan solo el creyente que ha sido afligido dolorosamente, y en medio de su aflicción socorrido con ternura, alcanza a entender en toda su plenitud este lenguaje selecto y escogido. Es cuándo *"vienen"* las *"tiernas misericordias"* y llegan hasta nosotros cuando podemos afirmar propiamente que vivimos; es a partir de ese instante que dejamos de simplemente existir para comenzar a vivir de veras: reanimados, alegres, vivaces y vigorosos. Pues hasta que no conocemos a Dios, no sabemos realmente lo que es vivir. Suele decirse de algunas personas que fallecen por *"visitación de Dios"*,[73] pero en el caso de los creyentes es totalmente al revés, la visitación de Dios es lo que nos infunde vida.

Porque tu ley es mi delicia. ¡Oh fe bienaventurada! Quien se regocija en la ley de Dios incluso cuando sufre bajo sus castigos por haber quebrantado sus preceptos, jamás podrá decirse de él que sea un creyente mediocre. Deleitarnos en la Palabra cuando nos reprende es prueba indubitable de que estamos beneficiándonos de ella. Toda oración, todo ruego que vaya seguido de esta coletilla: *"porque tu ley es mi delicia"*, no cabe la menor duda que prevalecerá ante Dios. Por amargas que sean nuestras aflicciones, si en medio de ellas seguimos deleitándonos en la ley del Señor, tengamos

---

inglesas compuestas como *"lovingkidness"* o *"tender mercies"*. Ver al respecto el comentario de Spurgeon al versículo uno del Salmo 51 (51:1) o el versículo dieciséis del Salmo 69 (69:16) y sus correspondientes notas 257 y 258.

[72] Una frase que resume a modo de lema el pensamiento del poeta griego TEÓCRITO [c. 270 a.C.] y del filósofo y político romano MARCO TULIO CICERÓN [106-43 a.C.] sobre lo esencial de la supervivencia; aunque no tenemos certeza de que ninguno de los dos la pronunciara de ese modo. Pero has sido adoptada como lema por numerosas instituciones y escudos familiares de armas. Mas antiguas en este mismo sentido son las palabras que leemos en Eclesiastés 9:4: *"Es verdad que mientras hay vida, hay esperanza, pues más vale perro vivo que león muerto"* BLP.

[73] En el original inglés *"visitation of God"*. Es lo que en la Inglaterra de los siglos XVI-XIX solía ponerse en los registros parroquiales de defunciones cuando una persona fallecía sin que los médicos pudieran certificar la causa concreta de la muerte. Con un desconocimiento prácticamente total de la mayoría de enfermedades que hoy conocemos, las causas de muerte que los médicos podían certificar eran muy limitadas, fuera de lo que pudieran ver externamente, como heridas y contusiones; o síntomas evidentes, como intoxicaciones, apoplejías o convulsiones. Por tanto, en base a las concepciones sociales marcadamente religiosas, cuando una muerte era materialmente inexplicable, la conclusión era que Dios había considerado llegado el momento de llevarse a esa persona, y en consecuencia la defunción se registraba como *"visitación de Dios"*. En nuestra sociedad actual de naturaleza laica, en la que Dios ha sido apartado de la escena, se suele utilizar el concepto "fuerza mayor" para todo aquello que esta fuera del control o conocimiento humano.

por seguro que no va a permitir que perezcamos: lanzará sobre nosotros una mirada tierna y consolará nuestros corazones.

C.H. SPURGEON

Vengan a mí tus tiernas misericordias, para que viva. Si nos fijamos detenidamente vemos que David demanda aquí un tipo de misericordia distinta de la que pedía en los versículos anteriores. Primero busca misericordia para el perdón de sus pecados: *"Venga a mí tu misericordia, oh Señor, tu salvación, conforme a tu dicho"* (110:41); luego pide misericordia que lo consuele en sus tribulaciones: *"conforme a tu fidelidad me afligiste; sea ahora tu misericordia para consolarme"* (119:76); y finalmente anhela misericordia *"para que viva"*, es decir para poder demostrar que es capaz de comportarse propiamente y no seguir pecando (119:77). Por desgracia, muchos buscan la primera misericordia: la remisión de pecados; y la segunda misericordia: consuelo en las aflicciones; pero soslayan la tercera: misericordia para vivir conforme a la voluntad de Dios. Olvidan que tales misericordias van encadenadas, puesto que enmendar nuestra conducta y vivir en santidad es gran misericordia de Dios; y si no anhelamos sinceramente esta tercera misericordia, es señal de que las otras no nos han sido concedidas. La verdadera misericordia de Dios no se limita a perdonar el mal que hemos hecho, sino que nos fortalece para hacer el bien que no habíamos hecho; y esta es la misericordia que implora aquí David.

WILLIAM COWPER [1566-1619]
"A Commentary upon CXIX Psalm", 1613

Vengan a mí tus tiernas misericordias, para que viva, porque tu ley es mi deleite. Las misericordias de Dios son *"tiernas misericordias"*, como las de un padre a sus hijos, o mejor aún, tiernas como la bondad de una madre para con el fruto de sus entrañas. *"Vienen"* a nosotros cuando no estamos en condiciones de ir hacia ellas. Y es únicamente en razón de ellas que *"vivimos"* la vida de fe, de amor, de gozo y de alegría. Dios confiere estas *"tiernas misericordias"* y otorga esta nueva *"vida"* a los que se *"deleitan"* en su ley; pues perdona sus pecados, y con ello les de devuelve a la vida de entre los muertos.[74]

GEORGE HORNE [1730-1792]
"A Commentary on the Psalms in which Their Literal Or Historical Sense, as They Relate to King David, is Illustrated", 1825

Vengan a mí tus tiernas misericordias, para que viva, porque tu ley es mi deleite. Una traducción un tanto más más literal pone de relieve el alto grado de confianza del salmista: *"Vendrán a mí tus tiernas misericordias, y viviré, porque tu ley es mi delicia"*. Si a la hora de plantear sus súplicas ante el trono de la gracia el creyente no contara con otra cosa que sus propias lagunas y desiertos, es inconcebible pensar que lograra elevarse para alcanzar semejante nivel. Pero lo hace encaramándose en el fundamento de la bondad divina manifestada a través del Ungido, y sobre esta base asciende firme y seguro.

JOHN STEPHEN [1800-1881]
"The Utterances of the CXIX Psalm; Expounded in a Series of Lectures", 1861

[74] Efesios 2:1.

Vengan a mí tus tiernas misericordias. La expresión "vengan a mí" pone de manifiesto una aplicación tanto personalizada como efectiva.

1. *Aplicación personalizada.* Como en el versículo cuarenta y uno: *"Venga a mí tu misericordia, oh Jehová; tu salvación, conforme a tu dicho"* (119:41). Cuando la misericordia divina repartiera bendición entre la multitud de la raza humana, David no sería ignorado, olvidado, ni quedaría perdido en medio de ella.

2. *Aplicación efectiva.* Que implica (a) la eliminación de todo tipo de obstáculos e impedimentos; y (b) la obtención de los frutos y efectos de esta misericordia.

   a. *La eliminación de obstáculos.* La misericordia de Dios no puede llegar hasta nosotros en tanto que no cuente con un camino abierto; pues el camino está obstaculizado y bloqueado por nuestros pecados. Pero así como el Señor abre camino a su furor y *"prepara senda para su ira"*,[75] apartando todos los obstáculos que se le interponen; así abre también camino para su misericordia; o mejor digamos en este caso, que la misericordia se abre camino a sí misma eliminando la obstrucción. El pecado es el mayor obstáculo a la misericordia. Somos nosotros mismos quienes fabricamos las brumas y nubes que interceptan la luz del rostro de Dios y levantamos una pared que nos separa de él; pero con todo, la misericordia se abre camino a través de ella.

   b. *La obtención de los frutos.* Para disfrutar la experiencia de las misericordias salvadoras de Dios en nuestra alma, no basta con saber de ellas: debemos suplicar que vengan a nosotros, que nos sean transmitidas, impartidas y hechas efectivas. Alguien que haya leído o escuchado sobre las propiedades de la miel, podrá intuir y hacer conjeturas sobre su dulzura, pero no más allá de su imaginación; tan solo quien la haya saboreado conoce verdaderamente su sabor y podrá hablar propiamente de él. Haber leído y escuchado sobre la gracia y la misericordia de Dios en Cristo, nos permitirá barruntar que es más o menos dulce; pero tan solo haber experimentado sus efectos y frutos dulces en nuestro corazón nos hace percibir realmente cuanto se dice en la Palabra sobre el perdón y consuelo otorgado por Dios a los pecadores verificándolo por nosotros mismos.

THOMAS MANTON [1620-1677]
"One hundred and ninety sermons on the hundred and nineteenth Psalm", 1681

Porque tu ley es mi deleite. Un verdadero hijo de Dios, aunque no pueda servir al Señor de modo perfecto, con todo, le sirve de buena voluntad. Tiene puesto su deleite en la ley del Señor; no es un soldado forzado, sino voluntario. Al igual que tomar el pulso nos indica si hay o no hay vida en un ser humano, este *"deleite"* en la ley del Señor nos permite medir si hay en nosotros vida espiritual o no. David afirma que la ley de Dios es su deleite; y no porque le faltaran otras cosas en las que deleitarse: tenía su corona; su afición a la música; pero su deleite a la ley de Dios eclipsaba todos los demás deleites. El deleite de contar con una cosecha y vendimia propias y abundantes, sobrepasa en mucho el deleite de espigar.[76]

THOMAS WATSON [1620-1686]
"The Morning Exercises at Cripplegate", 1677

Vers. 78. *Sean avergonzados los soberbios, porque sin causa me han calumniado; pero yo meditaré en tus mandamientos.* *[Sean avergonzados los soberbios, porque sin causa me han calumniado; pero yo meditaré en tus mandamientos.* RVR*] [Sean avergonzados los soberbios, porque me*

[75] Salmo 78:50.

[76] Levítico 23:22; Deuteronomio 24:19-22; Rut 2:1-7.

agravian con mentira; pero yo en tus preceptos meditaré. LBLA*] [Sean avergonzados los soberbios, porque sin causa me han calumniado; yo meditaré en tus mandamientos.* BTX*] [Sean avergonzados los insolentes que sin motivo me maltratan; yo, por mi parte, meditaré en tus preceptos.* NVI*] [Que se avergüencen los soberbios, los que sin razón me afligieron; por mi parte, medito tus preceptos.* BLP*] [Trae deshonra sobre los arrogantes que mintieron sobre mí; mientras tanto, me concentraré en tus mandamientos.* NTV*]*[77]

Sean avergonzados los soberbios. Cambia aquí su discurso y clama para que los juicios divinos no caigan ya sobre él, sino sobre sus orgullosos y crueles adversarios. Dios no va a consentir que sean avergonzados quienes esperan en su Palabra, porque tan terrible recompensa la tiene reservada para los espíritus altivos: ellos serán quienes caigan en confusión, y objeto de desprecio; mientras los afligidos de Dios levantan de nuevo sus cabezas. La vergüenza es una prerrogativa de los orgullosos, porque el mero hecho de ser orgulloso es ya motivo para avergonzarse; los santos, no tienen porque sentir vergüenza, pues la santidad jamás es motivo de vergüenza.

Porque sin causa me han calumniado. Su malicia era desenfrenada, pues en nada y para nada los había provocado. Recurrieron a la falsedad para tramar contra él una acusación inexistente; para poderle atacar tenían que recurrir a tergiversar por completo sus afirmaciones. Y como es natural, al salmista esto le dolía de manera muy aguda. Su completa y total inocencia respecto a las acusaciones de las que era objeto produjo en su interior un sentimiento ardiente de injusticia, que le llevó a clamar al Señor justo para que tomara parte y desenmascarara a sus falsos acusadores vistiéndoles de vergüenza. Es probable que se refiera a ellos como *"los soberbios"*, porque sabía que el Señor abomina a los soberbios y altaneros,[78] se venga de ellos y reivindica la causa de todos aquellos a quienes oprimen. Unas veces califica a sus enemigos como los soberbios, otras como los inicuos, pero siempre se refiere a las mismas personas; los términos son indistintos: quien es soberbio no hay duda que será también inicuo, y los perseguidores arrogantes[79] son de entre los malos lo peor.

Pero yo meditaré en tus mandamientos. Dejando que Dios se encargara de los soberbios, su propósito era concentrarse en el estudio y consideración de las cosas santas. Para obedecer propiamente los preceptos divinos, antes debemos conocerlos y meditar mucho en ellos. Y este santo vilmente perseguido sintió que meditar en ellos debía ser su prioridad: estudiar la ley de Dios meticulosamente en lugar de un plan de venganza y represalia. Los soberbios no merecen acaparar ni uno solo de los pensamientos de los santos. El peor daño que pueden causarnos es el de distraernos y alejarnos de nuestra piedad y devoción; neutralicemos su propósito manteniéndonos más cerca de nuestro Dios cuanto más perversos y malignos sean sus ataques.

---

[77] La versión griega de los LXX o Septuaginta lee: αἰσχυνθήτωσαν ὑπερήφανοι, ὅτι ἀδίκως ἠνόμησαν εἰς ἐμέ· ἐγὼ δὲ ἀδολεσχήσω ἐν ταῖς ἐντολαῖς σου que la Vulgata traduce al latín como: *"Confundantur superbi, quia injuste iniquitatem fecerunt in me; ego autem exercebor in mandatis tuis"*, "Sean avergonzados los soberbios, pues injustamente hicieron maldad contra mí; más yo en tus mandamientos me ejercitaré". La versión sefardí de Ferrara traduce: *"Averguencefe fobervios por que con falfedad me atorcieron, yo fablare en tus encomendanças"*. La caldea Peshitta: *"Seàn confundidos los inicuos por haberme humillado injustamente; pero yo he meditado en tus preceptos"*. KRAUS traduce: *"¡Sean avergonzados los malvados que me oprimen con mentiras; pero yo medito en tus ordenanzas!"*. SCHÖKEL: *"Que fracasen los insolentes cuando me desprestigian con mentiras; yo meditaré tus decretos"*.

[78] Proverbios 6:16-17; Salmo 101:5.

[79] Salmo 10:2.

En otras octavas hemos encontrado, más o menos en la misma posición: sexto versículo, otras menciones a los soberbios,[80] y los seguiremos encontrando. No hay duda de que para el salmista eran como una plaga, pero una y otra vez logra situarse por encima de ellos.

C.H. SPURGEON

Sean avergonzados los soberbios, porque sin causa me han calumniado; pero yo meditaré en tus mandamientos. Aquí tenemos la justa recompensa por su orgullo; su obsesión es el honor y preeminencia, pero Dios no se lo concederá; antes por el contrario, derramará sobre ellos vergüenza y desprecio: *"porque sin causa me han calumniado"*. David se queja aquí del trato injusto, indigno y malvado, recibido de parte de sus enemigos; y su oración ha llegado escrita a nosotros con el propósito de que nos mantengamos firmes cuando nos veamos sometidos a esa misma tentación.[81] Porque Satanás odia a cuantos el Señor ama. Su maldad no puede ser peor, y sus refinadas mentiras imposibles de superar; por tanto, blande con astucia cuantos instrumentos infames y perversos tiene bajo su dominio, para perseguir a los que son amados y protegidos por el Señor. *"Pero yo meditaré en tus mandamientos"*. Los enemigos de David pelearon contra él con las armas de la carne: la maldad y la falsedad; pero él les hace frente con la armadura del Espíritu;[82] no combatiendo maldad con maldad, o mentira con mentira. Porque si luchamos contra Satanás con sus propias armas, pronto nos vencerá; pero si nos revestimos con la armadura completa de Dios para resistirlo, huirá de nosotros.[83]

WILLIAM COWPER [1566-1619]
"A Commentary upon CXIX Psalm", 1613

Sean avergonzados los soberbios. Es decir, que sus intentos no tengan éxito, que fracasen; porque los soberbios cuando fracasan se avergüenzan. Todos sus esfuerzos encaminados a la destrucción del pueblo de Dios son vanos e infructuosos, y cuantas cosas idearon sutilmente no con tal propósito no logran su fin. *"Porque obraron conmigo perversamente sin causa"*.[84] La versión griega Septuaginta traduce ἀδικος, injustamente. Ainsworth:[85] *"Con falsedad me han calumniado"*. Implica dos cosas: (1) que fraguaron contra él una acusación falsa; (2) que David alega su inocencia y deja su defensa en manos de Dios. Sin haber motivo ni delito alguno, le acusaron, difamaron, y condenaron sus

[80] Salmo 119:21-22, 51, 53, 69-70.

[81] CESAREO DE ARLÉS [470-572] solía aconsejar a sus feligreses: «Cuando cantéis este versículo del Salmo 119 y digáis: *"Sean avergonzados los soberbios"*, haced primero examen de conciencia y aseguraos bien que estáis libres de orgullo, no sea que acabéis siendo vosotros los avergonzados». En ese mismo sentido suele decirse que cuando señalas a alguien el dedo índice, recuerda que los otros tres te señalan a ti.

[82] Efesios 6:10-18.

[83] Santiago 4:7.

[84] Así lo traduce la versión inglesa KJV: *"for they dealt perversely with me without a cause"*.

[85] Se refiere a HENRY AINSWORTH [1571-1622], teólogo inglés no conformista, nacido en Swanton Morley, Norfolk, educado en el *Caius College* de Cambridge y posteriormente exilado y afincado en Ámsterdam. Erudito y reconocido especialista en hebreo bíblico, fue autor de numerosas obras, entre las que destacan sus traducciones anotadas o comentarios a *Génesis* (1616); *Éxodo* (1617); *Levítico* (1618); *Números* (1619); *Deuteronomio* (1619) *Salmos* (incluyendo una versión métrica, 1612); y el *Cantar de los Cantares* de Salomón (1623). Su obra Psalms, *The Book of Psalms: Englished both in Prose and Metre with Annotations* [Ámsterdam, 1612], que incluye en una separata treinta y nueve melodías monofónicas de salmos, es conocida como el *Ainsworth Psalter,* "El Salterio de Ainsworth", único libro de música que los peregrinos puritanos llevaron a Nueva Inglaterra en 1620, posteriormente revisado y convertido en el *Bay Psalm Book*, y que tuvo una influencia fundamental en la primitiva salmodia norteamericana.

acciones, como es habitual en tales casos. Cuando los soberbios injurian y difaman al pueblo de Dios injustamente, los santos pueden encomendar con valentía su causa en las manos de Dios... les es lícito apelar al Señor por dos motivos: en primer lugar porque él es enemigo declarado de los soberbios y amigo de los humildes;[86] y también porque tiene a su cargo la causa de los afligidos y el derecho de los necesitados.[87] Cuando Satanás despliega sus instrumentos de odio contra aquellos a quienes el Señor ama, el Altísimo despliega su poder para ayudarles y defenderles. ¿Acaso es esto una oración vengativa? La respuesta es: No.

1. Porque no oran en venganza sino suplicando su liberación para poder continuar sirviendo a Dios con mayor libertad. Ciertamente, al ejercer Dios su misericordia en defensa de su pueblo, los impíos son reducidos y su soberbia queda avergonzada (119:134); pero el objeto fundamental de la oración de los justos no es exigir venganza sino obtener misericordia.

2. El salmista se expresa aquí en lo que concierne a sus enemigos en términos muy suaves y moderados: *"sean avergonzados"*; es decir, decepcionados, frustrados en sus aspiraciones, maquinaciones y esfuerzos. Esta claro pues que la oración no va dirigida contra la persona de sus enemigos, sino contra sus planes y propósitos. Y en tales casos, la vergüenza y desilusión pueden jugar a su favor y provocarles un bien. Su propósito era exterminar el pueblo de Dios, pero de lograrlo no harían sino hundirse y endurecerse aún más en sus delitos y pecados; por tanto, al suplicar a su Señor que no permita que su inocencia sea pisoteada, sino que decepcione a sus adversarios de tal modo que los soberbios se avergüencen al fracasar en sus intentos, el pueblo de Dios les está devolviendo bien por mal.

3. Las oraciones de los justos pidiendo el derrocamiento de los malvados son una especie de profecía. David predice con su oración que cuantos obran perversamente pronto serán avergonzarán, porque una causa justa no permanece oprimida para siempre: *"Pero él se mostrará para alegría vuestra, y ellos serán avergonzados"*.[88]

4. Los santos tienen plena libertad para imprecar venganza si ese es su deseo, pero deben hacerlo con moderación y sumo cuidado: *"Sean avergonzados y consumidos los enemigos de mi alma; sean cubiertos de afrenta y de ignominia los que procuran mi mal"*.[89] Orar expresamente en contra de los enemigos maliciosos es lícito.

THOMAS MANTON [1620-1677]
"One hundred and ninety sermons on the hundred and nineteenth Psalm", 1681

Sean avergonzados los soberbios. Una palabra de advertencia a los impíos: «Procurad que vuestro odio implacable a la verdad y a la Iglesia de Dios no de lugar a oraciones del pueblo de Dios contra vosotros» Porque estas oraciones imprecatorias de los santos, cuando son legítimamente planteadas y dirigidas a un blanco concreto, tienen efectos devastadores. *¿Y no hará Dios justicia a sus escogidos, que claman a él día y noche? ¿Se tardará mucho en responderles? Os digo que pronto les hará justicia"*.[90] Y esto no son amenazas fútiles, como las que suelen lanzar los propios impíos, que las pronuncian soltándolas en el aire y desaparecen con la misma facilidad y rapidez que el propio aire que las lleva; son palabras del Hijo de Dios, y que tan pronto son recibidas en el cielo son respondidas con truenos y relámpagos sobre la cabeza de los impíos. La oración de David dio al traste con las

[86] Salmo 138:6; Santiago 4:6. Ver también Proverbios 3:34; Mateo 23:12; 1 Pedro 5:5.
[87] Salmo 140:12.
[88] Isaías 66:5. Ver también Isaías 60:15; Mateo 5:10-12; Lucas 13:17.
[89] Salmo 71:13. Ver también Salmo 35:4, 26; 40:14; 109:29.
[90] Lucas 18:7-8.

intrigas de Ahitofel, y desbarató sus planes.[91] Como dijo y sin duda sentía en su corazón una determinada reina: «Las oraciones de los santos son más de temer que un ejércitos de veinte mil hombres en el campo de batalla».[92] El ayuno y oración de Ester aceleró la ruina de Amán;[93] y la de Ezequías contra Senaquerib condujo la inmensa hueste asiria al matadero haciendo que descendiera del cielo un ángel para ejecutarlos a todos aquella misma noche.[94]

William Gurnall [1617-1679]

"Christian in complete armour, or, a treatise of the saints war against the Devil", 1655

Sean avergonzados los soberbios. Los impíos, y en especial los perseguidores del pueblo de Dios, se caracterizan en general por el término que se utiliza en este salmo para describirlos: *"los soberbios"* (119:51,69,122). Y esa misma soberbia les impulsa a injuriar y perseguir al pueblo de Dios. ¿Por qué razón llama el salmista a los perseguidores y los injuriosos: *"los soberbios"?*

1. Porque los impíos no están dispuestos a someterse a su Hacedor, quieres sacudirse el yugo de Dios,[95] y al no poder arremeter contra Dios arremeten contra su pueblo: *"¿Quién es Jehová, para que yo oiga su voz y deje ir a Israel? Yo no conozco a Jehová, ni tampoco dejaré ir a Israel"*.[96] Y lo que esta en su lengua, está en sus corazones rechazan a Dios y sus leyes. Todo pecado tiene implícito en él una dosis de soberbia y otra de rechazo de la voluntad de Dios: *"¿Por qué, pues, tuviste en poco la palabra de Jehová, haciendo lo malo delante de sus ojos?"*.[97]

2. Porque están ebrios de felicidad mundanal y no anticipan que tal situación pueda cambiar jamás: *"Saturada está nuestra alma del escarnio de los que no carecen de nada, y del menosprecio de los soberbios"*.[98] Cuando los seres humanos viven en prosperidad no sienten reparo en maltratar injustamente a otros, burlarse de ellos en su desgracia, y menospreciar la causa del pueblo de Dios, lo cual es una demostración palpable de arrogancia y soberbia. Piensan que pueden hacer cuanto se les antoje: *"Por cuanto no se enmiendan, ni temen a Dios. Extendió el inicuo sus manos contra los que estaban en paz con él"*.[99] Mientras siguen nadando en prosperidad y sin que nada les inquiete, no pueden evitar de ejercer la violencia y la opresión.

3. Porque viven inmersos en la abundancia, la pompa y grandeza, sin problemas ni dificultades de ningún tipo; y ello les induce a despreciar la modestia, simplicidad, humildad y aflicción del pueblo de Dios. La iglesia falsa cuenta con la ventaja del poder mundano, de la pompa y toda la gloria externa; mientras que la iglesia verdadera es conocida por el poder divino, los dones, las virtudes, la santidad, y el grato olor de Cristo.[100]

4. Los llama *"soberbios"* por su actitud insolente hacia el pueblo del Señor; exigiendo en sus leyes y decretos que los creyentes fieles les rindan más honores, respeto y obediencia del que en

[91] 2 Samuel 16:12 – 17:23.

[92] Entendemos que se refiere a Maria I de Escocia [1542-1587]. Aunque en realidad la frase que se le atribuye es la siguiente: «Temo más a las oraciones de John Knox que a un ejército de veinte mil hombres».

[93] Ester 4:15-17; 7:5-10.

[94] 2 Crónicas 21:20-22.

[95] Salmo 2:3; Jeremías 5:5.

[96] Éxodo 5:2.

[97] 2 Samuel 12:9.

[98] Salmo 123:4.

[99] Salmo 55:19-20.

[100] 2 Corintios 2:15.

concienca les pueden prestar; como Amán pretendía que Mardoqueo se humillara y arrodillara delante de él según la costumbre de los persas.[101]

THOMAS MANTON [1620-1677]

"One hundred and ninety sermons on the hundred and nineteenth Psalm", 1681

Sean avergonzados los soberbios. Cuando entonéis el Salmo 119 –dice Cesáreo de Arlés–[102] y cantéis las palabras de este versículo: *"sean avergonzados los soberbios"*, poned un énfasis especial en ellas y cantadlas con un fervor particular; para evitar que el orgullo pudiera apoderarse de algún modo en vuestra alma y os arrastrara a la vergüenza eterna.

WILLIAM KAY [1820-1896]

"The Psalms Translated From the Hebrew, with Notes Chiefly Exegetical", 1871

Pero yo meditaré en tus mandamientos. Unas palabras que se repiten con frecuencia. Si nos dice el evangelista que *"ni en el mundo entero cabrían los libros que podrían escribirse"* acerca de Cristo;[103] y no obstante, por nuestra debilidad el Señor los ha resumido en unos pocos que forman la Biblia; y en ella una frase en concreto se repite tan a menudo como lo hace esta: *"yo meditaré en tus mandamientos"*, no queda la menor duda que se trata de algo de suma importancia a lo que debemos prestar toda la atención que merece. Y sin embargo, es algo que nadie hace con el esmero y asiduidad con que debería. El salmista señala y evidencia como a la par que sus enemigos para causarle daño se aferraron a instrumentos de maldad; él para evitar que triunfaran en sus propósitos se aferró a una buena conciencia meditando en los preceptos divinos. De ello aprendemos que jamás debemos confrontar una política injusta con otra de igual naturaleza; *"cretizare rum Cretensibus"*,[104] aquí no vale contemporizar, cretizar con los cretenses; sino cumplir siempre lo que nos manda la Palabra, mantenernos en todo momento dentro de sus límites, y pelear con las armas que ella nos proporciona ... Si nos entregáramos por entero a Dios y a su Palabra, y no admitiéramos nada más que aquello que es conforme a la Palabra, seríamos más sabios que nuestros enemigos.

RICHARD GREENHAM [1531-1591]

"An Exposition on the 119 Psalme", 1612

Pero yo meditaré en tus mandamientos. El verbo hebreo אָשִׂיחַ *'āśîaḥ* de שִׂיחַ *siach,* en la segunda cláusula de este versículo, tanto puede traducirse por *"meditaré en"* como por: *"hablaré de"*. La idea es que una vez alcanzada la victoria, el salmista estaba deseoso de proclamar a otros la bondad de Dios que él mismo había experimentado. *Hablar de los estatutos de Dios* equivale a proclamar, en base a la

---

[101] Ester 3:5.

[102] Se refiere a CESÁREO DE ARLÉS [470-542] que desde niño demostró una piedad destacable y a la edad de 18 años se escapó de su hogar para ingresar en el monasterio de la isla de Lerins frente a Marsella donde se le confió el cargo de despensero. En 499 fue nombrado Abad de un monasterio cerca de la ciudad de Arlés, donde a la muerte del obispo, aunque trato de huir tan pronto como supo que pretendían nombrarle obispo, le encontraron y finalmente acabó aceptando el cargo. Dedicado a la predicación y la meditación, escribió numerosas obras. Se ha conservado una transcripción de 238 de sus homilías o sermones, muchas de ellas sobre los Salmos y en especial sobre el Salmo 119.

[103] Juan 21:25.

[104] La frase procede de Vidas Paralelas de Plutarco, Vol. II Paulo Emilio

ley, la fidelidad con que Dios protege a sus santos, la realidad de como los libra, y la certeza de como ejecuta venganza en justicia por todos los agravios cometidos contra ellos.

JUAN CALVINO [1509-1564]

Pero yo meditaré en tus mandamientos. Las grandes verdades permanecen ocultas en el corazón, sin resultados prácticos, poder o eficacia, hasta que van madurando a través de la meditación, llegan a conclusiones profundas, y finalmente toman cuerpo apremiando su ejecución práctica ... Si entramos en una habitación oscura con una vela y damos una mirada general, jamás distinguiremos los objetos con la misma nitidez y detalle que si acercamos la vela a cada uno en particular para examinarlo detenidamente. La contemplación detallada y meditación profunda son muy recomendables.

THOMAS MANTON [1620-1677]
"One hundred and ninety sermons on the hundred and nineteenth Psalm", 1681

Vers. 79. *Vuélvanse a mí los que te temen y conocen tus testimonios.* *[Vuélvanse a mí los que te temen y conocen tus testimonios.* RVR*] [Vuélvanse a mí los que te temen y conocen tus testimonios.* LBLA*] [Vuélvanse a mí los que te temen y conocen tus testimonios.* BTX*] [Que vengan a mí quienes te veneran, quienes conocen tus mandatos.* BLP*] [Permite que esté unido a todos los que te temen, los que conocen tus leyes.* NTV*]*[105]

Vuélvanse a mí los que te temen y conocen tus testimonios. Tal vez las lenguas falsas y calumniosas habían hecho mella en algunos de los piadosos logrando que se apartaran de David, y probablemente sus fallos y caídas reales y verdaderas habían entristecido a muchos otros todavía más. Por tanto, ruega ante todo a Dios que se vuelva hacia él; y después ruega que vuelva también su pueblo. Quienes están en paz con Dios sienten la necesidad de estar también en paz con sus hijos. David anhelaba el amor y simpatía de los fieles a todos los niveles, tanto de los niños en la fe y principiantes en la gracia, como de los más experimentados y duchos en la piedad: *"los que te temen"* y *"los que te conocen"*. No podemos permitirnos el lujo de perder el amor y voluntad ni aún del más insignificante de los santos; y si por algún motivo hemos perdido su estima, debemos orar de inmediato adecuadamente para que se restaure. David era el líder de las fiestas sagradas en la nación, y le partió el corazón percibir que los temerosos de Dios ya no se alegraban de verlo como antes. No reaccionó con bravuconadas, retándoles a si serían capaces de arreglárselas sin él; o amenazándoles con que podría prescindir tranquilamente de ellos cuando le viniera en gana, pues para nada los necesitaba; valoró su aprecio y simpatía tan profundamente, que lo convirtió en tema de oración al Señor, suplicándole que le regresara el aprecio y favor de sus corazones. Todos cuantos son amados por Dios, e instruidos en su Palabra, han ser valorados ante nuestros ojos como algo muy especial, y debemos hacer cuanto nos sea posible para mantenernos en buena relación con ellos.

David utiliza dos calificativos distintos para referirse a los santos: "temen" y "conocen". Tienen a la vez devoción e instrucción; cuentan tanto con el espíritu como el conocimiento de la verdadera

---

[105] La versión griega de los LXX o Septuaginta lee: ἐπιστρεψάτωσάν μοι οἱ φοβούμενοί σε καὶ οἱ γινώσκοντες τὰ μαρτύριά σου que la Vulgata traduce al latín como: *"Convertantur mihi timentes te, et qui noverunt testimonia tua"*, "Vuélvanse a mí los que te temen, y los que conocen tus testimonios". La versión sefardí de Ferrara traduce: *"Tornenfe à mi tus temientes, y fabientes tus teftamentos"*. La caldea Peshitta: *"Vuelvánse a mí los que te temen, y aquellos que conocen tu testimonio"*. KRAUS traduce: *"¡Vuélvanse a mí los que te temen y conocen tus instrucciones!"*. SCHÖKEL: *"Vuelvan a mí tus fieles que hacen caso de tus preceptos"*.

fe. Sabemos de muchos creyentes devotos y entregados, pero que carecen de toda inteligencia; como también de otros que son verdaderas eminencias, todo cerebro, pero sin corazón. Ni los muy fervorosos, pero memos; ni los icebergs intelectuales, son de nuestra preferencia. Cuando la piedad y la inteligencia, el santo temor y conocimiento intelectual, van de la mano, producen creyentes equilibrados y enteramente aptos, bien pertrechado para toda buena obra.[106] Si puedo elegir a los compañeros de mi preferencia, espero que sea uno de ellos. Y espero contar con ellos, porque tales personas siempre hallarán en mí los brazos abiertos y una respuesta al mismo nivel.

C.H. SPURGEON

Vuélvanse a mí los que te temen y conocen tus testimonios. Algunos creen que estas palabras sugieren que tras ser declarado David culpable del execrable pecado de asesinato de Urías,[107] aunque era rey, los temerosos de Dios se apartaron de él, porque se avergonzaban de su conducta. Y esto lo perturbó, por tanto, ora al Señor diciendo: *"haz que vuelvan a mí"*. Anhela la compañía no solo de los honestos, sino en especial de los verdaderamente sabios, aquellos que: *"conocen tus testimonios";* que no tan solo poseen inteligencia en la mente sino también bondad en el corazón, y cuya conversación sabe que le será edificante. La relación con personas de este tipo siempre es deseable y recomendable.[108]

MATTHEW HENRY [1662-1714]
"Commentary on the Whole Bible", 1811

Vuélvanse a mí los que te temen y conocen tus testimonios. Siendo que además de batallar contra su propia carne, tenía que hacerlo también contra el mundo, busca la ayuda de otros. Cuando se hace inviable profesar libremente una fe y practicarla abiertamente sin peligro para la integridad personal y patrimonial, porque la mayoría se opone a ella, muchos son los que la abandonan para unirse con la parte ganadora al menos en apariencia, a saber, los impíos. Para contrarrestar la presión y fortalecernos, conviene que nos juntémonos con otros creyentes hijos de Dios, que nos ayudarán con sus exhortaciones y consejos: alguno habrá que se sienta fuerte cuando nosotros desfallezcamos; otro nos proporcionará consejo cuando estemos confundidos y sin saber qué hacer; por tanto, su compañía nos preservará de muchos males. El apóstol Pablo tras haberse lamentado de que algunos le habían abandonado,[109] da gracias al Señor por la familia de Onesíforo, que le confortó en medio de sus dificultades alentándole por encima de cuanto pudiera haberle desalentarlo la traición de otros; y la pone como ejemplo de servicio, solicitud y entrega; hasta el punto de considerar la fidelidad y ayuda recibida de parte de Onesíforo como sobrada compensación por el abandono y los vituperios recibidos por parte de los impíos.[110]

RICHARD GREENHAM [1531-1591]
"An Exposition on the 119 Psalme", 1612

---

[106] 2 Timoteo 3:17.
[107] 2 Samuel 11:14.21.
[108] PHILIP HENRY [1631-1696] eminente predicador puritano y padre del conocido MATTHEW HENRY [1662-1714] decía: «Baso mi relación con los demás cristianos en aquellas cosas en las que todos estamos de acuerdo, en ellas pongo mi celo. Y en aquellas otras cosas en las que disentimos y no logramos ponernos de acuerdo, me guio por la luz que Dios me ha dado, y mantengo el vínculo del amor cristiano convencido que ellos hacen exactamente lo mismo que yo».
[109] 2 Timoteo 2:15.
[110] 2 Timoteo 2:16-18.

Vuélvanse a mí los que te temen y conocen tus testimonios. Debes acudir a Dios y suplicarle que sea él quien elija tus amistades. Fijémonos bien que David había dicho en el versículo sesenta y tres de este mismo salmo: *"Compañero soy yo de todos los que te temen y guardan tus mandamientos"* (119:63); y sin embargo, aquí ora diciendo: *"Vuélvanse a mí los que te temen y conocen tus testimonios"*. Es como si dijera: «Ciertamente, Señor, mi deseo es ser compañero de todos cuantos te temen; pero hacer que ellos inclinen sus corazones hacia mí, no está en mis manos sino en las tuyas, porque solo tú tienes el poder para inclinar los corazones de los hombres; por tanto, *"haz que se vuelvan a mí los que te temen"*». De igual manera debemos nosotros acudir a Dios y decirle: Señor, elige mis amistades; oh, toca tú sus corazones e inclínalos a que sean mis compañeros.

WILLIAM BRIDGE [1600-1670]
"Of good and dan company, How to avoid the one, and improve the other – Sermon iv on Psalm 119:79", 1845

Vuélvanse a mí los que te temen y conocen tus testimonios. El temor y el conocimiento son los ingredientes clave de la piedad verdadera, la materia prima del cristianismo auténtico. Porque el conocimiento sin el temor engendra presunción; y el temor sin el conocimiento redunda en superstición; un celo ofuscado, cual caballo ciego, podrá tener mucho empuje pero tropieza constantemente. El conocimiento debe dirigir al temor, y el temor debe sazonar al conocimiento; esta es la mezcla perfecta y combinación oportuna.

THOMAS MANTON [1620-1677]
"One hundred and ninety sermons on the hundred and nineteenth Psalm", 1681

Vers. 80. ***Sea mi corazón íntegro en tus estatutos, para que no sea yo avergonzado.*** *[Sea mi corazón íntegro en tus estatutos, para que no sea yo avergonzado.* RVR*] [Sea íntegro mi corazón en tus estatutos, para que no sea yo avergonzado.* LBLA*] [Sea mi corazón íntegro en tus estatutos, para que no me avergüence.* BTX*] [Sea mi corazón íntegro hacia tus decretos, para que yo no sea avergonzado.* NVI*] [Sea mi corazón fiel a tus normas y no tendré que avergonzarme.* BLP*] [Que sea intachable en guardar tus decretos; entonces nunca seré avergonzado.* NTV*]*[111]

Sea mi corazón íntegro en tus estatutos, para que no sea yo avergonzado. Mucho más importante todavía que la amistad, estima y aprecio de los justos. Porque ahí está la raíz, el meollo de toda la cuestión. Si el corazón se mantiene íntegro en obediencia a Dios, todo lo demás ira bien, y funcionará correctamente. Si el corazón es íntegro, la integridad será general. Pero si no somos íntegros delante de Dios, toda nuestra profesión de fe y piedad es algo hueco, bronce que resuena o címbalo que retiñe.[112] Una mera profesión de fe no se sostiene, y la estima inmerecida se desvanece cual burbuja que estalla; tan solo la integridad, la sinceridad y la verdad subsisten en el día malo. El que es recto

[111] La versión griega de los LXX o Septuaginta lee: γενηθήτω ἡ καρδία μου ἄμωμος ἐν τοῖς δικαιώμασίν σου, ὅπως ἂν μὴ αἰσχυνθῶ que la Vulgata traduce al latín como: *"Fiat cor meum immaculatum in justificationibus tuis, ut non confundar"*, "Sea sin mancilla mi corazón en tus justificaciones, para que no sea yo avergonzado". La versión sefardí de Ferrara traduce: *"Sea mi coraçon perfeto en tus fueros, por que no me aregifte"*. La caldea Peshitta: *"Mi corazón meditará en tus preceptos, para que yo no sea confundido"*. KRAUS traduce: *"¡Sea irreprochable mi corazón en tus estatutos, para que yo no sea avergonzado!"*. SCHÖKEL: *"Que mi corazón se perfeccione con tus normas, y así no fracasaré"*. David va mucho más allá; lo que pide es *"Fiat cor meum immaculatum"*

[112] 1 Corintios 13:1.

e íntegro de corazón no tiene motivos para temer la vergüenza, y jamás tendrá que soportarla; los hipócritas deberían comenzar a avergonzarse ahora mismo (119:78), y algún día serán avergonzados eternamente; porque sus corazones están podridos, y sus nombres se pudrirán también.

Este octogésimo versículo es una variante de la oración que hallamos en el versículo setenta y tres: *"Hazme entender, y aprenderé tus mandamientos"* (119:73). Allí clamaba por entendimiento, por una mente esclarecida; aquí da un paso más, y pide un corazón íntegro. Quienes a través de una experiencia triste han aprendido de su propia debilidad, aprenden también a nadar bajo la superficie ahondando en los recovecos de su corazón, y a clamar al Señor por integridad en su interior; quieren atesorar la verdad en lo profundo de su alma. Al cerrar, por tanto, nuestro comentario a estos ocho versículos, unámonos al escritor sagrado en su oración: *"Sea mi corazón íntegro en tus estatutos"*.

C.H. SPURGEON

Sea mi corazón integro en tus estatutos. ¿Qué es un corazón integro? Un corazón con sentido de la realidad y la solidez en la gracia. La Septuaginta traduce: *"Sea mi corazón sin mancha ni defecto"*.[113] Ello implica un concepto claro y equilibrado de la realidad de la gracia, opuesto a una concepción legalista, fría y desangelada de la santidad; al falso montaje de los hipócritas; o los altibajos inestables de una emocionalidad temporal. Quien desea desarrollar en su interior un *"corazón integro"*, precisa de cuatro cosas:

1. *Una mente iluminada.*[114] Que es el timón directriz del alma, y que puede considerarse *"integra"* cuando se mantiene al margen de todo contagio o levadura[115] de error: *"el hombre entendido endereza sus pasos"*.[116] Una mente sana es garantía de un corazón sano.

2. *Una conciencia despierta.*[117] Que nos advierta constantemente sobre cual es nuestro deber y se erija en aversión y oposición al pecado: *"Te guiará cuando andes; cuando duermas velará por ti; y hablarán contigo cuando despiertes"*.[118] Disponer en nuestro interior de un monitor constante que nos recuerde a Dios en todos los momentos del día y nos instruya por las noches;[119] un espía secreto que observe todo cuanto pensamos, hablamos y hacemos; un capellán privado que nos esté predicando sin cesar. Una Biblia grabada en nuestro corazón.

3. *Una voluntad dispuesta.*[120] La determinación de caminar con Dios sean cuales sean las circunstancias y condiciones, obrando en todo cuanto es bueno y agradable a sus ojos: *"y exhortó a todos*

---

[113] Un antiguo proverbio latino procedente de una de las *Sátiras* de Juvenal, poeta romano de finales del siglo II, ha llegado hasta nosotros como *"mens sāna in corpore sānō"* (mente sana en cuerpo sano), de hecho, amputado por nuestra sociedad laica, puesto que el poema original dice: *"orandum est ut sit mens sana in corpore sano / fortem posce animum mortis terrore carentem"*, "Oremos para que se nos conceda una mente sana en un cuerpo sano / pedid un alma fuerte que carezca de miedo a la muerte". Pero David va incluso mucho más allá de esto; lo que pide es: *"Fiat cor meum immaculatu in justificationibus tuis"*, es decir, un corazón inmaculado en base los preceptos divinos.

[114] Efesios 1:18.

[115] 1 Corintios 5:6-8.

[116] Proverbios 15:21.

[117] Efesios 5:13-15.

[118] Proverbios 6:22. Aunque el contexto se refiere a los consejos paternos y las versiones españolas lo traducen en plural la versión inglesa lo KJV traduce en singular: *"When thou goest, it shall lead thee; when thou sleepest, it shall keep thee; and when thou awakest, it shall talk with thee"*, lo que permite al autor enlazarlo con la idea de la conciencia. Hemos respetado esta idea.

[119] Salmo 16:7.

[120] Salmo 57:7.

a que con propósito de corazón permaneciesen fieles al Señor".[121] Muchos sufren de una disposición débil y propósitos vacilantes; sus corazones no están firmes, doblegados y apegados a Dios para agradarle en todo;[122] la característica fundamental del corazón *"íntegro"*, es que se apega a su Dios en todas las cosas de un modo indisoluble.[123]

4. *Una intencionalidad sincera.*[124] Purificada de toda mundanalidad y depurada de toda doblez; purgada de los deseos carnales a los que por ley natural de aferra.[125] Esto es lo que las Escrituras denominan la circuncisión del corazón: *"Y circuncidará el Señor tu Dios tu corazón, y el corazón de tu descendencia, para que ames a Jehová tu Dios con todo tu corazón y con toda tu alma, a fin de que vivas"*.[126]

THOMAS MANTON [1620-1677]
"One hundred and ninety sermons on the hundred and nineteenth Psalm", 1681

Sea mi corazón íntegro en tus estatutos. "Mens sana in corpore sano",[127] una mente sana en un cuerpo sano era la oración de un conocido autor pagano; y su deseo concuerda plenamente con el nivel limitado de conocimiento que poseía. Pero un corazón sano[128] según los estatutos de Dios va mucho más allá; es un corazón *"integro"* en lo más profundo de su fibra, sin mácula, sin mancha, ni arruga, ni cosa semejante,[129] *"todo glorioso por dentro"*[130] como la hija del rey. Esto es lo que el salmista implora en este versículo, y lo que todo verdadero hijo de Dios busca y anhela: *"Todo aquel que tiene esta esperanza puesta en él, se purifica a sí mismo, así como él es puro"*.[131]

BARTON BOUCHIER [1794–1865]
"Manna in the heart or daily comments on the book of Psalms", 1855

Sea mi corazón íntegro en tus estatutos.

Fiel Salvador, Tú sabes nuestra historia;
el corazón que a tus pies ponemos
es débil, pecaminoso e insincero;

[121] Hechos 11:23.
[122] Salmo 86:11; Jeremías 32:39; Ezequiel 11:19.
[123] Salmo 119:31;
[124] 1 Corintios 4:5.
[125] Romanos 7:19-25; 12:2; Gálatas 5:16; 1 Pedro 1:14.
[126] Deuteronomio 30:5.
[127] La cita es del poeta latino DÉCIMO JUNIO JUVENAL [60-128], conocido más que nada por sus *Sátiras* en las que criticó duramente las costumbres de la Roma pagana, probablemente la razón por la que Juvenal fue respetado y bastante citado por los escritores de la época monástica. En la *Sátira x* la frase: *"orandum est ut sit mens sana in corpore sano"* encabeza X una lista de las cosas más deseables en la vida.*(Satira x, l.356).*
[128] Es importante tener en cuenta que la versión inglesa KJV traduce este versículo como *"Let my heart be sound in thy statutes"*. Y que término *"sound"* se utiliza en inglés para referirse a "sano" en sentido físico como moral: probado y aprobado. De hecho la frase de Juvenal se traduce al inglés como: *"A sound mind in a sound body"*, mientras que en español distinguimos "sano" en sentido físico de "íntegro" en sentido moral.
[129] Efesios 5:27.
[130] Salmo 45:13. Así traduce la versión inglesa KJV: *"all glorious within"*. Para mejor análisis recomendamos al lector echar un vistazo a los correspondientes comentarios a este versículo trece del Salmo 45.
[131] 1 Juan 3:3.

mas, por tu gloria, sánalo,
y límpialo de pecado y engaño.

Te quiere a medias, y nos damos cuenta
que la ofrenda a medias
jamás es de tu agrado;
ponlo entero en el altar, y consume la escoria,
para que sea íntegro, y servirte con fidelidad.

¿Y solo te quiere a medias?
Señor, ¿podemos negarte algo, cuanto Tú lo das todo,
lluvias de bendiciones y promesas de oro;
y todo sin reservas
y sin pedir nada a cambio?

FRANCES RIDLEY HAVERGAL [1836–1879]
"Loyal Responses", 1878[132]

Sea mi corazón íntegro en tus estatutos. La diferencia esencial entre un corazón íntegro y un corazón falso está en que al recibir a Cristo el corazón íntegro lo recibe cual el favorito recibe a su príncipe: entregándolo todo en sus manos y cediéndole el poder sobre todas las cosas. Un vulgar posadero no tiene escrúpulos en dar la bienvenida más cordial a cualquiera con tal que intuya que tiene en la bolsa dinero suficiente para pagar la cuenta, ya sea persona honesta o deshonesta, un hombre de honor o un felón: le tiene sin cuidado pues sus ganancias están por encima de las demás cosas. El corazón íntegro no procede así; recibe únicamente a Cristo y renuncia por él a todo lo demás. Hace todo cuanto a Cristo le agrada, y recibe con agrado todo cuanto de él proceda.

THOMAS HOOKER [1586–1647]
"The Soules Implantation", 1637

Sea mi corazón íntegro en tus estatutos. El término hebreo que traducimos por *"íntegro"*, es תָּמִים *ṯāmîm* y procede de la raíz תָּם *tām* que se utiliza para describir a Job como un hombre cabal e intachable, perfecto y recto: *"Había en tierra de Uz un varón llamado Job; y era este hombre cabal y*

[132] Un poema de nueve estrofas titulado *"True-Hearted, Whole-Hearted"* y posteriormente convertido en himno utilizando para ello básicamente la 1, 2, y 4 estrofas del poema y la 9 a modo de coro o estribillo; con una música del compositor norteamericano GEORGE COLES STEBBINS [1846–1945]. Fue traducido al español como "Nobles, sinceros, y fieles en todo", aunque el traductor se desconoce. La versión española es la siguiente: *«Nobles, sinceros y fieles en todo, / ¡Oh, Rey glorioso! deseámoste ser; / Bajo tu regia exaltada bandera, / Haznos valientes, luchar y vencer. – Nobles, sinceros y fieles en todo, / Sumisos siempre al divino Señor; / Uniendo esfuerzos, trabajos y luchas, / Tributo haremos de gozo y amor. – ¡Oh Cristo amante! monarca glorioso, / De nuestras almas sé dueño eternal; / Toma lo tuyo, pon tu regio sello, / A Ti rendimos nuestra voluntad.* – Coro: *Alerta siempre; dormido nunca; / Canta la dicha de amar y servir; / Alerta siempre; dormido nunca; / Cristo es tu Rey, para El debes vivi»r.* Spurgeon incluye la versión completa del poema original en inglés, pero la parte del mismo que más tiene que ver con la idea de un corazón íntegro son las estrofas 3, 5 y 6, no incluidas en el himno y de las cuales hemos hecho aquí una adaptación.

recto, temeroso de Dios y apartado del mal".[133] El doctor R. Young[134] interpreta el uso que hace aquí el salmista en el sentido de: entero, completo, sincero.

WILLIAM NICHOLSON [1591-1672] citado por WILLIAM SWAN PLUMER [1802-1880]
"Studies on the Book of Psalms", 1867

Sea mi corazón íntegro en tus estatutos, para que no sea yo avergonzado. Si quieres ser fiel a Cristo, sé sincero en tu profesión de fe; haz tuya la oración y anhelo de David: *"Sea mi corazón íntegro en tus estatutos, para que no sea yo avergonzado"*. Una vida cristiana que parte de la hipocresía terminará ciertamente en la apostasía, y esto siempre acarrea reproche e ignominia.

WILLIAM SPURSTOWE [1605-1666]
"A crown of life, the reward of faithfulnesse. Being a sermon preached September, 12, at the funerals of Mr. William Taylor, M.A. minister of the Gospel, at Saint Stephens Coleman-street". London, 1661

No sea yo avergonzado. Corremos el riesgo de ser avergonzados ante Dios y ante los hombres:

1. *Ante Dios:* bien sea en nuestros suplicas ante el trono de su gracia; o bien cuando nos convoque ante el tribunal de su justicia en el día final.
   a. En lo que atañe a nuestra relación personal con Dios, si nuestro corazón no es *"íntegro"*, jamás podremos presentarnos confiadamente delante de él. Dice el apóstol Juan: *"Si nuestro corazón no nos reprocha algo, tenemos confianza ante Dios"*.[135] Pero esta confianza sagrada que nos permite volcar ante nuestro Padre celestial todo cuanto acumulamos en nuestro interior, la perdemos si nuestro corazón no es *"íntegro"*.
   b. Cuando seamos convocados para comparecer ante el tribunal de su justicia. Muchos son los que haciendo gala de un atrevimiento audaz, rehúsan ahora adorar a Dios, porque no lo ven, y no tienen el debido sentido de su majestad; pero llegará el momento en que los pecadores más atrevidos y desvergonzados quedarán atónitos: cuando los secretos de todos los corazones sean revelados y puestos de manifiesto, las cosas ocultas salgan a la luz, y cada uno reciba de Dios su pago según lo que haya hecho, sea bueno o malo.[136]
2. *Ante los hombres*:
   a. Ante nosotros mismos. Dijo Pitágoras:[137] «Respétate a ti mismo por encima de todas las cosas».[138] Jamás te avergüences de ti mismo. Dios tiene un espía delegado dentro de

---

[133] Job 1:1.

[134] Se refiere a ROBERT YOUNG [1822-1888] erudito impresor y editor escocés especializado en lenguas orientales. Entre las muchas obras que publicó en esta área destacan su traducción literal de la Biblia, conocida como *"Young's Literal Translation"* (YLT) que vio la luz en 1862; y su concordancia conocida como *"Young's Analytical Concordance to the Bible"* en 1879.

[135] 1 Juan 3:21.

[136] 1 Corintios 4:5.

[137] Se refiere a PITÁGORAS DE SAMOS [580-495 a.C.] matemático y filósofo griego conocido por sus descubrimientos en geometría y aritmética, especialmente por el teorema sobre los triángulos rectángulos que lleva su nombre. Viajó a Egipto y Babilonia, de donde se dice que adquirió buena parte de sus conocimientos, regresando posteriormente a Samos, donde fundó una escuela con el nombre de "Semicírculo", viéndose obligado por razones políticas a emigrar a Crotona (Italia), donde fundó otra escuela filosófica, la "Hermandad Pitagórica" cuyos seguidores se hacían llamar *matematikoi.*

[138] La frase procede de los llamados "VERSOS ÁUREOS" o "Versos de Oro" de Pitágoras, que establecían los principios de la arquitectura moral que regía la antigua escuela pitagórica de Crotona. Pitágoras y sus alumnos los recitaban, acompañados de la lira, a la salida y a la puesta del sol. A la salida para refrescar en la

nosotros que toma buena nota de nuestra conformidad o discordancia con la voluntad divina, y, cuando caemos en pecado, fustiga nuestra alma con el sentimiento de su propia culpa y desvarío, de igual manera que el cuerpo es azotado con el látigo. Dice el apóstol: *"¿Qué fruto teníais entonces en aquellas cosas de las cuales ahora os avergonzáis? Porque el fin de ellas es muerte".*[139]

b. Ante los demás. En este caso nuestra vergüenza puede ser motivada tanto por nuestros propios desmanes y escándalos, como por los severos castigos a que nos veamos sometidos en razón de ellos; se hace difícil de determinar a cual podría referirse.

THOMAS MANTON [1620-1677]
"One hundred and ninety sermons on the hundred and nineteenth Psalm", 1681

---

mente, antes de iniciar el día, los principios que debían regir su conducta; y a su puesta, para confrontar con ellos todas las acciones llevadas a cabo a lo largo de la jornada. Comenzaban diciendo: *"Honra ante todo a los dioses inmortales según establece la ley. Respeta la palabra dada..."* y contenían párrafos interesantes muy similares a algunos pasajes de los Salmos y Proverbios como: *"Observa la justicia en acciones y palabras. Nunca te comportes sin regla ni razón (...) Y si en el examen hallas falta, trata de enmendarte; mas si has obrado bien, regocíjate de ello. Trata de practicar estos preceptos. Medítalos y ámalos, que ellos te conducirán por la senda de la virtud divina..."*. El "Respétate a ti mismo" es el XII de los LXXI versos o mandamientos áureos.

[139] Romanos 6:21.

כ Kaf[1]

Versículos del 81 al 88

Versión poética

Kaf

Mi corazón desfallecer se siente
de esperar tanto, que su alivio venga,
y con todo no pierde la esperanza
de que por fin, Señor, te compadezcas.

Mis ojos ya se sienten fatigados
de mirar hacia ti por si te acercas,
y te dicen con tono doloroso,
¿cuándo, ¡Dios mío!, cuando me consuelas?

Ya me veo tan seco y encogido
como un odre vacío que se hiela,
y con todo no olvido tus mandatos,
y fiel los ejecuto con firmeza.

Pero ¿cuánto Señor quieres que duren
de tu siervo infeliz las duras penas?
¿cuándo querrás al fin hacer justicia
de tantos que me afligen y me aterran?

Hay otros que malignos y oficiosos
me ofrecen sus servicios y aconsejan;
pero ¡ay! todas las cosas que me dicen
a tu divina ley están opuestas.

---

[1] Felipe Scio de San Miguel [1738-1776] en una nota a su traducción de la Vulgata indica que la letra: כ *Kaf,* significa "cosa encorvada", puesto que el sentido primitivo del verbo hebreo כָּלָה *kala,* es el de "doblegar" o "subyugar"; lo que encaja plenamente con el sentido pesimista que encontramos a lo largo de esta octava: *"Desfallece mi alma"* (119:81); *"desfallecen mis ojos"* (119:82); *"estoy como un odre ahumado"* (119:93); *"me han cavado fosas"* (119:85); *"por poco me extirpan de la tierra"* (119:87). Pero כ *Kaf* significa también "mano extendida" o "mano cóncava"; y los cabalistas se centran en la idea de "mano abierta", tanto en el sentido de "dar" como de "recibir", lo cual les lleva a concluir que כ *Kaf* es la letra tanto de la riqueza como de la pobreza, pues ambas acciones, la de dar o recibir, van estrechamente ligadas a ella; lo cual encaja perfectamente con la petición con la que el salmista concluye la octava: *"Vivifícame conforme a tu misericordia"* (119:88). Ver la interpretación que hacen diversos autores de la antigüedad transcritos en el *"Commentary on the Psalms from Primitive and Mediæval Writers",* 1869, y que Spurgeon incluye un poco más adelante.

Contrarias son a tu ordenanza santa,
que la equidad y la razón gobiernan.
Asísteme, Señor, que me persiguen,
y les irrita más mi resistencia.

Ya están para arrojarme por el suelo,
ya me tienen muy cerca de la tierra,
y yo, Señor, no dejo ni un instante
de observar los preceptos que nos dejas.

Sostenme pues por tu misericordia,
a fin de que constante permanezca
en observar fiel tu ley divina
lleno de amor, y lleno de terneza.

DEL "SALTERIO POÉTICO ESPAÑOL", SIGLO XVIII

Comentario general a los versículos del 81-88: La undécima octava de este salmo gigantesco presenta al salmista *in extremis.* Sus enemigos le han acorralado hasta la condición más profunda de angustia y depresión; con todo, él se mantiene fiel a la ley divina y confía en su Dios. Estamos justo a la mitad, en plena medianoche del salmo, y es muy tenebrosa. Sin embargo, siguen brillando las estrellas y, en el último versículo, sobresale la promesa del alba: *"Vivifícame conforme a tu misericordia, y guardaré los testimonios de tu boca"* (119:88). Superando este túnel lúgubre, el cántico se vuelve más alegre, pero atravesarlo ha de servirnos de ejemplo y consuelo: ver a un siervo de Dios tan eminente masacrado de tal forma por los impíos, debe llevarnos a reflexionar que nada que pueda sucedernos en nuestras propias persecuciones debería sorprendernos o resultarnos extraño.[2]

C.H. SPURGEON

[2] Dice FRANCISCO LACUEVA [1911-2005] en su versión española del "Comentario de Matthew Henry": «Esta octava puede llevar el título de 'UN RAYO DE ESPERANZA EN MEDIO DE LAS TINIEBLAS'. El salmista se siente deprimido ante la gran tribulación que le aflige. Las imágenes son muy expresivas.

»1. Se siente desfallecer a lo largo de toda esta estrofa. (A) Su alma, su persona: כָּלְתָה *kālәṯāh,* se consume de ansias por verse a salvo de la presente aflicción; este es el sentido del versículo inicial (119:81), con una nota de esperanza. (B) Y el mismo verbo: כָּלָה *kalah,* consumirse, desfallecer, morirse de ansias, se repite en el versículo siguiente (119:81comparar con 119:123): Su vista desfallece de tanto esperar un alivio que tarda en llegar: *"... ¿cuándo me consolarás?"* (119:82). (C) Se siente arrugado y encogido, como un odre ahumado (119:83). Dice el rabino ABRAHAM COHEN [1887-1957] que: «En el Oriente, los recipientes se hacen de piel y, cuando no se usan, se cuelgan en una habitación que no tiene chimenea para el escape del humo, lo cual hace que se encojan»; y RICARDO ARCONADA explica que esto se llevaba a cabo porque con ello: «el vino mejoraba y tomaba sabor». Pero el salmista tan solo piensa en el daño que le produce la aflicción, la cual parece seguir implacable.

»2. En efecto, sus enemigos (A) le han cavado fosas, lo cual es contrario a la ley (119:85; –comparar con Éxodo 21:33, 34), con el propósito de hacerle caer; (B) le persiguen sin causa (119:86, comparar con 119:78); y (C) han estado a punto de extirparle (en hebreo: כִּלּוּנִי *kim'at,* el mismo verbo de los versículos 119:81, 82) de la tierra. (D) De tal forma le afligen que pregunta a Dios (119:84): *"¿Cuántos son los días de tu siervo?"* La respuesta se adivina a la vista de la segunda parte del versículo. Es como si dijera: «Puesto

La undécima letra del alfabeto hebreo כ *Kaf,* significa la mano cóncava o ahuecada. Algunos de los grandes expositores de la antigüedad, centrándose en el posible significado de su forma curvada, ligaron esta sección del salmo a la acción de inclinarse o doblar el cuerpo en penitencia, afirmando que los grandes hombres del Antiguo Testamento eran soldados veteranos con muchísimos años de campaña y la espalda doblada bajo el peso de la ley, un peso agobiante que tan solo sería quitado con la venida de Cristo, por la cual oraban tan fervorosamente. Otros amplían el significado a los santos en la iglesia primitiva, doblados por las dificultades y persecuciones, y en consecuencia, deseando ser desatados y estar con Cristo.[3] El verdadero significado, sin embargo, hemos de buscarlo en el sentido primitivo del verbo hebreo כָּלָה *kala,* que tanto puede significar algo "completo, terminado y realizado"; como también algo "consumido, gastado, exhausto"; porque la mano es cóncava bien para retener algo que hay en ella o agarrar algo que está a punto de ser depositado en ella por otro. De modo que tanto puede significar la mano de Dios como dador de la misericordia, como la del hombre en calidad receptor de la misma; puesto que la sección entera no es otra cosa sino una súplica implorando ayuda urgente: el hombre extendiendo cual mendigo su mano cóncava aguardando que Dios deposite en ella su misericordia.

Jerónimo de Estridón [347-420], Ambrosio de Milán [340-397] y otros, citados por John Mason Neale [1818-1866] y Richard Frederick Littledale [1833-1890]
"Commentary on the Psalms from Primitive and Mediæval Writers", 1869

Vers. 81. *Desfallece mi alma por tu salvación, mas espero en tu palabra.* *[Desfallece mi alma por tu salvación, y espero en tu palabra.* RVR*] [Mi alma desfallece por tu salvación; en tu palabra espero.* LBLA*] [Mi alma desfallece por tu salvación, pero en tu Palabra he puesto mi esperanza.* BTX*] [Esperando tu salvación se me va la vida. En tu palabra he puesto mi esperanza.* NVI*] [Yo ansío tu salvación, en tu palabra pongo mi esperanza.* BLP*] [Estoy agotado de tanto esperar a que me rescates pero he puesto mi esperanza en tu palabra.* NTV*]*[4]

---

que mis días son tan pocos, date prisa, Señor, a ayudarme y vindicarme, de lo contrario, vas a llegar demasiado tarde». (E) En esto, apela a la fidelidad (en hebreo: אֱמוּנָה *'ĕmūnāh,* de Dios, que resplandece en sus ordenanzas (119: 86). En otras palabras, en contraste con la falsedad de los que no proceden según la Ley de Dios (119:85b), el salmista recurre al Dios que ha dado mandamientos basados en la verdad y en la fidelidad.

»3. En medio de su aflicción y desconsuelo, junto a la nota de esperanza (119:81, 88), se advierte una y otra vez la resolución del salmista de observar los mandamientos de Dios, a pesar de todo (119:83b, 87b, 88b). En realidad, el objetivo primordial de su permanencia en este mundo lo cifra el salmista en cumplir la voluntad de Dios, y por eso le pide que le vivifique, conforme a su amor misericordioso, para poder observar (es la interpretación más probable) los testimonios de la boca de Dios (119:88)».

[3] Filipenses 1:23.

[4] La versión griega de los LXX o Septuaginta lee: ἐκλείπει εἰς τὸ σωτήριόν σου ἡ ψυχή μου, καὶ εἰς τὸν λόγον σου ἐπήλπισα que la Vulgata traduce al latín como: *"Defecit in salutare tuum anima mea, et in verbum tuum supersperavi",* "Desfalleció mi alma por tu salud; y en tu palabra he esperado mucho". La versión sefardí de Ferrara traduce: *"Deffeo à tu falvacion mi alma, à tu palabra efperee".* La caldea Peshitta: *"Mi alma ha deseado tu salvación, porque en tu palabra he esperado".* Kraus traduce: *"Mi alma desfallece por tu salvación, espero en tu palabra".* Schökel: *"Mi aliento se consume por tu salvación: espero en tu palabra".*

Desfallece mi alma por tu salvación. No deseaba otra liberación fuera la que provenía de Dios: su único anhelo era *"tu salvación"*. Pero aguardando esa liberación divina había llegado al límite, al término de sus fuerzas, sí, hasta el punto de desfallecer. Tan fuerte era su deseo que le produjo postración del espíritu. Se sentía cansado de esperar, desfallecido de tanto mirar, enfermo por la urgencia no satisfecha. Busca con ello poner de relieve tanto su sinceridad como entusiasmo. Deja claro que nada lograra satisfacerle fuera de la liberación obrada directamente por la mano misma de Dios. En lo más profundo de su ser añora y anhela la salvación del Dios de toda gracia,[5] y sabe que la necesita con desespero so pena de fracasar por completo.

Pero espero en tu palabra.[6] Está convencido de que la salvación vendrá, porque Dios no puede romper su promesa ni decepcionar la esperanza que ha suscitado con su propia palabra: y cuando nuestra esperanza es firme y nuestro deseo ferviente el cumplimiento de su Palabra está cerca. Tan solo el tónico de la esperanza inhalado directamente de la botella de la promesa puede evitar que el alma desmaye por completo. Sin embargo, la esperanza no apaga el deseo de una respuesta rápida a la oración; al contrario, potencia nuestra importunidad, ya que estimula el ardor y sostiene el corazón en las demoras. Desfallecer anhelando salvación y evitar finalmente el desespero absoluto por medio de la esperanza es una experiencia frecuente de todo cristiano. Como los trescientos de Gedeón, a menudo nos sentimos *"cansados, mas todavía persiguiendo"*.[7] Cuando el deseo se agota, la esperanza lo sostiene; cuando en anhelo por la gracia nos derriba, la esperanza de la gracia nos levanta de nuevo.

C.H. SPURGEON

Esperando tu salvación se me va la vida. El verbo hebreo כָּלְתָה *kāləṯāh* de כָּלָה *kalah* que algunos traducen aquí por *"se me va da vida"* es el mismo que en el Salmo 73 se traduce como *"desfallecer"*: *"Mi carne y mi corazón desfallecen"*.[8] La idea es que su resistencia corporal cedió; el anhelo de salvación que experimentaba era tan intenso que le debilitó físicamente dejándole prácticamente incapacitado. Sabido es que una emoción intensa fácilmente puede dejarnos postrados físicamente; y sin duda, el anhelo del amor de Dios, el deseo de su favor, y nuestras ansias por el cielo, pueden ser lo suficientemente fuertes como para provocar este fenómeno.

ALBERT BARNES [1798-1870]
"Notes, critical, explanatory, and practical, on the book of Psalms", 1868

Desfallece mi alma por tu salvación. El desfallecer es un fenómeno físico propio del cuerpo, pero aquí, como en otros pasajes,[9] se atribuye al alma. El apóstol exclama: *"no sea que os fatiguéis*

---

[5] 1 Pedro 5:10.

[6] Dice al respecto AGUSTÍN DE HIPONA [354-430]: «El griego utiliza la palabra ἐπήλπισα, que el traductor latino vierte intencionadamente en la expresión compuesta "*supersperavi*", es decir, "sobreespero", o espero en gran manera, por considerar que era la que mejor aclara y describe la actitud del salmista. No se limita a esperar, 'sobreespera', es decir, espera más allá de lo prometido, consciente, como afirma el apóstol, de que Dios: *"es poderoso para hacer todas las cosas mucho más abundantemente de lo que pedimos o pensamos"* (Efesios 3:20). Lo que Dios promete, es poco esperarlo, hay que "sobreesperarlo"».

[7] Jueces 9:4; 2 Corintios 4:8-9.

[8] Esta variante se da únicamente en la versión inglesa KJV que traduce *"My soul fainteth"* en el Salmo 119:81; y *"My flesh and my heart faileth"* en el Salmo 73:26. Y en español en la NVA que traduce *"se me va la vida"* en el Salmo 119:81; y *"Mi carne y mi corazón pueden desfallecer"* en el Salmo 73:26. La Reina Valera utiliza el verbo *"desfallecer"* en ambos casos.

[9] Ver a modo de ejemplo Salmo 6:2; 32:3; 38:8-10; 102:4-5; 143:4.

y desmayéis en vuestro ánimo",[10] utilizando dos expresiones: fatigarse y desmayar, tomadas ambas claramente del cuerpo. El cansancio es menos grave que el desmayo: cuando el cuerpo se fatiga, simplemente se debilita, los impulsos vitales disminuyen y los movimientos se hacen más lentos; pero basta con refrescarse y descansar un poco para recuperar fuerzas. Pero en el desmayo los impulsos vitales se desvanecen por entero, y el cuerpo queda totalmente inerte, aparentemente sin vida. Cuando una persona está cansada, sus fuerzas simplemente se reducen; cuando se desmaya, desaparecen por completo y cae a plomo. Ambas cosas son aplicables por metáfora al alma o la mente. Cabe decir que una adolece de fatiga mental cuando sus pensamientos morales o espirituales, su capacidad intelectual, su agilidad para tomar decisiones, comienzan a disminuir; su carácter se agría y su alma se siente flaquear bajo los sufrimientos que padece; pero descansa, refresca su mente, recupera fuerzas y sigue adelante. Pero una aflicción grave, tediosa y prolongada, puede acabar hundiéndolo por completo causándole un desmayo moral y espiritual; agota todos los argumentos y razones para seguir adelante, y simplemente, se deja ir.

THOMAS MANTON [1620-1677]
"One hundred and ninety sermons on the hundred and nineteenth Psalm", 1681

Desfallece mi alma por tu salvación. ¿Qué es este *"desfallecer"* sino un arrebato de contemplación y éxtasis espiritual en el que la fuerza de los afectos celestiales excede la de los terrenales y los debilita? Ascender a cotas montañosas particularmente elevadas altera físicamente nuestra respiración;[11] y lo mismo sucede en sentido espiritual. Cuando Daniel tuvo una visión extática de Dios, se nos dice que quedó *"exhausto, y enfermo durante varios días".*[12]

EDWIN PAXTON HOOD [1820-1885]
"Dark sayings on a harp; and other sermons", 1865

Desfallece mi alma por tu salvación, mas espero en tu palabra. Confía en Dios cuando te halles bajo la nube protectora,[13] y espera en él cuando no haya en el firmamento ni luna ni estrellas. Cuando te sientas envuelto en la oscuridad y rodeado de obstáculos cual si estuvieras pudriéndote en una mazmorra pestilente y sin escape, deja que la fe vuele libremente, que subsista y respire hondo echando mano de la salvación certera de Señor tu Dios. Cuídate de los corazones incrédulos, ávidos de sembrar mentiras y engendrar dudas sobre la realidad de Cristo; que confunden a sus semejantes diciendo: «Sus promesas siempre han fallado, porque en realidad no era Dios sino un mero hombre». ¡Cómo se atreven a poner en duda las promesas divinas! ¿Acaso puede Dios dejar de ser o retractarse, enfermar y morir? Cuando hagamos un ruego en nombre de Cristo, resaltemos nuestra esperanza, hagamos manifiesta nuestra confianza ciega en él. ¡Oh, bendita palabra de fe la de aquel justo que dijo: *"He aquí, aunque él me matare, en él esperaré"!*[14] ¡Oh dulce epitafio grabado por un creyente en la lápida de su sepulcro: «Partí en la esperanza, y aquí descansan mi polvo y cenizas confiados en la vida eterna»!

---

[10] Hebreos 7:3.

[11] Es lo que se conoce como MAL DE MONTAÑA, MAL DE ALTURA O SOROCHE: la falta de adaptación del organismo a la hipoxia (falta de oxígeno) que provoca la altitud, y que puede ser más o menos grave dependiendo de velocidad de ascenso y la altitud alcanzada. Por regla general se da a partir de los 2000 metros de altitud, y puede llevar incluso a situaciones de muerte a partir de los 7000. Es debida a que la presión atmosférica disminuye con la altura y los alvéolos pulmonares no son capaces de transportar la misma cantidad de oxígeno a la sangre.

[12] Daniel 8:27.

[13] Éxodo 13:21-22; 1ª Corintios 10:1-2.

[14] Job 13:15.

Los ojos de la fe, capaces de ver incluso a través de una piedra de molino, ven a Dios más allá de la oscuridad, y por encima de ella leen sus pensamientos de paz y amor para con nosotros.[15] Mantente firme y apegado a Cristo en medio de las tinieblas; y ciertamente verás la salvación de Dios.[16] Tus adversarios están ya secos y amontonados para el fuego; pronto veras como el soplo de Jehová, cual torrente de azufre, los enciende y una horrenda llamarada los envuelve.[17]

SAMUEL RUTHERFORD [1600-1661]
"Joshua redivivus, or, Three hundred and fifty-two religious letters; Written Between 1636 & 1661", 1796

Desfallece mi alma por tu salvación. Entendiéndolo en el sentido más elevado, cabe decir que el salmista anhela y aguarda la venida del Salvador en carne humana.

CORNELIUS JANSENIUS [1510-1576]
"Sacrarum observationum libri sex", 1683

Desfallece mi alma por tu salvación. Por muy profunda que sea su aflicción, el creyente jamás busca otra liberación que la que proceda de Dios: *"Desfallece mi alma por tu salvación"*, esto es, la que tu consideres más oportuna y acorde con tu voluntad.

DAVID DICKSON [1583-1663]
"Explication upon the Last Fifty Psalms", 1655

Mas espero en tu palabra. David sabía muy bien dónde había amarrado su embarcación. La esperanza que no cuenta con una promesa, es como un ancla sin fondo donde hacer presa y agarrar; pero David había agarrado firmemente su esperanza en la Palabra divina.

WILLIAM GURNALL [1617-1679]
"Christian in complete armour, or, a treatise of the saints war against the Devil", 1655

Mas espero en tu palabra. Es decir: espero más allá de cuanto alcanzo a entender, más allá de cuanto pueda yo hacer, más allá de cuanto merezco, y más allá de todos los consuelos posibles materiales y espirituales; porque te busco y deseo únicamente a ti; no busco lo que es tuyo, sino a ti; anhelo escuchar *"tu palabra"*, para obedecerla con paciencia y mansedumbre.

THOMAS LE BLANC [1599-1669]
"Psalmorum Davidicorum Analysis : in qua aperte cernitur singulis in Psalmis ordinem esse admirabilem : adjungitur commentarius amplissimus", 1645

Vers. 81, 83. En épocas de persecución o aflicción es conveniente mantener nuestra mirada tanto en las promesas de Dios como en sus preceptos; porque fijarnos en la promesa estimula la esperanza, y considerar los preceptos demuestra que esta esperanza es íntegra y sincera. El salmista espera en la palabra (119:81), pero a su vez no se olvidó los estatutos (119:83).

DAVID DICKSON [1583-1663]
"Explication upon the Last Fifty Psalms", 1655

[15] Jeremías 29:11.
[16] Juan 11:40.
[17] Isaías 30:33.

Vers. 82. ***Desfallecieron mis ojos por tu palabra, diciendo: ¿Cuándo me consolarás?*** *[Desfallecen mis ojos por tu palabra, mientras digo: ¿Cuándo me consolarás?* RVR*] [Mis ojos desfallecen esperando tu palabra, mientras digo: ¿Cuándo me consolarás?* LBLA*] [Mis ojos se consumen ante tu promesa, ¿Cuándo me consolarás?* BTX*] [Mis ojos se consumen esperando tu promesa, y digo: «¿Cuándo vendrás a consolarme?»* NVI*] [Se consumen mis ojos por tu promesa y me pregunto: "¿Cuándo te apiadarás de mí?"* BLP*] [Mis ojos se esfuerzan por ver cumplidas tus promesas, ¿cuándo me consolarás?* NTV*]*[18]

Desfallecen mis ojos esperando tu palabra, mientras digo: ¿Cuándo me consolarás? Sus ojos se apagaron fatigados de buscar ansiosamente la aparición bondadosa del Señor, mientras su corazón, extenuado, pedía a gritos consuelo con urgencia. Leer la Palabra sin cesar hasta que nuestros ojos ya no den más de sí, es poca cosa comparado con en el desasosiego de velar permanentemente en espera del cumplimiento de la promesa, hasta que los ojos internos de la esperanza comienzan a nublarse por la demora. No podemos marcarle plazos a Dios, porque esto sería poner límites al santo de Israel; pero ello no quita que podamos instar e insistir en nuestro ruego con importunidad y hacer una pesquisa ferviente sobre por qué la promesa se demora. David no buscaba otro consuelo fuera del que proviene de Dios; y su legítima pregunta es: *"¿Cuándo me consolarás?"*. Si la ayuda no procede del cielo, jamás llegará de ninguna otra parte; esto el salmista lo tenía muy claro, y por tanto, su mirada no busca en ninguna otra dirección. Esta árida experiencia de esperar y desfallecer es habitual y bien conocida de todo creyente experimentado, y nos enseña muchas lecciones preciosas que jamás aprenderíamos de otra manera. Y entre las principales está: hace que el cuerpo se junte en sintonía con el alma; que la carne clame al unísono con el corazón implorando la presencia del Dios vivo; y que los ojos respalden la lengua con su expresión llorosa implorando *"¿Cuándo me consolarás?"*. Muy profundo ha de ser el anhelo que excede la capacidad de expresarlo con los labios, y necesita recurrir a los ojos con tal intensidad que desfallezcan en su observación exasperada y constante. Los ojos pueden expresarse muy elocuentemente; utilizan tanto mudas como líquidas,[19] y a menudo son capaces de decir mucho más que la lengua; como ratifica el propio David cuando dice en otro pasaje: *"el Señor ha oído la voz de mi llanto"*.[20] Y se vuelven particularmente elocuentes cuando comienzan a desfallecer por el cansancio y el dolor. Unos ojos humildes levantados hacia arriba en súplica silenciosa, pueden fulgurar una llama de tal intensidad que derrita cuantos cerrojos bloquean el paso a la oración verbal, y capturar con su artillería la atención del cielo bombardeándolo con una tormenta de lágrimas. Bienaventurados los

---

[18] La versión griega de los LXX o Septuaginta lee: ἐξέλιπον οἱ ὀφθαλμοί μου εἰς τὸ λόγιόν σου λέγοντες πότε παρακαλέσεις με que la Vulgata traduce al latín como: *"Defecerunt oculi mei in eloquium tuum, dicentes: Quando consolaberis me?"*, "Desfallecieron mis ojos por tu dicho, diciendo: ¿Cuándo me consolarás?". La versión sefardí de Ferrara traduce: *"Atemaronfe mis ojos por tu dicho, por decir quando me confolarás"*. La caldea Peshitta: *"Mis ojos buscan tu palabra. ¿Cuándo me darás consuelo?"*. Kraus traduce: *"Mis ojos desfallecen por tu palabra: ¿Cuándo me consolarás?"*. Schökel: *"Mis ojos se consumen por tu promesa: ¿cuándo me consolarás?"*.

[19] En el original *"they use both mutes and liquids"*, una referencia a las letras consonantes que se dividen en *"mutes and liquids" (mudas y líquidas,* aunque en español solemos decir *mudas y semivocales*). Sería muy extenso entrar en detalles de gramática y fonética. Tan solo diremos que el nombre de *"consonante líquida"* tiene su origen en el gramático Dionisio de Tracia [199-100 a.C.] que utilizo la palabra griega ὑγρος *hugros,* húmedo, para referirse al sonido "escurridizo" de ciertas letras en el griego clásico donde una *líquida* o nasal pueden aparecer como la segunda consonante de un grupo consonántico. De ahí pasó al latín como *liquidae* y de ahí a la tradición lingüística europea.

[20] Salmo 6:8.

ojos que desfallecen buscando a Dios, porque los ojos mismos del Señor se ocuparan en persona de que no sucumban.[21] Mucho mejor es contemplar al Señor con ojos apagados y doloridos, que tenerlos brillantes y centellando por el resplandor falso de la vanidad.

C.H. SPURGEON

Desfallecen mis ojos por tu palabra. Cuando una madre ha prometido visitar a una hija o un hijo y alguna circunstancia imprevista de última hora se lo impide, lo más probable es que reaccionen diciendo: «¡Qué extraño!, mi madre prometió venir a verme y no ha venido. ¡La he estado esperando y casi me quedo ciego mirando en lontananza tratando de distinguir su silueta![22]

JOSEPH ROBERTS [1795-1849]
"Oriental Illustrations of the Sacred Scriptures", 1835

Desfallecen mis ojos por tu palabra. Mantenía constantemente los ojos levantados al cielo buscando la ayuda de Dios; con tal intensidad y de forma tan asidua que finalmente los ojos se le debilitaron y oscurecieron.

¿Cuándo me consolarás? Decía esto en su corazón; lo decía con su boca; y también con sus ojos mirando perpetuamente al cielo.

WOLFGANG MUSCULUS [1497-1563]
"In Sacrosanctum Davidis Psalterium Commentarii", 1573

Por tu palabra. Los verdaderos hijos de Dios sacan mayor partido de una promesa que otros; por dos razones: en parte, porque valoran intensamente la bendición prometida; y en parte, porque se sienten satisfechos con la certezas y seguridades al respecto que encuentran en la palabra de Dios. Y así, mientras que a otros les pasan inadvertidas muchas particularidades de las promesas de la Palabra, ellos elevan su alma en contemplación ferviente, permanente y esperanzada, oteando cada detalle de la bendición prometida. Se dice del jornalero que debe recibir cada día sin falta su jornal antes de que se ponga el sol, porque es pobre y en él ha puesto su corazón;[23] o como lo dice más literalmente el texto hebreo: en él tiene puesto su deseo y su esperanza porque con el sustenta su vida. Valora su jornal porque es el fruto de su trabajo y el sostén de su existencia; y ciertamente lo espera, confiando plenamente en la palabra del que le ha contratado, y el cumplimiento de sus promesas en base a lo pactado: trabajo a realizar y salario a percibir. Así también los hijos de Dios confían en las bendiciones prometidas, en base a la palabra de Dios les da seguridad y garantías de que no esperan en vano.

THOMAS MANTON [1620-1677]
"One hundred and ninety sermons on the hundred and nineteenth Psalm", 1681

---

[21] Mateo 5:4.

[22] Hay que entender este comentario en el contexto de la Inglaterra rural, cuando en las planicies la gente solía mirar fijamente para distinguir a lo lejos si alguien se acercaba por el camino. WILLIAM SHAKESPEARE [1564-1618] utiliza una figura similar en "Cimbelino", Acto I, Escena III, en las palabras que pone en boca de Imógena suspirando por su amado Leonato: «Habría roto los nervios de mis ojos, los habría hecho estallar solo para mirarle, hasta que el alejamiento le hubiese hecho parecer tan delgado como una aguja; aún más: le hubiera seguido con la mirada hasta que se hubiese fundido en el aire, después de quedar reducido a la pequeñez de un mosquito; luego habría vuelto mis ojos y llorado».

[23] Deuteronomio 24:15.

Mientras digo: ¿Cuándo me consolarás? El mismo espíritu fe[24] que enseña al creyente a llorar fervientemente, le enseña también a esperar pacientemente; de igual manera que le garantiza que la misericordia está en la mano del Señor, le garantiza también que se cumplirá con exactitud matemática certeza tan pronto él lo disponga.

JOHN MASON [1646-1694]
"Select Remains of the Rev. John Mason, A.M. of London", 1695

¿Cuándo me consolarás? Retrasar la respuesta a nuestras oraciones y suspender la ejecución de sus promesas, es un procedimiento habitual utilizado por Dios para con hijos; no porque no esté dispuesto a otorgarles lo prometido, sino para que estén mejor preparados para recibirlo. *Tardins dando qued pettimus instantia nobis orationis indicit:* es decir, procede con lentitud al darnos aquello que deseamos, para estimularnos a buscarlo con mayor anhelo, para despertar nuestro fervor e importunidad en la oración, que es la actitud que a nosotros más nos beneficia y que a él más le complace.

WILLIAM COWPER [1566-1619]
"A Commentary upon CXIX Psalm", 1613

¿Cuándo me consolarás? Mejor que quejarnos *de Dios,* quejémonos *a Dios.* Quejarnos *de Dios* da alas a la murmuración; quejarnos *a Dios* fortalece la fe, anima la esperanza y da vigor a la paciencia.

THOMAS MANTON [1620-1677]
"One hundred and ninety sermons on the hundred and nineteenth Psalm", 1681

¿Cuándo me consolarás? Para evitar ser tildado de flojo y pusilánime, el profeta insinúa que su desfallecimiento era más que justificado, que contaba con motivos sobrados. Preguntándole a Dios: *"¿Cuándo me consolarás?"* demuestra con suficiente claridad que había permanecido por largo tiempo, por así decirlo, olvidado y abandonado.

JUAN CALVINO [1509-1564]

¿Cuándo me consolarás? Debido a la prevalencia del pecado,[25] el poder de las tentaciones de Satanás,[26] el ocultamiento del rostro de Dios,[27] y un sinnúmero de aflicciones, el pueblo de Dios se siente a menudo muy desconsolado y precisa de consuelo. Sabe que únicamente Dios puede consolarlo; y que ha establecido unos tiempos determinados para hacerlo; pero la demora le lleva a inquietarse, y es habitual que como David se dirija a Dios preguntándole: *¿Cuándo me consolarás?*

JOHN GILL [1697-1771]
"Exposition of the Old Testament", 1748

¿Cuándo me consolarás? Se cuenta de una pobre mujer que habiendo estado por largo tiempo dudando y cuestionándose sobre la seguridad de su salvación; finalmente el Señor se apiadó de ella y otorgó paz a su alma infundiéndole la plena seguridad de que Cristo era su Salvador fuera de toda

[24] 2 Corintios 4:13.
[25] Romanos 7:14-25.
[26] Job 1:6-12; 1 Tesalonicenses 3:5; Judas 1:9.
[27] Job 13:24; Salmo 10:11; 13:1; 44:24; 102:2; 104:29.

duda. Entonces su pastor le dijo: «El Señor no administra este tipo cordial a sus hijos permanentemente; pero lo tiene siempre a punto por si desfallecen».

THOMAS HOOKER [1586–1647]
"The Soules Implantation", 1637

¿Cuándo me consolarás? El consuelo nos es necesario porque nuestras tentaciones parten tanto de aflicciones como de seducciones. El atractivo del placer puede llegar a desequilibrarnos tanto como el propio dolor. El mundo en que nos toca vivir tiene tanto de perseguidor como de halagador; la carne incomoda tanto como cautiva; y el Diablo es un ser tan inquietante como fascinador. Con todo, el consuelo, por muy necesario que nos resulte, no es tan indispensable como la santidad, y por tanto, aunque no se trata de desechar el consuelo, nuestra preferencia debe ser hacia la santidad; que es fruto de un amor sincero a Dios, y por tanto, no abunda ni fluye en este mundo con la misma constancia y liberalidad que el consuelo. A menudo la labor consoladora del Espíritu se ve interrumpida para dejar paso a su labor santificadora; no obstante, podemos tener la plena seguridad y confianza de que seguimos contando con su labor consoladora, tanta como nos haga falta para seguir sirviendo a Dios de una manara efectiva.

THOMAS MANTON [1620-1677]
"One hundred and ninety sermons on the hundred and nineteenth Psalm", 1681

Vers. 83. ***Porque estoy como el odre al humo; pero no he olvidado tus estatutos.*** *[Aun cuando estoy como un odre ahumado, no he olvidado tus estatutos.* RVR*] [Aunque he llegado a ser como odre al humo, no me olvido de tus estatutos.* LBLA*] [Porque he venido a ser como odre al humo, pero no he olvidado tus estatutos.* BTX*] [Parezco un odre ennegrecido por el humo, pero no me olvido de tus decretos.* NVI*] [Soy como un odre arrugado por el humo, pero no he olvidado tus normas.* BLP*] [Estoy arrugado como un odre ahumado, pero no me olvidé de obedecer tus decretos.* NTV*]*[28]

Parezco un odre ennegrecido por el humo. Las odres de piel utilizados para guardar vino, los colgaban una vez vacíos en la tienda que usaban como cocina, y cuando esta se llenaba de humo se ennegrecían con una capa de hollín, hasta que poco a poco se iban arrugando y contrayendo. De modo parecido, el dolor se había sombreado el rostro del salmista, surcándolo de arrugas y dándole una apariencia lúgubre; de hecho, las aflicciones de su mente habían afectado en general todo su cuerpo robándole su tersura natural, y adquiriendo más bien la apariencia de un odre vacío y arrugado. Su carácter se había ennegrecido por las calumnias; y su mente resecado por la persecución; temía que tanto sufrimiento moral acabara transformándole en un ser huraño y hostil, hasta tal punto que sus semejantes le rehuyeran considerándole un odre viejo y desgastado, inútil para todo propósito. ¡Qué metáfora tan lóbrega en labios de un poeta, un teólogo y maestro en Israel, un prestigioso rey, y

[28] La versión griega de los LXX o Septuaginta lee: ὅτι ἐγενήθην ὡς ἀσκὸς ἐν πάχνῃ· τὰ δικαιώματά σου οὐκ ἐπελαθόμην que la *Vulgata* traduce al latín como: *"Quia factus sum sicut uter in pruina; justificationes tuas non sum oblitus"*, "Porque he sido como odre a la escarcha; tus justificaciones no las he olvidado". La versión sefardí de Ferrara traduce: *"Por que fuy como odre en humo, tus fueros no olvidee"*. La caldea Peshitta: *"Aunque he llegado a ser como odre de cristal, no me olvidé de tus mandamientos"*. KRAUS traduce: *"Porque soy como odre al humo, (pero) no olvido tus estatutos"*. SCHÖKEL: *"Cuando estaba como un odre ahumado, no olvidaba tus normas"*.

hombre conforme el corazón de Dios![29] Poco tiene de extraño que nosotros, gente vulgar y corriente, tengamos una imagen tan pobre de nosotros mismos y caigamos víctimas tan fácilmente de la depresión y la ansiedad. Muchos conocemos personalmente y de primera mano el significado tenebroso de este símil, porque hemos padecido depresión y agobio que nos ha hecho sentir indignos, vacíos e inútiles, aptos tan solo para ser desechados. El humo que nos ha envuelto ha sido muy negro y denso; parecía surgir no ya tan solo del horno de Egipto,[30] sino del mismísimo pozo del abismo;[31] y tenía un poder extraño que hacía que su hollín se nos pegara al carácter ennegreciéndolo con pensamientos mezquinos y miserables.

Mas no he olvidado tus estatutos. Aquí tenemos la perseverancia de los santos y la victoria de la fe. El salmista se vio ennegrecido por acusaciones falsas, pero la verdad estaba en él, y por tanto, jamás se dio por vencido. Se mantuvo fiel a su Rey, aún cuando daba la de haberle abandonado y desechado para los usos más viles. Pero recordó las promesas, y, mejor prueba aún de su lealtad, mantuvo en su mente los estatutos: se apegó a sus deberes tanto como a sus consuelos. Ni las peores circunstancias pueden destruir el apego del verdadero creyente a su Dios. La gracia es un poder activo que sobrevive a cuanto lograría asfixiar todas las demás formas de existencia. El fuego no puede consumirlo, ni el humo sofocarlo. Un hombre puede quedar reducido a la piel y los huesos, y secarse dentro de él todo consuelo, y, a pesar de ello, seguir aferrado a su integridad y glorificar a su Dios Con todo, no debe extrañarnos que en tales circunstancias los ojos, atormentados por el humo, clamen por la mano libertadora del Señor, y el corazón arda en anhelos de la salvación divina.

C.H. SPURGEON

Parezco un odre ennegrecido por el humo. El salmista viene a decirnos que sus posibilidades de conciliar el sueño eran nulas porque estaba ... prácticamente sofocado por el humo de un fuego sin chimenea. De hecho, nos dice que era cual "*odre ennegrecido por el humo*", ennegrecido y seco hasta el punto de resquebrajarse; una escena muy común y habitual para el salmista. Solían colgar los odres de cuero usados en las cocinas, habitaciones cerradas y sin chimenea donde había constantemente encendidos grandes fuegos, razón por la que la piel de los odres allí colgados se iba resecando hasta quedar completamente inútiles para el uso.

JOHN GADSBY [1809-1893]
"My Wanderings", 1860

Parezco un odre ennegrecido por el humo. La tienda de un nómada árabe común y corriente, suele ser un habitáculo tan lleno de humo que cabría pensar que la expresión del salmista: *"un odre ennegrecido por el humo"* es probable que se trate de una referencia al habitáculo entero. La tienda en la que fue alojado el obispo Pococke[32] de camino a Jerusalén tenía en su interior un fuego encendido constantemente. ¡Estaba impregnada de humo y tanto sus paredes como todos los utensilios que había

[29] Hechos 13:22. JUAN CALVINO [1509-1564] dice al respecto: «Al compararse a *"un odre ennegrecido por el humo"* nos viene a decir que se sentía como reseco por el calor intenso de las constantes adversidades».
[30] Deuteronomio 4:20; 1 Reyes 8:51; Jeremías 11:4. Ver comentarios de Spurgeon al Salmo 68:13.
[31] Apocalipsis 9:2.
[32] Se refiere a RICHARD POCOCKE [1704-1765] obispo de la Iglesia de Irlanda y renombrado antropologista, bien conocido por sus viajes y sus escritos, en especial su obra en dos tomos: *"A Description of the East: Palæstina or the Holy Land, Syria, Mesopotamia, Cyprus, Candia and Some other Countries"*, 1743.

dentro ennegrecidos por el hollín! Le Bruyn[33] pudo comprobar eso mismo en su trayecto de Alepo[34] a Scanderoon,[35] al verse obligado a pasar una noche entera en una cabaña de juncos en medio de la cual había un fuego encendido para calentar una olla de carne que colgaba de un garfio, y cocer pan entre las cenizas; la puerta era la única abertura y el humo era tan intolerable que casi no se podía respirar. La referencia que hace el salmista es a un odre de piel de cabra colgado en uno de esos habitáculos, y por regla general, utilizado para beber. Y no debe extrañarnos que beber de un recipiente tan despreciable como un odre ennegrecido por el humo, llamara la atención del salmista y lo empleara como metáfora: súbitamente se había visto en la necesidad de abandonar la corte y el palacio de Saúl, donde bebía en vasos de plata y de oro, para vivir en tiendas, como hacían y siguen haciendo los árabes, y obviamente, a beber de un *"odre ennegrecido por el humo"*.

THOMAS HARMER [1715-1788]
"Observations on various Passages of Scripture", 1774

Parezco un odre ennegrecido por el humo, más no he olvidado tus estatutos. Un odre vacío, arrugado por la sequedad y ennegrecido por el humo, tiene el peor aspecto que quepa imaginar. Y así luce también con frecuencia el pueblo de Dios, cuando el Señor decide vaciarlo temporalmente para curtirlo mediante tribulaciones y ennegrecerlo con la inquietud de la espera. Para poder dar cabida a los dones divinos, es indispensable primero vaciar el odre de todo su apego a las euforias y anhelos la terrenales. Los estatutos y mandamientos de Dios no pueden ser almacenados y preservados adecuadamente en odres inflados por el orgullo y repletos de afectos mundanos.

WOLFANG MUSCULUS [1497-1563]
"In Sacrosanctum Davidis Psalterium Commentarii", 1573

Parezco un odre ennegrecido por el humo. Antiguamente había la costumbre de alterar el proceso de fermentación y suavizar el sabor del vino colocando los odres donde se almacenaba suspendidos del techo en una habitación cerrada en la que se iba encendiendo fuego paulatinamente para provocar un ascenso gradual de la temperatura;[36] lo que a su vez causaba también el ennegrecimiento de los

---

[33] Se refiere a CORNELIUS DE BRUYN O CORNELIS DE BRUIJN [1652-1726] artista holandés que realizó importantes viajes y publicó diversos libros ilustrados con dibujos detallados que hizo a lo largo de los mismos y que se han convertido en importantes documentos gráficos de cómo eran los lugares en aquella época.

[34] ALEPO de las más importantes ciudades de Siria situada al noroeste a unos 120 km tierra adentro desde el Mar Mediterráneo, en un llanura a 380 metros sobre el nivel del mar. Tristemente famosa en la actualidad por haber quedado prácticamente en ruinas a causa de los bombardeos a causa de la guerra civil y el ISIS.

[35] También conocido como İSKENDERUN O ALEJANDRETA, una ciudad de la región mediterránea de Turquía. Aparece en la película "Indiana Jones y la última cruzada".

[36] Un procedimiento que todavía se utiliza en la elaboración de los vinos de Madeira y conocido como *"estufagem"*, o calentamiento, y que da al vino producido es esta isla portuguesa un sabor único en el mundo. Casualmente observaron que el vino almacenado en las barricas que viajaban en un barco con destino a la India pero que por diversos motivos no pudo completar su viaje y tuvo que regresar Madeira, pese a haber estado sometido a altas temperaturas en las bodegas, no se había estropeado, sino que había ganado en calidad. Pero en realidad el sistema de fermentación por calentamiento tiene su origen en tiempos ancestrales y se practica todavía en algunas regiones de Europa.

odres por los efectos del hollín. En este sentido, las palabras del salmista nos enseñan la utilidad de la aflicción en la maduración y mejora del alma.[37]

Ernst Friedrich Karl Rosenmüller [1768-1835]
"Scholia in Vetus Testamentum"
citado por John Mason Neale [1818-1866] y Richard Frederick Littledale [1833-1890]
en *"Commentary on the Psalms from Primitive and Mediæval Writers"*, 1869

Parezco un odre ennegrecido por el humo, más no he olvidado tus estatutos. Satanás tiene capacidad para afligir al cuerpo utilizando la mente; porque ambas cosas van tan estrechamente ligadas que comparten su estado, ya sea este bueno o malo. Si el corazón está alegre, el semblante es alegre, las fuerzas florecen como la hierba, y los huesos se fortalecen. Pero si el corazón esta turbado, la salud se deteriora, las fuerzas merman, y la médula se debilita. El dolor en el corazón es cual polilla en una prenda de ropa: va consumiendo el cuerpo poco al poco hasta deshacerlo por entero. Esta facultad de debilitar el cuerpo recae en manos de Satanás por consecuencia necesaria, cual los higos maduros del profeta, que cayeron en la boca del devorador.[38] Y sin duda se siente muy ufano y satisfecho de ella, puesto que es enemigo mortal tanto del cuerpo como del alma. Nada le causa mayor satisfacción que lograr que las penas de la mente causen debilidad y enfermedad del cuerpo; aunque también puede conseguir con la misma facilidad (por conexión directa) que el deterioro del cuerpo aumente la presión sobre la mente y la desequilibre. ¡Qué limitado queda un cuerpo enfermizo! Incapacitado prácticamente para todo; pues a menudo es incapaz de leer, de escuchar, y tan siquiera de orar. La enfermedad roba la dulzura y consuelo de la devoción espiritual, dando pie a que la persona se ensimisme pensando siempre lo peor; y que el alma, encerrada en un cuerpo débil que ya no es capaz de contenerla, se sienta cansada incluso de andar por los caminos de Dios.

Richard Gilpin [1625-1699]
"Daemonologia Sacra: Or, A Treatise of Satan's Temptations", 1677

Parezco un odre ennegrecido por el humo. El afligido salmista encontró en esta imagen de un odre ennegrecido la figura idónea para describir su estado general de desanimo. A la espera de que el Señor acudiera en su ayuda, su espíritu se había resecado y encogido, tanto por la presión del exterior como por su vacío interior. ... Y su aspecto externo, al que también probablemente alude, era en aquellos momentos fiel reflejo del enorme vacío interior que atravesaba. Vapuleado moralmente por las calumnias falsas de hombres sin escrúpulos, y agotado físicamente por la persecución feroz de enemigos implacables; había llegado al punto de contemplarse a si mismo cual un odre abandonado, colgado por largo tiempo, reseco, encogido y ennegrecido por el humo. Pues no tan solo el aprecio de la opinión pública hacia él había mermado sustancialmente, sino que también el aprecio que sentía por si mismo había entrado en crisis. El bombardeo incesante y multiforme de acusaciones vertidas en su contra era tan intenso y amargo, que por más que supiera que eran falsas, y por muy sólida que fuera su fe en Dios, había acabado haciendo mella en su espíritu, y se sentía literalmente hundido. Con todo, su fidelidad y apego a la Palabra seguía intacto: *"más no he olvidado tus estatutos"*. Lo cual, y para

[37] La idea es original y bonita. Pero dado el contexto de la estrofa, la mayoría de comentaristas, según indica Johann Peter Lange [1802-1884], coinciden en que la figura no tiene nada que ver con el vino, sino con el deterioro del odre, es decir, el efecto destructor del humo (o de las heladas, según se entienda) sobre la piel del odre. Lo que trata de ilustrar el salmista es el contraste: a pesar del deterioro experimentado por las duras condiciones externas que le han dejado en pésimas condiciones; a pesar de haber sido marginado o incluso desechado (como un odre en semejantes condiciones); no ha olvidado la palabra de Dios.

[38] Nahúm 3:12.

que nos sirva de ejemplo, nos lleva a incidir especialmente en las circunstancias peculiares en las que esto le sucedió: en pleno cumplimiento de su deber. El salmista se mantenía firme en los caminos de salvación del Señor, guardando sus preceptos, y no obstante, se ve cruelmente asediado e inmerso en la tribulación. Cuando nuestra vida espiritual se marchita por haber caído en el pecado, o por graves omisiones de nuestros deberes cristianos; ya es muy triste de por sí. Pero aquí nos encontramos ante un doble marchitamiento: del hombre interior y el hombre exterior, espiritual y físico, en el caso de un creyente que se declara consciente de no haber olvidado los estatutos de su Dios misericordioso. Lo cual es doblemente doloroso.

JOHN STEPHEN [1800-1881]
"The Utterances of the CXIX Psalm; Expounded in a Series of Lectures", 1861

Parezco un odre ennegrecido por el humo, más no he olvidado tus estatutos. Reparemos aquí en el marcado contraste entre la belleza del cuerpo y la del alma: mientras que las aflicciones arruinan la belleza el cuerpo, que se reseca y ennegrece; potencian la del alma, que se vuelve más justa y fiel a la Palabra. Físicamente David estaba cual un odre reseco y arrugado *"ennegrecido por el humo"*; sin embargo, el marco sagrado de su alma permanecía inalterable: *"más no he olvidado tus estatutos"*. Su aspecto físico se había marchitado, pero no así su gracia, que había ido a más.

THOMAS MANTON [1620-1677]
"One hundred and ninety sermons on the hundred and nineteenth Psalm", 1681

Me he quedado seco y árido, como un odre expuesto a las heladas, más no olvidé tus estatutos.[39] No hay la menor duda que cuando los deseos espirituales arden, los deseos carnales se enfrían. Por ello exclama el salmista: *"Me he quedado seco y árido, como un odre expuesto a las heladas, más no olvidé tus estatutos"*. Sin duda que por *"odre"* desea que entendamos aquí la carne mortal, y por *"heladas"* los beneficios del cielo. El frío de las heladas celestiales congela y amortigua los deseos mundanos, dejándolos ateridos ante la fuerza del amor; lo cual permite que retengamos en nuestra memoria los estatutos divinos al evitar que se sature de otros pensamientos poco provechosos; dando así cumplimiento a lo que nos recomienda el apóstol: *"no hagáis acopio para los deseos de la carne"*.[40] Es por ello que después de haber dicho: *"Me he quedado seco y árido, como un odre expuesto a las heladas"*, añade: *"más no olvidé tus estatutos"*; es decir, no olvidé tus estatutos porque todos mis otros pensamientos y deseos habían quedado resecos cual odre expuesto a la escarcha; porque previamente había sido congelado en mí todo el hervor de los deseos mundanos para que pudiera brillar el recuerdo del amor.

AGUSTÍN DE HIPONA [354-430]
"Enarrationes in Psalmos"

Vers. 84. *¿Cuántos son los días de tu siervo? ¿Cuándo harás juicio contra los que me persiguen?* *[¿Cuántos son los días de tu siervo? ¿Cuándo harás juicio contra los que me persiguen?* RVR*] [¿Cuántos son los días de tu siervo? ¿Cuándo harás juicio contra mis perseguidores?* LBLA*] [¿Cuántos son los días de tu esclavo? ¿Cuándo juzgarás a mis perseguidores?* BTX*] [¿Cuánto más vivirá este siervo tuyo? ¿Cuándo juzgarás a mis perseguidores?* NVI*] [¿Cuánto tiempo vivirá tu sier-*

[39] Así traduce la versión griega de los LXX o Septuaginta: ὅτι γίγνομαι ὡς ἀσκός ἐν πάχνῃ ὁ δικαίωμα σύ οὐ ἐπιλανθάνω.
[40] Romanos 13:14.

vo? ¿Cuándo juzgarás a quienes me persiguen? BLP*] [¿Hasta cuándo tendré que esperar? ¿Cuándo castigarás a los que me persiguen?* NTV*]*[41]

¿Cuántos son los días de tu siervo?[42] Imposible vivir en estas condiciones por mucho tiempo, debes acudir presto a mi rescate, o sucumbiré. ¿Acaso mi vida, corta como es de por sí, va a terminar consumida por dolores tan intensos y destructores? La brevedad de la vida es buen argumento en contra de una aflicción que se prolonga en exceso. O quizás el salmista quiera decir que sumido en tal angustia los días se le hacían largos y le parecían muchos. Ardía en deseos de que acabaran ya, y se pregunta angustiado: *"¿Cuántos son los días de tu siervo?"*. Cual un empleado bajo contrato tenía establecido un término de tiempo de servicio, y no tenía la intención de quejarse por él; pero no podía evitar que se le hiciera largo porque sus pesares eran muchos y gravosos. Nadie, excepto el Señor, conoce el número señalado de nuestros días, y por tanto, apela a él para que no los prolongue más allá de las fuerza de su siervo. No alcanzaba concebir que la voluntad del Señor fuera el permitir que le trataran tan injustamente por tiempo indefinido; semejante situación debía tener un punto y final. Pero ¿cuándo?

¿Cuándo harás juicio contra los que me persiguen? Había puesto su caso en manos del Señor, y ora pidiendo que dicte ya la sentencia y la ejecute. No deseaba más que justicia, que su conducta fuera vindicada y sus perseguidores silenciados. Sabía con certeza que Dios vengaría ineludiblemente a sus elegidos, pero el día se retrasaba, las horas se arrastraban pesadamente, y el perseguido seguía llorando día y noche implorando liberación.

C.H. SPURGEON

¿Cuántos son los días de tu siervo? ¿Cuándo harás juicio contra los que me persiguen? Algunos leen las dos cláusulas por separado; cual si la primera pregunta fuera un lamento general sobre la brevedad de la vida humana, tal y como lo encontramos también en otros salmos y particularmente en el libro de Job;[43] y la segunda una oración particular del salmista preguntando a Dios cuando pensaba vengarle de sus enemigos. Yo me inclino por unificar el propósito de ambas vinculándolo a

---

[41] La versión griega de los LXX o Septuaginta lee: πόσαι εἰσὶν αἱ ἡμέραι τοῦ δούλου σου πότε ποιήσεις μοι ἐκ τῶν καταδιωκόντων με κρίσιν que la Vulgata traduce al latín como: *"Quot sunt dies servi tui? quando facies de persequentibus me judicium?"*, "¿Cuántos son los días de tu siervo? ¿Cuándo harás justicia contra los que me persiguen?". La versión sefardí de Ferrara traduce: *"Quantos días de tu fiervo? Quando haras en mis perfiguientes juicio?"*. La caldea Peshitta: *"¿Cuántos son los días de tu siervo? ¿Cuándo me harás justicia de los que me persiguen?"*. KRAUS traduce: *"¿Cuántos son los días de tu siervo? ¿cuándo ejecutas tu juicio en mis perseguidores?"*. SCHÖKEL: *"¿Cuántos años me quedan?, ¿cuándo me harás justicia de mis perseguidores?"*. A modo de curiosidad, digamos que este versículo (119:84), junto con el 121, 122 y 132, son los únicos cuatro versículos en todo el Salmo 119 en los que no se hace mención o alusión directa a la ley de Dios. Aunque algunos interpretes entienden que la expresión: *"harás juicio"* puede entenderse como una alusión indirecta a la ejecución de los principios establecidos en la misma.

[42] En hebreo כַּמָּה יְמֵי־עַבְדֶּךָ *kammāh yəmê-'aḇdeḵā*. En Génesis 47:8 encontramos la misma expresión interrogativa dirigida por Faraón a Jacob: כַּמָּה יְמֵי שְׁנֵי חַיֶּיךָ *kammāh yəmê šənê ḥayyeḵā*. Sin embargo JOHANN PETER LANGE [1802-1884] observa que el sentido es distinto: en Génesis 47:8 se lee en el sentido de *"cuantos muchos"*, pregunta Faraón a Jacob admirado ante a longevidad del patriarca; aquí el sentido es de *"cuantos pocos"*, pregunta el salmista a Dios ante lo apurado de su situación e implorando una intervención inmediata. En el Salmo 39:5 llega a la misma conclusión: *"He aquí, diste a mis días la largura de un palmo, y el tiempo de mi vida es como nada delante de ti; ciertamente es como un soplo todo hombre que vive"*.

[43] Job 7:6; 9:25-26; 14:1-12; Salmo 39:4-6; 90:10-12.

las aflicciones de David; cual si hubiera dicho: Señor, ¿hasta cuándo has decidido dejar a tu siervo abandonado a merced de los impíos? ¿Cuándo te enfrentarás a su furia y crueldad para vengarte de ellos? Las Escrituras utilizan con frecuencia el término *"días"* en este sentido ... El hecho de que use el plural: *"días",* denota una porción determinada de tiempo, que, en otros pasajes se compara a los días de un jornalero.[44] El salmista no se lamenta en este pasaje de la transitoriedad de la vida humana, se lamenta de que el tiempo de su lucha este mundo se le estaba haciendo excesivamente largo y prolongado; por tanto, desea, como es natural, que llegue a su fin cuanto antes. Al argumentar y quejarse ante Dios por sus tribulaciones, no lo hace obstinadamente ni con un espíritu de murmuración; tan solo pregunta cuánto tiempo más le será necesario seguir sufriendo, y suplica humildemente que Dios no se demore en socorrerlo.[45]

JUAN CALVINO [1509-1564]

¿Cuándo harás juicio contra los que me persiguen? Con esta pregunta el salmista no trata de expresar dudas, sino todo lo contrario: afirma que llegará un momento en que su aflicción terminará; y que habrá un tiempo en el que sus adversarios y enemigos serán juzgados y castigados. Lo da como un hecho, y en consecuencia, pregunta la fecha. Lo mismo cabe decir para el caso de todos los creyentes: su impaciencia a causa de lo prolongado de la prueba denota su confianza en la salvación y liberación futura.

WOLFGANG MUSCULUS [1497-1563]
"In Sacrosanctum Davidis Psalterium Commentarii", 1573

¿Cuándo harás juicio contra los que me persiguen? Se trata de una oración de carácter global, no va dirigida en contra de nadie en particular, sino contra los enemigos de Dios en general y en particular contra sus malos caminos. Porque el Señor sobre sus hijos ejecuta juicio para su conversión, como hizo con Pablo;[46] y sobre los impíos para su confusión.[47] El salmista ora en contra de aquellos que no pertenecían a Dios; pero no contra ellos como personas sino contra sus malas acciones y causas; no en su calidad de individuos sino en razón de los propósitos perversos ligados a su persona. Es únicamente en este sentido que nos es lícito orar pidiendo la confusión de los enemigos de Dios; no de otra manera.

RICHARD GREENHAM [1531-1591]
"An Exposition on the 119 Psalme", 1612

Vers. 85. *Los soberbios me han cavado hoyos; mas no proceden según tu ley.* *[Los soberbios me han cavado fosas y no proceden según tu ley.* RVR*] [Fosas me han cavado los soberbios, los que no están de acuerdo con tu ley.* LBLA*] [Los soberbios han cavado fosas para mí, lo cual no es conforme a tu ley.* BTX*] [Me han cavado trampas los insolentes, los que no viven conforme a tu ley.* NVI*] [Me han cavado fosas los soberbios, los que no viven de acuerdo a tu ley.* BLP*] [Estos arrogantes que odian tus enseñanzas cavaron hoyos profundos para atraparme.* NTV*]*[48]

[44] Job 14:6; Isaías 16:14.

[45] Dice al respecto CHARLES BRIDGES [1794-1829]: «Quejarse *a Dios* es la marca distintiva de los elegidos; quejarse *de Dios* es incredulidad impía y vergonzosa».

[46] Hechos 9:1-9.

[47] Génesis 11:9; Éxodo 32:27; Deuteronomio 28:20; Josué 10:10; Salmo 59:9; Proverbios 22:12.

[48] La versión griega de los LXX o Septuaginta lee: διηγήσαντό μοι παράνομοι ἀδολεσχίας, ἀλλ' οὐχ ὡς ὁ νόμος σου, κύριε que la Vulgata traduce al latín como: *"Narraverunt mihi iniqui fabulationes, sed non ut*

Los soberbios me han cavado fosas.[49] Como los cazadores de bestias salvajes suelen cavar hoyos y tender trampas, así hacían los enemigos de David buscando la manera de atraparlo. Trabajaron ardua y laboriosamente para destruirlo, echando mano de todas sus habilidades: *"han cavado fosas";* no una, sino muchas; de ese modo si escapaba de una caería en otra, y con este propósito cavaron y cavaron una y otra vez. Resulta un tanto extraño que personajes tan encumbrados y arrogantes se mancharan los dedos cavando hoyos; pero tragaron su orgullo con la esperanza de tragar a su víctima. En realidad deberían haberse sentido avergonzados de tal mezquindad, pero desconocían la vergüenza,[50] antes por el contrario, estaban orgullosos de su astucia; orgullosos de tender una trampa a un hombre piadoso.

Y no proceden según tu ley. Ni los perseguidores ni sus fosas estaban de acuerdo con la ley divina: eran engañadores crueles y astutos, y sus trampas contrarias a los preceptos levíticos y al mandato que nos ordena amar a nuestro prójimo como a nosotros mismos.[51] Si los seres humanos se ajustaran a los estatutos del Señor no cavarían fosas; todo lo contrario: sacarían al caído del pozo, o llenarían el pozo para que nadie tropezara en él; jamás consumirían un instante de su vida esforzándose en causar daño a otros. Pero cuando se llenan de orgullo desprecian a los demás; y esto les induce a provocar su caída para así luego poderlos ridiculizar. David tuvo la suerte de que sus enemigos eran a su vez enemigos de Dios, y que por tanto sus ataques contra él no tenían ninguna aprobación del Señor. También le benefició estar al corriente de sus artimañas, pues le permitió permanecer en guardia y le llevo a controlar bien sus pasos para no caer en sus fosas. Sabía que mientras guardara la ley del Señor estaba a salvo; aunque no dejaba de resultarle molesto que su camino se hubiera vuelto de tal modo peligroso por causa de la astucia maliciosa de sus enemigos.

C.H. SPURGEON

Los soberbios me han cavado fosas. Mi acompañante[52] se comprometió a contarme un par de anécdotas sobre cocodrilos, y me dijo que empezaría explicándome como los cazan: «Solemos cavar a un lado del río un pozo profundo con paredes lisas, colocamos unas cañas sobre la boca y lo tapamos luego con hierba y maleza; cuando los cocodrilos cruzan por encima caen en el pozo y no logran salir» .... Este tipo de fosas se han venido cavando desde tiempos inmemoriales en diversas partes del mundo, y no solo para cazar cocodrilos sino también otros animales. A esta costumbre se alude directamente en numerosos pasajes.[53] Uno de los más explícitos y conocidos es: *"Pozo ha cavado, y ha ahondado; y en el hoyo que hizo caerá"*.[54] Probablemente también este era el tipo de pozo al que se hace referencia en el libro del Éxodo: *"Y si alguno abre un pozo, o cava cisterna, y no la cubre, y cae allí buey o asno"*,[55] es decir, después de haberlo utilizado bajo vigilancia para su propósito lo deja abandonado y no lo rellena o cubre de manera efectiva para evitar accidentes. A

lex tua", "Los inicuos me contaron fábulas; pero nada como tu ley". La versión sefardí de Ferrara traduce: *"Cavaron a mi fobervios cuevas; que no como tu Ley"*. La caldea Peshitta: *"Los inicuos han cavado una fosa para mí, porque no son de tu ley"*. KRAUS traduce: *"Malvados cavaron para mí un foso; los que no observan tus instrucciones"*. SCHÖKEL: *"Me cavan fosas unos insolentes que no se ajustan a tu ley"*.

[49] En hebreo כָּרוּ־לִי זֵדִים שִׁיחוֹת אֲשֶׁר לֹא כְתוֹרָתֶךָ *kārū-lî zêḏîm šîḥōwṯ 'ăšer lō kəṯōwrāṯekā.*

[50] Jeremías 6:15; 8:12.

[51] Mateo 22:39: Lucas 10:27.

[52] En el original *"Hajji"*, probablemente el nombre de un guía o jefe de expedición.

[53] Salmo 9:15; 10:2; 35:8; 141:10; Proverbios 26:27; Eclesiastés 10:8.

[54] Salmo 7:15.

[55] Éxodo 21:33-34. Dice WILLIAM SWAN PLUMER [1802-1880]: «Siendo que la captura de animales mediante fosas estaba prohibida por la ley, cuanto más la de seres humanos». Ver al respecto Salmo 7:15; 9:15; Proverbios 28:10; Eclesiastés 10:8; Jeremías 5:26; 18:20-22.

menudo los prisioneros a veces eran colocados en fosas, y les dejaban abandonados sin agua para matarles de sed literalmente. ¡Qué muerte tan terrible! Se dice que nada peor. ¡Qué espantosos debían de ser sus gemidos!

John Gadsby [1809-1893]
"My Wanderings", 1860

Los soberbios me han cavado fosas. Suena un poco extraño que hombres orgullosos y soberbios se dedicaran a excavar fosas; pero así es; porque el orgullo es capaz de pasar por todo con tal de poder humillar y pisotear a quienes odia: *"El malo, por la altivez de su rostro, no busca a Dios* –y no obstante– *acecha en oculto, como el león desde su cueva; acecha para arrebatar al pobre; atrapa al desdichado atrayéndolo a su red. Se encoge, se agacha, y caen en sus fuertes garras muchos infelices"*.[56] Al orgulloso Absalón no le importóhumillarse con tal de tramar una manera de usurpar el trono de su padre y rey.[57]

Reparemos, sin embargo, que el salmista no dice haber caído en ninguna de esas fosas que cavaron sus enemigos con el propósito de atraparte. No, no: porque en los justos juicios de Dios, quienes son atrapados en la obra de sus propias manos son los malvados, mientras que los justos escapan libres. *"Ha cavado una fosa y la ha ahondado, y ha caído en el hoyo que hizo. Su iniquidad volverá sobre su cabeza, y su violencia descenderá sobre su coronilla"*.[58] Así Amán diseñó personalmente la horca para colgar a Mardoqueo, y acabó en ella;[59] y Saúl, tramó sutilmente que a David cayera bajo la espada de los filisteos, exigiéndole doscientos de sus prepucios como dote,[60] pero fracasó de su propósito y finalmente fue él quién cayó en manos de los filisteos.[61]

William Cowper [1566-1619]
"A Commentary upon CXIX Psalm", 1613

Los soberbios me han cavado fosas. Guárdense los hombres de las fosas que cavan para otros; porque la Palabra de Dios es muy clara en sus testimonios con respecto a tal maldad. Y no obstante ¿cuántas pruebas falsas se inventan simplemente con el propósito de enmarañar conciencias y aportar motivos para justificar la persecución?

William Swan Plumer [1802-1880]
"Studies on the Book of Psalms", 1867

Y no proceden según tu ley. Literalmente en el texto hebreo: *"no siguen tu ley.*[62] Tanto puede referirse a los soberbios o a sus prácticas: los soberbios no andan conforme tu ley; y sus prácticas fraudulentas son contrarias a ella. La ley de Dios condenaba el cavar fosas para atrapar bestias domesticas[63] Aunque era lícito que los cazadores atraparan por este procedimiento bestias salvajes, con

[56] Salmo 10:4, 9-10.
[57] 2 Samuel 15:1-6.
[58] Salmo 7:15.
[59] Ester 7:9-10.
[60] 1 Samuel 18:12-30.
[61] 1 Samuel 31:1-13.
[62] En hebreo אֲשֶׁר לֹא כְתוֹרָתֶךָ *'ăšer lō kəṯōwrāṯeḵā* de תּוֹרָה *torah.*
[63] Éxodo 21:33-34.

todo, debían prestar mucha atención, pues era su responsabilidad, de que en sus fosas no cayera algún animal doméstico.

Thomas Manton [1620-1677]

"One hundred and ninety sermons on the hundred and nineteenth Psalm", 1681

Los soberbios me han cavado fosas; más no proceden según tu ley. Quienes obraban de semejante manera, no podían en modo alguno proceder según la ley de Dios. Esta diciendo que: *"Los soberbios me han cavado fosas,* ***más no proceden según tu ley****";* y da la sensación que era precisamente por ser contrario a la ley que lo hacían, deleitándose en la maldad de lo que hacían; cual si estuvieran poseídos del espíritu maligno que Milton[64] adscribe al arcángel caído: «Tú ¡oh, Mal!, serás mi Bien».[65] El sentido de la frase viene a ser este: «Los soberbios han tratado de derrocarme, porque no son obedientes a tu ley». A la luz de los santos mandamientos de Dios, el salmista establece lo erróneo de su conducta para llegar así a la conclusión que plantea en el versículo siguiente: *"Todos tus mandamientos son verdad; sin causa me persiguen; ayúdame"* (119:86). Cuanto el Señor había decidido lo había decidido en verdad; por tanto, estos hombres procedían contra su siervo sin causa; y con ello desafiaban la voluntad divina establecida y conocida.

John Stephen [1800-1881]

"The Utterances of the CXIX Psalm; Expounded in a Series of Lectures", 1861

Los inicuos me han contado fábulas, pero no según tu ley.[66] La razón particular por la cual pide ser librado de la compañía de los impíos, es porque su actividad favorita es tentar de continuo a los piadosos contándoles las grandezas y delicias de los placeres mundanos; que en realidad no son más que fábulas: ilusiones impúdicas y pasajeras más falaces que reales; en nada comparables a los deleites sólidos y nobles que fluyen constantemente de la observancia de la ley del Señor.

Roberto Bellarmino [1542-1621]

"A Commentary on the Book of Psalms", 1615

---

[64] Se refiere a John Milton [1608-1674] ilustre poeta y escritor, una de las figuras más importantes de la literatura inglesa, conocido especialmente por su poema épico *El Paraíso perdido* a uno de cuyos versos hace referencia Spurgeon.

[65] En el original: *"Evil be thou my Good"*. John Milton, *Paradise Lost, Book IV*, (110). La frase completa en versión española es como sigue: «No hay ya para mí bien posible; en lo sucesivo, tú ¡oh, Mal!, serás mi Bien; por ti al menos reinaré junto con el Señor del cielo, y quizá me toque por reino la mitad del Universo, como el Hombre y ese nuevo mundo lo experimentarán muy pronto».

[66] Así lo traduce la versión griega de los LXX o Septuaginta: διηγήσαντό μοι παράνομοι ἀδολεσχίας, ἀλλ᾽ οὐχ ὡς ὁ νόμος σου, κύριε que la Vulgata traduce como: *"narraverunt mihi iniqui fabulationes sed non ut lex tua"* Dice al respecto:

– Agustín de Hipona [354-430]: «Algunos interpretes latinos han traducido el término griego ἀδολεσχίας por *"delectationes"* (deleites) y otros por *"fabulationes"* (fábulas). Pues existen numerosos libros con la pretensión de ser supuestamente palabra divina, pero que no contienen otra cosa que historias bonitas y narraciones increíbles. En este aspecto los judíos tienen además de la Torá o Sagrada Escritura, la Misná o "tradición oral", que contiene múltiples fábulas; a las que se acoge a menudo la locuacidad de los herejes para apoyar sus invenciones y doctrinas. A todos ellos coloca el salmista en el mismo saco de los inicuos, acusándoles de contar ἀδολεσχίας, esto es, relatos que pueden ser deleitosos de escuchar o incluso bien intencionados, pero *"no como tu ley"*, pues lo de ella le deleita es *"tu verdad"* (119:86), no las palabras redundantes y hermosas».

Vers. 86. ***Todos tus mandamientos son verdad; sin causa me persiguen; ayúdame.*** *[Todos tus mandamientos son verdad; sin causa me persiguen; ayúdame.* RVR*] [Todos tus mandamientos son fieles; con mentira me han perseguido; ¡ayúdame!* LBLA*] [Todos tus mandamientos son fieles, sin causa me persiguen, ¡ayúdame!* BTX*] [Todos tus mandamientos son fidedignos; ¡ayúdame!, pues falsos son mis perseguidores.* NVI*] [Todos tus mandamientos son verdad, ayúdame, que me persiguen sin motivo.* BLP*] [Todos tus mandatos son confiables. Protégeme de aquellos que me persiguen sin causa.* NTV*]*[67]

Todos tus mandamientos son fieles. Con respecto a la ley de Dios no tenía el menor cuestionamiento, a pesar de los numerosos problemas que le había acarreado obedecerla. Fuera cual fuera el coste de guardar sus preceptos estaba seguro de que merecía la pena; sabía que el camino de Dios planteaba tramos duros y difíciles, pero estaba persuadido de que eran justos y verdaderos; le constaba que siguiéndolo se ganaría muchos enemigos, pero también que Dios sería su mejor amigo. Estaba plenamente convencido que los mandamientos divinos repercutirían finalmente en su beneficio, y que obedeciéndolos jamás saldría perdiendo.

Sin causa me persiguen; ayúdame. La culpa y responsabilidad de sus aflicciones recaía directamente en sus perseguidores, no en su Dios ni sobre si mismo. No había hecho daño a nadie, y había procedido en todo momento conforme a la verdad y la justicia, por tanto, apela con confianza a su Dios y clama: *"Ayúdame"*. ¡Una oración de oro puro, tan breve como preciosa! Pocas palabras pero de amplio y profundo significado. Necesitaba ayuda para evitar las trampas, soportar los reproches, y proceder con la sabiduría y astucia necesarias como para desconcertar a sus adversarios.[68] La ayuda de Dios es nuestra esperanza. Con tal de que el Señor esté a nuestro lado no importa quien sea el que pretenda causarnos daño, porque si el Señor nos ayuda, nadie podrá dañarnos.[69] Estas palabras han sido proferidas por creyentes en todo tipo de situaciones problemas y dificultades, porque se ajustan a todas las necesidades: dolor, angustia, debilidad y pecado. *"Ayúdame Señor"*, es una oración adecuada para jóvenes y ancianos; en momentos de dificultad y de sufrimiento, en la vida y en la muerte. Ninguna otra ayuda es bastante, pero la de Dios es suficiente y nos apoyamos en ella sin temor alguno.

C.H. SPURGEON

Todos tus mandamientos son fieles; con mentira me han perseguido; ¡ayúdame! David establece aquí tres puntos. El primero que Dios es fiel; a continuación se reafirma en lo intachable de su proceder y denuncia lo injusto del de sus adversarios: y finalmente clama a Dios pidiendo auxilio en sus aflicciones. Respecto al primero aprendemos de sus palabras que por mucho que Satanás nos zarandee[70] con el propósito ulterior de hacernos caer, y tratando de engañarnos con astucia y sutileza; nuestra actitud ha de ser resistirle: aprender sus trucos y emboscadas y mantenernos alejados de ellas.

---

[67] La versión griega de los LXX o Septuaginta lee: πᾶσαι αἱ ἐντολαί σου ἀλήθεια· ἀδίκως κατεδίωξάν με, βοήθησόν μοι que la Vulgata traduce al latín como: *"Omnia mandata tua veritas: inique persecuti sunt me, adjuva me"*, "Todos tus mandamientos son verdad; inicuamente me han perseguido, ayúdame". La versión sefardí de Ferrara traduce: *"Todos tus mandamientos verdad, (con) falfedad me perfiguieron, ayudame"*. La caldea Peshitta: *"Todos tus preceptos son fieles, pero los inicuos me persiguen"*. KRAUS traduce: *"Todos tus mandamientos son verdad; con mentiras me persiguen, ¡ayúdame!"*. SCHÖKEL: *"Todos tus mandatos son legítimos; sin razón me persiguen, socórreme"*.

[68] Mateo 10:16.

[69] Romanos 8:31-35.

[70] Lucas 22:31.

¿Cómo debemos proceder cuando nos sentimos afligidos por la adversidad y la aflicción? Satanás nos lanza sus redes impunemente, sin que nada lo detenga, y nos tiende sus emboscadas buscando inducirnos o persuadirnos que caigamos en ellas. ¿Y cómo reaccionamos nosotros? Nos da la impresión de que Dios nos ha abandonado y nos preguntamos con amargura: ¿dónde han quedado sus promesas en las que tanto confiábamos? Nos sentimos desdichados y abandonadas; y finalmente concluimos que Dios nos ha engañado ya que sus promesas, en las cuales confiábamos, no valen de nada. ¡Así es de sutil Satanás; ya nos tiene donde quería! ¿Qué hacer en una situación semejante? Reaccionar de la manera en que lo hizo David: reafirmándonos en que Dios es fiel y verdadero. Mantengamos viva en nuestra mente la fidelidad de Dios y usémosla como escudo para protegernos de cuanto Satanás intente lanzarnos. Cuando trate de persuadirnos para que neguemos nuestra fe; cuando nos mienta descaradamente intentando convencernos de que Dios nos ignora y no nos toma en cuenta, o de que es inútil que confiemos en sus promesas porque no se cumplen; hagamos todo lo contrario: reafirmemos nuestra fe potenciando en nuestra mente la idea de que Dios es fiel y verdadero. Por muchos dardos que Satanás arroje contra nosotros, por encima de lo que jamás haya hecho anteriormente; a pesar de que duplique los instrumentos con los que con astucia y sutileza trata de engañarnos; aunque recurra eventualmente a la violencia; aunque nos de la sensación de que nos tiene acorralados y vencidos; recordemos que no tenemos motivos para preocuparnos: porque la fidelidad de Dios será en nuestros corazones cada vez más cierta y segura.

JUAN CALVINO [1509-1564]

Todos tus mandamientos son fieles. La palabra hebrea que utiliza aquí el salmista es אֱמוּנָה *'ĕmūnāh*, fidelidad; es decir, son: verdaderos, seguros, equitativos, infalibles.

Sin causa me persiguen. Es decir, por defender las verdades y mandamientos divinos y apegarse a ellos.

JOHN TRAPP [1601-1669]

"A commentary or exposition upon the books of Ezra, Nehemiah, Esther, Job and Psalms", 1657

Sin causa me persiguen. El término hebreo שֶׁקֶר *šeqer,* que traducimos como "falsamente" o "sin causa", es muy amplio en significados y plantea aquí un énfasis especial; pues como bien se dice de los santos mártires: «Lo que hace al mártir no es el dolor, sino la causa».[71] Por ello el apóstol nos amonesta a que: *"ninguno de vosotros tenga que padecer como homicida, o ladrón, o malhechor, o por entremeterse en lo ajeno; pero si alguno padece como cristiano, no se avergüence, sino glorifique a Dios por ello"*.[72]

JOHN MASON NEALE [1818-1866] y RICHARD FREDERICK LITTLEDALE [1833-1890]

"Commentary on the Psalms from Primitive and Mediæval Writers", 1869

¡Ayúdame! Exclamar: *¡Señor, ayúdame!* es la oración más excelente y completa que se pueda pronunciar. Y es muy de lamentar que se utilice a la ligera con tanta frecuencia, a modo de atajo.

MATTHEW HENRY [1662-1714]

"Commentary on the Whole Bible", 1811

---

[71] La frase, tal como figura en el original inglés *"The cause, not the pain, makes de martyr"* se atribuye a SAN AGUSTÍN [354-430] *Sermón 275.1.* NAPOLEÓN BONAPARTE [1769-1821] la pronunció en un formato algo distinto: «Es la causa, no la muerte, lo que hace al mártir».

[72] 1 Pedro 4:15-16.

Vers. 87. ***Casi me han echado por tierra, pero no he dejado tus mandamientos.*** *[Por poco me extirpan de la tierra, pero no he dejado tus mandamientos.* RVR*] [Casi me destruyen en la tierra, mas yo no abandoné tus preceptos.* LBLA*] [Casi me han echado por tierra, pero yo no abandono tus preceptos.* BTX*] [Por poco me borran de la tierra, pero yo no abandono tus preceptos.* NVI*] [En esta tierra casi me destruyen, pero yo no abandoné tus preceptos.* BLP*] [Casi acaban conmigo, pero me negué a abandonar tus mandamientos.* NTV*]*[73]

Por poco me extirpan de la tierra. Llevándole a fracasar en todo, sus enemigos casi le habían destruido por completo. Y le hubieran tragado si hubieran podido; quemado vivo; o cualquier cosa similar; lo que fuera con tal de acabar con el piadoso incómodo. Había caído en gran medida bajo su poder; y habían arremetido contra él con fuerza hasta el punto de dejarle exhausto y consumido. Se sentía casi cual si hubiera desaparecido de la faz de la tierra; pero no del todo, salvó la piel por un pelo escapando con vida de entre sus afilados dientes. Porque los leones están encadenados; y pueden rugir pavorosamente, pero no hacer más de lo que Dios les permite;[74] y el salmista percibe y puntualiza esos límites de su poder diciendo: *"de la tierra"*. En cualquier caso solo podrían tocar su vida física y sus bienes terrenales. Y de hecho, aquí en la tierra prácticamente lo devoraron; pero contaba con una porción eterna que ellos no alcanzaban a mordisquear, tan siquiera a oler.

Mas yo no abandoné tus preceptos. Nada lograría apartarlo de obedecer al Señor. Si nos apegamos a sus preceptos, seremos rescatados por sus promesas. Si la crueldad y abuso hubieran conseguido desviar al salmista del camino recto, el propósito de los impíos se habría cumplido, y nosotros no habríamos alcanzado a saber nada más de David. Pero si estamos resueltos a morir antes que abandonar al Señor, tengamos la plena certeza de que no moriremos, sino que viviremos hasta ver el derrocamiento de aquellos que nos aborrecen.[75]

C.H. SPURGEON

Por poco me extirpan de la tierra. Las vidas de la mayoría de personas piadosas están llena de liberaciones y huidas por los pelos. Con frecuencia a los justos les viene de un tris salvarse; y es habitual que sus pies resbalen casi por completo. Pero Aquel que los ha redimido jamás los deja caer de

---

[73] La versión griega de los LXX o Septuaginta lee: παρὰ βραχὺ συνετέλεσάν με ἐν τῇ γῇ, ἐγὼ δὲ οὐκ ἐγκατέλιπον τὰς ἐντολάς σου que la Vulgata traduce al latín como: *"Paulominus consummaverunt me in terra; ego autem non dereliqui mandata tua"*, "Por poco no acabaron conmigo en la tierra; más yo no he abandonado tus mandamientos". La versión sefardí de Ferrara traduce: *"Quafi me atemáran en la tierra, e yo no dexee tus encomendanças"*. La caldea Peshitta: *"Por poco me destruyen en la tierra, pero yo no he dejado tus preceptos"*. KRAUS traduce: *"Casi habrían acabado conmigo en el país, pero yo no abandono tus ordenanzas"*. SCHÖKEL: *"Casi dieron conmigo en la tumba, pero yo no abandoné tus decretos"*.

[74] Una alusión a la famosa obra alegórica de JOHN BUNYAN [1628-1688]: "El progreso del Peregrino". En el Capitulo VIII, nos cuenta de cómo Cristiano al acercarse al palacio llamado "Hermoso", se quedó aterrorizando frente a dos leones que le cortaban el paso con sus rugidos; y no se atrevía a seguir hasta que Vigilante, el portero del palacio, le explico que los leones estaban encadenados. Finalmente entró en el palacio y fue bien recibido y agasajado por Prudencia, Piedad y Caridad. Ambas partes de la obra Bunyan: "El Peregrino" y "La Peregrina" han sido publicadas en español por CLIE.

[75] Salmo 118:17.

tal forma que no puedan volver a levantarse. Con todo, uno de los mayores peligros que enfrentan es la tentación de utilizar medios ilícitos para acabar con sus pruebas y tribulaciones.[76]

WILLIAM SWAN PLUMER [1802-1880]
"Studies on the Book of Psalms", 1867

Por poco me extirpan de la tierra. Es importante reparar en que dice *"de la tierra"*. Con lo cual nos viene a decir que aún cuando sus enemigos hubieran llegado al punto de arrebatarle la vida física, confiaba en otra vida mejor en el cielo. De hecho, por medio de la fe, viviendo una vida celestial, habitaba ya en el cielo, por tanto, aunque le privaran de la terrenal no lo consideraba un mal grave. Quienes viven de semejante manera: con un pie en el cielo; aunque físicamente sigan morando en la tierra, recuperarse de las adversidades, y del desespero que estas conllevan, les toma poco tiempo.

HENRICUS MOLLERUS [1530-1589]
"Enarrationis Psalmorvm Davidis, ex praelectionibvs", 1639

Vers. 88. ***Vivifícame conforme a tu misericordia, y guardaré los testimonios de tu boca.*** *[Vivifícame conforme a tu misericordia, y guardaré los testimonios de tu boca.* RVR*] [Vivifícame conforme a tu misericordia, para que guarde el testimonio de tu boca.* LBLA*] [Vivifícame conforme a tu misericordia, y guardaré los testimonios de tu boca.* BTX*] [Por tu gran amor, dame vida, y cumpliré tus estatutos.* NVI*] [Mantenme vivo por tu amor, que yo respetaré los mandatos de tu boca.* BLP*] [En tu amor inagotable, perdona mi vida; entonces podré continuar obedeciendo tus leyes.* NTV*]*[77]

Vivifícame conforme a tu misericordia. ¡La oración más sabia y bendita que se pueda pronunciar! Si nuestra piedad personal es reavivada, estaremos fuera del alcance de nuestros agresores. Nuestra mejor protección frente los perseguidores y tentadores, es: más vida. La mejor manera en la que bondad y misericordia divina pueden favorecernos, y en mayor grado, es otorgándonos una vida más abundante. Cuando somos vivificados estamos en condiciones de soportar la aflicción, desconcertar la astucia del enemigo, y vencer el pecado. Contemplemos la bondad y la misericordia de Dios como fuente de avivamiento espiritual, y supliquemos al Señor que nos ayude, no en base a nuestras limitaciones, sino conforme al poder ilimitado de su gracia. Qué palabra tan bendita es esta:

[76] AGUSTÍN DE HIPONA [354-430] asocia este versículo con las persecuciones de la Iglesia y la época de los mártires: «De los cuales se hizo enorme exterminio cuando predicaban y confesaban la verdad; y que para poder guardar: *"los testimonios de tu boca"*, necesitaron ser *"vivificados conforme a la misericordia"* (119:88), de lo contrario hubieran sucumbido ante la crueldad y saña de sus perseguidores. […] Fue una época en la que la Iglesia fue casi extirpada de la faz de la tierra, pues si no les hubiera sido concedido lo que pedían *"vivifícame conforme a tu misericordia"*, hubieran claudicado; y tratando de conservar la vida temporal hubieran perdido la vida eterna. Pero fueron vivificados, y todos los que se resistieron a negar la verdad con tal de conservar su vida perecedera, siendo fieles hasta la muerte y muriendo por la verdad, alcanzaron la vida verdadera (Apocalipsis 2:10)».

[77] La versión griega de los LXX o Septuaginta lee: κατὰ τὸ ἔλεός σου ζῆσόν με, καὶ φυλάξω τὰ μαρτύρια τοῦ στόματός σου que la Vulgata traduce al latín como: *"Secundum misericordiam tuam vivifica me, et custodiam testimonia oris tui"*, "Según tu misericordia dame vida, y guardaré los testimonios de tu boca". La versión sefardí de Ferrara traduce: *"Según tu merced abiviguame, y guardaree teftamento de tu boca"*. La caldea Peshitta: *"Vivifícame según tu misericordia, para que guarde el testimonio de tu boca"*. KRAUS traduce: *"¡Conforme a tu bondad, vivifícame, y obedeceré el testimonio de tu boca!"*. SCHÖKEL: *"Según tu misericordia, dame vida, y guardaré la instrucción de tu boca"*.

"lovingkindness".[78] Diseccionémosla y admiremos toda la fuerza de su doble significado en sus dos términos: *"love"* y *"kindness"*, "amor" y "bondad", dulcemente ligados en una misma expresión.

Y guardaré los testimonios de tu boca. Si somos reavivados por el Espíritu Santo, nos preocuparemos de mostrarlo en nuestro carácter y comportamiento. Si el Espíritu nos visita haciéndonos fieles nos mantendremos fieles a la sana doctrina. Nadie tiene capacidad para guardar los testimonios de la boca del Señor a menos que los propios testimonios de la boca del Señor le vivifiquen. Deberíamos admirar en gran medida la prudencia espiritual del salmista, que no ora tanto para ser librado de la tribulación como para una vida renovada y sentirse fortalecido en ella. Cuando nuestra vida interior es vigorosa, todo funciona correctamente. En el versículo final de la décima octava[79] David ora por un corazón *"integro"*, y aquí anhela un corazón *"vivificado"*; va directo al meollo, a la raíz de la cuestión, buscando de todas las cosas lo más importante y necesario. ¡Señor, obra en nuestros corazones, y haz que sean conforme a tu voluntad!

C.H. SPURGEON

Vivifícame conforme a tu misericordia. El salmista suplica al final de la octava ser vivificado, para así poder guardar los testimonios divinos ... Apela a un último recurso, pero el más seguro. Pues tan pronto los principios vivificantes de la gracia divina son implantados en el alma del creyente, se vigoriza y eleva por encima del desaliento ante los ojos atónitos de cuantos le contemplan. ¡Que espectacular es el triunfo de la mente espiritual[80] incluso sobre las debilidades y enfermedades del cuerpo! Algo susceptible de comprobar en el lecho de muerte de cualquier creyente, y que hemos podido constatar en la vida y muerte de tantos y tantos santos eminentes. El hombre íntegro y de mente pura va directo a la fuente de la vida. Y no va a ciegas, sino con pleno conocimiento de causa, porque hace suyas las palabras que por boca de su siervo David pronunció el Señor acerca de sí mismo: *"Vivifícame conforme a tu misericordia"*.[81] Y de inmediato se ausenta de sus enemigos para estar presente con su Dios.[82] Su deseo es elevarse a un plano superior, a una existencia espiritual más excelsa, para poder mantener una comunión más estrecha con el Padre de las luces en el cual no hay mudanza, ni fases ni períodos de sombra.[83]

JOHN STEPHEN [1800-1881]
"The Utterances of the CXIX Psalm; Expounded in a Series of Lectures", 1861

Vivifícame conforme a tu misericordia. Había orado anteriormente diciendo: *"vivifícame por tu justicia"* (119:40); aquí: *"vivifícame conforme a tu misericordia"*. La demostración más palpable y segura de la buena voluntad de Dios para con nosotros es su buena obra en nosotros.[84]

MATTHEW HENRY [1662-1714]
"Commentary on the Whole Bible", 1811

---

[78] En el original: *"loving kindness"*. Así es como traduce el texto la versión inglesa KJV el término hebreo כְּחַסְדְּךָ *kəḥasdəḵā* de חֶסֶד *checed* aunque la mayoría de versiones españolas se limitan a traducirlo como *"misericordia"*. Ver al respecto el comentario del propio Spurgeon al Salmo 51:1 y sus correspondientes notas 257 y 258; y la nota 71 en Salmo 119:77.

[79] י *Yod* (119:7-80).

[80] 1 Corintios 2:16.

[81] Salmo 16:10; 71:20; 119:25, 37, 40, 107, 149, 154; 159; 143:11; Juan17:1; Hechos 2:25-27.

[82] 2 Corintios 5:6-8.

[83] Santiago 1:17.

[84] Filipenses 1:6.

Vivifícame conforme a tu misericordia. Esta misma petición la repite David numerosas veces a lo largo del Salmo; parece extraño que con tanta frecuencia se describa a si mismo como un muerto deseoso de que Dios le reavive. Pero así es con todos los hijos de Dios: cualquier debilidad o deserción es una forma de muerte. Tan deseosos estamos de vivir para Dios, que cuando fracasamos y detectamos en nuestra alma algún obstáculo o impedimento que nos incapacita para servirle como quisiéramos, nos sentimos como muertos, y experimentamos el impulso de rogar al Señor que nos vivifique.

WILLIAM COWPER [1566-1619]
"A Commentary upon CXIX Psalm", 1613

Y guardaré los testimonios de tu boca. El título aplicado aquí al directorio de nuestros deberes: *"los testimonios de tu boca",* potencia nuestras obligaciones hasta el extremo. Hemos de considerar cada palabra que leamos o escuchemos como salida directamente de *"la boca de Dios"*.[85] ¡Qué reverencia tan grande y sumisión tan absoluta exige esto! ¡Que cada palabra que *"sale de su boca"* nos encuentre siempre en una actitud de atención, humildad y fe, listos para exclamar: *"Habla, Señor, que tu siervo escucha"*.[86]

CHARLES BRIDGES [1794-1869]
"Exposition of Psalm 119", 1827

[85] Mateo 4:4; Juan 6:63.
[86] 1 Samuel 3:9.

ל Lámed[1]

Versículos del 89 al 96

Versión poética

Lámed

Tus palabras, Señor, son tan seguras,
tan invariables son y duraderas
como los cielos, que por su constancia
un ejemplo nos dan de su firmeza.

Las edades, los siglos, y los tiempos
no alterarán jamás tu consistencia,
como nada jamás alterar puede
la solidez que distes a la tierra.

Y por eso los días se suceden
los unos pasan, y los otros llegan,
porque así lo quisiste, y cada cosa
toma el carácter que tu ley ordena.

Si la contemplación de tu ley santa
no me hubiera advertido tus promesas,
quizá mi alma no hubiera resistido
de tanto ataque la feroz violencia.

Así no olvidaré cuanto contiene
esa ley soberana, pues con ella
hasta aquí me sostienes y confortas,
y todavía mi valor espera.

Soy todo tuyo ¡oh Dios! todo soy tuyo,
pues mi rendido corazón no anhela

---

[1] Felipe Scio de San Miguel [1738-1776] en una nota a su traducción de la Vulgata indica que los Padres de la Iglesia aplican a la letra hebrea: ל *Lamed,* distintos significados: Por ser la primera letra de las tablas de la Ley, que comienzan con un לֹֽא יִהְיֶה־לְךָ֛ *lō yihyeh-ləḵā, "No tendrás…"*, Jerónimo de Estridón [347-420] y Ambrosio de Milán [340-397], la relacionan con *"el corazón"*, que el hebreo comienza también con la misma letra: לֵב *leb,* y que es donde debemos atesorarla (119:11). Pero el *"Psalterium Romanum"* la aplica a *"la enseñanza"*, puesto que la palabra clave relacionada con ל *lámed* es לָמַד *lamad,* que significa "aprender". Los cabalistas nos dicen que el ideograma de ל *lámed,* con un brazo extendido hacia el cielo y el otro hacia la tierra, describe la conexión permanente entre ambas cosas, lo que encaja a la perfección con el mensaje de los dos primeros versículos de la octava: *"Para siempre, Señor, permanece tu palabra en los cielos ... como tú has fijado la tierra, y está firme"* (119:89-90).

más que saber tu voluntad divina,
para que norte de mis obras sea.

Mis enemigos bárbaros aguardan
una buena ocasión en que me pierdan;
más mientras ellos buscan mi ruina
yo de tu ley medito la excelencia.

Considero de todo lo creado
las cosas más sublimes y perfectas,
y me parecen todas inferiores
si se comparan con tu ley excelsa.

Del "Salterio Poético Español", Siglo xviii

Comentario general a los versículos del 89-96: Alcanzamos aquí el clímax en el curso de peregrinación del suplicante. Hemos llegado a mitad del Salmo, el punto central, donde el hilo de conexión se interrumpe intencionadamente. La esencia de las once primeras octavas ha sido: «Hasta aquí me trajo el Señor: ¿acaso he de perecer ahora?».[2] A lo que las once octavas siguientes responden: «La palabra de Dios es firme y permanece inmutable, sin cambios; por tanto, a pesar de tan negros presentimientos, el Señor me vivificará y perfeccionará en mí la obra que comenzó».[3]

Joseph Francis Thrupp [1827-1867]
"Introduction to the Psalms", 1860

[2] 1 Samuel 7:12; Hechos 26:22; 2 Corintios 1:10.

[3] Salmo 138:8; 1 Corintios 1:8; Filipenses 1:6; 2:13; 1 Tesalonicenses 5:23-24; 1 Pedro 5:10. Francisco Lacueva [1911–2005] en su versión española del "Comentario de Matthew Henry" ofrece el siguiente resumen: «Esta octava, cuyo optimismo contrasta con la depresión de la octava anterior, podría llevar por título: 'El triunfo de la fe'.

»1. El salmista comienza con un entusiasta reconocimiento de la fidelidad de Dios (119:89-91), la cual tiene los caracteres de: (A) celestial y, por tanto, inmutable como los cielos (119:89); (B) eterna, de generación en generación, a perpetuidad, como la tierra cuyo fundamento ha sido puesto por Dios (119: 90); y (C) soberana, pues los cielos y la tierra, con todo lo que contienen, así como las vicisitudes de la historia, todo ello sirve a los propósitos de la voluntad divina (119:91). La fidelidad (119:90) es la verdad de Dios (ambos vocablos אֵמוּן *emun* y אֱמֶת *emeth* tienen en hebreo la misma raíz: אָמַן *aman,* "estar seguro"), y Dios no puede mentir ni contradecirse a sí mismo: Dios es la verdad (ver Juan 14:6). Y la Palabra de Dios: sus promesas y sus normas, participan de las cualidades divinas. Todo lo creado, por perfecto que sea, tiene un límite; la Palabra de Dios no lo tiene (119:96).

»2. La Biblia es un buen compañero en todo tiempo. El salmista reconoce que, si la ley de Dios no hubiese sido su delicia, habría perecido en su desdicha (119:92) pues habría carecido de fuerzas para continuar en la brecha, mientras que los mandamientos de Dios le dan la vida (119:93). Aquí vemos que el mejor remedio contra el mal recuerdo es el buen afecto. 3. El mismo remedio halla el salmista al recordar los muchos males que contra él han tramado los malvados (119:95): el prestar constante atención a los testimonios de Dios es el mejor medio de escapar del peligro en que sus arrogantes enemigos querían hacerle caer».

Vers. 89. ***Para siempre, oh Jehová, permanece tu palabra en los cielos*** *[Para siempre, oh Jehová, permanece tu palabra en los cielos.* RVR*] [Para siempre, oh Señor, tu palabra está firme en los cielos.* LBLA*] [Oh YHVH, tu Palabra permanece en los cielos para siempre.* BTX*] [Tu palabra, Señor, es eterna, y está firme en los cielos.* NVI*] [Señor, tu palabra es eterna, en los cielos permanece firme.* BLP*] [Tu eterna palabra, oh Señor, se mantiene firme en el cielo.* NTV*]*[4]

Para siempre, oh Jehová, permanece tu palabra en los cielos. La experiencia sumada a un mayor conocimiento de la Palabra ha proporcionado al dulce cantor una mayor seguridad, lo que hace que el poema adopte un tono más alegre. Tras debatirse azorado en un mar de problemas, el salmista alcanza finalmente la orilla y se encarama a una roca. La palabra de Jehová no es incierta ni voluble; está establecida, determinada, es fija e inmutable, inamovible. Las enseñanzas de los hombres cambian con tal frecuencia que jamás puede decirse de ellas que estén establecidas; pero la Palabra del Señor es desde el principio, sigue inmutable y permanecerá sin cambios eternamente.[5] Hay personas que cuando consiguen trastornarlo todo y desestabilizar a todos se sienten de lo más felices; pero la mente de Dios no está con ellos. El poder y la gloria del cielo han dado confirmación a cada sentencia salida de la boca del Señor, corroborando que permanecerá inmutable por toda la eternidad, asentada en los cielos donde nada puede alcanzarla. En la octava anterior vimos como el alma de David desfallece (119:81); pero aquí proyecta su mirada más allá sí mismo y percibe que el Señor no desmaya, ni se fatiga, ni falta a su palabra.[6]

Este versículo adopta la forma de una adscripción de alabanza: la fidelidad e inmutabilidad de Dios son temas apropiados para un himno santo. Cuando nos sintamos hastiados de contemplar el escenario inestable y cambiante de esta vida, llenemos nuestra boca de canto con el pensamiento de la promesa inmutable. Los propósitos, promesas y preceptos de Dios están todos ellos asentados en la mente divina, y ninguno será perturbado. Las cláusulas y condiciones del pacto permanecerán inalterados, no importa cuán inestables sean los pensamientos de los hombres; por tanto, afirmémonos en la idea que permanecemos en la fe de nuestro Señor mientras tengamos existencia y ser.

C.H. SPURGEON

Para siempre, oh Señor, tu palabra está firme en los cielos. Estas palabras se traducen por regla general como una sola frase o proposición; pero en el hebreo el acento pausal (marcado por el *atanach*) nos muestra que hay dos vertientes: una que afirma la eternidad de Dios; y la otra la constancia y permanencia de su Palabra. Por lo tanto, la frase puede partirse en dos conceptos del siguiente modo: (1) *"Para siempre eres tú, oh Señor"*; y (2) *"Tu palabra esta firme en los cielos"*. Así lo traducen la

[4] La versión griega de los LXX o Septuaginta lee: εἰς τὸν αἰῶνα, κύριε, ὁ λόγος σου διαμένει ἐν τῷ οὐρανῷ que la Vulgata traduce al latín como: *"In aeternum, Domine, verbum tuum permanet in caelo"*, "Eternamente, Señor, tu palabra permanece en el cielo". La versión sefardí de Ferrara traduce: *"Para fiempre Adonay, tu palabra eftan en cielos"*. La caldea Peshitta: *"Tú eres eterno, oh Yahweh, y tu palabra está firme en los cielos"*. KRAUS traduce: *"Tu palabra, ¡oh Yahvé!, permanece eternamente, está firmemente asentada en el cielo"*. SCHÖKEL: *"Tu palabra, Señor, en el cielo está firme por siempre"*.

[5] Isaías 40:8; Mateo 5:18; 24:35; Marcos 13:31; 1 Pedro 1:25. Dice al respecto JOHANN PETER LANGE [1802-1884]: «La palabra de Dios es inmutable, no cambia; es el hombre quien debe cambiar a la luz de ella, ajustando su proceder a ella, si no quiere arriesgarse a ser un día juzgado por ella».

[6] Isaías 40:28; Salmo 121:4.

versión siríaca;[7] Geierus,[8] y posteriormente otros que han aceptado y aprobado esta lectura. De este modo el versículo ochenta y nueve (119:89) y el siguiente (119:90) encajan muchísimo mejor tanto en sus respectivas clausulas iniciales: «Puesto que tú eres *para siempre, oh Jehová, ... tu fidelidad permanece por todas las generaciones»,* dos conceptos paralelos y coincidentes; como en sus cláusulas finales: «Puesto que *tu palabra esta firme en los cielos ... tú estableciste la tierra, y ella permanece».*

Implica que así como Dios es eterno, lo es también su Palabra, que tiene una representación apropiada tanto en el cielo como en la tierra. Que como su Palabra está firme en los cielos, así también lo está su fidelidad en la tierra, aunque las numerosas aflicciones de los fieles parezcan cuestionarlo.

THOMAS MANTON [1620-1677]
"One hundred and ninety sermons on the hundred and nineteenth Psalm", 1681

Para siempre, oh Señor, tu palabra está firme en los cielos. A pesar de que Job llega a la conclusión que su cuerpo se ha convertido en un amasijo de polvo y gusanos,[9] su fe sigue diciendo: *"Yo se que mi Redentor vive, y al fin se levantará sobre el polvo"*.[10] Aun cuando su paciencia sucumbió, su fe no falló. Incluso si Dios aniquila todas las demás gracias y consuelos –exclama–, incluida mi propia alma, con todo, no dará muerte a mi fe; aun cuando separe mi alma del cuerpo, no desasociará la fe de mi alma. Y, por tanto, el justo vive por la fe[11] más bien que por otras gracias, porque cuando todo ha desaparecido permanece la fe, y la fe permanece porque permanece la promesa: *"Para siempre, oh Señor, tu palabra está firme en los cielos"*. Este es el significado correcto y principal de este versículo.

MATTHEW LAWRENCE
"The Use and Practice of Faith", 1657

Para siempre, oh Señor, tu palabra está firme en los cielos. Si miramos a las palabras divinas de promesa a través del prisma de nuestros corazones inestables, llegamos a la conclusión de que están prontas a vacilar, tanto como vacilan nuestros corazones. De la misma manera como la imagen del sol y de la luna reflejadas en el agua parecen temblar tanto como tiemble el agua sobre la que brillan. Y sin embargo, por mucho que parezcan temblar sobre el agua, el sol y la luna permanecen firmes siguiendo su curso en el cielo. El salmista nos dice que por mucho que nuestros corazones, debido a su incredulidad, se tambalean ante una promesa, y ello nos lleve a menudo a imaginar que la promesa se tambalea; con todo, la palabra de Dios sigue firmemente establecida; no en nuestros corazones, pero sí *"en los cielos"*; donde esta establecida *"para siempre"*, tan firmemente establecida como el propio

[7] Existen cuatro versiones siríacas importantes: la SIRÍACA ANTIGUA (S. II); la SIRÍACA CURETONIANA, una copia de la siríaca antigua producida en el siglo V que se conserva en el Museo Británico de Londres desde 1842; la SIRÍACA PESHITTA (S. IV), la más conocida, una revisión de la versión siríaca antigua que llegó a ser la "versión autorizada" de la iglesia siríaca; y la SIRÍACA FILOXENIA (principios del s. VI), conocida también como *Heracleana* porque algunos creen que fue reeditada por Tomás de Heraclea. Ver en la nota 4 la traducción que hace la Peshitta.

[8] Se refiere al erudito profesor y exegeta bíblico alemán MARTINUS GEREIUS, también conocido por MARTÍNI GEIERI y o MARTÍN GEIGER [1614-1680], prolífico autor de obras de espiritualidad y numerosos comentarios bíblicos, entre ellos el *Commentarius in Psalmos Davidis,* 1695, y el *In Psalmos Davidis praelectiones publicae et collectanea,* publicado en 1668, ambos citados y transcritos por Spurgeon.

[9] Job 7:5; 19:20.

[10] Job 19:25.

[11] Habacuc 2:1-4; Romanos 1:17; Gálatas 3:11; Hebreos 10:38.

cielo; sí, y más aún, porque *"el cielo y la tierra pasarán"*[12] pero *"más fácil es que pasen el cielo y la tierra, que se frustre una tilde de la ley"*[13] y por tanto del Evangelio.

ANTHONY TUCKNEY [1599-1670]

Para siempre, oh Señor, tu palabra está firme en los cielos. J. M. Good[14] traduce este versículo de la siguiente manera: *"Para siempre, oh Jehová, tu palabra ha sido desplegada en los cielos"*, y observa que el verbo hebreo נִצָּב *niṣṣāḇ* de נָצַב *natsab* es un término militar que se aplica y desplegar las divisiones de un ejército en sus formaciones adecuadas para tomar posiciones. Da a entender el salmista cual si los ejércitos de los cielos[15] estuvieran desplegados o dispuestos en orden similar con el propósito de mantener eternamente las obligaciones que les han sido impuestas y proclamar la palabra del Señor: tanto la tierra como los cielos mantienen un orden de marcha establecido que les fue prescrito y que cumplen con idéntica exactitud porque ambos son servidores del gran Creador; y en la medida en que van desplegando sus formaciones dan lugar a esta hermosa regularidad como son las estaciones del año y los ricos frutos de la cosecha; y con ello proclaman día tras día la gloria del Señor.[16]

C.H. SPURGEON

Tu palabra está firme en los cielos. Cada vez que levantes los ojos a los cielos recuerda que allí tienes al Dios que ha fijado en ellos su residencia y mostrado su gloria, convirtiéndolos en el trono tanto de su misericordia como de su justicia;[17] y tienes también al Salvador que después de haber muerto por nuestros pecados,[18] se sentó a la diestra de la Majestad de Dios[19] para ver cumplidas sus promesas y para someter al mundo por su palabra.[20] Recuerda que hay en ellos *"ángeles, poderosos en fortaleza, que ejecutáis su palabra, obedeciendo a la voz de su precepto"*;[21] y santos glorificados que ven a Dios cara a cara y moran con él por toda la eternidad,[22] que están allí en razón del mismo pacto que nos ha sido otorgado como la garantía de nuestra paz y esperanza.[23] Que en la región más cercana e inmediata de los cielos están el sol, la luna y todos los cuerpos celestes, que se mueven fija y pausadamente en su curso y orden establecido según Dios les prescribió.[24] ¿Piensas acaso que Dios hará patente su inmutabilidad de forma tan manifiesta en el curso de la naturaleza; y será voluble y cambiante en el pacto de gracia, mediante el cual ha dispuesto el orden y establecido el método de su misericordia?

THOMAS MANTON [1620-1677]
"One hundred and ninety sermons on the hundred and nineteenth Psalm", 1681

---

[12] Mateo 24:35.

[13] Lucas 16:17.

[14] Se refiere al médico y escritor inglés JOHN MASON GOOD [1764-1827] y particularmente a su obra *"An Historical Outline of the Book of Psalms"*, 1842.

[15] 1 Reyes 22:19; Nehemías 9:6; Salmo 33:6; 103:21; Isaías 34:4; 40:26; 45:12; Daniel 8:10.

[16] Salmo 19:1; 33:6; 50:6; 148:3-4; 150:1-2; Romanos 1:19-20;

[17] 1 Reyes 22:19; Isaías 66:1; Mateo 5:34-35; Hechos 7:48-50.

[18] 1 Pedro 2:24; 3:18.

[19] Hechos 7:55-56; Romanos 8:34; Efesios 1:20; Colosenses 3:1; 1 Pedro 3:22.

[20] Mateo 28:18; 1 Corintios 15:27; Filipenses 2:9-11; Hebreos 2:8.

[21] Salmo 103:20.

[22] Apocalipsis 7:9.

[23] Efesios 2:1-16

[24] Job 38:4-7; Salmo 102:25; 104:5; Isaías 40:22; 42:5; Jeremías 10:12; Hebreos 1:10.

Vers. 89-91. En estos versículos el salmista establece una analogía entre la Palabra de Dios y las obras de Dios. De su *"Palabra"* dice que está *"establecida en los cielos"* (119:89) y de su fidelidad que persiste de generación en generación (119:90). De sus *"obras",* en especial de aquellas que están a nuestro alrededor incluida la tierra en que habitamos, afirma que fueron establecidas al principio y permanecen inmutables desde entonces. Y finalmente, para rematar y perfeccionar la similitud entre ambas, dice que *"Por tu ordenación persisten todas las cosas hasta hoy, pues todas ellas son siervas tuyas"* (119:91), equiparando así la seguridad y firmeza de la Palabra salida de la boca de Dios, con la constancia y estabilidad inmutable del universo que creó y sostiene en sus manos.

La inmutabilidad, fiabilidad, exactitud y persistencia del universo es un rasgo bien conocido por la observación humana a lo largo de los siglos, y una de las cosas que más ha impresionado y fascinado a los seres humanos. Ya los antiguos filósofos detectaron lo invariable que era la naturaleza en todos sus procesos, y cuanto más va siendo tamizada minuciosamente y puesta a prueba por las investigaciones modernas, más certeza tenemos de que sigue una regla inmutable, que no conoce variación aleatoria, antes por el contrario persevera con paso obediente en ese orden y curso uniforme que le fue establecido en el principio, y en cual el ojo más estricto del escrutinio humano jamás ha detectado un cabello de desviación. A los hombres de ciencia ya no les cabe duda de que cualquier irregularidad aparente detectada en el universo se debe, no a inconstancia por parte de la naturaleza, sino a la ignorancia y limitado conocimiento del hombre en lo que respecta a sus múltiples e intrincados procesos. Pues incluso los movimientos más subrepticios y ocultos responden a una uniformidad tan rigurosa como el propio destino; aún las más imperceptibles variaciones climáticas aparentemente espasmódicas responden a unas leyes y principios establecidos: las alternancias de sol y lluvia; la intensidad de cada brisa; el número de gotas en cada tormenta; la forma caprichosa de cada nube; los cambio constantes de temperatura; y esas trémulas e incluso esas insignificantes variaciones del aire, que nuestros más recientes y sofisticados instrumentos nos han permitido descubrir, aunque no explicar, siguen un mismo método, mucho más intrincado pero igual de firme y sistemático, que el orden de las estaciones o las órbitas y cursos matemáticos de los astros. Esta es la impresión que con respecto a la Naturaleza ha acumulado la filosofía desde tiempos antiguos, y que se fortalece con cada nuevo descubrimiento que hace la ciencia[25] [...] Hay en la naturaleza suficiente regularidad patente y palpable para que su fiabilidad quede grabada como un axioma en la mente humana; es como si la propia naturaleza depositara en el interior de cada cerebro una especie de confianza segura y firme en la regularidad de sus procesos. El niño nace con este axioma grabado en su mente y procede en consecuencia. De forma innata es consciente del carácter y propiedades en los elementos que lo rodean, y pronto aprende sus características sin que nadie tenga que enseñárselas: sabe que el fuego quema y el agua moja; si la comida que come es buena o mala, la solidez del suelo que pisa, e incluso la ley de la gravedad en base a la cual debe regular sus posturas y movimientos. Diríase que nace iniciado en la doctrina de que la naturaleza tiene sus leyes y ordenanzas que es preciso respetar. Y ese conocimiento va aumentando con los años mediante la observación y experiencia a lo largo del recorrido de la vida; de modo que cuando llegamos a la madurez, tenemos ya pleno convencimiento de que la naturaleza, donde quiera que pongamos los ojos, tiene un orden fijado y establecido, inmutable y permanente ... Dios ha enmarcado la maquinaria de nuestras percepciones de tal modo que nos conduzcan a intuir que en la naturaleza las cosas siguen un orden periódico inmutable y previsible; porque esta manifestación de regularidad e inmutabilidad en la naturaleza no sino una manifestación de la fidelidad de su carácter. Lo contrario sería burlarse de las expectativas que él mismo ha insuflado en nuestra mente. Dios ha grabado en cada ser humano la premisa de que la naturaleza es algo constante y fiable; no con el susurro de una voz interior, pero sí por el impulso de un sentimiento innato. Por tanto, cuando

[25] El lector no debe perder de vista que está leyendo un texto del siglo XIX no del siglo XXI, y ponderar las afirmaciones científicas en base a ello. Con todo, las verdades espirituales expresadas siguen intactas.

contemplamos como la naturaleza mantiene su regularidad y fiabilidad, estamos contemplando al Dios de la Naturaleza demostrando su fidelidad; por lo que todas las cosas visibles, regidas por leyes universales y procesos cíclicos inmutables, en lugar de conducirnos a un materialismo opaco que oculte de los ojos de los mortales el rostro de la Divinidad, deberían ser el espejo que nos llevara a reflexionar sobre el hecho de que la verdad divina es inmutable, y su orden establecido es permanente y nunca falla ... Es por ello que el salmista asocia en este versículo la Palabra y la naturaleza presentándolas juntas, cual si hubiera un vínculo de semejanza establecido entre ellas: el mismo Dios que establece las leyes inmutables de la naturaleza, es fiel en lo que respecta a las declaraciones hechas en su Palabra; y de igual manera que la experiencia nos demuestra lo invariables que son sus leyes en la naturaleza y cuán firmemente podemos confiar en ellas, nos aporta argumentos tanto o más fuertes para probar cuán firmemente podemos confiar en su Palabra. Su impronta grabada en nosotros desarrolla en nuestra mente la expectativa de que la naturaleza es fiable y nunca decepciona; y su Palabra en nosotros despierta en nuestro corazón la certeza de que sus declaraciones son firmes y ciertas, y por tanto jamás nos decepcionarán. La realidad innegable de que la naturaleza es firme e inmutable nos conduce a la certeza de que el Dios de la naturaleza es fiel y confiable. El sentimiento instintivo grabado en cada mente de que la naturaleza es algo predecible e inmutable jamás se ve defraudado; y la esperanza que la Palabra de Dios despierta en nuestro corazón de que Dios es fiel y confiable, jamás se ve defraudada. Si estuviéramos ante un Dios cuya mano alterara a su capricho los procesos de la naturaleza y los cursos del universo, tendríamos motivos para concebirlo como un Dios cuyas proclamaciones de la gracia tuvieran tintes similares de variación y cambio. Pero la certeza y seguridad innata que tenemos de la inmutabilidad y persistencia de los procesos naturales y universales, corroborada por la experiencia y por la ciencia, nos garantiza que ese mismo Dios que es imperturbable en las ordenanzas de su creación, es igualmente confiable en los mandatos y promesas de su Palabra.

THOMAS CHALMERS [1780-1847]
"Astonomical Discourses", 1817

Vers. 89-96. La palabra inmutable de Dios está establecida en los cielos (119:89), y también en la tierra (119:90-91); es la salvación del creyente en la aflicción (119:92,94); su recurso ante el peligro (119:95) y la personificación de la perfección absoluta (119:96).

C. A. DAVIS
"Outlines Upon Keywords of the Psalm CXIX"

Vers. 90. ***De generación en generación es tu fidelidad; tú afirmaste la tierra, y subsiste.*** *[De generación en generación es tu fidelidad; como tú has fijado la tierra, y está firme.* RVR*] [Tu fidelidad permanece por todas las generaciones; tú estableciste la tierra, y ella permanece.* LBLA*] [De generación en generación es tu fidelidad; afirmaste la tierra, y permanece.* BTX*] [Tu fidelidad permanece para siempre; estableciste la tierra, y quedó firme.* NVI*] [Tu fidelidad dura por generaciones, tú fundaste la tierra y ella persiste.* BLP*] [Tu fidelidad se extiende a cada generación, y perdura igual que la tierra que creaste.* NTV*]*[26]

[26] La versión griega de los LXX o Septuaginta lee: εἰς γενεὰν καὶ γενεὰν ἡ ἀλήθειά σου· ἐθεμελίωσας τὴν γῆν, καὶ διαμένει que la Vulgata traduce al latín como: *"In generationem et generationem veritas tua; fundasti terram, et permanet"*, "Por generación y generación tu verdad; fundaste la tierra y permanece". La versión sefardí de Ferrara traduce: *"Para generación y generación tu fee, compufifte tierre y eftarà"*. La caldea Peshitta: *"Tu verdad es por todas las generaciones; tú estableciste la tierra y ella permanece"*. KRAUS traduce: *"Por siempre dura tu fidelidad; tú asentaste la tierra, y ella permanece firme"*. SCHÖKEL: *"De generación en generación tu fidelidad: afirmaste la tierra, y permanece"*.

Tu fidelidad permanece por todas las generaciones.[27] Un motivo de gloria adicional: Dios no se ve afectado por el transcurso de las edades; no solo se mantiene fiel a lo largo de toda la vida de un hombre, sino también a sus hijos después de él, y a los hijos de sus hijos por todas las generaciones, si guardan su pacto, recuerdan sus mandamientos y los cumplen.[28] Las promesas divinas vienen de muy antiguo, pero no se desgastan ni alteran en el transcurso de los siglos, porque la fidelidad de Dios permanece eternamente.[29] Aquel que socorrió a sus siervos hace miles de años sigue mostrándose igual de poderoso cuando se trata de socorrer a cuantos en él confían.

Tú afirmaste la tierra, y subsiste. La naturaleza se rige por leyes inmutables: el globo terráqueo sigue en su curso por mandato divino sin movimientos erráticos; las estaciones mantienen su disposición fijada; el mar obedece su norma del flujo y reflujo; y todo lo demás funciona bajo el orden establecido. Entre la Palabra de Dios y las obras de Dios hay una clara analogía particularmente en esto: ambas son constantes, fijas e inmutables. La palabra de Dios que estableció el mundo es la misma que él ha plasmado en las Escrituras; por la palabra del Señor fueron hechos los cielos,[30] y de manera especial por Aquel que es en si mismo y enfáticamente LA PALABRA. Cuando vemos como el mundo se mantiene en su lugar y todas sus leyes permanecen inmutables, tenemos en ello la seguridad de que el Señor será fiel a su pacto y no permitirá que la fe de su pueblo sea puesta en oprobio. Si la tierra permanece, la creación espiritual permanecerá; si la Palabra bastó para establecer el mundo, es más que suficiente para establecer a cada creyente en particular y hacer que permanezca, de ello no cabe la menor duda.

C.H. SPURGEON

Tú afirmaste la tierra, y subsiste. Tras constatar la certeza de la palabra de Dios en la eternidad de los cielos (119:89), el salmista la confirma ahora en base a la fundación de la tierra: que permanece firme desde que fuera establecida por la propia Palabra de Dios. ¿Pensamos acaso que los fundamentos de nuestra salvación, establecidos en Jesucristo, puedan ser menos firmes y seguros? Aunque las cosas creadas no pueden enseñarnos el camino de nuestra salvación (que debemos aprender a través

[27] FRANZ DELITZSCH [1813-1890] nos recuerda que en el Salmo 89:1-2 encontramos una declaración paralela respecto a la fidelidad y verdad de Dios. La palabra de Dios tiene su base en los cielos y comparte sus mismas cualidades, de manera especial su estabilidad y eternidad (Isaías 40:8; 1 Pedro 1:25).

[28] Génesis 17:7-8; Deuteronomio 6:1-2; 11:18-21; Hechos 2:39.

[29] AGUSTÍN DE HIPONA [354-430] hace de este versículo una peculiar interpretación en clave cristológica: «Después de contemplar, alzando la mirada hacia los cielos, la inmutabilidad y permanencia eterna de la palabra divina, vuelve sus ojos hacia la tierra ¿y qué ve? *"Que tu verdad permanece de generación en generación"*. Con lo cual nos está diciendo que los santos nunca han quedado al margen de su verdad; pues sea en pocos o en muchos, *"de generación en generación"*, a lo largo de los tiempos, siempre la verdad divina ha estado presente en medio de ellos. O puede también que al decir *"de generación en generación"*, nos esté hablando de dos generaciones en particular, a saber: la de la ley y los profetas; y la del evangelio. Y como queriendo argumentar la razón del porque la verdad jamás estuvo ausente de estas dos generaciones, añade: *"tú fundaste la tierra y ella permanece"*. ¿Y por qué permanece? Porque el fundamento es el mismo: Cristo Jesús, el Verbo creador y redentor (Juan 1:1-3; 9-13), él es el fundamento de la verdad que persiste, *"pues nadie puede poner otro fundamento que el que ya está puesto, el cual es Jesucristo"* (1 Corintios 3:11). Pues también el fundamento de aquella generación a la que pertenecían la ley y los profetas era Cristo, en tanto que dice: *"De este dan testimonio todos los profetas, que todo el que crea en él, recibirá perdón de pecados por su nombre"* (Hechos 10:43: Romanos 3:21-26)». Agustín parece recoger en esta interpretación cristológica el pensamiento de sus antecesores, como AMBROSIO DE MILÁN [340-397] y ATANASIO DE ALEJANDRÍA [296-373].

[30] Salmo 33:6; Hebreos 11:3.

de la Palabra), con todo, nos confirman aquello que dice la Palabra: *"Así dice Jehová, que da el sol para luz del día, las leyes de la luna y de las estrellas para luz de la noche, que agita el mar, y brama sus ondas; Jehová de los ejércitos es su nombre: Si faltan estas leyes delante de mí, dice Jehová, también la descendencia de Israel faltará para no ser nación delante de mí eternamente"*.[31] Jeremías vincula directamente la estabilidad del pueblo escogido, la Iglesia, con la inmutabilidad de las leyes de la creación; y David confirma la certeza de nuestra salvación en el curso estable y seguro de las cosas creadas; y las afirmaciones de ambos en este sentido son recogidas y amplificadas por Cristo Jesús cuando exclama: *"De cierto os digo que hasta que pasen el cielo y la tierra, ni una jota ni una tilde pasarán de ningún modo de la ley"*.[32] Por tanto, sintámonos fortalecidos en la fe y demos gloria a Dios.

William Cowper [1566-1619]
"A Commentary upon CXIX Psalm", 1613

Tú estableciste la tierra, y ella permanece. Cada vez que ponemos un pie sobre el suelo, es una confirmación de la estabilidad de las promesas de Dios, y a su vez una confirmación de nuestra fe. Por las siguientes razones:

1. La tierra debe su estabilidad y firmeza a la palabra de Dios; que es la columna central sobre la cual se sostiene, puesto que él: *"sostiene todas las cosas por la palabra de su poder"*.[33] *"El habló, y fue hecho; él mandó, y todo se confirmó"*.[34] Y ahora, la palabra de su poder nos ayuda a depender de su Palabra de promesa.

2. El globo terráqueo no se apoya sobre nada físico o material: *"El extiende el norte sobre vacío, cuelga la tierra sobre nada"*.[35] Que este cuerpo celeste enorme en tamaño y cuantiosamente pesado flote en el vacío con la misma seguridad que si se apoyara sobre una base firme, es motivo de asombro. A Job se le plantea esa pregunta: *"¿Sobre qué están fundadas sus bases? ¿O quién puso su piedra angular?"*.[36] Con todo, aunque cuelgue sobre la nada, es firme ... Su Palabra sostiene todo el peso del universo, más todo el peso de la Iglesia, y nuestra propia carga depende de la promesa de Dios; pero ¿quién duda que el poder de su Palabra puede sostenerlo todo sin recurrir a medios visibles? Su pueblo puede, por tanto, confiar totalmente en su providencia; sabiendo que cuenta con capacidad sobrada para sostenerlo en cualquier angustia aun cuando cualquier otro tipo de ayuda falle.

3. La firmeza y estabilidad de las cosas creadas tranquiliza nuestros pensamientos. La tierra permanece firme en el mismo lugar y condición en que Dios la colocó, y seguirá así mientras continúe el presente orden y curso de la naturaleza: *"Él fundó la tierra sobre sus cimientos; no será jamás removida"*.[37] Y la verdad de Dios es tan inamovible como la propia tierra: *"Porque ha prevalecido su misericordia sobre nosotros, y la fidelidad de Jehová es para siempre"*[38] Ciertamente, si los pilares de la tierra permanecen firmes, los pilares de nuestra salvación, establecida por Jesucristo, son todavía mucho más firmes.

---

[31] Jeremías 31:35-36.
[32] Mateo 5:18; 24:35. Ver también Isaías 51:6.
[33] Hebreos 1:3; Colosenses 1:15-17.
[34] Salmo 33:9.
[35] Job 26:7.
[36] Job 38:6.
[37] Salmo 104:5.
[38] Salmo 117:2.

4. Aún en medio de cambios constantes, la estabilidad de la tierra permanece: *"Una generación se va, y otra generación viene; mas la tierra siempre permanece"*.[39] Todo en el mundo está sujeto a variaciones constantes, pero la verdad de Dios es solo una y siempre la misma.

5. En la acción divina de sostener los pilares de la tierra, se hacen patentes ciertos atributos divinos: como su sabiduría, poder y bondad; que son, a su vez, los mismos que sostienen el corazón del creyente. El pacto de gracia es tan sólido y seguro como el pacto del arco en las nubes establecido después del diluvio.[40] Es imposible contemplar la creación sin ver en ella una demostración palpable de esos mismos atributos que confirman nuestra fe y nos invitan a esperar en Dios hasta que sus promesas se cumplan.

THOMAS MANTON [1620-1677]
"One hundred and ninety sermons on the hundred and nineteenth Psalm", 1681

Tú estableciste la tierra, y ella permanece. La creación viene a ser como la madre que da a luz las obras de Dios; y la providencia la nodriza que las cuida y mantiene. Dios no procede de la misma manera que el hombre; porque el hombre crea una cosa y luego es incapaz de preservarla y mantenerla: construye un navío y es incapaz de salvarlo de un naufragio; edifica una casa pero no puede evitar que se deteriore y derrumbe. Con Dios las cosas son muy diferentes; pues día tras día contemplamos su poder preservando por doquier todas las cosas y protegiendo a sus criaturas. Lo cual debería servirnos como confirmación de que si dependemos de él y le rendimos gloria como nuestro Creador, Preservador y Redentor, jamás nos rechazará, ni permitirá que perezcamos, puesto que somos obra de sus manos.

WILLIAM COWPER [1566-1619]
"A Commentary upon CXIX Psalm", 1613

Vers. 91. *Por tu ordenación subsisten todas las cosas hasta hoy, pues todas ellas te sirven.* *[Por tu ordenación subsisten todas las cosas hasta hoy, pues todas ellas son siervas tuyas.* RVR*] [Por tus ordenanzas permanecen hasta hoy, pues todas las cosas te sirven.* LBLA*] [Todo subsiste hasta hoy por tu mandato, porque todas las cosas te sirven.* BTX*] [Todo subsiste hoy, conforme a tus decretos, porque todo está a tu servicio.* NVI*] [Todo permanece según lo decretaste, cuanto existe está a tu servicio.* BLP*] [Tus ordenanzas siguen siendo verdad hasta el día de hoy, porque todo está al servicio de tus planes.* NTV*]*[41]

---

[39] Eclesiastés 1:4.

[40] Génesis 9:9-17.

[41] La versión griega de los LXX o Septuaginta lee: τῇ διατάξει σου διαμένει ἡ ἡμέρα, ὅτι τὰ σύμπαντα δοῦλα σά que la Vulgata traduce al latín como: *"Ordinatione tua perseverat dies, quoniam omnia serviunt tibi"*, "Por tu ordenanza persevera el día; porque todas las cosas te sirven". La versión sefardí de Ferrara traduce: *"A tus juizios eftuvieron oy, porque todos tus fiervos"*. La caldea Peshitta: [Omite este versículo y luego subdivide el 94 para que la formar la octava . KRAUS traduce: *"Conforme a tus juicios permanecen hasta el día de hoy, pues todas las cosas están a tu servicio"*. SCHÖKEL: *"Por tu disposición permanecen hasta hoy; el universo está a tu servicio"*.

Por tu ordenación[42] *subsisten todas las cosas hasta hoy.* La razón por la cual el universo permanece es porque el Señor así lo ha ordenado, por tanto, se mantiene, y todas sus leyes continúan operando con precisión y poder. Es en razón de que la omnipotencia divina esta constantemente presente para mantenerlas que todas las cosas persisten. La Palabra que dio existencia a todas las cosas las ha sostenido hasta ahora, y las continúa sosteniendo tanto en su ser como en su bienestar. Las ordenanzas de Dios son lo que hace que la creación siga existiendo. ¡Qué fuerzas tan importantes y poderosas son estas ordenanzas![43]

Pues todas ellas son siervas tuyas. Creadas por su palabra, obedecen con exactitud matemática esa Palabra, respondiendo así al propósito de su existencia y ejecutando el diseño de su Creador. Cosas grandes y pequeñas rinden homenaje al Señor. No hay un solo átomo, por microscópico que sea, que escape a su dominio; como tampoco ningún cuerpo celeste, por enorme que sea, que evite su gobierno. ¿Y pretendemos nosotros zafarnos del control divino y convertirnos en señores de nosotros mismos? Ello nos convierte en la excepción temible a una ley que rige todo el universo y garantiza su bienestar. Más nos vale, en tanto que leemos sobre como todas las demás cosas creadas sirven al Señor y le obedecen, que sigamos sirviéndole, y que le que sirvamos con mayor ahínco y perfección en la medida en que sigue preservando nuestras vidas. Pues por esa Palabra que ha sido eternamente establecida somos establecidos; por esa voz que afianza la tierra somos afianzados, y por ese mandato al que obedecen todas las cosas creadas hechos siervos del Señor Dios Todopoderoso.

C.H. SPURGEON

Por tu ordenación subsisten todas las cosas hasta hoy, pues todas ellas son siervas tuyas. ¿Cuáles de las obras de Dios no están impregnadas de una belleza y un orden sublime? Recordemos la alternancia entre el día y la noche; el cambio de las estaciones en el transcurrir del año; el curso de las estrellas mientras se mueven en sus majestuosos órbitas siguiendo una ley de armonía universal: *"¿Podrás tú atar los lazos de las Pléyades, o desatar las ligaduras de Orión? ¿Sacarás tú a su tiempo las constelaciones del Zodíaco, o guiarás a la Osa Mayor con sus hijos?*[44] Levanta los ojos al cielo y verás la magnificencia del Todopoderoso; contempla ese escenario cóncavo abarrotado de estrellas y planetas, y observa la serena grandeza de su baile majestuoso: aunque girando sobre si mismos a una velocidad inconcebible y viajando en sus intrincadas y tortuosas órbitas a otra todavía mayor, no hay una sola nota discordante que rompa su armonía, Todos los centinelas celestiales mantienen intactas sus torres de vigilancia. Estos gigantescos levitas del firmamento encienden puntualmente sus fuegos en el altar divino *"a la hora del incienso de la tarde"*,[45] y lo apagan cuando el sol, designado para

---

[42] En hebreo לְֽמִשְׁפָּטֶ֣יךָ *ləmišpāṭekā* de מִשְׁפָּט *mishpat,* "juicio". Dice al respecto:

– JUAN CALVINO [1509-1564]: «Al utilizar la expresión *"tus juicios"*, el salmista esta haciendo alusión a la ley. Lo que nos esta diciendo con ello es que aplica a la ley el mismo nivel de equidad y exactitud que de manera tan radiante y sublime contemplamos en todas y cada una de las cosas creadas por Dios en el universo».

[43] Dice SCHÖKEL: En el salmo 104:4 afirma que los vientos y las llamas que están al servicio de Dios: *"hace a los vientos sus mensajeros, y a las llamas de fuego sus ministros"* Aquí es todo el universo, el conjunto de todo lo creado por Dios: *"pues todas ellas son siervas tuyas"*.

[44] Job 38:31-32; Amós 5:8. 2 Crónicas 13:11.

[45] Éxodo 30:8.

gobernar el día, sale de su tálamo.[46] Todos ellos sirven a Dios; *"todos ellos esperan en él"*,[47] y *"cumpliendo sus ordenes permanecen hasta el día de hoy porque son sus siervos"*.

JOHN ROSS MACDUFF [1817-1894]
"Sunsets on the Hebrew Mountains", 1862

Por tu ordenación subsisten todas las cosas hasta hoy, pues todas ellas son siervas tuyas. El ser humano puede destruir una planta, pero no tiene poder para forzarla a desobedecer las leyes dadas por el Creador común. Si el hombre quiere emplear las fuerzas de la naturaleza en su propio beneficio, puede, pero prestando suma atención a las leyes y normas que por Dios le han sido impuestas; de lo contrario se arriesga a enormes catástrofes y a tener finalmente que doblegar su orgullo incluso ante la mas insignificante y humilde de las hierbas del suelo. Podremos cortar el paso al crecimiento de una rama, y esta se apartará pacientemente en silencio, pero en cuanto le sea posible volverá a avanzar de modo irresistible en su dirección designada.[48] Por mucho que nos esforcemos el Edelweiss no crecerá en los trópicos, ni la palmera dará su fruto en un clima frío. El arroz se niega a desarrollarse fuera de los pantanos y humedales, y el algodón a formar su copo de fibras blanquecinas donde la lluvia pueda alcanzarlo. Algunas de las flores más hermosas del mundo, y, más extraño aún, algunas de las plantas más jugosas y suculentas que conocemos, adornan la arena desolada del Cabo de Buena Esperanza, y no florecen en otros puntos[49]. Si forzamos la rama de un árbol torciéndola de modo que las hojas que apuntaban hacia abajo apunten hacia arriba, al cabo de poco veremos que todas ellas han dado media vuelta regresando a su posición original; un proceso que puede tardar más o menos, dependiendo del calor del sol y la flexibilidad de las hojas, pero que tendrá lugar de forma irremisible. No se puede obligar al *Jazmín Nocturno de la India*[50] a florecer durante el día; ni tampoco ordenarle que cese de impregnar el aire todas las noches del año con el rico perfume de sus flores color naranja. Y no necesita un filósofo ir muy lejos para encontrar el secreto y la razón de ello; el salmista la expresa con claridad meridiana cuando refiriéndose a la naturaleza creada, traza las verdaderas causas de su orden inmutable y exclama: *"Los estableció eternamente y para siempre; les puso un decreto que no será*

[46] Salmo 19:4-6.

[47] Salmo 104:27.

[48] Es bien sabido que la naturaleza, en cuanto tiene una oportunidad, regresa a su estado original. Buena prueba de ellos son los templos de Akgkor en Cambodia, hermosas construcciones levantadas con orgullo por Jayavarman II para reforzar la imagen de su ascendencia divina; pero invadidos completamente por la selva tan pronto la presencia humana se retiro de ellos. Y si vamos a tiempos más actuales, la lucha que constante de los ingenieros y personal de conservación para evitar que la selva tropical devore la famosa carretera Panamericana entre Panamá y Colombia, en el tramo que se conoce como "el tapón de Darien"; o para evitar que las arenas del desierto hagan lo mismo con los raíles y destrocen los rodamientos de la reciente instalación del tren de alta velocidad entre Riad a La Meca.

[49] Se refiere a la famosa *Reserva Natural del Cabo de Buena Esperanza*, Sudáfrica que tiene un dramático paisaje de altos acantilados que se adentran en el mar con una tremenda variedad floral. La Península, es el sexto reino floral del mundo, tiene 7.750 Ha. y es, en proporción a su tamaño, la muestra más rica del reino vegetal, conteniendo toda la inmensa variedad de *fynbos* o Cape Macchia, en total 8.600 especies, y toda la gran familia de las *Proteas*, que hicieron las delicias de los naturalistas y botánicos europeos a lo largo de los siglos xvii y xviii.

[50] Se refiere al *Nyctanthes arbor-tristis* o "árbol triste", también conocido como Jazmín Nocturno de la India; una especie de arbusto de corteza grisácea que puede alcanzar los diez metros de altura. Sus flores, pequeñas pero muy numerosas, desprenden un perfume exquisito y extravagante por lo que son muy apreciadas en perfumería; pero con la particularidad de que tan solo se abren durante la noche y cuando llega la mañana caen al suelo.

transgredido"[51] o, como figura en la versión de libro de oración común:[52] *"les ha impuesto una ley que no será quebrantada"*. Lo cual repite aquí con distintas palabras todavía más hermosas: *"Por tu ordenación subsisten todas las cosas hasta hoy, pues todas ellas son siervas tuyas"*. La obstinación humana puede atreverse a desafiar a su Hacedor y reducir a la nada sus mandatos sabios y misericordiosos; pero la naturaleza presta muy poca atención a sus necias pretensiones.[53] Y bueno es, ciertamente, para la raza humana, que las demás obras de la creación no hayan errado siguiendo la pauta de su desquiciada rebelión y alterando sus cursos: el tiempo señalado para la siembra y la siega; el frío y el calor; el verano y el invierno; el día y la noche; y todo el fruto y provisión que de ello sacamos; todo sigue igual, en nada ha cambiado. Los mandatos y preceptos ordenados por Dios al mundo vegetal cuando lo creó en el tercer día siguen siendo igual de válidos y toda planta que germina, brota, florece y prece, sigue apegada a ellos; y muere antes que transgredirlos. ¡Qué contraste tan enorme plantea esto con la conducta del ser humano: la obra más noble de la creación de Dios, dotado de razón y un alma inmortal; y, con todo, destruyendo constantemente su salud, sus capacidades mentales, y contaminando su espíritu inmortal. En una palabra, esforzándose en romper cada una de las leyes y mandatos divinos y tratando locamente de frustrar cada propósito por el cual fue diseñado.

JAMES NEIL
"Rays from the Realms of Nature; or Parables of Plant life", 1879

Por tu ordenación subsisten todas las cosas hasta hoy, pues todas ellas son siervas tuyas. Todas las criaturas observan puntualmente, según sus diversas capacidades, las leyes que Dios ha implantado en la naturaleza por él creada y lo reconocen como su soberano; actuando y procediendo cada una según las inclinaciones que él les estableció. El mar se contiene en sus límites, el sol no sale de su orbita, las estrellas marchan todas en el orden que les corresponde: *"Por tu ordenación subsisten todas, pues todas ellas son siervas tuyas"* Pero si es Dios quien les ordena cosas contrarias a sus leyes originales, lo obedecen igualmente: habla al fuego devorador, y este se vuelve gentil y no toca un solo cabello de los jóvenes que Dios deseaba preservar;[54] los leones hambrientos, ante un bocado tan apetitoso como Daniel, alteran su instinto voraz cuando Dios así se lo ordena;[55] y el sol, que desde su creación había estado en movimiento perpetuo, obedece la orden que Dios le envía en tiempos de Josué, y se detiene.[56]

STEPHEN CHARNOCK [1628-1680]
"The Existence and Attributes of God: The Dominion of God", 1682

---

[51] Salmo 148:6. Traducción literal de la versión inglesa KJV.

[52] Se refiere a lo que se conoce como *"The Book of Common Prayer"*, conocido en español como "Libro de Oración Común" y que es el libro oficial de oraciones de la Iglesia de Inglaterra y otras iglesias de la Comunión Anglicana. *"The Book of Common Prayer"* sustituyó otros textos diversos más antiguos en Latín agrupándolos en un solo volumen en inglés. Editado por primera vez en 1549, fue revisado en 1552, en 1559 y 1662. Traducido y publicado en numerosos idiomas, se mantiene en derecho como el libro oficial de oración de la liturgia de la Iglesia Anglicana, aunque en la práctica haya sido reemplazado en muchas iglesias por textos más modernos.

[53] Dice WILLIAM SWAN PLUMER [1802-1880]: «No tenemos motivos para temer catástrofes cósmicas, convulsiones en los elementos, ni choques entre los cuerpos celestes; porque todos están bajo el control del Señor, por él subsisten todas las cosas hasta el día hoy, a él sirven y a él obedecen. Su omnipotencia es la que ordena todos sus movimientos».

[54] Daniel 3:20-30.

[55] Daniel 6:16-24.

[56] Josué 10:10-15.

Pues todas ellas son siervas tuyas. Deberíamos considerar cuán inmensa es esa perversión que ha hecho que fuera de los ángeles reprobados,[57] tan solo el hombre, formado a imagen de Dios,[58] se haya alejado de obedecer la voluntad divina, hasta el punto de que a menos que sea renovado por la gracia singular, resulta imposible decir de él lo que el salmista afirma con respecto todas las demás criaturas creadas: *"todas ellas son siervas tuyas"*.

WOLFANG MUSCULUS [1497-1563]
"In Sacrosanctum Davidis Psalterium Commentarii", 1573

Pues todas ellas son siervas tuyas. Dado que todas las cosas creadas deben servir a Dios, no debemos usarlas para otro propósito ni ponerlas al servicio del pecado. Fue debido al pecado de nuestros primeros padres que la creación fue sometida a vanidad, no por su propia voluntad, y gime hasta ser liberada.[59] Por tanto, cuando los cristianos utilizan las maravillas de la creación, deben hacerlo sin abusar de ellas, antes por el contrario, respetarlas y disfrutarlas con alabanza y agradecimiento a la majestad divina y la bondad del Creador.[60]

SALOMON GESNER [1559-1605]
"Christliche Betrachtung des Psalters", 1599

No digas, oh alma mía: «¿Dónde
encontrará Dios los recursos?»
Recuerda que la Omnipotencia
tiene servidores en todas partes.[61]

THOMAS TOKE LYNCH [1818-1871]

Vers. 92. *Si tu ley no hubiese sido mi delicia, ya en mi aflicción hubiera perecido.* *[Si tu ley no hubiese sido mi delicia, ya habría perecido en mi desdicha.* RVR*] [Si tu ley no hubiera sido mi deleite, entonces habría perecido en mi aflicción.* LBLA*] [Si tu ley no hubiera sido mi deleite, ya habría perecido en mi aflicción.* BTX*] [Si tu ley no fuera mi regocijo, la aflicción habría acabado conmigo.* NVI*] [Si tu ley no hiciera mis delicias, habría perecido en mi dolor.* BLP*] [Si tus enseñanzas no me hubieran sostenido con alegría, ya habría muerto en mi sufrimiento.* NTV*]*[62]

---

[57] 2 Pedro 2:4; Judas 1:6.

[58] Génesis 1:26; Efesios 4:24; Colosenses 3:10.

[59] Romanos 8:19-21.

[60] 1 Timoteo 4:4-5. Si tomamos en cuenta la fecha en la que fueron escritas estas palabras, hace más de 400 años, suenan sorprendentes. Si nuestra civilización occidental, en lugar de relegar la Biblia como mera recopilación de mitos ancestrales, hubiera considerado las palabras del salmista y tomado en cuenta las recomendaciones de algunos de sus comentaristas en siglos pasados, como es el caso de Gesner, es probable que habríamos respetado bastante más la naturaleza, y no estaríamos debatiendo hoy sobre las terribles consecuencias que nos puede acarrear el mal uso que hemos hecho de ella.

[61] Primera estrofa de un himno de cuatro estrofas escrito en 1855 por el pastor THOMAS LYNCH que en el original dice así: *"Say not, my soul, From whence / Can God relieve my care? / Remember that Omnipotence / Has servants everywhere"*.

[62] La versión griega de los LXX o Septuaginta lee: εἰ μὴ ὅτι ὁ νόμος σου μελέτη μού ἐστιν, τότε ἂν ἀπωλόμην ἐν τῇ ταπεινώσει μου que la Vulgata traduce al latín como: *"Nisi quod lex tua meditatio mea est,*

Si tu ley no hubiese sido mi delicia, ya habría perecido en mi aflicción.[63] Esa misma Palabra que ha preservado los cielos y la tierra, preserva también al pueblo de Dios en sus períodos de tribulación y prueba. Y estamos encantados con ella, pues nos aporta una mina de satisfacción. Ponemos en ella nuestro deleite doble y triplemente, y obtenemos de ella ese mismo deleite multiplicado, lo cual nos coloca en una excelente posición cuando nos vemos privados de todos los demás deleites. Infinidad de veces hubiéramos estado al borde de doblegarnos y perecer a causa de nuestras aflicciones de no ser porque los consuelos espirituales de la Palabra de Dios nos levantaron; ha sido su influencia sostenedora la que nos ha permitido superar las crisis, depresiones y desesperos que brotan de manera natural de toda aflicción profunda. Y algunos podemos dar personalmente fe de ello. De no haber sido por la gracia divina, la aflicción hubiera masacrado nuestra existencia hasta el punto de hacerla perecer. En nuestros períodos más oscuros lo único que ha evitado que cayéramos en una total desesperación han sido las promesas del Señor; sí, hay momentos en que nos da la sensación de que nada se interpone entre nosotros y la autodestrucción excepto la fe en la Palabra eterna de Dios. Cuando atenazados por el dolor el cerebro se ofusca y la razón casi se extingue, un simple versículo nos ha susurrado con dulzura una seguridad alentadora, y nuestra mente atribulada ha reposado de su lucha en el seno de Dios. Lo que era nuestro deleite en la prosperidad ha sido nuestra luz en la adversidad; aquello que durante el fulgor del día nos libró de la presunción, al llegar las tinieblas de la noche impidió nuestra destrucción.[64] Este versículo comienza con una suposición lamentable: *"Si tu ley no hubiese";* y describe una posibilidad horrenda: *"ya habría perecido en mi aflicción";* pero implica una liberación gloriosa, puesto que el salmista dice: *"ya habría",* pero no, no pereció, sino que vivió para seguir proclamando las virtudes de la Palabra de Dios.

C.H. SPURGEON

Si tu ley no hubiese sido mi delicia, ya habría perecido en mi aflicción. En este versículo el salmista nos habla de los importantes beneficios y el consuelo que halló en la ley de Dios en sus momentos de aflicción. Le evitó perecer: *"Si tu ley no hubiese sido mi delicia, ya habría perecido en mi aflicción"* […] David –dice Musculus[65]– hace esta afirmación en referencia a la delicada situación que

---

tunc forte periissem in humilitate mea", "Si tu ley no hubiera sido mi meditación, entonces de cierto hubiera perecido en mi abatimiento". La versión sefardí de Ferrara traduce: *"Sino tu ley no folazes, entonces me deperdiera en mi afliccion"*. La caldea Peshitta: *"Si tu ley no hubiera sido mi meditación, hubiera perecido en mi abatimiento"*. KRAUS traduce: *"¡Si tus instrucciones no fueran mi deleite, yo habría perecido en mi aflicción!"*. SCHÖKEL: *"Si tu voluntad no fuera mi delicia, habría perecido en mi aflicción"*.

[63] El reformador MARTÍN LUTERO [1625-1659] escribió en 1542 de su propia mano las palabras de este versículo en su Biblia personal que se ha conservado hasta el día de hoy.

[64] El 19 de octubre de 1856, diez mil personas se apretujaban en la platea y galerías del *Surrey Music Hall* para escuchar al predicador, y otras diez mil esperaban pacientemente fuera en los jardines. Al poco de comenzar, mientras Spurgeon estaba orando, alguien gritó malintencionadamente: "¡Fuego!". La gente comenzó a correr enloquecida, y en la estampida se produjeron siete muertes y veintiocho personas tuvieron que ser hospitalizadas. La prensa londinense se ensañó con el joven predicador, que cayó en depresión y se recluyó por varias semanas. Pero re recuperó, la congregación le apoyó, y edificaron un nuevo local de cultos con capacidad para 6.000 personas al que pusieron el nombre de *"Metropilitan Tabernacle"*, y que sigue en pie a día de hoy. Es probable que Spurgeon se refiera con estas palabras a esta época oscura e su vida.

[65] Se refiere a WOLFGANG MŰSLIN O WOLFGANG MUSCULUS [1497-1563], monje benedictino de Lixheim, Alsalcia, que en 1527 dejó la Iglesia de Roma para unirse a la Reforma Protestante. Se enfrentó decididamente a los Anabaptistas, contra los cuales escribió un panfleto titulado *"Ain frydsams vnd Christlichs Gesprech ains Euangelischen auff ainer, vnd ains Widerteuffers, auff der andern seyten, so sy des Aydschwurs*

vivió cuando perseguido por Saúl se vio obligado a refugiarse entre los filisteos,[66] y a menudo a esconderse en las cuevas del interior de la tierra y las grietas de las rocas.[67] Es muy probable –afirma– que llevaba con él el libro de la ley de Dios, y su lectura mitigó y alivió sus penas, evitándole contaminarse con los paganos en sus supersticiones. Los escolásticos griegos comparten esta misma opinión: que David pronunció estas palabras cuando fue expulsado de la corte de Saúl, y obligado a vivir entre los filisteos; y que el sentido es que difícilmente habría podido evitar tomar parte en sus impiedades de no haber sido porque llevaba consigo el libro de la ley y meditaba constantemente en la Palabra.

Escudriñar la Palabra de Dios y deleitarse en ella es para el creyente afligido el mejor el antídoto contra la depresión y la destrucción. La Palabra de Dios es ungüento curativo para el santo dolorido, elixir vivificante para el que agoniza, y medicina preciosa para evitar que el pueblo de Dios perezca en tiempo de aflicción. Fue ella la que sostuvo a Jacob evitando que se hundiera cuando su hermano Esaú avanzaba furioso con ánimo de destruirle: *"Tú has dicho: Yo te haré bien... y durmió allí aquella noche"*;[68] sí, fue la promesa de Dios la que le sostuvo. Y sostuvo también a Josué permitiéndole luchar valerosamente las batallas del Señor, porque Dios había dicho: *"no te dejaré, ni te desampararé"*.[69] Melanchthon afirma que el Landgrave de Hesse[70] le había confesado en Dresden que le hubiera sido imposible resistir las muchas privaciones y miserias de tan largo encarcelamiento: *"Nisi habuisset consolationem verbo divino in suo corde"*, de no haber sido por el consuelo que Palabra divina traía a su corazón.

EDMUND CALAMY [1600-1666]
"The Godly Man's Ark; or a City of Refuge in the Day of his Distress", 1658

Si tu ley no hubiese sido mi delicia. Ciertamente la lectura de las Escrituras es de lo más deleitoso y consolador; y veo prácticamente imposible que un corazón piadoso pueda experimentar tristeza mientras lee la Palabra. ¿Acaso no trae consuelo a nuestro corazón leer las cartas de nuestro padre terrenal aunque sean escritas y enviadas hace muchísimo tiempo? ¡Con qué cuidado y delicadeza las guardamos en un cofre! ¡Con cuánto deleite las sacamos del cofre de cuando en cuando y las leemos de nuevo! ¡Y que enorme tristeza sentimos si las perdemos o extraviamos! Y si tan grande amor sentimos hacia nuestro padre terrenal, ¿sentiremos menos hacia nuestro Padre celestial? ¿Acaso no se alegrará nuestro corazón, y nuestros huesos reverdecerán como la hierba,[71] tan a menudo como leamos el Testamento y la última voluntad de nuestro Redentor, a través del cual sabemos lo mucho que hizo por nosotros, lo que hace, y continuará haciendo hasta que nos juntemos con él por toda la eternidad?

David no cesa en testificar sobre lo mucho que se deleita en la ley de Dios y en sus estatutos y testimonios. La coloca por encima de todos los demás deleites; y afirma que fue lo que le sostuvo

---

halben thund". Se especializó en lenguas semíticas, tradujo diversos textos y escribió numerosas obras y comentarios, entre ellas un comentario a los salmos titulado *"In sacrosanctum Dauidis Psalterium commentarii"*, 1551, que es el que cita Calamy.

[66] 1 Samuel 27:1-4.

[67] 1 Samuel 22:1-2.

[68] Génesis 32:11-13.

[69] Josué 1:5.

[70] Se refiere a FELIPE I, LANDGRAVE DE HESSE, (1504-1567) uno de los príncipes electores alemanes que atraído por la actitud y palabras de Lutero en la Dieta de Worms aceptó la Reforma, hasta convertirse en líder de la *Liga de Smacalda,* aunque mantuvo una fuerte polémica con Lutero y Melanchthon por causa de su bigamia. Al fracasar la *Liga de Smacalda* se sometió a la clemencia del emperador Carlos V, quién faltando a su palabra lo encarceló desde 1547 a 1552 tras firmarse la Paz de Passau. Es a esa época a la que hace referencia el autor.

[71] Isaías 66:14.

en pie cuando estos le abandonaron: *"Si tu ley no hubiese sido mi deleite,* (o mejor: "mi principal deleite") *ya habría perecido en mi aflicción"*. No le preocupa que los *príncipes se sienten y hablen* en contra él; porque él piensa seguir meditando en los estatutos de Dios (119:23). No le importa que *sus perseguidores y enemigos sean numerosos*; porque él no se apartará de los testimonios divinos (119:157). No le importa *ser extranjero* en tierra extraña, porque incluso allí los estatutos de Dios serán su canción (119:54). No le importa *ser forastero en la tierra;* con tal de seguir manteniendo acceso a los mandamientos divinos (119:19). No le importa ser *minimizado y despreciado;* si es capaz de seguir recordando los mandamientos (119:141). No le importa que *desfallezca su alma* (119:81), y sus *ojos se apaguen* (119:82); sí, no le importa siquiera ser *cual odre ahumado;* con tal de no olvidar los estatutos divinos (119:83). Y por lo tanto, *se regocija de haber sido afligido*, porque ello le llevó a refugiarse con mayor intensidad en la palabra de Dios. No le importan las riquezas, pues: *"Por heredad he tomado tus testimonios para siempre, porque son el gozo de mi corazón"* (119:111). Ni tan siquiera le importaba mucho *la vida,* sino tan *solo guardar la Palabra* (119:17). Una y otra vez clama por lo mismo y repite la misma cantinela: *"Enséñame tus estatutos"* y *"cuánto anhelo tus preceptos"*, una cosa o la otra; pero no puede dejar de hablar de ellos, porque *"he puesto tus juicios delante de mí"* (119:30. No es de extrañar, pues, que meditara en ellos tan a menudo como dice: *"¡Oh, cuánto amo yo tu ley! Todo el día es ella mi meditación* (119:97); y llegara a tener: *"mayor discernimiento que todos mis maestros, porque tus testimonios son mi meditación"* (119:99). Los mandamientos de Dios fueron para David mas dulces: *"que la miel a mi boca"* (119:103), y esto le llevó a halar y hablar constantemente de ellos.

ZACHARY BOGAN [1625-1659]
"The Mirth of a Christian Life", 1653

Si tu ley no hubiese sido mi delicia. Las personas a quienes la lectura de la Santa Palabra de Dios trae verdaderamente deleite son los auténticos hijos de Dios, nadie más. Porque únicamente ellos están capacitados para asimilar el consuelo de la Palabra.

1. Solo ellos han sido iluminados para discernir las verdades espirituales y los consuelos que contiene; iluminados de una manera distinta a todos los demás: *"el hombre natural no capta las cosas que son del Espíritu de Dios, porque para él son locura, y no las puede conocer, porque se han de discernir espiritualmente"*.[72]
2. Solo ellos valoran la palabra de Dios por encima de las demás cosas, lo cual les capacita para recibir consuelo de ella.
3. Solo ellos tienen sus corazones y conducta conformados a la palabra de Dios, lo cual les hace aptos para sacar de ella consuelo: *"Porque los que son conforme a la carne, ponen su mente en las cosas de la carne; pero los que son conforme al Espíritu, en las cosas del Espíritu"*.[73] Los consuelos de la Palabra son espirituales; y solo el corazón espiritual, en la medida que es renovado por la gracia, puede saborearlos y deleitarse en ellos.

El deleite que el pueblo de Dios halla en la Palabra es un privilegio peculiar específico de cuantos forman parte de él, y la Palabra cuenta con los consuelos necesarios y precisos para deleitar a cada uno de sus componentes.

DANIEL WILCOX [1676-1733]
"Sixty-four practical sermons", 1757

[72] 1 Corintios 2:14.

[73] Romanos 8:5.

Si tu ley no hubiese sido mi delicia. El termino hebreo שַׁעֲשֻׁעָי *ša'ăšu'āy* de שַׁעֲשֻׁעַ *shaashuim* es un plural y significa por tanto *"delicias"*. Muchas fueron las penas de David a lo largo de su vida; pero para cada unas ellas encontró consuelos y deleites adecuados en la palabra de Dios. El Señor nos ha dado en su Palabra una abundancia y diversidad tal de sabiduría santa, que en ella hay un consejo o consuelo apropiado para cada situación de la vida, sea esta la que sea. Por ello los hijos de Dios valoran y aman la Palabra más que cualquier otra cosa; y la prefieren incluso a su comida cotidiana.[74]

William Cowper [1566-1619]
"A Commentary upon CXIX Psalm", 1613[75]

Si tu ley no hubiese sido mi delicia, ya habría perecido en mi aflicción. Estaba yo en una tienda de comestibles de una gran ciudad industrial en el oeste de Escocia, cuando de pronto entró una anciana viuda pobre, pobre materialmente y frágil físicamente, con la intención de hacer algunas compras. La ciudad estaba atravesando una época de crisis económica descomunal; la práctica totalidad de sus fábricas textiles estaban en paro; y muchos comerciantes respetables que habían visto días mejores, obligados a subsistir en la caridad pública. Se asignaba una mínima cantidad de dinero (insignificante) únicamente a los que se consideraba que estaban en peor situación y lo merecían. La pobre viuda acababa de recibir su mísera asignación diaria y acudió a la tienda para gastarla de la mejor manera posible. Tenía solo unas pocas monedas de cobre, y las gastó pidiendo: un penique de esto, un penique de aquello, otro penique de lo otro, todo ello productos indispensable para el estado de desnutrición en que se hallaba. Llegó al último penique y, con una expresión alegre, mezcla de heroísmo y resignación en su arrugado rostro, exclamó: «Con esto que me queda he de comprar aceite para poder leer la Biblia durante la noche. Es mi consuelo cuando todo lo demás ha desaparecido».

Alexander Wallace [1816-1893]
"The Bible and the Working Classes", 1853

Si tu ley no hubiese sido mi delicia, ya habría perecido en mi aflicción. Este versículo bien cabría etiquetarlo como: perfume contra la peste;[76] ungüento para el dolorido; consuelo del afligido; y triunfo bendito sobre todas las tribulaciones.

Richard Greenham [1531-1591]
"An Exposition on the 119 Psalme"

---

[74] Job 23:12; Juan 4:34.

[75] Tambien: *"The Godly Man's Ark; or, City of Refuge in the day of his Distress"*, varios sermones por Edmund Calamy [1600-1666].

[76] En el siglo xvi era creencia arraigada que esparcir y quemar perfumes constituia una defensa eficaz contra las peste pues creían que purificaba el aire. El crecimiento exponencial de las urbes, la ausencia de cloacas y agua corriente, sumado a una nutrición inadecuada crearon las condiciones propicias para que florecieran epidemias como la *peste negra* que en 1348 que diezmó gran parte de la población de Europa. La solución hubiera sido limpieza y aire puro, pero aparte de la ausencia de agua corriente, la superstición generalizada afirmaba que bañarse aumentaba el riesgo de enfermedad al abrir los poros de la piel y dejar entrar aire envenenado. Sin embargo, se observó que aquellos que trabajaban en boticas y fábricas de perfumes rara vez se contaminaban. Los aceites esenciales volátiles presentes en la mayoría de perfumes ofrecen una de las mejores formas de desinfección, y los médicos de la época que trataban a los infectados, llamados "médicos de la peste" usaban una suerte de capuchas para cubrirse la cabeza impregnadas de diversas hierbas, especias y aceites. Aunque los métodos que utilizaban para "curar" la peste eran dudosos, la creencia de que la peste era causada por "vapores envenenados" indujo a las clases pudientes al uso generalizado de perfumes a modo de antídoto. La reina Elizabeth I de Inglaterra [1533-1603], contemporánea

Si tu ley no hubiese sido mi delicia, ya habría perecido en mi aflicción. La Palabra de Dios es un poder sustentador en medio de las aflicciones de la vida. Por las siguientes razones:

1. *Su necesidad.*
   (a) Sin ella los hombres recurren al alcohol y las borracheras para ahogar sus penas y terminan en el suicidio porque la vida se les hace insoportable. Se sienten sin fuerzas para luchar contra la desgracia y pierden toda esperanza; se hacen ateos, pero ¡ay! ello no hace sino incrementar su amargura y las peores consecuencias de su aflicción.
   (b) Nada puede suplir el lugar de la palabra de Dios. La naturaleza no arroja luz suficiente sobre el enigma del sufrimiento humano. Y la filosofía, en el mejor de los casos, no es más que un consuelo hueco que falla cuando más se le necesita.
2. *Su eficacia.* Demostrada por:
   (a) La experiencia personal de tantos y tantos creyentes.
   (b) El carácter eterno de las promesas divinas.
   (c) La visión que nos aporta de una fuerza benefactora que opera en medio de la calamidad y la tristeza mejorando nuestro carácter.
   (d) La particular revelación que nos ofrece de la misericordia de Dios y el amor de Cristo.
   (e) La imagen de Cristo como "varón de dolores", que obró la salvación del hombre y entró en la gloria a través del sufrimiento.
   (f) La enseñanza respecto al Verbo encarnado; mostrando a un Dios hecho hombre, sufriente, capaz de entender la tragedia de los seres humanos que sufren.
   (g) La gloria del cielo y la felicidad eterna que aguarda a todos aquellos que lavados en la sangre del Cordero vencen en la contienda.

J. F.

[En el original aparecen estas siglas sin el nombre completo del autor].

Si tu ley no hubiese sido mi delicia, ya habría perecido en mi aflicción. Con estas palabras el salmista nos expone claramente:

1. Lo grave y difícil de la situación que había atravesado y a la que hace referencia: acosado y hundido. Su aflicción había llegado a tal punto que se veía al borde de la muerte; y el motivo parece ser una combinación de presiones internas y externas: persecución desde fuera y tensión por dentro.
2. Qué fue lo que le trajo alivio cuando nada más lograba aportarle consuelo: la ley de Dios.
3. Cómo una vez superada la prueba valora este alivio recibido, y expresa su gratitud a Dios por el mismo; dejando constancia para guía y aliento de otros: *"Si tu ley no hubiese sido mi delicia, ya habría perecido en mi aflicción"*.

DANIEL WILCOX [1676-1733]

"Sixty-four practical sermons", 1757

Vers. 93. *Nunca jamás me olvidaré de tus mandamientos, porque con ellos me has vivificado.* *[Nunca jamás me olvidaré de tus mandamientos, porque con ellos me das la vida.* RVR*] [Jamás me olvidaré de tus preceptos, porque por ellos me has vivificado.* LBLA*] [Jamás me olvidaré de tus preceptos, porque con ellos me has vivificado.* BTX*] [Jamás me olvidaré de tus preceptos, pues con ellos*

---

de RICHARD GREENHAM [1531-1591], aficionada a asistir al estreno de obras de teatro y otras actuaciones públicas, usaba guantes de cuero perfumados con una mezcla de ámbar gris, agua de rosas, azúcar y otras especias, y llevaba siempre consigo una almohadilla perfumada con el propósito de repeler la peste; y fue la primera en 1578 el decretar leyes sobre la misma.

me has dado vida. NVI*] [No olvidaré nunca tus preceptos, pues con ellos me das vida.* BLP*] [Jamás olvidaré tus mandamientos, pues por medio de ellos me diste vida.* NTV*]*[77]

Jamás me olvidaré de tus mandamientos, porque por ellos me has vivificado. Cuando hemos experimentado el poder vivificador de un mandato divino, jamás lo olvidamos. Podemos leerlo, aprenderlo, repetirlo, creer que lo hemos asimilado, y no obstante, desaparecer de nuestra mente; pero si en algún momento nos ha dado vida o renovado esa vida, no hay temor alguno que se nos borre de la memoria. La experiencia enseña y enseña eficazmente. No hay cosa más bendita que tener los preceptos divinos escritos en el corazón con la pluma dorada de la experiencia, y grabados en la memoria con el estilete de la gracia.[78] El olvido es muy perjudicial cuando se trata de las cosas santas; y aquí vemos al salmista luchando tenazmente contra él, pero confiado en la victoria, porque conocía bien el poder de la energía vital de la Palabra en su propia alma. Lo que vivifica el corazón vivificará con toda seguridad también la memoria.

No deja de ser peculiar que el salmista atribuya la vivificación concretamente a los "mandamientos" divinos, siendo que el poder vivificador esta presente del mismo modo ya sea en ellos o en cualquier otra de las palabras del Señor. No obstante, vemos que siempre que el Señor resucitó muertos, se dirigió a ellos con un mandato: *"Lázaro, sal fuera"*[79] o *"Muchacha, levántate"*.[80] No hemos de tener reparo en dirigirnos a los pecadores, muertos en sus delitos y pecados,[81] espetándoles con los mandatos del Evangelio, ya que es por medio de ellos que el Espíritu les da vida. Fijémonos que el salmista no dice "ellos me han vivificado" sino *"por ellos me has vivificado"*, no afirma que los preceptos lo vivificaran, sino que el Señor lo vivificó por medio de ellos: rastrea el hilo de la vida desde el canal hasta la fuente, y sitúa la gloria donde corresponde. Con todo valora adecuadamente los instrumentos de la bendición y resuelve no olvidarlos nunca jamás. Ya los había recordado cuando se comparó a un odre ahumado (119:83), y ahora decide que ya sea en el humo o en el fuego, el recuerdo de los mandamientos del Señor nunca se apartará de él.

C.H. SPURGEON

Jamás me olvidaré de tus mandamientos, porque por ellos me has vivificado. Es preciso luchar contra el olvido en todas las formas posibles, no sea que aprovechando la vejez, la debilidad de la mente o las muchas preocupaciones, introduzca paulatinamente su veneno de la ingratitud: *"Me regocijaré en tus estatutos; no me olvidaré de tus palabras"* (119:16); *"Las redes de los impíos me han*

[77] La versión griega de los LXX o Septuaginta lee: εἰς τὸν αἰῶνα οὐ μὴ ἐπιλάθωμαι τῶν δικαιωμάτων σου ὅτι ἐν αὐτοῖς ἔζησάς με, κύριε que la Vulgata traduce al latín como: *"In aeternum non obliviscar justificationes tuas, quia in ipsis vivificasti me"*, "Nunca jamás olvidaré tus justificaciones, porque con ellas me has dado vida". La versión sefardí de Ferrara traduce: *"Para fiempre no me olvidaree tus encomendanças, porque en ellas me abiviguafte"*. La caldea Peshitta: *"Jamás me olvidaré de tus ordenanzas, pues en ellas está mi vida"*. KRAUS traduce: *"Nunca olvidaré tus ordenanzas, porque por ellas me diste vida"*. SCHÖKEL: *"Jamás olvidaré tus decretos, pues con ellos me diste vida"*.

[78] Dice MATTHEW HENRY [1662-1714]: «La mejor evidencia de nuestro amor a la palabra de Dios, es atesorarla en nuestro corazón, grabarla en nuestra mente, y no olvidarla jamás».

[79] Juan 11:43.

[80] Lucas 8:54.

[81] Efesios 2:1.

envuelto, mas no me he olvidado de tu ley" (119:61); *"Aun cuando estoy como un odre ahumado, no he olvidado tus estatutos"* (119:83).

MARTIN GEIER [1614-1681]
"Commentarius in librum Psalmorum, ad usum Seminarii Brugensis", 1695

Jamás me olvidaré de tus mandamientos, porque por ellos me has vivificado. Profundamente afligido, el salmista describe ahora como fue consolado; y su consuelo vino de su deleite en la ley de Dios: se concentró en ella y experimentó la plenitud de su poder. Y a fin de seguir recibiendo esos mismos goces y consuelos, se compromete ante el Señor a no olvidar jamás sus preceptos añadiendo la razón; a saber, que para él eran espíritu de vida: *"por ellos me has vivificado"*. Según lo expresa, fue vivificado por Dios, pero a través de la Palabra: sólidamente predicada; salvíficamente comprendida; y particularmente aplicada a la conciencia. Es de ese modo como el poder de la muerte expiatoria de Cristo nos hace andar en novedad de la vida: *"Fuimos, pues, sepultados juntamente con él para muerte por medio del bautismo, a fin de que como Cristo resucitó de los muertos por la gloria del Padre, así también nosotros andemos en novedad de vida"*.[82] No hay otra *aqua vitae,*[83] o *aqua celestia*[84] comparable a esta, pues por ella alcanzamos interiormente paz de conciencia y practicamos exteriormente obediencia a los mandamientos de Dios. David se regocija en esta bendición, y así debemos regocijarnos también nosotros; nuestro deseo ha de ser en todo momento el de ser vivificados para practicar más activamente los deberes y obligaciones santos; y solo Dios, por su Espíritu y a través de su Palabra puede concedérnoslo.

RICHARD GREENHAM [1531-1591]
"An Exposition on the 119 Psalme"

Jamás me olvidaré de tus mandamientos, porque por ellos me has vivificado. El Espíritu vivificador se deleita en obrar por medio de la Palabra; pero aunque la Palabra sea el medio, el beneficio procede de Dios: *"porque por ellos me has vivificado"*. La Palabra es el medio, pero la vida procede de la Fuente de toda vida.[85] El evangelio es un ungüento vivificador; pero es la mano soberana de Dios la que debe aplicarlo y hacer que nos impregne; que traiga paz, consuelo y vivifique nuestras almas. Hay dos tipos de vivificación: la que nos hace revivir cuando estamos muertos; y la que nos reanima desde la tristeza, la depresión y la frialdad espiritual... de ese modo disfrutamos más abundantemente según la promesa de Cristo.[86] Ahora bien, esta segunda vivificación se produce, mayormente, por la vitalidad de la gracia; pero también por los consuelos de la Palabra. Dios nos vivifica interiormente potenciando el nivel de la gracia; y moral o exteriormente prometiéndonos la vida de gloria. Y más estrictamente, esta vivificación se transforma en consuelo y apoyo en la aflicción. Y así lo expresa el salmista; primero dice:*" Si tu ley no hubiese sido mi delicia, ya habría perecido en mi aflicción"* (119:92); y a continuación exclama: *"jamás me olvidaré de tus mandamientos, porque por ellos me*

---

[82] Romanos 6:4.

[83] Del latín AQUA VITE o agua de vida, nombre dado a los licores destilados de alcohol típicos de diversos países y que por su fortaleza se les atribuye la virtud de reanimar a una persona decaída. En España sería al "aguardiente de orujo": en Noruega el "Aquavit" en Escandinavia; el "Vodka" en Rusia; la "Grappa" en Italia; o incluso el "whisky" en Escocia.

[84] Del latín AQUA CELESTIA o agua celestial, nombre dado cierto tipo de perfumes con una alta destilación alcohólica y hierbas a los que se atribuía la virtud de reanimar a una persona recaída.

[85] Salmo 36:6.

[86] Juan 10:10.

has vivificado". Recibió un enorme consuelo, y por tanto, se compromete a valorar y amar la Palabra mientras viva.

THOMAS MANTON [1620-1677]
"One hundred and ninety sermons on the hundred and nineteenth Psalm", 1681

Porque por ellos me has vivificado. No interrumpáis la lectura de Biblia hasta que no sintáis que vuestro corazón arde en celo espiritual. Leed la Palabra no solo como una mera historia, sino como una realidad de la que formáis parte. No os limitéis a que os informe, dejad que os inflame: *"¿No es mi palabra como fuego, dice el Señor, y como martillo que hace pedazos la roca?"*.[87] No detengáis su lectura hasta que no podáis decir como los discípulos de Emaús: *"¿No estaba ardiendo nuestro corazón dentro de nosotros"*.[88]

THOMAS WATSON [1620-1686]
"Saint's Spiritual Delight", 1660

Vers. 94. *Tuyo soy yo, sálvame, porque he buscado tus mandamientos.* *[Tuyo soy yo, sálvame, porque voy buscando tus mandamientos.* RVR*] [Tuyo soy, Señor, sálvame, pues tus preceptos he buscado.* LBLA*] [Tuyo soy, ¡sálvame! por cuanto he escudriñado tus preceptos.* BTX*] [¡Sálvame, pues te pertenezco y escudriño tus preceptos!* NVI*] [Tuyo soy, sálvame, que yo he buscado tus preceptos.* BLP*] [Soy tuyo, ¡rescátame!, porque me he esforzado mucho en obedecer tus mandamientos.* NTV*]*[89]

Tuyo soy, sálvame.[90] Una oración completa con un argumento prevalente. La consagración es un buen motivo para implorar preservación. Si somos conscientes de que somos del Señor, tenemos plena certeza de que nos salvará. Somos del Señor por creación, por elección, por redención, rendición y aceptación; y de ahí nuestra firme esperanza y seguridad de que nos salvará. No hay la menor duda que un hombre, creado a tu imagen y semejanza, salvará a su propio hijo sean cuales sean las circunstancias, por tanto: *"Señor, sálvame"*. Aquellos que son pueblo del Señor ven la necesidad de salvación más claramente que los demás, de ahí la oración del salmista: *"sálvame";* saben que únicamente Dios puede salvarlos, por tanto claman a él únicamente; saben que no podrán encontrar en sí mismos mérito alguno, y por ello esgrimen una razón extraída de la propia gracia divina: *"Tuyo soy"*.

---

[87] Jeremías 23:29.

[88] Lucas 24:32.

[89] La versión griega de los LXX o Septuaginta lee: σός εἰμι ἐγώ, σῶσόν με, ὅτι τὰ δικαιώματά σου ἐξεζήτησα que la Vulgata traduce al latín como: *"Tuus sum ego; salvum me fac: quoniam justificationes tuas exquisivi"*, "Tuyo soy yo, sálvame; porque tus justificaciones he inquirido". La versión sefardí de Ferrara traduce: *"A ti yo, falvame, porque tus encomendanças requeri"*. La caldea Peshitta: *"Tuyo soy, líbrame, por cuanto he guardado tus ordenanzas"*. KRAUS traduce: *"Tuyo soy, sálvame, porque tus ordenanzas estudio"*. SCHÖKEL: *"Tuyo soy, sálvame, que yo consulto tus decretos"*.

[90] Dice AGUSTÍN DE HIPONA [354-430]: «¿Qué quiere darnos a entender el salmista dirigiéndose a Dios con una expresión tan familiar y entregándose de forma tan directa: *"Tuyo soy, sálvame"*, sino que todo intento egoísta de ser dueño de si mismo y proceder de acuerdo a su propio albedrío le había abocado al desastre? Consciente, por propia experiencia, que el orgullo y la desobediencia son el peor de los males, viene a ser como si dijera: 'Quise ser mío y me descarrié; sálvame, Señor, porque quiero ser tuyo y en adelante escudriñar tus ordenanzas; no mis impulsos y deseos con los que trate de ser mío, sino tus preceptos, para ser enteramente tuyo y no volver a extraviarme'».

Porque he buscado tus mandamientos. Con ello demuestra su pertenencia al Señor. No había alcanzado toda la santidad que deseaba, pero se había esforzado en ser obediente, y por tanto, suplica ser salvo hasta el fin.[91] Cabe la posibilidad de una persona que esté buscando doctrinas y promesas, y muy a pesar, no haya sido renovada en su corazón; pero buscar los mandamientos es señal inequívoca de la gracia; nadie ha escuchado jamás de un rebelde o hipócrita que busque los preceptos divinos. Es evidente, en el caso del salmista, que el Señor había llevado a cabo en el la buena obra, y ahora le pide que la perfeccione y complete.[92] La salvación va ligada directamente a la búsqueda: *"sálvame ... porque he buscado";* cuando el Señor incita a la búsqueda jamás niega la salvación. Quien busca la santidad es porque ha sido salvo: si buscamos al Señor es porque el Señor nos ha buscado, de eso podemos estar seguros, y ciertamente nos salvará.

C.H. SPURGEON

Tuyo soy, sálvame. David, un hombre conforme al corazón de Dios,[93] quería ser salvo; pero no según lo que las gentes de este mundo entienden por ser salvo: ser libres para decidir por si mismos y disfrutar de lo que se les antoje imponiendo su propia voluntad; sino salvo para consagrarse a Dios, pertenecer a él y estar siempre a su disposición: *"Tuyo soy, Señor, sálvame"*. Y esto implica un triple argumento:

1. La ley natural, que obliga al padre a ser bueno con su hijo, al marido con su esposa, etc. Dios se ha sometido por propia voluntad a la ley natural más más que cualquiera en el universo; y la cumple de manera más perfecta, completa y gloriosa que cualquier otra criatura creada. No hay padre que iguale su amor y dedicación; no hay marido, ni amigo que lo equipare: *"¿Se olvidará la mujer de su niño de pecho, para dejar de compadecerse del hijo de su vientre? Pues aunque estas lleguen a olvidar, yo nunca me olvidaré de ti"*.[94] Una madre jamás abandona un hijo, pues la naturaleza hace brotar un instinto misericordioso hacia él en lo más profundo de sus entrañas; ¿y pensáis que lo haré yo? dice Dios.[95]

2. Cuando le decimos a Dios: *"tuyo soy"*, invocamos el pacto que hizo con nosotros, y por el cual se ha convertido en nuestro padre y amigo; como lo expresa el profeta: *"Pues tú eres nuestro padre, si bien Abraham nos ignora, e Israel no nos reconoce; tú, oh Jehová, eres nuestro padre; nuestro Redentor perpetuo es tu nombre"*.[96] Ved la doble conclusión que surge de este pasaje: eres nuestro Padre, y por tanto, eres nuestro Redentor y te pedimos ayuda.

3. Argumentar con Dios y decirle: *"Tuyo soy"*, crea una relación y aporta una fortaleza de espíritu de la cual el hombre se beneficia, puesto que es evidente que Dios le replicará diciendo: *"También yo soy tuyo"*. Si nosotros tenemos amor suficiente como para ofrecernos a Dios y decirle que somos suyos; con más razón todavía el amor de Dios hará que él se nos ofrezca a nosotros; porque Dios ama primero,[97] mas intensamente, y más firmemente que nosotros. Si el amor hace que mi corazón se eleve hacia Dios, con más motivo y seguridad el corazón de Dios descenderá hacia mí; porque es la fuente de todo amor. Jamás ninguna esposa ha dicho a su marido, al que ama sin duda con toda su alma: "Soy tuya", con mayor deseo y voluntad que un creyente piadoso cuando dice a su Señor: *"Tuyo soy"*. Y se lo dice con un amor agradecido: ¿Tú te has dado a mí, y yo no me daré ti? ¿Siendo como eres de

[91] 1 Corintios 1:8; Filipenses 1:6,10; 1 Tesalonicenses 3:13; 5:23-24; Judas 1:24-25.
[92] Filipenses 1:6; 1 Tesalonicenses 5:23-24.
[93] 1 Samuel 13:14; Hechos 13:22.
[94] Isaías 49:15.
[95] Salmo 103:13; Isaías 44:21; Mateo 7:11.
[96] Isaías 63:16.
[97] 1 Juan 4:10, 19.

grande y poderoso, has hecho todo esto por mí, y yo me rebelaré contra ti? El hombre tocado por la gracia siente la necesidad de expresar su pertenencia al Señor de *motu proprio*, es decir, por iniciativa propia, de forma libre y voluntaria. Los santos suelen hacerlo frecuentemente; y prueba de ello es que David expresa esta pertenencia más de veinte veces a lo largo del Salmo 119, y en otros pasajes, como en el Salmo 116, donde exclama: *"Oh Señor, ciertamente yo soy tu siervo, siervo tuyo soy"*.[98] Decirlo una vez no le era suficiente; lo dice y lo repite, para mostrar la sinceridad de su espíritu y dar testimonio de que su corazón estaba enteramente complacido con esta idea: que no se pertenecía a si mismo, que no era suyo, sino del Señor. Expresar nuestra voluntad y deseo de ser de Dios, acelera en gran manera nuestro acercamiento a él. Cuando una persona está segura y plenamente convencida de su deseo de pertenecer a Dios, y puede exclamar con un espíritu trasparente: *"Tuyo soy,"*clamara a continuación: *"sálvame"*, de la forma más natural; porque no hay duda que es una persona de oración, se dirige con frecuencia a Dios y conversa con él.

JOSEPH SYMONDS [¿?-1652]
"The case and cure of a deserted soule", 1639

Tuyo soy, sálvame. Un argumento excelente para obtener del Señor ayuda en las dificultades: *"Tuyo soy"*. Tuyo *por creación,* pues fui hecho por ti;[99] tuyo *por adopción,*[100] fui asignado a ti; tuyo *por donación,*[101] pues fui dado a ti; tuyo *por matrimonio,*[102] pues fui desposado contigo; tuyo *por redención,*[103] pues fui comprado por ti; tuyo *por voluntad,*[104] pues me he entregado a mi mismo a ti.

RICHARD GREENHAM [1531-1591]
"An Exposition on the 119 Psalme"

Porque he buscado tus mandamientos. Ved cómo David apoya su afirmación: utiliza su amor sincero a la palabra de Dios para demostrar que pertenecía a Dios y no a sí mismo. No son las palabras sino los afectos y las acciones los que deben probar nuestra entrega al Señor. *"Tuus sum, quia id solum qued tuum est quaesivi":* Soy tuyo porque no he buscado nada más que lo que es tuyo, y cómo podría agradarte.[105] *"Mihi in tuis justificationibus est omne poatrimonium":* la observancia de tus preceptos es todo mi patrimonio.

WILLIAM COWPER [1566-1619]
"A Commentary upon CXIX Psalm", 1613

Vers. 95. *Los impíos me han aguardado para destruirme; mas yo consideraré tus testimonios.* *[Los impíos me han aguardado para destruirme; mas yo consideraré tus testimonios.* RVR*] [Los impíos me esperan para destruirme; tus testimonios consideraré.* LBLA*] [Los malos me acechan para destruirme, pero yo consideraré tus testimonios.* BTX*] [Los impíos me acechan para destruirme, pero yo me esfuerzo por entender tus estatutos.* NVI*] [Los malvados pretenden destruirme, mas yo*

[98] Salmo 116:16.
[99] Génesis 1:26.
[100] Romanos 8:14-17, 23; Gálatas 4:5-6; Efesios 1:5.
[101] Juan 6:37; 17:6, 24.
[102] Efesios 5:25.
[103] 1 Corintios 6:20; 7:23; 1 Pedro 1:18.
[104] Salmo 119:94; Isaías 6:8.
[105] 2 Corintios 5:15; Gálatas 2:20; 5:24.

sigo atento a tus mandatos. BLP*] [Aunque los malvados se escondan por el camino para matarme, con calma, mantendré mi mente puesta en tus leyes.* NTV*]*[106]

Los impíos me han aguardado para destruirme; mas yo consideraré tus testimonios. Eran como bestias salvajes que se agazapaban a lo largo del camino dispuestas a saltar sobre su presa, o salteadores de caminos acechando a un viajero indefenso; pero el salmista siguió su ruta sin tenerlos en cuenta, porque su menta estaba dedicada por entero a considerar algo más importante, a saber, la evidencia o testimonio que Dios ha dado a los hijos de los hombres. No permitió que la maldad de los inicuos lo apartara de su estudio y santo meditar en la Palabra divina. Tan seguro se sentía que podía dedicarse por entero a *"considerar"* los *"testimonios"* del Señor; tan santificado que los amaba profundamente y se deleitaba en hacerlo; y tan victorioso sobre todas las conspiraciones de sus enemigos, que no dejó que lo apartaran de sus piadosas meditaciones. Si el enemigo no logra apartar nuestros pensamientos del estudio de la Palabra santa, nuestros corazones de las aspiraciones santas, o nuestros pies del camino de la santidad, la mentira habrá fracasado en sus ataques. Los impíos son enemigos naturales de los santos y de sus pensamientos santos; si pudieran no tan solo nos causarían cuanto daño les fuera posible, sino que nos destruirían por completo; lo intentan y si no lo consiguen aguardan otras oportunidades en la esperanza de que sus planes malvados culminen con éxito. Pero hasta el presente han esperado en vano, y tendrán que seguir esperando; porque si nos mantenemos firmes hasta el punto de no concederles un solo pensamiento, su esperanza de destruirnos es muy endeble y limitada.

Fijémonos en este versículo en la doble espera: la de los malvados que aguardan con paciencia y meticulosamente la oportunidad para destruir a los piadosos; y la espera paciente del salmista que no abandona un solo instante sus meditaciones santas, ni aún para calmar temporalmente la animosidad sus enemigos. Ved cómo la simiente de la serpiente[107] acecha con astucia cual víbora que muerde los talones del caballo; pero ved también cómo los elegidos del Señor viven ajenos a su veneno y no les prestan la misma atención, como si no existieran.

C.H. SPURGEON

Los impíos me han aguardado para destruirme. De nuevo destaca el salmista dos cosas con respecto a sus enemigos: su astucia y perseverancia en buscar y aprovechar todas las ocasiones para atraparte; y su crueldad despiadada: porque su objetivo era destruirlo, acabar con él. Ello nos revela con claridad la malicia insaciable y desaforada de los inicuos contra los piadosos. La preservación de Daniel en el foso de los leones fue un asombroso milagro;[108] pero no es menos maravilloso que los fieles del rebaño de Cristo, que moran entre impíos que son como lobos rapaces[109] sedientos de la sangre

[106] La versión griega de los LXX o Septuaginta lee: ἐμὲ ὑπέμειναν ἁμαρτωλοὶ τοῦ ἀπολέσαι με· τὰ μαρτύριά σου συνῆκα que la Vulgata traduce al latín como: *"Me exspectaverunt peccatores ut perderent me; testimonia tua intellexi",* "Me han aguardado los pecadores para perderme; tus testimonios he entendido". La versión sefardí de Ferrara traduce: *"A mi efperaron malos para deperderme, tus teftamentos entendere".* La caldea Peshitta: *"Los inicuos me acecharon para acabar conmigo, pero yo consideré tu testimonio".* KRAUS traduce: *"Los malvados me acechan para destruirme, pero yo atiendo a tus testimonios".* SCHÖKEL: *"Los malvados me acechaban para perderme, yo meditaba tus preceptos".*

[107] Génesis 3:15.

[108] Daniel 6:16-23.

[109] Mateo 7:15; 10:16; Hechos 20:29.

de los santos de Dios, y que albergan en su corazón el cruel propósito de destruirlos por completo en cuanto se presente una oportunidad, sean preservados día tras día.

WILLIAM COWPER [1566-1619]
"A Commentary upon CXIX Psalm", 1613

Mas yo consideraré tus testimonios. Para el salmista verse acosado con furia día tras día, víctima de todo tipo de artimañas para llevarle al matadero y acabar con su vida, fue una tentación dura y penosa. Pero compensada sobradamente por el privilegio y consuelo de poder meditar en los testimonios de Dios, aún en lo más fragoso de la persecución.[110] De no haber sido por este constante escudriñar los preceptos divinos mil veces habría caído.[111]

RICHARD GREENHAM [1531-1591]
"An Exposition on the 119 Psalme"

Vers. 96. ***A toda perfección he visto fin; amplio sobremanera es tu mandamiento.*** *[De todo lo perfecto he visto un límite; pero ¡cuán inmenso es tu mandamiento!* RVR*] [He visto un límite a toda perfección; tu mandamiento es sumamente amplio.* LBLA*] [En toda perfección he visto límite, pero tu mandamiento es amplio en gran manera.* BTX*] [He visto que aun la perfección tiene sus límites; ¡solo tus mandamientos son infinitos!* NVI*] [He visto que todo lo perfecto es limitado, pero es inabarcable tu mandato.* BLP*] [Aun la perfección tiene sus límites, pero tus mandatos no tienen límite.* NTV*]*[112]

De todo lo perfecto he visto un límite.[113] Había apurado su propio límite que era relativamente corto; lo había visto desmoronarse bajo las aflicciones de la vida, desenmascarado bajo la mirada penetrante de la verdad, y públicamente expuesto por su confesión como penitente. Nada hay perfecto bajo la luna. Porque los seres perfectos, en el sentido absoluto de la palabra, tan solo viven en un mundo perfecto. Hay personas plenamente convencidas de su propia perfección, y más aún, la consideran

---

[110] MARTÍN LUTERO [1483.1546] dice al respecto: «No es superstición, sino piedad inteligente lo que el Señor demanda. He pactado con mi Señor que no me envíe visiones ni sueños, ni tan siquiera ángeles. En las decisiones difíciles me basta con este regalo maravilloso que son las Escrituras, que me guían, me enseñan y proveen sobradamente todo cuanto me es necesario saber, tanto para la vida presente como acerca de la vida venidera».

[111] 1 Samuel 24:3-7; 26:1-11; Salmo 57:1-11; Salmo 142:1-7.

[112] La versión griega de los LXX o Septuaginta lee: πάσης συντελείας εἶδον πέρας· πλατεῖα ἡ ἐντολή σου σφόδρα que la Vulgata traduce al latín como: *"Omnis consummationis vidi finem, latum mandatum tuum nimis"*, "De toda cosa acabada he visto el fin; tu mandamiento es ancho sin medida". La versión sefardí de Ferrara traduce: *"A todo acabamiento vide fin, ancho tu mandamiento mucho"*. La caldea Peshitta: *"He visto límite a todo extremo, pero tu mandamiento es muy amplio"*. KRAUS traduce: *"En todo lo que es perfecto vi un fin, (pero) tu mandamiento tiene amplitud infinta"*. SCHÖKEL: *"He visto el término de todo lo acabado; tu mandato se dilata sin término"*.

[113] En hebreo לְכָל תִּכְלָה רָאִיתִי קֵץ רְחָבָה מִצְוָתְךָ מְאֹד *ləkāl tiklāh rā'îtî qêṣ rəḥābāh miṣwāṯəkā mə'ōḏ*. Dice al respecto:

– SCHÖKEL: «El último verso de la estrofa merece comentario especial. En castellano, el adjetivo "acabado" puede significar perfección, "es un soneto acabado", porque dice que ha sido llevado a cabo, a término. Pero el cabo y el término y el acabar son el límite, el término y final de un ser. Perfil y forma son perfección desde dentro, limitación desde fuera. Algo así en el texto hebreo, תַּכְלִית *taklith* significa el "límite" o "frontera" (Job 26:10), es lo insondable de Dios (Job 11:7). El salmista ha visto que todo lo acabado o perfecto tiene un límite o final; solo el mandato de Dios se dilata inmensamente» [*Salmos, Tomo II, 73-150,* Editorial Verbo Divino, Estella, Navarra, 1992].

ilimitada; sin embargo, es debido a que están completamente ciegas. Todo creyente experimentado ha visto el fin de toda perfección en sí mismo, en sus hermanos, y en las mejores obras del mejor de los hombres. Y bueno sería que algunos de esos que pretenden ser perfectos revisaran el origen de su perfección, pues con toda seguridad no iniciaron el proceso correctamente, de lo contrario no hablarían con semejante orgullo. ¿Acaso el comienzo de la perfección no consiste en lamentar tu imperfección? No existe la perfección en nada que sea obra humana.

Pero tu mandamiento es inabarcable.[114] Cuando tomamos conciencia de la amplitud de la ley divina, toda noción de perfección humana se desvanece: esa ley abarca cada acción, cada palabra y pensamiento. Y es de naturaleza tan espiritual que juzga los motivos, deseos y emociones del alma, revelando una perfección que nos condena tanto por omisiones como por transgresiones, y no nos permite compensar las omisiones de una parte con entrega y dedicación a los demás por la otra. El ideal divino de santidad es demasiado amplio para que nosotros podamos abarcar todo su ámbito y, sin embargo, no más amplio de lo que corresponde. ¿Pues quién desearía una ley imperfecta? No, su perfección es su gloria; pero también la muerte cuantos nos gloriamos en nuestra propia perfección. En el mandamiento divino hay tal amplitud de perfección que jamás ha sido igualada con un equivalente en santidad por hombre alguno aquí en la tierra; tan solo en Jesús llevó a cabo su realización. La ley es un código perfecto en todos sus aspectos; cada precepto es por si mismo de gran alcance en su significado sagrado, y los diez mandamientos en conjunto lo cubren todo sin dejar un solo resquicio por donde complacer nuestras pasiones.[115] Bien podemos adorar la infinitud de la santidad divina, medirnos luego a nosotros mismos por su estándar, y postrarnos ante el Señor con toda humildad, reconociendo cuán lejos estamos de alcanzarla.

C.H. SPURGEON

De todo lo perfecto he visto un límite. Esta frase ha sido traducida e interpretada por los eruditos de maneras muy diversas, aunque dentro de la diversidad todos coinciden en el sentido. La *Paráfrasis Caldea*[116] lo traduce de la siguiente manera: *"He visto el fin de todas aquellas cosas en las que*

[114] FRANZ DELITZSCH [1813-1890] observa que la expresión מִצְוָתְךָ *miṣwāṯəḵā, "tu mandamiento",* solo ocurre en este versículo y en Deuteronomio 26:13; en Deuteronomio 11:22 es הַמִּצְוָה *hammiṣwāh.* El salmista ha llegado a la conclusión, por propia experiencia, que toda perfección terrenal: תִּכְלָה *tiḵlāh,* es limitada y perecedera, tiene un final, (tan pronto alcanza su límite revierte y regresa en dirección opuesta); todo lo contrario del מִצְוָתְךָ *miṣwāṯəḵā,* el mandamiento de Dios, que es רְחָבָה *rəḥāḇāh,* amplio en extremo, sin límites en el espacio o el tiempo, como leemos en Job 11:7-9 donde su utiliza el mismo vocablo.

[115] Dice WILLIAM SWAN PLUMER [1802-1880]: ¿Dónde está el límite o el término de la palabra de Dios? ¿Quién puede ascender a las alturas de su excelencia? ¿Quién es capaz de comprender la profundidad de sus misterios? ¿Quién alcanza a discernir el designio de sus preceptos o concebir el alcance de sus promesas? ¿Quién logra abarcar las dimensiones del amor de Dios al hombre que en ella se describe, o el amor del hombre a Dios que en ella se enseña? ¿Quién divisa las profundidades de la iniquidad que en ella se despliega, o lo precioso de la sangre propiciatoria que en ella se ofrece? Recopila y ordena todos nuestros deberes para con Dios, para con nuestro prójimo, y con nosotros mismos. Prohíbe todo pecado. Inculca y fomenta todo principio de justicia y amor. Humilla a la vez que infunde coraje, infunde ternura a la conciencia al tiempo que fortalece el corazón como de león. Abunda en todas las excelencias».

[116] Los autores puritanos citan con mucha frecuencia la llamada PARÁFRASIS CALDEA, una traducción al arameo de la Biblia hebrea también conocida en lengua caldea como TÁRGUM. Las paráfrasis caldeas surgieron con el propósito de que muchos judíos que durante la cautividad babilónica habían olvidado su propia lengua hebrea (por estar obligados a conocer y hablar la lengua de los caldeos) tuvieran acceso a las Escrituras. Además de "traducción", Tárgum también significa "interpretación", por lo cual incluía con frecuencia notas aclaratorias y exegéticas a pie de página o incluso añadidas al texto, convirtiéndolo en una versión parafraseada de la Biblia. Los más conocidos son el "Tárgum de Onquelos" de la Torá y el

yo he puesto mi voluntad y cuidado, pero tu mandamiento es inmenso". La *Versión Siríaca:*[117] *"He visto el fin de todas las regiones y países"* (es decir: me he dado cuenta de que la extensión el mundo habitable es limitada y finita) *"pero tu mandamiento es inabarcable"*(es decir, no tiene límites). Otros lo explican del siguiente modo: *"He visto el fin de toda perfección"*, es decir, de todo cuanto en este mundo los hombres valoran y aprecian: de toda la sabiduría y conocimiento humano; de toda la riqueza, honores y grandeza; pues todo ello perece y se desvanece; *"pero tu ley es eterna, y aún permanece inmutable";* o, como las propias Escrituras lo expresan en otros pasajes *"La palabra del Señor permanece para siempre".*[118]

JOHN TILLOTSON [1630-1694]
"The Wisdom of Religion – Sermon XLII on Psalm CXIX 96 ", 1682

De todo lo perfecto he visto un límite. ¡Muy pobre es la perfección a la que podemos ver el final! Y no obstante, así son en este mundo todas las cosas que valoramos y etiquetamos como perfecciones. David, lo largo de su vida, había visto a Goliat, el invencible, derribado y mordiendo polvo;[119] Asael, el más veloz, alcanzado;[120] Ahitofel, el más sabio y astuto, engañado;[121] Absalón, el más hermoso, colgado de una encina, contraído y deformado.[122]

MATTHEW HENRY [1662-1714]
"Commentary on the Whole Bible", 1811

He visto un límite a toda perfección; tu mandamiento es sumamente amplio. Estas palabras del salmista nos ofrecen un doble consuelo y aliento. Y podemos hacer de ellas dos lecturas distintas: (1) *"He visto un límite a toda perfección;* ***porque*** *tu mandamiento es sumamente amplio"*; y (2) *He visto un límite a toda perfección;* ***pero*** *tu mandamiento es sumamente amplio".*

La primera lectura sugiere la idea, sin duda alentadora, que el sentido de imperfección que perturba nuestra conciencia brota de la esplendente y apabullante perfección de la Ley que deseamos obedecer; de la excelencia del ideal sublime que hemos puesto ante nosotros. Lo que hace que nos sintamos intranquilos e insatisfechos con nuestro proceder, no es que seamos peores que aquellos que no tienen ley o son ley a sí mismos,[123] sino porque nos medimos, tanto a nosotros mismos como a nuestros semejantes, por el elevado estándar del mandamiento de Dios. Y ese mandamiento es tan sumamente amplio que no podemos abarcarlo; tan alto que no podemos alcanzarlo; y tan perfecto que nos resulta imposible obedecerlo cabalmente.

"Tárgum de Jonathan" de los profetas, que incluía el resto de libros llamados proféticos entre los que se cuentan los Salmos. Nos está claro cuál es la "Paráfrasis Caldea" a la que hace referencia John Prideaux, pero todo nos induce a pensar que se trata de la *"Biblia Sacra Hebraice, Chaldaice, Graece, & Latine"* también conocida como la "Biblia políglota de Amberes", pubicada entre 1569 y 1572, hecha por BENITO ARIAS MONTANO [1527-1598], que era la más común y más citada entre los autores puritanos. Aunque también podría tratarse del *"Psalterium Hebraeum, Graecum, Arabicum, et Chaldaicum"*, publicado en Génova en 1516 bajo los auspicios de AGOSTINO GIUSTINIANI [1470-1536].

[117] Lo más probable es que se refiera a la SIRÍACA PESHITTA (s. IV), la más conocida de las versiones siríacas, una revisión de la versión siríaca antigua que llegó a ser la "versión autorizada" de la iglesia siríaca. Ver nota 7 es esta misma octava.

[118] Isaías 40:8; 1 Pedro 1:25.

[119] 1 Samuel 17:4-51.

[120] 2 Samuel 2:17-23.

[121] 2 Samuel 16:23; 17:23.

[122] 2 Samuel 14:25; 18:8-18.

[123] Romanos 2:14-15.

Hay, sin embargo, una segunda lectura del versículo no menos consoladora y alentadora: «*He visto el fin de toda perfección* en mí y en el mundo que me rodea; *pero tu mandamiento es sumamente amplio;* es decir: perfecto; y aunque yo soy imperfecto, en su perfección hallo la promesa y seguridad de la mía». Pues, ¿acaso cabe pensar que Dios haya prescrito una ley para la humanidad y esa ley vaya a quedar eternamente quebrantada e incumplida? ¡Imposible! Porque *"los dones y el llamamiento de Dios son irrevocables"*,[124] irreversibles, jamás acortados o retirados. Su propósito y función no se ven afectadas por nuestras debilidades y pecados. Dios nos muestra en la ley lo que desea que seamos. ¿Y vamos a concluir que jamás lo seremos? ¿Acaso la ley divina puede permanecer eternamente con algún ser humano que no la acate y cumpla? No, Dios jamás invalidará el ideal justo y perfecto establecido y prescrito en su ley para la sociedad humana, jamás se retractará de su propósito de elevar la conducta del hombre al nivel de cumplir su modelo perfecto. Por tanto, esa misma ley que por un lado es causa de nuestra frustración; es también la fuente de nuestro consuelo; pues que sea perfecta es señal inequívoca de que acabaremos cumpliéndola y siendo perfectos; su propia perfección es nuestra garantía.

"THE EXPOSITOR", VOLUME IV, 1876[125]

"God's Perfect Law our Despair and our Confort – Anonymous – October 1876"

De todo lo perfecto he visto un límite. Los ojos físicos de David habían visto eclipsarse muchas perfecciones humanas; y con los ojos de su percepción moral y espiritual vislumbraba el final de todas ellas. De algunas en concreto había presenciado literal y personalmente su ocaso; y de todas las demás intuía su final. Adán no fue capaz de perseverar en la perfección con la que fue creado y que no conocía imperfección; ¿cabe esperar entonces que alguno de sus hijos sea capaz de perseverar en algo que en el mejor de los casos no cabe el calificar más allá de una perfección imperfecta?

ABRAHAM WRIGHT [1611-1690]

"A Practical Commentary or Exposition upon the Book of Psalms", 1661

Tu mandamiento es sumamente amplio. Las tan elogiadas leyes de Licurgo[126] entre los griegos, o de Numa[127] entre los romanos, tenían cosas buenas, pero no eran completas; prohibían parte de lo malo, pero no todo lo malo. La religión cristiana tiene un alcance muy superior, tanto en sus preceptos

---

[124] Romanos 11:29.

[125] "THE EXPOSITOR" fue una revista teológica mensual auspiciada por Iglesia de Inglaterra publicada en el Reino Unido desde 1875 a 1914, en la que participaron los más eminentes teólogos, exégetas y expositores de la época. Curiosamente su primer director y redactor en jefe fue el pastor bautista y prolífico escritor SAMUEL COX [1662-1714], que fue a la vez uno de sus más activos colaboradores. Tuvo una influencia enorme en los ambientes académicos y teológicos de la época; ya que en un entorno de fuertes controversias provocadas por la crítica bíblica y el liberalismo teológico naciente, su objetivo, como lo explica el propio Samuel Cox el primer numero, era el de: «Exponer las Escrituras de manera honesta e inteligente haciendo posible que se interpreten a si mismas; evitando ver en ellas milagros que no contienen o dogmas a los que no prestan apoyo, pero apoyando firmemente aquellas doctrinas que obviamente enseñan y los milagros que afirman claramente». Pese a ello, en1884 se vio obligado a presentar su dimisión como director porque sus propios puntos de vista entraron en conflicto con los de los propietarios de la revista. La mayor parte de su volúmenes anuales se ha reproducido y sigue a la venta en inglés a día de hoy.

[126] Se refiere a LICURGO DE ESPARTA, en teoría importante legislador en la ciudad de Esparta al que se atribuyen buena parte de las leyes y constitución de la sociedad espartana. Es citado por importantes historiadores antiguos como Heródoto, Jenofonte y Plutarco, aunque desde muy antiguo se ha debatido si llegó a existir realmente o era un mero símbolo de la legislación espartana.

[127] Se refiere a NUMA POMPILIO [715-676 a.C.], sucesor de Rómulo y segundo rey de Roma. Fue quien organizó la religión romana. Aunque se sabe poco respecto a este rey, hay una biografía suya escrita por el griego Plutarco en Vidas Paralelas.

como en sus mandatos: *"He visto un límite a toda perfección; pero tu mandamiento es sumamente amplio"*. Con sus ojos corporales el hombre puede alcanzan a contemplar el final de algunas cosas de este mundo aparentemente perfectas y duraderas: hermosas fincas y haciendas, bellas obras de arte, grandes proyectos, familias sólidas y prometedoras; pero con los ojos del alma (o sea, de su fe) puede anticipar el ocaso de todas las perfecciones terrenas. Puede ver el mundo en llamas;[128] y todo su orgullo, su pompa y circunstancia, gloria y valentía, coronas y cetros, riquezas y tesoros, convertidos en cenizas. Puede ver los cielos desvanecerse cual pergamino que se enrolla,[129] los elementos derritiéndose por la temperatura ardiente, la tierra y cuantas cosas hay en ella consumidas;[130] y todas las perfecciones terrenales de las que los hombres tanto se jactan y envanecen, desapareciendo cual humo y convirtiéndose en nada. Ver el final de todas las perfecciones terrenales es posible; pero ver el final de los preceptos divinos es imposible: *"tu mandato no se puede abarcar"*, por que es tan amplio que se extiende más allá de nuestra comprensión. Los preceptos divinos son tan profundos que nadie alcanza a entenderlos plenamente: *"Tu justicia es como los montes de Dios, tus juicios, como el gran abismo"*,[131] tan altos que están establecidos en los cielos;[132] y tan duraderos que permanecen para siempre;[133] y tan anchos que nadie los puede medir.[134] No son *"amplios"* son *"amplios sobremanera"*; más altos que los cielos, más profundos que el abismo; más extensos que la tierra, más anchos que el mar.[135] Los mandamientos de Dios llegan a las partes más íntimas, los movimientos más secretos y los recovecos del alma; alcanzan a todos los pensamientos ocultos, *"penetran hasta la división del alma y del espíritu, de las coyunturas y de los tuétanos, y disciernen los pensamientos y las intenciones del corazón"*.[136] Rebasan todas nuestras acciones y las analizan; tanto aquellas que por insignificantes nos pasan desapercibidas, como las más graves que nos son causan preocupación.

George Swinnock [1627-1673]
"The Christian Man's Calling", 1665

Pero tu mandamiento es inabarcable. Así como hay en el evangelio más misericordia de la que somos capaces de concebir, hay en la ley más santidad de la que somos capaces de entender. Nadie ha penetrado jamás en las profundidades de esa justicia. En la ley hay una santidad infinita: *"A toda perfección he visto fin; pero tu mandamiento es inabarcable"*. Fijémonos que no habla en términos concretos, sino abstractos: *"a toda perfección he visto fin"*, he llegado al limite o al fondo de todo (un hombre puede recorrer fácilmente todas perfecciones que están de este mundo y ver su final o anticipar que tendrán un final); *"pero tu mandamiento es inabarcable"*, es decir, imposible de recorrer hasta el final o anticiparlo, porque se extiende infinitamente más allá de cualquiera de las perfecciones terrenas: no alcanzo a ver su final y sé que no tiene final. En la ley hay una vastedad de pureza y espiritualidad inabarcable.[137]

Joseph Caryl [1602-1673]

[128] Salmo 21:9; 50:3; 97:3; Isaías 30:27-28; 66:15.
[129] Isaías 34:4; Apocalipsis 6:14.
[130] 2 Pedro 3:10-12.
[131] Salmo 36:6.
[132] Salmo 119:48, 89.
[133] 1 Pedro 1:24-25.
[134] Salmo 147:5; Isaías 40:28; Romanos 11:33-34.
[135] Job 11:8-9.
[136] Hebreos 4:12.
[137] Los Padres de la Iglesia identifican este "mandamiento amplio" al cual hace referencia el Salmista con los mandamientos del amor, puesto que en palabras de Cristo mismo resumen toda la ley y los profetas (Mateo 22:39-40). Agustín de Hipona [354-430] es el que más clara y explícitamente se pronuncia en este

Pero tu mandamiento es inabarcable. Lo es por la aplicabilidad integral de su norma, tan grandiosa como simple: *"Amarás al Señor tu Dios con todo tu corazón, y con toda tu alma, y con todas tus fuerzas, y con toda tu mente; y a tu prójimo como a ti mismo"*.[138] Lo es por la amplitud de sus preceptos concretos: no hay lugar ni se da una sola acción que quede al margen de la voluntad divina. Lo es porque su mano poderosa está presente en al origen y principio de todo cuanto existe; de ella proceden tanto el espíritu como la acción del hombre; y por tanto, alcanza a todo cuanto el hombre pueda llegar a pensar o hacer, estableciendo su jurisdicción sobre todo pensamiento o afecto interior; y cuanto hable o pronuncie cae bajo esa misma jurisdicción. Todo cuanto el hombre como individuo, o la humanidad colectivamente, puedan llevar a cabo está bajo sus normas. E incluso sobre aquello que no hacen, mantiene su autoridad y pronuncia sus dictados y juicios: sobre la acción y sobre la omisión; sobre lo que el hombre hace y sobre aquello que jamás llegará a hacer, pero desearía hacer, o debería hacer. Su ordenamiento, su mandamiento y juicios, están presentes tanto en lo material como lo inmaterial; sobre los campos fértiles y sobre los desiertos y arenas estériles; pues aún de estos espacios vacíos de nada (por así decirlo) pueden emerger formas sustanciales de maldad y pecado a modo de evidencia. Pues en la resurrección los hombres se levantarán incluso de los lugares ignotos y vírgenes, donde nadie habría sospechado jamás que alguien pudiera haberse ocultado. Deberíamos pues, volver nuestra mirada hacia atrás y analizar una a una todas nuestras omisiones, sabiendo que la ley divina puede utilizarlas como testimonio de cargo. La ley, en su sentido más amplio, no está exceptuada o ausente de ningún lugar; se extiende por los abismos y llena los espacios vacíos; para ella no hay puertos francos, límites, exclusiones ni excepciones. Pues de haberlas, cualquiera podría acogerse a ellas para pecar con impunidad, o alegando inocencia.

JOHN FOSTER [1770-1843]
"Miscellaneous Essays on Christian Morals: Experimental and Practical", 1844

Tu mandamiento es sumamente amplio. Los términos *"amplitud"* y *"libertad"* se vienen utilizando en la literatura cristiana actual con una emancipación y promiscuidad extraordinarias. Y la fascinación que dimana de su uso se ve reforzada por el de sus antónimos: *"estrechez"* e *"intolerancia"*. Es mediante una habilidosa y ladina manipulación de estos términos, y sus antónimos, que la heterodoxia actual trata de eclipsar la doctrina y espíritu de la fe evangélica, y contaminar el pueblo cristiano con la influencia de las nuevas corrientes racionalistas. Y no debe extrañarnos que en un mercado donde los productos heterodoxos se exhiben envueltos en etiquetas tan atractivas, más de un comprador incauto y desprevenido descubra de pronto que: *"la vid de ellos es de la vid de Sodoma y de los campos de Gomorra; sus uvas son uvas venenosas, sus racimos, amargos"*.[139] ¿No habrá llegado el momento de que los partidarios de la fe verdadera se conciencien y movilicen para arrebatar a sus oponentes el monopolio de estos términos que pretenden tener en exclusiva? Pues quienes siguiendo el espíritu de su Maestro permanecen más cercanos a la fe una vez dada a los santos y

---

sentido en diversas de sus exposiciones: «Habiendo dicho: *"tu mandamiento es amplio en gran manera"* (119:96), continua afirmando en el versículo siguiente *"¡Oh, cuánto amo yo tu ley!* (119:97), con lo cual nos da a entender que la anchura del mandamiento es el amor … ¿Pues qué mandamiento es este sino aquel nuevo mandamiento del cual leemos: *"Un mandamiento nuevo os doy: Que os améis unos a otros; como yo os he amado, que también os améis unos a otros"* (Juan 14:21)? Es amplio en gran manera porque brota del propio amor de Dios, *"el cual ha sido derramado en vuestros corazones"* (Romanos 5:5); y excede los limites de toda perfección porque el amor es la plenitud de la ley (Romanos 13:10), pues toda la ley se resume en amar a Dios sobre todas las cosas y al prójimo como a nosotros mismos».

[138] Lucas 10:27. Ver también Deuteronomio 6:5; Mateo 22:37; Marcos 12:29-30;

[139] Deuteronomio 32:32.

contienden ardientemente por ella,[140] deberían sentirse mucho más libres y católicos, o universales,[141] que aquellos que han abandonado *"la senda antigua"*.[142] En realidad son ellos quienes deberían, en proporción a la medida en que se han apartado de la verdadera fe, estrechar su visión y limitar sus puntos de vista. ¿O acaso no es la Biblia, de principio a fin, la fuente teológica más amplia, pura y sublime en todos los sentidos? ¿No es la presencia y revelación del Hijo de Dios en nuestro interior el poder irresistible que libera y expande el alma? *"Si el Hijo os libertare, seréis verdaderamente libres"*.[143] ¿No debemos inferir de estas palabras que toda mente que hace suya la verdad de Cristo se transforma en un paraíso de libertad ideológica? ¿Acaso el sometimiento estricto pero voluntario del creyente a la ley de Dios no redunda en una amplitud de carácter que le sitúa por encima de cualquier otro sistema ideológico? Dice el salmista: *"tu mandamiento es sumamente amplio"*. ¿Acaso no es el evangelio el único y auténtico sistema religioso verdaderamente amplio: *"el que mira atentamente a la ley perfecta, la ley de la libertad, y permanece en ella, no habiéndose vuelto un oidor olvidadizo sino un hacedor eficaz, este será bienaventurado en lo que hace"*.[144] ¿Acaso no es el creyente en Cristo –en proporción a la fortaleza de su fe– el único practicante religioso que goza de una libertad de acción verdaderamente *"amplia"*; que crece: *"con el crecimiento que da Dios"*[145] y vive: *"lleno de toda la plenitud de Dios"*.[146]

JAMES KERR [1847-1905]
"The Modern Scottish Pulpit", 1880

Tu mandamiento es sumamente amplio. A pesar de que son muchas las cosas que evidencian que la senda de la vida es estrecha, para la persona piadosa se convierte en un camino amplio; no para practicar el pecado, pero sí para deleitarse en los mandamientos divinos; un camino en el que avanza con premura y hace grandes progresos.

ROBERT TRAIL [1642-1716]

Tu mandamiento es sumamente amplio. Ten en cuenta que la ley, que es tu norma de conducta, es sumamente amplia. Y, sin embargo, no es fácil dar en el blanco a la hora de cumplirla como es debido, pues para acertar en su cumplimiento es necesario apuntar con mucha pulcritud en la ejecución de cada uno de sus preceptos; es decir, obedecerla y aplicarla con esa misma amplitud; de lo contrario es imposible acertar en la ejecución de sus demandas.

WALTER MARSHALL [1628-1680]
"The Gospel Mystery of Sanctification", 1692

[140] Judas 1:3 LBLA

[141] El término *"católico"* del griego καθολικός, *katholikós,* significa "de acuerdo con el todo", es decir, simplemente "universal", aunque mucha gente lo identifica erróneamente con la Iglesia de Roma que se denomina a si misma como "Católica Romana".

[142] Jeremías 6:16.

[143] Juan 8:36.

[144] Santiago 1:25.

[145] Colosenses 2:19.

[146] Efesios 3:19.

מ Mem[1]

Versículos del 97 al 104

Versión poética

Mem

¡Oh cuánto amo, Señor, tu ley divina!
¡cuánto admiro su luz y su grandeza!
¡que alegría me causa meditarla!
¡que placer me produce obedecerla!

Siempre traigo delante de los ojos
la pauta que me diste, y me gobierna,
Y por eso a mis crueles enemigos
Aventajo en consejo y en prudencia.

Por eso tengo yo mejores luces,
que los sabios y maestros que me enseñan,
porque me instruyen en su ciencia propia,
y yo aprendo en tu ley tu santa ciencia.

Y más también que todos los ancianos,
aunque tengan noticias y experiencias,
cuando no tienen otras que las suyas,
pues yo aprendo las tuyas en tu escuela.

Me he alejado de todos los caminos
en que solo se ven tortuosas sendas,
y aunque fuesen más ásperas y rudas,
he preferido siempre las derechas.

Y así evitar he conseguido
golpes, caídas y otras mil tragedias,
pues asido a tu brazo vigoroso
en él se sostenía mi flaqueza.

[1] Felipe Scio de San Miguel [1738-1776] en una nota a su traducción de la Vulgata indica que el significado de מ *Mem,* es *"sabiduría"*, mientras que Ambrosio de Milán [340-397] le da el significado de *"entrañas"*. Los cabalistas nos dicen que el ideograma de מ *Mem* describe un útero o matriz, porque representa el lugar donde se conciben y se da respuesta las preguntas esenciales del hombre, que en hebreo comienzan todas con la letra מ *Mem:* מי *mi,* ¿quién?; מה *ma,* ¿qué?; מתי *mathay*, ¿cuándo? Todo ello encaja a la perfección con el mensaje que desea transmitir el salmista en esta octava: *"Más sabio que mis enemigos me has hecho con tus mandamientos"* (119:98).

¡Qué dulce es para mí, Dios adorado,
hablarte siempre de tu ley eterna!
Más dulce que la miel para mis labios
con delicia y placer la saborean.

En ella sola encuentro los hechizos
del gusto, del amor e inteligencia,
y pues me aparta de las culpas todas,
¿qué ventura mayor hallar pudiera?

Del "Salterio Poético Español", Siglo xviii

Comentario general a los versículos del 97-104: Spurgeon no incluye en el texto original ningún comentario resumen para esta octava. En nota al pie transcribimos el de Francisco Lacueva [1911-2005] en su versión española del "Comentario de Matthew Henry".[2]

Vers. 97. *¡Oh, cuánto amo yo tu ley! Todo el día es ella mi meditación.* *[¡Oh, cuánto amo yo tu ley! Todo el día es ella mi meditación.* RVR*] [¡Cuánto amo tu ley! Todo el día es ella mi meditación.* LBLA*] [¡Oh, cuánto amo yo tu ley! ¡Todo el día es ella mi meditación!* BTX*] [¡Cuánto amo yo tu*

[2] Dice Francisco Lacueva [1911–2005] en su versión española del "Comentario de Matthew Henry": «Esta octava podría llevar por título: 'La Ley, fuente de sabiduría'. Dos detalles destacan aquí: (A) Esta es la primera estrofa que no contiene ninguna petición; (B) tampoco se halla en ella ninguna queja.

»1. El salmista comienza expresando enfáticamente su amor a la ley de Dios. No solo medita en ella todo el día (119:97), sino que la paladea como un manjar, y le sabe mejor que la miel (119:103). Cada uno piensa constantemente en aquello que ama; por eso, la constante meditación de la Ley era una prueba clara de que el salmista amaba verdaderamente la Ley, y la Ley le resultaba a su paladar espiritual más dulce que la miel. En efecto, el manjar corporal llega a saciar, y con la hartura viene la repugnancia, pero el manjar espiritual nunca harta, sino que cuanto más se alimenta uno de él, tanto mayor es el apetito que de él tiene; así que no es de extrañar que ocupe su atención continuamente.

»2. La razón principal de su amor a la Ley, según la expresa aquí el salmista, es que la Ley (en sus múltiples sinónimos) le hace más sabio que sus enemigos (119:98), y por eso, tiene mayor discernimiento que sus maestros (119:99), y más sensatez que los ancianos (119:100), puesto que éstos extraen su cordura de la experiencia que la vida les ha proporcionado, mientras que el salmista debe su sabiduría a la obediencia a la voluntad de Dios (119:98, 99b, 100b, 104 y, especialmente el 102b). Se cumple aquí lo que dijo el Señor Jesús *"El que quiera hacer la voluntad de Dios, conocerá si la doctrina es de Dios, o si yo hablo por mi propia cuenta. El que habla por su propia cuenta, busca su propia gloria; pero el que busca la gloria del que le envió, este es verdadero, y no hay en él injusticia"* (Juan 7:17-18. El amor a la verdad prepara el camino para la luz de la mente: *"los de corazón limpio verán a Dios"* (Mateo. 5:8). No se hace ninguna injuria a los maestros cuando se les llega a sobrepasar en sabiduría, pues todo buen maestro se alegra de los progresos de sus discípulos y, por otra parte, se les enseña a los maestros mismos que la fuente de la verdadera sabiduría se halla en la observancia de los mandamientos más bien que en el conocimiento intelectual de las Escrituras».

ley! Todo el día medito en ella. NVI*] [¡Cuánto amo tu ley! Sobre ella medito todo el día.* BLP*] [¡Oh, cuánto amo tus enseñanzas! Pienso en ellas todo el día.* NTV*]*[3]

¡Oh, cuánto amo yo tu ley! Una oración exclamativa.[4] Su amor a la ley era de tal magnitud que siente la necesidad de expresarlo; pero cuando lo intenta percibe que es difícil de expresar por lo que grita con todo el sentimiento: *"¡Oh, cuánto amo!"*. No nos limitamos a reverenciar la ley: la amamos; la obedecemos por amor; y la seguimos amando incluso cuando nos corrige a causa de nuestra desobediencia.[5] Se trata de la ley de Dios, y por tanto, polo magnético de atracción de nuestro amor. La amamos por su santidad y anhelamos ser santos; la amamos por su sabiduría y la estudiamos para ser sabios; la amamos por su perfección y deseamos ser perfectos. Los que conocen el poder del evangelio perciben en la ley una hermosura infinita cuando la ven y personificada y cumplida en Cristo Jesús.

Todo el día es ella mi meditación.[6] Consecuencia tanto del efecto como de la causa de su gran amor hacia ella. Meditó en la Palabra de Dios porqué la amaba; y el meditar en ella incremento su amor llevándole a amarla con mayor intensidad todavía. Ardía en amor a la Palabra de tal manera que nada le parecía suficiente para colmar su deseo de dialogar con ella, ni aún *"todo el día"*. Su oración matutina, sus pensamientos del mediodía, su canto al atardecer; todos ellos eran extraídos de la Sagrada Escritura; sí, pues incluso cuando tenía que ocuparse de asuntos terrenales y mundanos, mantenía su mente saturada con la ley del Señor. Se dice de algunos personajes que cuanto más los conoces, menos los admiras; pero con la palabra de Dios. es justamente lo contrario. Familiarizarse con ella

---

[3] La versión griega de los LXX o Septuaginta lee: ὡς ἠγάπησα τὸν νόμον σου, κύριε· ὅλην τὴν ἡμέραν μελέτη μού ἐστιν que la Vulgata traduce al latín como: *"Quomodo dilexi legem tuam, Domine! tota die meditatio mea est"*, "¡Cuánto he amado, Señor, tu ley! Todo el día es mi meditación". La versión sefardí de Ferrara traduce: *"Quanto amee tu Ley, todo el día ella mi habla"*. La caldea Peshitta: *"¡Cuánto he amado tu ley! Ella es mi meditación todo el día"*. KRAUS traduce: *"¡Cuánto amo tus instrucciones. todo el día son mi meditación!"*. SCHÖKEL: *"¡Cómo amo tu voluntad!, todo el día la estoy meditando"*.

[4] Llamamos oraciones o frases exclamativas a las que expresan algún tipo de sentimiento o estado anímico de la persona que escribe. Por lo general se enmarcan entre signos de admiración.

[5] Dice WILLIAM SWAN PLUMER [1802-1880]: «Este versículo establece la diferencia entre un santo y un pecador, entre un verdadero hijo de Dios y un hipócrita: el santo *"ama"* la ley divina; el hipócrita se rebela contra lo que considera sus exigencias. Dice GUILIELMUS AMESIUS [1576-1633]: 'Aquellos que han paladeado las bondades de la ley de Dios, se apegan a ella con un ardor y afecto incomparables'. Y GEORGE HORNE [1730–1792]: 'No hay palabras que puedan describir ni explicar el amor y pasión que la mente pía experimenta hacia la palabra de Dios'. Nos es apoyo firme en el día de la calumnia y la persecución. ¿De qué otra manera podríamos resistir al mundo, a la carne y al diablo, si no fuera por esta espada del Espíritu? (Efesios 6:17. Ver también 119:11, 33-40). La palabra de Dios interpreta los hechos y acciones de la naturaleza, la providencia y la gracia. Es la guía mas segura para la piedad. Su autor es divino; su contenido es divino; y su propósito y uso es hacernos partícipes de la naturaleza divina».

[6] Dice WILLIAM SWAN PLUMER [1802-1880]: «Según Deuteronomio 17:18, David estaba obligado por ley a hacer su propia copia manuscrita de las Escrituras para su uso personal. Y algunos conjeturan que además de ella, llevaba consigo notas y memorándums en recuerdo de hechos puntuales y situaciones que se le habían planteado en relación con Dios. Son conjeturas. Pero lo que sí parece evidente es que el salmista se había comprometido a aprender de memoria y recordar porciones considerables de las Escrituras: *"Más sabio que mis enemigos ... mayor discernimiento que todos mis maestros ... porque siempre están conmigo ... porque tus testimonios son mi meditación"* (Salmo 119:98-99). ¿Cómo puede la palabra de Dios controlar adecuadamente nuestro juicio y afectos y otorgarnos sabiduría celestial, a menos que more en nosotros abundantemente? ¿que llene por completo nuestra memoria y esté así presente de continuo con nosotros convirtiéndose en el tema central de nuestra meditación?»

genera afecto hacia ella, y el afecto busca mayor familiaridad. Cuando "tu ley" y *"mi meditación"* van juntos de la mano todo el día, el día adquiere un carácter santo, piadoso y feliz, pues el corazón vive con Dios. David se alejó de todo; porque en el versículo anterior (119:96) nos dice haber visto el fin de toda perfección; pero se volvió a la ley y se quedó allí *"todo el día"*, lo que le restara de vida en la tierra, creciendo en adelante en sabiduría y santidad.[7]

C.H. SPURGEON

¡Oh, cuánto amo yo tu ley! No habla aquí de conocer, leer, escuchar, recitar o practicar la ley, sino de amarla, lo que implica ir mucho más allá. Pues todo lo anterior es posible sin un amor genuino pero no a la inversa. Podemos conocer, leer, escuchar, recitar, sí, incluso predicar la palabra Dios y llevar a cabo cuantas obras y ceremonias externas vienen prescritas y ordenadas por la propia ley, sin amarla de una manera genuina. Pero cuando hay verdadero amor a la Palabra, nada de lo anterior estará ausente. El amor es cual una reina que prescribe y anula todo a su mandato, pues del amor depende todo lo demás; sí, a menudo incluso el propio juicio y discernimiento. Pues en la medida que el amor se establece, ya sea correcta o incorrectamente, hacia el bien o hacia el mal, así se consolidan también los afectos; sí, hasta el punto de que el propio juicio yerra, cegado por los afectos, y todas nuestras palabras y acciones proceden en consecuencia. ¿Acaso la experiencia cotidiana no nos enseña una y otra vez la realidad de esto?

Observemos, por tanto, algunos pormenores en la declaración del salmista:

1. El tiempo verbal en presente: *"cuánto amo"*. No cuánto la he amado en el pasado o cuánto la amaré desde ahora en adelante; no cuán sinceramente me propongo amarla una vez este aposentado y establecido como rey o cuánto estaría dispuesto a amarla si me concedieras esto o aquello que tanto deseo; sino simple y explícitamente: *"cuánto amo"*.
2. El uso de la primera persona del singular: *"cuánto amo yo"*. No cuánto debe ser amada o cuánto debemos amarla; y menos aún cuánto deberíais, sino: *"cuánto amo yo"*. Es decir: yo personalmente, ahora y aquí mismo; tal como soy y allí donde estoy; sin excusas ni dilaciones, sin condicionantes ni exigencias: *¡Oh, cuánto amo yo tu ley!*

Ambos detalles son muy dignos de nuestra observación, y en el caso del profeta adquieren una relevancia especial; pues aunque el nombre del autor de este salmo no esté claramente especificado en el título (como es el caso de otros salmos), la mayoría de los intérpretes lo adscribe a David. Tanto el tema que desarrolla como el estilo son netamente davídicos, algo que se demuestra fácilmente mediante su comparación con otros salmos que siendo claramente de David, tienen idéntico sabor y desprenden el mismo aroma ... Fuera que David lo escribió estando ya en completa y pacífica posesión de su trono (aunque con numerosos adversarios); fuera todavía un mero aspirante designado para suceder a Saúl (como piensa la mayoría); o fuera un fugitivo huyendo de la insurrección cruel y desmedida de su hijo desnaturalizado Absalón; no altera en nada el sentido, pues en cualquiera de los casos lo que

[7] Distintos comentaristas dicen en su exposición de este versículo:

– JUAN CALVINO [1509-1564]: «Si alguien se jacta de amar la ley divina, pero descuida su meditación y estudio dedicando su mente a otras cosas, no tan solo traiciona su vocación, sino que demuestra además la más burda hipocresía. Podrá tener la Palabra en su mano, pero no en su cabeza y en su corazón».

– MARTÍN LUTERO [1483.1546]: «Cuando leas las Escritura haz una pausa en cada versículo para meditarlo, y agita hasta la última brizna de cada una de sus ramas; pues lo más probable es que caerá alguna fruta».

– WILLIAM SWAN PLUMER [1802-1880] lo completa añadiendo: «Un buen cristiano lleva con él su Biblia dondequiera que vaya; y si no le es posible en su mano, cuanto menos en su cabeza y en su corazón».

cuenta es su amor exclusivo y a toda prueba hacia la ley de Dios. Suponiendo que estuviera en plena posesión de su reino, sin lugar a dudas tendría acceso a un gran número de cosas que reclamaban su amor, y tras las cuales suele correr el corazón de los príncipes sustrayendo su amor de otras que son mucho más dignas; y esto no necesito esforzarme mucho en demostrarlo, ya que a diario es realidad manifiesta incluso en personas mucho menos encumbradas que los príncipes. Y si se encontraba en el exilio o huyendo, es de suponer que su amor volara preferentemente hacia su esposa y sus hijos, sus amigos, su país; acaparando todos los afectos de su corazón y dejando poco lugar para otras cosas; cabría esperar que dijera más bien: ¡Oh, cuánto amo esas cosas de las que me veo privado! ¡Oh cuánto las amo, cuánto las echo de menos y cuánto se turba mi corazón cuando pienso en ellas! Por tanto, es poco habitual, sorprendente y digno de especial mención, que ninguna de las tribulaciones que atravesaba o había atravesado, como tampoco los honores, riquezas, placeres o esperanzas del trono, pudieran extinguir, suprimir o enfriar su amor a la Palabra.

Otra expresión peculiar en la afirmación del salmista y que merece nuestra especial consideración es el adverbio de cantidad *"cuánto"*: *"¡Oh, cuánto amo yo tu ley!"*. Que lejos de lo que cabría pensar, no busca medir o cuantificar su amor, sino su admiración; añadir una pincelada comparativa, como vemos en otros pasajes donde usa el mismo adverbio[8] [...] Aporta, ante todo, un sentido de exuberancia o excelencia difícil de expresar de otro modo. Tan arrebatado estaba el profeta por su amor a la ley divina que exhala un suspiro, declarándose enfermo de amor; como la Iglesia[9] en el Cantar de los Cantares: *"Porque estoy enferma de amor"*,[10] sí, enferma de amor hacia Cristo; y así parece también el profeta estar enfermo de amor hacia la palabra de Dios. Pero denota también un sentido de comparación: el amor de David hacia la Palabra excedía con creces su amor a las riquezas o a cualquier otra cosa; algo que expresa con claridad más adelante en el mismo salmo cuando afirma amar los mandamientos del Señor *"más que el oro; más que el oro muy fino"* (119:127). Porque de igual manera que quien no esté dispuesto, por amor a Cristo, a dejar padre, madre, hermanos, hermanas, esposa e hijos, y entregar si es necesario por él la propia vida (que es mucho más que riquezas o que cualquier otra) no es digno de él;[11] así también quién no ama la palabra de Dios por encima de todas las demás cosas hasta el punto de aborrécelas, si es preciso, con tal de priorizar la Palabra, no es digno de ella. Cristo amaba la Palabra por encima de todas las cosas; más que a su madre, sus hermanos y hermanas.[12] Amaba la Palabra más que a su propia vida; pues ¿acaso no dio su vida para cumplir la Palabra de Dios? ¿Acaso con miras a la ejecución de la Palabra no se sometió a una pobreza tal que no tenía donde reclinar su cabeza,[13] y aunque era el heredero de todas las cosas algunas mujeres tenían que proveerle de lo más indispensable para subsistir?[14] Y si Jesús mismo amaba la Palabra más que a todas las demás cosas, incluso más que a su propia vida, que era superior a la de los ángeles,[15] ¿acaso no sobran razones para que David la amara de igual modo? ¿o no tenía acaso David mucha más necesidad de ella de la que tenía Cristo? [...]

Todo el día es ella mi meditación. En este caso el término *"meditación"* va más allá de lo que en principio cabría pensar o entender. El sentido es el de que a pesar de que otros asuntos ocupaban su mente con frecuencia, no los consideraba prioritarios, y por tanto no hacía de ellos su *"meditación"*;

[8] En hebreo מָה *māh,* cuanto. מָה־אָהַבְתִּי *māh-'āhaḇtî "Oh cuánto amo"*.

[9] El autor da aquí por asumida la interpretación alegórica de "El Cantar de los Cantares" como un idilio de amor entre Cristo y la Iglesia.

[10] Cantares 2:5; 5:8.

[11] Mateo 10:37; Lucas 14:26.

[12] Lucas 8:21.

[13] Mateo 8:20.

[14] Mateo 27:55-56: Lucas 8:1-3.

[15] Hebreos 1:1-14; 2:5-10.

su única y principal meditación era la Palabra de Dios. Y no simplemente memorizar la letra fría y desnuda de la Palabra, cual si mantuviera de manera constante algún texto en su mente, sino penetrar en sus temas y contenidos como: la justicia, el poder, la sabiduría, la misericordia y la bondad de Dios; la fragilidad, la corrupción y la maldad que hay en el hombre; y por supuesto, los pecados que Dios prohíbe y las virtudes que ordena. Quien medita de continuo en tales cosas, aunque no medite en ningún texto concreto, puede afirmar con propiedad que: *"medita en la Palabra"*. Cuando el profeta afirma que meditaba en la Palabra: *"todo el día"*, sería absurdo imaginar a lo largo de la jornada no hacía otra cosa que meditar. El verdadero sentido es que daba prioridad a la meditación sobre cualquier otra cosa; que no dejaba transcurrir un solo día sin meditar en ella, antes por el contrario, aprovechaba cualquier ocasión que se le presentara para hacerlo. Y aunque tenía muchas otras cosas de las que ocuparse, jamás olvidaba o dejaba de lado la meditación. No consentía que cosa alguna, por grave que esta fuera, alejara su mente de la meditación, antes por el contrario, su misma gravedad le inducía a ella. Y jamás se aburría, se cansaba o saturaba de la meditación. Cual el obrero incansable que después de una jornada intensa y agotadora de trabajo, emprende de nuevo su labor con euforia al día siguiente, y así día tras día sin interrupción; tal hacía el profeta tocante a la meditación. Aunque ello no priva por entero a la expresión: *"todo el día"* de su sentido de continuidad. La idea es que en ningún momento del día tomaba decisiones o hacía nada importante sin meditar previamente en la Palabra. Lo que nos permite afirmar con absoluta propiedad que la meditación constante en la palabra de Dios es más necesaria incluso que la oración sin cesar:[16] imprescindible antes de hacer cualquier cosa, mientras la hacemos, y después de hacerla; sí, más necesaria incluso que la oración, puesto que sin meditar previamente en la Palabra oramos a ciegas, no sabemos ni por qué orar ni cómo hacerlo adecuadamente: la palabra de Dios es la única que puede y debe enseñarnos por qué orar y cómo hacerlo.

THOMAS STOUGHTON [1557-1622]

"Two Profitable Treatises", 1616

¡Oh, cuánto amo yo tu ley! Quien se aproxima a la ley de Dios sin amor, lo hace con frialdad, y la consecuencia es que rápidamente la abandona. Porque la mente humana es incapaz de entregarse plenamente, con fervor y perseverancia, a cosas que no ama. Tan solo el que ama la ley puede hacer de ella su meditación todo el día.

WOLFGANG MUSCULUS [1497-1563]

"In Sacrosanctum Davidis Psalterium Commentarii", 1573

¡Oh, cuánto amo yo tu ley! Si me fuera concedida la gracia que se concedió a Ezequías y se añadieran a mi vida quince años,[17] sería mucho más solícito en acudir al trono de la gracia. Si tuviera que comenzar de nuevo mis estudios, prescindiría de muchas cosas triviales: los historiadores, oradores y poetas de la antigüedad, y dedicaría toda mi atención a las Escrituras, que son Palabra de verdad. Me sentaría con mayor asiduidad a los pies del divino Maestro y desearía *"no saber cosa alguna sino de Jesucristo, y a este crucificado"*.[18] A esta sabiduría, cuyos frutos son paz en la vida, consuelo en la muerte, y salvación perdurable después de ella, es lo único que indagaría y dedicaría mis esfuerzos, explorando en su búsqueda los campos espaciosos y deleitosos del Antiguo y el Nuevo Testamento.

JAMES HERVEY [1713-1758]

"Meditations and Contemplations", 1789

[16] 1 Tesalonicenses 5:17.

[17] 2 Reyes 20:4-6; Isaías 38:5.

[18] 1 Corintios 2:2;

¡Oh, cuánto amo yo tu ley! La palabra de Dios es la joya más preciada que existe, preferible a todos los tesoros.[19] Si tienes hambre, es pan que te alimenta[20] y carne que te satisface;[21] si tienes sed, es bebida refrescante;[22] si estás enfermo, es remedio eficaz;[23] si te sientes débil, es cayado donde apoyarte;[24] si tu enemigo te ataca, es espada para defenderte;[25] si estás en la oscuridad, es lámpara para iluminar tus pies;[26] si dudas del camino, es estrella fulgurante que te guía;[27] si estás en enemistad con Dios, es mensaje de reconciliación;[28] si buscas salvar tu alma, es injerto implantado que te renueva:[29] porque es Palabra de vida.[30] El que ama la salvación amará la Palabra; disfrutará de leerla y se deleitará en escucharla. Y a los que no la leen ni la escuchan, Cristo les dice claramente que no son de Dios: porque la esposa se goza grandemente cuando escucha la voz del esposo;[31] y *"mis ovejas oyen mi voz"*,[32] dice el Príncipe de los pastores.

Edwin Sandys [1519-1587]
"Sermons", 1585

¡Oh, cuánto amo yo tu ley! Así como la fe obra por el amor a Dios,[33] obra también por el amor a su Palabra. ¿Dices que me amas? ama mi palabra. ¿Amas a un rey? ama sus leyes. Así hizo David; y así debemos hacer también nosotros: *"¡Oh, cuánto amo yo tu ley!"* exclama David. *"¡Oh, cuánto amo yo tu ley!"* deberíamos decir cada uno de nosotros; y no solo porque es una ley buena, sino en esencia porque es la ley de Dios.

Richard Capel [1586-1656]
"Temptations: their Nature, Danger, Cure", 1633

¡Oh, cuánto amo yo tu ley! El salmista invoca a Dios para que sea juez de su amor a la Palabra; testificando con ello que no se trata de un amor fingido, sino de un amor genuino, pleno y sincero. Viendo su amor cuestionado, el apóstol Pedro optó para acreditarlo por una frase similar: *"Señor, tú lo sabes todo; tú sabes que te amo"*.[34]

William Cowper [1566-1619]
"A holy alphabet for Sion's scholars full of spiritual instructions, and heavenly consolations ... delivered by way of commentary upon the whole 119 Psalme", 1613

---

[19] Mateo 13:44-46.
[20] Mateo 4:4.
[21] 1 Corintios 3:2; Hebreos 5:12.
[22] Juan 4:13-14; Efesios 5:26.
[23] Proverbios 3:8.
[24] Salmo 56:4, 10-11; 119:89-90, 160.
[25] Hebreos 4:12; Efesios 6:17; 2 Corintios 10:4-5.
[26] Salmo 119:105, 130; Proverbios 6:23.
[27] 2 Pedro 1:19; Isaías 8:20
[28] 2 Corintios 5:18; Colosenses 1:19-22.
[29] Santiago 1:21; Efesios 1:13
[30] Juan 5:39.
[31] Juan 3:29.
[32] Juan 10:27.
[33] Gálatas 5:6. Así interpretan la parte final de este versículo de Gálatas la mayor parte de comentaristas de la época: *«faith which worketh by love - Faith that evinces its existence by love to God»* (Barnes' Notes on the Bible); *«not any sort of faith, but that which is operative, is attended with good works; and which works itself by love to God»* (Gill's Exposition of the Entire Bible); *«True faith is a working grace; it works by love to God, and to our brethren»* (Matthew Henry's Commentary).
[34] Juan 21:17.

¡Oh, cuánto amo yo tu ley! En cada uno de los ocho versículos de esta octava, lo mismo que a lo largo de todo el Salmo 119, se nos habla de la Biblia como palabra de Dios. ¿Quién es el autor de las Escrituras? Dios. ¿Cuál es el tema de las Escrituras? Dios. ¡Y quién podía escribir acerca de Dios fuera Dios mismo! ¿Cuál es el propósito de las Escrituras? Dios. ¿Y para qué se escribieron? Para que pudiéramos disfrutar de Dios eternamente. Así como Julio César escribió sus propias crónicas y comentarios sobre sus hazañas por considerar que nadie por encima de él podía escribirlas;[35] Dios escribió sobre sí mismo mediante historias, leyes, profecías, promesas, y doctrinas, para revelarse como Creador, Preservador, Libertador y Glorificador de la humanidad; todo ello de manera justa y perfecta.

THOMAS MANTON [1620-1677]
"God's Word in Our Hearts", 1681

Todo el día es ella mi meditación. Las Sagradas Escrituras no son un libro para el perezoso; tampoco un libro que pueda ser interpretado sin contar con la ayuda el Espíritu Santo, por medio del cual llegó hasta nosotros; al margen de él; o por aquellos que lo niegan. Son un campo de labranza sobre cuya superficie recogemos ocasionalmente de algunas porciones maná con facilidad, a manos llenas y sin mayor esfuerzo. Lo cual no quita que hay muchas otras porciones que antes de que nos rindan fruto han de ser cultivadas con ahínco. El pan de vida espiritual, a semejanza del físico, también hemos de trabajarlo con el sudor saludable de nuestra frente.[36]

RICHARD CHENEVIX TRENCH [1807-1886]
"The Fitness of Holy Scripture for Unfolding the Spiritual Life of Men", 1845

Vers. 98. *Me has hecho más sabio que mis enemigos con tus mandamientos, porque siempre están conmigo.* *[Más sabio que mis enemigos me has hecho con tus mandamientos, porque siempre están conmigo.* RVR*] [Tus mandamientos me hacen más sabio que mis enemigos, porque son míos para siempre.* LBLA*] [Más sabio que mis enemigos me han hecho tus mandamientos, porque siempre están conmigo.* BTX*] [Tus mandamientos me hacen más sabio que mis enemigos porque me pertenecen para siempre.* NVI*] [Más sabio que mis rivales me hace tu mandato, porque él está siempre conmigo.* BLP*] [Tus mandatos me hacen más sabio que mis enemigos, pues me guían constantemente.* NTV*]*[37]

---

[35] Se refiere a los *"Commentarii de bello Gallico"* o conocidos como "La Guerra de las Galias"; y *"Commentarii de bello civil"* o "Comentarios a la guerra civil", escritos por CAYO JULIO CÉSAR [100-44 a.C.] en tercera persona y estructurados el primero en siete libros en los que describe las batallas e intrigas que tuvieron lugar en los nueve años (del 58 al 50 a. C.) que pasó luchando contra ejércitos que se oponían a la invasión romana de lo que actualmente es Francia; y el segundo relatando las operaciones militares y vicisitudes políticas acaecidas durante la segunda guerra civil de la República romana, y de las cuales salió vencedor proclamándose dictador y soberano absoluto.

[36] Génesis 3:19.

[37] La versión griega de los LXX o Septuaginta lee: ὑπὲρ τοὺς ἐχθρούς μου ἐσόφισάς με τὴν ἐντολήν σου, ὅτι εἰς τὸν αἰῶνά μοί ἐστιν que la Vulgata traduce al latín como: *"Super inimicos meos prudentem me fecisti mandato tuo, quia in aeternum mihi est"*, "Más que a mis enemigos me has hecho entendido a tu mandamiento; porque es mío siempre". La versión sefardí de Ferrara traduce: *"Mas que mis enemigos me afebantaras (con) tus encomendanças; porque para fiempre es a mi"*. La caldea Peshitta: *"Me has hecho más sabio que mis adversarios, porque he guardado tus ordenanzas"*. KRAUS traduce: *"Tu mandamiento me hace más sabio que mis enemigos, porque es mío para siempre"*. SCHÖKEL: *"Tus mandatos me hacen más hábil que mis enemigos, siempre van conmigo"*.

Más sabio que mis enemigos me has hecho con tus mandamientos.[38] Los mandamientos eran su libro de texto, pero Dios era su maestro. La letra escrita puede informarnos, pero tan solo el Espíritu divino puede hacernos sabios.[39] La sabiduría es el conocimiento puesto en práctica, y nos llega a través de la obediencia: *"El que quiera hacer la voluntad de Dios conocerá la doctrina"*.[40] Pero no solo aprendemos de la promesa, de la doctrina o de la historia sagrada, sino también de los preceptos y mandatos; es de hecho de los mandamientos de donde extraemos la sabiduría más práctica que nos permite hacer frente a nuestros adversarios. Una vida santa es la sabiduría más excelsa y la defensa más segura. Nuestros enemigos son famosos por su astucia y sutileza, tanto el padre de todos ellos: la serpiente antigua,[41] como último de sus basiliscos[42] que acabe de salir del huevo; por tanto sería inútil tratar de competir con ellos en las artimañas y recovecos de la astucia: *"los hijos de este siglo son más sagaces en el trato con sus semejantes que los hijos de luz"*.[43] Debemos acudir a otra escuela y aprender de un Instructor diferente; así desconcertaremos el fraude con nuestra honestidad; con la simple verdad desbarataremos las intrigas más elaboradas; y con la franqueza derrotaremos la calumnia. Un hombre justo y recto, que no mienta, recurra a intrigas ni entienda de políticas sutiles, para los diplomáticos es todo un enigma: los desconcierta. Porque no acostumbrados a la verdad, conjeturan en sus palabras una doblez tan sutil que se les hace imposible de detectar; en tanto que él, indiferente a sus sospechas, se mantiene firme en sus principios y desbarata todas sus argucias. Sí, «la honestidad es la mejor política» afirma un viejo refrán.[44] El que es enseñado por Dios adquiere una sabiduría práctica

---

[38] Deuteronomio 4:6.

[39] AGUSTÍN DE HIPONA [354-430] hace una peculiar interpretación de este versículo: «¿Por qué dice: *"Más sabio que mis enemigos me has hecho con tus mandamientos"?* ¿Acaso sus enemigos no conocían los mandamientos de la ley? Sí, sí los conocían, pero no los interpretaban correctamente; pues eran como aquellos de quienes dice el apóstol que: *"tienen celo de Dios, pero no conforme a ciencia. Porque ignorando la justicia de Dios, y procurando establecer la suya propia, no se han sujetado a la justicia de Dios"* (Romanos 10:2-3); mientras que el salmista conocía el mandamiento por haber entendido, como el apóstol, que no debía confiar en: *"mi propia justicia, que es a base de la ley, sino la que es por medio de la fe de Cristo, la justicia que procede de Dios sobre la base de la fe"* (Filipenses 3.9). No afirma, por tanto, ser más sabio que sus enemigos porque estos no leyeran la ley de Dios, sino porque no la percibían de la misma manera; él la entendía mejor porque supo evitar la piedra en que ellos tropezaron (Isaías 8:13-14; Romanos 9:32-33; 11:5-10; 1 Corintios 1:23; 1 Pedro 2:8) uniéndose a ella haciéndose parte de ella (119:165); *"porque Cristo es el fin de la ley, para justicia a todo aquel que cree"* (Romanos 10:4), *"siendo justificados gratuitamente por su gracia, mediante la redención que es en Cristo Jesús"* (Romanos 3:24). No como aquellos que piensas que por sus propios méritos pueden cumplir con la ley, y por tanto, aún cuanto obedecen la ley de Dios buscan establecer su propio justicia; sino como el hijo de la promesa, el cual, reconociéndose hambriento y sediento (Mateo 5:6), pide, implora, busca y llama, la mendiga, en cierto modo del Padre (Mateo 7:7), a fin de que por adopción, la reciba mediante el Unigénito (Romanos 8:15; Gálatas 3:23-26)».

[40] Juan 7:17.

[41] Génesis 3:1; 13-14; 2 Corintios 11:3; Apocalipsis 12:15; 20:12.

[42] En el original *"cockatrice"* traducción al inglés que hace la versión KJV del término hebreo צֶפַע *tsepha'* que se utiliza en Proverbios 23:32; Isaías 11:8; 14:29; 59:5; Jeremías 8:17. La Reina-Valera Antigua lo traduce por *"basilisco"*, pero la RVR1960, la RVR1977 y la BTX lo cambiaron a *"áspid"*; y LBLA, la NVI, y la BLP, por *"víbora"*. La razón es que el término "basilisco" equivalente español del inglés *"cockatrice"*, corresponde a un animal mitológico imaginario que se representaba con cuerpo de serpiente, patas de ave y alas espinosas y al que se le atribuía el poder de matar con la vista.

[43] Lucas 16:8.

[44] En el original *honesty is the best policy.*"Frase que se atribuye al científico, inventor y político norteamericano BENJAMIN FRANKLIN [1706-1790].

peculiar que la malicia humana es incapaz de proporcionar al más astuto; y aunque inocente como una paloma, exhibe más discernimiento y prudencia que la serpiente.[45]

Porque siempre están conmigo. El salmista meditaba, estudiaba y obedecía los mandamientos en todo y en cualquier circunstancia; habían sido su elección y eran sus compañeros inseparables. Para poder ser competentes hemos de ser infatigables. Si mantenemos la sabiduría de la ley cerca de nosotros, nos hará sabios,[46] y cuando nuestros adversarios nos ataquen, estaremos preparados para rechazarles con esa arma infalible que consiste en tener la palabra de Dios siempre al alcance de nuestros dedos.[47] Así como el soldado jamás deja a un lado su escudo mientras permanece en el campo de batalla, jamás hemos de apartar la Palabra de Dios de nuestra mente; ha de ser parte integrante de todos nuestros pensamientos.

C.H. SPURGEON

Más sabio que mis enemigos me has hecho con tus mandamientos. Alaba la Palabra por el fruto singular que ha cosechado de ella, a saber: sabiduría.[48] Y lo ejemplifica comparándose con tres tipos muy distintos de personas: *sus enemigos* (119:98), *sus maestros* (119:99) y *los ancianos* (119:100). No por vanagloria (pues jactarse no es propio de aquel que vive dirigido por el Espíritu de gracia) sino para encomiar y enaltecer la palabra del Señor, y en especial para seducir a otros a amarla haciéndoles partícipes de los múltiples y diversos beneficios que a él le ha proporcionado.

Más sabio que mis enemigos. Pero ¿cómo se explica esto cuando nuestro Salvador dice que los hijos de este siglo son más sagaces en el trato con sus semejantes que los hijos de Dios?[49] La respuesta es que nuestro Salvador no llama a los mundanos sabios en sentido absoluto, sino sagaces en su propia generación, en el trato con sus semejantes; es decir, sabios en lo tocante a cosas de esta vida. O como los describe el profeta Jeremías: *"sabios para hacer el mal"*,[50] y cuando lo han hecho, hábiles y sagaces en ocultarlo y encubrirlo; todo lo cual no deja de ser en el fondo necedad y locura. Por ello, David, viendo claramente ese proceder a la luz de la Palabra de Dios, se aleja del mismo declarándose más sabio que ellos. Entre los piadosos y los inicuos hay abierta una enconada controversia; y cada uno, bajo su propio punto de vista, tilda al contrario de necio; pero la que finalmente juzga y dictamina es la luz de la Palabra de Dios.

WILLIAM COWPER [1566-1619]
"A holy alphabet for Sion's scholars full of spiritual instructions, and heavenly consolations ... delivered by way of commentary upon the whole 119 Psalme", 1613

---

45 Mateo 10:16.
46 Salmo 19:17.
47 Lucas 22:15.
48 Dice SCHÖKEL al respecto: «El orante se siente satisfecho: con la compañía constante de la ley, es más hábil que sus enemigos (119:98); a fuerza de meditar los decretos, sabe más que sus maestros (119:99); a fuerza de observar los preceptos, entiende más que los ancianos (como Eliú en Job:32:6-22). El arte está en combinar meditación con observancia para adquirir un saber teórico y práctico (119:100). En los tres versos se puede entreoír una polémica entre ley y sabiduría, rebajando la segunda a favor de la primera. En otros términos: junto a la enseñanza de la ley, poco cuenta la de los maestros o los ancianos, depositarios del saber tradicional. Dice Proverbios 13:20: *"Trata con los doctos y te harás docto"*; el salmista parece corregir: "trata con la ley y te harás más docto" [*Salmos, Tomo I, 1-72,* Editorial Verbo Divino, Estella, Navarra, 1992].
49 Lucas 16:8.
50 Jeremías 4:22.

Más sabio que mis enemigos. Los hijos de Dios son más sabios que sus enemigos en lo tocante a seguridad frente a sus ataques, y todo lo relacionado con la declarada enemistad y oposición que ejercen de continuo contra ellos. Mas sabios a la hora de dirigir sus pasos, en tanto que caminan bajo la dirección y protección de Dios, cosa que sus enemigos jamás logran superar pese a toda su astucia y argucias terrenales. La persona santa y piadosa que se mantiene en comunión con Dios está más preparada y abastecida, y por tanto, puede tener en la confrontación esperanzas y expectativas de éxito más elevadas que otros; y, en cualquier caso, aunque no todas las cosas le vayan de cara y se ajusten a sus deseos, está lo suficientemente equipada para afrontar cualquier circunstancia. Pues en lo referente al éxito, ¿quién piensas que ha previsto y provisto con mayor sabiduría: aquel que ha hecho de Dios su amigo o el que cuenta con todo tipo de apoyos y recomendaciones mundanas? ¿Los que son guiados por el Espíritu de Dios o los dirigidos por Satanás? ¿Los que caminan con Dios paso a paso o aquellos que no tan solo lo abandonan sino que lo provocan descaradamente? ¿Los que rompen su amistad con los hombres y se mantienen al lado de Dios o los que rompen con Dios para apoyarse en los hombres? No te quepa la menor duda que avanza mucho más seguro un hijo de Dios amparado en su santidad, que sus enemigos que pretenden destruirle con sus ardides, astucias y políticas humanas. Porque la seguridad de un hijo de Dios se basa en dos pilares: 1. Dios es su amigo. 2. Mientras Dios lo necesite allí donde está y sea útil en sus manos, lo mantendrá a salvo y le librará de todo mal.

THOMAS MANTON [1620-1677]
"God's Word in Our Hearts", 1681

Porque siempre están conmigo. El significado de esta última cláusula no es meramente *"siempre están conmigo"* sino más bien: *"son míos para siempre"*, es decir, míos de una forma inalienable e irrevocable.[51]

JOSEPH ADDISON ALEXANDER [1809-1860]
"The Psalms Translated and Explained", 1850

Porque siempre están conmigo. Dios otorga sabiduría y conocimiento a quien le place; pero aquellos que meditan en su Palabra de manera asidua y más profundamente tienen mayores posibilidades de progreso. Y puesto que la sabiduría emana de la Palabra, debemos mantenerla siempre a nuestro lado lista para escudriñarla y sondearla; un monarca sabio jamás se aleja de sus consejeros, antes por el contrario los tiene siempre a su vera para consultarles. Cuando un creyente atesora la Palabra en su corazón encuentra en ella una ayuda inmediata: guía segura y conveniente para orientarle en las encrucijadas, dirigirle en las dificultades, ayudarle en los aprietos y protegerle de todas las tentaciones; para enseñarle a manejar la carga que le abruma: qué hacer y qué esperar.[52]

THOMAS MANTON [1620-1677]
"God's Word in Our Hearts", 1681

---

[51] Así lo traduce la *Vulgata: "quia in aeternum mihi est"*, y algunas versiones actuales, como LBLA: *"porque son míos para siempre";* la NVI: *"me pertenecen para siempre"*; o JOACHIM KRAUS: *"porque es mío para siempre"* (ver nota 37). El texto hebreo masorético dice: כִּי לְעוֹלָם הִיא־לִי *kî lə-'ōwlām hî-lî*; y a decir verdad, una traducción literal parece apoyar esta interpretación más que ninguna otra.

[52] Dice GIOVANNI DIODATI [1576-1649]: «*"Siempre están conmigo"*, porque no son una ley externa que me ha sido impuesta doblegando mi voluntad contra de su deseo, sino que están enraizados en mi corazón, y por tanto, en conformidad con todos mis sentidos y emociones internas (Jeremías 31:33; Romanos 6:17).

Porque siempre están conmigo. Vaya donde vaya, el creyente ha de llevar siempre su Biblia consigo; si no en sus manos, en su cabeza y corazón.

MATTHEW HENRY [1662-1714]
"Commentary on the Whole Bible", 1811

Vers. 98-100. El salmista menciona en estos versículos tres tipos de personas a las que se compara declarándose mas sabio que ellos: *"enemigos"*, *"maestros"* y *"ancianos"*. Los enemigos destacan por su astucia, los maestros por sus conocimientos, y los ancianos por sus consejos; no obstante, aferrado a la Palabra de Dios, David se siente más sabio que todos ellos. La malicia agudiza el ingenio de los enemigos y les enseña la astucia de la emboscada; los maestros por razón de su oficio están obligados a estudiar en profundidad y ser los más preparados en conocimientos; y los ancianos se hacen sabios por la experiencia de los años; no obstante, David, mediante el estudio de la Palabra, sobresalía por encima de ellos.[53]

THOMAS MANTON [1620-1677]
"God's Word in Our Hearts", 1681

Vers. 98-100. La comunión constante con Dios es la vía más directa a la excelencia. La persona verdaderamente sabia:

1. Extrae su sabiduría de la Palabra de *"el único y sabio Dios"*,[54] descrita aquí como:
   a. Sus mandamientos (119:98).
   b. Sus testimonios (119:99).
   c. Sus preceptos (119:100 LBLA).
2. Incrementa su sabiduría:
   a. Permaneciendo siempre al lado de la Palabra: *"siempre están conmigo"* (119:98).
   b. Meditando constantemente en la Palabra: *"tus testimonios son mi meditación"* (119:99).
   c. Obedeciendo la Palabra: *"porque he guardado tus mandamientos"* (119:100).
3. Lo cual le hace:
   a. Más sabio que sus enemigos (119:98). Cuya sabiduría *"no es la que desciende de lo alto, sino terrenal, natural, diabólica"*.[55]

---

[53] Dice WILLIAM SWAN PLUMER [1802-1880]: «Las excelencias de la palabra de Dios a la hora de impartirnos sabiduría, son muchas y diversas: (1) Fue dada por el mismo que creó nuestra alma, de modo que ambas encajan a la perfección. (2). Contiene el sistema de razonamiento auténtico y verdadero, la norma perfecta para pensar, sentir y actuar en todos aquellos asuntos que trata. (3) Nos llega cargada de autoridad, pues la conciencia humana percibe que es Dios quien nos habla a través de ella. (4) Aborda con claridad los temas difíciles y fundamentales. No es de extrañar, por tanto, que bajo la enseñanza e instrucción divinas, incluso el creyente más sencillo logre, por medio de la fe y la oración, apropiarse fácilmente de cuanta información acerca de la verdad se le transmite en las Escrituras, y alcance en poco tiempo a superar, en conocimientos útiles y sabiduría práctica, a los maestros más sabios, a los más renombrados doctores, y otras personas mayores y más experimentadas que él, pero que apoyándose en sus propios conocimientos rechazan los oráculos de Dios o los conocen solo de manera superficial. La edad no es garantía de conocimiento, y menos aún, guía comparable a la Palabra viva».

[54] Romanos 16:27; Judas 1:25.

[55] Santiago 3:15.

b. Más sabio que sus maestros (119:99). Sabios en su propia opinión,[56] y cuya sabiduría es *"de este mundo"*.[57]

c. Más sabios que los ancianos (119:100). Cuya sabiduría, aunque conseguida acumulando años, procedía de una experiencia no santificada.

W. H. J. PAGE
en Chelsea, 1882

Vers. 99. ***Más que todos mis enseñadores he entendido, porque tus testimonios son mi meditación.*** *[He llegado a tener mayor discernimiento que todos mis maestros, porque tus testimonios son mi meditación.* RVR*] [Tengo más discernimiento que todos mis maestros, porque tus testimonios son mi meditación.* LBLA*] [Entiendo más que todos mis maestros, porque tus testimonios son mi meditación.* BTX*] [Tengo más discernimiento que todos mis maestros porque medito en tus estatutos.* NVI*] [Soy más docto que todos mis maestros, porque tus mandamientos medito.* BLP*] [Así es, tengo mejor percepción que mis maestros, porque siempre pienso en tus leyes.* NTV*]*[58]

He llegado a tener mayor discernimiento que todos mis maestros.[59] Lo que el Señor le había enseñado le había sido útil en el campo de batalla, y lo encuentra igualmente valioso en las aulas. No siempre podemos confiar en nuestros maestros; de hecho, a ninguno podemos seguir incondicionalmente, ya que Dios nos pide dar cuenta de nuestros juicios personales. Nos corresponde, por tanto, seguir la pauta de la Palabra de Dios para poder salvar el navío cuando el piloto yerra el rumbo. Si nuestros maestros son, como deberían, irreprochables en todo,[60] se alegrarán de que los superemos, y estarán dispuestos reconocer que la enseñanza del Señor es mejor que cualquier otra enseñanza que

[56] Proverbios 7:12.

[57] 1 Corintios 3:19.

[58] La versión griega de los LXX o Septuaginta lee: ὑπὲρ πάντας τοὺς διδάσκοντάς με συνῆκα, ὅτι τὰ μαρτύριά σου μελέτη μού ἐστιν que la Vulgata traduce al latín como: *"Super omnes docentes me intellexi, quia testimonia tua meditatio mea est"*, "Más que a todos los que me enseñaban he entendido; porque tus testimonios son mi meditación". La versión sefardí de Ferrara traduce: *"Mas que todos mis abezantes entendí; porque tus teftamentos fabla a mi"*. La caldea Peshitta: *"Tengo más entendimiento que todos mis maestros, porque tu testimonio ha sido meditación para mí"*. KRAUS traduce: *"Soy más sagaz que todos mis maestros, porque tus testimonios están en mis pensamientos"*. SCHÖKEL: *"Soy más docto que todos mis maestros, porque medito tus preceptos"*.

[59] En hebreo: מִכָּל־מְלַמְּדַי הִשְׂכַּלְתִּי *mikkāl məlamməḏay hiśkaltî* de שָׂכַל *sakal,* "prudencia, ser prudente"; un término del que deriva מַשְׂכִּיל *maskiyl* o *Maschil.* El significado según algunos comentaristas es:

– WILLIAM SWAN PLUMER [1802-1880]: «He sido mejor instruido, y por tanto tengo más sabiduría espiritual y *"prudencia"* celestial que mis maestros». La tradición rabínica alteró, al parecer intencionadamente, el sentido de este versículo porque no podía aceptar que alguien supiera más que los maestros de la ley.

– Y abundando en esto, FRANZ DELITZSCH [1813-1890] indica que resulta particularmente sospechoso que la *Misná* o *Mishna,* citando este versículo del Salmo 119:99, lo interprete de forma errónea afirmando exactamente todo lo contrario de lo que dice el texto hebreo masorético: «Dijo Ben Zoma: ¿Quién es sabio? Aquel que aprende de todos, como fue dicho: *"De todos mis maestros he adquirido sabiduría"* (Salmo 119:99)» *Mishna,* Pirkei Avot 4:1.

[60] 1 Timoteo 3:2.

ellos puedan darnos. Los alumnos que aprenden sentados a los pies de Cristo[61] son a menudo más expertos en las cosas divinas que los grandes doctores en divinidades.

Porque tus testimonios son mi meditación. Este es el mejor modo de adquirir conocimientos. Podemos escuchar a los maestros más sabios y seguir siendo necios, pero si meditamos en la Palabra sagrada, seremos sabios.[62] En los testimonios del Señor hay más sabiduría que en todas las enseñanzas de los hombres si fuera posible juntarlas en una inmensa biblioteca: el Libro de los libros sobrepasa a todos los demás.

David no tiene reparo en colocarse por encima de sus propios maestros porque no se atribuye el mérito a si mismo, sino al Señor y a su ley perfecta. En sus pretensiones audaces no hay un gramo de jactancia, sino tan solo un deseo sincero, y en consecuencia un tanto infantil, de resaltar las excelencias de la palabra del Señor. Quien conoce las verdades que la Biblia enseña, jamás será culpable de presunción por afirmar que esta en posesión de una Verdad más importante que cuantos sabios agnósticos en el mundo hay y haya habido.

C.H. SPURGEON

He llegado a tener mayor discernimiento que todos mis maestros. Aún cuando el predicador sea piadoso y partícipe de esta gracia de la cual es embajador ante otros, sucede a veces que de su ministerio deriva una mayor medida de luz y gracia en otros que la que se da en él mismo; como vemos claramente en el caso de Agustín,[63] que habiendo sido convertido e instruido por Ambrosio,[64] sobrepasó con creces a su maestro en conocimiento y gracia espiritual. Con ello Dios pone de manifiesto su gloria, mostrándonos que sea cual sea el instrumento, él es quién otorga la luz y la gloria, dando, si le place, por medio de un instrumento a otro una mayor medida de luz y gloria que la que este tenía. Y ello jamás entristece a un maestro piadoso, antes todo lo contrario, lo considera como un motivo de mayor gloria a Dios.

THOMAS MANTON [1620-1677]
"God's Word in Our Hearts", 1681

He llegado a tener mayor discernimiento que todos mis maestros, porque tus testimonios son mi meditación. Progresar en el estudio y llegar a superar a los maestros hasta el punto de dejar de necesitarlos, no ha de entenderse como un menosprecio hacia ellos, sino más bien como un honor. Mediante la meditación nos predicamos a nosotros mismos, y así llegamos a saber más que nuestros maestros, porque alcanzamos a comprender los sentimientos de nuestro corazón, cosa que ellos no pueden.

MATTHEW HENRY [1662-1714]
"Commentary on the Whole Bible", 1811

---

[61] Lucas 10:39-42.

[62] Proverbios 2:6

[63] Se refiere a AURELIUS AUGUSTINUS [354-430], más conocido como SAN AGUSTÍN O AGUSTÍN DE HIPONA uno de los cuatro más importantes Padres de la Iglesia latina y uno de sus más eminentes doctores. Gran apologista cristiano, sus escritos suponen la primera gran síntesis entre el cristianismo y la filosofía platónica.

[64] Se refiere a AMBROSIO DE MILÁN [340-397], destacado arzobispo de Milán, e importante teólogo y orador. Dejó un amplio legado de escritos teológicos y es considerado uno de los cuatro grandes Padres de la Iglesia latina. Convirtió, bautizó y fue tutor a San Agustín, el cual llegó a superarle ampliamente con sus escritos y riqueza de pensamiento teológico.

Vers. 100. ***Más que los viejos he entendido, porque he guardado tus mandamientos.*** *[Poseo más cordura que los viejos, porque he guardado tus mandamientos.* RVR*] [Entiendo más que los ancianos, porque tus preceptos he guardado.* LBLA*] [Comprendo más que los ancianos, porque he guardado tus preceptos.* BTX*] [Tengo más entendimiento que los ancianos porque obedezco tus preceptos.* NVI*] [Soy más sensato que los ancianos, porque guardo tus preceptos.* BLP*] [Hasta soy más sabio que los ancianos, porque he obedecido tus mandamientos.* NTV*]*[65]

Entiendo más que los ancianos,[66] *porque he guardado tus preceptos.* Tanto aquellos que le superaban en edad, así como en antigüedad, fueron superados por un joven aprendiz más bisoño pero más santo. Le habían enseñado a guardar los preceptos del Señor en su corazón y observarlos en su vida; y esto iba más allá de lo que el más venerable de los pecadores pudiera haber aprendido jamás, y de cuánto el más insigne de los antiguos filósofos hubiera aspirado a saber.[67] Había guardado la Palabra manteniéndola a su lado, superando de ese modo a sus enemigos; había meditado en ella y estudiado con deleite, superando con ello a sus propios amigos; y había practicado sus enseñanzas con deleite, superando incluso a sus mayores. La instrucción que deriva de las Sagradas Escrituras es útil en todos los aspectos; superior bajo todos los puntos de vista, y sin rival en todas partes y todos los sentidos. Así como puede nuestra alma gloriarse abiertamente en el Señor,[68] podemos gloriarnos en su Palabra. *"Ninguna como ella; dámela"*[69] dijo David refiriéndose a la espada de Goliat, y lo mismo debemos decir nosotros de la Palabra del Señor. En nuestros días la sociedad suele valorar mucho la herencia recibida de la antigüedad. Los escritos de los clásicos se tienen en muy alta estima, pero ¡qué limitados eran sus conocimientos en comparación con lo que percibimos en los preceptos divinos! Si *"el añejo es mejor"*,[70] el más añejo será el mejor de todos; y ¿qué es sino la Palabra del Anciano de días?[71]

C.H. SPURGEON

Entiendo más que los ancianos, porque he guardado tus preceptos. La reflexión del salmista es: *"entiendo"* porque *"guardo"*. ¿Deseamos conocer más del al Señor? Guardemos sus preceptos. La observancia de tus preceptos, dice David, es lo que me capacita para entender. *"Si alguno hace mi*

---

[65] La versión griega de los LXX o Septuaginta lee: ὑπὲρ πρεσβυτέρους συνῆκα, ὅτι τὰς ἐντολάς σου ἐξεζήτησα que la *Vulgata* traduce al latín como: *"Super senes intellexi, quia mandata tua quaesivi"*, "Más que los ancianos he entendido, porque tus mandamientos he buscado". La versión sefardí de Ferrara traduce: *"Mas que viejos entendí; por que tus encomendanças obfervè"*. La caldea Peshitta: *"He entendido mucho más que los ancianos, porque he guardado tus ordenanzas"*. KRAUS traduce: *"Tengo más entendimiento que los ancianos, porque presto atención a tus ordenanzas"*. SCHÖKEL: *"Soy más sagaz que los ancianos, porque observo tus decretos"*.

[66] En hebreo: מִזְּקֵנִים *mizzəqênîm* de זָקֵן *zaqen,* "viejo"; y a su vez de זָקָן *zaqan*, "barba". Cabe especular si este es el origen de la asociación entre las barbas largas y frondosas y la sabiduría. No deja de ser curioso que hasta el día de hoy los rabinos suelen dejarse barbas frondosas. Dice WILLIAM SWAN PLUMER [1802-1880]: «Por "ancianos" no hemos de entender "los antiguos", es decir personajes del pasado que vivieron y murieron hace largo tiempo, sino personas reales del presente, pero venerables en razón de su edad, y en base a ella, por haber tenido la oportunidad de acumular sabiduría (Salmo 105:32; 107:32; 148:12)».

[67] Job 12:13-25.

[68] Salmo 34:2: Jeremías 9:23-24; 1 Corintios 1:31; 10:17.

[69] 1 Samuel 21:9.

[70] Lucas 5:39.

[71] Daniel 7:9,13,22; Salmo 102:24.25.

voluntad –dice nuestro bendito Salvador– *conocerá mi doctrina".*[72] Βούλει θεόλογος γενὲσθαι? τνς εντολάς φυλασσε,[73] dice Gregorio Nacianceno, es decir[74]: ¿Quieres ser teólogo? Cumple los mandamientos, porque la acción es la base de la contemplación. Aprendamos de lo que sucedió con los discípulos de Emaús: mientras Cristo estuvo conversando con ellos en el camino sobre las Escrituras no le conocieron;[75] fue al practicar con él un acto de hospitalidad, a saber, ofrecerle su casa y compartir con el su pan, que fueron abiertos sus ojos y le conocieron.[76] No les vino el conocimiento por escucharle, sino porque cumplieron los preceptos de Dios. Por tanto, el que quiera entender lo que escucha o lee, primero debe ponerlo practicarlo.

NATHANAEL HARDY [1618-1670]

Entiendo más que los ancianos. Un comentario habitual entre las personas ignorantes suele ser: «¿Vamos a pretender ser más sabios que nuestros antepasados?». Y, sin embargo, suelen serlo en muchos aspectos. El *maximum quod sic,*[77] la meta suprema de todo cristiano ha de ser esta: crecer en la gracia hasta alcanzar con la cabeza el cielo, y que la gracia se perfeccione en gloria.

CHRISTOPHER LOVE [1618-1651]
"Soul's Cordial", 1683

Entiendo más que los ancianos, porque he guardado tus preceptos. Los conocimientos y sabiduría adquiridos mediante los preceptos de la Palabra son infinitamente mejores que cuantos puedan conseguirse a través de la experiencia. En cuatro aspectos:

1. *Más amplios.* La experiencia humana es limitada; pero la palabra de Dios abarca todos los casos que conciernen a la verdadera felicidad. La Palabra transmite la sabiduría de Dios, que es el Anciano de días;[78] por tanto excede en sabiduría a todos los ancianos y en experiencia a cualquier hombre entre los hombres.

2. *Más precisos.* Al ser más amplios se hace más precisos y seguros, muy por encima de cualquier experiencia humana que siempre es incierta. Hay quienes acumulan mucha experiencia, pero

---

[72] Juan 7:17. En este caso hemos respetado la traducción del autor: *"If any man do my will, he shall know my doctrine".*

[73] "Sobre la Trinidad y el conocimiento de Dios", 20:12.

[74] Se refiere a SAN GREGORIO NACIANCENO (330-390), uno de los cuatro grandes Doctores de la Iglesia Griega llamado el Demóstenes cristiano por el encanto de su elocuencia y "el teólogo" por la profundidad de su doctrina. Es uno de los Padres Capadocios y cooperó con San Basilio y San Gregorio de Nicea para derrotar la herejía arriana.

[75] Lucas 24:13-27.

[76] Lucas 24:13:35. La hospitalidad era una ley establecida entre en los pueblos nómadas en el desierto, donde vida del viajero dependía a menudo de contar con provisión de agua y/o protección durante la noche. Esta "ley del desierto" quedó grabada en la mente de los hebreos por generaciones y seguía vigente en tiempos de Jesús y los apóstoles, como reflejan numerosos pasajes tanto del Antiguo como del Nuevo Testamento: Génesis 18:2-5; 19:1-3; Deuteronomio 10:17-19; Levítico 19:33-34; Hebreos 13:2; Lucas 7:34. 1 Pedro 4:9. Los discípulos de Emaús no hicieron sino practicar la ley; tuvieron en cuenta los peligros que implicaba seguir el camino en solitario después de la puesta del sol, y le ofrecieron su casa: agua para refrescarse, un techo para pasar la noche, y compartir su pan.

[77] En español "el no va más". Frase latina utilizada en la cosmología medieval para debatir las teorías del infinito y definir el concepto de los límites máximos y mínimos de las cosas, su contrapartida es *"mínimum quod non".*

[78] Daniel 7:9,13,22.

carecen de un corazón dispuesto a entender y aplicar la sabiduría de aquello que experimentan: *"Habéis visto todo lo que Jehová ha hecho delante de vuestros ojos en la tierra de Egipto a Faraón y a todos sus siervos, y a toda su tierra, las grandes pruebas que vieron vuestros ojos, las señales y las grandes maravillas. Pero hasta hoy Jehová no os ha dado corazón para entender, ni ojos para ver, ni oídos para oír".*[79]

3. *Más fáciles.* Aprender obedeciendo los preceptos divinos es menos costoso que aprender a través del fracaso; adquirir sabiduría por la experiencia acarrea muchas lágrimas. Si no tuviéramos para guiarnos otra cosa que la experiencia, nuestro andar por la vida se haría muy difícil y penoso.

4. *Más rápidos.* El camino de la sabiduría por la edad y la experiencia es un camino largo y tortuoso; lo que lleva a la mayoría de seres humanos a malgastar su juventud en necedades y locuras. El estudio de la Palabra y la obediencia a sus preceptos nos abre la posibilidad de ser sabios desde nuestra infancia.[80] La virtud de un hombre no esta en ser sabio en gran medida, sino en ser sabio a tiempo. Para su desgracia las vírgenes insensatas finalmente comprendieron, pero demasiado tarde;[81] la sabiduría nunca es pronto para alcanzarla.

THOMAS MANTON [1620-1677]
"God's Word in Our Hearts", 1681

Entiendo más que los ancianos, porque he guardado tus preceptos. Si la palabra de Dios era en este sentido así de perfecta, ya en la época de David, ¿qué diremos de la que ha llegado hasta nosotros con todas las revelaciones que le fueron añadidas tras la venida de Cristo? Si ya entonces los preceptos divinos eran capaces de hacer sabio al sencillo;[82] de convertir a David, un simple pastor de ovejas, en más sabio que sus enemigos, que sus antepasados y que sus maestros; hacer de él: *"como un ángel de Dios para discernir entre lo bueno y lo malo",*[83] capaz de guiar al pueblo con la destreza de sus manos;[84] ¿cuál no será la sabiduría que acumula y que podemos hallar ahora en sus páginas? ¡Qué profundidad tan extraordinaria de pensamiento filosófico encontramos en los libros del Génesis y de Job! ¡Qué jardín tan incomparable de flores retóricas en los profetas! ¡Qué exhibición de argumentos lógicos en las epístolas de San Pablo! ¡Qué alarde de inspiración poética en los Salmos! ¡Qué valores y preceptos morales tan excelentes, y no solo de carácter personal sino para la estructura de las familias y convivencia de la comunidad en general, tenemos en Proverbios y Eclesiastés! A los que cabe agregar en un segundo término como muy útiles también, aunque sean deuterocanónicos, el Libro de la Sabiduría y el Eclesiástico. Qué leyes tan razonables y justas en Levítico y Deuteronomio, que motivaron al gran Ptolomeo[85] a contratar el grupo de los Setenta[86] expertos para traducirlas al griego. Qué

[79] Deuteronomio 29:2-4.

[80] Eclesiastés 12:1; Salmo 34:11; 71:17-18; Proverbios 22:6; Lucas 2:43-47.

[81] Mateo 25:1-13.

[82] Salmo 19:7; 119:130.

[83] 2 Samuel 14:17.

[84] Salmo 78:72.

[85] Se refiere a PTOLOMEO II PHILADELFO [284-246 a.C.] segundo faraón de la dinastía ptolemaica que gobernó en Egipto de 285 a 246 a. C. No muy hábil en la guerra pero un gran diplomático, fue un gran impulsor de la la literatura, las ciencias y las artes.

[86] Se refiere a BIBLIA DE LOS SETENTA (LXX), también conocida como Septuaginta, o Versión Alejandrina. El nombre de Septuaginta se debe a que solía redondearse a 70 el número total de sus 72 traductores, según cuenta la tradición. Es la principal versión en idioma griego por su antigüedad y autoridad. Su redacción se inició en el siglo III a.C. (c.250 a.C.) y se concluyó a finales del siglo II a.C. (c. 150 a.C.). Se cree que fue hecha para los judíos que hablaban griego, pues en esa época eran bastante numerosos en Alejandría, aunque la orden provino del rey PTOLOMEO II PHILADELFO [284-246 a.C.] con destino a la biblioteca de Alejandría.

crónicas tan inigualables, y variedad de relatos biográficos, eventos maravillosos y certezas históricas, en los libros de Moisés y de Josué, en los Jueces, Samuel, los Reyes y las Crónicas, junto con Rut y Ester, Esdras y Nehemías. Y a partir de la venida de Cristo en los sagrados Evangelios y los Hechos de los Apóstoles. Finalmente, que revelaciones y misterios tan profundos encontramos en las profecías de Ezequiel y de Daniel, y en el Apocalipsis de San Juan. La palabra de Dios excede con creces la sabiduría de todos los escritos humanos, porque es el único escrito *"capaz de hacer a un hombre sabio para la salvación"*.[87] Partiendo de estas consideraciones Carlos V de Francia,[88] apodado "El Sabio", no solo hizo traducir la Biblia al francés, sino que fue también un monarca piadoso y estudioso en las Sagradas Escrituras. Y se dice que Alfonso,[89] rey de Aragón, leyó la Biblia completa y el comentario de Nicolás de Lira[90] más de catorce veces; pese a ser un monarca sabio que había recibido en su época una educación terrenal refinada y exquisita, la ley de Dios era su deleite: *"más deseable que el oro, y más que mucho oro afinado; dulce más que la miel que destila del panal"*.[91]

GEORGE HAKEWILL [1579-1649]
"An Apologie Or Declaration of the Power and Providence of God in the Government of the World", 1630

Vers. 101. ***De todo mal camino contuve mis pies, para guardar tu palabra.*** *[De todo mal camino retraigo mis pies, para guardar tu palabra.* RVR*] [De todo mal camino he refrenado mis pies, para guardar tu palabra.* LBLA*] [He refrenado mis pies de todo mal camino, para guardar tu palabra.* BTX*] [Aparto mis pies de toda mala senda para cumplir con tu palabra.* NVI*] [Aparto mis pies del mal camino para así respetar tu palabra.* BLP*] [Me negué a andar por cualquier mal camino, a fin de permanecer obediente a tu palabra.* NTV*]*[92]

---

[87] 2 Timoteo 3:15.

[88] Se refiere a CARLOS V DE FRANCIA [1338-1380] llamado *El Sabio,* primogénito del rey Juan II [1319-1364] llamado *El Bueno,* de la dinastía Valois. Monarca piadoso y culto, se rodeo de hábiles consejeros y logro restaurar el prestigio de la Casa de Valois, desprestigiada durante el reinado de su padre. Amante de las letras, fundo la primera biblioteca real de Francia promovió y llevo a cabo numerosas traducciones de obras de la antigüedad entre las que cuenta de la llamada *Bible historiale* un conjunto ilustrado de textos bíblicos y es una de las primeras traducciones al francés.

[89] Se refiere a ALFONSO V DE ARAGÓN [1394-1458] llamado también "El Magnánimo" rey de Nápoles y Sicilia. Grab amante de la cultura, y especialmente de los libros, su devoción a la Biblia y los clásicos era excepcional, los leía constantemente y se dice que jamás se separaba de ellos, ni aún estando en campaña bélica. Llevó a cabo un importante mecenazgo de poetas y escritores, y fomentó las bibliotecas en todo el reino, lo que el valió también el sobrenombre de "el Sabio".

[90] Se refiere a NICOLÁS DE LYRA O NICOLAUS LYRANUS [1270-1349], monje franciscano francés, profesor en la Universidad de La Sorbona y erudito comentarista bíblico, conocido especialmente por su comentario bíblico *"Postillae perpetuae in universam S. Scripturam",* publicado en Roma en el 1471 y que llevaba impreso el texto completo de la Biblia y sus notas comentándolo. Fue el primer comentario bíblico impreso junto con el texto bíblico: el texto bíblico ilustrado situado en un recuadro y el comentario a su alrededor.

[91] Salmo 19:10.

[92] La versión griega de los LXX o Septuaginta lee: ἐκ πάσης ὁδοῦ πονηρᾶς ἐκώλυσα τοὺς πόδας μου, ὅπως ἂν φυλάξω τοὺς λόγους σου que la Vulgata traduce al latín como: *"Ab omni via mala prohibui pedes meos, ut custodiam verba tua",* "De todo mal camino prohibí a mis pies, para guardar tus palabras". La versión sefardí de Ferrara traduce: *"De todo camino malo vedè mis pies, para que guarde tu palabra"*. La caldea Peshitta: *"De todo mal camino refrené mis pies para guardar tus ordenanzas"*. KRAUS traduce: *"De toda mala senda refreno mis pies, para seguir tu palabra"*. SCHÖKEL: *"Cohibo mis pies de todo mal camino, para observar tu palabra"*.

De todo mal camino retraigo mis pies, para guardar tu palabra. No hay forma posible de atesorar la palabra santa a menos que haya una expulsión previa de toda impureza: si guardamos la palabra del bien, debemos abandonar los caminos del mal.[93] David había controlado con celo sus pasos y refrenado su conducta; se había retraído. Ninguna senda de maldad lograría seducirlo, porque sabía que si se desviaba, aunque fuera ligeramente, a efectos prácticos habría abandonado el camino de la rectitud, y ello le indijo a evitar todo camino falso. Los atajos eran llanos y floridos, pero sabía muy bien que eran malignos, por lo que apartó sus pies de ellos y se mantuvo dentro del camino estrecho y espinoso que conduce a Dios.[94] No hay placer más gratificante para el cristiano que mirar atrás, contemplar sus logros y victorias, y poder decir: *"todo mal camino he refrenado mis pies"*. Y mayor deleite aún en saber que lo hicimos no por mero deseo de quedar bien delante de los que nos rodean, sino con el único propósito de guardar la ley del Señor. La esencia del mensaje de este versículo es evitar el pecado para que la obediencia pueda ser perfeccionada en nosotros; o quizá lo que pretenda enseñarnos el salmista es que no hay reverencia genuina hacia el Libro santo allí donde no hay voluntad y precaución en eludir cualquier transgresión de sus preceptos. ¿Acaso podemos decir que guardamos la palabra de Dios si no evitamos que nuestras obras se envilezcan?

C.H. SPURGEON

De todo mal camino retraigo mis pies, para guardar tu palabra. David nos hace aquí partícipes de su manera práctica de proceder: "*De todo mal camino retraigo mis pies";* y del objetivo o propósito de la misma: *"para guardar tu palabra,* es decir, poder alcanzar en su obediencia a Dios una mayor exactitud. Veamos en primer lugar:

1. *Su proceder: "Retraigo mis pies"*. Por pies se entiende aquí los afectos: *"Cuando fueres a la casa de Dios, guarda tu pie"*.[95] Nuestros afectos son la inclinación del alma, y por tato, condicionan nuestro proceder; se asemejan en este sentido a los pies en que nos conducen por un camino u otro impulsándonos a una cosa u otra. Por tanto el significado de *"retraigo mis pies"* es: mantengo una estricta vigilancia sobre mis afectos para evitar que me conduzcan al pecado. Y es importante reparar también en el carácter genérico y universal de la afirmación; no dice *"del mal camino"* sino *"de todo mal camino."* Pero, ¿cómo podría David hacer semejante afirmación siendo consciente en su corazón de cual había sido su proceder en el caso de Urías?[96] Respuesta: Más allá de su caída, el deseo de su alma y marco habitual de su proceder era este; y en el caso de los creyentes este tipo de afirmaciones deben ser interpretadas *voce et conatu, licet non sempre eventu.*[97] A pesar de sus caídas y fallos puntuales, su intención, su meta y objetivo, su deseo, propósito y esfuerzo, su curso habitual, es recto; y, por tanto, hay que entenderlo como tal.

2. *Su propósito.* ¿Cuál era el objetivo?: *"Para guardar tu palabra"*. Ser más exacto y puntual en su obediencia, y adherirse con mayor firmeza a los preceptos divinos.

THOMAS MANTON [1620-1677]
"God's Word in Our Hearts", 1681

De todo mal camino retraigo mis pies, para guardar tu palabra. Allí donde se da una santidad auténtica y verdadera, hay simultáneamente un odio santo, un aborrecimiento e indignación contra

[93] Dice WILLIAM SWAN PLUMER [1802-1880]: «Este versículo nos enseña claramente que si tenemos un deseo de guardar la ley, es inviable que voluntariamente vivamos en maldad».

[94] Mateo 7:13-23.

[95] Eclesiastés 5:1.

[96] 2 Samuel 11:1-26.

[97] En español: "De palabra e intención, si bien no siempre de hechos".

toda forma de impiedad e iniquidad. Por ello exclama el salmista: *"De todo mal camino retraigo mis pies"*; ¿y para qué? *"para guardar tu palabra"*. Un poco más adelante exclama: *"Por tus mandamientos he adquirido inteligencia; por eso, odio todo camino de mentira"* (119:104). El beneficio que obtuvo guardando los preceptos divinos incitó su odio contra toda forma de falsedad: *"Por eso me dejo guiar por todos tus mandamientos sobre todas las cosas. Y aborrezco todo camino de mentira"* (119:128). Su alto aprecio y valoración de cada uno de los preceptos divinos provocó en él una santa indignación contra todo mal camino. El creyente sabe que cualquier pecado es un ultraje a la santidad de Dios, a la gloria de Dios, a la naturaleza de Dios, al ser de Dios y la ley de Dios. Por tanto, su corazón se yergue y rebela contra todos ellos; y los contempla cual si se tratara de los escribas y fariseos que acusaban falsamente a Jesús; los mira cual miraría a Judas que le traicionó; a Pilato que le condenó a muerte; a los soldados que le azotaron o la lanza que atravesó su costado. Y, en consecuencia, su corazón clama justicia contra todos ellos.

THOMAS BROOKS [1608-1680]
"The Crown and Glory of Christianity or Holiness, the Only Way to Happiness", 1662

De todo mal camino retraigo mis pies, para guardar tu palabra. En la medida en que vamos haciendo el bien, adquirimos un mayor conocimiento de él, y estamos cada vez más capacitados para cumplirlo.

JOHN WILLIAM BURGON [1813-1888]
"A Plain Commentary on the Four Holy Gospels: Intended Chiefly for Devotional Reading, 1859

De todo mal camino retraigo mis pies, para guardar tu palabra El verbo hebreo כָּלָאתִי *kālitî* de כָּלָא *kala* que traducimos por *"retraigo"*, nos advierte que por instinto y naturaleza nuestros los pies nos conducen por el camino de todo tipo de pecados, hacia el cual corremos apresurados bajo el impulso de las pasiones carnales; de tal modo que incluso los sabios y entendidos necesitan refrenar, retraer y retroceder en sus pasos a fin de poder guardar la palabra de Dios y no ser descalificados.[98] En realidad el sentido del hebreo es particularmente fuerte pues denota la idea de *"encadeno* o *aprisiono mis pies"*, lo cual nos indica de que no basta una leve resistencia para inmovilizarlos e impedirles que vayan por mal camino. La idea del salmista es no era suficiente con detener sus pies, estaba dispuesto a ponerles grilletes si era necesario.

JOHANNES ANGELIUS[99] Y GILBERTUS GENEBRARDUS[100]
citados por JOHN MASON NEALE [1818-1866] y RICHARD FREDERICK LITTLEDALE [1833-1890]
"Commentary on the Psalms from Primitive and Mediæval Writers", 1869

Vers. 102. ***No me aparté de tus juicios, porque tú me enseñaste.*** *[No me aparto de tus juicios, porque tú me instruyes.* RVR*] [No me he desviado de tus ordenanzas, porque tú me has enseñado.* LBLA*] [No he apostatado de tus mandamientos, porque Tú me has instruido.* BTX*] [No me desvío*

[98] 1 Corintios 9:27; 2 Corintios 13:5-6.

[99] Suponemos que se refiere al erudito hebraísta alemán JOHANNES ANGELIUS WERDENHAGEN [1581-1652].

[100] Se refiere al erudito teólogo y profesor de hebreo benedictino francés GILBERTUS GENEBRARDUS [1537-1597], conocido por su famosa *Cronografía* y de quién se dice que parte la idea del nombre de *Yahvé* para definir de algún modo el tetragrama hebreo del nombre de Dios. Escribió también un trabajo lingüístico al texto hebreo de los Salmos de David *Psalmi Davidis* al que hacen referencia Neale & Littledale en su comentario.

de tus juicios porque tú mismo me instruyes. NVI*] [No me desvío de tus decretos, pues tú mismo me has instruido.* BLP*] [No me he apartado de tus ordenanzas, porque me has enseñado bien.* NTV*]*[101]

No me aparto de tus juicios, porque tú me instruyes. Aquellos a quienes Dios enseña están bien enseñados. Lo que aprendemos del Señor no lo olvidamos jamás, pues la instrucción divina tiene un efecto inherente de permanencia: si seguimos fielmente su camino en todo cuanto nos enseña, permaneceremos en la santidad y jamás nos apartaremos de ella. Leyendo este versículo en conexión con el anterior hallamos un marcado contraste de lo positivo y negativo en la vida del creyente; entre "lo que hago" y "lo que no hago". Aquello que hizo, a saber: *"aparto mis pies del mal";* le imposibilitó de hacer aquello que de otro modo sin duda habría hecho, a saber: *"no me aparto de tus juicios".* El que es cuidadoso y estricto en no desviarse una pulgada del camino, jamás acabará extraviado. El que no ingiere una sola gota de alcohol, nunca se emborrachará. Y aquel que jamás profiere una palabra soez y ociosa, no caerá en profanidad. Pero quién se aviene a transgredir ligeramente u ocasionalmente, nunca sabe dónde terminará. El Señor mediante la abstinencia nos conduce a perseverar en la santidad antes de que el pecado se consume; pero sea cual sea el método, él es el verdadero artífice de nuestra perseverancia en todas las circunstancias. ¡A él sea toda la gloria!

C.H. SPURGEON

No me aparto de tus juicios, porque tú me instruyes. El término hebreo מִמִּשְׁפָּטֶיךָ *mimmišpāṭeḵā* de מִשְׁפָּט *mishpa*t *"tus juicios"* se refiere a la ley de Dios; porque así juzgará al mundo. El verbo סָרְתִּי *sārәtî* de סור *sur "no me aparto",* transmite un doble sentido tanto de exactitud como de constancia: de exactitud en tanto que no debía apartarse un ápice de la ruta marcada: *"Mirad, pues, que hagáis como Jehová vuestro Dios os ha mandado; no os apartéis a diestra ni a siniestra";*[102] y de constancia implícita porque cuando nos mantenemos voluntariamente en los juicios Dios, él mismo se ocupa de que no nos apartemos de ellos: *"Y haré con ellos pacto eterno, que no me volveré atrás de hacerles bien, y pondré mi temor en el corazón de ellos, para que no se aparten de mí".*[103]

THOMAS MANTON [1620-1677]
"God's Word in Our Hearts", 1681

Porque tú me instruyes. Dios nos instruye en dos maneras: por iluminación común y por intervención particular directa.

1. Por iluminación común capacita la mente de manera básica para conocer o entender lo que él se propone por medio de sus obras. Así se revela a los paganos: *"Porque las cosas invisibles de él, su eterno poder y divinidad, se hacen claramente visibles desde la creación del mundo, siendo entendidas por medio de las cosas hechas, de modo que no tienen excusa".*[104] Pero se revela también:

---

[101] La versión griega de los LXX o Septuaginta lee: ἀπὸ τῶν κριμάτων σου οὐκ ἐξέκλινα, ὅτι σὺ ἐνομοθέτησάς μοι que la *Vulgata* traduce al latín como: *"A judiciis tuis non declinavi, quia tu legem posuisti mihi",* "De tus juicios no me he ladeado, porque tu me has puesto ley". La versión sefardí de Ferrara traduce: *"De tus juizios no me tirè, por que tu me enfeñafte".* La caldea Peshitta: *"De tus juicios no me he apartado, porque tú me has instruído".* KRAUS traduce: *"No me desvío de tus juicios, porque tú me enseñas".* SCHÖKEL: *"No me aparto de tus mandamientos, porque tú me has instruido".*

[102] Deuteronomio 5:22.

[103] Jeremías 32:40.

[104] Romanos 1:20.

2. Por intervención particular directa, inclinando de manera efectiva nuestra voluntad a aceptar y asumir los principios establecidos: *"Pondré mi ley en su mente, y la escribiré en su corazón; y yo seré a ellos por Dios, y ellos me serán por pueblo"*.[105] Esta manera de instruir es particularmente efectiva y persuasiva, pues los así enseñados por Dios, lo son de tal modo que no solo tienen oídos para escuchar, sino también un corazón dispuesto para entender, aprender y practicar.

Y esta forma de instrucción es la que da soporte a la constancia y persistencia, porque:

1. Los que son instruidos por Dios de ese modo ven las cosas con mayor claridad que otros; Dios es el maestro por excelencia.
2. Tienen una mayor seguridad y certeza sobre las cosas de Dios; en tanto que otros se pierden en conjeturas, divagaciones, opiniones dudosas y vacilaciones.
3. Se trata de una instrucción tan eficaz y poderosa que su resultado es contundente: *"Enséñame, oh Señor, tu camino; y caminaré yo en tu verdad"*.[106]
4. Tienen una instrucción actualizada. Dios renueva constantemente esta enseñanza, y la mantiene siempre a nuestra disposición para guiarnos y aconsejarnos, cosa que es clave para nuestra perseverancia, para que podamos perseverar en ella.

Thomas Manton [1620-1677]
"God's Word in Our Hearts", 1681

Porque tú me instruyes. Para que no diera la sensación de que se atribuía a si mismo el mérito de su piedad o la capacidad de retraer sus pies de los malos caminos, David otorga a Dios toda la gloria, declarando enfáticamente que si una razón había por la cual había logrado prevalecer, era porque Dios le había instruido. De ello aprendemos que si en algún momento triunfamos, o si cuando hemos caído nos levantamos y nos arrepentimos, debemos imputarlo siempre a Dios que es quien nos instruye. Porque la soberbia es el defecto más abominable, y si Dios nos dejara a nuestra propia suerte y albedrío, muy pronto se nos haría plausible que solos, sin él, no somos capaces de nada. David había sido instruido, sin duda, por excelentes maestros terrenales, y los reverenciaba; pero todo provecho que pudiera haber sacado de sus enseñanzas lo atribuye a Dios. Pablo podrá plantar, y Apolos regar; pero Dios es el único que puede dar el crecimiento.[107]

William Cowper [1566-1619]
"A holy alphabet for Sion's scholars full of spiritual instructions, and heavenly consolations ... delivered by way of commentary upon the whole 119 Psalme", 1613

Vers. 103. !Cuán dulces son a mi paladar tus palabras! Más que la miel a mi boca. *[¡Cuán dulces son a mi paladar tus palabras! más que la miel a mi boca.* RVR*] [¡Cuán dulces son a mi paladar tus palabras!, más que la miel a mi boca.* LBLA*] [¡Cuán dulces son tus palabras a mi paladar! Sí, más que la miel en la boca.* BTX*] [¡Cuán dulces son a mi paladar tus palabras! ¡Son más dulces que la miel a mi boca!* NVI*] [¡Qué dulce a mi paladar es tu palabra, en mi boca es más dulce que la miel!* BLP*] [¡Qué dulces son a mi paladar tus palabras! Son más dulces que la miel.* NTV*]*[108]

[105] Jeremías 1:33.

[106] Salmo 87:11.

[107] 1 Corintios 3:6.

[108] La versión griega de los LXX o Septuaginta lee: ὡς γλυκέα τῷ λάρυγγί μου τὰ λόγιά σου, ὑπὲρ μέλι καὶ κηρίον τῷ στόματί μου que la *Vulgata* traduce al latín como: *"Quam dulcia faucibus meis eloquia tua! super mel ori meo"*, "¡Cuán dulces son tus palabras a mi paladar, más que la miel a mi boca". La versión sefardí de Ferrara traduce: *"Quanto fe adulçaron a mi paladar tus dichos*; *mas que miel a mi boca"*. La

¡Cuán dulces son a mi paladar tus palabras![109] Fue más allá de prestar meramente atención a las palabras de Dios, se alimentó de ellas: no solo deleitaban sus oídos, sino también su paladar. Las palabras del Señor son muchas y diversas, y en su conjunto forman lo que conocemos como *"la Palabra"*. David amaba a cada una individualmente, y las amaba en su conjunto como un todo; y en todas ella saboreaba por igual una dulzura indescriptible. Deseaba enunciar la realidad de su dulzura, pero sintiéndose incapaz de expresar su intensidad exclama: *"¡Cuán dulces!"*.[110] En tanto que eran palabras de Dios, al *siervo de Dios*[111] le resultaban particularmente dulces; pues quién puso la dulzura en ellas había creado y dispuesto el paladar de su siervo para discernirlas y disfrutarlas plenamente. Fijémonos en que David no hace distinción entre promesas y preceptos, doctrinas y amenazas; todo ello va incluido en *"tus palabras"* y es igualmente precioso en su valoración. Nuestro anhelo ha de ser un amor más profundo hacia todo lo que el Señor ha revelado, cualquiera que sea la forma que adopte.

Sí, más que la miel en la boca. Y cuando además de alimentarse de ellas, las pronunciaba instruyendo a otros, le proporcionaban todavía más deleite.[112] Aún las más dulces entre las cosas temporales se quedan cortas comparadas con la delicia infinita de la Palabra eterna: incluso la propia miel es superada en dulzura por la palabra del Señor. El salmista se alimentó de la Palabra y la halló dulce; pero cuando dio testimonio de ella le pareció más dulce todavía. ¡La mayor sabiduría por nuestra parte es mantener la Palabra en el paladar por la meditación, y en nuestra lengua por la confesión! Ha de sernos dulce al paladar cuando pensemos en ella, o no nos resultará dulce a la boca cuando hablemos de ella.

C.H. SPURGEON

¡Cuán dulces son a mi paladar tus palabras! Cuán inexpresablemente dulces nos resultan a veces las palabras, aún las de otro ser humano. ¡Más allá de lo que cabría imaginar! Cuando las necesitamos, estaríamos dispuestos a intercambiar por ellas todo el oro y la plata del mundo. Porque vienen repletas de amor, y nuestro corazón se enriquece al escucharlas cual si hubiera penetrado en él el aliento mismo de Dios. Pero, ¿acaso este arcoíris de consuelo terrenal no se desvanece paulatinamente? ¿No sucede tarde o temprano que tales palabras se marchitan irremisiblemente en los recovecos de la memoria y acaban generando un sentimiento adverso como tristes recordatorios de una ilusión terrenal pasajera? Así es, si duda alguna. Hay, sin embargo, un lugar donde el corazón puede encontrar todavía felicidad en las palabras, una felicidad perdurable y verdadera. En ciertas *Palabras,* deseables más que cualquier otra cosa en el mundo: *Palabra*s de amor infinito. Pues, ¿qué son en realidad los tesoros, placeres, y honores de la tierra? Espejismos. Aún rodeado de ellos mi alma sigue gritando insatisfecha: ¡Dadme palabras! Palabras que me hagan saber lo mucho que Dios me ama.

---

caldea Peshitta: *"¡Dulces son a mi paladar tus palabras, más que la miel a la boca!"*. KRAUS traduce: *"¡Cuán dulces son a mi paladar tus sentencias, más que la miel a mi boca!"*. SCHÖKEL: *"¡Qué dulce es tu promesa al paladar!, más que miel a la boca"*.

[109] Dice JUAN CALVINO [1509-1564] en su exposición de este versículo: «Es evidente que el profeta no esta hablando aquí de la letra muerta que mata a los que la leen (2 Corintios 3:6), sino que su reflexión abarca toda la enseñanza doctrinal de la ley, cuya base principal es el pacto de salvación [...] Cabe la posibilidad de que una persona se sienta atraída por la ley de Dios y desarrolle incluso hacia ella una profunda reverencia; pero nadie la obedecerá con alegría a menos que haya saboreado su dulzura».

[110] Dice JOHANN PETER LANGE [1802-1884]: «La palabra de Dios es ciertamente ese árbol miraculoso que sana toda enfermedad y endulza las aguas amargas de la más profunda aflicción (Éxodo 15:25-26)».

[111] 2 Samuel 7:5-9, 18-19.

[112] Dice JOHANN PETER LANGE [1802-1884]: «La miel es a la vez alimento y medicina; y así es también la palabra de Dios al alma. Pero tanto su dulzura como sus efectos nutrientes y curativos, sobrepasan en mucho los de la miel terrenal».

Palabras que me declaren el afecto inmutable del Salvador. Palabras que purifiquen mi corazón; que alienten mi oración; que me transporten a un futuro feliz y dichoso. Palabras que vivifiquen mi alma, que reaviven las facultades muertas en mi interior *y me* transformen –como dice el apóstol– *de gloria en gloria, como por el Espíritu del Señor.*[113]

GEORGE BOWEN [1816-1888]
"Daily Meditations", 1873

¡Cuán dulces son a mi paladar tus palabras! A los regenerados se les concede un sexto sentido del gusto de carácter sobrenatural que les capacita para paladear espiritualmente el sabor divino. Distinto en su naturaleza a cualquiera de los otros cinco sentidos corporales, otorga al creyente la facultad de percibir en su mente las cosas espirituales y divinas de una manera distinta a como las percibe el hombre natural; en la misma manera y medida que el sabor dulce de la miel cuando se paladea, dista mucho de cuantas ideas y concepciones vagas podamos hacernos de la misma al mirarla o tocarla. Y ello le hace concebir la santidad como hermosura,[114] y a convertir en dulzura aquello que el hombre natural percibe como insípido cuando no amargo y desabrido.[115] Las Escrituras describen a menudo la hermosura y dulzura de la santidad como el gran anhelo y apetito del paladar espiritual. Fue el dulce manjar del alma santa de nuestro Salvador Jesucristo: *"Yo tengo para comer un alimento que vosotros no sabéis... mi alimento es hacer la voluntad del que me envió, y llevar a cabo su obra"*.[116] No sé de ningún otro pasaje en las Sagradas Escrituras donde la naturaleza y evidencia de la santidad sea mejor descrita, más ampliamente expuesta y tan plenamente recomendada como en el Salmo 119. El salmista define su naturaleza y cualidades en los primeros versículos; y persiste presentando la excelencia de la santidad como objetivo prioritario de este peculiar sentido espiritual del gusto y el deleite hasta alcanzar el final. *La ley de Dios*, esa expresión grandiosa que no es otra cosa que una emanación de la santidad en la naturaleza divina; como también la prescripción de santidad para la criatura; se plantean a lo largo de sus múltiples estrofas como el objetivo primordial del amor, complacencia y regocijo de esa nueva naturaleza misericordiosa que valora los mandamientos de Dios por encima del oro, sí, del oro afinado, y para la cual resultan más dulces que la miel, y que el destilar del panal.[117] Las declaraciones del salmista afirmando que esta dulzura peculiar que experimenta en ley de Dios es fruto de un sentido distintivo del gusto que le capacita para saborearla, son claras y contundentes.

JONATHAN EDWARDS [1703-1758]
"A Treatise Concerning Religious Affections – Part III, Section III", 1735

¡Cuán dulces son a mi paladar tus palabras! más que la miel a mi boca. ¿Acaso no sería más lógico que dijera: ¡Cuán agradables son tus palabras a mis oídos!? Más adecuado que no afirmar que las palabras le son dulces a su paladar y su boca. A ello respondo: Es propio que cuando Dios habla por boca de sus ministros seamos buenos oidores,[118] y las palabras suenen en nuestros oídos como las más alegres y alentadoras. Pero también es práctica habitual de los creyentes conversar entre ellos acerca de las palabras de Dios; y cuando tal hacen las palabras de Dios se vuelven tan dulces a su paladar espiritual que se complacen y deleitan en ellas más que en cualquier miel que destile del panal.[119] Este

[113] 2 Corintios 3:18.
[114] Salmo 96:9.
[115] 1 Corintios 2:14.
[116] Juan 4:34-34.
[117] Salmo 19:7-10.
[118] Santiago 1:22-27.
[119] Salmo 19:10.

conversar entre los creyentes es particularmente necesario cuando hay escasez de maestros, como era el caso con David cuando estaba en el desierto[120] o habitaba entre los filisteos;[121] o cuando aquellos que tienen el oficio de enseñar, adulteran y contaminan la palabra pura de Dios.

WOLFGANG MUSCULUS [1497-1563]
"In Sacrosanctum Davidis Psalterium Commentarii", 1573

Más que la miel a mi boca. Así como entre las violetas encontramos unas más fragantes que otras, así también entre los textos de la Escritura algunos nos resultan más preciosos que otros.

HENRY WARD BEECHER [1813-1887]
"Morning and evening exercises: selected from the published and unpublished writings of the Rev. Henry Ward Beecher", 1874

¡Cuán dulces son a mi paladar tus palabras! más que la miel a mi boca. Una esposa enamorada suele decir a menudo: «¡Esposo mío! Tus palabras me son más dulces que la miel; sí, más dulces que la caña de azúcar». «¡Ay!, –exclama la viuda– cuán dulce era la conversación de mi marido ahora ausente; de su boca manaba miel, sus palabras eran ambrosía».

JOSEPH ROBERTS [1795-1849]
"Oriental Illustrations of the Sacred Scriptures", 1835

Vers. 104. *De tus mandamientos he adquirido inteligencia; por tanto, he aborrecido todo camino de mentira.* *Por tus mandamientos he adquirido inteligencia; por eso, odio todo camino de mentira.* RVR*] [De tus preceptos recibo entendimiento, por tanto aborrezco todo camino de mentira.* LBLA*] [De tus preceptos he adquirido entendimiento, por lo cual aborrezco toda senda de mentira.* BTX*] [De tus preceptos adquiero entendimiento; por eso aborrezco toda senda de mentira.* NVI*] [Gracias a tus preceptos soy sensato, por eso odio los senderos falsos.* BLP*] [Tus mandamientos me dan entendimiento; ¡con razón detesto cada camino falso de la vida!* NTV*]*[122]

De tus preceptos he adquirido entendimiento. La dirección divina es nuestra vía de instrucción. La obediencia a Dios engendra sabiduría en la mente y por consiguiente en nuestras acciones. Siendo que el camino de Dios siempre es el mejor, quienes lo siguen se verán recompensados por el resultado sin duda alguna. Si el Legislador[123] fuera necio, su ley seguiría siendo igualmente inapelable, y obedecerla nos abocaría a mil errores; más siendo todo lo contrario, podemos considerarnos dichosos

[120] 1 Samuel 23:14.
[121] 1 Samuel 27:1-4.
[122] La versión griega de los LXX o Septuaginta lee: ἀπὸ τῶν ἐντολῶν σου συνῆκα· διὰ τοῦτο ἐμίσησα πᾶσαν ὁδὸν ἀδικίας. ὅτι σὺ ἐνομοθέτησάς μοι que la Vulgata traduce al latín como: *"A mandatis tuis intellexi; propterea odivi omnem viam iniquitatis"*, "Por tus mandamientos he tenido inteligencia; por esto aborrezco todo camino de iniquidad". La versión sefardí de Ferrara traduce: *"De tus encomendanças entendí; por tanto aborreci todo camino de falfedad"*. La caldea Peshitta: *"He meditado en tus preceptos; por eso he aborrecido todo camino de los inicuos"*. KRAUS traduce: *"De tus ordenanzas recibo entendimiento; por eso aborrezco todo camino de mentiras"*. SCHÖKEL: *"Reflexiono sobre tus decretos, por eso detesto toda senda falsa"*.
[123] Isaías 33:22; Santiago 4:12.

de contar como regla de nuestras vidas con una ley tan sabia, prudente y beneficiosa. ¡Somos sabios obedeciendo y por la obediencia aumentamos nuestra sabiduría!

Por tanto aborrezco todo camino de mentira. Dado que tenía entendimiento y conocía los preceptos divinos, detestaba el pecado y la falsedad. Todo pecado es una falsedad; pecamos porque creemos en una mentira: el mal adulador nos envuelve con sus engaños y finalmente nos vemos traicionados. Los corazones fieles no son indiferentes a la falsedad, antes por el contrario despierta en ellos una santa indignación; en tanto que aman la verdad, aborrecen la mentira. Los santos tienen un horror viral a todo lo falso; no toleran engaños o falacias; se oponen enérgicamente a todo tipo de error doctrinal o perversidad en la conducta. Quien tolera un pecado está en coalición con todo el enjambre de los demás; no podemos parlamentar ni dar tregua a uno solo de tales amalecitas, porque el Señor está en guerra con ellos de generación en generación,[124] y nosotros hemos de mantenerla. Ser un buen aborrecedor es cosa saludable. Y ¿cómo es posible tal cosa? Sí, odiando no a criatura alguna, sino la falsedad: *"aborreciendo todo camino de mentira"*. Aborreciendo el camino del egoísmo, de la autojustificación, de la mundanalidad, del orgullo, de la soberbia, de la incredulidad, y de la hipocresía; pues todos ellos son caminos falsos, y, por tanto, no solo hemos de evitarlos, sino que hemos de aborrecerlos.[125]

Este versículo final de la octava denota un progreso muy importante en el carácter, y demuestra como el hombre de Dios se iba volviendo cada vez más fuerte, más audaz y más dichoso. Había sido instruido por el Señor a discernir entre lo precioso y lo vil; y en consecuencia, ama la verdad tan fervorosamente, como odia la falsedad intensamente. Ojalá alcancemos nosotros también este estado de discriminación y determinación que nos permita glorificar a Dios en gran manera.

C.H. SPURGEON

De tus preceptos he adquirido entendimiento, por lo cual aborrezco toda senda de mentira. El profeta invierte en esta frase el orden establecido en el versículo ciento uno (119:101). Allí afirma: *"De todo mal camino retraigo mis pies, para guardar tu palabra"*, dando a entender con ello cual si la forma de sacar provecho de la Palabra fuera evitar el mal. Aquí lo plantea justamente a la inversa: he evitado el mal porque he sacado provecho de la Palabra; *"he adquirido entendimiento"*, la solución para evitar el mal es guardar los preceptos de la Palabra. En el versículo ciento uno (119:101) nos describe sus primeros pasos en el camino de Dios; aquí nos cuenta su progreso.

THOMAS MANTON [1620-1677]
"God's Word in Our Hearts", 1681

De tus preceptos he adquirido entendimiento, por lo cual aborrezco toda senda de mentira. Odio los senderos falsos, sí, pero no solo cuando andando por ellos y descubro que he sido engañado, sino que de principio los aborrezco, y por tanto, evito entrar en ellos: *"La mentira aborrezco y abomino"* (119:163). Descartar la mentira es la señal más evidente de un corazón lleno de la gracia, mucho más clara todavía que odiarla y aborrecerla. La persona piadosa no solo hace aquello que sabe que es bueno sino que se deleita en hacerlo, y su alma se apega a ello; haciéndolo se encuentra en su elemento vital; nada le agrada y satisface más que cumplir con su deber, porque lo ama, sí, se deleita en hacerlo, y lo ama aunque no pueda cumplirlo. El apóstol Pablo se quejaba amargamente de que su propia corrupción le obstaculizaba y encadenaba: *"Porque no hago el bien que quiero, sino el mal que no*

[124] Éxodo 17:16.

[125] Dice EMIL HEINRICH TAUBE [1819-1892]: «Es del todo imposible amar la palabra de Dios sin escudriñarla y mantener una relación constate con ella; como tampoco amar la verdad extraída de ella sin aborrecer la mentira».

quiero, eso es lo que pongo por obra. Y si lo que no quiero, eso es lo que hago, ya no lo obro yo, sino el pecado que mora en mí. Encuentro, pues, esta ley: Que, queriendo yo hacer el bien, el mal está presente en mí".[126] Y no obstante, añade a continuación: *"Porque según el hombre interior, me deleito en la ley de Dios".*[127] Esto es, aunque mi corazón corrompido se deje llevar por la tentación, mi hombre interior se deleita en la ley de Dios. Y por tanto, en base a este mismo principio que impulsa al creyente no solo a cumplir la santa voluntad de Dios, sino que se deleita y regocija en hacerlo; así también no solo rehúsa acatar la voluntad de la carne, o seguir el curso de del mundo, sino que odia hacerlo; y nunca se siente tan frustrado y descontento consigo mismo como cuando por descuido o negligencia se da cuenta de que ha caído. Puede eventualmente darse la circunstancia de que un hombre natural y mundano se abstenga de hacer el mal y lleve a cabo aquello que es intrínsecamente bueno; pero jamás aborrecerá lo malo ni se deleitará en lo bueno. A pesar de que se abstenga de realizar ciertas cosas que Dios prohíbe, no exclamará como Job: *"Nunca tal acontezca que haga yo semejante cosa".*[128] [...] Deleitarse en el bien es mejor que meramente hacerlo; y aborrecer al mal es mejor que abstenerse de hacerlo. Si comparamos la identidad y naturaleza del pecado con la nueva naturaleza del creyente, encontraremos motivos evidentes y sobrados que demuestran que la contención del pecado va ligada a un aborrecimiento del mismo.

JOSEPH CARYL [1602-1673]3
"An Exposition with Practical Observations the Book of Job", 1651

De tus preceptos he adquirido entendimiento. El entendimiento y comprensión espiritual va conectada con el sentido del gusto por la dulzura espiritual: *"cuando la sabiduría entre en tu corazón, y el conocimiento sea grato a tu alma; la discreción velará sobre ti, y el entendimiento te protegerá".*[129] *"La dulzura de los labios* —como afirma el sabio autor de Proverbios– *aumenta el saber ... El corazón del sabio enseña a su boca y añade conocimiento a sus labios".*[130] Habiendo aprendido ya *"los rudimentos de la doctrina de Cristo"* se nos insta a progresar hacia adelante *"a la perfección",*[131] a *"crecer en la gracia y el conocimiento de nuestro Señor y Salvador Jesucristo".*[132] Porque la conexión entre *"gracia"* y *"conocimiento"* es clara y manifiesta.[133]

CHARLES BRIDGES [1794-1869]
"Exposition of Psalm 119", 1827

---

[126] Romanos 7:19-21.
[127] Romanos 7:22.
[128] Job 17:5.
[129] Proverbios 2:10-11.
[130] Proverbios 16:21.
[131] Hebreos 6:1.
[132] 2 Pedro 3:18.
[133] WILLIAM SWAN PLUMER [1802-1880] concluye su exposición de esta octava con las siguientes palabras: «Concentrémonos en el estudio diligente de la palabra de Dios, sabiendo que es la única que puede proporcionarnos el verdadero conocimiento, auténtico y permanente. ¿Sabéis de algún creyente que en su lecho de muerte se haya lamentado de las muchas horas dedicadas al estudio de la Palabra? ¿O de haberla leído con excesiva asiduidad? JAMES HERVEY [1713-1758] exclamó al final de sus días, según lo recoge JOHN BROWN [1754-1832 en sus *"Memoirs":* 'Si tuviera que volver a comenzar mis estudios, me olvidaría de muchas cosas innecesarias –historiadores, oradores, y poetas de la antigüedad– y concentraría mi atención en las verdades de las Escrituras. Me sentaría con mucha más asiduidad a los pies del divino Maestro, y no desearía: *"saber de cosa alguna, excepto de Jesucristo, y de este crucificado"* (2 Corintios 2:2)'. Eso es expresarse como un verdadero hombre sabio».

Por lo cual aborrezco todo camino de mentira. Este *"todo camino"* es indefectiblemente una clara señal y garantía de sinceridad. Herodes esquivaba algunos pecados en tanto que otros los saboreaba con el mayor deleite. El hipócrita siempre deja en el nido algunos huevos para que el diablo los empolle, aunque elimine muchos otros. Se da el caso de comerciantes que se niegan a adquirir una determinada mercancía porque no la consiguen al precio que ellos quieren; aunque luego gasten el mismo o más dinero en adquirir otra idéntica o de peor calidad. Lo mismo hacen los hipócritas: evitan ciertos pecados; sí, aquellos que les desagradan porque no pueden cometerlos sin evitar el riesgo: que les acarree oprobio, enfermedad o algún otro problema; pero se entregan con igual deleite a otros pecados que se acomodan mejor a sus circunstancias. Hay quienes afirman que el mar gana por un lado el territorio que pierde por otro; y lo mismo sucede con la corrupción de los no convertidos: gana por un lado el terreno que pierde por el otro. En todo pecador hay latente una concupiscencia predilecta; algún pecado predominante que, como hizo Saúl con Agag, es indultado mientras los demás son destruidos.[134] *"En esto perdone Jehová a tu siervo"*[135] exclamó Naamán con referencia a las prácticas idolátricas que en función de su cargo sabía que se vería obligado a practicar cuando regresara a la corte de Siria. Pero en la nueva dispensación el apóstol insta a todos los regenerados en Cristo diciéndoles: *"puesto que tenemos tales promesas, limpiémonos de toda contaminación de carne y de espíritu, perfeccionando la santidad en el temor de Dios"*.[136]

GEORGE SWINNOCK [1627-1673]
"The Christian Man's Calling", 1665

Aborrezco toda senda de mentira. Las Sagradas Escrituras vinculan directamente la verdadera fe con el amor: amor a Dios y al Señor Jesucristo; amor al pueblo de Dios y amor al prójimo. Los textos en los cuales se expresa esto de forma clara y manifiesta, tanto en el Antiguo como en el Nuevo Testamento, son innumerables. Y lo mismo sucede en el caso contrario: el odio al pecado se menciona también como parte integrante de la fe verdadera en un buen número de pasajes. Los parámetros que delimitan e identifican la auténtica piedad son claros y evidentes: *"Quien teme al Señor aborrece lo malo"*.[137] En consecuencia, los santos son llamados a dar con ello testimonio de su autenticidad: *"Los que amáis al Señor, aborreced el mal"*.[138] Y el salmista lo menciona en diversas ocasiones como clara evidencia de su propia sinceridad: *"En la integridad de mi corazón andaré en el interior de mi casa. No pondré delante de mis ojos ninguna cosa injusta. Aborrezco la obra de los que se desvían; nada de ellos se me pegará"*.[139] Insiste en ello un poco más adelante en el propio Salmo 119: *"estimo rectos todos tus preceptos acerca de todas las cosas, y aborrezco todo camino de mentira"* (119:128); y nuevamente en el Salmo 139: *"¿No odio, oh Jehová, a los que te aborrecen, y me enardezco contra tus enemigos?"*.[140]

JONATHAN EDWARDS [1703-1758]
"A Treatise Concerning Religious Affections – Part III, Section III", 1735

Aborrezco toda senda de mentira. El odio al pecado provoca en el creyente una pasión o reacción implacable, podríamos decir homicida: lo persigue con el corazón inflamado hasta darle muerte,

[134] 1 Samuel 15:7-9.
[135] 2 Reyes 5:18.
[136] 2 Corintios 7:1.
[137] Proverbios 8:13.
[138] Salmo 97:10.
[139] Salmo 101:2-3.
[140] Salmo 139:21.

como aquel que venga un crimen de sangre: la sangre del alma sorbida por el pecado, y la sangre de Cristo derramada en abundancia con tal de borrarlo. Cuando odias al pecado de un modo absoluto y perpetuo, nunca vas a indultarlo, acabarás exterminándolo. Pero hasta que no lo odies, no lograrás mortificarlo;[141] no clamarás contra él, como clamaron los judíos contra Cristo: *"¡Crucifícalo, crucifícalo!"*,[142] sino que te mostrarás indulgente, como David con Absalón: *"Tratadle benignamente* –a tal o cual apetito o deseo de la carne– *por amor a mí"*.[143] La misericordia hacia pecado es crueldad para con el alma.

EDWARD REYNER [1600-1668]
"Rules for the Government of the Tongue", 1656

Por eso, odio todo camino de mentira. No dice *"camino de maldad"* sino explícitamente *"camino de mentira";* o más ajustado al texto hebreo: *"todo sendero de engaño y falsedad"*.[144] Y la falsedad puede darse tanto en la conducta como en la opinión; tanto en la manera de hacer como en la de pensar. Y aplicada a este segundo caso: a la falsedad de opinión o error de juicio; a la falsa doctrina o adoración errónea; las palabras del salmista adquieren una particular fuerza y validez. Quienes alcanzan mayor entendimiento por el estudio de la Palabra, se erigen contra el error; y no solo se oponen a él rehusando mantener con la mentira cualquier tipo de vinculación, sino que lo odian.

THOMAS MANTON [1620-1677]
"God's Word in Our Hearts", 1681

Camino de mentira. Todo pecado es una mentira. Al cometerlo intentamos engañar a Dios; pero en realidad no hacemos sino engañaros a nosotros mismos, a nuestra propia alma: *"Hay camino que al hombre le parece derecho, pero al final, es camino de muerte"*.[145] Y no hay peor mentira que la necedad de pensar que adentrarnos por la senda del pecado puede conducirnos a la felicidad.

WILLIAM SWAN PLUMER [1802-1880]
"Studies on the Book of Psalms", 1867

141 Romanos 8:12-13; Colosenses 3:5-8; Gálatas 5:24
142 Lucas 23:21.
143 2 Samuel 18:5.
144 En hebreo כָּל־אֹרַח שָׁקֶר *kāl-'ōraḥ šāqer* de אֹרַח *orach*, "vía, sendero, atajo"; y שֶׁקֶר *sheqer,* "engaño".
145 Proverbios 14:12.

נ Nun[1]

Versículos del 105 al 112

Versión poética

Nun

Tu ley es una antorcha luminosa,
que los pasos me alumbra en la carrera,
una estrella brillante, que los rumbos
con su simple inspección me manifiesta.

Por eso tantas veces he jurado,
y mi alma el juramento no lo quiebra,
seguir siempre constante sus anuncios
sin desviarme un punto de sus reglas.

Ya ves cómo me humillan los injustos,
pero dame valor para la empresa,
dame un valiente esfuerzo que resista
de la persecución a la violencia.

Admite con favor el voto puro,
que a tu piedad mi corazón presenta
lleno de amor, recíbelo agradable,
y un voto voluntario grato acepta.

Siempre me veo el alma entre las manos,
porque la muerte sin cesar me asesta,
y con todo, Dios mío, nunca olvido
ni tu divina ley, ni tus promesas.

[1] Felipe Scio de San Miguel [1738-1776] en una nota a su traducción de la Vulgata indica que el significado de נ *Nun,* es *"único",* y la palabra clave ligada a la letra נ *Nun* es נוּן *nun,* significando "difundir, propagar", que es precisamente lo que hace una lámpara con la luz con la que nos ilumina, lo cual encajaría con la acción de "lámpara" o "antorcha" descrita en el primer el versículo de la octava: *"Lámpara es a mis pies tu palabra, y lumbrera a mi camino"* (119:105 RV60). Los cabalistas asocian el ideograma de נ *Nun* con un pez, símbolo que utilizaban los cristianos primitivos para representar a Cristo en sus siglas griegas ΙΧΘΥΣ: Ἰησοῦς Χριστὸς Θεοῦ Υἱὸς Σωτήρ "Jesús, el Cristo, de Dios, el Hijo, Salvador"; y visto desde esta perspectiva, el simbolismo de la letra נ *Nun* es todavía más claro y ajustado a la idea con la que el salmista abre la octava: *"Lámpara es para mis pies tu palabra, y luz para mi camino"* (Salmo 119:105 RVR); puesto que Cristo, el Verbo, la Palabra, es ciertamente el *único camino* (Juan 14:6), y a su vez la única y verdadera luz o *lámpara* que lo ilumina (Juan 8:12).

Mis feroces inicuos enemigos
me arman lazos, me insultan, me exasperan;
más como yo confío en tu socorro
todas sus amenazas no me inquietan.

Yo miro tus divinos mandamientos
como mi noble, mi mejor herencia,
que recibo con gozo y alegría,
porque me hará gozar dichas eternas.

Pues todos mis deseos se limitan
a merecer las altas recompensas
que tú mismo, Señor, has ofrecido
a los que aman tu ley y la respetan.

Del "Salterio Poético Español", Siglo xviii

Comentario general a los versículos del 105-112: Spurgeon no incluye en el texto original ningún comentario resumen para esta octava. En nota al pie transcribimos el de Francisco Lacueva [1911-2005] en su versión española del "Comentario de Matthew Henry".[2]

Vers. 105. *Lámpara es a mis pies tu palabra, y lumbrera a mi camino.* *[Lámpara es para mis pies tu palabra, y luz para mi camino.* RVR*] [Lámpara es a mis pies tu palabra, y luz para mi cami-*

[2] Dice Francisco Lacueva [1911-2005] en su versión española del "Comentario de Matthew Henry": «El versículo inicial (119:105) parece empalmar con la octava anterior y nos permite titular la presente: 'La luz de la vida'.

»1. El salmista comienza con una afirmación que hace del versículo ciento cinco (119:105) uno de los más conocidos de toda la Biblia: נֵר־לְרַגְלִ֥י דְבָרֶ֑ךָ וְ֝א֗וֹר לִנְתִיבָתִֽי *nêr-ləraḡlî ḏəḇāreḵā wə'ōwr linṯîḇāṯî*. *"Lámpara* (es) *para mis pies tu palabra, y luz para mi senda*". (Comparar con Proverbios 6:23). Nos muestra la naturaleza de la Palabra de Dios: lámpara y luz. Nos descubre, con respecto a Dios y a nosotros mismos, lo que de otro modo no habríamos podido llegar a conocer. El mandamiento es una lámpara que luce y arde con el aceite del Espíritu Santo; es como las lámparas del santuario y la columna de fuego en el desierto (comparar 2 Pedro 1:19). No solamente ha de ser luz para nuestros ojos, a fin de que disfruten de un bello panorama, sino para nuestros pies, a fin de que sepamos dónde los hemos de poner, y para nuestra senda, para que no nos extraviemos.

»2. Con semejante la luz por guía, el salmista promete no desviarse de la senda que la Ley le indica (119:106, 109b, 110b, 111, 112), pues es esa Ley precisamente la que le sostiene en medio de su aflicción (119:107, 109, 110). Tres detalles merecen nuestra consideración: (A) La frase del versículo ciento nueve (110:109: *"Mi alma* (mi vida) *está continuamente en mi mano*" (literal), es decir, en peligro de muerte, y que nos recuerda frases similares en Jueces 12:3 y 1 Samuel 19:5. (B) El versículo ciento once (119:111) nos recuerda Deuteronomio 33:4, y da claramente a entender que este piadoso israelita estimaba la incorruptible heredad de la Ley de Dios mucho más que la tierra de Canaán, que ahora se hallaba en poder de extraños. (C) El versículo ciento doce (119:112) concluye, igual que el versículo treinta y tres (119:33), con el vocablo hebreo עֵֽקֶב *'êqeḇ,* y por tanto admite, como en el primer caso, una doble interpretación: (a) *"hasta el fin"* (como suele traducirse en Salmo 119:33); o bien: (b) *"como recompensa"* (como se traduce en el Salmo 19:11; 40:15; 70:3; Proverbios 22:4; Isaías 5:23».

no. LBLA*] [Lámpara a mis pies es tu palabra, y lumbrera a mi camino.* BTX*] [Tu palabra es una lámpara a mis pies; es una luz en mi sendero.* NVI*] [Tu palabra es antorcha de mis pasos, es la luz en mi sendero.* BLP*] [Tu palabra es una lámpara que guía mis pies y una luz para mi camino.* NTV*]*[3]

Lámpara es a mis pies tu palabra.[4] Somos caminantes por la ciudad tenebrosa de este mundo, y obligados a cruzar a menudo por zonas de densa oscuridad. Para evitar que nuestros pies resbalen, jamás nos aventuremos por ellas sin contar con la luz de la Palabra. Cada creyente debe hacer uso de la Palabra de modo habitual, personal y práctico para vislumbrar a tiempo lo que tiene por delante en su camino. Cuando la oscuridad nos envuelve y amenaza, la Palabra de Dios, cual antorcha encendida, alumbra nuestro camino.[5] Antiguamente, en las ciudades de Oriente no había iluminación fija en las calles, y cada viandante tenía que llevar consigo su propia lámpara o antorcha para evitar caer en una zanja abierta o tropezar con uno de los numerosos montones de desechos que se acumulaban por doquier. Una imagen viva y real de nuestro avance penoso por este mundo sombrío: si las Escrituras, cual hachón flameante, no alumbraran cada uno de nuestros pasos, no sabríamos hacia donde avanzar. Uno de los beneficios más provechosos de las Sagradas Escrituras es servirnos de guía en cada una de las decisiones prácticas de nuestra vida cotidiana: no nos ha sido dada la Palabra para deslumbrarnos con su brillantez sino para guiarnos mediante su instrucción. Ciertamente, la cabeza, y más concretamente los ojos, necesitan luz; pero más importante aún, los pies precisan de dirección, de lo contrario, cabeza y pies acabarán en una zanja. ¡Feliz el cristiano que se apropia de la Palabra de Dios de un modo personal para que le haga de lámpara; y la utiliza de manera práctica para que sea su consejero y le aporte orientación en sus decisiones cotidianas!

Y lumbrera a mi camino.[6] Es lámpara en medio de la noche, luz resplandeciente a lo largo del día, y un deleite constante en todo tiempo. David guio con ella sus pasos, y sus rayos le permitieron vislumbrar a tiempo las dificultades de su camino. Quien camina en la oscuridad es seguro que, tarde o temprano, acabará tropezando; mientras que el que lo hace a la luz del día, o en la noche pero alumbrándose con una lámpara, no tropieza, antes bien se mantienes por el camino recto. La ignorancia en

[3] La versión griega de los LXX o Septuaginta lee: λύχνος τοῖς ποσίν μου ὁ λόγος σου καὶ φῶς ταῖς τρίβοις μου que la Vulgata traduce al latín como: *"Lucerna pedibus meis verbum tuum, et lumen semitis meis"*, "Antorcha para mis pies es tu palabra, y luz para mis sendas". La versión sefardí de Ferrara traduce: *"Candela a mi pie tu palabra, y luz a mi fenda"*. La caldea Peshitta: *"Lámpara es a mis pies tu palabra, y luz para mis sendas"*. KRAUS traduce: *"Lámpara es para mi pie tu palabra y luz para mi senda"*. SCHÖKEL: *"Tu palabra es lámpara para mis pasos, luz en mi senda"*.

[4] En hebreo נֵר־לְרַגְלִי דְבָרֶךָ *nêr-ləraḡlî ḏəḇāreḵā* de נִיר *ner,* "lámpara". Ver también Salmo 18:28; 132:17. Este versículo guarda una relación directa con el ciento treinta (119:130), que puede considerarse como una ampliación. Las palabras de este versículo figuraban en la portada de un librito muy difundido a finales del siglo XIV principios del XV entre los llamados *lollardos*, nombre que se daba a los seguidores de las ideas reformistas de JOHN WYCLIFFE [1320-1384]. El título era *"Lanterne of Liyogh"*, de autor desconocido, aunque se atribuye su autoría al propio Wycliffe. El contenido es una defensa de los principales postulados de Wycliffe demandando la reforma de la Iglesia, apoyándose en textos bíblicos y citas de los Padres de la Iglesia. Pese a que se supone que llegaron a circular un buen número de copias por toda Europa, dada la cruzada inquisitorial habida contra el mismo tan solo se han conservado unos pocos ejemplares. También WILLIAM SHAKESPEARE [1320-1384] cita abiertamente este versículo en una de sus obras, *"Enrique VI"*, Parte II, Acto II, Escena III, en palabras del propio rey Enrique dirigidas a Humphery, Duque de Gloucester: *"and God shall be my hope, my stay, my guide and lantern to my feet"* "y Dios será mi esperanza, mi soporte, mi guía y lámpara a mis pies".

[5] 1 Pedro 1:19.

[6] En hebreo וְאוֹר לִנְתִיבָתִי *wə'ōwr lintîḇāṯî* de אוֹר *or,* "luz".

cuestiones prácticas es muy dolorosa; engendra indecisión y acarrea un suspense particularmente molesto: la Palabra de Dios en tanto que imparte conocimiento celestial, conduce siempre a decisiones acertadas; y cuando estas se suman a una determinación resoluta, como en el caso de David, aportan al corazón una tranquilidad y sosiego inconmensurables.

En este versículo el salmista se dirige a Dios en términos de adoración reverente, y no obstante, deja entrever una familiaridad impresionante. ¿Y acaso no es de ese modo como nos corresponde dirigirnos a nuestro Padre celestial? Fijémonos también en la similitudes que mantiene bajo simbolismo del "camino" con el primer versículo de la primera octava: *"los perfectos de camino, los que andan en la ley de Jehová"* (119:101); el de la siguiente: *"¿Con qué limpiará el joven su camino? Con guardar tu palabra"* (119:102), y otras.[7]

C. H. SPURGEON

Lámpara es para mis pies tu palabra. David era un hombre perspicaz y dotado de una clarividencia natural asombrosa; pero atribuye todo el mérito de su sabiduría a Dios, y admite que aún lo mejor de su discernimiento no era más que oscuridad hasta no ser iluminado y dirigido por la palabra de Dios. Consideremos esto muy solemnemente: donde la Palabra no nos ilumina para dirigirnos, simplemente caminamos en tinieblas, y nuestros pasos sin ella no pueden conducirnos a otro lugar que a la oscuridad más absoluta. Si no prestamos atención a la palabra de Dios, si caminamos sin seguir sus indicaciones, ¿qué esperanzas tenemos de ver a Dios cara a cara?[8]

WILLIAM COWPER [1566-1619]
"A holy alphabet for Sion's scholars full of spiritual instructions, and heavenly consolations [...] delivered by way of commentary upon the whole 119 Psalme", 1613

Lámpara es para mis pies tu palabra, y luz para mi camino. Una lámpara tiene su función y utilidad en la noche, pues en tanto es de día brilla la luz del sol. Pero en nuestro caso, ya sea de día o de noche, nuestro deber es el de alumbrarnos constantemente con la claridad de la Palabra de Dios. La noche representa la adversidad y el día la prosperidad; la Palabra nos enseña como proceder en cualquier circunstancia. El término *"camino"* denota nuestras decisiones en general y el curso de nuestra vida; y *"pies"* nuestras acciones inmediatas y particulares. Tanto si se trata de orientarnos respecto cual camino hemos de tomar para alcanzar la felicidad verdadera; o de guiarnos a la hora de seguirlo con fidelidad y destreza; la palabra de Dios siempre ilumina con claridad meridiana una mente humilde y bien dispuesta.

THOMAS MANTON [1620-1677]
"God's Word in Our Hearts", 1681

Lámpara es para mis pies tu palabra, y lumbrera a mi camino. Basilio el Grande,[9] interpreta la expresión *"tu palabra"* como la voluntad de Dios revelada en la Sagrada Escritura, observando que el Antiguo Testamento, y de manera especial la Ley, no era más que una *"lámpara"* (antorcha, linterna

[7] Como es el caso de quinta octava: *"Enséñame, oh Jehová, el camino de tus estatutos, y lo guardaré hasta el fin"* (119:33), La idea del "camino" y la ayuda de la Palabra para orientarse en él, es una constante a lo largo de todo el Salmo 119.

[8] Mateo 5:8; Apocalipsis 22:4; 1 Juan 3:2-3.

[9] Se refiere a SAN BASILIO MAGNO [329-379], obispo de Cesarea de Capadocia y uno de los más importantes y reconocidos Padres de la Iglesia Griega. Brillante orador y eminente teólogo, combatió el arrianismo. Entre su importante obra escrita, destacan, además de sus numerosas cartas (se conservan unas 365) y textos

o vela), una luz artificial que alumbraba en medio de la oscuridad de un modo imperfecto; mientras que el Evangelio, revelado por el Señor Jesús en persona, es Sol de justicia,[10] que con su resplandor hace brillar todas las cosas. Ambrosio,[11] aún más profundo, nos dice que Cristo es a la vez *luz* y *lámpara;* porque siendo el Verbo, él mismo palabra de Dios, es *gran luz* para algunos,[12] y una *lámpara* para otros: para mí –afirma– es una *lámpara,* para los ángeles *luz.* Fue *luz* a Pedro cuando estando en la cárcel el ángel se le apareció delante y la luz resplandeció a su alrededor.[13] Fue *luz* a Pablo cuando le rodeo un resplandor de luz del cielo, y oyó que Cristo le decía: *"Saulo, Saulo, ¿por qué me persigues?*[14] Y ciertamente, Cristo es *lámpara* en mí cuando hablo de él a otros con mi boca; brilla incluso en el barro, resplandece en la vasija del alfarero; es el tesoro que tenemos en vasos de arcilla.[15]

JOHN MASON NEALE [1818-1866] y RICHARD FREDERICK LITTLEDALE [1833-1890]
"Commentary on the Psalms from Primitive and Mediæval Writers", 1869

Lámpara es para mis pies tu palabra, y lumbrera a mi camino. Si la lámpara no es encendida debidamente, esto es, a menos que la instrucción del Espíritu acompañe la Palabra, todo son *"tinieblas y densa oscuridad".*[16] Si buscáramos con mayor anhelo la luz de la Palabra, y tratáramos de cumplir con más ahínco los preceptos de la Luz del mundo,[17] no nos haría falta lamentarnos con tanta frecuencia de perplejidad en el curso de nuestro camino.

CHARLES BRIDGES [1794-1869]
"Exposition of Psalm 119", 1827

Lámpara es para mis pies tu palabra, y lumbrera a mi camino. Lo que más anhelamos no son grandes maravillas que nos asombren, ni visiones que nos arrebaten y embelesen; sino un poco de luz en el camino abrupto y oscuro que tenemos por delante; una lámpara que alumbrándonos de modo seguro nos facilite la tarea que tenemos que realizar. Las estrellas podrán ser infinitamente más sublimes, los meteoros más portentosos y deslumbrantes; pero una lámpara brillando en un lugar oscuro es algo mucho más cercano a nuestras necesidades prácticas.

"Fom Starlight to Sunlight"[18]
"The Expositor", 1864

Lámpara es para mis pies tu palabra, y lumbrera a mi camino. Después de haber andado casi cuatro kilómetros para visitar un vecindario donde pocos sabían leer, y pasar la velada leyendo la Palabra a una concurrencia ávida de escucharla, antes de partir de regreso por una senda estrecha

litúrgicos, su *Hexámeron* (sobre Dios Creador), su *Tratado sobre el Espíritu Santo* y sus libros apologéticos contra el arriano Eunomio.

[10] Malaquías 4:2.

[11] Se refiere a SAN AMBROSIO DE MILÁN [340-397], destacado arzobispo de Milán, e importante teólogo y orador. Es uno de los cuatro Padres de la Iglesia Latina y dejó un amplio legado de escritos teológicos. Convirtió y bautizó a SAN AGUSTÍN y combatió ardientemente el arrianismo.

[12] Isaías 9:2; Mateo 4:16; Lucas 1:78-79.

[13] Hechos 12:7.

[14] Hechos 9:3.

[15] 2 Corintios 4:7.

[16] Isaías 60:2 LBLA.

[17] Juan 8:12.

[18] Sobre *"The Expositor",* ver la nota 125 en el versículo noventa y seis de este mismo Salmo (119:96). Octava ל *Lamed,* (119:89-96).

que cruzaba por medio de los bosques y en la que el camino se bifurcaba numerosas veces, me proveyeron de una irrisoria antorcha de tea. De inmediato objeté que era demasiado pequeña, pues no llegaba al cuarto de kilo. «Llegará a su casa sin problemas», –fue la respuesta del anfitrión que me la entregó. «Pero el viento la apagará fácilmente» –repliqué indignado. «Cuando llegue a su casa seguirá encendida». «Pero ¿y si comienza a llover?» –le dije. «Tranquilo, llegará a su casa con la antorcha encendida». Y efectivamente, a pesar de mis temores, tuve luz abundante a lo largo de todo el camino hasta llegar a casa. Esta experiencia me aportó una ilustración adecuada, pienso, sobre la manera en que nuestros corazones indecisos son guiados por la *"senda angosta"*.[19] Cuando hacemos de la Biblia nuestra antorcha, se convierte en lámpara para nuestros pies que ilumina nuestro camino al cielo. Alguien me dijo en cierta ocasión que tenía cinco objeciones a la Biblia. Le contesté que si dejaba de cuestionarla –como hacía yo con la antorcha que me entregaron– y la utilizaba como lámpara para sus pies: «te iluminará hasta llegar a casa». Otro me dijo había encontrado en la Biblia dos errores, y de nuevo le contesté con las mismas palabras del anfitrión que me proveyó la antorcha: «Te iluminará hasta llegar a casa».

"The American Messenger"[20]
1881

Lámpara es para mis pies tu palabra, y lumbrera a mi camino. Pero todo depende de la forma en que usemos la lámpara. Un buen amigo me contó como en cierta ocasión, siendo un muchacho, se sintió particularmente orgulloso de que su maestro le entregara su linterna y le dejara caminar delante suyo iluminando el camino. La ruta atravesaba calles fangosas y poco iluminadas; y él, en su entusiasmo e inexperiencia juvenil, sostenía la linterna demasiado alta, razón por la que ambos acabaron metidos en un charco de barro. «¡Debes sostener la linterna más baja!», le gritó el maestro cuando finalmente lograron salir del fango. Y a continuación le explicó este versículo del Salmo 119. Me dijó que jamás olvidó la lección aprendida aquella noche. Caer en el error de llevar la linterna demasiado alta es fácil y muy recuente; mientras que llevarla excesivamente baja es prácticamente imposible.

JAMES WELLS [1838-1924]
"Bible Images", 1882

Vers. 105-106. *"Luz en mi camino ... juré y ratifiqué"*. Cual si David dijera: «He visto en tu Palabra una lámpara para mis pies, aquello que más me conviene, y por tanto, he jurado guardar tus juicios justos, y lo cumpliré». Ver la palabra de Dios como algo personal y directo, un escrito distintivo portador de un mensaje personal; una luz que ilumina individualmente nuestros pasos y lámpara que alumbra nuestro camino en particular; es la mejor manera de estimular nuestro espíritu dormido y conducirlo a la obediencia. Cuando escuches comentar la palabra de Dios en la iglesia, y sientas que el Señor ha guiado al ministro de tal forma que sus frases te suenen cual si fueran dirigidas a ti directamente, como un mensaje personal, lo más probable es que tu corazón reaccione diciendo: "Oh, sentí como cada expresión se me clavaba en el alma, debo prestar especial atención a esto». Considera cual

[19] Mateo 7:14.

[20] Revista mensual de inspiración y formación bíblica publicada por la *American Tract Society,* fundada en New York en 1825, dirigida y potenciada a partir de 1843 por su director el pastor congregacionalista y predicador itinerante RUSSELL SALMON COOK [1811-1864], pionero de la labor de colportores cristianos en los Estados Unidos.

si cada palabra en la Escritura fuera un mensaje de Dios escrito especialmente para ti; y descubrirás que es un método eficaz y poderoso para animarte a la obediencia.

JEREMIAH BURROUGHS [1599-1646]
"The Saint's Inheritance and the Worldling's Portion", 1657

Vers. 106. ***Juré y ratifiqué que guardaré tus justos juicios.*** *[Juré y lo confirmo que guardaré tus justos juicios.* RVR*] [He jurado, y lo confirmaré, que guardaré tus justas ordenanzas.* LBLA*] [He jurado, y lo confirmo: Guardaré tus justos juicios.* BTX*] [Hice un juramento, y lo he confirmado: que acataré tus rectos juicios.* NVI*] [Hice un juramento y lo mantengo: guardaré tus justos decretos.* BLP*] [Lo prometí una vez y volveré a prometerlo: obedeceré tus justas ordenanzas.* NTV*]*[21]

Juré y lo confirmo que guardaré tus justos juicios. David, iluminado por la luz meridiana de la Palabra, había tomado una determinación firme, y la expone solemnemente ante los ojos de Dios.[22] Desconfiando tal vez de su mente voluble, se había comprometido formalmente y de manera sagrada a acatar con absoluta fidelidad los juicios de su Dios: fuera cual fuera el camino que tuviera por delante juraba caminar tan solo por donde la lámpara de la Palabra le iluminara. Las Escrituras son juicios o veredictos divinos sobre grandes cuestiones morales, todos ellos justos y perfectos; y por tanto los justos deben estar resueltos a seguirlos y acatarlos fielmente ante cualquier circunstancia, por difícil y peligrosa que se plantee, puesto que están obligados a proceder siempre según lo que es correcto. La experiencia demuestra que cuanto menos recurran los hombres a pactos y votos, tanto mejor; y la enseñanza clarividente de nuestro Salvador se posiciona totalmente en contra de promesas y juramentos;[23] lo que no quita que bajo el evangelio debamos sentirnos tan obligados a obedecer la Palabra como si hubiéramos hecho juramento solemne de acatarla: los lazos aterciopelados del amor no son menos sagrados que las cadenas toscas de la ley. Cando alguien ha "jurado" debe ser muy exacto y cuidadoso en "cumplir"; pero aún quienes no hemos jurado guardar los juicios del Señor de forma tan solemne, estamos igualmente atados a ellos por motivos que exceden cualquier promesa por nuestra parte: obligaciones intrínsecas al valor eterno de las cosas y confirmadas por la bondad y misericordia del Señor nuestro Dios. ¿Acaso los creyentes no somos conscientes de que estamos atados por un compromiso hecho al Señor de seguir su ejemplo y guardar sus palabras?[24] Sí, los votos hechos al Señor recaen sobre todos nosotros, y en especial sobre aquellos que habiendo hecho profesión de fe y discipulado, bautizados en el nombre tres veces santo y participando del pan y el vino en los memoriales sagrados, hablamos a otros en el nombre de nuestro Salvador Jesús: estamos

[21] La versión griega de los LXX o Septuaginta lee: ὀμώμοκα καὶ ἔστησα τοῦ φυλάξασθαι τὰ κρίματα τῆς δικαιοσύνης σου que la *Vulgata* traduce al latín como: *"Juravi et statui custodire judicia justitiae tuae"*, "Juré y determiné guardar los juicios de tu justicia". La versión sefardí de Ferrara traduce: *"Jurè y afirmè para guardar juizios de tu juftedad"*. La caldea Peshitta: *"He jurado y he confirmado que cumpliré los juicios de tu justicia"*. KRAUS traduce: *"Hice un juramento y quiero cumplirlo: que guardaré tus justos juicios"*. SCHÖKEL: *"He jurado y lo cumpliré: observar tus justos mandamientos"*.

[22] Dice JUAN CALVINO [1509-1564] al respecto: «Al utilizar la expresión נִשְׁבַּעְתִּי *nišba'tî* del verbo שָׁבַע *shaba,* "jurar", nos está diciendo que se había comprometido solemnemente ante Dios a no alterar su determinación bajo ningún concepto». Juramentos similares los encontramos en 2 Crónicas 15:12-15; Nehemías 10:28-29. Sobre el uso de la expresión נִשְׁבַּעְתִּי *nišba'tî* ver Génesis 22:16; 23:6; Éxodo 33:1; Números 14:23; 32:11; Deuteronomio 1:35; 10:11; 31:20, 23; 34:4; Josué 1:6; Jueces 2:1; 1 Samuel 3:14; 19:7; 1 Reyes 1:30; Salmo 89:3; 89:35; 95:11; Isaías 45:23; 54:9; Jeremías 11:5; 22:5; 44:26; 49:13.

[23] Mateo 5:33-35; Santiago 5:12.

[24] Juan 14:21-23;

enrolados, juramentados y comprometidos a ser soldados leales a lo largo de toda la contienda. Habiendo atesorado la Palabra en nuestros corazones con la firme resolución de obedecerla, contamos con una Lámpara en el interior de nuestras almas al igual que en el Libro, y por tanto, nuestro camino será iluminado hasta el fin.

C. H. SPURGEON

Juré y ratifiqué que guardaré tus justos juicios. Escuchando estas palabras en boca del salmista, no me queda sino instaros a rendir solemnemente todo vuestro ser al servicio de Dios. No te limites a incoar el propósito tímidamente en tu corazón, sino explícitamente ante la presencia divina. Pues tal solemnidad en el procedimiento es ciertamente ajustada a la naturaleza del propósito; y muy conveniente, sin duda, para atar corto delante del Señor un corazón tan voluble y traicionero como sabemos que es el nuestro. Nos ayudará, cara al futuro, a mantener el compromiso vivo en la memoria, permitiéndonos recordar con claridad cuando, cómo y porqué lo hicimos, cuales fueron las circunstancias, el lugar y método; y ello nos servirá para refrescar la conciencia y mantenerla a raya. El compromiso solemne de los votos hechos a Dios que pesan sobre nosotros, nos fortalecerá en la hora de la tentación; y su recuerdo alentará nuestra audacia para sentirnos libres, con la debida humildad y según lo requieran las circunstancias, de exigir su aplicación en base al carácter y relación particular de pacto que tenemos con nuestro Dios y Padre. Hagámoslo, pues, y hagámoslo deliberadamente. Convencidos de que es lo que debemos hacer: y considerando lo razonable es que hacerlo y hagámoslo de manera cordial y alegre: *"no por obligación, sino voluntariamente, como quiere Dios",*[25] porque en este sentido, y en todos los demás: *"Dios ama a un dador alegre"*[26] [...] Permitidme recordaros, sin embargo, que esta rendición debe ser perpetua. Debes entregarte a Dios de tal manera, que ya nunca más pretendas ser el dueño de ti mismo; porque el derecho de lo que pertenece a Dios es como su propia naturaleza, eterna e inmutable; y en lo que respecta a sus criaturas racionales, son lo mismo ayer, hoy y por los siglos.[27] Además, te aconsejo que tal dedicación se lleve a cabo con la mayor solemnidad posible. Hazlo utilizando palabras concretas. Y tal vez en muchos casos lo más conveniente, como muchos teólogos piadosos han recomendado, sea hacerlo por escrito. Pon encima tu mano y ratifícate diciendo «en tal día, de tal mes y de tal año, y en tal lugar, libremente y después de haberlo considerado extensivamente y con seria reflexión, decidí tomar esta feliz resolución: que de ahora en adelante, sea lo que sea que hagan los demás, yo serviré al Seño».[28]

PHILIP DODDRIDGE [1702-1751]
"The Rise and Progress of Religion in the Soul", 1745

Juré y ratifiqué que guardaré tus justos juicios. Recordar y ratificar con frecuencia las resoluciones santas es muy conveniente, pues un soldado inseguro o indeciso es fácilmente derrotado. La determinación aplasta todas aquellas dificultades que un carácter voluble y vacilante suele ver como imposibles de superar; saca mejor partido la resolución de un pusilánime que no la fuerza de un cobarde. Lo débil de nuestras virtudes, la intensidad de las tentaciones a las que nos vemos sometidos, y la diligencia astuta de nuestros enemigos espirituales, exigen de nosotros resoluciones muy firmes. Hemos de ser *"firmes y constantes"* para *"abundar en la obra del Señor"*;[29] pues abundar en el Señor fortalecerá nuestros hábitos en la gracia, incrementará nuestras habilidades en la liza, y hará la victoria

[25] 1 Pedro 5:2-3.
[26] 2 Corintios 9:7.
[27] Hebreos 13:8.
[28] Josué 24:15.
[29] 1 Corintios 15:58.

más fácil y más agradable. Adoptemos resoluciones firmes con humildad, sustentados por el poder de la gracia, con temor y temblor, desconfiando de nosotros mismos pero con una absoluta confianza en Dios. David se ligó a su Dios mediante un voto de corazón, contando para ello con la ayuda divina: *"Juré y ratifiqué que guardaré tus justos juicios"*. Es evidente que no contaba con sus propias fuerzas, pues en los versículos siguientes pide ser *"vivificado"* (119:103) y que Dios *"acepte los sacrificios voluntarios de su boca"* (119:108), esto es, el juramento que libre y voluntariamente había hecho de guardar sus juicios. Dios jamás desprecia, antes todo lo contrario, potencia y fortalece las resoluciones apasionadas de sus criaturas. Nunca lograremos evitar las caídas y fracasos si primero no evitamos que nuestras resoluciones desfallezcan.

STEPHEN CHARNOCK [1628-1680]
"The Sinfulness and Cure of Thoughts", 1667

Juré y ratifiqué que guardaré tus justos juicios. Cuando el emperador Segismundo preguntó por el camino más directo y rápido para alcanzar la verdadera felicidad, Teodorico,[30] arzobispo de Colonia, le respondió breve y pausadamente: «Cumple cuando goces de buena salud aquello que prometiste cuando estabas enfermo». Así lo hizo David: los votos que hizo en la guerra los pagó en la paz; y así deben hacer las personas íntegras y piadosas; no como el astuto diablo del cual se nos cuenta en este curioso epigrama:

Estando enfermo, el diablo quería ser monje;
Estando sano, el monje era un diablo.[31]

¡Muchos son, hoy en día, los que cuando la mano de Dios cae sobre ellos con dureza, hacen toda clase de propósitos, promesas y juramentos sobre cómo van a enmendar su vida! Sin embargo, de forma parecida al mármol golpeado por la lluvia, aparentan sudar y derretirse, pero conservan intacta su dureza; y así, cuando la vara divina se aparta de su espalda olvidan todo lo prometido; es más, sucede a veces que son peores de lo que eran antes.

JOHN SPENCER [1559-1614]
"Things Old and New", 1658

Tus justos juicios. Así es como entiende y describe David la palabra de Dios, porque juzga con justicia entre el bien y el mal, la verdad y la falsedad. Y, en segundo término, porque Dios procederá con los seres humanos de acuerdo con el juicio que ella aporta. Tengamos esto muy en cuenta; porque la Palabra contiene el juicio de Dios sobre los hombres y presenta un catálogo tanto de los que no heredarán

---

[30] Se refiere a TEODORICO DE MEURS, arzobispo de Colonia en el siglo XV.

[31] En el original: *"The devil was sick, the devil a monk would be; The devil was well, the devil a monk was he"*. Un juego de palabras de un viejo refrán inglés cuya primera referencia literaria está en *"An Account of Six Years in Hudson's Bay"*, 1752 de JOSEPH ROBSON [1741-1770]. Tiene diversos equivalentes en distintos idiomas; en español serían: "El diablo, harto de hacer daño, se metió a ermitaño", o "El diablo harto de carne se metió a fraile". Una derivación poética la encontramos en ANTONIO MACHADO [1741-1770]: «Coplas por la muerte de Don Guido», cuando exclama: *"Gran pagano, se hizo hermano de una santa cofradía; y el Jueves Santo salía, llevando un cirio en la mano —¡aquel trueno!—, vestido de nazareno"*.

el reino de Dios, como de los que habitarán en su tabernáculo. Leámosla pues con atención y veamos en cuál de los dos catálogos encajamos; porque en base a lo que dice la Palabra así nos irá el juicio.

WILLIAM COWPER [1566-1619]
"A holy alphabet for Sion's scholars full of spiritual instructions, and heavenly consolations [...] delivered by way of commentary upon the whole 119 Psalme", 1613

Vers. 107. *Afligido estoy en gran manera; vivifícame, oh Jehová, conforme a tu palabra.* *[Afligido estoy en gran manera; hazme vivir, oh Jehová, conforme a tu palabra.* RVR*] [Estoy profundamente afligido; Señor, vivifícame conforme a tu palabra] [Estoy afligido en gran manera, ¡Oh YHVH, vivifícame con tu Palabra!* BTX*] [Señor, es mucho lo que he sufrido; dame vida conforme a tu palabra.* NVI*] [Señor, es intenso mi dolor, hazme vivir según tu promesa.* BLP*] [He sufrido mucho, oh Señor; restaura mi vida, como lo prometiste.* NTV*]*[32]

Afligido estoy en gran manera. En el versículo anterior leemos que se había juramentado como soldado del Señor; y en este nos habla de las duras consecuencias de cumplir con tal mandato. Servir al Señor no nos inmuniza ni libra de las tribulaciones, todo lo contrario, nos las garantiza.[33] El salmista era un personaje ungido y consagrado, y no obstante, fue probado con peculiar dureza. Sus tribulaciones no fueron pocas, leves, ni pasajeras; hasta el punto que a veces le daba la sensación de que cuanto más obedecía más afligido estaba. Sentía cómo la vara le estaba golpeando profundamente, y expone ante el Señor su preocupación. No se expresa en tono de murmuración sino a modo de súplica; y desde la más profunda aflicción suplica por una liberación radical: ser vivificado.[34]

Señor, vivifícame conforme a tu palabra. El mejor remedio contra la tribulación: el alma se eleva por encima de los pensamientos negativos, de la angustia presente, y se llena de esa santa alegría que acompaña a toda vida espiritual vigorosa; de ese modo la aflicción se hace ligera. Tan solo Jehová puede vivificar: es la vida en sí mismo y, por tanto, puede transmitirla fácilmente; puede otorgarnos vida en cualquier momento, sí, en este mismo instante; porque es propio de su naturaleza vivificadora

[32] La versión griega de los LXX o Septuaginta lee: ἐταπεινώθην ἕως σφόδρα· κύριε, ζῆσόν με κατὰ τὸν λόγον σου que la Vulgata traduce al latín como: *"Humiliatus sum usquequaque, Domine; vivifica me secundum verbum tuum"*, "He sido abatido, Señor, en gran manera; dame vida según tu palabra". La versión sefardí de Ferrara traduce: *"Afligime hafta mucho, Adonay, abiviguame como tu palabra"*. La caldea Peshitta: *"Estoy profundamenta abatido, oh Yahweh, vivifícame según tu palabra"*. KRAUS traduce: *"¡Estoy profundamente humillado, oh Yahvé, vivifícame conforme a tu palabra!"*. SCHÖKEL: *"Me siento gravemente afligido: dame vida, Señor, por tu palabra"*.

[33] Dice al respecto WILLIAM SWAN PLUMER [1802-1880]: «Si por alguna razón nos toca andar por la senda de la aflicción, el salmista nos recuerda que por esta misma senda anduvieron también los que nos precedieron en tiempos antiguos; y si Dios les libró de ellos, no tenemos motivos para dudar que no va a librarnos a nosotros, siendo que nos ha sido dada más luz espiritual de la que tenían ellos: *"el Señor al que ama, disciplina, y azota a todo el que recibe por hijo"* (Hebreos 12:1-11). Las aflicciones que padece el pueblo de Dios tienen sus razones: las piedras vivas del templo espiritual no se pueden pulir y ajustar en su lugar sin golpes del martillo; el oro no se puede purificar sin pasar por el horno; y la vid para que sea más fecunda hay que podarla».

[34] Dice GEORGE HORNE [1730–1792]: «A quienes nunca han sentido cercana la guadaña de la muerte ni pasado por la experiencia de ver la eternidad en la vuelta de la esquina, se les hace difícil comprender la aflicción que se apodera del ser humano en tales circunstancias, y la entereza que se necesita, en estos momentos en que *"la carne y el corazón desfallecen"* (Salmo 73:26), para mantener el alma en una exclusiva dependencia de la Roca de los siglos».

estar presto a vivificar. Ha prometido, dispuesto y provisto esta bendición de vida renovada para todos cuantos la esperan entre sus siervos: es una bendición del pacto tan asequible como necesaria. Sucede con frecuencia que la propia aflicción se convierte en el instrumento de vivificación, del mismo modo que aventar un fuego intensifica el calor de la llama. Hay quienes agobiados por la aflicción desean la muerte; imploremos nosotros la vida. En medio de la prueba nuestros presentimientos y aprehensiones se vuelven a menudo muy sombríos, roguemos pues al Señor para que nos trate no en base a nuestros temores, sino de acuerdo con su Palabra. David contaba con pocas promesas para poder citar, y la mayoría probablemente en sus propios salmos, pero ello no le impide de pedir ser vivificado *"conforme a tu palabra"*; cuánto más no podemos y debemos hacerlo nosotros, siendo que contamos con las de tantos hombres piadosos que han hablado bajo la inspiración del Espíritu del Señor en esa maravillosa biblioteca que constituye nuestra Biblia. Y puesto que contamos con un mayor número de promesas, ofrezcamos más oraciones.

C. H. SPURGEON

Afligido estoy en gran manera, vivifícame, Señor, conforme a tu palabra. De lo cual aprendemos:

1. Que es común y habitual que las personas más santas y piadosas sean objeto de profundas aflicciones, tanto físicas como espirituales, y se vean sumidos en la tristeza: *"Afligido estoy en gran manera"*.
2. Que tan pronto la aflicción hace acto de presencia, su fe acude a Dios presto y exclusivamente en busca de: *"Vivifícame, Señor"*.
3. Que cuando a Dios le place hacer realidad en nosotros la palabra de promesa, y llevar a cabo aquello que la propia promesa nos permite esperar, tal consuelo es un antídoto suficiente incluso en medio de la más dura aflicción: *"vivifícame, Señor, conforme a tu palabra"*.

DAVID DICKSON [1583-1662]
"Explication upon the Last Fifty Psalms", 1655

Afligido estoy en gran manera. Mientras la copa amarga de la tristeza permanece en la mano de los demás, somos particularmente persuasivos y elocuentes alabando sus virtudes y beneficios con una sonrisa en los labios. ¡Pero que muecas tan desagradables hacemos cuando viene a parar a la nuestra!

ALFRED JOHN MORRIS [1814-1869]

Afligido estoy en gran manera. El cristiano vive en este mundo rodeado de cruces, aflicciones y tribulaciones, con la misma naturalidad y desenvoltura que un pez en el agua; son su elemento natural.

JEAN BAPTISTE MARIE VIANNEY [1786-1859]
"Cathechism on Suffering", 1835

Señor, vivifícame. ¿Cómo nos vivifica Dios? Activando en nosotros las gracias y virtudes del sufrimiento, como son la esperanza, la paciencia y la fe. Así es como nos reaviva para que podamos proseguir gozosos en nuestro servicio cristiano, infundiéndonos a la vez nuevos consuelos; así: *"vivifica el corazón de los quebrantados"*,[35] como lo expresa el profeta Isaías. Lo cual es muy necesario por la razón que nos indica el salmista en otro pasaje: *"avívanos, e invocaremos tu nombre"*.[36] Porque

[35] Isaías 57:15.
[36] Salmo 80:18.

la aflicción y el desaliento debilitan de tal modo nuestras manos a la hora de invocar a Dios, que en tanto el Señor no nos reaviva, no hay en nosotros vida de oración. Pero Dios nos vivifica en la aflicción, primordialmente por dos vías: reactivando en nosotros la percepción de su amor, y reavivando nuestra esperanza de gloria.

THOMAS MANTON [1620-1677]
"God's Word in Our Hearts", 1681

Conforme a tu palabra. David insiste en esta frase y la repite con frecuencia, lo cual indica que se apoyaba en alguna promesa en concreto que Dios le había hecho para reavivar su corazón cuando estaba desfallecido; y en base a ello describe la influencia positiva del Espíritu de Dios en su vida, y profesa que nunca olvidará sus preceptos, porque a través de ellos había sido vivificado: *"Nunca jamás me olvidaré de tus mandamientos, porque con ellos me has vivificado"* (119:93).

Por lo tanto, depositemos nuestros corazones exánimes a los pies de Cristo, rogándole de esta manera: «Señor, mi corazón está extremadamente apático y displicente; no percibo aquellos sentimientos enriquecedores y arrebatadores que han experimentado tus santos; pero, ¿acaso no constituyen las principales misericordias del pacto? ¿Acaso un espíritu de iluminación,[37] convicción y humillación no es parte de la promesa? ¿No son la santidad del corazón y la vida consagrada una derivación fundamental de la misma? ¿No te comprometiste a escribir tu ley en mi corazón?[38] ¿A darme un solo corazón,[39] y poner tu temor dentro de mí para someter mis corrupciones y superar mis flaquezas en la oración? Pues, Señor, estas son las misericordias que mi alma anhela y espera, llénala con estos impulsos vivificadores, reaviva tu obra de gracia en mi alma, extiende mi corazón hacia ti, aumenta mi amor por ti, restituye tu imagen en mí, activa en mi interior la acción de tu gracia de una forma viva y contundente. ¿Acaso no es esta la misericordia activa que prometes en tu Palabra cuando dices que no solo me darás un corazón nuevo, sino que *"pondrás un espíritu nuevo dentro de mí"*,[40] para reavivar mi alma, y hacerla más activa y espiritual en sus deberes y obligaciones? Señor, amado, ¿acaso no tengo un pacto contigo? ¿Y no son estas las misericordias del pacto? ¿Por qué, entonces, Dios mío, está mi corazón tan endurecido y alejado de tu temor? ¿Por qué permites que me hunda en esta frustración y abatimiento? Acuérdate de tu palabra dada a tu siervo, en la cual hiciste que esperara, y por medio de la cual me has llevado a suplicar. *Vivifica, oh Señor, mi corazón según tu palabra*».

OLIVER HEYWOOD [1629-1702]
"Sure Mercies of David", 1670

Vivifícame conforme a tu palabra. Cuando David suplica que Dios le vivifique, es evidente que lo hace apoyándose en una promesa. La pregunta es: ¿cuál es esa promesa y donde podemos encontrarla? Algunos piensan que se trata de la promesa global vinculada a la obediencia y cumplimiento de la ley: *"guardaréis mis estatutos y mis leyes, por los cuales el hombre vivirá si los cumple"*,[41] y que es basándose en tales palabras que David sacó la conclusión particular de que Dios vivificaría su pueblo. Creemos, sin embargo, que se trata más bien de alguna otra promesa de carácter personal. Las promesas divinas de santificar nuestra aflicción son abundantes: promete perdonar nuestro pecado;[42]

[37] Juan 14:26; 16:13-16; Hebreos 6:4; Efesios 1:18.
[38] Jeremías 31:33.
[39] Jeremías 32:39; Ezequiel 11:19; Romanos 15:6.
[40] Ezequiel 36:26.
[41] Levítico 18:5.
[42] Isaías 27:9.

otorgarnos reposo;[43] paliar nuestra aflicción con su recio viento en el día del aire solano;[44] y no dejar que seamos probados en exceso de lo que podemos soportar.[45] Ha prometido controlar los límites de nuestra aflicción para que no seamos tentados por encima de nuestra fortaleza; ha prometido librarnos de ella para que el cetro de los impíos no repose de continuo sobre la heredad de los justos;[46] ha prometido que permanecerá con nosotros en medio de la aflicción y nunca nos abandonará.[47] Y en base a todo ello, me planteo la siguiente reflexión: Si el pueblo de Dios era capaz de mantener esa confianza ciega en la Palabra en una época en la que las promesas divinas eran más bien veladas y oscuras: ¡cuál no debería ser nuestra confianza y en qué medida no deberían nuestros corazones permanecer firmes en Dios, ahora que contamos con un verdadero aluvión de promesas! Siendo que las Escrituras fueron ampliadas para nuestro consuelo e incremento de nuestra fe, ¿no deberíamos hacer nuestras las palabras de Pablo cuando dice: *"tened buen ánimo; porque yo confío en Dios que acontecerá exactamente como se me ha dicho"*.[48]

THOMAS MANTON [1620-1677]
"God's Word in Our Hearts", 1681

Vers. 108. *Te ruego, oh Jehová, que te sean agradables los sacrificios voluntarios de mi boca, y me enseñes tus juicios.* *[Te ruego, oh Jehová, que te sean agradables los sacrificios voluntarios de mi boca, y me enseñes tus juicios.* RVR*] [Te ruego aceptes las ofrendas voluntarias de mi boca, oh Señor, y enséñame tus ordenanzas.* LBLA*] [Acepta ahora las ofrendas voluntarias de mi boca, oh YHVH, y enséñame tus juicios.* BTX*] [Señor, acepta la ofrenda que brota de mis labios; enséñame tus juicios.* NVI*] [Acepta, Señor, las plegarias de mi boca y enséñame tus decretos.* BLP*] [Señor, acepta mi ofrenda de alabanza y enséñame tus ordenanzas.* NTV*]*[49]

Te ruego aceptes las ofrendas voluntarias de mi boca, oh Señor. Los vivientes alaban al Dios vivo, y por tanto, el que ha sido vivificado ofrece aquí su sacrificio. Ofrece oración, alabanza, confesión y testimonio: que presentados con su propia voz ante la audiencia, fueron el tributo voluntario a Jehová de su boca. Tiembla ante la posibilidad de que pronunciados erróneamente puedan desagradar al Señor, y por tanto, implora su aceptación. Alega que se trata de un tributo alegre y espontáneo;[50] y que todas las expresiones que lo integran son ofrecidas voluntariamente. Las confesiones provocadas bajo extorsión carecen de valor: las arcas de Dios no se nutren de impuestos forzosos sino de la donaciones voluntarias. Donde no hay deseo no puede haber aceptación; donde no hay fruto de libre voluntad no opera la libre gracia. La aceptación es una merced que debemos pedir al Señor muy seriamente,

[43] Hebreos 4:10.
[44] Isaías 27:8.
[45] 1 Corintios 10:13.
[46] Salmo 125:3.
[47] Hebreos 13:5.
[48] Hechos 27:25.
[49] La versión griega de los LXX o Septuaginta lee: τὰ ἑκούσια τοῦ στόματός μου εὐδόκησον δή, κύριε, καὶ τὰ κρίματά σου δίδαξόν με que la Vulgata traduce al latín como: *"Voluntaria oris mei beneplacita fac, Domine, et judicia tua doce me"*, "Haz, Señor, que te sea agradable lo voluntario de mi boca; y enséñame tus juicios". La versión sefardí de Ferrara traduce: *"Voluntad de mi boca envolunta ruego, Adonay, y tus juizios enfeñame"*. La caldea Peshitta: *"Sean agradables ante ti las palabras de mi boca, oh Yahweh; enséñame de tus juicios"*. KRAUS traduce: *"¡Haz que te agraden los dones de mi boca, oh Yahve, y enséñame tus juicios!"*. SCHÖKEL: *"Acepta, Señor, mi oferta generosa y enséñame tus mandamientos"*.
[50] 1 Crónicas 29:17; 2 Corintios 9:7.

ya que sin ella nuestras ofrendas son más que inútiles. ¡Qué maravilla tan grande de la gracia que el Señor se digne aceptar cualquier cosa de criaturas tan indignas como somos!

Y enséñame tus juicios. Cuando rendimos al Señor lo mejor que tenemos y podemos, nos incentivamos a progresar. Si nos sentimos aceptados por él, experimentamos el deseo de más instrucción para que podamos serle aún más aceptables. Tras ser vivificados necesitamos instrucción: la vida sin ser iluminados, o el celo sin conocimiento, sería una media bendición. Estos repetidos y constantes clamores implorando enseñanza ponen de manifiesto la humildad del salmista, a la vez que nos descubren nuestra propia necesidad de una instrucción similar. Nuestro propio juicio necesita ser instruido hasta que sepa, esté de acuerdo y actúe según los juicios del Señor. Y estos juicios no son siempre tan claros como para que los distingamos a primera vista; necesitamos ser instruidos en ellos hasta que aprendamos a admirar su sabiduría y adorar su bondad tan pronto las percibamos.

C. H. SPURGEON

Te ruego aceptes las ofrendas voluntarias de mi boca. Probablemente las ofrendas a las que verbalmente se había comprometido mediante voto solemne. ¿Y quién sino el Señor está en su pleno derecho de reclamarlas? Suyas son todas las cosas.[51]

JOHN STEPHEN [1800-1881]
"The Utterances of the CXIX Psalm; Expounded in a Series of Lectures", 1861

Te ruego aceptes los sacrificios voluntarios de mi boca. Nos habla aquí de un tipo de sacrificios que ni las tribulaciones, ni la pobreza y ausencia de recursos materiales, pueden obstaculizar; y que no requieren un templo material externo, antes bien todo creyente fiel y piadoso puede llevar a cabo incluso en lugares desiertos y viviendo entre paganos. Dios valora y aprecia más estos sacrificios de la boca, que si le hubieran sido sacrificadas todas las ovejas del mundo, y ofrecidos todos los tesoros de oro, plata y de piedras preciosas de la tierra.

WOLFGANG MUSCULUS [1497-1563]
"In Sacrosanctum Davidis Psalterium Commentarii", 1573

Te ruego aceptes los sacrificios voluntarios de mi boca. La expresión *sacrificios* u *ofrendas voluntarias* se utiliza reiteradamente en los libros de la ley y los profetas.[52] ¿Cuáles son estas ofrendas voluntarias? Se diferencian del culto establecido a Dios con carácter habitual y se diferencian de las ofrendas hechas bajo un voto. Además de las ofrendas de paz establecidas y debidamente reguladas,[53] había sacrificios que se llevaban a cabo en ciertas ocasiones especiales para testificar de la bondad de Dios en general o para agradecer alguna misericordia en particular; y se distinguen expresamente de las ofrendas a las que algunos solían comprometerse eventualmente bajo voto.[54] [...] De ellos aprendemos dos cosas:

1. Que debemos permanecer atentos y dispuestos para aprovechar cuantas ocasiones se nos planteen de agradecimiento y adoración espiritual; porque en el antiguo Israel además de los sacrificios instituidos y los votos, tenían ofrendas voluntarias en agradecimiento por alguna bendición especial recibida o la liberación de algún peligro.

[51] 1 Crónicas 29:11; Salmo 24:1-2; 50:12; 89:11; 1 Corintios 10:26.

[52] Levítico 22:18; Números 29:39; 2 Crónicas 31:14; Amos 4:5.

[53] Levítico 3:1-17; 7:11–21; 22:18-21; Ezequiel 4:15.

[54] Levítico 7:16.

2. Que nuestra adoración a Dios en estos tiempos del Evangelio exige una especial voluntariedad y alegría; una libre disposición del corazón y los afectos en todo cuanto ofrecemos a Dios. Y en este último sentido, cabe decir que nuestras ofrendas a Dios –la oración y la alabanza– deberían ser ofrendas voluntarias, que broten de nosotros no como el agua en un alambique: forzada por el fuego; sino libre y espontáneamente, con naturalidad como brota el agua de una fuente.

THOMAS MANTON [1620-1677]
"God's Word in Our Hearts", 1681

Ofrendas. Todos aquellos que forman parte del pueblo de Dios son hechos sacerdote para Dios,[55] porque cada ofrenda implica un sacerdote;[56] por ello dice que Cristo Jesús *"nos hizo reyes y sacerdotes para Dios"*.[57] En este sentido todos los creyentes mantienen con Cristo estrecha comunión en todos sus oficios sagrados, aquello que Cristo sea, lo son ellos también en cierta medida y grado.

THOMAS MANTON [1620-1677]
"God's Word in Our Hearts", 1681

Te ruego, oh Jehová, que te sean agradables los sacrificios voluntarios de mi boca. Que el Señor acepte de nosotros cualquier cosa es un acto de enorme gracia, de manera especial si consideramos estas tres factores: Quién es el Él; lo que somos nosotros, y lo que podemos ofrecerle.

1. En cuanto al Señor, es suficiente en todo y no precisa de nada que nosotros podamos aportarle: *"Mi bien a ti no aprovecha"*.[58]

2. En lo que respecta a nosotros, somos criaturas pobres y miserables que subsistimos gracias a su generosidad. sí, dependientes del resto de sus criaturas: el sol y la luna; el aire, el agua y la tierra; animales, aves y peces; sí, incluso de los gusanos: unos nos dan luz, otros alimento, otros vestido. ¿Qué pueden semejantes mendigos aportar al Rey del universo?

3. Y considerándolo propiamente, ¿qué podemos darle? ¿Tenemos algo que aportar fuera de lo que hemos recibido de él? No nos queda sino exclamar como David: *"¿Quién soy yo, y quién es mi pueblo, para que pudiésemos ofrecer voluntariamente cosas semejantes? Pues todo es tuyo, y de lo recibido de tu mano te damos"*.[59] Que sirva esto para conducirnos a la humildad evitando el vano engreimiento de cualquier traza de méritos propios, que más que de otra cosa de lo único que podría hacerse merecedores es del castigo divino.

Viéndose, pues, en una situación de necesidad perentoria y no contando con otro elemento que ofrecer al Señor en sacrificio, David le presenta en lugar de becerros la ofrenda de sus labios;[60] pero sin duda, le ofreció mucho más tan pronto como le fue posible. Para Dios no hay ofrenda pequeña si procede de un corazón sincero, la aceptará, sin lugar a dudas, como si se tratara de la más valiosa: dos blancas de la viuda,[61] un vaso de agua fría;[62] sí, y la alabanza de nuestros labios, aunque sea sin

---

[55] Éxodo 19:6; Isaías 61:6; 1 Pedro 2:5.

[56] Hebreos 10:11

[57] Apocalipsis 1:6; 5:10; 20:6.

[58] Salmo 16:2 RVA. La versión inglesa KJV (que es la que transcribe el autor) traduce *"my goodness extendeth not to thee"* (mi bondad no se extiende a ti). Recomendamos al lector ver la discusión y comentarios sobre este versículo dos del Salmo 16 en el Tomo I.

[59] 1 Crónicas 29:14.

[60] Oseas 14:2. Así es como lo expresa el texto hebreo וּנְשַׁלְּמָה פָרִים שְׂפָתֵינוּ *ūnəšalləmāh pārîm śəpāṯênū* de פָּר *par,* "becerro, novillo, toro": *"los becerros de nuestros labios"*.

[61] Lucas 21:1-; Marcos 12:41-44.

[62] Mateo 10:42.

otra oblación externa que la acompañe. Pero cuando tenemos la posibilidad de hacer mucho más, y no lo hacemos porque no estamos predispuestos, es una clara evidencia de que nuestro corazón no está entregado a él con total sinceridad, y por tanto, nuestras alabanzas no le son agradables.

WILLIAM COWPER [1566-1619]
"A holy alphabet for Sion's scholars full of spiritual instructions, and heavenly consolations [...] delivered by way of commentary upon the whole 119 Psalme", 1613

Te ruego, oh Jehová, que te sean agradables las ofrendas voluntarios de mi boca, y me enseñes tus juicios. Este versículos nos enseña a orar pidiendo dos cosas en relación con nuestras actividades para el Señor:

1. *Que le sean agradables.* Esta es una meta a la que debemos aspirar respecto a todo lo que hacemos en nuestra vida cristiana: *ya sea presentes o ausentes, que en todo le seamos agradables.*[63] David ora aquí fervorosamente pidiendo sean agradables a Dios sus *"ofrendas voluntarias"*, no de su bolsa sino de su *"boca"*, es decir, sus oraciones y alabanzas: *"los becerros de nuestros labios"*,[64] o *"fruto de labios que confiesan su nombre"*.[65] Estos son los sacrificios espirituales que todos los cristianos, como sacerdotes espirituales, deben ofrecer a Dios; y deben ser *"ofrendas voluntarias"*; porque debemos ofrecerlos abundantemente y alegremente; ya que es esta mentalidad generosa y predispuesta la que le es agradable y es aceptada. Cuanto más libertad y voluntad haya en nuestro servicio de Dios más agradable le resulta.

2. *Que nos asista para poder ofrecerlas: "Enséñame tus juicios".* A Dios nada podemos ofrecerle que tengamos motivos razonables para pensar que debería aceptarlo; pero sí sabemos que se complace en instruirnos para ofrecerlo; y en este sentido, debemos ser tan fervientes en implorar su gracia como lo somos a la hora de implorar su favor.

MATTHEW HENRY [1662-1714]
"Commentary on the Whole Bible", 1811

"Enséñame tus juicios". Viene a ser como si dijera: «A esto en particular quiero dedicarme y concentrar mi atención: en discernir cómo castigas a los malvados y corriges a tus hijos». Y de ello nos corresponde aprender que así como nos es necesario entender la ley y el evangelio, también nos es necesario discernir los juicios de Dios. Pues resulta imposible valorar sus castigos sin tener en cuenta su misericordia; y hacernos una idea clara de su misericordia sin considerar su venganza. Iluminados por el Espíritu nos es indispensable comprender la enseñanza peculiar de cómo el Señor castiga en justicia pero con misericordia; con ira pero en amor; con rigor y odio a nuestro pecado pero con piedad y compasión para nuestra salvación; humillándonos con una mano pero consolándonos con la otra. Razón por la cual el profeta clama diciendo: *"Enséñame tus juicios"*, tan interesado en verlos como en comprenderlos. Es indispensable que entendamos esto correctamente y enseñarlo con frecuencia; porque somos muy dados a conclusiones fatalistas, a establecer conexiones erróneas entre los juicios de Dios y las causas naturales, o a confundir entre las cruces de los piadosos y los juicios de los impíos ... La capacidad para discernir apropiadamente la forma como el Señor derroca a los malvados, y corrige a los justos infundiéndoles humildad, empleando para ambos propósitos los mismos medios, es un don singular del Espíritu.

RICHARD GREENHAM [1531-1591]
"An Exposition on the 119 Psalme"

[63] 1 Corintios 5:9.
[64] Oseas 4:12 RVA.
[65] Hebreos 13:15.

Vers. 109. ***Mi vida está de continuo en peligro, mas no me he olvidado de tu ley.*** *[Mi vida está de continuo en peligro, mas no me he olvidado de tu ley.* RVR*] [En peligro continuo está mi vida, con todo, no me olvido de tu ley.* LBLA*] [Mi vida está de continuo en peligro, pero no he olvidado tu ley.* BTX*] [Mi vida pende de un hilo, pero no me olvido de tu ley* NVI*] [Siempre estoy en peligro, pero no olvido tu ley.* BLP*] [Mi vida pende de un hilo constantemente, pero no dejaré de obedecer tus enseñanzas.* NTV*]*[66]

Mi vida está de continuo en peligro.[67] Vivía pendiente de un hilo, luchando para sobrevivir día tras día, escondiéndose en cuevas y librando singulares combates. Una situación muy desagradable y poco conveniente. Es comprensible que una persona en tales circunstancias trate de hallar cualquier razón justificable para encontrar una salida; pero David no abandona el buen camino tratando de buscar seguridad en el pecado, puesto que exclama:

Pero no me olvido de tu ley. Suele decirse que en el amor y la guerra todo es lícito y todo vale; pero el santo no piensa de ese modo: aunque lleva literalmente su vida en la palma de la mano, en su corazón lleva la ley. Jamás una amenaza material debería llevarnos a poner muestra alma en peligro desviándonos de lo correcto.[68] Con frecuencia la acumulación de dificultades y problemas materiales llevan a muchos a saltarse su deber, y eso mismo le hubiera sucedido al salmista de no haber sido porque fue oportunamente *vivificado* (119:107) e *instruido* (119:108) por el Señor. Su seguridad partía de su recuerdo constante de la ley de Dios; tenía la plena certeza de que no sería olvidado por Dios,

---

[66] La versión griega de los LXX o Septuaginta lee: ἡ ψυχή μου ἐν ταῖς χερσίν μου διὰ παντός, καὶ τοῦ νόμου σου οὐκ ἐπελαθόμην que la Vulgata traduce al latín como: *"Anima mea in manibus meis semper, et legem tuam non sum oblitus"*, "Mi alma siempre anda entre mis manos; y no me he olvidado de tu ley". La versión sefardí de Ferrara traduce: *"Mi alma en mi palma continuo; y tu Ley no olvidè"*. La caldea Peshitta: *"Mi vida está siempre en tus manos, y no he olvidado tu ley"*. Kraus traduce: *"Mi vida la tengo constantemente en mi mano, pero no olvido tus instrucciones"*. Schökel: *"Continuamente arriesgo la vida, pero no olvido tu voluntad"*.

[67] En hebreo נַפְשִׁי בְכַפִּי תָמִיד *napšî ḇəḵappî ṯāmîḏ* de כָּף *kaph*, "mano abierta o extendida, palma de la mano" como en 2 Reyes 4:34: *"Después subió y se tendió sobre el niño, poniendo su boca sobre la boca de él, y sus ojos sobre sus ojos, y las palmas de sus manos sobre las manos suyas"*. La versión inglesa KJV traduce literal: *"My soul is continually in my hand"*, "Mi alma está de continuo en mi mano". Ver al respecto Job 13:14; y expresiones similares en Jueces 12:3; 1 Samuel 19:5; 28:21. Miguel de Cervantes [1567-1616] en el "El Ingenioso Hidalgo Don Quijote de la Mancha" pone estas mismas palabras en boca de Sancho Panza para advertir que el bachiller Sansón Carrasco arriesgaba mucho adoptando un proceder libertino «El cura no será bien que tenga pastora, por dar buen ejemplo; y si quisiere el bachiller tenerla, su alma en su palma (es decir, "allá él")» (*Don Quijote de la Mancha,* Segunda Parte, Capítulo LXVII).

[68] Dice al respecto William Swan Plumer [1802-1880]: «No cometamos el error de enfrentar a nuestros enemigos con sus propias armas. ¡Que las ovejas no aprendan a aullar como los lobos! Si cavan fosas con la intención de que nos precipitemos en ellas y extienden trampas para atraparnos, llevemos el caso ante Dios y mantengámonos firmes en el cumplimiento de nuestro deber, jamás recurramos a métodos dudosos. El potro, el fuego, el foso de los leones, la mazmorra, las cadenas o la horca, deberían sernos una menor amenaza e infundirnos menos temor que cualquier pecado. Sufrir no es tan terrible. Morir no es tan terrible. Lo verdaderamente terrible y temible es el pecado». Y menciona en este sentido a Ingram Cobbin [1777-1851]: «¿Qué nos dice el salmista? *"Mi vida está de continuo en peligro, mas no me he olvidado de tu ley"*. Lo único que nos proporciona una base sólida sobre la que enfrentar a nuestros enemigos es el camino del deber; cualquier otra cosa es presunción. Y nuestro deber es acatar la ley de Dios, guardar sus mandamientos, y mirar a él para que nos sostenga desde lo alto. Cuanto más arrecia la persecución, más firme debería ser nuestra perseverancia. Ver Hechos 22:22-29».

porque él no se había olvidado de Dios. Cuando nada logra erradicar la verdad de nuestros pensamientos o la santidad de nuestras vidas, es una demostración evidente de la gracia. Si nos acordamos de la ley divina incluso cuando la muerte nos mira fijamente a los ojos, podemos estar seguros de que el Señor no se olvidará de nosotros.

C. H. SPURGEON

Mi vida está de continuo en peligro. Llevaba la vida en la palma de la mano, dispuesto a entregarla cuando Dios la requiriera. Y de ello aprendemos una lección vital: que no hay en el mundo tribulación tan ávida de arrebatar la vida a los hijos de Dios como preparados y dispuestos están ellos a entregarla. Cual Elías cuando salió a la entrada de la cueva para encontrarse con el Señor;[69] o Abraham a la puerta de su tienda para conversar con el Ángel,[70] el alma de los fieles está dispuesta a salir a la puerta del tabernáculo de su cuerpo para mudar de lugar tan pronto el Señor lo ordene; en tanto que el alma de los impíos se retrae y se esconde aterrorizada, como Adán entre los arbustos,[71] y hay que hacerla salir del cuerpo por la fuerza, como a la del rico insensato: *"Esta noche vienen a pedir tu alma"*,[72] pero nunca entregan sus almas voluntariamente al Señor.

WILLIAM COWPER [1566-1619]
"A holy alphabet for Sion's scholars full of spiritual instructions, and heavenly consolations [...] delivered by way of commentary upon the whole 119 Psalme", 1613

Mi alma está de continuo en mi mano. Si alguien con manos débiles transporta un vaso frágil y lleno de líquido precioso; bien sea este de cerámica, cristal u otro material quebradizo; por un lugar lleno de obstáculos, difícilmente evitará que se quiebre el vaso y el contenido se derrame. Tal es la condición de mi vida que transporto sobre la palma de mi mano por un sendero cubierto de enemigos; y, por tanto, expuesta a tal riesgo que constantemente tengo la muerte ante mi vista. Mi existencia está siempre colgando de un hilo particularmente endeble.

ANDREAS RIVETUS [1572-1651]
"Commentarius in Paslmorum propheticorum de mysteriis evangelicis dodecadem selectam", 1645

Mi vida está de continuo en peligro. El creyente está de continuo entre las fauces de la muerte. Vive con las alas extendidas dispuesto para volar en cualquier momento. Pablo testificó al respecto: *"cada día estoy en peligro de muerte"*.[73] En medio de la persecución más extrema, su deseo ferviente era conocer lo que Dios deseaba que hiciera.

HENRY LAW [1797-1884]
"The Family Devotion: the Book of Psalms arranged for Worship", 1878

Mi alma está de continuo en mi mano. No doy por mi vida más de lo que un niño por el pájaro que transporta apresuradamente en la palma extendida de su mano.

JOHN TRAPP [1601-1669]
"A commentary or exposition upon the books of Ezra, Nehemiah, Esther, Job and Psalms", 1657

---

[69] 1 Reyes 10:13.
[70] Génesis 18:1-3.
[71] Génesis 3:8-10.
[72] Lucas 12:20.
[73] 1 Corintios 15:31 LBLA.

Mi alma está de continuo en mi mano. ¿Por qué exclama David: *"Mi alma está en mi mano"*. ¿Significa que se había independizado de la mano de Dios haciéndose cargo por si mismo de su destino: *"en mi mano"?* Nada más lejos. Significa simplemente: Señor, vivo rodeado de peligros y mis posibilidades de sucumbir son millares; mi existencia esta bajo constante amenaza; y a pesar de ello, jamás me olvido tu ley: me apego a ti y me mantendré cerca de ti venga lo que venga. Al exponer este versículo Agustín[74] reconoce con franqueza que ignora lo que David quiere decir exactamente con esto de *"tengo mi alma de continuo en la palma de mi mano"*; y Jerónimo, otro de los grandes comentaristas antiguos afirma que se trata de un hebraísmo utilizado para describir una situación de extremo peligro. Los padres griegos también lo entendieron en este mismo sentido. Pero, ¿qué relación guarda poner la vida en la palma de la mano con la idea de peligro? Doble:

1. Las cosas que se transportan en la mano tienden a caerse, y dado que están a la vista y no sujetas, pueden ser fácilmente arrancadas y sustraídas. Por tanto, aunque estar en la mano de Dios implica seguridad, porque su mano está dotada de un poder irresistible para protegernos; aquello que el hombre transporta sobre la palma de su propia mano corre gran peligro, porque su mano es débil, y hay formas más seguras de transportarlo que abiertamente sobre la palma de la mano. Quien realiza un largo viaje con algún objeto de valor, no lo lleva en la mano, lo deposita en un lugar secreto y siempre bajo su mirada, para que esté más seguro. La paráfrasis Caldea,[75] lo expresa con notoria elegancia del siguiente modo: *"Mi vida corre el mismo peligro que si viajara sobre la palma de mi mano o encima de ella"*, es decir, como algo que no tiene asidero o no hay por donde agarrarlo y se transporta de forma insegura sobre la palma de la mano con grave riesgo. Las que cosas que valoramos y queremos no las tenemos sobre la palma de la mano, permanecen ocultas y a buen recaudo, o bien agarradas firmemente.

2. Pero hay una segunda razón, y es que cuando el ser humano está a punto de entregar algo o renunciar a ello, lo exhibe poniéndolo sobre la palma de su mano. Quienes enfrentan grandes peligros defendiendo la causa de Dios y de su pueblo, lo hacen dispuestos a entregar, si es necesario, sus vidas. De ahí el consejo del apóstol: *"los que padecen según la voluntad de Dios, encomienden sus almas*

[74] Dice AGUSTÍN DE HIPONA [354-430]: «Algunos códices leen *"en tus manos"* y otros *"en mis manos"* [...] Si es *"en tus manos"* viene a ser como si dijera que su memoria, donde reside su alma, contaba con la ayuda del poder de Dios para evitar olvidarse de su ley: *"Mi alma está de continuo **en tus** manos* (por ello) *no me he olvidado de tu ley"*. Pero ignoro como pueda entenderse: *"Mi alma está de continuo **en mis** manos"»*. Pero WILLIAM SWAN PLUMER [1802-1880] indica que el hebreo en modo alguno no da lugar a semejante traducción, y cita a HENRY HAMMOND [1605-1660] que afirma: «El significado es obvio: *"Mi vida está en peligro"*, y punto».

[75] Los autores puritanos citan con mucha frecuencia la llamada PARÁFRASIS CALDEA, una traducción al arameo de la Biblia hebrea también conocida en lengua caldea como *Tárgum*. Las paráfrasis caldeas surgieron con el propósito de que muchos judíos que durante la cautividad babilónica habían olvidado su propia lengua hebrea (por estar obligados a conocer y hablar la lengua de los caldeos) tuvieran acceso a las Escrituras. Además de "traducción", Tárgum también significa "interpretación", por lo cual incluía con frecuencia notas aclaratorias y exegéticas a pie de página o incluso añadidas al texto, convirtiéndolo en una versión parafraseada de la Biblia. Los más conocidos son el "Tárgum de Onquelos" de la Torá y el "Tárgum de Jonathan" de los profetas, que incluía el resto de libros llamados proféticos entre los que se cuentan los Salmos. Nos está claro cuál es la "Paráfrasis Caldea" a la que hace referencia John Prideaux, pero todo nos induce a pensar que se trata de la *"Biblia Sacra Hebraice, Chaldaice, Graece, & Latine"* también conocida como la "Biblia políglota de Amberes", publicada entre 1569 y 1572, hecha por Benito Arias Montano [1527-1598], que era la más común y más citada entre los autores puritanos. Aunque también podría tratarse del *"Psalterium Hebraeum, Graecum, Arabicum, et Chaldaicum"*, publicado en Génova en 1516 bajo los auspicios de AGOSTINO GIUSTINIANI [1470-1536].

al fiel Creador, haciendo el bien".[76] El salmista afirma que quienes enfrentan graves peligros, llevan su vida en la palma de su mano como señal de ofrecimiento, porque están, por así decirlo, listos para entregar su vida en manos de Dios, y que sea él quien decida, bien preservarla del peligro, o bien tomarla y llamarles a su presencia si perecen en la contienda.

JOSEPH CARYL [1602-1673]
"An Exposition with Practical Observations upon Chapters 4-7 of the Book of Job", 1651

Vers. 109-110. Nos encontramos aquí con dos escenarios distintos y opuestos:

1. *David en grave peligro de perder su vida.* Está a un paso de la muerte; porque *"el impío puso lazo"* (119:110) para acabar con él. Dondequiera que fuera se topaba con alguna argucia o complot dispuesto en su contra, lo que le llevó a exclamar:*" Mi alma está de continuo en mi mano"* (119:109). No solo en razón de su naturaleza mortal –ciertamente todos los mortales estamos expuestos de continuo a los golpes de la muerte– sino como militar y hombre de guerra, y de manera especial por ser un hombre *conforme el corazón de Dios*.[77]
2. *David sin peligro alguno de perder su fe.*
   a. Pues *"no he olvidado tu ley"* (119:109) y por tanto mantiene intactas sus posibilidades de perseverar y prevalecer.
   b. Hasta el momento presente, –afirma: *"no me he desviado de tus preceptos*", y por tanto es de esperar que tampoco lo haga en el futuro.

MATTHEW HENRY [1662-1714]
"Commentary on the Whole Bible", 1811

Vers. 110. *Me pusieron lazo los impíos, pero yo no me desvié de tus mandamientos.* *[Me han tendido un lazo los impíos, pero yo no me desvié de tus mandamientos.* RVR*] [Los impíos me han tendido lazo, pero no me he desviado de tus preceptos.* LBLA*] [Los impíos me tendieron lazo, pero no me he desviado de tus preceptos.* BTX*] [Los impíos me han tendido una trampa, pero no me aparto de tus preceptos.* NVI*] [Los malvados me tendieron una trampa, pero yo no me aparté de tus preceptos.* BLP*] [Los malvados me han tendido sus trampas, pero no me apartaré de tus mandamientos.* NTV*]* [78]

Los impíos me tendieron lazo. La vida en el Espíritu es un escenario de peligro constante: el creyente vive pendiente de un hilo pues fuerzas adversas conspiran a su alrededor incesantemente con singular astucia cuando no con violencia. Vivir como cristianos no es cosa fácil; tanto los espíritus malignos como los hombres perversos no dejarán piedra sin remover con tal de conseguir nuestra destrucción. Y aún cuando todas sus artimañas les fallen y las fosas ocultas no logren su objetivo, persisten en sus esfuerzos traicioneros; y, cada vez más astutos, tienden lazos y trampas con la intención de atrapar a la víctima que tanto odian. En el mundo animal suelen capturarse, por regla general, las

[76] 1 Pedro 4:19.

[77] 1 Samuel 13:14; Hechos 13:22.

[78] La versión griega de los LXX o Septuaginta lee: ἔθεντο ἁμαρτωλοὶ παγίδα μοι, καὶ ἐκ τῶν ἐντολῶν σου οὐκ ἐπλανήθην que la Vulgata traduce al latín como: *"Posuerunt peccatores laqueum mihi, et de mandatis tuis non erravi"*, "Lazo me han armado los pecadores; y de tus mandamientos no me he olvidado". La versión sefardí de Ferrara traduce: *"Dieron malos lazo a mi, y de tus encomendanças no eree"*. La caldea Peshitta: *"Los pecadores me han tendido lazos, pero no me he desviado de tus ordenanzas"*. KRAUS traduce: *"Los impíos me tienden lazos, pero yo no me desvío de tus ordenanzas"*. SCHÖKEL: *"Los malvados me ponen trampas: yo no me desvío de tus decretos"*.

especies de menor tamaño mediante este procedimiento: lazos, trampas, redes o sogas. A los impíos poco les importa el método al que deban recurrir para destruir al santo, pues no le valoran más que a una rata o un conejo; la astucia y la traición van siempre de la mano con la malicia, y todo impulso compasivo es considerado entre ellos una anomalía: tratan a los piadosos como alimañas que es preciso exterminar. Y cuando una persona toma conciencia de que es perseguida de semejante modo, se atemoriza, lo cual le lleva a precipitarse en busca de vías dudosas de liberación no exentas de pecado. Pero David mantuvo el temple y ello le permitió escribir:

Pero no me he desviado de tus preceptos. No cayo en el lazo porque mantuvo los ojos bien abiertos y se apegó a su Dios. No consiguieron atraparle y expoliarle porque permaneció en el camino real de la santidad, en el que Dios garantiza la seguridad de todo viajero.[79] No se apartó un ápice del camino recto, y nadie logro disuadirle de seguirlo fielmente, porque apelo al Señor como su guía, y le fue concedido. Si erramos en los preceptos, nos apartamos de las promesas; cuando nos alejamos de la presencia de Dios, deambulamos por terreno inhóspito donde los cazadores tienden sus redes libremente. Este versículo nos enseña a mantenernos en guardia, pues también a nosotros nos toca enfrentarnos a enemigos astutos y malignos. Los cazadores suelen colocar sus trampas en las rutas y lugares más frecuentados por los animales que desean capturar, allí por donde transitan; y de igual modo las peores trampas a las que hemos de enfrentarnos nosotros están casi siempre en sitios donde podamos darnos de bruces con ellas, justo en el lugar por donde hemos de transitar. Pero si nos mantenemos dentro de los límites de los caminos del Señor, escaparemos del lazo de nuestros adversarios, porque sus caminos son seguros y libres de traición.

C. H. SPURGEON

Me han tendido un lazo los impíos. Los describe como impíos; lo cual implica tres cosas: primera, que obran con impiedad; segunda, que la aman; tercera, que perseveran en ella.

WILLIAM COWPER [1566-1619]
"A holy alphabet for Sion's scholars full of spiritual instructions, and heavenly consolations [...] delivered by way of commentary upon the whole 119 Psalme", 1613

Me han tendido un lazo. Un método habitual de capturar animales salvajes tales como leones, osos, chacales, zorros, ciervos, corzos y gamos. Consistía en utilizar trampas o cepos, en hebreo: פַּח *pach* que es la palabra que utiliza aquí el salmista; y que solían instalar ocultos bajo el suelo: *"Escondido está en la tierra un lazo para él"*;[80] justo por donde solía transitar el animal *"en el camino"*;[81] atrapándole las patas: *"quedará sujeto por los tobillos"*.[82]

WILLIAM LATHAM BEVAN [1821-1908]
"Smith's Dictionary of the Bible", 1863

[79] Una alusión al capítulo xvii de la obra alegórica de JUAN BUNYAN [1628-1688] *"The Pilgrim's Progress"*, "El Peregrino", donde "Cristiano" narra la triste historia de otro peregrino; "Poca-fe", al que tres villanos: "Cobardía, Desconfianza y Culpa" hirieron y expoliaron dejándole casi sin nada por haberse adentrado de manera insensata en la peligrosa "La vereda-de-los-muertos". La obra completa de Juan Bunyan, el viaje de "Cristiano" y de "Cristiana" a la ciudad celestial ha sido publicada por CLIE en español bajo el título de "El Peregrino" y "La Peregrina".

[80] Job 18:10.

[81] Proverbios 22:5.

[82] Job 18:9.

Me han tendido un lazo los impíos. Los impíos, a la hora de alimentarnos nos inducen a la gula; en el amor a la lujuria; en el trabajo a la pereza; en la conducta a la envidia; en los negocios a la codicia; en la corrección a la ira; en el honor a la altanería; en la mente a los malos pensamientos; en la boca a las malas palabras; en las acciones a las malas obras; cuando despertamos nos induce a malas acciones; y cuando dormimos a sueños impuros.

Girolamo Savonarola [1452-1498]
"Meditationes in Psalmos", 1633

Me han tendido un lazo, pero yo no me desvié de tus mandamientos. No es que le echen el anzuelo lo que pierde al pez, sino morderlo.

Thomas Watson [1620-1686]
"Saint's Spiritual Delight", 1660

Vers. 111. ***Por heredad he tomado tus testimonios para siempre, porque son el gozo de mi corazón.*** *[Por heredad he tomado tus testimonios para siempre, porque son el gozo de mi corazón.* RVR*] [Tus testimonios he tomado como herencia para siempre, porque son el gozo de mi corazón.* LBLA*] [Por herencia eterna he tomado tus testimonios, porque son el gozo de mi corazón.* BTX*] [Tus estatutos son mi herencia permanente; son el regocijo de mi corazón.* NVI*] [Mi heredad perpetua son tus mandamientos, alegría de mi corazón.* BLP*] [Tus leyes son mi tesoro; son el deleite de mi corazón.* NTV*]*[83]

Por heredad he tomado tus testimonios para siempre. Escogió como su suerte[84] los testimonios del Señor, los hizo su porción, su patrimonio;[85] más aún, los agarró y se apropió de ellos en posesión y disfrute. Y nuestra elección sería la misma si de algún modo pudiéramos convertir en realidad nuestros deseos: guardar los mandamientos de Dios con fidelidad absoluta: conocer los mandatos, disfrutar las promesas, cumplir los preceptos; –con ello tendríamos más que suficiente, no ambicionamos un reino. Pues los testimonios del Señor son una herencia que no se desvanece, no puede enajenarse; permanece para siempre: es nuestra eternamente si nos apropiamos de ella. A veces, como le sucedió a Israel, que cuando llegó a Canaán tuvo que pelear ferozmente para conquistar la tierra prometida; arrebatar nuestra heredad exige también una lucha feroz y enconada; pero todo el esfuerzo y sufrimiento que implique merece sobradamente la pena. Pero incluso cuando este no es el caso, hacernos con la heredad exige siempre de nuestra parte un corazón dispuesto a hacerla nuestra; y una voluntad férrea y determinada para agarrarla. Todo cuanto Dios nos ofrece demanda por nuestra parte disposición para tomarlo.

[83] La versión griega de los LXX o Septuaginta lee: ἐκληρονόμησα τὰ μαρτύριά σου εἰς τὸν αἰῶνα, ὅτι ἀγαλλίαμα τῆς καρδίας μού εἰσιν que la Vulgata traduce al latín como: *"Haereditate acquisivi testimonia tua in aeternum, quia exsultatio cordis mei sunt"*, "Por herencia he adquirido tus testimonios para siempre; porque son la alegría del corazón". La versión sefardí de Ferrara traduce: *"Heredee tus teftamentos para fiempre, por que gozo de mi coraçon ellos"*. La caldea Peshitta: *"Tu testimonio he tomado como heredad para siempre, porque es el deleite de mi corazón"*. Kraus traduce: *"Tus testimonios son mi heredad para siempre, porque son el gozo de mi corazón"*. Schökel: *"Tus preceptos son mi herencia perpetua, son el gozo de mi corazón"*.

[84] Josué 14:1.5.

[85] Salmo 16:5-6; 73:26; 142:5.

Porque son el gozo de mi corazón. Fue la alegría que la palabra del Señor había infundido en lo más profundo de su ser la que le llevó a adoptar su decisión inalterable. Constató que todas las partes de la Escritura le resultaban agradables, todas eran igualmente sólidas, y por tanto, decidió mantenerse fiel a todas ellas, dispuesto a permanecer agarrado a ellas y seguir con ellas para siempre. Lo que nos infunde alegría en el corazón se nos hace prioritario, y es con gusto que lo elegimos y atesoramos. La alegría no procede de una acumulación de conocimientos en la mente, sino de las experiencias del corazón.

En este versículo, séptimo de la presente octava, paladeamos esa dulzura peculiar de la que nos hablaba el séptimo de la anterior: *"¡Cuán dulces son a mi paladar tus palabras! Más que la miel a mi boca"* (119:103). Una dulzura que se evidencia también en los séptimos de algunas otras octavas. ¡Cuan bueno y delicioso resulta que la experiencia madure hasta transformarse en alegría: partiendo de la tristeza (119:71, 143), mediante la oración (119:7, 15, 55, 79, 135, 151, 159), luchando en el conflicto (119:23, 39, 87, 95, 119), y asidos a la esperanza con santa determinación (119:31, 63, 127, 167), hasta alcanzar finalmente el sagrado regocijo (119:47, 103, 111, 176),! La alegría sazona, solidifica y asienta el espíritu: cuando un corazón se regocija en la Palabra divina la valora en extremo, y permanece ligada a ella para siempre.

C. H. SPURGEON

Por heredad he tomado tus testimonios para siempre. A las Escrituras se les llama en relación a Dios *"testimonios"* porque dan testimonio de él; nos revelan su naturaleza dándonos a conocer sus atributos: su *sabiduría,* su *poder,* su *justicia,* su *bondad* y su *verdad.* Esta revelación la encontramos en los diversos libros de las Escrituras; no en uno solo pero sí en su conjunto. El libro del Génesis nos da testimonio de su poder para crear del mundo,[86] de su justicia para castigarlo anegándolo en agua,[87] y de su bondad al preservar a Noé.[88] El libro del Éxodo nos da testimonio de su providencia sacando al pueblo de Israel de su esclavitud en Egipto y guiándolo por mitad del Mar Rojo;[89] y testimonio de su sabiduría al entregarles su ley.[90] ¿Qué más debería nombrar? En el Nuevo Testamento el Evangelio por entero es un testimonio; en la misma manera como el Antiguo Testamento da testimonio de Dios, el Nuevo Testamento da testimonio de Cristo: *"De este dan testimonio todos los profetas"*;[91] pues tanto en el Antiguo como el Nuevo Testamento, las Escrituras al completo: *"son las que dan testimonio de mí"*.[92] En todas partes hay testimonios de Cristo, de su humildad, de cómo asumió nuestra naturaleza humana; de su poder para hacer milagros; de su sabiduría en las parábolas que explicó; de paciencia y mansedumbre en los tormentos que padeció por nosotros. Tanto a la Ley como el Evangelio, las Escrituras al completo y cada parte de las mismas, corresponde con propiedad el calificativo de *"los testimonios del Señor"* (119:7-10). Y acertadamente elige el santo salmista esa expresión: *"tus testimonios"* al disertar sobre las Escrituras; pues era un calificativo que le aportaba notorio consuelo; pues al ser demostración de la *verdad,* la *bondad,* el *poder* y la *sabiduría* de Dios, hace suyos esos *"testimonios"* y los declara como *"su heredad"*.

RICHARD HOLDSWORTH [1590-1649]
"The valley of vision, or A clear sight of sundry sacred truths: Delivered in twenty-one sermons", 1651

[86] Génesis 1:1.31.
[87] Génesis 6
[88] Génesis 7:1-24.
[89] Éxodo 14:1-31.
[90] Éxodo 19:1-20:22.
[91] Hechos 10:43.
[92] Juan 5:39.

Por heredad he tomado tus testimonios para siempre. Por *"testimonios"* se entiende el pacto entre Dios y su pueblo; por medio del cual Dios se vincula a ellos, y ellos a él. Algunos piensan que se trata tan solo de nombres distintos que reflejan las excelencias de la Palabra; pero es conveniente examinar individualmente las cualidades e implicaciones de cada uno de los términos. Como antes hemos explicado respecto a sus *"juicios"*,[93] por *"testimonios"* se entiende el pacto. No los mandamientos, pues estos no pueden ser una *"heredad"*; y no pueden consolarnos, pues somos incapaces de cumplirlos, y por tanto no nos aportan consuelo antes todo lo contrario. Lo que nos trae paz y consuelo es el evangelio. Cuando hablamos de *"la ley"* en términos genéricos nos estamos refiriendo a toda la palabra de Dios en general, pero particularmente a los mandamientos; y cuando hablamos de *"la palabra"* en términos genéricos nos estamos refiriendo tanto la ley como el evangelio, pero particularmente a las promesas, como leemos Romanos: *"porque Cristo es el fin de la ley, para justicia a todo aquel que cree"*.[94] Así también por *"testimonio"*, diferenciándolo de la ley y visto como contrapartida a la misma, se entiende las promesas del pacto, como en Isaías 8:20: *"¡A la ley y al testimonio! Si no dijeren conforme a esto, es porque no les ha amanecido"*.

RICHARD GREENHAM [1531-1591]
"An Exposition on the 119 Psalme", 1612

Por heredad he tomado tus testimonios para siempre. ¿Por qué el salmista llama a los testimonios divinos *"heredad"?* Porque si bien el cielo es nuestra heredad,[95] la Palabra es la que nos señala hacia el cielo, la que nos aporta seguridad del cielo: todas las evidencias que tenemos del cielo están en ella. Cualquiera que sea la garantía de la heredad que un creyente tiene del cielo, la tiene a través de la palabra de Dios. Las Sagradas Escrituras son nuestro título de propiedad, a modo de contrato o vínculo sagrado entre Dios y su criatura. San Gregorio[96] dice que son, en sentido figurado, el testamento o escritura de donación otorgada por Dios, en la cual se nos transfieren todas las esperanzas y garantías que tenemos del cielo Todo cuanto tenga que ver con Dios y con Cristo, cualquier esperanza de bienaventuranza eterna y de gloria futura, cualquier consuelo del Espíritu, cualquier porción de la gracia, todo nos ha sido otorgado en las promesas del evangelio que encontramos en la palabra de Dios. En este mundo un título de propiedad, aunque en si mismo no sea más que un pedazo de papel, o un pergamino lleno de polvo y gusanos, a veces puede valer todo un condado; por lo que ese papel viejo y carcomido se convierte en lo mas preciado entre todas las posesiones de un hombre. Lo mismo ocurre con las Escrituras; no son en si mismas la herencia propiamente dicha, pero sí son nuestra garantía de ella, nuestra Escritura de propiedad del reino. Al evangelio se le denomina evangelio del reino, más aún, reino mismo, porque: *"el reino de Dios está en medio vosotros"* o mejor *"ha venido a vosotros"*.[97] ¿Por qué las Escrituras reciben ese calificativo de *"reino"?* ¿Por qué *"heredad"?* Por la misma razón en ambos casos, porque en la Palabra tenemos el derecho de transmisión, tenemos la Escritura de propiedad, son nuestra garantía de cualquier título o reclamación de heredad que hagamos al cielo.

RICHARD HOLDSWORTH [1590-1649]
"The valley of vision, or A clear sight of sundry sacred truths: Delivered in twenty-one sermons", 1651

[93] Ver al respecto el comentario de Richard Greenham al versículo 108.
[94] Romanos 10:4.
[95] 1 Pedro 1:3-5.
[96] Se refiere a GREGORIO NACIANCENO [330-390], uno de los cuatro grandes Doctores de la Iglesia Griega llamado el Demóstenes cristiano por el encanto de su elocuencia y "el teólogo" por la profundidad de su doctrina. Es uno de los Padres Capadocios que cooperó con San Basilio y San Gregorio de Nicea para derrotar la herejía arriana.
[97] Lucas 17:20-22.

Porque son el gozo de mi corazón. No dice que los testimonios de Dios *"traen gozo"* a su corazón, sino que *"son el gozo"* de su corazón; no hay otro gozo auténtico fuera de deleitarse en la ley del Señor. Hablando de otros goces, exclama el sabio predicador: *"A la risa dije: Estás loca; y al placer: ¿De qué sirve esto?"*. El gozo verdadero son las arras de la heredad que tenemos en el cielo, es el tesoro del alma; y por tanto, debería estar guardado en lugar muy seguro; pero en este mundo no hay nada seguro. No nos queda, por tanto, sino decir de los testimonios del Señor como la esposa de Cantar de los Cantares: *"Nos gozaremos y alegraremos en ti; nos acordaremos de tus amores más que del vino"*.[98] Por ello exclama el salmista: «Que otros busquen en el vino su alegría, que persigan su goce en la vida social, en la conversación, en la música; lo que es a mí: *"Tú diste alegría a mi corazón mayor que la de ellos cuando abundan en grano y en mosto"*».[99] De hecho, el grano y el mosto son los frutos más preciosos de la tierra, pero no garantizan alegría ni aportan favor especial; un hombre puede tener gran abundancia de ellos,[100] y sin embargo su alma estar vacía, desazonada. Ni el trigo, ni el mosto, ni nada de lo que ellos simbolizan constituyen la alegría de los santos; porque su alma tiene sed de Dios,[101] necesitan a Dios ineludiblemente, y sí no lo tienen mueren de pena; por ello *"sus testimonios"* son *"el gozo de su corazón"*.

ABRAHAM WRIGHT [1611-1690]
"A Practical Commentary or Exposition upon the Book of Psalms", 1661

Vers. 112. *Mi corazón incliné a cumplir tus estatutos de continuo, hasta el fin.* *[Mi corazón incliné a cumplir tus estatutos de continuo, hasta el fin.* RVR*] [He inclinado mi corazón para cumplir tus estatutos por siempre, y hasta el fin.* LBLA*] [Incliné mi corazón a cumplir tus estatutos, de continuo y hasta el fin.* BTX*] [Inclino mi corazón a cumplir tus decretos para siempre y hasta el fin.* NVI*] [He decidido cumplir tus normas, mi recompensa será eterna.* BLP*] [Estoy decidido a obedecer tus decretos hasta el final.* NTV*]*[102]

Incliné mi corazón a cumplir tus estatutos, de continuo y hasta el fin.[103] Su inclinación a la virtud no era a medias, sino algo absoluto y sincero. Había comprometido por entero su corazón a practicar

[98] Cantares 1:4.
[99] Salmo 4:7.
[100] Lucas 12:19.
[101] Salmo 42:1.
[102] La versión griega de los LXX o Septuaginta lee: ἔκλινα τὴν καρδίαν μου τοῦ ποιῆσαι τὰ δικαιώματά σου εἰς τὸν αἰῶνα δι᾽ ἀντάμειψιν que la Vulgata traduce al latín como: *"Inclinavi cor meum ad faciendas justificationes tuas in aeternum, propter retributionem"*, "He inclinado mi corazón a ejecutar eternamente tus justificaciones, por la retribución". La versión sefardí de Ferrara traduce: *"Inclinee mi coraçon para facer tus fueros; para fiempre hafta fin"*. La caldea Peshitta: *"He inclinado mi corazón a poner firmemente por obra tus mandamientos por siempre"*. KRAUS traduce: *"Inclino mi corazón para cumplir tus estatutos. La recompensa es para siempre"*. SCHÖKEL: *"Incliné mi corazón a cumplir tus normas siempre y cabalmente"*.
[103] Como indica FRANCISCO LACUEVA [1911-2005] (ver nota 2) el término עֵקֶב *'êqeḇ*, que la mayoría de nuestras versiones traduce como *"hasta el fin"* en sentido de tiempo, admite también el sentido de *"recompensa"*, como lo traduce la Vulgata siguiendo la versión griega de los LXX o Septuaginta (ver nota 3), o como lo traduce la BLP: *"mi recompensa será eterna"*, y los partidarios de esta idea lo argumentan en el texto del Salmo 19:11, donde se utiliza el mismo vocablo עֵקֶב *'êqeḇ* en un contexto similar y en este caso esta muy claro que el significado es "recompensa": *"En guardarlos hay grande galardón"*. Sin embargo FRANZ DELITZSCH [1813-1890] argumenta que en el caso del Salmo 119:12 corresponde interpretar עֵקֶב *'êqeḇ* a la luz de su uso en el propio Salmo 119, en el versículo treinta y tres (119:33) y el versículo cuarenta y cuatro

la piedad de modo perseverante.[104] Había decidido guardar los estatutos del Señor a lo largo de toda su vida, sin error ni lapso de interrupción. Había hecho del guardar la ley divina la razón fundamental de su existencia, y no temporalmente, sino hasta el fin. Por medio de la oración, la meditación y la resolución, había logrado que todo su ser se inclinara hacia los mandamientos de Dios; o como mejor nos corresponde decir en otras palabras: la gracia de Dios lo había conducido a inclinar su corazón a la vida santificada. Muchos se declaran inclinados a predicar, el salmista se inclina más bien por practicar; muchos se inclinan por celebrar ceremonias, él se inclina por cumplir estatutos; muchos se inclinan por obedecer ocasionalmente, David se inclina por hacerlo permanentemente; y ¡ay!, muchos se inclinan por una religiosidad circunstancial, pero este hombre piadoso tenía su mente puesta en la eternidad, y, por tanto, se declara inclinado y dispuesto a cumplir los estatutos de su Señor y Rey *"hasta el fin"*. Señor, concede a nuestro corazón esta inclinación celestial, que nos permita dar testimonio de que tú nos has vivificado y nos has instruido. Crea en nosotros un corazón limpio, y renueva a diario un espíritu recto en nuestro interior,[105] pues únicamente de ese modo seremos inclinados en la dirección correcta.

C. H. SPURGEON

Incliné mi corazón a cumplir tus estatutos. En el versículo anterior el salmista nos habla de su fe y de la alegría que brota de ella: *"Por heredad he tomado tus testimonios para siempre, porque son el gozo de mi corazón"*. Aquí afirma que cumplirá los estatutos con ese mismo gozo; demostrando con ello que se trataba de un gozo verdadero, puesto que le condujo a obrar el bien. Si nuestra fe en la promesa es verdadera, lo demostraremos cumpliendo los estatutos, de lo contrario, es una fe vana.[106] Nuestra preocupación y esfuerzo por guardar los estatutos y vivir una vida piadosa es lo que alimenta nuestra fe en las promesas de Dios. Esta es la razón por la que muchos tienen en poco la Palabra y los sacramentos; o si los practican, no les sirve de nada, porque no se esfuerzan en guardar los estatutos. Y si no se esfuerzan en guardar los estatutos, la palabra de Dios no puede serles de provecho, ni los sacramentos tampoco.

RICHARD GREENHAM [1531-1591]
"An Exposition on the 119 Psalme", 1612

Incliné mi corazón a cumplir tus estatutos. Fijémonos como en el versículo treinta y seis pide a Dios: *"Inclina mi corazón a tus testimonios"* (119:36); y aquí refiriéndose a sí mismo exclama: *"Incliné mi corazón a cumplir tus estatutos, de continuo y hasta el fin"*.[107] ¿Tenía necesidad de pedir a Dios en oración algo que unos pocos versículos más adelante se jacta de haber asumido por si mismo? No es ninguna contradicción. Dios lo inclina, y hombre se inclina. El hombre se inclina intentando; y

(119:44) donde sí está claro que la idea es de tiempo. No obstante en el caso de 119:112 no existe una certeza absoluta, como podrá constatar el lector a juzgar por las distintas traducciones.

[104] Dice WILLIAM SWAN PLUMER [1802-1880]: «La piedad verdadera se distingue por dos cosas: (1) *Es de corazón.* Puede manifestarse a través de medios convencionales, pero no son su hábitat natural, se rige por los impulsos del corazón. (2) *Es perseverante.* Una vez encontrado el camino lo mantiene hasta el fin, y va doblegando el alma forzándola cada vez más a una mayor obediencia. Como dice GEORGE HORNE [1730–1792]: 'No debemos juzgarnos a nosotros mismos por lo que decimos o hacemos, sino por lo que sentimos, es decir, por la disposición e inclinación de nuestro corazón'».

[105] Salmo 51:10.

[106] Santiago 2:14-17.

[107] AGUSTÍN DE HIPONA [354-430] remarca también este paralelismo, y nos recuerda la conveniencia de contar siempre con ambos elementos: la acción de Dios y la participación de la voluntad humana.

Dios lo inclina obrando. Lo cual no implica que el hombre logre asumir jamás por si mismo aquello por lo que se esfuerza sin contar con Dios, *"porque Dios es el que en vosotros opera tanto el querer como el hacer, por su buena voluntad"*.[108]

WOLFGANG MUSCULUS [1497-1563]
"In Sacrosanctum Davidis Psalterium Commentarii", 1573

Incliné mi corazón a cumplir tus estatutos. Por instinto, nuestro corazón pecaminoso siempre se inclinará hacia las cosas terrenales, poco provechosas, cuestionables e impías; jamás hacia las que verdaderamente importan; de modo que es preciso doblegarlo con mano fuerte, y dirigirlo hacia las cosas espirituales: a la meditación y la contemplación de lo celestial. El corazón carnal se adhiere a lo pecaminoso como el imán al hierro o el acero, y a estos con una facilidad pasmosa, pero rechaza adherirse a nada más. Un corazón sano debe proceder de manera: aunque no puede evitar el contacto con las cosas de este mundo; a veces en exceso, y cuando lo hace se equivoca; fija también sus pensamientos en las cosas santas y rectas, y busca la manera de encontrarlas y adherirse a ellas. David nos cuenta aquí como lo hizo: *inclinó su corazón a los mandamientos de Dios,* tanto para guardarlos como para meditar en ellos. Doblegó su corazón como se doblega algo cuando tiene tendencia a inclinarse hacia donde no debe; y concentró toda su mente en mantenerlo así. Puso su corazón en contacto con la ley de Dios y lo mantuvo doblegado hasta conseguir que se pegara a ella haciendo de ambas cosas una sola. Si no hubiera inclinado su corazón a la Palabra, jamás hubiera alcanzado a adherirse a ella y meditar en ella: la Palabra no alcanza a introducirse en nuestra mente, a menos que nuestra mente se introduzca en la Palabra. Ningún deber espiritual santificado vendrá espontáneamente a nosotros, somos nosotros quienes debemos acercarnos a ellos.

NATHANIEL RANEW [1602-1672]
"Solitude improved by divine meditation, or, A treatise proving the duty and demonstrating the necessity, excellency, usefulness, natures, kinds and requisites of divine meditation", 1670

Incliné mi corazón a cumplir tus estatutos, de continuo y hasta el fin. Había doblegado su corazón a *"cumplir"* y en este objetivo estaba dispuesto a perseverar hasta el fin.

1. *"He inclinado mi corazón"*. El criterio del alma es como una balanza; y la mente, que tiene un poder dominante sobre los afectos, inclina esa balanza hacia lo que juzga como mejor.
2. Tomó la determinación de *"cumplir"* aquello para lo cual había inclinado su corazón.
3. Y de cumplirlo *"hasta el fin"*, es decir, no por *un tiempo* u *ocasionalmente,* sino *de continuo* y hasta el final. De este modo el final de la vida sería el comienzo de la gloria.

ADAM CLARKE [1760-1832]
"Commentary on the Whole Bible", 1831

Incliné mi corazón a cumplir tus estatutos. Con el propósito de definir en pocas palabras lo que es servir a Dios, el profeta afirma haber aplicado no solo sus ojos,[109] manos,[110] y pies[111] a guardar la ley; sino también los afectos de su corazón.

JUAN CALVINO [1509-1564]

[108] Filipenses 2:13.
[109] Salmo 119:19,37,82.
[110] Salmo 119:48.
[111] Salmo 119:59,101,105.

De continuo y hasta el fin. Nuestra existencia sobre la tierra es semejante a una carrera; y en la misma, vano es correr mucho al principio, para desmayar al cabo de un tiempo, y sucumbir antes de llegar a la meta. Esto lo tipificaba la ley mosaica –afirma Gregorio Nazianceno[112]– en el hecho de que en los sacrificios la cola del animal era ofrecida junto con el resto:[113] la perseverancia lo corona todo. Es excelente empezar con buen ánimo; pero esforcémonos en perseverar hasta el fin.

William Cowper [1566-1619]

"A holy alphabet for Sion's scholars full of spiritual instructions, and heavenly consolations [...] delivered by way of commentary upon the whole 119 Psalme", 1613

[112] Se refiere a Gregorio Nacianceno [330-390], uno de los cuatro grandes Doctores de la Iglesia Griega llamado el Demóstenes cristiano por el encanto de su elocuencia y "el teólogo" por la profundidad de su doctrina. Es uno de los Padres Capadocios que cooperó con San Basilio y San Gregorio de Nicea para derrotar la herejía arriana.

[113] Levítico 3:9.

ס Sámaj[1]

Versículos del 113 al 120

Versión poética

Sámaj

Aborrezco, Señor, de los malvados
las acciones inicuas y violentas;
¿cómo pues no amaré tu ley divina,
que tanto las prohíbe y las condena?

Eres mi protector, ven a ampararme;
mi defensor, ven pues en mi defensa,
que a pesar de mis males en mi pecho
las esperanzas todavía reinan.

Y vosotros malignos, cuya furia
contra mí tan atroz se desenfrena,
idos de aquí, dejad que en paz medite
de la ley del Señor las santas reglas.

Mas tú, Dios y Señor, no me retardes
el socorro que implora mi flaqueza,
para que calme un poco mis angustias,
y mi dulce esperanza no se pierda.

Ayúdame, mi Dios, y con tu auxilio
respiraré un instante de mis penas;
¡qué dulce me será pensar tranquilo
lo que con tanto gusto mi alma piensa!

Tú aborreces a todos los injustos,
que tus preceptos sólidos desprecian,

[1] Felipe Scio de San Miguel [1738-1776] en una nota a su traducción de la Vulgata indica que el significado de ס *Sámaj,* es el de "oír"; y Jerónimo de Estridón [347-420] la interpreta como "socorro". Su ideograma es semejante al de un círculo cerrado, simbolizando lo infinito, pero en el que su final parece insertado en el comienzo y el comienzo en el final, pues la parte superior izquierda sobresale, dando la sensación de apoyarse sobre el lateral izquierdo. Por este motivo los cabalistas nos dicen que simboliza la espina dorsal, un pilar, una estructura, evocando la acción de apoyar o dar soporte. En su simbolismo de círculo cerrado, encaja perfectamente con el versículo ciento catorce: *"Mi refugio y mi escudo eres tú"* (119:114), recordándonos las palabras de otro salmo: *"bendecirás al justo; como con un escudo lo rodearás de tu favor"* (Salmo 5:12 - ver también Salmo 3:3; 32:7, 10). En su simbolismo de estructura y soporte, encaja perfectamente con los versículos ciento dieciséis y ciento diecisiete: *"Sostenme conforme a tu palabra ... Apóyame, y seré salvo"* (119:116-117).

porque con procederes tan perversos
sus acciones también serán perversas.

El que no ama ni estima tus preceptos
es un diablo infernal sobre la tierra,
y la vista horrible de tan fiero monstruo,
el amor de tu ley más me despierta.

Haz, Señor, que a mi carne la traspase
de tu santo temor la fiel saeta,
temo mucho tus juicios escondidos,
pero haz, piadoso Dios, que más los tema.

DEL "SALTERIO POÉTICO ESPAÑOL", SIGLO XVIII

Comentario general a los versículos del 113 al 120: La decimoquinta letra del alfabeto hebreo ס *Sámaj* asemeja un soporte o pilar, lo cual concuerda perfectamente con el tema de la octava, en la que el salmista ruega a Dios por dos veces pidiendo que le apoye y sostenga (119:116-117). Y la destrucción total de aquellos que desprecian la ley divina o alientan el escepticismo hacia ella (119:118-119), es comparable al destino de los príncipes de los filisteos, sobre quienes Sansón hizo caer el techo del templo de Dagón donde se divertían derribando las dos columnas que lo sostenían.[2]

JOHN MASON NEALE [1818-1866] y RICHARD FREDERICK LITTLEDALE [1833-1890]
"Commentary on the Psalms from Primitive and Mediæval Writers", 1869

[2] FRANCISCO LACUEVA [1911-2005] en su versión española del "Comentario de Matthew Henry" ofrece el siguiente resumen: «Esta octava puede llevar por título: 'EL ESTÍMULO DE LA LEALTAD'.

»1. La lealtad del salmista se echa de ver (A) En el santo odio que abriga contra los de doblez de mente (119: 113): en hebreo סֵעֲפִים *sê'ăpîm* compárese con que en la pregunta que Elías hace al pueblo: *"¿Hasta cuándo claudicaréis vosotros entre dos pensamientos?* (1 Reyes 18:21), donde leemos פֹּסְחִים עַל־שְׁתֵּי הַסְּעִפִּים *pōsəḥîm 'al-šətê hassə'ippîm* de סָעִיף *saiph,* la misma raíz hebrea"; aunque no sabemos a quiénes se refiere, la expresión indica personas que estaban indecisas en su culto y servicio al verdadero Dios. (B) Es su deseo (119:115 – comparar con Salmo 6:8) mantenerse alejado, cuanto más mejor, de los malvados. Sabía muy bien que las malas compañías corrompen las buenas costumbres (1 Corintios 15:33), y quería verse alejado del contagio. Y (C) especialmente, en su decisión firme, valiente, de observar la Ley (ver 119:115b). Nótese la frase: "*Y guardaré* (en hebreo וְאֶצְּרָה *wə'eṣṣərāh*) los *mandamientos de mi Dios*". Como un buen soldado o, mejor, como un valiente santo, pues la verdadera bravura consiste en la firme resolución de obedecer la voluntad de Dios y evitar el pecado.

»2. El estímulo para esa lealtad lo halla el salmista (A) en Dios mismo, quien es su refugio y escudo (119:114), su sostén y apoyo (119: 116-117) y su vindicador (119:118-119); pues Dios *"rechaza"* (119:118; en hebreo סָלִיתָ *sālîṯā*) y *"hace cesar"* (119:119; en hebreo הִשְׁבַּתָּ *hišbatā*) a los malvados como quien separa la escoria del metal para refinarlo. Eso es lo que Dios hace con los malvados y, comoquiera que el salmista no desea correr la suerte de ellos, ama los testimonios de Dios (119:119b). ¿Tenía ante sí la profecía de Ezequiel 22:17-22? En todo caso, la imagen de la escoria es la misma. (B) En la Palabra de Dios, la cual es su esperanza (119:114b –compárese con 119:74); en esa Palabra confía, para no verse avergonzado de su esperanza (119:116). (C) finalmente, en el castigo que sufren los desobedientes (119:118-120), lo cual se palpa especialmente en el versículo que cierra la sección: *"Mi carne se estremece por temor de ti, y de tus juicios tengo miedo"* (119:120). El salmista se estremecía al contemplar el castigo de los malvados y

Vers. 113. ***Aborrezco a los hombres hipócritas; mas amo tu ley.*** *[Aborrezco a los hombres hipócritas; y amo tu ley.* RVR*] [Aborrezco a los hipócritas, empero amo tu ley.* LBLA*] [Aborrezco a los de doble ánimo, pero amo tu ley.* BTX*] [Aborrezco a los hipócritas, pero amo tu ley.* NVI*] [Odio a los hipócritas y amo, en cambio, tu ley.* BLP*] [Detesto a los que tienen divididas sus lealtades, pero amo tus enseñanzas.* NTV*]*[3]

Odio los pensamientos vanos; [4] *pero amo tu ley.* En esta octava el salmista se ocupa de los pensamientos, de las cosas y personas opuestos a los pensamientos santos y los caminos de Dios. Experimenta un profundo temor hacia los poderes de las tinieblas y sus aliados, por lo cual se enfrenta a ellos con una oposición decidida (119:115). Si bien comenzó la treceava מ *Mem,* con un canto de amor a la ley divina: *"¡Cuánto amo tu ley!;* aquí comienza con una declaración de odio en contra de los que la infringen: *"Aborrezco a los hipócritas"*.[5]

---

abrigaba un santo temor de los juicios de Dios, ya se trate de las *"sentencias"* contra los malvados o de las *"leyes"* conforme a las cuales son juzgados. Dice ALEXANDER F. KIRKPATRICK [1849-1940]: 'El temor reverente es el correcto complemento del santo amor'».

[3] La versión griega de los LXX o Septuaginta lee: παρανόμους ἐμίσησα καὶ τὸν νόμον σου ἠγάπησα que la Vulgata traduce al latín como: *"Iniquos odio habui, et legem tuam dilexi"*, "He aborrecido a los inicuos, y he amado tu ley". La versión sefardí de Ferrara traduce: *"Penfamientos aborreci, y tu Ley amee"*. La caldea Peshitta: *"He aborrecido a los inicuos, pero he amado tu ley"*. KRAUS traduce: *"Aborrezco a los veleidosos, pero amo tus instrucciones"*. SCHÖKEL: *"Detesto a los que se han desgajado y amo tu voluntad"*.

[4] Por razón del texto del comentario hemos transcrito literalmente la versión inglesa KJV que utiliza Spurgeon, y que traduce: *"I hate vain thoughts: but thy law do I love"*. Pero no es la mas fiel al sentido del texto hebreo que dice: סֵעֲפִים שָׂנֵאתִי *sê'āpîm śānêṯî* de סֵעֲפִים *seeph*, un adjetivo que significa "dividido" o "partido por la mitad", que únicamente aparece en este versículo, y que proviene de la misma raíz que סָעִיף *saiph* que significa ramas divididas (Isaías 17:6) o roca partida por una hendidura (Isaías 2:21) Ver también al respecto 1 Reyes 18:21 tal como indica FRANCISCO LACUEVA [1911-2005] en su comentario [Ver nota 2 en esta misma octava]. El sentido es de personas de doble mentalidad, con una doble cara, de corazón dividido. FERDINAND HITZIG [1807-1875] traduce: *"de doble lengua",* en el sentido de personas a uno dicen una cosa y a otro otra; y EDUARD RIEHM [1830-1888], lo identifica con las personas descritas en el Salmo 12:3: *"Hablan con labios lisonjeros, y con doblez de corazón"*. Aunque el término *"hipócritas"*, (que utilizan casi todas las versiones españolas), expresa en cierto modo esta idea, no lo vemos como el mas acertado; nos gusta más la traducción que hace la BTX: *"de doble ánimo",* más ajustada al sentido del texto hebreo. FRANZ DELITZSCH [1813-1890] es de esta misma opinión cuando dice: «El sintagma hebreo סֵעֲפִים *sê'ăpîm* de סֵעֵף *seeph* (forma en los sustantivos hebreos que indica defectos o carencias) quiere decir personas divididas en su interior, oscilando entre dos opiniones, practicantes por un lado del culto a Yahvé y siguiendo por el otro las tradiciones paganas; o dicho en otras palabras, tratando de combinar la fe con el naturalismo y el materialismo. Frente a los tales, el salmista opone una fe, esperanza y dedicación absolutas a la revelación de Dios; y a todos los empeñados en apartarle de ella les ataja indignado con un decidido: סוּרוּ־מִמֶּנִּי *sūrū-mimmennî, "apartaos de mí"* (119:115)».

[5] CHARLES ELLICOTT [1819-1905] en *An Old Testament Commentary for English Readers,* 1897, considera probable que se trate de una alusión concreta por parte del salmista a ciertos «personajes prominentes dentro de la comunidad israelita que por razones políticas y comerciales se mostraban tolerantes con las ideas y costumbres paganas, y por tanto, opuestos a una ortodoxia estricta en la aplicación y observancia de la ley». AGUSTÍN DE HIPONA [354-430] dice al respecto: «Démonos cuenta que no dice: *"Odio a los inicuos y amo a los justos",* como tampoco: *"Odio la iniquidad y amo tu ley",* sino que habiendo dicho *"Odio a los inicuos"* añade *"amo tu ley"*. ¿Por qué? Para demostrar que su odio no es arbitrario ni generalizado; que no

Lo opuesto a la ley de Dios, inmutable e infalible, es el criterio humano, indeciso y cambiante. Y a David, que tenía toda su reverencia y consideración centrada en la Palabra segura de testimonio, esto le repugnaba; y en justa proporción al amor que sentía por la ley se erigía su aborrecimiento a las invenciones de los hombres. Los pensamientos de los hombres no son más que vanidad; pero los pensamientos de Dios son verdad pura. En nuestros días se habla mucho de la "intelectualidad" de "grandes intelectuales", incluso de "predicadores intelectuales". ¿Qué hay detrás de todo ello sino el orgullo ancestral del corazón humano? El hombre necio pretende ser sabio. El Salmista jamás se gloriaba de sus pensamientos; aquello que en su época se consideraba "intelectualidad" lo detestaba. Pues el ser humano, incluso cuando piensa en la mejor manera que sabe y puede, sus pensamientos más elevados quedan por debajo de la revelación divina, tan distantes como la tierra queda de los cielos. Algunos de nuestros pensamientos son particularmente vanos porque son pura vanidad: orgullo, engreimiento y confianza en nosotros mismos; otros porque nos traen desilusión: como la ambición pecaminosa, las amistades y cuanto implica confianza en el hombre; otros por su vacuidad y frivolidad: como los pensamientos ociosos y los romances etéreos a los que muchos se entregan con pasión. Pero la mayoría de nuestros pensamientos son vanos en el sentido de pecaminosos, impíos y necios. El salmista no permanece indiferente a los malos pensamientos como suelen hacer los negligentes y despreocupados; los contempla con un odio tan profundo como profundo es el amor con que se aferra a los pensamientos puros.

La octava anterior es de carácter práctico, esta es reflexiva; en la anterior se ocupa de dirigir adecuadamente sus pies, aquí de controlar su corazón: las emociones del alma son tan importantes como las acciones de la vida práctica, puesto que son la fuente y manantial de donde las acciones proceden. Cuando amamos la ley divina, se transforma para nosotros en una ley de amor, y nos aferramos a ella con todo nuestro corazón.

C. H. SPURGEON

Vers. 112-113. Tan pronto como David inclinó su corazón a los estatutos de Dios, la consecuencia inmediata fue: *"odio los pensamientos vanos"*. Y así leemos: *"Mi corazón incliné a cumplir tus estatutos"* (119:112); y a continuación: *"Odio los pensamientos vanos"* (119:113). En su corazón la vanidad se convirtió en un estorbo. La nueva criatura es igual de meticulosa con la maldad en su mente, que en su corazón o su vida. El creyente verdadero tienen un mayor ahínco en mostrarse puro ante los ojos de Dios que no a los ojos de los hombres, porque sabe que nadie, fuera de Dios, tiene acceso a las andanzas de su corazón o los pensamientos de su mente; sin embargo, es igual de cuidadoso en procurar que no surjan pecados en su interior, como en evitar que se exterioricen ante los demás.

STEPHEN CHARNOCK [1628-1680]
"The Sinfulness and Cure of Thoughts", 1667

Odio[6] *los pensamientos vanos.* O también bien *"las actuaciones engañosos"; "los comportamientos de doble ánimo"*; o *"los pensamientos contradictorios, inconsistentes, mudadizos"*; es decir, ese tipo de prácticas abominables propias de los hipócritas, que navegan según sopla el viento

odia a los hombres inicuos por deseo propio ni por su naturaleza de seres humanos, sino por su iniquidad, que los convierte en infractores y enemigos de la ley divina a la que él tanto ama».

[6] En hebreo שָׂנֵאתִי *śānêṯî*. Dice CARL HEINRICH RIEGER [1726-1791] en *"Kurze Betrachtungen über die Psalmen"*: «El odio a lo malo debe avivar y purificar el amor a lo bueno; y a su vez, el amor a lo bueno, debe regular y controlar el odio a lo malo».

y disparan con un arco de doble cuerda.[7] La el término hebreo סֵעֲפִים *sê'ăpîm* de סֵעֲפִים *seeph* significa en su raíz original "ramas de árbol" o "sarmientos" que brotan de manera confusas y se entrecruzan unas con otras de forma dispar.[8]

THEODORE HAAK [1605-1690]
"The Dutch Annotations Upon the Whole Bible", 1657

Odio los pensamientos vanos. Esas horas tranquilas que nos quedan después del trabajo, el ocio, las amistades y el sueño; y que pasamos en solitud, bien sean en el hogar o fuera de él; los impíos acostumbran a llenarlas saturando su mente con pensamientos vanidosos, codiciosos, voluptuosos, envidiosos o perversos, que a menudo llegan incluso a contaminar sus sueños. Tales elucubraciones que indican el estado corrupto de su corazón, además de ser absolutamente pecaminosas en sí mismas, y como tales serán consideradas en el día del juicio; despiertan las concupiscencias dormidas en su interior y les conducen a violaciones flagrantes y groseras de la ley sagrada. Cuando no se les presenta abiertamente la oportunidad de cometer la transgresión real, u otra gratificación mejor; su mente carnal se recrea dejándose llevar por ensoñaciones afines a su naturaleza, y se deleita revolcándose en ellas. Pero la mente espiritual retrocede horrorizada; reconoce que le resulta imposible evitar que tales pensamientos hagan acto de presencia en ella de vez en cuando en calidad de intrusos, pero no son bien recibidos y los aparta al punto; en tanto que se esfuerza con ahínco para que su mente llene las horas de asueto y retiro con otros temas más provechosos: como meditar en la palabra de Dios, y los atesore con deleite. No hay mejor demostración de la verdadera naturaleza de nuestro carácter cristiano que nuestra actitud ante los *"pensamientos vanos"* y pecaminosos que revolotean por nuestra mente: si les damos cabida, los acogemos y amamos; o bien si los aborrecemos, los apartamos y oramos en su contra.[9]

THOMAS WATSON [1620-1686]
"Saint's Spiritual Delight", 1660

Odio los pensamientos vanos. Sentir un leve desagrado hacia el mal, no es suficiente; se nos exige un repudio total, un odio completo y profundo contra de toda suerte de pecado, en todas sus formas posibles, y a todos los niveles.[10]

DAVID DICKSON [1583-1663]
"Explication upon the Last Fifty Psalms", 1655

[7] En el original *"have two strings to their bow"* "tienen dos cuerdas en su arco" o "un arco de doble cuerda", modismo inglés que expresa la idea de personas de doble ánimo y doble cara, que por delante dicen una cosa y por detrás hacen otra, es decir, hipócritas.

[8] SCHÖKEL indica también que la expresión hebrea סֵעֲפִים *sê'ăpîm* con la que comienza el versículo ciento trece (119:113), es peculiarmente rara, su raíz significa "podar, arrancar" y el sustantivo "rama". Parece como si el salmista quisiera referirse con ella a ramas desgajadas del tronco comunitario, dado que las tribus son סָעִיף *saiph*, "ramas vivas", según se desprende de Isaías 27:10: סְעִפֶיהָ *sə'ipehā,* visto en paralelo con otros pasajes como Ezequiel 19:14; 31:12.

[9] Dice al respecto WILLIAM SWAN PLUMER [1802-1880]: «Quien siente aversión a los *"pensamientos vanos"*, no se encontrará a gusto en medio de personas vanas, no escuchara con deleite discursos vanos, ni leerá con placer libros vanos».

[10] Dice JOHANN PETER LANGE [1802-1884]: «Es totalmente imposible amar y confiar en Dios con solo la mitad del corazón; la oposición de su Palabra a todo lo malo no es cosa parcial o somera sino radical y absoluta. El creyente que trata de separarse de su vinculación al mundo siguiendo un proceso gradual, por

Pensamientos vanos. La palabra *"vanos"* se usa en lenguaje bíblico para calificar en general todas las opiniones de los hombres. Y puede aplicarse en particular a las opiniones heterodoxas, doctrinas falsas y herejías condenables; incompatibles con las perfecciones de Dios, despectivas con su gracia, ofensivas para la persona y oficios de Cristo. y contrarias a la Palabra. En consecuencia, todas las personas santas y buenas las rechazan y aborrecen.

JOHN GILL [1697-1771]
"Exposition of the Old Testament", 1748

Pensamientos vanos. En hebreo סֵעֲפִים *sê'ăpîm,* "confusos", a caballo entre dos opiniones opuestas: *"Y acercándose Elías a todo el pueblo, dijo: ¿Hasta cuándo claudicaréis vosotros entre dos pensamientos? Si Jehová es Dios, seguidle; y si Baal, id en pos de él. Y el pueblo no respondió palabra".*[11] De ahí que su significado es: dudas escépticas.

CRISTOPHER WORDSWORTH [1807-1885]
"Commentary on the Whole Bible", 1856

Pensamientos vanos. Los pensamientos de los hombres giran en torno a nimiedades y cosas frívolas que no aportan beneficio alguno, ni a ellos mismos ni a los que les rodean: *"Plata escogida es la lengua del justo; mas el corazón de los impíos es como nada".*[12] Todos sus debates, jactancias, reflexiones y declaraciones, son palabras huecas que carecen de valor, porque parten de fundamentos necios y se expresan con una vanidad pueril. *"El pensamiento del necio es pecado";*[13] no ya por su maldad sino por su propia necedad. El pensamiento es primogénito del alma, huésped distinguido de la mente; y sin embargo, con cuanta ligereza lo prodigamos malgastándolo en cualquier frivolidad. Basta para comprobarlo con observar el proceder de cualquiera a lo largo de un día y tomar nota. ¡Cuánta irracionalidad y locura destilan el conjunto de reflexiones que es capaz de emitir la mente humana: *"Jehová conoce los pensamientos de los hombres, que son insustanciales".*[14] Si juzgáramos las cosas según Dios las juzga, pondríamos todos nuestros pensamientos, razonamientos y discursos, dentro de un cajón y lo etiquetaríamos con estas palabras: *Vanidad, y nada más que vanidad.*[15] Echemos, por tanto, un vistazo a los principales pecados que se apoderan de nuestros pensamientos:

1. *Inmundicia:* La maldad especulativa da lugar casi siempre a la maldad activa: *"ya adulteró con ella en su corazón".*[16] Con nuestros pensamientos nos contaminamos a nosotros mismos, y la inmundicia es el principal elemento contaminador.
2. *Venganza.* Lo que se comprime y conserva apretujado durante mucho tiempo acaba por agriarse; y el descontento acumulado en nuestro interior, suscita venganza. Las ideas de desquite resultan especialmente dulces a nuestra naturaleza carnal: *"Perversidades hay en su corazón; anda pensando el mal",*[17] es decir, rebosa en pensamientos rencorosos y vengativos.
3. *Envidia.* Un pecado que se retroalimenta en la mente con sus propias disquisiciones. Las cánticos y danzas de las jóvenes de Israel entonando que Saúl mato a sus miles, pero David

etapas, tiene el fracaso garantizado: en un punto u otro del proceso vuelve a caer de nuevo. La separación debe ser inmediata y completa».

[11] 1 Reyes 18:21.

[12] Proverbios 18:20.

[13] Proverbios 24:9.

[14] Salmo 94:11.

[15] Eclesiastés 1:2.

[16] Mateo 5:29.

[17] Proverbios 6:14.

a sus diez miles, originaron en la mente de Saúl un verdadero frenesí que le condujo al odio contra David.[18] La envidia es un virus maligno que habita en lo más recóndito del corazón humano, pero se fragua y toma cuerpo a base de sumarle pensamientos recelosos.

4. *Orgullo.* Bien sea en las actitudes o en los propósitos, ya sea vanagloria o engreimiento; el orgullo cautiva fácilmente nuestros pensamientos con susurros de vanidad: por eso dice la Escritura: *"Desbarató a los arrogantes en el pensamiento del corazón de ellos"*.[19]Los orgullosos son auténticas máquinas productoras de pensamientos vanos.
5. *Codicia.* Que no es otra cosa sino maquinaciones perversas del corazón: *"tienen el corazón habituado a la codicia, y son hijos de maldición"*.[20] La codicia ejerce un dominio tan absoluto sobre los pensamientos que los retrae incluso de la adoración a Dios: *"se sientan delante de ti como pueblo mío, y oyen tus palabras pero no las ponen por obra; hacen halagos con sus bocas, pero su corazón anda en pos de su avaricia"*.[21]
6. *Desconfianza.* Otro pecado que se apodera de nuestros pensamientos con demasiada frecuencia, predisponiéndolos en contra de la providencia divina.

THOMAS MANTON [1620-1677]
"God's Word in Our Hearts", 1681

Pensamientos vanos. Analicemos un poco qué es la vanidad. Y en todas las acepciones del término acabaremos concluyendo que nuestros pensamientos no son otra cosa que *"pensamientos vanos"*, porque son:

1. *Improductivos. "Vanidad de vanidades, dice el Predicador, vanidad de vanidades, todo es vanidad. ¿Qué provecho recibe el hombre de todo el trabajo con que se afana bajo el sol?"*.[22] Así son nuestros pensamientos por propia naturaleza; el más sabio de todos ellos nada puede aportarnos en tiempos de necesidad, de tentación, de angustia vital, o en el día de la muerte y el juicio: *"sabiduría, no de este mundo, ni de los príncipes de este mundo, que se desvanece"*;[23] *"Mas el corazón de los impíos es como nada"*,[24] es decir, puestos todos juntos no valen un centavo.
2. *Vacuos.* En el Salmo 62 leemos: *"pesan menos que un soplo"*.[25]¿Y de quién afirma el salmista tal cosa? De los hombres; y si algo hay en ellos realmente ligero son sus pensamientos, que flotan perdidos cual escoria del corazón. Cuando todos los pensamientos de Belsasar rey de Babilonia fueron pesados juntos en una balanza: los más sabios y elucubrados, los más sólidos y profundos, fueron hallados *"faltos de peso"*.[26]
3. *Insensatos.* En Proverbios leemos que *"el que persigue lo vano carece de entendimiento"*.[27] Y así son nuestros pensamientos: insensatos. Entre los diversos males que el Señor afirma

[18] 1 Samuel 18:6-9.
[19] Lucas 1:51.
[20] 2 Pedro 2:14.
[21] Ezequiel 33:31.
[22] Eclesiastés 1:2-3.
[23] 1 Corintios 2:6.
[24] Proverbios 10:20.
[25] Salmo 62:9 LBLA.
[26] Daniel 5:27.
[27] Proverbios 12:11 LBLA.

"salen del corazón",[28] el término griego ἀφροσύνη se interpreta como *"insensatez";*[29] es decir, pensamientos absurdos y necios, carentes de propósito, que no sirven para nada.

4. *Inconsistentes.* Etéreos e incorpóreos, como una sombra: *"El hombre es semejante a un soplo; sus días son como una sombra que pasa".*[30] Así son nuestros pensamientos, flotan, revolotean y se desvanecen como burbujas: *"Su espíritu exhala, él vuelve a la tierra; en ese mismo día perecen sus pensamientos".*[31] Y por último, son:
5. *Perversos* y *pecaminosos. ¿Hasta cuándo morarán dentro de ti pensamientos perversos?*[32] Los *"hombres vanos y perversos"*[33] van juntos en el mismo yugo, todos ellos hijos de Belial.[34]

Tales son nuestros pensamientos por su propia naturaleza: *"El pensamiento del necio es pecado, y abominación a los hombres el escarnecedor".*[35] Y por tanto, el hombre necesita ser humillado para doblegar su orgullo.

THOMAS GOODWIN [1600-1679]
"The Vanity of Our Thoughts 1650

Pero amo tu ley. Debes cimentar tu corazón mediante un amor profundo a Dios; y ese amor refrenará tus pensamientos atándolos con una violencia placentera. De lo contrario, nuestra mente es cual corcho que flota en el agua, y que un leve soplo de aire y un reflujo de marea basta para que oscile sin cesar de un lado para otro. Los eruditos que se deleitan en el estudio, trabajan exhaustivamente aquellos temas en los que apoyan sus teorías, y se aferran a ellos como el hierro al imán. Quién ha sido "dotado con alas de amor divino",[36] dará constantemente miradas furtivas a Cristo y realizará escapadas cortas a su presencia varias veces al día, incluso en medio de sus quehaceres y obligaciones cotidianas. El amor es una gracia que solidifica y afianza, aumentando nuestro deleite en Dios: en parte por la contemplación de su bondad que se refleja en el acto mismo de amarnos, y en parte por las recompensas que otorga a todo comportamiento afectuoso de parte de sus criaturas. Ambas cosas impedirán que el corazón dé cabida a compañeros disolutos como son los pensamientos vanos y pecaminosos.

STEPHEN CHARNOCK [1628-1680]
"The Sinfulness and Cure of Thoughts", 1667

[28] Marcos 7:22.
[29] La RV60, y LBLA lo traducen como *"insensatez".* La RVR, y la BLP lo traducen como como *"estupidez".* La NVI y la NTV: como *"necedad".*
[30] Salmo 144:4 LBLA.
[31] Salmo 146:4 LBLA.
[32] Jeremias 4:14 LBLA.
[33] 2 Crónicas 13:7.
[34] Sinónimo o apelativo de Satanás (2ª Samuel 25:17,25; Nahúm 1:11; 2ª Corintios 6:15, RVR).
[35] Proverbios 24:9.
[36] En el original: *"winged with a divine love."* El concepto "alas de amor divino" parte de los místicos españoles del siglo xvi, particularmente de SAN JUAN DE LA CRUZ [1541-1591], considerado como "el cantor del amor divino"; y el monje cartujo de Zaragoza Diego de Funes, verdadero autor de la obra poética *"Los Diez Grados del Amor Divino"* (atribuida erróneamente a Juan de Palafox y Mendoza) donde leemos estrofas como esta: *"Si á tus divinos rayos, Sol hermoso, / atrevido volé, derritan luego / la cera de mis alas tus ardores. / Será premio el castigo venturoso; / pues si caigo abrasado de tu fuego / me anegaré en el mar de tus amores".*

Vers. 113-114. Tan pronto como David pudo dar testimonio de su amor al mandamiento, no dudó en su reclamo de la promesa. Declara en primer lugar su amor sincero a los preceptos divinos: *"Odio los pensamientos vanos; pero amo tu ley"* (119:113). Fijémonos que no afirma estar *"libre"* de pensamientos vanos sino que los *"odia"*; que el aprecio que siente hacia ellos no es distinto al que sentiría por una cuadrilla de ladrones que entrara furtivamente en su casa. Tampoco manifiesta guardar completamente la ley, dice que la *"ama"*, aun cuando no sea capaz de cumplirla exactamente en todos sus particulares. Pero es a partir de este testimonio de haber desarrollado en su conciencia un amor ferviente a la ley, que su fe procede con claridad y firmeza a reclamar los privilegios de la promesa, según se desprende de las palabras que siguen a continuación: *"Tú eres mi escondedero y mi escudo; en tu palabra espero"* (119:114).

WILLIAM GURNALL [1617-1679]
"Christian in complete armour, or, a treatise of the saints war against the Devil", 1655

Vers. 114. ***Mi escondedero y mi escudo eres tú; en tu palabra he esperado.*** *[Mi refugio y mi escudo eres tú; en tu palabra espero.* RVR*] [Tú eres mi escondedero y mi escudo; en tu palabra espero.* LBLA*] [Tú eres mi escondedero y mi escudo, en tu palabra he puesto mi esperanza.* BTX*] [Tú eres mi escondite y mi escudo; en tu palabra he puesto mi esperanza.* NVI*] [Tú eres mi refugio y mi escudo, en tu palabra pongo mi esperanza.* BLP*] [Tú eres mi refugio y mi escudo; tu palabra es la fuente de mi esperanza.* NTV*]*[37]

Tú eres mi escondedero y mi escudo.[38] Vuela hacia su Señor en busca de refugio contra los pensamientos vanos; se refugia allí donde lejos de intrusiones atormentadoras y en silencio solemne, su alma pueda hacer de Dios su escondite. Y en aquellos caso en los que le resultaba imposible de hacerlo, cuando las circunstancias le impedian estar a solas con Dios para hacer de él su escondite, utilizaba al Señor como su escudo con el que evitar los ataques de sugerencias perversas. Este versículo es experiencia personal en estado puro experimental, atestigua hasta que punto el escritor sagrado se conocía bien a sí mismo: era incapaz de luchar contra sus propios pensamientos, o escapar de ellos, hasta que volando a su Dios hallaba en él liberación. Fijémonos en que aquí no menciona la palabra de Dios como su doble defensa, sino que atribuye esa defensa a Dios mismo. Siempre que nos veamos asediados por ataques de naturaleza espiritual profunda, como suelen ser los que emergen de pensamientos vanos, haremos bien en volar raudos a nuestro Señor y arrojarnos en su real presencia. ¡Feliz aquel que puede dirigirse al Dios trino y exclamar de corazón y en verdad: *"Tú eres mi escondedero"*. Porque es señal de que ha contemplado a Dios bajo ese aspecto glorioso del pacto que le garantiza el más seguro consuelo.[39]

---

[37] La versión griega de los LXX o Septuaginta lee: βοηθός μου καὶ ἀντιλήμπτωρ μου εἶ σύ· εἰς τὸν λόγον σου ἐπήλπισα que la Vulgata traduce al latín como: *"Adjutor et susceptor meus es tu, et in verbum tuum supersperavi"*, "Ayudador, y amparador eres tú; y he esperado mucho en tu palabra". La versión sefardí de Ferrara traduce: *"Mi encubrimiento y mi efcudo tu; a tu palabra efperee"*. La caldea Peshitta: *"Tú eres mí amparo y mí refugio; en tu palabra he puesto mí confianza"*. KRAUS traduce: *"Tú eres mi protección y mi escudo; espero en tu palabra"*. SCHÖKEL: *"Tú eres mi refugio y mi escudo: en tu palabra espero."*.

[38] La Vulgata lo traduce al latín como: *"Adjutor et susceptor meus es tu"*, "Ayudador, y amparador eres tú" sobre lo cual comenta AGUSTÍN DE HIPONA [354-430]: «*"Ayudador"* porque me ayuda a obrar el bien; *"amparador"* porque me ampara protegiéndome del mal».

[39] Salmo 27:5; 32:7; 84:9; 91:1.

En tu palabra espero.[40] Y bien que podía hacerlo, puesto que lo tenía probado y demostrado: busca para su defensa en Aquel que en ocasiones anteriores había sido para él torre fuerte[41], implorando protección contra todo peligro y preservación de toda tentación. Ejercitar la esperanza donde hemos experimentado ayuda, es cosa fácil. A veces, cuando los pensamientos sombríos nos afligen, lo único que podemos hacer es esperar y, felizmente, la palabra de Dios siempre nos aporta motivos de aliento y razones para la esperanza; de hecho ella misma se convierte en hábitat propicio y soporte de nuestra esperanza, capacitándonos para superar todo tipo de pensamientos negativos. En medio de la inquietud y la preocupación, la esperanza del cielo infunde una quietud apaciguadora.

C. H. SPURGEON

Tú eres mi escondedero y mi escudo; en tu palabra espero. El salmista nos enseña a volar lejos de los pensamientos y personas vanas, por medio de la oración, hacia Dios haciendo de él nuestro Refugio y Protector. Este es el curso que todo creyente adoptará de forma natural en la hora de la tentación y peligro, cual los polluelos al percibir que un ave de rapiña se cierne sobre sus cabezas, se refugian en su *"escondedero"*, bajo las alas de la gallina clueca; o como el guerrero se protege debajo su *"escudo"* de los dardos que le lanzan.

GEORGE HORNE [1730-1792]
"A Commentary on the Psalms in which Their Literal Or Historical Sense, as They Relate to King David, is Illustrated", 1825

Tú eres mi escondedero y mi escudo. Cristo tiene todas las calificaciones precisas para ejercer esta función [ser un escondedero para los creyentes]:

1. *Poder.* Un escondedero debe ser un lugar fortificado.[42] Las casas de cartón no son un lugar apropiado para esconderse. Las cabañas de juncos o de madera carcomida no son refugio seguro. Jesucristo es lugar fortificado; la Roca de los siglos:[43] su nombre es "Dios fuerte".[44]
2. *Posicionamiento.* Un escondedero debe ser un lugar alto.[45] A los edificios y casas bajas se trepa con mucha facilidad. Jesucristo es un lugar alto, tan alto como el mismo cielo.[46] Es la verdadera escalera de Jacob que se extiende desde la tierra hasta el cielo.[47] Alto en demasía para los hombres, inaccesible para los demonios; no hay criatura capaz de escalar sus muros.
3. *Inviolabilidad.* Un escondedero debe ser un lugar secreto.[48] Cuanto más secreto, más seguro. Jesucristo dispone de multitud de cámaras secretas que ninguna criatura creada es

[40] En hebreo לִדְבָרְךָ יִחָלְתִּי *lidbārəkā yiḥālətî*. Dice al respecto AGUSTÍN DE HIPONA [354-430]: «El griego utiliza la palabra ἐπήλπισα, que el traductor latino vierte intencionadamente en la expresión compuesta "*supersperavi*", es decir, *sobreesperé,* o esperé en gran manera, por considerar que era la que mejor aclara y describe tanto la actitud del salmista. No se limita a esperar, sobreespera, es decir, espera más allá de lo prometido, consciente, como afirma el apóstol, de que Dios: *"es poderoso para hacer todas las cosas mucho más abundantemente de lo que pedimos o pensamos"* (Efesios 3:20). Lo que Dios promete, es poco esperarlo, hay que *"sobreesperarlo"*».

[41] Salmo 59:9,16; Proverbios 18:10.

[42] En latín en el original, *locus munitissimus*. Del latín *munitus,* "fortificado, protegido, extremadamente seguro".

[43] Isaías 26:4.

[44] Isaías 9:6.

[45] En latín en el original, *locus excelsissimus*. Del latín *excelsus, excello,* "alto, elevado, inaccesible".

[46] Isaías 52:13; Filipenses 2:9; Hebreos 2:9; 1 Pedro 3:22.

[47] Génesis 28:12.

[48] En latín en el original, *locus abditissimus*. Del latín *abditus, abdita,* "secreto, recóndito, arcano, oculto".

capaz de encontrar: *"Paloma mía, que estás en los agujeros de la peña, en lo escondido de escarpados parajes"*.[49] Así como Cristo escondió consuelos que nadie conoce sino aquel que los recibe;[50] dispone también de lugares secretos que nadie puede descubrir sino el que mora en ellos: *"Anda, pueblo mío, entra en tus aposentos, cierra tras ti tus puertas; escóndete por un breve momento"*.[51]

4. *Fidelidad.* Un escondedero debe contar con un fiel Guardián.[52] Un protector hipócrita y de corazón falso, es peor que un enemigo en campo abierto. *"¿Me entregarán los vecinos de Keila a mí y a mis hombres en manos de Saúl?"* pregunta David al Señor, y la respuesta es: *"Os entregarán"*.[53] Pero Cristo es fiel, *"el testigo fiel y verdadero"*,[54] no se lo puede sobornar para que entregue a nadie que haya acudido a esconderse en él. Daría su vida antes que traicionar su confianza.
5. *Diligencia.* Una cualidad indispensable en aquellos que esconden y protegen a otros, más que la fidelidad misma. Un centinela soñoliento puede provocar la caída de todo un castillo o fortaleza tanto o más que uno infiel. Pero Jesucristo permanece vigilante y diligente en extremo, cuenta con espías en todas partes;[55] sí, y sus propios ojos recorren la tierra de un lado a otro,[56] para ver qué planes traman y artilugios manejan los enemigos de aquellos que se han refugiado y escondido en él: *"No dejará que tu pie titubee, ni se dormirá el que te guarda. He aquí, no dormirá ni se adormecerá el que guarda a Israel"*.[57]

Ralph Robinson [1614-1655]
"Christ All and in All", 1656

Tú eres mi escondedero. La palabra hebrea סִתְרִי *sitrî* de סֵתֶר *cether* significa propiamente "secreto", o "lugar secreto".

Joseph Addison Alexander [1809-1860]
"The Psalms Translated and Explained", 1850

Tú eres mi escondedero. En el versículo siguiente leemos: *"Apartaos de mí, obradores de maldad"* (119:115). Seguro y silencioso en su escondedero David menosprecia todos los intentos de perturbar su paz. El entorno de los impíos se le hacía insoportable, y no podía evitar fruncir el ceño en su presencia, pues estaba convencido que eran perjudiciales a sus intereses y temía que su influencia pudiera acabar minando su determinación de obedecer a su Dios. Y de hecho, ¿cuándo el pueblo del Señor ha dejado de experimentar esta sensación de que la sociedad que le envuelve es una constante injerencia y un freno prevaleciente tanto para el servicio a Dios como para el disfrute de sus goces?

Charles Bridges [1794-1869]
"Exposition of Psalm 119", 1827

[49] Cantares 2:14.
[50] Apocalipsis 2:17.
[51] Isaías 26:20.
[52] Salmo 32:7-8; 121:4; Isaías 27:3.
[53] 1 Samuel 23:12.
[54] Apocalipsis 3:14.
[55] Salmo 104:4; 148:8; Hebreos 1: 7,14.
[56] 2 Crónicas 16:9; Proverbios 15:3 Jeremías 16:17; Hebreos 4:13.
[57] Salmo 121:3-4.

Mi escudo. La personas santas y piadosas permanecen seguras bajo la protección de Dios; él es su *"fortaleza y escudo"*;[58] su *"ayuda y escudo"*;[59] su *"sol y su escudo"*;[60] su *"escudo y galardón"*;[61] y aquí, su *"escondedero y su escudo"*.

MATTHEW HENRY [1662-1714]
"Commentary on the Whole Bible", 1811

Mi escudo. La eficacia y excelencia de un escudo parte de estas cosas:

1. *Sus dimensiones:* han de ser suficientes para cubrir la totalidad del cuerpo de su usuario y protegerle de todos los dardos disparados contra él de modo que ninguno logre alcanzarle: *"Porque tú, oh Jehová, bendecirás al justo; como con un escudo lo rodearás de tu favor"*.[62]

2. *Su consistencia:* ha de ser fabricado con un material lo suficientemente duro e impenetrable. Lo cual se corresponde con el poder invencible de la providencia de Dios, suficiente para detener y desbaratar los ataques de todos los enemigos. Ese tipo de escudo es Dios para su pueblo: *"Escudo mío, en quien he confiado; el que somete a los pueblos debajo de mí"*.[63] ¿A caso debo añadir más? Las piedras y dardos lanzados contra un escudo resistente rebotan y caen de nuevo sobre el que los arroja; así también Dios devuelve sobre sus enemigos y los enemigos de su pueblo el propio mal que ellos arrojan: *"Dispérsalos con tu poder, y abátelos, oh Jehová, escudo nuestro"*.[64]

THOMAS MANTON [1620-1677]
"God's Word in Our Hearts", 1681

En tu palabra espero. ¡Oh esperanza! De cuantos ingredientes endulzan la copa de la vida humana no hay otro más enérgico o poderoso. Su ausencia amarga la suerte más dulce; su presencia alivia el dolor más profundo. ¡Que me importa vivir rodeado de cuantos goces puede despertar la memoria o conceder el bienestar humano: sin esperanza son inútiles! Donde no hay esperanza de futuro, los recuerdos felices del pasado los ensombrece la tristeza de lo irrecuperable, y los presentes se tiñen con la desazón de lo incierto. Pero aunque me arrebatéis todos los goces que pueden conferir el pasado y el presente, si el mañana brilla ante mí con esperanza, me sentiré feliz aún en medio de los peores males. De cuantas motivaciones cuentan con la virtud de empujar a los seres humanos por esta tierra asendereada, la esperanza es la más eficaz y poderosa. Es el bálsamo más dulce para aliviar nuestras penas, y el rayo más brillante que multiplica el espectro de nuestros placeres. Es la más noble de las hijas de la mente, de sus pronósticos y previsiones, la primogénita: primera en nacer y última en morir. El ganado, que por ser irracional no piensa ni reflexiona, vive contento sin ella en su presente de abundancia; pero el hombre, que piensa y reflexiona, sin ella es incapaz de ser verdaderamente feliz.

WILLIAM GRANT [1814-1876]
"Christ our Hope, and other Sermons", 1880

Vers. 115. ***Apartaos de mí, malignos, pues yo guardaré los mandamientos de mi Dios.*** *[Apartaos de mí, malvados, pues yo quiero guardar los mandamientos de mi Dios.* RVR*] [Apartaos de mí,*

[58] Salmo 28:7.
[59] Salmo 115:10.
[60] Salmo 84:11.
[61] Génesis 15:1.
[62] Salmo 5:12.
[63] Salmo 144:2.
[64] Salmo 59:11.

malhechores, para que guarde yo los mandamientos de mi Dios. LBLA*] [Apartaos de mí, perversos, para que pueda atesorar los mandamientos de mi Elohim.* BTX*] [¡Malhechores, apártense de mí, que quiero cumplir los mandamientos de mi Dios!* NVI*] [¡Alejaos de mí, malvados, que yo guardaré los mandatos de mi Dios!* BLP*] [Lárguense de mi vida, ustedes los de mente malvada, porque tengo la intención de obedecer los mandatos de mi Dios.* NTV*]*[65]

Apartaos de mí, malvados.[66] Quienes toman conciencia de sus pensamientos y los controlan, menos aún tolerarán las malas compañías. Si corremos a refugiarnos en Dios cuando nos asedian los pensamientos vanos, mucho más evitaremos a los hombres vanos. Los reyes son muy dados a rodearse de individuos que los halagan, y a la vez que se toman la libertad de violar las leyes de Dios: David purgó su palacio de tales parásitos; no estaba dispuesto a albergarlos bajo su techo. Es probable que le hubieran acarreado un mal nombre al serle imputadas a él sus acciones nefastas, ya que las prácticas de los cortesanos se juzgan por lo general como política de toda la corte; por tanto, el rey les puso las maletas en la puerta diciéndoles: *"Apartaos de mí"* Con ello no hizo sino anticipar la sentencia del gran día final, cuando el Hijo de David dirá: *"apartaos de mí, hacedores de iniquidad"*.[67] No podemos expulsar a todos los malvados de nuestros entorno, pero hay ocasiones en las que alejarlos se convierte en un deber cuando existen motivos y razones para ello. Toda casa tiene mucho a ganar librándose de los mentirosos, ladronzuelos, difamadores, y charlatanes de conversación sucia y lasciva. Por los muchos peligros que implica, estamos obligados mantenernos lejos de semejantes compañeros cuanto sea necesario, si hacerlo depende de nuestra decisión y tenemos razones para creer que su comportamiento es nocivo. Los malvados son malos consejeros. Aquellos que le dicen a Dios: *"Apártate de nosotros"*,[68] deben escuchar de boca de los hijos de Dios el eco inmediato de sus palabras: *"Apartaos de mí"*. No podemos compartir el pan con traidores.

Pues yo quiero guardar los mandamientos de mi Dios.[69] Puesto que se le hacía difícil guardar los mandamientos en compañía de impíos, les aparta de su lado. Guardar los mandamientos de su Dios le era indispensable, mientras que la compañía de los impíos le era prescindible. ¡Qué calificativo tan hermoso contiene este versículo con respecto al Señor! La palabra אֱלֹהִים *elohim* aparece una sola vez en todo este extenso salmo, y aún precedida del pronombre personal *"mi"*: אֱלֹהָי *'ĕlōhāy*, *"mi Dios"*.

[65] La versión griega de los LXX o Septuaginta lee: ἐκκλίνατε ἀπ᾽ ἐμοῦ, πονηρευόμενοι, καὶ ἐξερευνήσω τὰς ἐντολὰς τοῦ θεοῦ μου que la Vulgata traduce al latín como: *"Declinate a me, maligni, et scrutabor mandata Dei mei"*, "Retiraos de mí, malignos, y escudriñaré los mandamientos del Dios mío". La versión sefardí de Ferrara traduce: *"Apartadvos de mi, enmalecedores; y obfervaree mandamientos de mi Dio"*. La caldea Peshitta: *"Apártense de mí, inicuos, para que guarde los mandamientos de mi Dios"*. KRAUS traduce: *"¡Apartaos de mí, malhechores; yo quiero guardar los mandamientos de mi Dios!"*. SCHÖKEL: *"Apartaos, perversos, de mí, y guardaré los mandatos de mi Dios"*.

[66] En hebreo סוּרוּ־מִמֶּנִּי *sūrū-mimmennî.* La misma expresión encontramos en el Salmo 6:8.

[67] Mateo 7:23.

[68] Job 21:14.

[69] JOHANN PETER LANGE [1802-1884] sostiene que la traducción que hacen algunas versiones del texto hebreo וְאֶצְּרָה מִצְוֺת אֱלֹהָי *wə'eṣṣərāh miṣwōṯ 'ĕ-lōhāy* en sentido condicional o intencional: "para que pueda guardar" o "tengo la intención de obedecer" es absolutamente injustificada: se trata de una afirmación rotunda, categórica e incuestionable: *"guardaré los mandamientos de mi Dios"*. Y cita en apoyo de ese criterio a JOSEPH ADDISON ALEXANDER [1809-1860]: «La primera frase del versículo: *"Apartaos de mí..."* es paralela al Salmo 6:9: *"Apartaos de mí, todos los hacedores de iniquidad"*, y en ambos casos el significado es de que los enemigos no le infunden temor alguno. En el primer caso (6:9) porque el Señor ha escuchado su clamor; y en el segundo (119:115) porque esta resuelto a cumplir los mandamientos de Dios y convencido de que lo hará, lo cual le garantiza su protección».

¡Mi Dios! ¡Qué dulce suena!
¡Y cuán placentero es repetirlo!
Bien puede mi corazón atarse con deleite,
al trono santo que él ha establecido.[70]

Dado que *Elohim* es nuestro Dios, tomamos la determinación de obedecerle y apartar de nuestro lado a cuantos nos serían un estorbo para su servicio. Es grandioso que nuestra mente llegue a tal conclusión y adopte de *motu proprio*[71] esta santa resolución: "*quiero guardar los mandamientos de mi Dios*. Cuando el Dios de la ley es nuestro Dios, la ley de Dios es nuestro deleite.

C. H. SPURGEON

Apartaos de mí, malvados. Viene a ser como si dijera: Poned fin a vuestra vana conversación, no me sigáis inquietando, porque estoy firme en el curso que debo seguir; he hecho un voto solemne de guardar los mandamientos de mi Dios, estoy resuelto a cumplirlo, y con la ayuda divina me mantendré firme en mi decisión de tal modo que ni aún el mundo entero lograría apartarme de ella.

ROBERT SANDERSON [1587-1662]
"Seventeen Sermons Ad Aulam. Sermon iv on Psalm xix 13" 1681

Apartaos de mí, obradores de maldad.[72] Pecar inducidos por las malas compañías es muy habitual: cuando estamos en grupo la transgresión es cual copa que pasa de mano en mano, de uno a otro. Lo aconsejable, por tanto, es abandonar toda relación infectada por el pecado cuanto antes; no nos traerá beneficio alguno, más bien todo contrario, mermará lo poco de bueno que haya en nosotros. El césped de la gracia jamás crece lozano en un terreno yermo y frío; incluso el mejor trigo luce raquítico y escuálido rodeado de malas hierbas; y los más fuertes elixires y reconstituyentes poco bien hacen al cuerpo mientras los malos humores persistan y abunden en las vísceras. Las ordenanzas santas resultan poco efectivas en aquellas almas ligadas a elementos nocivos. Se dice del rábano gigante,[73] que su influencia nociva marchita y seca cualquier tipo de vid plantada a su alrededor; y de modo

---

[70] Cita la primera estrofa de un himno de cuatro estrofas compuesto por PHILIP DODDRIDGE 1702-1751] que dice así: *"My God! how charming is the sound! / How pleasant to repeat! / Well may that heart with pleasure bound,/ Where God hath fixed his seat"*.

[71] Locución latina que significa literalmente "con movimiento propio". Se usa para expresar la idea de voluntariamente o por propia iniciativa.

[72] Traducción literal de la versión inglesa KJV: *"Depart from me, ye evildoers"*. El texto hebreo dice literalmente: סוּרוּ־מִמֶּנִּי מְרֵעִים *sūrū-mimmennî mərê'îm* de רָעַע *ra'a',* cuyo sentido es más bien el de "malvados" o "malhechores".

[73] En el original ingles: *"It is said of the mountain Kadish, that whatsoever vine be planted near it, it causeth it to wither and die"*. No hemos encontrado referencias a ninguna montaña con el nombre *"Kadish"*. Intuimos que se trata de un error de transcripción, y que por tanto a lo que se esta refiriendo en realidad es al *Mountain Radish* o rábano gigante, conocido también como *pokeweed* o *Phytolacca americana,* un arbusto de raíces altamente venenosas y fruto tóxico para el ganado y los seres humanos, considerada una plaga por los agricultores, aunque muy apreciada en China por sus propiedades medicinales cuando es utilizada adecuadamente. Hemos llegado a esta conclusión a partir de una referencia muy similar a la de Swinnock en una obra de ROBERT CAWDREY [1538-1604], autor de uno de los primeros diccionarios de la lengua inglesa: *"Table Alphabetical of Hard Usual English Words"*, publicada en Londres en 1619, y que muy probable fuera la fuente de Siwnnock para esta idea: *"A Treasury, Or Storehouse of Similes"* donde dice: «*As the great ryfort, or mountain radish, being planted near the vine, causeth it starve and wither away:*

semejante, es muy raro que los santos prosperen rodeados de impíos. Guardar los mandamientos de Dios y mantener al mismo tiempo las malas compañías se hace muy difícil, lograrlo es prácticamente un milagro. En consecuencia, David, cuando decide maridarse a los mandamientos de Dios para amarlos y guardarlos, para vivir con ellos en la pobreza y en la riqueza, en la salud y en la enfermedad, en la adversidad y la prosperidad hasta el fin de sus días; se ve forzado a dar carta de divorcio a las malas compañías, consciente que de otro modo su sagrada unión con la Palabra no lograría funcionar jamás: *"Apartaos de mí, malvados, pues yo quiero guardar los mandamientos de mi Dios"*. Cual si hubiera dicho: Sabed, oh pecadores, que estoy haciendo un pacto indisoluble con los mandamientos de Dios; que es tanto lo que me gustan que estoy resuelto a entregarme a ellos y cumplirlos en todo a rajatabla; y jamás lo lograría a menos que os aparte a vosotros de mi lado, pues sois cual una prostituta que sustrae el amor de la verdadera esposa. Mientras vosotros permanecéis en mi presencia no logro obedecer los preceptos de mi Dios tal como debería. Por tanto, *apartaos de mí obradores maldad, pues yo quiero guardar los mandamientos de mi Dios*.

GEORGE SWINNOCK [1627-1673]
"The Christian Man's Calling", 1665

Apartaos de mí, obradores de maldad. «¡Ay del hombre malvado y de aquellos que se acompañan y asocian con él!», dice Ben Sira.[74] Incluso los escritores paganos de la antigüedad se muestran convencidos de que la maldición acompaña a quienes se comportan indebidamente. Compartir techo o viajar con una persona impía, aborrecida por los dioses, era considerado entre los peores infortunios. Lo cual llevó a Horacio[75] a expresarse en los siguientes términos:

«Vetabo, qui Cereris sacrum
Volgarit arcanae, sub isdem
Sit trabibus, fragilemve mecum
Solvat phaselon»[76]

Morar bajo el mismo techo o navegar en la misma embarcación con personas impías y profanas era considerado, incluso por hombres de principios morales paganos, arriesgado y muy peligroso. ¡Cuánto más no deberían los cristianos estar persuadidos del riesgo y peligro que comporta la relación con hombres malvados¡ Pues no hay manera de garantizar que tal relación sea segura: mientras permanecemos a su lado estamos en peligro. Es probable que hayáis escuchado (según cuenta Ireneo)[77]

so the wicked, being too near the godly, make them to decay and fall away» [*"A Treasury, Or Storehouse of Similes"*, Volumen 2; página 375].

[74] La cita procede del Libro de la Sabiduría de Jesús ben Sira, más conocido como Libro de Sirácides. En las Biblias católicas, que siguen la Versión griega de los LXX o Septuaginta, se incluye con el nombre de *Eclesiástico.* No figura en las Biblias protestantes porque no forma parte del canon rabínico.

[75] Se refiere a QUINTUS HORATIUS FLACCUS [65-17 a.C.] más conocido como HORACIO, el principal poeta lírico y satírico en lengua latina.

[76] HORACIO, Odas, *Carminen Liber Tertius,* Carmen II, Mtr. VIII, Líneas 26-29: «El indiscreto que osó divulgar los misterios de Ceres, procuraré que no habite conmigo bajo el mismo techo, ni navegue conmigo en el mismo esquife».

[77] IRENEO [126-190] en su *Adversus Haereses*, "Contra las Herejías" publicado por CLIE en español, afirma que el apóstol Juan escribió su evangelio donde tan claramente establece la divinidad de Cristo (Juan 1:1-5) teniendo a Cerinto en mente y con el propósito de refutar sus herejías. Y cita como demostración de la peculiar aversión que el apóstol sentía hacia este hereje contemporáneo suyo, un relato de POLICARPO DE ESMIRNA [70-155] donde se cuenta que San Juan se encontró en cierta ocasión con Cerinto en los baños de

que San Juan Evangelista se negó a entrar en unos baños públicos porque estaba allí Cerinto,[78] un rematado hereje que había negado la divinidad de Cristo. El santo evangelista llegó a la conclusión de que donde estuviera tal persona él no estaba a salvo. Tomaos por tanto muy en serio la exhortación del Apóstol cuando dice: *"Salid de en medio de ellos, y apartaos";*[79] y prestad mucha atención a esa voz del cielo que clama: *"Salid de ella, pueblo mío, para que no participéis de sus pecados y para que no recibáis de sus plagas".*[80] Apartaos de ellos, no vaya a ser que perjudiquen seriamente vuestras almas, y a la par también vuestros cuerpos; no vaya a ser que algún castigo divino extraordinario los alcance de inmediato, y a vosotros junto con ellos. Los poetas clásicos nos dicen que Teseo y Pirítoo[81] fueron amigos tan inseparables y participaron tan unidos en las hazañas de su época, que decidieron descender juntos al Hades, donde quedaron prisioneros. Y en este caso no es mera ficción poética, porque muchos son los que siguen su mismo camino, es decir, que las malas compañías los arrastran a un pozo sin fondo.

JOHN EDWARDS [1637-1716]

"Theologia reformata: or, the body and substance of the Christian religion", 1713

Apartaos de mí, obradores de maldad. Apartados cuanto podáis de aquellos que se apartan de Dios.

THOMAS MANTON [1620-1677]

"God's Word in Our Hearts", 1681

De mi Dios. Puesto que el ser humano ama y valora por naturaleza cuanto le pertenece y sabe que es suyo; una vez sabe que Dios es suyo, no puede por menos que amarle y obedecerle puntualmente. Por la misma razón, resulta del todo imposible que ningún ser humano pueda rendir a Dios un amor y lealtad abundante y permanente, a menos que se persuada de que Dios es suyo, y pueda exclamar como David: *"mi Dios".* Ni la suma de todos los placeres, ni la de todos los horrores de este mundo bastan para separar de Dios al alma que verdaderamente puede exclamar: *El Señor es mi Dios.*

WILLIAM COWPER [1566-1619]

"A holy alphabet for Sion's scholars full of spiritual instructions, and heavenly consolations [...] delivered by way of commentary upon the whole 119 Psalme", 1613

Éfeso, y al verlo salió inmediatamente diciendo a los que le acompañaban: «Salgamos, no vaya a ser que estando dentro Cerinto, el peor enemigo de la verdad, se hunda el edificio».

[78] Se refiere a CERINTO, líder de un grupo herético contemporáneo del apóstol Juan, aunque se desconocen las fechas de su nacimiento y muerte. Sus creencias eran similares a las de los *Ebionitas* (de los cuales se cree que era una ramificación) en lo que respecta a su cristología y a los Gnósticos en lo referente a cosmogonía.

[79] 2 Corintios 6:17.

[80] Apocalipsis 18:4.

[81] Se refiere a TESEO Y PIRÍTOO héroes de la mitología griega entre los que surgió una mutua admiración y se juraron amistad eterna. Juntos llevaron a cabo legendarias hazañas: participaron en la expedición de los Argonautas para conquistar el Vellocino de oro; tomaron parte en la caza del jabalí de Calidón; y estuvieron en la lucha de los lapitas contra los centauros. Pero el dios Hades les tendió una trampa: les invitó a un banquete en el infierno y una vez que los tuvo sentados a la mesa, los dejó adheridos a los asientos sin que se pudieran levantar. Cuando Hércules visito el Hades logró liberar a Teseo agarrándolo de la mano y tirando de él con toda su fuerza, pero tuvo que abandonar a Pirítoo pues al intentar levantarlo tembló la tierra, y Pirítoo quedó para siempre en el Hades.

Vers. 116. ***Susténtame conforme a tu palabra, y viviré; y no quede yo avergonzado de mi esperanza.*** *[Sostenme conforme a tu palabra, y viviré; y no quede yo avergonzado de mi esperanza.* RVR*] [Sostenme conforme a tu promesa, para que viva, y no dejes que me avergüence de mi esperanza.* LBLA*] [Susténtame conforme a tu dicho, y viviré, y no permitas que quede avergonzado de mi esperanza.* BTX*] [Sostenme conforme a tu promesa, y viviré; no defraudes mis esperanzas.* NVI*] [Protégeme según tu promesa y viviré, no defraudes mi esperanza.* BLP*] [¡Señor, sostenme como prometiste para que viva! No permitas que se aplaste mi esperanza.* NTV*]*[82]

Susténtame conforme a tu palabra,[83] *y viviré.* Era imprescindible que el Señor sustentara a su siervo, incapaz de subsistir sin él. Nuestra alma perecería si el Señor no la sustentara continuamente, y la gracia que hace que nuestra vida espiritual sea vida verdadera desfallecería si él retirara su mano que la sustenta.[84] Es un dulce consuelo, por tanto, que esta perentoria necesidad de sustento esté provista en la Palabra, sin necesidad de pedirla como misericordia especial fuera del pacto, nos basta simplemente con invocar el cumplimiento de una promesa diciendo: *"Susténtame conforme a tu palabra"*. Aquel que nos ha otorgado vida eterna nos garantiza a su vez cuanto nos sea necesario para sustentarla, y lo tendremos con absoluta seguridad.

Y no permitas que quede avergonzado de mi esperanza. En el versículo ciento catorce nos habla de su esperanza fundamentada en la palabra: *"En tu palabra espero"* (119:114). Y aquí suplica el cumplimiento de esa palabra para que su esperanza quede justificada a la vista de todos. El hombre tiene que avergonzarse a menudo de sus vanas esperanzas cuando se demuestra que no se apoyaban en fundamento sólido; pero en nuestro caso esto jamás va a suceder. Podemos avergonzarnos de nuestros pensamientos, nuestras palabras y nuestros hechos, porque brotan de nosotros mismos; pero nunca nos avergonzaremos de nuestra esperanza, porque brota del Señor, nuestro Dios.[85] La fragilidad de

---

[82] La versión griega de los LXX o Septuaginta lee: ἀντιλαβοῦ μου κατὰ τὸ λόγιόν σου, καὶ ζήσομαι, καὶ μὴ καταισχύνῃς με ἀπὸ τῆς προσδοκίας μου que la Vulgata traduce al latín como: *"Suscipe me secundum eloquium tuum, et vivam, et non confundas me ab exspectatione mea"*, "Ampárame según tu palabra, y viviré; y no me avergüences de mí esperanza". La versión sefardí de Ferrara traduce: *"Suftentame como tu dicho, y bivire; y no me regiftres de mi esperança "*. La caldea Peshitta: *"Afírmame en tu palabra y viviré; no me avergüences de mi esperanza"*. KRAUS traduce: *"¡Sostenme conforme a tu palabra, para que viva, y no dejes que me avergüence de mi esperanza!"*. SCHÖKEL: *"Sostenme con tu promesa, y viviré, no dejes frustrarse mi esperanza"*.

[83] En hebreo סָמְכֵנִי כְאִמְרָתְךָ וְאֶחְיֶה *sāməḵênî ḵə'imrāṯəḵā wə'eḥyeh.* WILLIAM SWAN PLUMER [1802-1880] considera la posibilidad de que כְאִמְרָתְךָ *ḵə'imrāṯəḵā* haga referencia a alguna promesa en particular hecha por Dios a David y no registrada.

[84] En la Orden Monástica de San Benito, más conocida como "Orden Benedictina", y que se rige por la llamada "Regla de San Benito", basada mayormente en los Salmos, se establece en el Capitulo 58. que al completar un candidato su período de prueba o noviciado, en la ceremonia en la que es recibido en la comunidad, el novicio, con los brazos extendidos, entone por tres veces consecutivas las palabras de este versículo: *"Recíbeme, Señor, conforme a tu palabra, y viviré; y no quede yo avergonzado de mi esperanza"*, a lo que la comunidad monástica responde en pleno repitiendo las mismas palabras y añadiendo el *Gloria Patri.*

[85] Dice AGUSTÍN DE HIPONA [354-430]: «Había dicho el salmista: *"Tú eres mi ayudador y amparador, en tu palabra espero mucho*"; y ahora añade: *"Sostenme conforme a tu palabra, y viviré ; no me avergüences en mi esperanza"*. ¿Y por qué dice en tiempo futuro: *"viviré"*, cual si en el momento de decirlo no estuviera vivo? ¿Y por qué dice no me avergüences en mi esperanza? Porque como nos dice el apóstol, lo que vivimos en este cuerpo mortal no es vida, pues: *"el cuerpo en verdad está muerto a causa del pecado, aunque el espíritu es vida a causa de la justicia"* (Romanos 8:10); por ello: *"esperamos ansiosamente la adopción como hijos, la redención de nuestro cuerpo; porque en esperanza hemos sido salvos. Pero la esperanza*

nuestra naturaleza humana es de tal magnitud, que a menos que seamos sustentados constantemente por la gracia, caeríamos en tal hediondez que quedaremos avergonzados de nosotros mismos y de todas las gloriosas esperanzas que ahora son la corona de gloria de nuestra vida. El salmista, varón de Dios, había adoptado bajo juramento la resolución más positiva: *"Juré y ratifiqué que guardaré tus justos juicios"* (119:106); pero se da cuenta de que como humano no puede confiar únicamente en su solemne decisión, de ahí su reiterada petición: *"Susténtame"* (119:116-117). Adoptar resoluciones no es malo; pero a menos que las sazonemos abundantemente con el clamor de nuestras peticiones confiadas a Dios, son totalmente inútiles. David anhelaba ansiosamente guardar la ley del Señor, pero necesitaba ante todo que el Señor de la ley le guardara a él.

C. H. SPURGEON

Susténtame. Una cometa volando en las alturas a merced del viento se encuentra en una situación completamente ajena a su propia naturaleza; y así es también con el alma humana cuando empujada por el viento del espíritu remonta por encima del mundo inferior que nos rodea para dedicarse a las actividades celestiales más elevadas. Quien mira la cometa a distancia no ve nada de los elementos que la mantienen retozando en las alturas: ni el viento que la empuja; ni la cuerda que la mantiene en su lugar, ni la mano que sujeta la cuerda con firmeza. Y sin embargo, todos ellos son indispensables para que pueda mantenerse en los aires desafiando la ley de la gravedad. Si el viento cesa cae irremisiblemente, pues por sí misma no cuenta con nada que le permita mantenerse en los aires; su tendencia a gravitar hacia la tierra permanece intacta y si queda a merced de sus propios recursos, aunque solo sea un instantes, va directa al suelo. Así es también con el alma de cada verdadero creyente: el Espíritu de Dios la ha elevado a un nuevo estado sobrenatural y celestial; y una mano invisible y omnipotente la sustenta y mantiene en semejante estado por medio de la fe. Y allí se mantendrá, más no por nada que proceda sí misma: si la mano que la sustenta la abandona un solo instante cae irremisiblemente. Toda su fuerza está en Dios únicamente; y toda su seguridad en la inmutabilidad de la naturaleza divina y la eficacia de su gracia. En una palabra, somos: *"guardados por el poder de Dios mediante la fe, para alcanzar la salvación que está preparada para ser manifestada en el tiempo postrero"*.[86]

HENRY GEORGE SALTER

"The Book of Illustrations; or, Scripture truths exhibited by the aid of Similes, original and selected", 1840

Y viviré. La vida del cristiano depende de esto: mantener su alma constantemente vivificada por el espíritu de la gracia. Pues así como el alma es la que da vida el cuerpo y su partida ocasiona su muerte instantánea, de tal modo que sin ella el cuerpo no es más que un montón de materia inerte; así también la presencia del Espíritu de Dios es la que da vida al alma. Una vida que se hace manifiesta a través de dos efectos notorios: En primer lugar, un sentimiento de gozo por la misericordia de Dios; y en segundo lugar, una disposición espiritual hacia la vida consagrada. Sin esto, una persona podrá

---

que se ve no es esperanza, pues lo que uno ve, ¿por qué esperar? Pero si esperamos lo que no vemos, con paciencia lo aguardamos" (Romanos 8:23-24). Sin embargo, cuando la espera se prolonga desilusiona, confunde y avergüenza, a menos que *"el amor de Dios haya sido derramado en nuestros corazones por medio del Espíritu Santo"*, solo entonces: *"nos gloriamos en las tribulaciones, sabiendo que la tribulación produce paciencia; y la paciencia, carácter probado; y el carácter probado, esperanza; y la esperanza no avergüenza"* (Romanos 3:3-5). Por ello exclama el salmista: *"no me avergüences en mi esperanza"*».

[86] 1 Pedro 1:5.

fingir cuanto quiera, pero seguirá siendo poco menos que la sombra proyectada de un verdadero cristiano: guardará un cierto parecido, pero muy lejos de reflejar la vida verdadera.

WILLIAM COWPER [1566-1619]
"A holy alphabet for Sion's scholars full of spiritual instructions, and heavenly consolations [...] delivered by way of commentary upon the whole 119 Psalme", 1613

Y viviré. Los hijos de Dios consideran que no disfrutan de una vida real y verdadera a menos que vivan la vida de Dios. Porque si pensamos que estamos vivos porque somos capaces de contemplar aquello que nos rodea, lo mismo hacen los animales; si consideramos que estamos vivos porque escuchamos aquello que nos dicen, también los animales escuchan y obedecen; si creemos que estamos vivos porque comemos, bebemos o dormimos, esas mismas funciones las compartimos con las bestias.[87] Y si nos jactamos de vivir una vida distinta a la de los animales porque razonamos y compartimos nuestros sentimientos, eso mismo hacen también los paganos.[88] La vida de los hijos de Dios es la muerte al pecado;[89] porque donde el pecado sigue vivo, esa parte de nosotros está muerta para Dios.[90] ... Cuando los hijos de Dios experimentan un sentimiento de desgana hacia las cosas santas; cuando les cuesta alegrarse en las promesas de Dios y apropiarse de ellas; cuando detectan que su hombre interior no se deleita en la ley divina tal y como debería: se sienten cual si estuvieran muertos.

RICHARD GREENHAM [1531-1591]
"An Exposition on the 119 Psalme"

Vers. 117. ***Sostenme, y seré salvo, y me regocijaré siempre en tus estatutos.*** *[Apóyame, y seré salvo, y me deleitaré siempre en tus estatutos.* RVR*] [Sostenme, para estar seguro, y que continuamente preste atención a tus estatutos.* LBLA*] [Susténtame, y estaré a salvo, contemplaré continuamente tus estatutos* BTX*] [Defiéndeme, y estaré a salvo; siempre optaré por tus decretos.* NVI*] [Socórreme y estaré a salvo, me entregaré siempre a tus normas.* BLP*] [Sostenme y seré rescatado; entonces meditaré continuamente en tus decretos.* NTV*]*[91]

Sostenme, y estaré a salvo.[92] *"Sostenme"*, como una nodriza sostiene a su bebe que comienza a dar sus primeros pasos *"y estaré a salvo"*, porque a menos que me sostengas, caeré como un bebe sobre sus rodillas. Somos salvos por los beneficios de la gracia pasada,[93] pero no estamos a salvo a

[87] Eclesiastés 3:19.
[88] Mateo 5:46; Lucas 6:32-35.
[89] Romanos 6:1-2; Gálatas 2:19; 1 Juan 3:9.
[90] Romanos 6:10-13.
[91] La versión griega de los LXX o Septuaginta lee: βοήθησόν μοι, καὶ σωθήσομαι καὶ μελετήσω ἐν τοῖς δικαιώμασίν σου διὰ παντός que la Vulgata traduce al latín como: *"Adjuva me, et salvus ero, et meditabor in justificationibus tuis semper"*, "Ayúdame, y seré salvo, y meditaré siempre en tus justificaciones". La versión sefardí de Ferrara traduce: *"Aflufreme y feere falvo; y folazarme he en tus fueros continuo"*. La caldea Peshitta: *"Auxíliame, y seré salvo e instruido en tus ordenanzas"*. KRAUS traduce: *"¡Manténme para que encuentre liberación, entonces me gozaré constantemente en tus estatutos!"*. SCHÖKEL: *"Dame apoyo, y estaré a salvo y me fijaré continuamente en tus normas"*.
[92] En hebreo סְעָדֵנִי וְאִוָּשֵׁעָה *sə'āḏênî wə'iwwāê-'āh*. Ver Salmo 37:24; 145:14.
[93] Tito 2:11.

menos que recibamos los beneficios de la gracia presente;[94] hasta alcanzar la gracia venidera.[95] El salmista había hecho voto de guardar los mandamientos del Señor, pero aquí suplica al Señor que permanezca a su lado y le sostenga: una decisión muy acertada. Nuestra versión traduce primero *"sustentame"* y luego *"sostenme"*;[96] y verdaderamente necesitamos esta bendición en todas las formas en que pueda venir, porque nuestros adversarios buscan derribarnos de muy diversas maneras. Sentirse a salvo es una condición feliz, pero tan solo hay una vía para alcanzarla: que sea Dios mismo quien nos sostenga. Gracias sea dadas a Dios que esta vía permanece abierta al menos para nosotros.

Y me deleitaré siempre en tus estatutos. La obediencia conlleva seguridad; ser sustentado implica obediencia. Nadie guardará los estatutos del Señor exteriormente por mucho tiempo a menos que mantenga un respeto interior por ellos, y esto no tendrá lugar a menos que la mano del Señor sostenga perpetuamente su corazón en amor santo. La perseverancia hasta el fin, y la obediencia continua, solo son posibles a través del poder divino; tenemos, cual arco mal fundamentado, la tendencia a desviarnos hacia un lateral a menos que Aquel que de entrada nos otorgó la gracia nos mantenga dentro del trazado correcto. Feliz el hombre que hace suyo este versículo y lo aplica a su vida: permanecer a lo largo de su existencia en un curso de integridad inquebrantable le convierte en una persona segura y confiada, y le permite mantener viva una conciencia escrupulosa y santa que es desconocida por los demás. Practica un respeto esmerado por los estatutos del Señor, y ello le mantiene libre de inconsistencias y de contemporizaciones con el mundo[97] tan habituales en otros, haciendo de él un pilar en la casa del Señor. Por desgracia, conocemos a muchos supuestos creyentes que no actúan con rectitud, y ello les lleva a inclinarse hacia el pecado hasta que finalmente caen en él; y aunque son restaurados, nunca son seguros y confiables, ni poseen esa pureza delicada de alma que constituye el atractivo peculiar de los más santificados, a los cuales el sostén del Señor ha impedido caer en el fango.

C. H. SPURGEON

Sostenme, y seré salvo. No solo la conciencia de mi propia debilidad, sino también los peligros que entraña el camino resbaladizo que tengo por delante, me recuerdan a cada instante que mi seguridad depende del poder y la fidelidad del Dios que me sostiene. Las triquiñuelas de la tentación son tantas, y tan imperceptibles; su influencia tan acaparadora; sus propuestas tan engañosas; sus trampas tan bien disimuladas, tan subrepticias; y mi propia debilidad y falta de atención tan inexplicables; que no puedo hacer otra cosa que seguir adelante en mi camino, rogando a cada paso, Señor: *"Sostenme, y seré salvo"*.[98]

CHARLES BRIDGES [1794-1869]
"Exposition of Psalm 119", 1827

---

[94] Tito 2:12.

[95] Tito 2:13.

[96] Se refiere a la versión inglesa KJV que traduce: *"Uphold me"* (119:116); y *"Hold thou me"* (119:117). Los términos hebreos utilizados son סָמְכֵנִי *sāmǝḵênî* de סָמַךְ *samak* (119:116); y סְעָדֵנִי *sǝʻāḏênî* de סָעַד *saad* (119:117). Como podrá comprobar el lector los equivalentes utilizados por las distintas versiones españolas son muy diversos. La RVR y SCHÖKEL traducen uno por "sostenme" y el otro por "apóyame" puesto que ese parece ser el sentido exacto de ambos verbos respectivamente.

[97] Romanos 12:2.

[98] Dice WILLIAM SWAN PLUMER [1802-1880]: «*"La salvación es del Señor"* (Salmo 3:8; Jonás 2:9). Los santos viven, por tanto, en una total dependencia, pues él es el único que puede sostenerlos y sustentarlos (119:116-117). La autosuficiencia y el engreimiento son la perdición de muchos. JUAN CALVINO [1509-1564] dice al respecto: 'La verdadera estabilidad no se encuentra en ninguna parte fuera de la palabra de Dios; y nadie puede apoyarse firmemente en ella a menos que sea fortalecido por el Espíritu Santo'. Sin la

Sostenme, y seré salvo. David tenía un miedo acerbo a tres cosas: Primera, a las fuertes tentaciones procedentes del exterior, porque los vientos de la tentación soplan con furia sobre el creyente desde los cuatro puntos cardinales. Segunda, a la corrupción inherente en su interior, puesto que nacemos con ella. Tercera, a la realidad latente de otros grandes siervos de Dios que habían caído antes que él, y cuyos fracasos quedaron registrados para nuestro ejemplo: no para justificar nuestras caídas, sino para enseñarnos a permanecer siempre vigilantes con temor y temblor. Estas tres cosas deben mantenernos en un constante estado de humildad, recordando la advertencia del apóstol: *"el que piensa estar firme, mire que no caiga"*.[99]

WILLIAM COWPER [1566-1619]
"A holy alphabet for Sion's scholars full of spiritual instructions, and heavenly consolations [...] delivered by way of commentary upon the whole 119 Psalme", 1613

Sostenme. Sí, Señor, sostenme por encima de la insignificancia y pequeñez en que he vivido por demasiado tiempo; sostenme por encima de los lazos que tan a menudo me han entrampado; sostenme por encima de las piedras en las que constantemente he tropezado; sostenme por encima del mundo que me rodea; sostenme incluso por encima de mí mismo, y de cuantas cotas he logrado alcanzar hasta este momento; sostenme por encima de mi propia carne mortal, para que sea digno de ti, y digno de la sangre con la que he sido comprado; sostenme más cerca del cielo, más cerca de ti.

Los métodos empleados por Dios para sostener a los suyos son muchos y muy diversos. A veces es por la palabra de un predicador, cuando transmitida de manera apropiada penetra hasta lo más hondo del corazón y la conciencia. ¡Quiera Dios, en su infinita misericordia, capacitar cada vez más a sus siervos en la Iglesia para que puedan ser sostén de otros! A veces es por medio de las ordenanzas y sacramentos prescritos por su gracia. Otras veces es por la eficacia de las Sagradas Escrituras, cuando la lectura de un pasaje determinado golpea tu mente y penetra en tu conciencia como nunca antes lo había hecho; o bien alguna dulce promesa que antes te había pasado desapercibida se te hace evidente, y viene a sostener tu espíritu. A veces por la acción directa del Espíritu Santo sobre tus pensamientos, como leemos en el Salmo 51: *"y sostenme con un espíritu de poder"*.[100] Otras veces a través de la ministración de ángeles: *"En sus manos te sostendrán, para que tu pie no tropiece en piedra"*.[101] Y a veces humillándote para enseñarte que el lugar más seguro es el valle, pues no hay mayor elevación que la que brota de la humildad. A veces recurriendo a una disciplina severa, para someter tu corazón y reforzarlo para independizarlo de las ayudas y recursos externos. A veces por medio de una dura aflicción, que nos obliga a agarrarnos de su mano con más fuerza. A veces introduciendo en tu corazón la idea de lo que más necesitas, y conduciéndote a orar con las palabras precisas pidiendo exactamente aquello que él tiene planeado concederte. Y finalmente, a veces aparentando que te suelta y abandona, mientras por otro lado, nos infunde, cual a la mujer sirofenicia,[102] el deseo de persistir, con el propósito de que finalmente pueda concedernos más.

JAMES VAUGHAN [1825-1905]
"Sermons preached in Christ Church, Brighton, from October 1877, to July 1878", 1877

---

gracia divina que nos asista, somos menos que agua. La autosuficiencia hace al hombre desconfiado, y esa misma desconfianza, paradójicamente, le hace vulnerable».

[99] 1 Corintios 10:12.

[100] Salmo 51:12.

[101] Salmo 91:12.

[102] Marcos 7:24-30.

Y me deleitaré siempre en tus estatutos. Sí, me gozaré en algunos y pondré toda mi voluntad y esfuerzo en cumplir los otros. Cuando la mano diestra de Dios nos sostiene, estamos obligados utilizar su poder para cumplir puntualmente nuestras obligaciones con diligencia a la vez que con deleite.

MATTHEW HENRY [1662-1714]
"Commentary on the Whole Bible", 1811

Vers. 118. *Hollaste a todos los que se desvían de tus estatutos, porque su astucia es falsedad.* *[Deshaces a todos los que se desvían de tus estatutos, porque su astucia es falsedad.* RVR*] [Has rechazado a todos los que se desvían de tus estatutos, porque su engaño es en vano.* LBLA*] [Repudias a todos los que se desvían de tus estatutos, porque sus maquinaciones son vanas.* BTX*] [Tú rechazas a los que se desvían de tus decretos, porque solo maquinan falsedades.* NVI*] [Desprecias a quien se aparta de tus normas, porque es mentira su astucia.* BLP*] [Pero has rechazado a todos los que se apartan de tus decretos, quienes no hacen más que engañarse a sí mismos.* NTV*]*[103]

Hollaste[104] *a todos los que se desvían de tus estatutos.* Para ellos no hay sostén posible; son arrojados al fondo y pisoteados, porque eligen descender por los caminos errados del pecado. Tarde o temprano Dios pondrá su pie encima de aquellos que desvían sus propios pies apartándolos de sus mandatos: siempre ha sido así, y siempre lo será hasta el final: *"si la sal se vuelve insípida, ¿con qué será salada? No sirve ya para nada, sino para ser echada fuera y hollada"*.[105] Dios aparta a los malvados como si fueran escoria, que como residuo inservible tan solo sirve para ser arrojado al camino y pisoteada.

Porque su astucia es falsedad. Lo llaman estrategia política a largo plazo, pero es una falsedad absoluta y debería ser considerada y tratada como tal. La gente común suele considerarlo habilidad diplomática, pero el salmista, como hombre de Dios, llama al pan, pan y al vino, vino,[106] y dictamina que es pura falsedad, porque sabe que ante los ojos de Dios lo es, y punto. Los que se desvían del camino recto inventan mil excusas, aparentemente aceptables, con las que engañar tanto a otros como a sí mismos, y de ese modo mantener intacta su reputación a la vez que apaciguan sus conciencias; pero su máscara de falsedad es transparente en demasía. Dios arrolla todas las falsedades; tan solo son

---

[103] La versión griega de los LXX o Septuaginta lee: ἐξουδένωσας πάντας τοὺς ἀποστατοῦντας ἀπὸ τῶν δικαιωμάτων σου, ὅτι ἄδικον τὸ ἐνθύμημα αὐτῶν que la Vulgata traduce al latín como: *"Sprevisti omnes discedentes a judiciis tuis, quia injusta cogitatio eorum"*, "Despreciaste a todos los que se retiran de tus juicios; porque es injusto su pensamiento". La versión sefardí de Ferrara traduce: *"Pifafte todos errantes de tus fuero; por que falfedad fu engaño"*. La caldea Peshitta: *"He despreciado siempre a todos los que se desvían de ti, porque su meditación es iniquidad"*. KRAUS traduce: *"Tú rechazas a todos los que se desvían de tus estatutos, porque la mentira es su manera de pensar"*. SCHÖKEL: *"A los que se desvían de tus normas los tasas como mentira y engaño"*.

[104] En hebreo סָלִ֣יתָ *sālîṯā* de סָלָה *calah*. Utilizamos la versión RVR 1960 que traduce: *"hollaste"* para que encaje con los comentarios Spurgeon y otros expositores que se basan de la versión inglesa KJV: *"Thou hast trodden down"*. Pero ya en el siglo XIX JOHANN PETER LANGE [1802-1884] y otros exégetas indicaban que el "hollaste" es una traducción errónea, pues el sentido del verbo es "desechar, repudiar, rechazar como algo carente de valor" (Ver el uso de סָלָה *calah* en Job 28:16, 19; Lamentaciones 1:15). AGUSTÍN DE HIPONA [354-430] señala que la traducción del vocablo griego ἐξουδένωσας que utiliza la Septuaginta, y que él estima como más acertada es la de: *"Redujiste a la nada"*.

[105] Mateo 5:13.

[106] El original utiliza el modismo inglés *"a spade a spade"*, "al azadón un azadón" pero hemos creído mejor adaptarlo para hacerlo más comprensible.

dignas de ser holladas por sus pies y aplastadas contra el polvo. ¡Qué horrible resultará, para aquellos que se han pasado la vida inventando una fe a su medida, ver como Dios pisotea todas sus elucubraciones cual escoria que no tolera ni puede soportar!

C. H. Spurgeon

Hollaste a todos los que se desvían de tus estatutos. David confirma aquí su curso en la santidad abriendo una nueva fase de meditación: considerar los juicios de Dios ejecutados según su palabra sobre los impíos a lo largo todas las edades; lo que le conduce a extremar su temor de Dios y poner mas celo en guardar sus estatutos. Los juicios de Dios ejecutados sobre los demás nos deben servir como señales de advertencia para evitar que caigamos en su mismo pecado. Cuando el Señor castiga a sus propios hijos, lo hace utilizando su mano, como hace un padre, con intención de corregirlos; pero cuando su ira se enciende contra los malvados, los pisotea bajo sus pies, como criaturas viles con las que no tienen nada que ver.

William Cowper [1566-1619]

"A holy alphabet for Sion's scholars full of spiritual instructions, and heavenly consolations [...] delivered by way of commentary upon the whole 119 Psalme", 1613

Hollaste a todos los que se desvían de tus estatutos. La Septuaginta traduce: ἐξουδένωσας, *ad nihil deduxisti:* "los redujiste a la nada". Aquila,[107] *confixisti,* "los desmenuzaste". Símaco,[108] ἀπήλεγξας, *reprobasti,* "los rechazaste". La Vulgata *sprevisti,* "los despreciaste"; Apolinario,[109] ἀθέριξας, *parvi pependisti,* "los tuviste en poco". En todos los casos coincide en una misma idea y propósito: castigo. La expresión *"hollaste"* utilizada en nuestras versiones implica un castigo total y vergonzoso:

1. *Un castigo total.* Desde las alturas en que ellos mismos se han encaramado con la intención perversa de exaltarse a sí mismo y enfrentarse a Dios; Dios los derribará hasta el polvo. Se trata de una expresión habitual en el lenguaje de las Escrituras utilizada con frecuencia para describir una victoria completa sobre los enemigos. Refiriéndose a Asiria, utilizada en este caso por Dios como instrumento de castigo, se dice: *"Le mandaré contra una nación impía, y sobre el pueblo objeto de mi ira le enviaré, para que saquee despojos, y arrebate presa, y lo ponga para ser hollado como lodo de las calles"*.[110]

2. *Un castigo vergonzoso.* En el Salmo 110 leemos: *"Hasta que ponga a tus enemigos por estrado de tus pies"*;[111] una expresión peculiar empleada en tiempos antiguos para mostrar el desprecio y la ignominia que Dios descargará sobre ellos. Sapor,[112] rey de Persia, pisoteó a al emperador romano

[107] Se refiere a Aquila de Sinope, nacido en Ponto (Anatolia) en el siglo II a.C. y que se identifica también con el nombre de Onquelos y se le atribuye la redacción de un Tárgum que lleva su nombre: Tárgum de Onquelos. En el año 130 a.C. llevo a cabo una traducción literal de las Escrituras judías.

[108] Se refiere a Símaco el Ebionita, según afirma Eusebio de Cesarea; o más probablemente Símaco el Samaritano según afirma Epifanio, opinión que comparten de la mayoría de los eruditos hoy en día. Realizó en la segunda mitad del siglo II una traducción al griego de los escritos sagrados del Antiguo Testamento menos literal y más elegante que la de su antecesor Aquila. Se considera especialmente valiosa su traducción del "Libro de los Salmos".

[109] Se refiere a Apolinario de Laodicea [310-392] erudito gramático, gran estudioso de los clásicos, griegos, y obispo cristiano de las iglesias orientales. Se le atribuyen diversas traducciones al griego de los Salmos, entre ellas una versión métrica.

[110] Isaías 10:6. Ver también Isaías 41:25; 63:3-6; Zacarías 10:5; Miqueas 7:10.

[111] Salmo 110:1.

[112] Se refiere a Sapor I [215-272] hijo de Ardashir I, y segundo rey del Imperio persa sasánida. Conquistó Armenia, invadió Siria y saqueó Antioquía. El emperador Valeriano se decidió a marchar contra él pero

Valeriano;[113] y Tamerlán[114] convirtió a Bajazet[115] en el estrado de sus pies. El significado es que Dios no tan solo los derrocará, sino que los reducirá a una abyecta condición absolutamente despreciable. Juan Crisóstomo en su exposición de este versículo afirma que Dios los cubrirá de: ἐπονειδιστους κὰι καταγελαστους, ignominia y desprecio. No saldrán honorablemente, sino con el rostro cubierto de ultraje y confusión, quebrantados y reducidos a un estado miserable.

THOMAS MANTON [1620-1677]
"God's Word in Our Hearts", 1681

Hollaste a todos los que se desvían de tus estatutos. Vivimos una tendencia a querer sintetizar los diversos atributos de la Divinidad en uno solo. Y ello ha inducido a muchos de nuestros escritores británicos más eminentes a centrar sus descripciones de Dios en su bondad infinita; en su benignidad tierna y permisiva; y en su misericordia que pasa por alto errores y flaquezas de la debilidad humana; cayendo de ese modo, como dirían los franceses, si bien no en una elusión premeditada, sí al menos de una reticencia demostrada a obviar el tema de la santidad de Dios y su odio al mal. Sin una ley establecida no hay gobierno posible. Y por tanto la pregunta que de ello deriva es crucial: ¿qué tratamiento damos a las transgresiones y violaciones de esa ley? ¿cómo las controlamos y eliminamos? Toda ley tiene una doble sanción: la esperanza de recompensa que promete por un lado, y el temor al castigo con que amenaza por el otro. ¿Convertiremos el castigo en simple amenaza sin que jamás llegue a ejecutarse? ¿Afrontaremos el problema de la culpabilidad mediante meras proclamas de advertencia suprimiendo las penas que comporta? ... Si privamos a la jurisprudencia de sus penas, o, lo que es peor, si dejamos que las penas tan solo se proclamen pero nunca se impongan y ejecuten; estamos reduciendo todo el sistema jurídico a una mera burla insustancial. Y con ello la estructura de un gobierno moral en el universo se desmorona por completo: en lugar de una Autoridad suprema que lo presida, nos quedamos con un trono subvertido y un Soberano degradado ... Si nos quedamos tan solo con un desfile de leyes y preceptos carentes de la voluntad y el poder necesarios para imponer su cumplimiento; si entendemos que la verdad debe mantenerse tan solo a base de incentivos y promesas

fue hecho prisionero cuando intentaba entablar negociaciones, cosa que no había ocurrido nunca hasta entonces en el imperio romano. En las tumbas de Nakshi Rustam, en el valle de Istakhr (cerca de Persépolis), Sapor I es representado a caballo, con su armadura real y la corona, pisoteando a Valeriano que suplica de rodillas su compasión.

[113] Se refiere a PUBLIO LICINIO VALERIANO [200-260], emperador romano desde 253 a 260. Desencadenó una furiosa y cruenta persecución contra los cristianos provocando centenares de mártires, especialmente en el norte de África donde entre otros muchos cayó decapitado el obispo CIPRIANO DE CARTAGO [200-258]. Fue el primer emperador romano que cayó en manos de los enemigos de Roma al ser hecho prisionero por los persas. Sapor I le sometió a toda clase de vejaciones y torturas, pisoteándole públicamente con su caballo y haciéndole tragar oro fundido, hasta que finalmente fue ejecutado.

[114] Se refiere a TAMERLÁN [1320-1405] también conocido como TIMUR LANG o simplemente TIMUR EL COJO, fue el último de los grandes conquistadores nómadas de Asia Central. Sus ejércitos recorrieron enormes extensiones de terreno arrasando unas ciudades y perdonando a otras tan solo por su voluntad y capricho. Su fama se extendió por Europa, donde durante siglos fue recordado y novelado como un símbolo del terror que puede llegar a provocar un solo hombre.

[115] Se refiere a BAYEZID I [1340-1403] sultán otomano derrotado por TAMERLÁN [1320-1405] en la batalla de Ankara, que según la leyenda le humilló paseándole encerrado en una jaula y utilizándole de alfombra bajo sus pies. Esta leyenda dio pie a ANTONIO VIVALDI [1678-1741] a componer en 1735 una famosa opera titulada *"Bajazet"* conocida también como *"Il Tamerlano"*, en la que dramatiza estos hechos.

de recompensa, desasociándola y alejándola por completo de las amenazas de castigo; si el juez se transforma en un padre blando y permisivo; entonces, lo único que queda de un gobierno moral por encima nosotros es el nombre: no somos súbditos de la autoridad de Dios sino meros destinatarios de sus mimos y caricias. Bajo un sistema semejante el universo derivaría, por así decirlo, a un estado de anarquía; y en medio del galimatías de este desgobierno salvaje, el Rey que se sienta en lo alto[116] perdería todo poder sobre su propia creación.

THOMAS CHALMERS [1780-1847]

"The Experimental Evidence for the Truth of Christianity", 1817

Porque su astucia es falsedad. El verdadero sentido de la frase es *"porque su astucia ha resultado falaz"*, es decir, los ha engañado a ellos mismos abocándolos a su propia ruina.

SAMUEL HORSLEY [1733-1806]

"The book of Psalms : translated from the Hebrew, with notes, explanatory and critical", 1816

Porque su astucia es falsedad. No habla aquí del engaño con el cual los impíos engañan a otros, sino de aquel con que se engañan a sí mismos. Y esto implica un engaño por partida doble: En primer lugar se engañan a sí mismos buscando en el pecado algo bueno, algo que engañosamente les promete, pero que no encuentran jamás. Y en segundo lugar se engañan a sí mismos con la idea, tan arrogante como infundada, de que escaparán del juicio, el cual por mucho que hagan les alcanzará irremisiblemente.

WILLIAM COWPER [1566-1619]

"A holy alphabet for Sion's scholars full of spiritual instructions, and heavenly consolations […] delivered by way of commentary upon the whole 119 Psalme", 1613

Vers. 119. *Como escorias hiciste consumir a todos los impíos de la tierra; por tanto, yo he amado tus testimonios.* *[Como escorias hiciste consumir a todos los impíos de la tierra; por eso amo tus testimonios.* RVR*] [Como escoria has quitado de la tierra a todos los impíos, por tanto amo tus testimonios.* LBLA*] [Apartaste como escorias a todos los malvados de la tierra, por eso amo tus testimonios.* BTX*] [Tú desechas como escoria a los impíos de la tierra; por eso amo tus estatutos.* NVI*] [Rechazas como escoria a los malvados del país y por eso yo amo tus mandatos.* BLP*] [Desechas a los perversos de la tierra como si fueran desperdicios; ¡con razón me encanta obedecer tus leyes!* NTV*]*[117]

[116] Salmo 113:5.

[117] La versión griega de los LXX o Septuaginta lee: παραβαίνοντας ἐλογισάμην πάντας τοὺς ἁμαρτωλοὺς τῆς γῆς· διὰ τοῦτο ἠγάπησα τὰ μαρτύριά σου διὰ παντός que la Vulgata traduce al latín como: *"Praevaricantes reputavi omnes peccatores terrae; ideo dilexi testimonia tua"*, "Reputé por prevaricadores a todos los pecadores de la tierra; por esto amé tus testimonios". La versión sefardí de Ferrara traduce: *"Como efcorias fezifte baldar todos malos de tierra; por tanto amee tus teftamentos"*. La caldea Peshitta: *"Sustentame y seré salvo, y meditaré continuamente en tus ordenanzas"* (La Peshitta se aparta aquí de todas las demás versiones y parece repetir el v.117). KRAUS traduce: *"Como escoria consideras a todos los impíos, en el país, por eso yo amo tus testimonios"*. SCHÖKEL: *"Valoras como escoria a los malvados, por eso amo tus preceptos"*.

Apartaste como escorias a todos los impíos de la tierra.[118] No negocia con ellos ni los trata con guante de seda; no, los juzga como escoria de la tierra y los trata en consecuencia: apartándolos y consumiéndolos. Los aparta de su Iglesia, les aparta de sus honores, les aparta de la tierra, y finalmente les aparta lejos de él. *"Apartaos de mí* –dice–, *malditos".*[119] Si una persona someramente piadosa, como era el caso de David, experimentaba ya la necesidad de apartar de su entorno a los obradores de maldad (119:115); cuanto más el Dios tres veces santo apartará a los impíos. Relucen cual metales preciosos, porque conviven mezclados con ellos en el mismo montón;[120] pero el Señor es un excelente refinador, y día tras día va eliminando impíos de entre su pueblo, bien sea poniendo en evidencia su hipocresía de manera vergonzosa o bien extirpándolos de la faz de la tierra. Son apartados cual escoria olvidada para siempre. Así como el metal se purifica fácilmente alterando su aleación, la Iglesia se purifica eliminando a los impíos de entre sus filas. Fijémonos en que estos impíos son impíos *"de la tierra",* y por tanto no tienen derecho a estar con los que no son de este mundo ni pertenecen a él;[121] el Señor los percibe como fuera de lugar y dañinos, y en consecuencia los aparta, a todos ellos, sin dejar uno solo que pueda causar en su Iglesia daño o deterioro. Hasta el día en que el proceso sea completo y perfecto: entonces no quedará una brizna de escoria, ni brizna de oro impuro. ¿En que lado estaremos cuando concluya esta gran operación de refino?

Por eso amo tus testimonios. Aún los juicios más severos del Señor provocan el amor de su pueblo. Si Dios permitiera que los impíos pecaran con total impunidad, nuestra admiración y amor hacia él no sería plena; le vemos glorioso en santidad porque limpia su reino de rebeldes, y su templo de aquellos que lo contaminan.[122] En esta época impía en la que nos ha tocado vivir, en la que la realidad y legitimidad del castigo de Dios a los pecadores se ha convertido en el blanco de orgullosos cuestionamientos y tema de eruditos debates por parte de teólogos escépticos, podemos considerar como una marca distintiva del verdadero hombre de Dios que su amor al Señor no se vea mermado en absoluto, antes todo lo contrario, incrementado y potenciado, por considerar justo, apropiado y merecido el juicio y castigo de los impíos.

C. H. SPURGEON

Apartaste como escorias a todos los impíos de la tierra. Al igual que el metal precioso y la escoria, en la Iglesia militante y visible conviven juntos el piadoso y el impío; pero Dios, que es el Refinador[123] de su Iglesia, no fallará en el proceso de establecer la diferencia entre ambos aplicando

---

[118] Hemos seguido en este caso la traducción de la Biblia Textual BTX por ser la que mejor se ajusta al texto la versión inglesa KJV que utilizan Spurgeon y demás comentaristas: *"Thou puttest away all the wicked of the earth like dross".* El texto hebreo dice literalmente סִגִים הִשְׁבַּתָּ *sigîm hišbatā* del verbo שָׁבַת *shabath,* cuyo sentido es bastante amplio, pues tanto se puede leer por "apartar, separar", como por "consumir". En este caso concreto la idea fundamental parece bastante clara: algo que es eliminado o acabado súbitamente, según se desprende del uso del mismo verbo en Deuteronomio 32:26: *"Que haría cesar de entre los hombres la memoria de ellos"* o el Salmo 89:14: *"hiciste cesar su gloria".* Ver también Jeremías 6:28-30; Ezequiel 22:18-20; Malaquías 3:2-3. JOHN MILTON [1608-1674] en uno de sus inmortales poemas épicos: "El Paraíso recobrado", hace al comienzo del Libro III una referencia a esto cuando refiriéndose a los más elevados y etéreos espíritus puros, nos dice: *"who all pleafures elfe defpife, all treafures and gain efteem as drofs",* "quienes todos los placeres desprecian, y los tesoros y ganancias estiman como escoria". [*"Paradise Regain'd",* Book III, Line 28-29].

[119] Mateo 25:41.

[120] Mateo 13:30.

[121] Juan 17:16.

[122] Isaías 56:7; Jeremías 7:11; Marcos 11:15-18.

[123] Malaquías 3:3; Isaías 1:25.

una diversidad de pruebas y juicios hasta lograr una separación perfecta; y a los impíos los desechará como desperdicio.

DAVID DICKSON [1583-1663]
"Explication upon the Last Fifty Psalms", 1655

Apartaste como escorias a todos los impíos de la tierra. Los juicios de Dios sobre otros pueden constituir un acto de amor necesario hacia nosotros: eventualmente son desechados cual *"escoria"* para evitar que nos infecten con su ejemplo o nos inquieten con sus persecuciones y opresiones. Cuanto más y mejor entendamos y comprendamos esto, más agradecidos nos sentiremos y más obligados a servir a Dios con alegría: *"para que liberados de las manos de nuestros enemigos, le sirvamos sin temor en santidad de vida y rectitud de conducta ante sus ojos, todos nuestros días"*.[124] El mundo y los impíos que en el habitan son estos "enemigos" de cuyas manos somos eventualmente liberados por la acción de Dios, por tanto, sirvámosle fielmente y con alegría.

THOMAS MANTON [1620-1677]
"God's Word in Our Hearts", 1681

Apartaste como escorias a todos los impíos de la tierra. Las formas y maneras en las que los hombres impíos y malvados son *"apartados"* suelen ser bastante diversas: a veces es por mano de otros hombres; en algunos casos por la suya propia. Los filisteos no ejecutaron a Saúl, le acorralaron y condujeron al suicidio dándose él muerte por su propia mano.[125] No obstante, el ojo de la fe ve el dedo de Dios detrás de ello, y entiende que la caída de los malvados es obra de la justicia divina.

WILLIAM COWPER [1566-1619]
"A holy alphabet for Sion's scholars full of spiritual instructions, and heavenly consolations [...] delivered by way of commentary upon the whole 119 Psalme", 1613

Apartaste como escorias a todos los impíos de la tierra. ¿Por qué describe el salmista a los impíos con un término tan drástico y despectivo como el de *"escorias"*? Porque aquí en la tierra florecen, pero *"serán escritos en el polvo"*;[126] crecen ufanos y son admirados, pero de la noche a la mañana se desvanecen como humo y dejan de ser.[127] Judas, el discípulo traidor, era el que llevaba la bolsa,[128] pues en el mundo los impíos prosperan: *"sin ser turbados del mundo, acumulan riquezas"*;[129] y son respetados y escuchados: *"son del mundo; por eso hablan como del mundo, y el mundo los oye"*.[130] Sus corazones y mentes están en el mundo; su constitución es mundana y por tanto el mundo es su hábitat natural; saborean con deleite todo aquello que es del mundo: los ascensos, los honores, la grandeza, es, su *"unum magnum"*[131] y en ello está su placer, esta es su porción, su esperanza y su felicidad. Pero el hijo de Dios busca otra herencia distinta, aquella que es inmortal e incontaminada.[132]

THOMAS MANTON [1620-1677]
"God's Word in Our Hearts", 1681

---

[124] Lucas 1:74-75.
[125] 1 Samuel 31:4.
[126] Jeremías 17:13.
[127] Salmo 90:5-6; 103:15; Santiago 1:10-11; 1 Pedro 1:24-25.
[128] Juan 12:6; 13:29.
[129] Salmo 73:12.
[130] 1 Juan 4:5.
[131] En latín, "ideal de grandeza".
[132] Mateo 6:19-20.

Apartaste como escorias a todos los impíos de la tierra. Las gentes de este mundo consideran a los hijos de Dios como basura, bazofias de la tierra; y así Pablo (instrumento escogido de Dios)[133] fue descalificado y difamado por los hombres.[134] Pero en contrapartida el salmista nos muestra en este versículo lo qué son los impíos ante los ojos de Dios: *"escorias"*, el desecho o basura de oro o plata. Sirva ello para confirmar y fortalecer al creyente piadoso ante el desprecio de los hombres: tan solo el Señor tiene en su mano la balanza auténtica que pesa y valora a los seres humanos conforme a lo que verdaderamente son.

WILLIAM COWPER [1566-1619]
"A holy alphabet for Sion's scholars full of spiritual instructions, and heavenly consolations [...] delivered by way of commentary upon the whole 119 Psalme", 1613

Escorias. ¿Y qué es la escoria?

1. La escoria apaga el esplendor del metal precioso, sí, lo cubre con una capa opaca que le impide relucir; a veces el oro viene tan envuelto de inmundicia que se hace imposible detectar su brillo y naturaleza.
2. La escoria es una sustancia particularmente engañosa. Aparenta ser metal pero no lo es; la escoria de la plata luce como la plata y la escoria del oro es parecida al oro, pero no es ni plata ni oro, es escoria.
3. La escoria no se purifica en el fuego: por mucho que la pongamos al fuego, una y otra vez, no se mejora, sigue siendo escoria
4. La escoria carece de todo valor; es meramente un desecho vil y despreciable.
5. La escoria no tiene ningún tipo de utilidad, no sirve para nada.
6. La escoria un elemento agresivo: perjudica el metal con el que viene mezclada y obliga al orfebre a encender el fuego para separarlo del oro y la plata.

WILLIAM GREENHILL [1591-1677]
"An Exposition of the Five First Chapters of the Prophet Ezekiel with Useful Observations Thereupon. Delivered in Several Lectures in London", 1649

"Tus testimonios". El salmista aplica con frecuencia este nombre a la palabra de Dios en general, que contiene tanto mandamientos como promesas: los mandamientos se aplican a todos; las promesas pertenecen exclusivamente a sus hijos, particularmente las promesas que contienen declaraciones especiales de su amor y buena voluntad para los que son suyos en Cristo Jesús.

WILLIAM COWPER [1566-1619]
"A holy alphabet for Sion's scholars full of spiritual instructions, and heavenly consolations [...] delivered by way of commentary upon the whole 119 Psalme", 1613

Vers. 120. *Mi carne se ha estremecido por temor de ti, y de tus juicios tengo miedo.* *[Mi carne se estremece por temor de ti, y de tus juicios tengo miedo.* RVR*] [Mi carne se estremece por temor a ti, y de tus juicios tengo miedo.* LBLA*] [Mi carne se estremece de temor a Ti, y ante tus juicios me lleno de pavor.* BTX*] [Mi cuerpo se estremece por el temor que me inspiras; siento reverencia por*

[133] Hechos 9:5.
[134] 1 Corintios 4:9-13.

tus leyes. NVI] [*Mi ser se estremece ante ti, por tus decretos te venero.* BLP] [*Me estremezco por mi temor a ti; quedo en temor reverente ante tus ordenanzas.* NTV][135]

Mi carne se estremece por temor de ti.[136] Tal fue su aturdimiento al pensar en el Juez de toda la tierra, cuyos juicios acababa de considerar, que se apoderó de él un miedo incontenible y comenzó a temblar.[137] No solo su mente y corazón, sino también la parte física y burda de su ser, su carne, experimentó un temor solemne ante la posibilidad de ofender a un ser tan inconmensurable y bueno: que

[135] La versión griega de los LXX o Septuaginta lee: καθήλωσον ἐκ τοῦ φόβου σου τὰς σάρκας μου· ἀπὸ γὰρ τῶν κριμάτων σου ἐφοβήθην que la Vulgata traduce al latín como: *"Confige timore tuo carnes meas; a judiciis enim tuis timui"*, "Traspasa con tu temor mis carnes; porque he temido tus juicios". La versión sefardí de Ferrara traduce: *"Erizofe de tu pavor mi carne, y de tus juizios temi"*. La caldea Peshitta: *"Mi carne se contrae por temor a ti, y de tus juicios he tenido miedo"*. KRAUS traduce: *"Mi piel tiembla de temor a ti, de tus juicios tengo miedo"*. SCHÖKEL: *"Se me erizan los pelos con tu terror y me asustan tus mandamientos"*.

[136] En el texto hebreo סָמַר מִפַּחְדְּךָ בְשָׂרִי *sāmar mipaḥdəḵā ḇəśārî*. סָמַר *sāmar* es un verbo complejo que solo ocurre dos veces en la Escritura, aquí en Job 4:15. La versión griega de los LXX o Septuaginta lo lee como καθήλωσον, que Vulgata traduce como *"Confige"*, "traspasar", dando lugar a una versión un tanto distinta a la que estamos acostumbrados, y a la que los Padres de la Iglesia dedican hermosas exposiciones:

– AGUSTÍN DE HIPONA [354-430] destaca que la versión griega utiliza una sola palabra: καθήλωσον, para decir aquello que los traductores latinos necesitaron varias para expresar: *Confige timore tuo carnes meas,* "Traspasa con tu temor mis carnes"; a lo que algunos, tratando de ser más precisos al trasladar el sentido del griego, añaden otra palabra más: *clavis,* "clavos", traduciendo: *Confige clavis timore tuo carnes meas,* "Traspasa con los clavos de tu temor mis carnes"; una traducción que él juzga como la más acertada: «pues traduciendo únicamente *confige,* "traspasa" sin añadir: *clavis,* "con los clavos", se traiciona el sentido profundo de la palabra griega, ya que καθήλωσον, no puede entenderse sin el resonar de los clavos. Y además, se pierde un hermoso paralelismo con las palabras del apóstol: *"Con Cristo estoy juntamente crucificado, y ya no vivo yo, sino que Cristo vive en mí; y lo que ahora vivo en la carne, lo vivo en la fe del Hijo de Dios, el cual me amó y se entregó a sí mismo por mí"* (Gálatas 2:20); y también: *"lejos esté de mí gloriarme, sino en la cruz de nuestro Señor Jesucristo, por quien el mundo me es crucificado a mí, y yo al mundo"* (Gálatas 6:14) […] Pues, ¿a qué otra cosa puede referirse el salmista con estas palabras: *"Traspasa con los clavos de tu temor mis carnes"*, sino a lo mismo que nos dice el apóstol cuando exclama que: *"los que son de Cristo han crucificado la carne con sus pasiones y deseos"* (Gálatas 5:24)?».

– AMBROSIO DE MILÁN [340-397], su maestro, hace una lectura similar: «Oh divino misterio el de esa cruz de la que colgando sujeta la debilidad el poder es liberado, donde enclavados los vicios se elevan triunfantes las virtudes y son proclamadas las victorias. No es de extrañar que el profeta exclamara: *"Traspasa con los clavos de tu temor mis carnes"*. No con clavos de hierro, sino con los del santo temor de Dios y de la fe; porque la sujeción que impone la virtud es más fuerte que la de la esclavitud, y las ataduras del amor más resistentes que las del castigo».

– JUAN CRISÓSTOMO [347-407]: «Así como no hay viento, por fuerte que sea, capaz de arrancar con sus acometidas la encina que tiene afianzadas sus raíces en las profundidades de la tierra; no hay tentación capaz de derribar el alma sujeta con los clavos del temor de Dios; pues la firmeza de estar enclavado es más que la de estar enraizado. Por ello clamaba el profeta diciendo: *"Traspasa con los clavos de tu temor mis carnes"*».

[137] FRANZ DELITZSCH [1813-1890] que se inclina por traducir סָמַר *sāmar* por "eriza", como en Job 4:15, dice al respecto: «Con solo el pensar en el Dios que se describe a sí mismo según lo hace en Éxodo 34:7; Isaías 2:10, y otros pasajes similares, la piel del salmista se estremece y el cabello se le eriza».

aparta a los impíos de entre los justos con semejante eficacia. ¡Ay de ti, carne miserable y ramplona, que a lo máximo que alcanzas hacer es estremecerte!

Y de tus juicios tengo miedo. Las palabras de juicio divino son pronunciamientos solemnes, y las ejecuciones de sus sentencias son terribles; nos sobran razones para sentir miedo. Cuando nos forjamos mentalmente la imagen del Juez de todo: su mirada escrutadora,[138] sus libros de registro,[139] su día de juicio,[140] sus acciones justicieras; motivos tenemos para clamar implorando pensamientos puros; corazones y caminos santificados; no nos fuera a suceder que sus juicios y sentencias caigan también sobre nosotros. Cuando vemos al gran Refinador[141] separando lo precioso de lo vil, motivos tenemos de experimentar un temor piadoso a ser apartados con la escoria, y hollados por su pie.

C. H. SPURGEON

Mi carne se estremece por temor de ti. En lugar de alegrarse y pavonearse de que los impíos, habiendo caído en el desagrado de Dios, hayan sido hollados como escoria, el hecho le hace estremecer y le causa humillación. Todo cuanto leemos y escuchamos acerca de los juicios de Dios sobre los malos debe llevamos a:

1. Reverenciar su majestad aterradora y quedar atónitos ante ella: *"¿Quién podrá estar delante de Jehová el Dios santo?*[142]
2. Temerle para evitar cualquier ofensa y convertirnos en objeto de su ira. Las personas piadosas necesitan para refrenarse del pecado tener conciencia de los terrores del Señor; de manera especial cuando el juicio tiene lugar en la propia casa de Dios y los hipócritas en ella descubiertos son desechados como escoria.

MATTHEW HENRY [1662-1714]
"Commentary on the Whole Bible", 1811

Mi carne se estremece por temor de ti, y de tus juicios tengo miedo. Ante la presencia perturbadora del Señor cuando se manifiesta en juicio, la tierra tiembla y se queda muda.[143] Y ni aún sus mejores sirvientes se libran en semejantes circunstancias de un temor escalofriante, pues las escenas de tal naturaleza mostradas en visión a los profetas hacen que su carne tiemble y todos sus huesos se estremezcan.[144] Enfundados en un cuerpo frágil y rodeados de un mundo pecaminoso, necesitamos todas las riendas y ataduras posibles; debemos utilizar todos los vínculos tanto del amor como del temor para refrenarnos de la transgresión: *amar los testimonios de Dios y temer sus juicios.*

GEORGE HORNE [1730-1792]
"A Commentary on the Psalms in which Their Literal Or Historical Sense, as They Relate to King David, is Illustrated", 1825

Mi carne se estremece por temor de ti. Mientras oraba a solas por la noche, tuve unas visiones tan reales y escalofriantes de los juicios de Dios sobre los pecadores en el infierno, que mi carne comenzó a temblat de miedo por ellos. Los pasajes de la santa palabra de Dios que hablan de los tormentos del

[138] 2 Crónicas 16:9; Proverbios 5:21; 15:3; 22:12; Job 4:21; 34:21-22; Jeremías 16:17; 23:24; Hebreos 4:13.
[139] Éxodo 32:22; Salmo 69:28; Apocalipsis 3:5; 13:8; 17:8; 20:12; 21:27.
[140] Romanos 2:16; 14:7-12; 2 Corintios 5:10; 2 Pedro 2:9; 3:7; Apocalipsis 14:7.
[141] Malaquías 3:3; Isaías 1:25.
[142] 1 Samuel 6:20.
[143] Salmo 97:4-5; 104:32; 114:7.
[144] Job 4:14-15; Habacuc 3:16.

infierno, se me hicieron tan vivos y reales como jamás antes los había experimentado. De inmediato volé a refugiarme en Jesucristo, temblando cual si las llamas me estuvieran abrasando, y grité: ¡Cristo mío, sálvame o pereceré irremisiblemente!

HENRY MARTYN [1781-17812]
"Journals and Letters of the Rev. Henry Martyn - Journal: December 26, 1805", 1837

Mi carne se estremece por temor de ti. La excesiva familiaridad con otros seres humanos, por encumbrados que sea, conduce a minimizarles y eventualmente a menospreciarles; con Dios es todo lo contrario: quienes más temen y reverencian al Señor son aquellos que mejor lo conocen y más familiarizados están con él.

WILLIAM COWPER [1566-1619]
"A holy alphabet for Sion's scholars full of spiritual instructions, and heavenly consolations [...] delivered by way of commentary upon the whole 119 Psalme", 1613

Mi carne se estremece por temor de ti, y de tus juicios tengo miedo ... no quede yo avergonzado de mi esperanza.[145] El cristianismo auténtico se fragua con una aleación equilibrada de temor de Dios y esperanza en su misericordia; allí donde una de estas dos cosas falle no habrá una profesión de fe verdadera. Porque Dios está ligado a estas dos cosas, y en modo alguno debemos ni podemos separarlas. No puede complacerse en aquellos que le temen con un miedo servil, sin esperar nada de su misericordia; porque están viendo en él un ser cruel y tiránico sin piedad ni bondad alguna en su naturaleza; y, además, lo están acusando implícitamente de falsedad al calificar de cuestionables y dudosas sus numerosas invitaciones y ofrecimientos de misericordia. Por otro lado, no puede sentirse satisfecho con aquellos que pretenden esperarlo todo de su misericordia sin ningún tipo de temor; porque lo insultan al suponer que no hay en él nada que deba ser temido; además lo hacen mentiroso al no creer sus terribles amenazas y denuncias contra los pecadores, y ponen en duda su autoridad al negarse a obedecerlo. Pero aquellos que le temen y esperan en su misericordia, le rinden justamente el honor que le corresponde.

EDWARD PAYSON [1783-1827]
"Select Thoughts and Sermons – Fear and Hope", 1846

Mi carne se estremece por temor de ti. En hebreo סָמַר *sāmar.* El sentido es de "erizarse" o "encresparse" los pelos del cuerpo a causa del terror. Se trata de un verbo que se utiliza únicamente en dos lugares de la Escritura, en este versículo del Salmo 119 y en Job: *"Y al pasar un espíritu por delante de mí, hizo que se erizara el pelo de mi cuerpo"*.[146]

JOHN JAMES STEWART PEROWNE [1823-1904]
"The Book of Psalms: a new translation with introductions and notes, explanatory and critical", 1876

---

145 El autor junta para su exposición el versículo ciento veinte (119:120) con la segunda parte del ciento dieciséis (119:116).

146 Job 4:15. Dice JOHANN PETER LANGE [1802-1884]: «Quien no se siente horrorizado al pensar en la ira de Dios y no se ocupa de su salvación con temor y temblor (Filipenses 2:12) se está labrando una eternidad llena de gemidos e incesante desespero (Mateo 8:12; Lucas 13:28)»

infierno, sentí que eran tan vívidos y reales como jamás antes los había experimentado. De inmediato volé a refugiarme en Jesucristo, temblando cual si las llamas me estuvieran abrasando, y grité: ¡Justo mío, sálvame o pereceré irremisiblemente!

HENRY MARTYN [1781-1812]

"Journals and Letters of the Rev. Henry Martyn", Journal (December 6, 1805), 1837

Mi carne se estremece por temor de ti. La excesiva familiaridad con otros seres humanos, por encumbrados que sean, conduce a minimizarlos y eventualmente a menospreciarlos; con Dios es todo lo contrario, quienes más temen y reverencian al Señor son aquellos que mejor lo conocen y más familiarizados están con él.

WILLIAM COWPER [1566-1619]

"A Holy Alphabet for Sion's Scholars, full of spiritual instructions, and heavenly consolations [...] delivered in way of commentary upon the whole 119 Psalme", 1613

Mi carne se estremece por temor de ti, y de tus juicios tengo miedo, no cerrada la puerta de la *esperanza*.[14] El cristianismo auténtico se fragua con una aleación equilibrada de temor de Dios y esperanza en su misericordia; allí donde una de estas dos cosas falte no habrá una profesión de fe verdadera. Porque Dios está ligado a estas dos cosas, y en modo alguno debemos ni podemos separarlas. No puede complacerse en aquellos que le temen con un miedo servil, sin esperanza de su misericordia, porque están viendo en él un ser cruel y tirano sin piedad ni bondad alguna en su naturaleza; y, además, lo están acusando implícitamente de falsedad al calificar de cuestionables y dudosas sus numerosas invitaciones y ofrecimientos de misericordia. Por otro lado, no puede sentirse satisfecho con aquellos que pretenden esperarlo todo de su misericordia sin un ápice de temor, porque lo insultan al suponer que no hay en él nada que deba causar temor, haciendo además lo hacen mentiroso al no creer sus terribles amenazas y denuncias contra los pecadores, y poner en duda su autoridad al negarse a obedecerle. Tan solo aquellos que le temen y esperan en su misericordia, le rinden justamente el honor que le corresponde.

EDWARD PAYSON [1783-1827]

"Select Thoughts and Sermons – Reverential Fear", 1846

Mi carne se estremece por temor de ti. En hebreo סמר *samar*. El sentido es de «erizarse» o «encresparse» los pelos del cuerpo a causa del terror. Se trata de un verbo que se utiliza únicamente en dos lugares de la Escritura, en este versículo del Salmo 119 y en Job:[15] *al pasar un espíritu por delante de mí, hizo que se erizara el pelo de mi cuerpo.*

JOHN JAMES STEWART PEROWNE [1823-1904]

"The Book of Psalms: a new translation with introductions and notes, explanatory and critical", 1864

[14] El autor junta para su exposición el versículo ciento veinte (119:120) con la segunda parte del ciento dieciséis (119:116).

[15] Job 4:15. Dice JOHN PETER LANGE [1802-1884]: «Quien no se siente horrorizado al pensar en la ira de Dios y no se ocupa de su salvación con temor y temblor (Filipenses 2:12) se está labrando una eternidad llena de gemidos e incesante desespero (Mateo 8:12; Lucas 13:28)».

ע Ayin[1]

Versículos del 121 al 128

Versión poética

Ayin

Yo procuré, Señor, toda mi vida
hacer con equidad justicia entera,
no consientas pues que tantos enemigos
después de atormentarme al fin me venzan.

Recibe con favor tu humilde siervo,
indúcelo a emplearse en obras buenas,
y haz que cierren sus bocas detestables
los que tanto calumnian mis empresas.

Mis ojos desfallecen cuando miran
que su deseada libertad no llega,
y que se tarda mucho el cumplimiento
de tus altas magníficas promesas.

Haz siquiera que tu misericordia
mi desmayado corazón sostenga,
y que si no llega el día de la gloria,
a lo menos la causa entender pueda.

Yo soy tuyo, Señor, yo soy tu siervo,
dame pues por lo menos una idea
con que penetre tus motivos justos,
y tranquilice mi razón inquieta.

Ve que es tiempo, Señor, ve que ya es tiempo
de que tu alto poder los hombres vean,

[1] Felipe Scio de San Miguel [1738-1776] en una nota a su traducción de la Vulgata indica que el significado de ע *Ayin,* según Jerónimo de Estridón [347-420], es el de "ojo" o "fuente". Los cabalistas nos dicen que el ideograma representa los ojos conectados al cerebro por el nervio óptico; y su simbolismo espiritual es el de la Providencia divina, es decir, los ojos de Dios que todo lo observan. Su conexión con algunos versículos de esta octava del salmo es evidente: como simple representación de los ojos humanos, el versículo clave sería el ciento veintitrés: *"Mis ojos languidecen en pos de tu salvación"* (119:123), y forzando un poco más el ciento veintiocho: *"Por eso me dejo guiar por todos tus mandamientos sobre todas las cosas"*(119:128); en su simbolismo espiritual, el de los ojos de Dios que todo lo observan, encaja con la petición el versículo ciento veintiséis: *"Es hora de actuar, oh Señor, porque han violado tu ley"* (119:126).

porque ya demasiado los inicuos
tu ley insultan, tus preceptos befan.

No lo digo por mí, pues por lo mismo
mi corazón con ellos más se estrecha,
y su vista me fuerza a preferirlos
al oro, los topacios y las perlas.

Cuando comparo su feroz conducta
con las leyes amables que tú ordenas,
mi alma llena de horror quisiera huirlos
hasta el confín postrero de la tierra.

DEL "SALTERIO POÉTICO ESPAÑOL", SIGLO XVIII

Comentario general a los versículos del 121 al 128:[2] Comienza aquí una nueva octava del Salmo indicada por la letra hebrea ע *Ayin,* una letra que no tiene equivalente en el alfabeto inglés, ya que, de hecho, no hay ninguna letra en nuestro idioma que se corresponda exactamente con ella.[3]

---

[2] FRANCISCO LACUEVA [1911-2005] en su versión española del "Comentario de Matthew Henry" ofrece el siguiente resumen: El título de esta octava podría ser: 'ES TIEMPO DE INTERVENIR'. 1. En efecto, el salmista lo dice expresamente (119:126): *"Es hora de actuar, Señor".* La misma nota de urgencia se advierte en los primeros versículos 121-124, donde se apela: (A) a la conducta que él mismo viene observando sin desmayo: *"Juicio y justicia he practicado"* (119:121), las cualidades que Dios ama (Salmo 33:5) y que son el cimiento del trono de Dios (Salmo 89:14) por lo que bien puede apelar a su integridad, a fin de que Dios ejercite esas mismas perfecciones que son el fundamento de su trono y le saque del aprieto en que se halla; (B) a la promesa divina (119:123): *"Mis ojos desfallecen"* (en hebreo עֵינַי כָּלוּ *'ênay kālū* de כָּלָה *kalah,* (el mismo verbo utilizado en 119:82) *"por"* (o "para", es decir, en anhelos de) *"tu salvación y tu dicho"* (en hebreo לִישׁוּעָתֶךָ וּלְאִמְרַת *lîšū'āṯeḵā ūlə'imraṯ*) *"justo"* (en hebreo צִדְקֶךָ *ṣiḏqeḵā*), es decir, la promesa de Dios garantizada por la propia justicia de Dios. De ahí que interponga su condición de *"siervo"* de Jehová (119:122,124,125); (C) al amor misericordioso de Dios, ya que se reconoce indigno de alcanzar la salvación por sí mismo, mientras pide mayor instrucción a fin de que su conducta merezca, de algún modo, la aprobación de Dios (119:124-125). 2. En toda la octava se nota el mismo tono de apuro de algunas de las octavas anteriores. Acecha el peligro de que los soberbios le opriman (119:122b); pero lo que más le estimula a urgir a Dios a actuar es ver que esos soberbios violan, quebrantan con descaro, la Ley (119:126). 3. Una vez más, expresa su amor a los mandamientos divinos: *"más que el oro fino"* (110:127); y su docilidad para "dejarse guiar rectamente por todos los preceptos divinos en lo concerniente a todas las cosas" (pues esta sería la versión más aproximada de la concisa frase hebrea: כָּל־פִּקּוּדֵי כֹל יִשָּׁרְתִּי כָּל־אֹרַח *kāl-piqqūḏê ḵōl yiššārətî kāl-'ōraḥ,* que utiliza aquí el salmista (119:128); y como corresponde a todo el que se adhiere firmemente a la verdad, aborrece todo camino falso, engañoso. Es de advertir que la conjunción causal hebrea: עַל־כֵּן *al-kên = "por eso",* con la que inicia ambos versículos finales (119:127-128), no tiene aquí precisamente un sentido causal o consecutivo, sino que la emplea el salmista porque le viene bien para el acróstico, ya que comienza por la letra עַ *ayin,* que domina toda la octava».

[3] En español sí tiene un equivalente, la *"y"* llamada *"i griega".* Que proviene de la letra griega ὓψιλόν *ípsilon* y del latín, donde fue introducida por los romanos para transcribir vocablos de origen griego. En el año 1726, la Real Academia Española de la Lengua separó los usos de la "i" y las "y" estableciendo que únicamente la "i" sería utilizada como vocal. Con todo, hemos transcrito el comentario de Barnes por fidelidad al texto original de Spurgeon.

Probablemente la mejor forma de describirla en inglés es por medio de lo que en el alfabeto griego conocemos como *"espíritus"*.[4]

ALBERT BARNES [1798–1870]

"Notes, critical, explanatory, and practical, on the book of Psalms", 1868

Vers. 121. ***Juicio y justicia he hecho; no me abandones a mis opresores.*** *[Juicio y justicia he practicado; no me abandones a mis opresores.* RVR*] [He practicado el juicio y la justicia; no me abandones a mis opresores.* LBLA*] [He actuado con justicia y rectitud, no me dejes a merced de mis opresores.* BTX*] [Yo practico la justicia y el derecho; no me dejes en manos de mis opresores.* NVI*] [He seguido la justicia y el derecho, no me entregues a mis opresores.* BLP*] [No me dejes a merced de mis enemigos, porque he hecho lo que es correcto y justo.* NTV*]*[5]

Juicio y justicia he practicado. Para un gobernante en el antiguo Oriente esto resultaba tan insólito como absurdo, pues eran unos déspotas a los que únicamente preocupaba su propio bienestar y beneficio: practicar justicia les tenía sin cuidado. Entregados por completo a sus placeres, la mayoría descuidaban por entero su función de impartir justicia relegando este deber en manos de subordinados; y muchos solían vender el cargo al mejor postor, que lo ejercía a base de sobornos. La mayoría no practicaban ni juicio ni justicia, y lo más habitual era que impartieran justicia sin juicio; todo lo contrario de David que afirma haber *practicado el juicio y la justicia*, y comprobando personalmente que sus sentencias eran ejecutadas en la manera correcta.[6] Por tanto, tenía todo el derecho de alegar ante el Señor que había impartido justicia, y que lo seguía haciendo; y en ello fundamente su petición:

No me abandones a mis opresores A quien tiene la certeza de haber procedido rectamente en el ejercicio de sus funciones hasta el límite de sus capacidades, le asiste el derecho a ser defendido y librado de quienes estando por encima de él pretendan perjudicarle. Si no he oprimido a los demás, tengo base suficiente para orar pidiendo que los demás no me opriman. Una conducta justa y recta nos aporta la prerrogativa de apelar al Gran Juez pidiendo liberación frente a la injusticia de los demás.[7] Y no hay razón para censurar este tipo de súplicas calificándolas de recurso a nuestra propia justicia: cuando nos toca plantear ante Dios nuestras deficiencias personales lo hacemos en

---

[4] Los *"espíritus"* son dos signos peculiares del idioma griego y todas las palabras que empiezan por vocal y por la letra Ρρ *"rho"* los llevan. Hay el *"espíritu suave"*, que se escribe pero no se pronuncia (como nuestra "h" española) y el *"espíritu áspero"* que se escribe y se pronuncia con una leve aspiración (como la "h" inglesa).

[5] La versión griega de los LXX o Septuaginta lee: ἐποίησα κρίμα καὶ δικαιοσύνην· μὴ παραδῷς με τοῖς ἀδικοῦσίν με que la Vulgata traduce al latín como: *"Feci judicium et justitiam: non tradas me calumniantibus me"*, "He ejecutado juicio y justicia; no me entregues a los que me calumnian". La versión sefardí de Ferrara traduce: *"Fize juizio y juftedad, no me dexes a mis fobreforçantes"*. La caldea Peshitta: *"He practicado el juicio y la justicia, no me abandones en manos de mis opresores"*. KRAUS traduce: *"Practico el derecho y la justicia; ¡no me abandones a mis opresores!"*. SCHÖKEL: *"Practico la justicia y el derecho: no me entregues a mis opresores"*.

[6] FELIPE SCIO DE SAN MIGUEL [1738-1776], en su versión española de la Vulgata indica que «no cabe entender esta frase como un acto de soberbia, sino como una afirmación de inocencia».

[7] Dice AGUSTÍN DE HIPONA [354-430]: «Cuando el salmista después de haber dicho: *"Juicio y justicia he practicado"*, añade: *"no me abandones a mis adversarios"*, viene a decir lo mismo que cuando nosotros después de haber dicho en el Padrenuestro: *"perdónanos nuestras deudas, como también nosotros perdonamos a nuestros deudores"*, añadimos: *"no nos metas en tentación, mas líbranos del mal"* (Mateo 6:12-13). Porque nuestro adversario es aquel del cual dice el apóstol: *"no sea que os*

un tono distinto al que empleamos a la hora de afrontar las críticas y censuras de nuestros semejantes; cuando nos agreden, y somos inocentes, tenemos justificación sobrada para alegar ante Dios nuestra inocencia.[8]

C. H. Spurgeon

He practicado el juicio y la justicia. Con los malvados: *"juicio"*; con los buenos: "justicia".

Simeon Marotte de Muis [1587-1644]
"Commentarius litteralis et historicus in omnes Psalmos", 1630

He practicado el juicio y la justicia. David se nos presenta aquí en su función y capacidad judicial; y en este aspecto hemos de admitir que contaba con una dilatada experiencia, puesto que ejerció esta práctica durante buena parte de su vida.[9] Y cuán benditas suenan sus reflexiones. Ojalá todos los soberanos y gobernantes de este mundo, después de un largo reinado como fue el suyo, pudieran apelar a Dios diciendo: *"He practicado el juicio y la justicia"*. Y debería ser así, puesto que al final todos deberán responder ante él como Juez supremo. Y aún asumiendo que David no estuviera en este caso hablando en calidad de gobernante, sino a título personal, sus palabras continúan siendo dignas de nuestra admiración ... pues ¿acaso unos padres que pueden afirmar esto de las relaciones con sus hijos; los amos con sus sirvientes, o cualquiera con sus vecinos, no es digno de especial encomio?

John Stephen [1800-1881]
"The Utterances of the CXIX Psalm; Expounded in a Series of Lectures", 1861

He practicado el juicio y la justicia. "Juicio" y *"justicia"* son dos términos que en las Escrituras se utilizan indistintamente; y cuando aparecen juntos, el segundo viene a ser como un epíteto del primero. Así: *"Juicio y justicia he practicado"* viene a decir he juzgado justamente de la manera más fiel y exacta posible, midiendo el grueso de un cabello.

Joseph Caryl [1602-1673]

---

hubiese tentado el tentador" (1 Tesalonicenses 3:5). A este es a quien entrega Dios a aquellos a quienes abandona; pues a aquellos a quienes no abandona, antes bien mantiene protegidos bajo su misericordia, no les puede engañar».

[8] Se cuenta que el pío monarca David I de Escocia [1083-1153], que implantó durante su reinado numerosos cambios sociales y religiosos, entre ellos la fundación de burgos y monasterios y la implantación de los postulados de la Reforma gregoriana, que buscaba un regreso de la Iglesia a los ideales del cristianismo primitivo, por lo cual se le conoce como San David de Escocia aunque nunca fuera canonizado oficialmente, expiró pronunciando en sus últimos momentos los palabras de este versículo: *"Juicio y justicia he practicado; no me abandones a mis opresores"* (119:1).

[9] Sin embargo, la idea de aplicar estas palabras de David a su función como rey, no es unánime en todos los comentaristas. William Swan Plumer [1802-1880] apoyándose en el hecho de que el verbo hebreo עָשָׂה *asah* está en pretérito perfecto: עָשִׂיתִי *'āśîṯî,* opina que: «lo más probable es que el profeta no esté hablando aquí de su oficio como rey, sino de su conducta personal y vida práctica. No hay duda que en su mente el estándar o norma de derecho era la palabra de Dios, y por tanto, lo más probable es que los términos: מִשְׁפָּט *mishpat*, "juicio"*;* y צֶדֶק *tsedeq*, "justicia", aludan a la ley, como en tantos otros lugares del Salmo; sin embargo, en este caso se trata de una alusión a la ley aplicada a nuestra relación con los con los demás, como en el Salmo 89:14; 97:2; o Proverbios 1:3».

He practicado el juicio y la justicia.

> *«Y entre tanto, hasta los chicos en su juego*
> *te dicen: "Si obras bien, serás rey luego".*
> *Si el alma quienes mantener tranquila y leda,*
> *no hagas cosa de la que avergonzarse pueda,*
> *y con este modo de obrar, a lo que yo imagino,*
> *tendrás a tu alrededor un muro diamantino».*

QUINTUS HORATIUS FLACCUS [65-17 a.C.] [10]

Juicio y justicia he practicado; no me abandones a mis opresores. Como nos aconseja el apóstol Juan: *"Amados, si nuestro corazón no nos condena, confianza tenemos delante de Dios"*.[11] Este *"testimonio de nuestra conciencia"*[12] ha sido la fuente de consuelo y regocijo del pueblo del Señor reiteradamente cuando le ha tocado padecer reproches inmerecidos u opresión arrogante.[13] Los creyentes se han sentido capacitados para presentar su alegato de defensa ante el Dios tres veces santo y escrutador de las conciencias; incluso en situaciones en las que viéndose ante la perspectiva cercana de tener que rendir cuentas ante él, cabría suponer que debían haberse arrugado al pensar en el escrutinio inmediato, estricto e infalible del Juez omnisciente. No estamos lo suficientemente concienciados de la importancia que reviste nuestra integridad moral en relación con nuestro consuelo espiritual. Remarquemos, por tanto, la intrepidez y osadía de David al pronunciar esta oración: *"Juicio y justicia he practicado; no me abandones a mis opresores"*.

CHARLES BRIDGES [1794-1869]
"Exposition of Psalm 119", 1827

No me abandones a mis opresores. Es decir, mantenme protegido de aquellos que me tratarían injustamente, porque yo obro con justicia; interponte a modo de alegato entre yo y mis enemigos como si tú fueras mi defensa. A menudo la tolerancia de la justicia con los opresores en base a una falsa imparcialidad, desvirtúa el sentido de la misma y hace a los jueces cómplices; sin embargo, aquellos que en su celo de Dios afrontan los mayores riesgos y peligros, simplemente con orar: *"Sal fiador de tu siervo"*, como hace el salmista en el versículo siguiente (119:122), encontrarán al Señor siempre dispuesto a salir como su fiador.

ABRAHAM WRIGHT [1611-1690]
"A Practical Commentary or Exposition upon the Book of Psalms", 1661

Vers. 121-122. *"Juicio y justicia he practicado"*, y para que pueda seguir haciéndolo y nunca deje de hacerlo: *"afianza a tu siervo en lo bueno"*, dirigiendo mis pasos para que me incline siempre por lo bueno y justo; de este modo *"los soberbios no podrán calumniarme"*. A la persona que está *"afianzada en lo bueno"* solo le agrada aquello que es justo y solo practica lo que es bueno; el Señor

---

[10] Horacio, Epístolas, *Liber Primus, Epistola I, Ad Mecenatem,* Líneas 65-67.

[11] 1 Juan 3:21.

[12] 1 Corintios 1:12.

[13] Dice JOHANN PETER LANGE [1802-1884] en el mismo sentido: «Una buena conciencia consuela y fortalece el alma en medio de los amargos sufrimientos causados por la persecución que el mundo jamás olvida infligir a los justos; pero no les hace inmunes a ella»

se complace en ella, la protege y la preserva, para que no tenga razones de temer que *"los soberbios la calumnien"*.[14]

ROBERTO BELLARMINO [1542-1621]
"A Commentary on the Book of Psalms", 1615

Vers. 122. ***Afianza a tu siervo para bien; no permitas que los soberbios me opriman.*** *[Sal fiador de tu siervo para bien; no permitas que los soberbios me opriman.* RVR*] [Sé fiador de tu siervo para bien; que no me opriman los soberbios.* LBLA*] [Sé fiador de tu esclavo para bien, no me opriman los soberbios.* BTX*] [Garantiza el bienestar de tu siervo; que no me opriman los arrogantes.* NVI*] [Favorece a tu siervo, que los soberbios no me humillen.* BLP*] [Te ruego que me des seguridad de una bendición. ¡No permitas que los arrogantes me opriman!* NTV*]*[15]

Sal fiador de tu siervo para bien.[16] Responde tú por mí. No dejes que tu pobre siervo sucumba en manos de sus enemigos y tuyos. Combina mis intereses con los tuyos, y defiéndeme. En tu calidad

[14] Bellarmino basa su comentario en la Vulgata que traduce del griego ambos versículos de la siguiente manera: *"Feci iudicium et iustitiam non tradas me calumniantibus me. Suscipe servum tuum in bonum non calumnientur me superbi"* (Ver notas 5 y 15). El lector no debe extrañarse por tanto de las diferencias con las versiones españolas transcritas.

[15] La versión griega de los LXX o Septuaginta lee: ἔκδεξαι τὸν δοῦλόν σου εἰς ἀγαθόν· μὴ συκοφαντησάτωσάν με ὑπερήφανοι que la Vulgata traduce al latín como: *"Suscipe servum tuum in bonum: non calumnientur me superbi"*, "Ampara a tu siervo para bien; no me calumnien los soberbios". La versión sefardí de Ferrara traduce: *"Afiança a tu fiervo para bien, no me fobrefuercen los fobervios"*. La caldea Peshitta: *"Alegra a tu siervo con bienes, y no permitas que me difamen los arrogantes"*. KRAUS traduce: *"¡Responde bien de tu siervo, para que no me opriman los insolentes!"*. SCHÖKEL: *"Sal fiador por tu siervo, para que no me opriman los insolentes"*.

[16] Dicen los comentaristas al respecto:

– FELIPE SCIO DE SAN MIGUEL [1738-1776] en su versión española de la Vulgata: «Término tomado de las fianzas que se aportan en favor de un deudor para librarle de la mano de un despiadado acreedor. Es como si dijera: 'Ponte de por medio entre mí y los que quieren oprimirme para arrebatarme de sus manos' (Isaías 38:14)».

– FRANZ DELITZSCH [1813-1890] comparte ese mismo criterio: «No queda la menor duda que עָרֹב *'ărōḇ* tiene el sentido de ofrecerse como garantía, como fiador para pagar la deuda o de sustituto para cumplir la pena si ese es el caso, y en términos generales como mediador entre el demandado y el demandante (Job:17:3; Isaías 38:14); לְטֹוב *ləṭōwḇ, "para bien"*, tiene en este caso el mismo sentido que el לְטֹובָה *ləṭōwḇāh* del Salmo 86:17 o Nehemías 5:19: *"señal de benevolencia"*, es decir, favorable a mi o en mi favor».

– SCHÖKEL comenta al respecto: «El versículo ciento veintidós (119:122) es el mas original de la octava. Algunos sustituyen el término *"Siervo"* por *"palabra"*, resultando así la lectura: *"sal fiador o garante de tu palabra"*. Pero conservando el término *"Siervo"*, nos movemos en un escenario comercial donde gente sin escrúpulos quiere aprovecharse del orante, el cual necesita que alguien salga fiador por el y lo libre. Si bien se recomienda al hombre ser cauto en salir fiador (Proverbios 6:1-5), Dios puede hacerlo sin peligro. Y aceptada esta interpretación, el versículo anterior (119:121) lo justifica, al afirmar que el orante ha procedido con estricta justicia» [*Salmos, Tomo I, 1-72,* Editorial Verbo Divino, Estella, Navarra, 1992].

de Señor supremo, haz tuya la causa de tu siervo, y represéntame enfrentándote tú a estos arrogantes hasta que se den cuenta del augusto aliado que tengo en el Señor mi Dios.[17]

No permitas que los soberbios me opriman.[18] Tu interposición a mi favor responderá al propósito de mi rescate: cuando los soberbios vean que eres mi abogado, bajaran la cabeza. De sobra habríamos caído ya aplastados por nuestro arrogante adversario, el Diablo, de no haber sido porque nuestro Señor Jesús se interpuso entre nosotros y el acusador, en calidad de fiador nuestro. Es por su fianza que escapamos cual ave del lazo del cazador.[19] ¡Qué bendición tan grande la de poder encomendar nuestros pleitos en manos de nuestro Fiador, sabiendo que todo se resolverá a nuestro favor en tanto que él cuenta con la respuesta apropiada para cada acusador, y una reprimenda para cada calumniador.

Es natural y justo que los piadosos teman la opresión, porque provoca un desasosiego capaz de enloquecer al más sensato Claman al cielo implorando a gritos su liberación; y no clamarán en vano, porque el Señor hará suya la causa de sus siervos, y peleará sus batallas contra los soberbios. El salmista emplea de manera sabia la expresión: *"tu siervo"*, para cimentar la súplica en favor de sí mismo, y la vincula de manera intencionada a: *"los soberbios"*, para elaborar un argumento en contra de sus enemigos. Que las personas orgullosas se conviertan fácilmente en opresoras y se deleiten en avasallar a los creyentes tocados por la gracia, es una realidad que parece poco menos que inevitable.

C. H. SPURGEON

Sal fiador de tu siervo para bien. Lo que David le pide a Dios en oración es que sea para él lo que Cristo es para todo su pueblo: *"fiador de un mejor pacto"*.[20] Cristo se allegó[21] a Dios y estrechando su mano le dio palabra de que pagaría todas las deudas de su pueblo. Que se pondría en su lugar en todo cuanto atañe a las demandas y exigencias de la ley, que asumiría ante la ley y la justicia divina toda responsabilidad que a ellos correspondiera; comprometiéndose a llevar a cabo la satisfacción necesaria por sus pecados y aportar justicia eterna para su justificación; a preservarlos y guardarlos hasta conducirlos a salvo a la gloria y felicidad eterna. Lo que hizo Cristo fue *salir fiador de su pueblo para bien.*

JOHN GILL [1697-1771]
"Exposition of the Old Testament", 1748

---

[17] Los comentaristas opinan al respecto:

– CHARLES ELLICOTT [1819-1905] «De la misma manera como Judá se ofreció de fiador por Benjamín (Génesis 43:9) el salmista pide a Dios que responda por él de haber permanecido fie al pacto y se ofrezca como garantía ante los soberbios que le atacaban. Lo mismo hace Ezequías cuando dice: *"¡Señor, me siento oprimido, sal fiador en mi favor!"* (Isaías 38:14 BLP) o Job cuando exclama: *"Vivo rodeado de escarnios, las provocaciones me desvelan; conviértete tú en mi garantía"* (Job 17:3 BLP). En todos los casos se utiliza el mismo verbo hebreo עָרַב *arab,* que es el empleado por el salmista en 119:122».

– JOSEPH ADDISON ALEXANDER [1809-1860]: «El sentido va mucho más allá de un mero; "tómame bajo tú protección"; es más bien el de "ocupa mi lugar", responde por mí, colócate entre mi persona y todos aquellos que bajo cualquier pretexto, incluidas normas y leyes humanas, buscan la manera de oprimirme».

[18] En hebreo אַל־יַעַשְׁקֻנִי זֵדִים *'al-ya'ašqunî zêḏîm* de עָשַׁק *ashaq*, "extorsionar, defraudar, oprimir". La Vulgata traduce la expresión griega ὑπερήφανοι por *calumnientur,* "calumniar" (ver nota 14).

– AGUSTÍN DE HIPONA [354-430], observando que algunos de los traductores latinos lo traducen como: *"Non calumnientur me"*, y otros: *"Non calumnientur mihi"*, hace la siguiente observación: «Cuando el salmista dice: *"no me calumnien los soberbios"*, hay entender además: *"y no me sorprendan calumniando"*».

[19] Salmo 124:7.

[20] Hebreos 7:22; 8:6.

[21] En el original *"drew nigh"*. Ver Santiago 4:8 KJV.

Sal fiador de tu siervo para bien. Una frase que parece un tanto incompleta. ¿Qué entendemos por este *"para bien"?*

1. *Sal fiador de que tu siervo obrará bien.* Así lo interpreta el Rabí Arama[22] viendo en ello un sentido de propósito. Teodoreto[23] lo expone en este mismo sentido de la siguiente manera: «Sal fiador de que cumpliré mi juramento de observar tu ley». El que sale fiador queda ligado al compromiso; tenemos los preceptos divinos y la voluntad de seguirlos, pero si Dios no sale fiador nuestro, nuestras posibilidades son pocas.

2. *Sal fiador para incentivar a tu siervo a obrar bien;* así lo leen algunos. Tener a Dios como fiador es una garantía de que jamás nos atreveremos a tomar parte en cosas inicuas. Pues encomendar bajo la protección de Dios acciones impías poniéndole a él como fiador, sería una doble provocación que no haría sino apresurar nuestro castigo dejándonos a merced de nuestros opresores. Tan solo cuando contamos con una buena causa y una buena conciencia podemos atrevernos a tal cosa. No podemos tener a Dios como fiador y seguir entrampados al servicio del Diablo confraternizando con delitos y pecados. Si Dios es nuestro fiador estamos obligados a un comportamiento acorde.

3. *Permanece conmigo para bien.* Así se traduce la expresión hebrea לְט֫וֹב *ləṭōwḇ* en otros pasajes, como el Salmo 86, donde leemos *"Haz conmigo señal para bien"*.[24] En Jeremías: *"No ruegues por este pueblo para bien";*[25] o: *"Acuérdate de mí, Dios mío, para bien."*[26] Por lo que en este caso se puede leer también: *"Sé fiador de tu siervo para bien".*

THOMAS MANTON [1620-1677]
"One hundred and ninety sermons on the hundred and nineteenth Psalm", 1681

Sal fiador de tu siervo para bien. Es la misma oración de Ezequías en su tribulación: *"Jehová, estoy en aprieto; ven en mi ayuda";*[27] la misma oración de Job pidiendo un "arbitro" entre Dios y él: *"No hay entre nosotros árbitro, que ponga su mano sobre nosotros dos";*[28] es el clamor de Israel antes de la encarnación del Verbo pidiendo la aparición de un Mediador divino;[29] es la confianza de cada alma fiel desde el momento bendito en que tenemos como fiador para siempre en los cielos a nuestro gran Sumo Sacerdote[30] que es garantía de nuestra bendición.

ANTONIUS ANGELLIUS [1532-1608] y JOHANNES COCCEIUS [1603-1669]
citados por JOHN MASON NEALE [1818-1866] y RICHARD FREDERICK LITTLEDALE [1833-1890]
en *"Commentary on the Psalms from Primitive and Mediæval Writers",* 1869

---

[22] Se refiere a ISAAC BEN MOSES ARAMA [1420-1494], rabino español que llegó a dirigir la escuela rabínica de Zamora, en España. Escribió diversas obras bíblico-talmúdicas, en especial comentarios al Pentateuco.

[23] Se refiere a TEODORETO DE CIRO [393-458] Nacido en Antioquía, fue obispo de Ciro, donde desarrolló una amplia actividad. Mantuvo una enconada controversia con San Cirilo. Enérgico adversario de la herejía eutiquiana, fue depuesto de su sede episcopal hacia el 449. El 451 fue admitido entre los «doctores ortodoxos» por el Concilio de Calcedonia -que condenó a Nestorio y Eutiques- tras haberle exigido una explícita declaración contra Nestorio y su doctrina. Tras Calcedonia, Teodoreto continuó su labor pastoral y literaria. Fue autor de numerosas obras, entre ellas comentarios a diversos libros de la Biblia, incluidos los Salmos.

[24] Salmo 86:17. En hebreo לְטוֹבָה *ləṭōwḇāh* de טוב *towb.*

[25] Jeremías 11:14. Hemos respetado la traducción y la cita por fidelidad al texto original y al comentario del autor pero la expresión לְטוֹבָה *ləṭōwḇāh* no aparece en este versículo en el TM. Sí aparece en alguna edición de la versión inglesa KJV: *"Pray not for this people for their good"*

[26] Nehemías 13:31. En hebreo לְטוֹבָה *ləṭōwḇāh* de טוב *towb.*

[27] Isaías 38:14.

[28] Job 9:33.

[29] Lucas 1:68-75.

[30] Hebreos 4:14-16; 6:20.

Sal fiador de tu siervo para bien. El sentido es: tú sabes Señor cuán injustamente soy calumniado y difamado por todas partes; en lugares donde no estoy presente o donde no puedo responder por mí mismo; tú que eres omnipresente, respóndeme tú por mí.

WILLIAM COWPER [1566-1619]
"A holy alphabet for Sion's scholars full of spiritual instructions, and heavenly consolations [...] delivered by way of commentary upon the whole 119 Psalme", 1613

Sal fiador de tu siervo para bien. Es probable que el ojo perspicaz de este mundo no logre detectar en mi comportamiento externo defecto alguno; pero: *"si tú miras a los pecados, ¿quién, oh Señor, podrá mantenerse en pie?*[31] La deuda se me acumula continuamente y las perspectivas de poder saldarla son cada vez más lejanas. En justicia lo único que podría esperar es ser entregado en manos de mis opresores; o pagar todo cuanto debo a mi Señor. ¡Pero mirad! *"¿en dónde está el furor del opresor?*[32] Si aparece un fiador, se acepta el rescate y la deuda es saldada, el pecador es libre. Una voz se oyó de pronto en el cielo: *"Líbralo de descender a la fosa, he hallado su rescate"*.[33] El propio Hijo de Dios *se convirtió en Fiador para un extraño, y sufrió pagando el precio por ello.*[34] A un coste infinito: el de su preciosa sangre con la cual me liberó de *"mis opresores": mundo, Satanás, muerte e infierno.*

CHARLES BRIDGES [1794-1869]
"Exposition of Psalm 119", 1827

Sal fiador de tu siervo para bien. Algunos nos hacen notar que este es el único versículo en todo el Salmo 119 donde no se menciona la Palabra bajo ningún nombre, bien sea el de *"ley"*, *"juicios"*, *"estatutos,"* *"mandamientos"* o términos similares. Y ofrecen la siguiente explicación: «No menciona la ley pero sí al Fiador; donde la ley fracasa y desaparece aparece Cristo que: *"ha venido a ser fiador de un mejor pacto"*[35]». Lo que les lleva a plantearse su traducción de la siguiente manera: *"Endulza o deleita a tu siervo para bien"*; es decir: hazlo sentir gozoso y cómodo en su búsqueda de todo lo bueno.

JOHN TRAPP [1601-1669]
"A commentary or exposition upon the books of Ezra, Nehemiah, Esther, Job and Psalms", 1657

Sal fiador de tu siervo para bien. Esta frase es base excelente para un sermón sobre Cristo como nuestro fiador, en referencia al texto de Hebreos: *"Por tanto, Jesús es hecho fiador de un mejor pacto"*.[36] Con los siguientes puntos:

1. *La necesidad de un fiador para bien.* Una necesidad profunda, aunque confusa e imprecisa, que experimenta el alma humana aplastada bajo el peso del pecado.
   a. Un mero perdón incondicional y gratuito por parte de Dios no resultaría del todo creíble; y aun suponiendo que alcanzáramos a creerlo, no nos aportaría paz y tranquilidad de conciencia. Por un lado, semejante perdón no sería percibido como justo, ni tampoco consecuente con el odio profundo y necesario de Dios hacia el pecado; un odio que, dicho sea de paso, nuestra propia conciencia exige. Por otro lado, el mero indulto no explicaría

[31] Salmo 130:3.
[32] Isaías 51:13.
[33] Job 33:24.
[34] Proverbios 11:15.
[35] Hebreos 7:22.
[36] Hebreos 7:22.

cómo cumplir con la exigencia de una satisfacción de la ley divina según demanda su propia justicia. Y nuestra conciencia, por ley natural, exige aclarar esto antes de poder disfrutar de paz y sosiego. Tal fue la experiencia de Martín Lutero.[37]

b. Ahora bien, las Escrituras nos dicen que Dios es quién *"justifica al impío"*[38] y que *"su justicia"* se muestra en *"haber pasado por alto, en su paciencia, los pecados cometidos anteriormente*[39]. Es decir, que Dios puede perdonar pecados, y a pesar de ello seguir siendo justo; y que puede considerar a los pecadores justos sin que ello empañe su justicia perfecta. ¿Cómo? Mediante un fiador. Por tanto, que haya un fiador es necesidad perentoria. ¿Lo hay?

2. *La realidad de un fiador para bien.* Sí lo hay: ese Fiador es Jesús.
   a. Se comprometió a satisfacer nuestras obligaciones penales con la ley divina y lo cumplió con su muerte cargando sobre sí todos nuestros pecados. En consecuencia, el perdón divino, en lo que respecta a nosotros es un acto de misericordia; en relación a Cristo es un acto de justicia.
   b. Pagó nuestra fianza. Sufragó nuestra deuda con la justicia divina, asumió nuestra obligación de obediencia perfecta en el cumplimiento de la ley; por tanto, que Dios nos considere a nosotros justos es algo que lo debemos a Cristo.
   c. Dios dio la deuda por saldada y finiquitada. Hizo manifiesta su satisfacción con el oficio expiatorio de Cristo y su obra redentora resucitándole de entre los muertos y glorificándole en el cielo. Tenemos, por tanto, garantías fehacientes de la aceptación pago realizado, es decir, una fianza validada y registrada.
3. *La accesibilidad de un fiador para bien.*
   a. El evangelio nos dice que Cristo, en su calidad de Fiador, va en busca del pecador de una manera tan real y verdadera, que es como si dejara su trono y acudiera a buscarlo en persona.
   b. Para el pecador acceso a la fianza es tan cercano y directo, que no tiene que hacer más que aceptar el evangelio, y recibir en su corazón a Cristo como fiador.
   c. Una vez Cristo es recibido como Fiador, se convierte para todo aquel que lo recibe en garantía absoluta del perdón de sus pecados.

J. F.[40]

Vers. 123. *Mis ojos desfallecieron por tu salvación, y por la palabra de tu justicia.* *[Mis ojos languidecen en pos de tu salvación, y de la palabra de tu justicia.* RVR*] [Desfallecen mis ojos por tu salvación, y por la promesa de tu justicia.* LBLA*] [Mis ojos desfallecen por tu salvación, y por la promesa de tu justicia.* BTX*] [Mis ojos se consumen esperando tu salvación, esperando que se cumpla tu justicia.* NVI*] [Se nublan mis ojos esperando tu auxilio, tu promesa de justicia.* BLP*] [Mis ojos se esfuerzan por ver tu rescate, por ver la verdad de tu promesa cumplida.* NTV*]*[41]

[37] Se refiere al reformador MARTÍN LUTERO [1483-1546]. En sus años de vida monástica Lutero vivía atormentado sintiendo su incapacidad de satisfacer la justicia de Dios, esforzándose en buenas obras, castigándose con ayunos y flagelaciones así como confesiones constantes y largas horas de oración. Pero cuanto más intentaba colmar la justicia divina más conciencia tenía de la magnitud de sus pecados, más desasosiego experimentaba y más atormentado se sentía.

[38] Romanos 4:5.

[39] Romanos 3:25.

[40] En el original aparecen estas siglas sin el nombre completo del autor.

[41] La versión griega de los LXX o Septuaginta lee: οἱ ὀφθαλμοί μου ἐξέλιπον εἰς τὸ σωτήριόν σου καὶ εἰς τὸ λόγιον τῆς δικαιοσύνης σου que la Vulgata traduce al latín como: *"Oculi mei defecerunt in salutare tuum,*

Mis ojos languidecen en pos de tu salvación.[42] Lloró, esperó, y permaneció atento esperando la mano salvadora de Dios, y esta actividad anímica puso a prueba los ojos de su fe hasta dejarlos exhaustos, a punto de sucumbir. Fijó su mirada en Dios exclusivamente y miró, miró con ansia, miró por largo tiempo, miró hasta que sus ojos desfallecieron. Pero en esto precisamente consiste el portento de la misericordia, en que aún cuando nuestros ojos se agoten y desfallezcan, Dios no se agota, ni sus ojos desfallecen. Los ojos físicos son órganos delicados, como lo son también los de nuestra fe, esperanza y expectativas: el Señor no les exigirá por encima de lo que pueden soportar.[43]

Y por la palabra de tu justicia. Una *"palabra"* que silenciaría cuantas palabras injustas pronunciaran sus opresores. Tanto sus ojos como sus oídos esperaban la palabra del Señor: aguardaban el *"fiat"*,[44] el mandato divino que activara su liberación. Estaba "esperando el veredicto",[45] en este caso el veredicto de la justicia absoluta. ¡Cuán satisfechos nos sentimos si tenemos la justicia de nuestro lado; porque aquello que es el terror de los pecadores se transforma en nuestra esperanza, aquello que los soberbios temen es nuestra expectativa y deseo. David había dejado su reputación enteramente en manos del Señor, y por tanto, más que por cualquier alegato de defensa propia, sus ansias eran de verse absuelto por la palabra del propio Juez. Estaba convencido de haber hecho lo correcto, y, por

---

et in eloquium justitiae tuae", "Mis ojos desfallecieron por tu salud, y por la palabra de tu justicia". La versión sefardí de Ferrara traduce: *"Mis ojos fe atemaron por tu falvacion; y por dicho de tu juftedad"*. La caldea Peshitta: *"Mis ojos buscan tu salvación y la palabra de tu justicia"*. KRAUS traduce: *"Desfallecen mis ojos por tu salvación, por tu palabra justa"*. SCHÖKEL: *"Se me consumen los ojos por tu salvación, por tu promesa de justicia"*.

[42] En hebreo עֵינַי כָּלוּ לִישׁוּעָתֶךָ *'ênay kālū lîšū'āṯeḵā*. Una expresión muy similar a la ya expresada en versículo ochenta y uno: כָּלְתָה לִתְשׁוּעָתְךָ נַפְשִׁי *kālәṯāh liṯšū'āṯәḵā napšî* (119:81). SCHÖKEL indica que en este caso el sentido es que sus ojos se consumían oteando de un lado a otro esperando descubrir indicios de la ayuda divina.

[43] Dice WILLIAM SWAN PLUMER [1802-1880]: «¿Te parece que la misericordia y auxilio divino se demoran demasiado? ¿Qué la liberación de la angustia y la persecución tardan excesivamente? También David se sintió así; también José en las mazmorras de Egipto (Génesis 39:20); y sin duda miles de hijos de Dios a lo largo de la historia. ¿Cómo debemos reaccionar en tales circunstancias difíciles? La Escritura no nos deja a la deriva: *"Aunque la visión está aún por cumplirse a su tiempo, se apresura hacia el fin y no defraudará; aunque tarde, espéralo, porque, sin duda, vendrá y no se retrasará"* (Habacuc 2:3); *"Porque aún un poquito, y el que ha de venir vendrá, y no tardará"* (Hebreos 10:37). Depositando, como el salmista, toda nuestra dependencia en Dios y *"la promesa de su justicia"*. Dice MATTHEW HENRY [1662-1714]: 'Aunque nuestros ojos desfallezcan, la palabra de Dios no desfallece, y por tanto, los que han confiado en ella, aunque momentáneamente desanimados, a su debido tiempo verán su salvación' Entretanto, el retraso en la ayuda debería servirnos para aumentar la firmeza de nuestra fe. ¡Guardémonos de la murmuración! Quejarse revela falta de humildad; la oración impaciente que rehúsa la espera no es auténtica fe. El camino es claro y meridiano: seguir confiando y esperando en el Señor».

[44] Expresión latina que significa "sea hecho" involucrando la idea de crear o poner algo en marcha así como del instante mismo en que esto sucede. Parte del relato de la creación en el primer capítulo de Génesis: *"Dixitque Deus: **fiat lux**, et facta est lux"*, "Y dijo Dios: Sea la luz; y fue la luz" (Génesis 1:3). "Fiat" expresa el primer mandato creador de Dios, y se entiende por tanto como la orden ejecutiva de activar o poner algo en marcha.

[45] Encomillado en el original: *"waiting for the verdict."* Es posible que se trate de una alusión la famosa pintura de al artista inglés contemporáneo de Spurgeon: ABRAHAM SALOMON [1798–1870], titulada *"Waiting for the Verdict"*. Aunque más probable a la novela de la escritora norteamericana feminista y abolicionista REBECCA HARDING DAVIS [1831–1910] con este mismo título: *"Waiting for the Verdict"*, publicada en 1867/68, y en la que cuenta las vicisitudes de que tuvo que afrontar un médico prominente en Filadelfia cuando hizo público que tenía mitad de sangre negra.

tanto, en lugar de tratar de eludir la corte suprema, suplica por la sentencia en la seguridad que sería absolutoria. Lo que le lleva al extremo de una espera extenuante, oteando con ojos ansiosos y expectantes el juicio y la liberación, la palabra de justicia pronunciada por Dios que en su caso implicaría su salvación.

C. H. SPURGEON

Mis ojos languidecen en pos de tu salvación. En tiempos de profunda tristeza en los que el corazón se siente en un puño y el peligro amenaza por todos los costados, los ojos reflejan de una manera asombrosa la inquietud del alma angustiada. La escena que describe el salmista es la de una persona que se percibe rodeada de enemigos formidables, consciente de su debilidad e insuficiencia para enfrentarse ellos, pero que aguarda ansiosamente la llegada de un amigo poderoso que ha prometido acudir a socorrerlo en esta hora crítica de dificultad. No obstante, a medida que su amigo retrasa su llegada, sus temores y ansiedades se multiplican, hasta tal punto, que sus ojos desfallecen y se nublan en un titánico esfuerzo de otear el horizonte en busca de la presencia de su poderoso libertador. Tal era la situación del suplicante: sus enemigos estaban ya listos para tragárselo, y salvo una intervención directa del cielo no tenía la menor esperanza de sobrevivir. Se agarró a las promesas de Dios, y en tanto que esperaba anhelante su cumplimiento y escrutaba con ansia la palabra de divina de justicia, expresa sus sentimientos de abatimiento: *"Mis ojos languidecen en pos de tu salvación"*. ¡Ojalá tuviéramos también nosotros deseos tan vivos y ardientes de esta gran salvación, que consumará la victoria sobre todos nuestros enemigos espirituales y nos capacitará para gritar triunfantes, por toda la eternidad, el nombre de nuestro Libertador Omnipotente!

JOHN MORISON [1791-1859]
"An Exposition of the Book of Psalms", 1829

Mis ojos languidecen en pos de tu salvación, y de la palabra de tu justicia. Aunque de momento la promesa no se cumpla, ni de señales de llegar a cumplirse; la fe debe seguir creyendo en ella y considerándola como real y verdadera.

DAVID DICKSON [1583-1663]
"Explication upon the Last Fifty Psalms", 1655

Y por la palabra de tu justicia. Es decir, la palabra de salvación prometida que el Señor había dado en justicia. ¡Qué súplica tan asombrosa: apela a Dios por liberación sobre la base de la propia justicia divina–, y sin embargo, cuán real y verdadera! También puede entenderse como: *"por tu palabra de justicia"*, es decir: la acción misma de impartir justicia, el justo dictamen o sentencia entre él y sus opresores. Había esperado pacientemente que el Señor se interpusiera entre ambos en cumplimiento de aquello que había prometido hacer a favor de los creyentes: vindicar a los suyos. ¿Alguno de vosotros está envuelto en un conflicto difícil, habiéndole confiado al Señor sus preocupaciones considera que es momento de que él actúe, y aguarda con ansia que se interponga? [...] Puede esperar con absoluta convicción, porque el Señor jamás defraudara, en justicia, la confianza depositada en su gracia.

JOHN STEPHEN [1800-1881]
"The Utterances of the CXIX Psalm; Expounded in a Series of Lectures", 1861

Y por la palabra de tu justicia. Es decir, por tu sentencia justa sobre mis opresores; según se desprende de la primera parte del versículo donde leemos: *"en pos de tu salvación"*. El salmista estaba plenamente convencido de que la ejecución de la sentencia equivalía al otorgamiento de la salvación que tan fervientemente aguardaba.

GEORGE PHILLIPS [1804-1892]
"The Psalms in Hebrew with a Critical, Exegetical and Philological Commentary", 1846

Vers. 124. ***Haz con tu siervo según tu misericordia, y enséñame tus estatutos.*** *[Haz con tu siervo según tu misericordia, y enséñame tus estatutos.* RVR*] [Haz con tu siervo según tu misericordia, y enséñame tus estatutos* LBLA*] [Haz con tu esclavo según tu misericordia, y enséñame tus estatutos.* BTX*] [Trata a tu siervo conforme a tu gran amor; enséñame tus decretos.* NVI*] [Trata a tu siervo de acuerdo con tu amor y enséñame tus normas.* BLP*] [Soy tu siervo; trátame con tu amor inagotable y enséñame tus decretos.* NTV*]*[46]

Haz con tu siervo según tu misericordia.[47] De repente deja de mirar a los demás y se mira a sí mismo: aunque tenía claro que alegando su justicia podía desafiar a los hombres, sin embargo, ante el Señor, y en calidad de siervo, sintió que debía apelar a su misericordia.[48] Hacerlo nos hace sentir más seguros. Nuestro corazón experimenta mayor seguridad y descanso en el grito suplicante: *"Ten misericordia de mí, oh Dios"*;[49] que no en apelar a la justicia. Buena cosa es poder decir: *"Juicio y justicia he practicado"* (119:121), pero a continuación debemos agregar con toda la humildad: *"Haz con tu siervo según tu misericordia"*.[50] El calificativo de *"siervo"* justifica la súplica; un amo tenía la obligación de limpiar el honor de su siervo si era acusado falsamente, y rescatarlo de manos de los que lo oprimirían;[51] y, además, un amo debe mostrar misericordia a un sirviente, aunque tenga por costumbre ser rudo y severo con los extraños. El Señor trata a sus siervos con condescendencia y mantiene una comunicación fluida con ellos, no los rechaza, sino que mantiene comunión; y esto lo hace con ternura y misericordiosa, ya que en cualquier otra forma de trato mereceríamos ser aplastados al polvo.

Y enséñame tus estatutos. Una de las evidencias más relevantes del trato misericordioso de Dios para con nosotros. Que un amo enseñe a su sirviente el sentido y significado de cada una de sus órdenes y mandatos, es justo y de esperar. Sin embargo, dado que nuestra ignorancia surge de nuestra propia estupidez pecaminosa, que Dios condescienda a instruirnos en sus mandamientos es de su parte una gran misericordia. Que nuestro Gobernante se convierta en nuestro Maestro es una acción

[46] La versión griega de los LXX o Septuaginta lee: ποίησον μετὰ τοῦ δούλου σου κατὰ τὸ ἔλεός σου καὶ τὰ δικαιώματά σου δίδαξόν με que la Vulgata traduce al latín como: *"Fac cum servo tuo secundum misericordiam tuam, et justificationes tuas doce me"*, "Haz con tu siervo según tu misericordia, y enséñame tus justificaciones". La versión sefardí de Ferrara traduce: *"Faze con tu fiervo como tu merced, y tus fueros abezame"*. La caldea Peshitta: *"Haz con tu siervo conforme a tu misericordia, e instrúyeme en tu ley"*. KRAUS traduce: *"¡Haz con tu siervo según tu bondad y enséñame tus estatutos!"*. SCHÖKEL: *"Trata a tu siervo con misericordia y enséñame tus normas"*.

[47] Dice JUAN CALVINO [1509-1564]: «Las dos cláusulas de este versículo hay que leerlas como una sola: «*"Haz con tu siervo según tu misericordia y enséñame tus estatutos"*, pues no se trata de dos peticiones diferentes, sino de una sola. No pide por un lado que Dios se apiade de el, y por el otro que sea su maestro y tutor, sino una cosa en razón de la otra».

[48] Dice al respecto JOHN MORISON [1791-1859]: «La apelación de la fe jamás puede ser una apelación de inocencia. Nuestra demandan no debe ser a la justicia sino a la misericordia».

[49] Salmo 51:1; 57:1; 86:3; Lucas 18:13.

[50] Dice JOHANN PETER LANGE [1802-1884]: «En el carácter de los justos, el coraje y la humildad van tan estrechamente ligados como la oración y la acción de gracias».

[51] Éxodo 21:1-11; Deuteronomio 15:12-18; 2 Samuel 19:24-29. Daniel 6:24.

inmensa de gracia por la cual jamás podremos estar lo suficientemente agradecidos. Entre las múltiples misericordias de que somos receptores, es una de las más selectas.

C. H. SPURGEON

Haz con tu siervo según tu misericordia. Como *"siervo"* de Dios, tan solo puedo presentar mis servicios ante él sobre la base de la *"misericordia";* convencido que aún para mis mejores logros necesito una dosis inconmensurable de benevolencia, perdón, salvación, y misericordia eterna. No obstante, amparándome en la sangre de Jesús, me atrevo a presentar alegato en favor de mi alma diciendo: "*Haz con tu siervo según tu misericordia*".

Me reconozco ignorante y culpable; no obstante, no me atrevo a orar implorado la enseñanza divina con la asiduidad en que la necesito y debería hacerlo, en tanto no haya logrado una nueva dosis de misericordia. La *"misericordia"* es la bendición primordial, y no en razón a su importancia, sino de su necesidad. Antes de poder acudir al Señor en confianza para que sea mi Maestro, debo buscarlo y conocerlo como mi Salvador. Solo una vez haya encontrado aceptación a mi súplica: *"Haz con tu siervo según tu misericordia"* tendré el camino abierto para proseguir diciendo: *"enséñame tus estatutos ... dame entendimiento para conocer tus testimonios"* (119:123-124); a fin de que pueda caminar, sí, y más que caminar: *"correr por el camino de tus mandamientos, cuando ensanches mi corazón"* (119:32). Mi súplica no es nueva, es la misma que antes te he planteado pidiendo tu aceptación: *"Tuyo soy yo, sálvame, porque voy buscando tus mandamientos"* (119:94).

CHARLES BRIDGES [1794-1869]
"Exposition of Psalm 119", 1827

Tu misericordia. A cada hora, de cada día, de cada año, año tras año, Dios nos bendice abundantemente y de forma constante con su misericordia; no importa si dormimos o permanecemos despiertos, su misericordia sigue acampada en derredor nuestro. El sol puede dejar de brillar, pero nuestro Dios jamás dejará de acariciar y alentar a sus hijos con su amor y misericordia. Su tierna bondad es como un río que fluye sin descanso, con una plenitud tan inagotable como su propia naturaleza divina, que es su fuente. En la misma manera en que la atmósfera circunda la tierra por doquier, dispuesta a proporcionar soporte vital a la existencia humana en todo momento; la misericordia de Dios rodea a todas sus criaturas, y es en ella, como su elemento vital, en la que viven, se mueven y tienen su ser.[52] Sin embargo, así como en los días de verano el sol parece alegrarnos con rayos más cálidos y brillantes que en otras épocas; los ríos bajan debido a la lluvia más caudalosos en ciertas estaciones que en otras; y la propia atmósfera a veces está más fresca y vigorizante y otras más templada y relajante; así también la misericordia de Dios tiene sus horas doradas, sus días de desbordamiento en los que el Señor magnifica su gracia y eleva su amor ante los hijos de los hombres.

C. H. SPURGEON

Enséñame. David contaba para enseñarle con Natán[53] y Gad[54] como profetas, además de numerosos levitas. Leía la Palabra de Dios con diligencia y meditaba en la ley día y noche;[55] pero reconoce y afirma que todo esto es menos que nada a menos que Dios mismo le enseñe. Los maestros humanos

[52] Hechos 17:28.

[53] 2 Samuel 7:1-3; 12:1-18.

[54] 1 Samuel 22:1-6; 2 Samuel 24:1-25.

[55] Salmo 1:2; 119:97.

hablan al oído, pero Dios habla al corazón; como leemos de Lidia, que escucho a Pablo por el oído pero el Señor abrió su corazón.[56] Oremos pidiendo esta gracia.[57]

WILLIAM COWPER [1566-1619]

"A holy alphabet for Sion's scholars full of spiritual instructions, and heavenly consolations [...] delivered by way of commentary upon the whole 119 Psalme", 1613

Vers. 125. ***Tu siervo soy yo, dame entendimiento para conocer tus testimonios.*** *[Tu siervo soy yo, dame entendimiento para conocer tus testimonios.* RVR*] [Yo soy tu siervo, dame entendimiento para que conozca tus testimonios.* LBLA*] [Yo soy tu esclavo, dame entendimiento, comprenderé tus testimonios.* BTX*] [Tu siervo soy: dame entendimiento y llegaré a conocer tus estatutos.* NVI*] [Yo soy tu siervo, instrúyeme para que pueda conocer tus mandatos.* BLP*] [Da discernimiento a este siervo tuyo; entonces comprenderé tus leyes.* NTV*]*[58]

Tu siervo soy yo. Es la tercera vez en esta octava que repite el calificativo de *"siervo"*: por lo que se hace evidente que le gusta y que lo concibe como un alegato muy efectivo. Asimismo nosotros, que nos regocijamos por un lado de ser hijos de Dios, nos sentimos a la vez encantados de ser sus siervos. ¿Acaso el Hijo primogénito no asumió también la forma de siervo y cumplió al máximo con su misión como siervo?[59] ¡A que más alto honor pueden aspirar los hermanos menores sino al de ser como el Heredero de las cosas![60]

---

[56] Hechos 16:14.

[57] Dice en este sentido AGUSTÍN DE HIPONA [354-430]: «Debemos distinguir propiamente entre *"enseñar"* y *"entender"*, como debemos distinguir entre la ley y la gracia: la ley tiene por objetivo prescribir; la gracia ayudar a cumplir. La ley y sus preceptos carecerían de sentido si no hubiera libre voluntad; y la gracia sería innecesaria si con la voluntad fuera suficiente. Para cumplir la ley se nos ordena poner voluntad, escudriñar y aprender: *"No seáis como el caballo, o como el mulo, sin entendimiento"* (Salmo 32:9); no obstante, para alcanzar ese entendimiento, el salmista apela a la gracia y ora suplicando: *"dame entendimiento para conocer tus testimonios"* (119:125)». Y JUAN CASIANO [360-435] añade en el mismo sentido: «Cuando dice: *"Tu siervo soy yo, dame entendimiento para conocer tus testimonios"*, lo que hace el santo David es pedir a Dios que abra su mente para poder penetrar en el sentido de los mandamientos divinos, escritos en el libro de la ley que estaba constantemente a su alcance, había leído hasta la saciedad y conocida profundamente. Disponía de excelentes maestros y gozaba de sobrada inteligencia natural para hacer su propia valoración; no obstante, insiste suplicando a Dios más entendimiento; consciente de que sus capacidades humanas eran insuficientes para abarcarlos y penetrar en el espíritu de la ley, a menos que la luz divina, que ilumina los sentidos y esclarece la razón, le proporcionara una mayor capacidad para profundizar en ellos».

[58] La versión griega de los LXX o Septuaginta lee: δοῦλός σού εἰμι ἐγώ· συνέτισόν με, καὶ γνώσομαι τὰ μαρτύριά σου que la Vulgata traduce al latín como: *"Servus tuus sum ego: da mihi intellectum, ut sciam testimonia tua"*, "Siervo tuyo soy yo; dame entendimiento para que sepa tus testimonios". La versión sefardí de Ferrara traduce: *"Tu fiervo yo, fazme entender, y Fabre tus teftamentos"*. La caldea Peshitta: *"Yo soy tu siervo, dame entendimiento para que conozca tu testimonio"*. KRAUS traduce: *"¡Yo soy tu siervo, dame entendimiento para que comprenda tus testimonios!"*. SCHÖKEL: *"Soy tu siervo, instrúyeme, y comprenderé tus preceptos"*.

[59] Filipenses 2:5-8.

[60] Romanos 8:17; Gálatas 4:7

Dame entendimiento para conocer tus testimonios.[61] En el versículo anterior pedía enseñanza; aquí va más allá y suplica entendimiento. Por lo general, si el instructor aporta buena enseñanza, el alumno pone el entendimiento; pero en nuestro caso, somos mucho más dependientes, y hemos de suplicar por ambas cosas: enseñanza y entendimiento; y esto un maestro ordinario no lo puede proporcionar, pues la capacidad para entender no depende de él; por ello nos sentimos triplemente gozosos de que contar con un Tutor Divino. Debemos confesarnos necios, para que nuestro Señor nos haga sabios dándonos entendimiento; y el mejor entendimiento es aquel que nos capacita para rendir obediencia perfecta y ejercitar una fe inteligente, esto es precisamente lo que David desea: *"entendimiento para conocer tus testimonios"*. Algunos no quieren saber nada de estas cosas; se sienten a gusto en la oscuridad y la prefieren antes que ser alumbrados por la luz que conduce al arrepentimiento y la diligencia cristiana. Pero el siervo de Dios desea entender de la manera más clara todo cuanto el Señor revela del hombre y para hombre; anhela ser instruido para asimilar mejor aquello que se le enseña. Jamás un siervo debe ser un ignorante en lo que atañe a su amo y los negocios de su amo;[62] debe estudiar a fondo la mente, la voluntad, el propósito y el objetivo de aquel a quien sirve, pues únicamente así podrá llevar a cabo su servicio con efectividad y completarlo con éxito. Y como nadie conoce estas cosas mejor que su propio amo, debe acudir a él a menudo en busca de instrucciones, de lo contrario su celo solo le serviría para hacer de él el mayor los incompetentes.

Es de destacar que el salmista no ora suplicando *"conocer"* sin más, planteándose a una mera adquisición y acumulación de conocimientos; sino que ruega al Señor que le conceda primero el don del *"entendimiento"* que le permita comprender y asimilar los conocimientos acumulados. Todo cuanto sabemos antes de que nos sea dado entendimiento, no hará sino malograrnos engendrando vanidad; pero si hay en nosotros en primer lugar un corazón que entiende, entonces la acumulación de conocimientos enriquece el alma sin que ello conlleve ni pecado ni tristeza. Es más, este don del entendimiento aporta también discernimiento y, por tanto, preserva al hombre bueno de atesorar lo que es falso y peligroso: sabe distinguir muy bien entre aquello que son testimonios del Señor y lo que no lo son.

C. H. SPURGEON

Tu siervo soy yo, dame entendimiento para conocer tus testimonios. No soy un extraño para ti, soy tu propio siervo; no permitas que carezca de la gracia necesaria que me capacite para servirte.[63]

WILLIAM COWPER [1566-1619]
"A holy alphabet for Sion's scholars full of spiritual instructions, and heavenly consolations [...] delivered by way of commentary upon the whole 119 Psalme", 1613

---

[61] Dice AGUSTÍN DE HIPONA [354-430]: «Esta petición debe ser permanente en los labios de todo cristiano. No basta con la enseñanza, hace falta entendimiento. Hemos de seguir aprendiendo constantemente y bebiendo sin cesar de la fuente de la luz eterna, pues los testimonios de Dios cuanto más se escudriñan, mayor entendimiento requieren».

[62] Lucas 2:49.

[63] Dice WILLIAM SWAN PLUMER [1802-1880]: «Cuando la evidencia demuestra que somos hijos de Dios jamás nos vemos privados del consuelo del *"entendimiento"*. Pero ello no ha de ser en modo alguno motivo de jactancia, sino de humildad. Nadie llega a siervo de Dios por derecho de nacimiento, o por algún poder o virtud que proceda de sí mismo. Ni aún todas las riquezas del mundo bastarían para conseguirle semejante honor. Es todo de gracia».

Tu siervo soy yo. Ser siervos de Dios es algo que deberíamos considerar nuestra mayor gloria, privilegio y bendición.[64]

MARTIN GEIER [1614-1681]
"Commentarius in librum Psalmorum, ad usum Seminarii Brugensis", 1695

Vers. 126. *Tiempo es de actuar, oh Jehová, porque han invalidado tu ley.* *[Es hora de actuar, oh Jehová, porque han violado tu ley.* RVR*] [Es tiempo de que actúe el Señor, porque han quebrantado tu ley.* LBLA*] [Tiempo es de actuar, oh YHVH, porque han invalidado tu ley.* BTX*] [Señor, ya es tiempo de que actúes, pues tu ley está siendo quebrantada.* NVI*] [Señor, ya es tiempo de actuar: tu ley ha sido violada.* BLP*] [Señor, es tiempo de que actúes, porque esta gente malvada ha desobedecido tus enseñanzas.* NTV*]*[65]

Es hora de actuar,[66] *oh Jehová, porque han violado tu ley.* David era un siervo de Dios, y por tanto, para él siempre era hora de actuar y trabajar: pero viéndose oprimido por la actitud impía de otros hombres siente que precisa de la mano de su Señor, y le pide que actúe contra la acción del mal. Los hombres invalidan la ley de Dios negando que sea realmente su ley; promulgando mandamientos y doctrinas contrarios a ella; colocando en su lugar la tradición; o ignorándola por completo y menospreciando la autoridad del legislador. Todo ello hace que el pecado se ponga de moda, y cualquier actitud santa sea tachada de puritanismo despreciable; al vicio se le llama placer, y la vanidad se lleva

[64] Dice WILLIAM SWAN PLUMER [1802-1880]: «Fijémonos en como busca honrar y agradar a su Señor por encima de todo, incluso por encima de si mismo: con tal que Dios fuera glorificado, consideraba lo de menos que él resultara personalmente honrado o reprochado. Lo único que le importaba era más enseñanza, más conocimiento para servir mejor. Por ello hace de su condición de *"siervo"* el fundamento de su petición de enseñanza más amplia y profunda en el amor, conocimiento y práctica de la verdad (Ver Salmo 116:16».

[65] La versión griega de los LXX o Septuaginta lee: καιρὸς τοῦ ποιῆσαι τῷ κυρίῳ· διεσκέδασαν τὸν νόμον σου que la Vulgata traduce al latín como: *"Tempus faciendi, Domine: dissipaverunt legem tuam"*, "Tiempo de hacer, Señor, han disipado tu ley". La versión sefardí de Ferrara traduce: *"Tiempo para fazer a Adonay; baldaron tu Ley"*. La caldea Peshitta: *"Es tiempo de que Yahweh actúe, pues he aquí ellos han estimado en nada tu ley"*. KRAUS traduce: *"Es tiempo de que actúe Yahvé; han quebrantado tus instrucciones"*. SCHÖKEL: *"Es hora de actuar, Señor, han quebrantado tu ley"*.

[66] En hebreo עֵת לַעֲשׂוֹת *'ēṯ la'ăśōwṯ* de עָשָׂה *asah*, "hacer algo". Aunque se trata de un verbo con un sentido muy amplio, va directamente asociado en numerosos pasajes a la idea de impartir o ejecutar juicio contra los inicuos: Jeremías 18:8; 26:3; 36:3; Ezequiel 6:10. Los comentaristas dicen al respecto:

– WILLIAM SWAN PLUMER [1802-1880] indica que el sentido es el de un momento propicio o adecuado para algo, y pone como ejemplo el texto de Romanos 13:11: *"dándoos cuenta del momento actual, que es ya hora de levantarnos del sueño"*.

– FELIPE SCIO DE SAN MIGUEL [1738-1776] en su versión española de la Vulgata: «*"Tempus faciendi, Domine"*, tiempo de *"hacer"*. El verbo *"facere"* se entiende aquí en sentido negativo o adverso: *"Tiempo de castigar"*; como en Génesis cuando Dios dijo a Abraham en relación a Sodoma: *"Non faciam"*, no lo haré (Génesis 18:30). Tiempo de que te levantes para hacer brillar tu justicia contra los tiranos violentos y opresores, que no toman en cuenta tu ley, sino que han llegado al colmo de su maldad. En palabras de HILARIO DE POTIERS [316-367]: 'Tiempo es de que venga nuestro Cristo, restaurador de la Ley y reparador del género humano'».

la palma.[67] En este contexto los santos suspiran por la presencia y el poder de su Dios: ¡Oh si tuviéramos al Rey en su trono rigiendo las naciones con vara de hierro![68] ¡Oh si aconteciera otro Pentecostés con todas sus maravillas para revelar el poder de Dios a los escépticos y burlones y demostrarles que hay Dios en Israel![69] La situaciones extremas del hombre, bien sean de necesidad o pecado, son oportunidad propicia para que Dios actúe. Cuando la tierra estaba sin forma y vacía, vino el Espíritu y se movía sobre la superficie de las aguas;[70] ¿acaso no debería venir de nuevo viendo en qué manera la sociedad está regresando al caos? Cuando Israel, esclavizado en Egipto, fue reducido a la nada y parecía que el pacto iba a sucumbir y quedar invalidado, apareció Moisés y obró grandes maravillas.[71] De igual modo cuando la Iglesia de Dios es hollada y su mensaje ridiculizado, podemos esperar que la mano del Señor actúe para reavivar la fe, defender la verdad y glorificar el nombre divino. El Señor puede obrar con juicios que derriban las murallas del enemigo;[72] o mediante avivamientos que reedifican los muros de su propia Jerusalén.[73] ¡Cuán fervorosamente deberíamos orar al Señor para que levante nuevos evangelistas, reavive a todos los que tenemos ya entre nosotros, enardezca su Iglesia con el fuego del Espíritu y traiga el mundo entero a sus pies! Las actuaciones de Dios son siempre honorables y gloriosas; fuera de él las nuestras equivalen a nada.

C. H. SPURGEON

Es hora de actuar, oh Jehová ¿Hubo alguna vez en medio del océano algún barco encalmado y sin esperanza de salir adelante peor que la Iglesia en el tiempo presente? ¿Clamó alguna vez la tripulación de algún navío pidiendo brisa favorable con mayor frenesí de lo que deberían gritar los que dirigen hoy la Iglesia del Dios vivo? Si Dios no obra, ciertamente, no hay delante de la Iglesia otra perspectiva que la derrota completa y el derrocamiento total. Si Dios no está con la Iglesia el mundo la supera con creces; pero si Dios está en ella, jamás será conmovida.[74] ¡Ojalá la ayude, y que sea pronto!

Cuando Dios se levanta para actuar resulta imposible anticipar cuál pueda ser la forma y procedimiento de sus actuaciones. Obra únicamente en base a su propia voluntad, y una vez despierta y pone su poder en acción, es más que probable que sus objetivos y ámbito de operaciones no queden limitados a un mero avivamiento espiritual en la Iglesia; sino que vayan acompañados de acciones providenciales y tremendas convulsiones de carácter general que llenen el mundo de asombro y consternación. Su reino espiritual no permanece aislado o desconectado del resto de su universo; mantiene estrechas relaciones con el mundo físico, con la sociedad humana y con la vida nacional. Ha habido momentos en la historia en los que Dios ha obrado y los signos de su presencia han sido claramente visibles y evidentes en terribles sacudidas políticas de las naciones: el cercenamiento de injusticias flagrantes desde su misma raíz; el derrocamiento de tiranías y la emancipación de pueblos cuya existencia por largo tiempo no había sido más que un gemido desesperado. También ha habido momentos, y no pocos, en los que ha obrado por medio de los elementos de la naturaleza, alterando el orden económico a través de terremotos y explosiones volcánicas, de inundaciones, sequías y hambrunas,

[67] En el original *"vanity bears the bell"* "la vanidad lleva la campana", una expresión inglesa ancestral que significa el que tiene la preferencia o abre el cortejo, el principal o más excelente.

[68] Salmo 2:8-9; Apocalipsis 2:26-27.

[69] 1 Samuel 17:46; 1 Reyes 8:60; Joel 2:27.

[70] Génesis 1:2.

[71] Génesis 1:9-22;2:1-10; 3:6-10.

[72] Josué 6:5,20.

[73] Nehemías 2:1-18.

[74] Salmo 45:6.

de plagas de langosta, de orugas y otros insectos; o bien alterando el comercio a través de vientos y tempestades que han hundido flotas enteras. Todas estas cosas son sirvientes suyos.[75]

Pero hay ocasiones en las que la Iglesia, y la sociedad en general, permanecen sumidas en un sueño tan profundo, que no logra ser despertada por los agentes naturales: como el viento huracanado, el terremoto o el fuego que hacían estremecer al profeta Elías a la boca de la cueva;[76] y sin los cuales la voz sosegada que siguió a continuación, el silbo apacible, habría perdido gran parte de su poder vivificador y transformador. Cuando la sociedad ha sido enteramente drogada por la copa de mundanalidad de Circe,[77] y las voces que le llegan desde la eternidad son desatendidas, si es que llegan a ser escuchadas; no queda entonces más alternativa que dejar que el terror cumpla con su misión horrenda pero en el fondo misericordiosa. Los corazones frívolos y superficiales de los hombres necesitan ser turbados; sus ídolos han de ser desmenuzados;[78] sus nidos que con tanto cuidado y esmero habían construido en la copa los árboles y de los que se sentían tan orgullosos y ufanos,[79] han de ser derribados a pedradas para que aprendan que si esto era todo lo que consideraban como vida, no era más que un espejismo y una burla. Cuando llegue realmente el día del Señor, y comience a actuar, no nos maravillemos entonces de que su furor caiga: *"sobre todo soberbio y altivo, sobre todo enaltecido, y será abatido; sobre todos los cedros del Líbano altos y erguidos, y sobre todas las encinas de Basán; sobre todos los montes altos, y sobre todos los collados elevados; sobre toda torre alta, y sobre todo muro fortificado; sobre todas las naves de Tarsis, y sobre todos los objetos preciados. La altivez del hombre será abatida, y la soberbia de los hombres será humillada; y solo Jehová será exaltado en aquel día"*.[80]

Pero este actuar tremendo del Señor adoptará también otras formas. ¿Acaso no será también visible inspirando a la Iglesia con una fe viva en su propio credo, siempre y cuando este credo cuente con la garantía de la divina Palabra? ¿Cree la Iglesia realmente en su credo? Lo escribe, lo proclama, lo canta, lo defiende, pero, ¿lo cree? o, cuanto menos, ¿lo cree con una fe tal que engendre en el resto del mundo admiración y entusiasmo? ¿No será que las grandes verdades expresadas en los grandes símbolos de la Iglesia[81] se han convertido por desgracia en meras rutinas metodizadas en lugar de poder vivo y vivificador? ¿Acaso no yacen embalsamadas en el arca de la tradición, envueltas en una sábana de reverencia supersticiosa, acariciadas tiernamente por lo que antaño fueron e hicieron? ¿Acaso hemos olvidado que si estas verdades expresadas en los grandes credos eran verdades no pueden morir, y por tanto no están muertas? Siguen siendo tan verdaderas ahora como lo fueron antaño, o

---

[75] Salmo 103:21-22, 104:14

[76] 1 Reyes 19:11-13.

[77] En la mitología griega, Circe, hija de Helio era una hechicera que vivió en la isla de Eea. Transformaba a sus enemigos o a los que la ofendían en animales mediante el uso de pociones mágicas que ofrecía en una copa. En La Odisea de Homero, su casa es descrita como una mansión de piedra que se alzaba en mitad de un claro en un denso bosque en el cual rondaban leones y lobos, que en realidad no eran más que las víctimas de su magia: no eran peligrosos y lisonjeaban a todos los extraños. Cuando Ulises llega a la isla de Eea manda desembarcar a la mitad de la tripulación, quedándose él en su barco. Circe invita a los marineros a un banquete, envenenando su comida con una de sus pociones, y los transforma en cerdos, de modo que ninguno regresa. Ulises debe ir a buscarlos, para lo cual Hermes le ofrece una planta con la que podrá vencer el sortilegio de la hechicera. Ulises llega al palacio, Circe le ofrece una copa de vino; Ulises bebe, pero no sucede lo esperado, por lo que Circe queda aterrada. Ulises la amenaza con su espada y la obliga a liberar a sus compañeros.

[78] Deuteronomio 12:3.

[79] Abdías 1:4.

[80] Isaías 2:11-17.

[81] Se refiere a los grandes Símbolos, Credos o Confesiones de Fe de la Iglesia, como el llamado "Credo de los Apóstoles"; el "Credo Niceno"; el "Credo de Calcedonia", etc.

de lo contrario no lo fueron jamás; están vivas ahora o no estuvieron vivas nunca. El tiempo no puede tocarlas; ni las opiniones humanas alterarlas; ni la apatía de la Iglesia entumecerlas; ni su incredulidad general anularlas; porque proceden de la esencia divina y por tanto rebosan de su vida inmarcesible. No son máquinas que se vuelvan anticuadas e inservibles y tengan que ser desplazadas por invenciones más modernas y mejores; no son métodos o sistemas de procedimiento fraguados para situaciones o condiciones concretas y pasajeras que desaparecen junto con ellas; no son andamios sobre los cuales puedan erigirse otras verdades más elevadas de edad en edad. Son como Aquel que es el fin de nuestra conversación:[82] *"Jesucristo el mismo ayer, y hoy, y por los siglos"*.[83] No hay ni uno solo de los múltiples credos o símbolos de fe que tenemos en la Iglesia, que si realmente despertara en nosotros una fe práctica y real conmensurada con su valor teológico intrínseco, no revistiera a la Iglesia de un poder nuevo y asombroso. Y, ¿cuál no sería este poder si esta fe los abarcara a todos? Sería cual vida emergiendo de entre los muertos.

ENOCH MELLOR [1823-1881]
"The Hem of Christ's Garment, and other Sermons", 1885

Es hora de actuar, oh Jehová, porque han violado tu ley. La expresión hebrea עֵת *'ēṯ* expresa enfáticamente no una demanda, exigencia o apremio, como a primera vista cabría pensar, sino más bien una alusión al tiempo apropiado para que el Señor actúe haciendo aquello que solo a él corresponde hacer. Viene a ser como si el salmista dijera: «No nos corresponde a nosotros prescribir el tiempo ni las ocasiones en las que Dios deba ejercitar su poder y vindicar la autoridad de su ley;[84] todo cuanto él hace lo hace en el momento adecuado y más propicio; y castigará en el momento oportuno estos que han invalidado su ley, y cuya maldad e impiedad se hace notoria a todas luces, lo hará sin lugar a dudas».

GEORGE PHILLIPS [1804-1892]
"The Psalms in Hebrew with a Critical, Exegetical and Philological Commentary", 1846

Es hora de actuar, oh Jehová, porque han violado tu ley. Cuando los síntomas de alguna enfermedad se hacen notoriamente visibles y severos, es preciso apremiar al médico para que acuda con mayor celeridad, no vaya a ser que llegue demasiado tarde para que su intervención pueda aportar el remedio necesario. De igual manera el profeta, divinamente inspirado y alumbrado por el Espíritu Santo, anticipa la rebelión de su pueblo: sus lujos, placeres, engaños, fraudes, avaricia, borracheras; y consciente de que Cristo sería el único capaz de poner remedio a tales pecados, corre presto en su busca implorándole que acuda sin demora.

AMBROSIO DE MILÁN [340-397]
citado por JOHN MASON NEALE [1818-1866] y RICHARD FREDERICK LITTLEDALE [1833-1890]
en *"Commentary on the Psalms from Primitive and Mediæval Writers"*, 1869

Es hora de actuar, oh Jehová, porque han violado tu ley. Nunca la infidelidad había alcanzado una naturaleza tan sutil, tan dañina, tan plausible, y probablemente tan exitosa, como en la época en que nos ha tocado vivir. Ha abandonado el ámbito de la incultura, de la vulgaridad, la ordinariez y chabacanería en que se había mantenido circunscrita durante siglos, para elevarse a las alturas de la intelectualidad: el criticismo, la filología e incluso de la propia ciencia. Ha invadido nuestra literatura popular saturándola hasta extremos pavorosos; se ha revestido de los encantos de la poesía para

[82] Hebreos 13:7. La versión inglesa KJV traduce: *"the end of their conversation"*.
[83] Hebreos 13:8.
[84] Hechos 1:7. Ver también Deuteronomio 29:29; Daniel 2:21.

proyectar su hechizo sobre la mente del público; se ha entretejido con la ciencia utilizándola para sus propósitos. Y quien no sea capaz de darse cuenta de hasta qué punto tiene cautivas y esposadas a buena parte de las mentes ilustres y cultivadas de esta generación, es porque no está al corriente del estado general de opinión en nuestro país. *"Es hora de actuar, oh Jehová"*.

JOHN ANGELL JAMES [1785-1859]

Es hora de actuar, oh Jehová, porque han violado tu ley. Enviar al Mesías; obrar justicia, cumplir la ley quebrantada por los hombres y vindicar su honor. La tradición judía siempre tuvo en mente la idea de que el tiempo de la venida del Mesías será una época de gran maldad en la tierra; lo que parece coincidir con lo que leemos en la palabra de Dios; y de hecho fue así: *"Habéis cansado al Señor con vuestras palabras. Y decís: ¿En qué le hemos cansado? Cuando decís: Todo el que hace mal es bueno a los ojos del Señor, y en ellos él se complace; o: ¿Dónde está el Dios de la justicia?... Porque he aquí, viene el día, ardiente como un horno, y todos los soberbios y todos los que hacen el mal serán como paja; y el día que va a venir les prenderá fuego —dice el Señor de los ejércitos— que no les dejará ni raíz ni rama. Mas para vosotros que teméis mi nombre, se levantará el sol de justicia con la salud en sus alas; y saldréis y saltaréis como terneros del establo".*[85]

JOHN GILL [1697-1771]
"Exposition of the Old Testament", 1748

Es hora de actuar, oh Jehová, porque han violado tu ley. Ciertamente, Señor, sabemos que no es cosa nuestra asignarte tiempos y límites, porque eres el Anciano de los Días,[86] el Creador del tiempo y el destino. Tampoco podemos ni debemos atrevernos a tocar en el dintel de tu cámara privada inquiriendo por *"los tiempos y las sazones"* que el Padre ha reservado en su sola potestad.[87] Sin embargo, Señor, tú nos has enseñado a examinar y discernir las señales en los cielos para conocer los signos de los tiempos;[88] y cuando esperar aquellas cosas que necesariamente sobrevendrán. Eres un Dios compasivo y misericordioso, *"lento para la ira y grande en misericordia";*[89] y pasas por alto muchos agravios de los hijos de los hombres, que siguen acumulando sobre ti pecados y más pecados cual sobre una carreta abarrotada de gavillas; pero si continúan cargándote, te desprenderás de esa carga y la arrojarás al suelo de la confusión. Porque eres, Señor, *"lento para la ira, pero grande en poder, y no dejarás impune al culpable"*.[90] Por largo tiempo te has contenido ante los pecados de los hombres, y sigues haciéndolo todavía. Pero si los hombres no cambian de actitud, afilarás tu espada, tensarás tu arco y te aprestarás a disparar.[91] Paciente eres, y por mucho tiempo has retenido tu mano; pero cuando el rostro del pecado comienza a perder el rubor de la vergüenza, cuando la lista de transgresores se hace interminable y crece de continuo de Oriente a Occidente, cuando el clamor de sus infamias traspasa las nubes y el colmo de su maldad alcanza a la cima, cuando sus frutos están ya completamente maduros, es hora, Señor, que actúes, que despiertes cual gigante[92] y procedas con mano vengadora.

Nuestros pecados están de sobra maduros, sí, se pudren incluso; la medida de nuestras iniquidades ha sido colmada hasta el borde. No cabe la menor duda que nuestro país se está hundiendo en la iniquidad; *porque nuestra lengua y nuestras obras se han vuelto en contra el Señor, para irritar los*

[85] Malaquías 2:17; 4:1-2. Ver también Malaquías 3:1-3, 15-16.
[86] Daniel 7:9,13,22.
[87] Hechos 1:7.
[88] Joel 2:30; Mateo 21:29-30; Lucas 21:11,25; Hechos 2:19.
[89] Salmo 103:8.
[90] Nahúm 1:3 LBLA.
[91] Salmo 7:12.
[92] Salmo 78:65; Isaías 42:13-14.

*ojos de su majestad; la expresión de nuestros rostros testifica contra nosotros; porque como Sodoma publicamos nuestros pecados, no los disimula*mos.[93] El clamor de nuestros pecados es grave en extremo,[94] su estruendo traspasa los cielos y ruge a gran voz, diciendo: *¿Hasta cuándo, Señor, santo y verdadero, hasta cuándo?*[95] ¿Hasta cuándo no ha de vengarse tu alma de una nación como esta?.[96]

GEORGE WEBBE [1581-1642]
"A Posie of Spiritual Flowers", 1610

Es tiempo para ti, oh Jehová. Algunos lo traducen de ese modo, pero el texto hebreo dice literalmente: *"Es tiempo de actuar, oh Jehová"*.[97] Es hora en que cada uno en su lugar, esté allí donde esté, dé un paso adelante y se ponga del lado del Señor frente al crecimiento amenazador de la inmoralidad y la impiedad. Hemos de hacer cuanto podamos para apoyar los intereses de la fe que se hunden cada día más, y, de manera especial, pedir a Dios que emprenda esa obra con sus propias manos.

MATTHEW HENRY [1662-1714]
"Commentary on the Whole Bible", 1811

Porque han invalidado tu ley. En el segundo versículo de esta octava (119:122) el salmista se queja de que los soberbios le oprimen; ahora se lamenta de que han destruido la ley de Dios. ¿Quiénes eran por tanto esos enemigos de David que buscaban oprimirlo? Tan solo aquellos que eran a su vez enemigos de Dios y buscaban destruir su ley. Y en esto hallamos nosotros gran consuelo: si amamos al Señor y nos esforzamos en servirlo con buena conciencia, no tendremos otros enemigos que los enemigos de Dios.

WILLIAM COWPER [1566-1619]
"A holy alphabet for Sion's scholars full of spiritual instructions, and heavenly consolations [...] delivered by way of commentary upon the whole 119 Psalme", 1613

Porque han invalidado tu ley. No solo pecaban contra la ley, sino que pecaban al margen de la ley; no solo se apartaban de obedecerla sino que la invalidaban considerándola nula y rescindida, revocando todos los mandatos y preceptos santos de Dios para que sus propios actos inicuos no fueran cuestionados. Y para que la Ley no tuviera poder para castigarlos negaban su existencia, la despojaban de toda validez y poder para gobernarlos. Ese es el sentido y la fuerza del verbo hebreo הֵפֵ֣רוּ *hêpērū* de פָּרַר *parar* que utiliza aquí el salmista, aplicado a la más extrema transgresión contra de la Ley de Dios.

JOSEPH CARYL [1602-1673]
"An Exposition with Practical Observations upon Chapters 4-7 of the Book of Job", 1651

Vers. 126-127. Todas las cosas cooperan a favor del creyente;[98] no solo las ordenanzas, la Palabra, los sacramentos, la comunión de los santos; sino incluso los propios pecadores y sus mismos pecados. Pues con sus perversidades no hacen sino espolear la gracia que habita en el creyente

[93] Isaías 3:8.
[94] Génesis 18:20.
[95] Apocalipsis 6:10.
[96] Jeremías 9:9.
[97] La versión inglesa KJV traduce: *"It is time for thee, Lord, to work"*. El texto hebreo dice simplemente: עֵ֭ת לַעֲשׂ֣וֹת לַיהוָ֑ה *'êṯ la'ăśōwṯ Yahweh,* "tiempo para actuar Señor".
[98] Romanos 8:28.

conduciéndole a un estado de piadosa lamentación y compunción del corazón. El creyente navega con todo tipo de vientos: favorables y contrarios. Así como los impíos son desenmascarados y perjudicados por las acciones buenas, los piadosos son beneficiados por las peores. *"Porque han violado tu ley* (119:126) ... *por eso amo tus mandamientos* (119:127). Cuanto más despreciada y degradada es la piedad por el mundo, más estimada y valorada es por los creyentes. El apóstol nos menciona que los más fieles y destacados entre los santos eran los de la casa del César (Nerón);[99] quienes mejor guardaban el nombre de Dios eran los que habitaban allí donde estaba instalado el trono de Satanás.[100] El celo por Dios crece cuanto más ardiente es la oposición; porque en medio de la oposición el creyente se ve forzado a trabajar con mayor ahínco para compensarla y restaurar la gloria de Dios.

WILLIAM JENKYN [1612-1685]

"The Morning Exercises at Cripplegate" [101]

Vers. 127. ***Por eso he amado tus mandamientos más que el oro, y más que oro muy puro.*** *[Por eso amo yo tus mandamientos más que el oro; más que el oro muy fino.* RVR*] [Por tanto, amo tus mandamientos más que el oro, sí, más que el oro fino.* LBLA*] [Por eso amo tus mandamientos más que el oro más puro.* BTX*] [Sobre todas las cosas amo tus mandamientos, más que el oro, más que el oro refinado.* NVI*] [Por eso amo tus mandamientos y al oro más puro los prefiero.* BLP*] [De verdad, amo tus mandatos más que el oro, incluso que el oro más fino.* NTV*]*[102]

Por eso[103] *amo yo tus mandamientos más que el oro; más que el oro muy fino.*[104] Si bien para Dios era tiempo de actuar, para David era tiempo de amar. Lejos de dejarse influenciar por el mal ejemplo

[99] Filipenses 4:22.

[100] Apocalipsis 2:13.

[101] Los *"Morning Exercices"*, fueron iniciados por THOMAS CASE [1598-1682] como devocionales para los soldados puritanos durante la Guerra Civil de Inglaterra (1642-1651) a las 7 de la mañana para orar y escuchar la palabra de Dios. Se convirtieron en costumbre en la mayoría de iglesias de Londres y del resto de Inglaterra con asistencia del pueblo. En ellas hacían sus exposiciones los más famosos predicadores puritanos de la época. Después de la Guerra Civil, esta costumbre continuó y fue conocida como *"Morning Exercises at Cripplegate"* y los sermones fueron recopilados y publicados por SAMUEL ANNESLEY [1620- 1696], lo que ha permitido que hayan llegado hasta nosotros algunas de las mejores exposiciones de los predicadores puritanos.

[102] La versión griega de los LXX o Septuaginta lee: διὰ τοῦτο ἠγάπησα τὰς ἐντολάς σου ὑπὲρ χρυσίον καὶ τοπάζιον que la Vulgata traduce al latín como: *"Ideo dilexi mandata tua super aurum et topazion"*, "Por eso amé tus mandamientos más que al oro, y al topacio". La versión sefardí de Ferrara traduce: *"Por tanto amee tus mandamiento, mas que oro, y mas que oro puro"*. La caldea Peshitta: *"Por eso he amado tus preceptos más que el oro, y más que las piedras preciosas"*. KRAUS traduce: *"Por encima de todo amo tus mandamientos, más que el oro y el oro fino"*. SCHÖKEL: *"Por eso amo tus mandatos más que el oro más puro"*.

[103] En hebreo עַל־כֵּן *'al-kên,* "por eso" o "en base a eso"; una expresión que se repite en el versículo siguiente. Dicen al respecto los comentaristas:

WILLIAM SWAN PLUMER [1802-1880]: «En este caso el *"por eso"* tanto puede que indique o se refiera a todo lo dicho anteriormente en el Salmo concerniente a las Escrituras; como también, y más probable, que se refiera a la última cláusula del versículo precedente: *"porque han invalidado tu ley"* (119:126b), pues en tanto la gracia divina abunda en nosotros, contemplar la iniquidad y perversidad de otros, despierta en nuestro interior un amor más profundo e intenso hacia la santidad. Dice GIOVANNI DIODATI [1576-1649]: 'Cuanto más veo tus mandamientos violados por los inicuos, más confirmado me siento en mi amor a tu Palabra y santo celo contra sus escándalos' (Nehemías. 13:15-25; Job 17:8- 9; Hechos 17:16)».

[104] Dice FELIPE SCIO DE SAN MIGUEL [1738-1776] en su versión española de la Vulgata: «Como era el oro que traían a Jerusalén de *Phasis* u Ofir, o de Sabá» (1 Reyes 9:28; Job 28:16; Salmo 72:15).

de los hombres impíos y unirse a ellos en su desprecio de las Escrituras, su actitud provocó en él un amor más vehemente hacia la Palabra santa.[105] Al ver los mandamientos menospreciados por los impíos, su corazón experimento una mayor simpatía hacia las cosas de Dios, y un afecto más ardiente por sus santos preceptos. El distintivo del verdadero creyente está en que su fe no depende de la actitud o comportamiento de otros, bebe agua de su propio manantial que sigue brotando incluso cuando las cisternas terrenales están secas. En medio de un menosprecio general hacia la ley divina, nuestro santo poeta vio incrementada su estima personal por ella, sintió que se elevaba por encima del oro y la plata, que en comparación le parecían cosas decadentes. La riqueza abre el acceso a tantas comodidades que los hombres la aprecian sobremanera, y el oro es símbolo de la misma por excelencia; con todo, según el criterio de los verdaderamente sabios, las leyes de Dios son más enriquecedoras, y traen consigo más consuelo que los tesoros más selectos. El salmista no podía jactarse de haber guardado siempre los mandamientos; pero nada le impedía declarar que los amaba; era perfecto de corazón, y anhelaba serlo también de conducta. Dictaminó, pues, que los santos mandatos de Dios eran superiores a lo mejor entre las cosas terrenales, sí, muy por encima de lo más excelente y valioso de este mundo; lo cual le lleva, en su argumento comparativo, a mencionar el metal más precioso y codiciado: el oro, y que con tanta frecuencia lleva a muchos hipócritas a abandonar al Señor y sus caminos.

Más amadas aún, debido a su desprecio,
tus palabras amo y poseo,
una herencia más rica y valiosa
que el oro y las piedras preciosas.[106]

C. H. SPURGEON

Por eso amo yo tus mandamientos más que el oro. En parte, porque el hecho de que los hombres más viles los despreciaran era una clara demostración de su excelencia. En parte, por propia indignación y justa oposición a sus enemigos declarados. Y en parte, porque la apostasía generalizada hacia de este amor algo particularmente necesario para prevenir sus propias recaídas y las de otros.

MATHEW POOLE [1624-1679]
"Annotations Upon the Holy Bible Wherein the Sacred Text is Inserted and Various Readings Annexed", 1700

[105] Dice AGUSTÍN DE HIPONA [354-430]: «En la época del Antiguo Testamento, cuando la gracia se hallaba oculta detrás de un velo, lo cual se prefiguró en el ocultamiento del rostro de Moisés: *"que ponía un velo sobre su rostro, para que los hijos de Israel no fijaran la vista en el fin de aquello que había de ser abolido"* (Éxodo 34:33-35 2 Corintios 3:12-16); los israelitas, al no vislumbrar la gracia se esforzaban en el cumplimiento exacto de los mandamientos, sin llegar a conseguirlo, esperando alcanzar con ello la recompensa terrenal. Pero no amaban los mandamientos, sino la recompensa que derivaba de su cumplimiento; por lo que sus obras no eran voluntarias, sino obligadas. Pero cuando amamos los mandamientos *"más que el oro y las piedras preciosas"*, comparada con ellos, toda recompensa terrenal resulta cosa vil, puesto que nada humano es comparable con aquello que ennobleciendo nuestra alma nos acarrea vida eterna».

[106] En el original: «*The dearer, for their rage, / Thy words I love and own, / A wealthier heritage / Than gold and precious Stone*». Tercera y última estrofa de la versificación de esta octava del Salmo 119; en la versión métrica conocida como: *"The Psalter of Psalms of David in English Verse by a Member of the University of Oxford"*, 1839. Aunque en la propia obra no figura el nombre de su autor, algunos lo atribuyen a JOHN KEBLE [1782-1866].

Por eso amo yo tus mandamientos más que el oro; más que el oro muy fino. El símil o figura utilizada aquí por el salmista pone delante de nosotros la imagen de un mísero avaro: su corazón y su tesoro están donde está su oro. ¡Con qué deleite lo cuenta! ¡Con qué esmero lo vigila, escondiéndolo en lugar seguro, no sea que le robaran aquello que para él es más valioso que su propia vida! Así deberían ser los cristianos, avaros espirituales, que estiman su tesoro *"más que el oro muy fino"* y *"lo atesoran en su corazón"* (119:11), en lugar seguro, donde el gran expoliador no podrá alcanzarlo. ¡Oh cristianos! ¡Cuánto mejor no es vuestra porción que el tesoro del avaro! Escondedla, vigiladla, retenedla. En lo que atañe a las cosas espirituales, no tengáis temor a la codicia, todo lo contrario, más bien *"codiciad ardientemente los mejores dones"*,[107] incrementad vuestro acopio; pues en este caso, al vivir como el avaro alrededor de ellas y por ellas, se harán valiosas en su alcance y más preciadas en su valor.

CHARLES BRIDGES [1794-1869]
"Exposition of Psalm 119", 1827

Por eso amo yo tus mandamientos. El salmista no presume de haber cumplido los mandamientos, tan solo dice que los ama; y ciertamente con poder decir en nuestro corazón que amamos los mandamientos divinos significa ya un progreso importante en la escala de nuestra piedad. Porque el hombre natural odia los mandamientos de Dios, porque son diametralmente contrarios a su corrupción innata; pero el hombre regenerado odia su propia corrupción, y por tanto ama la Palabra, porque desea ser conforma a ella. Y este es nuestro consuelo: que a pesar de no poder cumplir con exactitud todo cuanto la Palabra nos ordena, la amamos y deseamos cumplirlo, y ello constituye una garantía de haber recibido la gracia…

Más que el oro; más que el oro muy fino. Amar las cosas que Dios ha creado y designado para nuestro uso no tiene nada de malo; pero siempre con una condición: que otorguemos a Dios el primer lugar, que le concedamos la prioridad en nuestro amor y afectos; dejando para cualquier otra cosa que amemos, sea lo que sea, el segundo puesto. Y esto es lo que hace David: como a todo ser humano su naturaleza física le empuja a priorizar sus comodidades y posesiones materiales; pero se rebela contra si mismo, porque su piedad amaba la ley del Señor por encima de sus posesiones; y ello le incita a zanjar el tema expresando públicamente su voluntad férrea de amar los mandamientos de Dios por encima del oro más fino.

WILLIAM COWPER [1566-1619]
"A holy alphabet for Sion's scholars full of spiritual instructions, and heavenly consolations [...] delivered by way of commentary upon the whole 119 Psalme", 1613

Vers. 128. *Por eso estimé rectos todos tus mandamientos sobre todas las cosas, y aborrecí todo camino de mentira.* *[Por eso me dejo guiar por todos tus mandamientos sobre todas las cosas. Y aborrezco todo camino de mentira.* RVR*] [Por tanto, estimo rectos todos tus preceptos acerca de todas las cosas, y aborrezco todo camino de mentira.* LBLA*] [Por eso estimé rectos todos tus mandamientos sobre todas las cosas, y aborrecí toda senda de mentiras.* BTX*] [Por eso tomo en cuenta todos tus preceptos y aborrezco toda senda falsa.* NVI*] [Por eso encuentro justos todos tus preceptos y aborrezco los senderos falsos.* BLP*] [Cada uno de tus mandamientos es recto, por eso detesto todo camino falso.* NTV*]*[108]

[107] 1 Corintios 12:31. Traducción literal de la versión inglesa KJV: *"covet earnestly the best gifts"*.

[108] La versión griega de los LXX o Septuaginta lee: διὰ τοῦτο πρὸς πάσας τὰς ἐντολάς σου κατωρθούμην, πᾶσαν ὁδὸν ἄδικον ἐμίσησα que la Vulgata traduce al latín como: *"Propterea ad omnia mandata tua dirigebar; omnem viam iniquam odio habui"*, "Por eso caminaba derecho a todos tus mandamientos; he

Por tanto, estimo rectos todos tus preceptos acerca de todas las cosas.[109] El hecho de que los impíos encontraran fallas y defectos en los preceptos de Dios, a David le sirve como confirmación de que ciertamente son rectos y verdaderos. La censura de los inicuos es un certificado de virtud y autenticidad para los justos; de todo cuanto alaban, aprueban y ratifican tenemos justas razones para sospechar, pero todo cuanto aborrecen nos cabe admirarlo ardientemente. Reparemos en la coletilla final porque es importante: *"acerca de todas las cosas"*; el deleite del justo en la ley de Dios no es algo selectivo, no cree aquello que le interesa o le complace y desecha al resto, cree de manera incondicional y exhaustiva: *estima rectos* ***todos*** *los preceptos de Dios acerca de* ***todas*** *las cosas.*

Y aborrezco todo camino de mentira.[110] El amor a la verdad engendra un odio natural a todo lo falso. El salmista no era indiferente a nada: aquello que no amaba lo aborrecía. No entraba en sus planes ser ingrediente insípido en una sopa sosa; amaba una cosa y aborrecía la otra con toda su alma, sin paliativos, sin indecisiones. Estaba seguro de lo que sentía y lo expresaba sin remilgos. Su aborrecimiento era tan profundo y sincero como su afecto; no tenía una palabra amable para nada que no pasara el tamiz de la Palabra y admitiera el escrutinio de la luz de la verdad. La escena apabullante de contemplar que las multitudes que siguen el camino ancho que lleva a perdición sean tan enormes, no hacía en él sino incrementar su determinación a evitar toda forma de error y de pecado.[111] ¡Que el Espíritu Santo gobierne en nuestros corazones, de tal modo, que nuestros sentimientos y afectos mantengan esa misma determinación inequívoca hacia los preceptos de la Palabra!

C. H. SPURGEON

Por tanto, estimo rectos todos tus preceptos acerca de todas las cosas. El salmista cierra la octava con una declaración contundente acerca de la integridad y el valor de los preceptos del Señor: *"Estimo rectos todos tus preceptos acerca de todas las cosas"*.[112] Todas y cada una de las ordenanzas divinas, por duras que aparenten; hasta el último mandato por desagradable que sea; cada precepto por severo que resulte: incluido *cortar tu mano derecha o arrancar tu ojo derecho;*[113] *dejar casas, o hermanos, o hermanas, o padre, o madre, o mujer, o hijos, o tierras;*[114] *cargar con tu cruz día tras*

---

aborrecido todo camino malo". La versión sefardí de Ferrara traduce: *"Por tanto todas encomendanças de todos aderefcee; todo camino de falfedad aborrefci"*. La caldea Peshitta: *"He amado todas tus ordenanzas, pero he aborrecido todo sendero de los inicuos"*. KRAUS traduce: *"Por eso camino sinceramente según todas tus directrices, aborrezco toda senda de mentiras"*. SCHÖKEL: *"Por eso sigo derecho tus normas y detesto toda senda engañosa"*.

[109] En hebreo: עַל־כֵּן כָּל־פִּקּוּדֵי כֹל יִשָּׁרְתִּי *'al-kên kāl-piqqūḏê ḵōl yiššārətî*. El hebreo es elíptico pero nuestras versiones suplen las elipsis: *"Por eso todos* [*tus*] *preceptos* [*sobre*] *todos* [*las cosas*] *estimé rectos"*.

[110] Dice AGUSTÍN DE HIPONA [354-430]: «Quien ama el oro y las piedras preciosas, las esconde y protege celosamente, aborreciendo todo cuanto pueda perjudicar su preciado tesoro. De igual manera, quien ama los mandamientos de Dios aborrece todo camino de mentira, que afronta como un peligroso y gigantesco escollo en su ruta por el mar de esta vida, capaz de provocar el naufragio de aquello que tanto estima. Para evitarlo, se aleja de él cuanto puede, agarrándose con fuerza al madero de la cruz, mientras surca las aguas procelosas de este mundo con la preciada mercancía de los mandamientos divinos».

[111] Proverbios 16:25.

[112] Dice al respecto GOTTHELF W. C. STARKE [1762-1830]: «No cabe la posibilidad de dividir y fragmentar la palabra de Dios: si observamos un precepto debemos cumplir con todos los demás; si aceptamos una porción debemos considerar igual de válidas todas las otras».

[113] Mateo 5:29-30.

[114] Mateo 19:29.

día;[115] o *vender todo lo que tiene;* son perfectos.[116] Sí Señor, por difíciles y duros que sean *"todos tus preceptos acerca de todas las cosas"* son perfectos.[117] ¡Qué conclusión tan bendita la del salmista y que fuente tan enorme de consuelo!

BARTON BOUCHIER [1794–1865]
"Manna in the heart or daily comments on the book of Psalms", 1855

Por tanto, estimo rectos todos tus preceptos acerca de todas las cosas. No tan solo debemos respetar todos y cada uno de los mandamientos de Dios sino que además debemos respetarlos por igual, darles el mismo valor. La obediencia debe ser universal y absoluta.

RICHARD MAYHEW [1439-1516]
"The Death of Death in the Death of Christ", 1679

Todos tus preceptos acerca de todas las cosas. La repetición del *"todos"* y *"todas"* que se da en este versículo, parecida a la que encontramos en Ezequiel,[118] muestran la plenitud y universalidad de su obediencia. *"Todos"* es una expresión aparentemente pequeña, insignificante, pero determinante y de muy largo alcance.

JOHN TRAPP [1601-1669]
"A commentary or exposition upon the books of Ezra, Nehemiah, Esther, Job and Psalms", 1657

Por tanto, estimo rectos todos tus preceptos acerca de todas las cosas. Tenía los preceptos divinos en gran estima, y los consideraba todos ellos justos en todo; justos porque no prescriben nada fuera de lo que es estrictamente justo; y justos porque implican un castigo justo a los transgresores, y una recompensa justa a los que los obedecen.

WILLIAM NICHOLSON [1591-1672]
"David's harp strung and tuned, or, An easie analysis of the whole book of Psalms", 1662

Por tanto, estimo rectos todos tus preceptos acerca de todas las cosas. El hombre recto calibra su proceder con una medida recta: los argumentos carnales no influyen en sus decisiones, ni las prácticas corruptas arrastran su conducta; todas sus acciones se ajustan a la sagrada Palabra de Dios; y su obediencia a los mandamientos divinos es completa: evitando todo mal sin salvedad y llevando a cabo todo bien sin excepción. Por ello David estima que *los preceptos de Dios acerca de todas las cosas son rectos* y pone sumo cuidado en cumplirlos. Lo cual le capacita para mantener un comportamiento estable y uniforme en todo momento y en todo lugar, sea cual sea la compañía, el escenario o las circunstancias, siempre se rige por una misma norma. Dice San Cipriano: "quien no mantiene

---

115 Mateo 16:24.

116 Lucas 18:22.

117 Dice JOHN PHILLIPS [1585-1663]: «Abrazo y hago mía toda la verdad revelada, y *"estimo rectos todos tus preceptos acerca de todas las cosas"; "todos"*, tanto en su conjunto como cada uno de ellos particularmente, sin excepción».

118 Ezequiel 44:30: *"Y las primicias de todos los primeros frutos de todo, y toda ofrenda reservada de toda cosa, de todas vuestras ofrendas, será de los sacerdotes; asimismo daréis al sacerdote las primicias de todas vuestras moliendas, para que repose la bendición en vuestras casas"*. Con todo, JOHANN PETER LANGE [1802-1884] insiste en que a pesar de esta analogía y otras similares que encontramos en Números 8:16-17 e Isaías 29:11, la expresión hebrea: כָּל־פִּקּוּדֵי כֹל *kāl-piqqūḏê ḵōl* en el Salmo 119:128, que traducimos como: *"todos tus mandamientos sobre todas las cosas"*, sigue resultando extraña y muy difícil de explicar.

una consistencia en todo cuanto hace no es una persona piadosa, es un hipócrita";[119] porque el hombre recto dirige todas sus acciones por la norma inmutable de las prescripciones divinas.

ABRAHAM WRIGHT [1611-1690]
"A Practical Commentary or Exposition upon the Book of Psalms", 1661

Y aborrezco todo camino de mentira. La más evidente demostración de nuestro amor a Dios y a su Palabra es la aversión que sintamos hacia el pecado y la impiedad: *"Los que amáis al Señor, aborreced el mal"*.[120] El que ama un árbol, odia al gusano que lo consume; el que ama un vestido, odia a la polilla que lo roe; el que ama la vida, aborrece la muerte; y el que ama al Señor aborrece todo aquello que le ofende. Tengan eso muy en cuenta todos cuantos viven apegados a sus pecados y enamorados de ellos: ¿cómo pueden esperar que el amor de Dios habite en ellos? La fe cristiana nos obliga a sentir aversión no solo a la falsedad, sino a cuantas formas y maneras haya de practicarla. Así como nada hay justo y bueno que una persona piadosa no ame en cierta medida; tampoco hay nada malo que no aborrezca en cierta medida. Y esta es la perfección de los hijos de Dios, no una perfección cualitativa, de grados: porque ni amamos lo bueno todo lo que deberíamos, ni aborrecemos lo malo todo lo que deberíamos; sino una perfección cuantitativa, de partes: amamos todo lo bueno en cierta medida y odiamos todo lo malo en cierta medida.

WILLIAM COWPER [1566-1619]
"A holy alphabet for Sion's scholars full of spiritual instructions, and heavenly consolations [...] delivered by way of commentary upon the whole 119 Psalme", 1613

Y aborrezco todo camino de mentira. Un Ser que ama lo bueno con intensidad infinita, debe aborrecer lo malo con la misma intensidad. Así que, lejos de haber incompatibilidad entre este amor y este odio, son totalmente complementarios: polos opuestos de una misma emoción moral.

JOHN WILLIAM HALEY [1834-1927]
"An Examination of the alleged Discrepancies of the Bible", 1875

Todo camino de mentira. Con que Satanás te agarre por algún pecado, uno solo, ¿acaso no basta para llevarte a la condenación? Igual que el matarife arrastra al animal al matadero; a veces atado por las cuatro patas y otras por una sola; así hace también Satanás. Aunque no seas esclavo de todos los pecados, con que lo seas de uno, ya te tiene agarrado por este afecto pecaminoso y le es suficiente para mantenerte cautivo.

WILLIAM COWPER [1566-1619]
"A holy alphabet for Sion's scholars full of spiritual instructions, and heavenly consolations [...] delivered by way of commentary upon the whole 119 Psalme", 1613

[119] En latín en el original: *"Ea non est religio, sed dissimulatio, quce per omnia non constat sibi"*. La cita procede de *"De duplici martyrio ad Fortunatum"* una obra atribuida a CIPRIANO DE CARTAGO [200-258] supuestamente traducida y publicada por primera vez por ERASMO DE RÓTERDAM [1466-1536]. Aunque la mayoría de expertos creen que fue en realidad el propio Erasmo quien la escribió y la atribuyó a Cipriano.
[120] Salmo 97:10.

פ Pei[1]

Versículos del 129 al 136

Versión poética

Pei

Tu santa ley, Señor, es admirable,
mi alma prendada está de su belleza,
y llena de placer, llena de gozo
con estático asombro la contempla.

Es rico manantial de luces claras,
que ilumina sentidos y potencias
con esplendor tan puro y luminoso,
que hasta el sencillo adquiere inteligencia.

Llena de ardor mi boca enamorada
quiere beber en él, porque sedienta
se embriaga con su plácida dulzura,
y solamente por cumplirla anhela.

Vuelve, Señor, a mí tus dulces ojos,
y deja que mi llanto te enternezca,
como sueles hacer con los que te aman,
y tu gloria solícitos desean.

A tus preceptos regla mi conducta,
regla mi corazón, mis pasos regla,
y no permitas que las injusticias
en mis acciones nunca lugar tengan.

Líbrame de los hombres inhumanos,
que el honor ajan, la virtud afrentan;
pero líbrame más de los inicuos,
que a calumniar se atreven la inocencia.

[1] Felipe Scio de San Miguel [1738-1776] en una nota a su traducción de la Vulgata indica que el significado de פ *Pei,* según Jerónimo de Estridón [347-420], es el de "boca", "hueso". Los cabalistas lo confirman al decirnos que su ideograma es el de una cavidad abierta, y por tanto, su simbolismo es el de la boca con un diente. Su conexión con esta octava del Salmo 119 no puede ser más clara: *"Mi boca abrí y aspiré con afán, porque anhelaba tus mandamientos"* (119:131).

Que la divina luz de tu semblante
tranquilice este siervo que te ruega,
y cada vez más por tus influjos
de tus preceptos la verdad aprenda.

Porque, Señor, mis infidelidades
en la observancia de tu ley suprema
me fuerzan a verter lágrimas tantas,
que es preciso que en ríos se conviertan.

DEL "SALTERIO POÉTICO ESPAÑOL", SIGLO XVIII

Comentario general a los versículos del 129 al 136: La letra diecisieteava es la letra פ *Pei.* Esta octava es **P**reciosa, **P**ráctica, **P**rovechosa, y **P**oderosa de modo **P**eculiar.[2]

C. H. SPURGEON

[2] FRANCISCO LACUEVA [1911-2005] en su versión española del "Comentario de Matthew Henry" ofrece el siguiente resumen: «Esta octava puede titularse: 'LA MARAVILLA DE LA ILUMINACIÓN', según la bella imagen del versículo ciento treinta (119:130), en cuanto a la Palabra de Dios, y la petición del versículo ciento treinta y cinco (119:135), en cuanto al rostro de Dios.

»1. Como hace tambien en el versículo ciento treinta y ocho (119:138), el salmista queda encantado de lo maravillosos que son los testimonios de Dios (119:129); por eso, los guarda, como quien custodia y asegura un tesoro. Esos testimonios son tan luminosos que *"hacen sabio al sencillo"* (119:130b, –comparar con Salmo 19:7), es decir, al "ingenuo", sin experiencia, que fácilmente se deja influir por toda clase de opiniones y doctrinas. Esa iluminación se debe –afirma el salmista– a que: *"el portal de tus palabras* (en hebreo: פֵּתַח דְּבָרֶיךָ *pêṯaḥ dəḇāreḵā) da luz".* WILLIAM DAVID DAVIES [1911-2001] en *"The Gospel and The Land",* 1974, dice al respecto que: 'En Palestina, las casas, carecían en su mayoría de ventanas, siendo el portal o la puerta de entrada la única fuente luz'. Así también la luz divina entra en el ser humano por el portal de la Palabra de Dios, del mismo modo que la luz del sol entraba por el portal en las casas orientales. Pero hay además otra luz que el salmista desea para disipar las tinieblas de la opresión: la del rostro de Dios (119:135a –comparar con el Salmo 80:3 y Números 6:25), que proporciona salvación.

»2. Y a la petición que acabamos de comentar, añade otra: *"y enséñame tus estatutos"* (119:135b), con lo que da a entender una vez más el amor que abriga hacia la Ley de Dios. Prestemos especial atención en la bella imagen con que lo expresa: *"Mi boca abrí de par en par y aspiré con afán"* (119:131); y que debemos confundir con la imagen similar que encontramos en el Salmo 42:1, pues no utiliza el mismo verbo עָרַג *arag* del Salmo 42:1 sino שָׁאַף *sha'aph.* No es ya tanto suspirar, sino respirar, mas que un anhelo esta hablando de una necesidad vital: sorber el alimento espiritual que la Ley de Dios proporciona: *"necesitaba respirar tus mandamientos".*

»3. Como en otras secciones, el salmista, además de luz, pide protección (119:132): *"Vuélvete hacia mí y concédeme tu favor"* (en hebreo: פְּנֵה־אֵלַי וְחָנֵּנִי *pənêh'êlay wəḥānnênî* –comparar con Salmo 25:16; 86:16). Implora el favor de Dios, ya que sabe que solo con que Dios vuelva hacia él su rostro, será librado. Apela a la ley que Dios mismo ha establecido comprometiéndose a socorrer a los que le aman (119:132b). Y lo hace explícitamente en el 119:134, donde advierte que la *"violencia"* de los hombres podría resultarle un obstáculo para la observancia de los mandamientos de Dios. La misma protección demanda en 119:133: *"Afianza mis pasos con tu palabra"* (en hebreo: פְּעָמַי הָכֵן בְּאִמְרָתֶךָ *pə'āmay hāḵên bə'imrāṯeḵā*, con tu dicho). El verbo: הָכֵן *hāḵên,* quedaría mejor traducido por: *"ordena"* o *"guía",* aunque la idea fundamental no cambia: Puesto que Dios le ha puesto con su Palabra en la senda recta, pide que con esa misma Palabra

Todos los versículos de esta octava empiezan con la letra diecisieteava del alfabeto hebreo פ *Pei*; no obstante, cada versículo empieza con una palabra diferente.

WILLIAM SWAN PLUMER [1802-1880]
"Studies on the Book of Psalms: A Critical and Expository Commentary with Doctrinal and Practical Remarks", 1867

Vers. 129. ***Maravillosos son tus testimonios; por tanto, los ha guardado mi alma.*** *[Maravillosos son tus testimonios; por eso los guarda mi alma.* RVR*] [Maravillosos son tus testimonios, por lo que los guarda mi alma.* LBLA*] [¡Maravillosos son tus testimonios! Por eso los conserva mi alma.* BTX*] [Tus estatutos son maravillosos; por eso los obedezco.* NVI*] [Tus mandatos son admirables, por eso yo los observo.* BLP*] [Tus leyes son maravillosas. ¡Con razón las obedezco!* NTV*]*[3]

Maravillosos son tus testimonios.[4] Sí, maravillosos en gran manera, colmados de revelaciones sorprendentes, de mandamientos y de promesas. Maravillosos en su propia naturaleza, porque están libres de todo error y aportan por si mismos evidencia abrumadora de su veracidad; y maravillosos en sus efectos, porque instruyen, elevan, fortalecen y consuelan el alma. A Jesús, el Verbo y Palabra eterna, se le otorga el nombre de *"Maravilloso"*;[5] y todas las palabras pronunciadas por Dios son

---

y con su gracia, siga guiando sus pasos para que no se aparte de ella. De ese modo, "ninguna iniquidad" (en hebreo: אָוֶן *'āwen*), es decir, ninguna infracción de la ley, se enseñoreará y prevalecerá sobre él con los halagos de la tentación. Lo que más le duele, como ya ha insinuado en otros lugares (ver 119:85, 126), es la violación de la ley divina por parte de los malvados; hasta el punto de hacer descender de sus ojos *"ríos de agua"* (en hebreo: פַּלְגֵי־מַיִם *palḡê-mayim* –comparar con Proverbios 21:1 y ver la nota 80 del Salmo 1 referente a esta expresión), es decir, de lágrimas, por los que no guardan la ley de Dios (119:136). Compárese con 119:139 y, en especial, con Lamentaciones 3:48. Su llanto, los ríos de lágrimas, no son por la opresión o violencia que sobre él ejercen los malvados, sino por *"la iniquidad"* que practican y su desprecio de la ley de Dios».

[3] La versión griega de los LXX o Septuaginta lee: θαυμαστὰ τὰ μαρτύριά σου· διὰ τοῦτο ἐξηρεύνησεν αὐτὰ ἡ ψυχή μου que la Vulgata traduce al latín como: *"Mirabilia testimonia tua: ideo scrutata est ea anima mea"*, "Maravillosos son tus testimonios; por eso los ha escudriñado mi alma". La versión sefardí de Ferrara traduce: *"Maravillofos tus teftamentos; por tanto los obfervo mi alma"*. La caldea Peshitta: *"Tus testimonios son grandes, por eso mi alma los ha guardado"*. KRAUS traduce: *"Admirables son tus testimonios, por eso los guarda mi alma"*. SCHÖKEL: *"Admirables son tus preceptos: por eso los observa mi alma"*.

[4] En hebreo: פְּלָאוֹת *pəlā'ōwṯ* de פֶּלֶא *pele*. FRANZ DELITZSCH [1813-1890] indica que פְּלָאוֹת *pəlā'ōwṯ* adquiere en este caso un doble sentido un tanto paradójico: "maravilloso" y a su vez "incomprensible"; algo que está por encima de los acontecimientos de la vida diaria y de la capacidad habitual de entendimiento, y por tanto, más que cumplir u observar, tan solo resulta posible admirar hasta que (119:30), a través del: פֵּתַח *pêṯaḥ*, *"portal"* de la propia: דְּבָרֶיךָ *dəḇārekā*, *"palabra"*: יָאִיר *yā'îr "recibimos luz"* que lo ilumine y esclarezca; puesto que es Dios mismo quien revela los misterios de su palabra a los: פְּתָיִים *pəṯāyîm*, *"simples"*; que se muestran deseosos de entenderlos. Por ello el salmista (119:131): פִּי־פָעַרְתִּי *pî-pā'artî*, *"abre la boca de par en par"* (el mismo verbo que en Job 29:23; Isaías 5:14); y: וָאֶשְׁאָפָה *wā'eš'āpāh*, *"respira con ansia profundamente"*; con tal de absorber los: לְמִצְוֺתֶיךָ *ləmiṣwōṯekā*, *"mandamientos"*; que: יָאַבְתִּי *yā'āḇətî*, *"tanto anhela"*.

[5] Isaías 9:6. Nuestras versiones españolas utilizan Isaías el término *"Admirable"* en lugar de *"Maravilloso"*. Pero la palabra hebrea es la misma en Isaías 9:6 que en el Salmo 119:129: פֶּלֶא *pele*. La versión inglesa KJV traduce correctamente *"wonderful"* en ambos casos.

maravillosas en su categoría respectiva.[6] Por tanto, quienes más y mejor conocen los testimonios divinos son quienes más se maravillan ante ellos. El mero hecho que Dios haya entregado a los hombres pecadores sus "testimonios", ya es maravilloso de por sí; y mucho más maravilloso aún que esos testimonios sean de un carácter tan **p**atente, tan **p**alpable, tan **p**erceptible, tan **p**leno, tan **p**ulcro, tan **p**erfecto, tan **p**uro, tan **p**oderoso y lleno de gracia.[7]

Por tanto, los ha guardado mi alma. El carácter maravilloso de los testimonios divinos impresionó al salmista de tal modo que los retuvo en su memoria; su excelencia maravillosa cautivó su corazón al punto que los aplicó en su vida. Algunos se maravillan de las palabras de Dios, pero se limitan a sacar de ellas elucubraciones especulativas; David iba a lo práctico, y en consecuencia, cuanto más las admiraba, más las obedecía. Fijémonos como su práctica de fe brota de lo más hondo de su alma; no se limita a guardar los testimonios de Dios en lo que atañe a los pensamientos de mente y el obrar de sus manos; es su alma, es decir, su yo más íntimo y auténtico, es lo más profundo de su ser que se aferra a ellos.

C. H. SPURGEON

Maravillosos son tus testimonios. Las Sagradas Escrituras son *"maravillosas"* respecto a la materia que contienen, la manera en que están escritas y los efectos que producen. Veladas bajo la forma de ordenanzas, ceremonias y sacramentos externos; descripciones figuradas, historias, parábolas y símiles; contienen las verdades espirituales más sublimes. Cuando se abren y aplican correctamente: aterrorizan y humillan; convierten y transforman; consuelan y fortalecen. ¡Quién no se deleita en estudiar y *"acatar"* estos *"testimonios"* de la voluntad y sabiduría, del amor y el poder del Dios Altísimo! Teniendo como tenemos estos escritos santos, no perdamos tiempo empleando erróneamente nuestra mente, y prostituyendo nuestra admiración al quedarnos embobados con locuras humanas y asombrados ante las banalidades terrenas.

GEORGE HORNE [1730-1792]
"A Commentary on the Psalms in which Their Literal Or Historical Sense, as They Relate to King David, is Illustrated", 1825

Maravillosos son tus testimonios. Los testimonios de Dios son maravillosos:

1. Por su *majestad* y *aplomo*, pues infunden reverencia en los corazones de aquellos que los meditan. Las Escrituras nos hablan con solemnidad y autoridad divinas.
2. Por el *tema* que tratan y la *profundidad* con que lo hacen. Que no es asequible en ninguna otra parte: ahondando en el misterio de Dios y Cristo, de la creación del mundo, de las almas de los hombres y su condición inmortal y eterna, de la caída del hombre, y tantas cosas más.
3. Por su *pureza* y *perfección.* El Decálogo comprende en diez palabras todas las obligaciones y deberes del ser humano. Abarca el sentir del alma y todas las intenciones del corazón.

[6] Dice FELIPE SCIO DE SAN MIGUEL [1738-1776] en su versión española de la Vulgata: «La ley es "maravillosa" porque contenía en todas sus partes los misterios de Jesucristo y de su evangelio, y anticipaba la nueva ley de la gracia».

[7] Hemos añadido al texto original cuatro sinónimos más, todos ellos con la letra "P" para poder jugar con las ocho "P" de la octava, una para cada versículo. A juzgar por su comentario anterior a la octava general, es posible que esa fuera la intención original de Spurgeon, pero quizá en ingles le resulto complicado. En español nos ha sido relativamente fácil.

4. Por su *armonía* y *conexión* entre todas sus partes. En su conjunto forman una unidad, una sola pieza; una parte no choca con otra ni la contradice, antes por el contrario coadyuva a reforzar el objetivo común que es la sujeción de la criatura a Dios.

5. Por su *poder.* La palabra de Dios va impregnada de una fuerza inconmensurable que deja atónitos los corazones de cuantos la leen, consideran y experimentan en sus vidas: *"pues nuestro evangelio no llegó a vosotros solamente en palabras, sino también en poder, en el Espíritu Santo y en plena certidumbre".*[8]

THOMAS MANTON [1620-1677]
"One hundred and ninety sermons on the hundred and nineteenth Psalm", 1681

Maravillosos son tus testimonios. La Biblia es en sí misma un milagro asombroso y permanente. Escrita fragmento a fragmento a lo largo de quince siglos; bajo situaciones históricas, políticas y sociales completamente distintas; en diferentes idiomas; por escritores con personalidades, habilidades y posiciones de lo más diverso y opuesto: eruditos e ignorantes, príncipes y campesinos, esclavos y libres. Empleando todo tipo de estilos y géneros de composición literaria: historia, profecía, poesía, alegoría, símiles, metáforas, paradojas, pleonasmos, hipérboles, acrósticos, pleonasmos, anáforas, preceptos, ejemplos, proverbios, disquisiciones, epístolas, sermones, oraciones; en resumen, cuantas formas racionales existan de transmisión del pensamiento y discurso humano; y no tratando temas obvios, sino asuntos de lo más difícil y complejo. Y sin embargo, sus autores no se contradicen unos a otros, como sí es habitual en los que hablan de hechos y opiniones comunes, sino que mantienen una armonía de conjunto siguiendo un esquema sublime y trascendental.[9]

JAMES MACLAGAN [1788-1852]

Maravillosos son tus testimonios; por eso los guarda mi alma. Tened las Escrituras en la más alta estima y valoradlas por encima que cualquier otra cosa de lo contrario jamás las obedeceréis como corresponde. Eso es lo que hacía David. Dice sobre los testimonios de Dios: *"por eso los guarda mi alma",* ¿y por qué lo dice sino porque los consideraba maravillosos? ¿Cabe imaginar que alguien llegará jamás a ser proficiente y dominar con maestría cualquier arte o ciencia que rebaje y menosprecie? Tened por tanto este libro de Dios en la más alta estima, tenedlo por encima de todos los demás libros. San Gregorio[10] llama a la Biblia «el corazón y alma de Dios». Y los rabinos afirman que de cada *iota* y *tilde* de la Escritura[11] cuelga toda una montaña de significado: *"La ley de del Señor es perfecta".*[12]

Las Escrituras son la biblioteca del Espíritu Santo; un compendio de conocimiento divino que es plataforma y modelo exacto de la verdadera fe: contiene tanto las *credenda,* «cosas que hemos

[8] 1 Timoteo 1:5.

[9] Dice WILLIAM SWAN PLUMER [1802-1880] en el mismo sentido: «Las Escrituras son *"maravillosas"* como fuente de luz, de verdad, de pureza, de sabiduría, de rectitud, de consuelo, de doctrina, de preceptos, de historia, de poesía, de promesas, de advertencias, de amenazas, y por encima de todo del poder de salvación. La palabra de Dios está llena de *"maravillas",* abunda en prodigios, es modelo de excelencia. Por tanto, el hombre nacido de nuevo no solo las admira, sino que las ama, obedece y practica en todo cuanto Dios demanda a través de ellas. Y no forzado o de mala gana, sino con todo su alma».

[10] Se refiere a GREGORIO DE NISA [335-394], uno de los llamados Padres Capadocios, eminente teólogo y filósofo así como prolífico escritor. Hermano de BASILIO EL GRANDE [330-379].

[11] Mateo 5:18.

[12] Salmo 19:7.

de creer»,[13] como las *agenda,* «cosas que hemos de practicar».[14] Las Sagradas Escrituras nos hacen *"sabios para la salvación por la fe que es en Cristo Jesús";*[15] son el estándar de la verdad y el juez de todas las controversias: *"Y cuando os digan: Preguntad a los encantadores y a los adivinos, que susurran y bisbisean, responded: ¿No consultará el pueblo a su Dios? ¿Consultará a los muertos por los vivos? ¡A la ley y al testimonio! Si no dijeren conforme a esto, es porque no les ha amanecido*[16]

Las Escrituras son la estrella polar que en medio de la noche nos indica el camino al cielo;[17] *"Porque el mandamiento es lámpara, y la enseñanza luz, y camino de vida las reprensiones de la instrucción".*[18]

Las Escrituras son la brújula que nos marca hacia dónde dirigir el timón de nuestra voluntad; el campo en el cual está escondido Cristo, la Perla de gran precio;[19] una mina de diamantes; un colirio sagrado que sana ojos que de todos cuantos las miran;[20] una lente convexa de carácter espiritual en el que la gloria de Dios se descompone y resplandece; la panacea o medicina universal para el alma.[21] Las hojas de las Escrituras son como las *"las hojas del árbol de la vida, para la sanidad de las naciones".*[22]

Las Escrituras son las que producen, cultivan y alimentan la gracia; ¿cómo nace de nuevo el convertido sino por *"la Palabra de verdad?";*[23] ¿y cómo se alimenta y crece sino con *"leche pura de la Palabra"*?[24]

La Palabra escrita es el libro donde encontramos nuestras evidencias del cielo; el faro que nos muestra las rocas del pecado que debemos evitar; el antídoto contra el error y la apostasía; la espada de dos filos[25] que hiere el talón de la serpiente antigua.[26]

Las Escrituras son nuestra fortaleza para resistir los embates de la lujuria, cual la Colina Capitolina en Roma, que era a la vez templo, baluarte y arsenal.[27] Son la *"torre de David",* de cuyos muros cuelgan los escudos y emblemas de nuestra fe.[28] «Eliminad la Palabra –exclamó el Reformador Martín Lutero– y será cual si nos hubieran arrebatado el Sol».

La Palabra escrita está por encima de cualquier embajada angelical o voz del cielo: *"Oímos esta voz enviada del cielo, cuando estábamos con él en el monte santo. Y tenemos como más segura la palabra profética* (βεβαιοτερον τον προφητικον λογον)*, a la cual hacéis bien en estar atentos como*

[13] Hebreos 1:1-3.
[14] Filipenses 4:9: 1 Timoteo 4:15
[15] 2 Timoteo 3:15-16
[16] Isaías 8:20-22.
[17] Isaías 60:3; Mateo 2:2, 9-10.
[18] Proverbios 6:23. Ver Salmo 119:105.
[19] Mateo 13:44-46.
[20] Apocalipsis 3:18.
[21] Salmo 107:20; Proverbios 4: 22.
[22] Apocalipsis 22:2.
[23] Santiago 1:18.
[24] 1 Pedro 2:2 LBLA.
[25] Hebreos 4:12; Efesios 6:17.
[26] Génesis 3:15; Apocalipsis 1:16; 12:9.
[27] El conjunto de edificios de la llamada COLINA CAPITOLINA en Roma estaba amurallado y había en ella un templo a Júpiter construido como fortaleza y provisto de abundante munición, que en el año 387 a.C., sirvió de refugio ante la invasión de los galos celtas. Bruto y sus secuaces se refugiaron en ella después de asesinar a Julio Cesar.
[28] Cantares 4:4.

a una lámpara que alumbra en un lugar oscuro, hasta que despunte el día y el lucero de la mañana alboree en vuestros corazones".[29]

¡Demos prioridad a la Palabra escrita por encima de todas las demás cosas y aprendamos a sacar partido de ella! Si Julio Cesar tuvo en tanta estima sus comentarios[30] que con tal de preservarlos no le importó perder su túnica de púrpura:[31] ¡cuánto más no deberíamos nosotros estimar y valorar los oráculos de Dios! No en vano exclama el sabio Job: *"He atesorado las palabras de su boca más que mi comida".*[32]

Al Rey Eduardo VI[33] le ofrecieron en el día de su coronación tres espadas, significando que era monarca de tres reinos. Pero el rey alegó que faltaba una espada. Cuando le preguntaron a que se refería respondió: «La Santa Biblia, que es la espada del Espíritu, y es muy preferible a todas estas otras insignias de realeza». Y Roberto, rey de Sicilia,[34] valoró tanto la palabra de Dios que hablando con su amigo Petrarca[35] le dijo: «Protesto, las Escrituras son para mí más valiosas que mi reino, y si tuviera que privarme de una de las dos, antes preferiría perder mi corona que las Escrituras».

Thomas Watson [1620-1686]
"The Morning Exercises at Cripplegate", 1677

Maravillosos son tus testimonios; por eso los guarda mi alma. La Palabra contiene materia para ejercitar las mentes más brillantes. Hay quienes no soportan la idea de consumir su tiempo y mente en cosas triviales; mientras que otros se siente felices en las ocupaciones más simples con tal de lograr lo necesario para su subsistencia. Oh, que todos cuantos aspiran a la élite se ejerciten en la ley de Dios; pues en ella hay materia apropiada para las grandes mentes pensantes, sí, temas que enardecerán y elevarán el nivel incluso los más excelentes: y, de hecho, ninguno en el mundo es en verdad excelente fuera de los santos, porque ellos se ejercitan de continuo en los consejos de Dios y son los verdaderamente excelentes que hay en la tierra.[36] Solemos considerar a las personas que se ocupan de los asuntos de estado como "grandes de la tierra"; pero los santos están muy por encima de las cosas que están en el mundo,[37] y ven los temas cruciales debatidos por los "grandes de la tierra" como insignificantes y mezquinos; porque se ocupan en los asuntos más importantes de un reino muy superior, el Reino de Jesucristo. El Señor ordenó a los reyes y gobernantes que cuando se sentaran en su trono escribieran

[29] 2 Pedro 1:18-19.

[30] Se refiere a los *Commentarii de bello Gallico,* una obra en varios tomos escrita por Julio Cesar [100-44 a.C.] en la que narra en tercera persona las batallas e intrigas que tuvieron lugar durante la guerra de las Galias, 58 al 50 a.C.

[31] En la famosa Batalla del Nilo en el año 47 a.C., al intentar tomar la isla de Faros frente a la ciudad se Alejandría (donde se hallaba el mítico faro), Julio Cesar [100-44 a.C.] quedó rodeado de enemigos egipcios viéndose obligado a saltar de su embarcación y escapar a nado para salvar su vida. Se cuenta que lo hizo nadando con un solo brazo y resguardando con el otro sus comentarios, lo cual le llevó a perder en el mar su túnica púrpura. [*"Bibliotheca Classica, Or, a Dictionary of All the Principal Names and Terms"* by J. Lempriere, 1838]

[32] Job 23:12.

[33] Se refiere a Eduardo vi de Inglaterra [1537-1553] hijo de Enrique vii [1491-1547] y rey de Inglaterra, Francia e Irlanda, los tres reinos representados por las tres espadas.

[34] Se refiere a Roberto I de Sicilia [1278-1344] y conocido como *Le Bon*, "el Bueno".

[35] Se refiere al poeta y humanista italiano Francesco Petrarca [1304-1374].

[36] Salmo 16:3. La versión inglesa KJV lo traduce como: *"But to the saints that are in the earth, and to the excellent, in whom is all my delight".*

[37] 1 Juan 2:15-17.

de su puño y letra el libro de la ley;[38] y se cuenta que Alfonso de Aragón,[39] en medio de todas sus importantes y múltiples ocupaciones reales, leyó las Escrituras con sus respectivos comentarios catorce veces.[40] ¿Cuántos hombres ilustres no hay entre nosotros, personajes que pretenden pasar por grandes mentes, pero que apenas consideran la ley de Dios y no alcanzan a estimarla ni someramente? Están convencidos que la ley divina que sus páginas revelan está por debajo de la suya: entienden que los mandatos que la Palabra prescribe están por debajo de los que ellos promulgan. Leen y estudian con avidez libros de historia, de guerras y batallas; pero las Escrituras las tienen en muy poco. Tener en alta estima la ley de Dios es el mejor camino a la obediencia.[41] Esa es la razón por la cual el profeta exclama: *"Aunque escribí las grandezas de mi ley, fueron tenidas por cosa extraña"*.[42] Que puesto en palabras del salmista viene a ser: «De haber considerado las maravillas de mis testimonios y haberlos guardado en su alma, jamás habrían actuado de ese modo».

"Maravillosos son tus testimonios; por eso los guarda mi alma", exclama el salmista. Fijémonos que no dice "los guardo yo"; sino *"los guarda mi alma"*. Es mi alma la que está involucrada en guardar tus testimonios, porque los considera algo maravilloso. No hay señal más certera e inequívoca de que el espíritu del gran Dios habita en una persona, que contemplar como elevándola por encima de todas las demás cosas, la lleva a considerar las cosas de su Palabra como las únicas importantes en este mundo. *"Toda carne es hierba, y toda su gloria como flor del campo ... la hierba se seca, la flor se marchita; más la palabra de nuestro Dios permanece para siempre"*.[43] En todas las cosas de este mundo hay vanidad;[44] pero en las que la Palabra revela hay vida eterna.[45] Por tanto, en nada y ante nada hemos de maravillarnos, excepto ante la Palabra; y deleitarnos en gran manera en sus mandamientos;[46] sí, "en gran manera", como dice el salmista, pues un grado básico de admiración o deleite no es suficiente, debe haber admiración profunda y deleite máximo en la ley de Dios. Y todos los argumentos extraídos de la ley de Dios deben prevalecer poderosamente por encima de los demás.

Jeremiah Burroughs [1599-1646]
"The Saint's Inheritance and the Worldling's Portion", 1657

Maravillosos son tus testimonios. Vivimos rodeados de maravillas que no cesan. El aire, la tierra, el agua, el mundo de arriba y el mundo de abajo, el tiempo y la eternidad; los gusanos, los pájaros, los peces, las bestias del campo, los hombres, los ángeles, todos ellos están repletos de maravillas.

[38] Deuteronomio 17:18-19.
[39] Se refiere a Alfonso v de Aragón [1394-1458] llamado también "El Magnánimo". Amante de la cultura, y especialmente de los libros, su devoción hacia los clásicos era excepcional, los leía constantemente y se dice que jamás se separaba de ellos, ni aun estando en campaña bélica. Llevó a cabo un importante mecenazgo de poetas y escritores, y fomentó las bibliotecas en todo el reino, lo que le valió el sobrenombre de "el Sabio". Era un ávido lector de las Escrituras.
[40] Se refiere a la versión de Nicolás de Lyra o Nicolaus Lyranus [1270-1349], monje franciscano francés, profesor en la Universidad de La Sorbona y erudito comentarista bíblico, conocido especialmente por su comentario bíblico *"Postillae perpetuae in universam S. Scripturam"*, publicado en Roma en el 1471 y que llevaba impreso el texto completo de la Biblia y sus notas comentándolo. Fue el primer comentario bíblico impreso, junto con el texto bíblico ilustrado situado en un recuadro y el comentario a su alrededor».
[41] No hay ciencia ni disciplina que pueda compararse a ella. Tertuliano [160-220] afirma: 'Adoro la plenitud de las Escrituras'.
[42] Oseas 8:12.
[43] Isaías 40:6-8.
[44] Eclesiastés 1:1-11.
[45] Juan 6:63, 68; 1 Juan 5:11-13.
[46] Salmo 112:1.

Cuanto más estudiemos todas estas cosas, mayores serán las maravillas. Por tanto, carece de sentido jactarse de encontrar contradicciones, fallos y errores en los misterios de las Escrituras, o simplemente negarlos; porque la inspiración divina se gloria en ellos. El que rechaza los misterios del amor, de la gracia, la verdad, el poder, la justicia y gratitud de la Palabra de Dios, rechaza la salvación. La Palabra es una maravilla en sí misma, y está repleta de maravillas, tanto en su desarrollo como en su aplicación. Y tales maravillas son una excelente razón para amarla más que para ofenderla; para guardar sus preceptos más que para rechazarlos y quebrantarlos.[47]

WILLIAM SWAN PLUMER [1802-1880]
"Studies on the Book of Psalms: A Critical and Expository Commentary with Doctrinal and Practical Remarks", 1867

Por eso los guarda mi alma. No meramente yo, sino *"mi alma"*, es decir, con todo cuanto soy: con todo mi ser y todo mi corazón.

JOSEPH ADDISON ALEXANDER [1809-1860]
"The Psalms Translated and Explained", 1850

Maravillosos son tus testimonios; por eso los guarda mi alma. He completado la lectura de toda la Biblia que empecé el primer día de Enero del presente año y terminé el 26 de octubre. En ese espacio de tiempo la he leído cuatro veces, y cada vez con un enorme provecho. Siendo su Autor infinito e inagotable, siempre encuentro en ella algo nuevo.

SAMUEL EYLES PIERCE [1746-1829]
"Letters on Spiritual Subjects: Written in the Confidence of Friendship. Letter xxii", 1814

Maravillosos son tus testimonios; por eso los guarda mi alma. ¡Cuánto le debo al Señor por permitirme participar en la traducción de su palabra¡ Pues nunca había detectado en el bendito Libro tales maravillas de sabiduría y amor, como he contemplado ahora al verme obligado a estudiar cada expresión detalladamente; lo cual constituye un hermoso destello de que ni aún la muerte puede privarnos del placer de estudiar sus misterios.

HENRY MARTYN [1781-17812]
"A Memoir of the Rev. Henry Martyn- Letters & Journals, April 27, 1807", 1836

Maravillosos son tus testimonios; por eso los guarda mi alma.

1. *Maravillosas son las leyes ceremoniales,* porque señalan y anticipan el misterio de nuestra redención por la sangre de Cristo.

2. *Maravillosas son las profecías,* prediciendo en el tiempo, con gran anticipación y absoluta precisión, las cosas que han de suceder, humanamente hablando inciertas.

---

[47] WILLIAM SWAN PLUMER [1802-1880] refuerza su exposición de este versículo añadiendo a continuación la de MATTHEW HENRY [1662-1714]: «'Nos proporciona maravillosos descubrimientos acerca de Dios, de Cristo y del mundo venidero, así como maravillosas demostraciones del amor y la gracia divina. La majestuosidad de su estilo, la pureza e su contenido, y la armonía entre sus partes, todo ello es maravilloso'. Nos avisa, nos advierte, nos instruye, nos dirige, nos condena, nos redarguye, nos convierte, nos santifica, nos consuela, y nos da la victoria. Sus misterios son misterios de santidad. Mediante palabras, ceremonias sacramentos, historias, parábolas, símiles; en prosa y en verso; con promesas y con amenazas; con preceptos y con ejemplos: nos transforma, nos consuela, y nos salva. La altura, la longitud, y anchura de las Escrituras son tan insondables como el amor de Dios (Salmo 139:17; Romanos 13:33)».

3. *Maravilloso es el decálogo*, ya que contiene en muy pocas palabras todos los principios de justicia y amor.

4. *Y maravilloso es el Nuevo Testamento,* donde las maravillas se acumulan una sobre otra; aunque en este caso el salmista no las tuviera en perspectiva.

ADAM CLARKE [1760-1832]
"Commentary on the Whole Bible", 1831

Vers. 130. ***La exposición de tus palabras alumbra; hace entender a los simples.*** *[Al abrirse, iluminan tus palabras; hacen entender a los sencillos.* RVR*] [La exposición de tus palabras imparte luz; da entendimiento a los sencillos.* LBLA*] [La abertura de tus palabras alumbra, hace entender a los simples.* BTX*] [La exposición de tus palabras nos da luz, y da entendimiento al sencillo.* NVI*] [Explicar tu palabra es fuente de luz, hace que aprendan los sencillos.* BLP*] [La enseñanza de tu palabra da luz, de modo que hasta los simples pueden entender.* NTV*]*[48]

La entrada de tus palabras ilumina.[49] Cierto, pues tan pronto como se abren paso y penetran en el alma la iluminan: ¡cuánta luz no cabrá esperar, por tanto, de su estancia prolongada! Su mera entrada ya sirve para inundar la mente de instrucciones claras y completas; pero hay un requisito clave: su *"entrada"*, de lo contrario no habrá iluminación. Un mero escuchar la Palabra con los órganos auditivos externos, es por si misma de poco valor; pero cuando las palabras de Dios penetran en las cámaras recónditas y secretas del corazón, la luz se dispersa hacia todos los costados. Es de lamentar que haya mentes en las que la Palabra no tiene entrada, porque están obstruidas por el engreimiento, el prejuicio o la indiferencia; pero allí donde se le presta una debida atención, la iluminación divina introduce de forma certera el conocimiento que brota de la mente de Dios. ¡Señor, que tus palabras penetren cual los rayos del sol por la ventana de mi entendimiento y disipen toda la oscuridad de mi mente!

Hacen entender a los sencillos. Los candorosos y sinceros son los discípulos auténticos de la Palabra. Y a estos no tan solo les da conocimiento, sino también entendimiento. Corazones simples, con frecuencia despreciados debido a que su simplicidad, por si misma, genera una candidez infusa que fácilmente la convierte en objeto a ridiculizar; pero, ¿qué importa? Aquellos que mundo llama necios, si son instruidos por Dios, cuentan entre los verdaderamente sabios.[50] ¡Qué inmenso poder divino encierra la palabra de Dios, que no solo imparte luz, sino que adecua también el dispositivo

[48] La versión griega de los LXX o Septuaginta lee: ἡ δήλωσις τῶν λόγων σου φωτιεῖ καὶ συνετιεῖ νηπίους que la Vulgata traduce al latín como: *"Declaratio sermonum tuorum illuminat, et intellectum dat parvulis"*, "La declaración de tus palabras alumbra; y da entendimiento a los párvulos". La versión sefardí de Ferrara traduce: *"Principio de tus palabras alumbra; fazien entender torpes"*. La caldea Peshitta: *"Muestra abiertamente tu palabra; imparte luz y haz entender a los sincillos"*. KRAUS traduce: *"La puerta de tus palabras ilumina, da inteligencia a los sencillos."*. SCHÖKEL: *"La explicación de tu palabra ilumina, instruye a los inexpertos"*.

[49] Hemos utilizado la traducción literal de la versión inglesa KJV para mejor ajustarla al comentario: *"The entrance of thy words giveth light"*. El texto hebreo dice: פֵּתַח דְּבָרֶיךָ יָאִיר מֵבִין פְּתָיִים *pêṯaḥ dəḇārəḵā yā'îr mêḇîn pəṯāyîm.* El término פֵּתַח *pethach* únicamente aparece en esta forma en este versículo, y tiene el sentido de algo que se "desenrolla", que se "abre", y así como también que "queda grabado". Este versículo guarda una relación directa con el ciento cinco (119:105).

[50] 1 Corintios 1:27-28.

mental para recibirla: *"entendimiento"*. De ahí el valor peculiar de la Palabra para los simples, incapaces de recibir los misterios de la verdad a menos que sus mentes sean ayudadas a verla y preparadas para entenderla.[51]

C. H. SPURGEON

Al abrirse, tus palabras iluminan; hacen entender a los sencillos. La traducción que nuestra versión inglesa hace del término hebreo פֵּתַח *pêṯaḥ* por *"entrada"* es incorrecta, y la de "abrir" que se da aquí, aunque más exacta, sigue siendo ambigua. Pues el verdadero sentido no es de una apertura física; como la apertura del libro por parte del lector; sino más bien de una apertura espiritual, a través de la iluminación divina, de su verdadero significado a la mente natural, incapaz de discernirlo por sí misma.

JOSEPH ADDISON ALEXANDER [1809-1860]
"The Psalms Translated and Explained", 1850

Al abrirse. El sentido literal del hebreo es de desenrollar, desplegar o desvelar.

JOHN JAMES STEWART PEROWNE [1823-1904]
"The Book of Psalms: a new translation with introductions and notes, explanatory and critical", 1876

La entrada de tus palabras ilumina. Al decir "la entrada", la idea es de una primera entrada o vestíbulo. Lo que el salmista quiere destacar es que en lo tocante al conocimiento divino, en esta vida no vamos más allá de *"la entrada"*, no pasamos de portal o vestíbulo; es todo cuanto en este mundo alcanzamos a entender: lo básico. Y no obstante, estos conocimientos básicos de Dios, son preferibles a toda la sabiduría humana.[52]

HENRICUS MOLLERUS [1530-1589]
"Enarrationis Psalmorvm Davidis, ex praelectionibus", 1639

La entrada de tus palabras ilumina. Por esta *"entrada"* podemos entender el principio o comienzo de las palabras divinas, a saber, los tres primeros capítulos del Génesis, que nos aportan luz sobre el origen de todas las cosas; la creación del hombre; su estado de inocencia; su caída por causa de las tentaciones de Satanás; y su restauración y salvación en Cristo, que es la simiente de la mujer.[53]

---

[51] Dice GIOVANNI DIODATI [1576-1649]: «Señor, aunque tu palabra abunda en misterios, sin embargo, la declaras y revelas por medio de tu Espíritu a tus elegidos, los cuales renunciando a los razonamientos de la carne, la aceptan con sencillez y creen lo que en ella se enseña».

[52] Dicen los comentaristas:

– WILLIAM SWAN PLUMER [1802-1880]: «El más somero contacto con la palabra de Dios ya nos aporta luz. Pues como dice el salmista, *"la entrada"*, es decir, el mero umbral ya es fuente de iluminación, ¡cuánta sabiduría no habrá en su interior!».

– JUAN CALVINO [1509-1564]: «La luz de la verdad revelada en la palabra de Dios es tan nítida que con su primer destello ya ilumina la mente».

– MATHEW POOLE [1624-1679]: «Incluso los inicios y rudimentos de la palabra de Dios, los primeros descubrimientos de sus misterios sagrados, ya aportan entendimiento. ¡Que diremos de sus profundidades!».

[53] Génesis 1:1 – 3:15.

Los inicios o comienzos de los oráculos de Dios: los rudimentos de la fe, los elementos del mundo, y los ritos de la ley ceremonial, aportaron mucha luz sobre los misterios del Evangelio.

JOHN GILL [1697-1771]
"Exposition of the Old Testament", 1748

La entrada de tus palabras ilumina. ¿De veras? Sin duda alguna, las experiencias de la vida real que nos lo certifican son millares. Un tendero que utilizaba hojas de una antigua Biblia como envoltorio, leyó inadvertidamente en una de ellas las últimas palabras del libro de Daniel: *"Y tú caminarás hacia tu fin, y reposarás, y te levantarás para recibir tu heredad al fin de los días";*[54] y ello le condujo a reflexionar sobre cuál sería su porción al llegar el fin de sus días. Un profesor de Göttingen[55] abrió en la biblioteca un ejemplar enorme de la Biblia para comprobar si todavía contaba con suficiente visión para leer el tamaño de letra, y le salió al azar el pasaje que dice, *"Y guiaré a los ciegos por camino que no conocían";*[56] la lectura de estas palabras iluminó los ojos de su entendimiento transformando su mente y actitudes con respecto a la fe. Un soldado de Cromwell[57] abrió la Biblia que llevaba en el pecho para ver hasta dónde había traspasado la bala de mosquete, y la encontró detenida en el versículo: *"Alégrate, joven, en tu juventud, y tome placer tu corazón en los días de tu adolescencia; y anda en los caminos de tu corazón y en la vista de tus ojos; pero sabe, que sobre todas estas cosas te juzgará Dios".*[58] Un soldado de Kent[59] abrió de manera burlona y para entretenerse la Biblia que entristecida y con el corazón roto le había enviado su madre; y la primera frase que apareció ante sus ojos es un versículo que le resulto muy familiar por haberlo escuchado a menudo en los años de su infancia: *"Venid a mí todos los que estáis fatigados y cargados, y yo os haré descansar";*[60] y el disoluto joven cambió de inmediato de vida y se encaminó a los pies de Cristo para obtener descanso

JAMES HAMILTON [1814-1867]
"Sermons – The Word of Christ: Its Characteristics as the Saviours's Book and the Sinner's Book", 1873

La entrada de tus palabras ilumina, hace entender a los simples. El salmista amplifica aquí sus loas y elogios a la palabra de Dios resaltando que cuando hace acto de presencia en un lugar, lo primero: *"ilumina";* y concluye que si justo con entrar ya ilumina, ¿qué no hará su permanencia y

---

[54] Daniel 12:13.
[55] Se refiere a la Universidad de Gotinga, institución de enseñanza superior situada en Gotinga, Alemania, fundada en 1737 por el elector de Hannover y rey de Inglaterra, Jorge II. Su nombre oficial es *Georg-August-Universität.* Su biblioteca contiene más de cuatro millones de volúmenes, entre los que se encuentran unos 10.000 ejemplares de manuscritos de la antigüedad y de la edad media.
[56] Isaías 42:16.
[57] Se refiere a OLIVER CROMWELL [1559-1658] líder político y militar inglés, famoso por haber convertido a Inglaterra en una república denominada Mancomunidad de Inglaterra (en inglés, *Commonwealth of England*). Durante los cuarenta primeros años de su vida no fue más que un labrador, pero ascendió de forma meteórica hasta comandar un ejército y, eventualmente, imponer su liderazgo sobre Inglaterra, Escocia e Irlanda como Lord Protector, del 16 de diciembre de 1653 hasta el día de su muerte. Promotor de los valores cristianos, defendió la libertad de culto y conciencia, aunque impuso penas terribles para los que quebrantaban la Ley.
[58] Eclesiastés 11:9.
[59] En el original inglés *"Kentish soldier"*, una expresión tradicional con la que se identifica a los regimientos de soldados reclutados en las zonas industriales y agrícolas del condado de Kent, casi una leyenda en el ejército británico por su valentía y bravura.
[60] Mateo 11:28.

progresión continuada? Lo cual evidencia la grave responsabilidad de esta nuestra generación, que lleva tantos años siendo educada en la Palabra, que en lo tocante al tiempo debería ser ya maestra de otros, y no obstante, sus ciudadanos no alcanzan siquiera al nivel de párvulos en el conocimiento y entendimiento de la misma. Quizá debamos preguntarnos, pues, ¿a quién confiere entendimiento la Palabra? David es categórico: *"a los simples"* afirma. No a los altivos y de mente encumbrada,[61] o los hipócritas de doble corazón,[62] o a los sabios en su propia opinión,[63] que pretenden examinar los misterios de la piedad a la luz de la razón natural. ¡No! Ilumina a todos aquellos que negando su propia capacidad y autosuficiencia, por declararla cautiva de su naturaleza humana corrupta, se someten cual discípulos humildes; y no exigen, sino que simplemente escuchan; no cuestionan, sino que simplemente creen.

WILLIAM COWPER [1566-1619]
"A holy alphabet for Sion's scholars full of spiritual instructions, and heavenly consolations [...] delivered by way of commentary upon the whole 119 Psalme", 1613

Ilumina. Esta *"luz"* de la Palabra que ilumina tiene propiedades extraordinarias.

1. Es *lux manifestans,* luz que pone de manifiesto. Porque al hacerse visible por sí misma hace visible todo lo demás. ¿Cómo vemos el sol sino por el propio sol, por su propia luz? ¿Y cómo podemos saber que las Escrituras son palabra de Dios, sino por la luz que brilla en ellas, y que ilumina nuestra conciencia? Y una vez que ilumina nuestra conciencia, pone de manifiesto todos los fraudes e imposturas de Satanás que hay en ella: la vanidad de las cosas mundanas, los engaños del corazón, lo aborrecible del pecado.
2. Es *lux dirigens,* luz que dirige. Ilumina nuestro camino para que podamos vislumbrar con claridad nuestro curso y labor. Así como el sol, cuando ilumina con su claridad todas las cosas, alienta al hombre en su trabajo; así también la luz de la Palabra, cuando ilumina nuestra mente, nos alienta y dirige en todas nuestras acciones.
3. Es *lux vivificans,* luz que vivifica. "*Yo soy la luz del mundo; el que me sigue, de ningún modo andará en tinieblas, sino que tendrá la luz de la vida"*.[64]. *"Despiértate, tú que duermes, y levántate de los muertos, y te alumbrará Cristo"*.[65] La luz física es elemento esencial para la vida humana; y así es también la luz espiritual: no solo descubre el objeto, sino que ayuda a la facultad, llena el alma de vida y fortaleza.
4. Es *lux exhilarans,* luz que consuela y alegra, que satisface y reconforta. Y eso por dos motivos.
   a. Porque nos aporta razones sobradas de consuelo.
   b. Porque es una luz que satisface el alma.

THOMAS MANTON [1620-1677]
"One hundred and ninety sermons on the hundred and nineteenth Psalm", 1681

Hace entender a los simples. Aun cuando pudiéramos condensar la sabiduría y conocimientos de todos los libros del mundo en uno solo, en la disciplina de formar el entendimiento y dirigir alma la Biblia seguiría liderando con ventaja. Ciertamente, su estudio no nos aportará astrónomos, químicos

[61] Eclesiastés 7:8; Isaías 10:33; 26:5; Lucas 12:29; Romanos 10:20
[62] Salmo 119:113; Santiago 1:8; 4:8.
[63] Proverbios 3:7; 26:12; Isaías 5:21; Romanos 11:25.
[64] Juan 8:12.
[65] Efesios 5:14.

o lingüistas; pero no deberíamos olvidar que entre acumular en la mente conocimientos y fortalecerla para que entienda hay una enorme diferencia; son dos cosas distintas.

HENRY MELVILL [1798-1871]
"Sermons", 1854

La entrada de tus palabras ilumina, hace entender a los simples. No hay en este mundo persona tan eminente como para que Dios no la pueda cegar; como tampoco tan ciega e ignorante como para que el Espíritu no pueda iluminarla y abrir su mente. Aquel que mediante su incubación excelsa sobre las aguas caóticas de la creación,[66] moldeo una masa informe y grotesca de arcilla[67] hasta otorgarle la hermosura que contemplamos en la figura humana; y de un caos tenebroso extrajo la brillantez gloriosa de un firmamento adornado con millones de estrellas titilantes; puede también moverse sobre la oscuridad caótica de tu alma iluminándola aunque esté tan vacía de conocimientos como estaba la tarde del primer día antes de que fuera la luz.[68] Hay ocasiones en las que un maestro envía un alumno a su casa con una nota para el padre recomendándole que mejor le lleve a aprender un oficio, porque ni aún empleando todas sus artes educativas se ve capaz de sacar de él un erudito; pero si el maestro es el Espíritu de Dios, el alumno aprende por muy zoquete que sea: *"La entrada de tus palabras ilumina, hace entender a los simples"*. Tan pronto como un alma es matriculada en la escuela del Espíritu, se vuelve competente.[69]

WILLIAM GURNALL [1617-1679]
"Christian in complete armour, or, a treatise of the saints war against the Devil", 1655

Hace entender a los simples. No dice el salmista: *"hace entender"* a los sabios y prudentes, a los hombres eruditos, o a los expertos en letras; sino a los *"simples"*.[70]

WOLFGANG MUSCULUS [1497-1563]
"In Sacrosanctum Davidis Psalterium Commentarii", 1573

Hace entender a los simples. Esta es una característica extraordinaria de la palabra de Dios: sin importar cuán incomprensible pueda resultar para las mentes carnales más eruditas, se adapta a todos los niveles de inteligencia iluminada por el Espíritu.

WILLIAM WILSON [1783-1873]
"The Book of Psalms: With an Exposition, Evangelical, Typical, and Prophetical, of the Christian Dispensation", 1860

Hace entender a los simples. La palabra *"simples"* la utilizamos unas veces en buen sentido, y otras en mal sentido. La utilizamos en buen sentido:

---

[66] Génesis 1:2.
[67] Génesis 2:7.
[68] Génesis 1:1.5.
[69] Dice WILLIAM SWAN PLUMER [1802-1880] sobre este versículo: «Quien tiene las Escrituras no puede justificarse alegando ignorancia ni tiene excusa para sus errores. No importa si contamos con una preparación intelectual sofisticada o justo sepamos leer, la palabra de Dios es igual de adecuada para los niños que para los filósofos. Y DAVID DICKSON [1583-1662]: 'Pese a estar llena de misterios inescrutables, aún las personas más simples pueden leer la Palabra de Dios y sacar provecho de ella'».
[70] En Mateo 11:25 Jesús se expresa en términos similares utilizando la palabra *"niños"*.

1. Para identificar a las personas de corazón sincero y noble: *"El Señor guarda a los sencillos; estaba yo postrado y me salvó"*.[71] *"Porque nuestra gloria es esta: el testimonio de nuestra conciencia, que con sencillez y sinceridad de Dios, no con sabiduría carnal, sino con la gracia de Dios, nos hemos conducido en el mundo, y mucho más ante vosotros"*.[72]

2. Para identificar a aquellos que priorizan la luz de la palabra de Dios por encima de las presunciones de la sabiduría carnal: y en este sentido todos debemos ser simples, o necios, para que podamos ser sabios: *"Nadie se engañe a sí mismo; si alguno entre vosotros se cree sabio según este mundo, hágase ignorante para que llegue a ser sabio"*;[73] es decir, simples de corazón, sometiéndonos a los planes de Dios, y creyendo lo que él ha revelado.

THOMAS MANTON [1620-1677]
"One hundred and ninety sermons on the hundred and nineteenth Psalm", 1681

Vers. 131. *Mi boca abrí y suspiré, porque deseaba tus mandamientos.* *[Mi boca abrí y aspiré con afán, porque anhelaba tus mandamientos.* RVR*] [Abrí mi boca y suspiré, porque anhelaba tus mandamientos.* LBLA*] [Abrí mi boca y suspiré, porque anhelaba tus mandamientos.* BTX*] [Jadeante abro la boca porque ansío tus mandamientos.* NVI*] [Abro mi boca y suspiro, porque anhelo tus mandamientos.* BLP*] [Abro la boca y jadeo anhelando tus mandatos.* NTV*]*[74]

Abrí mi boca y suspiré.[75] Tan vehemente era su deseo que recurre al reino animal en busca de una imagen con el que ilustrarlo. Sentía un anhelo intenso y no se avergüenza de describirlo con un símbolo muy expresivo, absolutamente natural y, sin embargo, singular. Igual que un ciervo que ha sido objeto de una larga persecución, se siente acorralado, y jadea al respirar; así jadeó también el salmista en lo más hondo de su alma al entrar en ella la palabra de Dios; era lo único lograba calmarle

---

[71] Salmo 116:16.

[72] 1 Corintios 1:12.

[73] 1 Corintios 3:18.

[74] La versión griega de los LXX o Septuaginta lee: τὸ στόμα μου ἤνοιξα καὶ εἵλκυσα πνεῦμα, ὅτι τὰς ἐντολάς σου ἐπεπόθουν que la Vulgata traduce al latín como: *"Os meum aperui, et attraxi spiritum: quia mandata tua desiderabam"*, "Abrí mi boca, y atraje el aliento; porque deseaba tus mandamientos". La versión sefardí de Ferrara traduce: *"Mi boca abri y refpiree; por que a tu mandamientos deffee"*. La caldea Peshitta: *"Abrí mi boca y suspiré, porque esperaba tu salvación"*. KRAUS traduce: *"Abro bien mi boca y suspiro, porque anhelo tus mandamientos"*. SCHÖKEL: *"Abro bien la boca para respirar con ansia de tus mandatos"*.

[75] En hebreo: פִּי־פָעַרְתִּי וָאֶשְׁאָפָה *pî-pā'artî wā'eš'āpāh.* La expresión פִּי־פָעַרְתִּי *pî-pā'artî* de פָּעַר *para,* significa abrir la boca con ansia lo más que uno puede; se trata de un caso único y la única referencia similar sería Job 16:10. וָאֶשְׁאָפָה *wā'eš'āpāh* de שָׁאַף *sha'aph* significa en este caso anhelar o suspirar por algo (Job 5:5; 7:2; 36:20). Dice:

– WILLIAM SWAN PLUMER [1802-1880] que פִּי־פָעַרְתִּי *pî-pā'artî* puede aplicarse a tres cosas: «1. Los que escuchan que abren la boca con ansía para escuchar mejor, convencidos que el sonido que entra por la boca refuerza la captación. 2. Los sedientos que abren la boca con ansia para aprovechar mejor cada gota de líquido. 3. Los hambrientos que abren la boca con ansia azuzados por el necesidad de alimento, como hacen los pajarillos en su nido. וָאֶשְׁאָפָה *wā'eš'āpāh,* suspirar, expresa un deseo ferviente. La conjunción de ambos verbos en una misma frase destaca la intensidad del deseo con que el salmista deseaba escuchar y asimilar la palabra de Dios».

y satisfacerle. Todo lo demás que el mundo podía ofrecer le dejaba con la respiración entrecortada, jadeando insatisfecho con la boca abierta de par en par.[76]

Porque anhelaba tus mandamientos. Anhelaba conocerlos, anhelaba obedecerlos, anhelaba ser conformado a su espíritu, anhelaba enseñarlos a otros. Era un siervo de Dios, y como tal su mente laboriosa anhelaba recibir órdenes de trabajo; era un alumno en la escuela de la gracia, y su espíritu fervoroso anhelaba ser instruido por el Señor.[77]

C. H. SPURGEON

Mi boca abrí y suspiré. Con esta forma de expresarse, y según lo entiende Basilio,[78] David expresa: *animi propensionem*, es decir, la propensión o inclinación de su alma hacia la palabra de Dios. Pues esta *"boca que abrió",* según opina Ambrosio,[79] era *os interioris hominis,* esto es, la boca su hombre interior y que en realidad no es otra cosa que su corazón. Y Eutimio[80] añade que sus palabras reflejan *vehementem animi intensionem* es decir, un deseo vehemente de su espíritu. Por tanto, no estará de más que consideremos la manera cómo la mente de los piadosos, cuando se ve profundamente afectada por las emociones y sentimientos, altera las funciones del cuerpo físico. Un ejemplo lo tenemos en los viajeros, cuando ansiosos de alcanzar su destino y completar los objetivos y fines propuestos, aceleran desmesuradamente su ritmo de marcha hasta que las limitaciones físicas de su cuerpo les pasan factura negándose este a seguir; entonces jadean y suspiran con la boca abierta, buscando una bocanada de aire fresco con el que renovar sus fuerzas. Por su parte Vatablo,[81] nos ofrece el

[76] Dice FELIPE SCIO DE SAN MIGUEL [1738-1776] en su versión española de la Vulgata: «Se puede entender como de los acalorados que sedientos corren veloces en busca de alguna fuente para calmar la sed, significando con esto al gran anhelo que sentía por la ley de Dios (Salmo 42:1; 63:1-2; 143:6-7».

[77] Dice WILLIAM SWAN PLUMER [1802-1880]: «Si en verdad queremos sacar provecho de la palabra de Dios es indispensable que desarrollemos y mantengamos por ella un amor fervoroso y ardiente. Quien no ama, desea, tiene sed, suspira y jadea por la Palabra; quien no anhela, clama, indaga y profundiza en busca de sus verdades, no alcanzará el conocimiento de Dios. Los nacidos de nuevo, bebes espirituales, han de desear como niños recién nacidos la leche espiritual que les nutre, succionar sus verdades preciosas (1 Pedro 2:2). Dice AGUSTÍN DE HIPONA [354-430] en uno de sus sermones: 'Jamás te conformes con lo que eres si deseas alcanzar lo que no eres, porque allí donde te sientas complacido, allí permaneces. Si dices: tengo suficiente, pereces. Añade siempre, agrega, camina, procede; no te quedes quieto, ni te vuelvas, ni te desvíes; pues el que se queda quieto no avanza; el que se vuelve no sigue; y el que se desvía se rebela. Mejor va el que se arrastra en su camino que el que se sale él'».

[78] Se refiere a BASILIO DE CESAREA conocido como BASILIO MAGNO [329-379], obispo de Cesarea de Capadocia y uno de los más importantes y reconocidos Padres de la Iglesia Griega. Brillante orador y eminente teólogo, combatió el arrianismo. Entre su importante obra escrita, destacan, además de sus numerosas cartas (se conservan unas 365) y textos litúrgicos, su *Hexámeron* (sobre Dios Creador), su *Tratado sobre el Espíritu Santo* y sus libros apologéticos contra el arriano Eunomio.

[79] Se refiere a AMBROSIO DE MILÁN [340-397], destacado arzobispo de Milán, e importante teólogo y orador. Es de los cuatro Padres de la Iglesia Latina y dejó un importante legado de escritos teológicos. Convirtió y bautizó a San Agustín y combatió ardientemente el arrianismo.

[80] Se refiere a EUTHYMIUS ZIGABENUS o EUTIMIO ZIGABENO [¿?-1118], monje de Constantinopla en el siglo xii, autor de una famosa *Panoplia* o compendio dogmático escrito por encargo de su amigo el emperador ALEXIOS I KOMNENOS [1081-1118], y de un conocido y muy citado comentario a los Salmos.

[81] Se refiere a FRANCISCUS VATABLUS o también FRANÇOIS VATABLO [c.1493-1547] nacido en Gamaches, Francia. Fue profesor de hebreo y de Antiguo Testamento en el Collêge Royal de París. Puesto que Vatablo no publicó nada, suponemos que la cita se refiere a una de sus notas recopiladas por Robert Éstienne [1503- 1559], alumno suyo, en su edición de la traducción latina de la Biblia realizada por León de Judá

ejemplo de aquellos que por causas diversas padecen hambre y sed: abren la boca aspirando y mueven la cabeza cual si dieran mordiscos al aire, y finalmente jadean y suspiran intensamente hasta lograr el refrigerio que necesitan. Es como si el salmista dijera: «Señor, mi corazón arde por tus mandamientos con un anhelo tal, que me veo forzado a jadear porque incluso la respiración se me hace dolorosa».

Sea lo que fuere, el פִּי־פָעַרְתִּי וָאֶשְׁאָפָה *pî-pā'artî wā'eš'āpāh, "Mi boca abrí y suspiré"*, nos revela cómo la acción de escuchar, leer o meditar en la Palabra, despertaron en David un deseo ferviente, tan noble como intenso, de que la luz, la alegría, la gracia y el consuelo de la Palabra entraran en su corazón de la manera más amplia e intensa posible. Porque el santo conocimiento del bien potencia el anhelo del mismo hasta tal punto, que resulta imposible de expresar con palabras humanas la vehemencia con que algunas almas ansían experimentar ese poder y consuelo que saben está en la Palabra; y lo muy afligidos y angustiados que se sienten si no lo consiguen.

Cuán dichosos seríamos si buscáramos al Señor con esta misma vehemencia; si cada vez que abrimos la boca físicamente, abriéramos también el corazón para escuchar la voz de Dios, como hace aquí David. *Christus aperit os, ut daret allis spiritum; David aperuil ut acciperet,* esto es, Cristo se abre para dar el Espíritu; David se abre para recibirlo; ofrece su corazón para recibir el espíritu de gracia, cuando Dios abre su boca para darlo a través de su Palabra. Porque esta es la promesa divina: *"Abre tu boca, y yo la llenaré"*.[82] Hagamos de esto una oración, y así como el Señor abrió el corazón de Lidia,[83] abra también el nuestro para recibir la gracia cada vez que nos la ofrece a través de su Palabra.

WILLIAM COWPER [1566-1619]
"A holy alphabet for Sion's scholars full of spiritual instructions, and heavenly consolations [...] delivered by way of commentary upon the whole 119 Psalme", 1613

Abrí mi boca y suspiré, porque anhelaba tus mandamientos. Estas palabras se pueden entender de dos formas. Una es considerar todo el versículo como un solo bloque que expresa simplemente el anhelo sincero del salmista por un mayor conocimiento de Dios y las cosas espirituales; visto de ese modo el: *"Abrí la boca y suspiré"*, no es más que una forma gráfica de expresar o resaltar la vehemencia de ese anhelo. La otra consiste en separar las dos cláusulas entendiendo la primera: *"Abrí la boca y suspiré"*, como la reacción de hastío de un hombre insatisfecho con las cosas terrenales; y la segunda: *"porque anhelaba tus mandamientos"* como la expresión de una conciencia convencida de que Dios, y únicamente Dios puede satisfacer los anhelos de su alma. *"Abrí la boca y suspiré"* exclama; es decir: exhausto y sin aliento, persiguiendo sombras y mendigando fusilerías, me siento cada vez más alejado de esa felicidad que buscó de manera tan esforzada como infructuosa. Y ello me hace suspirar. ¿Hacia dónde, entonces, debo volverme? Hacia tus mandamientos, oh Señor, tan solo ellos pueden satisfacer los deseos de un ser inmortal como yo; por tanto, de ahora en adelante quiero que mis anhelos se concentren en ellos.

HENRY MELVILL [1798-1871]
"Sermons", 1854

Abrí mi boca jadeando. Una metáfora sacada de las personas que jadean abrasadas por el calor; y también de los que se quedan sin resuello persiguiendo algo que quieren alcanzar a toda costa. Con

y conocida como "Biblia de París", 1545, y de manera especial sus notas en los salmos incorporadas en el *"Liber Psalmorum Davidis"* e impresas por Éstienne en 1557. Las notas de Vatablo fueron condenadas por la Facultad de Teología de París por incluir demasiados autores protestantes.

[82] Salmo 81:10.

[83] Hechos 16:14.

lo primero expresa la vehemencia de su amor; y con lo segundo la intensidad de su búsqueda infructuosa; era como la persona que persiguiendo algo que anhela desesperadamente, se queda exhausta, sin respiración, y precisa aspirar con fuerza, porque necesita más aire.

THOMAS MANTON [1620-1677]
"One hundred and ninety sermons on the hundred and nineteenth Psalm", 1681

Abrí mi boca y suspiré , porque anhelaba tus mandamientos. Un deseo que Dios colmará indubitablemente a su debido tiempo: *"Abre tu boca, y yo la llenaré"*.[84]

THOMAS MANTON [1620-1677]
"One hundred and ninety sermons on the hundred and nineteenth Psalm", 1681

Vers. 132. ***Mírame, y ten misericordia de mí, como acostumbras con los que aman tu nombre*** *[Mírame, y ten misericordia de mí, como acostumbras con los que aman tu nombre.* RVR*] [Vuélvete a mí y tenme piedad, como acostumbras con los que aman tu nombre.* LBLA*] [Vuelve tu rostro hacia mí y concédeme tu gracia, como acostumbras con los que aman tu Nombre.* BTX*] [Vuélvete a mí, y tenme compasión como haces siempre con los que aman tu nombre.* NVI*] [Atiéndeme, apiádate de mí; así lo haces con quienes aman tu nombre.* BLP*] [Ven y muéstrame tu misericordia, como lo haces con todos los que aman tu nombre.* NTV*]*[85]

Mírame. La persona piadosa no puede estar por mucho tiempo sin oración. En los versículos anteriores, el salmista expresa su amor a la palabra de Dios, pero aquí le vemos nuevamente de rodillas. Una oración particularmente corta, pero extraordinariamente enfática y sentenciosa: *"Mírame"*. Aún con la boca abierta, jadeando por su ansia de los mandamientos, ruega al Señor que le mire, dejando que sean sus sentimientos y anhelos inexpresados los que hablen y supliquen por él. Desea mantener comunión con Dios, desea ser observado a diario por él. Desea asimismo ser favorecido con la sonrisa divina, que va incluida en el hecho de *"mirar"*.[86] Si una simple mirada nuestra dirigida a Dios ejerce ya eficacia salvadora, ¿qué no podemos esperar de una mirada de Dios hacia nosotros?[87]

---

84 Salmo 81:10.

85 La versión griega de los LXX o Septuaginta lee: ἐπίβλεψον ἐπ' ἐμὲ καὶ ἐλέησόν με κατὰ τὸ κρίμα τῶν ἀγαπώντων τὸ ὄνομά σου que la Vulgata traduce al latín como: *"Aspice in me, et miserere mei, secundum judicium diligentium nomen tuum"*, "Mírame, y apiádate de mí, según el juicio de los que aman tu nombre". La versión sefardí de Ferrara traduce: *"Cata a mi y apiadame; comi juizio de amantes tu nombre"*. La caldea Peshitta: *"Vuélvete a mí y ten misericordia de mí, pues he amado un Nombre"*. KRAUS traduce: *"¡Vuélvete a mí y sé clemente conmigo, conforme a lo que son acreedores los que aman tu nombre!"*. SCHÖKEL: *"Vuélvete a mí con piedad, como sueles con los que aman tu nombre"*.

86 En hebreo פְּנֵה־אֵלַי *pənêh-'êlay,* cuyo sentido es "vuelve tu rostro y mírame". Salmo 4:6; 80:3.

87 Como tan emotivamente lo expresa el hermoso himno de AMELIA MATILDA HULL [1825-1884]: *"There is life for a look at the crucified One, / There is life at this moment for thee; / Then look, sinner, look unto Him and be saved, / Unto Him who was nailed to the tree"*; traducido al español como: *"La mirada de fe al que ha muerto en la cruz, / Infalible la vida nos da: / Mira, pues, pecador, mira pronto a Jesús, / Y tu alma la vida hallará. /¡Ve! ¡ve! ¡ve a Jesús! / Que si miras con fe al que ha muerto en la cruz, / Al momento la vida tendrás"*. Sobre este particular recomendamos al lector el estudio del término "sonrisa" en el índice temático-tópico.

Y ten misericordia de mí. La mirada de Cristo a Pedro fue una mirada de misericordia,[88] y todas las miradas del Padre celestial son del mismo tipo. Si nos mirara con la severidad propia de su justicia sus ojos no nos tolerarían un instante; pero nos mira con misericordia, y por tanto, nos perdona y bendice. Y si cuando nos mira nos ve suspirar jadeantes, jamás dejará de ser misericordioso con nosotros.

Como acostumbras con los que aman tu nombre.[89] Mírame como miras a los que te aman; sé misericordioso conmigo como estás acostumbrado a ser con aquellos que te sirven fielmente. En el trato de Dios con aquellos que aman su nombre hay una familiaridad establecida, y David anhelaba experimentarla. Deseaba del Señor un trato ni mejor ni peor del que acostumbra a dar a los que son suyos; pues peor no le salvaría, y mejor no sería propio. Suplica por tanto: «Soy tu siervo, trátame como a tus siervos; soy tu hijo, trátame como corresponde a un hijo». Por el contexto se hace evidente que su deseo era una *"entrada"* de la Palabra (119:131), que fuera desplegada en su mente, y alcanzar así un entendimiento tan claro de la misma como Dios otorga, por regla general, a los suyos en base a la promesa: *"Todos tus hijos serán enseñados por el Señor"*.[90]

Lector, ¿amas tú el nombre del Señor? ¿Es él la prioridad de tu mirada? ¿Es él lo que más ama y valora tu corazón? De ser así, es señal inequívoca de la gracia; porque jamás ningún alma ha amado al Señor si no es como resultado del amor recibido del propio Señor.

C. H. SPURGEON

Mírame y ten misericordia de mí, como acostumbras con los que aman tu nombre. "Mírame" despojado de mis virtudes por los ladrones,[91] mírame luego herido por los pecados, y *"ten misericordia de mí",* mostrando compasión hacia mi persona y cuidando de mí en esa posada[92] que es la Iglesia universal, para que no caiga de nuevo en manos de ladrones ni sea lastimado por esos lobos que tanto aúllan alrededor del redil aunque no se atreven a entrar. *"Mírame"* porque ya no soy digno de ser llamado tu hijo,[93] y *"ten misericordia de mí",* no me trates como mi celoso hermano mayor me trataría, sino permite que me una al banquete y al cántico alegre de *"los que aman tu nombre"*. *"Mírame"*

---

[88] Lucas 22:61.

[89] En hebreo: כְּמִשְׁפָּט לְאֹהֲבֵי שְׁמֶךָ *kəmišpāṭ lə'ōhăḇê šəmeḵā.* La expresión כְּמִשְׁפָּט *kəmišpāṭ* de מִשְׁפָט *mishpat,* juicio; es un hebraísmo de difícil traducción que literalmente sería: *"como juzgas a los que aman tu nombre"* y aparece siete veces: Éxodo 21:9; Jueces 18:7; 2 Reyes 17:33; 1 Crónicas 23:31; 2 Crónicas 8:14; Esdras 3:4; y aquí en el Salmo 119:132. JOHANN PETER LANGE [1802-1884] sostiene que sería más correcto traducir: *"conforme al derecho otorgado a los que aman tu nombre"* (Ver la traducción de Kraus en nota 85). FRANZ DELITZSCH [1813-1890]: «El amor a Dios, ciertamente, jamás deja de ser correspondido, nunca queda sin respuesta. Para aquellos que aman al Dios de la revelación, experimentar la gracia auxiliadora es un derecho, su prerrogativa es: amor a cambio amor, salvación en respuesta al anhelo de salvación. Y sobre la base del derecho que dimana de esta relación recíproca el salmista se atreve a plantear la cascada de peticiones que encontramos en los versículos siguientes: הָכֵן *hāḵên: "Afianza mis pasos"* (119:133); וְאַל־תַּשְׁלֶט *wə'al-tašleṭ: "No permitas que la iniquidad me domine"*; פְּדֵנִי *pəḏênî: "Líbrame de la violencia"* (119:134); הָאֵר *hā'êr: "Haz resplandecer tu rostro"* (119:135); וְלַמְּדֵנִי *wəlamməḏênî: "Enséñame tus estatutos"* (119:135)».

[90] Isaías 54:13.

[91] Se trata sin duda de una referencia a la parábola de "El Buen Samaritano" narrada en Lucas 10:25-37; y probablemente también una alusión a la alegoría de JOHN BUNYAN [1628-1688] "El Peregrino" donde en el capítulo XVII Cristiano cuenta a su compañero Esperanza como tres ladrones: Cobardía, Desconfianza y Culpa, despojaron a un pobre peregrino, Poca fe, de sus más valiosas posesiones dejándole mal herido.

[92] Lucas 10:35.

[93] Lucas 15:19.

como miraste al publicano,[94] de pie en tu santo templo que es la Iglesia, y *"ten misericordia de mí"*, no según el juicio del fariseo, sino *"como acostumbras con los que aman tu nombre"* que es el nombre del Dios misericordioso.[95] *"Mírame"* como miraste a Pedro[96] mientras lloraba amargamente,[97] y *"ten misericordia de mí"* como la tuviste de él, que amaba tanto tu nombre que su triple confesión[98] de amor borró su triple negación,[99] diciendo: *"Señor, tú lo sabes todo; tú sabes que te amo"*. *"Mírame"* como miraste a la mujer pecadora, penitente y llorosa,[100] y *"ten misericordia de mí"*, no conforme al juicio del fariseo que murmuró de ella,[101] o de Judas que se indignó contra su comportamiento,[102] sino con la mirada de perdón con que tú la miraste, *"porque amó mucho"*,[103] y dime también a mí como dijiste a ella: *"Tu fe te ha salvado, vete en paz"*.[104]

JOHN MASON NEALE [1818-1866] y RICHARD FREDERICK LITTLEDALE [1833-1890]
"Commentary on the Psalms from Primitive and Mediæval Writers", 1869

Mírame. Señor, siendo que nuestras miradas a ti son a menudo son tan fugaces, tan frías y distantes que no producen impacto en nuestros corazones, condesciende a mirarnos tú a nosotros constantemente con misericordia y con poder. Dedícanos una mirada tal que nos haga regresar a nuestros sentidos, que nos toque con ternura e infunda contrición al recordarnos que el pecado, la incredulidad y la desobediencia atravesaron tus manos y tus pies; siendo los responsables de lacerar el corazón de nuestro amado Señor y Salvador: *"Entonces, se volvió el Señor y miró a Pedro; y Pedro se acordó de la palabra del Señor, como le había dicho: Antes que el gallo cante, me negarás tres veces"*.[105]

CHARLES BRIDGES [1794-1869]
"Exposition of Psalm 119", 1827

Como acostumbras con los que aman tu nombre. David no estaba dispuesto a renunciar a uno solo de los privilegios que Dios ha prometido a sus hijos. Haz conmigo, dice, *"como acostumbras"*. No pido nada en especial, es una simple cuestión de familia: *"como acostumbras con los que aman tu nombre"*; y no me des a mi peor ajuar que al resto de mis hermanos.

WILLIAM GURNALL [1617-1679]
"Christian in complete armour, or, a treatise of the saints war against the Devil", 1655

Como acostumbras con los que aman tu nombre. Con que Dios nos trate conforme hace habitualmente con el resto de su pueblo ya deberíamos sentirnos más que satisfechos. Aunque David no estaba dispuesto a conformarse con nada por debajo de su porción,[106] tampoco pide nada por encima

[94] Lucas 18:9-14.
[95] Salmo 103:7-8.
[96] Lucas 22:61.
[97] Marcos 14:72.
[98] Juan 21:15-17
[99] Marcos 14:66-72.
[100] Lucas 7:37-38.
[101] Lucas 7:39.
[102] Juan 12:4-5.
[103] Lucas 7:47 LBLA.
[104] Lucas 7:50.
[105] Lucas 22:61.
[106] Deuteronomio 32:9; Salmo 16:5; 73:26; 119:57; 142:5;147:10-11; Lamentaciones 3:24.

de ella; no implora alguna concesión singular o una excepción de los métodos acostumbrados de la gracia divina […] Cuando un cristiano no plantea objeciones al orden establecido por Dios, no pide excepciones o trato de favor, antes por el contrario, demuestra sometimiento y buena disposición, es prueba indubitable de que sus convicciones y deseos provienen de la obra del Espíritu Santo. ¿Y en que consiste este ordenamiento divino? En otorgar sus bendiciones en conexión paralela con nuestras actitudes; en no justificar sin antes santificar; y no conceder beneficios celestiales sin una razón que los justifique. Y ciertamente la persona que ha sido forjada por el toque de la gracia no aspira ni desea otra cosa; no espera bendiciones sin obediencia; porque sabe que la manera de obrar de Dios es siempre la de vincular los consuelos del Espíritu al temor del Señor;[107] y corregir con vara si sus hijos transgreden sus leyes. Por tanto, el verdadero creyente jamás espera ni aguarda bendición exenta esfuerzo, porque sabe que siempre ha sido el proceder de Dios coronar únicamente a los que corren la carrera que les es propuesta,[108] y pelean la buena batalla de la fe.[109] Por tanto, ningún creyente verdadero esperará ni deseará la bendición divina sin oración; porque siempre ha sido la manera de proceder de Dios que su pueblo sea sensible de sus propias necesidades, y atenderlas como respuesta a la oración. No esperará ni deseará jamás alcanzar el cielo sin afrontar dificultades; porque lo habitual para el pueblo de Dios ha sido siempre negarse a sí mismo y tomar su cruz.[110] Y aquel que nos es elegido en el horno de la aflicción, tarde o temprano es purificado en él. Dios tuvo un Hijo amado libre de pecado,[111] pero ninguno sin aflicciones y padecimientos: *"Porque el Señor al que ama, disciplina, y azota a todo el que recibe por hijo"*.[112] «Sí, –exclama el salmista suplicante ante nuestros ojos–, concédeme tu porción eterna, y estoy dispuesto a beber la copa de la que han bebido los demás y ser bautizado del bautismo con que ellos fueron bautizados.[113] No quiero ningún atajo a la gloria, ningún camino nuevo. Estoy contento con proseguir avanzando por el camino real, la ruta ordenada por el Rey. Por tanto: *"ten misericordia de mí, como acostumbras con los que aman tu nombre"*. No pido nada más».

WILLIAM JAY [1769-1853]

"Short Discourses to be Read in Families. Discourse LXXXVIII: 'Fellowship with the Righteous", 1805

Vers. 133. *Ordena mis pasos con tu palabra, y ninguna iniquidad se enseñoree de mí.* *[Afianza mis pasos con tu palabra, y ninguna iniquidad se enseñoree de mí.* RVR*] [Afirma mis pasos en tu palabra, y que ninguna iniquidad me domine.* LBLA*] [Afirma mis pasos en tu palabra, ninguna iniquidad se enseñoree de mí.* BTX*] [Guía mis pasos conforme a tu promesa; no dejes que me domine la iniquidad.* NVI*] [Afianza mis pasos con tu promesa, que no me domine mal alguno.* BLP*] [Guía mis pasos conforme a tu palabra, para que no me domine el mal.* NTV*]*[114]

---

[107] Salmo 119:165; Proverbios 1:7; 9:10.

[108] 1 Corintios 9:24; Filipenses 3:12.14.

[109] 1 Timoteo 6:12; 2 Timoteo 4:7-8.

[110] Mateo 16:24.

[111] Hebreos 4:15; 7:26; 1 Pedro 2:22.

[112] Hebreos 12:6.

[113] Mateo 20:22; Marcos 10:38.

[114] La versión griega de los LXX o Septuaginta lee: τὰ διαβήματά μου κατεύθυνον κατὰ τὸ λόγιόν σου, καὶ μὴ κατακυριευσάτω μου πᾶσα ἀνομία que la Vulgata traduce al latín como: *"Gressus meos dirige secundum eloquium tuum, et non dominetur mei omnis injustitia"*, "Endereza mis pasos según tu palabra, y no me predomine iniquidad alguna". La versión sefardí de Ferrara traduce: *"Mis paffos adereſça en tu dicho; y no podefte en mi ninguna tortura"*. La caldea Peshitta: *"Afirma mis pasos en tus sendas para que inicuo no tenga dominio sobre mí"*. KRAUS traduce: *"¡Consolida mis pasos con tu palabra! ¡No permitas que*

Ordena mis pasos con tu palabra. Esta es una de las misericordias consuetudinarias del Señor para con sus elegidos: *"Él guarda los pies de sus santos"*.[115] Por medio de su gracia nos capacita para colocar nuestros pies, paso a paso, en lugar correcto que ordena su Palabra. Esta oración busca un favor muy selecto, a saber, que cada acción distintiva, cada paso en nuestra vida, sea ordenado y dirigido por la voluntad de Dios. Una aspiración que no queda nada lejos de la santidad perfecta; por lo que los deseos del creyente verdadero no se conformarán ni sentirán satisfechos con nada por debajo de esa bendita consumación.[116]

Y ninguna iniquidad se enseñoree de mí.[117] Este es el lado negativo de la bendición. Pedimos hacer todo cuanto es correcto, y también evitar caer bajo el poder de nada incorrecto. Dios es nuestro soberano, y nos corresponde por tanto sujetar todo pensamiento bajo su dominio. Los creyentes no tienen otra opción, por muy atractivos que resulten los pecados a los que estarían dispuestos a inclinarse. Por eso jadean y suspiran por una liberación perfecta del poder del mal, y conscientes de que no pueden obtenerla por sí mismos, claman a Dios por ella.[118]

C. H. SPURGEON

---

ninguna injusticia me domine!". SCHÖKEL: *"Afirma mis pasos con tu promesa, no me entregues en poder de maldad alguna"*.

[115] 1 Samuel 2:9. Ver también Salmo 37:28; 91:11-12; 97:10;121:3; 1 Pedro 1:5.

[116] CHARLES E. COWMAN en el famoso devocional "Manantiales en el Desierto", cuenta de GEORGE MÜLLER [1805-1898], famoso predicador y misionero inglés nacido en Prusia (apodado "De Bristol" porque fue en esa ciudad es donde fundó el orfanato o albergue para niños que lo hizo famoso al sostenerlo totalmente sin pedir nunca dinero a nadie, solo a través de la fe), se limitaba a orar a Dios y esperaba que Dios obrara y le mandara la respuesta para poder dar de comer a los niños, y nunca le faltó. Cuenta también que en su Biblia personal escrita al lado de este versículo tenía la siguiente anotación: "*God orders both our steps and our stops*". Aunque el juego de palabras entre *"steps"* y *"stops"* resulta complicado de verter al español, el sentido es este: «Dios ordena no solo nuestros *"pasos"*, sino también nuestras *"pausas"*.

[117] En hebreo: וְֽאַל־תַּשְׁלֶט־בִּי כָל־אָוֶן *wə'al-tašleṭ-bî ḵāl-'āwen*, de שָׁלַט *shalat,* un verbo que significa claramente "enseñorearse, ejercer dominio", y aparte de este versículo solo ocurre ocho veces: una en Nehemías 5:15; dos en Ester 9:1; y cuatro en Eclesiastés 2:19; 5:19; 6:2; 8:9. Los comentaristas dicen al respecto:

– FRANZ DELITZSCH [1813-1890] indica que la expresión אָוֶן *'āwen,* "iniquidad" es amplia y abarca cualquier ámbito de pecado, pero en este caso en particular se refiere de forma primordial al pecado de apostasía, negar a Dios, algo en lo que el salmista tenía miedo de caer fácilmente, tanto a nivel interno como externo, dada la עֹשֶׁק *osheq, "violencia de los hombres"* a la que se veía sometido (119:134).

– WILLIAM SWAN PLUMER [1802-1880] comenta sobre este versículo: «El verdadero creyente busca la conformidad con toda la ley, y aborrece pecar contra cualquiera de sus preceptos. Y si es hecha con fe, la súplica contra el dominio del pecado siempre obtiene respuesta (Salmo 19:13; Romanos 6:14). Algunos exégetas dan a la frase un giro distinto, entendiendo que el motivo por el cual ora el profeta es no verse sometido bajo un poder político inicuo, es decir, bajo el dominio de gobernantes inicuos. También sería una oración legítima, pero es de un rango o sentido espiritual muy inferior al que se le da generalmente. ADAM CLARKE [1760-1832] lo interpreta de ese modo: 'Que no haya fuera de Dios otro que me gobierne; que sea él quien se siente en el trono de mi corazón, y nadie más'».

[118] Al respecto comenta AGUSTÍN DE HIPONA [354-430]: «La libre voluntad será tanto más libre cuanto más sólida sea; y será tanto más sólida cuanto más dependa de la misericordia y la gracia divinas. Es por ello que el salmista ora diciendo: *"Endereza mis pasos según tu palabra, y no me predomine iniquidad alguna"*. Fijémonos que no dice: *"y no me dominará iniquidad alguna"*, sino: *"y no me predomine"*. Por si mismo no promete ni garantiza nada, simplemente suplica; no afirma o declara; confiesa; implora libertad de acción, pero no se jacta de su propia capacidad, más bien duda de ella. Porque no se nos promete que será salvo quien confía en sus propias fuerzas, sino *"todo aquel el que invocare el nombre del Señor"*;

Ordena mis pasos con tu palabra. Así como en el versículo anterior suplica misericordia, aquí reclama gracia. Muchos buscan la misericordia para perdonar el pecado, pero no buscan la gracia que los libere del poder del pecado: semejante proceder es abusar de la misericordia de Dios y convertir su gracia en un sin sentido. Oran pidiendo tan solo misericordia para perdonar la culpa del pecado: no buscan evitar que ese pecado ofenda a Dios, sino tan solo el daño que pueda ocasionarles a ellos mismos; pero el que además del perdón anhela la liberación del poder dominante y del engaño del pecado, no tan solo busca un beneficio para sí mismo, sino también la gracia necesaria para poder agradar y servir al Señor su Dios.[119] Los primeros son simplemente unos ególatras amantes de ellos mismo; el segundo es un adorador genuino, que ama a Dios más que a sí mismo. Y ciertamente, aquel que al implorar misericordia por los pecados pasados no busca a su vez fervientemente la gracia para evitar los pecados futuros, no manifiesta un verdadero arrepentimiento. Son beneficios que no se pueden disociar: el que no presenta evidencias de lo segundo, por más que se enjabone a sí mismo y se regale el oído, está claro que no ha recibido el primero.

WILLIAM COWPER [1566-1619]
"A holy alphabet for Sion's scholars full of spiritual instructions, and heavenly consolations [...] delivered by way of commentary upon the whole 119 Psalme", 1613

Ordena mis pasos con tu palabra. Se dice de Boleslaus[120], uno de los reyes de Polonia, que llevaba siempre consigo una pintura de su padre, y cuando tenía que tomar alguna decisión importante o emprender algún plan extraordinario, miraba el retrato de su progenitor y oraba a Dios pidiendo que le librara de la vergüenza de ser indigno del nombre de su padre. De manera semejante las Escrituras son el reflejo de la voluntad divina; por lo que antes de tomar cualquier decisión, emprender un proyecto o comprometernos en algo, debemos consultarlas y averiguar qué hacer y qué no ha de hacer; lo que Dios ordena que hagamos y lo que prohíbe. Que sea la balanza del santuario[121] la que lo sospese todo;

---

por ello añade el apóstol: *"¿Cómo, pues, invocarán a aquel en el cual no han creído? ¿Y cómo creerán en aquel de quien no han oído? ¿Y cómo oirán sin haber quien les predique?"* (Romanos 10:13-14). Por tanto, creer de manera correcta, es creer que somos libres para invocar a Aquel en quien hemos creído, y él nos suplirá con la fortaleza necesaria para cumplir cuanto hemos aprendido en los preceptos de la ley, en tanto que la fe respalda y alcanza lo que la ley ordena ... De manera que cuando leas *"el pecado no se enseñoreará de vosotros"* (Romanos 6:14), en modo alguno confíes en ti mismo ni en tus propias fuerzas para que sea así. Confía en Aquel a quien el salmista suplica en su oración: *"Endereza mis pasos según tu palabra, y no se enseñoree de mí iniquidad alguna"*. Pues cuando leemos: *"el pecado no se enseñoreará de vosotros"* fácilmente podríamos caer en el error de atribuir ese mérito a nosotros mismos; por ello añade el apóstol: *"pues no estáis bajo la ley, sino bajo la gracia"*, para dejar claro que es mérito no es nuestro, sino fruto de la gracia, que es la que hace que el pecado deje de tener dominio sobre nosotros».

[119] Dice al respecto WILLIAM SWAN PLUMER [1802-1880]: «Si en verdad pretendemos obrar rectamente, alcanzar entendimiento, llevar una vida santa y caminar con Dios para llegar el cielo, es imprescindible que la gracia divina *ordene nuestros pasos,* guiando nuestros pies para controlar nuestras acciones. Y esta gracia hemos de buscarla con ahínco. Pretenderla sin anhelarla y sin buscarla, es la absurda necedad de los legalistas. Sin la influencia y acción del Espíritu Santo, no tenemos posibilidad alguna de progreso. Así como las Escrituras son la única norma de santidad, es el único Autor de la santificación es el Autor de las Escrituras, aplicándolas a nuestros corazones».

[120] Se refiere a BOLESLAUS II EL PÍO (920-999) hijo de Boleslaus I y Biagota, que ocupo el trono de Bohemia a la muerte de su padre.

[121] Éxodo 30:11-13; 38:21-27; Levítico 27:2-25 Números 3:44-51; 7:13, 19, 25, 31, 37,43, 49, 55, 61, 67, 73, 79, 85-86.

los oráculos de Dios[122] los que lo decidan todo; la regla de la Palabra de Dios la lo escuadre todo;[123] y su gloria, el propósito último de todas las cosas.[124]

JOHN SPENCER [1559-1614]
"Things Old and New", 1658

Afianza mis pasos con tu palabra. En hebreo הָכֵן *hāḵên* de כּוּן *kun,* "establecer, afianzar, asegurar". Es decir: hazlos firmes, no dejes que ande con paso vacilante o titubeante.

ADAM CLARKE [1760-1832]
"Commentary on the Whole Bible", 1831

Ordena mis pasos con tu palabra. Aquellos que son pueblo de Dios no tan solo andan por el camino recto, sino que sus pasos son *"ordenados"*. No porque el curso que siguen sea torcido (como es el caso aquellos que caminan en el camino de la perdición eterna),[125] sino para evitar que den un solo paso en falso; que no se extravíen del camino al cielo, ni del todo ni siquiera en parte.

THOMAS MANTON [1620-1677]
"One hundred and ninety sermons on the hundred and nineteenth Psalm", 1681

Ordena mis pasos.[126] John Bunyan refiriéndose a la escalinata del templo[127] se expresa en estos términos: «Ya fueran sus peldaños de cedro, de oro, o encastados de piedras preciosas, esta escalinata era algo tan extraordinario que dejó maravillada a una gran reina.[128] Y con independencia del material del estuvieran hechos, no hay duda que estos peldaños eran un tipo o sombra de los pasos que nosotros debemos dar en la casa de Dios. Que son pasos divinos: *"sus pasos nos pondrá por camino"*;[129] *"ordenados por él"*;[130] y *"afianzados con su palabra"*.[131] Son *"los pasos de la fe"*;[132] *"pasos del*

---

[122] Es preciso distinguir entre el término hebreo קֶסֶם *qesem,* traducido como oráculo en el sentido de adivinación; y דָּבַר *dabar* oráculo en el sentido de profecía o palabra profética de Dios, y que se utilizaba para identificar el lugar santísimo en el templo (1 Reyes 6:5; Salmo 28:2) donde se consultaba la voluntad de Dios. El problema está en que diversas versiones de la Biblia traducen ocasionalmente en vez de palabra profética "oráculo del Señor". Así la versión inglesa KJV traduce 2 Samuel 16:23: *"And the counsel of Ahithophel, which he counselled in those days, was as if a man had enquired at the* ***oracle of God****"*. En el Nuevo Testamento lo utiliza Esteban λογια ζωντα en Hechos 7:38; Pablo como λογια του θεου en Romanos 3:2; λογιων του θεου en Hebreos 5:12; y λογια θεου en 1 Pedro 4:11. Es en este último sentido, el de palabra profética, que lo utiliza aquí el autor.

[123] Isaías 34:16; Hechos 17:11; Romanos 12:2; Efesios 5:19; 1 Tesalonicenses 2:13; 5:21; 1 Juan 4:1.

[124] 1 Corintios 10:31; Colosenses 3:17,23;

[125] Proverbios 14:12; 16:25 Mateo 7:13-14.

[126] En el original: *«"Order my steps". Speaking of the steps of the Temple, Bunyan says, 'These steps, whether cedar, gold...'»*. En inglés la palabra *"step"*, puede significar tanto "paso" como "escalón o peldaño". Bunyan juega aquí con este doble significado para enlazar la idea de los pasos del creyente con la escalinata del Templo de Jerusalén.

[127] 2 Crónicas 9:10-11.

[128] 2 Crónicas 9:1-9; Mateo 12:41; Lucas 11:31.

[129] Salmo 85:13.

[130] Salmo 37:23.

[131] Salmo 119:133.

[132] Romanos 4:12.

espíritu",[133] *"pasos en la verdad"*;[134] *"pasos bañados en leche"*.[135] Pasos andados en la presencia de Dios;[136] y regulados por una norma divina.[137] ¡Son pasos que verdaderamente merece la pena dar!

JOHN BUNYAN [1628-1688]

"Solomon's Temple Spiritualized", 1725

Y ninguna iniquidad se enseñoree de mí. La verdadera obediencia a Dios es absolutamente incompatible con cualquier tipo de lujuria o afecto corrupto. Aunque cabe la posibilidad de que una persona no creyente y alejada de la fe, pueda durante un tiempo mantener una conducta ejempla y llevar a cabo multitud de cosas dignas y loables; sin embargo, la corrupción tolerada bajo cuyo poder vive sometido el ser humano, acabará finalmente por hacer mella en su proceder; y la iniquidad yerminará enseñoreándose de él. ¿Y cuándo puede decirse propiamente que la iniquidad se enseñorea de nosotros? Cuando dejamos de batallar o hacer cualquier esfuerzo para mortificar la carne, y cortar de un tajo todos los canales de suministro que puedan alimentar la lujuria. Juan Crisóstomo [138] señala que el salmista no dice: *"que la iniquidad no me esclavice"*, sino: *"que la iniquidad no se enseñoree de mí"*; es decir, que no reine sobre mí con mi consentimiento, como sucede cuando permites que instale su trono en tu corazón sin oponer la menor resistencia.

THOMAS MANTON [1620-1677]

"One hundred and ninety sermons on the hundred and nineteenth Psalm", 1681

Y ninguna iniquidad se enseñoree de mí. Prefiero consumir mi vida entera como prisionero de los hombres, que malgastar un solo día bajo la servidumbre al pecado. El salmista no es selectivo, no dice: «Que tal cosa o tal otra no se enseñoreen de mí»; no, es tajante y absoluto: *"Y **ninguna** iniquidad se enseñoree de mí* ¡Bien dicho! Mientras una persona mantenga semejante actitud tiene esperanza.

MICHAEL BRUCE [1635-1693]

"Sermons", 1666

Vers. 134. *Líbrame de la violencia de los hombres, y guardaré tus mandamientos.* *[Líbrame de la violencia de los hombres, y guardaré tus mandamientos.* RVR*] [Rescátame de la opresión del hombre, para que yo guarde tus preceptos.* LBLA*] [Líbrame de la opresión del hombre, así guardaré tus preceptos.* BTX*] [Líbrame de la opresión humana, pues quiero obedecer tus preceptos.* NVI*] [Lí-*

[133] Romanos 8:4-5; Gálatas 5:16,25.
[134] 3 Juan 1:4.
[135] Job 29:6.
[136] Salmo 16:11.
[137] 1 Samuel 2:9; Salmo 121:3; Proverbios 16:9.
[138] Se refiere a JUAN DE ANTIOQUÍA [347-404] más conocido como SAN JUAN CRISÓSTOMO, patriarca de Constantinopla. Es considerado por la Iglesia católico-romana uno de los cuatro originales Doctores de la Iglesia del Oriente, y por su propia Iglesia, la Iglesia Ortodoxa Griega, como uno de los más grandes teólogos y uno de los tres Pilares de la Iglesia, juntamente con BASILIO y GREGORIO. Fue un excelso predicador cuyos discursos públicos, denunciando los abusos de las autoridades imperiales y de la vida licenciosa del clero, le ganaron el sobrenombre de *"Crisóstomo"* que proviene del griego chrysóstomos (χρυσόστομος) y significa 'boca de oro' (*chrysós,* "oro"; *stomos,* "boca").

brame de la opresión del ser humano y podré respetar tus decretos. BLP*] [Rescátame de la opresión de la gente malvada, entonces podré obedecer tus mandamientos.* NTV*]*[139]

Rescátame de la opresión del hombre.[140] David había probado en carne propia toda la amargura de este terrible mal. Exiliado de su país y desterrado del santuario del Señor;[141] por tanto, suplica ser librado de él. Se dice que la opresión es capaz de enloquecer incluso al hombre más comedido, sabio y equilibrado; y, sin duda, es responsable de abocar al pecado a muchísimas personas virtuosas. La opresión es perversa en si misma, y conduce inevitablemente a la maldad en todos los sentidos. Poco o nada sabemos acerca de cuanta de nuestra virtud la debemos al régimen de libertades del que disfrutamos; y si de haber vivido bajo la opresión de arrogantes tiranos ahora no seriamos apostatas en lugar de firmes defensores de la fe. Aquel que nos enseñó a orar: *"no nos metas en tentación"* escuchará y aprobará esta oración, que tiene el mismo tenor, ya que ser oprimido es ser tentado.[142]

Y guardaré tus mandamientos. El salmista tenía claro que una vez libre del estrés de la opresión, seguiría su camino, y este sería el camino del Señor. Aunque no deberíamos ceder a las amenazas de los hombres, muchos lo hacen; a veces es la esposa la que por la opresión y amenazas de su marido se ve obligada a proceder en contra de su conciencia; otras son los hijos, los sirvientes; incluso naciones enteras se han visto arrastradas ocasionalmente en la misma encrucijada. Sus pecados, en gran parte, serán puestos en la cuenta del opresor; y por lo general, a Dios le complace en gran manera derrocar estos poderes y dominios que obligan a otros hombres a obrar el mal en contra de su propia voluntad.

---

[139] La versión griega de los LXX o Septuaginta lee: λύτρωσαί με ἀπὸ συκοφαντίας ἀνθρώπων, καὶ φυλάξω τὰς ἐντολάς σου que la Vulgata traduce al latín como: *"Redime me a calumniis hominum ut custodiam mandata tua"*, "Redímeme de las calumnias de los hombres, para que guarde tus mandamientos". La versión sefardí de Ferrara traduce: *"Redimeme de fobrefuerço de hombre, y guardaree tus encomendazás"*. La caldea Peshitta: *"Líbrame de la violencia del hombre para que guarde tus mandamientos"*. KRAUS traduce: *"¡Sálvame de ser oprimido por hombres, y guardaré tus ordenanzas!"*. SCHÖKEL: *"Líbrame de la opresión humana, y guardaré tus decretos"*.

[140] En hebreo: פְּדֵנִי מֵעֹשֶׁק אָדָם *pədênî mê'ōšeq 'āḏām;* en 2 Samuel 24:13, encontramos en boca de David una expresión similar: *"mas no caiga yo en manos de hombres"*. Igual que sucede en la octava anterior (119:122: *"calumnientur"*- nota 15) la Vulgata traduce aquí la expresión griega συκοφαντίας por *"calumniis"*, calumnia: *"Redímeme de las calumnias de los hombres"*. Sobre ello comenta:

– AGUSTÍN DE HIPONA [354-430]: «Las calumnias imputando crímenes falsos no hacen reo al hombre. Puede que prosperen ante un juez humano, pero no ante Dios, el Juez supremo; en realidad las calumnias imputan y perjudican al acusador más que al acusado».

[141] Salmo 63:1-5; 84:1.10.

[142] Dice al respecto WILLIAM SWAN PLUMER [1802-1880]: «No tan solo es legítimo, sino también sabio orar para que Dios nos mantenga fuera del poder opresivo de los malvados, a fin de que no obstaculicen nuestro peregrinaje hacia el hogar celestial; puesto que sometidos a su poder nos podemos ver limitados y privados de hacer muchas cosas que favorecen nuestro progreso espiritual. Y una vez libres de su poder, nuestra gratitud por tal liberación debería presionarnos y apremiarnos a la obediencia. No es sino por una buena causa, la de seguir anunciando el evangelio, que Pablo ruega a otros creyentes que oren pidiendo su liberación de manos de hombres malvados e irrazonables (Efesios 6:18-20; Colosenses 4:2-4). Dice JOHN MORISON [1791-1859]: 'Por muy sincero que sea nuestro deseo de obediencia a los preceptos de Dios, siempre hay la posibilidad de que en alguna mala hora en la que nos vemos presionados e incitados a la transgresión por la conducta injustificable de nuestros semejantes, traicionemos nuestra integridad'. Y CHARLES BRIDGES [1794-1869]: 'A veces, en su servicio a Dios, el creyente se ve en la encrucijada ineludible de tener que afrontar obstáculos insalvables si no es mediante una intervención divina'. Ver al respecto Isaías 19:20».

Lo más triste, sin embargo, es que una vez libres de la opresión tiránica, algunos siguen practicando la injusticia por su cuenta. Estos dan evidencia de ser pecadores natos y empedernidos. En cuanto a los justos, les sucede lo mismo que a los apóstoles en tiempos de la iglesia primitiva: *"Cuando quedaron en libertad, fueron a los suyos"*[143] Cuando los santos son liberados del tirano, rinden gozosos homenaje a su rey.

C. H. SPURGEON

Rescátame de la opresión del hombre. El salmista utiliza aquí el término *"hombre"* en un triple sentido:

1. *A modo de distinción.* La principal opresión a la que nos vemos sometidos es la tiranía del Diablo y del pecado; pero en este caso el salmista no se refiere a esta, sino a la de simples seres humanos. Como puntualiza Hugo[144] en su comentario: *"Hominum non daemonum"*, de hombres, no de demonios.[145]

2. *A modo de agravante. "Homo homini lupus"*:[146] no hay otra criatura tan voraz y destructiva dentro de su propia especie como es el hombre. Es absolutamente vergonzoso que un ser humano oprima y abuse de otro. Los animales no suelen devorar a los de su misma especie; pero los enemigos del hombre son los de su casa.[147] Y cuanto más cercanos y estrechos son los lazos y vínculos de unión, más profundo y visceral es el odio.

3. *A modo de menoscabo.* Identifica a sus opresores con este término otorgado a Adán: אָדָם *adam, "hombre"*, para mostrar su fragilidad en comparación con Dios su creador. Señor, líbrame de estos que ante ti no son más que gusanos insignificantes: tú eres Dios, mientras que los que me oprimen y pretenden acabar conmigo no son más que hombres; tú puedes fácilmente anular su poder y romper el yugo con el que me esclavizan. En base a otros pasajes, pienso que esta tercera consideración es la más importante: *"Yo, yo soy vuestro consolador. ¿Quién eres tú para que tengas temor del hombre, que ha de morir, y del hijo de hombre, destinado a fenecer como heno? Y ya te has olvidado de Jehová tu Hacedor, que extendió los cielos y echó los cimientos de la tierra; y todo el día temes continuamente del furor del opresor, cuando se dispone para destruir. Pero ¿en dónde está el furor del opresor?*[148]

THOMAS MANTON [1620-1677]
"One hundred and ninety sermons on the hundred and nineteenth Psalm", 1681

143 Hechos 4:13 LBLA.
144 Se refiere a HUGO DE SAN CARO [1200-1263] también conocido como HUGH OF ST CHER y HUGO CARDINALIS, un monje dominico que fue elevado a la dignidad de cardenal (de ahí el apodo de Cardenalis), y que trabajó intensamente en la traducción y exposición bíblica; escribió un comentario completo a toda la Biblia latina y elaboró la primera concordancia de la Biblia en latín, *"Concordantiae Sacrorum Bibliorum"*.
145 *"Opera omnia in universum vetus et novum testamentum"*.
146 El origen de la frase se remonta a TITO MARCIO PLAUTO [254-184 a.C.] que ya en su comedia *Asinaria* dijo aquello de *Lupus est homo homini, non homo, quom qualis sit non novit,* "el hombre, más que hombre, es un lobo para el hombre cuando le desconoce"; pero fue el filósofo THOMAS HOBBES [1588-1679], quien lo resumió en el siglo xvii acuñando la frase que cita Manton: *homo homini lupus,* "El hombre es un lobo para el hombre", afirmando que en el "estado de naturaleza" el hombre vive en guerra contra todos.
147 Mateo 10:36.
148 Isaías 51:12.13.

Rescátame de la opresión del hombre. Algunos, como es el caso de Jarchi,[149] traducen literalmente del hebreo: פְּדֵנִי מֵעֹשֶׁק אָדָם *pədênî mê'ōšeq 'āḏām; "rescátame de la opresión de Adán"*;[150] y Arama[151] lo vincula directamente al pecado de Adán, como una oración pidiendo ser liberado o redimido de él; igual que el pueblo del Señor es redimido por la sangre de Cristo.[152]

JOHN GILL [1697-1771]
"Exposition of the Old Testament", 1748

Vers. 135. ***Haz que tu rostro resplandezca sobre tu siervo, y enséñame tus estatutos.*** *[Haz que tu rostro resplandezca sobre tu siervo, y enséñame tus estatutos.* RVR*] [Haz resplandecer tu rostro sobre tu siervo, y enséñame tus estatutos.* LBLA*] [Haz resplandecer tu rostro sobre tu esclavo, y enséñame tus estatutos.* BTX*] [Haz brillar tu rostro sobre tu siervo; enséñame tus decretos.* NVI*] [Que brille tu rostro sobre tu siervo, enséñame tus normas.* BLP*] [Mírame con amor; enséñame tus decretos.* NTV*]*[153]

Haz que tu rostro resplandezca sobre tu siervo.[154] Los opresores fruncen el ceño, pero Dios me sonríe. Ellos tratan por todos los medios de ensombrecer mi vida, pero si el rostro del Señor resplandece sobre mí, todo será resplandeciente.[155] El salmista testifica nuevamente declarándose siervo de Dios; y no busca el favor de los demás, sino tan solo el de su Señor y Maestro.

Y enséñame tus estatutos. Este es el favor que estima como un resplandecer del rostro de Dios sobre él: ser enseñado. Si el Señor desborda sobre él su gracia y lo convierte en su favorito, no pedirá de él bendición mayor que la de ser instruido en los estatutos reales. Fijémonos hasta que punto

[149] Se refiere a SALOMÓN BEN ISAAC JARCHI o YARJI, más conocido como SOLOMON BAR ISAAC RASHI [1040- 1105], famoso rabino judío nacido en Francia y considerado uno de los más reconocidos comentaristas hebreos de las Escrituras y el Talmud. Escribió numerosos comentarios del texto bíblico y otras muchas obras.

[150] En hebreo מֵעֹשֶׁק אָדָם *mê'ōšeq 'āḏām.*

[151] Se refiere a ISAAC BEN MOSES ARAMA [1420-1494], rabino español que llegó a dirigir la escuela rabínica de Zamora, en España. Escribió diversos comentarios al Pentateuco.

[152] Efesios 1:7; 1 Pedro 1:19; 1 Juan 1:7; Apocalipsis 1:5; 7:17. Ver también Zacarías 13:1.

[153] La versión griega de los LXX o Septuaginta lee: τὸ πρόσωπόν σου ἐπίφανον ἐπὶ τὸν δοῦλόν σου καὶ δίδαξόν με τὰ δικαιώματά σου que la Vulgata traduce al latín como: *"Faciem tuam illumina super servum tuum, et doce me justificationes tuas"*, "Esclarece tu rostro sobre tu siervo, y enséñame tus justificaciones". La versión sefardí de Ferrara traduce: *"Tus fazes faze alumbrar en tu fiervo; y abezame tus fueros"*. La caldea Peshitta: *"Haz resplandecer tu rostro sobre tu siervo e instrúyeme en tu ley"*. KRAUS traduce: *"¡Haz resplandecer tu rostro sobre tu siervo y enséñame tus estatutos!"*. SCHÖKEL: *"Muestra a tu siervo tu rostro radiante, enséñame tus normas"*.

[154] En hebreo: פָּנֶיךָ הָאֵר בְּעַבְדֶּךָ *pānekā hā'êr bə'abdekā*, de אוֹר *or*, un verbo que significa "ser luz" o "convertirse en luz", que ocurre 40 veces y asociado y diversos sentidos. Lo encontramos conectado al término פָּנִים *panim*, "rostro", en Números 6:25; Salmo 31:16; 67:1; 80:3, 7, 19; 119:35; Eclesiastés 8:1; Daniel 9:17. Y solo a modo de ejemplo, con la idea de dar o emitir luz físicamente en pasajes como Génesis 1:15, 17; Éxodo 13:21; 14:20; en el sentido simbólico de conceder vida físicamente en Esdras 9:8; Job 33:30; Salmo 13:3; o en el de iluminar espiritualmente en el Salmo 19:8; 119:130.

[155] Dice GEORGE HORNE [1730–1792]: «Todos nuestros insignificantes problemas se desvanecen instantáneamente con una sola mirada divina de compasión paterna. Pero oh, qué angustia tan terrible invade el corazón del pueblo de Dios cuando deja de saborear el manjar de su Palabra, y se interrumpe el disfrute del resplandor de su rostro'.

anhela la santidad, viendo como, en su escala de valores, estima el ser enseñado por Dios como la más selecta de todas las gemas. Igual que solemos decir que una buena educación es la mejor fortuna, ser enseñado por el Señor es un don muy especial de la gracia. Aún el creyente más favorecido necesita enseñanza; pues incluso cuando camina bajo la luz del semblante de Dios sigue precisando ser instruido en los estatutos divinos o transgredirá irremisiblemente.

C. H. SPURGEON

Haz que tu rostro resplandezca sobre tu siervo. Podemos decir que el rostro de Dios resplandece sobre nosotros cuando somos guiados y sostenidos por su providencia; cuando se nos concede disfrutar muchas cosas puntuales particularmente agradables de esa providencia; y cuando esta nos sitúa en una posición social privilegiada desde la que podemos hacer mucho bien. Y más aún cuando nos reconocemos favorecidos por evidencias palpables de su favor misericordioso; porque ello nos lleva a crecer espiritualmente en la concienciación de un Dios amoroso, que sobreabunda en bendiciones espirituales de su gracia y su Espíritu.[156]

JOHN STEPHEN [1800-1881]
"The Utterances of the CXIX Psalm; Expounded in a Series of Lectures", 1861

Haz que tu rostro resplandezca sobre tu siervo. Hay ocasiones en que el mal obrar, tanto por parte de otros como también de nosotros mismos, cual nube de humo que levantándose de la tierra oscurece por unos instantes la faz del sol privándonos de su luz; nos oculta temporalmente el resplandor del rostro de Dios. Pero el Señor disipa muy pronto esa nube y nuevamente disfrutamos de su mirada bondadosa y misericordiosa, alumbrándonos en el camino de la obediencia, y haciendo resplandecer nuestro peregrinaje hacia él.

JOHN WILLIAM BURGON [1813-1888]
"A Plain Commentary on the Four Holy Gospels: Intended Chiefly for Devotional Reading", 1859

Haz que tu rostro resplandezca sobre tu siervo. El clamor incesante del creyente es: «Dejadme contemplar *"el rostro del Rey"*».[157] Una bendición maravillosa por la que bien vale la pena orar. Es el anhelo de nuestro corazón, un privilegio en el presente, y lo que es infinitamente mejor, una esperanza cierta por toda la eternidad: *"y verán su rostro"*.[158]

CHARLES BRIDGES [1794-1869]
"Exposition of Psalm 119", 1827

Haz que tu rostro resplandezca sobre tu siervo, y enséñame tus estatutos. Bienaventurado el hombre a quien la Verdad eterna enseña, no por figuras veladas y símbolos transitorios, sino por una comunicación directa y plena. Porque las percepciones de nuestros sentidos son limitadas y parciales, y en base tales percepciones inexactas nuestra razón nos conduce con frecuencia al error. Pero aquel a quien la Palabra eterna condesciende a enseñar, es inmediatamente desconectado del laberinto de las opiniones humanas. Pues *"por una sola Palabra fueron hechas todas las cosas"*;[159] y por tanto

---

[156] Efesios 1:17-23.
[157] Proverbios 16:15; Mateo 5:8; 1 Corintios 13:12; 1 Juan 3:2. Ver también Salmo 16:11; 17:15; 21:4-6; Hechos 2:28.
[158] Apocalipsis 22:4.
[159] Juan 1:3.

todas las cosas, sin voz o lenguaje de palabras,[160] hablan únicamente de él: él es ese principio divino que habla en nuestros corazones, y sin el cual no puede haber enseñanza ni captación alguna, como tampoco rectitud de juicio.

¡Oh Dios, que eres la Verdad eterna, hazme uno contigo en la vida eterna! Porque a menudo me siento cansado de leer y cansado de escuchar; ¡y la suma de mi deseo está únicamente en ti! ¡Que callen todos los maestros, y toda la creación enmudezca delante de ti, para que solamente tú hables a mi alma!

Tus ministros pueden pronunciar las palabras, pero no pueden impartir el espíritu; pueden cautivar la imaginación con los encantos de la elocuencia, pero si tú estás en silencio, sus palabras no inflaman el corazón. Ellos administran la letra, pero tú abres el sentido; ellos pronuncian el misterio, pero tú revelas su significado; ellos señalan el camino de la vida, pero tu otorgas la fortaleza necesaria para caminar en él; ellos riegan, pero tú das el crecimiento.[161] Háblame pues tú, oh Señor, mi Dios, ¡Verdad eterna!; habla tú a mi alma, no vaya a ser que tibio exteriormente pero no vivificado en mi interior, muera y sea hallado estéril y sin fruto.[162] *Habla, Señor, porque tu siervo oye;*[163] pues solo *tú tienes palabras de la vida eterna.*[164]

THOMAS DE KEMPIS [1380-1471]
"The Imitation of Christ", 1418

Haz que tu rostro resplandezca sobre tu siervo, y enséñame tus estatutos. Dios tiene muchas maneras de enseñar; enseña a través de su Libro, enseña con sus dedos,[165] enseña con su vara;[166] pero su enseñanza más consoladora y eficaz es la luz de su rostro:[167] *"Envía tu luz y tu verdad; estas me guiarán; me conducirán a tu santo monte, y a tus moradas"*.[168]

RICHARD ALLEINE [1611-1681]
"Heaven Opened", 1665

Vers. 136. *Ríos de agua descendieron de mis ojos, porque no guardaban tu ley.* *[Ríos de agua descendieron de mis ojos, por los que no guardan tu ley.* RVR*] [Ríos de lágrimas vierten mis ojos, porque ellos no guardan tu ley.* LBLA*] [Ríos de aguas descendieron de mis ojos, porque no guardaban tu ley.* BTX*] [Ríos de lágrimas brotan de mis ojos, porque tu ley no se obedece.* NVI*] [Vierten mis ojos ríos de agua, porque no se respeta tu ley.* BLP*] [Torrentes de lágrimas brotan de mis ojos, porque la gente desobedece tus enseñanzas.* NTV*]*[169]

---

160 Salmo 19:3.

161 1 Corintios 3:6.

162 Lucas 13:6-9.

163 1 Samuel 3:10.

164 Juan 6:68.

165 Éxodo 8:19; 31:18; Deuteronomio 9:10; Daniel 5:5,24 Lucas 11:20; Juan 8:6.

166 Salmo 23:4; 89:30-34; Proverbios 3:12; Hebreos 12:6.

167 2 Samuel 7:14; Números 6:24-27; Salmo 4:6.

168 Salmo 43:3.

169 La versión griega de los LXX o Septuaginta lee: διεξόδους ὑδάτων κατέβησαν οἱ ὀφθαλμοί μου, ἐπεὶ οὐκ ἐφύλαξαν τὸν νόμον σου que la Vulgata traduce al latín como: *"Exitus aquarum deduxerunt oculi mei, quia non custodierunt legem tuam"*, "Arroyos de aguas derramaron mis ojos; porque no guardaron tu ley". La versión sefardí de Ferrara traduce: *"Pielagos de aguas defcendieron mis ojos, por que no guardaron tu Ley"*. La caldea Peshitta: *"Torrentes de lágrimas han fluido de mis ojos porque ellos no han guardado*

Ríos de agua descendieron de mis ojos, por los que no guardan tu ley.[170] Lloró por afinidad y simpatía con Dios al ver quebrantada y despreciada su santa ley. Lloró de compasión hacia aquellos que estaban atrayendo sobre sí mismos la ira y el furor de Dios. Y su dolor era tan enorme que apenas encontraba formas de darle salida; sus lágrimas no eran simples gotas de tristeza, sino torrentes de ayes. En esto era como el Señor Jesús cuando contempló la ciudad de Jerusalén y lloró sobre ella;[171] y como el mismo Jehová, que no se complace en la muerte del impío, sino en que se arrepienta y viva.[172] La experiencia reflejada en este versículo denota un avance espiritual importante con respecto a todo lo dicho anteriormente: tanto el Salmo como el salmista progresan; y lo que expresa aquí son ya los sentimientos de un creyente maduro que sufre por los pecados de los demás. En el versículo cieno veinte (119:120) nos dice que su carne se estremeció ante la presencia de Dios temeroso de sus juicios; y aquí nos dice que se derrite hasta convertirse en un torrente de lágrimas al ver que otros no guardan su ley. Quienes más afectados se sienten en sus emociones por las cosas celestiales, son aquellos que más estudian la Palabra y, por tanto, aprenden en ella la verdad y esencia de las mismas. Los mundanos tan solo temen a la fuerza bruta, y únicamente lloran las pérdidas y cruces materiales; pero los que son espirituales experimentan un santo temor de Dios, y se lamenta llorando amargamente cuando ven que su santo nombre es vilipendiado y menospreciado.

Señor, no permitas que llore por nada,
excepto por el pecado;
y a nadie que no sea a ti,
¡Así podré ser, y, ciertamente seré!
Un llorón permanente.[173]

C. H. SPURGEON

Ríos de agua descendieron de mis ojos. Los orientales tienen la costumbre de derramar lágrimas de manera mucho más copiosa que las gentes de Europa. El salmista afirma *que ríos de agua descendieron de mis ojos,* y aunque se trata de un hermoso lenguaje poético figurativo, no tengo la menor

---

tu ley". KRAUS traduce: *"Ríos de agua vierten mis ojos, porque no se siguen tus instrucciones".* SCHÖKEL: *"Arroyos descienden de mis ojos por los que no guardan tu ley".*

[170] En hebreo: פַּלְגֵי־מַיִם יָרְדוּ עֵינָי *palgê-mayim yārədū ʻênāy*. Sobre los פַּלְגֵי־מַיִם *palḡê-mayim* "ríos o torrentes de aguas", ver las correspondientes notas en Salmo 1:3 (Nota 69) y Salmo 126:4 (Nota 60). WILLIAM SWAN PLUMER [1802-1880] comenta que en este caso, traducido aquí por la mayoría de versiones como *"ríos de aguas"* y asociado a עֵינָי *ʻênāy, "mis ojos":* «indica mucho más que una lágrima ocasional o una ligera sensación de incomodidad. Lot: *"afligía cada día su alma justa"* (2 Pedro 2:8) es decir, no podía permanecer en Sodoma un solo día sin que su espíritu se indignara. El propio Hijo de Dios cuando vino a esta tierra se sintió más afligido de contemplar la maldad humana que por las duras condiciones que se había impuesto de vivir en las más humildes condiciones (Mateo 23:37; Juan 11:33). JOHN ROGERS [1505-1555] en lo que se conoce como *"Matthew Bible"*, traduce: *"Mis ojos se han convertido en un manantial de agua"*».

[171] Mateo 23:37-39; Lucas 19:41-44.

[172] Ezequiel 18:23,32; 33:11; 2 Pedro 3:9.

[173] Cita las la última estrofa de un hermoso himno del pastor bautista y escritor de numerosos himnos BENJAMIN BEDDOME [1717-1795] que dice: *"Why, 0 my soul, why weepest thou ? / Oh say, from whence arise / Those sacred tears that often flow,/ Those groans that pierce the skies? ?/ Is sin the cause of thy complaint, / Or the chastising rod ? / Dost thou departed friends lament, / Or mourn an absent God ? / Lord, let me weep for nought but sin, / And after none but Thee! / And then I would-oh, that I might! / A constant weeper be!".*

duda de que también fue literalmente cierto. Pues yo mismo he tenido la oportunidad de ver a árabes derramar lágrimas cual si sus ojos fueran una cascada.

John Gadsby [1809-1893]
"My Wanderings", 1860

Ríos de agua descendieron de mis ojos, por los que no guardan tu ley. Algunos traducen la segunda parte del versículo como: *"porque mis ojos no guardan tu ley"*.[174] Los ojos son puerta de entrada y salida de una enorme cantidad de pecado y, por tanto, les correspondería llorar constantemente en razón de ello. Sin embargo luce más plausible la alusión en tercera persona, a "ellos", esto es, a los que me rodean; a tenor de lo expresado en el versículo ciento treinta y nueve: *"Mi celo me ha consumido, porque mis enemigos se olvidaron de tus palabras"* (119:139). Lo cual nos indica cómo los delitos de los pecadores son aflicción de los santos: nos corresponde dolernos por todo cuanto no somos capaces de enmendar.[175]

Matthew Henry [1662-1714]
"Commentary on the Whole Bible", 1811

Ríos de agua descendieron de mis ojos, por los que no guardan tu ley. Las aflicciones no le arrancaron a David tantas lágrimas como hicieron los pecados de los demás: el destierro vergonzoso provocado por su propio su hijo Absalón,[176] no le dolió tanto como el quebrantamiento de la ley de Dios por los impíos. En su corazón ninguna ofensa resultaba tan grave como el deshonor de Dios, cuya gloria, según resplandece en su Palabra y ordenanzas, es para los piadosos más querida y respetada que sus propias vidas. Elías deseaba la muerte al ver que el nombre de Dios era deshonrado por

[174] El texto hebreo dice literalmente: פַּלְגֵי־מַיִם יָרְדוּ עֵינָי עַל לֹא־שָׁמְרוּ תוֹרָתֶךָ *palḡê-mayim yārəḏū ʻênāy ʻal lō-šāmərū ṯōwrāṯeḵā,* "Corrientes de aguas bajaron de mis ojos pues no guardan tu ley", El pronombre personal "los" no está en el texto hebreo ni en el griego: ἐπεὶ οὐκ ἐφύλαξαν τὸν νόμον σου; y así lo traduce la Vulgata del griego: *"porque no guardaron tu ley"*. Los traductores de nuestras versiones lo suplen con un "los que" al considerar que se trata de una elipsis; y por el sentido dominante de la preposición עַל *al* parece lo más lógico, como lo expresa el propio Matthew Henry; y así lo ven todos los exégetas modernos. Pero es preciso reconocer que el texto admite ambas interpretaciones, aunque tampoco parece lo más correcto suplir la elipsis añadiendo arbitrariamente "mis ojos".

[175] Dice William Swan Plumer [1802-1880]: «El dolor por el pecado, ya sea en nosotros mismos o en los demás, nunca es excesivo. El pecado es algo odioso, horrible, vergonzoso, perverso, ruinoso. No cabe la menor posibilidad de afligirnos y llorar en demasía por el pecado, porque es imposible (Deuteronomio 9:18-19; Jeremías 9:1; Ezequiel 9:4). Uno de los señales más oscuras y negativas en cualquier época de la historia ha sido cuando el pueblo de Dios ha dejado de llorar intensamente por el pecado, suyo y de los demás. Pues a menudo, llorar y suplicar a Dios es todo lo que les queda por hacer a los piadosos (Jeremías 13:17) Dice William Nicholson [1591-1672]: 'Si no nos lamentamos por el pecado de los demás, su pecado puede convertirse en nuestro (Ezequiel 9:8; 1 Corintios 5:2)'. Y David Dickson [1583-1662]: 'El celo verdadero está tan lejos de la venganza personal por las injurias, daños y lesiones recibidas de manos de los perseguidores, que llega incluso a compadecerse de su miserable situación y lamentarse por ellos (Lucas 23:35; Hechos 7:60). Dos cosas hay en el pecado que mueven a los piadosos a llorar: el deshonor que causa a Dios, y la perdición que acarrea al pecador'».

[176] 2 Samuel 15:1-37.

Acab y Jezabel.[177] El ojo tiene dos funciones: ver, y derramar lágrimas: y cuando vemos el nombre de Dios vilipendiado, al instante nuestros ojos deberían llenarse de lágrimas.

WILLIAM GREENHILL [1591-1677]
"An Exposition of the Five First Chapters of the Prophet Ezekiel with Useful Observations Thereupon. Delivered in Several Lectures in London", 1649

Ríos de agua descendieron de mis ojos, por los que no guardan tu ley. Los pecados de los impíos producen en las personas piadosas un profundo pesar. ¿Por qué? Consideremos la naturaleza de este fenómeno de compasión empática qué hay detrás:

1. No una apatía estoica, puro fingimiento hipócrita; y menos aún connivencia con las prácticas pecaminosas.

2. No un engreimiento que pretende resaltar el pecado ajeno comparándolo con la santidad y perfección propias, como hizo el fariseo en el evangelio.[178]

3. No un sentimiento de burla hacia la locura colectiva de los hombres, como era el caso de «el filósofo que ríe»;[179] se aproxima más al temperamento y visión de «el filósofo que llora».[180]

4. No es una ira exorbitante y amarga que se desahoga prefiriendo insultos y reproches, ni una censura recriminadora que tortura corroyendo cual hace la carcoma.

5. Tampoco un deseo visceral de venganza y castigo que recurre a imprecaciones y maldiciones para aliviar la amargura de su propio temperamento descontrolado. La propuesta de Jacobo y Juan para con los habitantes de la aldea samaritana que no les recibieron, siquiera llegó a esto, y sin embargo Jesús les responde: *"Vosotros no sabéis de qué espíritu sois, porque el Hijo del Hombre no ha venido para destruir las almas de los hombres, sino para salvarlas"*[181]. Ellos pensaron ser la reencarnación del espíritu de Elías,[182] pero Cristo les dijo que estaban muy equivocados, y que con semejantes reacciones ni aún sabían de qué espíritu eran. Así es como el celo desmedido se confunde y engaña a sí mismo tan a menudo. No vemos en el salmista un deseo visceral de que sobre los quebrantadores de la ley descienda fuego del cielo, sino todo lo contrario, una aflicción personal tan profunda, con un torrente de lágrimas tan abundante, que de haber descendido el fuego sobre ellos lo que haría es aportar el agua necesaria para apagarlo. *"Ríos de agua descendieron de mis ojos"*.

ROBERT LEIGHTON [1611-1684]
"Sermons viii – Generous Grief – Psalm 119:136", 1825

Ríos de agua descendieron de mis ojos, por los que no guardan tu ley. El Señor demanda de nosotros *este lamento por los pecados de otros* para conservar nuestros corazones tiernos y justos. Preocuparnos por los pecados de los demás, dolernos por las caídas de otros, es una estratagema que Dios utiliza para que seamos más cuidadosos con nuestras propias almas, pues hace que nos mantengamos

[177] 1 Reyes 19:4.
[178] Lucas 18:11-12.
[179] Se refiere a DEMÓCRITO [460-370 a.C.] filósofo y matemático griego conocido como el filósofo que ríe» por las muchas anécdotas que le describen riéndose irónicamente de la humanidad y las cosas de este mundo.
[180] Se refiere a HERÁCLITO DE ÉFESO [540-480 a.C.] conocido también como «el oscuro de Éfeso» y «el filósofo que llora» por sus concepciones pesimistas del mundo y la condición humana. Junto con Demócrito (citado anteriormente) encarnan dos actitudes vitales opuestas: pesimismo y optimismo, tristeza y alegría y así se les ha considerado a lo largo de la historia.
[181] Lucas 9:51-55.
[182] 1 Reyes 18:20-40.

a una mayor distancia de la tentación. Es como apagar fuego en la casa del vecino: antes de que se acerque a la tuya, corres con tu cubo intentando apagar la suya. No hay mejor método que el duelo y el llanto para mantenernos libres de la infección; pues el alma jamás se avendrá a cometer aquello por lo cual se ha sentido afligida viendo como lo hacía otro. Y nos mantiene en guardia; en una necesaria humildad; temerosos del juicio divino; y compasivos, no vaya a suceder que también nosotros ofendamos a Dios y atraigamos su ira. El que se encoge de hombros cuando ve una serpiente arrastrándose hacia otro, experimentará un miedo mucho mayor cuando la vea aproximándose a él. Cuando se trata de nuestros propios pecados tenemos la ventaja de que la conciencia nos azota el alma con remordimiento y vergüenza; a lamentar los pecados de los demás solo nos empujan las razones del deber y la obediencia. Quienes luchan como caballeros andantes por los caminos y senderos defendiendo el honor y la verdad solo por probar su valor ante los demás, pelearan con más valor y ahínco todavía a la hora de defender su propia seguridad.

THOMAS MANTON [1620-1677]
"One hundred and ninety sermons on the hundred and nineteenth Psalm", 1681

Ríos de agua descendieron de mis ojos, por los que no guardan tu ley. El salmista describe aquí el carácter del pueblo de Dios de un modo genérico, no meramente como aquellos que están libres de *"todas las abominaciones que se cometen en medio de la ciudad"* sino *"que gimen y se lamentan por todas ellas"*.[183] Y ¿quién no ve el escenario inmenso que esto implica para el ejercicio de la compasión cristiana, por todos lados y sin limitaciones? El espectáculo descorazonador y pavoroso de un mundo apostatando de Dios, de multitudes jugando a los dados con su condenación eterna, justo cual si el Dios del cielo fuera un *"hombre para que mienta"*[184] es, sin duda, suficiente para extraer *"ríos de agua"* de los corazones de aquellos que se ven afectados por el ultraje al honor de Dios que ello significa. ¡Qué masa tan enorme de pecado asciende cual nube ante el Señor procedente de un solo corazón! Sumadle el de toda una aldea, una ciudad, un país, ¡el mundo entero! Todos los días, cada hora, cada momento. Bien que se necesitan *"ríos de agua"* que en inundación desbordante formen una ola gigantesca que barra hasta el último vestigio de ella.

CHARLES BRIDGES [1794-1869]
"Exposition of Psalm 119", 1827

Ríos de agua descendieron de mis ojos, por los que no guardan tu ley. Los vicios practicados por personas supuestamente religiosas son la vergüenza y descrédito de la religión; y contemplarlos ha hecho que algunos de los más tenaces campeones de Cristo se hayan derretido en lágrimas. David era uno de estos nobles y excelentes, de los valientes de la tierra,[185] único en su tiempo; y sin embargo, llora desconsoladamente. Era capaz de hacer pedazos un oso cual si se tratara de un cabrito; y rescatar a un cordero de las mismísimas garras de un león.[186] Derrotar a un gigante que se había atrevido a desafiar al ejército de Dios.[187] Podía caer como un torbellino sobre sus enemigos y hacerles morder el polvo;[188] y con todo, llora aquí como un niño o una mujer. Sí, porque había escuchado que se blasfemaba el nombre de Dios, que sus santos ritos eran profanados, sus estatutos vilipendiados, y se obraba

[183] Ezequiel 9:4.
[184] Números 23:19.
[185] Salmo 16:3.
[186] 1 Samuel 17:34-36.
[187] 1 Samuel 17:50.
[188] 2 Samuel 8:1-14.

con violencia contra la santidad de la fe; lo cual dejó su noble y valiente corazón hecho un mar de lágrimas: *"Ríos de agua descendieron de mis ojos"*.

THOMAS ADAMS [1583-1653]
"Fiue sermons preached vpon sundry especiall occasions", 1626

Ríos de agua descendieron de mis ojos, por los que no guardan tu ley. Mi alma se dejaba arrebatar por las inspiraciones de conformidad con la ley de Dios que leemos en el Salmo 119 tales como: *"Ojalá fuesen firmes mis caminos para guardar tus estatutos..."* (119:5); *"Consumida está mi alma de desear tus juicios en todo tiempo..."* (119:20); *"Mi corazón incliné a cumplir tus estatutos de continuo, hasta el fin..."* (110:112); y similares. Y ello creó en mí una aversión cada vez más intensa a cualquier disconformidad con la ley divina, ya fuera a en mí o en aquellos que había a mí alrededor. Me sentía profundamente afectado tanto por mis propios quebrantamientos de la ley como por los de los demás; pero entendí que esta era mi carga; y dejé que los ríos de lágrimas corrieran de mis ojos porque ni yo ni los que estaban conmigo guardábamos la ley de Dios como correspondía.

THOMAS HALYBURTON [1674-1712]
"Memoirs of the Rev. Thomas Halyburton", 1693

Ríos de agua descendieron de mis ojos, por los que no guardan tu ley. Si no nos afligimos por los pecados de otros y los lamentamos por ellos profundamente, pronto se convertirán en nuestra propia atadura: *"Y vosotros estáis envanecidos. ¿No deberíais más bien haber hecho duelo, para que fuese quitado de en medio de vosotros el que cometió tal acción?"*[189] *"Y he aquí que pongo sobre ti ataduras, y no te volverás de un lado a otro, hasta que hayas cumplido los días de tu asedio"*.[190]

WILLIAM NICHOLSON [1591-1672]
"David's harp strung and tuned, or, An easie analysis of the whole book of Psalms", 1662

[189] 1 Corintios 5:2.

[190] Ezequiel 4:8. Dice JOHANN PETER LANGE [1802-1884]: «Cuanto mayor es la apostasía y desviación de la palabra de Dios, tanto más profunda y anhelante es la oración del justo suplicando su luz. El nivel de amor en los creyentes se mide por el nivel de su compasión y aflicción por aquellos que permanecen extraviados; un corazón santo llora no solo por sus propias dificultades y pecados sino también por los de otros: *"¡Oh, si mi cabeza se hiciese aguas, y mis ojos fuentes de lágrimas, para que llorase día y noche los muertos de la hija de mi pueblo!"* (Jeremías 9:1); *"Y cuando llegó cerca, al ver la ciudad, lloró sobre ella"* (Lucas 19:41); *"Porque por ahí andan muchos, de los cuales os dije muchas veces, y aun ahora lo digo llorando, que son enemigos de la cruz de Cristo"* (Filipenses 3:18)».

צ Tzadi[1]

Versículos del 137 al 144

Versión poética

Tzadi

Tú eres justo, Señor, pues la justicia
es el cetro brillante de tu diestra
la vara incorruptible con que al mundo
después que lo creaste lo gobiernas.

La verdad, la equidad y la justicia
las bases son en que tu imperio sientas,
y exiges con razón que tus preceptos
exactamente obedecidos sean.

Por eso me consumo, me deshago,
y el dolor los sentidos me atraviesa
al ver que mis feroces enemigos
aún más que los olvidan los desprecian.

Tu ley, Señor, es pura más que el oro,
que con el fuego acrisolado queda,
y por eso tu siervo la ama tanto,
y con tanta pasión sigue sus huellas.

Joven soy, y me veo comprimido,
pero ni de mi edad la ligereza,
ni la aflicción continua que padezco
harán jamás que afloje mi obediencia.

Siendo tan sabia, siendo tan prudente,
llena de luces, de dulzura llena,

[1] Felipe Scio de San Miguel [1738-1776] en una nota en su traducción de la Vulgata indica que el significado de צ *Tzadi,* según Ambrosio de Milán [340-397], es el de "consolación"; y según el "Salterio Romano": "justicia". Su ideograma es el de un árbol, lo que hace que se la asocie con los árboles plantados por Dios en el jardín del Edén: el árbol de la vida y el árbol de la ciencia del bien y del mal (Génesis 2:9,17), este último símbolo de la justicia; pues la palabra hebrea צַדִּיק *tsaddiq,* significa: "justo, justicia". Su relación con el contenido de la octava no puede ser más evidente, no en vano comienza diciendo: צַדִּיק אַתָּה יְהוָה וְיָשָׁר מִשְׁפָּטֶיךָ *tṣaddîq 'attāh Yahweh wəyāšār mišpāṭeḵā: "Justo eres tú, oh Jehová, y rectos tus juicios"* (119:137); y concluye con: צֶדֶק עֵדְוֹתֶיךָ לְעוֹלָם הֲבִינֵנִי וְאֶחְיֶה *tṣeḏeq 'êḏəwōṯeḵā lə'ōwlām hăḇînênî wə'eḥyeh: "Justicia eterna son tus testimonios"* (119:144). Sobre el simbolismo de צ *Tzadi* ver también en el texto principal los comentarios al respecto incluidos por C. H. Spurgeon.

y sobre todo siendo de tu mano
la ley como tú mismo será eterna.

Así a pesar de las tribulaciones,
que con tantos rigores me atormentan,
ella es siempre el primero de mis gustos,
la primera de todas mis ideas.

Pero no puedo yo profundizarlas
con tanta claridad como quisiera,
dame tu luz, mi Dios, para que mi alma
la penetre mejor, mejor la entienda.

DEL "SALTERIO POÉTICO ESPAÑOL", SIGLO XVIII

Comentario general a los versículos del 137 al 144: Esta octava versa sobre la justicia perfecta de Jehová y de su palabra, y describe las luchas de un alma santa para cumplir con ella. La letra inicial con la que comienza cada versículo en hebreo es צ *Tzadí* y la palabra clave para nosotros es PUREZA (119:140).[2]

C. H. SPURGEON

---

[2] FRANCISCO LACUEVA [1911-2005] en su versión española del "Comentario de Matthew Henry" ofrece el siguiente resumen: «KYLE MONROE YATES [1918–1972], titula esta octava: 'EL RETO DE LA JUSTICIA'. En efecto:

»1. El salmista, en contraste con los inicuos, con los quebrantadores de la ley, de quienes acaba de hablar en el versículo 119:136, resalta el carácter de Dios como un Dios justo y, por eso, son justos, rectos, fieles, sus juicios y sus testimonios; y lo son eternamente (119:137, 138, 142 y 144). Destaca de manera especial el singular hebreo: וְיָשָׁר *wəyāšār* de יָשָׁר *yashar,* "recto", junto a un sustantivo plural: מִשְׁפָּטֶיךָ *mišpāṭeḵā,* tus juicios; lo que significa según el rabino ABRAHAM BEN MEIR IBN EZRA [1092-1167], más conocido por el nombre de Aben Ezra, que tanto cada uno de sus juicios, como el conjunto compacto de todos ellos, es recto. Hay aquí una ecuación de palabra de Dios y justicia, a la que sigue otra ecuación de palabra y verdad (119:142b), que ya vimos al analizar el Salmo 19:9, y que se repite en los versículos 151 y 160 de este salmo, y llega hasta Juan 17:17: *"Santifícalos en tu verdad; tu palabra es verdad"*. Aquí tenemos un principio fundamental de conducta: La Palabra de Dios, al ser verdad, ha de gobernar los pensamientos y dirigir todos los movimientos de la persona; y, para que la autoridad de esa verdad no resulte ineficaz ante la debilidad de la carne, queda reforzada por una ley que ata la voluntad y la lleva a sumisión.

»2. El salmista expresa un segundo contraste entre su propia pequeñez y miseria –sobre todo, por el desprecio que hacia él muestran sus semejantes– (119:141) y la palabra de Dios acrisolada, es decir, libre de toda escoria. A pesar de esta desproporción, el salmista asegura que no se olvida de los preceptos (en hebreo: פִּקֻּדֶיךָ *piqquḏeḵā*) divinos; (119:141b); más aún, como ya ha expresado otras veces, los mandamientos de Dios son su delicia, aun en medio de la aflicción y de la angustia que se habían apoderado de él (119:143). Este mismo era el consuelo con que el Apóstol se sentía confortado para consolar a otros en medio de la tribulación (2 Corintios 1:3-11).

»3. Como en otros lugares, declara también su amor a la Palabra de Dios (119:140b): *"la ama tu siervo";* por ello, también una vez más, pide entendimiento (no revelación, pues tiene suficiente), para vivir (119:144b) y cumplir los preceptos de la Ley, pues Levítico 18:5 (citado en Romanos 10:5) dice de parte

San Jerónimo, cuya versión del texto es la que siguen la mayoría de los comentaristas medievales, explica que la letra צ *Tzadi* es el símbolo de la justicia o rectitud, que en hebreo se expresa con la palabra צֶדֶק *tsedeq.* Y tiene toda la razón en afirmar que hay en esta octava un juego de conexión entre el tema y el sonido fonético de la letra inicial, como sucede también en el caso de ג *Guímel.* La primera palabra hebrea de la presente estrofa es צַדִּיק *tṣaddîq,* justo; y toda la octava gira en torno a esta idea de justicia con el propósito de que el oyente o lector entiendan claramente que incluso un alma joven e inexperta (119:141) si se aferra a la Palabra, puede alcanzar la rectitud aún en mitad de las tentaciones y dificultades de la vida.

JOHN MASON NEALE [1818-1866] y RICHARD FREDERICK LITTLEDALE [1833-1890]
"Commentary on the Psalms from Primitive and Mediæval Writers", 1869

Todos los versículos de esta octava comienzan con צ *Tzadi*, la decimoctava letra del alfabeto hebreo. Tres versículos comienzan con alguna forma de la palabra צֶדֶק *tsedeq* que traducimos por justo o justicia (119:137,142,144); y los otros cinco con términos diversos pero siembre encabezados por la letra צ *Tzadi.*

WILLIAM SWAN PLUMER [1802-1880]
"Studies on the Book of Psalms", 1867

Vers. 137. *Justo eres tú, oh Jehová, y rectos tus juicios.* *[Justo eres tú, oh Jehová, y rectos tus juicios.* RVR*] [Justo eres tú, Señor, y rectos tus juicios.* LBLA*] [Justo eres Tú, oh YHVH, y rectos son tus mandamientos.* BTX*] [Señor, tú eres justo, y tus juicios son rectos.* NVI*] [Señor, tú eres justo, son rectas tus decisiones.* BLP*] [Oh Señor, tú eres recto, y tus ordenanzas son justas.* NTV*]*[3]

Justo eres tú, oh Jehová. Resulta interesante observar que a lo largo de esta extensa composición poética el salmista no utiliza el término יְהוָה *Yahwé* o *Jehová* con mucha frecuencia.[4] El contenido del salmo en su conjunto demuestra que era persona profundamente religiosa, versada y familiarizada con las cosas de Dios; y ese tipo de personas jamás suelen utilizar el santo nombre de Dios a la ligera,

---

de Dios: *"Por tanto, guardaréis mis estatutos y mis ordenanzas, los cuales haciendo el hombre, vivirá por ellos"*. En el cumplimiento de la ley hay vida. Si el hombre no se salva por la ley, es porque ninguno la cumple; y como la ley, de suyo, no da fuerza para luchar contra el pecado, sino que se reduce a darlo a conocer y a diagnosticarlo, necesitamos la gracia y el poder del Espíritu que se dan a los creyentes (ver Romanos 3:9-31; Efesios 2:1-10, entre otros pasajes).

»4. El amor a la ley de Dios le lleva, como siempre, a una tremenda tristeza por el quebrantamiento que de la ley hacen los malvados (119:139): *"Mi celo me ha consumido* (comparar con el Salmo 69:9; y Juan. 2:17) *porque mis enemigos se olvidaron de tus palabras"*. Es la primera vez en este salmo que los llama: צָרָי *ṣārāy, "mis adversarios"*, aunque en el versículo noventa y ocho (119:98) los había llamado: מֵאֹיְבַי *mê ʼōyəḇay* de אֹיֵב *oyeb, "mis enemigos"*. Eran, sin duda, enemigos y adversarios suyos, pero más por ser enemigos de Dios y de su ley, que por la dura aflicción con que le oprimían a él».

[3] La versión griega de los LXX o Septuaginta lee: δίκαιος εἶ, κύριε, καὶ εὐθὴς ἡ κρίσις σου que la Vulgata traduce al latín como: *"Justus es, Domine, et rectum judicium tuum"*, "Justo eres, oh Señor, y recto tu juicio". La versión sefardí de Ferrara traduce: *"Jufto tu Adonay, y derecho* (cada uno de) *tus juizios"*. La caldea Peshitta: *"Justo eres tú, Yahweh, y tus juicios son muy rectos"*. KRAUS traduce: *"¡Justo eres, oh Yahvé, y justos son tus juicios"*. SCHÖKEL: *"Justo eres tú, Señor, recto es tu mandamiento"*.

[4] Tan solo 24 veces en los 176 versículos que tiene el Salmo, concretamente en los versículos: 1, 12, 31, 33, 41, 52, 55, 57, 64, 65, 75, 89, 107, 108, 126, 137, 145, 149, 151, 156, 159, 166, 169, 174.

ni tampoco con demasía como puedan hacer los imprudentes, irreflexivos o impíos. En este caso la familiaridad en lugar de atrevimiento engendra reverencia. Utiliza el nombre sagrado en adoración: alaba a Dios atribuyéndole justicia perfecta. Dios es justo y siempre está en lo justo y recto. Se trata de una cualidad que emana de la idea misma que tenemos de él. No podemos concebir un Dios injusto. [5]

Y rectos tus juicios. A continuación ensalza su Palabra, sus juicios escritos, también como justos, en tanto que su Autor es justo. Lo que procede de un Dios justo es en sí mismo esencialmente justo: Jehová dice y hace siempre lo justo y nada más. Lo que resulta de gran consuelo y apoyo para el alma en tiempos de tribulación. Cuando estamos profundamente afligidos y no alcanzamos a ver la razón de las cosas, podemos recurrir a esta realidad cierta y segura de que Dios es justo, y por tanto, sus planes para nosotros son también justos y buenos. Cuando todo lo que nos rodea parece sugerir lo contrario, entonar esta valiente confesión del salmista: *"Justo eres tú, oh Jehová, y rectos tus juicios"* debe ser nuestro consuelo y nuestra gloria. Cuando la razón carnal murmura contra un trato que considera indebido, esta es la adoración más excelsa y enjundiosa que puede salir de los labios de la fe.

C. H. SPURGEON

Justo eres tú, oh Jehová. Profundamente afligido por la perversidad de sus enemigos, y contemplando como prosperan a pesar de su probada impiedad, David experimenta la dura tentación de la impaciencia y desconfianza; pero nos muestra a su vez el triple soporte de consuelo que le sostuvo ante tan peligrosa tentación:

1. Considerar que Dios es en sí mismo: justo y recto.
2. La equidad de su Palabra.
3. La contemplación de su verdad inmutable: manifiesta en su proceder conforme a su Palabra.

Cuando la prosperidad de los malvados nos arrastra a la desconfianza; volvamos la mirada hacia Dios y meditemos en su naturaleza, su Palabra, y sus obras; en la plena seguridad de que hallaremos consuelo

Justo eres tú, oh Jehová. He aquí el pilar fundamental de este consuelo: reflexionar en la inmutabilidad de la justicia divina: no cambia con los tiempos, no cambia con las personas, Dios es siempre el mismo para todos: el mismo Dios inmutable, justo y santo. La rectitud es elemento esencial de su propia naturaleza: ni puede defraudar a los creyentes en lo que hace a los consuelos a ellos prometidos; ni tampoco dejar que los pecados y transgresiones de los malvados queden impunes; hacerlo equivaldría a negar su propia naturaleza divina, lo cual es imposible.

WILLIAM COWPER [1566-1619]

"A holy alphabet for Sion's scholars full of spiritual instructions, and heavenly consolations [...] delivered by way of commentary upon the whole 119 Psalme", 1613

Justo eres tú, oh Jehová. Dios es justo en su esencia, en su naturaleza, en sí mismo, en su carácter, de forma inmutable y con carácter universal; justo en todos sus caminos y en todas sus obras tanto de la naturaleza como de la gracia. En sus pensamientos, propósitos, consejos y decretos; en todas las dispensaciones de su providencia; en la redención y en la justificación del pecador; en el perdón del pecado, y en el don de la vida eterna por medio de Cristo.

---

[5] Dice WILLIAM SWAN PLUMER [1802-1880]: «El carácter justo de Dios es el fundamento de todo gozo santo, como su naturaleza es la base de toda teología correcta. Si no fuera absolutamente justo y fiel, si no fuera lo que realmente es, en todas las cosas, con toda probabilidad nuestras esperanzas perecerían con nosotros. Es debido a Dios es lo que es, que es lo que debería ser. Dice GUILIELMUS AMESIUS [1576-1633]: 'A pesar de que los hombres se engañan a si mismos fingiendo unos elevados niveles de justicia y derecho, y presumen de ellos, no existe justicia real y verdadera fuera de la revelada en la Palabra de Dios'».

Y rectos tus juicios. Porque concuerdan con todas las reglas de justicia y equidad. Se refiere tanto a los preceptos de la Palabra y doctrinas del evangelio, así como los juicios divinos infligidos a los malvados, los tratos providenciales de Dios con su pueblo, y también el juicio final.

JOHN GILL [1697-1771]
"Exposition of the Old Testament", 1748

Justo eres tú, oh Jehová, y rectos tus juicios. En este versículo sobra materia para mantener a los hijos de Dios en vilo. El Señor es un Dios justo: y aunque hemos hallado misericordia y entrado en el santuario bajo el amparo de su gracia, no cabe que olvidar que es imparcial en su justicia. Y que si no perdonó a los ángeles que pecaron,[6] ni su propio Hijo eximió cuando era pecador por imputación,[7] no te perdonará a ti aunque seas lo amado de su alma:[8] *"Ciertamente el justo será recompensado en la tierra; ¡Cuánto más el impío y el pecador!"*.[9] Los comportamientos pecaminosos de los hijos de Dios siempre son causa de amargura; jamás un creyente sale inmune de la transgresión ni logra aventurase a pecar sin sufrir graves pérdidas. Cuando Pablo está al borde de ceder al orgullo, Dios le humilla;[10] y si un cristiano cede ante el pecado, su peregrinaje se volverá se volverá azaroso y poco confortable. Por negligencia y excesiva tolerancia del sacerdote Elí, el arca de Dios cayó en manos de los enemigos, sus dos hijos murieron en la batalla, murió su nuera y él mismo se desnucó.[11] ¡Oh las tragedias que obra el pecado en las casas de los hijos de Dios! Cuando David pecó dejándose tentar por el fruto prohibido, fue expulsado de su palacio, sus concubinas violadas, y su propio hijo muerto; y otras muchas y grandes calamidades cayeron sobre él. Por tanto, los hijos de Dios tienen motivos para temer; porque el Señor es un Dios justo, y así lo descubrirán si lo provocan, pues en la tierra se ha reservado el derecho de castigar con vara sus transgresiones, y con azotes sus iniquidades.[12] Permitidme, pues, como hace el apóstol Juan, que os inste a imitar la justicia de Dios: *"Si sabéis que él es justo, reconoced también que todo el que hace justicia es nacido de él.*[13] Tenemos un Dios justo, es esta es la parte principal de su carácter que debemos imitar.

THOMAS MANTON [1620-1677]
"One hundred and ninety sermons on the hundred and nineteenth Psalm", 1681

Justo eres tú, oh Jehová, y rectos tus juicios. Viéndose sometido a la aflicción bajo la mano de Dios, la principal preocupación de David fue exculpar al Señor de injusticia. ¡Oh Señor, –exclama– en cuantas aflicciones has traído sobre mí, no hay un solo ingrediente, causa, razón ni motivo de injusticia. No me queda sino avergonzarme de mí mismo, y declarar solemnemente estampándolo luego con el sello de mi propia mano, que el Señor es justo, y que no hay injusticia, desafuero, arbitrariedad ni destemplanza alguna en todo cuanto el Señor ha traído sobre mí. Reconoce con dulzura y la mejor disposición, la imparcialidad de la justicia de Dios en todas cuantas pruebas y aflicciones el Señor estimó a bien someterle, por hirientes y duras que estas fueran: *"Justo eres tú, oh Jehová, y rectos tus juicios"*. Los juicios de Dios son siempre justos; nunca aflige sino no es en fidelidad. Su voluntad es

---

[6] 2 Pedro 2:4.
[7] Romanos 8;32.
[8] Jeremías 12:7.
[9] Proverbios 11:31.
[10] 2 Corintios 12:7.
[11] 1 Samuel 4:5-22.
[12] Salmo 89:32.
[13] 1 Juan 2:29.

la regla de la justicia; y por tanto, un alma noble y tocada por la gracia jamás se atreve a cuestionar sus procedimientos.

THOMAS BROOKS [1608-1680]
"A Mute Christian Under the Rod" 1659

Justo eres tú, oh Jehová, y rectos tus juicios. El versículo ciento treinta y siete del salmo (119:137), al igual que el veinticinco (119:25), va ligado a las aflicciones del penitente imperial.[14] Cuando el emperador Mauricio[15] fue depuesto, encadenado y conducido al lugar de su ejecución por el usurpador Focas, previamente sus cinco hijos fueron asesinados uno a uno en su presencia; y a cada golpe fatal Mauricio se limitó a exclamar pausadamente: *"Justo eres tú, oh Señor, y rectos tus juicios"*.

JOHN MASON NEALE [1818-1866] y RICHARD FREDERICK LITTLEDALE [1833-1890]
"Commentary on the Psalms from Primitive and Mediæval Writers", 1869

Vers. 138. *Tus testimonios, que has recomendado, son rectos y muy fieles.* *[Tus testimonios, que has recomendado, son rectos y muy fieles.* RVR*] [Has ordenado tus testimonios con justicia, y con suma fidelidad.* LBLA*] [Tus testimonios que nos has encomendado son rectos, y están llenos de fidelidad.* BTX*] [Justos son los estatutos que has ordenado, y muy dignos de confianza.* NVI*] [Has establecido tus mandatos con plena fidelidad y justicia.* BLP*] [Tus leyes son perfectas y absolutamente confiables.* NTV*]*[16]

Tus testimonios, que has recomendado, son rectos y muy fieles. Todo lo que Dios ha testificado en su Palabra es justo y veraz. Es *"recto"*, por lo que se puede confiar en ello en el presente; y *"muy fiel"*, por tanto se puede confiar en ello para el futuro. Cada porción de los testimonios inspirados goza de autoridad divina, ha sido emitida y publicada por mandato de Dios, y lleva la impronta del estilo real que ostenta la omnipotencia. No solo los preceptos sino también las promesas son mandatos del Señor, así como lo son todas las enseñanzas de la Escritura. No queda a nuestro criterio y albedrío el aceptarlas o no; han sido proclamadas por el mando real, y no pueden ni deben ser cuestionadas. Y su característica peculiar es que comparten una misma naturaleza con el Señor que las ha proclamado: son la esencia de la justicia y el alma de la verdad. La palabra de Dios es justa y no puede ser impugnada; es fiel y no puede ser cuestionada; es verdadera desde el principio, y será verdadera hasta el final.

---

[14] La cita es de EDWARD GIBBON [1737-1794] en *"History Of The Decline And Fall Of The Roman Empire"*, capítulo 46.

[15] Se refiere a FLAVIO MAURICIO TIBERIO [539-602], más conocido como MAURICIO I, emperador de Bizancio de 582 a 602. Brillante general, consiguió importantes victorias y fue nombrado sucesor de Tiberio II [540-582]. Pero su reinado fue corto; en el 602 hubo una rebelión en el ejército liderada por uno de sus centuriones, Focas, que al apoderarse de Constantinopla, se proclamó emperador decapitando a Mauricio, no sin antes obligarle a presenciar la ejecución de sus dos hijos. Ver al respecto los comentarios al Salmo 145:17.

[16] La versión griega de los LXX o Septuaginta lee: ἐνετείλω δικαιοσύνην τὰ μαρτύριά σου καὶ ἀλήθειαν σφόδρα que la Vulgata traduce al latín como: *"Mandasti justitiam testimonia tua, et veritatem tuam nimis"*, "Mandaste justicia, y tus testimonios, y tu verdad exactísimamente". La versión sefardí de Ferrara traduce: *"Encomendafte juftedad* (en) tus teftamientos; y verdad mucho*"*. La caldea Peshitta: *"Has ordenado tu testimonio con justicia y con fidelidad"*. KRAUS traduce: *"Anunciaste tus testimonios con justicia y con gran fidelidad"*. SCHÖKEL: *"Has prescrito preceptos justos, sumamente estables"*.

Reposemos confiados sobre esta dulce expresión: *"y muy fieles"*. ¡Qué misericordia tan grande que el Dios con quién nos corresponde tratar sea escrupulosamente fiel y verdadero en todos los aspectos, puntos y detalles de sus promesas: preciso en el tiempo, inalterable al tiempo. Vale la pena arriesgarlo todo sobre una Palabra que es *«siempre fiel, siempre segura»*.[17]

C. H. SPURGEON

Has ordenado tus testimonios con justicia, y con suma fidelidad. En la mayoría de nuestras versiones la fuerza de estas palabras queda muy por debajo del sentido del texto hebreo[18] que literalmente cabe traducir del siguiente modo: *"Has hecho de la justicia tus testimonios, y es la verdad misma"*. Y así es como aparece en la versión griega o Septuaginta.[19] La justicia y la verdad, y los testimonios, son una misma cosa. En las traducciones da la impresión como si la verdad y la justicia fueran cualidades de los testimonios; este no es el sentido del hebreo que los considera una misma cosa; como si dijera: *"has hecho que tus testimonios sean la justicia, y la verdad misma"*.[20]

JOHN STEPHEN [1800-1881]
"The Utterances of the CXIX Psalm; Expounded in a Series of Lectures", 1861

Tus testimonios. A la palabra de Dios se la llama *"sus testimonios"*, porque atestigua la voluntad divina, es decir, lo que Dios quiere que hagamos; como también porque testifica con absoluta certeza a los hombres lo que será de ellos, ya sea bueno o malo. Los seres humanos, propia naturaleza, en lugar de preocuparse de enmendar su vida tienen una curiosidad insana por conocer su final; esto les lleva a buscar respuestas donde no deberían, y nunca son buenas.[21] Pero si tan ansiosos están de saberlo, deberían acudir a la Palabra y al testimonio; no tienen necesidad de buscar ningún otro oráculo. Y si la palabra de Dios testifica de su proceder buenas cosas, tienen motivos para regocijarse; pero si da testimonio de su maldad y la pone en relieve, más les vale que se apresuren enmendarlo y evitar el castigo, pues de lo contrario les alcanzará de lleno.

WILLIAM COWPER [1566-1619]
"A holy alphabet for Sion's scholars full of spiritual instructions, and heavenly consolations [...] delivered by way of commentary upon the whole 119 Psalme", 1613

---

[17] Cita la última línea o estribillo de cada una de las siete estrofas del himno compuesto por el famoso poeta JOHN MILTON [1608-1674] y que comienza diciendo: *"Let us, with a gladsome mind, / praise the LORD, for He is kind: / for His mercies shall endure, / **ever faithful, ever sure".***

[18] En hebreo צִוִּיתָ צֶדֶק עֵדֹתֶיךָ וֶאֱמוּנָה מְאֹד *ṣiwwîā ṣeḏeq 'êḏōṯeḵā we'ĕmūnāh mə'ōḏ.*

[19] ἐντέλλομαι δικαιοσύνη ὁ μαρτύριον σύ καί ἀλήθεια σφόδρα. Que la Vulgata traduce como: *"mandasti iustitiam testimonia tua et veritatem tuam nimis"*, "justo es todo lo que mandas, puesto que es la verdad misma".

[20] Dicen los comentaristas sobre este versículo:

– MATHEW POOLE [1624-1679]: «El sentido es: De manera estricta y severa, bajo las más duras amenazas y condenas, has ordenado en tu palabra que los hombres han de ser justos y sinceros en todas sus acciones».

– WILLIAM SWAN PLUMER [1802-1880] añade: «No contamos con otra norma de justicia más segura y confiable que la palabra de Dios».

[21] 1 Samuel 18:3-25.

Son rectos y muy fieles. Literalmente, *"fieles en exceso"* o *"fieles en extremo"*.[22] Por duros y severos que a veces nos puedan parecer, son todos ellos buenos y favorables para el hombre.

WILLIAM KAY [1820-1896]

"The Psalms Translated From the Hebrew, with Notes Chiefly Exegetical", 1871

Vers. 139. ***Mi celo me ha consumido, porque mis enemigos se olvidaron de tus palabras.*** *[Mi celo me ha consumido, porque mis enemigos se olvidaron de tus palabras.* RVR*] [Mi celo me ha consumido, porque mis adversarios han olvidado tus palabras.* LBLA*] [Mi celo me consume, porque mis adversarios han olvidado tus palabras.* BTX*] [Mi celo me consume, porque mis adversarios pasan por alto tus palabras.* NVI*] [Mi celo me consume, porque olvidan mis rivales tus palabras.* BLP*] [La indignación me agobia, porque mis enemigos despreciaron tus palabras.* NTV*]*[23]

En los dos versículos anteriores David habla de su Dios y de su ley justa y perfecta; aquí habla de sí mismo, y exclama:

Mi celo me ha consumido, porque mis enemigos se olvidaron de tus palabras. Es probable que la causa de esta reacción fuera su propia reflexión sobre el carácter admirable y perfecto de la palabra de Dios. Su celo era cual un fuego prendido en el interior de su alma; la visión del abandono y menosprecio de la palabra de Dios por parte del hombre actuó de eficaz fuello soplador; y al avivarlo, extrajo una llama tan vehemente que estuvo a punto de abrasarle y consumirle. David no podía soportar que marginaran la palabra de Dios, y estaba dispuesto a todo, a consumirse a sí mismo si era preciso con tal de evitarlo.[24] Los impíos eran enemigos declarados de David: ellos lo odiaban por su piedad; y él los aborrecía por su impiedad. Y tan lejos habían llegado en su iniquidad que no tan solo quebrantaron y menospreciaron los mandamientos de Dios, sino que al parecer los habían olvidado y relegado por completo. Y eso le puso sobre ascuas; ardió de indignación. ¡Cómo se atrevían a pisotear las cosas santas! ¡Cómo podían llegar al extremo de ignorar los mismísimos mandamientos de Dios por entero! Estaba consternado y lleno de santa indignación.[25]

C. H. SPURGEON

[22] En hebreo וֶאֱמוּנָה מְאֹד *we'ĕmūnāh mə'ōd* de מְאֹד *meod* "en gran manera", como en Génesis 1:31: *"era bueno en gran manera"*; Génesis 4:5: *"se ensañó Caín en gran manera"*; o Génesis 7:18: *"las aguas crecieron en gran manera"*.

[23] La versión griega de los LXX o Septuaginta lee: ἐξέτηξέν με ὁ ζῆλος τοῦ οἴκου σου, ὅτι ἐπελάθοντο τῶν λόγων σου οἱ ἐχθροί μου que la Vulgata traduce al latín como: *"Tabescere me fecit zelus meus, quia obliti sunt verba tua inimici mei"*, "Mi celo me ha hecho repudrirme; porque mis enemigos han olvidado tus palabras". La versión sefardí de Ferrara traduce: *"Tajome mi zelo, porque olvidaron tus palabras mis anguftiadores"*. La caldea Peshitta: *"El celo me ha afligido en todo tiempo, porque tus adversarios han olvidado tu palabra"*. KRAUS traduce: *"Mi celo me consume, porque mis enemigos olvidan tus palabras"*. SCHÖKEL: *"Me consumo de celo, porque mis enemigos olvidan tus palabras"*.

[24] Dice al respecto JOHANN PETER LANGE [1802-1884]: «El amor a Dios es fuente de un tipo peculiar de celo que no persigue el propio beneficio sino el de Dios; y que no busca consumir a los demás antes bien nos lleva a consumirnos nosotros mismos. No tiene sentido pretender abrasar el mundo con la palabra de Dios, si no estamos nosotros mismos abrasados por ella».

[25] Dice WILLIAM SWAN PLUMER [1802-1880]: «A medida quela gracia triunfa, el celo piadoso del pueblo de Dios aumenta de manera proporcional a la conducta indignante y escandalosa de los malvados que están a su alrededor».

Mi celo me ha consumido. El *"celo"* brota de un alto grado de amor; y cuando el objeto de ese amor es ultrajado o maltratado, se transforma en un elixir explosivo, mezcla de dolor e indignación, suficiente como para *"consumir"* el corazón del afectado. Tal es justamente el caso de muchas personas piadosas al contemplar el deshonor y vejación hecha incesantemente a Dios por criaturas que él ha creado y redimido. Con todo, nadie podía haber pronunciado las palabras de este versículo con la misma plenitud de motivo, razón y derecho en que las pronunció el Hijo de Dios, que experimentó por un lado el sentido de la gloria de su Padre, y por el otro la ingratitud y gravedad del pecado del hombre, como ningún ser humano lo había hecho ni lo hará jamás. En consecuencia, después de que su celo se había esforzado en limpiar el templo, el evangelista Juan añade: *"Entonces se acordaron sus discípulos de que está escrito: El celo de tu casa me devora"* (Juan 2:17). Y el lugar donde está escrito es el Salmo 69:9, un pasaje totalmente paralelo al que estamos comentando.[26]

GEORGE HORNE [1730-1792]
"A Commentary on the Psalms in which Their Literal Or Historical Sense, as They Relate to King David is Illustrated", 1825

Mi celo me ha consumido, porque mis enemigos se olvidaron de tus palabras. El celo es el calor generado por la tensión de los afectos; es un calor santo, que tensa nuestro amor y nuestra ira hasta su punto álgido por causa de Dios y su gloria. Po tanto, nuestro amor a Dios y sus caminos; y nuestro odio a la maldad y falacias; deberían potenciarse a causa de los impíos. Los contrastes son positivos, en una pintura los colores oscuros y apagados hacen que los colores claros y vivos resalten y se vean más hermosos; los pecados de otros deberían resaltar ante nuestros ojos la realidad de Dios y su bondad. Golpeado por el pedernal frío de del desprecio y la indiferencia por las cosas santas nuestro corazón debería echar chispas. En una santa antiperístasis,[27] David se enfervorizó a causa la frialdad de los otros: *Mi celo me ha consumido, porque mis enemigos se olvidaron de ti.* Las ráfagas heladas hacen levantar más altas las llamas y que ardan más calientes.

GEORGE SWINNOCK [1627-1673]
"The Christian Man's Calling", 1665

[26] Dice WILLIAM SWAN PLUMER [1802-1880]: «El celo santo es un componente esencial del buen carácter cristiano; y el creyente que no lo experimenta es porque no siente por Dios un amor genuino; puesto que el celo genuino se inflama y arde por amor a Dios. El servicio a Dios sin un compromiso vital de entrega es mera hipocresía, pues el celo cristiano genuino estima como mejor morir por Cristo que vivir para el mundo (Filipenses 1:21). GEORGE WHITEFIELD [1714-1770] tuvo una vida relativamente corta, vivió cincuenta y seis años, y sin embargo, predicó dieciocho mil sermones de auténtico fuego santo que pusieron el mundo en llamas. El celo cristiano auténtico arde por la gloria de Dios, no por la suya propia; y gime mucho más por ver el nombre del Señor deshonrado que por sus propios padecimientos. Esta presto a perdonar los errores cometidos y las injurias lanzadas contra él; pero es implacable cuando la injuria es contra el Señor de los ejércitos. Está dispuesto a padecer incluso a favor de sus mismos perseguidores, y a perdonar a los que le hacen sufrir. No es agresivo ni rencoroso; bendice en lugar de maldecir; no busca el boato y rehúye la vanagloria, porque brota de un amor sincero a la palabra de Dios y a las almas de los hombres» Dice CHARLES BRIDGES [1794-1869]: «La mejor evidencia de un celo cristiano verdadero es cuando comienza por limpiar la propia casa, cuando en un escrutinio a fondo se enzarza en un exterminio y venganza vehemente contra los pecados escondidos en lo más recóndito de su propio corazón». Y DAVID DICKSON [1583-1662]: «El celo santo genuino precisa de sólidas garantías, de un profundo conocimiento de causa y certeza absoluta de que no yerra; pero cuando está convencido, no hay nada capaz de detenerlo. Toda oposición, desprecio y burlas que la incredulidad vierta sobre el, no hacen sino para inflamarlo aún más».

[27] Se dice de la acción de dos cualidades contrarias, cuando una excita por su oposición el vigor de la otra.

Mi celo me ha consumido. El fuego del celo santo, como el fuego que consumió el sacrificio de Salomón,[28] desciende del cielo; y por tanto, los zelotes no son esas salamandras que viven a gusto revolcándose permanentemente en el fuego del odio de la discordia; sino serafines que arden con el fuego espiritual que brota amor divino. El verdadero celo inflama los deseos y los afectos del alma; y por tanto, el transcurrir del tiempo, la multiplicidad de desalientos, la hipocresía, las traiciones, los abandonos de la causa, el riesgo, la intensidad y dureza de la oposición: ni lo apagan ni lo agotan. El celo santo hace de los tímidos osados, de los cobardes valientes, transforma los obstáculos en afilados arietes que multiplican su empuje, y acoraza el espíritu de todos aquellos que inflama revistiéndoles de una resolución adamantina. Este fue el celo que hizo arder el corazón de los discípulos en Emaús,[29] que consumió a David en este pasaje; y que secó la mismísima médula de Cristo.[30]

ABRAHAM WRIGHT [1611-1690]
"A Practical Commentary or Exposition upon the Book of Psalms", 1661

Mi celo me ha consumido. Hay diversos tipos de celo; hay un celo materialista, por las cosas de este mundo; hay un celo de la carne; hay un celo de la falsa religión; hay un celo de la herejía, y hay un celo verdadero por palabra de Dios. El celo materialista hace que los seres humanos trabajen día y noche para obtener algo transitorio. El celo de la carne atormenta las mentes de muchos día u noche con el anhelo lujurioso de un placer momentáneo. El celo de la herejía lleva a algunos a recorrer el mundo entero, viajando incesantemente por mar y tierra, con tal de exponer sus opiniones, difundirlas y aumentar adeptos. De hecho, cada ser humano es devorado por algún tipo u otro de celo: el borracho es consumido por su embriaguez; el libertino gasta cuanto tiene en prostitutas; el hereje es tragado por sus propias herejías. ¡Oh, cómo debería esto avergonzarnos a nosotros, a quienes tan poco nos mueve, tan poco nos devora, tan poco nos importa, tan poco consume el celo por la Palabra Santa! Y tanta más vergüenza cuando consideramos que el celo divino nos aporta ventajas y recompensas que los materialistas, herejes, libertinos o celoso por la carne, no tienen. Porque cuando han consumido con su celo desencaminado toda la energía de sus cuerpos y los poderes de sus mentes, no les queda ni ganancia ni consuelo, sino una conciencia atormentada; y por mucho que se consuman exteriormente, interiormente nunca son mejores. En cambio el piadoso, interesado por lo bueno y devorado por el celo de la gloria de Dios, tiene este notable privilegio y beneficio: que a pesar de que su hombre exterior se deteriore y decaiga, su hombre interior se renueva y se nutre para la vida eterna; *aunque su morada terrestre, este tabernáculo, se deshaga, tiene de Dios un edificio, una casa no hecha con manos, eterna, en los cielos.*[31] ¡Oh, qué espléndido y beneficioso es ser devorado por amor y el celo de lo bueno!

RICHARD GREENHAM [1531-1591]
"An Exposition on the 119 Psalme"

Se olvidaron de tus palabras. Una frase apropiada para exponer en el seno de la Iglesia visible actual; que no niega o rechaza por completo la Palabra y el gobierno de las Escrituras, pero que vive como si las hubiera olvidado; pues sus componentes no observan sus preceptos, cual si Dios nunca hubiera hablado, ni les hubiera dictado norma alguna.

THOMAS MANTON [1620-1677]
"One hundred and ninety sermons on the hundred and nineteenth Psalm", 1681

[28] 2 Crónicas 7:1-3.
[29] Lucas 24:32
[30] Juan 2:17.
[31] 2 Corintios 5:1.

Vers. 140. *Sumamente pura es tu palabra, y la ama tu siervo.* *[Sumamente acrisolada es tu palabra, y la ama tu siervo.* RVR*] [Es muy pura tu palabra, y tu siervo la ama.* LBLA*] [Tu Palabra es en extremo pura, y tu esclavo la ama.* BTX*] [Tus promesas han superado muchas pruebas, por eso tu siervo las ama.* NVI*] [Tu promesa es genuina, por eso la ama tu siervo.* BLP*] [Tus promesas fueron sometidas a una prueba rigurosa; por esò las amo tanto.* NTV*]*[32]

Es muy pura tu palabra. Es verdad destilada; santidad en su quintaesencia. En la Palabra de Dios no hay mezcla de error ni pecado. Es pura en su sentido, pura en su lenguaje, pura en su espíritu, pura en su influencia, y todo ello en el grado más elevado: *"muy pura"*.[33]

Y la ama tu siervo. Lo cual es una evidencia de que él mismo era puro de corazón, porque solo aquellos que son puros aman la Palabra de Dios por su pureza. Su corazón estaba apegado a la Palabra en razón de su santidad y veracidad gloriosas: la admiraba, se deleitaba en ella, procuraba practicarla, y anhelaba someterse a su poder purificador.

C. H. SPURGEON

Sumamente acrisolada es tu palabra. En el texto hebreo es: צְרוּפָה *ṣərūpāh* de צָרַף *tsaraph.*[34] El sentido es de algo probado y purificado como el oro en el crisol, es decir: acrisolada. La Palabra de Dios es absolutamente perfecta e inequívoca, libre de toda la escoria falible que contamina los escritos humanos. Cuanto más pongamos a prueba las promesas divinas, más seguras las encontraremos y mayor certeza tendremos de su fiabilidad. El oro en estado puro es algo tan sólido y estable que Boerhaave[35]

---

[32] La versión griega de los LXX o Septuaginta lee: πεπυρωμένον τὸ λόγιόν σου σφόδρα, καὶ ὁ δοῦλός σου ἠγάπησεν αὐτό que la Vulgata traduce al latín como: *"Ignitum eloquium tuum vehementer, et servus tuus dilexit illud"*, "Tu palabra es encendida en gran manera, y tu siervo la ha amado". La versión sefardí de Ferrara traduce: *"Purificado tu dicho mucho, y tu fiervo lo amo"*. La caldea Peshitta: *"Tu palabra es sumamente pura, y tu siervo la ama"*. KRAUS traduce: *"Es muy pura tu palabra, y tu siervo la ama"*. SCHÖKEL: *"Tu promesa es acrisolada, y tu siervo la ama"*.

[33] Dice WILLIAM SWAN PLUMER [1802-1880]: «La palabra de Dios ha sido probada durante miles de años en todas las formas posibles, y siempre ha salido incólume y ha demostrado ser pura en todos los aspectos y sentidos. Es santa y conduce a santidad; digna de Dios mismo. Dice GUILIELMUS AMESIUS [1576-1633]: 'El verdadero amor a la palabra de Dios surge precisamente de esta visión, de que es pura'. Y no solo pura en si misma, sino que además es purificadora: *"Vosotros estáis ya limpios por la palabra que os he hablado"* (Juan 15:3)».

[34] Un término cuyo sentido básico va ligado exclusivamente al oro y al refinado de ese metal, pero que en las Escrituras se utiliza a menudo en sentido figurado para expresar como Dios "prueba" al ser humano. Aparece 33 veces en total. Y en su forma verbal צְרוּפָה *ṣərūpāh,* utilizada en este versículo, tan solo tres veces más (en total 4): 2 Samuel 22:32; en el Salmo 18:30; en Proverbios 30:5 todos ellos aplicado también a la Palabra de Dios como particularmente pura o *"acrisolada"*.

[35] Se refiere a HERMAN BOERHAAVE (1668-1783), ilustre físico y químico, naturalista y médico calvinista holandés, profesor de la Universidad de Leiden, donde tiene un museo dedicado. Realizó importantes estudios químicos sobre la composición de los metales.

nos habla de un caso en el que una onza de oro puro engastada en el centro de un horno de fusión de vidrio durante dos meses,[36] no perdió un solo grano.[37]

George Horne [1730-1792]
"A Commentary on the Psalms in which Their Literal Or Historical Sense, as They Relate to King David is Illustrated", 1825

Sumamente pura es tu palabra, y la ama tu siervo. La palabra de Dios no tan solo es absolutamente *"pura"* en sí misma y libre de toda mezcolanza nociva, sino que además actúa como elemento purificador: limpia del pecado y culpa cada corazón con el que entra en contacto *"Ya vosotros estáis limpios* –dijo Jesús a sus discípulos– *por la palabra que os he hablado".*[38] Y es precisamente su pureza intrínseca, sumada a su cualidad de purificar todo cuanto entra en contacto con su naturaleza sagrada, lo que la hace tan grata y deleitosa al cristiano; pues las descripciones del carácter divino que encuentra en sus páginas; sus promesas y preceptos; las imágenes que le brinda de la deformidad del pecado y representaciones alentadoras de la hermosura de la santidad; son, más que cualquier otra cosa, lo que le conduce a buscar la conformidad con la imagen divina. El deseo de todo creyente en sus momentos de éxtasis espiritual no es que la palabra de Dios descienda al nivel de su propia naturaleza y carácter imperfecto, sino todo lo contrario, que su naturaleza pueda ser gradualmente elevada en conformidad con esta bendita Palabra.[39] Es por ser en si misma absolutamente pura: y por su cualidad peculiar de transmitir hasta cierto punto su propia pureza a todos cuantos emprenden su estudio constante, que el salmista la ama y se deleita meditando en ella de día y de noche.[40]

John Morison [1791-1859]
"An Exposition of the Book of Psalms", 1829

Sumamente pura es tu palabra. Mucho antes de conocer la palabra de Dios en espíritu y en verdad, solo por el mero hecho de su antigüedad sorprendente, de su narrativa fascinante, de su imparcialidad biográfica, de su código moral inigualable, de su poesía sublime; en una palabra, por su extraordinaria variedad y belleza literaria, ya la Biblia era mi lectura preferida por encima de cualquier otro libro. Sin embargo, desde el instante en el que penetré en su espíritu, la amo por su pureza muy por encima de todas las demás cosas, como el salmista; y mi único deseo es que cualquier otra lectura me sirva para aumentar mis conocimientos de la Biblia y fortalecer mi afecto por sus verdades divinas y santas.

Sir William Jones [1746-1794]
"The Theological and Miscellaneous Works of the Rev. William Jones – Am Essay on Confirmation", 1810

[36] Los hornos de fusión de vidrio trabajan a temperaturas altísimas superiores a los 1.500 grados centígrados. Y la dificultad de conseguir estas temperaturas tan elevadas hacía que antiguamente, una vez encendido el horno, se mantuviera encendido durante largos períodos de tiempo, trabajando en turnos continuos, sin apagarlo en varios meses.

[37] En el original: *"without losing a single grain"*. En sentido es de que no tuvo merma alguna, por lo que también podría traducirse "no disminuyo un gramo".

[38] Juan 15:3.

[39] 2 Corintios 3:18; 4:4-6; 2; Efesios 4:22-24; Pedro 1:5-9.

[40] Josué 1:8; Salmo 1:2.

Tu palabra. Revisemos algunos de calificativos que aplicamos a las Escrituras como *"palabra de Dios",* que nos ayudaran a descubrir, en cierto modo, sus múltiples y diversas conexiones tanto con Dios como con nuestras almas. Se las llama *"palabra de Cristo",*[41] porque gran parte de ellas fueron dadas por él, y todas ellas *"dan testimonio de él".*[42] ... Se las llama *"palabra de su gracia",*[43] porque el tema glorioso sobre el que versan y aman esclarecer con el mayor detalle es la *gracia,* y de manera especial la gracia revelada en el amor de Cristo al entregar su vida por los pecadores.[44] Se las llama ὁ λόγος τοῦ σταυροῦ *"palabra de la cruz",*[45] porque en la crucifixión del divino Redentor vemos la misericordia eterna en su fulgor más brillante. Se las llama *"palabra del evangelio",*[46] porque trae buenas nuevas de gran gozo[47] a todas las naciones.[48] Se las llama *"palabra del reino",*[49] porque ofrecen a todos los creyentes la esperanza de un reino eterno de justicia y paz. Se las llama *"palabra de salvación",*[50] porque el propósito para el cual fueron dadas es la salvación de los pecadores. Se llama "palabra de verdad"[51] porque, como dice Chillingworth,[52] tienen a Dios por autor, la salvación como fin, y la verdad sin mezcla de error en su contenido. Y solo agregaremos que se las llama también *"palabra de vida",*[53] porque revelan a un mundo pecador y que perece las doctrinas de la vida y la inmortalidad.

WILLIAM GRAHAM [1810-1883]
"A Commentary on the First Epistle of John", 1857

Y la ama tu siervo. El amor es en Dios la fuente de cuantos beneficios proyecta sobre nosotros; y es en el hombre la fuente de toda nuestra obediencia y servicio Dios. Él nos amó primero colmándonos de bienes; y de ahí parte nuestro anhelo de amarle y servirle a él.[54] Nuestro amor a Dios es un deber inexcusable cuya ausencia no puede ser justificada en modo alguno, pues incluso los más pobres pueden y deben amarle; fuera de amar, todo cuanto puedas hacer en servicio a Dios carece por completo de valor, pues, aunque repartieses todos tus bienes para dar de comer a los pobres, y si entregases tu cuerpo para ser quemado, no sirve de nada.[55] Los pequeños sacrificios que brotan de la fe y el amor, son de su agrado más que cualquier otra cosa; en tanto que otros sacrificios mayores, pero carentes de fe y amor, le son abominación.[56] Prueba de ello la tenemos en la ofrenda de la viuda[57] y la oblación de Caín;[58] en tanto que lo uno fue rechazado, lo otra fue recibida. ¡Felices aquellos que aun

---

[41] Colosenses 3:16. Ver también Romanos 10:17 en LBLA, NVI, BLP, NTV, y otras versiones.
[42] Juan 5:39.
[43] Hechos 20:32.
[44] Isaías 53:10-12; Mateo 20:28; Marcos 10:45; 2 Corintios 5:21; Filipenses 2:5-8; Tito 2:14.
[45] 1 Corintios 1:18.
[46] Colosenses 1:5.
[47] Lucas 2:10
[48] Mateo 24:14: Marcos 16:15-16; Lucas 24:47; Romanos 10:18; 16:25-26.
[49] Mateo 13:19.
[50] Hechos 13:26. Ver también Romanos 1:16; Efesios 1:13; Colosenses 1:5.
[51] 2 Timoteo 2:15; Efesios 1:13; Santiago 1: 18. Ver también Salmo 119:160; Proverbios 30:5-6; Juan 17:7
[52] Se refiere a al teólogo, apologista y predicador inglés WILLIAM CHILLINGWORTH [1602-1643] en *"Nine Sermons",* 1719
[53] Filipenses 2:16.
[54] 1 Juan 4:10,19. Ver también Juan 3:16; 15:16; Efesios 2:3-5; Tito 3:3-5.
[55] 1 Corintios 13:3.
[56] 1 Samuel 15:22; Salmo 40:6; 51:16; Isaías 1:11-18: Amós 5:22; Mateo 9:13; 12:7.
[57] Marcos 12:41-44; Lucas 21:1-4.
[58] Génesis 4:4-5; Hebreos 11:4.

cuando no puedan decir: «He cumplido con lo que Dios ordena», pueden exclamar de todo corazón: «Amo hacer lo que Dios manda».

WILLIAM COWPER [1566-1619]
"A holy alphabet for Sion's scholars full of spiritual instructions, and heavenly consolations [...] delivered by way of commentary upon the whole 119 Psalme", 1613

Y la ama tu siervo. De entre todos nuestros motivos y razones para amar la palabra de Dios, el más noble y excelente es amarla por su pureza, pues en esto se demuestra ciertamente que somos hechos partícipes de la naturaleza Divina: *"por medio de las cuales nos ha dado preciosas y grandísimas promesas, para que por ellas llegaseis a ser participantes de la naturaleza divina, habiendo huido de la corrupción que hay en el mundo a causa de la concupiscencia"*.[59] Por tanto, os ruego encarecidamente que toméis nota de que cuando odiamos el mal, por el mero hecho de ser malo y perjudicial; y amamos lo bueno, por ser bueno y provechoso; practicamos el mismo amor y odio que Dios. Por tanto, cuando amamos las cosas porque son puras, es una clara señal de que sentimos el mismo amor que siente Dios y participamos de la naturaleza divina.

THOMAS MANTON [1620-1677]
"One hundred and ninety sermons on the hundred and nineteenth Psalm", 1681

Y la ama tu siervo. Una cosa va ligada a la otra: de no haber afirmado primero que amaba su palabra, no habría podido el salmista declararse a continuación siervo del Señor. Pero se gloría en ese calificativo porque se deleita en el servicio puro.

JOHN STEPHEN [1800-1881]
"The Utterances of the CXIX Psalm; Expounded in a Series of Lectures", 1861

Vers. 140-141. La revelación que procede de Dios mismo es ciertamente impecable, y por tanto, no debe ser criticada: es pura, probado por el fuego, hecha del metal más noble. Esto hace que el salmista la ame intensamente; y aunque joven y tenido en poca estima, no se deja intimidar por las críticas y reproches de sus orgullosos oponentes, a pesar de que sean más viejos y más doctos que él.

FRANZ JULIUS DELITZSCH [1813-1890]
"Biblical commentary on the Psalms", 1859

Vers. 141. *Pequeño soy yo, y desechado, mas no me he olvidado de tus mandamientos.* *[Pequeño soy yo, y despreciable, mas no me olvido de tus mandamientos.* RVR*] [Pequeño soy, y despreciado, mas no me olvido de tus preceptos.* LBLA*] [Soy pequeño y despreciado, pero no he olvidado tus preceptos.* BTX*] [Insignificante y menospreciable como soy, no me olvido de tus preceptos.* NVI*] [Soy pequeño y despreciado, mas no olvido tus preceptos.* BLP*] [Soy insignificante y despreciado, pero no olvido tus mandamientos.* NTV*]*[60]

---

[59] 1 Pedro 1:4.

[60] La versión griega de los LXX o Septuaginta lee: νεώτερός εἰμι ἐγὼ καὶ ἐξουδενωμένος· τὰ δικαιώματά σου οὐκ ἐπελαθόμην que la Vulgata traduce al latín como: *"Adolescentulus sum ego et contemptus; justificationes tuas non sum oblitus"*, "Adolescente soy yo, y despreciable; no he olvidado tus justificaciones". La versión sefardí de Ferrara traduce: *"Pequeño yo y defpreciable, tus encomendanças no olvidé"*. La caldea Peshitta: *"Pequeño soy y menospreciado, pero no me he olvidado de tus preceptos"*. KRAUS traduce: *"Pequeño soy y despreciado, (pero) no olvido tus ordenanzas"*. SCHÖKEL: *"Soy pequeño y despreciado, pero no olvido tus decretos"*.

Pequeño soy, y despreciado, mas no me olvido de tus preceptos. No cabe la posibilidad de acusar al salmista del olvido de la Palabra que condena en otros: *"mis enemigos se olvidaron de tus palabras"* (119:139). Sus enemigos le consideraban menos que nada, le tenían por una persona marginada, privada de todo poder o autoridad, y como tal lo despreciaban. Él acepta humildemente esa condición y se retira a las habitaciones del servicio, pero se lleva con él la palabra de Dios. Sucede a veces que presionados por el deseo de replicar al desprecio de nuestros enemigos, nos involucramos en debates, palabras y acciones injustificables de las que luego tenemos que arrepentirnos. La hermosura de la piedad del salmista deriva de su serenidad y equilibrio: no se deja conquistar por la adulación, pero tampoco se deja amedrentar por la humillación. Si le consideran insignificante, cumplirá con mayor celo los deberes más insignificantes; y si menospreciado, guardará con mayor fervor los mandamientos de Dios, también menospreciados.[61]

C. H. SPURGEON

Pequeño soy, y despreciado. Algunas versiones en lugar de *"pequeño"* traducen: *"joven"*,[62] como si estuviera refiriéndose a la época cuando fue ungido por Samuel, siendo ignorado y despreciado en la familia de su padre.[63] Pero el término hebreo utilizado: צָעִיר *ṣā'îr* no es expresivo de la edad sino del estado, describe la condición y las circunstancias; y por tanto su verdadero significado es que se tenía a sí mismo por algo muy pequeño e insignificante, tanto en su propia estima como en la de aquellos que le rodeaban, y era despreciado por su peculiar concepción y ejercicio de la fe, en la cual él era un tipo de Cristo.[64] Y esta es la suerte común de todos los hombres buenos, ser tratados por el mundo como inmundicia y el desecho de todas las cosas.[65]

JOHN GILL [1697-1771]
"Exposition of the Old Testament", 1748

---

[61] Dice WILLIAM SWAN PLUMER [1802-1880]: «El apóstol Pablo se consideraba a si mismo como: *"menos que el más pequeño de todos los santos"* (Efesios 3:8). Siempre ha sido una cualidad innata en las grandes mentes cristianas estar dispuestas al desprecio por el bien la sociedad y la gloria de Dios. Tal proceder es precioso a los ojos del Señor, pues su humildad no es fingida. DAVID BRAINERD [1718-1747], misionero a los indios americanos, escribe en su diario: «Sentí un deseo incontenible de que todo el pueblo de Dios supiera cuán mezquino, pequeño y despreciable soy, que vieran que no soy nada, y de ese modo pudieran orar por mí correctamente sin sentir ninguna admiración. No podía soportar el pensar que los demás cristianos me tenían en gran consideración y respeto. Me vi a mi mismo sumamente vil e indigno, y por tanto me avergoncé de que alguien me diera un trato de favor o me mostrara la menor consideración'».

[62] La razón de esto arranca de la versión griega de los LXX o Septuaginta que traduce directamente νέος, joven. Y la sigue obviamente la Vulgata que traduce al latín *"adulescentulus sum ego"*. Hay algunas versiones, como la *Wycliffe Bible* (WYC) que traduce: *"I am young, and despised"*; y la *Easy-to-Read Version* (ERV) traduce: *"I am young, and people don't respect me"*, pero esto último evidentemente es una paráfrasis. Ya FERDINAND HITZIG [1807-1875] indicaba: «A pesar de que la mayoría interpretes siguen aquí el *"adolescentulus"* de la Septuaginta y la Vulgata, es más probable que se refiera a "pequeño" en el sentido de insignificante». El vocablo hebreo צָעִיר *ṣā'îr* de צָעִיר *tsair* que utiliza el texto masorético responde preferentemente a la idea de pequeño en el sentido de insignificante, y tanto la versión sefardí de Ferrara como la Peshitta apoyan esta idea, razón por la que la mayoría de versiones actuales traducen *"pequeño soy"*.

[63] 1 Samuel 16:11; 17:28-29.

[64] Salmo 22:6; 23:3.

[65] 1 Corintios 4:13. Ver también Lamentaciones 3:45.

Pequeño soy, y despreciado. Aquellos que aman a Dios pueden fácilmente verse reducidos a una condición pésima de menoscabo, despreciados y afligidos; pero que el Señor estima adecuada por diversos motivos:

1. Para que se mantengan conscientes que su felicidad no está en este mundo; para que anhelen el cielo con mayor ansia y se deleiten más en las cosas celestiales.

2. Para desactivar los deseos de la carne cortando de raíz el combustible de sus concupiscencias. El terreno que no ha sido labrado y debidamente arado en surcos engendra malezas; y cuando navegamos viento en popa a toda vela, somos propensos a dejarnos llevar por la corriente.

3. Para hacerles más sensibles a su disgusto por causa de sus pecados, y al comportamiento soberbio y escandaloso con el cual le han deshonrado provocando los ojos puros de su gloria.

4. Para que aprendan a vivir más dependientes de las promesas, y a ejercitar las gracias del sufrimiento; de manera especial su dependencia de Dios, que les brinda apoyo sin un interés temporal y visible.

5. Para demostrar a los enemigos de Dios que hay un pueblo que lo sirve con sinceridad, y no con fines egoístas y carnales: *"Respondió Satanás a Jehová: ¿Acaso teme Job a Dios de balde?"*.[66]

6. Para que su liberación redunde en un mayor engrandecimiento de su gloria; por lo cual antes de descender a liberarlos Dios permite que desciendan a las peores situaciones de desprecio y menoscabo.

THOMAS MANTON [1620-1677]
"One hundred and ninety sermons on the hundred and nineteenth Psalm", 1681

Pequeño soy, y despreciado. Esto se aplica a la primera etapa en la vida de David, a los días en los que tuvo que soportar todo tipo de dificultades y persecuciones. Difícil encontrar otra persona para la cual el calificativo resulte tan adecuado.

JAMES G. MURPHY [1808-1896]
"A critical and exegetical commentary on the book of Psalms", 1875

Pequeño soy, y despreciado, mas no me olvido de tus preceptos. Un ejemplo notable para vergüenza de todos aquellos que sirven y alaban a Dios con gozo mientras disfrutan de prosperidad y las cosas les marchan bien; pero que tan pronto la necesidad y la aflicción hacen presa de ellos dejan de hacerlo alegando que no se sienten motivados ni con ánimos suficientes para ello.[67]

ABRAHAM WRIGHT [1611-1690]
"A Practical Commentary or Exposition upon the Book of Psalms", 1661

Mas no me olvido de tus preceptos. Dios observa detenidamente nuestras reacciones cuando estamos en problemas: *"Si nos hubiéramos olvidado del nombre de nuestro Dios, o extendido nuestras manos a un dios extraño, ¿no se habría dado cuenta Dios de esto? Pues él conoce los secretos del corazón"*.[68] Si aflojamos en nuestro servicio a Dios, o caemos interiormente en cualquier tipo de apostasía, al Juez de los corazones no le pasa desapercibido: Dios sabe si hemos degradado y corrompido

[66] Job 1:6-11.

[67] Dice JOSEPH ADDISON ALEXANDER [1809-1860]: «Por mucho que me minimicen y por muy indigna e injustamente que me vea despreciado, siempre me quedará alegar un honor y distinción que está por encima de todas las demás: que no he olvidado los mandamientos de Dios como han hecho mis detractores».

[68] Salmo 44:20-21.

la doctrina, la adoración o las ordenanzas; o bien si nos hemos mantenido fieles aferrados a él y a su Palabra, ejercitando la adoración y cumpliendo sus ordenanzas nos cueste lo que nos cueste.

Reducidos a una condición insignificante y despreciable, tenemos más motivos para amar la Palabra que de otro modo; porque experimentamos apoyos y consuelos que de otro modo nos pasan desapercibidos: *"sabiendo que la tribulación produce paciencia; y la paciencia, carácter probado; y el carácter probado, esperanza; y la esperanza no avergüenza; porque el amor de Dios ha sido derramado en nuestros corazones por medio del Espíritu Santo que nos fue dado"*;[69] *"Porque de la manera que abundan en nosotros los padecimientos de Cristo, así abunda también por medio de Cristo nuestra consolación"*.[70] Dios tiene para su pueblo afligido y despreciado consuelos especiales; y hace que su consuelo por medio de Cristo sea paralelo y mantenga el mismo ritmo y nivel que sus sufrimientos para Cristo.

THOMAS MANTON [1620-1677]
"One hundred and ninety sermons on the hundred and nineteenth Psalm", 1681

Pequeño soy, y despreciado, mas no me olvido de tus preceptos. Sabemos por experiencia que nuestro afecto se desvanece tan pronto desaparece del recuerdo. Dejamos de amar cuando dejamos de recordar; pero el amor sincero siempre mantiene y renueva el recuerdo de aquello que ama. El primer paso hacia la defección es olvidar lo que Dios ha ordenado y tenemos el deber de hacer para él; de ahí a ofenderle abiertamente con nuestra transgresión no hay más que un paso. Bajo la ley, las bestias que no rumiaban eran consideradas inmundas, y estaba prohibido sacrificar a Dios la carne de las mismas;[71] pero esto no era más que una figura: su significado es que todo ser humano que habiendo recibido de parte de Dios montones de cosas buenas no las "rumia", no las analiza, medita y piensa en ellas, no puede experimentar la dulzura de las mismas, y por tanto, no puede sentirse genuinamente agradecido a Dios.

WILLIAM COWPER [1566-1619]
"A holy alphabet for Sion's scholars full of spiritual instructions, and heavenly consolations [...] delivered by way of commentary upon the whole 119 Psalme", 1613

Pequeño soy, y despreciado, mas no me olvido de tus preceptos. Lo que nos plantea un marcado contraste:

1. David: *rico en piedad,* y a pesar de ello *pobre.* Era un hombre conforme el corazón de Dios,[72] y sin embargo *"pequeño y despreciado"* bajo su propio concepto y en el de muchos otros.
2. David: *pobre,* y a pesar de ello *rico en piedad.* Era *"pequeño y despreciado"* a causa de su piedad firme, estricta y sincera; no obstante mantenía su conciencia en condiciones de poder atestiguar que *"no me olvidó los preceptos de Dios."*

MATTHEW HENRY [1662-1714]
"Commentary on the Whole Bible", 1811

Vers. 142. *Tu justicia es justicia eterna, y tu ley la verdad.* *[Tu justicia es justicia eterna, y tu ley es verdad.* RVR*] [Tu justicia es siempre justa; tu ley es la verdad.* NVI*] [Tu justicia es justicia eterna, y tu ley verdad.* LBLA*] [Tu justicia es justicia eterna, y tu ley, verdad.* BTX*] [Tu justicia es*

[69] Romanos 5:3-5.
[70] 2 Corintios 1:5.
[71] Levítico 11:1-8.
[72] 1 Samuel 13:13-14; Hechos 13:22

justicia perenne, tu ley es fuente de verdad. BLP] *[Tu justicia es eterna, y tus enseñanzas son totalmente ciertas.* NTV][73]

Tu justicia es justicia eterna. Habiendo atribuido a Dios la justicia perfecta: *"Justo eres tú, Señor, y rectos tus juicios"* (119:139), ahonda en el tema declarando que esta justicia es inmutable y permanece de edad en edad. Lo cual es alegría y gloria de los santos: aquello que Dios ha sido y es ahora, lo seguirá siendo eternamente; su proceder para con los hijos de los hombres es inmutable; y así como ha cumplido sus promesas y hecho justicia a su pueblo, la seguirá haciendo por los siglos de los siglos. Tanto la justicia como también las injusticias de los hombres tienen límite, tocan a su fin, pero la justicia de Dios no tiene fin. [74]

Y tu ley es la verdad. Así como la esencia de Dios es el amor, su ley es la esencia misma de la verdad: la verdad aplicada a la ética, la verdad en acción, la verdad sentada en el tribunal. Escuchamos a veces elocuentes y enfervorizados debates sobre: «¿Qué es la verdad?».[75] Pero las Sagradas Escrituras son la única respuesta a esa pregunta; pues no solo son verdad, sino que son la verdad misma. Observemos precavidamente que no nos cabe decir de ellas que contienen la verdad, sino que *son la verdad*: *"tu ley es la verdad"*. Ni en la ley ni en toda la parte preceptora de las Escrituras hay en absoluto nada falso; y aquellos que la obedecen fielmente encontrarán que caminan por una ruta consistente, mientras que aquellos que se oponen a sus normas caminan en una falacia.

C. H. SPURGEON

Tu justicia es justicia eterna, y tu ley la verdad. Aquí el salmista honra la ley de Dios con un elogio adicional: que es justicia y verdad eterna. Nos viene a decir que todas las demás reglas y normas de la vida, por más útiles y recomendables que nos parezcan, no son más que una sombra que pronto se desvanece.[76] Con el propósito de inducir a los fieles a someterse bajo la ley divina, contrasta de manera indirecta las doctrinas de la ley con todos los demás preceptos humanos jamás promulgados, concluyendo que la ley de Dios es la escuela de la sabiduría perfecta. Podrá haber en las disquisiciones refinadas y sutiles de los hombres más plausibilidad; pero en su base no hay nada firme o sólido, como sí lo hay en la ley de Dios. Y esta solidez de la ley divina la evidencia en el versículo siguiente con un ejemplo práctico: *"aflicción y angustia se han apoderado de mí, mas tus mandamientos son mis delicias"* (119.143); es decir, superó la angustian mediante el consuelo indeleble que encontró en la Palabra cuando las tentaciones le acosaban gravemente. La mejor demostración del beneficio práctico que cosechamos de la ley divina la tenemos en que enfrentados a tribulaciones que nos ponen en un brete, de la palabra de Dios fluye un tipo de consuelo que ahuyenta de nuestras mentes cualquier

[73] La versión griega de los LXX o Septuaginta lee: ἡ δικαιοσύνη σου δικαιοσύνη εἰς τὸν αἰῶνα, καὶ ὁ νόμος σου ἀλήθεια que la Vulgata traduce al latín como: *"Justitia tua, justitia in aeternum, et lex tua veritas"*, "Tu justicia, justicia eterna; y tu ley verdad". La versión sefardí de Ferrara traduce: *"Tu juftedad, juftedad de fiempre; y tu ley verdad"*. La caldea Peshitta: *"Tu justicia permanece eternamente, y tu ley es verdad"*. KRAUS traduce: *"Tu justicia está para siempre en lo justo, y tus instrucciones son la verdad"*. SCHÖKEL: *"Tu justicia es justa por siempre, tu voluntad es auténtica"*.

[74] 1 Juan 4:8,16.

[75] Juan 18:38; Hechos 17:19-20.

[76] GOTTHELF WILHELM CHRISTOPH STARKE [1762-1830]: «La palabra de Dios es el espejo más claro y fehaciente de la voluntad y justicia divinas, tanto en lo relativo a sus promesas como en lo concerniente a sus amenazas».

sombra de tristeza. David da aquí un paso más a lo dicho en el versículo anterior: *"Pequeño soy, y despreciado, mas no me olvido de tus preceptos"* (119:141), pues con semejante afirmación tan solo nos dice que sirve a Dios con reverencia: *"no me olvido"*; sin embargo, por la situación lamentable en la que afirma encontrarse: *"pequeño y despreciado"*, cabría deducir que su esfuerzo por no olvidar los preceptos fuera vano. Pero ahora, viéndose en *"aflicción y angustia"*, afirma taxativamente que halla en la ley de Dios su deleite más placentero; que no tan solo mitiga todas sus penas y atempera su amargura, sino que las sazona además con ingredientes dulces. Y ciertamente, cuando nos vemos privados de este sabor deleitoso, nada tiene de extraño que nos engulla la tristeza.

JUAN CALVINO [1509-1564]

Tu justicia es justicia eterna. No solo justa en el espacio sino también en el tiempo; no solo justa al promulgarla, sino justa en todas las edades y épocas. ¿Nos atreveremos a desairar esa regla que se mantendrá para siempre? En el mundo cambian los gobernantes, y vienen nuevos legisladores y nuevas leyes; los hombres varían y alteran sus designios y propósitos; los privilegios otorgados hoy pueden ser revocados mañana. Pero la Palabra es y será válida para siempre. Nuestra justificación en Cristo es irrevocable, pues esa parte de la justicia es eterna.[77] Asegúrate de haber sido justificado ahora según los términos del evangelio, y estarás justificado para siempre: tu perdón es un perdón eterno, y tu paz es una paz eterna: *"porque perdonaré la maldad de ellos, y no me acordaré más de su pecado"*.[78] Y así es también con la justicia de la santificación, es para siempre; presentaos ante Dios aprobados ahora,[79] y seréis aprobados en el día del juicio.

THOMAS MANTON [1620-1677]
"One hundred and ninety sermons on the hundred and nineteenth Psalm", 1681

Tu justicia es justicia eterna, y tu ley la verdad. Una mejor traducción del texto hebreo sería esta: *"Tu justicia es justicia eterna, y tu ley verdad"*.[80] Y así es como aparece en la versión griega de los LXX o Septuaginta.[81] La traducción al inglés expresa únicamente la perpetuidad de la justicia divina pero no su singularidad, mientras que el texto hebreo expresa ambas cosas: su eternidad y el carácter único de su naturaleza. [...] La justicia de Dios es justicia eternamente y esencialmente. Las expresiones son absolutas: no hay otra justicia, y no hay otra verdad.

JOHN STEPHEN [1800-1881]
"The Utterances of the CXIX Psalm; Expounded in a Series of Lectures", 1861

[77] Romanos 5:1-2; 3:21-31; 6:23; 10:4;
[78] Jeremías 31:34. Ver también Isaías 43:25; Jeremías 33:8: Hebreos 8:12; 10:17-18.
[79] 2 Timoteo 2:15; 1 Tesalonicenses 2:4; 2 Pedro 1:10.
[80] En el texto hebreo: צִדְקָתְךָ צֶדֶק לְעוֹלָם וְתוֹרָתְךָ אֱמֶת *ṣiḏqāṯəḵā ṣeḏeq lə'ōwlām wəṯōwrāṯəḵā 'ĕmeṯ*. La versión griega de los LXX o Septuaginta dice: δικαιοσύνη σου δικαιοσύνη εἰς τὸν αἰῶνα, καὶ ὁ νόμος σου ἀλήθεια; que la Vulgata traduce como: *"iustitia tua iustitia in aeternum et lex tua veritas"* (Ver nota 73). La versión inglesa KJV traduce: *"Thy righteousness is an everlasting righteousness, and thy law is the truth" (Tu justicia es una justicia eterna, y tu ley es la verdad"*. El autor, por lo que da a entender, considera que en ambos casos los artículos son innecesarios, en especial el artículo indeterminado: *"**an** everlasting righteousness" (**una** justicia eterna)*. El "una" está de más porque no hay otra, no hay lugar a comparación, no hay otra justicia y no hay otra verdad: *"Tu justicia, justicia eterna, y tu ley verdad"*.
[81] καὶ ὁ νόμος σου ἀλήθεια que la Vulgata traduce al latín como: *"et lex tua veritas"*, "y tu ley verdad".

Y tu ley verdad. Es decir:

1. *La verdad principal.* En todas las leyes de humanas y disquisiciones de los hombres, incluso de los paganos, hay algo de verdad; pero no son más que débiles fragmentos y retazos desdibujados de verdad que lograron escapar la caída.

2. *La verdad absoluta.* Es decir, la Palabra es la única revelación salida de la mente divina sobre la cual construir todo lo demás. Es la regla o patrón de la verdad.

3. *La verdad pura.* En ella no hay otra cosa fuera de la verdad, to tiene mezcla de falsedad alguna; cada parte de la misma es tan veraz como la verdad completa. Es igual de veraz en sus promesas que en sus amenazas, en sus doctrinas, historias, preceptos y prohibiciones.

4. *La verdad completa.* Contiene todo cuanto es necesario para la salvación de aquellos que se rinden a sí mismos para ser instruidos por ella.

THOMAS MANTON [1620-1677]
"One hundred and ninety sermons on the hundred and nineteenth Psalm", 1681

Vers. 143. *Aflicción y angustia se han apoderado de mí, mas tus mandamientos fueron mi delicia.* *[Aflicción y angustia se han apoderado de mí, mas tus mandamientos son mis delicias.* RVR*] [Angustia y aflicción han venido sobre mí, mas tus mandamientos son mi deleite.* LBLA*] [La angustia y la aflicción me han alcanzado, pero tus mandamientos son mis delicias.* BTX*] [He caído en la angustia y la aflicción, pero tus mandamientos son mi regocijo.* NVI*] [Aunque el pesar y la angustia me invadan, tus mandamientos son mi delicia.* BLP*] [Cuando la presión y el estrés se me vienen encima, yo encuentro alegría en tus mandatos.* NTV*]*[82]

Aflicción y angustia se han apoderado de mí. Esta aflicción a que hace referencia pudo haber surgido en razón de las circunstancias en que le rodeaban; por la crueldad de sus enemigos; o como consecuencia de sus propios conflictos internos. Pero de lo que no nos cabe duda es que cayo presa de una angustia vital profunda, una angustia que lo atrapó y lo dejó cautivo bajo su poder. Sus propios temores habían hecho presa de él, le habían rodeado cual perros feroces y sintió con desconsuelo la punzada de sus dientes. Tenía un doble problema: dificultades externas y angustia interna, como bien lo expresó el apóstol Pablo: *"ningún reposo tuvo nuestro cuerpo, sino que en todo fuimos atribulados; de fuera, conflictos; de dentro, temores"*.[83]

Pero tus mandamientos son mis delicias. El salmista se convirtió en una paradoja, una contradicción enigmática, una suerte acertijo andante: temeroso pero a su vez lleno de regocijo; angustiado y sin embargo deleitándose. Sin embargo, a los hijos de Dios no se nos hace difícil entender esta paradoja y descifrar el enigma. Lo entendemos a la perfección. Porque contamos con la experiencia de que a pesar del abatimiento que nos aplasta cuando contemplamos todo lo que anida en nuestro interior, nos sentimos elevados y encumbrados por lo que leemos en la Palabra. El salmista se deleita con los mandamientos, aunque le preocupa sentirse incapaz de obedecerlos perfectamente. Descubre

[82] La versión griega de los LXX o Septuaginta lee: θλῖψις καὶ ἀνάγκη εὕροσάν με· αἱ ἐντολαί σου μελέτη μου que la Vulgata traduce al latín como: *"Tribulatio et angustia invenerunt me; mandata tua meditatio mea est"*, "Tribulación, y angustia dieron conmigo; tus mandamientos son mi meditación". La versión sefardí de Ferrara traduce: *"Aguftia y aprieto me hallaron, tus mandamientos mis folazes"*. La caldea Peshitta: *"Me han sobrevenido tribulación y angustia, pero en tus preceptos he meditado"*. KRAUS traduce: *"Angustia y aflicción vinieron sobre mí, (pero) tus mandamientos son mi deleite"*. SCHÖKEL: *"Me asaltan angustia y aprieto; tus mandatos son mi delicia"*.

[83] 2 Corintios 7:5.

en los preceptos divinos luz en abundancia; pero esa misma luz, precisamente, es la que le lleva a contemplar su propia oscuridad interior, y eso le llena de tristeza. Tan solo la persona que está familiarizada con las luchas de la vida espiritual puede descifrar la aparente contradicción que tenemos en este versículo. Sirva pues al lector de balanza con la que evaluarse. ¿Percibes que a pesar de sentirte agobiado por la tristeza el hacer la voluntad del Señor te proporciona deleite? ¿Encuentras mayor gozo en ser santificado que tristeza en ser corregido? Si esta es tu experiencia, ten por seguro que la señal de los hijos de Dios está sobre ti.

C. H. SPURGEON

Aflicción y angustia se han apoderado de mí, mas tus mandamientos son mis delicias. No deja de resultar paradójico que David se deleitara en medio de la angustia, pero de hecho, donde mejor se percibe la dulzura de la Palabra de Dios es bajo la amargura de la cruz. La alegría de Cristo y la alegría del mundo no pueden convivir juntas. Un corazón encandilado por los goces mundanos no puede sentir los consuelos del Espíritu; los unos neutralizan y destruyen a los otros. Pero bajo la aflicción santificada, los consuelos de la Palabra de Dios se experimentan y perciben mucho mejor. David expone de forma reiterativa este deleite sin igual que encontraba en la palabra de Dios; y no deja de ser un argumento contundente a favor de la santidad, que haya hombres que no tan solo reverencien la palabra de Dios, sino que la amen y se deleiten en ella. Someted esto a la consideración de tantos pobres infelices que la escuchan como mera rutina y la encuentran un aburrimiento.[84]

ABRAHAM WRIGHT [1611-1690]
"A Practical Commentary or Exposition upon the Book of Psalms", 1661

Aflicción y angustia se han apoderado de mí. O mejor dicho: *"me han encontrado"*.[85] «No es necesario que hagamos grandes esfuerzos para encontrarnos con *"aflicción y angustia"*, tarde o temprano ellas *"nos encontrarán"*».[86] Y cuando llegue este momento crítico y difícil nuestra única fuente de *"delicias"* estará en las revelaciones de Dios; puesto que para entonces los placeres mundanos ya nos habrán abandonado. Y cuán triste y desolada será nuestra situación si no contamos con otras delicias mejores, otros placeres más elevados con los que sustituirlos y acompañarnos a la eternidad. Si esperamos que las Escrituras sean nuestro consuelo en un futuro no tan lejano, hagamos de su estudio nuestra *"delicia"* ahora, en el presente cercano.

GEORGE HORNE [1730-1792]
"A Commentary on the Psalms in which Their Literal Or Historical Sense, as They Relate to King David is Illustrated", 1825

[84] Dice WILLIAM SWAN PLUMER [1802-1880]: «No importa cuan duras y amargas sea las pruebas con las que se vean afligidas las personas justas y buenas, la palabra de Dios les permite guiarse en medio de ellas de manera segura y experimentar gozo. Dice JOHN MORISON [1791-1859]: 'No hay temor que la palabra de Dios no pueda disipar; no hay angustia que no pueda mitigar; no hay dolor que no pueda calmar; ni tentación en la cual no pueda socorrer y liberar'. El reformador y mártir inglés JOHN BRADFORD [1510-1555], encarcelado y quemado vivo durante el reinado de MARÍA ESTUARDO [1542-1587] escribió poco antes de ser ejecutado: 'La mazmorra en la que me encuentro preso me resulta más cómoda que cualquier salón lujosamente amueblado, y las cadenas más placenteras que nada que haya gustado en toda mi vida'».

[85] Sobre el sintagma verbal hebreo מְצָאוּנִי *məṣā'ūnî* ver la nota 91 en está misma octava.

[86] La frase está entre comillas porque Horne esta citando aquí literalmente el comentario a este versículo en *"The Book of Common Prayer"*, el "Libro de Oración Común" de la Iglesia de Inglaterra..

Aflicción y angustia se han apoderado de mí. El salmista recurre a una figura retórica peculiarmente audaz: cual si Aflicción y Angustia fueran dos emisarios funestos enviados contra los indefensos hijos de los hombres; y en su siniestro recorrido, en lugar de atrapar a los malvados se hubieran apoderado del justo. Muchos expositores hemos comentado con frecuencia que el creyente, mientras permanece en este mundo, jamás se siente cómodo;[87] estamos en la carne y el pecado mora en nosotros;[88] tenemos a nuestro alrededor enemigos de todo tipo[89] además de nuestro gran adversario el Diablo.[90] Y en medio de todo esto, el Señor, con propósitos sabios que ahora no logramos entender, esconde su rostro, y deja que seamos presa de la aflicción y la angustia.

JOHN STEPHEN [1800-1881]
"The Utterances of the CXIX Psalm; Expounded in a Series of Lectures", 1861

Aflicción y angustia se han apoderado de mí. En hebreo: *"me han alcanzado".*[91] Como los perros que persiguen a una pieza de caza que huye y se esconde.

ANDREW ROBERT FAUSSETT [1821-1910]
"Studies in the cl Psalms their undesigned coincidences with the independent Scripture histories, confirming and illustrating both", 1876

Tus mandamientos son mis delicias. El deleite que muestra en las cosas morales, dice Tomás de Aquino,[92] es la regla que nos permite juzgar la bondad o maldad de un ser humano: "¿Es el deleite la medida o regla según la cual se juzga el bien o el mal moral?"[93] Los hombres son buenos o malos según lo sean los objetos de su deleite; son buenos cuando su deleite está en cosas buenas, y son malos cuando su deleite está en cosas malas.

THOMAS MANTON [1620-1677]
"One hundred and ninety sermons on the hundred and nineteenth Psalm", 1681

---

[87] Juan 15:18-21; 16:33.

[88] Romanos 7:17-20.

[89] Mateo 10:16,22; Lucas 10:3; Juan 15:20; Filipenses 2:15

[90] 1 Pedro 5:8.

[91] En hebreo מְצָאוּנִי *məṣā'ūnî* de מָצָא *matsa,* "encontrar, alcanzar, atrapar". En la forma מְצָאוּנִי además de en el Salmo 119:143 ocurre en cuatro ocasiones: Deuteronomio 31:17: *"me han alcanzado estos males"*; Salmo 116:3: *"me encontraron las angustias del Seol"*; Cantares 3:3; 5:7: *"me hallaron los guardas que rondan la ciudad"*.

[92] Se refiere a TOMÁS DE AQUINO [1225-1274], eminente teólogo, apologista cristiano y principal representante de lo que se conoce como teología escolástica. Fundó su propia escuela de filosofía y teología que lleva el nombre de *Escuela Tomista,* cuyo mayor logro fue la recuperación de la filosofía aristotélica para la fe cristiana. Su principal trabajo fue la *Summa Theologica,* tratado en el cual postula *Cinco Vías* para demostrar la existencia de Dios.

[93] En latín en el original: *"Quies autem voluntatis, et cujuslibet appetitus in bono, est delectatio"*. Se trata de una cita literal de la *Summa Theologiae,* concretamente de la Cuestión 34: "De la bondad y la maldad de los deleites"; Artículo IV: ¿Es el deleite la medida o regla según la cual se juzga el bien o el mal moral?: «La bondad o maldad moral consiste principalmente en la voluntad, como se ha expuesto anteriormente. Pero que esta sea buena o mala se conoce ante todo por el fin. Y se considera como fin aquello en lo que descansa la voluntad. Ahora bien, la voluntad, y cualquier apetito descansa en el deleite. Y, por tanto, se juzga que un hombre es bueno o malo principalmente por el deleite de la voluntad humana: es bueno, en efecto, y virtuoso el que se deleita en las obras buenas, y malo el que se deleita en obras malas».

Vers. 144. ***Justicia eterna son tus testimonios; dame entendimiento, y viviré.*** *[Justicia eterna son tus testimonios; hazme entender y tendré vida.* RVR*] [Tus testimonios son justos para siempre; dame entendimiento para que yo viva.* LBLA*] [Tus testimonios son justos para siempre, ¡Dame entendimiento y viviré!* BTX*] [Tus estatutos son siempre justos; dame entendimiento para poder vivir.* NVI*] [Por siempre son justos tus mandatos, hazme entenderlos y seguiré viviendo.* BLP*] [Tus leyes siempre tienen razón; ayúdame a entenderlas para poder vivir.* NTV*]*[94]

Justicia eterna son tus testimonios. Primero afirma que los testimonios de Dios son justos (119:137); luego que son eternos (119:142), y ahora ensambla ambas cosas diciéndonos que son: *"justicia eterna"*. Vemos pues que cuanto más escribe sobre la palabra de Dios, más amplia y detallada es la descripción que nos hace de ella. Cuanto más decimos en alabanza a las Sagradas Escrituras, más podemos decir, y más tenemos derecho a decir. Los testimonios de Dios al hombre no pueden ser atacados por ningún flanco, son justos desde el principio hasta el fin; y aunque los impíos se hayan opuesto y sigan oponiéndose a la justicia divina, especialmente en lo que tiene que ver con el plan divino de salvación, siempre han fracasado a la hora de presentar ningún cargo consistente contra el Altísimo. Mientras la tierra permanezca y siga habiendo una sola criatura inteligente en el universo, se seguirá reconociendo y confesando que los planes de la misericordia divina son, en todos sus aspectos, una demostración maravillosa del equilibrio entre su amor y su justicia: pese a ser infinitamente misericordioso, jamás el Señor será injusto.

¡Dame entendimiento y viviré! Se trata de una oración que repite constantemente: que Dios le conceda entendimiento. Es obvio que considera que tal don es absolutamente esencial para su existencia: vivir sin entender las cosas trascendentes, no es vivir, es ser un muerto en vida. Solo cuando entendemos y captamos las cosas de Dios podemos decir propiamente que entramos a formar parte de la vida. Cuanto más nos enseña el Señor a admirar la justicia eterna de su Palabra, y más nos aviva para que amemos esta justicia, más felices vivimos y mejor calidad de vida tenemos, porque somos mejores. En la medida en que amamos la vida y deseamos muchos días para ver el bien,[95] nos corresponde cercar la inmortalidad en la Palabra eterna que vive y permanece para siempre;[96] y buscar el bien mediante una renovación completa de nuestra naturaleza, que parte de la iluminación de nuestro entendimiento,[97] y pasa a la regeneración completa de todo nuestro ser.[98] Y aquí está la urgencia de nuestra necesidad del Espíritu Santo, Señor y dador de vida,[99] y guía de todos los vivificados, que nos guiará a toda la verdad.[100] ¡Imploremos las visitaciones de su gracia en este tiempo favorable![101]

C. H. SPURGEON

---

[94] La versión griega de los LXX o Septuaginta lee: δικαιοσύνη τὰ μαρτύριά σου εἰς τὸν αἰῶνα· συνέτισόν με, καὶ ζήσομαι que la Vulgata traduce al latín como: *"Æquitas testimonia tua in aeternum: intellectum da mihi, et vivam"*, "Equidad tus testimonios eternamente; dame entendimiento, y viviré". La versión sefardí de Ferrara traduce: *"Juftedad tus teftamientos para fiempre; fazme entender y biviré"*. La caldea Peshitta: *"Tu testimonio eterno es justo; dame entendimiento para que viva"*. KRAUS traduce: *"¡Rectos son tus testimonios para siempre; dame entendimiento para que yo viva!"*. SCHÖKEL: *"Tus preceptos son justos por siempre; instrúyeme, y viviré"*.

[95] Salmo 34:12; 1 Pedro 3:10-12.

[96] Isaías 40:8; 1 Pedro 1:25.

[97] Romanos 12:2; Efesios 4:20-30; Colosenses 3:10.

[98] 2 Corintios 5:17.21.

[99] Juan 6:63; 2 Corintios 3:6. En el original: *"the Lord and giver of life"*, expresión que procede de la fórmula del Credo Niceno: *"Creo en el Espíritu Santo,* ***Señor y dador de vida****, que procede del Padre y del Hijo, que con el Padre y el Hijo recibe una misma adoración y gloria, y que habló por los profetas"*.

[100] Juan 16:13; 14:26; 1 Corintios 2:10-13;

[101] 2 Corintios 6:2 RVR.

Justicia eterna son tus testimonios; dame entendimiento, y viviré. Tu ley moral –dice el salmista– no fue dada para un pueblo en particular; ni para una época determinada; es tan imperecedera como tu propia naturaleza divina y, por tanto, de obligación infinita y cumplimiento eterno.[102] Es por esa ley que todos los hijos de Adán serán juzgados. De modo que *"dame entendimiento"* para conocerla y practicarla *"y viviré"*. Así podré glorificarte y vivir eternamente; no por el mérito de haberla practicado, sino porque tú cumpliste la obra de la ley en mi corazón, habiéndome salvado de la condenación que ella me imponía.

Adam Clarke [1760-1832]
"Commentary on the Whole Bible", 1831

Dame entendimiento, y viviré. Estas palabras las entiendo como relacionadas con la cláusula anterior: *"Justicia eterna son tus testimonios"*. Pues aunque David desea que su mente sea iluminada por Dios, no concibe otra manera de obtener para su propio beneficio un entendimiento esclarecido, que no sea mediante el estudio de la ley. La enseñanza que se desprende de este versículo es que, propiamente hablando, los seres humanos no pueden subsistir desprovistos de la luz que emana de la sabiduría celestial; y dado que el fin para el cual fue creado el hombre no es meramente el de llenar su barriga, como los cerdos o los asnos, sino el de ejercitarse en el conocimiento y servicio de Dios, cuando se aleja de esta función, su vida es peor que mil muertes. En consecuencia, David alega que para él "vivir" va más allá de alimentarse con comida y bebida o disfrutar de comodidades terrenales: aspira a una existencia mejor y más elevada, que no es viable sino bajo la guía de la fe.[103] Un toque de atención muy necesario; pues a pesar que se reconoce universalmente que el hombre nace con la distinción de superar en inteligencia a los animales inferiores; lo cierto es que cual si actuaran movidos por un propósito deliberado y predeterminado, la gran mayoría de los seres humanos sofocan sistemáticamente cualquier indicio de luz que Dios derrame en sus entendimientos. Pues aunque es preciso reconocer en la mayoría de seres humanos un sentido innato de perspicacia y un deseo de superación; son muy pocos los que aspiran al cielo, y consideran que el temor de Dios es el principio de la sabiduría.[104] Y en consecuencia, la reflexión acerca de la vida celestial queda sepultada bajo los intereses terrenales; lo cual conlleva que los hombres se vayan hundiendo progresivamente en la tumba, cada vez más, en tanto que pese a vivir en el mundo, están muertos para Dios. Es por ello que bajo la expresión *"viviré"* el profeta denota lo máximo que podría desear. Es como si hubiera dicho: «Señor, aunque de hecho ya estoy muerto, si te place iluminar mi mente con el conocimiento de la verdad celestial, esta sola gracia será suficiente para revivirme».

Juan Calvino [1509-1564]

Dame entendimiento, y viviré. El entendimiento del flujo salvífico que brota de los testimonios de Dios es la única forma de vida cabal y coherente, en tanto que del mismo brota un manantial de vida de triple efecto: (1) vida física; (1) vida espiritual, y (3) vida eterna.

---

[102] Dice William Swan Plumer [1802-1880]: «Hay situaciones en las que leyes de la sabiduría humana parecen funcionar, y de hecho lo hacen durante un tiempo; pero pronto se revelan defectuosas y tienen que ser modificadas o revocadas. Sin embargo, los principios de gobierno de Dios revelados en su Palabra son eternos. La las palabras del salmista: *"Justicia eterna son tus testimonios"* se podrían parafrasear legítimamente como: *"Derechos y libertades civiles* (son) *tus testimonio para siempre"*».

[103] Dice al respecto William Nicholson [1591-1672]: «Fuera de ti, todo es muerte; vive por tanto en mi para que yo pueda vivir por ti».

[104] Proverbios 1:7; 9:10; 15:33; Salmo 111:10. Ver también Job 28:28; Eclesiastés 12:13.

1. *Vida física.* Es la vida en su sentido básico o elemental, la vida del cuerpo, la vida temporal, llamada en las Escrituras: *"esta vida": "Si solamente en esta vida tenemos puesta nuestra esperanza en Cristo, somos los más dignos de lástima de todos los hombres";*[105] *"la piedad para todo aprovecha, pues tiene promesa de esta vida presente, y de la venidera".*[106] Y esa vida física la preservaremos mejor en un estado de obediencia que no obrando el mal, pues esto último provoca que Dios nos rechace y quedemos expuestos a graves peligros. No está en el poder del mundo que vivamos o muramos un solo día antes o después de lo que Dios tiene dispuesto; y si Dios nos otorga felicidad, nada en el mundo podrá entristecernos y hacer que nos sintamos miserables; por lo tanto: *"Dame entendimiento, y viviré",* es decir, el entendimiento de las cosas futuras me garantizara una vida equilibrada y feliz en el tiempo presente: previniendo el pecado prevendré el peligro. La obediencia es la mejor manera de preservar la vida temporal; y aunque esto al mundo le parezca una paradoja desde la perspectiva bíblica es un axioma: *"Guarda mis mandamientos, y vivirás";*[107] *"Aférrate a la instrucción, no la sueltes; guárdala, porque ella es tu vida";*[108] *"Larga vida hay en su mano derecha, en su mano izquierda, riquezas y honra";*[109] *"es árbol de vida para los que de ella echan mano, y son dichosos los que la retienen".*[110] El conocimiento y entendimiento de la Palabra es el único recurso fiable para una vida sosegada y feliz aquí en la tierra, así como para vida eterna en el más allá.

2. *Vida espiritual.* Y esta en una doble vertiente: vida de justificación y de santificación.
   a. *Vida de justificación: "Así pues, como por la transgresión de uno vino la condenación a todos los hombres, de la misma manera por la justicia de uno vino a todos los hombres la justificación de vida".*[111] Puede considerarse como muerto no solo aquel sobre quien el verdugo ha ejecutado y completado su trabajo; sino también aquel que habiendo sido sentenciado a muerte por el juez la ley lo declara y da por muerto. Y este sentido todos estábamos muertos, por lo que a la justificación se la denomina *"justificación a la vida";* pues no hay vida sin conocimiento: *"por su conocimiento justificará mi siervo justo a muchos".*[112] Vivimos por fe, y la fe es por el oír;[113] pero el oír de nada aprovecha a menos que el Señor de entendimiento; igual que las comidas tampoco nutren y fortalecen el cuerpo a menos que sean debidamente digeridas y asimiladas.
   b. *La vida de santificación: "Y él os dio vida a vosotros, cuando estabais muertos por vuestros delitos y pecados".*[114] Ningún ser humano vive propiamente hasta que vive la vida de la gracia; pues vive una vida falsa y vacía; no una vida completa y bendita, feliz y verdadera. Ahora bien, esta vida, una vez iniciada progresa y se fortalece por el conocimiento: *"habiéndoos despojado del viejo hombre con sus prácticas, y revestido del nuevo, el cual conforme a la imagen del que lo creó se va renovando hasta el conocimiento pleno".*[115] Una y otra vez se nos reitera que los hombres están *"entenebrecidos y excluidos de la vida de Dios por la ignorancia que hay en ellos.*[116] Los ignorantes están muertos en el

[105] 1 Corintios 15:19.
[106] 1 Timoteo 4:8.
[107] Proverbios 4:4.
[108] Proverbios 4:13.
[109] Proverbios 3:16.
[110] Proverbios 3:18.
[111] Romanos 5:18.
[112] Isaías 53:11.
[113] Romanos 10:17.
[114] Efesios 2:1.
[115] Colosenses 3:9-10
[116] Efesios 4:18.

pecado: la vida espiritual viene por el conocimiento. Ahí comienza la transformación del hombre interior, y de ahí en adelante vivimos: *"Dame entendimiento"* para que pueda vivir de verdad,[117] para que la vida verdadera que comenzó en mí puede crecer y fortalecerse a diario, y jamás sea avasallada y sofocada por el pecado.

3. *Vida eterna.* Que es nuestra herencia eterna en los cielos. Por ello se dice de los santos que partieron que viven para Dios: *"Porque Dios no es Dios de muertos, sino de vivos, pues todos viven para él"*.[118] Y se le da el nombre de: *"agua de vida",*[119] *"árbol de la vida",*[120] *"corona de la vida";*[121] porque es propiamente la vida. ¿Qué es la vida presente en comparación con la vida eterna? La vida presente es una muerte en vida;[122] o una vida agónica que viene a ser una especie de muerte;[123] fluctúa constantemente como la corriente de un río: se nos escapa saliendo de nosotros con mayor velocidad de la que entra: *"huye como la sombra y no permanece"*.[124] Comenzamos a morir tan pronto empezamos a vivir: la línea de partida no se diferencia del punto donde termina, es la misma cosa. Y tan poco estable y permanente como el reflejo de una estrella sobre una corriente que fluye. Sus satisfacciones son primarias y de poco valor, llamadas por la Escritura *"la vida de tu mano"*.[125] Es cual una tela parcheada de criaturas diversas todas ellas obsesionadas en saquear y agotar los almacenes de la naturaleza con tal dar lustre a su escena ruinosa. No tiene comparación con la vida de la gracia, pues no nos exime del pecado ni de sus miserias, sino todo lo contrario, limita nuestras capacidades haciendo que vivamos rodeados de miedos, dudas y peligros constantes. Por contra, en la vida de gloria nos veremos libres del pecado y la tristeza por siempre jamás.[126] Lo que el salmista afirma en este versículo: *"Justicia eterna son tus testimonios; dame entendimiento, y viviré";* lo afirma mayormente de la vida en gloria, la vida eterna. Este es el fruto del entendimiento de la salvación: cuando conocemos a Dios y a Cristo, y la manera de llegar a Dios a través de Cristo.

THOMAS MANTON [1620-1677]
"One hundred and ninety sermons on the hundred and nineteenth Psalm", 1681

Y viviré. Es decir, seré preservado de aquellos pecados que merecen y acarrean la muerte.

MATHEW POOLE [1624-1679]
"English Annotations on the Holy Bible", 1683

[117] En latín en el original: *ut vere in te vivare.*
[118] Lucas 20:38.
[119] Apocalipsis 22:1
[120] Génesis 2:9; Apocalipsis 2:7; 22:2,14.
[121] Santiago 1:12; Apocalipsis 2:10.
[122] En latín en el original: *mors vitalis.*
[123] En latín en el original: *mortalis vita.*
[124] Job 14:2.
[125] Isaías 57:10.
[126] Isaías 52:8; Apocalipsis 21:4.

ק Qof[1]

Versículos del 145 al 152

Versión poética

Qof

A ti clamé, Señor, oye mis gritos,
escúchame piadoso porque veas
que me consagro a ejecutar tus leyes
con nuevo ardor, y con constancia nueva.

To te he clamado porque me socorras,
porque me libres de mis ansias fieras,
a fin de que tan solo me dedique
a meditar tu ley, y obedecerla.

Yo empiezo a dirigirte mis clamores
antes de que los días amanezcan,
porque las inquietudes que me afligen
jamás hallan descanso, ni sosiegan.

Me levanto del lecho presuroso
antes que el sol comience su carrera,
y todo el resto de mis tristes días
en meditar tu ley solo se emplea.

Oye, Señor, mis voces doloridas

[1] Felipe Scio de San Miguel [1738-1776] en una nota en su traducción de la Vulgata indica que el significado de ק *Qof,* según el "Salterio Romano", es de "conclusión" o *"*vocación"; pero la mayoría de interpretes la asocian con la palabra hebrea קֹדֶשׁ *qodesh,* que significa santidad: apartado para Dios; y se han encontrado en excavaciones arqueológicas llevadas a cabo en Israel vasijas pertenecientes al templo de Salomón con una ק *Qof* grabada, para indicar que habían sido "apartadas" o "dedicadas" para el uso sagrado. El ideograma apoya esta idea, ya que la ק *Qof* se forma con dos trazos separados que no mantienen contacto alguno entre sí, simbolizando con ello la separación entre el Dios santo, en contraposición a todo lo demás. Lo que no queda tan claro, en este caso, es su relación con el contenido de la octava, siendo que el poeta no utiliza en sus versos el término קֹדֶשׁ *qodesh* ni una sola vez. Parece inclinarse más bien por קָרָא *qara,* "llamar, gritar, clamar", encabezando los dos primeros versículos con un: קָרָאתִי *qārāṯî, "Clamo con todo mi corazón"*, y un: קְרָאתִיךָ *qərāṯîḵā: "A ti clamo; sálvame"* (119:145-146); y: קָדַם *qadam,* "anticipar, adelantarse", para los dos siguientes: *"Me anticipo a la aurora"* (119:46)*;* *"Se anticipan mis ojos"* 119:48). Con todo, dar por descartada toda vinculación entre la letra y el contenido, sería precipitarse; porque el juego de contrastes que forja el salmista con respecto a lo lejano y lo cercano de Dios y de su ley: *"Se acercan los malvados que me persiguen; están alejados de tu ley* [...] *Cercano estás tú, oh Señor, y todos tus mandamientos son verdad"* (119:150-161), no deja de guardar una relación bastante directa con la santidad y con los dos trazos separados que forman la letra ק *Qof.*

según que tu bondad te lo aconseja,
y para conformarme en mis desgracias
tu caridad benéfica te mueva.

Porque mis implacables enemigos
ya demasiado contra mí se acercan,
y de tu ley divina y soberana
demasiado, también, Señor, se alejan.

Pero tú, que eres próvido y clemente,
aunque invisible siempre te hallas cerca,
y la fidelidad de tus palabras,
esta dulce esperanza me refuerza.

Mi corazón fiel siempre ha creído
con tesón firme, y confianza entera,
que tus socorros pueden retardarse,
más que faltar no pueden tus promesas.

DEL "SALTERIO POÉTICO ESPAÑOL", SIGLO XVIII

Comentario general a los versículos del 145 al 152: Esta octava está dedicada a recuerdos de oración.[2] El Salmista describe como y cuando lleva a cabo sus devociones; a la vez que ruega al Señor le conceda liberación de sus tribulaciones. Aquel que ha estado en comunión con Dios en la cámara secreta, le tendrá también a su lado en el horno de la aflicción: cuando clame, le responderá.[3] Puede que a veces la demora en las respuestas llegue a exasperarnos induciéndonos a la importunidad; pero no hay motivo para que dudemos del resultado final, puesto que en las promesas de Dios no cabe la incertidumbre: sus testimonios han sido *"establecidos para siempre"* (119:152). En su conjunto la octava nos muestra la sinceridad del orante: *"Clamo con todo mi corazón"* (110:145); qué pedía: *"Sálvame"* (119:146); cuándo oraba: *"Me anticipo a la aurora"* (119:147); por cuánto tiempo: *"Se anticipan mis ojos a las vigilias de la noche"* (119:148); qué alegaba: *"Escucha mi voz conforme a tu misericordia ... vivifícame conforme a tu juicio"* (119:149); por qué motivo: *"Se acercan los malvados que me persiguen"* (119:150); qué sucedió: *"Cercano estás tú"* (119:151); y cuál fue su conclusión a todo el proceso: *"Que has establecido tus testimonios para siempre"* (119:152).[4]

C. H. SPURGEON

---

[2] Alguien ha dicho que en esta octava del Salmo 119 parece cual si el salmista aplicara a la vida de oración la batería completa de las "preguntas básicas del periodismo": 1. ¿Qué hacía?: *"Clamo"*. 2. ¿Cómo clamaba?: *"Con todo mi corazón"* (119:145). 3. ¿Qué pedía?: *"Sálvame"* (119:146). 4. ¿Cuándo clamaba?: *"Me anticipo a la aurora"* (119:147). 5. ¿Dónde clamaba?: *"En las vigilias de la noche"* (119:148). 6. ¿Qué pedía?: *"Vivifícame conforme a tu juicio"* (119:149). 7. ¿Qué sucedió?: *"Se acercan los malvados"* (119:150). 8. ¿Cómo se resolvió?: *"Cercano estás tú, oh Señor"* (119:151). 9. ¿Cuál fue la conclusión?: *"Has establecido tus testimonios para siempre"* (119:152).

[3] Isaías 64:24; Jeremías 33:3.

[4] FRANCISCO LACUEVA [1911-2005] en su versión española del "Comentario de Matthew Henry" ofrece el siguiente resumen: «No es fácil poner título a esta octava. KYLE MONROE YATES [1918–1972], la titula:

Vers. 145. ***Clamé con todo mi corazón; respóndeme, Jehová, y guardaré tus estatutos.*** *[Clamo con todo mi corazón; respóndeme, Jehová, y guardaré tus estatutos.* RVR*] [He clamado con todo mi corazón; ¡respóndeme, Señor! Guardaré tus estatutos.* LBLA*] [He clamado con todo el corazón, ¡Respóndeme, oh YHVH! Tus estatutos atesoro.* BTX*] [Con todo el corazón clamo a ti, Señor; respóndeme, y obedeceré tus decretos.* NVI*] [Clamo con todo el corazón; respóndeme, Señor, y cumpliré tus normas.* BLP*] [Oro con todo el corazón; ¡respóndeme, Señor! Obedeceré tus decretos.* NTV*]*[5]

Clamo con todo mi corazón. Una oración sincera, dolorida, acongojada, salida de lo más hondo del alma, como es propio de una criatura sumida en la aflicción.[6] No sabemos con exactitud si llegó a pronunciar estas palabras o fueron parte de su llanto; pero tenemos la certeza de algo mucho más

---

'SEGURIDAD QUE PROCEDE DE LA ORACIÓN'. Lo cierto es que la oración o, mejor, el clamor de la oración, domina toda la estrofa.

»1. Dice el salmista: *"Clamo con todo el corazón* (en hebreo: קָרָאתִי בְכָל־לֵב *qārāṯî ḇəḵāl- lêḇ*); *respóndeme, Jehová; guardaré tus estatutos"* (119:145). Y añade: *"A ti clamo; sálvame, y guardaré tus testimonios"* (119:146). Es de observar aquí: (A) Que el sentido de la última frase no es, como es fácil pensar: "Si me salvas, guardaré tus testimonios", sino: "sálvame para guardar tus testimonios"; pues la conjunción *"y"* no figura en el texto hebreo. (B) La gran urgencia con que el salmista ora a Dios, como se echa de ver, no solo por los versículos 145 y 146, ya citados, sino también por el comienzo de los versículos 147, 148 y 149. La frase *"me anticipo….",* significa que madrugaba para orar y, además, interrumpía el sueño de la noche para clamar a Dios y meditar en su ley (comparar con Salmo 63:6). Ello nos indica que las cosas de Dios le ocupaban totalmente el pensamiento y que lo primero que hacía, al levantarse, antes de dedicarse a cualquier otro asunto, era orar. ¡Buen ejemplo para nosotros, los cristianos!

»2. En medio de este clamor en su oración, se advierte la nota de esperanza: *"Espero en tus palabras"* (119:147b). Así dice el texto, aunque el paréntesis da a entender que los judíos lo leen en singular, en el sentido de "promesa" de salvar a quienes invocan a Jehová. Aunque la respuesta de Dios no venía de inmediato, su esperanza le estimulaba para seguir orando. En la misma palabra de Dios se apoya para pedirle que le vivifique (119:149b, –comparar con 119: 25, 37). El mismo tono se advierte en 119:151-152: *"Cercano estás tú, Jehová, para salvarme, como mis enemigos están cercanos* (119:150a) *para atacarme, pero no tengo miedo, porque ellos están alejados de tu ley* (119:150b), *mientras que yo amo tu ley* (119:140, entre otros); y *ella es mi delicia* (119:143, entre otros). Yo llevo las de ganar, pues ellos se apoyan en la falsedad (119:118b), pero yo me apoyo en la verdad (119:151b), porque desde antiguo (en hebreo: קֶדֶם *qeḏem*) conozco por tus testimonios que los estableciste para siempre (110:152). Comenta al respecto el rabino ABRAHAM COHEN [1887-1957]: 'Tras larga reflexión sobre los testimonios de Dios, se ha convencido de que son eternamente válidos y por eso confía en ellos cuando se halla en peligro'».

[5] La versión griega de los LXX o Septuaginta lee: θαυμαστὰ τὰ μαρτύριά σου· ἐκέκραξα ἐν ὅλῃ καρδίᾳ μου· ἐπάκουσόν μου, κύριε· τὰ δικαιώματά σου ἐκζητήσωque la Vulgata traduce al latín como: *"Clamavi in toto corde meo: exaudi me, Domine; justificationes tuas requiram",* "Clamé con todo mi corazón, óyeme, Señor; tus justificaciones buscaré". La versión sefardí de Ferrara traduce: *"Clamé con todo coraçon, refpondeme Adonay; tus fueros obfervaré".* La caldea Peshitta: *"A ti clamé con todo mi corazón; oh Yahweh, respóndeme para que guarde tus mandamientos".* KRAUS traduce: *"¡Clamo de todo corazón, escúchame! ¡Quiero guardar tus estatutos!".* SCHÖKEL: *"Clamo de todo corazón: respóndeme, Señor, guardaré tus normas".*

[6] FELIPE SCIO DE SAN MIGUEL [1738-1776] en una nota en su traducción de la Vulgata hace esta hermosa paráfrasis: «A vos, Dios mío, con todo mi corazón dirijo mis clamores. ¡Dígnate a escucharlos, Señor!, pues yo tan solo deseo guardar tus preceptos».

importante: clamó con todo su corazón.[7] Los aullidos del corazón son la esencia de la oración. Y lo que sí nos deja claro es que en este clamor santo puso su corazón por entero, sin reservas ni fisuras. Su alma se volcó por completo, y a ella se sumaron todos sus afecto y deseos en un grito cohesionado y compacto al Dios viviente. Buena cosa es cuando una persona puede decir refiriéndose a sus oraciones: *"Clamo con todo mi corazón";* pues muchos son los que claman a Dios, pero no con todo su corazón, y esto a lo largo de toda su vida. Una oración de tal naturaleza no precisa de elocuencia en sus expresiones, no tiene porqué ser larga ni planteada con profundidad doctrinal; basta con que sea hecha con todo el corazón, para que encuentre el camino al corazón de Dios abierto de par en par.

¡Respóndeme, Señor! Pide a Jehová que su clamor no muera extraviado en los aires sino que le preste atención y le responda. Los verdaderos artífices de la oración jamás se conforman con el mero planteamiento de la petición, oran con un fin y un propósito determinado, y lo persiguen hasta el final. Si Dios no presta atención a nuestras peticiones, oramos en vano. El término hebreo *"escuchar"*[8] se usa con frecuencia en las Escrituras para expresar la idea de atención y consideración. En realidad cabe decir que Dios escucha indefectiblemente cada sonido que se emite en la tierra, y cada deseo de cada corazón; pero David va más allá de esto: quiere una audiencia particular, favorable y comprensiva, como presta un médico a su paciente cuando le cuenta la historia lastimosa de su dolencia. Pide al Señor que se le acerque y escuche amigablemente la voz de su lamento, con la intención de que se compadezca de él y le ayude. Notemos que la oración salida del fondo de su corazón va dirigida exclusivamente al Señor; no se plantea una vía alternativa, una segunda esperanza o ayuda: *"Respóndeme, oh Señor",* es el rango completo de su petición y expectativa.

Y guardaré tus estatutos.[9] Sabía que no podía esperar que el Señor le prestara atención si él no prestaba atención al Señor; ni alegar que oraba con todo su corazón a menos que fuera manifiesto que se esforzaba hasta el límite de su capacidad en obedecer a la voluntad divina. Su argumento primordial al implorar su liberación era que ser libre le permitiría practicar sin trabas su fe y cumplir con todas las ordenanzas del Señor: sería libre para poder servir al Señor en libertad. Una resolución santa siempre encaja bien con una súplica inoportuna: David estaba decidido a buscar la santidad; y su corazón estaba de acuerdo por entero con la petición hecha y la resolución que la apoyaba. Su compromiso es a guardar los estatutos de Dios en su memoria, mantenerlos en sus afectos y aplicarlos en sus acciones. A no descuidar ni transgredir voluntariamente ninguna de las leyes divinas.

C. H. SPURGEON

He clamado con todo mi corazón. De igual manera que si gritamos con la boca bien abierta gritamos más fuerte, cuando oramos con todo nuestro corazón oramos con mayor efectividad. Estas palabras del salmista además de expresar el fervor y afectividad con que oraba, ponen también de

[7] Dice AGUSTÍN DE HIPONA [354-430]: «Cuando oramos a Dios, tanto si es de manera audible mediante palabras o en el silencio de nuestros pensamientos, debemos hacerlo siempre *"con todo el corazón"*. Porque es el clamor vehemente que sale del corazón el que autentifica la fe del que clama, en tanto que expresa su confianza incuestionable en que recibirá aquello por lo cual clama; la oración que emana de las profundidades del corazón sale purificada de todas las impurezas de dudas y cuestionamientos».

[8] La versión inglesa KJV traduce: *"Hear me, O Lord"*, "Escúchame, oh Señor", y Spurgeon juega un poco con esta idea. Pero el verbo hebreo utilizado en el TM es: עֲנֵנִי *'ănênî* de עָנָה *anah;* y su sentido es más bien el de *"respóndeme"*, y así lo reflejan la totalidad de versiones españolas.

[9] Dice WILLIAM SWAN PLUMER [1802-1880]: «Esta cláusula se puede fácilmente separar del resto del versículo y convertirla en independiente. Ello da pie a dos interpretaciones: que el profeta está afirmando su disposición a guardar los estatutos divinos pase lo que pase, sea la respuesta a su clamor positiva o negativa; o bien que vincula su súplica a una obediencia celosa de la ley si el Señor le concede la gracia solicitada. Esta última interpretación es con toda probabilidad la más correcta».

manifiesto que los motivos de su plegaria no era cosa baladí ni pasajera. Cuando te dirijas a Dios en oración ora siempre por cosas grandes, cosas que permanecen, no por aquellas que perecen;[10] no ruegues por plata porque se oxida; ni por oro porque no es más que un vil metal; ni por propiedades y otras posesiones materiales porque no son más que tierra. Tales oraciones no ascienden a Dios. Porque es un Dios grandioso, y cuando no buscamos de él cosas grandes, pidiéndolas con toda la intensidad de nuestros afectos, se siente menospreciado.

WILLIAM COWPER [1566-1619]
"A holy alphabet for Sion's scholars full of spiritual instructions, and heavenly consolations [...] delivered by way of commentary upon the whole 119 Psalme", 1613

He clamado con todo mi corazón. Lo primero y más importante que Dios busca en nuestras oraciones es el corazón: *"Dame, hijo mío, tu corazón".[11]* No un pedazo o un simple rincón, pues esto no bastará para satisfacer a su Creador, sino el corazón entero: porque el corazón es un tesoro, un lecho de especias, un trono real en el que se el Señor se deleita.[12] Dios no mira la elegancia culta de nuestras oraciones para estimar su calidad literaria y ver cuan esmeradas son; tampoco su geometría para valorar su longitud; o su música para justipreciar la dulzura de nuestra voz; ni tan siquiera su lógica: tan solo su sinceridad para comprobar si proceden del corazón. No hay oración que sea reconocida, aprobada, aceptada, registrada o recompensada por Dios, fuera de aquella en la que el corazón es sincero y se vuelca en ella de un modo total. La madre auténtica no soporta la idea del niño partido en dos.[13] Dios ama el corazón contrito y quebrantado, y aborrece a un corazón dividido;[14] no acepta porciones ni mitades quiere ser adorado y servido en espíritu y en verdad de una manera absoluta y completa.[15] La ley real es esta: *"Amarás al Señor tu Dios con todo tu corazón, y con toda tu alma, y con todas tus fuerzas, y con toda tu mente"*.[16] Entre los paganos, cuando los animales eran despedazados para el sacrificio, lo primero que el sacerdote miraba era el corazón, y si el corazón no era completo y correcto, el sacrificio era rechazado. Ciertamente, Dios rechaza todos los sacrificios que procedan de un corazón incorrecto y dividido; sin el respaldo de un corazón sincero y entregado, la oración no es más que bronce que resuena, o címbalo que retiñe.[17] Tan solo es hermosa y sustancial si hay puesto en ella todo el corazón, de lo contrario no es nada. Orar con el beneplácito divino no consiste en elevar el volumen de la voz, levantar y agitar las manos, o golpearse el pecho; la atención de Dios no la capta el tono afectado, los gestos estudiados ni las expresiones seráficas, sino el temblor del corazón, eso es lo que el Señor mira en la oración. Dios escucha únicamente lo que el corazón dice; si el corazón es mudo, Dios será sordo. Toda plegaria que no surja del corazón, para Dios no cuenta.

THOMAS BROOKS [1608-1680]
"The Privie Key of Heaven; or twenty arguments for closet-prayer", 1665

Vers. 146. ***A ti clamé; sálvame, y guardaré tus testimonios.*** *[A ti clamo; sálvame, y guardaré tus testimonios.* RVR*] [A ti clamé; sálvame, y guardaré tus testimonios.* LBLA*] [A Ti he clamado, ¡sálvame! Y observaré tus testimonios.* BTX*] [A ti clamo: «¡Sálvame!» Quiero cumplir tus estatutos.*

10 Juan 6:27; 2 Corintios 4:18; Colosenses 3:2; Santiago 4:3-5; 1 Juan 2:16-17.
11 Proverbios 23:26.
12 Cantares 4:14; 5:1; Mateo 6:21: Lucas 12:34; 1 Corintios 3:16; 6:19.
13 1 Reyes 3:25-27.
14 Salmo 51:17; Santiago 1:8.
15 Mateo 15:8-9; Juan 4:24.
16 Deuteronomio 6:5; Mateo 22:37-38: Lucas 10:27.
17 1 Corintios 13:1.

NVI*] [Yo te invoco, sálvame, y observaré tus mandamientos.* BLP*] [A ti clamo; rescátame para que pueda obedecer tus leyes.* NTV*]*[18]

A Ti he clamado. Una vez más recalca que su oración va dirigida exclusivamente a Dios. La frase implica que oraba frecuentemente y con vehemencia; que clamar a Dios se había convertido en una de las funciones más importantes y persistentes de su vida.

Sálvame. Esta fue su petición: corta pero exhaustiva. Le urgía salvación, y nadie fuera del Señor podía proporcionársela, de modo que clama a él exclamando: *"sálvame"*. Sálvame de los peligros que me envuelven; de los enemigos que me persiguen; de las tentaciones que me acosan, de los pecados que me acusan. No es muy pródigo en palabras, porque cuando somos verdaderamente sinceros es habitual que no lo seamos; como tampoco en sus peticiones, pues no solemos multiplicarlas cuando la presión nos obliga a concentrarnos en un solo objetivo indispensable: *"sálvame"* es toda su oración.

Y guardaré tus testimonios. Este era su objetivo primordial al implorar salvación, proseguir en una vida intachable de obediencia a Dios, creer los testimonios de Dios y convertirse el mismo en testimonio de su fidelidad.[19] Buena cosa es cuando buscamos salvación con un propósito tan elevado. No pide ser liberado para poder seguir pecando con impunidad; su clamor es ser liberado del propio pecado. Anteriormente había jurado guardar los ordenanzas o leyes (119:106), y aquí resuelve guardar los testimonios o doctrinas, y de ese modo ser recto de mente tanto como limpio de manos. La salvación acarrea en su bagaje todas estas cosas buenas. David no concebía una salvación que le consintiera seguir viviendo en pecado o permanecer en el error: sabía muy bien que en tanto permanezcamos en la desobediencia y la ignorancia no hay salvación posible.

C. H. SPURGEON

A Ti he clamado. El alma afligida se expresa en clamores y lágrimas. Desde tiempos antiguos los creyentes *"clamaron al Señor en su angustia, y los libró de sus aflicciones"*.[20] Así hizo Israel frente el Mar Rojo.[21] Durante la Reforma los creyentes expresaban sus temores en oración sincera y hallaban en ello alivio. Cuando el 17 de Abril de 1521 en las sesiones de la Dieta de Worms se le concedieron a Lutero veinticuatro horas para decidir si se retractaba o no de sus afirmaciones consideradas heréticas, el Reformador pasó toda la noche en oración clamando en voz alta y pidiendo sabiduría para defender su causa en nombre de Dios ante tan augusta asamblea terrenal.[22] Cuando leemos las crónicas de los

---

[18] La versión griega de los LXX o Septuaginta lee: ἐκέκραξά σε· σῶσόν με, καὶ φυλάξω τὰ μαρτύριά σου que la Vulgata traduce al latín como: *"Clamavi ad te; salvum me fac: ut custodiam mandata tua"*, "Clamé a ti, sálvame; para que guardé tus mandamientos". La versión sefardí de Ferrara traduce: *"Clamee a ti, falvame, y guardarè tus teftamientos"*. La caldea Peshitta: *"A ti he clamado; líbrame y guardaré tu testimonio"*. KRAUS traduce: *"¡Te invoco, ayúdame para que guarde tus testimonios!"*. SCHÖKEL: *"Te llamo: sálvame, y observaré tus preceptos"*.

[19] Dice AGUSTÍN DE HIPONA [354-430]: «La salvación por gracia hace ciertamente que aquel que la recibe busque la santidad y se vea impelido a *"guardar los testimonios"* divinos, incluso a costa de su propia vida si la gravedad de la tentación así se lo exige».

[20] Salmo 107:1,19.

[21] Éxodo 14:1-31.

[22] En su libro *"The Holiness of God"*, ROBERT CHARLES SPROUL [1939-2017] describe esta noche angustiosa y difícil de Reformador como *"Luther's own private Gethsemane,"* es decir, el Getsemaní particular de Lutero. Pero la oración que escribió esa noche, es una de las más emotivas y maravillosas que jamás se hayan escrito fuera del texto sagrado y se ha preservado: «¡Oh Dios, Dios todopoderoso y eterno! ¡Qué cosa tan vil y terrible es el mundo! ¡Mira cómo abre sus fauces para tragarme; y lo pequeña que es mi fe en Ti! ¡Qué

"covenantarios",[23] nos encontramos con multitud de casos similares. No podemos evitar el pensar en John Welch,[24] apostado en la soledad de su jardín noche tras noche, clamando al Señor a gritos para que le concediera Escocia. Dentro del marco amplio del espíritu, la oración adopta, según los casos, diversas formas de expresión. La oración fruto de un sentimiento intenso se expresa con fuertes gritos; en cambio la oración que elevamos tras comprender las razones de nuestro Dios misericordioso y benigno suele ser una oración plácida, expresada a menudo con suaves susurros. Tal era en el caso de otro *"covenanter",* Alexander Peden,[25] que acostumbraba a orar como si estuviera conversando tranquilamente con un amigo [...] Pero cuando el sentimiento es intenso, cuando la ira pesa sobre

---

débil y temerosa es la carne, y qué poderoso y activo el diablo con sus servidores y sabios de este mundo! Si tengo que depender de cualquier fortaleza que provenga de este mundo, pronto todo habrá acabado. ¡Oh Dios mío, Dios mío, solo tú eres Dios, el Dios mío! ¡Acude tu en mi auxilio contra toda razón y sabiduría del mundo entero! ¡Tú eres quién debe hacerlo, únicamente tú, porque la causa que defiendo no es mía, sino tuya; pues yo personalmente nada tengo que ver con ella, como tampoco con estos hombres poderosos en el mundo. Pues yo podría vivir en este mundo días sosegados y tranquilos, libre de toda perturbación. ¡Pero tuya es la causa, oh Señor, y es una causa justa y eterna! Ayúdame pues tú ¡oh Dios mío! porque tú eres fiel y eterno. No tengo confianza en ningún hombre, pues cualquiera sería vana y en nada me aprovecharía. ¡Todo lo que es carne y confía en la carne, es falible y perecedero! (Jeremías 17:5) ¡Oh Dios, oh Dios mío! ¿No me escuchas, Dios mío? ¿Estás muerto? No, no lo estás, porque no puedes morir; tan solo te escondes de tus criaturas. ¿Acaso no me has elegido para esta causa, de lo cual yo estoy convencido con certeza? Te lo pregunto, Señor. ¡Y si tú me has elegido, entonces, dirige tú mis pasos! Porque si de mi dependiera, jamás en mi vida me habría atrevido a enfrentarme a señores tan grandes y poderosos, y ni tan siquiera lo habría pensado. Pero si tú me has elegido, entonces, Dios mío, ayúdame en el nombre de tu Hijo amado Jesucristo, que ha de ser mi protección y mi amparo, mi castillo fuerte, y mi poder en la fortaleza del Espíritu Santo! Señor, ¿dónde te escondes? ¿por qué te retrasas? (Salmo 44:24; 70:5) Dios mío, ¿dónde estás? ¡Ven, ven pronto! ¡Yo estoy dispuesto a entregar mi propia vida cual manso cordero! Porque justa es la causa que defiendo y tuya es, por tanto, no me retractaré de ella ni me apartaré de ti por toda la eternidad. Así lo resuelvo ahora en tu nombre. Jamás el mundo logrará torcer ni constreñir mi conciencia, aunque lance contra mí todos sus diablos. No siento temor, aunque mi cuerpo, que es obra de tus manos, resultara destruido o despedazado en esta empresa; porque me quedarán tu Palabra y tu Espíritu; los enemigos tan solo pueden destruir mi cuerpo; el alma es tuya, te pertenece y permanecerá a tu lado por toda la eternidad. Amén. Dios mío, ayúdame. Amén».

[23] En el original inglés *"covenanters"* (es español "covenantarios"). Nombre que se daba a los integrantes de un movimiento nacido en el seno del presbiterianismo escocés y partidarios del llamado *Pacto escocés de 1638*. Su propósito era el de oponerse a la imposición en Escocia de la Iglesia de Inglaterra. Su nombre deriva de la palabra inglesa "Covenant", (Pacto) un término bíblico muy común y muy utilizado por el calvinismo. Se constituyeron en ejército y se enfrentaron a las tropas gubernamentales en la famosa Batalla de BOTHWELL BRIGG o Batalla del Puente de Bothwell el 22 de Junio de 1679 en Lanarkshire (Escocia) en la que fueron derrotados. Ver nota 96 del Salmo 34 y nota 122 en el Salmo 39:9.

[24] Se refiere a JOHN WELCH [1568-1622] uno de los *"covenanters"*. Aunque nacido en una familia noble (su padre era *Laird* de Coliestoun) abandono la escuela y vivió una juventud alocada entre pandillas de bandoleros, hasta que finalmente, cual hijo pródigo decidió reconciliarse con su padre. De vuelta a la universidad de Edimburgo se preparó para el ministerio en la Iglesia de Escocia ejerciendo su ministerio en Selkirk y posteriormente en Ayr. Contrajo matrimonio con la hija menor de JOHN KNOX [1514-1572] haciendo suya la oración de su suegro "Señor, dame Escocia o muero". Pasaba noches enteras en el exterior, arropado con una manta para protegerse del frío, y orando tan intensamente en voz alta que podía escucharse en la distancia. Convertido en uno de los "covenanters" su predicación fogosa en defensa de la justicia comenzó a resultar molesta por lo que fue encarcelado y posteriormente exilado a Francia.

[25] Se refiere a ALEXANDER PEDEN [1626-1686] conocido en Escocia como el "profeta Peden" uno de los principales líderes del movimiento de los *"covenanters"* o "luchadores del pacto".

nosotros como una losa, cuando sentimos el peligro rozándonos la oreja y a la vez percibimos al Señor distante; o cuando experimentamos el deseo apremiante de un logro inmediato, en todos estos casos la oración deriva en fuertes gritos. Tal parece haber sido el estado mental del salmista cuando escribió estas palabras.

JOHN STEPHEN [1800-1881]
"The Utterances of the CXIX Psalm; Expounded in a Series of Lectures", 1861

A Ti he clamado, ¡sálvame! Una petición breve, como suelen ser las peticiones importantes, pero que ni toda la amplitud del más refinado lenguaje podría hacer explícita y más completa: "*¡sálvame!* Hecha con una total sinceridad del alma y volcando en el *"clamor"* el corazón entero, este "*¡sálvame!* incluye el conjunto exhaustivo de las necesidades y carencias de un pecador: el perdón, la aceptación, el acceso, la santidad, la fortaleza, el consuelo, el cielo; y todo ello en una sola palabra dirigida a una sola persona: Cristo. Ciertamente el nombre de Cristo como camino de acceso no se menciona, pero va implícito en el enfoque y dirección de toda plegaria dirigida al trono de la gracia: *"Escúchame"* en nombre de mi Abogado, mi Defensor prevalente; y *"sálvame"* por los méritos de Aquel cuyo nombre es Jesús el Salvador.[26]

CHARLES BRIDGES [1794-1869]
"*Exposition of Psalm CXIX,*
As illustrative of the character and exercises of the Christian experience", 1827

A Ti he clamado. La oración envuelta en llanto atraviesa los muros del cielo y penetra hasta las profundidades de la gloria. De cuanto Moisés dijo en su oración frente el Mar Rojo cuando las huestes del Faraón le pisaban los talones no sabemos una palabra, pero sabemos que Dios se conmovió con su clamor y le respondió.[27] Clamar no implica gritar de manera ensordecedora, sino más bien expresar con gemidos conmovedores los sentimientos de un corazón que se derrite. Con todo, hay ocasiones en las que lo acuciante de la necesidad y aflicción del espíritu arrancan gritos que no resultan en absoluto desagradables a los oídos favorablemente dispuestos de Dios. *"Con mi voz clamé a Jehová,* –exclama el salmista– y *él me respondió desde su monte santo".*[28] Y esto le animó a repetir una y otra vez el proceso: *"Está atento a la voz de mi clamor, Rey mío y Dios mío";*[29] *"Oye mi oración, oh Jehová, y escucha mi clamor. No te hagas sordo a mis lágrimas".*[30] Y en cierta ocasión hizo que la cueva resonara por entero con sus gritos: *"Escucha mi clamor, porque estoy muy afligido".*[31]

SAMUEL LEE [1625-1691]
"Secred Prayer Successfully Managed"
en *"Cripplegate Morning Exercises"*[32]

---

[26] Mateo 1:21.
[27] Éxodo 14:15.
[28] Salmo 3:4.
[29] Salmo 5:7.
[30] Salmo 39:12.
[31] Salmo 142:6.
[32] Los *"Morning Exercices"*, fueron iniciados por THOMAS CASE [1598-1682] como devocionales para los soldados puritanos durante la Guerra Civil de Inglaterra (1642-1651) a las 7 de la mañana para orar y escuchar la palabra de Dios. Se convirtieron en costumbre en la mayoría de iglesias de Londres y del resto de Inglaterra con asistencia del pueblo. En ellas hacían sus exposiciones los más famosos predicadores puritanos de la época. Después de la Guerra Civil, esta costumbre continuó y fue conocida como *"Morning Exercises at Cripplegate"* y los sermones fueron recopilados y publicados por SAMUEL ANNESLEY

A Ti he clamado, ¡sálvame! En nuestras dificultades y tribulaciones debemos recurrir a Dios y demandar de él con oración y súplica nuestra liberación a su debido tiempo; puesto que es él es quién ejerce el control final de nuestros problemas. En todo cuanto tenga que ver con misericordias y aflicciones, nuestros tratos no han de ser con los hombres sino directamente con Dios; porque presentándonos con humildad ante él detenemos la ira en su fuente: quien nos ató es quién debe desatarnos. Dios está por encima de todas las causas, y por tanto, cualquiera que sea la naturaleza de nuestro problema y por perverso que sea, Dios es la parte litigante con la cual debemos hacer las paces; porque él es quien dispone de un modo absoluto sobre todas sus criaturas y nos llevará a reconocer el dominio de su providencia y nuestra dependencia de él. En los tratados de paz entre dos países beligerantes las negociaciones no se llevan a cabo con las clases de tropa, con los soldados rasos sino con su líder: *"El Señor dio y el Señor quitó"* exclama Job;[33] *"Si él da reposo, ¿quién inquietará? Si esconde su rostro, ¿quién lo podrá ver? Vela sobre una nación, lo mismo que sobre cada individuo"*.[34]

THOMAS MANTON [1620-1677]
"One hundred and ninety sermons on the hundred and nineteenth Psalm", 1681

Sálvame, y guardaré tus testimonios. Los siervos de Dios valoran su propia vida en función de las oportunidades que esta pueda brindarles de servir a su Señor: *"Sálvame, y guardaré tus testimonios"* es la oración del creyente en el día de la angustia y tribulación. *"Porque para mí el vivir es Cristo,* –afirma en apóstol con resolución– *y el morir es ganancia"*.[35] ¡Cuán distinto de los malos! En el día de la angustia todas sus energías y esfuerzos se circunscriben y consumen en el deseo de escapar de la calamidad; no desean ser liberados del pecado, no desean guardar los mandamientos, ¡no desean ser *"modelados conforme a la imagen"* de Dios![36]

JOHN MORISON [1791-1859]
"An Exposition of the Book of Psalms", 1829

¡Sálvame! Sálvame de mis pecados, de mis corrupciones, de mis tentaciones, de todos los obstáculos que se interponen en mi camino; para que pueda: *"guardar tus testimonios"*. Debemos clamar con lágrimas implorando la salvación, no para jactarnos de la seguridad y consuelo que nos proporciona, sino para gozar de la oportunidad de servir a Dios con mayor alegría.

MATTHEW HENRY [1662-1714]
"Commentary on the Whole Bible", 1811

Vers. 147. *Me anticipé al alba, y clamé; esperé en tu palabra.* *[Me anticipo a la aurora, y clamo; espero en tu palabra.* RVR*] [Me anticipo al alba y clamo; en tus palabras espero.* LBLA*] [Me anticipé al alba y clamé, esperé con ansias en tu palabra.* BTX*] [Muy de mañana me levanto a pedir ayuda; en tus palabras he puesto mi esperanza.* NVI*] [Antes del alba me levanto y pido auxilio, en*

[1620- 1696], lo que ha permitido que hayan llegado hasta nosotros algunas de las mejores exposiciones de los predicadores puritanos.

33 Job 1:21.

34 Job 34:29.

35 Filipenses 1:21.

36 Romanos 8:29; 2 Corintios 3:18.

tus palabras pongo mi esperanza. BLP*] [Me levanto temprano, antes de que salga el sol; clamo en busca de ayuda y pongo mi esperanza en tus palabras.* NTV*]*[37]

Me anticipé al alba[38] *y clamé.* Se levantaba antes de que saliera el sol, y comenzaba sus súplicas antes de que el rocío se posara sobre la hierba. Aquello que merece la pena hacer, cuanto antes lo hagamos mejor. Es la tercera vez consecutiva en esta octava que menciona que *"clamó"*.[39] Clamó, y clamó, y clamó de nuevo. Sus súplicas se habían vuelto tan frecuentes, tan fervientes e intensas, que podría decirse que de la mañana a la noche no hacía prácticamente otra cosa fuera de clamar a su Dios. Tan intenso y vehemente era su deseo de salvación que le impedía incluso descansar en su cama; tan ansiosamente la buscaba que en cuanto podía estaba ya de rodillas.

Esperé con ansias en tu palabra. La esperanza es un recurso muy poderoso para fortalecernos en la oración. ¿Quién oraría de no tener la esperanza de que Dios le escuchará? ¿Y quién no suplicaría contando con la esperanza bendita de que sus peticiones serán escuchadas? Su esperanza estaba puesta en la palabra de Dios; y este es un anclaje seguro, porque Dios es veraz y jamás se retrae de sus promesas, ni altera aquello que haya salido de su boca. El que es diligente en la oración, jamás quedará desprovisto de esperanza. Así como el pájaro madrugador se lleva la lombriz,[40] la súplica temprana se refresca con la esperanza.

C. H. Spurgeon

Me anticipé al alba. Una frase que deberíamos enmarcar. Dice que se anticipó a la aurora, afirmando con ello que vivía, por así decirlo, en lucha constante contra el reloj para evitar que le desbordara. Sabía que el tiempo vuela, y que en su transcurrir veloz reduce al hombre a polvo y cenizas. Pone, por tanto, todo su empeño en anticiparse, en tratar hacer algo bueno y provechoso antes de que el tiempo le deje atrás alejándose de él. ¡Ay! ¡cuánto debería avergonzar este desvelo de David, día

---

[37] La versión griega de los LXX o Septuaginta lee: προέφθασα ἐν ἀωρίᾳ καὶ ἐκέκραξα, εἰς τοὺς λόγους σου ἐπήλπισα que la Vulgata traduce al latín como: *"Praeveni in maturitate, et clamavi: quia in verba tua supersperavi"*, "Me adelanté en la madrugada, y clamé; porqué he esperado mucho en tus palabras". La versión sefardí de Ferrara traduce: *"Antecipeme en alborada y clamee; a tu palabra efperee"*. La caldea Peshitta: *"Me levanté al alba e hice súplica; busqué tu palabra"*. Kraus traduce: *"Al alba me levanto y clamo, espero en tu palabra"*. Schökel: *"Me adelanto a la aurora y pido auxilio aguardando tus palabras"*.

[38] En hebreo קִדַּמְתִּי *qiddamtî* de קָדַם *qadam,* "adelantarse" en el sentido de ir al encuentro (ver al respecto Salmo 79:8). Felipe Scio de San Miguel [1738-1776] en una nota en su traducción de la Vulgata, explica que el sentido de la expresión griega: ἐν ἀωρίᾳ, es el de "fuera de tiempo y de sazón", algo que Ambrosio de Milán [340-397] explica de manera excelente en uno de sus sermones (Ver el comentario de Ambrosio incluido por Spurgeon). Y su discípulo Agustín de Hipona [354-430] añade: «Muchos códices leen: *"intempesta nocte"*, de lo cual deriva "intempestivo", que a su vez deriva de *"tempus"*, tiempo; no de *"tempesta"*, o tempestad, como algunos pudieran creer. Los antiguos llamaron *"intempesta"* a las altas horas de la noche porque para la mayoría de los mortales son horas de descanso, tiempo intempestivo, es decir, poco apropiado o poco oportuno para llevar a cabo la mayor parte de acciones. En consecuencia, lo que el salmista nos esta diciendo es que clamo al Señor: *"intempesta nocte"*, es decir, no solo durante las horas el día, sino incluso durante las horas intempestivas o poco apropiadas de la noche, *"y esperó en su palabra"*, esto es *"esperó en él en todo tiempo"* (Salmo 62:8)».

[39] Las otras dos las tenemos en los versículos anteriores (119:145-146).

[40] En el original: *"The early bird gets the worm"*, un antiguo refrán inglés que significa que quien llega primero tiene mayores posibilidades de éxito. El equivalente español sería: «A quién madruga Dios le ayuda».

tras día, a tantos y tantos que no se preocupan un ápice por obrar el bien a lo largo de toda su existencia! El salmista tenía miedo a perder un solo día; mientras que ellos se despreocupan de sus buenas acciones durante meses y años: sí, tras haber malgastado las tres etapas principales de su vida en vanidad y libertinaje, apenas alcanzan a consagrar a su Señor su vejez decrépita y maltrecha.

WILLIAM COWPER [1566-1619]

"A holy alphabet for Sion's scholars full of spiritual instructions, and heavenly consolations [...] delivered by way of commentary upon the whole 119 Psalme", 1613

Me anticipé al alba. Algunos hacen de la oración su prioridad y ponen en ella todo su empeño y diligencia. Pero repito, solo algunos, muy pocos. Los demás, la mayoría, lejos de considerar la oración un deber necesario e imprescindible, hacen de ella una formalidad rutinaria, y se despreocupan; la tienen como algo circunstancial y complementario que fácilmente cabría suprimir sin mayores problemas. Solo cuando un corazón la adopta como prioridad, la busca temprano en la mañana y sigue entregado a ella tarde y noche; cuando hace de preservar su comunión con Dios su objetivo, entonces, su anhelo le roba el sueño y madruga para encontrarse con él: *"Mas yo a ti he clamado, oh Jehová, y de mañana mi oración se presenta delante de ti"*.[41] Las personas piadosas, justas y buenas, se quitan horas de sueño con tal de entregarse a la oración e invocar el nombre de Dios.[42]

THOMAS MANTON [1620-1677]

"One hundred and ninety sermons on the hundred and nineteenth Psalm", 1681

Me anticipé al alba. Es lamentable que los rayos del sol naciente te hallen holgazaneando en la cama, y que su luz ciegue tus ojos mientras siguen aún amodorrados por el sopor del sueño. ¿Acaso no sabes, oh mortal, que es a Dios a quién debes las primicias cotidianas de los pensamientos de tu corazón? ¿Qué es a él a quién corresponde escuchar los primeros susurros de tu voz? A él eres deudor de tu cosecha diaria. El Señor Jesús permaneció la noche entera en oración,[43] y no porque precisara de su ayuda, sino para darnos un ejemplo a imitar. Toda una noche pasó orando por ti, para que tú pudieras pedir por ti mismo y aprendieras cómo. Devuélvele, pues, lo que él hizo por ti.

AMBROSIO DE MILÁN [340-397]

"Sermones - XIX"

Me anticipé al alba. David era un administrador diligente: madrugaba adelantándose al alba y alargaba la noche con tal de cumplir sus obligaciones: *"A medianoche me levanto para alabarte"* (119:62). Es probable que fuera a esto a lo que se refería al expresar su deseo de *"habitar en la casa del Señor todos los días de mi vida"*,[44] a estar permanentemente en la casa de oración ... Mi deseo es que cuando abra los ojos cada mañana se abra también mi corazón a Dios en oración ferviente, salida de lo más profundo de mi alma. Deseo que al acostarme por las noches acuda la oración a mullir mi cama y me haga de suave almohada. Deseo que a lo largo del día la oración perfume mi ropa, endulce mi comida, engrase los engranajes de mis negocios, me acompañe en todo momento y pula todas mis acciones, tanto privadas como civiles y religiosas. Y deseo que tras haber hecho mi oración en el

[41] Salmo 88:13.

[42] Dice WILLIAM SWAN PLUMER [1802-1880]: «Nunca deberíamos decir que oramos lo suficiente. CHARLES BRIDGES [1794-1829] decía: 'Si nuestras almas están huérfanas de consuelo, es porque nuestras bocas están vacías de oración'. El reformador MARTÍN LUTERO [1483-1546] pasaba tres horas en oración cada día».

[43] Lucas 6:12.

[44] Salmo 27:4.

nombre de Cristo según es la voluntad de Dios,[45] tras haber sembrado mi semilla, pueda esperar una cosecha abundante. Aguardo fervientemente, por tanto, que surjan los primeros brotes; firmemente convencido que si no me desmayo, a su tiempo, recogeré los frutos.

GEORGE SWINNOCK [1627-1673]
"The Christian Man's Calling", 1665

Me anticipé al alba y clamé, esperé con ansias en tu palabra. Las oraciones matutinas no se ven perturbadas por el devenir agitado del día a día, más bien se asemejan a la suave melodía de esas aves madrugadoras que cantan con más ahínco y dulzura cuando hay menos oídos que las escuchen. Oh alma mía, ¿puedes tú decir que te has *"anticipado a la aurora"* en tus momentos de comunión con Dios? ¿Tu ansias de comunión con el cielo te han despertado del sueño y sacudido plenamente tu pereza llevándote a doblar tus rodillas?

JOHN MORISON [1791-1859]
"An Exposition of the Book of Psalms", 1829

Y clamé. Una triple reiteración de la misma plegaria dentro de la misma octava: *"Clamé con todo mi corazón"* (119:145); *"A ti clamé; sálvame"* (119:146); *"Me anticipé al alba, y clamé"* (119:147). Antes de concluir que alguien está ausente solemos golpear la puerta tres veces. Nuestro Señor Jesús *"oró por tercera vez, diciendo las mismas palabras"*, esto es: *"Padre mío, si es posible, pase de mí esta copa"*.[46] Y lo mismo hizo el apóstol Pablo: *"respecto a lo cual tres veces he rogado al Señor, que lo quite de mí"*.[47] Elías *"se tendió sobre el niño tres veces, y clamó a Jehová y dijo: Jehová Dios mío, te ruego que hagas volver el alma de este niño a él"*.[48] Por lo que parece, tres fue el número apropiado de peticiones tras las cuales aguardaban una respuesta en casos importantes; y sin embargo no veo razón para limitarlo a ese número; puesto que debemos reiterar nuestras peticiones por una misma cosa tantas veces como el caso lo requiera hasta que nos sea otorgada.

THOMAS MANTON [1620-1677]
"One hundred and ninety sermons on the hundred and nineteenth Psalm", 1681

Me anticipé al alba y clamé, esperé con ansias en tu palabra. Los grandes poetas se han deleitado cantando la aurora como «Madre del Rocío»[49] que «siembra la tierra con perlas de Oriente».[50] Y muchos santos, al levantarse de sus camas con los primeros destellos rojizos del alba, han hecho suya la poesía de la naturaleza viendo en ella la realidad de la gracia y sintiendo cómo los rocíos del cielo refrescan su espíritu. Las devociones matutinas siempre han sido las más valoradas por las almas piadosas, y su norma ha sido no fijar su mirada en hombre alguno hasta haber contemplado el rostro de Dios. El aliento de la mañana, impregnado por el perfume de las flores, es incienso ofrecido por

---

[45] Juan 14:13;
[46] Mateo 26:39-44.
[47] 2 Corintios 12:8.
[48] 1 Reyes 17:21.
[49] Se refiere al poeta y dramaturgo escocés JAMES THOMSON [1700-1748] y a su obra *"The Seasons"*, Libro II *"Summer"*, concretamente al poema conocido como *"Dawn In Summer"*, "Amanecer en verano", 5ª línea. Y JAMES HERVEY [1714-1758] en *"Meditations and Contemplations"*, Vol. I: *"Reflections on a flower garden"*: *"The Dew of thy Birth is the Womb of the Morning; as the Morning is the Mother of Dews"*.
[50] Se refiere a una cita de la obra de JOHN MILTON [1608-1674] *Paradise Lost*, "El Paraíso Perdido", Libro V: *"Now Morn, her rofy fteps eaftern clime advancing, fow'd the Earth with orient pearl..."*

la tierra a su Creador; y los humanos no deberían permitir jamás que la tierra inerte se les adelante y los supere: quienes han sido en verdad vivificados por la gracia, sintonizan sus corazones para cantar a su Dios tan pronto despunta el alba, cual hacen los pájaros, para dar la bienvenida a la misericordia radiante que asoma por el este. Deberíamos dedicar la primera hora de cada mañana al Señor cuyas mercedes nos alegran con su luz dorada. El día abre sus párpados pausadamente, y a su vez, los ojos de miles de durmientes protegidos por el cielo deberían abrirse mirando antes que nada al gran Padre de las luces,[51] fuente de todo bien, quien hace resplandecer la luz del sol. Comenzar el día en comunión con Dios augura un día entero en la gracia, pues lo experimentado en lo alto del monte[52] opera una influencia santificadora cada hora sucesiva del día. La devoción matutina ancla nuestra alma para que no derive alejándose peligrosamente de Dios; perfuma nuestro corazón para que desprenda piedad fragante hasta el anochecer; ciñe nuestras vestiduras con el cinto de la verdad[53] para que no tropecemos; y nutre nuestro organismo espiritual evitando que desmayemos. El alba es puerta de entrada del día, y como tal, debe permanecer bien protegida con la oración; es el extremo del cordón al que se van encadenando todas las acciones de la jornada, y debe ser debidamente anudado con la devoción.[54] Si tuviéramos una visión más amplia de la majestuosidad de la vida, seríamos más cuidadosos con nuestro despertar cada mañana. Apresurarse directamente desde la cama a los quehaceres cotidianos, sin que medie un tiempo de adoración a Dios, es tan insensato como salir a la calle desnudo o sin lavarse la cara; o como un soldado que se lanzara a la batalla sin lanza, espada ni armadura. Tomemos nuestro baño matutino de comunión con Dios sumergiéndonos en este río de gracia que fluye suavemente, antes de que el calor del desierto de la vida nos sofoque y la carga de preocupaciones que arrastramos comience a oprimirnos.

C. H. SPURGEON

Vers. 147-148. Tanto el estudiante de teología como el ministro de la Palabra deben empezar el día en oración, buscando el rostro de Dios, para asegurarse de entender rectamente la Palabra de Verdad[55] y así poder enseñarla a otros.

SALOMON GESNER [1559-1605]
"Christliche Betrachtung des Psalters", 1599

Vers. 147-148. De estos dos versículos se desprenden varias cosas:

1. Que David era un gran madrugador, lo cual probablemente contribuyó a su eminencia. Nada que ver con los que remugan: «Bueno, dormiré un poquito más».

2. Que comenzaba el día en comunión con Dios; antes de adentrarse en cualquier asunto, su prioridad por la mañana era orar; en un marco apropiado y cuando su mente estaba más fresca. Si en la mañana nuestros primeros pensamientos son para Dios, ello nos ayudará a mantenernos en su temor a lo largo de todo el día.

3. Que su mente estaba tan abarrotada de las cosas de Dios y los deleites de la fe, que unas pocas horas de dormir le eran suficientes; pues incluso en *"las vigilias"*, al despertar de su primer sueño, prefería meditar y orar que no darse la vuelta y volver a dormir. Prefería las palabras de la boca de Dios a su indispensable y necesario reposo, las deseaba y atesoraba incluso más que su comida.[56]

---

[51] Santiago 1:17.
[52] Mateo 17:1-8.
[53] Efesios 6:14; 1 Pedro 1:13. Ver Éxodo 12:11; Job 38:3.
[54] Eclesiastés 4:12.
[55] 2 Timoteo 2:15.
[56] Job 23:12.

4. Que aprovechaba bien el tiempo[57] priorizando la piedad y el ejercicio de la fe. Estaba saturado de asuntos por resolver, tenía decisiones a tomar suficientes como para llenar las veinticuatro horas del día y más; pero sabía que esto no era excusa para eludir su obligación de adorar a Dios en privado; y concluyó que prefería quitarse horas de sueño antes que quedarse sin tiempo para orar. Debemos aprender de él. Cuando oramos a solas en mitad de la noche tenemos el consuelo de saber que nuestras visitas al trono de la gracia jamás resultan inoportunas, contamos con acceso directo a cualquier hora. Baal podrá estar dormido,[58] pero el Dios de Israel nunca duerme,[59] ni tiene horarios en los que sea inaccesible y no se pueda hablar con él.

MATTHEW HENRY [1662-1714]
"Daily Communion with God", 1712

Vers. 148. ***Se anticiparon mis ojos a las vigilias de la noche, para meditar en tus mandatos.*** *[Se anticipan mis ojos a las vigilias de la noche, para meditar en tus mandatos.* RVR*] [Mis ojos se anticipan a las vigilias de la noche, para meditar en tu palabra* LBLA*] [Mis ojos se anticiparon a las vigilias de la noche, para meditar en tu palabra.* BTX*] [En toda la noche no pego los ojos, para meditar en tu promesa.* NVI*] [Antes de la aurora abro mis ojos, para así reflexionar en tu promesa.* BLP*] [Me quedo despierto durante toda la noche, pensando en tu promesa.* NTV*]*[60]

Se anticipan mis ojos a las vigilias de la noche,[61] O simplemente a la vigilias.[62] Antes de que el vigilante anunciara la hora, él ya estaba clamando a Dios.[63] No hacía falta que le recordaran que el

---

[57] Efesios 5:16.

[58] 1 Reyes 18:27.

[59] Salmo 121:4; Isaías 27:3.

[60] La versión griega de los LXX o Septuaginta lee: προέφθασαν οἱ ὀφθαλμοί μου πρὸς ὄρθρον τοῦ μελετᾶν τὰ λόγιά σου que la Vulgata traduce al latín como: *"Praevenerunt oculi mei ad te diluculo, ut meditarer eloquia tua"*, "Mis ojos se adelantaron hacia ti de madrugada, para meditar en tus palabras". La versión sefardí de Ferrara traduce: *"Anteciparon mis ojos alboradas, para hablar en tu dicho"*. La caldea Peshitta: *"Mis ojos se anticipan a la vigilia para meditar en tu palabra"*. KRAUS traduce: *"Mis ojos se anticipan a las vigilias de la noche para meditar en tu palabra"*. SCHÖKEL: *"Mis ojos se adelantan a las velas meditando tu promesa"*.

[61] AGUSTÍN DE HIPONA [354-430] hace de este versículo una original y peculiar interpretación: «¿Acaso en medio de las vigilias de la noche de los tiempos no se anticiparon los ojos de aquellos santos del Antiguo Testamento, que meditando profundamente en los dichos del Señor que poseían: la ley y los profetas, intuyeron en ellos la salvación venidera; la futura venida del Redentor y la era de la gracia?».

[62] En hebreo אַשְׁמֻרוֹת *'ašmurōwṯ* de אַשְׁמֹרֶת *ashmoreth,* "vigilia", que sean de *"la noche"* se sobreentiende pero el término no figura en el texto original. Los israelitas dividían la noche en tres vigilias (Lamentaciones 2:19; Jueces 7:19; 1 Samuel 11:11). Y el salmista se compara con un centinela que ansioso despierta mucho antes que llegue el momento de incorporarse. Ver al respecto Salmo 63:6; 119:62. Es posible, como sugiere FRIEEDRICH BAETHGEN [1849-1905] en *Die Psalmen,* 1892, que se trate de una referencia a los deberes de los levitas: se levantaba antes de la hora que le correspondería entrar de guardia en el templo para ocuparse en meditar la palabra de Dios.

[63] Esta misma idea comparte FELIPE SCIO DE SAN MIGUEL [1738-1776] en una nota en su traducción de la Vulgata: «*"Previnieron mis ojos las vigilias"*, es decir, me despierto por mi mismo antes de que hagan su cambio de guardia los centinelas de la noche».

tiempo vuela,[64] porque hora tras hora su corazón volaba hacia el cielo. Comenzaba el día en oración, proseguía en oración a lo largo de las horas diurnas y seguía en oración cuando llegaban las vigilias de la noche. Aunque los centinelas hicieran su cambio de guardia, para David no había relevo, jamás abandonaba su ocupación santa. Con tal de no interrumpir la comunión con su Dios, mantenía los ojos abiertos y alejaba el sueño propio de las horas de la noche. Igual que los viajeros que caminan sin descanso de etapa a etapa, él adoraba de vigilia a vigilia.

Para meditar en tu palabra. Para el salmista la meditación se había convertido en una necesidad vital, como comer y beber, pues alimentaba su esperanza aportando así consuelo su dolor. Y el tema exclusivo en torno al cual giraban sus pensamientos era esa bendita *"Palabra"*, en la que tanto se regocijaba su corazón y que tan reiteradamente menciona, anteponiéndola a un merecido descanso reparador y renunciando a un sueño indispensable con tal de seguir disfrutando de aquello que estimaba como más indispensable todavía. Orar fervorosamente tras meditar profundamente en la Palabra, es el combustible que mantiene encendida la llama de la fe, un producto energético más bien escaso en nuestros días.[65]

C. H. SPURGEON

Se anticipan mis ojos a las vigilias de la noche, para meditar en tu palabra. Es preciso admitir que el salmista usa un lenguaje propio de un estudiante aplicado, serio y laborioso. David se describe a sí mismo levantándose temprano y acostándose tarde para dedicarse al estudio de la palabra de Dios. La expresión *"meditar en tu palabra"* implica un estudio detallado y paciente; cual si en la Palabra hubiera abundante material imposible de ser detectado con una simple mirada superficial y requiriera una atención profunda tanto de la mente como del corazón. La Biblia es un libro en el cual podríamos meditar ininterrumpidamente sin agotar jamás su contenido. Cuando David escribió este versículo las Sagradas Escrituras –Palabra de Dios– eran un volumen bastante más reducido de lo que es hoy en día; y aún en la actualidad no puede decirse de la Biblia que sea un libro grande. Y no obstante, David se declara incapaz de abarcarlo. Había estudiado las Escrituras durante años, podemos estar seguros, y pese a ello, se expresa cual si acabara de iniciar su lectura y tuviera todos sus libros pendientes de examinar, por lo que se ve en la necesidad de alargar la noche para su estudio: *"Se anticipan mis ojos a las vigilias de la noche, para meditar en tu palabra"*.

La misma observación cabe hacer en lo relativo a los preceptos divinos, que exigen el estudio continuo en la Biblia. ¿Contamos también con material inagotable para meditar en ellos? Evidentemente. De lo contrario tales preceptos quedarán fuera de lugar, pues el estudiante de las Escrituras alcanzaría un punto donde habría agotado el material disponible; y, ¿entonces qué? Los propios preceptos demostrarían no haber sido creados con validez perpetua para los hombres de todas las edades y condiciones y ya no habría razón para seguirlos.

Aquí tenemos el caso de un siervo de Dios que desde su juventud había sido diligente en el estudio de la Biblia. Año tras año había dedicado a su análisis, pese a tratarse de un solo volumen y

---

[64] Puede tratarse de una referencia a la vieja costumbre de los monjes cartujos, que habiendo hecho voto de silencio no pronuncian una sola palabra salvo para saludar a los compañeros con quienes se cruzan diciendo *"Frater, moriri habemus"*, "Hermano, hemos de morir" a lo que el otro contesta con una sola palabra *sabemus,* "Lo sabemos". De esta forma se recuerdan unos a otros la brevedad de la vida, que el tiempo vuela.

[65] Dice en este mismo sentido MATTHEW HENRY [1662-1714] en su comentario: «Cuanto más meditamos en la palabra de Dios, y más profundizamos en sus enseñanzas, más capacitados estamos para conversar íntimamente con Dios en oración empleando su mismo lenguaje, y para saber qué debemos pedir y como debemos pedirlo».

aún no muy grande. Cabe pensar que habría agotado ya todas las posibilidades de estudio; que para él ya no quedaba en sus páginas nada nuevo, nada que no hubiera investigado ya, nada que extraer y comprender. Si piensas de ese modo ¡juzgas las Escrituras de manera muy errónea! Pues que libro tan inagotable no habrá de ser la Biblia que el estudiante regio, en lugar de dar su estudio como completado, habla de ella cual si le quedaran por delante más horas de investigación de las había invertido hasta entonces: *"Se anticipan mis ojos a las vigilias de la noche, para meditar en tu palabra"*.

HENRY MELVILL [1798-1871]
"Sermons", 1839

Se anticipan mis ojos a las vigilias de la noche, para meditar en tu palabra. La palabra hebrea אַשְׁמֻרוֹת *'ašmurōwṯ* que utiliza aquí el salmista significa vigilia: una parte de la noche anunciada por los centinelas y utilizada para dividir las guardias militares en tres partes. La idea que el salmista desea transmitir es que se anticipó a estas divisiones periódicas de la noche para dedicarse a la oración. Tenía previsto levantarse tan pronto sonara la voz anunciándolas, pero su corazón se deleitaba de tal modo en el servicio a Dios, que se despertaba antes de que sonaran. El lenguaje parece indicar que estaba acostumbrado a levantarse y orar en cada uno de los sucesivos cambios de *"vigilia"* a lo largo de la noche: al comenzar la noche, en mitad, y al amanecer. Algo que puede servirnos para ilustrar lo que ocurre también en la vida de todos aquellos que aman a Dios. Se fijan un tiempo para la devoción pero a menudo se anticipan a él. Experimentan un estado de ánimo que les mueve a orar, pues nada les satisface salvo la oración; lo cual les impulsa a no esperar a la hora prefijada, igual que sucede con el hambriento que es incapaz de esperar la hora habitual y regular de las comidas. El significado de la frase: *"Se anticipan mis ojos"* es que impulsado por un deseo o necesidad interna de carácter urgente, despertó súbitamente, antes de la hora habitual prefijada para la oración.

ALBERT BARNES [1798–1870]
"Notes, critical, explanatory, and practical, on the book of Psalms", 1868

Se anticipan mis ojos a las vigilias de la noche, para meditar en tu palabra. La situación descrita en el versículo anterior: *"Me anticipo a la aurora, y clamo"* (119:145), se repite aquí, confirmando su infatigable perseverancia en la oración. ¡Ojalá aprendamos de él a utilizar nuestro tiempo con sabiduría! Se acostó por la noche orando con lágrimas en los ojos; despertó a medianoche para dar gracias; y se levantó antes de la luz del alba para invocar al Señor. Ello equivale a imitar el proceder de los ángeles, siempre atraídos y agradados de contemplar el rostro de Dios, siempre cantando un cántico nuevo sin hartarse jamás. ¡Esto es anticipar el cielo en la tierra! ¡Ojalá sea también nuestra experiencia!

WILLIAM COWPER [1566-1619]
"A holy alphabet for Sion's scholars full of spiritual instructions, and heavenly consolations [...] delivered by way of commentary upon the whole 119 Psalme", 1613

Vigilias de la noche. Los judíos, al igual que los griegos y los romanos, dividían la noche en guardias militares, siendo cada una de ellas el período durante el cual los centinelas o pelotones permanecían en servicio de vigilancia. El cálculo judío asumió tan solo tres de esas guardias o "vigilias", denominando la primera: לְרֹאשׁ אַשְׁמֻרוֹת *lərōš 'ašmurōwṯ* o "comienzo de las vigilias";[66] a la segunda הָאַשְׁמֹרֶת הַתִּיכוֹנָה *hā'ašmōreṯ hattîḵōwnāh, "guardia de en medio"* o de medianoche";[67] y אַשְׁמֹרֶת הַבֹּקֶר

[66] Lamentaciones 2:19.
[67] Jueces 7:19.

bəʼašmōreṯ habbōqer, "vigilia de la mañana".[68] Solían cubrir aproximadamente la primera desde el atardecer hasta las 22:00 horas; la segunda de las 22:00 hasta las 02:00 de la madrugada ; y la tercera desde las 02:00 de la madrugada hasta el amanecer. Aunque Lightfoot[69] sostiene que los judíos contaban en realidad cuatro, tres durante el período de oscuridad de la noche y una cuarta a primera hora de la mañana. esto resulta improbable debido al uso del término הָאַשְׁמֹרֶת *hattîḵōwnāh "medio"*, y además se opone a la autoridad rabínica. Tras la imposición de la autoridad romana, el número de vigilias aumentóa cuatro, descritas por su orden numérico como vemos en el caso de la *"cuarta vigilia"* mencionada por Mateo;[70] o por los términos *"al atardecer, o a la medianoche, o al canto del gallo, o al amanecer"* que hace Marcos. Los cambios se producían a las 21:00 horas, a las 00:00 horas (medianoche), a las 03:00 horas, y a las 06:00 horas. De acuerdo con lo que leemos en Hechos, las guardias de los soldados que vigilaban a Pedro se dividían en cuatro relevos,[71] lo cual demuestra que el ejército de Herodes seguía la norma romana. Al parecer estos guardianes o vigilantes nocturnos patrullaban las calles de las ciudades judías[72] por lo cual sería más correcto sustituir el *"rondan"* por *"vigilan"*.[73]

WILLIAM LATHAM BEVAN [1821-1908]
"Smith's Dictionary of the Bible", 1863

Para meditar en tu palabra. Los múltiples beneficios que sacamos de meditar en la Palabra bien merece por parte de todo cristiano las renuncias y sacrificios que ello pueda implicar. Ya que:

1. Una mera lectura superficial de la Palabra que no vaya acompañada de meditación es una pérdida de tiempo y un menosprecio a la misma.

2. La meditación sumada a la oración, no la oración sin meditación, es la que nos revela el verdadero sentido de la Palabra cuando todos los demás métodos fallan; con la importante ventaja de que al meditar el significado penetra en la mente y permanece en ella.

3. La meditación es la que extrae toda la dulzura de las promesas y nos nutre con toda la verdad.

4. La meditación convierte en maestro sabio y obrero eficiente incluso al que tiene poca habilidad natural para el aprendizaje.

5. La meditación somete al alma al poder santificador de la Palabra.

6. La meditación incentiva al Espíritu Santo a bendecir el alma; porque el Espíritu está estrechamente ligado a la verdad y se deleita de ver que la verdad es escudriñada y dignificada.

J.F.[74]

Vers. 149. ***Oye mi voz conforme a tu misericordia; oh Jehová, vivifícame conforme a tu juicio.*** *[Escucha mi voz conforme a tu misericordia; oh Jehová, vivifícame conforme a tu juicio.* RVR*] [Oye mi voz conforme a tu misericordia; vivifícame, oh Señor, conforme a tus ordenanzas.* LBLA*] [Oye mi voz conforme a tu misericordia, vivifícame, oh YHVH, conforme a tu decreto.* BTX*] [Conforme a tu gran amor, escucha mi voz; conforme a tus juicios, Señor, dame vida.* NVI*] [Escucha mi grito por tu*

[68] Éxodo 14:14; 1 Samuel 11:11.

[69] Se refiere a JOHN LIGHTFOOT [1602-1675], erudito clérigo, teólogo y hebraísta, vice-rector de la Universidad de Cambridge, y autor numerosas obras de exégesis e investigación bíblica.

[70] Mateo 14:25. En griego τεταρτη δε φυλακη.

[71] Hechos 12:4.

[72] Cantares 3:3; 5:7; Salmo 127:1.

[73] Salmo 130:6.

[74] En el original aparecen estas siglas sin el nombre completo del autor.

amor; por tu justicia, Señor, dame vida. BLP*] [Oh Señor, en tu fiel amor oye mi clamor, que el seguir tus ordenanzas me reanime.* NTV*]*[75]

Escucha mi voz conforme a tu misericordia.[76] A los seres humanos les resulta muy útil orar en voz ata, escuchar su propia voz; pues se hace difícil mantener la intensidad de la devoción a menos que oigamos lo que decimos; por ello, David rompe finalmente su silencio y levantándose de sus meditaciones silenciosas comienza a clamar al Señor su Dios no solo con el corazón sino también con su voz. Y reparemos en lo que dice: no alega sus propios méritos, ni tan solo por un instante trata de reclamar el salario de los servicios prestados; todo lo contrario, toma de lleno el camino de la libre gracia y suplica: *"conforme tu misericordia"*. Porque cuando Dios escucha a un suplicante pedir *"conforme a su misericordia"*, pasa por alto todas las imperfecciones de la súplica, olvida la pecaminosidad del orante, y le concede en su amor compasivo el deseo de su corazón a pesar de su indignidad. Las peticiones *"conforme a su misericordia"* son las que Dios responde con más celeridad, las que responde con mayor frecuencia, y las que responde más abundantemente, sí, con una abundancia que excede todo lo cuanto pedimos o incluso imaginamos. *"Lovingkindness"*, "amorosa-bondad", es una de las palabras más dulces en nuestro idioma.[77] Toda bondad es preciosa de por sí; pero la bondad-amorosa es doblemente preciosa, es la "crema" de la bondad.

Oh Jehová, vivifícame conforme a tu juicio.[78] Esta es otra de las oraciones profundas y fervientes de David. Primero había suplicado: *"Sálvame"* (119:146); después: *"Escúchame"* (119:169), y ahora: *"Vivifícame"*. Por lo general, la mejor manera de libramos de las tribulaciones es otorgarnos

---

[75] La versión griega de los LXX o Septuaginta lee: τῆς φωνῆς μου ἄκουσον, κύριε, κατὰ τὸ ἔλεός σου, κατὰ τὸ κρίμα σου ζῆσόν με que la Vulgata traduce al latín como: *"Vocem meam audi secundum misericordiam tuam, Domine, et secundum judicium tuum vivifica me"*, "Oye mi voz según tú misericordia, Señor; y según tu juicio dame vida". La versión sefardí de Ferrara traduce: *"Mi voz oye como tu merced, Adonay, como tu juicio abiviguame"*. La caldea Peshitta: *"Escucha mi voz, oh Yahweh, conforme tus misericordias, y vivifícame de acuerdo a tus juicios"*. KRAUS traduce: *"¡Oye mi clamor conforme a tu bondad! ¡Según tu juicio vivifícame!"*. SCHÖKEL: *"Escucha mi voz por tu misericordia, dame vida, Señor, como es tu norma"*.

[76] La versión inglesa traduce: *"according unto thy lovingkindness"*. Es importante remarcar esto dado ya que Spurgeon remarca al final del comentario el sentido de este término, que como verá el lector se explica en la nota siguiente.

[77] En hebreo כְּחַסְדֶּךָ *kəḥasdeḵā* de חֶסֶד *checed.* La versión inglesa utiliza como equivalente del término hebreo כְּחַסְדֶּךָ *kəḥasdeḵā* [que nuestras versiones españolas de la Biblia traducen como "misericordia"] una palabra muy significativa: *"lovingkindness"* [*"According to thy lovingkindness*", KJV]; un compuesto inusual de dos cualidades: *"love"* y *"kindness"*, "amor" y "bondad", dulcemente ligados en una misma expresión. La palabra española "misericordia", no comunica esta idea en todo su sentido, aunque no deja de ser muy significativa, puesto que tiene su origen en un compuesto de dos palabras latinas: *miser,* "miserable, desdichado" y *cor, cordis,* "corazón"; más el sufijo *-ia.* Ser misericordioso es tener el corazón propicio a los miserables y desdichados o llevarles en el corazón.

[78] Dice AGUSTÍN DE HIPONA [354-430]: «Dios elimina primero la culpa inherente del pecado *"conforme a su misericordia"*, y después vivifica al pecador: *"conforme a su juicio"*. Este es el orden por él establecido, y ambas cosas son inseparables, pues no en vano afirma el salmista en otro pasaje: *"Misericordia y juicio cantaré"* (Salmo 101:1). La misericordia no nos exime del juicio; eso es lo que nosotros desearíamos; como dice el apóstol Pablo: *"Si nos juzgáramos a nosotros mismos, no seríamos juzgados* –pero nos juzga el Señor– *y cuando somos juzgados por el Señor, nos disciplina para que no seamos condenados con el mundo"* (1 Corintios 11:31-32); a lo que el apóstol Pedro añade: *"Porque es tiempo de que el juicio comience por la casa de Dios; y si primero comienza por nosotros, ¿cuál será el fin de aquellos que*

más vida que nos permita escapar de la muerte; y potenciar la vida que tenemos con una mayor fortaleza para que no se vea abrumada por la carga que soporta.[79] Reparemos en que pide ser *"vivificado"* conforme *"a tu juicio"*, es decir de una manera consecuente con la omnisciencia y sabiduría infinitas. Los métodos de Dios para infundir un mayor vigor a nuestra vida espiritual son infinitamente sabios; y sería un vano esfuerzo de nuestra parte tratar de entenderlos. Nuestra mejor opción está en implorar la gracia, no conforme a nuestro criterio de cómo debería sernos impartida, sino de acuerdo con el método celestial de Dios para otorgarla. Tanto el dar la vida como quitarla es una prerrogativa divina, y por tanto, lo mejor es dejar esta acción soberana a su juicio infalible. ¿Acaso no nos ha otorgado ya vida y vida en abundancia;[80] que *"hizo sobreabundar para con nosotros en toda sabiduría e inteligencia"?* [81]

C. H. SPURGEON

Vivifícame conforme a tu juicio. Algunos interpretes ven en este *"vivifícame"* una súplica por la restitución a la felicidad: a veces una persona puede sentirse tan profundamente agobiada por múltiples problemas y dificultades que siente como sepultada por ellos, cual si estuviera muerta, y su liberación y recuperación es equiparable a levantarse de entre los muertos, o dicho en otras palabras, resucitar de la tumba. Así es como parece utilizarse el verbo *"vivificar"* en el Salmo 71:[82] *"Tú, que me has hecho ver muchas angustias y males, volverás a darme vida, y de nuevo me levantarás de los abismos de la tierra"*.[83] Otros entienden el *"vivifícame"* como un renovar y potenciar el vigor de su vida espiritual; en este sentido el salmista estaría suplicando a Dios que reavive, aumente y preserve esa vida en el espíritu, que ya le había otorgado, a fin de convertir los hábitos de la gracia en acciones prácticas.

THOMAS MANTON [1620-1677]
"One hundred and ninety sermons on the hundred and nineteenth Psalm", 1681

Conforme a tu juicio. Por lo general el sintagma hebreo כְּמִשְׁפָּטֶךָ *kəmišpāṭeḵā* de מִשְׁפָּט *mishpat*, "juicio", se entiende como la ejecución de las amenazas de Dios contra los transgresores; y así lo expresa David en otro salmo: *"Y no entres en juicio con tu siervo; porque no se justificará delante*

---

desobedecen al evangelio de Dios? (1 Pedro 4:17). Nadie va a quedar libre o exento de juicio, será para todos. Sin embargo, para los hijos, que son *"casa de Dios"*, los situados a la derecha del Juez, no será un juicio en el que falte la misericordia, como entona en otro Salmo, a estos el Señor les: *"corona de favores y misericordias"* (Salmo 103:4). Pero para los que sean colocados a la izquierda, será un juicio sin misericordia; ¿por qué? *"Porque el juicio será sin misericordia para aquel que no haga misericordia; y la misericordia triunfa sobre el juicio"*. (Santiago 2:13. Ver también: Mateo 25:31-46)».

[79] Entendemos que se refiere a la angustia que la muerte y hambre de inmortalidad provoca en el ser humano, la carga existencial que el filósofo español MIGUEL DE UNAMUNO [1864-1936] definía como «el sentimiento trágico de la vida».

[80] Juan 10:10.

[81] Efesios 1:8-9.

[82] En hebreo תְּחַיֵּנִי *təḥayyênî* de חָיָה *chayah* el mismo verbo utilizado el Salmo 119:149 para decir *"vivifícame"* חַיֵּנִי *ḥayyênî.*

[83] Salmo 71:20.

de ti ningún ser humano".[84] Pero ocasionalmente se utiliza también para referirse al cumplimiento de sus promesas conforme a su Palabra; y este es concretamente el enfoque de David en este versículo.[85]

WILLIAM COWPER [1566-1619]
"A holy alphabet for Sion's scholars full of spiritual instructions, and heavenly consolations [...] delivered by way of commentary upon the whole 119 Psalme", 1613

Vers. 150. ***Se acercaron a la maldad los que me persiguen; se alejaron de tu ley.*** *[Se acercan los malvados que me persiguen; están alejados de tu ley.* RVR*] [Se me acercan los que siguen la maldad; lejos están de tu ley.* LBLA*] [Mis perseguidores se acercan a la maldad, se alejan de tu ley.* BTX*] [Ya se acercan mis crueles perseguidores, pero andan muy lejos de tu ley.* NVI*] [Gentes infames se acercan, gentes que están lejos de tu ley.* BLP*] [Los que no respetan la ley vienen a atacarme; viven alejados de tus enseñanzas.* NTV*]*[86]

Ya se acercan mis crueles perseguidores. Tan de cerca le seguían que podía incluso escuchar sus pisadas. No le seguían para ayudarle, sino para masacrarle; por tanto, su proximidad era muy de temer. Pues no iban detrás de un buen fin, sino de acabar con una buena persona. Como si la maldad acumulada en sus corazones no les bastara y anhelaran más. Ve como tratan de darle caza por todos los medios imaginables: cavando zanjas[87] agazapados detrás de los setos;[88] y los desenmascara delante de Dios, rogando al Señor que fije su mirada en ellos y los confunda. Los tenía ya encima, estaba prácticamente a su merced, y por tanto, clama con mayor ahínco y vehemencia.

Lejos están de tu ley. Una vida impregnada de malicia jamás puede ser una vida obediente. Los perseguidores de David se habían alejado del freno que impone la ley divina mucho antes de que decidieran ir tras él. Pues de haber amado la ley o sentido por ella en su interior un mínimo respeto les hubiera resultado imposible odiar a uno de los santos y arremeter contra él. Los que aman la ley de Dios y la guardan jamás se destrozan entre ellos mismos ni causan daño a otros. El pecado es la peor lacra que hay en el mundo. David expone su caso en oración al Señor, experimentando un cierto consuelo en el hecho de que sus enemigos, siendo su vez enemigos de Dios, considerarían necesario alejarse de Dios cuanto les fuera posible para así ejecutar sus planes con impunidad. La certeza de que nuestros enemigos son enemigos de Dios, y nuestros porque lo son de él, no deja de ser una fuente de consuelo.

C. H. SPURGEON

[84] Salmo 143:2. En hebreo: בְּמִשְׁפָּט *bəmišpāṭ* de מִשְׁפָּט *mishpat.*

[85] FELIPE SCIO DE SAN MIGUEL [1738-1776] en una nota en su traducción de la Vulgata lo explica del siguiente modo: «Eres un Dios lleno de misericordia y de justicia; y esta consideración me lleva a esperar que escucharás benigno mis ruegos, y que me concederás vivir según la equidad de tus juicios (ver 119:132)».

[86] La versión griega de los LXX o Septuaginta lee: προσήγγισαν οἱ καταδιώκοντές με ἀνομίᾳ, ἀπὸ δὲ τοῦ νόμου σου ἐμακρύνθησαν que la Vulgata traduce al latín como: *"Appropinquaverunt persequentes me iniquitati: a lege autem tua longe facti sunt"*, "Mis perseguidores se han acercado a la iniquidad, y de tu ley se han alejado". La versión sefardí de Ferrara traduce: *"Allegaronfe perfiguientes mal penfamiento; de tu ley fe alexaron"*. La caldea Peshitta: *"Se han acercado mis inicuos perseguidores, y se han alejado de tu ley"*. KRAUS traduce: *"Los que me persiguen maliciosamente, se acercan, ¡están lejos de tus instrucciones!"*. SCHÖKEL: *"Se acercan los que persiguen infamias y de tu ley se alejan"*.

[87] Salmos 7:15: 35:7-8; 57:6; 119:85.

[88] Salmo 10:8-10; 56:6; 59:3; 64:2-6.

Lejos están de tu ley. Recordar que sus enemigos son a la vez enemigos de Dios debe proporcionar consuelo a todos los piadosos. Estando como están alejados de la obediencia a la ley divina, ¿acaso debe extrañarnos que estén también alejados de cumplir el mandamiento de amar a sus semejantes? Pero cuando consideramos que su comportamiento redundará al final en gloria de Dios, la ausencia del apoyo y lisonja de los hombres que de otro modo podríamos tener, y sin duda tendríamos, no es motivo de preocupación. Cuando vemos que los hombres sin Dios se declaran enemigos nuestros más bien deberíamos sentirnos reconfortados.

WILLIAM COWPER [1566-1619]
"A holy alphabet for Sion's scholars full of spiritual instructions, and heavenly consolations [...] delivered by way of commentary upon the whole 119 Psalme", 1613

Se me acercan los que siguen la maldad. Cuando logramos hacernos con una almohada de garantías y seguridades humanas sobre la que reposar nuestra cabeza, dormimos plácidamente y nos dejamos llevar por todo tipo de sueños dorados. Pero Dios, celoso de nuestra confianza en él, no nos dejará tranquilos y, por tanto, nos someterá a duras pruebas. Porque agenciarse seguridades humanas no fruto de la fe, sino más bien instinto natural; fe es depender exclusivamente de Dios cuando *"se me acercan los que siguen la maldad"*; fe es exclamar: *"No temeré a los diez millares de enemigos que se han puesto en derredor contra mí"*.[89] Un peligro distante es algo manejamos más o menos bien porque lo controlamos en la mente, pero cuando lo tenemos delante es otra cosa. Incluso Cristo experimentó en sus pensamientos la diferencia entre el peligro distante y el peligro inminente: *"Ahora está turbada mi alma"*.[90] En tales circunstancias, incluso una vasija de agua tan pura como Cristo se sintió turbado, aunque no había en el en ni sombra de escoria.

THOMAS MANTON [1620-1677]
"One hundred and ninety sermons on the hundred and nineteenth Psalm", 1681

Vers. 150-151. Igual que los perseguidores terrenales de David, nuestros enemigos espirituales están siempre muy *"cerca"*, presentes y activos. El *"león"* devorador,[91] o la *"serpiente"* engañadora[92] están siempre al acecho para obrar con maldad, y son tanto más peligrosos que los enemigos terrenales ya que sus ataques son invisibles. *"Cerca"* está también el mundo tentador y cautivador; y más *"cerca"* todavía el pecado que llevamos dentro, y que nos aparta de la comunión con nuestro Dios. Pero mucho más *"cercano"* que todos ellos tenemos a nuestra Fortaleza, donde podemos disfrutar de plena seguridad y confianza: *"Cercano estás tú, oh Señor"* (119:151). A pesar de ser *"el Alto y Sublime, el que habita la eternidad, y cuyo nombre es el Santo"*,[93] el Dios *"justo y terrible"*,[94] con todo, Señor, te has acercado a tu pueblo y ellos a ti por medio de *"la sangre de la cruz"*.[95] Y les manifiestas tu presencia en *"tú Hijo amado"*.[96]

CHARLES BRIDGES [1794-1869]
"Exposition of Psalm CXIX, As illustrative of the character and exercises of the Christian experience", 1827

[89] Salmo 3:6 LBLA.
[90] Juan 12:27.
[91] 1 Pedro 5:8.
[92] Génesis 3:1, 14; 2 Corintios 11:3; Apocalipsis 12:9; 20:2.
[93] Isaías 57:15.
[94] Salmo 47:2.
[95] Colosenses 1:20.
[96] Mateo 17:5; Marcos 1:11; 9:7; Lucas 9:35; Colosenses 1:13.

Vers. 150-151. Mis enemigos *"están cerca"* de atraparme y destruirme; tú oh Señor, *"estás cercano"* para ayudarme.[97]

JOHN JAMES STEWART PEROWNE [1823-1904]
"Commentary on the Book of Psalms", 1864

Vers. 150-151. *"Se acercan – cercano estás"*.[98] De reflexionar en la maldad de sus enemigos David regresa a su meditación en la misericordia de Dios; algo conveniente y que también nosotros deberíamos hacer, no vaya a suceder que el poderío, el número, la grandeza y maldad de nuestros adversarios nos lleva a desmayar. Cada vez que los miramos debemos elevar de inmediato nuestros ojos al Señor, así nos daremos cuenta de que no están tan *cerca* de nosotros para poder causarnos daño como *cercano* está el Señor nuestro Dios para protegernos y ayudarnos. Y que a pesar de que son efectivamente poderosos y muy de temer, nuestro Dios un mucho más poderoso y suficiente para preservarnos. Ciertamente, si cuando Satanás y sus huestes *se acercan* para destruirnos, no estuviera el Señor *más cercano* aún para protegernos, no lograríamos sobrevivir.

WILLIAM COWPER [1566-1619]
"A holy alphabet for Sion's scholars full of spiritual instructions, and heavenly consolations [...] delivered by way of commentary upon the whole 119 Psalme", 1613

Vers. 151. *Cercano estás tú, oh Jehová, y todos tus mandamientos son verdad.* *[Cercano estás tú, oh Jehová, y todos tus mandamientos son verdad.* RVR*] [Tú estás cerca, Señor, y todos tus mandamientos son verdad.* LBLA*] [Pero Tú, YHVH, estás cerca, y todos tus mandamientos son verdaderos.* BTX*] [Tú, Señor, también estás cerca, y todos tus mandamientos son verdad.* NVI*] [Pero tú, Señor, estás cerca, todos tus mandatos son verdad.* BLP*] [Pero tú estás cerca, oh Señor, y todos tus mandatos son ciertos.* NTV*]*[99]

Cercano estás tú, oh Jehová, Más cercano aún que el enemigo, allí estaba Dios con él; y este es uno de los mayores consuelos para todo hijo de Dios cuando se ve perseguido. El Señor está cercano, dispuesto a escuchar nuestro clamor y proporcionarnos ayuda con rapidez. Cercano y dispuesto para ahuyentar a nuestros enemigos y aportarnos la paz y descanso que anhelamos.

Y todos tus mandamientos son verdad. Dios no miente jamás en aquello que ordena ni sus mandamientos contienen sombra de mentira. La virtud es verdad en acción, y esto es lo que Dios manda. El pecado es falsedad en acción, y esto es lo que Dios prohíbe. Por tanto, todos los mandamientos de Dios son verdad; y como afirma el salmista, toda persona amante de la verdad se sentirá dichosa rodeada de ellos, y muy cercana al Dios verdadero. La declaración enfática de este versículo actúa como valla de protección para el creyente perseguido frente a los corazones falsos que buscan causarle daño:

---

[97] La versión inglesa KJV traduce el versículo ciento cincuenta (119:150) como: *"They draw nigh that follow after"*; y el ciento cincuenta y uno (119:151) como: *"Thou art near, O Lord"*. Los autores que comparan ambos versos juegan con los términos *"nigh"* y *"near"* que tienen el mismo significado: cerca.

[98] En el original: *"They draw nigh ... Thou art near"*.

[99] La versión griega de los LXX o Septuaginta lee: ἐγγὺς εἶ σύ, κύριε, καὶ πᾶσαι αἱ ἐντολαί σου ἀλήθεια que la Vulgata traduce al latín como: *"Prope es tu, Domine, et omnes viae tuae veritas"*, "Cerca estás tú, Señor, y todos tus caminos son verdad". La versión sefardí de Ferrara traduce: *"Cercano tu, Adonay, y todos tus mandamientos verdad"*. La caldea Peshitta: *"Tú estás cercano, oh Yahweh, y todos tus preceptos son verdad"*. KRAUS traduce: *"¡Cerca estás tú, oh Yahvé, y todos tus mandamientos son la verdad!"*. SCHÖKEL: *"Cerca estás, tú, Señor, y todos tus mandatos son auténticos"*.

Dios está cercano, es el Dios verdadero, y por tanto, su pueblo está a salvo. Y si en algún momento el guardar sus mandamientos nos aboca a situaciones de peligro, en modo alguno debemos concluir que hemos actuado imprudentemente; antes por el contrario, tengamos plena seguridad de que estamos en el camino correcto: porque los preceptos de Dios son justos y verdaderos. Y esta es precisamente la razón por la cual los impíos nos agreden: odian la verdad y, en consecuencia, odian a todos los que la aman y practican. Su oposición es parte de nuestro consuelo; mientras que la presencia de Dios de nuestro lado es nuestra gloria y deleite.

C. H. SPURGEON

Cercano estás tú, oh Señor. ¡Cuánto consuelo y dulzura ha traído este pensamiento del salmista a multitud de creyentes que se han visto despreciados y olvidados! *"Aunque mi padre y mi madre me abandonasen, con todo, el Señor me recogerá"*, ha sido el bálsamo reconfortante de todos aquellos acosados por tan profunda aflicción. Cuando nos rompen el corazón, llega a nuestros oídos cual susurro de paz la certeza y firme convicción de estas palabras: *"No temas, porque yo estoy contigo".*[100] No me cabe la menor duda que el salmista, una y otra vez, en sus horas de oración solitaria antes que despuntara el alba, anticipándose a las vigilias nocturnas, o cuando se levantaba a medianoche para estar en comunión con su Dios; cuando todos los sonidos habituales de la vida diaria habían quedado en silencio y en la quietud no llegaba a sus oídos otro sonido que el latir de su propio corazón, escuchó ese susurro del Espíritu Santo de Dios diciéndole: *"Cercano estoy, ... no temas, porque yo estoy contigo".*[101]

BARTON BOUCHIER [1794-1865]
"Manna in the heart or daily comments on the book of Psalms", 1855

Cercano estás tú, oh Señor. Este pensamiento fue, en el principio, la mayor bendición del hombre en el Edén y su fuente del consuelo más dulce. Era la flor más hermosa entre todas las que crecían en el Paraíso; pero el pecado la marchitó y su perfume se desvaneció, sus pétalos se desprendieron, y la flor desapareció.[102] Pero debe volver a ser lo que era; debe florecer de nuevo, debe revivir y florecer otra vez en la tierra, o jamás podrá exhalar su fragancia en el cielo.

Cercano estás. Sí, cercano en las obras de la *creación:* en el Sol en su esplendor, en los destellos suaves y plateados de la Luna, brillando en el firmamento podemos contemplarte. En el perfume del aire que respiro; en la luz diáfana de este día alegre; en la fragancia de los arbustos a mi alrededor, cuyas copas floreadas mientras beben esa lluvia gentil que al caer las acaricia, parecen exhalar un fresco perfume de gratitud a quien la envía. Si, oh Señor, estas cercano en la melodía de estas aves que llenan el aire con sus trinos. No te contemplo con mis ojos corporales aunque por ellos discierno el obrar de tus manos, pero con los ojos de la mente te percibo en tus obras: *un Dios presente.*

---

[100] Isaías 41:10.

[101] Inevitable recordar aquí el conocido himno de SARAH FULLER FLOWER ADAMS [1805–1848] *"Nearer, my God, to Thee, nearer to Thee!"*, famoso por haber sido, al parecer, la última melodía interpretada por la orquesta del Titanic; *"Wallace Hartley Band"* mientras de hundía la noche del 14/15 de Abril de 1912. Existen numerosas versiones en español, entre ellas las mejores y más conocidas son la de JUAN BAUTISTA CABRERA [1837-1916], primer obispo de la Iglesia Española Reformada Episcopal; y la del español/mexicano VICENTE MENDOZA [1875-1955], probablemente la más conocida, cuya primera estrofa dice: *"¡Más cerca, oh Dios, de Ti, más cerca, si! / Aunque una dura cruz me oprima a mi, / Será mi canto aquí: ¡Más cerca, oh Dios, de Ti! /¡Más cerca, si, más cerca, si!".*

[102] Génesis 3:8; 4:16.

Cercano estás. Sí, cercano en el libro de tu providencia, por oscuro y misterioso que pueda parecer, también allí te veo. Leo en él tu *sabiduría,* una sabiduría evidente en tu mundo: en tu iglesia, en tus santos, y en tu siervo aquí presente delante de ti; una sabiduría que dirige, que protege, que otorga, que fomenta; una sabiduría que corrige, que mata y que da vida. En ella leo tu poder, tu justicia, tu fidelidad, tu santidad y tu amor.

Pero es en tu Hijo, en *tu Hijo amado* donde te veo cercano de una forma más clara y distintiva. Pues si bien en la creación y en la providencia ya estás cercano, en él estás mucho muy cercano, oh Señor. Cercano como Dios perdonador de pecados.[103] Cercano como Dios que guarda las promesas.[104] Cercano como Dios que escucha la oración.[105] Cercano como Dios que guarda el pacto.[106] Cercano como un padre tierno y amoroso.[107]

Cercano estás tú, oh Señor. ¡Ojalá fuera capaz de vivir en un sentimiento constante e ininterrumpido de esta cercanía! ¡Pues cuántas veces, y por desgracia con excesiva frecuencia, parece que la olvido!

¿Cercano estás? Entonces debo recordar con claridad que es por la sangre de tu amado Hijo, y solo por ella que tú te has aproximado;[108] que esta cercanía exigió nada menos que la encarnación de la Deidad, así como los sufrimientos y muerte de su humanidad perfecta, con tal de eliminar las barreras que se interponían entre un Dios santo y una criatura impía. ¡Oh, cómo no habré de caminar delante de ti con un espíritu agradecido y con un corazón contrito y quebrantado!

¿Cercano estás? Entonces debo caminar delante de ti cual si te estuviera contemplando, con santo temor, con amor filial, con fe sencilla, con la confianza de un niño.[109] Y cuando el pecado busque tentarme y solicitar mi indulgencia, cuando trate de captarme con alguna atracción novedosa, cuando Satanás intente aprovecharse de mi debilidad, de compromisos y presiones sociales, de las circunstancias, recordar que *"Tú, Señor, estás cercano".*

Y si mis consuelos y seguridades humanas flaquean y se desvanecen; si las amistades de las que gozaba se enfrían; si los lazos más firmes, más próximos y entrañables se rompen y desgajan, seguir recordando, Señor que *"Cercano estás",* no lejos, y menos aún indiferente. Y cuando llegue aquel momento solemne, cuando mí corazón y cuerpo desfallezcan, cuando contemple todas las cosas terrenales con ojos agonizantes, cuando te escuche decir: *"vas a morir y no vivirás",*[110] entonces, oh sí, entonces podré recordar con toda la entereza que da la fe, toda la vivacidad de la esperanza, y toda la fogosidad del amor, que: *"Cercano estás tú, oh Señor".*

JAMES HARINGTON EVANS [1785–1849]
"Memoir and remains of the Rev. James Harrington Evans", 1852

Y todos tus mandamientos son verdad. El significado es el siguiente: «Oh Señor, a pesar de que la maldad de los impíos me persigue tan solo porque yo te sigo a ti; con todo, sé que tus mandamientos son verdaderos, y que no hay posibilidad alguna de que vayas a desertar o fallar a tus siervos que se mantienen fieles en los mantenimientos de tu Palabra». Como podéis comprobar, el consuelo de David en la tribulación no se basaba en presunción alguna de su propia sabiduría o fortaleza, sino en

[103] Romanos 8:1.
[104] 2 Corintios 1:20.
[105] Salmo 145;18; Juan 16:20.
[106] Hebreos 8:10.
[107] Mateo 7:11; Juan 20:17.
[108] Efesios 2:13.
[109] Génesis 17:1.
[110] 2 Reyes 20:1; Isaías 38:1.

la certeza de las promesas de Dios, respecto a las cuales estaba convencido que no podían fallarle.[111] Y con ello hace un análisis comparativo entre la palabra del Señor y la de sus enemigos. A menudo los hombres ordenan sin ninguna eficacia y amenazan sin efectividad; algo probado en numerosas ocasiones y casos concretos, como el de la autoridad fallida de Herodes,[112] las amenazas frustradas del Rabsaces,[113] o la jactancia orgullosa de Jezabel contra Elías.[114] Pero en lo que hace al Señor nuestro Dios, la ejecución excede siempre a sus palabras, y sus siervos hallarán siempre que el cumplimiento futuro de la promesa va mucho más allá de lo han alcanzado a percibir. Por contra sus enemigos encontrarán mucha más severidad en sus juicios de lo que ahora son capaces de captar en sus amenazas.

WILLIAM COWPER [1566-1619]

"A holy alphabet for Sion's scholars full of spiritual instructions, and heavenly consolations [...] delivered by way of commentary upon the whole 119 Psalme", 1613

Vers. 152. *Hace ya mucho que he entendido tus testimonios, que para siempre los has establecido.* *[Hace ya mucho que comprendí que has establecido tus testimonios para siempre.* RVR*] [Desde hace tiempo he sabido de tus testimonios, que para siempre los has fundado.* LBLA*] [Hace ya mucho que entendí tus testimonios, que los has establecido para siempre.* BTX*] [Desde hace mucho conozco tus estatutos, los cuales estableciste para siempre.* NVI*] [Hace mucho que sé que tus mandatos los has establecido para siempre.* BLP*] [Desde los primeros días sé que tus leyes durarán para siempre.* NTV*]*[115]

Hace ya mucho que comprendí que has establecido tus testimonios para siempre. Hacía tiempo ya que David se había dado cuenta que Dios estableció sus testimonios en el principio,[116] y por tanto, se mantendrían firmes a través de todas las edades. ¿Puede haber mejor bendición que la de ser instruidos por Dios en las doctrinas fundamentales desde nuestra juventud? A los que basándose en el versículo ciento cuarenta y uno (119:141) sostienen que David escribió este salmo en su época juvenil, se les hace muy difícil conciliar su teoría con las palabras de este versículo; es mucho más plausible que cuando lo escribió el salmista acariciaba ya un cabello canoso y va pasando revista a

[111] AGUSTÍN DE HIPONA [354-430] hace en este mismo sentido la siguiente interpretación: «Es habitual en los santos considerar las acciones de Dios como justas y rectas incluso en medio de las más duras aflicciones. Así lo vio Ester (Ester 4:14-16 –14:2-19 en la versión extendida de la Septuaginta y Vulgata); así lo vio Daniel (Daniel 9:13-19); y así lo vieron los tres jóvenes arrojados al horno de fuego (Daniel 3:16-30). ¿Por qué? Porque estaban convencidos de que, como leemos en otro Salmo: *"Todas las sendas del Señor son misericordia y verdad"* (Salmo 25:10), aunque vistas transitoriamente desde nuestra limitada perspectiva, a nosotros puedan parecernos oscuras».

[112] Hechos 12:20-23.

[113] Isaías 36:1-22; 37:33-36.

[114] 1 Reyes 19:1-2; 2 Reyes 9:30-37.

[115] La versión griega de los LXX o Septuaginta lee: κατ᾽ ἀρχὰς ἔγνων ἐκ τῶν μαρτυρίων σου, ὅτι εἰς τὸν αἰῶνα ἐθεμελίωσας αὐτά que la Vulgata traduce al latín como: *"Initio cognovi de testimoniis tuis, quia in aeternum fundasti ea"*, "Desde el principio he entendido de tus testimonios, que para siempre los has establecido". La versión sefardí de Ferrara traduce: *"Antes conofci de tus teftamientos, que para fiempre los acimentafte"*. La caldea Peshitta: *"Desde antes he conocido tu testimonio, pues lo has establecido desde la eternidad"*. KRAUS traduce: *"¡Desde hace mucho tiempo sé de tus testimonios que tú los has fundado para siempre!"*. SCHÖKEL: *"Hace tiempo comprendí que has establecido tus preceptos para siempre"*.

[116] Génesis 1:1; Salmo 119:7-8; Eclesiastés 3:14; Juan 1:1; 17:5; Lucas 21:33. Ver también Salmo 119:144,160.

su dilatada experiencia desde los días de su juventud. Sabía desde sus años mozos que las verdades expuestas en la palabra de Dios se habían establecido desde antes de que el mundo comenzara,[117] que nunca habían sido alteradas, y que jamás podrían serlo.[118] En consecuencia David comenzó a construir sobre la Roca,[119] desde los años de su juventud; consciente de que los testimonios de Dios habían sido *"establecidos"*, es decir, fundamentados y firmemente asentados de forma indeleble con miras al paso del tiempo, a cuantas edades habrían de venir y por encima de todos los cambios que habrían de tener lugar. Y esta certeza le proporcionaba en momentos difíciles una confianza ciega en la oración hasta los límites de la importunidad. Ante la zozobra no hay mayor deleite que acogerse a las promesas inmutables de un Dios inmutable. Era de ese sólido filón del que extraía su esperanza a toda prueba: de un amigo inestable y cambiante no cabe esperar mucho, pero en un Dios inmutable y que no cambia no resulta difícil depositar nuestra confianza. Fue sentir al Señor tan cercano lo que le aportó deleite: una comunión directa con un Amigo inmutable que jamás cambia de parecer, es la mejor bendición a que se pueda aspirar. Que sigan cuantos quieran los pasos de las escuelas académicas modernas en busca de una nueva luz interpretativa, pronta a eclipsar la que hasta el presente y desde tiempos antiguos nos ha iluminado: nosotros nos damos por satisfechos con la verdad de siempre, tan antigua como los montes pero sólida como las grandes cordilleras.[120] Que los cerebros pensantes y mentes cultivadas inventen si les apetece otro dios más sutil, más dialogante y contemporizador que el Dios de Abraham: nosotros tenemos nuestro contentamiento en adorar a Jehová que es inmutable.[121] Las cosas establecidas desde siempre y para siempre, son el gozo y disfrute de los santos establecidos desde la eternidad para la eternidad.[122] Las pompas de jabón divierten a los niños, pero los adultos valoran las cosas firmes y sustanciales, que cuentan con una base y fundamento sólidos, que resisten la prueba de los hechos y no varían con el paso de los siglos.

C. H. SPURGEON

Hace ya mucho que comprendí que has establecido tus testimonios para siempre. Esta octava del salmo concluye con el triunfo de la fe sobre todos los peligros y tentaciones: *"Con respecto a tus testimonios"*, es decir, a las revelaciones de tu voluntad y consejos para la salvación de tus siervos: *"Hace ya mucho que comprendí"* por medio de la fe, y por mi propia experiencia así como por la de los demás: *"que los has establecido para siempre"*. Esto es, que son tan inmutables y eternos como los atributos divinos de su gran Autor, y por tanto, nunca van a fallar a quienes dependen de ellos, ni en el transcurso del tiempo ni por toda la eternidad.

GEORGE HORNE [1730-1792]
"A Commentary on the Psalms in which Their Literal Or Historical Sense, as They Relate to King David, is Illustrated", 1825

---

[117] Proverbios 8:22-31; Mateo 25:34; Juan 1:1-3; 17:5,24; Efesios 1:4; 1 Pedro 1:20; Apocalipsis 13:8-9.

[118] El insigne político inglés WILLIAM EWART GLADSTONE [1809-1898], (considerado por el historiador y crítico GILES LYTTON STRACHEY [1880-1932], como *the most eminent of the eminent Victorians,* "el más eminente de los Victorianos eminentes"), contemporáneo y buen amigo de Spurgeon a la vez que ferviente cristiano, escribió en este mismo sentido una obra de carácter apologético titulada: *The Impregnable Rock of Holy Scripture* "La Roca inexpugnable de las Sagradas Escrituras). Ver: Salmo 19:89-91; Isaías 40:8; Mateo 5;18; 24:35; Marcos 13:31; 1 Pedro 1:25.

[119] Mateo 7:24; Lucas 6:47-49. Ver también Salmo 111:10.

[120] Proverbios 8:25.

[121] Números 23:19; Malaquías 3:6; Santiago 1:17.

[122] Romanos 8:28-30; Efesios 1:4; 1 Pedro 1:20.

Hace ya mucho que comprendí. No se trataba de una persuasión tardía ni tampoco de algo que debía aprender: siempre lo supo. Pues aunque sus conocimientos en este particular eran muy limitados, una cosa tenía por segura: que Dios había establecido su Palabra como regla constante de sus tratos con sus criaturas. Y había llegado a esta conclusión partiendo de su propia experiencia sobre la manera como Dios había cumplido siempre su palabra, y no tan solo en el presente y con hechos recientes, sino también en el pasado y experiencias antiguas. Por tanto, la convicción de David sobre la verdad e inmutabilidad de la Palabra no era una emoción repentina, una conclusión apresurada o una idea pasajera, sino algo confirmado en su interior a través de una dilatada experiencia. Un par de casos meramente no serían demostración fidedigna de la verdad de la Palabra, podrían considerarse una buena aportación, pero no suficiente. Sin embargo la palabra de Dios ha probado ser cierta y verdadera no una o dos veces, sino desde antiguo, desde siempre. Para transmitir de algún modo la idea expresada por el salmista[123] nuestras versiones traducen *"hace mucho"*, pero la versión griega de los lxx o Septuaginta utiliza κατ αρχὰς *"desde el principio"*;[124] lo cual tan solo puede entenderse de las siguientes maneras:

1. Desde de su infancia y juventud. Timoteo conocía las Escrituras de niño;[125] y es más que probable que David conociera también a Dios y su verdad desde los años de su infancia.
2. Desde el momento que comenzó a estudiar y meditar seriamente en la Palabra. A investigar sinceramente y con avidez la realidad de Dios tanto en su Revelación escrita como a través de sus obras, y al comparar providencias y promesas, se encontró con que Dios había *"establecido sus testimonios para siempre"*. Y por último,
3. Desde antiguo o desde antaño. Lo escuchado acerca de las generaciones anteriores, las experiencias de sus antepasados sumadas a las suyas propias: *"En ti esperaron nuestros padres; esperaron, y tú los libraste. clamaron a ti, y fueron librados; confiaron en ti, y no fueron avergonzados"*.[126]

THOMAS MANTON [1620-1677]
"One hundred and ninety sermons on the hundred and nineteenth Psalm", 1681

Hace ya mucho que comprendí que has establecido tus testimonios para siempre. Tomemos buena nota de esta base eterna de *"los testimonios de Dios"*. Todo el plan divino de redención fue enfáticamente *"establecido para siempre"*: el Salvador fue *"ya provisto desde antes de la fundación del mundo"*.[127] Al pueblo de Dios se le *"escogió en él antes de la fundación del mundo"*.[128] El gran Autor *"anuncio lo por venir desde el principio, y desde la antigüedad lo que aún no era hecho"*,[129] eliminando por tanto de sus dispensaciones toda idea de mutabilidad o contingencia. En la Iglesia cada suceso está prefijado, permitido y previsto, no en el momento transitorio del tiempo; pero sí en los consejos de la eternidad. Por tanto, cuando los testimonios divinos exponen los compromisos fieles de Dios para con su pueblo desde antaño, el recuerdo de que están *"establecidos para siempre"* nos aporta un valor actual, un interés presente e inmutable en ellos. Y cuando vemos que están basados en el juramento y la promesa de Dios, *"dos cosas inmutables, en las cuales es imposible que Dios*

---

[123] En hebreo: קֶדֶם יָדַעְתִּי *qeḏem yāḏa'tî* de קֶדֶם *qedem.*

[124] La misma expresión griega se utiliza en Hebreos 1:10: *"Tú, oh Señor, en el principio pusiste los fundamentos de la tierra, y los cielos son obra de tus manos"*.

[125] 2 Timoteo 3:15.

[126] Salmos 22:4-5.

[127] 1 Pedro 1:20.

[128] Efesios 1:4.

[129] Isaías 46:10.

mienta",[130] ciertamente podemos tener *"un fortísimo consuelo"*[131] al aventurar sobre esta roca cada una de nuestras esperanzas para la eternidad. Y no tenemos razón alguna para desmayar ni sentirnos consternados cuando vemos que todas nuestras dependencias terrenales: el mundo con todos sus goces, sus lujurias, su pompa y circunstancia, pasan y se desvanecen ante nosotros.[132]

Charles Bridges [1794-1869]
"Exposition of Psalm CXIX,
As illustrative of the character and exercises of the Christian experience", 1827

[130] Hebreos 6:18.
[131] Hebreos 6:18.
[132] 1 Corintios 7:31; 1 Juan 2:17.

ר Resh[1]

Versículos del 153 al 160

Versión poética

Resh

Mira, Señor, mis muchas aflicciones,
mira mi triste afán, mis duras penas,
y pues tu ley adoro reverente
ten compasión de mí, líbrame de ellas.

Juzga mi causa ya. Con tu justicia
sácame de una vida tan molesta,
apacigua el dolor que me consume,
y ten piedad de mis dolientes quejas.

Que castigues, Señor, a los inicuos
es justo, pues su pérfida protervia
ni respeta tu nombre soberano,
ni tus sagradas ordenes observa.

Pero también tu gran misericordia,
que es infinita, debes ejercerla
conmigo que te adoro y obedezco
sin más objeto que tu complacencia.

Muchos son los que injustos me persiguen,
muchos los que con rabia me atormentan;
¿pero qué importa? Nunca me desvío
un paso solo de tus santas sendas.

---

[1] Felipe Scio de San Miguel [1738-1776] en una nota en su traducción de la Vulgata indica que el significado de ר *Resh,* según Ambrosio de Milán [340-397], es el de "Primado"; y según el "Salterio Romano": "Cabeza"; el ideograma es el perfil de una cabeza doblaba o encorvada, y algunos comentaristas han visto en este significado a Cristo como Cabeza de la Iglesia (Efesios 1:22). Pero su palabra hebrea clave es רָשָׁע *rasha,* "maldad, perversidad, inicuo, malvado"; y en este sentido no deja de ser curioso que la letra anterior, la ק *Qof*, cuyo simbolismo es el de santidad, y la ר *Resh,* simbolizando la maldad, se muestren pictográficamente invertidas, una hacia un lado y otra hacia otro, como dándose la espalda, ya que la santidad es opuesta a la maldad, no pueden estar juntas. En este caso, está clara la conexión argumental con el contenido de la estrofa, que viene a decir que los רָשָׁע *rasha,* los "impíos" que nos respetan los estatutos divinos y le persiguen con saña, son רַבִּים *rabbîm, "muchos",* y le repugnan; pero el salmista cuenta con el favor de la misericordia divina porque se ha mantenido fiel a sus mandamientos.

Antes mi corazón más lastimado
en tu divino honor que no en mis penas
se consume, devora y se deshace,
porque te hacen tan pérfidas ofensas.

Mira, Señor, si tus preceptos amo,
pues tu honor más que el mío me interesa,
que siquiera a favor de este amor mío
a socorrerme tus piedades vengan.

Tú lo harás, ¡oh mi Dios! porque eres justo,
porque eres verdadero en tus problemas,
y porque tus decretos soberanos
nunca en el mundo de cumplirse dejan

Del "Salterio Poético Español", Siglo xviii

Comentario general a los versículos del 153 al 160: En esta sección el salmista parece acercarse aún más a Dios en oración exponiendo de nuevo su caso e invocando la ayuda divina con más audacia y mayores expectativas. Es un pasaje de pura súplica, y su palabra clave es *"Mira"* (119:153,159). Alega como razón por la cual debe ser ayudado, con increíble audacia, su involucración con la causa del Señor. Y la ayuda que pide es ser vivificado, cosa por la cual clama una y otra vez: *"vivifícame conforme a tu palabra ... vivifícame, Señor, conforme a tu misericordia"*. (119:154,156,159).[2]

C. H. Spurgeon

[2] Francisco Lacueva [1911-2005] en su versión española del "Comentario de Matthew Henry" ofrece el siguiente resumen: «Esta octava puede titularse: 'La insistencia en la oración'. Está dominada por los verbos mirar y ver, que en hebreo son un mismo verbo: רָאָה *raah* y comienza por la letra ר *Resh,* exigida por el acróstico.

»1. El salmista fija su mirada en su propia aflicción (119:153) y apela a la compasión de Dios; fija su mirada en el poder de Dios y le pide confiado: *"líbrame";* fija su mirada en la justicia de Dios y suplica: *"Defiende mi causa"* (119:154); como si dijese: "Tú eres no solo mi Juez sino también mi Abogado, tómame por cliente y defiende mi caso contra los que me persiguen (comparar con Salmo 35:1; y 43:1), ellos no pueden esperar la salvación, porque están tan lejos de la salvación (119:155), como de tu ley" (119:150b). Finalmente, fija su mirada en la gracia de Dios y pide, por tres veces (119:154, 156, 159): *"Vivifícame",* es decir, dame vida, consuelo y especialmente, liberación, para seguir haciendo tu voluntad, porque mira, Jehová, cómo amo tus preceptos (en hebreo: פִּקּוּדֶיךָ *pīqqūḏeḵā* – 119:159). Este amor a la ley de Dios le sirve al salmista para urgir a Dios a que acuda en socorro suyo. Porque la ama (119:140, 159), no se olvida de ella (119:153b), ni se aparta de ella (119:157b). Le repugnan los prevaricadores (en hebreo: בֹּגְדִים *ḇōḡəḏîm*) los sin fe, porque no guardan, no obedecen, el dicho de Dios, es decir, lo que Dios manda (en este contexto, este es el sentido de אִמְרָתְךָ *imrāṯəḵā, "tu dicho"* –nótese también que, en el original, está en singular). Pero su apelación no se basa primordialmente en ese amor suyo a la ley, sino en la misericordia, en la fidelidad y en la justicia de Dios, que es para siempre (119:156, 159b y 160). "Lo capital (en hebreo: ראשׁ *rosh,* cabeza) de tu palabra –dice– está en que es la verdad (119:160)": *"La totalidad de tu palabra es verdad"* (este parece ser el verdadero sentido). ¡Bien fundada está, y para siempre!

Vers. 153. ***Mira mi aflicción, y líbrame, porque de tu ley no me he olvidado.*** *[Mira mi aflicción, y líbrame, porque de tu ley no me he olvidado.* RVR*] [Mira mi aflicción y líbrame, porque no me olvido de tu ley.* LBLA*] [Mira mi aflicción y líbrame, porque no me he olvidado de tu ley.* BTX*] [Considera mi aflicción, y líbrame, pues no me he olvidado de tu ley.* NVI*] [Mira mi pesar y líbrame, que no he olvidado tu ley.* BLP*] [Mira mi sufrimiento y rescátame, porque no me he olvidado de tus enseñanzas.* NTV*]*[3]

Mira mi aflicción, y líbrame. El salmista considera que defiende una causa justa, aunque grave, y está dispuesto, incluso ansioso de someterla al arbitraje divino. Estima que sus alegaciones están fundamentadas, y desea presentarlas ante la corte suprema. Adopta la actitud de la persona que se siente segura y confiada ante el estrado del Juez; pero no demuestra impaciencia: no pide una acción apresurada sino una simple consideración: «Mira mi aflicción y juzga si no preciso ser liberado. Ante lo penoso de mi condición, valora el método y el momento apropiados para mi rescate». Desea dos cosas que se entrecruzan hasta fundirse en una sola: ante todo que el Juez considere plenamente la gravedad de su aflicción; y en segundo lugar, que esta consideración de su dolor derive en su liberación. Y este debería ser también el esquema de peticiones de todo creyente enfrentado a la adversidad: que el Señor mire su situación y le socorra del modo más conveniente para la gloria de su nombre y su propio beneficio. La expresión *"mi aflicción"* resulta curiosa y un tanto pintoresca ya que parece enmarcar una porción en particular de la aflicción como su herencia personal: da a entender que se trata de algo individual que le afecta a él de una manera distintiva a los demás y suplica al Señor que ponga su mirada sobre esta porción en particular, como hace el agricultor que revisando con la mirada la vasta extensión de sus tierras fija los ojos sobre una parcela en particular. Su oración es básicamente de carácter práctico, pues lo que busca es ser liberado; es decir, rescatado del problema y preservado de sufrir ningún daño grave. En el lenguaje de Dios *"mirar"* implica actuar a su debido tiempo. Los hombres miran y no hacen nada, pero ese no es el proceder de nuestro Dios en ningún caso: cuando ve actúa.

»2. Dos detalles merecen consideración: (A) Hemos dicho que el amor a la ley le sirve al salmista para urgir a Dios, pero nótese que no dice: "¡Mira cómo cumplo tus preceptos!", sino *"¡Mira cuánto amo tus preceptos!"*. Sabía que no los cumplía a la perfección, pero era consciente de que los amaba. Nuestra obediencia es agradable a Dios únicamente cuando procede del amor; no se ama por obediencia, sino que se obedece por amor. Ese amor, esa búsqueda (119:155), es nodriza de la esperanza, porque ¿cómo pueden esperar obtener el favor de Dios en la adversidad quienes nunca le buscaron cuando estaban en prosperidad? (B) Especialmente notable es el contraste entre las frases: *"Muchas son tus misericordias"* (en hebreo: רַחֲמֶיךָ *rahămekā*, tiernas compasiones) del versículo 119:156, y: *"Muchos son mis perseguidores"* del versículo 119:157. Esta debe ser la mentalidad de todo verdadero creyente, quien, aún siendo realista (*"Muchos son mis enemigos")* se puede permitir el ser optimista (*"Muchas son tus misericordias"*), con tal que el pensamiento de la compasión de Dios hacia los que le aman preceda al del peligro que pueda acechar, pues no hay peligro que pueda oponerse al infinito poder de Dios para salvar. Por grave y voluminoso que sea el mal cercano (119:150), será siempre insignificante frente al poder omnipotente del Dios cercano (119:151)».

[3] La versión griega de los LXX o Septuaginta lee: ἰδὲ τὴν ταπείνωσίν μου καὶ ἐξελοῦ με, ὅτι τὸν νόμον σου οὐκ ἐπελαθόμην μου que la Vulgata traduce al latín como: *"Vide humilitatem meam, et eripe me, quia legem tuam non sum oblitus"*, "Mira mi abatimiento, y líbrame; porque no he olvidado tu ley". La versión sefardí de Ferrara traduce: *"Vee mi aflción y efcapame; por que tu ley no olvidee"*. La caldea Peshitta: *"Ve mi abatimiento y líbrame, porque no he olvidado tu ley"*. KRAUS traduce: *"¡Mira mi desgracia y sálvame, porque yo no he olvidado tus instrucciones!"*. SCHÖKEL: *"Mira mi aflicción y líbrame, pues no olvido tu voluntad"*.

Porque no me he olvidado de tu ley. Pese a la mucha amargura que destilaba, su aflicción no bastó para erradicar de su mente el recuerdo de la ley de Dios; y menos aún a proceder contra del mandato divino. Podía llevarle a perder el sentido de la prosperidad y el bienestar, pero no a olvidar la obediencia. Una súplica excelente cuando estamos en condiciones de pronunciarla con honestidad. Si nos mantenemos fieles a la ley de Dios, podemos estar seguros que Dios permanecerá fiel a su promesa. Si no olvidamos su ley, el Señor no nos olvidará. No abandonara anegada en la aflicción por mucho tiempo a la persona cuyo único temor es no abandonar el camino recto.

C. H. SPURGEON

Mira mi aflicción, y líbrame. Dios mira o contempla al hombre de diversas maneras y con distintos propósitos.[4] Para iluminarlo como cuando: *"Al pasar Jesús, vio a un hombre ciego de nacimiento"*.[5] Para convertirlo como cuando: *"Pasando Jesús de allí, vio a un hombre llamado Mateo, que estaba sentado al banco de los tributos públicos, y le dijo: Sígueme. Y se levantó y le siguió"*.[6] Para restaurarlo como cuando: *"el Señor se volvió y miró a Pedro. Y recordó Pedro la palabra del Señor, cómo le había dicho: Antes que el gallo cante hoy, me negarás tres veces"*.[7] Para liberarlo como cuando dijo: *"Ciertamente he visto la aflicción de mi pueblo que está en Egipto, y he escuchado su clamor"*.[8] Para enaltecerlo como cuando *"ha mirado la humilde condición de su sierva; pues he aquí, desde ahora me dirán bienaventurada todas las generaciones"*.[9] Y para recompensarlo como cuando *"el Señor miró con agrado a Abel y a su ofrenda"*.[10]

HUGO DE SAN VÍCTOR [1096-1141]
citado por JOHN MASON NEALE [1818-1866] y RICHARD FREDERICK LITTLEDALE [1833-1890]
en *"Commentary on the Psalms from Primitive and Mediæval Writers"*, 1869

Mira mi aflicción, y líbrame. Aunque hemos de orar para que Dios nos ayude y nos libre no según el plan elaborado por nuestro intelecto, sino en la forma que su sabiduría eterna estime mejor; ello no impide que le podamos que mitigue nuestro dolor cuanto antes para que nuestra debilidad no haga que desfallezcamos enteramente. El enfermo no cuestiona en absoluto la profesionalidad ni la delicadeza de su médico, no obstante, mientras le hace la cura le suplica instintivamente que tenga cuidado y proceda con el mayor tiento posible. Lo mismo podemos hacer nosotros con Dios, pedirle que si no contraviene su honor y gloria, mitigue nuestro dolor todo cuanto sea posible.

OTTO WERMIÜLLER [1511-1552]

Mira mi aflicción, y líbrame. Estas suplicas de David revelan una sabiduría celestial de tal magnitud que encajan tanto con las necesidades de toda la Iglesia en su conjunto como con las de cada creyente en particular. La Iglesia en su conjunto es la zarza que arde en fuego, aunque no se consume;[11]

---

[4] Dice GOTTHELF WILHELM CHRISTOPH STARKE [1762-1830]: «Tan pronto logramos que Dios nos mire con misericordia, podemos ya cantar victoria. El proceso de liberación ha comenzado».

[5] Juan 9:1.

[6] Mateo 9:9.

[7] Lucas 22:61.

[8] Éxodo 3:7.

[9] Lucas 1:48.

[10] Génesis 4:4.

[11] Éxodo 3:2-3.

y cada uno de sus miembros en particular arrastra una parte de la cruz de Cristo; nunca les falta algún tipo de aflicción por la que no precisen orar como David: *"Mira mi aflicción"*.

En las aflicciones nos consuela saber que nuestras respectivas cruces son conocidas de las personas en las que tenemos mayor confianza y plena certeza de que nos aman, pues aunque no puedan hacer nada para liberarnos, el mero hecho de que lloren a nuestro lado mitiga un tanto nuestro dolor. No obstante, el cristiano cuenta con un consuelo mucho más eficaz y seguro: saber que en sus dificultades y problemas el Señor les contempla; como contempla un rey a sus siervos luchando contra el enemigo y se regocija. Nos mira con ojos misericordiosos, y tan pronto ve nuestras dificultades alza su mano poderosa siempre pronta y dispuesta a intervenir en nuestra ayuda. Sucede, sin embargo, que a veces entre el Señor y nosotros se interpone la nube de nuestra corrupción y nos impide ver su mano auxiliadora, nos priva de contemplar su rostro amoroso observándonos con beneplácito Y tan pronto detectamos esta situación anómala sentimos, como David, la necesidad de orar diciendo: *"Mira mi aflicción"*.

WILLIAM COWPER [1566-1619]

"A holy alphabet for Sion's scholars full of spiritual instructions, and heavenly consolations [...] delivered by way of commentary upon the whole 119 Psalme", 1613

Mira mi aflicción, y líbrame, porque de tu ley no me he olvidado. Defiende mi causa, y redímeme; vivifícame conforme a tu palabra." (119:153-154). Aquí aprendemos que David, viéndose inmerso en una situación difícil:

1. Ora implorando socorro. *"¿Sufre alguno entre vosotros? Que haga oración"*.[12] Es decir, que implore pidiendo ayuda como hace aquí David.
    a. *Tiene puestos los ojos en la misericordia de Dios.* Por lo cual clama diciendo, *"Mira mi aflicción";* tómala en consideración, valora todas las circunstancias, y no permanezcas indiferente. Dios nunca olvida las aflicciones de su pueblo, pero se complace en que se las *"recordemos"*,[13] que expongamos nuestro caso ante él, dejándolo luego a su consideración misericordiosa para que en su sabiduría proceda según estime más conveniente de acuerdo con su propio tiempo y camino.
    b. *Tiene puestos los ojos en el poder de Dios.* Por lo cual implora *"Líbrame"*, y un poco más adelante *"Defiéndeme"*. Considera mis dificultades y sácame de ellas. Dios nos ha prometido liberación: *"invócame en el día de la angustia; te libraré, y tú me honrarás"*,[14] y por tanto, con la debida sumisión a su voluntad y respeto a su gloria, tenemos todo el derecho a orar pidiéndole esa liberación con el propósito de poder servirle mejor.
    c. *Tiene puestos los ojos en la justicia de Dios.* Por lo cual pide: *"Defiende mi causa"*. Sé tú mi Abogado defensor, tómame como tu cliente. David estaba convencido que su causa era justa, pero sus adversarios eran muchos y muy poderosos, y corría el riesgo de ser aplastado por ellos: por lo que suplica a Dios que restablezca su integridad y limpie su nombre silenciando sus falsas acusaciones. Si Dios no defiende la causa de su pueblo, ¿quién lo hará? Él es justo, y si sus hijos se mantienen fieles y comprometidos con él, lo hará, y lo hará de manera efectiva: *"Así dice Jehová tu Señor, y tu Dios, el cual aboga por su pueblo: He aquí, he quitado de tu mano el cáliz del aturdimiento, las heces del cáliz*

[12] Santiago 5:13.
[13] Isaías 43:26.
[14] Salmo 50:15.

de mi ira; nunca más lo beberás";[15] *"El redentor de ellos es esforzado; Jehová de los ejércitos es su nombre; de cierto abogará la causa de ellos".*[16]

d. *Tiene los ojos puestos en la gracia de Dios.* Por lo cual suplica: *"Vivifícame"*. Señor, soy débil e incapaz de soportar mis dificultades; mi espíritu tiende a caer y hundirse: ¡Oh, si tuvieras a bien reanimarme y consolarme hasta que tenga lugar la liberación!

2. Apela a su dependencia de la palabra de Dios y fidelidad a sus preceptos. *"Vivifícame"* y *"redímeme" "conforme a tu palabra"* de promesa *"porque no me he olvidado de tu ley"*. Cuanto más nos aferremos a la palabra de Dios como regla de conducta y como refugio, más seguridad tendremos de liberación a su debido tiempo.

MATTHEW HENRY [1662-1714]
"Daily Communion with God", 1712

Vers. 154. *Defiende mi causa, y redímeme; vivifícame con tu palabra.* *[Defiende mi causa, y redímeme; vivifícame con tu palabra.* RVR*] [Defiende mi causa y redímeme; vivifícame conforme a tu palabra.* LBLA*] [Aboga por mi causa, redímeme y vivifícame por tu palabra.* BTX*] [Defiende mi causa, rescátame; dame vida conforme a tu promesa.* NVI*] [Defiende mi causa, sálvame, dame vida según tu promesa.* BLP*] [¡Defiende mi caso, ponte de mi lado! Protege mi vida como lo prometiste.* NTV*]*[17]

Defiende mi causa, y redímeme. En el versículo anterior suplica: *"Líbrame"*, y aquí especifica un método por el cual esta liberación podría ser otorgada, a saber, mediante la defensa de su causa. El Señor en su providencia tiene muchas maneras de reivindicar a los que han sido injustamente difamados de las acusaciones lanzadas contra ellos. Puede hacer que resulte manifiesto a todos que las acusaciones son falsas y han sido desmentidas. Puede hacer que surjan amigos del justo que alzándose indignados no dejen piedra sin remover hasta lograr que la integridad de su protegido sea propiamente restaurada; o puede herir a sus enemigos infundiéndoles en el corazón un temor que les obligue a confesar su falsedad, de modo el justo salga del trance indemne. Alexander[18] lo traduce como: *"pelea mi batalla, y redímeme"*, esto es, «asume mi lugar, carga con mi problema, lucha tú en mi puesto, paga mi rescate y consígueme la libertad». Siempre que ante un enemigo poderoso nos quedemos sin palabras, esta oración está a nuestro alcance. ¡Que consuelo tan grande saber que si hemos pecado tenemos Abogado;[19] y si no hemos pecamos el mismo Defensor sigue de nuestra parte!

---

[15] Isaías 51:22.

[16] Jeremías 50:34.

[17] La versión griega de los LXX o Septuaginta lee: κρῖνον τὴν κρίσιν μου καὶ λύτρωσαί με· διὰ τὸν λόγον σου ζῆσόν με que la Vulgata traduce al latín como: *"Judica judicium meum, et redime me: propter eloquium tuum vivifica me"*, "Juzga mi causa, y redímeme; dame vida por tu palabra". La versión sefardí de Ferrara traduce: *"Baraja mi baraja* (riñe mi pendencia) *y redimeme; por tu dicho me abivigua"*. La caldea Peshitta: *"Defiende mi causa y líbrame; vivifícame de acuerdo a tu palabra"*. KRAUS traduce: *"¡Defiende mi causa y redímeme, vivifícame conforme a tu palabra!"*. SCHÖKEL: *"Defiende mi causa y rescátame, por tu promesa dame vida"*.

[18] Se refiere a JOSEPH ADDISON ALEXANDER (1809-1860), brillante teólogo presbiteriano, profesor en Princeton y compañero de Charles Hodge.

[19] 1 Juan 2:1. Dice WILLIAM SWAN PLUMER [1802-1880: «Cuando la conciencia acusa, Satanás ataca, el mundo reprocha, y la providencia frunce el ceño, ¿qué salida nos queda fuera de entregamos en manos del Abogado que nunca deja en la estacada a uno solo de los clientes que le confían su causa?

Vivifícame.[20] La misma oración que encontramos en octavas anteriores, en la precedente, y que encontraremos de nuevo. Porque se trata un deseo imposible de experimentar y de expresar en exceso. Siendo que el alma es el centro de todo, el ser vivificado es la bendición central. Significa más amor, más gracia, más fe, más coraje, más fuerza; y si obtenemos esto, no tendremos dificultad para erguir la cabeza frente a nuestros adversarios. Vivificar es algo que tan solo Dios puede conceder; pero para el Señor y dador de la vida[21] es trabajo muy fácil, y se deleita en llevarlo a cabo.

Conforme a tu palabra. Parece como si entre las muchas promesas divinas David hubiera intuido esta bendición en particular, o cuanto menos, percibido que estaba dentro del tenor general de la palabra de Dios que los creyentes probados fueran eventualmente vivificados y levantados del polvo de la tierra. Por tanto, la invoca y pide que el Señor actúe conforme a lo prometido y establecido en su palabra. ¡Qué súplica tan poderosa es esta: *"conforme a tu palabra"!* No hay en nuestros arsenales espirituales otra arma que se le pueda comparar.

C. H. SPURGEON

Defiende mi causa, y redímeme; vivifícame conforme a tu palabra. Aunque los piadosos que padecen persecución cuentan, sin duda, con una buena *"causa"* que alegar, no les es dado hacerlo a menos que Dios el Redentor intervenga en calidad de Defensor; es por ello que el Salmista exclama: *"Defiende mi causa"*.[22]

Pero cuando Dios el Redentor aboga por la causa de esa persona, su defensa es certera y eficaz: *"Defiende mi causa, y redímeme"*.

A menos que reciban de vez en cuando una renovada infusión de energía divina, los creyentes sumidos en la aflicción, son como muertos vivientes; porque esto es lo que significa: *"Vivifícame"*.

Y en tanto no nos sea infundido este estímulo que eventualmente se nos concede en medio de las tribulaciones, debemos apegarnos a la palabra de promesa: *"vivifícame conforme a tu palabra."*

Pero aquello que el creyente precisa, no tan solo Dios tiene la voluntad de suplirlo, sino también el oficio concreto de llevarlo a cabo, y el poder para efectuarlo: pues tiene el oficio de Abogado[23] y de poderoso Redentor.[24] Por tanto, podemos esperar en él plenamente, día tras día, según nuestras necesidades, y exclamar confiados: *"Defiende mi causa, y redímeme; vivifícame conforme a tu palabra"*.

DAVID DICKSON [1583-1663]
"Explication upon the Last Fifty Psalms", 1655

---

[20] En hebreo חַיֵּנִי *ḥayyênî* de חָיָה *chayah,* "vivir". FRANZ DELITZSCH [1813-1890] señala como notorio que esta petición o suplicatorio: חַיֵּנִי *ḥayyênî, "vivifícame",* que en esa misma forma verbal ocurre nada menos que nueve veces a lo largo del Salmo (119:25, 37, 40, 88, 107, 149, 154, 156, 159), y dieciséis si tomamos en cuenta todas sus formas (119:17, 25, 37, 40, 50, 77, 58, 93, 107, 116, 144, 149, 154, 156, 159, 175) ocurre como חַיֵּנִי *ḥayyênî* nada menos que tres veces en esta misma octava (119:154, 156, 159): «Es como si en la medida que el Salmo avanza y se va aproximando a su final, el poeta se volviera a su vez más insistente y reiterativo».

[21] Hechos 3:15; Hebreos 12:2.

[22] Dice al respecto GOTTHELF WILHELM CHRISTOPH STARKE [1762-1830]: «Quien busca la venganza por su cuenta ultraja el honor divino desposeyendo a Dios de una prerrogativa que le pertenece; porque la venganza es cosa suya (Deuteronomio 32:35; Romanos 12:19; Hebreos 10:30). Quien confía plenamente en la palabra de Dios, descubre en ella al Defensor y Protector más eficiente y poderoso. Depositar nuestra causa en las manos de Dios es la mejor opción, la más certera y la más segura».

[23] 1 Juan 2:1.

[24] Jeremías 50:34; Hebreos 7:26-30.

Defiende mi causa, y redímeme; vivifícame conforme a tu palabra. El salmista asume que será procesado ante un tribunal humano; pesaban contra él acusaciones graves y cargos capitales, y entiende que se va a instruir contra él una causa sumarísima. Y en tal situación experimenta todo el peso de su impotencia: declarado apátrida y despojado de todos sus derechos, va a ser procesado en las mismas condiciones precarias que un desertor o un desalmado. Y suplica al Señor que entre en liza y defienda su causa; que le *"redima"*, porque este es el sentido del texto hebreo.[25] Se considera, por así decirlo, como vendido en manos de jueces corruptos; o como alguien que habiendo perdido, a juicio de los hombres, todos sus derechos en la sociedad, se encuentra solo y sin amparo. Pero el Señor acudirá y defenderá la causa de su siervo: será *"redimido"*. David deja entrever en esta oración una confianza a toda prueba; estaba bien familiarizado con los caminos del Señor y su forma de proceder; y ello se refleja con claridad en su súplica, planteada con esa fe peculiar propia del creyente a toda prueba. ¡Cuánta falta nos hace aprender más sobre el carácter justo del Señor y su proceder en nuestras situaciones de aflicción y angustia! El Señor defiende la causa de los suyos ante todo con el poder de la verdad; la defiende mediante acciones providenciales de diversos tipos; actúa directamente sobre los corazones, las esperanzas y los temores de los hombres; y aboga por la causa de su pueblo en muchas maneras maravillosas. Redime a sus santos de todo mal: si bien no de todo mal en lo que concierne a esta vida terrena, sí de todo mal, indubitablemente, en lo que concierne a la vida venidera.

JOHN STEPHEN [1800-1881]

"The Utterances of the CXIX Psalm; Expounded in a Series of Lectures", 1861

Defiende mi causa, y redímeme; vivifícame conforme a tu palabra. En este versículo hay tres peticiones, y las tres respaldadas por un mismo argumento.

En la primera, intima en justicia el derecho de su causa al haber sido vilipendiado por hombres inicuos; y por tanto, injustamente acusado y abrumado de calumnias falsas. Por lo que pide a Dios que se haga cargo de su defensa: *"Defiende mi causa"*.

En la segunda, describe la desventura y la impotencia de la condición social paupérrima a la que ha sido marginado; y por tanto, en calidad de oprimido por la violencia injusta, exclama: *"Redímeme"* o rescátame.

En la tercera, expone su propia debilidad, y asumiendo que está al borde de desfallecer bajo tan pesada carga, demanda: *"Vivifícame"*.

Resumiendo; en lo referente a la injusticia de sus adversarios: *"Defiende mi causa"*; con respecto a lo desventurado y miserable de su condición: *"Redímeme"*; y en lo que hace a la debilidad e incapacidad de su propio corazón: *"Vivifícame"*.

Y finalmente, añade el fundamento de derecho que sostiene su petición: *"Conforme a tu palabra"*. Esta última cláusula se aplica a las tres solicitudes: *"Defiende mi causa ... conforme a tu palabra"*; *"Redímeme ... conforme a tu palabra"*; *"Vivifícame ... conforme a tu palabra"*. Porque Dios en su palabra se compromete a las tres cosas: a ser nuestro Defensor, nuestro Redentor, y nuestra fuente de vida. Esta *"palabra"* sobre la que fundamenta sus peticiones, la encontró David en las promesas generales hechas a todos los que guardan la ley divina, aunque también cabe la posibilidad que se refiera a alguna promesa en particular hecha por alguno de los profetas de su época.

THOMAS MANTON [1620-1677]

"One hundred and ninety sermons on the hundred and nineteenth Psalm", 1681

---

[25] En hebreo רִיבָה רִיבִי וּגְאָלֵנִי לְאִמְרָתְךָ חַיֵּנִי *rîḇāh rîḇî ūḡə'ālênî* de גָּאַל *gaal,* "redimir, rescatar"; como en el Salmo 103:4: *"el que rescata de la fosa tu vida"*.

Defiende mi causa, y redímeme. En cierta ocasión una mujer perversa lanzó contra el Dr. Payson[26] una gravísima acusación, y en circunstancias tales que parecía imposible que lograra escapar de la difamación, en tanto que había viajado de pasajera en el mismo barco en que Payson había hecho la travesía a Boston. Todo el mundo consideró inevitable que la reputación del admirado pastor quedaría hecha trizas, y así fue por un tiempo. Se le cerraron todas las puertas excepto la del trono de la gracia. Sintiendo que su única esperanza era Dios acudió a él en ferviente oración; y el Defensor de los inocentes le escuchó. Se apoderó de la desdichada mujer un sentimiento de atrición y repentino remordimiento, y poco después acabó confesando que todo había sido una falsedad inventada y una calumnia maliciosa.

ASA CUMMINGS [1790-1856]

"A Memoir of the Rev. Edward Payson, D. D 1783-1927", 1830

Defiende mi causa. Ignoramos si al invocar a Dios para que defendiera su causa, fuera de pedir a Dios que vindicara públicamente su inocencia librándole de la mano de todos sus enemigos, David se refería a algo más en concreto. Pero ya sea que la súplica tuviera una referencia ulterior o no, lo importante para nuestra enseñanza es que penetra en lo más hondo de nuestros corazones de un modo tan dulce como poderoso, remitiéndonos directamente a Aquel que ciertamente habría de ser el Abogado de los pecadores, a Jesucristo el justo, que es la propiciación por nuestros pecados.[27]

BARTON BOUCHIER [1794-1865]

"Manna in the heart or daily comments on the book of Psalms", 1855

Defiende mi causa. "Los hijos de este siglo son más sagaces en el trato con sus semejantes que los hijos de luz".[28] Una realidad demostrada que llevó a David a orar fervientemente a Dios para que defendiera su causa y fuera su Abogado contra tantas falsedades y mentiras. No confiaba en la eficacia de su propia defensa, solo en el Señor. De lo cual inferimos que aquello que permite a nuestros opresores prevalecer sobre nosotros es nuestra confianza excesiva en nuestras propias capacidades. Nos apoyamos demasiado en nuestros propios recursos: oponemos sutileza contra sutileza, respondemos triquiñuela con triquiñuela, pagamos maldad con maldad, empleamos los mismos procedimientos y políticas que ellos; olvidándonos de involucrar a Dios en nuestra causa; y fracasamos inevitablemente.

ABRAHAM WRIGHT [1611-1690]

"A Practical Commentary or Exposition upon the Book of Psalms", 1661

Redímeme. Algunos traducen aquí *"líbrame"*[29] igual que en el versículo anterior (119:153) o *"sálvame"*. Pero no es la traducción más acertada, puesto que salmista utiliza en hebreo dos verbos distintos. En el versículo anterior (119:153) וְחַלְּצֵנִי *wəḥalləṣênî* de חָלַץ *chalats;* mientras que aquí utiliza וּגְאָלֵנִי *ūgə'ālênî* de גָּאַל *gaal,* de donde deriva גֹּאֵל *goel;* y significa enfáticamente redimir,

[26] Se refiere a EDWARD PAYSON [1783-1827], pastor de la *Congregatiopnal Church* en Portland, Oregón, USA y uno de los líderes del lo que se conoce como el *Segundo Gran Despertamiento* que tuvo lugar en Estados Unidos entre 1790-1840.

[27] 1 Juan 2:1.

[28] Lucas 16:8.

[29] Tal es el caso de la versión inglesa KJV que traduce *"deliver me"* tanto en el versículo ciento cincuenta y tres (119:153) como en el ciento cincuenta y cuatro (119:154).

vindicar o vengar, restituir el honor, una función que por regla general correspondía al pariente más próximo.[30]

WILLIAM SWAN PLUMER [1802-1880]
"Studies on the Book of Psalms:, 1867

Vivifícame conforme a tu palabra. De nuevo es digno de considerar aquí el influjo de una mente piadosa. El deseo supremo de este hombre de Dios, y que repite una y otra vez a lo largo del Salmo 119: progresar en su vida espiritual. Y ello le conduce a extraer beneficios espirituales de prácticamente todo; halla sus perlas más preciadas en las situaciones más adversas, y su corazón está volcado en ello. No cabe la menor duda que pedía ansiosamente soluciones para sus males temporales: *"líbrame"* (119:153); y para sus males espirituales: *"redímeme"* (119:154); pero no debe pasarnos desapercibida la manera en la que añade a ellas una súplica muy peculiar: *"vivifícame"*. Podemos limitarnos a entender que lo que buscaba era salvar la vida, y tal parece ser el sentido a primera vista. Pero, en un hombre de las características de David, esa vida que tan reiteradamente y con tanta vehemencia suplica, tenía que ser forzosamente algo especial, más elevado que la simple vida física. Lo que anhela por encima de todas las cosas es vida espiritual; quiere una comunión más íntima con su Dios, quiere asimilar más de su bendita naturaleza para disfrutar más del bien supremo. Porque el alma que es nacida del cielo busca jadeante las corrientes de las aguas celestiales[31] ... Dadle al creyente esto, y lo situara por encima de todos los males y angustias de la vida. Y no vayáis a pensar que se trata de un sueño imposible, en absoluto, porque esto y más nos ha sido prometido en la Palabra. Por ello David clama diciendo: "*Vivifícame conforme a tu palabra*". Quiere evitar a toda costa engañarse a si mismo, y por tanto, echa mano de la Palabra prácticamente para todo. De modo, hermanos, que juzgaos a vosotros mismos en base a vuestras propios anhelos y aspiraciones espirituales. Nada por debajo de esto os valdrá para demostrar que sois parte de los redimidos del Señor.

JOHN STEPHEN [1800-1881]
"The Utterances of the CXIX Psalm; Expounded in a Series of Lectures", 1861

Vers. 154, 156, 159. *Vivifícame.* Debes orar con frecuencia pidiendo ser vivificado, como hace el salmista, y mirar a Jesús que es el espíritu vivificante: *"Fue hecho el primer hombre Adán alma viviente; el postrer Adán, espíritu vivificante"*.[32] Pues así como él te ha dado la vida, está dispuesto a seguir dándotela de manera más abundante cada vez; lo cual te llevará a vivir para él, y ser más incansablemente activo para él.

NATHANIEL VINCENT [1639-1697]
"A Present for such as have been Sick and Recovered", 1693

Vers. 155. *Lejos está de los impíos la salvación, porque no buscan tus estatutos.* *[Lejos está de los impíos la salvación, porque no buscan tus estatutos.* RVR*] [Lejos está de los impíos la salvación, porque no buscan tus estatutos.* LBLA*] [Lejos de los malvados queda la salvación, porque no escudriñan tus estatutos* BTX*] [La salvación está lejos de los impíos, porque ellos no buscan tus decretos.*

[30] Ver al respecto del uso del verbo hebreo גָּאַל *gaal* Rut 3:13: *"Pasa aquí la noche, y cuando sea de día, si él te redime, bien, redímate; mas si él no te quiere redimir, yo te redimiré"*; o Job 19:25: *"Yo sé que mi Redentor vive, y al fin se levantará sobre el polvo"*.

[31] Salmo 42:1.

[32] 1 Corintios 15:45. Ver también Juan 5:21; 6: 39-40, 54, 63; 14:6; 17:2-3; Romanos 5:12-14; 8:10-11; 1 Juan 5:11-12.

NVI*]* *[La salvación está lejos de los malvados, pues no les preocupan tus normas.* BLP*]* *[Lejos está de los impíos la salvación, porque no buscan tus estatutos.* LBLA*]* *[Lejos de los malvados queda la salvación, porque no escudriñan tus estatutos* BTX*]* *[Los perversos están lejos de ser rescatados, porque no se interesan en tus decretos.* NTV*]*[33]

Lejos está de los impíos la salvación. Debido a su persistencia en el mal se han apartado prácticamente toda esperanza. Hablan de ser salvos, pero es imposible que sepan nada al respecto pues no seguirán en la maldad. Cada paso que han dado en la senda del mal los ha ido alejando aún más del reino de la gracia: pasan de un grado a otro de endurecimiento hasta que sus corazones se vuelven como piedra.[34] Cuando caigan será irremediable. Y a pesar de ello se jactan, cual si no necesitaran salvación o bien pudieran salvarse a sí mismos en cualquier momento que les plazca.

Porque no buscan tus estatutos. No se esfuerzan por ser obedientes, antes todo lo contrario; se halagan a sí mismos, buscan el mal, y en consecuencia jamás encuentran el camino de la paz y la justicia. Cuando los seres humanos han quebrantado los estatutos del Señor, la decisión más sabia es arrepentirse para implorar perdón y obtener salvación por medio de la fe: si lo hacen la salvación está próxima, tan cercana que no pueden perderla; pero mientras los inicuos sigan en pos del mal, la salvación se aleja de ellos cada vez más. La salvación y los estatutos de Dios van de la mano de forma indisoluble: quienes son salvos por el Rey de la gracia aman los estatutos del Rey de gloria.

C. H. SPURGEON

Lejos está de los impíos la salvación. Sí, el Señor es todopoderoso para otorgar perdón; pero no lo hará en tu caso, pecador impenitente. Porque no tienes en el estrado del juicio un solo amigo dispuesto a dar la cara por ti, no cuentas entre todos los atributos adscritos al nombre de Dios con uno solo que te defienda. Pues aún la propia misericordia se sentará en su sillón junto al resto de atributos divinos y depositará su voto favorable a tu condenación. Dios puede salvar y está dispuesto a socorrer en tiempos de necesidad pero ¿en quién confías para abocarte a tamaña osadía como la de esperar que el brazo salvador de Dios se extienda a tu favor según tu antojo? Sin bien es habitual, y de esperar, que un ser humano se levante a medianoche para abrir la puerta de su casa y dejar entrar a un niño que la golpea llorando con desespero, no se tomará esas mismas molestias por un perro que aúlla. Y esta es tu condición, oh pecador, sí, de lo más triste y lamentable, pero si hemos de ser realistas no hay otra forma para describirla. Porque ese mismo poder infinito de Dios que está comprometido en la salvación del creyente, está igualmente comprometido y obligado a llevarte a ti a la condenación. ¿Pues qué hay más vinculante que un juramento? Y Dios está obligado por propio juramento a la destrucción de toda alma impenitente: *"Por tanto, juré en mi ira que no entrarían en mi reposo"*.[35] Y este juramento que Dios hizo en el furor de su ira contra los israelitas incrédulos: que no entrarían en su reposo, atañe también a cada incrédulo hasta el fin de los tiempos. Así que, en el nombre de

[33] La versión griega de los LXX o Septuaginta lee: μακρὰν ἀπὸ ἁμαρτωλῶν σωτηρία, ὅτι τὰ δικαιώματά σου οὐκ ἐξεζήτησαν que la Vulgata traduce al latín como: *"Longe a peccatoribus salus, quia justificationes tuas non exquisierunt"*, "Lejos está de los pecadores la salud; porque no han inquirido tus justificaciones". La versión sefardí de Ferrara traduce: *"Lexos de malos falvacion, por que tus fueros no requirierons"*. La caldea Peshitta: *"Remota está la salvación de los inicuos, pues no han buscado tus ordenanzas"*. KRAUS traduce: *"Lejos está de los malvados la salvación, porque no buscan tus estatutos"*. SCHÖKEL: *"Lejos queda de los malvados la salvación. pues no consultan tus normas"*.

[34] Ezequiel 11:19-20; 36:26-27.

[35] Hebreos 3:11; 4:3; Ver Deuteronomio 1:34-35; Salmo 95:11.

Dios, considera lo siguiente: si un hombre, o todo un grupo como leemos en el libro de Hechos,[36] se juramentaran decidiendo la muerte de una persona, y esta fueras precisamente tú, ¿acaso no estarías temblando inquieto y aterrorizado día y noche, y te arrebataría esa idea cada instante de sosiego en la vida hasta lograr que los juramentados se apaciguaran y se hicieran amigos tuyos? En tal caso, ¿debemos preguntarnos de qué material estarán hechas las almohadas de algunos, que les permiten dormir a pierna suelta, sin espanto ni horror, por más que se les advierta que a menos que se arrepientan a tiempo el Dios omnipotente ha jurado condenar su cuerpo y alma?

WILLIAM GURNALL [1617-1679]
"Christian in complete armour, or, a treatise of the saints war against the Devil", 1655

Salvación. ¡Qué música tan dulce desprende esta palabra! ¡Música que jamás nos aburre porque siempre suena a nueva; que nos estimula y tonifica a la vez que nos infunde paz y reposo! Tiene en sí misma cuanto nuestros corazones anhelan y transmite cuanto desean expresar. Es rocío refrescante en las mañanas, y paz reconfortante en las vigilias de la noche. Una canción que el alma entona constantemente en su interior con marcado deleite. Arrebata los oídos angelicales en el cielo; y hasta el Padre Eterno la escucha con adorable complacencia, pues incluso a él, en cuya mente fluyen la músicas de mil mundos diferentes, le resulta dulce en extremo. ¡Salvación! ¿Qué cosa es ser salvo plena y absolutamente? ¿Quién puede contarlo? Porque ningún ojo lo ha visto jamás, ni oído alguno ha alcanzado a percibirlo.[37] Es un rescate, ¡y de qué naufragio tan horrendo! Es un reposo, ¡y en qué hogar tan indescriptible! Es recostarse eternamente en el seno de Dios en un éxtasis inefable de satisfacción perenne.

FREDERICK WILLIAM FABER [1814-1863]
"The Precious Blood: The Price of Our Salvation", 1860

Vers. 155-156. *"Lejos está de los impíos la salvación [...] Muchas son tus misericordias, oh Señor"*. Jamás los santos deben referirse a lo detestable de la condición de los impíos, sin recordar a su vez que hubo un tiempo en el que ellos compartían esa misma condición;[38] y mencionar la misericordia y la gracia de Dios que han hecho posible la diferencia entre los impíos y ellos.

DAVID DICKSON [1583-1663]
"Explication upon the Last Fifty Psalms", 1655

Vers. 156. Muchas son tus misericordias, oh Jehová; vivifícame conforme a tus juicios. *[Muchas son tus misericordias, oh Jehová; vivifícame conforme a tus juicios.* RVR*] [Muchas son, oh Señor, tus misericordias; vivifícame conforme a tus ordenanzas.* LBLA*] [¡Oh YHVH, grande es tu misericordia! ¡Vivifícame conforme a tu justicia!* BTX*] [Grande es, Señor, tu compasión; dame vida conforme a tus juicios.* NVI*] [Señor, tu misericordia es inmensa, dame vida según tu justicia.* BLP*] [Señor, qué grande es tu misericordia; que el seguir tus ordenanzas me reanime.* NTV*]*[39]

[36] Hechos 23:12.

[37] Isaías 64:4; 1 Corintios 2:9.

[38] Efesios 2:1-7.

[39] La versión griega de los LXX o Septuaginta lee: οἱ οἰκτιρμοί σου πολλοί, κύριε· κατὰ τὸ κρίμα σου ζῆσόν με que la Vulgata traduce al latín como: *"Misericordiae tuae multae, Domine; secundum judicium tuum vivifica me"*, "Muchas son tus misericordias, Señor; dame vida según tu juicio". La versión sefardí de Ferrara traduce: *"Tus piedades muchas, Adonay, como tus juizios abiviguame"*. La caldea Peshitta: *"Grandes son tus misericordias, oh Yahweh, vivifícame conforme a tus juicios"*. KRAUS traduce: *"Tu misericordia*

Muchas son, oh Señor, tus misericordias;[40] *vivifícame conforme a tus juicios.* Este versículo es muy parecido al ciento cuarenta y nueve (119:149): *"Escucha mi voz conforme a tu misericordia; oh Jehová, vivifícame conforme a tu juicio"*. Y sin embargo no es una vana repetición, puesto que la diferencia en la idea principal es tanta, que uno se distingue claramente del otro sin dificultad. En el primer caso, menciona su oración y deja el método de respuesta a la sabiduría o juicio de Dios; aquí no menciona ninguna oración, tan solo las misericordias del Señor, y pide igualmente ser vivificado conforme a los juicios divinos para no quedar en el letargo espiritual. Demos como un hecho que un autor inspirado jamás se queda corto de ideas como para verse en la necesidad a repetirse a sí mismo; por tanto, concluir que en este salmo hay repeticiones de un mismo concepto no es sino precipitarse y errar estrepitosamente por falta de un estudio serio y detallado del mismo. Cada versículo es una perla distinta. En este campo sagrado que es el Salmo 119 cada brizna de hierba tiene su propia gota de rocío celestial.

Grandes son tus tiernas misericordias,[41] *oh Jehová.* Con estas palabras expresa el alcance de las misericordias divinas y la inmensidad del amor cálido que las impulsa. Sí, habla de misericordias; de *"muchas misericordias":* de misericordias tiernas, de misericordias grandes; y al final añade el nombre glorioso de Jehová para utilizarlas de soporte donde apoyar su petición fundamental: ser vivificado; la más grandiosa y tierna de las misericordias, o mejor dicho: muchas misericordias reunidas en una sola. ¿Acaso alguien que abunda en misericordias, alguien tan explícitamente bueno y amoroso como Jehová dejaría morir abandonado a un siervo suyo? ¿Acaso un ser tan tierno y misericordioso como es el Señor se negará a infundirle nueva vida?

Vivifícame conforme a tus juicios. Los juicios divinos llevan implícito un factor de vivificación; son chocantes y estimulantes; y de ahí que el creyente salga vivificado de ellos. De cada golpe certero que le caía encima, David salía santificado, lo cual redundaba en su beneficio cual si se hubiera tratado de una dulce y tierna misericordia. La primera cláusula de este versículo puede traducirse también por *"Muchas"* o *"múltiples son tus misericordias, oh Jehová"*; probablemente en conexión con los *"muchos perseguidores"* que menciona en el versículo siguiente. Es en base a estas *"muchas misericordias"* que aboga implorando la gracia vivificadora, consciente de la multiplicidad y diversidad de recursos con los que cuenta para ello.[42] Si extraemos nuestros alegatos de la propia Palabra de Dios, y para urgir nuestra vivificación invocamos además las misericordias y los juicios divinos, jamás nos quedaremos cortos de argumentos.

C. H. SPURGEON

---

es abundante, oh Yahvé; ¡vivifícame conforme a tus juicios!". SCHÖKEL: *"Grande es tu compasión, Señor, dame vida según tu norma"*.

[40] En hebreo: רַחֲמֶיךָ רַבִּים יְהוָה *raḥămeḵā rabbîm Yahweh*. La versión inglesa KJV traduce: *"Great are thy tender mercies"* "Grandes son tus tiernas misericordias". Es decir, traduce el adjetivo רַבִּים *rabbîm* de רַב *rab* por *"grandes"* en lugar de *"muchas"* como; y רַחֲמֶיךָ *raḥămeḵā* por "tiernas misericordias" en lugar de simplemente por "misericordias" como hacen la mayoría de nuestras versiones españolas. Es importante tener esto en cuenta por varios de los comentaristas, incluido el propio Spurgeon, juegan con ambos calificativos "grandes" y "tiernas", lo cual pierde su sentido cuando utilizamos la RV u otras versiones españolas que traducen distinto.

[41] Traducimos literalmente de la versión inglesa KJV. Ver la nota 40.

[42] En el original inglés *"he has many strings to his bow"*, (tiene muchas cuerdas en su arco) un modismo que viene a decir que cuenta con diversos recursos.

Grandes son tus tiernas misericordias, oh Jehová.[43] El salmista utiliza aquí dos epítetos para referirse a las misericordias de Dios. En primer lugar las llama *"grandes"*, y luego las llama *"tiernas"*.[44] Son grandes en muchos aspectos: grandes en su continuidad, puesto que perduran para siempre;[45] y en su dimensión, pues alcanzan los cielos y los exceden;[46] sí, están por encima de todas las demás obras de Dios.[47] Lo cual debe servir de consuelo a los pobres pecadores cuyas transgresiones son muchas y grandes: jamás caigas en el desespero a causa de tus pecados porque sus misericordias los exceden; pues si son mayores que todas sus obras perfectas, ¿no van a ser mayores que tus obras pecaminosas? ... El otro epíteto que utiliza para referirse a las misericordias divinas es el de *"tiernas"*; porque el Señor es fácil de ser invocado;[48] porque es lento para la ira y predispuesto a mostrar misericordia:[49] Santiago nos dice que la sabiduría que es de lo alto *"es primeramente pura, después pacífica, amable, benigna, llena de misericordia"*.[50] Y si su gracia convierte a sus hijos en benignos y llenos de misericordia, ¿qué pensaremos de él? ¿Qué misericordia no tendrá con nosotros, pobres criaturas, el que nos dice que debemos perdonar las ofensas de nuestros hermanos setenta veces siete?[51] ¡Oh, qué piedad y benevolencia tan tierna abunda en él! En ello se potencia y fortifica nuestro consuelo, en que cuanto tienen de grandes sus misericordias, lo tienen también de tiernas y fáciles de obtener cuando las invocamos de veras.

WILLIAM COWPER [1566-1619]
"A holy alphabet for Sion's scholars full of spiritual instructions, and heavenly consolations [...] delivered by way of commentary upon the whole 119 Psalme", 1613

Vers. 156. Tras referirse a la situación desesperada de los impíos (119:155), el salmista se siente impulsado de un modo natural a adorar las misericordias del Señor que «lo han hecho a él diferente». Puesto que es tan solo de esta fuente y únicamente de ella de donde podemos y debemos extraer la distinción entre nosotros y ellos.

CHARLES BRIDGES [1794-1869]
"Exposition of Psalm CXIX, As illustrative of the character and exercises of the Christian experience", 1827

Vers. 157. *Muchos son mis perseguidores y mis enemigos, mas de tus testimonios no me he apartado.* [*Muchos son mis perseguidores y mis enemigos, mas de tus testimonios no me he apartado.*

[43] Traducimos literalmente de la versión inglesa KJV, para hacer más comprensible el comentario, puesto que se aparta un tanto de las versiones españolas: *"Great are thy tender mercies, O Lord"*. (Ver también al respecto la nota 40). El término hebreo que la versión inglesa traduce por *great,* "grandes" es רַבִּים *rabbîm* de רַב *rab,* un adjetivo numeral que expresa claramente la idea de muchas o abundantes, y que si bien en algún caso puede asociarse a la idea de grandeza es en función de cantidad no de naturaleza, como en Deuteronomio 7:1: *"siete naciones mayores y más poderosas que tú"*. En cuanto a la expresión inglesa *"tender mercies"* tiernas misericordias remitimos al lector a la nota 71 del versículo 77 de este mismo salmo: *"Vengan a mí tus misericordias, para que viva"*.

[44] Ver al respecto la nota 40.

[45] 1 Crónicas 16:34; Salmo 100:5; 106:1; 107:1; 118:1; 136:1-26.

[46] Salmo 36:5; 57:10; 103:11; 108:4

[47] Salmo 145:9.

[48] Salmo 145:18.

[49] Salmo 103:8.

[50] Santiago 3:17.

[51] Mateo 18:21-22.

RVR*] [Muchos son mis perseguidores y mis adversarios, pero yo no me aparto de tus testimonios.* LBLA*] [Los enemigos que me persiguen son muchos, pero yo no me aparto de tus testimonios.* BTX*] [Muchos son mis adversarios y mis perseguidores, pero yo no me aparto de tus estatutos.* NVI*] [Muchos me persiguen y me acosan, pero yo no me he apartado de tus normas.* BLP*] [Muchos me persiguen y me molestan, sin embargo, no me he desviado de tus leyes.* NTV*]*[52]

Muchos son mis perseguidores y mis enemigos. Los que me agreden abiertamente o me aborrecen en secreto son muchos. Lo cual contrapone a las muchas misericordias de Dios descritas en el versículo anterior (119:156). Parece un tanto extraño que un hombre tan piadoso como era David tuviera tantos enemigos; pero es algo natural e inevitable.[53] Donde hay odio hacia al Maestro el discípulo no puede esperar ser amado. La semilla de la serpiente debe oponerse a la semilla de la mujer: es su naturaleza.[54]

Mas de tus testimonios no me he apartado. Por muchos que fueran los adversarios que se esforzaban por bloquear su camino, no se desvió un ápice de la verdad de Dios, antes bien procedió en todo momento de manera justa y recta. Hay quienes para desviados basta con un solo enemigo; pero aquí tenemos a un santo que se mantuvo firme en su camino pese a las dentelladas de muchos perseguidores. En los testimonios de Dios hay beneficios suficientes como para recompensar sobradamente nuestra fidelidad de proseguir adelante, incluso cuando ello implica enfrentarnos a cuantos ejércitos puedan combinarse en nuestra contra. En tanto nuestros enemigos no logren conducirnos o arrastramos a un declive espiritual, no lograrán hacernos daño y toda su malicia será en vano. Si nosotros no desmayamos, pueden darse por derrotados. Si no consiguen hacernos pecar, han errado el blanco. Nuestra fidelidad a la verdad es una clara victoria sobre nuestros enemigos.

C. H. SPURGEON

Muchos son mis perseguidores y mis enemigos. El término hebreo רֹדְפַי *rōdəp̄ay* es participio del verbo רָדַף *radaph* "perseguir, hostigar, dar caza". Los "enemigos" וְצָרָי *wəṣārāy* son los causantes de su angustia como en el versículo ciento treinta y nueve (119:139). Hasta que no nos vemos personalmente perseguidos y hostigados por un enjambre de enemigos que ostentando el poder, se comportan de manera feroz y hasta cierto punto poco escrupulosa; no alcanzamos a hacernos una idea clara de la

---

[52] La versión griega de los LXX o Septuaginta lee: πολλοὶ οἱ ἐκδιώκοντές με καὶ ἐκθλίβοντές με· ἐκ τῶν μαρτυρίων σου οὐκ ἐξέκλινα que la Vulgata traduce al latín como: *"Multi qui persequuntur me, et tribulant me; a testimoniis tuis non declinavi"*, "Muchos son los que me persiguen, y me atribulan; de tus testimonios no me he desviado". La versión sefardí de Ferrara traduce: *"Muchos mis perfiguientes, y mis anguftiadores; de tus teftamientos me acoftee"*. La caldea Peshitta: *"Muchos son los que me persiguen y mis adversarios, pero no me he apartado de tu testimonio"*. KRAUS traduce: *"Numerosos son mis perseguidores y opresores, pero yo no me desvío de tus testimonios"*. SCHÖKEL: *"Muchos son los enemigos que me persiguen, yo no me aparto de tus preceptos"*.

[53] Dice DAVID DICKSON [1583-1662]: «Si bien no resulta extraño ver que los creyentes más piadosos son los más expuestos a la persecución; tampoco lo es constatar que no es poca medida de la gracia que Dios les otorga para defender la verdad contra toda oposición».

[54] Génesis 3:15.

angustia que debió experimentar el profeta cuando vivió en carne propia la situación que describe en este versículo. Y ni aún así consiguieron alejarle de su constancia e integridad.[55]

WILLIAM SWAN PLUMER [1802-1880]
"Studies on the Book of Psalms", 1867

Vers. 158. ***Veía a los prevaricadores, y me disgustaba, porque no guardaban tus palabras.*** *[Veo a los prevaricadores, y me disgustan, porque no guardan tus palabras.* RVR*] [Veo a los pérfidos y me repugnan, porque no guardan tu palabra.* LBLA*] [Veo a los traidores y me repugnan, porque no guardan tu Palabra.* BTX*] [Miro a esos renegados y me dan náuseas, porque no cumplen tus palabras.* NVI*] [He visto traidores que detesto, porque no han respetado tu promesa.* BLP*] [Ver a esos traidores me enferma el corazón, porque no les importa nada tu palabra.* NTV*]*[56]

Veo a los prevaricadores. Contemplo a los traidores; analizo su carácter, sus objetivos, sus caminos y su fin. No puedo evitar contemplarlos porque se interponen en mi camino. Y por tanto, fijo mis ojos en ellos y trato de aprender de ellos cuanto puedo.

Y me disgustan. Siento lástima por estos pecadores. Pero no los soporto. No encuentro deleite en su compañía; a pesar de sus vestidos lujosos o su charla aparentemente amena me resultan lamentables. Cuanto mayor es su alegría más me oprime el corazón; no los tolero, ni a ellos ni a sus acciones.

Porque no guardan tu palabra. Mi disgusto se debe más por su pecado contra Dios que su enemistad contra mí. Podría tolerar su desprecio por mis palabras, pero no soporto que descuiden tu Palabra. Para mí es tan preciosa que aquellos que no la guardan me mueven a indignación; no puedo estar en compañía de gentes que no guardan la Palabra de Dios. Que no sientan ninguna simpatía por mí carece de importancia; pero despreciar la enseñanza del Señor es abominable.

C. H. SPURGEON

Veo a los prevaricadores, y me disgustan. Cipriano[57] en sus Epístolas[58] hace referencia a un amigo de Celerino[59] que experimentó por la apostasía de una mujer a causa de la persecución un dolor

---

[55] Y añade el mismo WILLIAM SWAN PLUMER [1802-1880]: «De hecho, la persecución es una prueba dura y temible para nuestra fidelidad, pero si evitamos obstinadamente la cruz, jamás ceñiremos la corona (Apocalipsis 2:10). Dice JUAN CALVINO [1509-1564]: 'Fácil es proceder correctamente mientras permanecemos rodeados de los buenos; pero si los hombres malvados nos afligen, si uno nos ataca abiertamente con violencia, otro nos despluma substrayéndonos de nuestras propiedades, un tercero nos cerca de engaños y artimañas, y un cuarto nos cubre de calumnias, se nos hace muy difícil perseverar en nuestra integridad, más bien empezamos a aullar entre los lobos'».

[56] La versión griega de los LXX o Septuaginta lee: εἶδον ἀσυνθετοῦντας καὶ ἐξετηκόμην, ὅτι τὰ λόγιά σου οὐκ ἐφυλάξαντο que la Vulgata traduce al latín como: *"Vidi praevaricantes et tabescebam, quia eloquia tua non custodierunt"*, "He visto a los prevaricadores, y me asquean; porque no han guardado tus palabras". La versión sefardí de Ferrara traduce: *"Vide faltantes y aquexeme, que tu dicho no guardaron"*. La caldea Peshitta: *"Observé a los inicuos, y comprendí que no habían guardado tu palabra"*. KRAUS traduce: *"Veo a los renegados, y siento asco, a los que no guardan tu palabra"*. SCHÖKEL: *"Viendo a los renegados, sentía asco, porque no observan tus instrucciones."*.

[57] Se refiere a CIPRIANO DE CARTAGO [principios del siglo II - 258 d.C.], más conocido como San Cipriano, obispo de Cartago en el Norte de África y uno de los primeros Padres de la Iglesia. Murió mártir. Sus obras selectas han sido publicadas por Editorial CLIE.

[58] Se refiere a las *Epistolae* de San Cipriano. Epístolas XX - XXIII.

[59] Se refiere a uno de los creyentes que en Roma dio valientemente testimonio de su fe siendo sometido a terribles padecimientos.

tan enorme, y se afligió de tal manera, que durante la fiesta de Pascua (reina de las fiestas en la iglesia primitiva) lloró día y noche, y resolvió no tener un momento de ocio ni descanso hasta que por la misericordia de Dios esa mujer fuera recuperada para la fe.

CHARLES BRIDGES [1794-1869]
"*Exposition of Psalm CXIX,*
As illustrative of the character and exercises of the Christian experience", 1827

Veo a los prevaricadores, y me disgustan. ¡Oh, si tenéis dentro de vosotros corazón de cristianos, o siquiera de seres humanos, no dejéis de gemir por vuestros vecinos, pobres ignorantes, que viven en este mundo sin Dios y sin esperanza![60] Pues ¡ay! están solo a un paso de la muerte y el infierno; centenares de enfermedades aguardan la oportunidad de hacer presa de su cuerpo, y si mueren sin ser regenerados, están perdidos para siempre. ¿Acaso vuestros corazones son de piedra que no sois capaces de compadeceros de quienes se encuentran en tan triste situación? Si no creéis lo que dice la Palabra de Dios acerca de que los pecadores están en peligro inminente, ¿por qué os llamáis cristianos? Y si lo creéis, ¿por qué no actuáis de inmediato para ayudarles? ¿Acaso no os importa si se condenan o se salvan? Si este es el caso, tenéis motivos suficientes para compadeceros de vosotros mismos, porque os movéis dentro de un marco espiritual totalmente inconsistente con la gracia: ¿no deberías decir, como los leprosos de Samaria: *"No estamos haciendo bien. Hoy es día de buena nueva, y nosotros callamos; y si esperamos hasta el amanecer, nos alcanzará nuestra maldad"?*[61] Siendo que Dios tuvo de vosotros tanta misericordia, ¿no la tendréis vosotros de vuestros desdichados prójimos? Y para encontrar gentes necesitadas de vuestra compasión no es menester que vayáis muy lejos; por las mismas calles en que transitáis volved tan solo la cabeza hacia ambos lados; o llamad a la puerta de la casa al lado de la vuestra; y con toda probabilidad hallaréis alguna. ¿Nunca habéis tenido un vecino no regenerado, que ignorante del evangelio pone su corazón en las cosas de aquí abajo y descuida la eternidad? De ser así, si no conocéis a ninguno, ¿podéis decirme en qué lugar santo y bendito vivís? Pero no, lo más probable es que haya alguno incluso en vuestra propia familia. Y vosotros, ¿callados? ¿mudos? ¿guardando silencio? Vivís cerca de ellos, os cruzáis con ellos, trabajáis junto a ellos, viajáis con ellos, incluso os sentáis a charlar con ellos; ¿pero no les decís una sola palabra sobre sus almas o de la vida venidera? Si sus casa se incendiaran, correríais a ayudarles, porque les tenéis aprecio. ¿Y no les ayudaréis sabiendo que sus almas están casi en el fuego del infierno? Si estuvieran enfermos y supierais de algún remedio para su enfermedad, por remoto que fuera, ¿no se lo diríais de inmediato a fin de no sentiros en cierto modo culpables de su muerte?

RICHARD BAXTER [1615-1691]
"The Saints' Everlasting Rest", 1650

Me repugnan, porque no guardan tu Palabra. Nunca imaginé que el mundo fuera tan perverso como ahora veo que lo es desde que comencé a predicar el evangelio. Esperaba que las gentes, al verse libres de la podredumbre del papado y sus descarados abusos a las pobres conciencias atribuladas; al descubrir que podían obtener en Cristo, por medio de fe, el tesoro celestial que antes buscaban con tanto trabajo y elevado costo, aunque en vano; todos hubiesen saltado de alegría. Y de manera especial, pensé que los obispos y las universidades recibirían con gozo en el corazón las doctrinas

60 Efesios 2:12.
61 2 Reyes 7:9.

verdaderas. Pero veo que estaba lamentablemente equivocado. Como Moisés y Jeremías, que también se lamentaron amargamente de sentirse engañados.

MARTÍN LUTERO [1536-1546]
"Tischreden",[62] 1566

Me repugnan. El término hebreo que unos traducen como *"disgustan"* y otros por *"repugnan"*[63] es וָאֶתְקוֹטָטָה *wā'etqōwṭāṭāh* de קוט *quwt,* y significa detestar, aborrecer, y provocar nauseas.[64] El sentido es: «Miro a los prevaricadores y los detesto; miro a los prevaricadores y los aborrezco; miro a los prevaricadores y me repugnan; y me enfrento a ellos no porque sean mis enemigos, sino porque son enemigos tuyos».

THOMAS BROOKS [1608-1680]
"An Ark for All God's Noahs in a Gloomy Stormy Day", 1666

Vers. 159. ***Mira, oh Jehová, que amo tus mandamientos; vivifícame conforme a tu misericordia.*** *[Mira, oh Jehová, cómo amo tus mandamientos; vivifícame conforme a tu misericordia.* RVR*] [Mira cuánto amo tus preceptos; vivifícame, Señor, conforme a tu misericordia.* LBLA*] [¡Mira cuánto amo tus preceptos! ¡Vivifícame, oh YHVH, conforme a tu misericordia!* BTX*] [Mira, Señor, cuánto amo tus preceptos; conforme a tu gran amor, dame vida.* NVI*] [Observa cómo amo tus preceptos; Señor, por tu amor, dame la vida.* BLP*] [Mira cómo amo tus mandamientos, Señor. Por tu amor inagotable, devuélveme la vida.* NTV*]*[65]

Mira, oh Jehová, cómo amo tus mandamientos.[66] *"Mira"* o considera *"cómo amo tus preceptos"*. Es la segunda vez que pide que el Señor le considere. Así como antes exclamó: *"Mira mi aflicción"*, ahora dice: *"Mira mi amor a tus preceptos"*. Amaba los preceptos de Dios de forma indescriptible, los amaba hasta el punto de entristecerse por aquellos que no los amaban hasta indignarse. Y ello es una prueba de amor indubitable. Muchos son los que aman las promesas de Dios, pero los mandamientos no los toleran. El salmista amaba ambas cosas por igual, para él todo era bueno y excelente; y se deleitaba tanto en lo que Dios había prometido como en lo que había ordenado. Todos los preceptos divinos son sabios y santos; por tanto, el hombre conforme al corazón de Dios, los amaba en extremo,

[62] Una compilación hecha por dos de los amigos íntimos de Lutero: JOANNES AURIFABER [1519-1575] y ANTON LAUTERBACH [1502-1569], con extractos de discursos, cartas, conversaciones privadas en la mesa, consejos, opiniones y frases diversas del gran Reformador. Traducido al inglés y publicado bajo el nombre de *"The Table Talk of Martin Luther"*.

[63] La versión inglesa KJV traduce *"grieved"*.

[64] Aparte del Salmo 119:158 solo aparece cinco veces: Salmo 95:10; 139:21; Ezequiel 6:9; 20:43; 36:31.

[65] La versión griega de los LXX o Septuaginta lee: ἰδὲ ὅτι τὰς ἐντολάς σου ἠγάπησα· κύριε, ἐν τῷ ἐλέει σου ζῆσόν με que la Vulgata traduce al latín como: *"Vide quoniam mandata tua dilexi, Domine: in misericordia tua vivifica me"*, "Mira, Señor, que he amado tus mandamientos; dame vida con tu misericordia". La versión sefardí de Ferrara traduce: *"Vee que tus encomendanças amee, Adonay, como tu merced abiviguame"*. La caldea Peshitta: *"Considera que he amado tus preceptos, oh Yahweh; vivifícame según tu misericordia"*. KRAUS traduce: *"¡Mira cuánto amo tus ordenanzas; oh Yahvé, vivifícame conforme a tu bondad!"*. SCHÖKEL: *"Mira cómo amo tus decretos; Señor, por tu misericordia dame vida"*.

[66] FELIPE SCIO DE SAN MIGUEL [1738-1776] en una nota en su traducción de la Vulgata hace de este versículo una hermosa paráfrasis: «Por eso procuro yo amarlos con toda mi alma; y eso alimenta en mi pecho la firme esperanza de que nunca me ha de faltar tu favor y misericordia».

le fascinaba conocerlos, meditar en ellos, hacerlos suyos y de manera especial practicarlos. Y ahora pide al señor que preste atención a su proceder y lo tenga en cuenta, no para valorarlo como un mérito, sino para que sirva de respuesta a las acusaciones difamatorias de sus enemigos que en este momento eran el gran aguijón de su dolor.

Vivifícame conforme a tu misericordia.[67] ¡Vivifícame! Lo repite de nuevo, por tercera vez en esta octava, usando la misma palabra.[68] No es difícil imaginar que David estaba medio aturdido a causa de los ataques de sus enemigos, a punto de desmayar bajo su malicia incesante. Lo que deseaba era reanimación, restauración, renovación; por tanto, pide más vida. ¡Tú que me vivificaste cuando estaba muerto, vivifícame de nuevo para que no regrese entre los muertos! ¡Vivifícame para que pueda sobrevivir los ataques de mis enemigos, el deterioro de mi fe, y el desaliento causado por mi pena! Esta vez no dice: *"Vivifícame conforme a tus juicios"*, sino *"Vivifícame, oh Señor, conforme a tu misericordia"*.[69] Al final del conflicto echa mano del cañón colosal, el arma más poderosa; es el argumento decisivo; si esto fracasa todo se hunde. Ha estado llamando a la puerta de la misericordia por largo tiempo, y con este ruego pega su golpe definitivo. Cuando cayó en un grave pecado, su súplica fue: *"Ten piedad de mí, oh Dios, conforme a tu misericordia"*,[70] y ahora que está en gran aflicción recurre al mismo razonamiento. Porque Dios es amor,[71] nos otorgará vida; porque es bueno,[72] encenderá de nuevo dentro de nosotros la llama celestial.

C. H. SPURGEON

Mira cuánto amo tus preceptos. Escudríñame. Es decir: contempla la evidencia de mi apego a tu ley. Es la apelación confiada de una persona consciente de estar aferrada indisolublemente a Dios y amar su ley con todo su corazón. Similar al grito angustioso de Pedro al Salvador: *"Señor, tú lo sabes todo; tú sabes que te amo"*.[73] La persona que realmente ama a Dios puede hacer suya esta apelación

---

[67] AGUSTÍN DE HIPONA [354-430] relaciona este versículo y el anterior con los mártires de las grandes persecuciones habidas en los primeros siglos de la era cristiana. Identifica a los *"prevaricadores"*, (119:158), con los apóstatas, aquellos que: «incapaces de soportar la tribulación del martirio, se apartaron de los testimonios del Señor, y le negaron»; estos, como le sucedía al salmista: *"le disgustan"*, porque: *"no guardaron tus palabras*. Sobre los que fueron fieles hasta la muerte, aquellos que "amando los mandamientos del Señor" más que su propia vida soportaron el martirio, comenta: «Fijémonos en que el salmista no dice: *"Vivifícame conforme a tu misericordia"*, porque "no he negado tus mandamientos", sino porque: *"he amado tus mandamientos"*. Fue el amor el que proporciono a los mártires las fuerzas necesarias para soportar tormentos indecibles; fue el amor el que les permitió ceñirse con *"la corona de la vida"* (Apocalipsis 2:10); porque: *"si repartiese todos mis bienes para dar de comer a los pobres, y si entregase mi cuerpo para ser quemado, pero no tengo amor, de nada me sirve"* (1 Corintios 13:3). Pero no, "amaron los mandamientos" más que su propia vida, y la entregaron exclamando triunfantes como el salmista pidiendo el galardón: *"Vivifícame conforme a tu misericordia"* (119:159). Ellos matan el cuerpo, pero tú vivificas».

[68] En hebreo חַיֵּנִי *hayyênî*. Ver 119:154, 156, 159.

[69] Dice WILLIAM SWAN PLUMER [1802-1880]: «El salmista había suplicado reiteradamente en las octavas anteriores ser *"vivificado"* o reanimado, conforme a las promesas y los principios de la palabra de Dios. Aquí pide que le sea concedida esa misma bendición, pero en base a la medida infinita de la divina misericordia (Lamentaciones 3:22). Sabía bien que el amor de Dios sobrepasa todos los límites y concepciones humanas (Efesios 3:20), y quería cubrir todos los flancos: que si en algo o por algo fallaba él en su pedir, Dios no dejara de otorgar».

[70] Salmo 51:1.

[71] 1 Juan 4:8.

[72] Salmo 34:8; 105:5.

[73] Juan 21:17.

con total propiedad.[74] Debe sentirse segura y honestamente convencida de la genuinidad su amor a Dios hasta el punto de poder pronunciar estas palabras con la misma confianza que las diría a su esposa, a sus hijos, o a un amigo íntimo. A ellos tenemos el deber de amarles hasta el punto de poder afirmarlo sin vacilación ni duda; y a Dios tenemos el deber de amarle hasta poder decírselo con la misma confianza y propiedad.

ALBERT BARNES [1798–1870]
"Notes, critical, explanatory, and practical, on the book of Psalms", 1868

Mira cuánto amo tus preceptos. No dice, «mira cómo cumplo tus preceptos»; sino «mira cómo los amo». En este mundo de pecado, el consuelo y fortaleza del soldado cristiano no estriba en la perfección de sus acciones, sino más bien en la sinceridad y el fervor de su afectos. Pues en lo que atañe a sus acciones, falla a menudo en su obediencia perfecta a los preceptos divinos; pero su amor a ellos permanece intacto en lo que respecta a sus afectos, de tal modo que antes de la tentación, y después de ella, brota en su alma un dolor intenso que se opone a cualquier acción o deseo corrupto contrario a la santa voluntad del Señor su Dios. Lo cual es una clara demostración de su amor inquebrantable a los preceptos divinos.

WILLIAM COWPER [1566-1619]
"A holy alphabet for Sion's scholars full of spiritual instructions, and heavenly consolations [...] delivered by way of commentary upon the whole 119 Psalme", 1613

Mira cuánto amo tus preceptos. Un evidente paralelismo de contraste con el versículo anterior: *"Yo miro a los prevaricadores y me disgustan"* (119:158); *"Mira tu cuánto amo tus preceptos"* (119:159). En el texto hebreo ambos comienzan con el mismo verbo רָאָה *raah,* considera.[75] Pide a Dios que se percate de la intensidad de su amor a sus preceptos, no como algo meritorio o acreedor de gracia, sino como marca distintiva de una persona santa y piadosa.

ANDREW ROBERT FAUSSET [1821-1910]
"Studies in the CL Psalms their undesigned coincidences with the independent Scripture histories, confirming and illustrating both", 1876

Mira cuánto amo tus preceptos; vivifícame. El amor con que amaba a Dios procedía de ese amor con el cual Dios lo había amado a él primero.[76] Porque al contemplar el amor inmenso con que Dios le había amado, se sintió conmovido e inspirado a amarle en reciprocidad. El sentido, por tanto, es más o menos este: «Puedes ver, Señor, que en lo referente a mi mismo soy enemigo acérrimo del pecado, porque no me olvido tu ley; puedes ver, Señor, que soy también enemigo del pecado en otros, porque me repugna mirar a los que transgreden tu ley. Por tanto, oh Señor, *"vivifícame"* y deja que tu misericordia amorosa, en razón de la cual me creaste y me redimiste en Cristo, por la cual me has librado de

[74] Dice JUAN CALVINO [1509-1564]: «Cuando los santos se atreven a exponer ante Dios su propia piedad, en modo alguno se les puede acusar de utilizar méritos propios como base de su confianza; lo hacen partiendo de un principio establecido: que Dios distingue entre sus siervos y los impíos, y por tanto, será misericordioso con ellos si le buscan con todo su corazón. Además, un amor sincero a ley de Dios, sin fingimientos, es prueba indubitable de adopción, puesto que semejante amor es obra del Espíritu Santo».
[75] En hebreo: רָאִיתִי בֹגְדִים *rā'îṯî ḇōḡəḏîm* (119:158); y רְאֵה כִּי־פִקּוּדֶיךָ *rə'êh kî-pīqqūḏeḵā* (119:159).
[76] 1 Juan 4:19

tantas dificultades, y me has enriquecido con tantos y continuos beneficios: me vivifique, me reavive, me renueve y me restaure.

RICHARD GREENHAM [1531-1591]
"Greenham's Work", Londres, 1612

Vivifícame. Por más que el salmista reitere y repita esta súplica implorando la gracia vivificante nueve veces,[77] en modo alguno deberíamos osar a considerarla como *"vana repetición"*[78] o palabras huecas. Puesto que cada vez que la repite se vuelca lo hace con fe abundante y distintiva, movido por un sentimiento tan profundo como intenso de su necesidad apremiante, y con una vehemencia y afecto de lo más ardiente. Y si la conciencia de nuestra propia debilidad y la frialdad de nuestros afectos lograran llevarnos a nosotros a repetir esta misma oración, en este mismo espíritu, cientos de veces al día, podemos tener la plena seguridad de que seria aceptada y correspondida en todas ellas sin faltar una sola.

CHARLES BRIDGES [1794-1869]
"Exposition of Psalm CXIX,
As illustrative of the character and exercises of the Christian experience", 1827

Conforme a tu misericordia. No tenemos necesidad alguna de ser vivificados más allá de lo que la propia misericordia de Dios está presta y dispuesta a vivificarnos.

MATTHEW HENRY [1662-1714]
"Commentary on the Whole Bible", 1811

Vers. 160. ***La suma de tu palabra es verdad, y eterno es todo juicio de tu justicia.*** *[El conjunto de tu palabra es verdad, y eterno es todo juicio de tu justicia.* RVR*] [La suma de tu palabra es verdad, y cada una de tus justas ordenanzas es eterna.* LBLA*] [La suma de tu palabra es verdad, y eterno todo decreto de tu justicia.* BTX*] [La suma de tus palabras es la verdad; tus rectos juicios permanecen para siempre* NVI*] [Esencia de tu palabra es la verdad, son eternos tus justos decretos.* BLP*] [La esencia misma de tus palabras es verdad; tus justas ordenanzas permanecerán para siempre.* NTV*]*[79]

Tu palabra es verdad desde el principio,[80] *y cada uno de tus justos juicios permanece para siempre.* El dulce cantor cierra esta octava de la misma manera que la anterior, insistiendo en la

[77] Salmo 119: 25, 37, 40, 88, 107, 149, 154, 156, 159.

[78] Mateo 6:7.

[79] La versión griega de los LXX o Septuaginta lee: ἀρχὴ τῶν λόγων σου ἀλήθεια, καὶ εἰς τὸν αἰῶνα πάντα τὰ κρίματα τῆς δικαιοσύνης σου que la Vulgata traduce al latín como: *"Principium verborum tuorum veritas; in aeternum omnia judicia justitiae tuae"*, "El principio de tus palabras, verdad; todos los juicios de tu justicia son para siempre". La versión sefardí de Ferrara traduce: *"Principio de tu palabra verdad; y para fiempre todo juicio de tu juftedad"*. La caldea Peshitta: *"El principio de tu palabra es la verdad; eternos son todos tus juicios de justicia"*. KRAUS traduce: *"La suma de tu palabra es la verdad, y tu recta justicia permanece para siempre"*. SCHÖKEL: *"El compendio de tu palabra es la verdad, es eterno tu justo mandamiento"*.

[80] Utilizamos aquí de nuevo una traducción literal de la versión inglesa KJV, que en este caso se aparta sustancialmente de las actuales versiones españolas. Traduce este versículo del siguiente modo: *"Thy word is true from the beginning: and every one of thy righteous judgments endureth for ever"*. La RVA o 1909

certeza incuestionable de la verdad de Dios. No está por demás comparar la similitud entre los versículos ciento cuarenta y cuatro: *"Tus testimonios son justos para siempre; dame entendimiento para que yo viva"* (119:144); y el ciento cincuenta y dos: *"Hace ya mucho que comprendí que has establecido tus testimonios para siempre"* (119:152); y el presente: *"Tu palabra es verdad desde el principio, y cada uno de tus justos juicios permanece para siempre"*. Digan lo que digan los transgresores, Dios es verdadero, y su palabra es verdadera. Los impíos son falsos, pero la palabra de Dios es verdadera. Nos acusan de falsedad, pero nuestro consuelo es que la verdad de la Palabra de Dios nos reivindicará.

Desde el principio. La palabra de Dios ha sido verdadera desde el primer instante en que se pronunció, verdadera a lo largo de toda la historia, verdadera a nosotros desde el primer momento en que creímos en ella, y verdadera para nosotros antes que nosotros fuéramos fieles a ella. Algunos lo traducen: *"Tu palabra es verdadera de la cabeza a los pies"*; es decir, verdadera en su conjunto, verdadera como un todo, verdadera de arriba a abajo. David había aprendido esta lección a través de su propia experiencia, y esa misma experiencia nos está enseñando lo mismo a nosotros. Las Escrituras son tan verdaderas en el Génesis como en el Apocalipsis, y los cinco libros de Moisés no son menos inspirados que los cuatro Evangelios.

Y cada uno de tus justos juicios permanece para siempre, Lo que Dios ha decidido es irreversible y seguirá siéndolo en todos los casos. Contra las decisiones del Señor, no caben apelaciones por defecto de forma,[81] ni se puede derogar ninguno de los actos de su soberanía. No hay en la palabra de Dios, ni en los tratos providenciales de Dios, un solo error. Ni al libro de la revelación ni al de providencia hace falta añadirles fe de erratas.[82] El Señor no tiene nada que deba lamentar o de lo que tenga que retractarse, nada que enmendar o invertir. Todos los juicios, decretos, órdenes y propósitos de Dios son justos, y puesto que las cosas justas son duraderas, cada uno de ellos sobrevivirá a las estrellas: *"hasta que pasen el cielo y la tierra, ni una jota ni una tilde pasarán de ningún modo de la ley, hasta que todo se haya cumplido"*.[83] La justicia de Dios perdura para siempre.[84] Se trata de un pensamiento alentador, no cabe duda. Pero hay otro mucho más alentador y más dulce todavía, y que en tiempos

---

traduce: *"El principio de tu palabra es verdad; y eterno es todo juicio de tu justicia"*. El texto hebreo dice literalmente: רֹאשׁ־דְּבָרְךָ אֱמֶת *rōš-dəḇārəḵā 'ĕmeṯ* de רֹאשׁ *rosh,* cabeza, comienzo, principio, encabezado. רֹאשׁ *rōš* es el vocablo que se utiliza en Génesis 3:15 para decir: *"esta te herirá en la cabeza"*. Es evidente, por tanto, que aunque el término רֹאשׁ *rosh* puede traducirse como "principio" no puede interpretarse como principio en sentido de tiempo, sino más bien de comienzo. El sentido sería en todo caso: *"Tu palabra es verdad de principio a final"* o en otras palabras: «de la primera a la última letra». FRANZ DELITZSCH [1813-1890] se inclina por esto último y piensa que debe traducirse como "conjunto", "suma", o también "común denominador": «Si recopilamos la palabra de Dios en sus distintas partes como un todo, la verdad será la suma total del mismo a la vez que su común denominador».

[81] En el original *"writ of error"*, en lenguaje jurídico "defecto de forma". El llamado "defecto de forma" es un concepto legal que se da cuando el la instrucción procesal se ha producido el incumplimiento de alguno de los requisitos legales establecidos o se ha cometido algún error demostrable (a veces una simple mala transcripción de una palabra, error en una fecha, lugar o dato) que permite presentar un recurso.

[82] La llamada "fe de erratas" es una hoja de papel que se inserta al final de los libros indicando los errores detectados en el ejemplar después de su impresión indicando la redacción correcta de cada uno.

[83] Mateo 5:18.

[84] Dice WILLIAM SWAN PLUMER [1802-1880] citando a WILLIAM NICHOLSON [1591-1672]: «La palabra de Dios "*es verdad desde el principio*" y en todos sus detalles: desde Adán hasta Moisés; de Moisés a Cristo; de Cristo al tiempo presente; y del tiempo presente hasta el fin del mundo».

antiguos era la canción perpetua de los sacerdotes en el templo: *"Para siempre es su misericordia"*.[85] ¡Ojalá sea también el nuestro!

C. H. SPURGEON

Tu palabra es verdad desde el principio. O más bien *"El principio de tu palabra es verdad"*, es decir: desde su origen, indicando así el pasado; en clara antítesis al *"permanecen para siempre"*, una clara referencia al futuro, que hallamos en la cláusula siguiente referente a los juicios.[86] Sin embargo Cocceius[87] y Hengstenberg[88] lo interpretan como: *"La suma* (o el recuento) *de tu palabra es verdad"*,[89] como en Números 26:2; 31:26.[90] Pero con esta traducción la antítesis que anteriormente mencionábamos de la versión inglesa entre *pasado* y *futuro* se pierde. Y además, si fuera realmente *"la suma"*, debería respetarse el plural y decir: *"de tus palabras"*, no *"de tu palabra"*.

ANDREW ROBERT FAUSSET [1821-1910]
"Studies in the CL Psalms their undesigned coincidences with the independent Scripture histories, confirming and illustrating both", 1876

El principio de tu palabra es verdad. Como si dijera: «Estoy convencido que me vivificarás porque el principio de tu palabra es justo y verdadero. Y cuando de principio estableciste pacto conmigo, entendí que no me engañabas ni encandilabas. Y cuando por medio de tu Espíritu hiciste que yo creyera en tu pacto, infundiste en mí la verdad; y sé que como lo prometiste, lo harás, porque no eres más pródigo haciendo promesas que fiel y exacto ejecutándolas, y tu juicio será tan justo como tu promesa es verdadera. Sé que cuando hablas, no sale de ti otra cosa que verdad, por tanto, sé que me defenderás y me preservarás para que tus juicios brillen en justicia, como tú brillas en verdad».

RICHARD GREENHAM [1531-1591]
"Greenham's Work", Londres, 1612

Tu palabra es verdad desde el principio,[91] *y eterno es todo juicio de tu justicia.* Los mandamientos y las promesas de Dios son muy amplios, abarcan todas los épocas a lo largo de los tiempos.

---

[85] Salmo 100:5; 136:1-26.
[86] La versión inglesa KJV traduce: *"Thy word is true from the beginning: and every one of thy righteous judgments endureth for ever"*. Es importante tenerla en cuenta para entender mejor la antítesis y contrastes que plantea el autor, y que se basan en ella.
[87] Se refiere a JOHANNES COCCEIUS [1603-1669], hebraísta y teólogo reformado germano-holandés. Destacó en exégesis bíblica y filología hebrea, y fue uno de los acérrimos defensores de la teología calvinista conocida como "del pacto". Espiritualizó su interpretación las Escrituras hasta tal punto que llegó a decirse que encontraba a Cristo en todas partes del Antiguo Testamento, como en este caso que cita John Gill. Su obra principal fue su *"Lexicon et commentarius sermonis hebraici et chaldaici"*, 1669.
[88] Se refiere a ERNST WILHELM HERRMANN HENGSTENBERG [1802-1869], teólogo y lingüista alemán. Escribió y publicó numerosas obras, entre ellas un famoso comentario a los salmos *Commentar über die Psalmen* (1842), al que suponemos hace referencia el autor.
[89] Así lo traducen la RVR1960, LBLA y la NVI. La RVA traduce *"El principio de tu palabra es verdad"*.
[90] Así es como se utiliza el vocablo hebreo ראשׁ *rosh* en Números 26:2; 31:26: *"Levantad una suma* (o censo) *de toda la congregación"*. Pero se trata de un término hebreo muy amplio y versátil que da pie a todo tipo de interpretaciones.
[91] Ver la nota 80.

¿Fueron los mandamientos divinos *"el guía de tu juventud"*?[92] Ten por seguro que lo serán también cuando peines canas. Una promesa divina es la mejor nodriza para el bebé que precisa ser amamantado y la mejor enfermera para el anciano decrépito. Los mejores elixires de los más afamados boticarios todos pierden con el tiempo sus virtudes curativas, y por lo general cuanto más potentes más rápido. En cambio ¿recuerdas alguna promesa que te infundió ánimos digamos hace veinte, treinta o cuarenta años? Pruébala ahora de nuevo, y la encontrarás tanto o más fresca y poderosa que entonces. Si fue tu mayor alegría en los días alegres de tu juventud, créeme, seguirá proporcionándote esa misma alegría en los días tristes de tu vejez. A la Palabra aplica plenamente la afirmación que el profeta pone en boca de Dios mismo: *"Hasta vuestra vejez yo soy el mismo, y hasta las canas os soportaré yo; yo hice, yo llevaré, yo soportaré y libraré"*.[93] ¿Acaso no dice aquí el salmista: *"Tu palabra es verdad desde el principio"*? En efecto, y es un buen comienzo. Pero, ¿perdurará? Sí, porque añade: *"tus rectos juicios permanecen para siempre"*; una afirmación que se corresponde con esta otra: *"Hace ya mucho que comprendí que has establecido tus testimonios para siempre"* (Salmo 119:152). La Palabra *"permanece para siempre"* porque ha sido *"establecida para siempre"*. ¡Qué pensamiento tan dulce! ¡Qué consuelo tan sólido! Hermanos, familiarizaos con la Palabra de Dios y sus promesas tan pronto como podáis en la vida, y mantened esta relación con ella permanentemente; de ese modo vuestro conocimiento de ella ni se quedará corto ni irá más allá de la verdad. ¡Escudriñadla y aprended de ella todo cuanto podáis, tan pronto como podáis, y por tanto tiempo como podáis; pues haciéndolo jamás tropezareis ni caeréis, antes bien después de una prolongada experiencia conociendo a Dios en ella podréis decir de ella: *He sabido desde antiguo que tú la has fundado para siempre.*

Anthony Tuckney [1599-1670]

"Forty Sermons upon several occasions", 1676

[92] En el original inglés *"the guide of thy youth.* Probablemente una referencia indirecta a Proverbios 2:17 que la versión inglesa KJV traduce como *"Which forsaketh the guide of her youth"*. Aunque Matthew Henry en su Comentario la utiliza también en su exposición de Miqueas 7:5, que la KJV traduce del siguiente modo: *"Trust ye not in a friend, put ye not confidence in **a guide**".*

[93] Isaías 46:4.

ש Shin[1]

Versículos del 161 al 168

Versión poética

Shin

Ya ves, Señor, la saña que me tienen
los hombres poderosos de la tierra,
pero jamás arrancarán de mi alma
el temor santo de quebrar tus reglas.

Un vencedor feliz que hace conquistas,
tanto con sus despojos no se alegra,
como me alegro yo cuando consigo
observar los preceptos que me ordenas.

Aborrezco, abomino la injusticia,
me ofende el alma, el corazón me tedia,
y solo tu justicia soberana
es de todo mi amor la única prenda.

Siete veces al día te he cantado
tus alabanzas con canciones tiernas,
y tus juicios justos eran siempre
de mis amantes cánticos el tema.

---

[1] Felipe Scio de San Miguel [1738-1776] en una nota en su traducción de la Vulgata indica que el significado de ש *Shin,* es de: "relativo a los dientes" (en este caso basándose en su ideograma) o bien "sobre la llama" o "llama de fuego" (partiendo de la palabra hebrea שֶׁמֶשׁ *shemesh,* que significa Sol, y que lleva una ש *Shin* al comienzo y otra al final), y que ha llevado a algunos expositores a relacionarla con Pentecostés (Hechos 2:3). Se trata de una letra que por su forma pictográfica ha dedo pie a mucha especulación, y no faltan quienes han visto en ella desde los brazo extendidos de Moisés con Aarón y Hur sosteniéndolos uno a cada lado (Éxodo 17:12), pasando por las dispensaciones de los tiempos, hasta las tres personas divinas de la Trinidad. La interpretación más realista parte de la palabra hebrea שָׁמַע *shama,* oír, escuchar, sin lugar a dudas palabra clave en el judaísmo: שְׁמַע יִשְׂרָאֵל יְהוָה אֱלֹהֵינוּ יְהוָה אֶחָד *šəma' yiśrā'ēl Yahweh 'ĕlōhênū Yahweh 'eḥāḏ, "Oye oh Israel, el Señor es nuestro Dios, el Señor uno es"* (Deuteronomio 6:4). En casi todos los hogares judíos podemos ver enclavadas en la parte derecha del dintel de las puertas una מְזוּזָה *mezuzá,* una pequeña caja, por regla general cilíndrica, que contiene un pergamino con las plegarias de Deuteronomio 6:4-9; y 11:21-31, y que lleva grabada en su exterior la letra ש *Shin* en la palabra שַׁדַּי *Shadday,* uno de los nombres de Dios, como acrónimo de שומר ישראל *shomer d'latot yisrael,* el guardián de las puertas de Israel (Salmo 121:4); aunque en algunos caso la *mezuzá* tan solo llevan grabada en el exterior de manera simbólica la letra ש *Shin*, que es a su vez primera letra de la palabra שָׁלוֹם *shalom,* paz. Y en este caso la relación simbólica con el contenido argumental de esta octava del Salmo 119 resulta más que evidente a través de su versículo clave: שָׁלוֹם רָב לְאֹהֲבֵי תוֹרָתֶךָ *šālōwm rāḇ lə'ōhăḇê tōwrāṯeḵā*; *"Mucha paz tienen los que aman tu ley"* (119:165).

Tú concedes, mi Dios, paz abundante
a las almas que a ti viven sujetas,
para ellas no hay tropiezo, pues que solo
en observar tu ley están atentas.

Yo deseo esta paz, la solicito,
es el único bien que mi alma anhela,
y la espero de ti, Dios amoroso,
fiado en tus sólidas promesas.

Pues si tú la ofreciste a los que siguen
de tus leyes divinas las veredas,
¿quién las sigue, Señor, con más constancia?
¿quién las ama tampoco con más fuerza?

Yo las adoro porque son testigos
de mis acciones aún las más secretas,
porque solo deseo complacerte
y porque sé que atento las observas.

Del "Salterio Poético Español", Siglo xviii

Comentario general a los versículos del 161 al 168: Spurgeon no ofrece comentario general para esta octava.[2]

[2] Francisco Lacueva [1911-2005] en su versión española del "Comentario de Matthew Henry" ofrece el siguiente resumen: «Esta letra hebrea, semejante a una "m" (minúscula) invertida, se pronuncia de distinta forma según tenga el puntito sobre la patita del extremo derecha: שׁ *"shin"*, o sobre la patita en el extremo izquierda שׂ *"sin"*, pero al ser la forma de la letra la misma en ambos casos, caben a los efectos del acróstico tanto las palabras que comiencen por שׁ *shin,* como שֶׁקֶר *sheqer,* mentira engaño; o por שׂ *sin*, como שָׂבַר *sabar,* "espera, anhelo". Recordemos que el haber olvidado la diferencia de pronunciación resultante de la diferente colocación del puntito ocasionó la matanza que se nos refiere en Jueces 12:6. La octava puede titularse: 'La paz en el amor', al tener como versículo clave el ciento sesenta y cinco (119:165). Al igual que en octava encabezada por la letra מ *Mem,* tampoco en esta encontramos petición alguna.

»1. Una sola vez alude en esta sección a los magnates: (en hebreo: שָׂרִים *rîm,* –ya aludidos en 119:23) que le persiguen sin causa (119:161, –comparar con 119:78, 86). Esta ha sido siempre la suerte que ha tocado a los buenos; pero el caso es mucho más grave cuando, como aquí, los perseguidores son los que gobiernan o tienen gran influencia sobre los que gobiernan, pues no solo llevan la espada al costado, sino también la ley, por lo que pueden perseguir a los buenos bajo cualquier pretexto de apariencia legal, como suele ser el de subversión (Hechos. 16:20; 17:6).

»2. Como los dos polos de un mismo eje, aparecen aquí contrapuestos el amor a la ley de Dios (ver toda la sección) y el odio a la mentira (119:163), entendida aquí como la oposición directa a la verdad que la Ley representa. El alma humana se mueve, en principio, por esos sentimientos, hasta tal punto que la vida del hombre y aun la historia de la humanidad gira en torno a ellos. Dice Agustín de Hipona [354-430] en "La Ciudad de Dios", (libro 14, capítulo 28): 'Dos amores fundaron dos ciudades, a saber: el amor a uno mismo hasta el desprecio de Dios, la terrenal; y el amor de Dios hasta el desprecio de uno mismo, la

Vers. 161. ***Príncipes me han perseguido sin causa, pero mi corazón tuvo temor de tus palabras.*** *[Los magnates me han perseguido sin causa, pero mi corazón tuvo temor de tus palabras.* RVR*]* *[Príncipes me persiguen sin causa, pero mi corazón teme tus palabras.* LBLA*]* *[Príncipes me han perseguido sin causa, pero mi corazón tiembla ante tus palabras.* BTX*]* *[Gente poderosa me persigue sin motivo, pero mi corazón se asombra ante tu palabra.* NVI*]* *[Sin razón los poderosos me persiguen, pero lo único que yo respeto es tu palabra.* BLP*]* *[Gente poderosa me acosa sin razón, pero mi corazón tiembla únicamente ante tu palabra.* NTV*]*[3]

Príncipes me han perseguido sin causa.[4] Dado su rango era de esperar que tuvieran más visión y más bien simpatizaran con los problemas de alguien de su misma casta. El ser humano espera un juicio justo de manos de sus iguales: los prejuicios son de lo más innoble. Aunque el honor se evapore

celestial". Por eso, no hay punto medio, no cabe la neutralidad (Mateo 12:30, y paralelamente Juan 8:47, una idea constante en ese Evangelio). El amor que el salmista tiene a la ley se traduce: (A) En santo temor (en hebreo: פָּחַד *pāḥaḏ* de פַּחַד *pachad,* pavor reverencial), indicativo de su fidelidad, a la palabra de Dios (119:161b). (B) En regocijo en esa misma palabra (en hebreo: אִמְרָתֶךָ *'imrāṯeḵā,* dicho), como el que halla un gran botín (119:162). Así como el guerrero se goza cuando alcanza un gran botín en el campo de batalla, el botín del salmista es el gozo y la felicidad que el cumplimiento de la ley de Dios le proporciona. (C) En alabanza (119:164): *"Siete veces* (en hebreo: שֶׁבַע בַּיּוֹם *šeḇa' bayyōwm,* es decir, con mucha frecuencia; el siete es número de perfección, de algo completo) *al día te alabo…*" Hay quienes piensan que basta con un día a la semana, el domingo, para alabar a Dios, darle gracias y escuchar su palabra; pero el salmista no pensaba así: con mayor frecuencia que el alimento que tomaba, alababa a Dios por sus justos juicios. (D) En obediencia (119: 66b, 167 y 168). Nótese la última frase de la sección (119:168b): *"Todos mis caminos están delante de ti"*. Comenta el rabino ABRAHAM COHEN [1887-1957]: 'Su vida es un libro abierto que confiadamente presenta a la inspección de Dios, por cuanto había observado los preceptos'. Quizá no está de más comparar esta frase con Hebreos 4:12-13. Lo cual se traduce de manera especial, y esto merece punto aparte, en paz (110:165): "Mucha paz tienen los que aman tu ley, y no hay para ellos tropiezo". El amor a la ley, y el meditar en ella, infunde al creyente una paz profunda que ninguna cosa en este mundo puede alterar; le proporciona una santa serenidad en medio de las tentaciones y de las tribulaciones; y le permite disfrutar de calma en su interior, del mismo modo que el fondo del océano se mantiene al margen de las violentas tempestades que los huracanes puedan provocar en la superficie de los mares. Leemos en Isaías 32:17: "*Y el resultado de la justicia será la paz; y el producto de la rectitud, tranquilidad y seguridad para siempre"*. Los que aman la ley divina, no hallan tropiezo (119:165b), porque con esa paz, disfrutan de luz interior en abundancia; y, con la luz, esperanza segura de salvación (119:166), es decir, de preservación del peligro (comparar con Génesis 49:18, donde aparece la misma frase, aunque el verbo sea distinto aquí por exigirlo el acróstico). Todo lo contrario les ocurre a los quebrantadores de la ley, pues *"No hay paz para los malvados, dice Jehová"* (Isaías. 48:22)».

[3] La versión griega de los LXX o Septuaginta lee: ἄρχοντες κατεδίωξάν με δωρεάν, καὶ ἀπὸ τῶν λόγων σου ἐδειλίασεν ἡ καρδία μου que la Vulgata traduce al latín como: *"Principes persecuti sunt me gratis, et a verbis tuis formidavit cor meum"*, "Los príncipes me han perseguido sin causa: y mi corazón ha temido tus palabras". La versión sefardí de Ferrara traduce: *"Señores me perfiguieron sin caufa, y de tu palabra fe efpavorefcio mi coraçon"*. La caldea Peshitta: *"Sin causa me han perseguido los príncipes, pero mi corazón reverencia tu palabra"*. KRAUS traduce: *"Altos dignatarios me persiguen sin motivo. Mi corazón tiembla (únicamente) en presencia de tus palabras"*. SCHÖKEL: *"Unos príncipes me persiguen sin motivo; mi corazón tiembla por tus palabras"*.

[4] En hebreo רִים רְדָפוּנִי חִנָּם *rîm rəḏāpūnî ḥinnām* de רָדַף *radaph.* WILLIAM SWAN PLUMER [1802-1880] indica que se trata de un presente perfecto, por tanto el sentido es de una acción que ha estado sucediendo en el pasado y que todavía dura en el presente: *"me han perseguido y me siguen persiguiendo"*.

de todos los demás pechos, en el de los reyes se entiende que debe permanecer, y el honor prohíbe la persecución de inocentes. Los príncipes son designados precisamente para proteger a los inocentes y vengar a los oprimidos, y cuando ellos mismos se convierten en desalmados perseguidores de los justos, es de lo más execrable.[5] Cuando el hombre conforme al corazón de Dios[6] se vio traicionado y agredido por los propios jueces de la tierra fue un espectáculo nefando, porque su posición eminente añadía delito y veneno a su enemistad. Y es comprensible que el salmista exprese aquí su dolor afirmando con verdad que tal persecución carecía de causa. No había violado una sola sus leyes, no les había causado daño alguno, ni siquiera había deseado verlos heridos, jamás se había erigido en defensor de la rebelión o la anarquía, no se había opuesto ni abierta ni secretamente a su poder,[7] por lo que su opresión era totalmente injustificada. Pero esa misma actitud inexcusable sirvió para quitarle parte de su aguijón y ayudó al valiente siervo de Dios a resistir.

Pero mi corazón tiembla ante tus palabras.[8] No cabe duda que el temor a los príncipes le hubiera abrumado de no haber sido porque otro temor de mucho más calibre y mayor rango lo dejó neutralizado

---

[5] AGUSTÍN DE HIPONA [354-430], que al igual que hace con 119:158-159, relaciona este versículo con las persecuciones y los mártires habidos en los primeros siglos de la era cristiana, lo comenta diciendo: «Bien sabemos de las terribles persecuciones que tuvo que soportar el cuerpo de Cristo, es decir, la Iglesia, por parte de los reyes y poderosos de la tierra … *"sin causa"*. Pues, ¿en qué habían perjudicado los cristianos a los reyes y poderosos de la tierra? ¿Acaso Cristo había ordenado a sus seguidores dejar de pagar tributos? ¿Acaso no había dicho: *"dad a César lo que es de César, y a Dios lo que es de Dios"* (Lucas 20:25)? ¿Acaso no pagó el mismo tributo sacándole de la boca de un pez (Mateo 17:24-27)? ¿Por ventura Juan, su fiel precursor, aconsejó a los soldados que le consultaron sobre qué debían hacer que desertaran; que abandonaran las armas y traicionaran a sus superiores? No, les respondió: *"No intimidéis a nadie, ni denunciéis en falso para sacar dinero, y contentaos con vuestra paga"* (Lucas 3:14). ¿Acaso su fiel apóstol no recomendó: *"Sométase toda persona a las autoridades superiores [...] pues quien se opone a la autoridad, a lo establecido por Dios resiste; y los que resisten, acarrean condenación para sí mismos"* (Romanos 13: 1-2); y mandó: *"hacer rogativas y oraciones por los reyes y por todos los que están en eminencia"* (1 Timoteo 2:1-2)? ¿En qué, pues, les ofendieron los cristianos a los reyes y poderosos de la tierra? ¿Qué deuda no pagaron? ¿En qué no obedecieron? Y sin embargo, les persiguieron *"sin causa"*, conminándoles con palabras de amenaza: con confiscar sus bienes, con el destierro, con tormentos de todas clases: garfios, fuego, descuartizados, devorados bestias salvajes. ¿Y que hicieron? ¿Se doblegaron ante tales amenazas? No, porque en su corazón habían atesorado otras: *"no temáis a los que matan el cuerpo, mas no pueden matar el alma; temed más bien a aquel que puede destruir alma y cuerpo en el infierno"*, y estas les infundían un mayor temor. (Mateo 10:28). Dijeron, por tanto, como el salmista: *"Príncipes me han perseguido sin causa, pero mi corazón tuvo temor de tus palabras"* (119:161)».

[6] 1 Samuel 13:14; Hechos 13:22.

[7] Asumiendo que el salmo fue escrito por David, algo que Spurgeon da por sentado, resulta evidente que se trata de una referencia a Saúl en primer lugar y a sus cortesanos (1 Samuel 24:1-22; 26:5-25). Otros expositores se inclinan por distintos autores y épocas: algunos sugieren la posibilidad del rey de Siria y su corte; y hay quienes ven en estas palabras una posible alusión a ciertos nobles israelitas que habiendo contemporizado con los conquistadores, adoptado su religión y nombrados jueces, obraban injustamente con sus propios hermanos. Los partidarios de esta última interpretación consideran el versículo como una indicación del carácter nacional del Salmo.

[8] FELIPE SCIO DE SAN MIGUEL [1738-1776] en una nota en su traducción de la Vulgata, indica que algunos manuscritos latinos traducen: *"Me resguardó el temor de tus palabras"*, y hace de ellas la siguiente reflexión: «El temor de Dios *"resguardó"* a David, es decir, le impidió que se vengase de Saúl, que injustamente le perseguía, aunque pudo hacerlo en dos ocasiones que el Señor lo puso en sus manos (1 Samuel 24:1-22; 26:1-26). Y ese mismo temor "ha resguardado" a muchos que injustamente han padecido defendiendo la verdad y la justicia, de vengarse cuando han tenido ocasión».

y reducido a la nada: su reverencia a la palabra de Dios. Cuán poco importan las coronas y los cetros en el criterio del hombre que en los mandatos de su Dios percibe una realeza mucho más majestuosa. Si la palabra de Dios domina nuestras mentes con poder absoluto, es poco probable que nos sintamos desalentados por la persecución o arrastrados por el pecado.[9]

C. H. SPURGEON

Príncipes me han perseguido sin causa. El mal se agrava al considerar que quienes utilizan su poder y fuerza para herirnos son las mismas personas que en realidad deberían ser escudos para defendernos. Sí, cuando los afligidos son golpeados por quienes ocupan puestos encumbrados, les da en cierto modo la sensación de que la mano de Dios se ha vuelto en contra de ellos. En el caso del profeta también se dio esta peculiaridad: tuvo que enfrentarse a los grandes y eminentes del pueblo elegido; hombres a quienes Dios mismo había colocado en tan honorables puestos para que fueran de algún modo pilares de la Iglesia.

JUAN CALVINO [1509-1564]

Sin causa. En base a mi experiencia tengo totalmente asumido que cuanto mayor es mi diligencia y fidelidad en servir a Cristo, mayores son los reproches y ultrajes que me cabe esperar. Últimamente he bebido en abundancia de la copa de la calumnia y el vilipendio, pero en modo alguno estoy desanimado; no, ni por eso ni aun por lo que es mucho más difícil de soportar: el fracaso en mis esfuerzos por mejorar este pobre mundo.

PHILIP DODDRIDGE [1702-1751]

"Memoirs of the life, character and writings of the late Reverend Philip Doddridge", 1766

Sin causa. Bien sabemos de las terribles persecuciones que ha tenido que soportar el Cuerpo de Cristo, es decir, la santa Iglesia, de parte de los reyes de la tierra. Y como ha tenido que hacer suyas las palabras del salmista: *"Príncipes me han perseguido sin causa, pero mi corazón tuvo temor de tus palabras"*. ¿En qué habían perjudicado los cristianos a los reinos de la tierra, cuando a lo único que aspiraban era al reino de los cielos que su Rey les había prometido? ¿En qué, repito, habían perjudicado a los reinos de la tierra? ¿Acaso el Rey de los cristianos había prohibido a sus súbditos cumplir con sus obligaciones y pagar a los reyes terrenos sus tributos? ¿Acaso no dijo, cuando los judíos trataron de tentarle sobre esta cuestión: *"Dad, pues, al César lo que es del César, y a Dios lo que es de Dios?"*.[10] ¿No pagó él también sus propios impuestos extrayéndolos de la boca del pez?[11] ¿Dijo acaso su precursor a los soldados que le preguntaron qué cosa debían hacer para conseguir la vida eterna: «Deshaceos de vuestros correajes, arrojad las armas, y desertad a vuestro rey para poneros bajo las órdenes de Dios»? No, les dijo: *"No intimidéis a nadie, ni denunciéis en falso para sacar dinero, y contentaos con vuestra paga"*.[12] ¿Acaso uno de sus lugartenientes, y ciertamente uno de sus más allegados y fieles soldados, no dijo a quienes estaban bajo su instrucción: *"Sométase toda persona a las autoridades superiores; porque no hay autoridad sino de parte de Dios, y las que hay, por Dios*

[9] Dice FRANZ DELITZSCH [1813-1890] comentando esta octava: «Aún en medio de una feroz persecución (119:161a); la Palabra de Dios sigue siendo la única razón de su temor (119:161b): su deleite (119:162), el objeto de su amor (119:163), y el fundamento de su esperanza (119:166)».

[10] Mateo 22:21.

[11] Mateo 17:24-27.

[12] Lucas 3:14.

han sido establecidas".[13] ¿Y no añade poco después: *"Pagad a todos lo que debéis: al que tributo, tributo; al que impuesto, impuesto; al que respeto, respeto; al que honor, honor. No debáis a nadie nada, sino el amaros unos a otros; porque el que ama al prójimo, ha cumplido la ley"?*[14] ¿Acaso no ordena él a la Iglesia que ore rogando incluso por los mismos reyes: *"Exhorto, pues, ante todo, a que se hagan rogativas, oraciones, peticiones y acciones de gracias, por todos los hombres; por los reyes y por todos los que están en eminencia, para que podamos vivir una vida tranquila y apacible con toda piedad y dignidad. Porque esto es bueno y agradable delante de Dios nuestro Salvador*?".[15] ¿En qué, pues, ofendieron los cristianos a los príncipes y grandes de la tierra? ¿Qué deuda dejaron de pagar? ¿En qué no les obedecieron? Por tanto, los príncipes persiguieron a los cristianos *"sin causa".*[16]

AGUSTÍN DE HIPONA [354-430]
"Enarrationes in Psalmos"

Pero mi corazón tuvo temor de tus palabras. Si anida todavía en vuestro corazón algún resquicio de temor, y sentís miedo a la ira de los hombres sanguinarios que os amenazan por causa de vuestra profesión de la verdad; contrarrestadlo inflamándolo con el amor a la verdad, esforzaos por llenar vuestro corazón con el temor a esa ira terrible que Dios tiene reservada para todos los que apostatan de la verdad. Si te quemas el dedo con una vela, pon la mano en la chimenea y pronto veras como el dolor insoportable de toda la mano te hace olvidar el dolor que sentías en el dedo, un mal mayor hace olvidar otro más pequeño.[17] Por tanto, cuando tus pensamientos ardan y tu corazón se asuste por temor al fuego de la ira humana, sumérgelo por un instante en el fuego del infierno que Dios tiene preparado para los temerosos[18] y todos aquellos que desertan los colores de la verdad,[19] y el temor a uno te hará olvidar el temor al otro. "Perdóname, oh emperador , –exclamo un santo– si no obedezco tu mandato; tu me amenazas con prisiones, Dios me amenaza con el fuego eterno". [20] Fijaos como reacciona David: *"Príncipes me han perseguido sin causa; pero mi corazón tuvo temor de tus palabras".* No tenía motivos para temerles porque no tenían motivos para perseguirlo. Una simple amenaza sacada de la Palabra infunde en su corazón el sentido y realidad de la ira de Dios, y ello le causa mayor desasosiego que lo peor que los grandes de la tierra pueden hacerle. La ira de los hombres, incluso en su punto álgido, por ardiente que sea, es agua templada frente a la ira del Dios vivo. Quienes han experimentado ambas han podido dar testimonio de ello. La ira del hombre es incapaz de privar a la criatura del acceso al amor de Dios, y ello hace que los santos canten en la hoguera para desespero de sus enemigos que rechinan los dientes. Pero bajo la ira de Dios, la criatura queda confinada a un horno en el que no hay grieta alguna por donde escape el calor ni penetre una brizna de aire le refresque.

WILLIAM GURNALL [1617-1679]
"Christian in complete armour, or, a treatise of the saints war against the Devil", 1655

[13] Romanos 13:1.
[14] Romanos 13:7-8.
[15] 1 Timoteo 2:1-2.
[16] Ver otra versión del comentario completo de Agustín en la nota 5.
[17] En el original: *"a greater fire draws out the other".*
[18] Apocalipsis 21:8.
[19] Hebreos 10:39.
[20] En latín en el original: *"Ignosee imperator, tu carcerem Deus gehennam minatur".* La cita es de AGUSTÍN DE HIPONA [354-430]; *Sermones;* Sermón 62, sobre los sacrificios ofrecidos a los ídolos (1 Corintios 8:10-12).

Pero mi corazón tiembla ante tus palabras. Hay un cierto temor reverencial a la Palabra que nos conduce a sentir, no miedo de ella, pero si desazón por no quebrantarla o hacer algo contrario a ella. Que no va ligado al miedo servil, sino al amor santo; que no teme a la Palabra, antes por el contrario se deleita en ella, sabiendo que nos revela la mente de Dios, según leemos en el versículo siguiente: *"Me regocijo en tu palabra"* (119:162). A este temor damos propiamente el nombre de reverencia o santo temor al considerar de quién es *"la Palabra"*, esto es: palabra del Señor; que es nuestro Dios y tiene el derecho de ordenar cuanto le plazca; a cuya palabra y voluntad hemos rendido ya obediencia esforzándonos en caminar dignamente en todo cuanto a él que agrada. Puede desvelar con facilidad todos nuestros defectos y conocer de lejos nuestros pensamientos,[21] puede tener expuestos delante de él todos nuestros caminos (119:168). Y siendo que leemos de él que: *"es Dios santo, y Dios celoso; no sufrirá vuestras rebeliones y vuestros pecados"*,[22] esto es, si persistimos en ellos de manera impenitente; tomando en cuenta todas estas cosas, recibimos su Palabra con ese temblor de corazón que Dios tanto valora.

THOMAS MANTON [1620-1677]
"One hundred and ninety sermons on the hundred and nineteenth Psalm", 1681

Mi corazón tiembla ante tus palabras. Os amonesto a todos cuantos acudís aquí para leer o escuchar este libro, que es la palabra de Dios, la joya más preciosa, la reliquia santa más antigua que hay sobre la tierra, que traigáis con vosotros el temor de Dios, y que lo hagáis con la debida reverencia, y uséis vuestro conocimiento de ella, no en vanagloria de disputas frívolas, sino para el honor de Dios, el incremento de la virtud, vuestra propia edificación y la de otros.

THOMAS CRANMER [1489-1555]
"Preface to the Great Bible", 1540[23]

Mi corazón tiembla ante tus palabras. Aquellos que tiemblan de verse redargüidos por la Palabra no hay duda que triunfarán y gozarán de sus consuelos.

MATTHEW HENRY [1662-1714]
"Commentary on the Whole Bible", 1811

Vers. 162. *Me regocijo en tu palabra como el que halla muchos despojos.* *[Me regocijo en tu palabra como el que halla un gran botín.* RVR*] [Me regocijo en tu palabra, como quien halla un gran botín.* LBLA*] [Me regocijo en tu palabra, como quien halla muchos despojos.* BTX*] [Yo me regocijo en tu promesa como quien halla un gran botín.* NVI*] [Me alegro tanto por tu promesa*

---

[21] Salmo 139:2.

[22] Josué 24:9.

[23] THOMAS CRANMER [1620-1677] fue arzobispo de Canterbury bajo el rey ENRIQUE VIII [1491-1597]. Convenció al Rey de que encargara una versión autorizada de la Biblia en inglés a Coverdale, quien en cumplimiento de su comisión presentó una revisión de la anterior *Matthew's Bible.* La nueva versión se publicó por primera vez en 1539, pero fue seguida rápidamente por una segunda edición algo revisada en 1540. Esta segunda edición tenía un prefacio de Thomas Cranmer, y al pie de la página del título aparecían las siguientes palabras: «Esta es la Biblia designada para el uso en las iglesias». Fue la primera Biblia en inglés autorizada oficialmente, conocida como *Cranmer's Bible,* "Biblia de Cranmer" en honor al nombre de su patrocinador, y también como *Great Bible,* "Gran Biblia" debido a voluminoso tamaño.

como quien halla un gran botín. BLP] *[Me alegro en tu palabra como alguien que descubre un gran tesoro.* NTV][24]

Me regocijo en tu palabra como el que halla un gran botín. Sin embargo, su temor no le privó de su alegría; porque no era de ese tipo de temor que el perfecto amor echa fuera,[25] sino del que lo alimenta: temor de Dios.[26] Tembló ante la Palabra del Señor, pero se regocijó de ello. Y hasta tal punto que compara su alegría con la de un conquistador que habiendo peleado una larga y dura batalla, ha logrado finalmente la victoria, y reparte su botín. La función de repartir el botín solía recaer en los príncipes; y aunque David durante la época en que fue perseguido no puede decirse que fuera uno de ellos, sí obtuvo sus propias victorias, y su botín igualó cuantas ganancias ellos pudieran obtener. Porque las ganancias conseguidas escudriñando las Escrituras excedieron a todos los despojos de la guerra. También a nosotros nos toca luchar por la verdad divina; y cada doctrina nos cuesta una batalla; pero cuando tras duras luchas personales logramos la victoria: una comprensión plena de esa doctrina, se nos hace doblemente preciosa. En los tiempos que vivimos, a las personas piadosas les corresponde una cuota doble de lucha por la palabra de Dios; sea pues nuestro botín una mayor seguridad en aquello en lo que hemos creído y un sentido mucho más firme del valor inestimable de la Palabra. También cabe la posibilidad de que el salmista se regocijara como aquel que encuentra un tesoro escondido por el que no ha peleado.[27] En este caso la analogía la encontramos en el creyente que mientras lee la Biblia, hace grandes y benditos descubrimientos sobre la gracia de Dios reservada para él;[28] y que lo sorprenden, porque no estaba buscando tal premio. Pero ya sea que hallemos en la Palabra la verdad de manera fortuita como buscadores; o la hagamos nuestra como guerreros que pelean por ella, el tesoro celestial debería sernos igualmente valioso y apreciado. ¡Con qué alegría tan profunda, aunque silenciosa, entra en su casa el labrador con el preciado oro hallado en sus tierras![29] ¡Que vítores tan sonoros dan los vencedores mientras comparten el botín por el que han peleado! Y cuán agradecido debe sentirse el creyente que habiendo descubierto en las promesas de las Sagradas Escrituras su porción, se regocija en ellas y las disfruta, sabiendo por el testimonio del Espíritu Santo que son plenamente suyas.

C. H. SPURGEON

Me regocijo en tu palabra como el que halla un gran botín. Jamás logró el salmista hacerse con una sola de las ordenanzas sino como un soldado con su botín, después de haber peleado por ella una dura batalla, esto es, después de haber mantenido una guerra sin cuartel con las corrupciones que

[24] La versión griega de los LXX o Septuaginta lee: ἀγαλλιάσομαι ἐγὼ ἐπὶ τὰ λόγιά σου ὡς ὁ εὑρίσκων σκῦλα πολλά que la Vulgata traduce al latín como: *"Laetabor ego super eloquia tua, sicut qui invenit spolia multa"*, "Me alegraré yo de tus palabras, como quien halla muchos despojos". La versión sefardí de Ferrara traduce: *"Alegranme yo fobre tu dicho, como fallan defpojo mucho"*. La caldea Peshitta: *"Me regocijé en tu palabra como el que halla abundante botín"*. KRAUS traduce: *"Me regocijo en tu palabra como quien logra un gran botín"*. SCHÖKEL: *"Yo me alegro de tu promesa, como el que encuentra rico botín"*.

[25] 1 Juan 4:18.

[26] Proverbios 1:7; 9:10; 15:33; Salmo 111:10; 112:1.

[27] Mateo 13:44. Ver también Proverbios 2:2-5; 16:16.

[28] Colosenses 1:5; 1 Pedro 1:10.

[29] Mateo 13:44.

peleaban contra su alma. Ahora acude para escuchar lo que Dios tenga que decirle, dispuesto también a obtener un botín de cada mandamiento, promesa o amenaza que escuche.

JOHN COTTON [1585-1652]

"The Way of Life Or God's Way and Course", 1641

Me regocijo en tu palabra como el que halla un gran botín. Eurípides,[30] –afirma el orador–[31] logra con sus magistrales tragedias transferir casi más sentimientos que expresiones. Tucídides[32] llena de tanta sustancia cada sílaba de su historia que forman una cadena indisoluble: una va en paralelo con la otra. Las obras de Lisias[33] están tan bien escritas que se hace imposible quitar una frase sin que se altere el sentido de todo del conjunto. Y Foción[34] tenía la facultad peculiar de decir en cuatro palabras lo que otros no consiguen en todo un discurso. En tiempos de Platón los cretenses eran poco habladores (aunque luego degeneraran en época de San Pablo),[35]; Timantes[36] era famoso porque en sus pinturas había más cosas sugeridas que plasmadas; y de Homero [37]se afirma que en la poesía no tenía rival.

¡Cuánto más apropiadas no resultan todas estas colosales y elocuentes alabanzas aplicadas al Libro de Dios, llamado con razón la *Biblia* o *Libro de los libros!* Pues tanto por lo bello y apropiado de sus términos, como por la plenitud de las verdades que contiene, en realidad es el único libro ante el cual cabe decir (como dijo Lutero)[38] que todos los demás libros del mundo palidecen y son papel malgastado. Se le da el nombre de *"la Palabra"*, por su eminencia, pues debe ser el objetivo y marcar el límite de todas nuestras palabras; y *"la Escritura"*, porque su contenido sobresale y enseñorea sobre todos los demás escritos por los hombres y recogidos en gruesos volúmenes. Pues como afirman los rabinos, cada una de sus *tildes*[39] encierra una montaña de significado, más que suficiente como para recolectar en sus páginas frases floridas inigualables con las que adornar todos nuestros discursos; y palabras cuyo sonido ejerce propiedades curativas muy por encima lo imaginable en la elocución humana.

THOMAS ADAMS [1583-1653]

---

[30] Se refiere a EURÍPIDES [485-406 a.C.], uno de los tres grandes poetas trágicos griegos de la antigüedad, junto con Esquilo y Sófocles.

[31] Se refiere a la obra *Orator* o "El Orador" de MARCO TULIO CICERON [160 a.C – 43 d.C], en la que describe su concepto del orador ideal y expone sus teorías sobre el arte de la comunicación de las ideas y conceptos así como sus normas y principios para una elocución perfecta. Cita numerosos ejemplos y dedica significativos elogios a los oradores y escritores que le precedieron.

[32] TUCÍDIDES [460 -396 a.C.], historiador y militar ateniense, nombrado estratega de la ciudad de Atenas. Es considerado el mejor historiador griego, por delante de Heródoto, y además un elocuente orador.

[33] LISIAS, orador ático del siglo V a.C. Exilado voluntariamente de Atenas, su ciudad natal, por oponerse al gobierno oligárquico, se ganó la vida dedicado a la enseñanza de la retórica y a escribir discursos por encargo; consagrado a la tarea política de la restauración de la democracia en Atenas y a la persecución de los tiranos mediante sus discursos.

[34] FOCIÓN [402- 318 a.C.] Estratega y estadista ateniense.

[35] Tito 1:5-14.

[36] TIMANTES, pintor griego del siglo IV ad C., Se centraba en la representación de las pasiones humanas, y sus obras más conocidas son *El sacrificio de Ifigenia* y *Ayax encolerizado.*

[37] HOMERO, nombre dado al más conocido de los poetas griegos antiguos, a quién se atribuyen La Ilíada y La Odisea. Entre los investigadores hay considerable debate sobre si Homero fue una persona real o bien el nombre dado a uno o más poetas orales que cantaban obras épicas tradicionales.

[38] Martin Luther Works, *Commentary on Genesis,* Cap. 19.

[39] Mateo 5:18.

Como el que halla un gran botín. Esta imagen tan gráfica y expresiva del *"botín"*, sirve para recordarnos el conflicto interior que ineludiblemente debemos enfrentar si queremos apropiarnos de los tesoros preciosos de la Palabra. Porque sus mandatos y preceptos son algo tan contrario a nuestros apetitos y temperamento natural, que tan solo la abnegación y la lucha sumadas a una predisposición del corazón pueden capacitarnos para conquistarlos. ¡Pero que *"gran botín"* repartimos cuando logramos salir victoriosos del conflicto! Cuán rica y abundante es la recompensa del *"buen soldado de Jesucristo"*,[40] determinado bajo el poder del Espíritu a *"sufrir penalidades"* hasta lograr superar las renuencias y rechazos de su corazón a este deber espiritual. Pero en cuanto lo logre se *"regocijará ... como quien halla muchos despojos"*. A veces -como el botín con el que los leprosos se enriquecieron en el campamento sirio-[41] surgen inesperadamente. Otras veces, aunque vislumbramos las riquezas y tesoros contenidos en un pasaje o doctrina, necesitamos de ardua meditación y estudio, y pasa mucho tiempo antes que podamos hacernos con ellos. Pero las más, nos involucramos en el conflicto con indolencia, cargados de cuestionamientos y divagaciones, bajo la debilidad de nuestras percepciones espirituales y el influjo de la incredulidad; entonces precisamos de muchas oraciones y suspiros en busca del auxilio divino antes de vernos coronados con la victoria, y que podamos finalmente, como fruto de nuestra conquista, apropiarnos con regocijo de los tesoros de la Palabra para aplicarla a nuestras necesidades y angustias presentes.

CHARLES BRIDGES [1794-1869]
"*Exposition of Psalm CXIX,
As illustrative of the character and exercises of the Christian experience*", 1827

Vers. 163. *La mentira aborrezco y abomino; tu ley amo.* *[La mentira aborrezco y abomino; amo tu ley.* RVR*] [Aborrezco y desprecio la mentira, pero amo tu ley.* LBLA*] [Aborrezco y abomino la mentira; amo tu ley.* BTX*] [Aborrezco y repudio la falsedad, pero amo tu ley.* NVI*] [Odio y detesto la mentira, estoy enamorado de tu ley.* BLP*] [Odio y detesto toda falsedad, pero amo tus enseñanzas.* NTV*]*[42]

La mentira aborrezco y abomino. Para describir su repugnancia inexpresable a la mentira, el salmista echa mano de dos expresiones verbales peculiarmente fuertes.[43] Para él la falsedad en cualquiera de sus tipos y formas: ya fuera en el hablar, en el proceder, o en práctica religiosa, se había convertido en algo absolutamente detestable. Y esto era algo insólito para un oriental, cuya cultura hace de la mentira un deporte, y lo único a recriminar que concibe en todo el proceso de la mentira es la falta de sagacidad para descubrir al mentiroso. Y las actitudes en este sentido del propio David demuestran que cuando escribió este versículo había progresado mucho.[44] Sin embargo, esta afirmación va mucho más allá de la mera falsedad en la conducta; apunta a la falsedad perversa en el ejercicio de la fe y

[40] 2 Timoteo 2:3.

[41] 2 Reyes 7:3-8.

[42] La versión griega de los LXX o Septuaginta lee: ἀδικίαν ἐμίσησα καὶ ἐβδελυξάμην, τὸν δὲ νόμον σου ἠγάπησα que la Vulgata traduce al latín como: *"Iniquitatem odio habui, et abominatus sum, legem autem tuam dilexi"*, "La iniquidad he aborrecido, y abominado, y he amado tu ley". La versión sefardí de Ferrara traduce: *"Falfedad abozrefci y abominee, tu ley amee"*. La caldea Peshitta: *"Aborrecí y rechacé la iniquidad, pero me he deleitado en tu ley"*. KRAUS traduce: *"Odio y aborrezco la mentira, amo tus instrucciones"*. SCHÖKEL: *"Detesto y aborrezco la mentira, amo tu voluntad."*.

[43] En hebreo שָׂנֵאתִי *nêṯî* de שָׂנֵא *sane,* odiar; y וַאֲתַעֵבָה *wa'ăṯa'êḇāh* de תָּעַב *taab,* aborrecer.

[44] [1] Insta y permite que Mical engañe a su padre Saúl para él poder escapar (1 Samuel 19:17). [2] Engaña al sacerdote Ahimelec en Nob (1 Samuel 21:1-2). [3] Engaña a Aquis, rey de Gat, fingiéndose loco (1

la enseñanza de la ley. Ante todo, califica como mentira cualquier oposición al Dios de verdad, para expresar a continuación contra ella todo el furor de su alma por medio de la más intensa indignación. Los creyentes deben detestar toda forma de doctrina falsa tanto como aborrecen la mentira.

Amo tu ley. Porque toda ella es verdad. Su amor a la Palabra era tan ardiente como su odio a la mentira. Los creyentes verdaderos aman la verdad y odian la mentira. Es conveniente que tengamos claro en qué dirección corren nuestros odios y amores y que objetivos persiguen, pues dejándoselo claro a los demás podemos hacerles un gran servicio, Tanto el odio como el amor son contagiosos, por tanto, cuando se trata de un odio y un amor santificados, cuanto mayor sea su influencia tanto mejor.

C. H. SPURGEON

La mentira aborrezco y abomino; amo tu ley. Vemos aquí cómo en el alma de David la luz iba en aumento haciendo el día cada vez más claro y perfecto. En la primera parte de este salmo, recordando su pecado, clama implorando: *"Aparta de mí el camino de la mentira"* (119:29); y sin duda el Señor respondió a su oración, en tanto que ahora declara claramente su rechazo y aborrecimiento a todo camino falso: *"La mentira aborrezco y abomino"*. Y vemos también, en cierta medida, el instrumento por el cual el Espíritu Santo operó ese cambio:

Amo tu ley. Sí, como añade en un versículo posterior: *"la amo sobremanera"* (119:167). Y así debe ser; pues para llenar el vacío que el pecado deja en él, el corazón precisa contar con algún objeto más santo en el que depositar sus afectos, o de lo contrario no habrá seguridad de que no recaiga en el pecado. Podría hablaros indefinidamente sobre el pecado, la vergüenza y el peligro de mentir; y aunque mis palabras ejercieran por un tiempo una cierta influencia positiva, con todo, a menos que vuestro corazón esté lleno de amor a Dios y a la ley de Dios, sucumbiría a la primera tentación. La Biblia nos enseña esto en una variedad de maneras. Dios le dice a Israel no solo: *"dejad de obrar el mal"* sino *"aprended a hacer el bien"*.[45] Y todavía más claramente el apóstol, dirigiéndose a los creyentes de Éfeso, les dice: *"Y no os embriaguéis con vino, en lo cual hay libertinaje; antes bien, sed llenos del Espíritu"*.

BARTON BOUCHIER [1794-1865]
"Manna in the heart or daily comments on the book of Psalms", 1855

Aborrezco y abomino la mentira; amo tu ley. "Mentir", según el uso que se le da al verbo en las Escrituras, significa no solo decir lo contrario de lo que uno piensa, sino también pensar en contra de la verdad, y particularmente dar a cualquier otro la adoración y la gloria que solo corresponden al Dios único y verdadero. Mentir es pensar y proceder al margen de la verdad de Dios. Los que persiguieron al salmista buscaban su prosperidad y poder terrenal por medios ilícitos: calumniaron al siervo de Dios con falsedades, y pervirtieron su propia concepción de Dios. Es contemplando tal proceder en sus adversarios, viendo su maldad y vileza que exclama: *"Aborrezco y abomino la mentira; amo tu ley"*. Saturado por comportamientos falsos y perversos de otros hombres; desconfiando de la justicia en tribunales humanos corruptos; asediado por los placeres pecaminosos y espejismos ilusorios que ofrece el mundo, y rodeado de idolatría ostentosa de las naciones paganas; ¿qué hace? Se entrega a la contemplación de Jehová, deleitándose en el maravilloso ritual que manifestaba la misericordia divina mediante sacrificios vicarios, observancias y festivales; depositando todo el amor de su corazón en la

---

Samuel 21:10-15). [4] Engaña de nuevo a Aquis respecto a sus incursiones bélicas (1 Samuel 27:8-12). [5] Miente y trata de engañar al fiel Urías con agravante de homicidio (2 Samuel 11:6-25).

[45] Isaías 1:16-17.

santa ley dada a los hombres como regla de conducta; y prestando una obediencia agradecida a todo aquello que entendía como manifestaciones de la gracia de Dios.

JOHN STEPHEN [1800-1881]
"The Utterances of the CXIX Psalm; Expounded in a Series of Lectures", 1861

Aborrezco y abomino la mentira. No simplemente la *"aborrezco"*, y no tan solo la *"abomino"*, sino que suma ambas cosas, la *"aborrezco y abomino"*, para así potenciar el sentido y hacerlo más vehemente. Donde no hay una enemistad profunda hacia el pecado, caben pactos y componendas; pero David no estaba por esa labor porque exclama enfáticamente: *"Aborrezco y abomino"*, es decir, la odio a muerte. Pues un odio atenuado o superficial al pecado no es barrera suficiente para protegernos él.

THOMAS MANTON [1620-1677]
"One hundred and ninety sermons on the hundred and nineteenth Psalm", 1681

Aborrezco y abomino la mentira. La palabra pecado, (en inglés *"sin")* tiene al parecer su origen en el término hebreo שָׂנֵא *sane,* "odio", que es el que utiliza aquí el salmista. Debemos odiar la mentira como el peor de los males, puesto que nos aleja de Dios que es el bien supremo. Pero nadie puede odiar de veras la mentira fuera de aquellos que aman la ley de Dios; porque todo odio tiene su origen y contrapartida en un amor. El hombre natural puede llegar a sentir repulsión hacia un pecado en particular, pero no lo odia, eso no puede; puede incluso abandonarlo, pero no detestarlo. Puesto que si lo odiara, no odiaría un pecado el particular, sino al "pecado" en general, sin excepciones.

ABRAHAM WRIGHT [1611-1690]
"A Practical Commentary or Exposition upon the Book of Psalms", 1661

Aborrezco y abomino la mentira. Toda injusticia es abominable. Cualquier cosa con la que perjudiquemos voluntariamente a nuestros semejantes es un delito atroz. Pero el mentir supera a todos los demás, porque perturba la convivencia entre los seres humanos y por tanto tiende a la destrucción de la sociedad. En consecuencia, Dios aborrece la mentira más que cualquier otra cosa, dando con ello a los hombres motivo para detestarla de una manera especial.

Y de entre los mentirosos, el más aborrecible es el difamador: Dice el sabio: *"El testigo perverso se burla de la justicia, y la boca de los impíos encubre la iniquidad".*[46] De hecho, el difamador es culpable de todos los delitos imaginables, ya que con sus mentiras quebranta por entero toda la segunda tabla de mandamientos de la ley divina, que tratan de la relación con nuestro prójimo. Además de levantar claramente contra su prójimo falso testimonio, codicia sus bienes, porque si miente es para sacar provecho: desposeer a su prójimo de algo y apropiárselo él; es ladrón porque roba de su prójimo el buen nombre; es un adúltero, un violador de su reputación, y un asesino de su honor. En otras palabras: quebranta todas las reglas de la justicia y comete toda clase de delitos contra su prójimo.

ISAAC BARROW [1630-1677]
"Sermons on various subjects", 1823

Vers. 164. *Siete veces al día te alabo a causa de tus justos juicios.* *[Siete veces al día te alabo por tus justos juicios.* RVR*] [Siete veces al día te alabo, a causa de tus justas ordenanzas.* LBLA*] [Siete veces al día te alabo, a causa de tus justos juicios.* BTX*] [Siete veces al día te alabo por tus*

[46] Proverbios 19:28.

rectos juicios. NVI*] [Siete veces al día te alabo por tus justas decisiones.* BLP*] [Te alabaré siete veces al día porque todas tus ordenanzas son justas.* NTV*]*[47]

Siete veces al día[48] *te alabo por tus justos juicios.* Se ocupo de alabar a su Dios perfecto de una manera perfecta, con el número perfecto de cánticos. Aunque en este caso el *"siete"* pueden tener también un sentido de periodicidad, es decir, que levantaba con mucha frecuencia su corazón a Dios en acción de gracias por sus divinas enseñanzas en la Palabra y sus acciones maravillosas en la providencia. Empleaba su voz para ensalzar la justicia del Juez de toda la tierra. Cada vez que venían a su mente los caminos de Dios, en sus labios irrumpía un cántico. Ante el escenario de los príncipes que lo perseguían, y escuchando el cúmulo de falsedades que lo rodeaba, experimentó con mayor intensidad el impulso de adorar y magnificar a Dios, que es verdad y justicia en todas las cosas. Cuando otros se hacen indignos de nuestra alabanza, debe servirnos de advertencia para evitar caer en su misma conducta respecto a nuestro Dios, que es digno de todo honor y toda alabanza. Si alabamos a Dios mientras somos perseguidos, nuestra constancia en medio del sufrimiento hará que nuestra música le sea todavía más dulce y agradable. Y si nos mantenemos al margen de toda mentira, nuestro cántico será aún más aceptable, porque sale de labios puros. Si adoptamos la sana costumbre de no halagar a los hombres, estaremos en mejores condiciones para honrar al Señor. David alababa al Señor siete veces al día. ¿Y nosotros? ¿Alabamos a Dios siete veces al día? ¿O lo alabamos una vez cada siete días?

C. H. SPURGEON

---

[47] La versión griega de los LXX o Septuaginta lee: ἑπτάκις τῆς ἡμέρας ᾔνεσά σοι ἐπὶ τὰ κρίματα τῆς δικαιοσύνης σου que la Vulgata traduce al latín como: *"Septies in die laudem dixi tibi, super judicia justitiae tuae"*, "Siete veces al día te he dicho alabanza, por los juicios de tu justicia". La versión sefardí de Ferrara traduce: *"Siete vezes en dia te loee, fobree juizios de tu juftedad"*. La caldea Peshitta: *"Siete veces al día te he alabado por tus justos juicios"*. KRAUS traduce: *"Siete veces al día te alabo por tus justos juicios"*. SCHÖKEL: *"Siete veces al día te alabo por tus justos mandamientos"*.

[48] En hebreo שֶׁבַע בַּיּוֹם *šeḇa' bayyōwm*. Recordemos que el número siete era considerado por los judíos como el número de la perfección (para los griegos era en tres); y el concepto "siete veces" asociado a muchas cosas, entre ellas rituales litúrgicos, deberes, castigos y recompensas (Génesis 4:15, 24; 33:3; Levítico 4:6, 17; 8:11; 14:7, 16, 27, 51; 16:14, 19; 25:8; 26:18; 21, 24, 18; Números 19:14; Jueces 6:15; 1 Reyes 18:43; 2 Reyes 4:35; 5:10, 14; Salmo 12:6; 119:164; Proverbios 6:31; Isaías 30:26; Daniel 3:19; Zacarías 3:9; Apocalipsis 1:4; 3:1; 4:5; 5:6). Dicen al respecto:

– JOHANN PETER LANGE [1802-1884] «Esta expresión no puede entenderse como una mera referencia aritmética, encierra un evidente simbolismo. Expresa la idea de una serie de ejercicios devocionales repetitivos que involucran y condicionan con su influencia sagrada todas las actividades del día. En el Salmo 55 encontramos una referencia similar cuando nos dice: *"Tarde y mañana y a mediodía oraré y clamaré, y él oirá mi voz"* (Salmo 55:17), aunque en este caso por la conjunción de los términos hebreos: אָשִׂיחָה וְאֶהֱמֶה *'āśîḥāh wə'ehĕmeh, "oraré y clamare gritando"*, da más la impresión de que se tratara de oraciones espontáneas elevándose muy por encima del espíritu superficial y rutinario que por regla general suele impregnar las devociones rutinarias de mañana y noche».

– Y AGUSTÍN DE HIPONA [354-430]: «*"Siete veces al día"* quiere decir de continuo, porque el número siete simboliza la continuidad. Por eso Dios añadió a los seis días de la creación el séptimo de descanso (Génesis 2:1-3) cerrando de ese modo el ciclo de la creación y abriendo el ciclo continuo de todas las cosas … ¿Qué significa, por tanto, este: *"siete veces al día te alabo"* sino "nunca ceso de alabarte" o "te alabo continuadamente"? ¿Qué significa sino lo mismo que dice en otro salmo: *"Bendeciré a Jehová en todo tiempo; su alabanza estará de continuo en mi boca"* (Salmo 34:1)?».

Siete veces al día te alabo. Mantener los impulsos del alma en secreto por largo tiempo, no es viable; pues cuando son intensos se desbordan y se transforman inevitablemente en acción. En el corazón humano el amor de Dios es cual un fuego que irrumpe, manifestándose a través de obediencia a sus mandamientos y en alabanzas por sus muchos beneficios. Esto es a lo que se refiere David, a que el amor de Dios no estaba ocioso en su interior, antes por el contrario le impulsaba a alabar a Dios con tal fervor y enardecimiento, que lo hacía *"siete veces al día"*. Utiliza este número peculiar únicamente como indicativo de su dedicación y fervor en esta práctica santa; pues no cabe imaginar, como bien observa Basilio,[49] que ninguna cifra concreta y limitada de alabanza pudiera alcanzar a satisfacerle.

WILLIAM COWPER [1566-1619]
"A holy alphabet for Sion's scholars full of spiritual instructions, and heavenly consolations [...] delivered by way of commentary upon the whole 119 Psalme", 1613

Siete veces al día te alabo. «Los dones de la gracia –afirma Sibbes–[50] se potencian ejercitándolos; y la oración no es una excepción: orando aprendemos a orar», algo evidente en el caso del Salmista. Acaba de decirnos que para mejor ejercitarse en la oración se anticipaba a la aurora (114:147); que se avanzaba a las vigilias de la noche para derramar su alma ante Dios (119:148); y ahora añade que lo hacía *"siete veces al día"*. Dicho en otras palabras, que no perdía una sola oportunidad, que aprovechaba todas las ocasiones una tras otra, cualquier instante, para deleitarse en la alabanza. ¡Oh, cuán diferentes serían las cosas en nuestro mundo si tuviéramos ese mismo espíritu de adoración y practicáramos la súplica y la alabanza en la misma manera como lo hacía David!

BARTON BOUCHIER [1794–1865]
"Manna in the heart or daily comments on the book of Psalms", 1855

Siete veces al día te alabo. Todo cristiano debe entregarse al cumplimiento del sagrado deber de la alabanza plena y prioritariamente, sin limitación alguna.

WALTER MARSHALL [1628-1690]
"The Gospel Mystery of Santificacion", 1692

Siete veces al día te alabo. No ajustándose a una liturgia establecida de horas y oraciones prefijadas a lo largo del día, como hacen algunos con sus siete horas canónicas.[51] Utiliza un número

[49] Se refiere a BASILIO DE CESAREA más conocido como SAN BASILIO MAGNO [329-379], obispo de Cesarea de Capadocia y uno de los más importantes y reconocidos Padres de la Iglesia Griega. Brillante orador y eminente teólogo, combatió el arrianismo. Entre su importante obra escrita, destacan, además de sus numerosas cartas (se conservan unas 365) y textos litúrgicos, su *Hexámeron* (sobre Dios Creador), su *Tratado sobre el Espíritu Santo* y sus libros apologéticos contra el arriano Eunomio.

[50] Se refiere a RICHARD SIBBES [1577-1635] erudito teólogo y exégeta anglicano y uno de los más representativos exponentes, juntamente con WILLIAM PERKINS [1558-1602] y JOHN PRESTON [1587-1628] del ala del puritanismo dentro de la Iglesia de Inglaterra. La cita procede de un sermón titulado *Bruised Reed and Smoaking Flax,* "La caña cascada y el pábilo que humea" basado en Mateo 12:20.

[51] Se refiere a la "Liturgia de las Horas" (del latín *liturgia horarum)* u "Oficio Divino" es seguida por la Iglesia Católica Romana, las Iglesias Ortodoxas, la Iglesia Anglicana y las Iglesias Luteranas. Se trata de un conjunto de oraciones articuladas en torno a las horas del día: *Maitines,* a medianoche (cerca de las 00:00h); *Laudes,* al amanecer (sobre las 3:00); *Prima,* la primera hora después de salir el sol (aproximadamente a las 6:00); *Tercia,* la tercera hora después de salir el sol (sobre las 9:00); *Sexta,* a mediodía (a las 12:00); *Nona,* después de comer (sobre las 15:00); *Vísperas,* tras la puesta de sol (sobre las 18:00); *Completas,* antes del descanso nocturno (hacia las 21:00). En la Iglesia Católica se sigue observando a día

en concreto: "el siete", de un modo genérico para indicar que a lo largo del día alababa a Dios con notable frecuencia. Nada más. Su corazón piadoso aprovechaba cualquier circunstancia, la más mínima insinuación de la providencia, para proyectarse hacia el cielo en cumplimiento de este mandado sagrado de oración y alabanza.

WILLIAM GURNALL [1617-1679]
"Christian in complete armour, or, a treatise of the saints war against the Devil", 1655

Siete veces al día te alabo. Algunos rabinos afirman que estas palabras de David deben entenderse en sentido literal, asumiendo que David cumplía con la observancia habitual entre los judíos piadosos de alabar a Dios tres veces por la mañana: dos antes de leer los diez mandamientos, y una vez después; y cuatro veces por la noche: dos antes de leer una porción inspiradora, y dos veces después; lo que hace un total de siete veces al día.

JAMES ANDERSON [1804-1863]
en una nota editorial en su traducción al inglés del
"Comentario a los Salmos" de JUAN CALVINO [1509-1564

Vers. 165. *Mucha paz tienen los que aman tu ley, y no hay para ellos tropiezo.* *[Mucha paz tienen los que aman tu ley, y no hay para ellos tropiezo.* RVR*] [Mucha paz tienen los que aman tu ley, y nada los hace tropezar.* LBLA*] [Mucha paz tienen los que aman tu ley, y no hay para ellos piedra de tropiezo.* BTX*] [Los que aman tu ley disfrutan de gran bienestar, y nada los hace tropezar.* NVI*] [Gozan de paz quienes aman tu ley, no encuentran obstáculo alguno.* BLP*] [Los que aman tus enseñanzas tienen mucha paz y no tropiezan.* NTV*]*[52]

Mucha paz tienen los que aman tu ley. ¡Qué versículo tan encantador! No habla de los que guardan perfectamente la ley, pues ¿dónde están si es que alguno hay? Sino de los que la aman, de aquellos cuyos corazones y manos están sintonizados con sus preceptos y exigencias. De aquellos que están continuamente esforzándose, con todo su corazón, para andar en obediencia a la ley; y que a pesar de que con frecuencia son perseguidos, sienten paz, sí, una gran paz; porque han aprendido el secreto de la sangre reconciliadora,[53] han sentido el poder del Espíritu consolador,[54] y se presentan ante el Padre como aceptos en el Amado.[55] El Señor les ha hecho manifiesta su paz que sobrepuja todo entendimiento.[56] Pasan por muchas tribulaciones y es probable que sufran persecución por parte de los soberbios;

---

de hoy, especialmente por las comunidades monásticas. La Iglesia Anglicana la recoge en *"Daily Prayer of Common Worship"* y en *"The Book of Common Prayer"*.

[52] La versión griega de los LXX o Septuaginta lee: εἰρήνη πολλὴ τοῖς ἀγαπῶσιν τὸν νόμον σου, καὶ οὐκ ἔστιν αὐτοῖς σκάνδαλον que la Vulgata traduce al latín como: *"Pax multa diligentibus legem tuam, et non est illis scandalum"*, "Mucha paz para los que aman tu ley; y no hay para ellos tropiezo". La versión sefardí de Ferrara traduce: *"Paz mucha a amantes tu ley, y no a ellos eftrompieço"*. La caldea Peshitta: *"Mucha paz tienen los que aman tu ley, y no padecerán enfermedad"*. KRAUS traduce: *"Mucha paz tienen los que aman tus instrucciones, ninguna desgracia los alcanza"*. SCHÖKEL: *"Mucha paz tienen los que aman tu ley, nada los hace tropezar"*.

[53] Romanos 5:9-10.

[54] Juan 14:26; 15:26.

[55] Efesios 1:6.

[56] Filipenses 4:7.

pero su estado habitual es de una calma profunda, de una paz demasiado grande para que este mundo tan pequeño la rompa.[57]

Y nada les causará afrenta.[58] Realmente *"a los que aman a Dios, todas las cosas les ayudan a bien, esto es, a los que conforme a su propósito son llamados"*.[59] Las afrentas llegarán, de ello no cabe la menor duda, pero los que aman la ley son pacificadores,[60] y por tanto, no se dan por ofendidos. Esa paz que parte de la conformidad con la voluntad de Dios es una paz viva y duradera, y merece la pena escribir de ella con entusiasmo, como hace aquí el salmista.[61]

C. H. SPURGEON

Mucha paz tienen los que aman tu ley. En el pecho de aquellos que no tan solo cumplen la voluntad de Dios, sino que la cumplen con amor, hay una calma perfecta incluso en medio de las mayores tormentas y tempestades del mundo. Están en paz con Dios por la sangre de la reconciliación; están en paz consigo mismos gracias a una conciencia limpia y el sometimiento de los deseos que inquietan el alma; y están en paz con todos los demás hombres porque desarrollan y aplican el espíritu del amor; y como consecuencia, la creación entera está en paz con ellos, hasta el punto que todas las cosas obran conjuntamente para su bien.[62] No hay tribulaciones externas que puedan arrebatarles esta paz abundante;[63] no hay *"afrenta"* capaz de desviarlos de su curso; ni *"tropiezo"* colocado en su camino por la malicia de sus enemigos, bien sea de persecución o tentación, que logre derribarles. Ni la apostasía de sus amigos, ni nada que puedan ver, escuchar o sentir, basta para detenerlos o desviarlos. El amor celestial que fluye a raudales y rebosa en su interior, sobrepuja todo obstáculo,permitiéndoles andar por el camino de los mandamientos de Dios con absoluto deleite.

GEORGE HORNE [1730-1792]
"A Commentary on the Psalms in which Their Literal Or Historical Sense, as They Relate to King David, is Illustrated", 1825

---

[57] Dice WILLIAM SWAN PLUMER [1802-1880]: «El cristianismo sería un fraude y un estrepitoso fracaso si no fuera capaz de aportar a los que lo abrazan una paz sólida y duradera. Las tempestades que aúllan sobre la tierra; las inquietudes que desconciertan la mente humana; la temporalidad y consecuente inseguridad de todas las cosas terrenales, son fuerzas perturbadoras de tal magnitud, que si la fe no lograra mitigarlas y traer paz a la mente y sosiego al corazón, su origen divino quedaría en entredicho. Es precisamente debido a su rechazo y aversión a esta paz que proporciona la fe, que *"no hay paz para los malvados"* (Isaías 48:22; 57:21; Romanos 3:17)».

[58] Usamos la traducción literal de la versión inglesa KJV: *"And nothing shall offend them"*, a lo que Spurgeon añade: *"or, "shall really injure them"*, nada les causará daño.

[59] Romanos 8:28.

[60] Mateo 5:9.

[61] Dice WILLIAM SWAN PLUMER [1802-1880]: «La paz de que disfrutan los creyentes es *"mucha"*, porque abarca múltiples aspectos. Es ante todo una *paz triple*: paz con Dios, paz con sus semejantes, y paz con sus propias conciencias. Y es una *paz suficiente* y *poderosa:* capaz de mantenerlos en calma incluso en mitad de las peores turbulencias y de los escenarios más horribles que se vean en la necesidad de afrontar. Porque es *"paz de Dios, que sobrepasa a todo entendimiento"* (Filipenses 4:7). Esa es la paz que tienen todos los santos».

[62] Romanos 8:28.

[63] Salmo 37:11.

Mucha paz tienen los que aman tu ley. No han faltado Elís que temblaran por causa del arca de Dios;[64] ni Uzás que extendieran sus manos por miedo a que pudiera caer;[65] pero incluso en medio de las más feroces tribulaciones que han asolado la Iglesia, y las tormentas más horrendas que se han desatado contra ella, siempre han habido hombres de Dios fieles y genuinos que nunca se han desanimado. En todas las épocas ha habido Luteros[66] y Latimers,[67] que no solo han mantenido viva su confianza, sino que con el rugir de las olas han profundizado en su paz. Que cuanto más abandonados fueron por los hombres, más íntima y profunda fue su comunión con Dios. Y aferrados a él y a sus promesas, sus corazones lograron permanecer al abrigo del Altísimo,[68] y en consecuencia, por mucho que a su alrededor sonaran todas las alarma, que todo se agitara y tronaran las amenazas, se mantuvieron siempre en una paz perfecta.

JAMES MARTIN [1831-1877]
"The Christian Mirror, and other Sermons", 1878

Mucha paz tienen los que aman tu ley. Una conciencia integra y limpia es el entorno ideal para los pensamientos consoladores. Una buena conciencia no es la razón de la paz que disfruta el creyente, pero sí el elemento que la mantiene y preserva. El gozo en el Espíritu Santo tan solo anida en el alma santificada, y aunque la sangre de Cristo nos trae una paz completa: *"Justificados, pues, por la fe, tenemos paz para con Dios por medio de nuestro Señor Jesucristo"*,[69] una buena conciencia nos ayuda a preservarla y disfrutarla. No es una conducta correcta lo que limpia una conciencia de pecado, pero sí permite que una conciencia que ha sido declarada limpia conserve su paz; de la misma manera que un zapato hecho a medida no cura un pie plagado de llagas, pero evita que se hagan llagas en un pie sano. Andar en los caminos de Dios de acuerdo a las normas del Evangelio aporta al creyente paz, esa paz peculiar en la que el creyente se goza y regocija cual en un verdadero tesoro a título personal: *"A todos los que anden conforme a esta regla, paz y misericordia sea a ellos, ... así que, cada uno someta a prueba su propia obra, y entonces tendrá motivo de gloriarse solo respecto de sí mismo, y no en otro"*.[70] El corazón del creyente que disfruta de una buena conciencia, entona una melodía tan alegre, que ni las amenazas ni las afrentas del mundo son capaces de silenciarla. La buena conciencia es un tesoro de consuelo que no se consume en la aflicción; ni aún la muerte misma lo agota, antes por el contrario, lo incrementa abocándolo a su triunfo eterno. ¡Que cosa tan excelente es una buena conciencia y cuanta falta nos hace! Pablo hace de ella un tónico consolador y reconfortante para el lecho de muerte: *"Porque nuestra gloria es esta: el testimonio de nuestra conciencia, que con sencillez y sinceridad de Dios, no con sabiduría carnal, sino con la gracia de Dios, nos hemos conducido en el mundo, y mucho más ante vosotros"*.[71] Y Ezequías se atreve a utilizarla como alegato ante Dios y para consolarse con ella ante su muerte próxima: *"Te ruego, oh Jehová, te ruego que hagas memoria de que he andado delante de ti en verdad y con íntegro corazón, y que he hecho las cosas que te agradan"*.[72] La certeza de haber andado en integridad es el mejor soporte en materia de tranquilidad:

[64] 1 Samuel 4:13.
[65] 2 Samuel 6:6.
[66] Se refiere al reformador MARTÍN LUTERO [1483-1546].
[67] Se refiere a HUGH LATIMER [1490-1555] arzobispo de Worcester y capellán de Enrique viii. Fue quemado vivo en la hoguera acusado de hereje el 16 de Octubre de 1555, por orden expresa de MARÍA TUDOR [1516-1558].
[68] Salmo 91:1.
[69] Romanos 5:1.
[70] Gálatas 6:16; 6:4.
[71] 2 Corintios 1:12.
[72] 2 Reyes 20:3.

"el justo está confiado como un león",[73] esta confiado porque tiene paz interior, y tiene paz porque ama los mandamientos de Dios y los guarda. El apóstol exclama: *"Amados, si nuestro corazón no nos reprocha algo, tenemos confianza ante Dios"*,[74] a lo que yo me atrevo a agregar: «y también ante los hombres». ¡Oh, qué consuelo y solaz tan grande proporciona una conciencia limpia! Un hombre de buena conciencia dispone en su interior del argumento clave para neutralizar todas las acusaciones procedentes del exterior; cuenta con un tesoro tan abundante que jamás se quedará corto aún en las mayores dificultades y peligros. Concluiré, por tanto, con una frase memorable de San Bernardo:[75] «Una buena conciencia es un paraíso para el alma, gozo de los ángeles, jardín de delicias, campo de bendición, templo de Salomón, atrio de Dios, habitación del Espíritu Santo».

Oliver Heywood [1629-1702]

"Heart Treasure, or, The Furniture of the Soul", 1666

Mucha paz. El sentido de la expresión hebrea que utiliza el salmista para decir *" mucha paz"*: שָׁלוֹם *šālōwm* de שָׁלוֹם *shalom* es particularmente amplio y va mucho más allá de lo que nosotros entendemos por "paz". Significa también perfección, plenitud, prosperidad, tranquilidad, salud, seguridad; es decir: el cumplimiento y culminación de todo lo bueno. Y es en este sentido que lo utilizan con frecuencia los hebreos cuando se saludan deseándose mutuamente שָׁלוֹם לָךְ *shālôm lekha,* es decir, "la paz sea contigo" o שלום עליכם *shālôm 'alêḵem,* la paz sea con vosotros; y que equivale a decir: "que todo cuanto hagas te prospere y te salga bien".

Thomas Le Blanc [1599-1669]

"Psalmorum Davidicorum Analysis' in qua aperte cernitur singulis in Psalmis ordinem esse admirabilem:adjungitur commentarius amplissimus", 1645

Los que aman tu ley. Amar la ley suena muy extraño; pero es lo único que da sentido a la vida verdadera en Dios. Respetarla porque tememos sus castigos no es más que una expresión de temor o prudencia. Respetarla para preservar la reputación ante los demás no es más que ansias de credibilidad. Respetarla porque es bueno para la sociedad no deja de ocultar un egoísmo personal mundano. Respetarla para mantener la salud física es el proceder de la filosofía epicúrea.[76] Pero respetarla porque la amamos, es mostrar que se ha convertido en parte esencial de nosotros mismos, que ha pasado

---

[73] Proverbios 28:1.

[74] 1 Juan 3:21.

[75] Se refiere a Bernardo de Claraval [1091-1153], doctor de la Iglesia, abad del monasterio de Claraval y reformador monástico francés, impuso el estilo que pronto se extendería a toda la Orden del Císter: disciplina, austeridad, oración y simplicidad. Tales ideales lo enfrentaron con Pedro el Venerable [1092-1156], abad de Cluny, pues suponían un ataque directo contra la riqueza de los monasterios, la pompa de la liturgia y el lujo de las iglesias cluniacienses. Luchó contra las incipientes tendencias laicistas de su tiempo, haciendo condenar el racionalismo de Pedro Abelardo, quien mantenía que se debían buscar los fundamentos de la fe con similitudes basadas en la razón humana. Creía en la revelación verbal del texto bíblico, y se declaró fiel discípulo de san Ambrosio y de san Agustín, a quienes llamó "las dos columnas de la Iglesia". Rebatió también las propuestas de Arnaldo de Brescia [1090-1155], y dejó tras su muerte numerosos escritos.

[76] El epicureísmo era un sistema filosófico que propugnaba la búsqueda de la felicidad combinando placeres y dolores. Su doctrina fue desarrollada por el filósofo ateniense Epicuro de Samos [341-270 a.C.] y seguida después por otros filósofos, llamados epicúreos. El apóstol Pablo disputaba arduamente con ellos, según leemos en Hechos 17:18.

a formar parte de la textura moral de nuestro ser. Y como consecuencia el pecado se nos vuelve desagradable y las tentaciones pierden su poder.

William M. Statham
citado por William Jones [1746-1794]
em *"A Homiletic Commentary on the Book of Psalms"*, 1879

Y no hay para ellos afrenta.[77] En hebreo מִכְשׁוֹל *mik̲šōwl,* "no tendrán tropiezo". Pues como nos dice el apóstol Juan: *"no hay tropiezo"* para los que *"permanecen en la luz"*[78] porque la luz les permite ver cuantos obstáculos tengan delante y evitarlos. Las riquezas, tribulaciones, o tentaciones que a tantos les son causa de caer,[79] a ellos no les afectan.

Andrew Robert Fausset [1821-1910]
"Studies in the CL Psalms their undesigned coincidences with the independent Scripture histories, confirming and illustrating both", 1876

Mucha paz tienen los que aman tu ley, y no hay para ellos tropiezo. Aprendamos la verdadera sabiduría de aquellos que habiendo nacido de nuevo aman la santa ley de Dios. Pues todos cuantos somos llevados a los pies de Cristo somos transformados a su imagen[80] con el propósito de que amemos la santa ley divina y exclamemos como el apóstol: *"Porque según el hombre interior, me deleito en la ley de Dios*". Sucede, sin embargo, que mientras el salmista afirma por un lado que: *"Los mandamientos de Jehová son rectos, que alegran el corazón"*;[81] el mundo nos reprocha por el otro diciéndonos: «Vives esclavo de las leyes divinas: te impiden en día de reposo salir a divertirte con tus compañeros o participar en una fiesta; no puedes ir al baile o al teatro; tienes que privarte de muchos placeres ¡eres un esclavo!» A ello respondo: Cristo no tomó parte en ninguno de estos placeres, los rechazaba por entero; y por tanto, yo también los rechazo. Él sabía mejor que nadie en qué consiste la verdadera felicidad; sabía dónde está aquello que realmente importa, lo bueno y sabio: en la santa ley de Dios. Cristo fue de entre todos los seres humanos el más libre que haya habido, y sin embargo, no conoció pecado.[82] Esa libertad es a lo que aspiro, a ser libre como lo fue Cristo; porque: *"Mucha paz tienen los que aman tu ley, y no hay para ellos tropiezo"*.

Robert Murray M'Cheyne [1813-1843]
"Memoir and remains of the Rev. Robert Murray M'Cheyne, Minister of St. Peter's Church, Dundee by Andrew A. Bonar", 1878

Mucha paz tienen los que aman tu ley, y no hay para ellos tropiezo. Aquellos que realmente aman la ley de Dios, porque aman a Dios, tienen paz con Dios y con sus propias conciencias, y eso es *"mucha paz"*; y por tanto *"no hay para ellos para ellos tropiezo"*, es decir, nada les será un grave

[77] Así es como lo traduce la versión inglesa KJV: *"And nothing shall offend them"*, pero como admite el autor acertadamente, el sentido del termino hebreo מִכְשׁוֹל *mik̲šōwl* es claramente el de "obstáculo, parapeto, piedra de tropiezo", como en Levítico 19:14: *"y delante del ciego no pondrás tropiezo"*; o Isaías 8:14: *"por piedra para tropezar, y por peña de escándalo"*; Isaías 57:14: *"Allanad, allanad; barred el camino, quitad los tropiezos del camino de mi pueblo"*.

[78] 1 Juan 2:20.

[79] Isaías 8:14-15; Ezequiel 3:20; 7:19; 14:3,4,7.

[80] Romanos 12:2; 2 Corintios 3:18; Efesios 4:22:24.

[81] Salmo 19:8.

[82] 2 Corintios 5:21.

problema, en tanto estén en paz con Dios y con sus conciencias. Las cruces y penalidades externas no les hacen mella, las soportan con facilidad porque disfrutan de paz interior. Quienes poseen la naturaleza divina y ostentan el título de hijos de Dios, jamás tropezarán con las disposiciones divinas, ya que estas nunca estarán en oposición a sus propios deseos, pues tienen en sus tribulaciones un Dios hacia cuyos brazos volar con sus problemas, y un pacto seguro sobre el cual apoyarse.[83] Por tanto, ni los vituperios lanzados contra ellos, ni los las criticas y reproches a los planes de Dios para su vida les serán de tropiezo; porque en esas mismas disposiciones que los demás califican de injustas porque no las entienden ellos encuentran a Dios, y por tanto, nada que puedan hallar en el camino señalado por su Dios les es de tropiezo o les causa desagrado como para incitarles a abandonarlo.

JOHN BUNYAN [1628-1688]
"Grace Abounding to the Chief of Sinners",[84] 1666

Vers. 166. ***Tu salvación he esperado, oh Jehová, y tus mandamientos he puesto por obra.*** *[Tu salvación espero, oh Jehová, y tus mandamientos pongo por obra.* RVR*] [Espero tu salvación, Señor, y cumplo tus mandamientos.* LBLA*] [Oh YHVH, he esperado por tu salvación, y he practicado tus mandamientos.* BTX*] [Yo, Señor, espero tu salvación y practico tus mandamientos.* NVI*] [Señor, tu salvación espero, cumplo tus mandamientos.* BLP*] [Anhelo que me rescates, Señor, por eso, he obedecido tus mandatos.* NTV*]*[85]

Tu salvación espero, oh Jehová,[86] *y tus mandamientos pongo por obra.* Aquí tenemos la salvación por gracia y sus frutos. David tenía toda su esperanza puesta en Dios, y únicamente de él buscaba salvación; esforzándose luego arduamente por cumplir los mandamientos de su ley. Quienes menos confían en las buenas obras para su salvación, son a menudo quienes más buenas obras realizan; pues la misma enseñanza divina que nos induce a no confiar en nuestras buenas obras, nos conduce a su vez a abundar en toda buena obra para gloria de Dios.[87] En épocas difíciles nos corresponde hacer dos cosas: la primera esperar en Dios, y la segunda hacer lo que es justo y correcto. La primera sin la segunda sería un descaro; la segunda sin la primera mero formalismo. Si al mirar hacia atrás podemos

---

[83] En este mismo sentido dice AGUSTÍN DE HIPONA [354-430]: «Qué quiere decir con esto de *"y no hay para ellos tropiezo"*, ¿qué no encuentran tropiezo en la ley de Dios y por eso la aman; o que la aman y por eso no tropiezan? Ambas cosas son igual de ciertas. Pues los que aman la ley de Dios enaltecen todo cuanto en ella se dice, aunque algunas no alcancen a entenderlas, pero las aceptan como misterio y las alaban, y por tanto: *"no hay para ellos tropiezo"*».

[84] Publicado por CLIE en español bajo el título de *"Gracia Abundante"*.

[85] La versión griega de los LXX o Septuaginta lee: προσεδόκων τὸ σωτήριόν σου, κύριε, καὶ τὰς ἐντολάς σου ἠγάπησα que la Vulgata traduce al latín como: *"Exspectabam salutare tuum, Domine, et mandata tua dilexi"*, "Esperaba tu salud, Señor, y tus mandamientos he amado". La versión sefardí de Ferrara traduce: *"Efperee a tu falvacion, Adonay, y tus mandamientos fize"*. La caldea Peshitta: *"He confiado en tu salvación, oh Yahweh, y tus mandamientos he puesto por obra"*. KRAUS traduce: *"Espero tu salvación, oh Yahvé, y cumplo tus mandamientos"*. SCHÖKEL: *"Aguardo tu salvación, Señor, y cumplo tus mandatos"*.

[86] Ver Génesis 49:18.

[87] 2 Corintios 9:8; Efesios 2:10. AGUSTÍN DE HIPONA [354-430], en su celo de dejar muy claro que las buenas obras no pueden salvarnos, comenta sobre este versículo; «De qué les hubiera aprovechado a los justos del Antiguo Testamento haber amado y puesto por obra todos los mandamientos de Dios, si Cristo, su Salvador, o *"salud de Dios"*, no los hubiera librado? Pues si aún aquellos que amaban y trataban de cumplir los mandamientos, esperaban en la *"salvación de Dios"*, ¿cuánto más necesario no era Jesús, *"salud de Dios"*, para salvar a todos aquellos que no los amaban, respetaban ni cumplían?».

afirmar en conciencia que hemos procedido en todo momento según la manera ordenada por el Señor, podemos sentirnos satisfechos. Pues si hemos procedido correctamente en lo que atañe a Dios, podemos estar absolutamente seguros que Dios procederá misericordiosamente con nosotros.

C. H. SPURGEON

Tu salvación espero, oh Jehová, y tus mandamientos pongo por obra. Esta es la verdadera actitud a la que todos los siervos de Dios deben aspirar: aguardar a que su Señor les encuentre esperando en su misericordia y cumpliendo sus mandamientos.[88] ¡Qué fácil resulta para el salmista demostrar la conexión entre el sentimiento que expone y la acción que le va asociada: *"espero"* y por tanto *"obedezco"*! Es la esperanza de salvación la que impregna toda motivación a la santidad; y es la percepción de estar obedeciendo la voluntad de Dios lo que fortalece nuestra esperanza en la divina misericordia.

JOHN MORISON [1791-1859]
"An Exposition of the Book of Psalms", 1829

Tu salvación he esperado, oh Jehová. Una frase que el salmista toma prestada de boca del patriarca Jacob: *"Tu salvación esperé, oh Jehová"*.[89]

JOHN TRAPP [1601-1669]
"A commentary or exposition upon the books of Ezra, Nehemiah, Esther, Job and Psalms", 1657

Y tus mandamientos pongo por obra. Es indispensable que pongamos en práctica aquello que leemos. Un estudiante de física o química no se contenta con aprender tablas de elementos y leer sobre los componentes y reacciones de los cuerpos: los comprueba mediante experimentos en el laboratorio. La esencia de la fe cristiana radica en su práctica, y por tanto, los cristianos deberían ser *"Biblias andantes de carne y hueso"*. Jenofonte[90] se lamentaba diciendo: «Muchos son los que leen las leyes de Licurgo,[91] pero pocos hay que las cumplan». La Palabra escrita no es una mera fuente de conocimiento, sino una regla de obediencia; su objetivo no es cambiar nuestra percepción de las cosas, sino transformar nuestra manera de hacerlas. David describe la Palabra de Dios como una *"lámpara a mis*

[88] Dice WILLIAM SWAN PLUMER [1802-1880]: «El salmista liga el *"esperar"* al *"obrar"* de manera indisoluble: *"Espero salvación"* pero mientras espero *"pongo por obra tus mandamientos"*. Ningún otro texto en la Escritura expone la doctrina de la fe y las obras de una manera tan práctica, clara y acertada: esperar y obrar; anhelar y obedecer; confiarlo todo de la misericordia soberana de Dios, pero a la vez, cumplir con todos los requisitos que la palabra de Dios exige con una conciencia sensible y en verdadera gratitud. La forma de los verbos, ambos en pasado continuo, dejan claro algo que para el salmista era un habito de vida: la perseverancia. שִׂבַּרְתִּי *śibbartî: "He esperado y sigo esperando"* – עָשִׂיתִי *'āśîṯî: "los he puesto por obra y lo sigo haciendo"»*.

[89] Génesis 49:19.

[90] Se refiere al historiador, militar y filósofo griego JENOFONTE [431-354 a.C.], conocido por sus obras sobre la cultura e historia de Grecia, entre las que destacan como más conocidas sus Helénicas, que narran la Guerra del Peloponeso. En este caso la obra citada es "La Constitución de los lacedemonios".

[91] Se refiere a LICURGO, el mítico legislador de Esparta sobre el cual los historiadores han debatido extensamente en qué época vivió y si existió realmente. Las fechas más probables lo sitúan el siglo VII a.C. y el siglo IX a.C. Es ampliamente citado por los historiadores antiguos como como Heródoto, Jenofonte y Plutarco. Se le atribuye la frase «Lo importante de las leyes no es que sean buenas o malas, sino que sean coherentes, pues tan solo de ese modo sirven a su propósito». La leyenda afirma que su compromiso con las leyes que había promulgado era tal que, tras hacer jurar a los espartanos que las acatarían hasta que regresara, tan pronto salió de la ciudad se suicidó para así garantizar su aplicación perpetua.

pies" (119:105); es decir, no tan solo una luz para que sus ojos pudieran ver, sino para que sus pies pudieran andar por el camino correcto. La praxis es la que nos brinda la oportunidad de negociar con el talento del conocimiento y sacar de él rendimientos.[92] Cuando la lectura de la Palabra nos conduce a huir de los pecados que prohíbe y aferrarnos a las enseñanzas que ordena, entonces, es una lectura bendita. Leer la Biblia sin poner por obra lo que en ella se nos manda es encender una antorcha para iluminar nuestro camino al infierno.

THOMAS WATSON [1620-1686]
"The Bible and the Closet: Or, How We May Read the Scriptures with the Most Spiritual Profit", 1662

Vers. 166-168. El que da la espalda a los mandamientos es un arrogante descarado si pretende aplicarse las promesas. Toda esperanza que no vaya acompañada por la obediencia no conduce a otra cosa que a la vergüenza. Quien ha aprendido correctamente de la Palabra de Dios sabe que la ley no fue abrogada por el evangelio, sino más bien establecida: *"¿Luego invalidamos la ley por medio de la fe? ¡En ninguna manera!, sino que afianzamos la ley."*[93] Cristo, Cabeza y Profeta de la Iglesia, delimitó en su sermón del monte el alcance práctico de la ley determinando que exige la misma pureza en el corazón y los pensamientos que en la conducta y las acciones; y declarando que: *"cualquiera que suprima uno de estos mandamientos aun de los más insignificantes, y enseñe así a los hombres será llamado el menor en el reino de los cielos; mas cualquiera que los cumpla y los enseñe, este será llamado grande en el reino de los cielos"*.[94] La ley dada en el Monte Sinaí, fue por tanto confirmada y establecida por el Legislador Cristo en el Monte Sion como regla de justicia. Y aquellos que son instruidos correctamente, *"los que anden conforme a esta regla"*, tanto su corazón como su conducta se ajustara a ella; y como consecuencia: *"paz y misericordia sean sobre ellos"*, con lo cual demostrarán ser el verdadero: *"Israel de Dios"*.[95]

NATHANIEL VINCENT [1639-1697]
"The Good Which Comes Out of the Evil of Affliction", 1693

Vers. 167. ***Mi alma ha guardado tus testimonios, y los he amado en gran manera.*** *[Mi alma observa tus testimonios, y los amo sobremanera.* RVR*] [Mi alma guarda tus testimonios, y en gran manera los amo.* LBLA*] [Mi alma guarda tus testimonios, y los ama intensamente.* BTX*] [Con todo mi ser cumplo tus estatutos. ¡Cuánto los amo!* NVI*] [Yo respeto tus mandatos y los amo intensamente.* BLP*] [Obedecí tus leyes, porque las amo mucho.* NTV*]*[96]

---

[92] Mateo 25:14-30.
[93] Romanos 3:31.
[94] Mateo 5:19.
[95] Gálatas 6:16.
[96] La versión griega de los LXX o Septuaginta lee: ἐφύλαξεν ἡ ψυχή μου τὰ μαρτύριά σου καὶ ἠγάπησεν αὐτὰ σφόδρα que la Vulgata traduce al latín como: *"Custodivit anima mea testimonia tua, et dilexit ea vehementer"*, "He guardado en mi alma tus testimonios, y en gran manera los he amado". La versión sefardí de Ferrara traduce: *"Guardo mi alma tus teftamientos y amelos mucho"*. La caldea Peshitta: *"Mi alma ha guardado tu testimonio, y lo he amado intensamente"*. KRAUS traduce: *"Mi alma obedece tus testimonios, y los amo mucho."*. SCHÖKEL: *"Mi alma guarda tus preceptos, los ama intensamente"*.

Mi alma guarda tus testimonios. En mi conducta exterior he practicado tus preceptos; y en mi vida interior, mi alma ha guardado tus testimonios.[97] Dios nos ha proporcionado testimonios de muchas verdades sagradas, y a ellas nos aferramos tanto como a la vida misma. El creyente atesora la verdad divina, cual el tesoro más precioso y preciado, en lo más recóndito de su corazón, y la guarda celosamente. Lo más reservado de su yo interior, su ser más íntimo, se convierte en fiel guardián de estas enseñanzas divinas que son su única autoridad en asuntos del alma.

Y los amo sobremanera. Era el motivo por el cual los guardaba a la vez que el resultado de haberlos guardarlos: los guardaba porque los amaba, y los amaba porque los había guardado. No se limitó a atesorar la verdad revelada por la vía del deber, sino también mediante un afecto profundo e indescriptible hacia ella. Antes prefería la muerte que renunciar a una sola porción de la revelación de Dios. Cuanto más atesoramos en nuestras mentes la verdad celestial, tanto más profundamente nos enamoramos de ella; y cuanto más descubrimos de las abundantes riquezas de la Biblia, tanto más nuestro amor a ella excede toda medida y sobrepasa toda forma de expresión.

C. H. SPURGEON

Mi alma guarda tus testimonios, y los amo sobremanera. ¿No debería haber dicho, más bien, «mi alma ama tus testimonios, y por eso los guardo»? Sin duda; pero el salmista cierra aquí un círculo más santo y celestial: «los guardo porque los amo, y los amo porque los guardo». Si amamos a Cristo, viviremos también la vida de amor en la medida que nos corresponde; y cuanto más precioso él se nos haga, tanto más amor experimentaremos hacia sus mandamientos.

THOMAS SHEPARD [1605-1649]
"The Sound Believer", 1671

Mi alma. Cuando los antiguos hebreos deseaban expresar su afecto vehemente hacia una cosa era habitual utilizar la expresión *"Mi alma"*. Como podemos comprobar en algunos otros salmos: *"Bendice, alma mía, al Señor"*;[98] o en el evangelio de Lucas: *"Mi alma engrandece al Señor"*.[99]

RICHARD GREENHAM [1531-1591]
"An Exposition on the 119 Psalme", 1612

Y los amo sobremanera. Una compensación justa y razonable: porque el Padre me amó *"sobremanera"* hasta el punto que *no escatimó ni a su propio Hijo, sino que lo entregó por mí;*[100] y el Hijo

[97] Dice WILLIAM SWAN PLUMER [1802-1880]: «La verdadera obediencia espiritual no es meramente externa, del cuerpo; sino también interna, del alma. No forzada, reticente y evasiva; sino dispuesta, absorbente y avasalladora, porque surge de un amor que lo excede y sobrepasa todo *"en gran manera"*. El primer verbo שָׁמְרָה *šāmərāh* de שָׁמַר *shamar*, guardar observar, es un pasado continuo y tiene por tanto el sentido de *"los he guardado y los sigo guardando"*; el segundo וָאֹהֲבֵם *wā'ōhăḇêm* de אָהַב *aheb,* amar, es un presente continuo y el sentido es de *"los amo ahora y los seguiré amando para siempre"*. El amor y la obediencia van ligados entre si de manera indisoluble y se retroalimentan mutuamente: Si amamos obedecemos, y esa obediencia fortalece nuestro amor. Sin embargo, para que este sistema de retroalimentación funcione, tanto el amor como la obediencia deben ser supremos y excederlo todo: deben estar por encima de nuestro amor a todas las cosas del mundo y de nuestra consideración y respeto por las leyes humanas».

[98] Salmo 103:1.

[99] Lucas 1:46.

[100] Romanos 8.32.

me amó *"sobremanera"* hasta el punto que *se entregó a si mismo por mis pecados*[101] y *me dio vida cuando estaba muerto en mis delitos y pecados.*[102]

Gerhoh de Reichersberg [1093-1169]
"Commentarius Aureus in Psalmos et Cantica Ferialia", 1728

Vers. 167-168. *"Guardo tus mandamientos y tus testimonios ... y los amo sobremanera"*. No permitamos que una mala conciencia por los errores cometidos a diario socave esta sólida expresión de confianza y nos lleve a retraernos de ella. Pues el salmista la alega como una evidencia de la gracia, no como un reivindicación de mérito, y por tanto, ningún creyente, por débil que sea, tiene motivos para dudar de hacerla suya como expresión de sinceridad cristiana ante Dios. David no aspiraba a otra posición que la de un pobre pecador, pero tenía una plena conciencia de obediencia espiritual: *"Guardo tus mandamientos y tus testimonios"*; de un amor extremo a la Palabra divina: *"los amo sobremanera"*; y de un caminar habitual bajo la mirada escrutadora de su Señor: *"porque todos mis caminos están delante de ti"*; todo ello claras evidencias de un *"corazón íntegro"* delante de Dios, mencionado con frecuencia en el Antiguo Testamento.[103]

Charles Bridges [1794-1869]
"Exposition of Psalm CXIX,
As illustrative of the character and exercises of the Christian experience", 1827

Vers. 168. *He guardado tus mandamientos y tus testimonios, porque todos mis caminos están delante de ti.* *[Guardo tus mandamientos y tus testimonios, porque todos mis caminos están delante de ti.* RVR*] [Guardo tus preceptos y tus testimonios, porque todos mis caminos están delante de ti.* LBLA*] [He observado tus preceptos y tus testimonios, porque todos mis caminos están delante de Ti.* BTX*] [Obedezco tus preceptos y tus estatutos, porque conoces todos mis caminos.* NVI*] [Respeto tus preceptos y mandatos, eres testigo de toda mi conducta.* BLP*] [Así es, obedezco tus leyes y tus mandamientos porque tú sabes todo lo que hago.* NTV*]*[104]

He guardado tus mandamientos y tus testimonios. Había atesorado, preservado y seguido tanto la parte práctica como la doctrinal de la palabra de Dios. Es de gran bendición que las dos vertientes de la palabra divina sean conocidas por igual, valoradas por igual, y confesadas por igual: en todo lo que procede de la mente de Dios no cabe escoger y elegir, decir eso me gusta y eso no. Algunos se esfuerzan de manera especial en cumplir con los preceptos, pero consideran al parecer que las doctrinas del evangelio son cuestiones opinables que pueden moldear a su antojo. No es una percepción correcta de las cosas. Otros son muy estrictos en cuanto a las doctrinas, pero malogradamente laxos en lo que

[101] Gálatas 1:4.

[102] Efesios 2:1.

[103] 1 Reyes 3:6; 9:4; 2 Reyes 20:3; Salmo 15:2.

[104] La versión griega de los LXX o Septuaginta lee: ἐφύλαξα τὰς ἐντολάς σου καὶ τὰ μαρτύριά σου, ὅτι πᾶσαι αἱ ὁδοί μου ἐναντίον σου κύριε. que la Vulgata traduce al latín como: *"Servavi mandata tua et testimonia tua, quia omnes viae meae in conspectu tuo"*, "He guardado tus preceptos, y tus testimonios: porque todos mis caminos están delante de ti". La versión sefardí de Ferrara traduce: *"Guardee tus encomendanças y tus teftamientos; porque todas mis carreras a tu encuentro"*. La caldea Peshitta: *"He guardado tus mandamientos y tus testimonios; todos mis caminos están ante ti"*. Kraus traduce: *"Guardo tus ordenanzas y testimonios, porque todos mis caminos (están patentes) ante ti"*. Schökel: *"Guardo tus preceptos y decretos, tienes presentes todos mis caminos"*.

hace a los preceptos. Igualmente se alejan de la realidad. El *"varón perfecto"*[105] es el que mantiene ambas cosas en un justo equilibrio.

Porque todos mis caminos están delante de ti. Probablemente quiera decir que este fue el motivo de su esfuerzo por mantenerse recto tanto de mente como de corazón: porque era consciente que Dios lo veía y bajo este sentido de la presencia divina tenía miedo a equivocarse. O puede también que se trate de una apelación a Dios para que atestigüe la certeza de lo que acababa de afirmar: *"He guardado tus mandamientos y tus testimonios"*. En cualquier caso, sentir que nuestro Padre celestial lo sabe todo sobre nosotros es de mucho consuelo: aunque los príncipes se pronuncien en nuestra contra, y los mundanos llenen sus bocas con falsedades y mentiras crueles, él puede reivindicarnos, ya que para él nada hay secreto u oculto.

El contraste entre este versículo, último de la presente octava: *"Guardo tus mandamientos y tus testimonios, porque todos mis caminos están delante de ti"* (119:168); y el ciento setenta y seis, último de la siguiente octava y del salmo: *"Yo anduve errante como oveja extraviada; busca a tu siervo, porque no me he olvidado de tus mandamientos"* (119:176); es ciertamente chocante. De una parte un alegato de inocencia: *"guardo tus mandamientos";* de la otra una confesión de pecado: *"anduve errante como oveja extraviada"*. Ambas cosas sinceras, ambas precisas. La experiencia da lugar a no pocas paradojas, y esta es una de ellas: Ante Dios podemos sentirnos completamente libres de culpa, y al mismo tiempo, llorar amargamente por más de mil desvaríos que precisan de su mano restauradora.

C. H. SPURGEON

Guardo tus mandamientos y tus testimonios, porque todos mis caminos están delante de ti. Mientras los cortesanos permanecen alejados de la mirada del rey, son pródigos en su conducta y poco cuidadosos en sus palabras; pero ante la presencia del soberano, son extremadamente cautos hasta el punto de medir cada gesto y cada palabra. Dado que los creyentes están ante la mirada de Dios constantemente, su conducta debe ser digna y piadosa en todo momento.[106]

GEORGE SWINNOCK [1627-1673]
"The Christian Man's Calling", 1665

Guardo tus mandamientos y tus testimonios, porque todos mis caminos están delante de ti. El verbo hebreo שׁמר *shamar,* que traducimos como aquí por *"guardo"*, significa guardar algo de manera sumamente cuidadosa, celosamente, diligentemente, estudiadamente, exactamente. Equivale a mantenerlo bajo una vigilancia estricta: como la que se mantiene sobre los prisioneros o los centinelas sobre la ciudad o guarnición que protegen; sí, lo mismo que la persona vigila su salud y observa las normas necesarias para salvaguardar y preservar su propia vida. Fijémonos también en la razón por la que David guarda los mandamientos y testimonios del Señor con tanto esmero, con tanta sinceridad, con tanta diligencia, con tanta atención y exactitud. La encontramos en la segunda parte del versículo: *"porque todos mis caminos están delante de ti"*. ¡Ah caballeros! Sabiendo que tenía a Dios

105 Santiago 3:2. Ver también Salmo 37:37; Mateo 5:48.

106 Dice WILLIAM SWAN PLUMER [1802-1880]: «Guardar los mandamientos divinos y observar cuanto Dios ha dicho en razón de su omnipresencia y omnisciencia, es propio de la piedad verdadera. Cuando el Todopoderoso enseñó la naturaleza de la verdadera fe al padre de los creyentes le dijo: *"Yo soy el Dios Todopoderoso; anda delante de mí y sé perfecto"* (Génesis 17:1). Y a partir de ahí, vemos que incluso la desdichada Agar, extraviada y sedienta en mitad del desierto, se agarra a este axioma incuestionable y se sostiene gracias a él: *"Tú eres un Dios que ve"* (Génesis 16:13). Dice JUAN CALVINO [1509-1564]: 'Si no viviéramos bajo la idea de un escrutinio constante y omnisciente de Dios, la lujuria de la carne arrastraría nuestro carácter voluble llevándonos constantemente de aquí para allá'».

constantemente delante de él, mantenerse en santidad le era tanto o más necesario que respirar. En el capítulo treinta y uno del libro de Job tenemos una descripción extraordinaria del nivel de perfección y santidad que Job alcanzó,[107] y la razón que alega para ello: *"¿No ve él mis caminos, y cuenta todos mis pasos?".*[108] La mirada de Dios sobre su conducta ejerció una influencia tan fuerte sobre su corazón y su vida, que lo llevó a un nivel elevado de santidad.[109]

Thomas Brooks [1608-1680]
"The Crown and Glory of Christianity or Holiness, the Only Way to Happiness", 1662

Porque todos mis caminos están delante de ti. El hecho de que Dios ve los secretos de nuestro corazón es una losa terrible sobre la cabeza del impío, pero un motivo de gozo para el creyente. El impío lamenta que su corazón esté de tal manera al descubierto, porque es un crisol de maldades, horno de perversiones y forja constante de todo tipo de infamias. Ya les disgusta que otros hombres tengan acceso a sus palabras y acciones; pero ¡que su Juez supremo, a quien odian, lea todos sus pensamientos les aterroriza! Y si pudieran negarlo, lo negarían. Pero cuantos están convencidos de que Dios existe, o se ven abocados a admitirlo por puro sentido de la lógica, viven aguijoneados por la idea de que es omnisciente. Aunque otros, buscando neutralizar circunstancialmente ese sentimiento natural de que Dios lo ve todo, simplemente niegan en su corazón la existencia de la Deidad. Pero es en vano; porque cuanto más tratan de endurecer su corazón con este pensamiento impío, tanto mayor es su temor a que no sea cierto; y en tanto que ahogan su conciencia para que no les hostigue, esta les advierte con anticipación de la terrible venganza que les aguarda, y acaba convenciéndoles de la Omnisciencia de Dios tanto más cuanto más intentan evadirla. Por el contrario, los piadosos se regocijan en ella, pues les sirve de estímulo para enderezar sus pensamientos; les evita tomarse libertades peligrosas en lo referente a pensar y desear lo malo, o albergar afectos reprobables en su corazón. Donde brilla la vela de la omnisciencia divina y hay conciencia de que Dios escudriña lo más íntimo del corazón, todas las cosas quedan sujetas a un marco digno de él y de su mirada.[110]

William Struther [1578-1633]
"True happines, or, King David's choice", 1633

Porque todos mis caminos están delante de ti. Camina siempre, oh cristiano, bajo la mirada de la omnisciencia de Dios; dile a tu alma: *"cave, Deus videt"*, ten cuidado, porque Dios te ve. Como

---

[107] Job 31:1-40.

[108] Job 31:4.

[109] Felipe Scio de San Miguel [1738-1776] en una nota en su traducción de la Vulgata comenta: «No he observado tus mandamientos ni guardado tus testimonios con la mira de agradar a los hombres; sino como quien vive en tu presencia, y como quien sabe que todas mis acciones están constantemente delante de tus ojos».

[110] Dice Agustín de Hipona [354-430]: «Si le preguntamos al salmista: ¿cómo hiciste para poder guardar los mandamientos y testimonios de Dios? Nos responde: *"porque todos mis caminos están delante de ti"*. Dios tiene continuamente ante sus presencia los caminos de los justos para dirigir sus pasos, porque estos son los caminos sobre los que leemos en Proverbios: *"Examina la senda de tus pies, y todos tus caminos sean rectos. No te desvíes a la derecha ni a la izquierda; aparta tu pie del mal"* (Proverbios 4:26-27). Dios conoce todos los caminos, tanto los de la derecha como los de la izquierda: por los de la derecha andan los justos; por los de la izquierda los malvados, y a estos dirá un día: *"nunca os conocí"* (Mateo 7:23). Pero a los que van por el camino de la derecha, a los justos, les dice: *"Cuando andes, tus pasos no serán obstruidos, y si corres, no tropezarás"* (Proverbios 4:12 LBLA). Esta es la razón por la que el salmista exclama: *"Guardo tus mandamientos y tus testimonios, porque todos mis caminos están delante de ti"* (119:168)».

reza un antiguo refrán «la traición se forja bajo de la rosa»,[111] es decir, cuando los traidores piensan que están a cubierto y lo suficientemente alejados de los oídos de su rey; pero de saber que el príncipe les escucha junto a la ventana, o escondido detrás de las cortinas, su conversación tendría tintes de mayor lealtad. Sin embargo, para Dios nada permanece "bajo de la rosa", y esto fue lo que llevo a David a caminar en rectitud: *"Guardo tus mandamientos y tus testimonios, porque todos mis caminos están delante de ti"*. Si el trono vacío de Alejandro, que cuando se reunían en consejo sus capitanes colocaban presidiendo, era coerción y motivo suficiente para intimidarles y llevarles a mantener entre ellos el mismo orden que de estar presente Alejandro hubiera impuesto; ¡cuán útil no sería para nosotros tener presente que Dios está viéndonos constantemente!! Los judíos cubrieron el rostro de Cristo, y luego lo abofetearon.[112] Y lo mismo hace el hipócrita; primero dice en su corazón: Dios no ve, o al menos trata de olvidarse de que le ve; y así se atreve a pecar contra él. Como ese pájaro tonto que enterrando su cabeza en la arena[113] piensa que está a salvo del cazador, convencido de que al no ver él a enemigo tampoco su enemigo podrá verle a él. *"Te mihi abscondam, non me tibi"*, dice Agustín:[114] Señor, podré esconderte a ti de mis propios ojos, pero jamás esconderme yo de los tuyos.

William Gurnall [1617-1679]
"Christian in complete armour, or, a treatise of the saints war against the Devil", 1655

---

[111] En el original *"It is under the rose, as the common phrase is, that treason is spoken"*. La idea de "bajo la rosa" como símbolo de secretismo, arranca del dios Horus de los egipcios, al que se representaba con el dedo sobre la boca, y que fue interpretado y asimilado por la mitología griega como Harpócrates o dios del silencio; del que se cuenta que recibió de Eros una rosa, en calidad de soborno, a cambio de no revelar los secretos amorosos de su madre Afrodita y otros dioses. De ahí que en el mundo romano la rosa se convirtió en símbolo de confidencialidad, y los techos de los comedores romanos se decoraban con rosas para recordar a los comensales que lo que allí se dijera (*sub vino*), es decir, bajo la influencia del vino; debía considerarse también (*sub rosa*), es decir, como dicho "debajo de la rosa", y mantenerse confidencial y secreto. En la Edad Media, en las salas de justicia y consejo, una rosa suspendida del techo indicaba de manera similar a los presentes, que estaban "bajo la rosa", es decir, bajo juramento de guardar el secreto. El simbolismo de "bajo la rosa" llegó a impregnar incluso el entorno religioso, hasta tal punto que muchos de los confesionarios de la Iglesia Católica solían decorarse con rosas de cinco pétalos pintadas o grabadas en la madera, como garantía de que todo cuanto allí se hablara permanecería bajo el más estricto secreto.

[112] Marcos 14:65; Lucas 22:64. Hay diversas teorías sobre las razones por las cuales cubrieron el rostro de Jesús o le vendaron los ojos. Algunos comentaristas aluden a la costumbre ancestral en oriente de cubrir el rostro de los condenados a muerte: tal fue el caso de Amán (Ester 7:8). Otros a la costumbre supersticiosa de hacerlo para evitar que el condenado mirara a sus jueces y verdugos infundiéndoles mal de ojo.

[113] En el original inglés: *"like that foolish bird, which runs her head among the reeds, and thinks herself safe from the fowler"*. Deducimos que se refiere al avestruz, que según la creencia popular esconde la cabeza en la arena cuando se ve acorralado, aunque se ha demostrado que esto no es cierto y se trata tan solo de una leyenda. Pero también es posible que se refiera a algún otro pájaro.

[114] La cita procede de las *Confesiones,* de Agustín de Hipona [1599-1670] aunque el autor hace una traducción libre que hemos respetado. Para más claridad del lector transcribimos el párrafo completo de Agustín: «Y ciertamente, Señor, a cuyos ojos está siempre desnudo el abismo de la conciencia humana, ¿qué podría haber oculto en mí, aunque yo no te lo quisiera confesar? ***Lo que haría seria esconderte a ti de mí, no a mí de ti***». Las *Confesiones* de Agustín de Hipona han sido publicadas en español por CLIE: "Obras escogidas de Agustín de Hipona – Tomo II – Confesiones".

ת Taf[1]

Versículos del 169 al 176

Versión poética

Taf

Lleguen a ti, Señor, mis tristes ruegos,
y que excitar consigan tu clemencia,
solo te pido tus divinas luces
para hacer que tu ley mejor entienda.

Que pueda mi oración introducirse,
aunque sea tan floja en tu presencia,
y que sea bastante poderosa
para que sin tu auxilio no se vuelva.

Ya entonaron mis labios tu alabanza
con tierno corazón, con dulce lengua,
¡pero cuánto mejor podré cantarla
cuando me instruyan en tu santa ciencia!

Ensalzarán tus labios tu ley pura,
porque no mandas cosa alguna en ella
que no sea justa, dulce y provechosa,
y que a los mismos fieles no convenga.

---

[1] Felipe Scio de San Miguel [1738-1776] en una nota en su traducción de la Vulgata indica que el significado de ת *Taf,* según Ambrosio de Milán [340-397], es el de "extraviarse o errar"; y según el "Salterio Romano": "signo, rúbrica, o sello". Ambrosio fundamenta su teoría en el verbo hebreo que inicia la octava: תָּעִיתִי *tā'îtî* de תָּעָה *taah,* errar el camino, extraviarse; y el "Salterio Romano" suponemos que enlaza la idea de rúbrica o sello, con el hecho de que se trata de la última octava de este largo salmo, lo cual hace que venga a ser como la firma, rubrica, o sello del autor, como si dijera "completo y finalizado". Hay, sin embargo, otro simbolismo que nos parece aún más apropiado y hermoso: una antiquísima oración en la tradición judía del *Sabbát,* conocida como *Tikkanta Shabbat Ratzita Korbanoteha* (ת Tav – ש *Shin* – ר *Resh* – ק *Kof)* y que comenzando con la letra ת *Taf* recorre en sentido inverso las veintidós letras del Alefato hasta concluir en א *Alef.* Su propósito es llevarnos a reflexionar que si bien la lógica humana va siempre de la א *Alef a la* ת *Taf,* de principio a final; la de Dios no funciona igual; suele ir totalmente inversa: de la ת *Taf* a la א *Alef,* de final a principio, de la humillación a la gloria, de la cruz al trono. El Salmo 119, que el salmista abre con un triunfal אַשְׁרֵי *'asrê: "Bienaventurados los perfectos de camino"* (119:1), se cierra con un humillante: תָּעִיתִי *tā'îtî: "anduve errante como oveja extraviada"* (119:176). ¿Por qué razón? Para que jamás perdamos de vista, por largos y difíciles que se nos hagan los avatares de la vida –cual las numerosas estrofas de este extenso salmo– que tan solo la humildad de reconocer nuestra propensión a: *"andar errantes cual oveja extraviada";* y nuestras súplicas a Dios clamando: *"busca a tu siervo"* (119:176), como lo reconoce y expresa el salmista al final; podrán conseguirnos y garantizarnos la bienaventuranza expresada al principio: *"ser bienaventurados y perfectos de camino"*(119:1).

Venga pues el socorro de tu mano,
este socorro que salvarme pueda,
esta luz saludable que te pido
para adquirir inteligencia entera.

Porque, Señor, el que tu ley entiende
la ama con gusto, con placer la observa,
y el que la observa exacto va seguro,
no hay peligro para él, nada hay que tema.

Da pues la vida a mi alma, y que tu gloria
cante mi voz con cantos de mi vena,
que para hacer canciones agradables
le darán tus piedades la materia.

¡Ah Dios mío! Recoge a este tu siervo,
que corre vago como errante oveja,
más que jamás olvidará tus leyes
en medio de las ansias más acerbas.

Del "Salterio Poético Español", Siglo xviii

Comentario general a los versículos del 169 al 176: El Salmista se aproxima a la conclusión del Salmo y sus peticiones se intensifican en fuerza y fervor;[2] parece penetrar en el círculo interior de la comunión divina y llegar incluso a los pies del gran Dios, cuya ayuda está implorando. Esta cercanía provoca en él una visión más precaria de sí mismo que le lleva a cerrar el Salmo con su rostro vuelto hacia tierra en la más profunda humillación de su persona, suplicando al Señor que le contemple y busque cual una oveja perdida.[3]

C. H. Spurgeon

[2] No deja de llamar la atención que en esta octava no incluye ninguna mención directa a sus enemigos, perseguidores u opresores; como tampoco a los inicuos, impíos, prevaricadores, malvados o quebrantadores de la ley, términos bastante frecuentes a lo largo del Salmo. Dedica los ocho versículos finales exclusivamente a súplicas, oraciones y alabanzas.

[3] Francisco Lacueva [1911-2005] en su versión española del "Comentario de Matthew Henry" ofrece el siguiente resumen: «Basándose en las palabras: *"porque tus preceptos he escogido"* (119:173b). Kyle Monroe Yates [1918–1972], titula esta última octava del salmo: 'Resolución de firmeza'. Sin embargo, el compendio de la misma, y de todo el salmo, se halla en el versículo 176, singular –como advierte el exégeta jesuita Ricardo Arconada– pues: 'a pesar de que tiene tres partes, es trimembre, apenas contiene petición'. Su interpretación depende del sentido que se de al perfecto hebreo תָּעִיתִי *tā'îṯî*, que encabeza el versículo, como veremos más adelante. En la octava se mezclan peticiones y alabanzas.

»1. Domina la estrofa una urgente petición de socorro. Ya el primer versículo se encabeza con un clamor de angustia: *"Llegue mi clamor delante de ti"* (119:169 –comparar con el Salmo 17:1); este clamor va acompañado de una petición de entendimiento o, mejor, discernimiento a fin de saber cómo debe obrar, pues es promesa de Dios: *"conforme a tu palabra"*. Pide luego que le libre *"conforme a tu dicho"* (119:170), en paralelismo con la frase del versículo 169b; aquí el vocablo para *"oración"*, (en hebreo:

Aquí comienza una nueva octava del Salmo dominada por la letra ת *Taf* o *Tau,* última letra en el alfabeto hebreo y que equivale a nuestra letra "t".

ALBERT BARNES [1798–1870]
"Notes, critical, explanatory, and practical, on the book of Psalms", 1868

Vers. 169. ***Llegue mi clamor delante de ti, oh Jehová; dame entendimiento conforme a tu palabra.*** *[Llegue mi clamor delante de ti, oh Jehová; dame entendimiento conforme a tu palabra.* RVR*] [Llegue mi clamor ante ti, Señor; conforme a tu palabra dame entendimiento.* LBLA*] [Llegue*

תְּחִנָּתִי *təḥinnāṯî),* significa "petición de favor o de gracia", ya que Dios salva por pura misericordia, sin mérito de nuestra parte. La misma urgencia se advierte en el versículo 173: *"Esté tu mano pronta para socorrerme"*. Alega para ello las tres razones que aparecen a lo largo del salmo: (A) Porque ha resuelto decidida y seriamente obedecer los preceptos divinos (119:173b, comparar con 119:30); (B) Porque ha estado por largo tiempo anhelando la salvación (119:174a), es decir, la liberación de los obstáculos que le impedían una obediencia más fiel (comparar con 119:40, 166); (C) Porque en sus devociones ha hallado, no una atadura, sino una delicia (119:174b, comparar con 119:24 y muchos otros).

»2. Entreveradas con las peticiones de socorro hallamos alabanzas. Los verbos que encabezan los versículos 171, 172 y 175 se traducen mejor por optativo: *"Prorrumpan... Cante... Viva..."*. Este tono de alegría en la alabanza de Dios y de sus mandamientos es típicamente hebreo, y (con mayor razón) debería ser cristiano. Nótese, en 119:175, cuál es el fin primordial de la vida del hombre: alabar, glorificar, a Dios (comparar con Salmo 115:17, 18; 146:1, 2). Este objetivo es el que impulsa al salmista a desear ardientemente vivir: "que Dios le salve la vida y le reanime", a fin de poder alabarle. Y, para que su vida sea una alabanza continua, ruega a Dios que sus juicios (en hebreo: וּמִשְׁפָּטֶךָ *ūmišpāṭeḵā,* tus ordenanzas), como principios que regulan la conducta moral humana, le ayuden para ese fin último (119:175b).

»3. El último versículo de la sección y del salmo (119:176) admite dos interpretaciones diferentes: (A) El salmista confiesa su extravío en el pasado: *"anduve errante como oveja extraviada"*, un extravío grave, no un pecadillo; como demuestra el verbo hebreo: תָּעִיתִי *tā'îṯî*, (que aparece también en el versículo ciento diez (119:110) y en el Salmo 58:3; 95:10; e Isaías 53:6). *"Busca a tu siervo",* continúa el salmista, como busca el buen pastor a una oveja extraviada. Y termina con la apelación de que aun en medio de ese extravío, no se ha olvidado de los mandamientos divinos: *"Porque no me he olvidado de tus mandamientos"*. 'El salmista –dice RICARDO ARCONADA–, enamorado de la Ley, firma y rubrica el salmo no como ángel, sino como hombre'. Sin embargo, ni la acentuación del verso, ni la contextura de todo el versículo (¿qué sentido tiene, en un miembro "extra", ese: *"busca a tu siervo"*?), ni el contexto entero del salmo, favorecen esta interpretación. (B) Según el rabino ABRAHAM COHEN [1887-1957], tomando en cuenta las razones apuntadas, la traducción del versículo habría de ser como sigue: *"Si me extraviase como una oveja perdida, busca a tu siervo, porque no me he olvidado de tus mandamientos*". Continúa Cohen y comenta: 'El salmista podría aludir a la fragilidad que forma parte de la naturaleza humana, y ruega que, si sucumbiese a su debilidad y se extraviase, Dios se apresure a traerlo al redil'. Mi única (pequeña) objeción como traductor a esta solución de Cohen, es la falta de la conjunción hebrea אִם *im,* "si", al comienzo del versículo. Una tercera solución es la de ALEXANDER F. KIRKPATRICK [1849-1940], que, según referencia de Ricardo Arconada: 'entiende el extravío en el sentido de meros peligros o de desvios voluntarios'. Como ya hemos dicho antes, el verbo hebreo se opone de forma tajante a esta solución.

»4. Para terminar el comentario de este bellísimo salmo, viene bien su observación a la última frase: *"no me he olvidado de tus mandamientos"*: 'Es perfectamente cierto –dice– que el objetivo principal del salmista es la glorificación de la Ley, y la expresión del gozo que, como hombre verdaderamente piadoso, experimenta en la observancia de sus preceptos; pero, como él mismo pone constantemente de relieve, la Ley es la expresión de la voluntad de Dios. No es la Ley, per se, lo que ama; ama la Ley porque ella declara la voluntad de Dios; y la ama porque ama a Dios primeramente'».

mi clamor a tu presencia, oh YHVH, dame entendimiento conforme a tu palabra. BTX*] [Que llegue mi clamor a tu presencia; dame entendimiento, Señor, conforme a tu palabra.* NVI*] [Señor, que mi grito llegue hasta ti, hazme entender según tu palabra.* BLP*] [Oh Señor, escucha mi clamor; dame la capacidad de discernir que me prometiste.* NTV*]*[4]

Llegue mi clamor delante de ti, oh Señor.[5] Temeroso de no ser escuchado comienza a temblar. Es consciente que su oración no va más allá que el llanto de un niño abandonado o el gemido de una bestia herida, y recela de que pueda quedar excluida del oído del Altísimo. Lo que le impulsa a orar con mayor audacia para que su súplica llegue hasta Dios, quede ante su mirada, caiga bajo su atención y logre su aceptación. Sí, va más allá, implorando: *"Deja que mi clamor se acerque a ti, oh Señor"*.[6] Quiere que la atención que Señor preste a su plegaria sea particularmente cercana y detallada, y para ello recurre a una figura de lenguaje: personifica la oración y suplica a Dios que le permita acercarse a él.[7] Imaginemos la escena y contemplemos la súplica del salmista aventurándose como Ester en la presencia real, solicitar audiencia y hallar gracia ante los ojos del bendito y único Soberano.[8] No hay para un suplicante momento más dulce que cuando experimenta la certeza de que su oración ha logrado audiencia, que ha pisado el mar de cristal ante el trono,[9] y ha llegado hasta el estrado del glorioso sitial alrededor del cual el cielo y la tierra se postran en adoración.[10] En el texto hebreo es a יְהֹוָה *Yahweh* a quien la oración va dirigida con un fervor tembloroso, aunque nuestros traductores, llenos

---

[4] La versión griega de los LXX o Septuaginta lee: ἐγγισάτω ἡ δέησίς μου ἐνώπιόν σου, κύριε· κατὰ τὸ λόγιόν σου συνέτισόν με que la Vulgata traduce al latín como: *"Appropinquet deprecatio mea in conspectu tuo, Domine; juxta eloquium tuum da mihi intellectum"*, "Alcance, Señor, mi deprecación a tu presencia; dame entendimiento según tu palabra". La versión sefardí de Ferrara traduce: *"Alleguefe mi clamor delante de ti, Adonay, como tu palabra fazme entender"*. La caldea Peshitta: *"Entre mi alabanza a tu presencia, oh Yahweh, y vivifícame de acuerdo a tu palabra"*. Kraus traduce: *"¡Llegue mi clamor a ti, oh Yahvé; conforme a tu palabra vivifícame!"*. Schökel: *"Llegue mi clamor a tu presencia, Señor, instrúyeme con tu palabra"*.

[5] Franz Delitzsch [1813-1890] indica que en esta octava las peticiones del primer y segundo versículo (119:169-170) van conexas: «Las dos primeras: *"Llegue mi clamor delante de ti"* (119:169a), y *"Llegue mi oración delante de ti"* (119:170a) son una misma petición formando un solo ente expresado de distinta manera: רִנָּתִ֣י *rinnāṯî, "mi clamor"*, es un grito estridente y audible; תְּחִנָּתִ֣י *təḥinnāṯî, "mi súplica"*, es una oración ferviente de carácter interno que surge ante una necesidad apremiante. Las otras dos: *"Dame entendimiento conforme a tu palabra"* (119:169b), y *"Líbrame conforme a tu dicho"* (119:170b), van de la mano: el poeta había sido perseguido por razón de su fe, y en consecuencia, precisaba tanto o más el ser fortificado interiormente en su fe a través de un *"entendimiento"* más profundo de la palabra; como de ser *"librado"* externamente, conforme a lo prometido en esa palabra, de los enemigos que le oprimían».

[6] Traducción literal de versión inglesa KJV: *"Let my cry come near before thee, O Lord"*, que nos parece particularmente emotiva.

[7] En este caso la que se conoce como *prosopopeya* o personificación. Consiste en atribuir a los cosas inanimadas o conceptos abstractos características humanas o de animales algo muy común en las fábulas y alegorías. La Biblia es pródiga en figuras de lenguaje, y tanto el *apóstrofe* como la *prosopopeya* son habituales, de manera especial en los libros de los Salmos y Proverbios: *"La misericordia y la verdad se encontraron; la justicia y la paz se besaron"* (Salmo 85:10). Conocer y comprender correctamente las diversas figuras de lenguaje utilizadas en la Biblia es crucial para una buena exégesis, y para ello recomendamos el *"Diccionario de figuras de dicción usadas en la Biblia"* de Francisco Lacueva, publicado por CLIE.

[8] Ester 4:16; 5:1-8.

[9] Apocalipsis 4:6; 15:2.

[10] Apocalipsis 5:13.

de santa reverencia, lo traduzcan por la palabra *"Señor"*.[11] No queremos audiencia con otros, no es de nuestro agrado, porque no tenemos confianza en nadie más.[12]

Dame entendimiento conforme a tu palabra. Esta es la petición que tiene al salmista tan extremadamente ansioso. Quiere entendimiento por encima de todo lo demás, y está dispuesto a renunciar a cuanto sea necesario con tal de lograr esta bendición de valor incalculable. Desea esa luz espiritual y entendimiento que se promete en la palabra de Dios; que procede de la Palabra de Dios, y produce obediencia a la palabra de Dios. Y lo implora con el mismo fervor y ansias cual fuera incapaz de entender nada si por si mismo a menos que se lo concedan. En realidad, tenía entendimiento según el juicio de los hombres, pero lo que buscaba era entender las cosas según la palabra de Dios, que es otra cosa muy distinta. Porque entender las cosas espirituales es puramente un don de Dios. Tener nuestro juicio iluminado por la luz celestial y conformado a la verdad divina es un privilegio que solo puede conceder la gracia. Muchos que se cuentan por sabios según el mundo son necios según la Palabra del Señor. [13] Ojalá nos hallemos entre estos hijos dichosos que serán todos enseñados por el Señor. [14]

C. H. SPURGEON

Llegue mi clamor delante de ti, oh Señor. Según algunos comentaristas lo interpretan: «Que todo cuanto ha sido dicho a lo largo de este Salmo; y todas las peticiones que en el mismo se expresan, sean gratamente aceptadas en el cielo».[15]

JOHN TRAPP [1601-1669]

"A commentary or exposition upon the books of Ezra, Nehemiah, Esther, Job and Psalms", 1657

Llegue mi clamor delante de ti, oh Señor. Llegamos a la última octava de este salmo, y en ella encontramos a un David todavía más ferviente en la oración que en la primera; cosa fácil de comprobar confrontando ambas. Las personas piadosas, cuanto más hablan con Dios, más fervorosamente y sinceramente lo hacen; y a menos que las circunstancias les obliguen jamás sienten el menor deseo de interrumpir su conversación con él. Muchas son las oraciones y súplicas que hace el salmista a Dios a lo largo de este extenso salmo, y llegando al final: ora por sus oraciones. Para que el Señor les otorgue

---

[11] Recordamos al lector que a diferencia de nuestra versión española Reina-Valera la versión inglesa no utiliza la palabra "Jehová", la traduce por "Señor". Y lo mismo hacen la mayoría de versiones españolas modernas, como LBLA, NVI, BLP, etc.

[12] Hechos 4:12; 1 Timoteo 2:5-6.

[13] 1 Corintios 2:6-16.

[14] Isaías 54:13; Juan 6:45; 14:26; 16:13; 1 Juan 2:27.

[15] Dice WILLIAM SWAN PLUMER [1802-1880]: «Nada es más esencial en nuestra vida de oración que la sinceridad y el fervor genuino. Pretender acercarnos a Dios con oraciones rutinarias y súplicas lánguidas es abocarnos al fracaso. Dice CHARLES BRIDGES [1794-1829]: 'La elocuencia de la oración está en el fervor con que la presentamos; el poder en la oración no viene de un planteamiento refinado fruto de una educación esmerada, como tampoco de la intensidad del deseo humano; es un poder que viene de lo alto. Cuando caemos en el autoengaño de que multiplicando el número de cultos de oración o variando sus formatos, podremos compensar la ausencia de fervor y entusiasmo, vamos muy mal orientados. Necesitamos orar con humildad y vehemencia, clamar y suplicar'».

vía libre hasta su presencia. Hay quienes hacen oraciones épicas, pero Dios vislumbra en ellas pecado y las aleja de él.[16] Por tanto, David busca para sus oraciones, ante todo, el favor divino.

WILLIAM COWPER [1566-1619]
"A holy alphabet for Sion's scholars full of spiritual instructions, and heavenly consolations [...] delivered by way of commentary upon the whole 119 Psalme", 1613

Dame entendimiento. Esta fue también la oración de Salomón: *"Da, pues, a tu siervo corazón entendido"*.[17] Y se nos dice que agradó al Señor, y como recompensa le añadió prosperidad temporal, cosa que el joven rey no había pedido.[18] Sin embargo, la oración de Salomón dista de la oración de su padre David; pues poco rastro vemos en él de esa devoción profunda por la cual su padre era tan notable. El salmista expresa aquí una oración sincera y penetrante que únicamente puede ser contestada por el propio Espíritu Santo iluminando el alma. El entendimiento es un elemento clave de nuestro marco espiritual. La conciencia es el entendimiento ejercido sobre cuestiones morales, y si no es acertado y recto, ¿a dónde vamos a parar? Nuestra comprensión de la Palabra de Dios viene por medio de la enseñanza, pero también de la experiencia: difícilmente entendemos nada hasta que lo experimentamos. Esta experiencia iluminadora es un don de Dios, y hemos de buscarlo de él implorándolo en oración.

C. H. SPURGEON

Dame entendimiento. A la labor específica del Espíritu Santo iluminando nuestra mente para la comprensión de las Escrituras se le da el nombre de *"entendimiento"*. El salmista ora diciendo: *"Dame entendimiento, y guardaré tu ley"* (119:34). Y el apóstol instruye a Timoteo diciéndole: *"Considera lo que digo, y el Señor te dé entendimiento en todo"*.[19] Es decir, además de su propia consideración, de inducirle a reflexionar por si mismo sobre todo cuanto le había enseñado, lo cual implica el uso debido y diligente de todos los medios externos; el apóstol le señala la necesidad que Dios le diera *"entendimiento"* mediante una acción interior directa y eficaz de del Espíritu Santo; pues solo así podría alcanzar a comprender las cosas en las que había sido instruido. Ese mismo deseo, fuera del cual no puede haber un conocimiento salvífico de la Palabra ni aprovechamiento genuino de ella, lo expresa el salmista de manera enfática y con notable fervor de espíritu en otro versículo del salmo cuando dice: *"Justicia eterna son tus testimonios; dame entendimiento, y viviré"* (119:144). Es decir, concluye que sin *"entendimiento"* no tenía posibilidad alguna de beneficiarse de la justicia eterna de los testimonios de Dios.

De hecho, toda forma de entendimiento del que disfruta el ser humano, aunque mal comprendido y utilizado de manera errónea por la mayoría, es fruto de la obra efectiva del Espíritu Santo, ya que: *"Ciertamente hay espíritu en el hombre, y el soplo del Omnipotente le hace que entienda"*.[20] Por tanto, el entendimiento espiritual es un don de Dios con más razón y motivo todavía. Un don que incluye tanto la habilidad de nuestra mente para comprender, como la voluntad precisa para aplicar luego de manera práctica lo que de tal comprensión deriva. Y en mi criterio, este don peculiar, que indujo a los santos de la antigüedad a orar con tanto fervor para que Dios se lo concediera: *entendimiento* para discernir la mente y la voluntad divina según se nos revela en la Palabra; así como las reiteradas

[16] Santiago 4:3. Ver también: Job 35:12; Proverbios 1:28; Isaías 1:15-16; Jeremías 14:12; Miqueas 3:4; Mateo 6:5-8; Marcos 10:38.
[17] 1 Reyes 3:9.
[18] 1 Reyes 3:10-15.
[19] 2 Timoteo 2:7.
[20] Job 32:8.

promesas por parte de Dios garantizándoles su concesión; tienen mucho más peso que todas las elucubraciones eruditas de los hombres en sentido contrario. No hace falta ningún argumento adicional para demostrar que los hombres no entienden la mente de Dios, según se nos revela en las Escrituras, de la manera debida; y que por tanto, toda su jactancia y presunción de que pueden prescindir de un entendimiento espiritual bajo la guía del Espíritu Santo, carece de fundamento. La confianza del ser humano en si mismo es diametralmente contraria a los testimonios claros y expresos de la Palabra.

JOHN OWEN [1616-1683]

"Suhesis Pneumatikh, Or The Causes, Ways, and Means of Understanding the Mind of God as Revealed in His Word, With Assurance Therein ", 1677

Dame entendimiento. ¿Qué indujo al salmista a orar por *"entendimiento"* de semejante manera*?* ¿No había orado ya reiteradamente pidiendo la misma cosa? ¿Cómo podía mostrarse un neófito siendo como era un profeta? ¿Acaso nuestro Salvador Jesucristo no reprocha las reiteraciones y vanas repeticiones en la oración?[21] Ciertamente Jesús recrimina toda palabrería que no brote de una fe genuina, un conocimiento real y un impulso sincero procedente de las propias necesidades; pero no censura las repeticiones legítimas que procedan de un conocimiento pleno, una fe abundante y un sentimiento vivo. Es innegable que el salmista era un hombre de Dios y había recibido gracia abundante; sin embargo, aunque Dios otorga entendimiento a sus amados en esta vida, tal conocimiento es solo en parte: *"Porque en parte conocemos, y en parte profetizamos; mas cuando venga lo perfecto, entonces lo que es en parte quedará fuera de uso";*[22] por tanto, lo máximo que ahora vemos y conocemos es en realidad muy poco.[23] Además, pese a lo limitado de ese entendimiento que ahora tenemos, cuando tratamos de ponerlo en práctica enfrentamos todo tipo de dificultades, dudas, extravíos, fuerzas contrarias y deseos opuestos. Y a pesar de gozar, como el profeta, de una muy buena instrucción en las cosas básicas de la Palabra: que son universales y pocas; las cosas que nos impiden ponerlas en práctica: que son particulares y muchas; hacen que fallemos en la memoria por olvido, en el juicio por ceguera, o en el afecto por apatía. Y nos extraviamos inesperadamente cuando más seguros creíamos estar de poder continuar nuestro viaje. Por ello el salmista, pronto a concluir el salmo, pasa revista a su corazón y afectos, y viendo tantos y tan diversos tropiezos y dificultades, pide *"entendimiento"*.

RICHARD GREENHAM [1531-1591]

"An Exposition on the 119 Psalme", 1612

Conforme a tu palabra. David no busca aquí entendimiento según la carne, porque *"la sabiduría de la carne es muerte";*[24] sino entendimiento conforme a la palabra de Dios. Sin esto, la sabiduría humana es necedad; y cuanto más astuto y sutil se cree el hombre en sus caminos, más profundamente se enmaraña en los lazos y trampas del diablo: *"he aquí que han rechazado la palabra de Jehová; ¿y qué sabiduría tienen?"*.[25] Pero, siendo el salmista un profeta extraordinario; y habiéndose jactado de tener mas entendimiento que los ancianos y más discernimiento que todos sus maestros (119:99-100); ¿cómo es posible que todavía ore pidiendo *"entendimiento"?* En respuesta a esto es preciso aclarar que hay una enorme diferencia entre los dones de la naturaleza y los de la gracia. La naturaleza otorga algunas veces dones extraordinarios: una memoria portentosa, agilidad mental,

[21] Mateo 6:7-9.

[22] 1 Corintios 13:9-10.

[23] 1 Corintios 8:2; 1 3:12; Colosenses 2:2-3.

[24] Romanos 8:6. Traducción literal de la "Biblia de Ginebra" *(Geneva Bible* 1599) que utiliza el autor: *"For the wisdom of the flesh is death"*

[25] Jeremías 8:9.

ingenio, fuerza, belleza física. Pero no enseña al hombre a considerar lo que le falta, razón por la que acaba enorgulleciéndose de aquello que posee; algo común a los hombres en su estado natural: hacen de sus habilidades y dones insignificantes un motivo desorbitado de orgullo. Pero la gracia opera de otro modo: aunque concede al hombre dones mucho más excelentes de lo que la naturaleza puede otorgarles, le enseña a su vez a considerar aquello que le falta, para que no se envanezcan valorando excesivamente lo que tiene, antes por el contrario, le conduzca, con toda humildad de corazón, a orar por aquello que le falta.

ABRAHAM WRIGHT [1611-1690]
"A Practical Commentary or Exposition upon the Book of Psalms", 1661

Vers. 170. ***Llegue mi oración delante de ti; líbrame conforme a tu dicho.*** *[Llegue mi oración delante de ti; líbrame conforme a tu dicho.* RVR*] [Llegue mi súplica delante de ti; líbrame conforme a tu palabra.* LBLA*] [Llegue mi oración a tu presencia, líbrame conforme a tu palabra.* BTX*] [Que llegue a tu presencia mi súplica; líbrame, conforme a tu promesa.* NVI*] [Atiende, Señor, mi súplica; sálvame tú según tu promesa.* BLP*] [Escucha mi oración; rescátame como lo prometiste.* NTV*]*[26]

Llegue mi súplica delante de ti. Se trata del mismo planteamiento del versículo anterior con un ligero cambio de palabras. Califica humildemente su clamor de *"súplica"*, una especie de petición de mendigo; y de nuevo solicita audiencia y respuesta.[27] El proceso para lograr audiencia puede enfrentar numerosos obstáculos, y pide su eliminación: *"que llegue delante de ti"*. A otros creyentes les has escuchado: *llegue también mi súplica delante de ti.*

Líbrame conforme a tu palabra Líbrame de mis adversarios, protégeme de los que me calumnian, presérvame de los que me tientan, sácame de todas mis aflicciones, según tu Palabra me ha llevado a esperar que lo harás.[28] Es por esta razón que busca entendimiento. Dado que sus enemigos no concebían el éxito fuera de su necedad y locura; si él actuaba rectamente quedarían desconcertados, y lograría escapar. Con frecuencia el Señor, en respuesta a la oración, libera a sus hijos haciéndolos astutos como las serpientes e inocentes como las palomas.[29]

C. H. SPURGEON

---

[26] La versión griega de los LXX o Septuaginta lee: εἰσέλθοι τὸ ἀξίωμά μου ἐνώπιόν σου· κατὰ τὸ λόγιόν σου ῥῦσαί με que la Vulgata traduce al latín como: *"Intret postulatio mea in conspectu tuo; secundum eloquium tuum eripe me"*, "Entre mi demanda a tu presencia; líbrame según tu palabra". La versión sefardí de Ferrara traduce: *"Venga mi rogativa delante de ti, como tu dicho efcapame"*. La caldea Peshitta: *"Llegue mi oración delante de ti, y líbrame de acuerdo a tu palabra"*. KRAUS traduce: *"¡Llegue mi súplica ante ti; líbrame conforme a tu palabra!"*. SCHÖKEL: *"Que mi súplica llegue a tu presencia: líbrame según tu promesa"*.

[27] Algunos comentaristas consideran que al decir estas palabras el salmista tenía en mente el propio Salmo, es decir, todo el conjunto de peticiones, súplicas y alabanzas que en el misma acababa de exponer, por lo que la paráfrasis podría ser más o menos: «Que todo lo dicho en este Salmo, con todas las peticiones y alabanzas que contiene, reciban una acogida favorable en el cielo».

[28] Dice WILLIAM SWAN PLUMER [1802-1880]: «Guardémonos de pedir nada en oración que no sea *"conforme a tu palabra"*. Un cristiano verdadero jamás pide nada, ni tan siquiera liberación, en alguna forma o método que pudiera intuir que se aparta o contradice lo que la palabra de Dios enseña».

[29] Mateo 10:16 LBLA.

Llegue mi oración delante de ti; líbrame conforme a tu palabra. El adorador sincero no se contenta con nada fuera de una interacción real y directa con Dios. Allí donde el espíritu de la gracia y de la súplica no han sido otorgados, el llamado al deber se hace desagradable; pero cuando hay una disposición filial, el alma se vuelca en fervientes anhelos de comunión con Dios. Pues la esperanza de una audiencia misericordiosa no se basa en otra cosa que la palabra de promesa de Jehová. Y es en base a esa palabra, no en oposición a ella, que el hijo de Dios confía que será escuchado. Sabe que toda posibilidad de liberación procede del Señor, y en consecuencia, todo cuanto busca del cielo lo anticipa como respuesta a la oración. Oh, si tuviéramos más de esa fe que apela a la veracidad divina, y que contempla con mirada firme la promesa de un Dios que guarda su pacto.

JOHN MORISON [1791-1859]
"An Exposition of the Book of Psalms", 1829

Llegue mi súplica delante de ti. Fijémonos bien en el orden de las peticiones, aquí y en el versículo anterior (119:169-170). Primero dice: *"Llegue mi clamor delante de ti"*; luego: *"Dame entendimiento"*, y eso: *"conforme a tu palabra"*; y ahora: *"Deja que mi oración entre[30] delante de ti"*. Si deseas una entrevista con un personaje de muy alto rango: primero te acercas a su casa; luego te informas sobre la mejor manera de proceder; y después pides permiso para entrar, no vaya a ser que si entras sin permiso te rechacen y te expulsen. Llama, pues, a la puerta del palacio celestial; no con tu mano física sino con la mano diestra de la oración; porque la voz puede llamar con igual o mayor eficacia que la mano, como está escrito: *"Es la voz de mi amado que llama"*.[31] Y una vez hayas golpeado el dintel, mira bien de qué manera entras, no sea que después de haber entrado, una actitud inapropiada te impida ver al Rey. Porque aquellos que finalmente logran entrada en los palacios de un soberano terrenal, raramente consiguen una audiencia inmediata, deben esperar pacientemente por largo tiempo hasta que se les conceda una entrevista. Y tampoco tienen elección en cuanto a oportunidad: si desean ser recibidos favorablemente, tienen que acudir cuando se les dice y presentar su petición cuando les corresponde.

AMBROSIO DE MILÁN [340-397]
citado por JOHN MASON NEALE [1818-1866] y RICHARD FREDERICK LITTLEDALE [1833-1890]
"Commentary on the Psalms from Primitive and Mediæval Writers", 1869

Vers. 171. *Mis labios rebosarán alabanza cuando me enseñes tus estatutos.* *[Mis labios prorrumpen en alabanza porque me enseñas tus estatutos.* RVR*] [Profieran mis labios alabanzas, pues tú me enseñas tus estatutos.* LBLA*] [Profieran mis labios alabanza, porque Tú me enseñas tus estatutos.* BTX*] [Que rebosen mis labios de alabanza, porque tú me enseñas tus decretos.* NVI*] [Que mis labios proclamen tu alabanza, porque tú me enseñas tus normas.* BLP*] [Que la alabanza fluya de mis labios, porque me has enseñado tus decretos.* NTV*]*[32]

---

[30] Versión griega de los LXX; Versión Siríaca; Versión Árabe; y Vulgata Latina.

[31] Cantares 5:2.

[32] La versión griega de los LXX o Septuaginta lee: ἐξερεύξαιντο τὰ χείλη μου ὕμνον, ὅταν διδάξῃς με τὰ δικαιώματά σου que la Vulgata traduce al latín como: *"Eructabunt labia mea hymnum, cum docueris me justificationes tuas"*, "Brotará de mis labios un himno cuando me enseñares tus justificaciones". La versión sefardí de Ferrara traduce: *"Fablaran mis labios loor, quando me abezaras tus fueros"*. La caldea Peshitta: *"Mis labios pronunciarán tus alabanzas, cuando me hayas instruido en tus preceptos"*. KRAUS traduce: *"Mis labios rebosen la alabanza, porque tú me enseñas tus estatutos"*. SCHÖKEL: *"De mis labios brota la alabanza, porque me enseñaste tus normas"*. Somos sabios y podemos entonar alabanzas una vez hemos aprendido los estatutos divinos, nunca antes.

Mis labios rebosarán alabanza cuando me enseñes tus estatutos.[33] No se enquista en la súplica limitándose a rogar en beneficio propio; se eleva por encima de todo egoísmo y da gracias anticipadamente por el beneficio recibido. Promete alabar a Dios tan pronto haya obtenido instrucciones prácticas en la vida de la fe y la piedad: algo digno de toda alabanza pues no hay bendición más preciosa. La mejor alabanza es aquella que proviene de quienes honran a Dios no solo con sus labios, sino también con sus vidas. Es en la escuela de la vida santa donde aprendemos la verdadera música del cielo. Aquel cuya vida honra al Señor será, sin duda alguna, un hombre de alabanza. David no tenía intención de limitarse a expresar su gratitud en silencio, quería hacerlo en los términos apropiados: sus labios proclamarían aquello que había experimentado en su vida. Los discípulos eminentes suelen hablar bien del maestro que los instruyó, y así también el salmista, una vez el Señor le enseñara sus estatutos, promete darle toda la gloria que le corresponde.

C. H. SPURGEON

Mis labios prorrumpen en alabanza.[34] ¿Alguna vez te has detenido a contemplar el manantial de un arroyo, y admirado como burbujeaba transformándose en un débil riachuelo de aguas trasparentes, hasta convertirse finalmente en un caudaloso río? Tal es aquí la alusión. El corazón instruido por Dios es incapaz de contenerse, estalla en cánticos, en un manantial de alabanza que crece imparable hasta transformarse en riachuelo y finalmente en caudaloso río.[35] Tales son los efectos de la iluminación divina, y debemos sentirlos como un privilegio, sí, y un deber elevado. ¿Acaso, como creyentes, no lo habéis experimentado en diversas ocasiones? Tened la plena seguridad de que tales expresiones de gozo son la señal incuestionable de un corazón renovado; sí, de un corazón rebosante de gratitud por un sentimiento legítimo y acertado.

JOHN STEPHEN [1800-1881]
"The Utterances of the CXIX Psalm; Expounded in a Series of Lectures", 1861

Vers. 172. *Hablará mi lengua tus dichos, porque todos tus mandamientos son justicia.* *[Canta mi lengua tus dichos, pues todos tus mandamientos son justicia.* RVR*] [Que cante mi lengua de tu palabra, porque todos tus mandamientos son justicia.* LBLA*] [Mi lengua hablará de tus dichos, porque todos tus mandamientos son justos.* BTX*] [Que entone mi lengua un cántico a tu palabra, pues todos tus mandamientos son justos.* NVI*] [Que mi lengua pregone tu promesa, pues todos tus mandatos son justos.* BLP*] [Que mi lengua cante de tu palabra, porque todos tus mandatos son correctos.* NTV*]*[36]

---

[33] WILLIAM SWAN PLUMER [1802-1880] considera que la traducción más literal y correcta de la segunda cláusula: כִּי תְלַמְּדֵנִי חֻקֶּיךָ *kî ṯəlamməḏênî ḥuqqeḵā* es: *"Cuando tu me hayas enseñado"*.

[34] En hebreo: תַּבַּעְנָה שְׂפָתַי תְּהִלָּה *tabba'nāh śəpāṯay təhillāh* de נָבַע *naba,* "burbujear, brotar como un manantial". Una posible paráfrasis sería: *"Brotará de mis labios un manantial de alabanza"*.

[35] Salmo 45:1.

[36] La versión griega de los LXX o Septuaginta lee: φθέγξαιτο ἡ γλῶσσά μου τὸ λόγιόν σου, ὅτι πᾶσαι αἱ ἐντολαί σου δικαιοσύνη que la Vulgata traduce al latín como: *"Pronuntiabit lingua mea eloquium tuum, quia omnia mandata tua aequitas"*, "Pronunciará mi lengua tu palabra; porque todos tus mandamientos son equidad". La versión sefardí de Ferrara traduce: *"Refpondera mi lengua tu dicho, porque todos tus mandamientos juftedad"*. La caldea Peshitta: *"Mi lengua buscara tu palabra, porque todas tus ordenanzas son según la justicia"*. KRAUS traduce: *"Cante mi lengua tu fidelidad, porque todos tus mandamientos son rectos"*. SCHÖKEL: *"Entona mi lengua tu promesa, porque todos tus mandatos son legítimos"*.

Mi lengua hablará de tus dichos.[37] Tan pronto terminó de cantar, comenzó a predicar.[38] Las tiernas misericordias de Dios son de tal naturaleza que igual pueden ser narradas que cantadas. Cuando nuestra lengua habla de la palabra de Dios aborda el tema más fructífero; semejante a un árbol de vida cuyas hojas son para la sanidad de las naciones.[39] Los pueblos se reunirán para escuchar esas nuevas,[40] y las gentes la atesorarán en sus corazones.[41] Lo malo en nosotros es que por lo general, estamos llenos en exceso de nuestras propias palabras y decimos muy poco de la Palabra de Dios. Ojalá fuéramos capaces de adoptar la misma resolución que el salmista y decir: «de hoy en adelante, mi lengua hablará tus dichos». Con ello pondríamos fin a nuestro silencio pecaminoso; dejaríamos de ser cobardes o pusilánimes, para convertirnos en verdaderos testigos de Jesús.[42] Recordemos, también, que no es únicamente de las obras de Dios de lo que nos corresponde hablar, sino de su Palabra. Podemos exaltar su verdad, su sabiduría, su hermosura, su gracia, su poder; y luego contar todo cuanto ha revelado, todo cuanto ha prometido, todo cuanto ha ordenado, todo cuanto ha realizado. El tema o tiene límites, es más ancho y profundo que la mar y da para estar hablando indefinidamente: es la historia eternamente contada, pero jamás acabada de contar.

Porque todos tus mandamientos son justicia. Por lo que parece, David estaba enamorado ante todo de la parte preceptiva de la palabra de Dios, y de esos preceptos su principal deleite estaba en su pureza y excelencia. Cuando una persona puede decir esto con absoluta sinceridad, desde el fondo de su corazón, es porque su corazón es templo del Espíritu Santo. Antes había declarado: *"Tus testimonios son rectos y muy fieles"* (119:138), pero aquí los identifica con la justicia misma. La ley de Dios no es meramente un estándar de lo correcto, es la esencia misma de la justicia. Esto el salmista lo afirma de todos y cada uno de los mandamientos sin excepción. Y Pablo lo corrobora: *"la ley a la verdad es santa, y el mandamiento santo, justo y bueno"*.[43] Y cuando un hombre mantiene una opinión tan elevada de los mandamientos de Dios, no debe extrañarnos que sus labios estén listos para proferir alabanzas a Aquel que es glorioso para siempre.

C. H. SPURGEON

Mi lengua hablará de tus dichos. Como deber de gratitud, David se compromete a hablar de la Palabra divina para edificación de los demás. De igual modo que cada creyente es un sacerdote que ofrece sacrificio a Dios,[44] es también un profeta para predicar y enseñar a sus hermanos; pues tenemos

---

[37] FRANZ DELITZSCH [1813-1890] considera que este versículo refleja la técnica empleada por el salmista para fundamentar las súplicas que formula en los versículos anteriores (119:169-170), partiendo de las palabras del Salmo 50:23: *"El que sacrifica alabanza me honrará; y al que ordenare su camino, le mostraré la salvación de Dios"*: «*"Mi lengua entonará un cántico a tu palabra"*. Apoya sus peticiones en su propósito y compromiso de tributar alabanza a Dios y a su palabra».

[38] Dice WILLIAM SWAN PLUMER [1802-1880]: «Es triste ver cuán pocos aprovechan debidamente las oportunidades que se les presentan para presentar el evangelio a otros. Dice al respecto CHARLES BRIDGES [1794-1829]: '¡Qué desperdicio tan grande hay para nuestras propias almas en cada una de las oportunidades desaprovechadas de bendecir con la palabra de Dios las almas de los demás! Porque en nada obtenemos un provecho más sustancioso para nosotros mismos, que en la acción o esfuerzo de comunicarnos con nuestros semejantes'».

[39] Ezequiel 47:12; Apocalipsis 22:2.

[40] Isaías 43:9.

[41] Salmo 119:11.

[42] Hechos 1:8.

[43] Romanos 7:12.

[44] 1 Pedro 2:5,9. Ver también Isaías 61:6; Romanos 12:1; 1 Corintios 3:16; Apocalipsis 1:6; 5:10; 20:6.

el mandamiento que dice: *"Edificaos unos a otros sobre vuestra santísima fe"*.[45] Pero, ay, por desgracia, los cristianos de nuestra época hablan con locuacidad en sus mesas y con sus amistades de mil y un temas, salvo de los espirituales que conciernen al alma. Sobre esto, es como si fueran mudos, no se atreven a decir como David: *"Que cante mi lengua de tu Palabra"*.

WILLIAM COWPER [1566-1619]

"A holy alphabet for Sion's scholars full of spiritual instructions, and heavenly consolations [...] delivered by way of commentary upon the whole 119 Psalme", 1613

Vers. 173. ***Esté tu mano pronta para socorrerme, porque tus mandamientos he escogido.*** *[Esté tu mano pronta para socorrerme, porque he escogido practicar tus mandamientos.* RVR*] [Pronta esté tu mano a socorrerme, porque tus preceptos he escogido.* LBLA*] [Sea tu mano para socorrerme, porque tus preceptos he escogido* BTX*] [Que acuda tu mano en mi ayuda, porque he escogido tus preceptos.* NVI*] [Que tu mano venga en mi ayuda, porque yo escogí tus preceptos.* BLP*] [Tiéndeme una mano de ayuda, porque opté por seguir tus mandamientos.* NTV*]*[46]

Esté tu mano pronta para socorrerme. Dame ayuda práctica. No me confíes a la protección mis amigos, ni a la de tus amigos, antes bien, pon en ello tu propia mano. Siendo que tu mano tiene tanta habilidad como poder, disposición como fuerza: muestra todas estas cualidades en mi defensa. Estoy dispuesto para aportar de mi mismo lo máximo que puedo hacer; pero necesito tu ayuda y de manera urgente, pues de lo contrario me hundiré sin remedio. No rehúses socorrerme. Dada la inmensidad de tu mano, tiéndela hasta alcanzarme a mí, sí, también a mí. Esta oración me recuerda a Pedro caminando sobre el mar y comenzando a hundirse; también, gritó: *"Señor, sálvame"*,[47] y la mano del Maestro se extendió compasiva en su rescate.

Porque he escogido tus preceptos. Un buen argumento. Es justo pedir ayuda de la mano de Dios cuando hemos dedicado las nuestras a la obediencia de la fe. *"He escogido tus preceptos":* la elección era clara, su mente estaba segura y determinada. Por encima de todas las normas y vías terrenales, con preferencia incluso a su propia voluntad, había elegido mantenerse en absoluta obediencia a los mandamientos divinos. ¿Acaso Dios negará su ayuda a una persona que se ha entregado a su servicio en labor santa y sagrada obediencia? Por supuesto que no. Si la gracia ha puesto el deseo en nuestro corazón, nos proporcionará también la mano con la cual llevarlo a cabo. Siempre que ateniéndonos a los límites del llamamiento divino, emprendamos una empresa elevada y noble, y eventualmente sintamos que es demasiado para nuestras fuerzas, podemos invocar el auxilio de la diestra de Dios con palabras similares a las del salmista: *"Esté tu mano pronta para socorrerme, porque he escogido tus preceptos"*.

C. H. SPURGEON

---

[45] Judas 1:20. Traducción literal del texto original del autor: *"Edify one another in their most holy faith"*. Ver también 1 Tesalonicenses 4;18; 5:11; Romanos 15:2; Efesios 4:29; Hebreos 3:13; 10:25.

[46] La versión griega de los LXX o Septuaginta lee: γενέσθω ἡ χείρ σου τοῦ σῶσαί με, ὅτι τὰς ἐντολάς σου ᾑρετισάμην que la Vulgata traduce al latín como: *"Fiat manus tua ut salvet me, quoniam mandata tua elegi"*, "Sea tu mano para salvarme; porque he elegido tus mandamientos". La versión sefardí de Ferrara traduce: *"Sea tu mano para ayudarme, por que tus encomendanças efcogi"*. La caldea Peshitta: *"Tu mano me auxilie, porque he preferido tus ordenanzas"*. KRAUS traduce: *"¡Esté (extendida) tu mano para ayudarme, porque yo escogí tus ordenanzas!"*. SCHÖKEL: *"Que tu mano me auxilie, pues escojo tus decretos"*.

[47] Mateo 14:30.

Esté tu mano pronta para socorrerme. Habiendo hecho promesas de gratitud (119:171-172), David busca ahora la ayuda de Dios para poder cumplirlas. Nuestra suficiencia no proviene de nosotros mismos, sino de Dios; pues tanto el querer como el hacer ambos proceden de él.[48] En las cosas temporales, a menudo los hombres realizan grandes sacrificios con muy pocos beneficios; en primer lugar, porque no los hacen con integridad y buena conciencia; y además, porque no buscan la ayuda de Dios. Lo cual les lleva a correr no mejor suerte que Pedro, que estuvo pescando toda la noche y no sacó nada, hasta que echó su red en el nombre del Señor.[49] Pero en las cosas espirituales, si no imploramos la ayuda del Señor, las posibilidades que tenemos de prosperar son todavía menores: pues los recursos y medios materiales no nos beneficiarán a menos que la bendición de Dios los acompañe. Podrá haber predicación, pero en su mayor parte sin resultados; podrá haber oración, pero no prevalece; podrá ser la Palabra escuchada, pero sin que edifique; y todo por falta de una oración constante, honesta y sincera, pidiendo a Dios que *su mano esté pronta para socorrernos.*

ABRAHAM WRIGHT [1611-1690]
"A Practical Commentary or Exposition upon the Book of Psalms", 1661

Porque he escogido tus preceptos. ¿Ha puesto Dios en tu corazón escoger sus caminos? ¡Pues bendice a Dios! Hubo un tiempo en que no buscabas sino los placeres de la carne, en que no veías cosa mejor que esta clase de vida miserable; y el Señor se complació en mostrarte cosas mejores, haciendo que renunciaras a tus caminos de entonces y escogieras otro camino mejor, en el cual tu alma ha hallado otra clase de consuelos, satisfacciones y contentos, distintos a los de antes. Bendice, por tanto, a Dios, como hizo David: *"Bendeciré al Señor que me aconseja"*.[50] Y viendo como Dios ha inclinado de ese modo tu corazón hacia él, afírmate en tu elección para siempre; viendo como Dios te ha mostrado sus caminos, di como dijo Pilato en distinta circunstancia: *"Lo que he escrito, he escrito"*;[51] di tu también: *«Lo que he escogido, he escogido»*.

JEREMIAH BURROUGHS [1599-1646]
"Moses his choice with his eye fixed upon Heaven, discovering the happy condition of a self-denying heart, delivered in a treatise upon Hebrews II, 25, 26", 1650

Esté tu mano pronta para socorrerme. La mano de Dios ejerce múltiples funciones. Entre ellas podemos identificarla como:

1. Una mano que crea: *"Cuando veo tus cielos, obra de tus dedos"*. [52]
2. Una mano que moldea: *"Nosotros el barro y tu el alfarero, obra de tus manos somos"*.[53]
3. Una mano que suple: *"Abres tu mano, y colmas de bendición a todo ser viviente"*.[54]
4. Una mano que protege: *"Todos tus santos están en tu mano"*.[55]

---

[48] Filipenses 2:13.
[49] Lucas 5:1-11.
[50] Salmo 16:7.
[51] Juan 19:22.
[52] Salmo 8:3; 19:1; 95:5; Isaías 48:13.
[53] Isaías 64:8; Jeremías 18:6.
[54] Salmo 145:16.
[55] Deuteronomio 33:3.

5. Una mano que imparte justicia: *"Y mi mano empuñe la justicia"*.[56]
6. Una mano que consuela: *"Y puso su mano diestra sobre mí, diciéndome: No temas"*.[57]
7. Una mano que sostiene: *"Te sostendré con la diestra de mi justicia"*.[58]
8. Una mano que transporta: *"La mano de Jehová vino sobre mí, y me llevó"*.[59]
9. Una mano que sana: *"Extiendes tu mano para que se hagan sanidades"*.[60]
10. Una mano que dirige: *"En tu mano están mis tiempos"*.[61]
11. Una mano que castiga: *"Día y de noche pesaba sobre mí tu mano"*.[62]

W. J.[63]

Vers. 173-174. *"He escogido tus mandamientos... tu ley es mi delicia"*. La acción de elegir libremente suele ir acompañada de un sentimiento de alegría; por el contrario, la amargura tras una decisión tomada es clara señal de que no tuvimos la oportunidad de elegir, nos obligaron. La alegría en el servicio conlleva alegría en las misericordias: *"Sales al encuentro del que con alegría hace justicia"*;[64] es decir, Dios extiende su mano en favor del que le sirve con gozo. Cristo no se complace en un servicio triste, apático y melancólico; semejante temperamento en las acciones de obediencia es vergonzoso ante Dios y un descrédito para la fe cristiana. Con respecto a Dios, deja entrever que estamos un tanto recelosos de él, cual si se tratara de un amo duro e intransigente;[65] y en cuanto al ejercicio de la fe, difunde la idea que cumplir con nuestros deberes como cristianos nos resulta una molestia más que un privilegio.

STEPHEN CHARNOCK [1628-1680]
"A Discourse of Obedience", 1662

Vers. 174. *He deseado tu salvación, oh Jehová, y tu ley es mi delicia.* *[Anhelo tu salvación, oh Jehová, y tu ley es mi delicia.* RVR*] [Anhelo tu salvación, Señor, y tu ley es mi deleite.* LBLA*] [Anhelo tu salvación, oh YHVH, y tu ley es mi delicia.* BTX*] [Yo, Señor, ansío tu salvación. Tu ley es mi regocijo.* NVI*] [Anhelo, Señor, tu salvación, tu ley constituye mi delicia.* BLP*] [Oh Señor, he anhelado que me rescates, y tus enseñanzas son mi deleite.* NTV*]*[66]

---

[56] Deuteronomio 31:41.
[57] Apocalipsis 1:17.
[58] Isaías 41:10.
[59] Ezequiel 37:1; Amos 9:2.
[60] Hechos 4:30.
[61] Salmo 31:17.
[62] Salmo 32:4.
[63] En el original aparecen estas siglas como toda referencia, sin obra, publicación ni fecha.
[64] Isaías 64:5.
[65] Mateo 25:24; Lucas 19:20-22; Romanos 8:7.
[66] La versión griega de los LXX o Septuaginta lee: ἐπεπόθησα τὸ σωτήριόν σου, κύριε, καὶ ὁ νόμος σου μελέτη μού ἐστιν que la Vulgata traduce al latín como: *"Concupivi salutare tuum, Domine, et lex tua meditatio mea est"*, "He codiciado tu salud, Señor; y tu ley es mi meditación". La versión sefardí de Ferrara traduce: *"Deffee a tu falvacion, Adonay, y tu ley mis folazes"*. La caldea Peshitta: *"Tu salvación ha esperado mi alma, y he meditado en tu ley"*. KRAUS traduce: *"Anhelo tu ayuda, oh Yahvé, y tus instrucciones son mi deleite"*. SCHÖKEL: *"Ansio tu salvación, Señor, tu voluntad es mi delicia"*.

Anhelo tu salvación, oh Jehová.[67] Se expresa con las mismas palabras que el anciano Jacob en su lecho de muerte.[68] De hecho, todos los santos de Dios se asemejan en pensamiento, palabra y obra, tanto en sus oraciones como en la hora de su muerte. Conocía la salvación de Dios, y no obstante, la seguía anhelando; es decir, había experimentado una parte, y esa parte le había conducido a esperar algo aún más elevado y completo.[69] Hay una salvación futura, que vendrá cuando seamos librados de este cuerpo de muerte,[70] liberados de toda la agitación y problemas de esta vida mortal, elevados por encima de las tentaciones y ataques de Satanás, y establecidos al lado de nuestro Dios siendo semejantes a él por los siglos de los siglos.[71]

Y tu ley es mi delicia. La primera cláusula nos dice lo que el santo anhela; esta segunda nos informa de donde brota su satisfacción presente. La ley de Dios, contenida en los diez mandamientos, aporta gozo a los creyentes. La ley de Dios, entiéndase por ello toda la Biblia, es un manantial de consuelo y alegría a cuantos la reciben. Aunque no hayamos alcanzado todavía la plenitud de nuestra salvación futura, lo que encontramos en la palabra de Dios acerca de ella es tanto, que incluso aquí y ahora, en el presente, ya nos hace rebosar de deleite.

C. H. SPURGEON

Anhelo tu salvación, oh Jehová, y tu ley es mi delicia. La lección que aprendemos de estas dos frases que junta aquí David; *"anhelo tu salvación"* y *"y tu ley es mi delicia"* es que no basta con anhelar y desear la salvación divina, es preciso que utilicemos los medios designados para alcanzarla. De no haber podido testificar en conciencia que la ley era su delicia, decir que anhelaba la salvación habría sido para David un acto de flagrante hipocresía. Es una burla que alguien diga que anhela el pan de cada día, y ore a Dios para que se lo de, cuando por otro lado no anda conforme a la voluntad divina, o bien trata de obtener su pan mediante fraude y rapiña sin atenerse en absoluto a las providencias de Dios. ¿Cabe imaginar que alguien diga por un lado que desea recuperar la salud, y por el otro desprecie los consejos de su medico y descuide todos los medicamentos y terapias prescritas para su recuperación? Dios, en su infinita sabiduría, ha dispuesto un medio legítimo para cada cosa legítima; lo cual significa que utilizando estos medios legítimos de manera obediente, tenemos acceso a obtener aquello que anhelamos confiadamente y de manera legítima; pero si obviamos o despreciamos los medios legítimos que Dios ha dispuesto, pensar que podemos alcanzar con éxito el fin que anhelamos es mera presunción. Para que Dios pudiera librar a Noé del diluvio, era preciso que Noé, con humildad

---

[67] Dice FRANZ DELITZSCH [1813-1890]: «La *"salvación"* que anhela (en hebreo לִֽישׁוּעָתְךָ *lîšū ʻāṯəkā* de יְשׁוּעָה *yeshuah,* como en 119:123, 166), es redención de la maldad de este mundo, en medio de la cual su alma se siente en peligro; y por tanto (119:175) confía en que los juicios divinos (en hebreo וּמִשְׁפָּטֶךָ *ūmišpāṭeḵā,* plural defectivo) le ayuden (en hebreo יַעֲזְרֻנִי *ya'ăzrunî*). Son la יָדְךָ *yāḏəḵā,* la mano de Dios; y los פִקּוּדֶיךָ *p̄iqqūḏeḵā,* sus preceptos (119.173), los que le han prestado socorro, y ambos van estrechamente ligados, pues su mano es el medio que ejecutor de su palabra».

[68] Génesis 49:18.

[69] Dice WILLIAM SWAN PLUMER [1802-1880]: «Las personas piadosas experimentan ansias y deseos muy intensos de la gracia y de sentirse totalmente libres del pecado y sus consecuencias; anhelan la salvación futura, la salvación perfecta. Ello condiciona su existencia terrenal, limitando su felicidad, en tanto que sienten que no están glorificando a Dios ni rindiéndole alabanza en la plenitud que ellos quisieran. Cabe la posibilidad de poseer y disfrutar de la verdadera gracia sin experimentar un sentimiento de triunfo exultante; lo que no es viable en modo alguno es poseer y disfrutar la verdadera gracia sin experimentar hambre y sed de justicia (Salmo 24:4; Mateo 5:8)».

[70] Romanos 7:24.

[71] Salmo 17:15; 1Corintios 13:12; Filipenses 3:21; 2 Pedro 1:4; 1 Juan 3:2.

y reverencia, hiciera su parte: construyera el arca;[72] de lo contrario no habría escapado de las aguas. Para salvar a Lot de la destrucción de Sodoma, era necesario que Lot hiciera su parte saliendo de la ciudad con rapidez y sin mirar hacia atrás hasta haber entrado en Zoar.[73] El Señor tuvo a bien sanar a Ezequías de su enfermedad, pero fue necesario que Ezequías hiciera su parte *"poniendo un emplasto de higos sobre su llaga para que sanara"*.[74] Prometió a Pablo preservarle a él y sus acompañantes de la tempestad en el mar, pero los marineros debían *"permanecer en la nave"*, pues de otra modo *"vosotros no podréis salvaros."*.[75]

SAMUEL HIERON [1572-1617]
"David's Penitential Psalm opened", 1617

Anhelo tu salvación, oh Jehová, y tu ley es mi delicia. Lo que el salmista desea es una salvación obrada directamente por el propio Dios, *"tu salvación"*, en tanto que nada más podría satisfacer su mente pura: paz perfecta con Dios, pureza perfecta y esperanza perfecta. Ahora bien, si preguntáis cuál es la manera divina de librarle, y cuál su camino de salvación, la respuesta es que este estaba establecido en su Palabra; y a esta el salmista llama *"tu ley"*. Vemos, por tanto, que el salmista discierne que *"la salvación"* de Dios y *"la ley"* de Dios son una sola cosa: *"Anhelo tu salvación, oh Jehová, y tu ley es mi delicia"*.

JOHN STEPHEN [1800-1881]
"The Utterances of the CXIX Psalm; Expounded in a Series of Lectures", 1861

Anhelo tu salvación, oh Jehová. La *"salvación"*, obrada por la *"mano"* o brazo de Jehová (que a menudo en las Escrituras es un título del Mesías), ha sido objeto de las esperanzas, deseos y expectativas *"anhelantes"* de los fieles desde Adán hasta el día de hoy. Y continuará así hasta que Cristo, que ya nos ha visitado en profunda humillación,[76] regrese de nuevo en gloriosa majestad para completar nuestra redención y llevarnos con él.[77]

GEORGE HORNE [1730-1792]
"A Commentary on the Psalms in which Their Literal Or Historical Sense, as They Relate to King David, is Illustrated", 1825

Anhelo tu salvación, oh Jehová, y tu ley es mi delicia. Anhela salvación presente de la culpa y el poder del pecado, y la salvación futura en el disfrute pleno y eterno de Dios en el cielo. David tuvo el gozo y el privilegio de ser partícipe tanto de la misericordia perdonadora como de la gracia santificante; y no obstante, seguía deseando más salvación, es decir, una fe más firme y segura en la misericordia perdonadora y gracia santificante en mayor medida. Un alma tocada por la gracia es insaciable; cuanto más ha recibido, más desea recibir. El disfrute, en lugar de la saciar, agudiza el deseo. Saborear las cosas espirituales es algo tan dulce, que cada nuevo sorbo de ellas abre la sed de otras.

"Tu ley es mi delicia". David elige aquí el término *"ley"* para referirse al conjunto de toda la revelación de la voluntad de Dios; para recordarnos la conexión inseparable entre el privilegio y el deber, entre la fe y la obediencia, la santidad y en consuelo; y para enseñarnos que debemos estar tan

[72] Hebreos 11:7.
[73] Génesis 19:17.
[74] Isaías 38:21.
[75] Hechos 27:31.
[76] Lucas 1:68; 7:16; Mateo 8:20; 2 Corintios 8:9; Filipenses 2:6-11
[77] Marcos 13:26; Lucas 21:27; Juan 14:3.

agradecidos a Dios por la ruta que nos ha asignado en nuestro camino al cielo, como por las promesas que nos garantizan su posesión.

ROBERT WALKER [1716-1783]
"Sermons on Practical Subjects – Sermon LVII on Psalm CXIX 173, 174, 175", 1785

Anhelo tu salvación, oh Jehová, y tu ley es mi delicia. Nuestra práctica cristiana languidecerá o florecerá según la entendamos como un deber o un deleite. La mente humana es incapaz de dar continuidad al esfuerzo si lo entiende como una obligación; pero se vuelve incansable cuando lo entiende como un deleite. De modo que en tanto Cristo sea fuente de vida e inspiración de nuestros deberes cristianos, fácilmente se convierten en privilegios; y cada paso dado en nuestro progreso espiritual, por duro que resulte, en un deleite. Este versículo, cuyo mejor intérprete es la propia experiencia, refleja el sentir del creyente tanto en sus estados de ánimo como de desmayo. Pues cuanto más conoce y disfruta de la presencia divina, más desea conocerla y disfrutarla.

CHARLES BRIDGES [1794-1869]
"Exposition of Psalm CXIX,
As illustrative of the character and exercises of the Christian experience", 1827

Mi delicia. En hebreo שַׁעֲשֻׁעָי *ša'ăšu'āy,* término utilizado también en los versículos: 24, 77, 92, 143. Un plural, por lo que en realidad debería ser *"mis delicias"*. La palabra de Dios es para su pueblo un manantial abundante de deleites.[78]

WILLIAM SWAN PLUMER [1802-1880]
"Studies on the Book of Psalms", 1867

Vers. 175. ***Viva mi alma y te alabe, y tus juicios me ayuden.*** *[Viva mi alma para alabarte, y tus juicios me ayuden.* RVR*] [Viva mi alma para alabarte, y que tus ordenanzas me ayuden.* LBLA*] [¡Viva mi alma y te alabe, y ayúdenme tus juicios!* BTX*] [Déjame vivir para alabarte; que vengan tus juicios a ayudarme.* NVI*] [Que yo viva para alabarte, que tus preceptos me ayuden.* BLP*] [Déjame vivir para que pueda alabarte, y que tus ordenanzas me ayuden.* NTV*]*[79]

Viva mi alma. Infúndele un nuevo hálito vida, preservala de deambular por caminos de muerte, conviértela en morada del Espíritu Santo, y haz que viva en plenitud hasta los límites más extremos de su nueva creación en Cristo Jesús.

---

[78] WILLIAM SWAN PLUMER [1802-1880] nos recuerda que la expresión que utiliza el salmista שַׁעֲשֻׁעָי *ša'ăšu'āy* de שַׁעֲשֻׁעַ *shaashuim,* "delicia" o "deleite", y que solo ocurre cinco veces todas ellas en el Salmo 119 (119:24, 77, 92, 143, 174), es un plural, por lo que la traducción literal correcta sería: *"son mis delicias"*. Y añade: «Los justos experimentan en la palabra de Dios un placer tan intenso, que para ellos va muchos mucho más de ser: *"su delicia"*, es: *"sus delicias"*. Y aunque se les sustraiga todo cuanto poseen, con tal de que puedan seguir disfrutando de la dulzura de creer y confiar en las Escrituras, siguen sintiéndose bienaventurados».

[79] La versión griega de los LXX o Septuaginta lee: ζήσεται ἡ ψυχή μου καὶ αἰνέσει σε, καὶ τὰ κρίματά σου βοηθήσει μοι que la Vulgata traduce al latín como: *"Vivet anima mea, et laudabit te, et judicia tua adjuvabunt me"*, "Vivirá mi alma, y te alabará; y tus juicios me ayudarán". La versión sefardí de Ferrara traduce: *"Biva mi alma y lohartea, y tus juizios me ayudaran"*. La caldea Peshitta: *"¡Que viva mi alma para que te alabe, y que tu juicio me ayude!"*. KRAUS traduce: *"¡Viva mi alma y te alabe, y ayúdenme tus juicios!"*. SCHÖKEL: *"Viva mi alma para alabarte, y tu mandamiento me auxiliará"*.

Para alabarte. Alabarte por la vida presente, por la vida nueva, por la vida eterna; porque tú eres el Señor y el dador de la vida.[80] Cuanto más viva, más podré alabarte, y cuando viva en perfección te alabaré perfectamente. La vida espiritual es un binomio de oración y alabanza.

Y tus juicios me ayuden. Mientras leo el registro de cuanto has hecho, en terror o en amor, haz que sea vivificado y progrese. En tanto veo tu mano obrando sobre mí, y sobre otros, castigando el pecado, y sonriendo sobre la justicia, otórgame la ayuda precisa para vivir rectamente por un lado y alabarte agradecido por el otro. Que todas tus obras en la providencia me instruyan y me ayuden en la lucha para vencer el pecado y practicar la santidad. Es la segunda vez que solicita ayuda en esta octava; siempre estuvo falto de ella, y nosotros también.[81]

C. H. SPURGEON

Viva mi alma para alabarte, y tus juicios me ayuden.[82] En este versículo encontramos tres cosas:

1. La petición de David implorando vida: *"Viva mi alma"*.[83] *"Mi alma"* es decir, yo, todo mi ser; pues aquí por alma se entiende todo el hombre. Sansón exclamó en sentido inverso: *"Muera mi alma con los filisteos"*.[84] Los enemigos de David buscaban su muerte con insólita crueldad, y por tanto, desea que Dios lo mantenga con vida.

2. El argumento sobre el cual basa su petición: *"Para alabarte"*. Glorificar a Dios sería el objetivo de su vida. La razón de cuantos dones recibimos de Dios es beneficiarnos a nosotros y alabarle a él. David profesa que mantendrá el sentido y reconocimiento del beneficio recibido a lo largo de todos los días de su vida.

3. El fundamento de su esperanza y confianza: *"Y tus juicios me ayuden"*. Nuestras expectativas de auxilio se basan en los juicios de Dios, por los cuales se entiende el conjunto de su Palabra. Hay juicios decretados, juicios ejecutados; juicios doctrinales y juicios providenciales. Aunque el tiempo entre su decreto y ejecución pueda dilatarse, como leemos: *"Como la sentencia contra una mala obra no se ejecuta enseguida, por eso el corazón de los hijos de los hombres está en ellos entregado enteramente a hacer el mal"*,[85] es decir: *"sententia lata et dilata"*.[86] Pero el salmista considera aquí los juicios de Dios como sentencia pronunciada, y da por tanto su ejecución como como cosa hecha;

---

[80] 1 Samuel 2:6; Juan 10:18; Hechos 3:15; Filipenses 2:6-11.

[81] Dice JOHANN PETER LANGE [1802-1884] en su comentario citando a MARTÍN LUTERO [1483-1546]: «El cristiano no es un ser perfecto, sino en proceso de perfección; su vida no es un dechado de piedad, sino una batalla incesante para asumirla. No puede presumir de salud, porque vive en continua convalecencia; ni disfrutar de reposo, porque precisa de constante ejercicio. No somos aún, estamos en proceso de llegar a ser (1 Juan 3:2); en nosotros no hay nada finalizado o completo; todo está en progreso y acción incesante; porque no hemos alcanzado la meta que perseguimos, antes bien corremos con ahínco tratando de alcanzarla (Filipenses 3:12-15)».

[82] GREGORIO MAGNO [540-604], sentía una devoción muy especial hacia los Salmos, hasta el punto que cuando su madre Silvia falleció, siendo ya él Papa, mandó pintar en una de las paredes de la iglesia de San Gregorio de Roma, la imagen de su madre sosteniendo en su mano derecha un ejemplar abierto del Salterio con las palabras de este versículo: *"Viva mi alma para alabarte, y tus juicios me ayuden"* (119:175). Se ha conservado hasta el día de hoy y es para la Iglesia Católica Romana la imagen más conocida de Santa Silvia de Roma.

[83] En hebreo: תְּחִי־נַפְשִׁי *təḥî-nap̄šî.*

[84] Jueces 16:30. En hebreo תָּמוֹת נַפְשִׁי עִם־פְּלִשְׁתִּים *tāmōwṯ nap̄šî ʻim-pəlištîm.*

[85] Eclesiastés 8:11.

[86] Frase latina que significa: "Sentencia laxa y diferida", es decir "compasiva y dilatada en el tiempo". Se utilizaba en derecho romano cuando el juez decidía que la sentencia no se aplicara de inmediato y tampoco en todo su rigor sino de manera benevolente y compasiva.

principalmente una parte de ellos: las promesas de la gracia. La misma idea expresa en otro versículo: *"Porque en tus juicios espero",* (119: 43). Las promesas son el motivo de la esperanza.

THOMAS MANTON [1620-1677]

"One hundred and ninety sermons on the hundred and nineteenth Psalm", 1681

Viva mi alma. ¿Cuál es esa vida por la que ora aquí el salmista, sino la salvación que con tanto anhelo implora en el versículo anterior? El sorbo que ha paladeado de la misma le hace sentir hambre de un disfrute mayor y más continuo, no para una gratificación personal y egoísta, sino para poder dedicarse a la alabanza de su Dios. De hecho, y siendo que nos aproximamos ya al final de este Salmo, no puede habernos pasado por alto que ese mismo sentimiento de alabanza impregna toda su experiencia, algo que queda reflejado de manera especial en los salmos finales de este libro sagrado. Y ciertamente nosotros, por no involucrarnos más intensamente en practicar la alabanza, perdemos una buena parte de nuestra fortaleza espiritual.

CHARLES BRIDGES [1794-1869]

"Exposition of Psalm CXIX,
As illustrative of the character and exercises of the Christian experience", 1827

Viva mi alma para alabarte. El creyente busca mejorar sus cosas terrenales para un fin celestial. ¿Dónde está tu tesoro? ¿Lo tienes confinado a tus apetitos voluptuosos, tus halcones y tus sabuesos;[87] o lo extiendes hasta el seno de los miembros pobres del cuerpo de Cristo? ¿Qué uso haces de tus títulos, tus honores y tu grandeza? ¿Los empleas para fortalecer las manos de los piadosos o las de los malvados? Y así con todos tus otros disfrutes temporales. Un corazón rebosante de la gracia divina busca ampliarlos y mejorarlos para Dios; cuando un creyente ora por estas cosas temporales, tiene puesta la mirada en un fin celestial. Si David ora implorando vida, no es para alargar su existencia para disfrute terrenal, sino *"viva mi alma para alabar a Dios"*. Veamos sino cual era su primordial deseo y esperanza cuando fue expulsado de su trono regio por los brazos rebeldes de Absalón: *"Dijo el rey a Sadoc: Vuelve el arca de Dios a la ciudad. Si yo hallo gracia ante los ojos de Jehová, él hará que yo vuelva, y permitirá que pueda verla de nuevo en su tabernáculo".*[88] Fijémonos bien en cual es, también en este caso, su prioridad, pues no dice *"él hará que yo vuelva":* para recuperar mi corona o mi palacio, sino para que pueda ver de nuevo el arca y la casa de Dios.

WILLIAM GURNALL [1617-1679]

"Christian in complete armour, or, a treatise of the saints war against the Devil", 1655

Viva mi alma para alabarte. La vivificación del alma es un don del Espíritu, y cuando es otorgado se manifiesta por medio de una alabanza abundante.

HENRY LAW [1797-1884]

"The Family Devotion: the Book of Psalms arranged for Worship", 1878

[87] La diversión favorita de los nobles en el siglo XVII era la caza y la cetrería, razón por la que les menciona directamente los halcones y los sabuesos, juntamente con su afición a las mujeres, como las cosas más valoradas. Entre tanto el pueblo moría de hambre sin que movieran un dedo para aliviar tal situación, antes por el contrario se cobraban impuestos abusivos y se condenaba a muerte a cualquiera que fuera atrapado cazando en las propiedades de la nobleza.

[88] 2 Samuel 15:25.

Y tus juicios me ayuden. En esta segunda cláusula sería difícil entender la palabra *"juicios"* por mandamientos, a los que no atañe propiamente la función de proporcionar ayuda. Parece claro, por tanto, que el profeta, percibiéndose el mismo susceptible a numerosas calamidades, –siendo que los fieles, en razón de la conducta desenfrenada de los impíos, habitan en este mundo cual ovejas en medio lobos–,[89] pide a Dios que lo proteja por la vía de refrenar a los malvados, por medio de su providencia secreta, impidiéndoles de causarle daño. Cuando las cosas en el mundo llegan a un estado semejante de tan enorme confusión, y nuestra seguridad corre peligro entre tantas y tan variadas tormentas, es una práctica doctrinal muy provechosa elevar nuestros ojos a los juicios de Dios y buscar remedio en ellos.

JUAN CALVINO [1509-1564]

Vers. 176. ***Yo anduve errante como oveja extraviada; busca a tu siervo, porque no me he olvidado de tus mandamientos.*** *[Yo anduve errante como oveja extraviada; busca a tu siervo, porque no me he olvidado de tus mandamientos.* RVR*] [Me he descarriado como oveja perdida; busca a tu siervo, porque no me olvido de tus mandamientos.* LBLA*] [Anduve errante como oveja descarriada, ¡Busca a tu esclavo, porque no ha olvidado tus mandamientos!* BTX*] [Cual oveja perdida me he extraviado; ven en busca de tu siervo, porque no he olvidado tus mandamientos.* NVI*] [Ando errante como oveja descarriada; ven a buscar a tu siervo, que no olvido tus mandatos.* BLP*] [He andado descarriado como una oveja perdida; ven a buscarme, porque no me he olvidado de tus mandatos.* NTV*]*[90]

Anduve errante como oveja extraviada.[91] Este es *la grande finale*, la conclusión de todo el tema: *"Me descarrié como oveja perdida"*.[92] Con frecuencia, intencionadamente, sin motivo, y sin esperanza

[89] Mateo 10:16; Lucas 10:3; Hechos 10:29; Filipenses 2:15.

[90] La versión griega de los LXX o Septuaginta lee: ἐπλανήθην ὡς πρόβατον ἀπολωλός· ζήτησον τὸν δοῦλόν σου, ὅτι τὰς ἐντολάς σου οὐκ ἐπελαθόμην que la Vulgata traduce al latín como: *"Erravi sicut ovis quae periit: quaere servum tuum, quia mandata tua non sum oblitus"*, "Anduve errante, como oveja descarriada; busca a tu siervo, porque no he olvidado tus mandamientos". La versión sefardí de Ferrara traduce: *"Eree como carnero perdido; bufca tu fiervo, por que tus mandamientos no olvidee"*. La caldea Peshitta: *"He andado errante cual oveja extraviada; busca a tu siervo, porque no me he olvidado de tus mandamientos"*. KRAUS traduce: *"¡Estoy descarriado como oveja perdida! ¡Busca a tu siervo porque no olvido tus mandamientos!"*. SCHÖKEL: *"Me extravié como oveja descarriada, busca a tu siervo, que no olvida tus mandatos"*.

[91] FELIPE SCIO DE SAN MIGUEL [1738-1776] en una nota en su traducción de la Vulgata indica que: «esto se puede entender como una figura sacada de la vida de pastor que había llevado en su juventud; otros de la vida errante que le obligó a llevar la enconada persecución de Saúl; pero la mayoría de los Padres de la Iglesia lo entienden como una alusión directa del extravío miserable en que nacen todos los hombres por causa del pecado, alejados de la divina gracia». Y cita en este sentido a TEODORETO DE CIRO [393-458]: 'Ruega, finalmente, el profeta al Señor, que envíe a aquel Buen Pastor que habla de ir ansioso en busca de la oveja perdida; y una vez hallada, habla de ponerla sobre sus hombros, llevarla hasta el redil y celebrar su hallazgo con gran festejo (Lucas 15:1-7, 1 Pedro 2:25)».

[92] Dice FRANZ DELITZSCH [1813-1890]: «Después de una relación tan íntima y tan intensa del salmista con la Palabra de Dios, algo demostrado que se atestigua cien veces a lo largo del Salmo, el final no deja de sonar un tanto extraño. No parece razonable que concluya diciendo de si mismo: תָּעִ֗יתִי כְּשֶׂ֣ה אֹ֭בֵד *tā'îṯî kəśeh 'ōḇêḏ;* y sin embargo, la acentuación parece correcta cuando evitando la influencia de Isaías 53:6 determina: *"Me he descarriado – busca tu a tu siervo como una oveja perdida"*. שֶׂה אֹבֵד *seh 'ōḇêḏ* de אָבַד *abad*

de no haber sido por tu gracia interpuesta. En épocas pasadas, antes de verme afligido, y de que me instruyeras en tus estatutos: *"Me descarrié"*. Me alejé de los preceptos prácticos, de las doctrinas instructivas y de las experiencias celestiales que me has mostrado. Perdí mi camino y *"anduve errante"*. Incluso ahora sigo con tendencia a descarriarme fácilmente, y, de hecho, ya me he extraviado; por tanto, Señor, restáurame.[93]

"Busca a tu siervo". No se veía a si mismo como uno esos perros capaces de encontrar desde los lugares más remotos su camino de regreso a casa; sino más bien como una oveja errante, que cuanto más se mueve de lugar más se aleja del redil. Con todo, sabía que continuaba siendo oveja, una oveja del Señor, de su propiedad y preciosa a sus ojos. Y por tanto, confiaba en ser buscado para ser restaurado.[94] Por lejos que pudiera haber deambulado, seguía siendo una oveja, y más que una oveja, un *"siervo de Dios"*.[95] En consecuencia, deseaba habitar de nuevo en la casa de su Maestro, y verse honrado nuevamente con las misiones y encargos de su Señor. De haber sido tan solo una oveja perdida no habría orado para ser buscado; pero al ser también un *"siervo"*, tenía la facultad de orar, y

---

significa una oveja extraviada o que se ha perdido (y en este sentido הָאֹבְדִים *hā'ōḇəḏîm* de la misma raíz אָבַד *abad* en símbolo de la dispersión (Isaías 27:13) y destrucción total (Levítico 27:38; Salmo 31:12). En base a esta interpretación que se desprende de su puntuación, este versículo final (119:176) resulta más fácil de entender enlazándolo con el anterior (119:175): *"Viva mi alma para alabarte, y tus juicios me ayuden"*. El salmista *"anduvo errante como oveja extraviada"*, pero ese *"extravío"* no significa que cayera en apostasía; su hogar, por el que suspira y al que tanto ha anhelado regresar cuando se ha visto traicionado mientras andaba errante por atajos, está al lado del Señor». Este problema que plantea la puntuación según indica Delitzsch y el uso del término אָבַד *abad* en Isaías 27:13, llevaron a algunos comentaristas, como es el caso de CHARLES JOHN ELLICOTT [1819-1905], a plantearse la posibilidad de que el salmista no esté hablando de si mismo a título personal, sino de la comunidad como colectivo; pero tal afirmación cuenta con argumentos muy débiles a favor. Por su parte JOHN JAMES STEWART PEROWNE [1823-1904] comenta: «No cabe el dar a la figura empleada por el salmista en este versículo el mismo sentido que se le da en la "parábola de la oveja perdida" contada por el Señor (Mateo 18:10-14; Lucas 15:1-7); en tanto que en este caso, el que se declara a si mismo como "oveja extraviada", afirma a su vez: *"no me he olvidado de tus mandamientos"*. Hemos de entender, por tanto, que el salmista utiliza esta figura tan solo para dejar constancia de su estado de total indefensión (ver 119:141); expuesto a los ataques de numerosos y poderosos enemigos entre los que deambula errante sin saber donde encontrar refugio, protección ni descanso». Y JOSEPH ADDISON ALEXANDER [1809-1860]: «De la misma manera que en el versículo anterior (119:175) resume el conjunto de peticiones de todo el salmo: *"Viva mi alma para alabarte, y tus juicios me ayuden";* en este (119:176), resume el conjunto de lamentos: *"Anduve errante como oveja extraviada"*, y el conjunto de profesiones de fe: *"no me he olvidado de tus mandamientos";* conectando ambas cosas mediante una corta frase de súplica: *"busca a tu siervo"*, que sirve de enlace ideal. El uso predominante de los verbos en tiempo pasado, constatable hasta el final, evidencia hasta que punto el Salmo 119 está basado por completo en experiencias previas vividas por su compositor en tiempo real». Ver en la nota 3 el comentario de FRANCISCO LACUEVA [1911-2005] sobre las posibles soluciones al problema de exégesis planteado por este versículo.

[93] WILLIAM SWAN PLUMER [1802-1880] al exponer este versículo se pregunta: «¿Existe la posibilidad de que la providencia divina, con o sin algún pecado en particular de nuestra parte, nos haya conducido al desierto y estemos vagando cual ovejas extraviadas? Existe. Y tan solo tenemos posibilidad de restauración por una única vía. Si el Buen Pastor no viene a buscarnos y nos lleva de vuelta sobre su hombro, estamos acabados. Porque nadie, fuera de él, tiene la capacidad de restaurar nuestra alma. Como lo expresa AGUSTÍN DE HIPONA [353-429]: 'Señor, por mi mismo me puedo extraviar, pero no tengo posibilidad de regresar por mi mismo'. Si hemos de alcanzar *"su salvación"* (119:174), hemos de mirarle únicamente a él».

[94] Lucas 15:3-7: Juan 10:11-15.

[95] 2 Samuel 7:5; 1 Crónicas 17:4.

clama: *"Busca a tu siervo"*, confiando que su bondadoso Maestro no solo lo buscara, sino que además lo perdonara, lo aceptara y lo pusiera de nuevo a trabajar para él.

La confesión de este versículo es digna de consideración especial. Pues a lo largo del salmo David ha defendido repetida y denodadamente su inocencia frente a malévolos acusadores, soeces y blasfemos. Pero cuando se ve ante la presencia del Señor su Dios, está más que dispuesto a confesar sus transgresiones.[96] Y resume no solo su pasado, sino también su presente, utilizando la imagen de una oveja descarriada alejándose de su pastor: abandonó el rebaño, abandonó al pastor y acabó en el desierto donde deambula errante. La oveja bala, y David ora: *"Busca a tu siervo"*. Su argumento es contundente:

Porque no me he olvidado de tus mandamientos. Sé muy bien qué es lo correcto, lo apruebo y lo admiro; y más aún, amo la luz y la anhelo. No puedo sentirme satisfecho de permanecer en el pecado, necesito ser restaurado a los caminos de la justicia. Siento añoranza del hogar;[97] tengo sed de mi Dios,[98] suspiro por los caminos de la paz;[99] No quiero ni puedo olvidar tus mandamientos, como tampoco ignorar que soy más feliz y me siento más seguro cuando los obedezco escrupulosamente, y me alegro de haberlo hecho. Si la gracia de Dios nos habilita para mantener en nuestros corazones el recuerdo amoroso de los mandamientos divinos, tenemos por seguro que nos rehabilitará a la santidad práctica. El hombre cuyo corazón sigue apegado a Dios, no puede perderse por completo. Podrá descarriarse y extraviarse en muchos aspectos, pero aún así, si es sincero en los deseos más íntimos de su alma, Dios lo encontrará y lo restaurará por completo. Con todo, al leer este último versículo del salmo conviene que recordemos el primero: *"Bienaventurados los perfectos de camino, los que andan en la ley de Jehová"* (119:1). La mayor bendición no consiste en ser restaurados de un descarrío, sino en ser sostenidos de modo intachable hasta el fin. Sea pues nuestro objetivo mantener en alto nuestro estandarte en la calzada,[100] sin abandonar jamás el camino del Rey por una pradera colateral etérea o una senda florida pero pecaminosa. Quiera el Señor sostenernos hasta el fin. Y con todo, ni aún entonces estaremos en condiciones de jactamos con el fariseo diciendo: *"no soy como los demás hombres"*[101] antes por el contrario suplicar con el publicano: *"Dios, sé propicio a mí, pecador"*;[102] y exclamar con el Salmista: *"Busca a tu siervo"*.

C. H. Spurgeon

Anduve errante como oveja extraviada. Aunque una oveja se extravía fácilmente, la voz del pastor la devuelve pronto al rebaño: *"Mis ovejas oyen mi voz"*.[103] Así, cuando David se extravió decidiendo arremeter contra Nabal, fue llamado por la voz del Señor en boca de una mujer;[104] y cuando quitó

---

[96] Dice al respecto el conocido escritor y pastor bautista Frederick Brotherton Meyer [1847-1929]: «Resulta particularmente emotivo y ejemplarizante ver como el salmista concluye su poema en clave baja y tono menor. Es preciso que nuestras irrupciones y escapadas en santo éxtasis por las regiones celestiales, desciendan eventualmente de las alturas para concluir con a un reconocimiento humilde de nuestra realidad humana, una confesión de nuestra propia indignidad y pecado: *"Porque erais como ovejas descarriadas, pero ahora os habéis vuelto al Pastor y Guardián de vuestras almas"* (1 Pedro 2:25)».

[97] Salmo 26:8-10; 27:4; 84: 1-2,10.

[98] Salmo 42:1.

[99] Isaías 58:9; Romanos 3:17.

[100] En el original *"to keep the crown of the causeway"*, una expresión idiomática de origen escocés que básicamente significa mantener la compostura o la dignidad.

[101] Lucas 18:11.

[102] Lucas 18:14.

[103] Juan 10:27-28.

[104] 1 Samuel 25:2-34.

injustamente la vida a Urías fue llamado de nuevo a través de Natán.[105] Por tanto, si verdaderamente somos ovejas, aunque a veces nos extraviemos, fácilmente somos recobrados.[106]

RICHARD GREENHAM [1531-1591]
"An Exposition on the 119 Psalme", 1612

Anduve errante como oveja extraviada. Confundida por los efectos de una tormenta; aturdida por un día oscuro; o arrastrada fuera del rebaño por los ladridos de los perros que me perseguían y querían darme caza.

DAVID DICKSON [1583-1663]
"Explication upon the Last Fifty Psalms", 1655

Anduve errante como oveja extraviada; busca a tu siervo, porque no me he olvidado de tus mandamientos. Y esta es la conclusión: *"¡una oveja descarriada!"* Este largo Salmo, con todas sus atribuciones, alabanzas, confesiones, resoluciones y grandes esperanzas, termina en esto: en una oveja que agoniza a punto de perecer. Pero, ¡un momento! porque sigue habiendo esperanza: *"¡Busca a tu siervo!"*.

Anduve errante como oveja extraviada; busca a tu siervo. Reparemos en que el sentido del texto es de lo más amplio, puesto que abarca tanto la experiencia del pasado, como la tendencia habitual del presente. Todo creyente sabe que cuando la gracia de Dios lo encontró estaba extraviado; y sabe bien que de no ser porque la gracia de Dios lo ha impedido se habría extraviado muchísimas más veces. Se duele profundamente de haberse extraviado en múltiples y desdichadas ocasiones; de haberse extraviado en casi todo lo que ha hecho en el pasado; y de seguir extraviándose y de hallarse ahora mismo extraviado en el presente. De hecho, el sentido de la expresión verbal תָּעִ֫יתִי *tā'îṯî* expresa una tendencia habitual y continuada, es decir: «me extravié y sigo extraviándome cual oveja una y otra vez».[107] Lo cual está en consonancia con la petición que sigue: *"Busca a tu siervo"*;[108] y con el tercer elemento que introduce a modo de apelación argumental: *"porque no me he olvidado de tus mandamientos"*.[109] Es decir: (1) me extravié y sigo extraviándome constantemente cual oveja; (2) busca por tanto a tu siervo; (3) porque no me he olvidado de tus mandamientos. Todo ello es descriptivo de la corrupción residual que permanece en el creyente: no es ajeno al Señor; tiene en su interior la semilla de la gracia, el germen divino de la vida espiritual; y no obstante, se sigue extraviando y tiene la necesidad de orar diciendo: *"Busca a tu siervo"*. Isaías hace una descripción del comportamiento de los seres humanos en los mismos términos, aunque mucho más radical según se desprende del contexto: *"Todos nosotros nos descarriamos como ovejas, cada cual se apartó por su camino; y Jehová cargó sobre él la iniquidad de todos nosotros"*.[110] Hay motivos para considerar que esto aplica a toda la raza humana. Pero no deja de ser también la experiencia personal del salmista, muy similar a la que describe el apóstol Pablo: *"Porque según el hombre interior, me deleito en la ley de Dios; pero veo otra ley en mis miembros, que hace guerra contra la ley de mi mente, y que me lleva cautivo a la ley del pecado que está en mis miembros"*.[111] Por tanto, el salmista aplica en tiempos del Antiguo Pacto la misma medicina que aplica el apóstol en los del Nuevo Pacto, porque la salvación de Dios es una sola

[105] 2 Samuel 12:1-13.

[106] Lucas 15:3-7.

[107] En hebreo: תָּעִ֫יתִי כְּשֶׂה אֹבֵד *tā'îṯî kəśeh 'ōḇêḏ.*

[108] En hebreo: בַּקֵּשׁ עַבְדֶּךָ *baqqêš 'aḇdeḵā.*

[109] En hebreo: כי מצותיך לא שכחתי *kî miṣwōṯeḵā lō šāḵāḥətî.*

[110] Isaías 53:6.

[111] Romanos 7:22-23.

y trasciende a todas las épocas. El remedio del salmista fue clamar diciendo: *"Busca a tu siervo"*; y el del apóstol exclamar: *"¡Miserable hombre de mí!; ¿quién me libertará de este cuerpo de muerte? Gracias doy a Dios, por medio de Jesucristo nuestro Señor"*.[112]

JOHN STEPHEN [1800-1881]
"The Utterances of the CXIX Psalm; Expounded in a Series of Lectures", 1861

Anduve errante como oveja extraviada. La expresión hebrea תָּעִיתִי *tā 'îṯî* del verbo תָּעָה *taah* puede significar tanto un desliz o giro del pie, como un desliz o giro del corazón, o de ambas cosas, fuera del camino trazado. El sentido de *"me he descarriado como una oveja perdida"* es el de: he sido engañado y me he apartado del camino de tus santos mandamientos. Satanás es un mal guía, y nuestros corazones no son mejores: el que sigue a cualquiera de los dos, rápidamente se pierde; y cuando esto sucede, hasta que Dios nos busque (como David suplica en la siguiente cláusula), somos incapaces de encontrar nuestro camino una vez estamos fuera de él.

JOSEPH CARYL [1602-1673]
"An Exposition with Practical Observations upon Chapters 4-7 of the Book of Job", 1651

Anduve errante como oveja extraviada. Cierto día Gotthold se fijó en un campesino que contaba cariñosamente sus ovejas según regresaban de pastar en el campo. Y dado que personalmente atravesaba un período de ansiedad y desaliento, mientras contemplaba la escena dio rienda suelta a sus sentimientos reflexionando: ¿Por qué te abates, oh alma mía,[113] y te dejas llevar por pensamientos desalentadores? ¿Acaso no has de ser tú mucho más apreciado y valorado por el Altísimo que estos corderos por el campesino que los cuenta? ¿No eres tú mejor que muchos corderos? ¿No es el Señor Jesucristo tu Pastor? ¿No dio él su vida y su sangre por ti? ¿No confías en sus palabras cuando dijo: *"yo les doy vida eterna; y no perecerán jamás, ni nadie las arrebatará de mi mano*?".[114] Este hombre está contando su rebaño con el mayor celo, ¿y piensas tú que Dios no cuenta y cuida de una manera especial a sus hijos amados y elegidos, siendo que su amado Hijo ha dicho que incluso los cabellos de su cabeza están contados?[115] Es posible que a lo largo del día me haya desviado de la senda y deambulado por mi propia cuenta; con todo, al atardecer, cuando el fiel Pastor cuente sus ovejas, notará mi ausencia y me buscará con misericordia haciéndome regresar al rebaño. Señor Jesús: *"Anduve errante como oveja extraviada; busca a tu siervo; porque no me he olvidado de tus mandamientos"*.

CHRISTIAN SCRIVER [1629-1693]
también conocido por su pseudónimo, GOTTHOLD
"Gotthold's Emblems: Or Invisible Things Understood By Things That Are Made", 1671

Yo anduve errante como oveja extraviada; busca a tu siervo, porque no me he olvidado de tus mandamientos. ¿A quién llamamos: *"el hombre conforme al corazón de Dios"*?[116] A David, el rey hebreo, que había cometido delitos gravísimos –crímenes atroces– y abundaba en pecado. Lo cual lleva a muchos no creyentes a sonreír burlonamente y preguntarse: «Vaya, ¿este es el hombre conforme al corazón de Dios?» Me parece una burla muy superficial. Pues, ¿qué importan en una vida los fallos externos, por graves y aparatosos que parezcan; al lado de aquello que verdaderamente importa: la

[112] Romanos 7:24-25.
[113] Salmo 42:5.
[114] Juan 10:28.
[115] Mateo 10:30.
[116] 1 Samuel 13:14; Hechos 13:22.

actitud interior, las cosas íntimas y secretas, el remordimiento, las tentaciones, y la lucha interminable del yo y la conciencia? Considero que la vida y hechos de David, según se nos revela en estos Salmos que el mismo escribió, constituyen el ejemplo más auténtico de lo que son las luchas y progresos morales de un ser humano aquí en la tierra. Toda persona objetiva descubrirá en ellos la lucha gigantesca y desesperada de un alma humana sincera en pro de lo bueno y lo mejor. Una lucha que, con frecuencia, sufría derrotas y fracasos estrepitosos, que acababa en naufragio una y otra vez; pero que jamás concluía en desastre, porque David nunca se daba por vencido: con lágrimas en los ojos y una determinación tenaz, siempre comenzaba de nuevo.

THOMAS CARLYLE [1795-1881]
"On Heroes, Hero-Worship, and The Heroic in History", 1841

Porque no me he olvidado de tus mandamientos. Pese a mi deambular extraviado; por encima de mi conciencia de error y sentido de culpa; siento que sigo amando tu ley, tu servicio, tus mandamientos. Son la alegría de mi corazón, por tanto, anhelo ser rescatado de todas mis andanzas y encontrar de nuevo en ti la felicidad perfecta: sirviéndote y alabándote para siempre. Tal es el deseo ferviente de todo corazón regenerado. Puede que nos hayamos extraviado alejándonos de Dios, no obstante, seguimos manteniendo conciencia de nuestro apego a él y a su servicio; lo que nos lleva a anhelar y orar fervientemente para que nos *"busque"*, nos lleve de regreso, y nos guarde de volver a extraviarnos nunca más.

ALBERT BARNES [1798-1870]
"Notes, critical, explanatory, and practical, on the book of Psalms", 1868

Porque no me he olvidado de tus mandamientos. Los creyentes nunca caen hasta el punto de que no quede en ellos un resquicio de gracia, lo cual mantiene viva en ellos la esperanza de curación. Tal es la situación de David en este caso: aunque transgredió algunos de los mandamientos de Dios, no cayó en el olvido total y completo de todos ellos.

WILLIAM COWPER [1566-1619]
"A holy alphabet for Sion's scholars full of spiritual instructions, and heavenly consolations [...] delivered by way of commentary upon the whole 119 Psalme", 1613

Anduve errante como oveja extraviada; busca a tu siervo, porque no me he olvidado de tus mandamientos. No creo que pueda haber para un Salmo como este, tan lleno de experiencias diversas en la vida de un hijo de Dios; de escenarios tan variables y sentimientos tan contradictorios y perturbadores: ahora con el sol que brilla y un instante después en medio de negros nubarrones; ahora con el mar en calma y un instante después en plena tempestad; una conclusión más apropiada que este reconocimiento que expresa el salmista de su propensión a descarriarse, la confesión de su incapacidad para encontrar el camino de regreso sin la mano del Señor que lo guie y restaure; y por encima de todo ello, su determinación firme a no olvidar jamás los mandamientos del Señor.[117] ¡Qué visión tan real y

[117] Dice WILLIAM SWAN PLUMER [1802-1880]: «*"Anduve errante como oveja extraviada; busca a tu siervo, porque no me he olvidado de tus mandamientos"*. «En otro Salmo había clamado: *"Que la integridad y la rectitud me preserven, porque en ti espero"* (Salmo 25:21) y aquí vemos el resultado. David se había extraviado, pero no había dejado de fijar la vista en los destellos del faro de la ley de Dios ni un solo instante. Y en consecuencia el Espíritu Santo había seguido aplicando en él con poder los efectos de la palabra de divina, una palabra que: 1. Estando dormido, le había *despertado* (Salmo 3:5; 57:8). 2. Estando moribundo, le había *vivificado* (Salmo 119:25, 50, 93). 3. Estando en peligro, le había *preservado* (Salmo 41:12; 63:8;

penetrante nos aporta este versículo del interior de nuestros corazones: pobres y díscolos. No tan solo propensos a descarriarse, sino siempre errantes, siempre perdiendo el camino, siempre tropezando en las montañas oscuras; por más que procuramos mantener el recuerdo y seguir los mandamientos de Dios! Pero, al mismo tiempo, qué oración tan alentadora pone en nuestros labios: *"Busca a tu siervo"*. Es decir, soy tuyo: ¡sálvame! Gracias, bendito Dios, por habernos provisto de Uno poderoso para salvar,[118] y ahora somos: *"guardados por el poder de Dios mediante la fe, para alcanzar la salvación que está preparada para ser revelada en el último tiempo"*.[119]

Barton Bouchier [1794–1865]
"Manna in the heart or daily comments on the book of Psalms", 1855

En todo cuanto he podido, y hasta donde el Señor me ayudó, he tratado de hacer una exposición a fondo de este gran Salmo. Una tarea que expositores más capacitados y entendidos han llevado a cabo ya en el pasado, y sin duda otros harán en el futuro. Pero tales razones no justificaban, sin embargo, que me negara a realizar mi propia exposición, siendo que mis hermanos, a quienes soy deudor, insistieron tanto en que lo hiciera».[120]

Agustín de Hipona [354-430] [121]
"Enarrationes in Psalmos"

94:18). 4. Estando herido, le había *sanado* (Salmo 6:2; 30:2; 103:3-4). Estando acosado por sus enemigos le había *pertrechado* y *defendido* (Salmo 18:35; 27:1-3; 28:7). 5. Y estando débil y hambriento, le había *nutrido* y *sustentado* (Salmo 63:5, 8; 73:23; 94:18). La palabra de Dios fue para en salmista faro de guía y ancla de salvación en todo momento, incluso en los de extravío, y lo sigue siento para todos aquellos que temerosos de Dios jamás se olvidan de ella».

[118] Hebreos 7:25 LBLA; Santiago 4:12.

[119] 1 Pedro 1:5.

[120] William Swan Plumer [1802-1880] concluye la suya de ese modo: «Si la paz, el deleite y otras tantas emociones agradables descritas en este Salmo pertenecen a los santos en su peregrinación por la tierra, ¿cuál no habrá de ser su bendición cuando: *"el que está sentado en el trono extienda su tabernáculo sobre ellos. Y ya no tengan hambre ni sed, y el sol no caiga más sobre ellos, ni ardor alguno; porque el Cordero que está en medio del trono los pastoree, y les guiará a fuentes de aguas de vida; y Dios enjuague toda lágrima de los ojos de ellos"* (Apocalipsis 7:15-17)?

[121] Spurgeon en la edición inglesa de *"The Treasury of David"* cierra la exposición del Salmo 119 con las palabras con las que Agustín de Hipona concluye la suya.

Mapas del Tesoro

Decíamos en la introducción al Tomo I que:

> «Los "tesoros" no suelen ser cosa de fácil acceso. Hay que buscarlos con ahínco y extraerlos con no poca dificultad de las entrañas de la tierra o las profundidades de los mares. Y una vez acumulados suelen guardarse escondidos en cámaras ocultas y fuertemente protegidas. Para alcanzarlos es preciso disponer de mapas y planos detallados, así como también de las llaves adecuadas para abrir sus cofres».

El propósito de esta sección "Mapas del Tesoro" es facilitar al lector interesado en profundizar en la obra, ya sea pastor, líder de alabanza, maestro, predicador o estudiante, los mapas y claves precisos para encontrar con mayor facilidad entre las páginas de "El Tesoro de David" la información necesaria para preparar un estudio bíblico o un sermón.

Los "Mapas del Tesoro" o Índices incluidos en este Tomo II abarcan ambos tomos publicados hasta la fecha: Tomo I y Tomo II, por lo que recomendamos a todos cuantos dispongan ya del Tomo I o hayan adquirido ambos a la vez, prescindir de los índices del Tomo I y utilizar los del Tomo II para todas las consultas, pues no tan sólo abarcan los salmos de ambos tomos sino que vienen enriquecidos con un índice adicional: el de "Personajes históricos y mitológicos mencionados". El lector dispone así de cuatro herramientas distintas, aunque ligadas entre sí:

1. **Índice de Comentaristas transcritos y Autores citados**
2. **Índice de Personajes históricos o mitológicos mencionados**
3. **Índice de Referencias Escriturales y enlaces con otros textos**
4. **Índice Analítico**

A continuación facilitamos unos breves ejemplos de la utilidad y cómo sacar el mejor partido de cada uno de ellos.

Índice de Comentaristas transcritos y Autores citados

Relaciona en orden alfabético los apellidos todos los comentaristas y expositores transcritos por C. H. Spurgeon en la edición original, y los añadidos en notas a pie de página en la presente versión en español, indicando fechas de nacimiento y defunción (excepto en aquellos casos en los que no ha sido posible encontrarlas). Incluye también los de otros autores que sin haber sido transcritos vienen citados ya sea por el propio Spurgeon o por los autores transcritos.

Dada la peculiar estructura de la obra, que sigue el orden del texto bíblico dividida en salmos y versículos, y la enorme cantidad de citas, hemos considerado más práctico en lugar de indicar la página correspondiente, como es lo habitual, indicar el salmo donde se transcriben comentarios o citas de ese autor.

El objetivo de éste Índice de Comentaristas es cuádruple:

a. Aporta una visión clara y fehaciente de la magnitud de la obra y del trabajo realizado en la compilación de la misma. Constituye probablemente la recopilación más completa llevada a cabo hasta la fecha de autores que han comentado los salmos, desde principios del siglo II hasta finales del siglo XX. Una valiosa base de datos para la investigación.
b. Proporciona a profesores y estudiantes las claves para localizar con facilidad citas de grandes autores en apoyo de tesis y otros trabajos académicos. Además de localizar las transcripciones o citas de un autor determinado, encontrarán información bibliográfica

sobre la obra transcrita o citada, y en muchos casos una breve información biográfica en las notas explicativas.

c. Permite estudios monográficos de los salmos basados en las transcripciones de un autor determinado, un seguimiento global del enfoque dado por cada autor a distintos salmos. Millares de "mini comentarios" a los salmos escritos por centenares grandes autores de distintas épocas.

d. Como la mayoría de transcripciones proceden de sermones de grandes predicadores en la historia del cristianismo, posteriormente publicados como comentario, facilita a los predicadores de hoy no sólo un estudio completo de la evolución de la predicación cristiana a lo largo de los siglos, sino también un tesoro de ejemplos prácticos para sermones y bosquejos.

Cabe destacar que en este Tomo II el "Índice de comentaristas transcritos y autores citados" ha doblado prácticamente su número hasta un total de 1650, lo que revela ya con bastante exactitud la magnitud de la obra en su totalidad. La recopilación de hermenéutica histórica llevada a cabo por Spurgeon, y enriquecida en esta edición española con notas al pie, constituye una obra de referencia y consulta fuera de la común.

ÍNDICE DE PERSONAJES HISTÓRICOS O MITOLÓGICOS MENCIONADOS

Al completar este Tomo II, la obra publicada hasta la fecha (Tomos I y II) cubre ya más del 75% del Salterio: 130 Salmos en total incluyendo el extenso e impresionante Salmo 119 (restan 47 Salmos para el Tomo III). Y nos hemos dado cuenta que con independencia de los Comentaristas transcritos y otros autores citados, el texto menciona a centenares de otros personajes históricos: mártires, emperadores, reyes, papas, clérigos, políticos, diplomáticos, militares, científicos, compositores, músicos, y otros diversos. Sorprende también la abundancia de personajes de la mitología grecorromana mencionados en el texto original; en este sentido, como explicamos en la Introducción del Tomo I, hay que tener presente que en aquellas épocas leer los "clásicos" (preferentemente en las lenguas originales) era una obligación académica, y citarlos como ejemplo en una disertación una garantía del nivel del orador. Hemos estimado útil recopilarlos todos alfabéticamente y facilitar también la posible consulta de en qué salmos vienen citados cada uno. No es algo esencial, pero no deja de ser un aporte enriquecedor el poder establecer fácilmente la relación que cualquiera de estos personajes pueda tener con la exposición de los Salmos en el pensamiento de un comentarista determinado.

ÍNDICE DE REFERENCIAS ESCRITURALES Y ENLACES CON OTROS TEXTOS

Con el Tomo II alcanzamos ya más de 20.000 citas al texto bíblico incluidas en notas a pie de página. El **Índice de Referencias** las recopila por orden de libros y capítulos de la Biblia, indicando al lado de cada una la correspondencia en el texto de la obra, es decir, en qué salmo y en qué versículo del comentario a ese salmo aparecen, y también si ese salmo se encuentra en el Tomo I o el Tomo II. El número del Salmo seguido de 0 en lugar del número del versículo, indica que la referencia se halla en las introducciones o comentarios al salmo completo.

"El Tesoro de David" no es un simple comentario a los Salmos, **es un comentario completo a todo el texto bíblico** enlazándolo con el texto de los Salmos. No hay un versículo significativo del texto bíblico ya sea del Antiguo o Nuevo Testamento, del Génesis al Apocalipsis, que no venga citado y sea objeto de exposición, más o menos completa según la importancia del propio texto. Además, la calidad de los comentaristas: los Padres de la Iglesia de los primeros siglos, pasando por los Reformadores, continuando por los predicadores Puritanos, hasta llegar al propio Spurgeon y sus coetáneos, y sumado en las notas algunas exégesis de otros grandes expositores del siglo XX, hacen de este **Índice de Referencias** una herramienta excepcional para el estudio de toda la Biblia en su conjunto a la luz de los Salmos y siguiendo la hermenéutica histórica.

El predicador dispone de múltiples exégesis, exposiciones e ideas sobre cualquier texto de la Biblia en el que quiera basar su predicación, por expositores de la talla de Agustín de Hipona, Juan Crisóstomo, Martín Lutero, Juan Calvino, John Trapp, Joseph Caryl, George Horne, el propio Charles Spurgeon y muchos otros. Y además, ¡enlazando esas exposiciones con el texto de los salmos! Por años el "Comentario de Matthew Henry" a toda la Biblia ha venido siendo uno de los libros más valorados entre todos los publicados por CLIE. Este ÍNDICE DE REFERENCIAS ESCRITURALES convierte "El Tesoro de David" en múltiples "Matthew Henry", pues además de las exposiciones de este extraordinario comentarista puritano (que evidentemente incluye como uno de sus autores prioritarios) suma para cualquier texto de la Biblia exposiciones de infinidad autores de la misma talla.

Un breve y significativo ejemplo:

Supongamos que un predicador desea preparar su sermón sobre un pasaje tan conocido como el discurso de Pablo en el areópago de Atenas, centrándose en el texto habitual de Hechos 17:27-28: *"Para que busquen a Dios, si en alguna manera, palpando, puedan hallarle, aunque ciertamente no está lejos de cada uno de nosotros,* ***porque en él vivimos, y nos movemos, y somos;*** *como algunos de vuestros propios poetas también han dicho: Porque somos también linaje suyo".*

En apariencia, poco o nada tiene que ver este texto con los Salmos, y por tanto es poco probable que un predicador acudiera para exponerlo a un comentario de los Salmos. Pero "El Tesoro de David" es muy distinto. ¿Qué puede aportar "El Tesoro de David" a un predicador necesitado de ideas para explicar con claridad a sus oyentes el sentido y significado de las palabras de Pablo: ***"en él vivimos, y nos movemos, y somos"***?

Le bastará con buscar Hechos 17:28 en el ÍNDICE DE REFERENCIAS ESCRITURALES igual como lo haría en su Biblia, (el Índice de Referencias viene estructurado por libros de la Biblia, con cabeceras similares y separaciones entre capítulos) y encontrará nada menos que CATORCE enlaces relacionando este versículos de Hechos con textos de los Salmos y sus respectivos comentarios por diversos autores:

(1) **Salmo 9:10.** CHARLES SPURGEON, que en su extensa exposición a las palabras del salmista: *"En ti confiarán los que conocen tu nombre",* explica uno a uno con detalle el origen y significado de cada uno de los nombres de Dios y nos dice que: «אֱלֹהִים *elohim,* EL CREADOR, el todopoderoso. Es el plural de אֵל *el,* primera referencia a Dios que aparece el en texto bíblico (Génesis 1:1). Es el creador de todas las cosas, el que lo sustenta todo y el que está en todas partes en todo momento, porque "***"en él vivimos, y nos movemos, y somos"***».

(2) **Salmo 39:7.** De nuevo CHARLES SPURGEON, que ante la pregunta del salmista: *"Y ahora, Señor, ¿qué esperaré? mi esperanza está en ti",* no duda en afirmar que: «El Señor no depende de nada ni de nadie, existe por sí mismo, es seguro y verdadero y, por tanto, digno de toda confianza; seguirá existiendo cuando todas las criaturas mueran, y su plenitud permanecerá cuando se agoten todas las causas segundas; dirijamos pues a él nuestra esperanza, y depositemos en él nuestra confianza porque por el subsisten todas las cosas, pues ***"en él vivimos, y nos movemos, y somos"***».

(3) **Salmo 43:2.** NATHANAEL HOMES [1599-1678], que al exponer las palabras del salmista: *"Pues que tú eres el Dios de mi fortaleza"*, nos explica que: «el creyente recibe de Dios una triple fortaleza que podemos definir como *natural, providencial* y *espiritual*. Y que la *natural* se manifiesta en dos áreas: el cuerpo, y la mente. En robustez, vitalidad y agilidad del cuerpo; y en el discernimiento, ingenio e inventiva de la mente. Estas facultades físicas y mentales de carácter natural son dones de Dios, y son posibles porque: ***"en él vivimos, y nos movemos, y somos"***».

(4) **Salmo 50:11.** CHARLES SPURGEON, que al comentar las palabras que el salmista pone poéticamente en boca del Señor: *"Y todo lo que se mueve en los campos me pertenece"*, recuerda que: «Toda la población de criaturas que se mueven sobre la llanura pertenece a Dios en tanto que en él ***"todas las cosas subsisten, viven y se mueven"***».

(5) **Salmo 63:3.** CHARLES SPURGEON, comentando que: *"mejor es tu misericordia que la vida"*, nos explica que: «La vida es valiosa, pero el amor de Dios lo es muchísimo más. El privilegio de vivir con Dios es mejor que la mejor vida: sosegada y llena de comodidades, en un palacio, con salud, honores, riquezas y placeres; sí, ni mil vidas de ese tipo son comparables a la vida eterna que mora en la sonrisa de Jehová. En él es en quien verdaderamente ***"vivimos, y nos movemos, y tenemos nuestro ser"***».

(6) **Salmo 65:9.** SAMUEL MARTIN [1817-1878], que nos recuerda como: «el cambio enorme que experimenta la naturaleza cada primavera nos susurra con alegría que Dios *"ciertamente no está lejos de cada uno de nosotros,* ***porque en él vivimos, y nos movemos, y somos****"*».

(7) **Salmo 84:10.** WILLIAM HENRY GREEN [1825-1900], con una extensa exposición sobre el cuidado y protección que Dios ejerce sobre todas las cosas al comentar las palabras del salmista: *"Porque sol y escudo es Jehová Dios"*, y que concluye exclamando: «¡Qué figura tan acertada y sublime para describir a Aquel ***"en quien vivimos, nos movemos y somos"***».

(8) **Salmo 103:1.** WILLIAM DUNLOP [1692-1720], comentando las palabras que abren el Salmo 103: *"Bendice, alma mía, al Señor"*, explica que «Bendecir a Dios es aprovechar cualquier oportunidad propicia para testimoniar nuestra estima y veneración a su sublime grandeza; y proclamar clamorosamente a todos los que están a nuestro alrededor la gracia y bondad de su actitud con respecto a los seres humanos, a la vez que nuestras obligaciones para con Aquel en quien ***"vivimos, y nos movemos y somos"***».

(9) **Salmo 119:124**. De nuevo CHARLES SPURGEON, que al comentar: *"Haz con tu siervo misericordia"*, concluye: «En la misma manera en que la atmósfera circunda la tierra por doquier, dispuesta a proporcionar soporte vital a la existencia humana en todo momento; la misericordia de Dios rodea a todas sus criaturas, y es en ella, como su elemento vital, en la que los seres humanos ***"viven, se mueven y tienen su ser"***».

(10) **Salmo 139:2.** WILLIAM GREENHILL [1591-1677], que al leer: *"Tú conoces mi sentarme y mi levantarme; percibes desde lejos mis pensamientos"*, concluye: «Siendo que *"no está lejos de cada uno de nosotros"*, sed, pues, meticulosos y analizad toda clase de pensamientos, inclinaciones, ideas, y tendencias que acudan a vuestra mente; no albergueis la menor esperanza de ocultar algo a los ojos del Dios ***"en quien vivimos, y nos movemos y somos"***».

(11) Salmo 139:5. En este caso es Juan Crisóstomo [347-407], uno de los Padres de la Iglesia, quien al leer las palabras: *"Por detrás y por delante me rodeas, y sobre mí tienes puesta tu mano"*, se pregunta: «¿Qué quiere decir con: *"sobre mí tienes puesta tu mano"* sino que tú me diriges, orientas, ordenas, y acomodas? Necesitamos de la presencia divina constante para subsistir, pues como dijo el apóstol Pablo: ***"en él vivimos, y nos movemos, y somos"***. No sólo fuimos por él creados, sino que día tras día seguimos existiendo rodeados de su poder y por la gracia de su poder».

(12) Salmo 139:7. Charles Spurgeon aclarándonos al leer: *"¿A dónde me iré de tu Espíritu? ¿Y a dónde huiré de tu presencia?"*, que: «Alejarse o huir de Dios es inviable: ni con fuga precipitada ni a través de largo y paciente viaje lograríamos retraernos de la Deidad que todo lo circunda. Su mente está en nuestra mente, su Ser dentro de nuestro ser, su Espíritu encima del nuestro, y nos movemos constantemente en su presencia puesto que ***"en él vivimos, y nos movemos, y somos"***».

(13) Salmo 139:11. Charles Spurgeon insistiendo en esa misma idea al comentar: *"Si dijese: Al menos las tinieblas me cubrirán, y el día se tornará alrededor de mí"*: «Dios es luz y mora constantemente en luz, y ante él, incluso la noche más tenebrosa se ilumina con una claridad reveladora: *"aun la noche resplandecerá alrededor de mí"*. Recordemos esto si alguna vez nos acosa la tentación de aprovechar la oscuridad para algún fin cuestionable: hay luz constante a nuestro alrededor. Y ¡cuán ineludible ha de ser esa Luz que convierte toda oscuridad en claridad a nuestro alrededor, si en ella ***"vivimos, y nos movemos, y somos"***!».

(14) Y como complemento a todo ello, en el comentario de Spurgeon al Salmo 63:3, una nota al pie explica que cuando el apóstol Pablo alude: *"como algunos de vuestros poetas han dicho"*, se esta refiriendo a Arato [310-240 a.C.] en la quinta línea de su poema Φαινόμενα, *Phainómena* (traducida al castellano como "Fenómenos") donde afirma *"porque ciertamente linaje suyo somos"*; y a Epimédides de Cnosos en la cuarta línea de su Κρητικά *Cretica*, donde afirma: *"porque en él vivimos, y nos movemos, y tenemos el ser"*. Una nota extensa y de mucho interés sobre las diversas citas que hace Pablo de poetas griegos y que invitamos lector a consultar completa en el (Salmo 63:3 – Nota 76).

Este mismo ejemplo que acabamos de mostrar se aplica a cada uno de los versículos relevantes del texto bíblico. En "Mapas del Tesoro" del Tomo I aportábamos un ejemplo similar partiendo de otro texto clave: Efesios 2:8, mostrando cuatro enlaces; el lector podrá comprobar que en el Tomo II estos enlaces se han multiplicado: son ya nueve.

El Índice de Referencias Escriturales hace que "El Tesoro de David" vaya mucho más allá de ser un mero comentario a los Salmos, es un comentario a todo el texto de la Biblia a la luz de los Salmos, un verdadero "Tesoro" para todo expositor de la Palabra.

Índice Analítico

O "Índice de Materias". Es el más versátil de los tres: agrupa por temas y de forma alfabética lo expuesto por los distintos autores a lo largo de toda la obra.

Como decíamos al explicar las características de este Índice Analítico en el Tomo I, hacerlo exhaustivo sería tarea poco menos que inviable, básicamente por razones de espacio. En el Tomo II hemos aumentado a más de 200 los 150 temas clave del Tomo I, elegidos entre los de mayor contenido teológico y más utilizados en la predicación; y el número de entradas o frases temáticas se ha duplicado. Con todo, seguimos pidiendo disculpas al lector si no encuentra el tema de su preferencia, aunque confiamos halle la información que busca por asociación ideológica con una de las más de 200 materias incluidas. A modo de anécdota diremos que entre las decenas de temas añadidos, dadas las circunstancias peculiares en las que nos ha tocado completar estos índices (confinados en México debido al Covid-19) se encuentra el de "Peste / pandemia". Su mayoría de entradas son de al Salmo 91, el Salmo de la Protección, pero también encontramos otros recogidos tanto en el Tomo I como en el II. Nuestra intención es dotar el Tomo III de un índice mucho más exhaustivo, aunque este presente Tomo II aporta ya más de 6000 frases resumen, agrupadas temática y alfabéticamente, que facilitan al predicador la labor de ensamblar todo tipo de bosquejos temáticos y disponer además del material con que rellenarlos mediante exposiciones de los más de 1600 grandes comentaristas y predicadores de la historia que incluye esta obra.

La información facilitada es cuádruple:

1. Materia clave

↓

2. Frase resumen de lo dicho

↓

3. Salmo y versículo donde se encuentra

↓

4. Autor que lo afirma

Veamos un ejemplo sobre la ALABANZA:

ALABANZA		
a Cristo ascendido al cielo	24:7-10	Hall
a Dios encarnado en la persona de Cristo	145:1	Le Blanc
a Dios no a nosotros mismos	66:2	Agustín
a Dios por encima de todo	57:5	Spurgeon
a la Palabra de Dios	119:0	Varios
a los poderosos les falta tiempo para la a.	29:2	Spurgeon
ABC de oro para el cristiano sobre la a.	119:0	Delitzsch
abundar en ella es muy beneficioso	54:6	Spurgeon
acciones de la Providencia motivo de	145:15	Stanhope
adecuada a la grandeza Dios	150:2	Spurgeon
aguarda en silencio respuesta a la oración	65:2	Boston
ahuyenta el espíritu de melancolía	9:2	Spurgeon
al Creador: Salmo 145 y al Redentor (149)	149:0	Matthew Henry
al Padre a través de Cristo	22:27-28	Goodhart
al son de trompeta	47:6	Ambrose
alegría es la esencia de la a.	33:1	Spurgeon
aliento de vida transformado en aliento de	150:6	Spurgeon
ángeles la enfatizan mediante el canto	33:3	Wells
anhelamos escuchar la de los ángeles	103:20	Spurgeon
anhelemos una vida de eterna	84:4	Agustín
ansias del creyente para exteriorizar su	103:0	Spurgeon
ante obras de Dios nunca faltos de material	33:3	Geier
antífona para abrir puertas del templo	24:0	Penninck

apropiada para los rectos	33:1	Spurgeon
apropiada para todos y para toda ocasión	111:1	Spurgeon
aprovechemos las horas de insomnio	134:0	Martin
armonía fraternal como resultado de la	133:0	Varios
armonía fraternal como resultado de la	133:1	Horton
armoniosa y acompasada	100:2	Spurgeon
arroyo de aguas cristalinas de	103:0	Hengstenberg
asociada a recuerdos de la misericordia	48:9	Spurgeon
audaz y decidida como toque de trompeta	150:3	Spurgeon
audible en las órbitas de las estrellas	48:10	Spurgeon

[y así 475 entradas hasta cerrar con]

santos saben más que nadie de	149:5	Palanterius
sazona, solidifica y asienta el espíritu	119:111	Spurgeon
sembrada en el interior de los rectos	29:11	Gurnall
servimos a un Dios fuente de inmensa	28:7	Spurgeon
servir al Señor con	100:1	Varios
si el corazón está alegre el semblante está	119:83	Spurgeon
sigue al llanto y lo hace desaparecer	30:6	Varios
somos una contradicción si no mostramos	145:11	Hall
sorprende la capacidad y poder de la	149:2	Carlyle
temor de Dios es compatible con la a.	119:74	Spurgeon
tiempo de la siega trae	80:14	Nota explicativa
un río cuyas corrientes alegran	36:8	Swinnock
va ligada indisolublemente a la tribulación	128:1	Agustín
verdadera brota del trono invisible de Dios	65:9	Howitt
viene sobre las alas del alba	59:16	Spurgeon
vivificación divina es fuente de verdadera	119:50	Spurgeon

Localizar la información es fácil. Basta con ir al texto de la obra en el salmo y versículo correspondiente, y localizar dentro de ese versículo el comentario del autor indicado. Un "0" en el indicador de versículo significa que el comentario se encuentra en las introducciones al Salmo. Y "Varios" en lugar del nombre del autor indica que ése es el tema central de ese versículo y que consecuentemente todos los comentarios y exposiciones a ese versículo giran en torno a ese tema.

A modo de ejemplo, si seleccionamos en el tema Alabanza la descripción de Franz Delitzsch sobre el Salmo 119 como un "ABC de oro para el cristiano sobre la alabanza", referida a Salmo 119:0, nos llevará a las numerosas introducciones generales a este Salmo, entre las que hallaremos la de este extraordinario comentarista (página 1579-1583), donde menciona los numerosos títulos aplicados al mismo, entre ellos el de la Biblia alemana: «*"Das güldene ABC"*, el ABC de oro para el cristiano en la acción de gracias, el amor, el poder y el uso de la palabra de Dios». Por otro lado, si buscáramos la frase que la alabanza *"sigue al llanto y lo hace desaparecer"*, vemos que nos dice Salmo 30:6 pero no se nos indica el nombre de un autor concreto, sino un "Varios". Eso es debido a que esa frase es el tema central del versículo: *"Por la noche nos visita el llanto, pero a la mañana viene la alegría"*, y en consecuencia todas las exposiciones de todos los autores giran en torno a este tema principal.

El **Índice Analítico** es una ayuda enorme para que un pastor pueda consultar, sobre los temas más diversos, la opinión de los grandes pensadores cristianos antes de establecer la suya propia. Pero de manera especial en la preparación de sermones temáticos, para los cuales ofrece centenares de bosquejos prácticamente elaborados, sólo debe seleccionar los puntos, junto con las ideas y material necesario para rellenarlos de la pluma de los mejores predicadores de la historia.

Permite además a profesores y estudiantes, llevar a cabo estudios puntuales concretos sobre el pensamiento de un autor determinado o varios de ellos acerca de un tema. Para saber cuáles eran los criterios de Lutero sobre la "predicación", basta con localizar en el Índice Analítico el tema "predicación" y hacer un recorrido en la columna de autores para encontrar lo dicho por Lutero acerca del mismo. Veremos que Lutero afirma acerca de la predicación que:

el predicador debe ser puro por dentro y por fuera	Salmo 24:3-4
pues el mensaje es afectado por conducta del predicador	Salmo 1:3
antes de hacerlo pasaba horas en oración	Salmo 69:9
pues predica bien el que discierne bien	Salmo 137:2
y debe ser no con muchas palabras sino con poder	Salmo 1:3
un memorial que proclame las maravillas de la Cruz	Salmo 110:4
según lo dispuesto por Dios, no por los hombres	Salmo 132:13
no obstante sintió decepción por la actitud muchos oyentes	Salmo 119:158

De manera similar podríamos extraer mediante el **Índice Analítico** el pensamiento de Martín Lutero sobre 30 temas diversos, incluyendo algunos tan importantes como: *Alabanza, Alegría, Ángeles, Anticristo, Duda, Familia, Gracia, Muerte, Méritos Propios, Pobreza, Prosperidad, Sacerdocio,* etc. Y lo mismo con el pensamiento de Calvino, de Agustín, del propio Spurgeon o cientos de grandes pensadores cristianos de todas las épocas.

"El Tesoro de David" es una obra excepcional, y precisaba de estas cuatro herramientas orientativas indispensables para ayudar al lector descubrir a lo largo de sus galerías las numerosas joyas exegéticas y expositivas que encierra.

Cuando Samuel Vila fundó la Editorial CLIE en Terrassa (Barcelona), España, después de haberse formado para el ministerio bajo la tutoría de uno de los discípulos directos de C. H. Spurgeon, y haber disfrutado de la inmensa biblioteca del *"Pastor's College"*, pero con las consabidas dificultades de que todos los libros fueran en inglés, tuvo un sueño y dijo: «Voy a dedicar parte de mi vida a que los líderes cristianos de habla hispana puedan disfrutar en su propia lengua de esa misma riqueza de herramientas de la que los pastores disponen en inglés».

Hoy, 96 años después, nos cabe decir con satisfacción que no tan sólo hemos cumplido el sueño de nuestro fundador, sino que lo hemos superado. La edición española actualizada y ampliada que el lector tiene entre sus manos de la obra magna de su admirado maestro, Charles Haddon Spurgeon, comentando la Biblia a la luz de los Salmos: "El Tesoro de David", supera con creces cualquiera de las ediciones disponibles en inglés. Sea todo ello para mayor gloria de Dios.

Índice de comentaristas transcritos y autores citados

A

B

SALMO

D

SALMO

G

SALMO

H

SALMO

M

N

SALMO

S

SALMO

T

Índice de personajes históricos o mitológicos mencionados

C

SALMO

R

S

T

U

V

Índice referencias Escriturales y enlaces de otros textos de la Biblia con textos de los Salmos

(La "T" indica si el salmo de referencia se encuentra en el Tomo I o Tomo II)

Génesis 10:8-9	45:3	II
Génesis 10:8-10	14:5	I
Génesis 10:8-10	35:1	II
Génesis 10:8-18	10:9	II
Génesis 10:9	66:12	II
Génesis 10:10	55:19	I
Génesis 10:23	55:6	I
Génesis 10:25	1:3	I
Génesis 10:25	65:9	II
Génesis 10:25	126:4	I
Génesis 11:1	17:3	I
Génesis 11:1-9	35:1	II
Génesis 11:1-9	47:9	II
Génesis 11:1-9	55:9	I
Génesis 11:1-9	55:19	I
Génesis 11:1-9	119:52	II
Génesis 11:1-9	119:61	II
Génesis 11:3-7	95:1	I
Génesis 11:4-7	127:1	I
Génesis 11:8	49:8	I
Génesis 11:9	119:84	II
Génesis 11:13-17	90:10	I
Génesis 11:19-26	90:10	I
Génesis 11:26-29	139:0	I
Génesis 12:1	61:4	II
Génesis 12:1-3	90:1	I
Génesis 12:1-9	90:1	I
Génesis 12:2	100:3	I
Génesis 12:3	7:0	II
Génesis 12:3	35:8	II
Génesis 12:3	67:6	II
Génesis 12:3	134:3	I
Génesis 12:6-8	45:13	II
Génesis 12:7	61:3	II
Génesis 12:7	112:2	I
Génesis 12:10	34:12	I
Génesis 12:13	44:14	II
Génesis 12:43-49	119:0	II
Génesis 13:1-9	133:1	I
Génesis 13:2	50:15	II
Génesis 13:7-12	112:2	I
Génesis 13:8	133:1	I
Génesis 13:9	133:0	I
Génesis 13:15-16	100:5	I
Génesis 14:8	40:5	I
Génesis 14:9-15	12:5	II
Génesis 14:10	69:15	II
Génesis 14:17-20	24:7	I
Génesis 14:17-20	68:19	II
Génesis 14:17-22	9:10	II
Génesis 14:18	56:2	II
Génesis 14:18	122:6	I
Génesis 14:18-24	47:2	II
Génesis 14:19	134:3	I
Génesis 14:19	139:13	I
Génesis 14:22	119:48	II
Génesis 15:1	35:3	II
Génesis 15:1	47:10	II
Génesis 15:1	84:11	I
Génesis 15:1	119:114	II
Génesis 15:1	121:8	I
Génesis 15:1-5	91:1	I
Génesis 15:2	9:10	II
Génesis 15:5	119:13	II
Génesis 15:5	119:25	II
Génesis 15:5	119:52	II
Génesis 15:6	10:18	II
Génesis 15:9	66:14	II
Génesis 15:9-10	50:5	II
Génesis 15:10-18	50:5	II
Génesis 15:12-16	91:1	I
Génesis 15:13	126:1	I
Génesis 15:14	111:5	I
Génesis 15:18	60:6	II
Génesis 16:6-7	84:1	I
Génesis 16:12	120:5	I
Génesis 16:12	120:6	I
Génesis 16:13	10:11	II
Génesis 16:13	139:11	I
Génesis 16:13	119:168	II
Génesis 16:13-14	63:0	II
Génesis 16:14	9:10	II
Génesis 17:1	25:14	II
Génesis 17:1	119:151	II
Génesis 17:1	119:168	II
Génesis 17:1-3	9:10	II
Génesis 17:4	47:9	II
Génesis 17:5	112:2	I
Génesis 17:7-8	119:90	II
Génesis 18:1-3	119:109	II
Génesis 18:1-8	110:1	I
Génesis 18:2-5	119:100	II
Génesis 18:4	58:10	II
Génesis 18:9	128:3	I
Génesis 18:12	103:1	I
Génesis 18:14	130:7	I
Génesis 18:16-19	14:2	I
Génesis 18:16-33	42:9	I
Génesis 18:17	25:14	II
Génesis 18:18	44:14	II
Génesis 18:18	67:6	II
Génesis 18:19	37:25	I
Génesis 18:19	68:26	II
Génesis 18:20	119:126	II
Génesis 18:20	129:2	I
Génesis 18:23-25	26:9	II
Génesis 18:23-32	13:1	I
Génesis 18:27	10:17	II
Génesis 18:27	10:18	II
Génesis 18:27	139:23	I
Génesis 18:28	68:18	II
Génesis 18:30	119:126	II
Génesis 19:1-3	119:100	II
Génesis 19:1-13	39:12	II
Génesis 19:1-15	30:5	II
Génesis 19:1-25	103:20	I
Génesis 19:1-28	58:10	II
Génesis 19:1-28	145:6	I
Génesis 19:1-29	7:12	II
Génesis 19:4-17	129:2	I
Génesis 19:14-17	1:4	I
Génesis 19:16	119:60	II
Génesis 19:17	61:3	II
Génesis 19:17	119:174	II
Génesis 19:17-19	11:0	II
Génesis 19:17-26	37:27	I
Génesis 19:17-31	119:5	II
Génesis 19:19	44:26	II
Génesis 19:20	25:11	II
Génesis 19:20-22	21:9	I
Génesis 19:23-25	65:8	II
Génesis 19:24	11:0	II
Génesis 19:24	11:6	II
Génesis 19:24-25	11:6	II
Génesis 19:24-25	21:9	I
Génesis 19:24-26	90:11	I
Génesis 19:26	17:3	I
Génesis 19:26	35:21	II
Génesis 19:26	45:10	II
Génesis 19:27-28	21:9	I
Génesis 19:28	21:9	I
Génesis 19:29	132:1	I
Génesis 20:1-18	64:4	II
Génesis 20:2	34:0	I
Génesis 20:3	40:17	I
Génesis 20:8	145:6	I
Génesis 20:18	145:9	I
Génesis 21:1-2	8:4	I
Génesis 21:8-9	131:2	I
Génesis 21:9	27:3	I
Génesis 21:9	35:16	II
Génesis 21:9	69:12	II
Génesis 21:9	119:51	II
Génesis 21:9	125:3	I
Génesis 21:14	50:19	II
Génesis 21:14-17	12:5	II
Génesis 21:15-20	27:10	I
Génesis 21:19	23:1	I
Génesis 21:19	42:10	II
Génesis 21:33	9:10	II
Génesis 22:1-18	26:1	II
Génesis 22:2	46:2	I
Génesis 22:2	22:20	I
Génesis 22:2-16	68:6	II
Génesis 22:8	47:9	II
Génesis 22:9	131:2	I
Génesis 22:13	9:10	II
Génesis 22:13	90:12	I
Génesis 22:13	119:7	II
Génesis 22:16	119:106	II
Génesis 22:17	47:4	II
Génesis 22:17	110:3	I
Génesis 22:17	119:52	II
Génesis 22:17	127:5	I
Génesis 22:17	132:15	I
Génesis 22:18	7:0	II
Génesis 22:18	21:6	I

Génesis 22:18	24:5	I
Génesis 22:18	40:10	I
Génesis 22:18	44:14	II
Génesis 22:18	47:9	II
Génesis 22:18	67:6	II
Génesis 22:18	110:4	I
Génesis 22:18	117:2	I
Génesis 22:18	119:33	II
Génesis 23:4	37:35	I
Génesis 23:4	119:54	II
Génesis 23:6	119:106	II
Génesis 23:26	84:8	I
Génesis 24:1-67	47:9	II
Génesis 24:19	63:1	II
Génesis 24:27	31:3	II
Génesis 24:33	27:4	I
Génesis 24:40	25:14	II
Génesis 24:54	59:15	II
Génesis 24:60	127:5	I
Génesis 24:63	5:1	II
Génesis 24:63	39:3	II
Génesis 25:7	90:10	I
Génesis 25:13	55:6	I
Génesis 25:13	120:5	I
Génesis 25:13-16	50:10	II
Génesis 25:20	139:0	I
Génesis 25:22-26	24:6	I
Génesis 25:27	27:11	I
Génesis 25:30	95:5	I
Génesis 26:1	34:12	I
Génesis 26:3	46:11	I
Génesis 26:4	47:9	II
Génesis 26:4	67:6	II
Génesis 26:4	119:52	II
Génesis 26:8	34:0	I
Génesis 26:12	29:3	II
Génesis 26:12	37:16	I
Génesis 26:15	40:6	I
Génesis 26:16	69:25	II
Génesis 26:22	25:2	II
Génesis 26:24	25:13	II
Génesis 26:24	35:3	II
Génesis 27:1-40	17:1	I
Génesis 27:1-29	26:1	I
Génesis 27:12	44:21	I
Génesis 27:28	30:5	II
Génesis 27:29	112:2	I
Génesis 27:33	119:2	II
Génesis 27:34-40	25:11	II
Génesis 27:38	119:41	II
Génesis 27:40	35:3	II
Génesis 27:40	137:7	I
Génesis 27:41-46	119:54	II
Génesis 27:46	19:12	I
Génesis 28:1-22	119:54	II
Génesis 28:3	132:2	I
Génesis 28:9	50:10	II
Génesis 28:10-17	121:4	I
Génesis 28:10-19	25:1	II
Génesis 28:10-22	119:26	II
Génesis 28:11-19	120:0	I
Génesis 28:12	9:13	II
Génesis 28:12	15:2	I
Génesis 28:12	28:6	II
Génesis 28:12	45:12	II
Génesis 28:12	61:2	II
Génesis 28:12	64:10	II
Génesis 28:12	119:46	II
Génesis 28:12	119:114	II
Génesis 28:12	120:0	I
Génesis 28:12	126:1	I
Génesis 28:12	132:3	I
Génesis 28:12-13	95:1	I
Génesis 28:12-13	139:2	I
Génesis 28:13-19	41:3	II
Génesis 28:14	67:6	II
Génesis 28:15	121:3	I
Génesis 28:15	121:4	I
Génesis 28:15	126:1	I
Génesis 28:17	26:8	II
Génesis 28:17	65:5	II
Génesis 28:17	68:18	II
Génesis 28:17	84:1	I
Génesis 28:17	145:6	I
Génesis 28:20-22	46:11	I
Génesis 28:20-22	132:5	I
Génesis 28:22	132:3	I
Génesis 29:1-30	124:1	I
Génesis 29:2-3	69:15	II
Génesis 29:13-30	35:1	II
Génesis 29:15-28	17:14	I
Génesis 29:34	112:5	I
Génesis 29:35	125:5	I
Génesis 30:1	132:15	I
Génesis 30:8	27:3	I
Génesis 30:22	132:1	I
Génesis 30:24	27:3	I
Génesis 30:25-43	95:1	I
Génesis 30:28-43	112:9	I
Génesis 30:37-43	6:6	II
Génesis 31:9-11	40:17	I
Génesis 31:13	119:26	II
Génesis 31:17-35	63:1	II
Génesis 31:24	40:17	I
Génesis 31:24	132:3	I
Génesis 31:40	121:6	I
Génesis 31:54	59:15	II
Génesis 32:1-2	34:7	I
Génesis 32:6-7	20:1	I
Génesis 32:9-12	128:6	I
Génesis 32:10	23:1	I
Génesis 32:10	139:17	I
Génesis 32:11-13	119:92	II
Génesis 32:22	132:3	I
Génesis 32:22-28	30:9	II
Génesis 32:22-28	129:2	I
Génesis 32:22-31	25:22	II
Génesis 32:22-31	65:5	II
Génesis 32:22-32	130:7	I
Génesis 32:24-28	5:3	II
Génesis 32:24-30	24:6	I
Génesis 32:26	73:1	I
Génesis 32:26	132:3	I
Génesis 32:28	6:9	II
Génesis 32:28	14:7	I
Génesis 32:28	25:11	II
Génesis 32:28	50:7	II
Génesis 32:28	125:5	I
Génesis 32:28	128:6	I
Génesis 32:28	129:2	I
Génesis 32:28	130:7	I
Génesis 32:30	11:7	II
Génesis 32:30	27:3	I
Génesis 32:30	132:3	I
Génesis 32:31	38:17	II
Génesis 32:31	137:3	I
Génesis 33:4	2:12	I
Génesis 33:5	139:14	I
Génesis 33:11	6:2	II
Génesis 33:11	57:1	II
Génesis 33:13	23:2	I
Génesis 33:17-18	60:6	II
Génesis 33:18-20	63:1	II
Génesis 33:20	9:10	II
Génesis 34:20	36:10	II
Génesis 35:1-8	119:26	II
Génesis 35:3	20:1	I
Génesis 35:9-11	124:1	I
Génesis 35:9-12	119:52	II
Génesis 35:10	50:7	II
Génesis 35:10	130:7	I
Génesis 35:11	9:10	II
Génesis 35:14	22:14	I
Génesis 35:18	80:17	I
Génesis 36:1	45:13	II
Génesis 36:1-9	137:7	I
Génesis 36:3	50:10	II
Génesis 37	17:14	I
Génesis 37 al 45	91:9	I
Génesis 37:1-28	133:1	I
Génesis 37:2	127:4	I
Génesis 37:3	149:4	I
Génesis 37:5-6	126:1	I
Génesis 37:11	130:3	I
Génesis 37:19	119:51	II
Génesis 37:24	95:4	I
Génesis 37:25	32:7	I
Génesis 37:26-28	42:5	I
Génesis 37:28	30:1	II
Génesis 37:34	6:8	II
Génesis 37:34	119:25	II
Génesis 39:7-18	11:2	II
Génesis 39:9	51:4	I

Éxodo Salmo T

Éxodo 30:19	26:7	II
Éxodo 30:19-21	26:7	II
Éxodo 30:20-21	134:2	I
Éxodo 30:22-26	68:26	II
Éxodo 30:22-30	133:2	I
Éxodo 30:22-33	45:7	II
Éxodo 30:23-24	45:8	II
Éxodo 30:30	149:2	I
Éxodo 30:31-33	68:26	II
Éxodo 30:32	45:8	II
Éxodo 31:1-11	90:17	I
Éxodo 31:3	119:42	II
Éxodo 31:13	9:10	II
Éxodo 31:18	8:3	I
Éxodo 31:18	103:6	I
Éxodo 31:18	119:33	II
Éxodo 31:18	119:135	II
Éxodo 32:1-6	112:9	I
Éxodo 32:1-10	50:21	II
Éxodo 32:13	119:52	II
Éxodo 32:13	132:1	I
Éxodo 32:15-19	50:17	II
Éxodo 32:19	149:3	I
Éxodo 32:19-20	59:0	II
Éxodo 32:20	16:4	I
Éxodo 32:22	119:120	II
Éxodo 32:25	22:18	I
Éxodo 32:25	32:1	I
Éxodo 32:26	45:14	II
Éxodo 32:27	119:84	II
Éxodo 32:32	69:28	II
Éxodo 32:33	7:11	II
Éxodo 32:33	69:28	II
Éxodo 32:34	91:11	I
Éxodo 33:1	119:106	II
Éxodo 33:2	91:11	I
Éxodo 33:3	44:3	II
Éxodo 33:3	63:0	II
Éxodo 33:3	66:12	II
Éxodo 33:3	67:6	II
Éxodo 33:9	46:7	I
Éxodo 33:9-10	68:0	II
Éxodo 33:9-10	84:11	I
Éxodo 33:10	95:1	I
Éxodo 33:12-17	10:1	II
Éxodo 33:14	36:10	II
Éxodo 33:18-19	33:5	II
Éxodo 33:18-19	36:10	II
Éxodo 33:18-21	11:7	II
Éxodo 33:19	103:7	I
Éxodo 33:19	31:19	II
Éxodo 33:20	36:9	II
Éxodo 33:20	123:1	I
Éxodo 33:20-23	139:8	I
Éxodo 33:22	57:1	II
Éxodo 33:22	91:4	I
Éxodo 33:22	119:37	II
Éxodo 33:23	13:1	I
Éxodo 34:5-7	9:10	II

Éxodo 34:6	25:11	II
Éxodo 34:6	57:1	II
Éxodo 34:6	68:1	II
Éxodo 34:6	103:8	I
Éxodo 34:6	145:8	I
Éxodo 34:6-7	25:7	II
Éxodo 34:6-7	91:14	I
Éxodo 34:6-7	130:4	I
Éxodo 34:6-7	145:8	I
Éxodo 34:7	32:1	I
Éxodo 34:7	33:5	II
Éxodo 34:7	103:19	I
Éxodo 34:7	119:120	II
Éxodo 34:10	119:18	II
Éxodo 34:11	44:2	II
Éxodo 34:22	68:0	II
Éxodo 34:22	119:0	II
Éxodo 34:23	122:4	I
Éxodo 34:24	120:0	I
Éxodo 34:28	19:7	I
Éxodo 34:28	119:0	II
Éxodo 34:29	149:4	I
Éxodo 34:29-30	21:6	I
Éxodo 34:29-30	36:9	II
Éxodo 34:29-35	67:1	II
Éxodo 34:33-35	119:127	II
Éxodo 35:13	119:64	II
Éxodo 35:14	132:17	I
Éxodo 35:29	110:3	I
Éxodo 35:30-35	45:13	II
Éxodo 35:30-35	139:15	I
Éxodo 35:31	119:42	II
Éxodo 37:9	91:4	I
Éxodo 37:23	132:17	I
Éxodo 37:29	68:26	II
Éxodo 38:1-7	128:5	I
Éxodo 38:3	58:9	II
Éxodo 38:8	26:7	II
Éxodo 38:21-27	119:133	II
Éxodo 39:1-6	45:13	II
Éxodo 39:8-21	119:64	II
Éxodo 39:25-26	150:5	I
Éxodo 39:36	119:64	II
Éxodo 39:37	132:17	I
Éxodo 39:39	84:3	I
Éxodo 39:43	90:16	I
Éxodo 40:3	139:14	I
Éxodo 40:5	26:7	II
Éxodo 40:5	84:3	I
Éxodo 40:20	119:2	II

LEVÍTICO	**SALMO**	**T**
Levítico 1:3	26:1	II
Levítico 1:3-17	40:6	I
Levítico 1:8	40:5	I
Levítico 1:12	5:3	II
Levítico 1:12-17	50:5	II
Levítico 2:1-16	134:1	I
Levítico 2:2	70:0	I
Levítico 2:2-16	38:0	II
Levítico 2:3-11	45:1	II
Levítico 2:5	45:1	II
Levítico 2:5-7	45:1	II
Levítico 2:8	45:1	II
Levítico 2:13	69:3	II
Levítico 2:13	69:35	II
Levítico 2:14	38:7	II
Levítico 3:1	20:3	I
Levítico 3:1	26:1	II
Levítico 3:1-17	119:108	II
Levítico 3:6-9	18:25	I
Levítico 3:9	119:112	II
Levítico 3:9-10	63:5	II
Levítico 3:14-17	66:15	II
Levítico 3:16	36:8	II
Levítico 4:1-35	40:6	I
Levítico 4:2	19:12	I
Levítico 4:6	119:164	II
Levítico 4:19-26	119:64	II
Levítico 4:35	36:8	II
Levítico 5:8	45:1	II
Levítico 5:14	119:67	II
Levítico 6:8-13	40:6	I
Levítico 6:15	38:0	II
Levítico 6:16-26	65:4	II
Levítico 6:21	45:1	II
Levítico 6:24-30	40:6	I
Levítico 6:25	19:7	I
Levítico 7:1-5	66:15	II
Levítico 7:4	103:1	I
Levítico 7:6-31	65:4	II
Levítico 7:8	40:6	I
Levítico 7:9	45:1	II
Levítico 7:11-14	56:12	II
Levítico 7:11-21	119:108	II
Levítico 7:12	50:14	II
Levítico 7:12-15	100:0	I
Levítico 7:16	56:12	II
Levítico 7:16	119:108	II
Levítico 8:6	26:7	II
Levítico 8:8	90:16	I
Levítico 8:28	51:16	II
Levítico 8:35	22:2	I
Levítico 9:16-22	25:1	II
Levítico 9:22	119:48	II
Levítico 9:24	95:1	I
Levítico 10:1-3	46:10	I
Levítico 10:1-11	65:4	II
Levítico 10:3	37:7	I
Levítico 11:1-8	119:141	II
Levítico 11:3-4	69:31	II

NÚMEROS	SALMO	T

Deuteronomio 22:2	45:2	II
Deuteronomio 22:11	119:0	II
Deuteronomio 23:7-8	137:7	I
Deuteronomio 23:11	119:59	II
Deuteronomio 23:14	48:13	II
Deuteronomio 23:14	60:1	II
Deuteronomio 23:19-	15:5	I
Deuteronomio 23:20	15:5	I
Deuteronomio 23:24	49:17	I
Deuteronomio 24:6	2:12	I
Deuteronomio 24:14	119:18	II
Deuteronomio 24:15	24:4	I
Deuteronomio 24:15	119:82	II
Deuteronomio 24:17	119:19	II
Deuteronomio 24:19	119:77	II
Deuteronomio 25:3	125:3	I
Deuteronomio 25:6	60:8	II
Deuteronomio 25:9	127:1	I
Deuteronomio 25:17	44:7	II
Deuteronomio 25:19	119:45	II
Deuteronomio 26:2	30:0	II
Deuteronomio 26:6	37:11	I
Deuteronomio 26:6	90:1	I
Deuteronomio 26:9	37:3	I
Deuteronomio 26:10	30:0	II
Deuteronomio 26:12	44:0	II
Deuteronomio 26:13	119:96	II
Deuteronomio 26:15	26:8	II
Deuteronomio 26:15	90:1	I
Deuteronomio 26:17	33:12	II
Deuteronomio 26:18	44:3	II
Deuteronomio 27:1	68:14	II
Deuteronomio 27:11	40:16	I
Deuteronomio 27:11	112:10	I
Deuteronomio 27:11	129:5	I
Deuteronomio 27:12	130:3	I
Deuteronomio 27:15	5:10	II
Deuteronomio 27:19	119:19	II
Deuteronomio 27:26	45:2	II
Deuteronomio 28:4	58:11	II
Deuteronomio 28:5	19:10	I
Deuteronomio 28:12	37:21	I
Deuteronomio 28:12	145:15	I
Deuteronomio 28:14	67:2	II
Deuteronomio 28;14	128:1	I
Deuteronomio 28:15	35:8	II
Deuteronomio 28:15	128:2	I
Deuteronomio 28:16	73:1	I
Deuteronomio 28:20	119:84	II
Deuteronomio 28:27	25:18	II
Deuteronomio 28:34	60:3	II
Deuteronomio 28:37	44:14	II
Deuteronomio 28:37	44:22	II
Deuteronomio 28:37	90:11	I
Deuteronomio 28:49	61:2	II
Deuteronomio 28:53	60:9	II
Deuteronomio 28:63	52:5	II
Deuteronomio 28:67	112:4	I
Deuteronomio 29:2	95:10	I
Deuteronomio 29:2	119:100	II
Deuteronomio 29:4	119:18	II
Deuteronomio 29:20	80:4	I
Deuteronomio 29:23	21:9	I
Deuteronomio 29:29	119:1	II
Deuteronomio 29:29	119:126	II
Deuteronomio 30:3	126:4	I
Deuteronomio 30:5	119:80	II
Deuteronomio 30:6	51:10	I
Deuteronomio 30:11	67:6	II
Deuteronomio 30:14	119:9	II
Deuteronomio 31:6	29:11	II
Deuteronomio 31:6	31:24	II
Deuteronomio 31:6	119:28	II
Deuteronomio 31:9	119:15	II
Deuteronomio 31:16	119:2	II
Deuteronomio 31:17	9:10	II
Deuteronomio 31:17	63:2	II
Deuteronomio 31:17	119:143	II
Deuteronomio 31:19	90:0	I
Deuteronomio 31:21	139:2	I
Deuteronomio 31:28	50:4	II
Deuteronomio 31:30	18:0	I
Deuteronomio 31:41	119:173	II
Deuteronomio 32:1	50:4	II
Deuteronomio 32:2	39:12	II
Deuteronomio 32:4	19:7	I
Deuteronomio 32:4	90:0	I
Deuteronomio 32:5	18:26	I
Deuteronomio 32:6	100:3	I
Deuteronomio 32:6	139:13	I
Deuteronomio 32:7	9:10	II
Deuteronomio 32:7	90:0	I
Deuteronomio 32:9	119:132	II
Deuteronomio 32:10	17:8	I
Deuteronomio 32:10	38:10	II
Deuteronomio 32:10	44:0	II
Deuteronomio 32:10	121:4	I
Deuteronomio 32:11	9:9	II
Deuteronomio 32:11	33:6	II
Deuteronomio 32:11	36:7	II
Deuteronomio 32:11	61:4	II
Deuteronomio 32:11	63:7	II
Deuteronomio 32:11	91:4	I
Deuteronomio 32:12	84:1	I
Deuteronomio 32:14	22:12	I
Deuteronomio 32:15	22:12	I
Deuteronomio 32:15	29:6	II
Deuteronomio 32:15	44:18	II
Deuteronomio 32:15	119:67	II
Deuteronomio 32:15	119:70	II
Deuteronomio 32:18	16:11	I
Deuteronomio 32:18	103:2	I
Deuteronomio 32:20	63:2	II
Deuteronomio 32:22	67:6	II
Deuteronomio 32:23	38:2	II
Deuteronomio 32:26	34:16	I
Deuteronomio 32:26	60:1	II
Deuteronomio 32:30	68:35	II
Deuteronomio 32:30	84:10	I
Deuteronomio 32:30	91:7	I
Deuteronomio 32:31	13:5	I
Deuteronomio 32:32	60:3	II
Deuteronomio 32:32	119:96	II
Deuteronomio 32:35	26:1	II
Deuteronomio 32:35	28:4	II
Deuteronomio 32:35	38:14	II
Deuteronomio 32:35	41:10	II
Deuteronomio 32:35	43:1	I
Deuteronomio 32:35	64:7	II
Deuteronomio 32:35	119:154	II
Deuteronomio 32:37	11:1	II
Deuteronomio 32:38	28:6	II
Deuteronomio 32:39	6:4	II
Deuteronomio 32:39	39:9	II
Deuteronomio 32:39	119:25	II
Deuteronomio 32:40	119:48	II
Deuteronomio 32:41	119:52	II
Deuteronomio 32:42	38:2	II
Deuteronomio 32:43	95:1	I
Deuteronomio 32:43	117:1	I
Deuteronomio 32:47	18:0	I
Deuteronomio 32:47	34:12	I
Deuteronomio 32:50	73:22	I
Deuteronomio 33:1	33:5	II
Deuteronomio 33:1	90:0	I
Deuteronomio 33:2	50:2	II
Deuteronomio 33:2	50:3	II
Deuteronomio 33:2	68:17	II
Deuteronomio 33:2	84:11	I
Deuteronomio 33:3	119:173	II
Deuteronomio 33:4	119:105	II
Deuteronomio 33:5	29:6	II
Deuteronomio 33:12	68:27	II
Deuteronomio 33:12	127:2	I
Deuteronomio 33:14	121:6	I
Deuteronomio 33:16	145:16	I
Deuteronomio 33:17	29:6	II
Deuteronomio 33:17	44:5	II
Deuteronomio 33:17	60:7	II
Deuteronomio 33:17	112:9	I
Deuteronomio 33:17	132:17	I
Deuteronomio 33:19	4:6	I
Deuteronomio 33:23	34:13	I
Deuteronomio 33:23	90:14	I
Deuteronomio 33:25	23:1	I
Deuteronomio 33:25	55:22	I
Deuteronomio 33:25	91:13	I
Deuteronomio 33:25	119:28	II
Deuteronomio 33:26	3:3	I
Deuteronomio 33:26	111:3	I
Deuteronomio 33:27	9:13	II
Deuteronomio 33:27	46:5	I
Deuteronomio 33:27	103:11	I
Deuteronomio 34:3	80:8	I
Deuteronomio 34:7	90:10	I
Deuteronomio 34:9	119:42	II

Deuteronomio 34:9	145:14	I
Deuteronomio 34:10	36:10	II

JOSUÉ	SALMO	T
Josué 1:1	18:0	I
Josué 1:3-4	60:8	II
Josué 1:5	119:92	II
Josué 1:6	31:24	II
Josué 1:6	119:106	II
Josué 1:7	119:33	II
Josué 1:7	128:1	I
Josué 1:8	1:2	I
Josué 1:8	22:2	I
Josué 1:8	119:15	II
Josué 1:8	119:18	II
Josué 1:8	119:140	II
Josué 1:9	29:11	II
Josué 1:9	119:28	II
Josué 1:15	5:7	II
Josué 2:1-17	44:2	II
Josué 2:9	64:9	II
Josué 2:9-24	41:12	II
Josué 3:1	59:15	II
Josué 3:1-17	66:6	II
Josué 3:5	119:18	II
Josué 3:6	91:12	II
Josué 3:7-17	42:6	I
Josué 3:10	84:2	II
Josué 3:14-16	126:4	II
Josué 3:14-17	132:8	I
Josué 4:9-11	24:7	II
Josué 4:17-24	66:6	II
Josué 5:1	95:10	I
Josué 5:11	38:7	II
Josué 6:1-20	44:2	II
Josué 6:3-4	48:12	II
Josué 6:4-5	68:1	II
Josué 6:4-8	110:3	II
Josué 6:5-16	95:1	I
Josué 6:5-20	119:126	II
Josué 6:11	59:15	II
Josué 6:20	20:5	II
Josué 6:20	95:10	I
Josué 6:21	35:0	II
Josué 6:23	41:12	II
Josué 6:33	121:1	I
Josué 7:5	119:28	II
Josué 7:6	6:8	II
Josué 7:6	35:14	II
Josué 7:6	119:25	II
Josué 7:9	25:3	II
Josué 7:9	31:3	II
Josué 7:19	50:14	II
Josué 7:20-26	119:57	II
Josué 7:21-23	32:5	I
Josué 7:24-26	21:0	I
Josué 8:30-35	68:14	II
Josué 8:31	18:0	I
Josué 8:33-34	112:9	I
Josué 8.33-35	129:5	I
Josué 8:33-35	40:16	I
Josué 9:4-13	56:8	II
Josué 9:21	61:4	II
Josué 9:22	139:2	I
Josué 10:9	46:5	I
Josué 10:10	119:84	II
Josué 10:10-15	119:91	II
Josué 10:11	32:6	I
Josué 10:11	68:14	II
Josué 10:13	32:6	I
Josué 10:13	44:3	II
Josué 10:16-27	149:8	I
Josué 10:24	110:1	I
Josué 10:25	31:24	II
Josué 10:40	150:6	I
Josué 11:5-7	133:3	I
Josué 11:12	18:0	I
Josué 12:1-6	42:6	I
Josué 12:16	18:0	I
Josué 12:22	68:16	II
Josué 13:1-13	68:15	II
Josué 13:8	18:0	I
Josué 13:11-2	50:10	II
Josué 13:15-32	68:13	II
Josué 13:27	60:6	II
Josué 13:33	50:16	II
Josué 13:33	119:57	II
Josué 14	16:6	I
Josué 14:1-5	125:3	I
Josué 14:1-5	68:13	II
Josué 14:1-5	119:111	II
Josué 14:14	44:3	II
Josué 15:8	48:2	II
Josué 15:8	84:6	I
Josué 15:8	122:3	I
Josué 15:19	46:4	I
Josué 15:19	63:1	II
Josué 15:63	122:3	I
Josué 16:1-17	150:0	I
Josué 17:16	44:3	II
Josué 18:1	132:6	I
Josué 18:3	13:1	I
Josué 18:7	119:57	II
Josué 18:16	84:6	I
Josué 18:16	122:3	I
Josué 20:1-5	119:60	II
Josué 20:1-9	61:3	II
Josué 20:1-9	119:35	II
Josué 20:2-9	9:9	II
Josué 21:18	9:1	II
Josué 21:43	60:6	II
Josué 21:45	45:17	II
Josué 22:5	91:14	I
Josué 22:5	95:8	I
Josué 22:20	42:6	I
Josué 22:22	50:1	II
Josué 23:10	84:10	I
Josué 23:13	124:7	I
Josué 23:14	39:13	II
Josué 23:14	45:17	II
Josué 24:4	56:13	II
Josué 24:9	119:161	II
Josué 24:12	44:2	II
Josué 24:13	44:3	II
Josué 24:15	26:4	II
Josué 24:15	119:30	II
Josué 24:15	119:106	II
Josué 24:17	100:3	I
Josué 24:24	103:1	I
Josué 24:29	18:0	I
Josué 24:32	145:16	I

JUECES	SALMO	T
Jueces 1:5-7	28:4	II
Jueces 1:6-7	31:23	II
Jueces 1:7	110:1	I
Jueces 1:15	45:2	II
Jueces 1:15	46:4	I
Jueces 1:16	80:8	I
Jueces 1:21	122:3	I
Jueces 2:1	119:106	II
Jueces 2:1-5	84:6	I
Jueces 2:4	84:6	I
Jueces 2:8	18:0	I
Jueces 3:10	43:2	I
Jueces 3:13	80:8	I
Jueces 3:17	17:10	I
Jueces 3:20	49:0	I
Jueces 4	126:1	I
Jueces 4:1-23	11:1	II
Jueces 4:4-22	123:2	I
Jueces 4:7	32:6	I
Jueces 4:13-23	28:4	II
Jueces 4:17-22	7:14	II
Jueces 4:17-22	55:21	I
Jueces 4:19	56:8	II
Jueces 4:22	110:6	I
Jueces 4:22	110:7	I
Jueces 5:1-31	68:0	II
Jueces 5:1-31	150:2	I
Jueces 5:2	110:3	I
Jueces 5:2-9	110:3	I

1 Samuel 23:27-28	54:7	II
1 Samuel 23:28-29	150:0	I
1 Samuel 23:29	31:2	II
1 Samuel 24:1-7	57:0	II
1 Samuel 24:1-13	7:3	II
1 Samuel 24:1-13	7:5	II
1 Samuel 24:1-22	25:9	II
1 Samuel 24:1-22	26:1	II
1 Samuel 24:1-22	35:4	II
1 Samuel 24:1-22	57:0	II
1 Samuel 24:1-22	119:161	II
1 Samuel 24:1-22	150:0	I
1 Samuel 24:3-7	119:95	II
1 Samuel 24:4	31:15	II
1 Samuel 24:4-7	35:4	II
1 Samuel 24:5	26:2	II
1 Samuel 24:6	7:3	II
1 Samuel 24:9	35:11	II
1 Samuel 24:9	64:6	II
1 Samuel 24:9	131:0	I
1 Samuel 24:9	131:1	I
1 Samuel 24:9-12	7:3	II
1 Samuel 24:9-16	35:0	II
1 Samuel 24:13	15:3	I
1 Samuel 24:13-14	30:1	II
1 Samuel 24:16-18	130:4	I
1 Samuel 24:17	7:5	II
1 Samuel 24:17	91:0	I
1 Samuel 25:1-38	55:0	I
1 Samuel 25:2-34	119:176	II
1 Samuel 25:3	112:5	I
1 Samuel 25:3	112:9	I
1 Samuel 25:8	37:25	I
1 Samuel 25:13-22	145:19	I
1 Samuel 25:17	12:1	I
1 Samuel 25:21	139:20	I
1 Samuel 25:37	23:4	I
1 Samuel 25:37	69:32	II
1 Samuel 26:1	54:0	II
1 Samuel 26:1-2	55:0	I
1 Samuel 26:1-11	119:95	II
1 Samuel 26:1-12	26:1	II
1 Samuel 26:1-20	7:3	II
1 Samuel 26:1-20	7:5	II
1 Samuel 26:1-26	119:161	II
1 Samuel 26:7-12	35:4	II
1 Samuel 26:8	62:11	II
1 Samuel 26:8	110:5	I
1 Samuel 26:9	57:0	II
1 Samuel 26:14	38:15	II
1 Samuel 26:14-20	119:46	II
1 Samuel 26:15	16:0	I
1 Samuel 26:15-16	121:3	I
1 Samuel 26:19	56:13	II
1 Samuel 26:20	11:0	II
1 Samuel 26:20	11:1	II
1 Samuel 26:20	119:25	II
1 Samuel 26:21	41:4	II

1 Samuel 27:1	18:23	I
1 Samuel 27:1	119:25	II
1 Samuel 27:1-4	119:92	II
1 Samuel 27:1-4	119:103	II
1 Samuel 27:1-12	16:11	I
1 Samuel 27:1-12	56:12	II
1 Samuel 27:1-12	119:19	II
1 Samuel 27:1-12	119:25	II
1 Samuel 27:1-12	119:39	II
1 Samuel 27:1-12	119:45	II
1 Samuel 27:2-5	119:46	II
1 Samuel 27:5-12	119:29	II
1 Samuel 27:6	31:21	II
1 Samuel 27:7	11:5	II
1 Samuel 27:8-12	119:163	II
1 Samuel 28:1-2	119:45	II
1 Samuel 28:1-2	119:46	II
1 Samuel 28:1-25	112:7	I
1 Samuel 28:6	18:41	I
1 Samuel 28:6	51:11	I
1 Samuel 28:6	90:16	I
1 Samuel 28:6	119:8	II
1 Samuel 28:7	41:7	II
1 Samuel 28:15	16:10	I
1 Samuel 28:20-22	30:7	II
1 Samuel 28:21	6:2	II
1 Samuel 28:21	30:7	II
1 Samuel 28:21	119:109	II
1 Samuel 29:1	119:37	II
1 Samuel 29:1-11	119:45	II
1 Samuel 29:5	54:0	II
1 Samuel 29:5	119:57	II
1 Samuel 29:6-11	119:46	II
1 Samuel 29:8-9	119:46	II
1 Samuel 30	18:37	I
1 Samuel 30:1-6	119:61	II
1 Samuel 30:1-20	44:7	II
1 Samuel 30:1-31	119:45	II
1 Samuel 30:11-13	41:1	II
1 Samuel 30:20	119:0	II
1 Samuel 30:20-26	68:18	II
1 Samuel 30:22	26:4	II
1 Samuel 30:22	41:8	II
1 Samuel 31:1-6	31:14	II
1 Samuel 31:1-7	60:0	II
1 Samuel 31:1-10	9:15	II
1 Samuel 31:1-13	119:8	II
1 Samuel 31:1-13	119:85	II
1 Samuel 31:4	69:7	II
1 Samuel 31:4	37:15	I
1 Samuel 31:4	119:119	II

2 Samuel	**Salmo**	**T**
2 Samuel 1:1	119:45	II
2 Samuel 1:1-12	35:4	II
2 Samuel 1:2-16	35:4	II
2 Samuel 1:11	6:8	II
2 Samuel 1:11-12	69:11	II
2 Samuel 1:12	145:19	I
2 Samuel 1:17-18	44:6	II
2 Samuel 1:17-27	37:15	I
2 Samuel 1:19	18:33	I
2 Samuel 1:21	42:4	I
2 Samuel 1:21	53:6	II
2 Samuel 1:22	16:1	I
2 Samuel 1:22	25:3	II
2 Samuel 1:25	31:14	II
2 Samuel 2:1-4	119:45	II
2 Samuel 2:4	27:0	I
2 Samuel 2:4-7	9:15	II
2 Samuel 2:8-32	60:0	II
2 Samuel 2:8-32	60:2	II
2 Samuel 2:8-32	68:14	II
2 Samuel 2:12-32	60:1	II
2 Samuel 2:12-32	60:6	II
2 Samuel 2:17-23	119:96	II
2 Samuel 2:18	120:6	I
2 Samuel 2:18	18:33	I
2 Samuel 2:26	13:1	I
2 Samuel 2:26-31	31:21	II
2 Samuel 2:36	59:11	II
2 Samuel 3:1	60:0	II
2 Samuel 3:1	60:1	II
2 Samuel 3:1	60:2	II
2 Samuel 3:1-39	60:6	II
2 Samuel 3:1-39	68:14	II
2 Samuel 3:9	120:3	I
2 Samuel 3:29	59:11	II
2 Samuel 4:1-12	68:14	II
2 Samuel 4:4	35:15	I
2 Samuel 4:12	119:25	II
2 Samuel 5:1-5	27:0	I
2 Samuel 5:1-5	60:6	II
2 Samuel 5:1-5	119:57	II
2 Samuel 5:3	27:0	I
2 Samuel 5:6	30:6	II
2 Samuel 5:6	68:18	II
2 Samuel 5:6	122:3	I
2 Samuel 5:6-7	132:3	I
2 Samuel 5:6-10	31:21	II
2 Samuel 5:6-12	24:7	I
2 Samuel 5:7	30:6	II
2 Samuel 5:9	30:6	II
2 Samuel 5:9-11	119:72	II
2 Samuel 5:10	128:1	I
2 Samuel 5:10-11	30:6	II
2 Samuel 5:11	30:0	II
2 Samuel 5:11-12	119:46	II
2 Samuel 5:17-25	11:5	II
2 Samuel 5:17-25	126:2	I
2 Samuel 5:20	60:1	II
2 Samuel 5:20	124:4	I
2 Samuel 5:23	84:1	I
2 Samuel 5:23-24	84:6	I
2 Samuel 5:24	60:10	II

2 Samuel 16:5-10	6:8	II
2 Samuel 16:5-12	38:13	II
2 Samuel 16:5-12	131:0	I
2 Samuel 16:5-13	69:26	II
2 Samuel 16:5-14	23:0	I
2 Samuel 16:5-14	35:4	II
2 Samuel 16:5-14	55:12	I
2 Samuel 16:7	3:0	I
2 Samuel 16:7	18:4	I
2 Samuel 16:7	26:4	II
2 Samuel 16:7	31:13	II
2 Samuel 16:11	7:0	II
2 Samuel 16:12	119:78	II
2 Samuel 16:15-23	119:61	II
2 Samuel 16:17	36:7	II
2 Samuel 16:20-22	30:0	II
2 Samuel 16:20-23	35:8	II
2 Samuel 16:20-23	55:12	I
2 Samuel 16:22	119:76	II
2 Samuel 16:23	3:0	I
2 Samuel 16:23	119:0	II
2 Samuel 16:23	119:96	II
2 Samuel 16:23	119:133	II
2 Samuel 17:1	10:17	II
2 Samuel 17:1-15	41:7	II
2 Samuel 17:1-23	25:3	II
2 Samuel 17:1-23	112:8	I
2 Samuel 17:10	31:24	II
2 Samuel 17:11-12	110:3	I
2 Samuel 17:14	35:8	II
2 Samuel 17:16	63:0	II
2 Samuel 17:23	3:0	I
2 Samuel 17:23	55:15	I
2 Samuel 17:23	119:96	II
2 Samuel 17:24	31:21	II
2 Samuel 17:27-29	22:4	I
2 Samuel 18:5	119:104	II
2 Samuel 18:6	5:6	II
2 Samuel 18:6-8	55:15	I
2 Samuel 18:7	63:10	II
2 Samuel 18:7-8	63:9	II
2 Samuel 18:8	10:17	II
2 Samuel 18:8-18	119:96	II
2 Samuel 18:9	3:0	I
2 Samuel 18:9	5:6	II
2 Samuel 18:9	55:9	I
2 Samuel 18:9	62:10	II
2 Samuel 18:9	68:21	II
2 Samuel 18:9-15	25:3	II
2 Samuel 18:9-15	55:15	I
2 Samuel 18:9-15	63:9	II
2 Samuel 18:17	63:9	II
2 Samuel 18:33	126:5	I
2 Samuel 19:8-40	41:10	II
2 Samuel 19:20	40:7	I
2 Samuel 19:24-29	119:124	II
2 Samuel 19:29-30	27:4	I
2 Samuel 19:29-30	73:25	I
2 Samuel 19:35	90:10	I
2 Samuel 19:39	124:0	I
2 Samuel 20:1	26:4	II
2 Samuel 20:1-22	119:0	II
2 Samuel 20:3	30:0	II
2 Samuel 20:9-10	28:3	II
2 Samuel 20:11-13	39:11	II
2 Samuel 20:15	48:13	II
2 Samuel 21:1	15:0	I
2 Samuel 21:1	68:6	II
2 Samuel 21:1-9	28:4	II
2 Samuel 21:8	119:51	II
2 Samuel 21:15-17	33:16	II
2 Samuel 21:16-17	27:0	I
2 Samuel 21:17	18:28	I
2 Samuel 21:17	27:1	I
2 Samuel 22:1	18:0	I
2 Samuel 22:2	11:1	II
2 Samuel 22:2	33:20	II
2 Samuel 22:2-3	59:5	II
2 Samuel 22:3-36	3:3	I
2 Samuel 22:3	11:1	II
2 Samuel 22:3	16:11	I
2 Samuel 22:3	28:1	II
2 Samuel 22:3	33:17	II
2 Samuel 22:3	59:9	II
2 Samuel 22:4	56:9	II
2 Samuel 22:5	110:7	I
2 Samuel 22:6	18:4	I
2 Samuel 22:6	119:61	II
2 Samuel 22:7	150:1	I
2 Samuel 22:8	60:2	II
2 Samuel 22:9	2:12	I
2 Samuel 22:9	18:8	I
2 Samuel 22:9	65:13	II
2 Samuel 22:9	103:8	I
2 Samuel 22:9	119:21	II
2 Samuel 22:16	18:15	I
2 Samuel 22:32	119:140	II
2 Samuel 22:33	59:5	II
2 Samuel 22:45	66:3	II
2 Samuel 22:46	44:7	II
2 Samuel 23:1	37:23	I
2 Samuel 23:1	69:30	II
2 Samuel 23:1	119:32	II
2 Samuel 23:6	18:4	I
2 Samuel 23:7	12:1	II
2 Samuel 23:8-38	54:4	II
2 Samuel 23:13	68:10	II
2 Samuel 23:23	37:37	I
2 Samuel 24:1-17	103:20	I
2 Samuel 24:1-25	91:0	I
2 Samuel 24:1-25	46:8	I
2 Samuel 24:1-25	119:124	II
2 Samuel 24:6-7	35:11	II
2 Samuel 24:10	95:8	I
2 Samuel 24:10-14	119:39	II
2 Samuel 24:13	119:134	II
2 Samuel 24:14-16	30:11	II
2 Samuel 24:15	91:3	I
2 Samuel 24:15-16	30:5	II
2 Samuel 24:16	6:3	II
2 Samuel 24:16	7:5	II
2 Samuel 24:16-17	35:5	II
2 Samuel 24:17	30:2	II
2 Samuel 24:17	32:5	I
2 Samuel 24:25	30:0	II
2 Samuel 24:25	110:0	I
2 Samuel 24:47	44:18	II

1 Reyes	**Salmo**	**T**
1 Reyes 1:5	41:0	II
1 Reyes 1:5-8	127:2	I
1 Reyes 1:15-16	45:11	II
1 Reyes 1:30	119:106	II
1 Reyes 1:31	119:44	II
1 Reyes 1:34-39	150:3	I
1 Reyes 1:50-51	132:17	I
1 Reyes 2:1-12	61:6	II
1 Reyes 2:2	39:13	II
1 Reyes 2:4	119:0	II
1 Reyes 2:5	14:1	I
1 Reyes 2:5-6	41:0	II
1 Reyes 2:8-9	50:21	II
1 Reyes 2:10	3:5	I
1 Reyes 2:10	17:15	I
1 Reyes 2:10	127:2	I
1 Reyes 2:19	45:9	II
1 Reyes 2:19	80:17	I
1 Reyes 2:23	120:3	I
1 Reyes 2:28	27:5	I
1 Reyes 2:28-31	132:17	I
1 Reyes 2:31-34	28:4	II
1 Reyes 3:1	45:0	II
1 Reyes 3:1	51:18	I
1 Reyes 3:1	68:31	II
1 Reyes 3:1-2	45:0	II
1 Reyes 3:3-15	127:2	I
1 Reyes 3:5-15	119:58	II
1 Reyes 3:6	127:2	I
1 Reyes 3:6	119:167	II
1 Reyes 3:6-7	130:2	I
1 Reyes 3:9	119:169	II
1 Reyes 3:9-10	119:33	II
1 Reyes 3:10-15	119:169	II
1 Reyes 3:11-14	21:4	I
1 Reyes 3:12	50:15	II
1 Reyes 3:16-28	5:2	II
1 Reyes 3:23-27	103:13	I
1 Reyes 3:25-27	119:145	II
1 Reyes 3:26	51:1	I
1 Reyes 4:3	5:3	II
1 Reyes 4:25	18:36	I
1 Reyes 4:25	128:3	I
1 Reyes 4:29	119:25	II
1 Reyes 4:29	119:32	II
1 Reyes 4:31	6:6	II
1 Reyes 5:1-18	117:2	I
1 Reyes 5:1-18	127:1	I

1 Reyes 22:39	45:0	II
1 Reyes 22:39	45:8	II
1 Reyes 22:48	1:3	I
1 Reyes 22:48	36:8	II
1 Reyes 22:48	48:0	II
1 Reyes 22:48	48:7	II

2 Reyes	**Salmo**	**T**
2 Reyes 1:8	145:4	I
2 Reyes 1:9-16	28:4	II
2 Reyes 1:12	103:19	I
2 Reyes 2:3-7	25:6	II
2 Reyes 2:5-9	41:10	II
2 Reyes 2:8-15	145:4	I
2 Reyes 2:11	30:8	II
2 Reyes 2:11	68:17	II
2 Reyes 2:11-15	145:4	I
2 Reyes 2:19	46:4	I
2 Reyes 2:23	1:1	I
2 Reyes 3:4-27	46:5	I
2 Reyes 3:6	26:3	II
2 Reyes 3:14	15:4	I
2 Reyes 3:14	44:22	II
2 Reyes 3:21-27	80:6	I
2 Reyes 4:1	37:21	I
2 Reyes 4:17	91:11	I
2 Reyes 4:17-20	103:13	I
2 Reyes 4:19	121:6	I
2 Reyes 4:34	119:109	II
2 Reyes 4:38	68:6	II
2 Reyes 4:38-41	130:3	I
2 Reyes 5:1-27	117:2	I
2 Reyes 5:3	119:5	II
2 Reyes 5:18	119:104	II
2 Reyes 5:20-25	32:1	I
2 Reyes 5:20-27	15:2	I
2 Reyes 5:20-27	119:57	II
2 Reyes 5:22-23	21:4	I
2 Reyes 5:27	51:7	I
2 Reyes 6:6	103:19	I
2 Reyes 6:11-17	68:17	II
2 Reyes 6:13	22:14	I
2 Reyes 6:16	18:13	I
2 Reyes 6:16	34:19	I
2 Reyes 6:16	55:18	I
2 Reyes 6:16-17	55:18	I
2 Reyes 6:17	51:15	I
2 Reyes 6:17	80:4	I
2 Reyes 6:24-25	68:6	II
2 Reyes 6:25-29	34:12	I
2 Reyes 6:31	120:3	I
2 Reyes 6:33	13:1	I
2 Reyes 7:3	26:3	II
2 Reyes 7:3-8	119:162	II
2 Reyes 7:6	50:21	II
2 Reyes 7:9	119:158	II
2 Reyes 7:9	127:2	II
2 Reyes 8:12	137:0	I
2 Reyes 8:12	137:8	I
2 Reyes 8:16-26	45:0	II
2 Reyes 8:19	18:28	I
2 Reyes 8:19	119:0	II
2 Reyes 8:19	132:10	I
2 Reyes 9:1-37	12:2	II
2 Reyes 9:10-36	68:23	II
2 Reyes 9:20	18:33	I
2 Reyes 9:24-26	28:4	II
2 Reyes 9:30-37	119:151	II
2 Reyes 9:34	132:10	I
2 Reyes 10:7-8	46:8	I
2 Reyes 10:13	45:9	II
2 Reyes 10:15	80:17	I
2 Reyes 10:18-27	12:2	II
2 Reyes 11:12	132:18	I
2 Reyes 12:2	45:9	II
2 Reyes 12:8-15	84:10	I
2 Reyes 14:6	68:18	II
2 Reyes 14:7	60:0	II
2 Reyes 14:7	60:9	II
2 Reyes 14:23-29	45:0	II
2 Reyes 16:16-18	7:0	II
2 Reyes 17:5-15	7:0	II
2 Reyes 17:16	80:4	I
2 Reyes 17:33	119:132	II
2 Reyes 18:4-22	121:1	I
2 Reyes 18:9-12	80:0	I
2 Reyes 18:12	18:0	II
2 Reyes 18:13-37	125:3	I
2 Reyes 18:13-37	137:2	I
2 Reyes 18:18	50:0	II
2 Reyes 18:20	59:12	II
2 Reyes 19:6	46:10	II
2 Reyes 19:6-22	44:16	II
2 Reyes 19:14	51:3	I
2 Reyes 19:15	46:4	I
2 Reyes 19:22	149:1	I
2 Reyes 19:28-37	129:5	I
2 Reyes 19:29-35	91:7	I
2 Reyes 19:32	48:13	I
2 Reyes 19:32-34	132:10	I
2 Reyes 19:34-35	53:5	II
2 Reyes 19:34-35	53:6	II
2 Reyes 19:35	34:7	I
2 Reyes 19:35	35:5	II
2 Reyes 19:35	46:8	II
2 Reyes 19:35	57:5	II
2 Reyes 19:35	91:11	I
2 Reyes 19:35	126:2	I
2 Reyes 19:35-36	44:1	II
2 Reyes 19:35-37	68:18	II
2 Reyes 19:35-37	103:20	I
2 Reyes 20:1	40:4	I
2 Reyes 20:1	119:151	II
2 Reyes 20:1-11	66:13	II
2 Reyes 20:3	119:55	II
2 Reyes 20:3	119:165	II
2 Reyes 20:3	119:167	II
2 Reyes 20:4-6	119:97	II
2 Reyes 20:5	56:8	II
2 Reyes 20:6	132:10	I
2 Reyes 20:8-11	120:0	I
2 Reyes 20:9-11	24:7	I
2 Reyes 20:9-11	51:7	I
2 Reyes 20:11	32:6	I
2 Reyes 20:18	45:15	II
2 Reyes 21:10-14	65:0	II
2 Reyes 23:10	13:3	I
2 Reyes 23:10	44:2	II
2 Reyes 23:10	84:6	I
2 Reyes 23:10	122:3	I
2 Reyes 23:10	124:8	I
2 Reyes 23:24	63:1	II
2 Reyes 24:10	31:21	II
2 Reyes 24:12-25	45:9	II
2 Reyes 25:2	60:9	II
2 Reyes 25:2	31:21	II
2 Reyes 25:9	137:9	I
2 Reyes 29:29	35:15	II

1 Crónicas	**Salmo**	**T**
1 Crónicas 1:5	55:6	I
1 Crónicas 1:9	1:3	I
1 Crónicas 1:9	65:9	II
1 Crónicas 1:9	126:4	I
1 Crónicas 1:10	35:1	II
1 Crónicas 1:29	50:10	II
1 Crónicas 1:29	55:6	I
1 Crónicas 1:35	42:0	I
1 Crónicas 1:35	44:0	II
1 Crónicas 2:6	5:3	II
1 Crónicas 2:6	6:6	II
1 Crónicas 2:15	119:19	II
1 Crónicas 2:43	42:0	I
1 Crónicas 2:43	44:0	II
1 Crónicas 3:3-9	50:23	II
1 Crónicas 4:9-10	145:16	I
1 Crónicas 4:10	119:32	II
1 Crónicas 4:17-18	128:6	I
1 Crónicas 4:21	45:13	II
1 Crónicas 6:16-33	42:0	I
1 Crónicas 6:18	68:18	II

1 Crónicas 29:17	119:108	II
1 Crónicas 29:28	119:14	II

2 CRÓNICAS	**SALMO**	**T**
2 Crónicas 1:3	18:0	I
2 Crónicas 1:10	67:4	II
2 Crónicas 1:11	7:3	II
2 Crónicas 1:12	50:15	II
2 Crónicas 2:1-5	127:1	I
2 Crónicas 2:2	29:7	II
2 Crónicas 2:5	150:2	I
2 Crónicas 2:11-16	117:2	I
2 Crónicas 2:13-14	68:27	II
2 Crónicas 3:1	30:0	II
2 Crónicas 3:1	132:5	II
2 Crónicas 3:28	44:6	II
2 Crónicas 3:28	44:16	II
2 Crónicas 4:2	6:6	II
2 Crónicas 4:2-5	19:4	I
2 Crónicas 4:2-6	119:64	II
2 Crónicas 4:5	39:5	II
2 Crónicas 4:5	45:0	II
2 Crónicas 5:2-14	132:0	I
2 Crónicas 5:6	7:7	II
2 Crónicas 5:12	39:0	II
2 Crónicas 5:12	62:0	II
2 Crónicas 5:12	150:5	I
2 Crónicas 5:12-13	57:8	II
2 Crónicas 5:13	150:5	I
2 Crónicas 6:4	130:2	I
2 Crónicas 6:13	63:4	II
2 Crónicas 6:16	61:6	II
2 Crónicas 6:16	119:0	II
2 Crónicas 6:18	8:1	I
2 Crónicas 6:18	68:5	II
2 Crónicas 6:37	55:19	I
2 Crónicas 6:37-39	44:15	II
2 Crónicas 6:40	51:15	I
2 Crónicas 6:41	63:2	II
2 Crónicas 6:41	132:16	I
2 Crónicas 6:41-42	132:0	I
2 Crónicas 7:1-3	119:139	II
2 Crónicas 7:1-10	132:0	I
2 Crónicas 7:1-10	132:11	I
2 Crónicas 7:3	95:6	I
2 Crónicas 7:13-14	44:15	II
2 Crónicas 7:14	27:8	I
2 Crónicas 7:14	27:9	I
2 Crónicas 7:14	119:59	II
2 Crónicas 7:15	51:15	I
2 Crónicas 7:20	44:14	II
2 Crónicas 8:5	60:9	II
2 Crónicas 8:11	132:6	I
2 Crónicas 8:14	119:132	II
2 Crónicas 8:18	36:8	II

2 Crónicas 9:1	65:5	II
2 Crónicas 9:1-9	119:133	II
2 Crónicas 9:1-12	68:29	II
2 Crónicas 9:10-11	119:133	II
2 Crónicas 9:11	53:6	II
2 Crónicas 10:13-14	68:29	II
2 Crónicas 11:4	122:3	I
2 Crónicas 12:2-12	68:30	II
2 Crónicas 13:5	69:35	II
2 Crónicas 13:5	91:1	I
2 Crónicas 13:7	12:1	II
2 Crónicas 13:7	26:4	II
2 Crónicas 13:7	119:113	II
2 Crónicas 13:11	119:64	II
2 Crónicas 13:11	119:91	II
2 Crónicas 13:15-17	20:5	I
2 Crónicas 14:9	50:21	II
2 Crónicas 14:9	68:31	II
2 Crónicas 14:9-12	112:7	I
2 Crónicas 14:11-13	10:17	II
2 Crónicas 15:7	119:47	II
2 Crónicas 15:12-15	119:106	II
2 Crónicas 16:9	54:7	II
2 Crónicas 16:9	119:120	II
2 Crónicas 16:12	25:18	II
2 Crónicas 16:12	30:2	II
2 Crónicas 17:3-4	128:1	I
2 Crónicas 17:16	110:3	I
2 Crónicas 18:10	29:7	II
2 Crónicas 18:16	44:22	II
2 Crónicas 19:4-11	84:0	I
2 Crónicas 19:7	119:39	II
2 Crónicas 20:1-30	20:7	I
2 Crónicas 20:1-30	47:0	II
2 Crónicas 20:1-30	48:0	II
2 Crónicas 20:5-7	48:1	II
2 Crónicas 20:10-30	48:0	II
2 Crónicas 20:11	61:5	II
2 Crónicas 20:12	48:1	II
2 Crónicas 20:12	62:8	II
2 Crónicas 20:12	112:7	I
2 Crónicas 20:19	42:0	I
2 Crónicas 20:19	44:0	II
2 Crónicas 20:20-22	57:8	II
2 Crónicas 20:21	42:1	I
2 Crónicas 20:21	43:3	I
2 Crónicas 20:21	110:3	I
2 Crónicas 20:21	119:0	II
2 Crónicas 20:22-23	48:1	II
2 Crónicas 20:26	84:6	I
2 Crónicas 20:29	47:2	II

2 Crónicas 21:7	119:0	II
2 Crónicas 21:20-22	119:78	II
2 Crónicas 24:6	18:0	I
2 Crónicas 24:21-15	91:0	I
2 Crónicas 25:11	60:0	II
2 Crónicas 25:12	137:9	I
2 Crónicas 26:16-21	131:1	I
2 Crónicas 28:3	84:6	I
2 Crónicas 28:15	80:8	I
2 Crónicas 28:19	22:18	I
2 Crónicas 29:11	134:1	I
2 Crónicas 29:14	39:0	II
2 Crónicas 29:15	91:12	I
2 Crónicas 29:25	150:5	I
2 Crónicas 29:27	65:8	II
2 Crónicas 29:28-29	95:6	I
2 Crónicas 29:30	50:0	II
2 Crónicas 29:30	73:0	I
2 Crónicas 29:30	73:13	I
2 Crónicas 29:30	145:1	I
2 Crónicas 29:31	100:0	I
2 Crónicas 30:8	119:76	II
2 Crónicas 30:9	103:8	I
2 Crónicas 30:12	119:34	II
2 Crónicas 30:19	46:10	I
2 Crónicas 30:27	26:8	II
2 Crónicas 31:11	15:0	I
2 Crónicas 31:14	119:108	II
2 Crónicas 32:1-19	125:3	I
2 Crónicas 32:1-19	137:2	I
2 Crónicas 32:1-23	66:0	II
2 Crónicas 32:1-23	66:11	II
2 Crónicas 32:2-4	46:4	I
2 Crónicas 32:7	31:24	II
2 Crónicas 32:7-8	20:7	I
2 Crónicas 32:8	29:1	II
2 Crónicas 32:8	30:2	II
2 Crónicas 32:8	61:2	II
2 Crónicas 32:8	62:0	II
2 Crónicas 32:8	62:1	II
2 Crónicas 32:8	33:16	II
2 Crónicas 32:20-23	129:5	I
2 Crónicas 32:21	33:17	II
2 Crónicas 32:24-26	21:4	I
2 Crónicas 32:24-26	66:13	II
2 Crónicas 32:25	103:2	I
2 Crónicas 32:31	37:23	I
2 Crónicas 32:31	120:0	I
2 Crónicas 33:1	122:3	I
2 Crónicas 33:6	84:6	I
2 Crónicas 33:10-13	119:71	II
2 Crónicas 33:12-13	129:1	I
2 Crónicas 33:12-16	22:27	I

2 Crónicas 33:15	50:17	II
2 Crónicas 33:16	100:0	I
2 Crónicas 35:8	110:3	I
2 Crónicas 35:15	39:0	II
2 Crónicas 35:15	62:0	II
2 Crónicas 35:20-27	35:15	II
2 Crónicas 35:21	119:60	II
2 Crónicas 36:14-20	137:1	I
2 Crónicas 36:23	31:14	II
2 Crónicas 36:23	137:8	I
2 Crónicas 36:23	145:6	I

Esdras	Salmo	T
Esdras 1:2	31:14	II
Esdras 1:2	137:8	I
Esdras 1:2	145:6	I
Esdras 1:4	110:3	I
Esdras 1:5	137:0	I
Esdras 2:2	120:0	I
Esdras 2:41	50:0	II
Esdras 2:41	137:2	I
Esdras 2:63	43:3	I
Esdras 2:68	110:3	I
Esdras 3:2	120:0	I
Esdras 3:3	65:8	II
Esdras 3:4	119:132	II
Esdras 3:10	3:0	I
Esdras 3:10	150:5	I
Esdras 3:12	16:11	I
Esdras 3:12	33:3	II
Esdras 4:4	60:4	II
Esdras 4:6	145:6	I
Esdras 4:9	120:0	I
Esdras 6:1-11	56:8	II
Esdras 6:16	30:0	II
Esdras 7:1-12	41:13	II
Esdras 7:6	3:0	I
Esdras 7:6-28	123:1	I
Esdras 7:7	121:0	I
Esdras 8:1	121:0	I
Esdras 8:18-31	123:1	I
Esdras 8:24-30	119:38	II
Esdras 9:1-15	11:3	II
Esdras 9:5	44:20	II
Esdras 9:5	45:3	II
Esdras 9:5.10.	119:48	II
Esdras 9:6	10:17	II
Esdras 9:6	119:6	II
Esdras 9:7	5:3	II
Esdras 9:8	13:3	I
Esdras 9:8	119:135	II
Esdras 10:11	50:14	II

Nehemías	Salmo	T
Nehemías 1:3	126:4	I
Nehemías 1:5	62:11	II
Nehemías 1:6	130:3	I
Nehemías 1:11	119:38	II
Nehemías 2:1-6	119:46	II
Nehemías 2:1-18	119:126	II
Nehemías 2:6	45:9	II
Nehemías 2:8	50:0	II
Nehemías 2:8	125:4	I
Nehemías 2:8-18	123:1	I
Nehemías 2:11-20	31:24	II
Nehemías 2:13	44:19	II
Nehemías 2:14-15	122:3	I
Nehemías 2:18	125:4	I
Nehemías 2:19	123:0	I
Nehemías 2:19	123:4	I
Nehemías 3:1-32	31:24	II
Nehemías 3:33	124:3	I
Nehemías 3:33	123:4	I
Nehemías 4:1-2	123:0	I
Nehemías 4:1-2	124:3	I
Nehemías 4:2	123:4	I
Nehemías 4:17	149:1	I
Nehemías 4:17	149:6	I
Nehemías 4:17-18	31:24	II
Nehemías 5:2-5	15:5	I
Nehemías 5:15	119:133	II
Nehemías 5:19	119:122	II
Nehemías 5:19	125:4	I
Nehemías 6:10-11	11:1	II
Nehemías 7:5-73	120:0	I
Nehemías 7:7	137:2	I
Nehemías 8:6	119:48	II
Nehemías 8:10	37:4	I
Nehemías 8:10	43:4	I
Nehemías 9:1	119:25	II
Nehemías 9:5	145:7	I
Nehemías 9:6	8:1	I
Nehemías 9:6	119:89	II
Nehemías 9:6	150:2	I
Nehemías 9:10	25:11	II
Nehemías 9:12	84:11	I
Nehemías 9:12-13	31:3	II
Nehemías 9:15	68:6	II
Nehemías 9:16	95:8	I
Nehemías 9:17	57:1	II
Nehemías 9:17	130:4	I
Nehemías 9:17-31	103:8	I
Nehemías 9:37	110:6	I
Nehemías 10:28-29	119:106	II
Nehemías 10:32-33	119:64	II
Nehemías 10:35	30:0	II
Nehemías 11:1	133:0	I
Nehemías 11:2	110:3	I
Nehemías 11:17	39:0	II
Nehemías 11:32	52:8	II
Nehemías 12:17	150:5	I
Nehemías 12:46	73:0	I
Nehemías 13:14	125:4	I
Nehemías 13:15	119:61	II
Nehemías 13:15-25	119:127	II
Nehemías 13:20	59:15	II
Nehemías 13:22	44:26	II
Nehemías 13:31	119:122	II
Nehemías 13:31	125:4	I

Ester	Salmo	T
Ester 1:1	145:6	I
Ester 1:4-5	16:11	I
Ester 1:6	68:30	II
Ester 1:7	69:21	II
Ester 1:19	95:11	I
Ester 2:19	5:3	II
Ester 3:1-15	10:6	II
Ester 3:1-6	15:4	I
Ester 3:5	40:4	I
Ester 3:5	119:78	II
Ester 3:5-15	64:0	II
Ester 3:6	17:11	I
Ester 3:8-11	14:4	I
Ester 4:1	6:8	II
Ester 4:1-3	119:25	II
Ester 4:11-16	18:6	I
Ester 4:14	42:10	I
Ester 4:14-16	119:151	II
Ester 4:15-17	119:78	II
Ester 4:16	10:17	II
Ester 4:16	91:9	I
Ester 4:16	137:1	I
Ester 4:16	119:169	II
Ester 5:1-8	119:169	II
Ester 5:6	2:8	I
Ester 5:10-14	64:0	II
Ester 5:13-14	40:4	I
Ester 6:1	1:3	I
Ester 6:1	65:9	II
Ester 6:1	149:5	I
Ester 6:1-3	103:2	I
Ester 6:1-13	35:8	II
Ester 6:3-12	66:12	II
Ester 6:9	128:4	I
Ester 6:9-11	112:1	I
Ester 6:10-13	64:0	II
Ester 7:2	27:8	I
Ester 7:5-10	119:78	II
Ester 7:8	69:7	II

Ester 7:8	119:168	II
Ester 7:8-10	35:8	II
Ester 7:9	11:5	II
Ester 7:9	73:18	I
Ester 7:9-10	10:2	II
Ester 7:9-10	37:15	I
Ester 7:9-10	64:0	II
Ester 7:9-10	119:85	II
Ester 7:10	9:16	II
Ester 7:10	28:4	II
Ester 7:10	31:23	II
Ester 7:10	52:6	II
Ester 7:10	137:8	I
Ester 8:8	95:11	I
Ester 9:1	119:133	II
Ester 9:17	150:0	I

JOB	**SALMO**	**T**
Job 1:1	119:80	II
Job 1:1-8	1:1	I
Job 1:3	18:33	I
Job 1:6	29:0	II
Job 1:6	59:8	II
Job 1:6-12	7:2	II
Job 1:6-12	35:17	II
Job 1:6-12	119:82	II
Job 1:6-12	119:141	II
Job 1:7	64:10	II
Job 1:8-10	84:11	I
Job 1:10	121:8	I
Job 1:11	17:14	I
Job 1:13-19	11:5	II
Job 1:14:15	126:5	I
Job 1:15-17	62:3	II
Job 1:16-19	62:3	II
Job 1:17	139:6	I
Job 1:20	119:25	II
Job 1:21	24:1	I
Job 1:21	40:17	I
Job 1:21	66:12	II
Job 1:21	111:1	I
Job 1:21	112:7	I
Job 1:21	119:146	II
Job 1:21	134:0	I
Job 1:21	145:2	I
Job 1:22	13:4	I
Job 2:1	29:0	II
Job 2:1-6	7:2	II
Job 2:3	1:1	I
Job 2:3	139:2	I
Job 2:6	38:12	II
Job 2:6	66:9	II
Job 2:7	38:3	II
Job 2:8	17:14	I
Job 2:8	26:5	II
Job 2:8	40:1	I
Job 2:8	44:25	II
Job 2:8	68:13	II
Job 2:8-10	47:9	II
Job 2:9	73:22	I
Job 2:11	69:20	II
Job 2:12	119:25	II
Job 3:5	44:19	II
Job 3:8	90:15	I
Job 3:11	145:9	I
Job 3:13	39:4	II
Job 3:15	27:13	I
Job 3:16	58:8	II
Job 3:17	52:5	II
Job 3:17-19	39:4	II
Job 3:24	22:1	I
Job 3:25	38:2	II
Job 3:26	122:6	I
Job 4:8	52:5	II
Job 4:8	137:8	I
Job 4:9	2:5	I
Job 4:12-13	4:4	I
Job 4:14-15	119:120	II
Job 4:15	119:120	II
Job 4:15-18	65:1	II
Job 4:15-18	65:9	II
Job 4:17	103:1	I
Job 4:17-19	130:3	I
Job 4:18	15:0	I
Job 4:18	18:23	I
Job 4:18	24:5	I
Job 4:18	103:20	I
Job 4:19	36:9	II
Job 4:19	18:23	I
Job 4:21	119:120	II
Job 5:2	112:10	I
Job 5:5	56:1	II
Job 5:5	119:131	II
Job 5:6-7	90:10	I
Job 5:7	20:1	I
Job 5:9	119:18	II
Job 5:9	119:57	II
Job 5:9-10	91:9	I
Job 5:12	52:5	II
Job 5:13	18:26	I
Job 5:15-21	120:2	I
Job 5:17	119:67	II
Job 5:19	91:15	I
Job 5:19-20	91:5	I
Job 5:23	91:13	I
Job 5:26	145:15	I
Job 5:27	139:1	I
Job 6:1-30	38:3	II
Job 6:4	6:6	II
Job 6:4	38:2	II
Job 6:4	50:21	II
Job 6:10	119:0	II
Job 6:10	119:50	II
Job 6:23	54:3	II
Job 7:1	112:1	I
Job 7:1-21	38:3	II
Job 7:2	119:131	II
Job 7:4	123:3	I
Job 7:5	119:89	II
Job 7:6	119:84	II
Job 7:6-21	39:0	II
Job 7:7	10:5	II
Job 7:7	62:11	II
Job 7:10	103:16	I
Job 7:13	48:14	II
Job 7:13	55:2	I
Job 7:16	10:5	II
Job 7:17-18	8:4	I
Job 7:19	13:1	I
Job 7:19	39:12	II
Job 7:19-27	130:3	I
Job 7:20	3:2	I
Job 7:20	16:1	I
Job 7:20	33:19	II
Job 7:20	90:13	I
Job 7:21	39:13	II
Job 8:5	63:1	II
Job 8:20	26:3	I
Job 8:21	119:25	II
Job 8:21	132:16	I
Job 9:4	33:20	II
Job 9:4	51:6	I
Job 9:6	68:34	II
Job 9:6-9	119:64	II
Job 9:8-9	8:1	I
Job 9:10	9:1	II
Job 9:12	46:10	I
Job 9:13	40:4	I
Job 9:13	42:5	I
Job 9:17	139:10	I
Job 9:18	123:3	I
Job 9:24	17:14	I
Job 9:25-26	119:84	II
Job 9:27	55:2	I
Job 9:29	39:20	I
Job 9:30-31	139:23	I
Job 9:33	119:122	II
Job 10:1	13:1	I
Job 10:2	103:9	I
Job 10:8	56:5	II
Job 10:8	119:73	II
Job 10:8-11	119:73	II
Job 10:9	90:3	I
Job 10:11	139:13	I
Job 10:12	80:14	I
Job 10:14	130:3	I
Job 10:15	22:6	I
Job 10:17	55:19	I
Job 10:20	39:13	II
Job 10:21	44:19	II
Job 10:21	63:3	II
Job 10:21-22	49:19	II
Job 11:6	44:21	II
Job 11:7	119:57	II
Job 11:7	119:96	II
Job 11:7-9	119:96	II

Salmo 1:1	35:16	II
Salmo 1:1	40:7	I
Salmo 1:1	65:4	II
Salmo 1:1	110:7	I
Salmo 1:1	119:1	II
Salmo 1:1-2	119:0	II
Salmo 1:1-6	119:0	II
Salmo 1:2	19:7	I
Salmo 1:2	32:1	I
Salmo 1:2	112:1	I
Salmo 1:2	69:12	II
Salmo 1:2	119:18	II
Salmo 1:2	119:124	II
Salmo 1:2	119:140	II
Salmo 1:3	32:6	I
Salmo 1:3	40:17	I
Salmo 1:3	42:4	I
Salmo 1:3	46:4	I
Salmo 1:3	65:9	II
Salmo 1:3	91:1	I
Salmo 1:3	126:4	I
Salmo 1:3	145:15	I
Salmo 1:3	119:136	II
Salmo 1:4	35:5	II
Salmo 1:4	50:3	II
Salmo 1:5	7:11	II
Salmo 1:5	26:5	II
Salmo 1:5	26:9	II
Salmo 1:6	139:23	I
Salmo 1:6	139:24	I
Salmo 2:1	44:22	II
Salmo 2:1	68:1	II
Salmo 2:1	110:2	I
Salmo 2:1	111:10	I
Salmo 2:1	117:1	I
Salmo 2:1	124:2	I
Salmo 2:1-2	48:1	II
Salmo 2:1-3	46:6	I
Salmo 2:1-4	90:9	I
Salmo 2:2	7:0	II
Salmo 2:2	20:6	I
Salmo 2:2	47:10	II
Salmo 2:3	45:5	II
Salmo 2:3	73:9	I
Salmo 2:3	110:0	I
Salmo 2:3	119:78	II
Salmo 2:4	1:1	I
Salmo 2:4	35:25	II
Salmo 2:4	37:13	I
Salmo 2:4	68:1	II
Salmo 2:4	111:10	I
Salmo 2:4	119:52	II
Salmo 2:4	132:14	I
Salmo 2:7	59:3	II
Salmo 2:7	90:1	I
Salmo 2:7	122:4	I
Salmo 2:7-8	110:3	I
Salmo 2:8	2:6	I
Salmo 2:8	20:5	I
Salmo 2:8	28:9	II
Salmo 2:8	46:8	I
Salmo 2:8	111:6	I

Salmo 2:8	127:0	I
Salmo 2:8	132:11	I
Salmo 2:8-9	119:126	II
Salmo 2:9	45:6	II
Salmo 2:9	110:2	I
Salmo 2:9	137:9	I
Salmo 2:9	119:52	II
Salmo 2:11	16:11	I
Salmo 2:11	67:7	II
Salmo 2:12	27:14	I
Salmo 2:12	119:1	II
Salmo 3:1	119:82	II
Salmo 3:2	39:5	II
Salmo 3:3	27:6	I
Salmo 3:3	35:2	II
Salmo 3:3	47:10	II
Salmo 3:4	39:5	II
Salmo 3:4	119:146	II
Salmo 3:4-5	4:8	I
Salmo 3:4-5	127:2	I
Salmo 3:5	21:3	I
Salmo 3:5	57:4	II
Salmo 3:5	57:5	II
Salmo 3:5	119:176	II
Salmo 3:5	139:2	I
Salmo 3:6	91:7	I
Salmo 3:6	119:150	II
Salmo 3:7	14:0	I
Salmo 3:7	44:0	II
Salmo 3:7-5	35:4	II
Salmo 3:8	39:5	II
Salmo 3:8	119:117	II
Salmo 4:2	13:1	I
Salmo 4:2	62:9	II
Salmo 4:2	69:7	II
Salmo 4:3	12:1	II
Salmo 4:4	6:6	II
Salmo 4:4	14:1	I
Salmo 4:4	36:4	II
Salmo 4:4	39:5	II
Salmo 4:4	63:6	II
Salmo 4:4	63:7	II
Salmo 4:4	91:11	I
Salmo 4:4	100:3	I
Salmo 4:4	149:5	I
Salmo 4:6	42:5	I
Salmo 4:6	42:8	I
Salmo 4:6	119:0	II
Salmo 4:6	119:58	II
Salmo 4:6	119:132	II
Salmo 4:6	119:135	II
Salmo 4:7	27:1	I
Salmo 4:7	17:15	I
Salmo 4:7	119:111	II
Salmo 4:8	3:5	I
Salmo 4:8	57:4	II
Salmo 4:8	10:14	II
Salmo 5:1	39:3	II
Salmo 5:2	68:1	II
Salmo 5:3	139:2	I

Salmo 5:7	119:146	II
Salmo 5:8	119:0	II
Salmo 5:9	62:4	II
Salmo 5:11	5:8	II
Salmo 5:11	69:35	II
Salmo 5:12	65:11	II
Salmo 5:12	103:4	I
Salmo 5:12	119:113	II
Salmo 5:12	119:114	II
Salmo 6:1	3:2	I
Salmo 6:1	80:16	I
Salmo 6:1-2	41:3	II
Salmo 6:2	119:176	II
Salmo 6:2	145:19	I
Salmo 6:3	13:1	I
Salmo 6:5	3:2	I
Salmo 6:5	6:5	II
Salmo 6:5	9:13	II
Salmo 6:6	9:1	II
Salmo 6:6	32:3	I
Salmo 6:6	119:62	II
Salmo 6:6	149:5	I
Salmo 6:7	31:7	II
Salmo 6:7	38:10	II
Salmo 6:8	5:2	II
Salmo 6:8	53:0	II
Salmo 6:8	119:0	II
Salmo 6:8	119:82	II
Salmo 6:8	119:113	II
Salmo 6:9	12:5	II
Salmo 6:9	119:115	II
Salmo 7:2	27:2	I
Salmo 7:2	57:4	II
Salmo 7:2	50:22	II
Salmo 7:3-6	59:3	II
Salmo 7:4-5	35:4	II
Salmo 7:4-5	41:10	II
Salmo 7:4-5	131:2	I
Salmo 7:6	44:0	II
Salmo 7:6	57:8	II
Salmo 7:7	68:18	II
Salmo 7:8	7:8	II
Salmo 7:8	26:1	II
Salmo 7:8	37:8	I
Salmo 7:9	52:5	II
Salmo 7:11	124:2	I
Salmo 7:12	119:126	II
Salmo 7:12-13	120:4	I
Salmo 7:13	103:19	I
Salmo 7:14	11:2	II
Salmo 7:14-15	5:8	II
Salmo 7:14-16	31:23	II
Salmo 7:15	9:16	II
Salmo 7:15	63:9	II
Salmo 7:15	119:85	II
Salmo 7:15	119:150	II
Salmo 7:17	28:4	II
Salmo 7:17	120:1	II
Salmo 7:17	149:6	I
Salmo 8:1	10:18	II

Salmo 27:13	30:7	II
Salmo 27:13	16:11	I
Salmo 27:13	39:13	II
Salmo 27:13	56:13	II
Salmo 28:1	7:1	II
Salmo 28:1	27:5	I
Salmo 28:1	34:6	I
Salmo 28:1	95:1	I
Salmo 28:2	63:4	II
Salmo 28:2	119:0	II
Salmo 28:2	119:41	II
Salmo 28:2	119:48	II
Salmo 28:2	119:133	II
Salmo 28:2	132:7	I
Salmo 28:3	62:4	II
Salmo 28:4	103:2	I
Salmo 28:5	8:3	I
Salmo 28:5	111:2	I
Salmo 28:6	124:6	I
Salmo 28:7	3:3	I
Salmo 28:7	47:10	II
Salmo 28:7	54:7	II
Salmo 28:7	62:7	II
Salmo 28:7	119:114	II
Salmo 28:7	119:176	II
Salmo 28:8	120:1	I
Salmo 28:9	20:9	I
Salmo 28:17	25:2	II
Salmo 29:2	42:1	I
Salmo 29:2	90:17	I
Salmo 29:2	110:3	I
Salmo 29:2	119:0	II
Salmo 29:2	149:4	I
Salmo 29:3	24:1	I
Salmo 29:3	36:5	II
Salmo 29:3	56:10	II
Salmo 29:3-7	30:8	II
Salmo 29:3-9	68:33	II
Salmo 29:3-9	68:34	II
Salmo 29:6	68:16	II
Salmo 29:7	36:5	II
Salmo 29:8	28:1	II
Salmo 29:9	63:2	II
Salmo 29:10	112:7	I
Salmo 29:10	123:1	I
Salmo 29:10	132:14	I
Salmo 29:10	145:13	I
Salmo 29:10:11	61:2	II
Salmo 29:11	73:26	I
Salmo 30:2	119:176	II
Salmo 30:3	28:1	II
Salmo 30:5	31:22	II
Salmo 30:5	119:50	II
Salmo 30:6	38:2	II
Salmo 30:9	6:5	II
Salmo 30:9	9:13	II
Salmo 30:9	22:29	I
Salmo 30:11	119:25	II
Salmo 30:11	126:5	I
Salmo 30:11	149:0	I
Salmo 30:13	57:8	II
Salmo 30:20	110:1	I
Salmo 30:21	110:1	I
Salmo 31:2	41:3	II
Salmo 31:2	119:0	II
Salmo 31:3	7:1	II
Salmo 31:3	42:9	I
Salmo 31:3	52:8	II
Salmo 31:3	54:0	II
Salmo 31:3	95:1	I
Salmo 31:3	125:2	I
Salmo 31:5	22:0	I
Salmo 31:5	22:1	I
Salmo 31:6	119:37	II
Salmo 31:9	6:7	II
Salmo 31:9	38:10	II
Salmo 31:12	119:176	II
Salmo 31:15	119:25	II
Salmo 31:16	119:0	II
Salmo 31:16	119:58	II
Salmo 31:16	119:135	II
Salmo 31:17	119:173	II
Salmo 31:18	58:1	II
Salmo 31:19	119:39	II
Salmo 31:20	4:8	I
Salmo 31:20	33:16	II
Salmo 31:20	39:4	II
Salmo 31:20	69:17	II
Salmo 31:20	91:1	I
Salmo 31:20	119:23	II
Salmo 31:20	120:2	I
Salmo 31:21	60:9	II
Salmo 31:21	110:1	I
Salmo 32:1	45:2	II
Salmo 32:1	65:4	II
Salmo 32:1	119:1	II
Salmo 32:1-4	41:3	II
Salmo 32:1-11	51:0	I
Salmo 32:2	44:22	II
Salmo 32:3	25:18	II
Salmo 32:3	41:3	II
Salmo 32:4	6:6	II
Salmo 32:4	25:18	II
Salmo 32:4	39:5	II
Salmo 32:4	137:4	I
Salmo 32:4	119:173	II
Salmo 32:5	7:8	II
Salmo 32:5	25:18	II
Salmo 32:5	39:5	II
Salmo 32:6	124:4	I
Salmo 32:7	33:16	II
Salmo 32:7	119:114	II
Salmo 32:7-8	119:114	II
Salmo 32:8	60:0	II
Salmo 32:9	3:3	I
Salmo 32:9	62:8	II
Salmo 32:9	66:12	II
Salmo 32:9	119:124	II
Salmo 33:1	33:1	II
Salmo 33:3	27:6	I
Salmo 33:3	149:0	I
Salmo 33:4	119:31	II
Salmo 33:5	33:5	II
Salmo 33:5	125:4	I
Salmo 33:5	119:64	II
Salmo 33:5	119:121	II
Salmo 33:6	119:89	II
Salmo 33:6	119:90	II
Salmo 33:6-9	19:1	I
Salmo 33:7	24:2	I
Salmo 33:8	111:9	I
Salmo 33:8	112:1	I
Salmo 33:9	100:1	I
Salmo 33:9	133:3	I
Salmo 33:9	119:90	II
Salmo 33:11	59:10	II
Salmo 33:12	16:5	I
Salmo 33:12	65:4	II
Salmo 33:13	69:26	II
Salmo 33:14	123:1	I
Salmo 33:16-21	7:2	II
Salmo 33:18	32:8	I
Salmo 33:18	123:2	I
Salmo 33:18	128:1	I
Salmo 33:20	3:3	I
Salmo 33:20	62:7	II
Salmo 33:20	124:8	I
Salmo 33:21	20:7	I
Salmo 34:1	119:20	II
Salmo 34:1	119:68	II
Salmo 34:1	119:164	II
Salmo 34:1	134:1	I
Salmo 34:1	139:11	I
Salmo 34:1	145:2	I
Salmo 34:1-22	18:23	I
Salmo 34:2	119:0	II
Salmo 34:2	119:100	II
Salmo 34:3	68:26	II
Salmo 34:3	149:1	I
Salmo 34:5	119:32	II
Salmo 34:6	66:17	II
Salmo 34:7	35:0	II
Salmo 34:7	55:18	I
Salmo 34:7	91:11	I
Salmo 34:7	125:2	I
Salmo 34:8	65:4	II
Salmo 34:8	119:66	II
Salmo 34:8	119:159	II
Salmo 34:10	23:1	I
Salmo 34:11	60:0	II
Salmo 34:11	119:0	II
Salmo 34:11	119:100	II
Salmo 34:11	128:1	I
Salmo 34:12	19:10	I
Salmo 34:12	119:144	II
Salmo 34:13	66:13	II
Salmo 34:14	122:6	I
Salmo 34:15	40:1	I
Salmo 34:15	123:2	I
Salmo 34:16	9:3	II
Salmo 34:17	34:6	I
Salmo 34:17	21:10	I

Salmo 34:17	30:10	II
Salmo 34:18	6:8	II
Salmo 34:18	10:1	II
Salmo 34:18	34:18	I
Salmo 34:18	38:9	II
Salmo 34:18	51:16	I
Salmo 34:18	91:1	I
Salmo 34:18	119:2	II
Salmo 34:18	119:58	II
Salmo 34:19	31:7	II
Salmo 34:19	32:6	I
Salmo 34:19	44:17	II
Salmo 34:19	57:1	II
Salmo 34:20	91:11	I
Salmo 35:1	119:153	II
Salmo 35:3	3:2	I
Salmo 35:4-26	119:78	II
Salmo 35:5	1:4	I
Salmo 35:5	91:14	I
Salmo 35:5-6	27:4	I
Salmo 35:5-6	35:0	II
Salmo 35:6	34:7	I
Salmo 35:6	35:6	II
Salmo 35:7	31:4	II
Salmo 35:7-8	119:150	II
Salmo 35:8	31:23	II
Salmo 35:8	119:85	II
Salmo 35:10	6:2	II
Salmo 35:10	34:20	I
Salmo 35:10	119:0	II
Salmo 35:12	35:12	II
Salmo 35:13	41:10	II
Salmo 35:13	69:10	II
Salmo 35:13-14	42:10	I
Salmo 35:14	38:6	II
Salmo 35:16	10:14	II
Salmo 35:17	31:4	II
Salmo 35:17	44:22	II
Salmo 35:18	9:0	II
Salmo 35:18	26:5	II
Salmo 35:18	54:7	II
Salmo 35:19	19:7	I
Salmo 35:19	51:1	I
Salmo 35:21-23	54:7	II
Salmo 35:21-25	70:3	I
Salmo 35:22	28:1	II
Salmo 35:22-24	26:1	II
Salmo 35:24	31:1	II
Salmo 35:25	14:4	I
Salmo 35:25	30:1	II
Salmo 35:25	124:3	II
Salmo 35:27	36:0	II
Salmo 35:27	119:0	II
Salmo 35:28	14:1	I
Salmo 36:1	2:11	I
Salmo 36:4	10:3	II
Salmo 36:4	139:3	I
Salmo 36:5	51:1	I
Salmo 36:5	130:4	I
Salmo 36:5	119:156	II
Salmo 36:6	42:7	I

Salmo 36:6	119:13	II
Salmo 36:6	119:92	II
Salmo 36:6	119:96	II
Salmo 36:6	145:15	I
Salmo 36:7	4:8	I
Salmo 36:7	17:8	I
Salmo 36:7	57:1	II
Salmo 36:7	61:4	II
Salmo 36:7	63:7	II
Salmo 36:7	90:14	I
Salmo 36:8	11:6	II
Salmo 36:8	17:15	I
Salmo 36:8	63:5	II
Salmo 36:8	65:9	II
Salmo 36:8	119:64	II
Salmo 36:9	27:1	I
Salmo 36:9	39:4	II
Salmo 36:9	63:1	II
Salmo 36:9	17:15	I
Salmo 36:9	18:28	I
Salmo 36:9	56:13	II
Salmo 36:9	68:26	II
Salmo 36:9	119:25	II
Salmo 36:10	13:3	I
Salmo 36:10	27:1	I
Salmo 36:10	57:5	II
Salmo 36:11	73:2	I
Salmo 36:11	66:12	II
Salmo 37:1	35:4	II
Salmo 37:1	44:23	II
Salmo 37:1	73:3	I
Salmo 37:1-40	125:3	I
Salmo 37:2	30:5	II
Salmo 37:2	129:5	I
Salmo 37:3	33:19	II
Salmo 37:4	36:9	II
Salmo 37:4	62:5	II
Salmo 37:4	68:3	II
Salmo 37:5	10:14	II
Salmo 37:5	33:17	II
Salmo 37:5	40:17	I
Salmo 37:6	7:10	II
Salmo 37:7	33:20	II
Salmo 37:7	62:8	II
Salmo 37:9-11	73:0	I
Salmo 37:10	16:11	I
Salmo 37:11	119:0	II
Salmo 37:11	119:165	II
Salmo 37:13	2:4	I
Salmo 37:13	35:25	II
Salmo 37:15	54:4	II
Salmo 37:17-24	145:20	I
Salmo 37:23	56:8	I
Salmo 37:23	59:10	II
Salmo 37:23	119:133	II
Salmo 37:24	62:2	II
Salmo 37:24	145:14	I
Salmo 37:24	119:117	II
Salmo 37:26	112:5	I
Salmo 37:28	22:2	I
Salmo 37:28	31:5	II
Salmo 37:28	33:5	II

Salmo 37:28	119:133	II
Salmo 37:30	1:2	I
Salmo 37:30	119:42	II
Salmo 37:31	119:9	II
Salmo 37:32	59:3	II
Salmo 37:32	66:7	II
Salmo 37:35	17:14	I
Salmo 37:35-36	54:7	II
Salmo 37:37	126:5	I
Salmo 37:37	119:168	II
Salmo 37:38	110:6	I
Salmo 38:1-8	41:3	II
Salmo 38:3	6:6	II
Salmo 38:3	38:3	II
Salmo 38:4	84:11	I
Salmo 38:6	38:6	II
Salmo 38:9	22:1	I
Salmo 38:13	69:3	II
Salmo 38:16	121:2	I
Salmo 38:17	35:15	II
Salmo 38:18	32:5	I
Salmo 38:20	14:4	I
Salmo 38:22	70:0	I
Salmo 38:22	70:5	I
Salmo 39:1	50:19	II
Salmo 39:1	62:8	II
Salmo 39:1	119:3	II
Salmo 39:2	58:1	II
Salmo 39:2	65:1	II
Salmo 39:3	39:3	II
Salmo 39:3	119:16	II
Salmo 39:4	91:16	I
Salmo 39:4-6	119:84	II
Salmo 39:5	56:8	II
Salmo 39:5	90:12	I
Salmo 39:5	119:84	II
Salmo 39:5-11	39:0	II
Salmo 39:5-11	62:0	II
Salmo 39:5-11	62:9	II
Salmo 39:6	73:20	I
Salmo 39:6	139:20	I
Salmo 39:7	131:2	I
Salmo 39:7-8	130:8	I
Salmo 39:8	64:3	II
Salmo 39:8-10	38:13	II
Salmo 39:9	37:7	I
Salmo 39:11	39:5	II
Salmo 39:11	90:9	I
Salmo 39:12	56:8	II
Salmo 39:12	61:4	II
Salmo 39:12	16:11	I
Salmo 39:12	69:10	II
Salmo 39:12	119:19	II
Salmo 39:12	119:146	II
Salmo 39:13	119:54	II
Salmo 39:18	119:0	II
Salmo 40:1	39:12	II
Salmo 40:1	119:48	II
Salmo 40:3	33:3	II
Salmo 40:3	149:0	I

Salmo 55:22	119:57	II
Salmo 55:23	69:15	II
Salmo 56:1	14:4	I
Salmo 56:1-3	52:1	II
Salmo 56:3	62:8	II
Salmo 56:3	124:6	I
Salmo 56:4-11	119:97	II
Salmo 56:5	59:3	II
Salmo 56:6	119:0	II
Salmo 56:6	119:150	II
Salmo 56:8	12:5	II
Salmo 56:8	39:12	II
Salmo 56:8	42:3	I
Salmo 56:8	42:5	I
Salmo 56:9	10:13	II
Salmo 56:9	54:7	II
Salmo 56:11	124:3	I
Salmo 56:12	51:16	I
Salmo 56:12	100:0	I
Salmo 57:1	4:8	I
Salmo 57:1	9:9	II
Salmo 57:1	36:7	II
Salmo 57:1	61:4	II
Salmo 57:1	63:7	II
Salmo 57:1	119:58	II
Salmo 57:1	119:124	II
Salmo 57:1	124:7	I
Salmo 57:1-11	119:95	II
Salmo 57:1-11	150:0	I
Salmo 57:3	39:5	II
Salmo 57:3	124:6	I
Salmo 57:4	7:2	II
Salmo 57:4	14:4	I
Salmo 57:4	58:6	II
Salmo 57:4	61:7	II
Salmo 57:4	62:4	II
Salmo 57:4	64:3	II
Salmo 57:4	124:6	I
Salmo 57:5	60:6	II
Salmo 57:6	9:16	II
Salmo 57:6	52:5	II
Salmo 57:6	119:150	II
Salmo 57:7	4:8	I
Salmo 57:7	119:80	II
Salmo 57:7	139:20	I
Salmo 57:8	119:176	II
Salmo 57:8	139:18	I
Salmo 57:8-11	139:18	I
Salmo 57:10	59:16	II
Salmo 57:10	90:14	I
Salmo 57:10	119:156	II
Salmo 58:1	56:0	II
Salmo 58:2	5:4	II
Salmo 58:3	45:10	II
Salmo 58:3	51:5	I
Salmo 58:3	119:169	II
Salmo 58:4	38:1	II
Salmo 58:6	31:4	II
Salmo 58:6	59:0	II
Salmo 58:7	64:3	II
Salmo 58:8	35:17	II
Salmo 58:10-11	9:16	II
Salmo 59:2	53:0	II
Salmo 59:3	119:0	II
Salmo 59:3	119:150	II
Salmo 59:7	59:7	II
Salmo 59:7	64:3	II
Salmo 59:8	2:4	I
Salmo 59:8	35:25	II
Salmo 59:9	33:17	II
Salmo 59:9	119:84	II
Salmo 59:9-10	58:10	II
Salmo 59:9-16	119:114	II
Salmo 59:9-17	48:3	II
Salmo 59:10	57:8	II
Salmo 59:10	119:41	II
Salmo 59:10-17	25:7	II
Salmo 59:11	3:3	I
Salmo 59:11	62:7	II
Salmo 59:11	47:10	II
Salmo 59:11	119:114	II
Salmo 59:11-13	54:7	II
Salmo 59:12	59:12	II
Salmo 59:17	119:1	II
Salmo 60:1-12	45:0	II
Salmo 60:2	30:8	II
Salmo 60:3	62:8	II
Salmo 60:5	84:1	I
Salmo 60:5	127:2	I
Salmo 60:6	150:1	I
Salmo 60:10	68:18	II
Salmo 60:12	44:9	II
Salmo 61:1	39:0	II
Salmo 61:1-8	62:0	II
Salmo 61:2	7:1	II
Salmo 61:3	9:9	II
Salmo 61:3	13:5	I
Salmo 61:3	27:5	I
Salmo 61:3	32:1	I
Salmo 61:3	46:7	I
Salmo 61:3	59:5	II
Salmo 61:3	66:16	II
Salmo 61:4	9:9	II
Salmo 61:4	17:8	I
Salmo 61:4	36:7	II
Salmo 61:4	57:1	II
Salmo 61:4	61:4	II
Salmo 61:4	63:7	II
Salmo 61:4	91:1	I
Salmo 61:6	21:4	I
Salmo 61:7	57:3	II
Salmo 62:1	65:1	II
Salmo 62:1	95:1	I
Salmo 62:1	119:0	II
Salmo 62:1-6	39:0	II
Salmo 62:1-12	39:5	II
Salmo 62:2-7	48:3	II
Salmo 62:2-8	59:9	II
Salmo 62:5	25:5	II
Salmo 62:5	131:2	I
Salmo 62:7	52:8	II
Salmo 62:7	73:26	I
Salmo 62:7	103:5	I
Salmo 62:8	17:1	I
Salmo 62:8	69:3	II
Salmo 62:8	119:20	II
Salmo 62:8	119:147	II
Salmo 62:9	8:4	I
Salmo 62:9	39:5	II
Salmo 62:9	119:113	II
Salmo 62:10	52:7	II
Salmo 62:11	63:1	II
Salmo 63:1	42:1	I
Salmo 63:1	68:26	II
Salmo 63:1	133:3	I
Salmo 63:1	119:32	II
Salmo 63:1-2	119:131	II
Salmo 63:1-5	119:134	II
Salmo 63:3	27:4	I
Salmo 63:3	90:14	I
Salmo 63:3	119:0	II
Salmo 63:4	26:7	II
Salmo 63:4	28:2	II
Salmo 63:4	63:4	II
Salmo 63:4	119:48	II
Salmo 63:5	4:7	I
Salmo 63:5	34:8	I
Salmo 63:5	36:8	II
Salmo 63:5	63:5	II
Salmo 63:5-8	119:176	II
Salmo 63:6	119:145	II
Salmo 63:6	119:148	II
Salmo 63:7	4:8	I
Salmo 63:7	9:9	II
Salmo 63:7	17:8	I
Salmo 63:7	36:7	II
Salmo 63:7	46:7	I
Salmo 63:7	57:1	II
Salmo 63:7	61:4	II
Salmo 63:7	73:26	I
Salmo 63:8	3:8	I
Salmo 63:8	119:25	II
Salmo 63:8	119:176	II
Salmo 64:1-9	35:8	II
Salmo 64:2-6	59:3	II
Salmo 64:2-6	119:150	II
Salmo 64:3	37:14	I
Salmo 64:3-4	120:3	I
Salmo 64:3-4	120:4	I
Salmo 64:4	119:55	II
Salmo 64:6	42:7	I
Salmo 64:6	49:11	I
Salmo 64:7-8	54:4	II
Salmo 64:7-8	120:4	I
Salmo 64:8-10	36:12	II
Salmo 65:1	66:1	II
Salmo 65:1	95:2	I
Salmo 65:1-13	29:0	II
Salmo 65:5	95:1	I

Salmo 106:1	119:156	II
Salmo 106:3	119:20	II
Salmo 106:4	9:10	II
Salmo 106:4	56:8	II
Salmo 106:5	67:0	II
Salmo 106:8	65:5	II
Salmo 106:12-15	95:9	I
Salmo 106:21	119:55	II
Salmo 106:21	126:3	I
Salmo 106:22	119:18	II
Salmo 106:26	119:48	II
Salmo 106:31	26:5	II
Salmo 106:32-33	73:22	I
Salmo 106:35	26:4	II
Salmo 106:49	150:0	I
Salmo 107:1	119:39	II
Salmo 107:1	119:156	II
Salmo 107:1-19	119:146	II
Salmo 107:4-7	44:0	II
Salmo 107:7	37:23	I
Salmo 107:10-14	44:19	II
Salmo 107:18-22	61:8	II
Salmo 107:20	6:9	II
Salmo 107:20	38:1	II
Salmo 107:20	119:72	II
Salmo 107:20	119:129	II
Salmo 107:22	50:14	II
Salmo 107:22	100:0	I
Salmo 107:26	33:7	II
Salmo 107:26	119:28	II
Salmo 107:29	65:7	II
Salmo 107:31	68:19	II
Salmo 107:32	7:8	II
Salmo 107:32	119:100	II
Salmo 107:34	67:6	II
Salmo 107:37	58:11	II
Salmo 107:39	42:5	I
Salmo 107:41	65:13	II
Salmo 107:42	119:0	II
Salmo 108:4	51:1	I
Salmo 108:4	90:14	I
Salmo 108:4	119:156	II
Salmo 108:5	149:6	I
Salmo 108:6	20:9	I
Salmo 108:6-13	53:0	II
Salmo 108:7	150:1	I
Salmo 108:7-13	60:6	II
Salmo 108:11	68:18	II
Salmo 108:12	3:8	I
Salmo 109:1	22:3	I
Salmo 109:2	44:22	II
Salmo 109:3	35:0	II
Salmo 109:4	63:13	II
Salmo 109:4	119:38	II
Salmo 109:4	120:5	II
Salmo 109:5	35:12	II
Salmo 109:10	37:25	I
Salmo 109:12-13	41:5	II
Salmo 109:13	69:6	II
Salmo 109:17	7:16	II

Salmo 109:17	69:27	II
Salmo 109:17-20	31:17	II
Salmo 109:18-19	73:6	I
Salmo 109:22	10:17	II
Salmo 109:25	22:7	II
Salmo 109:25	70:3	I
Salmo 109:26	119:0	II
Salmo 109:29	119:78	II
Salmo 109:31	16:8	I
Salmo 110:1	8:2	I
Salmo 110:1	21:5	I
Salmo 110:1	24:7	I
Salmo 110:1	24:8	I
Salmo 110:1	26:3	II
Salmo 110:1	45:16	II
Salmo 110:1	60:5	II
Salmo 110:1	69:1	II
Salmo 110:1	69:5	II
Salmo 110:1	111:10	I
Salmo 110:1	119:118	II
Salmo 110:1-4	21:4	I
Salmo 110:3	39:12	II
Salmo 110:3	44:17	II
Salmo 110:3	45:16	II
Salmo 110:3	51:10	I
Salmo 110:3	119:0	II
Salmo 110:3	133:3	I
Salmo 110:3	149:4	I
Salmo 110:4	90:1	I
Salmo 110:4	132:1	I
Salmo 110:4	149:2	I
Salmo 110:7	27:6	I
Salmo 111:1	26:5	II
Salmo 111:2	112:1	I
Salmo 111:3	36:6	II
Salmo 111:3	44:22	II
Salmo 111:3	112:9	I
Salmo 111:4	112:4	I
Salmo 111:5	25:3	II
Salmo 111:5	65:9	II
Salmo 111:10	1:3	I
Salmo 111:10	112:1	I
Salmo 111:10	112:5	I
Salmo 111:10	119:9	II
Salmo 111:10	119:63	II
Salmo 111:10	119:144	II
Salmo 111:10	119:152	II
Salmo 111:10	119:162	II
Salmo 112:1	111:10	I
Salmo 112:1	119:1	II
Salmo 112:1	119:129	II
Salmo 112:1	119:162	II
Salmo 112:1	128:1	I
Salmo 112:3-9	44:22	II
Salmo 112:4	119:40	II
Salmo 112:6	111:10	I
Salmo 112:7-8	10:1	II
Salmo 112:10	13:6	I
Salmo 113:2	13:6	I

Salmo 113:3	149:3	I
Salmo 113:4	119:46	II
Salmo 113:5	119:118	II
Salmo 113:5-6	31:7	II
Salmo 113:5-6	35:10	II
Salmo 113:7	119:43	II
Salmo 113:9	18:29	I
Salmo 114:4	68:34	II
Salmo 114:4-6	29:6	II
Salmo 114:4-6	65:12	II
Salmo 114:7	111:9	I
Salmo 114:7	119:120	II
Salmo 114:8	68:6	II
Salmo 114:8	95:1	I
Salmo 114:8	150:0	I
Salmo 115:1	25:11	II
Salmo 115:1	18:29	I
Salmo 115:1	100:3	I
Salmo 115:1	119:21	II
Salmo 115:2	25:2	II
Salmo 115:2	119:0	II
Salmo 115:2	126:2	I
Salmo 115:3	2:4	I
Salmo 115:3-8	35:10	II
Salmo 115:4-8	47:9	II
Salmo 115:5	10:14	II
Salmo 115:7	149:6	I
Salmo 115:9-11	3:3	I
Salmo 115:9-11	47:10	II
Salmo 115:10	119:114	II
Salmo 115:11	112:1	I
Salmo 115:12-15	44:14	II
Salmo 115:13	34:11	I
Salmo 115:16	29:10	II
Salmo 115:16	73:9	I
Salmo 115:16	119:54	II
Salmo 115:17	6:5	II
Salmo 115:17	9:13	II
Salmo 115:17-18	119:169	II
Salmo 116:1	28:2	II
Salmo 116:1	31:22	II
Salmo 116:3	16:10	I
Salmo 116:3	18:4	I
Salmo 116:3	119:61	II
Salmo 116:3	119:143	II
Salmo 116:5	112:4	I
Salmo 116:5	125:4	I
Salmo 116:5	145:20	I
Salmo 116:6	27:13	I
Salmo 116:7	131:2	I
Salmo 116:8-9	56:13	II
Salmo 116:9	39:13	II
Salmo 116:9	52:5	II
Salmo 116:10	56:7	II
Salmo 116:11	12:1	II
Salmo 116:11	31:22	II
Salmo 116:12	103:2	I
Salmo 116:12	119:41	II
Salmo 116:12	149:5	I
Salmo 116:12-13	36:8	II

Salmo 116:12-13	45:2	II
Salmo 116:12-13	95:5	I
Salmo 116:12-13	103:1	I
Salmo 116:13	11:6	II
Salmo 116:13	23:5	I
Salmo 116:13	36:8	II
Salmo 116:14	22:25	I
Salmo 116:15	41:2	II
Salmo 116:15	41:5	II
Salmo 116:15	44:22	II
Salmo 116:15	50:5	II
Salmo 116:15	68:20	II
Salmo 116:15	91:3	I
Salmo 116:15	119:0	II
Salmo 116:16	51:1	I
Salmo 116:16	119:94	II
Salmo 116:16	119:125	II
Salmo 116:16	119:130	II
Salmo 116:17	50:14	II
Salmo 116:17	100:0	I
Salmo 116:18	149:5	I
Salmo 117:2	119:90	II
Salmo 117:25	26:7	II
Salmo 118:1	119:39	II
Salmo 118:1	119:156	II
Salmo 118:6	31:24	II
Salmo 118:6	124:3	I
Salmo 118:7	54:4	II
Salmo 118:9	62:9	II
Salmo 118:10	20:7	I
Salmo 118:14	5:11	II
Salmo 118:14	9:10	II
Salmo 118:14	28:7	II
Salmo 118:14	44:8	II
Salmo 118:14-16	60:12	II
Salmo 118:15	65:8	II
Salmo 118:15	120:5	I
Salmo 118:17	119:60	II
Salmo 118:17	119:87	II
Salmo 118:20	24:9	I
Salmo 118:20-23	119:18	II
Salmo 118:22	3:4	I
Salmo 118:22	48:2	II
Salmo 118:22	59:13	II
Salmo 118:22	68:27	II
Salmo 118:24	13:6	I
Salmo 118:24	139:18	I
Salmo 118:25	20:9	I
Salmo 118:28	63:1	II
Salmo 118:57	35:9	II

א Alef [1-8]

Salmo 119:1	3:8	I
Salmo 119:3	6:6	II
Salmo 119:6	18:22	I
Salmo 119:7-8	119:152	II

ב Bet [9-16]

Salmo 119:9	16:11	I
Salmo 119:9	17:4	I
Salmo 119:9	119:59	II
Salmo 119:11	95:8	I
Salmo 119:11	119:172	II
Salmo 119:15	119:23	II
Salmo 119:16-103	1:1	I

ג Guímel [17-24]

Salmo 119:18	119:27	II
Salmo 119:18	121:1	I
Salmo 119:19	119:18	II
Salmo 119:19	119:112	II
Salmo 119:24	119:59	II

ד Dálet [25-32]

Salmo 119:25	6:6	II
Salmo 119:25	44:0	II
Salmo 119:25	51:1	I
Salmo 119:25	119:88	II
Salmo 119:25-32	25:4	II
Salmo 119:25-32	119:176	II
Salmo 119:27	119:27	II
Salmo 119:27	119:35	II
Salmo 119:29	15:2	I

ה Hei [33-40]

Salmo 119:34	111:1	I
Salmo 119:35	119:38	II
Salmo 119:39	119:22	II

ו Vav [41-48]

Salmo 119:40	119:41	II
Salmo 119:48	119:112	II
Salmo 119:48-89	119:96	II

ז Zain [49-56]

Salmo 119:50	43:2	I
Salmo 119:54	119:54	II
Salmo 119:54	127:1	I
Salmo 119:55	63:6	II

ח Jet [57-64]

Salmo 119:57	84:10	I
Salmo 119:57	119:132	II
Salmo 119:59	119:112	II
Salmo 119:60	70:0	I
Salmo 119:62	63:7	II
Salmo 119:62	119:148	II
Salmo 119:64	33:5	II

ט Tet [65-72]

Salmo 119:69	44:22	II
Salmo 119:70	17:10	I
Salmo 119:72	9:10	II

י Yod [73-80]

Salmo 119:74	63:11	II
Salmo 119:74	112:1	I
Salmo 119:75	119:75	II

כ Kaf [81-88]

Salmo 119:81	16:9	I
Salmo 119:81	84:2	I
Salmo 119:82	38:10	II
Salmo 119:83	56:8	II
Salmo 119:85	119:150	II

ל Lámed [89-96]

Salmo 119:89	119:97	II
Salmo 119:90	65:5	II
Salmo 119:94	31:5	II

מ Mem [97-104]

Salmo 119:97	18:1	I
Salmo 119:97	19:10	I
Salmo 119:97	119:124	II
Salmo 119:98-100	69:9	II
Salmo 119:99	19:7	I

נ Nun [105-112]

Salmo 119:103	23:2	I
Salmo 119:103	36:9	II
Salmo 119:103	45:2	II
Salmo 119:103	56:10	II
Salmo 119:103	119:66	II
Salmo 119:104	24:4	I
Salmo 119:105	36:9	II
Salmo 119:105	70:4	I
Salmo 119:105	91:16	I
Salmo 119:105	119:9	II
Salmo 119:105	119:65	II
Salmo 119:105	119:129	II
Salmo 119:105-130	68:0	II
Salmo 119:105-130	119:97	II
Salmo 119:108	110:3	I

ס Sámaj [113-120]

Salmo 119:113	119:130	II
Salmo 119:114	3:3	I
Salmo 119:114	124:5	I
Salmo 119:115	26:4	II
Salmo 119:117	42:8	I
Salmo 119:119	14:3	I

ע Ayin [121-128]

Salmo 119:128	24:4	I

פ Pei [129-136]

Salmo 119:129	119:129	II

Salmo 119:130	119:100	II
Salmo 119:130	119:135	II
Salmo 119:131	34:2	I
Salmo 119:132	119:132	II
Salmo 119:133	119:133	II
Salmo 119:135	31:16	II
Salmo 119:136	38:18	II
Salmo 119:136	56:8	II
Salmo 119:136	62:8	II
Salmo 119:136	66:18	II

צ TZADI [137-144]

Salmo 119:139	69:9	II
Salmo 119:140	66:10	II
Salmo 119:142	26:3	II
Salmo 119:142	112:3	I
Salmo 119:144-160	119:152	II

ק QOF [145-152]

Salmo 119:147	36:9	II
Salmo 119:147	59:10	II
Salmo 119:147	119:62	II
Salmo 119:148	69:9	II
Salmo 119:151	16:11	I

ר RESH [153-160]

Salmo 119:154	38:1	II
Salmo 119:155	22:1	I
Salmo 119:158	25:3	II
Salmo 119:158	66:18	II
Salmo 119:159	18:1	I
Salmo 119:160	119:140	II

ש SHIN [161-168]

Salmo 119:165	119:132	II
Salmo 119:167	119:28	II
Salmo 119:167	119:62	II

ת TAF [169-176]

Salmo 119:171	59:7	II
Salmo 119:175	119:28	II

Salmo 120:1	126:1	I
Salmo 120:4	30:8	II
Salmo 120:5	7:9	II
Salmo 120:5	14:4	I
Salmo 120:5	26:3	II
Salmo 120:5	42:5	I
Salmo 120:5	55:6	I
Salmo 120:5	137:1	I
Salmo 120:5-7	42:1	I
Salmo 120:6	123:4	I

Salmo 121:1	11:1	II
Salmo 121:1	50:21	II
Salmo 121:1	63:1	II
Salmo 121:1	123:1	I
Salmo 121:1	131:1	I
Salmo 121:1	137:1	I
Salmo 121:1-2	35:3	II
Salmo 121:3	119:133	II
Salmo 121:3-4	119:114	II
Salmo 121:3-4	145:15	I
Salmo 121:4	18:23	I
Salmo 121:4	44:23	II
Salmo 121:4	48:13	II
Salmo 121:4	50:7	II
Salmo 121:4	54:7	II
Salmo 121:4	59:4	II
Salmo 121:4	59:9	II
Salmo 121:4	69:6	II
Salmo 121:4	119:89	II
Salmo 121:4	119:114	II
Salmo 121:4	119:147	II
Salmo 121:4	119:161	II
Salmo 121:4	124:3	I
Salmo 121:4	127:1	I
Salmo 121:4	127:2	I
Salmo 121:4-5	4:8	I
Salmo 121:6	91:0	I
Salmo 121:6	91:6	I
Salmo 121:7	68:19	II
Salmo 121:8	2:12	I
Salmo 121:8	84:11	I
Salmo 121:8	121:5	I
Salmo 121:8	139:2	I

Salmo 122:1	120:0	I
Salmo 122:1	137:1	I
Salmo 122:2	24:0	I
Salmo 122:3	46:4	I
Salmo 122:4	9:10	II
Salmo 122:4	61:2	II
Salmo 122:7	67:4	II

Salmo 123:2	32:8	I
Salmo 123:2	62:1	II
Salmo 123:3	49:6	I
Salmo 123:4	119:78	II

Salmo 124:3	124:3	I
Salmo 124:7	11:6	II
Salmo 124:7	30:1	II
Salmo 124:7	35:25	II
Salmo 124:7	119:122	II
Salmo 124:7	129:4	I
Salmo 124:8	20:7	I
Salmo 124:8	121:2	I

Salmo 125:1	121:1	I
Salmo 125:1	121:3	I
Salmo 125:1-2	28:9	II
Salmo 125:2	17:8	I
Salmo 125:2	121:0	I
Salmo 125:2	121:1	I
Salmo 125:3	30:5	II
Salmo 125:3	119:107	II
Salmo 125:4	64:10	II
Salmo 125:4	125:4	I
Salmo 125:5	3:8	I

Salmo 126:1	14:7	I
Salmo 126:2	53:6	II
Salmo 126:2	132:16	I
Salmo 126:3	41:13	II
Salmo 126:3	126:0	I
Salmo 126:4	119:136	II
Salmo 126:5	73:1	I
Salmo 126:6	119:38	II
Salmo 126:6	128:2	I
Salmo 126:9	137:1	I

Salmo 127:1	4:8	I
Salmo 127:1	51:18	I
Salmo 127:1	59:10	II
Salmo 127:1	119:148	II
Salmo 127:1-2	128:2	I
Salmo 127:2	3.5	I
Salmo 127:2	10:9	II
Salmo 127:2	30:5	II
Salmo 127:3	128:3	I
Salmo 127:5	84:1	I

Salmo 128:1	119:1	II
Salmo 128:2	127:2	I
Salmo 128:3	52:8	II
Salmo 128:3	127:3	I

Salmo 129:3	20:3	I
Salmo 129:3	35:15	II
Salmo 129:4	119:0	II
Salmo 129:4	130:0	I

Salmo 130:1	34:6	I
Salmo 130:1	36:6	II
Salmo 130:1	40:2	I
Salmo 130:1	45:7	II
Salmo 130:1	69:15	II
Salmo 130:1	69:29	II
Salmo 130:1	119:25	II
Salmo 130:1	150:6	I
Salmo 130:1-8	22:24	I
Salmo 130:1-8	145:9	I
Salmo 130:2	28:2	II
Salmo 130:2	119:0	II
Salmo 130:3	119:122	II
Salmo 130:3-4	65:3	II
Salmo 130:4	32:0	I
Salmo 130:5	6:9	II
Salmo 130:6	5:3	II
Salmo 130:6	6:3	II
Salmo 130:6	36:9	II
Salmo 130:6	63:6	II
Salmo 130:6	65:8	II
Salmo 130:6	112:4	I
Salmo 130:6	119:43	II
Salmo 130:6	119:148	II
Salmo 130:7	25:11	II
Salmo 130:7	35:3	II
Salmo 130:7	103:8	I
Salmo 130:8	49:7	I
Salmo 130:8	91:14	I

Salmo 132:1	51:1	I

Salmo 143:2	26:7	II
Salmo 143:2	32:6	I
Salmo 143:2	119:149	II
Salmo 143:3	9:0	II
Salmo 143:3	57:0	II
Salmo 143:4	61:2	II
Salmo 143:5	8:3	I
Salmo 143:6	39:3	II
Salmo 143:6	63:1	II
Salmo 143:6-7	119:131	II
Salmo 143:7	10:1	II
Salmo 143:7	21:6	I
Salmo 143:7	27:9	I
Salmo 143:7	63:1	II
Salmo 143:7	119:8	II
Salmo 143:8	25:1	II
Salmo 143:8	57:5	II
Salmo 143:8	130:6	I
Salmo 143:10	26:12	II
Salmo 143:11	25:11	II
Salmo 143:11	119:0	II
Salmo 143:11	119:25	II
Salmo 143:12	51:1	I
Salmo 144:1	54:0	II
Salmo 144:2	3:3	I
Salmo 144:2	59:5	II
Salmo 144:2	59:9	II
Salmo 144:2	119:114	II
Salmo 144:2-7	145:8	I
Salmo 144:4	39:5	II
Salmo 144:4	119:113	II
Salmo 144:5	6:0	II
Salmo 144:5	18:9	I
Salmo 144:6	120:4	I
Salmo 144:8	28:3	II
Salmo 144:9	33:3	II
Salmo 144:9	145:0	I
Salmo 144:9	149:0	I
Salmo 144:10	22:8	I
Salmo 144:13	65:13	II
Salmo 144:15	16:5	I
Salmo 144:15	23:4	I
Salmo 144:15	68:10	II
Salmo 145:2	132:15	I
Salmo 145:2	119:16	II
Salmo 145:3	3:1	I
Salmo 145:3	48:1	II
Salmo 145:3	145:3	I
Salmo 145:5	111:2	I
Salmo 145:7	31:19	II
Salmo 145:7	38:0	II
Salmo 145:7	59:7	II
Salmo 145:8	68:1	II
Salmo 145:8	25:11	II
Salmo 145:8-9	25:11	II
Salmo 145:9	45:2	II
Salmo 145:9	119:17	II
Salmo 145:9	119:57	II
Salmo 145:9	119:156	II
Salmo 145:9	125:4	I
Salmo 145:9	145:15	I
Salmo 145:10	103:0	I
Salmo 145:13	45:6	II
Salmo 145:14	39:9	II
Salmo 145:14	119:117	II
Salmo 145:15-16	127:2	I
Salmo 145:16	25:1	II
Salmo 145:16	119:173	II
Salmo 145:16	123:1	I
Salmo 145:17	119:0	II
Salmo 145:17	119:137	II
Salmo 145:18	10:1	II
Salmo 145:18	21:2	I
Salmo 145:18	32:1	I
Salmo 145:18	65:2	II
Salmo 145:18	91:1	I
Salmo 145:18	119:2	II
Salmo 145:18	119:151	II
Salmo 145:18	119:156	II
Salmo 145:18	132:14	I
Salmo 145:18-19	119:58	II
Salmo 145:19	38:9	II
Salmo 145:19	62:5	II
Salmo 146:1-2	119:169	II
Salmo 146:3	29:1	II
Salmo 146:3	33:16	II
Salmo 146:3	62:9	II
Salmo 146:3	51:12	I
Salmo 146:4	119:113	II
Salmo 146:6	42:7	I
Salmo 146:6-7	59:10	II
Salmo 146:7	68:6	II
Salmo 146:8	145:20	I
Salmo 146:9	10:18	II
Salmo 146:9	145:14	I
Salmo 147:1	33:1	II
Salmo 147:1-20	29:0	II
Salmo 147:3	6:8	II
Salmo 147:3	9:10	II
Salmo 147:3	38:9	II
Salmo 147:4	23:1	I
Salmo 147:5	119:96	II
Salmo 147:5	145:3	I
Salmo 147:6	10:4	II
Salmo 147:7	70:4	I
Salmo 147:8-9	47:10	II
Salmo 147:9	50:15	II
Salmo 147:9	127:5	I
Salmo 147:9	145:15	I
Salmo 147:10-11	119:132	II
Salmo 147:11	57:1	II
Salmo 147:11	149:4	I
Salmo 147:11	132:14	I
Salmo 147:15	45:1	II
Salmo 147:19-20	19:0	I
Salmo 148:1	150:1	I
Salmo 148:3-4	119:89	II
Salmo 148:4	29:3	II
Salmo 148:3-8	63:4	II
Salmo 148:5	133:3	I
Salmo 148:6	119:91	II
Salmo 148:7	33:7	II
Salmo 148:7	42:7	I
Salmo 148:10	150:6	I
Salmo 148:11	149:7	I
Salmo 148:12	119:100	II
Salmo 148:13	4:4	I
Salmo 149:1-2	33:3	II
Salmo 149:2	2:6	I
Salmo 149:2	149:2	I
Salmo 149:3	9:6	II
Salmo 149:4	132:14	I
Salmo 149:5	63:6	II
Salmo 149:5	119:0	II
Salmo 149:6	132:16	I
Salmo 150:1	9:10	II
Salmo 150:1-2	119:89	II
Salmo 150:3-4	9:6	II
Salmo 150:3	43:4	I
Salmo 150:3	57:8	II
Salmo 150:4	149:0	I
Salmo 150:5	27:6	I

PROVERBIOS	**SALMO**	**T**
Proverbios 1:3	119:121	II
Proverbios 1:7	1:3	I
Proverbios 1:7	34:11	I
Proverbios 1:7	111:2	I
Proverbios 1:7	111:10	I
Proverbios 1:7	112:5	I
Proverbios 1:7	119:63	II
Proverbios 1:7	119:132	II
Proverbios 1:7	119:144	II
Proverbios 1:7	119:162	II
Proverbios 1:12	13:1	I
Proverbios 1:12	28:1	II
Proverbios 1:12	124:3	I
Proverbios 1:16	10:7	II
Proverbios 1:18-19	119:36	II
Proverbios 1:22	6:3	II
Proverbios 1:23	59:7	II
Proverbios 1:26	58:10	II
Proverbios 1:28	50:23	II
Proverbios 1:28	63:1	II
Proverbios 1:28	119:169	II
Proverbios 1:32	73:17	I
Proverbios 2:1	1:3	I
Proverbios 2:2	90:12	I
Proverbios 2:2-5	119:162	II
Proverbios 2:3-5	128:1	I
Proverbios 2:6	119:42	II
Proverbios 2:6	119:99	II
Proverbios 2:7	3:3	I
Proverbios 2:7	33:20	II
Proverbios 2:10	19:7	I
Proverbios 2:10-11	119:104	II
Proverbios 2:17	119:160	II
Proverbios 3:2-16	91:16	I

Proverbios 13:9	132:17	I
Proverbios 13:9	139:11	I
Proverbios 13:12	112:10	I
Proverbios 13:14	36:9	II
Proverbios 13:20	7:12	II
Proverbios 13:20	119:63	II
Proverbios 13:20	119:98	II
Proverbios 13:24	31:19	II
Proverbios 14:4	132:2	I
Proverbios 14:9	119:0	II
Proverbios 14:10	38:14	II
Proverbios 14:12	119:29	II
Proverbios 14:12	119:104	II
Proverbios 14:12	119:133	II
Proverbios 14:13	23:4	I
Proverbios 14:19	42:7	I
Proverbios 14:23	59:12	II
Proverbios 14:27	36:9	II
Proverbios 14:28	110:3	I
Proverbios 14:30	33:20	II
Proverbios 15:1	33:20	II
Proverbios 15:1	137:1	I
Proverbios 15:2	59:7	II
Proverbios 15:3	66:7	II
Proverbios 15:3	119:114	II
Proverbios 15:3	119:120	II
Proverbios 15:6	37:16	I
Proverbios 15:8	25:14	II
Proverbios 15:8	33:1	II
Proverbios 15:8	50:14	II
Proverbios 15:19	10:5	II
Proverbios 15:21	119:80	II
Proverbios 15:23	145:15	I
Proverbios 15:28	59:7	II
Proverbios 15:30	41:1	II
Proverbios 15:33	18:35	I
Proverbios 15:33	119:144	II
Proverbios 15:33	119:162	II
Proverbios 16:4	100:3	I
Proverbios 16:6	34:14	I
Proverbios 16:6-17	1:1	I
Proverbios 16:9	119:133	II
Proverbios 16:12	73:8	I
Proverbios 16:14	80:16	I
Proverbios 16:14	119:23	II
Proverbios 16:15	80:3	I
Proverbios 16:15	119:21	II
Proverbios 16:15	119:135	II
Proverbios 16:16	119:162	II
Proverbios 16:21	119:104	II
Proverbios 16:22	36:9	II
Proverbios 16:24	45:2	II
Proverbios 16:25	16:11	I
Proverbios 16:25	119:29	II
Proverbios 16:25	119:30	II
Proverbios 16:25	119:128	II
Proverbios 16:25	119:133	II
Proverbios 16:27	120:2	I
Proverbios 16:30	35:19	II
Proverbios 16:32	33:20	II

Proverbios 16:32	39:1	II
Proverbios 16:32	60:12	II
Proverbios 16:32	112:5	I
Proverbios 16:32	131:2	I
Proverbios 17:2	27:9	I
Proverbios 17:3	44:18	II
Proverbios 17:3	44:21	II
Proverbios 17:5	35:15	II
Proverbios 17:5	119:52	II
Proverbios 17:6	128:6	I
Proverbios 17:7	20:1	I
Proverbios 17:7	33:1	II
Proverbios 17:13	35:12	II
Proverbios 17:17	62:8	II
Proverbios 17:17	119:20	II
Proverbios 18:3	40:2	I
Proverbios 18:3	130:1	I
Proverbios 18:4	59:7	II
Proverbios 18:4	145:7	I
Proverbios 18:7	35:8	II
Proverbios 18:10	9:9	II
Proverbios 18:10	9:18	II
Proverbios 18:10	13:5	I
Proverbios 18:10	16:8	I
Proverbios 18:10	20:1	I
Proverbios 18:10	46:7	I
Proverbios 18:10	48:3	II
Proverbios 18:10	59:5	II
Proverbios 18:10	61:3	II
Proverbios 18:10	66:16	II
Proverbios 18:10	91:1	I
Proverbios 18:10	91:14	I
Proverbios 18:10	119:114	II
Proverbios 18:10	145:1	I
Proverbios 18:10-11	20:7	I
Proverbios 18:14	69:1	II
Proverbios 18:20	119:113	II
Proverbios 18:22	128:3	I
Proverbios 18:24	119:63	II
Proverbios 19:2	119:34	II
Proverbios 19:7	41:1	II
Proverbios 19:10	33:1	II
Proverbios 19:11	130:4	I
Proverbios 19:14	128:3	I
Proverbios 19:17	112:4	I
Proverbios 19:17	112:5	I
Proverbios 19:18	24:4	I
Proverbios 19:22	12:5	II
Proverbios 19:28	119:163	II
Proverbios 20:3	25:11	II
Proverbios 20:5	30:1	II
Proverbios 20:6	12:1	II
Proverbios 20:21	119:36	II
Proverbios 20:22	119:23	II
Proverbios 20:26	12:8	II
Proverbios 20:30	38:5	II
Proverbios 21:1	16:11	I
Proverbios 21:1	40:17	I

Proverbios 21:1	65:9	II
Proverbios 21:1	119:129	II
Proverbios 21:1	126:4	I
Proverbios 21:1	139:2	I
Proverbios 21:6	119:29	II
Proverbios 21:8	16:11	I
Proverbios 21:15	5:5	II
Proverbios 21:24	119:51	II
Proverbios 21:25	63:8	II
Proverbios 21:27	50:14	II
Proverbios 21:31	33:17	II
Proverbios 21:31	60:11	II
Proverbios 22:4	112:2	I
Proverbios 22:4	119:105	II
Proverbios 22:5	119:110	II
Proverbios 22:6	119:0	II
Proverbios 22:6	119:100	II
Proverbios 22:6	127:3	I
Proverbios 22:8	7:16	II
Proverbios 22:11	11:7	II
Proverbios 22:11	128:5	I
Proverbios 22:12	119:84	II
Proverbios 22:12	119:120	II
Proverbios 23:1-3	139:2	I
Proverbios 23:5	62:10	II
Proverbios 23:5	90:9	I
Proverbios 23:7	1:2	I
Proverbios 23:7	119:70	II
Proverbios 23:9	64:3	II
Proverbios 23:16	7:9	II
Proverbios 23:16	73:21	I
Proverbios 23:17	112:1	I
Proverbios 23:26	24:4	I
Proverbios 23:26	68:28	II
Proverbios 23:27	69:15	II
Proverbios 23:32	119:98	II
Proverbios 24:1	73:3	I
Proverbios 24:9	119:113	II
Proverbios 24:12	62:0	II
Proverbios 24:13-14	119:0	II
Proverbios 24:16	57:1	II
Proverbios 24:16	34:19	I
Proverbios 24:17-18	7:5	II
Proverbios 24:19-20	73:3	I
Proverbios 24:20	132:17	I
Proverbios 24:29	119:23	II
Proverbios 25:3	139:1	I
Proverbios 25:11	16:11	I
Proverbios 25:11	32:6	I
Proverbios 25:12	50:23	II
Proverbios 25:14	27:4	I
Proverbios 25:18	64:3	II
Proverbios 25:20	137:1	I
Proverbios 25:21-22	7:5	II
Proverbios 25:22	120:3	I
Proverbios 26:1	33:1	II
Proverbios 26:1	50:16	II
Proverbios 26:2	7:16	II

Proverbios 26:2	69:20	II
Proverbios 26:2	137:9	I
Proverbios 26:3	62:8	II
Proverbios 26:5	119:42	II
Proverbios 26:7	26:12	II
Proverbios 26:7	139:20	I
Proverbios 26:11	17:3	I
Proverbios 26:12	119:130	II
Proverbios 26:14	36:4	II
Proverbios 26:22-26	62:4	II
Proverbios 26:23	7:14	II
Proverbios 26:23-26	28:3	II
Proverbios 26:23-26	55:19	I
Proverbios 26:27	7:16	II
Proverbios 26:27	9:16	II
Proverbios 26:27	31:4	II
Proverbios 26:27	63:9	II
Proverbios 26:27	119:85	II
Proverbios 26:27	137:8	I
Proverbios 26:28	120:2	I
Proverbios 27:8	56:8	II
Proverbios 27:8	91:11	I
Proverbios 27:9	119:24	II
Proverbios 27:11	119:0	II
Proverbios 27:11	119:42	II
Proverbios 27:17	17:15	I
Proverbios 27:17	51:14	I
Proverbios 27:17	63:1	II
Proverbios 27:18	27:9	I
Proverbios 27:20	119:36	II
Proverbios 27:24	112:9	I
Proverbios 27:24	132:17	I
Proverbios 28:1	119:46	II
Proverbios 28:1	119:165	II
Proverbios 28:8	15:5	I
Proverbios 28:10	119:85	II
Proverbios 28:12	12:8	II
Proverbios 28:13	32:1	I
Proverbios 28:13	32:5	I
Proverbios 28:14	2:12	I
Proverbios 28:14	95:8	I
Proverbios 28:15	14:4	I
Proverbios 28:18	12:8	II
Proverbios 28:18	125:5	I
Proverbios 28:20-22	119:36	II
Proverbios 28:27	55:1	I
Proverbios 29:1	38:14	II
Proverbios 29:2	12:8	II
Proverbios 29:2	69:4	II
Proverbios 29:13	69:32	II
Proverbios 29:15	31:19	II
Proverbios 29:18	1:2	I
Proverbios 29:18	11:0	II
Proverbios 29:20	15:2	I
Proverbios 29:23	119:21	II
Proverbios 29:23	119:42	II
Proverbios 29:25	119:0	II
Proverbios 29:26	24:6	I
Proverbios 30:2	73:22	I

Proverbios 30:2-3	119:27	II
Proverbios 30:2-4	139:6	I
Proverbios 30:4	48:6	II
Proverbios 30:5	3:3	i
Proverbios 30:5	12:6	II
Proverbios 30:5	62:7	II
Proverbios 30:5-6	119:140	II
Proverbios 30:8	111:5	I
Proverbios 30:13	131:1	I
Proverbios 30:14	3:7	i
Proverbios 30:14	14:4	I
Proverbios 30:14	64:3	II
Proverbios 30:15	119:36	II
Proverbios 30:26	11:1	II
Proverbios 30:26	46:7	I
Proverbios 30:27	80:4	I
Proverbios 30:30	31:24	II
Proverbios 30:32	73:15	I
Proverbios 31:10	128:3	I
Proverbios 31:10-29	60:12	II
Proverbios 31:10-31	55:17	I
Proverbios 31:15	111:5	I
Proverbios 31:22	110:3	I
Proverbios 31:23	7:7	II
Proverbios 31:23	112:2	I
Proverbios 31:28	145:10	I
Proverbios 31:29	119:21	II

ECLESIASTÉS	SALMO	T
Eclesiastés 1:1	131:2	I
Eclesiastés 1:1-11	119:129	II
Eclesiastés 1:2	27:4	I
Eclesiastés 1:2	39:5	II
Eclesiastés 1:2	119:113	II
Eclesiastés 1:2-3	119:113	II
Eclesiastés 1:4	119:90	II
Eclesiastés 1:4	145:4	I
Eclesiastés 1:8	25:15	II
Eclesiastés 1:13-18	111:2	I
Eclesiastés 1:14	90:1	I
Eclesiastés 1:17	95:8	I
Eclesiastés 2:1-11	131:2	I
Eclesiastés 2:2	23:4	I
Eclesiastés 2:3	32:11	I
Eclesiastés 2:16	49:0	I
Eclesiastés 2:19	119:133	II
Eclesiastés 2:26	90:12	I
Eclesiastés 2:26	119:42	II
Eclesiastés 3:1	123:2	I
Eclesiastés 3:1-8	31:15	II
Eclesiastés 3:1-9	62:8	II
Eclesiastés 3:1-11	66:3	II
Eclesiastés 3:4	29:6	II
Eclesiastés 3:4	30:11	II
Eclesiastés 3:4	126:6	I
Eclesiastés 3:11	45:2	II
Eclesiastés 3:14	119:152	II
Eclesiastés 3:19	119:116	II
Eclesiastés 4:8	119:36	II
Eclesiastés 4:8	127:2	I
Eclesiastés 4:12	10:18	II
Eclesiastés 4:12	27:1	I
Eclesiastés 4:12	119:16	II
Eclesiastés 4:12	119:147	II
Eclesiastés 4:12	120:6	I
Eclesiastés 4:12	124:1	I
Eclesiastés 5:1	7:1	II
Eclesiastés 5:1	119:101	II
Eclesiastés 5:2	139:20	I
Eclesiastés 5:2-3	119:0	II
Eclesiastés 5:8	2:10	I
Eclesiastés 5:8-15	65:5	II
Eclesiastés 5:10	132:15	I
Eclesiastés 5:15	49:17	I
Eclesiastés 5:19	119:133	II
Eclesiastés 6:2	119:133	II
Eclesiastés 6:3	58:8	II
Eclesiastés 7:1	7:3	II
Eclesiastés 7:1	119:22	II
Eclesiastés 7:2	31:10	II
Eclesiastés 7:8	119:130	II
Eclesiastés 7:14	13:6	I
Eclesiastés 8:1	14:5	I
Eclesiastés 8:1	119:135	II
Eclesiastés 8:4	119:11	II
Eclesiastés 8:4	133:3	I
Eclesiastés 8:9	119:133	II
Eclesiastés 8:11	10:11	II
Eclesiastés 8:11	58:1	II
Eclesiastés 8:11	73:11	I
Eclesiastés 8:11	119:175	II
Eclesiastés 9:4	119:77	II
Eclesiastés 9:7	127:2	I
Eclesiastés 9:8	23:5	I
Eclesiastés 9:8	119:20	II
Eclesiastés 9:12	91:3	I
Eclesiastés 9:12	124:7	I
Eclesiastés 9:12	139:10	I
Eclesiastés 10:1	59:7	II
Eclesiastés 10:7	47:10	II
Eclesiastés 10:8	119:85	II
Eclesiastés 10:11	58:4	II
Eclesiastés 10:11	58:5	II
Eclesiastés 10:12	128:5	I
Eclesiastés 10:13	120:2	I
Eclesiastés 10:20	10:14	II
Eclesiastés 11:1	12:1	II
Eclesiastés 11:1-10	90:10	I
Eclesiastés 11:7	18:28	I
Eclesiastés 11.9	19:12	I
Eclesiastés 11:9	119:130	II
Eclesiastés 12:1	34:11	I
Eclesiastés 12:1	39:4	II

Eclesiastés 12:1	49:5	I
Eclesiastés 12:1	90:10	I
Eclesiastés 12:1	119:0	II
Eclesiastés 12:1	119:59	II
Eclesiastés 12:1	119:100	II
Eclesiastés 12:2	90:10	I
Eclesiastés 12:4	34:1	I
Eclesiastés 12:4	137:1	I
Eclesiastés 12:5	90:10	I
Eclesiastés 12:5	119:54	II
Eclesiastés 12:6	127:2	I
Eclesiastés 12:7	39:11	II
Eclesiastés 12:7	90:3	I
Eclesiastés 12:7	103:14	I
Eclesiastés 12:8	4:2	I
Eclesiastés 12:13	112:1	I
Eclesiastés 12:13	119:144	II
Eclesiastés 12:13-14	127:0	I

Cantares	Salmo	T
Cantares 1:1	2:12	I
Cantares 1:2	2:12	I
Cantares 1:2	18:28	I
Cantares 1:2	27:4	I
Cantares 1:2	58:11	II
Cantares 1:3	7:3	II
Cantares 1:3	9:10	II
Cantares 1:3	22:14	I
Cantares 1:3	38:5	II
Cantares 1:3	63:0	II
Cantares 1:3	119:23	II
Cantares 1:3-4	130:4	I
Cantares 1:4	9:0	II
Cantares 1:4	51:10	I
Cantares 1:4	119:32	II
Cantares 1:4	119:111	II
Cantares 1:5	19:5	I
Cantares 1:5	33:1	II
Cantares 1:5	45:13	II
Cantares 1:5	55:6	I
Cantares 1:6	103:22	I
Cantares 1:8	45:15	II
Cantares 1:9	66:17	II
Cantares 1:10	127:2	I
Cantares 1:13	69:34	II
Cantares 1:13	127:2	I
Cantares 1:16	49:0	I
Cantares 2:1	14:4	I
Cantares 2:1	41:4	II
Cantares 2:1	45:9	II
Cantares 2:1-2	69:0	II
Cantares 2:2	19:5	I
Cantares 2:2	45:0	II
Cantares 2:3	34:8	I
Cantares 2:3	42:4	I
Cantares 2:3	91:1	II
Cantares 2:3	103:0	I
Cantares 2:4	63:5	II
Cantares 2:5	119:97	II
Cantares 2:8	119:23	II
Cantares 2:8-9	22:0	I

Cantares 2:9	22:16	I
Cantares 2:9-17	42:1	I
Cantares 2:11-13	80:14	I
Cantares 2:12	119:16	II
Cantares 2:14	18:6	I
Cantares 2:14	34:15	I
Cantares 2:14	61:1	II
Cantares 2:14	65:2	II
Cantares 2:14	119:114	II
Cantares 2:15	80:13	I
Cantares 2:15	137:9	I
Cantares 2:16	62:1	II
Cantares 2:16	67:6	II
Cantares 2:17	22:0	I
Cantares 2:17	145:4	I
Cantares 3:1	6:6	II
Cantares 3:1	149:5	I
Cantares 3:2	119:2	II
Cantares 3:2-3	45:14	II
Cantares 3:3	63:8	II
Cantares 3:3	119:143	II
Cantares 3:3	119:148	II
Cantares 3:3	121:3	I
Cantares 3:5	42:1	I
Cantares 3:6	30:2	II
Cantares 3:7-8	4:8	I
Cantares 3:7-8	91:1	I
Cantares 3:8	45:3	II
Cantares 3:11	45:9	II
Cantares 3:11	103:4	I
Cantares 3:11	149:2	I
Cantares 4:2	6:6	II
Cantares 4:2	95:1	I
Cantares 4:3	33:1	II
Cantares 4:3	119:50	II
Cantares 4:4	56:9	II
Cantares 4:4	119:72	II
Cantares 4:4	119:129	II
Cantares 4:5	28:6	II
Cantares 4:5	42:1	I
Cantares 4:7	45:11	II
Cantares 4:8	91:16	I
Cantares 4:12	4:3	I
Cantares 4:15	46:4	I
Cantares 4:16	30:5	II
Cantares 4:16	57:8	II
Cantares 5:2	18:6	I
Cantares 5:2	119:170	II
Cantares 5:2-8	27:8	I
Cantares 5:4	39:3	II
Cantares 5:7	119:143	II
Cantares 5:7	119:148	II
Cantares 5:8	21:5	I
Cantares 5:8	119:97	II
Cantares 5:9	63:3	II
Cantares 5:10	22:0	I
Cantares 5:10	37:11	I
Cantares 5:11	110:3	I
Cantares 5:13	28:6	II
Cantares 5:13	45:2	II

Cantares 5:13	119:0	II
Cantares 5:13	119:32	II
Cantares 5:16	40:2	I
Cantares 5:16	63:3	II
Cantares 5:16	69:4	II
Cantares 5:19	42:1	I
Cantares 6:2-3	45:10	II
Cantares 6:3	19:5	I
Cantares 6:3	119:34	II
Cantares 6:4	33:1	II
Cantares 6:4-5	48:0	II
Cantares 6:6	95:1	I
Cantares 6:8	45:9	II
Cantares 6:9	14:4	I
Cantares 6:12	18:30	I
Cantares 6:12	119:16	II
Cantares 6:13	58:5	II
Cantares 7:1	45:13	II
Cantares 7:3	42:1	I
Cantares 7:4	45:8	II
Cantares 7:5	68:16	II
Cantares 7:12	34:8	I
Cantares 8:2	34:8	I
Cantares 8:2	103:1	I
Cantares 8:5	62:8	II
Cantares 8:6	139:21	I
Cantares 8:6-7	119:71	II
Cantares 8:6-14	42:1	I
Cantares 8:7	31:23	II
Cantares 8:7	35:15	II
Cantares 8:7	69:2	II
Cantares 8:9	69:25	II
Cantares 8:11-12	22:0	I
Cantares 8:11-12	128:3	I
Cantares 8:14	22:0	I
Cantares 8:14	145:4	I

Isaías	Salmo	T
Isaías 1:2	50:4	II
Isaías 1:3	32:9	I
Isaías 1:3	103:2	I
Isaías 1:4	68:1	II
Isaías 1:4	149:1	I
Isaías 1:5	69:34	II
Isaías 1:5-6	38:7	II
Isaías 1:6	36:9	II
Isaías 1:6	38:3	II
Isaías 1:6	38:17	II
Isaías 1:8	91:1	I
Isaías 1:8	9:14	II
Isaías 1:11-14	50:14	II
Isaías 1:11-18	26:7	II
Isaías 1:11-18	50:8	II
Isaías 1:11-18	119:140	II
Isaías 1:12	15:0	I
Isaías 1:15	7:3	II
Isaías 1:15	9:10	II
Isaías 1:15	55:1	I
Isaías 1:15	59:2	II

Isaías 27:1 91:13 I
Isaías 27:2 44:2 II
Isaías 27:3 48:13 II
Isaías 27:3 119:2 II
Isaías 27:3 119:114 II
Isaías 27:3 119:147 II
Isaías 27:4 14:4 II
Isaías 27:4-5 10:11 II
Isaías 27:8 69:17 II
Isaías 27:8 119:107 II
Isaías 27:9 119:107 II
Isaías 27:10 119:113 II
Isaías 27:11 100:3 II
Isaías 27:12 69:2 II
Isaías 27:13 19:8 II
Isaías 27:13 119:176 II
Isaías 27:13 150:3 I

Isaías 28:6 48:2 II
Isaías 28:9 131:2 I
Isaías 28:10 53:0 II
Isaías 28:10 119:1 II
Isaías 28:11 19:7 I
Isaías 28:12 4:8 I
Isaías 28:15 119:19 II
Isaías 28:15 139:20 I
Isaías 28:16 39:12 II
Isaías 28:16 125:1 I
Isaías 28:16 137:7 I
Isaías 28:29 150:2 I

Isaías 29:5 1:4 I
Isaías 29:5 35:5 II
Isaías 29:6 58:6 II
Isaías 29:8 73:20 I
Isaías 29:8 126:1 I
Isaías 29:11 119:128 II
Isaías 29:13 25:1 II
Isaías 29:13 26:7 II
Isaías 29:13 37:31 II
Isaías 29:13 49:3 I
Isaías 29:13 80:12 I
Isaías 29:13 95:1 I
Isaías 29:15 10:11 II
Isaías 29:15 11:4 II
Isaías 29:15 26:4 II
Isaías 29:15 73:11 I
Isaías 29:16 33:15 II
Isaías 29:16 100:3 I
Isaías 29:16 103:14 I
Isaías 29:23 149:1 I

Isaías 30:1 33:16 II
Isaías 30:2 121:5 I
Isaías 30:6 62:10 II
Isaías 30:7 40:4 I
Isaías 30:7 91:2 I
Isaías 30:9-11 67:4 II
Isaías 30:11-15 149:1 I
Isaías 30:12 62:10 II
Isaías 30:13 60:2 II
Isaías 30:14 73:19 I
Isaías 30:14 119:52 II
Isaías 30:15 64:0 II
Isaías 30:17 84:10 I
Isaías 30:18 13:1 I
Isaías 30:18 10:11 II
Isaías 30:18 130:5 I
Isaías 30:20 60:3 II
Isaías 30:20 55:22 I
Isaías 30:20 73:14 I
Isaías 30:21 16:7 I
Isaías 30:21 37:34 I
Isaías 30:26 119:164 II
Isaías 30:27 18:8 II
Isaías 30:27 50:3 II
Isaías 30:27 120:4 I
Isaías 30:27-28 119:96 II
Isaías 30:28 67:4 II
Isaías 30:29 27:5 I
Isaías 30:29 134:1 I
Isaías 30:30 38:2 II
Isaías 30:30 46:6 I
Isaías 30:33 119:81 II

Isaías 31:1 33:17 II

Isaías 32:1 45:6 II
Isaías 31:1 149:1 I
Isaías 31:1-22 132:7 I
Isaías 31:3 33:16 II
Isaías 31:9 68:35 II
Isaías 31:14 120:4 I

Isaías 32:1-7 128:3 I
Isaías 32:2 95:2 I
Isaías 32:2 124:5 I
Isaías 32:2 145:9 I
Isaías 32:9-11 123:4 I
Isaías 32:11 60:9 II
Isaías 32:15-16 29:8 II
Isaías 32:15 65:9 II
Isaías 32:15 110:3 I
Isaías 32:17 67:6 II
Isaías 32:17 119:0 II
Isaías 32:17 119:161 II
Isaías 32:18 45:15 II
Isaías 32:18 95:10 I
Isaías 32:18 95:11 I

Isaías 33:1 137:8 I
Isaías 33:2 145:18 I
Isaías 33:6 53:6 II
Isaías 33:9 68:16 II
Isaías 33:10 12:5 II
Isaías 33:13-17 68:18 II
Isaías 33:14 48:0 II
Isaías 33:16 55:22 I
Isaías 33:16-17 48:0 II
Isaías 33:17 27:4 I
Isaías 33:17 45:2 II
Isaías 33:17 68:1 II
Isaías 33:17 122:1 I
Isaías 33:21 48:0 II
Isaías 33:21 137:1 I
Isaías 33:21-23 48:7 II
Isaías 33:22 48:0 II
Isaías 33:22 48:14 II
Isaías 33:22 119:104 II
Isaías 33:24 103:3 I
Isaías 33:24 137:1 I

Isaías 34:4 8:3 I
Isaías 34:4 29:0 II
Isaías 34:4 119:89 II
Isaías 34:4 119:96 II
Isaías 34:5 17:8 I
Isaías 34:7 29:6 II
Isaías 34:13 58:9 II
Isaías 34:16 119:133 II

Isaías 35:1 24:1 I
Isaías 35:1 29:8 II
Isaías 35:1 66:6 II
Isaías 35:1 133:3 I
Isaías 35:1-7 84:6 I
Isaías 35:1-10 84:6 I
Isaías 35:1-10 65:12 II
Isaías 35:2 68:16 II
Isaías 35:3 119:47 II
Isaías 35:4 15:1 I
Isaías 35:4 103:2 I
Isaías 35:4 139:14 I
Isaías 35:6 32:11 I
Isaías 35:6 47:1 II
Isaías 35:6 84:6 I
Isaías 35:6 111:9 I
Isaías 35:8 16:11 I
Isaías 35:8 37:34 I
Isaías 35:8 119:1 II
Isaías 35:8 119:35 II
Isaías 35:8-9 91:13 I
Isaías 35:9 119:35 II

Isaías 36:1-22 14:0 I
Isaías 36:1-22 119:151 II
Isaías 36:1-22 125:3 I
Isaías 36:1-22 137:2 I
Isaías 36:2 46:4 I
Isaías 36:6 62:8 II
Isaías 36:15 14:0 I
Isaías 36:16 18:36 I

Isaías 37:6-23 44:0 II
Isaías 37:6-23 44:16 II
Isaías 37:14-20 3:2 II
Isaías 37:16 46:4 I
Isaías 37:22 53:0 II
Isaías 37:23 68:18 II
Isaías 37:23 149:1 I
Isaías 37:26 42:8 I
Isaías 37:26 139:2 I
Isaías 37:29 53:4 II
Isaías 37:29 129:5 II
Isaías 37:30 65:0 II
Isaías 37:33-34 48:0 II
Isaías 37:33-36 119:151 II
Isaías 37:35 132:10 I
Isaías 37:36 33:17 II

Isaías 37:36	46:5	I
Isaías 38:1	39:4	II
Isaías 38:1	119:151	II
Isaías 38:1-8	21:4	I
Isaías 38:1-22	66:13	II
Isaías 38:5	119:97	II
Isaías 38:8	32:6	I
Isaías 38:8	51:7	I
Isaías 38:8	120:0	I
Isaías 38:10	38:3	II
Isaías 38:11	9:10	II
Isaías 38:11	52:5	II
Isaías 38:11	56:13	II
Isaías 38:12	30:12	II
Isaías 38:14	34:6	I
Isaías 38:14	39:9	II
Isaías 38:14	119:0	II
Isaías 38:14	119:122	II
Isaías 38:16	126:1	I
Isaías 38:17	36:6	II
Isaías 38:17	47:9	II
Isaías 38:17	90:8	I
Isaías 38:18	6:5	II
Isaías 38:18	9:13	II
Isaías 38:18	16:11	I
Isaías 38:20	120:0	I
Isaías 38:21	41:3	II
Isaías 38:21	119:174	II
Isaías 39:1-6	112:8	I
Isaías 39:7	45:15	II
Isaías 40:2	68:11	II
Isaías 40:3	16:11	I
Isaías 40:3	68:4	II
Isaías 40:3	84:5	I
Isaías 40:3	132:17	I
Isaías 40:3-4	84:5	I
Isaías 40:3-5	9:10	II
Isaías 40:3-10	45:5	II
Isaías 40:4	21:3	I
Isaías 40:5	31:24	II
Isaías 40:5	119:21	II
Isaías 40:6	8:4	I
Isaías 40:6	54:7	II
Isaías 40:6	56:4	II
Isaías 40:6-8	31:6	II
Isaías 40:6-8	103:15	I
Isaías 40:6-8	119:129	II
Isaías 40:6-8	132:17	I
Isaías 40:7	103:16	I
Isaías 40:7-8	30:5	II
Isaías 40:8	45:1	II
Isaías 40:8	119:0	II
Isaías 40:8	119:89	II
Isaías 40:8	119:96	II
Isaías 40:8	119:144	II
Isaías 40:10	33:18	II
Isaías 40:11	23:1	I
Isaías 40:11	49:14	I
Isaías 40:12	36:8	II
Isaías 40:12	39:5	II

Isaías 40:12	48:6	II
Isaías 40:12	119:73	II
Isaías 40:12-31	95:3	I
Isaías 40:12-31	150:2	I
Isaías 40:15	2:6	I
Isaías 40:15-17	62:9	II
Isaías 40:15-18	150:2	I
Isaías 40:19	66:10	II
Isaías 40:22	119:89	II
Isaías 40:25	6:1	II
Isaías 40:26	111:2	I
Isaías 40:26	119:89	II
Isaías 40:26-31	121:2	I
Isaías 40:28	9:10	II
Isaías 40:28	119:89	II
Isaías 40:28	119:96	II
Isaías 40:28	121:4	I
Isaías 40:28	145:3	I
Isaías 40:29	33:20	II
Isaías 40:30	103:5	I
Isaías 40:31	29:11	II
Isaías 40:31	91:7	I
Isaías 40:31	68:35	II
Isaías 40:31	103:5	I
Isaías 40:31	119:32	II
Isaías 41:4	145:13	I
Isaías 41:7	66:10	II
Isaías 41:8	47:9	II
Isaías 41:9	119:1	II
Isaías 41:10	9:4	II
Isaías 41:10	45:2	II
Isaías 41:10	119:151	II
Isaías 41:10	119:173	II
Isaías 41:10-13	29:11	II
Isaías 41:10-13	119:1	II
Isaías 41:12	103:19	I
Isaías 41:13	9:4	II
Isaías 41:13	145:14	I
Isaías 41:14	24:6	I
Isaías 41:14	149:1	I
Isaías 41:15	35:5	II
Isaías 41:17	65:2	II
Isaías 41:17-20	29:8	II
Isaías 41:18	36:9	II
Isaías 41:18	46:7	I
Isaías 41:18	66:6	II
Isaías 41:18	84:6	I
Isaías 41:18-19	65:12	II
Isaías 41:18-20	119:21	II
Isaías 41:21-29	95:3	I
Isaías 41:25	119:118	II
Isaías 41:30	84:7	I
Isaías 42:1	2:8	I
Isaías 42:1	45:8	II
Isaías 42:1	145:7	I
Isaías 42:1-4	56:0	II
Isaías 42:1-4	130:5	I
Isaías 42:4	110:7	I
Isaías 42:5	119:89	II
Isaías 42:6	45:7	II
Isaías 42:6	54:1	II

Isaías 42:7	69:33	II
Isaías 42:8	149:6	I
Isaías 42:10	33:3	II
Isaías 42:10	61:2	II
Isaías 42:10	149:0	I
Isaías 42:10-13	33:3	II
Isaías 42:13-14	50:3	II
Isaías 42:13-14	119:126	II
Isaías 42:16	119:130	II
Isaías 42:20	130:3	I
Isaías 42:21	22:31	I
Isaías 42:21	145:17	I
Isaías 42:25	38:1	II
Isaías 43:1	23:4	I
Isaías 43:1	100:0	I
Isaías 43:2	18:16	I
Isaías 43:2	23:2	I
Isaías 43:2	29:11	II
Isaías 43:2	66:12	II
Isaías 43:2	69:2	II
Isaías 43:2	80:1	I
Isaías 43:2	91:5	I
Isaías 43:2	123:5	I
Isaías 43:2	124:3	I
Isaías 43:2	124:5	I
Isaías 43:2-3	91:15	I
Isaías 43:3	4:3	I
Isaías 43:3	9:8	II
Isaías 43:4	16:3	I
Isaías 43:4	103:4	I
Isaías 43:6	61:2	II
Isaías 43:7	58:10	II
Isaías 43:9	119:172	II
Isaías 43:10	6:4	II
Isaías 43:11	33:20	II
Isaías 43:13	19:5	I
Isaías 43:13	39:5	II
Isaías 43:18-19	33:3	II
Isaías 43:21	44:3	II
Isaías 43:22-25	25:11	II
Isaías 43:25	25:7	II
Isaías 43:25	32:1	I
Isaías 43:25	51:1	I
Isaías 43:25	119:142	II
Isaías 43:26	119:153	II
Isaías 44:1-20	95:3	I
Isaías 44:2	29:6	II
Isaías 44:2	95:6	I
Isaías 44:2	100:3	I
Isaías 44:3	65:9	II
Isaías 44:12	95:5	I
Isaías 44:16	70:3	I
Isaías 44:20	62:10	II
Isaías 44:21	119:49	II
Isaías 44:21	119:94	II
Isaías 44:22	51:1	I
Isaías 44:23	65:12	II
Isaías 44:28	31:14	II
Isaías 44:28	137:8	I
Isaías 44:28	145:6	I

JEREMÍAS	SALMO	T
Jeremías 1:5	119:73	II
Jeremías 1:5	139:16	I
Jeremías 1:6-8	40:10	I
Jeremías 1:7-9	119:0	II
Jeremías 1:9	40:3	I
Jeremías 1:12	53:0	II
Jeremías 1:18	62:3	II
Jeremías 1:19	129:2	I
Jeremías 1:33	119:102	II
Jeremías 2:2	129:1	I
Jeremías 2:2-3	90:16	I
Jeremías 2:3	14:4	I
Jeremías 2:6	44:19	II
Jeremías 2:10	55:6	I
Jeremías 2:13	5:2	II
Jeremías 2:13	17:6	I
Jeremías 2:13	36:9	II
Jeremías 2:15	38:8	II
Jeremías 2:13	46:4	I
Jeremías 2:18	119:0	II
Jeremías 2:19	103:10	I
Jeremías 2:21	80:8	I
Jeremías 2:23-24	32:9	I
Jeremías 2:24	10:14	II
Jeremías 2:32	119:52	II
Jeremías 3:2	10:8	II
Jeremías 3:4-5	17:1	I
Jeremías 3:4-19	65:2	II
Jeremías 3:5	130:3	I
Jeremías 3:21	23:3	I
Jeremías 3:22	23:3	I
Jeremías 3:25	119:6	II
Jeremías 4:3	37:3	I
Jeremías 4:5	47:1	II
Jeremías 4:7	68:30	II
Jeremías 4:9	33:18	II
Jeremías 4:12	129:6	I
Jeremías 4:13	45:4	II
Jeremías 4:13	68:17	II
Jeremías 4:14	119:113	II
Jeremías 4:14-21	13:1	I
Jeremías 4:22	119:98	II

Jeremías 33:16	33:4	II
Jeremías 33:24-26	132:14	I
Jeremías 34:1	145:16	I
Jeremías 35:2	15:0	I
Jeremías 35:6	73:25	I
Jeremías 36:3	119:126	II
Jeremías 37:11-15	35:0	II
Jeremías 38:6	17:14	I
Jeremías 38:6	69:2	II
Jeremías 38:6	95:4	I
Jeremías 38:9	45:11	II
Jeremías 38:19	69:7	II
Jeremías 39:11-14	65:0	II
Jeremías 42	139:23	I
Jeremías 42:19-22	50:7	II
Jeremías 43:6	45:9	II
Jeremías 43:10	17:14	I
Jeremías 44:11	9:3	II
Jeremías 44:15-30	62:10	II
Jeremías 45:3	69:3	II
Jeremías 45:4-5	131:1	I
Jeremías 46:2	35:15	II
Jeremías 46:5	31:0	II
Jeremías 46:5	68:35	II
Jeremías 46:15	45:5	II
Jeremías 46:18	68:16	II
Jeremías 47:2	124:5	I
Jeremías 48:17	69:20	II
Jeremías 48:17	110:2	I
Jeremías 48:25	132:0	I
Jeremías 48:28	44:22	II
Jeremías 48:45	121:5	I
Jeremías 48:73	32:8	I
Jeremías 49:7-22	137:7	I
Jeremías 49:19	68:30	II
Jeremías 49:21	60:2	II
Jeremías 49:29	31:0	II
Jeremías 49:33	90:1	I
Jeremías 50:2	137:1	I
Jeremías 50:2	137:5	I
Jeremías 50:6	14:3	I
Jeremías 50:7	14:4	I
Jeremías 50:9	25:3	II
Jeremías 50:19	68:16	II
Jeremías 50:20	32:1	I
Jeremías 50:20	103:12	I
Jeremías 50:29	3:1	I
Jeremías 50:29	137:9	I
Jeremías 50:29	149:1	I
Jeremías 50:34	119:153	II
Jeremías 50:34	119:154	II
Jeremías 50:42	137:8	I
Jeremías 50:46	60:2	II
Jeremías 50:46	137:8	I
Jeremías 51:6	103:2	I
Jeremías 51:9	137:9	I
Jeremías 51:13	137:1	I
Jeremías 51:16	46:6	I
Jeremías 51:20	103:19	I
Jeremías 51:24	137:0	I
Jeremías 51:27	47:1	II
Jeremías 51:29	60:2	II
Jeremías 51:33	137:8	I
Jeremías 51:34	14:4	I
Jeremías 51:34	124:3	I
Jeremías 51:37	90:1	I
Jeremías 51:43	133:3	I
Jeremías 51:44	137:1	I
Jeremías 51:44	137:5	I
Jeremías 51:46	112:7	I
Jeremías 51:48	137:9	I
Jeremías 51:51	44:13	II
Jeremías 51:55	42:5	I
Jeremías 51:58	137:7	I
Jeremías 51:63-64	137:8	I
Jeremías 52:5	31:21	II

Lamentaciones	**Salmo**	**T**
Lamentaciones 1:8	137:7	I
Lamentaciones 1:12	69:20	II
Lamentaciones 1:14	39:10	II
Lamentaciones 1:15	56:8	II
Lamentaciones 1:18	119:0	II
Lamentaciones 2:1	110:1	I
Lamentaciones 2:1	132:7	I
Lamentaciones 2:1	137:8	I
Lamentaciones 2:7	60:1	II
Lamentaciones 2:10	35:14	II
Lamentaciones 2:10	119:25	II
Lamentaciones 2:11	119:0	II
Lamentaciones 2:14	119:37	II
Lamentaciones 2:15	48:2	II
Lamentaciones 2:17	18:2	I
Lamentaciones 2:18	137:1	I
Lamentaciones 2:19	28:2	II
Lamentaciones 2:19	63:4	II
Lamentaciones 2:19	63:6	II
Lamentaciones 2:19	69:3	II
Lamentaciones 2:19	134:2	I
Lamentaciones 2:19	119:48	II
Lamentaciones 2:19	119:148	II
Lamentaciones 3:2	38:5	II
Lamentaciones 3:8	34:6	I
Lamentaciones 3:12	38:2	II
Lamentaciones 3:12	45:5	II
Lamentaciones 3:13	73:21	I
Lamentaciones 3:13	127:5	I
Lamentaciones 3:14	69:12	II
Lamentaciones 3:22	33:3	II
Lamentaciones 3:22	63:13	II
Lamentaciones 3:22	119:159	II
Lamentaciones 3:23	40:5	I
Lamentaciones 3:24	23:1	I
Lamentaciones 3:24	84:10	I
Lamentaciones 3:24	119:0	II
Lamentaciones 3:24	119:57	II
Lamentaciones 3:24	119:132	II
Lamentaciones 3:26	38:14	II
Lamentaciones 3:26	131:3	I
Lamentaciones 3:27	119:9	II
Lamentaciones 3:27	129:1	I
Lamentaciones 3:28	46:10	I
Lamentaciones 3:38	56:2	II
Lamentaciones 3:39	73:22	I
Lamentaciones 3:41	119:48	II
Lamentaciones 3:44	25:1	II
Lamentaciones 3:45	119:141	II
Lamentaciones 3:48	6:7	II
Lamentaciones 3:48	119:129	II
Lamentaciones 3:48	137:1	I
Lamentaciones 3:49	63:10	II
Lamentaciones 3:53	69:14	II
Lamentaciones 3:54	38:4	II
Lamentaciones 3:54	69:2	II
Lamentaciones 3:56	12:5	II
Lamentaciones 3:56	34:15	I
Lamentaciones 3:56	150:6	I
Lamentaciones 3:59	119:43	II
Lamentaciones 3:64	103:2	I
Lamentaciones 4:1	46:5	I
Lamentaciones 4:2	4:3	I
Lamentaciones 4:19	10:7	II
Lamentaciones 4:21	137:7	I
Lamentaciones 5:13	66:12	II
Lamentaciones 5:17	69:23	II
Lamentaciones 5:19	55:19	I
Lamentaciones 5:19	132:14	I
Lamentaciones 5:20	13:1	I
Lamentaciones 5:21	16:11	I

Ezequiel	**Salmo**	**T**
Ezequiel 1:1	137:1	I
Ezequiel 1:4	58:6	II
Ezequiel 1:6	119:58	II
Ezequiel 1:7	91:11	I
Ezequiel 1:11	31:22	II
Ezequiel 1:11	103:20	I
Ezequiel 1:15-20	32:6	I
Ezequiel 1:17	36:6	II
Ezequiel 1:22	139:0	I
Ezequiel 1:28	57:5	II
Ezequiel 2:5	49:0	I
Ezequiel 2:6	14:4	I
Ezequiel 2:8	110:3	I

Ezequiel 36:25	65:3	II
Ezequiel 36:26	22:26	I
Ezequiel 36:26	51:10	I
Ezequiel 36:26	55:19	I
Ezequiel 36:26	119:32	II
Ezequiel 36:26	119:47	II
Ezequiel 36:26	119:107	II
Ezequiel 36:26	149:0	I
Ezequiel 36:26-7	9:10	II
Ezequiel 36:26-27	119:155	II
Ezequiel 36:27	51:10	I
Ezequiel 36:31	119:158	II
Ezequiel 36:35	29:8	II
Ezequiel 36:35	36:8	II
Ezequiel 36:35	65:12	II
Ezequiel 36:37	119:9	II
Ezequiel 36:37	122:6	I
Ezequiel 37:1	119:173	II
Ezequiel 37:1-5	119:50	II
Ezequiel 37:1-6	63:2	II
Ezequiel 37:1-14	17:15	I
Ezequiel 37:1-14	44:4	II
Ezequiel 37:10	60:12	II
Ezequiel 37:11	66:12	II
Ezequiel 37:12-14	126:1	I
Ezequiel 37:38	65:13	II
Ezequiel 38:9	35:8	II
Ezequiel 38:11-14	12:5	II
Ezequiel 38:20	60:2	II
Ezequiel 38:22	11:6	II
Ezequiel 38:22-23	12:5	II
Ezequiel 39:7	16:11	I
Ezequiel 39:9-10	46:9	I
Ezequiel 39:11-16	110:6	I
Ezequiel 39:29	65:9	II
Ezequiel 39:29	119:58	II
Ezequiel 40:43	68:13	II
Ezequiel 43:7-9	48:13	II
Ezequiel 44:28	119:57	II
Ezequiel 44:30	119:128	II
Ezequiel 45:7-17	119:57	II
Ezequiel 45:11	28:5	II
Ezequiel 46:13-15	5:3	II
Ezequiel 46:13-15	65:8	II
Ezequiel 46:13-16	128:6	I
Ezequiel 46:23	69:25	II
Ezequiel 47:1	36:8	II
Ezequiel 47:1	119:64	II
Ezequiel 47:1-5	46:4	I
Ezequiel 47:1-9	68:26	II
Ezequiel 47:1-12	36:9	II
Ezequiel 47:12	119:172	II
Ezequiel 48:21-22	119:57	II
Ezequiel 48:35	9:10	II

DANIEL	**SALMO**	**T**
Daniel 2:4	119:44	II
Daniel 2:21	119:126	II
Daniel 2:21	123:2	I
Daniel 2:23	130:2	I
Daniel 2:34-45	59:8	II
Daniel 2:35	1:4	I
Daniel 2:35	3:4	I
Daniel 2:35	35:5	II
Daniel 2:37	69:17	II
Daniel 2:37	145:16	I
Daniel 2:40	145:14	I
Daniel 3:1	119:164	II
Daniel 3:1-6	10:2	I
Daniel 3:1-30	10:6	II
Daniel 3:1-30	91:9	I
Daniel 3:1-30	112:7	I
Daniel 3:1-30	125:1	I
Daniel 3:1-30	130:1	I
Daniel 3:5	103:0	I
Daniel 3:8-30	119:46	II
Daniel 3:9	119:44	II
Daniel 3:10-18	119:61	II
Daniel 3:12-30	119:68	II
Daniel 3:15	12:4	II
Daniel 3:16	119:41	II
Daniel 3:16-30	119:151	II
Daniel 3:19	2:12	I
Daniel 3:19	52:7	II
Daniel 3:19	124:3	I
Daniel 3:19-25	35:22	II
Daniel 3:20	17:14	I
Daniel 3:20-17	11:1	II
Daniel 3:20-21	16:11	I
Daniel 3:20-30	14:4	I
Daniel 3:20-30	66:12	II
Daniel 3:20-30	119:91	II
Daniel 3:22-23	95:4	I
Daniel 3:24-27	119:71	II
Daniel 3:25	10:1	II
Daniel 3:25	16:11	I
Daniel 3:26-27	32:7	I
Daniel 3:27	57:3	II
Daniel 3:27	91:7	I
Daniel 3:29	69:25	II
Daniel 3:33	145:11	I
Daniel 4:1-37	42:5	I
Daniel 4:12	145:9	I
Daniel 4:29-37	39:13	II
Daniel 4:30-33	131:1	I
Daniel 4:31	145:11	I
Daniel 4:34	9:10	II
Daniel 5:1-6	2:4	I
Daniel 5:1-30	50:21	II
Daniel 5:2	137:3	I
Daniel 5:5-24	119:135	II
Daniel 5:6	69:23	II
Daniel 5:7	127:2	I
Daniel 5:21	39:12	II
Daniel 5:23	66:9	II
Daniel 5:23	119:25	II
Daniel 5:27	26:2	II
Daniel 5:27	62:0	II
Daniel 5:27	62:9	II
Daniel 5:27	119:6	II
Daniel 5:27	119:113	II
Daniel 5:31	145:6	I
Daniel 6:1-24	28:4	II
Daniel 6:1-24	119:46	II
Daniel 6:1-28	37:40	I
Daniel 6:1-28	91:9	I
Daniel 6:1-28	125:1	I
Daniel 6:1-28	130:1	I
Daniel 6:8	95:11	I
Daniel 6:10	5:1	II
Daniel 6:10	5:7	II
Daniel 6:10	28:2	II
Daniel 6:10	55:17	I
Daniel 6:11-24	64:0	II
Daniel 6:13	119:61	II
Daniel 6:16	16:11	I
Daniel 6:16	17:14	I
Daniel 6:16	95:4	I
Daniel 6:16-22	31:4	II
Daniel 6:16-23	11:1	II
Daniel 6:16-23	119:95	II
Daniel 6:16-24	57:4	II
Daniel 6:16-24	119:91	II
Daniel 6:21-23	31:22	II
Daniel 6:22	32:7	I
Daniel 6:22	35:17	II
Daniel 6:22	103:19	I
Daniel 6:24	10:2	I
Daniel 6:24	119:124	II
Daniel 6:25-27	117:2	I
Daniel 7:9	17:15	I
Daniel 7:9-10	50:3	II
Daniel 7:9-22	25:7	II
Daniel 7:9-22	119:100	II
Daniel 7:10	24:7	I
Daniel 7:13	80:17	I
Daniel 7:13	139:9	I
Daniel 7:13-14	110:1	I
Daniel 7:14	2:6	I
Daniel 7:14	7:0	II
Daniel 7:27	145:3	I
Daniel 8:2	137:1	I
Daniel 8:4	44:5	II
Daniel 8:10	119:89	II
Daniel 8:13	13:1	I
Daniel 8:16	63:3	II
Daniel 8:27	119:81	II
Daniel 9:4	130:2	I
Daniel 9:4	62:11	II
Daniel 9:5-7	145:17	I

Daniel 9:7	119:0	II
Daniel 9:7	119:6	II
Daniel 9:9	130:4	I
Daniel 9:13-19	119:151	II
Daniel 9:17	31:16	II
Daniel 9:17	119:135	II
Daniel 9:20	130:3	I
Daniel 9:20-21	3:4	I
Daniel 9:21	63:3	II
Daniel 9:24	112:3	I
Daniel 9:26	69:4	II
Daniel 9:27	44:22	II
Daniel 9:27	69:25	II
Daniel 10:4	137:1	I
Daniel 10:8	22:14	I
Daniel 10:8	36:9	II
Daniel 10:11	51:8	I
Daniel 10:11-19	69:34	II
Daniel 10:12	3:4	I
Daniel 10:13	63:3	II
Daniel 10:15	58:1	II
Daniel 10:16	45:3	II
Daniel 11:21-34	35:6	II
Daniel 11:27	69:22	II
Daniel 11:31	44:22	II
Daniel 11:31	69:25	II
Daniel 11:35	37:23	I
Daniel 11:36	29:0	II
Daniel 11:36	119:18	II
Daniel 11:39	91:2	I
Daniel 12:1	9:9	II
Daniel 12:1	40:7	I
Daniel 12:1	63:3	II
Daniel 12:1	69:28	II
Daniel 12:2	17:15	I
Daniel 12:2	132:17	I
Daniel 12:3	7:10	II
Daniel 12:3	36:9	II
Daniel 12:3	36:12	II
Daniel 12:3	45:17	II
Daniel 12:3	112:10	I
Daniel 12:3	149:4	I
Daniel 12:4	59:4	II
Daniel 12:11	44:22	II
Daniel 12:11	69:25	II
Daniel 12:13	119:130	II

Oseas	**Salmo**	**T**
Oseas 1:7	29:1	II
Oseas 1:7	33:17	II
Oseas 1:8	131:2	I
Oseas 1:10	84:2	I
Oseas 2:1-23	10:4	II
Oseas 2:1-23	62:10	II
Oseas 2:9	145:15	I
Oseas 2:14	42:10	I
Oseas 2:14	110:3	I
Oseas 2:14-15	42:6	I
Oseas 2:15	129:1	I
Oseas 2:18-20	45:15	II
Oseas 2:21-22	103:19	I
Oseas 2:22	32:11	I
Oseas 2:22	38:15	II
Oseas 2:23	59:13	II
Oseas 2:23	117:1	I
Oseas 3:5	40:0	I
Oseas 4:12	119:108	II
Oseas 4:18	47:10	II
Oseas 5:1	124:7	I
Oseas 5:8	47:1	II
Oseas 5:12-13	41:4	II
Oseas 5:15	27:8	I
Oseas 5:15	50:23	II
Oseas 5:15	63:1	II
Oseas 5:15	65:2	II
Oseas 6:1	39:10	II
Oseas 6:1	60:1	II
Oseas 6:1	119:76	II
Oseas 6:3	6:4	II
Oseas 6:3	119:55	II
Oseas 6:5	37:6	I
Oseas 6:5	57:5	II
Oseas 6:5	149:6	I
Oseas 6:6	45:12	II
Oseas 6:7	25:3	II
Oseas 7:6-7	14:4	I
Oseas 7:11	51:6	I
Oseas 7:14	149:5	I
Oseas 8:7	7:16	II
Oseas 8:12	119:129	II
Oseas 8:14	100:3	I
Oseas 9:4	68:26	II
Oseas 9:11	90:9	I
Oseas 9:14	63:2	II
Oseas 10:1	80:8	I
Oseas 10:2	18:25	I
Oseas 10:4	69:21	II
Oseas 10:8	10:13	II
Oseas 10:8	28:1	II
Oseas 10:8	145:18	I
Oseas 10:12	126:5	I
Oseas 10:13	58:11	II
Oseas 10:14	137:0	I
Oseas 11:1	129:1	I
Oseas 11:1	132:14	I
Oseas 11:1-4	131:3	I
Oseas 11:9	6:1	II
Oseas 11:9	48:13	II
Oseas 11:9	50:21	II
Oseas 11:10	38:8	II
Oseas 12:3	125:5	I
Oseas 12:3-5	24:6	I
Oseas 12:4	20:1	I
Oseas 13:2	121:8	I
Oseas 13:3	1:4	I
Oseas 13:3	35:5	II
Oseas 13:4	31:8	II
Oseas 13:9	35:3	II
Oseas 13:12	10:11	II
Oseas 13:12	56:8	II
Oseas 13:12	130:3	I
Oseas 13:14	30:11	II
Oseas 14:2	119:108	II
Oseas 14:3	10:14	II
Oseas 14:3	34:18	I
Oseas 14:4	41:4	II
Oseas 14:4	110:3	I
Oseas 14:5	30:5	II
Oseas 14:5	39:12	II
Oseas 14:5	45:9	II
Oseas 14:5	110:3	I
Oseas 14:7	4:3	I
Oseas 14:8	56:4	II

Joel	**Salmo**	**T**
Joel 1:9	134:1	I
Joel 1:28	42:4	I
Joel 2:1-15	47:1	II
Joel 2:3	36:8	II
Joel 2:5	29:6	II
Joel 2:9	32:11	I
Joel 2:10	60:2	II
Joel 2:11	39:4	II
Joel 2:13	103:8	I
Joel 2:14	22:14	I
Joel 2:17	119:0	II
Joel 2:20-21	126:3	I
Joel 2:23	65:9	II
Joel 2:23	149:2	I
Joel 2:24	8:0	I
Joel 2:24	119:0	II
Joel 2:25	80:4	I
Joel 2:27	48:13	II
Joel 2:27	119:126	II
Joel 2:28	65:9	II
Joel 2:28	126:1	I
Joel 2:28-32	68:11	II
Joel 2:30	119:126	II
Joel 3:4-7	103:2	I
Joel 3:13	8:0	I
Joel 3:16	60:2	II
Joel 3:18	36:9	II
Joel 3:18	119:0	II
Joel 3:19	137:7	I

Amós	**Salmo**	**T**
Amós 1:1	60:2	II
Amós 1:2	68:16	II

Amós 1:6	44:0	II
Amós 1:11	137:7	I
Amós 1:14	33:3	II
Amós 1:14	58:6	II
Amós 2:2	33:3	II
Amos 2:2-3	68:22	II
Amós 2:9	44:2	II
Amós 2:9-10	44:3	II
Amós 2:16	31:24	II
Amos 3:3	119:63	II
Amós 3:4	38:8	II
Amós 3:5	124:7	I
Amós 3:6	91:10	I
Amós 3:7	119:1	II
Amós 3:13	50:7	II
Amós 4:1	22:12	I
Amós 4:1	45:11	II
Amós 4:1	50:10	II
Amós 4:2	58:9	II
Amos 4:2	150:1	I
Amós 4:5	50:14	II
Amos 4:5	119:108	II
Amos 5:2	145:0	I
Amos 5:4	27:8	I
Amós 5:5	26:5	II
Amos 5:6	27:8	I
Amós 5:8	23:4	I
Amós 5:8	103:19	I
Amós 5:8	119:91	II
Amós 5:13	39:9	II
Amós 5:22	50:14	II
Amós 5:22	119:140	II
Amós 5:25	20:3	I
Amós 6:1	123:4	I
Amos 6:4	63:6	II
Amós 6:4	80:12	I
Amos 6:4	132:3	I
Amos 6:5	80:12	I
Amós 6:5	137:3	I
Amós 6:6	23:5	I
Amós 6:6	80:12	I
Amós 6:8	47:4	II
Amós 6:10	39:2	II
Amos 6:10	128:3	I
Amós 6:12	69:21	II
Amos 7:3	119:50	II
Amós 8:11	122:0	I
Amós 8:14	63:11	II
Amos 9:2	119:173	II
Amós 9:2-4	139:10	I
Amós 9:11-14	60:2	II
Amos 9:12	60:6	II
Amós 9:13	119:0	II

ABDÍAS	SALMO	T
Abdías 1:4	30:8	II
Abdías 1:4	66:7	II
Abdías 1:4	84:3	I
Abdías 1:4	119:126	II
Abdías 1:7	137:7	I
Abdías 1:10-14	137:7	I
Abdías 1:15	103:2	I
Abdías 1:15	137:8	I

JONÁS	SALMO	T
Jonás 1:1-17	130:1	I
Jonás 1:3	6:2	II
Jonás 1:3-16	3:8	I
Jonás 1:6	44:23	II
Jonás 1:9	22:23	I
Jonás 1:12	69:9	II
Jonás 1:17	35:25	II
Jonás 1:17	55:5	I
Jonás 1:17	91:9	I
Jonás 1:17	103:19	I
Jonás 2:1-10	55:6	I
Jonás 2:1-10	57:0	II
Jonás 2:1-10	130:1	I
Jonás 2:2	31:4	II
Jonás 2:2	31:22	II
Jonás 2:2	34:6	I
Jonás 2:2-7	130:1	I
Jonás 2:3	42:7	I
Jonás 2:3	69:2	II
Jonás 2:3-9	119:71	II
Jonás 2:4	12:5	II
Jonás 2:4	35:10	II
Jonás 2:4-7	11:4	II
Jonás 2:5	69:1	II
Jonás 2:6	18:15	I
Jonás 2:6	38:4	II
Jonás 2:7	61:2	II
Jonás 2:8	25:7	II
Jonás 2:8	62:10	II
Jonás 2:8	119:37	II
Jonás 2:9	3:8	I
Jonás 2:9	119:117	II
Jonás 2:9	50:14	II
Jonás 2:10	69:15	II
Jonás 3:1-10	42:5	I
Jonás 3:1-10	132:12	I
Jonás 3:3-4	19:4	I
Jonás 3:3-5	119:71	II
Jonás 3:5-10	145:8	I
Jonás 3:6	6:8	II
Jonás 3:6	44:25	II
Jonás 3:6	119:25	II
Jonás 4:1-11	10:11	II
Jonás 4:1-11	56:0	II
Jonás 4:1-11	119:71	II
Jonás 4:2	57:1	II
Jonás 4:2	103:8	I
Jonás 4:2	145:19	I
Jonás 4:6	103:19	I
Jonás 4:6-9	119:72	II
Jonás 4:8	121:6	I
Jonás 4:9	37:7	I
Jonás 7:12	44:19	II

MIQUEAS	SALMO	T
Miqueas 1:2	11:4	II
Miqueas 1:2	50:4	II
Miqueas 1:4	29:0	II
Miqueas 1:13	9:14	II
Miqueas 2:1	36:4	II
Miqueas 2:10	15:1	I
Miqueas 2:12	47:3	II
Miqueas 2:13	69:32	II
Miqueas 3:1-4	58:1	II
Miqueas 3:4	63:2	II
Miqueas 3:4	119:169	II
Miqueas 3:6	119:72	II
Miqueas 3:12	69:25	II
Miqueas 4:1-5	67:4	II
Miqueas 4:2	42:1	I
Miqueas 4:2	119:74	II
Miqueas 4:4	26:3	II
Miqueas 4:4	44:7	II
Miqueas 4:4	128:3	I
Miqueas 4:4-5	18:36	I
Miqueas 4:13	9:15	II
Miqueas 5:2	45:7	II
Miqueas 5:2	68:33	II
Miqueas 5:2	90:12	I
Miqueas 5:4	23:1	I
Miqueas 5:4	48:1	II
Miqueas 5:4	49:14	I
Miqueas 5:5	35:1	II
Miqueas 5:7	39:12	II
Miqueas 5:7	110:3	I
Miqueas 5:9	119:48	II
Miqueas 6:2	50:4	II
Miqueas 6:3	2:2	I
Miqueas 6:6	56:2	II
Miqueas 6:6-8	51:16	I
Miqueas 6:8	67:0	II
Miqueas 6:8	119:42	II
Miqueas 6:14	56:7	II
Miqueas 7:2	10:9	II
Miqueas 7:2	12:1	II
Miqueas 7:3	129:4	I
Miqueas 7:5	119:160	II
Miqueas 7:6	120:7	I
Miqueas 7:7	5:3	II
Miqueas 7:7	129:1	I
Miqueas 7:9	6:3	II
Miqueas 7:9	42:8	I
Miqueas 7:10	119:0	II

Miqueas 7:10	119:118	II
Miqueas 7:10	132:18	I
Miqueas 7:15	119:18	II
Miqueas 7:17	44:7	II
Miqueas 7:18	31:22	II
Miqueas 7:18	65:3	II
Miqueas 7:19	32:1	I
Miqueas 7:19	119:45	II

NAHÚM	SALMO	T
Nahúm 1:2	18:9	I
Nahúm 1:3	29:9	II
Nahúm 1:3	119:126	II
Nahúm 1:4	68:16	II
Nahúm 1:5	50:16	II
Nahúm 1:6	21:8	I
Nahúm 1:7	48:3	II
Nahúm 1:9	110:5	II
Nahúm 1:10	58:9	II
Nahúm 1:11	12:1	II
Nahúm 1:11	18:4	II
Nahúm 1:13	129:4	I
Nahúm 1:14	14:3	I
Nahúm 2:1	12:1	II
Nahúm 2:3	47:4	II
Nahúm 2:10	69:23	II
Nahúm 2:12	90:1	I
Nahúm 3:2	29:6	II
Nahúm 3:8	137:1	I
Nahúm 3:10	137:8	I
Nahúm 3:12	119:83	II
Nahúm 3:18	121:3	I
Nahúm 3:19	47:1	II

HABACUC	SALMO	T
Habacuc 1:2	13:1	I
Habacuc 1:3-4	12:0	II
Habacuc 1:5	28:5	II
Habacuc 1:8	91:0	I
Habacuc 1:11	12:4	II
Habacuc 1:13	32:8	I
Habacuc 1:13	44:22	II
Habacuc 1:13	103:1	I
Habacuc 1:16	121:8	I
Habacuc 2:1	5:3	II
Habacuc 2:1	39:4	II
Habacuc 2:1-4	119:89	II
Habacuc 2:3	12:5	II
Habacuc 2:3	119:123	II
Habacuc 2:4	110:1	I
Habacuc 2:4	119:50	II
Habacuc 2:4	131:1	I
Habacuc 2:9	84:3	I
Habacuc 2:11	10:9	II
Habacuc 2:14	47:2	II
Habacuc 2:14	66:16	II
Habacuc 2:18	103:14	I
Habacuc 2:18	119:43	II
Habacuc 2:20	11:4	II
Habacuc 3:1	7:0	II
Habacuc 3:1-19	68:0	II
Habacuc 3:3	39:5	II
Habacuc 3:3	66:16	II
Habacuc 3:3-5	50:3	II
Habacuc 3:4	50:2	II
Habacuc 3:4	57:5	II
Habacuc 3:6	65:5	II
Habacuc 3:6	68:2	II
Habacuc 3:8	68:17	II
Habacuc 3:10	119:48	II
Habacuc 3:13	39:5	II
Habacuc 3:13	110:6	I
Habacuc 3:13	110:7	I
Habacuc 3:13	137:7	I
Habacuc 3:14	14:4	I
Habacuc 3:16	119:120	II
Habacuc 3:17	67:6	II
Habacuc 3:17	73:26	I
Habacuc 3:17-18	91:5	I
Habacuc 3:18	56:12	II
Habacuc 3:18	73:26	I
Habacuc 3:19	28:7	II
Habacuc 3:19	59:9	II
Habacuc 3:19	9:10	II

SOFONÍAS	SALMO	T
Sofonías 1:15-16	50:3	II
Sofonías 2:2	1:4	I
Sofonías 2:2	35:5	II
Sofonías 2:4-7	60:6	II
Sofonías 3:3	27:2	I
Sofonías 3:3	38:8	II
Sofonías 3:3	91:0	I
Sofonías 3:5	57:5	II
Sofonías 3:5-17	48:2	II
Sofonías 3:5-17	48:13	II
Sofonías 3:10	45:12	II
Sofonías 3:10	68:27	II
Sofonías 3:14	31:24	II
Sofonías 3:14	45:14	II
Sofonías 3:14	53:6	II
Sofonías 3:14	137:8	I
Sofonías 3:17	32:1	I
Sofonías 3:17	68:23	II
Sofonías 3:17	132:14	I
Sofonías 3:17	149:4	I

HAGEO	SALMO	T
Hageo 1:4	132:3	I
Hageo 1:10	67:6	II
Hageo 2:9	128:3	I
Hageo 2:12	32:11	I
Hageo 2:13	68:26	II

ZACARÍAS	SALMO	T
Zacarías 1:3	6:4	II
Zacarías 1:12	13:1	I
Zacarías 1:12	68:1	II
Zacarías 1:14	53:6	II
Zacarías 1:14-15	69:26	II
Zacarías 1:15	137:1	I
Zacarías 2:1-4	16:6	I
Zacarías 2:5	46:5	I
Zacarías 2:5	48:3	II
Zacarías 2:5	48:13	II
Zacarías 2:8	14:4	I
Zacarías 2:8	17:8	I
Zacarías 2:8	18:8	I
Zacarías 2:8	32:8	I
Zacarías 2:8	38:10	II
Zacarías 2:8	43:1	I
Zacarías 2:8	65:2	II
Zacarías 2:8	121:4	I
Zacarías 2:8	121:8	I
Zacarías 2:8	124:1	I
Zacarías 2:8	129:4	I
Zacarías 2:10	9:11	II
Zacarías 2:10-11	45:14	II
Zacarías 2:13	26:8	II
Zacarías 2:14	9:14	II
Zacarías 3:1	91:11	I
Zacarías 3:1-2	68:18	II
Zacarías 3:2	49:17	I
Zacarías 3:2	65:3	II
Zacarías 3:2	119:21	II
Zacarías 3:2	119:25	II
Zacarías 3:9	119:164	II
Zacarías 3:10	128:3	I
Zacarías 4:6	29:1	II
Zacarías 4:6	60:12	II
Zacarías 4:7	45:15	II
Zacarías 4:10	122:6	I
Zacarías 4:12	100:2	I
Zacarías 5:5-11	28:5	II
Zacarías 5:9	8:5	I
Zacarías 6:13	26:3	II
Zacarías 7:l-7	15:0	I
Zacarías 7:12	119:47	II
Zacarías 8:3	9:11	II
Zacarías 8:12	67:6	II
Zacarías 8:14	119:50	II
Zacarías 8:16	119:30	II
Zacarías 8:21	95:2	I
Zacarías 8:21	122:1	I
Zacarías 9:5-8	60:6	II
Zacarías 9:9	31:24	II
Zacarías 9:9	137:8	I
Zacarías 9:9-10	45:14	II
Zacarías 9:10	21:5	I

Mateo 9:13	119:140	II
Mateo 9:15	30:5	II
Mateo 9:15	42:0	I
Mateo 9:15	65:8	II
Mateo 9:15	110:1	I
Mateo 9:15	149:3	I
Mateo 9:15	132:16	I
Mateo 9:20-22	6:6	II
Mateo 9:27	61:6	II
Mateo 9:27	110:1	I
Mateo 9:27	119:58	II
Mateo 9:27	132:10	I
Mateo 9:27-31	145:19	I
Mateo 9:29	33:21	II
Mateo 9:35-38	25:1	II
Mateo 9:36	44:22	II
Mateo 9:36	69:3	II
Mateo 10:3	131:2	I
Mateo 10:8	45:12	II
Mateo 10:8	68:18	II
Mateo 10:11	42:5	I
Mateo 10:11-15	35:13	II
Mateo 10:16	25:19	II
Mateo 10:16	35:20	II
Mateo 10:16	44:5	II
Mateo 10:16	58:4	II
Mateo 10:16	59:3	II
Mateo 10:16	119:86	II
Mateo 10:16	119:95	II
Mateo 10:16	119:98	II
Mateo 10:16	119:170	II
Mateo 10:16	119:175	II
Mateo 10:16-22	119:143	II
Mateo 10:16-23	69:7	II
Mateo 10:17-22	119:34	II
Mateo 10:17-31	137:3	II
Mateo 10:18	119:46	II
Mateo 10:19-20	29:0	II
Mateo 10:19-25	56:4	II
Mateo 10:22	43:1	I
Mateo 10:22	69:6	II
Mateo 10:22	119:0	II
Mateo 10:22	119:57	II
Mateo 10:24	127:2	I
Mateo 10:27	10:4	II
Mateo 10:27	17:3	I
Mateo 10:27	60:0	II
Mateo 10:27	70:4	I
Mateo 10:27	119:13	II
Mateo 10:28	39:7	II
Mateo 10:28	56:4	II
Mateo 10:28	64:1	II
Mateo 10:28	80:3	I
Mateo 10:28	103:4	I
Mateo 10:28	124:8	I
Mateo 10:28	119:161	II
Mateo 10:29	33:20	II
Mateo 10:29	35:2	II
Mateo 10:29	145:15	I
Mateo 10:29-30	33:4	II
Mateo 10:29-30	50:21	II
Mateo 10:29-30	127:1	I
Mateo 10:29-30	139:17	I
Mateo 10:29-31	29:9	II
Mateo 10:29-42	33:17	II
Mateo 10:30	34:20	I
Mateo 10:30	119:176	II
Mateo 10:31	84:3	I
Mateo 10:32	40:9	I
Mateo 10:32	50:5	II
Mateo 10:32-33	119:45	II
Mateo 10:34-36	26:2	II
Mateo 10:36	119:134	II
Mateo 10:36	120:7	I
Mateo 10:37	119:97	II
Mateo 10:37	123:2	I
Mateo 10:40-42	35:27	II
Mateo 10:41-42	119:55	II
Mateo 10:42	50:14	II
Mateo 10:42	126:5	I
Mateo 10:42	119:108	II
Mateo 11:5	69:33	II
Mateo 11:11	121:1	I
Mateo 11:12	13:1	I
Mateo 11:12	69:9	II
Mateo 11:12	66:18	II
Mateo 11:12	73:14	I
Mateo 11:15	49:1	I
Mateo 11:15	66:13	II
Mateo 11:19	69:5	II
Mateo 11:19	69:10	II
Mateo 11:21	6:8	II
Mateo 11:25	8:2	I
Mateo 11:25	14:1	I
Mateo 11:25	19:7	I
Mateo 11:25	35:0	II
Mateo 11:25	25:14	II
Mateo 11:25	119:17	II
Mateo 11:25	119:130	II
Mateo 11:26	39:9	II
Mateo 11:27	119:18	II
Mateo 11:28	35:3	II
Mateo 11:28	45:2	II
Mateo 11:28	119:64	II
Mateo 11:28	119:130	II
Mateo 11:28-29	55:22	I
Mateo 11:28-29	119:57	II
Mateo 11:29-30	2:3	I
Mateo 11:29-30	25:4	II
Mateo 11:28-30	68:19	II
Mateo 11:29	22:26	I
Mateo 11:29	25:9	II
Mateo 11:29	47:3	II
Mateo 11:29	119:42	II
Mateo 11:29	119:73	II
Mateo 11:29	131:0	I
Mateo 11:29	131:2	I
Mateo 11:29	149:4	I
Mateo 11:29-30	119:47	II
Mateo 11:30	12:3	II
Mateo 11:30	14:1	I
Mateo 11:30	25:9	II
Mateo 11:30	36:0	II
Mateo 11:30	45:11	II
Mateo 11:30	95:7	I
Mateo 11:30	100:2	I
Mateo 11:30	119:54	II
Mateo 11:30	119:65	II
Mateo 12:7	119:140	II
Mateo 12:18	45:8	II
Mateo 12:20	119:164	II
Mateo 12:20	122:6	I
Mateo 12:20	145:14	I
Mateo 12:21	130:5	I
Mateo 12:23	61:6	II
Mateo 12:25	45:10	II
Mateo 12:27	52:7	II
Mateo 12:30	119:161	II
Mateo 12:32	12:1	II
Mateo 12:33	30:4	II
Mateo 12:34	16:9	I
Mateo 12:34	42:10	I
Mateo 12:34	90:12	I
Mateo 12:34	111:5	I
Mateo 12:34	119:27	II
Mateo 12:34	145:11	I
Mateo 12:36	9:8	II
Mateo 12:36	17:3	I
Mateo 12:36	26:7	II
Mateo 12:36	39:1	II
Mateo 12:36	49:8	II
Mateo 12:36	50:21	II
Mateo 12:36	59:12	II
Mateo 12:36	123:2	I
Mateo 12:37	34:13	I
Mateo 12:39	58:2	II
Mateo 12:41	119:133	II
Mateo 12:42	27:9	I
Mateo 12:42	65:5	II
Mateo 12:42	117:2	I
Mateo 12:49-50	110:1	I
Mateo 12:50	37:25	I
Mateo 13:3	126:5	I
Mateo 13:3-9	50:21	II
Mateo 13:4	119:43	II
Mateo 13:9	62:11	II
Mateo 13:11	25:14	II
Mateo 13:12	6:4	II
Mateo 13:12	119:55	II
Mateo 13:13-17	59:13	II
Mateo 13:17	60:9	II
Mateo 13:19	119:140	II
Mateo 13:20-21	129:6	I
Mateo 13:22	119:36	II
Mateo 13:23	29:3	II
Mateo 13:24-30	8:5	I
Mateo 13:24-30	26:9	II
Mateo 13:24-30	43:1	I
Mateo 13:28	58:4	II
Mateo 13:30	26:9	II
Mateo 13:30	110:6	I
Mateo 13:30	80:14	I
Mateo 13:30	119:52	II
Mateo 13:30	119:119	II
Mateo 13:32	126:5	I

Mateo 13:39	56:1	II
Mateo 13:39	133:1	I
Mateo 13:41-42	62:9	II
Mateo 13:41-43	43:3	I
Mateo 13:42	21:9	I
Mateo 13:43	5:9	II
Mateo 13:43	7:10	II
Mateo 13:43	36:9	II
Mateo 13:43	36:12	II
Mateo 13:43	62:7	II
Mateo 13:43	149:4	I
Mateo 13:44	119:41	II
Mateo 13:44	119:162	II
Mateo 13:44	128:0	I
Mateo 13:44	132:6	I
Mateo 13:44-45	119:72	II
Mateo 13:44-46	31:5	II
Mateo 13:45-46	32:7	I
Mateo 13:44-46	119:97	II
Mateo 13:44-46	119:129	II
Mateo 13:45	63:1	II
Mateo 13:45-46	1:1	I
Mateo 13:45-46	25:14	II
Mateo 13:45-46	27:4	I
Mateo 13:45-46	34:14	I
Mateo 13:45-46	46:4	I
Mateo 13:45-46	119:72	II
Mateo 13:45-46	128:0	I
Mateo 13:46	119:11	II
Mateo 13:55	45:2	II
Mateo 13:55	119:51	II
Mateo 14:1-10	18:21	I
Mateo 14:7	2.8	I
Mateo 14:9	119:57	II
Mateo 14:13-21	40:10	I
Mateo 14:13:21	128:2	I
Mateo 14:13-23	45:2	II
Mateo 14:14	69:3	II
Mateo 14:14	69:7	II
Mateo 14:14-21	119:27	II
Mateo 14:19	69:3	II
Mateo 14:22-33	80:1	I
Mateo 14:23	39:3	II
Mateo 14:24-27	61:2	II
Mateo 14:25	119:148	II
Mateo 14:30	44:23	II
Mateo 14:30	56:3	II
Mateo 14:30	69:1	II
Mateo 14:30	119:173	II
Mateo 14:31	62:11	II
Mateo 14:36	119:2	II
Mateo 15:8	26:7	II
Mateo 15:8-9	80:12	I
Mateo 15:8-9	119:145	II
Mateo 15:12-13	52:5	II
Mateo 15:14	50:16	II
Mateo 15:14	69:22	II
Mateo 15:16	26:7	II
Mateo 15:18	35:20	II
Mateo 15:19	4:3	I
Mateo 15:19	12:5	II

Mateo 15:19	15:2	I
Mateo 15:21-28	13:1	I
Mateo 15:21-28	28:1	II
Mateo 15:21-28	45:12	II
Mateo 15:22	61:6	II
Mateo 15:22	69:1	II
Mateo 15:22	119:58	II
Mateo 15:22	145:19	I
Mateo 15:23	28:1	II
Mateo 15:24	18:44	I
Mateo 15:26-28	127:2	I
Mateo 15:28	37:4	I
Mateo 15:32	69:3	II
Mateo 16:4	58:2	II
Mateo 16:4	68:1	II
Mateo 16:6-12	50:23	II
Mateo 16:9	119:38	II
Mateo 16:13	9:5	II
Mateo 16:13-18	61:2	II
Mateo 16:16	119:43	II
Mateo 16:17	56:0	II
Mateo 16:17	110:1	I
Mateo 16:18	11:3	II
Mateo 16:18	12:1	II
Mateo 16:18	28:9	II
Mateo 16:18	56:3	II
Mateo 16:18	125:1	I
Mateo 16:18	132:14	I
Mateo 16:18-20	31:21	II
Mateo 16:19	119:64	II
Mateo 16:23	17:4	I
Mateo 16:23	64:4	II
Mateo 16:24	31:24	II
Mateo 16:24	44:18	II
Mateo 16:24	119:30	II
Mateo 16:24	119:75	II
Mateo 16:24	119:128	II
Mateo 16:24	119:132	II
Mateo 16:24	123:2	I
Mateo 16:24	137:3	I
Mateo 16:26	34:11	I
Mateo 16:26	121:7	I
Mateo 16:26	126:6	I
Mateo 16:27	24:7	I
Mateo 16:27	62:12	II
Mateo 16:27	119:55	II
Mateo 17:1-6	36:9	II
Mateo 17:1-8	31:21	II
Mateo 17:1-8	119:20	II
Mateo 17:1-8	119:147	II
Mateo 17:2	26:4	II
Mateo 17:2	45:2	II
Mateo 17:2	149:4	I
Mateo 17:4	45:2	II
Mateo 17:4	16:11	I
Mateo 17:5	45:8	II
Mateo 17:5	80:17	I
Mateo 17:5	119:4	II
Mateo 17:5	119:150	II
Mateo 17:5-6	23:4	I
Mateo 17:6	30:5	II

Mateo 17:8	16:0	I
Mateo 17:15	119:58	II
Mateo 17:17	7:12	II
Mateo 17:17	55:2	I
Mateo 17:24-27	119:161	II
Mateo 17:27-31	95:5	I
Mateo 17:47	3:2	I
Mateo 18:1-4	131:2	I
Mateo 18:3	12:5	II
Mateo 18:3	25:10	II
Mateo 18:7	70:5	I
Mateo 18:7	73:15	I
Mateo 18:9	103:4	I
Mateo 18:10-14	119:176	II
Mateo 18:11	69:4	II
Mateo 18:12-13	23:4	I
Mateo 18:13	8:2	I
Mateo 18:13	12:5	II
Mateo 18:14	12:5	II
Mateo 18:19-20	150:5	I
Mateo 18:20	22:25	I
Mateo 18:20	29:11	II
Mateo 18:20	46:7	I
Mateo 18:20	67:1	II
Mateo 18:20	68:5	II
Mateo 18:20	68:18	II
Mateo 18:20	122:1	I
Mateo 18:20	137:4	I
Mateo 18:20	149:1	I
Mateo 18:20	145:18	I
Mateo 18:21-22	119:156	II
Mateo 19:8	33:2	II
Mateo 19:8	35:4	II
Mateo 19:8	103:6	I
Mateo 19:13-15	127:3	I
Mateo 19:16	119:2	II
Mateo 19:17	119:68	II
Mateo 19:21	58:10	II
Mateo 19:21	112:5	I
Mateo 19:21-22	119:2	II
Mateo 19:23-26	119:35	II
Mateo 19:26	69:3	II
Mateo 19:27	126:5	I
Mateo 19:28	1:2	I
Mateo 19:28	45:16	II
Mateo 19:28-29	119:76	II
Mateo 19:28-29	126:5	I
Mateo 19:29	56:4	II
Mateo 19:29	119:57	II
Mateo 19:29	119:128	II
Mateo 19:29	123:2	I
Mateo 19:30	24:6	I
Mateo 19:30	68:27	II
Mateo 20:8	37:7	I
Mateo 20:16	68:27	II
Mateo 20:20-23	127:2	I
Mateo 20:22	119:132	II
Mateo 20:22-23	69:10	II
Mateo 20:28	7:2	II
Mateo 20:28	38:17	II

Mateo 28:1	46:5	I
Mateo 28:5-8	126:1	I
Mateo 28:8	16:11	I
Mateo 28:11-15	38:12	II
Mateo 28:11-15	55:9	I
Mateo 28:11-15	64:0	II
Mateo 28:16	110:0	I
Mateo 28:16-17	126:6	I
Mateo 28:18	24:1	I
Mateo 28:18	47:2	II
Mateo 28:18	68:18	II
Mateo 28:18	110:2	I
Mateo 28:18	119:89	II
Mateo 28:19	50:5	II
Mateo 28:19	110:2	I
Mateo 28:19-20	29:1	II
Mateo 28:20	29:11	II
Mateo 28:20	80:14	I
Mateo 28:20	145:18	I
Mateo 28:20	149:1	I

MARCOS	**SALMO**	**T**
Marcos 1:3	119:35	II
Marcos 1:11	119:150	II
Marcos 1:13	132:6	I
Marcos 1:16-20	65:5	I
Marcos 1:16-20	119:60	II
Marcos 1:22	41:5	II
Marcos 1:24	24:7	I
Marcos 1:24	47:2	II
Marcos 1:24	149:1	I
Marcos 1:35	119:62	II
Marcos 1:40	38:4	II
Marcos 2:20	30:5	II
Marcos 2:22	51:14	I
Marcos 2:22	119:0	II
Marcos 3:1-5	58:0	II
Marcos 3:2	7:0	II
Marcos 3:5	139:21	I
Marcos 3:8	137:7	I
Marcos 3:11-12	16:4	I
Marcos 3:17	13:2	I
Marcos 3:17	29:4	II
Marcos 3:17	145:4	I
Marcos 3:21	69:5	II
Marcos 3:21	69:9	II
Marcos 3:21	69:10	II
Marcos 3:21-22	69:8	II
Marcos 3:22	7:0	II
Marcos 3:24-25	122:3	I
Marcos 3:29	12:1	II
Marcos 3:34-35	103:4	I
Marcos 4:23	62:11	II
Marcos 4:24	41:1	II
Marcos 4:25	6:4	II
Marcos 4:25	119:55	II
Marcos 4:26-27	4:8	I
Marcos 4:35-41	13:5	I
Marcos 4:38	58:11	II
Marcos 4:38	59:4	II
Marcos 4:39	45:2	II
Marcos 4:39	68:33	II
Marcos 5:9	25:19	II
Marcos 5:9	139:23	I
Marcos 5:24-34	91:7	I
Marcos 5:25-29	6:6	II
Marcos 5:39-40	69:10	II
Marcos 6:3	45:2	II
Marcos 6:19-29	14:4	I
Marcos 6:20	119:6	II
Marcos 6:21	37:16	I
Marcos 6:23	2:8	I
Marcos 6.30-44	40:10	I
Marcos 6:30-44	128:2	I
Marcos 6:34	69:3	II
Marcos 6:46	45:2	II
Marcos 6:48	13:1	I
Marcos 7:4	50:8	II
Marcos 7:6-7	80:12	I
Marcos 7:9-13	50:18	II
Marcos 7:22	36:1	II
Marcos 7:22	119:113	II
Marcos 7:24	45:2	II
Marcos 7:24-30	119:117	II
Marcos 7:34	69:3	II
Marcos 7:34	145:15	I
Marcos 7:37	119:65	II
Marcos 8:2	69:3	II
Marcos 8:18	44:1	II
Marcos 8:33	64:4	II
Marcos 8:36	119:14	II
Marcos 8:37	49:8	I
Marcos 8:38	40:9	I
Marcos 9:5	45:2	II
Marcos 9:7	119:150	II
Marcos 9:17	66:17	II
Marcos 9:19	55:2	I
Marcos 9:23	25:18	II
Marcos 9:24	119:38	II
Marcos 9:41	35:27	II
Marcos 9:41	112:5	I
Marcos 9:43	84:6	I
Marcos 9:43-50	103:4	I
Marcos 9:44	17:14	I
Marcos 9:44	112:10	I
Marcos 9:44	120:4	I
Marcos 9:48	69:3	II
Marcos 9:49	69:3	II
Marcos 10:5	33:2	II
Marcos 10:9	119:21	II
Marcos 10:17-22	18:21	I
Marcos 10:18	119:68	II
Marcos 10:21	69:3	II
Marcos 10:25	73:3	I
Marcos 10:29-30	56:4	II
Marcos 10:29-30	119:57	II
Marcos 10:29-30	119:65	II
Marcos 10:29-30	119:76	II
Marcos 10:38	119:132	II
Marcos 10:38	119:169	II
Marcos 10:45	119:140	II
Marcos 10:47	132:1	I
Marcos 10:47	119:58	II
Marcos 10:47-48	61:6	II
Marcos 10:47-48	69:1	II
Marcos 10:49	27:8	I
Marcos 11:12-14	5:10	II
Marcos 11:15-16	6:8	II
Marcos 11:15-18	69:9	II
Marcos 11:15-18	119:119	II
Marcos 11:20	5:10	II
Marcos 11:24	145:18	I
Marcos 11:25	145:18	I
Marcos 12:6	69:34	II
Marcos 12:7	69:4	II
Marcos 12:29-30	119:96	II
Marcos 12:30	51:16	I
Marcos 12:30	119:32	II
Marcos 12:34	73:28	I
Marcos 12:35	61:6	II
Marcos 12:35-37	69:1	II
Marcos 12:35-37	110:0	I
Marcos 12:36	24:8	I
Marcos 12:36	110:1	I
Marcos 12:40	14:4	I
Marcos 12:40	53:4	II
Marcos 12:41-44	50:14	II
Marcos 12:41-44	68:28	II
Marcos 12:41-44	119:108	II
Marcos 12:41-44	119:140	II
Marcos 12:41-44	129:0	I
Marcos 12:44	7:3	II
Marcos 13:13	44:22	II
Marcos 13:14	44:22	II
Marcos 13:14	69:25	II
Marcos 13:15	45:10	II
Marcos 13:19	9:9	II
Marcos 13:21-22	139:15	I
Marcos 13:26	119:174	II
Marcos 13:33-37	130:6	I
Marcos 14:3-7	37:37	I
Marcos 14:3-9	42:5	I
Marcos 14:3-9	68:28	II
Marcos 14:26	111:0	I
Marcos 14:34	69:20	II
Marcos 14:40	41:9	II
Marcos 14:50	2:2	I
Marcos 14:50	38:16	II
Marcos 14:50	69:8	II
Marcos 14:53-65	59:7	II
Marcos 14:55-65	69:7	II
Marcos 14:56-59	55:9	I
Marcos 14:58	56:5	II
Marcos 14:61	38:13	II
Marcos 14:61-62	24:5	I

Marcos 14:61-62	66:3	II
Marcos 14:65	119:168	II
Marcos 14:66-72	26:7	II
Marcos 14:66-72	32:4	I
Marcos 14:66-72	119:8	II
Marcos 14:66-72	119:132	II
Marcos 14:72	119:132	II
Marcos 15:5	38:13	II
Marcos 15:5	66:3	II
Marcos 15:16-20	69:7	II
Marcos 15:16-20	69:10	II
Marcos 15:20	56:13	II
Marcos 15:21-22	68:31	II
Marcos 15:23	69:21	II
Marcos 15:29	56:5	II
Marcos 15:29	70:3	I
Marcos 15:33	47:2	II
Marcos 15:34	16:1	I
Marcos 15:34	22:1	I
Marcos 15:34	69:3	II
Marcos 15:47	6:6	II
Marcos 16:2	46:5	I
Marcos 16:2	57:8	II
Marcos 16:4-8	126:1	I
Marcos 16:15	50:5	II
Marcos 16:15	117:1	I
Marcos 16:15	119:35	II
Marcos 16:15-16	119:140	II
Marcos 16:15-20	132:17	I
Marcos 16:16	35:3	II
Marcos 16:17	19:7	I
Marcos 16:19	24:7	I
Marcos 16:19	47:9	II
Marcos 16:19	110:0	I
Marcos 16:19	110:1	I
LUCAS	**SALMO**	**T**
Lucas 1:1	145:6	I
Lucas 1:5-6	130:6	I
Lucas 1:5-8	122:9	I
Lucas 1:5-23	62:11	II
Lucas 1:9	30:2	II
Lucas 1:9	134:1	I
Lucas 1:16-17	35:4	II
Lucas 1:19-26	63:3	II
Lucas 1:26-27	45:2	II
Lucas 1:28	51:8	I
Lucas 1:28	91:15	I
Lucas 1:28-30	90:14	I
Lucas 1:31	44:4	II
Lucas 1:32	110:1	I
Lucas 1:32-33	2:9	I
Lucas 1:33	132:11	I
Lucas 1:35	69:4	II
Lucas 1:37	126:4	I
Lucas 1:37	130:7	I
Lucas 1:43	110:1	I
Lucas 1:43	126:4	I
Lucas 1:44	9:1	II
Lucas 1:46	90:12	I
Lucas 1:46	119:32	II
Lucas 1:46	119:167	II
Lucas 1:46	149:6	I
Lucas 1:46-55	24:7	I
Lucas 1:46-55	57:8	II
Lucas 1:46-55	119:50	II
Lucas 1:47	4:7	I
Lucas 1:47	9:1	II
Lucas 1:48	119:153	II
Lucas 1:51	111:6	I
Lucas 1:51	119:21	II
Lucas 1:51	119:52	II
Lucas 1:51	119:113	II
Lucas 1:52	21:8	I
Lucas 1:52	66:7	II
Lucas 1:52	69:32	II
Lucas 1:52	149:4	I
Lucas 1:65	139:17	I
Lucas 1:68	8:4	I
Lucas 1:68	119:174	II
Lucas 1:68-75	119:122	II
Lucas 1:69	132:17	I
Lucas 1:74-75	119:76	II
Lucas 1:74-75	119:119	II
Lucas 1:78	19:4	I
Lucas 1:78	57:5	II
Lucas 1:78	65:0	II
Lucas 1:78	110:3	I
Lucas 1:78-79	119:105	II
Lucas 1:79	1:2	I
Lucas 1:79	56:13	II
Lucas 1:79	84:11	I
Lucas 2:1	11:3	II
Lucas 2:1	29:9	II
Lucas 2:1	69:28	II
Lucas 2:4	95:5	I
Lucas 2:4	132:11	I
Lucas 2:7	45:2	II
Lucas 2:7	95:5	I
Lucas 2:7-16	132:6	I
Lucas 2:8-14	45:2	II
Lucas 2:8-14	47:5	II
Lucas 2:9	57:5	II
Lucas 2:10	68:11	II
Lucas 2:10	119:140	II
Lucas 2:11	16:4	I
Lucas 2:13	33:3	II
Lucas 2:13	34:7	I
Lucas 2:13	45:15	II
Lucas 2:13	80:4	I
Lucas 2:13	103:20	I
Lucas 2:13-14	40:7	I
Lucas 2:13-14	45:7	II
Lucas 2:13-14	103:20	I
Lucas 2:14	22:24	I
Lucas 2:14	46:8	I
Lucas 2:14	50:14	II
Lucas 2:14	67:1	II
Lucas 2:14	130:1	I
Lucas 2:15-20	45:2	II
Lucas 2:17	90:9	I
Lucas 2:19	119:11	II
Lucas 2:24	50:10	II
Lucas 2:25	41:13	II
Lucas 2:25	91:1	I
Lucas 2:25	119:50	II
Lucas 2:25	130:6	I
Lucas 2:28	42:2	I
Lucas 2:29	3:5	I
Lucas 2:29	24:7	I
Lucas 2:29-30	25:22	II
Lucas 2:30	35:9	II
Lucas 2:32	19:4	I
Lucas 2:34	20:8	I
Lucas 2:35-37	27:4	I
Lucas 2:36	91:1	I
Lucas 2:36-37	27:4	I
Lucas 2:37	69:9	II
Lucas 2:40	90:14	I
Lucas 2:41-50	40:10	I
Lucas 2:41-51	8:2	I
Lucas 2:43-47	119:100	II
Lucas 2:46	47:4	II
Lucas 2:47	45:2	II
Lucas 2:49	100:2	I
Lucas 2:52	45:2	II
Lucas 3:4	119:35	II
Lucas 3:5	18:7	I
Lucas 3:6	65:2	II
Lucas 3:8	24:1	I
Lucas 3:9	5:10	II
Lucas 3:14	119:161	II
Lucas 3:16	100:2	I
Lucas 3:21-22	29:3	II
Lucas 3:23	69:3	II
Lucas 3:32	45:16	II
Lucas 3:34	19:7	I
Lucas 4:10	18:10	I
Lucas 4:13	13:1	I
Lucas 4:13	31:4	II
Lucas 4:16-21	58:0	II
Lucas 4:16-21	133:2	I
Lucas 4:17-19	56:0	II
Lucas 4:18	45:2	II
Lucas 4:18	45:7	II
Lucas 4:18	69:33	II
Lucas 4:20	139:2	I
Lucas 4:22	45:2	II
Lucas 4:25-29	24:1	I
Lucas 4:28-30	2:2	I
Lucas 4:28-30	45:2	II
Lucas 4:29	110:7	I
Lucas 4:36	33:9	II
Lucas 4:42-43	69:3	II
Lucas 5:1-11	119:173	II
Lucas 5:6	8:5	I
Lucas 5:11	119:60	II
Lucas 5:23	65:2	II
Lucas 5:27-28	45:2	II
Lucas 5:27-32	69:3	II
Lucas 5:31	32:7	I
Lucas 5:35	30:5	II

Lucas 24:1-11	126:1	I
Lucas 24:2	21:4	I
Lucas 24:13-16	119:100	II
Lucas 24:13-32	39:3	II
Lucas 24:13-35	31:21	II
Lucas 24:19	1:3	I
Lucas 24:19-20	24:7	I
Lucas 24:24	19:7	I
Lucas 24:25	50:12	II
Lucas 24:25	69:31	II
Lucas 24:27	110:2	I
Lucas 24:31	45:2	II
Lucas 24:32	20:3	I
Lucas 24:32	33:20	II
Lucas 24:32	119:59	II
Lucas 24:32	119:93	II
Lucas 24:32	119:139	II
Lucas 24:35	25:14	II
Lucas 24:36	31:5	II
Lucas 24:38	39:3	II
Lucas 24:44	69:3	II
Lucas 24:44	69:7	II
Lucas 24:44	119:18	II
Lucas 24:45	119:18	II
Lucas 24:46	110:2	I
Lucas 24:47	32:1	I
Lucas 24:47	119:140	II
Lucas 24:49	29:0	II
Lucas 24:50	119:48	II
Lucas 24:52-53	27:4	I

Juan	**Salmo**	**T**
Juan 1:1	36:9	II
Juan 1:1	68:33	II
Juan 1:1	91:16	I
Juan 1:1	119:152	II
Juan 1:1-2	45:2	II
Juan 1:1-3	6:4	II
Juan 1:1-3	33:6	II
Juan 1:1-3	119:152	II
Juan 1:1-4	45:7	II
Juan 1:1-4	119:0	II
Juan 1:1-5	7:12	II
Juan 1:1-5	28:2	II
Juan 1:1-5	119:115	II
Juan 1:1-10	119:28	II
Juan 1:1-13	119:90	II
Juan 1:1-14	45:2	II
Juan 1:1-14	50:3	II
Juan 1:1-14	56:10	II
Juan 1:1-34	31:1	II
Juan 1:2	24:1	I
Juan 1:3	24:1	I
Juan 1:3	33:9	II
Juan 1:3	43:2	I
Juan 1:3	62:11	II
Juan 1:3	111:3	I
Juan 1:3	119:135	II
Juan 1:3	149:2	I
Juan 1:3-4	36:9	II
Juan 1:4	36:9	II
Juan 1:4	56:13	II
Juan 1:4-5	27:1	I
Juan 1:4-5	36:9	II
Juan 1:4-9	57:5	II
Juan 1:5	47:2	II
Juan 1:9	34:5	I
Juan 1:9	36:9	II
Juan 1:9	121:1	I
Juan 1:11	69:8	II
Juan 1:11	130:6	I
Juan 1:12	45:0	II
Juan 1:12	45:7	II
Juan 1:12	84:11	I
Juan 1:12	95:3	I
Juan 1:12	111:8	I
Juan 1:12	119:42	II
Juan 1:12-13	68:9	II
Juan 1:12-13	119:66	II
Juan 1:13	110:3	I
Juan 1:14	20:6	I
Juan 1:14	45:2	II
Juan 1:14	50:3	II
Juan 1:14	61:2	II
Juan 1:14	62:7	II
Juan 1:14	63:5	II
Juan 1:14	90:14	I
Juan 1:14	91:4	I
Juan 1:14	103:4	I
Juan 1:14	103:15	I
Juan 1:14	145:9	I
Juan 1:14	149:2	I
Juan 1:14-17	117:2	I
Juan 1:15	8:1	I
Juan 1:16	40:7	I
Juan 1:16	65:9	II
Juan 1:16	121:1	I
Juan 1:17	45:2	II
Juan 1:17	117:0	I
Juan 1:18	123:1	I
Juan 1:23	132:17	I
Juan 11:25-26	61:3	II
Juan 1:29	45:1	II
Juan 1:29-34	45:7	II
Juan 1:29-36	132:17	I
Juan 1:32	45:8	II
Juan 1:35-51	65:5	II
Juan 1:39-46	66:5	II
Juan 1:41-45	119:27	II
Juan 1:42	69:3	II
Juan 1:47	32:2	I
Juan 1:47	73:1	I
Juan 2:9	126:5	I
Juan 2:9-10	119:50	II
Juan 2:13-17	6:8	II
Juan 2:13-17	69:9	II
Juan 2:17	22:17	I
Juan 2:17	69:0	II
Juan 2:17	119:0	II
Juan 2:17	119:137	II
Juan 2:17	119:139	II
Juan 2:19-21	56:5	II
Juan 3:1	16:11	I
Juan 3:1-2	126:2	I
Juan 3:2-3	70:3	I
Juan 3:3	22:31	I
Juan 3:3-5	44:17	II
Juan 3:3-5	149:0	I
Juan 3:3-5	119:47	II
Juan 3:6	31:13	II
Juan 3:6	50:16	II
Juan 3:6	56:8	II
Juan 3:6	73:26	I
Juan 3:6	103:14	I
Juan 3:6	119:47	II
Juan 3:8	23:2	I
Juan 3:8	27:8	I
Juan 3:8	63:2	II
Juan 3:8	119:25	II
Juan 3:13	24:4	I
Juan 3:14	5:3	II
Juan 3:14	34:5	I
Juan 3:14	68:33	II
Juan 3:15	24:7	I
Juan 3:16	9:11	II
Juan 3:16	9:13	II
Juan 3:16	10:4	II
Juan 3:16	25:3	II
Juan 3:16	30:12	II
Juan 3:16	31:2	II
Juan 3:16	35:9	II
Juan 3:16	45:2	II
Juan 3:16	68:18	II
Juan 3:16	110:4	I
Juan 3:16	119:26	II
Juan 3:16	119:35	II
Juan 3:16	119:140	II
Juan 3:16	130:7	I
Juan 3:16	149:2	I
Juan 3:16-36	119:32	II
Juan 3:18	1:5	I
Juan 3:19	69:23	II
Juan 3:20	1:2	I
Juan 3:20-21	26:4	II
Juan 3:29	119:97	II
Juan 3:34	20:6	I
Juan 3:34	45:0	II
Juan 3:34	45:7	II
Juan 3:36	29:3	II
Juan 4:5	145:16	I
Juan 4:5-30	45:13	II
Juan 4:6	63:1	II
Juan 4:6	121:4	I
Juan 4:10	68:18	II
Juan 4:10.14	36:9	II
Juan 4:10-14	42:2	I
Juan 4:12	63:1	II
Juan 4:13-14	5:2	II
Juan 4:13-14	36:7	II
Juan 4:13-15	36:9	II
Juan 4:13-14	46:4	I
Juan 4:13-14	119:97	II
Juan 4:14	1:3	I
Juan 4:14	36:8	II
Juan 4:14	42:1	I

HECHOS SALMO T

ROMANOS SALMO T

Romanos 12:12	128:1	I
Romanos 12:12	128:2	I
Romanos 12:12-14	33:20	II
Romanos 12:14	35:4	II
Romanos 12:14-20	7:5	II
Romanos 12:14-21	15:4	I
Romanos 12:14-21	119:53	II
Romanos 12:16	131:1	I
Romanos 12:17	25:9	II
Romanos 12:17	119:40	II
Romanos 12:17-21	119:23	II
Romanos 12:19	26:1	II
Romanos 12:19	38:14	II
Romanos 12:19	41:10	II
Romanos 12:19	43:1	II
Romanos 12:19	58:1	II
Romanos 12:19	64:7	II
Romanos 12:19	119:154	II
Romanos 12:19-21	28:4	II
Romanos 12:20	50:20	II
Romanos 12:20	68:30	II
Romanos 12:20	119:0	II
Romanos 12:20	120:3	I
Romanos 12:21	30:11	II
Romanos 12:21	120:7	I
Romanos 13:1-2	119:161	II
Romanos 13:3	119:23	II
Romanos 13:4	47:10	II
Romanos 13:4	139:19	I
Romanos 13:7-8	119:161	II
Romanos 13:10	119:44	II
Romanos 13:10	119:47	II
Romanos 13:10	119:96	II
Romanos 13:11	119:126	II
Romanos 13:12	90:4	I
Romanos 13:14	119:3	II
Romanos 13:14	119:83	II
Romanos 13:14	132:9	I
Romanos 13:21	41:10	II
Romanos 13:33	119:129	II
Romanos 14:1	119:63	II
Romanos 14:3-4	58:1	II
Romanos 14:4	1:1	I
Romanos 14:7-12	119:120	II
Romanos 14:8-9	27:3	I
Romanos 14:11	45:14	II
Romanos 14:18	133:1	I
Romanos 14:19	68:18	II
Romanos 14:23	15:2	I
Romanos 15:1	119:63	II
Romanos 15:2	119:172	II
Romanos 15:3	69:0	II
Romanos 15:4	39:5	II
Romanos 15:4	119:0	II
Romanos 15:6	119:107	II
Romanos 15:6	150:5	I
Romanos 15:8-9	117:2	I
Romanos 15:9	18:0	I
Romanos 15:9	18:49	I
Romanos 15:10	117:1	I

Romanos 15:11	47:2	II
Romanos 15:11	117:0	I
Romanos 15:12	45:17	II
Romanos 15:13	4:7	I
Romanos 15:13	65:7	II
Romanos 15:13	130:7	I
Romanos 15:24	45:5	II
Romanos 15:30	67:2	II
Romanos 15:33	119:38	II
Romanos 16:5	69:34	II
Romanos 16:14	43:1	I
Romanos 16:16	2:12	I
Romanos 16:17-18	17:14	I
Romanos 16:20	36:12	II
Romanos 16:20	65:7	II
Romanos 16:20	91:13	I
Romanos 16:20	119:38	II
Romanos 16:20	128:6	I
Romanos 16:25	6:4	II
Romanos 16:25-26	33:11	II
Romanos 16:25-26	119:140	II
Romanos 16:27	119:41	II
Romanos 16:27	119:98	II

1 CORINTIOS	**SALMO**	**T**
1 Corintios 1:1	68:25	II
1 Corintios 1:1	119:36	II
1 Corintios 1:2	28:8	II
1 Corintios 1:2	149:1	I
1 Corintios 1:5	44:8	II
1 Corintios 1:8	29:11	II
1 Corintios 1:8	119:73	II
1 Corintios 1:8	119:89	II
1 Corintios 1:8	119:94	II
1 Corintios 1:10	133:1	I
1 Corintios 1:10	150:3	I
1 Corintios 1:11-13	149:2	I
1 Corintios 1:12	119:121	II
1 Corintios 1:12	119:130	II
1 Corintios 1:12-17	119:42	II
1 Corintios 1:13	47:3	II
1 Corintios 1:14	119:35	II
1 Corintios 1:18	25:14	II
1 Corintios 1:18	119:140	II
1 Corintios 1:18	145:7	I
1 Corintios 1:18-20	69:5	II
1 Corintios 1:18-21	1:6	I
1 Corintios 1:18-23	69:12	II
1 Corintios 1:18-25	119:64	II
1 Corintios 1:20	48:13	II
1 Corintios 1:20	119:25	II
1 Corintios 1:20	133:1	I
1 Corintios 1:21	68:6	II
1 Corintios 1:23	14:2	I
1 Corintios 1:23	48:13	II
1 Corintios 1:23	69:6	II
1 Corintios 1:23	119:98	II
1 Corintios 1:24	19:1	I
1 Corintios 1:24	84:7	I
1 Corintios 1:24-30	111:10	I
1 Corintios 1:26-28	66:1	II
1 Corintios 1:26-31	25:14	II
1 Corintios 1:27	44:2	II
1 Corintios 1:27-28	68:15	II
1 Corintios 1:27-28	119:130	II
1 Corintios 1:29	66:2	II
1 Corintios 1:30	41:1	II
1 Corintios 1:30	45:8	II
1 Corintios 1:30	68:3	II
1 Corintios 1:30-31	26:7	II
1 Corintios 1:31	48:3	II
1 Corintios 1:31	119:100	II
1 Corintios 2:2	119:97	II
1 Corintios 2:5	36:9	II
1 Corintios 2:6	8:2	I
1 Corintios 2:6	119:42	II
1 Corintios 2:6	119:113	II
1 Corintios 2:6-9	119:54	II
1 Corintios 2:6-16	119:169	II
1 Corintios 2:7	6:4	II
1 Corintios 2:7	40:5	I
1 Corintios 2:7	145:7	I
1 Corintios 2:7	139:16	I
1 Corintios 2:7-8	25:14	II
1 Corintios 2:8	24:8	I
1 Corintios 2:8-9	44:18	II
1 Corintios 2:9	23:4	I
1 Corintios 2:9	31:5	II
1 Corintios 2:9	46:4	I
1 Corintios 2:9	119:155	II
1 Corintios 2:9	120:6	I
1 Corintios 2:9	145:3	I
1 Corintios 2:10	36:9	II
1 Corintios 2:10	130:7	I
1 Corintios 2:10-11	25:14	II
1 Corintios 2:10-12	51:10	I
1 Corintios 2:10-13	119:144	II
1 Corintios 2:11	29:0	II
1 Corintios 2:14	6:8	II
1 Corintios 2:14	10:5	II
1 Corintios 2:14	25:14	II
1 Corintios 2:14	51:10	I
1 Corintios 2:14	63:1	II
1 Corintios 2:14	119:18	II
1 Corintios 2:14	119:92	II
1 Corintios 2:14	119:103	II
1 Corintios 2:14-15	103:13	I
1 Corintios 2:14-18	119:66	II
1 Corintios 2:16	25:14	II
1 Corintios 2:16	119:76	II
1 Corintios 2:16	119:88	II
1 Corintios 3:1-2	62:6	II
1 Corintios 3:1-2	68:6	II
1 Corintios 3:1-3	119:66	II
1 Corintios 3:2	23:5	I
1 Corintios 3:2	33:18	II
1 Corintios 3:2	91:12	I
1 Corintios 3:2	119:97	II
1 Corintios 3:2	131:0	I
1 Corintios 3:2	131:2	I
1 Corintios 3:2	132:15	I
1 Corintios 3:2	145:15	I

1 Corintios 16:22	68:1	II
1 Corintios 16:22	139:21	I

2 Corintios	**Salmo**	**T**
2 Corintios 1:1	149:1	I
2 Corintios 1:3	51:8	I
2 Corintios 1:3	57:1	II
2 Corintios 1:3	59:10	II
2 Corintios 1:3	62:12	II
2 Corintios 1:3	65:2	II
2 Corintios 1:3	103:13	I
2 Corintios 1:3-4	119:59	II
2 Corintios 1:3-5	119:38	II
2 Corintios 1:3-11	119:137	II
2 Corintios 1:4	119:0	II
2 Corintios 1:4-11	119:74	II
2 Corintios 1:5	13:6	I
2 Corintios 1:5	17:15	I
2 Corintios 1:5	32:7	I
2 Corintios 1:5	119:141	II
2 Corintios 1:5	125:3	I
2 Corintios 1:10	119:38	II
2 Corintios 1:10	119:89	II
2 Corintios 1:12	7:3	II
2 Corintios 1:12	119:165	II
2 Corintios 1:20	9:10	II
2 Corintios 1:20	119:38	II
2 Corintios 1:20	119:151	II
2 Corintios 2:2	119:104	II
2 Corintios 2:9	120:0	I
2 Corintios 2:15	7:3	II
2 Corintios 2:15	38:5	II
2 Corintios 2:15	45:8	II
2 Corintios 2:15	50:14	II
2 Corintios 2:15	50:23	II
2 Corintios 2:15	119:78	II
2 Corintios 2:15	132:13	I
2 Corintios 2:15-16	18:14	I
2 Corintios 2:15-16	45:8	II
2 Corintios 2:16	18:4	I
2 Corintios 3:3	119:33	II
2 Corintios 3:3	119:45	II
2 Corintios 3:3	119:47	II
2 Corintios 3:3	119:71	II
2 Corintios 3:3-6	51:10	I
2 Corintios 3:5	5:12	II
2 Corintios 3:5	18:23	I
2 Corintios 3:6	119:25	II
2 Corintios 3:6	119:40	II
2 Corintios 3:6	119:47	II
2 Corintios 3:6	119:50	II
2 Corintios 3:6	119:103	II
2 Corintios 3:6	119:144	II
2 Corintios 3:6	134:2	I
2 Corintios 3:7	18:4	I
2 Corintios 3:7	21:6	I
2 Corintios 3:7	126:2	I
2 Corintios 3:7-9	119:43	II
2 Corintios 3:7-18	34:5	I
2 Corintios 3:10	52:9	II
2 Corintios 3:11	120:7	I
2 Corintios 3:12-16	119:127	II
2 Corintios 3:12-18	50:21	II
2 Corintios 3:12-18	119:58	II
2 Corintios 3:12-18	119:66	II
2 Corintios 3:14	119:18	II
2 Corintios 3:17	51:12	I
2 Corintios 3:17	56:13	II
2 Corintios 3:17	119:45	II
2 Corintios 3:18	8:0	I
2 Corintios 3:18	24:7	I
2 Corintios 3:18	26:4	II
2 Corintios 3:18	69:17	II
2 Corintios 3:18	119:103	II
2 Corintios 3:18	119:140	II
2 Corintios 3:18	119:146	II
2 Corintios 3:18	119:165	II
2 Corintios 3:18	124:7	I
2 Corintios 4:4-6	119:140	II
2 Corintios 4:6	8:1	I
2 Corintios 4:6	51:10	I
2 Corintios 4:6	91:14	I
2 Corintios 4:6	119:19	II
2 Corintios 4:6	119:41	II
2 Corintios 4:7	119:105	II
2 Corintios 4:7-9	137:1	I
2 Corintios 4:8	124:7	I
2 Corintios 4:8-9	46:5	I
2 Corintios 4:8-9	119:81	II
2 Corintios 4:9	21:11	I
2 Corintios 4:9	37:24	I
2 Corintios 4:9	57:4	II
2 Corintios 4:9	129:2	I
2 Corintios 4:13	119:82	II
2 Corintios 4:16	60:1	II
2 Corintios 4:16	103:5	I
2 Corintios 4:16-18	63:3	II
2 Corintios 4:17	21:5	I
2 Corintios 4:17	62:12	II
2 Corintios 4:17	66:3	II
2 Corintios 4:17	66:11	II
2 Corintios 4:17	66:12	II
2 Corintios 4:17	91:16	I2
2 Corintios 4:17-18	119:39	II
2 Corintios 4:18	17:14	I
2 Corintios 4:18	27:4	I
2 Corintios 4:18	119:19	II
2 Corintios 4:18	119:145	II
2 Corintios 4:18	131:2	I
2 Corintios 5:1	19:11	I
2 Corintios 5:1	36:9	II
2 Corintios 5:1	39:12	II
2 Corintios 5:1	46:4	I
2 Corintios 5:1	122:1	I
2 Corintios 5:1	127:2	I
2 Corintios 5:1	134:1	I
2 Corintios 5:1-10	55:6	I
2 Corintios 5:1-21	43:1	I
2 Corintios 5:2	68:18	II
2 Corintios 5:2-5	22:18	I
2 Corintios 5:4	120:6	I
2 Corintios 5:5	45:15	II
2 Corintios 5:6	49:4	I
2 Corintios 5:6-8	119:88	II
2 Corintios 5:6-8	120:6	I
2 Corintios 5:7	119:19	II
2 Corintios 5:7	119:75	II
2 Corintios 5:8	55:4	I
2 Corintios 5:9	25:15	II
2 Corintios 5:10	7:8	II
2 Corintios 5:10	62:12	II
2 Corintios 5:10	119:120	II
2 Corintios 5:11	38:2	II
2 Corintios 5:12	16:9	I
2 Corintios 5:13-14	31:0	II
2 Corintios 5:14	23:3	I
2 Corintios 5:14	31:24	II
2 Corintios 5:14	119:43	II
2 Corintios 5:15	119:76	II
2 Corintios 5:15	119:94	II
2 Corintios 5:15	119:139	II
2 Corintios 5:17	19:7	I
2 Corintios 5:17	26:3	II
2 Corintios 5:17	33:3	II
2 Corintios 5:17	44:17	II
2 Corintios 5:17	49:19	II
2 Corintios 5:17	51:10	I
2 Corintios 5:17	51:16	II
2 Corintios 5:17	68:4	II
2 Corintios 5:17	110:3	I
2 Corintios 5:17	119:35	II
2 Corintios 5:17	119:47	II
2 Corintios 5:17	119:73	II
2 Corintios 5:17	133:1	I
2 Corintios 5:17	149:0	I
2 Corintios 5:17-21	119:144	II
2 Corintios 5:18	119:97	II
2 Corintios 5:18-19	36:9	II
2 Corintios 5:18-19	73:28	I
2 Corintios 5:19	35:3	II
2 Corintios 5:19	50:5	II
2 Corintios 5:21	40:12	II
2 Corintios 5:21	119:140	II
2 Corintios 5:21	119:165	II
2 Corintios 6:1	133:1	I
2 Corintios 6:2	22:2	I
2 Corintios 6:2	26:9	II
2 Corintios 6:2	32:1	I
2 Corintios 6:2	32:6	I
2 Corintios 6:2	69:13	II
2 Corintios 6:2	90:12	I
2 Corintios 6:2	95:8	I
2 Corintios 6:2	110:5	I
2 Corintios 6:2	119:144	II
2 Corintios 6:8-12	119:74	II
2 Corintios 6:9	32:7	I
2 Corintios 6:10	23:1	I
2 Corintios 6:10	73:24	I
2 Corintios 6:10	112:3	I
2 Corintios 6:10	128:1	I
2 Corintios 6:11	119:25	II
2 Corintios 6:11	119:32	II
2 Corintios 6:14-18	5:5	II

2 Corintios 6:15	12:1	II
2 Corintios 6:15	14:4	I
2 Corintios 6:15	18:4	I
2 Corintios 6:15	26:4	II
2 Corintios 6:15	139:22	I
2 Corintios 6:16	9:11	II
2 Corintios 6:16	15:1	I
2 Corintios 6:16	45:10	II
2 Corintios 6:16	46:4	I
2 Corintios 6:17	45:11	II
2 Corintios 6:17	119:115	II
2 Corintios 6:17-18	68:0	II
2 Corintios 6.18	2:6	I
2 Corintios 7:1	11:7	II
2 Corintios 7:1	119:104	II
2 Corintios 7:2	42:5	I
2 Corintios 7:4	4:7	I
2 Corintios 7:4	137:4	I
2 Corintios 7:5	119:143	II
2 Corintios 7:9-10	42:5	I
2 Corintios 7:10	38:1	II
2 Corintios 7:10	38:18	II
2 Corintios 7:10	119:32	II
2 Corintios 7:10	119:71	II
2 Corintios 7:10	126:5	I
2 Corintios 7:15	68:35	II
2 Corintios 8:9	41:0	II
2 Corintios 8:9	41:1	II
2 Corintios 8:9	49:2	I
2 Corintios 8:9	69:11	II
2 Corintios 8:9	70:5	I
2 Corintios 8:9	119:174	II
2 Corintios 8:21	119:42	II
2 Corintios 8:22	119:57	II
2 Corintios 9:5	67:1	II
2 Corintios 9:6	126:5	I
2 Corintios 9:7	9:2	II
2 Corintios 9:7	54:6	II
2 Corintios 9:7	100:2	I
2 Corintios 9:7	119:106	II
2 Corintios 9:7	119:108	II
2 Corintios 9:8	119:166	II
2 Corintios 9:15	68:26	II
2 Corintios 9:15	84:11	I
2 Corintios 10:3-5	149:6	I
2 Corintios 10:4	45:5	II
2 Corintios 10:4	149:1	I
2 Corintios 10:4-5	119:97	II
2 Corintios 10:4-5	149:8	I
2 Corintios 10:5	126:0	I
2 Corintios 10:15-18	131:1	I
2 Corintios 10:17	66:2	II
2 Corintios 10:18	26:1	II
2 Corintios 11:2-5	73:27	I
2 Corintios 11:3	119:150	II
2 Corintios 11:3	127:1	II
2 Corintios 11:14	1:1	I
2 Corintios 11:14	119:69	II

2 Corintios 11:20	14:4	I
2 Corintios 11:24	125:3	I
2 Corintios 11:24-26	3:8	I
2 Corintios 11:25	32:6	I
2 Corintios 11:25-27	34:12	I
2 Corintios 11:26-27	37:23	I
2 Corintios 11:27	57:7	II
2 Corintios 11:31	149:4	I
2 Corintios 11:33	44:10	II
2 Corintios 12:1-10	9:20	II
2 Corintios 12:1-11	131:1	I
2 Corintios 12:1-13	17:5	I
2 Corintios 12:2	62:3	II
2 Corintios 12:2-4	31:0	II
2 Corintios 12:7	73:21	I
2 Corintios 12:7	119:137	II
2 Corintios 12:8	119:76	II
2 Corintios 12:8	119:147	II
2 Corintios 12:8-9	7:3	II
2 Corintios 12:9	27:1	I
2 Corintios 12:9	32:3	I
2 Corintios 12:9	34:21	I
2 Corintios 12:9	59:10	II
2 Corintios 12:9	65:5	II
2 Corintios 12:9	70:5	I
2 Corintios 12:9-10	23:4	I
2 Corintios.12:9-10	46:9	I
2 Corintios 12:10	22:19	I
2 Corintios 12:10	59:3	II
2 Corintios 12:14	66:4	II
2 Corintios 13:1	27:10	I
2 Corintios 13:4	22:6	I
2 Corintios 13:5	28:7	II
2 Corintios 13:5	35:3	II
2 Corintios 13:5	66:18	II
2 Corintios 13:5	139:23	I
2 Corintios 13:5-6	119:101	II
2 Corintios 13:8	11:3	II
2 Corintios 13:11	119:38	II
2 Corintios 13:11	133:1	I
2 Corintios 13:11	133:3	I
2 Corintios 13:14	44:22	II
Gálatas	**Salmo**	**T**
Gálatas 1:4	119:167	II
Gálatas 1:8	36:9	II
Gálatas 1:8	39:5	II
Gálatas 1:8	42:4	I
Gálatas 1:8	49:7	I
Gálatas 1:8	55:15	I
Gálatas 1:8	90:11	I
Gálatas 1:8	119:72	II
Gálatas 1:8	149:5	I
Gálatas 1:12-13	43:4	I
Gálatas 1:13	27:12	I
Gálatas 1:15	139:16	I
Gálatas 1:15-16	110:1	I
Gálatas 2:6	9:8	II
Gálatas 2:6	119:39	II

Gálatas 2:9	80:17	I
Gálatas 2:16	26:7	II
Gálatas 2:19	119:116	II
Gálatas 2:20	32:7	I
Gálatas 2:20	37:16	I
Gálatas 2:20	40:17	I
Gálatas 2:20	45:13	II
Gálatas 2:20	62:2	II
Gálatas 2:20	63:1	II
Gálatas 2:20	69:8	II
Gálatas 2:20	119:76	II
Gálatas 2:20	119:94	II
Gálatas 2:20	119:120	II
Gálatas 2:20	149:6	I
Gálatas 3:2-5	45:10	II
Gálatas 3:6-14	130:3	I
Gálatas 3:7	47:9	II
Gálatas 3:7	10:18	II
Gálatas 3:7-29	124:1	I
Gálatas 3:8	44:14	II
Gálatas 3:8	67:6	II
Gálatas 3:10	45:2	II
Gálatas 3:11	110:1	I
Gálatas 3:11	119:50	II
Gálatas 3:11	119:89	II
Gálatas 3:11	126:6	I
Gálatas 3:13	9:11	II
Gálatas 3:13	19:7	I
Gálatas 3:13	22:1	I
Gálatas 3:13	44:8	II
Gálatas 3:13	45:5	II
Gálatas 3:13	69:20	II
Gálatas 3:13	110:2	I
Gálatas 3:13-15	119:34	II
Gálatas 3:16	45:7	II
Gálatas 3:16	47:4	II
Gálatas 3:23-26	119:98	II
Gálatas 3:24	16:11	I
Gálatas 3:24	90:12	I
Gálatas 3:24	119:0	II
Gálatas 3:24-25	119:16	II
Gálatas 3:26	29:1	II
Gálatas 3:26	45:0	II
Gálatas 3:26	45:7	II
Gálatas 3:28	1:3	I
Gálatas 3:28	6:8	II
Gálatas 3:28	24:1	I
Gálatas 3:28	47:1	II
Gálatas 3:28	68:11	II
Gálatas 3:29	61:5	II
Gálatas 4:4	40:7	I
Gálatas 4:4	45:2	II
Gálatas 4:4	110:7	I
Gálatas 4:4	145:15	I
Gálatas 4:5	30:1	II
Gálatas 4:5-6	119:94	II
Gálatas 4:5-7	31:19	II
Gálatas 4:5-7	130:7	I
Gálatas 4:6	35:3	II
Gálatas 4:6	65:2	II
Gálatas 4:6	39:12	II

Gálatas 4:6	119:32	II
Gálatas 4:7	9:11	II
Gálatas 4:7	32:8	I
Gálatas 4:7	61:5	II
Gálatas 4:7	119:125	II
Gálatas 4:9	16:11	I
Gálatas 4:10-11	127:1	I
Gálatas 4:18	69:9	II
Gálatas 4:19	45:13	II
Gálatas 4:21-31	53:4	II
Gálatas 4:21-31	130:3	I
Gálatas 4:24	119:33	II
Gálatas 4:29	53:4	II
Gálatas 4:29	69:12	II
Gálatas 4:29	119:51	II
Gálatas 5:1	56:13	II
Gálatas 5:1	119:45	II
Gálatas 5:1	137:4	I
Gálatas 5:1-13	68:18	II
Gálatas 5:5	25:1	II
Gálatas 5:6	111:10	I
Gálatas 5:6	119:97	II
Gálatas 5:9	50:23	II
Gálatas 5:9	53:3	II
Gálatas 5:11	110:2	I
Gálatas 5:13	5:5	II
Gálatas 5:13	73:26	I
Gálatas 5:13	100:2	I
Gálatas 5:13	126:0	I
Gálatas 5:14-15	12:2	II
Gálatas 5:15	3:7	I
Gálatas 5:16	119:80	II
Gálatas 5:16-18	26:3	II
Gálatas 5:16-25	119:133	II
Gálatas 5:17	37:5	I
Gálatas 5:17	55:3	I
Gálatas 5:17	56:4	II
Gálatas 5:17	63:1	II
Gálatas 5:17	119:31	II
Gálatas 5:17	119:32	II
Gálatas 5:17	131:2	I
Gálatas 5:18	119:45	II
Gálatas 5:19-21	45:15	II
Gálatas 5:22	46:9	I
Gálatas 5:22	120:7	I
Gálatas 5:22	133:1	I
Gálatas 5:22	150:5	I
Gálatas 5:22-23	30:4	II
Gálatas 5:22-23	39:12	II
Gálatas 5:22-23	51:15	I
Gálatas 5:22-23	68:13	II
Gálatas 5:22-23	119:48	II
Gálatas 5:22-23	130:5	I
Gálatas 5:22-23	149:4	I
Gálatas 5:24	119:94	II
Gálatas 5:24	119:104	II
Gálatas 5:24	119:120	II
Gálatas 5:25	119:28	II
Gálatas 5:54	119:76	II
Gálatas 6:1	36:4	II
Gálatas 6:2	119:63	II
Gálatas 6:4	119:59	II
Gálatas 6:4	119:165	II
Gálatas 6:7	7:16	II
Gálatas 6:7	10:4	II
Gálatas 6:7	29:9	II
Gálatas 6:7	44:21	II
Gálatas 6:7	50:7	II
Gálatas 6:7	50:21	II
Gálatas 6:7	65:1	II
Gálatas 6:7	119:39	II
Gálatas 6:7	126:6	I
Gálatas 6:8-10	126:5	I
Gálatas 6:9	42:1	I
Gálatas 6:9	119:16	II
Gálatas 6:9	126:5	I
Gálatas 6:9	145:15	I
Gálatas 6:10	67:1	II
Gálatas 6:14	9:11	II
Gálatas 6:14	22:16	I
Gálatas 6:14	30:7	II
Gálatas 6:14	41:1	II
Gálatas 6:14	44:17	II
Gálatas 6:14.	62:7	II
Gálatas 6:14	119:120	II
Gálatas 6:14	127:2	I
Gálatas 6:14	131:1	I
Gálatas 6:14	131:2	I
Gálatas 6:15	51:10	I
Gálatas 6:15	119:35	II
Gálatas 6:16	119:59	II
Gálatas 6:16	119:165	II
Gálatas 6:16	124:1	I
Gálatas 6:17	49:14	I
Gálatas 6:19-21	31:5	II

EFESIOS	SALMO	T
Efesios 1:1	149:1	I
Efesios 1:3	16:11	I
Efesios 1:3	22:29	I
Efesios 1:3	24:5	I
Efesios 1:3	45:2	II
Efesios 1:3	65:2	II
Efesios 1:3	68:18	II
Efesios 1:3	134:3	I
Efesios 1:3-4	119:30	II
Efesios 1:3-12	68:10	II
Efesios 1:3-12	20:4	I
Efesios 1:4	44:8	II
Efesios 1:4	25:14	II
Efesios 1:4	33:11	II
Efesios 1:4	103:17	II
Efesios 1:4	119:1	II
Efesios 1:4	119:152	II
Efesios 1:4	139:17	I
Efesios 1:4-11	30:4	II
Efesios 1:4-12	132:14	I
Efesios 1:5	4:3	I
Efesios 1:5	29:1	II
Efesios 1:5	30:1	II
Efesios 1:5	31:19	II
Efesios 1:5	44:8	II
Efesios 1:5	119:94	II
Efesios 1:5-6	149:6	I
Efesios 1:6	25:11	II
Efesios 1:6	65:4	II
Efesios 1:6	119:165	II
Efesios 1:7	39:7	II
Efesios 1:7	44:8	II
Efesios 1:7	69:5	II
Efesios 1:7	110:0	I
Efesios 1:7	119:134	II
Efesios 1:7-8	25:1	II
Efesios 1:7-8	45:4	II
Efesios 1:7-8	128:1	I
Efesios 1:8	19:7	I
Efesios 1:8-9	119:149	II
Efesios 1:10	110:6	I
Efesios 1:10-11	51:10	I
Efesios 1:11	33:20	II
Efesios 1:13	119:97	II
Efesios 1:13	119:140	II
Efesios 1:13-14	51:8	I
Efesios 1:15	119:63	II
Efesios 1:17-23	145:5	I
Efesios 1:17-18	51:10	I
Efesios 1:17	119:18	II
Efesios 1:17-23	119:135	II
Efesios 1:18	13:3	I
Efesios 1:18	23:4	I
Efesios 1:18	42:5	I
Efesios 1:18	68:26	II
Efesios 1:18	95:3	I
Efesios 1:18	119:18	II
Efesios 1:18	119:19	II
Efesios 1:18	119:30	II
Efesios 1:18	119:57	II
Efesios 1:18	119:80	II
Efesios 1:18	119:107	II
Efesios 1:18	121:1	I
Efesios 1:18	123:1	I
Efesios 1:18	127:1	I
Efesios 1:18	139:17	I
Efesios 1:18-20	36:9	II
Efesios 1:18-20	54:7	II
Efesios 1:18-20	119:73	II
Efesios 1:18-23	119:18	II
Efesios 1:19	51:10	II
Efesios 1:19	119:44	II
Efesios 1:19-23	12:8	II
Efesios 1:19-23	41:10	II
Efesios 1:19-23	68:18	II
Efesios 1:20	119:89	II
Efesios 1:20-21	41:2	II
Efesios 1:20-22	24:8	I
Efesios 1:20-22	60:5	II
Efesios 1:20,22	110:0	I
Efesios 1:21	8:5	I
Efesios 1:21	84:11	I
Efesios 1:22	2:6	I
Efesios 1:22	33:8	II
Efesios 1:22	48:13	II
Efesios 1:22	110:1	I
Efesios 1:23	20:6	I
Efesios 1:23	42:8	I
Efesios 1:23	50:8	II

Efesios 4:22-24	119:165	II
Efesios 4:23	49:19	I
Efesios 4:23	50:5	II
Efesios 4:23	50:23	II
Efesios 4:23	119:20	II
Efesios 4:23-24	149:2	I
Efesios 4:23-25	15:2	I
Efesios 4:24	9:5	II
Efesios 4:24	26:3	II
Efesios 4:24	51:10	I
Efesios 4:24	73:6	I
Efesios 4:24	119:47	II
Efesios 4:24	119:66	II
Efesios 4:24	119:73	II
Efesios 4:24	119:91	II
Efesios 4:25	10:14	II
Efesios 4:25	119:26	II
Efesios 4:26	91:11	I
Efesios 4:26-27	4:4	I
Efesios 4:27	137:9	I
Efesios 4:29	119:27	II
Efesios 4:29	119:172	II
Efesios 4:30	26:4	II
Efesios 4:30	51:11	I
Efesios 4:30	91:1	I
Efesios 4:30	119:55	II
Efesios 5:1	69:34	II
Efesios 5:2	7:3	II
Efesios 5:2	22:27	I
Efesios 5:2	45:8	II
Efesios 5:2	50:23	II
Efesios 5:2-8	5:5	II
Efesios 5:5	10:3	II
Efesios 5:5	31:5	II
Efesios 5:5	119:36	II
Efesios 5:8	56:13	II
Efesios 5:8	112:4	I
Efesios 5:13-15	119:80	II
Efesios 5:14	46:5	I
Efesios 5:16	90:12	I
Efesios 5:16	119:40	II
Efesios 5:16	119:147	II
Efesios 5:18-20	36:8	I
Efesios 5:19	13:6	I
Efesios 5:19	14:0	I
Efesios 5:19	25:22	II
Efesios 5:19	47:7	II
Efesios 5:19	57:8	II
Efesios 5:19	66:16	II
Efesios 5:19	119:133	II
Efesios 5:19	124:0	I
Efesios 5:19	137:9	I
Efesios 5:19	150:3	I
Efesios 5:20	119:68	II
Efesios 5:23	45:11	II
Efesios 5:23	48:13	II
Efesios 5:23	50:5	II
Efesios 5:23	68:6	II
Efesios 5:23-28	7:8	II
Efesios 5:23-32	45:0	II
Efesios 5:25	119:94	II
Efesios 5:25-27	121:4	I
Efesios 5:25-27	149:4	I
Efesios 5:25-33	128:3	I
Efesios 5:26	45:13	II
Efesios 5:26	119:97	II
Efesios 5:26-17	25:1	II
Efesios 5:26-27	119:64	II
Efesios 5:26-27	139:16	I
Efesios 5:27	34:20	I
Efesios 5:27	45:11	II
Efesios 5:27	45:13	II
Efesios 5:27	50:5	II
Efesios 5:27	119:1	II
Efesios 5:27	119:35	II
Efesios 5:27	119:80	II
Efesios 5:27	132:3	I
Efesios 5:27	149:4	I
Efesios 5:28-29	128:3	I
Efesios 5:29-30	22:22	I
Efesios 5:30	19:5	I
Efesios 5:32	40:7	I
Efesios 6:5-8	134:1	I
Efesios 6:7-8	44:17	II
Efesios 6:8	120:3	I
Efesios 6:9	9:8	II
Efesios 6:9	119:39	II
Efesios 6:10	34:21	I
Efesios 6:10	132:2	I
Efesios 6:10-17	124:8	I
Efesios 6:10-18	10:8	II
Efesios 6:10-18	11:1	II
Efesios 6:10-18	119:42	II
Efesios 6:10-18	119:78	II
Efesios 6:10-18	145:1	I
Efesios 6:10-18	149:6	I
Efesios 6:11	6:7	I
Efesios 6:11-12	137:9	I
Efesios 6:12	5:8	II
Efesios 6:12	6:7	II
Efesios 6:12	25:19	II
Efesios 6:12	56:1	II
Efesios 6:12	59:1	II
Efesios 6:12	68:18	II
Efesios 6:12	91:4	I
Efesios 6:12	125:1	I
Efesios 6:12	149:6	I
Efesios 6:12	149:7	I
Efesios 6:13	125:5	I
Efesios 6:13-17	119:59	II
Efesios 6:13-17	132:15	I
Efesios 6:14	7:3	II
Efesios 6:14	18:2	I
Efesios 6:14	18:32	I
Efesios 6:14	119:147	II
Efesios 6:15	119:64	II
Efesios 6:15	120:7	I
Efesios 6:16	41:12	II
Efesios 6:17	17:4	I
Efesios 6:17	29:9	II
Efesios 6:17	41:12	II
Efesios 6:17	45:3	II
Efesios 6:17	64:3	II
Efesios 6:17	119:42	II
Efesios 6:17	119:50	II
Efesios 6:17	119:72	II
Efesios 6:17	119:97	II
Efesios 6:17	119:129	II
Efesios 6:17	149:6	I
Efesios 6:17	149:8	I
Efesios 6:18-20	119:134	II
Efesios 6:20	69:10	II

FILIPENSES	**SALMO**	**T**
Filipenses 1:6	16:8	I
Filipenses 1:6	18:30	I
Filipenses 1:6	27:9	I
Filipenses 1:6	45:11	II
Filipenses 1:6	51:11	I
Filipenses 1:6	68:28	II
Filipenses 1:6	119:9	II
Filipenses 1:6	119:25	II
Filipenses 1:6	119:40	II
Filipenses 1:6	119:65	II
Filipenses 1:6	119:73	II
Filipenses 1:6	119:88	II
Filipenses 1:6	119:89	II
Filipenses 1:6	119:94	II
Filipenses 1:6	149:4	I
Filipenses 1:6-10	119:94	II
Filipenses 1:11	67:6	II
Filipenses 1:11	119:71	II
Filipenses 1:13	45:1	II
Filipenses 1:13	100:2	I
Filipenses 1:15-16	18:23	I
Filipenses 1:15-18	139:20	I
Filipenses 1:18	132:16	I
Filipenses 1:19	62:0	II
Filipenses 1:21	23:4	I
Filipenses 1:21	91:1	I
Filipenses 1:21	91:8	I
Filipenses 1:21	119:139	II
Filipenses 1:21	119:146	II
Filipenses 1:23	23:4	I
Filipenses 1:23	39:12	II
Filipenses 1:23	55:4	I
Filipenses 1:23	55:6	I
Filipenses 1:23	119:43	II
Filipenses 1:23	119:45	II
Filipenses 1:23	119:81	II
Filipenses 1:23	123:1	I
Filipenses 1:28	14:5	I
Filipenses 2:2	133:1	I
Filipenses 2:5	37:4	I
Filipenses 2:5	45:13	II
Filipenses 2:5-7	35:13	II
Filipenses 2:5-8	16:1	I
Filipenses 2:5-8	119:125	II
Filipenses 2:5-8	119:140	II
Filipenses 2:5-11	9:11	II
Filipenses 2:5-11	69:12	II
Filipenses 2:5-11	90:1	I
Filipenses 2:6	69:4	II
Filipenses 2:6-7	4:6	I
Filipenses 2:6-7	90:12	I

Filipenses 2:6-8	31:0	II
Filipenses 2:6-8	36:11	II
Filipenses 2:6-8	45:0	II
Filipenses 2:6-8	61:2	II
Filipenses 2:6-8	68:18	II
Filipenses 2:6-8	91:4	I
Filipenses 2:6-8	110:7	I
Filipenses 2:6-8	131:2	I
Filipenses 2:6-8	131:3	I
Filipenses 2:6-8	145:9	I
Filipenses 2:6-9	69:33	II
Filipenses 2:6-8	80:17	I
Filipenses 2:6-11	7:12	II
Filipenses 2:6-11	45:2	II
Filipenses 2:6-11	68:18	II
Filipenses 2:6-11	68:20	II
Filipenses 2:6-11	70:5	I
Filipenses 2:6-11	119:174	II
Filipenses 2:6-11	119:175	II
Filipenses 2:7	8:5	I
Filipenses 2:7	31:7	II
Filipenses 2:7	31:12	II
Filipenses 2:7	35:0	II
Filipenses 2:7	41:1	II
Filipenses 2:8	32:6	I
Filipenses 2:8	34:6	I
Filipenses 2:8	45:7	II
Filipenses 2:8	110:7	I
Filipenses 2:8-9	25:11	II
Filipenses 2:8-11	110:7	I
Filipenses 2:9	41:2	II
Filipenses 2:9	45:7	II
Filipenses 2:9	47:2	II
Filipenses 2:9	119:114	II
Filipenses 2:9-10	24:7	I
Filipenses 2:9-11	12:8	II
Filipenses 2:9-11	40:7	I
Filipenses 2:9-11	119:89	II
Filipenses 2:9-11	131:3	I
Filipenses 2:10	16:11	I
Filipenses 2:10	45:14	II
Filipenses 2:11	47:3	II
Filipenses 2:11	150:6	I
Filipenses 2:12	68:35	II
Filipenses 2:12	119:35	II
Filipenses 2:12	119:120	II
Filipenses 2:12-13	103:22	I
Filipenses 2:13	51:10	I
Filipenses 2:13	119:35	II
Filipenses 2:13	119:36	II
Filipenses 2:13	119:89	II
Filipenses 2:13	119:112	II
Filipenses 2:13	119:173	II
Filipenses 2:13	145:19	I
Filipenses 2:15	50:1	II
Filipenses 2:15	119:42	II
Filipenses 2:15	119:143	II
Filipenses 2:15	119:175	II
Filipenses 2:16	45:13	II
Filipenses 2:16	119:140	II
Filipenses 2:16	139:20	I
Filipenses 2:17	22:14	I
Filipenses 2:17	30:9	II
Filipenses 3:3	29:2	II
Filipenses 3:3	124:1	I
Filipenses 3:3	129:1	I
Filipenses 3:3-8	110:1	I
Filipenses 3:4	19:12	I
Filipenses 3:4	68:25	II
Filipenses 3:5	68:27	II
Filipenses 3:6	27:12	I
Filipenses 3:6	95:10	I
Filipenses 3:7	91:14	I
Filipenses 3:7	111:10	I
Filipenses 3:7-8	73:25	I
Filipenses 3:7-9	19:12	I
Filipenses 3:8	24:5	I
Filipenses 3:8	45:13	II
Filipenses 3:8	119:43	II
Filipenses 3:9	119:98	II
Filipenses 3:12	121:5	I
Filipenses 3:12	124:8	I
Filipenses 3:12-14	39:4	II
Filipenses 3:12-14	119:15	II
Filipenses 3:12-14	119:44	II
Filipenses 3:12-14	124:7	I
Filipenses 3:12-14	145:19	I
Filipenses 3:12-15	73:15	I
Filipenses 3:12-15	119:175	II
Filipenses 3:13	27:4	I
Filipenses 3:13	45:10	II
Filipenses 3:13	58:4	II
Filipenses 3:13	69:9	II
Filipenses 3:13	103:5	I
Filipenses 3:13	119:59	II
Filipenses 3:13-14	119:32	II
Filipenses 3:17	69:10	II
Filipenses 3:17	90:12	I
Filipenses 3:18	119:136	II
Filipenses 3:18-19	55:8	I
Filipenses 3:18-19	59:15	II
Filipenses 3:19	3:3	I
Filipenses 3:19	17:14	I
Filipenses 3:19	62:7	II
Filipenses 3:20	49:14	I
Filipenses 3:20	50:23	II
Filipenses 3:20	91:1	I
Filipenses 3:20	122:2	I
Filipenses 3:20-21	110:0	I
Filipenses 3:21	18:11	I
Filipenses 3:21	119:174	II
Filipenses 4:1	21:3	I
Filipenses 4:1	50:23	II
Filipenses 4:3	28:8	II
Filipenses 4:3	40:7	I
Filipenses 4:3	69:28	II
Filipenses 4:4	2:12	I
Filipenses 4:4	9:2	II
Filipenses 4:4	32:11	I
Filipenses 4:4	119:50	II
Filipenses 4:4	128:1	I
Filipenses 4:4	132:9	I
Filipenses 4:4	132:16	I
Filipenses 4:4-7	68:3	II
Filipenses 4:6	33:20	II
Filipenses 4:6-7	128:6	I
Filipenses 4:7	13:6	I
Filipenses 4:7	16:9	I
Filipenses 4:7	34:14	I
Filipenses 4:7	37:11	I
Filipenses 4:7	37:37	I
Filipenses 4:7	69:6	II
Filipenses 4:7	69:9	II
Filipenses 4:7	119:165	II
Filipenses 4:7	120:7	I
Filipenses 4:7	127:2	I
Filipenses 4:7	132:3	I
Filipenses 4:7	133:1	I
Filipenses 4:7-9	68:30	II
Filipenses 4:8	12:5	II
Filipenses 4:8	90:12	I
Filipenses 4:8	119:66	II
Filipenses 4:8-9	110:7	I
Filipenses 4:9	63:5	II
Filipenses 4:9	119:38	II
Filipenses 4:9	119:72	II
Filipenses 4:9	119:129	II
Filipenses 4:9	133:3	I
Filipenses 4:11-12	131:2	I
Filipenses 4:11-13	119:19	II
Filipenses 4:12	25:13	II
Filipenses 4:12-13	43:4	I
Filipenses 4:12-13	59:15	II
Filipenses 4:13	24:0	I
Filipenses 4:13	28:7	II
Filipenses 4:13	34:2	I
Filipenses 4:13	84:7	I
Filipenses 4:13	90:1	I
Filipenses 4:18	7:3	II
Filipenses 4:19	4:8	I
Filipenses 4:19	23:1	I
Filipenses 4:19	145:18	I
Filipenses 4:20	119:41	II
Filipenses 4:22	119:126	II
Filipenses 4:23	119:59	II

COLOSENSES	SALMO	T
Colosenses 1:1	16:11	I
Colosenses 1:5	119:140	II
Colosenses 1:5	119:162	II
Colosenses 1:10	90:12	I
Colosenses 1:10	119:42	II
Colosenses 1:10	132:15	I
Colosenses 1:11	28:7	II
Colosenses 1:12	61:5	II
Colosenses 1:12	128:5	I
Colosenses 1:12-13	31:8	II
Colosenses 1:13	119:150	II
Colosenses 1:13-14	61:5	II
Colosenses 1:15	55:1	I
Colosenses 1:15	61:5	II
Colosenses 1:15	65:1	II
Colosenses 1:15-16	100:3	I
Colosenses 1:15-17	45:16	II
Colosenses 1:15-17	119:90	II
Colosenses 1:15-20	31:0	II

Colosenses 1:16	43:2	I
Colosenses 1:16	65:0	II
Colosenses 1:16	68:33	II
Colosenses 1:16	119:28	II
Colosenses 1:17	6:4	II
Colosenses 1:17	9:10	I
Colosenses 1:18	7:8	II
Colosenses 1:18	45:16	II
Colosenses 1:18	48:13	II
Colosenses 1:18	68:0	II
Colosenses 1:18	69:32	II
Colosenses 1:18	119:1	II
Colosenses 1:19	45:2	II
Colosenses 1:19	65:0	II
Colosenses 1:19-22	119:97	II
Colosenses 1:20	28:7	II
Colosenses 1:20	36:10	II
Colosenses 1:20	119:150	II
Colosenses 1:20	120:7	I
Colosenses 1:21	9:11	II
Colosenses 1:22	73:28	I
Colosenses 1:24	44:10	II
Colosenses 1:26-27	25:14	II
Colosenses 1:29	18:23	I
Colosenses 2:2	62:0	II
Colosenses 2:2-3	119:169	II
Colosenses 2:3	31:19	II
Colosenses 2:3	62:11	II
Colosenses 2:3	119:14	II
Colosenses 2:6-7	26:12	II
Colosenses 2:9	65:0	II
Colosenses 2:9	68:5	II
Colosenses 2:10	37:37	I
Colosenses 2:12	68:6	II
Colosenses 2:13	38:4	II
Colosenses 2:13	68:33	II
Colosenses 2:13	119:50	II
Colosenses 2:13-15	9:0	II
Colosenses 2:13-15	36:12	II
Colosenses 2:13-15	68:18	II
Colosenses 2:13-17	51:16	I
Colosenses 2:14	36:11	II
Colosenses 2:15	31:5	II
Colosenses 2:15	31:8	II
Colosenses 2:15	45:5	II
Colosenses 2:15	68:18	II
Colosenses 2:15	91:13	I
Colosenses 2:19	36:11	II
Colosenses 2:19	45:14	II
Colosenses 2:19	48:13	II
Colosenses 2:19	119:96	II
Colosenses 2:20	119:37	II
Colosenses 3:1	24:8	I
Colosenses 3:1	110:0	I
Colosenses 3:1	110:1	I
Colosenses 3:1	119:89	II
Colosenses 3:1-2	25:1	II
Colosenses 3:1-2	69:23	II
Colosenses 3:1-2	119:25	II
Colosenses 3:1-3	119:25	II
Colosenses 3:1-4	110:0	I

Colosenses 3:1-4	121:1	I
Colosenses 3:2	24:7	I
Colosenses 3:2	62:9	II
Colosenses 3:2	119:19	II
Colosenses 3:3	25:1	II
Colosenses 3:3	27:1	I
Colosenses 3:3	27:5	I
Colosenses 3:3	36:9	II
Colosenses 3:3	37:2	I
Colosenses 3:3	73:26	I
Colosenses 3:3	90:1	I
Colosenses 3:3	119:37	II
Colosenses 3:3	123:3	I
Colosenses 3:5	66:18	II
Colosenses 3:5	119:36	II
Colosenses 3:5	119:37	II
Colosenses 3:5	150:3	I
Colosenses 3:5-8	119:104	II
Colosenses 3:5-11	51:10	I
Colosenses 3:5-11	52:7	II
Colosenses 3:9	12:2	II
Colosenses 3:9-10	26:3	II
Colosenses 3:9-10	51:10	I
Colosenses 3:9-10	60:1	II
Colosenses 3:9-10	119:71	II
Colosenses 3:9-10	149:0	I
Colosenses 3:9-14	15:2	I
Colosenses 3:10	9:5	I
Colosenses 3:10	26:3	II
Colosenses 3:10	51:10	I
Colosenses 3:10	119:47	II
Colosenses 3:10	119:73	II
Colosenses 3:10	119:91	II
Colosenses 3:10	119:144	II
Colosenses 3:11	1:3	I
Colosenses 3:11	6:8	II
Colosenses 3:11	24:1	I
Colosenses 3:11	47:1	II
Colosenses 3:11	119:67	II
Colosenses 3:12	69:34	II
Colosenses 3:12	132:9	I
Colosenses 3:12-13	73:6	I
Colosenses 3:12-15	51:15	I
Colosenses 3:14	132:15	I
Colosenses 3:15	68:30	II
Colosenses 3:15	122:6	I
Colosenses 3:16	14:0	I
Colosenses 3:16	57:8	II
Colosenses 3:16	119:52	II
Colosenses 3:16	119:140	II
Colosenses 3:17	119:1	II
Colosenses 3:17	150:1	I
Colosenses 3:17-23	119:133	II
Colosenses 3:19	128:3	I
Colosenses 3:24-25	120:3	I
Colosenses 3:25	119:39	II
Colosenses 4:2-4	119:134	II
Colosenses 4:3	51:15	I
Colosenses 4:5	119:40	II
Colosenses 4:12	67:2	II

1 Tesalon.	**Salmo**	**T**
1 Tesalon. 1:1-10	8:2	I
1 Tesalon. 1:5	62:0	II
1 Tesalon. 1:5	110:3	I
1 Tesalon. 1:6	23:5	I
1 Tesalon. 1:7-8	50:3	II
1 Tesalon. 1:10	31:5	II
1 Tesalon. 1:10	38:6	II
1 Tesalon. 1:10	66:16	II
1 Tesalon. 1:10	130:4	I
1 Tesalon. 2:4	119:142	II
1 Tesalon. 2:12	119:42	II
1 Tesalon. 2:13	119:133	II
1 Tesalon. 2:16	69:24	II
1 Tesalon. 2:19	50:23	II
1 Tesalon. 2:19	119:33	II
1 Tesalon. 3:5	119:82	II
1 Tesalon. 3:5	119:121	II
1 Tesalon. 3:13	119:94	II
1 Tesalon. 3:16	119:38	II
1 Tesalon. 3:16	119:50	II
1 Tesalon. 4:7	50:5	II
1 Tesalon. 4:13	3:5	I
1 Tesalon. 4:13	32:4	I
1 Tesalon. 4:13	127:2	I
1 Tesalon. 4:13-16	90:7	I
1 Tesalon. 4:14	110:0	I
1 Tesalon. 4:15	17:15	I
1 Tesalon. 4:16	17:14	I
1 Tesalon. 4:16	23:4	I
1 Tesalon. 4:16	24:7	I
1 Tesalon. 4:16	47:5	II
1 Tesalon. 4:16	50:2	II
1 Tesalon. 4:16	126:5	I
1 Tesalon. 4:17	16:11	I
1 Tesalon. 4:17	23:4	I
1 Tesalon. 4:17	45:15	II
1 Tesalon. 4:18	119:172	II
1 Tesalon. 4:18	124:8	I
1 Tesalon. 5:2	1:2	I
1 Tesalon. 5:2	6:0	II
1 Tesalon. 5:3	64:7	II
1 Tesalon. 5:3	73:18	I
1 Tesalon. 5:11	119:172	II
1 Tesalon. 5:14	119:63	II
1 Tesalon. 5:15	119:9	II
1 Tesalon. 5:16-18	132:16	I
1 Tesalon. 5:17	22:2	I
1 Tesalon. 5:17	38:9	II
1 Tesalon. 5:17	55:17	I
1 Tesalon. 5:17	119:97	II
1 Tesalon. 5:17	130:2	I
1 Tesalon. 5:17-18	69:5	II
1 Tesalon. 5:18	7:3	II
1 Tesalon. 5:18	119:68	II
1 Tesalon. 5:19	51:11	I
1 Tesalon. 5:19	119:36	II
1 Tesalon. 5:19	119:55	II
1 Tesalon. 5:21	119:133	II

1 Tesalon. 5:22	139:21	I
1 Tesalon. 5:23	16:9	I
1 Tesalon. 5:23	66:13	II
1 Tesalon. 5:23	119:34	II
1 Tesalon. 5:23-24	119:50	II
1 Tesalon. 5:23-24	119:89	II
1 Tesalon. 5:23-24	119:94	II
1 Tesalon. 5:24	36:1	II

2 Tesalo.	**Salmo**	**T**
2 Tesalon. 1:6	35:1	II
2 Tesalon. 1:7-8	17:14	I
2 Tesalon. 1:10	132:16	I
2 Tesalon. 2:1	47:9	II
2 Tesalon. 2:4	10:7	II
2 Tesalon. 2:13	42:8	I
2 Tesalon. 2:13	90:7	I
2 Tesalon. 2:17	119:32	II
2 Tesalon. 2:13-14	45:15	II
2 Tesalon. 2:13-14	51:10	I
2 Tesalon. 2:16	33:18	II
2 Tesalon. 2:16	119:50	II
2 Tesalon. 2:16-17	44:22	II
2 Tesalon. 2:17	119:50	II
2 Tesalon. 3:2	119:19	II
2 Tesalon. 3:13	119:32	II

1 Timoteo	**Salmo**	**T**
1 Timoteo 1:5	119:129	II
1 Timoteo 1:8	63:4	II
1 Timoteo 1:11	130:4	I
1 Timoteo 1:13	21:3	I
1 Timoteo 1:13	23:1	I
1 Timoteo 1:13	25:7	II
1 Timoteo 1:13	27:12	I
1 Timoteo 1:13	32:1	I
1 Timoteo 1:13	46:9	I
1 Timoteo 1:13	51:1	I
1 Timoteo 1:13	56:7	II
1 Timoteo 1:13	73:22	I
1 Timoteo 1:13	119:17	II
1 Timoteo 1:13-14	25:11	II
1 Timoteo 1:13-14	130:3	I
1 Timoteo 1:15	32:0	I
1 Timoteo 1:15	32:2	I
1 Timoteo 1:15	40:7	I
1 Timoteo 1:15	119:76	II
1 Timoteo 1:17	41:12	II
1 Timoteo 1:17	110:2	I
1 Timoteo 1:17	119:41	II
1 Timoteo 1:17	150:6	I
1 Timoteo 1:19	119:11	II
1 Timoteo 2:1-2	119:161	II
1 Timoteo 2:4	68:1	II
1 Timoteo 2:5	49:7	I
1 Timoteo 2:5	50:22	II
1 Timoteo 2:5	132:10	I
1 Timoteo 2:5-6	119:169	II
1 Timoteo 2:6	38:17	II
1 Timoteo 2:6	49:7	I
1 Timoteo 2:8	17:4	I
1 Timoteo 2:8	24:4	I
1 Timoteo 2:8	26:7	II
1 Timoteo 2:8	63:4	II
1 Timoteo 2:8	119:48	II
1 Timoteo 2:8	134:2	I
1 Timoteo 2:13	45:17	II
1 Timoteo 3:1	9:9	II
1 Timoteo 3:2	119:99	II
1 Timoteo 3:12	119:57	II
1 Timoteo 3:15	68:18	II
1 Timoteo 4:4-5	30:0	II
1 Timoteo 4:4-5	119:91	II
1 Timoteo 4:6	39:13	II
1 Timoteo 4:8	119:71	II
1 Timoteo 4:8	128:1	I
1 Timoteo 4:9	119:76	II
1 Timoteo 4:9	130:5	I
1 Timoteo 4:13	119:4	II
1 Timoteo 4:15	119:72	II
1 Timoteo 4:15	119:129	II
2 Timoteo 4:17	10:17	II
1 Timoteo 5:13	15:3	I
1 Timoteo 5:18	8:7	I
1 Timoteo 5:18	128:2	I
1 Timoteo 6:6	111:10	I
1 Timoteo 6:6	119:71	II
1 Timoteo 6:8	128:2	I
1 Timoteo 6:9	8:5	I
1 Timoteo 6:9	119:36	II
1 Timoteo 6:9-10	49:20	I
1 Timoteo 6:9-10	91:3	I
1 Timoteo 6:10	119:36	II
1 Timoteo 6:12	119:132	II
1 Timoteo 6:12-19	121:5	I
1 Timoteo 6:15	67:7	II
1 Timoteo 6:15	145:11	I
1 Timoteo 6:15-16	1:1	I
1 Timoteo 6:16	36:9	II
1 Timoteo 6:16	91:6	I
1 Timoteo 6:16	119:15	II
1 Timoteo 6:17	49:2	I
1 Timoteo 6:17	52:7	II
1 Timoteo 6:17	128:2	I
1 Timoteo 6:17-19	45:12	II
1 Timoteo 6:18	112:3	I
1 Timoteo 6:20	33:20	II

2 Timoteo	**Salmo**	**T**
2 Timoteo 1:5	32:2	I
2 Timoteo 1:7	43:2	I
2 Timoteo 1:8-12	119:46	II
2 Timoteo 1:9	42:8	I
2 Timoteo 1:9	51:10	I
2 Timoteo 1:9-10	20:4	I
2 Timoteo 1:9-10	33:11	II
2 Timoteo 1:9-10	51:10	I
2 Timoteo 1:10	24:7	I
2 Timoteo 1:10	30:0	II
2 Timoteo 1:10	45:5	II
2 Timoteo 1:10	119:18	II
2 Timoteo 1:10	119:19	II
2 Timoteo 1:12	9:10	II
2 Timoteo 1:12	31:5	II
2 Timoteo 1:12	35:1	II
2 Timoteo 1:12	119:38	II
2 Timoteo 1:12	119:38	II
2 Timoteo 1:12	119:50	II
2 Timoteo 1:12-14	38:5	II
2 Timoteo 1:12-14	121:4	I
2 Timoteo 1:14	119:31	II
2 Timoteo 1:14	125:4	I
2 Timoteo 1:16	57:8	II
2 Timoteo 2:3	119:162	II
2 Timoteo 2:5	10:6	II
2 Timoteo 2:5	84:7	I
2 Timoteo 2:7	119:169	II
2 Timoteo 2:9	69:10	II
2 Timoteo 2:9	119:43	II
2 Timoteo 2:9-10	149:4	I
2 Timoteo 2:10	119:41	II
2 Timoteo 2:11	132:8	I
2 Timoteo 2:12	25:2	II
2 Timoteo 2:12	63:11	II
2 Timoteo 2:13	36:1	II
2 Timoteo 2:15	5:4	II
2 Timoteo 2:15	5:8	II
2 Timoteo 2:15	69:17	II
2 Timoteo 2:15	119:31	II
2 Timoteo 2:15	119:55	II
2 Timoteo 2:15	119:79	II
2 Timoteo 2:15	119:140	II
2 Timoteo 2:15	119:142	II
2 Timoteo 2:15	119:147	II
2 Timoteo 2:16-18	119:79	II
2 Timoteo 2:19	11:3	II
2 Timoteo 2:19	69:28	II
2 Timoteo 2:19	100:2	I
2 Timoteo 2:19	119:2	II
2 Timoteo 2:19	137:7	I
2 Timoteo 2:19	139:16	I
2 Timoteo 2:19-21	119:4	II
2 Timoteo 2:20	110:1	I
2 Timoteo 2:22	119:9	II
2 Timoteo 2:22	119:43	II
2 Timoteo 3:6	126:0	I
2 Timoteo 3:8	37:20	I
2 Timoteo 3:11	120:1	I
2 Timoteo 3:12	120:1	I
2 Timoteo 3:12	123:3	I
2 Timoteo 3:12	125:3	I
2 Timoteo 3:15	119:19	II
2 Timoteo 3:15	119:72	II
2 Timoteo 3:15	119:100	II
2 Timoteo 3:15	119:152	II
2 Timoteo 3:15-16	119:129	II

2 Timoteo 3:16	68:0	II
2 Timoteo 3:16	119:72	II
2 Timoteo 3:16-17	119:4	II
2 Timoteo 3:16-17	119:9	II
2 Timoteo 3:17	45:2	II
2 Timoteo 3:17	119:79	II
2 Timoteo 4:1	47:9	II
2 Timoteo 4:2	25:11	II
2 Timoteo 4:2	40:9	I
2 Timoteo 4:2	134:2	I
2 Timoteo 4:7	119:2	II
2 Timoteo 4:7-8	10:6	II
2 Timoteo 4:7-8	31:1	II
2 Timoteo 4:7-8	69:6	II
2 Timoteo 4:7-8	119:132	II
2 Timoteo 4:8	25:5	II
2 Timoteo 4:8	25:10	II
2 Timoteo 4:8	26:1	II
2 Timoteo 4:8	41:1	II
2 Timoteo 4:8	44:22	II
2 Timoteo 4:8	84:11	I
2 Timoteo 4:8	103:4	I
2 Timoteo 4:8	119:33	II
2 Timoteo 4:10	14:2	I
2 Timoteo 4:14	35:4	II
2 Timoteo 4:14	91:9	I
2 Timoteo 4:16	27:10	I
2 Timoteo 4:16-17	91:9	I
2 Timoteo 4:17	5:12	II
2 Timoteo 4:17	31:4	II
2 Timoteo 4:17	145:18	I
2 Timoteo 4:17-18	119:38	II
2 Timoteo 4:18	91:9	I
2 Timoteo 4:18	119:41	II

TITO	**SALMO**	**T**
Tito 1:2	43:3	I
Tito 1:2-3	33:11	II
Tito 1:5-14	119:162	II
Tito 1:12	18:26	I
Tito 1:12	44:14	II
Tito 1:12	63:3	II
Tito 1:15	73:1	I
Tito 1:16	14:1	I
Tito 2:8	119:42	II
Tito 2:9	134:1	I
Tito 2:11	119:117	II
Tito 2:12	119:117	II
Tito 2:13	48:1	II
Tito 2:13	119:117	II
Tito 2:14	16:3	I
Tito 2:14	44:3	II
Tito 2:14	45:13	II
Tito 2:14	103:18	I
Tito 2:14	119:140	II
Tito 3:3	19:3	II
Tito 3:3-5	119:140	II
Tito 3:4-5	51:10	I
Tito 3:5	119:17	II
Tito 3:7	4:8	I
Tito 3:7	55:6	I
Tito 3:7	61:5	II

FILEMÓN	**SALMO**	**T**
Filemón 14	110:3	I

HEBREOS	**SALMO**	**T**
Hebreos 1:1	62:11	II
Hebreos 1:1	119:13	II
Hebreos 1:1	110:1	I
Hebreos 1:1	128:1	I
Hebreos 1:1-3	21:3	I
Hebreos 1:1-3	110:7	I
Hebreos 1:1-3	119:129	II
Hebreos 1:1-13	80:17	I
Hebreos 1:1-14	119:97	II
Hebreos 1:2	2:9	I
Hebreos 1:2	24:1	I
Hebreos 1:2	24:7	I
Hebreos 1:2-3	66:9	II
Hebreos 1:3	9:10	II
Hebreos 1:3	24:1	I
Hebreos 1:3	27:4	I
Hebreos 1:3	33:6	II
Hebreos 1:3	110:0	I
Hebreos 1:3	119:90	II
Hebreos 1:5	2:6	I
Hebreos 1:5	2:7	I
Hebreos 1:6	2:6	I
Hebreos 1:6	24:7	I
Hebreos 1:6	68:33	II
Hebreos 1:6	95:0	I
Hebreos 1:7	8:5	I
Hebreos 1:7	80:1	I
Hebreos 1:7-8	110:1	I
Hebreos 1:8	45:0	II
Hebreos 1:8	45:17	II
Hebreos 1:8	122:5	I
Hebreos 1:8-9	20:6	I
Hebreos 1:9	23:5	I
Hebreos 1:9	133:2	I
Hebreos 1:10	119:89	II
Hebreos 1:10-12	119:73	II
Hebreos 1:13	24:8	I
Hebreos 1:13	80:17	I
Hebreos 1:13	110:0	I
Hebreos 1:13	110:1	I
Hebreos 1:14	8:5	I
Hebreos 1:14	24:7	I
Hebreos 1:14	34:7	I
Hebreos 1:14	42:5	I
Hebreos 1:14	69:0	II
Hebreos 1:14	119:17	II
Hebreos 2:1-4	73:22	I
Hebreos 2:1-18	8:0	I
Hebreos 2:3	7:8	II
Hebreos 2:3	53:0	II
Hebreos 2:3	103:2	I
Hebreos 2:3	119:9	II
Hebreos 2:5-7	8:0	I
Hebreos 2:5-8	8:5	I
Hebreos 2:5-10	119:97	II
Hebreos 2:6	8:5	I
Hebreos 2:6-7	8:0	I
Hebreos 2:7	19:13	I
Hebreos 2:7	61:2	II
Hebreos 2:8	8:0	I
Hebreos 2:8	68:18	II
Hebreos 2:8	110:1	I
Hebreos 2:8	119:89	II
Hebreos 2:9	119:114	II
Hebreos 2:10	34:7	I
Hebreos 2:10	124:1	I
Hebreos 2:11	31:7	II
Hebreos 2:11	80:17	I
Hebreos 2:11	103:4	I
Hebreos 2:11	103:15	I
Hebreos 2:11	110:1	I
Hebreos 2:11	119:63	II
Hebreos 2:11	132:8	I
Hebreos 2:11-12	55:1	I
Hebreos 2:12	9:0	II
Hebreos 2:12	22:22	I
Hebreos 2:13	18:0	I
Hebreos 2:14	31:8	II
Hebreos 2:14	45:5	II
Hebreos 2:14	110:0	I
Hebreos 2:14-15	9:0	II
Hebreos 2:14-15	36:12	II
Hebreos 2:17	40:9	I
Hebreos 2:17	45:2	II
Hebreos 3:1	40:10	I
Hebreos 3:1	40:17	I
Hebreos 3:1	41:10	II
Hebreos 3:1	110:0	I
Hebreos 3:5	127:1	I
Hebreos 3:6	18:9	I
Hebreos 3:6	42:5	I
Hebreos 3:7-8	110:4	I
Hebreos 3:7-8	119:50	II
Hebreos 3:7-11	95:9	I
Hebreos 3:8	95:8	I
Hebreos 3:10	95:10	I
Hebreos 3:11	119:155	II
Hebreos 3:12	40:17	I
Hebreos 3:13	69:13	II
Hebreos 3:13	119:172	II
Hebreos 3:15	95:8	I
Hebreos 3:17	90:7	I
Hebreos 3:17-19	95:8	I
Hebreos 4:1-10	45:14	II
Hebreos 4:1-11	68:9	II
Hebreos 4:1-13	95:11	I
Hebreos 4:1-13	119:45	II
Hebreos 4:3	37:3	I
Hebreos 4:3	95:11	I
Hebreos 4:3	119:155	II
Hebreos 4:6	95:11	I
Hebreos 4:7	95:0	I
Hebreos 4:7	95:7	I

Hebreos 10:25 26:12 II
Hebreos 10:25 42:2 I
Hebreos 10:25 119:172 II
Hebreos 10:25 149:1 I
Hebreos 10:26 24:7 I
Hebreos 10:26-27 5:5 II
Hebreos 10:26-27 19:13 I
Hebreos 10:26-29 119:53 II
Hebreos 10:28-29 69:24 II
Hebreos 10:29 134:2 I
Hebreos 10:30 38:14 II
Hebreos 10:30 119:154 II
Hebreos 10:31 5:5 II
Hebreos 10:31 21:8 I
Hebreos 10:31 32:3 I
Hebreos 10:31 38:2 II
Hebreos 10:31 68:17 II
Hebreos 10:31 80:4 I
Hebreos 10:31 90:11 I
Hebreos 10:31 139:14 I
Hebreos 10:34 112:7 I
Hebreos 10:34 119:61 II
Hebreos 10:36 33:20 II
Hebreos 10:37 2:4 I
Hebreos 10:37 68:1 II
Hebreos 10:37 119:123 II
Hebreos 10:38 110:1 I
Hebreos 10:38 119:50 II
Hebreos 10:38 119:89 II
Hebreos 10:39 119:161 II

Hebreos 11:1 9:1 II
Hebreos 11:1 20:2 I
Hebreos 11:1 28:7 II
Hebreos 11:1 56:9 II
Hebreos 11:1 66:6 II
Hebreos 11:1 110:1 I
Hebreos 11:1 123:1 I
Hebreos 11:1 119:57 II
Hebreos 11:1-3 119:72 II
Hebreos 11:1-39 9:10 II
Hebreos 11:1-40 47:3 II
Hebreos 11:1-40 112:2 I
Hebreos 11:3 33:6 II
Hebreos 11:3 119:90 II
Hebreos 11:4 45:1 II
Hebreos 11:4 50:9 II
Hebreos 11:4 119:140 II
Hebreos 11:4-40 123:2 I
Hebreos 11:5 49:15 I
Hebreos 11:5 119:64 II
Hebreos 11:6 15:2 I
Hebreos 11:6 16:1 I
Hebreos 11:6 39:12 II
Hebreos 11:6 65:2 II
Hebreos 11:6 119:65 II
Hebreos 11:7 119:174 II
Hebreos 11:10 69:36 II
Hebreos 11:11 9:10 II
Hebreos 11:12 119:52 II
Hebreos 11:13 69:10 II
Hebreos 11:13 123:1 I
Hebreos 11:13-16 119:19 II
Hebreos 11:13-16 145:19 I
Hebreos 11:14-16 17:15 I
Hebreos 11:17-19 119:64 II
Hebreos 11:23 45:2 II
Hebreos 11:24-25 32:11 I
Hebreos 11:24-26 119:57 II
Hebreos 11:25 39:13 II
Hebreos 11:25 119:30 II
Hebreos 11:26 45:10 II
Hebreos 11:27 123:1 I
Hebreos 11:31 41:12 II
Hebreos 11:32 3:8 I
Hebreos 11:34 73:26 I
Hebreos 11:36-37 3:8 I
Hebreos 11:37 22:18 I
Hebreos 11:38 69:4 II

Hebreos 12:1 25:1 II
Hebreos 12:1 119:32 II
Hebreos 12:1 119:35 II
Hebreos 12:1 123:2 I
Hebreos 12:1-11 119:107 II
Hebreos 12:2 21:4 I
Hebreos 12:2 21:5 I
Hebreos 12:2 25:5 II
Hebreos 12:2 29:1 II
Hebreos 12:2 40:8 I
Hebreos 12:2 41:2 II
Hebreos 12:2 45:7 II
Hebreos 12:2 51:14 I
Hebreos 12:2 69:12 II
Hebreos 12:2-4 69:7 II
Hebreos 12:2 110:0 I
Hebreos 12:2 119:154 II
Hebreos 12:2 145:9 I
Hebreos 12:4 69:9 II
Hebreos 12:5 44:17 II
Hebreos 12:5-11 119:0 II
Hebreos 12:6 23:4 I
Hebreos 12:6 45:2 II
Hebreos 12:6 41:11 II
Hebreos 12:6 119:43 II
Hebreos 12:6 119:132 II
Hebreos 12:6 119:135 II
Hebreos 12:6-10 119:65 II
Hebreos 12:6-11 39:10 II
Hebreos 12:9 33:15 II
Hebreos 12:9 56:8 II
Hebreos 12:9 57:8 II
Hebreos 12:9 131:1 I
Hebreos 12:11 29:11 II
Hebreos 12:11 119:75 II
Hebreos 12:11 129:1 I
Hebreos 12:11 132:18 I
Hebreos 12:12 119:47 II
Hebreos 12:12 119:48 II
Hebreos 12:14 4:3 I
Hebreos 12:14 11:7 II
Hebreos 12:14 24:6 I
Hebreos 12:14 45:9 II
Hebreos 12:14 45:13 II
Hebreos 12:14 50:18 II
Hebreos 12:14 119:2 II
Hebreos 12:14 120:7 I
Hebreos 12:15-17 42:5 I
Hebreos 12:16 39:8 II
Hebreos 12:17 18:41 I
Hebreos 12:17 69:27 II
Hebreos 12:19 68:1 II
Hebreos 12:19 95:7 I
Hebreos 12:21 95:7 I
Hebreos 12:22 68:17 II
Hebreos 12:22 120:0 I
Hebreos 12:22-23 46:4 I
Hebreos 12:22-24 134:3 I
Hebreos 12:24 26:7 II
Hebreos 12:24 65:1 II
Hebreos 12:25 29:3 II
Hebreos 12:26 29:11 II
Hebreos 12:27 132:14 I
Hebreos 12:28 19:10 I
Hebreos 12:28 47:4 II
Hebreos 12:28 66:4 II
Hebreos 12:28-29 68:17 II
Hebreos 12:29 2:12 I
Hebreos 12:29 15:0 I
Hebreos 12:29 38:2 II
Hebreos 12:29 50:3 II

Hebreos 13:1 133:2 I
Hebreos 13:2 119:100 II
Hebreos 13:3 119:47 II
Hebreos 13:4 119:46 II
Hebreos 13:5 42:10 I
Hebreos 13:5 43:3 I
Hebreos 13:5 119:8 II
Hebreos 13:5 119:107 II
Hebreos 13:5 131:2 I
Hebreos 13:5-6 45:7 II
Hebreos 13:7 119:126 II
Hebreos 13:8 16:11 I
Hebreos 13:8 18:24 I
Hebreos 13:8 21:0 I
Hebreos 13:8 21:7 I
Hebreos 13:8 37:25 I
Hebreos 13:8 44:4 II
Hebreos 13:8 119:35 II
Hebreos 13:8 119:52 II
Hebreos 13:8 119:57 II
Hebreos 13:8 119:106 II
Hebreos 13:8 119:126 II
Hebreos 13:12 45:13 II
Hebreos 13:13 1:1 I
Hebreos 13:13 11:7 II
Hebreos 13:13 22:27 I
Hebreos 13:13 45:11 II
Hebreos 13:13 45:14 II
Hebreos 13:14 15:1 I
Hebreos 13:14 119:63 II
Hebreos 13:15 30:4 II
Hebreos 13:15 51:15 I
Hebreos 13:15 100:0 I
Hebreos 13:15 119:108 II
Hebreos 13:15 150:0 I
Hebreos 13:15-16 56:12 II
Hebreos 13:15-16 110:3 I

Hebreos 13:20	23:1	I
Hebreos 13:20	48:1	II
Hebreos 13:20	90:1	I
Hebreos 13:20	95:7	I
Hebreos 13:20-21	119:38	II

SANTIAGO	SALMO	T
Santiago 1:4	119:1	II
Santiago 1:4	119:8	II
Santiago 1:5	65:2	II
Santiago 1:5	119:33	II
Santiago 1:5	127:2	I
Santiago 1:6	125:1	I
Santiago 1:7	10:17	II
Santiago 1:8	28:3	II
Santiago 1:8	119:0	II
Santiago 1:8	119:130	II
Santiago 1:8	119:145	II
Santiago 1:10-11	119:119	II
Santiago 1:11	90:6	I
Santiago 1:12	33:20	II
Santiago 1:12	36:4	II
Santiago 1:12	41:1	II
Santiago 1:12	119:1	II
Santiago 1:12	119:31	II
Santiago 1:12	119:144	II
Santiago 1:12	132:18	I
Santiago 1:13	95:9	I
Santiago 1:14	119:32	II
Santiago 1:15	45:10	II
Santiago 1:17	11:3	II
Santiago 1:17	16:8	I
Santiago 1:17	31:5	II
Santiago 1:17	37:26	I
Santiago 1:17	51:8	I
Santiago 1:17	54:7	II
Santiago 1:17	57:5	II
Santiago 1:17	84:11	I
Santiago 1:17	119:1	II
Santiago 1:17	119:5	II
Santiago 1:17	119:18	II
Santiago 1:17	119:33	II
Santiago 1:17	119:36	II
Santiago 1:17	119:52	II
Santiago 1:17	119:57	II
Santiago 1:17	119:58	II
Santiago 1:17	119:88	II
Santiago 1:17	119:147	II
Santiago 1:17	119:152	II
Santiago 1:17	123:1	I
Santiago 1:17	139:23	I
Santiago 1:17	145:18	I
Santiago 1:18	110:3	I
Santiago 1:18	119:72	II
Santiago 1:18	119:129	II
Santiago 1:18	119:140	II
Santiago 1:18	145:10	I
Santiago 1:19-27	119:59	II
Santiago 1:21	119:97	II
Santiago 1:22-25	119:7	II
Santiago 1:22-27	119:103	II
Santiago 1:23-25	119:6	II
Santiago 1:25	68:10	II
Santiago 1:25	119:96	II
Santiago 1:26	50:19	II
Santiago 1:26	139:17	I
Santiago 1:27	8:4	I
Santiago 1:27	10:18	II
Santiago 1:27	68:5	II
Santiago 1:27	112:5	I
Santiago 1:27	112:8	I
Santiago 1:27	45:14	II
Santiago 2:1	24:8	I
Santiago 2:1	119:63	II
Santiago 2:4	39:3	II
Santiago 2:10	40:12	I
Santiago 2:10	119:6	II
Santiago 2:11	119:6	II
Santiago 2:12	56:13	II
Santiago 2:12	119:45	II
Santiago 2:13	119:149	II
Santiago 2:14	32:2	I
Santiago 2:14-17	119:112	II
Santiago 2:15-16	119:63	II
Santiago 2:17	15:0	I
Santiago 2:19	47:2	II
Santiago 2:19	119:3	II
Santiago 2:23	47:9	II
Santiago 3:1-12	12:5	II
Santiago 3:1-12	139:4	II
Santiago 3:2	119:168	II
Santiago 3:2-3	139:17	I
Santiago 3:3	15:3	I
Santiago 3:3-9	32:9	I
Santiago 3:5	64:8	II
Santiago 3:6	51:15	I
Santiago 3:6	103:4	I
Santiago 3:6	120:4	I
Santiago 3:7	91:13	I
Santiago 3:8	17:3	I
Santiago 3:9	26:3	II
Santiago 3:9	68:19	II
Santiago 3:15	119:98	II
Santiago 3:17	63:1	II
Santiago 3:17	119:156	II
Santiago 3:17-18	64:6	II
Santiago 3:17-18	119:33	II
Santiago 3:17-18	127:2	I
Santiago 3:18	67:6	II
Santiago 3:18	119:71	II
Santiago 4:2	2.8	I
Santiago 4:3	7:3	II
Santiago 4:3	23:1	I
Santiago 4:3	65:5	II
Santiago 4:3	66:18	II
Santiago 4:3	119:38	II
Santiago 4:3	119:58	II
Santiago 4:3	119:169	II
Santiago 4:3	145:18	I
Santiago 4:4	10:3	II
Santiago 4:4	23:5	I
Santiago 4:4	45:10	II
Santiago 4:6	10:4	II
Santiago 4:6	19:13	I
Santiago 4:6	119:21	II
Santiago 4:6	119:78	II
Santiago 4:6	145:14	I
Santiago 4:7	11:7	II
Santiago 4:7	31:4	II
Santiago 4:7	31:8	II
Santiago 4:7	119:78	II
Santiago 4:8	11:7	II
Santiago 4:8	26:7	II
Santiago 4:8	119:130	II
Santiago 4:8	134:2	I
Santiago 4:10	69:32	II
Santiago 4:10	119:42	II
Santiago 4:12	119:104	II
Santiago 4:12	119:176	II
Santiago 4:14	10:5	II
Santiago 4:14	39:11	II
Santiago 4:14	63:3	II
Santiago 4:14	90:9	I
Santiago 5:1	57:1	II
Santiago 5:6	37:12	I
Santiago 5:7	65:9	II
Santiago 5:12	119:106	II
Santiago 5:13	13:6	I
Santiago 5:13	119:0	II
Santiago 5:13	119:54	II
Santiago 5:13	119:153	II
Santiago 5:13	137:1	I
Santiago 5:15	6:9	II
Santiago 5:15	103:3	I
Santiago 5:16	80:4	I
Santiago 5:16	120:1	I
Santiago 5:17	4:1	I
Santiago 5:17	32:6	I

1 PEDRO	SALMO	T
1 Pedro 1:3	33:18	II
1 Pedro 1:3	65:2	II
1 Pedro 1:3	66:9	II
1 Pedro 1:3	68:26	II
1 Pedro 1:3	119:50	II
1 Pedro 1:3-5	66:9	II
1 Pedro 1:3-5	119:111	II
1 Pedro 1:3-6	84:11	I
1 Pedro 1:4	47:4	II
1 Pedro 1:4	91:16	I
1 Pedro 1:4	112:7	I
1 Pedro 1:4	119:33	II
1 Pedro 1:4	119:59	II
1 Pedro 1:4	119:140	II
1 Pedro 1:4-5	84:11	I
1 Pedro 1:5	84:7	I
1 Pedro 1:5	119:2	II
1 Pedro 1:5	119:116	II
1 Pedro 1:5	119:133	II
1 Pedro 1:5	119:176	II
1 Pedro 1:5-9	119:140	II
1 Pedro 1:6	10:1	II
1 Pedro 1:7	44:18	II

1 Pedro 5:6	145:15	I
1 Pedro 5:7	33:17	II
1 Pedro 5:7	55:22	I
1 Pedro 5:7	57:1	II
1 Pedro 5:7	119:57	II
1 Pedro 5:7	139:17	I
1 Pedro 5:8	5:12	II
1 Pedro 5:8	9:0	II
1 Pedro 5:8	10:8	II
1 Pedro 5:8	10:17	II
1 Pedro 5:8	21:11	I
1 Pedro 5:8	22:21	I
1 Pedro 5:8	31:22	II
1 Pedro 5:8	35:17	II
1 Pedro 5:8	59:1	II
1 Pedro 5:8	91:13	I
1 Pedro 5:8	119:4	II
1 Pedro 5:8	119:143	II
1 Pedro 5:8	119:150	II
1 Pedro 5:8-9	7:2	II
1 Pedro 5:8-9	44:6	II
1 Pedro 5:9	137:9	I
1 Pedro 5:10	26:7	II
1 Pedro 5:10	40:17	I
1 Pedro 5:10	59:10	II
1 Pedro 5:10	73:26	I
1 Pedro 5:10	119:81	II
1 Pedro 5:10	119:89	II
1 Pedro 5:11	119:41	II

2 PEDRO	**SALMO**	**T**
2 Pedro 1:3	128:2	I
2 Pedro 1:4	32:6	I
2 Pedro 1:4	119:174	II
2 Pedro 1:4	139:15	I
2 Pedro 1:5-7	73:26	I
2 Pedro 1:10	35:3	II
2 Pedro 1:10	39:13	II
2 Pedro 1:10	41:11	II
2 Pedro 1:10	119:142	II
2 Pedro 1:10-11	45:15	II
2 Pedro 1:11	39:13	II
2 Pedro 1:12	119:38	II
2 Pedro 1:18-19	119:72	II
2 Pedro 1:18-19	119:129	II
2 Pedro 1:19	30:5	II
2 Pedro 1:19	36:9	II
2 Pedro 1:19	84:11	I
2 Pedro 1:19	119:18	II
2 Pedro 1:19	119:38	II
2 Pedro 1:19	119:97	II
2 Pedro 1:19	119:105	II
2 Pedro 1:19	145:4	I
2 Pedro 1:19-21	68:0	II
2 Pedro 1:21	12:6	II
2 Pedro 1:21	90:12	I
2 Pedro 2:2	17:3	I
2 Pedro 2:4	119:21	II
2 Pedro 2:4	119:91	II
2 Pedro 2:4	119:137	II
2 Pedro 2:5	119:13	II
2 Pedro 2:5	122:3	I
2 Pedro 2:7	7:9	II
2 Pedro 2:7	119:3	II
2 Pedro 2:7-8	11:0	II
2 Pedro 2:9	119:120	II
2 Pedro 2:12	119:35	II
2 Pedro 2:14	119:113	II
2 Pedro 2:15	39:13	II
2 Pedro 2:15	119:30	II
2 Pedro 2:20-21	31:11	II
2 Pedro 2:22	19:5	I
2 Pedro 3:7	119:120	II
2 Pedro 3:7-10	2:3	I
2 Pedro 3:8	90:4	I
2 Pedro 3:9	10:11	II
2 Pedro 3:9	18:7	I
2 Pedro 3:9	68:1	II
2 Pedro 3:9	119:136	II
2 Pedro 3:10	10:13	II
2 Pedro 3:10	29:0	II
2 Pedro 3:10	29:11	II
2 Pedro 3:10-12	65:1	II
2 Pedro 3:10-12	119:96	II
2 Pedro 3:10-13	1:2	I
2 Pedro 3:10-13	15:5	I
2 Pedro 3:10-13	46:2	I
2 Pedro 3:10-13	52:5	II
2 Pedro 3:10-13	121:6	I
2 Pedro 3:12	53:0	II
2 Pedro 3:13	51:10	I
2 Pedro 3:13	134:3	I
2 Pedro 3:16	56:5	II
2 Pedro 3:18	119:41	II
2 Pedro 3:18	119:104	II

1 JUAN	**SALMO**	**T**
1 Juan 1:3	119:63	II
1 Juan 1:5	27:1	I
1 Juan 1:5	57:5	II
1 Juan 1:5	90:8	I
1 Juan 1:5	139:12	I
1 Juan 1:7	23:5	I
1 Juan 1:7	26:7	II
1 Juan 1:7	65:3	II
1 Juan 1:7	69:5	II
1 Juan 1:7	119:1	II
1 Juan 1:7	119:134	II
1 Juan 1:7-9	51:2	I
1 Juan 1:7-9	103:3	I
1 Juan 1:9	32:5	I
1 Juan 1:9	119:26	II
1 Juan 2:1	20:1	I
1 Juan 2:1	35:1	II
1 Juan 2:1	35:17	II
1 Juan 2:1	38:14	II
1 Juan 2:1	41:1	II
1 Juan 2:1	45:2	II
1 Juan 2:1	65:2	II
1 Juan 2:1	91:11	I
1 Juan 2:1	103:13	I
1 Juan 2:1	119:154	II
1 Juan 2:1	124:1	I
1 Juan 2:1	139:23	I
1 Juan 2:1-2	37:24	I
1 Juan 2:1-2	68:2	II
1 Juan 2:1-29	8:5	I
1 Juan 2:2	34:21	II
1 Juan 2:2	65:3	II
1 Juan 2:2	119:23	II
1 Juan 2:5	119:0	II
1 Juan 2:6	40:6	I
1 Juan 2:9-11	55:5	I
1 Juan 2:10	119:0	II
1 Juan 2:14	17:4	I
1 Juan 2:14	43:2	I
1 Juan 2:15	119:33	II
1 Juan 2:15-16	66:18	I
1 Juan 2:15-16	119:14	II
1 Juan 2:15-16	119:129	II
1 Juan 2:16	73:26	I
1 Juan 2:17	39:5	II
1 Juan 2:17	119:152	II
1 Juan 2:18	129:2	I
1 Juan 2:20	119:34	II
1 Juan 2:20	119:165	II
1 Juan 2:22	20:6	I
1 Juan 2:27	45:7	II
1 Juan 2:27	119:34	II
1 Juan 2:27	119:169	II
1 Juan 2:28	119:6	II
1 Juan 2:29	119:137	II
1 Juan 3:1	39:12	II
1 Juan 3:1	119:26	II
1 Juan 3:1-2	29:1	II
1 Juan 3:2	1:1	I
1 Juan 3:2	17:15	I
1 Juan 3:2	24:6	I
1 Juan 3:2	32:8	I
1 Juan 3:2	36:9	I
1 Juan 3:2	45:13	II
1 Juan 3:2	45:14	II
1 Juan 3:2	63:1	II
1 Juan 3:2	73:28	I
1 Juan 3:2	84:4	I
1 Juan 3:2	110:0	I
1 Juan 3:2	119:20	II
1 Juan 3:2	119:33	II
1 Juan 3:2	119:58	II
1 Juan 3:2	119:66	II
1 Juan 3:2	119:135	II
1 Juan 3:2	119:165	II
1 Juan 3:2	119:174	II
1 Juan 3:2	119:175	II
1 Juan 3:2	123:3	I
1 Juan 3:2	124:7	I
1 Juan 3:2	137:9	I
1 Juan 3:2	145:19	I
1 Juan 3:2	149:4	I
1 Juan 3:2-3	11:7	II
1 Juan 3:2-3	26:9	II
1 Juan 3:2-3	32:6	I
1 Juan 3:2-3	119:105	II

1 Juan 3:3	119:80	II
1 Juan 3:7	15:2	I
1 Juan 3:8	9:0	II
1 Juan 3:9	51:11	I
1 Juan 3:9	119:3	II
1 Juan 3:9	119:66	II
1 Juan 3:9	119:116	II
1 Juan 3:10-11	15:2	I
1 Juan 3:14-15	15:3	I
1 Juan 3:15	139:19	I
1 Juan 3:20-21	95:8	I
1 Juan 3:20-21	119:6	II
1 Juan 3:20-22	26:2	II
1 Juan 3:21	7:3	II
1 Juan 3:21	17:3	I
1 Juan 3:21	119:80	II
1 Juan 3:21	119:121	II
1 Juan 3:23-24	112:1	I
1 Juan 3:24	90:1	I
1 Juan 4:1	119:133	II
1 Juan 4:5	119:119	II
1 Juan 4:7	119:67	II
1 Juan 4:7-9	39:7	II
1 Juan 4:7-12	7:5	II
1 Juan 4:7-20	145:4	I
1 Juan 4:8	8:4	I
1 Juan 4:8	9:2	II
1 Juan 4:8	51:17	I
1 Juan 4:8	63:8	II
1 Juan 4:8	100:5	I
1 Juan 4:8	119:159	II
1 Juan 4:8-16	119:142	II
1 Juan 4:10	60:1	II
1 Juan 4:10	65:3	II
1 Juan 4:10	68:2	II
1 Juan 4:10	119:30	II
1 Juan 4:10-19	119:94	II
1 Juan 4:10-19	119:140	II
1 Juan 4:14	7:3	II
1 Juan 4:17	22:18	I
1 Juan 4:18	19:9	I
1 Juan 4:18	22:23	I
1 Juan 4:18	111:10	I
1 Juan 4:18	119:38	II
1 Juan 4:18	119:47	II
1 Juan 4:18	119:162	II
1 Juan 4:18	128:1	I
1 Juan 4:19	30:12	II
1 Juan 4:19	59:10	II
1 Juan 4:19	119:30	II
1 Juan 4:19	119:159	II
1 Juan 4:19	149:2	I
1 Juan 4:20	119:63	II
1 Juan 5:1	20:6	I
1 Juan 5:1-18	119:66	II
1 Juan 5:3	119:0	II
1 Juan 5:3	119:65	II
1 Juan 5:9	119:2	II
1 Juan 5:11-12	119:154	II
1 Juan 5:11-13	119:129	II
1 Juan 5:14	7:6	II
1 Juan 5:16	19:13	I
1 Juan 5:20	119:33	II
1 Juan 5:20	119:34	II

2 JUAN	SALMO	T
2 Juan 1:6	119:0	II

3 JUAN	SALMO	T
3 Juan 1:1	69:34	II
3 Juan 1:2	45:12	II
3 Juan 1:3	16:11	I
3 Juan 1:4	119:133	II

JUDAS	SALMO	T
Judas 1:1	16:1	I
Judas 1:1	66:9	II
Judas 1:3	11:0	II
Judas 1:3	12:3	II
Judas 1:3	60:4	II
Judas 1:3	119:96	II
Judas 1:6	17:14	I
Judas 1:6	39:5	II
Judas 1:6	68:18	II
Judas 1:6	119:91	II
Judas 1:9	10:3	II
Judas 1:9	53:3	II
Judas 1:9	63:3	II
Judas 1:9	119:21	II
Judas 1:9	119:82	II
Judas 1:10	119:35	II
Judas 1:11	69:26	II
Judas 1:11	119:30	II
Judas 1:14	17:14	I
Judas 1:14	24:7	I
Judas 1:14	119:64	II
Judas 1:14-15	63:3	II
Judas 1:16-17	119:0	II
Judas 1:18	11:1	II
Judas 1:19	6:8	II
Judas 1:19	63:5	II
Judas 1:20	119:172	II
Judas 1:23	45:11	II
Judas 1:23	119:1	II
Judas 1:23	119:25	II
Judas 1:23	139:21	I
Judas 1:24	139:14	I
Judas 1:24-25	119:94	II
Judas 1:25	119:41	II
Judas 1:25	119:98	II

APOCALIPSIS	SALMO	T
Apocalipsis 1:2	39:9	II
Apocalipsis 1:4	84:4	I
Apocalipsis 1:4	145:2	I
Apocalipsis 1:4	119:164	II
Apocalipsis 1:5	16:11	I
Apocalipsis 1:5	18:46	I
Apocalipsis 1:5	45:17	II
Apocalipsis 1:5	68:33	II
Apocalipsis 1:5	119:134	II
Apocalipsis 1:5-6	132:16	I
Apocalipsis 1:5-7	26:7	II
Apocalipsis 1:6	26:7	II
Apocalipsis 1:6	27:0	I
Apocalipsis 1:6	28:9	II
Apocalipsis 1:6	45:7	II
Apocalipsis 1:6	45:8	II
Apocalipsis 1:6	45:16	II
Apocalipsis 1:6	48:3	II
Apocalipsis 1:6	51:19	I
Apocalipsis 1:6	60:8	II
Apocalipsis 1:6	61:7	II
Apocalipsis 1:6	110:3	I
Apocalipsis 1:6	119:41	II
Apocalipsis 1:6	119:108	II
Apocalipsis 1:6	119:172	II
Apocalipsis 1:6	134:3	I
Apocalipsis 1:6-10	45:7	II
Apocalipsis 1:7	22:16	I
Apocalipsis 1:7	139:9	I
Apocalipsis 1:8	68:28	II
Apocalipsis 1:8	130:7	I
Apocalipsis 1:8	145:13	I
Apocalipsis 1:8-11	119:0	II
Apocalipsis 1:9-11	31:21	II
Apocalipsis 1:10	150:3	I
Apocalipsis 1:11-12	122:3	I
Apocalipsis 1:12	24:1	I
Apocalipsis 1:13	80:17	I
Apocalipsis 1:14	11:4	II
Apocalipsis 1:14-15	45:3	II
Apocalipsis 1:16	19:4	I
Apocalipsis 1:17	45:2	II
Apocalipsis 1:16	45:3	II
Apocalipsis 1:16	64:3	II
Apocalipsis 1:16	119:129	II
Apocalipsis 1:17	119:173	II
Apocalipsis 1:16	149:6	I
Apocalipsis 1:18	45:10	II
Apocalipsis 1:18	69:15	II
Apocalipsis 1:18	110:0	I
Apocalipsis 1:20	145:2	I
Apocalipsis 2:1	15:1	I
Apocalipsis 2:2	26:5	II
Apocalipsis 2:3	119:0	II
Apocalipsis 2:6	5:5	II
Apocalipsis 2:7	65:5	II
Apocalipsis 2:7	119:35	II
Apocalipsis 2:7	119:64	II
Apocalipsis 2:7	119:144	II
Apocalipsis 2:9	26:5	II
Apocalipsis 2:10	17:5	I
Apocalipsis 2:10	29:0	II
Apocalipsis 2:10	31:15	II
Apocalipsis 2:10	33:20	II
Apocalipsis 2:10	41:1	II
Apocalipsis 2:10	45:14	II
Apocalipsis 2:10	119:33	II
Apocalipsis 2:10	119:87	II
Apocalipsis 2:10	119:144	II

DEUTEROCANÓNICOS

ÍNDICE ANALÍTICO

uso de instrumentos en la a.	57:8	Grosvenor
variada y menos monótona	48:0	Spurgeon
verdadera e importante es la a. espiritual	50:15	Spurgeon

ADULACIÓN – VER: HIPOCRESÍA

aduladores son putrefacción en su interior	5:9	Teodoreto
algunos derrochan fortunas en conseguirla	62:7	Basilio
atrae irresistiblemente la mente del pecador	10:4	Crisóstomo
de las multitudes es efímera y pasajera	62:9	Spurgeon
de uno mismo	36:1	Varios
de uno mismo: absurda y peligrosa	36:2	Spurgeon
debemos ser muy cuidadosos con los a.	10:10	Spurgeon
difícil descubrir su falsedad	12:0	Lacueva
el Señor castigará y destruirá a los a.	12:3	Varios
en la desgracia los a. te abandonan	64:8	Spurgeon
enemiga mortal de la amistad verdadera	10:10	Spurgeon
es un aceite suave	52:2	Plumer
huir de ella es señal de regeneración	119:57	Dickson
justos y rectos jamás aplauden el pecado	119:24	Manton
la ironía es una forma sibilina de a,	35:16	Gurnall
los a. no tienen temor de Dios	36:1	Caryl
los que olvidan la adoración caen en ella	36:2	Spurgeon
los que olvidan la adoración caen en la a.	36:2	Spurgeon
naturaleza de los aduladores	12:2	Varios
no debemos a. al predicador	26:8	Spurgeon
nos envuelve con sus engaños	119:104	Spurgeon
opresores se adulan a si mismos	10:13	Adams
recibirla de este mundo es cosa extraña	30:7	Spurgeon
sus peligros	12:2	Varios
un grave pecado	5:9	Varios

ADVERSIDAD

actitud del malo frente a la a.	10:6	Varios
ante ella debemos seguir confiando	25:2	Casiodoro
aún en ella David seguía alabando	56:0	Lacueva
beneficiosa para el alma	30:5	Brooks
caen más en la prosperidad que en la	47:9	Boys
capacita para ofrecer una mejor alabanza	54:6	Spurgeon
como debemos proceder en medio de ella?	119:86	Calvino
confianza ante ella es glorificar a Dios	31:3	Spurgeon
contraste con la prosperidad	30:1	Spurgeon
debemos convertirla en cántico	7:0	Spurgeon
Dios no permite que sucumbamos del todo	119:8	Calvino
Dios valora nuestras reacciones ante ella	31:7	Varios
el Señor se acerca a través de ella	31:24	Spurgeon
en ella Palabra es nuestro deleite	119:92	Sùrgeon
enseñanza esencial para sobrellevarla	39:0	Teodoro
esperanza y oración soportes básicos en la	38:15	Spurgeon
frena la transgresión y estimula la santidad	119:67	Spurgeon
frente a ella David se compara a un águila	11:1	Fuller
historia de la Iglesia comienza en con ella	30:12	Rogers
impíos se alegran de la a. de los justos	35:15	Varios
jamás debemos alegrarnos de la ajena	35:15	Varios
mejor padecerla que renunciar a integridad	25:21	Spurgeon
momento para demostrar nuestra confianza	62:8	Lye
momento propicio para demostrar la fe	62:8	Spurgeon
mueve a misericordia	31:9	Spurgeon
no consigue apagar el anhelo del cristiano	119:20	Marchant
provechosa para aprender la Palabra	119:71	Varios
rectos sometidos a ella circunstancialmente	11:3	Fuller
representada por la noche	119:105	Manton
solo en ella se aferran algunos a la Palabra	119:20	Manton
útil para compensar tentación prosperidad	30:0	Spurgeon
útil para demostrar la bondad de Dios	119:65	Spurgeon
virtud de la paciencia soporta cualquier	33:20	Casiodoro

ALABANZA – VER: ADORACIÓN

a Cristo ascendido al cielo	24:7-10	
a Dios encarnado en la persona de Cristo	145:1	Le B
a Dios no a nosotros mismos	66:2	Ag
a Dios por encima de todo	57:5	Spur
a la Palabra de Dios	119:0	V
a los poderosos les falta tiempo para la a.	29:2	Spur
ABC de oro para el cristiano sobre la a.	119:0	Deli
abundar en ella es muy beneficioso	54:6	Spur
acciones de la Providencia motivo de	145:15	Stan
adecuada a la grandeza Dios	150:2	Spur
aguarda en silencio respuesta a la oración	65:2	B
ahuyenta el espíritu de melancolía	9:2	Spur
al Creador: Salmo 145 y al Redentor (149)	149:0	Matthew H
al Padre a través de Cristo	22:27-28	Goo
al son de trompeta	47:6	Am
alegría es la esencia de la a.	33:1	Spu
aliento de vida transformado en aliento de	150:6	Spu
ángeles la enfatizan mediante el canto	33:3	
anhelamos escuchar la de los ángeles	103:20	Spu
anhelemos una vida de eterna	84:4	Ag
ansias del creyente para exteriorizar su	103:0	Spu
ante obras de Dios nunca faltos de material	33:3	
antífona para abrir puertas del templo	24:0	Pen
apropiada para los rectos	33:1	Spu
apropiada para todos y para toda ocasión	111:1	Spu
aprovechemos las horas de insomnio	134:0	M
armonía fraternal como resultado de la	133:0	
armonía fraternal como resultado de la	133:1	H
armoniosa y acompasada	100:2	Spu
arroyo de aguas cristalinas de	103:0	Hengste
asociada a recuerdos de la misericordia	48:9	Spu
audaz y decidida como toque de trompeta	150:3	Spu
audible en las órbitas de las estrellas	48:10	Spu
auténtica aguarda pacientemente	65:1	Spu
auténtica es de origen celestial	22:25	Spu
avivamiento y despertamiento ligados a la	149:6	
bajar su ritmo para dar paso a la reflexión	119:8	Spu
belleza singular de la de David	145:7	Av
bendecir al Señor es rendir a sus atributos	103:1	D
bendición especial para quienes trabajan en	145:1	Matthew
bendición está por encima de la abalanza	68:19	
bendiciones y alabanzas ligadas entre sí	67:3	M
bien dirigida y con un corazón resoluto	68:3	Sp
boca no es más que el medio físico	9:1	Hengst
buena en sí misma	50:23	Sp
cada alto en el camino da lugar a nueva	127:0	Sp
cada generación con acordes de la anterior	145:4	D
cada nueva embestida en nuestra lucha es	149:6	Sp
calendario de a. ajustado a las estaciones	29:0	
cantada por la naturaleza en su conjunto	65:8	
cantamos porque Dios defiende su Iglesia	46:0	
cantando "un cántico nuevo"	40:3	
cantar es el método más adecuado para la	149:1	Sp
cantar mientras recibimos consolación	42:6	E
cantarla bajo las alas de Dios	63:7	
canto forma apropiada de materializarla	7:17	Sp
carácter de Dios es un manantial de	33:5	Sp
centrada siempre en el Señor	22:25	Sp
cinco últimos salmos van dedicados a la	150:0	Sp
combinada con la oración	19:0	Sp
como agua que fluye sin cesar	19:2	Sp
cómo poder alabar a Dios "todo el día"	35:28	A
cómo será en el cielo?	84:4	A
con arpa	150:3	
con címbalos	150:5	
con címbalos resonantes	150:5	

con danzas	149:4	Varios
con entendimiento	47:7	Varios
con explosión de a. suceden cosas grandes	149:6	Taylor
con flautas	150:4	Varios
con habilidad y esmero no descuidada	33:3	Spurgeon
con instrumentos	149:3	Varios
con instrumentos de cuerda	150:4	Varios
con nuestras voces y nuestras acciones	33:2	Casiodoro
con nuestro intelecto, lengua, imaginación	57:8	Spurgeon
con nuestros corazones, manos y lenguas	149:6	Fairclough
con órgano	150:4	Varios
on pandero y arpa	149:3	Agustín
con pandero y arpa	149:3	Varios
con salterio	150:3	Varios
on trompeta	150:3	Varios
on un cántico nuevo	149:1	Varios
onfiar en Dios es forma implícita de	56:4	Schökel
ongregacional aporta múltiples dulzuras	149:1	Spurgeon
ongregacional como el perfume mezclado	68:26	Spurgeon
ongregacional parte de nuestra nueva vida	34:3	Spurgeon
onocimientos teológicos convertidos en	139:0	Weiser
onstante como bendiciones recibidas	103:5	Spurgeon
onstante y sin cesar	35:28	Varios
onstantemente nuevos motivos de	139:178	Gurnall
ontemplan lágrimas de arrepentimiento	6:8	Watson
ontinua en el corazón del creyente	112:3	Agustín
ontinuamente en nuestra boca	34:1	Varios
orazón agradecido substituye miedo por	119:61	Spurgeon
orazón de Dios desea	149:6	Fairclough
orazón el instrumento, la boca el medio	9:1	Hengstenberg
osas creadas alaban a Dios	145:10	Caryl
osas de este mundo embotan nuestra	103:1	Spurgeon
reación entona al unísono un canto de	119:64	Plumer
reación es en sí misma un acto de	145:10	Spurgeon
reyentes deben imitar a Jesús en su	22:25	Spurgeon
risto antes de su Pasión entonó	40:3	Spurgeon
ual monumento a las misericordias	13:2	Spurgeon
ualquiera de las obras de Dios motivo de	67:6-7	Bickersteth
uando Dios imparte vida el resultado es	80:18	Spurgeon
uando Dios nos escucha se incrementa	30:9	Cobbet
uando la Iglesia crece es tiempo de	1:3	Spencer
uando sentimos paz debemos entornar	18:43	Spurgeon
uanta más a la Biblia más podemos decir	119:144	Spurgeon
uanto más esmerado el culto mejor	145:1	Caryl
uidado de Dios por los animales redunda	29:9	Spurgeon
uidado y protección de Dios es motivo de	145:15	Varios
ulto consiste en acción de gracias y en	100:0	Rogers
sentido a los demás deberes cristianos	57:8	Grosvenor
avid acumulaba labor de	103:20	Spurgeon
avid busca colaboradores para la	103:20	Spurgeon
avid hallaba en los terrores motivos de	18:13	Spurgeon
avid la anteponía al sueño y la prefería	119:62	Manton
avid no perdía ocasión para fomentar la	134:0	Good
avid priorizaba la a. en comunidad	149:1	Crisóstomo
avid se deleitaba en cualquier ocasión	119:164	Varios
alabanza en alabanza	145:2	Agustín
cantantes profesionales no regenerados	33:1	Spurgeon
corazón debe explotar y salir en un grito	33:3	Spurgeon
corazón exige rectitud en el corazón	119:7	Spurgeon
la oración a la alabanza	119:7	Spurgeon
las importantes funciones espirituales	30:4	Lightfoot
los levitas en la mañana y la tarde	65:8	Varios
manera especial con nuestra boca	149:6	Fairclough
nuestra boca debería salir solo	17:3	Agustín
Sión sale hacia Dios un torrente de	14:0	Owen
be haberla día y noche	134:0	Varios
be ir acompañada de fiesta	42:4	Varios
debe quedar impresa en nuestra mente	34:1	Neale
debe salir de corazones justos y rectos	33:1	Spurgeon
debe ser basada en análisis bíblico serio	145:3	Spurgeon
debe ser basada en estudio teológico previo	145:3	Spurgeon
debe ser conforme a su justicia	7:17	Varios
debe ser escuchada por los no creyentes	57:9	Spurgeon
debe ser perpetua	44:8	Spurgeon
debemos acumular calificativos de	27:1	Spurgeon
debemos comprometernos a rendírsela	61:5	Gurnall
debemos concentrar nuestro corazón en la	111:1	Spurgeon
debemos contribuir con nuestra porción	26:12	Spurgeon
debemos deleitarnos en la	95:2	Spurgeon
debemos entonarla directamente a Jehová	27:6	Varios
debemos extraerla del propio Dios	139:1	Spurgeon
debemos traducir belleza de la creación en	103:22	Bowen
deben participar la lengua y las manos	47:2	Agustín
deberíamos consumir varias eternidades en	145:21	Spurgeon
dejar las demás cosas y concentrarnos en la	111:0	Dickson
derivada de los fenómenos de la naturaleza	19:0	Good
descubrir motivos de en cualquier rincón	134:1	Spurgeon
desechando dudas y murmuraciones	111:1	Spurgeon
deuda de a. nunca alcanzará a ser pagada	45:17	Spurgeon
diferencias entre tipos de	126:2-3	Dickson
digno es el Señor en todos los sentidos de	18:3	Varios
Dios busca alabanza práctica	119:7	Manton
Dios busca proporcionalidad en la	150:2	Fairclough
Dios es infinito y ha de ser infinita nuestra	150:2	Spurgeon
Dios es la verdadera fuente de toda	40:16	Frame
Dios merece la más elevada y sublime	149:6	Fairclough
Dios no tiene límites y tampoco lo tendrá la	145:3	Agustín
Dios nuestra esperanza, rindámosle nuestra	18:46	Spurgeon
dirigida directamente al Señor	124:1-2	Gibson
dirigida exclusivamente el Señor	9:1	Spurgeon
distintas horas para cantar	55:17	Clarke
dividir nuestro tiempo entre oración y a.	9:13	Spurgeon
dos ángeles para subir la escalera de Jacob	28:6	Spurgeon
dos direcciones en el curso de la	134:0	Rogers
el culto es alabanza por entero	145:4	Nota explicativa
el gran deber y ordenanza para comunión	57:7	Strong
el Señor merece lo mejor	33:3	Spurgeon
el verbo hebreo significa danzar de gozo	33:1	Alexander
elevarla a nivel de bendición	145:1	Spurgeon
embriaguez de alabanza	36:8	Casiodoro
en coro	149:3	Agustín
en el cielo no habrá problemas, tan solo	134:0	Agustín
en el cielo será continua y sin final	84:4	Agustín
en el culto público	31:0	Spurgeon
en la certeza de la victoria anticipada	57:5	Delitzsch
en la congregación de los santos	149:1	Varios
en la unidad que brota del amor	149:3	Casiodoro
en nuestros cultos como ofrenda pura	22:25	Spurgeon
en prosperidad o en adversidad, cantemos	139:11	Agustín
en público y en privado	149:1	Matthew Henry
edulcorada con el amor	145:10	Manton
ensancha nuestro corazón	145:4	Spurgeon
entendiendo bien las razones de la misma	47:1	Clarke
entonándola las 24 horas vivimos en Dios	68:4	Agustín
entonarla antes de recibir la respuesta	56:3-4	Gurnall
entonarla es deber grato y provechoso	30:4	Spurgeon
entonarlas aún en medio de la angustia	59:17	Spurgeon
es algo personal, no admite delegaciones	145:2	Spurgeon
es el genio y esencia del Evangelio	22:23	Spurgeon
es el mejor sacrificio	50:23	Spurgeon
es motivo principal de nuestras reuniones	122:4	Spurgeon
es gloria de todos los usos de la lengua	57:8	Grosvenor
es lícito pedir a Dios larga vida para poder	119:175	Bridges
es para todo tiempo y trasciende al tiempo	145:1	Spurgeon

es culto agradecido, humilde y afectuoso	145:2	Manning
es un deber supremo	149:6	Fairclough
espíritu celestial de a. es contagioso	9:11	Spurgeon
espíritu quebrantado es la más perfecta	51:17	Varios
esplendor y majestad de Dios tema favorito	111:3	Vidal
espontánea es la más pura	103:0	Stevenson
estrellas no la entonan	19:1	Nota explicativa
eterna como eterno es el Dios al que	145:1	Spurgeon
eternamente y para siempre	119:44	Spurgeon
excede los límites de nuestra capacidad	145:3	Spurgeon
exhortación a la	95:0	Varios
exige conocimiento y comprensión	150:2	Fairclough
expresa nuestra admiración y aprecio	145:10	Manton
expresión más adecuada de agradecimiento	9:2	Spurgeon
factor cuantitativo y cualitativo en la	145:7	Jeanes
falsa y fingida que el Señor aborrece	119:7	Spurgeon
fe hace que prorrumpamos en	16:9	Spurgeon
fe y tribulaciones nos conducen a la	90:14	Donne
fertilidad como motivo de	127:3	Spurgeon
fidelidad de Dios como motivo de	117:2	Spurgeon
fidelidad del Señor como tema de	111:5	Spurgeon
fidelidad divina es motivo de a.	28:6	Spurgeon
forma parte del espíritu misionero	57:9	Spurgeon
fresca y llena de vida	33:3	Geier
fundamentada en principio creador	100:3	Lutero
fundamentada no meramente emocional	28:6	Spurgeon
fundido de transición generacional en la	145:4	Spurgeon
fundidores de campanas entonaban	150:0	Bouchier
gozo y alegría el espíritu apropiado para la	9:2	Spurgeon
grandes proezas de Dios exigen grandiosa	150:2	Spurgeon
grandeza de la	145:3	Varios
guerra santa produce música de	149:6	Spurgeon
ha de comenzar en casa	150:1	Spurgeon
ha de ir en paralelo a nuestras súplicas	61:8	Spurgeon
ha de ser excelente como Dios es excelente	149:6	Fairclough
habita el Señor entre las a. de su pueblo	22:3	Varios
habitual en los que han triunfado	3:4	Lutero
hagamos que universo entero se llene de	150:1	Spurgeon
hagan lo que hagan los demás sigamos en	145:21	Spurgeon
hasta el final de la vida	145:1	Matthew Henry
hechos pasados la justifican futuros invitan	103:17	Spurgeon
hemos de presentarnos ante Dios con	95:2	Varios
himno alfabético de	111:0	Spurgeon
himno de David en	145:0	Spurgeon
himno de David en	145:0	Varios
hombre finito pero puede entonar infinita	103:22	Spurgeon
Iglesia debe reverenciar en a. postrada	45:11	Spurgeon
Iglesia ha de estar dedicada a la	46:4	Spurgeon
importante que haya perfecta armonía en la	150:5	Lacueva
imposible cantar alabanza en exceso	68:32	Spurgeon
incluso nuestros huesos deben entonarla	35:10	Varios
indispensable para entrar en sus atrios	100:4	Varios
individual es grata a Dios	149:1	Spurgeon
inflamemos nuestras lenguas en perpetua	40:16	Spurgeon
iniciémosla nosotros y los demás seguirán	111:1	Spurgeon
inútil a los que se dejan el corazón en casa	84:5	Spurgeon
invitación a la	95:0	Varios
jamás cese la alabanza!	40:16	Spurgeon
jamás presentemos alabanza deslucida	33:3	Spurgeon
Jesús ama la a. cantada en congregación	22:25	Spurgeon
Jesús valora en extremo la	22:23	Spurgeon
juicios y acciones de Dios son tema de	48:11	Spurgeon
juntar en ella todas nuestras capacidades	119:27	Bridges
justicia de Dios como motivo de	145:7	Avignon
justicia del Mediador como motivo de	112:0	Fry
la creación entera entona a.	29:9	Spurgeon
la fe hace que brote	56:4	Spurgeon

la mejor en boca de mártires y angustiados	119:54	Plum
levantemos nuestros brazos y corazones en	3:3	Spurge
legítimo mezclarla con las peticiones	119:169	Lacue
liberación de angustia motivo de	103:0	Hengstenbe
ligada a los despertares y avivamientos	9:11	Spurge
ligada al término "bendición"	145:2	Manni
llama constante de fuego bien encendido	5:3	Spurge
llamamiento imperioso a la	95:1	Bellarmi
lo que Dios ha obrado en nosotros tema de	126:2	Spurge
lo que la provoca son los méritos del Señor	84:4	Bak
madre habilidosa de futuras misericordias	57:8	L
mandamientos de Dios tema favorito de	111:7	Spurge
mantener el espíritu después de cantarla	46:11	Spurge
manto de a.	33:1	Wats
manto de a.	45:7	Cirilo de
mejor cortar frase que malograr sentido	68:7	Spurge
mejor la de quienes la honran con sus vidas	119:171	Spurge
mejor si brota de nuestra insignificancia	34:3	Spurge
mente es más propicia a ella en las noches	134:0	Crisósto
métodos y formas en el Templo de	4:0	Spurge
millones de lenguas insuficientes para la	21:5	Ambr
ministro de a. es cargo de suma importancia	18:0	Spurge
misericordia de Dios como motivo de	117:2	Dicks
Monte Rosa en la cordillera de la	103:0	Spurge
naturaleza la expresa en un canto de alegría	65:13	Spurge
naturaleza y posibilidades de la	111:1	Var
necesitamos ayuda para estimularla	33:2	Spurge
negar a Dios la que merece es un robo	150:1	Spurge
no aceptable si vives indignamente	48:1	Agus
no añade gloria a Dios pero le glorifica	50:23	Wats
no basta con predicar, también hay que	145:5	Vene
no brincar en la a. y cojear en la oración	61:8	Spurg
no cabe la posibilidad de a. en demasía	112:1	Spurg
no cabe mejor práctica cristiana que la	111:1	Spurg
no cesa ni ha de cesar nunca	111:10	Spurg
no debe ser mezquina ni rastrera	66:2	Spurg
no debemos contentarnos a. pasiva	134:1	Spurg
no debemos escatimar a Dios la	103:5	Spurg
no debemos vanagloriarnos de ella	146:7	Agu
no defraudemos al Señor escatimándosela	26:7	Spurg
no desanimarnos por ningún motivo en la	134:1	Spurg
no es obstáculo para la oración	31:7	Spurg
no es monopolio de una sola persona	145:21	Spurg
no es oportuna en labios de cualquiera	33:1	Wat
no es simple emocionalidad irracional	28:6	Spurg
no escatimemos nuestra	150:6	Spurg
no ligada a nuestro estado emocional	63:3	Spurg
no olvidemos la nuestra convocando a otros	103:22	Me
no precisa de ingenio poético	103:22	Bo
no simples destellos puntuales de emoción	5:3	Spurg
no sueñes en agotar los límites de la	145:3	Agu
no ver su hermosura es de compadecer	84:1	Spurg
nombre de Dios debe ser exaltado en toda	145:7	Jea
nombre Judá significa	124:5	Bo
nos hace avanzar de fortaleza en fortaleza	8:0	Wi
nuestra fe ha de ser hallada en	139:23	Clark
nuestra prioridad no ha de ser lucha sino	132:3	Agu
nuestro corazón debe estar dispuesto a ella	57:7	Gi
nuestro reconocimiento es en sí mismo	100:3	Spurg
nunca decaída o falta de corazón	145:7	Je
nunca es suficiente, volvamos a empezar	117:1	Wr
nunca llegaremos a excedernos en la	112:1	Spurg
nunca puede considerarse repetitiva	145:2	Matthew H
obras de Dios merecen cantos sonoros	150:2	Mor
obras de Dios son tema favorito de	111:6-9	Va
obras de Dios son un manantial inagotable	119:68	Va
observación inteligente de la naturaleza es	145:10	Spurg

stinación lleva a descuidarla	66:5	Calvino
ción debe enunciar siempre	35:9	Spurgeon
ción debe ir siempre unida a la	18:3	Dickson
ción en la boca y a. en el corazón	66:17	Lacueva
ción siempre a la par con la	42:8	Spurgeon
ción y alabanza deben ir siempre juntas	66:17	Spurgeon
ción y alabanza son los labios del alma	28:6	Spurgeon
ción y alabanza son los labios del alma	28:6	Spurgeon
a la intimidad o una reunión masiva	111:1	Spurgeon
te más alegre y gozosa del culto	137:0	Vaughan
lir a Dios que abra nuestros labios para	51:15	Varios
ferible temprano en la mañana	57:8	Lee
ıdulo de espiritualidad entre oración y	27:7	Spurgeon
ısemos en Dios siempre con mente de	42:11	Sylvester
cibir bien a Dios necesario para la	145:2	Spurgeon
dón principal motivo para la	103:3	Dunlop
fecta de la comunidad en armonía	150:3-5	Dickson
manece para siempre	111:10	Varios
manece para siempre	111:10	Boys
manece para siempre	112:0	Crisóstomo
manente en la casa de Dios	84:4	Baker
manente: en privado y en público	111:10	Boys
oridad cristiana hacer que resuene	26:7	Spurgeon
ler de lo alto van siempre de la mano	149:6	Taylor
ler y grandeza de Dios como motivo de	145:6	Varios
ıer en ella todo el corazón y reverencia	66:2	Spurgeon
algo temido que no llegó a suceder	124:6	Spurgeon
bienes de la tierra y frutos de cosecha	65:9-13	Varios
haber librado a la Iglesia de la opresión	127:4	Dickson
haber recobrado la salud	126:1	Bridge
las bendiciones que imparte al creyente	112:1	Dickson
las bendiciones y por las aflicciones	9:1	Crisóstomo
las maravillas de la naturaleza	65:0	Atanasio
medio de la predicación que es también	145:5	Agustín
nuestro ser y milagro de la vida	139:14	Spurgeon
partida doble (Salmo 150)	150:1	Darby
s Palabra y fidelidad con que la guarda	56:10	Spurgeon
que Dios nos ha salvado rendirle	103:2	Spurgeon
edicación es también	145:5	Agustín
sentando sacrificios de alabanza	29:0	Atanasio
clamada por los niños	8:0	Goodwin
clamada por los niños	8:2	Varios
clamada universalmente	57:5	Spurgeon
clamarla es entrar en servicio de Dios	9:14	Plumer
ezas de Dios son excelente motivo de	150:2	Spurgeon
mesas cumplidas son tema excelente	56:4	Spurgeon
nto acabarán los lamentos y comenzará	43:5	Spurgeon
tección de Dios como motivo de	121:8	Couper
tección de Dios como motivo de	124:0	Couper
tección de Dios como motivo de	124:0	McMichael
ede colmar toda creatividad imaginable	111:0	Dickson
é cosa es un "sacrificio de alabanza"?	50:14	Agustín
ien no alaba la bondad no es bondadoso	100:5	Spurgeon
ones para la	126:4	Matthew Henry
ones para la	145:3-6	Venema
lención como tema favorito de	111:9	Spurgeon
lexivamente y con el corazón	68:7	Spurgeon
dirla sin hipocresía es piedad genuina	119:7	Calvino
uiere la participación de alma y cuerpo	119:62	Manton
olución de seguir alabando en el futuro	145:1	Spurgeon
a como parte de la	126:2	Varios
aje de los santos en el cielo	33:1	Spurgeon
ios para entonarla leyendo Estatutos	119:171	Nota explicativa
rificios de	34:1	Spurgeon
mo 150 es un apoteosis de	150:0	Varios
ud de nuestros hijos motivo de	127:3	Spurgeon
ıtidad de Dios es lo más digno de	103:1	Dunlop

santos alaban amando	145:10	Spurgeon
santos buscan mantenerse en ella	119:62	Manton
santuario debe impregnarse totalmente de	150:1	Spurgeon
santuario no solo casa de oración sino de	149:1	Spurgeon
seamos agradecidos intensificando nuestra	127:2	Goodwin
segadores alegres entonan	126:5	Spurgeon
según mejor sepamos y Él la perfeccionará	103:22	Bowen
seguridad humana nos hace reacios a la	149:5	Bloys
sentimientos de este mundo opuestos a la	137:4	Vaughan
sentimos necesidad de derramar a. su pies	43:4	Spurgeon
si es multitudinaria debe ser vocal	66:1	Spurgeon
si no es específica no será reflexionada	56:10	Spurgeon
siempre con todo el corazón	111:1	Bouchier
siempre encaminada a glorificar a Dios	66:3	Lorinus
siervos se distinguen por su abundante	67:6-7	Bickersteth
silencio se convierten a veces en	46:10	Spurgeon
silenciosa delante de Dios	65:1	Varios
simbolismo de la danza en la	150:3-5	Orígenes
simbolismo de la flauta en la	150:3-5	Arnobio
simbolismo de los distintos instrumentos	150:3-5	Varios
simbolismo de instrumentos de cuerda en	150:3-5	Arnobio
simbolismo de platillos y címbalos en la	150:5	Spurgeon
simbolismo del órgano en la	150:4	Stainer
simbolismo del pandero en la	150:3-5	Orígenes
sin elevar el alma es burla levantar manos	25:0	Spurgeon
sin límite se eleva hasta confines del cielo	57:11	Spurgeon
sinceridad hermosea más que las vestiduras	66:3	Spurgeon
situemos en lugar prominente nuestra	145:1	Power
solamente al Señor corresponde nuestra	21:13	Spurgeon
solo en labios de los rectos	33:1	Watson
solo quienes conocen a Dios capacitados	100:3	Spurgeon
su estruendo debe ser modulado	66:2	Spurgeon
suma de todo lo demás	84:4	Baker
suprema: la grandeza de la	145:3	Varios
sus canales obstruidos o deteriorados	22:27	Goodhart
toda experiencia profunda aporta material	63:5	Fraser
toda expresión sincera es apta para la	137:0	Vaughan
toda la tierra llena de motivos para la	103:22	Bowen
toda nación del mundo tiene motivos de	117:1	Le Blanc
todas las criaturas grandes y pequeñas en	150:6	Spurgeon
todas las mañanas debemos rendir	134:2	Gill
todas las naciones partícipes en la	117:1	Spurgeon
todo cántico debe ser un cántico nuevo	33:3	Spurgeon
todo lo creado reunido en a. al Creador	103:21	Spurgeon
todo lo que nos rodea nos estimula la	145:10	Gregorio
todos los beneficios entrañan motivo	103:2	Spurgeon
todos los caminos y obras dignos de	145:17	Spurgeon
todos los caminos y obras dignos de	145:17	Calvino
todos los deudores de gracia cantores de	145:21	Spurgeon
tradición generacional de	145:4	Spurgeon
transición de la musical a la vocal y verbal	150:6	Alexander
trece veces aparece en Salmo 150	150:0	Gill
tres visiones de Dios que debemos cantar	95:3	Clarke
trompeta simboliza sonido nítido de	150:3-5	Agustín
un almacén de a. debajo de la lengua	66:17	Faussett
un arriendo o alquiler que debemos pagar	30:12	Bowes
un cantico de a.	30:0	Varios
un cántico eterno de	8:1	Spurgeon
un círculo sin fin de	117:1	Wright
un corazón lleno rebosa de	145:4	Spurgeon
un corazón transformado en arpa de	137:1-6	M'Cheyne
un coro universal de	103:22	Cowles
un error pensar que Dios precisa de nuestra	50:11	Charnock
un proceso constante e ininterrumpido	145:1	Avignon
una alabanza excepcional	70:0	Spurgeon
una oración que se transforma en alabanza	28:6	Spurgeon
unánime y dirigida al único Dios	66:1	Spurgeon

B

SALMO A

seis tipos diferentes de camas de maldad	36:4	Neale
último mandamiento primero quebrantarse	119:36	Crouch

COMUNIÓN CON DIOS

alimentada por el amor	73:28	Sibbes
amarga cuando se interrumpe	130:6	Spurgeon
comenzar con ella augura un día en gracia	119:147	Spurgeon
como un cielo sobre la tierra	63:5-6	Swinnock
con ella los santos llevan a cabo maravillas	44:5	Spurgeon
constituye promesa segura de liberación	63:0	Hengstenberg
corazón creyente no subsiste ella	119:10	Spurgeon
corazón debe estar predispuesto	57:7	Strong
cuanto más abandonados más íntima	119:165	Martin
de ella emanan la virtud y el bien	53:2-3	Tholuck
debe ser alegre y sosegada	63:0	Matthew Henry
el mayor de los deleites	27:4	Stoughton
en ella está nuestra felicidad	119:12	Gurnall
en la cámara secreta y en la aflicción	119:145	Spurgeon
es el fin de todas nuestras virtudes	63:1	Goodwin
hora más propicia al despuntar el alba	5:3	Vaughn
imposible a la vez con Dios y las tinieblas	5:5	Clarkson
inconcebible sin la gracia	11:7	Charnock
indispensable para estar protegido	91:1	Spurgeon
indispensable para morar en Monte Santo	15:1	Trapp
manera más segura de mantenernos en ella	119:26	Mathew Henry
más enjundiosa que la médula y la grosura	63:5	Brooks
mecanismo secreto para mantenerla fluida	119:20	Spurgeon
mucho más que un rito	43:4	Spurgeon
nos familiariza con los atributos divinos	10:14	Gurnall
nos fortalece diariamente	119:66	Ryland
orgullo humano la neutraliza y detiene	10:4	Payson
para entablarla es preciso levantar el alma	25:1	Mossom
permite al alma confiar a Dios sus anhelos	38:9	Symonds
persona santa y piadosa se mantiene en ella	119:98	Manton
quienes aman a Dios se deleitan en ella	119:75	Bourdillon
razones para desearla	27:5	Spurgeon
reservada a los que le temen	15:14	Varios
se alcanza a través del amor a su Palabra	119:0	Spurgeon
se interrumpe con facilidad	26:4-5	Stuckley
se interrumpe cuando Dios oculta su rostro	30:7	Spurgeon
señal y garantía segura de regeneración	119:57	Dickson
tan dulce que hace olvidar frío de mañana	63:1	Spurgeon
un privilegio especial	139:18	Horton
una acción purificadora	24:6	Spurgeon
una necesidad vital	42:1	Spurgeon
una relación personal	18:21	Spurgeon
vía más directa a la excelencia	119:98	Page
vía segura para vencer enemigos	43:0	Spurgeon

COMUNIÓN DE LOS SANTOS

bienaventuranzas del amor fraternal y	133:0	Varios
calumniadores descalificados para gozarla	15:3	Gill
cántico nuevo es cántico de amor fraternal	149:1	Crisóstomo
coopera a favor de los creyentes	119:126	Jenkyn
doctrina explícita en el Salmo 110	110:0	Reynolds
en ella concurren lo bueno con lo deleitoso	133:1	Crisóstomo
en los creyentes de la Iglesia primitiva	145:0	Nota explicativa
Filadelfia nombre adecuado para iglesias	122:3	Pigot
importancia de la acción conjunta y la	68:26-28	Fuller
lectura de la Biblia en común engendra	119:0	Murphy
leyes del amor fraternal	25:22	Lacueva
más deseable que cualquier otra cosa	120:7	Ruffner
mención implícita a la	119:163	Scío
partidismos mortales para el amor fraternal	122:6	Spurgeon
proporciona gozo en este valle de lágrimas	84:5	Spurgeon
recibimos de ella bendiciones indecibles	134:3	Spurgeon
un canto a al amor fraternal y la	132:0	Matthew Henry

CONCIENCIA

alguna tan ancha que ni el nombre merece	11:3	Full
contar con su aprobación es gran consuelo	26:1	Spurgeo
culpable no soporta hablar de juicio	9:8	Smi
de una mala solo emana vergüenza	119:6	Mant
Dios la ha dado y el hombre es responsable	119:0	Plum
lectura de la Palabra la fustiga y fortalece	119:9	Bouchi
mantener una buena c. es vivir protegido	3:5	Wats
no está en lista de virtudes de muchos	10:2	Quarl
mantener buena c. permite apelar al cielo	7:3	Broo
si los impíos tuvieran no maltratarían	10:11	Spurge
sin la Biblia es guía ignorante y ciego	119:23	Struth
una buena c. nos aporta seguridad	7:3	Broo
una buena base para recurrir a Dios	26:1	Cobb
una vez despierta no se satisface con nada	25:7	Spurge
poder de la Palabra la instiga y despierta	25:7	Lo

CONFESIÓN

a quien más beneficia es a nosotros mismos	32:5	Spurge
abierta es buena y beneficiosa para el alma	18:1	Spurge
abierta es muy beneficiosa para el alma	119:26	Spurge
agudiza el filo de nuestra vida espiritual	32:5	Lo
al no hallar camino de regreso	119:176	Bouch
atribuyendo toda gloria a Dios	100:3	Spurge
auténtica no es una defensa es admisión	119:36	Agus
bajo extorsión carece de valor	119:108	Spurge
confesar a Cristo es nuestra bandera	20:5	Wils
cuanto más abierta y simple mejor	42:6	Spurge
cubre y cicatriza nuestras heridas	26:6	Bargra
de la propia integridad	139:0	Lacue
de los pecados ocultos	19:12	Var
de nuestra propia indignidad y pecado	119:176	May
debe ser llana y explícita	73:2	Spurge
debe ser sincera y agradecida	119:65	Spurge
demorarla es causa de sufrimiento	32:3	Spurge
es parte de la alabanza	95:2	Agus
expresada con el salterio	150:3	Arno
garantiza el perdón	32:5	Cra
humilde y sincera	51:4	P
la facilita saber que Dios ya lo conoce	69:5	Spurg
lectura de la Palabra conduce a c. gozosa	119:0	Delitz
mejor vía para alcanzar promesas divinas	6:2	Sym
no informar de pecados sino reconocerlos	119:26	Spurg
penitencial	90:1	Wordswo
plena	51:3	Va
provocada por el Espíritu Santo	51:11	Agu
pública	12:4	Spurg
pública es equivalente al martirio	33:2	Bas
secreta y contada "bajo la rosa"	119:168	Nota explica
siempre es un ejercicio oportuno	31:22	Spurg
silencio compagina con ella perfectamente	39:1	Burrou
toda oración sin confesión es farisaica	69:5	Spurg
tristeza propia la sincera y la avala	38:18	Ha
únicamente Dios puede absolvernos	62:8	Spurg
viene adobada con lágrimas amargas	18:1	Spurg

CONFESIONES DE FE

credos y Confesiones de la Iglesia	119:126	N explica
cristianismo sin barreras confesionales	133:22	Spurg
de Augsburgo	9:1	Nota lingüís
de Augsburgo	114:46	Nota explica
de Westminster	119:34	Nota explica
la Helvética	28:4	Nota explica

CONFIANZA

aborrecer las vanidades y c. en el Señor	31:6	Va
absoluta en Dios	27:0	Va

absoluta en Dios y en su Palabra	119:114	Varios
absoluta en el Señor	125:1	Matthew Henry
absoluta en las promesas de la Palabra	119:81	Varios
absoluta es solo privilegio de unos pocos	90:1	Basilio
al acercamos a Dios a través de su gracia	5:7	Spurgeon
alegrarse y c. es deber del justo	64:10	Varios
ángeles malignos intentan socavarla	127:2	Melville
ante la muerte	23:5	Varios
aporta certeza	2:12	Spurgeon
aporta consuelo	126:5	Lacueva
arrojémonos c. en brazos de libre gracia	56:3	Pledger
bienaventurado en que la pone en Dios	40:4	Varios
comentarios diversos sobre la	11:1	Varios
como la de un niño	131:1	Varios
como las aves en el Templo	84:3	Varios
cómo nutrirla y fortificarla	80:1	Musculus
confiar eternamente y para siempre	52:8	Varios
corazón propenso dividirla: Dios y criatura	62:0	Mackintosh
cristiano jamás se relaja c. en sus éxitos	119:15	Manton
cuando conciliamos el sueño	3:5	Spurgeon
cuanto más humilde la confesión mayor	119:26	Baynes
de las ovejas en el pastor	23:1	Varios
de los cristianos primitivos	18:18	Breadbury
despleguemos banderas al viento con c.	60:4	Spurgeon
difícil abundar en riquezas y no c. en ellas	52:7	Caryl
Dios nos guía a progresar en ella	63:7	Spurgeon
Dios ostenta el cetro c. en el sin reservas	45:6	Spurgeon
Dios da bondad incrementada los que c.	31:19	Varios
dónde fundamentarla	55:23	Spurgeon
donde no la hay no hay comunión	27:3	Secker
dudas la fortalecen aferrándonos más	56:3	Charnock
ejemplo de	21:7	Spurgeon
ejercitarla cuando invade temor	56:3	Varios
el temor de Dios infunde	128:1	Leighton
en artilugios humanos es engañosa e inútil	44:6	Varios
en Dios más segura que carros o escudos	33:18	Spurgeon
en Dios aquellos que conocen su nombre	9:10	Varios
en Dios como protector nuestro	3:3	Spurgeon
en Dios con solo medio corazón imposible	119:113	Lange
en Dios con todo nuestro corazón	28:7	Varios
en Dios jamás se verá confundida	31:1	Varios
en Dios pero impaciencia se la arrebata	5:3	Gurnall
en Dios plenamente y sin titubeos	26:1	Varios
en el conocimiento humano es insensatez	36:9	Spurgeon
en el cuidado y protección divinas	16:9	Gurnall
en el futuro	21:0	Marton
en el futuro puesto que Dios ocupa el trono	9:6	Spurgeon
en el hombre es ingenuo y engañoso	33:16	Spurgeon
en el nombre del Señor	124:8	Varios
en la angustia	55:0	Varios
en la búsqueda de Dios solo amor y c.	119:1	Hitchin
en la integridad del cristiano	24:4	Porter
en la Palabra aporta defensa y protección	119:154	Starke
en la Palabra de Dios ahuyenta al diablo	119:42	Varios
en la Palabra de Dios aporta gozo y alegría	119:40	Greenham
en la respuesta divina	17:6	Spurgeon
en las catástrofes naturales	24:2	Spurgeon
en los planes de Dios para nuestro futuro	52:8	Lacueva
en nosotros mismos opuesta a la Palabra	119:169	Owen
en que Dios es perdonador	130:4	Lacueva
en que Dios permanece a nuestro lado	23:4	Spurgeon
en Señor pero solo en parte es c. vana	62:1	Spurgeon
en uno mismo es baluarte quebradizo	10:6	Spurgeon
en violencia o rapiña es un grave pecado	62:10	Varios
engaño y fragilidad de confiar en hombre	41:9	Varios
es un compuesto de fe y esperanza	25:1	Mossom
esperemos en Dios como nuestro escudo	33:20	Varios
eternidad de la soberanía nos infunde	9:7	Spurgeon
éxito en espera mezcla de c. y esperanza	62:1	Trapp
éxitos no deben llevarnos a c. en nosotros	60:9	Spurgeon
fe permite acercarnos c. al trono de gracia	33:5	Sturm
firme e inconmovible	112:8	Spurgeon
fortalece ante las pruebas	125:1	Atanasio
frente a las multitudes	3:6	Spurgeon
más obras buenas los que menos c. en ellas	119:166	Spurgeon
hija de la experiencia	27:3	Spurgeon
himno de Lutero	46:0	Varios
incredulidad contamina hasta la más sólida	10:12	Spurgeon
indispensable para la amistad	95:9	Spurgeon
interior es premiada con ayuda exterior	28:6-7	Wilson
jamás en las riquezas	62:10	Varios
jóvenes tienden c. en sí mismos en exceso	119:9	Evams
juramentos divinos la aportan sin límites	9:18	Gurnall
justificados no por obras, no c. en ellas	33:18	Basilio
la nuestra fortalece y enardece la otros	52:9	Varios
la fe y c. nos hace atrevidos en la oración	119:58	Spurgeon
mal intencionada	15:3	Downame
minarla es objetivo de Satanás	42:3	Sibbes
misericordia y Palabra columnas de la	119:41	Musculos
motivo de alabanza	149:1	Matthew Henry
motivo de burla y desprecio	14:6	Spurgeon
muy bendecido todos cuantos en Dios	33:12	Spurgeon
nivel que precisamos	91:9	Bridge
no en cosas creadas	8:3	Charnock
no en el hombre, en Dios	121:2	Edersheim
no en las riquezas, en el Señor	126:5	Adams
no en méritos propios, en misericordia	33:18	Agustín
no en nuestra propia justicia	119:98	Agustín
no en nuestros propios recursos	123:2	Calvino
nuestra desconfianza no desaliente otros	69:6	Varios
nuestros corazones sufren por falta de	10:14	Gurnall
nunca en nuestros propios razonamientos	16:7	Spurgeon
omnipotencia divina socorre cuantos c.	39:5	Layfielde
Palabra única norma segura en la que c.	119:138	Plumer
permite disfrutar del cielo en la tierra	33:21	Spurgeon
plena en ser buscado y restaurado	119:176	Varios
plena si el Señor es nuestros Dios	31:14	Varios
pongámosla en el santo nombre del Señor	33:21	Varios
proporciona argumentos para pedir ayuda	7:1	Varios
quien c. en las Escrituras es bienaventurado	119:166	Plumer
quien es capaz de c. no tardará en cantar	56:4	Spurgeon
quien espera en Dios no será confundido	25:3	Spurgeon
quien la deposita en Dios jamás frustrado	25:1	Spurgeon
quienes c. ahora se regocijarán eternamente	36:12	Spurgeon
quienes en Dios c. son recibidos en su casa	36:8	Spurgeon
quienes en Jesús no serán defraudados	119:32	Power
redención base sólida para la confianza	31:5	Spurgeon
reforzada al contemplar la naturaleza	8:3	Spurgeon
basada con el conocimiento del Nombre	20:1	Bownde
resguardados en Lugar Santísimo los que	31:20	Spurgeon
Salmo de la	73:0	Westermann
se alegran todos cuantos en Dios c.	5:11	Varios
se apoya en un juramento divino	132:11	Spurgeon
se apoya sobre la soberanía divina	103:19	Spurgeon
Señor es fiel protector de los que en él	54:7	Varioshe
Señor jamás defraudara la c. en su gracia.	119:123	Stephen
Señor observa constantemente a los que c.	33:13	Spurgeon
si c. en Dios estamos bajo sus alas	57:1	Varios
si c. en Dios ningún hombre puede dañar	56:11	Varios
si confiamos abandonemos el miedo	56:4	Varios
si no en Dios "solamente" equivale a nada	62:5	Trapp
solo en Dios se evita esfuerzo inútil	62:5	Struther
su ausencia produce insomnio	4:8	Spurgeon
su base no es promesa sino el que la hizo	130:5	Charnock

E

	SALMO	AUTOR

EXTRANJERO / FORASTERO

F

SALMO AUTOR

FAMILIA

FE VS OBRAS – VER: GRACIA Y MÉRITOS PROPIOS

FIDELIDAD

FIESTA

I

su veneno más letal que el de la víbora	15:3	Turnbull
sus heridas más dolorosas que de espada	15:3	Baro
sus heridas muy difíciles de curar	7:2	Spurgeon
sus heridas muy difíciles de curar	42:10	Spurgeon
sus más profundas que las de una espada	7:2	Spurgeon
sus reacciones a causa de la pasión	39:3	Varios
tan difícil controlar como un mundo entero	39:1	Reyner
tan solo dice lo que el corazón ha sugerido	14:1	Clerke
tener razón y contenerla propio de un dios	17:1	Caton
un simple desliz puede derivar en crimen	41:6	Spurgeon
una fuente totalmente contaminada	19:4	Lake
una lengua sucia revela corazón sucio	50:19	Spurgeon
una vez santificada guardémosla del mal	34:13	Beda
usada malévolamente para tramar engaños	50:19	Varios
usada para proclamar la Palabra	119:13	Varios
usémosla ante todo para exaltar a Dios	3:4	Lutero
utilizada para proclamar sabiduría	49:3	Varios
utilizada para proclamar justicia	35:28	Varios
veinticuatro pecados cometidos con la	24:4	Trapp

EÓN DE LA TRIBU DE JUDÁ

sobre sobre el simbolismo de	34:11	Nota explicativa
corazón de Cristo, el León, se derretía	22:14	Spurgeon
Cristo el León de la Tribu de Judá	60:7	Brinsley
Cristo el León de la Tribu de Judá	68:27	Fausset
en presencia del León de la Tribu de Judá	16:11	Cragge
para los impíos Cristo es	40:15	Spurgeon

LANTO – VER: LÁGRIMAS

1 SALMO AUTOR

AL

devolver bien es propio de la gracia	7:4	Secker
Dios no del mal que cosas provoquen	5:4	Spencer
Dios no engendra el mal, es el hombre	5:8	Agustín
ningún mal procede de Dios	5:8	Dídimo

ANOS, ALZAR LAS

tus mandamientos	119:48	Varios
l santuario	134:2	Varios
nálisis lingüístico del término	119:41	Lacueva
istintos significados en la Escritura	119:48	Hammond
n el nombre del Señor	63:4	Varios
xclusivamente en el nombre de Señor	63:4	Spurgeon
acia tu santo templo	28:2	Varios
acia un Dios ajeno	44:20	Varios
dica disposición e intención	119:48	Caryl
nanos caídas y rodillas paralizadas	119:47	Horne
ara los hebreos era un gesto de oración	134:2	Pierce
no levantamos a la vez alma es una burla	25:1	Spurgeon
empre ha sido un gesto de adoración	28:2	Spurgeon
mbolismo de levantar las manos	63:4	Mant

ANSEDUMBRE

cerca de	149:4	Cooper
cerca de la	37:11	Varios
ctitudes muy alejadas de la de Cristo	35:4	Perowne
ñade un brillo peculiar al rostro	149:4	Matthew Henry
omo en música debe ajustarse al conjunto	150:5	Sanderson
ios hermosea a los que tienen	149:4	Varios
omina nuestras pasiones con	45:3-4	Orton
cristiano debe prevalecer sobre astucia	110:2	Abbot
los santos brilla como oro en el fuego	44:17	Flavel
cierra una fuerza irresistible	149:6	Spurgeon
perar pacientemente con m.	33:19	Casiodoro
rantiza a los afligidos el favor divino	38:13	Calvino
humildad y justicia tiran carro evangelio	45:4	Spurgeon
obedecer la Palabra con paciencia y m.	119:81	Le Blanc
puesta a prueba por insultos y calumnias	39:2	Scriver
soportar ultraje con mansedumbre	12:5	Crisóstomo
toda oración ha de ser en humildad y	5:10	Crisóstomo
valiosas alhaja adorna el hombre interior	68:13	Spurgeon

MEDIADOR

Cristo disfruta de plenitud de gozo como	40:7	Erskine
comparado al rocío de la aurora	110:3	Dixon
corona de Cristo como	21:3	Durham
Cristo bendito para siempre como	21:6	Spurgeon
Cristo es el único	139:23	Arnot
Cristo es el único	145:18	Dixon
Cristo el único posible	49:7	Ambrosio
Cristo como sustituto y nuestro	21:4	Wardlaw
Cristo nos escucha en calidad de	3:4	Eusebio
Cristo tuvo que asumir degradación como	8:5	Melvill
debemos confiar plenamente en nuestro	119:26	Gesner
hacer las paces con Dios a través del	73:28	Guthrie
orar a través sobre méritos gloriosos del	5:1	Spurgeon
quien habla aquí es el Mediador	28:0	Agustín
reinado como m. prevalecerá hasta el fin	110:1	Spurgeon
Salmo 112 ensalza la justicia del	112:0	Fry
solidez del trono de Cristo como	21:7	Spurgeon
toda carne llegará a Dios a través del	65:2	Boston
únicamente por él se acepta adoración	5:7	
Manton		

MÉRITOS PROPIOS – VER: GRACIA

acceso a la vida eterna por su amor no	61:6	Agustín
aparta de mí camino de justificación por	119:29	Spurgeon
apoyo no en m. cosas terrenas, solo en ti	25:1	Arnobio
cómo lo lograste? ¿por ti mismo? ¿por	119:32	Agustín
conceptos absurdos de Dios partiendo de	18:11	Orígenes
dale la gloria a él y todos los méritos	19:14	Lake
David confía en el favor divino, nunca en	119:58	Spurgeon
David sabía de su maldad demasiado bien	6:4	Spurgeon
David soñó la posibilidad de plantear	31:16	Spurgeon
de nada aprovechan	50:10	Charnock
debemos cantar su gloria no nuestros	30:12	Agustín
despreciable ante de Dios quien confía en	10:4	Stuckley
Dios apiada por nuestra necesidad no	25:11	Edwards
Dios coronará resultado de sus dones no de	103:4	Agustín
Dios otorga gracia como don gratuito sin	68:9	Agustín
el Señor no acepta méritos propios	25:6	Casiodoro
"en tu propia bondad", no por mis	68:10	Agustín
es la fe lo que distingue a los elegidos no	37:40	Spurgeon
es por gracia pecados son perdonados no	131:1	Cox
evidente que nadie alcanza la gracia por	25:7	Casiodoro
fe apela bondad Creador no m. de criatura	25:11	Spurgeon
huyamos del engreimiento de cualquier	119:108	Cowper
imposible justificar peticiones en	5:1	Crisóstomo
incluso las estrellas despreciarían nuestros	30:8	King
jamás cubriremos pecado con prendas de	32:1	Symson
judíos fueron avergonzados por confiar en	31:1	Agustín
las obras no justifican	33:18	Basilio
lo que gozamos es por gracia no por	1:4	Baker
me salva tu justicia en modo alguno mis	31:1	Agustín
nada bueno hay en nosotros	59:10	Agustín
nada bueno hay en nosotros	59:10	Casiodoro
nadie atribuya lo que tiene de gracia a	19:14	Casiodoro
nadie será salvo jamás por su voluntad o	3:8	Lutero
natural en los humanos justificarse en	50:1-12	Charnock
ni por un instante trata salmista de alegar	119:149	Spurgeon
no con sus propios medios ni por sus	44:2	Ambrosio
no por mis méritos sino "por tu bondad"	25:6	Agustín
no por sus m. sino como don gratuito	38:5	Fulgencio

NEGOCIOS

NOTICIAS

NUMERACIÓN DE LOS SALMOS

O

P

SALMO **AUTO**

PACIENCIA

Pelícano

Perdón

S

T

SALMO AUTOR

TEMPLO DE:

Distribución de los 150 salmos en los tres tomos de esta versión ampliada de "El tesoro de David"

		TOMO
almo 1	Salmo prefacio	I
almo 2	Salmo del Mesías Príncipe	I
almo 3	Himno matutino	I
almo 4	Himno vespertino	I
almo 5	Salmo de la mañana	II
almo 6	Salmo del enfermo	II
almo 7	Salmo del creyente difamado	II
almo 8	Salmo del astrónomo	I
almo 9	Salmo del vencedor	II
almo 10	El grito del oprimido	II
almo 11	Cántico a la firmeza y perseverancia	II
almo 12	Pensamientos buenos en tiempos malos	II
almo 13	Salmo del ¿Hasta cuándo?	I
almo 14	Advertencia a los ateos	I
almo 15	La pregunta y su respuesta	I
almo 16	Salmo de oro	I
almo 17	Oración de David	I
lmo 18	Una mirada agradecida	I
lmo 19	Salmo de la creación	I
lmo 20	¡Dios salve al Rey!	I
lmo 21	Oda triunfal del Rey	I
lmo 22	Salmo de la cruz	I
lmo 23	Salmo del pastor	I
lmo 24	Canto de la ascensión	I
lmo 25	Salmo del solitario y afligido	II
lmo 26	Salmo del inocente	II
lmo 27	Confianza triunfante y confianza suplicante	I
lmo 28	Salmo del agradecido	II
lmo 29	Salmo de la tempestad	II
lmo 30	Salmo de dedicación	II
lmo 31	Salmo del angustiado	II
lmo 32	Salmo paulino	I
lmo 33	Alabanza al poder de Dios	II
lmo 34	Un himno y un sermón	I
lmo 35	Salmo sobre la ingratitud	II
lmo 36	La dicha del servicio cristiano	II
lmo 37	Antídoto contra la impaciencia	I
lmo 38	Salmo del arrepentido	II
lmo 39	Salmo del prudente	II
lmo 40	Esperando en el Señor	I
lmo 41	Salmo de la sanidad divina	II
lmo 42	Sed de Dios	I
lmo 43	¿Por qué te abates, oh alma mía?	I
lmo 44	Salmo del desconcertado	II
lmo 45	Canto nupcial	II

		TOMO
Salmo 46	Salmo de la Santa Confianza/ Salmo de Lutero	I
Salmo 47	Cántico al rey del universo	II
Salmo 48	Cántico a la ciudad de Dios	II
Salmo 49	Salmo didáctico	I
Salmo 50	Acusación del fiscal divino	II
Salmo 51	Salmo del penitente	I
Salmo 52	Condena y castigo de los prepotentes	II
Salmo 53	La enfermedad mortal del ser humano	II
Salmo 54	Salmo del perseguido	II
Salmo 55	Confianza en la angustia: ¡Alas de paloma!	I
Salmo 56	La paloma silenciosa	II
Salmo 57	Entre leones	II
Salmo 58	Galardón para el justo	II
Salmo 59	Una acusación injusta	II
Salmo 60	Salmo de la gran derrota y la gran victoria	II
Salmo 61	Salmo del exiliado	II
Salmo 62	Salmo del "solamente"	II
Salmo 63	Salmo del madrugador	II
Salmo 64	Súplica pidiendo protección	II
Salmo 65	Acción de gracias por la cosecha	II
Salmo 66	Salmo de aclamación	II
Salmo 67	Exhortación a las naciones	II
Salmo 68	Salmo de la gloriosa epopeya	II
Salmo 69	Salmo del náufrago	II
Salmo 70	Salmo del ¡Apresúrate!	I
Salmo 71	Oración de un anciano creyente	III
Salmo 72	El rey prometido	III
Salmo 73	El dilema de la justicia divina	I
Salmo 74	Lamento por el santuario	III
Salmo 75	La justicia del juez justo	III
Salmo 76	El poder invencible de Dios	III
Salmo 77	Meditando sobre el pasado	III
Salmo 78	Fidelidad de Dios con un pueblo infiel	III
Salmo 79	Lamento por Jerusalén	III
Salmo 80	El dulce pastor de Israel	I
Salmo 81	Invitación a la alabanza	III
Salmo 82	Amonestación a los jueces injustos	III
Salmo 83	Súplica por la liberación de Israel	III
Salmo 84	La perla de los Salmos	I
Salmo 85	Una súplica y una promesa	III
Salmo 86	Una súplica humilde y confiada	III
Salmo 87	Sión, madre de todos los pueblos	III
Salmo 88	Oración ante el peligro de muerte	III